חמישה חומשי תורה עם רש״י ואונקלוס

קורן ירושלים

חמישה חומשי תורה עם רש"י ואונקלוס

בראשית
שמות
ויקרא
במדבר
דברים

הוצאת קורן ירושלים

Koren Ḥumash
with Rashi & Onkelos
First Edition, 2016

Koren Publishers Jerusalem Ltd.
POB 4044, Jerusalem 9104001, ISRAEL
POB 8531, New Milford, CT 06776, USA

www.korenpub.com

Koren Tanakh Nusaḥ © 1962, 2016
Koren Publishers Jerusalem Ltd.
Onkelos Nusaḥ © 2005, 2016
Shtilei Zeitim Institute
Koren Rashi Nusaḥ © 2014, 2016
Koren Publishers Jerusalem Ltd.

Koren Tanakh Font © 1962, 2016
Koren Publishers Jerusalem Ltd.
Koren Siddur Font and text design © 1981, 2010, 2016
Koren Publishers Jerusalem Ltd.
Koren Rashi Font © 2014, 2016
Koren Publishers Jerusalem Ltd.

Considerable research and expense have gone into the creation of this publication. Unauthorized copying may be considered *geneivat da'at* and breach of copyright law. No part of this publication (content or design, including use of the Koren fonts) may be reproduced, stored in a retrieval system or transmitted in any form or by any means electronic, mechanical, photocopying or otherwise, without the prior written permission of the publisher, except in the case of brief quotations embedded in critical articles or reviews.

Large size, Hardcover
ISBN 978-965-301-772-6

HYOV1

חומש קורן מהדורת ישראל • חמישה חומשי תורה
עם רש״י ואונקלוס
מהדורה ראשונה © תשע״ו

הוצאת קורן ירושלים
ת״ד 4044 ירושלים 9104001

www.korenpub.com

© כל הזכויות על הנוסח המוגה של התורה
שמורות להוצאת קורן ירושלים בע״מ, 1962, 2016.
© כל הזכויות על הנוסח המוגה של אונקלוס
שמורות למכון שתילי זיתים, 2005, 2016.
© כל הזכויות על הנוסח המוגה של רש״י
שמורות להוצאת קורן ירושלים בע״מ, 2014, 2016.

© כל הזכויות על גופן תנ״ך קורן
שמורות להוצאת קורן ירושלים בע״מ, 1962, 2016.
© כל הזכויות על גופן סידור קורן
שמורות להוצאת קורן ירושלים בע״מ, 1981, 2016.
© כל הזכויות על גופן רש״י קורן
שמורות להוצאת קורן ירושלים בע״מ, 2014, 2016.

אין לשכפל, להעתיק, לצלם, להקליט, לאחסן במאגר מידע, לשדר או לקלוט בכל דרך או בכל אמצעי אלקטרוני, אופטי, מכני או אחר כל חלק שהוא מן החומר שבספר זה. שימוש מסחרי מכל סוג שהוא בחומר הכלול בספר זה אסור בהחלט אלא ברשות מפורשת בכתב מהמו״ל.

מהדורה גדולה, כריכה קשה
מסת״ב: 978-965-301-772-6.

חיכא1

תוכן

מבואות

ז	דברי פתיחה
ח	מבוא
י	ברכות התורה לאשכנזים
יא	ברכות התורה לספרדים
יב	ברכות התורה לתימנים
יג	שמות הטעמים וסימניהם
יד	אות קורן ואות רש״י

בראשית

3	בראשית
33	נח
59	לך לך
85	וירא
117	חיי שרה
137	תולדת
159	ויצא
187	וישלח
215	וישב
237	מקץ
265	ויגש
285	ויחי

שמות

317	שמות
345	וארא
371	בא
397	בשלח
427	יתרו
447	משפטים
477	תרומה
501	תצוה
525	כי תשא
557	ויקהל
577	פקודי

ויקרא

595	ויקרא
621	צו
641	שמיני
663	תזריע
679	מצרע
699	אחרי מות
717	קדשים
735	אמר
759	בהר סיני
775	בחקתי

במדבר

797	במדבר
823	נשא
855	בהעלתך
885	שלח
909	קרח
931	חקת
953	בלק
977	פינחס
1007	מטות
1029	מסעי

דברים

1053	דברים
1077	ואתחנן
1103	עקב
1129	ראה
1159	שפטים
1183	כי תצא
1207	כי תבוא
1233	נצבים
1245	וילך
1255	האזינו
1275	וזאת הברכה

הפטרות לשבתות מיוחדות

1284	הפטרת שבת ראש חודש
1285	הפטרת שבת ערב ראש חודש
1287	הפטרת שבת ראשונה של חנוכה
1288	הפטרת שבת שנייה של חנוכה
1289	הפטרת פרשת שקלים
1290	הפטרת פרשת זכור
1292	הפטרת פרשת פרה
1293	הפטרת פרשת החודש
1295	הפטרת שבת הגדול

מגילות

1298	אסתר
1308	שיר השירים
1312	רות
1316	איכה
1321	קהלת
1330	הלכות קריאת התורה

דברי פתיחה

הקריאה בתורה בבתי הכנסת והקריאה הערבה של תינוקות של בית רבן יום־יום בבתי המדרשות היו חוסנו של העם היהודי מאז ומעולם.

שני מאורות האירו את עיניהם של ישראל בקריאה ובלימוד אלו: אונקלוס, כאלף וארבע מאות שנה אחרי מסירת התורה על ידי משה, ורש״י, כאלף שנה אחריו. חכמים אלו התקבלו כפרשני יסוד של התורה, והם המעטרים אותה בדפוסים רבים , עד לימינו, תשע מאות שנה אחרי רש״י.

למן המצאת הדפוס עמלו מדפיסי הספרים לקבוע למאורות אלה מקום מתאים בצד התורה. משימה מורכבת זו גרמה לא פעם לקשיים בעימוד שהכבידו על הלימוד והקריאה. המהדורה שבידך שואפת ליצוק את התורה על שני מפרשיה למבנה ולמראה הראויים לשאת את דבר ה׳, ולהנגישו לדור הזה. ארבע שנות עמל הושקעו בספר זה — החל בנוסחים המדויקים ביותר וכלה בעימוד הקפדני של הדף.

לאות העברית המפורסמת שעיצב אליהו קורן ז״ל מייסד ההוצאה לתנ״ך, נוספה כעת אות חדשה שעליה עמל מר קורן אך לא זכה לראות בגמר מלאכתו. גופן ׳קורן רש״י׳ שעיצב מר קורן הוא ביטוי נוסף של אמונתו של מייסד ההוצאה כי העיצוב נועד להעצים את התוכן: מלבד הקריאות והבהירות המאפיינים את הגופן, היופי והאסתטיקה מעניקים את הכבוד הראוי לדברי רש״י. כשם שבדי ארון הברית צופו גם הם זהב, כן האותיות הנושאות את דבר ה׳ – מרהיבות ומאירות.

מהדורה מיוחדת זו רואה אור בראש ובראשונה הודות לרב כרמיאל כהן, הרב ינון חן, יהושע מילר ומיכל בריטמן שלא חסכו מאמצים להעמיד דבר מתוקן ונאה – אשריהם ואשרי חלקם. נוספים עליהם הרב דוד פוקס, הרב חנן בניהו ואפרת גרוס; אסתר באר, רינה בן גל ואליהו משגב שעיצבו את הספר בהתאם לרף הגבוה של ההוצאה; הרב ראובן זיגלר, תומר מבורך, הרב דוד נתיב, אליאב סטולמן וגלעד קרני שנתנו מחכמתם למהדורה זו.

אחרית כול עלינו להודות לקב״ה שזיכה אותנו לעסוק במלאכת קודשו, ושזימן לנו את הכלים המתאימים ליצור את המצע להעברת דברו לעם ישראל. אנו תפילה שמאמצינו יישאו פרי, ומהדורה זו תשרת בנאמנות את עם ה׳, ותפרה את הקשר הנצחי שיש בינו לבין התורה, קשר המקיים את העולם, כדברי חז״ל המובאים ברש״י על הפסוק הראשון בתורה: ״׳בראשית ברא׳ - בשביל התורה... ובשביל ישראל״.

מאיר מילר, מו״ל
ערב ראש השנה ה׳תשע״ו, ירושלים

מבוא

למהדורה זו מעלות רבות, ולהן מגמה עיקרית - הנגשת התורה לקורא. נעמוד על העיקריות שבהן:

תורה

נוסח התורה עבר בחינה מדוקדקת על פי המסורה בידי שלושת המומחים הידועים דניאל גולדשמידט, אברהם מאיר הברמן ומאיר מדן, זכרם לברכה.

התורה מוצגת בכתב גדול בגופן 'תנ"ך קורן' בחטיבה אחת בעמוד הימני, כדי להבחין בין התורה שבכתב ובין פרשניה. חלוקה זו נועדה גם להקל את הקריאה הרציפה של התורה בבתי כנסת ובבתי ספר. במהדורה שלוש חלוקות עתיקות: החלוקה לפרשות, החלוקה לפרשות הפתוחות והסתומות והחלוקה לסדרים המסומנת בשוליים החיצוניים של העמוד. את העליות של מנחה של שבת ושני וחמישי, סימַנו בסימן: ◄. צִיַּנו גם בכל פרשה עוד שני מקומות אפשריים להוספת עולים על שבעת הקרואים לתורה בשבת. את ההוספות סימַנו בסימן: ★.

במהדורה זו הבדלנו בין השווא הנע והשווא הנח, וסימַנו את השווא הנע בסימן בולט יותר, למשל, נַפְשְׁךָ. באותו אופן הבדלנו בין הקמץ הרגיל לקמץ הקטן באמצעות סימן גדול לקמץ הקטן, למשל, חָכְמָה. כידוע, ישנו הבדל בין מסורת הקריאה הספרדית לאופן הקריאה שהמליצה עליו האקדמיה. כל הקמצים שבהם ישנה מחלוקת, מסומנים בטעמי המקרא באמצעות געיה. משום כך, סימַנו אותם כקמצים קטנים בהתאם להוראות האקדמיה. המקפידים על המסורה הספרדית, יקראו כל קמץ שיש בו געיה כקמץ רחב (להרחבה ראו במאמר על שיטת הניקוד המופיע באתר ההוצאה, במדור 'אודות').

לצד התורה ציינו את המצוות על פי ספר החינוך. כמו כן, בשולי כל דף ישנה תווית ובה שם הפרשה, להקל את ההתמצאות בספר.

תרגום אונקלוס

את נוסח התרגום, ניקודו ופיסוקו קיבלנו מאת מכון שתילי זיתים באדיבות המו"ל הרב יוסף עראקי הכהן ואדם בן נון. נוסח מבורר ומנופה זה משקף את המסורת העתיקה של קריאת התרגום בציבור, כפי שהיא נהוגה עד ימינו אלה בקהילות תימן.

ראוי לציין כי הפיסוק במסורת זו מנוגד לעתים לכללי הפיסוק לפי הטעמים, שכן לפי מסורת זו יש הפסקה בתביר ולא בטיפחא שאחריו. מכל מקום העדפנו להיצמד למסורת ברורה ולא ליצור פיסוק חדש.

התרגום מוצג בגופן 'סידור קורן', כדי להבחין בין התורה ובין התרגום. צִיַּנו באפור את התיבות שאינן תרגומו המילולי של הכתוב בתורה אלא הרחבה או פירוש נוסף. מובן שבכל תרגום יש מן הפירוש וקשה לקבוע במדויק, מתי המעבר לשפה אחרת הוא בגדר תרגום מילולי מדויק, ומתי יש בו תוספת או ביאור. לכן אחזנו בשיטה מצמצמת וסימַנו אך ורק מילים שבפסוקי התורה לא הייתה אף מילה התואמת לתוכנן.

רש"י

פירוש רש"י לתורה הוא מן הספרים הנפוצים ביותר בעולם התורה. בכל תפוצות ישראל הגו ושיננו חומש עם פירוש רש"י מגיל צעיר. בשל תפוצתו הגדולה של הספר בכתבי יד ובדפוסים ובשל ידי הלומדים שהרבו למשמש בדברי רש"י, עד היום לא צלחה דרכם של המבקשים להעמיד לפני הלומדים מהדורה מוסמכת של פירוש רש"י, נקייה ומנופה בלי תוספות ובלי שיבושים.

בהניחנו לפני הלומדים נוסח דברי רש״י לא התיימרנו ללכת בגדולות ובנפלאות ולומר כזה ראה וקדש, אך עמלנו שיהיו הדברים ברורים ומדויקים כמידת יכולתנו. לנגד עינינו היו שלושה סוגים של עדי נוסח: 1. כתבי יד של פירוש רש״י, כגון: כתב יד ויימר, כתב יד וינה, כתב יד מינכן. 2. דפוסים קדומים של פירוש רש״י, כגון: רומא (ר״ל), רג׳יו די קלבריה (רל״ה), ואדי אל חאג׳ארה (רל״ו) וונציה (רפ״ד-רפ״ו). 3. מהדורות חשובות שיצאו לאור במהלך השנים, כגון: מהדורותיו של אברהם ברלינר מן המאה הי״ט, חומש אריאל ומהדורת הכתר של אוניברסיטת בר אילן שיצאה לאור בשנים האחרונות. ויותר מכולם עיינו תדיר בכתב יד לייפציג 1 (מן המאה הי״ג). המומחים ראו בו כתב יד בכיר לפירושו של רש״י לתורה, ובסיועו עלה בידינו במקומות רבים בס״ד להעמיד נוסח מדויק יותר בדברי רש״י. תודתנו נתונה למכון לתצלומי כתבי יד שבספרייה הלאומית.

מלבד הניסיון להעמיד נוסח מדויק לפירוש רש״י עמלנו גם בניקוד דברי רש״י ובפיסוק, וגם בזה אפשר שזכינו להאיר חלק מדבריו. תודה מיוחדת למגיהים המעולים, הרב כרמיאל כהן והרב ינון חן.

במקומות שבהם רש״י מזכיר בקצרה משל ואינו מצטטו ציטוט מלא, השלמנו את המשל בגופן רש״י בלא ניקוד. ראה למשל רש״י לויקרא י, ב.

פירוש רש״י מוצג בגופן החדש ׳קורן רש״י׳, גופן שעיצב אליהו קורן ז״ל לפני מותו. בעיצוב הגופן הושם דגש על יופי, קריאות ודמיון לכתב עברי מרובע. ייחודיותו של גופן זה מתבטאת בעיצוב כמה תבניות לאותיות מסוימות, למען ירוץ הקורא בו (לדוגמא האות ׳ת׳ במילים: **תלתל כתית**). גופן זה מבוסס על סגנון כתב רש״י כפי הסגנון הרווח בכתבי יד ספרדיים מן המאה הט״ו (ראו לדוגמא: פריז, הספרייה הלאומית, המחלקה העברית, 684; אוקספורד, הספרייה הבריטית, Poc. 393).

בסוף כל פרשה הבאנו את ההפטרה על פי מנהגי הקריאה השונים: אשכנזי, ספרדי ותימני. בתחילת כל הפטרה שילבנו דברי רקע וביאור מאת הרב דוד נתיב, המעניקים לקורא את ההקשר הנדרש להבנת דברי הנביאים.

בסוף הספר מובאות, ההפטרות הנוספות והמגילות הנקראות במהלך השנה.

בעמודים האחרונים של הספר הבאנו הלכות מעשיות לשעת קריאת התורה.

תודה מיוחדת לאליהו משגב על עיצוב הקליגרפיה המעטרת את כריכת הספר. עיצוב זה הוא הביטוי האומנותי של עקרונות המהדורה, בהיותו מנגיש באמצעים חדשניים סגנונות קליגרפיים מסורתיים. למאמר המתאר את סיפור יצירת קליגרפיית הכריכה, ניתן לעיין באתר ההוצאה, במדור ׳אודות׳.

מי ייתן ויקוים בנו הכתוב: ״וְהַמַּשְׂכִּלִים יַזְהִרוּ כְּזֹהַר הָרָקִיעַ וּמַצְדִּיקֵי הָרַבִּים כַּכּוֹכָבִים לְעוֹלָם וָעֶד״ (דניאל יב, ג).

ועתה ״חֲתֹם הַסֵּפֶר״ (שם, שם ד).

יהושע מילר, עורך ראשי

הוצאת קורן ירושלים

ערב יום התרועה ה׳תשע״ו

ברכות התורה לאשכנזים

קודם הברכה על העולה לראות היכן קוראים ולנשק את ספר התורה.
בשעת הברכה העולה אוחז בעמודי הספר.

עולה: **בָּרְכוּ אֶת יהוה הַמְבֹרָךְ.**

קהל: בָּרוּךְ יהוה הַמְבֹרָךְ לְעוֹלָם וָעֶד.

עולה: בָּרוּךְ יהוה הַמְבֹרָךְ לְעוֹלָם וָעֶד.

בָּרוּךְ אַתָּה יהוה, אֱלֹהֵינוּ מֶלֶךְ הָעוֹלָם, אֲשֶׁר בָּחַר בָּנוּ מִכָּל הָעַמִּים וְנָתַן לָנוּ אֶת תּוֹרָתוֹ. בָּרוּךְ אַתָּה יהוה, נוֹתֵן הַתּוֹרָה.

לאחר הקריאה מברך:

בָּרוּךְ אַתָּה יהוה, אֱלֹהֵינוּ מֶלֶךְ הָעוֹלָם, אֲשֶׁר נָתַן לָנוּ תּוֹרַת אֱמֶת וְחַיֵּי עוֹלָם נָטַע בְּתוֹכֵנוּ. בָּרוּךְ אַתָּה יהוה, נוֹתֵן הַתּוֹרָה.

ברכות ההפטרה

בָּרוּךְ אַתָּה יהוה אֱלֹהֵינוּ מֶלֶךְ הָעוֹלָם אֲשֶׁר בָּחַר בִּנְבִיאִים טוֹבִים, וְרָצָה בְדִבְרֵיהֶם הַנֶּאֱמָרִים בֶּאֱמֶת. בָּרוּךְ אַתָּה יהוה, הַבּוֹחֵר בַּתּוֹרָה וּבְמֹשֶׁה עַבְדּוֹ וּבְיִשְׂרָאֵל עַמּוֹ וּבִנְבִיאֵי הָאֱמֶת וָצֶדֶק.

אחר קריאת ההפטרה המפטיר מברך:

בָּרוּךְ אַתָּה יהוה, אֱלֹהֵינוּ מֶלֶךְ הָעוֹלָם, צוּר כָּל הָעוֹלָמִים, צַדִּיק בְּכָל הַדּוֹרוֹת, הָאֵל הַנֶּאֱמָן, הָאוֹמֵר וְעוֹשֶׂה, הַמְדַבֵּר וּמְקַיֵּם, שֶׁכָּל דְּבָרָיו אֱמֶת וָצֶדֶק. נֶאֱמָן אַתָּה הוּא יהוה אֱלֹהֵינוּ וְנֶאֱמָנִים דְּבָרֶיךָ, וְדָבָר אֶחָד מִדְּבָרֶיךָ אָחוֹר לֹא יָשׁוּב רֵיקָם, כִּי אֵל מֶלֶךְ נֶאֱמָן (וְרַחֲמָן) אָתָּה. בָּרוּךְ אַתָּה יהוה, הָאֵל הַנֶּאֱמָן בְּכָל דְּבָרָיו.

רַחֵם עַל צִיּוֹן כִּי הִיא בֵּית חַיֵּינוּ, וְלַעֲלוּבַת נֶפֶשׁ תּוֹשִׁיעַ בִּמְהֵרָה בְיָמֵינוּ. בָּרוּךְ אַתָּה יהוה, מְשַׂמֵּחַ צִיּוֹן בְּבָנֶיהָ.

שַׂמְּחֵנוּ יהוה אֱלֹהֵינוּ בְּאֵלִיָּהוּ הַנָּבִיא עַבְדֶּךָ, וּבְמַלְכוּת בֵּית דָּוִד מְשִׁיחֶךָ, בִּמְהֵרָה יָבוֹא וְיָגֵל לִבֵּנוּ. עַל כִּסְאוֹ לֹא יֵשֶׁב זָר, וְלֹא יִנְחֲלוּ עוֹד אֲחֵרִים אֶת כְּבוֹדוֹ, כִּי בְשֵׁם קָדְשְׁךָ נִשְׁבַּעְתָּ לּוֹ שֶׁלֹּא יִכְבֶּה נֵרוֹ לְעוֹלָם וָעֶד. בָּרוּךְ אַתָּה יהוה, מָגֵן דָּוִד.

עַל הַתּוֹרָה וְעַל הָעֲבוֹדָה וְעַל הַנְּבִיאִים וְעַל יוֹם הַשַּׁבָּת הַזֶּה, שֶׁנָּתַתָּ לָּנוּ יהוה אֱלֹהֵינוּ לִקְדֻשָּׁה וְלִמְנוּחָה, לְכָבוֹד וּלְתִפְאָרֶת. עַל הַכֹּל יהוה אֱלֹהֵינוּ אֲנַחְנוּ מוֹדִים לָךְ וּמְבָרְכִים אוֹתָךְ, יִתְבָּרַךְ שִׁמְךָ בְּפִי כָּל חַי תָּמִיד לְעוֹלָם וָעֶד. בָּרוּךְ אַתָּה יהוה, מְקַדֵּשׁ הַשַּׁבָּת.

ברכות התורה לספרדים

קודם הברכה על העולה לראות היכן קוראים ולנשק את ספר התורה.
בשעת הברכה העולה אוחז בעמודי הספר באמצעות מטפחת.

עולה: יהוה עִמָּכֶם קהל: יְבָרֶכְךָ יהוה

עולה: **(רַבָּנַן) בָּרְכוּ אֶת יהוה הַמְבֹרָךְ.**

קהל: **בָּרוּךְ יהוה הַמְבֹרָךְ לְעוֹלָם וָעֶד.**

עולה: **בָּרוּךְ יהוה הַמְבֹרָךְ לְעוֹלָם וָעֶד.**

בָּרוּךְ אַתָּה יהוה, אֱלֹהֵינוּ מֶלֶךְ הָעוֹלָם, אֲשֶׁר בָּחַר בָּנוּ מִכָּל הָעַמִּים, וְנָתַן לָנוּ אֶת תּוֹרָתוֹ. בָּרוּךְ אַתָּה יהוה, נוֹתֵן הַתּוֹרָה.

לאחר הקריאה העולה מנשק את ספר התורה ומברך:

בָּרוּךְ אַתָּה יהוה, אֱלֹהֵינוּ מֶלֶךְ הָעוֹלָם, אֲשֶׁר נָתַן לָנוּ (אֶת) תּוֹרָתוֹ תּוֹרַת אֱמֶת, וְחַיֵּי עוֹלָם נָטַע בְּתוֹכֵנוּ. בָּרוּךְ אַתָּה יהוה, נוֹתֵן הַתּוֹרָה.

ברכות ההפטרה

בָּרוּךְ אַתָּה יהוה אֱלֹהֵינוּ מֶלֶךְ הָעוֹלָם אֲשֶׁר בָּחַר בִּנְבִיאִים טוֹבִים, וְרָצָה בְדִבְרֵיהֶם הַנֶּאֱמָרִים בֶּאֱמֶת. בָּרוּךְ אַתָּה יהוה, הַבּוֹחֵר בַּתּוֹרָה וּבְמֹשֶׁה עַבְדּוֹ וּבְיִשְׂרָאֵל עַמּוֹ וּבִנְבִיאֵי הָאֱמֶת וְהַצֶּדֶק.

אחרי קריאת ההפטרה המפטיר מוסיף פסוק זה קודם הברכה:

גֹּאֲלֵנוּ יהוה צְבָאוֹת שְׁמוֹ, קְדוֹשׁ יִשְׂרָאֵל: ישעיה מז

בָּרוּךְ אַתָּה יהוה, אֱלֹהֵינוּ מֶלֶךְ הָעוֹלָם, צוּר כָּל הָעוֹלָמִים, צַדִּיק בְּכָל הַדּוֹרוֹת, הָאֵל הַנֶּאֱמָן, הָאוֹמֵר וְעוֹשֶׂה, מְדַבֵּר וּמְקַיֵּם, כִּי כָל דְּבָרָיו אֱמֶת וָצֶדֶק. נֶאֱמָן אַתָּה הוּא יהוה אֱלֹהֵינוּ וְנֶאֱמָנִים דְּבָרֶיךָ, וְדָבָר אֶחָד מִדְּבָרֶיךָ אָחוֹר לֹא יָשׁוּב רֵיקָם, כִּי אֵל מֶלֶךְ נֶאֱמָן (וְרַחֲמָן) אָתָּה. בָּרוּךְ אַתָּה יהוה, הָאֵל הַנֶּאֱמָן בְּכָל דְּבָרָיו.

רַחֵם עַל צִיּוֹן כִּי הִיא בֵּית חַיֵּינוּ, וְלַעֲלוּבַת נֶפֶשׁ תּוֹשִׁיעַ בִּמְהֵרָה בְיָמֵינוּ. בָּרוּךְ אַתָּה יהוה, מְשַׂמֵּחַ צִיּוֹן בְּבָנֶיהָ.

שַׂמְּחֵנוּ יהוה אֱלֹהֵינוּ בְּאֵלִיָּהוּ הַנָּבִיא עַבְדֶּךָ, וּבְמַלְכוּת בֵּית דָּוִד מְשִׁיחָךְ, בִּמְהֵרָה יָבוֹא וְיָגֵל לִבֵּנוּ. עַל כִּסְאוֹ לֹא יֵשֵׁב זָר, וְלֹא יִנְחֲלוּ עוֹד אֲחֵרִים אֶת כְּבוֹדוֹ, כִּי בְשֵׁם קָדְשְׁךָ נִשְׁבַּעְתָּ לוֹ שֶׁלֹּא יִכְבֶּה נֵרוֹ לְעוֹלָם וָעֶד. בָּרוּךְ אַתָּה יהוה, מָגֵן דָּוִד.

עַל הַתּוֹרָה וְעַל הָעֲבוֹדָה וְעַל הַנְּבִיאִים וְעַל יוֹם הַשַּׁבָּת הַזֶּה, שֶׁנָּתַתָּ לָּנוּ יהוה אֱלֹהֵינוּ לִקְדֻשָּׁה וְלִמְנוּחָה, לְכָבוֹד וּלְתִפְאָרֶת. עַל הַכֹּל יהוה אֱלֹהֵינוּ אֲנַחְנוּ מוֹדִים לָךְ וּמְבָרְכִים אוֹתָךְ, יִתְבָּרַךְ שִׁמְךָ בְּפִי כָּל חַי תָּמִיד לְעוֹלָם וָעֶד. בָּרוּךְ אַתָּה יהוה, מְקַדֵּשׁ הַשַּׁבָּת. אָמֵן.

ברכות התורה לתימנים

קודם הברכה על העולה לראות היכן קוראים ולנשק את ספר התורה.
בשעת הברכה העולה אוחז ביריעת הספר באמצעות מטפחת.

עולה: **בָּרְכוּ אֶת יהוה הַמְּבֹרָךְ.**

קהל ועולה: **בָּרוּךְ יהוה הַמְּבֹרָךְ לְעוֹלָם וָעֶד.**

עולה: **בָּרוּךְ אַתָּה יהוה, אֱלֹהֵינוּ מֶלֶךְ הָעוֹלָם, אֲשֶׁר בָּחַר בָּנוּ מִכָּל הָעַמִּים, וְנָתַן לָנוּ אֶת תּוֹרָתוֹ. בָּרוּךְ אַתָּה יהוה, נוֹתֵן הַתּוֹרָה.**

לאחר הקריאה העולה מנשק את ספר התורה ומברך:

בָּרוּךְ אַתָּה יהוה, אֱלֹהֵינוּ מֶלֶךְ הָעוֹלָם, אֲשֶׁר נָתַן לָנוּ תּוֹרַת אֱמֶת, וְחַיֵּי עוֹלָם נָטַע בְּתוֹכֵנוּ. בָּרוּךְ אַתָּה יהוה, נוֹתֵן הַתּוֹרָה.

ברכות ההפטרה

בָּרוּךְ אַתָּה יהוה אֱלֹהֵינוּ מֶלֶךְ הָעוֹלָם אֲשֶׁר בָּחַר בִּנְבִיאִים טוֹבִים, וְרָצָה בְדִבְרֵיהֶם הַנֶּאֱמָרִים בֶּאֱמֶת; בָּרוּךְ אַתָּה יהוה, הַבּוֹחֵר בַּתּוֹרָה בְּמֹשֶׁה עַבְדּוֹ וּבְיִשְׂרָאֵל עַמּוֹ וּבִנְבִיאֵי הָאֱמֶת וְהַצֶּדֶק.

אחר קריאת ההפטרה המפטיר מברך:

בָּרוּךְ אַתָּה יהוה, אֱלֹהֵינוּ מֶלֶךְ הָעוֹלָם, צוּר כָּל הָעוֹלָמִים, הַצַּדִּיק בְּכָל הַדּוֹרוֹת, הָאֵל הַנֶּאֱמָן, הָאוֹמֵר וְעוֹשֶׂה, מְדַבֵּר וּמְקַיֵּם, אֲשֶׁר כָּל דְּבָרָיו הָאֱמֶת וְהַצֶּדֶק. נֶאֱמָן אַתָּה הוּא יהוה אֱלֹהֵינוּ וְנֶאֱמָנִים דְּבָרֶיךָ, וְדָבָר מִדְּבָרֶיךָ אָחוֹר לֹא יָשׁוּב רֵיקָם, כִּי אֵל נֶאֱמָן אָתָּה. בָּרוּךְ אַתָּה יהוה, הָאֵל הַנֶּאֱמָן בְּכָל דְּבָרָיו.

רַחֵם עַל צִיּוֹן כִּי הִיא בֵּית חַיֵּינוּ, וְלַעֲגוּמַת נֶפֶשׁ תִּנְקֹם נָקָם מְהֵרָה בְיָמֵינוּ וְתִבָּנֶה מְהֵרָה. בָּרוּךְ אַתָּה יהוה, בּוֹנֵה יְרוּשָׁלָיִם.

אֶת צֶמַח דָּוִד מְהֵרָה תַצְמִיחַ וְקַרְנוֹ תָרוּם בִּישׁוּעָתֶךָ. בָּרוּךְ אַתָּה יהוה, מָגֵן דָּוִד.

עַל הַתּוֹרָה וְעַל הַנְּבִיאִים וְעַל יוֹם הַמָּנוֹחַ הַזֶּה /בראש חודש: וְעַל יוֹם רֹאשׁ הַחֹדֶשׁ הַזֶּה/ שֶׁנָּתַתָּ לָּנוּ יהוה אֱלֹהֵינוּ לִקְדֻשָּׁה וְלִמְנוּחָה, לְכָבוֹד וּלְתִפְאָרֶת. עַל הַכֹּל אָנוּ מְבָרְכִים אֶת שְׁמָךְ. בָּרוּךְ אַתָּה יהוה, מְקַדֵּשׁ הַשַּׁבָּת. אָמֵן.

שמות הטעמים וסימניהם

אשכנזים: מֵרְכָ֥א טִפְּחָ֖א מֻנַּ֣ח אֶתְנַחְתָּ֑א מֵרְכָ֥א טִפְּחָ֖א סוֹף־פָּסֽוּק
מַהְפַּ֤ךְ פַּשְׁטָא֙ מֻנַּ֣ח זָקֵף־קָטָ֔ן זָקֵף־גָּד֕וֹל מֻנַּ֣ח ׀ מֻנַּ֣ח רְבִ֗יע
קַדְמָ֨א דַּרְגָּ֧א תְּבִ֛יר מֻנַּ֣ח זַרְקָא֮ מֻנַּ֣ח סֶגּוֹל֒ ֠תְּלִישָׁא־גְדוֹלָה
תְּלִישָׁא־קְטַנָּה֩ קַדְמָ֨א וְאַזְלָ֜א אַזְלָא־גֵּ֜רֵשׁ גֵּרְשַׁ֞יִם פָּזֵ֡ר
יְתִ֚יב שַׁלְשֶׁ֓לֶת גַּלְגַּ֪ל קַרְנֵי־פָרָ֟ה מֵרְכָא־כְפוּלָ֦ה
לְגַרְמֵ֣הּ ׀ סוֹף־פָּסֽוּק

ספרדים: זַרְקָא֮ מַקַּף־שׁוֹפָר־הוֹלֵ֣ךְ סְגוֹלְתָּא֒ פָּזֵר־גָּד֡וֹל
֠תַּלְשָׁא תִּילְשָׁא֩ אַזְלָא־גֵּ֜רִישׁ פָּסֵק׀ רְבִ֗יע שְׁנֵי־גְרִשִׁ֞ין
דַּרְגָּ֧א תְּבִ֛יר מַאֲרִ֥יךְ טַרְחָ֖א אַתְנָ֑ח שׁוֹפָר־מְהֻפָּ֤ךְ
קַדְמָא֙ תְּרֵי־קַדְמִין֙ זָקֵף־קָטָ֔ן זָקֵף־גָּד֕וֹל שַׁלְשֶׁ֓לֶת
גַּלְגַּ֪ל קַרְנֵי־פָרָ֟ה תְּרֵי־טַעֲמֵ֦י יְתִ֚יב סוֹף־פָּסֽוּק

תימנים: זַרְקָא֮ מַקַּף־שׁוֹפָר־הוֹלֵ֣ךְ סְגֻלְתָּא֒ פָּזֵ֡ר ֠תִּלְשָׁא־יָמִין
תִּלְשָׁא־שְׂמֹאל֩ אֲזֵ֜ל וְאָתֵ֜י פְּסִיק׀ רְבִ֗יע תְּרֵ֞ין־טַרְסִין
דַּרְגָּ֧א תְּבִ֛יר מַאֲרְכָ֥ה טִפְּחָ֖א אַתְנָחָ֑א שׁוֹפָר־הָפ֤וּךְ
פַּשְׁטָא֙ תְּרֵין־פַּשְׁטִין֙ זָקֵף־קָטָ֔ן זָקֵף־גָּד֕וֹל שַׁלְשֶׁ֓לֶת
גַּלְגַּ֪ל קַרְנֵי־פָרָ֟ה תְּרֵין־טַעֲמֵ֦י יְתִ֚יב סוֹף־פָּסֽוּק

אות קורן ואות רש"י

א	א
ב	ב
ג	ג
ד	ד
ה	ה
ו	ו
ז	ז
ח	ח
ט	ט
י	י
כ	כ

ל	ל
מ	מ
נ	נ
ס	ס
ע	ע
פ	פ
צ	צ
ק	ק
ר	ר
ש	ש
ת	ת

ם	ם
ן	ן
ץ	ץ
ף	ף
ך	ך

בראשית

בס"ד

פרשת בראשית

בראשית

א בְּרֵאשִׁ֖ית בָּרָ֣א אֱלֹהִ֑ים אֵ֥ת הַשָּׁמַ֖יִם וְאֵ֥ת הָאָֽרֶץ׃ א א
ב וְהָאָ֗רֶץ הָיְתָ֥ה תֹ֙הוּ֙ וָבֹ֔הוּ וְחֹ֖שֶׁךְ עַל־פְּנֵ֣י תְה֑וֹם וְר֣וּחַ
ג אֱלֹהִ֔ים מְרַחֶ֖פֶת עַל־פְּנֵ֥י הַמָּֽיִם׃ וַיֹּ֥אמֶר אֱלֹהִ֖ים
ד יְהִ֣י א֑וֹר וַֽיְהִי־אֽוֹר׃ וַיַּ֧רְא אֱלֹהִ֛ים אֶת־הָא֖וֹר כִּי־
ה ט֑וֹב וַיַּבְדֵּ֣ל אֱלֹהִ֔ים בֵּ֥ין הָא֖וֹר וּבֵ֥ין הַחֹֽשֶׁךְ׃ וַיִּקְרָ֨א
אֱלֹהִ֤ים ׀ לָאוֹר֙ י֔וֹם וְלַחֹ֖שֶׁךְ קָ֣רָא לָ֑יְלָה וַֽיְהִי־עֶ֥רֶב
וַֽיְהִי־בֹ֖קֶר י֥וֹם אֶחָֽד׃
ו וַיֹּ֣אמֶר אֱלֹהִ֔ים יְהִ֥י רָקִ֖יעַ בְּת֣וֹךְ הַמָּ֑יִם וִיהִ֣י מַבְדִּ֔יל
ז בֵּ֥ין מַ֖יִם לָמָֽיִם׃ וַיַּ֣עַשׂ אֱלֹהִים֮ אֶת־הָרָקִיעַ֒ וַיַּבְדֵּ֗ל
בֵּ֤ין הַמַּ֙יִם֙ אֲשֶׁר֙ מִתַּ֣חַת לָרָקִ֔יעַ וּבֵ֥ין הַמַּ֖יִם אֲשֶׁ֣ר

פרק א

א| **בְּרֵאשִׁית**. אָמַר רַבִּי יִצְחָק: לֹא הָיָה צָרִיךְ לְהַתְחִיל אֶת הַתּוֹרָה אֶלָּא מֵ"הַחֹדֶשׁ הַזֶּה לָכֶם" (שמות יב, ב) שֶׁהִיא מִצְוָה רִאשׁוֹנָה שֶׁנִּצְטַוּוּ יִשְׂרָאֵל. וּמַה טַּעַם פָּתַח בִּ"בְרֵאשִׁית" – מִשּׁוּם "כֹּחַ מַעֲשָׂיו הִגִּיד לְעַמּוֹ לָתֵת לָהֶם נַחֲלַת גּוֹיִם" (תהלים קיא, ו), שֶׁאִם יֹאמְרוּ אֻמּוֹת הָעוֹלָם לְיִשְׂרָאֵל: לִסְטִים אַתֶּם שֶׁכְּבַשְׁתֶּם אַרְצוֹת שִׁבְעָה גוֹיִם, הֵם אוֹמְרִים לָהֶם: כָּל הָאָרֶץ שֶׁל הַקָּדוֹשׁ בָּרוּךְ הוּא הִיא, הוּא בְּרָאָהּ וּנְתָנָהּ לַאֲשֶׁר יָשַׁר בְּעֵינָיו, בִּרְצוֹנוֹ נְתָנָהּ לָהֶם, וּבִרְצוֹנוֹ נְטָלָהּ מֵהֶם וּנְתָנָהּ לָנוּ: **בְּרֵאשִׁית בָּרָא**. אֵין הַמִּקְרָא הַזֶּה אוֹמֵר אֶלָּא דָּרְשֵׁנִי, כְּמוֹ שֶׁדְּרָשׁוּהוּ רַבּוֹתֵינוּ ז"ל: בִּשְׁבִיל הַתּוֹרָה שֶׁנִּקְרֵאת "רֵאשִׁית דַּרְכּוֹ" (משלי ח, כב), וּבִשְׁבִיל יִשְׂרָאֵל שֶׁנִּקְרְאוּ "רֵאשִׁית תְּבוּאָתֹה" (ירמיה ב, ג). וְאִם בָּאתָ לְפָרְשׁוֹ כִּפְשׁוּטוֹ, כָּךְ פָּרְשֵׁהוּ: בְּרֵאשִׁית בְּרִיאַת שָׁמַיִם וָאָרֶץ, וְהָאָרֶץ הָיְתָה תֹהוּ וָבֹהוּ וְחֹשֶׁךְ, וַיֹּאמֶר אֱלֹהִים יְהִי אוֹר. וְלֹא בָּא הַמִּקְרָא לְהוֹרוֹת סֵדֶר הַבְּרִיאָה לוֹמַר שֶׁאֵלּוּ קָדְמוּ, שֶׁאִם בָּא לְהוֹרוֹת כָּךְ, הָיָה לוֹ לִכְתֹּב: בָּרִאשׁוֹנָה בָּרָא אֶת הַשָּׁמַיִם וְגוֹ', שֶׁאֵין לְךָ 'רֵאשִׁית' בַּמִּקְרָא שֶׁאֵינוֹ דָּבוּק לַתֵּבָה שֶׁלְּאַחֲרָיו, כְּמוֹ: "בְּרֵאשִׁית מַמְלֶכֶת יְהוֹיָקִם" (שם כז, א), "רֵאשִׁית מַמְלַכְתּוֹ" (בראשית י, י), "רֵאשִׁית דְּגָנְךָ"

א א ב בְּקַדְמִין בְּרָא יְיָ, יָת שְׁמַיָּא וְיָת אַרְעָא: וְאַרְעָא, הֲוָת צָדְיָא וְרֵיקָנְיָא, וַחֲשׁוֹכָא עַל אַפֵּי
ג ד תְהוֹמָא, וְרוּחָא מִן קֳדָם יְיָ, מְנַשְּׁבָא עַל אַפֵּי מַיָּא: וַאֲמַר יְיָ יְהֵי נְהוֹרָא, וַהֲוָה נְהוֹרָא: וַחֲזָא
ה יְיָ, יָת נְהוֹרָא אֲרֵי טָב, וְאַפְרֵישׁ יְיָ, בֵּין נְהוֹרָא וּבֵין חֲשׁוֹכָא: וּקְרָא יְיָ לִנְהוֹרָא יְמָמָא, וְלַחֲשׁוֹכָא
ו קְרָא לֵילְיָא, וַהֲוָה רְמַשׁ וַהֲוָה צְפַר יוֹם חַד: וַאֲמַר יְיָ, יְהֵי רְקִיעָא בִּמְצִיעוּת מַיָּא, וִיהֵי מַפְרֵישׁ,
ז בֵּין מַיָּא לְמַיָּא: וַעֲבַד יְיָ יָת רְקִיעָא, וְאַפְרֵישׁ, בֵּין מַיָּא דְּמִלְּרַע לִרְקִיעָא, וּבֵין מַיָּא, דְּמֵעַל

(דברים יח, ד). אַף כָּאן אַתָּה אוֹמֵר: "בְּרֵאשִׁית בָּרָא אֱלֹהִים" וְגוֹ' כְּמוֹ: 'בְּרֵאשִׁית בְּרֹא', וְדוֹמֶה לוֹ: "תְּחִלַּת דִּבֶּר ה' בְּהוֹשֵׁעַ", כְּלוֹמַר תְּחִלַּת דִּבּוּרוֹ שֶׁל הַקָּדוֹשׁ בָּרוּךְ הוּא בְּהוֹשֵׁעַ, "וַיֹּאמֶר ה' אֶל הוֹשֵׁעַ" וְגוֹ' (הושע א, ב). וְאִם תֹּאמַר, לְהוֹרוֹת בָּא שֶׁאֵלּוּ תְּחִלָּה נִבְרְאוּ, וּפֵרוּשׁוֹ: 'בְּרֵאשִׁית הַכֹּל בָּרָא אֵלּוּ', וְיֵשׁ לְךָ מִקְרָאוֹת שֶׁמְּקַצְּרִים לְשׁוֹנָם וּמְמַעֲטִים תֵּבָה אַחַת, כְּמוֹ: "כִּי לֹא סָגַר דַּלְתֵי בִטְנִי" (איוב ג, י) וְלֹא פֵּרַשׁ מִי הַסּוֹגֵר, וּכְמוֹ: "יִשָּׂא אֶת חֵיל דַּמֶּשֶׂק" (ישעיה ח, ד) וְלֹא פֵּרַשׁ מִי יִשָּׂאֶנּוּ, וּכְמוֹ: "אִם יַחֲרוֹשׁ בַּבְּקָרִים" (עמוס ו, יב) וְלֹא פֵּרַשׁ 'אִם יַחֲרוֹשׁ אָדָם בַּבְּקָרִים', וּכְמוֹ: "מַגִּיד מֵרֵאשִׁית אַחֲרִית" (ישעיה מו, י) וְלֹא פֵּרַשׁ 'מַגִּיד מֵרֵאשִׁית דָּבָר אַחֲרִית דָּבָר' – אִם כֵּן תְּמַהּ עַל עַצְמְךָ שֶׁהֲרֵי הַמַּיִם קָדְמוּ, שֶׁהֲרֵי כְּתִיב: "וְרוּחַ אֱלֹהִים מְרַחֶפֶת עַל פְּנֵי הַמָּיִם" (להלן פסוק ב), וַעֲדַיִן לֹא גִּלָּה הַמִּקְרָא בְּרִיאַת הַמַּיִם מָתַי הָיְתָה, לָמַדְתָּ שֶׁקָּדְמוּ לָאָרֶץ, וְעוֹד שֶׁהַשָּׁמַיִם מֵאֵשׁ וּמַיִם נִבְרְאוּ, עַל כָּרְחֲךָ לֹא לִמֵּד הַמִּקְרָא בְּסֵדֶר הַמֻּקְדָּמִים וְהַמְאֻחָרִים כְּלוּם: **בָּרָא אֱלֹהִים.** וְלֹא אָמַר 'בָּרָא ה'', שֶׁבַּתְּחִלָּה עָלָה בְּמַחֲשָׁבָה לִבְרֹאתוֹ בְּמִדַּת הַדִּין, וְרָאָה שֶׁאֵין מִתְקַיֵּם, וְהִקְדִּים מִדַּת רַחֲמִים וְשִׁתְּפָהּ לְמִדַּת הַדִּין, וְהַיְנוּ דִּכְתִיב: "בְּיוֹם עֲשׂוֹת ה' אֱלֹהִים אֶרֶץ וְשָׁמָיִם" (להלן ב, ד):

ב] **תֹהוּ וָבֹהוּ.** תֹּהוּ לְשׁוֹן תֵּמַהּ וְשִׁמָּמוֹן, שֶׁאָדָם תּוֹהֶה וּמִשְׁתּוֹמֵם עַל בֹּהוּ שֶׁבָּהּ: תֹּהוּ. אישטורדישו"ן בְּלַעַז: בֹּהוּ. לְשׁוֹן רֵיקוּת וְצָדוּ: **עַל פְּנֵי תְהוֹם.** עַל פְּנֵי הַמַּיִם שֶׁעַל הָאָרֶץ: **וְרוּחַ אֱלֹהִים מְרַחֶפֶת.** כִּסֵּא הַכָּבוֹד עוֹמֵד בָּאֲוִיר וּמְרַחֵף עַל פְּנֵי הַמַּיִם בְּרוּחַ פִּיו שֶׁל הַקָּדוֹשׁ בָּרוּךְ הוּא וּבְמַאֲמָרוֹ, כְּיוֹנָה הַמְרַחֶפֶת עַל הַקֵּן, אקוביטי"ר בְּלַעַז:

ד] **וַיַּרְא אֱלֹהִים אֶת הָאוֹר כִּי טוֹב וַיַּבְדֵּל.** אַף בָּזֶה אָנוּ צְרִיכִים לְדִבְרֵי אַגָּדָה, רָאָהוּ שֶׁאֵינוֹ כְּדַאי לְהִשְׁתַּמֵּשׁ בּוֹ רְשָׁעִים וְהִבְדִּילוֹ לַצַּדִּיקִים לֶעָתִיד לָבֹא. וּלְפִי פְּשׁוּטוֹ, כָּךְ פָּרְשֵׁהוּ: רָאָהוּ כִּי טוֹב וְאֵין נָאֶה לוֹ וְלַחֹשֶׁךְ שֶׁיִּהְיוּ מִשְׁתַּמְּשִׁים בְּעִרְבּוּבְיָא, וְקָבַע לָזֶה תְּחוּמוֹ בַּיּוֹם וְלָזֶה תְּחוּמוֹ בַּלַּיְלָה:

ה] **יוֹם אֶחָד.** לְפִי סֵדֶר לְשׁוֹן הַפָּרָשָׁה הָיָה לוֹ לִכְתֹּב: יוֹם רִאשׁוֹן, כְּמוֹ שֶׁכָּתוּב בִּשְׁאָר הַיָּמִים: שֵׁנִי, שְׁלִישִׁי, רְבִיעִי. לָמָּה כָּתַב "אֶחָד"? עַל שֵׁם שֶׁהָיָה הַקָּדוֹשׁ בָּרוּךְ הוּא יָחִיד בְּעוֹלָמוֹ, שֶׁלֹּא נִבְרְאוּ הַמַּלְאָכִים עַד יוֹם שֵׁנִי. כָּךְ מְפֹרָשׁ בִּבְרֵאשִׁית רַבָּה (ג, ח):

ו] **יְהִי רָקִיעַ.** יֶחֱזַק הָרָקִיעַ, שֶׁאַף עַל פִּי שֶׁנִּבְרְאוּ שָׁמַיִם בַּיּוֹם רִאשׁוֹן, עֲדַיִן לַחִים הָיוּ, וְקָרְשׁוּ בַּשֵּׁנִי מִגַּעֲרַת הַקָּדוֹשׁ בָּרוּךְ הוּא בְּאָמְרוֹ: "יְהִי רָקִיעַ", וְזֶהוּ שֶׁכָּתוּב: "עַמּוּדֵי שָׁמַיִם יְרוֹפָפוּ" (איוב כו, יא) כָּל יוֹם רִאשׁוֹן, וּבַשֵּׁנִי – "וְיִתְמְהוּ מִגַּעֲרָתוֹ" (שם), כְּאָדָם שֶׁמִּשְׁתּוֹמֵם וְעוֹמֵד מִגַּעֲרַת הַמְאַיֵּם עָלָיו: **בְּתוֹךְ הַמָּיִם.** בְּאֶמְצַע הַמַּיִם, שֶׁיֵּשׁ הֶפְרֵשׁ בֵּין מַיִם הָעֶלְיוֹנִים לָרָקִיעַ כְּמוֹ בֵּין הָרָקִיעַ לַמַּיִם שֶׁעַל הָאָרֶץ. הָא לָמַדְתָּ שֶׁהֵם תְּלוּיִים בְּמַאֲמָרוֹ שֶׁל מֶלֶךְ:

ז] **וַיַּעַשׂ אֱלֹהִים אֶת הָרָקִיעַ.** תִּקְּנוֹ עַל עָמְדוֹ וְהִיא עֲשִׂיָּתוֹ, כְּמוֹ: "וְעָשְׂתָה אֶת צִפָּרְנֶיהָ" (דברים

מֵעַל לָרָקִיעַ וַיְהִי־כֵן׃ וַיִּקְרָא אֱלֹהִים לָרָקִיעַ ח
שָׁמָיִם וַיְהִי־עֶרֶב וַיְהִי־בֹקֶר יוֹם שֵׁנִי׃
׀ וַיֹּאמֶר אֱלֹהִים יִקָּווּ הַמַּיִם מִתַּחַת הַשָּׁמַיִם אֶל־ ט
מָקוֹם אֶחָד וְתֵרָאֶה הַיַּבָּשָׁה וַיְהִי־כֵן׃ וַיִּקְרָא י
אֱלֹהִים ׀ לַיַּבָּשָׁה אֶרֶץ וּלְמִקְוֵה הַמַּיִם קָרָא
יַמִּים וַיַּרְא אֱלֹהִים כִּי־טוֹב׃ וַיֹּאמֶר אֱלֹהִים יא
תַּדְשֵׁא הָאָרֶץ דֶּשֶׁא עֵשֶׂב מַזְרִיעַ זֶרַע עֵץ פְּרִי
עֹשֶׂה פְּרִי לְמִינוֹ אֲשֶׁר זַרְעוֹ־בוֹ עַל־הָאָרֶץ
וַיְהִי־כֵן׃ וַתּוֹצֵא הָאָרֶץ דֶּשֶׁא עֵשֶׂב מַזְרִיעַ זֶרַע יב
לְמִינֵהוּ וְעֵץ עֹשֶׂה־פְּרִי אֲשֶׁר זַרְעוֹ־בוֹ לְמִינֵהוּ
וַיַּרְא אֱלֹהִים כִּי־טוֹב׃ וַיְהִי־עֶרֶב וַיְהִי־בֹקֶר יוֹם יג
שְׁלִישִׁי׃ ׀

וַיֹּאמֶר אֱלֹהִים יְהִי מְאֹרֹת בִּרְקִיעַ הַשָּׁמַיִם יד
לְהַבְדִּיל בֵּין הַיּוֹם וּבֵין הַלָּיְלָה וְהָיוּ לְאֹתֹת
וּלְמוֹעֲדִים וּלְיָמִים וְשָׁנִים׃ וְהָיוּ לִמְאוֹרֹת בִּרְקִיעַ טו
הַשָּׁמַיִם לְהָאִיר עַל־הָאָרֶץ וַיְהִי־כֵן׃ וַיַּעַשׂ טז
אֱלֹהִים אֶת־שְׁנֵי הַמְּאֹרֹת הַגְּדֹלִים אֶת־הַמָּאוֹר
הַגָּדֹל לְמֶמְשֶׁלֶת הַיּוֹם וְאֶת־הַמָּאוֹר הַקָּטֹן

כח, יב: מֵעַל לָרָקִיעַ. 'עַל הָרָקִיעַ' לֹא נֶאֱמַר אֶלָּא "מֵעַל", לְפִי שֶׁהֵן תְּלוּיִין בָּאֲוִיר. וּמִפְּנֵי מָה לֹא נֶאֱמַר 'כִּי טוֹב' בַּשֵּׁנִי? לְפִי שֶׁלֹּא נִגְמְרָה מְלֶאכֶת הַמַּיִם עַד יוֹם שְׁלִישִׁי וַהֲרֵי הִתְחִיל בָּהּ בַּשֵּׁנִי,

ח ט לִרְקִיעָא, וַהֲוָה כֵן: וּקְרָא יְיָ, לִרְקִיעָא שְׁמַיָּא, וַהֲוָה רְמַשׁ וַהֲוָה צְפַר יוֹם תִּנְיָן: וַאֲמַר יְיָ,
י יִתְכַּנְשׁוּן מַיָּא, מִתְּחוֹת שְׁמַיָּא לַאֲתַר חַד, וְתִתַּחְזֵי יַבֶּשְׁתָּא, וַהֲוָה כֵן: וּקְרָא יְיָ לְיַבֶּשְׁתָּא
יא אַרְעָא, וּלְבֵית כְּנִישַׁת מַיָּא קְרָא יַמְמֵי, וַחֲזָא יְיָ אֲרֵי טָב: וַאֲמַר יְיָ, תַּדְאֵית אַרְעָא דִּתְאָה,
עִסְבָּא דְּבַר זַרְעֵיהּ מִזְדְּרַע, אִילָן פֵּירִין, עָבֵיד פֵּירִין לִזְנֵיהּ, דְּבַר זַרְעֵיהּ בֵּיהּ עַל אַרְעָא,
יב וַהֲוָה כֵן: וְאַפֵּיקַת אַרְעָא, דִּתְאָה, עִסְבָּא דְּבַר זַרְעֵיהּ מִזְדְּרַע לִזְנוֹהִי, וְאִילָן עָבֵיד פֵּירִין, דְּבַר
יג יד זַרְעֵיהּ בֵּיהּ לִזְנוֹהִי, וַחֲזָא יְיָ אֲרֵי טָב: וַהֲוָה רְמַשׁ וַהֲוָה צְפַר יוֹם תְּלִיתָי: וַאֲמַר יְיָ, יְהוֹן
נְהוֹרִין בִּרְקִיעָא דִשְׁמַיָּא, לְאַפְרָשָׁא, בֵּין יְמָמָא וּבֵין לֵילְיָא, וִיהוֹן לְאָתִין וּלְזִמְנִין,
טו וּלְמִמְנֵי בְהוֹן יוֹמִין וּשְׁנִין: וִיהוֹן לִנְהוֹרִין בִּרְקִיעָא דִשְׁמַיָּא, לְאַנְהָרָא עַל אַרְעָא, וַהֲוָה כֵן:
טז וַעֲבַד יְיָ, יָת תְּרֵין נְהוֹרַיָּא רַבְרְבַיָּא, יָת נְהוֹרָא רַבָּא לְמִשְׁלַט בִּימָמָא, וְיָת נְהוֹרָא זְעֵירָא

וְדָבָר שֶׁלֹּא נִגְמַר אֵינוֹ בִּמְלוֹאוֹ וְטוּבוֹ, וּבַשְּׁלִישִׁי שֶׁנִּגְמְרָה מְלֶאכֶת הַמַּיִם וְהִתְחִיל וְגָמַר מְלָאכָה אַחֶרֶת, כָּפַל בּוֹ 'כִּי טוֹב' שְׁנֵי פְעָמִים (להלן פסוקים י, יב): אַחַת לִגְמַר מְלֶאכֶת הַשֵּׁנִי וְאַחַת לִגְמַר מְלֶאכֶת הַיּוֹם:

ח| **וַיִּקְרָא אֱלֹהִים לָרָקִיעַ שָׁמָיִם.** שָׂא מַיִם, שָׁם מַיִם, אֵשׁ וּמַיִם שֶׁעֵרְבָן זֶה בָּזֶה וְעָשָׂה מֵהֶם שָׁמַיִם:

ט| **יִקָּווּ הַמַּיִם.** שֶׁהָיוּ שְׁטוּחִים עַל פְּנֵי כָּל הָאָרֶץ, וְהִקְוָם בָּאוֹקְיָנוֹס, הוּא הַיָּם הַגָּדוֹל שֶׁבְּכָל הַיַּמִּים:

י| **קָרָא יַמִּים.** וַהֲלֹא יָם אֶחָד הוּא? אֶלָּא אֵינוֹ דּוֹמֶה טַעַם דָּג הָעוֹלֶה מִן הַיָּם בְּעַכּוֹ לְטַעַם דָּג הָעוֹלֶה מִן הַיָּם בְּאַסְפַּמְיָא:

יא| **תַּדְשֵׁא הָאָרֶץ דֶּשֶׁא עֵשֶׂב.** לֹא דֶשֶׁא לְשׁוֹן עֵשֶׂב וְלֹא עֵשֶׂב לְשׁוֹן דֶּשֶׁא, וְלֹא הָיָה לְשׁוֹן הַמִּקְרָא לוֹמַר: 'תַּעֲשִׂיב הָאָרֶץ', שֶׁמִּינֵי דְשָׁאִין מְחֻלָּקִין, כָּל אֶחָד לְעַצְמוֹ נִקְרָא עֵשֶׂב פְּלוֹנִי, וְאֵין לָשׁוֹן לַמְדַבֵּר לוֹמַר דֶּשֶׁא פְּלוֹנִי, שֶׁלְּשׁוֹן דֶּשֶׁא הוּא לְבִישַׁת הָאָרֶץ כְּשֶׁהִיא מִתְמַלֵּאת בִּדְשָׁאִים: **תַּדְשֵׁא.** תִּתְמַלֵּא וְתִתְכַּסֶּה לְבוּשׁ עֲשָׂבִים. בִּלְשׁוֹן לַעַז נִקְרָא דֶּשֶׁא אירבי״ן, כֻּלָּן בְּעִרְבּוּבְיָא, וְכָל שֹׁרֶשׁ לְעַצְמוֹ נִקְרָא עֵשֶׂב: **מַזְרִיעַ זֶרַע.** שֶׁיִּגַּדֵּל בּוֹ זַרְעוֹ לִזְרֹעַ מִמֶּנּוּ בְּמָקוֹם אַחֵר: **עֵץ פְּרִי.** שֶׁיְּהֵא טַעַם הָעֵץ כְּטַעַם הַפְּרִי. וְהִיא לֹא עָשְׂתָה כֵן, אֶלָּא וַתּוֹצֵא הָאָרֶץ עֵץ עֹשֶׂה פְרִי, וְלֹא הָעֵץ פְּרִי, לְפִיכָךְ כְּשֶׁנִּתְקַלֵּל אָדָם עַל עֲוֹנוֹ נִפְקְדָה גַּם הִיא עַל עֲוֹנָהּ וְנִתְקַלְּלָה: **אֲשֶׁר זַרְעוֹ בוֹ.** הֵן גַּרְעִינֵי כָּל פְּרִי שֶׁמֵּהֶן הָאִילָן צוֹמֵחַ כְּשֶׁנּוֹטְעִין אוֹתוֹ:

יב| **וַתּוֹצֵא הָאָרֶץ וְגוֹ'.** אַף עַל פִּי שֶׁלֹּא נֶאֱמַר 'לְמִינֵהוּ' בִּדְשָׁאִין בְּצִוּוּיֵיהֶן, שָׁמְעוּ שֶׁנִּצְטַוּוּ הָאִילָנוֹת עַל כָּךְ וְנָשְׂאוּ קַל וָחֹמֶר בְּעַצְמָן, כַּמְפֹרָשׁ בָּאַגָּדָה בִּשְׁחִיטַת חֻלִּין (חולין ס ע״א):

יד| **יְהִי מְאֹרֹת וְגוֹ'.** מִיּוֹם רִאשׁוֹן נִבְרְאוּ, וּבָרְבִיעִי צִוָּה עֲלֵיהֶם לְהִתָּלוֹת בָּרָקִיעַ, וְכֵן כָּל תּוֹלְדוֹת שָׁמַיִם וָאָרֶץ נִבְרְאוּ מִיּוֹם רִאשׁוֹן וְכָל אֶחָד וְאֶחָד נִקְבַּע בַּיּוֹם שֶׁנִּגְזַר עָלָיו, הוּא שֶׁכָּתוּב (לעיל פסוק א): "אֵת הַשָּׁמַיִם" – לְרַבּוֹת תּוֹלְדוֹתֵיהֶם, "וְאֵת הָאָרֶץ" – לְרַבּוֹת תּוֹלְדוֹתֶיהָ: **יְהִי מְאֹרֹת.** חָסֵר וָי״ו כְּתִיב, עַל שֶׁהוּא יוֹם מְאֵרָה לִפֹּל אַסְכָּרָה בַּתִּינוֹקוֹת, הוּא שֶׁשָּׁנִינוּ: בָּרְבִיעִי הָיוּ מִתְעַנִּים עַל אַסְכָּרָה שֶׁלֹּא תִפֹּל בַּתִּינוֹקוֹת (תענית כז ע״ב): **לְהַבְדִּיל בֵּין הַיּוֹם וּבֵין הַלָּיְלָה.** מִשֶּׁנִּגְנַז הָאוֹר הָרִאשׁוֹן, אֲבָל בְּשִׁבְעַת יְמֵי בְרֵאשִׁית שִׁמְּשׁוּ הָאוֹר וְהַחֹשֶׁךְ הָרִאשׁוֹנִים זֶה בַּיּוֹם וְזֶה בַּלַּיְלָה: **וְהָיוּ לְאֹתֹת.** כְּשֶׁהַמְּאוֹרוֹת לוֹקִין סִימָן רַע הוּא לָעוֹלָם, שֶׁנֶּאֱמַר: "וּמֵאֹתוֹת הַשָּׁמַיִם אַל תֵּחָתּוּ" (ירמיה י, ב), בַּעֲשׂוֹתְכֶם רְצוֹן הַקָּדוֹשׁ בָּרוּךְ הוּא אֵין אַתֶּם צְרִיכִים לִדְאֹג מִן הַפֻּרְעָנוּת: **וּלְמוֹעֲדִים.** עַל שֵׁם הֶעָתִיד, שֶׁעֲתִידִים יִשְׂרָאֵל לְהִצְטַוּוֹת עַל הַמּוֹעֲדוֹת, וְהֵם נִמְנִים לְמוֹלַד הַלְּבָנָה: **וּלְיָמִים.** שִׁמּוּשׁ הַחַמָּה חֲצִי יוֹם וְשִׁמּוּשׁ הַלְּבָנָה חֶצְיוֹ, הֲרֵי יוֹם שָׁלֵם: **וְשָׁנִים.** לְסוֹף שְׁלֹשׁ מֵאוֹת וְשִׁשִּׁים וַחֲמִשָּׁה יָמִים יִגְמְרוּ מַהֲלַכְתָּן בִּשְׁנֵים עָשָׂר מַזָּלוֹת הַמְשָׁרְתִים אוֹתָם, וְהִיא שָׁנָה:

טו| **וְהָיוּ לִמְאוֹרֹת.** עוֹד זֹאת יְשַׁמְּשׁוּ, שֶׁיָּאִירוּ לָעוֹלָם:

טז| **הַמְּאֹרֹת הַגְּדֹלִים.** שָׁוִים נִבְרְאוּ, וְנִתְמַעֲטָה הַלְּבָנָה עַל שֶׁקִּטְרְגָה וְאָמְרָה: אִי אֶפְשָׁר לִשְׁנֵי

לַמֶּמְשֶׁ֣לֶת הַלַּ֔יְלָה וְאֵ֖ת הַכּוֹכָבִֽים׃ וַיִּתֵּ֥ן אֹתָ֛ם יז
אֱלֹהִ֖ים בִּרְקִ֣יעַ הַשָּׁמָ֑יִם לְהָאִ֖יר עַל־הָאָֽרֶץ׃
וְלִמְשֹׁל֙ בַּיּ֣וֹם וּבַלַּ֔יְלָה וּֽלֲהַבְדִּ֔יל בֵּ֥ין הָא֖וֹר וּבֵ֣ין יח
הַחֹ֑שֶׁךְ וַיַּ֥רְא אֱלֹהִ֖ים כִּי־טֽוֹב׃ וַֽיְהִי־עֶ֥רֶב וַֽיְהִי־ יט
בֹ֖קֶר י֥וֹם רְבִיעִֽי׃
וַיֹּ֣אמֶר אֱלֹהִ֔ים יִשְׁרְצ֣וּ הַמַּ֔יִם שֶׁ֖רֶץ נֶ֣פֶשׁ חַיָּ֑ה כ
וְעוֹף֙ יְעוֹפֵ֣ף עַל־הָאָ֔רֶץ עַל־פְּנֵ֖י רְקִ֥יעַ הַשָּׁמָֽיִם׃
וַיִּבְרָ֣א אֱלֹהִ֔ים אֶת־הַתַּנִּינִ֖ם הַגְּדֹלִ֑ים וְאֵ֣ת כא
כָּל־נֶ֣פֶשׁ הַֽחַיָּ֣ה ׀ הָֽרֹמֶ֡שֶׂת אֲשֶׁר֩ שָׁרְצ֨וּ הַמַּ֜יִם
לְמִֽינֵהֶ֗ם וְאֵ֨ת כָּל־ע֤וֹף כָּנָף֙ לְמִינֵ֔הוּ וַיַּ֥רְא אֱלֹהִ֖ים
כִּי־טֽוֹב׃ וַיְבָ֧רֶךְ אֹתָ֛ם אֱלֹהִ֖ים לֵאמֹ֑ר פְּר֣וּ וּרְב֗וּ כב
וּמִלְא֤וּ אֶת־הַמַּ֙יִם֙ בַּיַּמִּ֔ים וְהָע֖וֹף יִ֥רֶב בָּאָֽרֶץ׃
וַֽיְהִי־עֶ֥רֶב וַֽיְהִי־בֹ֖קֶר י֥וֹם חֲמִישִֽׁי׃ כג
וַיֹּ֣אמֶר אֱלֹהִ֗ים תּוֹצֵ֨א הָאָ֜רֶץ נֶ֤פֶשׁ חַיָּה֙ לְמִינָ֔הּ כד
בְּהֵמָ֥ה וָרֶ֛מֶשׂ וְחַֽיְתוֹ־אֶ֖רֶץ לְמִינָ֑הּ וַֽיְהִי־כֵֽן׃
וַיַּ֣עַשׂ אֱלֹהִים֩ אֶת־חַיַּ֨ת הָאָ֜רֶץ לְמִינָ֗הּ וְאֶת־ כה
הַבְּהֵמָה֙ לְמִינָ֔הּ וְאֵ֛ת כָּל־רֶ֥מֶשׂ הָֽאֲדָמָ֖ה לְמִינֵ֑הוּ
וַיַּ֥רְא אֱלֹהִ֖ים כִּי־טֽוֹב׃ וַיֹּ֣אמֶר אֱלֹהִ֔ים נַֽעֲשֶׂ֥ה כו
אָדָ֛ם בְּצַלְמֵ֖נוּ כִּדְמוּתֵ֑נוּ וְיִרְדּוּ֩ בִדְגַ֨ת הַיָּ֜ם וּבְע֣וֹף
הַשָּׁמַ֗יִם וּבַבְּהֵמָה֙ וּבְכָל־הָאָ֔רֶץ וּבְכָל־הָרֶ֖מֶשׂ
הָֽרֹמֵ֥שׂ עַל־הָאָֽרֶץ׃ וַיִּבְרָ֨א אֱלֹהִ֤ים ׀ אֶת־הָֽאָדָם֙ כז

יז לְמִשְׁלַט בְּלֵילְיָא, וְיָת כּוֹכְבַיָּא: וִיהַב יָתְהוֹן, יי בִּרְקִיעָא דִשְׁמַיָּא, לְאַנְהָרָא עַל אַרְעָא:
יח ולְמִשְׁלַט בִּימָמָא וּבְלֵילְיָא, וּלְאַפְרָשָׁא, בֵּין נְהוֹרָא וּבֵין חֲשׁוֹכָא, וַחֲזָא יי אֲרֵי טָב: וַהֲוָה
יט
כ רְמַשׁ וַהֲוָה צְפַר יוֹם רְבִיעָי: וַאֲמַר יי, יִרְחֲשׁוּן מַיָּא, רְחֵישׁ נַפְשָׁא חַיְתָא, וְעוֹפָא יְפָרַח
כא עַל אַרְעָא, עַל אַפֵּי רְקִיעַ שְׁמַיָּא: וּבְרָא יי, יָת תַּנִּינַיָּא רַבְרְבַיָּא, וְיָת כָּל נַפְשָׁא חַיְתָא
כב דְּרָחֲשָׁא, דְּאַרְחִישׁוּ מַיָּא לִזְנֵיהוֹן, וְיָת כָּל עוֹפָא דְּפָרַח לִזְנוֹהִי, וַחֲזָא יי אֲרֵי טָב: וּבָרֵיךְ
כג יָתְהוֹן, יי לְמֵימַר, פּוּשׁוּ וּסְגוֹ, וּמְלוֹ יָת מַיָּא בְּיַמְמַיָּא, וְעוֹפָא יִסְגֵּי בְּאַרְעָא: וַהֲוָה רְמַשׁ
כד וַהֲוָה צְפַר יוֹם חֲמִישָׁי: וַאֲמַר יי, תַּפֵּיק אַרְעָא, נַפְשָׁא חַיְתָא לִזְנַהּ, בְּעִיר וּרְחֵישׁ, וְחַיַּת אַרְעָא
כה לִזְנַהּ, וַהֲוָה כֵן: וַעֲבַד יי יָת חַיַּת אַרְעָא לִזְנַהּ, וְיָת בְּעִירָא לִזְנַהּ, וְיָת, כָּל רִחְשָׁא דְאַרְעָא
כו לִזְנוֹהִי, וַחֲזָא יי אֲרֵי טָב: וַאֲמַר יי, נַעֲבֵיד אֲנָשָׁא, בְּצַלְמַנָא כִּדְמוּתַנָא, וְיִשְׁלְטוּן בְּנוּנֵי יַמָּא
כז וּבְעוֹפָא דִשְׁמַיָּא, וּבִבְעִירָא וּבְכָל אַרְעָא, וּבְכָל רִחְשָׁא דְּרָחֵישׁ עַל אַרְעָא: וּבְרָא יי יָת אָדָם

מְלָכִים שֶׁיִּשְׁתַּמְּשׁוּ בְּכֶתֶר אֶחָד: וְאֵת הַכּוֹכָבִים. עַל יְדֵי שֶׁמִּעֵט אֶת הַלְּבָנָה, הִרְבָּה צְבָאֶיהָ לְהָפִיס דַּעְתָּהּ:

כ| נֶפֶשׁ חַיָּה. שֶׁיְּהֵא בָּהּ חִיּוּת: שֶׁרֶץ. כָּל דָּבָר חַי שֶׁאֵינוֹ גָּבוֹהַּ מִן הָאָרֶץ קָרוּי שֶׁרֶץ, בָּעוֹף – כְּגוֹן זְבוּבִים, בַּשְּׁקָצִים – כְּגוֹן נְמָלִים וְחִפּוּשִׁית וְתוֹלָעִים, וּבַבְּרִיּוֹת – כְּגוֹן חֹלֶד וְעַכְבָּר וְחֹמֶט וְכַיּוֹצֵא בָּהֶם, וְכָל הַדָּגִים:

כא| הַתַּנִּינִם. דָּגִים גְּדוֹלִים שֶׁבַּיָּם. וּבְדִבְרֵי אַגָּדָה: הוּא לִוְיָתָן וּבֶן זוּגוֹ, שֶׁבְּרָאָם זָכָר וּנְקֵבָה וְהָרַג אֶת הַנְּקֵבָה וּמְלָחָהּ לַצַּדִּיקִים לֶעָתִיד לָבֹא, שֶׁאִם יִפְרוּ וְיִרְבּוּ לֹא יִתְקַיֵּם הָעוֹלָם בִּפְנֵיהֶם: נֶפֶשׁ הַחַיָּה. נֶפֶשׁ שֶׁיֵּשׁ בָּהּ חִיּוּת:

כב| וַיְבָרֶךְ אֹתָם. לְפִי שֶׁמְּחַסְּרִים אוֹתָם וְצָדִין מֵהֶן וְאוֹכְלִין אוֹתָם, הֻצְרְכוּ לִבְרָכָה. וְאַף הַחַיּוֹת הֻצְרְכוּ לִבְרָכָה, אֶלָּא מִפְּנֵי הַנָּחָשׁ הֶעָתִיד לִקְלָלָה, לְכָךְ לֹא בֵּרְכָן, שֶׁלֹּא יְהֵא הוּא בַּכְּלָל: פְּרוּ. לְשׁוֹן פְּרִי, כְּלוֹמַר עֲשׂוּ פֵּרוֹת:

כד| תּוֹצֵא הָאָרֶץ. הוּא שֶׁפֵּרַשְׁתִּי (לעיל פסוק יד) שֶׁהַכֹּל נִבְרָא מִיּוֹם רִאשׁוֹן וְלֹא הֻצְרְכוּ אֶלָּא לְהוֹצִיאָם: נֶפֶשׁ חַיָּה. שֶׁיֵּשׁ בָּהּ חִיּוּת: וָרֶמֶשׂ. הֵם שְׁרָצִים שֶׁהֵם נְמוּכִים וְרוֹמְשִׂים עַל הָאָרֶץ, וְנִרְאִים כְּאִלּוּ נִגְרָרִין שֶׁאֵין הִלּוּכָן נִכָּר, כָּל לְשׁוֹן רֶמֶשׂ וְשֶׁרֶץ בִּלְשׁוֹנֵנוּ קונמוברי"ש:

כה| וַיַּעַשׂ. תִּקְּנָן לְצִבְיוֹנָן בְּקוֹמָתָן:

כו| נַעֲשֶׂה אָדָם. עַנְוְתָנוּתוֹ שֶׁל הַקָּדוֹשׁ בָּרוּךְ הוּא לָמַדְנוּ מִכָּאן, לְפִי שֶׁהָאָדָם בִּדְמוּת הַמַּלְאָכִים וְיִתְקַנְּאוּ בוֹ, לְפִיכָךְ נִמְלַךְ בָּהֶם. וּכְשֶׁהוּא דָּן אֶת הַמְּלָכִים הוּא נִמְלָךְ בְּפָמַלְיָא שֶׁלּוֹ, שֶׁכֵּן מָצִינוּ בְּאַחְאָב שֶׁאָמַר לוֹ מִיכָה: "רָאִיתִי אֶת ה' יֹשֵׁב עַל כִּסְאוֹ וְכָל צְבָא הַשָּׁמַיִם עֹמֵד עָלָיו מִימִינוֹ וּמִשְּׂמֹאלוֹ" (מלכים א' כב, יט), וְכִי יֵשׁ יָמִין וּשְׂמֹאל לְפָנָיו? אֶלָּא אֵלּוּ מְיַמְּנִים לִזְכוּת וְאֵלּוּ מַשְׂמְאִילִים לְחוֹבָה, וְכֵן: "בִּגְזֵרַת עִירִין פִּתְגָמָא וּמֵאמַר קַדִּישִׁין שְׁאֵלְתָא" (דניאל ד, יד), אַף כָּאן בְּפָמַלְיָא שֶׁלּוֹ נָטַל רְשׁוּת. אָמַר לָהֶם: יֵשׁ בָּעֶלְיוֹנִים כִּדְמוּתִי, אִם אֵין בַּתַּחְתּוֹנִים כִּדְמוּתִי הֲרֵי יֵשׁ קִנְאָה בְּמַעֲשֵׂה בְרֵאשִׁית: נַעֲשֶׂה אָדָם. אַף עַל פִּי שֶׁלֹּא סִיְּעוּהוּ בִּיצִירָתוֹ, וְיֵשׁ מָקוֹם לַמִּינִים לִרְדּוֹת, לֹא נִמְנַע הַכָּתוּב מִלְּלַמֵּד דֶּרֶךְ אֶרֶץ וּמִדַּת עֲנָוָה, שֶׁיְּהֵא הַגָּדוֹל נִמְלָךְ וְנוֹטֵל רְשׁוּת מִן הַקָּטָן. וְאִם כָּתַב 'אֶעֱשֶׂה אָדָם' לֹא לָמַדְנוּ שֶׁהָיָה מְדַבֵּר עִם בֵּית דִּינוֹ, אֶלָּא עִם עַצְמוֹ. וּתְשׁוּבַת הַמִּינִים כָּתַב בְּצִדּוֹ: "וַיִּבְרָא אֱלֹהִים אֶת הָאָדָם", וְלֹא כָתַב 'וַיִּבְרְאוּ': בְּצַלְמֵנוּ. בִּדְפוּס שֶׁלָּנוּ: כִּדְמוּתֵנוּ. לְהָבִין וּלְהַשְׂכִּיל: וְיִרְדּוּ בִדְגַת הַיָּם. יֵשׁ בַּלָּשׁוֹן הַזֶּה לְשׁוֹן רִדּוּי וּלְשׁוֹן יְרִידָה, זָכָה – רוֹדֶה בַּחַיּוֹת וּבַבְּהֵמוֹת, לֹא זָכָה – נַעֲשֶׂה יָרוּד לִפְנֵיהֶם וְהַחַיָּה מוֹשֶׁלֶת בּוֹ:

כז| וַיִּבְרָא אֱלֹהִים אֶת הָאָדָם בְּצַלְמוֹ. בִּדְפוּס הֶעָשׂוּי לוֹ, שֶׁהַכֹּל נִבְרָא בְּמַאֲמָר וְהוּא בַּיָּדַיִם, שֶׁנֶּאֱמַר: "וַתָּשֶׁת עָלַי כַּפֶּכָה" (תהלים קלט, ה) נַעֲשָׂה בְּחוֹתָם כְּמַטְבֵּעַ הָעֲשׂוּיָה עַל יְדֵי רֹשֶׁם, שֶׁקּוֹרִין קוי"ן בְּלַעַז, וְכֵן הוּא אוֹמֵר: "תִּתְהַפֵּךְ כְּחֹמֶר

בְּצַלְמוֹ בְּצֶלֶם אֱלֹהִים בָּרָא אֹתוֹ זָכָר וּנְקֵבָה בָּרָא
אֹתָם: וַיְבָרֶךְ אֹתָם אֱלֹהִים וַיֹּאמֶר לָהֶם אֱלֹהִים כח

מצווה א
מצוות פריה ורביה

פְּרוּ וּרְבוּ וּמִלְאוּ אֶת־הָאָרֶץ וְכִבְשֻׁהָ וּרְדוּ בִּדְגַת
הַיָּם וּבְעוֹף הַשָּׁמַיִם וּבְכָל־חַיָּה הָרֹמֶשֶׂת עַל־
הָאָרֶץ: וַיֹּאמֶר אֱלֹהִים הִנֵּה נָתַתִּי לָכֶם אֶת־כָּל־ כט
עֵשֶׂב ׀ זֹרֵעַ זֶרַע אֲשֶׁר עַל־פְּנֵי כָל־הָאָרֶץ וְאֶת־
כָּל־הָעֵץ אֲשֶׁר־בּוֹ פְרִי־עֵץ זֹרֵעַ זָרַע לָכֶם יִהְיֶה
לְאָכְלָה: וּלְכָל־חַיַּת הָאָרֶץ וּלְכָל־עוֹף הַשָּׁמַיִם ל
וּלְכֹל ׀ רוֹמֵשׂ עַל־הָאָרֶץ אֲשֶׁר־בּוֹ נֶפֶשׁ חַיָּה אֶת־
כָּל־יֶרֶק עֵשֶׂב לְאָכְלָה וַיְהִי־כֵן: וַיַּרְא אֱלֹהִים אֶת־ לא
כָּל־אֲשֶׁר עָשָׂה וְהִנֵּה־טוֹב מְאֹד וַיְהִי־עֶרֶב וַיְהִי־
בֹקֶר יוֹם הַשִּׁשִּׁי:

וַיְכֻלּוּ הַשָּׁמַיִם וְהָאָרֶץ וְכָל־צְבָאָם: וַיְכַל אֱלֹהִים א ב ב
בַּיּוֹם הַשְּׁבִיעִי מְלַאכְתּוֹ אֲשֶׁר עָשָׂה וַיִּשְׁבֹּת
בַּיּוֹם הַשְּׁבִיעִי מִכָּל־מְלַאכְתּוֹ אֲשֶׁר עָשָׂה:
וַיְבָרֶךְ אֱלֹהִים אֶת־יוֹם הַשְּׁבִיעִי וַיְקַדֵּשׁ אֹתוֹ ג
כִּי בוֹ שָׁבַת מִכָּל־מְלַאכְתּוֹ אֲשֶׁר־בָּרָא אֱלֹהִים
לַעֲשׂוֹת:

שני ב אֵלֶּה תוֹלְדוֹת הַשָּׁמַיִם וְהָאָרֶץ בְּהִבָּרְאָם בְּיוֹם ד
עֲשׂוֹת יְהוָה אֱלֹהִים אֶרֶץ וְשָׁמָיִם: וְכֹל ׀ שִׂיחַ ה
הַשָּׂדֶה טֶרֶם יִהְיֶה בָאָרֶץ וְכָל־עֵשֶׂב הַשָּׂדֶה טֶרֶם

כח בְּצַלְמֵיהּ, בְּצֶלֶם אֱלֹהִים בְּרָא יָתֵיהּ, דְּכַר וְנֻקְבָּא בְּרָא יָתְהוֹן: וּבָרֵיךְ יָתְהוֹן יְיָ, וַאֲמַר לְהוֹן יְיָ,
פּוּשׁוּ וּסְגוֹ, וּמְלוֹ יָת אַרְעָא וּתְקוֹפוּ עֲלַהּ, וּשְׁלוּטוּ, בְּנוּנֵי יַמָּא וּבְעוֹפָא דִּשְׁמַיָּא, וּבְכָל חַיְתָא
כט דְּרָחֲשָׁא עַל אַרְעָא: וַאֲמַר יְיָ, הָא יְהָבִית לְכוֹן, יָת כָּל עִסְבָּא דְּבַר זַרְעֵיהּ מִזְדְּרַע, דְּעַל אַפֵּי כָל
ל אַרְעָא, וְיָת כָּל אִילָן, דְּבֵיהּ פֵּירֵי אִילָנָא דְּבַר זַרְעֵיהּ מִזְדְּרַע, לְכוֹן יְהֵי לְמֵיכָל: וּלְכָל חַיַּת אַרְעָא,
וּלְכָל עוֹפָא דִּשְׁמַיָּא, וּלְכָל דְּרָחֵישׁ עַל אַרְעָא, דְּבֵיהּ נַפְשָׁא חַיְתָא, יָת כָּל יְרוֹק עִסְבָּא לְמֵיכַל,
לא ב א וַהֲוָה כֵן: וַחֲזָא יְיָ יָת כָּל דַּעֲבַד, וְהָא תַקִּין לַחֲדָא, וַהֲוָה רְמַשׁ וַהֲוָה צְפַר יוֹם שְׁתִיתָי: וְאִשְׁתַּכְלַלוּ,
ב שְׁמַיָּא וְאַרְעָא וְכָל חֵילֵיהוֹן: וְשֵׁיצִי יְיָ בְּיוֹמָא שְׁבִיעָאָה, עֲבִידְתֵיהּ דַּעֲבַד, וְנָח בְּיוֹמָא
ג שְׁבִיעָאָה, מִכָּל עֲבִידְתֵיהּ דַּעֲבַד: וּבָרֵיךְ יְיָ יָת יוֹמָא שְׁבִיעָאָה, וְקַדֵּישׁ יָתֵיהּ, אֲרֵי בֵיהּ נָח מִכָּל
ד עֲבִידְתֵיהּ, דִּבְרָא יְיָ לְמֶעֱבַד: אִלֵּין תּוֹלְדָת שְׁמַיָּא, וְאַרְעָא כַּד אִתְבְּרִיאוּ, בְּיוֹמָא, דַּעֲבַד, יְיָ
ה אֱלֹהִים אַרְעָא וּשְׁמַיָּא: וְכָל אִילָנֵי חַקְלָא, עַד לָא הֲווֹ בְאַרְעָא, וְכָל עִסְבָּא דְחַקְלָא עַד לָא

חוֹתָם" (איוב לח, יד): **בְּצֶלֶם אֱלֹהִים בָּרָא אוֹתוֹ.** פֵּרֵשׁ לְךָ שֶׁאוֹתוֹ צֶלֶם הַמְתֻקָּן לוֹ צֶלֶם דְּיוֹקַן יוֹצְרוֹ הוּא: **זָכָר וּנְקֵבָה בָּרָא אֹתָם.** וּלְהַלָּן הוּא אוֹמֵר: "וַיִּקַּח אַחַת מִצַּלְעֹתָיו" וְגוֹ' (להלן ב, כא)! מִדְרַשׁ אַגָּדָה, שֶׁבְּרָאוֹ שְׁנֵי פַּרְצוּפִים בִּבְרִיאָה רִאשׁוֹנָה, וְאַחַר כָּךְ חִלְּקוֹ. וּפְשׁוּטוֹ שֶׁל מִקְרָא: כָּאן הוֹדִיעֲךָ שֶׁנִּבְרְאוּ שְׁנֵיהֶם בַּשִּׁשִּׁי, וְלֹא פֵּרֵשׁ לְךָ כֵּיצַד בְּרִיָּתָן, וּפֵרֵשׁ לְךָ בְּמָקוֹם אַחֵר:

כח| **וְכִבְשֻׁהָ.** חָסֵר וָי"ו, לְלַמֶּדְךָ שֶׁהַזָּכָר כּוֹבֵשׁ אֶת הַנְּקֵבָה שֶׁלֹּא תְּהֵא יַצְאָנִית. וְעוֹד לְלַמֶּדְךָ, שֶׁהָאִישׁ שֶׁדַּרְכּוֹ לִכְבֹּשׁ מְצֻוֶּה עַל פְּרִיָּה וּרְבִיָּה וְלֹא הָאִשָּׁה:

כט-ל| **לָכֶם יִהְיֶה לְאָכְלָה וּלְכָל חַיַּת הָאָרֶץ.** הִשְׁוָה לָהֶם הַכָּתוּב בְּהֵמוֹת וְחַיּוֹת לְמַאֲכָל, וְלֹא הִרְשָׁה לְאָדָם וּלְאִשְׁתּוֹ לְהָמִית בְּרִיָּה וְלֶאֱכֹל בָּשָׂר, אַךְ כָּל יֶרֶק עֵשֶׂב יֹאכְלוּ יַחַד כֻּלָּם. וּכְשֶׁבָּאוּ בְּנֵי נֹחַ, הִתִּיר לָהֶם בָּשָׂר, שֶׁנֶּאֱמַר: "כָּל רֶמֶשׂ אֲשֶׁר הוּא חַי וְגוֹ' כְּיֶרֶק עֵשֶׂב" שֶׁהִתַּרְתִּי לְאָדָם הָרִאשׁוֹן "נָתַתִּי לָכֶם אֶת כֹּל" (להלן ט, ג):

לא| **יוֹם הַשִּׁשִּׁי.** הוֹסִיף הֵ"א בַּשִּׁשִּׁי בִּגְמַר מַעֲשֵׂה בְרֵאשִׁית, לוֹמַר שֶׁהִתְנָה עִמָּהֶם עַל מְנָת שֶׁיְּקַבְּלוּ עֲלֵיהֶם יִשְׂרָאֵל חֲמִשָּׁה חֻמְשֵׁי תוֹרָה. דָּבָר אַחֵר, "יוֹם הַשִּׁשִּׁי", כֻּלָּם תְּלוּיִים וְעוֹמְדִים עַד יוֹם הַשִּׁשִּׁי, הוּא שִׁשִּׁי בְּסִיוָן הַמּוּכָן לְמַתַּן תּוֹרָה:

פרק ב

ב| **וַיְכַל אֱלֹהִים בַּיּוֹם הַשְּׁבִיעִי.** רַבִּי שִׁמְעוֹן אוֹמֵר: בָּשָׂר וָדָם שֶׁאֵינוֹ יוֹדֵעַ עִתָּיו וּרְגָעָיו צָרִיךְ לְהוֹסִיף מֵחוֹל עַל הַקֹּדֶשׁ, הַקָּדוֹשׁ בָּרוּךְ הוּא שֶׁיּוֹדֵעַ עִתָּיו וּרְגָעָיו, נִכְנַס בּוֹ כְּחוּט הַשַּׂעֲרָה, וְנִרְאָה כְּאִלּוּ כִּלָּה בּוֹ בַּיּוֹם. דָּבָר אַחֵר: מָה הָיָה הָעוֹלָם חָסֵר? מְנוּחָה, בָּאת שַׁבָּת בָּאת מְנוּחָה, כָּלְתָה וְנִגְמְרָה הַמְּלָאכָה:

ג| **וַיְבָרֶךְ וַיְקַדֵּשׁ.** בֵּרְכוֹ בַּמָּן, שֶׁכָּל יְמוֹת הַשָּׁבוּעַ יוֹרֵד לָהֶם עֹמֶר לַגֻּלְגֹּלֶת, וּבַשִּׁשִּׁי לֶחֶם מִשְׁנֶה. וְקִדְּשׁוֹ בַּמָּן שֶׁלֹּא יָרַד בּוֹ מָן כְּלָל, וְהַמִּקְרָא כָּתוּב עַל הֶעָתִיד: **אֲשֶׁר בָּרָא אֱלֹהִים לַעֲשׂוֹת.** הַמְּלָאכָה שֶׁהָיְתָה רְאוּיָה לֵעָשׂוֹת בַּשַּׁבָּת כָּפַל וַעֲשָׂאָהּ בַּשִּׁשִּׁי, כְּמוֹ שֶׁמְּפֹרָשׁ בִּבְרֵאשִׁית רַבָּה (יא, ט):

ד| **אֵלֶּה.** הָאֲמוּרִים לְמַעְלָה "תּוֹלְדוֹת הַשָּׁמַיִם וְהָאָרֶץ": **בְּהִבָּרְאָם בְּיוֹם עֲשׂוֹת ה'.** לְלַמֶּדְךָ שֶׁכֻּלָּם נִבְרְאוּ בָּרִאשׁוֹן. דָּבָר אַחֵר, "בְּהִבָּרְאָם", בְּהֵ"י בְּרָאָם, שֶׁנֶּאֱמַר: "בְּיָהּ ה' צוּר עוֹלָמִים" (ישעיה כו, ד), בִּשְׁתֵּי אוֹתִיּוֹת הַלָּלוּ שֶׁל הַשֵּׁם יָצַר שְׁנֵי עוֹלָמִים, וְלִמֶּדְךָ כָּאן שֶׁהָעוֹלָם הַזֶּה נִבְרָא בְּהֵ"י, רֶמֶז שֶׁיֵּרְדוּ הָרְשָׁעִים לְמַטָּה לִרְאוֹת שַׁחַת, כְּהֵ"י זֹאת שֶׁסְּתוּמָה מִכָּל צְדָדִים וּפְתוּחָה לְמַטָּה לָרֶדֶת דֶּרֶךְ שָׁם:

ה| **טֶרֶם יִהְיֶה בָאָרֶץ.** כָּל 'טֶרֶם' שֶׁבַּמִּקְרָא לְשׁוֹן 'עַד לֹא' הוּא, וְאֵינוֹ לְשׁוֹן קֹדֶם, וְאֵינוֹ נִפְעָל לוֹמַר: הִטְרִים, כַּאֲשֶׁר יֵאָמֵר: הִקְדִּים, וְזֶה מוֹכִיחַ, וְעוֹד אַחֵר: "כִּי טֶרֶם תִּירְאוּן" (שמות ט, ל), עֲדַיִן לֹא תִּירָאוּן. וְאַף זֶה תְּפָרֵשׁ: עֲדַיִן לֹא הָיָה בָאָרֶץ כְּשֶׁנִּגְמְרָה בְּרִיאַת הָעוֹלָם בַּשִּׁשִּׁי קֹדֶם שֶׁנִּבְרָא אָדָם, וְכָל עֵשֶׂב הַשָּׂדֶה עֲדַיִן לֹא צָמַח. וּבַשְּׁלִישִׁי שֶׁכָּתוּב: "וַתּוֹצֵא הָאָרֶץ" (לעיל א, יב), עַל פֶּתַח קַרְקַע עָמְדוּ עַד יוֹם שִׁשִּׁי: **כִּי לֹא הִמְטִיר.**

בראשית

ב

יִצְמָח כִּי לֹא הִמְטִיר יְהוָה אֱלֹהִים עַל־הָאָרֶץ
ו וְאָדָם אַיִן לַעֲבֹד אֶת־הָאֲדָמָה: וְאֵד יַעֲלֶה מִן־
ז הָאָרֶץ וְהִשְׁקָה אֶת־כָּל־פְּנֵי־הָאֲדָמָה: וַיִּיצֶר
יְהוָה אֱלֹהִים אֶת־הָאָדָם עָפָר מִן־הָאֲדָמָה וַיִּפַּח
בְּאַפָּיו נִשְׁמַת חַיִּים וַיְהִי הָאָדָם לְנֶפֶשׁ חַיָּה:
ח וַיִּטַּע יְהוָה אֱלֹהִים גַּן־בְּעֵדֶן מִקֶּדֶם וַיָּשֶׂם שָׁם
ט אֶת־הָאָדָם אֲשֶׁר יָצָר: וַיַּצְמַח יְהוָה אֱלֹהִים מִן־
הָאֲדָמָה כָּל־עֵץ נֶחְמָד לְמַרְאֶה וְטוֹב לְמַאֲכָל
וְעֵץ הַחַיִּים בְּתוֹךְ הַגָּן וְעֵץ הַדַּעַת טוֹב וָרָע:
י וְנָהָר יֹצֵא מֵעֵדֶן לְהַשְׁקוֹת אֶת־הַגָּן וּמִשָּׁם יִפָּרֵד
יא וְהָיָה לְאַרְבָּעָה רָאשִׁים: שֵׁם הָאֶחָד פִּישׁוֹן הוּא
הַסֹּבֵב אֵת כָּל־אֶרֶץ הַחֲוִילָה אֲשֶׁר־שָׁם הַזָּהָב:
יב וּזֲהַב הָאָרֶץ הַהִוא טוֹב שָׁם הַבְּדֹלַח וְאֶבֶן
יג הַשֹּׁהַם: וְשֵׁם־הַנָּהָר הַשֵּׁנִי גִּיחוֹן הוּא הַסּוֹבֵב אֵת
יד כָּל־אֶרֶץ כּוּשׁ: וְשֵׁם הַנָּהָר הַשְּׁלִישִׁי חִדֶּקֶל הוּא
הַהֹלֵךְ קִדְמַת אַשּׁוּר וְהַנָּהָר הָרְבִיעִי הוּא פְרָת:
טו וַיִּקַּח יְהוָה אֱלֹהִים אֶת־הָאָדָם וַיַּנִּחֵהוּ בְגַן־עֵדֶן

וּמַה טַּעַם לֹא הִמְטִיר? לְפִי שֶׁאָדָם אַיִן לַעֲבֹד
אֶת הָאֲדָמָה וְאֵין מַכִּיר בְּטוֹבָתָם שֶׁל גְּשָׁמִים.
וּכְשֶׁבָּא אָדָם וְיָדַע שֶׁהֵם צֹרֶךְ לָעוֹלָם הִתְפַּלֵּל
עֲלֵיהֶם וְיָרְדוּ, וְצָמְחוּ הָאִילָנוֹת וְהַדְּשָׁאִים: ה'

בראשית ב

צְמַח, אֲרֵי לָא אַחֵית, יְיָ אֱלֹהִים מִטְרָא עַל אַרְעָא, וֶאֱנָשׁ לֵית, לְמִפְלַח יָת אַדְמְתָא:
ו וַעֲנָנָא הֲוָה סָלִיק מִן אַרְעָא, וּמַשְׁקֵי יָת כָּל אַפֵּי אַדְמְתָא: וּבְרָא יְיָ אֱלֹהִים יָת אָדָם, עַפְרָא
ז מִן אַרְעָא, וּנְפַח בְּאַפּוֹהִי נִשְׁמְתָא דְחַיֵּי, וַהֲוָת בְּאָדָם לְרוּחַ מְמַלְּלָא: וּנְצַב, יְיָ אֱלֹהִים,
ח גִּנְּתָא בְעֵדֶן מִלְּקַדְמִין, וְאַשְׁרִי תַמָּן, יָת אָדָם דִּבְרָא: וְאַצְמַח יְיָ אֱלֹהִים מִן אַרְעָא, כָּל
ט אִילָן, דִּמְרַגַּג לְמֶחֱזֵי וְטָב לְמֵיכַל, וְאִילַן חַיַּיָּא בִּמְצִיעוּת גִּנְּתָא, וְאִילָן, דְּאָכְלֵי פֵירוֹהִי
י חַכְּמִין בֵּין טָב לְבִישׁ: וְנַהְרָא הֲוָה נָפֵיק מֵעֵדֶן, לְאַשְׁקָאָה יָת גִּנְּתָא, וּמִתַּמָּן מִתְפְּרַשׁ,
יא וְהָוֵי לְאַרְבְּעָא רֵישֵׁי נַהֲרִין: שׁוֹם חַד פִּישׁוֹן, הוּא דְמַקֵּיף, יָת כָּל אֲרַע חֲוִילָה, דְּתַמָּן
יב דַּהֲבָא: וְדַהֲבָא, דְּאַרְעָא הַהִיא טָב, תַּמָּן בְּדֻלְחָא וְאַבְנֵי בֻרְלָא: וְשׁוֹם נַהְרָא תִנְיָנָא גִיחוֹן,
יג-יד הוּא דְמַקֵּיף, יָת כָּל אֲרַע כּוּשׁ: וְשׁוֹם נַהְרָא תְלִיתָאָה דִּגְלַת, הוּא דִמְהַלֵּךְ לְמַדְנְחָא
טו דְאַתּוּר, וְנַהְרָא רְבִיעָאָה הוּא פְרָת: וּדְבַר, יְיָ אֱלֹהִים יָת אָדָם, וְאַשְׁרְיֵהּ בְּגִנְּתָא דְעֵדֶן,

אֱלֹהִים. ה' הוּא שְׁמוֹ, אֱלֹהִים - שֶׁהוּא שַׁלִּיט וְשׁוֹפֵט עַל כֹּל, וְכֵן פֵּרוּשׁ זֶה בְּכָל מָקוֹם לְפִי פְּשׁוּטוֹ: ה' שֶׁהוּא אֱלֹהִים:

ו) **וְאֵד יַעֲלֶה.** לְעִנְיַן בְּרִיָּתוֹ שֶׁל אָדָם, הֶעֱלָה הַתְּהוֹם וְהִשְׁקָה עֲנָנִים לִשְׁרוֹת הֶעָפָר וְנִבְרָא אָדָם, כְּגַבָּל זֶה שֶׁנּוֹתֵן מַיִם וְאַחַר כָּךְ לָשׁ אֶת הָעִסָּה, אַף כָּאן "וְהִשְׁקָה" וְאַחַר כָּךְ "וַיִּיצֶר":

ז) **וַיִּיצֶר.** שְׁתֵּי יְצִירוֹת, יְצִירָה לָעוֹלָם הַזֶּה וִיצִירָה לִתְחִיַּת הַמֵּתִים, אֲבָל בַּבְּהֵמָה שֶׁאֵינָהּ עוֹמֶדֶת לַדִּין, לֹא נִכְתַּב בִּיצִירָתָהּ שְׁנֵי יוּדִי"ן: **עָפָר מִן הָאֲדָמָה.** צָבַר עֲפָרוֹ מִכָּל הָאֲדָמָה מֵאַרְבַּע רוּחוֹת, שֶׁכָּל מָקוֹם שֶׁיָּמוּת שָׁם תְּהֵא קוֹלַטְתּוֹ לִקְבוּרָה. דָּבָר אַחֵר, נָטַל עֲפָרוֹ מִמָּקוֹם שֶׁנֶּאֱמַר בּוֹ: "מִזְבַּח אֲדָמָה תַּעֲשֶׂה לִּי" (שמות כ, כא), הַלְוַאי תְּהֵא לוֹ כַּפָּרָה וְיוּכַל לַעֲמֹד: **וַיִּפַּח בְּאַפָּיו.** עֲשָׂאוֹ מִן הַתַּחְתּוֹנִים וּמִן הָעֶלְיוֹנִים, גּוּף מִן הַתַּחְתּוֹנִים וּנְשָׁמָה מִן הָעֶלְיוֹנִים. לְפִי שֶׁבְּיוֹם רִאשׁוֹן נִבְרְאוּ שָׁמַיִם וָאָרֶץ, בַּשֵּׁנִי בָּרָא רָקִיעַ לָעֶלְיוֹנִים, בַּשְּׁלִישִׁי "תֵּרָאֶה הַיַּבָּשָׁה" לַתַּחְתּוֹנִים, בָּרְבִיעִי בָּרָא מְאוֹרוֹת לָעֶלְיוֹנִים, בַּחֲמִישִׁי "יִשְׁרְצוּ הַמַּיִם" לַתַּחְתּוֹנִים, הֻזְקַק הַשִּׁשִּׁי לִבְרֹאות בּוֹ בָּעֶלְיוֹנִים וּבַתַּחְתּוֹנִים, וְאִם לָאו יֵשׁ קִנְאָה בְּמַעֲשֵׂה בְרֵאשִׁית, שֶׁיִּהְיוּ אֵלּוּ רַבִּים עַל אֵלּוּ בִּבְרִיאַת יוֹם אֶחָד: **לְנֶפֶשׁ חַיָּה.** אַף בְּהֵמָה וְחַיָּה נִקְרְאוּ "נֶפֶשׁ חַיָּה", אַךְ זוֹ שֶׁל אָדָם חַיָּה שֶׁבְּכֻלָּן, שֶׁנִּתּוֹסַף בּוֹ דֵּעָה וְדִבּוּר:

ח) **מִקֶּדֶם.** בְּמִזְרָחוֹ שֶׁל עֵדֶן נָטַע אֶת הַגָּן, וְאִם תֹּאמַר, הֲרֵי כְּבָר כָּתַב: "וַיִּבְרָא... אֶת הָאָדָם וְגוֹ'" (לעיל א, כז)? רָאִיתִי בַּבָּרַיְתָא שֶׁל רַבִּי אֱלִיעֶזֶר בְּנוֹ שֶׁל רַבִּי יוֹסֵי הַגְּלִילִי מִשְּׁלֹשִׁים וּשְׁתַּיִם מִדּוֹת שֶׁהַהַגָּדָה נִדְרֶשֶׁת, וְזוֹ אַחַת מֵהֶן: כְּלָל שֶׁלְּאַחֲרָיו מַעֲשֶׂה, הוּא פְּרָטוֹ שֶׁל רִאשׁוֹן. "וַיִּבְרָא... אֶת הָאָדָם" - זֶהוּ כְּלָל, סָתַם בְּרִיָּתוֹ מֵהֵיכָן וְסָתַם מַעֲשָׂיו. חָזַר וּפֵרַשׁ: "וַיִּיצֶר ה' אֱלֹהִים וְגוֹ'", וַיַּצְמַח לוֹ גַּן עֵדֶן וַיַּנִּיחֵהוּ בְּגַן עֵדֶן וַיַּפֵּל עָלָיו תַּרְדֵּמָה, הַשּׁוֹמֵעַ סָבוּר שֶׁהוּא מַעֲשֶׂה אַחֵר וְאֵינוֹ אֶלָּא פְּרָטוֹ שֶׁל רִאשׁוֹן. וְכֵן אֵצֶל הַבְּהֵמָה חָזַר וְכָתַב: "וַיִּצֶר ה' וְגוֹ' מִן הָאֲדָמָה כָּל חַיַּת הַשָּׂדֶה" (להלן פסוק יט), כְּדֵי לְפָרֵשׁ: "וַיָּבֵא אֶל הָאָדָם" לִקְרוֹת שֵׁם, וּלְלַמֵּד עַל הָעוֹפוֹת שֶׁנִּבְרְאוּ מִן הָרְקָק:

ט) **וַיַּצְמַח.** לְעִנְיַן הַגָּן הַכָּתוּב מְדַבֵּר: **בְּתוֹךְ הַגָּן.** בְּאֶמְצַע הַגָּן:

יא) **פִּישׁוֹן.** הוּא נִילוּס נְהַר מִצְרַיִם, וְעַל שֵׁם שֶׁמֵּימָיו מִתְבָּרְכִין וְעוֹלִין וּמַשְׁקִין אֶת הָאָרֶץ נִקְרָא "פִּישׁוֹן", כְּמוֹ: "וּפָשׁוּ פָרָשָׁיו" (חבקוק א, ח). דָּבָר אַחֵר, "פִּישׁוֹן", שֶׁהוּא מְגַדֵּל פִּשְׁתָּן, הוּא שֶׁנֶּאֱמַר בִּישַׁעְיָה אֵצֶל מִצְרַיִם: "וּבֹשׁוּ עֹבְדֵי פִשְׁתִּים" (ישעיה יט, ט):

יג-יד) **גִּיחוֹן.** שֶׁהָיָה הוֹלֵךְ וְהוֹמֶה וַהֲמִיָּתוֹ גְדוֹלָה מְאֹד, כְּמוֹ: "כִּי יִגַּח" (שמות כא, כח), שֶׁמְּנַגֵּחַ וְהוֹלֵךְ וְהוֹמֶה: **חִדֶּקֶל.** שֶׁמֵּימָיו חַדִּין וְקַלִּין: **פְּרָת.** שֶׁמֵּימָיו פָּרִין וְרָבִין וּמַבְרִין אֶת הָאָדָם: **כּוּשׁ וְאַשּׁוּר -** עֲדַיִן לֹא הָיוּ, וְנִכְתַּב הַמִּקְרָא עַל הֶעָתִיד: **קִדְמַת אַשּׁוּר.** לְמִזְרָחָהּ שֶׁל אַשּׁוּר: **הוּא פְרָת.** הֶחָשׁוּב עַל כֻּלָּם, הַנִּזְכָּר עַל שֵׁם אֶרֶץ יִשְׂרָאֵל:

טו) **וַיִּקַּח.** לְקָחוֹ בִּדְבָרִים נָאִים וּפִתָּהוּ לִכָּנֵס:

טז לְעָבְדָהּ וּלְשָׁמְרָהּ׃ וַיְצַו יְהוָה אֱלֹהִים עַל־הָאָדָם
יז לֵאמֹר מִכֹּל עֵץ־הַגָּן אָכֹל תֹּאכֵל׃ וּמֵעֵץ הַדַּעַת
טוֹב וָרָע לֹא תֹאכַל מִמֶּנּוּ כִּי בְּיוֹם אֲכָלְךָ מִמֶּנּוּ
יח מוֹת תָּמוּת׃ וַיֹּאמֶר יְהוָה אֱלֹהִים לֹא־טוֹב הֱיוֹת
יט הָאָדָם לְבַדּוֹ אֶעֱשֶׂה־לּוֹ עֵזֶר כְּנֶגְדּוֹ׃ וַיִּצֶר יְהוָה
אֱלֹהִים מִן־הָאֲדָמָה כָּל־חַיַּת הַשָּׂדֶה וְאֵת כָּל־
עוֹף הַשָּׁמַיִם וַיָּבֵא אֶל־הָאָדָם לִרְאוֹת מַה־יִּקְרָא־
לוֹ וְכֹל אֲשֶׁר יִקְרָא־לוֹ הָאָדָם נֶפֶשׁ חַיָּה הוּא שְׁמוֹ׃
כ וַיִּקְרָא הָאָדָם שֵׁמוֹת לְכָל־הַבְּהֵמָה וּלְעוֹף הַשָּׁמַיִם שלישי
וּלְכֹל חַיַּת הַשָּׂדֶה וּלְאָדָם לֹא־מָצָא עֵזֶר כְּנֶגְדּוֹ׃
כא וַיַּפֵּל יְהוָה אֱלֹהִים ׀ תַּרְדֵּמָה עַל־הָאָדָם וַיִּישָׁן
כב וַיִּקַּח אַחַת מִצַּלְעֹתָיו וַיִּסְגֹּר בָּשָׂר תַּחְתֶּנָּה׃ וַיִּבֶן
יְהוָה אֱלֹהִים ׀ אֶת־הַצֵּלָע אֲשֶׁר־לָקַח מִן־הָאָדָם
כג לְאִשָּׁה וַיְבִאֶהָ אֶל־הָאָדָם׃ וַיֹּאמֶר הָאָדָם זֹאת
הַפַּעַם עֶצֶם מֵעֲצָמַי וּבָשָׂר מִבְּשָׂרִי לְזֹאת יִקָּרֵא
כד אִשָּׁה כִּי מֵאִישׁ לֻקֳחָה־זֹּאת׃ עַל־כֵּן יַעֲזָב־אִישׁ
אֶת־אָבִיו וְאֶת־אִמּוֹ וְדָבַק בְּאִשְׁתּוֹ וְהָיוּ לְבָשָׂר
כה אֶחָד׃ וַיִּהְיוּ שְׁנֵיהֶם עֲרוּמִּים הָאָדָם וְאִשְׁתּוֹ וְלֹא
ג א יִתְבֹּשָׁשׁוּ׃ וְהַנָּחָשׁ הָיָה עָרוּם מִכֹּל חַיַּת הַשָּׂדֶה
אֲשֶׁר עָשָׂה יְהוָה אֱלֹהִים וַיֹּאמֶר אֶל־הָאִשָּׁה אַף
ב כִּי־אָמַר אֱלֹהִים לֹא תֹאכְלוּ מִכֹּל עֵץ הַגָּן׃ וַתֹּאמֶר

בראשית ג

טז לְמִפְלְחַהּ וּלְמִטְּרַהּ: וּפַקִּיד יְיָ אֱלֹהִים, עַל אָדָם לְמֵימַר, מִכֹּל אִילָן גִּנְּתָא מֵיכַל תֵּיכוֹל:
יז וּמֵאִילָן, דְּאָכְלֵי פֵירוֹהִי חַכִּימִין בֵּין טַב לְבִישׁ, לָא תֵיכוֹל מִנֵּיהּ, אֲרֵי, בְּיוֹמָא, דְּתֵיכוֹל מִנֵּיהּ
יח מְמָת תְּמוּת: וַאֲמַר יְיָ אֱלֹהִים, לָא תָקִין, דִּיהֵי אָדָם בִּלְחוֹדוֹהִי, אַעֲבֵיד לֵיהּ סְמָךְ כְּקִבְלֵיהּ:
יט וּבְרָא יְיָ אֱלֹהִים מִן אַרְעָא, כָּל חַיַּת בָּרָא וְיָת כָּל עוֹפָא דִשְׁמַיָּא, וְאַיְתִי לְוָת אָדָם, לְמֶחֱזֵי
כ מָא יִקְרֵי לֵיהּ, וְכֹל דַּהֲוָה קָרֵי לֵיהּ אָדָם, נַפְשָׁא חַיְתָא הוּא שְׁמֵיהּ: וּקְרָא אָדָם שְׁמָהָן, לְכָל
כא בְּעִירָא וּלְעוֹפָא דִשְׁמַיָּא, וּלְכֹל חַיַּת בָּרָא, וּלְאָדָם, לָא אַשְׁכַּח סְמָךְ כְּקִבְלֵיהּ: וּרְמָא יְיָ
כב אֱלֹהִים שִׁנְתָּא, עַל אָדָם וּדְמוֹךְ, וּנְסֵיב, חֲדָא מֵעִלְעוֹהִי, וּמְלִי בִסְרָא תְּחוֹתַהּ: וּבְנָא יְיָ
כג אֱלֹהִים יָת עִלְעָא, דִּנְסֵיב מִן אָדָם לְאִתְּתָא, וְאַיְתְיַהּ לְוָת אָדָם: וַאֲמַר אָדָם, הָדָא זִמְנָא,
כד גַּרְמָא מִגַּרְמַי, וּבִסְרָא מִבִּסְרִי, לְדָא יִתְקְרֵי אִתְּתָא, אֲרֵי מִבַּעְלַהּ נְסִיבָא דָא: עַל כֵּן יִשְׁבּוֹק
כה גְּבַר, בֵּית מִשְׁכְּבֵי אֲבוּהִי וְאִמֵּיהּ, וְיִדְבַּק בְּאִתְּתֵיהּ, וִיהוֹן לְבִסְרָא חַד: וַהֲווֹ תַרְוֵיהוֹן

ג א
עַרְטִילָאִין, אָדָם וְאִתְּתֵיהּ, וְלָא מִתְכַּלְּמִין: וְחִוְיָא הֲוָה חַכִּים, מִכֹּל חַיַּת בָּרָא, דַּעֲבַד יְיָ
ב אֱלֹהִים, וַאֲמַר לְאִתְּתָא, בְּקֻשְׁטָא אֲרֵי אֲמַר יְיָ, לָא תֵיכְלוּן, מִכֹּל אִילָן גִּנְּתָא: וַאֲמַרַת

יח] לֹא טוֹב הֱיוֹת וְגוֹ׳. שֶׁלֹא יֹאמְרוּ שְׁתֵּי רָשֻׁיּוֹת הֵן, הַקָּדוֹשׁ בָּרוּךְ הוּא בָּעֶלְיוֹנִים יָחִיד וְאֵין לוֹ זוּג, וְזֶה בַּתַּחְתּוֹנִים אֵין לוֹ זוּג: **עֵזֶר כְּנֶגְדּוֹ.** זָכָה - עֵזֶר, לֹא זָכָה - כְּנֶגְדּוֹ לְהִלָּחֵם:

יט] וַיִּצֶר... מִן הָאֲדָמָה. הִיא יְצִירָה הִיא עֲשִׂיָּה הָאֲמוּרָה לְמַעְלָה: "וַיַּעַשׂ אֱלֹהִים אֶת חַיַּת הָאָרֶץ" וְגוֹ׳ (לעיל א, כה), אֶלָּא בָּא וּפֵרַשׁ שֶׁהָעוֹפוֹת נִבְרְאוּ מִן הָרְקָק, לְפִי שֶׁאָמַר לְמַעְלָה (לעיל ב, כ) מִן הַמַּיִם נִבְרְאוּ, וְכָאן אָמַר מִן הָחֹמֶר נִבְרְאוּ. וְעוֹד לִמֶּדְךָ כַּאן, שֶׁבִּשְׁעַת יְצִירָתָן מִיָּד בּוֹ בַּיּוֹם הֱבִיאָם אֶל הָאָדָם לִקְרוֹת לָהֶם שֵׁם. וּבְדִבְרֵי אַגָּדָה יְצִירָה זוֹ לְשׁוֹן רִדּוּי וְכִבּוּשׁ, כְּמוֹ: "כִּי תָצוּר אֶל עִיר" (דברים כ, יט), שֶׁכְּבָשָׁן תַּחַת יָדוֹ שֶׁל אָדָם: **וְכֹל אֲשֶׁר יִקְרָא לוֹ הָאָדָם נֶפֶשׁ חַיָּה וְגוֹ׳.** סָרְסֵהוּ וּפָרְשֵׁהוּ: כָּל נֶפֶשׁ חַיָּה אֲשֶׁר יִקְרָא לוֹ הָאָדָם שֵׁם, הוּא שְׁמוֹ לְעוֹלָם:

כ-כא] וּלְאָדָם לֹא מָצָא עֵזֶר. וַיַּפֵּל ה׳ אֱלֹהִים תַּרְדֵּמָה. כְּשֶׁהֱבִיאָן, הֱבִיאָן לְפָנָיו כָּל מִין וָמִין זָכָר וּנְקֵבָה, אָמַר: לְכֻלָּם יֵשׁ בֶּן זוּג וְלִי אֵין בֶּן זוּג, מִיָּד "וַיַּפֵּל": **מִצַּלְעֹתָיו.** מִסִּטְרָיו, כְּמוֹ "וּלְצֶלַע הַמִּשְׁכָּן" (שמות כו, כ), זֶהוּ שֶׁאָמְרוּ (ברכות סא ע"א): שְׁנֵי פַרְצוּפִין נִבְרְאוּ: **וַיִּסְגֹּר.** מְקוֹם הַחֶתֶךְ: **וַיִּישַׁן וַיִּקָּח.** שֶׁלֹּא יַרְגִּישׁ חֲתִיכַת הַבָּשָׂר שֶׁמִּמֶּנּוּ נִבְרֵאת וְתִתְבַּזֶּה עָלָיו:

כב] וַיִּבֶן. כְּבִנְיָן, רְחָבָה מִלְּמַטָּה וּקְצָרָה מִלְמַעְלָה לְקַבֵּל הַוָּלָד, כְּאוֹצָר שֶׁל חִטִּים שֶׁהוּא רָחָב מִלְּמַטָּה וְקָצָר מִלְמַעְלָה שֶׁלֹּא יַכְבִּיד מַשָּׂאוֹ עַל קִירוֹתָיו: **וַיְבִאֶהָ... אֶת הַצֵּלָע... לְאִשָּׁה.** לִהְיוֹת אִשָּׁה, כְּמוֹ: "וַיַּעַשׂ אוֹתוֹ גִדְעוֹן לְאֵפוֹד" (שופטים ח, כז), לִהְיוֹת אֵפוֹד:

כג] זֹאת הַפַּעַם. מְלַמֵּד שֶׁבָּא אָדָם עַל כָּל בְּהֵמָה וְחַיָּה וְלֹא נִתְקָרְרָה דַּעְתּוֹ בָּהֶם: **לְזֹאת יִקָּרֵא אִשָּׁה כִּי מֵאִישׁ וְגוֹ׳.** לָשׁוֹן נוֹפֵל עַל לָשׁוֹן, מִכָּאן שֶׁנִּבְרָא הָעוֹלָם בִּלְשׁוֹן הַקֹּדֶשׁ:

כד] עַל כֵּן יַעֲזָב אִישׁ. רוּחַ הַקֹּדֶשׁ אוֹמֶרֶת כֵּן, לֶאֱסֹר עַל בְּנֵי נֹחַ הָעֲרָיוֹת: **לְבָשָׂר אֶחָד.** הַוָּלָד נוֹצָר עַל יְדֵי שְׁנֵיהֶם, וְשָׁם נַעֲשֶׂה בְשָׂרָם אֶחָד:

כה] וְלֹא יִתְבֹּשָׁשׁוּ. שֶׁלֹּא הָיוּ יוֹדְעִים דֶּרֶךְ צְנִיעוּת לְהַבְחִין בֵּין טוֹב לְרַע, וְאַף עַל פִּי שֶׁנִּתְּנָה בּוֹ דֵעָה לִקְרֹא שֵׁמוֹת, לֹא נִתַּן בּוֹ יֵצֶר הָרַע עַד אָכְלוֹ מִן הָעֵץ, וְנִכְנַס בּוֹ יֵצֶר הָרַע וְיָדַע מַה בֵּין טוֹב לְרָע:

פרק ג

א] וְהַנָּחָשׁ הָיָה עָרוּם. מָה עִנְיַן זֶה לְכָאן? הָיָה לוֹ לִסְמֹךְ: "וַיַּעַשׂ לְאָדָם וּלְאִשְׁתּוֹ כָּתְנוֹת עוֹר וַיַּלְבִּשֵׁם" (להלן פסוק כא)! אֶלָּא לִמֶּדְךָ מֵאֵיזוֹ עֵצָה קָפַץ הַנָּחָשׁ עֲלֵיהֶם, רָאָה אוֹתָם עֲרֻמִּים וְעוֹסְקִים בְּתַשְׁמִישׁ לְעֵין כֹּל וְנִתְאַוָּה לָהּ: **עָרוּם מִכֹּל.** לְפִי עָרְמָתוֹ וּגְדֻלָּתוֹ הָיְתָה מַפַּלְתּוֹ, עָרוּם מִכֹּל, אָרוּר מִכֹּל (להלן פסוק יד): **אַף כִּי אָמַר וְגוֹ׳.** שֶׁמָּא אָמַר לָכֶם: "לֹא תֹאכְלוּ מִכֹּל וְגוֹ׳", וְאַף

ג הָאִשָּׁה אֶל־הַנָּחָשׁ מִפְּרִי עֵץ־הַגָּן נֹאכֵל: וּמִפְּרִי
הָעֵץ אֲשֶׁר בְּתוֹךְ־הַגָּן אָמַר אֱלֹהִים לֹא תֹאכְלוּ
ד מִמֶּנּוּ וְלֹא תִגְּעוּ בּוֹ פֶּן תְּמֻתוּן: וַיֹּאמֶר הַנָּחָשׁ
ה אֶל־הָאִשָּׁה לֹא־מוֹת תְּמֻתוּן: כִּי יֹדֵעַ אֱלֹהִים
כִּי בְּיוֹם אֲכָלְכֶם מִמֶּנּוּ וְנִפְקְחוּ עֵינֵיכֶם וִהְיִיתֶם
ו כֵּאלֹהִים יֹדְעֵי טוֹב וָרָע: וַתֵּרֶא הָאִשָּׁה כִּי טוֹב
הָעֵץ לְמַאֲכָל וְכִי תַאֲוָה־הוּא לָעֵינַיִם וְנֶחְמָד
הָעֵץ לְהַשְׂכִּיל וַתִּקַּח מִפִּרְיוֹ וַתֹּאכַל וַתִּתֵּן גַּם־
ז לְאִישָׁהּ עִמָּהּ וַיֹּאכַל: וַתִּפָּקַחְנָה עֵינֵי שְׁנֵיהֶם
וַיֵּדְעוּ כִּי עֵירֻמִּם הֵם וַיִּתְפְּרוּ עֲלֵה תְאֵנָה וַיַּעֲשׂוּ
ח לָהֶם חֲגֹרֹת: וַיִּשְׁמְעוּ אֶת־קוֹל יְהוָה אֱלֹהִים
מִתְהַלֵּךְ בַּגָּן לְרוּחַ הַיּוֹם וַיִּתְחַבֵּא הָאָדָם וְאִשְׁתּוֹ
ט מִפְּנֵי יְהוָה אֱלֹהִים בְּתוֹךְ עֵץ הַגָּן: וַיִּקְרָא יְהוָה
י אֱלֹהִים אֶל־הָאָדָם וַיֹּאמֶר לוֹ אַיֶּכָּה: וַיֹּאמֶר אֶת־
קֹלְךָ שָׁמַעְתִּי בַּגָּן וָאִירָא כִּי־עֵירֹם אָנֹכִי וָאֵחָבֵא:
יא וַיֹּאמֶר מִי הִגִּיד לְךָ כִּי עֵירֹם אָתָּה הֲמִן־הָעֵץ
יב אֲשֶׁר צִוִּיתִיךָ לְבִלְתִּי אֲכָל־מִמֶּנּוּ אָכָלְתָּ: וַיֹּאמֶר
הָאָדָם הָאִשָּׁה אֲשֶׁר נָתַתָּה עִמָּדִי הִוא נָתְנָה־
יג לִּי מִן־הָעֵץ וָאֹכֵל: וַיֹּאמֶר יְהוָה אֱלֹהִים לָאִשָּׁה
מַה־זֹּאת עָשִׂית וַתֹּאמֶר הָאִשָּׁה הַנָּחָשׁ הִשִּׁיאַנִי
יד וָאֹכֵל: וַיֹּאמֶר יְהוָה אֱלֹהִים ׀ אֶל־הַנָּחָשׁ כִּי עָשִׂיתָ

בראשית ג

ג אִתְּתָא לְחִוְיָא, מִפֵּירֵי אִילָן גִּנְּתָא נֵיכוֹל: וּמִפֵּירֵי אִילָנָא דִּבְמְצִיעוּת גִּנְּתָא, אֲמַר יְיָ, לָא
ד תֵיכְלוּן מִנֵּיהּ, וְלָא תִקְרְבוּן בֵּיהּ, דִּלְמָא תְּמוּתוּן: וַאֲמַר חִוְיָא לְאִתְּתָא, לָא מְמָת תְּמוּתוּן:
ה אֲרֵי גְּלֵי קֳדָם יְיָ, אֲרֵי, בְּיוֹמָא דְּתֵיכְלוּן מִנֵּיהּ, יִתְפַּתְּחָן עֵינֵיכוֹן, וּתְהוֹן כְּרַבְרְבִין, חַכְמִין בֵּין
ו טָב לְבִישׁ: וַחֲזָת אִתְּתָא, אֲרֵי טָב אִילָנָא לְמֵיכַל וַאֲרֵי אָסוּ הוּא לְעַיְנִין, וּמְרַגַּג אִילָנָא
ז לְאִסְתַּכָּלָא בֵיהּ, וּנְסִיבַת מֵאִבֵּיהּ וַאֲכָלַת, וִיהֲבַת אַף לְבַעְלַהּ, עִמַּהּ וַאֲכַל: וְאִתְפַּתָּחָא
עֵינֵי תַרְוֵיהוֹן, וִידָעוּ, אֲרֵי עַרְטִילָּאִין אִנּוּן, וְחָטִיטוּ לְהוֹן טַרְפֵי תֵינִין, וַעֲבָדוּ לְהוֹן זְרָזִין:
ח וּשְׁמָעוּ, יָת קָל מֵימְרָא דַּייָ אֱלֹהִים, מְהַלֵּךְ בְּגִנְּתָא לִמְנָח יוֹמָא, וְאִטַּמַּר אָדָם וְאִתְּתֵיהּ,
ט מִן קֳדָם יְיָ אֱלֹהִים, בְּגוֹ אִילָן גִּנְּתָא: וּקְרָא, יְיָ אֱלֹהִים לְאָדָם, וַאֲמַר לֵיהּ אָן אָתְּ: וַאֲמַר, יָת
י קָל מֵימְרָךְ שְׁמָעִית בְּגִנְּתָא, וּדְחֵילִית, אֲרֵי עַרְטִילַּאי אֲנָא וְאִטַּמָּרִית: וַאֲמַר, מַאן חַוִּי לָךְ,
יא אֲרֵי עַרְטִילַּאי אָתְּ, הֲמִן אִילָנָא, דְּפַקֵּידְתָּךְ, בְּדִיל דְּלָא לְמֵיכַל מִנֵּיהּ אֲכַלְתָּא: וַאֲמַר אָדָם,
יב אִתְּתָא דִּיהֲבַתְּ עִמִּי, הִיא, יְהֲבַת לִי מִן אִילָנָא וַאֲכָלִית: וַאֲמַר יְיָ אֱלֹהִים, לְאִתְּתָא מָא
יג דָּא עֲבַדְתְּ, וַאֲמַרַת אִתְּתָא, חִוְיָא אַטְעְיַנִי וַאֲכָלִית: וַאֲמַר יְיָ אֱלֹהִים לְחִוְיָא אֲרֵי עֲבַדְתְּ

עַל פִּי שֶׁלְּדָעָה חוֹתָם אוֹכְלִים מִשְׁאָר פֵּרוֹת, הִרְבָּה עָלֶיהָ דְּבָרִים כְּדֵי שֶׁתְּשִׁיבֶנּוּ וְיָבוֹא לְדַבֵּר בְּאוֹתוֹ הָעֵץ:

גּ) **וְלֹא תִגְּעוּ בּוֹ**. הוֹסִיפָה עַל הַצִּוּוּי לְפִיכָךְ בָּאָה לִידֵי גֵרָעוֹן, הוּא שֶׁנֶּאֱמַר: "אַל תּוֹסְףְּ עַל דְּבָרָיו" (משלי ל, ו):

ד) **לֹא מוֹת תְּמֻתוּן**. דְּחָפָהּ עַד שֶׁנָּגְעָה בּוֹ. אָמַר לָהּ: כְּשֵׁם שֶׁאֵין מִיתָה בַּנְּגִיעָה, כָּךְ אֵין מִיתָה בַּאֲכִילָה:

ה) **כִּי יֹדֵעַ**. כָּל אֻמָּן שׂוֹנֵא אֶת בְּנֵי אֻמָּנוּתוֹ, מִן הָעֵץ אָכַל וּבָרָא אֶת הָעוֹלָם: **וִהְיִיתֶם כֵּאלֹהִים**. יוֹצְרֵי עוֹלָמוֹת:

ו) **וַתֵּרֶא הָאִשָּׁה**. רָאֲתָה דְּבָרָיו שֶׁל נָחָשׁ וְהָנְאוּ לָהּ וְהֶאֱמִינַתּוּ: **כִּי טוֹב הָעֵץ**. לִהְיוֹת כֵּאלֹהִים: **וְכִי תַאֲוָה הוּא לָעֵינַיִם**. "וְנִפְקְחוּ עֵינֵיכֶם" (לעיל פסוק ה): **וְנֶחְמָד... לְהַשְׂכִּיל**. "יֹדְעֵי טוֹב וָרָע" (שם): **וַתִּתֵּן גַּם לְאִישָׁהּ**. שֶׁלֹּא תָמוּת הִיא וְיִחְיֶה הוּא וְיִשָּׂא אַחֶרֶת: **גַּם**. לְרַבּוֹת בְּהֵמָה וְחַיָּה:

ז) **וַתִּפָּקַחְנָה וְגוֹ'**. לְעִנְיַן הַחָכְמָה דִּבֵּר הַכָּתוּב וְלֹא לְעִנְיַן רְאִיָּה מַמָּשׁ, וְסוֹף הַמִּקְרָא מוֹכִיחַ: "וַיֵּדְעוּ כִּי עֵירֻמִּם הֵם" - אַף הַסּוּמָא יוֹדֵעַ כְּשֶׁהוּא עָרוֹם! אֶלָּא, וַיֵּדְעוּ כִּי עֵירֻמִּם הֵם. מִצְוָה אַחַת הָיְתָה בְּיָדָם וְנִתְעַרְטְלוּ הֵימֶנָּה: **עֲלֵה תְאֵנָה**. הוּא הָעֵץ שֶׁאָכְלוּ מִמֶּנּוּ, בַּדָּבָר שֶׁנִּתְקַלְקְלוּ בּוֹ נִתְקַנּוּ, אֲבָל שְׁאָר הָעֵצִים מָנְעוּ מֵהֶם מִלִּטֹּל עֲלֵיהֶם.

וּמִפְּנֵי מָה לֹא נִתְפָּרֵשׁ הָעֵץ? שֶׁאֵין הַקָּדוֹשׁ בָּרוּךְ הוּא חָפֵץ לְהוֹנוֹת בְּרִיָּה, שֶׁלֹּא יַכְלִימוּהוּ וְיֹאמְרוּ: זֶהוּ שֶׁלָּקָה הָעוֹלָם עַל יָדוֹ. רַבִּי תַּנְחוּמָא (ויק"ר יד):

ח) **וַיִּשְׁמְעוּ**. יֵשׁ מִדְרְשֵׁי אַגָּדָה רַבִּים, וּכְבָר סִדְּרוּם רַבּוֹתֵינוּ עַל מְכוֹנָם בִּבְרֵאשִׁית רַבָּה וּבִשְׁאָר מִדְרָשׁוֹת, וַאֲנִי לֹא בָּאתִי אֶלָּא לִפְשׁוּטוֹ שֶׁל מִקְרָא וְלַאַגָּדָה הַמְיַשֶּׁבֶת דִּבְרֵי הַמִּקְרָא דָּבָר דָּבוּר עַל אָפְנָיו. **וַיִּשְׁמְעוּ**. שָׁמְעוּ אֶת קוֹל הַקָּדוֹשׁ בָּרוּךְ הוּא שֶׁהָיָה מִתְהַלֵּךְ בַּגָּן: **לְרוּחַ הַיּוֹם**. לְאוֹתוֹ רוּחַ שֶׁהַשֶּׁמֶשׁ בָּאָה מִשָּׁם, וְזוֹ הִיא מַעֲרָבִית, שֶׁלִּפְנוֹת עֶרֶב חַמָּה בַּמַּעֲרָב, וְהֵם סָרְחוּ בָּעֲשִׂירִית:

ט) **אַיֶּכָּה**. יוֹדֵעַ הָיָה הֵיכָן הוּא, אֶלָּא לִכָּנֵס עִמּוֹ בִּדְבָרִים, שֶׁלֹּא יְהֵא נִבְהָל לְהָשִׁיב אִם יַעֲנִישֵׁהוּ פִּתְאוֹם. וְכֵן בְּקַיִן אָמַר לוֹ: "אֵי הֶבֶל אָחִיךָ" (להלן ד, ט), וְכֵן בְּבִלְעָם: "מִי הָאֲנָשִׁים הָאֵלֶּה עִמָּךְ" (במדבר כב, ט), לִכָּנֵס עִמָּהֶם בִּדְבָרִים, וְכֵן בְּחִזְקִיָּהוּ בִּשְׁלוּחֵי אֱוִיל מְרֹדָךְ:

יא) **מִי הִגִּיד לְךָ**. מֵאַיִן לְךָ לָדַעַת מַה בּשֶׁת יֵשׁ בְּעוֹמֵד עָרֹם? **הֲמִן הָעֵץ**. בִּתְמִיָּה:

יב) **אֲשֶׁר נָתַתָּה עִמָּדִי**. כָּאן כָּפַר בַּטּוֹבָה:

יג) **הִשִּׁיאַנִי**. הִטְעַנִי, כְּמוֹ: "אַל יַשִּׁיא אֶתְכֶם חִזְקִיָּהוּ" (דברי הימים ב' לב, טו):

יד) **כִּי עָשִׂיתָ זֹּאת**. מִכָּאן שֶׁאֵין מְהַפְּכִים בִּזְכוּתוֹ שֶׁל מֵסִית, שֶׁאִלּוּ שָׁאֲלוֹ: לָמָּה עָשִׂיתָ זֹּאת? הָיָה

בראשית ג

זֹ֗את אָר֤וּר אַתָּה֙ מִכָּל־הַבְּהֵמָ֔ה וּמִכֹּ֖ל חַיַּ֣ת הַשָּׂדֶ֑ה עַל־גְּחֹנְךָ֣ תֵלֵ֔ךְ וְעָפָ֥ר תֹּאכַ֖ל כָּל־יְמֵ֥י חַיֶּֽיךָ׃ טו וְאֵיבָ֣ה ׀ אָשִׁ֗ית בֵּֽינְךָ֙ וּבֵ֣ין הָֽאִשָּׁ֔ה וּבֵ֥ין זַרְעֲךָ֖ וּבֵ֣ין זַרְעָ֑הּ ה֚וּא יְשׁוּפְךָ֣ רֹ֔אשׁ וְאַתָּ֖ה תְּשׁוּפֶ֥נּוּ עָקֵֽב׃ טז אֶֽל־הָאִשָּׁ֣ה אָמַ֗ר הַרְבָּ֤ה אַרְבֶּה֙ עִצְּבוֹנֵ֣ךְ וְהֵֽרֹנֵ֔ךְ בְּעֶ֖צֶב תֵּֽלְדִ֣י בָנִ֑ים וְאֶל־אִישֵׁךְ֙ תְּשׁ֣וּקָתֵ֔ךְ וְה֖וּא יִמְשָׁל־בָּֽךְ׃ יז וּלְאָדָ֣ם אָמַ֗ר כִּֽי־שָׁמַעְתָּ֮ לְק֣וֹל אִשְׁתֶּךָ֒ וַתֹּ֙אכַל֙ מִן־הָעֵ֔ץ אֲשֶׁ֤ר צִוִּיתִ֙יךָ֙ לֵאמֹ֔ר לֹ֥א תֹאכַ֖ל מִמֶּ֑נּוּ אֲרוּרָ֤ה הָֽאֲדָמָה֙ בַּֽעֲבוּרֶ֔ךָ בְּעִצָּבוֹן֙ תֹּֽאכֲלֶ֔נָּה כֹּ֖ל יְמֵ֥י חַיֶּֽיךָ׃ יח וְק֥וֹץ וְדַרְדַּ֖ר תַּצְמִ֣יחַֽ לָ֑ךְ וְאָכַלְתָּ֖ אֶת־עֵ֥שֶׂב הַשָּׂדֶֽה׃ יט בְּזֵעַ֤ת אַפֶּ֙יךָ֙ תֹּ֣אכַל לֶ֔חֶם עַ֤ד שֽׁוּבְךָ֙ אֶל־הָ֣אֲדָמָ֔ה כִּ֥י מִמֶּ֖נָּה לֻקָּ֑חְתָּ כִּֽי־עָפָ֣ר אַ֔תָּה וְאֶל־עָפָ֖ר תָּשֽׁוּב׃ כ וַיִּקְרָ֧א הָֽאָדָ֛ם שֵׁ֥ם אִשְׁתּ֖וֹ חַוָּ֑ה כִּ֛י הִ֥וא הָֽיְתָ֖ה אֵ֥ם כָּל־חָֽי׃ כא וַיַּ֩עַשׂ֩ יְהוָ֨ה אֱלֹהִ֜ים לְאָדָ֧ם וּלְאִשְׁתּ֛וֹ כָּתְנ֥וֹת ע֖וֹר וַיַּלְבִּשֵֽׁם׃

רביעי כב וַיֹּ֣אמֶר ׀ יְהוָ֣ה אֱלֹהִ֗ים הֵ֤ן הָֽאָדָם֙ הָיָה֙ כְּאַחַ֣ד מִמֶּ֔נּוּ לָדַ֖עַת ט֣וֹב וָרָ֑ע וְעַתָּ֣ה ׀ פֶּן־יִשְׁלַ֣ח יָד֗וֹ וְלָקַח֙ גַּ֚ם

לֹא לְהָשִׁיב: דִּבְרֵי הָרַב וְדִבְרֵי הַתַּלְמִיד, דִּבְרֵי מִי שׁוֹמְעִין?: **מִכָּל הַבְּהֵמָה וּמִכֹּל חַיַּת הַשָּׂדֶה.** חַס מִבְּהֵמָה נִתְקַלַּל, מֵחַיָּה לֹא כָּל שֶׁכֵּן?! הֶעֱמִידוּ רַבּוֹתֵינוּ מִדְרָשׁ זֶה בְּמַסֶּכֶת בְּכוֹרוֹת (דף ח ע״א) לְלַמֵּד שֶׁיְּמֵי עִבּוּרוֹ שֶׁל נָחָשׁ שֶׁבַע שָׁנִים: **עַל גְּחֹנְךָ תֵלֵךְ.** רַגְלַיִם הָיוּ לוֹ וְנִקְצְצוּ:

בראשית

דָּא, לִיט אַתְּ מִכָּל בְּעִירָא, וּמִכֹּל חַיַּת בָּרָא, עַל מְעָךְ תֵּיזֵיל, וְעַפְרָא תֵּיכוּל כָּל יוֹמֵי חַיָּךְ:
טו וּדְבָבוּ אֲשַׁוֵּי, בֵּינָךְ וּבֵין אִתְּתָא, וּבֵין בְּנָךְ וּבֵין בְּנַהָא, הוּא יְהֵי דְכִיר מָא דַעֲבַדְתְּ לֵיהּ
טז מִלְּקַדְמִין, וְאַתְּ תְּהֵי נָטַר לֵיהּ לְסוֹפָא: לְאִתְּתָא אֲמַר, אַסְגָּאָה אַסְגֵּי צַעֲרָכִי וְעִדּוּיָכִי, בְּצַעַר
תְּלִידִין בְּנִין, וּלְוָת בַּעֲלִיךְ תְּהֵי תְיֻבְתִּיךְ, וְהוּא יִשְׁלוֹט בִּיךְ: יז וּלְאָדָם אֲמַר, אֲרֵי קַבֵּילְתָּא
לְמֵימַר אִתְּתָךְ, וַאֲכַלְתְּ מִן אִילָנָא, דְּפַקֵּידְתָּךְ לְמֵימַר, לָא תֵיכוּל מִנֵּיהּ, לִיטָא אַרְעָא בְּדִילָךְ,
יח בַּעֲמַל תֵּיכְלִנַּהּ, כֹּל יוֹמֵי חַיָּךְ: וְכֻבִּין וְאָטְדִין תַּצְמַח לָךְ, וְתֵיכוּל יָת עִסְבָּא דְחַקְלָא: יט בְּזֵיעֲתָא
דְאַפָּךְ תֵּיכוּל לַחְמָא, עַד דְּתִתֵּתַב לְאַרְעָא, דְּמִנַּהּ אִתְבְּרִיתָא, אֲרֵי עַפְרָא אַתְּ, וּלְעַפְרָא
כ תְּתוּב: וּקְרָא אָדָם, שׁוּם אִתְּתֵיהּ חַוָּה, אֲרֵי, הִיא הֲוָת אִמָּא דְּכָל בְּנֵי אֲנָשָׁא: כא וַעֲבַד יְיָ
אֱלֹהִים, לְאָדָם וּלְאִתְּתֵיהּ, לְבוּשִׁין דִּיקָר עַל מְשַׁךְ בִּסְרְהוֹן וְאַלְבֵּישִׁנּוּן: כב וַאֲמַר יְיָ אֱלֹהִים, הָא
אָדָם הֲוָה יְחִידָאִי בְּעָלְמָא מִנֵּיהּ, לְמִדַּע טָב וּבִישׁ, וּכְעַן דִּלְמָא יוֹשֵׁיט יְדֵיהּ, וְיִסַּב אַף

טו) וְאֵיבָה אָשִׁית. אַתָּה לֹא נִתְכַּוַּנְתָּ אֶלָּא שֶׁיָּמוּת אָדָם, שֶׁיֹּאכַל הוּא תְּחִלָּה וְתִשָּׂא אֶת חַוָּה, וְלֹא בָאתָ לְדַבֵּר אֶל חַוָּה תְּחִלָּה אֶלָּא לְפִי שֶׁהַנָּשִׁים דַּעְתָּן קַלּוֹת לְהִתְפַּתּוֹת וְיוֹדְעוֹת לְפַתּוֹת בַּעֲלֵיהֶן, לְפִיכָךְ "וְאֵיבָה אָשִׁית": **יְשׁוּפְךָ.** יְכַתֶּתְךָ, כְּמוֹ "וָאֶכֹּת אוֹתוֹ" (דברים ט, כא), וְתַרְגּוּמוֹ: "וְשַׁפִּית יָתֵיהּ": **וְאַתָּה תְּשׁוּפֶנּוּ עָקֵב.** לֹא יְהֵא לְךָ קוֹמָה, וְתִשְּׁכֶנּוּ בַּעֲקֵבוֹ וְאַף מִשָּׁם תְּמִיתֶנּוּ. וּלְשׁוֹן 'תְּשׁוּפֶנּוּ' כְּמוֹ "נָשַׁף בָּהֶם" (ישעיה מ, כד), כְּשֶׁהַנָּחָשׁ בָּא לִנְשֹׁךְ הוּא נוֹשֵׁף כְּמִין שְׁרִיקָה, וּלְפִי שֶׁהַלָּשׁוֹן נוֹפֵל עַל הַלָּשׁוֹן כָּתַב לְשׁוֹן נְשִׁיפָה בִּשְׁנֵיהֶם:

טז) עִצְּבוֹנֵךְ. זֶה צַעַר גִּדּוּל בָּנִים: **וְהֵרֹנֵךְ.** זֶה צַעַר הָעִבּוּר: **בְּעֶצֶב תֵּלְדִי בָנִים.** זֶה צַעַר הַלֵּדָה: **וְאֶל אִישֵׁךְ תְּשׁוּקָתֵךְ.** לְתַשְׁמִישׁ, וְאַף עַל פִּי כֵן אֵין לָךְ מֵצַח לְתָבְעוֹ בַּפֶּה, אֶלָּא "הוּא יִמְשָׁל בָּךְ", הַכֹּל מִמֶּנּוּ וְלֹא מִמֵּךְ: **תְּשׁוּקָתֵךְ.** תַּאֲוָתֵךְ, כְּמוֹ "וְנַפְשׁוֹ שׁוֹקֵקָה" (ישעיה כט, ח):

יז) אֲרוּרָה הָאֲדָמָה בַּעֲבוּרֶךָ. מַעֲלָה לְךָ דְּבָרִים אֲרוּרִים, כְּגוֹן זְבוּבִים וּפַרְעוֹשִׁים וּנְמָלִים. מָשָׁל לְיוֹצֵא לְתַרְבּוּת רָעָה וְהַבְּרִיּוֹת מְקַלְּלוֹת שָׁדַיִם שֶׁיָּנַק מֵהֶם:

יח) וְקוֹץ וְדַרְדַּר תַּצְמִיחַ לָךְ. הָאָרֶץ, כְּשֶׁתִּזְרָעֶנָּה מִינֵי זְרָעִים תַּצְמִיחַ קוֹץ וְדַרְדַּר וְקוּנְדָּס וְעַכָּבִיּוֹת, וְהֵן נֶאֱכָלִין עַל יְדֵי תִּקּוּן: **וְאָכַלְתָּ אֶת עֵשֶׂב הַשָּׂדֶה.** וּמַה קְּלָלָה הִיא זוֹ? וַהֲלֹא בַּבְּרָכָה נֶאֱמַר לוֹ: "הִנֵּה נָתַתִּי לָכֶם אֶת כָּל עֵשֶׂב זֹרֵעַ זֶרַע וְגוֹ'" (לעיל א, כט)? אֶלָּא מַה אָמוּר כָּאן בְּרֹאשׁ הָעִנְיָן: "אֲרוּרָה הָאֲדָמָה בַּעֲבוּרֶךָ

תֹּאכֲלֶנָּה", וְאַחַר הָעִנְיָן: "וְקוֹץ וְדַרְדַּר תַּצְמִיחַ לָךְ", כְּשֶׁתִּזְרָעֶנָּה קִטְנִית אוֹ יַרְקוֹת גִּנָּה, הִיא תַצְמִיחַ לְךָ קוֹצִים וְדַרְדַּרִּים וּשְׁאָר עִשְׂבֵי שָׂדֶה, וְעַל כָּרְחֲךָ תֹּאכְלֵם:

יט) בְּזֵעַת אַפֶּיךָ. לְאַחַר שֶׁתִּטְרַח בּוֹ הַרְבֵּה:

כ) וַיִּקְרָא הָאָדָם. חָזַר הַכָּתוּב לְעִנְיָנוֹ הָרִאשׁוֹן: "וַיִּקְרָא הָאָדָם שֵׁמוֹת" (לעיל ב, כ), וְלֹא הִפְסִיק אֶלָּא לְלַמֶּדְךָ שֶׁעַל יְדֵי קְרִיאַת שֵׁמוֹת נִזְדַּוְּגָה לוֹ חַוָּה, כְּמוֹ שֶׁכָּתוּב: "וּלְאָדָם לֹא מָצָא עֵזֶר כְּנֶגְדּוֹ" (שם), לְפִיכָךְ: "וַיַּפֵּל... תַּרְדֵּמָה" (שם, כא), וְעַל יְדֵי שֶׁכָּתַב: "וַיִּהְיוּ שְׁנֵיהֶם עֲרוּמִים" (שם, כה) סָמַךְ לוֹ פָּרָשַׁת הַנָּחָשׁ, לְהוֹדִיעֲךָ שֶׁמִּתּוֹךְ שֶׁרָאָה עֶרְוָתָהּ וְרָאָה אוֹתָם עֲסוּקִים בְּתַשְׁמִישׁ נִתְאַוָּה לָהּ, וּבָא עֲלֵיהֶם בְּמַחֲשָׁבָה וּבְמִרְמָה: **חַוָּה.** נוֹפֵל עַל לְשׁוֹן 'חַיָּה' שֶׁמְּחַיָּה אֶת וַלְדוֹתֶיהָ, כַּאֲשֶׁר תֹּאמַר: "מָה הֹוֶה לָאָדָם" (קהלת ב, כב) בִּלְשׁוֹן 'הָיָה':

כא) כָּתְנוֹת עוֹר. יֵשׁ דִּבְרֵי אַגָּדָה אוֹמְרִים: חֲלָקִים כְּצִפֹּרֶן מֻדְבָּקִין עַל עוֹרוֹ: וְיֵשׁ אוֹמְרִים: דָּבָר הַבָּא מִן הָעוֹר, כְּגוֹן צֶמֶר אֲרָנָבִים שֶׁהוּא רַךְ וְחַם, וְעָשָׂה לָהֶם כָּתְנוֹת מִמֶּנּוּ:

כב) הָיָה כְּאַחַד מִמֶּנּוּ. הֲרֵי הוּא יָחִיד בַּתַּחְתּוֹנִים כְּמוֹ שֶׁאֲנִי יָחִיד בָּעֶלְיוֹנִים. וּמָה הִיא יְחִידוּתוֹ? "לָדַעַת טוֹב וָרָע", מַה שֶּׁאֵין כֵּן בַּבְּהֵמָה וּבַחַיָּה: **וְעַתָּה פֶּן יִשְׁלַח יָדוֹ וְגוֹ'.** וּמִשֶּׁיִּחְיֶה לְעוֹלָם הֲרֵי הוּא קָרוֹב לְהַטְעוֹת הַבְּרִיּוֹת אַחֲרָיו וְלוֹמַר אַף הוּא אֱלוֹהַּ. וְיֵשׁ מִדְרְשֵׁי אַגָּדָה, אֲבָל אֵין מְיֻשָּׁבִין עַל פְּשׁוּטוֹ:

מֵעֵץ הַחַיִּים וְאָכַל וָחַי לְעֹלָם׃ וַיְשַׁלְּחֵהוּ כג
יְהוָה אֱלֹהִים מִגַּן־עֵדֶן לַעֲבֹד אֶת־הָאֲדָמָה
אֲשֶׁר לֻקַּח מִשָּׁם׃ וַיְגָרֶשׁ אֶת־הָאָדָם וַיַּשְׁכֵּן כד
מִקֶּדֶם לְגַן־עֵדֶן אֶת־הַכְּרֻבִים וְאֵת לַהַט
הַחֶרֶב הַמִּתְהַפֶּכֶת לִשְׁמֹר אֶת־דֶּרֶךְ עֵץ
הַחַיִּים׃ וְהָאָדָם יָדַע אֶת־חַוָּה א ד
אִשְׁתּוֹ וַתַּהַר וַתֵּלֶד אֶת־קַיִן וַתֹּאמֶר קָנִיתִי אִישׁ
אֶת־יְהוָה׃ וַתֹּסֶף לָלֶדֶת אֶת־אָחִיו אֶת־הָבֶל ב
וַיְהִי־הֶבֶל רֹעֵה צֹאן וְקַיִן הָיָה עֹבֵד אֲדָמָה׃
וַיְהִי מִקֵּץ יָמִים וַיָּבֵא קַיִן מִפְּרִי הָאֲדָמָה מִנְחָה ג
לַיהוָה׃ וְהֶבֶל הֵבִיא גַם־הוּא מִבְּכֹרוֹת צֹאנוֹ ד
וּמֵחֶלְבֵהֶן וַיִּשַׁע יְהוָה אֶל־הֶבֶל וְאֶל־מִנְחָתוֹ׃
וְאֶל־קַיִן וְאֶל־מִנְחָתוֹ לֹא שָׁעָה וַיִּחַר לְקַיִן ה
מְאֹד וַיִּפְּלוּ פָּנָיו׃ וַיֹּאמֶר יְהוָה אֶל־קָיִן לָמָּה ו
חָרָה לָךְ וְלָמָּה נָפְלוּ פָנֶיךָ׃ הֲלוֹא אִם־תֵּיטִיב ז
שְׂאֵת וְאִם לֹא תֵיטִיב לַפֶּתַח חַטָּאת רֹבֵץ
וְאֵלֶיךָ תְּשׁוּקָתוֹ וְאַתָּה תִּמְשָׁל־בּוֹ׃ וַיֹּאמֶר ח
קַיִן אֶל־הֶבֶל אָחִיו וַיְהִי בִּהְיוֹתָם בַּשָּׂדֶה וַיָּקָם
קַיִן אֶל־הֶבֶל אָחִיו וַיַּהַרְגֵהוּ׃ וַיֹּאמֶר יְהוָה ט
אֶל־קַיִן אֵי הֶבֶל אָחִיךָ וַיֹּאמֶר לֹא יָדַעְתִּי
הֲשֹׁמֵר אָחִי אָנֹכִי׃ וַיֹּאמֶר מֶה עָשִׂיתָ קוֹל י

בראשית ד

יא דְּמֵי אָחִיךָ צֹעֲקִים אֵלַי מִן־הָאֲדָמָה: וְעַתָּה אָרוּר אָתָּה מִן־הָאֲדָמָה אֲשֶׁר פָּצְתָה אֶת־

כג מֵאִילָן חַיָּיא, וְיֵיכוּל וְיֵיחֵי לְעָלַם: וְשַׁלְחֵיהּ, יְיָ אֱלֹהִים מִגִּנְּתָא דְּעֵדֶן, לְמִפְלַח בְּאַרְעָא,
כד דְּאִתְבְּרִי מִתַּמָּן: וְתָרֵיךְ יָת אָדָם, וְאַשְׁרִי מִלְּקַדְמִין לְגִנְּתָא דְּעֵדֶן יָת כְּרוּבַיָּא, וְיָת שְׁנַן חַרְבָּא
ד דְּמִתְהַפְּכָא, לְמִטַּר, יָת אוֹרַח אִילָן חַיַּיָּא: וְאָדָם, יְדַע יָת חַוָּה אִתְּתֵיהּ, וְעַדִּיאַת וִילֵידַת יָת
ב קַיִן, וַאֲמַרַת, קְנֵיתִי גַּבְרָא מִן קֳדָם יְיָ: וְאוֹסִיפַת לְמֵילַד, יָת אֲחוּהִי יָת הָבֶל, וַהֲוָה הֶבֶל רָעֵי
ג עָנָא, וְקַיִן, הֲוָה פָּלַח בְּאַרְעָא: וַהֲוָה מִסּוֹף יוֹמִין, וְאַיְתִי קַיִן, מֵאִבָּא דְּאַרְעָא, קֻרְבָּנָא קֳדָם יְיָ:
ד וְהֶבֶל אַיְתִי אַף הוּא, מִבְּכִירֵי עָנֵהּ וּמִשַּׁמִּינֵיהוֹן, וַהֲוַת רַעֲוָא מִן קֳדָם יְיָ, בְּהֶבֶל וּבְקֻרְבָּנֵיהּ:
ה וּבְקַיִן וּבְקֻרְבָּנֵיהּ לָא הֲוַת רַעֲוָא, וּתְקֵיף לְקַיִן לַחֲדָא, וְאִתְכְּבִישׁוּ אַפּוֹהִי: וַאֲמַר יְיָ לְקָיִן, לְמָא
ו תְּקֵיף לָךְ, וּלְמָא אִתְכְּבִישׁוּ אַפָּךְ: הֲלָא אִם תּוֹטִיב עוֹבָדָךְ יִשְׁתְּבֵיק לָךְ, וְאִם לָא תוֹטִיב
ז עוֹבָדָךְ, לְיוֹם דִּינָא חֶטְאָךְ נְטִיר, עֲתִיד לְאִתְפְּרָעָא מִנָּךְ אִם לָא תְּתוּב, וְאִם תְּתוּב יִשְׁתְּבֵיק
ח לָךְ: וַאֲמַר קַיִן לְהֶבֶל אֲחוּהִי, וַהֲוָה בְּמֶהֱוֵיהוֹן בְּחַקְלָא, וְקָם קַיִן, עַל הֶבֶל אֲחוּהִי וְקַטְלֵיהּ:
ט וַאֲמַר יְיָ לְקַיִן, אָן הֶבֶל אֲחוּךְ, וַאֲמַר לָא יְדַעְנָא, הֲנָטַר אֲחִי אֲנָא: וַאֲמַר מָא עֲבַדְתָּא, קָל דַּם
י-יא זַרְעֲיָן דַּעֲתִידִין לְמִפַּק מִן אֲחוּךְ, קְבִילָן קֳדָמַי מִן אַרְעָא: וּכְעַן לִיט אַתְּ, מִן אַרְעָא דְּפַתְחַת יָת

כד **מִקֶּדֶם לְגַן עֵדֶן.** בְּמִזְרָחוֹ שֶׁל גַּן עֵדֶן חוּץ לַגַּן: **אֶת הַכְּרֻבִים.** מַלְאֲכֵי חַבָּלָה, **וְחֶרֶב מִתְהַפֶּכֶת** וְלָהּ לַהַט, לַחִים עָלָיו מִלִּכָּנֵס עוֹד לַגַּן. תַּרְגּוּם 'לַהַט' - "שְׁנַן", וְהוּא כְּמוֹ "שְׁלַף שְׁנָן" בְּסַנְהֶדְרִין (דף פב ע"א) וּבִלְשׁוֹן לַעַז למ"ח. וּמִדְרְשֵׁי אַגָּדָה יֵשׁ, וַאֲנִי אֵינִי בָא אֶלָּא לִפְשׁוּטוֹ:

פרק ד

א-ב **וְהָאָדָם יָדַע.** כְּבָר קֹדֶם הָעִנְיָן שֶׁל מַעְלָה, קֹדֶם שֶׁחָטָא וְנִטְרַד מִגַּן עֵדֶן, וְכֵן הַהֵרָיוֹן וְהַלֵּדָה, שֶׁאִם כָּתַב "וַיֵּדַע אָדָם" נִשְׁמַע שֶׁלְּאַחַר שֶׁנִּטְרַד הָיוּ לוֹ בָּנִים: **קַיִן. עַל שֵׁם "קָנִיתִי".** **אֶת ה'.** כְּמוֹ "עִם ה'", כְּשֶׁבָּרָא אוֹתִי וְאֶת אִישִׁי הוּא לְבַדּוֹ בְּרָאָנוּ, אֲבָל בָּזֶה שֻׁתָּפִים אָנוּ עִמּוֹ: **אֶת קַיִן, אֶת אָחִיו אֶת הָבֶל.** שְׁלֹשָׁה 'אֶתִים' רִבּוּיִים הֵם, מְלַמֵּד שֶׁתְּאוֹמָה נוֹלְדָה עִם קַיִן, וְעִם הֶבֶל נוֹלְדוּ שְׁתַּיִם, לְכָךְ נֶאֱמַר: "וַתֹּסֶף": **רֹעֵה צֹאן.** לְפִי שֶׁנִּתְקַלְּלָה הָאֲדָמָה, פֵּרַשׁ לוֹ מֵעֲבוֹדָתָהּ:

ג **מִפְּרִי הָאֲדָמָה.** מִן הַגָּרוּעַ, וְיֵשׁ אַגָּדָה שֶׁאוֹמֶרֶת זֶרַע פִּשְׁתָּן הָיָה:

ד **וַיִּשַׁע.** וַיִּפֶן, וְכֵן: "שְׁעֵה מֵעָלָיו" (איוב יד, ו) פְּנֵה מֵעָלָיו: **וַיִּשַׁע.** יָרְדָה אֵשׁ וְלִחֲכָה מִנְחָתוֹ:

ה **לֹא שָׁעָה. לֹא פָנָה.** וְכֵן: "אַל יִשְׁעוּ" (שמות ה, ט) אַל יִפְנוּ:

ז **הֲלֹא אִם תֵּיטִיב.** כְּתַרְגּוּמוֹ פֵּרוּשׁוֹ: **לַפֶּתַח חַטָּאת רֹבֵץ.** לְפֶתַח קִבְרְךָ חֶטְאֲךָ שָׁמוּר: **וְאֵלֶיךָ תְּשׁוּקָתוֹ.** שֶׁל חַטָּאת, הוּא יֵצֶר הָרָע, תָּמִיד שׁוֹקֵק וּמִתְאַוֶּה לְהַכְשִׁילְךָ: **וְאַתָּה תִּמְשָׁל בּוֹ.** אִם תִּרְצֶה תִּתְגַּבֵּר עָלָיו:

ח **וַיֹּאמֶר קַיִן אֶל הֶבֶל.** לְהִכָּנֵס עִמּוֹ בְּדִבְרֵי רִיב וּמַצָּה לְהִתְעוֹלֵל עָלָיו וּלְהָרְגוֹ, וְיֵשׁ בָּזֶה מִדְרְשֵׁי אַגָּדָה, אַךְ זֶה יִשּׁוּבוֹ שֶׁל מִקְרָא:

ט **אֵי הֶבֶל אָחִיךָ.** לְהִכָּנֵס עִמּוֹ בְּדִבְרֵי נַחַת, אוּלַי יָשִׁיב: **אָנֹכִי הֲרַגְתִּיו וְחָטָאתִי לְךָ. לֹא יָדַעְתִּי.** נַעֲשָׂה כְּגוֹנֵב דַּעַת הָעֶלְיוֹנָה: **הֲשֹׁמֵר אָחִי.** לְשׁוֹן תֵּמַהּ הוּא, וְכֵן כָּל ה"א הַנְּקוּדָה בַּחֲטָף פַּתָּח:

י **דְּמֵי אָחִיךָ.** דָּמוֹ וְדַם זַרְעִיּוֹתָיו. דָּבָר אַחֵר, שֶׁעָשָׂה בּוֹ פְּצָעִים הַרְבֵּה, שֶׁלֹּא הָיָה יוֹדֵעַ מֵהֵיכָן נַפְשׁוֹ יוֹצְאָה:

יא-יב **מִן הָאֲדָמָה.** יוֹתֵר מִמָּה שֶׁנִּתְקַלְּלָה הִיא כְּבָר בַּעֲוֹנָהּ, וְגַם בָּזֶה הוֹסִיפָה לַחֲטֹא "אֲשֶׁר

פִּ֔יהָ לָקַ֛חַת אֶת־דְּמֵ֥י אָחִ֖יךָ מִיָּדֶֽךָ׃ כִּ֤י תַעֲבֹד֙ אֶת־ יב
הָֽאֲדָמָ֔ה לֹֽא־תֹסֵ֥ף תֵּת־כֹּחָ֖הּ לָ֑ךְ נָ֥ע וָנָ֖ד תִּהְיֶ֥ה
בָאָֽרֶץ׃ וַיֹּ֥אמֶר קַ֖יִן אֶל־יְהֹוָ֑ה גָּד֥וֹל עֲוֺנִ֖י מִנְּשֹֽׂא׃ יג
הֵן֩ גֵּרַ֨שְׁתָּ אֹתִ֜י הַיּ֗וֹם מֵעַל֙ פְּנֵ֣י הָֽאֲדָמָ֔ה וּמִפָּנֶ֖יךָ יד
אֶסָּתֵ֑ר וְהָיִ֜יתִי נָ֤ע וָנָד֙ בָּאָ֔רֶץ וְהָיָ֥ה כָל־מֹצְאִ֖י
יַהַרְגֵֽנִי׃ וַיֹּ֧אמֶר ל֣וֹ יְהֹוָ֗ה לָכֵן֙ כָּל־הֹרֵ֣ג קַ֔יִן שִׁבְעָתַ֖יִם טו
יֻקָּ֑ם וַיָּ֨שֶׂם יְהֹוָ֤ה לְקַ֙יִן֙ א֔וֹת לְבִלְתִּ֥י הַכּוֹת־אֹת֖וֹ
כָּל־מֹצְאֽוֹ׃ וַיֵּ֥צֵא קַ֖יִן מִלִּפְנֵ֣י יְהֹוָ֑ה וַיֵּ֥שֶׁב בְּאֶֽרֶץ־ טז
נ֖וֹד קִדְמַת־עֵֽדֶן׃ וַיֵּ֤דַע קַ֙יִן֙ אֶת־אִשְׁתּ֔וֹ וַתַּ֖הַר יז
וַתֵּ֣לֶד אֶת־חֲנ֑וֹךְ וַֽיְהִי֙ בֹּ֣נֶה עִ֔יר וַיִּקְרָא֙ שֵׁ֣ם הָעִ֔יר
כְּשֵׁ֖ם בְּנ֥וֹ חֲנֽוֹךְ׃ וַיִּוָּלֵ֤ד לַֽחֲנוֹךְ֙ אֶת־עִירָ֔ד וְעִירָ֕ד יח
יָלַ֖ד אֶת־מְחֽוּיָאֵ֑ל וּמְחִיּיָאֵ֗ל יָלַד֙ אֶת־מְת֣וּשָׁאֵ֔ל
וּמְתֽוּשָׁאֵ֖ל יָלַ֥ד אֶת־לָֽמֶךְ׃ וַיִּֽקַּֽח־ל֥וֹ לֶ֖מֶךְ שְׁתֵּ֣י יט חמישי
נָשִׁ֑ים שֵׁ֤ם הָֽאַחַת֙ עָדָ֔ה וְשֵׁ֥ם הַשֵּׁנִ֖ית צִלָּֽה׃ וַתֵּ֥לֶד כ
עָדָ֖ה אֶת־יָבָ֑ל ה֣וּא הָיָ֔ה אֲבִ֕י יֹשֵׁ֥ב אֹ֖הֶל וּמִקְנֶֽה׃
וְשֵׁ֥ם אָחִ֖יו יוּבָ֑ל ה֣וּא הָיָ֔ה אֲבִ֕י כָּל־תֹּפֵ֥שׂ כִּנּ֖וֹר כא

פָּצְתָה אֶת פִּיהָ "לָקַחַת אֶת דְּמֵי אָחִיךָ" וְגוֹ', וְהִנְנִי מוֹסִיף לָהּ קְלָלָה אֶצְלְךָ: "לֹא תֹסֵף תֵּת כֹּחָהּ". נָע וָנָד. אֵין לְךָ רְשׁוּת לָדוּר בְּמָקוֹם אֶחָד:

יג) גָּדוֹל עֲוֺנִי מִנְּשׂוֹא. בִּתְמִיָּה, אַתָּה טוֹעֵן עֶלְיוֹנִים וְתַחְתּוֹנִים וַעֲוֺנִי אִי אֶפְשָׁר לִטְעֹן?!:

טו) לָכֵן כָּל הֹרֵג קַיִן. זֶה אֶחָד מִן הַמִּקְרָאוֹת שֶׁקִּצְּרוּ דִבְרֵיהֶם וְרָמְזוּ וְלֹא פֵרְשׁוּ: "לָכֵן כָּל הֹרֵג קַיִן" לְשׁוֹן גְּעָרָה, כֹּה יֵעָשֶׂה לוֹ, כָּךְ וְכָךְ עָנְשׁוֹ, וְלֹא פֵרֵשׁ עָנְשׁוֹ: שִׁבְעָתַיִם יֻקָּם. אֵינִי רוֹצֶה לְהִנָּקֵם מִקַּיִן עַכְשָׁיו, לְסוֹף שִׁבְעָה דוֹרוֹת אֲנִי נוֹקֵם

יב פְּמַהּ, וְקַבֵּילַת, יָת דְּמָא דַּאֲחוּךְ מִן יְדָךְ: אֲרֵי תִּפְלַח בְּאַרְעָא, לָא תוֹסֵיף לְמִתַּן חֵילַהּ לָךְ,

יג יד מְטֻלְטַל וְגָלֵי תְּהֵי בְּאַרְעָא: וַאֲמַר קַיִן קֳדָם יְיָ, סַגִּי חוֹבִי מִלְּמִשְׁבַּק: הָא תָרֵיכְתָּא יָתִי יוֹמָא דֵין,

מֵעַל אַפֵּי אַרְעָא, וּמִן קֳדָמָךְ לֵית אֶפְשַׁר לְאִטְּמָרָא, וְאֵיהֵי, מְטֻלְטַל וְגָלֵי בְּאַרְעָא, וִיהֵי כָּל

טו דְּיִשְׁכְּחִנַּנִי יִקְטְלִנַּנִי: וַאֲמַר לֵיהּ יְיָ, לָכֵן כָּל קָטוֹלָיָא קַיִן, לְשִׁבְעָא דָרִין יִתְפְּרַע מִנֵּיהּ, וְשַׁוִּי יְיָ לְקַיִן

טז אָתָא, בְּדִיל דְּלָא לְמִקְטַל יָתֵיהּ כָּל דְּיִשְׁכְּחִנֵּיהּ: וּנְפַק קַיִן מִן קֳדָם יְיָ, וִיתֵיב בְּאַרַע גָּלֵי וּמְטֻלְטַל

יז דַּהֲוָת עֲבִידָא עֲלוֹהִי מִלְּקַדְמִין כְּגִנְּתָא דְעֵדֶן: וִידַע קַיִן יָת אִתְּתֵיהּ, וְעַדִּיאַת וִילֵידַת יָת חֲנוֹךְ,

יח וַהֲוָה בָּנֵי קַרְתָּא, וּקְרָא שְׁמַהּ דְּקַרְתָּא, כְּשׁוּם בְּרֵיהּ חֲנוֹךְ: וְאִתְיְלֵיד לַחֲנוֹךְ יָת עִירָד, וְעִירָד,

יט אוֹלֵיד יָת מְחוּיָאֵל, וּמְחִיָּיאֵל, אוֹלֵיד יָת מְתוּשָׁאֵל, וּמְתוּשָׁאֵל אוֹלֵיד יָת לָמֶךְ: וּנְסֵיב לֵיהּ לֶמֶךְ

כ תַּרְתֵּין נְשִׁין, שׁוּם חֲדָא עָדָה, וְשׁוּם תִּנְיֵיתָא צִלָּה: וִילֵידַת עָדָה יָת יָבָל, הוּא הֲוָה, רַבְּהוֹן, דְּיָתְבֵי

כא מַשְׁכְּנִין וּמָרֵי בְעִיר: וְשׁוּם אֲחוּהִי יוּבָל, הוּא הֲוָה, רַבְּהוֹן, דְּכָל דִּמְנַגַּן עַל פּוּם נִבְלָא יָדְעֵי זְמָר

נִקְמָתִי מִמֶּנּוּ, שֶׁיַּעֲמֹד לֶמֶךְ מִבְּנֵי בָּנָיו וְיַהַרְגֵהוּ. וְסוֹף הַמִּקְרָא שֶׁאָמַר: "שִׁבְעָתַיִם יֻקָּם", וְהִיא נִקְמַת הֶבֶל מִקַּיִן, הוּא לִמְּדָנוּ שֶׁתְּחִלַּת מִקְרָא לְשׁוֹן גְּעָרָה הִיא שֶׁלֹּא תְּהֵא בְּרִיָּה מַזִּיקַתּוּ. וְכַיּוֹצֵא בּוֹ: "וַיֹּאמֶר דָּוִד... כָּל מַכֵּה יְבֻסִי וְיִגַּע בַּצִּנּוֹר" (שמואל ב' ה, ח) וְלֹא פֵּרֵשׁ מַה יֵּעָשֶׂה לוֹ, אֲבָל דִּבֵּר הַכָּתוּב בְּרֶמֶז: כָּל מַכֵּה יְבוּסִי וְיִגַּע בַּצִּנּוֹר וְיִקְרַב אֶל הַשַּׁעַר וְיִכְבְּשֶׁנּוּ, "וְאֶת הַעִוְרִים" וְגוֹ', וְגַם אוֹתָם יַכֶּה עַל אֲשֶׁר אָמְרוּ הַעִוֵּר וְהַפִּסֵּחַ: לֹא יָבֹא דָּוִד אֶל תּוֹךְ הַבַּיִת; הַמַּכֶּה אֶת אֵלּוּ אֲנִי אֶעֱשֶׂנּוּ רֹאשׁ וְשָׂר. כָּאן קִצֵּר דְּבָרָיו, וּבְדִבְרֵי הַיָּמִים (א' יא, ו) פֵּרַשׁ: "יִהְיֶה לְרֹאשׁ וּלְשָׂר": **וַיָּשֶׂם ה' לְקַיִן אוֹת.** חָקַק לוֹ אוֹת מִשְּׁמוֹ בְּמִצְחוֹ:

טז | **וַיֵּצֵא קַיִן.** יָצָא בְּהַכְנָעָה כְּגוֹנֵב דַּעַת הָעֶלְיוֹנָה: **בְּאֶרֶץ נוֹד.** בָּאָרֶץ שֶׁכָּל הַגּוֹלִים נָדִים שָׁם: **קִדְמַת עֵדֶן.** שָׁם גָּלָה אָבִיו כְּשֶׁגֹּרַשׁ מִגַּן עֵדֶן, שֶׁנֶּאֱמַר: "וַיַּשְׁכֵּן מִקֶּדֶם לְגַן עֵדֶן" (לעיל ג, כד) אֶת שְׁמִירַת דֶּרֶךְ מְבוֹא הַגָּן – יֵשׁ לְךָ לִלְמֹד שֶׁהָיָה אָדָם שָׁם. וּמָצִינוּ רוּחַ מִזְרָחִית קוֹלֶטֶת בְּכָל מָקוֹם אֶת הָרוֹצְחִים: "אָז יַבְדִּיל מֹשֶׁה וְגוֹ' מִזְרְחָה שָׁמֶשׁ" (דברים ד, מא). דָּבָר אַחֵר, "בְּאֶרֶץ נוֹד", כָּל מָקוֹם שֶׁהוֹלֵךְ הָיְתָה הָאָרֶץ מִזְדַּעְזַעַת מִתַּחְתָּיו, וְהַבְּרִיּוֹת אוֹמְרוֹת: סוּרוּ מֵעָלָיו, זֶהוּ שֶׁהָרַג אֶת אָחִיו:

יז | **וַיְהִי.** קַיִן בֹּנֶה עִיר, וַיִּקְרָא שֵׁם הָעִיר לְזֵכֶר בְּנוֹ חֲנוֹךְ:

יח | **וְעִירָד יָלַד.** יֵשׁ מָקוֹם שֶׁהוּא אוֹמֵר בְּזָכָר 'הוֹלִיד' וְיֵשׁ מָקוֹם שֶׁהוּא אוֹמֵר 'יָלַד', שֶׁהַלֵּדָה מְשַׁמֶּשֶׁת שְׁתֵּי לְשׁוֹנוֹת, לֵדַת הָאִשָּׁה נייסטר"א בְּלַעַז, וּזְרִיעַת תּוֹלְדוֹת הָאִישׁ איניינדרי"ר בְּלַעַז; כְּשֶׁהוּא אוֹמֵר 'הוֹלִיד' בִּלְשׁוֹן הִפְעִיל, מְדַבֵּר בְּלֵדַת הָאִשָּׁה, פְּלוֹנִי הוֹלִיד אֶת אִשְׁתּוֹ בֵּן אוֹ בַּת, כְּשֶׁהוּא אוֹמֵר 'יָלַד' מְדַבֵּר בִּזְרִיעַת הָאִישׁ:

יט | **וַיִּקַּח לוֹ לֶמֶךְ.** לֹא הָיָה לוֹ לְפָרֵשׁ כָּל זֶה, אֶלָּא לְלַמְּדֵנוּ מִסּוֹף הָעִנְיָן שֶׁקִּיֵּם הַקָּדוֹשׁ בָּרוּךְ הוּא הַבְטָחָתוֹ שֶׁאָמַר: "שִׁבְעָתַיִם יֻקַּם קָיִן", עָמַד לֶמֶךְ לְאַחַר שֶׁהוֹלִיד בָּנִים וְעָשָׂה דּוֹר שְׁבִיעִי וְהָרַג אֶת קַיִן. זֶהוּ שֶׁאָמַר: "כִּי אִישׁ הָרַגְתִּי לְפִצְעִי" וְגוֹ': **שְׁתֵּי נָשִׁים.** כָּךְ הָיָה דַּרְכָּן שֶׁל דּוֹר הַמַּבּוּל, אַחַת לִפְרִיָּה וּרְבִיָּה וְאַחַת לְתַשְׁמִישׁ. זוֹ שֶׁהִיא לְתַשְׁמִישׁ מַשְׁקָהּ כּוֹס שֶׁל עִקָּרִין כְּדֵי שֶׁתֵּעָקֵר, וּמְקֻשֶּׁטֶת כְּכַלָּה וּמַאֲכִילָהּ מַעֲדַנִּים, וַחֲבֶרְתָּהּ נְזוּפָה וַאֲבֵלָה כְּאַלְמָנָה, וְזֶהוּ שֶׁפֵּרַשׁ אִיּוֹב (כד, כא): "רֹעֶה עֲקָרָה לֹא תֵלֵד וְאַלְמָנָה לֹא יְיֵטִיב", כְּמוֹ שֶׁמְּפֹרָשׁ בְּאַגָּדַת 'חֵלֶק'. **עָדָה.** הִיא שֶׁל פְּרִיָּה וּרְבִיָּה, עַל שֵׁם שֶׁמְּגֻנָּה עָלָיו וּמוּסֶרֶת מֵאֶצְלוֹ, "עָדָה" תַּרְגּוּם שֶׁל סוּרָה: **צִלָּה.** הִיא שֶׁל תַּשְׁמִישׁ, עַל שֵׁם שֶׁיּוֹשֶׁבֶת תָּמִיד בְּצִלּוֹ. דִּבְרֵי אַגָּדָה הֵם בִּבְרֵאשִׁית רַבָּה (כג, ב):

כ | **אֲבִי יֹשֵׁב אֹהֶל וּמִקְנֶה.** הוּא הָיָה הָרִאשׁוֹן לְרוֹעֵי בְּהֵמוֹת בַּמִּדְבָּרוֹת, וְיוֹשֵׁב אֹהָלִים חֹדֶשׁ כָּאן וְחֹדֶשׁ כָּאן; כְּשֶׁכָּלָה הַמִּרְעֶה לְצֹאנוֹ בְּמָקוֹם זֶה הוֹלֵךְ וְתוֹקֵעַ אָהֳלוֹ בְּמָקוֹם אַחֵר. וּמִדְרַשׁ אַגָּדָה: בּוֹנֶה בָּתִּים לַעֲבוֹדָה זָרָה, כְּמָה דְּאַתְּ אָמַר: "סֵמֶל הַקִּנְאָה הַמַּקְנֶה" (יחזקאל ח, ג), וְכֵן אָחִיו "תֹּפֵשׂ כִּנּוֹר וְעוּגָב" לְזַמֵּר לַעֲבוֹדָה זָרָה:

בראשית

ד

כב וְעוּגָ֑ב וְצִלָּ֣ה גַם־הִ֗וא יָֽלְדָה֙ אֶת־תּ֣וּבַל קַ֔יִן לֹטֵ֕שׁ כָּל־חֹרֵ֥שׁ נְחֹ֖שֶׁת וּבַרְזֶ֑ל וַֽאֲח֥וֹת תּֽוּבַל־קַ֖יִן
כג נַֽעֲמָֽה: וַיֹּ֨אמֶר לֶ֜מֶךְ לְנָשָׁ֗יו עָדָ֤ה וְצִלָּה֙ שְׁמַ֣עַן קוֹלִ֔י נְשֵׁ֣י לֶ֔מֶךְ הַֽאֲזֵ֖נָּה אִמְרָתִ֑י כִּ֣י אִ֤ישׁ הָרַ֨גְתִּי֙
כד לְפִצְעִ֔י וְיֶ֖לֶד לְחַבֻּֽרָתִֽי: כִּ֥י שִׁבְעָתַ֖יִם יֻקַּם־קָ֑יִן
כה וְלֶ֖מֶךְ שִׁבְעִ֥ים וְשִׁבְעָֽה: וַיֵּ֨דַע אָדָ֥ם עוֹד֙ אֶת־אִשְׁתּ֔וֹ וַתֵּ֣לֶד בֵּ֔ן וַתִּקְרָ֥א אֶת־שְׁמ֖וֹ שֵׁ֑ת כִּ֣י שָֽׁת־לִ֤י אֱלֹהִים֙ זֶ֣רַע אַחֵ֔ר תַּ֣חַת הֶ֔בֶל כִּ֥י הֲרָג֖וֹ קָֽיִן:
כו וּלְשֵׁ֤ת גַּם־הוּא֙ יֻלַּד־בֵּ֔ן וַיִּקְרָ֥א אֶת־שְׁמ֖וֹ אֱנ֑וֹשׁ

ששי ד אָ֣ז הוּחַ֔ל לִקְרֹ֖א בְּשֵׁ֥ם יְהוָֽה:

ה א זֶ֣ה סֵ֔פֶר תּֽוֹלְדֹ֖ת אָדָ֑ם בְּי֗וֹם בְּרֹ֤א אֱלֹהִים֙ אָדָ֔ם בִּדְמ֥וּת אֱלֹהִ֖ים עָשָׂ֥ה אֹתֽוֹ:
ב זָכָ֥ר וּנְקֵבָ֖ה בְּרָאָ֑ם וַיְבָ֣רֶךְ אֹתָ֗ם וַיִּקְרָ֤א אֶת־שְׁמָם֙ אָדָ֔ם בְּי֖וֹם הִבָּֽרְאָֽם:
ג וַֽיְחִ֣י אָדָ֗ם שְׁלֹשִׁ֤ים וּמְאַת֙ שָׁנָ֔ה וַיּ֥וֹלֶד בִּדְמוּת֖וֹ כְּצַלְמ֑וֹ וַיִּקְרָ֥א אֶת־שְׁמ֖וֹ שֵֽׁת:
ד וַיִּֽהְי֣וּ יְמֵי־אָדָ֗ם אַֽחֲרֵי֙ הֽוֹלִיד֣וֹ אֶת־שֵׁ֔ת שְׁמֹנֶ֥ה מֵאֹ֖ת שָׁנָ֑ה וַיּ֥וֹלֶד בָּנִ֖ים וּבָנֽוֹת:
ה וַיִּֽהְי֞וּ כָּל־יְמֵ֤י אָדָם֙ אֲשֶׁר־חַ֔י תְּשַׁ֤ע מֵאוֹת֙ שָׁנָ֔ה וּשְׁלֹשִׁ֖ים שָׁנָ֑ה וַיָּמֹֽת:
ו וַֽיְחִי־שֵׁ֕ת חָמֵ֥שׁ שָׁנִ֖ים וּמְאַ֣ת שָׁנָ֑ה וַיּ֖וֹלֶד אֶת־אֱנֽוֹשׁ:
ז וַֽיְחִי־שֵׁ֗ת אַֽחֲרֵי֙ הֽוֹלִיד֣וֹ אֶת־אֱנ֔וֹשׁ שֶׁ֣בַע שָׁנִ֔ים וּשְׁמֹנֶ֥ה מֵא֖וֹת שָׁנָ֑ה וַיּ֥וֹלֶד בָּנִ֖ים וּבָנֽוֹת:
ח וַיִּֽהְי֞וּ

בראשית

כב כְּנָא וַאֲבוּבָא: וְצִלָּה אַף הִיא, יְלֵידַת יָת תּוּבַל קַיִן, הוּא הֲוָה, רַבְּהוֹן, דְּכָל דִּידְעֵי עֲבִידַת
נְחָשָׁא וּבַרְזְלָא, וַאֲחָתֵיהּ דְּתוּבַל קַיִן נַעֲמָה: כג וַאֲמַר לֶמֶךְ לִנְשׁוֹהִי, עָדָה וְצִלָּה שְׁמַעָא קָלִי, נְשֵׁי
לֶמֶךְ, אֲצִיתָא לְמֵימְרִי, לָא גַבְרָא קְטָלִית דְּבִדִילֵיהּ אֲנָא סָבֵיל חוֹבִין לְמֵימַת, וְאַף לָא עוּלֵימָא
חַבֵּילִית דְּבִדִילֵיהּ יִשְׁתֵּיצֵי זַרְעִי: כד אֲרֵי שִׁבְעָא דָרִין אִתְלִיאוּ לְקַיִן, הֲלָא לְלֶמֶךְ בְּרֵיהּ שַׁבְעִין
וְשִׁבְעָא: כה וִידַע אָדָם עוֹד יָת אִתְּתֵיהּ, וִילֵידַת בַּר, וּקְרָת יָת שְׁמֵיהּ שֵׁת, אֲרֵי אֲמַרַת, יְהַב לִי יְיָ
כו בַּר אָחֳרָן, חֲלָף הֶבֶל, דְּקַטְלֵיהּ קָיִן: וּלְשֵׁת אַף הוּא אִתְיְלִיד בַּר, וּקְרָא יָת שְׁמֵיהּ אֱנוֹשׁ, בְּכֵן
ה א בְּיוֹמוֹהִי חֲלוּ בְּנֵי אֲנָשָׁא, מִלְּצַלָּאָה בִּשְׁמָא דַיְיָ: דֵּין סְפַר, תּוֹלְדַת אָדָם, בְּיוֹמָא, דִּבְרָא יְיָ
ב אָדָם, בִּדְמוּת אֱלֹהִים עֲבַד יָתֵיהּ: דְּכַר וְנוּקְבָּא בְּרָאִנּוּן, וּבָרֵיךְ יָתְהוֹן, וּקְרָא יָת שׁוּמְהוֹן אָדָם,
ג בְּיוֹמָא דְּאִתְבְּרִיאוּ: וַחֲיָא אָדָם, מְאָה וּתְלָתִין שְׁנִין, וְאוֹלֵיד בִּדְמוּתֵיהּ דְּדָמֵי לֵיהּ, וּקְרָא יָת
ד שְׁמֵיהּ שֵׁת: וַהֲווֹ יוֹמֵי אָדָם, בָּתַר דְּאוֹלֵיד יָת שֵׁת, תְּמָנֵי מְאָה שְׁנִין, וְאוֹלֵיד בְּנִין וּבְנָן: וַהֲווֹ, כָּל
ה יוֹמֵי אָדָם דַּחֲיָא, תְּשַׁע מְאָה וּתְלָתִין שְׁנִין, וּמִית: וַחֲיָא שֵׁת, מְאָה וַחֲמֵשׁ שְׁנִין, וְאוֹלֵיד יָת
ו אֱנוֹשׁ: וַחֲיָא שֵׁת, בָּתַר דְּאוֹלֵיד יָת אֱנוֹשׁ, תְּמָנֵי מְאָה וּשְׁבַע שְׁנִין, וְאוֹלֵיד בְּנִין וּבְנָן: וַהֲווֹ

כב **תּוּבַל קָיִן.** לְשׁוֹן תַּבְלִין, תִּבֵּל וְהִתְקִין אֻמָּנוּתוֹ
שֶׁל קַיִן לַעֲשׂוֹת כְּלֵי זַיִן לָרוֹצְחִים: **לֹטֵשׁ כָּל חֹרֵשׁ
נְחֹשֶׁת וּבַרְזֶל.** מְחַדֵּד אֻמָּנוּת נְחֹשֶׁת וּבַרְזֶל, כְּמוֹ
"יִלְטוֹשׁ עֵינָיו לִי" (איוב טז, ט). "חֹרֵשׁ" אֵינוֹ לְשׁוֹן
פּוֹעֵל, אֶלָּא לְשׁוֹן פּוֹעֵל, שֶׁהֲרֵי נָקוּד קָמַץ (יוד)
וְטַעְמוֹ לְמַטָּה, כְּלוֹמַר מְחַדֵּד וּמְמַחֵץ כָּל כְּלֵי
אֻמָּנוּת נְחֹשֶׁת וּבַרְזֶל. **נַעֲמָה.** הִיא אִשְׁתּוֹ שֶׁל נֹחַ.
בִּבְרֵאשִׁית רַבָּה (כג, ג):

כג-כד **שְׁמַעַן קוֹלִי.** שֶׁהָיוּ נָשָׁיו פּוֹרְשׁוֹת מִמֶּנּוּ
מִתַּשְׁמִישׁ לְפִי שֶׁהָרַג אֶת קַיִן וְאֶת תּוּבַל קַיִן
בְּנוֹ, שֶׁהָיָה לֶמֶךְ סוּמָא וְתוּבַל קַיִן מוֹשְׁכוֹ, וְרָאָה
אֶת קַיִן וְנִדְמָה לוֹ כְּחַיָּה, וְאָמַר לְאָבִיו לִמְשׁוֹךְ
בַּקֶּשֶׁת, וַהֲרָגוֹ. וְכֵיוָן שֶׁיָּדַע שֶׁהוּא קַיִן זְקֵנוֹ הִכָּה
כַּף אֶל כַּף וְסָפַק אֶת בְּנוֹ בֵּינֵיהֶן וַהֲרָגוֹ. וְהָיוּ
נָשָׁיו פּוֹרְשׁוֹת מִמֶּנּוּ וְהוּא מְפַיְּסָן: "שְׁמַעַן קוֹלִי"
לְהִשָּׁמַע לִי, וְכִי "אִישׁ" אֲשֶׁר "הֲרַגְתִּי, לְפִצְעִי"
הוּא נֶהֱרָג? וְכִי אֲנִי פְּצַעְתִּיו מֵזִיד שֶׁיְּהֵא הַפֶּצַע
קָרוּי עַל שְׁמִי? "וְיֶלֶד" אֲשֶׁר הָרַגְתִּי, "לְחַבּוּרָתִי"
נֶהֱרָג? כְּלוֹמַר עַל יְדֵי חַבּוּרָתִי? בִּתְמִיָּה; וַהֲלֹא
שׁוֹגֵג אֲנִי, לֹא זֶהוּ פִצְעִי וְלֹא זֶהוּ חַבּוּרָתִי. פֶּצַע –
מַכַּת חֶרֶב אוֹ חֵץ, נברדו"ר בְּלַעַז: **כִּי שִׁבְעָתַיִם
יֻקַּם קָיִן.** קַיִן שֶׁהָרַג מֵזִיד נִתְלָה לוֹ עַד שִׁבְעָה
דּוֹרוֹת, אֲנִי שֶׁהָרַגְתִּי שׁוֹגֵג כָּל שֶׁכֵּן שֶׁיִּתָּלֶה לִי
שְׁבִיעִיּוֹת הַרְבֵּה: שִׁבְעִים וְשִׁבְעָה. לְשׁוֹן רִבּוּי
שְׁבִיעִיּוֹת אָחַז לוֹ, כָּךְ דָּרַשׁ רַבִּי תַנְחוּמָא (יא).
וּמִדְרַשׁ בְּרֵאשִׁית רַבָּה: לֹא הָרַג לֶמֶךְ כְּלוּם,
וְנָשָׁיו פּוֹרְשׁוֹת מִמֶּנּוּ מִשֶּׁקִּיְּמוּ פְּרִיָּה וּרְבִיָּה,

לְפִי שֶׁנִּגְזְרָה גְּזֵרָה לְכַלּוֹת זַרְעוֹ שֶׁל קַיִן לְשִׁבְעָה
דוֹרוֹת, אָמְרוּ, מָה אָנוּ יוֹלְדוֹת לַבֶּהָלָה? לְמָחָר
הַמַּבּוּל בָּא וְשׁוֹטֵף אֶת הַכֹּל. וְהוּא אוֹמֵר לָהֶן:
"וְכִי אִישׁ הָרַגְתִּי לְפִצְעִי"? וְכִי אֲנִי הֲרַגְתִּיו
הֶבֶל שֶׁהוּא אִישׁ בְּקוֹמָה וְיֶלֶד בְּשָׁנִים שֶׁיְּהֵא זַרְעִי
כָלֶה בְחֶטְאוֹ עָוֹן? וּמַה קַיִן שֶׁהָרַג, נִתְלוּ לוֹ שִׁבְעָה
דוֹרוֹת, אֲנִי שֶׁלֹּא הָרַגְתִּי לֹא כָל שֶׁכֵּן שֶׁיִּתָּלוּ לִי
שְׁבִיעִיּוֹת הַרְבֵּה? וְזֶהוּ קַל וָחֹמֶר שֶׁל שְׁטוּת,
אִם כֵּן אֵין הַקָּדוֹשׁ בָּרוּךְ הוּא גּוֹבֶה אֶת חוֹבוֹ
וּמְקַיֵּם אֶת דְּבָרוֹ:

כה **וַיֵּדַע אָדָם וְגוֹ'.** בָּא לוֹ לֶמֶךְ אֵצֶל אָדָם
הָרִאשׁוֹן וְקָבַל עַל נָשָׁיו, אָמַר לָהֶם: וְכִי עֲלֵיכֶם
לְדַקְדֵּק עַל גְּזֵרָתוֹ שֶׁל מָקוֹם? אַתֶּם עֲשׂוּ
מִצְוַתְכֶם וְהוּא יַעֲשֶׂה אֶת שֶׁלּוֹ! אָמְרוּ לוֹ: קְשׁוֹט
עַצְמְךָ תְּחִלָּה, וַהֲלֹא פֵּרַשְׁתָּ מֵאִשְׁתְּךָ זֶה מֵאָה
וּשְׁלֹשִׁים שָׁנָה מִשֶּׁנִּקְנְסָה מִיתָה עַל יָדְךָ! מִיָּד –
"וַיֵּדַע אָדָם וְגוֹ'", וּמַהוּ "עוֹד"? מְלַמֵּד שֶׁנִּתּוֹסְפָה
לוֹ תַּאֲוָה עַל תַּאֲוָתוֹ. בִּבְרֵאשִׁית רַבָּה (כג, ד-ה):

כו **אָז הוּחַל לִקְרֹא.** אֶת שְׁמוֹת הָאָדָם וְאֶת
שְׁמוֹת הָעֲצַבִּים בִּשְׁמוֹ שֶׁל הַקָּדוֹשׁ בָּרוּךְ הוּא,
לַעֲשׂוֹתָן עֲבוֹדָה זָרָה וְלִקְרוֹתָן אֱלֹהוּת:

פרק ה

א **זֶה סֵפֶר תּוֹלְדוֹת אָדָם.** זוֹ הִיא סְפִירַת תּוֹלְדוֹת
אָדָם. וּמִדְרְשֵׁי אַגָּדָה יֵשׁ רַבִּים: בְּיוֹם בְּרֹא וְגוֹ'.
מַגִּיד שֶׁפַּיִּס שֶׁנִּבְרָא הוֹלֵיד:

ג **שְׁלֹשִׁים וּמְאַת שָׁנָה.** עַד כָּאן פֵּרַשׁ מִן הָאִשָּׁה:

כׇּל־יְמֵי־שֵׁ֔ת שְׁתֵּ֤ים עֶשְׂרֵה֙ שָׁנָ֔ה וּתְשַׁ֥ע מֵא֖וֹת
שָׁנָ֑ה וַיָּמֹֽת׃ וַיְחִ֥י אֱנ֖וֹשׁ תִּשְׁעִ֣ים שָׁנָ֑ה ט
וַיּ֖וֹלֶד אֶת־קֵינָֽן׃ וַיְחִ֣י אֱנ֗וֹשׁ אַחֲרֵי֙ הוֹלִיד֣וֹ אֶת־ י
קֵינָ֔ן חֲמֵ֤שׁ עֶשְׂרֵה֙ שָׁנָ֔ה וּשְׁמֹנֶ֥ה מֵא֖וֹת שָׁנָ֑ה
וַיּ֥וֹלֶד בָּנִ֖ים וּבָנֽוֹת׃ וַיִּֽהְיוּ֙ כׇּל־יְמֵ֣י אֱנ֔וֹשׁ חָמֵ֣שׁ יא
שָׁנִ֔ים וּתְשַׁ֥ע מֵא֖וֹת שָׁנָ֑ה וַיָּמֹֽת׃ וַיְחִ֥י יב
קֵינָ֖ן שִׁבְעִ֣ים שָׁנָ֑ה וַיּ֖וֹלֶד אֶת־מַהֲלַלְאֵֽל׃ וַיְחִ֣י יג
קֵינָ֗ן אַחֲרֵי֙ הוֹלִיד֣וֹ אֶת־מַֽהֲלַלְאֵ֔ל אַרְבָּעִ֣ים
שָׁנָ֔ה וּשְׁמֹנֶ֥ה מֵא֖וֹת שָׁנָ֑ה וַיּ֥וֹלֶד בָּנִ֖ים וּבָנֽוֹת׃
וַיִּֽהְיוּ֙ כׇּל־יְמֵ֣י קֵינָ֔ן עֶ֣שֶׂר שָׁנִ֔ים וּתְשַׁ֥ע מֵא֖וֹת יד
שָׁנָ֑ה וַיָּמֹֽת׃ וַיְחִ֣י מַֽהֲלַלְאֵ֔ל חָמֵ֥שׁ טו
שָׁנִ֖ים וְשִׁשִּׁ֣ים שָׁנָ֑ה וַיּ֖וֹלֶד אֶת־יָֽרֶד׃ וַיְחִ֣י טז
מַֽהֲלַלְאֵ֗ל אַחֲרֵי֙ הוֹלִיד֣וֹ אֶת־יֶ֔רֶד שְׁלֹשִׁ֣ים
שָׁנָ֔ה וּשְׁמֹנֶ֥ה מֵא֖וֹת שָׁנָ֑ה וַיּ֥וֹלֶד בָּנִ֖ים וּבָנֽוֹת׃
וַיִּֽהְיוּ֙ כׇּל־יְמֵ֣י מַֽהֲלַלְאֵ֔ל חָמֵ֤שׁ וְתִשְׁעִים֙ שָׁנָ֔ה יז
וּשְׁמֹנֶ֥ה מֵא֖וֹת שָׁנָ֑ה וַיָּמֹֽת׃ וַֽיְחִי־ יח
יֶ֕רֶד שְׁתַּ֧יִם וְשִׁשִּׁ֛ים שָׁנָ֖ה וּמְאַ֣ת שָׁנָ֑ה וַיּ֖וֹלֶד
אֶת־חֲנֽוֹךְ׃ וַֽיְחִי־יֶ֗רֶד אַחֲרֵי֙ הוֹלִיד֣וֹ אֶת־חֲנ֔וֹךְ יט
שְׁמֹנֶ֥ה מֵא֖וֹת שָׁנָ֑ה וַיּ֥וֹלֶד בָּנִ֖ים וּבָנֽוֹת׃ וַיִּֽהְיוּ֙ כ
כׇּל־יְמֵי־יֶ֔רֶד שְׁתַּ֤יִם וְשִׁשִּׁים֙ שָׁנָ֔ה וּתְשַׁ֥ע מֵא֖וֹת
שָׁנָ֑ה וַיָּמֹֽת׃ וַיְחִ֣י חֲנ֔וֹךְ חָמֵ֥שׁ וְשִׁשִּׁ֖ים כא

בראשית

כב שָׁנָה וַיּוֹלֶד אֶת־מְתוּשָׁלַח: וַיִּתְהַלֵּךְ חֲנוֹךְ אֶת־
הָאֱלֹהִים אַחֲרֵי הוֹלִידוֹ אֶת־מְתוּשֶׁלַח שְׁלֹשׁ
מֵאוֹת שָׁנָה וַיּוֹלֶד בָּנִים וּבָנוֹת: כג וַיְהִי כָּל־יְמֵי
חֲנוֹךְ חָמֵשׁ וְשִׁשִּׁים שָׁנָה וּשְׁלֹשׁ מֵאוֹת שָׁנָה:
כד וַיִּתְהַלֵּךְ חֲנוֹךְ אֶת־הָאֱלֹהִים וְאֵינֶנּוּ כִּי־לָקַח
אֹתוֹ אֱלֹהִים: כה וַיְחִי מְתוּשֶׁלַח שֶׁבַע שביעי
וּשְׁמֹנִים שָׁנָה וּמְאַת שָׁנָה וַיּוֹלֶד אֶת־לָמֶךְ:
כו וַיְחִי מְתוּשֶׁלַח אַחֲרֵי הוֹלִידוֹ אֶת־לֶמֶךְ שְׁתַּיִם
וּשְׁמוֹנִים שָׁנָה וּשְׁבַע מֵאוֹת שָׁנָה וַיּוֹלֶד בָּנִים

ח כָּל יוֹמֵי שֵׁת, תְּשַׁע מְאָה וְתַרְתֵּא עַסְרֵי שְׁנִין, וּמִית: וַחֲיָא אֱנוֹשׁ תִּשְׁעִין שְׁנִין, וְאוֹלֵיד יָת קֵינָן:
י וַחֲיָא אֱנוֹשׁ, בָּתַר דְּאוֹלֵיד יָת קֵינָן, תְּמָנֵי מְאָה וַחֲמֵשׁ עַסְרֵי שְׁנִין, וְאוֹלֵיד בְּנִין וּבְנָן: וַהֲווֹ כָּל
יא יוֹמֵי אֱנוֹשׁ, תְּשַׁע מְאָה וַחֲמֵשׁ שְׁנִין, וּמִית: וַחֲיָא קֵינָן שַׁבְעִין שְׁנִין, וְאוֹלֵיד יָת מַהֲלַלְאֵל:
יג וַחֲיָא קֵינָן, בָּתַר דְּאוֹלֵיד יָת מַהֲלַלְאֵל, תְּמָנֵי מְאָה וְאַרְבְּעִין שְׁנִין, וְאוֹלֵיד בְּנִין וּבְנָן: וַהֲווֹ כָּל
יד יוֹמֵי קֵינָן, תְּשַׁע מְאָה וַעֲשַׂר שְׁנִין, וּמִית: וַחֲיָא מַהֲלַלְאֵל, שִׁתִּין וַחֲמֵשׁ שְׁנִין, וְאוֹלֵיד יָת יָרֶד:
טז וַחֲיָא מַהֲלַלְאֵל, בָּתַר דְּאוֹלֵיד יָת יָרֶד, תְּמָנֵי מְאָה וּתְלָתִין שְׁנִין, וְאוֹלֵיד בְּנִין וּבְנָן: וַהֲווֹ כָּל
יז יוֹמֵי מַהֲלַלְאֵל, תְּמָנֵי מְאָה וְתִשְׁעִין וַחֲמֵשׁ שְׁנִין, וּמִית: וַחֲיָא יֶרֶד, מְאָה וְשִׁתִּין וְתַרְתֵּין שְׁנִין,
יח וְאוֹלֵיד יָת חֲנוֹךְ: וַחֲיָא יֶרֶד, בָּתַר דְּאוֹלֵיד יָת חֲנוֹךְ, תְּמָנֵי מְאָה שְׁנִין, וְאוֹלֵיד בְּנִין וּבְנָן: וַהֲווֹ
יט כָּל יוֹמֵי יֶרֶד, תְּשַׁע מְאָה וְשִׁתִּין וְתַרְתֵּין שְׁנִין, וּמִית: וַחֲיָא חֲנוֹךְ, שִׁתִּין וַחֲמֵשׁ שְׁנִין, וְאוֹלֵיד
כא יָת מְתוּשָׁלַח: וְהַלֵּיךְ חֲנוֹךְ בְּדַחַלְתָּא דַּיָי, בָּתַר דְּאוֹלֵיד יָת מְתוּשָׁלַח, תְּלָת מְאָה שְׁנִין,
כב וְאוֹלֵיד בְּנִין וּבְנָן: וַהֲווֹ כָּל יוֹמֵי חֲנוֹךְ, תְּלָת מְאָה וְשִׁתִּין וַחֲמֵשׁ שְׁנִין: וְהַלֵּיךְ חֲנוֹךְ בְּדַחַלְתָּא
כג דַיָי, וְלֵיתוֹהִי, אֲרֵי לָא אֲמִית יָתֵיהּ יְיָ: וַחֲיָא מְתוּשֶׁלַח, מְאָה וּתְמָנֵן וּשְׁבַע שְׁנִין, וְאוֹלֵיד יָת
כה לָמֶךְ: וַחֲיָא מְתוּשֶׁלַח, בָּתַר דְּאוֹלֵיד יָת לָמֶךְ, שְׁבַע מְאָה וּתְמָנֵן וְתַרְתֵּין שְׁנִין, וְאוֹלֵיד בְּנִין

כד **וַיִּתְהַלֵּךְ חֲנוֹךְ.** צַדִּיק הָיָה וְקַל בְּדַעְתּוֹ לָשׁוּב לְהַרְשִׁיעַ, לְפִיכָךְ מִהֵר הַקָּדוֹשׁ בָּרוּךְ הוּא וְסִלְּקוֹ וֶהֱמִיתוֹ קֹדֶם זְמַנּוֹ, וְזֶהוּ שֶׁשִּׁנָּה הַכָּתוּב בְּמִיתָתוֹ, לִכְתֹּב: "וְאֵינֶנּוּ" בָּעוֹלָם לִמְלֹאות שְׁנוֹתָיו: **כִּי לָקַח אֹתוֹ.** לִפְנֵי זְמַנּוֹ, כְּמוֹ: "הִנְנִי לֹקֵחַ מִמְּךָ אֶת מַחְמַד עֵינֶיךָ" (יחזקאל כד, טז):

כז וּבָנוֹת: וַיִּהְיוּ כָּל־יְמֵי מְתוּשֶׁלַח תֵּשַׁע וְשִׁשִּׁים
כח * שָׁנָה וּתְשַׁע מֵאוֹת שָׁנָה וַיָּמֹת: וַיְחִי־
לֶמֶךְ שְׁתַּיִם וּשְׁמֹנִים שָׁנָה וּמְאַת שָׁנָה וַיּוֹלֶד בֵּן:
כט וַיִּקְרָא אֶת־שְׁמוֹ נֹחַ לֵאמֹר זֶה יְנַחֲמֵנוּ מִמַּעֲשֵׂנוּ
וּמֵעִצְּבוֹן יָדֵינוּ מִן־הָאֲדָמָה אֲשֶׁר אֵרְרָהּ יְהוָה:
ל וַיְחִי־לֶמֶךְ אַחֲרֵי הוֹלִידוֹ אֶת־נֹחַ חָמֵשׁ וְתִשְׁעִים
לא שָׁנָה וַחֲמֵשׁ מֵאֹת שָׁנָה וַיּוֹלֶד בָּנִים וּבָנוֹת: וַיְהִי
כָּל־יְמֵי־לֶמֶךְ שֶׁבַע וְשִׁבְעִים שָׁנָה וּשְׁבַע מֵאוֹת
לב שָׁנָה וַיָּמֹת: וַיְהִי־נֹחַ בֶּן־חֲמֵשׁ מֵאוֹת
ו א שָׁנָה וַיּוֹלֶד נֹחַ אֶת־שֵׁם אֶת־חָם וְאֶת־יָפֶת: וַיְהִי
כִּי־הֵחֵל הָאָדָם לָרֹב עַל־פְּנֵי הָאֲדָמָה וּבָנוֹת יֻלְּדוּ
ב לָהֶם: וַיִּרְאוּ בְנֵי־הָאֱלֹהִים אֶת־בְּנוֹת הָאָדָם כִּי
טֹבֹת הֵנָּה וַיִּקְחוּ לָהֶם נָשִׁים מִכֹּל אֲשֶׁר בָּחָרוּ:
ג וַיֹּאמֶר יְהוָה לֹא־יָדוֹן רוּחִי בָאָדָם לְעֹלָם בְּשַׁגַּם
ד הוּא בָשָׂר וְהָיוּ יָמָיו מֵאָה וְעֶשְׂרִים שָׁנָה: הַנְּפִלִים
הָיוּ בָאָרֶץ בַּיָּמִים הָהֵם וְגַם אַחֲרֵי־כֵן אֲשֶׁר יָבֹאוּ
בְּנֵי הָאֱלֹהִים אֶל־בְּנוֹת הָאָדָם וְיָלְדוּ לָהֶם הֵמָּה
הַגִּבֹּרִים אֲשֶׁר מֵעוֹלָם אַנְשֵׁי הַשֵּׁם:

כח) וַיּוֹלֶד בֵּן. שֶׁמִּמֶּנּוּ נִבְנָה הָעוֹלָם:
כט) זֶה יְנַחֲמֵנוּ. יָנַח מִמֶּנּוּ אֶת עִצְּבוֹן יָדֵינוּ. עַד
שֶׁלֹּא בָּא נֹחַ לֹא הָיָה לָהֶם כְּלֵי מַחֲרֵשָׁה וְהוּא
הֵכִין לָהֶם, וְהָיְתָה הָאָרֶץ מוֹצִיאָה קוֹצִים וְדַרְדָּרִים

ו בראשית

כז כח ובנן: והוו כל יומי מתושלח, תשע מאה ושתין ותשע שנין, ומית: וחיא למך, מאה
כט ותמנן ותרתין שנין, ואוליד בר: וקרא ית שמיה, נח למימר, דין, ינחמננא מעובדנא
ל ומליאות ידנא, מן ארעא, דלטה יי: וחיא למך, בתר דאוליד ית נח, חמש מאה ותשעין
לא וחמש שנין, ואוליד בנין ובנן: והוו כל יומי למך, שבע מאה ושבעין ושבע שנין,
לב ו א ומית: והוה נח, בר חמש מאה שנין, ואוליד נח, ית שם ית חם וית יפת: והוה כד שריאו
ב בני אנשא, למסגי על אפי ארעא, ובנתא אתילידא להון: וחזו בני רברביא ית בנת
ג אנשא, ארי שפירן אנין, ונסיבו להון נשין, מכל דאתרעיאו: ואמר יי, לא יתקים דרא
בישא הדין קדמי לעלם, בדיל דאנון בסרא ועובדיהון בישין, ארכא יהיב להון, מאה
ד ועסרין שנין אם יתובון: גבריא, הוו בארעא ביומיא האנון, ואף בתר כן, דעאלין
בני רברביא לות בנת אנשא, וילדן להון, אנון גבריא, דמעלמא אנשין דשמא:

כשזורעים חטים, מקללתו של אדם הראשון, ובימי נח נחה, וזה 'ינחמנו' – ינח ממנו. ואם לא תפרשהו כך, אין טעם הלשון נופל על השם, ואתה צריך לקרות שמו מנחם:

לב) **בן חמש מאות שנה.** אמר רבי יודן: מה טעם כל הדורות הולידו למאה שנה וזה לחמש מאות? אמר הקדוש ברוך הוא: אם רשעים הם יאבדו במים ורע לצדיק זה, ואם צדיקים הם אטריח עליו לעשות תבות הרבה, כבש את מעינו ולא הוליד עד חמש מאות שנה, כדי שלא יהא יפת הגדול שבבניו ראוי לעונשין לפני המבול, דכתיב: "כי הנער בן מאה שנה ימות" (ישעיה סה, כ) – ראוי לעונש לעתיד, וכן לפני מתן תורה: **את שם את חם ואת יפת.** והלא יפת הגדול הוא! אלא בתחלה אתה דורש את שהוא צדיק, ונולד כשהוא מהול, ושאברהם יצא ממנו וכו'. בבראשית רבה (כו, ג):

פרק ו

ב) **בני האלהים.** בני השרים והשופטים. דבר אחר, "בני האלהים", הם השרים ההולכים בשליחותו של מקום, אף הם היו מתערבים בהם. כל 'אלהים' שבמקרא לשון מרות, וזה יוכיח: "ואתה תהיה לו לאלהים" (שמות ד, טז), "ראה נתתיך אלהים" (שם ז, א): **כי טבת הנה.** אמר רבי יודן: "טבת" כתיב, משהיו מטיבין אותה מקשטת לכנס לחפה, היה גדול נכנס ובועלה תחלה: **מכל אשר בחרו.** אף בעולת בעל, אף הזכר והבהמה:

ג) **לא ידון רוחי באדם.** לא יתרעם ויריב רוחי עלי בשביל האדם: **לעלם.** לאורך ימים; הנה רוחי נדון בקרבי אם להשחית ואם לרחם, לא יהיה מדון זה ברוחי לעולם, כלומר לאורך ימים: **בשגם הוא בשר.** כמו 'בשגם', כלומר בשביל שגם זאת בו שהוא בשר ואף על פי כן אינו נכנע לפני, ומה אם יהיה אש או דבר קשה. כיוצא בו: "עד שקמתי דבורה" (שופטים ה, ז) כמו 'שקמתי', וכן: "שאתה מדבר עמי" (שם ו, יז) כמו 'שאתה', אף 'בשגם' כמו 'בשגם': **והיו ימיו וגו'.** עד מאה ועשרים שנה אאריך להם אפי, ואם לא ישובו – אביא עליהם מבול. ואם תאמר, משנולד יפת עד המבול אינו אלא מאה שנה? אין מוקדם ומאוחר בתורה, כבר היתה הגזרה גזורה עשרים שנה קודם שהוליד נח תולדות, וכן מצינו בסדר עולם (סוף פכ"ח). יש מדרשי אגדה רבים ב"לא ידון", אבל זה עיקר פשוטו:

ד) **הנפלים.** על שם שנפלו והפילו את העולם, ובלשון עברית לשון ענקים הוא: **בימים ההם.** בימי דור אנוש ובני קין: **וגם אחרי כן.** אף על פי שראו באבדן של דור אנוש, שעלה אוקינוס והציף שליש העולם, לא נכנע דור המבול ללמוד מהם: **אשר יבאו.** היו יולדות ענקים כמותם: **הגברים.** למרד במקום: **אנשי השם.** אותם שנקבו בשמות: עירד מחויאל מתושאל, שנקראו על שם אבדן, שנמוחו והותשו. דבר אחר, אנשי שממון, ששממו את העולם:

בראשית

מפטיר

וַיַּ֣רְא יְהוָ֔ה כִּ֥י רַבָּ֛ה רָעַ֥ת הָאָדָ֖ם בָּאָ֑רֶץ וְכָל־יֵ֙צֶר֙ מַחְשְׁבֹ֣ת לִבּ֔וֹ רַ֥ק רַ֖ע כָּל־הַיּֽוֹם: וַיִּנָּ֣חֶם יְהוָ֔ה כִּֽי־עָשָׂ֥ה אֶת־הָֽאָדָ֖ם בָּאָ֑רֶץ וַיִּתְעַצֵּ֖ב אֶל־לִבּֽוֹ: וַיֹּ֣אמֶר יְהוָ֗ה אֶמְחֶ֨ה אֶת־הָאָדָ֤ם אֲשֶׁר־בָּרָ֙אתִי֙ מֵעַל֙ פְּנֵ֣י הָֽאֲדָמָ֔ה מֵֽאָדָם֙ עַד־בְּהֵמָ֔ה עַד־רֶ֖מֶשׂ וְעַד־ע֣וֹף הַשָּׁמָ֑יִם כִּ֥י נִחַ֖מְתִּי כִּ֥י עֲשִׂיתִֽם: וְנֹ֕חַ מָ֥צָא חֵ֖ן בְּעֵינֵ֥י יְהוָֽה:

וַיִּנָּחֶם ה' כִּי עָשָׂה. נֶחָמָה הָיְתָה לְפָנָיו שֶׁבְּרָאוֹ בַּתַּחְתּוֹנִים, שֶׁאִלּוּ הָיָה מִן הָעֶלְיוֹנִים הָיָה מַמְרִידָן. בִּבְרֵאשִׁית רַבָּה (כז, ד): **וַיִּתְעַצֵּב.** הָאָדָם. **אֶל לִבּוֹ** שֶׁל מָקוֹם, עָלָה בְּמַחֲשַׁבְתּוֹ שֶׁל מָקוֹם לְהַעֲצִיבוֹ,

---

הפטרת בראשית

בערב ראש חודש מרחשוון קוראים את ההפטרה בעמ' 1285.

הנביא ישעיהו היה צריך להתמודד עם השקפות אליליות שביטלו את האמונה בה' ואת מקומו של עם ישראל בעולם. בדבריו הוא מעמיד, זה לצד זה, שלושה צמדי ניגודים בהתאמה: ה', בורא העולם ומנהיגו, מול האלילים חסרי המשמעות. ישראל, עם ה', העם הנצחי מול האומות המכות שיבואו על עונשן. גאולה היוצרת מציאות מתוקנת ושלמה, מול מציאות של חטא המביא שבר וחורבן. המשותף לשלושתם: הוודאי והנצחי אל מול החולף וחסר התוחלת. תובנה זו, שהוודאי והנצחי יגבר על החולף וחסר התוחלת, באה לבסס את הדרך המוליכה מבריאת העולם לחזון אחרית הימים.

הֵ֤ן עַבְדִּי֙ אֶתְמָךְ־בּ֔וֹ בְּחִירִ֖י רָצְתָ֣ה נַפְשִׁ֑י נָתַ֤תִּי רוּחִי֙ עָלָ֔יו מִשְׁפָּ֖ט לַגּוֹיִ֥ם יוֹצִֽיא: לֹ֥א יִצְעַ֖ק וְלֹ֣א יִשָּׂ֑א וְלֹֽא־יַשְׁמִ֥יעַ בַּח֖וּץ קוֹלֽוֹ: קָנֶ֤ה רָצוּץ֙ לֹ֣א יִשְׁבּ֔וֹר וּפִשְׁתָּ֥ה כֵהָ֖ה לֹ֣א יְכַבֶּ֑נָּה לֶאֱמֶ֖ת יוֹצִ֥יא מִשְׁפָּֽט: לֹ֤א יִכְהֶה֙ וְלֹ֣א יָר֔וּץ עַד־יָשִׂ֥ים בָּאָ֖רֶץ מִשְׁפָּ֑ט וּלְתוֹרָת֖וֹ אִיִּ֥ים יְיַחֵֽלוּ: ★ כֹּֽה־אָמַ֞ר הָאֵ֣ל ׀ יְהוָ֗ה בּוֹרֵ֤א הַשָּׁמַ֙יִם֙ וְנ֣וֹטֵיהֶ֔ם רֹקַ֥ע הָאָ֖רֶץ וְצֶאֱצָאֶ֑יהָ נֹתֵ֤ן נְשָׁמָה֙ לָעָ֣ם עָלֶ֔יהָ

ישעיה מב

התימנים מתחילים כאן

האשכנזים והספרדים מתחילים כאן

ה וַחֲזָא יְיָ, אֲרֵי סְגִיאַת, בִּישַׁת אֱנָשָׁא בְּאַרְעָא, וְכָל יִצְרָא מַחְשְׁבָת לִבֵּיהּ, לְחוֹד בִּישׁ כָּל
ו יוֹמָא: וְתָב יְיָ בְּמֵימְרֵיהּ, אֲרֵי עֲבַד יָת אֱנָשָׁא בְּאַרְעָא, וַאֲמַר בְּמֵימְרֵיהּ לְמִתְבַּר תְּקֶפְהוֹן
ז כִּרְעוּתֵיהּ: וַאֲמַר יְיָ, אֶמְחֵי יָת אֱנָשָׁא דִּבְרֵיתִי מֵעַל אַפֵּי אַרְעָא, מֵאֱנָשָׁא עַד בְּעִירָא, עַד
ח רִחְשָׁא וְעַד עוֹפָא דִּשְׁמַיָּא, אֲרֵי תַּבִית בְּמֵימְרִי אֲרֵי עֲבַדְתִּנוּן: וְנֹחַ, אַשְׁכַּח רַחֲמִין קֳדָם יְיָ:

זֶהוּ תַּרְגּוּם אוּנְקְלוֹס. דָּבָר אַחֵר, "וַיִּנָּחֶם", נֶהֶפְכָה מַחְשַׁבְתּוֹ שֶׁל מָקוֹם מִמִּדַּת רַחֲמִים לְמִדַּת הַדִּין, עָלָה בְּמַחֲשָׁבָה לְפָנָיו מַה לַּעֲשׂוֹת בָּאָדָם שֶׁעָשָׂה בָּאָרֶץ, וְכֵן כָּל לְשׁוֹן נִחוּם שֶׁבַּמִּקְרָא לְשׁוֹן נִמְלָךְ מַה לַּעֲשׂוֹת: "וּבֶן אָדָם וְיִתְנֶחָם" (במדבר כג, יט), "וְעַל עֲבָדָיו יִתְנֶחָם" (דברים לב, לו), "וַיִּנָּחֶם ה' עַל הָרָעָה" (שמות לב, יד), "נִחַמְתִּי כִּי הִמְלַכְתִּי" (שמואל א' טו, יא), כֻּלָּם לְשׁוֹן מַחֲשָׁבָה אַחֶרֶת הֵם. "וַיִּתְעַצֵּב אֶל לִבּוֹ" – נִתְאַבֵּל עַל אָבְדַן מַעֲשֵׂה יָדָיו, כְּמוֹ: "נֶעֱצַב הַמֶּלֶךְ עַל בְּנוֹ" (שמואל ב' יט, ג). וְזוֹ כָּתַבְתִּי לִתְשׁוּבַת הַמִּינִים: גּוֹי אֶחָד שָׁאַל אֶת רַבִּי יְהוֹשֻׁעַ בֶּן קָרְחָה, אָמַר לוֹ: אֵין אַתֶּם מוֹדִים שֶׁהַקָּדוֹשׁ בָּרוּךְ הוּא רוֹאֶה אֶת הַנּוֹלָד? אָמַר לוֹ: הֵן. אָמַר לוֹ: וְהָא כְּתִיב: "וַיִּתְעַצֵּב אֶל לִבּוֹ"? אָמַר לוֹ: נוֹלַד לְךָ בֵּן זָכָר מִיָּמֶיךָ? אָמַר לוֹ: הֵן. אָמַר לוֹ: וּמֶה עָשִׂיתָ? אָמַר לוֹ: שָׂמַחְתִּי וְשִׂמַּחְתִּי אֶת הַכֹּל. אָמַר לוֹ: וְלֹא הָיִיתָ יוֹדֵעַ שֶׁסּוֹפוֹ לָמוּת? אָמַר לוֹ: בִּשְׁעַת חֶדְוָתָא חֶדְוָתָא, בִּשְׁעַת אֶבְלָא אֶבְלָא. אָמַר לוֹ: כָּךְ מַעֲשֵׂה לִפְנֵי הַקָּדוֹשׁ בָּרוּךְ הוּא, אַף עַל פִּי שֶׁגָּלוּי לְפָנָיו שֶׁסּוֹפָן לַחֲטֹא וּלְאַבְּדָן לֹא נִמְנַע מִלְּבָרְאָן, בִּשְׁבִיל הַצַּדִּיקִים הָעֲתִידִים לַעֲמֹד מֵהֶם:

ז וַיֹּאמֶר ה' אֶמְחֶה אֶת הָאָדָם. הוּא עָפָר וְאָבִיא עָלָיו מַיִם וְאֶמְחֶה אוֹתוֹ, לְכָךְ נֶאֱמַר לְשׁוֹן מְחוּי: מֵאָדָם עַד בְּהֵמָה. אַף הֵם הִשְׁחִיתוּ דַּרְכָּם. דָּבָר אַחֵר, הַכֹּל נִבְרָא בִּשְׁבִיל הָאָדָם, וְכֵיוָן שֶׁהוּא כָּלֶה מַה צֹּרֶךְ בְּאֵלּוּ: כִּי נִחַמְתִּי כִּי עֲשִׂיתִם. חָשַׁבְתִּי מַה לַּעֲשׂוֹת עַל אֲשֶׁר עֲשִׂיתִים:

ו וְרוּחַ לַהֹלְכִים בָּהּ: אֲנִי יְהוָה קְרָאתִיךָ בְצֶדֶק וְאַחְזֵק בְּיָדֶךָ וְאֶצָּרְךָ וְאֶתֶּנְךָ
ז לִבְרִית עָם לְאוֹר גּוֹיִם: לִפְקֹחַ עֵינַיִם עִוְרוֹת לְהוֹצִיא מִמַּסְגֵּר אַסִּיר מִבֵּית
ח כֶּלֶא יֹשְׁבֵי חֹשֶׁךְ: אֲנִי יְהוָה הוּא שְׁמִי וּכְבוֹדִי לְאַחֵר לֹא־אֶתֵּן וּתְהִלָּתִי
ט לַפְּסִילִים: הָרִאשֹׁנוֹת הִנֵּה־בָאוּ וַחֲדָשׁוֹת אֲנִי מַגִּיד בְּטֶרֶם תִּצְמַחְנָה
י אַשְׁמִיעַ אֶתְכֶם: שִׁירוּ לַיהוָה שִׁיר חָדָשׁ תְּהִלָּתוֹ מִקְצֵה הָאָרֶץ
יא יוֹרְדֵי הַיָּם וּמְלֹאוֹ אִיִּים וְיֹשְׁבֵיהֶם: יִשְׂאוּ מִדְבָּר וְעָרָיו חֲצֵרִים תֵּשֵׁב קֵדָר
יב יָרֹנּוּ יֹשְׁבֵי סֶלַע מֵרֹאשׁ הָרִים יִצְוָחוּ: יָשִׂימוּ לַיהוָה כָּבוֹד וּתְהִלָּתוֹ בָּאִיִּים
יג יַגִּידוּ: יְהוָה כַּגִּבּוֹר יֵצֵא כְּאִישׁ מִלְחָמוֹת יָעִיר קִנְאָה יָרִיעַ אַף־יַצְרִיחַ עַל־
יד אֹיְבָיו יִתְגַּבָּר: הֶחֱשֵׁיתִי מֵעוֹלָם אַחֲרִישׁ אֶתְאַפָּק כַּיּוֹלֵדָה אֶפְעֶה
טו אֶשֹּׁם וְאֶשְׁאַף יָחַד: אַחֲרִיב הָרִים וּגְבָעוֹת וְכָל־עֶשְׂבָּם אוֹבִישׁ וְשַׂמְתִּי
טז נְהָרוֹת לָאִיִּים וַאֲגַמִּים אוֹבִישׁ: וְהוֹלַכְתִּי עִוְרִים בְּדֶרֶךְ לֹא יָדָעוּ בִּנְתִיבוֹת

לֹא־יָדָעוּ אַדְרִיכֵם אָשִׂים מַחְשָׁךְ לִפְנֵיהֶם לָאוֹר וּמַעֲקַשִּׁים לְמִישׁוֹר אֵלֶּה
יז הַדְּבָרִים עֲשִׂיתִם וְלֹא עֲזַבְתִּים:* נָסֹגוּ אָחוֹר יֵבֹשׁוּ בֹשֶׁת הַבֹּטְחִים בַּפָּסֶל — התימנים מסיימים כאן
יח הָאֹמְרִים לְמַסֵּכָה אַתֶּם אֱלֹהֵינוּ: הַחֵרְשִׁים שְׁמָעוּ וְהַעִוְרִים הַבִּיטוּ
יט לִרְאוֹת: מִי עִוֵּר כִּי אִם־עַבְדִּי וְחֵרֵשׁ כְּמַלְאָכִי אֶשְׁלָח מִי עִוֵּר כִּמְשֻׁלָּם
כ וְעִוֵּר כְּעֶבֶד יְהוָה: רָאִית רַבּוֹת וְלֹא תִשְׁמֹר פָּקוֹחַ אָזְנַיִם וְלֹא יִשְׁמָע: — רָאוֹת
כא כב יְהוָה חָפֵץ לְמַעַן צִדְקוֹ יַגְדִּיל תּוֹרָה וְיַאְדִּיר:* וְהוּא עַם־בָּזוּז וְשָׁסוּי הָפֵחַ — הספרדים מסיימים כאן
בַּחוּרִים כֻּלָּם וּבְבָתֵּי כְלָאִים הָחְבָּאוּ הָיוּ לָבַז וְאֵין מַצִּיל מְשִׁסָּה וְאֵין־אֹמֵר
כג כד הָשַׁב: מִי בָכֶם יַאֲזִין זֹאת יַקְשִׁב וְיִשְׁמַע לְאָחוֹר: מִי־נָתַן למשוסה יַעֲקֹב — לִמְשִׁסָּה
וְיִשְׂרָאֵל לְבֹזְזִים הֲלוֹא יְהוָה זוּ חָטָאנוּ לוֹ וְלֹא־אָבוּ בִדְרָכָיו הָלוֹךְ וְלֹא
כה שָׁמְעוּ בְּתוֹרָתוֹ: וַיִּשְׁפֹּךְ עָלָיו חֵמָה אַפּוֹ וֶעֱזוּז מִלְחָמָה וַתְּלַהֲטֵהוּ מִסָּבִיב
מג א וְלֹא יָדָע וַתִּבְעַר־בּוֹ וְלֹא־יָשִׂים עַל־לֵב: וְעַתָּה כֹּה־אָמַר
יְהוָה בֹּרַאֲךָ יַעֲקֹב וְיֹצֶרְךָ יִשְׂרָאֵל אַל־תִּירָא כִּי גְאַלְתִּיךָ קָרָאתִי בְשִׁמְךָ
ב לִי־אָתָּה: כִּי־תַעֲבֹר בַּמַּיִם אִתְּךָ־אָנִי וּבַנְּהָרוֹת לֹא יִשְׁטְפוּךָ כִּי־תֵלֵךְ
ג בְּמוֹ־אֵשׁ לֹא תִכָּוֶה וְלֶהָבָה לֹא תִבְעַר־בָּךְ: כִּי אֲנִי יְהוָה אֱלֹהֶיךָ קְדוֹשׁ
ד יִשְׂרָאֵל מוֹשִׁיעֶךָ נָתַתִּי כָפְרְךָ מִצְרַיִם כּוּשׁ וּסְבָא תַּחְתֶּיךָ: מֵאֲשֶׁר יָקַרְתָּ
בְעֵינַי נִכְבַּדְתָּ וַאֲנִי אֲהַבְתִּיךָ וְאֶתֵּן אָדָם תַּחְתֶּיךָ וּלְאֻמִּים תַּחַת נַפְשֶׁךָ:
ה ו אַל־תִּירָא כִּי אִתְּךָ־אָנִי מִמִּזְרָח אָבִיא זַרְעֶךָ וּמִמַּעֲרָב אֲקַבְּצֶךָּ: אֹמַר
לַצָּפוֹן תֵּנִי וּלְתֵימָן אַל־תִּכְלָאִי הָבִיאִי בָנַי מֵרָחוֹק וּבְנוֹתַי מִקְצֵה הָאָרֶץ:
ז ח כֹּל הַנִּקְרָא בִשְׁמִי וְלִכְבוֹדִי בְּרָאתִיו יְצַרְתִּיו אַף־עֲשִׂיתִיו: הוֹצִיא עַם־עִוֵּר
ט וְעֵינַיִם יֵשׁ וְחֵרְשִׁים וְאָזְנַיִם לָמוֹ: כָּל־הַגּוֹיִם נִקְבְּצוּ יַחְדָּו וְיֵאָסְפוּ לְאֻמִּים מִי
בָהֶם יַגִּיד זֹאת וְרִאשֹׁנוֹת יַשְׁמִיעֻנוּ יִתְּנוּ עֵדֵיהֶם וְיִצְדָּקוּ וְיִשְׁמְעוּ וְיֹאמְרוּ
י אֱמֶת: אַתֶּם עֵדַי נְאֻם־יְהוָה וְעַבְדִּי אֲשֶׁר בָּחָרְתִּי לְמַעַן תֵּדְעוּ וְתַאֲמִינוּ
לִי וְתָבִינוּ כִּי־אֲנִי הוּא לְפָנַי לֹא־נוֹצַר אֵל וְאַחֲרַי לֹא יִהְיֶה:

פרשת נח

נח

ו ט אֵלֶּה תּוֹלְדֹת נֹחַ נֹחַ אִישׁ צַדִּיק תָּמִים הָיָה
י בְּדֹרֹתָיו אֶת־הָאֱלֹהִים הִתְהַלֶּךְ־נֹחַ׃ וַיּוֹלֶד
נֹחַ שְׁלֹשָׁה בָנִים אֶת־שֵׁם אֶת־חָם וְאֶת־
יא יָפֶת׃ וַתִּשָּׁחֵת הָאָרֶץ לִפְנֵי הָאֱלֹהִים וַתִּמָּלֵא
יב הָאָרֶץ חָמָס׃ וַיַּרְא אֱלֹהִים אֶת־הָאָרֶץ וְהִנֵּה
נִשְׁחָתָה כִּי־הִשְׁחִית כָּל־בָּשָׂר אֶת־דַּרְכּוֹ עַל־
יג הָאָרֶץ׃ וַיֹּאמֶר אֱלֹהִים לְנֹחַ קֵץ כָּל־
בָּשָׂר בָּא לְפָנַי כִּי־מָלְאָה הָאָרֶץ חָמָס מִפְּנֵיהֶם
יד וְהִנְנִי מַשְׁחִיתָם אֶת־הָאָרֶץ׃ עֲשֵׂה לְךָ תֵּבַת
עֲצֵי־גֹפֶר קִנִּים תַּעֲשֶׂה אֶת־הַתֵּבָה וְכָפַרְתָּ אֹתָהּ
טו מִבַּיִת וּמִחוּץ בַּכֹּפֶר׃ וְזֶה אֲשֶׁר תַּעֲשֶׂה אֹתָהּ
שְׁלֹשׁ מֵאוֹת אַמָּה אֹרֶךְ הַתֵּבָה חֲמִשִּׁים אַמָּה
טז רָחְבָּהּ וּשְׁלֹשִׁים אַמָּה קוֹמָתָהּ׃ צֹהַר ׀ תַּעֲשֶׂה
לַתֵּבָה וְאֶל־אַמָּה תְּכַלֶּנָּה מִלְמַעְלָה וּפֶתַח
הַתֵּבָה בְּצִדָּהּ תָּשִׂים תַּחְתִּיִּם שְׁנִיִּם וּשְׁלִשִׁים

ט| אֵלֶּה תּוֹלְדֹת נֹחַ נֹחַ אִישׁ צַדִּיק. הוֹאִיל וְהִזְכִּירוֹ סִפֵּר בְּשִׁבְחוֹ, שֶׁנֶּאֱמַר: ״זֵכֶר צַדִּיק לִבְרָכָה״ (משלי י, ז). דָּבָר אַחֵר, לְלַמֶּדְךָ שֶׁעִקַּר תּוֹלְדוֹתֵיהֶם שֶׁל צַדִּיקִים מַעֲשִׂים טוֹבִים: בְּדֹרֹתָיו.

ט אִלֵּין תּוֹלְדָת נֹחַ, נֹחַ, גְּבַר זַכַּאי, שְׁלִים הֲוָה בְּדָרוֹהִי, בְּדַחַלְתָּא דַּיְיָ הַלֵּיךְ נֹחַ: וְאוֹלֵיד נֹחַ
יא תְּלָתָא בְנִין, יָת שֵׁם יָת חָם וְיָת יָפֶת: וְאִתְחַבַּלַת אַרְעָא קֳדָם יְיָ, וְאִתְמְלִיאַת אַרְעָא חֲטוֹפִין:
יב יג וַחֲזָא יְיָ, יָת אַרְעָא וְהָא אִתְחַבַּלַת, אֲרֵי חַבִּילוּ כָּל בִּסְרָא, אֱנָשׁ אוֹרְחֵיהּ עַל אַרְעָא: וַאֲמַר
יְיָ לְנֹחַ, קִצָּא דְּכָל בִּסְרָא עָאל לִקְדָמַי, אֲרֵי אִתְמְלִיאַת אַרְעָא, חֲטוֹפִין מִן קֳדָם עוֹבָדֵיהוֹן
יד בִּישַׁיָּא, וְהָאֲנָא מְחַבֵּילְהוֹן עִם אַרְעָא: עֲבֵיד לָךְ תֵּיבְתָא דְּאָעִין דְּקַדְרוֹס, מְדוֹרִין תַּעֲבֵיד יָת
טו תֵּיבְתָא, וְתַחְפֵי יָתַהּ, מִגָּיו וּמִבָּרָא בְּכֻפְרָא: וְדֵין, דְּתַעֲבֵיד יָתַהּ, תְּלָת מְאָה אַמִּין, אָרְכָּא
טז דְּתֵיבְתָא, חַמְשִׁין אַמִּין פּוּתְיַהּ, וּתְלָתִין אַמִּין רוּמַהּ: נְהוֹר תַּעֲבֵיד לְתֵיבְתָא, וּלְאַמְּתָא
תְּשַׁכְלְלִנַּהּ מִלְעֵילָא, וְתַרְעָא דְּתֵיבְתָא בְּסִטְרַהּ תְּשַׁוֵּי, מְדוֹרִין אַרְעָאִין, תִּנְיָנִין וּתְלִיתָאִין

יֵשׁ מֵרַבּוֹתֵינוּ דּוֹרְשִׁים אוֹתוֹ לְשֶׁבַח: כָּל שֶׁכֵּן אִלּוּ הָיָה בְּדוֹר צַדִּיקִים הָיָה צַדִּיק יוֹתֵר. וְיֵשׁ שֶׁדּוֹרְשִׁים אוֹתוֹ לִגְנַאי: לְפִי דּוֹרוֹ הָיָה צַדִּיק, וְאִלּוּ הָיָה בְּדוֹרוֹ שֶׁל אַבְרָהָם לֹא הָיָה נֶחְשָׁב לִכְלוּם: **אֶת הָאֱלֹהִים הִתְהַלֶּךְ נֹחַ.** וּבְאַבְרָהָם הוּא אוֹמֵר: "אֲשֶׁר הִתְהַלַּכְתִּי לְפָנָיו" (להלן כד, מ), נֹחַ הָיָה צָרִיךְ סַעַד לְתָמְכוֹ, אֲבָל אַבְרָהָם הָיָה מִתְחַזֵּק וּמְהַלֵּךְ בְּצִדְקוֹ מֵאֵלָיו: **הִתְהַלֶּךְ.** לְשׁוֹן עָבָר. וְזֶהוּ שִׁמּוּשׁוֹ שֶׁל לָמֶ"ד בִּלְשׁוֹן כָּבֵד, מְשַׁמֶּשֶׁת לְהַבָּא וּלְשֶׁעָבַר בְּלָשׁוֹן אֶחָד: "קוּם הִתְהַלֵּךְ" (להלן יג, יז) לְהַבָּא, "הִתְהַלֶּךְ נֹחַ" לְשֶׁעָבַר; "הִתְפַּלֵּל בְּעַד עֲבָדֶיךָ" (שמואל א' יב, יט) לְהַבָּא, "וּבָא וְהִתְפַּלֵּל אֶל הַבַּיִת הַזֶּה" (מלכים א' ח, מב) לְשׁוֹן עָבָר, אֶלָּא שֶׁהַוָּ"ו שֶׁבְּרֹאשׁוֹ הוֹפְכוֹ לְהַבָּא:

יא) **וַתִּשָּׁחֵת.** לְשׁוֹן עֶרְוָה וַעֲבוֹדָה זָרָה, כְּמוֹ: "פֶּן תַּשְׁחִתוּן" (דברים ד, טז), "כִּי הִשְׁחִית כָּל בָּשָׂר" (להלן פסוק יב): **וַתִּמָּלֵא הָאָרֶץ חָמָס.** גָּזֵל:

יב) **כִּי הִשְׁחִית כָּל בָּשָׂר.** אֲפִלּוּ בְּהֵמָה חַיָּה וָעוֹף נִזְקָקִין לְשֶׁאֵינָן מִינָן:

יג) **קֵץ כָּל בָּשָׂר.** כָּל מָקוֹם שֶׁאַתָּה מוֹצֵא זְנוּת, אַנְדְּרוֹלוּמוּסְיָא בָּאָה לָעוֹלָם וְהוֹרֶגֶת טוֹבִים וְרָעִים: **כִּי מָלְאָה הָאָרֶץ חָמָס.** לֹא נֶחְתַּם גְּזַר דִּינָם אֶלָּא עַל הַגָּזֵל: **אֶת הָאָרֶץ.** כְּמוֹ מִן הָאָרֶץ, וְדוֹמֶה לוֹ: "כְּצֵאתִי אֶת הָעִיר" (שמות ט, כט) מִן הָעִיר. "חָלָה אֶת רַגְלָיו" (מלכים א' טו, כג) מִן רַגְלָיו. דָּבָר אַחֵר, "אֶת הָאָרֶץ", עִם הָאָרֶץ, שֶׁאַף שְׁלֹשָׁה טְפָחִים שֶׁל עֹמֶק הַמַּחֲרֵשָׁה נִמּוֹחוּ וְנִטַּשְׁטְשׁוּ:

יד) **עֲשֵׂה לְךָ תֵּבַת.** הַרְבֵּה רֶוַח וְהַצָּלָה לְפָנָיו, וְלָמָּה הִטְרִיחוֹ בְּבִנְיָן זֶה? כְּדֵי שֶׁיִּרְאוּהוּ אַנְשֵׁי דּוֹר הַמַּבּוּל עָסוּק בָּהּ מֵאָה וְעֶשְׂרִים שָׁנָה וְשׁוֹאֲלִין אוֹתוֹ: מַה זֹּאת לְךָ? וְהוּא אוֹמֵר לָהֶם: עָתִיד הַקָּדוֹשׁ בָּרוּךְ הוּא לְהָבִיא מַבּוּל לָעוֹלָם, אוּלַי יָשׁוּבוּ: **עֲצֵי גֹפֶר.** כָּךְ שְׁמוֹ. וְלָמָּה מִמִּין זֶה? עַל שֵׁם גָּפְרִית שֶׁנִּגְזַר עֲלֵיהֶם לִמָּחוֹת בּוֹ: **קִנִּים.** מְדוֹרִים מְדוֹרִים לְכָל בְּהֵמָה וְחַיָּה: **בַּכֹּפֶר.** זֶפֶת בִּלְשׁוֹן אֲרַמִּי. וּמָצִינוּ בַּתַּלְמוּד 'כּוּפְרָא'. בְּתֵבָתוֹ שֶׁל מֹשֶׁה, עַל יְדֵי שֶׁהָיוּ הַמַּיִם תָּשִׁים, דַּיָּהּ בְּחֹמֶר מִבִּפְנִים וְזֶפֶת מִבַּחוּץ, וְעוֹד כְּדֵי שֶׁלֹּא יָרִיחַ רֵיחַ רַע שֶׁל זֶפֶת, אֲבָל כָּאן מִפְּנֵי חֹזֶק הַמַּיִם זִפְּתָהּ מִבַּיִת וּמִחוּץ:

טז) **צֹהַר.** יֵשׁ אוֹמְרִים חַלּוֹן, וְיֵשׁ אוֹמְרִים אֶבֶן טוֹבָה הַמְּאִירָה לָהֶם: **וְאֶל אַמָּה תְּכַלֶּנָּה מִלְמַעְלָה.** כְּסוּיָהּ מְשֻׁפָּע וְעוֹלֶה עַד שֶׁהוּא קָצָר מִלְמַעְלָה וְעוֹמֵד עַל אַמָּה, כְּדֵי שֶׁיָּזוּבוּ הַמַּיִם לְמַטָּה מִכָּאן וּמִכָּאן: **בְּצִדָּהּ תָּשִׂים.** שֶׁלֹּא יִפְּלוּ גְשָׁמִים בָּהּ: **תַּחְתִּיִּם שְׁנִיִּם וּשְׁלִשִׁים.** שָׁלֹשׁ עֲלִיּוֹת זוֹ עַל גַּב זוֹ, עֶלְיוֹנִים לָאָדָם אֶמְצָעִיִּים לִמְדוֹר הַבְּהֵמוֹת תַּחְתִּיִּים לַזֶּבֶל:

יז תַּעֲשֶׂה: וַאֲנִי הִנְנִי מֵבִיא אֶת־הַמַּבּוּל מַיִם עַל־
הָאָרֶץ לְשַׁחֵת כָּל־בָּשָׂר אֲשֶׁר־בּוֹ רוּחַ חַיִּים
יח מִתַּחַת הַשָּׁמָיִם כֹּל אֲשֶׁר־בָּאָרֶץ יִגְוָע: וַהֲקִמֹתִי
אֶת־בְּרִיתִי אִתָּךְ וּבָאתָ אֶל־הַתֵּבָה אַתָּה וּבָנֶיךָ
יט וְאִשְׁתְּךָ וּנְשֵׁי־בָנֶיךָ אִתָּךְ: וּמִכָּל־הָחַי מִכָּל־
בָּשָׂר שְׁנַיִם מִכֹּל תָּבִיא אֶל־הַתֵּבָה לְהַחֲיֹת אִתָּךְ
כ זָכָר וּנְקֵבָה יִהְיוּ: מֵהָעוֹף לְמִינֵהוּ וּמִן־הַבְּהֵמָה
לְמִינָהּ מִכֹּל רֶמֶשׂ הָאֲדָמָה לְמִינֵהוּ שְׁנַיִם מִכֹּל
כא יָבֹאוּ אֵלֶיךָ לְהַחֲיוֹת: וְאַתָּה קַח־לְךָ מִכָּל־מַאֲכָל
אֲשֶׁר יֵאָכֵל וְאָסַפְתָּ אֵלֶיךָ וְהָיָה לְךָ וְלָהֶם
כב לְאָכְלָה: וַיַּעַשׂ נֹחַ כְּכֹל אֲשֶׁר צִוָּה אֹתוֹ אֱלֹהִים
שני ז א כֵּן עָשָׂה: וַיֹּאמֶר יהוה לְנֹחַ בֹּא־אַתָּה וְכָל־
בֵּיתְךָ אֶל־הַתֵּבָה כִּי־אֹתְךָ רָאִיתִי צַדִּיק לְפָנַי
ב בַּדּוֹר הַזֶּה: מִכֹּל ׀ הַבְּהֵמָה הַטְּהוֹרָה תִּקַּח־לְךָ
שִׁבְעָה שִׁבְעָה אִישׁ וְאִשְׁתּוֹ וּמִן־הַבְּהֵמָה אֲשֶׁר
ג לֹא טְהֹרָה הִוא שְׁנַיִם אִישׁ וְאִשְׁתּוֹ: גַּם מֵעוֹף
הַשָּׁמַיִם שִׁבְעָה שִׁבְעָה זָכָר וּנְקֵבָה לְחַיּוֹת זֶרַע
ד עַל־פְּנֵי כָל־הָאָרֶץ: כִּי לְיָמִים עוֹד שִׁבְעָה אָנֹכִי
מַמְטִיר עַל־הָאָרֶץ אַרְבָּעִים יוֹם וְאַרְבָּעִים לָיְלָה
וּמָחִיתִי אֶת־כָּל־הַיְקוּם אֲשֶׁר עָשִׂיתִי מֵעַל פְּנֵי

ה/ו הָאֲדָמָה: וַיַּעַשׂ נֹחַ כְּכֹל אֲשֶׁר־צִוָּהוּ יְהוָה: וְנֹחַ
בֶּן־שֵׁשׁ מֵאוֹת שָׁנָה וְהַמַּבּוּל הָיָה מַיִם עַל־

יז תַּעְבְּדִנַּהּ: וַאֲנָא, הָאֲנָא מֵיתֵי יָת טוֹפָנָא מַיָּא עַל אַרְעָא, לְחַבָּלָא כָּל בִּסְרָא, דְּבֵיהּ רוּחָא
יח דְּחַיֵּי, מִתְּחוֹת שְׁמַיָּא, כֹּל דִּבְאַרְעָא יְמוּת: וַאֲקִים יָת קְיָמִי עִמָּךְ, וְתֵיעוֹל לְתֵיבְתָא, אַתְּ, וּבְנָךְ,
יט וְאִתְּתָךְ וּנְשֵׁי בְנָךְ עִמָּךְ: וּמִכָּל דְּחַי, מִכָּל בִּסְרָא, תְּרֵין מִכּוֹלָא, תַּעֵיל לְתֵיבְתָא לְקַיָּמָא עִמָּךְ,
כ דְּכַר וְנֻקְבָּא יְהוֹן: מֵעוֹפָא לִזְנוֹהִי, וּמִן בְּעִירָא לִזְנַהּ, מִכֹּל, רִחְשָׁא דְּאַרְעָא לִזְנוֹהִי, תְּרֵין מִכּוֹלָא,
כא יֵיעֲלוּן לְוָתָךְ לְקַיָּמָא: וְאַתְּ סַב לָךְ, מִכָּל מֵיכַל דְּמִתְאֲכִיל, וְתִכְנוֹשׁ לְוָתָךְ, וִיהֵי לָךְ, וּלְהוֹן
ז כב/א לְמֵיכַל: וַעֲבַד נֹחַ, כְּכֹל, דְּפַקֵּיד יָתֵיהּ, יְיָ כֵּן עֲבַד: וַאֲמַר יְיָ לְנֹחַ, עוֹל אַתְּ וְכָל אֱנָשׁ בֵּיתָךְ
ב לְתֵיבְתָא, אֲרֵי יָתָךְ חֲזֵיתִי, זַכַּאי קֳדָמַי בְּדָרָא הָדֵין: מִכֹּל בְּעִירָא דָּכְיָא, תִּסַּב לָךְ, שִׁבְעָא
ג שִׁבְעָא דְּכַר וְנֻקְבָּא, וּמִן בְּעִירָא, דְּלֵיתַהָא דָּכְיָא, תְּרֵין דְּכַר וְנֻקְבָּא: אַף מֵעוֹפָא דִּשְׁמַיָּא,
ד שִׁבְעָא שִׁבְעָא דְּכַר וְנֻקְבָּא, לְקַיָּמָא זַרְעָא עַל אַפֵּי כָל אַרְעָא: אֲרֵי לִזְמַן יוֹמִין עוֹד שִׁבְעָא,
אֲנָא מַחֵית מִטְרָא עַל אַרְעָא, אַרְבְּעִין יְמָמִין, וְאַרְבְּעִין לֵילְוָן, וְאֶמְחֵי, יָת כָּל יְקוּמָא דַּעֲבָדִית,
ה/ו מֵעַל אַפֵּי אַרְעָא: וַעֲבַד נֹחַ, כְּכֹל דְּפַקְּדֵיהּ יְיָ: וְנֹחַ, בַּר שֵׁית מְאָה שְׁנִין, וְטוֹפָנָא הֲוָה, מַיָּא עַל

יז וַאֲנִי הִנְנִי מֵבִיא. הִנְנִי מוּכָן לְהַסְכִּים עִם אוֹתָם שֶׁזֵּרְזוּנִי כְּבָר: "מָה אֱנוֹשׁ כִּי תִזְכְּרֶנּוּ" (תהלים ח, ה): מַבּוּל. שֶׁבִּלָּה אֶת הַכֹּל, שֶׁבִּלְבֵּל אֶת הַכֹּל, שֶׁהוֹבִיל אֶת הַכֹּל מִן הַגָּבוֹהַּ לַנָּמוּךְ. וְזֶהוּ שֶׁתִּרְגֵּם אוּנְקְלוֹס: "טוֹפָנָא", שֶׁהֵצִיף אֶת הַכֹּל וֶהֱבִיאָם לְבָבֶל שֶׁהִיא עֲמוּקָה, לְכָךְ נִקְרֵאת 'שִׁנְעָר', שֶׁכָּל מֵתֵי מַבּוּל נִנְעֲרוּ לְשָׁם:

יח וַהֲקִמֹתִי אֶת בְּרִיתִי. בְּרִית הָיָה צָרִיךְ עַל הַפֵּרוֹת שֶׁלֹּא יֵרָקְבוּ וְיֶעְפְּשׁוּ, וְשֶׁלֹּא יַהַרְגוּהוּ רְשָׁעִים שֶׁבַּדּוֹר: אַתָּה וּבָנֶיךָ וְאִשְׁתְּךָ. הָאֲנָשִׁים לְבַד וְהַנָּשִׁים לְבַד, מִכָּאן שֶׁנֶּאֶסְרוּ בְּתַשְׁמִישׁ הַמִּטָּה:

יט וּמִכָּל הָחַי. אֲפִלּוּ שֵׁדִים: שְׁנַיִם מִכֹּל. מִן הַפְּחוּתִים שֶׁבָּהֶם לֹא פָּחֲתוּ מִשְּׁנַיִם, אֶחָד זָכָר וְאֶחָד נְקֵבָה:

כ מֵהָעוֹף לְמִינֵהוּ. אוֹתָן שֶׁדָּבְקוּ בְּמִינֵיהֶם וְלֹא הִשְׁחִיתוּ דַּרְכָּם; וּמֵאֲלֵיהֶן בָּאוּ, וְכָל שֶׁהַתֵּבָה קוֹלַטְתּוֹ הִכְנִיס בָּהּ:

כב וַיַּעַשׂ נֹחַ. זֶה בִּנְיַן הַתֵּבָה:

פרק ז

א רָאִיתִי צַדִּיק. וְלֹא נֶאֱמַר 'צַדִּיק תָּמִים', מִכָּאן שֶׁאוֹמְרִים מִקְצַת שִׁבְחוֹ שֶׁל אָדָם בְּפָנָיו וְכֻלּוֹ שֶׁלֹּא בְּפָנָיו:

ב הַטְּהוֹרָה. הָעֲתִידָה לִהְיוֹת טְהוֹרָה לְיִשְׂרָאֵל, לָמַדְנוּ שֶׁלָּמַד נֹחַ תּוֹרָה: שִׁבְעָה שִׁבְעָה. כְּדֵי שֶׁיַּקְרִיב מֵהֶם קָרְבָּן בְּצֵאתוֹ:

ג גַּם מֵעוֹף הַשָּׁמַיִם וְגוֹ'. בַּטְּהוֹרִים דִּבֵּר הַכָּתוּב, וְיִלָּמֵד סָתוּם מִן הַמְּפֹרָשׁ:

ד כִּי לְיָמִים עוֹד שִׁבְעָה. אֵלּוּ שִׁבְעַת יְמֵי אֶבְלוֹ שֶׁל מְתוּשֶׁלַח הַצַּדִּיק, שֶׁחָס הַקָּדוֹשׁ בָּרוּךְ הוּא עַל כְּבוֹדוֹ וְעִכֵּב אֶת הַפֻּרְעָנוּת. צֵא וַחֲשֹׁב שְׁנוֹתָיו שֶׁל מְתוּשֶׁלַח וְתִמְצָא שֶׁהֵם כָּלִים בִּשְׁנַת שֵׁשׁ מֵאוֹת שָׁנָה לְחַיֵּי נֹחַ: כִּי לְיָמִים עוֹד. מַהוּ "עוֹד"? זְמַן אַחַר זְמַן זֶה, נוֹסָף עַל מֵאָה וְעֶשְׂרִים שָׁנָה: אַרְבָּעִים יוֹם. כְּנֶגֶד יְצִירַת הַוָּלָד, שֶׁקִּלְקְלוּ לְהַטְרִיחַ לְיוֹצְרָם לָצוּר צוּרַת מַמְזֵרִים:

ה וַיַּעַשׂ נֹחַ. זֶה בִּיאָתוֹ לַתֵּבָה:

בראשית

ז

הָאָֽרֶץ: וַיָּבֹא נֹחַ וּבָנָיו וְאִשְׁתּוֹ וּנְשֵֽׁי־בָנָיו אִתּוֹ
אֶל־הַתֵּבָה מִפְּנֵי מֵי הַמַּבּוּל: מִן־הַבְּהֵמָה
הַטְּהוֹרָה וּמִן־הַבְּהֵמָה אֲשֶׁר אֵינֶנָּה טְהֹרָה
וּמִן־הָעוֹף וְכֹל אֲשֶׁר־רֹמֵשׂ עַל־הָֽאֲדָמָה: שְׁנַיִם
שְׁנַיִם בָּאוּ אֶל־נֹחַ אֶל־הַתֵּבָה זָכָר וּנְקֵבָה כַּאֲשֶׁר
צִוָּה אֱלֹהִים אֶת־נֹֽחַ: וַיְהִי לְשִׁבְעַת הַיָּמִים וּמֵי
הַמַּבּוּל הָיוּ עַל־הָאָֽרֶץ: בִּשְׁנַת שֵׁשׁ־מֵאוֹת
שָׁנָה לְחַיֵּי־נֹחַ בַּחֹדֶשׁ הַשֵּׁנִי בְּשִׁבְעָֽה־עָשָׂר יוֹם
לַחֹדֶשׁ בַּיּוֹם הַזֶּה נִבְקְעוּ כָּֽל־מַעְיְנֹת תְּהוֹם
רַבָּה וַאֲרֻבֹּת הַשָּׁמַיִם נִפְתָּֽחוּ: וַיְהִי הַגֶּשֶׁם עַל־
הָאָרֶץ אַרְבָּעִים יוֹם וְאַרְבָּעִים לָֽיְלָה: בְּעֶצֶם
הַיּוֹם הַזֶּה בָּא נֹחַ וְשֵׁם־וְחָם וָיֶפֶת בְּנֵי־נֹחַ וְאֵשֶׁת
נֹחַ וּשְׁלֹשֶׁת נְשֵֽׁי־בָנָיו אִתָּם אֶל־הַתֵּבָֽה: הֵמָּה
וְכָל־הַֽחַיָּה לְמִינָהּ וְכָל־הַבְּהֵמָה לְמִינָהּ וְכָל־
הָרֶמֶשׂ הָרֹמֵשׂ עַל־הָאָרֶץ לְמִינֵהוּ וְכָל־הָעוֹף
לְמִינֵהוּ כֹּל צִפּוֹר כָּל־כָּנָֽף: וַיָּבֹאוּ אֶל־נֹחַ אֶל־
הַתֵּבָה שְׁנַיִם שְׁנַיִם מִכָּל־הַבָּשָׂר אֲשֶׁר־בּוֹ רוּחַ
חַיִּים: וְהַבָּאִים זָכָר וּנְקֵבָה מִכָּל־בָּשָׂר בָּאוּ
כַּאֲשֶׁר צִוָּה אֹתוֹ אֱלֹהִים וַיִּסְגֹּר יְהוָה בַּעֲדֽוֹ:

שלישי וַיְהִי הַמַּבּוּל אַרְבָּעִים יוֹם עַל־הָאָרֶץ וַיִּרְבּוּ

נח

הַמַּיִם וַיִּשְׂאוּ אֶת־הַתֵּבָה וַתָּרָם מֵעַל הָאָרֶץ:
יח וַיִּגְבְּרוּ הַמַּיִם וַיִּרְבּוּ מְאֹד עַל־הָאָרֶץ וַתֵּלֶךְ

ח אַרְעָא: וְעָאל נֹחַ, וּבְנוֹהִי, וְאִתְּתֵיהּ וּנְשֵׁי בְנוֹהִי, עִמֵּיהּ לְתֵיבוּתָא, מִן קֳדָם מֵי טוֹפָנָא: מִן בְּעִירָא
ט דַּכְיָא, וּמִן בְּעִירָא, דְּלֵיתוֹהִי דָּכְיָא, וּמִן עוֹפָא, וְכֹל דְּרָחֵשׁ עַל אַרְעָא: תְּרֵין תְּרֵין, עָאלוּ
י עִם נֹחַ, לְתֵיבוּתָא דְּכַר וְנוּקְבָּא, כְּמָא דְפַקֵּיד יְיָ יָת נֹחַ: וַהֲוָה לִזְמַן שִׁבְעָא יוֹמִין, וּמֵי טוֹפָנָא,
יא הֲווֹ עַל אַרְעָא: בִּשְׁנַת שֵׁית מְאָה שְׁנִין לְחַיֵּי נֹחַ, בְּיַרְחָא תִנְיָנָא, בְּשִׁבְעַת עַסְרָא יוֹמָא לְיַרְחָא,
יב בְּיוֹמָא הָדֵין, אִתְבְּזָעוּ כָּל מַבּוּעֵי תְּהוֹם רַבָּא, וְכַוֵּי דִשְׁמַיָּא אִתְפְּתָחָא: וַהֲוָה מִטְרָא נָחֵית
יג עַל אַרְעָא, אַרְבְּעִין יְמָמִין, וְאַרְבְּעִין לֵילָוָן: בִּכְרַן יוֹמָא הָדֵין עָאל נֹחַ, וְשֵׁם וְחָם וָיֶפֶת בְּנֵי נֹחַ,
יד וְאִתַּת נֹחַ, וּתְלַת נְשֵׁי בְנוֹהִי, עִמְּהוֹן לְתֵיבוּתָא: אִנּוּן וְכָל חַיְתָא לִזְנַהּ, וְכָל בְּעִירָא לִזְנַהּ, וְכָל
טו רִחְשָׁא, דְּרָחֵישׁ עַל אַרְעָא לִזְנוֹהִי, וְכָל עוֹפָא לִזְנוֹהִי, כֹּל צִפַּר כָּל דְּפָרַח: וְעָאלוּ עִם נֹחַ
טז לְתֵיבוּתָא, תְּרֵין תְּרֵין מִכָּל בִּסְרָא, דְּבֵיהּ רוּחָא דְחַיֵּי: וְעָאלַיָּא, דְּכַר וְנוּקְבָּא מִכָּל בִּסְרָא עָאלוּ,
יז כְּמָא דְפַקֵּיד יָתֵיהּ יְיָ, וְאָגֵין יְיָ בְּמֵימְרֵיהּ עֲלוֹהִי: וַהֲוָה טוֹפָנָא, אַרְבְּעִין יוֹמִין עַל אַרְעָא, וּסְגִיאוּ
יח מַיָּא, וּנְטָלוּ יָת תֵּיבוּתָא, וְאִתָּרָמַת מֵעַל אַרְעָא: וּתְקִיפוּ מַיָּא, וּסְגִיאוּ לַחֲדָא עַל אַרְעָא, וּמְהַלְּכָא

יב **נֹחַ וּבָנָיו.** הָאֲנָשִׁים לְבַד וְהַנָּשִׁים לְבַד, לְפִי שֶׁנֶּאֶסְרוּ בְּתַשְׁמִישׁ הַמִּטָּה מִפְּנֵי שֶׁהָעוֹלָם שָׁרוּי בְּצַעַר: **מִפְּנֵי מֵי הַמַּבּוּל.** אַף נֹחַ מִקְּטַנֵּי אֲמָנָה הָיָה, מַאֲמִין וְאֵינוֹ מַאֲמִין שֶׁיָּבֹא הַמַּבּוּל, וְלֹא נִכְנַס לַתֵּבָה עַד שֶׁדְּחָקוּהוּ הַמַּיִם:

בָּאוּ אֶל נֹחַ. מֵאֲלֵיהֶן: שְׁנַיִם שְׁנַיִם. כֻּלָּם הֻשְׁווּ בְּמִנְיָן זֶה, מִן הַפָּחוּת הָיוּ שְׁנַיִם:

יא **בַּחֹדֶשׁ הַשֵּׁנִי.** רַבִּי אֱלִיעֶזֶר אוֹמֵר: זֶה מַרְחֶשְׁוָן, רַבִּי יְהוֹשֻׁעַ אוֹמֵר: זֶה אִיָּר: **נִבְקְעוּ.** לְהוֹצִיא מֵימֵיהֶן: **תְּהוֹם רַבָּה.** מִדָּה כְּנֶגֶד מִדָּה, הֵם חָטְאוּ בְּ"רַבָּה רָעַת הָאָדָם" (לעיל ו, ה) וְלָקוּ בִּ"תְהוֹם רַבָּה":

יב **וַיְהִי הַגֶּשֶׁם עַל הָאָרֶץ.** וּלְהַלָּן (פסוק יז) הוּא אוֹמֵר: "וַיְהִי הַמַּבּוּל"? אֶלָּא כְּשֶׁהוֹרִידָן הוֹרִידָן בְּרַחֲמִים, שֶׁאִם יַחְזְרוּ יִהְיוּ גִשְׁמֵי בְרָכָה, כְּשֶׁלֹּא חָזְרוּ הָיוּ לְמַבּוּל. **אַרְבָּעִים יוֹם וְגוֹ'.** אֵין יוֹם רִאשׁוֹן מִן הַמִּנְיָן, לְפִי שֶׁאֵין לֵילוֹ עִמּוֹ, שֶׁהֲרֵי כָתוּב: "בַּיּוֹם הַזֶּה נִבְקְעוּ כָּל מַעְיָנוֹת" (לעיל פסוק יא), נִמְצְאוּ אַרְבָּעִים יוֹם כָּלִים בְּכ"ח בְּכִסְלֵו לְרַבִּי אֱלִיעֶזֶר, שֶׁהֶחֳדָשִׁים נִמְנִין כְּסִדְרָן אֶחָד מָלֵא

וְאֶחָד חָסֵר, הֲרֵי עָשָׂר שֶׁנִּים עָשָׂר מִמַּרְחֶשְׁוָן וְעֶשְׂרִים וּשְׁמוֹנָה מִכִּסְלֵו:

יג **בְּעֶצֶם הַיּוֹם הַזֶּה.** לִמֶּדְךָ הַכָּתוּב שֶׁהָיוּ בְּנֵי דוֹרוֹ אוֹמְרִים: אִלּוּ אָנוּ רוֹאִים אוֹתוֹ נִכְנָס לַתֵּבָה אָנוּ שׁוֹבְרִין אוֹתָהּ וְהוֹרְגִין אוֹתוֹ. אָמַר הַקָּדוֹשׁ בָּרוּךְ הוּא: אֲנִי מַכְנִיסוֹ לְעֵינֵי כֻלָּם, וְנִרְאֶה דְּבַר מִי יָקוּם:

יד **צִפּוֹר כָּל כָּנָף.** דָּבוּק כָּל כְּנַף, אָפוֹר הוּא, אָפוֹר שֶׁל כָּל מִין כָּנָף, לְרַבּוֹת חֲגָבִים:

טו **וַיִּסְגֹּר ה' בַּעֲדוֹ.** הֵגֵן עָלָיו שֶׁלֹּא שְׁבָרוּהָ, הִקִּיף הַתֵּבָה דֻבִּים וַאֲרָיוֹת וְהָיוּ הוֹרְגִים בָּהֶם. וּפְשׁוּטוֹ שֶׁל מִקְרָא, סָגַר כְּנֶגְדּוֹ מִן הַמַּיִם, וְכֵן כָּל "בְּעַד" שֶׁבַּמִּקְרָא לְשׁוֹן 'כְּנֶגֶד' הוּא: "בְּעַד כָּל רֶחֶם" (להלן כ, יח), "בַּעֲדֵךְ וּבְעַד בָּנֶיךְ" (מלכים ב' ד, ד), "עוֹר בְּעַד עוֹר" (איוב ב, ד), "מָגֵן בַּעֲדִי" (תהלים ג, ד), "הִתְפַּלֵּל בְּעַד עֲבָדֶיךָ" (שמואל א' יב, יט), כְּנֶגֶד עֲבָדֶיךָ:

יז **וַתָּרָם מֵעַל הָאָרֶץ.** מְשֻׁקַּעַת הָיְתָה בַּמַּיִם אַחַת עֶשְׂרֵה אַמָּה, כִּסְפִינָה טְעוּנָה שֶׁמִּשְׁקַעַת מִקְצָתָהּ בַּמַּיִם, וּמִקְרָאוֹת שֶׁלְּפָנֵינוּ יוֹכִיחוּ:

יח **וַיִּגְבְּרוּ. מֵאֲלֵיהֶן:**

הַתֵּבָה עַל־פְּנֵי הַמָּיִם׃ וְהַמַּיִם גָּבְרוּ מְאֹד מְאֹד יט
עַל־הָאָרֶץ וַיְכֻסּוּ כָּל־הֶהָרִים הַגְּבֹהִים אֲשֶׁר־
תַּחַת כָּל־הַשָּׁמָיִם׃ חֲמֵשׁ עֶשְׂרֵה אַמָּה מִלְמַעְלָה כ
גָּבְרוּ הַמָּיִם וַיְכֻסּוּ הֶהָרִים׃ וַיִּגְוַע כָּל־בָּשָׂר ׀ כא
הָרֹמֵשׂ עַל־הָאָרֶץ בָּעוֹף וּבַבְּהֵמָה וּבַחַיָּה וּבְכָל־
הַשֶּׁרֶץ הַשֹּׁרֵץ עַל־הָאָרֶץ וְכֹל הָאָדָם׃ כֹּל אֲשֶׁר כב
נִשְׁמַת־רוּחַ חַיִּים בְּאַפָּיו מִכֹּל אֲשֶׁר בֶּחָרָבָה
מֵתוּ׃ וַיִּמַח אֶת־כָּל־הַיְקוּם ׀ אֲשֶׁר ׀ עַל־פְּנֵי כג
הָאֲדָמָה מֵאָדָם עַד־בְּהֵמָה עַד־רֶמֶשׂ וְעַד־עוֹף
הַשָּׁמַיִם וַיִּמָּחוּ מִן־הָאָרֶץ וַיִּשָּׁאֶר אַךְ־נֹחַ וַאֲשֶׁר
אִתּוֹ בַּתֵּבָה׃ וַיִּגְבְּרוּ הַמַּיִם עַל־הָאָרֶץ חֲמִשִּׁים כד
ו וּמְאַת יוֹם׃ וַיִּזְכֹּר אֱלֹהִים אֶת־נֹחַ וְאֵת כָּל־ א ח
הַחַיָּה וְאֶת־כָּל־הַבְּהֵמָה אֲשֶׁר אִתּוֹ בַּתֵּבָה
וַיַּעֲבֵר אֱלֹהִים רוּחַ עַל־הָאָרֶץ וַיָּשֹׁכּוּ הַמָּיִם׃
וַיִּסָּכְרוּ מַעְיְנֹת תְּהוֹם וַאֲרֻבֹּת הַשָּׁמָיִם וַיִּכָּלֵא ב
הַגֶּשֶׁם מִן־הַשָּׁמָיִם׃ וַיָּשֻׁבוּ הַמַּיִם מֵעַל הָאָרֶץ ג
הָלוֹךְ וָשׁוֹב וַיַּחְסְרוּ הַמַּיִם מִקְצֵה חֲמִשִּׁים וּמְאַת
יוֹם׃ וַתָּנַח הַתֵּבָה בַּחֹדֶשׁ הַשְּׁבִיעִי בְּשִׁבְעָה־ ד
עָשָׂר יוֹם לַחֹדֶשׁ עַל הָרֵי אֲרָרָט׃ וְהַמַּיִם הָיוּ ה
הָלוֹךְ וְחָסוֹר עַד הַחֹדֶשׁ הָעֲשִׂירִי בָּעֲשִׂירִי

יט תֵּיבְתָא עַל אַפֵּי מַיָּא: וּמַיָּא, תְּקִיפוּ, לַחֲדָא לַחֲדָא עַל אַרְעָא, וְאִתְחֲפִיאוּ, כָּל טוּרַיָּא
כ כא רָמַיָּא, דִּתְחוֹת כָּל שְׁמַיָּא: חֲמֵשׁ עַסְרֵי אַמִּין מִלְּעֵילָא, תְּקִיפוּ מַיָּא, וְאִתְחֲפִיאוּ טוּרַיָּא: וּמִית,
כָּל בִּסְרָא דְּרָחֵישׁ עַל אַרְעָא, בְּעוֹפָא וּבִבְעִירָא וּבְחַיְתָא, וּבְכָל רִחְשָׁא דְּרָחֵישׁ עַל אַרְעָא, וְכָל
כב כג אֱנָשָׁא: כֹּל, דְּנִשְׁמַת רוּחַ חַיִּין בְּאַפּוֹהִי, מִכֹּל דִּבְיַבֶּשְׁתָּא מִיתוּ: וּמְחָא, יָת כָּל יְקוּמָא דְּעַל
אַפֵּי אַרְעָא, מֵאֱנָשָׁא עַד בְּעִירָא עַד רִחְשָׁא וְעַד עוֹפָא דִּשְׁמַיָּא, וְאִתְמְחִיאוּ מִן אַרְעָא,
ח כד א וְאִשְׁתְּאַר בְּרַם נֹחַ, וּדְעִמֵּיהּ בְּתֵיבְתָא: וּתְקִיפוּ מַיָּא עַל אַרְעָא, מְאָה וְחַמְשִׁין יוֹמִין: וּדְכִיר יְיָ
יָת נֹחַ, וְיָת כָּל חַיְתָא וְיָת כָּל בְּעִירָא, דְּעִמֵּיהּ בְּתֵיבְתָא, וְאַעְבַּר יְיָ רוּחָא עַל אַרְעָא, וְנָחוּ מַיָּא:
ב ג וְאִסְתְּכַרוּ מַבּוּעֵי תְהוֹמָא, וְכַוֵּי דִּשְׁמַיָּא, וְאִתְכְּלֵי מִטְרָא מִן שְׁמַיָּא: וְתָבוּ מַיָּא, מֵעַל אַרְעָא
ד אָזְלִין וְתָיְבִין, וַחֲסַרוּ מַיָּא, מִסּוֹף, מְאָה וְחַמְשִׁין יוֹמִין: וְנַחַת תֵּיבְתָא בְּיַרְחָא שְׁבִיעָאָה, בְּשִׁבְעַת
ה עַסְרָא יוֹמָא לְיַרְחָא, עַל טוּרֵי קַרְדּוּ: וּמַיָּא, הֲווֹ אָזְלִין וְחָסְרִין, עַד יַרְחָא עֲסִירָאָה, בַּעֲסִירָאָה

כ) **חֲמֵשׁ עֶשְׂרֵה אַמָּה מִלְמַעְלָה.** לְמַעְלָה שֶׁל גֹּבַהּ כָּל הֶהָרִים לְאַחַר שֶׁהֻשְׁווּ הַמַּיִם לְרָאשֵׁי הֶהָרִים:

כב) **נִשְׁמַת רוּחַ חַיִּים.** נְשָׁמָה שֶׁל רוּחַ חַיִּים: **אֲשֶׁר בֶּחָרָבָה.** וְלֹא דָּגִים שֶׁבַּיָּם:

כג) **וַיִּמַח.** לְשׁוֹן וַיִּפְעַל הוּא וְאֵינוֹ לְשׁוֹן וַיִּפָּעֵל, וְהוּא מִגִּזְרַת 'וַיִּפֶן' 'וַיִּבֶן'. כָּל תֵּבָה שֶׁסּוֹפָהּ הֵ"א, כְּגוֹן בָּנָה, מָחָה, קָנָה, כְּשֶׁהוּא נוֹתֵן וָי"ו יוּ"ד בְּרֹאשָׁהּ נָקוּד בְּחִירִיק תַּחַת הַיּוּ"ד: **אַךְ נֹחַ.** לְבַד נֹחַ, זֶהוּ פְּשׁוּטוֹ. וּמִדְרַשׁ אַגָּדָה, גּוֹנֵחַ וְכוֹהֶה דָּם מִטֹּרַח הַבְּהֵמוֹת וְהַחַיּוֹת. וְיֵשׁ אוֹמְרִים שֶׁאֵחַר מְזוֹנוֹת לָאֲרִי וְהִכִּישׁוֹ, וְעָלָיו נֶאֱמַר: "הֵן צַדִּיק בָּאָרֶץ יְשֻׁלָּם" (משלי יא, לא):

פרק ח

א) **וַיִּזְכֹּר אֱלֹהִים.** זֶה הַשֵּׁם מִדַּת הַדִּין הוּא, וְנֶהֶפְכָה לְמִדַּת רַחֲמִים עַל יְדֵי תְּפִלַּת הַצַּדִּיקִים. וְרִשְׁעָתָן שֶׁל רְשָׁעִים הוֹפֶכֶת מִדַּת רַחֲמִים לְמִדַּת הַדִּין, שֶׁנֶּאֱמַר: "וַיַּרְא ה' כִּי רַבָּה רָעַת הָאָדָם וְגוֹ' וַיֹּאמֶר ה' אֶמְחֶה" (לעיל ו, ה-ז), וְהוּא שֵׁם מִדַּת רַחֲמִים: **וַיִּזְכֹּר אֱלֹהִים אֶת נֹחַ וְגוֹ'.** מָה זָכַר לָהֶם לַבְּהֵמוֹת? זְכוּת שֶׁלֹּא הִשְׁחִיתוּ דַּרְכָּם קֹדֶם לָכֵן, וְשֶׁלֹּא שִׁמְּשׁוּ בַּתֵּבָה: **וַיַּעֲבֵר אֱלֹהִים רוּחַ.** רוּחַ תַּנְחוּמִין וַהֲנָחָה עָבְרָה לְפָנָיו: **עַל הָאָרֶץ.** עַל עִסְקֵי הָאָרֶץ: **וַיָּשֹׁכּוּ.** כְּמוֹ: "כְּשֹׁךְ חֲמַת הַמֶּלֶךְ" (אסתר ב, א), לְשׁוֹן הֲנָחַת חֵמָה:

ב) **וַיִּסָּכְרוּ מַעְיְנֹת.** כְּשֶׁנִּפְתְּחוּ כְּתִיב: "כָּל מַעְיְנוֹת" (לעיל ז, יא) וְכָאן אֵין כְּתִיב 'כָּל', לְפִי שֶׁנִּשְׁתַּיְּרוּ מֵהֶם אוֹתָן שֶׁיֵּשׁ בָּהֶם צֹרֶךְ לָעוֹלָם, כְּגוֹן חַמֵּי טְבֶרְיָא וְכַיּוֹצֵא בָּהֶן: **וַיִּכָּלֵא.** וַיִּמָּנַע, כְּמוֹ: "לֹא תִכְלָא רַחֲמֶיךָ" (תהלים מ, יב), "לֹא יִכָּלֶה מִמְּךָ" (להלן כג, ו):

ג) **מִקְצֵה חֲמִשִּׁים וּמְאַת יוֹם.** הִתְחִילוּ לַחְסֹר, וְהוּא אֶחָד בְּסִיוָן, כֵּיצַד? בְּעֶשְׂרִים וְשִׁבְעָה בְּכִסְלֵו פָּסְקוּ הַגְּשָׁמִים, הֲרֵי שְׁלֹשָׁה מִכִּסְלֵו וְעֶשְׂרִים וְתִשְׁעָה מִטֵּבֵת הֲרֵי שְׁלֹשִׁים וּשְׁנַיִם, וּשְׁבָט וַאֲדָר וְנִיסָן וְאִיָּר מֵאָה וּשְׁמוֹנָה עָשָׂר, הֲרֵי מֵאָה וַחֲמִשִּׁים:

ד) **בַּחֹדֶשׁ הַשְּׁבִיעִי.** סִיוָן, וְהוּא שְׁבִיעִי לְכִסְלֵו שֶׁבּוֹ פָּסְקוּ הַגְּשָׁמִים: **בְּשִׁבְעָה עָשָׂר יוֹם.** מִכָּאן אַתָּה לָמֵד שֶׁהָיְתָה הַתֵּבָה מְשֻׁקַּעַת בַּמַּיִם אַחַת עֶשְׂרֵה אַמָּה, שֶׁהֲרֵי כְּתִיב: "בָּעֲשִׂירִי בְּאֶחָד לַחֹדֶשׁ נִרְאוּ רָאשֵׁי הֶהָרִים", זֶה אָב שֶׁהוּא עֲשִׂירִי לְמַרְחֶשְׁוָן לִירִידַת גְּשָׁמִים, וְהֵם הָיוּ גְּבוֹהִים עַל הֶהָרִים חֲמֵשׁ עֶשְׂרֵה אַמָּה, וְחָסְרוּ מִיּוֹם אֶחָד בְּסִיוָן עַד אֶחָד בְּאָב חֲמֵשׁ עֶשְׂרֵה אַמָּה לְשִׁשִּׁים יוֹם, הֲרֵי אַמָּה לְאַרְבָּעָה יָמִים, נִמְצָא שֶׁבְּשִׁשָּׁה עָשָׂר שֶׁל סִיוָן לֹא חָסְרוּ אֶלָּא אַרְבַּע אַמּוֹת, וְנָחָה הַתֵּבָה לְיוֹם הַמָּחֳרָת, לַמַּדְתָּ שֶׁהָיְתָה מְשֻׁקַּעַת אַחַת עֶשְׂרֵה אַמָּה בַּמַּיִם שֶׁעַל רָאשֵׁי הֶהָרִים:

ה) **בָּעֲשִׂירִי... נִרְאוּ רָאשֵׁי הֶהָרִים.** זֶה אָב שֶׁהוּא עֲשִׂירִי לְמַרְחֶשְׁוָן שֶׁהִתְחִיל הַגֶּשֶׁם. וְאִם תֹּאמַר, הוּא אֱלוּל וַעֲשִׂירִי לְכִסְלֵו שֶׁפָּסַק הַגֶּשֶׁם, כְּשֵׁם שֶׁאַתָּה אוֹמֵר "בַּחֹדֶשׁ הַשְּׁבִיעִי" סִיוָן וְהוּא שְׁבִיעִי לְהַפְסָקָה – אִי אֶפְשָׁר לוֹמַר כֵּן, עַל כָּרְחָךְ שְׁבִיעִי אִי אַתָּה מוֹנֶה אֶלָּא לְהַפְסָקָה, שֶׁהֲרֵי

בְּאֶחָד לַחֹדֶשׁ נִרְאוּ רָאשֵׁי הֶהָרִים׃ וַיְהִי מִקֵּץ ו
אַרְבָּעִים יוֹם וַיִּפְתַּח נֹחַ אֶת־חַלּוֹן הַתֵּבָה אֲשֶׁר
עָשָׂה׃ וַיְשַׁלַּח אֶת־הָעֹרֵב וַיֵּצֵא יָצוֹא וָשׁוֹב עַד־ ז
יְבֹשֶׁת הַמַּיִם מֵעַל הָאָרֶץ׃ וַיְשַׁלַּח אֶת־הַיּוֹנָה ח
מֵאִתּוֹ לִרְאוֹת הֲקַלּוּ הַמַּיִם מֵעַל פְּנֵי הָאֲדָמָה׃
וְלֹא־מָצְאָה הַיּוֹנָה מָנוֹחַ לְכַף־רַגְלָהּ וַתָּשָׁב אֵלָיו ט
אֶל־הַתֵּבָה כִּי־מַיִם עַל־פְּנֵי כָל־הָאָרֶץ וַיִּשְׁלַח
יָדוֹ וַיִּקָּחֶהָ וַיָּבֵא אֹתָהּ אֵלָיו אֶל־הַתֵּבָה׃ וַיָּחֶל י
עוֹד שִׁבְעַת יָמִים אֲחֵרִים וַיֹּסֶף שַׁלַּח אֶת־הַיּוֹנָה
מִן־הַתֵּבָה׃ וַתָּבֹא אֵלָיו הַיּוֹנָה לְעֵת עֶרֶב וְהִנֵּה יא
עֲלֵה־זַיִת טָרָף בְּפִיהָ וַיֵּדַע נֹחַ כִּי־קַלּוּ הַמַּיִם
מֵעַל הָאָרֶץ׃ וַיִּיָּחֶל עוֹד שִׁבְעַת יָמִים אֲחֵרִים יב
וַיְשַׁלַּח אֶת־הַיּוֹנָה וְלֹא־יָסְפָה שׁוּב־אֵלָיו עוֹד׃
וַיְהִי בְּאַחַת וְשֵׁשׁ־מֵאוֹת שָׁנָה בָּרִאשׁוֹן בְּאֶחָד יג
לַחֹדֶשׁ חָרְבוּ הַמַּיִם מֵעַל הָאָרֶץ וַיָּסַר נֹחַ אֶת־
מִכְסֵה הַתֵּבָה וַיַּרְא וְהִנֵּה חָרְבוּ פְּנֵי הָאֲדָמָה׃
וּבַחֹדֶשׁ הַשֵּׁנִי בְּשִׁבְעָה וְעֶשְׂרִים יוֹם לַחֹדֶשׁ יָבְשָׁה יד
רביעי ז הָאָרֶץ׃ וַיְדַבֵּר אֱלֹהִים אֶל־נֹחַ טו
לֵאמֹר׃ צֵא מִן־הַתֵּבָה אַתָּה וְאִשְׁתְּךָ וּבָנֶיךָ טז
וּנְשֵׁי־בָנֶיךָ אִתָּךְ׃ כָּל־הַחַיָּה אֲשֶׁר־אִתְּךָ מִכָּל־ יז
בָּשָׂר בָּעוֹף וּבַבְּהֵמָה וּבְכָל־הָרֶמֶשׂ הָרֹמֵשׂ עַל־

ו בְּחַד לְיַרְחָא, אִתַּחְזִיאוּ רֵישֵׁי טוּרַיָּא: וַהֲוָה, מִסּוֹף אַרְבְּעִין יוֹמִין, וּפְתַח נֹחַ, יָת כַּוַּת תֵּיבְתָא
ז ח דַּעֲבַד: וְשַׁלַּח יָת עוֹרְבָא, וּנְפַק מִפָּק וְתָאֵיב, עַד דִּיבִישׁוּ מַיָּא מֵעַל אַרְעָא: וְשַׁלַּח יָת
ט יוֹנָה מִלְּוָתֵיהּ, לְמִחְזֵי אִם קַלּוּ מַיָּא, מֵעַל אַפֵּי אַרְעָא: וְלָא אַשְׁכַּחַת יוֹנָה מְנָח לְפַרְסַת רַגְלַהּ,
וְתָבַת לְוָתֵיהּ לְתֵיבְתָא, אֲרֵי מַיָּא עַל אַפֵּי כָל אַרְעָא, וְאוֹשֵׁיט יְדֵיהּ וְנַסְבַהּ, וְאַעֵיל יָתַהּ,
י יא לְוָתֵיהּ לְתֵיבְתָא: וְאוֹרִיךְ עוֹד, שִׁבְעָא יוֹמִין אָחֳרָנִין, וְאוֹסֵיף, שַׁלַּח יָת יוֹנָה מִן תֵּיבְתָא: וַאֲתַת
לְוָתֵיהּ יוֹנָה לְעִדָּן רַמְשָׁא, וְהָא טְרַף זֵיתָא תְּבִיר מַחֵית בְּפֻמַּהּ, וִידַע נֹחַ, אֲרֵי קַלּוּ מַיָּא
יב מֵעַל אַרְעָא: וְאוֹרִיךְ עוֹד, שִׁבְעָא יוֹמִין אָחֳרָנִין, וְשַׁלַּח יָת יוֹנָה, וְלָא אוֹסֵיפַת לְמִתַּב לְוָתֵיהּ
יג עוֹד: וַהֲוָה, בְּשֵׁית מְאָה וַחֲדָא שְׁנִין, בְּקַדְמָאָה בְּחַד לְיַרְחָא, נְגוּבוּ מַיָּא מֵעַל אַרְעָא, וְאַעְדִּי
יד נֹחַ יָת חוּפָאָה דְּתֵיבְתָא, וַחֲזָא, וְהָא נְגוּבוּ אַפֵּי אַרְעָא: וּבְיַרְחָא תִּנְיָנָא, בְּעֶסְרִין וְשִׁבְעָא,
טו טז יוֹמָא לְיַרְחָא, יְבֵישַׁת אַרְעָא: וּמַלֵּיל יי עִם נֹחַ לְמֵימַר: פּוֹק מִן תֵּיבְתָא, אַתְּ, וְאִתְּתָךְ, וּבְנָךְ
יז וּנְשֵׁי בְנָךְ עִמָּךְ: כָּל חַיְתָא דְעִמָּךְ מִכָּל בִּשְׂרָא, בְּעוֹפָא וּבִבְעִירָא, וּבְכָל רִחְשָׁא, דְּרָחֵישׁ עַל

אֵלּוּ כָּלוּ אַרְבָּעִים יוֹם שֶׁל יְרִידַת גְּשָׁמִים וּמֵאָה וַחֲמִשִּׁים שֶׁל תִּגְבֹּרֶת הַמַּיִם עַד אֶחָד בְּסִיוָן. וְאִם אַתָּה אוֹמֵר שְׁבִיעִי לַיְּרִידָה אֵין זֶה סִיוָן, וְהָעֲשִׂירִי אִי אֶפְשָׁר לִמְנוֹת אֶלָּא לַיְּרִידָה, שֶׁאִם אַתָּה אוֹמֵר לַהַפְסָקָה וְהוּא אֱלוּל, אִי אַתָּה מוֹצֵא "בָּרִאשׁוֹן בְּאֶחָד לַחֹדֶשׁ חָרְבוּ הַמַּיִם מֵעַל הָאָרֶץ" (להלן פסוק יג), שֶׁהֲרֵי מִקֵּץ אַרְבָּעִים יוֹם מִשֶּׁנִּרְאוּ רָאשֵׁי הֶהָרִים שִׁלַּח אֶת הָעוֹרֵב, וְעֶשְׂרִים וְאַחַת יוֹם הוֹחִיל בִּשְׁלִיחוּת הַיּוֹנָה, הֲרֵי שִׁשִּׁים יוֹם מִשֶּׁנִּרְאוּ רָאשֵׁי הֶהָרִים עַד שֶׁחָרְבוּ פְּנֵי הָאֲדָמָה. וְאִם תֹּאמַר בֶּאֱלוּל נִרְאוּ, נִמְצָא שֶׁחָרְבוּ בְּמַרְחֶשְׁוָן, וְהוּא קוֹרֵא אוֹתוֹ רִאשׁוֹן?! וְאֵין זֶה אֶלָּא תִּשְׁרֵי שֶׁהוּא רִאשׁוֹן לִבְרִיאַת עוֹלָם, וּלְרַבִּי יְהוֹשֻׁעַ הוּא נִיסָן:

ו| **מִקֵּץ אַרְבָּעִים יוֹם.** מִשֶּׁנִּרְאוּ רָאשֵׁי הֶהָרִים: **אֶת חַלּוֹן הַתֵּבָה אֲשֶׁר עָשָׂה.** לְצֹהַר, וְלֹא זֶה פֶּתַח הַתֵּבָה הֶעָשׂוּי לְבִיאָה וִיצִיאָה:

ז| **יָצוֹא וָשׁוֹב.** הוֹלֵךְ וּמַקִּיף סְבִיבוֹת הַתֵּבָה, וְלֹא הָלַךְ בִּשְׁלִיחוּתוֹ, שֶׁהָיָה חוֹשְׁדוֹ עַל בַּת זוּגוֹ, כְּמוֹ שֶׁמָּנִינוּ בְּאַגָּדַת 'חֵלֶק' (סנהדרין קח ע"ב): **עַד יְבֹשֶׁת הַמַּיִם.** פְּשׁוּטוֹ כְּמַשְׁמָעוֹ. אֲבָל מִדְרַשׁ אַגָּדָה: מוּכָן הָיָה הָעוֹרֵב לִשְׁלִיחוּת אַחֶרֶת בַּעֲצִירַת גְּשָׁמִים בִּימֵי אֵלִיָּהוּ, שֶׁנֶּאֱמַר: "וְהָעֹרְבִים מְבִיאִים לוֹ לֶחֶם וּבָשָׂר" (מלכים א' יז, ו):

ח| **וַיְשַׁלַּח אֶת הַיּוֹנָה.** לְסוֹף שִׁבְעָה יָמִים, שֶׁהֲרֵי כְּתִיב (להלן פסוק י): "וַיָּחֶל עוֹד שִׁבְעַת יָמִים אֲחֵרִים", מִכְּלַל זֶה אַתָּה לָמֵד שֶׁאַף בָּרִאשׁוֹנָה הוֹחִיל שִׁבְעָה יָמִים: **וַיְשַׁלַּח.** אֵין זֶה לְשׁוֹן שְׁלִיחוּת אֶלָּא לְשׁוֹן שִׁלּוּחַ, שִׁלְּחָהּ לָלֶכֶת לְדַרְכָּהּ, וּבְזוֹ יִרְאֶה אִם קַלּוּ הַמַּיִם, שֶׁאִם תִּמְצָא מָנוֹחַ לֹא תָשׁוּב אֵלָיו:

י| **וַיָּחֶל.** לְשׁוֹן הַמְתָּנָה, וְכֵן: "לִי שָׁמְעוּ וְיִחֵלּוּ" (איוב כט, כא), וְהַרְבֵּה יֵשׁ בַּמִּקְרָא:

יא| **טָרָף בְּפִיהָ.** אוֹמֵר אֲנִי שֶׁזָּכָר הָיָה, לְכָךְ הוּא קוֹרְאֵהוּ פְּעָמִים לְשׁוֹן זָכָר וּפְעָמִים לְשׁוֹן נְקֵבָה, לְפִי שֶׁכָּל יוֹנָה שֶׁבַּמִּקְרָא לְשׁוֹן נְקֵבָה, כְּמוֹ: "כְּיוֹנֵי הַגֵּאָיוֹת כֻּלָּם הֹמוֹת" (יחזקאל ז, טז), וְכֵן: "כְּיוֹנָה פוֹתָה" (הושע ז, יא): **טָרָף.** חָטַף. וּמִדְרַשׁ אַגָּדָה לְשׁוֹן מָזוֹן, וְדָרְשׁוּ "בְּפִיהָ" לְשׁוֹן מַאֲמָר, אָמְרָה: יִהְיוּ מְזוֹנוֹתַי מְרוֹרִין כְּזַיִת זוֹ וּבְיָדוֹ שֶׁל הַקָּדוֹשׁ בָּרוּךְ הוּא וְלֹא יִהְיוּ מְתוּקִים כִּדְבַשׁ וּבְיַד בָּשָׂר וָדָם:

יב| **וַיִּיָּחֶל.** הוּא לְשׁוֹן 'וַיָּחֶל' (לעיל פסוק י), אֶלָּא שֶׁזֶּה לְשׁוֹן וַיִּפְעַל וְזֶה לְשׁוֹן וַיִּתְפַּעֵל, 'וַיָּחֶל' וַיַּמְתֵּן, 'וַיִּיָּחֶל' וַיִּתְמַתֵּן:

יג| **בָּרִאשׁוֹן.** לְרַבִּי אֱלִיעֶזֶר הוּא תִּשְׁרֵי וּלְרַבִּי יְהוֹשֻׁעַ הוּא נִיסָן: **חָרְבוּ.** נַעֲשָׂה כְּמִין טִיט, שֶׁקָּרְמוּ פָּנֶיהָ שֶׁל מַעְלָה:

יד| **יָבְשָׁה.** נַעֲשֵׂית גָּרִיד כְּהִלְכָתָהּ בְּשִׁבְעָה וְעֶשְׂרִים, וִירִידָתוֹ בַּחֹדֶשׁ הַשֵּׁנִי בְּשִׁבְעָה עָשָׂר, אֵלּוּ אַחַד עָשָׂר יָמִים שֶׁהַחַמָּה יְתֵרָה עַל הַלְּבָנָה, שֶׁמִּשְׁפַּט דּוֹר הַמַּבּוּל שָׁנָה תְּמִימָה הָיָה:

טז| **אַתָּה וְאִשְׁתְּךָ וְגוֹ'.** אִישׁ וְאִשְׁתּוֹ, כָּאן הִתִּיר לָהֶם תַּשְׁמִישׁ הַמִּטָּה:

הַיְצֵא הָאָ֑רֶץ הוצא אִתָּ֔ךְ וְשָׁרְצ֣וּ בָאָ֔רֶץ וּפָר֥וּ וְרָב֖וּ
עַל־הָאָֽרֶץ׃ וַיֵּ֖צֵא־נֹ֑חַ וּבָנָ֛יו וְאִשְׁתּ֥וֹ וּנְשֵֽׁי־בָנָ֖יו יח
אִתּֽוֹ׃ כָּל־הַֽחַיָּ֗ה כָּל־הָרֶ֙מֶשׂ֙ וְכָל־הָע֔וֹף כֹּ֖ל יט
רוֹמֵ֣שׂ עַל־הָאָ֑רֶץ לְמִשְׁפְּחֹ֣תֵיהֶ֔ם יָֽצְא֖וּ מִן־
הַתֵּבָֽה׃ וַיִּ֥בֶן נֹ֛חַ מִזְבֵּ֖חַ לַֽיהוָ֑ה וַיִּקַּ֞ח מִכֹּ֣ל ׀ כ
הַבְּהֵמָ֣ה הַטְּהֹרָ֗ה וּמִכֹּל֙ הָע֣וֹף הַטָּהֹ֔ר וַיַּ֥עַל
עֹלֹ֖ת בַּמִּזְבֵּֽחַ׃ וַיָּ֣רַח יְהוָה֮ אֶת־רֵ֣יחַ הַנִּיחֹחַ֒ כא
וַיֹּ֨אמֶר יְהוָ֜ה אֶל־לִבּ֗וֹ לֹֽא־אֹ֠סִף לְקַלֵּ֨ל ע֤וֹד אֶת־
הָֽאֲדָמָה֙ בַּעֲב֣וּר הָֽאָדָ֔ם כִּ֠י יֵ֣צֶר לֵ֧ב הָאָדָ֛ם רַ֖ע
מִנְּעֻרָ֑יו וְלֹֽא־אֹסִ֥ף ע֛וֹד לְהַכּ֥וֹת אֶת־כָּל־חַ֖י
כַּאֲשֶׁ֥ר עָשִֽׂיתִי׃ עֹ֖ד כָּל־יְמֵ֣י הָאָ֑רֶץ זֶ֡רַע וְקָצִיר֩ כב
וְקֹ֨ר וָחֹ֜ם וְקַ֧יִץ וָחֹ֛רֶף וְי֥וֹם וָלַ֖יְלָה לֹ֥א יִשְׁבֹּֽתוּ׃
וַיְבָ֣רֶךְ אֱלֹהִ֔ים אֶת־נֹ֖חַ וְאֶת־בָּנָ֑יו וַיֹּ֧אמֶר לָהֶ֛ם א ט
פְּר֥וּ וּרְב֖וּ וּמִלְא֥וּ אֶת־הָאָֽרֶץ׃ וּמוֹרַאֲכֶ֤ם וְחִתְּכֶם֙ ב
יִֽהְיֶ֔ה עַ֚ל כָּל־חַיַּ֣ת הָאָ֔רֶץ וְעַ֖ל כָּל־ע֣וֹף הַשָּׁמָ֑יִם
בְּכֹל֩ אֲשֶׁ֨ר תִּרְמֹ֧שׂ הָֽאֲדָמָ֛ה וּֽבְכָל־דְּגֵ֥י הַיָּ֖ם
בְּיֶדְכֶ֥ם נִתָּֽנוּ׃ כָּל־רֶ֙מֶשׂ֙ אֲשֶׁ֣ר הוּא־חַ֔י לָכֶ֥ם ג
יִהְיֶ֖ה לְאָכְלָ֑ה כְּיֶ֣רֶק עֵ֔שֶׂב נָתַ֥תִּי לָכֶ֖ם אֶת־
כֹּֽל׃ אַךְ־בָּשָׂ֕ר בְּנַפְשׁ֥וֹ דָמ֖וֹ לֹ֥א תֹאכֵֽלוּ׃ וְאַ֨ךְ ד ה
אֶת־דִּמְכֶ֤ם לְנַפְשֹֽׁתֵיכֶם֙ אֶדְרֹ֔שׁ מִיַּ֥ד כָּל־חַיָּ֖ה

נח

יח אַרְעָא אַפֵּיק עִמָּךְ, וְיִתְיַלְּדוּן בְּאַרְעָא, וְיִפְשׁוּן וְיִסְגּוּן עַל אַרְעָא: וּנְפַק נֹחַ, וּבְנוֹהִי, וְאִתְּתֵיהּ וּנְשֵׁי
יט בְנוֹהִי עִמֵּיהּ: כָּל חַיְתָא, כָּל רִחְשָׁא וְכָל עוֹפָא, כֹּל דְּרָחֵישׁ עַל אַרְעָא, לְזַרְעֲיַתְהוֹן, נְפַקוּ מִן
כ תֵּיבוּתָא: וּבְנָא נֹחַ, מַדְבְּחָא קֳדָם יְיָ, וּנְסֵיב, מִכֹּל בְּעִירָא דָכְיָא, וּמִכֹּל עוֹפָא דְכֵי, וְאַסֵּיק עֲלָוָן
כא עַל מַדְבְּחָא: וְקַבֵּיל יְיָ בְּרַעֲוָא יָת קֻרְבָּנֵיהּ, וַאֲמַר יְיָ בְּמֵימְרֵיהּ, לָא אוֹסֵיף, לְמֵילָט עוֹד יָת אַרְעָא בְּדִיל חוֹבֵי אֲנָשָׁא, אֲרֵי, יִצְרָא לִבָּא דַאֲנָשָׁא, בִּישׁ מֵעוּלֵימוֹהִי, וְלָא אוֹסֵיף עוֹד, לְמִמְחֵי יָת כָּל
כב דְּחַי כְּמָא דַעֲבַדִית: עוֹד כָּל יוֹמֵי אַרְעָא, זְרוּעָא, וַחֲצָדָא, וְקוֹרָא וְחוּמָא, וְקֵיטָא וְסִתְוָא, וְיֵימָם
ט א וְלֵילֵי לָא יִבְטְלוּן: וּבָרֵיךְ יְיָ, יָת נֹחַ וְיָת בְּנוֹהִי, וַאֲמַר לְהוֹן, פּוּשׁוּ וּסְגוּ וּמְלוֹ יָת אַרְעָא: וְדַחְלַתְכוֹן
ב וְאֵימַתְכוֹן תְּהֵי, עַל כָּל חַיַּת אַרְעָא, וְעַל כָּל עוֹפָא דִשְׁמַיָּא, בְּכָל דְּתִרְחֵישׁ אַרְעָא, וּבְכָל נוּנֵי
ג יַמָּא בְּיַדְכוֹן מְסִירִין: כָּל רִחְשָׁא דְּהוּא חַי, לְכוֹן יְהֵי לְמֵיכַל, כְּיָרוֹק עִסְבָּא, יְהָבִית לְכוֹן יָת כֹּלָּא:
ד בְּרַם בִּסְרָא, בְּנַפְשֵׁיהּ דְּמֵיהּ לָא תֵיכְלוּן: וּבְרַם יָת דְּמְכוֹן לְנַפְשָׁתְכוֹן אֶתְבַּע, מִיַּד כָּל חַיְתָא

יז הוצא. כְּתִיב, 'הַיְצֵא' קְרֵי. "הַיְצֵא" – אֱמֹר לָהֶם שֶׁיֵּצְאוּ. "הוֹצֵא" – אִם אֵין רוֹצִים לָצֵאת הוֹצִיאֵם אַתָּה. וְשָׁרְצוּ בָאָרֶץ. וְלֹא בַּתֵּבָה, מַגִּיד שֶׁאַף הַבְּהֵמָה וְהָעוֹף נֶאֶסְרוּ בְּתַשְׁמִישׁ:

יט למשפחותיהם. קִבְּלוּ עֲלֵיהֶם עַל מְנָת לִדְבֹּק בְּמִינָן:

כ מכל הבהמה הטהורה. אָמַר: לֹא צִוָּה לִי הַקָּדוֹשׁ בָּרוּךְ הוּא לְהַכְנִיס מֵאֵלּוּ שִׁבְעָה שִׁבְעָה אֶלָּא כְּדֵי לְהַקְרִיב קָרְבָּן מֵהֶם:

כא מנעריו. 'מנעריו' כְּתִיב, מִשֶּׁנִּנְעַר לָצֵאת מִמְּעֵי אִמּוֹ נִתַּן בּוֹ יֵצֶר הָרָע: לא אוסיף ולא אוסיף. כָּפַל הַדָּבָר לִשְׁבוּעָה, הוּא שֶׁכָּתוּב (ישעיה נד, ט): "אֲשֶׁר נִשְׁבַּעְתִּי מֵעֲבֹר מֵי נֹחַ", וְלֹא מָצִינוּ בָּהּ שְׁבוּעָה אֶלָּא זוֹ שֶׁכָּפַל דְּבָרָיו וְהִיא שְׁבוּעָה, וְכֵן דָּרְשׁוּ חֲכָמִים בְּמַסֶּכֶת שְׁבוּעוֹת (דף לו ע"א):

כב עוד כל ימי הארץ וגו' לא ישבתו. שֵׁשׁ עִתִּים הַלָּלוּ, שְׁנֵי חֳדָשִׁים לְכָל אֶחָד וְאֶחָד, כְּמוֹ שֶׁשָּׁנִינוּ: חֲצִי תִשְׁרֵי וּמַרְחֶשְׁוָן וַחֲצִי כִסְלֵו – זֶרַע, חֲצִי כִסְלֵו וְטֵבֵת וַחֲצִי שְׁבָט – קֹר, וְכוּ', בְּבָבָא מְצִיעָא (דף קו ע"ב): קֹר. קָשֶׁה מֵחֹרֶף: וחרף. עֵת זֶרַע שְׂעוֹרִים וְקִטְנִיּוֹת הַחֲרֵיפִין לְהִתְבַּשֵּׁל מַהֵר, וְהוּא חֲצִי שְׁבָט וַאֲדָר וַחֲצִי נִיסָן. קיץ. הוּא זְמַן לְקִיטַת תְּאֵנִים וּזְמַן שֶׁמְּיַבְּשִׁין אוֹתָן בַּשָּׂדוֹת, וּשְׁמוֹ קַיִץ, כְּמוֹ: "וְהַלֶּחֶם וְהַקַּיִץ לֶאֱכוֹל הַנְּעָרִים" (שמואל ב' טז, ב). חֹם. הוּא סוֹף יְמוֹת הַחַמָּה, חֲצִי אָב וֶאֱלוּל וַחֲצִי תִשְׁרֵי, שֶׁהָעוֹלָם חַם בְּיוֹתֵר, כְּמוֹ שֶׁשָּׁנִינוּ בְּמַסֶּכֶת יוֹמָא

(דף כט ע"ח) שִׁלְהֵי קַיְטָא קָשֵׁי מִקַּיְטָא: ויום ולילה לא ישבתו. מִכְּלָל שֶׁשָּׁבְתוּ כָּל יְמוֹת הַמַּבּוּל, שֶׁלֹּא שִׁמְּשׁוּ הַמַּזָּלוֹת וְלֹא נִכַּר בֵּין יוֹם וָלַיְלָה: לא ישבתו. לֹא יִפָּסְקוּ כָּל אֵלֶּה מִלְּהִתְנַהֵג כְּסִדְרָן:

פרק ט

ב וחתכם. וְאֵימַתְכֶם. כְּמוֹ: "תֵּרְחוּ חָתַת" (איוב ו, כא): וחגדה. לְשׁוֹן חִיּוּת, שֶׁכָּל זְמַן שֶׁתִּינוֹק בֶּן יוֹמוֹ חַי אֵין צָרִיךְ לְשָׁמְרוֹ מִן הָעַכְבָּרִים, עוֹג מֶלֶךְ הַבָּשָׁן מֵת צָרִיךְ לְשָׁמְרוֹ מִן הָעַכְבָּרִים, שֶׁנֶּאֱמַר: "וּמוֹרַאֲכֶם וְחִתְּכֶם יִהְיֶה", אֵימָתַי יִהְיֶה מוֹרַאֲכֶם עַל הַחַיּוֹת? כָּל זְמַן שֶׁאַתֶּם חַיִּים:

ג לכם יהיה לאכלה. שֶׁלֹּא הִרְשֵׁיתִי לְאָדָם הָרִאשׁוֹן לֶאֱכֹל בָּשָׂר אֶלָּא יֶרֶק עֵשֶׂב, וְלָכֶם – "כְּיֶרֶק עֵשֶׂב" שֶׁהִפְקַרְתִּי לְאָדָם הָרִאשׁוֹן "נָתַתִּי לָכֶם אֶת כֹּל":

ד בנפשו דמו. חָסַר לָהֶם אֵבָר מִן הַחַי, כְּלוֹמַר כָּל זְמַן שֶׁנַּפְשׁוֹ בְּדָמוֹ לֹא תֹאכְלוּ הַבָּשָׂר: בנפשו דמו. בְּעוֹד נַפְשׁוֹ בּוֹ: בָּשָׂר בְּנַפְשׁוֹ לֹא תֹאכֵלוּ. הֲרֵי אֵבָר מִן הַחַי, וְאַף "דָּמוֹ לֹא תֹאכֵלוּ" הֲרֵי דָם מִן הַחַי:

ה ואך את דמכם. אַף עַל פִּי שֶׁהִתַּרְתִּי לָכֶם נְטִילַת נְשָׁמָה בַּבְּהֵמָה, "אֶת דִּמְכֶם" אֶדְרֹשׁ הַשּׁוֹפֵךְ דַּם עַצְמוֹ: "לנפשתיכם" – אַף הַחוֹנֵק עַצְמוֹ, אַף עַל פִּי שֶׁלֹּא יָצָא דָם מִמֶּנּוּ: מִיַּד כָּל חַיָּה. לְפִי שֶׁחָטְאוּ דוֹר הַמַּבּוּל וְהֻפְקְרוּ לְמַאֲכַל חַיּוֹת רָעוֹת לִשְׁלוֹט בָּהֶן, שֶׁנֶּאֱמַר: "נִמְשַׁל כַּבְּהֵמוֹת

אֶדְרְשֶׁנּוּ וּמִיַּד הָאָדָם מִיַּד אִישׁ אָחִיו אֶדְרֹשׁ
אֶת־נֶפֶשׁ הָאָדָם׃ שֹׁפֵךְ דַּם הָאָדָם בָּאָדָם דָּמוֹ ו
יִשָּׁפֵךְ כִּי בְּצֶלֶם אֱלֹהִים עָשָׂה אֶת־הָאָדָם׃ וְאַתֶּם ז
חמישי פְּרוּ וּרְבוּ שִׁרְצוּ בָאָרֶץ וּרְבוּ־בָהּ׃ וַיֹּאמֶר ח
אֱלֹהִים אֶל־נֹחַ וְאֶל־בָּנָיו אִתּוֹ לֵאמֹר׃ וַאֲנִי ט
הִנְנִי מֵקִים אֶת־בְּרִיתִי אִתְּכֶם וְאֶת־זַרְעֲכֶם
אַחֲרֵיכֶם׃ וְאֵת כָּל־נֶפֶשׁ הַחַיָּה אֲשֶׁר אִתְּכֶם י
בָּעוֹף בַּבְּהֵמָה וּבְכָל־חַיַּת הָאָרֶץ אִתְּכֶם מִכֹּל
יֹצְאֵי הַתֵּבָה לְכֹל חַיַּת הָאָרֶץ׃ וַהֲקִמֹתִי אֶת־ יא
בְּרִיתִי אִתְּכֶם וְלֹא־יִכָּרֵת כָּל־בָּשָׂר עוֹד מִמֵּי
הַמַּבּוּל וְלֹא־יִהְיֶה עוֹד מַבּוּל לְשַׁחֵת הָאָרֶץ׃
וַיֹּאמֶר אֱלֹהִים זֹאת אוֹת־הַבְּרִית אֲשֶׁר־אֲנִי נֹתֵן יב
בֵּינִי וּבֵינֵיכֶם וּבֵין כָּל־נֶפֶשׁ חַיָּה אֲשֶׁר אִתְּכֶם
לְדֹרֹת עוֹלָם׃ אֶת־קַשְׁתִּי נָתַתִּי בֶּעָנָן וְהָיְתָה יג
לְאוֹת בְּרִית בֵּינִי וּבֵין הָאָרֶץ׃ וְהָיָה בְּעַנְנִי עָנָן יד
עַל־הָאָרֶץ וְנִרְאֲתָה הַקֶּשֶׁת בֶּעָנָן׃ וְזָכַרְתִּי אֶת־ טו
בְּרִיתִי אֲשֶׁר בֵּינִי וּבֵינֵיכֶם וּבֵין כָּל־נֶפֶשׁ חַיָּה
בְּכָל־בָּשָׂר וְלֹא־יִהְיֶה עוֹד הַמַּיִם לְמַבּוּל לְשַׁחֵת
כָּל־בָּשָׂר׃ וְהָיְתָה הַקֶּשֶׁת בֶּעָנָן וּרְאִיתִיהָ לִזְכֹּר טז
בְּרִית עוֹלָם בֵּין אֱלֹהִים וּבֵין כָּל־נֶפֶשׁ חַיָּה בְּכָל־
בָּשָׂר אֲשֶׁר עַל־הָאָרֶץ׃ וַיֹּאמֶר אֱלֹהִים אֶל־נֹחַ יז

ט נח

זֹ֥את אֽוֹת־הַבְּרִ֖ית אֲשֶׁ֣ר הֲקִמֹ֑תִי בֵּינִ֕י וּבֵ֥ין כָּל־
בָּשָׂ֖ר אֲשֶׁ֥ר עַל־הָאָֽרֶץ׃

אֶתְבְּעִנֵּיהּ, וּמִיַּד אֱנָשָׁא, מִיַּד גְּבַר דְּיֵישׁוֹד יָת דְּמָא דַּאֲחוּהִי, אֶתְבַּע יָת נַפְשָׁא דַּאֲנָשָׁא:
ו דְּיֵישׁוֹד דְּמָא דַּאֲנָשָׁא, בְּסָהֲדִין עַל מֵימַר דַּיָּנַיָּא דְּמֵיהּ יִתְאֲשַׁד, אֲרֵי בְּצֶלֶם אֱלֹהִים, עֲבַד יָת
ז ח אֲנָשָׁא: וְאַתּוּן פּוּשׁוּ וּסְגוֹ, אִתְיַלַּדוּ בְּאַרְעָא וּסְגוֹ בַהּ: וַאֲמַר יְיָ לְנֹחַ, וְלִבְנוֹהִי עִמֵּיהּ לְמֵימַר:
ט י וַאֲנָא, הָאֲנָא מְקִים, יָת קְיָמִי עִמְּכוֹן, וְעִם בְּנֵיכוֹן בָּתְרֵיכוֹן: וְעִם כָּל נַפְשָׁא חַיְתָא דְּעִמְּכוֹן,
יא בְּעוֹפָא בִּבְעִירָא, וּבְכָל חַיַּת אַרְעָא עִמְּכוֹן, מִכֹּל נָפְקֵי תֵיבְתָא, לְכָל חַיַּת אַרְעָא: וַאֲקֵים
יָת קְיָמִי עִמְּכוֹן, וְלָא יִשְׁתֵּיצֵי כָּל בִּסְרָא, עוֹד מִמֵּי טוֹפָנָא, וְלָא יְהֵי עוֹד, טוֹפָנָא לְחַבָּלָא אַרְעָא:
יב וַאֲמַר יְיָ, דָּא אָת קְיָם דַּאֲנָא יָהֵיב, בֵּין מֵימְרִי וּבֵינֵיכוֹן, וּבֵין, כָּל נַפְשָׁא חַיְתָא דְּעִמְּכוֹן,
יג יד לְדָרֵי עָלְמָא: יָת קַשְׁתִּי, יְהַבִית בַּעֲנָנָא, וּתְהֵי לְאָת קְיָם, בֵּין מֵימְרִי וּבֵין אַרְעָא: וִיהֵי, בְּעַנָּנוּתִי
טו עֲנָנָא עַל אַרְעָא, וְתִתַּחְזֵי קַשְׁתָּא בַּעֲנָנָא: וְדִכְרְנָא יָת קְיָמִי, דְּבֵין מֵימְרִי וּבֵינֵיכוֹן, וּבֵין,
טז כָּל נַפְשָׁא חַיְתָא בְּכָל בִּסְרָא, וְלָא יְהֵי עוֹד מַיָּא לְטוֹפָנָא, לְחַבָּלָא כָּל בִּסְרָא: וּתְהֵי קַשְׁתָּא
בַּעֲנָנָא, וְאַחְזֵינַהּ, לְדִכְרַן קְיָם עָלַם, בֵּין מֵימְרָא דַּיְיָ, וּבֵין כָּל נַפְשָׁא חַיְתָא, בְּכָל בִּסְרָא
יז דְּעַל אַרְעָא: וַאֲמַר יְיָ לְנֹחַ, דָּא אָת קְיָם דַּאֲקֵימִית בֵּין מֵימְרִי, וּבֵין כָּל בִּסְרָא דְּעַל אַרְעָא:

נִדְמוּ" (תהלים מט, כא), לְפִיכָךְ הֻצְרַךְ לְהַזְהִיר עֲלֵיהֶן אֶת הַחַיּוֹת: **וּמִיַּד הָאָדָם.** מִיַּד הַהוֹרֵג בְּמֵזִיד וְאֵין עֵדִים, אֲנִי אֶדְרֹשׁ: **מִיַּד אִישׁ אָחִיו.** שֶׁהוּא אוֹהֵב לוֹ כְּאָח וַהֲרָגוֹ שׁוֹגֵג, אֲנִי אֶדְרֹשׁ אִם לֹא יִגְלֶה וִיבַקֵּשׁ עַל עֲוֹנוֹ לִמָּחֵל, שֶׁאַף הַשּׁוֹגֵג צָרִיךְ כַּפָּרָה, וְאִם אֵין עֵדִים לְחַיְּבוֹ גָּלוּת וְהוּא אֵינוֹ נִכְנָע הַקָּדוֹשׁ בָּרוּךְ הוּא דּוֹרֵשׁ מִמֶּנּוּ, כְּמוֹ שֶׁדָּרְשׁוּ רַבּוֹתֵינוּ "וְהָאֱלֹהִים אִנָּה לְיָדוֹ" (שמות כא, יג) בְּמַסֶּכֶת מַכּוֹת (דף י ע"ב): הַקָּדוֹשׁ בָּרוּךְ הוּא מְזַמְּנָן לְפֻנְדָּק אֶחָד וְכוּ':

ו| **בָּאָדָם דָּמוֹ יִשָּׁפֵךְ.** אִם יֵשׁ עֵדִים הֲמִיתוּהוּ אַתֶּם, לָמָּה? "כִּי בְּצֶלֶם אֱלֹהִים **עָשָׂה אֶת הָאָדָם**", וְזֶה מִקְרָא חָסֵר: עָשָׂה הָעוֹשֶׂה אֶת הָאָדָם, וְכֵן הַרְבֵּה בַּמִּקְרָא:

ז| **וְאַתֶּם פְּרוּ וּרְבוּ.** לְפִי פְּשׁוּטוֹ, הָרִאשׁוֹנָה לִבְרָכָה וְכָאן לְצִוּוּי. וּלְפִי מִדְרָשׁוֹ, לְהַקִּישׁ מִי שֶׁאֵינוֹ עוֹסֵק בִּפְרִיָּה וּרְבִיָּה לְשׁוֹפֵךְ דָּמִים:

ט| **וַאֲנִי הִנְנִי.** מַסְכִּים אֲנִי עִמְּךָ; שֶׁהָיָה נֹחַ דּוֹאֵג לַעֲסֹק בִּפְרִיָּה וּרְבִיָּה עַד שֶׁהִבְטִיחוֹ הַקָּדוֹשׁ בָּרוּךְ הוּא שֶׁלֹּא לְשַׁחֵת הָעוֹלָם עוֹד, וְכֵן עָשָׂה. בָּאַחֲרוֹנָה אָמַר לוֹ: הִנְנִי מַסְכִּים לַעֲשׂוֹת קִיּוּם וְחִזּוּק בְּרִית לְהַבְטָחָתִי וְאֶתֵּן לְךָ אוֹת:

י| **חַיַּת הָאָרֶץ אִתְּכֶם.** הֵם הַמִּתְהַלְּכִים עִם הַבְּרִיּוֹת: **מִכֹּל יֹצְאֵי הַתֵּבָה.** לְהָבִיא שְׁקָצִים וּרְמָשִׂים: **לְכֹל חַיַּת הָאָרֶץ.** לְהָבִיא הַמַּזִּיקִין שֶׁאֵינָן בִּכְלַל "הַחַיָּה אֲשֶׁר אִתְּכֶם", שֶׁאֵין הִלּוּכָן עִם הַבְּרִיּוֹת:

יא| **וַהֲקִמֹתִי.** אֶעֱשֶׂה קִיּוּם לִבְרִיתִי, וּמַהוּ קִיּוּמוֹ? אוֹת הַקֶּשֶׁת, כְּמוֹ שֶׁמְּסַיֵּם וְהוֹלֵךְ:

יב| **לְדֹרֹת עוֹלָם.** נִכְתָּב חָסֵר, שֶׁיֵּשׁ דּוֹרוֹת שֶׁלֹּא הֻצְרְכוּ לְאוֹת לְפִי שֶׁצַּדִּיקִים גְּמוּרִים הָיוּ, כְּמוֹ דּוֹרוֹ שֶׁל חִזְקִיָּהוּ מֶלֶךְ יְהוּדָה וְדוֹרוֹ שֶׁל רַבִּי שִׁמְעוֹן בֶּן יוֹחַאי:

יד| **בְּעַנְנִי עָנָן.** כְּשֶׁתַּעֲלֶה בְּמַחֲשָׁבָה לְפָנַי לְהָבִיא חֹשֶׁךְ וַאֲבַדּוֹן לָעוֹלָם:

טז| **בֵּין אֱלֹהִים וּבֵין כָּל נֶפֶשׁ חַיָּה.** בֵּין מִדַּת הַדִּין שֶׁל מַעְלָה וּבֵינֵיכֶם; שֶׁהָיָה לוֹ לִכְתֹּב: 'בֵּינִי וּבֵין כָּל נֶפֶשׁ חַיָּה', אֶלָּא זֶהוּ מִדְרָשׁוֹ: כְּשֶׁתָּבֹא מִדַּת הַדִּין לְקַטְרֵג עֲלֵיכֶם לְחַיֵּב אֶתְכֶם, אֲנִי רוֹאֶה אֶת הָאוֹת וְנִזְכָּר:

יז| **זֹאת אוֹת הַבְּרִית.** הֶרְאָהוּ הַקֶּשֶׁת וְאָמַר לוֹ: הֲרֵי הָאוֹת שֶׁאָמַרְתִּי:

ששי ח וַיִּהְיוּ בְנֵי־נֹחַ הַיֹּצְאִים מִן־הַתֵּבָה שֵׁם וְחָם יח
וָיָפֶת וְחָם הוּא אֲבִי כְנָעַן׃ שְׁלֹשָׁה אֵלֶּה בְּנֵי־ יט
נֹחַ וּמֵאֵלֶּה נָפְצָה כָל־הָאָרֶץ׃ וַיָּחֶל נֹחַ אִישׁ כ
הָאֲדָמָה וַיִּטַּע כָּרֶם׃ וַיֵּשְׁתְּ מִן־הַיַּיִן וַיִּשְׁכָּר כא
וַיִּתְגַּל בְּתוֹךְ אָהֳלֹה׃ וַיַּרְא חָם אֲבִי כְנַעַן אֵת כב
עֶרְוַת אָבִיו וַיַּגֵּד לִשְׁנֵי־אֶחָיו בַּחוּץ׃ וַיִּקַּח שֵׁם כג
וָיֶפֶת אֶת־הַשִּׂמְלָה וַיָּשִׂימוּ עַל־שְׁכֶם שְׁנֵיהֶם
וַיֵּלְכוּ אֲחֹרַנִּית וַיְכַסּוּ אֵת עֶרְוַת אֲבִיהֶם וּפְנֵיהֶם
אֲחֹרַנִּית וְעֶרְוַת אֲבִיהֶם לֹא רָאוּ׃ וַיִּיקֶץ נֹחַ כד
מִיֵּינוֹ וַיֵּדַע אֵת אֲשֶׁר־עָשָׂה לוֹ בְּנוֹ הַקָּטָן׃
וַיֹּאמֶר אָרוּר כְּנָעַן עֶבֶד עֲבָדִים יִהְיֶה לְאֶחָיו׃ כה
וַיֹּאמֶר בָּרוּךְ יהוה אֱלֹהֵי שֵׁם וִיהִי כְנַעַן עֶבֶד כו
לָמוֹ׃ יַפְתְּ אֱלֹהִים לְיֶפֶת וְיִשְׁכֹּן בְּאָהֳלֵי־שֵׁם וִיהִי כז
כְנַעַן עֶבֶד לָמוֹ׃ וַיְחִי־נֹחַ אַחַר הַמַּבּוּל שְׁלֹשׁ כח
מֵאוֹת שָׁנָה וַחֲמִשִּׁים שָׁנָה׃ וַיְהִי כָּל־יְמֵי־נֹחַ כט
תְּשַׁע מֵאוֹת שָׁנָה וַחֲמִשִּׁים שָׁנָה וַיָּמֹת׃
וְאֵלֶּה תּוֹלְדֹת בְּנֵי־נֹחַ שֵׁם חָם וָיָפֶת וַיִּוָּלְדוּ א י
לָהֶם בָּנִים אַחַר הַמַּבּוּל׃ בְּנֵי יֶפֶת גֹּמֶר וּמָגוֹג ב
וּמָדַי וְיָוָן וְתֻבָל וּמֶשֶׁךְ וְתִירָס׃ וּבְנֵי גֹּמֶר אַשְׁכְּנַז ג
וְרִיפַת וְתֹגַרְמָה׃ וּבְנֵי יָוָן אֱלִישָׁה וְתַרְשִׁישׁ כִּתִּים ד
וְדֹדָנִים׃ מֵאֵלֶּה נִפְרְדוּ אִיֵּי הַגּוֹיִם בְּאַרְצֹתָם ה

יח יט וַהֲווֹ בְנֵי נֹחַ, דִּנְפַקוּ מִן תֵּיבוּתָא, שֵׁם וְחָם וָיָפֶת, וְחָם, הוּא אֲבוּהִי דִכְנָעַן: תְּלָתָא אִלֵּין בְּנֵי
כ כא נֹחַ, וּמֵאִלֵּין אִתְבַּדַּרוּ בְּכָל אַרְעָא: וְשָׁרִי נֹחַ גְּבַר פָּלַח בְּאַרְעָא, וּנְצַב כַּרְמָא: וּשְׁתִי מִן חַמְרָא
כב וּרְוִי, וְאִתְגַּלִּי בְּגוֹ מַשְׁכְּנֵיהּ: וַחֲזָא, חָם אֲבוּהִי דִכְנַעַן, יָת עֶרְיְתָא דַאֲבוּהִי, וְחַוִּי לִתְרֵין אֲחוֹהִי
כג בְּשׁוּקָא: וּנְסֵיב שֵׁם וָיֶפֶת יָת כְּסוּתָא, וְשַׁוִּיאוּ עַל כְּתַף תַּרְוֵיהוֹן, וַאֲזַלוּ מַחְזְרִין, וְכַסִּיאוּ, יָת
כד עֶרְיְתָא דַאֲבוּהוֹן, וְאַפֵּיהוֹן מַחְזְרִין, וְעֶרְיְתָא דַאֲבוּהוֹן לָא חֲזוֹ: וְאִתְּעַר נֹחַ מֵחַמְרֵיהּ, וִידַע,
כה כו יָת דַּעֲבַד לֵיהּ בְּרֵיהּ זְעֵירָא: וַאֲמַר לִיט כְּנָעַן, עֶבֶד פָּלַח יְהֵי לַאֲחוֹהִי: וַאֲמַר, בְּרִיךְ יי אֱלָהֵיהּ
כז דְּשֵׁם, וִיהֵי כְנַעַן עַבְדָּא לְהוֹן: יַפְתֵּי יי לְיֶפֶת, וְיַשְׁרֵי שְׁכִינְתֵּיהּ בְּמַשְׁכְּנֵי שֵׁם, וִיהֵי כְנַעַן עַבְדָּא
כח כט לְהוֹן: וַחֲיָא נֹחַ בָּתַר טוֹפָנָא, תְּלָת מְאָה וְחַמְשִׁין שְׁנִין: וַהֲווֹ כָּל יוֹמֵי נֹחַ, תְּשַׁע מְאָה וְחַמְשִׁין
י א ב שְׁנִין, וּמִית: וְאִלֵּין תּוֹלְדָת בְּנֵי נֹחַ, שֵׁם חָם וָיָפֶת, וְאִתְיְלִידוּ לְהוֹן, בְּנִין בָּתַר טוֹפָנָא: בְּנֵי
ג ד יֶפֶת, גּוֹמֶר וּמָגוֹג, וּמָדַי וְיָוָן וְתוּבָל, וּמֶשֶׁךְ וְתִירָס: וּבְנֵי גוֹמֶר, אַשְׁכְּנַז וְרִיפַת וְתוֹגַרְמָה: וּבְנֵי
ה יָוָן אֱלִישָׁה וְתַרְשִׁישׁ, כִּתִּים וְדוֹדָנִים: מֵאִלֵּין, אִתְפָּרַשׁוּ, נְגָוָת עַמְמַיָּא בְּאַרְעָתְהוֹן,

יח) **וְחָם הוּא אֲבִי כְנָעַן.** לָמָּה הֻצְרַךְ לוֹמַר כָּאן? לְפִי שֶׁהַפָּרָשָׁה עֲסוּקָה וּבָאָה בְּשִׁכְרוּתוֹ שֶׁל נֹחַ שֶׁקִּלְקֵל בָּהּ חָם וְעַל יָדוֹ נִתְקַלֵּל כְּנַעַן, וַעֲדַיִן לֹא כָתַב תּוֹלְדוֹת חָם וְלֹא יָדַעְנוּ שֶׁכְּנַעַן בְּנוֹ, לְפִיכָךְ הֻצְרַךְ לוֹמַר כָּאן: "וְחָם הוּא אֲבִי כְנָעַן":

כ) **וַיָּחֶל.** עָשָׂה עַצְמוֹ חֻלִּין, שֶׁהָיָה לוֹ לַעֲסֹק תְּחִלָּה בִּנְטִיעָה אַחֶרֶת: **אִישׁ הָאֲדָמָה.** אֲדוֹנֵי הָאֲדָמָה, כְּמוֹ: "אִישׁ נָעֳמִי" (רות א, ג): **וַיִּטַּע כָּרֶם.** כְּשֶׁנִּכְנַס לַתֵּבָה הִכְנִיס עִמּוֹ זְמוֹרוֹת וְיִחוּרֵי תְאֵנִים:

כא) **אָהֳלֹה.** "אָהֳלָה" כְּתִיב, רֶמֶז לַעֲשָׂרָה שְׁבָטִים שֶׁנִּקְרְאוּ עַל שֵׁם שׁוֹמְרוֹן שֶׁנִּקְרֵאת אָהֳלָה, שֶׁגָּלוּ עַל עִסְקֵי יַיִן, שֶׁנֶּאֱמַר: "הַשֹּׁתִים בְּמִזְרְקֵי יַיִן" (עמוס ו, ו): **וַיִּתְגַּל.** לְשׁוֹן וַיִּתְפַּעֵל:

כב) **וַיַּרְא חָם אֲבִי כְנַעַן.** יֵשׁ מֵרַבּוֹתֵינוּ אוֹמְרִים, כְּנַעַן רָאָה וְהִגִּיד לְאָבִיו, לְכָךְ הֻזְכַּר עַל הַדָּבָר וְנִתְקַלֵּל: **וַיַּרְא... אֵת עֶרְוַת אָבִיו.** יֵשׁ אוֹמְרִים סֵרְסוֹ, וְיֵשׁ אוֹמְרִים רְבָעוֹ:

כג) **וַיִּקַּח שֵׁם וָיֶפֶת.** אֵין כְּתוּב 'וַיִּקְחוּ' אֶלָּא "וַיִּקַּח", לִמֵּד עַל שֵׁם שֶׁנִּתְאַמֵּץ בַּמִּצְוָה יוֹתֵר מִיֶּפֶת, לְכָךְ זָכוּ בָנָיו לְטַלִּית שֶׁל צִיצִית, וְיֶפֶת זָכָה לִקְבוּרָה לְבָנָיו, שֶׁנֶּאֱמַר: "אֶתֵּן לְגוֹג מְקוֹם שָׁם קֶבֶר" (יחזקאל לט, יא). וְחָם שֶׁבִּזָּה אֶת אָבִיו, נֶאֱמַר בְּזַרְעוֹ: "כֵּן יִנְהַג מֶלֶךְ אַשּׁוּר אֶת שְׁבִי מִצְרַיִם וְאֶת גָּלוּת כּוּשׁ נְעָרִים וּזְקֵנִים עָרוֹם וְיָחֵף וַחֲשׂוּפַי שֵׁת" וְגוֹ' (ישעיה כ, ד): **וּפְנֵיהֶם אֲחֹרַנִּית.** לָמָּה נֶאֱמַר פַּעַם שְׁנִיָּה? לְלַמֵּד שֶׁכְּשֶׁקָּרְבוּ אֶצְלוֹ וְהֻצְרְכוּ לַהֲפֹךְ עַצְמָם לְכַסּוֹתוֹ, הָפְכוּ פְּנֵיהֶם אֲחוֹרַנִּית:

כד) **בְּנוֹ הַקָּטָן.** הַפָּסוּל וְהַבָּזוּי, כְּמוֹ: "הִנֵּה קָטֹן נְתַתִּיךָ בַּגּוֹיִם בָּזוּי" (ירמיה מט, טו; עובדיה א, ב):

כה) **אָרוּר כְּנָעַן.** אַתָּה גָּרַמְתָּ לִי שֶׁלֹּא אוֹלִיד בֵּן רְבִיעִי אַחֵר לְשַׁמְּשֵׁנִי, אָרוּר בִּנְךָ הָרְבִיעִי לִהְיוֹת מְשַׁמֵּשׁ אֶת זַרְעָם שֶׁל אֵלּוּ הַגְּדוֹלִים שֶׁהֻטַּל עֲלֵיהֶם טֹרַח עֲבוֹדָתִי מֵעַתָּה. וּמָה רָאָה חָם שֶׁסֵּרְסוֹ? אָמַר לָהֶם לְאֶחָיו: אָדָם הָרִאשׁוֹן שְׁנֵי בָנִים הָיוּ לוֹ, וְהָרַג זֶה אֶת זֶה בִּשְׁבִיל יְרֻשַּׁת הָעוֹלָם, וְאָבִינוּ יֵשׁ לוֹ שְׁלֹשָׁה בָנִים וְעוֹדֶנּוּ מְבַקֵּשׁ בֵּן רְבִיעִי:

כו) **בָּרוּךְ ה' אֱלֹהֵי שֵׁם.** שֶׁעָתִיד לִשְׁמֹר הַבְטָחָתוֹ לְזַרְעוֹ לָתֵת לָהֶם אֶת אֶרֶץ כְּנַעַן: **וִיהִי.** לָהֶם כְּנַעַן לְמַס עוֹבֵד:

כז) **יַפְתְּ אֱלֹהִים לְיֶפֶת.** מְתֻרְגָּם: "יַפְתֵּי", יַרְחִיב: **וְיִשְׁכֹּן בְּאָהֳלֵי שֵׁם.** יַשְׁרֶה שְׁכִינָתוֹ בְּיִשְׂרָאֵל. וּמִדְרַשׁ חֲכָמִים, אַף עַל פִּי שֶׁ"יַּפְתְּ אֱלֹהִים לְיֶפֶת", שֶׁבָּנָה כּוֹרֶשׁ שֶׁהָיָה מִבְּנֵי יֶפֶת בַּיִת שֵׁנִי, לֹא שָׁרְתָה בּוֹ שְׁכִינָה; וְהֵיכָן שָׁרְתָה? בְּמִקְדָּשׁ רִאשׁוֹן שֶׁבָּנָה שְׁלֹמֹה שֶׁהָיָה מִבְּנֵי שֵׁם: **וִיהִי כְנַעַן עֶבֶד.** אַף מִשֶּׁיִּגְלוּ בְּנֵי שֵׁם יִמָּכְרוּ לָהֶם עֲבָדִים מִבְּנֵי כְנַעַן:

פרק י

ב) **וְתִירָס.** זוֹ פָּרַס:

בראשית

אִ֣ישׁ לִלְשֹׁנ֔וֹ לְמִשְׁפְּחֹתָ֖ם בְּגוֹיֵהֶֽם: וּבְנֵ֣י חָ֔ם כּ֥וּשׁ ו
וּמִצְרַ֖יִם וּפ֣וּט וּכְנָ֑עַן: וּבְנֵ֣י כ֔וּשׁ סְבָא֙ וַֽחֲוִילָ֔ה ז
וְסַבְתָּ֥ה וְרַעְמָ֖ה וְסַבְתְּכָ֑א וּבְנֵ֥י רַעְמָ֖ה שְׁבָ֥א
וּדְדָֽן: וְכ֖וּשׁ יָלַ֣ד אֶת־נִמְרֹ֑ד ה֣וּא הֵחֵ֔ל לִֽהְי֥וֹת ח
גִּבֹּ֖ר בָּאָֽרֶץ: הֽוּא־הָיָ֥ה גִבֹּֽר־צַ֖יִד לִפְנֵ֣י יְהוָ֑ה ט
עַל־כֵּן֙ יֵֽאָמַ֔ר כְּנִמְרֹ֛ד גִּבּ֥וֹר צַ֖יִד לִפְנֵ֥י יְהוָֽה:
וַתְּהִ֨י רֵאשִׁ֤ית מַמְלַכְתּוֹ֙ בָּבֶ֔ל וְאֶ֖רֶךְ וְאַכַּ֣ד י
וְכַלְנֵ֑ה בְּאֶ֖רֶץ שִׁנְעָֽר: מִן־הָאָ֥רֶץ הַהִ֖וא יָצָ֣א יא
אַשּׁ֑וּר וַיִּ֨בֶן֙ אֶת־נִ֣ינְוֵ֔ה וְאֶת־רְחֹבֹ֥ת עִ֖יר וְאֶת־
כָּֽלַח: וְֽאֶת־רֶ֔סֶן בֵּ֥ין נִֽינְוֵ֖ה וּבֵ֣ין כָּ֑לַח הִ֖וא הָעִ֥יר יב
הַגְּדֹלָֽה: וּמִצְרַ֡יִם יָלַ֞ד אֶת־לוּדִ֧ים וְאֶת־עֲנָמִ֛ים יג
וְאֶת־לְהָבִ֖ים וְאֶת־נַפְתֻּחִֽים: וְֽאֶת־פַּתְרֻסִ֞ים יד
וְאֶת־כַּסְלֻחִ֗ים אֲשֶׁ֨ר יָצְא֥וּ מִשָּׁ֛ם פְּלִשְׁתִּ֖ים
וְאֶת־כַּפְתֹּרִֽים: וּכְנַ֗עַן יָלַ֛ד אֶת־צִידֹ֥ן טו
בְּכֹר֖וֹ וְאֶת־חֵֽת: וְאֶת־הַיְבוּסִי֙ וְאֶת־הָ֣אֱמֹרִ֔י טז
וְאֵ֖ת הַגִּרְגָּשִֽׁי: וְאֶת־הַֽחִוִּ֥י וְאֶת־הַֽעַרְקִ֖י וְאֶת־ יז
הַסִּינִֽי: וְאֶת־הָֽאַרְוָדִ֥י וְאֶת־הַצְּמָרִ֖י וְאֶת־ יח
הַֽחֲמָתִ֑י וְאַחַ֣ר נָפֹ֔צוּ מִשְׁפְּח֖וֹת הַֽכְּנַעֲנִֽי: וַיְהִ֞י יט
גְּב֤וּל הַֽכְּנַעֲנִי֙ מִצִּידֹ֔ן בֹּֽאֲכָ֥ה גְרָ֖רָה עַד־עַזָּ֑ה
בֹּֽאֲכָ֞ה סְדֹ֧מָה וַֽעֲמֹרָ֛ה וְאַדְמָ֥ה וּצְבֹיִ֖ם עַד־לָֽשַׁע:
אֵ֣לֶּה בְנֵי־חָ֔ם לְמִשְׁפְּחֹתָ֖ם לִלְשֹֽׁנֹתָ֑ם בְּאַרְצֹתָ֖ם כ

כא בְגוֹיֵהֶֽם: וּלְשֵׁ֣ם יֻלַּ֥ד גַּם־ה֖וּא אֲבִי֙ ׃
כב כָּל־בְּנֵי־עֵ֔בֶר אֲחִ֖י יֶ֥פֶת הַגָּדֽוֹל׃ בְּנֵ֣י שֵׁ֔ם עֵילָ֣ם
כג וְאַשּׁ֖וּר וְאַרְפַּכְשַׁ֣ד וְל֣וּד וַֽאֲרָ֑ם׃ וּבְנֵ֖י אֲרָ֑ם ע֥וּץ

ט גְּבַר לְלִישָׁנֵהּ, לְזַרְעֲיָתְהוֹן בְּעַמְמֵיהוֹן: וּבְנֵי חָם, כּוּשׁ וּמִצְרַיִם וּפוּט וּכְנָעַן: וּבְנֵי כוּשׁ, סְבָא
י וַחֲוִילָה, וְסַבְתָּא וְרַעְמָה וְסַבְתְּכָא, וּבְנֵי רַעְמָה שְׁבָא וּדְדָן: וְכוּשׁ אוֹלִיד יָת נִמְרוֹד, הוּא שָׁרִי
יא לְמֶהֱוֵי גִבָּר בְּאַרְעָא: הוּא הֲוָה גִבַּר תַּקִּיף קֳדָם יְיָ, עַל כֵּן יִתְאֲמַר, כְּנִמְרוֹד, גִּבַּר תַּקִּיף קֳדָם
יא יְיָ: וַהֲוָת רֵישׁ מַלְכוּתֵיהּ בָּבֶל, וְאֶרֶךְ וְאַכַּד וְכַלְנֵה, בְּאַרְעָא דְבָבֶל: מִן אַרְעָא הַהִיא נְפַק
יב אַתּוּרָאָה, וּבְנָא יָת נִינְוֵה, וְיָת רְחוֹבוֹת קַרְתָּא וְיָת כָּלַח: וְיָת רֶסֶן, בֵּין נִינְוֵה וּבֵין כָּלַח, הִיא
יג קַרְתָּא רַבְּתָא: וּמִצְרַיִם, אוֹלִיד, יָת לוּדָאֵי וְיָת עֲנָמָאֵי, וְיָת לְהָבָאֵי וְיָת נַפְתֻּחָאֵי: וְיָת
יד פַּתְרֻסָאֵי וְיָת כַּסְלֻחָאֵי, דִּנְפָקוּ מִתַּמָּן, פְּלִשְׁתָּאֵי וְיָת קַפְתֻּקָאֵי: וּכְנַעַן, אוֹלִיד, יָת צִידוֹן
טו בְּכֵרֵיהּ וְיָת חֵת: וְיָת יְבוּסָאֵי וְיָת אֱמוֹרָאֵי, וְיָת גִּרְגָּשָׁאֵי: וְיָת חִוָּאֵי וְיָת עַרְקָאֵי וְיָת אַנְתּוּסָאֵי:
טז וְיָת אַרְוָדָאֵי וְיָת צְמָרָאֵי וְיָת חֲמָתָאֵי, וּבָתַר כֵּן אִתְבַּדָּרוּ, זַרְעִית כְּנַעֲנָאֵי: וַהֲוָה, תְּחוּם
יז כְּנַעֲנָאָה מִצִּידוֹן, מָטֵי לִגְרָר עַד עַזָּה, מָטֵי, לִסְדוֹם וַעֲמוֹרָה, וְאַדְמָה וּצְבוֹיִם עַד לָשַׁע: אִלֵּין
כ בְּנֵי חָם, לְזַרְעֲיָתְהוֹן לְלִישָׁנְהוֹן, בְּאַרְעָתְהוֹן בְּעַמְמֵיהוֹן: וּלְשֵׁם אִתְיְלִיד אַף הוּא, אֲבוּהוֹן דְּכָל
כא בְּנֵי עֵבֶר, אֲחוּהִי דְּיֶפֶת רַבָּא: בְּנֵי שֵׁם עֵילָם, וְאַשּׁוּר, וְאַרְפַּכְשַׁד וְלוּד וַאֲרָם: וּבְנֵי אֲרָם, עוּץ

ח לִהְיוֹת גִּבֹּר. לְהַמְרִיד כָּל הָעוֹלָם עַל הַקָּדוֹשׁ בָּרוּךְ הוּא בַּעֲצַת דּוֹר הַפְּלָגָה:

ט גִּבֹּר צַיִד. צָד דַּעְתָּן שֶׁל בְּרִיּוֹת בְּפִיו וּמַטְעָן לִמְרֹד בַּמָּקוֹם: לִפְנֵי ה'. מִתְכַּוֵּן לְהַקְנִיטוֹ עַל פָּנָיו: עַל כֵּן יֵאָמֵר. עַל כָּל אָדָם מַרְשִׁיעַ בְּעַזּוּת פָּנִים, יוֹדֵעַ רִבּוֹנוֹ וּמִתְכַּוֵּן לִמְרֹד בּוֹ, יֵאָמֵר: זֶה כְּנִמְרֹד גִּבּוֹר צַיִד:

יא מִן הָאָרֶץ הַהִיא. כֵּיוָן שֶׁרָאָה אַשּׁוּר אֶת בָּנָיו שׁוֹמְעִין לְנִמְרֹד וּמוֹרְדִין בַּמָּקוֹם לִבְנוֹת הַמִּגְדָּל, יָצָא מִתּוֹכָם:

יב הָעִיר הַגְּדֹלָה. הִיא נִינְוֵה, שֶׁנֶּאֱמַר: "וְנִינְוֵה הָיְתָה עִיר גְּדוֹלָה לֵאלֹהִים" (יונה ג, ג):

יג לְהָבִים. שֶׁפְּנֵיהֶם דּוֹמִים לְלַהַב:

יד וְאֶת פַּתְרֻסִים וְאֶת כַּסְלֻחִים אֲשֶׁר יָצְאוּ מִשָּׁם פְּלִשְׁתִּים. מִשְּׁנֵיהֶם יָצְאוּ, שֶׁהָיוּ פַּתְרוּסִים וְכַסְלוּחִים מַחֲלִיפִין מִשְׁכַּב נְשׁוֹתֵיהֶם אֵלּוּ לָאֵלּוּ, וְיָצְאוּ מֵהֶם פְּלִשְׁתִּים:

יח וְאַחַר נָפֹצוּ. מֵאֵלֶּה נָפוֹצוּ מִשְׁפְּחוֹת הַרְבֵּה:

יט גְּבוּל הַכְּנַעֲנִי. גְּבוּל סוֹף אַרְצוֹ. כָּל "גְּבוּל" לְשׁוֹן סוֹף וְקָצֶה: בֹּאֲכָה. שֵׁם דָּבָר. וְלִי נִרְאֶה, כְּאָדָם הָאוֹמֵר לַחֲבֵרוֹ: גְּבוּל זֶה מַגִּיעַ עַד אֲשֶׁר תָּבֹא לְמָקוֹם פְּלוֹנִי:

כ לִלְשֹׁנֹתָם בְּאַרְצֹתָם. אַף עַל פִּי שֶׁנֶּחְלְקוּ לִלְשׁוֹנוֹת וַאֲרָצוֹת, כֻּלָּם בְּנֵי חָם הֵם:

כא אֲבִי כָּל בְּנֵי עֵבֶר. הַנָּהָר, הָיָה שֵׁם: אֲחִי יֶפֶת הַגָּדוֹל. אֵינִי יוֹדֵעַ אִם יֶפֶת הַגָּדוֹל אִם שֵׁם, כְּשֶׁהוּא אוֹמֵר: "שֵׁם בֶּן מְאַת שָׁנָה וְגוֹ' שְׁנָתַיִם אַחַר הַמַּבּוּל" (להלן יא, י), הֱוֵי אוֹמֵר יֶפֶת הַגָּדוֹל, שֶׁהֲרֵי בֶּן חָמֵשׁ מֵאוֹת שָׁנָה הָיָה נֹחַ כְּשֶׁהִתְחִיל לְהוֹלִיד, וְהַמַּבּוּל הָיָה בִּשְׁנַת שֵׁשׁ מֵאוֹת שָׁנָה, נִמְצָא שֶׁהַגָּדוֹל בְּבָנָיו הָיָה בֶּן מֵאָה שָׁנָה, וְשֵׁם לֹא הִגִּיעַ לְמֵאָה עַד שְׁנָתַיִם אַחַר הַמַּבּוּל: אֲחִי יֶפֶת. וְלֹא אֲחִי חָם, שֶׁאֵלּוּ שְׁנֵיהֶם כִּבְּדוּ אֶת אֲבִיהֶם וְזֶה בִּזָּהוּ:

בראשית

כד וְחוּל וְגֶ֖תֶר וָמַֽשׁ: וְאַרְפַּכְשַׁ֖ד יָלַ֣ד אֶת־שָׁ֑לַח וְשֶׁ֖לַח
כה יָלַ֥ד אֶת־עֵֽבֶר: וּלְעֵ֥בֶר יֻלַּ֖ד שְׁנֵ֣י בָנִ֑ים שֵׁ֣ם הָֽאֶחָ֞ד
פֶּ֗לֶג כִּ֤י בְיָמָיו֙ נִפְלְגָ֣ה הָאָ֔רֶץ וְשֵׁ֥ם אָחִ֖יו יָקְטָֽן:
כו וְיָקְטָ֣ן יָלַ֔ד אֶת־אַלְמוֹדָ֖ד וְאֶת־שָׁ֑לֶף וְאֶת־חֲצַרְמָ֖וֶת
כז וְאֶת־יָֽרַח: וְאֶת־הֲדוֹרָ֥ם וְאֶת־אוּזָ֖ל וְאֶת־דִּקְלָֽה:
כח,כט וְאֶת־עוֹבָ֧ל וְאֶת־אֲבִֽימָאֵ֛ל וְאֶת־שְׁבָֽא: וְאֶת־אוֹפִ֥ר
ל וְאֶת־חֲוִילָ֖ה וְאֶת־יוֹבָ֑ב כָּל־אֵ֖לֶּה בְּנֵ֥י יָקְטָֽן: וַיְהִ֥י
מֽוֹשָׁבָ֖ם מִמֵּשָׁ֑א בֹּֽאֲכָ֥ה סְפָ֖רָה הַ֥ר הַקֶּֽדֶם: אֵ֣לֶּה
לא בְנֵי־שֵׁ֔ם לְמִשְׁפְּחֹתָ֖ם לִלְשֹׁנֹתָ֑ם בְּאַרְצֹתָ֖ם לְגוֹיֵהֶֽם:
לב אֵ֣לֶּה מִשְׁפְּחֹ֧ת בְּנֵי־נֹ֛חַ לְתֽוֹלְדֹתָ֖ם בְּגֽוֹיֵהֶ֑ם וּמֵאֵ֜לֶּה
נִפְרְד֧וּ הַגּוֹיִ֛ם בָּאָ֖רֶץ אַחַ֥ר הַמַּבּֽוּל:

שביעי יא,א וַיְהִ֥י כָל־הָאָ֖רֶץ שָׂפָ֣ה אֶחָ֑ת וּדְבָרִ֖ים אֲחָדִֽים: וַיְהִ֖י
ב בְּנָסְעָ֣ם מִקֶּ֑דֶם וַֽיִּמְצְא֥וּ בִקְעָ֛ה בְּאֶ֥רֶץ שִׁנְעָ֖ר וַיֵּ֥שְׁבוּ
ג שָֽׁם: וַיֹּאמְר֞וּ אִ֣ישׁ אֶל־רֵעֵ֗הוּ הָ֚בָה נִלְבְּנָ֣ה לְבֵנִ֔ים
וְנִשְׂרְפָ֖ה לִשְׂרֵפָ֑ה וַתְּהִ֨י לָהֶ֤ם הַלְּבֵנָה֙ לְאָ֔בֶן וְהַ֣חֵמָ֔ר
ד הָיָ֥ה לָהֶ֖ם לַחֹֽמֶר: וַיֹּאמְר֞וּ הָ֣בָה ׀ נִבְנֶה־לָּ֣נוּ עִ֗יר
וּמִגְדָּל֙ וְרֹאשׁ֣וֹ בַשָּׁמַ֔יִם וְנַֽעֲשֶׂה־לָּ֖נוּ שֵׁ֑ם פֶּן־נָפ֖וּץ
ה עַל־פְּנֵ֥י כָל־הָאָֽרֶץ: וַיֵּ֣רֶד יְהוָ֔ה לִרְאֹ֥ת אֶת־הָעִ֖יר
ו וְאֶת־הַמִּגְדָּ֑ל אֲשֶׁ֥ר בָּנ֖וּ בְּנֵ֥י הָאָדָֽם: וַיֹּ֣אמֶר יְהוָ֗ה
הֵ֣ן עַ֤ם אֶחָד֙ וְשָׂפָ֤ה אַחַת֙ לְכֻלָּ֔ם וְזֶ֖ה הַחִלָּ֣ם לַעֲשׂ֑וֹת
וְעַתָּה֙ לֹֽא־יִבָּצֵ֣ר מֵהֶ֔ם כֹּ֛ל אֲשֶׁ֥ר יָזְמ֖וּ לַעֲשֽׂוֹת:

כד כה וְחוּל וְגֶתֶר וָמַשׁ: וְאַרְפַּכְשַׁד אוֹלֵיד יָת שָׁלַח, וְשֶׁלַח אוֹלֵיד יָת עֵבֶר: וּלְעֵבֶר אִתְיְלִידוּ תְּרֵין
כו בְּנִין, שׁוּם חַד פֶּלֶג, אֲרֵי בְּיוֹמוֹהִי אִתְפְּלִיגַת אַרְעָא, וְשׁוּם אֲחוּהִי יָקְטָן: וְיָקְטָן אוֹלֵיד, יָת
כז כח אַלְמוֹדָד וְיָת שָׁלֶף, וְיָת חֲצַרְמָוֶת וְיָת יָרַח: וְיָת הֲדוֹרָם וְיָת אוּזָל וְיָת דִּקְלָה: וְיָת עוֹבָל וְיָת
כט ל אֲבִימָאֵל וְיָת שְׁבָא: וְיָת אוֹפִיר וְיָת חֲוִילָה וְיָת יוֹבָב, כָּל אִלֵּין בְּנֵי יָקְטָן: וַהֲוָה מוֹתַבְהוֹן
לא מִמֵּישָׁא, מָטֵי לִסְפַר טוּר מַדְנְחָא: אִלֵּין בְּנֵי שֵׁם, לְזַרְעִיָּתְהוֹן לְלִישָּׁנְהוֹן, בְּאַרְעָתְהוֹן
לב לְעַמְמֵיהוֹן: אִלֵּין זַרְעִיַּת בְּנֵי נֹחַ, לְתוֹלְדָתְהוֹן בְּעַמְמֵיהוֹן, וּמֵאִלֵּין, אִתְפָּרְשׁוּ עַמְמַיָּא, בְּאַרְעָא
יא א ב בָּתַר טוֹפָנָא: וַהֲוָה כָל אַרְעָא לִישָּׁן חַד, וּמַמְלַל חַד: וַהֲוָה בְּמִטַּלְהוֹן בְּקַדְמֵיתָא, וְאַשְׁכַּחוּ
ג בִּקְעֲתָא, בְּאַרְעָא דְּבָבֶל וִיתִיבוּ תַמָּן: וַאֲמַרוּ גְּבַר לְחַבְרֵיהּ, הַבוּ נִרְמֵי לִבְנִין, וְנוֹקֵידְנוּן בְּנוּרָא,
ד וַהֲוָת לְהוֹן לְבֵינְתָא לְאַבְנָא, וְחֵימָרָא, הֲוָה לְהוֹן לְשִׁיעַ: וַאֲמַרוּ, הַבוּ נִבְנֵי לַנָא קַרְתָּא,
וּמַגְדְּלָא וְרֵישֵׁיהּ מָטֵי עַד צֵית שְׁמַיָּא, וְנַעֲבֵיד לַנָא שׁוּם, דִּלְמָא נִתְבַּדַּר עַל אַפֵּי כָל אַרְעָא:
ה ו וְאִתְגְּלִי יְיָ, לְאִתְפְּרָעָא עַל עוֹבָד קַרְתָּא וּמַגְדְּלָא, דִּבְנוֹ בְּנֵי אֲנָשָׁא: וַאֲמַר יְיָ, הָא עַמָּא חַד
וְלִישָּׁן חַד לְכֻלְּהוֹן, וְדֵין דְּשָׁרִיאוּ לְמֶעְבַּד, וּכְעַן לָא יִתְמְנַע מִנְּהוֹן, כָּל דְּחַשִּׁיבוּ לְמֶעְבַּד:

כה| **נִפְלְגָה.** נִתְבַּלְבְּלוּ הַלְּשׁוֹנוֹת וְנָפוֹצוּ מִן הַבִּקְעָה וְנִתְפַּלְּגוּ בְּכָל הָעוֹלָם. לָמַדְנוּ שֶׁהָיָה עֵבֶר נָבִיא, שֶׁקָּרָא שֵׁם בְּנוֹ עַל שֵׁם הֶעָתִיד. וְשָׁנִינוּ בְּסֵדֶר עוֹלָם שֶׁבְּסוֹף יָמָיו נִתְפַּלְּגוּ, שֶׁאִם תֹּאמַר בִּתְחִלַּת יָמָיו, הֲרֵי יָקְטָן אָחִיו נָעִיר מִמֶּנּוּ וְהוֹלִיד כַּמָּה מִשְׁפָּחוֹת קֹדֶם לָכֵן, שֶׁנֶּאֱמַר: "וְיָקְטָן יָלַד" וְגוֹ' (להלן פסוק כו) וְאַחַר כָּךְ: "וַיְהִי כָל הָאָרֶץ שָׂפָה אֶחָת" (להלן יא, א). וְאִם תֹּאמַר בְּאֶמְצַע יָמָיו, לֹא בָא הַכָּתוּב לִסְתֹּם אֶלָּא לְפָרֵשׁ; הָא לָמַדְתָּ שֶׁבִּשְׁנַת מוֹת פֶּלֶג נִתְפַּלְּגוּ: **יָקְטָן.** שֶׁהָיָה עָנָו וּמַקְטִין עַצְמוֹ, לְכָךְ זָכָה לְהַעֲמִיד כָּל הַמִּשְׁפָּחוֹת הַלָּלוּ:

כו| **חֲצַרְמָוֶת.** עַל שֵׁם מְקוֹמוֹ, דִּבְרֵי אַגָּדָה:

פרק יא

א| **שָׂפָה אֶחָת.** לְשׁוֹן הַקֹּדֶשׁ: **וּדְבָרִים אֲחָדִים.** בָּאוּ בְּעֵצָה אַחַת וְאָמְרוּ: לֹא כָּל הֵימֶנּוּ שֶׁיָּבֹר לוֹ אֶת הָעֶלְיוֹנִים, נַעֲלֶה לָרָקִיעַ וְנַעֲשֶׂה עִמּוֹ מִלְחָמָה. דָּבָר אַחֵר, עַל יְחִידוֹ שֶׁל עוֹלָם. דָּבָר אַחֵר, "וּדְבָרִים אֲחָדִים", אָמְרוּ: אַחַת לְאֶלֶף וְתרנ"ו שָׁנִים הָרָקִיעַ מִתְמוֹטֵט כְּשֵׁם שֶׁעָשָׂה בִּימֵי הַמַּבּוּל, בֹּאוּ וְנַעֲשֶׂה לוֹ סְמוֹכוֹת. בְּרֵאשִׁית רַבָּה (לח, ו):

ב| **בְּנָסְעָם מִקֶּדֶם.** שֶׁהָיוּ יוֹשְׁבִים שָׁם, כִּדְכְתִיב לְמַעְלָה: "וַיְהִי מוֹשָׁבָם וְגוֹ' הַר הַקֶּדֶם" (לעיל י, ל), וְנָסְעוּ מִשָּׁם לָתוּר לָהֶם מָקוֹם לְהַחֲזִיק אֶת כֻּלָּם, וְלֹא מָצְאוּ אֶלָּא שִׁנְעָר:

ג| **אִישׁ אֶל רֵעֵהוּ.** אֻמָּה לְאֻמָּה, מִצְרַיִם לְכוּשׁ וְכוּשׁ לְפוּט וּפוּט לִכְנַעַן: **הָבָה.** הַזְמִינוּ עַצְמְכֶם. כָּל 'הָבָה' לְשׁוֹן הַזְמָנָה הוּא, שֶׁמְּכִינִים עַצְמָן וּמִתְחַבְּרִים לִמְלָאכָה אוֹ לְעֵצָה אוֹ לְמַשָּׂא. הָבָה – הַזְמִינוּ, אפריילי"ר בְּלַעַז: **לְבֵנִים.** שֶׁאֵין אֲבָנִים בְּבָבֶל, שֶׁהִיא בִקְעָה: **וְנִשְׂרְפָה לִשְׂרֵפָה.** כָּךְ עוֹשִׂין הַלְּבֵנִים שֶׁקּוֹרִים טיוול"ש, שׂוֹרְפִים אוֹתָן בְּכִבְשָׁן: **לַחֹמֶר.** לָטוּחַ הַקִּיר:

ד| **פֶּן נָפוּץ.** שֶׁלֹּא יָבִיא עָלֵינוּ שׁוּם מַכָּה לַהֲפִיצֵנוּ מִכָּאן:

ה| **וַיֵּרֶד ה' לִרְאֹת.** לֹא הֻצְרַךְ לְכָךְ, אֶלָּא לְלַמֵּד לַדַּיָּנִים שֶׁלֹּא יַרְשִׁיעוּ הַנִּדּוֹן עַד שֶׁיִּרְאוּ וְיָבִינוּ. מִדְרַשׁ רַבִּי תַּנְחוּמָא (יח): **בְּנֵי הָאָדָם.** אֶלָּא בְּנֵי מִי? שֶׁמָּא בְּנֵי חֲמוֹרִים וּגְמַלִּים?! אֶלָּא בְּנֵי אָדָם הָרִאשׁוֹן שֶׁכָּפָה אֶת הַטּוֹבָה וְאָמַר: "הָאִשָּׁה אֲשֶׁר נָתַתָּה עִמָּדִי" (לעיל ג, יב), אַף אֵלּוּ כָּפוּ בַּטּוֹבָה לִמְרֹד בְּמִי שֶׁהִשְׁפִּיעָם טוֹבָה וּמִלְּטָם מִן הַמַּבּוּל:

ו| **הֵן עַם אֶחָד.** כָּל טוֹבָה זוֹ יֵשׁ עִמָּהֶם, שֶׁעַם אֶחָד הֵם וְשָׂפָה אַחַת לְכֻלָּם, וְדָבָר זֶה הֵחֵלּוּ לַעֲשׂוֹת: **הַחִלָּם.** כְּמוֹ 'אֲמָרָם' 'עֲשׂוֹתָם', לְהַתְחִיל הֵם לַעֲשׂוֹת: **לֹא יִבָּצֵר.** בִּתְמִיָּה. "יִבָּצֵר" לְשׁוֹן מְנִיעָה כְּתַרְגּוּמוֹ, וְדוֹמֶה לוֹ: "יִבְצֹר רוּחַ נְגִידִים" (תהלים עו, יג):

ז הָבָה נֵרְדָה וְנָבְלָה שָׁם שְׂפָתָם אֲשֶׁר לֹא יִשְׁמְעוּ
ח אִישׁ שְׂפַת רֵעֵהוּ: וַיָּפֶץ יְהוָה אֹתָם מִשָּׁם עַל־פְּנֵי
ט כָל־הָאָרֶץ וַיַּחְדְּלוּ לִבְנֹת הָעִיר: עַל־כֵּן קָרָא
שְׁמָהּ בָּבֶל כִּי־שָׁם בָּלַל יְהוָה שְׂפַת כָּל־הָאָרֶץ
וּמִשָּׁם הֱפִיצָם יְהוָה עַל־פְּנֵי כָּל־הָאָרֶץ:
י אֵלֶּה תּוֹלְדֹת שֵׁם שֵׁם בֶּן־מְאַת שָׁנָה וַיּוֹלֶד אֶת־
יא אַרְפַּכְשָׁד שְׁנָתַיִם אַחַר הַמַּבּוּל: וַיְחִי־שֵׁם אַחֲרֵי
הוֹלִידוֹ אֶת־אַרְפַּכְשָׁד חֲמֵשׁ מֵאוֹת שָׁנָה וַיּוֹלֶד
יב בָּנִים וּבָנוֹת: וְאַרְפַּכְשַׁד חַי חָמֵשׁ
יג וּשְׁלֹשִׁים שָׁנָה וַיּוֹלֶד אֶת־שָׁלַח: וַיְחִי אַרְפַּכְשַׁד
אַחֲרֵי הוֹלִידוֹ אֶת־שֶׁלַח שָׁלֹשׁ שָׁנִים וְאַרְבַּע
יד מֵאוֹת שָׁנָה וַיּוֹלֶד בָּנִים וּבָנוֹת: וְשֶׁלַח
טו חַי שְׁלֹשִׁים שָׁנָה וַיּוֹלֶד אֶת־עֵבֶר: וַיְחִי־שֶׁלַח
אַחֲרֵי הוֹלִידוֹ אֶת־עֵבֶר שָׁלֹשׁ שָׁנִים וְאַרְבַּע
טז מֵאוֹת שָׁנָה וַיּוֹלֶד בָּנִים וּבָנוֹת: וַיְחִי־
יז עֵבֶר אַרְבַּע וּשְׁלֹשִׁים שָׁנָה וַיּוֹלֶד אֶת־פָּלֶג: וַיְחִי־
עֵבֶר אַחֲרֵי הוֹלִידוֹ אֶת־פֶּלֶג שְׁלֹשִׁים שָׁנָה וְאַרְבַּע
יח מֵאוֹת שָׁנָה וַיּוֹלֶד בָּנִים וּבָנוֹת: וַיְחִי־
יט פֶלֶג שְׁלֹשִׁים שָׁנָה וַיּוֹלֶד אֶת־רְעוּ: וַיְחִי־פֶלֶג
אַחֲרֵי הוֹלִידוֹ אֶת־רְעוּ תֵּשַׁע שָׁנִים וּמָאתַיִם

כ שָׁנָה וַיּוֹלֶד בָּנִים וּבָנוֹת׃ וַיְחִי רְעוּ
כא שְׁתַּיִם וּשְׁלֹשִׁים שָׁנָה וַיּוֹלֶד אֶת־שְׂרוּג׃ וַיְחִי רְעוּ
אַחֲרֵי הוֹלִידוֹ אֶת־שְׂרוּג שֶׁבַע שָׁנִים וּמָאתַיִם
כב שָׁנָה וַיּוֹלֶד בָּנִים וּבָנוֹת׃ וַיְחִי שְׂרוּג
כג שְׁלֹשִׁים שָׁנָה וַיּוֹלֶד אֶת־נָחוֹר׃ וַיְחִי שְׂרוּג אַחֲרֵי
הוֹלִידוֹ אֶת־נָחוֹר מָאתַיִם שָׁנָה וַיּוֹלֶד בָּנִים

ז ח הַבוּ נִתְגְּלֵי, וּנְבַלְבֵּיל תַּמָּן לִישָּׁנְהוֹן, דְּלָא יִשְׁמְעוּן, אֱנָשׁ לִישָּׁן חַבְרֵיהּ׃ וּבַדַּר יי יָתְהוֹן, מִתַּמָּן עַל
ט אַפֵּי כָל אַרְעָא, וְאִתְמְנַעוּ מִלְּמִבְנֵי קַרְתָּא׃ עַל כֵּן, קְרָא שְׁמַהּ בָּבֶל, אֲרֵי תַמָּן, בַּלְבֵּיל יי לִישָּׁן
י כָּל אַרְעָא, וּמִתַּמָּן בַּדְּרִנּוּן יי, עַל אַפֵּי כָל אַרְעָא׃ אִלֵּין תּוֹלְדָת שֵׁם, שֵׁם בַּר מְאָה שְׁנִין, וְאוֹלֵיד
יא יָת אַרְפַּכְשָׁד, תַּרְתֵּין שְׁנִין בָּתַר טוֹפָנָא׃ וַחֲיָא שֵׁם, בָּתַר דְּאוֹלֵיד יָת אַרְפַּכְשָׁד, חֲמֵשׁ מְאָה
יב יג שְׁנִין, וְאוֹלֵיד בְּנִין וּבְנָן׃ וְאַרְפַּכְשַׁד חֲיָא, תְּלָתִין וַחֲמֵשׁ שְׁנִין, וְאוֹלֵיד יָת שָׁלַח׃ וַחֲיָא אַרְפַּכְשַׁד,
יד בָּתַר דְּאוֹלֵיד יָת שֶׁלַח, אַרְבַּע מְאָה וּתְלָת שְׁנִין, וְאוֹלֵיד בְּנִין וּבְנָן׃ וְשֶׁלַח חֲיָא תְּלָתִין שְׁנִין,
טו וְאוֹלֵיד יָת עֵבֶר׃ וַחֲיָא שֶׁלַח, בָּתַר דְּאוֹלֵיד יָת עֵבֶר, אַרְבַּע מְאָה וּתְלָת שְׁנִין, וְאוֹלֵיד בְּנִין וּבְנָן׃
טז יז וַחֲיָא עֵבֶר, תְּלָתִין וְאַרְבַּע שְׁנִין, וְאוֹלֵיד יָת פָּלֶג׃ וַחֲיָא עֵבֶר, בָּתַר דְּאוֹלֵיד יָת פֶּלֶג, אַרְבַּע
יח יט מְאָה וּתְלָתִין שְׁנִין, וְאוֹלֵיד בְּנִין וּבְנָן׃ וַחֲיָא פֶלֶג תְּלָתִין שְׁנִין, וְאוֹלֵיד יָת רְעוּ׃ וַחֲיָא פֶלֶג, בָּתַר
כ דְּאוֹלֵיד יָת רְעוּ, מָאתַן וּתְשַׁע שְׁנִין, וְאוֹלֵיד בְּנִין וּבְנָן׃ וַחֲיָא רְעוּ, תְּלָתִין וְתַרְתֵּין שְׁנִין, וְאוֹלֵיד
כא כב יָת שְׂרוּג׃ וַחֲיָא רְעוּ, בָּתַר דְּאוֹלֵיד יָת שְׂרוּג, מָאתַן וּשְׁבַע שְׁנִין, וְאוֹלֵיד בְּנִין וּבְנָן׃ וַחֲיָא שְׂרוּג
כג תְּלָתִין שְׁנִין, וְאוֹלֵיד יָת נָחוֹר׃ וַחֲיָא שְׂרוּג, בָּתַר, דְּאוֹלֵיד יָת נָחוֹר מָאתַן שְׁנִין, וְאוֹלֵיד בְּנִין

ז| **הָבָה נֵרְדָה.** בְּבֵית דִּינוֹ נִמְלַךְ מֵעַנְוְתָנוּתוֹ יְתֵרָה: **הָבָה.** מִדָּה כְּנֶגֶד מִדָּה, הֵם אָמְרוּ: "הָבָה נִבְנֶה", וְהוּא כְּנֶגְדָּם מָדַד וְאָמַר: "הָבָה נֵרְדָה": **וְנָבְלָה.** וּנְבַלְבֵּל, נוּ"ן מְשַׁמֵּשׁ בִּלְשׁוֹן רַבִּים, וְהֵ"א אַחֲרוֹנָה יְתֵרָה כְּהֵ"א שֶׁל 'נֵרְדָה': **לֹא יִשְׁמְעוּ.** זֶה שׁוֹאֵל לְבֵנָה וְזֶה מֵבִיא טִיט, וְזֶה עוֹמֵד עָלָיו וּפוֹצֵעַ אֶת מֹחוֹ:

ח| **וַיָּפֶץ ה' אוֹתָם מִשָּׁם.** בָּעוֹלָם הַזֶּה. מַה שֶּׁאָמְרוּ "פֶּן נָפוּץ" (לעיל פסוק ד) נִתְקַיֵּם עֲלֵיהֶם, הוּא שֶׁאָמַר שְׁלֹמֹה: "מְגוֹרַת רָשָׁע הִיא תְבוֹאֶנּוּ" (משלי י, כד):

ט| **וּמִשָּׁם הֱפִיצָם.** לִמֵּד שֶׁאֵין לָהֶם חֵלֶק לָעוֹלָם הַבָּא. וְכִי אֵי זוֹ קָשָׁה, שֶׁל דּוֹר הַמַּבּוּל אוֹ שֶׁל דּוֹר הַפַּלָּגָה? אֵלּוּ לֹא פָשְׁטוּ יָד בָּעִקָּר וְאֵלּוּ פָּשְׁטוּ יָד בָּעִקָּר לְהִלָּחֵם בּוֹ, וְאֵלּוּ נִשְׁטְפוּ וְאֵלּוּ לֹא נֶאֶבְדוּ מִן הָעוֹלָם! אֶלָּא שֶׁדּוֹר הַמַּבּוּל הָיוּ גַּזְלָנִים וְהָיְתָה מְרִיבָה בֵּינֵיהֶם, וְאֵלּוּ הָיוּ נוֹהֲגִים אַהֲבָה וְרֵעוּת בֵּינֵיהֶם, שֶׁנֶּאֱמַר: "שָׂפָה אֶחָת וּדְבָרִים אֲחָדִים" (לעיל פסוק א). לָמַדְתָּ שֶׁשָּׂנאוּי הַמַּחֲלֹקֶת וְגָדוֹל הַשָּׁלוֹם:

י| **שֵׁם בֶּן מְאַת שָׁנָה.** כְּשֶׁהוֹלִיד אֶת אַרְפַּכְשַׁד שְׁנָתַיִם אַחַר הַמַּבּוּל:

ב

וּבָנֽוֹת׃ וַיְחִי נָחוֹר תֵּשַׁע וְעֶשְׂרִים שָׁנָה כד
וַיּוֹלֶד אֶת־תָּֽרַח׃ וַיְחִי נָחוֹר אַחֲרֵי הוֹלִידוֹ אֶת־ כה
תֶּרַח תְּשַׁע־עֶשְׂרֵה שָׁנָה וּמְאַת שָׁנָה וַיּוֹלֶד בָּנִים
וּבָנֽוֹת׃ וַיְחִי־תֶרַח שִׁבְעִים שָׁנָה וַיּוֹלֶד כו
אֶת־אַבְרָם אֶת־נָחוֹר וְאֶת־הָרָֽן׃ וְאֵלֶּה תּוֹלְדֹת כז
תֶּרַח תֶּרַח הוֹלִיד אֶת־אַבְרָם אֶת־נָחוֹר וְאֶת־
הָרָן וְהָרָן הוֹלִיד אֶת־לֽוֹט׃ וַיָּמָת הָרָן עַל־פְּנֵי כח
★ מפטיר תֶּרַח אָבִיו בְּאֶרֶץ מוֹלַדְתּוֹ בְּאוּר כַּשְׂדִּֽים׃ וַיִּקַּח כט
אַבְרָם וְנָחוֹר לָהֶם נָשִׁים שֵׁם אֵֽשֶׁת־אַבְרָם שָׂרָי
וְשֵׁם אֵֽשֶׁת־נָחוֹר מִלְכָּה בַּת־הָרָן אֲבִי־מִלְכָּה
וַאֲבִי יִסְכָּֽה׃ וַתְּהִי שָׂרַי עֲקָרָה אֵין לָהּ וָלָֽד׃ וַיִּקַּח ל לא
תֶּרַח אֶת־אַבְרָם בְּנוֹ וְאֶת־לוֹט בֶּן־הָרָן בֶּן־בְּנוֹ
וְאֵת שָׂרַי כַּלָּתוֹ אֵשֶׁת אַבְרָם בְּנוֹ וַיֵּצְאוּ אִתָּם
מֵאוּר כַּשְׂדִּים לָלֶכֶת אַרְצָה כְּנַעַן וַיָּבֹאוּ עַד־חָרָן
וַיֵּשְׁבוּ שָֽׁם׃ וַיִּהְיוּ יְמֵי־תֶרַח חָמֵשׁ שָׁנִים וּמָאתַיִם לב
שָׁנָה וַיָּמָת תֶּרַח בְּחָרָֽן׃

כד כה וּבְנָן: וַחֲיָא נָחוֹר, עֶסְרִין וּתְשַׁע שְׁנִין, וְאוֹלֵיד יָת תָּרַח: וַחֲיָא נָחוֹר, בָּתַר דְּאוֹלֵיד יָת תֶּרַח, מְאָה
כו וּתְשַׁע עַסְרֵי שְׁנִין, וְאוֹלֵיד בְּנִין וּבְנָן: וַחֲיָא תֶרַח שִׁבְעִין שְׁנִין, וְאוֹלֵיד יָת אַבְרָם, יָת נָחוֹר וְיָת
כז כח הָרָן: וְאִלֵּין תּוֹלְדָת תֶּרַח, תֶּרַח אוֹלֵיד יָת אַבְרָם, יָת נָחוֹר וְיָת הָרָן, וְהָרָן אוֹלֵיד יָת לוֹט: וּמִית
כט הָרָן, עַל אַפֵּי תֶּרַח אֲבוּהִי, בַּאֲרַע יַלָּדוּתֵיהּ בְּאוּר דְּכַסְדָּאֵי: וּנְסֵיב אַבְרָם וְנָחוֹר, לְהוֹן נְשִׁין,
שׁוּם אִתַּת אַבְרָם שָׂרָי, וְשׁוּם אִתַּת נָחוֹר מִלְכָּה, בַּת הָרָן אֲבוּהָא דְּמִלְכָּה וַאֲבוּהָא דְּיִסְכָּה:
ל לא וַהֲוָת שָׂרַי עַקְרָא, לֵית לַהּ וְלַד: וּדְבַר תֶּרַח יָת אַבְרָם בְּרֵיהּ, וְיָת לוֹט בַּר הָרָן בַּר בְּרֵיהּ, וְיָת שָׂרַי
כַּלְּתֵיהּ, אִתַּת אַבְרָם בְּרֵיהּ, וּנְפַקוּ עִמְּהוֹן מֵאוּר דְּכַסְדָּאֵי, לְמֵיזַל לְאַרְעָא דִּכְנַעַן, וַאֲתוֹ עַד חָרָן
לב וִיתִיבוּ תַמָּן: וַהֲווֹ יוֹמֵי תֶרַח, מָאתַן וַחֲמֵשׁ שְׁנִין, וּמִית תֶּרַח בְּחָרָן:

כח| עַל פְּנֵי תֶּרַח אָבִיו. בְּחַיֵּי אָבִיו. וּמִדְרַשׁ אַגָּדָה אוֹמֵר, שֶׁעַל יְדֵי אָבִיו מֵת, שֶׁקָּבַל תֶּרַח עַל אַבְרָם בְּנוֹ לִפְנֵי נִמְרוֹד עַל שֶׁכִּתֵּת אֶת צְלָמָיו, וְהִשְׁלִיכוֹ לְכִבְשַׁן הָאֵשׁ, וְהָרָן יוֹשֵׁב וְאוֹמֵר בְּלִבּוֹ: אִם אַבְרָם נוֹצֵחַ אֲנִי מִשֶּׁלּוֹ, וְאִם נִמְרוֹד נוֹצֵחַ אֲנִי מִשֶּׁלּוֹ. וּכְשֶׁנִּצַּל אַבְרָם אָמְרוּ לוֹ לְהָרָן: מִשֶּׁל מִי אַתָּה? אָמַר לָהֶם הָרָן: מִשֶּׁל אַבְרָם אֲנִי. הִשְׁלִיכוּהוּ לְכִבְשַׁן הָאֵשׁ וְנִשְׂרַף, וְזֶהוּ: "אוּר כַּשְׂדִּים". וּמְנַחֵם פֵּרַשׁ "אוּר" בִּקְעָה, וְכֵן: "בָּאֻרִים כַּבְּדוּ ה'" (ישעיה כד, טו), וְכֵן: "מְאוּרַת צִפְעוֹנִי" (שם יא, ח), כָּל חוֹר וּבֶקַע עָמֹק קָרוּי 'אוּר':

כט| יִסְכָּה. זוֹ שָׂרָה, עַל שֵׁם שֶׁסּוֹכָה בְּרוּחַ הַקֹּדֶשׁ, וְשֶׁהַכֹּל סוֹכִין בְּיָפְיָהּ, וּלְשׁוֹן נְסִיכוּת, כְּמוֹ 'שָׂרָה' לְשׁוֹן שְׂרָרָה:

לא| וַיֵּצְאוּ אִתָּם. וַיֵּצְאוּ תֶּרַח וְאַבְרָם עִם לוֹט וְשָׂרַי:

לב| וַיָּמָת תֶּרַח בְּחָרָן. לְאַחַר שֶׁיָּצָא אַבְרָם מֵחָרָן וּבָא לְאֶרֶץ כְּנַעַן, הָיָה תֶּרַח יוֹתֵר מִשִּׁשִּׁים שָׁנָה, שֶׁהֲרֵי כָּתוּב: "וְאַבְרָם בֶּן חָמֵשׁ שָׁנִים וְשִׁבְעִים שָׁנָה בְּצֵאתוֹ מֵחָרָן" (להלן יב, ד), וְתֶרַח בֶּן שִׁבְעִים שָׁנָה הָיָה כְּשֶׁנּוֹלַד אַבְרָם, הֲרֵי קמ"ה לְתֶרַח כְּשֶׁיָּצָא אַבְרָם מִמֶּנּוּ; נִשְׁאֲרוּ מִשְּׁנוֹתָיו הַרְבֵּה! וְלָמָּה הִקְדִּים הַכָּתוּב מִיתָתוֹ שֶׁל תֶּרַח לִיצִיאָתוֹ שֶׁל אַבְרָם? שֶׁלֹּא יְהֵא הַדָּבָר מְפֻרְסָם לַכֹּל, וְיֹאמְרוּ: לֹא קִיֵּם אַבְרָהָם כִּבּוּד אָבִיו שֶׁהִנִּיחוֹ זָקֵן וְהָלַךְ לוֹ. לְפִיכָךְ קְרָאוֹ הַכָּתוּב מֵת, שֶׁהָרְשָׁעִים אַף בְּחַיֵּיהֶם קְרוּיִים מֵתִים, וְהַצַּדִּיקִים בְּמִיתָתָן קְרוּיִים חַיִּים:

בראשית

הפטרת נח

בראש חודש מרחשון קוראים את המפטיר מספר במדבר כח, ט-טו, ואת ההפטרה בעמ' 1284.
המבול שהשיב את העולם לתוהו ובוהו, בא בגלל עוולה ועושק. גם החורבן והגלות באו בגלל מאיסה
בדבר ה'. השבר והסבל אינם השגרה הטבעית, גם אם הם נמשכים פרק זמן ארוך. את הברית עם ה'
יש לכונן על אדני עשיית צדקה וחסד, ואז מובטחים אנו על ברכה ואור, שישכיחו את הימים הקשים.
במקום עזובה ועצבות יבואו רחמים גדולים וחסד עולם, כי חסד גורר חסד. דברים אלה של ישעיהו
הנביא נאמרו על רקע הגלות של מלכות ישראל שהתרחשה בימיו. בפעם הראשונה מאז הגיע העם
לארץ, יצא חלק גדול ממנו לגלות וחרב חלק ניכר משטחה של הארץ. דברי העידוד וההדרכה היו
יפים לשעתם וגם לדורות. יהודים בגלות שקראו דברים אלה בהפטרה בכל שנה, שאבו מהם כוח.

ישעיה
נד א רָנִּי עֲקָרָה לֹא יָלָדָה פִּצְחִי רִנָּה וְצַהֲלִי לֹא־חָלָה כִּי־רַבִּים בְּנֵי־שׁוֹמֵמָה
ב מִבְּנֵי בְעוּלָה אָמַר יְהוָה: הַרְחִיבִי ׀ מְקוֹם אָהֳלֵךְ וִירִיעוֹת מִשְׁכְּנוֹתַיִךְ יַטּוּ
ג אַל־תַּחְשֹׂכִי הַאֲרִיכִי מֵיתָרַיִךְ וִיתֵדֹתַיִךְ חַזֵּקִי: כִּי־יָמִין וּשְׂמֹאול תִּפְרֹצִי
ד וְזַרְעֵךְ גּוֹיִם יִירָשׁ וְעָרִים נְשַׁמּוֹת יוֹשִׁיבוּ: אַל־תִּירְאִי כִּי־לֹא תֵבוֹשִׁי וְאַל־
תִּכָּלְמִי כִּי לֹא תַחְפִּירִי כִּי בֹשֶׁת עֲלוּמַיִךְ תִּשְׁכָּחִי וְחֶרְפַּת אַלְמְנוּתַיִךְ לֹא
ה תִזְכְּרִי־עוֹד: כִּי בֹעֲלַיִךְ עֹשַׂיִךְ יְהוָה צְבָאוֹת שְׁמוֹ וְגֹאֲלֵךְ קְדוֹשׁ יִשְׂרָאֵל
ו אֱלֹהֵי כָל־הָאָרֶץ יִקָּרֵא: כִּי־כְאִשָּׁה עֲזוּבָה וַעֲצוּבַת רוּחַ קְרָאָךְ יְהוָה וְאֵשֶׁת
ז נְעוּרִים כִּי תִמָּאֵס אָמַר אֱלֹהָיִךְ: בְּרֶגַע קָטֹן עֲזַבְתִּיךְ וּבְרַחֲמִים גְּדֹלִים
ח אֲקַבְּצֵךְ: בְּשֶׁצֶף קֶצֶף הִסְתַּרְתִּי פָנַי רֶגַע מִמֵּךְ וּבְחֶסֶד עוֹלָם רִחַמְתִּיךְ אָמַר
ט גֹּאֲלֵךְ יְהוָה: כִּי־מֵי נֹחַ זֹאת לִי אֲשֶׁר נִשְׁבַּעְתִּי מֵעֲבֹר מֵי־נֹחַ
י עוֹד עַל־הָאָרֶץ כֵּן נִשְׁבַּעְתִּי מִקְּצֹף עָלַיִךְ וּמִגְּעָר־בָּךְ: כִּי הֶהָרִים יָמוּשׁוּ
וְהַגְּבָעוֹת תְּמוּטֶינָה וְחַסְדִּי מֵאִתֵּךְ לֹא־יָמוּשׁ וּבְרִית שְׁלוֹמִי לֹא תָמוּט אָמַר

הספרדים מסיימים כאן
מְרַחֲמֵךְ יְהוָה:*

יא עֲנִיָּה סֹעֲרָה לֹא נֻחָמָה הִנֵּה אָנֹכִי מַרְבִּיץ בַּפּוּךְ
אֲבָנַיִךְ וִיסַדְתִּיךְ בַּסַּפִּירִים: וְשַׂמְתִּי כַּדְכֹד שִׁמְשֹׁתַיִךְ וּשְׁעָרַיִךְ לְאַבְנֵי אֶקְדָּח
יב וְכָל־גְּבוּלֵךְ לְאַבְנֵי־חֵפֶץ: וְכָל־בָּנַיִךְ לִמּוּדֵי יְהוָה וְרַב שְׁלוֹם בָּנָיִךְ: בִּצְדָקָה
יג תִּכּוֹנָנִי רַחֲקִי מֵעֹשֶׁק כִּי־לֹא תִירָאִי וּמִמְּחִתָּה כִּי לֹא־תִקְרַב אֵלָיִךְ: הֵן גּוֹר
יד
הנה
טו יָגוּר אֶפֶס מֵאוֹתִי מִי־גָר אִתָּךְ עָלַיִךְ יִפּוֹל: הִנֵּה אָנֹכִי בָּרָאתִי חָרָשׁ נֹפֵחַ בְּאֵשׁ
טז פֶּחָם וּמוֹצִיא כְלִי לְמַעֲשֵׂהוּ וְאָנֹכִי בָּרָאתִי מַשְׁחִית לְחַבֵּל: כָּל־כְּלִי יוּצַר
יז עָלַיִךְ לֹא יִצְלָח וְכָל־לָשׁוֹן תָּקוּם־אִתָּךְ לַמִּשְׁפָּט תַּרְשִׁיעִי זֹאת נַחֲלַת עַבְדֵי
נה א יְהוָה וְצִדְקָתָם מֵאִתִּי נְאֻם־יְהוָה: הוֹי כָּל־צָמֵא לְכוּ לַמַּיִם וַאֲשֶׁר
אֵין־לוֹ כָּסֶף לְכוּ שִׁבְרוּ וֶאֱכֹלוּ וּלְכוּ שִׁבְרוּ בְּלוֹא־כֶסֶף וּבְלוֹא מְחִיר יַיִן וְחָלָב:
ב לָמָּה תִשְׁקְלוּ־כֶסֶף בְּלוֹא־לֶחֶם וִיגִיעֲכֶם בְּלוֹא לְשָׂבְעָה שִׁמְעוּ שָׁמוֹעַ אֵלַי
ג וְאִכְלוּ־טוֹב וְתִתְעַנַּג בַּדֶּשֶׁן נַפְשְׁכֶם: הַטּוּ אָזְנְכֶם וּלְכוּ אֵלַי שִׁמְעוּ וּתְחִי

התימנים מסיימים כאן
נַפְשְׁכֶם וְאֶכְרְתָה לָכֶם בְּרִית עוֹלָם חַסְדֵי דָוִד הַנֶּאֱמָנִים:* הֵן עֵד לְאוּמִּים
ד נְתַתִּיו נָגִיד וּמְצַוֵּה לְאֻמִּים: הֵן גּוֹי לֹא־תֵדַע תִּקְרָא וְגוֹי לֹא־יְדָעוּךָ אֵלֶיךָ
ה יָרוּצוּ לְמַעַן יְהוָה אֱלֹהֶיךָ וְלִקְדוֹשׁ יִשְׂרָאֵל כִּי פֵאֲרָךְ:

פרשת לך לך

לך לך

י וַיֹּאמֶר יְהוָה אֶל־אַבְרָם לֶךְ־לְךָ מֵאַרְצְךָ וּמִמּוֹלַדְתְּךָ א יב
וּמִבֵּית אָבִיךָ אֶל־הָאָרֶץ אֲשֶׁר אַרְאֶךָּ: וְאֶעֶשְׂךָ ב
לְגוֹי גָּדוֹל וַאֲבָרֶכְךָ וַאֲגַדְּלָה שְׁמֶךָ וֶהְיֵה בְּרָכָה:
וַאֲבָרְכָה מְבָרְכֶיךָ וּמְקַלֶּלְךָ אָאֹר וְנִבְרְכוּ בְךָ כֹּל ג
מִשְׁפְּחֹת הָאֲדָמָה: ◂ וַיֵּלֶךְ אַבְרָם כַּאֲשֶׁר דִּבֶּר ד
אֵלָיו יְהוָה וַיֵּלֶךְ אִתּוֹ לוֹט וְאַבְרָם בֶּן־חָמֵשׁ שָׁנִים
וְשִׁבְעִים שָׁנָה בְּצֵאתוֹ מֵחָרָן: וַיִּקַּח אַבְרָם אֶת־ ה
שָׂרַי אִשְׁתּוֹ וְאֶת־לוֹט בֶּן־אָחִיו וְאֶת־כָּל־רְכוּשָׁם
אֲשֶׁר רָכָשׁוּ וְאֶת־הַנֶּפֶשׁ אֲשֶׁר־עָשׂוּ בְחָרָן וַיֵּצְאוּ
לָלֶכֶת אַרְצָה כְּנַעַן וַיָּבֹאוּ אַרְצָה כְּנָעַן: וַיַּעֲבֹר אַבְרָם ו
בָּאָרֶץ עַד מְקוֹם שְׁכֶם עַד אֵלוֹן מוֹרֶה וְהַכְּנַעֲנִי אָז
בָּאָרֶץ: וַיֵּרָא יְהוָה אֶל־אַבְרָם וַיֹּאמֶר לְזַרְעֲךָ אֶתֵּן ז
אֶת־הָאָרֶץ הַזֹּאת וַיִּבֶן שָׁם מִזְבֵּחַ לַיהוָה הַנִּרְאֶה
אֵלָיו: וַיַּעְתֵּק מִשָּׁם הָהָרָה מִקֶּדֶם לְבֵית־אֵל וַיֵּט ח
אָהֳלֹה בֵּית־אֵל מִיָּם וְהָעַי מִקֶּדֶם וַיִּבֶן־שָׁם מִזְבֵּחַ
לַיהוָה וַיִּקְרָא בְּשֵׁם יְהוָה: וַיִּסַּע אַבְרָם הָלוֹךְ וְנָסוֹעַ ט
הַנֶּגְבָּה:

א-ב) לֶךְ לְךָ. לַהֲנָאָתְךָ וּלְטוֹבָתְךָ, וְשָׁם אֶעֶשְׂךָ לְגוֹי גָּדוֹל, וְכָאן אִי אַתָּה זוֹכֶה לְבָנִים; וְעוֹד, שֶׁאוֹדִיעַ טִבְעֲךָ בָּעוֹלָם: וְאֶעֶשְׂךָ לְגוֹי גָּדוֹל. לְפִי שֶׁהַדֶּרֶךְ גּוֹרֶמֶת לִשְׁלֹשָׁה דְבָרִים: מְמַעֶטֶת פְּרִיָּה וּרְבִיָּה,

יב א ב וַאֲמַר יְיָ לְאַבְרָם, אִיזֵיל לָךְ, מֵאַרְעָךְ וּמִיַּלָּדוּתָךְ וּמִבֵּית אֲבוּךְ, לְאַרְעָא דְּאַחֲזֵינָךְ: וְאַעְבְּדִנָּךְ
ג לְעַם סַגִּי, וַאֲבָרְכִנָּךְ, וַאֲרַבֵּי שְׁמָךְ, וּתְהֵי מְבָרַךְ: וַאֲבָרֵיךְ מְבָרְכָךְ, וּמְלָטְטָךְ אֵלוּט, וְיִתְבָּרְכוּן
ד בְּדִילָךְ, כָּל זַרְעֲיָת אַרְעָא: וַאֲזַל אַבְרָם, כְּמָא דְּמַלֵּיל עִמֵּיהּ יְיָ, וַאֲזַל עִמֵּיהּ לוֹט, וְאַבְרָם, בַּר
ה שַׁבְעִין וַחֲמֵשׁ שְׁנִין, בְּמִפְּקֵיהּ מֵחָרָן: וּדְבַר אַבְרָם יָת שָׂרַי אִתְּתֵיהּ וְיָת לוֹט בַּר אֲחוּהִי, וְיָת כָּל
קִנְיָנְהוֹן דִּקְנוֹ, וְיָת נַפְשָׁתָא דְּשַׁעְבִּידוּ לְאוֹרָיְתָא בְּחָרָן, וּנְפַקוּ, לְמֵיזַל לְאַרְעָא דִּכְנַעַן, וַאֲתוֹ
ו לְאַרְעָא דִּכְנָעַן: וַעֲבַר אַבְרָם בְּאַרְעָא, עַד אֲתַר שְׁכֶם, עַד מֵישַׁר מוֹרֶה, וּכְנַעֲנָאָה בְּכֵן בְּאַרְעָא:
ז וְאִתְגְּלִי יְיָ לְאַבְרָם, וַאֲמַר, לִבְנָךְ, אֶתֵּין יָת אַרְעָא הָדָא, וּבְנָא תַמָּן מַדְבְּחָא, קֳדָם יְיָ דְּאִתְגְּלִי
ח לֵיהּ: וְאִסְתַּלַּק מִתַּמָּן לְטוּרָא, מִמַּדְנַח, לְבֵית אֵל וּפַרְסֵיהּ לְמַשְׁכְּנֵיהּ, בֵּית אֵל מִמַּעְרְבָא וְעָי
ט מִמַּדְנְחָא, וּבְנָא תַמָּן מַדְבְּחָא קֳדָם יְיָ, וְצַלִּי בִּשְׁמָא דַּיְיָ: וּנְטַל אַבְרָם, אָזֵיל וְנָטֵיל לְדָרוֹמָא:

וּמְמַעֶטֶת אֶת הַמָּמוֹן, וּמְמַעֶטֶת אֶת הַשֵּׁם; לְכָךְ הֻזְקַק לְשָׁלֹשׁ בְּרָכוֹת הַלָּלוּ, שֶׁהִבְטִיחוֹ עַל הַבָּנִים וְעַל הַמָּמוֹן וְעַל הַשֵּׁם: וַאֲבָרֶכְךָ. בְּמָמוֹן. בְּרֵאשִׁית רַבָּה (לט, יח): וֶהְיֵה בְּרָכָה. הַבְּרָכוֹת נְתוּנוֹת בְּיָדְךָ. עַד עַכְשָׁיו הָיוּ בְּיָדִי, בֵּרַכְתִּי לְאָדָם וְנֹחַ, וּמֵעַכְשָׁיו אַתָּה תְּבָרֵךְ אֶת אֲשֶׁר תַּחְפֹּץ. בְּרֵאשִׁית רַבָּה (שם). דָּבָר אַחֵר, "וְאֶעֶשְׂךָ לְגוֹי גָּדוֹל", זֶה שֶׁאוֹמְרִים אֱלֹהֵי אַבְרָהָם; "וַאֲבָרֶכְךָ", זֶה שֶׁאוֹמְרִים אֱלֹהֵי יִצְחָק; "וַאֲגַדְּלָה שְׁמֶךָ", זֶה שֶׁאוֹמְרִים אֱלֹהֵי יַעֲקֹב. יָכוֹל יִהְיוּ חוֹתְמִין בְּכֻלָּן? תַּלְמוּד לוֹמַר: "וֶהְיֵה בְּרָכָה", בְּךָ חוֹתְמִין וְלֹא בָּהֶם: מֵאַרְצְךָ. וַהֲלֹא כְּבָר יָצָא מִשָּׁם עִם אָבִיו וּבָא עַד חָרָן? אֶלָּא כָּךְ אָמַר לוֹ: הִתְרַחֵק עוֹד וְצֵא מִבֵּית אָבִיךָ: אֲשֶׁר אַרְאֶךָּ. לֹא גִּלָּה לוֹ הָאָרֶץ מִיָּד, כְּדֵי לְחַבְּבָהּ בְּעֵינָיו וְלָתֵת לוֹ שָׂכָר עַל כָּל דִּבּוּר וְדִבּוּר. כַּיּוֹצֵא בוֹ: "אֶת בִּנְךָ אֶת יְחִידְךָ אֲשֶׁר אָהַבְתָּ" (להלן כב, ב), כַּיּוֹצֵא בוֹ: "עַל אַחַד הֶהָרִים אֲשֶׁר אֹמַר אֵלֶיךָ" (שם), כַּיּוֹצֵא בוֹ: "וּקְרָא אֵלֶיהָ אֶת הַקְּרִיאָה אֲשֶׁר אָנֹכִי דֹּבֵר אֵלֶיךָ" (יונה ג, ב):

ג) וְנִבְרְכוּ בְךָ. יֵשׁ אַגָּדוֹת רַבּוֹת, וְזֶהוּ פְּשׁוּטוֹ: אָדָם אוֹמֵר לִבְנוֹ תְּהֵא כְּאַבְרָהָם. וְכֵן כָּל 'וְנִבְרְכוּ בְךָ' שֶׁבַּמִּקְרָא, וְזֶה מוֹכִיחַ: "בְּךָ יְבָרֵךְ יִשְׂרָאֵל לֵאמֹר יְשִׂמְךָ אֱלֹהִים כְּאֶפְרַיִם וְכִמְנַשֶּׁה" (להלן מח, כ):

ה) אֲשֶׁר עָשׂוּ בְחָרָן. שֶׁהִכְנִיסוּם תַּחַת כַּנְפֵי הַשְּׁכִינָה, אַבְרָהָם מְגַיֵּר אֶת הָאֲנָשִׁים וְשָׂרָה מְגַיֶּרֶת הַנָּשִׁים, וּמַעֲלֶה עֲלֵיהֶם הַכָּתוּב כְּאִלּוּ עֲשָׂאוּם. וּפְשׁוּטוֹ שֶׁל מִקְרָא: עֲבָדִים וּשְׁפָחוֹת שֶׁקָּנוּ לָהֶם, כְּמוֹ: "עָשָׂה אֵת כָּל הַכָּבֹד הַזֶּה" (להלן לא, א), "וְיִשְׂרָאֵל עֹשֶׂה חָיִל" (במדבר כד, יח) לְשׁוֹן קוֹנֶה וְכוֹנֵס:

ו) וַיַּעֲבֹר אַבְרָם בָּאָרֶץ. נִכְנַס לְתוֹכָהּ: עַד מְקוֹם שְׁכֶם. לְהִתְפַּלֵּל עַל בְּנֵי יַעֲקֹב כְּשֶׁיָּבֹאוּ לְהִלָּחֵם בִּשְׁכֶם: אֵלוֹן מוֹרֶה. הוּא שְׁכֶם. הֶרְאָהוּ הַר גְּרִזִים וְהַר עֵיבָל שֶׁשָּׁם קִבְּלוּ יִשְׂרָאֵל שְׁבוּעַת הַתּוֹרָה: וְהַכְּנַעֲנִי אָז בָּאָרֶץ. הָיָה הוֹלֵךְ וְכוֹבֵשׁ אֶת אֶרֶץ יִשְׂרָאֵל מִזַּרְעוֹ שֶׁל שֵׁם, שֶׁבְּחֶלְקוֹ שֶׁל שֵׁם נָפְלָה כְּשֶׁחִלֵּק נֹחַ אֶת הָאָרֶץ לְבָנָיו, שֶׁנֶּאֱמַר: "וּמַלְכִּי צֶדֶק מֶלֶךְ שָׁלֵם" (להלן יד, יח), לְפִיכָךְ "וַיֹּאמֶר - אֶל אַבְרָם - לְזַרְעֲךָ אֶתֵּן אֶת הָאָרֶץ הַזֹּאת" (להלן פסוק ז), עָתִיד אֲנִי לְהַחֲזִירָהּ לְבָנֶיךָ שֶׁהֵם מִזַּרְעוֹ שֶׁל שֵׁם:

ז) וַיִּבֶן שָׁם מִזְבֵּחַ. עַל בְּשׂוֹרַת הַזֶּרַע וְעַל בְּשׂוֹרַת אֶרֶץ יִשְׂרָאֵל:

ח) וַיַּעְתֵּק מִשָּׁם. אָהֳלוֹ: מִקֶּדֶם לְבֵית אֵל. בְּמִזְרָחָהּ שֶׁל בֵּית אֵל, נִמְצֵאת בֵּית אֵל בְּמַעֲרָבוֹ, הוּא שֶׁנֶּאֱמַר: "בֵּית אֵל מִיָּם": אָהֳלֹה. אָהֳלָהּ כְּתִיב, בַּתְּחִלָּה נָטָה אֶת אֹהֶל אִשְׁתּוֹ וְאַחַר כָּךְ אֶת שֶׁלּוֹ. בְּרֵאשִׁית רַבָּה (לט, טו): וַיִּבֶן שָׁם מִזְבֵּחַ. נִתְנַבֵּא שֶׁעֲתִידִין בָּנָיו לְהִכָּשֵׁל שָׁם עַל עֲוֹן עָכָן וְהִתְפַּלֵּל עֲלֵיהֶם:

ט) הָלוֹךְ וְנָסוֹעַ. לִפְרָקִים, יוֹשֵׁב כָּאן חֹדֶשׁ אוֹ יוֹתֵר

בראשית יב

י וַיְהִי רָעָב בָּאָרֶץ וַיֵּרֶד אַבְרָם מִצְרַיְמָה לָגוּר שָׁם כִּי־כָבֵד הָרָעָב בָּאָרֶץ: יא וַיְהִי כַּאֲשֶׁר הִקְרִיב לָבוֹא מִצְרָיְמָה וַיֹּאמֶר אֶל־שָׂרַי אִשְׁתּוֹ הִנֵּה־נָא יָדַעְתִּי כִּי אִשָּׁה יְפַת־מַרְאֶה אָתְּ: יב וְהָיָה כִּי־יִרְאוּ אֹתָךְ הַמִּצְרִים וְאָמְרוּ אִשְׁתּוֹ זֹאת וְהָרְגוּ אֹתִי וְאֹתָךְ יְחַיּוּ: יג אִמְרִי־נָא אֲחֹתִי אָתְּ לְמַעַן יִיטַב־לִי בַעֲבוּרֵךְ וְחָיְתָה נַפְשִׁי בִּגְלָלֵךְ: **שני** יד וַיְהִי כְּבוֹא אַבְרָם מִצְרָיְמָה וַיִּרְאוּ הַמִּצְרִים אֶת־הָאִשָּׁה כִּי־יָפָה הִוא מְאֹד: טו וַיִּרְאוּ אֹתָהּ שָׂרֵי פַרְעֹה וַיְהַלְלוּ אֹתָהּ אֶל־פַּרְעֹה וַתֻּקַּח הָאִשָּׁה בֵּית פַּרְעֹה: טז וּלְאַבְרָם הֵיטִיב בַּעֲבוּרָהּ וַיְהִי־לוֹ צֹאן־וּבָקָר וַחֲמֹרִים וַעֲבָדִים וּשְׁפָחֹת וַאֲתֹנֹת וּגְמַלִּים: יז וַיְנַגַּע יְהוָה ׀ אֶת־פַּרְעֹה נְגָעִים גְּדֹלִים וְאֶת־בֵּיתוֹ עַל־דְּבַר שָׂרַי אֵשֶׁת אַבְרָם: יח וַיִּקְרָא פַרְעֹה לְאַבְרָם וַיֹּאמֶר מַה־זֹּאת עָשִׂיתָ לִּי לָמָּה לֹא־הִגַּדְתָּ לִּי כִּי אִשְׁתְּךָ הִוא: יט לָמָה אָמַרְתָּ אֲחֹתִי הִוא וָאֶקַּח אֹתָהּ לִי לְאִשָּׁה וְעַתָּה הִנֵּה אִשְׁתְּךָ קַח וָלֵךְ: כ וַיְצַו עָלָיו פַּרְעֹה אֲנָשִׁים וַיְשַׁלְּחוּ אֹתוֹ וְאֶת־אִשְׁתּוֹ וְאֶת־כָּל־אֲשֶׁר־לוֹ: יג א וַיַּעַל אַבְרָם מִמִּצְרַיִם הוּא וְאִשְׁתּוֹ וְכָל־אֲשֶׁר־לוֹ וְלוֹט עִמּוֹ הַנֶּגְבָּה: ב וְאַבְרָם כָּבֵד מְאֹד בַּמִּקְנֶה בַּכֶּסֶף וּבַזָּהָב: ג וַיֵּלֶךְ לְמַסָּעָיו מִנֶּגֶב וְעַד־

לך לך

י. וַהֲוָה כַּפְנָא בְּאַרְעָא, וּנְחַת אַבְרָם לְמִצְרַיִם לְאִתּוֹתָבָא תַמָּן, אֲרֵי תַקִּיף כַּפְנָא בְּאַרְעָא:

יא. וַהֲוָה, כַּד קָרִיב לְמֵיעַל לְמִצְרַיִם, וַאֲמַר לְשָׂרַי אִתְּתֵיהּ, הָא כְעַן יְדַעְנָא, אֲרֵי, אִתְּתָא שַׁפִּירַת חֵיזוּ אָתְּ:

יב. וִיהֵי, אֲרֵי יֶחְזוֹן יָתִיךְ מִצְרָאֵי, וְיֵימְרוּן אִתְּתֵיהּ דָּא, וְיִקְטְלוּן יָתִי וְיָתִיךְ יְקַיְּמוּן:

יג. אֵימַרִי כְעַן דַּאֲחָת אַתְּ, בְּדִיל דְּיֵיטַב לִי בְּדִילִיךְ, וְתִתְקַיַּים נַפְשִׁי בְּפִתְגָּמָכִי: וַהֲוָה,

יד. כַּד עָאל אַבְרָם לְמִצְרַיִם, וַחֲזוֹ מִצְרָאֵי יָת אִתְּתָא, אֲרֵי שַׁפִּירָא הִיא לַחֲדָא: וַחֲזוֹ יָתַהּ,

טו. רַבְרְבֵי פַרְעֹה, וְשַׁבַּחוּ יָתַהּ לְפַרְעֹה, וְאִדַּבַּרַת אִתְּתָא לְבֵית פַּרְעֹה: וּלְאַבְרָם אוֹטֵיב בְּדִילַהּ,

טז. וַהֲווֹ לֵיהּ עָן וְתוֹרִין וְחַמְרִין, וְעַבְדִּין וְאַמְהָן, וַאֲתָנָן וְגַמְלִין: וְאַיְתִי יְיָ עַל פַּרְעֹה, מַכְתָּשִׁין

יז. רַבְרְבִין וְעַל אֱנָשׁ בֵּיתֵיהּ, עַל עֵיסַק שָׂרַי אִתַּת אַבְרָם: וּקְרָא פַרְעֹה לְאַבְרָם, וַאֲמַר, מָא

יח. דָא עֲבַדְתְּ לִי, לְמָא לָא חַוֵּית לִי, אֲרֵי אִתְּתָךְ הִיא: לְמָא אֲמַרְתְּ אֲחָת הִיא, וּדְבָרִית יָתַהּ,

יט. לִי לְאִתּוּ, וּכְעַן, הָא אִתְּתָךְ דְּבַר וְאִיזֵיל: וּפַקֵּיד עֲלוֹהִי, פַּרְעֹה גֻּבְרִין, וְאַלְוִיאוּ יָתֵיהּ, וְיָת

כ.

יג

א. אִתְּתֵיהּ וְיָת כָּל דִּילֵיהּ: וּסְלֵיק אַבְרָם מִמִּצְרַיִם, הוּא, וְאִתְּתֵיהּ וְכָל דִּילֵיהּ, וְלוֹט עִמֵּיהּ לְדָרוֹמָא: וְאַבְרָם תַּקִּיף לַחֲדָא, בִּבְעִירָא, בְּכַסְפָּא וּבְדַהֲבָא: וַאֲזַל לְמַטְלָנוֹהִי, מִדָּרוֹמָא וְעַד

ב.

וְנוֹסֵעַ מַסָּע וְעוֹטֶה אֹהֶל בְּמָקוֹם אַחֵר, וְכָל מַסָּעָיו "הַנֶּגְבָּה", לָלֶכֶת לִדְרוֹמָהּ שֶׁל אֶרֶץ יִשְׂרָאֵל, וְהוּא בְּחֶלְקוֹ שֶׁל יְהוּדָה שֶׁנָּטְלוּ בִּדְרוֹמָהּ שֶׁל אֶרֶץ יִשְׂרָאֵל, וְהוּא לְצַד יְרוּשָׁלַיִם, הַר הַמּוֹרִיָּה. בְּרֵאשִׁית רַבָּה (לט, טז):

י) רָעָב בָּאָרֶץ. בְּאוֹתָהּ הָאָרֶץ לְבַדָּהּ, לְנַסּוֹתוֹ אִם יְהַרְהֵר אַחַר דְּבָרָיו שֶׁל הַקָּדוֹשׁ בָּרוּךְ הוּא, שֶׁאָמַר לוֹ לָלֶכֶת אֶל אֶרֶץ כְּנַעַן, וְעַכְשָׁיו מַשִּׂיאוֹ לָצֵאת מִמֶּנָּה:

יא) הִנֵּה נָא יָדַעְתִּי. מִדְרַשׁ אַגָּדָה: עַד עַכְשָׁיו לֹא הִכִּיר בָּהּ מִתּוֹךְ צְנִיעוּת שֶׁבִּשְׁנֵיהֶם, וְעַכְשָׁיו הִכִּיר בָּהּ עַל יְדֵי מַעֲשֶׂה. דָּבָר אַחֵר, מִנְהַג הָעוֹלָם שֶׁעַל יְדֵי טֹרַח הַדֶּרֶךְ אָדָם מִתְבַּזֶּה, וְזֹאת עָמְדָה בְּיָפְיָהּ. וּפְשׁוּטוֹ שֶׁל מִקְרָא: הִנֵּה נָא הִגִּיעַ שָׁעָה שֶׁיֵּשׁ לִדְאֹג עַל יָפְיֵךְ, יָדַעְתִּי זֶה יָמִים כִּי יְפַת מַרְאֶה אָתְּ, וְעַכְשָׁיו אָנוּ בָאִים בֵּין אֲנָשִׁים שְׁחוֹרִים וּמְכֹעָרִים, אֲחֵיהֶם שֶׁל כּוּשִׁים, וְלֹא הֻרְגְּלוּ בְּאִשָּׁה יָפָה. וְדוֹמֶה לוֹ: "הִנֵּה נָא אֲדֹנַי סוּרוּ נָא" (תהלים יט, ב):

יג) לְמַעַן יִיטַב לִי בַעֲבוּרֵךְ. יִתְּנוּ לִי מַתָּנוֹת:

יד) וַיְהִי כְּבוֹא אַבְרָם מִצְרָיְמָה. הָיָה לוֹ לוֹמַר 'כְּבוֹאָם מִצְרַיְמָה', אֶלָּא לִמֵּד שֶׁהִטְמִין אוֹתָהּ בְּתֵבָה, וְעַל יְדֵי שֶׁתָּבְעוּ אֶת הַמֶּכֶס פָּתְחוּ וְרָאוּ אוֹתָהּ:

טו) וַיְהַלְלוּ אֹתָהּ אֶל פַּרְעֹה. הִלְלוּהָ בֵינֵיהֶם לוֹמַר, הֲגוּנָה זוֹ לַמֶּלֶךְ:

טז) וּלְאַבְרָם הֵיטִיב. פַּרְעֹה בַּעֲבוּרָהּ:

יז) וַיְנַגַּע. בְּמַכַּת רָאֲתָן לָקָה שֶׁהַתַּשְׁמִישׁ קָשֶׁה לוֹ. בְּרֵאשִׁית רַבָּה (מא, ב): **עַל דְּבַר שָׂרָי.** עַל פִּי דִבּוּרָהּ, אוֹמֶרֶת לַמַּלְאָךְ הַךְ, וְהוּא מַכֶּה:

יח) קַח וָלֵךְ. לֹא כַאֲבִימֶלֶךְ שֶׁאָמַר לוֹ: "הִנֵּה אַרְצִי לְפָנֶיךָ" (להלן כ, טו), אֶלָּא אָמַר לוֹ: לֵךְ וְאַל תַּעֲמֹד, שֶׁהַמִּצְרִים שְׁטוּפֵי זִמָּה הֵם, שֶׁנֶּאֱמַר: "וְזִרְמַת סוּסִים זִרְמָתָם" (יחזקאל כג, כ):

כ) וַיְצַו עָלָיו. עַל אוֹדוֹתָיו, לְשַׁלְּחוֹ וּלְשָׁמְרוֹ: **וַיְשַׁלְּחוּ.** כְּתַרְגּוּמוֹ: "וְאַלְוִיאוּהִי":

פרק יג

א-ב) כָּבֵד מְאֹד. טָעוּן מַשָּׂאוֹת: **וַיַּעַל אַבְרָם... הַנֶּגְבָּה.** לָלֶכֶת לִדְרוֹמָהּ שֶׁל אֶרֶץ יִשְׂרָאֵל, כְּמוֹ שֶׁאָמַר לְמַעְלָה: "הָלוֹךְ וְנָסוֹעַ הַנֶּגְבָּה" (לעיל יב, ט) לְהַר הַמּוֹרִיָּה, וּמִכָּל מָקוֹם כְּשֶׁהוּא הוֹלֵךְ מִמִּצְרַיִם לְאֶרֶץ כְּנַעַן מִדָּרוֹם לַצָּפוֹן הוּא מְהַלֵּךְ, שֶׁאֶרֶץ מִצְרַיִם בִּדְרוֹמָהּ שֶׁל אֶרֶץ יִשְׂרָאֵל, כְּמוֹ שֶׁמּוֹכִיחַ בַּמַּסָּעוֹת וּבִגְבוּלֵי הָאָרֶץ:

ג) וַיֵּלֶךְ לְמַסָּעָיו. כְּשֶׁחָזַר הָיָה לָן בָּאַכְסַנְיוֹת שֶׁלָּן בָּהֶן כְּשֶׁהָלַךְ לְשָׁם. לִמֵּד דֶּרֶךְ אֶרֶץ שֶׁלֹּא יְשַׁנֶּה אָדָם מֵאַכְסַנְיָא שֶׁלּוֹ. דָּבָר אַחֵר, בַּחֲזָרָתוֹ פָּרַע הַקָּפוֹתָיו: **מִנֶּגֶב.** אֶרֶץ מִצְרַיִם בִּדְרוֹמָהּ שֶׁל אֶרֶץ כְּנַעַן:

בֵּֽית־אֵ֔ל עַד־הַמָּק֗וֹם אֲשֶׁר־הָ֨יָה שָׁ֤ם אָהֳלֹה֙
בַּתְּחִלָּ֔ה בֵּ֥ין בֵּֽית־אֵ֖ל וּבֵ֥ין הָעָֽי׃ אֶ֨ל־מְק֔וֹם ד
הַמִּזְבֵּ֔חַ אֲשֶׁר־עָ֥שָׂה שָׁ֖ם בָּרִאשֹׁנָ֑ה וַיִּקְרָ֥א שָׁ֛ם
אַבְרָ֖ם בְּשֵׁ֥ם יהוה׃ וְגַ֨ם־לְל֔וֹט הַהֹלֵ֖ךְ אֶת־אַבְרָ֑ם ה שלישי
הָיָ֥ה צֹאן־וּבָקָ֖ר וְאֹהָלִֽים׃ וְלֹֽא־נָשָׂ֥א אֹתָ֛ם הָאָ֖רֶץ ו
לָשֶׁ֣בֶת יַחְדָּ֑ו כִּֽי־הָיָ֤ה רְכוּשָׁם֙ רָ֔ב וְלֹ֥א יָֽכְל֖וּ לָשֶׁ֥בֶת
יַחְדָּֽו׃ וַֽיְהִי־רִ֗יב בֵּ֚ין רֹעֵ֣י מִקְנֵֽה־אַבְרָ֔ם וּבֵ֖ין רֹעֵ֣י ז
מִקְנֵֽה־ל֑וֹט וְהַֽכְּנַעֲנִי֙ וְהַפְּרִזִּ֔י אָ֖ז יֹשֵׁ֥ב בָּאָֽרֶץ׃
וַיֹּ֨אמֶר אַבְרָ֜ם אֶל־ל֗וֹט אַל־נָ֨א תְהִ֤י מְרִיבָה֙ ח
בֵּינִ֣י וּבֵינֶ֔ךָ וּבֵ֥ין רֹעַ֖י וּבֵ֣ין רֹעֶ֑יךָ כִּֽי־אֲנָשִׁ֥ים אַחִ֖ים
אֲנָֽחְנוּ׃ הֲלֹ֤א כָל־הָאָ֙רֶץ֙ לְפָנֶ֔יךָ הִפָּ֥רֶד נָ֖א מֵעָלָ֑י ט
אִם־הַשְּׂמֹ֣אל וְאֵימִ֔נָה וְאִם־הַיָּמִ֖ין וְאַשְׂמְאִֽילָה׃
וַיִּשָּׂא־ל֣וֹט אֶת־עֵינָ֗יו וַיַּרְא֙ אֶת־כָּל־כִּכַּ֣ר הַיַּרְדֵּ֔ן י
כִּ֥י כֻלָּ֖הּ מַשְׁקֶ֑ה לִפְנֵ֣י ׀ שַׁחֵ֣ת יהוה אֶת־סְדֹם֙
וְאֶת־עֲמֹרָ֔ה כְּגַן־יהוה֙ כְּאֶ֣רֶץ מִצְרַ֔יִם בֹּאֲכָ֖ה
צֹֽעַר׃ וַיִּבְחַר־ל֣וֹ ל֗וֹט אֵ֚ת כָּל־כִּכַּ֣ר הַיַּרְדֵּ֔ן וַיִּסַּ֥ע יא
ל֖וֹט מִקֶּ֑דֶם וַיִּפָּ֣רְד֔וּ אִ֖ישׁ מֵעַ֥ל אָחִֽיו׃ אַבְרָ֖ם יָשַׁ֣ב יב
בְּאֶֽרֶץ־כְּנָ֑עַן וְל֗וֹט יָשַׁב֙ בְּעָרֵ֣י הַכִּכָּ֔ר וַיֶּאֱהַ֖ל עַד־
סְדֹֽם׃ וְאַנְשֵׁ֣י סְדֹ֔ם רָעִ֖ים וְחַטָּאִ֑ים לַיהוה מְאֹֽד׃ יג
וַֽיהוה אָמַ֣ר אֶל־אַבְרָ֗ם אַחֲרֵי֙ הִפָּֽרֶד־ל֣וֹט מֵֽעִמּ֔וֹ יד

לך לך

ד בֵּית אֵל, עַד אַתְרָא, דְּפָרְסֵיהּ תַּמָּן לְמַשְׁכְּנֵיהּ בְּקַדְמֵיתָא, בֵּין בֵּית אֵל וּבֵין עָי: לַאֲתַר מַדְבְּחָא,
ה דַּעֲבַד תַּמָּן בְּקַדְמֵיתָא, וְצַלִּי תַמָּן, אַבְרָם בִּשְׁמָא דַיְיָ: וְאַף לְלוֹט, דְּאָזֵיל עִם אַבְרָם, הֲוֹו עָן
ו וְתוֹרִין וּמַשְׁכְּנִין: וְלָא סוֹבֶרֶת יָתְהוֹן, אַרְעָא לְמִתַּב כַּחְדָא, אֲרֵי הֲוָה קִנְיָנְהוֹן סַגִּי, וְלָא יְכִילוּ
ז לְמִתַּב כַּחְדָא: וַהֲוַת מַצּוּתָא, בֵּין רָעַן בְּעִירֵיהּ דְּאַבְרָם, וּבֵין רָעַן בְּעִירֵיהּ דְלוֹט, וּכְנַעֲנָאָה
ח וּפְרִזָּאָה, בְּכֵן יָתֵיב בְּאַרְעָא: וַאֲמַר אַבְרָם לְלוֹט, לָא כְעַן תְּהֵי מַצּוּתָא בֵינָא וּבֵינָךְ, וּבֵין רָעֲוָתַי
ט וּבֵין רָעֲוָתָךְ, אֲרֵי גֻּבְרִין אַחִין אֲנַחְנָא: הֲלָא כָל אַרְעָא קֳדָמָךְ, אִתְפָּרֵשׁ כְּעַן מִלְּוָתִי, אִם אַתְּ
י לְצִפּוּנָא אֲנָא לְדָרוֹמָא, וְאִם אַתְּ לְדָרוֹמָא וַאֲנָא לְצִפּוּנָא: וּזְקַף לוֹט יָת עֵינוֹהִי, וַחֲזָא יָת כָּל מֵישַׁר
יַרְדְּנָא, אֲרֵי כֻלֵּהּ בֵּית שַׁקְיָא, קֳדָם דְּחַבֵּיל יְיָ, יָת סְדוֹם וְיָת עֲמוֹרָה, כְּגִנְּתָא דַיְיָ כְּאַרְעָא
יא דְמִצְרַיִם, מָטֵי צֹעַר: וּבְחַר לֵיהּ לוֹט, יָת כָּל מֵישַׁר יַרְדְּנָא, וּנְטַל לוֹט בְּקַדְמֵיתָא, וְאִתְפָּרָשׁוּ, גְּבַר
יב מֵעִם אֲחוּהִי: אַבְרָם יְתֵיב בְּאַרְעָא דִכְנָעַן, וְלוֹט, יְתֵיב בְּקִרְוֵי מֵישְׁרָא, וּפְרַס עַד סְדוֹם: וֶאֱנָשֵׁי
יד סְדוֹם, בִּישִׁין בְּמָמוֹנְהוֹן וְחַיָּבִין בְּגִוְיָתְהוֹן, קֳדָם יְיָ לַחֲדָא: וַיְיָ אֲמַר לְאַבְרָם, בָּתַר דְּאִתְפְּרֵשׁ

ד] אֲשֶׁר עָשָׂה שָׁם בָּרִאשֹׁנָה. וַאֲשֶׁר קָרָא שָׁם אַבְרָם בְּשֵׁם ה'. וְגַם יֵשׁ לוֹמַר "וַיִּקְרָא שָׁם" עַכְשָׁיו "בְּשֵׁם ה'":

ה] הַהֹלֵךְ אֶת אַבְרָם. מִי גָרַם לוֹ שֶׁהָיָה לוֹ זֹאת? הִלּוּכוֹ עִם אַבְרָם:

ו] וְלֹא נָשָׂא. לֹא הָיְתָה יְכוֹלָה לְהַסְפִּיק מִרְעֶה לְמִקְנֵיהֶם. וְלֹא נָשָׂא אֹתָם. לְשׁוֹן קָצָר הוּא וְצָרִיךְ לְהוֹסִיף עָלָיו, כְּמוֹ: 'וְלֹא נָשָׂא אוֹתָם מִרְעֶה הָאָרֶץ', לְפִיכָךְ כָּתַב "וְלֹא נָשָׂא" בִּלְשׁוֹן זָכָר:

ז] וַיְהִי רִיב. לְפִי שֶׁהָיוּ רוֹעָיו שֶׁל לוֹט רְשָׁעִים וּמַרְעִים בְּהֶמְתָּם בִּשְׂדוֹת אֲחֵרִים, וְרוֹעֵי אַבְרָם מוֹכִיחִים אוֹתָם עַל הַגָּזֵל, וְהֵם אוֹמְרִים: נִתְּנָה הָאָרֶץ לְאַבְרָם, וְלוֹ אֵין יוֹרֵשׁ וְלוֹט יוֹרְשׁוֹ, וְאֵין זֶה גָּזֵל. וְהַכָּתוּב אוֹמֵר: "וְהַכְּנַעֲנִי וְהַפְּרִזִּי אָז יֹשֵׁב בָּאָרֶץ", וְלֹא זָכָה בָהּ אַבְרָם עֲדַיִן:

ח] אֲנָשִׁים אַחִים. קְרוֹבִים. וּמִדְרַשׁ אַגָּדָה, דּוֹמִין בִּקְלַסְתֵּר פָּנִים:

ט] אִם הַשְּׂמֹאל וְאֵימִנָה. בְּכָל אֲשֶׁר תֵּשֵׁב לֹא אֶתְרַחֵק מִמְּךָ וְאֶעֱמֹד לְךָ לְמָגֵן וּלְעֵזֶר. וְסוֹף דָּבָר הֻצְרַךְ לוֹ, שֶׁנֶּאֱמַר: "וַיִּשְׁמַע אַבְרָם כִּי נִשְׁבָּה אָחִיו" וְגוֹ'. וְאֵימִנָה. אַיְמִין אֶת עַצְמִי, כְּמוֹ "וְאַשְׂמְאִילָה" - אַשְׂמְאִיל אֶת עַצְמִי. וְאִם תֹּאמַר, הָיָה לוֹ לִנְקֹד וְאֵימִינָה, כָּךְ מָצִינוּ בְּמָקוֹם

אַחֵר: "אִם חֹם לְהֵימִין" (שמואל ב׳ י״ד, י״ט) וְאֵין נָקוּד "לְהֵימִין":

י] כִּי כֻלָּהּ מַשְׁקֶה. אֶרֶץ נַחֲלֵי מַיִם: **לִפְנֵי שַׁחֵת ה' אֶת סְדֹם וְאֶת עֲמֹרָה.** הָיָה אוֹתוֹ מִישׁוֹר "כְּגַן ה'" - לְאִילָנוֹת; "כְּאֶרֶץ מִצְרַיִם" - לִזְרָעִים: **בֹּאֲכָה צֹעַר.** עַד צֹעַר. וּמִדְרַשׁ אַגָּדָה דּוֹרְשׁוֹ לִגְנַאי, עַל שֶׁהָיוּ שְׁטוּפֵי זִמָּה בָּחַר לוֹ לוֹט בִּשְׁכוּנָתָם. בְּמַסֶּכֶת הוֹרָיוֹת (לך יד ע"ב):

יא] מִקֶּדֶם. מִישׁוֹר, כְּתַרְגּוּמוֹ: מִקַּדְמִין. נָסַע מֵאֵצֶל אַבְרָם וְהָלַךְ לוֹ לְמַעֲרָבוֹ שֶׁל אַבְרָם, נִמְצָא נוֹסֵעַ מִמִּזְרָח לְמַעֲרָב. וּמִדְרַשׁ אַגָּדָה, הִסִּיעַ עַצְמוֹ מִקַּדְמוֹנוֹ שֶׁל עוֹלָם, אָמַר: אִי אֶפְשִׁי לֹא בְּאַבְרָם וְלֹא בֵאלֹהָיו:

יב] וַיֶּאֱהַל. נָטָה אֹהָלִים לְרוֹעָיו וּלְמִקְנֵהוּ "עַד סְדֹם":

יג] וְאַנְשֵׁי סְדֹם רָעִים. וְאַף עַל פִּי כֵן לֹא נִמְנַע לוֹט מִלִּשְׁכֹּן עִמָּהֶם. וְרַבּוֹתֵינוּ לָמְדוּ מִכָּאן: "שֵׁם רְשָׁעִים יִרְקָב" (משלי י, ז): **רָעִים.** בְּגוּפָם. **וְחַטָּאִים.** בְּמָמוֹנָם: **לַה' מְאֹד.** יוֹדְעִים רִבּוֹנָם וּמִתְכַּוְּנִים לִמְרֹד בּוֹ:

יד] אַחֲרֵי הִפָּרֶד לוֹט. כָּל זְמַן שֶׁהָרָשָׁע עִמּוֹ הָיָה הַדִּבּוּר פּוֹרֵשׁ מִמֶּנּוּ:

בראשית יג

שָׂא־נָ֣א עֵינֶ֗יךָ וּרְאֵה֙ מִן־הַמָּק֣וֹם אֲשֶׁר־אַתָּ֣ה שָׁ֔ם צָפֹ֥נָה וָנֶ֖גְבָּה וָקֵ֥דְמָה וָיָֽמָּה: טו כִּ֧י אֶת־כָּל־הָאָ֛רֶץ אֲשֶׁר־אַתָּ֥ה רֹאֶ֖ה לְךָ֣ אֶתְּנֶ֑נָּה וּֽלְזַרְעֲךָ֖ עַד־עוֹלָֽם: טז וְשַׂמְתִּ֥י אֶֽת־זַרְעֲךָ֖ כַּעֲפַ֣ר הָאָ֑רֶץ אֲשֶׁ֣ר ׀ אִם־יוּכַ֣ל אִ֗ישׁ לִמְנוֹת֙ אֶת־עֲפַ֣ר הָאָ֔רֶץ גַּֽם־זַרְעֲךָ֖ יִמָּנֶֽה: יז ק֚וּם הִתְהַלֵּ֣ךְ בָּאָ֔רֶץ לְאָרְכָּ֖הּ וּלְרָחְבָּ֑הּ כִּ֥י לְךָ֖ אֶתְּנֶֽנָּה: יח וַיֶּאֱהַ֣ל אַבְרָ֗ם וַיָּבֹ֛א וַיֵּ֛שֶׁב בְּאֵלֹנֵ֥י מַמְרֵ֖א אֲשֶׁ֣ר בְּחֶבְר֑וֹן וַיִּֽבֶן־שָׁ֥ם מִזְבֵּ֖חַ לַֽיהוָֽה:

רביעי יא א וַיְהִ֗י בִּימֵי֙ אַמְרָפֶ֣ל מֶֽלֶךְ־שִׁנְעָ֔ר אַרְי֖וֹךְ מֶ֣לֶךְ אֶלָּסָ֑ר כְּדָרְלָעֹ֙מֶר֙ מֶ֣לֶךְ עֵילָ֔ם וְתִדְעָ֖ל מֶ֥לֶךְ גּוֹיִֽם: ב עָשׂ֣וּ מִלְחָמָ֗ה אֶת־בֶּ֙רַע֙ מֶ֣לֶךְ סְדֹ֔ם וְאֶת־בִּרְשַׁ֖ע מֶ֣לֶךְ עֲמֹרָ֑ה שִׁנְאָ֣ב ׀ מֶ֣לֶךְ אַדְמָ֗ה וְשֶׁמְאֵ֙בֶר֙ מֶ֣לֶךְ צְבֹיִ֔ים וּמֶ֥לֶךְ בֶּ֖לַע הִיא־צֹֽעַר: ג כָּל־אֵ֙לֶּה֙ חָֽבְר֔וּ אֶל־עֵ֖מֶק הַשִּׂדִּ֑ים ה֖וּא יָ֥ם הַמֶּֽלַח: ד שְׁתֵּ֤ים עֶשְׂרֵה֙ שָׁנָ֔ה עָבְד֖וּ אֶת־כְּדָרְלָעֹ֑מֶר וּשְׁלֹשׁ־עֶשְׂרֵ֥ה שָׁנָ֖ה מָרָֽדוּ: ה וּבְאַרְבַּע֩ עֶשְׂרֵ֨ה שָׁנָ֜ה בָּ֣א כְדָרְלָעֹ֗מֶר וְהַמְּלָכִים֙ אֲשֶׁ֣ר אִתּ֔וֹ וַיַּכּ֤וּ אֶת־רְפָאִים֙ בְּעַשְׁתְּרֹ֣ת קַרְנַ֔יִם וְאֶת־הַזּוּזִ֖ים בְּהָ֑ם וְאֵת֙ הָֽאֵימִ֔ים בְּשָׁוֵ֖ה קִרְיָתָֽיִם: ו וְאֶת־הַחֹרִ֖י

לך לך

בְּהַרְרָם שֵׂעִיר עַד אֵיל פָּארָן אֲשֶׁר עַל־הַמִּדְבָּר׃
ז וַיָּשֻׁבוּ וַיָּבֹאוּ אֶל־עֵין מִשְׁפָּט הִוא קָדֵשׁ וַיַּכּוּ

לוֹט מֵעִמֵּיהּ, זְקוֹף כְּעַן עֵינָךְ וַחֲזִי, מִן אַתְרָא דְּאַתְּ תַּמָּן, לְצִפּוּנָא וּלְדָרוֹמָא וּלְמַדִּנְחָא
טו טז וּלְמַעְרְבָא: אֲרֵי יָת כָּל אַרְעָא, דְּאַתְּ חָזֵי לָךְ אֶתְּנִנַּהּ, וְלִבְנָךְ עַד עָלְמָא: וַאֲשַׁוֵּי יָת בְּנָךְ
סַגִּיאִין כְּעַפְרָא דְּאַרְעָא, כְּמָא דְּלֵית אֶפְשַׁר לִגְבַר, לְמִמְנֵי יָת עַפְרָא דְּאַרְעָא, אַף בְּנָךְ לָא
יז יח יִתְמְנוֹן: קוּם הַלֵּיךְ בְּאַרְעָא, לְאָרְכַּהּ וּלְפְתָיַהּ, אֲרֵי לָךְ אֶתְּנִנַּהּ: וּפְרַס אַבְרָם, וַאֲתָא, וִיתֵיב,
יד א בְּמֵישְׁרֵי מַמְרֵא דִּבְחֶבְרוֹן, וּבְנָא תַמָּן מַדְבְּחָא קֳדָם יְיָ: וַהֲוָה, בְּיוֹמֵי אַמְרָפֶל מַלְכָּא דְּבָבֶל,
ב אַרְיוֹךְ מַלְכָּא דְּאֶלָּסָר, כְּדָרְלָעֹמֶר מַלְכָּא דְּעֵילָם, וְתִדְעָל מַלְכָּא דְּעַמְמֵי: עֲבַדוּ קְרָבָא,
עִם בֶּרַע מַלְכָּא דִּסְדוֹם, וְעִם בִּרְשַׁע מַלְכָּא דַּעֲמוֹרָה, שִׁנְאָב מַלְכָּא דְּאַדְמָה, וְשֶׁמְאֵבֶר
ג מַלְכָּא דִּצְבוֹיִם, וּמַלְכָּא דְּבֶלַע הִיא צוֹעַר: כָּל אִלֵּין אִתְכַּנַּשׁוּ, לְמֵישַׁר חַקְלַיָּא, הוּא אֲתַר
ד ה יַמָּא דְּמִלְחָא: תַּרְתָּא עַסְרֵי שְׁנִין, פְּלַחוּ יָת כְּדָרְלָעֹמֶר, וּתְלָת עַסְרֵי שְׁנִין מְרָדוּ: וּבְאַרְבַּע
עַסְרֵי שְׁנִין אֲתָא כְּדָרְלָעֹמֶר, וּמַלְכַיָּא דְּעִמֵּיהּ, וּמְחוֹ יָת גִּבָּרַיָּא דִּבְעַשְׁתְּרַת קַרְנַיִם,
ו וְיָת תַּקִּיפַיָּא דִּבְהָמְתָא, וְיָת אֵימְתָנֵי, דִּבְשָׁוֵה קִרְיָתָיִם: וְיָת חוֹרָאֵי דִּבְטוּרָא דְּשֵׂעִיר,
ז עַד מֵישַׁר פָּארָן, דִּסְמִיךְ עַל מַדְבְּרָא: וְתָבוּ, וַאֲתוֹ, לְמֵישַׁר פְּלוּג דִּינָא הִיא רְקַם, וּמְחוֹ,

טז| **אֲשֶׁר אִם יוּכַל אִישׁ.** כְּשֵׁם שֶׁאִי אֶפְשָׁר לֶעָפָר לִמָּנוֹת, כָּךְ זַרְעֲךָ לֹא יִמָּנֶה:

יח| **מַמְרֵא.** שֵׁם אָדָם:

פרק יד

א| **אַמְרָפֶל.** הוּא נִמְרוֹד, שֶׁאָמַר לְאַבְרָהָם: פֹּל לְתוֹךְ כִּבְשַׁן הָאֵשׁ: **מֶלֶךְ גּוֹיִם.** מָקוֹם יֵשׁ שֶׁשְּׁמוֹ ׳גּוֹיִם׳ עַל שֵׁם שֶׁנִּקְבְּצוּ שָׁמָּה מִכַּמָּה אֻמּוֹת וּמְקוֹמוֹת, וְהִמְלִיכוּ אִישׁ עֲלֵיהֶם וּשְׁמוֹ תִּדְעָל. בְּרֵאשִׁית רַבָּה (מב, ד):

ב| **בֶּרַע.** רַע לַשָּׁמַיִם וְרַע לַבְּרִיּוֹת: **בִּרְשַׁע.** שֶׁנִּתְעַלָּה בְּרֶשַׁע: **שִׁנְאָב.** שׂוֹנֵא אָבִיו שֶׁבַּשָּׁמַיִם: **שֶׁמְאֵבֶר.** שָׂם אֵבֶר לָעוּף וְלִקְפֹּץ וְלִמְרֹד בְּהַקָּדוֹשׁ בָּרוּךְ הוּא: **בֶּלַע.** שֵׁם הָעִיר:

ג| **עֵמֶק הַשִּׂדִּים.** כָּךְ שְׁמוֹ, עַל שֵׁם שֶׁהָיוּ בּוֹ שָׂדוֹת הַרְבֵּה: **הוּא יָם הַמֶּלַח.** לְאַחַר זְמַן נִמְשַׁךְ הַיָּם לְתוֹכוֹ וְנַעֲשָׂה יָם הַמֶּלַח. וּמִדְרַשׁ אַגָּדָה אוֹמֵר, שֶׁנִּתְבַּקְּעוּ הַצּוּרִים סְבִיבוֹתָיו וְנִמְשְׁכוּ יְאוֹרִים לְתוֹכוֹ:

ד| **שְׁתֵּים עֶשְׂרֵה שָׁנָה עָבְדוּ.** חֲמִשָּׁה מְלָכִים הַלָּלוּ ״אֶת כְּדָרְלָעֹמֶר״:

ה| **וּבְאַרְבַּע עֶשְׂרֵה שָׁנָה.** לְמִרְדָּן: **בָּא כְדָרְלָעֹמֶר.** לְפִי שֶׁהוּא הָיָה בַּעַל הַמַּעֲשֶׂה נִכְנַס בְּעָבִי הַקּוֹרָה: **וְהַמְּלָכִים אֲשֶׁר אִתּוֹ.** אֵלֶּה שְׁלֹשָׁה מְלָכִים: **זוּזִים.** הֵם זַמְזֻמִּים (דברים ב, כ):

ו| **בְּהַרְרָם.** בְּהַר שֶׁלָּהֶם: **אֵיל פָּארָן.** כְּתַרְגּוּמוֹ: ״מֵישַׁר״. וְאוֹמֵר אֲנִי שֶׁאֵין ׳אֵיל׳ לְשׁוֹן מִישׁוֹר, אֶלָּא מִישׁוֹר שֶׁל פָּארָן ׳אֵיל׳ שְׁמוֹ, וְשֶׁל מַמְרֵא ׳אֵלוֹנֵי׳ שְׁמוֹ, וְשֶׁל יַרְדֵּן ׳כִּכַּר׳ שְׁמוֹ, וְשֶׁל שִׁטִּים ׳אָבֵל׳ שְׁמוֹ, ״אָבֵל הַשִּׁטִּים״ (במדבר לג, מט), וְכֵן ״בַּעַל גָּד״ (יהושע יא, יז) ׳בַּעַל׳ שְׁמוֹ, וְכֻלָּם מְתַרְגְּמִין ״מֵישַׁר״ וְכָל אֶחָד שְׁמוֹ עָלָיו: **עַל הַמִּדְבָּר.** אֵצֶל הַמִּדְבָּר, כְּמוֹ: ״וְעָלָיו מַטֵּה מְנַשֶּׁה״ (במדבר ב, כ):

ז| **עֵין מִשְׁפָּט הִוא קָדֵשׁ.** עַל שֵׁם הֶעָתִיד, שֶׁעֲתִידִים מֹשֶׁה וְאַהֲרֹן לְהִשָּׁפֵט שָׁם עַל עִסְקֵי אוֹתוֹ הָעַיִן, וְהֵם מֵי מְרִיבָה. וְאוּנְקְלוֹס תִּרְגְּמוֹ כִּפְשׁוּטוֹ, מָקוֹם שֶׁהָיוּ בְּנֵי הַמְּדִינָה מִתְקַבְּצִים

אֶת־כָּל־שְׂדֵה הָעֲמָלֵקִי וְגַם אֶת־הָאֱמֹרִי הַיֹּשֵׁב בְּחַצְצֹן תָּמָר: וַיֵּצֵא מֶלֶךְ־סְדֹם וּמֶלֶךְ עֲמֹרָה וּמֶלֶךְ אַדְמָה וּמֶלֶךְ צביים וּמֶלֶךְ בֶּלַע הִוא־צֹעַר וַיַּעַרְכוּ אִתָּם מִלְחָמָה בְּעֵמֶק הַשִּׂדִּים: אֵת כְּדָרְלָעֹמֶר מֶלֶךְ עֵילָם וְתִדְעָל מֶלֶךְ גּוֹיִם וְאַמְרָפֶל מֶלֶךְ שִׁנְעָר וְאַרְיוֹךְ מֶלֶךְ אֶלָּסָר אַרְבָּעָה מְלָכִים אֶת־הַחֲמִשָּׁה: וְעֵמֶק הַשִּׂדִּים בֶּאֱרֹת בֶּאֱרֹת חֵמָר וַיָּנֻסוּ מֶלֶךְ־סְדֹם וַעֲמֹרָה וַיִּפְּלוּ־שָׁמָּה וְהַנִּשְׁאָרִים הֶרָה נָּסוּ: וַיִּקְחוּ אֶת־כָּל־רְכֻשׁ סְדֹם וַעֲמֹרָה וְאֶת־כָּל־אָכְלָם וַיֵּלֵכוּ: וַיִּקְחוּ אֶת־לוֹט וְאֶת־רְכֻשׁוֹ בֶּן־אֲחִי אַבְרָם וַיֵּלֵכוּ וְהוּא יֹשֵׁב בִּסְדֹם: וַיָּבֹא הַפָּלִיט וַיַּגֵּד לְאַבְרָם הָעִבְרִי וְהוּא שֹׁכֵן בְּאֵלֹנֵי מַמְרֵא הָאֱמֹרִי אֲחִי אֶשְׁכֹּל וַאֲחִי עָנֵר וְהֵם בַּעֲלֵי בְרִית־אַבְרָם: וַיִּשְׁמַע אַבְרָם כִּי נִשְׁבָּה אָחִיו וַיָּרֶק אֶת־חֲנִיכָיו יְלִידֵי בֵיתוֹ שְׁמֹנָה עָשָׂר וּשְׁלֹשׁ מֵאוֹת וַיִּרְדֹּף עַד־דָּן: וַיֵּחָלֵק עֲלֵיהֶם ׀ לַיְלָה הוּא וַעֲבָדָיו וַיַּכֵּם וַיִּרְדְּפֵם עַד־חוֹבָה אֲשֶׁר מִשְּׂמֹאל לְדַמָּשֶׂק: וַיָּשֶׁב אֵת כָּל־הָרְכֻשׁ וְגַם אֶת־לוֹט אָחִיו וּרְכֻשׁוֹ הֵשִׁיב וְגַם אֶת־הַנָּשִׁים וְאֶת־הָעָם: וַיֵּצֵא מֶלֶךְ־סְדֹם לִקְרָאתוֹ אַחֲרֵי שׁוּבוֹ מֵהַכּוֹת אֶת־כְּדָרְלָעֹמֶר וְאֶת־הַמְּלָכִים

ח יָת כָּל חֲקַל עֲמַלְקָאָה, וְאַף יָת אֱמוֹרָאָה, דְּיָתֵיב בְּעֵין גֶּדִי: וּנְפַק מַלְכָּא דִּסְדוֹם וּמַלְכָּא
דַּעֲמוֹרָה, וּמַלְכָּא דְּאַדְמָה וּמַלְכָּא דִּצְבוֹיִם, וּמַלְכָּא דְּבֶלַע הִיא צוֹעַר, וְסַדַּרוּ עִמְּהוֹן קְרָבָא,
ט בְּמֵישַׁר חַקְלַיָּא: עִם כְּדָרְלָעֹמֶר מַלְכָּא דְּעֵילָם, וְתִדְעָל מַלְכָּא דְּעַמְמֵי, וְאַמְרָפֶל מַלְכָּא
י דְּבָבֶל, וְאַרְיוֹךְ מַלְכָּא דְּאֶלָּסָר, אַרְבְּעָא מַלְכִין לָקֳבֵיל חַמְשָׁא: וּמֵישַׁר חַקְלַיָּא, בֵּירָן בֵּירָן
יא מַסְּקָן חֵימָרָא, וַעֲרַקוּ, מַלְכָּא דִּסְדוֹם וַעֲמוֹרָה וּנְפַלוּ תַמָּן, וּדְאִשְׁתְּאַרוּ לְטוּרָא עֲרַקוּ: וּשְׁבוֹ,
יב יָת כָּל קִנְיָנָא דִּסְדוֹם וַעֲמוֹרָה, וְיָת כָּל מֵיכַלְהוֹן וַאֲזַלוּ: וּשְׁבוֹ יָת לוֹט וְיָת קִנְיָנֵיהּ, בַּר אֲחוּהִי
יג דְּאַבְרָם וַאֲזַלוּ, וְהוּא יָתֵיב בִּסְדוֹם: וַאֲתָא מְשֵׁיזְבָא, וְחַוִּי לְאַבְרָם עִבְרָאָה, וְהוּא שָׁרֵי
בְּמֵישְׁרֵי מַמְרֵא אֱמוֹרָאָה, אֲחוּהִי דְּאֶשְׁכּוֹל וַאֲחוּהִי דְּעָנֵר, וְאִנּוּן אֱנָשׁ קְיָמֵיהּ דְּאַבְרָם:
יד וּשְׁמַע אַבְרָם, אֲרֵי אִשְׁתְּבִי אֲחוּהִי, וְזָרֵיז יָת עוּלֵימוֹהִי יְלִידֵי בֵיתֵיהּ, תְּלָת מְאָה וּתְמָנַת
טו עֲסַר, וּרְדַף עַד דָּן: וְאִתְפְּלֵיג עֲלֵיהוֹן לֵילְיָא, הוּא וְעַבְדּוֹהִי וּמְחָנוּן, וּרְדַפִנּוּן עַד חוֹבָה,
טז דְּמִצְּפוּנָא לְדַמָּשֶׂק: וַאֲתֵיב, יָת כָּל קִנְיָנָא, וְאַף יָת לוֹט אֲחוּהִי וְקִנְיָנֵיהּ אֲתֵיב, וְאַף יָת נְשַׁיָּא
יז וְיָת עַמָּא: וּנְפַק מַלְכָּא דִּסְדוֹם לְקַדָּמוּתֵיהּ, בָּתַר דְּתָב, מִלְּמִמְחֵי יָת כְּדָרְלָעֹמֶר, וְיָת מַלְכַיָּא

שָׁם לְכָל מִשְׁפָּט: **שְׂדֵה הָעֲמָלֵקִי.** עֲדַיִן לֹא נוֹלַד עֲמָלֵק, וְנִקְרָא עַל שֵׁם הֶעָתִיד: **בְּחַצְצֹן תָּמָר.** הוּא עֵין גֶּדִי, מִקְרָא מָלֵא בְּדִבְרֵי הַיָּמִים (ב׳ כ, ב) בִּיהוֹשָׁפָט:

ט| **אַרְבָּעָה מְלָכִים אֶת הַחֲמִשָּׁה.** וְאַף עַל פִּי כֵן נִצְּחוּ הַמּוּעָטִים, לְהוֹדִיעֲךָ שֶׁגִּבּוֹרִים הָיוּ, וְאַף עַל פִּי כֵן לֹא נִמְנַע אַבְרָהָם מִלִּרְדֹּף אַחֲרֵיהֶם:

י| **בֶּאֱרֹת בֶּאֱרֹת חֵמָר.** בֶּאֱרוֹת הַרְבֵּה הָיוּ שָׁם שֶׁנּוֹטְלִין מִשָּׁם אֲדָמָה לְטִיט שֶׁל בִּנְיָן. וּמִדְרַשׁ אַגָּדָה, שֶׁהָיָה הַטִּיט בָּהֶם, וְנַעֲשָׂה נֵס לְמֶלֶךְ סְדוֹם שֶׁיָּצָא מִשָּׁם, לְפִי שֶׁהָיוּ בָּאֻמּוֹת מִקְצָתָן שֶׁלֹּא הָיוּ מַאֲמִינִין שֶׁנִּצַּל אַבְרָהָם מֵאוּר כַּשְׂדִּים מִכִּבְשַׁן הָאֵשׁ, וְכֵיוָן שֶׁיָּצָא זֶה מִן הַחֵמָר הֶאֱמִינוּ בְּאַבְרָהָם לְמַפְרֵעַ: **הֶרָה נָּסוּ.** לָהַר נָסוּ. ׳הֶרָה׳ כְּמוֹ ׳לָהַר׳, כָּל תֵּבָה שֶׁצְּרִיכָה לָמֶ״ד בִּתְחִלָּתָהּ הִטִּיל לָהּ הֵ״א בְּסוֹפָהּ. וְיֵשׁ חִלּוּק בֵּין ׳הֶרָה׳ לְ׳הָהָרָה׳, שֶׁהֵ״א שֶׁבְּסוֹף הַתֵּבָה עוֹמֶדֶת בִּמְקוֹם לָמֶ״ד שֶׁבְּרֹאשָׁהּ, אֲבָל אֵינָהּ עוֹמֶדֶת בִּמְקוֹם לָמֶ״ד וּנְקוּדָה פַּתָּח תַּחְתֶּיהָ, וַהֲרֵי ׳הֶרָה׳ כְּמוֹ ׳לְהַר׳ אוֹ כְּמוֹ ׳אֶל הַר׳ וְאֵינוֹ מְפָרֵשׁ לְאֵיזֶה הַר, אֲבָל כַּאֲשֶׁר מָנָא תְּחִלָּה, וּכְשֶׁהוּא נוֹתֵן הֵ״א בְּרֹאשָׁהּ לִכְתֹּב ׳הָהָרָה׳, ׳הַמִּדְבָּרָה׳, פִּתְרוֹנוֹ כְּמוֹ ׳אֶל הָהָר׳ אוֹ כְּמוֹ ׳לָהָר׳, וּמַשְׁמַע לְאוֹתוֹ הַר הַיָּדוּעַ וּמְפֹרָשׁ בַּפָּרָשָׁה:

יב| **וְהוּא יֹשֵׁב בִּסְדֹם.** מִי גָּרַם לוֹ זֹאת? יְשִׁיבָתוֹ בִּסְדוֹם:

יג| **וַיָּבֹא הַפָּלִיט.** זֶה עוֹג שֶׁפָּלַט מִן הַמִּלְחָמָה, וְזֶהוּ: ״נִשְׁאַר מִיֶּתֶר הָרְפָאִים״ (דברים ג, יא) – ׳נִשְׁאַר׳ שֶׁלֹּא הֲרָגוּהוּ אַמְרָפֶל וַחֲבֵרָיו כְּשֶׁהִכּוּ הָרְפָאִים בְּעַשְׁתְּרֹת קַרְנַיִם. תַּנְחוּמָא (חקת כה). וּבְרֵאשִׁית רַבָּה: זֶה עוֹג שֶׁפָּלַט מִדּוֹר הַמַּבּוּל, וְזֶהוּ ״מִיֶּתֶר הָרְפָאִים״, שֶׁנֶּאֱמַר: ״הַנְּפִלִים הָיוּ בָאָרֶץ״ וְגוֹ׳ (לעיל ו, ד), וּמִתְכַּוֵּן שֶׁיֵּהָרֵג אַבְרָם וְיִשָּׂא אֶת שָׂרָה: **הָעִבְרִי.** שֶׁבָּא מֵעֵבֶר הַנָּהָר: **בַּעֲלֵי בְרִית אַבְרָם.** שֶׁכָּרְתוּ עִמּוֹ בְּרִית:

יד| **וַיָּרֶק.** כְּתַרְגּוּמוֹ: ״וְזָרֵיז״, וְכֵן: ״וַהֲרִיקֹתִי אַחֲרֵיכֶם חָרֶב״ (ויקרא כו, לג), אֶזְדַּיֵּן בְּחַרְבִּי עֲלֵיכֶם, וְכֵן: ״אָרִיק חַרְבִּי״ (שמות טו, ט), וְכֵן: ״וְהָרֵק חֲנִית וּסְגֹר״ (תהלים לה, ג): **חֲנִיכָיו.** שֶׁחִנְּכוֹ לְמִצְוֹת, וְהוּא לְשׁוֹן הַתְחָלַת כְּנִיסַת הָאָדָם אוֹ כְּלִי לָאֻמָּנוּת שֶׁהוּא עָתִיד לַעֲמֹד בָּהּ. וְכֵן: ״חֲנֹךְ לַנַּעַר״ (משלי כב, ו), ״חֲנֻכַּת הַמִּזְבֵּחַ״ (במדבר ז, י), ״חֲנֻכַּת הַבַּיִת״ (תהלים ל, א), וּבְלַעַז קוֹרִין לוֹ אנשיני״ר: **שְׁמֹנָה עָשָׂר** וְגוֹ׳. רַבּוֹתֵינוּ אָמְרוּ: אֱלִיעֶזֶר לְבַדּוֹ הָיָה, וְהוּא מִנְיַן גִּימַטְרִיָּא שֶׁל שְׁמוֹ: **עַד דָּן.** שָׁם תָּשַׁשׁ כֹּחוֹ, שֶׁרָאָה שֶׁעֲתִידִים בָּנָיו לְהַעֲמִיד שָׁם עֵגֶל:

טו| **וַיֵּחָלֵק עֲלֵיהֶם.** לְפִי פְּשׁוּטוֹ סָרֵס הַמִּקְרָא: ׳וַיֵּחָלֵק הוּא וַעֲבָדָיו עֲלֵיהֶם לַיְלָה׳ כְּדֶרֶךְ הָרוֹדְפִים שֶׁמִּתְפַּלְּגִים אַחַר הַנִּרְדָּפִים כְּשֶׁבּוֹרְחִים זֶה לְכָאן וְזֶה לְכָאן: **לַיְלָה.** כְּלוֹמַר, אַחַר שֶׁחָשְׁכָה לֹא נִמְנַע מִלְּרָדְפָם. וּמִדְרַשׁ אַגָּדָה, שֶׁנֶּחְלַק הַלַּיְלָה, וּבַחֲצוֹת הָרִאשׁוֹן שֶׁלּוֹ נַעֲשָׂה לוֹ הַנֵּס, וְחֶצְיוֹ הַשֵּׁנִי נִשְׁמַר וּבָא לַחֲצוֹת לַיְלָה שֶׁל מִצְרַיִם: **עַד חוֹבָה.** אֵין מָקוֹם

אֲשֶׁר אִתּוֹ אֶל־עֵמֶק שָׁוֵה הוּא עֵמֶק הַמֶּלֶךְ׃
יח וּמַלְכִּי־צֶדֶק מֶלֶךְ שָׁלֵם הוֹצִיא לֶחֶם וָיָיִן וְהוּא
יט כֹהֵן לְאֵל עֶלְיוֹן׃ וַיְבָרְכֵהוּ וַיֹּאמַר בָּרוּךְ אַבְרָם
כ לְאֵל עֶלְיוֹן קֹנֵה שָׁמַיִם וָאָרֶץ׃ וּבָרוּךְ אֵל עֶלְיוֹן
אֲשֶׁר־מִגֵּן צָרֶיךָ בְּיָדֶךָ וַיִּתֶּן־לוֹ מַעֲשֵׂר מִכֹּל׃
חמישי כא וַיֹּאמֶר מֶלֶךְ־סְדֹם אֶל־אַבְרָם תֶּן־לִי הַנֶּפֶשׁ
כב וְהָרְכֻשׁ קַח־לָךְ׃ וַיֹּאמֶר אַבְרָם אֶל־מֶלֶךְ סְדֹם
הֲרִמֹתִי יָדִי אֶל־יְהוָה אֵל עֶלְיוֹן קֹנֵה שָׁמַיִם
כג וָאָרֶץ׃ אִם־מִחוּט וְעַד שְׂרוֹךְ־נַעַל וְאִם־אֶקַּח
מִכָּל־אֲשֶׁר־לָךְ וְלֹא תֹאמַר אֲנִי הֶעֱשַׁרְתִּי אֶת־
כד אַבְרָם׃ בִּלְעָדַי רַק אֲשֶׁר אָכְלוּ הַנְּעָרִים וְחֵלֶק
הָאֲנָשִׁים אֲשֶׁר הָלְכוּ אִתִּי עָנֵר אֶשְׁכֹּל וּמַמְרֵא
יב הֵם יִקְחוּ חֶלְקָם׃   אַחַר ׀ הַדְּבָרִים א טו
הָאֵלֶּה הָיָה דְבַר־יְהוָה אֶל־אַבְרָם בַּמַּחֲזֶה
לֵאמֹר אַל־תִּירָא אַבְרָם אָנֹכִי מָגֵן לָךְ שְׂכָרְךָ
ב הַרְבֵּה מְאֹד׃ וַיֹּאמֶר אַבְרָם אֲדֹנָי יְהוִה מַה־
תִּתֶּן־לִי וְאָנֹכִי הוֹלֵךְ עֲרִירִי וּבֶן־מֶשֶׁק בֵּיתִי
ג הוּא דַּמֶּשֶׂק אֱלִיעֶזֶר׃ וַיֹּאמֶר אַבְרָם הֵן לִי לֹא

שֶׁשְּׁמוֹ ׳חוֹבָה׳, וְכֵן קוֹרֵא ׳חוֹבָה׳ עַל שֵׁם עֲבוֹדָה זָרָה שֶׁעֲתִידָה לִהְיוֹת שָׁם:

יז עֵמֶק שָׁוֵה. כָּךְ שְׁמוֹ, כְּתַרְגּוּמוֹ: ״לְמֵישַׁר מְפַנָּא״, פָּנוּי מֵאִילָנוֹת וּמִכָּל מִכְשׁוֹל: עֵמֶק הַמֶּלֶךְ. ״בֵּית רֵיסָא דְמַלְכָּא״ (אונקלוס), בֵּית רֵיס אֶחָד, שֶׁהוּא שִׁלְשִׁים קָנִים, שֶׁהָיָה מְיֻחָד לַמֶּלֶךְ

יח דְעִמֵּיהּ, לְמֵישַׁר מְפַנָּא, הוּא בֵּית רֵיסָא דְמַלְכָּא: וּמַלְכִּי צֶדֶק מַלְכָּא דִירוּשְׁלֵם, אַפֵּיק לְחֵים
יט וַחֲמַר, וְהוּא מְשַׁמֵּישׁ קֳדָם אֵל עִלָּאָה: וּבָרְכֵיהּ וַאֲמַר, בְּרִיךְ אַבְרָם לְאֵל עִלָּאָה, דְּקִנְיָנֵיהּ שְׁמַיָּא
כ וְאַרְעָא: וּבְרִיךְ אֵל עִלָּאָה, דִּמְסַר סָנְאָךְ בִּידָךְ, וִיהַב לֵיהּ חַד מִן עַסְרָא מִכּוֹלָּא:
כא כב וַאֲמַר מַלְכָּא דִסְדוֹם לְאַבְרָם, הַב לִי נַפְשָׁתָא, וְקִנְיָנָא סַב לָךְ: וַאֲמַר אַבְרָם לְמַלְכָּא
כג דִסְדוֹם, אֲרֵימִית יְדַי בִּצְלוֹ קֳדָם יי אֵל עִלָּאָה, דְּקִנְיָנֵיהּ שְׁמַיָּא וְאַרְעָא: אִם מִחוּטָא
כד וְעַד עַרְקַת מְסָנָא, וְאִם אֶסַּב מִכָּל דְּלָךְ, וְלָא תֵימַר, אֲנָא עַתְּרֵית יָת אַבְרָם: בַּר מִדַּאֲכַלוּ
עוּלֵימַיָּא, וְחוּלָק גֻּבְרַיָּא, דַּאֲזַלוּ עִמִּי, עָנֵר אֶשְׁכּוֹל וּמַמְרֵא, אִנּוּן יְקַבְּלוּן חוּלָקְהוֹן:
טו א בָּתַר פִּתְגָמַיָּא הָאִלֵּין, הֲוָה פִּתְגָמָא דַיי עִם אַבְרָם, בִּנְבוּאָה לְמֵימַר, לָא תִדְחַל אַבְרָם,
ב מֵימְרִי תְּקוֹף לָךְ, אַגְרָךְ סַגִּי לַחֲדָא: וַאֲמַר אַבְרָם, יי אֱלֹהִים מָא תִתֵּין לִי, וַאֲנָא אָזֵיל
ג דְלָא וְלַד, וּבַר פַּרְנָסָא הָדֵין דִּבְבֵיתִי, הוּא דַמְשְׁקָאָה אֱלִיעֶזֶר: וַאֲמַר אַבְרָם, הָא לִי, לָא

לַשֵּׂחֵק שָׁם. וּמִדְרַשׁ אַגָּדָה, עֵמֶק שֶׁהֻשְׁווּ שָׁם כָּל הָאֻמּוֹת וְהִמְלִיכוּ אֶת אַבְרָהָם עֲלֵיהֶם לִנְשִׂיא אֱלֹהִים וּלְקָצִין:

יח **וּמַלְכִּי צֶדֶק.** מִדְרַשׁ אַגָּדָה, הוּא שֵׁם בֶּן נֹחַ: **לֶחֶם וָיָיִן.** כָּךְ עוֹשִׂים לִיגִיעֵי מִלְחָמָה, וְהֶרְאָה לוֹ שֶׁאֵין בְּלִבּוֹ עָלָיו עַל שֶׁהָרַג אֶת בָּנָיו. וּמִדְרַשׁ אַגָּדָה, רָמַז לוֹ עַל הַמְּנָחוֹת וְעַל הַנְּסָכִים שֶׁיַּקְרִיבוּ שָׁם בָּנָיו:

יט **קֹנֵה שָׁמַיִם וָאָרֶץ.** כְּמוֹ: עֹשֵׂה שָׁמַיִם וָאָרֶץ, עַל יְדֵי עֲשִׂיָּתוֹ קְנָאָן לִהְיוֹת שֶׁלּוֹ:

כ **אֲשֶׁר מִגֵּן.** אֲשֶׁר הִסְגִּיר, וְכֵן: "אֲמַגֶּנְךָ יִשְׂרָאֵל" (הושע יא, ח): **וַיִּתֶּן לוֹ.** אַבְרָם: **מַעֲשֵׂר מִכֹּל.** אֲשֶׁר לוֹ, לְפִי שֶׁהָיָה כֹּהֵן:

כא **תֶּן לִי הַנֶּפֶשׁ.** מִן הַשְּׁבִי שֶׁלִּי שֶׁהִצַּלְתָּ, הַחֲזֵר לִי הַגּוּפִים לְבַדָּם:

כב **הֲרִמֹתִי יָדִי.** לְשׁוֹן שְׁבוּעָה, מֵרִים אֲנִי אֶת יָדִי לְאֵל עֶלְיוֹן, וְכֵן: "בִּי נִשְׁבַּעְתִּי" (להלן כב, טז) – נִשְׁבָּע אֲנִי. וְכֵן: "נָתַתִּי כֶּסֶף הַשָּׂדֶה קַח מִמֶּנִּי" (להלן כג, יג) – נוֹתֵן אֲנִי לְךָ כֶּסֶף הַשָּׂדֶה וְקָחֵהוּ מִמֶּנִּי:

כג **אִם מִחוּט וְעַד שְׂרוֹךְ נַעַל.** אֲעַכֵּב לְעַצְמִי מִן הַשֶּׁבִי: **וְאִם אֶקַּח מִכָּל אֲשֶׁר לָךְ.** אִם תֹּאמַר לָתֵת לִי שָׂכָר מִבֵּית גְּנָזֶיךָ: **וְלֹא תֹאמַר וְגוֹ'.** שֶׁהַקָּדוֹשׁ בָּרוּךְ הוּא הִבְטִיחַנִי לְעַשְּׁרֵנִי, שֶׁנֶּאֱמַר: "וַאֲבָרֶכְךָ וַאֲגַדְּלָה שְׁמֶךָ" (לעיל יב, ב):

כד **הַנְּעָרִים.** עֲבָדַי אֲשֶׁר הָלְכוּ אִתִּי, וְעוֹד "עָנֵר אֶשְׁכֹּל וּמַמְרֵא" וְגוֹ', אַף עַל פִּי שֶׁעֲבָדַי נִכְנְסוּ לַמִּלְחָמָה, שֶׁנֶּאֱמַר: "וַיִּרְדֹּף עַד דָּן" (לעיל פסוק יד), וְעָנֵר וַחֲבֵרָיו יָשְׁבוּ עַל הַכֵּלִים לִשְׁמֹר. וּמִמֶּנּוּ לָמַד דָּוִד שֶׁאָמַר: "כְּחֵלֶק הַיֹּרֵד בַּמִּלְחָמָה וּכְחֵלֶק הַיֹּשֵׁב עַל הַכֵּלִים יַחְדָּו יַחֲלֹקוּ" (שמואל א' ל, כד), וּלְכָךְ נֶאֱמַר: "וַיְהִי מֵהַיּוֹם הַהוּא וָמַעְלָה וַיְשִׂמֶהָ לְחֹק וּלְמִשְׁפָּט" (שם פסוק כה), וְלֹא נֶאֱמַר 'וְהָלְאָה', לְפִי שֶׁכְּבָר נִתַּן הַחֹק בִּימֵי אַבְרָהָם:

פרק טו

א **אַחַר הַדְּבָרִים הָאֵלֶּה.** כָּל מָקוֹם שֶׁנֶּאֱמַר 'אַחַר' – סָמוּךְ, 'אַחֲרֵי' – מֻפְלָג. בְּרֵאשִׁית רַבָּה (מד, ה). אַחַר שֶׁנַּעֲשָׂה לוֹ נֵס זֶה שֶׁהָרַג אֶת הַמְּלָכִים, וְהָיָה דּוֹאֵג וְאוֹמֵר: שֶׁמָּא קִבַּלְתִּי שָׂכָר עַל כָּל צִדְקוֹתַי? לְכָךְ אָמַר לוֹ הַמָּקוֹם: "אַל תִּירָא": **אָנֹכִי מָגֵן לָךְ.** מִן הָעֹנֶשׁ, שֶׁלֹּא תֵעָנֵשׁ עַל כָּל אוֹתָן נְפָשׁוֹת שֶׁהָרַגְתָּ. וּמַה שֶּׁאַתָּה דוֹאֵג עַל קִבּוּל שְׂכָרְךָ – "שְׂכָרְךָ הַרְבֵּה מְאֹד":

ב **הוֹלֵךְ עֲרִירִי.** מְנַחֵם בֶּן סָרוּק פֵּרְשׁוֹ לְשׁוֹן יוֹרֵשׁ, וְחִבֵּר לוֹ: "עֵר וְעֹנֶה" (מלאכי ב, יב). 'עֲרִירִי' – בְּלֹא יוֹרֵשׁ, כַּאֲשֶׁר תֹּאמַר: "וּבְכָל תְּבוּאָתִי תְשָׁרֵשׁ" (איוב לא, יב) – תַּעֲקֹר שָׁרָשֶׁיהָ, כָּךְ לְשׁוֹן עֲרִירִי – אֲסַר בָּנִים, וּבְלַעַז דישאנפנטי"ץ. וְלִי נִרְאֶה, "עֵר וְעֹנֶה" מִגִּזְרַת "וְלִבִּי עֵר" (שיר השירים ה, ב), וַ'עֲרִירִי' לְשׁוֹן חֻרְבָּן, וְכֵן: "עָרוּ עָרוּ" (תהלים קלז, ז), וְכֵן: "עָרוֹת יְסוֹד" (חבקוק ג, יג), וְכֵן: "עַרְעֵר תִּתְעַרְעַר" (ירמיה נא, נח), וְכֵן: "כִּי אַרְזָה עֵרָה" (צפניה ב, יד): **וּבֶן מֶשֶׁק בֵּיתִי.** כְּתַרְגּוּמוֹ, כָּל בֵּיתִי נִזּוֹן עַל פִּיו, כְּמוֹ: "וְעַל פִּיךָ יִשַּׁק" (להלן מא, מ), אַפּוֹטְרוֹפּוֹס שֶׁלִּי; וְאִלּוּ הָיָה לִי בֵּן, הָיָה בְּנִי מְמֻנֶּה עַל שֶׁלִּי: **דַּמֶּשֶׂק.** לְפִי הַתַּרְגּוּם מִדַּמֶּשֶׂק הָיָה; וּלְפִי מִדְרַשׁ אַגָּדָה, שֶׁרָדַף הַמְּלָכִים עַד דַּמֶּשֶׂק. וּבַתַּלְמוּד שֶׁלָּנוּ (יומא כח ע"ב) דּוֹרְשׁוֹ נוֹטָרִיקוֹן: דּוֹלֶה וּמַשְׁקֶה מִתּוֹרַת רַבּוֹ לַאֲחֵרִים:

בראשית טו

נְתַתָּה זָרַע וְהִנֵּה בֶן־בֵּיתִי יוֹרֵשׁ אֹתִי׃ וְהִנֵּה דְבַר־ ד
יהוה אֵלָיו לֵאמֹר לֹא יִירָשְׁךָ זֶה כִּי־אִם אֲשֶׁר יֵצֵא
מִמֵּעֶיךָ הוּא יִירָשֶׁךָ׃ וַיּוֹצֵא אֹתוֹ הַחוּצָה וַיֹּאמֶר ה
הַבֶּט־נָא הַשָּׁמַיְמָה וּסְפֹר הַכּוֹכָבִים אִם־תּוּכַל
לִסְפֹּר אֹתָם וַיֹּאמֶר לוֹ כֹּה יִהְיֶה זַרְעֶךָ׃ וְהֶאֱמִן ו
ששי בַּיהוה וַיַּחְשְׁבֶהָ לּוֹ צְדָקָה׃ וַיֹּאמֶר אֵלָיו אֲנִי יהוה ז
אֲשֶׁר הוֹצֵאתִיךָ מֵאוּר כַּשְׂדִּים לָתֶת לְךָ אֶת־
הָאָרֶץ הַזֹּאת לְרִשְׁתָּהּ׃ וַיֹּאמַר אֲדֹנָי יֱהוִה בַּמָּה ח
אֵדַע כִּי אִירָשֶׁנָּה׃ וַיֹּאמֶר אֵלָיו קְחָה לִי עֶגְלָה ט
מְשֻׁלֶּשֶׁת וְעֵז מְשֻׁלֶּשֶׁת וְאַיִל מְשֻׁלָּשׁ וְתֹר וְגוֹזָל׃
וַיִּקַּח־לוֹ אֶת־כָּל־אֵלֶּה וַיְבַתֵּר אֹתָם בַּתָּוֶךְ וַיִּתֵּן י
אִישׁ־בִּתְרוֹ לִקְרַאת רֵעֵהוּ וְאֶת־הַצִּפֹּר לֹא בָתָר׃
וַיֵּרֶד הָעַיִט עַל־הַפְּגָרִים וַיַּשֵּׁב אֹתָם אַבְרָם׃ וַיְהִי יא יב
הַשֶּׁמֶשׁ לָבוֹא וְתַרְדֵּמָה נָפְלָה עַל־אַבְרָם וְהִנֵּה
אֵימָה חֲשֵׁכָה גְדֹלָה נֹפֶלֶת עָלָיו׃ וַיֹּאמֶר לְאַבְרָם יג
יָדֹעַ תֵּדַע כִּי־גֵר ׀ יִהְיֶה זַרְעֲךָ בְּאֶרֶץ לֹא לָהֶם
וַעֲבָדוּם וְעִנּוּ אֹתָם אַרְבַּע מֵאוֹת שָׁנָה׃ וְגַם אֶת־ יד

לך לך

ג הֵן לִי לֹא נָתַתָּה זָרַע. וּמַה תּוֹעֶלֶת בְּכָל אֲשֶׁר תִּתֵּן לִי?

ה וַיּוֹצֵא אֹתוֹ הַחוּצָה. לְפִי פְשׁוּטוֹ, הוֹצִיאוֹ מֵאָהֳלוֹ לַחוּץ לִרְאוֹת הַכּוֹכָבִים. וּלְפִי מִדְרָשׁוֹ, אָמַר לוֹ: צֵא מֵאִצְטַגְנִינוּת שֶׁלְּךָ, שֶׁרָאִיתָ בַּמַּזָּלוֹת שֶׁאֵינְךָ עָתִיד לְהַעֲמִיד בֵּן – אַבְרָם אֵין לוֹ בֵּן, אֲבָל אַבְרָהָם יֵשׁ לוֹ בֵּן; שָׂרַי לֹא תֵלֵד, אֲבָל שָׂרָה תֵּלֵד – אֲנִי קוֹרֵא לָכֶם שֵׁם אַחֵר וְיִשְׁתַּנֶּה הַמַּזָּל. דָּבָר אַחֵר, הוֹצִיאוֹ מֵחֲלָלוֹ שֶׁל עוֹלָם וְהִגְבִּיהוֹ לְמַעְלָה מִן הַכּוֹכָבִים; וְזֶהוּ לְשׁוֹן הַבָּטָה, מִלְמַעְלָה לְמַטָּה:

ד יְהַבְתְּ וְלַד, וְהָא בַּר בֵּיתִי יָרֵית יָתִי: וְהָא פִתְגָמָא דַיי עִמֵּיהּ לְמֵימַר, לָא יֵירְתִנָּךְ דֵּין, אֱלָהֵין
ה בַּר דְּתוֹלִיד, הוּא יֵירְתִנָּךְ: וְאַפֵּיק יָתֵיהּ לְבָרָא, וַאֲמַר אִסְתַּכִי כְעַן לִשְׁמַיָּא, וּמְנִי כוֹכְבַיָּא, אִם
ו ז תִּכּוֹל לְמִמְנֵי יָתְהוֹן, וַאֲמַר לֵיהּ, כְּדֵין יְהוֹן בְּנָךְ: וְהֵימִין בְּמֵימְרָא דַיי, וְחַשְׁבַהּ לֵיהּ לִזְכוּ: וַאֲמַר
ח לֵיהּ, אֲנָא יי, דְּאַפֵּיקְתָּךְ מֵאוּר דְּכַסְדָּאֵי, לְמִתַּן לָךְ, יָת אַרְעָא הָדָא לְמֵירְתַהּ: וַאֲמַר, יי אֱלֹהִים,
ט בְּמָא אֶדַּע אֲרֵי אֵירְתִנַּהּ: וַאֲמַר לֵיהּ, קָרֵיב קֳדָמַי עִגְלִין תְּלָתָא, וְעִזִּין תְּלָתָא וְדִכְרִין תְּלָת,
י וְשַׁפְנִינָא וּבַר יוֹנָה: וְקָרֵיב קֳדָמוֹהִי יָת כָּל אִלֵּין, וּפַלֵּיג יָתְהוֹן בְּשֵׁוֵי, וִיהַב פַּלְגַיָּא פִּלְגָּא לָקֳבֵיל
יא יב חַבְרֵיהּ, וְיָת עוֹפָא לָא פַלֵּיג: וּנְחַת עוֹפָא עַל פַּלְגַיָּא, וְאַפְרַח יָתְהוֹן אַבְרָם: וַהֲוָה שִׁמְשָׁא לְמֵיעַל,
יג וְשִׁינְתָא נְפַלַת עַל אַבְרָם, וְהָא אֵימָה, קְבַל סַגִּי נְפַלַת עֲלוֹהִי: וַאֲמַר לְאַבְרָם, מִדַּע תִּדַּע,
יד אֲרֵי דַיָּרִין יְהוֹן בְּנָךְ, בַּאֲרַע לָא דִילְהוֹן, וְיִפְלְחוּן בְּהוֹן וִיעַנּוֹן יָתְהוֹן, אַרְבַּע מְאָה שְׁנִין: וְאַף יָת

ו **וְהֶאֱמִן בַּה׳.** לֹא שָׁאַל לוֹ אוֹת עַל זֹאת, אֲבָל עַל יְרֻשַּׁת הָאָרֶץ שָׁאַל לוֹ אוֹת וְאָמַר לוֹ: ״בַּמָּה אֵדַע״ (להלן פסוק ח): **וַיַּחְשְׁבֶהָ לּוֹ צְדָקָה.** הַקָּדוֹשׁ בָּרוּךְ הוּא חֲשָׁבָהּ לְאַבְרָהָם לִזְכוּת וְלִצְדָקָה עַל הָאֱמָנָה שֶׁהֶאֱמִין בּוֹ. דָּבָר אַחֵר, ״בַּמָּה אֵדַע״ – לֹא שָׁאַל לוֹ אוֹת, אֶלָּא אָמַר לְפָנָיו: הוֹדִיעֵנִי בְּאֵיזֶה זְכוּת יִתְקַיְּמוּ בָּהּ; וְאָמַר לוֹ הַקָּדוֹשׁ בָּרוּךְ הוּא: בִּזְכוּת הַקָּרְבָּנוֹת:

ט **עֶגְלָה מְשֻׁלֶּשֶׁת.** שְׁלֹשָׁה עֲגָלִים, רֶמֶז לִשְׁלֹשָׁה פָּרִים: פַּר יוֹם הַכִּפּוּרִים, וּפַר הֶעְלֵם דָּבָר שֶׁל צִבּוּר וְעֶגְלָה עֲרוּפָה: **וְעֵז מְשֻׁלֶּשֶׁת.** רֶמֶז לַשָּׂעִיר הַנַּעֲשֶׂה בִּפְנִים, וּשְׂעִירֵי מוּסָפִין שֶׁל מוֹעֵד, וּשְׂעִירַת חַטָּאת יָחִיד: **וְאַיִל מְשֻׁלָּשׁ.** אָשָׁם וַדַּאי וְאָשָׁם תָּלוּי וְכִבְשָׂה שֶׁל חַטָּאת יָחִיד: **וְתֹר וְגוֹזָל.** תּוֹרִים וּבְנֵי יוֹנָה:

י **וַיְבַתֵּר אֹתָם.** חִלֵּק כָּל אֶחָד לִשְׁנֵי חֲלָקִים; וְאֵין הַמִּקְרָא יוֹצֵא מִידֵי פְשׁוּטוֹ, לְפִי שֶׁהָיָה כּוֹרֵת בְּרִית עִמּוֹ לִשְׁמֹר הַבְטָחָתוֹ לְהוֹרִישׁ לְבָנָיו אֶת הָאָרֶץ, כִּדְכְתִיב: ״בַּיּוֹם הַהוּא כָּרַת ה׳ אֶת אַבְרָם בְּרִית לֵאמֹר״ וְגוֹ׳ (להלן פסוק יח), וְדֶרֶךְ כּוֹרְתֵי בְּרִית לְחַלֵּק בְּהֵמָה וְלַעֲבֹר בֵּין בְּתָרֶיהָ, כְּמָה שֶׁנֶּאֱמַר לְהַלָּן: ״הָעֹבְרִים בֵּין בִּתְרֵי הָעֵגֶל״ (ירמיה לד, יט) אַף כָּאן: ״תַנּוּר עָשָׁן וְלַפִּיד אֵשׁ אֲשֶׁר עָבַר בֵּין הַגְּזָרִים״ (להלן פסוק יז) הוּא שְׁלוּחוֹ שֶׁל שְׁכִינָה שֶׁהִיא אֵשׁ: **וְאֶת הַצִּפֹּר לֹא בָתָר.** לְפִי שֶׁהָאֻמּוֹת נִמְשְׁלוּ לְפָרִים וְאֵילִים וּשְׂעִירִים, שֶׁנֶּאֱמַר: ״סְבָבוּנִי פָּרִים רַבִּים״ וְגוֹ׳ (תהלים כב, יג), וְאוֹמֵר: ״הָאַיִל אֲשֶׁר רָאִיתָ בַּעַל הַקְּרָנַיִם מַלְכֵי מָדַי וּפָרָס״ (דניאל ח, כ), וְאוֹמֵר: ״וְהַצָּפִיר הַשָּׂעִיר מֶלֶךְ יָוָן״ (שם כא), וְיִשְׂרָאֵל נִמְשְׁלוּ לִבְנֵי יוֹנָה, שֶׁנֶּאֱמַר: ״יוֹנָתִי בְּחַגְוֵי הַסֶּלַע״ (שיר השירים ב, יד), לְפִיכָךְ בִּתֵּר הַבְּהֵמוֹת, רֶמֶז שֶׁיִּהְיוּ הָאֻמּוֹת כָּלִין וְהוֹלְכִין, ״וְאֶת הַצִּפֹּר לֹא בָתָר״ – רֶמֶז שֶׁיִּהְיוּ יִשְׂרָאֵל קַיָּמִין לְעוֹלָם:

יא **הָעַיִט.** הוּא עוֹף, וְעַל שֵׁם שֶׁהוּא עָט וְשׁוֹאֵף אֶל הַנְּבֵלוֹת לָטוּשׂ עֲלֵי אֹכֶל, כְּמוֹ: ״וַתַּעַט אֶל הַשָּׁלָל״ (שמואל א׳ טו, יט): **עַל הַפְּגָרִים.** עַל הַבְּתָרִים: **וַיַּשֵּׁב.** לְשׁוֹן נְשִׁיבָה וְהַפְרָחָה, כְּמוֹ: ״יַשֵּׁב רוּחוֹ״ (תהלים קמז, יח), רֶמֶז שֶׁיָּבֹא דָוִד בֶּן יִשַׁי לְכַלּוֹתָם, וְאֵין מַנִּיחִין אוֹתוֹ מִן הַשָּׁמַיִם עַד שֶׁיָּבוֹא מֶלֶךְ הַמָּשִׁיחַ:

יב **וְהִנֵּה אֵימָה וְגוֹ׳.** רֶמֶז לְצָרוֹת וְחֹשֶׁךְ שֶׁל גָּלֻיּוֹת:

יג **כִּי גֵר יִהְיֶה זַרְעֲךָ.** מִשֶּׁנּוֹלַד יִצְחָק עַד שֶׁיָּצְאוּ יִשְׂרָאֵל מִמִּצְרַיִם אַרְבַּע מֵאוֹת שָׁנָה. כֵּיצַד? יִצְחָק בֶּן שִׁשִּׁים שָׁנָה כְּשֶׁנּוֹלַד יַעֲקֹב, וְיַעֲקֹב כְּשֶׁיָּרַד לְמִצְרַיִם אָמַר: ״יְמֵי שְׁנֵי מְגוּרַי שְׁלֹשִׁים וּמְאַת שָׁנָה״ (להלן מז, ט), הֲרֵי מֵאָה וְתִשְׁעִים. וּבְמִצְרַיִם הָיוּ מָאתַיִם וָעֶשֶׂר כְּמִנְיַן ׳רד״ו׳, הֲרֵי אַרְבַּע מֵאוֹת שָׁנָה. וְאִם תֹּאמַר, בְּמִצְרַיִם הָיוּ אַרְבַּע מֵאוֹת – הֲרֵי קְהָת מִיּוֹרְדֵי מִצְרַיִם הָיָה, צֵא וַחֲשֹׁב שְׁנוֹתָיו שֶׁל קְהָת וְשֶׁל עַמְרָם וּשְׁמֹנִים שֶׁל מֹשֶׁה שֶׁהָיָה כְּשֶׁיָּצְאוּ יִשְׂרָאֵל מִמִּצְרַיִם, אֵין אַתָּה מוֹצֵא אֶלָּא שְׁלֹשׁ מֵאוֹת וַחֲמִשִּׁים, וְאַתָּה צָרִיךְ לְהוֹצִיא מֵהֶן כָּל הַשָּׁנִים שֶׁחַי קְהָת אַחַר לֵדַת עַמְרָם, וְשֶׁחַי עַמְרָם אַחַר לֵדַת מֹשֶׁה: **בְּאֶרֶץ לֹא לָהֶם.** וְלֹא נֶאֱמַר ׳בְּאֶרֶץ מִצְרַיִם׳ אֶלָּא ״לֹא לָהֶם״, וּמִשֶּׁנּוֹלַד יִצְחָק: ״וַיָּגָר אַבְרָהָם״ וְגוֹ׳ (להלן כא, לד), וְיִצְחָק – ״וַיָּגָר בִּגְרָר״ (להלן כ, א), ״וְיַעֲקֹב גָּר בְּאֶרֶץ חָם״ (תהלים קה, כג), ״לָגוּר בָּאָרֶץ בָּאנוּ״ (להלן מז, ד):

הַגּוֹי אֲשֶׁר יַעֲבֹדוּ דָּן אָנֹכִי וְאַחֲרֵי־כֵן יֵצְאוּ בִּרְכֻשׁ
טו גָּדוֹל׃ וְאַתָּה תָּבוֹא אֶל־אֲבֹתֶיךָ בְּשָׁלוֹם תִּקָּבֵר
טז בְּשֵׂיבָה טוֹבָה׃ וְדוֹר רְבִיעִי יָשׁוּבוּ הֵנָּה כִּי לֹא־
יז שָׁלֵם עֲוֺן הָאֱמֹרִי עַד־הֵנָּה׃ וַיְהִי הַשֶּׁמֶשׁ בָּאָה
וַעֲלָטָה הָיָה וְהִנֵּה תַנּוּר עָשָׁן וְלַפִּיד אֵשׁ אֲשֶׁר
יח עָבַר בֵּין הַגְּזָרִים הָאֵלֶּה׃ בַּיּוֹם הַהוּא כָּרַת יְהוָה
אֶת־אַבְרָם בְּרִית לֵאמֹר לְזַרְעֲךָ נָתַתִּי אֶת־
הָאָרֶץ הַזֹּאת מִנְּהַר מִצְרַיִם עַד־הַנָּהָר הַגָּדֹל
יט נְהַר־פְּרָת׃ אֶת־הַקֵּינִי וְאֶת־הַקְּנִזִּי וְאֵת הַקַּדְמֹנִי׃
כ כא וְאֶת־הַחִתִּי וְאֶת־הַפְּרִזִּי וְאֶת־הָרְפָאִים׃ וְאֶת־
הָאֱמֹרִי וְאֶת־הַכְּנַעֲנִי וְאֶת־הַגִּרְגָּשִׁי וְאֶת־
יג הַיְבוּסִי׃ טז א וְשָׂרַי אֵשֶׁת אַבְרָם לֹא יָלְדָה
ב לוֹ וְלָהּ שִׁפְחָה מִצְרִית וּשְׁמָהּ הָגָר׃ וַתֹּאמֶר שָׂרַי
אֶל־אַבְרָם הִנֵּה־נָא עֲצָרַנִי יְהוָה מִלֶּדֶת בֹּא־נָא
אֶל־שִׁפְחָתִי אוּלַי אִבָּנֶה מִמֶּנָּה וַיִּשְׁמַע אַבְרָם
ג לְקוֹל שָׂרָי׃ וַתִּקַּח שָׂרַי ׀ אֵשֶׁת אַבְרָם אֶת־הָגָר
הַמִּצְרִית שִׁפְחָתָהּ מִקֵּץ עֶשֶׂר שָׁנִים לְשֶׁבֶת

לך לך

יד וְגַם אֶת הַגּוֹי. "וְגַם" לְרַבּוֹת אַרְבַּע מַלְכֻיּוֹת, שֶׁאַף הֵן כָּלִים עַל שֶׁשִּׁעְבְּדוּ אֶת יִשְׂרָאֵל: דָּן אָנֹכִי. בְּעֶשֶׂר מַכּוֹת: בִּרְכֻשׁ גָּדוֹל. בְּמָמוֹן גָּדוֹל, כְּמוֹ שֶׁנֶּאֱמַר: "וַיְנַצְּלוּ אֶת מִצְרָיִם" (שמות יב, לו):
טו וְאַתָּה תָּבוֹא אֶל אֲבֹתֶיךָ. וְלֹא תִּרְאֶה כָּל אֵלֶּה. אֶל אֲבֹתֶיךָ. אָבִיו עוֹבֵד עֲבוֹדָה זָרָה וְהוּא מְבַשְּׂרוֹ שֶׁיָּבֹא אֵלָיו?! לִמֶּדְךָ שֶׁעָשָׂה תֶּרַח תְּשׁוּבָה: תִּקָּבֵר בְּשֵׂיבָה טוֹבָה. בִּשְּׂרוֹ שֶׁיַּעֲשֶׂה יִשְׁמָעֵאל תְּשׁוּבָה בְּיָמָיו, וְלֹא יֵצֵא עֵשָׂו לְתַרְבּוּת רָעָה בְּיָמָיו, וּלְפִיכָךְ מֵת חָמֵשׁ שָׁנִים קֹדֶם זְמַנּוֹ, וּבוֹ בַּיּוֹם מָרַד עֵשָׂו:

טו עַמָּא, דִּיפְלְחוּן בְּהוֹן דָּאֵין אֲנָא, וּבָתַר כֵּן יִפְּקוּן בְּקִנְיָנָא סַגִּי: וְאַתְּ, תִּתְכְּנֵישׁ לְוָת אֲבָהָתָךְ
טז בִּשְׁלָם, תִּתְקְבַר בְּסֵיבוּ טָבָא: וְדָרָא רְבִיעָאָה יְתוּבוּן הָלְכָא, אֲרֵי לָא שְׁלִים, חוֹבָא דֶּאֱמוֹרָאָה
יז עַד כְּעַן: וַהֲוָה שִׁמְשָׁא עָאלַת, וְקַבְלָא הֲוָה, וְהָא תַּנּוּר דְּתָנַן וּבְעוֹר דְּאִישָׁא, עֲדָא, בֵּין
יח פַּלְגַיָּא הָאִלֵּין: בְּיוֹמָא הַהוּא, גְּזַר יְיָ, עִם אַבְרָם קְיָם לְמֵימַר, לִבְנָךְ, יְהַבִית יָת אַרְעָא הָדָא,
יט כ מִנַּהְרָא דְמִצְרַיִם, עַד נַהְרָא רַבָּא נַהְרָא פְרָת: יָת שַׁלְמָאֵי וְיָת קְנִזָּאֵי, וְיָת קַדְמוֹנָאֵי: וְיָת חִתָּאֵי
טז כא א וְיָת פְּרִזָּאֵי וְיָת גִּבָּרַיָּא: וְיָת אֱמוֹרָאֵי וְיָת כְּנַעֲנָאֵי, וְיָת גִּרְגָּשָׁאֵי וְיָת יְבוּסָאֵי: וְשָׂרַי
ב אִתַּת אַבְרָם, לָא יְלֵידַת לֵיהּ, וְלַהּ, אַמְתָּא מִצְרֵיתָא וּשְׁמַהּ הָגָר: וַאֲמַרַת שָׂרַי לְאַבְרָם,
הָא כְעַן, מַנְעַנִי יְיָ מִלְּמֵילַד, עוֹל כְּעַן לְוָת אַמְתִי, מָאִם אֶתְבְּנֵי מִנַּהּ, וְקַבֵּיל אַבְרָם
ג לְמֵימַר שָׂרָי: וּדְבַרַת, שָׂרַי אִתַּת אַבְרָם, יָת הָגָר מִצְרֵיתָא אַמְתַהּ, מִסּוֹף עֲסַר שְׁנִין, לְמִתַּב

טז) **וְדוֹר רְבִיעִי.** לְאַחַר שֶׁיִּגְלוּ לְמִצְרַיִם יִהְיוּ שָׁם שְׁלֹשָׁה דוֹרוֹת, וְהָרְבִיעִי יָשׁוּבוּ לָאָרֶץ הַזֹּאת, לְפִי שֶׁבְּאֶרֶץ כְּנַעַן הָיָה מְדַבֵּר עִמּוֹ וְכָרַת בְּרִית זוֹ, כִּדְכְתִיב: "לָתֶת לְךָ אֶת הָאָרֶץ הַזֹּאת לְרִשְׁתָּהּ" (לעיל פסוק ז). וְכֵן הָיָה: יַעֲקֹב יָרַד לְמִצְרַיִם, צֵא וַחֲשֹׁב דּוֹרוֹתָיו – יְהוּדָה פֶּרֶץ וְחֶצְרוֹן, וְכָלֵב בֶּן חֶצְרוֹן מִבָּאֵי הָאָרֶץ הָיָה: **כִּי לֹא שָׁלֵם עֲוֹן הָאֱמֹרִי.** לִהְיוֹת מִשְׁתַּלֵּחַ מֵאַרְצוֹ עַד אוֹתוֹ זְמַן, שֶׁאֵין הַקָּדוֹשׁ בָּרוּךְ הוּא נִפְרָע מֵאֻמָּה עַד שֶׁתִּתְמַלֵּא סָאתָהּ, שֶׁנֶּאֱמַר: "בְּסַאסְּאָה בְּשַׁלְחָהּ תְּרִיבֶנָּה" (ישעיה כז, ח):

יז) **וַיְהִי הַשֶּׁמֶשׁ בָּאָה.** כְּמוֹ: "וַיְהִי הֵם מְרִיקִים שַׂקֵּיהֶם" (להלן מב, לה), "וַיְהִי הֵם קֹבְרִים אִישׁ" (מלכים ב׳ יג, כא), כְּלוֹמַר, וַיְהִי דָּבָר זֶה: **הַשֶּׁמֶשׁ בָּאָה.** שָׁקְעָה: **וַעֲלָטָה הָיָה.** חָשַׁךְ הַיּוֹם: **וְהִנֵּה תַנּוּר עָשָׁן וְגוֹ׳.** רָמַז לוֹ שֶׁיִּפְּלוּ הַמַּלְכֻיּוֹת בְּגֵיהִנֹּם: **בָּאָה.** טַעְמוֹ לְמַעְלָה, לְכָךְ הוּא מְאֻחָר שֶׁבָּאָה כְּבָר. וְאִם הָיָה טַעְמוֹ לְמַטָּה בָּאָלֶ"ף, הָיָה מְאֻחָר כְּשֶׁהִיא שׁוֹקַעַת; וְאִי אֶפְשָׁר כֵּן, שֶׁהֲרֵי כְּבָר כָּתַב: "וַיְהִי הַשֶּׁמֶשׁ לָבוֹא" (לעיל פסוק יב), וְהַעֲבָרַת תַּנּוּר עָשָׁן לְאַחַר מִכָּאן הָיְתָה, נִמְצָא שֶׁכְּבָר שָׁקְעָה. וְזֶה חִלּוּק בְּכָל תֵּבָה לְשׁוֹן נְקֵבָה שֶׁיְּסוֹדָהּ שְׁתֵּי אוֹתִיּוֹת, כְּשֶׁהַטַּעַם לְמַעְלָה לְשׁוֹן שֶׁעָבַר הוּא, כְּגוֹן זֶה, וּכְגוֹן: "וְרָחֵל בָּאָה" (להלן כט, ט), "קָמָה אֲלֻמָּתִי" (להלן לז, ז), "הִנֵּה שָׁבָה יְבִמְתֵּךְ" (רות א, טו), וּכְשֶׁהַטַּעַם לְמַטָּה הוּא לְשׁוֹן הֹוֶה, דָּבָר שֶׁנַּעֲשֶׂה עַכְשָׁיו וְהוֹלֵךְ, כְּמוֹ: "בָּאָה עִם הַצֹּאן" (להלן כט, ו), "קָמָה בְחָמֹתָהּ" (מיכה ז, ו), "וּבַבֹּקֶר הִיא שָׁבָה" (אסתר ב, יד):

יח) **לְזַרְעֲךָ נָתַתִּי.** אֲמִירָתוֹ שֶׁל הַקָּדוֹשׁ בָּרוּךְ הוּא כְּאִלּוּ הִיא עֲשׂוּיָה: **הַנָּהָר הַגָּדֹל.** לְפִי שֶׁהוּא דָּבוּק לְאֶרֶץ יִשְׂרָאֵל קְרָאָהוּ גָּדוֹל, אַף עַל פִּי שֶׁהוּא מְאֻחָר בְּאַרְבָּעָה נְהָרוֹת הַיּוֹצְאִים מֵעֵדֶן, שֶׁנֶּאֱמַר: "וְהַנָּהָר הָרְבִיעִי הוּא פְרָת" (לעיל ב, יד); מְשַׁל הֶדְיוֹט: עֶבֶד מֶלֶךְ – מֶלֶךְ, הִדָּבֵק לְשַׁחְוָר וְיִשְׁתַּחֲווּ לָךְ:

יט) **אֶת הַקֵּינִי.** עֶשֶׂר אֻמּוֹת יֵשׁ כָּאן, וְלֹא נָתַן לָהֶם אֶלָּא שִׁבְעָה גוֹיִם, וְהַשְּׁלֹשָׁה אֱדוֹם וּמוֹאָב וְעַמּוֹן, וְהֵם קֵינִי קְנִזִּי קַדְמֹנִי, וַעֲתִידִים לִהְיוֹת יְרֻשָּׁה לֶעָתִיד, שֶׁנֶּאֱמַר: "אֱדוֹם וּמוֹאָב מִשְׁלוֹחַ יָדָם וּבְנֵי עַמּוֹן מִשְׁמַעְתָּם" (ישעיה יא, יד):

כ) **וְאֶת הָרְפָאִים.** אֶרֶץ עוֹג, שֶׁנֶּאֱמַר בָּהּ: "הַהוּא יִקָּרֵא אֶרֶץ רְפָאִים" (דברים ג, יג):

פרק טז

א) **שִׁפְחָה מִצְרִית.** בַּת פַּרְעֹה הָיְתָה, כְּשֶׁרָאָה נִסִּים שֶׁנַּעֲשׂוּ לְשָׂרָה, אָמַר: מוּטָב שֶׁתְּהֵא בִּתִּי שִׁפְחָה בְּבַיִת זֶה וְלֹא גְבִירָה בְּבַיִת אַחֵר:

ב) **אוּלַי אִבָּנֶה מִמֶּנָּה.** לִמֵּד עַל מִי שֶׁאֵין לוֹ בָּנִים שֶׁאֵינוֹ בָּנוּי אֶלָּא הָרוּס: **אִבָּנֶה מִמֶּנָּה.** בִּזְכוּת שֶׁאַכְנִיס צָרָתִי לְבֵיתִי: **לְקוֹל שָׂרָי.** לְרוּחַ הַקֹּדֶשׁ שֶׁבָּהּ:

ג) **וַתִּקַּח שָׂרַי.** לְקָחַתָּה בִּדְבָרִים: אַשְׁרַיִךְ שֶׁזָּכִית לִדָּבֵק בְּגוּף קָדוֹשׁ כָּזֶה: **מִקֵּץ עֶשֶׂר שָׁנִים.** מוֹעֵד הַקָּבוּעַ לְאִשָּׁה שֶׁשָּׁהֲתָה עֶשֶׂר שָׁנִים וְלֹא יָלְדָה לְבַעְלָהּ, חַיָּב לִשָּׂא אַחֶרֶת: **לְשֶׁבֶת אַבְרָם וְגוֹ׳.** מַגִּיד שֶׁאֵין יְשִׁיבַת חוּצָה לָאָרֶץ עוֹלָה לוֹ מִן הַמִּנְיָן, לְפִי שֶׁלֹּא נֶאֱמַר לוֹ: "וְאֶעֶשְׂךָ לְגוֹי גָּדוֹל" (לעיל יב, ב) עַד שֶׁיָּבֹא לְאֶרֶץ יִשְׂרָאֵל:

בראשית   טז

אַבְרָם בְּאֶרֶץ כְּנָעַן וַתִּתֵּן אֹתָהּ לְאַבְרָם אִישָׁהּ
לוֹ לְאִשָּׁה: וַיָּבֹא אֶל־הָגָר וַתַּהַר וַתֵּרֶא כִּי הָרָתָה   ד
וַתֵּקַל גְּבִרְתָּהּ בְּעֵינֶיהָ: וַתֹּאמֶר שָׂרַי אֶל־אַבְרָם   ה
חֲמָסִי עָלֶיךָ אָנֹכִי נָתַתִּי שִׁפְחָתִי בְּחֵיקֶךָ וַתֵּרֶא כִּי
הָרָתָה וָאֵקַל בְּעֵינֶיהָ יִשְׁפֹּט יְהוָה בֵּינִי וּבֵינֶיךָ:
וַיֹּאמֶר אַבְרָם אֶל־שָׂרַי הִנֵּה שִׁפְחָתֵךְ בְּיָדֵךְ   ו
עֲשִׂי־לָהּ הַטּוֹב בְּעֵינָיִךְ וַתְּעַנֶּהָ שָׂרַי וַתִּבְרַח
מִפָּנֶיהָ: וַיִּמְצָאָהּ מַלְאַךְ יְהוָה עַל־עֵין הַמַּיִם   ז
בַּמִּדְבָּר עַל־הָעַיִן בְּדֶרֶךְ שׁוּר: וַיֹּאמַר הָגָר   ח
שִׁפְחַת שָׂרַי אֵי־מִזֶּה בָאת וְאָנָה תֵלֵכִי וַתֹּאמֶר
מִפְּנֵי שָׂרַי גְּבִרְתִּי אָנֹכִי בֹּרַחַת: וַיֹּאמֶר לָהּ   ט
מַלְאַךְ יְהוָה שׁוּבִי אֶל־גְּבִרְתֵּךְ וְהִתְעַנִּי תַּחַת
יָדֶיהָ: וַיֹּאמֶר לָהּ מַלְאַךְ יְהוָה הַרְבָּה אַרְבֶּה   י
אֶת־זַרְעֵךְ וְלֹא יִסָּפֵר מֵרֹב: וַיֹּאמֶר לָהּ מַלְאַךְ   יא
יְהוָה הִנָּךְ הָרָה וְיֹלַדְתְּ בֵּן וְקָרָאת שְׁמוֹ יִשְׁמָעֵאל
כִּי־שָׁמַע יְהוָה אֶל־עָנְיֵךְ: וְהוּא יִהְיֶה פֶּרֶא אָדָם   יב
יָדוֹ בַכֹּל וְיַד כֹּל בּוֹ וְעַל־פְּנֵי כָל־אֶחָיו יִשְׁכֹּן:
וַתִּקְרָא שֵׁם־יְהוָה הַדֹּבֵר אֵלֶיהָ אַתָּה אֵל רֳאִי   יג
כִּי אָמְרָה הֲגַם הֲלֹם רָאִיתִי אַחֲרֵי רֹאִי: עַל־כֵּן   יד
קָרָא לַבְּאֵר בְּאֵר לַחַי רֹאִי הִנֵּה בֵין־קָדֵשׁ וּבֵין
בָּרֶד: וַתֵּלֶד הָגָר לְאַבְרָם בֵּן וַיִּקְרָא אַבְרָם שֶׁם־   טו

לך לך

ד אַבְרָם בְּאַרְעָא דִּכְנָעַן, וִיהַבַת יָתַהּ, לְאַבְרָם בַּעְלַהּ לֵיהּ לְאִתּוּ: וְעָאל לְוָת הָגָר וְעַדִּיאַת, וַחֲזָת
ה אֲרֵי עַדִּיאַת, וְקַלַּת רִבּוֹנְתַהּ בְּעֵינַהָא: וַאֲמַרַת שָׂרַי לְאַבְרָם דִּינִי לִי עֲלָךְ, אֲנָא, יְהַבִית אַמְתִי
ו לָךְ, וַחֲזָת אֲרֵי עַדִּיאַת, וְקַלֵּית בְּעֵינַהָא, יְדִין יי בֵּינָא וּבֵינָךְ: וַאֲמַר אַבְרָם לְשָׂרַי, הָא אַמְתִיךְ
ז בִּידִיךְ, עֲבִידִי לַהּ דְּתַקִּין בְּעֵינַכִי, וְעַנִּיתַהּ שָׂרַי, וַעֲרַקַת מִן קֳדָמַהָא: וְאַשְׁכְּחַהּ, מַלְאֲכָא דַּיי,
ח עַל עֵינָא דְּמַיָּא בְּמַדְבְּרָא, עַל עֵינָא בְּאוֹרְחָא דְּחַגְרָא: וַאֲמַר, הָגָר, אַמְתַהּ דְּשָׂרַי, מְנָן אַתְּ אָתְיָא
ט וּלְאָן אַתְּ אָזְלָא, וַאֲמַרַת, מִן קֳדָם שָׂרַי רִבּוֹנְתִי, אֲנָא עָרְקָא: וַאֲמַר לַהּ מַלְאֲכָא דַּיי, תּוּבִי לְוָת
י רִבּוֹנְתִיךְ, וְאִשְׁתַּעְבִּידִי תְּחוֹת יְדַהָא: וַאֲמַר לַהּ מַלְאֲכָא דַּיי, אַסְגָּאָה אַסְגֵּי יָת בְּנַיכִי, וְלָא
יא יִתְמְנוֹן מִסְּגֵי: וַאֲמַר לַהּ מַלְאֲכָא דַּיי, הָא אַתְּ מְעַדְּיָא וּתְלִידִין בַּר, וְתִקְרָן שְׁמֵיהּ יִשְׁמָעֵאל, אֲרֵי
יב קַבֵּיל יי צְלוֹתִיךְ: וְהוּא יְהֵי מְרוֹד בַּאֲנָשָׁא, הוּא יְהֵי צְרִיךְ לְכוֹלָּא, וְאַף אֱנָשָׁא יְהוֹן צְרִיכִין לֵיהּ,
יג וְעַל אַפֵּי כָל אֲחוֹהִי יִשְׁרֵי: וְצַלִּיאַת בִּשְׁמָא דַּיי דְּאִתְמַלַּל עִמַּהּ, אֲמַרַת אַתְּ הוּא אֱלָהָא חָזֵי
יד כּוֹלָּא, אֲרֵי אֲמַרַת, אַף הָכָא, שָׁרִיתִי חָזְיָא בָּתַר דְּאִתְגְּלִי לִי: עַל כֵּן קְרָא לְבֵירָא, בֵּירָא דְּמַלְאַךְ
טו קַיָּמָא אִתַּחְזִי עֲלַהּ, הָא הִיא בֵּין רְקַם וּבֵין חַגְרָא: וִילֵידַת הָגָר, לְאַבְרָם בַּר, וּקְרָא אַבְרָם שׁוּם

ד) **וַיָּבֹא אֶל הָגָר וַתַּהַר.** מִבִּיאָה רִאשׁוֹנָה: **וַתֵּקַל גְּבִרְתָּהּ בְּעֵינֶיהָ.** אָמְרָה: שָׂרַי זוֹ אֵין סִתְרָהּ כְּגִלּוּיָהּ, מַרְאָה עַצְמָהּ כְּאִלּוּ הִיא צַדֶּקֶת וְאֵינָהּ צַדֶּקֶת, שֶׁלֹּא זָכְתָה לְהֵרָיוֹן כָּל הַשָּׁנִים הַלָּלוּ, וַאֲנִי נִתְעַבַּרְתִּי מִבִּיאָה רִאשׁוֹנָה:

ה) **חֲמָסִי עָלֶיךָ.** חָמָס הֶעָשׂוּי לִי, עָלֶיךָ אֲנִי מַטִּילָה הָעֹנֶשׁ; כְּשֶׁהִתְפַּלַּלְתָּ לְהַקָּדוֹשׁ בָּרוּךְ הוּא: "מַה תִּתֶּן לִי וְאָנֹכִי הוֹלֵךְ עֲרִירִי" (לעיל טו, ב) לֹא הִתְפַּלַּלְתָּ אֶלָּא עָלֶיךָ, וְהָיָה לְךָ לְהִתְפַּלֵּל עַל שְׁנֵינוּ וְהָיִיתִי אֲנִי נִפְקֶדֶת עִמָּךְ. וְעוֹד, דְּבָרֶיךָ אַתָּה חוֹמֵס מִמֶּנִּי, שֶׁאַתָּה שׁוֹמֵעַ בִּזְיוֹנִי וְשׁוֹתֵק: **אָנֹכִי נָתַתִּי שִׁפְחָתִי וְגוֹ' בֵּינִי וּבֵינֶיךָ.** כָּל 'בֵּינְךָ' שֶׁבַּמִּקְרָא חָסֵר וְזֶה מָלֵא, קְרִי בֵּיהּ: 'וּבֵינַיִךְ', שֶׁהִכְנִיסָה עַיִן הָרָע בְּעִבּוּרָהּ שֶׁל הָגָר וְהִפִּילָה עֻבָּרָהּ. הוּא שֶׁהַמַּלְאָךְ אוֹמֵר לְהָגָר: "הִנָּךְ הָרָה" (להלן פסוק יא), וַהֲלֹא כְּבָר הָרְתָה, וְהוּא מְבַשֵּׂר לָהּ שֶׁתַּהַר?! אֶלָּא מְלַמֵּד שֶׁהִפִּילָה הֵרָיוֹן הָרִאשׁוֹן:

ו) **וַתְּעַנֶּהָ שָׂרַי.** הָיְתָה מְשַׁעְבֶּדֶת בָּהּ בְּקֹשִׁי:

ח) **אֵי מִזֶּה בָאת.** מֵהֵיכָן בָּאת. יוֹדֵעַ הָיָה, אֶלָּא לִתֵּן לָהּ פֶּתַח לִכָּנֵס עִמָּהּ בִּדְבָרִים. וּלְשׁוֹן "אֵי מִזֶּה", אַיֵּה הַמָּקוֹם שֶׁתֹּאמַר עָלָיו "מִזֶּה" אֲנִי בָּאָה:

ט) **וַיֹּאמֶר לָהּ מַלְאַךְ וְגוֹ'.** עַל כָּל אֲמִירָה הָיָה שָׁלוּחַ לָהּ מַלְאָךְ אַחֵר מַלְאָךְ, לְכָךְ נֶאֱמַר 'מַלְאָךְ' בְּכָל אֲמִירָה וַאֲמִירָה:

יא) **הִנָּךְ הָרָה.** כְּשֶׁתָּשׁוּבִי תַּהֲרִי, כְּמוֹ: "הִנָּךְ הָרָה" (שופטים יג, ה) דְּאֵשֶׁת מָנוֹחַ: **וְיֹלַדְתְּ בֵּן.** כְּמוֹ 'וְיוֹלֶדֶת'. וְדוֹמֶה לוֹ: "יֹשַׁבְתְּ בַּלְּבָנוֹן מְקֻנַּנְתְּ בָּאֲרָזִים" (ירמיה כב, כג): **וְקָרָאת שְׁמוֹ.** צִוּוּי הוּא, כְּמוֹ שֶׁאוֹמֵר לְזָכָר: "וְקָרָאתָ אֶת שְׁמוֹ יִצְחָק" (להלן יז, יט):

יב) **פֶּרֶא אָדָם.** אוֹהֵב מִדְבָּרוֹת לָצוּד חַיּוֹת, כְּמוֹ שֶׁכָּתוּב: "וַיֵּשֶׁב בַּמִּדְבָּר וַיְהִי רֹבֶה קַשָּׁת" (להלן כא, כ): **יָדוֹ בַכֹּל.** לִסְטִים: **וְיַד כֹּל בּוֹ.** הַכֹּל שׂוֹנְאִין אוֹתוֹ וּמִתְגָּרִין בּוֹ: **וְעַל פְּנֵי כָל אֶחָיו יִשְׁכֹּן.** שֶׁיִּהְיֶה זַרְעוֹ גָּדוֹל:

יג) **אַתָּה אֵל רֳאִי.** נָקוּד חֲטַף קָמָץ מִפְּנֵי שֶׁהוּא שֵׁם דָּבָר, אֱלוֹהַּ הָרְאִיָּה, שֶׁרוֹאֶה בְּעֶלְבּוֹן שֶׁל עֲלוּבִין: **הֲגַם הֲלֹם.** לְשׁוֹן תֵּמַהּ, וְכִי סְבוּרָה הָיִיתִי שֶׁאַף הֲלוֹם בַּמִּדְבָּרוֹת רָאִיתִי שְׁלוּחוֹ שֶׁל מָקוֹם, "אַחֲרֵי רֹאִי" אוֹתָם בְּבֵיתוֹ שֶׁל אַבְרָהָם שֶׁשָּׁם הָיִיתִי רְגִילָה לִרְאוֹת מַלְאָכִים? וְתֵדַע שֶׁהָיְתָה רְגִילָה לִרְאוֹתָם, שֶׁהֲרֵי מָנוֹחַ רָאָה אֶת הַמַּלְאָךְ פַּעַם אַחַת וְאָמַר: "מוֹת נָמוּת" (שופטים יג, כב), וְזוֹ רָאֲתָה אַרְבָּעָה זֶה אַחַר זֶה וְלֹא חָרְדָה:

יד) **בְּאֵר לַחַי רֹאִי.** כְּתַרְגּוּמוֹ: "דְּמַלְאַךְ קַיָּמָא אִתַּחְזִי עֲלַהּ":

טו) **וַיִּקְרָא אַבְרָם שֶׁם וְגוֹ'.** אַף עַל פִּי שֶׁלֹּא שָׁמַע אַבְרָהָם דִּבְרֵי הַמַּלְאָךְ שֶׁאָמַר: "וְקָרָאת שְׁמוֹ יִשְׁמָעֵאל" (לעיל פסוק יא), שָׁרְתָה רוּחַ הַקֹּדֶשׁ עָלָיו וּקְרָאוֹ יִשְׁמָעֵאל:

בְּנ֖וֹ אֲשֶׁר־יָלְדָ֥ה הָגָ֖ר יִשְׁמָעֵֽאל׃ וְאַבְרָ֕ם בֶּן־ טז
שְׁמֹנִ֥ים שָׁנָ֖ה וְשֵׁ֣שׁ שָׁנִ֑ים בְּלֶֽדֶת־הָגָ֥ר אֶת־
יד יִשְׁמָעֵ֖אל לְאַבְרָֽם׃ וַיְהִ֣י אַבְרָ֔ם א יז
בֶּן־תִּשְׁעִ֥ים שָׁנָ֖ה וְתֵ֣שַׁע שָׁנִ֑ים וַיֵּרָ֨א יְהוָ֜ה אֶל־
אַבְרָ֗ם וַיֹּ֤אמֶר אֵלָיו֙ אֲנִי־אֵ֣ל שַׁדַּ֔י הִתְהַלֵּ֥ךְ
לְפָנַ֖י וֶהְיֵ֥ה תָמִֽים׃ וְאֶתְּנָ֥ה בְרִיתִ֖י בֵּינִ֣י וּבֵינֶ֑ךָ ב
וְאַרְבֶּ֥ה אוֹתְךָ֖ בִּמְאֹ֥ד מְאֹֽד׃ וַיִּפֹּ֥ל אַבְרָ֖ם עַל־ ג
פָּנָ֑יו וַיְדַבֵּ֥ר אִתּ֛וֹ אֱלֹהִ֖ים לֵאמֹֽר׃ אֲנִ֕י הִנֵּ֥ה ד
בְרִיתִ֖י אִתָּ֑ךְ וְהָיִ֕יתָ לְאַ֖ב הֲמ֥וֹן גּוֹיִֽם׃ וְלֹא־ ה
יִקָּרֵ֥א ע֛וֹד אֶת־שִׁמְךָ֖ אַבְרָ֑ם וְהָיָ֤ה שִׁמְךָ֙
אַבְרָהָ֔ם כִּ֛י אַב־הֲמ֥וֹן גּוֹיִ֖ם נְתַתִּֽיךָ׃ וְהִפְרֵתִ֤י ו
אֹֽתְךָ֙ בִּמְאֹ֣ד מְאֹ֔ד וּנְתַתִּ֖יךָ לְגוֹיִ֑ם וּמְלָכִ֖ים
מִמְּךָ֥ יֵצֵֽאוּ׃ וַהֲקִמֹתִ֨י אֶת־בְּרִיתִ֜י בֵּינִ֣י וּבֵינֶ֗ךָ ז שביעי
וּבֵ֨ין זַרְעֲךָ֧ אַחֲרֶ֛יךָ לְדֹרֹתָ֖ם לִבְרִ֣ית עוֹלָ֑ם
לִהְי֤וֹת לְךָ֙ לֵֽאלֹהִ֔ים וּֽלְזַרְעֲךָ֖ אַחֲרֶֽיךָ׃ וְנָתַתִּ֣י ח
לְ֠ךָ֠ וּלְזַרְעֲךָ֨ אַחֲרֶ֜יךָ אֵ֣ת ׀ אֶ֣רֶץ מְגֻרֶ֗יךָ אֵ֚ת כָּל־
אֶ֣רֶץ כְּנַ֔עַן לַאֲחֻזַּ֖ת עוֹלָ֑ם וְהָיִ֥יתִי לָהֶ֖ם
לֵאלֹהִֽים׃ וַיֹּ֤אמֶר אֱלֹהִים֙ אֶל־אַבְרָהָ֔ם וְאַתָּ֖ה ט
אֶת־בְּרִיתִ֣י תִשְׁמֹ֑ר אַתָּ֛ה וְזַרְעֲךָ֥ אַחֲרֶ֖יךָ
לְדֹרֹתָֽם׃ זֹ֣את בְּרִיתִ֞י אֲשֶׁ֣ר תִּשְׁמְר֗וּ בֵּינִי֙ י
וּבֵ֣ינֵיכֶ֔ם וּבֵ֖ין זַרְעֲךָ֣ אַחֲרֶ֑יךָ הִמּ֥וֹל לָכֶ֖ם כָּל־

מצווה ב
מצוות ברית מילה

יא זָכָר: וּנְמַלְתֶּם אֵת בְּשַׂר עָרְלַתְכֶם וְהָיָה לְאוֹת
יב בְּרִית בֵּינִי וּבֵינֵיכֶם: וּבֶן־שְׁמֹנַת יָמִים יִמּוֹל לָכֶם

לך לך

טו בְּרֵיהּ, דִּילֵידַת הָגָר יִשְׁמָעֵאל: וְאַבְרָם, בַּר תְּמָנַן וְשִׁית שְׁנִין, כַּד יְלֵידַת הָגָר יָת יִשְׁמָעֵאל
יז א לְאַבְרָם: וַהֲוָה אַבְרָם, בַּר תִּשְׁעִין וּתְשַׁע שְׁנִין, וְאִתְגְּלִי יי לְאַבְרָם, וַאֲמַר לֵיהּ אֲנָא אֵל
ב ג שַׁדַּי, פְּלַח קֳדָמַי וֶהֱוִי שְׁלִים: וְאֶתֵּין קְיָמִי בֵּין מֵימְרִי וּבֵינָךְ, וְאַסְגֵּי יָתָךְ לַחְדָּא לַחְדָּא: וּנְפַל
ד אַבְרָם עַל אַפּוֹהִי, וּמַלֵּיל עִמֵּיהּ, יי לְמֵימַר: אֲנָא, הָא גְּזַר קְיָמִי עִמָּךְ, וּתְהֵי, לְאַב סְגֵי
ה עַמְמִין: וְלָא יִתְקְרֵי עוֹד, יָת שְׁמָךְ אַבְרָם, וִיהֵי שְׁמָךְ אַבְרָהָם, אֲרֵי, לְאַב סְגֵי עַמְמִין
ו יְהַבְתָּךְ: וְאַפֵּישׁ יָתָךְ לַחְדָּא לַחְדָּא, וְאֶתְּנִנָּךְ לִכְנִשָׁן, וּמַלְכִין דְּשָׁלְטִין בְּעַמְמַיָּא מִנָּךְ יִפְּקוּן:
ז וַאֲקֵים יָת קְיָמִי בֵּין מֵימְרִי וּבֵינָךְ, וּבֵין בְּנָךְ בָּתְרָךְ, לְדָרֵיהוֹן לִקְיָם עָלַם, לְמֶהֱוֵי לָךְ לֶאֱלָהּ,
ח וְלִבְנָךְ בָּתְרָךְ: וְאֶתֵּין לָךְ, וְלִבְנָךְ בָּתְרָךְ, יָת אֲרַע תּוֹתָבוּתָךְ, יָת כָּל אַרְעָא דִּכְנַעַן, לְאַחְסָנַת
ט עָלַם, וְאֶהֱוֵי לְהוֹן לֶאֱלָהּ: וַאֲמַר יי לְאַבְרָהָם, וְאַתְּ יָת קְיָמִי תִּטַּר, אַתְּ, וּבְנָךְ בָּתְרָךְ לְדָרֵיהוֹן:
י יא דֵּין קְיָמִי דְּתִטְּרוּן, בֵּין מֵימְרִי וּבֵינֵיכוֹן, וּבֵין בְּנָךְ בָּתְרָךְ, מִגְּזַר לְכוֹן כָּל דְּכוּרָא: וְתִגְזְרוּן,
יב יָת בְּסַר עָרְלַתְכוֹן, וִיהֵי לְאָת קְיָם, בֵּין מֵימְרִי וּבֵינֵיכוֹן: וּבַר תְּמָנְיָא יוֹמִין, יִגְּזַר לְכוֹן,

טז) **וְאַבְרָם בֶּן שְׁמֹנִים וגו'.** לְשִׁבְחוֹ שֶׁל יִשְׁמָעֵאל נִכְתַּב, לְהוֹדִיעַ שֶׁהָיָה בֶּן שְׁלֹשׁ עֶשְׂרֵה שָׁנָה כְּשֶׁנִּמּוֹל וְלֹא עִכֵּב:

פרק יז

א) **אֲנִי אֵל שַׁדַּי.** אֲנִי הוּא שֶׁיֵּשׁ דַּי בֶּאֱלָהוּתִי לְכָל בְּרִיָּה, לְפִיכָךְ "הִתְהַלֵּךְ לְפָנַי" וְאֶהְיֶה לְךָ לֶאֱלוֹהַּ וּלְפַטְרוֹן. וְכֵן כָּל מָקוֹם שֶׁהוּא בַּמִּקְרָא, פֵּרוּשׁוֹ: דַּי שֶׁלּוֹ, לְפִי הָעִנְיָן: הִתְהַלֵּךְ לְפָנַי. כְּתַרְגּוּמוֹ: "פְּלַח קֳדָמַי", הִדָּבֵק בַּעֲבוֹדָתִי: **וֶהְיֵה תָמִים.** אַף זֶה צִוּוּי אַחַר צִוּוּי, הֱיֵה שָׁלֵם בְּכָל נִסְיוֹנוֹתַי. וּלְפִי מִדְרָשׁוֹ, "הִתְהַלֵּךְ לְפָנַי" בְּמִצְוַת מִילָה, וּבַדָּבָר הַזֶּה תִּהְיֶה תָמִים, שֶׁכָּל זְמַן שֶׁהָעָרְלָה בְּךָ אַתָּה בַּעַל מוּם לְפָנַי. דָּבָר אַחֵר, "וֶהְיֵה תָמִים", מוֹסִיף אֲנִי אוֹת עַל שִׁמְךָ וְיִהְיוּ מִנְיַן אוֹתִיּוֹתֶיךָ רמ"ח כְּמִנְיַן אֵיבָרֶיךָ:

ב) **וְאֶתְּנָה בְרִיתִי.** בְּרִית שֶׁל אַהֲבָה וּבְרִית הָאָרֶץ לְהוֹרִישָׁהּ לְךָ עַל יְדֵי מִצְוָה זוֹ:

ג) **וַיִּפֹּל אַבְרָם עַל פָּנָיו.** מִמּוֹרָא הַשְּׁכִינָה, שֶׁעַד שֶׁלֹּא מָל לֹא הָיָה בוֹ כֹּחַ לַעֲמֹד וְרוּחַ הַקֹּדֶשׁ נִצֶּבֶת עָלָיו. וְזֶהוּ שֶׁנֶּאֱמַר בְּבִלְעָם: "נֹפֵל וּגְלוּי עֵינָיִם" (במדבר כד, ד). בִּבְרַיְתָא דְּרַבִּי אֱלִיעֶזֶר:

ה) **כִּי אַב הֲמוֹן גּוֹיִם.** לְשׁוֹן נוֹטָרִיקוֹן שֶׁל שְׁמוֹ, וְרֵי"שׁ שֶׁהָיְתָה בוֹ בַּתְּחִלָּה, שֶׁלֹּא הָיָה אָב אֶלָּא לַאֲרָם שֶׁהוּא מְקוֹמוֹ, וְעַכְשָׁיו לֹא זָזָה מִמְּקוֹמָהּ; שֶׁאַף יוּ"ד שֶׁל שָׂרַי נִתְרַעֲמָה עַל הַשְּׁכִינָה עַד שֶׁהוֹסִיפָהּ לִיהוֹשֻׁעַ, שֶׁנֶּאֱמַר: "וַיִּקְרָא מֹשֶׁה לְהוֹשֵׁעַ בִּן נוּן יְהוֹשֻׁעַ" (במדבר יג, טז):

ו) **וּנְתַתִּיךָ לְגוֹיִם.** יִשְׂרָאֵל וֶאֱדוֹם, שֶׁהֲרֵי יִשְׁמָעֵאל כְּבָר הָיָה לוֹ וְלֹא הָיָה מְבַשְּׂרוֹ עָלָיו:

ז) **וַהֲקִמֹתִי אֶת בְּרִיתִי.** וּמַה הִיא הַבְּרִית? "לִהְיוֹת לְךָ לֵאלֹהִים":

ח) **לַאֲחֻזַּת עוֹלָם.** וְשָׁם אֶהְיֶה לָכֶם לֵאלֹהִים, אֲבָל הַדָּר בְּחוּצָה לָאָרֶץ כְּמִי שֶׁאֵין לוֹ אֱלוֹהַּ:

ט-י) **וְאַתָּה.** וָי"ו זוֹ מוּסָף עַל עִנְיָן רִאשׁוֹן, "אֲנִי הִנֵּה בְרִיתִי אִתָּךְ" (לעיל פסוק ד), וְאַתָּה הֱוֵי זָהִיר לְשָׁמְרוֹ, וּמַה הִיא שְׁמִירָתוֹ? "זֹאת בְּרִיתִי אֲשֶׁר תִּשְׁמְרוּ... הִמּוֹל לָכֶם" וְגוֹ': **בֵּינִי וּבֵינֵיכֶם.** אוֹתָם שֶׁל עַכְשָׁיו: **וּבֵין זַרְעֲךָ אַחֲרֶיךָ.** הָעֲתִידִין לְהִוָּלֵד אַחֲרֶיךָ: **הִמּוֹל.** כְּמוֹ 'לְהִמּוֹל', כְּמוֹ שֶׁאַתָּה אוֹמֵר 'עָשׂוֹת' כְּמוֹ 'לַעֲשׂוֹת':

יא) **וּנְמַלְתֶּם.** כְּמוֹ 'וּמַלְתֶּם', וְהַנּוּ"ן בּוֹ יְתֵרָה לִיסוֹד הַנּוֹפֵל בּוֹ לִפְרָקִים, כְּמוֹ נוּ"ן שֶׁל 'נוֹשֵׁךְ'

בראשית

כָּל־זָכָ֖ר לְדֹרֹתֵיכֶ֑ם יְלִ֣יד בָּ֔יִת וּמִקְנַת־כֶּ֨סֶף֙ מִכֹּ֣ל
בֶּן־נֵכָ֔ר אֲשֶׁ֛ר לֹ֥א מִזַּרְעֲךָ֖ הֽוּא׃ הִמּ֧וֹל ׀ יִמּ֛וֹל יְלִ֥יד
בֵּיתְךָ֖ וּמִקְנַ֣ת כַּסְפֶּ֑ךָ וְהָיְתָ֧ה בְרִיתִ֛י בִּבְשַׂרְכֶ֖ם
לִבְרִ֥ית עוֹלָֽם׃ וְעָרֵ֣ל ׀ זָכָ֗ר אֲשֶׁ֤ר לֹֽא־יִמּוֹל֙ אֶת־
בְּשַׂ֣ר עָרְלָת֔וֹ וְנִכְרְתָ֛ה הַנֶּ֥פֶשׁ הַהִ֖וא מֵעַמֶּ֑יהָ אֶת־
בְּרִיתִ֖י הֵפַֽר׃ וַיֹּ֤אמֶר אֱלֹהִים֙ אֶל־
אַבְרָהָ֔ם שָׂרַ֣י אִשְׁתְּךָ֔ לֹא־תִקְרָ֥א אֶת־שְׁמָ֖הּ שָׂרָ֑י
כִּ֥י שָׂרָ֖ה שְׁמָֽהּ׃ וּבֵרַכְתִּ֣י אֹתָ֔הּ וְגַ֨ם נָתַ֧תִּי מִמֶּ֛נָּה
לְךָ֖ בֵּ֑ן וּבֵֽרַכְתִּ֨יהָ֙ וְהָֽיְתָ֣ה לְגוֹיִ֔ם מַלְכֵ֥י עַמִּ֖ים מִמֶּ֥נָּה
יִהְיֽוּ׃ וַיִּפֹּ֧ל אַבְרָהָ֛ם עַל־פָּנָ֖יו וַיִּצְחָ֑ק וַיֹּ֣אמֶר בְּלִבּ֗וֹ
הַלְּבֶ֤ן מֵאָֽה־שָׁנָה֙ יִוָּלֵ֔ד וְאִ֨ם־שָׂרָ֔ה הֲבַת־תִּשְׁעִ֥ים
שָׁנָ֖ה תֵּלֵֽד׃ וַיֹּ֥אמֶר אַבְרָהָ֖ם אֶל־הָאֱלֹהִ֑ים ל֥וּ
יִשְׁמָעֵ֖אל יִחְיֶ֥ה לְפָנֶֽיךָ׃ וַיֹּ֣אמֶר אֱלֹהִ֗ים אֲבָל֙ שָׂרָ֣ה
אִשְׁתְּךָ֗ יֹלֶ֤דֶת לְךָ֙ בֵּ֔ן וְקָרָ֥אתָ אֶת־שְׁמ֖וֹ יִצְחָ֑ק
וַהֲקִמֹתִ֨י אֶת־בְּרִיתִ֥י אִתּ֛וֹ לִבְרִ֥ית עוֹלָ֖ם לְזַרְע֥וֹ
אַחֲרָֽיו׃ וּלְיִשְׁמָעֵאל֮ שְׁמַעְתִּיךָ֒ הִנֵּ֣ה ׀ בֵּרַ֣כְתִּי אֹת֗וֹ
וְהִפְרֵיתִ֥י אֹת֛וֹ וְהִרְבֵּיתִ֥י אֹת֖וֹ בִּמְאֹ֣ד מְאֹ֑ד שְׁנֵים־
עָשָׂ֤ר נְשִׂיאִם֙ יוֹלִ֔יד וּנְתַתִּ֖יו לְג֥וֹי גָּדֽוֹל׃ וְאֶת־בְּרִיתִ֖י
אָקִ֣ים אֶת־יִצְחָ֑ק אֲשֶׁר֩ תֵּלֵ֨ד לְךָ֤ שָׂרָה֙ לַמּוֹעֵ֣ד הַזֶּ֔ה
בַּשָּׁנָ֖ה הָאַחֶֽרֶת׃ וַיְכַ֖ל לְדַבֵּ֣ר אִתּ֑וֹ וַיַּ֣עַל אֱלֹהִ֔ים

לך לך

יג כָּל דְּכוּרָא לְדָרֵיכוֹן, יְלִיד בֵּיתָא, וּזְבִין כַּסְפָּא מִכָּל בַּר עַמְמִין, דְּלָא מִבְּנָךְ הוּא: מִגְזַר
יד יִגְזַר, יְלִיד בֵּיתָךְ וּזְבִין כַּסְפָּךְ, וּתְהֵי קְיָמִי, בְּבִסְרְכוֹן לִקְיָם עָלַם: וַעֲרַל דְּכוּרָא, דְּלָא יִגְזַר
טו יָת בִּסְרָא דְּעָרְלְתֵיהּ, וְיִשְׁתֵּיצֵי, אֲנָשָׁא הַהוּא מֵעַמֵּיהּ, יָת קְיָמִי אַשְׁנֵי: וַאֲמַר יְיָ לְאַבְרָהָם,
טז שָׂרַי אִתְּתָךְ, לָא תִקְרֵי יָת שְׁמַהּ שָׂרַי, אֲרֵי שָׂרָה שְׁמַהּ: וַאֲבָרֵיךְ יָתַהּ, וְאַף אֶתֵּן
יז מִנַּהּ, לָךְ בַּר, וַאֲבָרְכִנַּהּ וּתְהֵי לְכִנְשָׁן, וּמַלְכִין דְּשַׁלִּיטִין בְּעַמְמַיָּא מִנַּהּ יְהוֹן: וּנְפַל אַבְרָהָם,
יח עַל אַפּוֹהִי וַחֲדִי, וַאֲמַר בְּלִבֵּיהּ, הַלְבַר מְאָה שְׁנִין יְהֵי וְלַד, וְאִם שָׂרָה, הֲבַת תִּשְׁעִין שְׁנִין
יט תְּלִיד: וַאֲמַר אַבְרָהָם קֳדָם יְיָ, לְוֵי יִשְׁמָעֵאל יִתְקַיַּם קֳדָמָךְ: וַאֲמַר יְיָ, בְּקֻשְׁטָא שָׂרָה
אִתְּתָךְ, תְּלִיד לָךְ בַּר, וְתִקְרֵי יָת שְׁמֵיהּ יִצְחָק, וַאֲקִים יָת קְיָמִי עִמֵּיהּ, לִקְיָם עָלַם לִבְנוֹהִי
כ בַּתְרוֹהִי: וְעַל יִשְׁמָעֵאל קַבֵּילִית צְלוֹתָךְ, הָא בָרֵיכִית יָתֵיהּ, וְאַפִּישִׁית יָתֵיהּ, וְאַסְגֵּיתִי
כא יָתֵיהּ לַחֲדָא לַחֲדָא, תְּרֵי עֲסַר רַבְרְבִין יוֹלִיד, וְאֶתְּנִנֵּיהּ לְעַם סַגִּי: וְיָת קְיָמִי אֲקִים עִם יִצְחָק,
כב דִּתְלִיד לָךְ שָׂרָה לְזִמְנָא הָדֵין, בְּשַׁתָּא אָחֳרַנְתָּא: וְשֵׁיצִי לְמַלָּלָא עִמֵּיהּ, וְאִסְתַּלַּק יְקָרָא דַייָ,

וְעִנְיָן שֶׁל "עוֹשֶׂה". "וּנְמַלְתֶּם" כְּמוֹ "וּנְשָׂאתֶם" (להלן מה, יט), "וַחֲבֹל יַחֲבֹל" לְשׁוֹן יִפְעַל, כְּמוֹ: יַעֲשֶׂה, יַחֲבֹל:

יב יְלִיד בָּיִת. שֶׁיְּלָדַתּוּ הַשִּׁפְחָה בַּבַּיִת: וּמִקְנַת כֶּסֶף. שֶׁקְּנָאוֹ מִשֶּׁנּוֹלַד:

יג הִמּוֹל יִמּוֹל יְלִיד בֵּיתְךָ. כָּאן כָּפַל עָלָיו וְלֹא אָמַר לִשְׁמוֹנָה יָמִים, לְלַמֶּדְךָ שֶׁיֵּשׁ יְלִיד בַּיִת נִמּוֹל לְאֶחָד, וּכְמוֹ שֶׁמְּפֹרָשׁ בְּמַסֶּכֶת שַׁבָּת (דף קלה ע"ב):

יד וְעָרֵל זָכָר. כָּאן לִמֵּד שֶׁהַמִּילָה בְּאוֹתוֹ מָקוֹם שֶׁהוּא מַבְדִּיל בֵּין זָכָר לִנְקֵבָה: אֲשֶׁר לֹא יִמּוֹל. מַשְׁמִיעַ לִכְלַל עֳנָשִׁין – "וְנִכְרְתָה". חֲבָל חָיָיו אִם אֵין עֳנוּשׁ עָלָיו כָּרֵת, חֲבָל עוֹבֵר עֲשֵׂה: וְנִכְרְתָה הַנָּפֶשׁ. הוֹלֵךְ עֲרִירִי וּמֵת קֹדֶם זְמַנּוֹ:

טו לֹא תִקְרָא אֶת שְׁמָהּ שָׂרָי. דְּמַשְׁמַע שָׂרַי לִי וְלֹא לַאֲחֵרִים, "כִּי שָׂרָה" סְתָם "שְׁמָהּ", שֶׁתְּהֵא שָׂרָה עַל כֹּל:

טז וּבֵרַכְתִּי אֹתָהּ. וּמַה הִיא הַבְּרָכָה? שֶׁחָזְרָה לְנַעֲרוּתָהּ, שֶׁנֶּאֱמַר: "הָיְתָה לִּי עֶדְנָה" (להלן יח, יב): וּבֵרַכְתִּיהָ. בַּהֲנָקַת שָׁדַיִם כְּשֶׁנִּצְרְכָה לְכָךְ, בְּיוֹם מִשְׁתֶּה שֶׁל יִצְחָק, שֶׁהָיוּ מְרַנְּנִים עֲלֵיהֶם שֶׁהֵבִיאוּ אֲסוּפִי מִן הַשּׁוּק וְאוֹמְרִים בְּנֵנוּ הוּא, וְהֵבִיאָה כָּל אַחַת בְּנָהּ עִמָּהּ וּמֵינִיקְתָּהּ לֹא הֵבִיאָה, וְהִיא הֵנִיקָה אֶת כֻּלָּם. הוּא שֶׁנֶּאֱמַר: "הֵינִיקָה בָנִים שָׂרָה" (להלן כא, ז). בְּרֵאשִׁית רַבָּה רְמָזוֹ בְּמִקְצָת (נ, ט):

יז וַיִּפֹּל אַבְרָהָם עַל פָּנָיו וַיִּצְחָק. זֶה תִּרְגֵּם אוּנְקְלוּס לְשׁוֹן שִׂמְחָה: "וַחֲדִי", וְשֶׁל שָׂרָה לְשׁוֹן מָחוֹךְ (להלן יח, יב), לָמַדְתָּ שֶׁאַבְרָהָם הֶאֱמִין וְשָׂמַח, וְשָׂרָה לֹא הֶאֱמִינָה וְלִגְלְגָה, וְזֶהוּ שֶׁהִקְפִּיד הַקָּדוֹשׁ בָּרוּךְ הוּא עַל שָׂרָה וְלֹא הִקְפִּיד עַל אַבְרָהָם: הַלְּבֶן. יֵשׁ תְּמִיהוֹת שֶׁהֵן קַיָּמוֹת, כְּמוֹ: "הַעָלֹה נַעֲלֵיתִי" (שמואל א' ב, כז), "הֲרֹאֶה אַתָּה" (שמואל ב' טו, כז), אַף זוֹ קַיֶּמֶת, וְכָךְ אָמַר בְּלִבּוֹ: הֲנַעֲשָׂה חֶסֶד זֶה לְאַחֵר, מַה שֶּׁהַקָּדוֹשׁ בָּרוּךְ הוּא עוֹשֶׂה לִי? וְאִם שָׂרָה הֲבַת תִּשְׁעִים שָׁנָה. הָיְתָה כְדַאי לֵילֵד? וְאַף עַל פִּי שֶׁדּוֹרוֹת הָרִאשׁוֹנִים הָיוּ מוֹלִידִין בְּנֵי חֲמֵשׁ מֵאוֹת שָׁנָה, בִּימֵי אַבְרָהָם נִתְמַעֲטוּ הַשָּׁנִים כְּבָר וּבָא תַּשּׁוּת כֹּחַ לָעוֹלָם, וְצֵא וּלְמַד מֵעֲשָׂרָה דוֹרוֹת שֶׁמִּנֹּחַ וְעַד אַבְרָהָם שֶׁמִּהֲרוּ תוֹלְדוֹתֵיהֶן בְּנֵי שְׁלֹשִׁים וּבְנֵי שִׁבְעִים:

יח לוּ יִשְׁמָעֵאל יִחְיֶה. הַלְוַאי שֶׁיִּחְיֶה יִשְׁמָעֵאל, אֵינִי כְדַאי לְקַבֵּל מַתַּן שָׂכָר כָּזֶה: יִחְיֶה לְפָנֶיךָ. יִחְיֶה בְּיִרְאָתֶךָ, כְּמוֹ: "הִתְהַלֵּךְ לְפָנַי" (לעיל פסוק א) – "פְּלַח קֳדָמָי":

יט אֲבָל. לְשׁוֹן אֲמִתַּת דְּבָרִים, וְכֵן: "אֲבָל אֲשֵׁמִים אֲנַחְנוּ" (להלן מב, כא), "אֲבָל בֵּן אֵין לָהּ" (מלכים ב' ד, יד): וְקָרָאתָ אֶת שְׁמוֹ יִצְחָק. עַל שֵׁם הַצְּחוֹק. וְיֵשׁ אוֹמְרִים עַל שֵׁם הָעֲשָׂרָה נִסְיוֹנוֹת, וְתִשְׁעִים שָׁנָה שֶׁל שָׂרָה, וּשְׁמוֹנָה יָמִים שֶׁנִּמּוֹל, וּמֵאָה שָׁנָה שֶׁל אַבְרָהָם: אֶת בְּרִיתִי. בְּרִית הַמִּילָה תְּהֵא מְסוּרָה לְזַרְעוֹ:

כ שְׁנֵים עָשָׂר נְשִׂיאִם. כַּעֲנָנִים יִכְלוּ, כְּמוֹ: "נְשִׂיאִים וְרוּחַ" (משלי כה, יד):

כג מֵעַל אַבְרָהָם׃ וַיִּקַּח אַבְרָהָם אֶת־יִשְׁמָעֵאל בְּנוֹ
וְאֵת כָּל־יְלִידֵי בֵיתוֹ וְאֵת כָּל־מִקְנַת כַּסְפּוֹ כָּל־
זָכָר בְּאַנְשֵׁי בֵּית אַבְרָהָם וַיָּמָל אֶת־בְּשַׂר
עָרְלָתָם בְּעֶצֶם הַיּוֹם הַזֶּה כַּאֲשֶׁר דִּבֶּר אִתּוֹ
מפטיר כד אֱלֹהִים׃ וְאַבְרָהָם בֶּן־תִּשְׁעִים וָתֵשַׁע שָׁנָה
כה בְּהִמֹּלוֹ בְּשַׂר עָרְלָתוֹ׃ וְיִשְׁמָעֵאל בְּנוֹ בֶּן־שְׁלֹשׁ
כו עֶשְׂרֵה שָׁנָה בְּהִמֹּלוֹ אֵת בְּשַׂר עָרְלָתוֹ׃ בְּעֶצֶם
כז הַיּוֹם הַזֶּה נִמּוֹל אַבְרָהָם וְיִשְׁמָעֵאל בְּנוֹ׃ וְכָל־
אַנְשֵׁי בֵיתוֹ יְלִיד בָּיִת וּמִקְנַת־כֶּסֶף מֵאֵת בֶּן־
נֵכָר נִמֹּלוּ אִתּוֹ׃

הפטרת לך לך

בחירת ה׳ באברהם, מנתץ האלילים הראשון, ומכוחו בבניו – העמידה את עם אברהם בחזית המאבק בעיוותים שהביאה עמה האלילות. מאבק ארוך וקשה זה בהיסטוריה האנושית, הותיר לא פעם את "תולעת יעקב" חלושה וכואבת, תוהה על הסתר הפנים. בדברי חיזוק נמרצים, מפי ישעיהו הנביא, חוזרת ונשנית ההבטחה "אל תירא". הבטחה זו יוצרת את הקרבה המיוחדת בין ה׳ ל"זרע אברהם אוהבי", נותנת כוח להמשיך להיאבק בחשכת האלילות ומסלקת את סימני השאלה העולים מפעם לפעם. הרקע לנבואה זו הוא כללי, והוא היה נחוץ לאורך כל הדרך בעימות של העם עם ממלכות זרות והשפעתן המדינית והתרבותית.

ישעיה
התימנים מתחילים כאן

האשכנזים והספרדים מתחילים כאן

מ כה כו וְאֶל־מִי תְדַמְּיוּנִי וְאֶשְׁוֶה יֹאמַר קָדוֹשׁ׃ שְׂאוּ־מָרוֹם עֵינֵיכֶם וּרְאוּ מִי־בָרָא
אֵלֶּה הַמּוֹצִיא בְמִסְפָּר צְבָאָם לְכֻלָּם בְּשֵׁם יִקְרָא מֵרֹב אוֹנִים וְאַמִּיץ כֹּחַ
כז אִישׁ לֹא נֶעְדָּר׃ * לָמָּה תֹאמַר יַעֲקֹב וּתְדַבֵּר יִשְׂרָאֵל נִסְתְּרָה
כח דַרְכִּי מֵיהוה וּמֵאֱלֹהַי מִשְׁפָּטִי יַעֲבוֹר׃ הֲלוֹא יָדַעְתָּ אִם־לֹא שָׁמַעְתָּ אֱלֹהֵי
עוֹלָם ׀ יהוה בּוֹרֵא קְצוֹת הָאָרֶץ לֹא יִיעַף וְלֹא יִיגָע אֵין חֵקֶר לִתְבוּנָתוֹ׃
כט ל נֹתֵן לַיָּעֵף כֹּחַ וּלְאֵין אוֹנִים עָצְמָה יַרְבֶּה׃ וְיִעֲפוּ נְעָרִים וְיִגָעוּ וּבַחוּרִים כָּשׁוֹל
לא יִכָּשֵׁלוּ׃ וְקוֵֹי יהוה יַחֲלִיפוּ כֹחַ יַעֲלוּ אֵבֶר כַּנְּשָׁרִים יָרוּצוּ וְלֹא יִיגָעוּ יֵלְכוּ

כג מֵעִלָּווֹהִי דְּאַבְרָהָם: וּדְבַר אַבְרָהָם יָת יִשְׁמָעֵאל בְּרֵיהּ, וְיָת כָּל יְלִידֵי בֵיתֵיהּ וְיָת כָּל זְבִינֵי
כַּסְפֵּיהּ, כָּל דְּכוּרָא, בֶּאֱנָשֵׁי בֵּית אַבְרָהָם, וּגְזַר יָת בִּסְרָא דְּעָרְלַתְהוֹן, בִּכְרַן יוֹמָא הָדֵין, כְּמָא
כד כה דְּמַלֵּיל עִמֵּיהּ יְיָ: וְאַבְרָהָם, בַּר תִּשְׁעִין וּתְשַׁע שְׁנִין, כַּד גְּזַר בִּסְרָא דְּעָרְלְתֵיהּ: וְיִשְׁמָעֵאל בְּרֵיהּ,
כו בַּר תְּלָת עֶסְרֵי שְׁנִין, כַּד גְּזַר, יָת בִּסְרָא דְּעָרְלְתֵיהּ: בִּכְרַן יוֹמָא הָדֵין, אִתְגְּזַר אַבְרָהָם, וְיִשְׁמָעֵאל
כז בְּרֵיהּ: וְכָל אֱנָשֵׁי בֵיתֵיהּ יְלִידֵי בֵיתָא, וּזְבִינֵי כַסְפָּא מִן בְּנֵי עַמְמַיָּא, אִתְגְּזַרוּ עִמֵּיהּ:

כב| מֵעַל אַבְרָהָם. לָשׁוֹן נְקִיָּה הוּא כְּלַפֵּי שְׁכִינָה, וְלָמַדְנוּ שֶׁהַצַּדִּיקִים מֶרְכַּבְתּוֹ שֶׁל מָקוֹם:

כג| בְּעֶצֶם הַיּוֹם. בּוֹ בַּיּוֹם שֶׁנִּצְטַוָּה, בַּיּוֹם וְלֹא בַּלַּיְלָה, לֹא נִתְיָרֵא לֹא מִן הַגּוֹיִם וְלֹא מִן הַלֵּיצָנִים, וְשֶׁלֹּא יִהְיוּ אוֹיְבָיו וּבְנֵי דוֹרוֹ אוֹמְרִים: אִלּוּ רְאִינוּהוּ לֹא הִנַּחְנוּהוּ לָמוּל וּלְקַיֵּם מִצְוָתוֹ שֶׁל מָקוֹם: וַיָּמָל. לְשׁוֹן וַיִּפְעַל:

כד| בְּהִמֹּלוֹ. בְּהִפָּעֲלוֹ, כְּמוֹ: "בְּהִבָּרְאָם" (לעיל ב, ד):

בְּהִמֹּלוֹ בְּשַׂר עָרְלָתוֹ. בְּאַבְרָהָם לֹא נֶאֱמַר 'אֵת' לְפִי שֶׁלֹּא הָיָה חָסֵר אֶלָּא חִתּוּךְ בָּשָׂר, שֶׁכְּבָר נִתְמַעֵךְ עַל יְדֵי תַּשְׁמִישׁ, אֲבָל יִשְׁמָעֵאל שֶׁהָיָה יֶלֶד הֻזְקַק לַחְתֹּךְ עָרְלָה וְלִפְרֹעַ הַמִּילָה, לְכָךְ נֶאֱמַר בּוֹ 'אֵת' (להלן פסוק כה):

כו| בְּעֶצֶם הַיּוֹם הַזֶּה. שֶׁמָּלְאוּ לְאַבְרָהָם תִּשְׁעִים וָתֵשַׁע שָׁנָה וּלְיִשְׁמָעֵאל שְׁלֹשׁ עֶשְׂרֵה שָׁנִים, "נִמּוֹל אַבְרָהָם וְיִשְׁמָעֵאל בְּנוֹ":

מא א וְלֹא יִיעָפוּ: הַחֲרִישׁוּ אֵלַי אִיִּים וּלְאֻמִּים יַחֲלִיפוּ כֹחַ יִגְּשׁוּ אָז
ב יְדַבֵּרוּ יַחְדָּו לַמִּשְׁפָּט נִקְרָבָה: מִי הֵעִיר מִמִּזְרָח צֶדֶק יִקְרָאֵהוּ לְרַגְלוֹ יִתֵּן
ג לְפָנָיו גּוֹיִם וּמְלָכִים יַרְדְּ יִתֵּן כֶּעָפָר חַרְבּוֹ כְּקַשׁ נִדָּף קַשְׁתּוֹ: יִרְדְּפֵם יַעֲבוֹר
ד שָׁלוֹם אֹרַח בְּרַגְלָיו לֹא יָבוֹא: מִי־פָעַל וְעָשָׂה קֹרֵא הַדֹּרוֹת מֵרֹאשׁ אֲנִי
ה יהוה רִאשׁוֹן וְאֶת־אַחֲרֹנִים אֲנִי־הוּא: רָאוּ אִיִּים וְיִירָאוּ קְצוֹת הָאָרֶץ יֶחֱרָדוּ
ו ז קָרְבוּ וַיֶּאֱתָיוּן: אִישׁ אֶת־רֵעֵהוּ יַעְזֹרוּ וּלְאָחִיו יֹאמַר חֲזָק: וַיְחַזֵּק חָרָשׁ
אֶת־צֹרֵף מַחֲלִיק פַּטִּישׁ אֶת־הוֹלֶם פָּעַם אֹמֵר לַדֶּבֶק טוֹב הוּא וַיְחַזְּקֵהוּ
ח בְמַסְמְרִים לֹא יִמּוֹט: וְאַתָּה יִשְׂרָאֵל עַבְדִּי יַעֲקֹב אֲשֶׁר בְּחַרְתִּיךָ
ט זֶרַע אַבְרָהָם אֹהֲבִי: אֲשֶׁר הֶחֱזַקְתִּיךָ מִקְצוֹת הָאָרֶץ וּמֵאֲצִילֶיהָ קְרָאתִיךָ
י וָאֹמַר לְךָ עַבְדִּי־אַתָּה בְּחַרְתִּיךָ וְלֹא מְאַסְתִּיךָ: אַל־תִּירָא כִּי עִמְּךָ־אָנִי אַל־
תִּשְׁתָּע כִּי־אֲנִי אֱלֹהֶיךָ אִמַּצְתִּיךָ אַף־עֲזַרְתִּיךָ אַף־תְּמַכְתִּיךָ בִּימִין צִדְקִי:
יא יב הֵן יֵבֹשׁוּ וְיִכָּלְמוּ כֹּל הַנֶּחֱרִים בָּךְ יִהְיוּ כְאַיִן וְיֹאבְדוּ אַנְשֵׁי רִיבֶךָ: תְּבַקְשֵׁם

יג וְלֹא תִמְצָאֵם אַנְשֵׁי מַצֻּתֶךָ יִהְיוּ כְאַיִן וּכְאֶפֶס אַנְשֵׁי מִלְחַמְתֶּךָ׃ כִּי אֲנִי יְהוָה
יד אֱלֹהֶיךָ מַחֲזִיק יְמִינֶךָ הָאֹמֵר לְךָ אַל־תִּירָא אֲנִי עֲזַרְתִּיךָ׃ אַל־
תִּירְאִי תּוֹלַעַת יַעֲקֹב מְתֵי יִשְׂרָאֵל אֲנִי עֲזַרְתִּיךְ נְאֻם־יְהוָה וְגֹאֲלֵךְ קְדוֹשׁ
טו יִשְׂרָאֵל׃ הִנֵּה שַׂמְתִּיךְ לְמוֹרַג חָרוּץ חָדָשׁ בַּעַל פִּיפִיּוֹת תָּדוּשׁ הָרִים
טז וְתָדֹק וּגְבָעוֹת כַּמֹּץ תָּשִׂים׃ תִּזְרֵם וְרוּחַ תִּשָּׂאֵם וּסְעָרָה תָּפִיץ אוֹתָם וְאַתָּה
יז תָּגִיל בַּיהוָה בִּקְדוֹשׁ יִשְׂרָאֵל תִּתְהַלָּל׃* הָעֲנִיִּים וְהָאֶבְיוֹנִים
מְבַקְשִׁים מַיִם וָאַיִן לְשׁוֹנָם בַּצָּמָא נָשָׁתָּה אֲנִי יְהוָה אֶעֱנֵם אֱלֹהֵי יִשְׂרָאֵל
לֹא אֶעֶזְבֵם׃

האשכנזים והספרדים מסיימים כאן

פרשת וירא

וירא

טו וַיֵּרָ֤א אֵלָיו֙ יְהֹוָ֔ה בְּאֵלֹנֵ֖י מַמְרֵ֑א וְה֛וּא יֹשֵׁ֥ב פֶּֽתַח־ א יח
הָאֹ֖הֶל כְּחֹ֥ם הַיּֽוֹם׃ וַיִּשָּׂ֤א עֵינָיו֙ וַיַּ֔רְא וְהִנֵּה֙ שְׁלֹשָׁ֣ה ב
אֲנָשִׁ֔ים נִצָּבִ֖ים עָלָ֑יו וַיַּ֗רְא וַיָּ֤רָץ לִקְרָאתָם֙ מִפֶּ֣תַח
הָאֹ֔הֶל וַיִּשְׁתַּ֖חוּ אָֽרְצָה׃ וַיֹּאמַ֑ר אֲדֹנָ֗י אִם־נָ֨א ג
מָצָ֤אתִי חֵן֙ בְּעֵינֶ֔יךָ אַל־נָ֥א תַעֲבֹ֖ר מֵעַ֥ל עַבְדֶּֽךָ׃
יֻקַּֽח־נָ֣א מְעַט־מַ֔יִם וְרַחֲצ֖וּ רַגְלֵיכֶ֑ם וְהִֽשָּׁעֲנ֖וּ תַּ֥חַת ד
הָעֵֽץ׃ וְאֶקְחָ֨ה פַת־לֶ֜חֶם וְסַעֲד֣וּ לִבְּכֶ֗ם אַחַ֣ר ה
תַּעֲבֹ֔רוּ כִּֽי־עַל־כֵּ֥ן עֲבַרְתֶּ֖ם עַל־עַבְדְּכֶ֑ם וַיֹּ֣אמְר֔וּ
כֵּ֥ן תַּעֲשֶׂ֖ה כַּאֲשֶׁ֥ר דִּבַּֽרְתָּ׃ וַיְמַהֵ֧ר אַבְרָהָ֛ם ו
הָאֹ֖הֱלָה אֶל־שָׂרָ֑ה וַיֹּ֗אמֶר מַהֲרִ֞י שְׁלֹ֤שׁ סְאִים֙ קֶ֣מַח
סֹ֔לֶת ל֖וּשִׁי וַעֲשִׂ֥י עֻגֽוֹת׃ וְאֶל־הַבָּקָ֖ר רָ֣ץ אַבְרָהָ֑ם ז
וַיִּקַּ֨ח בֶּן־בָּקָ֜ר רַ֤ךְ וָטוֹב֙ וַיִּתֵּ֣ן אֶל־הַנַּ֔עַר וַיְמַהֵ֖ר

א| **וַיֵּרָא אֵלָיו.** לְבַקֵּר אֶת הַחוֹלֶה. אָמַר רַבִּי חָמָא בַּר חֲנִינָא: יוֹם שְׁלִישִׁי לְמִילָתוֹ הָיָה, וּבָא הַקָּדוֹשׁ בָּרוּךְ הוּא וְשָׁאַל בּוֹ: **בְּאֵלֹנֵי מַמְרֵא.** הוּא שֶׁנָּתַן לוֹ עֵצָה עַל הַמִּילָה, לְפִיכָךְ נִגְלָה עָלָיו בְּחֶלְקוֹ: **יֹשֵׁב.** 'יָשַׁב' כְּתִיב, בִּקֵּשׁ לַעֲמֹד, אָמַר לוֹ הַקָּדוֹשׁ בָּרוּךְ הוּא: שֵׁב, וְאַתָּה סִימָן לְבָנֶיךָ שֶׁעָתִיד אֲנִי לְהִתְיַצֵּב בַּעֲדַת הַדַּיָּנִים וְהֵן יוֹשְׁבִים: **פֶּתַח הָאֹהֶל.** לִרְאוֹת אִם יֵשׁ עוֹבֵר וָשָׁב, וְיַכְנִיסֵם בְּבֵיתוֹ: **כְּחֹם הַיּוֹם.** הוֹצִיא הַקָּדוֹשׁ בָּרוּךְ הוּא חַמָּה מִנַּרְתִּיקָהּ שֶׁלֹּא לְהַטְרִיחוֹ בְּאוֹרְחִים, וּלְפִי שֶׁרָאָהוּ מִצְטַעֵר שֶׁלֹּא הָיוּ אוֹרְחִים בָּאִים, הֵבִיא הַמַּלְאָכִים עָלָיו בִּדְמוּת אֲנָשִׁים:

ב| **וְהִנֵּה שְׁלֹשָׁה אֲנָשִׁים.** אֶחָד לְבַשֵּׂר אֶת שָׂרָה וְאֶחָד לַהֲפֹךְ אֶת סְדוֹם וְאֶחָד לְרַפְּאוֹת אֶת אַבְרָהָם, שֶׁאֵין מַלְאָךְ אֶחָד עוֹשֶׂה שְׁתֵּי שְׁלִיחֻיּוֹת, תֵּדַע לְךָ שֶׁכֵּן כָּל הַפָּרָשָׁה הוּא מַזְכִּירָן בִּלְשׁוֹן רַבִּים, "וַיֹּאכֵלוּ" (להלן פסוק ח), "וַיֹּאמְרוּ אֵלָיו" (שם פסוק ט), וּבַבְּשׂוֹרָה נֶאֱמַר: "וַיֹּאמֶר שׁוֹב אָשׁוּב" (שם

יח א ב וְאִתְגְּלִי לֵיהּ יְיָ, בְּמֵישְׁרֵי מַמְרֵא, וְהוּא, יָתֵיב בִּתְרַע מַשְׁכְּנָא כְּמֵיחַם יוֹמָא: וּזְקַף עֵינוֹהִי
וַחֲזָא, וְהָא תְּלָתָא גֻּבְרִין, קָיְמִין עִלָּווֹהִי, וַחֲזָא, וּרְהַט לְקַדָּמוּתְהוֹן מִתְּרַע מַשְׁכְּנָא, וּסְגִיד
ג ד עַל אַרְעָא: וַאֲמַר, יְיָ, אִם כְּעַן אַשְׁכַּחִית רַחֲמִין קֳדָמָךְ, לָא כְעַן תִּעְבַּר מֵעַל עַבְדָּךְ: יִסַּבוּן
ה כְּעַן זְעֵיר מַיָּא, וְאַסְחוֹ רַגְלֵיכוֹן, וְאִסְתְּמִיכוּ תְּחוֹת אִילָנָא: וְאֶסַּב פִּתָּא דְלַחְמָא, וּסְעוּדוּ
לִבְּכוֹן בָּתַר כֵּן תִּעְבְּרוּן, אֲרֵי עַל כֵּן עֲבַרְתּוּן עַל עַבְדְּכוֹן, וַאֲמָרוּ, כֵּן תַּעֲבֵיד כְּמָא דְמַלֵּילְתָּא:
ו וְאוֹחִי אַבְרָהָם, לְמַשְׁכְּנָא לְוָת שָׂרָה, וַאֲמַר, אוֹחַא, תְּלָת סָאוִן קִמְחָא סֻלְתָּא, לוּשִׁי
ז וַעֲבִידִי גְּרִיצָן: וּלְבֵית תּוֹרֵי רְהַט אַבְרָהָם, וּנְסֵיב בַּר תּוֹרֵי, רַכִּיךְ וְטָב וִיהַב לְעוּלֵימָא, וְאוֹחִי

פסוק י), וּבַהֲפִיכַת סְדוֹם הוּא אוֹמֵר: "כִּי לֹא אוּכַל לַעֲשׂוֹת דָּבָר" (להלן יט, כב), "לְבִלְתִּי הָפְכִּי" (שם פסוק כא). וּרְפָאֵל שֶׁרִפֵּא אֶת אַבְרָהָם הָלַךְ מִשָּׁם לְהַצִּיל אֶת לוֹט, הוּא שֶׁנֶּאֱמַר: "וַיְהִי כְהוֹצִיאָם אֹתָם הַחוּצָה וַיֹּאמֶר הִמָּלֵט עַל נַפְשֶׁךָ" (שם פסוק יז), לָמַדְתָּ שֶׁהָאֶחָד הָיָה מַצִּיל: נִצָּבִים עָלָיו. לְפָנָיו, אֲבָל לָשׁוֹן נְקִיָּה הוּא כְּלַפֵּי הַמַּלְאָכִים: וַיַּרְא. מַהוּ "וַיַּרְא... וַיַּרְא" שְׁנֵי פְעָמִים? הָרִאשׁוֹן כְּמַשְׁמָעוֹ, וְהַשֵּׁנִי לְשׁוֹן הֲבָנָה – נִסְתַּכֵּל שֶׁהָיוּ נִצָּבִים בְּמָקוֹם אֶחָד וְהֵבִין שֶׁלֹּא הָיוּ רוֹצִים לְהַטְרִיחוֹ, וְקָדַם הוּא וְרָץ לִקְרָאתָם. בְּבָבָא מְצִיעָא (דף פו ע"ב): כְּתִיב "נִצָּבִים עָלָיו" וּכְתִיב "וַיָּרָץ לִקְרָאתָם", כַּד חַזְיוּהּ דַּהֲוָה שָׁרֵי וְאָסַר, פָּרְשׁוּ הֵימֶנּוּ. מִיָּד – "וַיָּרָץ לִקְרָאתָם":

ג| וַיֹּאמַר אֲדֹנָי אִם נָא וְגוֹ'. לַגָּדוֹל שֶׁבָּהֶם אָמַר, וּקְרָאָם כֻּלָּם אֲדוֹנִים, וְלַגָּדוֹל אָמַר: "אַל נָא תַעֲבֹר", וְכֵיוָן שֶׁלֹּא יַעֲבֹר הוּא יַעַמְדוּ חֲבֵרָיו עִמּוֹ, וּבְלָשׁוֹן זֶה הוּא חוֹל. דָּבָר אַחֵר, קֹדֶשׁ הוּא, וְהָיָה אוֹמֵר לְהַקָּדוֹשׁ בָּרוּךְ הוּא לְהַמְתִּין לוֹ עַד שֶׁיָּרוּץ וְיַכְנִיס אֶת הָאוֹרְחִים, וְאַף עַל פִּי שֶׁכָּתוּב אַחַר "וַיָּרָץ לִקְרָאתָם", הָאֲמִירָה קֹדֶם לָכֵן הָיְתָה, וְדֶרֶךְ הַמִּקְרָאוֹת לְדַבֵּר כֵּן, כְּמוֹ שֶׁפֵּרַשְׁתִּי אֵצֶל "לֹא יָדוֹן רוּחִי בָאָדָם" (לעיל ו, ג) שֶׁנִּכְתַּב אַחַר "וַיּוֹלֶד נֹחַ" (לעיל ה, לב), וְאִי אֶפְשָׁר לוֹמַר אֶלָּא אִם כֵּן קָדַם הַגְּזֵרָה עֶשְׂרִים שָׁנָה. וּשְׁתֵּי הַלְּשׁוֹנוֹת בִּבְרֵאשִׁית רַבָּה (מח, י; מט, ז):

ד| יֻקַּח נָא. עַל יְדֵי שָׁלִיחַ, וְהַקָּדוֹשׁ בָּרוּךְ הוּא שִׁלֵּם לְבָנָיו עַל יְדֵי שָׁלִיחַ, שֶׁנֶּאֱמַר: "וַיָּרֶם מֹשֶׁה אֶת יָדוֹ וַיַּךְ אֶת הַסֶּלַע" (במדבר כ, יא): וְרַחֲצוּ רַגְלֵיכֶם. כְּסָבוּר שֶׁהֵם עַרְבִיִּים שֶׁמִּשְׁתַּחֲוִים לַאֲבַק רַגְלֵיהֶם וְהִקְפִּיד שֶׁלֹּא לְהַכְנִיס עֲבוֹדָה זָרָה לְבֵיתוֹ. אֲבָל לוֹט שֶׁלֹּא הִקְפִּיד הִקְדִּים לִינָה לִרְחִיצָה, שֶׁנֶּאֱמַר: "וְלִינוּ וְרַחֲצוּ רַגְלֵיכֶם" (להלן יט, ב): תַּחַת הָעֵץ. תַּחַת הָאִילָן:

ה| וְסַעֲדוּ לִבְּכֶם. בַּתּוֹרָה בַּנְּבִיאִים וּבַכְּתוּבִים מָצִינוּ דְּפִתָּא סַעְדְּתָא דְּלִבָּא. בַּתּוֹרָה: "וְסַעֲדוּ לִבְּכֶם", בַּנְּבִיאִים: "סְעָד לִבְּךָ פַּת לֶחֶם" (שופטים יט, ה), בַּכְּתוּבִים: "וְלֶחֶם לְבַב אֱנוֹשׁ יִסְעָד" (תהלים קד, טו). אָמַר רַבִּי חָמָא: 'לְבַבְכֶם' אֵין כְּתִיב כָּאן אֶלָּא 'לִבְּכֶם', מַגִּיד שֶׁאֵין יֵצֶר הָרָע שׁוֹלֵט בַּמַּלְאָכִים: אַחַר תַּעֲבֹרוּ. אַחַר כֵּן תֵּלְכוּ: כִּי עַל כֵּן עֲבַרְתֶּם. כִּי הַדָּבָר הַזֶּה אֲנִי מְבַקֵּשׁ מִכֶּם מֵאַחַר שֶׁעֲבַרְתֶּם עָלַי לְכְבוֹדִי. "כִּי עַל כֵּן" – כְּמוֹ: 'עַל אֲשֶׁר', וְכֵן כָּל 'כִּי עַל כֵּן' שֶׁבַּמִּקְרָא: "כִּי עַל כֵּן בָּאוּ בְּצֵל קֹרָתִי" (להלן יט, ח), "כִּי עַל כֵּן רָאִיתִי פָנֶיךָ" (להלן לג, י), "כִּי עַל כֵּן לֹא נְתַתִּיהָ" (להלן לח, כו), "כִּי עַל כֵּן יָדַעְתָּ חֲנֹתֵנוּ" (במדבר י, לא):

ו| קֶמַח סֹלֶת. סֹלֶת לְעוּגוֹת, קֶמַח לַעֲמִילָן שֶׁל טַבָּחִים לְכַסּוֹת אֶת הַקְּדֵרָה לִשְׁאֹב אֶת הַזֻּהֲמָא:

ז| בֶּן בָּקָר רַךְ וָטוֹב. שְׁלֹשָׁה פָרִים הָיוּ, כְּדֵי לְהַאֲכִילָן שָׁלֹשׁ לְשׁוֹנוֹת בְּחַרְדָּל: אֶל הַנַּעַר. זֶה יִשְׁמָעֵאל, לְחַנְּכוֹ בְּמִצְווֹת:

לַעֲשׂוֹת אֹתוֹ: וַיִּקַּח חֶמְאָה וְחָלָב וּבֶן־הַבָּקָר ח
אֲשֶׁר עָשָׂה וַיִּתֵּן לִפְנֵיהֶם וְהוּא עֹמֵד עֲלֵיהֶם
תַּחַת הָעֵץ וַיֹּאכֵלוּ: וַיֹּאמְרוּ אֵלָיו אַיֵּה שָׂרָה ט
אִשְׁתֶּךָ וַיֹּאמֶר הִנֵּה בָאֹהֶל: וַיֹּאמֶר שׁוֹב אָשׁוּב י
אֵלֶיךָ כָּעֵת חַיָּה וְהִנֵּה־בֵן לְשָׂרָה אִשְׁתֶּךָ וְשָׂרָה
שֹׁמַעַת פֶּתַח הָאֹהֶל וְהוּא אַחֲרָיו: וְאַבְרָהָם יא
וְשָׂרָה זְקֵנִים בָּאִים בַּיָּמִים חָדַל לִהְיוֹת לְשָׂרָה
אֹרַח כַּנָּשִׁים: וַתִּצְחַק שָׂרָה בְּקִרְבָּהּ לֵאמֹר יב
אַחֲרֵי בְלֹתִי הָיְתָה־לִּי עֶדְנָה וַאדֹנִי זָקֵן: וַיֹּאמֶר יג
יְהוָה אֶל־אַבְרָהָם לָמָּה זֶּה צָחֲקָה שָׂרָה לֵאמֹר
הַאַף אֻמְנָם אֵלֵד וַאֲנִי זָקַנְתִּי: הֲיִפָּלֵא מֵיְהוָה יד
דָּבָר לַמּוֹעֵד אָשׁוּב אֵלֶיךָ כָּעֵת חַיָּה וּלְשָׂרָה בֵן:
שני וַתְּכַחֵשׁ שָׂרָה ׀ לֵאמֹר לֹא צָחַקְתִּי כִּי ׀ יָרֵאָה טו
וַיֹּאמֶר ׀ לֹא כִּי צָחָקְתְּ: וַיָּקֻמוּ מִשָּׁם הָאֲנָשִׁים טז
וַיַּשְׁקִפוּ עַל־פְּנֵי סְדֹם וְאַבְרָהָם הֹלֵךְ עִמָּם
לְשַׁלְּחָם: וַיהוָה אָמָר הַמְכַסֶּה אֲנִי מֵאַבְרָהָם יז
אֲשֶׁר אֲנִי עֹשֶׂה: וְאַבְרָהָם הָיוֹ יִהְיֶה לְגוֹי גָּדוֹל יח

וירא

ח| וַיִּקַּח חֶמְאָה וגו'. וְלֶחֶם לֹא הֵבִיא, לְפִי שֶׁפֵּרְסָה שָׂרָה נִדָּה שֶׁחָזַר לָהּ אֹרַח כַּנָּשִׁים אוֹתוֹ הַיּוֹם, וְנִטְמֵאת הָעִסָּה: חֶמְאָה. שֻׁמַּן הֶחָלָב שֶׁקּוֹלְטִין מֵעַל פָּנָיו: וּבֶן הַבָּקָר אֲשֶׁר עָשָׂה. חֲסַר תִּקֵּן. קַמָּא קַמָּא שֶׁתִּקֵּן חַמְטֵי וְאַיְתֵי קַמַּיְהוּ: וַיֹּאכֵלוּ. נִרְאוּ כְּמוֹ שֶׁאָכְלוּ, מִכָּאן שֶׁלֹּא יְשַׁנֶּה אָדָם מִן הַמִּנְהָג:

ח לְמֶעְבַּד יָתֵיהּ: וּנְסֵיב שְׁמַן וַחֲלַב, וּבַר תּוֹרֵי דַּעֲבַד, וִיהַב קֳדָמֵיהוֹן, וְהוּא מְשַׁמֵּישׁ עִלָּוֵיהוֹן,
ט י תְּחוֹת אִילָנָא וַאֲכַלוּ: וַאֲמַרוּ לֵיהּ, אָן שָׂרָה אִתְּתָךְ, וַאֲמַר הָא בְּמַשְׁכְּנָא: וַאֲמַר, מְתָב אֲתוּב
לְוָתָךְ כְּעִדָּן דְּאַתּוּן קַיָּמִין, וְהָא בְרָא לְשָׂרָה אִתְּתָךְ, וְשָׂרָה שְׁמַעַת, בִּתְרַע מַשְׁכְּנָא וְהוּא
יא יב אֲחוֹרוֹהִי: וְאַבְרָהָם וְשָׂרָה סִיבוּ, עָאלוּ בְּיוֹמִין, פְּסַק מִלְּמֶהֱוֵי לְשָׂרָה, אוֹרַח כִּנְשַׁיָּא: וְחַיְּכַת
יג שָׂרָה בִּמְעַהָא לְמֵימַר, בָּתַר דְּסֵיבִית תְּהֵי לִי עוּלֵימוּ, וְרִבּוֹנִי סִיב: וַאֲמַר יי לְאַבְרָהָם, לְמָא דְנָן
יד חַיְּכַת שָׂרָה לְמֵימַר, הַבְקֻשְׁטָא, אוֹלֵיד וַאֲנָא סֵיבִית: הֲיִתְכַּסֵּא מִן קֳדָם יי פִּתְגָּמָא, לִזְמַן, אֲתוּב
טו לְוָתָךְ, כְּעִדָּן דְּאַתּוּן קַיָּמִין וּלְשָׂרָה בַר: וְכַדִּיבַת שָׂרָה לְמֵימַר, לָא חַיְּכִית אֲרֵי דְּחִילַת, וַאֲמַר
טז לָא בְּרַם חַיֶּכְתְּ: וְקָמוּ מִתַּמָּן גֻּבְרַיָּא, וְאִסְתַּכִּיאוּ עַל אַפֵּי סְדוֹם, וְאַבְרָהָם, אָזֵיל עִמְּהוֹן
יז יח לְאַלְוָאֵיהוֹן: וַיי אֲמַר, הַמְכַסֵּי אֲנָא מֵאַבְרָהָם, דַּאֲנָא עָבֵיד: וְאַבְרָהָם, מִהְוָא יְהֵוֵי, לְעַם סַגִּי

ט| **וַיֹּאמְרוּ אֵלָיו.** נָקוּד עַל אי"ו, וְתַנְיָא, רַבִּי שִׁמְעוֹן בֶּן אֶלְעָזָר אוֹמֵר: כָּל מָקוֹם שֶׁהַכְּתָב רַבָּה עַל הַנְּקֻדָּה אַתָּה דּוֹרֵשׁ הַכְּתָב, וְכָאן נְקֻדָּה רַבָּה עַל הַכְּתָב וְאַתָּה דּוֹרֵשׁ הַנְּקֻדָּה, שֶׁאַף לְשָׂרָה שָׁאֲלוּ: אַיּוֹ אַבְרָהָם? לָמַדְנוּ שֶׁיִּשְׁאַל אָדָם בְּאַכְסַנְיָא שֶׁלּוֹ לָאִישׁ עַל הָאִשָּׁה וְלָאִשָּׁה עַל הָאִישׁ. בְּבָבָא מְצִיעָא (דף פז ע"א) אוֹמְרִים: יוֹדְעִים הָיוּ מַלְאֲכֵי הַשָּׁרֵת שָׂרָה אִמֵּנוּ הֵיכָן הָיְתָה, אֶלָּא לְהוֹדִיעַ שֶׁצְּנוּעָה הָיְתָה כְּדֵי לְחַבְּבָהּ עַל בַּעְלָהּ. אָמַר רַבִּי יוֹסֵי בְּרַבִּי חֲנִינָא: כְּדֵי לְשַׁגֵּר לָהּ כּוֹס שֶׁל בְּרָכָה: **הִנֵּה בָאֹהֶל.** צְנוּעָה הִיא:

י| **כָּעֵת חַיָּה.** כָּעֵת הַזֹּאת לְשָׁנָה הַבָּאָה, וּפֶסַח הָיָה, וְלַפֶּסַח הַבָּא נוֹלַד יִצְחָק, מִדְּלָא קָרִינָן כְּעֵת חַיָּה: **כָּעֵת חַיָּה.** כָּעֵת הַזֹּאת שֶׁתְּהֵא חַיָּה לָכֶם, שֶׁתִּהְיוּ כֻּלְּכֶם שְׁלֵמִים וְקַיָּמִים: **שׁוֹב אָשׁוּב.** לֹא בִּשְּׂרוֹ הַמַּלְאָךְ שֶׁיָּשׁוּב אֵלָיו, אֶלָּא בִּשְׁלִיחוּתוֹ שֶׁל מָקוֹם אָמַר לוֹ, כְּמוֹ: "וַיֹּאמֶר לָהּ מַלְאַךְ ה' הַרְבָּה אַרְבֶּה" (לעיל טז, י) וְהוּא אֵין בְּיָדוֹ לְהַרְבּוֹת, אֶלָּא בִּשְׁלִיחוּתוֹ שֶׁל מָקוֹם אָמַר לָהּ, אַף כָּאן בִּשְׁלִיחוּתוֹ שֶׁל מָקוֹם אָמַר לוֹ: **וְהוּא אַחֲרָיו.** הַפֶּתַח הָיָה אַחַר הַמַּלְאָךְ:

יא| **חָדַל לִהְיוֹת.** פָּסַק מִמֶּנָּה דֶּרֶךְ נָשִׁים – נִדּוּת:

יב| **בְּקִרְבָּהּ לֵאמֹר.** מִסְתַּכֶּלֶת בְּמֵעֶיהָ: אֶפְשָׁר הַקְּרָבַיִם הַלָּלוּ טוֹעֲנִין וָלָד? הַשָּׁדַיִם הַלָּלוּ שֶׁצָּמְקוּ מוֹשְׁכִין חָלָב? תַּנְחוּמָא (שופטים יח): **עֶדְנָה.** צַחוּת בָּשָׂר, וּלְשׁוֹן מִשְׁנָה: "מַשִּׁיר אֶת הַשֵּׂעָר וּמְעַדֵּן אֶת הַבָּשָׂר". דָּבָר אַחֵר, לְשׁוֹן עִדָּן, זְמַן וֶסֶת נִדּוּת:

יג| **הַאַף אֻמְנָם.** הֲגַם אֱמֶת "אֵלֵד": **וַאֲנִי זָקַנְתִּי.** שִׁנָּה הַכָּתוּב מִפְּנֵי הַשָּׁלוֹם, שֶׁהֲרֵי הִיא אָמְרָה: "וַאדֹנִי זָקֵן":

יד| **הֲיִפָּלֵא.** כְּתַרְגּוּמוֹ, "הֲיִתְכַּסֵּי", וְכִי שׁוּם דָּבָר מֻפְלָא וּמֻפְרָד וּמְכֻסֶּה מִמֶּנִּי מִלַּעֲשׂוֹת כִּרְצוֹנִי?: **לַמּוֹעֵד.** לְאוֹתוֹ מוֹעֵד הַמְיֻחָד שֶׁקָּבַעְתִּי לְךָ אֶתְמוֹל, "לַמּוֹעֵד הַזֶּה בַּשָּׁנָה הָאַחֶרֶת" (לעיל יז, כא):

טו| **כִּי יָרֵאָה. כִּי צָחָקְתְּ.** הָרִאשׁוֹן מְשַׁמֵּשׁ לְשׁוֹן 'דְּהָא', שֶׁהוּא נוֹתֵן טַעַם לַדָּבָר: וַתְּכַחֵשׁ שָׂרָה לְפִי שֶׁיָּרֵאָה. וְהַשֵּׁנִי מְשַׁמֵּשׁ בִּלְשׁוֹן 'אֶלָּא': וַיֹּאמֶר, לֹא כִּדְבָרֵךְ הוּא, אֶלָּא צָחָקְתְּ; שֶׁאָמְרוּ רַבּוֹתֵינוּ: 'כִּי' מְשַׁמֵּשׁ בְּאַרְבַּע לְשׁוֹנוֹת, אִי, דִּלְמָא, אֶלָּא, דְּהָא:

טז| **וַיַּשְׁקִפוּ.** כָּל הַשְׁקָפָה שֶׁבַּמִּקְרָא לְרָעָה, חוּץ מֵ"הַשְׁקִיפָה מִמְּעוֹן קָדְשְׁךָ" (דברים כו, טו), שֶׁגָּדוֹל כֹּחַ מַתְּנוֹת עֲנִיִּים שֶׁהוֹפֵךְ מִדַּת הָרֹגֶז לְרַחֲמִים: **לְשַׁלְּחָם.** לְלַוּוֹתָם, כִּסְבוּר אוֹרְחִים הֵם:

יז| **הַמְכַסֶּה אֲנִי.** בִּתְמִיָּה, מַה שֶּׁאֲנִי עֹשֶׂה בִּסְדוֹם?! לֹא יָפֶה לִי לַעֲשׂוֹת דָּבָר זֶה שֶׁלֹּא מִדַּעְתּוֹ! אֲנִי נָתַתִּי לוֹ אֶת הָאָרֶץ הַזֹּאת וַחֲמִשָּׁה כְּרַכִּין הַלָּלוּ שֶׁלּוֹ הֵן, שֶׁנֶּאֱמַר: "גְּבוּל הַכְּנַעֲנִי מִצִּידֹן... בֹּאֲכָה סְדֹמָה וַעֲמֹרָה" וְגוֹ' (לעיל י, יט), קָרָאתִי אוֹתוֹ אַבְרָהָם, "אַב הֲמוֹן גּוֹיִם" (לעיל יז, ה), וְאַשְׁמִיד אֶת הַבָּנִים וְלֹא אוֹדִיעַ לָאָב שֶׁהוּא אוֹהֲבִי?!:

יח| **וְאַבְרָהָם הָיוֹ יִהְיֶה.** מִדְרַשׁ אַגָּדָה, זֵכֶר צַדִּיק לִבְרָכָה (משלי י, ז), הוֹאִיל וְהִזְכִּירוֹ בֵּרְכוֹ. וּפְשׁוּטוֹ, וְכִי מִמֶּנּוּ אֲנִי מַעְלִים? וַהֲרֵי הוּא חָבִיב לְפָנַי לִהְיוֹת לְגוֹי גָּדוֹל וּלְהִתְבָּרֵךְ בּוֹ כָּל גּוֹיֵי הָאָרֶץ:

וְעָצ֑וּם וְנִ֨בְרְכוּ־ב֔וֹ כֹּ֖ל גּוֹיֵ֥י הָאָֽרֶץ׃ כִּ֣י יְדַעְתִּ֗יו יט
לְמַ֩עַן֩ אֲשֶׁ֨ר יְצַוֶּ֜ה אֶת־בָּנָ֣יו וְאֶת־בֵּיתוֹ֮ אַחֲרָיו֒
וְשָֽׁמְרוּ֙ דֶּ֣רֶךְ יְהוָ֔ה לַעֲשׂ֥וֹת צְדָקָ֖ה וּמִשְׁפָּ֑ט לְמַ֗עַן
הָבִ֤יא יְהוָה֙ עַל־אַבְרָהָ֔ם אֵ֥ת אֲשֶׁר־דִּבֶּ֖ר עָלָֽיו׃
וַיֹּ֣אמֶר יְהוָ֔ה זַעֲקַ֛ת סְדֹ֥ם וַעֲמֹרָ֖ה כִּי־רָ֑בָּה כ
וְחַ֨טָּאתָ֔ם כִּ֥י כָבְדָ֖ה מְאֹֽד׃ אֵֽרְדָה־נָּ֣א וְאֶרְאֶ֔ה כא
הַכְּצַעֲקָתָ֛הּ הַבָּ֥אָה אֵלַ֖י עָשׂ֣וּ ׀ כָּלָ֑ה וְאִם־לֹ֖א
אֵדָֽעָה׃ וַיִּפְנ֤וּ מִשָּׁם֙ הָאֲנָשִׁ֔ים וַיֵּלְכ֖וּ סְדֹ֑מָה כב
וְאַ֨בְרָהָ֔ם עוֹדֶ֥נּוּ עֹמֵ֖ד לִפְנֵ֥י יְהוָֽה׃ וַיִּגַּ֥שׁ אַבְרָהָ֖ם כג
וַיֹּאמַ֑ר הַאַ֣ף תִּסְפֶּ֔ה צַדִּ֖יק עִם־רָשָֽׁע׃ אוּלַ֥י יֵ֛שׁ כד
חֲמִשִּׁ֥ים צַדִּיקִ֖ם בְּת֣וֹךְ הָעִ֑יר הַאַ֤ף תִּסְפֶּה֙ וְלֹא־
תִשָּׂ֣א לַמָּק֔וֹם לְמַ֛עַן חֲמִשִּׁ֥ים הַצַּדִּיקִ֖ם אֲשֶׁ֥ר
בְּקִרְבָּֽהּ׃ חָלִ֨לָה לְּךָ֜ מֵעֲשֹׂ֣ת ׀ כַּדָּבָ֣ר הַזֶּ֗ה לְהָמִ֤ית כה
צַדִּיק֙ עִם־רָשָׁ֔ע וְהָיָ֥ה כַצַּדִּ֖יק כָּרָשָׁ֑ע חָלִ֣לָה לָּ֔ךְ
הֲשֹׁפֵט֙ כָּל־הָאָ֔רֶץ לֹ֥א יַעֲשֶׂ֖ה מִשְׁפָּֽט׃ וַיֹּ֣אמֶר כו
יְהוָ֔ה אִם־אֶמְצָ֥א בִסְדֹ֛ם חֲמִשִּׁ֥ים צַדִּיקִ֖ם בְּת֣וֹךְ
הָעִ֑יר וְנָשָׂ֥אתִי לְכָל־הַמָּק֖וֹם בַּעֲבוּרָֽם׃ וַיַּ֥עַן כז
אַבְרָהָ֖ם וַיֹּאמַ֑ר הִנֵּה־נָ֤א הוֹאַ֙לְתִּי֙ לְדַבֵּ֣ר אֶל־

יט| כִּי יְדַעְתִּיו. לְשׁוֹן חִבָּה, כְּמוֹ: "מוֹדַע לְאִישָׁהּ" (רות ב, א), "הֲלֹא בֹעַז מֹדַעְתָּנוּ" (שם ג, ב), "וָאֵדָעֲךָ בְשֵׁם" (שמות לג, יז). וְאָמְנָם עִקַּר לְשׁוֹן כֻּלָּם אֵינוֹ אֶלָּא לְשׁוֹן יְדִיעָה, שֶׁהַמְחַבֵּב אֶת הָאָדָם מְקָרְבוֹ אֶצְלוֹ וְיוֹדְעוֹ וּמַכִּירוֹ. וְלָמָּה יְדַעְתִּיו? "לְמַעַן אֲשֶׁר יְצַוֶּה", לְפִי שֶׁהוּא מְצַוֶּה אֶת בָּנָיו עָלַי לִשְׁמֹר

יט וְתַקִּיף, וְיִתְבָּרְכוּן בְּדִילֵיהּ, כָּל עַמְמֵי אַרְעָא: אֲרֵי גְּלֵי קֳדָמַי, בְּדִיל דִּיפַקֵּיד, יָת בְּנוֹהִי
וְיָת אֱנָשׁ בֵּיתֵיהּ בָּתְרוֹהִי, וְיִטְּרוּן אוֹרְחָן דְּתָקְנָן קֳדָם יְיָ, לְמֶעְבַּד צְדַקְתָּא וְדִינָא, בְּדִיל,
כ דְּיַיְתֵי יְיָ עַל אַבְרָהָם, יָת דְּמַלֵּיל עֲלוֹהִי: וַאֲמַר יְיָ, קְבִילַת, סְדוֹם וַעֲמוֹרָה אֲרֵי סְגִיאַת,
כא וְחוֹבַתְהוֹן, אֲרֵי תְּקֵיפַת לַחֲדָא: אֶתְגְּלֵי כְעַן וַאֲדוּן, הֲכִקְבִילַתְהוֹן, דְּעָאלַת לִקְדָמַי, עֲבַדוּ
כב אַעֲבֵיד עִמְּהוֹן גְּמִירָא אִם לָא תָּיְבִין, וְאִם תָּיְבִין לָא אֶתְפְּרַע: וְאִתְפְּנִיאוּ מִתַּמָּן גֻּבְרַיָּא,
כג וַאֲזַלוּ לִסְדוֹם, וְאַבְרָהָם, עַד כְּעַן מְשַׁמֵּישׁ בִּצְלוֹ קֳדָם יְיָ: וּקְרֵיב אַבְרָהָם וַאֲמַר,
כד הַבְרֻגַז תְּשֵׁיצֵי, זַכָּאָה עִם חַיָּבָא: מָאִם אִית, חַמְשִׁין זַכָּאִין בְּגוֹ קַרְתָּא, הַבְרֻגַז תְּשֵׁיצֵי
כה וְלָא תִשְׁבּוֹק לְאַתְרָא, בְּדִיל, חַמְשִׁין זַכָּאִין דִּבְגַוַּהּ: קֻשְׁטָא אִנּוּן דִּינָךְ, מִלְּמֶעְבַּד
כְּפִתְגָמָא הָדֵין, לְשֵׁיצָאָה זַכָּאָה עִם חַיָּבָא, וִיהֵי זַכָּאָה כְּחַיָּבָא, קֻשְׁטָא אִנּוּן דִּינָךְ, הֲדַיָּן
כו כָּל אַרְעָא, בְּרַם יַעֲבֵיד דִּינָא: וַאֲמַר יְיָ, אִם אַשְׁכַּח בִּסְדוֹם, חַמְשִׁין זַכָּאִין בְּגוֹ קַרְתָּא,
כז וְאֶשְׁבּוֹק לְכָל אַתְרָא בְּדִילְהוֹן: וַאֲתֵיב אַבְרָהָם וַאֲמַר, הָא כְעַן שָׁרִיתִי לְמַלָּלָא קֳדָם

דְּרָכַי. וְאִם תְּפָרְשֵׁהוּ כְּתַרְגּוּמוֹ: יוֹדֵעַ אֲנִי בוֹ שֶׁיְּצַוֶּה אֶת בָּנָיו וְגוֹ׳, אֵין ׳לְמַעַן׳ נוֹפֵל עַל הַלָּשׁוֹן: יְצַוֶּה. לְשׁוֹן הוֹוֶה, כְּמוֹ: ״כָּכָה יַעֲשֶׂה אִיּוֹב״ (איוב א, ה): לְמַעַן הָבִיא. כָּךְ הוּא מְצַוֶּה לְבָנָיו: שִׁמְרוּ דֶּרֶךְ ה׳ כְּדֵי שֶׁיָּבִיא ה׳ עַל אַבְרָהָם וְגוֹ׳; ׳עַל בֵּית אַבְרָהָם׳ לֹא נֶאֱמַר אֶלָּא ״עַל אַבְרָהָם״, לָמַדְנוּ כָּל הַמַּעֲמִיד בֵּן צַדִּיק כְּאִלּוּ אֵינוֹ מֵת:

כ| וַיֹּאמֶר ה׳. אֶל אַבְרָהָם: זַעֲקַת סְדֹם וְגוֹ׳. כִּי רָבָּה. כָּל ׳רַבָּה׳ שֶׁבַּמִּקְרָא הַטַּעַם בַּבֵּי״ת, לְפִי שֶׁהֵן מְתֻרְגָּמִין ׳גְּדוֹלָה׳ אוֹ ׳גְּדֵלָה וְהוֹלֶכֶת׳, אֲבָל זֶה טַעְמוֹ לְמַעְלָה בָּרֵי״שׁ לְפִי שֶׁמְּתֻרְגָּם ׳גָּדְלָה׳ כְּבָר, כְּמוֹ שֶׁפֵּרַשְׁתִּי: ״וַיְהִי הַשֶּׁמֶשׁ בָּאָה״ (לעיל טו, יז), ״הִנֵּה שָׁבָה יְבִמְתֵּךְ״ (רות א, טו):

כא| אֵרֲדָה נָּא. לִמֵּד לַדַּיָּנִים שֶׁלֹּא יִפְסְקוּ דִּינֵי נְפָשׁוֹת אֶלָּא בִּרְאִיָּה, הַכֹּל כְּמוֹ שֶׁפֵּרַשְׁתִּי בְּפָרָשַׁת הַפַּלָּגָה (לעיל יא, ה). דָּבָר אַחֵר, ״אֵרְדָה נָּא״ לְסוֹף מַעֲשֵׂיהֶם: הַכְּצַעֲקָתָהּ. שֶׁל מְדִינָה: הַבָּאָה אֵלַי עָשׂוּ. וְכֵן עוֹמְדִים בְּמִרְדָּם – ״כָּלָה״ אֲנִי עוֹשֶׂה בָּהֶם, ״וְאִם לֹא״ יַעַמְדוּ בְּמִרְדָּם – ״אֵדְעָה״ מָה אֶעֱשֶׂה, לְהִפָּרַע מֵהֶם בְּיִסּוּרִין, וְלֹא אֲכַלֶּה אוֹתָם. וְכַיּוֹצֵא בוֹ מָצִינוּ בְּמָקוֹם אַחֵר: ״וְעַתָּה הוֹרֵד עֶדְיְךָ מֵעָלֶיךָ וְאֵדְעָה מָה אֶעֱשֶׂה לָּךְ״ (שמות לג, ה). וּלְפִיכָךְ יֵשׁ הֶפְסֵק נְקֻדַּת פָּסֵק בֵּין ׳עָשׂוּ׳ לְ׳כָלָה׳ כְּדֵי לְהַפְרִידָם תֵּבָה מֵחֲבֶרְתָּהּ. וְרַבּוֹתֵינוּ דָּרְשׁוּ: ״הַכְּצַעֲקָתָהּ״, צַעֲקַת רִיבָה אַחַת שֶׁהָרְגוּ מִיתָה מְשֻׁנָּה עַל שֶׁנָּתְנָה מָזוֹן לְעָנִי, כַּמְפֹרָשׁ בְּ׳חֵלֶק׳ (סנהדרין קט ע״ב):

כב| וַיִּפְנוּ מִשָּׁם. מִמָּקוֹם שֶׁאַבְרָהָם לִוָּם שָׁם: עוֹדֶנּוּ עֹמֵד וְגוֹ׳. וַהֲלֹא לֹא הָלַךְ לַעֲמֹד לְפָנָיו, אֶלָּא הַקָּדוֹשׁ בָּרוּךְ הוּא בָּא אֶצְלוֹ וְאָמַר לוֹ: ״זַעֲקַת סְדֹם וַעֲמֹרָה״ וְגוֹ׳ (לעיל פסוק כ), וְהָיָה לוֹ לִכְתֹּב: ׳וַה׳ עוֹדֶנּוּ עוֹמֵד עַל אַבְרָהָם׳? אֶלָּא תִּקּוּן סוֹפְרִים הוּא זֶה:

כג| וַיִּגַּשׁ אַבְרָהָם. מָצִינוּ הַגָּשָׁה לַמִּלְחָמָה: ״וַיִּגַּשׁ יוֹאָב״ וְגוֹ׳ (דברי הימים א׳ יט, יד); הַגָּשָׁה לְפִיּוּס: ״וַיִּגַּשׁ אֵלָיו יְהוּדָה״ (להלן מד, יח); וְהַגָּשָׁה לִתְפִלָּה: ״וַיִּגַּשׁ אֵלִיָּהוּ הַנָּבִיא״ (מלכים א׳ יח, לו); וּלְכָל אֵלֶּה נִכְנַס אַבְרָהָם: לְדַבֵּר קָשׁוֹת וּלְפִיּוּס וְלִתְפִלָּה: הַאַף תִּסְפֶּה. הֲגַם תִּסְפֶּה. וּלְתַרְגּוּם שֶׁל אוּנְקְלוֹס שֶׁתִּרְגְּמוֹ לְשׁוֹן רֹגֶז, כָּךְ פֵּרוּשׁוֹ: הַאַף יַשִּׂיאֲךָ שֶׁתִּסְפֶּה צַדִּיק עִם רָשָׁע?:

כד| חֲמִשִּׁים צַדִּיקִם. עֲשָׂרָה צַדִּיקִים לְכָל כְּרַךְ וּכְרַךְ, חֲמִשָּׁה מְקוֹמוֹת יֵשׁ.

כה| חָלִלָה לְּךָ. וְאִם תֹּאמַר, לֹא יַצִּילוּ הַצַּדִּיקִים אֶת הָרְשָׁעִים, לָמָּה תָּמִית הַצַּדִּיקִים? חֻלִּין הוּא לְךָ! יֹאמְרוּ: כָּךְ הִיא אֻמָּנוּתוֹ, שׁוֹטֵף הַכֹּל, צַדִּיקִים וּרְשָׁעִים; כָּךְ עָשִׂיתָ לְדוֹר הַמַּבּוּל וּלְדוֹר הַפַּלָּגָה: כַּדָּבָר הַזֶּה. לֹא הוּא וְלֹא כַּיּוֹצֵא בוֹ: חָלִלָה לָּךְ. לָעוֹלָם הַבָּא: הֲשֹׁפֵט כָּל הָאָרֶץ. נָקוּד בַּחֲטַף פַּתָּח הֵ״א שֶׁל ׳הֲשֹׁפֵט׳, לְשׁוֹן תְּמִיָּה, וְכִי מִי שֶׁהוּא שׁוֹפֵט לֹא יַעֲשֶׂה מִשְׁפַּט אֱמֶת?!:

כו| אִם אֶמְצָא בִסְדֹם וְגוֹ׳. לְפִי שֶׁסְּדוֹם הָיְתָה מֶטְרוֹפּוֹלִין וַחֲשׁוּבָה מִכֻּלָּם, תָּלָה בָהּ הַכָּתוּב:

אֲדֹנָ֔י וְאָנֹכִ֖י עָפָ֥ר וָאֵֽפֶר׃ א֠וּלַי יַחְסְר֞וּן חֲמִשִּׁ֤ים כח
הַצַּדִּיקִם֙ חֲמִשָּׁ֔ה הֲתַשְׁחִ֥ית בַּחֲמִשָּׁ֖ה אֶת־כָּל־
הָעִ֑יר וַיֹּ֙אמֶר֙ לֹ֣א אַשְׁחִ֔ית אִם־אֶמְצָ֣א שָׁ֔ם
אַרְבָּעִ֖ים וַחֲמִשָּֽׁה׃ וַיֹּ֨סֶף ע֜וֹד לְדַבֵּ֤ר אֵלָיו֙ וַיֹּאמַ֔ר כט
אוּלַ֛י יִמָּצְא֥וּן שָׁ֖ם אַרְבָּעִ֑ים וַיֹּ֙אמֶר֙ לֹ֣א אֶֽעֱשֶׂ֔ה
בַּעֲב֖וּר הָֽאַרְבָּעִֽים׃ וַ֠יֹּאמֶר אַל־נָ֞א יִ֤חַר לַֽאדֹנָי֙ ל
וַאֲדַבֵּ֔רָה אוּלַ֛י יִמָּצְא֥וּן שָׁ֖ם שְׁלֹשִׁ֑ים וַיֹּ֙אמֶר֙ לֹ֣א
אֶֽעֱשֶׂ֔ה אִם־אֶמְצָ֥א שָׁ֖ם שְׁלֹשִֽׁים׃ וַיֹּ֗אמֶר הִנֵּה־נָ֤א לא
הוֹאַ֙לְתִּי֙ לְדַבֵּ֣ר אֶל־אֲדֹנָ֔י אוּלַ֛י יִמָּצְא֥וּן שָׁ֖ם
עֶשְׂרִ֑ים וַיֹּ֙אמֶר֙ לֹ֣א אַשְׁחִ֔ית בַּעֲב֖וּר הָֽעֶשְׂרִֽים׃
וַ֠יֹּאמֶר אַל־נָ֞א יִ֤חַר לַֽאדֹנָי֙ וַאֲדַבְּרָ֣ה אַךְ־הַפַּ֔עַם לב
אוּלַ֛י יִמָּצְא֥וּן שָׁ֖ם עֲשָׂרָ֑ה וַיֹּ֙אמֶר֙ לֹ֣א אַשְׁחִ֔ית
בַּעֲב֖וּר הָעֲשָׂרָֽה׃ וַיֵּ֣לֶךְ יְהוָ֔ה כַּאֲשֶׁ֣ר כִּלָּ֔ה לְדַבֵּ֖ר לג
שלישי טז אֶל־אַבְרָהָ֑ם וְאַבְרָהָ֖ם שָׁ֥ב לִמְקֹמֽוֹ׃ וַ֠יָּבֹאוּ שְׁנֵ֨י א יט
הַמַּלְאָכִ֤ים סְדֹ֙מָה֙ בָּעֶ֔רֶב וְל֖וֹט יֹשֵׁ֣ב בְּשַֽׁעַר־סְדֹ֑ם
וַיַּרְא־לוֹט֙ וַיָּ֣קָם לִקְרָאתָ֔ם וַיִּשְׁתַּ֥חוּ אַפַּ֖יִם אָֽרְצָה׃
וַיֹּ֜אמֶר הִנֶּ֣ה נָּא־אֲדֹנַ֗י ס֣וּרוּ נָ֠א אֶל־בֵּ֨ית עַבְדְּכֶ֤ם ב
וְלִ֙ינוּ֙ וְרַחֲצ֣וּ רַגְלֵיכֶ֔ם וְהִשְׁכַּמְתֶּ֖ם וַהֲלַכְתֶּ֣ם
לְדַרְכְּכֶ֑ם וַיֹּאמְר֣וּ לֹּ֔א כִּ֥י בָרְח֖וֹב נָלִֽין׃ וַיִּפְצַר־בָּ֣ם ג
מְאֹ֔ד וַיָּסֻ֣רוּ אֵלָ֔יו וַיָּבֹ֖אוּ אֶל־בֵּית֑וֹ וַיַּ֤עַשׂ לָהֶם֙
מִשְׁתֶּ֔ה וּמַצּ֥וֹת אָפָ֖ה וַיֹּאכֵֽלוּ׃ טֶ֣רֶם יִשְׁכָּ֔בוּ וְאַנְשֵׁ֨י ד

כח יְיָ, וַאֲנָא עֲפַר וּקְטַם: מָאִם, יַחְסְרוּן, חַמְשִׁין זַכָּאִין חַמְשָׁא, הֲתְחַבֵּיל בְּחַמְשָׁא יָת כָּל
כט קַרְתָּא, וַאֲמַר לָא אֲחַבֵּיל, אִם אַשְׁכַּח תַּמָּן, אַרְבְּעִין וְחַמְשָׁא: וְאוֹסֵיף עוֹד, לְמַלָּלָא
קֳדָמוֹהִי וַאֲמַר, מָאִם, יִשְׁתַּכְחוּן תַּמָּן אַרְבְּעִין, וַאֲמַר לָא אַעֲבֵיד גְּמִירָא, בְּדִיל אַרְבְּעִין:
ל וַאֲמַר, לָא כְעַן, יִתְקַף רָגְזָא דַייָ וַאֲמַלֵּיל, מָאִם, יִשְׁתַּכְחוּן תַּמָּן תְּלָתִין, וַאֲמַר לָא אַעֲבֵיד
לא גְּמִירָא, אִם אַשְׁכַּח תַּמָּן תְּלָתִין: וַאֲמַר, הָא כְעַן אַסְגֵּיתִי לְמַלָּלָא קֳדָם יְיָ, מָאִם, יִשְׁתַּכְחוּן
לב תַּמָּן עֶסְרִין, וַאֲמַר לָא אֲחַבֵּיל, בְּדִיל עֶסְרִין: וַאֲמַר, לָא כְעַן, יִתְקַף רָגְזָא דַייָ וַאֲמַלֵּיל בְּרַם
לג זִמְנָא הָדָא, מָאִם, יִשְׁתַּכְחוּן תַּמָּן עַסְרָא, וַאֲמַר לָא אֲחַבֵּיל, בְּדִיל עַסְרָא: וְאִסְתַּלַּק יְקָרָא
יט א דַייָ, כַּד שֵׁיצִי, לְמַלָּלָא עִם אַבְרָהָם, וְאַבְרָהָם תָּב לְאַתְרֵיהּ: וְעָאלוּ, תְּרֵין מַלְאֲכַיָּא לִסְדוֹם
בְּרַמְשָׁא, וְלוֹט יָתֵיב בְּתַרְעָא דִסְדוֹם, וַחֲזָא לוֹט וְקָם לְקַדָּמוּתְהוֹן, וּסְגֵיד עַל אַפּוֹהִי עַל
ב אַרְעָא: וַאֲמַר בְּבָעוּ כְעַן רִבּוֹנַי, זוּרוּ כְעַן, לְבֵית עַבְדְּכוֹן וּבִיתוּ וְאַסְחוּ רַגְלֵיכוֹן, וְתַקְדְּמוּן
ג וּתְהָכוּן לְאוֹרַחְכוֹן, וַאֲמַרוּ לָא, אֱלָהֵין בִּרְחוֹבָא נְבִית: וְאַתְקֵיף בְּהוֹן לַחֲדָא, וְזָרוּ לְוָתֵיהּ,
ד וְעָאלוּ לְבֵיתֵיהּ, וַעֲבַד לְהוֹן מִשְׁתְּיָא, וּפַטִּיר אֲפָא לְהוֹן וַאֲכַלוּ: עַד לָא שְׁכִיבוּ, וֶאֱנָשֵׁי

כח) **הֲתַשְׁחִית בַּחֲמִשָּׁה.** וַהֲלֹא הֵן תִּשְׁעָה לְכָל כִּכָּר, וְאַתָּה צַדִּיקוֹ שֶׁל עוֹלָם תִּצְטָרֵף עִמָּהֶם:

כט) **אוּלַי יִמָּצְאוּן שָׁם אַרְבָּעִים.** וְיִמָּלְטוּ אַרְבָּעָה הַכְּרַכִּים. וְכֵן שְׁלֹשִׁים יַצִּילוּ שְׁלֹשָׁה מֵהֶם, אוֹ עֶשְׂרִים יַצִּילוּ שְׁנַיִם מֵהֶם, אוֹ עֲשָׂרָה יַצִּילוּ אֶחָד מֵהֶם:

לא) **הוֹאַלְתִּי.** רָצִיתִי, כְּמוֹ: "וַיּוֹאֶל מֹשֶׁה" (שמות ב, כא):

לב) **אוּלַי יִמָּצְאוּן שָׁם עֲשָׂרָה.** עַל הַפָּחוֹת לֹא בִּקֵּשׁ, אָמַר: דּוֹר הַמַּבּוּל הָיוּ שְׁמוֹנָה, נֹחַ וּבָנָיו וּנְשֵׁיהֶם, וְלֹא הִצִּילוּ עַל דּוֹרָם. וְעַל תִּשְׁעָה עַל יְדֵי צֵרוּף כְּבָר בִּקֵּשׁ וְלֹא מָצָא:

לג) **וַיֵּלֶךְ ה' וְגוֹ'.** כֵּיוָן שֶׁנִּשְׁתַּתֵּק הַסָּנֵגוֹר הָלַךְ לוֹ הַדַּיָּן: **וְאַבְרָהָם שָׁב לִמְקוֹמוֹ.** נִסְתַּלֵּק הַדַּיָּן נִסְתַּלֵּק הַסָּנֵגוֹר, וְהַקָּטֵגוֹר מְקַטְרֵג, לְפִיכָךְ "וַיָּבֹאוּ שְׁנֵי הַמַּלְאָכִים סְדֹמָה" (להלן יט, א), לְהַשְׁחִית.

פרק יט

א) **וַיָּבֹאוּ שְׁנֵי.** וְהַשְּׁלִישִׁי שֶׁבָּא לְבַשֵּׂר אֶת שָׂרָה, כֵּיוָן שֶׁעָשָׂה שְׁלִיחוּתוֹ נִסְתַּלֵּק לוֹ: **הַמַּלְאָכִים.** וּלְהַלָּן (לעיל יח, ב) קְרָאָם 'אֲנָשִׁים'; כְּשֶׁהָיְתָה שְׁכִינָה עִמָּהֶם קְרָאָם 'אֲנָשִׁים'. דָּבָר אַחֵר, אֵצֶל אַבְרָהָם שֶׁכֹּחוֹ גָּדוֹל וְהָיוּ הַמַּלְאָכִים תְּדִירִין אֶצְלוֹ כַּאֲנָשִׁים, קְרָאָם 'אֲנָשִׁים', וְאֵצֶל לוֹט קְרָאָם 'מַלְאָכִים': **בָּעֶרֶב.** וְכִי כָּל כָּךְ שָׁהוּ הַמַּלְאָכִים מֵחֶבְרוֹן לִסְדוֹם? אֶלָּא מַלְאֲכֵי רַחֲמִים הָיוּ וּמַמְתִּינִים שֶׁמָּא יוּכַל אַבְרָהָם לְלַמֵּד עֲלֵיהֶם סָנֵגוֹרְיָא: **וְלוֹט יֹשֵׁב בְּשַׁעַר סְדֹם.** 'יָשַׁב' כְּתִיב, אוֹתוֹ הַיּוֹם מִנּוּהוּ שׁוֹפֵט עַל הַשּׁוֹפְטִים: **וַיַּרְא לוֹט וְגוֹ'.** מִבֵּית אַבְרָהָם לָמַד לְחַזֵּר עַל הָאוֹרְחִים:

ב) **הִנֶּה נָּא אֲדֹנַי.** הִנֵּה נָא אַתֶּם אֲדוֹנִים לִי אַחַר שֶׁעֲבַרְתֶּם עָלַי. דָּבָר אַחֵר, "הִנֵּה נָא", צְרִיכִים אַתֶּם לָתֵת לֵב עַל הָרְשָׁעִים הַלָּלוּ שֶׁלֹּא יַכִּירוּ בָּכֶם; וְזוֹ הִיא עֵצָה נְכוֹנָה: "סוּרוּ נָא" וְגוֹ' – עַקְּמוּ אֶת הַדֶּרֶךְ לְבֵיתִי דֶּרֶךְ עֲקַלָּתוֹן, שֶׁלֹּא יַכִּירוּ שֶׁאַתֶּם נִכְנָסִים שָׁם, לְכָךְ נֶאֱמַר "סוּרוּ". בְּרֵאשִׁית רַבָּה (נ, ד): **וַיֹּאמְרוּ לֹּא.** וּלְאַבְרָהָם אָמְרוּ: "כֵּן תַּעֲשֶׂה" (לעיל יח, ה), מִכָּאן שֶׁמְּסָרְבִין לַקָּטָן וְאֵין מְסָרְבִין לַגָּדוֹל: **כִּי בָרְחוֹב נָלִין.** הֲרֵי 'כִּי' מְשַׁמֵּשׁ בִּלְשׁוֹן 'אֶלָּא', שֶׁאָמְרוּ: לֹא נָסוּר אֶל בֵּיתְךָ אֶלָּא בִּרְחוֹבָהּ שֶׁל עִיר נָלִין:

ג) **וַיָּסֻרוּ אֵלָיו.** עִקְּמוּ אֶת הַדֶּרֶךְ לְצַד בֵּיתוֹ: **וּמַצּוֹת אָפָה.** פֶּסַח הָיָה:

ד) **טֶרֶם יִשְׁכָּבוּ וְאַנְשֵׁי הָעִיר אַנְשֵׁי סְדֹם.** כָּךְ נִדְרַשׁ בִּבְרֵאשִׁית רַבָּה (נ, ה): "טֶרֶם יִשְׁכָּבוּ וְאַנְשֵׁי הָעִיר" הָיוּ בְּפִיהֶם שֶׁל מַלְאָכִים, שֶׁהָיוּ שׁוֹאֲלִים לְלוֹט: מַה טִּיבָם וּמַעֲשֵׂיהֶם? וְהוּא אוֹמֵר לָהֶם: רֻבָּם רְשָׁעִים. עוֹדָם מְדַבְּרִים בָּהֶם, וְ"אַנְשֵׁי סְדֹם נָסַבּוּ" וְגוֹ'. וּפְשׁוּטוֹ שֶׁל מִקְרָא: וְאַנְשֵׁי הָעִיר, אַנְשֵׁי רֶשַׁע, נָסַבּוּ עַל הַבַּיִת; עַל שֶׁהָיוּ רְשָׁעִים נִקְרָאִים "אַנְשֵׁי סְדֹם", כְּמוֹ שֶׁאָמַר הַכָּתוּב:

הָעִיר אַנְשֵׁי סְדֹם נָסַבּוּ עַל־הַבַּיִת מִנַּעַר וְעַד־זָקֵן
ה כָּל־הָעָם מִקָּצֶה׃ וַיִּקְרְאוּ אֶל־לוֹט וַיֹּאמְרוּ לוֹ
אַיֵּה הָאֲנָשִׁים אֲשֶׁר־בָּאוּ אֵלֶיךָ הַלָּיְלָה הוֹצִיאֵם
ו אֵלֵינוּ וְנֵדְעָה אֹתָם׃ וַיֵּצֵא אֲלֵהֶם לוֹט הַפֶּתְחָה
ז וְהַדֶּלֶת סָגַר אַחֲרָיו׃ וַיֹּאמַר אַל־נָא אַחַי תָּרֵעוּ׃
ח הִנֵּה־נָא לִי שְׁתֵּי בָנוֹת אֲשֶׁר לֹא־יָדְעוּ אִישׁ
אוֹצִיאָה־נָּא אֶתְהֶן אֲלֵיכֶם וַעֲשׂוּ לָהֶן כַּטּוֹב
בְּעֵינֵיכֶם רַק לָאֲנָשִׁים הָאֵל אַל־תַּעֲשׂוּ דָבָר כִּי־
ט עַל־כֵּן בָּאוּ בְּצֵל קֹרָתִי׃ וַיֹּאמְרוּ ׀ גֶּשׁ־הָלְאָה
וַיֹּאמְרוּ הָאֶחָד בָּא־לָגוּר וַיִּשְׁפֹּט שָׁפוֹט עַתָּה נָרַע
לְךָ מֵהֶם וַיִּפְצְרוּ בָאִישׁ בְּלוֹט מְאֹד וַיִּגְּשׁוּ לִשְׁבֹּר
י הַדָּלֶת׃ וַיִּשְׁלְחוּ הָאֲנָשִׁים אֶת־יָדָם וַיָּבִיאוּ אֶת־
יא לוֹט אֲלֵיהֶם הַבָּיְתָה וְאֶת־הַדֶּלֶת סָגָרוּ׃ וְאֶת־
הָאֲנָשִׁים אֲשֶׁר־פֶּתַח הַבַּיִת הִכּוּ בַּסַּנְוֵרִים מִקָּטֹן
יב וְעַד־גָּדוֹל וַיִּלְאוּ לִמְצֹא הַפָּתַח׃ וַיֹּאמְרוּ הָאֲנָשִׁים
אֶל־לוֹט עֹד מִי־לְךָ פֹה חָתָן וּבָנֶיךָ וּבְנֹתֶיךָ וְכֹל
יג אֲשֶׁר־לְךָ בָּעִיר הוֹצֵא מִן־הַמָּקוֹם׃ כִּי־מַשְׁחִתִים
אֲנַחְנוּ אֶת־הַמָּקוֹם הַזֶּה כִּי־גָדְלָה צַעֲקָתָם אֶת־
יד פְּנֵי יְהוָה וַיְשַׁלְּחֵנוּ יְהוָה לְשַׁחֲתָהּ׃ וַיֵּצֵא לוֹט
וַיְדַבֵּר ׀ אֶל־חֲתָנָיו ׀ לֹקְחֵי בְנֹתָיו וַיֹּאמֶר קוּמוּ
צְּאוּ מִן־הַמָּקוֹם הַזֶּה כִּי־מַשְׁחִית יְהוָה אֶת־הָעִיר

טו **וַיְהִ֥י כִמְצַחֵ֖ק בְּעֵינֵ֥י חֲתָנָֽיו׃ וּכְמוֹ֙ הַשַּׁ֣חַר
עָלָ֔ה וַיָּאִ֥יצוּ הַמַּלְאָכִ֖ים בְּל֣וֹט לֵאמֹ֑ר ק֡וּם**

ה קַרְתָּא, אֱנָשֵׁי סְדוֹם אַקִּיפוּ עַל בֵּיתָא, מֵעוּלֵימָא וְעַד סָבָא, כָּל עַמָּא מִסּוֹפֵיהּ: וּקְרוֹ לְלוֹט וַאֲמַרוּ
ו לֵיהּ, אָן גֻּבְרַיָּא דַּאֲתוֹ לְוָתָךְ בְּלֵילְיָא, אַפֵּיקִנּוּן לְוָתַנָא, וְנִדַּע יָתְהוֹן: וּנְפַק לְוָתְהוֹן, לוֹט לְתַרְעָא,
ז ח וְדַשָּׁא אֲחַד בַּתְרוֹהִי: וַאֲמַר, בְּבָעוּ כְעַן אַחַי לָא תַבְאֲשׁוּן: הָא כְעַן לִי תַּרְתֵּין בְּנָן, דְּלָא יְדַעוּנִין
גְּבַר, אַפֵּיק כְּעַן יָתְהוֹן לְוָתְכוֹן, וַעֲבִידוּ לְהוֹן, כִּדְתָקֵין בְּעֵינֵיכוֹן, לְחוֹד, לְגֻבְרַיָּא הָאִלֵּין לָא
ט תַעְבְּדוּן מִדָּעַם, אֲרֵי עַל כֵּן עָאלוּ בִּטְלַל שָׁרִיתִי: וַאֲמַרוּ קְרַב לְהָלְאָה, וַאֲמַרוּ חַד אֲתָא
לְאִתּוֹתָבָא וְהָא דָאֵין דִּינָא, כְּעַן, נַבְאֵישׁ לָךְ מִדִּילְהוֹן, וְאַתְקִיפוּ בְּגֻבְרָא בְּלוֹט לַחֲדָא, וּקְרִיבוּ
י לְמִתְבַּר דַּשָּׁא: וְאוֹשִׁיטוּ גֻּבְרַיָּא יָת יְדֵיהוֹן, וְאַעִילוּ יָת לוֹט, לְוָתְהוֹן לְבֵיתָא, וְיָת דַּשָּׁא אֲחַדוּ:
יא וְיָת גֻּבְרַיָּא דִּבְתְרַע בֵּיתָא, מְחוֹ בְּשַׁבְרִירַיָּא, מִזְּעֵירָא וְעַד רַבָּא, וּלְאִיאוּ לְאַשְׁכָּחָא תַּרְעָא:
יב וַאֲמַרוּ גֻּבְרַיָּא לְלוֹט, עוֹד מָא לָךְ הָכָא, חַתְנָא וּבְנָךְ וּבְנָתָךְ, וְכֹל דְּלָךְ בְּקַרְתָּא, אַפֵּיק מִן אַתְרָא:
יג אֲרֵי מְחַבְּלִין אֲנַחְנָא, יָת אַתְרָא הָדֵין, אֲרֵי סְגִיאַת קְבִילַתְהוֹן קֳדָם יי, וְשַׁלְחַנָא יי לְחַבָּלוּתַהּ:
יד וּנְפַק לוֹט, וּמַלֵּיל עִם חַתְנוֹהִי נָסְבֵי בְנָתֵיהּ, וַאֲמַר קוּמוּ פּוּקוּ מִן אַתְרָא הָדֵין, אֲרֵי מְחַבֵּיל יי יָת
טו קַרְתָּא, וַהֲוָה כִּמְחָיֵיךְ בְּעֵינֵי חַתְנוֹהִי: וּכְמִסַּק צַפְרָא הֲוָה, וּדְחִיקוּ מַלְאֲכַיָּא בְּלוֹט לְמֵימַר, קוּם

"וְאַנְשֵׁי סְדֹם רָעִים וְחַטָּאִים" (לעיל יג, יג): **כָּל הָעָם מִקָּצֶה.** מִקְּצֵה הָעִיר עַד הַקָּצֶה, שֶׁאֵין אֶחָד מוֹחֶה בְּיָדָם, שֶׁאֲפִלּוּ צַדִּיק אֶחָד אֵין בָּהֶם:

ה) **וְנֵדְעָה אֹתָם.** בְּמִשְׁכַּב זָכָר, כְּמוֹ: "אֲשֶׁר לֹא יָדְעוּ אִישׁ" (להלן פסוק ח):

ח) **הָאֵל.** כְּמוֹ 'הָאֵלֶּה': **כִּי עַל כֵּן בָּאוּ.** כִּי הַטּוֹבָה הַזֹּאת תַּעֲשׂוּ לִכְבוֹדִי עַל אֲשֶׁר "בָּאוּ בְּצֵל קֹרָתִי", "בִּטְלַל שָׁרִיתִי", תַּרְגּוּם שֶׁל 'קוֹרָה' – שָׁרִיתָא:

ט) **גֶּשׁ הָלְאָה.** כְּשֶׁאָמַר לָהֶם עַל הַבָּנוֹת, אָמְרוּ לוֹ: "גֶּשׁ הָלְאָה", לְשׁוֹן נַחַת. וְעַל שֶׁהָיָה מֵלִיץ עַל הָאוֹרְחִין, אָמְרוּ לוֹ: אֵיךְ מְלַחֵךְ לִבְּךָ? "הָאֶחָד בָּא לָגוּר" – אָדָם נָכְרִי יְחִידִי אַתָּה בֵּינֵינוּ שֶׁבָּאתָ לָגוּר, "וַיִּשְׁפֹּט שָׁפוֹט" – נַעֲשֵׂיתָ מוֹכִיחַ אוֹתָנוּ [וְר' יוֹסֵף בַּר' שִׁמְעוֹן (קרא) אוֹמֵר הָלְאָה "גֶּשׁ הָלְאָה" אֵינוֹ אֶלָּא לְשׁוֹן דְּחִיָּה וּדְחִיפָה, כְּמוֹ "קְרַב אֵלֶיךָ אַל תִּגַּשׁ בִּי" (ישעיה סה, ה) וּכְמוֹ "וְאֶת הָאֵשׁ זְרֵה הָלְאָה" (במדבר יז, ב) וּכְמוֹ "וְהִגְלֵיתִי אֶתְכֶם מֵהָלְאָה לְדַמָּשֶׂק" (עמוס ה, כז) שֶׁאַף כָּאן לוֹט הָיָה מִתְחַבֵּט לִפְנֵיהֶם עַל הָאַכְסְנָאִים, וְהֵם אוֹמְרִים לוֹ: קְרַב אֵלֶיךָ אַל תִּפְגַּע בָּנוּ; שֶׁאִם אַתָּה אוֹמֵר קְרַב אֵלֵינוּ וּשְׁמַע דְּבָרֵינוּ הוּא, מָה עֵרֶךְ לְדָבָר זֶה? וַהֲלֹא לוֹט קָרוֹב אֲלֵיהֶם עוֹמֵד, כְּמוֹ שֶׁמָּצִינוּ "וַיֵּצֵא אֲלֵהֶם לוֹט הַפֶּתְחָה" (לעיל פסוק ו)! אֶלָּא עַל כָּרְחֲךָ לְשׁוֹן הַרְחָקָה הוּא, כְּלוֹמַר, לֵךְ מֵעִמָּנוּ. וְהוֹדָה הַמּוֹרֶה לִדְבָרָיו]: **הַדֶּלֶת.** הַסּוֹבֶבֶת לִנְעֹל וְלִפְתֹּחַ:

יא) **פֶּתַח.** הוּא הֶחָלָל שֶׁבּוֹ נִכְנָסִין וְיוֹצְאִין: **בַּסַּנְוֵרִים.** מַכַּת עִוָּרוֹן: **מִקָּטֹן וְעַד גָּדוֹל.** הַקְּטַנִּים הִתְחִילוּ בָּעֲבֵרָה תְּחִלָּה, שֶׁנֶּאֱמַר: "מִנַּעַר וְעַד זָקֵן" (לעיל פסוק ד), לְפִיכָךְ הִתְחִילָה הַפֻּרְעָנוּת מֵהֶם:

יב) **עֹד מִי לְךָ פֹה.** פְּשׁוּטוֹ שֶׁל מִקְרָא, מִי יֵשׁ לְךָ עוֹד בָּעִיר הַזֹּאת חוּץ מֵאִשְׁתְּךָ וּבְנוֹתֶיךָ שֶׁבַּבַּיִת: **חָתָן וּבָנֶיךָ וּבְנֹתֶיךָ.** אִם יֵשׁ לְךָ חָתָן אוֹ בָּנִים וּבָנוֹת, "הוֹצֵא מִן הַמָּקוֹם": **וּבָנֶיךָ.** בְּנֵי בְנוֹתֶיךָ הַנְּשׂוּאוֹת. וּמִדְרַשׁ אַגָּדָה, "עֹד" – מֵאַחַר שֶׁעוֹשִׂין נְבָלָה כָּזֹאת, "מִי לְךָ" פִּתְחוֹן פֶּה לְלַמֵּד סָנֵגוֹרְיָא עֲלֵיהֶם, שֶׁכָּל הַלַּיְלָה הָיָה מֵלִיץ עֲלֵיהֶם טוֹבוֹת. קְרִי בֵּיהּ: 'מִי לְךָ פֹּה':

יד) **חֲתָנָיו.** שְׁתֵּי בָּנוֹת נְשׂוּאוֹת הָיוּ לוֹ בָּעִיר: **לֹקְחֵי בְנֹתָיו.** שֶׁאוֹתָן שֶׁבַּבַּיִת אֲרוּסוֹת לָהֶם:

טו) **וַיָּאִיצוּ.** כְּתַרְגּוּמוֹ 'וּדְחִיקוּ', מִהֲרוּהוּ: **הַנִּמְצָאֹת.**

קַח אֶת־אִשְׁתְּךָ וְאֶת־שְׁתֵּי בְנֹתֶיךָ הַנִּמְצָאֹת
טז פֶּן־תִּסָּפֶה בַּעֲוֺן הָעִיר׃ וַיִּתְמַהְמָהּ ׀ וַיַּחֲזִיקוּ
הָאֲנָשִׁים בְּיָדוֹ וּבְיַד־אִשְׁתּוֹ וּבְיַד שְׁתֵּי בְנֹתָיו
בְּחֶמְלַת יהוה עָלָיו וַיֹּצִאֻהוּ וַיַּנִּחֻהוּ מִחוּץ
יז לָעִיר׃ וַיְהִי כְהוֹצִיאָם אֹתָם הַחוּצָה וַיֹּאמֶר
הִמָּלֵט עַל־נַפְשֶׁךָ אַל־תַּבִּיט אַחֲרֶיךָ וְאַל־
תַּעֲמֹד בְּכָל־הַכִּכָּר הָהָרָה הִמָּלֵט פֶּן־תִּסָּפֶה׃
יח יט וַיֹּאמֶר לוֹט אֲלֵהֶם אַל־נָא אֲדֹנָי׃ הִנֵּה־נָא מָצָא
עַבְדְּךָ חֵן בְּעֵינֶיךָ וַתַּגְדֵּל חַסְדְּךָ אֲשֶׁר עָשִׂיתָ
עִמָּדִי לְהַחֲיוֹת אֶת־נַפְשִׁי וְאָנֹכִי לֹא אוּכַל
לְהִמָּלֵט הָהָרָה פֶּן־תִּדְבָּקַנִי הָרָעָה וָמַתִּי׃
כ הִנֵּה־נָא הָעִיר הַזֹּאת קְרֹבָה לָנוּס שָׁמָּה וְהִוא
מִצְעָר אִמָּלְטָה נָּא שָׁמָּה הֲלֹא מִצְעָר הִוא
כא רביעי וּתְחִי נַפְשִׁי׃ וַיֹּאמֶר אֵלָיו הִנֵּה נָשָׂאתִי פָנֶיךָ גַּם
לַדָּבָר הַזֶּה לְבִלְתִּי הָפְכִּי אֶת־הָעִיר אֲשֶׁר
כב דִּבַּרְתָּ׃ מַהֵר הִמָּלֵט שָׁמָּה כִּי לֹא אוּכַל לַעֲשׂוֹת
דָּבָר עַד־בֹּאֲךָ שָׁמָּה עַל־כֵּן קָרָא שֵׁם־הָעִיר

הַמְּזֻמָּנוֹת לְךָ בַּבַּיִת לְהַצִּילָם. וּמִדְרַשׁ אַגָּדָה יֵשׁ, וְזֶה יִשּׁוּבוֹ שֶׁל מִקְרָא: תִּסָּפֶה. תִּהְיֶה כָלָה; "עַד תֹּם כָּל הַדּוֹר" (דברים ב, יד) מְתֻרְגָּם: "עַד דְּסָף":

טז] וַיִּתְמַהְמָהּ. כְּדֵי לְהַצִּיל אֶת מָמוֹנוֹ: וַיַּחֲזִיקוּ. אֶחָד מֵהֶם הָיָה שָׁלִיחַ לְהַצִּילוֹ, וַחֲבֵרוֹ לַהֲפֹךְ אֶת סְדוֹם, לְכָךְ נֶאֱמַר: "וַיֹּאמֶר הִמָּלֵט" (להלן פסוק יז) וְלֹא נֶאֱמַר 'וַיֹּאמְרוּ':

יז] הִמָּלֵט עַל נַפְשֶׁךָ. דַּיֶּיךָ לְהַצִּיל נְפָשׁוֹת, אַל תָּחוּס עַל הַמָּמוֹן: אַל תַּבִּיט אַחֲרֶיךָ. אַתָּה הִרְשַׁעְתָּ עִמָּהֶם וּבִזְכוּת אַבְרָהָם אַתָּה נִצּוֹל, אֵינְךָ כְּדַאי

וירא יט

דְּבַר יָת אִתְּתָךְ, וְיָת תַּרְתֵּין בְּנָתָךְ דְּאִשְׁתְּכַחָא מְהֵימְנָן עִמָּךְ, דִּלְמָא תִלְקֵי בְּחוֹבֵי קַרְתָּא:
טז וְאִתְעַכַּב וְאַתְקִיפוּ גֻּבְרַיָּא בִּידֵיהּ וּבִיד אִתְּתֵיהּ, וּבִיד תַּרְתֵּין בְּנָתֵיהּ, בְּדַחַס יְיָ עֲלוֹהִי, וְאַפְּקוּהִי וְאַשְׁרְיוּהִי מִבָּרָא לְקַרְתָּא: יז וַהֲוָה כַּד אַפִּיק יָתְהוֹן לְבָרָא, וַאֲמַר חוּס עַל נַפְשָׁךְ, לָא תִסְתְּכִי לַאֲחוֹרָךְ, וְלָא תְקוּם בְּכָל מֵישְׁרָא, לְטוּרָא אִשְׁתֵּיזַב דִּלְמָא תִלְקֵי: יח וַאֲמַר לוֹט לְהוֹן, בְּבָעוּ יְיָ: יט הָא כְעַן, אַשְׁכַּח עַבְדָּךְ רַחֲמִין בְּעֵינָךְ, וְאַסְגִּיתָא טִיבוּתָךְ, דַּעֲבַדְתְּ עִמִּי, לְקַיָּמָא יָת נַפְשִׁי, וַאֲנָא, לֵית אֲנָא יָכֵיל לְאִשְׁתֵּיזָבָא לְטוּרָא, דִּלְמָא תְעָרְעִנַּנִי בִשְׁתָּא וְאֵמוּת: כ הָא כְעַן, קַרְתָּא הָדָא קָרִיבָא, לְמֵעֲרַק לְתַמָּן וְהִיא זְעֵירָא, אִשְׁתֵּיזֵיב כְּעַן לְתַמָּן, הֲלָא זְעֵירָא, הִיא וְתִתְקַיֵּם נַפְשִׁי: כא וַאֲמַר לֵיהּ, הָא נְסֵיבִית אַפָּךְ, אַף לְפִתְגָמָא הָדֵין, בְּדִיל דְּלָא לְמֵהֲפַךְ יָת קַרְתָּא דִּבְעֵיתָא עֲלַהּ: כב אוֹחִי אִשְׁתֵּיזֵיב לְתַמָּן, אֲרֵי לָא אִכּוֹל לְמֶעֱבַד פִּתְגָמָא, עַד מֵיתָךְ לְתַמָּן, עַל כֵּן, קְרָא שְׁמַהּ דְּקַרְתָּא

לִרְחוֹק בְּפֻרְעָנוּתָם וְאַתָּה נִצּוֹל: **בְּכֹל הַכִּכָּר.** כְּבָר הֵיכָן? **הָהָרָה הִמָּלֵט.** אֵצֶל אַבְרָהָם בְּרַח שֶׁהָיָה יוֹשֵׁב בָּהָר, שֶׁנֶּאֱמַר: "וַיַּעְתֵּק מִשָּׁם הָהָרָה" (לעיל יב, ח), וְאַף עַכְשָׁיו הָיָה יוֹשֵׁב שָׁם, שֶׁנֶּאֱמַר: "עַד הַמָּקוֹם אֲשֶׁר הָיָה שָׁם אָהֳלֹה בַּתְּחִלָּה" (לעיל יג, ג), וְאַף עַל פִּי שֶׁכָּתוּב: "וַיֶּאֱהַל אַבְרָם וְגוֹ'" (שם יח), אֹהָלִים הַרְבֵּה הָיוּ לוֹ וְנִמְשְׁכוּ עַד חֶבְרוֹן: **הִמָּלֵט.** לְשׁוֹן הַשְׁמָטָה, וְכֵן כָּל הַמְלָטָה שֶׁבַּמִּקְרָא אֵשְׁמוֹצֵ"ר בְּלַעַז, וְכֵן: "וְהִמְלִיטָה זָכָר" (ישעיה סו, ז), שֶׁנִּשְׁמַט הָעֻבָּר מִן הָרֶחֶם, "כְּצִפּוֹר נִמְלְטָה" (תהלים קכד, ז), "לֹא יָכְלוּ מַלֵּט מַשָּׂא" (ישעיה מו, ב), לְהַשְׁמִיט מַשָּׂא רְעִי שֶׁבְּנִקְבֵיהֶם:

אַל נָא אֲדֹנָי. רַבּוֹתֵינוּ אָמְרוּ שֵׁם זֶה קֹדֶשׁ, שֶׁנֶּאֱמַר בּוֹ: "לְהַחֲיוֹת אֶת נַפְשִׁי" (להלן פסוק יט) — מִי שֶׁיֵּשׁ בְּיָדוֹ לְהָמִית וּלְהַחֲיוֹת, וְתַרְגּוּמוֹ: "בְּבָעוּ כְעַן יְיָ": **אַל נָא.** אַל נָא תֹאמְרוּ אֵלַי לְהִמָּלֵט הָהָרָה. **נָא.** לְשׁוֹן בַּקָּשָׁה:

פֶּן תִּדְבָּקַנִי הָרָעָה. כְּשֶׁהָיִיתִי אֵצֶל אַנְשֵׁי סְדוֹם הָיָה הַקָּדוֹשׁ בָּרוּךְ הוּא רוֹאֶה מַעֲשַׂי וּמַעֲשֵׂה בְּנֵי עִירִי וְהָיִיתִי נִרְאֶה צַדִּיק וּכְדַאי לְהִנָּצֵל, וּכְשֶׁאֶבָּא אֵצֶל צַדִּיק אֲנִי כְרָשָׁע. וְכֵן אָמְרָה הַצָּרְפִית לְאֵלִיָּהוּ: "בָּאתָ אֵלַי לְהַזְכִּיר אֶת עֲוֹנִי" (מלכים א' יז, יח) — עַד שֶׁלֹּא בָּאתָ אֶצְלִי הָיָה הַקָּדוֹשׁ בָּרוּךְ הוּא רוֹאֶה מַעֲשַׂי וּמַעֲשֵׂה עַמִּי וַאֲנִי צַדֶּקֶת בֵּינֵיהֶם, וּמִשֶּׁבָּאתָ אֶצְלִי, לְפִי מַעֲשֶׂיךָ אֲנִי רְשָׁעָה:

הָעִיר הַזֹּאת קְרֹבָה. יְשִׁיבָתָהּ קְרוֹבָה, וְלֹא נִתְמַלְּאָה סְאָתָהּ עֲדַיִן. וּמַה הִיא קְרִיבָתָהּ? מִדּוֹר הַפַּלָּגָה, שֶׁנִּתְפַּלְּגוּ הָאֲנָשִׁים וְהִתְחִילוּ לְהִתְיַשֵּׁב אִישׁ אִישׁ בִּמְקוֹמוֹ, וְהִיא הָיְתָה בִּשְׁנַת מוֹת פֶּלֶג,

ומשם עד כָּאן חֲמִשִּׁים וּשְׁתַּיִם שָׁנָה, שֶׁפֶּלֶג מֵת בִּשְׁנַת אַרְבָּעִים וּשְׁמוֹנֶה לְאַבְרָהָם. כֵּיצַד? פֶּלֶג חַי אַחֲרֵי הוֹלִידוֹ אֶת רְעוּ מָאתַיִם וְתֵשַׁע שָׁנָה, צֵא מֵהֶם כָּלוּ שְׁלֹשִׁים וּשְׁתַּיִם כְּשֶׁנּוֹלַד שְׂרוּג וּמִשְּׂרוּג עַד שֶׁנּוֹלַד נָחוֹר שְׁלֹשִׁים, הֲרֵי שִׁשִּׁים וּשְׁתַּיִם, וּמִנָּחוֹר עַד שֶׁנּוֹלַד תֶּרַח עֶשְׂרִים וְתֵשַׁע, הֲרֵי תִּשְׁעִים וְאַחַת, וּמִשָּׁם עַד שֶׁנּוֹלַד אַבְרָהָם שִׁבְעִים, הֲרֵי מֵאָה שִׁשִּׁים וְאַחַת, תֵּן לָהֶם אַרְבָּעִים וּשְׁמוֹנָה, הֲרֵי מָאתַיִם וָתֵשַׁע, וְאוֹתָהּ שָׁנָה הָיְתָה שְׁנַת הַפַּלָּגָה. וּכְשֶׁנֶּחֶרְבָה סְדוֹם הָיָה אַבְרָהָם בֶּן תִּשְׁעִים וְתֵשַׁע שָׁנָה, הֲרֵי מִדּוֹר הַפַּלָּגָה עַד כָּאן חֲמִשִּׁים וּשְׁתַּיִם שָׁנָה. וְצֹעַר אַחֲרָה יְשִׁיבָתָהּ אַחֲרֵי יְשִׁיבַת סְדוֹם וְחֶבְרוֹתֶיהָ שָׁנָה אַחַת, הוּא שֶׁנֶּאֱמַר: "אִמָּלְטָה נָּא", 'נָא' בְּגִימַטְרִיָּא חֲמִשִּׁים וְאַחַת. הֲלֹא מִצְעָר הוּא. עֲווֹנוֹתֶיהָ מוּעָטִין וְיָכוֹל אַתָּה לְהַנִּיחָהּ "וּתְחִי נַפְשִׁי" בָּהּ, זֶהוּ מִדְרָשׁוֹ. וּפְשׁוּטוֹ שֶׁל מִקְרָא, הֲלֹא עִיר קְטַנָּה הִיא וַאֲנָשִׁים בָּהּ מְעַט, אֵין לְךָ לְהַקְפִּיד אִם תַּנִּיחֶנָּהּ "וּתְחִי נַפְשִׁי" בָּהּ:

כא] **גַּם לַדָּבָר הַזֶּה.** לֹא דַּיֶּךָ שֶׁאַתָּה נִצָּל אֶלָּא אַף כָּל הָעִיר אַצִּיל בִּגְלָלְךָ: **הָפְכִּי.** הוֹפֵךְ אֲנִי, כְּמוֹ "עַד בֹּאִי" (להלן מח, ה), "אַחֲרֵי לֹחִי" (לעיל יג, יד), "מִדֵּי דַבְּרִי בּוֹ" (ירמיה לא, יט):

כב] **כִּי לֹא אוּכַל לַעֲשׂוֹת.** זֶה עָנְשָׁן שֶׁל מַלְאָכִים עַל שֶׁאָמְרוּ: "כִּי מַשְׁחִיתִים אֲנַחְנוּ" (לעיל פסוק יג) וְתָלוּ הַדָּבָר בְּעַצְמָן, לְפִיכָךְ לֹא זָזוּ מִשָּׁם עַד שֶׁהֻזְקְקוּ לוֹמַר שֶׁאֵין הַדָּבָר בִּרְשׁוּתָן: **כִּי לֹא אוּכַל.** לְשׁוֹן יָחִיד, מִכָּאן אַתָּה לָמֵד שֶׁהָאֶחָד הוֹפֵךְ וְהָאֶחָד מַצִּיל, שֶׁאֵין שְׁנֵי מַלְאָכִים נִשְׁלָחִים לְדָבָר אֶחָד: **עַל כֵּן קָרָא שֵׁם הָעִיר צוֹעַר.** עַל שֵׁם "וְהִיא מִצְעָר" (לעיל פסוק כ):

בראשית יט

צֹ֑עַר׃ הַשֶּׁ֖מֶשׁ יָצָ֣א עַל־הָאָ֑רֶץ וְל֖וֹט בָּ֥א צֹֽעֲרָה׃ כג
וַֽיהוָ֗ה הִמְטִ֧יר עַל־סְדֹ֛ם וְעַל־עֲמֹרָ֖ה גָּפְרִ֣ית וָאֵ֑שׁ כד
מֵאֵ֥ת יְהוָ֖ה מִן־הַשָּׁמָֽיִם׃ וַֽיַּהֲפֹךְ֙ אֶת־הֶעָרִ֣ים הָאֵ֔ל כה
וְאֵ֖ת כָּל־הַכִּכָּ֑ר וְאֵת֙ כָּל־יֹשְׁבֵ֣י הֶֽעָרִ֔ים וְצֶ֖מַח
הָאֲדָמָֽה׃ וַתַּבֵּ֥ט אִשְׁתּ֖וֹ מֵאַחֲרָ֑יו וַתְּהִ֖י נְצִ֥יב מֶֽלַח׃ כו
וַיַּשְׁכֵּ֥ם אַבְרָהָ֖ם בַּבֹּ֑קֶר אֶל־הַ֨מָּק֔וֹם אֲשֶׁר־עָ֥מַד כז
שָׁ֖ם אֶת־פְּנֵ֥י יְהוָֽה׃ וַיַּשְׁקֵ֗ף עַל־פְּנֵ֤י סְדֹם֙ וַעֲמֹרָ֔ה כח
וְעַֽל־כָּל־פְּנֵ֖י אֶ֣רֶץ הַכִּכָּ֑ר וַיַּ֗רְא וְהִנֵּ֤ה עָלָה֙ קִיטֹ֣ר
הָאָ֔רֶץ כְּקִיטֹ֖ר הַכִּבְשָֽׁן׃ וַיְהִ֗י בְּשַׁחֵ֤ת אֱלֹהִים֙ אֶת־ כט
עָרֵ֣י הַכִּכָּ֔ר וַיִּזְכֹּ֥ר אֱלֹהִ֖ים אֶת־אַבְרָהָ֑ם וַיְשַׁלַּ֤ח
אֶת־לוֹט֙ מִתּ֣וֹךְ הַהֲפֵכָ֔ה בַּהֲפֹךְ֙ אֶת־הֶ֣עָרִ֔ים אֲשֶׁר־
יָשַׁ֥ב בָּהֵ֖ן לֽוֹט׃ וַיַּעַל֩ ל֨וֹט מִצּ֜וֹעַר וַיֵּ֤שֶׁב בָּהָר֙ וּשְׁתֵּ֣י ל
בְנֹתָיו֙ עִמּ֔וֹ כִּ֥י יָרֵ֖א לָשֶׁ֣בֶת בְּצ֑וֹעַר וַיֵּ֨שֶׁב֙ בַּמְּעָרָ֔ה
ה֖וּא וּשְׁתֵּ֥י בְנֹתָֽיו׃ וַתֹּ֧אמֶר הַבְּכִירָ֛ה אֶל־הַצְּעִירָ֖ה לא
אָבִ֣ינוּ זָקֵ֑ן וְאִ֤ישׁ אֵין֙ בָּאָ֔רֶץ לָב֥וֹא עָלֵ֖ינוּ כְּדֶ֥רֶךְ
כָּל־הָאָֽרֶץ׃ לְכָ֨ה נַשְׁקֶ֧ה אֶת־אָבִ֛ינוּ יַ֖יִן וְנִשְׁכְּבָ֣ה לב
עִמּ֑וֹ וּנְחַיֶּ֥ה מֵאָבִ֖ינוּ זָֽרַע׃ וַתַּשְׁקֶ֧יןָ אֶת־אֲבִיהֶ֛ן יַ֖יִן לג
בַּלַּ֣יְלָה ה֑וּא וַתָּבֹ֤א הַבְּכִירָה֙ וַתִּשְׁכַּ֣ב אֶת־אָבִ֔יהָ
וְלֹֽא־יָדַ֥ע בְּשִׁכְבָ֖הּ וּבְקוּמָֽהּ׃ וַֽיְהִי֙ מִֽמָּחֳרָ֔ת וַתֹּ֤אמֶר לד
הַבְּכִירָה֙ אֶל־הַצְּעִירָ֔ה הֵן־שָׁכַ֥בְתִּי אֶ֖מֶשׁ אֶת־אָבִ֑י
נַשְׁקֶ֨נּוּ יַ֜יִן גַּם־הַלַּ֗יְלָה וּבֹ֨אִי֙ שִׁכְבִ֣י עִמּ֔וֹ וּנְחַיֶּ֥ה

וירא יט

כג צוֹעַר: שִׁמְשָׁא נְפַק עַל אַרְעָא, וְלוֹט עָאל לְצֹעַר: כד וַיְיָ, אַמְטַר עַל סְדוֹם, וְעַל עֲמוֹרָה גָּפְרִיתָא
כה וְאִישָׁתָא, מִן קֳדָם יְיָ מִן שְׁמַיָּא: וַהֲפַךְ יָת קִרְוַיָּא הָאִלֵּין, וְיָת כָּל מֵישְׁרָא, וְיָת כָּל יָתְבֵי קִרְוַיָּא,
כו וְצִמְחָא דְאַרְעָא: וְאִסְתְּכִיאַת אִתְּתֵיהּ מִבָּתְרוֹהִי, וַהֲוַת קָמָא דְמִלְחָא: כז וְאַקְדֵּים אַבְרָהָם
בְּצַפְרָא, לְאַתְרָא, דְּשַׁמֵּישׁ תַּמָּן בִּצְלוֹ קֳדָם יְיָ: כח וְאִסְתְּכִי, עַל אַפֵּי סְדוֹם וַעֲמוֹרָה, וְעַל כָּל אַפֵּי
אֲרַע מֵישְׁרָא, וַחֲזָא, וְהָא סְלִיק תְּנָנָא דְאַרְעָא, כִּתְנָנָא דְאַתּוּנָא: כט וַהֲוָה, כַּד חַבִּיל יְיָ יָת קִרְוֵי
מֵישְׁרָא, וּדְכִיר יְיָ יָת אַבְרָהָם, כַּד הֲפַךְ יָת קִרְוַיָּא, כַּד שַׁלַּח יָת לוֹט מִגּוֹ הֲפֵיכְתָּא, דַּהֲוָה יָתֵיב
בְּהוֹן לוֹט: ל וּסְלִיק לוֹט מִצּוֹעַר וִיתֵיב בְּטוּרָא, וְתַרְתֵּין בְּנָתֵיהּ עִמֵּיהּ, אֲרֵי דְחֵיל לְמִתַּב בְּצוֹעַר,
וִיתֵיב בִּמְעָרְתָא, הוּא וְתַרְתֵּין בְּנָתֵיהּ: לא וַאֲמַרַת רַבְּתָא, לִזְעֵירְתָא אֲבוּנָא סִיב, וּגְבַר לֵית בְּאַרְעָא
לְמֵיעַל עֲלָנָא, כְּאוֹרַח כָּל אַרְעָא: לב אִיתָא נַשְׁקֵי יָת אֲבוּנָא, חַמְרָא וְנִשְׁכּוּב עִמֵּיהּ, וּנְקַיֵּים
מֵאֲבוּנָא בְנִין: לג וְאַשְׁקִיאָה יָת אֲבוּהוֹן, חַמְרָא בְּלֵילְיָא הוּא, וְעַאלַת רַבְּתָא וּשְׁכִיבַת עִם
אֲבוּהָא, וְלָא יְדַע בְּמִשְׁכְּבַהּ וּבִמְקִימַהּ: לד וַהֲוָה בְּיוֹמָא דְּבַתְרוֹהִי, וַאֲמַרַת רַבְּתָא לִזְעֵירְתָא,
הָא שְׁכֵיבִית רַמְשֵׁי עִם אַבָּא, נַשְׁקִינֵּיהּ חַמְרָא אַף בְּלֵילְיָא, וְעוּלִי שְׁכוּבִי עִמֵּיהּ, וּנְקַיֵּים

כד **וַה׳ הִמְטִיר.** כָּל מָקוֹם שֶׁנֶּאֱמַר "וַה׳" – הוּא
וּבֵית דִּינוֹ. **הִמְטִיר עַל סְדֹם.** בַּעֲלוֹת הַשַּׁחַר, כְּמוֹ
שֶׁנֶּאֱמַר: "וּכְמוֹ הַשַּׁחַר עָלָה" (לעיל פסוק טו). שָׁעָה
שֶׁהַלְּבָנָה עוֹמֶדֶת בָּרָקִיעַ עִם הַחַמָּה, לְפִי שֶׁהָיוּ
מֵהֶם עוֹבְדִים לַחַמָּה וּמֵהֶם לַלְּבָנָה, אָמַר הַקָּדוֹשׁ
בָּרוּךְ הוּא: אִם אֶפָּרַע מֵהֶם בַּיּוֹם יִהְיוּ עוֹבְדֵי לְבָנָה
אוֹמְרִים, אִלּוּ לְבָנָה מוֹשֶׁלֶת לֹא הָיִינוּ חֲרֵבִין, וְאִם
אֶפָּרַע מֵהֶם בַּלַּיְלָה יִהְיוּ עוֹבְדֵי הַחַמָּה אוֹמְרִים,
אִלּוּ הָיָה בַיּוֹם כְּשֶׁהַחַמָּה הָיְתָה מוֹשֶׁלֶת לֹא הָיִינוּ חֲרֵבִין,
לְכָךְ כְּתִיב: "וּכְמוֹ הַשַּׁחַר עָלָה", וְנִפְרַע מֵהֶם
בְּשָׁעָה שֶׁהַחַמָּה וְהַלְּבָנָה מוֹשְׁלִים: **הִמְטִיר...גָּפְרִית
וָאֵשׁ.** בַּתְּחִלָּה מָטָר וְנַעֲשָׂה גָּפְרִית וָאֵשׁ: **מֵאֵת ה׳.**
דֶּרֶךְ מִקְרָאוֹת לְדַבֵּר כֵּן, כְּמוֹ: "נְשֵׁי לֶמֶךְ" (לעיל ד,
כג) וְלֹא אָמַר 'נָשַׁי', וְכֵן אָמַר דָּוִד: "קְחוּ עִמָּכֶם
אֶת עַבְדֵי אֲדֹנֵיכֶם" (מלכים א' ח, לב) וְלֹא אָמַר 'אֶת
עֲבָדַי'; וְכֵן בַּאֲחַשְׁוֵרוֹשׁ: "בְּשֵׁם הַמֶּלֶךְ" (אסתר ח, ח)
וְלֹא אָמַר 'בִּשְׁמִי'; אַף כָּאן אָמַר: "מֵאֵת ה׳" וְלֹא
אָמַר 'מֵאִתּוֹ': **מִן הַשָּׁמָיִם.** הוּא שֶׁאָמַר הַכָּתוּב:
"כִּי בָם יָדִין עַמִּים וְגוֹ'" (איוב לו, לא). כְּשֶׁבָּא לְיַסֵּר
הַבְּרִיּוֹת מֵבִיא עֲלֵיהֶם אֵשׁ מִן הַשָּׁמַיִם כְּמוֹ שֶׁעָשָׂה
לִסְדוֹם, וּכְשֶׁבָּא לְהוֹרִיד הַמָּן – מִן הַשָּׁמַיִם, "הִנְנִי
מַמְטִיר לָכֶם לֶחֶם מִן הַשָּׁמָיִם" (שמות טז, ד).

כה **וַיַּהֲפֹךְ אֶת הֶעָרִים וְגוֹ'.** אַרְבַּעְתָּן יוֹשְׁבוֹת
בְּסֶלַע אֶחָד וַהֲפָכָן מִלְמַעְלָה לְמַטָּה, שֶׁנֶּאֱמַר:
"בַּחַלָּמִישׁ שָׁלַח יָדוֹ וְגוֹ'" (איוב כח, ט).

כו **וַתַּבֵּט אִשְׁתּוֹ מֵאַחֲרָיו.** מֵאַחֲרָיו שֶׁל לוֹט:
וַתְּהִי נְצִיב מֶלַח. בְּמֶלַח חָטְאָה וּבְמֶלַח לָקְתָה.

אָמַר לָהּ: תְּנִי מְעַט מֶלַח לָאוֹרְחִים הַלָּלוּ,
אָמְרָה לוֹ: אַף הַמִּנְהָג הָרַע הַזֶּה אַתָּה בָּא
לְהַנְהִיג בַּמָּקוֹם הַזֶּה?!

כח **קִיטֹר.** תִּמּוּר שֶׁל עָשָׁן, טור"ק בְּלַעַז:
כִּבְשָׁן. חֲפִירָה שֶׁשּׂוֹרְפִין בָּהּ אֶת הָאֲבָנִים לְסִיד,
וְכֵן כָּל 'כִּבְשָׁן' שֶׁבַּתּוֹרָה:

כט **וַיִּזְכֹּר אֱלֹהִים אֶת אַבְרָהָם.** מַה הִיא זְכִירָתוֹ
שֶׁל אַבְרָהָם עַל לוֹט? נִזְכַּר, שֶׁהָיָה יוֹדֵעַ שֶׁשָּׂרָה
אִשְׁתּוֹ שֶׁל אַבְרָהָם, וְשָׁמַע שֶׁאָמַר אַבְרָהָם
בְּמִצְרַיִם עַל שָׂרָה: "אֲחֹתִי הִוא" (לעיל יב, יט), וְלֹא
גִּלָּה הַדָּבָר, שֶׁהָיָה חָס עָלָיו, לְפִיכָךְ חָס הַקָּדוֹשׁ
בָּרוּךְ הוּא עָלָיו:

ל **כִּי יָרֵא לָשֶׁבֶת בְּצוֹעַר.** לְפִי שֶׁהָיְתָה קְרוֹבָה
לִסְדוֹם:

לא **אָבִינוּ זָקֵן.** וְאִם לֹא עַכְשָׁיו אֵימָתַי? שֶׁמָּא
יָמוּת אוֹ יִפְסֹק מִלְּהוֹלִיד: **וְאִישׁ אֵין בָּאָרֶץ.** סְבוּרוֹת
הָיוּ שֶׁכָּל הָעוֹלָם נֶחֱרַב כְּמוֹ בְּדוֹר הַמַּבּוּל.
(בראשית רבה ע״ה, ח)

לג **וַתַּשְׁקֶיןָ וְגוֹ'.** יַיִן נִזְדַּמֵּן לָהֶן בַּמְּעָרָה לְהוֹצִיא
מֵהֶן שְׁתֵּי אֻמּוֹת: **וַתִּשְׁכַּב אֶת אָבִיהָ.** וּבַצְּעִירָה
כְּתִיב: "וַתִּשְׁכַּב עִמּוֹ" (להלן פסוק לה), צְעִירָה לְפִי שֶׁלֹּא
פָּתְחָה בַּזְּנוּת אֶלָּא אֲחוֹתָהּ לִמְּדַתָּהּ, חָסַךְ עָלֶיהָ
הַכָּתוּב וְלֹא פֵרֵשׁ גְּנוּתָהּ, אֲבָל בְּכִירָה שֶׁפָּתְחָה
בַּזְּנוּת פִּרְסְמָהּ הַכָּתוּב בִּמְפֹרָשׁ. "וּבְקוּמָהּ" שֶׁל
בְּכִירָה נָקוּד, הֲרֵי הוּא פְּאִלּוּ לֹא נִכְתַּב, לוֹמַר

לה מֵאָבִינוּ זָרַע׃ וַתַּשְׁקֶיןָ גַּם בַּלַּיְלָה הַהוּא אֶת־
אֲבִיהֶן יָיִן וַתָּקָם הַצְּעִרָה וַתִּשְׁכַּב עִמּוֹ וְלֹא־
לו יָדַע בְּשִׁכְבָהּ וּבְקֻמָהּ׃ וַתַּהֲרֶיןָ שְׁתֵּי בְנוֹת־לוֹט
לז מֵאֲבִיהֶן׃ וַתֵּלֶד הַבְּכִירָה בֵּן וַתִּקְרָא שְׁמוֹ
לח מוֹאָב הוּא אֲבִי־מוֹאָב עַד־הַיּוֹם׃ וְהַצְּעִירָה
גַם־הִוא יָלְדָה בֵּן וַתִּקְרָא שְׁמוֹ בֶּן־עַמִּי הוּא
יז אֲבִי בְנֵי־עַמּוֹן עַד־הַיּוֹם׃ וַיִּסַּע א כ
מִשָּׁם אַבְרָהָם אַרְצָה הַנֶּגֶב וַיֵּשֶׁב בֵּין־קָדֵשׁ
ב וּבֵין שׁוּר וַיָּגָר בִּגְרָר׃ וַיֹּאמֶר אַבְרָהָם אֶל־שָׂרָה
אִשְׁתּוֹ אֲחֹתִי הִוא וַיִּשְׁלַח אֲבִימֶלֶךְ מֶלֶךְ גְּרָר
ג וַיִּקַּח אֶת־שָׂרָה׃ וַיָּבֹא אֱלֹהִים אֶל־אֲבִימֶלֶךְ
בַּחֲלוֹם הַלָּיְלָה וַיֹּאמֶר לוֹ הִנְּךָ מֵת עַל־הָאִשָּׁה
ד אֲשֶׁר־לָקַחְתָּ וְהִוא בְּעֻלַת בָּעַל׃ וַאֲבִימֶלֶךְ לֹא
קָרַב אֵלֶיהָ וַיֹּאמַר אֲדֹנָי הֲגוֹי גַּם־צַדִּיק תַּהֲרֹג׃
ה הֲלֹא הוּא אָמַר־לִי אֲחֹתִי הִוא וְהִיא־גַם־
הִוא אָמְרָה אָחִי הוּא בְּתָם־לְבָבִי וּבְנִקְיֹן כַּפַּי
ו עָשִׂיתִי זֹאת׃ וַיֹּאמֶר אֵלָיו הָאֱלֹהִים בַּחֲלֹם
גַּם אָנֹכִי יָדַעְתִּי כִּי בְתָם־לְבָבְךָ עָשִׂיתָ זֹּאת
וָאֶחְשֹׂךְ גַּם־אָנֹכִי אוֹתְךָ מֵחֲטוֹ־לִי עַל־כֵּן לֹא־
ז נְתַתִּיךָ לִנְגֹּעַ אֵלֶיהָ׃ וְעַתָּה הָשֵׁב אֵשֶׁת־הָאִישׁ
כִּי־נָבִיא הוּא וְיִתְפַּלֵּל בַּעַדְךָ וֶחְיֵה וְאִם־אֵינְךָ

מֵשִׁיב דַּע כִּי־מ֣וֹת תָּמ֔וּת אַתָּ֖ה וְכָל־אֲשֶׁר־לָֽךְ׃

ח וַיַּשְׁכֵּ֨ם אֲבִימֶ֜לֶךְ בַּבֹּ֗קֶר וַיִּקְרָא֙ לְכָל־עֲבָדָ֔יו

לה מֵאֲבוּנָא בְּנִין: וְאַשְׁקִיאָה, אַף בְּלֵילְיָא הַהוּא, יָת אֲבוּהוֹן חַמְרָא, וְקָמַת זְעֵירְתָא וּשְׁכִיבַת
לו לז עִמֵּיהּ, וְלָא יְדַע בְּמִשְׁכְּבַהּ וּבְמִקִימַהּ: וְעַדִּיאָה, תַּרְתֵּין בְּנָת לוֹט מֵאֲבוּהוֹן: וִילֵידַת רַבְּתָא בַּר,
לח וּקְרָת שְׁמֵיהּ מוֹאָב, הוּא אֲבוּהוֹן דְּמוֹאֲבָאֵי עַד יוֹמָא דֵין: וּזְעֵירְתָא אַף הִיא יְלֵידַת בַּר, וּקְרָת
כ א שְׁמֵיהּ בַּר עַמִּי, הוּא, אֲבוּהוֹן דִּבְנֵי עַמּוֹן עַד יוֹמָא דֵין: וּנְטַל מִתַּמָּן אַבְרָהָם לַאֲרַע דָּרוֹמָא,
ב וִיתֵיב בֵּין רְקַם וּבֵין חַגְרָא, וְאִתּוֹתַב בִּגְרָר: וַאֲמַר אַבְרָהָם, עַל שָׂרָה אִתְּתֵיהּ אֲחָתִי הִיא, וּשְׁלַח,
ג אֲבִימֶלֶךְ מַלְכָּא דִּגְרָר, וּדְבַר יָת שָׂרָה: וַאֲתָא מֵימַר מִן קֳדָם יְיָ, לְוָת אֲבִימֶלֶךְ בְּחֶלְמָא דְּלֵילְיָא,
ד וַאֲמַר לֵיהּ, הָאַתְּ מָאִית עַל עֵיסַק אִתְּתָא דִּדְבַרְתָּא, וְהִיא אִתַּת גְּבַר: וַאֲבִימֶלֶךְ, לָא קְרֵיב
ה לְוָתַהּ, וַאֲמַר, יְיָ, הַעַם אַף זַכַּאי תִּקְטוֹל: הֲלָא הוּא אֲמַר לִי אֲחָתִי הִיא, וְהִיא אַף הִיא אֲמַרַת
ו אֲחִי הוּא, בְּקַשִּׁיטוּת לִבִּי, וּבְזַכָּאוּת יְדַי עֲבַדִית דָּא: וַאֲמַר לֵיהּ יְיָ בְּחֶלְמָא, אַף קֳדָמַי גְּלֵי אֲרֵי
בְּקַשִּׁיטוּת לִבָּךְ עֲבַדְתְּ דָּא, וּמְנַעִית אַף אֲנָא, יָתָךְ מִלְּמֶחְטֵי קֳדָמַי, עַל כֵּן לָא שְׁבַקְתָּךְ לְמִקְרַב
ז לְוָתַהּ: וּכְעַן, אֲתֵיב אִתַּת גֻּבְרָא אֲרֵי נְבִיָּא הוּא, וִיצַלֵּי עֲלָךְ וְתֵיחֵי, וְאִם לֵיתָךְ מְתִיב,
ח דַּע אֲרֵי מְמָת תְּמוּת, אַתְּ וְכָל דִּלָךְ: וְאַקְדֵּים אֲבִימֶלֶךְ בְּצַפְרָא, וּקְרָא לְכָל עַבְדוֹהִי,

שֶׁבְּקוּמָהּ יָדַע, וְאַף עַל פִּי כֵן לֹא נִשְׁמַר לֵיל שֵׁנִי מִלִּשְׁתּוֹת:

לו| **וַתַּהֲרֶיןָ**. אַף עַל פִּי שֶׁאֵין הָאִשָּׁה מִתְעַבֶּרֶת מִבִּיאָה רִאשׁוֹנָה, אֵלּוּ שָׁלְטוּ בְּעַצְמָן וְהוֹצִיאוּ עֶרְוָתָן לַחוּץ וְעִבְּרוּ מִבִּיאָה רִאשׁוֹנָה:

לז| **מוֹאָב**. זוֹ שֶׁלֹּא הָיְתָה צְנוּעָה פֵּרְשָׁה שֶׁמֵּאָבִיהָ הוּא, אֲבָל צְעִירָה קְרָאַתּוּ בְּלָשׁוֹן נְקִיָּה, וְקִבְּלוּ שָׂכָר בִּימֵי מֹשֶׁה, שֶׁנֶּאֱמַר בִּבְנֵי עַמּוֹן: "וְאַל תִּתְגָּר בָּם" (דברים ב, יט) כְּלָל, וּבְמוֹאָב לֹא הִזְהִיר אֶלָּא שֶׁלֹּא יִלָּחֵם בָּם, אֲבָל לְצַעֲרָן הִתִּיר לוֹ:

פרק כ

א| **וַיִּסַּע מִשָּׁם אַבְרָהָם**. כְּשֶׁרָאָה שֶׁחָרְבוּ הַכְּרַכִּים וּפָסְקוּ הָעוֹבְרִים וְהַשָּׁבִים נָסַע לוֹ מִשָּׁם. דָּבָר אַחֵר, לְהִתְרַחֵק מִלּוֹט שֶׁיָּצָא עָלָיו שֵׁם רָע שֶׁבָּא עַל בְּנוֹתָיו:

ב| **וַיֹּאמֶר אַבְרָהָם**. כָּאן לֹא נָטַל רְשׁוּת, אֶלָּא עַל כָּרְחָהּ שֶׁלֹּא בְּטוֹבָתָהּ, לְפִי שֶׁכְּבָר לֻקְחָה לְבֵית פַּרְעֹה עַל יְדֵי כֵן: **אֶל שָׂרָה אִשְׁתּוֹ**. עַל שָׂרָה אִשְׁתּוֹ. כַּיּוֹצֵא בוֹ: "אֶל הִלָּקַח אֲרוֹן וְגוֹ' וְאֶל חָמִיהָ" (שמואל א' ד, כא), שְׁנֵיהֶם בִּלְשׁוֹן 'עַל':

ד| **לֹא קָרַב אֵלֶיהָ**. הַמַּלְאָךְ מְנָעוֹ, כְּמָה שֶׁנֶּאֱמַר: "לֹא נְתַתִּיךָ לִנְגֹּעַ אֵלֶיהָ" (להלן פסוק ו): **הֲגוֹי גַּם צַדִּיק תַּהֲרֹג**. אַף אִם הוּא צַדִּיק תַּהַרְגֶנּוּ? שֶׁמָּא כָּךְ דַּרְכְּךָ לְאַבֵּד הָאֻמּוֹת חִנָּם? כָּךְ עָשִׂיתָ לְדוֹר הַמַּבּוּל וּלְדוֹר הַפַּלָּגָה, אַף אֲנִי אוֹמֵר שֶׁהֲרַגְתָּם עַל לֹא דָבָר כְּשֵׁם שֶׁאַתָּה אוֹמֵר לְהָרְגֵנִי:

ה| **גַּם הִוא**. לְרַבּוֹת עֲבָדִים וְגַמָּלִים וַחֲמָרִים שֶׁלָּהּ, אֶת כֻּלָּם שָׁאַלְתִּי וְאָמְרוּ לִי: אָחִיהָ הוּא: **בְּתָם לְבָבִי**. שֶׁלֹּא דִּמִּיתִי לַחֲטֹא: **וּבְנִקְיֹן כַּפַּי**. נָקִי אֲנִי מִן הַחֵטְא, שֶׁלֹּא נָגַעְתִּי בָהּ:

ו| **יָדַעְתִּי כִּי בְתָם לְבָבְךָ וְגוֹ'**. אֱמֶת שֶׁלֹּא דִּמִּיתָ מִתְּחִלָּה לַחֲטֹא, אֲבָל נִקְיוֹן כַּפַּיִם אֵין כָּאן שֶׁלֹּא מִמְּךָ הָיָה שֶׁלֹּא נָגַעְתָּ בָהּ, אֶלָּא אֲנִי חָשַׂכְתִּי אוֹתְךָ מֵחֵטְא: **לֹא נְתַתִּיךָ**. לֹא נָתַתִּי לְךָ כֹּחַ, וְכֵן: "וְלֹא נְתָנוֹ אֱלֹהִים לְהָרַע" (להלן לא, ז), וְכֵן: "וְלֹא נְתָנוֹ אָבִיהָ לָבוֹא" (שופטים טו, א) - לֹא נָתַן לוֹ מָקוֹם:

ז| **הָשֵׁב אֵשֶׁת הָאִישׁ**. וְאַל תְּהֵא סָבוּר שֶׁתִּתְגַּנֶּה בְּעֵינָיו וְלֹא יְקַבְּלֶנָּה, אוֹ שֶׁיִּשְׂנָאֲךָ וְלֹא יִתְפַּלֵּל עָלֶיךָ: **כִּי נָבִיא הוּא**. וְיוֹדֵעַ שֶׁלֹּא נָגַעְתָּ בָהּ, לְפִיכָךְ "וְיִתְפַּלֵּל בַּעַדְךָ":

וַיְדַבֵּר אֶת־כָּל־הַדְּבָרִים הָאֵלֶּה בְּאָזְנֵיהֶם וַיִּירְאוּ
הָאֲנָשִׁים מְאֹד׃ וַיִּקְרָא אֲבִימֶלֶךְ לְאַבְרָהָם וַיֹּאמֶר ט
לוֹ מֶה־עָשִׂיתָ לָּנוּ וּמֶה־חָטָאתִי לָךְ כִּי־הֵבֵאתָ
עָלַי וְעַל־מַמְלַכְתִּי חֲטָאָה גְדֹלָה מַעֲשִׂים אֲשֶׁר
לֹא־יֵעָשׂוּ עָשִׂיתָ עִמָּדִי׃ וַיֹּאמֶר אֲבִימֶלֶךְ אֶל־ י
אַבְרָהָם מָה רָאִיתָ כִּי עָשִׂיתָ אֶת־הַדָּבָר הַזֶּה׃
וַיֹּאמֶר אַבְרָהָם כִּי אָמַרְתִּי רַק אֵין־יִרְאַת אֱלֹהִים יא
בַּמָּקוֹם הַזֶּה וַהֲרָגוּנִי עַל־דְּבַר אִשְׁתִּי׃ וְגַם־אָמְנָה יב
אֲחֹתִי בַת־אָבִי הִוא אַךְ לֹא בַת־אִמִּי וַתְּהִי־לִי
לְאִשָּׁה׃ וַיְהִי כַּאֲשֶׁר הִתְעוּ אֹתִי אֱלֹהִים מִבֵּית יג
אָבִי וָאֹמַר לָהּ זֶה חַסְדֵּךְ אֲשֶׁר תַּעֲשִׂי עִמָּדִי אֶל
כָּל־הַמָּקוֹם אֲשֶׁר נָבוֹא שָׁמָּה אִמְרִי־לִי אָחִי הוּא׃
וַיִּקַּח אֲבִימֶלֶךְ צֹאן וּבָקָר וַעֲבָדִים וּשְׁפָחֹת וַיִּתֵּן יד
לְאַבְרָהָם וַיָּשֶׁב לוֹ אֵת שָׂרָה אִשְׁתּוֹ׃ וַיֹּאמֶר טו
אֲבִימֶלֶךְ הִנֵּה אַרְצִי לְפָנֶיךָ בַּטּוֹב בְּעֵינֶיךָ שֵׁב׃
וּלְשָׂרָה אָמַר הִנֵּה נָתַתִּי אֶלֶף כֶּסֶף לְאָחִיךְ הִנֵּה טז
הוּא־לָךְ כְּסוּת עֵינַיִם לְכֹל אֲשֶׁר אִתָּךְ וְאֵת־כֹּל
וְנֹכָחַת׃ וַיִּתְפַּלֵּל אַבְרָהָם אֶל־הָאֱלֹהִים וַיִּרְפָּא יז
אֱלֹהִים אֶת־אֲבִימֶלֶךְ וְאֶת־אִשְׁתּוֹ וְאַמְהֹתָיו וַיֵּלֵדוּ׃

וירא

ט מַעֲשִׂים אֲשֶׁר לֹא יֵעָשׂוּ. מַכָּה אֲשֶׁר לֹא הֻרְגְּלָה לָבֹא עַל בְּרִיָּה בָּאָה לָנוּ עַל יָדְךָ – עֲצִירַת כָּל נְקָבִים שֶׁל זֶרַע וְשֶׁל קְטַנִּים וּרְעִי וְאָזְנַיִם וְחֹטֶם:

ט וּמַלֵּיל, יָת כָּל פִּתְגָמַיָּא הָאִלֵּין קֳדָמֵיהוֹן, וּדְחִילוּ גֻּבְרַיָּא לַחְדָּא: וּקְרָא אֲבִימֶלֶךְ לְאַבְרָהָם,
וַאֲמַר לֵיהּ, מָא עֲבַדְתְּ לַנָא וּמָא חֲטֵית לָךְ, אֲרֵי אֵיתִיתָא עֲלַי, וְעַל מַלְכוּתִי חוֹבָא רַבָּא, עוֹבָדִין
י דְּלָא כָשְׁרִין לְאִתְעֲבָדָא, עֲבַדְתְּ עִמִּי: וַאֲמַר אֲבִימֶלֶךְ לְאַבְרָהָם, מָא חֲזֵיתָא, אֲרֵי עֲבַדְתָּא יָת
יא פִּתְגָמָא הָדֵין: וַאֲמַר אַבְרָהָם, אֲרֵי אֲמָרִית, לְחוֹד לֵית דַּחַלְתָּא דַּיְיָ, בְּאַתְרָא הָדֵין, וְיִקְטְלֻנַּנִי
יב עַל עֵיסַק אִתְּתִי: וּבְרַם בְּקֻשְׁטָא, אֲחָתִי בַּת אַבָּא הִיא, בְּרַם לָא בַּת אִמָּא, וַהֲוָת לִי לְאִתּוּ:
יג וַהֲוָה כַּד טְעוֹ עַמְמַיָּא בָּתַר עוֹבָדֵי יְדֵיהוֹן, יָתִי קָרֵיב יְיָ לְדַחַלְתֵּיהּ מִבֵּית אַבָּא, וַאֲמָרִית לַהּ,
יד דֵּין טֵיבוּתִיךְ, דְּתַעְבְּדִין עִמִּי, לְכָל אֲתַר דִּנְהָךְ לְתַמָּן, אֵימַרִי עֲלַי אֲחִי הוּא: וּדְבַר אֲבִימֶלֶךְ עָן
טו וְתוֹרִין, וְעַבְדִּין וְאַמְהָן, וִיהַב לְאַבְרָהָם, וַאֲתֵיב לֵיהּ, יָת שָׂרָה אִתְּתֵיהּ: וַאֲמַר אֲבִימֶלֶךְ, הָא
טז אַרְעִי קֳדָמָךְ, בִּדְתָקֵין בְּעֵינָךְ תִּיב: וּלְשָׂרָה אֲמַר, הָא יְהָבִית, אֲלַף סִלְעִין דִּכְסַף לַאֲחוּיִךְ, הָא
הוּא לִיךְ כְּסוּת דִּיקָר, חֲלָף דִּשְׁלַחִית דְּבַרְתִּיךְ, וַחֲזֵית יָתִיךְ וְיָת כָּל דְּעִמִּיךְ, וְעַל כָּל מָא דַּאֲמַרְתְּ
יז אִתּוֹכָחַתְּ: וְצַלִּי אַבְרָהָם קֳדָם יְיָ, וְאַסִּי יְיָ, יָת אֲבִימֶלֶךְ וְיָת אִתְּתֵיהּ, וְאַמְהָתֵיהּ וְאִתְרְוַחוּ:

יא| רַק אֵין יִרְאַת אֱלֹהִים. אַכְסְנַאי שֶׁבָּא לָעִיר, עַל עִסְקֵי אֲכִילָה וּשְׁתִיָּה שׁוֹאֲלִין אוֹתוֹ אוֹ עַל עִסְקֵי אִשְׁתּוֹ שׁוֹאֲלִין אוֹתוֹ, אִשְׁתְּךָ הִיא אוֹ אֲחוֹתְךָ הִיא?:

יב| אֲחֹתִי בַת אָבִי הִיא. וּבַת אָב מֻתֶּרֶת לְבֶן נֹחַ, שֶׁאֵין אָב לְגוֹי; וּכְדֵי לְאַמֵּת דְּבָרָיו הֱשִׁיבָם כֵּן. וְאִם תֹּאמַר, וַהֲלֹא בַּת אָחִיו הָיְתָה! בְּנֵי בָנִים הֲרֵי הֵם כְּבָנִים וַהֲרֵי הִיא בִּתּוֹ שֶׁל תֶּרַח, וְכָךְ הוּא אוֹמֵר לְלוֹט: "כִּי אֲנָשִׁים אַחִים אֲנָחְנוּ" (לעיל יג, ח): אַךְ לֹא בַת אִמִּי. הָרָן מֵאֵם אַחֶרֶת הָיָה:

יג| וַיְהִי כַּאֲשֶׁר הִתְעוּ אֹתִי וְגוֹ'. אוּנְקְלוֹס תִּרְגֵּם מַה שֶּׁתִּרְגֵּם; וְיֵשׁ לְיַשְּׁבוֹ עוֹד דָּבָר דָּבוּר עַל אָפְנָיו: כְּשֶׁהוֹצִיאַנִי הַקָּדוֹשׁ בָּרוּךְ הוּא מִבֵּית אָבִי לִהְיוֹת מְשׁוֹטֵט וְנָד מִמָּקוֹם לְמָקוֹם וְיָדַעְתִּי שֶׁאֶעֱבֹר בִּמְקוֹם רְשָׁעִים, "וָאֹמַר לָהּ זֶה חַסְדֵּךְ": כַּאֲשֶׁר הִתְעוּ. לְשׁוֹן רַבִּים. וְאַל תִּתְמַהּ, כִּי הַרְבֵּה מְקוֹמוֹת לְשׁוֹן אֱלֹהוּת וּלְשׁוֹן מָרוּת קָרוּי בִּלְשׁוֹן רַבִּים: "אֲשֶׁר הָלְכוּ אֱלֹהִים" (שמואל ב' ז, כג), "אֱלֹהִים חַיִּים" (דברים ה, כג), "אֱלֹהִים קְדֹשִׁים" (יהושע כד, יט), וְכָל לְשׁוֹן 'אֱלֹהִים' לְשׁוֹן רַבִּים. וְכֵן: "וַיִּקַּח אֲדֹנֵי יוֹסֵף" (להלן לט, כ), "וַאֲדֹנֵי הָאֲדֹנִים" (דברים י, יז), "אֲדֹנֵי הָאָרֶץ" (להלן מב, לג); וְכֵן: "בְּעָלָיו עִמּוֹ" (שמות כב, יד), "וְהוּעַד בִּבְעָלָיו" (שם כא, כט). וְאִם תֹּאמַר, מַהוּ לְשׁוֹן 'הִתְעוּ'? כָּל הַגּוֹלֶה מִמְּקוֹמוֹ וְאֵינוֹ מְיֻשָּׁב קָרוּי 'תּוֹעֶה', כְּמוֹ: "וַתֵּלֶךְ וַתֵּתַע" (להלן כא, יד), "תָּעִיתִי כְּשֶׂה אֹבֵד" (תהלים קיט, קעו), "יִתְעוּ לִבְלִי אֹכֶל" (איוב לח, מא), יֵצְאוּ וְיִתְעוּ לְבַקֵּשׁ אָכְלָם: אִמְרִי לִי. עָלַי, וְכֵן: "וַיִּשְׁאֲלוּ אַנְשֵׁי הַמָּקוֹם לְאִשְׁתּוֹ" (להלן כו, ז) עַל אִשְׁתּוֹ, וְכֵן: "וְאָמַר פַּרְעֹה לִבְנֵי יִשְׂרָאֵל" (שמות יד, ג), "פֶּן יֹאמְרוּ לִי אִשָּׁה הֲרָגָתְהוּ" (שופטים ט, נד):

יד| וַיִּתֵּן לְאַבְרָהָם. כְּדֵי שֶׁיִּתְפַּיֵּס וְיִתְפַּלֵּל עָלָיו:

טו| הִנֵּה אַרְצִי לְפָנֶיךָ. אֲבָל פַּרְעֹה אָמַר לוֹ: "הִנֵּה אִשְׁתְּךָ קַח וָלֵךְ" (לעיל יב, יט), לְפִי שֶׁנִּתְיָרֵא, שֶׁהַמִּצְרִים שְׁטוּפֵי זִמָּה:

טז| וּלְשָׂרָה אָמַר. אֲבִימֶלֶךְ לִכְבוֹדָהּ, כְּדֵי לְפַיְּסָהּ: הִנֵּה עָשִׂיתִי לָךְ כָּבוֹד זֶה, נָתַתִּי מָמוֹן לְאָחִיךְ שֶׁאָמַרְתְּ עָלָיו "אָחִי הוּא", הִנֵּה הַכָּבוֹד הַזֶּה לָךְ "כְּסוּת עֵינַיִם לְכֹל אֲשֶׁר אִתָּךְ" – יְכַסֶּה עֵינֵיהֶם שֶׁלֹּא יְקִלּוּךְ, שֶׁאִלּוּ הֲשִׁיבוֹתִיךְ רֵיקָנִית יֵשׁ לָהֶם לוֹמַר, לְאַחַר שֶׁנִּתְעַלֵּל בָּהּ הֶחֱזִירָהּ, עַכְשָׁיו שֶׁהֻצְרַכְתִּי לְבַזְבֵּז מָמוֹן וּלְפַיְּסֵךְ, יוֹדְעִים יִהְיוּ שֶׁעַל כָּרְחִי הֲשִׁיבוֹתִיךְ וְעַל יְדֵי נֵס: וְאֵת כֹּל. וְעִם כָּל בָּאֵי עוֹלָם: וְנֹכָחַת. יְהֵא לָךְ פִּתְחוֹן פֶּה לְהִתְוַכֵּחַ וּלְהַרְאוֹת דְּבָרִים נִכָּרִים הַלָּלוּ. וּלְשׁוֹן 'הוֹכָחָה' בְּכָל מָקוֹם בֵּרוּר דְּבָרִים, וּבְלַעַז אשפרובי"ר. וְאוּנְקְלוֹס תִּרְגֵּם בְּפָנִים אֲחֵרִים, וּלְשׁוֹן הַמִּקְרָא כָּךְ הוּא נוֹפֵל עַל תַּרְגּוּמוֹ שֶׁל אוּנְקְלוֹס: הִנֵּה הוּא לָךְ כְּסוּת שֶׁל כָּבוֹד עַל הָעֵינַיִם שֶׁלִּי שֶׁשָּׁלְטוּ בָּךְ וּבְכָל אֲשֶׁר אִתָּךְ, וְעַל כֵּן תִּרְגֵּם: "וַחֲזֵית יָתִיךְ וְיָת כָּל דְּעִמִּיךְ". וְיֵשׁ מִדְרְשֵׁי אַגָּדָה, אֲבָל יִשּׁוּב לְשׁוֹן הַמִּקְרָא פֵּרַשְׁתִּי:

יז| וַיֵּלֵדוּ. כְּתַרְגּוּמוֹ "וְאִתְרְוַחוּ", נִפְתְּחוּ נִקְבֵיהֶם וְהוֹצִיאוּ, וְהִיא לֵדָה שֶׁלָּהֶם:

בראשית

יח כִּֽי־עָצֹ֤ר עָצַר֙ יְהוָ֔ה בְּעַ֥ד כָּל־רֶ֖חֶם לְבֵ֣ית אֲבִימֶ֑לֶךְ
עַל־דְּבַ֥ר שָׂרָ֖ה אֵ֥שֶׁת אַבְרָהָֽם׃

כא א וַֽיהוָ֛ה פָּקַ֥ד אֶת־שָׂרָ֖ה כַּאֲשֶׁ֣ר אָמָ֑ר וַיַּ֧עַשׂ יְהוָ֛ה לְשָׂרָ֖ה
כַּאֲשֶׁ֥ר דִּבֵּֽר׃ ב וַתַּ֩הַר֩ וַתֵּ֨לֶד שָׂרָ֧ה לְאַבְרָהָ֛ם בֵּ֖ן
לִזְקֻנָ֑יו לַמּוֹעֵ֕ד אֲשֶׁר־דִּבֶּ֥ר אֹת֖וֹ אֱלֹהִֽים׃ ג וַיִּקְרָ֨א
אַבְרָהָ֜ם אֶֽת־שֶׁם־בְּנ֧וֹ הַנּֽוֹלַד־ל֛וֹ אֲשֶׁר־יָלְדָה־לּ֥וֹ
שָׂרָ֖ה יִצְחָֽק׃ ד וַיָּ֤מָל אַבְרָהָם֙ אֶת־יִצְחָ֣ק בְּנ֔וֹ בֶּן־
חמישי שְׁמֹנַ֣ת יָמִ֑ים כַּאֲשֶׁ֛ר צִוָּ֥ה אֹת֖וֹ אֱלֹהִֽים׃ ה וְאַבְרָהָ֖ם
בֶּן־מְאַ֣ת שָׁנָ֑ה בְּהִוָּ֣לֶד ל֔וֹ אֵ֖ת יִצְחָ֥ק בְּנֽוֹ׃ ו וַתֹּ֣אמֶר
שָׂרָ֔ה צְחֹ֕ק עָ֥שָׂה לִ֖י אֱלֹהִ֑ים כָּל־הַשֹּׁמֵ֖עַ יִֽצְחַק־
לִֽי׃ ז וַתֹּ֗אמֶר מִ֤י מִלֵּל֙ לְאַבְרָהָ֔ם הֵינִ֥יקָה בָנִ֖ים
שָׂרָ֑ה כִּֽי־יָלַ֥דְתִּי בֵ֖ן לִזְקֻנָֽיו׃ ח וַיִּגְדַּ֥ל הַיֶּ֖לֶד וַיִּגָּמַ֑ל
וַיַּ֤עַשׂ אַבְרָהָם֙ מִשְׁתֶּ֣ה גָד֔וֹל בְּי֖וֹם הִגָּמֵ֥ל אֶת־
יִצְחָֽק׃ ט וַתֵּ֨רֶא שָׂרָ֜ה אֶֽת־בֶּן־הָגָ֧ר הַמִּצְרִ֛ית אֲשֶׁר־
יָלְדָ֥ה לְאַבְרָהָ֖ם מְצַחֵֽק׃ י וַתֹּ֙אמֶר֙ לְאַבְרָהָ֔ם גָּרֵ֛שׁ
הָאָמָ֥ה הַזֹּ֖את וְאֶת־בְּנָ֑הּ כִּ֣י לֹ֤א יִירַשׁ֙ בֶּן־הָאָמָ֣ה
הַזֹּ֔את עִם־בְּנִ֖י עִם־יִצְחָֽק׃ יא וַיֵּ֧רַע הַדָּבָ֛ר מְאֹ֖ד
בְּעֵינֵ֣י אַבְרָהָ֑ם עַ֖ל אוֹדֹ֥ת בְּנֽוֹ׃ יב וַיֹּ֨אמֶר אֱלֹהִ֜ים
אֶל־אַבְרָהָ֗ם אַל־יֵרַ֤ע בְּעֵינֶ֙יךָ֙ עַל־הַנַּ֣עַר וְעַל־
אֲמָתֶ֔ךָ כֹּל֩ אֲשֶׁ֨ר תֹּאמַ֥ר אֵלֶ֛יךָ שָׂרָ֖ה שְׁמַ֣ע בְּקֹלָ֑הּ

כא יח א אֲרֵי מֵיחָד אֲחַד יי, בְּאַפֵּי כָל פְּתַח וַלְדָא לְבֵית אֲבִימֶלֶךְ, עַל עֵיסֶק שָׂרָה אִתַּת אַבְרָהָם: וַיי,
ב דְּכִיר יָת שָׂרָה כְּמָא דַאֲמַר, וַעֲבַד יי, לְשָׂרָה כְּמָא דְמַלֵּיל: וְעַדִּיאַת וִילֵידַת שָׂרָה לְאַבְרָהָם, בַּר
ג לְסֵיבְתוּהִי, לְזִמְנָא, דְּמַלֵּיל יָתֵיהּ יי: וּקְרָא אַבְרָהָם, יָת שׁוּם בְּרֵיהּ דְּאִתְיְלֵיד לֵיהּ, דִּילֵידַת לֵיהּ
ד ה שָׂרָה יִצְחָק: וּגְזַר אַבְרָהָם יָת יִצְחָק בְּרֵיהּ, בַּר תְּמָנְיָא יוֹמִין, כְּמָא דְפַקֵּיד יָתֵיהּ יי: וְאַבְרָהָם בַּר
ו מְאָה שְׁנִין, כַּד אִתְיְלֵיד לֵיהּ, יָת יִצְחָק בְּרֵיהּ: וַאֲמַרַת שָׂרָה, חֶדְוָא, עֲבַד לִי יי, כָּל דְּשָׁמַע יֶחְדֵּי
ז ח לִי: וַאֲמַרַת, מְהֵימָן דַּאֲמַר לְאַבְרָהָם וְקַיָּים, דְּתוֹנִיק בְּנִין שָׂרָה, אֲרֵי יְלֵידִית בַּר לְסֵיבְתוּהִי: וּרְבָא
ט רְבְיָא וְאִתְחֲסִיל, וַעֲבַד אַבְרָהָם מִשְׁתְּיָא רַבָּא, בְּיוֹמָא דְּאִתְחֲסִיל יִצְחָק: וַחֲזָת שָׂרָה, יָת בַּר
י הָגָר מִצְרֵיתָא, דִּילֵידַת לְאַבְרָהָם מְחַיֵּיךְ: וַאֲמַרַת לְאַבְרָהָם, תָּרֵיךְ, אַמְתָא הָדָא וְיָת בְּרַהּ, אֲרֵי
יא לָא יֵירַת בַּר אַמְתָא הָדָא, עִם בְּרִי עִם יִצְחָק: וּבְאֵישׁ פִּתְגָּמָא, לַחֲדָא בְּעֵינֵי אַבְרָהָם, עַל עֵיסֶק
יב בְּרֵיהּ: וַאֲמַר יי לְאַבְרָהָם, לָא יִבְאַשׁ בְּעֵינָךְ עַל עוּלֵימָא וְעַל אַמְתָךְ, כָּל דְּתֵימַר לָךְ, שָׂרָה קַבֵּיל

יח| **בְּעַד כָּל רֶחֶם.** כְּנֶגֶד כָּל פֶּתַח: **עַל דְּבַר שָׂרָה.** עַל פִּי דִּבּוּרָהּ שֶׁל שָׂרָה:

פרק כא

א| **וַה' פָּקַד אֶת שָׂרָה.** סָמַךְ פָּרָשָׁה זוֹ לְכָאן, לְלַמֶּדְךָ שֶׁכָּל הַמְבַקֵּשׁ רַחֲמִים עַל חֲבֵרוֹ וְהוּא צָרִיךְ לְאוֹתוֹ דָּבָר הוּא נַעֲנֶה תְּחִלָּה, שֶׁנֶּאֱמַר: "וַיִּתְפַּלֵּל" וְגוֹ' (לעיל כ, יז) "וַה' פָּקַד אֶת שָׂרָה", שֶׁפָּקַד כְּבָר קֹדֶם שֶׁרִפֵּא אֶת אֲבִימֶלֶךְ: **פָּקַד.** בְּהֵרָיוֹן: **כַּאֲשֶׁר דִּבֵּר.** בְּלֵדָה. וּמַה הִיא אֲמִירָה וְהֵיכָן הוּא דִּבּוּר? אֲמִירָה: "וַיֹּאמֶר אֱלֹהִים אֲבָל שָׂרָה אִשְׁתְּךָ" וְגוֹ' (לעיל יז, יט), דִּבּוּר: "הָיָה דְבַר ה' אֶל אַבְרָם" (לעיל טו, א) בִּבְרִית בֵּין הַבְּתָרִים, שָׁם נֶאֱמַר: "לֹא יִירָשְׁךָ זֶה" וְגוֹ' (שם ד), וְהֵבִיא הַיּוֹרֵשׁ מִשָּׂרָה: **וַיַּעַשׂ ה' לְשָׂרָה כַּאֲשֶׁר דִּבֵּר.** לְאַבְרָהָם:

ב| **לַמּוֹעֵד אֲשֶׁר דִּבֶּר אֹתוֹ.** "דְּמַלֵּיל יָתֵיהּ", אֶת הַמּוֹעֵד דִּבֵּר וְקָבַע כְּשֶׁאָמַר לוֹ: "לַמּוֹעֵד אָשׁוּב אֵלֶיךָ" (לעיל יח, יד), שָׂרַט לוֹ שְׂרִיטָה בַּכֹּתֶל, אָמַר לוֹ: כְּשֶׁתַּגִּיעַ חַמָּה לִשְׂרִיטָה זוֹ בַּשָּׁנָה הָאַחֶרֶת – תֵּלֵד:

ו| **יִצְחַק לִי.** יִשְׂמַח עָלַי. וּמִדְרַשׁ אַגָּדָה, הַרְבֵּה עֲקָרוֹת נִפְקְדוּ עִמָּהּ, הַרְבֵּה חוֹלִים נִתְרַפְּאוּ בּוֹ בַּיּוֹם, הַרְבֵּה תְּפִלּוֹת נַעֲנוּ עִמָּהּ, וְרֹב שְׂחוֹק הָיָה בָּעוֹלָם:

ז| **מִי מִלֵּל לְאַבְרָהָם.** לְשׁוֹן שֶׁבַח וַחֲשִׁיבוּת, רְאוּ מִי הוּא וְכַמָּה הוּא גָּדוֹל, שׁוֹמֵר הַבְטָחָתוֹ, וּמַבְטִיחַ וְעוֹשֶׂה: **מִלֵּל.** שִׁנָּה הַכָּתוּב וְלֹא אָמַר 'דִּבֶּר', גִּימַטְרִיָּא שֶׁלּוֹ מֵאָה, כְּלוֹמַר לְסוֹף מֵאָה לְאַבְרָהָם "הֵינִיקָה בָנִים שָׂרָה". וּמַהוּ 'בָּנִים' לְשׁוֹן רַבִּים? בְּיוֹם הַמִּשְׁתֶּה הֵבִיאוּ הַשָּׂרוֹת בְּנֵיהֶן עִמָּהֶן, שֶׁהָיוּ אוֹמְרוֹת: לֹא יָלְדָה שָׂרָה, אֶלָּא אֲסוּפִי הֵבִיאָה מִן הַשּׁוּק – וְהֵינִיקָה אוֹתָם:

ח| **וַיִּגָּמַל.** לְסוֹף עֶשְׂרִים וְאַרְבָּעָה חֹדֶשׁ: **מִשְׁתֶּה גָדוֹל.** שֶׁהָיוּ שָׁם גְּדוֹלֵי הַדּוֹר, שֵׁם וָעֵבֶר וַאֲבִימֶלֶךְ:

ט| **מְצַחֵק.** לְשׁוֹן עֲבוֹדָה זָרָה, שֶׁנֶּאֱמַר: "וַיָּקֻמוּ לְצַחֵק" (שמות לב, ו); לְשׁוֹן רְצִיחָה, "יָקוּמוּ נָא הַנְּעָרִים וִישַׂחֲקוּ לְפָנֵינוּ" (שמואל ב' ב, יד); לְשׁוֹן גִּלּוּי עֲרָיוֹת, כְּמוֹ: "לְצַחֶק בִּי" (להלן לט, יז). הָיָה מֵרִיב עִם יִצְחָק עַל הַיְרֻשָּׁה וְאוֹמֵר: אֲנִי בְּכוֹר וְנוֹטֵל פִּי שְׁנַיִם, וְיוֹצְאִים לַשָּׂדֶה וְנוֹטֵל קַשְׁתּוֹ וְיוֹרֶה בּוֹ חִצִּים, כְּמָה דְאַתְּ אָמַר: "כְּמִתְלַהְלֵהַּ הַיֹּרֶה זִקִּים וְגוֹ' וְאָמַר הֲלֹא מְשַׂחֵק אָנִי" (משלי כו, יח-יט):

י| **עִם בְּנִי עִם יִצְחָק.** מִכֵּיוָן שֶׁהוּא בְּנִי אֲפִלּוּ אִם אֵינוֹ הָגוּן כְּיִצְחָק, אוֹ הָגוּן כְּיִצְחָק אֲפִלּוּ אֵינוֹ בְּנִי, אֵין זֶה כְּדַאי לִירַשׁ עִמּוֹ, קַל וָחֹמֶר "עִם בְּנִי עִם יִצְחָק", שֶׁשְּׁתֵּיהֶם בּוֹ:

יא| **עַל אוֹדֹת בְּנוֹ.** שֶׁיָּצָא לְתַרְבּוּת רָעָה. וּפְשׁוּטוֹ, עַל שֶׁאוֹמֶרֶת לוֹ לְשַׁלְּחוֹ:

יב| **שְׁמַע בְּקֹלָהּ.** לָמַדְנוּ שֶׁהָיָה אַבְרָהָם טָפֵל לְשָׂרָה בִּנְבִיאוּת:

יג כִּ֥י בְיִצְחָ֔ק יִקָּרֵ֥א לְךָ֖ זָֽרַע׃ וְגַ֥ם אֶת־בֶּן־הָאָמָ֖ה
יד לְג֣וֹי אֲשִׂימֶ֑נּוּ כִּ֥י זַרְעֲךָ֖ הֽוּא׃ וַיַּשְׁכֵּ֣ם אַבְרָהָ֣ם ׀
בַּבֹּ֡קֶר וַיִּֽקַּֽח־לֶחֶם֩ וְחֵ֨מַת מַ֜יִם וַיִּתֵּ֣ן אֶל־הָ֠גָר שָׂ֧ם
עַל־שִׁכְמָ֛הּ וְאֶת־הַיֶּ֖לֶד וַֽיְשַׁלְּחֶ֑הָ וַתֵּ֣לֶךְ וַתֵּ֔תַע
טו בְּמִדְבַּ֖ר בְּאֵ֥ר שָֽׁבַע׃ וַיִּכְל֥וּ הַמַּ֖יִם מִן־הַחֵ֑מֶת
טז וַתַּשְׁלֵ֣ךְ אֶת־הַיֶּ֔לֶד תַּ֖חַת אַחַ֥ד הַשִּׂיחִֽם׃ וַתֵּלֶךְ֩
וַתֵּ֨שֶׁב לָ֜הּ מִנֶּ֗גֶד הַרְחֵק֙ כִּמְטַחֲוֵ֣י קֶ֔שֶׁת כִּ֣י אָֽמְרָ֔ה
אַל־אֶרְאֶ֖ה בְּמ֣וֹת הַיָּ֑לֶד וַתֵּ֣שֶׁב מִנֶּ֔גֶד וַתִּשָּׂ֥א
יז אֶת־קֹלָ֖הּ וַתֵּֽבְךְּ׃ וַיִּשְׁמַ֣ע אֱלֹהִים֮ אֶת־ק֣וֹל הַנַּ֒עַר֒
וַיִּקְרָא֩ מַלְאַ֨ךְ אֱלֹהִ֤ים ׀ אֶל־הָגָר֙ מִן־הַשָּׁמַ֔יִם
וַיֹּ֥אמֶר לָ֖הּ מַה־לָּ֣ךְ הָגָ֑ר אַל־תִּ֣ירְאִ֔י כִּֽי־שָׁמַ֧ע
יח אֱלֹהִ֛ים אֶל־ק֥וֹל הַנַּ֖עַר בַּאֲשֶׁ֥ר הוּא־שָֽׁם׃ ק֚וּמִי
שְׂאִ֣י אֶת־הַנַּ֔עַר וְהַחֲזִ֥יקִי אֶת־יָדֵ֖ךְ בּ֑וֹ כִּֽי־לְג֥וֹי
יט גָּד֖וֹל אֲשִׂימֶֽנּוּ׃ וַיִּפְקַ֤ח אֱלֹהִים֙ אֶת־עֵינֶ֔יהָ וַתֵּ֖רֶא
בְּאֵ֣ר מָ֑יִם וַתֵּ֜לֶךְ וַתְּמַלֵּ֤א אֶת־הַחֵ֙מֶת֙ מַ֔יִם וַתַּ֖שְׁקְ
כ אֶת־הַנָּֽעַר׃ וַיְהִ֧י אֱלֹהִ֛ים אֶת־הַנַּ֖עַר וַיִּגְדָּ֑ל וַיֵּ֙שֶׁב֙
כא בַּמִּדְבָּ֔ר וַיְהִ֖י רֹבֶ֥ה קַשָּֽׁת׃ וַיֵּ֖שֶׁב בְּמִדְבַּ֣ר פָּארָ֑ן
וַתִּֽקַּֽח־ל֥וֹ אִמּ֛וֹ אִשָּׁ֖ה מֵאֶ֥רֶץ מִצְרָֽיִם׃

ששי כב וַֽיְהִי֙ בָּעֵ֣ת הַהִ֔וא וַיֹּ֣אמֶר אֲבִימֶ֗לֶךְ וּפִיכֹל֙ שַׂר־
צְבָא֔וֹ אֶל־אַבְרָהָ֖ם לֵאמֹ֑ר אֱלֹהִ֣ים עִמְּךָ֔ בְּכֹ֥ל

יג מְנַהּ, אֲרֵי בְיִצְחָק, יִתְקְרוֹן לָךְ בְּנִין: וְאַף יָת בַּר אַמְתָא לְעַמָּא אֲשַׁוֵּינֵיהּ, אֲרֵי בְרָךְ הוּא:
יד וְאַקְדֵּים אַבְרָהָם בְּצַפְרָא, וּנְסֵיב לַחְמָא וְרָקְבָא דְמַיָּא, וִיהַב לְהָגָר, שַׁוִּי עַל כַּתְפַּהּ, וְיָת רָבְיָא
טו וְשַׁלְּחַהּ, וַאֲזַלַת וּטְעָת, בְּמַדְבַּר בְּאֵר שָׁבַע: וּשְׁלִימוּ מַיָּא מִן רָקְבָא, וּרְמָת יָת רָבְיָא, תְּחוֹת
טז חַד מִן אִילָנַיָּא: וַאֲזַלַת וִיתֵיבַת לַהּ מִקֳּבִיל, אַרְחֵיקַת כְּמֵיגַד בְּקַשְׁתָּא, אֲרֵי אֲמַרַת, לָא אֶחֱזֵי
יז בְּמוֹתֵיהּ דְרָבְיָא, וִיתֵיבַת מִקֳּבִיל, וַאֲרֵימַת יָת קָלַהּ וּבְכַת: וּשְׁמִיעַ קֳדָם יְיָ יָת קָלֵיהּ דְרָבְיָא,
וּקְרָא מַלְאֲכָא דַיְיָ לְהָגָר מִן שְׁמַיָּא, וַאֲמַר לַהּ מָא לִיךְ הָגָר, לָא תִדְחֲלִין, אֲרֵי שְׁמִיעַ קֳדָם
יח יְיָ, קָלֵיהּ דְרָבְיָא בַּאֲתַר דְהוּא תַמָּן: קוּמִי טוּלִי יָת רָבְיָא, וְאַתְקִיפִי יָת יְדִיךְ בֵּיהּ, אֲרֵי לְעַם
יט סַגִּי אֲשַׁוֵּינֵיהּ: וּגְלָא יְיָ יָת עֵינַהָא, וַחֲזָת בֵּירָא דְמַיָּא, וַאֲזַלַת, וּמְלָת יָת רָקְבָא מַיָּא, וְאַשְׁקִיאַת
כ יָת רָבְיָא: וַהֲוָה מֵימְרָא דַיְיָ, בְּסַעֲדֵיהּ דְרָבְיָא וּרְבָא, וִיתֵיב בְּמַדְבְּרָא, וַהֲוָה רָבֵי קַשְׁתָּא:
כא כב וִיתֵיב בְּמַדְבְּרָא דְפָארָן, וּנְסֵיבַת לֵיהּ אִמֵּיהּ, אִתְּתָא מֵאַרְעָא דְמִצְרָיִם: וַהֲוָה בְּעִדָּנָא
הַהוּא, וַאֲמַר אֲבִימֶלֶךְ, וּפִיכֹל רַב חֵילֵיהּ, לְאַבְרָהָם לְמֵימַר, מֵימְרָא דַיְיָ בְּסַעְדָּךְ, בְּכָל

יד| **לֶחֶם וְחֵמַת מַיִם.** וְלֹא כֶּסֶף וְזָהָב, לְפִי שֶׁהָיָה שׂוֹנְאוֹ עַל שֶׁיָּצָא לְתַרְבּוּת רָעָה: **וְאֶת הַיֶּלֶד.** אַף הַיֶּלֶד "שָׂם עַל שִׁכְמָהּ", שֶׁהִכְנִיסָה בּוֹ שָׂרָה עַיִן רָעָה, וַאֲחָזַתּוּ חַמָּה וְלֹא יָכֹל לֵילֵךְ בְּרַגְלָיו: **וַתֵּלֶךְ וַתֵּתַע.** חָזְרָה לְגִלּוּלֵי בֵּית אָבִיהָ:

טו| **וַיִּכְלוּ הַמַּיִם.** לְפִי שֶׁדֶּרֶךְ חוֹלִים לִשְׁתּוֹת הַרְבֵּה:

טז| **מִנֶּגֶד.** מֵרָחוֹק: **כִּמְטַחֲוֵי קֶשֶׁת.** כִּשְׁתֵּי טִיחוֹת, וְהוּא לְשׁוֹן יְרִיַּת חֵץ. בִּלְשׁוֹן מִשְׁנָה: "שֶׁהִטִּיחַ בְּאִשְׁתּוֹ", עַל שֵׁם שֶׁהַזֶּרַע יוֹרֶה כַּחֵץ. וְאִם תֹּאמַר, הָיָה לוֹ לִכְתֹּב 'כִּמְטַחֵי קֶשֶׁת'! מִשְׁפַּט הַוָּי"ו לִכָּנֵס לְכָאן, כְּמוֹ: "בְּחַגְוֵי הַסֶּלַע" (שיר השירים ב, יד) מִגִּזְרַת: "וְהָיְתָה אַדְמַת יְהוּדָה לְמִצְרַיִם לְחָגָּא" (ישעיה יט, יז) וּמִגִּזְרַת: "יָחוֹגּוּ וְיָנוּעוּ כַּשִּׁכּוֹר" (תהלים קז, כז), וְכֵן: "קַצְוֵי אֶרֶץ" (שם סה, ו) מִגִּזְרַת 'קָצֶה': **וַתֵּשֶׁב מִנֶּגֶד.** כֵּיוָן שֶׁקָּרַב לָמוּת הוֹסִיפָה לְהִתְרַחֵק:

יז| **אֶת קוֹל הַנַּעַר.** מִכָּאן שֶׁיָּפָה תְּפִלַּת הַחוֹלֶה מִתְּפִלַּת אֲחֵרִים עָלָיו, וְהִיא קוֹדֶמֶת לְהִתְקַבֵּל: **בַּאֲשֶׁר הוּא שָׁם.** לְפִי מַעֲשִׂים שֶׁהוּא עוֹשֶׂה עַכְשָׁיו הוּא נִדּוֹן, וְלֹא לְפִי מַה שֶּׁהוּא עָתִיד לַעֲשׂוֹת, לְפִי שֶׁהָיוּ מַלְאֲכֵי הַשָּׁרֵת מְקַטְרְגִים וְאוֹמְרִים: רִבּוֹנוֹ שֶׁל עוֹלָם, מִי שֶׁעָתִיד לְהָמִית בָּנֶיךָ בַּצָּמָא אַתָּה מַעֲלֶה לוֹ בְּאֵר? וְהוּא מְשִׁיבָם: עַכְשָׁיו מַה הוּא, צַדִּיק אוֹ רָשָׁע? אָמְרוּ לוֹ: צַדִּיק. אָמַר לָהֶם: לְפִי מַעֲשָׂיו שֶׁל עַכְשָׁיו אֲנִי דָנוֹ, וְזֶהוּ "בַּאֲשֶׁר הוּא שָׁם". וְהֵיכָן הֵמִית אֶת יִשְׂרָאֵל בַּצָּמָא? כְּשֶׁהִגְלָם נְבוּכַדְנֶצַּר, שֶׁנֶּאֱמַר: "מַשָּׂא בַּעְרָב וְגוֹ' לִקְרַאת צָמֵא הֵתָיוּ מָיִם" וְגוֹ' (ישעיה כא, יג-יד), כְּשֶׁהָיוּ מוֹלִיכִין אוֹתָן אֵצֶל עַרְבִיִּים הָיוּ יִשְׂרָאֵל אוֹמְרִים לַשַּׁבָּאִים, בְּבַקָּשָׁה מִכֶּם הוֹלִיכוּנוּ אֵצֶל בְּנֵי דוֹדֵנוּ יִשְׁמָעֵאל וִירַחֲמוּ עָלֵינוּ, שֶׁנֶּאֱמַר: "אֹרְחוֹת דְּדָנִים" (שם), אַל תִּקְרֵי דְּדָנִים אֶלָּא דוֹדִים; וְאֵלּוּ יוֹצְאִים לִקְרָאתָם וּמְבִיאִין לָהֶם בָּשָׂר מָלִיחַ וְנוֹדוֹת נְפוּחִים, כִּסְבוּרִים יִשְׂרָאֵל שֶׁהֵם מְלֵאִים מַיִם, וּכְשֶׁמַּכְנִיסוֹ לְתוֹךְ פִּיו וּפוֹתְחוֹ, הָרוּחַ נִכְנֶסֶת בְּגוּפוֹ וּמֵת:

כ| **רֹבֶה קַשָּׁת.** יוֹרֶה חִצִּים בַּקֶּשֶׁת: **קַשָּׁת.** עַל שֵׁם הָאֻמָּנוּת, כְּמוֹ: חַמָּר, גַּמָּל, צַיָּד, לְפִיכָךְ הַשִּׁי"ן מְדֻגֶּשֶׁת. הָיָה יוֹשֵׁב בַּמִּדְבָּר וּמְלַסְטֵם אֶת הָעוֹבְרִים, הוּא שֶׁנֶּאֱמַר: "יָדוֹ בַכֹּל" וְגוֹ' (לעיל טז, יב):

כא| **מֵאֶרֶץ מִצְרָיִם.** מִמְּקוֹם גִּדּוּלֶיהָ, שֶׁנֶּאֱמַר: "וְלָהּ שִׁפְחָה מִצְרִית" וְגוֹ' (לעיל טז, א), הַיְנוּ דְּאָמְרֵי אֱנָשֵׁי: זְרֹק חוּטְרָא לַאֲוִירָא, אַעִקָּרֵיהּ קָאֵי:

כב| **אֱלֹהִים עִמְּךָ.** לְפִי שֶׁרָאוּ שֶׁיָּצָא מִשְּׁכוּנַת סְדוֹם לְשָׁלוֹם, וְעִם הַמְּלָכִים נִלְחַם וּנְפָלוּם בְּיָדוֹ, וְנִפְקְדָה אִשְׁתּוֹ לִזְקוּנָיו:

אֲשֶׁר־אַתָּה עֹשֶׂה׃ וְעַתָּה הִשָּׁבְעָה לִּי בֵאלֹהִים כג
הֵנָּה אִם־תִּשְׁקֹר לִי וּלְנִינִי וּלְנֶכְדִּי כַּחֶסֶד אֲשֶׁר־
עָשִׂיתִי עִמְּךָ תַּעֲשֶׂה עִמָּדִי וְעִם־הָאָרֶץ אֲשֶׁר־
גַּרְתָּה בָּהּ׃ וַיֹּאמֶר אַבְרָהָם אָנֹכִי אִשָּׁבֵעַ׃ וְהוֹכִחַ כד כה
אַבְרָהָם אֶת־אֲבִימֶלֶךְ עַל־אֹדוֹת בְּאֵר הַמַּיִם
אֲשֶׁר גָּזְלוּ עַבְדֵי אֲבִימֶלֶךְ׃ וַיֹּאמֶר אֲבִימֶלֶךְ כו
לֹא יָדַעְתִּי מִי עָשָׂה אֶת־הַדָּבָר הַזֶּה וְגַם־אַתָּה
לֹא־הִגַּדְתָּ לִּי וְגַם אָנֹכִי לֹא שָׁמַעְתִּי בִּלְתִּי
הַיּוֹם׃ וַיִּקַּח אַבְרָהָם צֹאן וּבָקָר וַיִּתֵּן לַאֲבִימֶלֶךְ כז
וַיִּכְרְתוּ שְׁנֵיהֶם בְּרִית׃ וַיַּצֵּב אַבְרָהָם אֶת־שֶׁבַע כח
כִּבְשֹׂת הַצֹּאן לְבַדְּהֶן׃ וַיֹּאמֶר אֲבִימֶלֶךְ אֶל־ כט
אַבְרָהָם מָה הֵנָּה שֶׁבַע כְּבָשֹׂת הָאֵלֶּה אֲשֶׁר
הִצַּבְתָּ לְבַדָּנָה׃ וַיֹּאמֶר כִּי אֶת־שֶׁבַע כְּבָשֹׂת ל
תִּקַּח מִיָּדִי בַּעֲבוּר תִּהְיֶה־לִּי לְעֵדָה כִּי חָפַרְתִּי
אֶת־הַבְּאֵר הַזֹּאת׃ עַל־כֵּן קָרָא לַמָּקוֹם הַהוּא לא
בְּאֵר שָׁבַע כִּי שָׁם נִשְׁבְּעוּ שְׁנֵיהֶם׃ וַיִּכְרְתוּ בְרִית לב
בִּבְאֵר שָׁבַע וַיָּקָם אֲבִימֶלֶךְ וּפִיכֹל שַׂר־צְבָאוֹ
וַיָּשֻׁבוּ אֶל־אֶרֶץ פְּלִשְׁתִּים׃ וַיִּטַּע אֶשֶׁל בִּבְאֵר לג
שָׁבַע וַיִּקְרָא־שָׁם בְּשֵׁם יְהוָה אֵל עוֹלָם׃ וַיָּגָר לד
אַבְרָהָם בְּאֶרֶץ פְּלִשְׁתִּים יָמִים רַבִּים׃

שביעי יט וַיְהִי אַחַר הַדְּבָרִים הָאֵלֶּה וְהָאֱלֹהִים נִסָּה אֶת־ א כב

וירא

כג דְּאַתְּ עֲבֵיד: וּכְעַן, קַיֵּים לִי בְּמֵימְרָא דַּייָ הָכָא, דְּלָא תְּשַׁקַּר בִּי, וּבִבְרִי וּבְבַר בְּרִי, כְּטֵיבוּתָא,
כד דַּעֲבַדִית עִמָּךְ תַּעֲבֵיד עִמִּי, וְעִם אַרְעָא דְּאִתּוֹתַבְתְּ בַּהּ: וַאֲמַר אַבְרָהָם, אֲנָא אֲקַיֵּים:
כה כו וְאוֹכַח אַבְרָהָם יָת אֲבִימֶלֶךְ, עַל עֵיסַק בֵּירָא דְמַיָּא, דַּאֲנַסוּ עַבְדֵי אֲבִימֶלֶךְ: וַאֲמַר
אֲבִימֶלֶךְ, לָא יְדַעִית, מַאן עֲבַד יָת פִּתְגָּמָא הָדֵין, וְאַף אַתְּ לָא חַוֵּית לִי, וְאַף אֲנָא, לָא
כז שְׁמַעִית אֱלָהֵין יוֹמָא דֵין: וּדְבַר אַבְרָהָם עָן וְתוֹרִין, וִיהַב לַאֲבִימֶלֶךְ, וּגְזַרוּ תַּרְוֵיהוֹן קְיָם:
כח כט וַאֲקֵים אַבְרָהָם, יָת שְׁבַע, חוּרְפָן דְּעָן בִּלְחוֹדֵיהוֹן: וַאֲמַר אֲבִימֶלֶךְ לְאַבְרָהָם, מָא אִנִּין,
ל שְׁבַע חוּרְפָן אִלֵּין, דַּאֲקֵימְתָּא בִּלְחוֹדֵיהוֹן: וַאֲמַר, אֲרֵי יָת שְׁבַע חוּרְפָן, תְּקַבֵּיל מִן יְדִי, בְּדִיל
לא דִּתְהֵי לִי לְסָהֲדוּ, אֲרֵי חֲפָרִית יָת בֵּירָא הָדָא: עַל כֵּן, קְרָא, לְאַתְרָא הַהוּא בְּאֵר
לב שָׁבַע, אֲרֵי, תַּמָּן קַיִּימוּ תַּרְוֵיהוֹן: וּגְזַרוּ קְיָם בִּבְאֵר שָׁבַע, וְקָם אֲבִימֶלֶךְ, וּפִיכֹל רַב חֵילֵיהּ,
לג וְתָבוּ לַאֲרַע פְּלִשְׁתָּאֵי: וּנְצַב נִצְבָּא בִּבְאֵר שָׁבַע, וְצַלִּי תַמָּן, בִּשְׁמָא דַּייָ אֱלָהּ עָלְמָא:
לד כב א וְאִתּוֹתַב אַבְרָהָם, בַּאֲרַע פְּלִשְׁתָּאֵי יוֹמִין סַגִּיאִין: וַהֲוָה, בָּתַר פִּתְגָּמַיָּא הָאִלֵּין, וַייָ, נַסִּי יָת

כג] וּלְנִינִי וּלְנֶכְדִּי. עַד כָּאן רַחֲמֵי הָאָב עַל הַבֵּן: כַּחֶסֶד אֲשֶׁר עָשִׂיתִי עִמְּךָ תַּעֲשֶׂה עִמָּדִי. שֶׁאָמַרְתִּי לְךָ: "הִנֵּה אַרְצִי לְפָנֶיךָ" (לעיל כ, טו):

כה] וְהוֹכִחַ. נִתְוַכַּח עִמּוֹ עַל כָּךְ:

ל] בַּעֲבוּר תִּהְיֶה לִּי. זֹאת, "לְעֵדָה" – לְשׁוֹן עֵדוּת שֶׁל נְקֵבָה, כְּמוֹ: "וְעֵדָה הַמַּצֵּבָה" (להלן לא, נב): כִּי חָפַרְתִּי אֶת הַבְּאֵר. מְרִיבִים הָיוּ עָלֶיהָ רוֹעֵי אֲבִימֶלֶךְ וְאוֹמְרִים: אֲנַחְנוּ חֲפַרְנוּהָ; אָמְרוּ בֵּינֵיהֶם, כָּל מִי שֶׁיִּתְרָאֶה עַל הַבְּאֵר וְיַעֲלוּ הַמַּיִם לִקְרָאתוֹ שֶׁלּוֹ הִיא, וְעָלוּ לִקְרַאת אַבְרָהָם:

לג] אֵשֶׁל. רַב וּשְׁמוּאֵל, חַד אָמַר: פַּרְדֵּס לְהָבִיא מִמֶּנּוּ פֵּרוֹת לָאוֹרְחִים בַּסְּעוּדָה; וְחַד אָמַר: פֻּנְדָּק לְאַכְסַנְיָא וּבוֹ כָּל מִינֵי פֵּרוֹת. וּמָצִינוּ לְשׁוֹן נְטִיעָה בְּאֹהָלִים, שֶׁנֶּאֱמַר: "וְיִטַּע אָהֳלֵי אַפַּדְנוֹ" (דניאל יא, מה): וַיִּקְרָא שָׁם וְגוֹ'. עַל יְדֵי אוֹתוֹ אֵשֶׁל הִקְרָא שְׁמוֹ שֶׁל הַקָּדוֹשׁ בָּרוּךְ הוּא אֱלוֹהַּ לְכָל הָעוֹלָם; לְאַחַר שֶׁאוֹכְלִים וְשׁוֹתִים אוֹמֵר לָהֶם: בָּרְכוּ לְמִי שֶׁאֲכַלְתֶּם מִשֶּׁלּוֹ; סְבוּרִים אַתֶּם שֶׁמִּשֶּׁלִּי אֲכַלְתֶּם? מִשֶּׁל מִי שֶׁאָמַר וְהָיָה הָעוֹלָם אֲכַלְתֶּם:

לד] יָמִים רַבִּים. מְרֻבִּים עַל שֶׁל חֶבְרוֹן; בְּחֶבְרוֹן עָשָׂה עֶשְׂרִים וְחָמֵשׁ שָׁנָה וְכָאן עֶשְׂרִים וָשֵׁשׁ, שֶׁהֲרֵי בֶּן שִׁבְעִים וְחָמֵשׁ שָׁנָה הָיָה בְּצֵאתוֹ מֵחָרָן, אוֹתָהּ שָׁנָה "וַיָּבֹא וַיֵּשֶׁב בְּאֵלֹנֵי מַמְרֵא" (לעיל יג, יח), שֶׁלֹּא מָצִינוּ קֹדֶם לָכֵן שֶׁנִּתְיַשֵּׁב אֶלָּא שָׁם, שֶׁבְּכָל מְקוֹמוֹתָיו הָיָה כְּאוֹרֵחַ חוֹנֶה וְנוֹסֵעַ וְהוֹלֵךְ, שֶׁנֶּאֱמַר: "וַיַּעֲבֹר אַבְרָם" (לעיל יב, ו), "וַיַּעְתֵּק מִשָּׁם" (שם פסוק ח), "וַיְהִי רָעָב בָּאָרֶץ וַיֵּרֶד אַבְרָם מִצְרַיְמָה" (שם פסוק י), וּבְמִצְרַיִם לֹא עָשָׂה אֶלָּא שְׁלֹשָׁה חֳדָשִׁים, שֶׁהֲרֵי שִׁלְּחוֹ פַּרְעֹה, מִיָּד "וַיֵּלֶךְ לְמַסָּעָיו" (לעיל יג, ג) עַד "וַיָּבֹא וַיֵּשֶׁב בְּאֵלֹנֵי מַמְרֵא אֲשֶׁר בְּחֶבְרוֹן" (שם פסוק יח), שָׁם יָשַׁב עַד שֶׁנֶּהֶפְכָה סְדוֹם, מִיָּד "וַיִּסַּע מִשָּׁם אַבְרָהָם" (לעיל כ, א) מִפְּנֵי בּוּשָׁה שֶׁל לוֹט, וּבָא לְאֶרֶץ פְּלִשְׁתִּים, וּבֶן תִּשְׁעִים וָתֵשַׁע שָׁנָה הָיָה, שֶׁהֲרֵי בַּשְּׁלִישִׁי לְמִילָתוֹ בָּאוּ אֶצְלוֹ הַמַּלְאָכִים, הֲרֵי עֶשְׂרִים וְחָמֵשׁ שָׁנָה, וְכָאן כְּתִיב: "יָמִים רַבִּים" – מְרֻבִּים עַל הָרִאשׁוֹנִים, וְלֹא בָּא הַכָּתוּב לִסְתֹּם אֶלָּא לְפָרֵשׁ, וְאִם הָיוּ מְרֻבִּים עֲלֵיהֶם שְׁתֵּי שָׁנִים אוֹ יוֹתֵר הָיָה מְפָרְשָׁם, עַל כָּרְחֲךָ אֵינָם יְתֵרִים יוֹתֵר מִשָּׁנָה, הֲרֵי עֶשְׂרִים וָשֵׁשׁ שָׁנָה. מִיָּד יָצָא מִשָּׁם וְחָזַר לְחֶבְרוֹן, וְאוֹתָהּ שָׁנָה קָדְמָה לִפְנֵי עֲקֵדָתוֹ שֶׁל יִצְחָק שְׁתֵּים עֶשְׂרֵה שָׁנִים. כָּךְ שְׁנוּיָה בְּסֵדֶר עוֹלָם:

פרק כב

א] אַחַר הַדְּבָרִים הָאֵלֶּה. יֵשׁ מֵרַבּוֹתֵינוּ אוֹמְרִים: אַחַר דְּבָרָיו שֶׁל שָׂטָן שֶׁהָיָה מְקַטְרֵג וְאוֹמֵר: מִכָּל סְעוּדָה שֶׁעָשָׂה אַבְרָהָם לֹא הִקְרִיב לְפָנֶיךָ פַּר אֶחָד אוֹ אַיִל אֶחָד. אָמַר לוֹ: כְּלוּם עָשָׂה אֶלָּא בִּשְׁבִיל בְּנוֹ, אִלּוּ הָיִיתִי אוֹמֵר לוֹ: זְבַח אוֹתוֹ לְפָנַי, לֹא הָיָה מְעַכֵּב. וְיֵשׁ אוֹמְרִים: אַחַר דְּבָרָיו שֶׁל יִשְׁמָעֵאל שֶׁהָיָה מִתְפָּאֵר עַל יִצְחָק, שֶׁמָּל בֶּן שְׁלֹשׁ עֶשְׂרֵה שָׁנָה וְלֹא מִחָה. אָמַר לוֹ יִצְחָק: בְּאֵבֶר אֶחָד אַתָּה מְיָרְאֵנִי, אִלּוּ אָמַר לִי הַקָּדוֹשׁ בָּרוּךְ הוּא: זְבַח עַצְמְךָ לְפָנַי, לֹא הָיִיתִי מְעַכֵּב:

ב אַבְרָהָם וַיֹּאמֶר אֵלָיו אַבְרָהָם וַיֹּאמֶר הִנֵּנִי׃ וַיֹּאמֶר
קַח־נָא אֶת־בִּנְךָ אֶת־יְחִידְךָ אֲשֶׁר־אָהַבְתָּ אֶת־
יִצְחָק וְלֶךְ־לְךָ אֶל־אֶרֶץ הַמֹּרִיָּה וְהַעֲלֵהוּ שָׁם
ג לְעֹלָה עַל אַחַד הֶהָרִים אֲשֶׁר אֹמַר אֵלֶיךָ׃ וַיַּשְׁכֵּם
אַבְרָהָם בַּבֹּקֶר וַיַּחֲבֹשׁ אֶת־חֲמֹרוֹ וַיִּקַּח אֶת־
שְׁנֵי נְעָרָיו אִתּוֹ וְאֵת יִצְחָק בְּנוֹ וַיְבַקַּע עֲצֵי עֹלָה
וַיָּקָם וַיֵּלֶךְ אֶל־הַמָּקוֹם אֲשֶׁר־אָמַר־לוֹ הָאֱלֹהִים׃
ד בַּיּוֹם הַשְּׁלִישִׁי וַיִּשָּׂא אַבְרָהָם אֶת־עֵינָיו וַיַּרְא
ה אֶת־הַמָּקוֹם מֵרָחֹק׃ וַיֹּאמֶר אַבְרָהָם אֶל־נְעָרָיו
שְׁבוּ־לָכֶם פֹּה עִם־הַחֲמוֹר וַאֲנִי וְהַנַּעַר נֵלְכָה עַד־
ו כֹּה וְנִשְׁתַּחֲוֶה וְנָשׁוּבָה אֲלֵיכֶם׃ וַיִּקַּח אַבְרָהָם
אֶת־עֲצֵי הָעֹלָה וַיָּשֶׂם עַל־יִצְחָק בְּנוֹ וַיִּקַּח בְּיָדוֹ
אֶת־הָאֵשׁ וְאֶת־הַמַּאֲכֶלֶת וַיֵּלְכוּ שְׁנֵיהֶם יַחְדָּו׃
ז וַיֹּאמֶר יִצְחָק אֶל־אַבְרָהָם אָבִיו וַיֹּאמֶר אָבִי
וַיֹּאמֶר הִנֶּנִּי בְנִי וַיֹּאמֶר הִנֵּה הָאֵשׁ וְהָעֵצִים וְאַיֵּה
ח הַשֶּׂה לְעֹלָה׃ וַיֹּאמֶר אַבְרָהָם אֱלֹהִים יִרְאֶה־
ט לּוֹ הַשֶּׂה לְעֹלָה בְּנִי וַיֵּלְכוּ שְׁנֵיהֶם יַחְדָּו׃ וַיָּבֹאוּ
אֶל־הַמָּקוֹם אֲשֶׁר אָמַר־לוֹ הָאֱלֹהִים וַיִּבֶן שָׁם
אַבְרָהָם אֶת־הַמִּזְבֵּחַ וַיַּעֲרֹךְ אֶת־הָעֵצִים וַיַּעֲקֹד
אֶת־יִצְחָק בְּנוֹ וַיָּשֶׂם אֹתוֹ עַל־הַמִּזְבֵּחַ מִמַּעַל
י לָעֵצִים׃ וַיִּשְׁלַח אַבְרָהָם אֶת־יָדוֹ וַיִּקַּח אֶת־

ב אַבְרָהָם, וַאֲמַר לֵיהּ, אַבְרָהָם וַאֲמַר הָאֲנָא: וַאֲמַר, דְּבַר כְּעַן, יָת בְּרָךְ יָת יְחִידָךְ דִּרְחֵימְתָּא
יָת יִצְחָק, וְאִיזֵיל לָךְ, לַאֲרַע פֻּלְחָנָא, וְאַסֵּיקְהִי קֳדָמַי תַּמָּן לַעֲלָתָא, עַל חַד מִן טוּרַיָּא, דְּאֵימַר
ג לָךְ: וְאַקְדֵּים אַבְרָהָם בְּצַפְרָא, וְזָרֵיז יָת חֲמָרֵיהּ, וּדְבַר, יָת תְּרֵין עוּלֵימוֹהִי עִמֵּיהּ, וְיָת יִצְחָק
ד בְּרֵיהּ, וְצַלַּח אָעֵי לַעֲלָתָא, וְקָם וַאֲזַל, לְאַתְרָא דַּאֲמַר לֵיהּ יי: בְּיוֹמָא תְּלִיתָאָה, וּזְקַף אַבְרָהָם
ה יָת עֵינוֹהִי, וַחֲזָא יָת אַתְרָא מֵרַחִיק: וַאֲמַר אַבְרָהָם לְעוּלֵימוֹהִי, אוֹרִיכוּ לְכוֹן הָכָא עִם
ו חֲמָרָא, וַאֲנָא וְעוּלֵימָא, נִתְמְטֵי עַד כָּא, וְנִסְגּוּד וּנְתוּב לְוָתְכוֹן: וּנְסֵיב אַבְרָהָם יָת אָעֵי
דַּעֲלָתָא, וְשַׁוִּי עַל יִצְחָק בְּרֵיהּ, וּנְסֵיב בִּידֵיהּ, יָת אִישָּׁתָא וְיָת סַכִּינָא, וַאֲזַלוּ תַּרְוֵיהוֹן כַּחְדָּא:
ז וַאֲמַר יִצְחָק, לְאַבְרָהָם אֲבוּהִי וַאֲמַר אַבָּא, וַאֲמַר הָאֲנָא בְרִי, וַאֲמַר, הָא אִישָּׁתָא וְאָעַיָּא,
ח וְאָן אִמְּרָא לַעֲלָתָא: וַאֲמַר אַבְרָהָם, קֳדָם יי גְּלֵי אִמְּרָא, לַעֲלָתָא בְּרִי, וַאֲזַלוּ תַּרְוֵיהוֹן כַּחְדָּא:
ט וַאֲתוֹ, לְאַתְרָא דַּאֲמַר לֵיהּ יי, וּבְנָא תַמָּן אַבְרָהָם יָת מַדְבְּחָא, וְסַדַּר יָת אָעַיָּא, וַעֲקַד יָת
י יִצְחָק בְּרֵיהּ, וְשַׁוִּי יָתֵיהּ עַל מַדְבְּחָא, עֵיל מִן אָעַיָּא: וְאוֹשֵׁיט אַבְרָהָם יָת יְדֵיהּ, וּנְסֵיב יָת

הִנֵּנִי. כָּךְ הִיא עֲנִיָּתָם שֶׁל חֲסִידִים, לְשׁוֹן עֲנָוָה הוּא וּלְשׁוֹן זִמּוּן:

ב| **קַח נָא.** אֵין 'נָא' אֶלָּא לְשׁוֹן בַּקָּשָׁה, אָמַר לוֹ: בְּבַקָּשָׁה מִמְּךָ עֲמֹד לִי בְּזוֹ, שֶׁלֹּא יֹאמְרוּ: הָרִאשׁוֹנוֹת לֹא הָיָה בָּהֶן מַמָּשׁ: **אֶת בִּנְךָ.** אָמַר לוֹ: שְׁנֵי בָנִים יֵשׁ לִי. אָמַר לוֹ: "אֶת יְחִידְךָ". אָמַר לוֹ: זֶה יָחִיד לְאִמּוֹ וְזֶה יָחִיד לְאִמּוֹ. אָמַר לוֹ: "אֲשֶׁר אָהַבְתָּ". אָמַר לוֹ: שְׁנֵיהֶם אֲנִי אוֹהֵב. אָמַר לוֹ: "אֶת יִצְחָק". וְלָמָּה לֹא גִלָּה לוֹ מִתְּחִלָּה? שֶׁלֹּא לְעַרְבְּבוֹ פִּתְאוֹם וְתָזוּחַ דַּעְתּוֹ עָלָיו וְתִטָּרֵף, וּכְדֵי לְחַבֵּב עָלָיו אֶת הַמִּצְוָה וְלִתֵּן לוֹ שָׂכָר עַל כָּל דִּבּוּר וְדִבּוּר: **אֶרֶץ הַמֹּרִיָּה.** יְרוּשָׁלַיִם. וְכֵן בְּדִבְרֵי הַיָּמִים (ב׳ ג, א): "לִבְנוֹת אֶת בֵּית ה׳ בִּירוּשָׁלַיִם בְּהַר הַמּוֹרִיָּה". וְרַבּוֹתֵינוּ פֵּרְשׁוּ, עַל שֵׁם שֶׁמִּשָּׁם הוֹרָאָה יוֹצְאָה לְיִשְׂרָאֵל. וְאוּנְקְלוֹס תִּרְגְּמוֹ עַל שֵׁם עֲבוֹדַת הַקְּטֹרֶת שֶׁיֵּשׁ בּוֹ מוֹר נֵרְדְּ וּשְׁאָר בְּשָׂמִים: **וְהַעֲלֵהוּ.** לֹא אָמַר לוֹ 'שְׁחָטֵהוּ', לְפִי שֶׁלֹּא הָיָה חָפֵץ הַקָּדוֹשׁ בָּרוּךְ הוּא לְשָׁחֲטוֹ אֶלָּא יַעֲלֵהוּ לָהָר לַעֲשׂוֹתוֹ עוֹלָה, וּמִשֶּׁהֶעֱלָהוּ אָמַר לוֹ הוֹרִידֵהוּ: **אַחַד הֶהָרִים.** הַקָּדוֹשׁ בָּרוּךְ הוּא מַתְהֶא הַצַּדִּיקִים וְאַחַר כָּךְ מְגַלֶּה לָהֶם, וְכָל זֶה כְּדֵי לְהַרְבּוֹת שְׂכָרָן, וְכֵן: "אֶל הָאָרֶץ אֲשֶׁר אַרְאֶךָּ" (לעיל יב, א), וְכֵן בְּיוֹנָה: "וּקְרָא אֵלֶיהָ אֶת הַקְּרִיאָה" (יונה ג, ב):

ג| **וַיַּשְׁכֵּם.** נִזְדָּרֵז לַמִּצְוָה: **וַיַּחֲבֹשׁ.** הוּא בְּעַצְמוֹ, וְלֹא צִוָּה לְאֶחָד מֵעֲבָדָיו, שֶׁהָאַהֲבָה מְקַלְקֶלֶת הַשּׁוּרָה: **אֶת שְׁנֵי נְעָרָיו.** יִשְׁמָעֵאל וֶאֱלִיעֶזֶר, שֶׁאֵין אָדָם חָשׁוּב רַשַּׁאי לָצֵאת לַדֶּרֶךְ בְּלֹא שְׁנֵי אֲנָשִׁים, שֶׁאִם יִצְטָרֵךְ הָאֶחָד לִנְקָבָיו וְיִתְרַחֵק יִהְיֶה הַשֵּׁנִי עִמּוֹ: **וַיְבַקַּע.** "וַיְצַלַּח", כְּמוֹ: "וְצָלְחוּ הַיַּרְדֵּן" (שמואל ב׳ יט, יח), לְשׁוֹן בִּקּוּעַ, פינדר"א בְּלַעַז:

ד| **בַּיּוֹם הַשְּׁלִישִׁי.** לָמָּה אֵחֵר מִלְּהַרְאוֹתוֹ מִיָּד? כְּדֵי שֶׁלֹּא יֹאמְרוּ: הֱמָמוֹ וְעִרְבְּבוֹ פִּתְאוֹם וְטָרַף דַּעְתּוֹ, וְאִלּוּ הָיָה לוֹ שָׁהוּת לְהִמָּלֵךְ אֶל לִבּוֹ לֹא הָיָה עוֹשֶׂה: **וַיַּרְא אֶת הַמָּקוֹם.** רָאָה עָנָן קָשׁוּר עַל הָהָר:

ה| **עַד כֹּה.** כְּלוֹמַר, דֶּרֶךְ מוּעָט לַמָּקוֹם אֲשֶׁר לְפָנֵינוּ. וּמִדְרַשׁ אַגָּדָה, אֶרְאֶה הֵיכָן הוּא מַה שֶּׁאָמַר לִי הַמָּקוֹם: "כֹּה יִהְיֶה זַרְעֶךָ" (לעיל טו, ה): **וְנָשׁוּבָה.** נִתְנַבֵּא שֶׁיָּשׁוּבוּ שְׁנֵיהֶם:

ו| **הַמַּאֲכֶלֶת.** סַכִּין, עַל שֵׁם שֶׁאוֹכֶלֶת אֶת הַבָּשָׂר, כְּמָה דְּתֵימָא: "וְחַרְבִּי תֹּאכַל בָּשָׂר" (דברים לב, מב), וְשֶׁמַּכְשֶׁרֶת בָּשָׂר לַאֲכִילָה. דָּבָר אַחֵר, זֹאת נִקְרֵאת מַאֲכֶלֶת, עַל שֵׁם שֶׁיִּשְׂרָאֵל אוֹכְלִים מַתַּן שְׂכָרָהּ: **וַיֵּלְכוּ שְׁנֵיהֶם יַחְדָּו.** אַבְרָהָם שֶׁהָיָה יוֹדֵעַ שֶׁהוֹלֵךְ לִשְׁחֹט אֶת בְּנוֹ, הָיָה הוֹלֵךְ בִּרְצוֹן וְשִׂמְחָה כְּיִצְחָק שֶׁלֹּא הָיָה מַרְגִּישׁ בַּדָּבָר:

ח| **יִרְאֶה לוֹ הַשֶּׂה.** כְּלוֹמַר, יִרְאֶה וְיִבְחַר לוֹ הַשֶּׂה, וְאִם אֵין שֶׂה – "לְעוֹלָה בְּנִי". וְאַף עַל פִּי שֶׁהֵבִין יִצְחָק שֶׁהוּא הוֹלֵךְ לְהִשָּׁחֵט, "וַיֵּלְכוּ שְׁנֵיהֶם יַחְדָּו" בְּלֵב שָׁוֶה:

ט| **וַיַּעֲקֹד.** יָדָיו וְרַגְלָיו מֵאֲחוֹרָיו. הַיָּדַיִם וְהָרַגְלַיִם בְּיַחַד הִיא עֲקֵדָה, וְהוּא לְשׁוֹן 'עֲקֻדִּים' (להלן ל, לט) שֶׁהָיוּ קַרְסֻלֵּיהֶם לְבָנִים, מָקוֹם שֶׁעוֹקְדִים אוֹתָן בּוֹ הָיָה נִכָּר:

בראשית

הַמַּאֲכֶ֔לֶת לִשְׁחֹ֖ט אֶת־בְּנֽוֹ: וַיִּקְרָ֨א אֵלָ֜יו מַלְאַ֤ךְ יא
יְהֹוָה֙ מִן־הַשָּׁמַ֔יִם וַיֹּ֖אמֶר אַבְרָהָ֣ם ׀ אַבְרָהָ֑ם
וַיֹּ֖אמֶר הִנֵּֽנִי: וַיֹּ֗אמֶר אַל־תִּשְׁלַ֤ח יָֽדְךָ֙ אֶל־הַנַּ֔עַר יב
וְאַל־תַּ֥עַשׂ ל֖וֹ מְא֑וּמָה כִּ֣י ׀ עַתָּ֣ה יָדַ֗עְתִּי כִּֽי־יְרֵ֤א
אֱלֹהִים֙ אַ֔תָּה וְלֹ֥א חָשַׂ֛כְתָּ אֶת־בִּנְךָ֥ אֶת־יְחִידְךָ֖
מִמֶּֽנִּי: וַיִּשָּׂ֨א אַבְרָהָ֜ם אֶת־עֵינָ֗יו וַיַּרְא֙ וְהִנֵּה־אַ֔יִל יג
אַחַ֕ר נֶאֱחַ֥ז בַּסְּבַ֖ךְ בְּקַרְנָ֑יו וַיֵּ֤לֶךְ אַבְרָהָם֙ וַיִּקַּ֣ח
אֶת־הָאַ֔יִל וַיַּעֲלֵ֥הוּ לְעֹלָ֖ה תַּ֥חַת בְּנֽוֹ: וַיִּקְרָ֧א יד
אַבְרָהָ֛ם שֵֽׁם־הַמָּק֥וֹם הַה֖וּא יְהֹוָ֣ה ׀ יִרְאֶ֑ה אֲשֶׁר֙
יֵאָמֵ֣ר הַיּ֔וֹם בְּהַ֥ר יְהֹוָ֖ה יֵרָאֶֽה: וַיִּקְרָ֛א מַלְאַ֥ךְ טו
יְהֹוָ֖ה אֶל־אַבְרָהָ֑ם שֵׁנִ֖ית מִן־הַשָּׁמָֽיִם: וַיֹּ֕אמֶר טז
בִּ֥י נִשְׁבַּ֖עְתִּי נְאֻם־יְהֹוָ֑ה כִּ֗י יַ֚עַן אֲשֶׁ֤ר עָשִׂ֨יתָ֙ אֶת־
הַדָּבָ֣ר הַזֶּ֔ה וְלֹ֥א חָשַׂ֖כְתָּ אֶת־בִּנְךָ֥ אֶת־יְחִידֶֽךָ:
כִּֽי־בָרֵ֣ךְ אֲבָרֶכְךָ֗ וְהַרְבָּ֨ה אַרְבֶּ֤ה אֶֽת־זַרְעֲךָ֙ יז
כְּכוֹכְבֵ֣י הַשָּׁמַ֔יִם וְכַח֕וֹל אֲשֶׁ֖ר עַל־שְׂפַ֣ת הַיָּ֑ם
וְיִרַ֣שׁ זַרְעֲךָ֔ אֵ֖ת שַׁ֥עַר אֹיְבָֽיו: וְהִתְבָּרְכ֣וּ בְזַרְעֲךָ֔ יח
כֹּ֖ל גּוֹיֵ֣י הָאָ֑רֶץ עֵ֕קֶב אֲשֶׁ֥ר שָׁמַ֖עְתָּ בְּקֹלִֽי: וַיָּ֤שָׁב יט
אַבְרָהָם֙ אֶל־נְעָרָ֔יו וַיָּקֻ֛מוּ וַיֵּלְכ֥וּ יַחְדָּ֖ו אֶל־בְּאֵ֣ר
שָׁ֑בַע וַיֵּ֥שֶׁב אַבְרָהָ֖ם בִּבְאֵ֥ר שָֽׁבַע:

* מפטיר
וַיְהִ֗י אַחֲרֵי֙ הַדְּבָרִ֣ים הָאֵ֔לֶּה וַיֻּגַּ֥ד לְאַבְרָהָ֖ם כ
לֵאמֹ֑ר הִ֠נֵּ֠ה יָלְדָ֨ה מִלְכָּ֥ה גַם־הִ֛וא בָּנִ֖ים לְנָח֥וֹר

יא סַכִּינָא, לְמִכַּס יָת בְּרֵיהּ: וּקְרָא לֵיהּ, מַלְאֲכָא דַּייָ מִן שְׁמַיָּא, וַאֲמַר אַבְרָהָם אַבְרָהָם, וַאֲמַר
יב הָאֲנָא: וַאֲמַר, לָא תוֹשֵׁיט יְדָךְ לְעוּלֵימָא, וְלָא תַעֲבֵיד לֵיהּ מִדָּעַם, אֲרֵי כְעַן יְדַעְנָא, אֲרֵי
יג דָחֲלָא דַּייָ אַתְּ, וְלָא מְנַעְתָּא, יָת בְּרָךְ יָת יְחִידָךְ מִנִּי: וּזְקַף אַבְרָהָם יָת עֵינוֹהִי בָּתַר אִלֵּין,
וַחֲזָא וְהָא דִּכְרָא, אֲחִיד בְּאִילָנָא בְּקַרְנוֹהִי, וַאֲזַל אַבְרָהָם וּנְסֵיב יָת דִּכְרָא, וְאַסְּקֵיהּ
יד לַעֲלָתָא חֲלָף בְּרֵיהּ: וּפְלַח וְצַלִּי אַבְרָהָם, תַּמָּן בְּאַתְרָא הַהוּא, אֲמַר קֳדָם יְיָ הָכָא יְהוֹן
טו פָּלְחִין דָּרַיָּא, בְּכֵן יִתְאֲמַר בְּיוֹמָא הָדֵין, בְּטוּרָא הָדֵין אַבְרָהָם קֳדָם יְיָ פְּלַח: וּקְרָא, מַלְאֲכָא
טז דַּייָ לְאַבְרָהָם, תִּנְיָנוּת מִן שְׁמַיָּא: וַאֲמַר, בְּמֵימְרִי קַיֵּימִית אֲמַר יְיָ, אֲרֵי, חֲלָף דַּעֲבַדְתָּא
יז יָת פִּתְגָמָא הָדֵין, וְלָא מְנַעְתָּא יָת בְּרָךְ יָת יְחִידָךְ: אֲרֵי בָרָכָא אֲבָרְכִנָּךְ, וְאַסְגָּאָה
אַסְגֵּי יָת בְּנָךְ כְּכוֹכְבֵי שְׁמַיָּא, וּכְחָלָא, דְּעַל כֵּיף יַמָּא, וְיֵירְתוּן בְּנָךְ, יָת קִרְוֵי סָנְאֵיהוֹן:
יח יט וְיִתְבָּרְכוּן בְּדִיל בְּנָךְ, כֹּל עַמְמֵי אַרְעָא, חֲלָף, דְּקַבֵּילְתָּא לְמֵימְרִי: וְתָב אַבְרָהָם לְוָת
כ עוּלֵימוֹהִי, וְקָמוּ, וַאֲזַלוּ כַּחְדָּא לִבְאֵר שָׁבַע, וִיתֵיב אַבְרָהָם בִּבְאֵר שָׁבַע: וַהֲוָה, בָּתַר
פִּתְגָמַיָּא הָאִלֵּין, וְאִתְחַוַּא לְאַבְרָהָם לְמֵימַר, הָא, יְלֵידַת מִלְכָּה אַף הִיא, בְּנִין לְנָחוֹר

יא] **אַבְרָהָם אַבְרָהָם.** לְשׁוֹן חִבָּה הוּא, שֶׁכּוֹפֵל אֶת שְׁמוֹ:

יב] **אַל תִּשְׁלַח.** לִשְׁחֹט. אָמַר לוֹ: אִם כֵּן לְחִנָּם בָּאתִי לְכָאן? אֶעֱשֶׂה בּוֹ חַבָּלָה וְאוֹצִיא מִמֶּנּוּ מְעַט דָּם! אָמַר לוֹ: "אַל תַּעַשׂ לוֹ מְאוּמָה": **כִּי עַתָּה יָדַעְתִּי.** מֵעַתָּה יֵשׁ לִי מַה אָשִׁיב לַשָּׂטָן וְלָאֻמּוֹת, הַתְּמֵהִים מַה הִיא חִבָּתִי אֶצְלְךָ, יֵדַעְתִּי לִי פִּתְחוֹן פֶּה עַכְשָׁיו, שֶׁרוֹאִים "כִּי יְרֵא אֱלֹהִים אַתָּה":

יג] **וְהִנֵּה אַיִל.** מוּכָן הָיָה לְכָךְ מִשֵּׁשֶׁת יְמֵי בְרֵאשִׁית: **אַחַר.** אַחֲרֵי שֶׁאָמַר לוֹ הַמַּלְאָךְ: "אַל תִּשְׁלַח יָדְךָ" רָאָהוּ כְּשֶׁהוּא נֶאֱחָז, וְהוּא שֶׁמְּתַרְגְּמִינַן: "וּזְקַף אַבְרָהָם יָת עֵינוֹהִי בָּתַר אִלֵּין": **בַּסְּבַךְ.** אִילָן: **בְּקַרְנָיו.** שֶׁהָיָה רָץ אֵצֶל אַבְרָהָם, וְהַשָּׂטָן סוֹבְכוֹ וּמְעַרְבְּבוֹ בָּאִילָנוֹת: **תַּחַת בְּנוֹ.** מֵאַחַר שֶׁכָּתוּב: "וַיַּעֲלֵהוּ לְעֹלָה" לֹא חָסֵר הַמִּקְרָא כְּלוּם, מַהוּ "תַּחַת בְּנוֹ"? עַל כָּל עֲבוֹדָה שֶׁעָשָׂה מִמֶּנּוּ הָיָה מִתְפַּלֵּל וְאוֹמֵר: יְהִי רָצוֹן שֶׁתְּהֵא זוֹ כְּאִלּוּ הִיא עֲשׂוּיָה בִּבְנִי, כְּאִלּוּ בְּנִי שָׁחוּט, כְּאִלּוּ דָּמוֹ זָרוּק, כְּאִלּוּ בְּנִי מֻפְשָׁט, כְּאִלּוּ הוּא נִקְטָר וְנַעֲשׂוֹי דֶּשֶׁן:

יד] **ה' יִרְאֶה.** פְּשׁוּטוֹ כְּתַרְגּוּמוֹ: ה' יִבְחַר וְיִרְאֶה לוֹ אֶת הַמָּקוֹם הַזֶּה לְהַשְׁרוֹת בּוֹ שְׁכִינָתוֹ וּלְהַקְרִיב כָּאן קָרְבָּנוֹת: **אֲשֶׁר יֵאָמֵר הַיּוֹם.** שֶׁיֹּאמְרוּ לְיָמֵי הַדּוֹרוֹת עָלָיו: בְּהַר זֶה יֵרָאֶה הַקָּדוֹשׁ בָּרוּךְ הוּא לְעַמּוֹ: **הַיּוֹם.** הַיָּמִים הָעֲתִידִים, כְּמוֹ 'עַד הַיּוֹם הַזֶּה' שֶׁבְּכָל הַמִּקְרָא, שֶׁדּוֹרוֹת הַבָּאִים הַקּוֹרְאִים אֶת הַמִּקְרָא אוֹמְרִים עַל יוֹם שֶׁעוֹמְדִים בּוֹ: 'הַיּוֹם הַזֶּה'. וּמִדְרַשׁ אַגָּדָה, "ה' יִרְאֶה" עֲקֵדָה זוֹ לִסְלֹחַ לְיִשְׂרָאֵל בְּכָל שָׁנָה וּלְהַצִּילָם מִן הַפֻּרְעָנוּת, כְּדֵי שֶׁיֵּאָמֵר הַיּוֹם הַזֶּה בְּכָל דּוֹרוֹת הַבָּאִים: בְּהַר ה' יֵרָאֶה אֶפְרוֹ שֶׁל יִצְחָק צָבוּר וְעוֹמֵד לְכַפָּרָה:

יז] **בָּרֵךְ אֲבָרֶכְךָ.** אַחַת לָאָב וְאַחַת לַבֵּן: **וְהַרְבָּה אַרְבֶּה.** אַחַת לָאָב וְאַחַת לַבֵּן:

יט] **וַיֵּשֶׁב אַבְרָהָם בִּבְאֵר שָׁבַע.** לֹא יְשִׁיבָה מַמָּשׁ, שֶׁהֲרֵי בְּחֶבְרוֹן הָיָה יוֹשֵׁב. שְׁתֵּים עֶשְׂרֵה שָׁנִים לִפְנֵי עֲקֵדָתוֹ שֶׁל יִצְחָק יָצָא מִבְּאֵר שֶׁבַע וּבָא לוֹ לְחֶבְרוֹן, כְּמוֹ שֶׁנֶּאֱמַר: "וַיָּגָר אַבְרָהָם בְּאֶרֶץ פְּלִשְׁתִּים יָמִים רַבִּים" (לעיל כא, לד), מְרֻבִּים מִשֶּׁל חֶבְרוֹן הָרִאשׁוֹנִים, וְהֵם עֶשְׂרִים וָשֵׁשׁ שָׁנָה כְּמוֹ שֶׁפֵּרַשְׁנוּ לְמַעְלָה:

כ] **אַחֲרֵי הַדְּבָרִים הָאֵלֶּה וַיֻּגַּד וְגוֹ'.** בְּשׁוּבוֹ מֵהַר הַמּוֹרִיָּה הָיָה אַבְרָהָם מְהַרְהֵר וְאוֹמֵר: אִלּוּ הָיָה בְּנִי שָׁחוּט כְּבָר הָיָה הוֹלֵךְ בְּלֹא בָנִים, הָיָה לִי לְהַשִּׂיאוֹ אִשָּׁה מִבְּנוֹת עָנֵר אֶשְׁכּוֹל וּמַמְרֵא; בִּשְּׂרוֹ הַקָּדוֹשׁ בָּרוּךְ הוּא שֶׁנּוֹלְדָה רִבְקָה בַּת זוּגוֹ. וְזֶהוּ "הַדְּבָרִים הָאֵלֶּה", הִרְהוּרֵי דְּבָרִים שֶׁהָיוּ עַל יְדֵי הָעֲקֵדָה: **גַּם הִוא.** אַף הִיא הִשְׁוַת מִשְׁפְּחוֹתֶיהָ לְמִשְׁפְּחוֹת אַבְרָהָם שְׁתֵּים עֶשְׂרֵה, מָה אַבְרָהָם, שְׁבָטִים שֶׁיָּצְאוּ מִיַּעֲקֹב שְׁמוֹנָה בְּנֵי הַגְּבִירוֹת וְאַרְבָּעָה בְּנֵי שְׁפָחוֹת, אַף אֵלּוּ שְׁמוֹנָה בְּנֵי גְבִירוֹת וְאַרְבָּעָה בְּנֵי פִילֶגֶשׁ:

בראשית

אָחִיךָ: אֶת־ע֣וּץ בְּכֹר֔וֹ וְאֶת־בּ֖וּז אָחִ֑יו וְאֶת־ כא
קְמוּאֵ֖ל אֲבִ֥י אֲרָֽם׃ וְאֶת־כֶּ֣שֶׂד וְאֶת־חֲז֔וֹ וְאֶת־ כב
פִּלְדָּ֖שׁ וְאֶת־יִדְלָ֑ף וְאֵ֖ת בְּתוּאֵֽל׃ וּבְתוּאֵ֖ל יָלַ֣ד כג
אֶת־רִבְקָ֑ה שְׁמֹנָ֥ה אֵ֨לֶּה֙ יָלְדָ֣ה מִלְכָּ֔ה לְנָח֖וֹר
אֲחִ֥י אַבְרָהָֽם׃ וּפִֽילַגְשׁ֖וֹ וּשְׁמָ֣הּ רְאוּמָ֑ה וַתֵּ֤לֶד כד
גַם־הִוא֙ אֶת־טֶ֣בַח וְאֶת־גַּ֔חַם וְאֶת־תַּ֖חַשׁ וְאֶֽת־
מַעֲכָֽה׃

הפטרת וירא

בהפטרה מתוארים שני אירועים שבהם באה לידי ביטוי חרדת האם לצאצאיה. בשני האירועים מסתייעות האימהות במעשי נס של אלישע. הרצון להעמיד צאצאים ולקיימם מביא את האימהות למסירות נפש ולדבקות במטרה, עד השגת היעד. בסוף ימי בית אחאב ובימיה הראשונים של שושלת בית יהוא נלחם אלישע הנביא בעבודה הזרה. הוא מרומם את האנשים הדבקים בעבודת ה' ומבליט את השכר שה' מעניק להם. בדרך זו הוא מנסה לעורר את העם להמיר את ההליכה אחר הבעל בדבקות בה. בד בבד עם זה הוא מחדד את התובנה שהקשר בין ה' לעמו הוא עוצמתי וטבעי, כמו חוויית האימהות וחיבורה לצאצאיה.

מלכים ב' וְאִשָּׁ֣ה אַחַ֣ת מִנְּשֵׁ֣י בְנֵֽי־הַ֠נְּבִיאִים צָעֲקָ֨ה אֶל־אֱלִישָׁ֜ע לֵאמֹ֗ר עַבְדְּךָ֤ אִישִׁי֙ א
מֵ֔ת וְאַתָּ֣ה יָדַ֔עְתָּ כִּ֣י עַבְדְּךָ֔ הָיָ֥ה יָרֵ֖א אֶת־יְהוָ֑ה וְהַ֨נֹּשֶׁ֜ה בָּ֗א לָקַ֜חַת אֶת־
שְׁנֵ֤י יְלָדַי֙ ל֔וֹ לַעֲבָדִֽים׃ וַיֹּ֧אמֶר אֵלֶ֣יהָ אֱלִישָׁ֗ע מָ֤ה אֶֽעֱשֶׂה־לָּ֔ךְ הַגִּ֣ידִי לִ֔י ב
מַה־יֶּשׁ־לָ֖ךְ בַּבָּ֑יִת וַתֹּ֗אמֶר אֵ֣ין לְשִׁפְחָתְךָ֥ כֹל֙ בַּבַּ֔יִת כִּ֖י אִם־אָס֥וּךְ שָֽׁמֶן׃ לך
וַיֹּ֗אמֶר לְכִ֨י שַׁאֲלִי־לָ֤ךְ כֵּלִים֙ מִן־הַח֔וּץ מֵאֵ֖ת כָּל־שְׁכֵנָ֑יִךְ כֵּלִ֥ים רֵקִ֖ים אַל־ ג שכניך
תַּמְעִֽיטִי׃ וּבָ֗את וְסָגַ֤רְתְּ הַדֶּ֨לֶת֙ בַּעֲדֵ֣ךְ וּבְעַד־בָּנַ֔יִךְ וְיָצַ֕קְתְּ עַ֥ל כָּל־הַכֵּלִ֖ים ד
הָאֵ֑לֶּה וְהַמָּלֵ֖א תַּסִּֽיעִי׃ וַתֵּ֣לֶךְ מֵֽאִתּ֔וֹ וַתִּסְגֹּ֣ר הַדֶּ֔לֶת בַּעֲדָ֖הּ וּבְעַ֣ד בָּנֶ֑יהָ הֵ֚ם ה
מוצקת מַגִּשִׁ֣ים אֵלֶ֔יהָ וְהִ֖יא מיצקת׃ וַיְהִ֣י ׀ כִּמְלֹ֣את הַכֵּלִ֗ים וַתֹּ֤אמֶר אֶל־בְּנָהּ֙ ו
הַגִּ֨ישָׁה אֵלַ֥י עוֹד֙ כֶּ֔לִי וַיֹּ֣אמֶר אֵלֶ֔יהָ אֵ֥ין ע֖וֹד כֶּ֑לִי וַֽיַּעֲמֹ֖ד הַשָּֽׁמֶן׃ וַתָּבֹ֗א ז
נשיך וַתַּגֵּד֙ לְאִ֣ישׁ הָאֱלֹהִ֔ים וַיֹּ֗אמֶר לְכִי֙ מִכְרִ֣י אֶת־הַשֶּׁ֔מֶן וְשַׁלְּמִ֖י אֶת־נשיכי
ובניך וְאַ֥תְּ בניכי תִֽחְיִ֖י בַּנּוֹתָֽר׃ וַיְהִ֣י הַיּ֗וֹם וַיַּעֲבֹ֤ר אֱלִישָׁע֙ אֶל־שׁוּנֵ֔ם ח

114

כא כב אֲחוּךְ: יָת עוּץ בֻּכְרֵיהּ וְיָת בּוּז אֲחוּהִי, וְיָת קְמוּאֵל אֲבוּהִי דַאֲרָם: וְיָת כֶּשֶׂד וְיָת חֲזוֹ, וְיָת
כג פִּלְדָּשׁ וְיָת יִדְלָף, וְיָת בְּתוּאֵל: וּבְתוּאֵל אוֹלֵיד יָת רִבְקָה, תְּמָנְיָא אִלֵּין יְלֵידַת מִלְכָּה, לְנָחוֹר
כד אֲחוּהִי דְּאַבְרָהָם: וּלְחֵינְתֵיהּ וּשְׁמַהּ רְאוּמָה, וִילֵידַת אַף הִיא יָת טֶבַח וְיָת גַּחַם, וְיָת תַּחַשׁ
וְיָת מַעֲכָה:

כג) וּבְתוּאֵל יָלַד אֶת רִבְקָה. כָּל הַיִּחוּסִין הַלָּלוּ לֹא נִכְתְּבוּ אֶלָּא בִּשְׁבִיל פָּסוּק זֶה:

וְשָׁם אִשָּׁה גְדוֹלָה וַתַּחֲזֶק־בּוֹ לֶאֱכָל־לָחֶם וַיְהִי מִדֵּי עָבְרוֹ יָסֻר שָׁמָּה
ט לֶאֱכָל־לָחֶם: וַתֹּאמֶר אֶל־אִישָׁהּ הִנֵּה־נָא יָדַעְתִּי כִּי אִישׁ אֱלֹהִים קָדוֹשׁ
י הוּא עֹבֵר עָלֵינוּ תָּמִיד: נַעֲשֶׂה־נָּא עֲלִיַּת־קִיר קְטַנָּה וְנָשִׂים לוֹ שָׁם מִטָּה
יא וְשֻׁלְחָן וְכִסֵּא וּמְנוֹרָה וְהָיָה בְּבֹאוֹ אֵלֵינוּ יָסוּר שָׁמָּה: וַיְהִי הַיּוֹם וַיָּבֹא שָׁמָּה
יב וַיָּסַר אֶל־הָעֲלִיָּה וַיִּשְׁכַּב־שָׁמָּה: וַיֹּאמֶר אֶל־גֵּיחֲזִי נַעֲרוֹ קְרָא לַשּׁוּנַמִּית
יג הַזֹּאת וַיִּקְרָא־לָהּ וַתַּעֲמֹד לְפָנָיו: וַיֹּאמֶר לוֹ אֱמָר־נָא אֵלֶיהָ הִנֵּה חָרַדְתְּ ׀
אֵלֵינוּ אֶת־כָּל־הַחֲרָדָה הַזֹּאת מֶה לַעֲשׂוֹת לָךְ הֲיֵשׁ לְדַבֶּר־לָךְ אֶל־הַמֶּלֶךְ
יד אוֹ אֶל־שַׂר הַצָּבָא וַתֹּאמֶר בְּתוֹךְ עַמִּי אָנֹכִי יֹשָׁבֶת: וַיֹּאמֶר וּמֶה לַעֲשׂוֹת
טו לָהּ וַיֹּאמֶר גֵּיחֲזִי אֲבָל בֵּן אֵין־לָהּ וְאִישָׁהּ זָקֵן: וַיֹּאמֶר קְרָא־לָהּ וַיִּקְרָא־לָהּ
טז וַתַּעֲמֹד בַּפָּתַח: וַיֹּאמֶר לַמּוֹעֵד הַזֶּה כָּעֵת חַיָּה אתי חֹבֶקֶת בֵּן וַתֹּאמֶר אַתְּ
יז אַל־אֲדֹנִי אִישׁ הָאֱלֹהִים אַל־תְּכַזֵּב בְּשִׁפְחָתֶךָ: וַתַּהַר הָאִשָּׁה וַתֵּלֶד בֵּן
יח לַמּוֹעֵד הַזֶּה כָּעֵת חַיָּה אֲשֶׁר־דִּבֶּר אֵלֶיהָ אֱלִישָׁע: וַיִּגְדַּל הַיָּלֶד וַיְהִי הַיּוֹם
יט וַיֵּצֵא אֶל־אָבִיו אֶל־הַקֹּצְרִים: וַיֹּאמֶר אֶל־אָבִיו רֹאשִׁי ׀ רֹאשִׁי וַיֹּאמֶר אֶל־
כ הַנַּעַר שָׂאֵהוּ אֶל־אִמּוֹ: וַיִּשָּׂאֵהוּ וַיְבִיאֵהוּ אֶל־אִמּוֹ וַיֵּשֶׁב עַל־בִּרְכֶּיהָ עַד־
כא הַצָּהֳרַיִם וַיָּמֹת: וַתַּעַל וַתַּשְׁכִּבֵהוּ עַל־מִטַּת אִישׁ הָאֱלֹהִים וַתִּסְגֹּר בַּעֲדוֹ
כב וַתֵּצֵא: וַתִּקְרָא אֶל־אִישָׁהּ וַתֹּאמֶר שִׁלְחָה נָא לִי אֶחָד מִן־הַנְּעָרִים וְאַחַת

בראשית

אֶת הֹלֶכֶת
הספרדים
מסיימים כאן

כג הָאַתֹנוֹת וְאָרוּצָה עַד־אִישׁ הָאֱלֹהִים וְאָשׁוּבָה: וַיֹּאמֶר מַדּוּעַ אַתְּי הֹלַכְתִּי
כד אֵלָיו הַיּוֹם לֹא־חֹדֶשׁ וְלֹא שַׁבָּת וַתֹּאמֶר שָׁלוֹם:* וַתַּחֲבֹשׁ הָאָתוֹן וַתֹּאמֶר
כה אֶל־נַעֲרָהּ נְהַג וָלֵךְ אַל־תַּעֲצָר־לִי לִרְכֹּב כִּי אִם־אָמַרְתִּי לָךְ: וַתֵּלֶךְ וַתָּבֹא
אֶל־אִישׁ הָאֱלֹהִים אֶל־הַר הַכַּרְמֶל וַיְהִי כִּרְאוֹת אִישׁ־הָאֱלֹהִים אֹתָהּ
כו מִנֶּגֶד וַיֹּאמֶר אֶל־גֵּיחֲזִי נַעֲרוֹ הִנֵּה הַשּׁוּנַמִּית הַלָּז: עַתָּה רוּץ־נָא לִקְרָאתָהּ
וֶאֱמָר־לָהּ הֲשָׁלוֹם לָךְ הֲשָׁלוֹם לְאִישֵׁךְ הֲשָׁלוֹם לַיָּלֶד וַתֹּאמֶר שָׁלוֹם:
כז וַתָּבֹא אֶל־אִישׁ הָאֱלֹהִים אֶל־הָהָר וַתַּחֲזֵק בְּרַגְלָיו וַיִּגַּשׁ גֵּיחֲזִי לְהָדְפָהּ
וַיֹּאמֶר אִישׁ הָאֱלֹהִים הַרְפֵּה־לָהּ כִּי־נַפְשָׁהּ מָרָה־לָהּ וַיהוָה הֶעְלִים מִמֶּנִּי
כח וְלֹא הִגִּיד לִי: וַתֹּאמֶר הֲשָׁאַלְתִּי בֵן מֵאֵת אֲדֹנִי הֲלֹא אָמַרְתִּי לֹא תַשְׁלֶה
כט אֹתִי: וַיֹּאמֶר לְגֵיחֲזִי חֲגֹר מָתְנֶיךָ וְקַח מִשְׁעַנְתִּי בְיָדְךָ וָלֵךְ כִּי־תִמְצָא אִישׁ
לֹא תְבָרְכֶנּוּ וְכִי־יְבָרֶכְךָ אִישׁ לֹא תַעֲנֶנּוּ וְשַׂמְתָּ מִשְׁעַנְתִּי עַל־פְּנֵי הַנָּעַר:
ל וַתֹּאמֶר אֵם הַנַּעַר חַי־יְהוָה וְחֵי־נַפְשְׁךָ אִם־אֶעֶזְבֶךָּ וַיָּקָם וַיֵּלֶךְ אַחֲרֶיהָ:
לא וְגֵחֲזִי עָבַר לִפְנֵיהֶם וַיָּשֶׂם אֶת־הַמִּשְׁעֶנֶת עַל־פְּנֵי הַנַּעַר וְאֵין קוֹל וְאֵין
קָשֶׁב וַיָּשָׁב לִקְרָאתוֹ וַיַּגֶּד־לוֹ לֵאמֹר לֹא הֵקִיץ הַנָּעַר: וַיָּבֹא אֱלִישָׁע
לב הַבַּיְתָה וְהִנֵּה הַנַּעַר מֵת מֻשְׁכָּב עַל־מִטָּתוֹ: וַיָּבֹא וַיִּסְגֹּר הַדֶּלֶת בְּעַד
לג שְׁנֵיהֶם וַיִּתְפַּלֵּל אֶל־יְהוָה: וַיַּעַל וַיִּשְׁכַּב עַל־הַיֶּלֶד וַיָּשֶׂם פִּיו עַל־פִּיו וְעֵינָיו
לד עַל־עֵינָיו וְכַפָּיו עַל־כַּפָּיו וַיִּגְהַר עָלָיו וַיָּחָם בְּשַׂר הַיָּלֶד: וַיָּשָׁב וַיֵּלֶךְ בַּבַּיִת
לה אַחַת הֵנָּה וְאַחַת הֵנָּה וַיַּעַל וַיִּגְהַר עָלָיו וַיְזוֹרֵר הַנַּעַר עַד־שֶׁבַע פְּעָמִים
וַיִּפְקַח הַנַּעַר אֶת־עֵינָיו: וַיִּקְרָא אֶל־גֵּיחֲזִי וַיֹּאמֶר קְרָא אֶל־הַשֻּׁנַמִּית הַזֹּאת
לו וַיִּקְרָאֶהָ וַתָּבֹא אֵלָיו וַיֹּאמֶר שְׂאִי בְנֵךְ: וַתָּבֹא וַתִּפֹּל עַל־רַגְלָיו וַתִּשְׁתַּחוּ
לז אָרְצָה וַתִּשָּׂא אֶת־בְּנָהּ וַתֵּצֵא:

פרשת
חיי שרה

חיי שרה

וַיִּהְיוּ חַיֵּי שָׂרָה מֵאָה שָׁנָה וְעֶשְׂרִים שָׁנָה וְשֶׁבַע כג א
שָׁנִים שְׁנֵי חַיֵּי שָׂרָה: וַתָּמָת שָׂרָה בְּקִרְיַת ב
אַרְבַּע הִוא חֶבְרוֹן בְּאֶרֶץ כְּנָעַן וַיָּבֹא אַבְרָהָם
לִסְפֹּד לְשָׂרָה וְלִבְכֹּתָהּ: וַיָּקָם אַבְרָהָם מֵעַל ג
פְּנֵי מֵתוֹ וַיְדַבֵּר אֶל־בְּנֵי־חֵת לֵאמֹר: גֵּר־ ד
וְתוֹשָׁב אָנֹכִי עִמָּכֶם תְּנוּ לִי אֲחֻזַּת־קֶבֶר עִמָּכֶם
וְאֶקְבְּרָה מֵתִי מִלְּפָנָי: וַיַּעֲנוּ בְנֵי־חֵת אֶת־ ה
אַבְרָהָם לֵאמֹר לוֹ: שְׁמָעֵנוּ ׀ אֲדֹנִי נְשִׂיא אֱלֹהִים ו
אַתָּה בְּתוֹכֵנוּ בְּמִבְחַר קְבָרֵינוּ קְבֹר אֶת־מֵתֶךָ
אִישׁ מִמֶּנּוּ אֶת־קִבְרוֹ לֹא־יִכְלֶה מִמְּךָ מִקְּבֹר
מֵתֶךָ: וַיָּקָם אַבְרָהָם וַיִּשְׁתַּחוּ לְעַם־הָאָרֶץ ז
לִבְנֵי־חֵת: וַיְדַבֵּר אִתָּם לֵאמֹר אִם־יֵשׁ אֶת־ ח
נַפְשְׁכֶם לִקְבֹּר אֶת־מֵתִי מִלְּפָנַי שְׁמָעוּנִי וּפִגְעוּ־
לִי בְּעֶפְרוֹן בֶּן־צֹחַר: וְיִתֶּן־לִי אֶת־מְעָרַת ט
הַמַּכְפֵּלָה אֲשֶׁר־לוֹ אֲשֶׁר בִּקְצֵה שָׂדֵהוּ בְּכֶסֶף
מָלֵא יִתְּנֶנָּה לִי בְּתוֹכְכֶם לַאֲחֻזַּת־קָבֶר: וְעֶפְרוֹן י
יֹשֵׁב בְּתוֹךְ בְּנֵי־חֵת וַיַּעַן עֶפְרוֹן הַחִתִּי אֶת־
אַבְרָהָם בְּאָזְנֵי בְנֵי־חֵת לְכֹל בָּאֵי שַׁעַר־עִירוֹ

חיי שרה

יא לֵאמֹ֑ר לֹֽא־אֲדֹנִ֣י שְׁמָעֵ֔נִי הַשָּׂדֶה֙ נָתַ֣תִּי לָ֔ךְ וְהַמְּעָרָ֥ה אֲשֶׁר־בּ֖וֹ לְךָ֣ נְתַתִּ֑יהָ לְעֵינֵ֧י בְנֵֽי־

כג א וַהֲווֹ חַיֵּי שָׂרָה, מְאָה וְעֶסְרִין וּשְׁבַע שְׁנִין, שְׁנֵי חַיֵּי שָׂרָה: ב וּמִיתַת שָׂרָה, בְּקִרְיַת אַרְבַּע, הִיא חֶבְרוֹן
בְּאַרְעָא דִכְנָעַן, וַאֲתָא אַבְרָהָם, לְמִסְפְּדָהּ דְשָׂרָה וּלְמִבְכַּהּ: ג וְקָם אַבְרָהָם, מֵעַל אַפֵּי מִיתֵהּ,
וּמַלִיל עִם בְּנֵי חִתָּאָה לְמֵימַר: ד דַּיָיר וְתוֹתַב אֲנָא עִמְּכוֹן, הַבוּ לִי אַחְסָנַת קְבוּרָא עִמְּכוֹן, וְאֶקְבַּר
מִיתִי מִן קֳדָמַי: ה וַאֲתִיבוּ בְנֵי חִתָּאָה, יָת אַבְרָהָם לְמֵימַר לֵיהּ: ו קַבֵּיל מִנַּנָא רִבּוֹנָנָא, רַב קֳדָם יְיָ
אַתְּ בֵּינַנָא, בִּשְׁפַר קִבְרָנָא, קְבַר יָת מִיתָךְ, אֱנַשׁ מִנַּנָא, יָת קִבְרֵיהּ, לָא יִמְנַע מִנָּךְ מִלְמִקְבַּר
מִיתָךְ: ז וְקָם אַבְרָהָם, וּסְגִיד לְעַמָּא דְאַרְעָא לִבְנֵי חִתָּאָה: ח וּמַלִיל עִמְּהוֹן לְמֵימַר, אִם אִית רַעֲוָא
נַפְשְׁכוֹן, לְמִקְבַּר יָת מִיתִי מִן קֳדָמַי, קַבִּילוּ מִנִי, וּבְעוֹ לִי מִן עֶפְרוֹן בַּר צוֹחַר: ט וְיִתֵּן לִי, יָת מְעָרַת
כָּפֵילְתָּא דִּילֵיהּ, דִּבְסַטַר חַקְלֵיהּ, בִּכְסַף שְׁלִים, יִתְּנַהּ לִי, בֵּינֵיכוֹן לְאַחְסָנַת קְבוּרָא: י וְעֶפְרוֹן
יָתֵיב בְּגוֹ בְנֵי חִתָּאָה, וַאֲתִיב עֶפְרוֹן חִתָּאָה יָת אַבְרָהָם קֳדָם בְּנֵי חִתָּאָה, לְכֹל, עָאלֵי תְּרַע
קַרְתֵּיהּ לְמֵימָר: יא לָא רִבּוֹנִי קַבֵּיל מִנִי, חַקְלָא יְהַבִית לָךְ, וּמְעָרְתָא דְּבֵיהּ דִּיהֲבִתַּהּ לָךְ, לְעֵינֵי בְּנֵי

רש"י

א וַיִּהְיוּ חַיֵּי שָׂרָה מֵאָה שָׁנָה וְעֶשְׂרִים שָׁנָה וְשֶׁבַע שָׁנִים. לְכָךְ נִכְתַּב "שָׁנָה" בְּכָל כְּלָל וּכְלָל, לוֹמַר לְךָ שֶׁכָּל אֶחָד נִדְרָשׁ לְעַצְמוֹ: בַּת מֵאָה כְּבַת עֶשְׂרִים לַחֵטְא, מַה בַּת עֶשְׂרִים לֹא חָטְאָה שֶׁהֲרֵי אֵינָהּ בַּת עֳנָשִׁין, אַף בַּת מֵאָה בְּלֹא חֵטְא, וּבַת עֶשְׂרִים כְּבַת שֶׁבַע לְיֹפִי: שְׁנֵי חַיֵּי שָׂרָה. כֻּלָּן שָׁוִין לְטוֹבָה:

ב בְּקִרְיַת אַרְבַּע. עַל שֵׁם אַרְבָּעָה עֲנָקִים שֶׁהָיוּ שָׁם: אֲחִימָן שֵׁשַׁי וְתַלְמַי וַאֲבִיהֶם. דָּבָר אַחֵר, עַל שֵׁם אַרְבָּעָה זוּגוֹת שֶׁנִּקְבְּרוּ שָׁם, אִישׁ וְאִשְׁתּוֹ: אָדָם וְחַוָּה, אַבְרָהָם וְשָׂרָה, יִצְחָק וְרִבְקָה, יַעֲקֹב וְלֵאָה: וַיָּבֹא אַבְרָהָם. מִבְּאֵר שֶׁבַע "לִסְפֹּד לְשָׂרָה וְלִבְכֹּתָהּ". וְנִסְמְכָה מִיתַת שָׂרָה לַעֲקֵדַת יִצְחָק, לְפִי שֶׁעַל יְדֵי בְּשׂוֹרַת הָעֲקֵדָה שֶׁנִּזְדַּמֵּן בְּנָהּ לִשְׁחִיטָה וְכִמְעַט שֶׁלֹּא נִשְׁחַט, פָּרְחָה נִשְׁמָתָהּ וּמֵתָה:

ד גֵּר וְתוֹשָׁב אָנֹכִי עִמָּכֶם. גֵּר מֵאֶרֶץ אַחֶרֶת וְנִתְיַשַּׁבְתִּי עִמָּכֶם. וּמִדְרַשׁ אַגָּדָה: אִם תִּרְצוּ הֲרֵינִי גֵּר, וְאִם לָאו — אֶהְיֶה תוֹשָׁב וְאֶטְּלֶנָּה מִן הַדִּין, שֶׁאָמַר לִי הַקָּדוֹשׁ בָּרוּךְ הוּא: "לְזַרְעֲךָ אֶתֵּן אֶת הָאָרֶץ הַזֹּאת" (לעיל יב, ז): אֲחֻזַּת קֶבֶר. אֲחִיזַת קַרְקַע לְבֵית הַקְּבָרוֹת:

ו לֹא יִכְלֶה. לֹא יִמְנַע, כְּמוֹ: "לֹא תִכְלָא רַחֲמֶיךָ" (תהלים מ, יב), וּכְמוֹ: "וַיִּכָּלֵא הַגֶּשֶׁם" (לעיל ח, ב):

ח נַפְשְׁכֶם. רְצוֹנְכֶם: וּפִגְעוּ לִי. לְשׁוֹן בַּקָּשָׁה, כְּמוֹ: "אַל תִּפְגְּעִי בִי" (רות א, טז):

ט הַמַּכְפֵּלָה. בַּיִת וַעֲלִיָּה עַל גַּבָּיו. דָּבָר אַחֵר, שֶׁכְּפוּלָה בְּזוּגוֹת: בְּכֶסֶף מָלֵא. שָׁלֵם, כָּל שָׁוְיָהּ:

י וְעֶפְרוֹן יֹשֵׁב. כְּתִיב חָסֵר, אוֹתוֹ הַיּוֹם מִנּוּהוּ שׁוֹטֵר עֲלֵיהֶם; מִפְּנֵי חֲשִׁיבוּתוֹ שֶׁל אַבְרָהָם שֶׁהָיָה צָרִיךְ לוֹ, עָלָה לִגְדֻלָּה: לְכֹל בָּאֵי שַׁעַר עִירוֹ. שֶׁכֻּלָּן בָּטְלוּ מִמְּלַאכְתָּן וּבָאוּ לִגְמֹל חֶסֶד לְשָׂרָה:

יא לֹא אֲדֹנִי. לֹא תִקְנֶה אוֹתָהּ בְּדָמִים: נָתַתִּי לָךְ. הֲרֵי הוּא כְּמוֹ שֶׁנְּתַתִּיהָ לְךָ:

בראשית כג

יב עַמִּי נְתַתִּיהָ לָּךְ קְבֹר מֵתֶךָ: וַיִּשְׁתַּחוּ אַבְרָהָם
לִפְנֵי עַם־הָאָרֶץ: יג וַיְדַבֵּר אֶל־עֶפְרוֹן בְּאָזְנֵי עַם־
הָאָרֶץ לֵאמֹר אַךְ אִם־אַתָּה לוּ שְׁמָעֵנִי נָתַתִּי
כֶּסֶף הַשָּׂדֶה קַח מִמֶּנִּי וְאֶקְבְּרָה אֶת־מֵתִי שָׁמָּה:
יד וַיַּעַן עֶפְרוֹן אֶת־אַבְרָהָם לֵאמֹר לוֹ: טו אֲדֹנִי שְׁמָעֵנִי
אֶרֶץ אַרְבַּע מֵאֹת שֶׁקֶל־כֶּסֶף בֵּינִי וּבֵינְךָ מַה־
הִוא וְאֶת־מֵתְךָ קְבֹר: טז וַיִּשְׁמַע אַבְרָהָם אֶל־
עֶפְרוֹן וַיִּשְׁקֹל אַבְרָהָם לְעֶפְרֹן אֶת־הַכֶּסֶף אֲשֶׁר
דִּבֶּר בְּאָזְנֵי בְנֵי־חֵת אַרְבַּע מֵאוֹת שֶׁקֶל כֶּסֶף
עֹבֵר לַסֹּחֵר: שני יז וַיָּקָם ׀ שְׂדֵה עֶפְרוֹן אֲשֶׁר בַּמַּכְפֵּלָה
אֲשֶׁר לִפְנֵי מַמְרֵא הַשָּׂדֶה וְהַמְּעָרָה אֲשֶׁר־בּוֹ
וְכָל־הָעֵץ אֲשֶׁר בַּשָּׂדֶה אֲשֶׁר בְּכָל־גְּבֻלוֹ סָבִיב:
יח לְאַבְרָהָם לְמִקְנָה לְעֵינֵי בְנֵי־חֵת בְּכֹל בָּאֵי שַׁעַר־
עִירוֹ: יט וְאַחֲרֵי־כֵן קָבַר אַבְרָהָם אֶת־שָׂרָה אִשְׁתּוֹ
אֶל־מְעָרַת שְׂדֵה הַמַּכְפֵּלָה עַל־פְּנֵי מַמְרֵא הִוא
חֶבְרוֹן בְּאֶרֶץ כְּנָעַן: כ וַיָּקָם הַשָּׂדֶה וְהַמְּעָרָה
אֲשֶׁר־בּוֹ לְאַבְרָהָם לַאֲחֻזַּת־קָבֶר מֵאֵת בְּנֵי־
חֵת:

כ כד וְאַבְרָהָם זָקֵן בָּא בַּיָּמִים וַיהוָה
בֵּרַךְ אֶת־אַבְרָהָם בַּכֹּל: ב וַיֹּאמֶר אַבְרָהָם אֶל־
עַבְדּוֹ זְקַן בֵּיתוֹ הַמֹּשֵׁל בְּכָל־אֲשֶׁר־לוֹ שִׂים־נָא
יָדְךָ תַּחַת יְרֵכִי: ג וְאַשְׁבִּיעֲךָ בַּיהוָה אֱלֹהֵי הַשָּׁמַיִם

חיי שרה

וֵאלֹהֵ֖י הָאָ֑רֶץ אֲשֶׁ֨ר לֹא־תִקַּ֤ח אִשָּׁה֙ לִבְנִ֔י
מִבְּנוֹת֙ הַֽכְּנַעֲנִ֔י אֲשֶׁ֥ר אָנֹכִ֖י יוֹשֵׁ֥ב בְּקִרְבּֽוֹ: כִּ֧י
אֶל־אַרְצִ֛י וְאֶל־מֽוֹלַדְתִּ֖י תֵּלֵ֑ךְ וְלָקַחְתָּ֥ אִשָּׁ֖ה
לִבְנִ֥י לְיִצְחָֽק: וַיֹּ֤אמֶר אֵלָיו֙ הָעֶ֔בֶד אוּלַי֙ לֹא־

יא עַמִּי, יְהַבְתַּהּ לָךְ קְבַר מִיתָךְ: וְסָגֵיד אַבְרָהָם, קֳדָם עַמָּא דְאַרְעָא: וּמַלֵּיל עִם עֶפְרוֹן, קֳדָם עַמָּא
יב דְאַרְעָא לְמֵימַר, בְּרַם, אִם עֲבַדְתְּ לִי טִיבוּ קַבֵּיל מִנִּי, אֶתֵּין, כַּסְפָּא דְמֵי חַקְלָא סַב מִנִּי, וְאֶקְבַּר
יג יָת מִיתִי תַמָּן: וַאֲתֵיב עֶפְרוֹן, יָת אַבְרָהָם לְמֵימַר לֵיהּ: רִבּוֹנִי קַבֵּיל מִנִּי, אֲרַע שָׁוְיָא אַרְבַּע מְאָה
יד סִלְעִין דִּכְסַף, בֵּינָא וּבֵינָךְ מָא הִיא, וְיָת מִיתָךְ קְבַר: וְקַבֵּיל אַבְרָהָם מִן עֶפְרוֹן, וּתְקַל אַבְרָהָם
טו לְעֶפְרוֹן, יָת כַּסְפָּא, דְּמַלֵּיל קֳדָם בְּנֵי חִתָּאָה, אַרְבַּע מְאָה סִלְעִין דִּכְסַף, מִתְקַבַּל סְחוֹרָא בְּכָל
טז מְדִינָה: וְקָם חֲקַל עֶפְרוֹן, דִּבְכַפֵּילְתָּא, דְּקֳדָם מַמְרֵא, חַקְלָא וּמְעָרְתָא דְּבֵיהּ, וְכָל אִילָנֵי
יז דְּבְחַקְלָא, דִּבְכָל תְּחוּמֵיהּ סְחוֹר סְחוֹר: לְאַבְרָהָם לִזְבִינוֹהִי לְעֵינֵי בְנֵי חִתָּאָה, בְּכָל עָאלֵי תְרַע
יח קַרְתֵּיהּ: וּבָתַר כֵּן קְבַר אַבְרָהָם יָת שָׂרָה אִתְּתֵיהּ, בִּמְעָרַת, חֲקַל כַּפֵּילְתָּא, עַל אַפֵּי מַמְרֵא הִיא
יט חֶבְרוֹן, בְּאַרְעָא דִכְנָעַן: וְקָם חַקְלָא, וּמְעָרְתָא דְּבֵיהּ, לְאַבְרָהָם לְאַחֲסָנַת קְבוּרָא, מִן בְּנֵי
כ חִתָּאָה: וְאַבְרָהָם סִיב, עָאל בְּיוֹמִין, וַיְיָ, בָּרֵיךְ יָת אַבְרָהָם בְּכוֹלָּא: וַאֲמַר אַבְרָהָם, לְעַבְדֵּיהּ
כד א סָבָא דְּבֵיתֵיהּ, דְּשַׁלִּיט בְּכָל דְּלֵיהּ, שַׁו כְּעַן יְדָךְ תְּחוֹת יַרְכִּי: וַאֲקַיֵּים עֲלָךְ, בְּמֵימְרָא דַּיְיָ
ב אֱלָהָא דִּשְׁמַיָּא, וֵאלָהָא דְּאַרְעָא, דְּלָא תִסַּב אִתְּתָא לִבְרִי, מִבְּנַת כְּנַעֲנָאֵי, דַּאֲנָא יָתֵיב בֵּינֵיהוֹן:
ג אֱלָהֵין לְאַרְעִי, וּלְיַלְדוּתִי תֵּיזֵיל, וְתִסַּב אִתְּתָא לִבְרִי לְיִצְחָק: וַאֲמַר לֵיהּ עַבְדָּא, מָאִם לָא

יג] **אַךְ אִם אַתָּה לוּ שְׁמָעֵנִי.** "אַתָּה" חוֹמֵר לִי לִשְׁמוֹעַ לָךְ וְלָקַחַת חִנָּם, אֲנִי אִי אֶפְשִׁי בְּכָךְ. אַךְ אִם אַתָּה לוּ שְׁמָעֵנִי. הַלְוַאי וְתִשְׁמָעֵנִי. **נָתַתִּי.** דּוֹנָ"י בְּלַעַ"ז, מוּכָן הוּא אֶצְלִי וְהַלְוַאי נְתַתִּיו לְךָ כְּבָר:

טו] **בֵּינִי וּבֵינְךָ.** בֵּין שְׁנֵי אוֹהֲבִים כָּמוֹנוּ "מַה הִיא" — חֲשׁוּבָה לִכְלוּם, אֶלָּא הַנַּח אֶת הַמֶּכֶר "וְאֵת מֵתְךָ קְבֹר":

טז] **וַיִּשְׁקֹל אַבְרָהָם לְעֶפְרֹן.** חָסֵר וָי"ו, לְפִי שֶׁאָמַר הַרְבֵּה וַאֲפִלּוּ מְעַט לֹא עָשָׂה, שֶׁנָּטַל מִמֶּנּוּ שְׁקָלִים גְּדוֹלִים שֶׁהֵן קַנְטָרִין, שֶׁנֶּאֱמַר: "עֹבֵר לַסֹּחֵר", שֶׁמִּתְקַבְּלִים בְּשֶׁקֶל בְּכָל מָקוֹם, וְיֵשׁ מָקוֹם שֶׁשִּׁקְלֵיהֶן גְּדוֹלִים שֶׁהֵן קַנְטָרִין, צנטינ"ר בְּלַעַז:

יז-יח] **וַיָּקָם שְׂדֵה עֶפְרוֹן.** תְּקוּמָה הָיְתָה לוֹ שֶׁיָּצָא מִיַּד הֶדְיוֹט לְיַד מֶלֶךְ. וּפְשׁוּטוֹ שֶׁל מִקְרָא: וַיָּקָם הַשָּׂדֶה וְהַמְּעָרָה אֲשֶׁר בּוֹ וְכָל הָעֵץ לְאַבְרָהָם לְמִקְנָה וְגוֹ': **בְּכֹל בָּאֵי שַׁעַר עִירוֹ.** בְּקֶרֶב כֻּלָּם וּבְמַעֲמַד כֻּלָּם הִקְנָהוּ לוֹ:

פרק כד

א] **בֵּרַךְ אֶת אַבְרָהָם בַּכֹּל.** 'בַּכֹּל' עוֹלֶה בְּגִימַטְרִיָּא 'בֵּן', וּמֵאַחַר שֶׁהָיָה לוֹ בֵּן הָיָה צָרִיךְ לְהַשִּׂיאוֹ אִשָּׁה:

ב] **זְקַן בֵּיתוֹ.** לְפִי שֶׁהוּא דָּבוּק נָקוּד 'זְקַן'. **תַּחַת יְרֵכִי.** לְפִי שֶׁהַנִּשְׁבָּע צָרִיךְ לִטֹּל בְּיָדוֹ חֵפֶץ שֶׁל מִצְוָה כְּגוֹן סֵפֶר תּוֹרָה אוֹ תְּפִלִּין, וְהַמִּילָה הָיְתָה מִצְוָה רִאשׁוֹנָה לוֹ וּבָאָה לוֹ עַל יְדֵי צַעַר וְהָיְתָה חֲבִיבָה עָלָיו, וּנְטָלָהּ:

בראשית

כד

תֹּאבֶה הָאִשָּׁה לָלֶכֶת אַחֲרַי אֶל־הָאָרֶץ הַזֹּאת הֶהָשֵׁב אָשִׁיב אֶת־בִּנְךָ אֶל־הָאָרֶץ אֲשֶׁר־יָצָאתָ מִשָּׁם: וַיֹּאמֶר אֵלָיו אַבְרָהָם הִשָּׁמֶר לְךָ פֶּן־תָּשִׁיב אֶת־בְּנִי שָׁמָּה: יהוה ׀ אֱלֹהֵי הַשָּׁמַיִם אֲשֶׁר לְקָחַנִי מִבֵּית אָבִי וּמֵאֶרֶץ מוֹלַדְתִּי וַאֲשֶׁר דִּבֶּר־לִי וַאֲשֶׁר נִשְׁבַּע־לִי לֵאמֹר לְזַרְעֲךָ אֶתֵּן אֶת־הָאָרֶץ הַזֹּאת הוּא יִשְׁלַח מַלְאָכוֹ לְפָנֶיךָ וְלָקַחְתָּ אִשָּׁה לִבְנִי מִשָּׁם: וְאִם־לֹא תֹאבֶה הָאִשָּׁה לָלֶכֶת אַחֲרֶיךָ וְנִקִּיתָ מִשְּׁבֻעָתִי זֹאת רַק אֶת־בְּנִי לֹא תָשֵׁב שָׁמָּה: וַיָּשֶׂם הָעֶבֶד אֶת־יָדוֹ תַּחַת יֶרֶךְ אַבְרָהָם אֲדֹנָיו וַיִּשָּׁבַע לוֹ עַל־הַדָּבָר הַזֶּה: וַיִּקַּח הָעֶבֶד עֲשָׂרָה גְמַלִּים מִגְּמַלֵּי אֲדֹנָיו וַיֵּלֶךְ וְכָל־טוּב אֲדֹנָיו בְּיָדוֹ וַיָּקָם וַיֵּלֶךְ אֶל־אֲרַם נַהֲרַיִם אֶל־עִיר נָחוֹר: וַיַּבְרֵךְ הַגְּמַלִּים מִחוּץ לָעִיר אֶל־בְּאֵר הַמָּיִם לְעֵת עֶרֶב לְעֵת צֵאת הַשֹּׁאֲבֹת: וַיֹּאמַר ׀ יהוה אֱלֹהֵי אֲדֹנִי אַבְרָהָם הַקְרֵה־נָא לְפָנַי הַיּוֹם וַעֲשֵׂה־חֶסֶד עִם אֲדֹנִי אַבְרָהָם: הִנֵּה אָנֹכִי נִצָּב עַל־עֵין הַמָּיִם וּבְנוֹת אַנְשֵׁי הָעִיר יֹצְאֹת לִשְׁאֹב מָיִם: וְהָיָה הַנַּעֲרָ אֲשֶׁר אֹמַר אֵלֶיהָ הַטִּי־נָא כַדֵּךְ וְאֶשְׁתֶּה וְאָמְרָה שְׁתֵה וְגַם־גְּמַלֶּיךָ אַשְׁקֶה אֹתָהּ הֹכַחְתָּ לְעַבְדְּךָ

חיי שרה כד

לְיִצְחָק וּבָהּ אֵדַע כִּי־עָשִׂיתָ חֶסֶד עִם־אֲדֹנִי:
וַיְהִי־הוּא טֶרֶם כִּלָּה לְדַבֵּר וְהִנֵּה רִבְקָה יֹצֵאת אֲשֶׁר יֻלְּדָה לִבְתוּאֵל בֶּן־מִלְכָּה אֵשֶׁת נָחוֹר אֲחִי אַבְרָהָם וְכַדָּהּ עַל־שִׁכְמָהּ: וְהַנַּעֲרָ טֹבַת

תֵּיבִי אִתְּתָא, לְמֵיתֵי בָּתְרַי לְאַרְעָא הָדָא, הַאֲתָבָא אָתֵיב יָת בְּרָךְ, לְאַרְעָא דִּנְפַקְתָּא מִתַּמָּן: וַאֲמַר לֵיהּ אַבְרָהָם, אִסְתְּמַר לָךְ, דִּלְמָא תָתֵיב יָת בְּרִי לְתַמָּן: יְיָ אֱלָהָא דִשְׁמַיָּא, דְּדַבְּרַנִי מִבֵּית אַבָּא וּמֵאֲרַע יַלְדוּתִי, וּדְמַלֵּיל לִי, וּדְקַיֵּים לִי לְמֵימַר, לִבְנָךְ, אֶתֵּין יָת אַרְעָא הָדָא, הוּא, יִשְׁלַח מַלְאֲכֵיהּ קֳדָמָךְ, וְתִסַּב אִתְּתָא, לִבְרִי מִתַּמָּן: וְאִם לָא תֵיבֵי אִתְּתָא לְמֵיתֵי בַּתְרָךְ, וּתְהֵי זַכָּא, מִמּוֹמָתִי דָא, לְחוֹד יָת בְּרִי, לָא תָתֵיב לְתַמָּן: וְשַׁוִּי עַבְדָּא יָת יְדֵיהּ, תְּחוֹת, יַרְכָּא דְאַבְרָהָם רִבּוֹנֵיהּ, וְקַיֵּים לֵיהּ, עַל פִּתְגָּמָא הָדֵין: וּדְבַר עַבְדָּא, עַסְרָא גַמְלִין, מִגַּמְלֵי רִבּוֹנֵיהּ וַאֲזַל, וְכָל טוּב רִבּוֹנֵיהּ בִּידֵיהּ, וְקָם, וַאֲזַל, לַאֲרַם דְּעַל פְּרָת לְקַרְתָּא דְנָחוֹר: וְאַשְׁרֵי גַמְלַיָּא, מִבָּרָא לְקַרְתָּא עִם בֵּירָא דְמַיָּא, לְעִדָּן רַמְשָׁא, לְעִדָּן דְּנָפְקָן מַלְיָתָא: וַאֲמַר, יְיָ, אֱלָהֵיהּ דְּרִבּוֹנִי אַבְרָהָם, זַמֵּין כְּעַן קֳדָמַי יוֹמָא דֵין, וַעֲבֵיד טֵיבוּ, עִם רִבּוֹנִי אַבְרָהָם: הָא אֲנָא קָאֵים עַל עֵינָא דְמַיָּא, וּבְנָת אֱנָשֵׁי קַרְתָּא, נָפְקָן לְמִמְלֵי מַיָּא: וּתְהֵי עוּלֵימְתָא, דְּאֵימַר לַהּ אַרְכִּינִי כְעַן קֻלְּתִיךְ, וְאֵשְׁתֵּי, וְתֵימַר אֵשְׁתְּ, וְאַף גַּמְלָךְ אַשְׁקֵי, יָתַהּ זַמֵּינְתָא לְעַבְדָּךְ לְיִצְחָק, וּבָהּ אֵדַע, אֲרֵי עֲבַדְתְּ טֵיבוּ עִם רִבּוֹנִי: וַהֲוָה הוּא, עַד לָא שֵׁיצִי לְמַלָּלָא, וְהָא רִבְקָה נָפְקַת, דְּאִתְיְלִידַת לִבְתוּאֵל בַּר מִלְכָּה, אִתַּת נָחוֹר אֲחוּהִי דְאַבְרָהָם, וְקֻלְּתַהּ עַל כַּתְפַּהּ: וְעוּלֵימְתָא, שַׁפִּירָא

רש"י

ז' ה׳ אֱלֹהֵי הַשָּׁמַיִם אֲשֶׁר לְקָחַנִי מִבֵּית אָבִי. וְלֹא אָמַר "וֵאלֹהֵי הָאָרֶץ", וּלְמַעְלָה (לעיל פסוק ג) אָמַר: "וְאַשְׁבִּיעֲךָ" וְגוֹ'. אָמַר לוֹ: עַכְשָׁיו הוּא אֱלֹהֵי הַשָּׁמַיִם וֵאלֹהֵי הָאָרֶץ, שֶׁהִרְגַּלְתִּיו בְּפִי הַבְּרִיּוֹת, אֲבָל כְּשֶׁלְּקָחַנִי מִבֵּית אָבִי הָיָה אֱלֹהֵי הַשָּׁמַיִם וְלֹא אֱלֹהֵי הָאָרֶץ, שֶׁלֹּא הָיוּ בָּאֵי עוֹלָם מַכִּירִים בּוֹ: מִבֵּית אָבִי. מֵחָרָן. וּמֵאֶרֶץ מוֹלַדְתִּי. מֵאוּר כַּשְׂדִּים: וַאֲשֶׁר דִּבֶּר לִי. לְצָרְכִּי, כְּמוֹ: 'אֲשֶׁר דִּבֶּר עָלַי', וְכֵן כָּל 'לִי' וְ'לוֹ' וְ'לָהֶם' הַסְּמוּכִים אֵצֶל דִּבּוּר מְפֹרָשִׁים בִּלְשׁוֹן עַל, וְתַרְגּוּם שֶׁלָּהֶם: עֲלַי, עֲלוֹהִי, 'עֲלֵיהוֹן'. שֶׁאֵין נוֹפֵל אֵצֶל דִּבּוּר לְשׁוֹן לִי וְלוֹ וְלָהֶם, אֶלָּא 'אֵלַי' 'אֵלָיו' 'אֲלֵיהֶם', וְתַרְגּוּם שֶׁלָּהֶם: 'עִמִּי', 'עִמֵּיהּ', 'עִמְּהוֹן'. אֲבָל אֵצֶל אֲמִירָה נוֹפֵל לְשׁוֹן לִי וְלוֹ וְלָהֶם: וַאֲשֶׁר נִשְׁבַּע לִי. בֵּין הַבְּתָרִים:

ח' וְנִקִּיתָ מִשְּׁבֻעָתִי. וְקַח לוֹ אִשָּׁה מִבְּנוֹת עָנֵר אֶשְׁכֹּל וּמַמְרֵא. רַק אֶת בְּנִי וְגוֹ'. 'רַק' מִעוּט הוּא – בְּנִי אֵינוֹ חוֹזֵר, אֲבָל יַעֲקֹב בֶּן בְּנִי סוֹפוֹ לַחֲזֹר:

י' מִגְּמַלֵּי אֲדֹנָיו. נִכָּרִין הָיוּ מִשְּׁאָר גְּמַלִּים, שֶׁהָיוּ יוֹצְאִין זְמוּמִין מִפְּנֵי הַגֵּזֶל, שֶׁלֹּא יִרְעוּ בִּשְׂדוֹת אֲחֵרִים: וְכָל טוּב אֲדֹנָיו בְּיָדוֹ. שְׁטַר מַתָּנָה כָּתַב לְיִצְחָק עַל כָּל אֲשֶׁר לוֹ, כְּדֵי שֶׁיִּקְפְּצוּ לִשְׁלֹחַ לוֹ בִּתָּם: אֲרַם נַהֲרַיִם. בֵּין שְׁתֵּי נְהָרוֹת יוֹשֶׁבֶת:

יא' וַיַּבְרֵךְ הַגְּמַלִּים. הִרְבִּיצָם:

יד' אוֹתָהּ הוֹכַחְתָּ. רְאוּיָה הִיא לוֹ, שֶׁתְּהֵא גּוֹמֶלֶת חֲסָדִים וּכְדַאי לִכָּנֵס בְּבֵיתוֹ שֶׁל אַבְרָהָם. וּלְשׁוֹן 'הוֹכַחְתָּ' – בֵּרַרְתָּ, אפרוביי"ש בְּלַעַז: וּבָהּ אֵדַע. לְשׁוֹן תְּחִנָּה, הוֹדַע לִי בָּהּ: כִּי עָשִׂיתָ חֶסֶד. אִם תִּהְיֶה מִמִּשְׁפַּחְתּוֹ וְהוֹגֶנֶת לוֹ, אֵדַע כִּי עָשִׂיתָ חֶסֶד:

טו' בְּתוּלָה. מִמְּקוֹם בְּתוּלִים. וְאִישׁ לֹא יְדָעָהּ.

מַרְאֶ֤ה מְאֹד֙ בְּתוּלָ֔ה וְאִ֖ישׁ לֹ֣א יְדָעָ֑הּ וַתֵּ֣רֶד
הָעַ֔יְנָה וַתְּמַלֵּ֥א כַדָּ֖הּ וַתָּֽעַל: וַיָּ֥רׇץ הָעֶ֖בֶד יז
לִקְרָאתָ֑הּ וַיֹּ֕אמֶר הַגְמִיאִ֥ינִי נָ֛א מְעַט־מַ֖יִם
מִכַּדֵּֽךְ: וַתֹּ֖אמֶר שְׁתֵ֣ה אֲדֹנִ֑י וַתְּמַהֵ֗ר וַתֹּ֧רֶד יח
כַּדָּ֛הּ עַל־יָדָ֖הּ וַתַּשְׁקֵֽהוּ: וַתְּכַ֖ל לְהַשְׁקֹת֑וֹ יט
וַתֹּ֗אמֶר גַּ֤ם לִגְמַלֶּ֙יךָ֙ אֶשְׁאָ֔ב עַ֥ד אִם־כִּלּ֖וּ
לִשְׁתֹּֽת: וַתְּמַהֵ֗ר וַתְּעַ֤ר כַּדָּהּ֙ אֶל־הַשֹּׁ֔קֶת כ
וַתָּ֥רׇץ ע֛וֹד אֶֽל־הַבְּאֵ֖ר לִשְׁאֹ֑ב וַתִּשְׁאַ֖ב לְכׇל־
גְּמַלָּֽיו: וְהָאִ֥ישׁ מִשְׁתָּאֵ֖ה לָ֑הּ מַחֲרִ֕ישׁ לָדַ֗עַת כא
הַֽהִצְלִ֧יחַ יְהֹוָ֛ה דַּרְכּ֖וֹ אִם־לֹֽא: וַיְהִ֗י כַּאֲשֶׁ֨ר כִּלּ֤וּ כב
הַגְּמַלִּים֙ לִשְׁתּ֔וֹת וַיִּקַּ֤ח הָאִישׁ֙ נֶ֣זֶם זָהָ֔ב בֶּ֖קַע
מִשְׁקָל֑וֹ וּשְׁנֵ֤י צְמִידִים֙ עַל־יָדֶ֔יהָ עֲשָׂרָ֥ה זָהָ֖ב
מִשְׁקָלָֽם: וַיֹּ֙אמֶר֙ בַּת־מִ֣י אַ֔תְּ הַגִּ֥ידִי נָ֖א לִ֑י כג
הֲיֵ֧שׁ בֵּית־אָבִ֛יךְ מָק֥וֹם לָ֖נוּ לָלִֽין: וַתֹּ֣אמֶר כד
אֵלָ֔יו בַּת־בְּתוּאֵ֖ל אָנֹ֑כִי בֶּן־מִלְכָּ֕ה אֲשֶׁ֥ר יָלְדָ֖ה
לְנָחֽוֹר: וַתֹּ֣אמֶר אֵלָ֔יו גַּם־תֶּ֥בֶן גַּם־מִסְפּ֖וֹא רַ֣ב כה
עִמָּ֑נוּ גַּם־מָק֖וֹם לָלֽוּן: וַיִּקֹּ֣ד הָאִ֔ישׁ וַיִּשְׁתַּ֖חוּ כו
לַיהֹוָֽה: וַיֹּ֗אמֶר בָּר֤וּךְ יְהֹוָה֙ אֱלֹהֵי֙ אֲדֹנִ֣י אַבְרָהָ֔ם רביעי כז
אֲ֠שֶׁ֠ר לֹֽא־עָזַ֥ב חַסְדּ֛וֹ וַאֲמִתּ֖וֹ מֵעִ֣ם אֲדֹנִ֑י אָנֹכִ֗י
בַּדֶּ֗רֶךְ נָחַ֣נִי יְהֹוָ֔ה בֵּ֖ית אֲחֵ֥י אֲדֹנִֽי: וַתָּ֙רׇץ֙ הַֽנַּעֲרָ֔ כח

כד
חיי שרה

יז לְמִחְזֵי לַחְדָא, בְּתוּלְתָא, וּגְבַר לָא יְדַעַהּ, וּנְחַתַת לְעֵינָא, וּמְלָת קֻלְּתַהּ וּסְלֵיקַת: וּרְהַט
יח עַבְדָּא לְקַדָּמוּתַהּ, וַאֲמַר, אַשְׁקִינִי כְעַן, זְעֵיר מַיָּא מִקֻּלְּתִיךְ: וַאֲמַרַת אִשְׁתְּ רִבּוֹנִי, וְאוֹחִיאַת,
יט וַאֲחִיתַת קֻלְּתַהּ, עַל יְדַהּ וְאַשְׁקִיתֵיהּ: וְשֵׁיצִיאַת לְאַשְׁקָיוּתֵיהּ, וַאֲמַרַת, אַף לְגַמְלָךְ אֶמְלֵי,
כ עַד דִּיסַפְּקוּן לְמִשְׁתֵּי: וְאוֹחִיאַת, וּנְפַצַת קֻלְּתַהּ לְבֵית שִׁקְיָא, וּרְהַטַת עוֹד, לְבֵירָא לְמִמְלֵי,
כא וּמְלָת לְכָל גַּמְלוֹהִי: וְגֻבְרָא שָׁהֵי בַהּ מִסְתַּכַּל, שָׁתִיק, לְמִדַּע, הַאַצְלַח יְיָ, אוֹרְחֵיהּ אִם לָא:
כב וַהֲוָה, כַּד סְפִיקוּ גַמְלַיָּא לְמִשְׁתֵּי, וּנְסֵיב גֻּבְרָא קְדָשָׁא דְּדַהֲבָא, תִּקְלָא מַתְקָלֵיהּ, וּתְרֵין
כג שֵׁירִין עַל יְדָהָא, מַתְקַל עֲסַר סִלְעִין דִּדְהַב מַתְקָלְהוֹן: וַאֲמַר בַּת מַאן אַתְּ, חַוִּאִי כְעַן לִי,
כד הַאִית בֵּית אֲבוּיִךְ, אֲתַר כָּשַׁר לַנָא לִמְבָּת: וַאֲמַרַת לֵיהּ, בַּת בְּתוּאֵל אֲנָא, בַּר מִלְכָּה,
כה דִּילֵידַת לְנָחוֹר: וַאֲמַרַת לֵיהּ, אַף תִּבְנָא אַף כִּסְתָּא סַגֵּי עִמַּנָא, אַף אֲתַר כָּשַׁר לִמְבָּת:
כו כז וּכְרַע גֻּבְרָא, וּסְגֵיד קֳדָם יְיָ: וַאֲמַר, בְּרִיךְ יְיָ אֱלָהֵיהּ דְּרִבּוֹנִי אַבְרָהָם, דְּלָא מְנַע טֵיבוּתֵיהּ,
כח וְקֻשְׁטֵיהּ מִן רִבּוֹנִי, אֲנָא, בְּאוֹרַח תַּקְנָא דַּבְּרַנִי יְיָ, בֵּית אֲחוּהִי דְּרִבּוֹנִי: וּרְהַטַת עוּלֵימְתָא,

שֶׁלֹּא כְּדַרְכָּהּ. לְפִי שֶׁבְּנוֹת הַגּוֹיִם מְשַׁמְּרוֹת מְקוֹם בְּתוּלֵיהֶן וּמַפְקִירוֹת עַצְמָן מִמָּקוֹם אַחֵר, הֵעִיד עַל זוֹ שֶׁנְּקִיָּה מִכֹּל:

יז) **וַיָּרָץ הָעֶבֶד לִקְרָאתָהּ.** לְפִי שֶׁרָאָה שֶׁעָלוּ הַמַּיִם לִקְרָאתָהּ: **הַגְמִיאִינִי.** לְשׁוֹן גְּמִיעָה, הומי"ר בְּלַעַז:

יח) **וַתֹּרֶד כַּדָּהּ.** מֵעַל שִׁכְמָהּ:

יט) **עַד אִם כִּלּוּ.** הֲרֵי 'אִם' מְשַׁמֵּשׁ בִּלְשׁוֹן 'אֲשֶׁר': **אִם כִּלּוּ.** "דִּיסַפְּקוּן", שֶׁזּוֹ הִיא גְּמַר שְׁתִיָּתָן כְּשֶׁשָּׁתוּ דֵּי סִפְקָן:

כ) **וַתְּעַר.** לְשׁוֹן נְפִיָּה, וְהַרְבֵּה יֵשׁ בִּלְשׁוֹן מִשְׁנָה: "הַמְעָרֶה מִכְּלִי אֶל כְּלִי" (עבודה זרה עב ע"א), וּבַמִּקְרָא יֵשׁ לוֹ דּוֹמֶה: "אַל תְּעַר נַפְשִׁי" (תהלים קמא, ח), "אֲשֶׁר הֶעֱרָה לַמָּוֶת נַפְשׁוֹ" (ישעיה נג, יב): **הַשֹּׁקֶת.** אֶבֶן חֲלוּלָה שֶׁשּׁוֹתִים בָּהּ הַגְּמַלִּים:

כא) **מִשְׁתָּאֵה.** לְשׁוֹן שְׁאִיָּה, כְּמוֹ: "שָׁאוּ עָרִים", "תִּשָּׁאֶה שְׁמָמָה" (ישעיה ו, יא): **מִשְׁתָּאֵה.** מִשְׁתּוֹמֵם וּמִתְבַּהֵל עַל שֶׁרָאָה דְּבָרוֹ קָרוֹב לְהַצְלִיחַ, אֲבָל אֵינוֹ יוֹדֵעַ אִם מִמִּשְׁפַּחַת אַבְרָהָם הִיא אִם לָאו. וְאַל תִּתְמַהּ בַּתָּי"ו שֶׁל "מִשְׁתָּאֵה", שֶׁאֵין לְךָ תֵּבָה שֶׁתְּחִלַּת יְסוֹדָהּ שִׁי"ן וּמְדַבֶּרֶת בִּלְשׁוֹן מִתְפַּעֵל שֶׁאֵין תָּי"ו מַפְרִידָה בֵּין שְׁתֵּי אוֹתִיּוֹת שֶׁל עִקַּר הַיְסוֹד, כְּגוֹן: "מִשְׁתָּאֵה", "מִשְׁתּוֹלֵל" (שם נט, טו) מִגִּזְרַת 'שׁוֹלֵל', "וַיִּשְׁתּוֹמֵם" (שם פסוק טז) מִגִּזְרַת 'שְׁמָמָה', "וְיִשְׁתַּמֵּר חֻקּוֹת עָמְרִי" (מיכה ו, טז) מִגִּזְרַת 'וַיִּשְׁמֹר', אַף כָּאן "מִשְׁתָּאֵה" מִגִּזְרַת 'תִּשָּׁאֶה'. וּכְשֵׁם שֶׁאַתָּה מוֹצֵא לְשׁוֹן מְשׁוֹמֵם בְּאָדָם נִבְהָל וְנֶאֱלָם וּבַעַל מַחֲשָׁבוֹת, כְּמוֹ: "עַל יוֹמוֹ נָשַׁמּוּ אַחֲרֹנִים" (איוב יח, כ), "שֹׁמּוּ שָׁמַיִם" (ירמיה ב, יב), "אֶשְׁתּוֹמַם כְּשָׁעָה חֲדָה" (דניאל ד, טז), כָּךְ תְּפָרֵשׁ לְשׁוֹן 'שְׁאִיָּה' בְּאָדָם בָּהוּל וּבַעַל מַחֲשָׁבוֹת. וְאוּנְקְלוֹס תִּרְגֵּם לְשׁוֹן 'שְׁהִיָּה', "וְגֻבְרָא שָׁהֵי", שׁוֹהֶא וְעוֹמֵד בְּמָקוֹם אֶחָד לִרְאוֹת "הַהִצְלִיחַ ה' דַּרְכּוֹ". וְאֵין לְתַרְגֵּם 'שָׁתֵי', שֶׁהֲרֵי אֵינוֹ לְשׁוֹן שְׁתִיָּה, שֶׁאֵין אָלֶ"ף נוֹפֶלֶת בִּלְשׁוֹן שְׁתִיָּה: **מִשְׁתָּאֵה לָהּ.** מִשְׁתּוֹמֵם עָלֶיהָ, כְּמוֹ: "אִמְרִי לִי אָחִי הוּא" (לעיל כ, יג), "אַנְשֵׁי הַמָּקוֹם לְאִשְׁתּוֹ" (להלן כו, ז):

כב) **בֶּקַע.** רֶמֶז לְשִׁקְלֵי יִשְׂרָאֵל בֶּקַע לַגֻּלְגֹּלֶת (שמות לח, כו): **וּשְׁנֵי צְמִידִים.** רֶמֶז לִשְׁנֵי לוּחוֹת מְצֻמָּדוֹת: **עֲשָׂרָה זָהָב מִשְׁקָלָם.** רֶמֶז לַעֲשֶׂרֶת הַדִּבְּרוֹת שֶׁבָּהֶן:

כג) **וַיֹּאמֶר בַּת מִי אַתְּ.** לְאַחַר שֶׁנָּתַן לָהּ שְׁאָלָהּ, לְפִי שֶׁהָיָה בָּטוּחַ בִּזְכוּתוֹ שֶׁל אַבְרָהָם שֶׁהִצְלִיחַ הַקָּדוֹשׁ בָּרוּךְ הוּא דַּרְכּוֹ: **לָלִין.** לִינָה אַחַת, 'לִין' שֵׁם דָּבָר, וְהִיא אָמְרָה "לָלוּן" (להלן פסוק כה), כַּמָּה לֵינוֹת אַתָּה יָכוֹל לָלוּן אֶצְלֵנוּ:

כד) **בַּת בְּתוּאֵל.** הֱשִׁיבַתּוּ עַל רִאשׁוֹן רִאשׁוֹן וְעַל אַחֲרוֹן אַחֲרוֹן:

כה) **מִסְפּוֹא.** כָּל מַאֲכַל הַגְּמַלִּים קָרוּי 'מִסְפּוֹא', כְּגוֹן עָצָה וּשְׂעוֹרִים:

כז) **בַּדֶּרֶךְ.** דֶּרֶךְ הַמְזֻמָּן, דֶּרֶךְ הַיָּשָׁר, בְּאוֹתוֹ דֶּרֶךְ שֶׁהָיִיתִי צָרִיךְ. וְכֵן כָּל בֵּי"ת וְלָמֶ"ד וְהֵ"א

חיי שרה

וַתַּגֵּד לְבֵית אִמָּהּ כַּדְּבָרִים הָאֵלֶּה: וּלְרִבְקָה כט
אָח וּשְׁמוֹ לָבָן וַיָּרָץ לָבָן אֶל־הָאִישׁ הַחוּצָה
אֶל־הָעָיִן: וַיְהִי ׀ כִּרְאֹת אֶת־הַנֶּזֶם וְאֶת־ ל
הַצְּמִדִים עַל־יְדֵי אֲחֹתוֹ וּכְשָׁמְעוֹ אֶת־דִּבְרֵי
רִבְקָה אֲחֹתוֹ לֵאמֹר כֹּה־דִבֶּר אֵלַי הָאִישׁ וַיָּבֹא
אֶל־הָאִישׁ וְהִנֵּה עֹמֵד עַל־הַגְּמַלִּים עַל־הָעָיִן:
וַיֹּאמֶר בּוֹא בְּרוּךְ יְהוָה לָמָּה תַעֲמֹד בַּחוּץ לא
וְאָנֹכִי פִּנִּיתִי הַבַּיִת וּמָקוֹם לַגְּמַלִּים: וַיָּבֹא לב
הָאִישׁ הַבַּיְתָה וַיְפַתַּח הַגְּמַלִּים וַיִּתֵּן תֶּבֶן
וּמִסְפּוֹא לַגְּמַלִּים וּמַיִם לִרְחֹץ רַגְלָיו וְרַגְלֵי
וַיּוּשַׂם — הָאֲנָשִׁים אֲשֶׁר אִתּוֹ: ויישם לְפָנָיו לֶאֱכֹל וַיֹּאמֶר לג
לֹא אֹכַל עַד אִם־דִּבַּרְתִּי דְּבָרָי וַיֹּאמֶר דַּבֵּר:
וַיֹּאמַר עֶבֶד אַבְרָהָם אָנֹכִי: וַיהוָה בֵּרַךְ אֶת־ לד לה
אֲדֹנִי מְאֹד וַיִּגְדָּל וַיִּתֶּן־לוֹ צֹאן וּבָקָר וְכֶסֶף וְזָהָב
וַעֲבָדִם וּשְׁפָחֹת וּגְמַלִּים וַחֲמֹרִים: וַתֵּלֶד שָׂרָה לו
אֵשֶׁת אֲדֹנִי בֵן לַאדֹנִי אַחֲרֵי זִקְנָתָהּ וַיִּתֶּן־לוֹ
אֶת־כָּל־אֲשֶׁר־לוֹ: וַיַּשְׁבִּעֵנִי אֲדֹנִי לֵאמֹר לֹא־ לז
תִקַּח אִשָּׁה לִבְנִי מִבְּנוֹת הַכְּנַעֲנִי אֲשֶׁר אָנֹכִי
יֹשֵׁב בְּאַרְצוֹ: אִם־לֹא אֶל־בֵּית־אָבִי תֵּלֵךְ וְאֶל־ לח
מִשְׁפַּחְתִּי וְלָקַחְתָּ אִשָּׁה לִבְנִי: וָאֹמַר אֶל־אֲדֹנִי לט
אֻלַי לֹא־תֵלֵךְ הָאִשָּׁה אַחֲרָי: וַיֹּאמֶר אֵלָי יְהוָה מ

אֲשֶׁר־הִתְהַלַּכְתִּי לְפָנָיו יִשְׁלַח מַלְאָכוֹ אִתָּךְ
וְהִצְלִיחַ דַּרְכֶּךָ וְלָקַחְתָּ אִשָּׁה לִבְנִי מִמִּשְׁפַּחְתִּי
מא וּמִבֵּית אָבִי׃ אָז תִּנָּקֶה מֵאָלָתִי כִּי תָבוֹא אֶל־
מִשְׁפַּחְתִּי וְאִם־לֹא יִתְּנוּ לָךְ וְהָיִיתָ נָקִי מֵאָלָתִי׃

כט וְחַוִּיאַת לְבֵית אִמַּהּ, כְּפִתְגָּמַיָּא הָאִלֵּין: וּלְרִבְקָה אֲחָא וּשְׁמֵיהּ לָבָן, וּרְהַט לָבָן לְוָת גַּבְרָא,
ל לְבָרָא לְעֵינָא: וַהֲוָה כַּד חֲזָא יָת קְדָשָׁא, וְיָת שֵׁירַיָּא עַל יְדֵי אֲחָתֵיהּ, וְכַד שְׁמַע, יָת פִּתְגָּמֵי,
רִבְקָה אֲחָתֵיהּ לְמֵימַר, כְּדֵין מַלֵּיל עִמִּי גַּבְרָא, וַאֲתָא לְוָת גַּבְרָא, וְהָא, קָאֵים עִלָּוֵי גַמְלַיָּא
לא עַל עֵינָא: וַאֲמַר, עוּל בְּרִיכָא דַּיְיָ, לְמָא אַתְּ קָאֵים בְּבָרָא, וַאֲנָא פַּנֵּיתִי בֵּיתָא, וַאֲתַר כְּשַׁר
לב לְגַמְלַיָּא: וְעָאל גַּבְרָא לְבֵיתָא, וּשְׁרָא מִן גַּמְלַיָּא, וִיהַב תִּבְנָא וְכִסְּתָא לְגַמְלַיָּא, וּמַיָּא
לג לְאַסְחָאָה רַגְלוֹהִי, וְרַגְלֵי גֻבְרַיָּא דְּעִמֵּיהּ: וְשַׁוִּיאוּ קֳדָמוֹהִי לְמֵיכַל, וַאֲמַר לָא אֵיכוֹל, עַד
לד לה דַּאֲמַלֵּיל פִּתְגָּמָי, וַאֲמַר מַלֵּיל: וַאֲמַר, עַבְדָּא דְאַבְרָהָם אֲנָא: וַיְיָ, בָּרֵיךְ יָת רִבּוֹנִי, לַחֲדָא
לו וּרְבָא, וִיהַב לֵיהּ, עָן וְתוֹרִין וּכְסַף וּדְהַב, וְעַבְדִּין וְאַמְהָן, וְגַמְלִין וַחֲמָרִין: וִילֵידַת, שָׂרָה אִתַּת
לז רִבּוֹנִי בַר לְרִבּוֹנִי, בָּתַר דְּסֵיבַת, וִיהַב לֵיהּ יָת כָּל דְּלֵיהּ: וְקַיֵּים עֲלַי רִבּוֹנִי לְמֵימַר, לָא תִסַּב
לח אִתְּתָא לִבְרִי, מִבְּנָת כְּנַעֲנָאֵי, דַּאֲנָא יָתֵיב בְּאַרְעֲהוֹן: אֱלָהֵין לְבֵית אַבָּא, תֵּיזֵיל וּלְזַרְעִיתִי,
לט מ וְתִסַּב אִתְּתָא לִבְרִי: וַאֲמָרִית לְרִבּוֹנִי, מָאִם, לָא תֵיתֵי אִתְּתָא בָּתְרָי: וַאֲמַר לִי, יְיָ דְּפְלַחִית
קֳדָמוֹהִי, יִשְׁלַח מַלְאֲכֵיהּ עִמָּךְ וְיַצְלַח אוֹרְחָךְ, וְתִסַּב אִתְּתָא לִבְרִי, מִזַּרְעִיתִי וּמִבֵּית אַבָּא:
מא בְּכֵן תְּהֵי זַכָּא מִמּוֹמָתִי, אֲרֵי תֵהָךְ לְזַרְעִיתִי, וְאִם לָא יִתְּנוּן לָךְ, וּתְהֵי זַכָּא מִמּוֹמָתִי:

הַמְשַׁמְּשִׁים בְּרֹאשׁ הַתֵּבָה וּנְקוּדִים בְּפַתָּח, מְדַבְּרִים כַּדָּבָר הַפָּשׁוּט שֶׁנִּזְכַּר כְּבָר בְּמָקוֹם אַחֵר, אוֹ שֶׁהוּא מְבֹרָר וְנִכָּר בְּאֵיזוֹ הוּא מְדַבֵּר:

כח| **לְבֵית אִמָּהּ.** דֶּרֶךְ הַנָּשִׁים הָיְתָה לִהְיוֹת לָהֶן בַּיִת לֵישֵׁב בּוֹ לִמְלַאכְתָּן, וְאֵין הַבַּת מַגֶּדֶת אֶלָּא לְאִמָּהּ:

כט| **וַיָּרָץ.** לָמָּה וַיָּרָץ וְעַל מָה רָץ? "וַיְהִי כִּרְאֹת אֶת הַנֶּזֶם" (כפסוק הבא), אָמַר: עָשִׁיר הוּא זֶה, וְנָתַן עֵינָיו בַּמָּמוֹן:

ל| **עַל הַגְּמַלִּים.** לְשָׁמְרָן, כְּמוֹ: "וְהוּא עֹמֵד עֲלֵיהֶם" (לעיל יח, ח) לְשַׁמְּשָׁם:

לא| **פִּנִּיתִי הַבַּיִת.** מֵעֲבוֹדָה זָרָה:

לב| **וַיְפַתַּח.** הִתִּיר זְמָם שֶׁלָּהֶם, שֶׁהָיָה סוֹתֵם אֶת פִּיהֶם שֶׁלֹּא יִרְעוּ בַּדֶּרֶךְ בִּשְׂדוֹת אֲחֵרִים:

לג| **עַד אִם דִּבַּרְתִּי.** הֲרֵי 'אִם' מְשַׁמֵּשׁ בִּלְשׁוֹן 'אֲשֶׁר' וּבִלְשׁוֹן 'כִּי', כְּמוֹ: "עַד כִּי יָבֹא שִׁילֹה" (להלן מט, י), וְזֶהוּ שֶׁאָמְרוּ חֲכָמִים: 'כִּי' מְשַׁמֵּשׁ בְּאַרְבַּע לְשׁוֹנוֹת, וְהָאֶחָד 'אִי' וְהוּא 'אִם':

לו| **וַיִּתֶּן לוֹ אֶת כָּל אֲשֶׁר לוֹ.** וּשְׁטַר הַמַּתָּנָה בְּיָדִי:

לז-לח| **לֹא תִקַּח אִשָּׁה לִבְנִי מִבְּנוֹת הַכְּנַעֲנִי. אִם** לֹא תֵּלֵךְ תְּחִלָּה אֶל בֵּית אָבִי וְלֹא תֹאבֶה לָלֶכֶת אַחֲרֶיךָ:

לט| **אֻלַי לֹא תֵלֵךְ הָאִשָּׁה.** 'אלִי' כְּתִיב, בַּת הָיְתָה לוֹ לֶאֱלִיעֶזֶר, וְהָיָה מְחַזֵּר לִמְצֹא עִלָּה שֶׁיֹּאמַר לוֹ אַבְרָהָם לִפְנוֹת אֵלָיו לְהַשִּׂיאוֹ בִּתּוֹ. אָמַר

כא וָאָבֹ֥א הַיּ֖וֹם אֶל־הָעָ֑יִן וָֽאֹמַ֗ר יְהוָה֙ אֱלֹהֵי֙ אֲדֹנִ֣י מב
אַבְרָהָ֔ם אִם־יֶשְׁךָ־נָּא֙ מַצְלִ֣יחַ דַּרְכִּ֔י אֲשֶׁ֥ר אָנֹכִ֖י
הֹלֵ֥ךְ עָלֶֽיהָ׃ הִנֵּ֛ה אָנֹכִ֥י נִצָּ֖ב עַל־עֵ֣ין הַמָּ֑יִם וְהָיָ֤ה מג
הָֽעַלְמָה֙ הַיֹּצֵ֣את לִשְׁאֹ֔ב וְאָמַרְתִּ֣י אֵלֶ֔יהָ הַשְׁקִֽינִי־
נָ֥א מְעַט־מַ֖יִם מִכַּדֵּֽךְ׃ וְאָמְרָ֤ה אֵלַי֙ גַּם־אַתָּ֣ה מד
שְׁתֵ֔ה וְגַ֥ם לִגְמַלֶּ֖יךָ אֶשְׁאָ֑ב הִ֣וא הָֽאִשָּׁ֔ה אֲשֶׁר־
הֹכִ֥יחַ יְהוָ֖ה לְבֶן־אֲדֹנִֽי׃ אֲנִי֩ טֶ֨רֶם אֲכַלֶּ֜ה לְדַבֵּ֣ר מה
אֶל־לִבִּ֗י וְהִנֵּ֨ה רִבְקָ֤ה יֹצֵאת֙ וְכַדָּ֣הּ עַל־שִׁכְמָ֔הּ
וַתֵּ֥רֶד הָעַ֖יְנָה וַתִּשְׁאָ֑ב וָאֹמַ֥ר אֵלֶ֖יהָ הַשְׁקִ֥ינִי נָֽא׃
וַתְּמַהֵ֗ר וַתּ֤וֹרֶד כַּדָּהּ֙ מֵֽעָלֶ֔יהָ וַתֹּ֣אמֶר שְׁתֵ֔ה וְגַם־ מו
גְּמַלֶּ֖יךָ אַשְׁקֶ֑ה וָאֵ֕שְׁתְּ וְגַ֥ם הַגְּמַלִּ֖ים הִשְׁקָֽתָה׃
וָאֶשְׁאַ֣ל אֹתָ֗הּ וָאֹמַר֮ בַּת־מִ֣י אַתְּ֒ וַתֹּ֗אמֶר בַּת־ מז
בְּתוּאֵל֙ בֶּן־נָח֔וֹר אֲשֶׁ֥ר יָֽלְדָה־לּ֖וֹ מִלְכָּ֑ה וָאָשִׂ֤ם
הַנֶּ֙זֶם֙ עַל־אַפָּ֔הּ וְהַצְּמִידִ֖ים עַל־יָדֶֽיהָ׃ וָאֶקֹּ֥ד מח
וָֽאֶשְׁתַּחֲוֶ֖ה לַֽיהוָ֑ה וָאֲבָרֵ֗ךְ אֶת־יְהוָה֙ אֱלֹהֵי֙
אֲדֹנִ֣י אַבְרָהָ֔ם אֲשֶׁ֤ר הִנְחַ֙נִי֙ בְּדֶ֣רֶךְ אֱמֶ֔ת לָקַ֛חַת
אֶת־בַּת־אֲחִ֥י אֲדֹנִ֖י לִבְנֽוֹ׃ וְעַתָּ֡ה אִם־יֶשְׁכֶם֩ מט
עֹשִׂ֨ים חֶ֧סֶד וֶֽאֱמֶ֛ת אֶת־אֲדֹנִ֖י הַגִּ֣ידוּ לִ֑י וְאִם־לֹ֕א
הַגִּ֣ידוּ לִ֔י וְאֶפְנֶ֥ה עַל־יָמִ֖ין א֥וֹ עַל־שְׂמֹֽאל׃ וַיַּ֨עַן נ
לָבָ֤ן וּבְתוּאֵל֙ וַיֹּ֣אמְר֔וּ מֵיְהוָ֖ה יָצָ֣א הַדָּבָ֑ר לֹ֥א
נוּכַ֛ל דַּבֵּ֥ר אֵלֶ֖יךָ רַ֥ע אוֹ־טֽוֹב׃ הִנֵּֽה־רִבְקָ֥ה לְפָנֶ֖יךָ נא

קַח וָלֵךְ וּתְהִי אִשָּׁה לְבֶן־אֲדֹנֶיךָ כַּאֲשֶׁר דִּבֶּר
נב יְהוָה: וַיְהִי כַּאֲשֶׁר שָׁמַע עֶבֶד אַבְרָהָם אֶת־
נג דִּבְרֵיהֶם וַיִּשְׁתַּחוּ אַרְצָה לַיהוָה: וַיּוֹצֵא הָעֶבֶד חמישי

מב וַאֲתֵיתִי יוֹמָא דֵין לְעֵינָא, וַאֲמַרִית, יי אֱלָהֵיהּ דְּרִבּוֹנִי אַבְרָהָם, אִם אִית כְּעַן רַעֲוָא קֳדָמָךְ
מג לְאַצְלָחָא אוֹרְחִי, דַּאֲנָא אָזֵיל עֲלַהּ: הָא אֲנָא קָאֵים עַל עֵינָא דְמַיָּא, וּתְהֵי עוּלֵימְתָא דְּתִפּוֹק
מד לְמִמְלֵי, וְאֵימַר לַהּ, אַשְׁקִינִי כְעַן זְעֵיר מַיָּא מִקֻּלְּתִיךְ: וְתֵימַר לִי אַף אַתְּ אִשְׁתְּ, וְאַף לְגַמְלָךְ
מה אֶמְלֵי, הִיא אִתְּתָא, דְּזַמֵּין יי לְבַר רִבּוֹנִי: אֲנָא עַד לָא שֵׁיצֵיתִי לְמַלָּלָא בְּלִבִּי, וְהָא רִבְקָה
מו נְפַקַת וְקֻלְּתַהּ עַל כַּתְפַּהּ, וּנְחַתַת לְעֵינָא וּמְלָת, וַאֲמַרִית לַהּ אַשְׁקִינִי כְעַן: וְאוֹחִיאַת,
וַאֲחֵיתַת קֻלְּתַהּ מִנַּהּ, וַאֲמַרַת אִשְׁתְּ, וְאַף גַּמְלָךְ אַשְׁקֵי, וּשְׁתֵיתִי, וְאַף גַּמְלַיָּא אַשְׁקִיאַת:
מז וּשְׁאֵילִית יָתַהּ, וַאֲמַרִית בַּת מַאן אַתְּ, וַאֲמַרַת, בַּת בְּתוּאֵל בַּר נָחוֹר, דִּילֵידַת לֵיהּ מִלְכָּה,
מח וְשַׁוֵּיתִי קְדָשָׁא עַל אַפַּהּ, וְשֵׁירַיָּא עַל יְדַהָא: וּכְרַעִית וּסְגִידִית קֳדָם יי, וּבָרֵיכִית, יָת יי אֱלָהֵיהּ
מט דְּרִבּוֹנִי אַבְרָהָם, דְּדַבְּרַנִי בְּאוֹרַח קְשׁוֹט, לְמִסַּב, יָת בַּת אֲחוּהִי דְּרִבּוֹנִי לִבְרֵיהּ: וּכְעַן, אִם
אִיתֵיכוֹן עָבְדִין, טֵיבוּ וּקְשׁוֹט, עִם רִבּוֹנִי חַווֹ לִי, וְאִם לָא, חַווֹ לִי, וְאֶתְפְּנֵי עַל יַמִּינָא אוֹ עַל
נ סְמָאלָא: וַאֲתֵיב לָבָן וּבְתוּאֵל וַאֲמַרוּ, מִן קֳדָם יי נְפַק פִּתְגָמָא, לֵית אֲנַחְנָא יָכְלִין, לְמַלָּלָא
נא עִמָּךְ בִּישׁ אוֹ טָב: הָא רִבְקָה קֳדָמָךְ דְּבַר וְאִיזֵיל, וּתְהֵי אִתְּתָא לְבַר רִבּוֹנָךְ, כְּמָא דְּמַלֵּיל יי:
נב נג וַהֲוָה, כַּד שְׁמַע, עַבְדָּא דְאַבְרָהָם יָת פִּתְגָמֵיהוֹן, וּסְגֵיד עַל אַרְעָא קֳדָם יי: וְאַפֵּיק עַבְדָּא,

לוֹ אַבְרָהָם: בְּנִי בָּרוּךְ וְאַתָּה אָרוּר, וְאֵין אָרוּר מִדַּבֵּק בְּבָרוּךְ:

מב | וָאָבֹא הַיּוֹם. הַיּוֹם יָצָאתִי וְהַיּוֹם בָּאתִי; מִכָּאן שֶׁקָּפְצָה לוֹ הָאָרֶץ. אָמַר רַבִּי אַחָא: יָפָה שִׂיחָתָן שֶׁל עַבְדֵי אָבוֹת לִפְנֵי הַמָּקוֹם מִתּוֹרָתָן שֶׁל בָּנִים, שֶׁהֲרֵי פָּרָשָׁה שֶׁל אֱלִיעֶזֶר כְּפוּלָה בַּתּוֹרָה, וְהַרְבֵּה גּוּפֵי תוֹרָה לֹא נִתְּנוּ אֶלָּא בִּרְמִיזָה:

מד | גַּם אַתָּה. ׳גַּם׳ לְרַבּוֹת אֲנָשִׁים שֶׁעִמּוֹ: הֹכִיחַ. בֵּרַר וְהוֹדִיעַ, וְכֵן כָּל הוֹכָחָה שֶׁבַּמִּקְרָא בֵּרוּר דָּבָר:

מה | טֶרֶם אֲכַלֶּה. טֶרֶם שֶׁאֲנִי מְכַלֶּה, וְכֵן כָּל לְשׁוֹן הֹוֶה, פְּעָמִים שֶׁהוּא מְדַבֵּר בִּלְשׁוֹן עָבָר, וְיָכוֹל לִכְתֹּב ׳טֶרֶם כִּלִּיתִי׳, וּפְעָמִים שֶׁמְּדַבֵּר בִּלְשׁוֹן עָתִיד; כְּמוֹ: ״כִּי אָמַר אִיּוֹב״ (איוב א, ה) הֲרֵי לְשׁוֹן עָבָר, ״כָּכָה יַעֲשֶׂה אִיּוֹב״ (שם) הֲרֵי לְשׁוֹן עָתִיד, וּפֵרוּשׁ שְׁנֵיהֶם לְשׁוֹן הֹוֶה: כִּי אוֹמֵר הָיָה אִיּוֹב: ״אוּלַי חָטְאוּ בָנַי״ וְגוֹ׳ (שם) וְהָיָה עוֹשֶׂה כָּךְ:

מז | וָאֶשְׁאַל... וָאָשִׂם. שִׁנָּה הַסֵּדֶר, שֶׁהֲרֵי הוּא תְּחִלָּה נָתַן וְאַחַר כָּךְ שָׁאַל, אֶלָּא שֶׁלֹּא יִתְפְּשׂוּהוּ בִדְבָרָיו וְיֹאמְרוּ: הֵיאַךְ נָתַתָּ לָהּ וַעֲדַיִן אֵינְךָ יוֹדֵעַ מִי הִיא?:

מט | עַל יָמִין. מִבְּנוֹת יִשְׁמָעֵאל: עַל שְׂמֹאל. מִבְּנוֹת לוֹט, שֶׁהָיָה יוֹשֵׁב לִשְׂמֹאלוֹ שֶׁל אַבְרָהָם. בְּרֵאשִׁית רַבָּה (ס, ט):

נ | וַיַּעַן לָבָן וּבְתוּאֵל. רָשָׁע הָיָה וְקָפַץ לְהָשִׁיב לִפְנֵי אָבִיו: לֹא נוּכַל דַּבֵּר אֵלֶיךָ. לְמָאֵן בַּדָּבָר הַזֶּה, לֹא עַל יְדֵי תְשׁוּבַת דָּבָר רָע וְלֹא עַל יְדֵי תְשׁוּבַת דָּבָר הָגוּן וְנָכוֹן, לְפִי שֶׁמֵּה׳ יָצָא הַדָּבָר לְפִי דְבָרֶיךָ שֶׁזִּמְּנָהּ לָךְ:

נב | וַיִּשְׁתַּחוּ אַרְצָה. מִכָּאן שֶׁמּוֹדִים עַל בְּשׂוֹרָה טוֹבָה:

בראשית

כְּלֵי־כֶ֜סֶף וּכְלֵ֤י זָהָב֙ וּבְגָדִ֔ים וַיִּתֵּ֖ן לְרִבְקָ֑ה
וּמִ֨גְדָּנֹ֔ת נָתַ֥ן לְאָחִ֖יהָ וּלְאִמָּֽהּ: וַיֹּאכְל֣וּ וַיִּשְׁתּ֗וּ
ה֛וּא וְהָאֲנָשִׁ֥ים אֲשֶׁר־עִמּ֖וֹ וַיָּלִ֑ינוּ וַיָּק֣וּמוּ
בַבֹּ֔קֶר וַיֹּ֖אמֶר שַׁלְּחֻ֥נִי לַֽאדֹנִֽי: וַיֹּ֤אמֶר אָחִ֙יהָ֙
וְאִמָּ֔הּ תֵּשֵׁ֨ב הַנַּעֲרָ֥ אִתָּ֛נוּ יָמִ֖ים א֣וֹ עָשׂ֑וֹר אַחַ֖ר
תֵּלֵֽךְ: וַיֹּ֤אמֶר אֲלֵהֶם֙ אַל־תְּאַחֲר֣וּ אֹתִ֔י וַֽיהוָ֖ה
הִצְלִ֣יחַ דַּרְכִּ֑י שַׁלְּח֕וּנִי וְאֵלְכָ֖ה לַֽאדֹנִֽי: וַיֹּאמְר֖וּ
נִקְרָ֣א לַֽנַּעֲרָ֑ וְנִשְׁאֲלָ֖ה אֶת־פִּֽיהָ: וַיִּקְרְא֤וּ
לְרִבְקָה֙ וַיֹּאמְר֣וּ אֵלֶ֔יהָ הֲתֵלְכִ֖י עִם־הָאִ֣ישׁ
הַזֶּ֑ה וַתֹּ֖אמֶר אֵלֵֽךְ: וַֽיְשַׁלְּח֛וּ אֶת־רִבְקָ֥ה
אֲחֹתָ֖ם וְאֶת־מֵנִקְתָּ֑הּ וְאֶת־עֶ֥בֶד אַבְרָהָ֖ם
וְאֶת־אֲנָשָֽׁיו: וַיְבָרֲכ֤וּ אֶת־רִבְקָה֙ וַיֹּ֣אמְרוּ לָ֔הּ
אֲחֹתֵ֕נוּ אַ֥תְּ הֲיִ֖י לְאַלְפֵ֣י רְבָבָ֑ה וְיִירַ֣שׁ זַרְעֵ֔ךְ
אֵ֖ת שַׁ֥עַר שֹׂנְאָֽיו: וַתָּ֨קָם רִבְקָ֜ה וְנַעֲרֹתֶ֗יהָ
וַתִּרְכַּ֙בְנָה֙ עַל־הַגְּמַלִּ֔ים וַתֵּלַ֖כְנָה אַחֲרֵ֣י הָאִ֑ישׁ
וַיִּקַּ֥ח הָעֶ֛בֶד אֶת־רִבְקָ֖ה וַיֵּלַֽךְ: וְיִצְחָק֙ בָּ֣א
מִבּ֔וֹא בְּאֵ֥ר לַחַ֖י רֹאִ֑י וְה֥וּא יוֹשֵׁ֖ב בְּאֶ֥רֶץ הַנֶּֽגֶב:
וַיֵּצֵ֥א יִצְחָ֛ק לָשׂ֥וּחַ בַּשָּׂדֶ֖ה לִפְנ֣וֹת עָ֑רֶב וַיִּשָּׂ֤א
עֵינָיו֙ וַיַּ֔רְא וְהִנֵּ֥ה גְמַלִּ֖ים בָּאִֽים: וַתִּשָּׂ֤א רִבְקָה֙
אֶת־עֵינֶ֔יהָ וַתֵּ֖רֶא אֶת־יִצְחָ֑ק וַתִּפֹּ֖ל מֵעַ֥ל
הַגָּמָֽל: וַתֹּ֣אמֶר אֶל־הָעֶ֗בֶד מִֽי־הָאִ֤ישׁ הַלָּזֶה֙

הַהֹלֵךְ בַּשָּׂדֶה לִקְרָאתֵנוּ וַיֹּאמֶר הָעֶבֶד הוּא
סו אֲדֹנִי וַתִּקַּח הַצָּעִיף וַתִּתְכָּס׃ וַיְסַפֵּר הָעֶבֶד

נד מָנִין דִּכְסַף וּמָנִין דִּדְהַב וּלְבוּשִׁין, וִיהַב לְרִבְקָה, וּמִגְדְּנִין, יְהַב לַאֲחוּהָא וּלְאִמַּהּ: וַאֲכַלוּ
נה וּשְׁתִיאוּ, הוּא, וְגֻבְרַיָּא דְּעִמֵּיהּ וּבָתוּ, וְקָמוּ בְּצַפְרָא, וַאֲמַר שַׁלְּחוּנִי לְוָת רִבּוֹנִי: וַאֲמַר אֲחוּהָא
נו וְאִמַּהּ, תִּתֵּיב עוּלֵימְתָא עִמַּנָא, עִדָּן בְּעִדָּן אוֹ עַסְרָא יַרְחִין, בָּתַר כֵּן תֵּיזֵיל: וַאֲמַר לְהוֹן לָא
נז תְּאַחֲרוּן יָתִי, וַיְיָ אַצְלַח אוֹרְחִי, שַׁלְּחוּנִי, וְאֵהָךְ לְוָת רִבּוֹנִי: וַאֲמַרוּ נִקְרֵי לְעוּלֵימְתָא, וְנִשְׁמַע
נח נט מָא דְּהִיא אָמְרָא: וּקְרוֹ לְרִבְקָה וַאֲמַרוּ לַהּ, הֲתֵיזְלִין עִם גֻּבְרָא הָדֵין, וַאֲמַרַת אֵיזֵיל: וְשַׁלַּחוּ,
ס יָת רִבְקָה אֲחָתְהוֹן וְיָת מֵינִקְתַּהּ, וְיָת עַבְדָּא דְּאַבְרָהָם וְיָת גֻּבְרוֹהִי: וּבָרִיכוּ יָת רִבְקָה וַאֲמַרוּ
סא לַהּ, אֲחָתַנָא, אַתְּ הֲוַאי לְאַלְפִין וּלְרִבְוָן, וְיֵירְתוּן בְּנַיִכִי, יָת קִרְוֵי סָנְאֵיהוֹן: וְקָמַת רִבְקָה
סב וְעוּלֵימְתַהָא, וּרְכִיבָא עַל גַּמְלַיָּא, וַאֲזַלָא בָּתַר גֻּבְרָא, וּדְבַר עַבְדָּא, יָת רִבְקָה וַאֲזַל: וְיִצְחָק
סג עָאל בְּמֵיתוֹהִי, מִבֵּירָא דְּמַלְאַךְ קַיָּמָא אִתַּחֲזִי עֲלַהּ, וְהוּא יָתֵיב בְּאַרַע דָּרוֹמָא: וּנְפַק יִצְחָק,
סד לְצַלָּאָה בְּחַקְלָא לְמִפְנֵי רַמְשָׁא, וּזְקַף עֵינוֹהִי וַחֲזָא, וְהָא גַּמְלַיָּא אָתַן: וּזְקָפַת רִבְקָה יָת
סה עֵינַהָא, וַחֲזָת יָת יִצְחָק, וְאִתְרְכֵינַת מֵעַל גַּמְלָא: וַאֲמַרַת לְעַבְדָּא, מַאן גֻּבְרָא דֵּיכִי דִּמְהַלֵּיךְ
סו בְּחַקְלָא לְקַדָּמוּתַנָא, וַאֲמַר עַבְדָּא הוּא רִבּוֹנִי, וּנְסֵיבַת עִיפָא וְאִתְכַּסִּיאַת: וְאִשְׁתַּעִי עַבְדָּא

נג| וּמִגְדָּנֹת. מְגָדִים, שֶׁהֵבִיא עִמּוֹ מִינֵי פֵּרוֹת שֶׁל אֶרֶץ יִשְׂרָאֵל:

נד| וַיָּלִינוּ. כָּל לִינָה שֶׁבַּמִּקְרָא לִינַת לַיְלָה אֶחָד:

נה| וַיֹּאמֶר אָחִיהָ וְאִמָּהּ. וּבְתוּאֵל הֵיכָן הָיָה? רוֹצֶה הָיָה לְעַכֵּב וּבָא מַלְאָךְ וֶהֱמִיתוֹ: יָמִים. שָׁנָה, כְּמוֹ: "יָמִים תִּהְיֶה גְאֻלָּתוֹ" (ויקרא כה, כט), שֶׁכָּךְ נוֹתְנִין לִבְתוּלָה זְמַן שְׁנֵים עָשָׂר חֹדֶשׁ לְפַרְנֵס עַצְמָהּ בְּתַכְשִׁיטֶיהָ: אוֹ עָשׂוֹר. עֲשָׂרָה חֳדָשִׁים. וְאִם תֹּאמַר, 'יָמִים' מַמָּשׁ, אֵין דֶּרֶךְ הַמְבַקְּשִׁים לְבַקֵּשׁ דָּבָר מוּעָט, וְאִם לֹא תִרְצֶה – תֵּן לָנוּ מְרֻבֶּה מִזֶּה:

נז| וְנִשְׁאֲלָה אֶת פִּיהָ. מִכָּאן שֶׁאֵין מַשִּׂיאִין אֶת הָאִשָּׁה אֶלָּא מִדַּעְתָּהּ:

נח| וַתֹּאמֶר אֵלֵךְ. מֵעַצְמִי, וְאַף אִם אֵינְכֶם רוֹצִים:

ס| אַתְּ הֲיִי לְאַלְפֵי רְבָבָה. אַתְּ וְזַרְעֵךְ תְּקַבְּלוּ אוֹתָהּ בְּרָכָה שֶׁנֶּאֱמַר לְאַבְרָהָם בְּהַר הַמּוֹרִיָּה: "הַרְבָּה אַרְבֶּה אֶת זַרְעֲךָ" וְגוֹ' (לעיל כב, יז), יְהִי רָצוֹן שֶׁיְּהֵא אוֹתוֹ הַזֶּרַע מִמֵּךְ וְלֹא מֵאִשָּׁה אַחֶרֶת:

סב| מִבּוֹא בְּאֵר לַחַי רֹאִי. שֶׁהָלַךְ לְהָבִיא הָגָר לְאַבְרָהָם אָבִיו שֶׁיִּשָּׂאֶנָּה: יוֹשֵׁב בְּאֶרֶץ הַנֶּגֶב. קָרוֹב לְאוֹתוֹ בְּאֵר, שֶׁנֶּאֱמַר: "אַרְצָה הַנֶּגֶב וַיֵּשֶׁב בֵּין קָדֵשׁ וּבֵין שׁוּר" (לעיל כ, א), וְשָׁם הָיָה הַבְּאֵר, שֶׁנֶּאֱמַר: "הִנֵּה בֵין קָדֵשׁ וּבֵין בָּרֶד" (לעיל טז, יד):

סג| לָשׂוּחַ. לְשׁוֹן תְּפִלָּה, כְּמוֹ "יִשְׁפֹּךְ שִׂיחוֹ" (תהלים קב, א):

סד| וַתֵּרֶא אֶת יִצְחָק. רָאֲתָה אוֹתוֹ הָדוּר וְתָוְהָה מִפָּנָיו: וַתִּפֹּל. הִשְׁמִיטָה עַצְמָהּ לָאָרֶץ, כְּתַרְגּוּמוֹ: "וְאִתְרְכֵינַת", הִטַּת עַצְמָהּ לָאָרֶץ וְלֹא הִגִּיעָה עַד הַקַּרְקַע, כְּמוֹ: "הַטִּי נָא כַדֵּךְ" (לעיל פסוק יד) "אַרְכִּינִי", "וַיֵּט שָׁמַיִם" (שמואל ב' כב, י; תהלים יח, י) "וְאַרְכֵּין", לְשׁוֹן מֻטֶּה לָאָרֶץ, וְדוֹמֶה לוֹ: "כִּי יִפֹּל לֹא יוּטָל" (תהלים לז, כד), כְּלוֹמַר, אִם יֻטֶּה לָאָרֶץ לֹא יַגִּיעַ עַד הַקַּרְקַע:

סה| וַתִּתְכָּס. לְשׁוֹן מִתְפַּעֵל, כְּמוֹ: "וַתִּקָּבֵר" (להלן לה, ח), "וַתִּלָּכֵד" (שמואל א' י, כא), "וַתִּשָּׁבֵר" (שם ד, יח):

סו| וַיְסַפֵּר הָעֶבֶד. גִּלָּה לוֹ נִסִּים שֶׁנַּעֲשׂוּ לוֹ, שֶׁקָּפְצָה לוֹ הָאָרֶץ וְשֶׁנִּזְדַּמְּנָה לוֹ רִבְקָה בִּתְפִלָּתוֹ:

לְיִצְחָק אֵת כָּל־הַדְּבָרִים אֲשֶׁר עָשָׂה: וַיְבִאֶהָ סז
יִצְחָק הָאֹהֱלָה שָׂרָה אִמּוֹ וַיִּקַּח אֶת־רִבְקָה
וַתְּהִי־לוֹ לְאִשָּׁה וַיֶּאֱהָבֶהָ וַיִּנָּחֵם יִצְחָק אַחֲרֵי
אִמּוֹ:

ששי כב וַיֹּסֶף אַבְרָהָם וַיִּקַּח אִשָּׁה וּשְׁמָהּ קְטוּרָה: א כה
וַתֵּלֶד לוֹ אֶת־זִמְרָן וְאֶת־יָקְשָׁן וְאֶת־מְדָן וְאֶת־ ב
מִדְיָן וְאֶת־יִשְׁבָּק וְאֶת־שׁוּחַ: וְיָקְשָׁן יָלַד אֶת־ ג
שְׁבָא וְאֶת־דְּדָן וּבְנֵי דְדָן הָיוּ אַשּׁוּרִם וּלְטוּשִׁם
וּלְאֻמִּים: וּבְנֵי מִדְיָן עֵיפָה וָעֵפֶר וַחֲנֹךְ וַאֲבִידָע ד
וְאֶלְדָּעָה כָּל־אֵלֶּה בְּנֵי קְטוּרָה: וַיִּתֵּן אַבְרָהָם ה
אֶת־כָּל־אֲשֶׁר־לוֹ לְיִצְחָק: וְלִבְנֵי הַפִּילַגְשִׁים ו
אֲשֶׁר לְאַבְרָהָם נָתַן אַבְרָהָם מַתָּנֹת וַיְשַׁלְּחֵם
מֵעַל יִצְחָק בְּנוֹ בְּעוֹדֶנּוּ חַי קֵדְמָה אֶל־אֶרֶץ
קֶדֶם: וְאֵלֶּה יְמֵי שְׁנֵי־חַיֵּי אַבְרָהָם אֲשֶׁר־חָי ז ★
מְאַת שָׁנָה וְשִׁבְעִים שָׁנָה וְחָמֵשׁ שָׁנִים: וַיִּגְוַע ח
וַיָּמָת אַבְרָהָם בְּשֵׂיבָה טוֹבָה זָקֵן וְשָׂבֵעַ וַיֵּאָסֶף
אֶל־עַמָּיו: וַיִּקְבְּרוּ אֹתוֹ יִצְחָק וְיִשְׁמָעֵאל בָּנָיו ט
אֶל־מְעָרַת הַמַּכְפֵּלָה אֶל־שְׂדֵה עֶפְרֹן בֶּן־צֹחַר
הַחִתִּי אֲשֶׁר עַל־פְּנֵי מַמְרֵא: הַשָּׂדֶה אֲשֶׁר־קָנָה י
אַבְרָהָם מֵאֵת בְּנֵי־חֵת שָׁמָּה קֻבַּר אַבְרָהָם
וְשָׂרָה אִשְׁתּוֹ: וַיְהִי אַחֲרֵי מוֹת אַבְרָהָם וַיְבָרֶךְ יא

חיי שרה

אֱלֹהִים אֶת־יִצְחָק בְּנוֹ וַיֵּשֶׁב יִצְחָק עִם־בְּאֵר לַחַי רֹאִי׃

סז לְיִצְחָק, יָת כָּל פִּתְגָּמַיָּא דַּעֲבַד: וְאַעֲלַהּ יִצְחָק לְמַשְׁכְּנָא, וַחֲזָא וְהָא תַקְנִין עוֹבָדָהָא כְּעוֹבָדֵי
כה א שָׂרָה אִמֵּיהּ, וּנְסֵיב יָת רִבְקָה, וַהֲוָת לֵיהּ לְאִתּוּ וְרַחֲמַהּ, וְאִתְנַחַם יִצְחָק בָּתַר אִמֵּיהּ: וְאוֹסֵיף
ב אַבְרָהָם, וּנְסֵיב אִתְּתָא וּשְׁמַהּ קְטוּרָה: וִילֵידַת לֵיהּ, יָת זִמְרָן וְיָת יָקְשָׁן, וְיָת מְדָן וְיָת מִדְיָן,
ג וְיָת יִשְׁבָּק וְיָת שׁוּחַ: וְיָקְשָׁן אוֹלֵיד, יָת שְׁבָא וְיָת דְּדָן, וּבְנֵי דְדָן, הֲווֹ, לְמַשִּׁרְיָן וְלִשְׁכוּנִין וְלִנְגָוָן:
ד ה וּבְנֵי מִדְיָן, עֵיפָה וָעֵפֶר וַחֲנוֹךְ, וַאֲבִידָע וְאֶלְדָּעָה, כָּל אִלֵּין בְּנֵי קְטוּרָה: וִיהַב אַבְרָהָם, יָת כָּל
ו דְּלֵיהּ לְיִצְחָק: וְלִבְנֵי לְחֵינָתָא דִּלְאַבְרָהָם, יְהַב אַבְרָהָם מַתְּנָן, וְשַׁלְּחִנּוּן, מֵעַל יִצְחָק בְּרֵיהּ
ז בְּעוֹד דְּהוּא קַיָּם, קִדּוּמָא לַאֲרַע מַדְנְחָא: וְאִלֵּין, יוֹמֵי, שְׁנֵי חַיֵּי אַבְרָהָם דַּחֲיָא, מְאָה וְשִׁבְעִין
ח ט וַחֲמֵשׁ שְׁנִין: וְאִתְנְגִיד וּמִית אַבְרָהָם, בְּסֵיבוּ טָבָא סִיב וּסְבַע, וְאִתְכְּנֵישׁ לְעַמֵּיהּ: וּקְבַרוּ יָתֵיהּ,
יִצְחָק וְיִשְׁמָעֵאל בְּנוֹהִי, בִּמְעָרַת כָּפֵילְתָא, בַּחֲקַל, עֶפְרוֹן בַּר צוֹחַר חִתָּאָה, דְּעַל אַפֵּי מַמְרֵא:
י יא חַקְלָא, דִּזְבַן אַבְרָהָם מִן בְּנֵי חִתָּאָה, תַּמָּן, אִתְקְבַר אַבְרָהָם וְשָׂרָה אִתְּתֵיהּ: וַהֲוָה, בָּתַר
דְּמִית אַבְרָהָם, וּבָרֵיךְ יְיָ יָת יִצְחָק בְּרֵיהּ, וִיתֵיב יִצְחָק, עִם בֵּירָא דְּמַלְאַךְ קַיָּמָא אִתַּחְזִי עֲלַהּ:

סז| **הָאֹהֱלָה שָׂרָה אִמּוֹ.** וַיְבִאֶהָ הָאֹהֱלָה וְנַעֲשֵׂית דֻּגְמַת שָׂרָה אִמּוֹ, כְּלוֹמַר, וַהֲרֵי הִיא שָׂרָה אִמּוֹ, שֶׁכָּל זְמַן שֶׁשָּׂרָה קַיֶּמֶת הָיָה נֵר דָּלוּק מֵעֶרֶב שַׁבָּת לְעֶרֶב שַׁבָּת וּבְרָכָה מְצוּיָה בָּעִסָּה וְעָנָן קָשׁוּר עַל הָאֹהֶל, וּמִשֶּׁמֵּתָה פָּסְקוּ, וּכְשֶׁבָּאת רִבְקָה חָזְרוּ. בְּרֵאשִׁית רַבָּה (ס, טז): **אַחֲרֵי אִמּוֹ.** דֶּרֶךְ אֶרֶץ, כָּל זְמַן שֶׁאִמּוֹ שֶׁל אָדָם קַיֶּמֶת כָּרוּךְ הוּא אֶצְלָהּ, וּמִשֶּׁמֵּתָה – הוּא מִתְנַחֵם בְּאִשְׁתּוֹ:

פרק כה

א| **קְטוּרָה.** זוֹ הָגָר, וְנִקְרֵאת קְטוּרָה עַל שֵׁם שֶׁנָּאִים מַעֲשֶׂיהָ כִּקְטֹרֶת, וְשֶׁקָּשְׁרָה פִּתְחָהּ, שֶׁלֹּא נִזְדַּוְּגָה לְאָדָם מִיּוֹם שֶׁפֵּרְשָׁה מֵאַבְרָהָם:

ג| **אַשּׁוּרִם וּלְטוּשִׁם.** שֵׁם רָאשֵׁי אֻמּוֹת. וְתַרְגּוּם שֶׁל אוּנְקְלוֹס אֵין לִי לְיַשְּׁבוֹ עַל לְשׁוֹן הַמִּקְרָא:

ה| **וַיִּתֵּן אַבְרָהָם וְגוֹ'.** אָמַר רַבִּי נְחֶמְיָה: בְּרָכָה וּדְיָיתִיקֵי נָתַן לוֹ. שֶׁאָמַר לוֹ הַקָּדוֹשׁ בָּרוּךְ הוּא לְאַבְרָהָם: "וֶהְיֵה בְּרָכָה" (לעיל יב, ב), הַבְּרָכוֹת מְסוּרוֹת בְּיָדְךָ לְבָרֵךְ אֶת מִי שֶׁתִּרְצֶה, וְאַבְרָהָם מְסָרָן לְיִצְחָק:

ו| **הַפִּילַגְשִׁים.** חָסֵר כְּתִיב, שֶׁלֹּא הָיְתָה אֶלָּא פִּילֶגֶשׁ אַחַת, הִיא הָגָר הִיא קְטוּרָה. נָשִׁים בִּכְתֻבָּה, פִּילַגְשִׁים בְּלֹא כְּתֻבָּה, כִּדְאָמְרִינַן בְּסַנְהֶדְרִין בְּנָשִׁים וּפִילַגְשִׁים דְּדָוִד: **נָתַן אַבְרָהָם מַתָּנֹת.** פֵּרְשׁוּ רַבּוֹתֵינוּ, שֵׁם טֻמְאָה מָסַר לָהֶם:

ז| **מְאַת שָׁנָה וְשִׁבְעִים שָׁנָה וְחָמֵשׁ שָׁנִים.** בֶּן מֵאָה כְּבֶן שִׁבְעִים, וּבֶן שִׁבְעִים כְּבֶן חָמֵשׁ בְּלֹא חֵטְא:

ט| **יִצְחָק וְיִשְׁמָעֵאל.** מִכָּאן שֶׁעָשָׂה יִשְׁמָעֵאל תְּשׁוּבָה וְהוֹלִיךְ אֶת יִצְחָק לְפָנָיו, וְהִיא "שֵׂיבָה טוֹבָה" (לעיל טו, טו) שֶׁנֶּאֶמְרָה בְּאַבְרָהָם:

יא| **וַיְהִי אַחֲרֵי מוֹת אַבְרָהָם וַיְבָרֶךְ וְגוֹ'.** נִחֲמוֹ תַּנְחוּמֵי אֲבֵלִים. דָּבָר אַחֵר, אַף עַל פִּי שֶׁמָּסַר הַקָּדוֹשׁ בָּרוּךְ הוּא אֶת הַבְּרָכוֹת לְאַבְרָהָם, נִתְיָרֵא לְבָרֵךְ אֶת יִצְחָק, מִפְּנֵי שֶׁצָּפָה אֶת עֵשָׂו יוֹצֵא מִמֶּנּוּ. אָמַר: יָבֹא בַּעַל הָעוֹלָם וִיבָרֵךְ אֶת אֲשֶׁר יִיטַב בְּעֵינָיו. וּבָא הַקָּדוֹשׁ בָּרוּךְ הוּא וּבֵרְכוֹ:

בראשית

שביעי
יב וְאֵ֛לֶּה תֹּלְדֹ֥ת יִשְׁמָעֵ֖אל בֶּן־אַבְרָהָ֑ם אֲשֶׁ֨ר יָלְדָ֜ה הָגָ֧ר הַמִּצְרִ֛ית שִׁפְחַ֥ת שָׂרָ֖ה לְאַבְרָהָֽם:
יג וְאֵ֗לֶּה שְׁמוֹת֙ בְּנֵ֣י יִשְׁמָעֵ֔אל בִּשְׁמֹתָ֖ם לְתוֹלְדֹתָ֑ם בְּכֹ֤ר יִשְׁמָעֵאל֙ נְבָיֹ֔ת וְקֵדָ֥ר וְאַדְבְּאֵ֖ל וּמִבְשָֽׂם:
יד וּמִשְׁמָ֥ע וְדוּמָ֖ה וּמַשָּֽׂא:
טו חֲדַ֣ד וְתֵימָ֔א יְט֥וּר נָפִ֖ישׁ וָקֵֽדְמָה:

מפטיר
טז אֵ֣לֶּה הֵ֞ם בְּנֵ֤י יִשְׁמָעֵאל֙ וְאֵ֣לֶּה שְׁמֹתָ֔ם בְּחַצְרֵיהֶ֖ם וּבְטִֽירֹתָ֑ם שְׁנֵים־עָשָׂ֥ר נְשִׂיאִ֖ם לְאֻמֹּתָֽם:
יז וְאֵ֗לֶּה שְׁנֵי֙ חַיֵּ֣י יִשְׁמָעֵ֔אל מְאַ֥ת שָׁנָ֛ה וּשְׁלֹשִׁ֥ים שָׁנָ֖ה וְשֶׁ֣בַע שָׁנִ֑ים וַיִּגְוַ֣ע וַיָּ֔מָת וַיֵּאָ֖סֶף אֶל־עַמָּֽיו:
יח וַיִּשְׁכְּנ֨וּ מֵחֲוִילָ֜ה עַד־שׁ֗וּר אֲשֶׁר֙ עַל־פְּנֵ֣י מִצְרַ֔יִם בֹּאֲכָ֖ה אַשּׁ֑וּרָה עַל־פְּנֵ֥י כָל־אֶחָ֖יו נָפָֽל:

הפטרת חיי שרה

ההפטרה מתארת ניסיון למחטף השלטון בסוף ימי דוד. שלמה, שדוד ייעדו למלוך תחתיו, היה צעיר. אדוניה, אחיו הגדול, היה אמור להיות יורש העצר לפי סדר הלידה. אדוניה אסף סביבו חבורה של מתנגדים למינויו של שלמה, וניסה ליצור מצב שווא, שדור חזר בו ממינויו שלמה והחזיר את התפקיד למי שהיה ראוי להיות המנהיג לפי סדר הלידה. נתן הנביא, בסיועה של בת שבע, הצליח להודיע לדוד על ניסיון המחטף. דוד ציווה להמליך את שלמה בהמלכה חפוזה והציג את אדוניהו ותומכיו כמי שפועלים נגד רצון המלך. מהלך זה מנע מלחמת אחים בעת הרגישה של חילופי שלטון, מלחמה שהייתה הורסת את שנבנתה בעשרות שנות עמל של הממלכה המאוחדת.

מלכים א׳
א וְהַמֶּ֤לֶךְ דָּוִד֙ זָקֵ֔ן בָּ֖א בַּיָּמִ֑ים וַיְכַסֻּ֨הוּ֙ בַּבְּגָדִ֔ים וְלֹ֥א יִחַ֖ם לֽוֹ: ב וַיֹּ֧אמְרוּ ל֣וֹ עֲבָדָ֗יו יְבַקְשׁ֞וּ לַאדֹנִ֤י הַמֶּ֨לֶךְ֙ נַעֲרָ֣ה בְתוּלָ֔ה וְעָֽמְדָה֙ לִפְנֵ֣י הַמֶּ֔לֶךְ וּתְהִי־ל֖וֹ סֹכֶ֑נֶת וְשָֽׁכְבָ֣ה בְחֵיקֶ֔ךָ וְחַ֖ם לַאדֹנִ֥י הַמֶּֽלֶךְ: ג וַיְבַקְשׁוּ֙ נַעֲרָ֣ה יָפָ֔ה בְּכֹ֖ל גְּב֣וּל יִשְׂרָאֵ֑ל וַֽיִּמְצְא֗וּ אֶת־אֲבִישַׁג֙ הַשּׁ֣וּנַמִּ֔ית וַיָּבִ֥אוּ אֹתָ֖הּ לַמֶּֽלֶךְ: ד וְהַֽנַּעֲרָ֖ה יָפָ֥ה

יב וְאִלֵּין, תּוֹלְדָת יִשְׁמָעֵאל בַּר אַבְרָהָם, דִּילֵידַת, הָגָר מִצְרֵיתָא, אַמְתַהּ דְּשָׂרָה לְאַבְרָהָם:
יג יד וְאִלֵּין, שְׁמָהָת בְּנֵי יִשְׁמָעֵאל, בִּשְׁמָהָתְהוֹן לְתוֹלְדָתְהוֹן, בֻּכְרֵיהּ דְּיִשְׁמָעֵאל נְבָיוֹת, וְקֵידָר
טו טז וְאַדְבְּאֵל וּמִבְשָׂם: וּמִשְׁמָע וְדוּמָה וּמַשָּׂא: חֲדַד וְתֵימָא, יְטוּר נָפִישׁ וָקֵדְמָה: אִלֵּין אִנּוּן, בְּנֵי
יז יִשְׁמָעֵאל וְאִלֵּין שְׁמָהָתְהוֹן, בְּפַצְחֵיהוֹן וּבְכַרְכֵּיהוֹן, תְּרֵי עֲסַר רַבְרְבִין לְאֻמֵּיהוֹן: וְאִלֵּין, שְׁנֵי
יח חַיֵּי יִשְׁמָעֵאל, מְאָה וּתְלָתִין וּשְׁבַע שְׁנִין, וְאִתְנְגִיד וּמִית, וְאִתְכְּנִישׁ לְעַמֵּיהּ: וּשְׁרוֹ מֵחֲוִילָה
עַד חַגְרָא, דְּעַל אַפֵּי מִצְרַיִם, מָטֵי לְאַתּוּר, עַל אַפֵּי כָל אֲחוּהִי שְׁרָא:

יג| בִּשְׁמֹתָם לְתוֹלְדֹתָם. סֵדֶר לֵדָתָן זֶה אַחַר זֶה:

טז| בְּחַצְרֵיהֶם. כְּרַכִּים שֶׁאֵין לָהֶם חוֹמָה, כְּתַרְגּוּמוֹ: "בְּפַצְחֵיהוֹן", שֶׁהֵם מְפֻצָּחִים, לְשׁוֹן פְּתִיחָה, כְּמוֹ: "פִּצְחוּ וְרַנְּנוּ" (תהלים צח, ד):

יז| וְאֵלֶּה שְׁנֵי חַיֵּי יִשְׁמָעֵאל וְגוֹ'. אָמַר רַבִּי חִיָּא בַּר אַבָּא: לָמָּה נִמְנוּ שְׁנוֹתָיו שֶׁל יִשְׁמָעֵאל? כְּדֵי לְיַחֵס בָּהֶם שְׁנוֹתָיו שֶׁל יַעֲקֹב. מִשְּׁנוֹתָיו שֶׁל יִשְׁמָעֵאל לָמַדְנוּ שֶׁשִּׁמֵּשׁ יַעֲקֹב בְּבֵית עֵבֶר אַרְבַּע עֶשְׂרֵה שָׁנָה כְּשֶׁפֵּרַשׁ מֵאָבִיו קֹדֶם שֶׁבָּא אֵצֶל לָבָן, שֶׁהֲרֵי כְּשֶׁפֵּרַשׁ יַעֲקֹב מֵאָבִיו מֵת יִשְׁמָעֵאל, שֶׁנֶּאֱמַר: "וַיֵּלֶךְ עֵשָׂו אֶל יִשְׁמָעֵאל" וְגוֹ' (להלן כח, ט), כְּמוֹ שֶׁמְּפֹרָשׁ בְּסוֹף 'מְגִלָּה נִקְרֵאת' (מגילה יז ע"א): וַיִּגְוַע. לֹא נֶאֶמְרָה 'גְּוִיעָה' אֶלָּא בַּצַּדִּיקִים:

יח| נָפָל. שָׁכַן, כְּמוֹ: "וּמִדְיָן וַעֲמָלֵק וְכָל בְּנֵי קֶדֶם נֹפְלִים בָּעֵמֶק" (שופטים ז, יב). כָּאן הוּא אוֹמֵר לְשׁוֹן נְפִילָה, וּלְהַלָּן הוּא אוֹמֵר: "עַל פְּנֵי כָל אֶחָיו יִשְׁכֹּן" (לעיל טז, יב), עַד שֶׁלֹּא מֵת אַבְרָהָם – "יִשְׁכֹּן", מִשֶּׁמֵּת אַבְרָהָם – "נָפָל":

ה עַד־מְאֹד וַתְּהִי לַמֶּלֶךְ סֹכֶנֶת וַתְּשָׁרְתֵהוּ וְהַמֶּלֶךְ לֹא יְדָעָהּ: וַאֲדֹנִיָּה בֶן־
חַגִּית מִתְנַשֵּׂא לֵאמֹר אֲנִי אֶמְלֹךְ וַיַּעַשׂ לוֹ רֶכֶב וּפָרָשִׁים וַחֲמִשִּׁים אִישׁ
ו רָצִים לְפָנָיו: וְלֹא־עֲצָבוֹ אָבִיו מִיָּמָיו לֵאמֹר מַדּוּעַ כָּכָה עָשִׂיתָ וְגַם־הוּא
ז טוֹב־תֹּאַר מְאֹד וְאֹתוֹ יָלְדָה אַחֲרֵי אַבְשָׁלוֹם: וַיִּהְיוּ דְבָרָיו עִם יוֹאָב
ח בֶּן־צְרוּיָה וְעִם אֶבְיָתָר הַכֹּהֵן וַיַּעְזְרוּ אַחֲרֵי אֲדֹנִיָּה: וְצָדוֹק הַכֹּהֵן וּבְנָיָהוּ
בֶן־יְהוֹיָדָע וְנָתָן הַנָּבִיא וְשִׁמְעִי וְרֵעִי וְהַגִּבּוֹרִים אֲשֶׁר לְדָוִד לֹא הָיוּ
ט עִם־אֲדֹנִיָּהוּ: וַיִּזְבַּח אֲדֹנִיָּהוּ צֹאן וּבָקָר וּמְרִיא עִם אֶבֶן הַזֹּחֶלֶת אֲשֶׁר־
אֵצֶל עֵין רֹגֵל וַיִּקְרָא אֶת־כָּל־אֶחָיו בְּנֵי הַמֶּלֶךְ וּלְכָל־אַנְשֵׁי יְהוּדָה עַבְדֵי
י הַמֶּלֶךְ: וְאֶת־נָתָן הַנָּבִיא וּבְנָיָהוּ וְאֶת־הַגִּבּוֹרִים וְאֶת־שְׁלֹמֹה אָחִיו לֹא

קָרָא׃ וַיֹּאמֶר נָתָן אֶל־בַּת־שֶׁבַע אֵם־שְׁלֹמֹה לֵאמֹר הֲלוֹא שָׁמַעַתְּ כִּי יא
מָלַךְ אֲדֹנִיָּהוּ בֶן־חַגִּית וַאדֹנֵינוּ דָוִד לֹא יָדָע׃ וְעַתָּה לְכִי אִיעָצֵךְ נָא יב
עֵצָה וּמַלְּטִי אֶת־נַפְשֵׁךְ וְאֶת־נֶפֶשׁ בְּנֵךְ שְׁלֹמֹה׃ לְכִי וּבֹאִי ׀ אֶל־הַמֶּלֶךְ יג
דָּוִד וְאָמַרְתְּ אֵלָיו הֲלֹא־אַתָּה אֲדֹנִי הַמֶּלֶךְ נִשְׁבַּעְתָּ לַאֲמָתְךָ לֵאמֹר כִּי־
שְׁלֹמֹה בְנֵךְ יִמְלֹךְ אַחֲרַי וְהוּא יֵשֵׁב עַל־כִּסְאִי וּמַדּוּעַ מָלַךְ אֲדֹנִיָּהוּ׃ הִנֵּה יד
עוֹדָךְ מְדַבֶּרֶת שָׁם עִם־הַמֶּלֶךְ וַאֲנִי אָבוֹא אַחֲרַיִךְ וּמִלֵּאתִי אֶת־דְּבָרָיִךְ׃
וַתָּבֹא בַת־שֶׁבַע אֶל־הַמֶּלֶךְ הַחַדְרָה וְהַמֶּלֶךְ זָקֵן מְאֹד וַאֲבִישַׁג הַשּׁוּנַמִּית טו
מְשָׁרַת אֶת־הַמֶּלֶךְ׃ וַתִּקֹּד בַּת־שֶׁבַע וַתִּשְׁתַּחוּ לַמֶּלֶךְ וַיֹּאמֶר הַמֶּלֶךְ מַה־ טז
לָּךְ׃ וַתֹּאמֶר לוֹ אֲדֹנִי אַתָּה נִשְׁבַּעְתָּ בַּיהוָה אֱלֹהֶיךָ לַאֲמָתֶךָ כִּי־שְׁלֹמֹה יז
בְנֵךְ יִמְלֹךְ אַחֲרָי וְהוּא יֵשֵׁב עַל־כִּסְאִי׃ וְעַתָּה הִנֵּה אֲדֹנִיָּה מָלָךְ וְעַתָּה יח
אֲדֹנִי הַמֶּלֶךְ לֹא יָדָעְתָּ׃ וַיִּזְבַּח שׁוֹר וּמְרִיא־וְצֹאן לָרֹב וַיִּקְרָא לְכָל־בְּנֵי יט
הַמֶּלֶךְ וּלְאֶבְיָתָר הַכֹּהֵן וּלְיֹאָב שַׂר הַצָּבָא וְלִשְׁלֹמֹה עַבְדְּךָ לֹא קָרָא׃
וְאַתָּה אֲדֹנִי הַמֶּלֶךְ עֵינֵי כָל־יִשְׂרָאֵל עָלֶיךָ לְהַגִּיד לָהֶם מִי יֵשֵׁב עַל־כִּסֵּא כ
אֲדֹנִי־הַמֶּלֶךְ אַחֲרָיו׃ וְהָיָה כִּשְׁכַּב אֲדֹנִי־הַמֶּלֶךְ עִם־אֲבֹתָיו וְהָיִיתִי אֲנִי כא
וּבְנִי שְׁלֹמֹה חַטָּאִים׃ וְהִנֵּה עוֹדֶנָּה מְדַבֶּרֶת עִם־הַמֶּלֶךְ וְנָתָן הַנָּבִיא בָּא׃ כב
וַיַּגִּידוּ לַמֶּלֶךְ לֵאמֹר הִנֵּה נָתָן הַנָּבִיא וַיָּבֹא לִפְנֵי הַמֶּלֶךְ וַיִּשְׁתַּחוּ לַמֶּלֶךְ כג
עַל־אַפָּיו אָרְצָה׃ וַיֹּאמֶר נָתָן אֲדֹנִי הַמֶּלֶךְ אַתָּה אָמַרְתָּ אֲדֹנִיָּהוּ יִמְלֹךְ כד
אַחֲרָי וְהוּא יֵשֵׁב עַל־כִּסְאִי׃ כִּי ׀ יָרַד הַיּוֹם וַיִּזְבַּח שׁוֹר וּמְרִיא־וְצֹאן לָרֹב כה
וַיִּקְרָא לְכָל־בְּנֵי הַמֶּלֶךְ וּלְשָׂרֵי הַצָּבָא וּלְאֶבְיָתָר הַכֹּהֵן וְהִנָּם אֹכְלִים וְשֹׁתִים
לְפָנָיו וַיֹּאמְרוּ יְחִי הַמֶּלֶךְ אֲדֹנִיָּהוּ׃ וְלִי אֲנִי־עַבְדֶּךָ וּלְצָדֹק הַכֹּהֵן וְלִבְנָיָהוּ כו
בֶן־יְהוֹיָדָע וְלִשְׁלֹמֹה עַבְדְּךָ לֹא קָרָא׃ אִם מֵאֵת אֲדֹנִי הַמֶּלֶךְ נִהְיָה הַדָּבָר כז
עַבְדְּךָ הַזֶּה וְלֹא הוֹדַעְתָּ אֶת־עבדיך מִי יֵשֵׁב עַל־כִּסֵּא אֲדֹנִי־הַמֶּלֶךְ אַחֲרָיו׃ וַיַּעַן כח
הַמֶּלֶךְ דָּוִד וַיֹּאמֶר קִרְאוּ־לִי לְבַת־שָׁבַע וַתָּבֹא לִפְנֵי הַמֶּלֶךְ וַתַּעֲמֹד לִפְנֵי
הַמֶּלֶךְ׃ וַיִּשָּׁבַע הַמֶּלֶךְ וַיֹּאמַר חַי־יְהוָה אֲשֶׁר־פָּדָה אֶת־נַפְשִׁי מִכָּל־צָרָה׃ כט
כִּי כַּאֲשֶׁר נִשְׁבַּעְתִּי לָךְ בַּיהוָה אֱלֹהֵי יִשְׂרָאֵל לֵאמֹר כִּי־שְׁלֹמֹה בְנֵךְ יִמְלֹךְ ל
אַחֲרַי וְהוּא יֵשֵׁב עַל־כִּסְאִי תַּחְתָּי כִּי כֵּן אֶעֱשֶׂה הַיּוֹם הַזֶּה׃ וַתִּקֹּד בַּת־ לא
שֶׁבַע אַפַּיִם אֶרֶץ וַתִּשְׁתַּחוּ לַמֶּלֶךְ וַתֹּאמֶר יְחִי אֲדֹנִי הַמֶּלֶךְ דָּוִד לְעֹלָם׃

פרשת תולדת

תולדת

כג וְאֵלֶּה תּוֹלְדֹת יִצְחָק בֶּן־אַבְרָהָם אַבְרָהָם הוֹלִיד יט כה
אֶת־יִצְחָק: וַיְהִי יִצְחָק בֶּן־אַרְבָּעִים שָׁנָה בְּקַחְתּוֹ כ
אֶת־רִבְקָה בַּת־בְּתוּאֵל הָאֲרַמִּי מִפַּדַּן אֲרָם אֲחוֹת
לָבָן הָאֲרַמִּי לוֹ לְאִשָּׁה: וַיֶּעְתַּר יִצְחָק לַיהוה כא
לְנֹכַח אִשְׁתּוֹ כִּי עֲקָרָה הִוא וַיֵּעָתֶר לוֹ יהוה וַתַּהַר
רִבְקָה אִשְׁתּוֹ: וַיִּתְרֹצְצוּ הַבָּנִים בְּקִרְבָּהּ וַתֹּאמֶר כב
אִם־כֵּן לָמָּה זֶּה אָנֹכִי וַתֵּלֶךְ לִדְרֹשׁ אֶת־יהוה:
גוים · וַיֹּאמֶר יהוה לָהּ שְׁנֵי גיים בְּבִטְנֵךְ וּשְׁנֵי לְאֻמִּים כג
מִמֵּעַיִךְ יִפָּרֵדוּ וּלְאֹם מִלְאֹם יֶאֱמָץ וְרַב יַעֲבֹד
צָעִיר: וַיִּמְלְאוּ יָמֶיהָ לָלֶדֶת וְהִנֵּה תוֹמִם בְּבִטְנָהּ: כד
וַיֵּצֵא הָרִאשׁוֹן אַדְמוֹנִי כֻּלּוֹ כְּאַדֶּרֶת שֵׂעָר וַיִּקְרְאוּ כה
שְׁמוֹ עֵשָׂו: וְאַחֲרֵי־כֵן יָצָא אָחִיו וְיָדוֹ אֹחֶזֶת בַּעֲקֵב כו

יט) **וְאֵלֶּה תּוֹלְדֹת יִצְחָק.** יַעֲקֹב וְעֵשָׂו הָאֲמוּרִים בַּפָּרָשָׁה; וְעַל יְדֵי שֶׁכָּתַב הַכָּתוּב: "יִצְחָק בֶּן אַבְרָהָם" הֻזְקַק לוֹמַר: "אַבְרָהָם הוֹלִיד אֶת יִצְחָק", לְפִי שֶׁהָיוּ לֵיצָנֵי הַדּוֹר אוֹמְרִים: מֵאֲבִימֶלֶךְ נִתְעַבְּרָה שָׂרָה, שֶׁהֲרֵי כַּמָּה שָׁנִים שָׁהֲתָה עִם אַבְרָהָם וְלֹא נִתְעַבְּרָה הֵימֶנּוּ. מֶה עָשָׂה הַקָּדוֹשׁ בָּרוּךְ הוּא? צָר קְלַסְתֵּר פָּנָיו שֶׁל יִצְחָק דּוֹמֶה לְאַבְרָהָם, וְהֵעִידוּ הַכֹּל: אַבְרָהָם הוֹלִיד אֶת יִצְחָק. וְזֶהוּ שֶׁכָּתוּב כָּאן: "יִצְחָק בֶּן אַבְרָהָם", שֶׁהֲרֵי עֵדוּת יֵשׁ שֶׁ"אַבְרָהָם הוֹלִיד אֶת יִצְחָק":

כ) **בֶּן אַרְבָּעִים שָׁנָה.** שֶׁהֲרֵי כְּשֶׁהָיָה בָּא אַבְרָהָם מֵהַר הַמּוֹרִיָּה נִתְבַּשֵּׂר שֶׁנּוֹלְדָה רִבְקָה, וְיִצְחָק הָיָה בֶּן שְׁלֹשִׁים וְשֶׁבַע שָׁנָה, שֶׁהֲרֵי בּוֹ בַּפֶּרֶק מֵתָה שָׂרָה, וּמִשֶּׁנּוֹלַד יִצְחָק עַד שֶׁמֵּתָה שָׂרָה שְׁלֹשִׁים וְשֶׁבַע שָׁנִים הָיוּ – בַּת תִּשְׁעִים הָיְתָה כְּשֶׁנּוֹלַד, וּבַת מֵאָה עֶשְׂרִים וְשֶׁבַע שָׁנָה הָיְתָה כְּשֶׁמֵּתָה, שֶׁנֶּאֱמַר: "וַיִּהְיוּ

יט כ וְאִלֵּין, תּוֹלְדָת יִצְחָק בַּר אַבְרָהָם, אַבְרָהָם אוֹלִיד יָת יִצְחָק: וַהֲוָה יִצְחָק בַּר אַרְבְּעִין שְׁנִין,
כַּד נְסֵיב יָת רִבְקָה, בַּת בְּתוּאֵל אֲרַמָּאָה, מִפַּדַּן אֲרָם, אֲחָתֵיהּ, דְּלָבָן אֲרַמָּאָה לֵיהּ לְאִתּוּ:
כא וְצַלִּי יִצְחָק קֳדָם יְיָ לָקֳבֵיל אִתְּתֵיהּ, אֲרֵי עַקְרָא הִיא, וְקַבֵּיל צְלוֹתֵיהּ יְיָ, וְעַדִּיאַת רִבְקָה
כב אִתְּתֵיהּ: וְדָחֲקִין בְּנַיָּא בִּמְעַהָא, וַאֲמַרַת אִם כֵּן, לְמָא דְנַן אֲנָא, וַאֲזַלַת לְמִתְבַּע אוּלְפָן מִן
כג קֳדָם יְיָ: וַאֲמַר יְיָ לַהּ, תְּרֵין עַמְמִין בִּמְעַכִי, וְתַרְתֵּין מַלְכְוָן, מִמְּעַכִי יִתְפָּרְשָׁן, וּמַלְכוּ מִמַּלְכוּ
כד כה תִּתַּקַּף, וְרַבָּא יִשְׁתַּעְבַּד לִזְעֵירָא: וּשְׁלִימוּ יוֹמַהָא לְמֵילַד, וְהָא תְיוֹמִין בִּמְעַהָא: וּנְפַק קַדְמָאָה
כו סָמוֹק, כֻּלֵּיהּ כִּגְלִים דִּסְעַר, וּקְרוֹ שְׁמֵיהּ עֵשָׂו: וּבָתַר כֵּן נְפַק אֲחוּהִי, וִידֵיהּ אֲחִידָא בְּעִקְבָא

חַיֵּי שָׂרָה" וְגוֹ' (לעיל כג, א), הֲרֵי לְיִצְחָק שְׁלֹשִׁים וָשֶׁבַע שָׁנִים. וּבוֹ בַּפֶּרֶק נוֹלְדָה רִבְקָה. הִמְתִּין לָהּ עַד שֶׁתְּהֵא רְאוּיָה לְבִיאָה שָׁלֹשׁ שָׁנִים וּנְשָׂאָהּ: **בַּת בְּתוּאֵל מִפַּדַּן אֲרָם אֲחוֹת לָבָן.** וְכִי עֲדַיִן לֹא נִכְתַּב שֶׁהִיא בַּת בְּתוּאֵל וַאֲחוֹת לָבָן וּמִפַּדַּן אֲרָם? אֶלָּא לְהַגִּיד שִׁבְחָהּ, שֶׁהָיְתָה בַּת רָשָׁע וַאֲחוֹת רָשָׁע וּמְקוֹמָהּ אַנְשֵׁי רֶשַׁע, וְלֹא לָמְדָה מִמַּעֲשֵׂיהֶם: **מִפַּדַּן אֲרָם.** עַל שֵׁם שֶׁשְּׁנֵי אֲרָם הָיוּ, אֲרַם נַהֲרַיִם וַאֲרַם צוֹבָה, קוֹרֵא אוֹתוֹ 'פַּדָּן', לָשׁוֹן: "צֶמֶד בָּקָר" (שמואל א' יא, ז) תַּרְגּוּם: "פַּדַּן תּוֹרִין". וְיֵשׁ פּוֹתְרִים 'פַּדַּן אֲרָם' כְּמוֹ "שְׂדֵה אֲרָם" (הושע יב, יג), שֶׁבִּלְשׁוֹן יִשְׁמָעֵאל קוֹרִין לְשָׂדֶה 'פַּדַּן':

כא| **וַיֶּעְתַּר.** הִרְבָּה וְהִפְצִיר בִּתְפִלָּה: **וַיֵּעָתֶר לוֹ.** נִתְפַּצֵּר לוֹ וְנִתְפַּתָּה לוֹ. וְאוֹמֵר אֲנִי, כָּל לְשׁוֹן 'עֶתֶר' לְשׁוֹן הַפְצָרָה וְרִבּוּי הוּא, וְכֵן: "וַעֲתַר עֲנַן הַקְּטֹרֶת" (יחזקאל ח, יא) – מַרְבִּית עֲלִיַּת הֶעָשָׁן, וְכֵן: "וְהַעְתַּרְתֶּם עָלַי דִּבְרֵיכֶם" (שם לה, יג), וְכֵן: "וְנַעְתָּרוֹת נְשִׁיקוֹת שׂוֹנֵא" (משלי כז, ו) – דּוֹמוֹת לְמַרְבּוֹת וְהֵנָּם לְמַשָּׂא, אינקרישמנ"ט בְּלַעַז: **לְנֹכַח אִשְׁתּוֹ.** זֶה עוֹמֵד בְּזָוִית זוֹ וּמִתְפַּלֵּל, וְזוֹ עוֹמֶדֶת בְּזָוִית זוֹ וּמִתְפַּלֶּלֶת: **וַיֵּעָתֶר לוֹ.** שֶׁאֵין דּוֹמָה תְּפִלַּת צַדִּיק בֶּן רָשָׁע לִתְפִלַּת צַדִּיק בֶּן צַדִּיק, לְפִיכָךְ לוֹ וְלֹא לָהּ:

כב| **וַיִּתְרֹצְצוּ.** עַל כָּרְחֲךָ הַמִּקְרָא הַזֶּה אוֹמֵר דָּרְשֵׁנִי, שֶׁסָּתַם מַה הִיא רְצִיצָה זוֹ וְכָתַב: "אִם כֵּן לָמָּה זֶּה אָנֹכִי". רַבּוֹתֵינוּ דְּרָשׁוּהוּ לְשׁוֹן רִיצָה: כְּשֶׁהָיְתָה עוֹבֶרֶת עַל פִּתְחֵי תּוֹרָה שֶׁל שֵׁם וָעֵבֶר יַעֲקֹב רָץ וּמְפַרְכֵּס לָצֵאת, עוֹבֶרֶת עַל פֶּתַח עֲבוֹדָה זָרָה וְעֵשָׂו מְפַרְכֵּס לָצֵאת. דָּבָר אַחֵר, מִתְרוֹצְצִים זֶה עִם זֶה וּמְרִיבִים בְּנַחֲלַת שְׁנֵי עוֹלָמוֹת: **וַתֹּאמֶר אִם כֵּן.** גָּדוֹל צַעַר הָעִבּוּר, "לָמָּה זֶּה אָנֹכִי" מִתְאַוָּה וּמִתְפַּלֶּלֶת עַל הֵרָיוֹן: **וַתֵּלֶךְ לִדְרֹשׁ.** לְבֵית מִדְרָשׁוֹ שֶׁל שֵׁם: **לִדְרֹשׁ אֶת ה'.** לְהַגִּיד לָהּ מַה תְּהֵא בְּסוֹפָהּ:

כג| **וַיֹּאמֶר ה' לָהּ.** עַל יְדֵי שָׁלִיחַ, לְשֵׁם אָמַר בְּרוּחַ הַקֹּדֶשׁ וְהוּא אָמַר לָהּ: **שְׁנֵי גוֹיִם בְּבִטְנֵךְ.** 'גֵּיִים' כְּתִיב, אֵלּוּ אַנְטוֹנִינוּס וְרַבִּי, שֶׁלֹּא פָּסְקוּ מֵעַל שֻׁלְחָנָם לֹא צְנוֹן וְלֹא חֲזֶרֶת לֹא בִּימוֹת הַחַמָּה וְלֹא בִּימוֹת הַגְּשָׁמִים: **וּשְׁנֵי לְאֻמִּים.** אֵין 'לְאֹם' אֶלָּא מַלְכוּת: **מִמֵּעַיִךְ יִפָּרֵדוּ.** מִן הַמֵּעַיִם הֵם נִפְרָדִים, זֶה לְרִשְׁעוֹ וְזֶה לְתֻמּוֹ: **מִלְאֹם יֶאֱמָץ.** לֹא יִשְׁווּ בִּגְדֻלָּה, כְּשֶׁזֶּה קָם זֶה נוֹפֵל, וְכֵן הוּא אוֹמֵר: "אִמָּלְאָה הָחֳרָבָה" (יחזקאל כו, ב) – לֹא נִתְמַלְּאָה צֹר אֶלָּא מֵחֻרְבָּנָהּ שֶׁל יְרוּשָׁלַיִם:

כד| **וַיִּמְלְאוּ יָמֶיהָ.** אֲבָל בְּתָמָר כְּתִיב: "וַיְהִי בְּעֵת לִדְתָּהּ" (להלן לח, כז), שֶׁלֹּא מָלְאוּ יָמֶיהָ כִּי לְשִׁבְעָה חֳדָשִׁים יְלָדָתַם: **וְהִנֵּה תוֹמִם.** חָסֵר. וּבְתָמָר "תְאוֹמִים" מָלֵא, לְפִי שֶׁשְּׁנֵיהֶם צַדִּיקִים, אֲבָל כָּאן אֶחָד צַדִּיק וְאֶחָד רָשָׁע:

כה| **אַדְמוֹנִי.** סִימָן הוּא שֶׁיְּהֵא שׁוֹפֵךְ דָּמִים: **כֻּלּוֹ כְּאַדֶּרֶת שֵׂעָר.** מָלֵא שֵׂעָר כְּטַלִּית שֶׁל צֶמֶר הַמְלֵאָה שֵׂעָר, פלוקיד"א בְּלַעַז: **וַיִּקְרְאוּ שְׁמוֹ עֵשָׂו.** הַכֹּל קָרְאוּ לוֹ כֵּן, לְפִי שֶׁהָיָה נַעֲשֶׂה וְנִגְמָר בִּשְׂעָרוֹ כְּבֶן שָׁנִים הַרְבֵּה:

כו| **בַּעֲקֵב עֵשָׂו.** סִימָן שֶׁאֵין זֶה מַסְפִּיק לִגְמֹר

עֵשָׂו וַיִּקְרָא שְׁמוֹ יַעֲקֹב וְיִצְחָק בֶּן־שִׁשִּׁים
שָׁנָה בְּלֶדֶת אֹתָם׃ וַיִּגְדְּלוּ הַנְּעָרִים וַיְהִי עֵשָׂו כז
אִישׁ יֹדֵעַ צַיִד אִישׁ שָׂדֶה וְיַעֲקֹב אִישׁ תָּם יֹשֵׁב
אֹהָלִים׃ וַיֶּאֱהַב יִצְחָק אֶת־עֵשָׂו כִּי־צַיִד בְּפִיו כח
וְרִבְקָה אֹהֶבֶת אֶת־יַעֲקֹב׃ וַיָּזֶד יַעֲקֹב נָזִיד כט
וַיָּבֹא עֵשָׂו מִן־הַשָּׂדֶה וְהוּא עָיֵף׃ וַיֹּאמֶר עֵשָׂו ל
אֶל־יַעֲקֹב הַלְעִיטֵנִי נָא מִן־הָאָדֹם הָאָדֹם הַזֶּה
כִּי עָיֵף אָנֹכִי עַל־כֵּן קָרָא־שְׁמוֹ אֱדוֹם׃ וַיֹּאמֶר לא
יַעֲקֹב מִכְרָה כַיּוֹם אֶת־בְּכֹרָתְךָ לִי׃ וַיֹּאמֶר עֵשָׂו לב
הִנֵּה אָנֹכִי הוֹלֵךְ לָמוּת וְלָמָּה־זֶּה לִי בְּכֹרָה׃
וַיֹּאמֶר יַעֲקֹב הִשָּׁבְעָה לִּי כַּיּוֹם וַיִּשָּׁבַע לוֹ וַיִּמְכֹּר לג
אֶת־בְּכֹרָתוֹ לְיַעֲקֹב׃ וְיַעֲקֹב נָתַן לְעֵשָׂו לֶחֶם לד
וּנְזִיד עֲדָשִׁים וַיֹּאכַל וַיֵּשְׁתְּ וַיָּקָם וַיֵּלַךְ וַיִּבֶז עֵשָׂו
אֶת־הַבְּכֹרָה׃

וַיְהִי רָעָב בָּאָרֶץ מִלְּבַד הָרָעָב הָרִאשׁוֹן אֲשֶׁר א כו
הָיָה בִּימֵי אַבְרָהָם וַיֵּלֶךְ יִצְחָק אֶל־אֲבִימֶלֶךְ
מֶלֶךְ־פְּלִשְׁתִּים גְּרָרָה׃ וַיֵּרָא אֵלָיו יְהוָה וַיֹּאמֶר ב
אַל־תֵּרֵד מִצְרָיְמָה שְׁכֹן בָּאָרֶץ אֲשֶׁר אֹמַר
אֵלֶיךָ׃ גּוּר בָּאָרֶץ הַזֹּאת וְאֶהְיֶה עִמְּךָ וַאֲבָרְכֶךָּ ג
כִּי־לְךָ וּלְזַרְעֲךָ אֶתֵּן אֶת־כָּל־הָאֲרָצֹת הָאֵל
וַהֲקִמֹתִי אֶת־הַשְּׁבֻעָה אֲשֶׁר נִשְׁבַּעְתִּי לְאַבְרָהָם

כז דְּעֵשָׂו, וּקְרָא שְׁמֵיהּ יַעֲקֹב, וְיִצְחָק, בַּר שִׁתִּין שְׁנִין כַּד יְלֵידַת יָתְהוֹן: וּרְבִיאוּ עוּלֵימַיָּא, וַהֲוָה
כח עֵשָׂו, גְּבַר, נַחְשִׁרְכָן גְּבַר נָפֵיק חֲקַל, וְיַעֲקֹב גְּבַר שְׁלִים, מְשַׁמֵּישׁ בֵּית אֻלְפָנָא: וּרְחֵים יִצְחָק,
כט יָת עֵשָׂו אֲרֵי מִצֵּידֵיהּ הֲוָה אָכֵיל, וְרִבְקָה רְחֵימַת יָת יַעֲקֹב: וּבַשֵּׁיל יַעֲקֹב תַּבְשִׁילָא, וַעֲאַל
ל עֵשָׂו, מִן חַקְלָא וְהוּא מְשַׁלְהֵי: וַאֲמַר עֵשָׂו לְיַעֲקֹב, אַטְעֵימְנִי כְעַן מִן סִמּוּקָא סִמְקָא הָדֵין,
לא אֲרֵי מְשַׁלְהֵי אֲנָא, עַל כֵּן קְרָא שְׁמֵיהּ אֱדוֹם: וַאֲמַר יַעֲקֹב, זַבֵּין כְּיוֹם דִּלְהֵין, יָת בְּכֵירוּתָךְ לִי:
לב לג וַאֲמַר עֵשָׂו, הָא אֲנָא אָזֵיל לִמְמָת, וּלְמָא דְנָן לִי בְּכֵירוּתָא: וַאֲמַר יַעֲקֹב, קַיֵּים לִי כְּיוֹם דִּלְהֵין,
לד וְקַיֵּים לֵיהּ, וְזַבֵּין יָת בְּכֵירוּתֵיהּ לְיַעֲקֹב: וְיַעֲקֹב יְהַב לְעֵשָׂו, לְחֵים וְתַבְשֵׁיל דִּטְלוֹפְחִין, וַאֲכַל
כו א וּשְׁתִי, וְקָם וַאֲזַל, וְשָׁט עֵשָׂו יָת בְּכֵירוּתָא: וַהֲוָה כַפְנָא בְּאַרְעָא, בַּר מִכַּפְנָא קַדְמָאָה, דַּהֲוָה
ב בְּיוֹמֵי אַבְרָהָם, וַאֲזַל יִצְחָק, לְוָת אֲבִימֶלֶךְ מַלְכָּא דִפְלִשְׁתָּאֵי לִגְרָר: וְאִתְגְּלִי לֵיהּ יְיָ, וַאֲמַר
ג לָא תֵיחוֹת לְמִצְרָיִם, שְׁרִי בְּאַרְעָא, דְּאֵימַר לָךְ: דּוּר בְּאַרְעָא הָדָא, וִיהֵי מֵימְרִי בְּסַעְדָּךְ
וַאֲבָרְכִנָּךְ, אֲרֵי לָךְ וְלִבְנָךְ, אֶתֵּין יָת כָּל אַרְעָתָא הָאִלֵּין, וַאֲקֵים יָת קְיָמָא, דְּקַיֵּימִית לְאַבְרָהָם

מַלְכוּתוֹ עַד שֶׁזֶּה עוֹמֵד וְנוֹטְלָהּ הֵימֶנּוּ: **וַיִּקְרָא שְׁמוֹ יַעֲקֹב.** הַקָּדוֹשׁ בָּרוּךְ הוּא. דָּבָר אַחֵר, אָבִיו קְרָאוֹ יַעֲקֹב עַל שֵׁם אֲחִיזַת הֶעָקֵב: **בֶּן שִׁשִּׁים שָׁנָה.** עֶשֶׂר שָׁנִים מִשֶּׁנִּשָּׂאָהּ עַד שֶׁנַּעֲשֵׂית בַּת שְׁלֹשׁ עֶשְׂרֵה שָׁנָה וּרְאוּיָה לְהֵרָיוֹן, וְעֶשֶׂר שָׁנִים הַלָּלוּ צִפָּה וְהִמְתִּין לָהּ כְּמוֹ שֶׁעָשָׂה אָבִיו לְשָׂרָה (לעיל טז, ג). כֵּיוָן שֶׁלֹּא נִתְעַבְּרָה יָדַע שֶׁהִיא עֲקָרָה וְהִתְפַּלֵּל עָלֶיהָ. וְשִׁפְחָה לֹא רָצָה לִשָּׂא, לְפִי שֶׁנִּתְקַדֵּשׁ בְּהַר הַמּוֹרִיָּה לִהְיוֹת עוֹלָה תְּמִימָה:

כז| **וַיִּגְדְּלוּ הַנְּעָרִים וַיְהִי עֵשָׂו.** כָּל זְמַן שֶׁהָיוּ קְטַנִּים לֹא הָיוּ נִכָּרִים בְּמַעֲשֵׂיהֶם וְאֵין אָדָם מְדַקְדֵּק בָּהֶם מַה טִּיבָם. כֵּיוָן שֶׁנַּעֲשׂוּ בְּנֵי שְׁלֹשׁ עֶשְׂרֵה שָׁנָה, זֶה פֵּרַשׁ לְבָתֵּי מִדְרָשׁוֹת וְזֶה פֵּרַשׁ לַעֲבוֹדָה זָרָה: **יֹדֵעַ צַיִד.** לָצוּד וּלְרַמּוֹת אֶת אָבִיו בְּפִיו, וְשׁוֹאֵל: אַבָּא, הֵיאַךְ מְעַשְּׂרִין אֶת הַמֶּלַח? הֵיאַךְ מְעַשְּׂרִין אֶת הַתֶּבֶן? כִּסָבוּר אָבִיו שֶׁהוּא מְדַקְדֵּק בְּמִצְוֹת: **אִישׁ שָׂדֶה.** כְּמַשְׁמָעוֹ, אָדָם בַּטֵּל, וְצוֹדֶה בְּקַשְׁתּוֹ חַיּוֹת וְעוֹפוֹת: **תָּם.** אֵינוֹ בָּקִי בְּכָל אֵלֶּה, כְּלִבּוֹ כֵּן פִּיו. מִי שֶׁאֵינוֹ חָרִיף לְרַמּוֹת קָרוּי 'תָּם': **יֹשֵׁב אֹהָלִים.** אָהֳלוֹ שֶׁל שֵׁם וְאָהֳלוֹ שֶׁל עֵבֶר:

כח| **בְּפִיו.** כְּתַרְגּוּמוֹ, בְּפִיו שֶׁל יִצְחָק. וּמִדְרָשׁוֹ, בְּפִיו שֶׁל עֵשָׂו, שֶׁהָיָה צָד אוֹתוֹ וּמְרַמֵּהוּ בִּדְבָרָיו:

כט| **וַיָּזֶד.** לְשׁוֹן בִּשּׁוּל, כְּתַרְגּוּמוֹ: **וְהוּא עָיֵף.** בִּרְצִיחָה, כְּמָה דְּתֵימַר: "כִּי עָיְפָה נַפְשִׁי לַהֹרְגִים" (ירמיה ד, לא):

ל| **הַלְעִיטֵנִי.** אֶפְתַּח פִּי וּשְׁפֹךְ הַרְבֵּה לְתוֹכָהּ, כְּמוֹ שֶׁשָּׁנִינוּ: "אֵין אוֹבְסִין אֶת הַגָּמָל אֲבָל מַלְעִיטִין אוֹתוֹ" (שבת קנה ע"ב): **מִן הָאָדֹם הָאָדֹם.** עֲדָשִׁים אֲדֻמּוֹת, וְאוֹתוֹ הַיּוֹם מֵת אַבְרָהָם שֶׁלֹּא יִרְאֶה אֶת עֵשָׂו בֶּן בְּנוֹ יוֹצֵא לְתַרְבּוּת רָעָה, וְאֵין זוֹ "שֵׂיבָה טוֹבָה" שֶׁהִבְטִיחוֹ הַקָּדוֹשׁ בָּרוּךְ הוּא (לעיל טו, טו), לְפִיכָךְ קִצֵּר הַקָּדוֹשׁ בָּרוּךְ הוּא חָמֵשׁ שָׁנִים מִשְּׁנוֹתָיו, שֶׁיִּצְחָק חַי מֵאָה וּשְׁמוֹנִים שָׁנָה וְזֶה מֵאָה וְשִׁבְעִים וְחָמֵשׁ שָׁנָה, וּבִשֵּׁל יַעֲקֹב עֲדָשִׁים לְהַבְרוֹת אֶת הָאָבֵל. וְלָמָּה עֲדָשִׁים? שֶׁדּוֹמוֹת לְגַלְגַּל, שֶׁהָאֲבֵלוּת גַּלְגַּל שֶׁחוֹזֵר בָּעוֹלָם:

לא| **מִכְרָה כַיּוֹם.** כְּתַרְגּוּמוֹ: "כְּיוֹם דִּלְהֵין", כַּיּוֹם שֶׁהוּא בָּרוּר כָּךְ מְכֹר לִי מְכִירָה בְּרוּרָה: **בְּכֹרָתְךָ.** לְפִי שֶׁהָעֲבוֹדָה בַּבְּכוֹרוֹת, אָמַר יַעֲקֹב: אֵין רָשָׁע זֶה כְּדַאי שֶׁיַּקְרִיב לְהַקָּדוֹשׁ בָּרוּךְ הוּא:

לב| **הִנֵּה אָנֹכִי הוֹלֵךְ לָמוּת.** אָמַר עֵשָׂו: מַה טִּיבָהּ שֶׁל עֲבוֹדָה זוֹ? אָמַר לוֹ: כַּמָּה אַזְהָרוֹת וַעֲנָשִׁין וּמִיתוֹת תְּלוּיִין בָּהּ, כְּאוֹתָהּ שֶׁשָּׁנִינוּ: אֵלּוּ הֵן שֶׁבְּמִיתָה, שְׁתוּיֵי יַיִן וּפְרוּעֵי רֹאשׁ. אָמַר: אֲנִי הוֹלֵךְ לָמוּת עַל יָדָהּ, אִם כֵּן מַה חֵפֶץ לִי בָּהּ?:

לד| **וַיִּבֶז עֵשָׂו.** הֵעִיד הַכָּתוּב עַל רִשְׁעוֹ שֶׁבִּזָּה עֲבוֹדָתוֹ שֶׁל מָקוֹם:

פרק כו

ב| **אַל תֵּרֵד מִצְרָיְמָה.** שֶׁהָיָה דַעְתּוֹ לָרֶדֶת מִצְרַיִם כְּמוֹ שֶׁיָּרַד אָבִיו בִּימֵי הָרָעָב. **אַל תֵּרֵד מִצְרָיְמָה.** שֶׁאַתָּה עוֹלָה תְמִימָה וְאֵין חוּצָה לָאָרֶץ כְּדַאי לְךָ:

ג| **הָאֵל.** כְּמוֹ 'הָאֵלֶּה':

תולדת

בראשית כו

ד אָבִ֑יךָ׃ וְהִרְבֵּיתִ֤י אֶֽת־זַרְעֲךָ֙ כְּכוֹכְבֵ֣י הַשָּׁמַ֔יִם
וְנָתַתִּ֣י לְזַרְעֲךָ֔ אֵ֥ת כָּל־הָאֲרָצֹ֖ת הָאֵ֑ל וְהִתְבָּרְכ֣וּ
ה בְזַרְעֲךָ֔ כֹּ֖ל גּוֹיֵ֥י הָאָֽרֶץ׃ עֵ֕קֶב אֲשֶׁר־שָׁמַ֥ע
אַבְרָהָ֖ם בְּקֹלִ֑י וַיִּשְׁמֹר֙ מִשְׁמַרְתִּ֔י מִצְוֺתַ֖י חֻקּוֹתַ֥י
ו ז שני וְתוֹרֹתָֽי׃ וַיֵּ֥שֶׁב יִצְחָ֖ק בִּגְרָֽר׃ וַיִּשְׁאֲל֞וּ אַנְשֵׁ֤י
הַמָּקוֹם֙ לְאִשְׁתּ֔וֹ וַיֹּ֖אמֶר אֲחֹ֣תִי הִ֑וא כִּ֤י יָרֵא֙
לֵאמֹ֣ר אִשְׁתִּ֔י פֶּן־יַהַרְגֻ֜נִי אַנְשֵׁ֤י הַמָּקוֹם֙ עַל־
ח רִבְקָ֔ה כִּֽי־טוֹבַ֥ת מַרְאֶ֖ה הִֽוא׃ וַיְהִ֗י כִּ֣י אָֽרְכוּ־ל֥וֹ
שָׁם֙ הַיָּמִ֔ים וַיַּשְׁקֵ֗ף אֲבִימֶ֙לֶךְ֙ מֶ֣לֶךְ פְּלִשְׁתִּ֔ים
בְּעַ֖ד הַֽחַלּ֑וֹן וַיַּ֗רְא וְהִנֵּ֤ה יִצְחָק֙ מְצַחֵ֔ק אֵ֖ת רִבְקָ֥ה
ט אִשְׁתּֽוֹ׃ וַיִּקְרָ֨א אֲבִימֶ֜לֶךְ לְיִצְחָ֗ק וַיֹּ֙אמֶר֙ אַ֣ךְ
הִנֵּ֤ה אִשְׁתְּךָ֙ הִ֔וא וְאֵ֥יךְ אָמַ֖רְתָּ אֲחֹ֣תִי הִ֑וא
וַיֹּ֤אמֶר אֵלָיו֙ יִצְחָ֔ק כִּ֣י אָמַ֔רְתִּי פֶּן־אָמ֖וּת עָלֶֽיהָ׃
י וַיֹּ֣אמֶר אֲבִימֶ֔לֶךְ מַה־זֹּ֖את עָשִׂ֣יתָ לָּ֑נוּ כִּמְעַ֗ט
שָׁכַ֞ב אַחַ֤ד הָעָם֙ אֶת־אִשְׁתֶּ֔ךָ וְהֵבֵאתָ֥ עָלֵ֖ינוּ
יא אָשָֽׁם׃ וַיְצַ֣ו אֲבִימֶ֔לֶךְ אֶת־כָּל־הָעָ֖ם לֵאמֹ֑ר הַנֹּגֵ֜עַ
יב בָּאִ֥ישׁ הַזֶּ֛ה וּבְאִשְׁתּ֖וֹ מ֥וֹת יוּמָֽת׃ וַיִּזְרַ֤ע יִצְחָק֙
בָּאָ֣רֶץ הַהִ֔וא וַיִּמְצָ֛א בַּשָּׁנָ֥ה הַהִ֖וא מֵאָ֣ה שְׁעָרִ֑ים
יג שלישי וַֽיְבָרְכֵ֖הוּ יְהוָֽה׃ וַיִּגְדַּ֖ל הָאִ֑ישׁ וַיֵּ֤לֶךְ הָלוֹךְ֙ וְגָדֵ֔ל
יד עַ֥ד כִּֽי־גָדַ֖ל מְאֹֽד׃ וַֽיְהִי־ל֤וֹ מִקְנֵה־צֹאן֙ וּמִקְנֵ֣ה
טו בָקָ֔ר וַעֲבֻדָּ֖ה רַבָּ֑ה וַיְקַנְא֥וּ אֹת֖וֹ פְּלִשְׁתִּֽים׃ וְכָל־

הַבְּאֵרֹת אֲשֶׁר חָפְרוּ עַבְדֵי אָבִיו בִּימֵי אַבְרָהָם
טז אָבִיו סִתְּמוּם פְּלִשְׁתִּים וַיְמַלְאוּם עָפָר: וַיֹּאמֶר

ד אֲבוּךְ: וְאַסְגֵּי יָת בְּנָךְ כְּכוֹכְבֵי שְׁמַיָּא, וְאֶתֵּין לִבְנָךְ, יָת כָּל אַרְעָתָא הָאִלֵּין, וְיִתְבָּרְכוּן בְּדִיל
ה בְּנָךְ, כָּל עַמְמֵי אַרְעָא: חֲלָף, דְּקַבֵּיל אַבְרָהָם לְמֵימְרִי, וּנְטַר מַטְּרַת מֵימְרִי, פִּקּוֹדַי קְיָמַי וְאוֹרָיָתָי:
ו ז וִיתֵיב יִצְחָק בִּגְרָר: וּשְׁאִילוּ, אֱנָשֵׁי אַתְרָא עַל עֵיסַק אִתְּתֵיהּ, וַאֲמַר אֲחָתִי הִיא, אֲרֵי דְּחֵיל
ח לְמֵימַר אִתְּתִי, דִּלְמָא יִקְטְלֻנַּנִי, אֱנָשֵׁי אַתְרָא עַל רִבְקָה, אֲרֵי שַׁפִּירַת חֵיזוּ הִיא: וַהֲוָה, כַּד סְגִיאוּ
לֵיהּ תַּמָּן יוֹמַיָּא, וְאִסְתְּכִי, אֲבִימֶלֶךְ מַלְכָּא דִּפְלִשְׁתָּאֵי, מִן חֲרַכָּא, וַחֲזָא, וְהָא יִצְחָק מְחַיֵּיךְ, עִם
ט רִבְקָה אִתְּתֵיהּ: וּקְרָא אֲבִימֶלֶךְ לְיִצְחָק, וַאֲמַר בְּרַם הָא אִתְּתָךְ הִיא, וְאֵיכְדֵין אֲמַרְתְּ אֲחָתִי
י הִיא, וַאֲמַר לֵיהּ יִצְחָק, אֲרֵי אֲמַרִית, דִּלְמָא אֶתְקְטֵיל עֲלַהּ: וַאֲמַר אֲבִימֶלֶךְ, מָא דָא עֲבַדְתְּ
יא לַנָא, כִּזְעֵיר פּוֹן, שְׁכֵיב, דִּמְיַחַד בְּעַמָּא עִם אִתְּתָךְ, וְאַיְתִיתָא עֲלָנָא חוֹבָא: וּפַקֵּיד אֲבִימֶלֶךְ,
יב יָת כָּל עַמָּא לְמֵימַר, דְּיַנְזֵיק, לְגַבְרָא הָדֵין, וּלְאִתְּתֵיהּ אִתְקְטָלָא יִתְקְטֵיל: וּזְרַע יִצְחָק בְּאַרְעָא
יג הַהִיא, וְאַשְׁכַּח, בְּשַׁתָּא הַהִיא עַל חַד מְאָה בְּדְשַׁעֲרוֹהִי, וּבָרְכֵיהּ יְיָ: וּרְבָא גַּבְרָא, וַאֲזַל אָזֵיל
יד סָגֵי וְרָבֵי, עַד דִּרְבָא לַחְדָּא: וַהֲווֹ לֵיהּ גֵּיתֵי עָנָא וְגֵיתֵי תוֹרֵי, וּפָלְחָנָא סַגִּי, וְקַנִּיאוּ בֵּיהּ פְּלִשְׁתָּאֵי:
טו טז וְכָל בֵּירֵי, דַּחֲפַרוּ עַבְדֵי אֲבוּהִי, בְּיוֹמֵי אַבְרָהָם אֲבוּהִי, טָמוּנִין פְּלִשְׁתָּאֵי, וּמַלּוֹנִין עַפְרָא: וַאֲמַר

ד| **וְהִתְבָּרְכוּ בְזַרְעֲךָ.** אָדָם אוֹמֵר לִבְנוֹ: יְהֵא זַרְעֲךָ כְּזַרְעוֹ שֶׁל יִצְחָק. וְכֵן בְּכָל הַמִּקְרָא, וְזֶה אָב לְכֻלָּן: "בְּךָ יְבָרֵךְ יִשְׂרָאֵל לֵאמֹר" וְגוֹ' (להלן מח, כ). וְאַף לְעִנְיַן הַקְּלָלָה מָצִינוּ כֵּן: "וְהָיְתָה הָאִשָּׁה לְאָלָה" (במדבר ה, כז), שֶׁהַמְקַלֵּל שׂוֹנְאוֹ אוֹמֵר: תְּהֵא כִּפְלוֹנִית; וְכֵן: "וְהִנַּחְתֶּם שִׁמְכֶם לִשְׁבוּעָה לִבְחִירַי" (ישעיה סה, טו), שֶׁהַנִּשְׁבָּע אוֹמֵר: אֱהֵא כִּפְלוֹנִי אִם עָשִׂיתִי כָּךְ וְכָךְ:

ה| **שָׁמַע אַבְרָהָם בְּקֹלִי.** כְּשֶׁנִּסִּיתִי אוֹתוֹ: **וַיִּשְׁמֹר מִשְׁמַרְתִּי.** גְּזֵרוֹת לְהַרְחָקָה עַל אַזְהָרוֹת שֶׁבַּתּוֹרָה, כְּגוֹן שְׁנִיּוֹת לַעֲרָיוֹת וּשְׁבוּת לַשַּׁבָּת: **מִצְוֹתַי.** דְּבָרִים שֶׁאִלּוּ לֹא נִכְתְּבוּ רְאוּיִין הֵם לְהִצְטַוּוֹת, כְּגוֹן גָּזֵל וּשְׁפִיכוּת דָּמִים: **חֻקּוֹתַי.** דְּבָרִים שֶׁיֵּצֶר הָרָע וְאֻמּוֹת הָעוֹלָם מְשִׁיבִים עֲלֵיהֶם, כְּגוֹן אֲכִילַת חֲזִיר וּלְבִישַׁת שַׁעַטְנֵז, שֶׁאֵין טַעַם בַּדָּבָר אֶלָּא הַמֶּלֶךְ גָּזַר חֻקּוֹ עַל עֲבָדָיו: **וְתוֹרֹתָי.** לְהָבִיא תּוֹרָה שֶׁבְּעַל פֶּה, הֲלָכָה לְמֹשֶׁה מִסִּינַי:

ז| **לְאִשְׁתּוֹ.** עַל אִשְׁתּוֹ, כְּמוֹ: "אִמְרִי לִי אָחִי הוּא" (לעיל כ, יג):

ח| **כִּי אָרְכוּ.** אָמַר: מֵעַתָּה אֵין לִי לִדְאֹג מֵאַחַר שֶׁלֹּא אֲנָסוּהָ עַד עַכְשָׁיו, וְלֹא נִזְהַר לִהְיוֹת נִשְׁמָר: **וַיַּשְׁקֵף אֲבִימֶלֶךְ.** רָאָהוּ מְשַׁמֵּשׁ מִטָּתוֹ:

י| **אַחַד הָעָם.** הַמְיֻחָד בָּעָם, זֶה הַמֶּלֶךְ: **וְהֵבֵאתָ עָלֵינוּ אָשָׁם.** אִם שָׁכַב, כְּבָר הֵבֵאתָ אָשָׁם עָלֵינוּ:

יב| **בָּאָרֶץ הַהִוא.** אַף עַל פִּי שֶׁאֵינָהּ חֲשׁוּבָה כְּאֶרֶץ יִשְׂרָאֵל עַצְמָהּ, כְּאֶרֶץ שִׁבְעָה גוֹיִם: **בָּאָרֶץ הַהִוא בַּשָּׁנָה הַהִוא.** הָאָרֶץ קָשָׁה וְהַשָּׁנָה קָשָׁה: **בַּשָּׁנָה הַהִוא.** אַף עַל פִּי שֶׁאֵינָהּ כְּתִקְנָהּ, שֶׁהָיְתָה שְׁנַת רְעָבוֹן: **מֵאָה שְׁעָרִים.** שֶׁאֲמָדוּהָ כַּמָּה רְאוּיָה לַעֲשׂוֹת, וְעָשְׂתָה עַל אַחַת שֶׁאֲמָדוּהָ מֵאָה. וְרַבּוֹתֵינוּ אָמְרוּ: אֹמֶד זֶה לְמַעַשְׂרוֹת הָיָה:

יג| **כִּי גָדַל מְאֹד.** שֶׁהָיוּ אוֹמְרִים: זֶבֶל פִּרְדוֹתָיו שֶׁל יִצְחָק וְלֹא כַּסְפּוֹ וּזְהָבוֹ שֶׁל אֲבִימֶלֶךְ:

יד| **וַעֲבֻדָּה רַבָּה.** פְּעֻלָּה רַבָּה, בִּלְשׁוֹן לַעַז אוברינ״א. 'עֲבוֹדָה' מַשְׁמָע עֲבוֹדָה אַחַת, 'עֲבֻדָּה' מַשְׁמָע פְּעֻלָּה רַבָּה:

טו| **סִתְּמוּם פְּלִשְׁתִּים.** מִפְּנֵי שֶׁאָמְרוּ: תַּקָּלָה

תולדת

אֲבִימֶ֔לֶךְ אֶל־יִצְחָ֑ק לֵ֚ךְ מֵֽעִמָּ֔נוּ כִּֽי־עָצַ֥מְתָּ מִמֶּ֖נּוּ
מְאֹֽד: וַיֵּ֥לֶךְ מִשָּׁ֖ם יִצְחָ֑ק וַיִּ֥חַן בְּנַֽחַל־גְּרָ֖ר וַיֵּ֥שֶׁב יז
שָֽׁם: וַיָּ֨שָׁב יִצְחָ֜ק וַיַּחְפֹּ֣ר ׀ אֶת־בְּאֵרֹ֣ת הַמַּ֗יִם יח
אֲשֶׁ֤ר חָֽפְרוּ֙ בִּימֵי֙ אַבְרָהָ֣ם אָבִ֔יו וַיְסַתְּמ֣וּם
פְּלִשְׁתִּ֔ים אַחֲרֵ֖י מ֣וֹת אַבְרָהָ֑ם וַיִּקְרָ֤א לָהֶן֙ שֵׁמ֔וֹת
כַּשֵּׁמֹ֔ת אֲשֶׁר־קָרָ֥א לָהֶ֖ן אָבִֽיו: וַיַּחְפְּר֥וּ עַבְדֵֽי־ יט
יִצְחָ֖ק בַּנָּ֑חַל וַיִּ֨מְצְאוּ־שָׁ֔ם בְּאֵ֖ר מַ֥יִם חַיִּֽים: וַיָּרִ֜יבוּ כ
רֹעֵ֣י גְרָ֗ר עִם־רֹעֵ֥י יִצְחָ֛ק לֵאמֹ֖ר לָ֣נוּ הַמָּ֑יִם וַיִּקְרָ֤א
שֵֽׁם־הַבְּאֵר֙ עֵ֔שֶׂק כִּ֥י הִֽתְעַשְּׂק֖וּ עִמּֽוֹ: וַיַּחְפְּרוּ֙ כא
בְּאֵ֣ר אַחֶ֔רֶת וַיָּרִ֖יבוּ גַּם־עָלֶ֑יהָ וַיִּקְרָ֥א שְׁמָ֖הּ
שִׂטְנָֽה: וַיַּעְתֵּ֣ק מִשָּׁ֗ם וַיַּחְפֹּר֙ בְּאֵ֣ר אַחֶ֔רֶת וְלֹ֥א כב
רָב֖וּ עָלֶ֑יהָ וַיִּקְרָ֤א שְׁמָהּ֙ רְחֹב֔וֹת וַיֹּ֕אמֶר כִּֽי־עַתָּ֞ה
הִרְחִ֧יב יְהוָ֛ה לָ֖נוּ וּפָרִ֥ינוּ בָאָֽרֶץ: וַיַּ֥עַל מִשָּׁ֖ם בְּאֵ֥ר כג
שָֽׁבַע: וַיֵּרָ֨א אֵלָ֤יו יְהוָה֙ בַּלַּ֣יְלָה הַה֔וּא וַיֹּ֕אמֶר כד
אָנֹכִ֕י אֱלֹהֵ֖י אַבְרָהָ֣ם אָבִ֑יךָ אַל־תִּירָא֙ כִּֽי־אִתְּךָ֣
אָנֹ֔כִי וּבֵֽרַכְתִּ֨יךָ֙ וְהִרְבֵּיתִ֣י אֶֽת־זַרְעֲךָ֔ בַּעֲב֖וּר
אַבְרָהָ֥ם עַבְדִּֽי: וַיִּ֧בֶן שָׁ֣ם מִזְבֵּ֗חַ וַיִּקְרָא֙ בְּשֵׁ֣ם כה
יְהוָ֔ה וַיֶּט־שָׁ֖ם אָהֳל֑וֹ וַיִּכְרוּ־שָׁ֥ם עַבְדֵֽי־יִצְחָ֖ק
בְּאֵֽר: וַאֲבִימֶ֕לֶךְ הָלַ֥ךְ אֵלָ֖יו מִגְּרָ֑ר וַאֲחֻזַּת֙ מֵֽרֵעֵ֔הוּ כו
וּפִיכֹ֖ל שַׂר־צְבָאֽוֹ: וַיֹּ֤אמֶר אֲלֵהֶם֙ יִצְחָ֔ק מַדּ֖וּעַ כז
בָּאתֶ֣ם אֵלָ֑י וְאַתֶּם֙ שְׂנֵאתֶ֣ם אֹתִ֔י וַתְּשַׁלְּח֖וּנִי

כח מֵאִתָּ֑ךְ׃ וַיֹּאמְר֗וּ רָא֣וֹ רָאִינוּ֮ כִּֽי־הָיָ֣ה יְהוָ֣ה ׀
עִמָּךְ֒ וַנֹּ֗אמֶר תְּהִ֨י נָ֥א אָלָ֛ה בֵּינוֹתֵ֖ינוּ בֵּינֵ֣ינוּ וּבֵינֶ֑ךָ
כט וְנִכְרְתָ֥ה בְרִ֖ית עִמָּֽךְ׃ אִם־תַּעֲשֵׂ֨ה עִמָּ֜נוּ רָעָ֗ה
כַּאֲשֶׁר֙ לֹ֣א נְגַֽעֲנ֔וּךָ וְכַאֲשֶׁ֨ר עָשִׂ֤ינוּ עִמְּךָ֙ רַק־ט֔וֹב

יז אֲבִימֶלֶךְ לְיִצְחָק, אִיזֵיל מֵעִמַּנָא, אֲרֵי תְּקֵיפְתְּ מִנַּנָא לַחֲדָא: וַאֲזַל מִתַּמָּן יִצְחָק, וּשְׁרָא
יח בְּנַחְלָא דִגְרָר וִיתֵיב תַּמָּן: וְתָב יִצְחָק, וַחֲפַר יָת בֵּירֵי דְמַיָּא, דַּחֲפַרוּ בְּיוֹמֵי אַבְרָהָם אֲבוּהִי,
וְטַמּוּנִין פְּלִשְׁתָּאֵי, בָּתַר דְּמִית אַבְרָהָם, וּקְרָא לְהוֹן שְׁמָהָן, כִּשְׁמָהָן, דַּהֲוָה קָרֵי לְהוֹן
יט כ אֲבוּהִי: וַחֲפַרוּ עַבְדֵי יִצְחָק בְּנַחְלָא, וְאַשְׁכַּחוּ תַמָּן, בֵּיר דְּמַיִין נָבְעִין: וּנְצוֹ רָעֲוָתָא דִגְרָר,
עִם רָעֲוָתָא דְיִצְחָק, לְמֵימַר דִּילַנָא מַיָּא, וּקְרָא שְׁמַהּ דְּבֵירָא עֵשֶׂק, אֲרֵי אִתְעַסַּקוּ עִמֵּיהּ:
כא כב וַחֲפַרוּ בֵּיר אָחֳרִי, וּנְצוֹ אַף עֲלַהּ, וּקְרָא שְׁמַהּ שִׂטְנָה: וְאִסְתַּלַּק מִתַּמָּן, וַחֲפַר בֵּיר אָחֳרִי,
כג וְלָא נְצוֹ עֲלַהּ, וּקְרָא שְׁמַהּ רְחוֹבוֹת, וַאֲמַר, אֲרֵי כְעַן, אַפְתִּי יְיָ, לַנָא וְנִפּוּשׁ בְּאַרְעָא: וּסְלֵיק
כד מִתַּמָּן לִבְאֵר שָׁבַע: וְאִתְגְּלִי לֵיהּ יְיָ בְּלֵילְיָא הַהוּא, וַאֲמַר, אֲנָא, אֱלָהֵיהּ דְּאַבְרָהָם אֲבוּךְ,
כה לָא תִדְחַל אֲרֵי בְסַעֲדָךְ מֵימְרִי, וַאֲבָרְכִנָּךְ וְאַסְגֵּי יָת בְּנָךְ, בְּדִיל אַבְרָהָם עַבְדִּי: וּבְנָא תַמָּן
כו מַדְבְּחָא, וְצַלִּי בִּשְׁמָא דַיְיָ, וּפַרְסֵיהּ תַּמָּן לְמַשְׁכְּנֵיהּ, וּכְרוֹ תַמָּן עַבְדֵי יִצְחָק בֵּירָא: וַאֲבִימֶלֶךְ,
כז אֲתָא לְוָתֵיהּ מִגְּרָר, וְסִיעַת מֵרַחֲמוֹהִי, וּפִיכֹל רַב חֵילֵיהּ: וַאֲמַר לְהוֹן יִצְחָק, מָדֵין אֲתֵיתוּן
כח לְוָתִי, וְאַתּוּן סְנֵיתוּן יָתִי, וְשַׁלַּחְתּוּנִי מִלְּוָתְכוֹן: וַאֲמַרוּ, מֶחֱזָא חֲזֵינָא אֲרֵי הֲוָה מֵימְרָא
דַיְיָ בְּסַעֲדָךְ, וַאֲמַרְנָא, תִּתְקַיַּם כְּעַן מוֹמָתָא, דַּהֲוָת בֵּין אֲבָהָתַנָא בֵּינַנָא וּבֵינָךְ, וְנִגְזַר קְיָם
כט עִמָּךְ: אִם תַּעֲבֵיד עִמַּנָא בִּישָׁא, כְּמָא דְלָא אַנְזֵיקְנָךְ, וּכְמָא דַעֲבַדְנָא עִמָּךְ לְחוֹד טָב,

הֵס לָנוּ מִפְּנֵי הַגַּסּוּת הַבָּאוֹת עָלֵינוּ. "טַמּוּנִין פְּלִשְׁתָּאֵי", לְשׁוֹן סְתִימָה, וּבִלְשׁוֹן מִשְׁנָה: "מְטַמְטֵם אֶת הַלֵּב" (פסחים מב ע"א):

יז) בְּנַחַל גְּרָר. רָחוֹק מִן הָעִיר:

יח) וַיָּשָׁב וַיַּחְפֹּר. אֶת הַבְּאֵרוֹת אֲשֶׁר חָפְרוּ בִּימֵי אַבְרָהָם אָבִיו וּפְלִשְׁתִּים סְתָמוּם קֹדֶם שֶׁנָּסַע יִצְחָק מִגְּרָר, חָזַר וַחֲפָרָן:

כ) עֵשֶׂק. עִרְעֵר: הִתְעַשְּׂקוּ. נִתְעַסְּקוּ עִמּוֹ עָלֶיהָ בִּמְרִיבָה וְעִרְעָר:

כא) שִׂטְנָה. נוייסמנ"ט:

כב) וּפָרִינוּ בָאָרֶץ. כְּתַרְגּוּמוֹ: "וְנִפּוּשׁ בְּאַרְעָא":

כו) וַאֲחֻזַּת מֵרֵעֵהוּ. "סִיעַת מֵרַחֲמוֹהִי", סִיעָה מֵאוֹהֲבָיו. וְיֵשׁ תִּתְמַהּ עַל תָּי"ו שֶׁבַּ'אֲחֻזַּת' וְאַף עַל פִּי שֶׁאֵינָהּ תֵּבָה דְבוּקָה לַחֲבֶרְתָּהּ, יֵשׁ דֻּגְמָתָהּ בַּמִּקְרָא: "הָבָה לָּנוּ עֶזְרָת מִצָּר" (תהלים ס, יג), "וּשְׁכֻרַת וְלֹא מִיָּיִן" (ישעיה נא, כא). וְיֵשׁ פּוֹתְרִים 'מֵרֵעֵהוּ' הַמֵּ"ם מִיסוֹד הַתֵּבָה, כְּמוֹ "שְׁלֹשִׁים מֵרֵעִים" (שופטים יד, יא) דְּשִׁמְשׁוֹן, כְּדֵי לַעֲשׂוֹת 'וַאֲחֻזַּת' תֵּבָה דְּבוּקָה, וּמְתַרְגְּמִין "סִיעַת רַחֲמוֹהִי": אֲחֻזַּת. לְשׁוֹן קְבוּצָה וַאֲגֻדָּה, שֶׁנֶּאֱחָזִים יַחַד:

כח) רָאוֹ רָאִינוּ. רָאוּ בְּאָבִיךָ, רָאִינוּ בְּךָ: תְּהִי נָא אָלָה בֵּינוֹתֵינוּ. תְּהִי הָאָלָה אֲשֶׁר בֵּינוֹתֵינוּ מִימֵי אָבִיךָ, תְּהִי גַּם עַתָּה בֵּינֵינוּ וּבֵינֶךָ:

כט) לֹא נְגַעֲנוּךָ. כְּשֶׁאָמַרְנוּ לְךָ: "לֵךְ מֵעִמָּנוּ" (לעיל פסוק טז): אַתָּה. גַּם אַתָּה עֲשֵׂה לָנוּ כֵן:

בראשית

חמישי וְנִשְׁלֵחֲךָ֖ בְּשָׁל֑וֹם אַתָּ֥ה עַתָּ֖ה בְּר֥וּךְ יְהוָֽה: וַיַּ֤עַשׂ
לָהֶם֙ מִשְׁתֶּ֔ה וַיֹּאכְל֖וּ וַיִּשְׁתּֽוּ: וַיַּשְׁכִּ֣ימוּ בַבֹּ֔קֶר
וַיִּשָּׁבְע֖וּ אִ֣ישׁ לְאָחִ֑יו וַיְשַׁלְּחֵ֣ם יִצְחָ֔ק וַיֵּלְכ֥וּ מֵאִתּ֖וֹ
בְּשָׁלֽוֹם: וַיְהִ֣י ׀ בַּיּ֣וֹם הַה֗וּא וַיָּבֹ֙אוּ֙ עַבְדֵ֣י יִצְחָ֔ק
וַיַּגִּ֣דוּ ל֔וֹ עַל־אֹד֥וֹת הַבְּאֵ֖ר אֲשֶׁ֣ר חָפָ֑רוּ וַיֹּ֥אמְרוּ ל֖וֹ
מָצָ֥אנוּ מָֽיִם: וַיִּקְרָ֥א אֹתָ֖הּ שִׁבְעָ֑ה עַל־כֵּ֤ן שֵׁם־
הָעִיר֙ בְּאֵ֣ר שֶׁ֔בַע עַ֖ד הַיּ֥וֹם הַזֶּֽה: וַיְהִ֣י
עֵשָׂ֔ו בֶּן־אַרְבָּעִ֖ים שָׁנָ֑ה וַיִּקַּ֤ח אִשָּׁה֙ אֶת־יְהוּדִ֔ית
בַּת־בְּאֵרִ֖י הַֽחִתִּ֑י וְאֶת־בָּ֣שְׂמַ֔ת בַּת־אֵילֹ֖ן הַֽחִתִּֽי:
וַתִּהְיֶ֖יןָ מֹ֣רַת ר֑וּחַ לְיִצְחָ֖ק וּלְרִבְקָֽה: וַיְהִי֙
כִּֽי־זָקֵ֣ן יִצְחָ֔ק וַתִּכְהֶ֥יןָ עֵינָ֖יו מֵרְאֹ֑ת וַיִּקְרָ֞א אֶת־
עֵשָׂ֣ו ׀ בְּנ֣וֹ הַגָּדֹ֗ל וַיֹּ֤אמֶר אֵלָיו֙ בְּנִ֔י וַיֹּ֥אמֶר אֵלָ֖יו
הִנֵּֽנִי: וַיֹּ֕אמֶר הִנֵּה־נָ֖א זָקַ֑נְתִּי לֹ֥א יָדַ֖עְתִּי י֥וֹם מוֹתִֽי:
וְעַתָּה֙ שָׂא־נָ֣א כֵלֶ֔יךָ תֶּלְיְךָ֖ וְקַשְׁתֶּ֑ךָ וְצֵא֙ הַשָּׂדֶ֔ה
וְצ֥וּדָה לִּ֖י צָֽיִד: וַעֲשֵׂה־לִ֨י מַטְעַמִּ֜ים כַּאֲשֶׁ֥ר
אָהַ֛בְתִּי וְהָבִ֥יאָה לִּ֖י וְאֹכֵ֑לָה בַּעֲב֛וּר תְּבָרֶכְךָ֥ נַפְשִׁ֖י
בְּטֶ֥רֶם אָמֽוּת: וְרִבְקָ֣ה שֹׁמַ֔עַת בְּדַבֵּ֣ר יִצְחָ֔ק אֶל־
עֵשָׂ֖ו בְּנ֑וֹ וַיֵּ֤לֶךְ עֵשָׂו֙ הַשָּׂדֶ֔ה לָצ֥וּד צַ֖יִד לְהָבִֽיא:
וְרִבְקָה֙ אָֽמְרָ֔ה אֶל־יַעֲקֹ֥ב בְּנָ֖הּ לֵאמֹ֑ר הִנֵּ֤ה
שָׁמַ֙עְתִּי֙ אֶת־אָבִ֔יךָ מְדַבֵּ֛ר אֶל־עֵשָׂ֥ו אָחִ֖יךָ לֵאמֹֽר:
הָבִ֨יאָה לִּ֥י צַ֛יִד וַעֲשֵׂה־לִ֥י מַטְעַמִּ֖ים וְאֹכֵ֑לָה

ח וַאֲבָרֶכְכָה לִפְנֵי יְהוָה לִפְנֵי מוֹתִי: וְעַתָּה בְנִי
ט שְׁמַע בְּקֹלִי לַאֲשֶׁר אֲנִי מְצַוָּה אֹתָךְ: לֶךְ־נָא
אֶל־הַצֹּאן וְקַח־לִי מִשָּׁם שְׁנֵי גְּדָיֵי עִזִּים טֹבִים

ל לא וְשַׁלְּחִנָךְ בִּשְׁלָם, אַתְּ כְּעַן בְּרִיכָא דַּייָ: וַעֲבַד לְהוֹן מִשְׁתְּיָא, וַאֲכַלוּ וּשְׁתִיאוּ: וְאַקְדִּימוּ
לב בְּצַפְרָא, וְקַיִּימוּ גְּבַר לַאֲחוּהִי, וְשַׁלְּחִנּוּן יִצְחָק, וַאֲזַלוּ מִלְּוָתֵיהּ בִּשְׁלָם: וַהֲוָה בְּיוֹמָא הַהוּא,
לג וַאֲתוֹ עַבְדֵי יִצְחָק, וְחַוִּיאוּ לֵיהּ, עַל עֵיסַק בֵּירָא דַּחֲפַרוּ, וַאֲמַרוּ לֵיהּ אַשְׁכַּחְנָא מַיָּא: וּקְרָא
לד יָתַהּ שִׁבְעָה, עַל כֵּן שְׁמַהּ דְּקַרְתָּא בְּאֵר שֶׁבַע, עַד יוֹמָא הָדֵין: וַהֲוָה עֵשָׂו בַּר אַרְבְּעִין שְׁנִין,
לה וּנְסֵיב אִתְּתָא יָת יְהוּדִית, בַּת בְּאֵרִי חִתָּאָה, וְיָת בָּשְׂמַת, בַּת אֵילוֹן חִתָּאָה: וַהֲוָאָה מְסָרְבָן
כז א וּמַרְגְּזָן, עַל מֵימַר יִצְחָק וְרִבְקָה: וַהֲוָה כַּד סִיב יִצְחָק, וְכָהֲיָא עֵינוֹהִי מִלְּמֶחֱזֵי, וּקְרָא, יָת
ב עֵשָׂו בְּרֵיהּ רַבָּא, וַאֲמַר לֵיהּ בְּרִי, וַאֲמַר לֵיהּ הָאֲנָא: וַאֲמַר, הָא כְּעַן סֵיבִית, לֵית אֲנָא יָדַע
ג ד יוֹמָא דַּאֲמוּת: וּכְעַן סַב כְּעַן זֵינָךְ, סֵיפָךְ וְקַשְׁתָּךְ, וּפוּק לְחַקְלָא, וְצוּד לִי צֵידָא: וַעֲבֵיד
לִי תַּבְשִׁילִין, כְּמָא דִּרְחֵימִית, וְאַעֵיל לִי וְאֵיכוֹל, בְּדִיל, דִּתְבָרְכִנָּךְ נַפְשִׁי עַד לָא אֱמוּת:
ה וְרִבְקָה שְׁמַעַת, כַּד מַלֵּיל יִצְחָק, עִם עֵשָׂו בְּרֵיהּ, וַאֲזַל עֵשָׂו לְחַקְלָא, לְמִצַּד צֵידָא לְאֵיתָאָה:
ו וְרִבְקָה אֲמַרַת, לְיַעֲקֹב בְּרַהּ לְמֵימַר, הָא שְׁמַעִית מִן אֲבוּךְ, מְמַלֵּיל, עִם עֵשָׂו אֲחוּךְ לְמֵימַר:
ז ח אֵיתָא לִי צֵידָא, וַעֲבֵיד לִי תַּבְשִׁילִין וְאֵיכוֹל, וַאֲבָרְכִנָּךְ, קֳדָם יְיָ קֳדָם מוֹתִי: וּכְעַן בְּרִי
ט קַבֵּיל מִנִּי, לְמָא דַּאֲנָא מְפַקֵּדָא יָתָךְ: אִיזֵיל כְּעַן לְעָנָא, וְסַב לִי מִתַּמָּן, תְּרֵין, גַּדְיֵי עִזִּין טָבִין,

לג | **שִׁבְעָה.** עַל שֵׁם הַבְּרִית:

לד | **בֶּן אַרְבָּעִים שָׁנָה.** עֵשָׂו נִמְשַׁל לַחֲזִיר, שֶׁנֶּאֱמַר: "יְכַרְסְמֶנָּה חֲזִיר מִיָּעַר" (תהלים פ, יד); הַחֲזִיר הַזֶּה כְּשֶׁהוּא שׁוֹכֵב פּוֹשֵׁט טְלָפָיו לוֹמַר: רְאוּ שֶׁאֲנִי טָהוֹר, כָּךְ אֵלּוּ גּוֹזְלִים וְחוֹמְסִים וּמַרְאִים עַצְמָם כְּשֵׁרִים. כָּל אַרְבָּעִים שָׁנָה הָיָה עֵשָׂו צָד נָשִׁים מִתַּחַת בַּעְלֵיהֶן וּמְעַנֶּה אוֹתָן; כְּשֶׁהָיָה בֶּן אַרְבָּעִים אָמַר: אַבָּא בֶּן אַרְבָּעִים שָׁנָה נָשָׂא אִשָּׁה, אַף אֲנִי כֵּן:

לה | **מֹרַת רוּחַ.** לְשׁוֹן: "מַמְרִים הֱיִיתֶם" (דברים ט, כד), כָּל מַעֲשֵׂיהֶן הָיוּ לְעִצָּבוֹן "לְיִצְחָק וּלְרִבְקָה", שֶׁהָיוּ עוֹבְדוֹת עֲבוֹדָה זָרָה:

פרק כז

א | **וַתִּכְהֶיןָ.** בְּעֲשָׁנָן שֶׁל אֵלּוּ. דָּבָר אַחֵר, כְּדֵי שֶׁיִּטֹּל יַעֲקֹב אֶת הַבְּרָכוֹת:

ב | **לֹא יָדַעְתִּי יוֹם מוֹתִי.** אָמַר רַבִּי יְהוֹשֻׁעַ בֶּן קָרְחָה: אִם מַגִּיעַ אָדָם לְפֶרֶק אֲבוֹתָיו יִדְאַג חָמֵשׁ שָׁנִים לִפְנֵי כֵן וְחָמֵשׁ לְאַחַר כֵּן, וְיִצְחָק הָיָה בֶּן מֵאָה וְעֶשְׂרִים וְשָׁלֹשׁ, אָמַר: שֶׁמָּא לְפֶרֶק אִמִּי אֲנִי מַגִּיעַ וְהִיא מֵתָה בַּת מֵאָה וְעֶשְׂרִים וָשֶׁבַע, וַהֲרֵינִי בְּחָמֵשׁ שָׁנִים סָמוּךְ לְפִרְקָהּ, לְפִיכָךְ "לֹא יָדַעְתִּי יוֹם מוֹתִי", שֶׁמָּא לְפֶרֶק אִמָּא שֶׁמָּא לְפֶרֶק אַבָּא:

ג | **תֶּלְיְךָ.** חַרְבְּךָ שֶׁדֶּרֶךְ לִתְלוֹתָהּ: **שָׂא נָא.** לְשׁוֹן הַשְׁחָזָה, כְּאוֹתָהּ שֶׁשָּׁנִינוּ: "אֵין מַשְׁחִיזִין אֶת הַסַּכִּין אֲבָל מַשִּׂיאָהּ עַל גַּבֵּי חֲבֶרְתָּהּ" (ביצה כח ע"א), חַדֵּד סַכִּינְךָ וּשְׁחֹט יָפֶה, שֶׁלֹּא תַּאֲכִילֵנִי נְבֵלָה: **וְצוּדָה לִּי.** מִן הַהֶפְקֵר וְלֹא מִן הַגָּזֵל:

ה | **לָצוּד צַיִד לְהָבִיא.** מַהוּ "לְהָבִיא"? אִם לֹא יִמְצָא צַיִד – יָבִיא מִן הַגָּזֵל:

ז | **לִפְנֵי ה'.** בִּרְשׁוּתוֹ, שֶׁיַּסְכִּים עַל יָדִי:

ט | **וְקַח לִי.** מִשֶּׁלִּי הֵם וְאֵינָם גָּזֵל, שֶׁכָּךְ כָּתַב לָהּ יִצְחָק בִּכְתֻבָּתָהּ לִטֹּל שְׁנֵי גְּדָיֵי עִזִּים בְּכָל יוֹם. בְּרֵאשִׁית רַבָּה (סה)

בראשית כז

וְאֶעֱשֶׂה אֹתָם מַטְעַמִּים לְאָבִיךָ כַּאֲשֶׁר אָהֵב׃
י וְהֵבֵאתָ לְאָבִיךָ וְאָכָל בַּעֲבֻר אֲשֶׁר יְבָרֶכְךָ לִפְנֵי
יא מוֹתוֹ׃ וַיֹּאמֶר יַעֲקֹב אֶל־רִבְקָה אִמּוֹ הֵן עֵשָׂו אָחִי
יב אִישׁ שָׂעִר וְאָנֹכִי אִישׁ חָלָק׃ אוּלַי יְמֻשֵּׁנִי אָבִי
וְהָיִיתִי בְעֵינָיו כִּמְתַעְתֵּעַ וְהֵבֵאתִי עָלַי קְלָלָה וְלֹא
יג בְרָכָה׃ וַתֹּאמֶר לוֹ אִמּוֹ עָלַי קִלְלָתְךָ בְּנִי אַךְ
יד שְׁמַע בְּקֹלִי וְלֵךְ קַח־לִי׃ וַיֵּלֶךְ וַיִּקַּח וַיָּבֵא לְאִמּוֹ
טו וַתַּעַשׂ אִמּוֹ מַטְעַמִּים כַּאֲשֶׁר אָהֵב אָבִיו׃ וַתִּקַּח
רִבְקָה אֶת־בִּגְדֵי עֵשָׂו בְּנָהּ הַגָּדֹל הַחֲמֻדֹת אֲשֶׁר
טז אִתָּהּ בַּבָּיִת וַתַּלְבֵּשׁ אֶת־יַעֲקֹב בְּנָהּ הַקָּטָן׃ וְאֵת
עֹרֹת גְּדָיֵי הָעִזִּים הִלְבִּישָׁה עַל־יָדָיו וְעַל חֶלְקַת
יז צַוָּארָיו׃ וַתִּתֵּן אֶת־הַמַּטְעַמִּים וְאֶת־הַלֶּחֶם אֲשֶׁר
יח עָשָׂתָה בְּיַד יַעֲקֹב בְּנָהּ׃ וַיָּבֹא אֶל־אָבִיו וַיֹּאמֶר
יט אָבִי וַיֹּאמֶר הִנֶּנִּי מִי אַתָּה בְּנִי׃ וַיֹּאמֶר יַעֲקֹב אֶל־
אָבִיו אָנֹכִי עֵשָׂו בְּכֹרֶךָ עָשִׂיתִי כַּאֲשֶׁר דִּבַּרְתָּ אֵלָי
קוּם־נָא שְׁבָה וְאָכְלָה מִצֵּידִי בַּעֲבוּר תְּבָרְכַנִּי
כ נַפְשֶׁךָ׃ וַיֹּאמֶר יִצְחָק אֶל־בְּנוֹ מַה־זֶּה מִהַרְתָּ לִמְצֹא
כא בְּנִי וַיֹּאמֶר כִּי הִקְרָה יְהוָה אֱלֹהֶיךָ לְפָנָי׃ וַיֹּאמֶר
יִצְחָק אֶל־יַעֲקֹב גְּשָׁה־נָּא וַאֲמֻשְׁךָ בְּנִי הַאַתָּה זֶה
כב בְּנִי עֵשָׂו אִם־לֹא׃ וַיִּגַּשׁ יַעֲקֹב אֶל־יִצְחָק אָבִיו
וַיְמֻשֵּׁהוּ וַיֹּאמֶר הַקֹּל קוֹל יַעֲקֹב וְהַיָּדַיִם יְדֵי עֵשָׂו׃

כג וְלֹא הִכִּירוֹ כִּי־הָיוּ יָדָיו כִּידֵי עֵשָׂו אָחִיו שְׂעִרֹת
כד וַיְבָרְכֵהוּ׃ וַיֹּאמֶר אַתָּה זֶה בְּנִי עֵשָׂו וַיֹּאמֶר אָנִי׃
כה וַיֹּאמֶר הַגִּשָׁה לִּי וְאֹכְלָה מִצֵּיד בְּנִי לְמַעַן
תְּבָרֶכְךָ נַפְשִׁי וַיַּגֶּשׁ־לוֹ וַיֹּאכַל וַיָּבֵא לוֹ יַיִן וַיֵּשְׁתְּ׃
כו וַיֹּאמֶר אֵלָיו יִצְחָק אָבִיו גְּשָׁה־נָּא וּשְׁקָה־לִּי

י וְאַעֲבֵיד יָתְהוֹן תַּבְשִׁילִין, לַאֲבוּךְ כְּמָא דְּרָחֵים: וְתַעֵיל לַאֲבוּךְ וְיֵיכוֹל, בְּדִיל, דִּיבָרְכִנָּךְ קֳדָם
יא יב מוֹתֵיהּ: וַאֲמַר יַעֲקֹב, לְרִבְקָה אִמֵּיהּ, הָא עֵשָׂו אֲחִי גְּבַר סַעֲרָן, וַאֲנָא גְּבַר שְׁעִיעַ: מָאִם יְמוּשְׁנַנִי
יג אַבָּא, וָאֱהֵי בְעֵינוֹהִי כְּמִתְלָעֵב, וְאַיְתִי עֲלַי, לְוָטִין וְלָא בִרְכָן: וַאֲמַרַת לֵיהּ אִמֵּיהּ, עֲלַי
יד אִתְאֲמַר בִּנְבוּאָה דְּלָא יֵיתוֹן לְוָטַיָּא עֲלָךְ בְּרִי, בְּרַם, קַבֵּיל מִנִּי וְאִיזֵיל סַב לִי: וַאֲזַל
טו וּנְסֵיב, וְאַיְתִי לְאִמֵּיהּ, וַעֲבַדַת אִמֵּיהּ תַּבְשִׁילִין, כְּמָא דְּרָחֵים אֲבוּהִי: וּנְסֵיבַת רִבְקָה, יָת
טז לְבוּשֵׁי עֵשָׂו, בְּרַהּ רַבָּא דְּכִיתָא, דְּעִמַּהּ בְּבֵיתָא, וְאַלְבֵּישַׁת יָת יַעֲקֹב בְּרַהּ זְעֵירָא: וְיָת, מַשְׁכֵּי
יז דְּגַדְיֵי בְּנֵי עִזֵּי, אַלְבֵּישַׁת עַל יְדוֹהִי, וְעַל שְׁעִיעוּת צַוְּרֵיהּ: וִיהַבַת יָת תַּבְשִׁילַיָּא, וְיָת לַחְמָא
יח דַּעֲבַדַת, בִּידָא דְּיַעֲקֹב בְּרַהּ: וְעָאל לְוָת אֲבוּהִי וַאֲמַר אַבָּא, וַאֲמַר הָאֲנָא, מַאן אַתְּ
יט בְּרִי: וַאֲמַר יַעֲקֹב לַאֲבוּהִי, אֲנָא עֵשָׂו בֻּכְרָךְ, עֲבַדִית, כְּמָא דְּמַלֵּילְתָּא עִמִּי, קוּם כְּעַן אִסְתְּחַר,
כ וֶאֱכוֹל מִצֵּידִי, בְּדִיל דִּתְבָרְכִנַּנִי נַפְשָׁךְ: וַאֲמַר יִצְחָק לִבְרֵיהּ, מָא דֵין, אוֹחִיתָא לְאַשְׁכָּחָא בְּרִי,
כא וַאֲמַר, אֲרֵי זַמֵּין, יי אֱלָהָךְ קֳדָמָי: וַאֲמַר יִצְחָק לְיַעֲקֹב, קְרַב כְּעַן וַאֲמוּשִׁנָּךְ בְּרִי, הַאַתְּ דֵּין,
כב בְּרִי עֵשָׂו אִם לָא: וּקְרֵיב יַעֲקֹב, לְוָת יִצְחָק אֲבוּהִי וּמַשֵּׁיהּ, וַאֲמַר, קָלָא קָלֵיהּ דְּיַעֲקֹב, וִידַיָּא
כג כד יְדֵי עֵשָׂו: וְלָא אִשְׁתְּמוֹדְעֵיהּ, אֲרֵי הֲוָאָה יְדוֹהִי, כִּידֵי, עֵשָׂו אֲחוּהִי סַעֲרָנִין, וּבָרְכֵיהּ: וַאֲמַר,
כה אַתְּ דֵּין בְּרִי עֵשָׂו, וַאֲמַר אֲנָא: וַאֲמַר, קָרֵיב לִי וְאֵיכוֹל מִצֵּידָא דִבְרִי, בְּדִיל דִּתְבָרְכִנָּךְ נַפְשִׁי,
כו וְקָרֵיב לֵיהּ וַאֲכַל, וְאַעֵיל לֵיהּ חַמְרָא וּשְׁתִי: וַאֲמַר לֵיהּ יִצְחָק אֲבוּהִי, קְרַב כְּעַן וְשַׁק לִי

יא| **אִישׁ שָׂעִר.** בַּעַל שֵׂעָר:

יב| **יְמֻשֵּׁנִי.** כְּמוֹ: "מְמַשֵּׁשׁ בַּצָּהֳרַיִם" (דברים כח, כט):

טו| **הַחֲמֻדֹת.** הַנְּקִיּוֹת, "דְּכִיָּתָא". דָּבָר אַחֵר, שֶׁחָמַד אוֹתָן מִן נִמְרוֹד: **אֲשֶׁר אִתָּהּ בַּבָּיִת.** וַהֲלֹא כַּמָּה נָשִׁים הָיוּ לוֹ וְהוּא מַפְקִיד אֵצֶל אִמּוֹ? אֶלָּא שֶׁהָיָה בָּקִי בְּמַעֲשֵׂיהֶן וְחוֹשְׁדָן:

יט| **אָנֹכִי.** הַמֵּבִיא לְךָ, וְעֵשָׂו הוּא בְּכוֹרֶךָ: **עָשִׂיתִי.** כַּמָּה דְּבָרִים כַּאֲשֶׁר דִּבַּרְתָּ אֵלָי: **שְׁבָה.** לְשׁוֹן מֵסֵב עַל הַשֻּׁלְחָן, לְכָךְ מְתֻרְגָּם "אִסְתְּחַר":

כא| **גְּשָׁה נָּא וַאֲמֻשְׁךָ.** אָמַר בְּלִבּוֹ: אֵין דֶּרֶךְ עֵשָׂו לִהְיוֹת שֵׁם שָׁמַיִם שָׁגוּר בְּפִיו, וְזֶה אוֹמֵר: "כִּי הִקְרָה ה' אֱלֹהֶיךָ" (לעיל פסוק כ):

כב| **קוֹל יַעֲקֹב.** שֶׁמְּדַבֵּר בִּלְשׁוֹן תַּחֲנוּנִים, "קוּם נָא" (לעיל פסוק יט), אֲבָל עֵשָׂו בִּלְשׁוֹן קַנְטוּרְיָא דִּבֵּר, "יָקֻם אָבִי" (להלן פסוק לא):

כד| **וַיֹּאמֶר אָנִי.** לֹא אָמַר 'אֲנִי עֵשָׂו', אֶלָּא "אָנִי":

בראשית כז

כז בְּנִי: וַיִּגַּשׁ וַיִּשַּׁק־לוֹ וַיָּרַח אֶת־רֵיחַ בְּגָדָיו וַיְבָרְכֵהוּ
וַיֹּאמֶר רְאֵה רֵיחַ בְּנִי כְּרֵיחַ שָׂדֶה אֲשֶׁר בֵּרֲכוֹ
כה יְהוָה: וְיִתֶּן־לְךָ הָאֱלֹהִים מִטַּל הַשָּׁמַיִם וּמִשְׁמַנֵּי
הָאָרֶץ וְרֹב דָּגָן וְתִירֹשׁ: יַעַבְדוּךָ עַמִּים וְיִשְׁתַּחֲווּ
לְךָ לְאֻמִּים הֱוֵה גְבִיר לְאַחֶיךָ וְיִשְׁתַּחֲווּ לְךָ בְּנֵי
אִמֶּךָ אֹרְרֶיךָ אָרוּר וּמְבָרֲכֶיךָ בָּרוּךְ: וַיְהִי כַּאֲשֶׁר
כִּלָּה יִצְחָק לְבָרֵךְ אֶת־יַעֲקֹב וַיְהִי אַךְ יָצֹא יָצָא
יַעֲקֹב מֵאֵת פְּנֵי יִצְחָק אָבִיו וְעֵשָׂו אָחִיו בָּא
ל מִצֵּידוֹ: וַיַּעַשׂ גַּם־הוּא מַטְעַמִּים וַיָּבֵא לְאָבִיו
וַיֹּאמֶר לְאָבִיו יָקֻם אָבִי וְיֹאכַל מִצֵּיד בְּנוֹ בַּעֲבֻר
תְּבָרֲכַנִּי נַפְשֶׁךָ: וַיֹּאמֶר לוֹ יִצְחָק אָבִיו מִי־אָתָּה
לב וַיֹּאמֶר אֲנִי בִּנְךָ בְכֹרְךָ עֵשָׂו: וַיֶּחֱרַד יִצְחָק חֲרָדָה
גְּדֹלָה עַד־מְאֹד וַיֹּאמֶר מִי־אֵפוֹא הוּא הַצָּד־צַיִד
וַיָּבֵא לִי וָאֹכַל מִכֹּל בְּטֶרֶם תָּבוֹא וָאֲבָרֲכֵהוּ גַּם־
בָּרוּךְ יִהְיֶה: כִּשְׁמֹעַ עֵשָׂו אֶת־דִּבְרֵי אָבִיו וַיִּצְעַק
צְעָקָה גְּדֹלָה וּמָרָה עַד־מְאֹד וַיֹּאמֶר לְאָבִיו בָּרֲכֵנִי
לה גַם־אָנִי אָבִי: וַיֹּאמֶר בָּא אָחִיךָ בְּמִרְמָה וַיִּקַּח
בִּרְכָתֶךָ: וַיֹּאמֶר הֲכִי קָרָא שְׁמוֹ יַעֲקֹב וַיַּעְקְבֵנִי
זֶה פַעֲמַיִם אֶת־בְּכֹרָתִי לָקָח וְהִנֵּה עַתָּה לָקַח
בִּרְכָתִי וַיֹּאמַר הֲלֹא־אָצַלְתָּ לִּי בְּרָכָה: וַיַּעַן יִצְחָק
וַיֹּאמֶר לְעֵשָׂו הֵן גְּבִיר שַׂמְתִּיו לָךְ וְאֶת־כָּל־אֶחָיו

תולדת

כז בְּרִי: וּקְרִיב וְנַשֵּׁיק לֵיהּ, וַאֲרִיחַ, יָת רֵיחַ לְבוּשׁוֹהִי וּבָרְכֵיהּ, וַאֲמַר, חֲזֵי רֵיחָא דִּבְרִי, כְּרֵיחַ
כח חַקְלָא, דְּבָרְכֵיהּ יְיָ: וְיִתֶּן לָךְ יְיָ, מִטַּלָּא דִשְׁמַיָּא, וּמִטּוּבָא דְאַרְעָא, וְסַגִּיאוּת עֲבוּר וַחֲמַר:
כט יִפְלְחֻנָּךְ עַמְמִין, וְיִשְׁתַּעְבְּדוּן לָךְ מַלְכְּוָן, הֱוֵי רַב לַאֲחָךְ, וְיִסְגְּדוּן לָךְ בְּנֵי אִמָּךְ, לִיטָךְ יְהוֹן לִיטִין,
ל וּבָרְכָךְ יְהוֹן בְּרִיכִין: וַהֲוָה, כַּד שֵׁיצִי יִצְחָק לְבָרָכָא יָת יַעֲקֹב, וַהֲוָה, בְּרַם מִפַּק נְפַק יַעֲקֹב,
לא מִן קֳדָם יִצְחָק אֲבוּהִי, וְעֵשָׂו אֲחוּהִי, עָאל מִצֵּידֵיהּ: וַעֲבַד אַף הוּא תַּבְשִׁילִין, וְאָעֵיל לַאֲבוּהִי,
לב וַאֲמַר לַאֲבוּהִי, יְקוּם אַבָּא וְיֵיכוֹל מִצֵּידָא דִבְרֵיהּ, בְּדִיל דִּתְבָרְכִנַּנִי נַפְשָׁךְ: וַאֲמַר לֵיהּ, יִצְחָק
לג אֲבוּהִי מַאן אָתְּ, וַאֲמַר, אֲנָא, בְּרָךְ בּוּכְרָךְ עֵשָׂו: וּתְוָה יִצְחָק תְּוָהָא רַבָּא עַד לַחֲדָא, וַאֲמַר,
מַאן הוּא דֵיכִי, דְּצָד צֵידָא וְאָעֵיל לִי, וַאֲכַלִית מִכֹּלָא, עַד לָא תֵיעוּל וּבָרֵיכְתֵּיהּ, אַף בְּרִיךְ
לד יְהֵי: כַּד שְׁמַע עֵשָׂו יָת פִּתְגָּמֵי אֲבוּהִי, וּצְוַח צְוָחָא, רַבָּא וּמְרִירָא עַד לַחֲדָא, וַאֲמַר לַאֲבוּהִי,
לה בָּרְכַנִי אַף לִי אַבָּא: וַאֲמַר, עָאל אֲחוּךְ בְּחָכְמְתָא, וְקַבֵּיל בִּרְכְּתָךְ: וַאֲמַר, יָאוֹת קְרָא
לו שְׁמֵיהּ יַעֲקֹב, וְחַכְּמַנִי דְּנָן תַּרְתֵּין זִמְנִין, יָת בְּכֵירוּתִי נְסֵיב, וְהָא כְעַן קַבֵּיל בִּרְכְּתִי, וַאֲמַר,
הֲלָא שְׁבַקְתְּ לִי בִרְכָן: וַאֲתֵיב יִצְחָק וַאֲמַר לְעֵשָׂו, הָא רַב, שַׁוִּיתֵיהּ עִלָּוָךְ וְיָת כָּל אֲחוֹהִי,

כז **וַיָּרַח. וַהֲלֹא** אֵין רֵיחַ רַע יוֹתֵר מִשֶּׁטֶף הָעִזִּים? אֶלָּא מְלַמֵּד שֶׁנִּכְנְסָה עִמּוֹ גַּן עֵדֶן. **כְּרֵיחַ שָׂדֶה אֲשֶׁר בֵּרֲכוֹ ה'.** שֶׁנָּתַן בּוֹ רֵיחַ טוֹב, וְזֶהוּ שְׂדֵה תַּפּוּחִים. כָּךְ דָּרְשׁוּ רַבּוֹתֵינוּ זִכְרוֹנָם לִבְרָכָה:

כח **וְיִתֶּן לְךָ.** יִתֵּן וְיַחֲזֹר וְיִתֵּן. בְּרֵאשִׁית רַבָּה (סו, ג). וּלְפִי פְּשׁוּטוֹ מוּסָב לָעִנְיָן רִאשׁוֹן: רְאֵה בְּנִי אֲשֶׁר נָתַן לְךָ הַקָּדוֹשׁ בָּרוּךְ הוּא כְּרֵיחַ שָׂדֶה וְגוֹ', וְעוֹד יִתֶּן לְךָ מִטַּל הַשָּׁמַיִם וְגוֹ' כְּמַשְׁמָעוֹ. וּמִדְרְשֵׁי אַגָּדָה יֵשׁ הַרְבֵּה לְכַמָּה פָּנִים:

כט **בְּנֵי אִמֶּךָ.** וְיַעֲקֹב אָמַר לִיהוּדָה: "בְּנֵי אָבִיךָ" (להלן מט, ח), לְפִי שֶׁהָיוּ לוֹ בָּנִים מִכַּמָּה אִמָּהוֹת, וְכָאן שֶׁלֹּא נָשָׂא אֶלָּא אִשָּׁה אַחַת אָמַר: "בְּנֵי אִמֶּךָ". **אֹרֲרֶיךָ אָרוּר וּמְבָרֲכֶיךָ בָּרוּךְ.** וּבְבִלְעָם הוּא אוֹמֵר: "מְבָרֲכֶיךָ בָרוּךְ וְאֹרֲרֶיךָ אָרוּר" (במדבר כד, ט)? הַצַּדִּיקִים — תְּחִלָּתָם יִסּוּרִים וְסוֹפָן שַׁלְוָה, וְאוֹרְרֵיהֶם וּמְצַעֲרֵיהֶם קוֹדְמִים לִמְבָרְכֵיהֶם, לְפִיכָךְ יִצְחָק הִקְדִּים קְלָלַת אוֹרְרִים לְבִרְכַּת מְבָרְכִים; וְהָרְשָׁעִים — תְּחִלָּתָם שַׁלְוָה וְסוֹפָן יִסּוּרִין, לְפִיכָךְ בִּלְעָם הִקְדִּים בְּרָכָה לִקְלָלָה:

ל **יָצֹא יָצָא. זֶה יוֹצֵא וְזֶה בָּא:**

לג **וַיֶּחֱרַד.** כְּמַשְׁמָעוֹ, לְשׁוֹן תְּמִיָּה. וּמִדְרָשׁוֹ, רָאָה גֵּיהִנֹּם פְּתוּחָה מִתַּחְתָּיו: **מִי אֵפוֹא.** לְשׁוֹן לְעַצְמוֹ, מְשַׁמֵּשׁ עִם כַּמָּה דְבָרִים: "אֵפוֹא" — אַיֵּה פֹּה,

מִי הוּא וְאֵיפֹה הוּא הַצָּד צַיִד? **וָאֹכַל מִכֹּל.** מִכָּל טְעָמִים שֶׁבִּקַּשְׁתִּי לִטְעֹם טָעַמְתִּי בּוֹ. **גַּם בָּרוּךְ יִהְיֶה.** שֶׁלֹּא תֹּאמַר, אִלּוּלֵי שֶׁרִמָּה יַעֲקֹב לְאָבִיו לֹא נָטַל אֶת הַבְּרָכוֹת, לְכָךְ הִסְכִּים וּבֵרְכוֹ מִדַּעְתּוֹ:

לה **בְּמִרְמָה. בְּחָכְמָה:**

לו **הֲכִי קָרָא שְׁמוֹ.** לְשׁוֹן תְּמִיָּה הוּא, כְּמוֹ: "הֲכִי אָחִי אַתָּה" (להלן כט, טו), שֶׁמָּא לְכָךְ נִקְרָא שְׁמוֹ יַעֲקֹב, עַל שֵׁם סוֹפוֹ, שֶׁהוּא עָתִיד לְעָקְבֵנִי. תַּנְחוּמָא (תנחומא ישן כג): לָמָּה חָרַד יִצְחָק? אָמַר: שֶׁמָּא עָוֹן יֵשׁ בִּי שֶׁבֵּרַכְתִּי קָטָן לִפְנֵי גָדוֹל וְשִׁנִּיתִי סֵדֶר הַיַּחַס, הִתְחִיל עֵשָׂו מְצַעֵק: "וַיַּעְקְבֵנִי זֶה פַעֲמַיִם", אָמַר לוֹ אָבִיו: מֶה עָשָׂה לְךָ? אָמַר לוֹ: "אֶת בְּכֹרָתִי לָקָח". אָמַר: בְּכָךְ הָיִיתִי מֵצֵר וְחָרֵד שֶׁמָּא עָבַרְתִּי עַל שׁוּרַת הַדִּין, עַכְשָׁיו לַבְּכוֹר בֵּרַכְתִּי, "גַּם בָּרוּךְ יִהְיֶה". **וַיַּעְקְבֵנִי.** כְּתַרְגּוּמוֹ: "וְחַכְּמַנִי" — אֲרָבַנִי. "וַיֶּאֱרֹב" (דברים יט, יא) — "וּכְמַן". וְיֵשׁ מְתַרְגְּמִין: "וְחַכְּמַנִי", נִתְחַכֵּם לִי. **אָצַלְתָּ.** לְשׁוֹן הַפְרָשָׁה, כְּמוֹ: "וַיָּאצֶל" (במדבר יא, כה):

לז **הֵן גְּבִיר.** בְּרָכָה זוֹ שְׁבִיעִית הִיא וְהוּא עוֹשָׂהּ חוֹתָם לָרִאשׁוֹנָה? אֶלָּא אָמַר לוֹ: מַה תּוֹעֶלֶת לְךָ בַּבְּרָכָה? אִם תִּקְנֶה נְכָסִים שֶׁלּוֹ הֵם, שֶׁהֲרֵי גְּבִיר שַׂמְתִּיו לָךְ, וּמַה שֶּׁקָּנָה עֶבֶד קָנָה רַבּוֹ: **וּלְכָה אֵפוֹא מָה אֶעֱשֶׂה.** אַיֵּה אֵיפֹה אֲבַקֵּשׁ מַה לַּעֲשׂוֹת לְךָ?

נְתַתִּי לוֹ לַעֲבָדִים וְדָגָן וְתִירֹשׁ סְמַכְתִּיו וּלְכָה
לח אֵפוֹא מָה אֶעֱשֶׂה בְּנִי׃ וַיֹּאמֶר עֵשָׂו אֶל־אָבִיו
הַבְרָכָה אַחַת הִוא־לְךָ אָבִי בָּרֲכֵנִי גַם־אָנִי אָבִי
לט וַיִּשָּׂא עֵשָׂו קֹלוֹ וַיֵּבְךְּ׃ וַיַּעַן יִצְחָק אָבִיו וַיֹּאמֶר
אֵלָיו הִנֵּה מִשְׁמַנֵּי הָאָרֶץ יִהְיֶה מוֹשָׁבֶךָ וּמִטַּל
מ הַשָּׁמַיִם מֵעָל׃ וְעַל־חַרְבְּךָ תִחְיֶה וְאֶת־אָחִיךָ
תַּעֲבֹד וְהָיָה כַּאֲשֶׁר תָּרִיד וּפָרַקְתָּ עֻלּוֹ מֵעַל
מא צַוָּארֶךָ׃ וַיִּשְׂטֹם עֵשָׂו אֶת־יַעֲקֹב עַל־הַבְּרָכָה
אֲשֶׁר בֵּרְכוֹ אָבִיו וַיֹּאמֶר עֵשָׂו בְּלִבּוֹ יִקְרְבוּ יְמֵי
מב אֵבֶל אָבִי וְאַהַרְגָה אֶת־יַעֲקֹב אָחִי׃ וַיֻּגַּד לְרִבְקָה
אֶת־דִּבְרֵי עֵשָׂו בְּנָהּ הַגָּדֹל וַתִּשְׁלַח וַתִּקְרָא
לְיַעֲקֹב בְּנָהּ הַקָּטָן וַתֹּאמֶר אֵלָיו הִנֵּה עֵשָׂו אָחִיךָ
מג מִתְנַחֵם לְךָ לְהָרְגֶךָ׃ וְעַתָּה בְנִי שְׁמַע בְּקֹלִי
מד וְקוּם בְּרַח־לְךָ אֶל־לָבָן אָחִי חָרָנָה׃ וְיָשַׁבְתָּ עִמּוֹ
מה יָמִים אֲחָדִים עַד אֲשֶׁר־תָּשׁוּב חֲמַת אָחִיךָ׃ עַד־
שׁוּב אַף־אָחִיךָ מִמְּךָ וְשָׁכַח אֵת אֲשֶׁר־עָשִׂיתָ
לּוֹ וְשָׁלַחְתִּי וּלְקַחְתִּיךָ מִשָּׁם לָמָה אֶשְׁכַּל גַּם־
מו שְׁנֵיכֶם יוֹם אֶחָד׃ וַתֹּאמֶר רִבְקָה אֶל־יִצְחָק
קַצְתִּי בְחַיַּי מִפְּנֵי בְּנוֹת חֵת אִם־לֹקֵחַ יַעֲקֹב
אִשָּׁה מִבְּנוֹת־חֵת כָּאֵלֶּה מִבְּנוֹת הָאָרֶץ לָמָּה
כח א לִי חַיִּים׃ וַיִּקְרָא יִצְחָק אֶל־יַעֲקֹב וַיְבָרֶךְ אֹתוֹ

וַיְצַוֵּ֑הוּ וַיֹּ֣אמֶר ל֔וֹ לֹֽא־תִקַּ֥ח אִשָּׁ֖ה מִבְּנ֥וֹת כְּנָֽעַן׃
ב קוּם֙ לֵ֣ךְ פַּדֶּ֣נָֽה אֲרָ֔ם בֵּ֥יתָה בְתוּאֵ֖ל אֲבִ֣י אִמֶּ֑ךָ
וְקַח־לְךָ֤ מִשָּׁם֙ אִשָּׁ֔ה מִבְּנ֥וֹת לָבָ֖ן אֲחִ֥י אִמֶּֽךָ׃

לח יְהַבִית לֵיהּ לְעַבְדִין, וּבַעֲבוּר וּבַחֲמַר סְעַדְתֵּיהּ, וְלָךְ כְּעַן, מָא אַעֲבֵיד בְּרִי: וַאֲמַר עֵשָׂו לַאֲבוּהִי,
לט הֲבִרְכְתָא חֲדָא הִיא לָךְ אַבָּא, בָּרֵיכְנִי אַף לִי אַבָּא, וַאֲרֵים עֵשָׂו, קָלֵיהּ וּבְכָא: וַאֲתֵיב, יִצְחָק
מ אֲבוּהִי וַאֲמַר לֵיהּ, הָא, מְטוּבָא דְּאַרְעָא יְהֵי מוֹתְבָךְ, וּמִטַּלָּא דִשְׁמַיָּא מִלְּעֵילָא: וְעַל חַרְבָּךְ
תֵּיחֵי, וְיָת אֲחוּךְ תִּפְלַח, וִיהֵי כַּד יְעִבְּרוּן בְּנוֹהִי עַל פִּתְגָּמֵי אוֹרָיְתָא, וְתַעְדֵּי נִירֵיהּ מֵעַל צַוְּרָךְ:
מא וּנְטַר עֵשָׂו דְּבָבוּ לְיַעֲקֹב, עַל בִּרְכְתָא, דְּבָרְכֵיהּ אֲבוּהִי, וַאֲמַר עֵשָׂו בְּלִבֵּיהּ, יִקְרְבוּן יוֹמֵי
מב אֶבְלֵיהּ דְּאַבָּא, וְאֶקְטוֹל יָת יַעֲקֹב אֲחִי: וְאִתְחַוָּא לְרִבְקָה, יָת פִּתְגָּמֵי עֵשָׂו בְּרַהּ רַבָּא,
מג וּשְׁלַחַת, וּקְרָת לְיַעֲקֹב בְּרַהּ זְעֵירָא, וַאֲמַרַת לֵיהּ, הָא עֵשָׂו אֲחוּךְ, כָּמֵין לָךְ לְמִקְטְלָךְ: וּכְעַן
מד בְּרִי קַבֵּיל מִנִּי, וְקוּם אִיזֵיל לָךְ, לְוָת לָבָן אֲחִי לְחָרָן: וְתֵיתֵיב עִמֵּיהּ יוֹמִין זְעֵירִין, עַד דְּתִתוּב
מה חֶמְתָּא דַּאֲחוּךְ: עַד דִּיתוּב רוּגְזָא דַּאֲחוּךְ מִנָּךְ, וְיִתְנְשֵׁי יָת דַּעֲבַדְתְּ לֵיהּ, וְאֶשְׁלַח וְאַדְבְּרִנָּךְ
מו מִתַּמָּן, לְמָא אֶתְכֵּל, אַף תַּרְוֵיכוֹן יוֹמָא חַד: וַאֲמַרַת רִבְקָה לְיִצְחָק, עָקִית בְּחַיַּי, מִן קֳדָם בְּנָת
כח א חִתָּאָה, אִם נָסֵיב יַעֲקֹב, אִתְּתָא מִבְּנָת חִתָּאָה כְּאִלֵּין מִבְּנָת אַרְעָא, לְמָא לִי חַיִּין: וּקְרָא
ב יִצְחָק, לְיַעֲקֹב וּבָרֵיךְ יָתֵיהּ, וּפַקְדֵיהּ וַאֲמַר לֵיהּ, לָא תִסַּב אִתְּתָא מִבְּנָת כְּנָעַן: קוּם אִיזֵיל לְפַדַּן
דַּאֲרָם, לְבֵית בְּתוּאֵל אֲבוּהָא דְּאִמָּךְ, וְסַב לָךְ מִתַּמָּן אִתְּתָא, מִבְּנָת לָבָן אֲחוּהָא דְּאִמָּךְ:

לח| **הַבְרָכָה אַחַת.** הֵ"א זוֹ מְשַׁמֶּשֶׁת לְשׁוֹן תְּמִיהָ, כְּמוֹ: "הַבְּמַחֲנִים" (במדבר יג, יט), "הַשְּׁמֵנָה הִוא" (שם כ), "הַכְּמוֹת נָבָל" (שמואל ב' ג, לג):

לט| **מִשְׁמַנֵּי הָאָרֶץ וְגוֹ'.** זוֹ אִיטַלְיָא שֶׁל יָוָן:

מ| **וְעַל חַרְבְּךָ.** כְּמוֹ: 'בְּחַרְבְּךָ', יֵשׁ 'עַל' שֶׁאֵינוֹ אֶלָּא בִּמְקוֹם אוֹת אַחַת, כְּגוֹן "עֲמַדְתֶּם עַל חַרְבְּכֶם" (יחזקאל לג, כו) 'בְּחַרְבְּכֶם', "עַל צִבְאֹתָם" (שמות ו, כו) 'בְּצִבְאוֹתָם': **וְהָיָה כַּאֲשֶׁר תָּרִיד.** לְשׁוֹן צַעַר, כְּמוֹ: "אָרִיד בְּשִׂיחִי" (תהלים נה, ג), כְּלוֹמַר, כְּשֶׁיַּעַבְרוּ יִשְׂרָאֵל עַל הַתּוֹרָה וְיִהְיֶה לְךָ פִּתְחוֹן פֶּה לְהִצְטַעֵר עַל הַבְּרָכוֹת שֶׁנָּטַל – "וּפָרַקְתָּ עֻלּוֹ" וְגוֹ':

מא| **יִקְרְבוּ יְמֵי אֵבֶל אָבִי.** כְּמַשְׁמָעוֹ, שֶׁלֹּא אֲצַעֵר אֶת אַבָּא. וּמִדְרַשׁ אַגָּדָה לְכַמָּה פָּנִים יֵשׁ:

מב| **וַיֻּגַּד לְרִבְקָה.** בְּרוּחַ הַקֹּדֶשׁ הֻגַּד לָהּ מַה שֶּׁעֵשָׂו מְהַרְהֵר בְּלִבּוֹ: **מִתְנַחֵם.** נִחָם עַל הָאַחֲוָה לַחְשֹׁב מַחֲשָׁבָה אַחֶרֶת לְהִתְנַכֵּר לְךָ "לְהָרְגֶךָ". וּמִדְרַשׁ אַגָּדָה, כְּבָר אַתָּה מֵת בְּעֵינָיו וְשָׁתָה עָלֶיךָ כּוֹס תַּנְחוּמִים. לָשׁוֹן אַחֵר לִפְשׁוּטוֹ, לְשׁוֹן תַּנְחוּמִים, מִתְנַחֵם הוּא עַל הַבְּרָכוֹת בַּהֲרִיגָתְךָ:

מד| **אֲחָדִים.** מוּעָטִים:

מה| **לָמָּה אֶשְׁכַּל.** אֶהְיֶה שְׁכוּלָה מִשְּׁנֵיכֶם; הַקּוֹבֵר אֶת בָּנָיו קָרוּי 'שָׁכוּל', וְכֵן יַעֲקֹב אָמַר: "כַּאֲשֶׁר שָׁכֹלְתִּי שָׁכָלְתִּי" (להלן מג, יד): **גַּם שְׁנֵיכֶם.** אִם יָקוּם עָלֶיךָ וְאַתָּה תַּהַרְגֶנּוּ יַעַמְדוּ בָּנָיו וְיַהַרְגוּךָ. וְרוּחַ הַקֹּדֶשׁ נִזְרְקָה בָהּ וְנִתְנַבְּאָה שֶׁבְּיוֹם אֶחָד יָמוּתוּ, כְּמוֹ שֶׁמְּפֹרָשׁ בְּ'הַמְקַנֵּא לְאִשְׁתּוֹ' (סוטה יג ע"א):

מו| **קַצְתִּי בְחַיַּי.** מָאַסְתִּי בְחַיַּי:

פרק כח

ב| **פַּדֶּנָה.** כְּמוֹ 'לְפַדַּן': **בֵּיתָה בְתוּאֵל.** לְבֵית בְּתוּאֵל, כָּל תֵּבָה שֶׁצְּרִיכָה לָמֶ"ד בִּתְחִלָּתָהּ הִטִּיל לָהּ הֵ"א בְּסוֹפָהּ:

בראשית

ג וְאֵ֤ל שַׁדַּי֙ יְבָרֵ֣ךְ אֹֽתְךָ֔ וְיַפְרְךָ֖ וְיַרְבֶּ֑ךָ וְהָיִ֖יתָ
לִקְהַ֥ל עַמִּֽים: ד וְיִֽתֶּן־לְךָ֙ אֶת־בִּרְכַּ֣ת אַבְרָהָ֔ם לְךָ֖
וּלְזַרְעֲךָ֣ אִתָּ֑ךְ לְרִשְׁתְּךָ֙ אֶת־אֶ֣רֶץ מְגֻרֶ֔יךָ אֲשֶׁר־
שביעי נָתַ֥ן אֱלֹהִ֖ים לְאַבְרָהָֽם: ה וַיִּשְׁלַ֤ח יִצְחָק֙ אֶֽת־יַעֲקֹ֔ב
וַיֵּ֖לֶךְ פַּדֶּ֣נָֽה אֲרָ֑ם אֶל־לָבָ֤ן בֶּן־בְּתוּאֵל֙ הָֽאֲרַמִּ֔י
אֲחִ֣י רִבְקָ֔ה אֵ֥ם יַעֲקֹ֖ב וְעֵשָֽׂו: ו וַיַּ֣רְא עֵשָׂ֗ו כִּֽי־בֵרַ֣ךְ
יִצְחָק֮ אֶֽת־יַעֲקֹב֒ וְשִׁלַּ֤ח אֹתוֹ֙ פַּדֶּ֣נָֽה אֲרָ֔ם לָקַֽחַת־
ל֥וֹ מִשָּׁ֖ם אִשָּׁ֑ה בְּבָרֲכ֣וֹ אֹת֔וֹ וַיְצַ֤ו עָלָיו֙ לֵאמֹ֔ר
מפטיר לֹֽא־תִקַּ֥ח אִשָּׁ֖ה מִבְּנ֥וֹת כְּנָֽעַן: ז וַיִּשְׁמַ֣ע יַעֲקֹ֔ב
אֶל־אָבִ֖יו וְאֶל־אִמּ֑וֹ וַיֵּ֖לֶךְ פַּדֶּ֥נָֽה אֲרָֽם: ח וַיַּ֣רְא
עֵשָׂ֔ו כִּ֥י רָע֖וֹת בְּנ֣וֹת כְּנָ֑עַן בְּעֵינֵ֖י יִצְחָ֥ק אָבִֽיו:
ט וַיֵּ֥לֶךְ עֵשָׂ֖ו אֶל־יִשְׁמָעֵ֑אל וַיִּקַּ֡ח אֶֽת־מַחֲלַ֣ת ׀
בַּת־יִשְׁמָעֵ֨אל בֶּן־אַבְרָהָ֜ם אֲח֤וֹת נְבָיוֹת֙ עַל־
נָשָׁ֔יו ל֖וֹ לְאִשָּֽׁה:

תולדת

ג וְאֵל שַׁדַּי יְבָרֵךְ יָתָךְ, וְיַפְּשִׁנָּךְ וְיַסְגִּינָךְ, וּתְהֵי לִכְנִשַׁת שִׁבְטִין: וְיִתֵּן לָךְ יָת בִּרְכָתָא דְאַבְרָהָם,
ד לָךְ וְלִבְנָךְ עִמָּךְ, לְמֵירְתָךְ יָת אֲרַע תּוֹתָבוּתָךְ, דִּיהַב יְיָ לְאַבְרָהָם: וּשְׁלַח יִצְחָק יָת יַעֲקֹב, וַאֲזַל
ה לְפַדַּן דַּאֲרָם, לְוָת לָבָן בַּר בְּתוּאֵל אֲרַמָּאָה, אֲחוּהָא דְרִבְקָה, אִמֵּיהּ דְּיַעֲקֹב וְעֵשָׂו: וַחֲזָא עֵשָׂו,
ו אֲרֵי בָרֵיךְ יִצְחָק יָת יַעֲקֹב, וְשַׁלַּח יָתֵיהּ לְפַדַּן דַּאֲרָם, לְמִסַּב לֵיהּ מִתַּמָּן אִתְּתָא, בְּדִבָרְכֵיהּ יָתֵיהּ,
ז וּפַקֵּיד עֲלוֹהִי לְמֵימַר, לָא תִסַּב אִתְּתָא מִבְּנַת כְּנָעַן: וְקַבֵּיל יַעֲקֹב, מִן אֲבוּהִי וּמִן אִמֵּיהּ, וַאֲזַל
ח לְפַדַּן דַּאֲרָם: וַחֲזָא עֵשָׂו, אֲרֵי בִישָׁן בְּנַת כְּנָעַן, בְּעֵינֵי יִצְחָק אֲבוּהִי: וַאֲזַל עֵשָׂו לְוָת יִשְׁמָעֵאל,
ט וּנְסֵיב, יָת מָחֲלַת בַּת יִשְׁמָעֵאל בַּר אַבְרָהָם, אֲחָתֵיהּ דִּנְבָיוֹת, עַל נְשׁוֹהִי לֵיהּ לְאִתּוּ:

ג **וְאֵל שַׁדָּי.** מִי שֶׁדַּי בְּבִרְכוֹתָיו לַמִּתְבָּרְכִין מִפִּיו יְבָרֵךְ אוֹתָךְ:

ד **אֶת בִּרְכַּת אַבְרָהָם.** שֶׁאָמַר לוֹ: "וְאֶעֶשְׂךָ לְגוֹי גָּדוֹל" (לעיל יב, ב), "וְהִתְבָּרְכוּ בְזַרְעֲךָ" (לעיל כב, יח) - יִהְיוּ אוֹתָן בְּרָכוֹת אֲמוּרוֹת בִּשְׁבִילְךָ, מִמְּךָ יֵצֵא אוֹתוֹ הַגּוֹי וְאוֹתוֹ הַזֶּרַע הַמְבֹרָךְ:

ה **אֵם יַעֲקֹב וְעֵשָׂו.** אֵינִי יוֹדֵעַ מַה מְלַמְּדֵנוּ:

ז **וַיִּשְׁמַע יַעֲקֹב.** מְחֻבָּר לָעִנְיָן שֶׁל מַעְלָה: "וַיַּרְא עֵשָׂו כִּי בֵרַךְ יִצְחָק" וְגוֹ' וְכִי שָׁלַח אוֹתוֹ פַּדֶּנָה אֲרָם, וְכִי שָׁמַע יַעֲקֹב אֶל אָבִיו וְהָלַךְ פַּדֶּנָה אֲרָם, וְכִי רָעוֹת בְּנוֹת כְּנַעַן, וְהָלַךְ גַּם הוּא אֶל יִשְׁמָעֵאל:

ט **אֲחוֹת נְבָיוֹת.** מִמַּשְׁמָע שֶׁנֶּאֱמַר: "בַּת יִשְׁמָעֵאל" אֵינִי יוֹדֵעַ שֶׁהִיא "אֲחוֹת נְבָיוֹת"? אֶלָּא לִמְּדָנוּ שֶׁמֵּת יִשְׁמָעֵאל מִשֶּׁיְּעָדָהּ לְעֵשָׂו קֹדֶם נִשּׂוּאִין, וְהִשִּׂיאָהּ נְבָיוֹת אָחִיהָ. וְלָמַדְנוּ שֶׁהָיָה יַעֲקֹב בְּאוֹתוֹ הַפֶּרֶק בֶּן שִׁשִּׁים וְשָׁלֹשׁ שָׁנִים, שֶׁהֲרֵי יִשְׁמָעֵאל בֶּן שִׁבְעִים וְאַרְבַּע שָׁנִים הָיָה כְּשֶׁנּוֹלַד יַעֲקֹב - אַרְבַּע עֶשְׂרֵה שָׁנָה הָיָה גָדוֹל יִשְׁמָעֵאל מִיִּצְחָק, "וְיִצְחָק בֶּן שִׁשִּׁים שָׁנָה בְּלֶדֶת אֹתָם" (לעיל כה, כו), הֲרֵי שִׁבְעִים וְאַרְבַּע - וּשְׁנוֹתָיו הָיוּ מֵאָה וּשְׁלֹשִׁים

וָשֶׁבַע, שֶׁנֶּאֱמַר: "וְאֵלֶּה שְׁנֵי חַיֵּי יִשְׁמָעֵאל" וְגוֹ' (לעיל כה, יז), נִמְצָא יַעֲקֹב כְּשֶׁמֵּת יִשְׁמָעֵאל בֶּן שִׁשִּׁים וְשָׁלֹשׁ שָׁנִים הָיָה. וְלָמַדְנוּ מִכָּאן שֶׁנִּטְמַן בְּבֵית עֵבֶר אַרְבַּע עֶשְׂרֵה שָׁנָה וְאַחַר כָּךְ הָלַךְ לְחָרָן, שֶׁהֲרֵי לֹא שָׁהָה בְּבֵית לָבָן לִפְנֵי לֵדָתוֹ שֶׁל יוֹסֵף אֶלָּא אַרְבַּע עֶשְׂרֵה שָׁנָה, שֶׁנֶּאֱמַר: "עֲבַדְתִּיךָ אַרְבַּע עֶשְׂרֵה שָׁנָה בִּשְׁתֵּי בְנֹתֶיךָ וְשֵׁשׁ שָׁנִים בְּצֹאנֶךָ" (להלן לא, מא), וּשְׂכַר הַצֹּאן מִשֶּׁנּוֹלַד יוֹסֵף הָיָה, שֶׁנֶּאֱמַר: "וַיְהִי כַּאֲשֶׁר יָלְדָה רָחֵל אֶת יוֹסֵף" וְגוֹ' (להלן ל, כה). וּכְתִיב: "וְיוֹסֵף בֶּן שְׁלֹשִׁים שָׁנָה" (להלן מא, מו) כְּשֶׁמָּלַךְ, וּמִשָּׁם עַד שֶׁיָּרַד יַעֲקֹב לְמִצְרַיִם תֵּשַׁע שָׁנִים, שֶׁבַע שֶׁל שָׂבָע וּשְׁתַּיִם שֶׁל רָעָב, וְיַעֲקֹב אָמַר לְפַרְעֹה: "יְמֵי שְׁנֵי מְגוּרַי שְׁלֹשִׁים וּמְאַת שָׁנָה" (להלן מז, ט). צֵא וַחֲשֹׁב אַרְבַּע עֶשְׂרֵה שָׁנָה שֶׁלִּפְנֵי לֵדַת יוֹסֵף וּשְׁלֹשִׁים שֶׁל יוֹסֵף וְתֵשַׁע מִשֶּׁמָּלַךְ עַד שֶׁבָּא יַעֲקֹב, הֲרֵי חֲמִשִּׁים וְשָׁלֹשׁ, וּכְשֶׁפֵּרַשׁ מֵאָבִיו הָיָה בֶּן שִׁשִּׁים וְשָׁלֹשׁ, הֲרֵי מֵאָה וְשֵׁשׁ עֶשְׂרֵה, וְהוּא אוֹמֵר: "שְׁלֹשִׁים וּמְאַת שָׁנָה", הֲרֵי חֲסֵרִים אַרְבַּע עֶשְׂרֵה שָׁנָה. הָא לָמַדְתָּ שֶׁאַחַר שֶׁקִּבֵּל הַבְּרָכוֹת נִטְמַן בְּבֵית עֵבֶר אַרְבַּע עֶשְׂרֵה שָׁנָה. עַל נָשָׁיו. הוֹסִיף רִשְׁעָה עַל רִשְׁעָתוֹ, שֶׁלֹּא גֵרַשׁ אֶת הָרִאשׁוֹנוֹת:

בראשית

הפטרת תולדת
בערב ראש חודש כסלו קוראים את ההפטרה בעמ' 1285.

מלאכי, אחרון הנביאים שחי בראשית ימי בית שני, משקף מציאות קשה בפחוות יהודה של המעצמה הפרסית. בית המקדש בנוי, אך תהליך שיבת ציון אינו מתקדם כראוי. חולשה גדולה שורה בכול, גם המצב הרוחני ירוד. התנהלות העם והכוהנים במקדש מבזה את הקודש כל כך עד שהנביא מכריז בשם ה': "אין לי חפץ בכם... ומנחה לא ארצה מידכם". המפתח לשינוי בידיהם של הכוהנים. אם ימחישו בדוגמה אישית שפיהם ולבם שווים, יקריאו אמת תורת ה' שתסחף את הציבור כולו לעבודת ה' ראויה. זהו גם המפתח לקדם את תהליך שיבת ציון עד למימוש הגאולה הגלומה בו.

מלאכי

א משָּׂא דְבַר־יְהֹוָה אֶל־יִשְׂרָאֵל בְּיַד מַלְאָכִי: אָהַבְתִּי אֶתְכֶם אָמַר יְהֹוָה
ב וַאֲמַרְתֶּם בַּמָּה אֲהַבְתָּנוּ הֲלוֹא־אָח עֵשָׂו לְיַעֲקֹב נְאֻם־יְהֹוָה וָאֹהַב אֶת־
ג יַעֲקֹב: וְאֶת־עֵשָׂו שָׂנֵאתִי וָאָשִׂים אֶת־הָרָיו שְׁמָמָה וְאֶת־נַחֲלָתוֹ לְתַנּוֹת
ד מִדְבָּר: כִּי־תֹאמַר אֱדוֹם רֻשַּׁשְׁנוּ וְנָשׁוּב וְנִבְנֶה חֳרָבוֹת כֹּה אָמַר יְהֹוָה
צְבָאוֹת הֵמָּה יִבְנוּ וַאֲנִי אֶהֱרוֹס וְקָרְאוּ לָהֶם גְּבוּל רִשְׁעָה וְהָעָם אֲשֶׁר־זָעַם
ה יְהֹוָה עַד־עוֹלָם: וְעֵינֵיכֶם תִּרְאֶינָה וְאַתֶּם תֹּאמְרוּ יִגְדַּל יְהֹוָה מֵעַל לִגְבוּל
ו יִשְׂרָאֵל: בֵּן יְכַבֵּד אָב וְעֶבֶד אֲדֹנָיו וְאִם־אָב אָנִי אַיֵּה כְבוֹדִי וְאִם־אֲדוֹנִים
אָנִי אַיֵּה מוֹרָאִי אָמַר ׀ יְהֹוָה צְבָאוֹת לָכֶם הַכֹּהֲנִים בּוֹזֵי שְׁמִי וַאֲמַרְתֶּם
ז בַּמֶּה בָזִינוּ אֶת־שְׁמֶךָ: מַגִּישִׁים עַל־מִזְבְּחִי לֶחֶם מְגֹאָל וַאֲמַרְתֶּם בַּמֶּה
ח גֵאַלְנוּךָ בֶּאֱמָרְכֶם שֻׁלְחַן יְהֹוָה נִבְזֶה הוּא: וְכִי־תַגִּשׁוּן עִוֵּר לִזְבֹּחַ אֵין רָע
וְכִי תַגִּישׁוּ פִּסֵּחַ וְחֹלֶה אֵין רָע הַקְרִיבֵהוּ נָא לְפֶחָתֶךָ הֲיִרְצְךָ אוֹ הֲיִשָּׂא
ט פָנֶיךָ אָמַר יְהֹוָה צְבָאוֹת: וְעַתָּה חַלּוּ־נָא פְנֵי־אֵל וִיחָנֵּנוּ מִיֶּדְכֶם הָיְתָה
י זֹּאת הֲיִשָּׂא מִכֶּם פָּנִים אָמַר יְהֹוָה צְבָאוֹת: מִי גַם־בָּכֶם וְיִסְגֹּר דְּלָתַיִם
וְלֹא־תָאִירוּ מִזְבְּחִי חִנָּם אֵין־לִי חֵפֶץ בָּכֶם אָמַר יְהֹוָה צְבָאוֹת וּמִנְחָה לֹא־
יא אֶרְצֶה מִיֶּדְכֶם: כִּי מִמִּזְרַח־שֶׁמֶשׁ וְעַד־מְבוֹאוֹ גָּדוֹל שְׁמִי בַּגּוֹיִם וּבְכָל־מָקוֹם
מֻקְטָר מֻגָּשׁ לִשְׁמִי וּמִנְחָה טְהוֹרָה כִּי־גָדוֹל שְׁמִי בַּגּוֹיִם אָמַר יְהֹוָה צְבָאוֹת:
יב וְאַתֶּם מְחַלְּלִים אוֹתוֹ בֶּאֱמָרְכֶם שֻׁלְחַן אֲדֹנָי מְגֹאָל הוּא וְנִיבוֹ נִבְזֶה
יג אָכְלוֹ: וַאֲמַרְתֶּם הִנֵּה מַתְּלָאָה וְהִפַּחְתֶּם אוֹתוֹ אָמַר יְהֹוָה צְבָאוֹת וַהֲבֵאתֶם
גָּזוּל וְאֶת־הַפִּסֵּחַ וְאֶת־הַחוֹלֶה וַהֲבֵאתֶם אֶת־הַמִּנְחָה הַאֶרְצֶה אוֹתָהּ
יד מִיֶּדְכֶם אָמַר יְהֹוָה: וְאָרוּר נוֹכֵל וְיֵשׁ בְּעֶדְרוֹ זָכָר וְנֹדֵר וְזֹבֵחַ מָשְׁחָת
ב א לַאדֹנָי כִּי מֶלֶךְ גָּדוֹל אָנִי אָמַר יְהֹוָה צְבָאוֹת וּשְׁמִי נוֹרָא בַגּוֹיִם: וְעַתָּה
ב אֲלֵיכֶם הַמִּצְוָה הַזֹּאת הַכֹּהֲנִים: אִם־לֹא תִשְׁמְעוּ וְאִם־לֹא תָשִׂימוּ עַל־
לֵב לָתֵת כָּבוֹד לִשְׁמִי אָמַר יְהֹוָה צְבָאוֹת וְשִׁלַּחְתִּי בָכֶם אֶת־הַמְּאֵרָה

ג וְאֵרוֹתִי אֶת־בִּרְכוֹתֵיכֶם וְגַם אָרוֹתִיהָ כִּי אֵינְכֶם שָׂמִים עַל־לֵב: הִנְנִי גֹעֵר
לָכֶם אֶת־הַזֶּרַע וְזֵרִיתִי פֶרֶשׁ עַל־פְּנֵיכֶם פֶּרֶשׁ חַגֵּיכֶם וְנָשָׂא אֶתְכֶם אֵלָיו:
ד וִידַעְתֶּם כִּי שִׁלַּחְתִּי אֲלֵיכֶם אֵת הַמִּצְוָה הַזֹּאת לִהְיוֹת בְּרִיתִי אֶת־לֵוִי
ה אָמַר יהוה צְבָאוֹת: בְּרִיתִי ׀ הָיְתָה אִתּוֹ הַחַיִּים וְהַשָּׁלוֹם וָאֶתְּנֵם־לוֹ מוֹרָא
ו וַיִּירָאֵנִי וּמִפְּנֵי שְׁמִי נִחַת הוּא: תּוֹרַת אֱמֶת הָיְתָה בְּפִיהוּ וְעַוְלָה לֹא־נִמְצָא
ז בִשְׂפָתָיו בְּשָׁלוֹם וּבְמִישׁוֹר הָלַךְ אִתִּי וְרַבִּים הֵשִׁיב מֵעָוֺן: כִּי־שִׂפְתֵי כֹהֵן
ח יִשְׁמְרוּ־דַעַת וְתוֹרָה יְבַקְשׁוּ מִפִּיהוּ כִּי מַלְאַךְ יהוה־צְבָאוֹת הוּא:* וְאַתֶּם

האשכנזים והספרדים מסיימים כאן

סַרְתֶּם מִן־הַדֶּרֶךְ הִכְשַׁלְתֶּם רַבִּים בַּתּוֹרָה שִׁחַתֶּם בְּרִית הַלֵּוִי אָמַר יהוה
ט צְבָאוֹת: וְגַם־אֲנִי נָתַתִּי אֶתְכֶם נִבְזִים וּשְׁפָלִים לְכָל־הָעָם כְּפִי אֲשֶׁר אֵינְכֶם
י שֹׁמְרִים אֶת־דְּרָכַי וְנֹשְׂאִים פָּנִים בַּתּוֹרָה: הֲלוֹא אָב אֶחָד לְכֻלָּנוּ הֲלוֹא
יא אֵל אֶחָד בְּרָאָנוּ מַדּוּעַ נִבְגַּד אִישׁ בְּאָחִיו לְחַלֵּל בְּרִית אֲבֹתֵינוּ: בָּגְדָה
יְהוּדָה וְתוֹעֵבָה נֶעֶשְׂתָה בְיִשְׂרָאֵל וּבִירוּשָׁלָםִ כִּי ׀ חִלֵּל יְהוּדָה קֹדֶשׁ
יב יהוה אֲשֶׁר אָהֵב וּבָעַל בַּת־אֵל נֵכָר: יַכְרֵת יהוה לָאִישׁ אֲשֶׁר יַעֲשֶׂנָּה
יג עֵר וְעֹנֶה מֵאָהֳלֵי יַעֲקֹב וּמַגִּישׁ מִנְחָה לַיהוה צְבָאוֹת: וְזֹאת
שֵׁנִית תַּעֲשׂוּ כַּסּוֹת דִּמְעָה אֶת־מִזְבַּח יהוה בְּכִי וַאֲנָקָה מֵאֵין עוֹד פְּנוֹת
יד אֶל־הַמִּנְחָה וְלָקַחַת רָצוֹן מִיֶּדְכֶם: וַאֲמַרְתֶּם עַל־מָה עַל כִּי־יהוה הֵעִיד
בֵּינְךָ וּבֵין ׀ אֵשֶׁת נְעוּרֶיךָ אֲשֶׁר אַתָּה בָּגַדְתָּה בָּהּ וְהִיא חֲבֶרְתְּךָ וְאֵשֶׁת
טו בְּרִיתֶךָ: וְלֹא־אֶחָד עָשָׂה וּשְׁאָר רוּחַ לוֹ וּמָה הָאֶחָד מְבַקֵּשׁ זֶרַע אֱלֹהִים
טז וְנִשְׁמַרְתֶּם בְּרוּחֲכֶם וּבְאֵשֶׁת נְעוּרֶיךָ אַל־יִבְגֹּד: כִּי־שָׂנֵא שַׁלַּח אָמַר יהוה
אֱלֹהֵי יִשְׂרָאֵל וְכִסָּה חָמָס עַל־לְבוּשׁוֹ אָמַר יהוה צְבָאוֹת וְנִשְׁמַרְתֶּם
יז בְּרוּחֲכֶם וְלֹא תִבְגֹּדוּ: הוֹגַעְתֶּם יהוה בְּדִבְרֵיכֶם וַאֲמַרְתֶּם
בַּמָּה הוֹגָעְנוּ בֶּאֱמָרְכֶם כָּל־עֹשֵׂה רָע טוֹב ׀ בְּעֵינֵי יהוה וּבָהֶם הוּא חָפֵץ
ג א אוֹ אַיֵּה אֱלֹהֵי הַמִּשְׁפָּט: הִנְנִי שֹׁלֵחַ מַלְאָכִי וּפִנָּה־דֶרֶךְ לְפָנָי וּפִתְאֹם
יָבוֹא אֶל־הֵיכָלוֹ הָאָדוֹן ׀ אֲשֶׁר־אַתֶּם מְבַקְשִׁים וּמַלְאַךְ הַבְּרִית אֲשֶׁר
ב אַתֶּם חֲפֵצִים הִנֵּה־בָא אָמַר יהוה צְבָאוֹת: וּמִי מְכַלְכֵּל אֶת־יוֹם בּוֹאוֹ וּמִי
ג הָעֹמֵד בְּהֵרָאוֹתוֹ כִּי־הוּא כְּאֵשׁ מְצָרֵף וּכְבֹרִית מְכַבְּסִים: וְיָשַׁב מְצָרֵף
וּמְטַהֵר כֶּסֶף וְטִהַר אֶת־בְּנֵי־לֵוִי וְזִקַּק אֹתָם כַּזָּהָב וְכַכָּסֶף וְהָיוּ לַיהוה
ד מַגִּישֵׁי מִנְחָה בִּצְדָקָה: וְעָרְבָה לַיהוה מִנְחַת יְהוּדָה וִירוּשָׁלָםִ כִּימֵי עוֹלָם
וּכְשָׁנִים קַדְמֹנִיּוֹת:

פרשת ויצא

ויצא

כו וַיֵּצֵא יַעֲקֹב מִבְּאֵר שָׁבַע וַיֵּלֶךְ חָרָנָה: וַיִּפְגַּע יא כח
בַּמָּקוֹם וַיָּלֶן שָׁם כִּי־בָא הַשֶּׁמֶשׁ וַיִּקַּח מֵאַבְנֵי
הַמָּקוֹם וַיָּשֶׂם מְרַאֲשֹׁתָיו וַיִּשְׁכַּב בַּמָּקוֹם הַהוּא:
וַיַּחֲלֹם וְהִנֵּה סֻלָּם מֻצָּב אַרְצָה וְרֹאשׁוֹ מַגִּיעַ יב
הַשָּׁמָיְמָה וְהִנֵּה מַלְאֲכֵי אֱלֹהִים עֹלִים וְיֹרְדִים בּוֹ:
וְהִנֵּה יְהוָה נִצָּב עָלָיו וַיֹּאמַר אֲנִי יְהוָה אֱלֹהֵי יג
אַבְרָהָם אָבִיךָ וֵאלֹהֵי יִצְחָק הָאָרֶץ אֲשֶׁר אַתָּה
שֹׁכֵב עָלֶיהָ לְךָ אֶתְּנֶנָּה וּלְזַרְעֶךָ: וְהָיָה זַרְעֲךָ יד
כַּעֲפַר הָאָרֶץ וּפָרַצְתָּ יָמָּה וָקֵדְמָה וְצָפֹנָה וָנֶגְבָּה
וְנִבְרְכוּ בְךָ כָּל־מִשְׁפְּחֹת הָאֲדָמָה וּבְזַרְעֶךָ: וְהִנֵּה טו
אָנֹכִי עִמָּךְ וּשְׁמַרְתִּיךָ בְּכֹל אֲשֶׁר־תֵּלֵךְ וַהֲשִׁבֹתִיךָ
אֶל־הָאֲדָמָה הַזֹּאת כִּי לֹא אֶעֱזָבְךָ עַד אֲשֶׁר
אִם־עָשִׂיתִי אֵת אֲשֶׁר־דִּבַּרְתִּי לָךְ: וַיִּיקַץ יַעֲקֹב טז
מִשְּׁנָתוֹ וַיֹּאמֶר אָכֵן יֵשׁ יְהוָה בַּמָּקוֹם הַזֶּה וְאָנֹכִי
לֹא יָדָעְתִּי: וַיִּירָא וַיֹּאמַר מַה־נּוֹרָא הַמָּקוֹם הַזֶּה יז

י **וַיֵּצֵא יַעֲקֹב.** עַל יְדֵי שֶׁבִּשְׁבִיל שֶׁרָעוֹת בְּנוֹת כְּנַעַן בְּעֵינֵי יִצְחָק אָבִיו הָלַךְ עֵשָׂו אֶל יִשְׁמָעֵאל, הִפְסִיק הָעִנְיָן בְּפָרָשָׁתוֹ שֶׁל יַעֲקֹב וְכָתַב: "וַיַּרְא עֵשָׂו כִּי בֵרַךְ" וְגוֹ' (לעיל פסוק ו), וּמִשֶּׁגָּמַר – חָזַר לָעִנְיָן הָרִאשׁוֹן: **וַיֵּצֵא.** לֹא הָיָה צָרִיךְ לִכְתֹּב אֶלָּא 'וַיֵּלֶךְ יַעֲקֹב חָרָנָה', וְלָמָּה הִזְכִּיר יְצִיאָתוֹ? אֶלָּא מַגִּיד שֶׁיְּצִיאַת צַדִּיק מִן הַמָּקוֹם עוֹשָׂה רֹשֶׁם, שֶׁבִּזְמַן שֶׁהַצַּדִּיק בָּעִיר הוּא הוֹדָהּ הוּא זִיוָהּ הוּא

יא וּנְפַק יַעֲקֹב מִבְּאֵר שָׁבַע, וַאֲזַל לְחָרָן: וַעֲרַע בְּאַתְרָא, וּבָת תַּמָּן אֲרֵי עָאל שִׁמְשָׁא,
יב וּנְסֵיב מֵאַבְנֵי אַתְרָא, וְשַׁוִּי אִיסָדוֹהִי, וּשְׁכֵיב בְּאַתְרָא הַהוּא: וַחֲלַם, וְהָא סֻלְמָא נְעִיץ
יג בְּאַרְעָא, וְרֵישֵׁיהּ מָטֵי עַד צֵית שְׁמַיָּא, וְהָא מַלְאֲכַיָּא דַיְיָ, סָלְקִין וְנָחֲתִין בֵּיהּ: וְהָא יְקָרָא
דַיְיָ, מְעַתַּד עִלָּווֹהִי וַאֲמַר, אֲנָא יְיָ, אֱלָהֵיהּ דְּאַבְרָהָם אֲבוּךְ, וֵאלָהֵיהּ דְּיִצְחָק, אַרְעָא, דְּאַתְּ
יד שְׁכֵיב עֲלַהּ, לָךְ אֶתְּנִנַּהּ וְלִבְנָךְ: וִיהוֹן בְּנָךְ סַגִּיאִין כְּעַפְרָא דְּאַרְעָא, וְתִתְקַף, לְמַעַרְבָא
טו וּלְמַדִּנְחָא וּלְצִפּוּנָא וּלְדָרוֹמָא, וְיִתְבָּרְכוּן בְּדִילָךְ, כָּל זַרְעִית אַרְעָא וּבְדִיל בְּנָךְ: וְהָא
מֵימְרִי בְּסַעֲדָךְ, וְאַטְּרִנָּךְ בְּכָל אֲתַר דִּתְהָךְ, וַאֲתִיבִנָּךְ, לְאַרְעָא הָדָא, אֲרֵי לָא אֶשְׁבְּקִנָּךְ,
טז עַד דְּאַעֲבֵיד, יָת דְּמַלֵּילִית לָךְ: וְאִתְּעַר יַעֲקֹב מִשֵּׁינְתֵיהּ, וַאֲמַר, בְּקֻשְׁטָא יְקָרָא דַיְיָ,
יז שְׁרֵי בְּאַתְרָא הָדֵין, וַאֲנָא לָא הֲוֵיתִי יָדַע: וּדְחֵיל וַאֲמַר, מָא דְּחִילוּ אַתְרָא הָדֵין,

הַדָּרָהּ; יָצָא מִשָּׁם, פָּנָה הוֹדָהּ פָּנָה זִיוָהּ פָּנָה הֲדָרָהּ, וְכֵן: "וַתֵּצֵא מִן הַמָּקוֹם" (רות א, ז) הָאָמוּר בְּנָעֳמִי וְרוּת: וַיֵּלֶךְ חָרָנָה. יָצָא לָלֶכֶת לְחָרָן:

יא| וַיִּפְגַּע בַּמָּקוֹם. לֹא הִזְכִּיר הַכָּתוּב בְּאֵיזֶה מָקוֹם, אֶלָּא בַּמָּקוֹם הַנִּזְכָּר בְּמָקוֹם אַחֵר, הוּא הַר הַמּוֹרִיָּה שֶׁנֶּאֱמַר בּוֹ: "וַיַּרְא אֶת הַמָּקוֹם מֵרָחֹק" (לעיל כב, ד): וַיִּפְגַּע. כְּמוֹ: "וּפָגַע בִּירִיחוֹ" (יהושע טז, ז), "וּפָגַע בְּדַבָּשֶׁת" (שם יט, יא). וְרַבּוֹתֵינוּ פֵּרְשׁוּ לְשׁוֹן תְּפִלָּה, כְּמוֹ: "וְאַל תִּפְגַּע בִּי" (ירמיה ז, טז), וְלִמְּדָנוּ שֶׁתִּקֵּן תְּפִלַּת עַרְבִית. וְשִׁנָּה הַכָּתוּב וְלֹא כָּתַב 'וַיִּתְפַּלֵּל', לְלַמֶּדְךָ שֶׁקָּפְצָה לוֹ הָאָרֶץ, כְּמוֹ שֶׁמְּפֹרָשׁ בְּפֶרֶק 'גִּיד הַנָּשֶׁה' (חולין צא ע"ב): כִּי בָא הַשֶּׁמֶשׁ. הָיָה לוֹ לִכְתֹּב: 'וַיָּבֹא הַשֶּׁמֶשׁ וַיָּלֶן שָׁם', "כִּי בָא הַשֶּׁמֶשׁ" מַשְׁמַע שֶׁשָּׁקְעָה לוֹ חַמָּה פִּתְאוֹם שֶׁלֹּא בְּעוֹנָתָהּ, כְּדֵי שֶׁיָּלִין שָׁם: וַיָּשֶׂם מְרַאֲשֹׁתָיו. עֲשָׂאָן כְּמִין מַרְזֵב סָבִיב לְרֹאשׁוֹ מִפְּנֵי חַיּוֹת רָעוֹת. הִתְחִילוּ מְרִיבוֹת זוֹ עִם זוֹ, זֹאת אוֹמֶרֶת: עָלַי יַנִּיחַ צַדִּיק אֶת רֹאשׁוֹ, וְזֹאת אוֹמֶרֶת: עָלַי יַנִּיחַ, מִיָּד עֲשָׂאָן הַקָּדוֹשׁ בָּרוּךְ הוּא אֶבֶן אַחַת, וְזֶהוּ שֶׁנֶּאֱמַר: "וַיִּקַּח אֶת הָאֶבֶן אֲשֶׁר שָׂם מְרַאֲשֹׁתָיו" (להלן פסוק יח): וַיִּשְׁכַּב בַּמָּקוֹם הַהוּא. לְשׁוֹן מִעוּט – בְּאוֹתוֹ מָקוֹם שָׁכַב, אֲבָל אַרְבַּע עֶשְׂרֵה שָׁנִים שֶׁשִּׁמֵּשׁ בְּבֵית עֵבֶר לֹא שָׁכַב בַּלַּיְלָה, שֶׁהָיָה עוֹסֵק בַּתּוֹרָה:

יב| עֹלִים וְיֹרְדִים. עוֹלִים תְּחִלָּה וְאַחַר כָּךְ יוֹרְדִים? מַלְאָכִים שֶׁלִּוּוּהוּ בָּאָרֶץ אֵין יוֹצְאִים חוּצָה לָאָרֶץ, וְעָלוּ לָרָקִיעַ, וְיָרְדוּ מַלְאֲכֵי חוּצָה לָאָרֶץ לְלַוּוֹתוֹ:

יג| נִצָּב עָלָיו. לְשָׁמְרוֹ: וֵאלֹהֵי יִצְחָק. אַף עַל פִּי שֶׁלֹּא מָצִינוּ בַּמִּקְרָא שֶׁיִּחֵד הַקָּדוֹשׁ בָּרוּךְ הוּא שְׁמוֹ עַל הַצַּדִּיקִים בְּחַיֵּיהֶם לִכְתֹּב 'אֱלֹהֵי פְּלוֹנִי', מִשּׁוּם שֶׁנֶּאֱמַר: "הֵן בִּקְדֹשָׁו לֹא יַאֲמִין" (איוב טו, טו), כָּאן יִחֵד שְׁמוֹ עַל יִצְחָק, לְפִי שֶׁכָּהוּ עֵינָיו וְכָלוּא בַּבַּיִת וַהֲרֵי הוּא כְּמֵת, וְיֵצֶר הָרָע פָּסַק מִמֶּנּוּ. תַּנְחוּמָא (תולדות ז): שֹׁכֵב עָלֶיהָ. קִפֵּל הַקָּדוֹשׁ בָּרוּךְ הוּא כָּל אֶרֶץ יִשְׂרָאֵל תַּחְתָּיו, כְּדֵי שֶׁתְּהֵא נוֹחָה לִכָּבֵשׁ לְבָנָיו:

יד| וּפָרַצְתָּ. וְחָזַקְתָּ, כְּמוֹ: "וְכֵן יִפְרֹץ" (שמות א, יב):

טו| אָנֹכִי עִמָּךְ. לְפִי שֶׁהָיָה יָרֵא מֵעֵשָׂו וּמִלָּבָן: עַד אֲשֶׁר אִם עָשִׂיתִי. 'אִם' מְשַׁמֵּשׁ בִּלְשׁוֹן 'כִּי': דִּבַּרְתִּי לָךְ. לְצָרְכְּךָ וְעָלֶיךָ, מַה שֶּׁהִבְטַחְתִּי לְאַבְרָהָם עַל זַרְעוֹ לְךָ הִבְטַחְתִּי וְלֹא לְעֵשָׂו, שֶׁלֹּא אָמַרְתִּי לוֹ: 'כִּי יִצְחָק יִקָּרֵא לְךָ זָרַע' אֶלָּא "כִּי בְיִצְחָק" (לעיל כא, יב) וְלֹא כָּל יִצְחָק. וְכֵן כָּל 'לִי' וּ'לְךָ' וְ'לוֹ' וְ'לָהֶם' הַסְּמוּכִים אֵצֶל דִּבּוּר מְשַׁמְּשִׁים לְשׁוֹן 'עַל', וְזֶה יוֹכִיחַ, שֶׁהֲרֵי עִם יַעֲקֹב לֹא דִּבֵּר קֹדֶם לָכֵן:

טז| וְאָנֹכִי לֹא יָדָעְתִּי. שֶׁאִם יָדַעְתִּי לֹא יָשַׁנְתִּי בְּמָקוֹם קָדוֹשׁ כָּזֶה:

ויצא

אֵין זֶה כִּי אִם־בֵּית אֱלֹהִים וְזֶה שַׁעַר הַשָּׁמָיִם׃
יח · וַיַּשְׁכֵּם יַעֲקֹב בַּבֹּקֶר וַיִּקַּח אֶת־הָאֶבֶן אֲשֶׁר־שָׂם
מְרַאֲשֹׁתָיו וַיָּשֶׂם אֹתָהּ מַצֵּבָה וַיִּצֹק שֶׁמֶן עַל־
יט רֹאשָׁהּ׃ וַיִּקְרָא אֶת־שֵׁם־הַמָּקוֹם הַהוּא בֵּית־אֵל
כ וְאוּלָם לוּז שֵׁם־הָעִיר לָרִאשֹׁנָה׃ וַיִּדַּר יַעֲקֹב נֶדֶר
לֵאמֹר אִם־יִהְיֶה אֱלֹהִים עִמָּדִי וּשְׁמָרַנִי בַּדֶּרֶךְ
הַזֶּה אֲשֶׁר אָנֹכִי הוֹלֵךְ וְנָתַן־לִי לֶחֶם לֶאֱכֹל וּבֶגֶד
כא לִלְבֹּשׁ׃ וְשַׁבְתִּי בְשָׁלוֹם אֶל־בֵּית אָבִי וְהָיָה יְהוָה
כב לִי לֵאלֹהִים׃ וְהָאֶבֶן הַזֹּאת אֲשֶׁר־שַׂמְתִּי מַצֵּבָה
יִהְיֶה בֵּית אֱלֹהִים וְכֹל אֲשֶׁר תִּתֶּן־לִי עַשֵּׂר
שני כט א אֲעַשְּׂרֶנּוּ לָךְ׃ · וַיִּשָּׂא יַעֲקֹב רַגְלָיו וַיֵּלֶךְ אַרְצָה
ב בְנֵי־קֶדֶם׃ וַיַּרְא וְהִנֵּה בְאֵר בַּשָּׂדֶה וְהִנֵּה־שָׁם
שְׁלֹשָׁה עֶדְרֵי־צֹאן רֹבְצִים עָלֶיהָ כִּי מִן־הַבְּאֵר
הַהִוא יַשְׁקוּ הָעֲדָרִים וְהָאֶבֶן גְּדֹלָה עַל־פִּי הַבְּאֵר׃
ג וְנֶאֶסְפוּ־שָׁמָּה כָל־הָעֲדָרִים וְגָלֲלוּ אֶת־הָאֶבֶן
מֵעַל פִּי הַבְּאֵר וְהִשְׁקוּ אֶת־הַצֹּאן וְהֵשִׁיבוּ אֶת־
ד הָאֶבֶן עַל־פִּי הַבְּאֵר לִמְקֹמָהּ׃ וַיֹּאמֶר לָהֶם יַעֲקֹב
ה אַחַי מֵאַיִן אַתֶּם וַיֹּאמְרוּ מֵחָרָן אֲנָחְנוּ׃ וַיֹּאמֶר
לָהֶם הַיְדַעְתֶּם אֶת־לָבָן בֶּן־נָחוֹר וַיֹּאמְרוּ יָדָעְנוּ׃
ו וַיֹּאמֶר לָהֶם הֲשָׁלוֹם לוֹ וַיֹּאמְרוּ שָׁלוֹם וְהִנֵּה רָחֵל

יח לֵית דֵּין אֲתַר הֶדְיוֹט, אֱלָהֵין אֲתַר דְּרַעֲוָא בֵיהּ מִן קֳדָם יי, וְדֵין תְּרַע קֳבֵיל שְׁמַיָּא: וְאַקְדֵּים
יַעֲקֹב בְּצַפְרָא, וּנְסֵיב יָת אַבְנָא דְּשַׁוִּי אִיסָדוֹהִי, וְשַׁוִּי יָתַהּ קָמָא, וַאֲרֵיק מִשְׁחָא עַל רֵישַׁהּ:
יט כ וּקְרָא, יָת שְׁמֵיהּ דְּאַתְרָא הַהוּא בֵּית אֵל, וּבְרַם, לוּז שְׁמַהּ דְּקַרְתָּא מִלְּקַדְמִין: וְקַיֵּים יַעֲקֹב קְיָם
לְמֵימַר, אִם יְהֵי מֵימְרָא דַּיי בְּסַעְדִּי, וְיִטְרְנַנִי בְּאוֹרְחָא הָדָא דַּאֲנָא אָזֵיל, וְיִתֵּין לִי לְחֵים, לְמֵיכַל
כא כב וּכְסוּ לְמִלְבַּשׁ: וְאֵתוּב בִּשְׁלָם לְבֵית אַבָּא, וִיהֵי מֵימְרָא דַּיי, לִי לֶאֱלָהּ: וְאַבְנָא הָדָא, דְּשַׁוֵּיתִי
כט א קָמָא, תְּהֵי דִּיהֵי פָּלַח עֲלַהּ קֳדָם יי, וְכֹל דְּתִתֵּין לִי, חַד מִן עַסְרָא אַפְרְשִׁנֵּיהּ קֳדָמָךְ: וּנְטַל יַעֲקֹב
ב רַגְלוֹהִי, וַאֲזַל לַאֲרַע בְּנֵי מַדִּנְחָא: וַחֲזָא וְהָא בֵירָא בְּחַקְלָא, וְהָא תַמָּן, תְּלָתָא עֶדְרִין דְּעָן רְבִיעִין
ג עֲלַהּ, אֲרֵי מִן בֵּירָא הַהִיא, מַשְׁקַן עֶדְרַיָּא, וְאַבְנָא רַבְּתָא עַל פּוּמָּא דְבֵירָא: וּמִתְכַּנְשִׁין לְתַמָּן
כָּל עֶדְרַיָּא, וּמְגַנְדְּרִין יָת אַבְנָא מֵעַל פּוּמָּא דְבֵירָא, וּמַשְׁקַן יָת עָנָא, וּמְתִיבִין יָת אַבְנָא, עַל
ד ה פּוּמָּא דְבֵירָא לְאַתְרַהּ: וַאֲמַר לְהוֹן יַעֲקֹב, אַחַי מְנָן אַתּוּן, וַאֲמַרוּ, מֵחָרָן אֲנַחְנָא: וַאֲמַר לְהוֹן,
ו הַיְדַעְתּוּן יָת לָבָן בַּר נָחוֹר, וַאֲמַרוּ יָדְעִין: וַאֲמַר לְהוֹן הַשְׁלָם לֵיהּ, וַאֲמַרוּ שְׁלָם, וְהָא רָחֵל

יז| **כִּי אִם בֵּית אֱלֹהִים.** אָמַר רַבִּי אֶלְעָזָר בְּשֵׁם רַבִּי יוֹסֵי בֶּן זִמְרָא: הַסֻּלָּם הַזֶּה עוֹמֵד בִּבְאֵר שֶׁבַע וְשִׁפּוּעוֹ מַגִּיעַ כְּנֶגֶד בֵּית הַמִּקְדָּשׁ, שֶׁבְּאֵר שֶׁבַע עוֹמֵד בִּדְרוֹמוֹ שֶׁל יְהוּדָה, וִירוּשָׁלַיִם בִּצְפוֹנוֹ בַּגְּבוּל שֶׁבֵּין יְהוּדָה וּבִנְיָמִין, וּבֵית אֵל הָיָה בַּצָּפוֹן שֶׁל נַחֲלַת בִּנְיָמִין בַּגְּבוּל שֶׁבֵּין בִּנְיָמִין וּבֵין בְּנֵי יוֹסֵף; נִמְצָא סֻלָּם שֶׁרַגְלָיו בִּבְאֵר שֶׁבַע וְרֹאשׁוֹ בְּבֵית אֵל מַגִּיעַ אֶמְצַע שִׁפּוּעוֹ נֶגֶד יְרוּשָׁלַיִם. וּלְפִי שֶׁאָמְרוּ רַבּוֹתֵינוּ שֶׁאָמַר הַקָּדוֹשׁ בָּרוּךְ הוּא, צַדִּיק זֶה בָּא לְבֵית מְלוֹנִי וְיִפָּטֵר בְּלֹא לִינָה?, וְעוֹד אָמְרוּ, יַעֲקֹב קְרָאוֹ בֵּית אֵל, וְזוֹ לוּז הִיא וְלֹא יְרוּשָׁלַיִם, וּמֵהֵיכָן לָמְדוּ לוֹמַר כֵּן? אֲנִי אוֹמֵר שֶׁנֶּעֱקַר הַר הַמּוֹרִיָּה וּבָא לְכָאן, וְזוֹ הִיא קְפִיצַת הָאָרֶץ הָאֲמוּרָה בִּשְׁחִיטַת חֻלִּין (חולין צא ע"ב), שֶׁבָּא בֵּית הַמִּקְדָּשׁ לִקְרָאתוֹ עַד בֵּית אֵל, וְזֶהוּ "וַיִּפְגַּע בַּמָּקוֹם" (לעיל פסוק יא): **מַה נּוֹרָא.** תַּרְגּוּם: "מָה דְּחִילוּ אַתְרָא הָדֵין". 'דְּחִילוּ' שֵׁם דָּבָר הוּא, כְּמוֹ 'סוּכְלְתָנוּ' 'וּכְסוּ לְמִלְבַּשׁ': **וְזֶה שַׁעַר הַשָּׁמָיִם.** מְקוֹם תְּפִלָּה לַעֲלוֹת תְּפִלָּתָם הַשָּׁמַיְמָה. וּמִדְרָשׁוֹ, שֶׁבֵּית הַמִּקְדָּשׁ שֶׁל מַעְלָה מְכֻוָּן כְּנֶגֶד בֵּית הַמִּקְדָּשׁ שֶׁל מַטָּה:

כ-כא| **אִם יִהְיֶה אֱלֹהִים עִמָּדִי.** אִם יִשְׁמֹר לִי הַבְטָחוֹת הַלָּלוּ שֶׁהִבְטִיחַנִי לִהְיוֹת עִמָּדִי, כְּמוֹ שֶׁאָמַר לִי: "וְהִנֵּה אָנֹכִי עִמָּךְ" (לעיל פסוק טו): **וּשְׁמָרַנִי.** כְּמוֹ שֶׁאָמַר לִי: "וּשְׁמַרְתִּיךָ בְּכֹל אֲשֶׁר תֵּלֵךְ" (שם): **וְנָתַן לִי לֶחֶם לֶאֱכֹל.** כְּמוֹ שֶׁאָמַר: "כִּי לֹא אֶעֱזָבְךָ" (שם), וְהַמְבַקֵּשׁ לֶחֶם הוּא קָרוּי נֶעֱזָב, שֶׁנֶּאֱמַר: "וְלֹא רָאִיתִי צַדִּיק נֶעֱזָב וְזַרְעוֹ מְבַקֶּשׁ לָחֶם" (תהלים לז, כה):

וְשַׁבְתִּי. כְּמוֹ שֶׁאָמַר לִי: "וַהֲשִׁבֹתִיךָ אֶל הָאֲדָמָה" (לעיל פסוק טו): **בְּשָׁלוֹם.** שָׁלֵם מִן הַחֵטְא, שֶׁלֹּא אֶלְמַד מִדַּרְכֵי לָבָן: **וְהָיָה ה' לִי לֵאלֹהִים.** שֶׁיָּחוּל שְׁמוֹ עָלַי מִתְּחִלָּה וְעַד סוֹף, שֶׁלֹּא יִמָּצֵא פְּסוּל בְּזַרְעִי כְּמוֹ שֶׁאָמַר: "אֲשֶׁר דִּבַּרְתִּי לָךְ" (שם); וְהַבְטָחָה זוֹ הִבְטִיחַ לְאַבְרָהָם, שֶׁנֶּאֱמַר: "לִהְיוֹת לְךָ לֵאלֹהִים וּלְזַרְעֲךָ אַחֲרֶיךָ" (לעיל יז, ז):

כב| **וְהָאֶבֶן הַזֹּאת.** כָּךְ תְּפָרֵשׁ וָי"ו זוֹ שֶׁל 'וְהָאֶבֶן': אִם תַּעֲשֶׂה לִי אֶת אֵלֶּה וְאַף אֲנִי אֶעֱשֶׂה זֹאת: **וְהָאֶבֶן הַזֹּאת אֲשֶׁר שַׂמְתִּי מַצֵּבָה וְגוֹ'.** כְּתַרְגּוּמוֹ: "אֵיהֵי פָּלַח עֲלַהּ קֳדָם ה'". וְכֵן עָשָׂה בְּשׁוּבוֹ מִפַּדַּן אֲרָם כְּשֶׁאָמַר לוֹ: "קוּם עֲלֵה בֵּית אֵל" (להלן לה, א), מַה נֶּאֱמַר שָׁם? "וַיַּצֵּב יַעֲקֹב מַצֵּבָה וְגוֹ' וַיַּסֵּךְ עָלֶיהָ נֶסֶךְ" (פסוק יד):

פרק כט

א| **וַיִּשָּׂא יַעֲקֹב רַגְלָיו.** מִשֶּׁנִּתְבַּשֵּׂר בְּשׂוֹרָה טוֹבָה וְהֻבְטַח בִּשְׁמִירָה, נָשָׂא לִבּוֹ אֶת רַגְלָיו וְנַעֲשָׂה קַל לָלֶכֶת. כָּךְ מְפֹרָשׁ בִּבְרֵאשִׁית רַבָּה (ע, ח):

ב| **יַשְׁקוּ הָעֲדָרִים.** מַשְׁקִים הָרוֹעִים אֶת הָעֲדָרִים, וְהַמִּקְרָא דִּבֵּר בִּלְשׁוֹן קְצָרָה:

ג| **וְנֶאֶסְפוּ.** רְגִילִים הָיוּ לְהֵאָסֵף, לְפִי שֶׁהָיְתָה הָאֶבֶן גְּדוֹלָה: **וְגָלֲלוּ.** וְגוֹלְלִין, וְתַרְגּוּמוֹ: "וּמְגַנְדְּרִין". כָּל לָשׁוֹן הֹוֶה מִשְׁתַּנֶּה לְדַבֵּר בִּלְשׁוֹן עָתִיד וּבִלְשׁוֹן עָבָר, לְפִי שֶׁכָּל דָּבָר הַהֹוֶה תָּמִיד כְּבָר הָיָה וְעָתִיד לִהְיוֹת: **וְהֵשִׁיבוּ.** "וּמְתִיבִין":

ז בִּתּוֹ בָּאָה עִם־הַצֹּאן׃ וַיֹּאמֶר הֵן עוֹד הַיּוֹם גָּדוֹל
לֹא־עֵת הֵאָסֵף הַמִּקְנֶה הַשְׁקוּ הַצֹּאן וּלְכוּ רְעוּ׃
ח וַיֹּאמְרוּ לֹא נוּכַל עַד אֲשֶׁר יֵאָסְפוּ כָּל־הָעֲדָרִים
וְגָלְלוּ אֶת־הָאֶבֶן מֵעַל פִּי הַבְּאֵר וְהִשְׁקִינוּ הַצֹּאן׃
ט עוֹדֶנּוּ מְדַבֵּר עִמָּם וְרָחֵל ׀ בָּאָה עִם־הַצֹּאן אֲשֶׁר
י לְאָבִיהָ כִּי רֹעָה הִוא׃ וַיְהִי כַּאֲשֶׁר רָאָה יַעֲקֹב
אֶת־רָחֵל בַּת־לָבָן אֲחִי אִמּוֹ וְאֶת־צֹאן לָבָן אֲחִי
אִמּוֹ וַיִּגַּשׁ יַעֲקֹב וַיָּגֶל אֶת־הָאֶבֶן מֵעַל פִּי הַבְּאֵר
יא וַיַּשְׁקְ אֶת־צֹאן לָבָן אֲחִי אִמּוֹ׃ וַיִּשַּׁק יַעֲקֹב לְרָחֵל
יב וַיִּשָּׂא אֶת־קֹלוֹ וַיֵּבְךְּ׃ וַיַּגֵּד יַעֲקֹב לְרָחֵל כִּי אֲחִי
אָבִיהָ הוּא וְכִי בֶן־רִבְקָה הוּא וַתָּרָץ וַתַּגֵּד
יג לְאָבִיהָ׃ וַיְהִי כִשְׁמֹעַ לָבָן אֶת־שֵׁמַע ׀ יַעֲקֹב בֶּן־
אֲחֹתוֹ וַיָּרָץ לִקְרָאתוֹ וַיְחַבֶּק־לוֹ וַיְנַשֶּׁק־לוֹ
וַיְבִיאֵהוּ אֶל־בֵּיתוֹ וַיְסַפֵּר לְלָבָן אֵת כָּל־הַדְּבָרִים
יד הָאֵלֶּה׃ וַיֹּאמֶר לוֹ לָבָן אַךְ עַצְמִי וּבְשָׂרִי אָתָּה
טו וַיֵּשֶׁב עִמּוֹ חֹדֶשׁ יָמִים׃ וַיֹּאמֶר לָבָן לְיַעֲקֹב הֲכִי־
אָחִי אַתָּה וַעֲבַדְתַּנִי חִנָּם הַגִּידָה לִּי מַה־
טז מַשְׂכֻּרְתֶּךָ׃ וּלְלָבָן שְׁתֵּי בָנוֹת שֵׁם הַגְּדֹלָה לֵאָה
יז וְשֵׁם הַקְּטַנָּה רָחֵל׃ וְעֵינֵי לֵאָה רַכּוֹת וְרָחֵל הָיְתָה
יח יְפַת־תֹּאַר וִיפַת מַרְאֶה׃ וַיֶּאֱהַב יַעֲקֹב אֶת־רָחֵל שלישי

ז בְּרַתֵּיהּ, אָתְיָא עִם עָנָא: וַאֲמַר, הָא עוֹד יוֹמָא סַגִּי, לָא עִדָּן לְמִכְנַשׁ בְּעִיר, אַשְׁקוֹ עָנָא וְאִיזִילוּ
ח רְעוֹ: וַאֲמַרוּ לָא נִכּוֹל, עַד דְּיִתְכַּנְּשׁוּן כָּל עֶדְרַיָּא, וִיגַנְדְּרוּן יָת אַבְנָא, מֵעַל פּוּמָּא דְּבֵירָא, וְנַשְׁקֵי
ט י עָנָא: עַד דְּהוּא מְמַלֵּיל עִמְּהוֹן, וְרָחֵל אֲתָת, עִם עָנָא דִּלְאֲבוּהָא, אֲרֵי רָעִיתָא הִיא: וַהֲוָה,
כַּד חֲזָא יַעֲקֹב יָת רָחֵל, בַּת לָבָן אֲחוּהָא דְּאִמֵּיהּ, וְיָת עָנָא דְּלָבָן אֲחוּהָא דְּאִמֵּיהּ, וּקְרֵיב
יא יַעֲקֹב, וְגַנְדַּר יָת אַבְנָא מֵעַל פּוּמָּא דְּבֵירָא, וְאַשְׁקִי, יָת עָנָא דְּלָבָן אֲחוּהָא דְּאִמֵּיהּ: וְנַשֵּׁיק
יב יַעֲקֹב לְרָחֵל, וַאֲרֵים יָת קָלֵיהּ וּבְכָא: וְחַוִּי יַעֲקֹב לְרָחֵל, אֲרֵי בַּר אֲחָת אֲבוּהָא הוּא, וַאֲרֵי בַּר
יג רִבְקָה הוּא, וּרְהַטַת וְחַוִּיאַת לַאֲבוּהָא: וַהֲוָה כַּד שְׁמַע לָבָן, יָת שֵׁימַע יַעֲקֹב בַּר אֲחָתֵיהּ,
וּרְהַט לְקַדָּמוּתֵיהּ וְגַפֵּיף לֵיהּ וְנַשֵּׁיק לֵיהּ, וְאַעֲלֵיהּ לְבֵיתֵיהּ, וְאִשְׁתַּעִי לְלָבָן, יָת כָּל פִּתְגָּמַיָּא
יד טו הָאִלֵּין: וַאֲמַר לֵיהּ לָבָן, בְּרַם, קָרִיבִי וּבִסְרִי אַתְּ, וִיתֵיב עִמֵּיהּ יְרַח יוֹמִין: וַאֲמַר לָבָן לְיַעֲקֹב,
טז הֲמִדַּאֲחִי אַתְּ, וְתִפְלְחִנַּנִי מַגָּן, חַוִּי לִי מָא אַגְרָךְ: וּלְלָבָן תַּרְתֵּין בְּנָן, שׁוּם רַבְּתָא לֵאָה, וְשׁוּם
יז יח זְעֵירְתָא רָחֵל: וְעֵינֵי לֵאָה יָאֲיָן, וְרָחֵל הֲוָת, שַׁפִּירָא בְּרֵיוָא וְיָאַיָא בְּחֶזְוָא: וּרְחֵים יַעֲקֹב יָת רָחֵל,

ו| **בָּאָה עִם הַצֹּאן.** הַטַּעַם בְּחָלֶ"ף, וְתַרְגּוּמוֹ: "אָתְיָא"; "וְרָחֵל בָּאָה" (להלן פסוק ט) הַטַּעַם לְמַעְלָה בַּבֵּי"ת וְתַרְגּוּמוֹ: "אֲתָת", הָרִאשׁוֹן לְשׁוֹן 'עוֹשָׂה' וְהַשֵּׁנִי לְשׁוֹן 'עָשְׂתָה':

ז| **הֵן עוֹד הַיּוֹם גָּדוֹל.** לְפִי שֶׁרָאָה אוֹתָם רוֹבְצִים, כְּסָבוּר שֶׁרוֹצִים לֶאֱסֹף הַמִּקְנֶה הַבַּיְתָה וְלֹא יִרְעוּ עוֹד. אָמַר לָהֶם: "הֵן עוֹד הַיּוֹם גָּדוֹל", אִם שְׂכִירִים אַתֶּם – לֹא הִשְׁלַמְתֶּם פְּעֻלַּת הַיּוֹם, וְאִם הַבְּהֵמוֹת שֶׁלָּכֶם – אַף עַל פִּי כֵן "לֹא עֵת הֵאָסֵף הַמִּקְנֶה" וְגוֹ'. בְּרֵאשִׁית רַבָּה (ע, יח):

ח| **לֹא נוּכַל.** לְהַשְׁקוֹת, לְפִי שֶׁהָאֶבֶן גְּדוֹלָה: **וְגָלֲלוּ.** זֶה מְתֻרְגָּם: "וִיגַנְדְּרוּן", לְפִי שֶׁהוּא לְשׁוֹן עָתִיד:

י| **וַיִּגַּשׁ יַעֲקֹב וַיָּגֶל.** כְּאָדָם שֶׁמַּעֲבִיר אֶת הַפְּקָק מֵעַל פִּי צְלוֹחִית, לְהוֹדִיעֲךָ שֶׁכֹּחוֹ גָּדוֹל:

יא| **וַיֵּבְךְּ.** לְפִי שֶׁצָּפָה בְּרוּחַ הַקֹּדֶשׁ שֶׁאֵינָהּ נִכְנֶסֶת עִמּוֹ לַקְּבוּרָה. דָּבָר אַחֵר, לְפִי שֶׁבָּא בְּיָדַיִם רֵיקָנִיּוֹת, אָמַר: אֱלִיעֶזֶר עֶבֶד אֲבִי אַבָּא הָיוּ בְּיָדָיו נְזָמִים וּצְמִידִים וּמִגְדָּנוֹת, וַאֲנִי אֵין בְּיָדִי כְּלוּם. לְפִי שֶׁרָדַף אֱלִיפַז בֶּן עֵשָׂו בְּמִצְוַת אָבִיו אַחֲרָיו לְהָרְגוֹ, וְהִשִּׂיגוֹ, וּלְפִי שֶׁגָּדַל אֱלִיפַז בְּחֵיקוֹ שֶׁל יִצְחָק מָשַׁךְ יָדוֹ. אָמַר לוֹ: מָה אֶעֱשֶׂה לְצִוּוּיוֹ שֶׁל אַבָּא? אָמַר לוֹ יַעֲקֹב: טֹל מַה שֶּׁבְּיָדִי, וְהֶעָנִי חָשׁוּב כַּמֵּת:

יב| **כִּי אֲחִי אָבִיהָ הוּא.** קָרוֹב לְאָבִיהָ, כְּמוֹ: "אֲנָשִׁים אַחִים אֲנָחְנוּ" (לעיל יג, ח). וּמִדְרָשׁוֹ: אִם לְרַמָּאוּת הוּא בָּא – גַּם אֲנִי אָחִיו בְּרַמָּאוּת, וְאִם אָדָם כָּשֵׁר הוּא – גַּם אֲנִי "בֶּן רִבְקָה" אֲחוֹתוֹ הַכְּשֵׁרָה: **וַתַּגֵּד לְאָבִיהָ.** אִמָּהּ מֵתָה וְלֹא הָיָה לָהּ לְהַגִּיד אֶלָּא לוֹ:

יג| **וַיָּרָץ לִקְרָאתוֹ.** כְּסָבוּר מָמוֹן הוּא טָעוּן, שֶׁהֲרֵי עֶבֶד הַבַּיִת בָּא לְכָאן בַּעֲשָׂרָה גְמַלִּים טְעוּנִין: **וַיְחַבֶּק.** כְּשֶׁלֹּא רָאָה עִמּוֹ כְּלוּם אָמַר: שֶׁמָּא זְהוּבִים הֵבִיא וַהֲרֵי הֵם בְּחֵיקוֹ: **וַיְנַשֶּׁק לוֹ.** אָמַר: שֶׁמָּא מַרְגָּלִיּוֹת הֵבִיא וַהֲרֵי הֵם בְּפִיו: **וַיְסַפֵּר לְלָבָן.** שֶׁלֹּא בָּא אֶלָּא מִתּוֹךְ אֹנֶס אָחִיו, וְשֶׁנָּטְלוּ מָמוֹנוֹ מִמֶּנּוּ:

יד| **אַךְ עַצְמִי וּבְשָׂרִי.** מֵעַתָּה אֵין לִי לְאָסְפְּךָ הַבַּיְתָה, הוֹאִיל וְאֵין בְּיָדְךָ כְּלוּם, אֶלָּא מִפְּנֵי קֻרְבָה אֲטַפֵּל בְּךָ חֹדֶשׁ יָמִים, וְכֵן עָשָׂה, וְאַף זוֹ לֹא לְחִנָּם, שֶׁהָיָה רוֹעֶה צֹאנוֹ:

טו| **הֲכִי אָחִי אַתָּה.** לְשׁוֹן תְּמִיהָ, וְכִי בִּשְׁבִיל שֶׁאָחִי אַתָּה תַּעַבְדֵנִי חִנָּם?: **וַעֲבַדְתַּנִי.** כְּמוֹ 'וְתַעַבְדֵנִי'. וְכֵן כָּל תֵּבָה שֶׁהִיא לְשׁוֹן עָבָר, הוֹסִיף וָי"ו בְּרֹאשָׁהּ וְהִיא הוֹפֶכֶת הַתֵּבָה לְהַבָּא:

יז| **רַכּוֹת.** שֶׁהָיְתָה סְבוּרָה לַעֲלוֹת בְּגוֹרָלוֹ שֶׁל עֵשָׂו וּבוֹכָה, שֶׁהָיוּ הַכֹּל אוֹמְרִים: שְׁנֵי בָנִים לְרִבְקָה וּשְׁתֵּי בָנוֹת לְלָבָן, הַגְּדוֹלָה לַגָּדוֹל וְהַקְּטַנָּה לַקָּטָן: **תֹּאַר.** הוּא צוּרַת הַפַּרְצוּף, לְשׁוֹן: "יְתָאֲרֵהוּ בַשֶּׂרֶד" (ישעיה מד, יג), קונפא"ס בְּלַעַז: **מַרְאֶה.** הוּא זִיו קְלַסְתֵּר:

וַיֹּאמֶר אֶעֱבָדְךָ שֶׁבַע שָׁנִים בְּרָחֵל בִּתְּךָ הַקְּטַנָּה׃
יט וַיֹּאמֶר לָבָן טוֹב תִּתִּי אֹתָהּ לָךְ מִתִּתִּי אֹתָהּ
כ לְאִישׁ אַחֵר שְׁבָה עִמָּדִי׃ וַיַּעֲבֹד יַעֲקֹב בְּרָחֵל
שֶׁבַע שָׁנִים וַיִּהְיוּ בְעֵינָיו כְּיָמִים אֲחָדִים בְּאַהֲבָתוֹ
כא אֹתָהּ׃ וַיֹּאמֶר יַעֲקֹב אֶל־לָבָן הָבָה אֶת־אִשְׁתִּי
כב כִּי מָלְאוּ יָמָי וְאָבוֹאָה אֵלֶיהָ׃ וַיֶּאֱסֹף לָבָן אֶת־
כג כָּל־אַנְשֵׁי הַמָּקוֹם וַיַּעַשׂ מִשְׁתֶּה׃ וַיְהִי בָעֶרֶב
וַיִּקַּח אֶת־לֵאָה בִתּוֹ וַיָּבֵא אֹתָהּ אֵלָיו וַיָּבֹא
כד אֵלֶיהָ׃ וַיִּתֵּן לָבָן לָהּ אֶת־זִלְפָּה שִׁפְחָתוֹ לְלֵאָה
כה בִתּוֹ שִׁפְחָה׃ וַיְהִי בַבֹּקֶר וְהִנֵּה־הִוא לֵאָה וַיֹּאמֶר
אֶל־לָבָן מַה־זֹּאת עָשִׂיתָ לִּי הֲלֹא בְרָחֵל עָבַדְתִּי
כו עִמָּךְ וְלָמָּה רִמִּיתָנִי׃ וַיֹּאמֶר לָבָן לֹא־יֵעָשֶׂה כֵן
כז בִּמְקוֹמֵנוּ לָתֵת הַצְּעִירָה לִפְנֵי הַבְּכִירָה׃ מַלֵּא
שְׁבֻעַ זֹאת וְנִתְּנָה לְךָ גַּם־אֶת־זֹאת בַּעֲבֹדָה
אֲשֶׁר תַּעֲבֹד עִמָּדִי עוֹד שֶׁבַע־שָׁנִים אֲחֵרוֹת׃
כח וַיַּעַשׂ יַעֲקֹב כֵּן וַיְמַלֵּא שְׁבֻעַ זֹאת וַיִּתֶּן־לוֹ אֶת־
כט רָחֵל בִּתּוֹ לוֹ לְאִשָּׁה׃ וַיִּתֵּן לָבָן לְרָחֵל בִּתּוֹ אֶת־
ל בִּלְהָה שִׁפְחָתוֹ לָהּ לְשִׁפְחָה׃ וַיָּבֹא גַּם אֶל־רָחֵל
וַיֶּאֱהַב גַּם־אֶת־רָחֵל מִלֵּאָה וַיַּעֲבֹד עִמּוֹ עוֹד
לא שֶׁבַע־שָׁנִים אֲחֵרוֹת׃ וַיַּרְא יהוה כִּי־שְׂנוּאָה כז
לב לֵאָה וַיִּפְתַּח אֶת־רַחְמָהּ וְרָחֵל עֲקָרָה׃ וַתַּהַר

לֵאָה֙ וַתֵּ֣לֶד בֵּ֔ן וַתִּקְרָ֥א שְׁמ֖וֹ רְאוּבֵ֑ן כִּ֣י אָֽמְרָ֗ה
כִּֽי־רָאָ֤ה יהוה֙ בְּעָנְיִ֔י כִּ֥י עַתָּ֖ה יֶאֱהָבַ֥נִי אִישִֽׁי׃
לג וַתַּ֣הַר עוֹד֮ וַתֵּ֣לֶד בֵּן֒ וַתֹּ֗אמֶר כִּֽי־שָׁמַ֤ע יהוה֙
כִּֽי־שְׂנוּאָ֣ה אָנֹ֔כִי וַיִּתֶּן־לִ֖י גַּם־אֶת־זֶ֑ה וַתִּקְרָ֥א

יט וַאֲמַר, אֶפְלְחִנָּךְ שְׁבַע שְׁנִין, בְּרָחֵל בְּרַתָּךְ זְעֵירְתָא: וַאֲמַר לָבָן, טָב דְּאֶתֵּין יָתַהּ לָךְ, מִדְּאֶתֵּין
כ יָתַהּ לִגְבַר אָחֳרָן, תִּיב עִמִּי: וּפְלַח יַעֲקֹב, בְּרָחֵל שְׁבַע שְׁנִין, וַהֲווֹ בְּעֵינוֹהִי כְּיוֹמִין זְעִירִין,
כא כב בְּדִרְחֵים יָתַהּ: וַאֲמַר יַעֲקֹב לְלָבָן הַב יָת אִתְּתִי, אֲרֵי שְׁלִימוּ יוֹמֵי פָלְחָנִי, וְאֵיעוֹל לְוָתַהּ: וּכְנַשׁ
כג לָבָן, יָת כָּל אֱנָשֵׁי אַתְרָא וַעֲבַד מִשְׁתְּיָא: וַהֲוָה בְרַמְשָׁא, וּדְבַר יָת לֵאָה בְּרַתֵּיהּ, וְאַעֵיל יָתַהּ
כד כה לְוָתֵיהּ, וְעָאל לְוָתַהּ: וִיהַב לָבָן לַהּ, יָת זִלְפָּה אַמְתֵיהּ, לְלֵאָה בְרַתֵּיהּ לְאַמְהוּ: וַהֲוָה בְצַפְרָא,
וְהָא הִיא לֵאָה, וַאֲמַר לְלָבָן, מָא דָא עֲבַדְתְּ לִי, הֲלָא בְרָחֵל פְּלַחִית עִמָּךְ, וּלְמָא שַׁקַּרְתְּ בִּי:
כו כז וַאֲמַר לָבָן, לָא מִתְעֲבֵיד כֵּן בְּאַתְרַנָא, לְמִתַּן זְעֵירְתָא קֳדָם רַבְּתָא: אַשְׁלֵים שְׁבוּעֲתָא דְדָא,
כח וְנִתֵּין לָךְ אַף יָת דָא, בְּפָלְחָנָא דְּתִפְלַח עִמִּי, עוֹד שְׁבַע שְׁנִין אָחֳרָנְיָן: וַעֲבַד יַעֲקֹב כֵּן, וְאַשְׁלֵים
כט שְׁבוּעֲתָא דְדָא, וִיהַב לֵיהּ, יָת רָחֵל בְּרַתֵּיהּ לֵיהּ לְאִתּוּ: וִיהַב לָבָן לְרָחֵל בְּרַתֵּיהּ, יָת בִּלְהָה
ל אַמְתֵיהּ, לַהּ לְאַמְהוּ: וְעָאל אַף לְוָת רָחֵל, וּרְחֵים אַף יָת רָחֵל מִלֵּאָה, וּפְלַח עִמֵּיהּ, עוֹד שְׁבַע
לא לב שְׁנִין אָחֳרָנְיָן: וַחֲזָא יי אֲרֵי סְנוּאֲתָא לֵאָה, וִיהַב לַהּ עִדּוּי, וְרָחֵל עַקְרָא: וְעַדִּיאַת לֵאָה וִילֵידַת
לג בַּר, וּקְרָת שְׁמֵיהּ רְאוּבֵן, אֲרֵי אֲמָרַת, אֲרֵי גְלֵי קֳדָם יי עֻלְבָּנִי, אֲרֵי כְעַן יִרְחֲמִנַּנִי בַעְלִי: וְעַדִּיאַת
עוֹד וִילֵידַת בַּר, וַאֲמַרַת, אֲרֵי שְׁמִיעַ קֳדָם יי אֲרֵי סְנוּאֲתָא אֲנָא, וִיהַב לִי אַף יָת דֵּין, וּקְרָת

יח | אֶעֱבָדְךָ שֶׁבַע שָׁנִים. הֵם "יָמִים אֲחָדִים" שֶׁאָמְרָה לוֹ אִמּוֹ: "וְיָשַׁבְתָּ עִמּוֹ יָמִים אֲחָדִים" (לעיל כז, מד), וְתֵדַע שֶׁכֵּן הוּא, שֶׁהֲרֵי כְּתִיב: "וַיִּהְיוּ בְעֵינָיו כְּיָמִים אֲחָדִים" (להלן פסוק כ): בְּרָחֵל בִּתְּךָ הַקְּטַנָּה. כָּל הַסִּימָנִים הַלָּלוּ לָמָּה? לְפִי שֶׁיּוֹדֵעַ בּוֹ שֶׁהוּא רַמַּאי, אָמַר לוֹ: "אֶעֱבָדְךָ בְּרָחֵל", וְשֶׁמָּא תֹּאמַר רָחֵל אַחֶרֶת מִן הַשּׁוּק, תַּלְמוּד לוֹמַר: "בִּתְּךָ", וְשֶׁמָּא תֹּאמַר אַחֲלִיף לְלֵאָה שְׁמָהּ וְאֶקְרָא שְׁמָהּ רָחֵל, תַּלְמוּד לוֹמַר: "הַקְּטַנָּה". וְאַף עַל פִּי כֵן לֹא הוֹעִיל:

כא | מָלְאוּ יָמָי. שֶׁאָמְרָה לִי אִמִּי. וְעוֹד, "מָלְאוּ יָמַי", שֶׁהֲרֵי אֲנִי בֶּן שְׁמוֹנִים וְאַרְבַּע שָׁנָה, וְאֵימָתַי אַעֲמִיד שְׁנֵים עָשָׂר שְׁבָטִים? וְזֶהוּ שֶׁאָמַר: "וְאָבוֹאָה אֵלֶיהָ", וַהֲלֹא קַל שֶׁבַּקַּלִּים אֵינוֹ אוֹמֵר כֵּן! אֶלָּא לְהוֹלִיד תּוֹלָדוֹת אָמַר כֵּן:

כה | וַיְהִי בַבֹּקֶר וְהִנֵּה הִוא לֵאָה. אֲבָל בַּלַּיְלָה לֹא הָיְתָה לֵאָה, לְפִי שֶׁמָּסַר יַעֲקֹב סִימָנִים לְרָחֵל, וּכְשֶׁרָאֲתָה שֶׁמַּכְנִיסִין לוֹ לֵאָה, אָמְרָה: עַכְשָׁיו תִּכָּלֵם אֲחוֹתִי. עָמְדָה וּמָסְרָה לָהּ אוֹתָן סִימָנִים:

כז | מַלֵּא שְׁבֻעַ זֹאת. דָּבוּק הוּא, שֶׁהֲרֵי נָקוּד בַּחֲטָף, שְׁבוּעַ שֶׁל זֹאת, וְהֵן שִׁבְעַת יְמֵי הַמִּשְׁתֶּה. בְּתַלְמוּד יְרוּשַׁלְמִי בְּמוֹעֵד קָטָן (א, ז): וְנִתְּנָה לְךָ. לְשׁוֹן רַבִּים, כְּמוֹ: "נֵרְדָה וְנָבְלָה" (לעיל יא, ז), "וְנִשְׂרְפָה" (שם פסוק ג), אַף זֶה לְשׁוֹן 'וְנִתֵּן': גַּם אֶת זֹאת. מִיָּד לְאַחַר שִׁבְעַת יְמֵי הַמִּשְׁתֶּה, וְתַעֲבֹד לְאַחַר נִשּׂוּאֶיהָ:

ל | שֶׁבַע שָׁנִים אֲחֵרוֹת. אַחֲרוֹת הִקִּישָׁן לָרִאשׁוֹנוֹת, מָה רִאשׁוֹנוֹת בֶּאֱמוּנָה אַף הָאַחֲרוֹנוֹת בֶּאֱמוּנָה, וְאַף עַל פִּי שֶׁבְּרַמָּאוּת בָּא עָלָיו:

בראשית כט

שְׁמוֹ שִׁמְעוֹן: וַתַּהַר עוֹד וַתֵּלֶד בֵּן וַתֹּאמֶר עַתָּה לד
הַפַּעַם יִלָּוֶה אִישִׁי אֵלַי כִּי־יָלַדְתִּי לוֹ שְׁלֹשָׁה
בָנִים עַל־כֵּן קָרָא שְׁמוֹ לֵוִי: וַתַּהַר עוֹד וַתֵּלֶד בֵּן לה
וַתֹּאמֶר הַפַּעַם אוֹדֶה אֶת־יְהוָֹה עַל־כֵּן קָרְאָה
שְׁמוֹ יְהוּדָה וַתַּעֲמֹד מִלֶּדֶת: וַתֵּרֶא רָחֵל כִּי לֹא א ל
יָלְדָה לְיַעֲקֹב וַתְּקַנֵּא רָחֵל בַּאֲחֹתָהּ וַתֹּאמֶר אֶל־
יַעֲקֹב הָבָה־לִּי בָנִים וְאִם־אַיִן מֵתָה אָנֹכִי: וַיִּחַר־ ב
אַף יַעֲקֹב בְּרָחֵל וַיֹּאמֶר הֲתַחַת אֱלֹהִים אָנֹכִי
אֲשֶׁר־מָנַע מִמֵּךְ פְּרִי־בָטֶן: וַתֹּאמֶר הִנֵּה אֲמָתִי ג
בִלְהָה בֹּא אֵלֶיהָ וְתֵלֵד עַל־בִּרְכַּי וְאִבָּנֶה גַם־
אָנֹכִי מִמֶּנָּה: וַתִּתֶּן־לוֹ אֶת־בִּלְהָה שִׁפְחָתָהּ ד
לְאִשָּׁה וַיָּבֹא אֵלֶיהָ יַעֲקֹב: וַתַּהַר בִּלְהָה וַתֵּלֶד ה
לְיַעֲקֹב בֵּן: וַתֹּאמֶר רָחֵל דָּנַנִּי אֱלֹהִים וְגַם שָׁמַע ו
בְּקֹלִי וַיִּתֶּן־לִי בֵּן עַל־כֵּן קָרְאָה שְׁמוֹ דָּן: וַתַּהַר ז
עוֹד וַתֵּלֶד בִּלְהָה שִׁפְחַת רָחֵל בֵּן שֵׁנִי לְיַעֲקֹב:
וַתֹּאמֶר רָחֵל נַפְתּוּלֵי אֱלֹהִים ׀ נִפְתַּלְתִּי עִם־ ח
אֲחֹתִי גַּם־יָכֹלְתִּי וַתִּקְרָא שְׁמוֹ נַפְתָּלִי: וַתֵּרֶא ט
לֵאָה כִּי עָמְדָה מִלֶּדֶת וַתִּקַּח אֶת־זִלְפָּה שִׁפְחָתָהּ
וַתִּתֵּן אֹתָהּ לְיַעֲקֹב לְאִשָּׁה: וַתֵּלֶד זִלְפָּה שִׁפְחַת י
לֵאָה לְיַעֲקֹב בֵּן: וַתֹּאמֶר לֵאָה בְּגָד וַתִּקְרָא אֶת־ יא בָּא גָד

ויצא

לד שְׁמֵיהּ שִׁמְעוֹן: וְעַדִּיאַת עוֹד וִילֵידַת בַּר, וַאֲמֶרֶת, הָדָא זִמְנָא יִתְחַבַּר לִי בַעְלִי, אֲרֵי יְלֵידִית לֵיהּ
לה תְּלָתָא בְנִין, עַל כֵּן קְרָא שְׁמֵיהּ לֵוִי: וְעַדִּיאַת עוֹד וִילֵידַת בַּר, וַאֲמֶרֶת הָדָא זִמְנָא אוֹדֵי קֳדָם
ל א יְיָ, עַל כֵּן, קְרָת שְׁמֵיהּ יְהוּדָה, וְקָמַת מִלְּמֵילַד: וַחֲזָת רָחֵל, אֲרֵי לָא יְלֵידַת לְיַעֲקֹב, וְקַנִּיאַת רָחֵל
ב בַּאֲחָתַהּ, וַאֲמֶרֶת לְיַעֲקֹב הַב לִי בְנִין, וְאִם לָא מָיְתָא אֲנָא: וּתְקֵיף רָגְזָא דְיַעֲקֹב בְּרָחֵל, וַאֲמַר,
ג הֲמִנִּי אַתְּ בָּעְיָא הֲלָא מִן קֳדָם יְיָ תִּבְעַן, דִּמְנַע מִנִּיךְ וַלְדָא דִמְעָן: וַאֲמֶרֶת, הָא, אַמְתִי בִלְהָה
ד עוֹל לְוָתַהּ, תְּלִיד וַאֲנָא אֱרַבִּי, וְאִתְבְּנֵי אַף אֲנָא מִנַּהּ: וִיהֲבַת לֵיהּ, יָת בִּלְהָה אַמְתַהּ לְאִתּוּ,
ה וְעָאל לְוָתַהּ יַעֲקֹב: וְעַדִּיאַת בִּלְהָה, וִילֵידַת לְיַעֲקֹב בַּר: וַאֲמֶרֶת רָחֵל דָּנַנִי יְיָ, וְאַף קַבִּיל צְלוֹתִי,
ו וִיהַב לִי בַר, עַל כֵּן, קְרָת שְׁמֵיהּ דָּן: וְעַדִּיאַת עוֹד, וִילֵידַת, בִּלְהָה אַמְתַהּ דְּרָחֵל, בַּר תִּנְיָן לְיַעֲקֹב:
ז וַאֲמֶרֶת רָחֵל, קַבֵּיל בָּעוּתִי יְיָ בְּאִתְחַנָּנוּתִי בִצְלוֹתִי, חֲמִידִית דִּיהֵי לִי וְלַד כַּאֲחָתִי אַף אִתְיְהֵיב
ח לִי, וּקְרָת שְׁמֵיהּ נַפְתָּלִי: וַחֲזָת לֵאָה, אֲרֵי קָמַת מִלְּמֵילַד, וּדְבַרַת יָת זִלְפָּה אַמְתַהּ, וִיהֲבַת יָתַהּ
ט לְיַעֲקֹב לְאִתּוּ: וִילֵידַת, זִלְפָּה, אַמְתַהּ דְּלֵאָה לְיַעֲקֹב בַּר: וַאֲמֶרֶת לֵאָה אֲתָא גָד, וּקְרָת יָת
יא

הַפַּעַם יִלָּוֶה אִישִׁי. לְפִי שֶׁהָאִמָּהוֹת נְבִיאוֹת הָיוּ וְיוֹדְעוֹת שֶׁשְּׁנֵים עָשָׂר שְׁבָטִים יוֹצְאִים מִיַּעֲקֹב וְאַרְבַּע נָשִׁים יִשָּׂא, אָמְרָה: מֵעַתָּה אֵין לוֹ פִּתְחוֹן פֶּה עָלַי, שֶׁהֲרֵי נָטַלְתִּי כָּל חֶלְקִי בַּבָּנִים: עַל כֵּן. כָּל מִי שֶׁנֶּאֱמַר בּוֹ "עַל כֵּן" מְרֻבֶּה בְּאֻכְלוּסִין, חוּץ מִלֵּוִי, שֶׁהָאָרוֹן הָיָה מְכַלֶּה בָּהֶם: קָרָא שְׁמוֹ לֵוִי. תָּמַהְתִּי, שֶׁבְּכֻלָּן כְּתִיב: "וַתִּקְרָא", וְזֶה כָּתַב בּוֹ "קָרָא"! וְיֵשׁ מִדְרַשׁ אַגָּדָה בְּחֵלֶּה הַדְּבָרִים רַבָּה, שֶׁשָּׁלַח הַקָּדוֹשׁ בָּרוּךְ הוּא גַבְרִיאֵל וֶהֱבִיאוֹ לְפָנָיו וְקָרָא לוֹ שֵׁם זֶה, וְנָתַן לוֹ עֶשְׂרִים וְאַרְבַּע מַתְּנוֹת כְּהֻנָּה, וְעַל שֵׁם שֶׁלִּוָּהוּ בְּמַתָּנוֹת קְרָאוֹ לֵוִי:

הַפַּעַם אוֹדֶה. שֶׁנָּטַלְתִּי יוֹתֵר מֵחֶלְקִי, מֵעַתָּה יֵשׁ לִי לְהוֹדוֹת:

פרק ל

וַתְּקַנֵּא רָחֵל בַּאֲחוֹתָהּ. קִנְאָה בְּמַעֲשֶׂיהָ, אָמְרָה: אִלּוּלֵי שֶׁצָּדְקָה מִמֶּנִּי לֹא זָכְתָה לְבָנִים: הָבָה לִי. וְכִי כָךְ עָשָׂה אָבִיךָ לְאִמְּךָ? וַהֲלֹא הִתְפַּלֵּל עָלֶיהָ: מֵתָה אָנֹכִי. מִכָּאן לְמִי שֶׁאֵין לוֹ בָּנִים שֶׁחָשׁוּב כַּמֵּת:

הֲתַחַת. וְכִי בִמְקוֹמוֹ אֲנִי? **אֲשֶׁר מָנַע מִמֵּךְ.** אַתְּ אוֹמֶרֶת שֶׁאֶעֱשֶׂה כְּאַבָּא, אֲנִי אֵינִי כְּאַבָּא, אַבָּא לֹא הָיוּ לוֹ בָּנִים, אֲנִי יֵשׁ לִי בָּנִים, מִמֵּךְ מָנַע וְלֹא מִמֶּנִּי:

עַל בִּרְכַּי. כְּתַרְגּוּמוֹ: "וֶאֱרַבִּי": **וְאִבָּנֶה גַם אָנֹכִי.** מַהוּ "גַם"? אָמְרָה לוֹ: זְקֵנְךָ אַבְרָהָם הָיוּ

לוֹ בָּנִים מֵהָגָר וְחָגַר מָתְנָיו כְּנֶגֶד שָׂרָה. אָמַר לָהּ: זְקֶנְתִּי הִכְנִיסָה צָרָתָהּ לְבֵיתָהּ. אָמְרָה לוֹ: אִם הַדָּבָר הַזֶּה מְעַכֵּב "הִנֵּה אֲמָתִי": וְאִבָּנֶה גַם אָנֹכִי מִמֶּנָּה. כְּשָׂרָה:

דָּנַנִּי אֱלֹהִים. דָּנַנִּי וְזִכַּנִי:

נַפְתּוּלֵי אֱלֹהִים. מְנַחֵם בֶּן סָרוּק פֵּרְשׁוֹ בַּמַּחְבֶּרֶת "צָמִיד פָּתִיל" (במדבר יט, טו), חִבּוּרִים מֵאֵת הַמָּקוֹם נִתְחַבַּרְתִּי עִם אֲחוֹתִי לִזְכּוֹת לְבָנִים. וַאֲנִי מְפָרְשׁוֹ לְשׁוֹן עָקֶשׁ וּפְתַלְתּוֹל (דברים לב, ה), נִתְעַקַּשְׁתִּי וְהִפְצַרְתִּי פְּצִירוֹת וְנַפְתּוּלִים לַמָּקוֹם לִהְיוֹת שָׁוָה לַאֲחוֹתִי: גַּם יָכֹלְתִּי - הִסְכִּים עַל יָדִי. וְאוֹנְקְלוֹס תִּרְגֵּם לְשׁוֹן תְּפִלָּה, כְּמוֹ נַפְתּוּלֵי אֱלֹהִים נִתְפַּתַּלְתִּי - בַּקָּשׁוֹת הַחֲבִיבוֹת לְפָנָיו נִתְקַבַּלְתִּי וְנֶעְתַּרְתִּי כַּאֲחוֹתִי. "נִפְתַּלְתִּי" - נִתְקַבְּלָה תְּפִלָּתִי. וּמִדְרְשֵׁי אַגָּדָה יֵשׁ רַבִּים בִּלְשׁוֹן וְטִרְיָקוֹן:

וַתֵּלֶד זִלְפָּה. בְּכֻלָּן נֶאֱמַר הֵרָיוֹן חוּץ מִזִּלְפָּה, לְפִי שֶׁהָיְתָה בַחוּרָה מִכֻּלָּן וְתִינֹקֶת בַּשָּׁנִים וְאֵין הֵרָיוֹן נִכָּר בָּהּ, וּכְדֵי לְרַמּוֹת אֶת יַעֲקֹב נְתָנָהּ לָבָן לְלֵאָה, שֶׁלֹּא יָבִין שֶׁמַּכְנִיסִין לוֹ אֶת לֵאָה, שֶׁכָּךְ מִנְהָג לִתֵּן שִׁפְחָה הַגְּדוֹלָה לַגְּדוֹלָה וְהַקְּטַנָּה לַקְּטַנָּה:

בָּא גָד. בָּא מַזָּל טוֹב לִי, כְּמוֹ: "גַּד גְּדִי וְסָנוּק לָא" (שבת סז ע"ב), וּמִדְרַשׁ אַגָּדָה שֶׁנּוֹלַד מָהוּל, כְּמוֹ: "גַּדּוּ אִילָנָא" (דניאל ד, יא), וְלֹא יָדַעְתִּי עַל מָה נִכְתַּב תֵּבָה אַחַת.

שְׁמוֹ גָּד׃ וַתֵּלֶד זִלְפָּה שִׁפְחַת לֵאָה בֵּן שֵׁנִי יב
לְיַעֲקֹב׃ וַתֹּאמֶר לֵאָה בְּאָשְׁרִי כִּי אִשְּׁרוּנִי יג
בָּנוֹת וַתִּקְרָא אֶת־שְׁמוֹ אָשֵׁר׃ וַיֵּלֶךְ רְאוּבֵן יד רביעי
בִּימֵי קְצִיר־חִטִּים וַיִּמְצָא דוּדָאִים בַּשָּׂדֶה
וַיָּבֵא אֹתָם אֶל־לֵאָה אִמּוֹ וַתֹּאמֶר רָחֵל אֶל־
לֵאָה תְּנִי־נָא לִי מִדּוּדָאֵי בְּנֵךְ׃ וַתֹּאמֶר לָהּ טו
הַמְעַט קַחְתֵּךְ אֶת־אִישִׁי וְלָקַחַת גַּם אֶת־
דּוּדָאֵי בְּנִי וַתֹּאמֶר רָחֵל לָכֵן יִשְׁכַּב עִמָּךְ
הַלַּיְלָה תַּחַת דּוּדָאֵי בְנֵךְ׃ וַיָּבֹא יַעֲקֹב מִן־ טז
הַשָּׂדֶה בָּעֶרֶב וַתֵּצֵא לֵאָה לִקְרָאתוֹ וַתֹּאמֶר
אֵלַי תָּבוֹא כִּי שָׂכֹר שְׂכַרְתִּיךָ בְּדוּדָאֵי בְּנִי
וַיִּשְׁכַּב עִמָּהּ בַּלַּיְלָה הוּא׃ וַיִּשְׁמַע אֱלֹהִים אֶל־ יז
לֵאָה וַתַּהַר וַתֵּלֶד לְיַעֲקֹב בֵּן חֲמִישִׁי׃ וַתֹּאמֶר יח
לֵאָה נָתַן אֱלֹהִים שְׂכָרִי אֲשֶׁר־נָתַתִּי שִׁפְחָתִי
לְאִישִׁי וַתִּקְרָא שְׁמוֹ יִשָּׂשכָר׃ וַתַּהַר עוֹד לֵאָה יט
וַתֵּלֶד בֵּן־שִׁשִּׁי לְיַעֲקֹב׃ וַתֹּאמֶר לֵאָה זְבָדַנִי כ
אֱלֹהִים ׀ אֹתִי זֵבֶד טוֹב הַפַּעַם יִזְבְּלֵנִי אִישִׁי
כִּי־יָלַדְתִּי לוֹ שִׁשָּׁה בָנִים וַתִּקְרָא אֶת־שְׁמוֹ
זְבֻלוּן׃ וְאַחַר יָלְדָה בַּת וַתִּקְרָא אֶת־שְׁמָהּ כא
כח דִּינָה׃ וַיִּזְכֹּר אֱלֹהִים אֶת־רָחֵל וַיִּשְׁמַע אֵלֶיהָ כב

ויצא

כג אֱלֹהִים וַיִּפְתַּח אֶת־רַחְמָהּ: וַתַּהַר וַתֵּלֶד בֵּן
כד וַתֹּאמֶר אָסַף אֱלֹהִים אֶת־חֶרְפָּתִי: וַתִּקְרָא

יג שְׁמֵיהּ גָּד: וִילֵידַת, זִלְפָּה אַמְתַהּ דְּלֵאָה, בַּר תִּנְיָן לְיַעֲקֹב: וַאֲמַרַת לֵאָה, תֻּשְׁבַּחְתָּא הֲוַת לִי, אֲרֵי
יד בְכֵן יְשַׁבְּחֻנַּנִי נְשַׁיָּא, וּקְרַת יָת שְׁמֵיהּ אָשֵׁר: וַאֲזַל רְאוּבֵן בְּיוֹמֵי חֲצָד חִטִּין, וְאַשְׁכַּח יַבְרוּחִין
בְחַקְלָא, וְאַיְתִי יָתְהוֹן, לְלֵאָה אִמֵּיהּ, וַאֲמַרַת רָחֵל לְלֵאָה, הֲבִי כְעַן לִי, מִיַּבְרוּחֵי דִבְרִיךְ:
טו וַאֲמַרַת לַהּ, הַזְּעֵיר דִדְבַרְתְּ יָת בַּעְלִי, וּלְמִסַּב, אַף יָת יַבְרוּחֵי דִבְרִי, וַאֲמַרַת רָחֵל, בְּכֵן יִשְׁכּוּב
טז עִמִּיךְ בְּלֵילְיָא, חֲלַף יַבְרוּחֵי דִבְרִיךְ: וְעָאל יַעֲקֹב מִן חַקְלָא בְּרַמְשָׁא, וּנְפַקַת לֵאָה לְקַדָּמוּתֵיהּ,
וַאֲמַרַת לְוָתִי תֵּיעוּל, אֲרֵי מֵיגַר אֲגַרְתָּךְ, בְּיַבְרוּחֵי דִבְרִי, וּשְׁכִיב עִמַּהּ בְּלֵילְיָא הוּא: וְקַבִּיל יְיָ
יח צְלוֹתַהּ דְּלֵאָה, וְעַדִּיאַת, וִילֵידַת לְיַעֲקֹב בַּר חֲמִישָׁי: וַאֲמַרַת לֵאָה, יְהַב יְיָ אַגְרִי, דִּיהָבִית
יט אַמְתִי לְבַעְלִי, וּקְרַת שְׁמֵיהּ יִשָּׂשכָר: וְעַדִּיאַת עוֹד לֵאָה, וִילֵידַת בַּר שְׁתִיתָאי לְיַעֲקֹב: וַאֲמַרַת
כ לֵאָה, יְהַב יְיָ יָתֵיהּ לִי חֻלָק טַב, הָדָא זִמְנָא יְהִי מְדוֹרֵיהּ דְּבַעֲלִי לְוָתִי, אֲרֵי יְלֵידִית לֵיהּ שִׁתָּא
כא בְנִין, וּקְרַת יָת שְׁמֵיהּ זְבוּלוּן: וּבָתַר כֵּן יְלֵידַת בְּרַתָּא, וּקְרַת יָת שְׁמַהּ דִּינָה: וְעָאל דָּכְרָנַהּ דְּרָחֵל
כב קֳדָם יְיָ, וְקַבִּיל צְלוֹתַהּ יְיָ, וִיהַב לַהּ עִדּוּי: וְעַדִּיאַת וִילֵידַת בַּר, וַאֲמַרַת, כְּנַשׁ יְיָ יָת חִסּוּדִי: וּקְרַת

יד) בימי קציר חטים. להגיד שבחן של שבטים, שעת הקציר היה, ולא פשט ידו בגזל להביא חטים ושעורים, אלא דבר ההפקר שאין אדם מקפיד בו. **דודאים.** סיגלי, עשב הוא, ובלשון ישמעאל יסמי"ן.

טו) ולקחת גם את דודאי בני. בתמיה, ולעשות עוד זאת לקח גם את דודאי בני? ותרגומו: "ולמסב": **לכן ישכב עמך הלילה.** שלי היתה שכיבת לילה זו, ואני נותנה לך תחת דודאי בנך. ולפי שזלזלה במשכב הצדיק לא זכתה להקבר עמו:

טז) שכר שכרתיך. נתתי לרחל שכרה: **בלילה הוא.** הקדוש ברוך הוא סייע בו שיצא משם יששכר:

יז) וישמע אלהים אל לאה. שהיתה מתאוה ומחזרת להרבות שבטים:

כ) זבד טוב. כתרגומו: **יזבלני.** לשון 'בית זבול' (מלכים א' ח, יג), הירבריי"רה בלעז, בית מדור,

---

מעתה לא תהא עקר. דירתו חלף עמי, שיש לי בנים כנגד כל נשיו:

כא) דינה. פרשו רבותינו שדנה לאה דין בעצמה: אם זה זכר לא תהא רחל אחותי כאחת השפחות, ונתפללה עליו ונהפך לנקבה:

כב) ויזכר אלהים את רחל. זכר לה שמסרה סימניה לאחותה, ושהיתה מצרה שמא תעלה בגורלו של עשו, שמא יגרשנה יעקב לפי שאין לה בנים, ואף עשו הרשע כך עלה בלבו כשמע שאין לה בנים. הוא שיסד הפייט: "האדמון כבט שלא חלה, צבה לקחתה לו ונתבהלה" (בפיוט זכור):

חזי' בקדושות ליום ח' דר"ה שחרית):

כג) אסף. הכניסה במקום שלא תראה. וכן: "אסף חרפתנו" (ישעיה ד, א), "ולא יחסף הביתה" (שמות ט, יט), "אספו נגהם" (יואל ד, טו), "ירחך לא יאסף" (ישעיה ס, כ), לא יטמן: **חרפתי.** שהייתי לחרפה על שאני עקרה, והיו אומרים עלי שאעלה לחלקו של עשו הרשע. ואגדה, כל זמן שאין לאשה בן אין לה במי לתלות סרחונה,

בראשית ל

כה אֶת־שְׁמ֥וֹ יוֹסֵ֖ף לֵאמֹ֑ר יֹסֵ֧ף יְהוָ֛ה לִ֖י בֵּ֥ן אַחֵֽר: וַיְהִ֕י
כַּאֲשֶׁ֛ר יָלְדָ֥ה רָחֵ֖ל אֶת־יוֹסֵ֑ף וַיֹּ֤אמֶר יַעֲקֹב֙ אֶל־לָבָ֔ן
שַׁלְּחֵ֙נִי֙ וְאֵ֣לְכָ֔ה אֶל־מְקוֹמִ֖י וּלְאַרְצִֽי: כו תְּנָ֞ה אֶת־נָשַׁ֣י
וְאֶת־יְלָדַ֗י אֲשֶׁ֨ר עָבַ֧דְתִּי אֹֽתְךָ֛ בָּהֵ֖ן וְאֵלֵ֑כָה כִּ֚י
אַתָּ֣ה יָדַ֔עְתָּ אֶת־עֲבֹדָתִ֖י אֲשֶׁ֥ר עֲבַדְתִּֽיךָ: כז וַיֹּ֤אמֶר
אֵלָיו֙ לָבָ֔ן אִם־נָ֛א מָצָ֥אתִי חֵ֖ן בְּעֵינֶ֑יךָ נִחַ֕שְׁתִּי
חמישי וַיְבָרֲכֵ֥נִי יְהוָ֖ה בִּגְלָלֶֽךָ: כח וַיֹּאמַ֑ר נָקְבָ֧ה שְׂכָרְךָ֛ עָלַ֖י
וְאֶתֵּֽנָה: כט וַיֹּ֣אמֶר אֵלָ֔יו אַתָּ֣ה יָדַ֔עְתָּ אֵ֥ת אֲשֶׁ֖ר
עֲבַדְתִּ֑יךָ וְאֵ֛ת אֲשֶׁר־הָיָ֥ה מִקְנְךָ֖ אִתִּֽי: ל כִּ֡י מְעַט֩
אֲשֶׁר־הָיָ֨ה לְךָ֤ לְפָנַי֙ וַיִּפְרֹ֣ץ לָרֹ֔ב וַיְבָ֧רֶךְ יְהוָ֛ה אֹתְךָ֖
לְרַגְלִ֑י וְעַתָּ֗ה מָתַ֛י אֶֽעֱשֶׂ֥ה גַם־אָנֹכִ֖י לְבֵיתִֽי: לא וַיֹּ֖אמֶר
מָ֣ה אֶתֶּן־לָ֑ךְ וַיֹּ֤אמֶר יַעֲקֹב֙ לֹא־תִתֶּן־לִ֣י מְא֔וּמָה
אִם־תַּֽעֲשֶׂה־לִּי֙ הַדָּבָ֣ר הַזֶּ֔ה אָשׁ֛וּבָה אֶרְעֶ֥ה צֹאנְךָ֖
אֶשְׁמֹֽר: לב אֶֽעֱבֹ֨ר בְּכָל־צֹֽאנְךָ֜ הַיּ֗וֹם הָסֵ֨ר מִשָּׁ֜ם כָּל־
שֶׂ֣ה ׀ נָקֹ֣ד וְטָל֗וּא וְכָל־שֶׂה־חוּם֙ בַּכְּשָׂבִ֔ים וְטָל֥וּא
וְנָקֹ֖ד בָּעִזִּ֑ים וְהָיָ֖ה שְׂכָרִֽי: לג וְעָֽנְתָה־בִּ֤י צִדְקָתִי֙ בְּי֣וֹם
מָחָ֔ר כִּֽי־תָב֥וֹא עַל־שְׂכָרִ֖י לְפָנֶ֑יךָ כֹּ֣ל אֲשֶׁר־אֵינֶנּוּ֩
נָקֹ֨ד וְטָל֜וּא בָּֽעִזִּ֗ים וְחוּם֙ בַּכְּשָׂבִ֔ים גָּנ֖וּב ה֥וּא אִתִּֽי:
לד וַיֹּ֥אמֶר לָבָ֖ן הֵ֑ן ל֖וּ יְהִ֥י כִדְבָרֶֽךָ: לה וַיָּ֣סַר בַּיּוֹם֩ הַה֨וּא
אֶת־הַתְּיָשִׁ֤ים הָֽעֲקֻדִּים֙ וְהַטְּלֻאִ֔ים וְאֵ֣ת כָּל־

ויצא

כה יָת שְׁמֵיהּ, יוֹסֵף לְמֵימַר, יוֹסֵף יְיָ, לִי בַּר אָחֳרָן: וַהֲוָה, כַּד יְלֵידַת רָחֵל יָת יוֹסֵף, וַאֲמַר יַעֲקֹב לְלָבָן,
כו שַׁלְּחַנִי וְאֵיזֵל, לְאַתְרִי וּלְאַרְעִי: הַב יָת נְשַׁי וְיָת בְּנַי, דִּפְלַחִית יָתָךְ, בְּהוֹן וְאֵיזֵיל, אֲרֵי אַתְּ יְדַעַת,
כז יָת פָּלְחָנִי דִּפְלַחְתָּךְ: וַאֲמַר לֵיהּ לָבָן, אִם כְּעַן אַשְׁכַּחִית רַחֲמִין בְּעֵינָךְ, נַסִּיתִי, וּבָרְכַנִי יְיָ בְּדִילָךְ:
כח וַאֲמַר, פָּרֵישׁ אַגְרָךְ, עֲלַי וְאֶתֵּין: וַאֲמַר לֵיהּ, אַתְּ יְדַעַת, יָת דִּפְלַחְתָּךְ, וְיָת, דַּהֲוָה בְּעִירָךְ עִמִּי:
ל אֲרֵי, זְעֵיר דַּהֲוָה לָךְ קֳדָמַי וּתְקִיף לִסְגֵי, וּבָרִיךְ יְיָ, יָתָךְ בְּדִילִי, וּכְעַן, אֵימָתַי, אַעֲבֵיד אַף אֲנָא
לא לְבֵיתִי: וַאֲמַר מָא אֶתֵּין לָךְ, וַאֲמַר יַעֲקֹב לָא תִתֵּין לִי מִדָּעַם, אִם תַּעֲבֵיד לִי פִּתְגָמָא הָדֵין,
לב אֲתוּב, אִרְעֵי עָנָךְ אֶטַּר: אֶעְבַּר בְּכָל עָנָךְ יוֹמָא דֵין, אַעְדִּי מִתַּמָּן, כָּל אִמַּר נְמוֹר וּרְקוֹעַ, וְכָל
אִמַּר שְׁחוּם בְּאִמְּרַיָּא, וּרְקוֹעַ וּנְמוֹר בְּעִזַּיָּא, וִיהֵי אַגְרִי: וְתַסְהֵיד עֲלַי זָכוּתִי בְּיוֹם מְחַר, אֲרֵי
תֵיעוֹל עַל אַגְרִי קֳדָמָךְ, כָּל דְּלֵיתוֹהִי נְמוֹר וּרְקוֹעַ בְּעִזַּיָּא, וּשְׁחוּם בְּאִמְּרַיָּא, גְּנוּבָא הוּא עִמִּי:
לה וַאֲמַר לָבָן בְּרַם, לְוַי יְהֵי כְפִתְגָמָךְ: וְאַעְדִּי בְּיוֹמָא הַהוּא יָת תֵּישַׁיָּא וְגוּלְיַיָּא וּרְקוֹעַיָּא, וְיָת כָּל

מְשַׁמֵּשׁ לָהּ בֶּן תְּוֹלֶה בּוֹ: מִי שָׁבַר כְּלִי זֶה? בִּנְךָ! מִי חָכַל תְּאֵנִים אֵלּוּ? בִּנְךָ!:

כד **יֹסֵף ה' לִי בֵּן אַחֵר.** יוֹדַעַת הָיְתָה בִּנְבוּאָה שֶׁאֵין יַעֲקֹב עָתִיד לְהַעֲמִיד אֶלָּא שְׁנֵים עָשָׂר שְׁבָטִים, אָמְרָה: יְהִי רָצוֹן שֶׁאוֹתוֹ שֶׁהוּא עָתִיד לְהַעֲמִיד יְהֵא מִמֶּנִּי, לְכָךְ לֹא נִתְפַּלְּלָה אֶלָּא עַל "בֵּן אַחֵר":

כה **כַּאֲשֶׁר יָלְדָה רָחֵל אֶת יוֹסֵף.** מִשֶּׁנּוֹלַד שְׂטָנוֹ שֶׁל עֵשָׂו, שֶׁנֶּאֱמַר: "וְהָיָה בֵית יַעֲקֹב אֵשׁ וּבֵית יוֹסֵף לֶהָבָה וּבֵית עֵשָׂו לְקַשׁ" (עובדיה א, יח), אֵשׁ בְּלֹא לֶהָבָה אֵינוֹ שׁוֹלֵט לְמֵרָחוֹק; מִשֶּׁנּוֹלַד יוֹסֵף בָּטַח יַעֲקֹב בְּהַקָּדוֹשׁ בָּרוּךְ הוּא וְרָצָה לָשׁוּב:

כו **תְּנָה אֶת נָשַׁי.** אֵינִי רוֹצֶה לָצֵאת כִּי אִם בִּרְשׁוּת:

כז **נִחַשְׁתִּי.** מְנַחֵשׁ הָיָה; נִסִּיתִי בְּנִחוּשׁ שֶׁלִּי שֶׁעַל יָדְךָ בָּאָה לִי בְרָכָה; כְּשֶׁבָּאתָ לְכָאן לֹא הָיוּ לִי בָּנִים, שֶׁנֶּאֱמַר: "וְהִנֵּה רָחֵל בִּתּוֹ בָּאָה עִם הַצֹּאן" (לעיל כט, ו), אֶפְשָׁר יֵשׁ לוֹ בָּנִים וְהוּא שׁוֹלֵחַ בִּתּוֹ אֵצֶל הָרוֹעִים? עַכְשָׁיו הָיוּ לוֹ בָּנִים, שֶׁנֶּאֱמַר: "וַיִּשְׁמַע אֶת דִּבְרֵי בְנֵי לָבָן" (להלן לא, א):

כח **נָקְבָה שְׂכָרְךָ.** כְּתַרְגּוּמוֹ: "פָּרֵישׁ אַגְרָךְ":

כט **וְאֵת אֲשֶׁר הָיָה מִקְנְךָ אִתִּי.** אֶת חֶשְׁבּוֹן מִעוּט מִקְנְךָ שֶׁבָּא לְיָדִי מִתְּחִלָּה, כַּמָּה הָיוּ:

ל **לְרַגְלִי.** עִם רַגְלִי, בִּשְׁבִיל בִּיאַת רַגְלַי בָּאת אֶצְלְךָ הַבְּרָכָה, כְּמוֹ: "הָעָם אֲשֶׁר בְּרַגְלֶיךָ" (שמות

יא, ח), "לָעָם אֲשֶׁר בְּרַגְלָי" (שופטים ח, ה) – הַבָּאִים עִמִּי: **גַּם אָנֹכִי לְבֵיתִי.** לְצָרְכֵי בֵיתִי. עַכְשָׁיו אֵין עוֹשִׂין לְצָרְכַי אֶלָּא בָּנַי, וְצָרִיךְ אֲנִי לִהְיוֹת עוֹשֶׂה גַם אֲנִי עִמָּהֶם וְסוֹמְכָן, וְזֶהוּ "גַם":

לב **נָקֹד.** מְנֻמָּר בַּחֲבַרְבּוּרוֹת דַּקּוֹת כְּמוֹ נְקֻדָּה, פונטור"א בְּלַעַז: **וְטָלוּא.** לְשׁוֹן טְלַאי, חֲבַרְבּוּרוֹת רְחָבוֹת: **חוּם.** "שָׁחוּם", דּוֹמֶה לְאַדְמוֹם, רו"ש בְּלַעַז, לְשׁוֹן מִשְׁנָה: "שְׁחַמְתִּית וּנְמַאֲחַת לְבָנָה" (בבא בתרא פג ע"ב) לְעִנְיַן הַתְּבוּאָה: **וְהָיָה שְׂכָרִי.** אוֹתָן שֶׁיִּוָּלְדוּ מִכָּאן וּלְהַבָּא נְקֻדִּים וּטְלוּאִים בָּעִזִּים וּשְׁחוּמִים בַּכְּשָׂבִים יִהְיוּ שֶׁלִּי, וְאוֹתָן שֶׁיֶּשְׁנָן עַכְשָׁיו הַפְרֵשׁ מֵהֶם וְהַפְקִידֵם בְּיַד בָּנֶיךָ, שֶׁלֹּא תֹאמַר לִי עַל הַנּוֹלָדִים מֵעַתָּה: אֵלּוּ הָיוּ שָׁם מִתְּחִלָּה, וְעוֹד, שֶׁלֹּא תֹאמַר לִי: עַל יְדֵי הַזְּכָרִים שֶׁהֵם נְקֻדִּים וּטְלוּאִים תֵּלַדְנָה הַנְּקֵבוֹת דֻּגְמָתָן מִכָּאן וְאֵילָךְ:

לג **וְעָנְתָה בִּי וְגוֹ'.** אִם תַּחְשְׁדֵנִי שֶׁאֲנִי נוֹטֵל מִשֶּׁלְּךָ כְּלוּם, תַּעֲנֶה בִּי צִדְקָתִי, "כִּי תָבוֹא" צִדְקָתִי וְתָעִיד "עַל שְׂכָרִי לְפָנֶיךָ", שֶׁלֹּא תִמְצָא בְּעֶדְרִי כִּי אִם נְקֻדִּים וּטְלוּאִים, וְכָל שֶׁתִּמְצָא בָּהֶן שֶׁאֵינוֹ נָקוֹד אוֹ טָלוּא אוֹ חוּם, בְּיָדוּעַ שֶׁגְּנַבְתִּיו לָךְ, וּבִגְנֵבָה הוּא שָׁרוּי אֶצְלִי:

לד **הֵן.** לְשׁוֹן הֵין, קַבָּלַת דְּבָרִים: **לוּ יְהִי כִדְבָרֶךָ.** הַלְוַאי שֶׁתַּחְפֹּץ בְּכָךְ:

לה **וַיָּסַר.** לָבָן "בַּיּוֹם הַהוּא וְגוֹ'" **הַתְּיָשִׁים.** עִזִּים זְכָרִים: **כֹּל אֲשֶׁר לָבָן בּוֹ.** כֹּל אֲשֶׁר הָיְתָה בּוֹ חֲבַרְבּוּרִית לְבָנָה: **וַיִּתֵּן.** לָבָן "בְּיַד בָּנָיו":

הָעִזִּים הַנְּקֻדּוֹת וְהַטְּלֻאֹת כֹּל אֲשֶׁר־לָבָן בּוֹ וְכָל־
חוּם בַּכְּשָׂבִים וַיִּתֵּן בְּיַד־בָּנָיו׃ וַיָּשֶׂם דֶּרֶךְ שְׁלֹשֶׁת לו
יָמִים בֵּינוֹ וּבֵין יַעֲקֹב וְיַעֲקֹב רֹעֶה אֶת־צֹאן לָבָן
הַנּוֹתָרֹת׃ וַיִּקַּח־לוֹ יַעֲקֹב מַקַּל לִבְנֶה לַח וְלוּז לז
וְעַרְמוֹן וַיְפַצֵּל בָּהֵן פְּצָלוֹת לְבָנוֹת מַחְשֹׂף הַלָּבָן
אֲשֶׁר עַל־הַמַּקְלוֹת׃ וַיַּצֵּג אֶת־הַמַּקְלוֹת אֲשֶׁר לח
פִּצֵּל בָּרְהָטִים בְּשִׁקְתוֹת הַמָּיִם אֲשֶׁר תָּבֹאןָ
הַצֹּאן לִשְׁתּוֹת לְנֹכַח הַצֹּאן וַיֵּחַמְנָה בְּבֹאָן
לִשְׁתּוֹת׃ וַיֶּחֱמוּ הַצֹּאן אֶל־הַמַּקְלוֹת וַתֵּלַדְןָ לט
הַצֹּאן עֲקֻדִּים נְקֻדִּים וּטְלֻאִים׃ וְהַכְּשָׂבִים הִפְרִיד מ
יַעֲקֹב וַיִּתֵּן פְּנֵי הַצֹּאן אֶל־עָקֹד וְכָל־חוּם בְּצֹאן
לָבָן וַיָּשֶׁת לוֹ עֲדָרִים לְבַדּוֹ וְלֹא שָׁתָם עַל־צֹאן
לָבָן׃ וְהָיָה בְּכָל־יַחֵם הַצֹּאן הַמְקֻשָּׁרוֹת וְשָׂם מא
יַעֲקֹב אֶת־הַמַּקְלוֹת לְעֵינֵי הַצֹּאן בָּרְהָטִים
לְיַחְמֵנָּה בַּמַּקְלוֹת׃ וּבְהַעֲטִיף הַצֹּאן לֹא יָשִׂים מב
וְהָיָה הָעֲטֻפִים לְלָבָן וְהַקְּשֻׁרִים לְיַעֲקֹב׃ וַיִּפְרֹץ מג
הָאִישׁ מְאֹד מְאֹד וַיְהִי־לוֹ צֹאן רַבּוֹת וּשְׁפָחוֹת
וַעֲבָדִים וּגְמַלִּים וַחֲמֹרִים׃ וַיִּשְׁמַע אֶת־דִּבְרֵי בְנֵי־ א לא
לָבָן לֵאמֹר לָקַח יַעֲקֹב אֵת כָּל־אֲשֶׁר לְאָבִינוּ
וּמֵאֲשֶׁר לְאָבִינוּ עָשָׂה אֵת כָּל־הַכָּבֹד הַזֶּה׃ וַיַּרְא ב

ויצא

ויצא

לז עִזַּיָּא נְמוּרָתָא וּרְקוֹעֲתָא, כָּל דִּי חִוָּר בֵּיהּ, וְכָל דִּשְׁחוּם בְּאִמְּרַיָּא, וִיהַב בְּיַד בְּנוֹהִי: וְשַׁוִּי,

לו מַהֲלַךְ תְּלָתָא יוֹמִין, בֵּינוֹהִי וּבֵין יַעֲקֹב, וְיַעֲקֹב, רָעֵי, יָת עָנָא דְלָבָן דְּאִשְׁתְּאָרָא: וּנְסֵיב לֵיהּ

יַעֲקֹב, חֻטְרִין דִּלְבַן, רַטִיבָן וּדְלוּז וְדִדְלוּב, וְקַלִּיף בְּהוֹן קַלְפִין חִיוָרִין, קְלוּף חִיוָר, דְּעַל

לח חֻטְרַיָּא: וְדָעֵיץ, יָת חֻטְרַיָּא דִּקְלַף, בְּרָטַיָּא בֵּית שָׁקְיָא דְמַיָּא, אֲתַר דְּאָתְיָן עָנָא

לט לְמִשְׁתֵּי לְקִבְלֵיהוֹן דְּעָנָא, וּמִתְיַחֲמָן בְּמֵיתֵיהוֹן לְמִשְׁתֵּי: וְאִתְיַחֲמָא עָנָא בְּחֻטְרַיָּא, וְיָלְדָן

מ עָנָא, רְגוֹלִין נְמוּרִין וּרְקוֹעִין: וְאִמְּרַיָּא אַפְרֵישׁ יַעֲקֹב, וִיהַב, בְּרֵישׁ עָנָא כָּל דְּרָגוֹל, וְכָל

מא דִּשְׁחוּם בְּעָנָא דְלָבָן, וְשַׁוִּי לֵיהּ עֶדְרִין בִּלְחוֹדוֹהִי, וְלָא עָרְבִנּוּן עִם עָנָא דְלָבָן: וַהֲוִי, בְּכָל

מב עִדָּן דְּמִתְיַחֲמָן עָנָא מְבַכְּרָתָא, וּמְשַׁוֵּי יַעֲקֹב יָת חֻטְרַיָּא, לְעֵינֵי עָנָא בְּרָטַיָּא, לְיַחָמוּתְהוֹן

מג בְּחֻטְרַיָּא: וּבְלַקִּישׁוּת עָנָא לָא מְשַׁוֵּי, וְהָווֹ לַקִּישַׁיָּא לְלָבָן, וּבַכִּירַיָּא לְיַעֲקֹב: וּתְקֵיף גַּבְרָא

לא א לַחֲדָא לַחֲדָא, וַהֲווֹ לֵיהּ עָן סַגִּיאָן, וְאַמְהָן וְעַבְדִין, וְגַמְלִין וַחֲמָרִין: וּשְׁמַע, יָת פִּתְגָמֵי בְנֵי

ב לָבָן דְּאָמְרִין, נְסֵיב יַעֲקֹב, יָת כָּל דִּלְאָבוּנָא, וּמִדִּלְאָבוּנָא, קְנָא, יָת כָּל נִכְסַיָּא הָאִלֵּין: וַחֲזָא

לו **הַנֹּתָרֹת.** הָרְעוּעוֹת שֶׁבָּהֶן, הַחוֹלוֹת וְהָעֲקָרוֹת שֶׁאֵינָן מַלַּא שְׂעָרִים, אוֹתָן מָסַר לוֹ:

לז **מַקֵּל לִבְנֶה.** עֵץ הוּא וּשְׁמוֹ 'לִבְנֶה', כְּמָה דְאַתְּ אָמַר: "תַּחַת אַלּוֹן וְלִבְנֶה" (הושע ד, יג). וְאוֹמֵר אֲנִי, הוּא שֶׁקּוֹרִין טריבל"א שֶׁהוּא לָבָן: **לַח.** כְּשֶׁהוּא רָטוֹב: **וְלוּז.** וְעוֹד לָקַח מַקֵּל לוּז, עֵץ שֶׁגְּדֵלִין בּוֹ אֱגוֹזִים דַּקִּים, קולדר"י בְּלַעַז: **וְעַרְמוֹן.** קשטניי"ר בְּלַעַז: **פְּצָלוֹת.** קְלוּפִים קְלוּפִים, שֶׁהָיָה עוֹשֵׂהוּ מְנֻמָּר: **מַחְשׂף הַלָּבָן.** גִּלּוּי לֹבֶן שֶׁל מַקֵּל, כְּשֶׁהָיָה קוֹלְפוֹ הָיָה נִרְאֶה וְנִגְלֶה לֹבֶן שֶׁלּוֹ בִּמְקוֹם הַקָּלוּף:

לח **וַיַּצֵּג.** "וְדָעֵיץ", לְשׁוֹן תְּחִיבָה וּנְעִיצָה הוּא בִּלְשׁוֹן אֲרַמִּי, וְהַרְבֵּה יֵשׁ בַּתַּלְמוּד: "דָּצָה וּשְׁלָפָהּ" (שבת נ ע"ב), "דָּץ בֵּיהּ מִידֵי" (חולין ע ע"ב), 'דָּצָה' כְּמוֹ 'דַּעֲצָהּ', אֶלָּא שֶׁמְּקַצֵּר אֶת לְשׁוֹנוֹ: **בָּרְהָטִים.** בִּמְרוּצוֹת הַמַּיִם, בַּבְּרֵכוֹת הָעֲשׂוּיוֹת בָּאָרֶץ לְהַשְׁקוֹת שָׁם הַצֹּאן: **אֲשֶׁר תָּבֹאןָ וְגוֹ'.** בָּרְהָטִים אֲשֶׁר תָּבֹאןָ הַצֹּאן לִשְׁתּוֹת, שָׁם הִצִּיג הַמַּקְלוֹת "לְנֹכַח הַצֹּאן": **וַיֵּחַמְנָה.** הַבְּהֵמָה רוֹאָה אֶת הַמַּקְלוֹת וְהִיא נִרְתַּעַת לַאֲחוֹרֶיהָ, וְהַזָּכָר רוֹבְעָהּ וְיוֹלֶדֶת כַּיּוֹצֵא בוֹ. רַבִּי הוֹשַׁעְיָא אוֹמֵר: הַמַּיִם נַעֲשִׂין זֶרַע בִּמְעֵיהֶן וְלֹא הָיוּ צְרִיכוֹת לְזָכָר, וְזֶהוּ "וַיֵּחַמְנָה וְגוֹ'":

לט **אֶל הַמַּקְלוֹת.** אַל מַרְאִית הַמַּקְלוֹת: **עֲקֻדִּים.** מְשֻׁנִּים בִּמְקוֹם עֲקִדָּתָם, הֵם קַרְסֻלֵּי יְדֵיהֶם וְרַגְלֵיהֶם:

מ **וְהַכְּשָׂבִים הִפְרִיד יַעֲקֹב.** הַנּוֹלָדִים עֲקֻדִּים וּנְקֻדִּים הִבְדִּיל וְהִפְרִישׁ לְעַצְמָן וְעָשָׂה אוֹתָן עֵדֶר עֵדֶר לְבַדּוֹ, וְהוֹלִיךְ אוֹתוֹ הָעֵדֶר הֶעָקֹד לִפְנֵי הַצֹּאן, וּפְנֵי הַצֹּאן הַהוֹלְכוֹת אַחֲרֵיהֶם צוֹפוֹת אֲלֵיהֶם, וְזֶהוּ שֶׁנֶּאֱמַר: "וַיִּתֵּן פְּנֵי הַצֹּאן אֶל עָקֹד", שֶׁהָיוּ פְּנֵי הַצֹּאן אֶל הָעֲקֻדִּים וְאֶל "כָּל חוּם" שֶׁמָּצָא "בְּצֹאן לָבָן": **וַיָּשֶׁת לוֹ עֲדָרִים.** כְּמוֹ שֶׁפֵּרַשְׁתִּי:

מא **הַמְקֻשָּׁרוֹת.** כְּתַרְגּוּמוֹ, הַבַּכִּירוֹת, וְאֵין לִי עֵד עַד מְקָרָא. וּמְנַחֵם חִבְּרוֹ עִם "אֲחִיתֹפֶל בַּקֹּשְׁרִים" (שמואל ב' טו, לא), "וַיְהִי הַקֶּשֶׁר אַמִּץ" (שם פסוק יב) — חוֹתַן הַמִּתְקַשְּׁרוֹת יַחַד לְמַהֵר עִבּוּרָן:

מב **וּבְהַעֲטִיף.** לְשׁוֹן אִחוּר, כְּתַרְגּוּמוֹ "וּבְלַקִּישׁוּת". וּמְנַחֵם חִבְּרוֹ עִם "הַמַּחֲלָצוֹת וְהַמַּעֲטָפוֹת" (ישעיה ג, כב), לְשׁוֹן עֲטִיפַת כְּסוּת, כְּלוֹמַר, מִתְעַטְּפוֹת בְּעוֹרָן וְצַמְרָן וְאֵינָן מִתְאַוּוֹת לְהִתְיַחֵם עַל יְדֵי הַזְּכָרִים:

מג **צֹאן רַבּוֹת.** פָּרוֹת וּרְבוֹת מִשְּׁאָר צֹאן: **וּשְׁפָחוֹת וַעֲבָדִים.** מוֹכֵר צֹאנוֹ בְּדָמִים יְקָרִים וְלוֹקֵחַ לוֹ כָּל אֵלֶּה:

פרק לא

א **עָשָׂה.** כָּנַס, כְּמוֹ: "וַיַּעַשׂ חַיִל וַיַּךְ אֶת עֲמָלֵק" (שמואל א' יד, מח):

יַעֲקֹ֗ב אֶת־פְּנֵ֤י לָבָן֙ וְהִנֵּ֣ה אֵינֶ֣נּוּ עִמּ֔וֹ כִּתְמ֖וֹל שִׁלְשֽׁוֹם: וַיֹּ֤אמֶר יְהוָה֙ אֶֽל־יַעֲקֹ֔ב שׁ֛וּב אֶל־אֶ֥רֶץ אֲבוֹתֶ֖יךָ וּלְמוֹלַדְתֶּ֑ךָ וְאֶֽהְיֶ֖ה עִמָּֽךְ: וַיִּשְׁלַ֣ח יַעֲקֹ֔ב וַיִּקְרָ֖א לְרָחֵ֣ל וּלְלֵאָ֑ה הַשָּׂדֶ֖ה אֶל־צֹאנֽוֹ: וַיֹּ֣אמֶר לָהֶ֗ן רֹאֶ֤ה אָנֹכִי֙ אֶת־פְּנֵ֣י אֲבִיכֶ֔ן כִּֽי־אֵינֶ֥נּוּ אֵלַ֖י כִּתְמֹ֣ל שִׁלְשֹׁ֑ם וֵֽאלֹהֵ֣י אָבִ֔י הָיָ֖ה עִמָּדִֽי: וְאַתֵּ֖נָה יְדַעְתֶּ֑ן כִּ֚י בְּכָל־כֹּחִ֔י עָבַ֖דְתִּי אֶת־אֲבִיכֶֽן: וַאֲבִיכֶן֙ הֵ֣תֶל בִּ֔י וְהֶחֱלִ֥ף אֶת־מַשְׂכֻּרְתִּ֖י עֲשֶׂ֣רֶת מֹנִ֑ים וְלֹֽא־נְתָנ֣וֹ אֱלֹהִ֔ים לְהָרַ֖ע עִמָּדִֽי: אִם־כֹּ֣ה יֹאמַ֗ר נְקֻדִּים֙ יִהְיֶ֣ה שְׂכָרֶ֔ךָ וְיָלְד֥וּ כָל־הַצֹּ֖אן נְקֻדִּ֑ים וְאִם־כֹּ֣ה יֹאמַ֗ר עֲקֻדִּים֙ יִהְיֶ֣ה שְׂכָרֶ֔ךָ וְיָלְד֥וּ כָל־הַצֹּ֖אן עֲקֻדִּֽים: וַיַּצֵּ֧ל אֱלֹהִ֛ים אֶת־מִקְנֵ֥ה אֲבִיכֶ֖ם וַיִּתֶּן־לִֽי: וַיְהִ֗י בְּעֵת֙ יַחֵ֣ם הַצֹּ֔אן וָאֶשָּׂ֥א עֵינַ֛י וָאֵ֖רֶא בַּחֲל֑וֹם וְהִנֵּ֤ה הָֽעַתֻּדִים֙ הָעֹלִ֣ים עַל־הַצֹּ֔אן עֲקֻדִּ֥ים נְקֻדִּ֖ים וּבְרֻדִּֽים: וַיֹּ֨אמֶר אֵלַ֜י מַלְאַ֧ךְ הָאֱלֹהִ֛ים בַּחֲל֖וֹם יַעֲקֹ֑ב וָאֹמַ֖ר הִנֵּֽנִי: וַיֹּ֗אמֶר שָׂא־נָ֨א עֵינֶ֤יךָ וּרְאֵה֙ כָּל־הָֽעַתֻּדִים֙ הָעֹלִ֣ים עַל־הַצֹּ֔אן עֲקֻדִּ֥ים נְקֻדִּ֖ים וּבְרֻדִּ֑ים כִּ֣י רָאִ֔יתִי אֵ֛ת כָּל־אֲשֶׁ֥ר לָבָ֖ן עֹ֥שֶׂה לָּֽךְ: אָנֹכִ֤י הָאֵל֙ בֵּֽית־אֵ֔ל אֲשֶׁ֨ר מָשַׁ֤חְתָּ שָּׁם֙ מַצֵּבָ֔ה אֲשֶׁ֨ר נָדַ֥רְתָּ לִּ֛י שָׁ֖ם נֶ֑דֶר עַתָּ֗ה ק֥וּם צֵא֙ מִן־הָאָ֣רֶץ הַזֹּ֔את וְשׁ֖וּב אֶל־אֶ֥רֶץ מוֹלַדְתֶּֽךָ:

יד וַתַּעַן רָחֵל וְלֵאָה וַתֹּאמַרְנָה לוֹ הַעוֹד לָנוּ חֵלֶק
טו וְנַחֲלָה בְּבֵית אָבִינוּ: הֲלוֹא נָכְרִיּוֹת נֶחְשַׁבְנוּ לוֹ
טז כִּי מְכָרָנוּ וַיֹּאכַל גַּם־אָכוֹל אֶת־כַּסְפֵּנוּ: כִּי כָל־

ג יַעֲקֹב יָת סְבַר אַפֵּי לָבָן, וְהָא לֵיתַנּוּן, עִמֵּיהּ כְּמֵאֶתְמָלֵי וּמִדְּקַמּוֹהִי: וַאֲמַר יְיָ לְיַעֲקֹב, תּוּב,
ד לַאֲרַע אֲבָהָתָךְ וּלְיַלָּדוּתָךְ, וִיהֵי מֵימְרִי בְּסַעֲדָךְ: וּשְׁלַח יַעֲקֹב, וּקְרָא לְרָחֵל וּלְלֵאָה, לְחַקְלָא
ה לְוָת עָנֵיהּ: וַאֲמַר לְהוֹן, חָזֵי אֲנָא יָת סְבַר אַפֵּי אֲבוּכוֹן, אֲרֵי לֵיתַנּוּן עִמִּי כְּמֵאֶתְמָלֵי וּמִדְּקַמּוֹהִי,
ו ז וֵאלָהֵיהּ דְּאַבָּא, הֲוָה בְּסַעֲדִי: וְאַתִּין יְדַעְתִּין, אֲרֵי בְּכָל חֵילִי, פְּלַחִית יָת אֲבוּכוֹן: וַאֲבוּכוֹן
ח שַׁקַּר בִּי, וְאַשְׁנִי יָת אַגְרִי עֲסַר זִמְנִין, וְלָא שַׁבְקֵיהּ יְיָ, לְאַבְאָשָׁא עִמִּי: אִם כְּדֵין הֲוָה אָמַר,
נְמוֹרִין יְהֵי אַגְרָךְ, וִילִידָן כָּל עָנָא נְמוֹרִין, וְאִם כְּדֵין הֲוָה אָמַר, רְגוֹלִין יְהֵי אַגְרָךְ, וִילִידָן כָּל
ט י עָנָא רְגוֹלִין: וְאַפְרֵישׁ יְיָ, מִן בְּעִירָא דַּאֲבוּכוֹן וִיהַב לִי: וַהֲוָה, בְּעִדָּן דְּאִתְיַחֲמָא עָנָא, וּזְקַפִית
יא עֵינַי, וַחֲזֵית בְּחֶלְמָא, וְהָא תֵּישַׁיָּא דְּסָלְקִין עַל עָנָא, רְגוֹלִין נְמוֹרִין וּפַצִּיחִין: וַאֲמַר לִי, מַלְאֲכָא
יב דַּיְיָ, בְּחֶלְמָא יַעֲקֹב, וַאֲמָרִית הָאֲנָא: וַאֲמַר, זְקוֹף כְּעַן עֵינָךְ וַחֲזֵי כָּל תֵּישַׁיָּא דְּסָלְקִין עַל עָנָא,
יג רְגוֹלִין נְמוֹרִין וּפַצִּיחִין, אֲרֵי גְלֵי קֳדָמַי, יָת, כָּל דְּלָבָן עָבֵיד לָךְ: אֲנָא אֱלָהָא דְּאִתְגְּלֵיתִי עֲלָךְ
בְּבֵית אֵל, דִּמְשַׁחְתָּא תַמָּן קָמָא, דְּקַיֵּימְתָּא קֳדָמַי, תַּמָּן קְיָם, כְּעַן, קוּם פּוּק מִן אַרְעָא הָדָא,
יד וְתוּב לַאֲרַע יַלָּדוּתָךְ: וַאֲתִיבַת רָחֵל וְלֵאָה, וַאֲמָרָא לֵיהּ, הַעוֹד לַנָא, חוּלָק וְאַחְסָנָא בְּבֵית
טו טז אֲבוּנָא: הֲלָא נֻכְרָאָן, אִתְחַשֵּׁיבְנָא לֵיהּ אֲרֵי זַבְּנַנָא, וַאֲכַל אַף מֵיכַל יָת כַּסְפַּנָא: אֲרֵי כָל

ג] שׁוּב אֶל אֶרֶץ אֲבוֹתֶיךָ. וְשָׁם "אֶהְיֶה עִמָּךְ", אֲבָל בְּעוֹדְךָ מְחֻבָּר לַטָּמֵא אִי אֶפְשָׁר לְהַשְׁרוֹת שְׁכִינָתִי עָלֶיךָ:

ד] וַיִּקְרָא לְרָחֵל וּלְלֵאָה. לְרָחֵל תְּחִלָּה וְאַחַר כָּךְ לְלֵאָה, שֶׁהִיא הָיְתָה עִקַּר הַבַּיִת, שֶׁבִּשְׁבִילָהּ נִזְדַּוֵּג יַעֲקֹב עִם לָבָן. וְאַף בָּנֶיהָ שֶׁל לֵאָה מוֹדִים בַּדָּבָר, שֶׁהֲרֵי בֹּעַז וּבֵית דִּינוֹ מִשֵּׁבֶט יְהוּדָה אוֹמְרִים: "כְּרָחֵל וּכְלֵאָה אֲשֶׁר בָּנוּ שְׁתֵּיהֶם" וְגוֹ' (רות ד, יא), הִקְדִּימוּ רָחֵל לְלֵאָה:

ז] עֲשֶׂרֶת מֹנִים. אֵין 'מוֹנִים' פָּחוֹת מֵעֲשָׂרָה. מוֹנִים. לְשׁוֹן סְכוּם כְּלַל הַחֶשְׁבּוֹן, וְהֵן עֲשִׂירִיּוֹת, לִמְּדָנוּ שֶׁהֶחֱלִיף תְּנָאוֹ מֵאָה פְּעָמִים:

י] וְהִנֵּה הָעַתֻּדִים. אַף עַל פִּי שֶׁהִבְדִּילָם לָבָן כֻּלָּם שֶׁלֹּא יִתְעַבְּרוּ הַצֹּאן דֻּגְמָתָן, הָיוּ הַמַּלְאָכִים מְבִיאִין אוֹתָן מֵעֵדֶר הַמָּסוּר בְּיַד בְּנֵי לָבָן לָעֵדֶר שֶׁבְּיַד יַעֲקֹב: וּבְרֻדִּים. כְּתַרְגּוּמוֹ: "וּפַצִּיחִין", פיישי"ד בְּלַעַז, חוּט שֶׁל לָבָן מַקִּיף אֶת גּוּפוֹ סָבִיב, חֲבַרְבֹּרֶת שֶׁלּוֹ פְּתוּחָה וּמֻפְלֶשֶׁת מִזֶּה אֶל זֶה, וְאֵין לִי לַהֲבִיאוֹ עַד מִן הַמִּקְרָא:

יג] הָאֵל בֵּית אֵל. כְּמוֹ 'אֵל בֵּית אֵל', הַהֵ"א יְתֵרָה, וְדֶרֶךְ מִקְרָאוֹת לְדַבֵּר כֵּן, כְּמוֹ: "כִּי אַתֶּם בָּאִים אֶל הָאָרֶץ כְּנָעַן" (במדבר לד, ב): מָשַׁחְתָּ שָּׁם. לְשׁוֹן רִבּוּי וּגְדֻלָּה כְּנִמְשָׁח לַמַּלְכוּת, כָּךְ "וַיִּצֹק שֶׁמֶן עַל רֹאשָׁהּ" (לעיל כח, יח) לִהְיוֹת מְשׁוּחָה לְמִזְבֵּחַ: אֲשֶׁר נָדַרְתָּ לִּי. וְצָרִיךְ אַתָּה לְשַׁלְּמוֹ (שם), שֶׁאָמַרְתָּ: "יִהְיֶה בֵּית אֱלֹהִים" (לעיל כח, כב), שֶׁתַּקְרִיב שָׁם קָרְבָּנוֹת:

יד] הַעוֹד לָנוּ. לָמָּה נְעַכֵּב עַל יָדְךָ מִלָּשׁוּב, כְּלוּם אָנוּ מְיַחֲלוֹת לִירַשׁ מִנִּכְסֵי אָבִינוּ כְּלוּם בֵּין הַזְּכָרִים?

טו] הֲלוֹא נָכְרִיּוֹת נֶחְשַׁבְנוּ לוֹ. אֲפִלּוּ בְּשָׁעָה שֶׁדֶּרֶךְ בְּנֵי אָדָם לָתֵת נְדוּנְיָא לִבְנוֹתָיו, בִּשְׁעַת נִשּׂוּאִין, נָהַג עִמָּנוּ כְּנָכְרִיּוֹת, "כִּי מְכָרָנוּ" לְךָ בִּשְׂכַר הַפְּעֻלָּה: אֶת כַּסְפֵּנוּ. שֶׁעִכֵּב דְּמֵי שְׂכַר פְּעֻלָּתְךָ:

הָעֹ֕שֶׁר אֲשֶׁ֨ר הִצִּ֤יל אֱלֹהִים֙ מֵֽאָבִ֔ינוּ לָ֥נוּ ה֖וּא וּלְבָנֵ֑ינוּ וְעַתָּ֗ה כֹּל֩ אֲשֶׁ֨ר אָמַ֧ר אֱלֹהִ֛ים אֵלֶ֖יךָ עֲשֵֽׂה: וַיָּ֖קָם יַֽעֲקֹ֑ב וַיִּשָּׂ֛א אֶת־בָּנָ֥יו וְאֶת־נָשָׁ֖יו עַל־הַגְּמַלִּֽים: וַיִּנְהַ֣ג אֶת־כָּל־מִקְנֵ֗הוּ וְאֶת־כָּל־רְכֻשׁוֹ֙ אֲשֶׁ֣ר רָכָ֔שׁ מִקְנֵה֙ קִנְיָנ֔וֹ אֲשֶׁ֥ר רָכַ֖שׁ בְּפַדַּ֣ן אֲרָ֑ם לָב֛וֹא אֶל־יִצְחָ֥ק אָבִ֖יו אַ֥רְצָה כְּנָֽעַן: וְלָבָ֣ן הָלַ֔ךְ לִגְזֹ֖ז אֶת־צֹאנ֑וֹ וַתִּגְנֹ֣ב רָחֵ֔ל אֶת־הַתְּרָפִ֖ים אֲשֶׁ֥ר לְאָבִֽיהָ: וַיִּגְנֹ֣ב יַֽעֲקֹ֔ב אֶת־לֵ֥ב לָבָ֖ן הָֽאֲרַמִּ֑י עַל־בְּלִי֙ הִגִּ֣יד ל֔וֹ כִּ֥י בֹרֵ֖חַ הֽוּא: וַיִּבְרַ֥ח הוּא֙ וְכָל־אֲשֶׁר־ל֔וֹ וַיָּ֖קָם וַיַּֽעֲבֹ֣ר אֶת־הַנָּהָ֑ר וַיָּ֥שֶׂם אֶת־פָּנָ֖יו הַ֥ר הַגִּלְעָֽד: וַיֻּגַּ֥ד לְלָבָ֖ן בַּיּ֣וֹם הַשְּׁלִישִׁ֑י כִּ֥י בָרַ֖ח יַֽעֲקֹֽב: וַיִּקַּ֤ח אֶת־אֶחָיו֙ עִמּ֔וֹ וַיִּרְדֹּ֣ף אַֽחֲרָ֔יו דֶּ֖רֶךְ שִׁבְעַ֣ת יָמִ֑ים וַיַּדְבֵּ֥ק אֹת֖וֹ בְּהַ֥ר הַגִּלְעָֽד: וַיָּבֹ֧א אֱלֹהִ֛ים אֶל־לָבָ֥ן הָֽאֲרַמִּ֖י בַּֽחֲלֹ֣ם הַלָּ֑יְלָה וַיֹּ֣אמֶר ל֗וֹ הִשָּׁ֧מֶר לְךָ֛ פֶּן־תְּדַבֵּ֥ר עִֽם־יַֽעֲקֹ֖ב מִטּ֥וֹב עַד־רָֽע: וַיַּשֵּׂ֥ג לָבָ֖ן אֶת־יַֽעֲקֹ֑ב וְיַֽעֲקֹ֗ב תָּקַ֤ע אֶת־אָֽהֳלוֹ֙ בָּהָ֔ר וְלָבָ֛ן תָּקַ֥ע אֶת־אֶחָ֖יו בְּהַ֥ר הַגִּלְעָֽד: וַיֹּ֤אמֶר לָבָן֙ לְיַֽעֲקֹ֔ב מֶ֣ה עָשִׂ֔יתָ וַתִּגְנֹ֖ב אֶת־לְבָבִ֑י וַתְּנַהֵג֙ אֶת־בְּנֹתַ֔י כִּשְׁבֻי֖וֹת חָֽרֶב: לָ֤מָּה נַחְבֵּ֨אתָ֙ לִבְרֹ֔חַ וַתִּגְנֹ֖ב אֹתִ֑י וְלֹֽא־הִגַּ֣דְתָּ לִּ֔י וָֽאֲשַׁלֵּֽחֲךָ֛ בְּשִׂמְחָ֥ה וּבְשִׁרִ֖ים בְּתֹ֥ף וּבְכִנּֽוֹר: וְלֹ֣א נְטַשְׁתַּ֔נִי לְנַשֵּׁ֥ק

כט לְבָנַ֣י וְלִבְנֹתָ֑י עַתָּ֖ה הִסְכַּ֥לְתָּ עֲשֽׂוֹ׃ יֶשׁ־לְאֵ֣ל יָדִ֔י
לַעֲשׂ֥וֹת עִמָּכֶ֖ם רָ֑ע וֵאלֹהֵ֨י אֲבִיכֶ֜ם אֶ֣מֶשׁ ׀ אָמַ֧ר
אֵלַ֣י לֵאמֹ֗ר הִשָּׁ֧מֶר לְךָ֛ מִדַּבֵּ֥ר עִם־יַעֲקֹ֖ב מִטּ֥וֹב

יז עֻתְרָא, דְּאַפְרֵישׁ יי מֵאֲבוּנָא, דִּילָנָא הוּא וְדִבְנָנָא, וּכְעַן, כֹּל דַּאֲמַר יי, לָךְ עֲבֵיד: וְקָם יַעֲקֹב,
יח וּנְטַל, יָת בְּנוֹהִי וְיָת נְשׁוֹהִי עַל גַּמְלַיָּא: וְדַבַּר יָת כָּל גֵּיתוֹהִי, וְיָת כָּל קִנְיָנֵיהּ דִּקְנָא, גֵּיתוֹהִי
יט וְקִנְיָנֵיהּ, דִּקְנָא בְּפַדַּן אֲרָם, לְמֵיתֵי, לְוָת יִצְחָק אֲבוּהִי לְאַרְעָא דִּכְנָעַן: וְלָבָן אֲזַל, לְמִגַּז יָת
כ עָנֵיהּ, וּנְסֵיבַת רָחֵל, יָת צַלְמָנַיָּא דְּלַאֲבוּהָא: וְכַסִּי יַעֲקֹב, מִן לָבָן אֲרַמָּאָה, עַל דְּלָא חַוִּי לֵיהּ,
כא אֲרֵי אָזֵיל הוּא: וַאֲזַל הוּא וְכָל דְּלֵיהּ, וְקָם וַעֲבַר יָת פְּרָת, וְשַׁוִּי יָת אַפּוֹהִי לְטוּרָא דְּגִלְעָד:
כב כג וְאִתְחַוַּא לְלָבָן בְּיוֹמָא תְּלִיתָאָה, אֲרֵי אֲזַל יַעֲקֹב: וּדְבַר יָת אֲחוֹהִי עִמֵּיהּ, וּרְדַף בָּתְרוֹהִי,
כד מַהֲלַךְ שִׁבְעָא יוֹמִין, וְאַדְבֵּיק יָתֵיהּ בְּטוּרָא דְּגִלְעָד: וַאֲתָא מֵימַר מִן קֳדָם יי, לְוָת לָבָן אֲרַמָּאָה
כה בְּחֶלְמָא דְּלֵילְיָא, וַאֲמַר לֵיהּ, אִסְתְּמַר לָךְ, דִּלְמָא תְּמַלֵּיל עִם יַעֲקֹב מִטָּב עַד בִּישׁ: וְאַדְבֵּיק
כו לָבָן יָת יַעֲקֹב, וְיַעֲקֹב, פְּרַס יָת מַשְׁכְּנֵיהּ בְּטוּרָא, וְלָבָן, אַשְׁרִי יָת אֲחוֹהִי בְּטוּרָא דְּגִלְעָד: וַאֲמַר
כז לָבָן לְיַעֲקֹב, מָא עֲבַדְתָּא, וְכַסִּיתָא מִנִּי, וְדַבַּרְתְּ יָת בְּנָתַי, כִּשְׁבִיַּת חָרֶב: לְמָא אִטַּמַּרְתָּא
כח לְמֵיזַל, וְכַסִּיתָא מִנִּי, וְלָא חַוֵּיתָ לִי, וְשַׁלַּחְתָּךְ פּוֹן, בְּחֶדְוָא וּבְתֻשְׁבְּחָן בְּתֻפִּין וּבְכִנָּרִין: וְלָא
כט שְׁבַקְתַּנִי, לְנַשָּׁקָא לִבְנַי וְלִבְנָתַי, כְּעַן אַסְכֵּילְתָּא לְמֶעֱבַד: אִית חֵילָא בִּידִי, לְמֶעֱבַד עִמְּכוֹן
בִּישָׁא, וֵאלָהָא דַּאֲבוּכוֹן, בְּרַמְשָׁא אֲמַר לִי לְמֵימַר, אִסְתְּמַר לָךְ, מִלְּמַלָּלָא עִם יַעֲקֹב מִטָּב

טז| כִּי כָל הָעֹשֶׁר. 'כִּי' זֶה מְשַׁמֵּשׁ בִּלְשׁוֹן 'אֶלָּא', כְּלוֹמַר, מִשֶּׁל אָבִינוּ אֵין לָנוּ כְּלוּם, אֶלָּא מַה שֶּׁהִצִּיל הַקָּדוֹשׁ בָּרוּךְ הוּא מֵאָבִינוּ שֶׁלָּנוּ הוּא: הִצִּיל. לְשׁוֹן הִפְרִישׁ, וְכֵן כָּל לְשׁוֹן הַצָּלָה שֶׁבַּמִּקְרָא לְשׁוֹן הַפְרָשָׁה, שֶׁמַּפְרִישׁוֹ מִן הָרָעָה וּמִן הָאוֹיֵב:

יז| אֶת בָּנָיו וְאֶת נָשָׁיו. הִקְדִּים זְכָרִים לִנְקֵבוֹת, וְעֵשָׂו הִקְדִּים נְקֵבוֹת לִזְכָרִים, שֶׁנֶּאֱמַר: "וַיִּקַּח עֵשָׂו אֶת נָשָׁיו וְאֶת בָּנָיו" וְגוֹ' (להלן לו, ו):

יח| מִקְנֵה קִנְיָנוֹ. מַה שֶּׁקָּנָה מִצֹּאנוֹ, עֲבָדִים וּשְׁפָחוֹת וּגְמַלִּים וַחֲמוֹרִים:

יט| לִגְזֹז אֶת צֹאנוֹ. שֶׁנָּתַן בְּיַד בָּנָיו דֶּרֶךְ שְׁלֹשֶׁת יָמִים בֵּינוֹ וּבֵין יַעֲקֹב: וַתִּגְנֹב רָחֵל אֶת הַתְּרָפִים. לְהַפְרִישׁ אֶת אָבִיהָ מֵעֲבוֹדָה זָרָה נִתְכַּוְּנָה:

כב| בַּיּוֹם הַשְּׁלִישִׁי. שֶׁהֲרֵי דֶּרֶךְ שְׁלֹשֶׁת יָמִים הָיָה בֵּינֵיהֶם:

כג| אֶת אֶחָיו. קְרוֹבָיו: דֶּרֶךְ שִׁבְעַת יָמִים. כָּל אוֹתָן שְׁלֹשָׁה יָמִים שֶׁהָלַךְ הַמַּגִּיד לְהַגִּיד לְלָבָן הָלַךְ יַעֲקֹב לְדַרְכּוֹ, נִמְצָא יַעֲקֹב רָחוֹק מִלָּבָן שִׁשָּׁה יָמִים, וּבַשְּׁבִיעִי הִשִּׂיגוֹ לָבָן. לָמַדְנוּ שֶׁכָּל מַה שֶּׁהָלַךְ יַעֲקֹב בְּשִׁבְעָה יָמִים הָלַךְ לָבָן בְּיוֹם אֶחָד:

כד| מִטּוֹב עַד רָע. כָּל טוֹבָתָן שֶׁל רְשָׁעִים רָעָה הִיא אֵצֶל הַצַּדִּיקִים:

כו| כִּשְׁבֻיוֹת חָרֶב. כָּל חַיִל הַבָּא לַמִּלְחָמָה קָרוּי חֶרֶב:

כז| וַתִּגְנֹב אֹתִי. גָּנַבְתָּ אֶת דַּעְתִּי:

כט| יֶשׁ לְאֵל יָדִי. יֵשׁ לְחַיִל וּלְכֹחַ יָדִי "לַעֲשׂוֹת עִמָּכֶם רָע". וְכָל 'אֵל' שֶׁהוּא קֹדֶשׁ, עַל שֵׁם עִזּוּז וְרֹב אוֹנִים הוּא:

ויצא

עַד־רָֽע׃ וְעַתָּה֙ הָלֹ֣ךְ הָלַ֔כְתָּ כִּֽי־נִכְסֹ֥ף נִכְסַ֖פְתָּה ל
לְבֵ֣ית אָבִ֑יךָ לָ֥מָּה גָנַ֖בְתָּ אֶת־אֱלֹהָֽי׃ וַיַּ֥עַן יַעֲקֹ֖ב לא
וַיֹּ֣אמֶר לְלָבָ֑ן כִּ֣י יָרֵ֔אתִי כִּ֣י אָמַ֔רְתִּי פֶּן־תִּגְזֹ֥ל אֶת־
בְּנוֹתֶ֖יךָ מֵעִמִּֽי׃ עִ֠ם אֲשֶׁ֨ר תִּמְצָ֣א אֶת־אֱלֹהֶיךָ֮ לב
לֹ֣א יִֽחְיֶה֒ נֶ֣גֶד אַחֵ֧ינוּ הַֽכֶּר־לְךָ֛ מָ֥ה עִמָּדִ֖י וְקַֽח־לָ֑ךְ
וְלֹֽא־יָדַ֣ע יַעֲקֹ֔ב כִּ֥י רָחֵ֖ל גְּנָבָֽתַם׃ וַיָּבֹ֨א לָבָ֜ן לג
בְּאֹ֥הֶל־יַעֲקֹ֣ב ׀ וּבְאֹ֣הֶל לֵאָ֗ה וּבְאֹ֛הֶל שְׁתֵּ֥י
הָאֲמָהֹ֖ת וְלֹ֣א מָצָ֑א וַיֵּצֵא֙ מֵאֹ֣הֶל לֵאָ֔ה וַיָּבֹ֖א
בְּאֹ֥הֶל רָחֵֽל׃ וְרָחֵ֞ל לָקְחָ֣ה אֶת־הַתְּרָפִ֗ים וַתְּשִׂמֵ֛ם לד
בְּכַ֥ר הַגָּמָ֖ל וַתֵּ֣שֶׁב עֲלֵיהֶ֑ם וַיְמַשֵּׁ֥שׁ לָבָ֛ן אֶת־כָּל־
הָאֹ֖הֶל וְלֹ֥א מָצָֽא׃ וַתֹּ֣אמֶר אֶל־אָבִ֗יהָ אַל־יִ֙חַר֙ לה
בְּעֵינֵ֣י אֲדֹנִ֔י כִּ֣י ל֤וֹא אוּכַל֙ לָק֣וּם מִפָּנֶ֔יךָ כִּי־דֶ֥רֶךְ
נָשִׁ֖ים לִ֑י וַיְחַפֵּ֕שׂ וְלֹ֥א מָצָ֖א אֶת־הַתְּרָפִֽים׃ וַיִּ֥חַר לו
לְיַעֲקֹ֖ב וַיָּ֣רֶב בְּלָבָ֑ן וַיַּ֤עַן יַעֲקֹב֙ וַיֹּ֣אמֶר לְלָבָ֔ן מַה־
פִּשְׁעִי֙ מַ֣ה חַטָּאתִ֔י כִּ֥י דָלַ֖קְתָּ אַחֲרָֽי׃ כִּֽי־מִשַּׁ֣שְׁתָּ לז
אֶת־כָּל־כֵּלַ֗י מַה־מָּצָ֙אתָ֙ מִכֹּ֣ל כְּלֵֽי־בֵיתֶ֔ךָ שִׂ֣ים
כֹּ֔ה נֶ֥גֶד אַחַ֖י וְאַחֶ֑יךָ וְיוֹכִ֖יחוּ בֵּ֥ין שְׁנֵֽינוּ׃ זֶה֩ עֶשְׂרִ֨ים לח
שָׁנָ֤ה אָנֹכִי֙ עִמָּ֔ךְ רְחֵלֶ֥יךָ וְעִזֶּ֖יךָ לֹ֣א שִׁכֵּ֑לוּ וְאֵילֵ֥י
צֹאנְךָ֖ לֹ֥א אָכָֽלְתִּי׃ טְרֵפָה֙ לֹא־הֵבֵ֣אתִי אֵלֶ֔יךָ לט
אָנֹכִ֣י אֲחַטֶּ֔נָּה מִיָּדִ֖י תְּבַקְשֶׁ֑נָּה גְּנֻֽבְתִ֣י י֔וֹם וּגְנֻֽבְתִ֖י
לָֽיְלָה׃ הָיִ֧יתִי בַיּ֛וֹם אֲכָלַ֥נִי חֹ֖רֶב וְקֶ֣רַח בַּלָּ֑יְלָה מ

מא וַתִּדַּ֥ד שְׁנָתִ֖י מֵעֵינָֽי׃ זֶה־לִּ֞י עֶשְׂרִ֣ים שָׁנָה֮
בְּבֵיתֶךָ֒ עֲבַדְתִּ֜יךָ אַרְבַּֽע־עֶשְׂרֵ֤ה שָׁנָה֙ בִּשְׁתֵּ֣י

ל עַד בִּישׁ: וּכְעַן מֵיזַל אֲזַלְתָּא, אֲרֵי חַמָּדָא חַמֵּידְתָּא לְבֵית אֲבוּךְ, לְמָא נְסֵיבְתָּא יָת דַּחַלְתִּי:
לא וַאֲתֵיב יַעֲקֹב וַאֲמַר לְלָבָן, אֲרֵי דְּחֵילִית, אֲרֵי אֲמַרִית, דִּלְמָא תֵּינוּס יָת בְּנָתָךְ מִנִּי:
לב אֲתַר, דְּתַשְׁכַּח יָת דַּחַלְתָּךְ לָא יִתְקַיַּם, קֳדָם אַחֲנָא אִשְׁתְּמוֹדַע לָךְ, מָא דְּעִמִּי וְסַב לָךְ, וְלָא
לג יְדַע יַעֲקֹב, אֲרֵי רָחֵל נְסֵיבַתְנוּן: וְעָאל לָבָן, בְּמַשְׁכְּנָא דְּיַעֲקֹב וּבְמַשְׁכְּנָא דְּלֵאָה, וּבְמַשְׁכְּנָא,
לד דְּתַרְתֵּין לְחֵינָתָא וְלָא אַשְׁכַּח, וּנְפַק מִמַּשְׁכְּנָא דְּלֵאָה, וְעָאל בְּמַשְׁכְּנָא דְּרָחֵל: וְרָחֵל נְסֵיבַת
יָת צַלְמָנַיָּא, וְשַׁוִּיאַתְנוּן, בַּעֲבִיטָא דְּגַמְלָא וִיתֵיבַת עֲלֵיהוֹן, וּמַשֵּׁישׁ לָבָן, יָת כָּל מַשְׁכְּנָא וְלָא
לה אַשְׁכַּח: וַאֲמַרַת לַאֲבוּהָא, לָא יִתְקַף בְּעֵינֵי רִבּוֹנִי, אֲרֵי לָא אִכּוֹל לִמְקָם מִן קֳדָמָךְ, אֲרֵי אוֹרַח
לו נְשִׁין לִי, וּבְלַשׁ, וְלָא אַשְׁכַּח יָת צַלְמָנַיָּא: וּתְקֵיף לְיַעֲקֹב וּנְצָא עִם לָבָן, וַאֲתֵיב יַעֲקֹב וַאֲמַר לְלָבָן,
לז מָא חוֹבִי מָא סָרְחָנִי, אֲרֵי רְדַפְתָּא בָּתְרָי: אֲרֵי מַשֵּׁישְׁתָּא יָת כָּל מָנַי, מָא אַשְׁכַּחְתָּא מִכֹּל מָנֵי
לח בֵיתָךְ, שַׁו הָכָא, קֳדָם אַחַי וַאֲחָךְ, וְיוֹכְחוּן בֵּין תַּרְוַנָא: דְּנַן עֶסְרִין שְׁנִין אֲנָא עִמָּךְ, רַחְלָךְ וְעִזָּךְ
לט לָא אַתְכִּילוּ, וְדִכְרֵי עָנָךְ לָא אֲכַלִית: דִּתְבִירָא לָא אֵיתִיתִי לָךְ, דַּהֲוָת שָׁגְיָא מִמִּנְיָנָא מִנִּי אַתְּ
מ בָּעֵי לַהּ, נְטַרִית בִּימָמָא, וּנְטַרִית בְּלֵילְיָא: הֲוֵיתִי בִּימָמָא, אַכְלַנִי שַׁרְבָא וּגְלִידָא נְחַת עֲלַי
מא בְּלֵילְיָא, וְנַדַּת שִׁינְתִי מֵעֵינָי: דְּנָן לִי, עֶסְרִין שְׁנִין בְּבֵיתָךְ, פְּלַחְתָּךְ, אַרְבַּע עֶסְרֵי שְׁנִין בְּתַרְתֵּין

ל) **נִכְסַפְתָּה.** חָמַדְתָּ, וְהַרְבֵּה יֵשׁ בַּמִּקְרָא: "נִכְסְפָה וְגַם כָּלְתָה נַפְשִׁי" (תהלים פד, ג), "לְמַעֲשֵׂה יָדֶיךָ תִכְסֹף" (איוב יד, טו):

לא) **כִּי יָרֵאתִי וְגוֹ'.** הֵשִׁיבוֹ עַל רִאשׁוֹן רִאשׁוֹן, שֶׁאָמַר לוֹ: "וַתְּנַהֵג אֶת בְּנֹתַי" וְגוֹ' (לעיל פסוק כו):

לב) **לֹא יִחְיֶה.** וּמֵאוֹתָהּ קְלָלָה מֵתָה רָחֵל בַּדֶּרֶךְ: **מָה עִמָּדִי.** מִשֶּׁלְּךָ:

לג) **בְּאֹהֶל יַעֲקֹב.** הוּא אֹהֶל רָחֵל שֶׁהָיָה יַעֲקֹב תָּדִיר אֶצְלָהּ, וְכֵן הוּא אוֹמֵר: "בְּנֵי רָחֵל אֵשֶׁת יַעֲקֹב" (להלן מו, יט), וּבְכֻלָּן לֹא נֶאֱמַר 'אֵשֶׁת יַעֲקֹב': **וַיָּבֹא בְּאֹהֶל רָחֵל.** כְּשֶׁיָּצָא מֵאֹהֶל לֵאָה חָזַר לוֹ לְאֹהֶל רָחֵל קֹדֶם שֶׁחִפֵּשׂ בְּאֹהֶל הָאֲמָהוֹת. וְכָל כָּךְ לָמָּה? לְפִי שֶׁהָיָה מַכִּיר בָּהּ שֶׁהִיא מַמַשְׁמְשָׁנִית:

לד) **בְּכַר הַגָּמָל.** לְשׁוֹן כָּרִים וּכְסָתוֹת, כְּתַרְגּוּמוֹ: "בַּעֲבִיטָא דְּגַמְלָא", וְהִיא מַרְדַּעַת הָעֲשׂוּיָה כְּמִין כַּר. וּבְעֵרוּבִין שָׁנִינוּ: "הִקִּיפוּהָ בַּעֲבִיטִין" (דף טז ע"ב), וְהֵן עֲבִיטֵי גְמַלִּים, בשטי"ל בְּלַעַ"ז:

לו) **דָלַקְתָּ.** רָדַפְתָּ, כְּמוֹ: "עַל הֶהָרִים דְּלָקֻנוּ" (איכה ד, יט), וּכְמוֹ: "מִדְּלֹק אַחֲרֵי פְלִשְׁתִּים" (שמואל א' יז, נג):

לז) **וְיוֹכִיחוּ.** וִיבָרְרוּ עִם מִי הַדִּין, אפרובי"ר בְּלַעַ"ז:

לח) **לֹא שִׁכֵּלוּ.** לֹא הִפִּילוּ עֻבָּרָם, כְּמוֹ: "רֶחֶם מַשְׁכִּיל" (הושע ט, יד), "תְּפַלֵּט פָּרָתוֹ וְלֹא תְשַׁכֵּל" (איוב כא, י): **וְאֵילֵי צֹאנְךָ.** מִכָּאן אָמְרוּ: אַיִל בֶּן יוֹמוֹ קָרוּי אַיִל, שֶׁאִם לֹא כֵן מַה שִּׁבְחוֹ? אֵילִים לֹא אָכַל אֲבָל כְּבָשִׂים אָכַל – אִם כֵּן גַּזְלָן הוּא!:

לט) **טְרֵפָה.** עַל יְדֵי אֲרִי וּזְאֵב: **אָנֹכִי אֲחַטֶּנָּה.** לְשׁוֹן: "אֶל הַשַּׂעֲרָה וְלֹא יַחֲטִא" (שופטים כ, טז), "אֲנִי וּבְנִי שְׁלֹמֹה חַטָּאִים" (מלכים א' א, כא) – חֲסֵרִים. אָנֹכִי אֲחַסְּרֶנָּה, אִם חָסְרָה חָסְרָה לִי, שֶׁ"מִּיָּדִי תְּבַקְשֶׁנָּה": **גְּנֻבְתִי יוֹם וּגְנֻבְתִי לָיְלָה.** גְּנוּבַת יוֹם אוֹ גְּנוּבַת לַיְלָה, הַכֹּל שִׁלַּמְתִּי: **גְּנֻבְתִי.** כְּמוֹ: "רַבָּתִי בַגּוֹיִם שָׂרָתִי בַּמְּדִינוֹת" (איכה א, א), "מְלֵאֲתִי מִשְׁפָּט" (ישעיה א, כא), "אֹהַבְתִּי לָדוּשׁ" (הושע י, יא):

מ) **אֲכָלַנִי חֹרֶב.** לְשׁוֹן "אֵשׁ אֹכְלָה" (דברים ד, כד):

בראשית

בְּנֹתֶיךָ וְשֵׁשׁ שָׁנִים בְּצֹאנֶךָ וַתַּחֲלֵף אֶת־מַשְׂכֻּרְתִּי
עֲשֶׂרֶת מֹנִים: לוּלֵי אֱלֹהֵי אָבִי אֱלֹהֵי אַבְרָהָם מב
וּפַחַד יִצְחָק הָיָה לִי כִּי עַתָּה רֵיקָם שִׁלַּחְתָּנִי אֶת־
עָנְיִי וְאֶת־יְגִיעַ כַּפַּי רָאָה אֱלֹהִים וַיּוֹכַח אָמֶשׁ:
וַיַּעַן לָבָן וַיֹּאמֶר אֶל־יַעֲקֹב הַבָּנוֹת בְּנֹתַי וְהַבָּנִים מג שביעי
בָּנַי וְהַצֹּאן צֹאנִי וְכֹל אֲשֶׁר־אַתָּה רֹאֶה לִי־הוּא
וְלִבְנֹתַי מָה־אֶעֱשֶׂה לָאֵלֶּה הַיּוֹם אוֹ לִבְנֵיהֶן אֲשֶׁר
יָלָדוּ: וְעַתָּה לְכָה נִכְרְתָה בְרִית אֲנִי וָאָתָּה וְהָיָה מד
לְעֵד בֵּינִי וּבֵינֶךָ: וַיִּקַּח יַעֲקֹב אָבֶן וַיְרִימֶהָ מַצֵּבָה: מה
וַיֹּאמֶר יַעֲקֹב לְאֶחָיו לִקְטוּ אֲבָנִים וַיִּקְחוּ אֲבָנִים מו
וַיַּעֲשׂוּ־גָל וַיֹּאכְלוּ שָׁם עַל־הַגָּל: וַיִּקְרָא־לוֹ לָבָן מז
יְגַר שָׂהֲדוּתָא וְיַעֲקֹב קָרָא לוֹ גַּלְעֵד: וַיֹּאמֶר לָבָן מח
הַגַּל הַזֶּה עֵד בֵּינִי וּבֵינְךָ הַיּוֹם עַל־כֵּן קָרָא־שְׁמוֹ
גַּלְעֵד: וְהַמִּצְפָּה אֲשֶׁר אָמַר יִצֶף יְהוָה בֵּינִי וּבֵינֶךָ מט
כִּי נִסָּתֵר אִישׁ מֵרֵעֵהוּ: אִם־תְּעַנֶּה אֶת־בְּנֹתַי נ
וְאִם־תִּקַּח נָשִׁים עַל־בְּנֹתַי אֵין אִישׁ עִמָּנוּ רְאֵה
אֱלֹהִים עֵד בֵּינִי וּבֵינֶךָ: וַיֹּאמֶר לָבָן לְיַעֲקֹב הִנֵּה ׀ נא
הַגַּל הַזֶּה וְהִנֵּה הַמַּצֵּבָה אֲשֶׁר יָרִיתִי בֵּינִי וּבֵינֶךָ:
עֵד הַגַּל הַזֶּה וְעֵדָה הַמַּצֵּבָה אִם־אָנִי לֹא־אֶעֱבֹר נב
אֵלֶיךָ אֶת־הַגַּל הַזֶּה וְאִם־אַתָּה לֹא־תַעֲבֹר אֵלַי
אֶת־הַגַּל הַזֶּה וְאֶת־הַמַּצֵּבָה הַזֹּאת לְרָעָה:

ויצא | לא

אֱלֹהֵי אַבְרָהָם וֵאלֹהֵי נָחוֹר יִשְׁפְּטוּ בֵינֵינוּ אֱלֹהֵי
אֲבִיהֶם וַיִּשָּׁבַע יַעֲקֹב בְּפַחַד אָבִיו יִצְחָק: וַיִּזְבַּח

מב בְּנָתָךְ, וְשִׁית שְׁנִין בְּעָנָךְ, וְאַשְׁנִיתָא יַת אַגְרִי עֲסַר זִמְנִין: אִלּוּ לָא פוֹן, אֱלָהֵיהּ דְּאַבָּא אֱלָהֵיהּ דְּאַבְרָהָם, וּדְדָחֵיל לֵיהּ יִצְחָק הֲוָה בְּסַעְדִּי, אֲרֵי כְעַן רֵיקָן שַׁלַּחְתָּנִי, יַת עַמְלִי, וְיַת לֵיאוּת יְדַי, גְּלֵי קֳדָם יְיָ וְאוֹכַח בְּרַמְשָׁא: וַאֲתֵיב לָבָן וַאֲמַר לְיַעֲקֹב, בְּנָתָא בְּנָתַי, וּבְנַיָּא בְּנֵי וְעָנָא עָנִי, וְכֹל, דְּאַתְּ חָזֵי דִילִי הוּא, וְלִבְנָתַי, מָא אַעֲבֵיד לְאִלֵּין יוֹמָא דֵין, אוֹ לִבְנֵיהוֹן דִילִידָא: וּכְעַן, אִיתָא, נִגְזַר קְיָם אֲנָא וְאָתְּ, וִיהֵי לְסָהִיד בֵּינָא וּבֵינָךְ: וּנְסֵיב יַעֲקֹב אַבְנָא, וְזַקְפַהּ קָמָא: וַאֲמַר יַעֲקֹב לַאֲחוֹהִי לְקוּטוּ אַבְנִין, וּנְסִיבוּ אַבְנִין וַעֲבָדוּ דְגוֹרָא, וַאֲכָלוּ תַמָּן עַל דְּגוֹרָא: וּקְרָא לֵיהּ לָבָן, יְגַר שָׂהֲדוּתָא, וְיַעֲקֹב, קְרָא לֵיהּ גַּלְעֵד: וַאֲמַר לָבָן, דְּגוֹרָא הָדֵין, סָהִיד בֵּינָא וּבֵינָךְ יוֹמָא דֵין, עַל כֵּן קְרָא שְׁמֵיהּ גַּלְעֵד: וְסָכוּתָא דַּאֲמַר, יִסַּךְ מֵימְרָא דַּייָ בֵּינָא וּבֵינָךְ אֲרֵי נִתְכַּסֵּי גְּבַר מֵחַבְרֵיהּ: אִם תְּעַנֵּי יַת בְּנָתַי, וְאִם תִּסַּב נְשִׁין עַל בְּנָתַי, לֵית אֱנַשׁ עִמָּנָא, חֲזֵי, מֵימְרָא דַּייָ סָהִיד בֵּינָא וּבֵינָךְ: וַאֲמַר לָבָן לְיַעֲקֹב, הָא דְגוֹרָא הָדֵין, וְהָא קָמָתָא, דַּאֲקֵימִית בֵּינָא וּבֵינָךְ: סָהִיד דְּגוֹרָא הָדֵין, וְסָהֲדָא קָמָתָא, אִם אֲנָא, לָא אֶעְבַּר לְוָתָךְ יַת דְּגוֹרָא הָדֵין, וְאִם אַתְּ, לָא תַעְבַּר לְוָתִי, יַת דְּגוֹרָא הָדֵין, וְיַת קָמָתָא הָדָא לְבִישׁ: אֱלָהֵיהּ דְּאַבְרָהָם, וֵאלָהֵיהּ דְּנָחוֹר יְדִינוּן בֵּינָנָא, אֱלָהָא דַּאֲבוּהוֹן, וְקַיֵּים יַעֲקֹב, בִּדְדָחֵיל לֵיהּ אֲבוּהִי יִצְחָק: וּנְכַס

וַיִּקְרָא. כְּמוֹ: "מַמְלִיךְ קְרָחוֹ" (תהלים קמז, יז), תַּרְגּוּמוֹ: "אַגְלִיד". שְׁנָתָהּ. לְשׁוֹן שֵׁנָה.

מא וַתַּחֲלֵף אֶת מַשְׂכֻּרְתִּי. הָיִיתָ מְשַׁנֶּה תְּנַאי שֶׁבֵּינֵינוּ, מִנְּקוֹד לִטְלוּא, לַעֲקֻדִּים, לִבְרֻדִּים:

מב וּפַחַד יִצְחָק. לֹא רָצָה לוֹמַר 'אֱלֹהֵי יִצְחָק', שֶׁאֵין הַקָּדוֹשׁ בָּרוּךְ הוּא מְיַחֵד שְׁמוֹ עַל הַצַּדִּיקִים בְּחַיֵּיהֶם, וְאַף עַל פִּי שֶׁאָמַר לוֹ בְּצֵאתוֹ מִבְּאֵר שֶׁבַע: "אֲנִי ה' אֱלֹהֵי אַבְרָהָם אָבִיךָ וֵאלֹהֵי יִצְחָק" (לעיל כח, יג), בִּשְׁבִיל שֶׁכָּהוּ עֵינָיו וַהֲרֵי הוּא כְּמֵת, יַעֲקֹב נִתְיָרֵא לוֹמַר: וַיִּזְבַּח. לְשׁוֹן תּוֹכָחָה הוּא וְלֹא לְשׁוֹן הוֹכָחָה.

מג מָה אֶעֱשֶׂה לָאֵלֶּה. אֵיךְ תַּעֲלֶה עַל לִבִּי לְהָרַע לָהֶן?

מד וְהָיָה לְעֵד. הַקָּדוֹשׁ בָּרוּךְ הוּא:

מו לְאֶחָיו. הֵם בָּנָיו, שֶׁהָיוּ לוֹ אַחִים נִגָּשִׁים לְעֶזְרָה וּלְמִלְחָמָה עָלָיו:

מז-מח יְגַר. תַּרְגּוּם שֶׁל גַּל. גַּלְעֵד. גַּל עֵד:

מט וְהַמִּצְפָּה אֲשֶׁר אָמַר וְגוֹ'. וְהַמִּצְפָּה אֲשֶׁר בְּהַר הַגִּלְעָד, כְּמוֹ שֶׁכָּתוּב: "וַיַּעֲבֹר אֶת מִצְפֵּה גִלְעָד" (שופטים יא, כט), וְלָמָּה נִקְרֵאת שְׁמָהּ 'מִצְפָּה'? לְפִי שֶׁאָמַר כָּל אֶחָד מֵהֶם לַחֲבֵרוֹ: "יִצֶף ה' בֵּינִי וּבֵינֶךָ" אִם תַּעֲבֹר אֶת הַבְּרִית: כִּי נִסָּתֵר. וְלֹא נִרְאֶה אִישׁ אֶת רֵעֵהוּ.

נ בְּנֹתַי... בְּנֹתַי. שְׁתֵּי פְעָמִים, אַף בִּלְהָה וְזִלְפָּה בְּנוֹתָיו הָיוּ מִפִּילֶגֶשׁ: אִם תְּעַנֶּה אֶת בְּנֹתַי. לִמְנֹעַ מֵהֶן עוֹנַת תַּשְׁמִישׁ:

נא יָרִיתִי. כְּמוֹ: "יָרֹה יִיָּרֶה" (שמות יט, יג), כָּזֶה שֶׁהוּא יוֹרֶה חִצִּים:

נב אִם אָנִי. הֲרֵי 'אִם' מְשַׁמֵּשׁ בִּלְשׁוֹן 'אֲשֶׁר', כְּמוֹ: "עַד אִם דִּבַּרְתִּי דְּבָרָי" (לעיל כד, לג). לְרָעָה אִי אַתָּה עוֹבֵר, אֲבָל אַתָּה עוֹבֵר לִפְרַקְמַטְיָא:

נג אֱלֹהֵי אַבְרָהָם. קֹדֶשׁ: וֵאלֹהֵי נָחוֹר. חֹל: אֱלֹהֵי אֲבִיהֶם. חֹל:

יַעֲקֹב זֶבַח בָּהָר וַיִּקְרָא לְאֶחָיו לֶאֱכָל־לָחֶם

מפטיר נה וַיֹּאכְלוּ לֶחֶם וַיָּלִינוּ בָּהָר: וַיַּשְׁכֵּם לָבָן בַּבֹּקֶר

וַיְנַשֵּׁק לְבָנָיו וְלִבְנוֹתָיו וַיְבָרֶךְ אֶתְהֶם וַיֵּלֶךְ וַיָּשָׁב

לב א לָבָן לִמְקֹמוֹ: וְיַעֲקֹב הָלַךְ לְדַרְכּוֹ וַיִּפְגְּעוּ־בוֹ

ב מַלְאֲכֵי אֱלֹהִים: וַיֹּאמֶר יַעֲקֹב כַּאֲשֶׁר רָאָם

מַחֲנֵה אֱלֹהִים זֶה וַיִּקְרָא שֵׁם־הַמָּקוֹם הַהוּא

מַחֲנָיִם:

הפטרת ויצא

הנביא הושע ליווה את מלכות ישראל באחד משיאיה, מימי ירבעם בן יואש (גדול מלכי בית יהוא) עד החורבן בימי המלך הושע בן אלה. המעצמה האשורית כבשה את המזרח התיכון כולו. הושע הנביא (ונביאים נוספים כישעיהו, עמוס ומיכה) ניסה למנוע את נפילת מלכות ישראל. הוא קרא לישראל לנטוש את הדרך האלילית ולשוב לעבודת ה׳. בפסוקי ההפטרה יש רמיזות לאירועים מחיי יעקב. המכנה המשותף להם הוא השגחת ה׳ על יעקב בעימות עם עשו ולבן. השגחה זו נמשכת גם בצאצאיו והיא הבסיס להצלחה בימיו. ההליכה בחוקי האלילות האשורית – יש בה גם פן של זלזול וכפיות טובה כלפי ה׳ המטיב להם. אי־הכרת הטוב היא עיוות חשיבה, ובדרך זו אי־אפשר להרחיק לכת. הנביא ממחיש את העתיד הצפוי בדימויים שונים, ובהם: ״לכן יהיו כענן בֹּקר... וכעשן מֵאֲרֻבָּה״. אלו מראות מרשימים אבל חולפים במהרה. כך גם הנהירה אחרי תרבות אשור, שבאותה שעה הייתה מרשימה, היא אשליה שתתנפץ עם הבוטחים בה.

הושע

הספרדים והתימנים מתחילים כאן

יא ח וְעַמִּי תְלוּאִים לִמְשׁוּבָתִי וְאֶל־עַל יִקְרָאֻהוּ יַחַד לֹא יְרוֹמֵם: אֵיךְ אֶתֶּנְךָ

אֶפְרַיִם אֲמַגֶּנְךָ יִשְׂרָאֵל אֵיךְ אֶתֶּנְךָ כְאַדְמָה אֲשִׂימְךָ כִּצְבֹאיִם נֶהְפַּךְ עָלַי

ט לִבִּי יַחַד נִכְמְרוּ נִחוּמָי: לֹא אֶעֱשֶׂה חֲרוֹן אַפִּי לֹא אָשׁוּב לְשַׁחֵת אֶפְרָיִם

י כִּי אֵל אָנֹכִי וְלֹא־אִישׁ בְּקִרְבְּךָ קָדוֹשׁ וְלֹא אָבוֹא בְּעִיר: אַחֲרֵי יְהוָה יֵלְכוּ

יא כְּאַרְיֵה יִשְׁאָג כִּי־הוּא יִשְׁאַג וְיֶחֶרְדוּ בָנִים מִיָּם: יֶחֶרְדוּ כְצִפּוֹר מִמִּצְרַיִם

יב א וּכְיוֹנָה מֵאֶרֶץ אַשּׁוּר וְהוֹשַׁבְתִּים עַל־בָּתֵּיהֶם נְאֻם־יְהוָה: סְבָבֻנִי

בְכַחַשׁ אֶפְרַיִם וּבְמִרְמָה בֵּית יִשְׂרָאֵל וִיהוּדָה עֹד רָד עִם־אֵל וְעִם־קְדוֹשִׁים

ב נֶאֱמָן: אֶפְרַיִם רֹעֶה רוּחַ וְרֹדֵף קָדִים כָּל־הַיּוֹם כָּזָב וָשֹׁד יַרְבֶּה וּבְרִית

ג עִם־אַשּׁוּר יִכְרֹתוּ וְשֶׁמֶן לְמִצְרַיִם יוּבָל: וְרִיב לַיהוָה עִם־יְהוּדָה וְלִפְקֹד

ד עַל־יַעֲקֹב כִּדְרָכָיו כְּמַעֲלָלָיו יָשִׁיב לוֹ: בַּבֶּטֶן עָקַב אֶת־אָחִיו וּבְאוֹנוֹ שָׂרָה

ויצא

נה יַעֲקֹב נְכַסְתָּא בְּטוּרָא, וּקְרָא לַאֲחוֹהִי לְמֵיכַל לַחְמָא, וַאֲכַלוּ לַחְמָא, וּבָתוּ בְּטוּרָא: וְאַקְדֵּים
לב א לָבָן בְּצַפְרָא, וְנַשֵּׁיק לִבְנוֹהִי, וְלִבְנָתֵיהּ וּבָרֵיךְ יָתְהוֹן, וַאֲזַל, וְתָב לָבָן לְאַתְרֵיהּ: וְיַעֲקֹב אֲזַל
ב לְאָרְחֵיהּ, וְעָרְעוּ בֵיהּ מַלְאֲכַיָּא דַיְיָ: וַאֲמַר יַעֲקֹב כַּד חֲזָנוּן, מַשְׁרִי מִן קֳדָם יְיָ דָּא, וּקְרָא,
שְׁמֵיהּ דְּאַתְרָא הַהוּא מַחֲנָיִם:

פרק לב
א **וַיִּפְגְּעוּ בוֹ מַלְאֲכֵי אֱלֹהִים.** מַלְאָכִים שֶׁל אֶרֶץ יִשְׂרָאֵל בָּאוּ לִקְרָאתוֹ לְלַוּוֹתוֹ לָאָרֶץ:
ב **מַחֲנָיִם.** שְׁתֵּי מַחֲנוֹת, שֶׁל חוּצָה לָאָרֶץ שֶׁבָּאוּ עִמּוֹ עַד כָּאן, וְשֶׁל אֶרֶץ יִשְׂרָאֵל שֶׁבָּאוּ לִקְרָאתוֹ:

נד] **וַיִּזְבַּח יַעֲקֹב זֶבַח.** שָׁחַט בְּהֵמוֹת לְמִשְׁתֶּה:
לְאֶחָיו. לְאוֹהֲבָיו שֶׁעִם לָבָן: **לֶאֱכָל לָחֶם.** כָּל
דְּבַר מַאֲכָל קָרוּי לֶחֶם, כְּמוֹ: "עֲבַד לְחֶם
רַב" (דניאל ה, א), "נַשְׁחִיתָה עֵץ בְּלַחְמוֹ" (ירמיה יא,
יט):

ה אֶת־אֱלֹהִים: וַיָּשַׂר אֶל־מַלְאָךְ וַיֻּכָל בָּכָה וַיִּתְחַנֶּן־לוֹ בֵּית־אֵל יִמְצָאֶנּוּ
ו וְשָׁם יְדַבֵּר עִמָּנוּ: וַיהוָה אֱלֹהֵי הַצְּבָאוֹת יְהוָה זִכְרוֹ: וְאַתָּה בֵּאלֹהֶיךָ
ז תָשׁוּב חֶסֶד וּמִשְׁפָּט שְׁמֹר וְקַוֵּה אֶל־אֱלֹהֶיךָ תָּמִיד: כְּנַעַן בְּיָדוֹ מֹאזְנֵי
ח מִרְמָה לַעֲשֹׁק אָהֵב: וַיֹּאמֶר אֶפְרַיִם אַךְ עָשַׁרְתִּי מָצָאתִי אוֹן לִי כָּל־יְגִיעַי
ט לֹא יִמְצְאוּ־לִי עָוֺן אֲשֶׁר־חֵטְא: וְאָנֹכִי יְהוָה אֱלֹהֶיךָ מֵאֶרֶץ מִצְרָיִם עֹד
י אוֹשִׁיבְךָ בָאֳהָלִים כִּימֵי מוֹעֵד: וְדִבַּרְתִּי עַל־הַנְּבִיאִים וְאָנֹכִי חָזוֹן הִרְבֵּיתִי
יא וּבְיַד הַנְּבִיאִים אֲדַמֶּה: אִם־גִּלְעָד אָוֶן אַךְ־שָׁוְא הָיוּ בַּגִּלְגָּל שְׁוָרִים זִבֵּחוּ
יב גַּם מִזְבְּחוֹתָם כְּגַלִּים עַל תַּלְמֵי שָׂדָי: ✶ וַיִּבְרַח יַעֲקֹב שְׂדֵה אֲרָם וַיַּעֲבֹד
יג יִשְׂרָאֵל בְּאִשָּׁה וּבְאִשָּׁה שָׁמָר: וּבְנָבִיא הֶעֱלָה יְהוָה אֶת־יִשְׂרָאֵל מִמִּצְרָיִם
יד וּבְנָבִיא נִשְׁמָר: ✶ הִכְעִיס אֶפְרַיִם תַּמְרוּרִים וְדָמָיו עָלָיו יִטּוֹשׁ וְחֶרְפָּתוֹ
יג א יָשִׁיב לוֹ אֲדֹנָיו: כְּדַבֵּר אֶפְרַיִם רְתֵת נָשֹׂא הוּא בְּיִשְׂרָאֵל וַיֶּאְשַׁם בַּבַּעַל
ב וַיָּמֹת: וְעַתָּה ׀ יוֹסִפוּ לַחֲטֹא וַיַּעֲשׂוּ לָהֶם מַסֵּכָה מִכַּסְפָּם כִּתְבוּנָם עֲצַבִּים
ג מַעֲשֵׂה חָרָשִׁים כֻּלֹּה לָהֶם הֵם אֹמְרִים זֹבְחֵי אָדָם עֲגָלִים יִשָּׁקוּן: לָכֵן יִהְיוּ
ד כַּעֲנַן־בֹּקֶר וְכַטַּל מַשְׁכִּים הֹלֵךְ כְּמֹץ יְסֹעֵר מִגֹּרֶן וּכְעָשָׁן מֵאֲרֻבָּה: וְאָנֹכִי
יְהוָה אֱלֹהֶיךָ מֵאֶרֶץ מִצְרָיִם וֵאלֹהִים זוּלָתִי לֹא תֵדָע וּמוֹשִׁיעַ אַיִן בִּלְתִּי:
ה אֲנִי יְדַעְתִּיךָ בַּמִּדְבָּר בְּאֶרֶץ תַּלְאֻבוֹת: ✶ כְּמַרְעִיתָם וַיִּשְׂבָּעוּ שָׂבְעוּ וַיָּרָם
ו לִבָּם עַל־כֵּן שְׁכֵחוּנִי: וָאֱהִי לָהֶם כְּמוֹ־שָׁחַל כְּנָמֵר עַל־דֶּרֶךְ אָשׁוּר: אֶפְגְּשֵׁם

הספרדים מסיימים כאן והאשכנזים מתחילים כאן

התימנים מסיימים כאן

יש מסיימים כאן

כְּדֹב שַׁכּוּל וְאֶקְרַע סְג֣וֹר לִבָּ֑ם וְאֹכְלֵ֥ם שָׁם֙ כְּלָבִ֔יא חַיַּ֥ת הַשָּׂדֶ֖ה תְּבַקְּעֵֽם׃
ט שִֽׁחֶתְךָ֥ יִשְׂרָאֵ֖ל כִּֽי־בִ֥י בְעֶזְרֶֽךָ׃ אֱהִ֤י מַלְכְּךָ֙ אֵפ֔וֹא וְיוֹשִֽׁיעֲךָ֖ בְּכָל־עָרֶ֑יךָ
וְשֹׁ֣פְטֶ֔יךָ אֲשֶׁ֣ר אָמַ֔רְתָּ תְּנָה־לִּ֖י מֶ֣לֶךְ וְשָׂרִֽים׃ אֶתֶּן־לְךָ֥ מֶ֙לֶךְ֙ בְּאַפִּ֔י וְאֶקַּ֖ח
בְּעֶבְרָתִֽי׃ צָרוּר֙ עֲוֺ֣ן אֶפְרָ֔יִם צְפוּנָ֖ה חַטָּאתֽוֹ׃ יב חֶבְלֵ֥י יֽוֹלֵדָ֖ה יָבֹ֣אוּ
יג לוֹ הוּא־בֵן֙ לֹ֣א חָכָ֔ם כִּֽי־עֵ֥ת לֹֽא־יַעֲמֹ֖ד בְּמִשְׁבַּ֥ר בָּנִֽים׃ מִיַּ֤ד שְׁאוֹל֙ אֶפְדֵּ֔ם
יד מִמָּ֙וֶת֙ אֶגְאָלֵ֔ם אֱהִ֤י דְבָרֶ֙יךָ֙ מָ֔וֶת אֱהִ֥י קָֽטָבְךָ֖ שְׁא֑וֹל נֹ֖חַם יִסָּתֵ֥ר מֵעֵינָֽי׃ כִּ֣י
ה֤וּא בֵּ֣ן אַחִים֙ יַפְרִ֔יא יָב֣וֹא קָדִ֗ים ר֤וּחַ יְהוָה֙ מִמִּדְבָּ֣ר עֹלֶ֔ה וְיֵב֣וֹשׁ מְקוֹר֗וֹ
יד א וְיֶחֱרַב֙ מַעְיָנ֔וֹ ה֣וּא יִשְׁסֶ֔ה אוֹצַ֖ר כָּל־כְּלִ֥י חֶמְדָּֽה׃ תֶּאְשַׁם֙ שֹֽׁמְר֔וֹן כִּ֥י מָרְתָ֖ה
ב בֵּאלֹהֶ֑יהָ בַּחֶ֣רֶב יִפֹּ֔לוּ עֹלְלֵיהֶ֣ם יְרֻטָּ֔שׁוּ וְהָרִיּוֹתָ֖יו יְבֻקָּֽעוּ׃ שׁ֚וּבָה
יִשְׂרָאֵ֔ל עַ֖ד יְהוָ֣ה אֱלֹהֶ֑יךָ כִּ֥י כָשַׁ֖לְתָּ בַּעֲוֺנֶֽךָ׃ קְח֤וּ עִמָּכֶם֙ דְּבָרִ֔ים וְשׁ֖וּבוּ ג
אֶל־יְהוָ֑ה אִמְר֣וּ אֵלָ֗יו כָּל־תִּשָּׂ֤א עָוֺן֙ וְקַח־ט֔וֹב וּֽנְשַׁלְּמָ֥ה פָרִ֖ים שְׂפָתֵֽינוּ׃
ד אַשּׁ֣וּר ׀ לֹ֣א יוֹשִׁיעֵ֗נוּ עַל־סוּס֙ לֹ֣א נִרְכָּ֔ב וְלֹא־נֹ֥אמַר ע֛וֹד אֱלֹהֵ֖ינוּ לְמַעֲשֵׂ֣ה
יָדֵ֑ינוּ אֲשֶׁר־בְּךָ֖ יְרֻחַ֥ם יָתֽוֹם׃ אֶרְפָּא֙ מְשׁ֣וּבָתָ֔ם אֹהֲבֵ֖ם נְדָבָ֑ה כִּ֛י שָׁ֥ב אַפִּ֖י ה
מִמֶּֽנּוּ׃ אֶהְיֶ֤ה כַטַּל֙ לְיִשְׂרָאֵ֔ל יִפְרַ֖ח כַּשּׁוֹשַׁנָּ֑ה וְיַ֥ךְ שָׁרָשָׁ֖יו כַּלְּבָנֽוֹן׃ יֵֽלְכוּ֙ ו
יֹֽנְקוֹתָ֔יו וִיהִ֥י כַזַּ֖יִת הוֹד֑וֹ וְרֵ֥יחַֽ ל֖וֹ כַּלְּבָנֽוֹן׃ יָשֻׁ֙בוּ֙ יֹשְׁבֵ֣י בְצִלּ֔וֹ יְחַיּ֥וּ דָגָ֖ן וְיִפְרְח֣וּ ח
כַגָּ֑פֶן זִכְר֖וֹ כְּיֵ֥ין לְבָנֽוֹן׃ אֶפְרַ֕יִם מַה־לִּ֥י ע֖וֹד לָעֲצַבִּ֑ים אֲנִ֧י עָנִ֣יתִי וַאֲשׁוּרֶ֗נּוּ ט
אֲנִי֙ כִּבְר֣וֹשׁ רַֽעֲנָ֔ן מִמֶּ֖נִּי פֶּרְיְךָ֥ נִמְצָֽא׃ מִ֤י חָכָם֙ וְיָ֣בֵֽן אֵ֔לֶּה נָב֖וֹן וְיֵדָעֵ֑ם כִּֽי־ י
יְשָׁרִ֞ים דַּרְכֵ֣י יְהוָ֗ה וְצַדִּקִים֙ יֵ֣לְכוּ בָ֔ם וּפֹשְׁעִ֖ים יִכָּ֥שְׁלוּ בָֽם׃

וַאֲכַלְתֶּ֤ם אָכוֹל֙ וְשָׂב֔וֹעַ וְהִלַּלְתֶּ֗ם אֶת־שֵׁ֤ם יְהוָה֙ אֱלֹ֣הֵיכֶ֔ם אֲשֶׁר־עָשָׂ֥ה כו ב
עִמָּכֶ֖ם לְהַפְלִ֑יא וְלֹא־יֵבֹ֥שׁוּ עַמִּ֖י לְעוֹלָֽם׃ וִידַעְתֶּ֗ם כִּ֣י בְקֶ֤רֶב יִשְׂרָאֵל֙ אָ֔נִי כז
וַאֲנִ֛י יְהוָ֥ה אֱלֹהֵיכֶ֖ם וְאֵ֣ין ע֑וֹד וְלֹא־יֵבֹ֥שׁוּ עַמִּ֖י לְעוֹלָֽם׃

יואל
יש מוסיפים

פרשת וישלח

וישלח

ל וַיִּשְׁלַ֨ח יַעֲקֹ֤ב מַלְאָכִים֙ לְפָנָ֔יו אֶל־עֵשָׂ֖ו אָחִ֑יו ג לב
אַ֥רְצָה שֵׂעִ֖יר שְׂדֵ֥ה אֱדֽוֹם׃ וַיְצַ֤ו אֹתָם֙ לֵאמֹ֔ר כֹּ֣ה ד
תֹאמְר֔וּן לַֽאדֹנִ֖י לְעֵשָׂ֑ו כֹּ֤ה אָמַר֙ עַבְדְּךָ֣ יַעֲקֹ֔ב
עִם־לָבָ֣ן גַּ֔רְתִּי וָאֵחַ֖ר עַד־עָֽתָּה׃ וַֽיְהִי־לִי֙ שׁ֣וֹר ה
וַחֲמ֔וֹר צֹ֖אן וְעֶ֣בֶד וְשִׁפְחָ֑ה וָֽאֶשְׁלְחָה֙ לְהַגִּ֣יד
לַֽאדֹנִ֔י לִמְצֹא־חֵ֖ן בְּעֵינֶֽיךָ׃ וַיָּשֻׁ֙בוּ֙ הַמַּלְאָכִ֔ים ו
אֶֽל־יַעֲקֹ֖ב לֵאמֹ֑ר בָּ֣אנוּ אֶל־אָחִ֗יךָ אֶל־עֵשָׂ֔ו וְגַם֙
הֹלֵ֣ךְ לִקְרָֽאתְךָ֔ וְאַרְבַּע־מֵא֥וֹת אִ֖ישׁ עִמּֽוֹ׃ וַיִּירָ֧א ז
יַעֲקֹ֛ב מְאֹ֖ד וַיֵּ֣צֶר ל֑וֹ וַיַּ֜חַץ אֶת־הָעָ֣ם אֲשֶׁר־אִתּ֗וֹ
וְאֶת־הַצֹּ֧אן וְאֶת־הַבָּקָ֛ר וְהַגְּמַלִּ֖ים לִשְׁנֵ֥י מַחֲנֽוֹת׃
וַיֹּ֗אמֶר אִם־יָב֥וֹא עֵשָׂ֛ו אֶל־הַמַּחֲנֶ֥ה הָאַחַ֖ת וְהִכָּ֑הוּ ח
וְהָיָ֛ה הַמַּחֲנֶ֥ה הַנִּשְׁאָ֖ר לִפְלֵיטָֽה׃ וַיֹּאמֶר֮ יַעֲקֹב֒ ט
אֱלֹהֵי֙ אָבִ֣י אַבְרָהָ֔ם וֵאלֹהֵ֖י אָבִ֣י יִצְחָ֑ק יְהֹוָ֞ה
הָאֹמֵ֣ר אֵלַ֗י שׁ֧וּב לְאַרְצְךָ֛ וּלְמוֹלַדְתְּךָ֖ וְאֵיטִ֥יבָה
עִמָּֽךְ׃ קָטֹ֜נְתִּי מִכֹּ֤ל הַחֲסָדִים֙ וּמִכָּל־הָ֣אֱמֶ֔ת אֲשֶׁ֥ר י

ג| וַיִּשְׁלַח יַעֲקֹב מַלְאָכִים. מַלְאָכִים מַמָּשׁ: אַרְצָה שֵׂעִיר. לְאֶרֶץ שֵׂעִיר, כָּל תֵּבָה שֶׁצְּרִיכָה לָמֶ"ד בִּתְחִלָּתָהּ הִטִּיל לָהּ הֵ"א בְּסוֹפָהּ:

ד| גַּרְתִּי. לֹא נַעֲשֵׂיתִי שַׂר וְחָשׁוּב אֶלָּא גֵּר, אֵינְךָ כְּדַאי לִשְׂנֹאתִי עַל בִּרְכוֹת אָבִיךָ, שֶׁאָמַר לִי "הֱוֵה גְבִיר לְאַחֶיךָ" (לעיל כז, כט) – לֹא נִתְקַיְּמָה בִּי. דָּבָר

ד וּשְׁלַח יַעֲקֹב אִזְגַּדִּין קֳדָמוֹהִי, לְוָת עֵשָׂו אֲחוּהִי, לְאַרְעָא דְשֵׂעִיר לַחֲקַל אֱדוֹם: וּפַקֵּיד יָתְהוֹן
לְמֵימַר, כְּדֵין תֵּימְרוּן, לְרִבּוֹנִי לְעֵשָׂו, כִּדְנַן אֲמַר עַבְדָּךְ יַעֲקֹב, עִם לָבָן דָּרִית, וְאוֹחַרִית עַד
ה כְּעַן: וַהֲווֹ לִי תוֹרִין וּחְמָרִין, עָן וְעַבְדִּין וְאַמְהָן, וּשְׁלַחִית לְחַוָּאָה לְרִבּוֹנִי, לְאַשְׁכָּחָא רַחֲמִין
ו בְּעֵינָךְ: וְתָבוּ אִזְגַּדַּיָּא, לְוָת יַעֲקֹב לְמֵימַר, אֲתֵינָא לְוָת אֲחוּךְ לְוָת עֵשָׂו, וְאַף אָתֵי לְקַדָּמוּתָךְ,
ז וְאַרְבַּע מְאָה גֻּבְרָא עִמֵּיהּ: וּדְחֵיל יַעֲקֹב, לַחְדָּא וְעָקַת לֵיהּ, וּפַלֵּיג יָת עַמָּא דְעִמֵּיהּ, וְיָת עָנָא
ח וְיָת תּוֹרֵי, וְגַמְלַיָּא לְתַרְתֵּין מַשְׁרְיָן: וַאֲמַר, אִם יֵיתֵי עֵשָׂו, לְמַשְׁרִיתָא חֲדָא וְיִמְחֵינַהּ, וּתְהֵי,
ט מַשְׁרִיתָא דְתִשְׁתְּאַר לְשֵׁיזָבָא: וַאֲמַר יַעֲקֹב, אֱלָהֵיהּ דְאַבָּא אַבְרָהָם, וֵאלָהֵיהּ דְאַבָּא יִצְחָק,
י יי דַּאֲמַר לִי, תּוּב לְאַרְעָךְ, וּלְיַלָּדוּתָךְ וְאוֹטֵיב עִמָּךְ: זְעֵירָן זָכְוָתִי, מִכֹּל חִסְדִּין וּמִכָּל טָבְוָן,

אַחֵר, "גַּרְתִּי" בְּגִימַטְרִיָּא תַּרְיַ"ג, כְּלוֹמַר, עִם לָבָן הָרָשָׁע גַּרְתִּי וְתַרְיַ"ג מִצְוֹת שָׁמַרְתִּי, וְלֹא לָמַדְתִּי מִמַּעֲשָׂיו הָרָעִים:

ה **וַיְהִי לִי שׁוֹר וַחֲמוֹר.** אַבָּא אָמַר לִי: "מִטַּל הַשָּׁמַיִם וּמִשְׁמַנֵּי הָאָרֶץ" (לעיל כז, כח), זוֹ אֵינָהּ לֹא מִן הַשָּׁמַיִם וְלֹא מִן הָאָרֶץ: **שׁוֹר וַחֲמוֹר.** דֶּרֶךְ אֶרֶץ לוֹמַר עַל שְׁוָרִים הַרְבֵּה 'שׁוֹר'; אָדָם אוֹמֵר לַחֲבֵרוֹ: בַּלַּיְלָה קָרָא הַתַּרְנְגוֹל, וְאֵינוֹ אוֹמֵר: קָרְאוּ הַתַּרְנְגוֹלִים: **וָאֶשְׁלְחָה לְהַגִּיד לַאדֹנִי.** לְהוֹדִיעַ שֶׁאֲנִי בָּא אֵלֶיךָ: **לִמְצֹא חֵן בְּעֵינֶיךָ.** שֶׁאֲנִי שָׁלֵם עִמְּךָ וּמְבַקֵּשׁ אַהֲבָתְךָ:

ו **בָּאנוּ אֶל אָחִיךָ אֶל עֵשָׂו.** שֶׁהָיִיתָ אוֹמֵר אָחִי הוּא, אֲבָל הוּא נוֹהֵג עִמְּךָ כְּעֵשָׂו, עוֹדֶנּוּ בְּשִׂנְאָתוֹ:

ז **וַיִּירָא... וַיֵּצֶר.** "וַיִּירָא" שֶׁמָּא יֵהָרֵג, "וַיֵּצֶר לוֹ" אִם יַהֲרֹג הוּא אֶת אֲחֵרִים:

ח **הַמַּחֲנֶה הָאַחַת וְהִכָּהוּ.** 'מַחֲנֶה' מְשַׁמֵּשׁ לְשׁוֹן זָכָר וּלְשׁוֹן נְקֵבָה, "אִם תַּחֲנֶה עָלַי מַחֲנֶה" (תהלים כז, ג) הֲרֵי נְקֵבָה, "הַמַּחֲנֶה הַזֶּה" (להלן לג, ח) הֲרֵי זָכָר. וְכֵן יֵשׁ אֲחֵר דְּבָרִים מְשַׁמְּשִׁים לְשׁוֹן זָכָר וּלְשׁוֹן נְקֵבָה: "הַשֶּׁמֶשׁ יָצָא עַל הָאָרֶץ" (לעיל יט, כג), "מִקְצֵה הַשָּׁמַיִם מוֹצָאוֹ" (תהלים יט, ז) הֲרֵי זָכָר, "וְהַשֶּׁמֶשׁ זָרְחָה עַל הַמָּיִם" (מלכים ב' ג, כב) הֲרֵי נְקֵבָה; וְכֵן רוּחַ, "וְהִנֵּה רוּחַ גְּדוֹלָה בָּאָה" (איוב א, יט) הֲרֵי נְקֵבָה, "וַיִּגַּע בְּאַרְבַּע פִּנּוֹת הַבַּיִת" (שם) הֲרֵי זָכָר, "וְרוּחַ גְּדוֹלָה וְחָזָק מְפָרֵק הָרִים" (מלכים א' יט, יא) הֲרֵי זָכָר וּנְקֵבָה: **וְהָיָה הַמַּחֲנֶה הַנִּשְׁאָר לִפְלֵיטָה.** עַל כָּרְחוֹ, כִּי אֶלָּחֵם עִמּוֹ. הִתְקִין עַצְמוֹ לִשְׁלֹשָׁה דְּבָרִים: לְדוֹרוֹן לִתְפִלָּה וּלְמִלְחָמָה. לְדוֹרוֹן, "וַתַּעֲבֹר הַמִּנְחָה עַל פָּנָיו" (להלן פסוק כב). לִתְפִלָּה, "אֱלֹהֵי אָבִי אַבְרָהָם" (להלן פסוק ט). לְמִלְחָמָה, "וְהָיָה הַמַּחֲנֶה הַנִּשְׁאָר לִפְלֵיטָה":

ט **וֵאלֹהֵי אָבִי יִצְחָק.** וּלְהַלָּן הוּא אוֹמֵר: "וּפַחַד יִצְחָק" (לעיל לא, מב)! וְעוֹד, מַהוּ שֶׁחָזַר וְהִזְכִּיר שֵׁם הַמְיֻחָד? הָיָה לוֹ לִכְתֹּב: 'הָאֹמֵר אֵלַי שׁוּב לְאַרְצְךָ' וְגוֹ'! אֶלָּא כָּךְ אָמַר יַעֲקֹב לִפְנֵי הַקָּדוֹשׁ בָּרוּךְ הוּא: שְׁתֵּי הַבְטָחוֹת הִבְטַחְתַּנִי, אַחַת בְּצֵאתִי מִבֵּית אַבָּא אָמַרְתָּ לִי: "אֲנִי ה' אֱלֹהֵי אַבְרָהָם אָבִיךָ וֵאלֹהֵי יִצְחָק" (לעיל כח, יג), וְשָׁם אָמַרְתָּ לִי: "וּשְׁמַרְתִּיךָ בְּכֹל אֲשֶׁר תֵּלֵךְ" (שם טו); וּבְבֵית לָבָן אָמַרְתָּ לִי: "שׁוּב אֶל אֶרֶץ אֲבוֹתֶיךָ וּלְמוֹלַדְתֶּךָ וְאֶהְיֶה עִמָּךְ" (לעיל לא, ג), וְשָׁם נִגְלֵיתָ אֵלַי בְּשֵׁם הַמְיֻחָד לְבַדּוֹ, שֶׁנֶּאֱמַר: "וַיֹּאמֶר ה' אֶל יַעֲקֹב שׁוּב אֶל אֶרֶץ אֲבוֹתֶיךָ" וְגוֹ' – בִּשְׁתֵּי הַבְטָחוֹת הַלָּלוּ אֲנִי בָּא לְפָנֶיךָ:

י **קָטֹנְתִּי מִכֹּל הַחֲסָדִים.** נִתְמַעֲטוּ זְכֻיּוֹתַי עַל יְדֵי הַחֲסָדִים וְהָאֱמֶת שֶׁעָשִׂיתָ עִמִּי, לְכָךְ אֲנִי יָרֵא, שֶׁמָּא מִשֶּׁהִבְטַחְתַּנִי נִתְלַכְלַכְתִּי בְּחֵטְא וְיִגְרֹם לִי לְהִמָּסֵר בְּיַד עֵשָׂו: **וּמִכָּל הָאֱמֶת.** אֲמִתַּת דְּבָרֶיךָ שֶׁשָּׁמַרְתָּ לִי כָּל הַהַבְטָחוֹת שֶׁהִבְטַחְתַּנִי: **כִּי בְמַקְלִי.** לֹא הָיָה עִמִּי לֹא כֶּסֶף וְלֹא זָהָב וְלֹא מִקְנֶה אֶלָּא מַקְלִי לְבַדּוֹ. וּמִדְרַשׁ אַגָּדָה, נָתַן מַקְלוֹ בַּיַּרְדֵּן וְנִבְקַע הַיַּרְדֵּן:

עָשִׂיתָ אֶת־עַבְדֶּךָ כִּי בְמַקְלִי עָבַרְתִּי אֶת־הַיַּרְדֵּן
הַזֶּה וְעַתָּה הָיִיתִי לִשְׁנֵי מַחֲנוֹת: הַצִּילֵנִי נָא מִיַּד יא
אָחִי מִיַּד עֵשָׂו כִּי־יָרֵא אָנֹכִי אֹתוֹ פֶּן־יָבוֹא וְהִכַּנִי
אֵם עַל־בָּנִים: וְאַתָּה אָמַרְתָּ הֵיטֵב אֵיטִיב עִמָּךְ יב
וְשַׂמְתִּי אֶת־זַרְעֲךָ כְּחוֹל הַיָּם אֲשֶׁר לֹא־יִסָּפֵר
מֵרֹב: וַיָּלֶן שָׁם בַּלַּיְלָה הַהוּא וַיִּקַּח מִן־הַבָּא יג שני
בְיָדוֹ מִנְחָה לְעֵשָׂו אָחִיו: עִזִּים מָאתַיִם וּתְיָשִׁים יד
עֶשְׂרִים רְחֵלִים מָאתַיִם וְאֵילִים עֶשְׂרִים: גְּמַלִּים טו
מֵינִיקוֹת וּבְנֵיהֶם שְׁלֹשִׁים פָּרוֹת אַרְבָּעִים וּפָרִים
עֲשָׂרָה אֲתֹנֹת עֶשְׂרִים וַעְיָרִם עֲשָׂרָה: וַיִּתֵּן בְּיַד־ טז
עֲבָדָיו עֵדֶר עֵדֶר לְבַדּוֹ וַיֹּאמֶר אֶל־עֲבָדָיו עִבְרוּ
לְפָנַי וְרֶוַח תָּשִׂימוּ בֵּין עֵדֶר וּבֵין עֵדֶר: וַיְצַו אֶת־ יז
הָרִאשׁוֹן לֵאמֹר כִּי יִפְגָּשְׁךָ עֵשָׂו אָחִי וּשְׁאֵלְךָ
לֵאמֹר לְמִי־אַתָּה וְאָנָה תֵלֵךְ וּלְמִי אֵלֶּה לְפָנֶיךָ:
וְאָמַרְתָּ לְעַבְדְּךָ לְיַעֲקֹב מִנְחָה הִוא שְׁלוּחָה יח
לַאדֹנִי לְעֵשָׂו וְהִנֵּה גַם־הוּא אַחֲרֵינוּ: וַיְצַו גַּם אֶת־ יט
הַשֵּׁנִי גַּם אֶת־הַשְּׁלִישִׁי גַּם אֶת־כָּל־הַהֹלְכִים אַחֲרֵי
הָעֲדָרִים לֵאמֹר כַּדָּבָר הַזֶּה תְּדַבְּרוּן אֶל־עֵשָׂו
בְּמֹצַאֲכֶם אֹתוֹ: וַאֲמַרְתֶּם גַּם הִנֵּה עַבְדְּךָ יַעֲקֹב כ
אַחֲרֵינוּ כִּי־אָמַר אֲכַפְּרָה פָנָיו בַּמִּנְחָה הַהֹלֶכֶת
לְפָנָי וְאַחֲרֵי־כֵן אֶרְאֶה פָנָיו אוּלַי יִשָּׂא פָנָי: וַתַּעֲבֹר כא

וישלח

יא דַּעֲבַדְתְּ עִם עַבְדָּךְ, אֲרֵי יְחִידַאי, עֲבָרִית יָת יַרְדְּנָא הָדֵין, וּכְעַן הֲוֵיתִי לְתַרְתֵּין מַשְׁרְיָן: שֵׁיזְבַנִי כְעַן, מִיָּדָא דַּאֲחִי מִיְּדָא דְעֵשָׂו, אֲרֵי דָחֵיל אֲנָא מִנֵּיהּ, דִּלְמָא יֵיתֵי וְיִמְחִנַּנִי, אִמָּא עַל בְּנַיָּא:
יב וְאַתְּ אֲמַרְתְּ, אוֹטָבָא אוֹטִיב עִמָּךְ, וַאֲשַׁוֵּי יָת בְּנָךְ סַגִּיאִין כְּחָלָא דְיַמָּא, דְּלָא יִתְמְנוּן מִסְּגֵי:
יג וּבָת תַּמָּן בְּלֵילְיָא הַהוּא, וּנְסִיב, מִן דְּאַיְתִי בִידֵיהּ, תִּקְרֻבְתָּא לְעֵשָׂו אֲחוּהִי: עִזֵּי מָאתָן,
יד וְתֵישַׁיָּא עֶסְרִין, רַחֵלֵי מָאתָן וְדִכְרֵי עֶסְרִין: גַּמְלֵי מֵינְקָתָא, וּבְנֵיהוֹן תְּלָתִין, תּוֹרָתָא אַרְבְּעִין
טו וְתוֹרֵי עַסְרָא, אַתְנָן עֶסְרִין, וְעִלֵּי עַסְרָא: וִיהַב בְּיַד עַבְדּוֹהִי, עֶדְרָא עֶדְרָא בִּלְחוֹדוֹהִי, וַאֲמַר
טז לְעַבְדּוֹהִי עִיבַרוּ קֳדָמַי, וְרַוְחָא תְשַׁוּוֹן, בֵּין עֶדְרָא וּבֵין עֶדְרָא: וּפַקֵּיד יָת קַדְמָאָה לְמֵימַר, אֲרֵי
יז יְעָרְעִנָּךְ עֵשָׂו אֲחִי, וְיִשְׁאֲלִנָּךְ לְמֵימַר, דְּמָאן אַתְּ וּלְאָן אַתְּ אָזֵיל, וּדְמַאן אִלֵּין דִּקְדָמָךְ: וְתֵימַר
יח דְעַבְדָּךְ דְיַעֲקֹב, תִּקְרֻבְתָּא הִיא דִּמְשַׁלְּחָא, לְרִבּוֹנִי לְעֵשָׂו, וְהָא אַף הוּא אָתֵי בַּתְרָנָא: וּפַקֵּיד
יט אַף יָת תִּנְיָנָא, אַף יָת תְּלִיתָאָה, אַף יָת כָּל דְּאָזְלִין, בָּתַר עֶדְרַיָּא לְמֵימָר, כְּפִתְגָּמָא הָדֵין
כ תְּמַלְּלוּן עִם עֵשָׂו, כַּד תַּשְׁכְּחוּן יָתֵיהּ: וְתֵימְרוּן, אַף, הָא, עַבְדָּךְ יַעֲקֹב אָתֵי בַּתְרָנָא, אֲרֵי אֲמַר
כא אֲנִיחִנֵּיהּ לְרֻגְזֵיהּ, בְּתִקְרֻבְתָּא דְּאָזְלָא קֳדָמַי, וּבָתַר כֵּן אֶחֱזֵי אַפּוֹהִי, מָאִם יִסַּב אַפָּי: וַעֲבָרַת

יא **מִיַּד אָחִי מִיַּד עֵשָׂו.** מִיַּד אָחִין שֶׁאֵין נוֹהֵג עִמִּי כְּאָח אֶלָּא כְּעֵשָׂו הָרָשָׁע:

יב **הֵיטֵב אֵיטִיב.** "הֵיטֵב" בִּזְכוּתְךָ, "אֵיטִיב" בִּזְכוּת אֲבוֹתֶיךָ: "וְשַׂמְתִּי אֶת זַרְעֲךָ כְּחוֹל הַיָּם". וְהֵיכָן אָמַר לוֹ כֵן? וַהֲלֹא לֹא אָמַר לוֹ אֶלָּא "וְהָיָה זַרְעֲךָ כַּעֲפַר הָאָרֶץ" (לעיל כח, יד)! אֶלָּא שֶׁאָמַר לוֹ: "כִּי לֹא אֶעֱזָבְךָ עַד אֲשֶׁר אִם עָשִׂיתִי אֵת אֲשֶׁר דִּבַּרְתִּי לָךְ" (שם פסוק טו), וּלְאַבְרָהָם אָמַר: "וְהִרְבָּה אַרְבֶּה אֶת זַרְעֲךָ כְּכוֹכְבֵי הַשָּׁמַיִם וְכַחוֹל אֲשֶׁר עַל שְׂפַת הַיָּם" (לעיל כב, יז).

יג **הַבָּא בְיָדוֹ.** בִּרְשׁוּתוֹ, וְכֵן "וַיִּקַּח אֶת כָּל אַרְצוֹ מִיָּדוֹ" (במדבר כא, כו). וּמִדְרַשׁ אַגָּדָה, "מִן הַבָּא בְיָדוֹ", אֲבָנִים טוֹבוֹת וּמַרְגָּלִיּוֹת שֶׁאָדָם צָר בִּצְרוֹר וְנוֹשְׂאָם בְּיָדוֹ:

יד **עִזִּים מָאתַיִם וּתְיָשִׁים עֶשְׂרִים.** מָאתַיִם עִזִּים צְרִיכוֹת עֶשְׂרִים תְּיָשִׁים, וְכֵן כֻּלָּם, הַזְּכָרִים כְּדֵי צֹרֶךְ הַנְּקֵבוֹת. וּבִבְרֵאשִׁית רַבָּה (עו, ז) דּוֹרֵשׁ מִכָּאן לַעוֹנָה הָאֲמוּרָה בַּתּוֹרָה, הַטַּיָּלִים בְּכָל יוֹם, הַפּוֹעֲלִים שְׁתַּיִם בְּשַׁבָּת, הַחַמָּרִים אַחַת בְּשַׁבָּת, הַגַּמָּלִים אַחַת לִשְׁלֹשִׁים יוֹם, הַסַּפָּנִים אַחַת לְשִׁשָּׁה חֳדָשִׁים. וְאֵינִי יוֹדֵעַ לְכַוֵּן הַמִּדְרָשׁ הַזֶּה בְּכִוּוּן, אַךְ נִרְאֶה בְעֵינַי שֶׁלָּמַדְנוּ מִכָּאן שֶׁאֵין הָעוֹנָה שָׁוָה בְּכָל אָדָם אֶלָּא לְפִי טֹרַח הַמֻּטָּל עָלָיו, שֶׁמָּצִינוּ כָּאן שֶׁמָּסַר לְכָל תַּיִשׁ עֶשֶׂר עִזִּים, וְכֵן לְכָל אַיִל, לְפִי שֶׁהֵם פְּנוּיִים מִמְּלָאכָה דַּרְכָּן לְהַרְבּוֹת תַּשְׁמִישׁ וּלְעַבֵּר עֶשֶׂר נְקֵבוֹת, וּבְהֵמָה מִשֶּׁנִּתְעַבְּרָה אֵינָהּ מְקַבֶּלֶת זָכָר; וּפָרִים שֶׁעוֹסְקִין בִּמְלָאכָה לֹא מָסַר לְזָכָר אֶלָּא אַרְבַּע נְקֵבוֹת; וְלַחֲמוֹר שֶׁהוֹלֵךְ בְּדֶרֶךְ רְחוֹקָה - שְׁתֵּי נְקֵבוֹת לְזָכָר, וְלַגְּמַלִּים שֶׁהוֹלְכִים דֶּרֶךְ יוֹתֵר רְחוֹקָה - נְקֵבָה אַחַת לְזָכָר:

טו **גְּמַלִּים מֵינִיקוֹת... שְׁלֹשִׁים.** וּבְנֵיהֶם עִמָּהֶם. וּמִדְרַשׁ אַגָּדָה, "וּבְנֵיהֶם", בַּנָּאֵיהֶם, זָכָר כְּנֶגֶד נְקֵבָה, וּלְפִי שֶׁצָּנוּעַ בְּתַשְׁמִישׁ לֹא פִּרְסְמוֹ הַכָּתוּב: **וַעְיָרִם.** חֲמוֹרִים זְכָרִים:

טז **עֵדֶר עֵדֶר לְבַדּוֹ.** כָּל מִין וָמִין לַעֲצָמוֹ: **עִבְרוּ לְפָנַי.** דֶּרֶךְ יוֹם אוֹ פָחוֹת, וַאֲנִי אָבוֹא אַחֲרֵיכֶם: **וְרֶוַח תָּשִׂימוּ.** עֵדֶר לִפְנֵי חֲבֵרוֹ מְלֹא עַיִן, כְּדֵי לְהַשְׂבִּיעַ עֵינוֹ שֶׁל רָשָׁע וּלְתַוְּהוֹ עַל רִבּוּי הַדּוֹרוֹן:

יז **לְמִי אַתָּה.** שֶׁל מִי אַתָּה? מִי שׁוֹלֵחֲךָ? וְתַרְגּוּמוֹ: "דְּמַאן אַתְּ": **וּלְמִי אֵלֶּה.** לְמִי הַמִּנְחָה הַזֹּאת שְׁלוּחָה? לָמֵ"ד מְשַׁמֶּשֶׁת בְּרֹאשׁ הַתֵּבָה בִּמְקוֹם "שֶׁל", כְּמוֹ "וְכֹל אֲשֶׁר אַתָּה רֹאֶה לִי הוּא" (לעיל לא, מג), שֶׁלִּי הוּא, "לַה' הָאָרֶץ וּמְלוֹאָהּ" (תהלים כד, א), שֶׁל ה':

יח **וְאָמַרְתָּ לְעַבְדְּךָ לְיַעֲקֹב.** עַל רִאשׁוֹן רִאשׁוֹן וְעַל אַחֲרוֹן אַחֲרוֹן - שֶׁשָּׁאַלְתָּ "לְמִי אַתָּה" - "לְעַבְדְּךָ לְיַעֲקֹב" אֲנִי, וְתַרְגּוּמוֹ: "דְעַבְדָּךְ דְיַעֲקֹב", וְשֶׁשָּׁאַלְתָּ "וּלְמִי אֵלֶּה לְפָנֶיךָ" - "מִנְחָה הִיא שְׁלוּחָה" וְגוֹ': **וְהִנֵּה גַם הוּא.** יַעֲקֹב:

כ **אֲכַפְּרָה פָנָיו.** אֲבַטֵּל רָגְזוֹ, וְכֵן "וְכֻפַּר בְּרִיתְכֶם

הַמִּנְחָה עַל־פָּנָיו וְהוּא לָן בַּלַּיְלָה־הַהוּא בַּמַּחֲנֶה:
כב וַיָּקָם ׀ בַּלַּיְלָה הוּא וַיִּקַּח אֶת־שְׁתֵּי נָשָׁיו וְאֶת־
שְׁתֵּי שִׁפְחֹתָיו וְאֶת־אַחַד עָשָׂר יְלָדָיו וַיַּעֲבֹר אֵת
כג מַעֲבַר יַבֹּק: וַיִּקָּחֵם וַיַּעֲבִרֵם אֶת־הַנָּחַל וַיַּעֲבֵר
כד אֶת־אֲשֶׁר־לוֹ: וַיִּוָּתֵר יַעֲקֹב לְבַדּוֹ וַיֵּאָבֵק אִישׁ
כה עִמּוֹ עַד עֲלוֹת הַשָּׁחַר: וַיַּרְא כִּי לֹא יָכֹל לוֹ וַיִּגַּע
בְּכַף־יְרֵכוֹ וַתֵּקַע כַּף־יֶרֶךְ יַעֲקֹב בְּהֵאָבְקוֹ עִמּוֹ:
כו וַיֹּאמֶר שַׁלְּחֵנִי כִּי עָלָה הַשָּׁחַר וַיֹּאמֶר לֹא אֲשַׁלֵּחֲךָ
כז כִּי אִם־בֵּרַכְתָּנִי: וַיֹּאמֶר אֵלָיו מַה־שְּׁמֶךָ וַיֹּאמֶר
כח יַעֲקֹב: וַיֹּאמֶר לֹא יַעֲקֹב יֵאָמֵר עוֹד שִׁמְךָ כִּי אִם־
יִשְׂרָאֵל כִּי־שָׂרִיתָ עִם־אֱלֹהִים וְעִם־אֲנָשִׁים
כט וַתּוּכָל: וַיִּשְׁאַל יַעֲקֹב וַיֹּאמֶר הַגִּידָה־נָּא שְׁמֶךָ
וַיֹּאמֶר לָמָּה זֶּה תִּשְׁאַל לִשְׁמִי וַיְבָרֶךְ אֹתוֹ שָׁם:
ל וַיִּקְרָא יַעֲקֹב שֵׁם הַמָּקוֹם פְּנִיאֵל כִּי־רָאִיתִי שלישי
לא אֱלֹהִים פָּנִים אֶל־פָּנִים וַתִּנָּצֵל נַפְשִׁי: וַיִּזְרַח־לוֹ
הַשֶּׁמֶשׁ כַּאֲשֶׁר עָבַר אֶת־פְּנוּאֵל וְהוּא צֹלֵעַ עַל־
לב יְרֵכוֹ: עַל־כֵּן לֹא־יֹאכְלוּ בְנֵי־יִשְׂרָאֵל אֶת־גִּיד
הַנָּשֶׁה אֲשֶׁר עַל־כַּף הַיָּרֵךְ עַד הַיּוֹם הַזֶּה כִּי נָגַע

מצווה ג
איסור אכילת
גיד הנשה

וישלח

חֵת מָוֶת" (ישעיה כח, יח), "לֹא תוּכְלִי כַּפְּרָהּ" (שם מז, יח). וְנִרְאֶה בְּעֵינַי שֶׁכָּל כַּפָּרָה שֶׁאֵצֶל עָוֹן וְחֵטְא וְאֵצֶל פָּנִים, כֻּלָּן לְשׁוֹן קִנּוּחַ וְהַעֲבָרָה הֵן, וְלָשׁוֹן אֲרַמִּי הוּא, וְהַרְבֵּה בַּתַּלְמוּד: "וְכַפַּר יְדֵהּ" (בבא

כב תִּקְרֻבְתָּא עַל אַפּוֹהִי, וְהוּא, בָּת בְּלֵילְיָא הַהוּא בְּמַשְׁרִיתָא: וְקָם בְּלֵילְיָא הוּא, וּדְבַר, יָת תַּרְתֵּין
כג נְשׁוֹהִי וְיָת תַּרְתֵּין לְחֵינָתֵיהּ, וְיָת חַד עֲסַר בְּנוֹהִי, וַעֲבַר, יָת מַעֲבַר יֻבְקָא: וּדְבַרְנוּן, וְאַעְבְּרִנּוּן
כד יָת נַחְלָא, וְאַעְבַּר יָת דִּילֵיהּ: וְאִשְׁתְּאַר יַעֲקֹב בִּלְחוֹדוֹהִי, וְאִשְׁתַּדַּל גֻּבְרָא עִמֵּיהּ, עַד דִּסְלֵיק
כה צַפְרָא: וַחֲזָא, אֲרֵי לָא יָכֵיל לֵיהּ, וּקְרֵיב בִּפְתֵי יַרְכֵּיהּ, וְזָע פְּתֵי יַרְכָּא דְיַעֲקֹב, בְּאִשְׁתַּדָּלוּתֵיהּ
כו כז עִמֵּיהּ: וַאֲמַר שַׁלְּחַנִי, אֲרֵי סְלֵיק צַפְרָא, וַאֲמַר לָא אֲשַׁלְּחִנָּךְ, אֱלָהֵין בָּרֵיכְתָּנִי: וַאֲמַר לֵיהּ מַאן
כח שְׁמָךְ, וַאֲמַר יַעֲקֹב: וַאֲמַר, לָא יַעֲקֹב יִתְאֲמַר עוֹד שְׁמָךְ, אֱלָהֵין יִשְׂרָאֵל, אֲרֵי רַב אַתְּ קֳדָם יְיָ,
כט וְעִם גֻּבְרַיָּא וִיכֵילְתָּא: וּשְׁאֵיל יַעֲקֹב, וַאֲמַר חַוִּי כְעַן שְׁמָךְ, וַאֲמַר, לְמָא דְנָן אַתְּ שָׁאֵיל לִשְׁמִי,
ל וּבָרֵיךְ יָתֵיהּ תַּמָּן: וּקְרָא יַעֲקֹב, שְׁמֵיהּ דְּאַתְרָא פְּנִיאֵל, אֲרֵי חֲזֵיתִי מַלְאֲכָא דַּייָ אַפִּין בְּאַפִּין,
לא וְאִשְׁתֵּיזֵבַת נַפְשִׁי: וּדְנַח לֵיהּ שִׁמְשָׁא, כַּד עֲבַר יָת פְּנוּאֵל, וְהוּא מַטְלַע עַל
לב יַרְכֵּיהּ: עַל כֵּן, לָא אָכְלִין בְּנֵי יִשְׂרָאֵל יָת גִּידָא נַשְׁיָא, דְּעַל פְּתֵי יַרְכָּא, עַד יוֹמָא הָדֵין, אֲרֵי קְרֵיב

מְנִיעָה כד ע"א) "בָּעֵי לְכַפּוּרֵי יְדֵהּ בְּהַהוּא גַּבְרָא" (גיטין נו ע"א). וְגַם בִּלְשׁוֹן הַמִּקְרָא נִקְרָאִים הַמִּזְרָקִים שֶׁל קֹדֶשׁ "כְּפוֹרֵי זָהָב" (עזרא ח, כז), עַל שֵׁם שֶׁהַכֹּהֵן מְקַנֵּחַ יָדָיו בָּהֶן בִּשְׂפַת הַמִּזְרָק:

כא] עַל פָּנָיו. כְּמוֹ לְפָנָיו, וְכֵן: "חָמָס וָשֹׁד יִשָּׁמַע בָּהּ עַל פָּנַי תָּמִיד" (ירמיה ו, ז), וְכֵן: "הַמַּכְעִסִים אֹתִי עַל פָּנַי" (ישעיה סה, ג). וּמִדְרַשׁ אַגָּדָה, "עַל פָּנָיו", אַף הוּא שָׁרוּי בְּכַעַס שֶׁהָיָה צָרִיךְ לְכָל זֶה:

כב] וְאֶת אַחַד עָשָׂר יְלָדָיו. וְדִינָה הֵיכָן הָיְתָה? נְתָנָהּ בְּתֵבָה וְנָעַל בְּפָנֶיהָ, שֶׁלֹּא יִתֵּן בָּהּ עֵשָׂו עֵינָיו, וּלְכָךְ נֶעֱנַשׁ יַעֲקֹב שֶׁמְּנָעָהּ מֵאָחִיו, שֶׁמָּא תַּחֲזִירֶנּוּ לַמּוּטָב, וְנָפְלָה בְּיַד שְׁכֶם: יַבֹּק. שֵׁם הַנָּהָר:

כג] אֶת אֲשֶׁר לוֹ. הַבְּהֵמָה וְהַמִּטַּלְטְלִים, עָשָׂה עַצְמוֹ כְּגַשָּׁר, נוֹטֵל מִכָּאן וּמַנִּיחַ כָּאן:

כד] וַיִּוָּתֵר יַעֲקֹב. שָׁכַח פַּכִּים קְטַנִּים וְחָזַר עֲלֵיהֶם: וַיֵּאָבֵק אִישׁ. מְנַחֵם פֵּרֵשׁ, וַיִּתְעַפֵּר אִישׁ, לְשׁוֹן אָבָק שֶׁהָיוּ מַעֲלִים עָפָר בְּרַגְלֵיהֶם עַל יְדֵי נִעְנוּעָם. וְלִי נִרְאֶה שֶׁהוּא לְשׁוֹן 'וַיִּתְקַשֵּׁר' (מלכים ב' ט, יד), וּלְשׁוֹן אֲרַמִּי הוּא: "בָּתַר דַּאֲבִיקוּ בֵּיהּ" (סנהדרין סג ע"ב) "וְאָבֵיק לֵיהּ מֵיבַק" (מנחות מב ע"א) – לְשׁוֹן עֲנִיבָה, שֶׁכֵּן דֶּרֶךְ שְׁנַיִם שֶׁמִּתְעַצְּמִים לְהַפִּיל אִישׁ אֶת רֵעֵהוּ שֶׁחוֹבְקוֹ וְאוֹבְקוֹ בִּזְרוֹעוֹתָיו. וּפֵרְשׁוּ רַבּוֹתֵינוּ שֶׁהוּא שָׂרוֹ שֶׁל עֵשָׂו:

כה] וַתֵּקַע. נִתְקַעְקְעָה מִמְּקוֹם מַחְבַּרְתָּהּ. וְדוֹמֶה לוֹ: "פֶּן תֵּקַע נַפְשִׁי מִמֵּךְ" (ירמיה ו, ח), לְשׁוֹן הֲסָרָה. וּבַמִּשְׁנָה: "לְקַעְקֵעַ בֵּיצָתָן", לְשָׁרֵשׁ שָׁרָשֵׁיהֶן:

כו] כִּי עָלָה הַשָּׁחַר. וְצָרִיךְ אֲנִי לוֹמַר שִׁירָה: בֵּרַכְתָּנִי. הוֹדֵה לִי עַל הַבְּרָכוֹת שֶׁבֵּרְכַנִי אָבִי, שֶׁעֵשָׂו מְעַרְעֵר עֲלֵיהֶן:

כח] לֹא יַעֲקֹב. לֹא יֵאָמֵר עוֹד שֶׁהַבְּרָכוֹת בָּאוּ לְךָ בְּעָקְבָה וּרְמִיָּה, כִּי אִם בִּשְׂרָרָה וְגִלּוּי פָּנִים, וְסוֹפְךָ שֶׁהַקָּדוֹשׁ בָּרוּךְ הוּא נִגְלֶה עָלֶיךָ בְּבֵית אֵל וּמַחֲלִיף שִׁמְךָ וְשָׁם הוּא מְבָרֶכְךָ, וַאֲנִי שָׁם אֶהְיֶה וְאוֹדֶה לְךָ עֲלֵיהֶן, וְזֶה שֶׁכָּתוּב: "וַיָּשַׂר אֶל מַלְאָךְ וַיֻּכָל בָּכָה וַיִּתְחַנֶּן לוֹ" (הושע יב, ה) – בָּכָה הַמַּלְאָךְ וַיִּתְחַנֶּן לוֹ, וּמַה נִּתְחַנֵּן לוֹ? "בֵּית אֵל יִמְצָאֶנּוּ וְשָׁם יְדַבֵּר עִמָּנוּ" (שם) – הַמְתֵּן לִי עַד שֶׁיְּדַבֵּר עִמָּנוּ שָׁם. וְלֹא רָצָה יַעֲקֹב, וְעַל כָּרְחוֹ הוֹדָה לוֹ עֲלֵיהֶן, וְזֶהוּ "וַיְבָרֶךְ אֹתוֹ שָׁם", שֶׁהָיָה מִתְחַנֵּן לְהַמְתִּין לוֹ וְלֹא רָצָה: וְעִם אֲנָשִׁים. עֵשָׂו וְלָבָן: וַתּוּכָל. לָהֶם:

כט] לָמָּה זֶּה תִּשְׁאַל. אֵין לָנוּ שֵׁם קָבוּעַ, מִשְׁתַּנִּים הֵם שְׁמוֹתֵינוּ הַכֹּל לְפִי מִצְוַת עֲבוֹדַת הַשְּׁלִיחוּת שֶׁאָנוּ מִשְׁתַּלְּחִים:

לא-לב] וַיִּזְרַח לוֹ. לְצָרְכּוֹ, לְרַפְּאוֹת אֶת צַלְעָתוֹ, כְּמָה דְאַתְּ אָמַר: "שֶׁמֶשׁ צְדָקָה וּמַרְפֵּא בִּכְנָפֶיהָ" (מלאכי ג, כ). וְאוֹתָן שָׁעוֹת שֶׁמִּהֲרָה לִשְׁקֹעַ בִּשְׁבִילוֹ, כְּשֶׁיָּצָא מִבְּאֵר שֶׁבַע מִהֲרָה לִזְרֹחַ בִּשְׁבִילוֹ. וְהוּא הָיָה צוֹלֵעַ כְּשֶׁזָּרְחָה הַשֶּׁמֶשׁ:

לב] גִּיד הַנָּשֶׁה. לָמָּה נִקְרָא שְׁמוֹ 'גִּיד הַנָּשֶׁה'? שֶׁנָּשָׁה מִמְּקוֹמוֹ וְעָלָה, וְהוּא לְשׁוֹן קְפִיצָה, וְכֵן: "נָשְׁתָה גְבוּרָתָם" (ירמיה נא, ל), וְכֵן: "כִּי נַשַּׁנִי אֱלֹהִים אֶת כָּל עֲמָלִי" (להלן מא, נא):

בְּכַף־יֶרֶךְ יַעֲקֹב בְּגִיד הַנָּשֶׁה׃ וַיִּשָּׂא יַעֲקֹב עֵינָיו א לג
וַיַּרְא וְהִנֵּה עֵשָׂו בָּא וְעִמּוֹ אַרְבַּע מֵאוֹת אִישׁ
וַיַּחַץ אֶת־הַיְלָדִים עַל־לֵאָה וְעַל־רָחֵל וְעַל
שְׁתֵּי הַשְּׁפָחוֹת׃ וַיָּשֶׂם אֶת־הַשְּׁפָחוֹת וְאֶת־ ב
יַלְדֵיהֶן רִאשֹׁנָה וְאֶת־לֵאָה וִילָדֶיהָ אַחֲרֹנִים
וְאֶת־רָחֵל וְאֶת־יוֹסֵף אַחֲרֹנִים׃ וְהוּא עָבַר ג
לִפְנֵיהֶם וַיִּשְׁתַּחוּ אַרְצָה שֶׁבַע פְּעָמִים עַד־גִּשְׁתּוֹ
עַד־אָחִיו׃ וַיָּרָץ עֵשָׂו לִקְרָאתוֹ וַיְחַבְּקֵהוּ וַיִּפֹּל ד
עַל־צַוָּארָו וַיִּשָּׁקֵהוּ וַיִּבְכּוּ׃ וַיִּשָּׂא אֶת־עֵינָיו וַיַּרְא ה
אֶת־הַנָּשִׁים וְאֶת־הַיְלָדִים וַיֹּאמֶר מִי־אֵלֶּה לָּךְ
וַיֹּאמַר הַיְלָדִים אֲשֶׁר־חָנַן אֱלֹהִים אֶת־עַבְדֶּךָ׃
רביעי וַתִּגַּשְׁןָ הַשְּׁפָחוֹת הֵנָּה וְיַלְדֵיהֶן וַתִּשְׁתַּחֲוֶיןָ׃ ו
וַתִּגַּשׁ גַּם־לֵאָה וִילָדֶיהָ וַיִּשְׁתַּחֲווּ וְאַחַר נִגַּשׁ ז
יוֹסֵף וְרָחֵל וַיִּשְׁתַּחֲווּ׃ וַיֹּאמֶר מִי לְךָ כָּל־הַמַּחֲנֶה ח
הַזֶּה אֲשֶׁר פָּגָשְׁתִּי וַיֹּאמֶר לִמְצֹא־חֵן בְּעֵינֵי אֲדֹנִי׃
וַיֹּאמֶר עֵשָׂו יֶשׁ־לִי רָב אָחִי יְהִי לְךָ אֲשֶׁר־לָךְ׃ ט
וַיֹּאמֶר יַעֲקֹב אַל־נָא אִם־נָא מָצָאתִי חֵן בְּעֵינֶיךָ י
וְלָקַחְתָּ מִנְחָתִי מִיָּדִי כִּי עַל־כֵּן רָאִיתִי פָנֶיךָ
כִּרְאֹת פְּנֵי אֱלֹהִים וַתִּרְצֵנִי׃ קַח־נָא אֶת־בִּרְכָתִי יא
אֲשֶׁר הֻבָאת לָךְ כִּי־חַנַּנִי אֱלֹהִים וְכִי יֶשׁ־לִי־כֹל

לג א בְּפִתֵּי יַרְכָּא דְּיַעֲקֹב, בְּגִידָא נַשְׁיָא: וּזְקַף יַעֲקֹב עֵינוֹהִי, וַחֲזָא וְהָא עֵשָׂו אָתֵי, וְעִמֵּיהּ, אַרְבַּע מְאָה
ב גֻּבְרָא, וּפַלֵּיג יָת בְּנַיָּא, עַל לֵאָה וְעַל רָחֵל, וְעַל תַּרְתֵּין לְחֵינָתָא: וְשַׁוִּי יָת לְחֵינָתָא, וְיָת בְּנֵיהוֹן
ג קַדְמוֹתָא, וְיָת לֵאָה וּבְנַהָא בָּתְרָאִין, וְיָת רָחֵל וְיָת יוֹסֵף בָּתְרָאִין: וְהוּא עֲבַר קֳדָמֵיהוֹן, וּסְגִיד
ד עַל אַרְעָא שְׁבַע זִמְנִין, עַד מִקְרְבֵיהּ לְוָת אֲחוּהִי: וּרְהַט עֵשָׂו לְקַדָּמוּתֵיהּ וְגַפְּפֵיהּ, וּנְפַל עַל צַוְּרֵיהּ
ה וְנַשְּׁקֵיהּ, וּבְכוֹ: וּזְקַף יָת עֵינוֹהִי, וַחֲזָא יָת נְשַׁיָּא וְיָת בְּנַיָּא, וַאֲמַר מַאן אִלֵּין לָךְ, וַאֲמַר, בְּנַיָּא, דְּחָן
ו ז יי יָת עַבְדָּךְ: וּקְרִיבָא לְחֵינָתָא, אִנּוּן וּבְנֵיהוֹן וּסְגִידָא: וּקְרִיבַת אַף לֵאָה, וּבְנַהָא וּסְגִידוּ, וּבָתַר
ח כֵּן, קְרֵיב יוֹסֵף, וְרָחֵל וּסְגִידוּ: וַאֲמַר, מָא לָךְ, כָּל מַשְׁרִיתָא הָדָא דְּעָרְעִית, וַאֲמַר, לְאַשְׁכָּחָא
ט י רַחֲמִין בְּעֵינֵי רִבּוֹנִי: וַאֲמַר עֵשָׂו אִית לִי סַגִּי, אֲחִי, אַצְלַח בְּדִילָךְ: וַאֲמַר יַעֲקֹב, בְּבָעוּ אִם כְּעַן
אַשְׁכַּחִית רַחֲמִין בְּעֵינָךְ, וּתְקַבֵּיל תִּקְרֻבְתִּי מִן יְדִי, אֲרֵי עַל כֵּן חֲזֵיתְנּוּן לְאַפָּךְ, כְּחֵיזוּ, אַפֵּי רַבְרְבַיָּא
יא וְאִתְרְעִיתָ לִי: קַבֵּיל כְּעַן יָת תִּקְרֻבְתִּי דְּאַתֵּיתִיאַת לָךְ, אֲרֵי רַחֵים עֲלַי יי וַאֲרֵי אִית לִי כוֹלָא,

פרק לג

ב] **וְאֶת לֵאָה וִילָדֶיהָ אַחֲרֹנִים.** אַחֲרוֹן אַחֲרוֹן חָבִיב:

ג] **עָבַר לִפְנֵיהֶם.** אָמַר, אִם יָבֹא אוֹתוֹ רָשָׁע לְהִלָּחֵם, יִלָּחֵם בִּי תְּחִלָּה:

ד] **וַיְחַבְּקֵהוּ.** נִתְגַּלְגְּלוּ רַחֲמָיו כְּשֶׁרָאָהוּ מִשְׁתַּחֲוֶה כָּל הִשְׁתַּחֲוָאוֹת הַלָּלוּ: **וַיִּשָּׁקֵהוּ.** נָקוּד עָלָיו. וְיֵשׁ חוֹלְקִין בַּדָּבָר הַזֶּה בְּבָרַיְתָא דְּסִפְרֵי (בהעלתך סט): יֵשׁ שֶׁדָּרְשׁוּ נְקֻדָּה זוֹ לוֹמַר שֶׁלֹּא נְשָׁקוֹ בְּכָל לִבּוֹ; אָמַר רַבִּי שִׁמְעוֹן בֶּן יוֹחַאי: הֲלָכָה הִיא בְּיָדוּעַ שֶׁעֵשָׂו שׂוֹנֵא לְיַעֲקֹב, אֶלָּא שֶׁנִּכְמְרוּ רַחֲמָיו בְּאוֹתָהּ שָׁעָה וּנְשָׁקוֹ בְּכָל לִבּוֹ:

ה] **מִי אֵלֶּה לָּךְ.** מִי אֵלֶּה לִהְיוֹת שֶׁלָּךְ?:

ז] **נִגַּשׁ יוֹסֵף וְרָחֵל.** בְּכֻלָּן הָאִמָּהוֹת נִגָּשׁוֹת לִפְנֵי הַבָּנִים, אֲבָל בְּרָחֵל – יוֹסֵף נִגַּשׁ לְפָנֶיהָ; אָמַר: אִמִּי יְפַת תֹּאַר, שֶׁמָּא יִתְלֶה בָּהּ עֵינָיו אוֹתוֹ רָשָׁע, אֶעֱמֹד כְּנֶגְדָּהּ וַאֲעַכְּבֶנּוּ מִלְּהִסְתַּכֵּל בָּהּ. מִכָּאן זָכָה יוֹסֵף לְבִרְכַּת "עֲלֵי עָיִן" (להלן מט, כב):

ח] **מִי לְךָ כָּל הַמַּחֲנֶה.** מִי כָּל הַמַּחֲנֶה אֲשֶׁר פָּגַשְׁתִּי שֶׁהוּא שֶׁלְּךָ? כְּלוֹמַר, לָמָּה הוּא לְךָ? פְּשׁוּטוֹ שֶׁל מִקְרָא עַל מוֹלִיכֵי הַמִּנְחָה; וּמִדְרָשׁוֹ, כִּתּוֹת שֶׁל מַלְאָכִים פָּגַע שֶׁהָיוּ דּוֹחֲפִין אוֹתוֹ וְאֶת אֲנָשָׁיו וְאוֹמְרִים לָהֶם: שֶׁל מִי אַתֶּם? וְהֵם אוֹמְרִים לָהֶם: שֶׁל עֵשָׂו, וְהֵם אוֹמְרִים: הַכּוּ הַכּוּ. וְאֵלּוּ אוֹמְרִים: בְּנוֹ שֶׁל יִצְחָק הוּא, וְלֹא הָיוּ מַשְׁגִּיחִים; בֶּן בְּנוֹ שֶׁל אַבְרָהָם, וְלֹא הָיוּ מַשְׁגִּיחִים; אָחִיו שֶׁל יַעֲקֹב הוּא, וְאֵלּוּ אוֹמְרִים לָהֶם: אִם כֵּן מִשֶּׁלָּנוּ אַתֶּם:

ט] **יְהִי לְךָ אֲשֶׁר לָךְ.** כָּאן הוֹדָה לוֹ עַל הַבְּרָכוֹת:

י] **אַל נָא.** אַל נָא תֹּאמַר לִי כֵן: **אִם נָא מָצָאתִי חֵן בְּעֵינֶיךָ וְלָקַחְתָּ מִנְחָתִי מִיָּדִי כִּי עַל כֵּן רָאִיתִי פָנֶיךָ וְגוֹ'.** כִּי כְדַאי וְהָגוּן לְךָ שֶׁתְּקַבֵּל מִנְחָתִי, עַל אֲשֶׁר רָאִיתִי פָּנֶיךָ וְהֵן חֲשׁוּבִין לִי כִּרְאִיַּת פְּנֵי הַמַּלְאָךְ, שֶׁרָאִיתִי שַׂר שֶׁלְּךָ, וְעוֹד, עַל שֶׁנִּתְרַצִּיתָ לִי לִמְחֹל עַל סִרְחָנִי. וְלָמָּה הִזְכִּיר לוֹ רְאִיַּת הַמַּלְאָךְ? כְּדֵי שֶׁיִּתְיָרֵא הֵימֶנּוּ וְיֹאמַר: רָאָה מַלְאָכִים וְנִצּוֹל, אֵינִי יָכוֹל לוֹ מֵעַתָּה: **וַתִּרְצֵנִי.** נִתְפַּיַּסְתָּ לִי, וְכֵן כָּל רָצוֹן שֶׁבַּמִּקְרָא לְשׁוֹן פִּיּוּס, אפיימנ"ט בְּלַעַז; "כִּי לֹא לְרָצוֹן יִהְיֶה לָכֶם" (ויקרא כב, כ) – הַקָּרְבָּנוֹת בָּאוֹת לְפַיֵּס וּלְרַצּוֹת, "שִׂפְתֵי צַדִּיק יֵדְעוּן רָצוֹן" (משלי י, לב) – יוֹדְעִים לְפַיֵּס וּלְרַצּוֹת:

יא] **בִּרְכָתִי.** מִנְחָה זוֹ הַבָּאָה עַל רְאִיַּת פָּנִים וְלִפְרָקִים, אֵינָהּ בָּאָה אֶלָּא לִשְׁאֵלַת שָׁלוֹם. וְכָל בְּרָכָה שֶׁהִיא לִרְאִיַּת פָּנִים, כְּגוֹן: "וַיְבָרֶךְ יַעֲקֹב אֶת פַּרְעֹה" (להלן מז, י), "עֲשׂוּ אִתִּי בְרָכָה" (מלכים ב' יח, לא) דְּסַנְחֵרִיב, וְכֵן: "לִשְׁאָל לוֹ לְשָׁלוֹם וּלְבָרְכוֹ" (שמואל ב' ח, י) דְּתֹעִי מֶלֶךְ חֲמָת, כֻּלָּם לְשׁוֹן בִּרְכַּת שָׁלוֹם הֵן, שֶׁקּוֹרִין בְּלַעַז שלודי"ר, אַף זוֹ, "בִּרְכָתִי" – מו"ן שלו"ד: **אֲשֶׁר הֻבָאת לָךְ.** לֹא טָרַחְתָּ בָּהּ וַאֲנִי יָגַעְתִּי לְהַגִּיעָהּ עַד שֶׁבָּאָה לְיָדְךָ: **חַנַּנִי.** נו"ן רִאשׁוֹנָה מְדֻגֶּשֶׁת לְפִי שֶׁהִיא מְשַׁמֶּשֶׁת בִּמְקוֹם שְׁתֵּי נוּנִי"ן, שֶׁהָיָה לוֹ לוֹמַר 'חֲנָנַנִי', שֶׁאֵין 'חָנַן' בְּלֹא שְׁתֵּי נוּנִי"ן, וְהַשְּׁלִישִׁית לְשִׁמּוּשׁ כְּמוֹ 'עָשָׂנִי' (ישעיה

בראשית לג

יב וַיִּפְצַר־בּ֖וֹ וַיִּקָּֽח: וַיֹּ֖אמֶר נִסְעָ֣ה וְנֵלֵ֑כָה וְאֵלְכָ֖ה
לְנֶגְדֶּֽךָ: וַיֹּ֣אמֶר אֵלָ֗יו אֲדֹנִ֤י יֹדֵ֙עַ֙ כִּֽי־הַיְלָדִ֣ים רַכִּ֔ים
וְהַצֹּ֥אן וְהַבָּקָ֖ר עָל֣וֹת עָלָ֑י וּדְפָקוּם֙ י֣וֹם אֶחָ֔ד וָמֵ֖תוּ
כָּל־הַצֹּֽאן: יד יַעֲבָר־נָ֥א אֲדֹנִ֖י לִפְנֵ֣י עַבְדּ֑וֹ וַאֲנִ֞י
אֶֽתְנָהֲלָ֣ה לְאִטִּ֗י לְרֶ֨גֶל הַמְּלָאכָ֤ה אֲשֶׁר־לְפָנַי֙
וּלְרֶ֣גֶל הַיְלָדִ֔ים עַ֛ד אֲשֶׁר־אָבֹ֥א אֶל־אֲדֹנִ֖י שֵׂעִֽירָה:
טו וַיֹּ֣אמֶר עֵשָׂ֔ו אַצִּֽיגָה־נָּ֣א עִמְּךָ֔ מִן־הָעָ֖ם אֲשֶׁ֣ר אִתִּ֑י
טז וַיֹּ֙אמֶר֙ לָ֣מָּה זֶּ֔ה אֶמְצָא־חֵ֖ן בְּעֵינֵ֥י אֲדֹנִֽי: וַיָּשָׁב֩
בַּיּ֨וֹם הַה֥וּא עֵשָׂ֛ו לְדַרְכּ֖וֹ שֵׂעִֽירָה: יז וְיַעֲקֹב֙ נָסַ֣ע
סֻכֹּ֔תָה וַיִּ֥בֶן ל֖וֹ בָּ֑יִת וּלְמִקְנֵ֙הוּ֙ עָשָׂ֣ה סֻכֹּ֔ת עַל־כֵּ֛ן
קָרָ֥א שֵׁם־הַמָּק֖וֹם סֻכּֽוֹת: יח וַיָּבֹא֩ יַעֲקֹ֨ב
שָׁלֵ֜ם עִ֣יר שְׁכֶ֗ם אֲשֶׁר֙ בְּאֶ֣רֶץ כְּנַ֔עַן בְּבֹא֖וֹ מִפַּדַּ֣ן
אֲרָ֑ם וַיִּ֖חַן אֶת־פְּנֵ֥י הָעִֽיר: יט וַיִּ֜קֶן אֶת־חֶלְקַ֣ת הַשָּׂדֶ֗ה
אֲשֶׁ֤ר נָֽטָה־שָׁם֙ אָהֳל֔וֹ מִיַּ֥ד בְּנֵֽי־חֲמ֖וֹר אֲבִ֣י שְׁכֶ֑ם
בְּמֵאָ֖ה קְשִׂיטָֽה: כ וַיַּצֶּב־שָׁ֖ם מִזְבֵּ֑חַ וַיִּ֨קְרָא־ל֔וֹ אֵ֖ל
אֱלֹהֵ֥י יִשְׂרָאֵֽל: חמישי לד א וַתֵּצֵ֤א דִינָה֙ בַּת־לֵאָ֔ה

כט, טז), "זְבָדַנִי" (לעיל ל, כ): יֵשׁ לִי כֹל. כָּל סִפּוּקִי. וְעֵשָׂו דִּבֶּר בִּלְשׁוֹן גַּאֲוָה: "יֶשׁ לִי רָב" (לעיל פסוק ט), יוֹתֵר וְיוֹתֵר מִכְּדֵי צָרְכִּי:

יב) נִסְעָה. כְּמוֹ: "שִׁמְעָה" (תהלים לט, יג), "סִלְחָה" (להלן מג, ח), שֶׁהוּא כְּמוֹ 'שְׁמַע', 'סְלַח', אַף 'נִסְעָה' כְּמוֹ 'נְסַע', וְהַנּוּ"ן יְסוֹד בַּתֵּבָה. וְתַרְגּוּם שֶׁל אוּנְקְלוֹס:

"טוֹל וּנְהָךְ", עֵשָׂו אָמַר לְיַעֲקֹב, נִסַּע מִכָּאן וְנֵלֵךְ: וְאֵלְכָה לְנֶגְדֶּךָ. בְּשָׁוֶה לָךְ, טוֹבָה זוֹ אֶעֱשֶׂה לָךְ שֶׁאַאֲרִיךְ יְמֵי מַהֲלַכְתִּי לָלֶכֶת לְאַט כַּאֲשֶׁר אַתָּה צָרִיךְ, וְזֶהוּ "לְנֶגְדֶּךָ" - בְּשָׁוֶה לָךְ:

יג) עָלוֹת עָלָי. הַצֹּאן וְהַבָּקָר שֶׁהֵן "עָלוֹת", מְטֻלּוֹת "עָלָי", לְנַהֲלָן לְאַט. לְשׁוֹן: עָלוֹת. מְגַדְּלוֹת עוֹלְלֵיהֶן,

לד
וישלח

יב יג וְאַתְקֵיף בֵּיהּ וְקַבֵּיל: וַאֲמַר טוּל וּנְהָךְ, וַאֲהָךְ לְקִבְלָךְ: וַאֲמַר לֵיהּ, רִבּוֹנִי יָדַע אֲרֵי יָנְקַיָּא
יד רַכִּיכִין, וְעָנָא וְתוֹרֵי מֵינְקָתָא עֲלָי, אִם אַדְחוֹקִנּוּן יוֹמָא חַד, וִימוּתוּן כָּל עָנָא: יִעְבַּר כְּעַן
רִבּוֹנִי קֳדָם עַבְדֵּיהּ, וַאֲנָא אֲדַבַּר בְּנַיְחַ, לְרֶגֶל עֲבִידְתָּא דִּקְדָמַי וּלְרֶגֶל יָנְקַיָּא, עַד, דְּאֵיתֵי לְוָת
טו רִבּוֹנִי לְשֵׂעִיר: וַאֲמַר עֵשָׂו, אֶשְׁבּוֹק כְּעַן עִמָּךְ, מִן עַמָּא דְּעִמִּי, וַאֲמַר לְמָא דְנַן, אַשְׁכַּח רַחֲמִין
טז יז בְּעֵינֵי רִבּוֹנִי: וְתָב בְּיוֹמָא הַהוּא עֵשָׂו, לְאוֹרְחֵיהּ לְשֵׂעִיר: וְיַעֲקֹב נְטַל לְסֻכּוֹת, וּבְנָא לֵיהּ
יח בֵּיתָא, וְלִבְעִירֵיהּ עֲבַד מְטַלָּן, עַל כֵּן, קְרָא שְׁמֵיהּ דְּאַתְרָא סֻכּוֹת: וַאֲתָא יַעֲקֹב שְׁלִים
יט לְקַרְתָּא דִּשְׁכֶם, דִּבְאַרְעָא דִּכְנַעַן, בְּמֵיתוֹהִי מִפַּדַּן אֲרָם, וּשְׁרָא לָקֳבֵיל קַרְתָּא: וּזְבַן יָת
אַחְסָנַת חַקְלָא, דִּפְרַסֵיהּ תַּמָּן לְמַשְׁכְּנֵיהּ, מִיַּד בְּנֵי חֲמוֹר אֲבוּהִי דִּשְׁכֶם, בְּמָאָה חוּרְפָן:
כ לד א וַאֲקֵים תַּמָּן מַדְבְּחָא, וּפְלַח עֲלוֹהִי, קֳדָם אֵל אֱלָהָא דְּיִשְׂרָאֵל: וּנְפַקַת דִּינָה בַּת לֵאָה,

לְשׁוֹן "עוֹלֵל וְיוֹנֵק" (ירמיה מד, ז; איכה ב, יא), "עוּל יָמִים" (ישעיה סה, כ), "וּשְׁתֵּי פָרוֹת עָלוֹת" (שמואל א' ו, ז), וּבְלַעַז אנפנטיי"ש: וּדְפָקוּם יוֹם אֶחָד. לְיַגְּעָם בַּדֶּרֶךְ בִּמְרוּצָה, "וָמֵתוּ כָּל הַצֹּאן": וּדְפָקוּם. כְּמוֹ: "קוֹל דּוֹדִי דוֹפֵק" (שיר השירים ה, ב), נוֹקֵשׁ בַּדֶּלֶת:

יד| יַעֲבָר נָא אֲדֹנִי. אַל נָא תַּאֲרִיךְ יְמֵי הֲלִיכָתְךָ, עֲבֹר כְּפִי דַּרְכְּךָ וְאַף אִם תִּתְרַחֵק: אֶתְנַהֲלָה. אֶתְנַהֵל, הֵ"א יְתֵרָה, כְּמוֹ: 'אֵרֲדָה' (לעיל יח, כא), 'אֶשְׁמְעָה' (ירמיה ד, כא; תהלים פה, ט): לְאִטִּי. לְאַט שֶׁלִּי, לְשׁוֹן נַחַת, "הַהוֹלְכִים לְאַט" (ישעיה ח, ו), "לְאַט לִי לַנַּעַר" (שמואל ב' יח, ה): לְאִטִּי. הַלָּמֶ"ד מִן הַיְסוֹד וְאֵינָהּ מְשַׁמֶּשֶׁת, אֶתְנַהֵל נַחַת שֶׁלִּי: לְרֶגֶל הַמְּלָאכָה. לְפִי צֹרֶךְ הֲלִיכַת רַגְלֵי הַמְּלָאכָה הַמֻּטֶּלֶת לְפָנַי לְהוֹלִיךְ: וּלְרֶגֶל הַיְלָדִים. לְפִי רַגְלֵיהֶם שֶׁהֵם יְכוֹלִים לֵילֵךְ: עַד אֲשֶׁר אָבֹא אֶל אֲדֹנִי שֵׂעִירָה. הִרְחִיב לוֹ הַדֶּרֶךְ, שֶׁלֹּא הָיָה דַעְתּוֹ לָלֶכֶת אֶלָּא עַד סֻכּוֹת, אָמַר: אִם דַּעְתּוֹ לַעֲשׂוֹת לִי רָעָה יַמְתִּין עַד בּוֹאִי אֶצְלוֹ. וְהוּא לֹא הָלַךְ, וְאֵימָתַי יֵלֵךְ? בִּימֵי הַמָּשִׁיחַ, שֶׁנֶּאֱמַר: "וְעָלוּ מוֹשִׁעִים בְּהַר צִיּוֹן לִשְׁפֹּט אֶת הַר עֵשָׂו" (עובדיה א, כא). וּמִדְרְשֵׁי אַגָּדָה יֵשׁ לְפָרָשָׁה זוֹ רַבִּים:

טו| וַיֹּאמֶר לָמָּה זֶּה. תַּעֲשֶׂה לִי טוֹבָה זוֹ שֶׁאֵינִי צָרִיךְ לָהּ; "אֶמְצָא חֵן" בְּעֵינֶיךָ וְלֹא תְּשַׁלֵּם לִי עַתָּה שׁוּם גְּמוּל:

טז| וַיָּשָׁב בַּיּוֹם הַהוּא עֵשָׂו לְדַרְכּוֹ. עֵשָׂו לְבַדּוֹ, וְאַרְבַּע מֵאוֹת אִישׁ שֶׁהָלְכוּ עִמּוֹ נִשְׁמְטוּ מֵאֶצְלוֹ אֶחָד אֶחָד. וְהֵיכָן פָּרַע לָהֶם הַקָּדוֹשׁ בָּרוּךְ הוּא? בִּימֵי דָוִד, שֶׁנֶּאֱמַר: "כִּי אִם אַרְבַּע מֵאוֹת אִישׁ נַעַר אֲשֶׁר רָכְבוּ עַל הַגְּמַלִּים" (שמואל א' ל, יז):

יז| וַיִּבֶן לוֹ בָּיִת. שָׁהָה שָׁם שְׁמוֹנָה עָשָׂר חֹדֶשׁ, קַיִץ וְחֹרֶף וְקַיִץ; קַיִץ – 'סֻכּוֹת', חֹרֶף – 'בַּיִת', וְקַיִץ – 'סֻכּוֹת':

יח| שָׁלֵם. שָׁלֵם בְּגוּפוֹ, שֶׁנִּתְרַפֵּא מִצַּלְעָתוֹ; שָׁלֵם בְּמָמוֹנוֹ, שֶׁלֹּא חָסַר כְּלוּם מִכָּל אוֹתוֹ דוֹרוֹן; שָׁלֵם בְּתוֹרָתוֹ, שֶׁלֹּא שָׁכַח תַּלְמוּדוֹ בְּבֵית לָבָן: עִיר שְׁכֶם. כְּמוֹ 'לְעִיר', וְכָמוֹהוּ: "עַד בּוֹאֲנָה בֵּית לָחֶם" (רות א, יט): בְּבֹאוֹ מִפַּדַּן אֲרָם. כְּאָדָם הָאוֹמֵר לַחֲבֵרוֹ, יָצָא פְּלוֹנִי מִבֵּין שִׁנֵּי אֲרָיוֹת וּבָא שָׁלֵם, אַף כָּאן: וַיָּבֹא שָׁלֵם מִפַּדַּן אֲרָם, מִלָּבָן וּמֵעֵשָׂו שֶׁנִּזְדַּוְּגוּ לוֹ בַּדֶּרֶךְ:

יט| קְשִׂיטָה. מָעָה. אָמַר רַבִּי עֲקִיבָא: כְּשֶׁהָלַכְתִּי לִכְרַכֵּי הַיָּם הָיוּ קוֹרִין לְמָעָה 'קְשִׂיטָה':

כ| וַיִּקְרָא לוֹ אֵל אֱלֹהֵי יִשְׂרָאֵל. לֹא שֶׁהַמִּזְבֵּחַ קָרוּי "אֱלֹהֵי יִשְׂרָאֵל", אֶלָּא עַל שֵׁם שֶׁהָיָה הַקָּדוֹשׁ בָּרוּךְ הוּא עִמּוֹ וְהִצִּילוֹ קָרָא שֵׁם הַמִּזְבֵּחַ עַל שֵׁם הַנֵּס, לִהְיוֹת שִׁבְחוֹ שֶׁל מָקוֹם נִזְכָּר בִּקְרִיאַת הַשֵּׁם, כְּלוֹמַר, מִי שֶׁהוּא אֵל, הוּא הַקָּדוֹשׁ בָּרוּךְ הוּא, הוּא לֵאלֹהִים לִי שֶׁשְּׁמִי יִשְׂרָאֵל. וְכֵן מָצִינוּ בְּמֹשֶׁה: "וַיִּקְרָא שְׁמוֹ ה' נִסִּי" (שמות יז, טו), לֹא שֶׁהַמִּזְבֵּחַ קָרוּי ה', אֶלָּא עַל שֵׁם הַנֵּס קָרָא שֵׁם הַמִּזְבֵּחַ לְהַזְכִּיר שִׁבְחוֹ שֶׁל הַקָּדוֹשׁ בָּרוּךְ הוּא, ה' הוּא נִסִּי. וְרַבּוֹתֵינוּ אָמְרוּ שֶׁהַקָּדוֹשׁ בָּרוּךְ הוּא קְרָאוֹ לְיַעֲקֹב 'אֵל'. וְדִבְרֵי תוֹרָה "כְּפַטִּישׁ יְפֹצֵץ סָלַע" (ירמיה כג, כט), מִתְחַלְּקִים לְכַמָּה טְעָמִים, וַאֲנִי לְיַשֵּׁב פְּשׁוּטוֹ שֶׁל מִקְרָא בָּאתִי:

פרק לד

א| בַּת לֵאָה. וְלֹא בַּת יַעֲקֹב? אֶלָּא עַל שֵׁם

וישלח

בראשית

ב אֲשֶׁ֥ר יָֽלְדָ֖ה לְיַֽעֲקֹ֑ב לִרְא֖וֹת בִּבְנ֥וֹת הָאָֽרֶץ: וַיַּ֨רְא
אֹתָ֜הּ שְׁכֶ֧ם בֶּן־חֲמ֛וֹר הַחִוִּ֖י נְשִׂ֣יא הָאָ֑רֶץ וַיִּקַּ֥ח
ג אֹתָ֛הּ וַיִּשְׁכַּ֥ב אֹתָ֖הּ וַיְעַנֶּֽהָ: וַתִּדְבַּ֣ק נַפְשׁ֔וֹ בְּדִינָ֖ה
בַּת־יַֽעֲקֹ֑ב וַיֶּֽאֱהַב֙ אֶת־הַֽנַּעֲרָ֔ וַיְדַבֵּ֖ר עַל־לֵ֥ב הַֽנַּעֲרָֽ:
ד וַיֹּ֣אמֶר שְׁכֶ֔ם אֶל־חֲמ֥וֹר אָבִ֖יו לֵאמֹ֑ר קַֽח־לִ֛י אֶת־
ה הַיַּלְדָּ֥ה הַזֹּ֖את לְאִשָּֽׁה: וְיַֽעֲקֹ֣ב שָׁמַ֗ע כִּ֤י טִמֵּא֙
אֶת־דִּינָ֣ה בִתּ֔וֹ וּבָנָ֛יו הָי֥וּ אֶת־מִקְנֵ֖הוּ בַּשָּׂדֶ֑ה
ו וְהֶֽחֱרִ֥שׁ יַֽעֲקֹ֖ב עַד־בֹּאָֽם: וַיֵּצֵ֛א חֲמ֥וֹר אֲבִֽי־שְׁכֶ֖ם
ז אֶל־יַֽעֲקֹ֑ב לְדַבֵּ֖ר אִתּֽוֹ: וּבְנֵ֣י יַֽעֲקֹ֗ב בָּ֤אוּ מִן־
הַשָּׂדֶה֙ כְּשָׁמְעָ֔ם וַיִּֽתְעַצְּבוּ֙ הָֽאֲנָשִׁ֔ים וַיִּ֥חַר לָהֶ֖ם
מְאֹ֑ד כִּ֣י נְבָלָ֞ה עָשָׂ֣ה בְיִשְׂרָאֵ֗ל לִשְׁכַּב֙ אֶת־בַּת־
ח יַֽעֲקֹ֔ב וְכֵ֖ן לֹ֥א יֵֽעָשֶֽׂה: וַיְדַבֵּ֥ר חֲמ֛וֹר אִתָּ֖ם לֵאמֹ֑ר
שְׁכֶ֣ם בְּנִ֗י חָֽשְׁקָ֤ה נַפְשׁוֹ֙ בְּבִתְּכֶ֔ם תְּנ֨וּ נָ֥א אֹתָ֛הּ ל֖וֹ
ט לְאִשָּֽׁה: וְהִֽתְחַתְּנ֖וּ אֹתָ֑נוּ בְּנֹֽתֵיכֶם֙ תִּתְּנוּ־לָ֔נוּ
י וְאֶת־בְּנֹתֵ֖ינוּ תִּקְח֥וּ לָכֶֽם: וְאִתָּ֖נוּ תֵּשֵׁ֑בוּ וְהָאָ֨רֶץ֙
תִּֽהְיֶ֣ה לִפְנֵיכֶ֔ם שְׁב֕וּ וּסְחָר֖וּהָ וְהֵֽאָֽחֲז֥וּ בָּֽהּ: וַיֹּ֤אמֶר
יא שְׁכֶם֙ אֶל־אָבִ֣יהָ וְאֶל־אַחֶ֔יהָ אֶמְצָא־חֵ֖ן בְּעֵֽינֵיכֶ֑ם
יב וַֽאֲשֶׁ֥ר תֹּֽאמְר֛וּ אֵלַ֖י אֶתֵּֽן: הַרְבּ֨וּ עָלַ֤י מְאֹד֙ מֹ֣הַר
וּמַתָּ֔ן וְאֶ֨תְּנָ֔ה כַּֽאֲשֶׁ֥ר תֹּֽאמְר֖וּ אֵלָ֑י וּתְנוּ־לִ֥י אֶת־
יג הַֽנַּֽעֲרָ֖ לְאִשָּֽׁה: וַיַּֽעֲנ֨וּ בְנֵי־יַֽעֲקֹ֜ב אֶת־שְׁכֶ֨ם וְאֶת־
חֲמ֥וֹר אָבִ֖יו בְּמִרְמָ֑ה וַיְדַבֵּ֕רוּ אֲשֶׁ֣ר טִמֵּ֔א אֶת־

וישלח

יד דִּינָה אֲחֹתָם: וַיֹּאמְרוּ אֲלֵיהֶם לֹא נוּכַל לַעֲשׂוֹת
הַדָּבָר הַזֶּה לָתֵת אֶת־אֲחֹתֵנוּ לְאִישׁ אֲשֶׁר־לוֹ
טו עָרְלָה כִּי־חֶרְפָּה הִוא לָנוּ: אַךְ־בְּזֹאת נֵאוֹת
טז לָכֶם אִם תִּהְיוּ כָמֹנוּ לְהִמֹּל לָכֶם כָּל־זָכָר: וְנָתַנּוּ

ב דִּילֵידַת לְיַעֲקֹב, לְמִחְזֵי בִּבְנָת אַרְעָא: וַחֲזָא יָתַהּ, שְׁכֶם בַּר חֲמוֹר, חִוָּאָה רַבָּא דְּאַרְעָא,
ג וּדְבַר יָתַהּ, וּשְׁכֵיב יָתַהּ וְעַנְּיַהּ: וְאִתְרְעִיאַת נַפְשֵׁיהּ, בְּדִינָה בַּת יַעֲקֹב, וּרְחֵים יָת עוּלֵימְתָּא,
ד וּמַלֵּיל עַל לִבַּהּ דְּעוּלֵימְתָּא: וַאֲמַר שְׁכֶם, לַחֲמוֹר אֲבוּהִי לְמֵימַר, סַב לִי, יָת עוּלֵימְתָּא הָדָא
ה לְאִנְתּוּ: וְיַעֲקֹב שְׁמַע, אֲרֵי סָאֵיב יָת דִּינָה בְּרַתֵּיהּ, וּבְנוֹהִי, הֲווֹ עִם גֵּיתוֹהִי בְּחַקְלָא, וּשְׁתֵיק
ו ז יַעֲקֹב עַד מֵיתֵיהוֹן: וּנְפַק, חֲמוֹר אֲבוּהִי דִּשְׁכֶם לְוָת יַעֲקֹב, לְמַלָּלָא עִמֵּיהּ: וּבְנֵי יַעֲקֹב, עָאלוּ
מִן חַקְלָא כַּד שְׁמַעוּ, וְאִתְנְסִיסוּ גֻּבְרַיָּא, וּתְקֵיף לְהוֹן לַחֲדָא, אֲרֵי קְלָנָא עֲבַד בְּיִשְׂרָאֵל,
ח לְמִשְׁכַּב עִם בַּת יַעֲקֹב, וְכֵן לָא כָשַׁר דְּיִתְעֲבֵיד: וּמַלֵּיל חֲמוֹר עִמְּהוֹן לְמֵימַר, שְׁכֶם בְּרִי,
ט אִתְרְעִיאַת נַפְשֵׁיהּ בִּבְרַתְּכוֹן, הַבוּ כְעַן יָתַהּ, לֵיהּ לְאִנְתּוּ: וְאִתְחַתְּנוּ בַנָא, בְּנָתְכוֹן תִּתְּנוּן לַנָא,
י וְיָת בְּנָתַנָא תִּסְּבוּן לְכוֹן: וְעִמַּנָא תִּתְּבוּן, וְאַרְעָא תְּהֵי קֳדָמֵיכוֹן, תִּיבוּ וַעֲבִידוּ בַהּ סְחוֹרְתָּא,
יא וְאַחְסִינוּ בַהּ: וַאֲמַר שְׁכֶם לַאֲבוּהָא וּלְאַחָהָא, אַשְׁכַּח רַחֲמִין בְּעֵינֵיכוֹן, וּדְתֵימְרוּן לִי אֶתֵּין:
יב אַסְגוּ עֲלַי לַחֲדָא מֹהֲרִין וּמַתְּנָן, וְאֶתֵּין, כְּמָא דְּתֵימְרוּן לִי, וְהַבוּ לִי יָת עוּלֵימְתָּא לְאִנְתּוּ:
יג וַאֲתִיבוּ בְנֵי יַעֲקֹב, יָת שְׁכֶם וְיָת חֲמוֹר אֲבוּהִי, בְּחָכְמָא וּמַלִּילוּ, דְּסָאֵיב, יָת דִּינָה אֲחָתְהוֹן:
יד וַאֲמַרוּ לְהוֹן, לָא נִכּוֹל לְמֶעְבַּד פִּתְגָּמָא הָדֵין, לְמִתַּן יָת אֲחָתַנָא, לִגְבַר דְּלֵיהּ עָרְלָה, אֲרֵי
טו טז חִסּוּדָא הִיא לַנָא: בְּרַם בְּדָא נִטְפַּס לְכוֹן, אִם תְּהוֹן כְּוָתַנָא, לְמִגְזַר לְכוֹן כָּל דְּכוּרָא: וְנִתֵּין

יְצִיאָתָהּ נִקְרֵאת 'בַּת לֵאָה', שֶׁאַף הִיא יַצְאָנִית – "וַתֵּצֵא לֵאָה לִקְרָאתוֹ" (לעיל ל, טז):

ב| **וַיִּשְׁכַּב אֹתָהּ.** כְּדַרְכָּהּ: **וַיְעַנֶּהָ.** שֶׁלֹּא כְּדַרְכָּהּ:

ג| **עַל לֵב הַנַּעֲרָה.** דְּבָרִים הַמִּתְיַשְּׁבִים עַל הַלֵּב: אָבִיךְ בְּחֶלְקַת שָׂדֶה קְטַנָּה רְאִי כַּמָּה מָמוֹן בִּזְבֵּז, מֵאָה קְשִׂיטָה; אֲנִי אֶשָּׂאֵךְ וְתִקְנִי כָּל הָעִיר וְכָל שְׂדוֹתֶיהָ:

ז| **וְכֵן לֹא יֵעָשֶׂה.** לְעַנּוֹת אֶת הַבְּתוּלוֹת, שֶׁהָאֻמּוֹת גָּדְרוּ עַצְמָן מִן הָעֲרָיוֹת עַל יְדֵי הַמַּבּוּל:

ח| **חָשְׁקָה.** חָפְצָה:

יב| **מֹהַר.** כְּתֻבָּה:

יג| **בְּמִרְמָה.** בְּחָכְמָה: **אֲשֶׁר טִמֵּא.** הַכָּתוּב אוֹמֵר שֶׁלֹּא הָיְתָה רְמִיָּה, שֶׁהֲרֵי "טִמֵּא אֶת דִּינָה אֲחֹתָם":

יד| **חֶרְפָּה הִוא.** שֶׁמֶץ הוּא אֶצְלֵנוּ; הַבָּא לְחָרֵף אֶת חֲבֵרוֹ אוֹמֵר לוֹ: עָרֵל אַתָּה, אוֹ בֶּן עָרֵל. 'חֶרְפָּה' בְּכָל מָקוֹם – גִּדּוּף:

טו| **נֵאוֹת.** נִתְרַצֶּה, לְשׁוֹן "וַיֵּאֹתוּ" (מלכים ב' יב, ט): **לְהִמֹּל.** לִהְיוֹת נִמּוֹל. אֵינוֹ לְשׁוֹן 'לִפְעֹל' אֶלָּא לְשׁוֹן 'לְהִפָּעֵל':

טז| **וְנָתַנּוּ.** נוּ"ן שְׁנִיָּה מְדֻגֶּשֶׁת לְפִי שֶׁהִיא מְשַׁמֶּשֶׁת

אֶת־בְּנֹתֵ֙ינוּ֙ לָכֶ֔ם וְאֶת־בְּנֹתֵיכֶ֖ם נִקַּֽח־לָ֑נוּ וְיָשַׁ֣בְנוּ
אִתְּכֶ֔ם וְהָיִ֖ינוּ לְעַ֥ם אֶחָֽד: וְאִם־לֹ֧א תִשְׁמְע֛וּ
אֵלֵ֖ינוּ לְהִמּ֑וֹל וְלָקַ֥חְנוּ אֶת־בִּתֵּ֖נוּ וְהָלָֽכְנוּ: וַיִּֽיטְב֥וּ
דִבְרֵיהֶ֖ם בְּעֵינֵ֣י חֲמ֑וֹר וּבְעֵינֵ֖י שְׁכֶ֥ם בֶּן־חֲמֽוֹר:
וְלֹֽא־אֵחַ֤ר הַנַּ֙עַר֙ לַעֲשׂ֣וֹת הַדָּבָ֔ר כִּ֥י חָפֵ֖ץ בְּבַֽת־
יַעֲקֹ֑ב וְה֣וּא נִכְבָּ֔ד מִכֹּ֖ל בֵּ֥ית אָבִֽיו: וַיָּבֹ֥א חֲמ֛וֹר
וּשְׁכֶ֥ם בְּנ֖וֹ אֶל־שַׁ֣עַר עִירָ֑ם וַֽיְדַבְּר֛וּ אֶל־אַנְשֵׁ֥י
עִירָ֖ם לֵאמֹֽר: הָאֲנָשִׁ֨ים הָאֵ֜לֶּה שְֽׁלֵמִ֧ים הֵ֣ם אִתָּ֗נוּ
וְיֵשְׁב֤וּ בָאָ֙רֶץ֙ וְיִסְחֲר֣וּ אֹתָ֔הּ וְהָאָ֛רֶץ הִנֵּ֥ה רַֽחֲבַת־
יָדַ֖יִם לִפְנֵיהֶ֑ם אֶת־בְּנֹתָם֙ נִקַּֽח־לָ֣נוּ לְנָשִׁ֔ים וְאֶת־
בְּנֹתֵ֖ינוּ נִתֵּ֥ן לָהֶֽם: אַךְ־בְּ֠זֹאת יֵאֹ֨תוּ לָ֤נוּ הָֽאֲנָשִׁים֙
לָשֶׁ֣בֶת אִתָּ֔נוּ לִֽהְי֖וֹת לְעַ֣ם אֶחָ֑ד בְּהִמּ֥וֹל לָ֙נוּ֙ כָּל־
זָכָ֔ר כַּאֲשֶׁ֖ר הֵ֥ם נִמֹּלִֽים: מִקְנֵהֶ֤ם וְקִנְיָנָם֙ וְכָל־
בְּהֶמְתָּ֔ם הֲל֥וֹא לָ֖נוּ הֵ֑ם אַ֚ךְ נֵא֣וֹתָה לָהֶ֔ם וְיֵשְׁב֖וּ
אִתָּֽנוּ: וַיִּשְׁמְע֤וּ אֶל־חֲמוֹר֙ וְאֶל־שְׁכֶ֣ם בְּנ֔וֹ כָּל־
יֹצְאֵ֖י שַׁ֣עַר עִיר֑וֹ וַיִּמֹּ֙לוּ֙ כָּל־זָכָ֔ר כָּל־יֹצְאֵ֖י שַׁ֥עַר
עִירֽוֹ: וַיְהִי֩ בַיּ֨וֹם הַשְּׁלִישִׁ֜י בִּֽהְיוֹתָ֣ם כֹּֽאֲבִ֗ים וַיִּקְח֣וּ
שְׁנֵֽי־בְנֵי־יַ֠עֲקֹב שִׁמְע֨וֹן וְלֵוִ֜י אֲחֵ֤י דִינָה֙ אִ֣ישׁ חַרְבּ֔וֹ
וַיָּבֹ֥אוּ עַל־הָעִ֖יר בֶּ֑טַח וַיַּֽהַרְג֖וּ כָּל־זָכָֽר: וְאֶת־
חֲמוֹר֙ וְאֶת־שְׁכֶ֣ם בְּנ֔וֹ הָרְג֖וּ לְפִי־חָ֑רֶב וַיִּקְח֧וּ אֶת־

כז דִּינָ֖ה מִבֵּ֥ית שְׁכֶ֖ם וַיֵּצֵֽאוּ׃ בְּנֵ֣י יַעֲקֹ֗ב בָּ֚אוּ עַל־
הַ֣חֲלָלִ֔ים וַיָּבֹ֖זּוּ הָעִ֑יר אֲשֶׁ֥ר טִמְּא֖וּ אֲחוֹתָֽם׃
כח אֶת־צֹאנָ֥ם וְאֶת־בְּקָרָ֖ם וְאֶת־חֲמֹרֵיהֶ֑ם וְאֵ֛ת

יז יָת בְּנָתַנָא לְכוֹן, וְיָת בְּנָתְכוֹן נִסַּב לַנָא, וְנִתֵּיב עִמְּכוֹן, וּנְהֵי לְעַמָּא חַד: וְאִם לָא תְקַבְּלוּן,
יח מִנַּנָא לְמִגְזַר, וּנְדַבַּר יָת בְּרַתָּנָא וְנֵיזִיל: וּשְׁפַרוּ פִתְגָמֵיהוֹן בְּעֵינֵי חֲמוֹר, וּבְעֵינֵי שְׁכֶם בַּר
יט חֲמוֹר: וְלָא אוֹחַר עוּלֵימָא לְמֶעֱבַד פִּתְגָמָא, אֲרֵי אִתְרְעִי בְּבַת יַעֲקֹב, וְהוּא יַקִּיר, מִכֹּל
כ בֵּית אֲבוּהִי: וַאֲתָא חֲמוֹר, וּשְׁכֶם בְּרֵיהּ לִתְרַע קַרְתְּהוֹן, וּמַלִּילוּ, עִם אֱנָשֵׁי קַרְתְּהוֹן לְמֵימַר:
כא גֻּבְרַיָּא הָאִלֵּין שְׁלָם אִנּוּן עִמַּנָא, וְיִתְּבוּן בְּאַרְעָא וְיַעְבְּדוּן בַּהּ סְחוֹרְתָא, וְאַרְעָא, הָא
כב פַּתְיוּת יְדִין קֳדָמֵיהוֹן, יָת בְּנָתְהוֹן נִסַּב לַנָא לִנְשִׁין, וְיָת בְּנָתַנָא נִתֵּין לְהוֹן: בְּרַם בְּדָא,
יִשְׁתַּפְסוּן לַנָא גֻּבְרַיָּא לְמִתַּב עִמַּנָא, לְמִהְוֵי לְעַמָּא חַד, בְּמִגְזַר לַנָא כָּל דְּכוּרָא, כְּמָא דְּאִנּוּן
כג גְּזִירִין: גֵּיתֵיהוֹן וְקִנְיָנְהוֹן וְכָל בְּעִירְהוֹן, הֲלָא דִּילַנָא אִנּוּן, בְּרַם נִשְׁתַּפַּס לְהוֹן, וְיִתְּבוּן עִמַּנָא:
כד וְקַבִּילוּ מִן חֲמוֹר וּמִן שְׁכֶם בְּרֵיהּ, כָּל נָפְקֵי תְּרַע קַרְתֵּיהּ, וּגְזַרוּ כָּל דְּכוּרָא, כָּל נָפְקֵי תְּרַע
כה קַרְתֵּיהּ: וַהֲוָה בְּיוֹמָא תְּלִיתָאָה כַּד תְּקִיפוּ עֲלֵיהוֹן כֵּיבֵיהוֹן, וּנְסִיבוּ תְּרֵין בְּנֵי יַעֲקֹב, שִׁמְעוֹן
כו וְלֵוִי, אֲחֵי דִינָה גְּבַר חַרְבֵּיהּ, וְעָאלוּ עַל קַרְתָּא דְּיָתְבָא לִרְחָצָן, וּקְטַלוּ כָּל דְּכוּרָא: וְיָת חֲמוֹר
כז וְיָת שְׁכֶם בְּרֵיהּ, קְטַלוּ לְפִתְגָם דְּחָרֶב, וּדְבַרוּ יָת דִּינָה, מִבֵּית שְׁכֶם וּנְפַקוּ: בְּנֵי יַעֲקֹב, עָאלוּ
כח לְחַלָּצָא קְטִילַיָּא, וּבַזּוּ קַרְתָּא, דְּסַאִיבוּ אֲחָתְהוֹן: יָת עָנְהוֹן וְיָת תּוֹרֵיהוֹן וְיָת חֲמָרֵיהוֹן, וְיָת

בִּמְקוֹם שְׁתֵּי נוּנִי״ן, ׳וְנָתַנּוּ׳: וְאֶת בְּנֹתֵיכֶם נִקַּח לָנוּ. אַתָּה מוֹצֵא בִּתְנָאִי שֶׁאָמַר חֲמוֹר לְיַעֲקֹב וּבִתְשׁוּבַת בְּנֵי יַעֲקֹב לַחֲמוֹר, שֶׁתָּלוּ הַחֲשִׁיבוּת בִּבְנֵי יַעֲקֹב לִקַּח בְּנוֹת שְׁכֶם אֶת שֶׁיִּבְחֲרוּ לָהֶם וּבְנוֹתֵיהֶם יִתְּנוּ לָהֶם לְפִי דַּעְתָּם, דִּכְתִיב: ״וְנָתַנּוּ אֶת בְּנֹתֵינוּ״ – לְפִי דַּעְתֵּנוּ, ״וְאֶת בְּנֹתֵיכֶם נִקַּח לָנוּ״ – בְּכָל אֲשֶׁר נַחְפֹּץ. וּכְשֶׁדִּבְּרוּ חֲמוֹר וּשְׁכֶם בְּנוֹ אֶל יוֹשְׁבֵי עִירָם הָפְכוּ הַדְּבָרִים: ״אֶת בְּנֹתָם נִקַּח לָנוּ לְנָשִׁים וְאֶת בְּנֹתֵינוּ נִתֵּן לָהֶם״ (להלן פסוק כח), כְּדֵי לְרַצּוֹתָם שֶׁיֵּאוֹתוּ לְהִמּוֹל:

כא) שְׁלֵמִים. בְּשָׁלוֹם וּבְלֵב שָׁלֵם: וְהָאָרֶץ הִנֵּה רַחֲבַת יָדַיִם. כְּאָדָם שֶׁיָּדוֹ רְחָבָה וּוַתְּרָנִית; כְּלוֹמַר, לֹא תַפְסִידוּ כְּלוּם, פְּרַקְמַטְיָא הַרְבֵּה בָּאָה לְכָאן וְאֵין לָהּ קוֹנִים:

כב) בְּהִמּוֹל. בִּהְיוֹת נִמּוֹל:

כג) אַךְ נֵאוֹתָה לָהֶם. לְדָבָר זֶה, וְעַל יְדֵי כֵן יֵשְׁבוּ אִתָּנוּ:

כה) שְׁנֵי בְנֵי יַעֲקֹב. בָּנָיו הָיוּ, וְאַף עַל פִּי כֵן נָהֲגוּ עַצְמָן ״שִׁמְעוֹן וְלֵוִי״ – כִּשְׁאָר אֲנָשִׁים שֶׁאֵינָם בָּנָיו, שֶׁלֹּא נָטְלוּ עֵצָה הֵימֶנּוּ: אֲחֵי דִינָה. לְפִי שֶׁמָּסְרוּ עַצְמָן עָלֶיהָ נִקְרְאוּ אַחֶיהָ: בֶּטַח. שֶׁהָיוּ כּוֹאֲבִים. וּמִדְרַשׁ אַגָּדָה, בְּטוּחִים עַל כֹּחוֹ שֶׁל זָקֵן:

כז) עַל הַחֲלָלִים. לְפַשֵּׁט אֶת הַחֲלָלִים:

וישלח

אֲשֶׁר־בָּעִיר וְאֶת־אֲשֶׁר בַּשָּׂדֶה לָקָחוּ׃ וְאֶת־ כט
כָּל־חֵילָם וְאֶת־כָּל־טַפָּם וְאֶת־נְשֵׁיהֶם שָׁבוּ
וַיָּבֹזּוּ וְאֵת כָּל־אֲשֶׁר בַּבָּיִת׃ וַיֹּאמֶר יַעֲקֹב אֶל־ ל
שִׁמְעוֹן וְאֶל־לֵוִי עֲכַרְתֶּם אֹתִי לְהַבְאִישֵׁנִי בְּיֹשֵׁב
הָאָרֶץ בַּכְּנַעֲנִי וּבַפְּרִזִּי וַאֲנִי מְתֵי מִסְפָּר וְנֶאֶסְפוּ
עָלַי וְהִכּוּנִי וְנִשְׁמַדְתִּי אֲנִי וּבֵיתִי׃ וַיֹּאמְרוּ הַכְזוֹנָה לא
יַעֲשֶׂה אֶת־אֲחוֹתֵנוּ׃
לה א וַיֹּאמֶר אֱלֹהִים אֶל־יַעֲקֹב קוּם עֲלֵה בֵית־אֵל
וְשֶׁב־שָׁם וַעֲשֵׂה־שָׁם מִזְבֵּחַ לָאֵל הַנִּרְאֶה אֵלֶיךָ
בְּבָרְחֲךָ מִפְּנֵי עֵשָׂו אָחִיךָ׃ וַיֹּאמֶר יַעֲקֹב אֶל־ ב
בֵּיתוֹ וְאֶל כָּל־אֲשֶׁר עִמּוֹ הָסִרוּ אֶת־אֱלֹהֵי הַנֵּכָר
אֲשֶׁר בְּתֹכְכֶם וְהִטַּהֲרוּ וְהַחֲלִיפוּ שִׂמְלֹתֵיכֶם׃
וְנָקוּמָה וְנַעֲלֶה בֵּית־אֵל וְאֶעֱשֶׂה־שָּׁם מִזְבֵּחַ ג
לָאֵל הָעֹנֶה אֹתִי בְּיוֹם צָרָתִי וַיְהִי עִמָּדִי בַּדֶּרֶךְ
אֲשֶׁר הָלָכְתִּי׃ וַיִּתְּנוּ אֶל־יַעֲקֹב אֵת כָּל־אֱלֹהֵי ד
הַנֵּכָר אֲשֶׁר בְּיָדָם וְאֶת־הַנְּזָמִים אֲשֶׁר בְּאָזְנֵיהֶם
וַיִּטְמֹן אֹתָם יַעֲקֹב תַּחַת הָאֵלָה אֲשֶׁר עִם־
שְׁכֶם׃ וַיִּסָּעוּ וַיְהִי ׀ חִתַּת אֱלֹהִים עַל־הֶעָרִים ה
אֲשֶׁר סְבִיבוֹתֵיהֶם וְלֹא רָדְפוּ אַחֲרֵי בְּנֵי יַעֲקֹב׃
וַיָּבֹא יַעֲקֹב לוּזָה אֲשֶׁר בְּאֶרֶץ כְּנַעַן הִוא בֵּית־ ו

לד וישלח

אֵל הוּא וְכָל־הָעָם אֲשֶׁר־עִמּוֹ: וַיִּבֶן שָׁם מִזְבֵּחַ ז
וַיִּקְרָא לַמָּקוֹם אֵל בֵּית־אֵל כִּי שָׁם נִגְלוּ אֵלָיו
הָאֱלֹהִים בְּבָרְחוֹ מִפְּנֵי אָחִיו: וַתָּמָת דְּבֹרָה ח

כט דְּבְקַרְתָּא, וְיָת דְּבְחַקְלָא בַּזוּ: וְיָת כָּל נִכְסֵיהוֹן וְיָת כָּל טַפְלְהוֹן וְיָת נְשֵׁיהוֹן, שְׁבוֹ וּבַזוּ, וְיָת
ל כָּל דְּבְבֵיתָא: וַאֲמַר יַעֲקֹב, לְשִׁמְעוֹן וּלְלֵוִי עֲבַרְתּוּן יָתִי, לְמִתַּן דְּבָבוּ בֵּינָא וּבֵין יָתֵב אַרְעָא,
בִּכְנַעֲנָאָה וּבִפְרִזָּאָה, וַאֲנָא עַם דְּמִנְיָן, וְיִתְכַּנְשׁוּן עֲלַי וְיִמְחוֹנַנִי, וְאִשְׁתֵּיצֵי אֲנָא וֶאֱנָשׁ בֵּיתִי:
לא וַאֲמָרוּ, הַכְנַפְקָת בְּרָא, יַעֲבֵיד יָת אֲחָתָנָא: וַאֲמַר יְיָ לְיַעֲקֹב, קוּם סַק לְבֵית אֵל וְתִיב תַּמָּן,
ב וַעֲבֵיד תַּמָּן מַדְבַּח, לְאֵל דְּאִתְגְּלִי לָךְ, בְּמֶעְרָקָךְ, מִן קֳדָם עֵשָׂו אֲחוּךְ: וַאֲמַר יַעֲקֹב לֶאֱנָשׁ
ג בֵּיתֵיהּ, וּלְכָל דְּעִמֵּיהּ, אַעְדּוֹ, יָת טָעֲוָת עַמְמַיָּא דְּבֵינֵיכוֹן, וְאִדְּכּוֹ, וְשַׁנּוֹ כְּסוּתְכוֹן: וּנְקוּם
וְנִסַּק לְבֵית אֵל, וְאַעֲבֵיד תַּמָּן מַדְבַּח, לְאֵל, דְּקַבֵּיל צְלוֹתִי בְּיוֹמָא דְּעָקְתִי, וַהֲוָה מֵימְרֵיהּ
ד בְּסַעְדִי, בְּאוֹרְחָא דַּאֲזָלִית: וִיהַבוּ לְיַעֲקֹב, יָת כָּל טָעֲוָת עַמְמַיָּא דְּבִידֵיהוֹן, וְיָת קַדָּשַׁיָּא
ה דְּבְאָדְנֵיהוֹן, וְטַמַּר יָתְהוֹן יַעֲקֹב, תְּחוֹת בֻּטְמָא דְּעִם שְׁכֶם: וּנְטָלוּ, וַהֲוַת דַּחְלָא מִן קֳדָם יְיָ,
ו עַל עַמְמַיָּא דְּבְקִרְוֵי סַחְרָנֵיהוֹן, וְלָא רְדַפוּ, בָּתַר בְּנֵי יַעֲקֹב: וַאֲתָא יַעֲקֹב לְלוּז, דְּבְאַרְעָא
ז דִּכְנַעַן, הִיא בֵּית אֵל, הוּא וְכָל עַמָּא דְּעִמֵּיהּ: וּבְנָא תַמָּן מַדְבְּחָא, וּקְרָא לְאַתְרָא, אֵל
ח בֵּית אֵל, אֲרֵי תַמָּן, אִתְגְּלִיאוּ לֵיהּ מַלְאֲכַיָּא דַּיְיָ, בְּמֶעְרָקֵיהּ מִן קֳדָם אֲחוּהִי: וּמִיתַת דְּבוֹרָה

כט **חֵילָם.** מָמוֹנָם. וְכֵן: "עָשָׂה לִי אֶת הַחַיִל
הַזֶּה" (דברים ח, יז), "וְיִשְׂרָאֵל עֹשֶׂה חָיִל" (במדבר כד,
יח), "וְעִזְבוּ לַאֲחֵרִים חֵילָם" (תהלים מט, יא): **שָׁבוּ.**
לְשׁוֹן שְׁבִיָּה, לְפִיכָךְ טַעֲמוֹ מִלְּרַע:

ל **עֲכַרְתֶּם.** לְשׁוֹן מַיִם עֲכוּרִים, אֵין דַּעְתִּי צְלוּלָה
עַכְשָׁיו. וְאַגָּדָה, צְלוּלָה הָיְתָה הֶחָבִית וַעֲכַרְתֶּם
אוֹתָהּ. מָסֹרֶת הָיְתָה בְּיַד כְּנַעֲנִים שֶׁיִּפְּלוּ בְּיַד
בְּנֵי יַעֲקֹב, אֶלָּא שֶׁהָיוּ אוֹמְרִים: "עַד אֲשֶׁר תִּפְרֶה
וְנָחַלְתָּ אֶת הָאָרֶץ" (שמות כג, ל), לְפִיכָךְ הָיוּ שׁוֹתְקִין:
מְתֵי מִסְפָּר. אֲנָשִׁים מוּעָטִים:

לא **הַכְזוֹנָה.** הֶפְקֵר: **אֶת אֲחוֹתֵנוּ.** "יָת אֲחָתַנָא":

פרק לה

א **קוּם עֲלֵה.** לְפִי שֶׁאֵחַרְתָּ בַּדֶּרֶךְ נֶעֱנַשְׁתָּ וּבָאָה
לְךָ זֹאת מִבֵּיתְךָ:

ב **הַנֵּכָר.** שֶׁיֵּשׁ בְּיֶדְכֶם מִשְּׁלַל שֶׁל שְׁכֶם: **וְהִטַּהֲרוּ.**

מֵעֲבוֹדָה זָרָה: **וְהַחֲלִיפוּ שִׂמְלֹתֵיכֶם.** שֶׁמָּא יֵשׁ
בְּיֶדְכֶם כְּסוּת שֶׁל עֲבוֹדָה זָרָה:

ד **הָאֵלָה.** מִין אִילָן סְרָק: **עִם שְׁכֶם.** אֵצֶל שְׁכֶם:

ה **חִתַּת.** פַּחַד:

ז **אֵל בֵּית אֵל.** הַקָּדוֹשׁ בָּרוּךְ הוּא בְּבֵית אֵל, גִּלּוּי
שְׁכִינָתוֹ בְּבֵית אֵל. יֵשׁ תֵּבָה חֲסֵרָה בֵּי"ת הַמְשַׁמֶּשֶׁת
בְּרֹאשָׁהּ, כְּמוֹ: "הִנֵּה הוּא בֵית מָכִיר בֶּן עַמִּיאֵל"
(שמואל ב' ט, ד) כְּמוֹ: 'בְּבֵית מָכִיר', "בֵּית אָבִיךְ" (להלן
לח, יא) כְּמוֹ "בְּבֵית אָבִיךְ": **נִגְלוּ אֵלָיו הָאֱלֹהִים.**
בִּמְקוֹמוֹת הַרְבֵּה יֵשׁ שֵׁם אֱלֹהוּת וַאֲדָנוּת בִּלְשׁוֹן
רַבִּים, כְּמוֹ: "אֲדֹנֵי יוֹסֵף" (להלן לט, כ), "אִם בְּעָלָיו
עִמּוֹ" (שמות כב, יד) וְלֹא נֶאֱמַר 'בַּעְלוֹ', וְכֵן אֱלֹהוּת
שֶׁהוּא לְשׁוֹן שׁוֹפֵט וּמָרוּת נָכָר בִּלְשׁוֹן רַבִּים, אֲבָל
אֶחָד מִכָּל שְׁאָר הַשֵּׁמוֹת לֹא תִּמְצָא בִּלְשׁוֹן רַבִּים:

ח **וַתָּמָת דְּבֹרָה.** מָה עִנְיַן דְּבוֹרָה בְּבֵית יַעֲקֹב?

מֵינֶקֶת רִבְקָה וַתִּקָּבֵר מִתַּחַת לְבֵית־אֵל תַּחַת
הָאַלּוֹן וַיִּקְרָא שְׁמוֹ אַלּוֹן בָּכוּת׃
לב וַיֵּרָא אֱלֹהִים אֶל־יַעֲקֹב עוֹד בְּבֹאוֹ מִפַּדַּן אֲרָם ט
וַיְבָרֶךְ אֹתוֹ׃ וַיֹּאמֶר־לוֹ אֱלֹהִים שִׁמְךָ יַעֲקֹב י
לֹא־יִקָּרֵא שִׁמְךָ עוֹד יַעֲקֹב כִּי אִם־יִשְׂרָאֵל
יִהְיֶה שְׁמֶךָ וַיִּקְרָא אֶת־שְׁמוֹ יִשְׂרָאֵל׃ וַיֹּאמֶר יא
לוֹ אֱלֹהִים אֲנִי אֵל שַׁדַּי פְּרֵה וּרְבֵה גּוֹי וּקְהַל
ששי גּוֹיִם יִהְיֶה מִמֶּךָּ וּמְלָכִים מֵחֲלָצֶיךָ יֵצֵאוּ׃ וְאֶת־ יב
הָאָרֶץ אֲשֶׁר נָתַתִּי לְאַבְרָהָם וּלְיִצְחָק לְךָ
אֶתְּנֶנָּה וּלְזַרְעֲךָ אַחֲרֶיךָ אֶתֵּן אֶת־הָאָרֶץ׃ וַיַּעַל יג
מֵעָלָיו אֱלֹהִים בַּמָּקוֹם אֲשֶׁר־דִּבֶּר אִתּוֹ׃ וַיַּצֵּב יד
יַעֲקֹב מַצֵּבָה בַּמָּקוֹם אֲשֶׁר־דִּבֶּר אִתּוֹ מַצֶּבֶת
אָבֶן וַיַּסֵּךְ עָלֶיהָ נֶסֶךְ וַיִּצֹק עָלֶיהָ שָׁמֶן׃ וַיִּקְרָא טו
יַעֲקֹב אֶת־שֵׁם הַמָּקוֹם אֲשֶׁר דִּבֶּר אִתּוֹ שָׁם
אֱלֹהִים בֵּית־אֵל׃ וַיִּסְעוּ מִבֵּית אֵל וַיְהִי־עוֹד טז
כִּבְרַת־הָאָרֶץ לָבוֹא אֶפְרָתָה וַתֵּלֶד רָחֵל וַתְּקַשׁ
בְּלִדְתָּהּ׃ וַיְהִי בְהַקְשֹׁתָהּ בְּלִדְתָּהּ וַתֹּאמֶר לָהּ יז
הַמְיַלֶּדֶת אַל־תִּירְאִי כִּי־גַם־זֶה לָךְ בֵּן׃ וַיְהִי יח
בְּצֵאת נַפְשָׁהּ כִּי מֵתָה וַתִּקְרָא שְׁמוֹ בֶּן־אוֹנִי
וְאָבִיו קָרָא־לוֹ בִנְיָמִין׃ וַתָּמָת רָחֵל וַתִּקָּבֵר יט

וישלח

כ בְּדֶרֶךְ אֶפְרָתָה הִוא בֵּית לָחֶם: וַיַּצֵּב יַעֲקֹב מַצֵּבָה עַל־קְבֻרָתָהּ הִוא מַצֶּבֶת קְבֻרַת־רָחֵל

מֵינִקְתָּהּ דְּרִבְקָה, וְאִתְקַבְרַת, מִלְּרַע לְבֵית אֵל בִּשְׁפוֹלֵי מֵישְׁרָא, וּקְרָא שְׁמֵיהּ מֵישַׁר בְּכִיתָא:
ט וְאִתְגְּלִי יְיָ לְיַעֲקֹב עוֹד, בְּמֵיתוֹהִי מִפַּדַּן אֲרָם, וּבָרֵיךְ יָתֵיהּ: וַאֲמַר לֵיהּ יְיָ שְׁמָךְ יַעֲקֹב, לָא יִתְקְרֵי
י שְׁמָךְ עוֹד יַעֲקֹב, אֱלָהֵין יִשְׂרָאֵל יְהֵי שְׁמָךְ, וּקְרָא יָת שְׁמֵיהּ יִשְׂרָאֵל: וַאֲמַר לֵיהּ: אֲנָא אֵל
יא שַׁדַּי פּוּשׁ וּסְגִי, עַם, וּכְנִשַׁת שִׁבְטִין יְהוֹן מִנָּךְ, וּמַלְכִין דְּשַׁלְטִין בְּעַמְמַיָּא מִנָּךְ יִפְּקוּן: וְיָת אַרְעָא,
יב דִּיהָבִית, לְאַבְרָהָם וּלְיִצְחָק לָךְ אֶתְּנִנַּהּ, וְלִבְנָךְ בַּתְרָךְ אֶתֵּן יָת אַרְעָא: וְאִסְתַּלַּק מֵעִלָּווֹהִי יְקָרָא
יג דַּייָ, בְּאַתְרָא דְּמַלֵּיל עִמֵּיהּ: וַאֲקִים יַעֲקֹב קָמְתָא, בְּאַתְרָא, דְּמַלֵּיל עִמֵּיהּ קָמַת אַבְנָא, וְנַסִּיךְ
יד עֲלַהּ נִסְכִּין, וַאֲרִיק עֲלַהּ מִשְׁחָא: וּקְרָא יַעֲקֹב יָת שְׁמֵיהּ דְּאַתְרָא, דְּמַלֵּיל עִמֵּיהּ תַּמָּן, יְיָ בֵּית
טו אֵל: וּנְטַלוּ מִבֵּית אֵל, וַהֲוָה עוֹד כְּרוּב אַרְעָא לְמֵיעַל לְאֶפְרָת, וִילֵידַת רָחֵל וְקַשִּׁיאַת בְּמֵילְדָהּ:
טז וַהֲוָה בְּקַשִּׁיוּתַהּ בְּמֵילְדַהּ, וַאֲמַרַת לַהּ חַיָּתָא לָא תִדְחֲלִין, אֲרֵי אַף דֵּין לִיךְ בַּר: וַהֲוָה, בְּמִפַּק
יז נַפְשַׁהּ אֲרֵי מָיְתָא, וּקְרָת שְׁמֵיהּ בַּר דְּוָיִי, וַאֲבוּהִי קְרָא לֵיהּ בִּנְיָמִין: וּמִיתַת רָחֵל, וְאִתְקַבְרַת
יח בְּאוֹרַח אֶפְרָת, הִיא בֵּית לָחֶם: וַאֲקִים יַעֲקֹב, קָמְתָא עַל קְבוּרְתַהּ, הִיא, קָמַת קְבוּרְתָּא דְרָחֵל

חֲלָל לְפִי שֶׁאָמְרָה רִבְקָה לְיַעֲקֹב: "וְשָׁלַחְתִּי וּלְקַחְתִּיךָ מִשָּׁם" (לעיל כז, מה) שָׁלְחָה דְּבוֹרָה אֶצְלוֹ לְפַדַּן אֲרָם לָצֵאת מִשָּׁם, וּמֵתָה בַּדֶּרֶךְ. מִדִּבְרֵי רַבִּי מֹשֶׁה הַדַּרְשָׁן לְמַדְתִּיהָ: **מִתַּחַת לְבֵית אֵל.** הָעִיר יוֹשֶׁבֶת בָּהָר, וְנִקְבְּרָה בְּרַגְלֵי הָהָר: תַּחַת הָאַלּוֹן. **בְּשִׁפּוֹלֵי מֵישְׁרָא.** שֶׁהָיָה מִישׁוֹר מִלְמַעְלָה בְּשִׁפּוּעַ הָהָר וְהַקְּבוּרָה מִלְּמַטָּה וּמִישׁוֹר שֶׁל בֵּית אֵל הָיוּ קוֹרִין לוֹ 'אַלּוֹן'. וְאַגָּדָה, נִתְבַּשֵּׂר שָׁם בְּאֵבֶל שֵׁנִי, שֶׁהֻגַּד לוֹ עַל אִמּוֹ שֶׁמֵּתָה, וְ'אַלּוֹן' בִּלְשׁוֹן יְוָנִי – 'אַחֵר', וּלְפִי שֶׁהֶעֱלִימוּ אֶת יוֹם מוֹתָהּ, שֶׁלֹּא יְקַלְּלוּ הַבְּרִיּוֹת כֶּרֶס שֶׁיָּצָא עֵשָׂו מִמֶּנּוּ, אַף הַכָּתוּב לֹא פִּרְסְמָהּ.

ט **עוֹד.** פַּעַם שֵׁנִי בַּמָּקוֹם הַזֶּה, אֶחָד בְּלֶכְתּוֹ וְאֶחָד בְּשׁוּבוֹ: **וַיְבָרֶךְ אֹתוֹ.** בִּרְכַּת אֲבֵלִים:

י **לֹא יִקָּרֵא שִׁמְךָ עוֹד יַעֲקֹב.** לְשׁוֹן אָדָם הַבָּא בְּמַאֲרָב וְעָקְבָה, אֶלָּא לְשׁוֹן שַׂר וְנָגִיד:

יא **אֲנִי אֵל שַׁדַּי.** שֶׁאֲנִי כְּדַאי לְבָרֵךְ, שֶׁהַבְּרָכוֹת שֶׁלִּי: **פְּרֵה וּרְבֵה.** עַל שֵׁם שֶׁעֲדַיִן לֹא נוֹלַד בִּנְיָמִין, וְאַף עַל פִּי שֶׁכְּבָר נִתְעַבְּרָה מִמֶּנּוּ: **גּוֹי.** בִּנְיָמִין:

גּוֹיִם. מְנַשֶּׁה וְאֶפְרַיִם שֶׁעֲתִידִים לָצֵאת מִיּוֹסֵף וְהֵם בְּמִנְיַן הַשְּׁבָטִים: **וּמְלָכִים.** שָׁאוּל וְאִישׁ בֹּשֶׁת שֶׁהָיוּ מִשֵּׁבֶט בִּנְיָמִין שֶׁעֲדַיִן לֹא נוֹלַד:

יד **בַּמָּקוֹם אֲשֶׁר דִּבֶּר אִתּוֹ.** אֵינִי יוֹדֵעַ מַה מְּלַמְּדֵנוּ:

טז **כִּבְרַת הָאָרֶץ.** מְנַחֵם פֵּרַשׁ לְשׁוֹן כַּבִּיר, רִבּוּי, מַהֲלַךְ רַב. וּמִדְרַשׁ אַגָּדָה, בִּזְמַן שֶׁהָאָרֶץ חֲלוּלָה כִּכְבָרָה, שֶׁהַנִּיר מָצוּי, הַסְּתָו עָבַר וְהַשָּׁרָב עֲדַיִן לֹא בָא. וְאֵין זֶה פְּשׁוּטוֹ שֶׁל מִקְרָא, שֶׁהֲרֵי בְנַעֲמָן מָצִינוּ: "וַיֵּלֶךְ מֵאִתּוֹ כִּבְרַת אָרֶץ" (מלכים ב ה, יט). וְאוֹמֵר אֲנִי שֶׁהוּא שֵׁם מִדַּת קַרְקַע, כְּמוֹ מַהֲלַךְ פַּרְסָה אוֹ יוֹתֵר, כְּמוֹ שֶׁאַתָּה אוֹמֵר: 'צֶמֶד כֶּרֶם', 'חֶלְקַת שָׂדֶה', כָּךְ בְּמַהֲלַךְ אָדָם נוֹתֵן שֵׁם מִדָּה – כִּבְרַת אֶרֶךְ:

יז **כִּי גַם זֶה.** נוֹסָף לָךְ עַל יוֹסֵף. וְרַבּוֹתֵינוּ דָרְשׁוּ, עִם כָּל שֵׁבֶט נוֹלְדָה תְאוֹמָה, וְעִם בִּנְיָמִין נוֹלְדָה תְּאוֹמָה יְתֵרָה:

יח **בֶּן אוֹנִי.** בֶּן צַעֲרִי: **בִּנְיָמִין.** נִרְאֶה בְעֵינַי

בראשית לה

כא עַד־הַיּוֹם: וַיִּסַּע יִשְׂרָאֵל וַיֵּט אָהֳלֹה מֵהָלְאָה
לְמִגְדַּל־עֵדֶר: וַיְהִי בִּשְׁכֹּן יִשְׂרָאֵל בָּאָרֶץ הַהִוא כב
וַיֵּלֶךְ רְאוּבֵן וַיִּשְׁכַּב אֶת־בִּלְהָה פִּילֶגֶשׁ אָבִיו
וַיִּשְׁמַע יִשְׂרָאֵל
וַיִּהְיוּ בְנֵי־יַעֲקֹב שְׁנֵים עָשָׂר: בְּנֵי לֵאָה בְּכוֹר יַעֲקֹב כג
רְאוּבֵן וְשִׁמְעוֹן וְלֵוִי וִיהוּדָה וְיִשָּׂשכָר וּזְבֻלוּן:
בְּנֵי רָחֵל יוֹסֵף וּבִנְיָמִן: וּבְנֵי בִלְהָה שִׁפְחַת רָחֵל כד כה
דָּן וְנַפְתָּלִי: וּבְנֵי זִלְפָּה שִׁפְחַת לֵאָה גָּד וְאָשֵׁר כו
אֵלֶּה בְּנֵי יַעֲקֹב אֲשֶׁר יֻלַּד־לוֹ בְּפַדַּן אֲרָם: וַיָּבֹא כז
יַעֲקֹב אֶל־יִצְחָק אָבִיו מַמְרֵא קִרְיַת הָאַרְבַּע
הִוא חֶבְרוֹן אֲשֶׁר־גָּר־שָׁם אַבְרָהָם וְיִצְחָק: וַיִּהְיוּ כח
יְמֵי יִצְחָק מְאַת שָׁנָה וּשְׁמֹנִים שָׁנָה: וַיִּגְוַע יִצְחָק כט
וַיָּמָת וַיֵּאָסֶף אֶל־עַמָּיו זָקֵן וּשְׂבַע יָמִים וַיִּקְבְּרוּ
אֹתוֹ עֵשָׂו וְיַעֲקֹב בָּנָיו:

לו

א וְאֵלֶּה תֹּלְדוֹת עֵשָׂו הוּא אֱדוֹם: עֵשָׂו לָקַח אֶת־
נָשָׁיו מִבְּנוֹת כְּנָעַן אֶת־עָדָה בַּת־אֵילוֹן הַחִתִּי
ב וְאֶת־אָהֳלִיבָמָה בַּת־עֲנָה בַּת־צִבְעוֹן הַחִוִּי: וְאֶת־ ג
בָּשְׂמַת בַּת־יִשְׁמָעֵאל אֲחוֹת נְבָיוֹת: וַתֵּלֶד עָדָה ד

וישלח

לְפִי שֶׁהוּא לְבַדּוֹ נוֹלַד בְּאֶרֶץ כְּנַעַן שֶׁהִיא בַּנֶּגֶב
כְּשֶׁאָדָם בָּא מֵאֲרַם נַהֲרַיִם, כְּמוֹ שֶׁנֶּאֱמַר: "בַּנֶּגֶב
בְּאֶרֶץ כְּנָעַן" (במדבר לג, מ), "הָלוֹךְ וְנָסוֹעַ הַנֶּגְבָּה"

(לעיל יב, ט); "בִּנְיָמִין' – בֶּן יָמִין, לְשׁוֹן "צָפוֹן
וְיָמִין אַתָּה בְרָאתָם" (תהלים פט, יג), לְפִיכָךְ הוּא
מָלֵא:

וישלח

כב עַד יוֹמָא דֵין: וּנְטַל יִשְׂרָאֵל, וּפְרָסֵיהּ לְמַשְׁכְּנֵיהּ, מֵהָלְאָה לְמִגְדְּלָא דְעֵדֶר: וַהֲוָה, כַּד שְׁרָא יִשְׂרָאֵל בְּאַרְעָא הַהִיא, וַאֲזַל רְאוּבֵן, וּשְׁכֵיב יָת בִּלְהָה לְחֵנְתָא דַאֲבוּהִי, וּשְׁמַע יִשְׂרָאֵל, וַהֲווֹ
כג בְּנֵי יַעֲקֹב תְּרֵי עֲסַר: בְּנֵי לֵאָה, בּוּכְרֵיהּ דְּיַעֲקֹב רְאוּבֵן, וְשִׁמְעוֹן וְלֵוִי וִיהוּדָה, וְיִשָּׂשכָר וּזְבוּלֻן:
כד בְּנֵי רָחֵל, יוֹסֵף וּבִנְיָמִין: וּבְנֵי בִלְהָה אַמְתָּה דְרָחֵל, דָּן וְנַפְתָּלִי: וּבְנֵי זִלְפָּה, אַמְתַּהּ דְּלֵאָה גָד
כו וְאָשֵׁר, אִלֵּין בְּנֵי יַעֲקֹב, דְּאִתְיְלִידוּ לֵיהּ בְּפַדַּן אֲרָם: וַאֲתָא יַעֲקֹב לְוָת יִצְחָק אֲבוּהִי, לְמַמְרֵא
כח קִרְיַת אַרְבַּע, הִיא חֶבְרוֹן, דְּדָר תַּמָּן אַבְרָהָם וְיִצְחָק: וַהֲווֹ יוֹמֵי יִצְחָק, מְאָה וּתְמָן שְׁנִין: וְאִתְנְגִיד
לו א יִצְחָק וּמִית וְאִתְכְּנֵישׁ לְעַמֵּיהּ, סִיב וּסְבַע יוֹמִין, וּקְבָרוּ יָתֵיהּ, עֵשָׂו וְיַעֲקֹב בְּנוֹהִי: וְאִלֵּין, תּוֹלְדַת
ב עֵשָׂו הוּא אֱדוֹם: עֵשָׂו, נְסֵיב יָת נְשׁוֹהִי מִבְּנָת כְּנָעַן, יָת עָדָה, בַּת אֵילוֹן חִתָּאָה, וְיָת אָהֳלִיבָמָה
ג בַּת עֲנָה, בַּת צִבְעוֹן חִוָּאָה: וְיָת בָּשְׂמַת בַּת יִשְׁמָעֵאל אֲחָתֵיהּ דִּנְבָיוֹת: וִילִידַת עָדָה,

---

כב **בְּשָׁכֹן יִשְׂרָאֵל בָּאָרֶץ הַהִוא.** עַד שֶׁלֹּא בָּא לְחֶבְרוֹן אֵצֶל יִצְחָק אֵרְעוּהוּ כָּל אֵלֶּה: **וַיִּשְׁכַּב.** מִתּוֹךְ שֶׁבִּלְבֵּל מִשְׁכָּבוֹ מַעֲלֶה עָלָיו הַכָּתוּב כְּאִלּוּ שְׁכָבָהּ. וְלָמָּה בִּלְבֵּל וְחִלֵּל יְצוּעָיו? שֶׁכְּשֶׁמֵּתָה רָחֵל נָטַל יַעֲקֹב מִטָּתוֹ שֶׁהָיְתָה נְתוּנָה תָּדִיר בְּאֹהֶל רָחֵל וְלֹא בִּשְׁאָר אֹהָלִים, וּנְתָנָהּ בְּאֹהֶל בִּלְהָה. בָּא רְאוּבֵן וְתָבַע עֶלְבּוֹן אִמּוֹ, אָמַר: אִם אֲחוֹת אִמִּי הָיְתָה צָרָה לְאִמִּי, שִׁפְחַת אֲחוֹת אִמִּי תְּהֵא צָרָה לְאִמִּי? לְכָךְ בִּלְבֵּל: **וַיִּהְיוּ בְנֵי יַעֲקֹב שְׁנֵים עָשָׂר.** מַתְחִיל לָעִנְיָן רִאשׁוֹן: מִשֶּׁנּוֹלַד בִּנְיָמִין נִשְׁלְמָה הַמִּטָּה וּמֵעַתָּה רְאוּיִים לְהִמָּנוֹת, וּמְנָאָן. וְרַבּוֹתֵינוּ דָּרְשׁוּ, לְלַמְּדֵנוּ בָּא שֶׁכֻּלָּם שָׁוִים וְכֻלָּם צַדִּיקִים, שֶׁלֹּא חָטָא רְאוּבֵן:

כג **בְּכוֹר יַעֲקֹב.** אֲפִלּוּ בְּשָׁעַת הַקַּלְקָלָה קְרָאוֹ בְּכוֹר: **בְּכוֹר יַעֲקֹב.** בְּכוֹר לְנַחֲלָה, בְּכוֹר לַעֲבוֹדָה, בְּכוֹר לַמִּנְיָן. וְלֹא נִתְּנָה בְּכוֹרָה לְיוֹסֵף אֶלָּא לְעִנְיַן הַשְּׁבָטִים, שֶׁנַּעֲשָׂה לִשְׁנֵי שְׁבָטִים:

כז **מַמְרֵא.** שֵׁם הַמִּישׁוֹר: **קִרְיַת הָאַרְבַּע.** שֵׁם הָעִיר: **מַמְרֵא קִרְיַת הָאַרְבַּע.** אֵל מִישׁוֹר שֶׁל קִרְיַת אַרְבַּע. וְאִם תֹּאמַר, הָיָה לוֹ לִכְתֹּב ״מַמְרֵא הַקִּרְיַת אַרְבַּע״? כֵּן דֶּרֶךְ הַמִּקְרָא בְּכָל דָּבָר שֶׁשְּׁמוֹ כָּפוּל, כְּגוֹן זֶה, וּכְגוֹן: בֵּית לֶחֶם, אֲבִי עֵזֶר, בֵּית אֵל, אִם הֻצְרַךְ לְהַטִּיל בּוֹ הֵ״א נוֹתְנָהּ בְּרֹאשׁ תֵּבָה הַשְּׁנִיָּה: ״בֵּית הַלַּחְמִי״ (שמואל א' ט״ז, א׳), ״בְּעָפְרָת אֲבִי הָעֶזְרִי״ (שופטים ו, כד), ״בָּנָה חִיאֵל בֵּית הָאֱלִי״ (מלכים א' ט״ז, לד):

כט **וַיִּגְוַע יִצְחָק.** אֵין מֻקְדָּם וּמְאֻחָר בַּתּוֹרָה; מְכִירָתוֹ שֶׁל יוֹסֵף קָדְמָה לְמִיתָתוֹ שֶׁל יִצְחָק שְׁתֵּים עֶשְׂרֵה שָׁנָה, שֶׁהֲרֵי יִצְחָק מֵת בִּשְׁנַת מֵאָה

וְעֶשְׂרִים לְיַעֲקֹב, שֶׁנֶּאֱמַר: ״וְיִצְחָק בֶּן שִׁשִּׁים שָׁנָה בְּלֶדֶת אֹתָם״ (לעיל כ״ה, כ״ו), וְיַעֲקֹב בֶּן שִׁשִּׁים וּשְׁמוֹנִים נִשְׂאוּ מֵאָה וְעֶשְׂרִים, וְיוֹסֵף נִמְכַּר בֶּן שֶׁבַע עֶשְׂרֵה שָׁנָה, וְאוֹתָהּ שָׁנָה שְׁנַת מֵאָה וּשְׁמוֹנִים לְיַעֲקֹב, כֵּיצַד? בֶּן שִׁשִּׁים וְשָׁלֹשׁ נִתְבָּרֵךְ, אַרְבַּע עֶשְׂרֵה שָׁנָה נִטְמַן בְּבֵית עֵבֶר, הֲרֵי שִׁבְעָה וְשִׁבְעִים, וְאַרְבַּע עֶשְׂרֵה עָבַד בְּאִשָּׁה, וּבְסוֹף אַרְבַּע עֶשְׂרֵה נוֹלַד יוֹסֵף, שֶׁנֶּאֱמַר: ״וַיְהִי כַּאֲשֶׁר יָלְדָה רָחֵל אֶת יוֹסֵף״ וְגוֹ' (לעיל ל, כה), הֲרֵי תִּשְׁעִים וְאַחַת, וְשֶׁבַע עֶשְׂרֵה עַד שֶׁלֹּא נִמְכַּר, הֲרֵי מֵאָה וּשְׁמוֹנֶה:

פרק לו

ב **עָדָה בַּת אֵילוֹן. הִיא ״בָּשְׂמַת בַּת אֵילֹן״** (לעיל כ״ו, לד), וְנִקְרֵאת בָּשְׂמַת עַל שֵׁם שֶׁהָיְתָה מְקַטֶּרֶת בְּשָׂמִים לַעֲבוֹדָה זָרָה: **אָהֳלִיבָמָה.** הִיא יְהוּדִית, וְהוּא כִּנָּה שְׁמָהּ יְהוּדִית לוֹמַר שֶׁהִיא כּוֹפֶרֶת בַּעֲבוֹדָה זָרָה כְּדֵי לְהַטְעוֹת אֶת אָבִיו: **בַּת עֲנָה בַּת צִבְעוֹן.** אִם בַּת עֲנָה לֹא בַּת צִבְעוֹן? עֲנָה בְּנוֹ שֶׁל צִבְעוֹן, שֶׁנֶּאֱמַר: ״וְאֵלֶּה בְנֵי צִבְעוֹן וְאַיָּה וַעֲנָה״ (להלן פסוק כד)! מְלַמֵּד שֶׁבָּא צִבְעוֹן עַל כַּלָּתוֹ אֵשֶׁת עֲנָה וְיָצְאָה אָהֳלִיבָמָה מִבֵּין שְׁנֵיהֶם, וְהוֹדִיעֲךָ הַכָּתוּב שֶׁכֻּלָּן בְּנֵי מַמְזֵרוּת הָיוּ:

ג **בָּשְׂמַת בַּת יִשְׁמָעֵאל.** וּלְהַלָּן קוֹרֵא לָהּ ״מַחֲלַת״ (לעיל כ״ח, ט׳). מָצִינוּ בְּאַגָּדַת מִדְרַשׁ סֵפֶר שְׁמוּאֵל (פרק יז), שְׁלֹשָׁה מוֹחֲלִים לָהֶן עֲוֹנוֹתֵיהֶן: גֵּר שֶׁנִּתְגַּיֵּר, וְהָעוֹלֶה לִגְדֻלָּה, וְהַנּוֹשֵׂא אִשָּׁה. וְלָמַד הַטַּעַם מִכָּאן, לְכָךְ נִקְרֵאת ״מַחֲלַת״, שֶׁנִּמְחֲלוּ עֲוֹנוֹתָיו: **אֲחוֹת נְבָיוֹת.** עַל שֵׁם שֶׁהוּא הִשִּׂיאָהּ לוֹ מִשֶּׁמֵּת יִשְׁמָעֵאל:

לְעֵשָׂו אֶת־אֱלִיפָז וּבָשְׂמַת יָלְדָה אֶת־רְעוּאֵל:
יְעוּשׁ וְאָהֳלִיבָמָה יָלְדָה אֶת־יעיש וְאֶת־יַעְלָם וְאֶת־ ה
קֹרַח אֵלֶּה בְּנֵי עֵשָׂו אֲשֶׁר יֻלְּדוּ־לוֹ בְּאֶרֶץ כְּנָעַן:
וַיִּקַּח עֵשָׂו אֶת־נָשָׁיו וְאֶת־בָּנָיו וְאֶת־בְּנֹתָיו וְאֶת־ ו
כָּל־נַפְשׁוֹת בֵּיתוֹ וְאֶת־מִקְנֵהוּ וְאֶת־כָּל־בְּהֶמְתּוֹ
וְאֵת כָּל־קִנְיָנוֹ אֲשֶׁר רָכַשׁ בְּאֶרֶץ כְּנָעַן וַיֵּלֶךְ
אֶל־אֶרֶץ מִפְּנֵי יַעֲקֹב אָחִיו: כִּי־הָיָה רְכוּשָׁם ז
רָב מִשֶּׁבֶת יַחְדָּו וְלֹא יָכְלָה אֶרֶץ מְגוּרֵיהֶם
לָשֵׂאת אֹתָם מִפְּנֵי מִקְנֵיהֶם: וַיֵּשֶׁב עֵשָׂו בְּהַר ח
שֵׂעִיר עֵשָׂו הוּא אֱדוֹם: וְאֵלֶּה תֹּלְדוֹת עֵשָׂו אֲבִי ט
אֱדוֹם בְּהַר שֵׂעִיר: אֵלֶּה שְׁמוֹת בְּנֵי־עֵשָׂו אֱלִיפַז י
בֶּן־עָדָה אֵשֶׁת עֵשָׂו רְעוּאֵל בֶּן־בָּשְׂמַת אֵשֶׁת
עֵשָׂו: וַיִּהְיוּ בְּנֵי אֱלִיפָז תֵּימָן אוֹמָר צְפוֹ וְגַעְתָּם יא
וּקְנַז: וְתִמְנַע ׀ הָיְתָה פִילֶגֶשׁ לֶאֱלִיפַז בֶּן־עֵשָׂו יב
וַתֵּלֶד לֶאֱלִיפַז אֶת־עֲמָלֵק אֵלֶּה בְּנֵי עָדָה אֵשֶׁת
עֵשָׂו: וְאֵלֶּה בְּנֵי רְעוּאֵל נַחַת וָזֶרַח שַׁמָּה וּמִזָּה יג
אֵלֶּה הָיוּ בְּנֵי בָשְׂמַת אֵשֶׁת עֵשָׂו: וְאֵלֶּה הָיוּ יד
בְּנֵי אָהֳלִיבָמָה בַת־עֲנָה בַּת־צִבְעוֹן אֵשֶׁת עֵשָׂו
יְעוּשׁ וַתֵּלֶד לְעֵשָׂו אֶת־יעיש וְאֶת־יַעְלָם וְאֶת־קֹרַח:
אֵלֶּה אַלּוּפֵי בְנֵי־עֵשָׂו בְּנֵי אֱלִיפַז בְּכוֹר עֵשָׂו טו
אַלּוּף תֵּימָן אַלּוּף אוֹמָר אַלּוּף צְפוֹ אַלּוּף קְנַז:

טז אַלּוּף־קֹרַח אַלּוּף גַּעְתָּם אַלּוּף עֲמָלֵק אֵלֶּה
אַלּוּפֵי אֱלִיפַז בְּאֶרֶץ אֱדוֹם אֵלֶּה בְּנֵי עָדָה׃
יז וְאֵלֶּה בְּנֵי רְעוּאֵל בֶּן־עֵשָׂו אַלּוּף נַחַת אַלּוּף
זֶרַח אַלּוּף שַׁמָּה אַלּוּף מִזָּה אֵלֶּה אַלּוּפֵי רְעוּאֵל

ה לְעֵשָׂו יָת אֱלִיפָז, וּבָשְׂמַת, יְלֵידַת יָת רְעוּאֵל: וְאָהֳלִיבָמָה יְלֵידַת, יָת יְעוּשׁ וְיָת יַעְלָם וְיָת קֹרַח,
ו אִלֵּין בְּנֵי עֵשָׂו, דְּאִתְיְלִידוּ לֵיהּ בְּאַרְעָא דִּכְנָעַן: וּדְבַר עֵשָׂו, יָת נְשׁוֹהִי, וְיָת בְּנוֹהִי וְיָת בְּנָתֵיהּ
וְיָת כָּל נַפְשָׁת בֵּיתֵיהּ, וְיָת גֵּיתוֹהִי וְיָת כָּל בְּעִירֵיהּ, וְיָת כָּל קִנְיָנֵיהּ, דִּקְנָא בְּאַרְעָא דִּכְנָעַן, וַאֲזַל
ז לַאֲרַע אָחֳרִי, מִן קֳדָם יַעֲקֹב אֲחוּהִי: אֲרֵי הֲוָה קִנְיָנְהוֹן, סַגִּי מִלְּמִתַּב כַּחְדָא, וְלָא יְכֵילַת, אֲרַע
ח תּוֹתָבוּתְהוֹן לְסוֹבָרָא יָתְהוֹן, מִן קֳדָם גֵּיתֵיהוֹן: וִיתֵיב עֵשָׂו בְּטוּרָא דְּשֵׂעִיר, עֵשָׂו הוּא אֱדוֹם:
ט י וְאִלֵּין, תּוֹלְדָת עֵשָׂו אֲבוּהוֹן דֶּאֱדוֹמָאֵי, בְּטוּרָא דְּשֵׂעִיר: אִלֵּין שְׁמָהָת בְּנֵי עֵשָׂו, אֱלִיפַז, בַּר
יא עָדָה אִתַּת עֵשָׂו, רְעוּאֵל, בַּר בָּשְׂמַת אִתַּת עֵשָׂו: וַהֲווֹ בְּנֵי אֱלִיפָז, תֵּימָן אוֹמָר, צְפוֹ וְגַעְתָּם וּקְנַז:
יב וְתִמְנַע הֲוָת לְחֵינְתָא, לֶאֱלִיפַז בַּר עֵשָׂו, וִילֵידַת לֶאֱלִיפַז יָת עֲמָלֵק, אִלֵּין, בְּנֵי עָדָה אִתַּת עֵשָׂו:
יג יד וְאִלֵּין בְּנֵי רְעוּאֵל, נַחַת וָזֶרַח שַׁמָּה וּמִזָּה, אִלֵּין הֲווֹ, בְּנֵי בָשְׂמַת אִתַּת עֵשָׂו: וְאִלֵּין הֲווֹ, בְּנֵי
טו אָהֳלִיבָמָה בַת עֲנָה, בַּת צִבְעוֹן אִתַּת עֵשָׂו, וִילֵידַת לְעֵשָׂו, יָת יְעוּשׁ וְיָת יַעְלָם וְיָת קֹרַח: אִלֵּין
טז רַבְרְבֵי בְנֵי עֵשָׂו, בְּנֵי אֱלִיפַז בְּכְרֵיהּ דְּעֵשָׂו, רַבָּא תֵימָן רַבָּא אוֹמָר, רַבָּא צְפוֹ רַבָּא קְנַז: רַבָּא
יז קֹרַח, רַבָּא גַּעְתָּם רַבָּא עֲמָלֵק, אִלֵּין רַבְרְבֵי אֱלִיפַז בְּאַרְעָא דֶּאֱדוֹם, אִלֵּין בְּנֵי עָדָה: וְאִלֵּין, בְּנֵי
רְעוּאֵל בַּר עֵשָׂו, רַבָּא נַחַת רַבָּא זֶרַח, רַבָּא שַׁמָּה רַבָּא מִזָּה, אִלֵּין רַבְרְבֵי רְעוּאֵל

ה| **וְאָהֳלִיבָמָה יָלְדָה וְגוֹ׳.** קֹרַח זֶה מַמְזֵר הָיָה, וּבֶן אֱלִיפַז הָיָה שֶׁבָּא עַל אֵשֶׁת אָבִיו, שֶׁהֲרֵי הוּא מָנוּי עִם אַלּוּפֵי אֱלִיפַז בְּסוֹף הָעִנְיָן:

ו| **וַיֵּלֶךְ אֶל אֶרֶץ.** לָגוּר בַּאֲשֶׁר יִמְצָא:

ז| **וְלֹא יָכְלָה אֶרֶץ מְגוּרֵיהֶם.** לְהַסְפִּיק מִרְעֶה לַבְּהֵמוֹת שֶׁלָּהֶם. וּמִדְרַשׁ אַגָּדָה, "מִפְּנֵי יַעֲקֹב אָחִיו", מִפְּנֵי שְׁטָר חוֹב שֶׁל גְּזֵרַת "כִּי גֵר יִהְיֶה זַרְעֲךָ" (לעיל טו, יג) הַמֻּטָּל עַל זַרְעוֹ שֶׁל יִצְחָק, אָמַר: אֵלֵךְ לִי מִכָּאן, אֵין לִי חֵלֶק לֹא בַּמַּתָּנָה שֶׁנִּתְּנָה לוֹ הָאָרֶץ הַזֹּאת וְלֹא בְּפִרְעוֹן הַשְּׁטָר, וּמִפְּנֵי הַבּוּשָׁה שֶׁמָּכַר בְּכוֹרָתוֹ:

ט| **וְאֵלֶּה.** הַתּוֹלָדוֹת שֶׁהוֹלִידוּ בָּנָיו מִשֶּׁהָלַךְ לְשֵׂעִיר:

יב| **וְתִמְנַע הָיְתָה פִילֶגֶשׁ.** לְהוֹדִיעַ גְּדֻלָּתוֹ שֶׁל אַבְרָהָם כַּמָּה הָיוּ תְּאֵבִים לִדָּבֵק בְּזַרְעוֹ. תִּמְנַע זוֹ בַּת אַלּוּפִים הָיְתָה, שֶׁנֶּאֱמַר: "וַאֲחוֹת לוֹטָן תִּמְנָע" (להלן פסוק כב), וְלוֹטָן מֵאַלּוּפֵי יוֹשְׁבֵי שֵׂעִיר הָיָה, מִן הַחוֹרִים שֶׁיָּשְׁבוּ בָהּ לְפָנִים; אָמְרָה: אֵינִי זוֹכָה לְהִנָּשֵׂא לְךָ, הַלְוַאי וְאֶהְיֶה פִילֶגֶשׁ. וּבְדִבְרֵי הַיָּמִים (א׳ א, לו) מוֹנֶה אוֹתָהּ בְּבָנָיו שֶׁל אֱלִיפַז! מְלַמֵּד שֶׁבָּא עַל אִשְׁתּוֹ שֶׁל שֵׂעִיר וְיָצְאָה תִמְנַע מִבֵּינֵיהֶם, וּכְשֶׁגָּדְלָה נַעֲשֵׂית פִּילַגְשׁוֹ; וְזֶהוּ "וַאֲחוֹת לוֹטָן תִּמְנָע" וְלֹא מְנָאָהּ עִם בְּנֵי שֵׂעִיר, שֶׁהָיְתָה אֲחוֹתוֹ מִן הָאֵם וְלֹא מִן הָאָב:

טו| **אֵלֶּה אַלּוּפֵי בְנֵי עֵשָׂו.** רָאשֵׁי מִשְׁפָּחוֹת:

בְּאֶרֶץ אֱדוֹם אֵלֶּה בְּנֵי בָשְׂמַת אֵשֶׁת עֵשָׂו׃
יח וְאֵלֶּה בְּנֵי אָהֳלִיבָמָה אֵשֶׁת עֵשָׂו אַלּוּף יְעוּשׁ
אַלּוּף יַעְלָם אַלּוּף קֹרַח אֵלֶּה אַלּוּפֵי אָהֳלִיבָמָה
יט בַּת־עֲנָה אֵשֶׁת עֵשָׂו׃ אֵלֶּה בְנֵי־עֵשָׂו וְאֵלֶּה
כ אַלּוּפֵיהֶם הוּא אֱדוֹם׃ אֵלֶּה בְנֵי־ שביעי
שֵׂעִיר הַחֹרִי יֹשְׁבֵי הָאָרֶץ לוֹטָן וְשׁוֹבָל וְצִבְעוֹן
כא וַעֲנָה׃ וְדִשׁוֹן וְאֵצֶר וְדִישָׁן אֵלֶּה אַלּוּפֵי הַחֹרִי בְּנֵי
כב שֵׂעִיר בְּאֶרֶץ אֱדוֹם׃ וַיִּהְיוּ בְנֵי־לוֹטָן חֹרִי וְהֵימָם
כג וַאֲחוֹת לוֹטָן תִּמְנָע׃ וְאֵלֶּה בְּנֵי שׁוֹבָל עַלְוָן
כד וּמָנַחַת וְעֵיבָל שְׁפוֹ וְאוֹנָם׃ וְאֵלֶּה בְנֵי־צִבְעוֹן
וְאַיָּה וַעֲנָה הוּא עֲנָה אֲשֶׁר מָצָא אֶת־הַיֵּמִם
בַּמִּדְבָּר בִּרְעֹתוֹ אֶת־הַחֲמֹרִים לְצִבְעוֹן אָבִיו׃
כה וְאֵלֶּה בְנֵי־עֲנָה דִּשֹׁן וְאָהֳלִיבָמָה בַּת־עֲנָה׃
כו כז וְאֵלֶּה בְּנֵי דִישָׁן חֶמְדָּן וְאֶשְׁבָּן וְיִתְרָן וּכְרָן׃ אֵלֶּה
כח בְּנֵי־אֵצֶר בִּלְהָן וְזַעֲוָן וַעֲקָן׃ אֵלֶּה בְנֵי־דִישָׁן
כט עוּץ וַאֲרָן׃ אֵלֶּה אַלּוּפֵי הַחֹרִי אַלּוּף לוֹטָן אַלּוּף
ל שׁוֹבָל אַלּוּף צִבְעוֹן אַלּוּף עֲנָה׃ אַלּוּף דִּשֹׁן אַלּוּף
אֵצֶר אַלּוּף דִּישָׁן אֵלֶּה אַלּוּפֵי הַחֹרִי לְאַלֻּפֵיהֶם
בְּאֶרֶץ שֵׂעִיר׃
לא וְאֵלֶּה הַמְּלָכִים אֲשֶׁר מָלְכוּ בְּאֶרֶץ אֱדוֹם לִפְנֵי ★
לב מְלָךְ־מֶלֶךְ לִבְנֵי יִשְׂרָאֵל׃ וַיִּמְלֹךְ בֶּאֱדוֹם בֶּלַע בֶּן־

וישלח

לג בְּעוֹר וְשֵׁם עִירוֹ דִּנְהָבָה: וַיָּמָת בֶּלַע וַיִּמְלֹךְ
לד תַּחְתָּיו יוֹבָב בֶּן־זֶרַח מִבָּצְרָה: וַיָּמָת יוֹבָב וַיִּמְלֹךְ
לה תַּחְתָּיו חֻשָׁם מֵאֶרֶץ הַתֵּימָנִי: וַיָּמָת חֻשָׁם וַיִּמְלֹךְ

יח בְּאַרְעָא דֶאֱדוֹם, אִלֵּין, בְּנֵי בָשְׂמַת אִתַּת עֵשָׂו: וְאִלֵּין, בְּנֵי אָהֳלִיבָמָה אִתַּת עֵשָׂו, רַבָּא יְעוּשׁ,
יט רַבָּא יַעְלָם רַבָּא קֹרַח, אִלֵּין רַבְרְבֵי, אָהֳלִיבָמָה, בַּת עֲנָה אִתַּת עֵשָׂו: אִלֵּין בְּנֵי עֵשָׂו, וְאִלֵּין
כ רַבְרְבָנֵיהוֹן הוּא אֱדוֹם: אִלֵּין בְּנֵי שֵׂעִיר חוֹרָאֵי, יָתְבֵי אַרְעָא, לוֹטָן וְשׁוֹבָל וְצִבְעוֹן וַעֲנָה: וְדִישׁוֹן
כא וְאֵצֶר וְדִישָׁן, אִלֵּין רַבְרְבֵי חוֹרָאֵי, בְּנֵי שֵׂעִיר בְּאַרְעָא דֶאֱדוֹם: וַהֲווֹ בְנֵי לוֹטָן חוֹרִי וְהֵימָם,
כב וַאֲחָתֵיהּ דְלוֹטָן תִּמְנָע: וְאִלֵּין בְּנֵי שׁוֹבָל, עַלְיָן וּמָנַחַת וְעֵיבָל, שְׁפוֹ וְאוֹנָם: וְאִלֵּין בְּנֵי צִבְעוֹן
כג וְאַיָּה וַעֲנָה, הוּא עֲנָה, דְאַשְׁכַּח יָת גִּבָּרַיָּא בְּמַדְבְּרָא, כַּד הֲוָה רָעֵי יָת חֲמָרַיָּא לְצִבְעוֹן אֲבוּהִי:
כד וְאִלֵּין בְּנֵי עֲנָה דִישׁוֹן, וְאָהֳלִיבָמָה בַּת עֲנָה: וְאִלֵּין בְּנֵי דִישׁוֹן, חֶמְדָּן וְאֶשְׁבָּן וְיִתְרָן וּכְרָן: אִלֵּין
כה בְּנֵי אֵצֶר, בִּלְהָן וְזַעֲוָן וַעֲקָן: אִלֵּין בְּנֵי דִישָׁן, עוּץ וַאֲרָן: אִלֵּין רַבְרְבֵי חוֹרָאֵי, רַבָּא לוֹטָן רַבָּא
כו שׁוֹבָל, רַבָּא צִבְעוֹן רַבָּא עֲנָה: רַבָּא דִישׁוֹן, רַבָּא אֵצֶר רַבָּא דִישָׁן, אִלֵּין רַבְרְבֵי חוֹרָאֵי
כז לְרַבְרְבָנֵיהוֹן בְּאַרְעָא דְשֵׂעִיר: וְאִלֵּין מַלְכַיָּא, דִמְלַכוּ בְּאַרְעָא דֶאֱדוֹם, קֳדָם דִימְלוֹךְ מַלְכָּא
כח לִבְנֵי יִשְׂרָאֵל: וּמְלַךְ בֶּאֱדוֹם, בֶּלַע בַּר בְּעוֹר, וְשׁוּם קַרְתֵּיהּ דִּנְהָבָה: וּמִית בֶּלַע, וּמְלַךְ תְּחוֹתוֹהִי,
כט יוֹבָב בַּר זֶרַח מִבָּצְרָה: וּמִית יוֹבָב, וּמְלַךְ תְּחוֹתוֹהִי, חוּשָׁם מֵאֲרַע דָּרוֹמָא: וּמִית חוּשָׁם, וּמְלַךְ

כז **יֹשְׁבֵי הָאָרֶץ.** שֶׁהָיוּ יוֹשְׁבֶיהָ קֹדֶם שֶׁבָּא עֵשָׂו לְשָׁם. וְרַבּוֹתֵינוּ דָּרְשׁוּ, שֶׁהָיוּ בְּקִיאִין בְּיִשּׁוּבָהּ שֶׁל אֶרֶץ - מְלֹא קָנֶה זֶה לְזֵיתִים מְלֹא קָנֶה זֶה לִגְפָנִים, שֶׁהָיוּ טוֹעֲמִין הֶעָפָר וְיוֹדְעִין אֵי זוֹ נְטִיעָה רְאוּיָה לוֹ:

כד **וְאַיָּה וַעֲנָה.** וָי"ו יְתֵרָה, וְהוּא כְּמוֹ אַיָּה וַעֲנָה. וְהַרְבֵּה יֵשׁ בַּמִּקְרָא: "קֵץ וְקֹדֶשׁ וְנֶחֱתַךְ מֵרְמַשׂ" (דניאל ט, כד), "נֵרְדְּ וְכַרְכֹּם" (שה״ש ד, יד), "נֶרֶד וְכַרְכֹּם וְסוּס" (תהלים עו, ז): **הוּא עֲנָה.** הָאָמוּר לְמַעְלָה שֶׁהוּא אָחִיו שֶׁל צִבְעוֹן, וְכָאן הוּא קוֹרֵא אוֹתוֹ בְּנוֹ! מְלַמֵּד שֶׁבָּא צִבְעוֹן עַל אִמּוֹ וְהוֹלִיד אֶת עֲנָה: **אֶת הַיֵּמִם.** פְּרָדִים, הִרְבִּיעַ חֲמוֹר עַל סוּס נְקֵבָה וְיָלְדָה פֶּרֶד, וְהוּא הָיָה מַמְזֵר, וְהֵבִיא פְּסוּלִין לָעוֹלָם. וְלָמָּה נִקְרָא שְׁמָם יֵמִים? שֶׁאֵימָתָן מֻטֶּלֶת עַל הַבְּרִיּוֹת, דְּאָמַר רַבִּי חֲנִינָא: מִיָּמַי לֹא שְׁאָלַנִי אָדָם עַל מַכַּת פִּרְדָּה לְבָנָה וְחָיָה. לֹא נִתַּק לִכְתֹּב לָנוּ מִשְׁפְּחוֹת הַחוֹרִי חֶלָּא מִפְּנֵי תִמְנָע, וּלְהוֹדִיעַ גְּדֻלַּת אַבְרָהָם כְּמוֹ שֶׁפֵּרַשְׁתִּי לְמַעְלָה (לעיל פסוק יב):

לא **וְאֵלֶּה הַמְּלָכִים וְגוֹ'.** שְׁמֹנָה הָיוּ, וּכְנֶגְדָּן הֶעֱמִיד יַעֲקֹב וּבִטֵּל מַלְכוּת עֵשָׂו בִּימֵיהֶם, וְאֵלּוּ הֵן: שָׁאוּל וְאִישׁ בֹּשֶׁת, דָּוִד וּשְׁלֹמֹה, רְחַבְעָם, אֲבִיָּה, אָסָא, יְהוֹשָׁפָט: וּבִימֵי יוֹרָם בְּנוֹ כָּתוּב: "בְּיָמָיו פָּשַׁע אֱדוֹם מִתַּחַת יַד יְהוּדָה וַיַּמְלִיכוּ עֲלֵיהֶם מֶלֶךְ" (מלכים ב' ח, כ). וּבִימֵי שָׁאוּל כְּתִיב: "וּמֶלֶךְ אֵין בֶּאֱדוֹם נִצָּב מֶלֶךְ" (מלכים א' כב, מח):

לג **יוֹבָב בֶּן זֶרַח מִבָּצְרָה.** בָּצְרָה מֵעָרֵי מוֹאָב הִיא, שֶׁנֶּאֱמַר: "וְעַל קְרִיּוֹת וְעַל בָּצְרָה" וְגוֹ' (ירמיה מח, כד), וּלְפִי שֶׁהֶעֱמִידָה מֶלֶךְ לֶאֱדוֹם עֲתִידָה לִלְקוֹת עִמָּהֶם, שֶׁנֶּאֱמַר: "כִּי זֶבַח לַה' בְּבָצְרָה" (ישעיה לד, ו):

תַּחְתָּיו הֲדַד בֶּן־בְּדַד הַמַּכֶּה אֶת־מִדְיָן בִּשְׂדֵה
לו מוֹאָב וְשֵׁם עִירוֹ עֲוִית: וַיָּמָת הֲדָד וַיִּמְלֹךְ תַּחְתָּיו
לז שַׂמְלָה מִמַּשְׂרֵקָה: וַיָּמָת שַׂמְלָה וַיִּמְלֹךְ תַּחְתָּיו
לח שָׁאוּל מֵרְחֹבוֹת הַנָּהָר: וַיָּמָת שָׁאוּל וַיִּמְלֹךְ
לט תַּחְתָּיו בַּעַל חָנָן בֶּן־עַכְבּוֹר: וַיָּמָת בַּעַל חָנָן
בֶּן־עַכְבּוֹר וַיִּמְלֹךְ תַּחְתָּיו הֲדַר וְשֵׁם עִירוֹ פָּעוּ
וְשֵׁם אִשְׁתּוֹ מְהֵיטַבְאֵל בַּת־מַטְרֵד בַּת מֵי זָהָב:
★ מפטיר מ וְאֵלֶּה שְׁמוֹת אַלּוּפֵי עֵשָׂו לְמִשְׁפְּחֹתָם לִמְקֹמֹתָם
בִּשְׁמֹתָם אַלּוּף תִּמְנָע אַלּוּף עַלְוָה אַלּוּף יְתֵת:
מא מב אַלּוּף אָהֳלִיבָמָה אַלּוּף אֵלָה אַלּוּף פִּינֹן: אַלּוּף
מג קְנַז אַלּוּף תֵּימָן אַלּוּף מִבְצָר: אַלּוּף מַגְדִּיאֵל
אַלּוּף עִירָם אֵלֶּה ׀ אַלּוּפֵי אֱדוֹם לְמֹשְׁבֹתָם
בְּאֶרֶץ אֲחֻזָּתָם הוּא עֵשָׂו אֲבִי אֱדוֹם:

לו תְּחוֹתוֹהִי הֲדַד בַּר בְּדַד, דְּקַטֵּיל יָת מִדְיָנָאֵי בְּחַקְלֵי מוֹאָב, וְשׁוּם קַרְתֵּיהּ עֲוִית: וּמִית הֲדָד,
לז וּמְלַךְ תְּחוֹתוֹהִי, שַׂמְלָה מִמַּשְׂרֵקָה: וּמִית שַׂמְלָה, וּמְלַךְ תְּחוֹתוֹהִי, שָׁאוּל מֵרְחוֹבוֹת דְּעַל
לח לט פְּרָת: וּמִית שָׁאוּל, וּמְלַךְ תְּחוֹתוֹהִי, בַּעַל חָנָן בַּר עַכְבּוֹר: וּמִית בַּעַל חָנָן בַּר עַכְבּוֹר, וּמְלַךְ
תְּחוֹתוֹהִי הֲדַר, וְשׁוּם קַרְתֵּיהּ פָּעוּ, וְשׁוּם אִתְּתֵיהּ מְהֵיטַבְאֵל בַּת מַטְרֵד, בַּת מְצָרֵף דַּהֲבָא:
מ וְאִלֵּין, שְׁמָהָת, רַבְרְבֵי עֵשָׂו לְזַרְעִיָּתְהוֹן, לְאַתְרֵיהוֹן בִּשְׁמָהָתְהוֹן, רַבָּא תִמְנָע, רַבָּא עַלְוָה
מא מב מג רַבָּא יְתֵת: רַבָּא אָהֳלִיבָמָה, רַבָּא אֵלָה רַבָּא פִינֹן: רַבָּא קְנַז, רַבָּא תֵימָן רַבָּא מִבְצָר: רַבָּא
מַגְדִּיאֵל רַבָּא עִירָם, אִלֵּין רַבְרְבֵי אֱדוֹם, לְמוֹתְבָנֵיהוֹן בַּאֲרַע אַחְסַנְתְּהוֹן, הוּא עֵשָׂו אֲבוּהוֹן
דֶּאֱדוֹמָאֵי:

לה] הַמַּכֶּה אֶת מִדְיָן בִּשְׂדֵה מוֹאָב. שֶׁבָּא מִדְיָן עַל מוֹאָב לַמִּלְחָמָה וְהָלַךְ מֶלֶךְ אֱדוֹם לַעֲזֹר אֶת מוֹאָב. וּמִכָּאן אָנוּ לְמֵדִים שֶׁהָיוּ מִדְיָן וּמוֹאָב מְרִיבִים זֶה עִם זֶה, וּבִימֵי בִּלְעָם עָשׂוּ שָׁלוֹם לְהִתְקַשֵּׁר עַל יִשְׂרָאֵל:

לט] בַּת מֵי זָהָב. מַהוּ זָהָב; עָשִׁיר הָיָה וְאֵין זָהָב חָשׁוּב בְּעֵינָיו לִכְלוּם:

מ] וְאֵלֶּה שְׁמוֹת אַלּוּפֵי עֵשָׂו. שֶׁנִּקְרְאוּ עַל שֵׁם מְדִינוֹתֵיהֶם לְאַחַר שֶׁמֵּת הֲדַר וּפָסְקָה מֵהֶם מַלְכוּת, וְהָרִאשׁוֹנִים הַנִּזְכָּרִים לְמַעְלָה הֵם שְׁמוֹת תּוֹלְדוֹתָם, וְכֵן מְפֹרָשׁ בְּדִבְרֵי הַיָּמִים: "וַיָּמָת הֲדָד וַיִּהְיוּ אַלּוּפֵי אֱדוֹם אַלּוּף תִּמְנָע" וְגוֹ' (דברי הימים א' א, נא):

מג] מַגְדִּיאֵל. הִיא רוֹמִי:

וישלח

הפטרת וישלח

היחסים בין יעקב ועשו הפכו לסמל ליחסים בין ישראל ואומות העולם. הנביא עובדיה מתאר את יחסה האכזרי של אדום ("עשו הוא אדום") לבני יהודה, המדינה השכנה להם. היא הצטרפה לאויב שפגע בירושלים, פגעה בפליטי יהודה והשתתפה בביזתה. בהתנהגות שחצנית וזדונית זו הייתה התעלמות מרגש האחווה הטבעי כלפי קרובי משפחה. לא בכדי הפך עשו השונא ליעקב, סמל לשונאי ישראל, שנאה ללא כל סיבה הנראית לעין. עקירת שנאה זו היא חלק מתיקון העולם: "ועלו מושעים בהר ציון לשפוט את הר עשו, והיתה לה' המלוכה". זמנו של עובדיה אינו ידוע במדויק, אבל תיאור זה משקף נאמנה את האירועים שהתרחשו בחורבן ירושלים והמקדש על ידי בבל.

עובדיה

א חֲז֖וֹן עֹבַדְיָ֑ה כֹּֽה־אָמַר֩ אֲדֹנָ֨י יֱהֹוִ֜ה לֶאֱד֗וֹם שְׁמוּעָ֨ה שָׁמַ֜עְנוּ מֵאֵ֣ת יְהֹוָ֗ה
ב וְצִיר֙ בַּגּוֹיִ֣ם שֻׁלָּ֔ח ק֛וּמוּ וְנָק֥וּמָה עָלֶ֖יהָ לַמִּלְחָמָֽה: הִנֵּ֥ה קָטֹ֛ן נְתַתִּ֖יךָ בַּגּוֹיִ֑ם
ג בָּז֥וּי אַתָּ֖ה מְאֹֽד: זְד֤וֹן לִבְּךָ֙ הִשִּׁיאֶ֔ךָ שֹׁכְנִ֥י בְחַגְוֵי־סֶ֖לַע מְר֣וֹם שִׁבְתּ֑וֹ אֹמֵ֣ר
ד בְּלִבּ֔וֹ מִ֥י יֽוֹרִדֵ֖נִי אָֽרֶץ: אִם־תַּגְבִּ֣יהַּ כַּנֶּ֔שֶׁר וְאִם־בֵּ֥ין כּֽוֹכָבִ֖ים שִׂ֣ים קִנֶּ֑ךָ מִשָּׁ֥ם
ה אֽוֹרִידְךָ֖ נְאֻם־יְהֹוָֽה: אִם־גַּנָּבִ֤ים בָּאֽוּ־לְךָ֙ אִם־שׁ֣וֹדְדֵי לַ֔יְלָה אֵ֣יךְ נִדְמֵ֔יתָה
ו הֲל֥וֹא יִגְנְב֖וּ דַּיָּ֑ם אִם־בֹּֽצְרִים֙ בָּ֣אוּ לָ֔ךְ הֲל֖וֹא יַשְׁאִ֥ירוּ עֹלֵלֽוֹת: אֵ֚יךְ נֶחְפְּשׂ֣וּ
ז עֵשָׂ֔ו נִבְע֖וּ מַצְפֻּנָֽיו: עַֽד־הַגְּב֣וּל שִׁלְּח֗וּךָ כֹּ֚ל אַנְשֵׁ֣י בְרִיתֶ֔ךָ הִשִּׁיא֛וּךָ יָכְל֥וּ לְךָ֖
ח אַנְשֵׁ֣י שְׁלֹמֶ֑ךָ לַחְמְךָ֗ יָשִׂ֤ימוּ מָזוֹר֙ תַּחְתֶּ֔יךָ אֵ֥ין תְּבוּנָ֖ה בּֽוֹ: הֲל֛וֹא בַּיּ֥וֹם הַה֖וּא
ט נְאֻם־יְהֹוָ֑ה וְהַאֲבַדְתִּ֤י חֲכָמִים֙ מֵֽאֱד֔וֹם וּתְבוּנָ֖ה מֵהַ֥ר עֵשָֽׂו: וְחַתּ֥וּ גִבּוֹרֶ֖יךָ
י תֵּימָ֑ן לְמַ֧עַן יִכָּֽרֶת־אִ֛ישׁ מֵהַ֥ר עֵשָׂ֖ו מִקָּֽטֶל: מֵחֲמַ֞ס אָחִ֣יךָ יַעֲקֹ֗ב תְּכַסְּךָ֣ בוּשָׁ֔ה
יא וְנִכְרַ֖תָּ לְעוֹלָֽם: בְּיוֹם֙ עֲמׇֽדְךָ֣ מִנֶּ֔גֶד בְּי֛וֹם שְׁב֥וֹת זָרִ֖ים חֵיל֑וֹ וְנׇכְרִ֞ים בָּ֣אוּ שְׁעָרָ֗ו
יב וְעַל־יְרוּשָׁלַ֙͏ִם֙ יַדּ֣וּ גוֹרָ֔ל גַּם־אַתָּ֖ה כְּאַחַ֥ד מֵהֶֽם: וְאַל־תֵּ֤רֶא בְיוֹם־אָחִ֙יךָ֙ בְּי֣וֹם
נׇכְר֔וֹ וְאַל־תִּשְׂמַ֥ח לִבְנֵֽי־יְהוּדָ֖ה בְּי֣וֹם אׇבְדָ֑ם וְאַל־תַּגְדֵּ֥ל פִּ֖יךָ בְּי֥וֹם צָרָֽה:
יג אַל־תָּב֤וֹא בְשַֽׁעַר־עַמִּי֙ בְּי֣וֹם אֵידָ֔ם אַל־תֵּ֧רֶא גַם־אַתָּ֛ה בְּרָעָת֖וֹ בְּי֣וֹם אֵיד֑וֹ
יד וְאַל־תִּשְׁלַ֥חְנָה בְחֵיל֖וֹ בְּי֥וֹם אֵידֽוֹ: וְאַֽל־תַּעֲמֹד֙ עַל־הַפֶּ֔רֶק לְהַכְרִ֖ית אֶת־
טו פְּלִיטָ֑יו וְאַל־תַּסְגֵּ֥ר שְׂרִידָ֖יו בְּי֥וֹם צָרָֽה: כִּֽי־קָר֥וֹב יוֹם־יְהֹוָ֖ה עַל־כׇּל־הַגּוֹיִ֑ם
טז כַּאֲשֶׁ֤ר עָשִׂ֙יתָ֙ יֵעָ֣שֶׂה לָּ֔ךְ גְּמֻלְךָ֖ יָשׁ֥וּב בְּרֹאשֶֽׁךָ: כִּ֗י כַּֽאֲשֶׁ֤ר שְׁתִיתֶם֙ עַל־הַ֣ר
קׇדְשִׁ֔י יִשְׁתּ֥וּ כׇל־הַגּוֹיִ֖ם תָּמִ֑יד וְשָׁת֣וּ וְלָע֔וּ וְהָי֖וּ כְּל֥וֹא הָיֽוּ: וּבְהַ֥ר צִיּ֛וֹן תִּהְיֶ֥ה
יז פְלֵיטָ֖ה וְהָ֣יָה קֹ֑דֶשׁ וְיָֽרְשׁוּ֙ בֵּ֣ית יַֽעֲקֹ֔ב אֵ֖ת מוֹרָֽשֵׁיהֶֽם: וְהָיָה֩ בֵית־יַעֲקֹ֨ב אֵ֜שׁ
יח וּבֵ֧ית יוֹסֵ֣ף לֶהָבָ֗ה וּבֵ֤ית עֵשָׂו֙ לְקַ֔שׁ וְדָלְק֥וּ בָהֶ֖ם וַאֲכָל֑וּם וְלֹֽא־יִהְיֶ֤ה שָׂרִיד֙
לְבֵ֣ית עֵשָׂ֔ו כִּ֥י יְהֹוָ֖ה דִּבֵּֽר: וְיָרְשׁ֤וּ הַנֶּ֙גֶב֙ אֶת־הַ֣ר עֵשָׂ֔ו וְהַשְּׁפֵלָ֖ה אֶת־פְּלִשְׁתִּ֑ים
יט וְיָֽרְשׁוּ֙ אֶת־שְׂדֵ֣ה אֶפְרַ֔יִם וְאֵ֖ת שְׂדֵ֣ה שֹׁמְר֑וֹן וּבִנְיָמִ֖ן אֶת־הַגִּלְעָֽד: וְגָלֻ֣ת הַחֵֽל־
כ הַזֶּ֠ה לִבְנֵ֨י יִשְׂרָאֵ֤ל אֲשֶֽׁר־כְּנַעֲנִים֙ עַד־צָ֣רְפַ֔ת וְגָלֻ֥ת יְרוּשָׁלַ֖͏ִם אֲשֶׁ֣ר בִּסְפָרַ֑ד
יִֽרְשׁ֕וּ אֵ֖ת עָרֵ֥י הַנֶּֽגֶב: וְעָל֤וּ מֽוֹשִׁעִים֙ בְּהַ֣ר צִיּ֔וֹן לִשְׁפֹּ֖ט אֶת־הַ֣ר עֵשָׂ֑ו וְהָיְתָ֥ה
כא לַֽיהֹוָ֖ה הַמְּלוּכָֽה:

פרשת וישב

וישב

לג א וַיֵּ֣שֶׁב יַעֲקֹ֔ב בְּאֶ֖רֶץ מְגוּרֵ֣י אָבִ֑יו בְּאֶ֖רֶץ כְּנָֽעַן׃ ב אֵ֣לֶּה ׀ תֹּלְד֣וֹת יַעֲקֹ֗ב יוֹסֵ֞ף בֶּן־שְׁבַֽע־עֶשְׂרֵ֤ה שָׁנָה֙ הָיָ֨ה רֹעֶ֤ה אֶת־אֶחָיו֙ בַּצֹּ֔אן וְה֣וּא נַ֗עַר אֶת־בְּנֵ֥י בִלְהָ֛ה וְאֶת־בְּנֵ֥י זִלְפָּ֖ה נְשֵׁ֣י אָבִ֑יו וַיָּבֵ֥א יוֹסֵ֛ף אֶת־דִּבָּתָ֥ם רָעָ֖ה אֶל־אֲבִיהֶֽם׃ ג וְיִשְׂרָאֵ֗ל אָהַ֤ב אֶת־יוֹסֵף֙ מִכָּל־בָּנָ֔יו כִּֽי־בֶן־זְקֻנִ֥ים ה֖וּא ל֑וֹ וְעָ֥שָׂה ל֖וֹ כְּתֹ֥נֶת פַּסִּֽים׃ ד וַיִּרְא֣וּ אֶחָ֗יו כִּֽי־אֹת֞וֹ אָהַ֤ב אֲבִיהֶם֙ מִכָּל־אֶחָ֔יו וַֽיִּשְׂנְא֖וּ אֹת֑וֹ וְלֹ֥א יָכְל֖וּ דַּבְּר֥וֹ לְשָׁלֹֽם׃ ה וַיַּחֲלֹ֤ם יוֹסֵף֙ חֲל֔וֹם וַיַּגֵּ֖ד לְאֶחָ֑יו וַיּוֹסִ֥פוּ ע֖וֹד שְׂנֹ֥א אֹתֽוֹ׃ ו וַיֹּ֖אמֶר אֲלֵיהֶ֑ם שִׁמְעוּ־נָ֕א הַחֲל֥וֹם הַזֶּ֖ה אֲשֶׁ֥ר חָלָֽמְתִּי׃ ז וְ֠הִנֵּ֠ה אֲנַ֜חְנוּ מְאַלְּמִ֤ים אֲלֻמִּים֙ בְּת֣וֹךְ הַשָּׂדֶ֔ה וְהִנֵּ֛ה קָ֥מָה אֲלֻמָּתִ֖י וְגַם־נִצָּ֑בָה וְהִנֵּ֤ה תְסֻבֶּ֙ינָה֙ אֲלֻמֹּ֣תֵיכֶ֔ם וַתִּֽשְׁתַּחֲוֶ֖יןָ לַאֲלֻמָּתִֽי׃ ח וַיֹּ֤אמְרוּ לוֹ֙ אֶחָ֔יו הֲמָלֹ֤ךְ תִּמְלֹךְ֙ עָלֵ֔ינוּ אִם־מָשׁ֥וֹל תִּמְשֹׁ֖ל

א וישב יעקב. אַחַר שֶׁכָּתַב לְךָ יִשּׁוּבֵי עֵשָׂו וְתוֹלְדוֹתָיו בְּדֶרֶךְ קְצָרָה, שֶׁלֹּא הָיוּ סְפוּנִים וַחֲשׁוּבִים לְפָרֵשׁ הֵיאַךְ נִתְיַשְּׁבוּ וְסֵדֶר מִלְחֲמוֹתֵיהֶם אֵיךְ הוֹרִישׁוּ אֶת הַחוֹרִי, פֵּרַשׁ לְךָ יִשּׁוּבֵי יַעֲקֹב וְתוֹלְדוֹתָיו בְּדֶרֶךְ אֲרֻכָּה, כָּל גִּלְגּוּלֵי סִבָּתָם, לְפִי שֶׁהֵם חֲשׁוּבִים לִפְנֵי הַמָּקוֹם לְהַאֲרִיךְ בָּהֶם. וְכֵן

לז א וִיתֵיב יַעֲקֹב, בְּאֲרַע תּוֹתָבוּת אֲבוּהִי, בְּאַרְעָא דִכְנָעַן: אִלֵּין תּוֹלְדַת יַעֲקֹב, יוֹסֵף, בַּר שְׁבַע
עֶשְׂרֵי שְׁנִין הֲוָה רָעֵי עִם אֲחוֹהִי בְּעָנָא, וְהוּא רַבֵּי, עִם בְּנֵי בִלְהָה, וְעִם בְּנֵי זִלְפָּה נְשֵׁי אֲבוּהִי,
ב וְאַיְתֵי יוֹסֵף, יָת דִּבְּהוֹן בִּישָׁא לַאֲבוּהוֹן: וְיִשְׂרָאֵל, רָחֵים יָת יוֹסֵף מִכָּל בְּנוֹהִי, אֲרֵי בַר חַכִּים
ד הוּא לֵיהּ, וַעֲבַד לֵיהּ כִּתּוּנָא דְפַסֵּי: וַחֲזוֹ אֲחוֹהִי, אֲרֵי יָתֵיהּ, רָחֵים אֲבוּהוֹן מִכָּל אֲחוֹהִי, וּסְנוֹ
ה יָתֵיהּ, וְלָא צָבַן לְמַלָּלָא עִמֵּיהּ שְׁלָם: וַחֲלַם יוֹסֵף חֶלְמָא, וְחַוִּי לַאֲחוֹהִי, וְאוֹסִיפוּ עוֹד
ו סְנוֹ יָתֵיהּ: וַאֲמַר לְהוֹן, שְׁמַעוּ כְעַן, חֶלְמָא הָדֵין דַּחֲלֵמִית: וְהָא, אֲנַחְנָא, מְאַסְּרִין אֱסָרָן
בְּגוֹ חַקְלָא, וְהָא, קָמַת אֱסָרְתִּי וְאַף אִזְדְּקִיפַת, וְהָא מִסְתַּחְרָן אֱסָרַתְכוֹן, וְסָגְדָן לֶאֱסָרְתִּי:
ח וַאֲמָרוּ לֵיהּ אֲחוֹהִי, הַמְלֹכוּ אֶת מַדְמֵי לְמִמְלַךְ עֲלָנָא, אוֹ שֻׁלְטָן אַתְּ סְבִיר אַתְּ לְמִשְׁלַט

חַתָּה מוֹצֵא בַּעֲשָׂרָה דוֹרוֹת שֶׁמֵּאָדָם וְעַד נֹחַ, פְּלוֹנִי הוֹלִיד פְּלוֹנִי, וּכְשֶׁבָּא לְנֹחַ הֶאֱרִיךְ בּוֹ. וְכֵן בַּעֲשָׂרָה דוֹרוֹת שֶׁמִּנֹחַ וְעַד אַבְרָהָם קָצַר בָּהֶם, וּמִשֶּׁהִגִּיעַ אֵצֶל אַבְרָהָם הֶאֱרִיךְ בּוֹ. מָשָׁל לְמַרְגָּלִית שֶׁנָּפְלָה בֵּין הַחוֹל, אָדָם מְמַשְׁמֵשׁ בַּחוֹל וְכוֹבְרוֹ בִּכְבָרָה עַד שֶׁמּוֹצֵא אֶת הַמַּרְגָּלִית, וּמִשֶּׁמְּצָאָהּ הוּא מַשְׁלִיךְ אֶת הַצְּרוֹרוֹת מִיָּדוֹ וְנוֹטֵל הַמַּרְגָּלִית.

ב וְ**אֵלֶּה תֹּלְדוֹת יַעֲקֹב. וְאֵלֶּה שֶׁל תּוֹלְדוֹת יַעֲקֹב**. אֵלֶּה יִשּׁוּבֵיהֶם וְגִלְגּוּלֵיהֶם עַד שֶׁבָּאוּ לִכְלָל יִשּׁוּב. סִבָּה רִאשׁוֹנָה, **"יוֹסֵף בֶּן שְׁבַע עֶשְׂרֵה" וְגוֹ'**, עַל יְדֵי זֶה נִתְגַּלְגְּלוּ וְיָרְדוּ לְמִצְרַיִם. זֶהוּ אַחַר יִשּׁוּב פְּשׁוּטוֹ שֶׁל מִקְרָא לִהְיוֹת דָּבוּר עַל אָפְנָיו. וּמִדְרַשׁ אַגָּדָה דוֹרֵשׁ, תָּלָה הַכָּתוּב תּוֹלְדוֹת יַעֲקֹב בְּיוֹסֵף מִפְּנֵי כַּמָּה דְבָרִים: אַחַת, שֶׁכָּל עַצְמוֹ שֶׁל יַעֲקֹב לֹא עָבַד אֵצֶל לָבָן אֶלָּא בְרָחֵל, וְשֶׁהָיָה זִיו אִיקוֹנִין שֶׁל יוֹסֵף דּוֹמֶה לוֹ, וְכָל מַה שֶּׁאֵרַע לְיַעֲקֹב אֵרַע לְיוֹסֵף: זֶה נִשְׂטַם וְזֶה נִשְׂטַם, זֶה אָחִיו מְבַקֵּשׁ לְהָרְגוֹ וְזֶה אֶחָיו מְבַקְּשִׁים לְהָרְגוֹ, וְכֵן הַרְבֵּה בִּבְרֵאשִׁית רַבָּה. **וְהוּא נַעַר** (פסוק ז'). שֶׁהָיָה עוֹשֶׂה מַעֲשֵׂה נַעֲרוּת, מְתַקֵּן בִּשְׂעָרוֹ, מְמַשְׁמֵשׁ בְּעֵינָיו, כְּדֵי שֶׁיִּהְיֶה נִרְאֶה יָפֶה. **אֶת בְּנֵי בִלְהָה**. כְּלוֹמַר, וְרָגִיל אֵצֶל בְּנֵי בִלְהָה, לְפִי שֶׁהָיוּ אֶחָיו מְבַזִּין אוֹתָן וְהוּא מְקָרְבָן. **אֶת דִּבָּתָם רָעָה**. כָּל רָעָה שֶׁהָיָה רוֹאֶה בְּאֶחָיו בְּנֵי לֵאָה הָיָה מַגִּיד לְאָבִיו, שֶׁהָיוּ אוֹכְלִין אֵבֶר מִן הַחַי, וּמְזַלְזְלִין בִּבְנֵי הַשְּׁפָחוֹת לִקְרוֹתָן

עֲבָדִים, וַחֲשׁוּדִים עַל הָעֲרָיוֹת. וּבִשְׁלָשְׁתָּן לָקָה: **"וַיִּשְׁחָטוּ שְׂעִיר עִזִּים"** (להלן פסוק לא) בִּמְכִירָתוֹ, וְלֹא אֲכָלוּהוּ חַי, וְעַל דִּבָּה שֶׁסִּפֵּר עֲלֵיהֶם שֶׁקּוֹרִין לַאֲחֵיהֶם עֲבָדִים – **"לְעֶבֶד נִמְכַּר יוֹסֵף"** (תהלים קה, יז), וְעַל הָעֲרָיוֹת שֶׁסִּפֵּר עֲלֵיהֶם – **"וַתִּשָּׂא אֵשֶׁת אֲדֹנָיו" וְגוֹ'** (להלן לט, ז). **דִּבָּתָם**. כָּל לְשׁוֹן דִּבָּה פרלדי"ץ בְּלַעַ"ז. כָּל מַה שֶּׁהָיָה יָכוֹל לְדַבֵּר בָּהֶם רָעָה הָיָה מְסַפֵּר. 'דִּבָּה' - לְשׁוֹן **"דּוֹבֵב שִׂפְתֵי יְשֵׁנִים"** (שיר השירים ז, י).

ג **בֶּן זְקֻנִים**. שֶׁנּוֹלַד לוֹ לְעֵת זִקְנָתוֹ. וְאוּנְקְלוֹס תִּרְגֵּם: **"בַּר חַכִּים הוּא לֵיהּ"**, כָּל מַה שֶּׁלָּמַד מִשֵּׁם וָעֵבֶר מָסַר לוֹ. דָּבָר אַחֵר, שֶׁהָיָה זִיו אִיקוֹנִין שֶׁלּוֹ דּוֹמֶה לוֹ. **פַּסִּים**. לְשׁוֹן כְּלִי מִילַת, כְּמוֹ: **"כַּרְפַּס וּתְכֵלֶת"** (אסתר א, ו), וּכְמוֹ: **"כְּתֹנֶת הַפַּסִּים"** (שמואל ב' יג, יח) דְּתָמָר וְאַמְנוֹן. וּמִדְרַשׁ אַגָּדָה, עַל שֵׁם צָרוֹתָיו, שֶׁנִּמְכַּר לְפוֹטִיפַר וְלַסּוֹחֲרִים וְלַיִּשְׁמְעֵאלִים וְלַמִּדְיָנִים:

ד **וְלֹא יָכְלוּ דַבְּרוֹ לְשָׁלֹם**. מִתּוֹךְ גְּנוּתָם לָמַדְנוּ שִׁבְחָם, שֶׁלֹּא דִבְּרוּ אַחַת בַּפֶּה וְאַחַת בַּלֵּב. **דַּבְּרוֹ**. לְדַבֵּר עִמּוֹ:

ז **מְאַלְּמִים אֲלֻמִּים**. כְּתַרְגּוּמוֹ: **"מְאַסְּרִין אֱסָרָן"**, עֳמָרִין, וְכֵן: **"נָשָׂא אֲלֻמּוֹתָיו"** (תהלים קכו, ו), וְכָמוֹהוּ בִּלְשׁוֹן מִשְׁנָה: **"וְהָאֲלֻמּוֹת נוֹטֵל וּמַכְרִיז"** (בבא מציעא כב ע"ב). **קָמָה אֲלֻמָּתִי**. נִזְקְפָה. **וְגַם נִצָּבָה**. לַעֲמֹד עַל עָמְדָהּ בִּזְקִיפָה:

בְּנוֹ וַיּוֹסִפוּ עוֹד שְׂנֹא אֹתוֹ עַל־חֲלֹמֹתָיו וְעַל־
דְּבָרָיו׃ וַיַּחֲלֹם עוֹד חֲלוֹם אַחֵר וַיְסַפֵּר אֹתוֹ ט
לְאֶחָיו וַיֹּאמֶר הִנֵּה חָלַמְתִּי חֲלוֹם עוֹד וְהִנֵּה
הַשֶּׁמֶשׁ וְהַיָּרֵחַ וְאַחַד עָשָׂר כּוֹכָבִים מִשְׁתַּחֲוִים
לִי׃ וַיְסַפֵּר אֶל־אָבִיו וְאֶל־אֶחָיו וַיִּגְעַר־בּוֹ אָבִיו י
וַיֹּאמֶר לוֹ מָה הַחֲלוֹם הַזֶּה אֲשֶׁר חָלָמְתָּ הֲבוֹא
נָבוֹא אֲנִי וְאִמְּךָ וְאַחֶיךָ לְהִשְׁתַּחֲוֺת לְךָ אָרְצָה׃
וַיְקַנְאוּ־בוֹ אֶחָיו וְאָבִיו שָׁמַר אֶת־הַדָּבָר׃ יא
וַיֵּלְכוּ אֶחָיו לִרְעוֹת אֶת־צֹאן אֲבִיהֶם בִּשְׁכֶם׃ יב שני
וַיֹּאמֶר יִשְׂרָאֵל אֶל־יוֹסֵף הֲלוֹא אַחֶיךָ רֹעִים יג
בִּשְׁכֶם לְכָה וְאֶשְׁלָחֲךָ אֲלֵיהֶם וַיֹּאמֶר לוֹ הִנֵּנִי׃
וַיֹּאמֶר לוֹ לֶךְ־נָא רְאֵה אֶת־שְׁלוֹם אַחֶיךָ וְאֶת־ יד
שְׁלוֹם הַצֹּאן וַהֲשִׁבֵנִי דָּבָר וַיִּשְׁלָחֵהוּ מֵעֵמֶק
חֶבְרוֹן וַיָּבֹא שְׁכֶמָה׃ וַיִּמְצָאֵהוּ אִישׁ וְהִנֵּה תֹעֶה טו
בַּשָּׂדֶה וַיִּשְׁאָלֵהוּ הָאִישׁ לֵאמֹר מַה־תְּבַקֵּשׁ׃
וַיֹּאמֶר אֶת־אַחַי אָנֹכִי מְבַקֵּשׁ הַגִּידָה־נָּא לִי טז
אֵיפֹה הֵם רֹעִים׃ וַיֹּאמֶר הָאִישׁ נָסְעוּ מִזֶּה כִּי יז
שָׁמַעְתִּי אֹמְרִים נֵלְכָה דֹּתָיְנָה וַיֵּלֶךְ יוֹסֵף אַחַר
אֶחָיו וַיִּמְצָאֵם בְּדֹתָן׃ וַיִּרְאוּ אֹתוֹ מֵרָחֹק וּבְטֶרֶם יח
יִקְרַב אֲלֵיהֶם וַיִּתְנַכְּלוּ אֹתוֹ לַהֲמִיתוֹ׃ וַיֹּאמְרוּ יט

אִ֣ישׁ אֶל־אָחִ֑יו הִנֵּ֗ה בַּ֛עַל הַחֲלֹמ֥וֹת הַלָּזֶ֖ה בָּֽא׃

כ וְעַתָּ֣ה ׀ לְכ֣וּ וְנַהַרְגֵ֗הוּ וְנַשְׁלִכֵ֙הוּ֙ בְּאַחַ֣ד הַבֹּר֔וֹת

ט בְּנָא, וְאוֹסִיפוּ עוֹד סְנוֹ יָתֵיהּ, עַל חֶלְמוֹהִי וְעַל פִּתְגָמוֹהִי: וַחֲלַם עוֹד חֶלְמָא אָחֳרָנָא, וְאִשְׁתַּעִי
יָתֵיהּ לַאֲחוֹהִי, וַאֲמַר, הָא חֲלַמִית חֶלְמָא עוֹד, וְהָא שִׁמְשָׁא וְסִיהֲרָא, וְחַד עֲסַר כּוֹכְבַיָּא, סָגְדִין
י לִי: וְאִשְׁתַּעִי לַאֲבוּהִי וּלְאֲחוֹהִי, וּנְזַף בֵּיהּ אֲבוּהִי, וַאֲמַר לֵיהּ, מָא, חֶלְמָא הָדֵין דַּחֲלַמְתָּא,
יא הֲמֵיתָא נֵיתֵי, אֲנָא וְאִמָּךְ וַאֲחָךְ, לְמִסְגַּד לָךְ עַל אַרְעָא: וְקַנִּיאוּ בֵיהּ אֲחוֹהִי, וַאֲבוּהִי נְטַר יָת
יב יג פִּתְגָמָא: וַאֲזַלוּ אֲחוֹהִי, לְמִרְעֵי, יָת עָנָא דַּאֲבוּהוֹן בִּשְׁכֶם: וַאֲמַר יִשְׂרָאֵל לְיוֹסֵף, הֲלָא אֲחָךְ רָעַן
יד בִּשְׁכֶם, אִיתָא וְאֶשְׁלְחִנָּךְ לְוָתְהוֹן, וַאֲמַר לֵיהּ הָאֲנָא: וַאֲמַר לֵיהּ, אִיזֵיל כְּעַן חֲזֵי, יָת שְׁלָם אֲחָךְ
טו וְיָת שְׁלָם עָנָא, וַאֲתֵיבְנִי פִּתְגָמָא, וְשַׁלְחֵיהּ מִמֵּישַׁר חֶבְרוֹן, וַאֲתָא לִשְׁכֶם: וְאַשְׁכְּחֵיהּ גֻּבְרָא,
טז וְהָא טָעֵי בְּחַקְלָא, וְשַׁאֲלֵיהּ גֻּבְרָא, לְמֵימַר מָא אַתְּ בָּעֵי: וַאֲמַר, יָת אַחַי אֲנָא בָּעֵי, חֲוִי כְּעַן לִי,
יז אֵיכָא אִנּוּן רָעַן: וַאֲמַר גֻּבְרָא נְטַלוּ מִכָּא, אֲרֵי שְׁמָעִית דְּאָמְרִין, נֵיזֵיל לְדוֹתָן, וַאֲזַל יוֹסֵף בָּתַר
יח אֲחוֹהִי, וְאַשְׁכְּחִנּוּן בְּדוֹתָן: וַחֲזוֹ יָתֵיהּ מֵרַחִיק, וְעַד לָא קְרֵיב לְוָתְהוֹן, וְחַשִּׁיבוּ עֲלוֹהִי לְמִקְטְלֵיהּ:
יט כ וַאֲמַרוּ גְּבַר לַאֲחוּהִי, הָא, מָרֵי, חֶלְמַיָּא דֵּיכִי אָתֵי: וּכְעַן אִיתוֹ וְנִקְטְלִנֵּיהּ, וְנִרְמֵינֵיהּ בְּחַד מִן גֻּבַיָּא,

ח| וְעַל דְּבָרָיו. עַל דִּבָּתָם רָעָה שֶׁהָיָה מֵבִיא לַאֲבִיהֶם:

י| וַיְסַפֵּר אֶל אָבִיו וְאֶל אֶחָיו. לְאַחַר שֶׁסִּפֵּר אוֹתוֹ לְאֶחָיו חָזַר וּסְפָרוֹ לְאָבִיו בִּפְנֵיהֶם: וַיִּגְעַר בּוֹ. לְפִי שֶׁהָיָה מַטִּיל שִׂנְאָה עָלָיו: הֲבוֹא נָבוֹא. וַהֲלֹא אִמְּךָ כְּבָר מֵתָה! וְהוּא לֹא הָיָה יוֹדֵעַ שֶׁהַדְּבָרִים מַגִּיעִין לְבִלְהָה שֶׁגִּדַּלַתּוּ כְּאִמּוֹ. וְרַבּוֹתֵינוּ לָמְדוּ מִכָּאן שֶׁאֵין חֲלוֹם בְּלֹא דְּבָרִים בְּטֵלִים, וְיַעֲקֹב נִתְכַּוֵּן לְהוֹצִיא הַדָּבָר מִלֵּב בָּנָיו שֶׁלֹּא יְקַנְאוּהוּ, לְכָךְ אָמַר לוֹ: "הֲבוֹא נָבוֹא" וְגוֹ', כְּשֵׁם שֶׁאִי אֶפְשָׁר בְּאִמְּךָ כָּךְ הַשְּׁאָר בָּטֵל:

יא| שָׁמַר אֶת הַדָּבָר. הָיָה מַמְתִּין וּמְצַפֶּה מָתַי יָבוֹא, וְכֵן: "שֹׁמֵר אֱמוּנִים" (ישעיה כו, ב), וְכֵן: "לֹא תִשְׁמֹר עַל חַטָּאתִי" (איוב יד, טז) – לֹא תַמְתִּין:

יב| לִרְעוֹת אֶת צֹאן. נָקוּד עַל 'אֶת', שֶׁלֹּא הָלְכוּ אֶלָּא לִרְעוֹת אֶת עַצְמָן:

יג| הִנֵּנִי. לְשׁוֹן עֲנָוָה וּזְרִיזוּת; נִזְדָּרֵז לְמִצְוַת אָבִיו, וְאַף עַל פִּי שֶׁהָיָה יוֹדֵעַ בְּאֶחָיו שֶׁשּׂוֹנְאִין אוֹתוֹ:

יד| מֵעֵמֶק חֶבְרוֹן. וַהֲלֹא חֶבְרוֹן בָּהָר, שֶׁנֶּאֱמַר: "וַיַּעֲלוּ בַנֶּגֶב וַיָּבֹא עַד חֶבְרוֹן" (במדבר יג, כב)? אֶלָּא מֵעֵצָה עֲמֻקָּה שֶׁל אוֹתוֹ צַדִּיק הַקָּבוּר בְּחֶבְרוֹן, לְקַיֵּם מַה שֶּׁנֶּאֱמַר לְאַבְרָהָם בֵּין הַבְּתָרִים: "כִּי גֵר יִהְיֶה זַרְעֲךָ": וַיָּבֹא שְׁכֶמָה. מָקוֹם מוּכָן לְפֻרְעָנוּת, שָׁם קִלְקְלוּ הַשְּׁבָטִים, שָׁם עִנּוּ אֶת דִּינָה, שָׁם נֶחְלְקָה מַלְכוּת בֵּית דָּוִד, שֶׁנֶּאֱמַר: "וַיֵּלֶךְ רְחַבְעָם שְׁכֶמָה" (דברי הימים ב' י, א):

טו| וַיִּמְצָאֵהוּ אִישׁ. זֶה גַּבְרִיאֵל:

יז| נָסְעוּ מִזֶּה. הִסִּיעוּ עַצְמָן מִן הָאַחֲוָה: נֵלְכָה דֹּתָיְנָה. לְבַקֵּשׁ לְךָ נִכְלֵי דָתוֹת שֶׁיְּמִיתוּךָ בָּהֶם. וּלְפִי פְשׁוּטוֹ שֵׁם מָקוֹם הוּא, וְאֵין מִקְרָא יוֹצֵא מִידֵי פְשׁוּטוֹ:

יח| וַיִּתְנַכְּלוּ. נִתְמַלְּאוּ נְכָלִים וְעַרְמוּמִיּוּת: אֹתוֹ. כְּמוֹ 'אִתּוֹ' 'עִמּוֹ', כְּלוֹמַר אֵלָיו:

וְאָמַ֕רְנוּ חַיָּ֥ה רָעָ֖ה אֲכָלָ֑תְהוּ וְנִרְאֶ֕ה מַה־יִּהְי֖וּ
כא חֲלֹמֹתָֽיו׃ וַיִּשְׁמַ֣ע רְאוּבֵ֔ן וַיַּצִּלֵ֖הוּ מִיָּדָ֑ם וַיֹּ֕אמֶר לֹ֥א
כב נַכֶּ֖נּוּ נָֽפֶשׁ׃ וַיֹּ֨אמֶר אֲלֵהֶ֣ם ׀ רְאוּבֵן֮ אַל־תִּשְׁפְּכוּ־
דָם֒ הַשְׁלִ֣יכוּ אֹת֗וֹ אֶל־הַבּ֤וֹר הַזֶּה֙ אֲשֶׁ֣ר בַּמִּדְבָּ֔ר
וְיָ֖ד אַל־תִּשְׁלְחוּ־ב֑וֹ לְמַ֗עַן הַצִּ֤יל אֹתוֹ֙ מִיָּדָ֔ם
כג שלישי לַהֲשִׁיב֖וֹ אֶל־אָבִֽיו׃ וַיְהִ֕י כַּאֲשֶׁר־בָּ֥א יוֹסֵ֖ף אֶל־
אֶחָ֑יו וַיַּפְשִׁ֤יטוּ אֶת־יוֹסֵף֙ אֶת־כֻּתָּנְתּ֔וֹ אֶת־כְּתֹ֥נֶת
כד הַפַּסִּ֖ים אֲשֶׁ֥ר עָלָֽיו׃ וַיִּ֨קָּחֻ֔הוּ וַיַּשְׁלִ֥כוּ אֹת֖וֹ הַבֹּ֑רָה
כה וְהַבּ֣וֹר רֵ֔ק אֵ֥ין בּ֖וֹ מָֽיִם׃ וַיֵּשְׁבוּ֮ לֶאֱכָל־לֶ֒חֶם֒ וַיִּשְׂא֤וּ
עֵֽינֵיהֶם֙ וַיִּרְא֔וּ וְהִנֵּה֙ אֹרְחַ֣ת יִשְׁמְעֵאלִ֔ים בָּאָ֖ה
מִגִּלְעָ֑ד וּגְמַלֵּיהֶ֣ם נֹֽשְׂאִ֗ים נְכֹאת֙ וּצְרִ֣י וָלֹ֔ט הוֹלְכִ֖ים
כו לְהוֹרִ֥יד מִצְרָֽיְמָה׃ וַיֹּ֥אמֶר יְהוּדָ֖ה אֶל־אֶחָ֑יו מַה־
כז בֶּ֗צַע כִּ֤י נַהֲרֹג֙ אֶת־אָחִ֔ינוּ וְכִסִּ֖ינוּ אֶת־דָּמֽוֹ׃ לְכ֞וּ
וְנִמְכְּרֶ֣נּוּ לַיִּשְׁמְעֵאלִ֗ים וְיָדֵ֙נוּ֙ אַל־תְּהִי־ב֔וֹ כִּֽי־
כח אָחִ֥ינוּ בְשָׂרֵ֖נוּ ה֑וּא וַֽיִּשְׁמְע֖וּ אֶחָֽיו׃ וַיַּֽעַבְר֞וּ אֲנָשִׁ֨ים
מִדְיָנִ֜ים סֹחֲרִ֗ים וַֽיִּמְשְׁכוּ֙ וַיַּעֲל֤וּ אֶת־יוֹסֵף֙ מִן־הַבּ֔וֹר
וַיִּמְכְּר֧וּ אֶת־יוֹסֵ֛ף לַיִּשְׁמְעֵאלִ֖ים בְּעֶשְׂרִ֣ים כָּ֑סֶף
כט וַיָּבִ֥יאוּ אֶת־יוֹסֵ֖ף מִצְרָֽיְמָה׃ וַיָּ֤שָׁב רְאוּבֵן֙ אֶל־
הַבּ֔וֹר וְהִנֵּ֥ה אֵין־יוֹסֵ֖ף בַּבּ֑וֹר וַיִּקְרַ֖ע אֶת־בְּגָדָֽיו׃
ל וַיָּ֥שָׁב אֶל־אֶחָ֖יו וַיֹּאמַ֑ר הַיֶּ֣לֶד אֵינֶ֔נּוּ וַאֲנִ֖י אָ֥נָה אֲנִי־

כא ונימר, חיתא בשתא אכלתיה, ונחזי, מא יהי בסוף חלמוהי: ושמע ראובן, ושיזביה
כב מידהון, ואמר, לא נקטלניה נפש: ואמר להון ראובן לא תישדון דם, רמו יתיה, לגבא הדין
דבמדברא, ויד לא תישטון ביה, בדיל, לשיזבא יתיה מידהון, לאתבותיה לות אבוהי:
כג והוה, כד אתא יוסף לות אחוהי, ואשלחו ית יוסף ית כתוניה, ית כתונא דפסי דעלוהי:
כד כה ונסבוהי, ורמו יתיה לגבא, וגבא ריקן, לית ביה מיא: ואסחרו למיכל לחמא, וזקפו עיניהון
וחזו, והא שירת ערבאי, אתיא מגלעד, וגמליהון טעינין, שעף וקטוף ולטום, אזלין
כו לאחתא למצרים: ואמר יהודה לאחוהי, מא ממון מתהני לנא, ארי נקטול ית אחונא,
כז ונכסי על דמיה: איתו ונזבניניה לערבאי, וידנא לא תהי ביה, ארי אחונא בסרנא הוא,
כח וקבילו מניה אחוהי: ועברו גברי מדינאי תגרי, ונגדו ואסיקו ית יוסף מן גבא, וזבינו ית
כט יוסף, לערבאי בעסרין כסף, ואיתיאו ית יוסף למצרים: ותב ראובן לגבא, והא לית יוסף
ל בגבא, ובזע ית לבושוהי: ותב לות אחוהי ואמר, עולימא ליתוהי, ואנא לאן אנא

כ) **ונראה מה יהיו חלמתיו.** אמר רבי יצחק: מקרא זה אומר דרשני, רוח הקדש אומרת כן, הם אומרים "נהרגהו", והכתוב מסיים "ונראה מה יהיו חלמתיו" – נראה דבר מי יקום, אם שלכם או שלי. ואי אפשר שיאמרו הם: "ונראה מה יהיו חלמתיו", שמכיון שיהרגוהו בטלו חלומותיו:

כא) **לא נכנו נפש.** מכת נפש, זו היא מיתה:

כב) **למען הציל אתו.** רוח הקדש מעידה על ראובן שלא אמר זאת אלא להציל אותו, שיבא הוא ויעלנו משם. אמר: אני בכור וגדול שבכלן, לא יתלה הסרחון אלא בי:

כג) **את כתנתו.** זה חלוק: **את כתנת הפסים.** הוא שהוסיף לו אביו יותר על אחיו:

כד) **והבור רק אין בו מים.** ממשמע שנאמר: "והבור רק" איני יודע שאין בו מים? מה תלמוד לומר: "אין בו מים"? מים אין בו, אבל נחשים ועקרבים יש בו:

כה) **ארחת.** כתרגומו: "שירת", על שם הולכי ארח: **וגמליהם נשאים וגו'.** למה פרסם הכתוב את משאם? להודיע מתן שכרן של צדיקים, שאין דרכן של ערביים לשאת אלא נפט ועטרן שריחן רע, ולזה נזדמנו בשמים שלא יזוק מריח רע: **נכאת.** כל כנוסי בשמים הרבה קרוי 'נכאת', וכן: "ויראם את כל בית נכתה" (מלכים ב' כ, יג) – מרקחת בשמיו. ואונקלוס תרגם לשון שעוה: **וצרי.** שרף הנוטף מעצי הקטף, והוא נטף (שמות ל, לד) הנמנה עם סממני הקטרת: **ולט.** 'לוטם' שמו בלשון משנה (שביעית ז, ו), ורבותי פרשוהו לי: שרש עשב ושמו אסטורוזיא"ה במסכת נדה (דף ח ע"א):

כו) **מה בצע.** מה ממון, כתרגומו: **וכסינו את דמו.** ונעלים את מיתתו:

כז) **וישמעו.** "וקבילו מניה", וכל שמיעה שהיא קבלת דברים, כגון זה, וכגון: "וישמע יעקב אל אביו" (לעיל כח, ז), "נעשה ונשמע" (שמות כד, ז), מתרגמין: 'וקביל'. וכל שהיא שמיעת האזן, כגון: "וישמעו את קול ה' אלהים מתהלך בגן" (לעיל ג, ח), "ורבקה שמעת" (לעיל כז, ה), "וישמע ישראל" (לעיל לה, כב), "שמעתי את תלנות" (שמות טז, יב), כלן מתרגמין: ושמעו, ושמעת, ושמע, שמיע קדמי:

כח) **ויעברו אנשים מדינים.** זו היא שיירה אחרת, והודיעך הכתוב שנמכר פעמים הרבה: **וימשכו.** בני יעקב את יוסף מן הבור וימכרוהו לישמעאלים, והישמעאלים למדנים, "והמדנים מכרו אתו אל מצרים" (להלן פסוק לו):

כט) **וישב ראובן.** ובמכירתו לא היה שם, שהגיע יומו לילך ולשמש את אביו. דבר אחר, עסוק היה בשקו ובתעניתו על בלבול יצועי אביו:

ל) **אנה אני בא.** אנה אברח מצערו של אבא:

לא בָּֽא׃ וַיִּקְחוּ אֶת־כְּתֹנֶת יוֹסֵף וַיִּשְׁחֲטוּ שְׂעִיר עִזִּים
לב וַיִּטְבְּלוּ אֶת־הַכֻּתֹּנֶת בַּדָּם׃ וַיְשַׁלְּחוּ אֶת־כְּתֹנֶת
הַפַּסִּים וַיָּבִיאוּ אֶל־אֲבִיהֶם וַיֹּאמְרוּ זֹאת מָצָאנוּ
לג הַכֶּר־נָא הַכְּתֹנֶת בִּנְךָ הִוא אִם־לֹא׃ וַיַּכִּירָהּ
וַיֹּאמֶר כְּתֹנֶת בְּנִי חַיָּה רָעָה אֲכָלָתְהוּ טָרֹף טֹרַף
לד יוֹסֵף׃ וַיִּקְרַע יַעֲקֹב שִׂמְלֹתָיו וַיָּשֶׂם שַׂק בְּמָתְנָיו
לה וַיִּתְאַבֵּל עַל־בְּנוֹ יָמִים רַבִּים׃ וַיָּקֻמוּ כָל־בָּנָיו וְכָל־
בְּנֹתָיו לְנַחֲמוֹ וַיְמָאֵן לְהִתְנַחֵם וַיֹּאמֶר כִּי־אֵרֵד
לו אֶל־בְּנִי אָבֵל שְׁאֹלָה וַיֵּבְךְּ אֹתוֹ אָבִיו׃ וְהַמְּדָנִים
מָכְרוּ אֹתוֹ אֶל־מִצְרָיִם לְפוֹטִיפַר סְרִיס פַּרְעֹה
שַׂר הַטַּבָּחִים׃

לח א רביעי לד וַיְהִי בָּעֵת הַהִוא וַיֵּרֶד יְהוּדָה מֵאֵת אֶחָיו וַיֵּט
ב עַד־אִישׁ עֲדֻלָּמִי וּשְׁמוֹ חִירָה׃ וַיַּרְא־שָׁם יְהוּדָה
בַּת־אִישׁ כְּנַעֲנִי וּשְׁמוֹ שׁוּעַ וַיִּקָּחֶהָ וַיָּבֹא אֵלֶיהָ׃
ג ד וַתַּהַר וַתֵּלֶד בֵּן וַיִּקְרָא אֶת־שְׁמוֹ עֵר׃ וַתַּהַר עוֹד
ה וַתֵּלֶד בֵּן וַתִּקְרָא אֶת־שְׁמוֹ אוֹנָן׃ וַתֹּסֶף עוֹד
וַתֵּלֶד בֵּן וַתִּקְרָא אֶת־שְׁמוֹ שֵׁלָה וְהָיָה בִכְזִיב
ו בְּלִדְתָּהּ אֹתוֹ׃ וַיִּקַּח יְהוּדָה אִשָּׁה לְעֵר בְּכוֹרוֹ

לא] שְׂעִיר עִזִּים. דָּמוֹ דוֹמֶה לְשֶׁל אָדָם: הַכֻּתֹּנֶת. זֶה שְׁמָהּ, וּכְשֶׁהִיא דְּבוּקָה לְתֵבָה אַחֶרֶת, כְּגוֹן "כְּתֹנֶת יוֹסֵף", "כְּתֹנֶת פַּסִּים" (לעיל פסוק ג), "כְּתֹנֶת בַּד" (ויקרא טז, ד), נָקוּד 'כְּתֹנֶת':

וישב לח

לא אָתֵי: וְנְסִיבוּ יָת כְּתוּנָא דְיוֹסֵף, וּנְכַסוּ צְפִיר בַּר עִזֵּי, וּטְבַלוּ יָת כְּתוּנָא בִּדְמָא: וְשַׁלַּחוּ יָת
כְּתוּנָא דְפַסֵּי, וְאַיְתִיאוּ לַאֲבוּהוֹן, וַאֲמָרוּ דָא אַשְׁכַּחְנָא, אִשְׁתְּמוֹדַע כְּעַן, הַכְתוּנָא דִבְרָךְ
לג הִיא אִם לָא: וְאִשְׁתְּמוֹדְעַהּ וַאֲמַר כְּתוּנָא דִבְרִי, חַיְתָא בִּישְׁתָּא אֲכָלַתֵּיהּ, מִקְטַל קְטִיל יוֹסֵף:
לד וּבְזַע יַעֲקֹב לְבוּשׁוֹהִי, וַאֲסַר סַקָּא בְּחַרְצֵיהּ, וְאִתְאַבַּל עַל בְּרֵיהּ יוֹמִין סַגִּיאִין: וְקָמוּ כָל בְּנוֹהִי
וְכָל בְּנָתֵיהּ לְנַחֲמוּתֵיהּ, וְסָרֵיב לְקַבָּלָא תַנְחוּמִין, וַאֲמַר, אֲרֵי אֵיחוֹת לְוָת בְּרִי, כַּד אֲבִילְנָא
לה לִשְׁאוֹל, וּבְכָא יָתֵיהּ אֲבוּהִי: וּמִדְיָנָאֵי, זַבִּינוּ יָתֵיהּ לְמִצְרָיִם, לְפוֹטִיפַר רַבָּא דְפַרְעֹה, רַב
לו קָטוֹלַיָּא: וַהֲוָה בְּעִדָּנָא הַהוּא, וּנְחַת יְהוּדָה מִלְוָת אֲחוֹהִי, וּסְטָא, לְוָת גַּבְרָא עֲדֻלָּמָאָה וּשְׁמֵיהּ
לח א חִירָה: וַחֲזָא תַמָּן יְהוּדָה, בַּת גְּבַר תַּגָּר וּשְׁמֵיהּ שׁוּעַ, וּנְסִבַהּ וְעָאל לְוָתַהּ: וְעַדִּיאַת וִילֵידַת בַּר,
ג וּקְרָא יָת שְׁמֵיהּ עֵר: וְעַדִּיאַת עוֹד וִילֵידַת בַּר, וּקְרַת יָת שְׁמֵיהּ אוֹנָן: וְאוֹסִיפַת עוֹד וִילֵידַת
ד בַּר, וּקְרַת יָת שְׁמֵיהּ שֵׁלָה, וַהֲוָה בִכְזִיב כַּד יְלֵידַת יָתֵיהּ: וּנְסֵיב יְהוּדָה, אִתְּתָא לְעֵר בּוּכְרֵיהּ,

---

לג **וַיֹּאמֶר כְּתֹנֶת בְּנִי. חַיָּה רָעָה אֲכָלָתְהוּ.** נִצְנְצָה בּוֹ רוּחַ הַקֹּדֶשׁ, סוֹפוֹ שֶׁתִּתְגָּרֶה בּוֹ אֵשֶׁת פּוֹטִיפָר. וְלָמָּה לֹא גִּלָּה לוֹ הַקָּדוֹשׁ בָּרוּךְ הוּא? לְפִי שֶׁהֶחֱרִימוּ וְקִלְּלוּ אֶת כָּל מִי שֶׁיְּגַלֶּה, וְשִׁתְּפוּ לְהַקָּדוֹשׁ בָּרוּךְ הוּא עִמָּהֶם. אֲבָל יִצְחָק הָיָה יוֹדֵעַ שֶׁהוּא חַי, אָמַר: הֵיאַךְ אֲגַלֶּה וְהַקָּדוֹשׁ בָּרוּךְ הוּא אֵינוֹ רוֹצֶה לְגַלּוֹת לוֹ?

לד **יָמִים רַבִּים. עֶשְׂרִים וּשְׁתַּיִם שָׁנָה מִשְּׁפֵּרַשׁ** מִמֶּנּוּ עַד שֶׁיָּרַד יַעֲקֹב לְמִצְרַיִם, שֶׁנֶּאֱמַר: "יוֹסֵף בֶּן שְׁבַע עֶשְׂרֵה שָׁנָה" וְגוֹ' (לעיל פסוק ב), וּבֶן שְׁלֹשִׁים שָׁנָה הָיָה בְּעָמְדוֹ לִפְנֵי פַרְעֹה (להלן מא, מו), וְשֶׁבַע שְׁנֵי הַשָּׂבָע, וּ"כִי זֶה שְׁנָתַיִם הָרָעָב" (להלן מה, ו) כְּשֶׁבָּא יַעֲקֹב לְמִצְרַיִם, הֲרֵי עֶשְׂרִים וּשְׁתַּיִם, כְּנֶגֶד עֶשְׂרִים וּשְׁתַּיִם שֶׁלֹּא קִיֵּם יַעֲקֹב כִּבּוּד אָב וָאֵם: עֶשְׂרִים שָׁנָה שֶׁהָיָה בְּבֵית לָבָן, וּשְׁתֵּי שָׁנִים בַּדֶּרֶךְ בְּשׁוּבוֹ מִבֵּית לָבָן, שָׁנָה וַחֲצִי בְּסֻכּוֹת וְשִׁשָּׁה חֳדָשִׁים בְּבֵית אֵל. וְזֶהוּ שֶׁאָמַר לְלָבָן: "זֶה לִּי עֶשְׂרִים שָׁנָה בְּבֵיתֶךָ" (לעיל לא, מא) – לִי הֵן, עָלַי הֵן, סוֹפִי לִלְקוֹת כְּנֶגְדָן:

לה **וְכָל בְּנֹתָיו.** רַבִּי יְהוּדָה אוֹמֵר: אֲחָיוֹת תְּאוֹמוֹת נוֹלְדוּ עִם כָּל שֵׁבֶט וְשֵׁבֶט וּנְשָׂאוּם. רַבִּי נְחֶמְיָה אוֹמֵר: כְּנַעֲנִיּוֹת הָיוּ, אֶלָּא מַהוּ "וְכָל בְּנוֹתָיו"? כַּלּוֹתָיו, שֶׁאֵין אָדָם נִמְנָע מִלִּקְרוֹא לַחֲתָנוֹ בְּנוֹ וּלְכַלָּתוֹ בִּתּוֹ: **וַיְמָאֵן לְהִתְנַחֵם.** אֵין אָדָם יָכוֹל לְקַבֵּל תַּנְחוּמִין עַל הַחַי וְסָבוּר שֶׁמֵּת, שֶׁעַל הַמֵּת נִגְזְרָה גְּזֵרָה שֶׁיִּשְׁתַּכַּח מִן הַלֵּב וְלֹא עַל הַחַי: **אֲרַד אֶל בְּנִי.** כְּמוֹ 'עַל בְּנִי', וְהַרְבֵּה 'אֶל' שֶׁמְּשַׁמְּשִׁין

בִּלְשׁוֹן 'עַל', "אֶל שָׁאוּל וְאֶל בֵּית הַדָּמִים" (שמואל ב כא, א), "אֶל הִלָּקַח אֲרוֹן הָאֱלֹהִים וְאֶל חָמִיהָ וְאִישָׁהּ" (שמואל א ד, כא): **אָבֵל שְׁאֹלָה.** כִּפְשׁוּטוֹ לְשׁוֹן קֶבֶר הוּא, בְּאֶבְלִי אֶקָּבֵר וְלֹא אֶתְנַחֵם כָּל יָמַי. וּבְמִדְרָשׁוֹ: גֵּיהִנֹּם; סִימָן זֶה הָיָה מָסוּר בְּיָדִי מִפִּי הַגְּבוּרָה, אִם לֹא יָמוּת אֶחָד מִבָּנַי בְּחַיַּי מֻבְטָח אֲנִי שֶׁאֵינִי רוֹאֶה גֵּיהִנֹּם: **וַיֵּבְךְּ אֹתוֹ אָבִיו.** יִצְחָק בּוֹכֶה הָיָה מִפְּנֵי צָרָתוֹ שֶׁל יַעֲקֹב, אֲבָל לֹא הָיָה מִתְאַבֵּל, שֶׁהָיָה יוֹדֵעַ שֶׁהוּא חַי:

לו **הַטַּבָּחִים.** שׁוֹחֲטֵי בְּהֵמוֹת הַמֶּלֶךְ:

פרק לח

א **וַיְהִי בָּעֵת הַהִוא.** לָמָּה נִסְמְכָה פָּרָשָׁה זוֹ לְכָאן, וְהִפְסִיק בְּפָרָשָׁתוֹ שֶׁל יוֹסֵף? לְלַמֵּד שֶׁהוֹרִידוּהוּ אֶחָיו מִגְּדֻלָּתוֹ כְּשֶׁרָאוּ בְּצָרַת אֲבִיהֶם, אָמְרוּ: אַתָּה אָמַרְתָּ לְמָכְרוֹ, אִלּוּ אָמַרְתָּ לַהֲשִׁיבוֹ הָיִינוּ שׁוֹמְעִים לָךְ: **וַיֵּט. מֵאֵת אֶחָיו: עַד אִישׁ עֲדֻלָּמִי.** נִשְׁתַּתֵּף עִמּוֹ:

ב **כְּנַעֲנִי. תַּגָּרָא:**

ה **וְהָיָה בִכְזִיב. שֵׁם הַמָּקוֹם. וְאוֹמֵר אֲנִי, עַל** שֵׁם שֶׁפָּסְקָה מִלֶּדֶת נִקְרָא "כְּזִיב", לְשׁוֹן: "הָיוֹ תִהְיֶה לִי כְּמוֹ אַכְזָב" (ירמיה טו, יח), "אֲשֶׁר לֹא יְכַזְּבוּ מֵימָיו" (ישעיה נח, יא), וְאִם לֹא כֵן מַה בָּא לְהוֹדִיעֵנוּ? וּבִבְרֵאשִׁית רַבָּה (פה, ד) רָאִיתִי: "וַתִּקְרָא שְׁמוֹ שֵׁלָה" וְגוֹ' – פָּסְקַת:

ז וּשְׁמָהּ תָּמָר: וַיְהִ֗י עֵ֚ר בְּכ֣וֹר יְהוּדָ֔ה רַ֖ע בְּעֵינֵ֣י
יְהוָ֑ה וַיְמִתֵ֖הוּ יְהוָֽה: ח וַיֹּ֤אמֶר יְהוּדָה֙ לְאוֹנָ֔ן בֹּ֛א
אֶל־אֵ֥שֶׁת אָחִ֖יךָ וְיַבֵּ֣ם אֹתָ֑הּ וְהָקֵ֥ם זֶ֖רַע לְאָחִֽיךָ:
ט וַיֵּ֣דַע אוֹנָ֔ן כִּ֛י לֹּ֥א ל֖וֹ יִהְיֶ֣ה הַזָּ֑רַע וְהָיָ֞ה אִם־בָּ֨א
אֶל־אֵ֤שֶׁת אָחִיו֙ וְשִׁחֵ֣ת אַ֔רְצָה לְבִלְתִּ֥י נְתָן־
זֶ֖רַע לְאָחִֽיו: י וַיֵּ֛רַע בְּעֵינֵ֥י יְהוָ֖ה אֲשֶׁ֣ר עָשָׂ֑ה
וַיָּ֖מֶת גַּם־אֹתֽוֹ: יא וַיֹּ֣אמֶר יְהוּדָה֩ לְתָמָ֨ר כַּלָּת֜וֹ
שְׁבִ֧י אַלְמָנָ֣ה בֵית־אָבִ֗יךְ עַד־יִגְדַּל֙ שֵׁלָ֣ה בְנִ֔י
כִּ֣י אָמַ֔ר פֶּן־יָמ֥וּת גַּם־ה֖וּא כְּאֶחָ֑יו וַתֵּ֣לֶךְ תָּמָ֔ר
וַתֵּ֖שֶׁב בֵּ֥ית אָבִֽיהָ: יב וַיִּרְבּוּ֙ הַיָּמִ֔ים וַתָּ֖מָת בַּת־שׁ֣וּעַ
אֵֽשֶׁת־יְהוּדָ֑ה וַיִּנָּ֣חֶם יְהוּדָ֗ה וַיַּ֜עַל עַל־גֹּזֲזֵ֤י צֹאנוֹ֙
ה֔וּא וְחִירָ֛ה רֵעֵ֥הוּ הָעֲדֻלָּמִ֖י תִּמְנָֽתָה: יג וַיֻּגַּ֥ד לְתָמָ֖ר
לֵאמֹ֑ר הִנֵּ֥ה חָמִ֛יךְ עֹלֶ֥ה תִמְנָ֖תָה לָגֹ֥ז צֹאנֽוֹ: יד וַתָּ֩סַר֩
בִּגְדֵ֨י אַלְמְנוּתָ֜הּ מֵֽעָלֶ֗יהָ וַתְּכַ֤ס בַּצָּעִיף֙ וַתִּתְעַלָּ֔ף
וַתֵּ֨שֶׁב֙ בְּפֶ֣תַח עֵינַ֔יִם אֲשֶׁ֖ר עַל־דֶּ֣רֶךְ תִּמְנָ֑תָה כִּ֤י
רָאֲתָה֙ כִּֽי־גָדַ֣ל שֵׁלָ֔ה וְהִ֕וא לֹֽא־נִתְּנָ֥ה ל֖וֹ לְאִשָּֽׁה:
טו וַיִּרְאֶ֣הָ יְהוּדָ֔ה וַֽיַּחְשְׁבֶ֖הָ לְזוֹנָ֑ה כִּ֥י כִסְּתָ֖ה פָּנֶֽיהָ:
טז וַיֵּ֨ט אֵלֶ֜יהָ אֶל־הַדֶּ֗רֶךְ וַיֹּ֨אמֶר֙ הָֽבָה־נָּא֙ אָב֣וֹא
אֵלַ֔יִךְ כִּ֚י לֹ֣א יָדַ֔ע כִּ֥י כַלָּת֖וֹ הִ֑וא וַתֹּ֨אמֶר֙ מַה־תִּתֶּן־
לִ֔י כִּ֥י תָב֖וֹא אֵלָֽי: יז וַיֹּ֕אמֶר אָנֹכִ֛י אֲשַׁלַּ֥ח גְּדִֽי־עִזִּ֖ים
מִן־הַצֹּ֑אן וַתֹּ֕אמֶר אִם־תִּתֵּ֥ן עֵרָב֖וֹן עַ֥ד שָׁלְחֶֽךָ:

לח וישב

יח וַיֹּ֗אמֶר מָ֣ה הָֽעֵרָבוֹן֮ אֲשֶׁ֣ר אֶתֶּן־לָךְ֒ וַתֹּ֗אמֶר חֹתָֽמְךָ֙ וּפְתִילֶ֔ךָ וּמַטְּךָ֖ אֲשֶׁ֣ר בְּיָדֶ֑ךָ וַיִּתֶּן־לָ֛הּ

ה וּשְׁמָהּ תָּמָר: וַהֲוָה, עֵר בְּכֵרֵיהּ דִּיהוּדָה, בִּישׁ קֳדָם יְיָ, וַאֲמִיתֵיהּ יְיָ: ח וַאֲמַר יְהוּדָה לְאוֹנָן, עוֹל לְוָת אִתַּת אֲחוּךְ וְיָבֵם יָתַהּ, וַאֲקֵים זַרְעָא לַאֲחוּךְ: ט וִידַע אוֹנָן, אֲרֵי, לָא עַל שְׁמֵיהּ מִתְקְרֵי זַרְעָא, וַהֲוִי, כַּד עָלֵיל לְוָת אִתַּת אֲחוּהִי וּמְחַבֵּיל אוֹרְחֵיהּ עַל אַרְעָא, בְּדִיל דְּלָא לְקַיָּמָא זַרְעָא לַאֲחוּהִי: י וּבְאִישׁ, קֳדָם יְיָ דַּעֲבַד, וַאֲמִית אַף יָתֵיהּ: יא וַאֲמַר יְהוּדָה לְתָמָר כַּלָּתֵיהּ תִּיבִי אַרְמְלָא בֵית אֲבוּיִךְ, עַד דְּיִרְבֵּי שֵׁלָה בְרִי, אֲרֵי אֲמַר, דִּלְמָא יְמוּת אַף הוּא כַּאֲחוֹהִי, וַאֲזַלַת תָּמָר, וִיתֵיבַת בֵּית אֲבוּהָא: יב וּסְגִיאוּ יוֹמַיָּא, וּמִיתַת בַּת שׁוּעַ אִתַּת יְהוּדָה, וְאִתְנַחַם יְהוּדָה, וּסְלִיק עַל גָּזְזֵי עָנֵיהּ הוּא, וְחִירָה, רָחֲמֵיהּ עֲדֻלָּמָאָה לְתִמְנָת: יג וְאִתְחַוָּא לְתָמָר לְמֵימַר, הָא חֲמוּיִךְ, סָלֵיק לְתִמְנָת לְמִגַּז עָנֵיהּ: יד וְאַעְדִּיאַת לְבוּשֵׁי אַרְמְלוּתַהּ מִנַּהּ, וְאִתְכַּסִּיאַת בְּעִיפָא וְאִתַּקְנַת, וִיתֵיבַת בְּפָרָשׁוּת עַיְנַיִן, דְּעַל אוֹרַח תִּמְנָת, אֲרֵי חֲזַת אֲרֵי רְבָא שֵׁלָה, וְהִיא, לָא אִתְיְהִיבַת לֵיהּ לְאִתּוּ: טו וַחֲזָהּ יְהוּדָה, וְחַשְׁבַהּ כְּנָפְקַת בָּרָא, אֲרֵי כַסִּיאַת אַפַּהָא: טז וּסְטָא לְוָתַהּ לְאוֹרְחָא, וַאֲמַר הֲבִי כְעַן אֵיעוּל לְוָתִיךְ, אֲרֵי, לָא יְדַע, אֲרֵי כַלָּתֵיהּ הִיא, וַאֲמֶרֶת מָא תִתֵּן לִי, אֲרֵי תֵיעוֹל לְוָתִי: יז וַאֲמַר, אֲנָא, אֲשַׁדַּר גַּדְיָא בַּר עִזֵּי מִן עָנָא, וַאֲמֶרֶת, אִם תִּתֵּן מַשְׁכּוֹנָא עַד דְּתִשְׁלַח: יח וַאֲמַר, מָא מַשְׁכּוֹנָא דְּאֶתֵּין לִיךְ, וַאֲמֶרֶת, עִזְקָתָךְ וְשׁוֹשִׁיפָךְ, וְחֻטְרָךְ דִּבְיָדָךְ, וִיהַב לַהּ,

ז רַע בְּעֵינֵי ה'. כְּרָעָתוֹ שֶׁל אוֹנָן, מַשְׁחִית זַרְעוֹ, שֶׁנֶּאֱמַר בְּאוֹנָן: "וַיָּמֶת גַּם אוֹתוֹ" (להלן פסוק י), כְּמִיתָתוֹ שֶׁל עֵר מִיתָתוֹ שֶׁל אוֹנָן. וְלָמָּה הָיָה עֵר מַשְׁחִית זַרְעוֹ? כְּדֵי שֶׁלֹּא תִּתְעַבֵּר וְיַכְחִישׁ יָפְיָהּ:

ח וְהָקֵם זֶרַע. הַבֵּן יִקָּרֵא עַל שֵׁם הַמֵּת:

ט וְשִׁחֵת אַרְצָה. דָּשׁ מִבִּפְנִים וְזוֹרֶה מִבַּחוּץ:

יא כִּי אָמַר וְגוֹ'. כְּלוֹמַר, דּוֹחֶה הָיָה אוֹתָהּ בְּקַשׁ, שֶׁלֹּא הָיָה בְּדַעְתּוֹ לְהַשִּׂיאָהּ לוֹ: כִּי אָמַר פֶּן יָמוּת. מֻחְזֶקֶת הִיא זוֹ שֶׁיָּמוּתוּ אֲנָשֶׁיהָ:

יב וַיַּעַל עַל גּוֹזְזֵי צֹאנוֹ. וַיַּעַל תִּמְנָתָה לַעֲמֹד עַל גּוֹזְזֵי צֹאנוֹ:

יג עָלָה תִמְנָתָה. וּבְשִׁמְשׁוֹן הוּא אוֹמֵר: "וַיֵּרֶד שִׁמְשׁוֹן תִּמְנָתָה" (שופטים יד, א)! בְּשִׁפּוּעַ הָהָר הָיְתָה יוֹשֶׁבֶת, עוֹלִין לָהּ מִכָּאן וְיוֹרְדִין לָהּ מִכָּאן:

יד וַתִּתְעַלָּף. כִּסְּתָה פָנֶיהָ, שֶׁלֹּא יַכִּיר בָּהּ: וַתֵּשֶׁב בְּפֶתַח עֵינָיִם. בִּפְתִיחַת עֵינַיִם, בְּפָרָשַׁת דְּרָכִים שֶׁעַל דֶּרֶךְ תִּמְנָתָה. וְרַבּוֹתֵינוּ דָרְשׁוּ, בְּפִתְחוֹ שֶׁל אַבְרָהָם אָבִינוּ שֶׁכָּל עֵינַיִם מְצַפּוֹת לִרְאוֹתוֹ: כִּי רָאֲתָה כִּי גָדַל שֵׁלָה וְגוֹ'. לְפִיכָךְ הִפְקִירָה עַצְמָהּ אֵצֶל יְהוּדָה, שֶׁהָיְתָה מִתְאַוָּה לְהַעֲמִיד מִמֶּנּוּ בָּנִים:

טו וַיַּחְשְׁבֶהָ לְזוֹנָה. לְפִי שֶׁיּוֹשֶׁבֶת בְּפָרָשַׁת דְּרָכִים: כִּי כִסְּתָה פָנֶיהָ. וְלֹא יָכוֹל לִרְאוֹתָהּ וּלְהַכִּירָהּ. וּמִדְרָשׁ רַבּוֹתֵינוּ, "כִּי כִסְּתָה פָנֶיהָ", כְּשֶׁהָיְתָה בְּבֵית חָמִיהָ הָיְתָה צְנוּעָה, לְפִיכָךְ לֹא חֲשָׁדָהּ:

טז וַיֵּט אֵלֶיהָ אֶל הַדֶּרֶךְ. מִדֶּרֶךְ שֶׁהָיָה בָהּ נָטָה אֶל הַדֶּרֶךְ אֲשֶׁר הִיא בָהּ. וּבִלְשׁוֹן לַעַז דיסטור"נר: הָבָה נָּא. הָכִינִי עַצְמֵךְ וְדַעְתֵּךְ לְכָךְ. כָּל לְשׁוֹן 'הָבָה' לְשׁוֹן הַזְמָנָה הוּא, חוּץ מִמָּקוֹם שֶׁיֵּשׁ לְתַרְגְּמוֹ בִּלְשׁוֹן נְתִינָה, וְאַף אוֹתָן שֶׁל הַזְמָנָה קְרוֹבִים לִלְשׁוֹן נְתִינָה הֵם:

יז עֵרָבוֹן. מַשְׁכּוֹן:

יח חֹתָמְךָ וּפְתִילֶךָ. "עִזְקָתָךְ וְשׁוֹשִׁיפָךְ", טַבַּעַת שֶׁאַתָּה חוֹתֵם בָּהּ וְשִׂמְלָתְךָ שֶׁאַתָּה מִתְכַּסֶּה בָּהּ. וַתַּהַר לוֹ. גִּבּוֹרִים כַּיּוֹצֵא בוֹ, צַדִּיקִים כַּיּוֹצֵא בּוֹ:

יט וַיָּבֹא אֵלֶיהָ וַתַּהַר לוֹ: וַתָּקׇם וַתֵּלֶךְ וַתָּסַר
צְעִיפָהּ מֵעָלֶיהָ וַתִּלְבַּשׁ בִּגְדֵי אַלְמְנוּתָהּ:
כ וַיִּשְׁלַח יְהוּדָה אֶת־גְּדִי הָעִזִּים בְּיַד רֵעֵהוּ
הָעֲדֻלָּמִי לָקַחַת הָעֵרָבוֹן מִיַּד הָאִשָּׁה וְלֹא
כא מְצָאָהּ: וַיִּשְׁאַל אֶת־אַנְשֵׁי מְקֹמָהּ לֵאמֹר אַיֵּה
הַקְּדֵשָׁה הִוא בָעֵינַיִם עַל־הַדָּרֶךְ וַיֹּאמְרוּ לֹא־
כב הָיְתָה בָזֶה קְדֵשָׁה: וַיָּשׇׁב אֶל־יְהוּדָה וַיֹּאמֶר
לֹא מְצָאתִיהָ וְגַם אַנְשֵׁי הַמָּקוֹם אָמְרוּ לֹא־
כג הָיְתָה בָזֶה קְדֵשָׁה: וַיֹּאמֶר יְהוּדָה תִּקַּח־לָהּ
פֶּן נִהְיֶה לָבוּז הִנֵּה שָׁלַחְתִּי הַגְּדִי הַזֶּה וְאַתָּה
כד לֹא מְצָאתָהּ: וַיְהִי׀ כְּמִשְׁלֹשׁ חֳדָשִׁים וַיֻּגַּד
לִיהוּדָה לֵאמֹר זָנְתָה תָּמָר כַּלָּתֶךָ וְגַם הִנֵּה
הָרָה לִזְנוּנִים וַיֹּאמֶר יְהוּדָה הוֹצִיאוּהָ וְתִשָּׂרֵף:
כה הִוא מוּצֵאת וְהִיא שָׁלְחָה אֶל־חָמִיהָ לֵאמֹר
לְאִישׁ אֲשֶׁר־אֵלֶּה לּוֹ אָנֹכִי הָרָה וַתֹּאמֶר הַכֶּר־
נָא לְמִי הַחֹתֶמֶת וְהַפְּתִילִים וְהַמַּטֶּה הָאֵלֶּה:
כו וַיַּכֵּר יְהוּדָה וַיֹּאמֶר צָדְקָה מִמֶּנִּי כִּי־עַל־כֵּן
לֹא־נְתַתִּיהָ לְשֵׁלָה בְנִי וְלֹא־יָסַף עוֹד לְדַעְתָּהּ:
כז כח וַיְהִי בְּעֵת לִדְתָּהּ וְהִנֵּה תְאוֹמִים בְּבִטְנָהּ: וַיְהִי
בְלִדְתָּהּ וַיִּתֶּן־יָד וַתִּקַּח הַמְיַלֶּדֶת וַתִּקְשֹׁר עַל־
כט יָדוֹ שָׁנִי לֵאמֹר זֶה יָצָא רִאשֹׁנָה: וַיְהִי׀ כְּמֵשִׁיב

יָדוֹ וְהִנֵּה יָצָא אָחִיו וַתֹּאמֶר מַה־פָּרַצְתָּ עָלֶיךָ
ל פָּרֶץ וַיִּקְרָא שְׁמוֹ פָּרֶץ: וְאַחַר יָצָא אָחִיו אֲשֶׁר

יט וְעָאל לְוָתַהּ וְעַדִּיאַת לֵיהּ: וְקָמַת וַאֲזַלַת, וְאַעְדִּיאַת עִיפַהּ מִנַּהּ, וּלְבֵישַׁת לְבוּשֵׁי אַרְמְלוּתַהּ:
כ וְשַׁדַּר יְהוּדָה יָת גַּדְיָא בַּר עִזֵּי, בְּיַד רַחֲמֵיהּ עֲדֻלָּמָאָה, לְמִסַּב מַשְׁכּוֹנָא מִיְּדָא דְאִתְּתָא, וְלָא
כא אַשְׁכְּחַהּ: וּשְׁאֵיל, יָת אֱנָשֵׁי אַתְרַהּ לְמֵימַר, אָן מְקַדַּשְׁתָּא, דְּהִיא בְעֵינַיִם עַל אוֹרְחָא, וַאֲמַרוּ,
כב לֵית הָכָא מְקַדַּשְׁתָּא: וְתָב לְוָת יְהוּדָה, וַאֲמַר לָא אַשְׁכַּחְתַּהּ, וְאַף אֱנָשֵׁי אַתְרָא אֲמַרוּ, לֵית
כג הָכָא מְקַדַּשְׁתָּא: וַאֲמַר יְהוּדָה תִּסַּב לַהּ, דִּלְמָא נְהֵי חוּךְ, הָא שַׁדַּרִית גַּדְיָא הָדֵין, וְאַתְּ לָא
כד אַשְׁכַּחְתַּהּ: וַהֲוָה כִּתְלָתוּת יַרְחַיָּא, וְאִתְחַוָּא לִיהוּדָה לְמֵימַר זַנִּיאַת תָּמָר כַּלְּתָךְ, וְאַף, הָא
כה מְעַדְּיָא מִזְּנוּתַהּ, וַאֲמַר יְהוּדָה, אַפְּקוּהָא וְתִתּוֹקַד: הִיא מִתַּפְּקָא, וְהִיא שְׁלַחַת לַחֲמוּהָא לְמֵימַר,
לְגַבְרָא דְּאִלֵּין דִּילֵיהּ, מִנֵּיהּ אֲנָא מְעַדְּיָא, וַאֲמַרַת אִשְׁתְּמוֹדַע כְּעַן, דְּמַאן עִזְקְתָא וְשׁוֹשִׁפָּא,
כו וְחֻטְרָא הָאִלֵּין: וְאִשְׁתְּמוֹדַע יְהוּדָה, וַאֲמַר זַכָּאָה מִנִּי מְעַדְּיָא, אֲרֵי עַל כֵּן לָא יְהַבְתַּהּ לְשֵׁלָה
כז כח בְּרִי, וְלָא אוֹסֵיף עוֹד לְמִדְּעַהּ: וַהֲוָה בְּעִדָּן מֵילְדַהּ, וְהָא תְיוֹמִין בִּמְעַהָא: וַהֲוָה בְּמֵילְדַהּ וִיהַב
כט יְדָא, וּנְסֵיבַת חָיְתָא, וּקְטַרַת עַל יְדֵיהּ זְהוֹרִיתָא לְמֵימַר, דֵּין נְפַק קַדְמוּתָא: וַהֲוָה כַּד אֲתֵיב יְדֵיהּ,
ל וְהָא נְפַק אֲחוּהִי, וַאֲמַרַת, מָא תְקוֹף סַגִּי עֲלָךְ לְמִתְקַף, וּקְרָא שְׁמֵיהּ פָּרֶץ: וּבָתַר כֵּן נְפַק אֲחוּהִי,

כא| הַקְּדֵשָׁה. מְקֻדֶּשֶׁת וּמְזֻמֶּנֶת לִזְנוּת:

כג| תִּקַּח לָהּ. יִהְיֶה שֶׁלָּהּ מַה שֶּׁבְּיָדָהּ: פֶּן נִהְיֶה לָבוּז. אִם תְּבַקְשֶׁנָּה עוֹד יִתְפַּרְסֵם הַדָּבָר וְיִהְיֶה גְּנַאי, כִּי מָה עָלַי עוֹד לַעֲשׂוֹת לְקַיֵּם דְּבָרַי? "הִנֵּה שָׁלַחְתִּי הַגְּדִי הַזֶּה" וְגוֹ'! וּלְפִי שֶׁרִמָּה יְהוּדָה אֶת אָבִיו בִּגְדִי עִזִּים שֶׁהִטְבִּיל כְּתֹנֶת יוֹסֵף בְּדָמוֹ, רִמּוּהוּ גַּם הוּא בִּגְדִי עִזִּים:

כד| כְּמִשְׁלֹשׁ חֳדָשִׁים. רֻבּוֹ שֶׁל רִאשׁוֹן וְרֻבּוֹ שֶׁל אַחֲרוֹן וְאֶמְצָעִי שָׁלֵם. וּלְשׁוֹן "כְּמִשְׁלֹשׁ חֳדָשִׁים" כְּהִשְׁתַּלֵּשׁ הֶחֳדָשִׁים, כְּמוֹ: "וּמִשְׁלֹחַ מָנוֹת" (אסתר ט, יט), "מִשְׁלוֹחַ יָדָם" (ישעיה יא, יד), וְכֵן תִּרְגֵּם אוּנְקְלוֹס: "כִּתְלָתוּת יַרְחַיָּא": הָרָה לִזְנוּנִים. שֵׁם דָּבָר, מְעֻבֶּרֶת, כְּמוֹ: "אִשָּׁה הָרָה" (שמות כא, כב), וּכְמוֹ: "בָּרָה כַּחַמָּה" (שיר השירים ו, י): וְתִשָּׂרֵף. אָמַר אֶפְרַיִם מִקְשָׁאָה מִשּׁוּם רַבִּי מֵאִיר: בִּתּוֹ שֶׁל שֵׁם הָיְתָה שֶׁהוּא כֹּהֵן, לְפִיכָךְ דָּנוּהָ בִּשְׂרֵפָה (ב"ר פה, י):

כה| הִוא מוּצֵאת. לִשָּׂרֵף: וְהִיא שָׁלְחָה אֶל חָמִיהָ. לֹא רָצְתָה לְהַלְבִּין פָּנָיו וְלוֹמַר: מִמְּךָ אֲנִי מְעֻבֶּרֶת! אֶלָּא "לְאִישׁ אֲשֶׁר אֵלֶּה לוֹ". אָמְרָה: אִם יוֹדֶה – יוֹדֶה מֵעַצְמוֹ, וְאִם לָאו – יִשְׂרְפוּנִי וְאַל אַלְבִּין פָּנָיו. מִכָּאן אָמְרוּ: נוֹחַ לוֹ לְאָדָם שֶׁיַּפִּילוּהוּ לְכִבְשַׁן הָאֵשׁ וְאַל יַלְבִּין פְּנֵי חֲבֵרוֹ בָּרַבִּים: הַכֶּר נָא. אֵין 'נָא' אֶלָּא לְשׁוֹן בַּקָּשָׁה: הַכֶּר נָא בּוֹרַאֲךָ וְאַל תְּאַבֵּד שָׁלֹשׁ נְפָשׁוֹת:

כו| צָדְקָה. בִּדְבָרֶיהָ: מִמֶּנִּי. הִיא מְעֻבֶּרֶת. וְרַבּוֹתֵינוּ זִכְרוֹנָם לִבְרָכָה דָּרְשׁוּ שֶׁיָּצְתָה בַּת קוֹל וְאָמְרָה: מִמֶּנִּי וּמֵאִתִּי יָצְאוּ הַדְּבָרִים, לְפִי שֶׁהָיְתָה צְנוּעָה בְּבֵית חָמִיהָ גָּזַרְתִּי שֶׁיֵּצְאוּ מִמֶּנָּה מְלָכִים, וּמִשֵּׁבֶט יְהוּדָה גָּזַרְתִּי לְהַעֲמִיד מְלָכִים בְּיִשְׂרָאֵל: כִּי עַל כֵּן לֹא נְתַתִּיהָ. כִּי כַּדִּין עָשְׂתָה עַל אֲשֶׁר לֹא נְתַתִּיהָ לְשֵׁלָה בְנִי: וְלֹא יָסַף עוֹד. יֵשׁ אוֹמְרִים לֹא הוֹסִיף, וְיֵשׁ אוֹמְרִים לֹא פָּסַק:

כז| בְּעֵת לִדְתָּהּ. וּבְרִבְקָה הוּא אוֹמֵר: "וַיִּמְלְאוּ יָמֶיהָ לָלֶדֶת" (לעיל כה, כד), לְהַלָּן לִמְלֵאִים וְכָאן לַחֲסֵרִים: וְהִנֵּה תְאוֹמִים. מָלֵא, וּלְהַלָּן (לעיל כה, כד) "תוֹמִם" חָסֵר, לְפִי שֶׁהָאֶחָד רָשָׁע, אֲבָל אֵלּוּ שְׁנֵיהֶם צַדִּיקִים:

כח| וַיִּתֶּן יָד. הוֹצִיא הָאֶחָד יָדוֹ לַחוּץ, וּלְאַחַר שֶׁקָּשְׁרָה עַל יָדוֹ הַשָּׁנִי הֶחֱזִירָהּ:

כט| פָּרַצְתָּ. חִזַּקְתָּ, עָלֶיךָ חֹזֶק:

חמישי לה עַל־יָדוֹ הַשָּׁנִי וַיִּקְרָא שְׁמוֹ זָרַח׃ וְיוֹסֵף א לט
הוּרַד מִצְרָיְמָה וַיִּקְנֵהוּ פּוֹטִיפַר סְרִיס פַּרְעֹה שַׂר
הַטַּבָּחִים אִישׁ מִצְרִי מִיַּד הַיִּשְׁמְעֵאלִים אֲשֶׁר
הוֹרִדֻהוּ שָׁמָּה׃ וַיְהִי יְהוָה אֶת־יוֹסֵף וַיְהִי אִישׁ ב
מַצְלִיחַ וַיְהִי בְּבֵית אֲדֹנָיו הַמִּצְרִי׃ וַיַּרְא אֲדֹנָיו כִּי ג
יְהוָה אִתּוֹ וְכֹל אֲשֶׁר־הוּא עֹשֶׂה יְהוָה מַצְלִיחַ
בְּיָדוֹ׃ וַיִּמְצָא יוֹסֵף חֵן בְּעֵינָיו וַיְשָׁרֶת אֹתוֹ וַיַּפְקִדֵהוּ ד
עַל־בֵּיתוֹ וְכָל־יֶשׁ־לוֹ נָתַן בְּיָדוֹ׃ וַיְהִי מֵאָז הִפְקִיד ה
אֹתוֹ בְּבֵיתוֹ וְעַל כָּל־אֲשֶׁר יֶשׁ־לוֹ וַיְבָרֶךְ יְהוָה
אֶת־בֵּית הַמִּצְרִי בִּגְלַל יוֹסֵף וַיְהִי בִּרְכַּת יְהוָה
בְּכָל־אֲשֶׁר יֶשׁ־לוֹ בַּבַּיִת וּבַשָּׂדֶה׃ וַיַּעֲזֹב כָּל־ ו
אֲשֶׁר־לוֹ בְּיַד־יוֹסֵף וְלֹא־יָדַע אִתּוֹ מְאוּמָה כִּי
אִם־הַלֶּחֶם אֲשֶׁר־הוּא אוֹכֵל וַיְהִי יוֹסֵף יְפֵה־תֹאַר
ששי וִיפֵה מַרְאֶה׃ וַיְהִי אַחַר הַדְּבָרִים הָאֵלֶּה וַתִּשָּׂא ז
אֵשֶׁת־אֲדֹנָיו אֶת־עֵינֶיהָ אֶל־יוֹסֵף וַתֹּאמֶר שִׁכְבָה
עִמִּי׃ וַיְמָאֵן ׀ וַיֹּאמֶר אֶל־אֵשֶׁת אֲדֹנָיו הֵן אֲדֹנִי ח
לֹא־יָדַע אִתִּי מַה־בַּבָּיִת וְכֹל אֲשֶׁר־יֶשׁ־לוֹ נָתַן
בְּיָדִי׃ אֵינֶנּוּ גָדוֹל בַּבַּיִת הַזֶּה מִמֶּנִּי וְלֹא־חָשַׂךְ ט
מִמֶּנִּי מְאוּמָה כִּי אִם־אוֹתָךְ בַּאֲשֶׁר אַתְּ־אִשְׁתּוֹ
וְאֵיךְ אֶעֱשֶׂה הָרָעָה הַגְּדֹלָה הַזֹּאת וְחָטָאתִי

לט וישב

י לֵאלֹהִים: וַיְהִי כְּדַבְּרָהּ אֶל־יוֹסֵף יוֹם ׀ יוֹם וְלֹא־
יא שָׁמַע אֵלֶיהָ לִשְׁכַּב אֶצְלָהּ לִהְיוֹת עִמָּהּ: וַיְהִי
כְּהַיּוֹם הַזֶּה וַיָּבֹא הַבַּיְתָה לַעֲשׂוֹת מְלַאכְתּוֹ

לט א דְּעַל יְדֵיהּ זְהוֹרִיתָא, וּקְרָא שְׁמֵיהּ זָרַח: וְיוֹסֵף אִתָּחַת לְמִצְרָיִם, וְזַבְנֵיהּ, פּוֹטִיפַר רַבָּא דְּפַרְעֹה,
ב רַב קָטוֹלַיָּא גַּבְרָא מִצְרָאָה, מִידָא דְּעַרְבָאֵי, דְּאַחֲתוּהִי לְתַמָּן: וַהֲוָה מֵימְרָא דַּיְיָ בְּסַעֲדֵיהּ דְּיוֹסֵף,
ג וַהֲוָה גְּבַר מַצְלַח, וַהֲוָה, בְּבֵית רִבּוֹנֵיהּ מִצְרָאָה: וַחֲזָא רִבּוֹנֵיהּ, אֲרֵי מֵימְרָא דַּיְיָ בְּסַעֲדֵיהּ, וְכָל
ד דְּהוּא עָבֵיד, יְיָ מַצְלַח בִּידֵיהּ: וְאַשְׁכַּח יוֹסֵף רַחֲמִין, בְּעֵינוֹהִי וְשַׁמֵּישׁ יָתֵיהּ, וּמַנְּיֵהּ עַל בֵּיתֵיהּ,
ה וְכָל דְּאִית לֵיהּ מְסַר בִּידֵיהּ: וַהֲוָה, מֵעִדָּן דְּמַנִּי יָתֵיהּ בְּבֵיתֵיהּ, וְעַל כָּל דְּאִית לֵיהּ, וּבָרֵיךְ יְיָ, יָת
ו בֵּית מִצְרָאָה בְּדִיל יוֹסֵף, וַהֲוָה, בִּרְכְתָא דַּיְיָ בְּכָל דְּאִית לֵיהּ, בְּבֵיתָא וּבְחַקְלָא: וּשְׁבַק כָּל דְּלֵיהּ
בִּידָא דְּיוֹסֵף, וְלָא יְדַע עִמֵּיהּ מִדָּעַם, אֱלָהֵין לַחְמָא דְּהוּא אָכֵיל, וַהֲוָה יוֹסֵף, שַׁפִּיר בְּרֵיוָא וְיָאֵי
ז בְּחֶזְוָא: וַהֲוָה, בָּתַר פִּתְגָּמַיָּא הָאִלֵּין, וּזְקַפַת אִתַּת רִבּוֹנֵיהּ, יָת עֵינַהָא לְוָת יוֹסֵף, וַאֲמַרַת שְׁכוּב
ח עִמִּי: וְסָרֵיב וַאֲמַר לְאִתַּת רִבּוֹנֵיהּ, הָא רִבּוֹנִי, לָא יְדַע עִמִּי מָא בְּבֵיתָא, וְכָל דְּאִית לֵיהּ מְסַר
ט בִּידִי: לֵית דְּרַב, בְּבֵיתָא הָדֵין מִנִּי, וְלָא מְנַע מִנִּי מִדָּעַם, אֱלָהֵין יָתִיךְ בְּדִיל דְּאַתְּ אִתְּתֵיהּ,
י וְאֵיכְדֵין אַעֲבֵיד, בִּשְׁתָא רַבְּתָא הָדָא, וַאֲחוּב קֳדָם יְיָ: וַהֲוָה, כַּד מַלֵּילַת עִם יוֹסֵף יוֹם יוֹם, וְלָא
יא קַבֵּיל מִנַּהּ, לְמִשְׁכַּב לְוָתַהּ לְמֶהֱוֵי עִמַּהּ: וַהֲוָה כְּיוֹמָא הָדֵין, וְעָאל לְבֵיתָא לְמִבְדַּק בִּכְתָבֵי

ל) אֲשֶׁר עַל יָדוֹ הַשָּׁנִי. אַרְבַּע יָדוֹת כְּתוּבוֹת כָּאן, כְּנֶגֶד אַרְבָּעָה חֲרָמִים שֶׁמָּעַל עָכָן שֶׁיָּצָא מִמֶּנּוּ. וְיֵשׁ אוֹמְרִים: כְּנֶגֶד אַרְבָּעָה דְּבָרִים שֶׁלָּקַח: אַדֶּרֶת שִׁנְעָר, וּשְׁתֵּי חֲתִיכוֹת כֶּסֶף שֶׁל מָאתַיִם שְׁקָלִים, וּלְשׁוֹן זָהָב (יהושע ז, כא). בְּרֵאשִׁית רַבָּה (פה, יד): וַיִּקְרָא שְׁמוֹ זָרַח. עַל שֵׁם זְרִיחַת מַרְאִית הַשָּׁנִי:

פרק לט

א) וְיוֹסֵף הוּרַד. חוֹזֵר לְעִנְיַן רִאשׁוֹן, אֶלָּא שֶׁהִפְסִיק בּוֹ כְּדֵי לִסְמֹךְ יְרִידָתוֹ שֶׁל יְהוּדָה לִמְכִירָתוֹ שֶׁל יוֹסֵף, לוֹמַר שֶׁבִּשְׁבִילוֹ הוֹרִידוּהוּ מִגְּדֻלָּתוֹ. וְעוֹד, כְּדֵי לִסְמֹךְ מַעֲשֵׂה אִשְׁתּוֹ שֶׁל פּוֹטִיפַר לְמַעֲשֵׂה תָמָר, לוֹמַר לְךָ, מַה זּוֹ לְשֵׁם שָׁמַיִם אַף זוֹ לְשֵׁם שָׁמַיִם, שֶׁרָאֲתָה בְּאִצְטְרוֹלוֹגִין שֶׁלָּהּ שֶׁעֲתִידָה לְהַעֲמִיד בָּנִים מִמֶּנּוּ, וְאֵינָהּ יוֹדַעַת אִם מִמֶּנָּה אִם מִבִּתָּהּ:

ג) כִּי ה' אִתּוֹ. שֵׁם שָׁמַיִם שָׁגוּר בְּפִיו:

ד) וְכָל יֶשׁ לוֹ. הֲרֵי לָשׁוֹן קָצָר, חָסֵר 'אֲשֶׁר':

ו-ז) וְלֹא יָדַע אִתּוֹ מְאוּמָה. לֹא הָיָה נוֹתֵן לִבּוֹ לִכְלוּם: כִּי אִם הַלֶּחֶם. הִיא אִשְׁתּוֹ, אֶלָּא שֶׁדִּבֵּר בְּלָשׁוֹן נְקִיָּה: וַיְהִי יוֹסֵף יְפֵה תֹאַר. כֵּיוָן שֶׁרָאָה עַצְמוֹ מוֹשֵׁל, הִתְחִיל אוֹכֵל וְשׁוֹתֶה וּמְסַלְסֵל בִּשְׂעָרוֹ. אָמַר הַקָּדוֹשׁ בָּרוּךְ הוּא: אָבִיךָ מִתְאַבֵּל, וְאַתָּה מְסַלְסֵל בִּשְׂעָרְךָ?! אֲנִי מְגָרֶה בְּךָ אֶת הַדֹּב! מִיָּד – "וַתִּשָּׂא אֵשֶׁת אֲדֹנָיו" וְגוֹ'; כָּל מָקוֹם שֶׁנֶּאֱמַר 'אַחַר' – סָמוּךְ:

ט) וְחָטָאתִי לֵאלֹהִים. בְּנֵי נֹחַ נִצְטַוּוּ עַל הָעֲרָיוֹת:

י) לִשְׁכַּב אֶצְלָהּ. אֲפִלּוּ בְּלֹא תַשְׁמִישׁ: לִהְיוֹת עִמָּהּ. לָעוֹלָם הַבָּא:

וישב

יב וְאֵ֨ין אִ֜ישׁ מֵאַנְשֵׁ֥י הַבַּ֛יִת שָׁ֖ם בַּבָּֽיִת׃ וַתִּתְפְּשֵׂ֧הוּ
בְּבִגְד֛וֹ לֵאמֹ֖ר שִׁכְבָ֣ה עִמִּ֑י וַיַּעֲזֹ֤ב בִּגְדוֹ֙ בְּיָדָ֔הּ
יג וַיָּ֖נָס וַיֵּצֵ֥א הַחֽוּצָה׃ וַיְהִי֙ כִּרְאוֹתָ֔הּ כִּֽי־עָזַ֥ב בִּגְד֖וֹ
יד בְּיָדָ֑הּ וַיָּ֖נָס הַחֽוּצָה׃ וַתִּקְרָ֞א לְאַנְשֵׁ֣י בֵיתָ֗הּ
וַתֹּ֤אמֶר לָהֶם֙ לֵאמֹ֔ר רְא֗וּ הֵ֥בִיא לָ֛נוּ אִ֥ישׁ עִבְרִ֖י
לְצַ֣חֶק בָּ֑נוּ בָּ֤א אֵלַי֙ לִשְׁכַּ֣ב עִמִּ֔י וָאֶקְרָ֖א בְּק֥וֹל
טו גָּדֽוֹל׃ וַיְהִ֣י כְשָׁמְע֔וֹ כִּֽי־הֲרִימֹ֥תִי קוֹלִ֖י וָאֶקְרָ֑א
טז וַיַּעֲזֹ֤ב בִּגְדוֹ֙ אֶצְלִ֔י וַיָּ֖נָס וַיֵּצֵ֥א הַחֽוּצָה׃ וַתַּנַּ֥ח
יז בִּגְד֖וֹ אֶצְלָ֑הּ עַד־בּ֥וֹא אֲדֹנָ֖יו אֶל־בֵּיתֽוֹ׃ וַתְּדַבֵּ֣ר
אֵלָ֔יו כַּדְּבָרִ֥ים הָאֵ֖לֶּה לֵאמֹ֑ר בָּ֣א אֵלַ֞י הָעֶ֧בֶד
יח הָֽעִבְרִ֛י אֲשֶׁר־הֵבֵ֥אתָ לָּ֖נוּ לְצַ֥חֶק בִּֽי׃ וַיְהִ֕י
כַּהֲרִימִ֥י קוֹלִ֖י וָאֶקְרָ֑א וַיַּעֲזֹ֥ב בִּגְד֛וֹ אֶצְלִ֖י וַיָּ֥נָס
יט הַחֽוּצָה׃ וַיְהִי֩ כִשְׁמֹ֨עַ אֲדֹנָ֜יו אֶת־דִּבְרֵ֣י אִשְׁתּ֗וֹ
אֲשֶׁ֨ר דִּבְּרָ֤ה אֵלָיו֙ לֵאמֹ֔ר כַּדְּבָרִ֣ים הָאֵ֔לֶּה עָ֥שָׂה
כ לִּ֖י עַבְדֶּ֑ךָ וַיִּ֖חַר אַפּֽוֹ׃ וַיִּקַּח֩ אֲדֹנֵ֨י יוֹסֵ֜ף אֹת֗וֹ
וַֽיִּתְּנֵ֙הוּ֙ אֶל־בֵּ֣ית הַסֹּ֔הַר מְק֕וֹם אֲשֶׁר־אסורי (אֲסִירֵ֥י)
כא הַמֶּ֖לֶךְ אֲסוּרִ֑ים וַֽיְהִי־שָׁ֖ם בְּבֵ֥ית הַסֹּֽהַר׃ וַיְהִ֤י
יְהוָה֙ אֶת־יוֹסֵ֔ף וַיֵּ֥ט אֵלָ֖יו חָ֑סֶד וַיִּתֵּ֣ן חִנּ֔וֹ בְּעֵינֵ֖י
כב שַׂ֥ר בֵּית־הַסֹּֽהַר׃ וַיִּתֵּ֞ן שַׂ֤ר בֵּית־הַסֹּ֙הַר֙ בְּיַד־
יוֹסֵ֔ף אֵ֚ת כָּל־הָ֣אֲסִירִ֔ם אֲשֶׁ֖ר בְּבֵ֣ית הַסֹּ֑הַר

וְאֵת כָּל־אֲשֶׁר עֹשִׂים שָׁם הוּא הָיָה עֹשֶׂה׃
כג אֵין ׀ שַׂר בֵּית־הַסֹּהַר רֹאֶה אֶת־כָּל־מְאוּמָה
בְּיָדוֹ בַּאֲשֶׁר יְהוָה אִתּוֹ וַאֲשֶׁר־הוּא עֹשֶׂה יְהוָה
מַצְלִיחַ׃

יב חֻשְׁבָּנֵיהּ, וְלֵית אֱנָשׁ, מֵאֱנָשֵׁי בֵיתָא, תַּמָּן בְּבֵיתָא: וַאֲחֵידְתֵּיהּ בִּלְבוּשֵׁיהּ, לְמֵימַר שְׁכוּב עִמִּי,
יג וְשַׁבְקֵיהּ לִלְבוּשֵׁיהּ בִּידַהּ, וַעֲרַק וּנְפַק לְשׁוּקָא: וַהֲוָה כַּד חֲזָת, אֲרֵי שַׁבְקֵיהּ לִלְבוּשֵׁיהּ בִּידַהּ,
יד וַעֲרַק לְשׁוּקָא: וּקְרָת לֶאֱנָשֵׁי בֵיתַהּ, וַאֲמַרַת לְהוֹן לְמֵימַר, חֲזוֹ, אַיְתִי לַנָא, גְּבַרָא עִבְרָאָה
טו לְחַיָּכָא בַנָא, עָאל לְוָתִי לְמִשְׁכַּב עִמִּי, וּקְרֵית בְּקָלָא רָמָא: וַהֲוָה כַּד שְׁמַע, אֲרֵי אֲרֵימִית
טז קָלִי וּקְרֵית, וְשַׁבְקֵיהּ לִלְבוּשֵׁיהּ לְוָתִי, וַעֲרַק וּנְפַק לְשׁוּקָא: וַאֲחֵיתְתֵיהּ לִלְבוּשֵׁיהּ לְוָתַהּ, עַד
יז דְּעָאל רִבּוֹנֵיהּ לְבֵיתֵיהּ: וּמַלֵּילַת עִמֵּיהּ, כְּפִתְגָּמַיָּא הָאִלֵּין לְמֵימַר, עָאל לְוָתִי, עַבְדָּא
יח עִבְרָאָה, דְּאֵיתֵיתָא לַנָא לְחַיָּכָא בִי: וַהֲוָה, כַּד אֲרֵימִית קָלִי וּקְרֵית, וְשַׁבְקֵיהּ לִלְבוּשֵׁיהּ,
יט לְוָתִי וַעֲרַק לְשׁוּקָא: וַהֲוָה כַּד שְׁמַע רִבּוֹנֵיהּ יָת פִּתְגָּמֵי אִתְּתֵיהּ, דְּמַלֵּילַת עִמֵּיהּ לְמֵימַר,
כ כְּפִתְגָּמַיָּא הָאִלֵּין, עֲבַד לִי עַבְדָּךְ, וּתְקֵיף רֻגְזֵיהּ: וּדְבַר רִבּוֹנֵיהּ דְּיוֹסֵף יָתֵיהּ, וִיהָבֵיהּ בְּבֵית
כא אֲסִירֵי, אַתְרָא, דַּאֲסִירֵי מַלְכָּא אֲסִירִין, וַהֲוָה תַמָּן בְּבֵית אֲסִירֵי: וַהֲוָה מֵימְרָא דַיְיָ בְּסַעֲדֵיהּ
כב דְּיוֹסֵף, וּנְגַד לֵיהּ חִסְדָּא, וִיהָבֵיהּ לְרַחֲמִין, בְּעֵינֵי רַב בֵּית אֲסִירֵי: וִיהַב, רַב בֵּית אֲסִירֵי בִּידָא
דְּיוֹסֵף, יָת כָּל אֲסִירַיָּא, דִּבְבֵית אֲסִירֵי, וְיָת כָּל דְּעָבְדִין תַּמָּן, מִמֵּימְרֵיהּ הֲוָה מִתְעֲבֵיד:
כג לֵית רַב בֵּית אֲסִירֵי, חָזֵי יָת כָּל סָרְחָן בִּידֵיהּ, בְּדְמֵימְרָא דַיְיָ בְּסַעֲדֵיהּ, וּדְהוּא עָבֵיד יְיָ מַצְלַח:

יא| **וַיְהִי כְּהַיּוֹם הַזֶּה.** כְּלוֹמַר, וַיְהִי כַּאֲשֶׁר הִגִּיעַ יוֹם מְיֻחָד, יוֹם צְחוֹק, יוֹם אֵיד שֶׁלָּהֶם, שֶׁהָלְכוּ כֻּלָּם לְבֵית עֲבוֹדָה זָרָה; אָמְרָה: אֵין לִי יוֹם הָגוּן לְהִזָּקֵק לְיוֹסֵף כְּהַיּוֹם הַזֶּה. אָמְרָה לָהֶם: חוֹלָה אֲנִי וְאֵינִי יְכוֹלָה לֵילֵךְ: **לַעֲשׂוֹת מְלַאכְתּוֹ.** רַב וּשְׁמוּאֵל, חַד אָמַר: מְלַאכְתּוֹ מַמָּשׁ, וְחַד אָמַר: לַעֲשׂוֹת צְרָכָיו עִמָּהּ, אֶלָּא שֶׁנִּרְאֵית לוֹ דְּמוּת דְּיוֹקְנוֹ שֶׁל אָבִיו וְכוּ׳, כִּדְאִיתָא בְּמַסֶּכֶת סוֹטָה (דף לו ע״ב):

יד| **רְאוּ הֵבִיא לָנוּ.** הֲרֵי זֶה לְשׁוֹן קְצָרָה, ״הֵבִיא לָנוּ״ וְלֹא פֵּרֵשׁ מִי הֱבִיאוֹ, וְעַל בַּעְלָהּ אוֹמֶרֶת כֵּן: **עִבְרִי.** מֵעֵבֶר הַנָּהָר, מִבְּנֵי עֵבֶר:

טז| **אֲדֹנָיו.** שֶׁל יוֹסֵף:

יז| **בָּא אֵלַי. לְצַחֶק בִּי,** הָעֶבֶד הָעִבְרִי אֲשֶׁר הֵבֵאתָ לָנוּ:

יט| **וַיְהִי כִשְׁמֹעַ אֲדֹנָיו.** בִּשְׁעַת תַּשְׁמִישׁ אָמְרָה לוֹ, וְזֶהוּ שֶׁאָמְרָה: ״כַּדְּבָרִים הָאֵלֶּה עָשָׂה לִי עַבְדֶּךָ״ – עִנְיְנֵי תַּשְׁמִישׁ כָּאֵלֶּה:

כא| **וַיֵּט אֵלָיו חָסֶד.** שֶׁהָיָה מְקֻבָּל לְכָל רוֹאָיו, לְשׁוֹן ׳כַּלָּה נָאָה וַחֲסוּדָה׳ שֶׁבַּמִּשְׁנָה (כתובות יז ע״א):

כב| **הוּא הָיָה עֹשֶׂה.** כְּתַרְגּוּמוֹ: ״בְּמֵימְרֵיהּ הֲוָה מִתְעֲבֵיד״:

כג| **בַּאֲשֶׁר ה׳ אִתּוֹ.** בִּשְׁבִיל שֶׁה׳ אִתּוֹ:

וישב

שביעי א וַיְהִ֗י אַחַר֙ הַדְּבָרִ֣ים הָאֵ֔לֶּה חָטְא֛וּ מַשְׁקֵ֥ה מֶֽלֶךְ־מִצְרַ֖יִם וְהָאֹפֶ֑ה לַאֲדֹנֵיהֶ֖ם לְמֶ֥לֶךְ מִצְרָֽיִם: ב וַיִּקְצֹ֣ף פַּרְעֹ֔ה עַ֖ל שְׁנֵ֣י סָרִיסָ֑יו עַ֚ל שַׂ֣ר הַמַּשְׁקִ֔ים וְעַ֖ל שַׂ֥ר הָאוֹפִֽים: ג וַיִּתֵּ֨ן אֹתָ֜ם בְּמִשְׁמַ֗ר בֵּ֚ית שַׂ֣ר הַטַּבָּחִ֔ים אֶל־בֵּ֖ית הַסֹּ֑הַר מְק֕וֹם אֲשֶׁ֥ר יוֹסֵ֖ף אָס֥וּר שָֽׁם: ד וַ֠יִּפְקֹד שַׂ֣ר הַטַּבָּחִ֧ים אֶת־יוֹסֵ֛ף אִתָּ֖ם וַיְשָׁ֣רֶת אֹתָ֑ם וַיִּהְי֥וּ יָמִ֖ים בְּמִשְׁמָֽר: ה וַיַּֽחַלְמוּ֩ חֲל֨וֹם שְׁנֵיהֶ֜ם אִ֤ישׁ חֲלֹמוֹ֙ בְּלַ֣יְלָה אֶחָ֔ד אִ֖ישׁ כְּפִתְר֣וֹן חֲלֹמ֑וֹ הַמַּשְׁקֶ֣ה וְהָאֹפֶ֗ה אֲשֶׁר֙ לְמֶ֣לֶךְ מִצְרַ֔יִם אֲשֶׁ֥ר אֲסוּרִ֖ים בְּבֵ֥ית הַסֹּֽהַר: ו וַיָּבֹ֧א אֲלֵיהֶ֛ם יוֹסֵ֖ף בַּבֹּ֑קֶר וַיַּ֣רְא אֹתָ֔ם וְהִנָּ֖ם זֹעֲפִֽים: ז וַיִּשְׁאַ֞ל אֶת־סְרִיסֵ֣י פַרְעֹ֗ה אֲשֶׁ֨ר אִתּ֧וֹ בְמִשְׁמַ֛ר בֵּ֥ית אֲדֹנָ֖יו לֵאמֹ֑ר מַדּ֛וּעַ פְּנֵיכֶ֥ם רָעִ֖ים הַיּֽוֹם: ח וַיֹּאמְר֣וּ אֵלָ֔יו חֲל֣וֹם חָלַ֔מְנוּ וּפֹתֵ֖ר אֵ֣ין אֹת֑וֹ וַיֹּ֨אמֶר אֲלֵהֶ֜ם יוֹסֵ֗ף הֲל֤וֹא לֵֽאלֹהִים֙ פִּתְרֹנִ֔ים סַפְּרוּ־נָ֖א לִֽי: ט וַיְסַפֵּ֧ר שַֽׂר־הַמַּשְׁקִ֛ים אֶת־חֲלֹמ֖וֹ לְיוֹסֵ֑ף וַיֹּ֣אמֶר ל֔וֹ בַּחֲלוֹמִ֕י וְהִנֵּה־גֶ֖פֶן לְפָנָֽי: י וּבַגֶּ֖פֶן שְׁלֹשָׁ֣ה שָׂרִיגִ֑ם וְהִ֤וא כְפֹרַ֨חַת֙ עָלְתָ֣ה נִצָּ֔הּ הִבְשִׁ֥ילוּ אַשְׁכְּלֹתֶ֖יהָ עֲנָבִֽים: יא וְכ֥וֹס פַּרְעֹ֖ה בְּיָדִ֑י וָאֶקַּ֣ח אֶת־הָֽעֲנָבִ֗ים וָֽאֶשְׂחַ֤ט אֹתָם֙ אֶל־כּ֣וֹס

פַּרְעֹה וָאֶתֵּן אֶת־הַכּוֹס עַל־כַּף פַּרְעֹה:
יב וַיֹּאמֶר לוֹ יוֹסֵף זֶה פִּתְרֹנוֹ שְׁלֹשֶׁת הַשָּׂרִגִים

מ א וַהֲוָה, בָּתַר פִּתְגָמַיָּא הָאִלֵּין, סְרַחוּ, שָׁקְיָא דְּמַלְכָּא דְּמִצְרַיִם וְנַחְתּוֹמָא, לְרִבּוֹנְהוֹן לְמַלְכָּא
ב ג דְּמִצְרָיִם: וּרְגִיז פַּרְעֹה, עַל תְּרֵין רַבְרְבָנוֹהִי, עַל רַב שָׁקֵי, וְעַל רַב נַחְתּוֹמֵי: וִיהַב יָתְהוֹן בְּמַטְּרַת,
ד בֵּית, רַב קָטוֹלַיָּא בְּבֵית אֲסִירֵי, אַתְרָא, דְּיוֹסֵף אֲסִיר תַּמָּן: וּמַנִּי, רַב קָטוֹלַיָּא יָת יוֹסֵף, עִמְּהוֹן
ה וְשַׁמֵּישׁ יָתְהוֹן, וַהֲווֹ יוֹמִין בְּמַטְּרָא: וַחֲלַמוּ חֶלְמָא תַּרְוֵיהוֹן, גְּבַר חֶלְמֵיהּ בְּלֵילְיָא חַד, גְּבַר כְּפֻשְׁרַן
ו חֶלְמֵיהּ, שָׁקְיָא וְנַחְתּוֹמָא, דִּלְמַלְכָּא דְּמִצְרַיִם, דַּאֲסִירִין בְּבֵית אֲסִירֵי: וַאֲתָא לְוָתְהוֹן, יוֹסֵף
ז בְּצַפְרָא, וַחֲזָא יָתְהוֹן, וְהָא אִנּוּן נְסִיסִין: וּשְׁאֵיל יָת רַבְרְבֵי פַרְעֹה, דְּעִמֵּיהּ בְּמַטְּרַת, בֵּית רִבּוֹנֵיהּ
ח לְמֵימַר, מָדֵין, אַפֵּיכוֹן בִּישִׁין יוֹמָא דֵין: וַאֲמַרוּ לֵיהּ, חֶלְמָא חֲלַמְנָא, וּפָשַׁר לֵית לֵיהּ, וַאֲמַר לְהוֹן
ט יוֹסֵף, הֲלָא מִן קֳדָם יי פֻּשְׁרַן חֶלְמַיָּא, אִשְׁתַּעוֹ כְעַן לִי: וְאִשְׁתַּעִי רַב שָׁקֵי, יָת חֶלְמֵיהּ לְיוֹסֵף, וַאֲמַר
י לֵיהּ, בְּחֶלְמִי, וְהָא גֻּפְנָא קֳדָמָי: וּבְגֻפְנָא תְּלָתָא שִׁבְשִׁין, וְהִיא כַּד אַפְרַחַת אַפֵּיקַת לַבְלְבִין
יא אֲנִיצַת נַץ, בְּשִׁילוּ אֶתְכַּלְהָא הֲווֹ עִנְבִין: וְכָסָא דְּפַרְעֹה בִּידִי, וּנְסֵיבִית יָת עִנְבַיָּא, וַעֲצָרִית יָתְהוֹן
יב לְכָסָא דְּפַרְעֹה, וִיהַבִית יָת כָּסָא עַל יְדָא דְּפַרְעֹה: וַאֲמַר לֵיהּ יוֹסֵף, דֵּין פֻּשְׁרָנֵיהּ, תְּלָתָא שִׁבְשִׁין,

פרק מ

א| אַחַר הַדְּבָרִים הָאֵלֶּה. לְפִי שֶׁהִרְגִּילָה אוֹתָהּ אֲרוּרָה אֶת הַצַּדִּיק בְּפִי כֻלָּם לְדַבֵּר בּוֹ, הֵבִיא לָהֶם הַקָּדוֹשׁ בָּרוּךְ הוּא סָרְחָנָם שֶׁל אֵלּוּ, שֶׁיִּפְנוּ אֲלֵיהֶם וְלֹא אֵלָיו; וְעוֹד שֶׁתָּבוֹא הָרְוָחָה לַצַּדִּיק עַל יְדֵיהֶם: חָטְאוּ. זֶה נִמְצָא זְבוּב בְּפִיָלֵי פּוֹטִירִין שֶׁלּוֹ, וְזֶה נִמְצָא צְרוֹר בִּגְלוּסְקִין שֶׁלּוֹ: וְהָאֹפֶה. אֶת פַּת הַמֶּלֶךְ, וְאֵין לְשׁוֹן אֲפִיָּה אֶלָּא בְּפַת, וּבְלַעַז פישטו"ר:

ד| וַיִּפְקֹד שַׂר הַטַּבָּחִים אֶת יוֹסֵף. לִהְיוֹת "אִתָּם": וַיִּהְיוּ יָמִים בְּמִשְׁמָר. שְׁנֵים עָשָׂר חֹדֶשׁ:

ה| וַיַּחַלְמוּ חֲלוֹם שְׁנֵיהֶם. וַיַּחַלְמוּ שְׁנֵיהֶם חֲלוֹם, זֶהוּ פְּשׁוּטוֹ. וּמִדְרָשׁוֹ, כָּל אֶחָד חָלַם "חֲלוֹם שְׁנֵיהֶם" – שֶׁחָלַם אֶת חֲלוֹמוֹ וּפִתְרוֹן חֲבֵרוֹ, וְזֶהוּ שֶׁנֶּאֱמַר: "וַיַּרְא שַׂר הָאֹפִים כִּי טוֹב פָּתָר": אִישׁ כְּפִתְרוֹן חֲלֹמוֹ. כָּל אֶחָד חָלַם חֲלוֹם הַדּוֹמֶה לַפִּתְרוֹן הֶעָתִיד לָבֹא עֲלֵיהֶם:

ו| זֹעֲפִים. עֲצֵבִים, כְּמוֹ: "סַר וְזָעֵף" (מלכים א' כ, מג), "זַעַף ה' אֶשָּׂא" (מיכה ז, ט):

י| שָׂרִיגִם. זְמוֹרוֹת אֲרֻכּוֹת שֶׁקּוֹרִין וידי"ץ: וְהִוא כְפֹרַחַת. דּוֹמָה לְפוֹרַחַת. "וְהִיא כְפֹרַחַת" – נִדְמֵית לִי בַּחֲלוֹמִי כְּאִלּוּ הִיא פוֹרַחַת, וְאַחַר הַפֶּרַח "עָלְתָה נִצָּהּ" וְנַעֲשׂוּ סְמָדַר, אשפני"ר בְּלַעַז, וְאַחַר כָּךְ "הִבְשִׁילוּ". "וְהִיא כַד אַפְרַחַת אַפֵּיקַת לַבְלְבִין", עַד כָּאן תַּרְגּוּם שֶׁל "פֹרַחַת". נֵץ גָּדוֹל מִפֶּרַח, כְּדִכְתִיב: "וּבֹסֶר גֹּמֵל יִהְיֶה נִצָּה" (ישעיה יח, ה), וּכְתִיב: "וַיֹּצֵא פֶרַח" וַהֲדַר "וַיָּצֵץ צִיץ" (במדבר יז, כג):

יא| וָאֶשְׂחַט. כְּתַרְגּוּמוֹ "וַעֲצָרִית", וְהַרְבֵּה יֵשׁ בִּלְשׁוֹן מִשְׁנָה:

יג שְׁלֹשֶׁת יָמִים הֵם׃ בְּעוֹד ׀ שְׁלֹשֶׁת יָמִים יִשָּׂא
פַרְעֹה אֶת־רֹאשֶׁךָ וַהֲשִׁיבְךָ עַל־כַּנֶּךָ וְנָתַתָּ
כוֹס־פַּרְעֹה בְּיָדוֹ כַּמִּשְׁפָּט הָרִאשׁוֹן אֲשֶׁר
יד הָיִיתָ מַשְׁקֵהוּ׃ כִּי אִם־זְכַרְתַּנִי אִתְּךָ כַּאֲשֶׁר
יִיטַב לָךְ וְעָשִׂיתָ־נָּא עִמָּדִי חָסֶד וְהִזְכַּרְתַּנִי
טו אֶל־פַּרְעֹה וְהוֹצֵאתַנִי מִן־הַבַּיִת הַזֶּה׃ כִּי־גֻנֹּב
גֻּנַּבְתִּי מֵאֶרֶץ הָעִבְרִים וְגַם־פֹּה לֹא־עָשִׂיתִי
טז מְאוּמָה כִּי־שָׂמוּ אֹתִי בַּבּוֹר׃ וַיַּרְא שַׂר־הָאֹפִים
כִּי טוֹב פָּתָר וַיֹּאמֶר אֶל־יוֹסֵף אַף־אֲנִי בַּחֲלוֹמִי
יז וְהִנֵּה שְׁלֹשָׁה סַלֵּי חֹרִי עַל־רֹאשִׁי׃ וּבַסַּל הָעֶלְיוֹן
מִכֹּל מַאֲכַל פַּרְעֹה מַעֲשֵׂה אֹפֶה וְהָעוֹף אֹכֵל
יח אֹתָם מִן־הַסַּל מֵעַל רֹאשִׁי׃ וַיַּעַן יוֹסֵף וַיֹּאמֶר
זֶה פִּתְרֹנוֹ שְׁלֹשֶׁת הַסַּלִּים שְׁלֹשֶׁת יָמִים הֵם׃
יט בְּעוֹד ׀ שְׁלֹשֶׁת יָמִים יִשָּׂא פַרְעֹה אֶת־רֹאשְׁךָ
מֵעָלֶיךָ וְתָלָה אוֹתְךָ עַל־עֵץ וְאָכַל הָעוֹף אֶת־
מפטיר כ בְּשָׂרְךָ מֵעָלֶיךָ׃ וַיְהִי ׀ בַּיּוֹם הַשְּׁלִישִׁי יוֹם הֻלֶּדֶת
אֶת־פַּרְעֹה וַיַּעַשׂ מִשְׁתֶּה לְכָל־עֲבָדָיו וַיִּשָּׂא
אֶת־רֹאשׁ ׀ שַׂר הַמַּשְׁקִים וְאֶת־רֹאשׁ שַׂר
כא הָאֹפִים בְּתוֹךְ עֲבָדָיו׃ וַיָּשֶׁב אֶת־שַׂר הַמַּשְׁקִים

וישב

כב עַל־מַשְׁקֵהוּ וַיִּתֵּן הַכּוֹס עַל־כַּף פַּרְעֹה: וְאֵת שַׂר
כג הָאֹפִים תָּלָה כַּאֲשֶׁר פָּתַר לָהֶם יוֹסֵף: וְלֹא־זָכַר
שַׂר־הַמַּשְׁקִים אֶת־יוֹסֵף וַיִּשְׁכָּחֵהוּ:

יג תְּלָתָא יוֹמִין אִנּוּן: בְּסוֹף תְּלָתָא יוֹמִין, יִדְכְּרִנָּךְ פַּרְעֹה, וִיתִיבִנָּךְ עַל שִׁמּוּשָׁךְ, וְתִתֵּין כָּסָא
יד דְפַרְעֹה בִּידֵיהּ, כְּהִלְכְתָא קַדְמֵיתָא, דַּהֲוֵיתָא מַשְׁקֵי לֵיהּ: אֱלָהֵין תִּדְכְּרִנַּנִי עִמָּךְ, כַּד יֵיטַב לָךְ,
טו וְתַעְבֵּיד כְּעַן עִמִּי טֵיבוּ, וְתִדְכַּר עֲלַי קֳדָם פַּרְעֹה, וְתַפְּקִנַּנִי מִן בֵּית אֲסִירֵי הָדֵין: אֲרֵי מִגְנָב
טז גְּנִבְנָא, מֵאַרְעָא עִבְרָאֵי, וְאַף הָכָא לָא עֲבָדִית מִדָּעַם, אֲרֵי מַנִּיאוּ יָתִי בְּבֵית אֲסִירֵי: וַחֲזָא רַב
נַחְתּוֹמֵי אֲרֵי יָאוּת פְּשַׁר, וַאֲמַר לְיוֹסֵף, אַף אֲנָא בְּחֶלְמִי, וְהָא, תְּלָתָא, סַלִּין דַּחֲיָרוּ עַל רֵישִׁי:
יז וּבְסַלָּא עִלָּאָה, מִכֹּל, מֵיכְלָא דְפַרְעֹה עוֹבַד נַחְתּוֹם, וְעוֹפָא, אָכֵיל יָתְהוֹן, מִן סַלָּא מֵעִלָּוֵי רֵישִׁי:
יח וַאֲתֵיב יוֹסֵף וַאֲמַר, דֵּין פִּשְׁרָנֵיהּ, תְּלָתָא סַלִּין, תְּלָתָא יוֹמִין אִנּוּן: בְּסוֹף תְּלָתָא יוֹמִין, יַעְדֵּי
יט פַרְעֹה יָת רֵישָׁךְ מִנָּךְ, וְיִצְלוֹב יָתָךְ עַל צְלִיבָא, וְיֵיכוּל עוֹפָא, יָת בִּסְרָךְ מִנָּךְ: וַהֲוָה בְּיוֹמָא
תְלִיתָאָה, יוֹם בֵּית וַלָּדָא דְפַרְעֹה, וַעֲבַד מִשְׁתְּיָא לְכָל עַבְדוֹהִי, וְאִדְכַּר, יָת רֵישׁ רַב שָׁקֵי, וְיָת
כא רֵישׁ, רַב נַחְתּוֹמֵי בְּגוֹ עַבְדוֹהִי: וַאֲתֵיב, יָת רַב שָׁקֵי עַל שָׁקְיוּתֵיהּ, וִיהַב כָּסָא עַל יְדָא דְפַרְעֹה:
כב וְיָת, רַב נַחְתּוֹמֵי צְלָב, כְּמָא דִפְשַׁר לְהוֹן יוֹסֵף: וְלָא אִדְכַּר רַב שָׁקֵי, יָת יוֹסֵף וְאַנְשְׁיֵיהּ:

יב **שְׁלֹשֶׁת יָמִים הֵם.** סִימָן הֵם לְךָ לִשְׁלֹשֶׁת יָמִים, וְיֵשׁ מִדְרְשֵׁי אַגָּדָה הַרְבֵּה:

יג **יִשָּׂא פַרְעֹה אֶת רֹאשֶׁךָ.** לְשׁוֹן חֶשְׁבּוֹן, כְּשֶׁיִּפְקֹד שְׁאָר עֲבָדָיו לְשָׁרֵת לְפָנָיו בִּסְעוּדָּה, יִמְנֶה אוֹתְךָ עִמָּהֶם: **כַּנֶּךָ.** בָּסִיס שֶׁלְּךָ וּמוֹשָׁבְךָ:

יד **כִּי אִם זְכַרְתַּנִי אִתְּךָ.** אֲשֶׁר אִם זְכַרְתַּנִי אִתְּךָ, מֵאַחַר שֶׁיִּיטַב לְךָ כְּפִתְרוֹנִי: **וְעָשִׂיתָ נָּא עִמָּדִי חָסֶד.** אֵין "נָא" אֶלָּא לְשׁוֹן בַּקָּשָׁה [הֲרֵי עַתָּה עוֹשֶׂה עִמִּי חֶסֶד]:

טו **סַלֵּי חֹרִי.** סַלִּים שֶׁל נְצָרִים קְלוּפִים חוֹרִין חוֹרִין, וּבִמְקוֹמֵנוּ יֵשׁ הַרְבֵּה, וְדֶרֶךְ מוֹכְרֵי פַת כִּיסָּנִין שֶׁקּוֹרִין אובל״ש לְתִתָּם בְּאוֹתָם סַלִּים:

כ **יוֹם הֻלֶּדֶת אֶת פַּרְעֹה.** יוֹם לֵדָתוֹ, וְקוֹרִין לוֹ יוֹם גְּנוּסְיָא. וּלְשׁוֹן 'הֻלֶּדֶת', לְפִי שֶׁאֵין הַוָּלָד נוֹלָד אֶלָּא עַל יְדֵי אֲחֵרִים, שֶׁהַחַיָּה מְיַלֶּדֶת אֶת הָאִשָּׁה, וְעַל כֵּן הַיָּה נִקְרֵאת 'מְיַלֶּדֶת'; וְכֵן: "וּמוֹלְדוֹתַיִךְ בְּיוֹם הוּלֶּדֶת אוֹתָךְ" (יחזקאל טז, ד), וְכֵן: "אַחֲרֵי הֻכַּבֵּס אֶת הַנֶּגַע" (ויקרא יג, נה), שֶׁכִּבּוּסוֹ עַל יְדֵי אֲחֵרִים: **וַיִּשָּׂא אֶת רֹאשׁ וְגוֹ'.** מְנָאָם עִם שְׁאָר עֲבָדָיו, שֶׁהָיָה מוֹנֶה הַמְשָׁרְתִים שֶׁיְּשָׁרְתוּ לוֹ בִּסְעוּדָּתוֹ וְזָכַר אֶת אֵלּוּ בְּתוֹכָם, כְּמוֹ: "שְׂאוּ אֶת רֹאשׁ" (במדבר א, ב), לְשׁוֹן מִנְיָן:

כג **וְלֹא זָכַר שַׂר הַמַּשְׁקִים.** בּוֹ בַיּוֹם: **וַיִּשְׁכָּחֵהוּ.** לְאַחַר מִכָּאן. מִפְּנֵי שֶׁתָּלָה בּוֹ יוֹסֵף לְזָכְרוֹ הֻזְקַק לִהְיוֹת אָסוּר שְׁתֵּי שָׁנִים, שֶׁנֶּאֱמַר: "אַשְׁרֵי הַגֶּבֶר אֲשֶׁר שָׂם ה' מִבְטַחוֹ וְלֹא פָנָה אֶל רְהָבִים" (תהלים מ, ה), וְלֹא בָטַח עַל מִצְרִים הַקְּרוּיִים רַהַב:

בראשית

הפטרת וישב

בחנוכה קוראים את המפטיר מספר במדבר פרק ז (ולמנהג הספרדים והתימנים ביום הראשון מתחילים מפרק ו, כב), ואת ההפטרה בעמ' 1287.

עמוס היה נביא באחת מתקופות השיא של מלכויות ישראל ויהודה, ימי עוזיהו מלך יהודה וימי ירבעם בן יואש מלך ישראל. שניהם מלכו עשרות שנים. בזכות יציבות זו הממלכות היו חזקות ובעלות שפע חומרי. עמוס השמיע דברו במלכות ישראל והזהיר מפני חברת שפע היוצרת עיוותים חברתיים־כלכליים, ופוגעת אנושות בשכבות חלשות. חברה כזו גוזרת כליה על עצמה.

קורה שנוצרת מציאות מעוותת. גם אם היא קשה – יש דרך לתקן. תנאי בסיסי לכל תיקון: התבוננות אמיצה במציאות ומוכנות לתקן. התעלמות מן המציאות המעוותת והכחשתה, ינציחו אותה ויובילו להתרסקות. סדרה של שבע שאלות רטוריות מסיימת את ההפטרה. כולן מציגות קישור הכרחי בין סיבה לתוצאה. מי שלא מבין מה הקשר בין המצב שמצויה בו החברה ובין התנהלותה – יתרסק. "אריה שאג – מי לא ירא?"

עמוס

ב ו כֹּה אָמַר יְהוָה עַל־שְׁלֹשָׁה פִּשְׁעֵי יִשְׂרָאֵל וְעַל־אַרְבָּעָה לֹא אֲשִׁיבֶנּוּ
ז עַל־מִכְרָם בַּכֶּסֶף צַדִּיק וְאֶבְיוֹן בַּעֲבוּר נַעֲלָיִם: הַשֹּׁאֲפִים עַל־עֲפַר־אֶרֶץ
בְּרֹאשׁ דַּלִּים וְדֶרֶךְ עֲנָוִים יַטּוּ וְאִישׁ וְאָבִיו יֵלְכוּ אֶל־הַנַּעֲרָה לְמַעַן חַלֵּל
ח אֶת־שֵׁם קָדְשִׁי: וְעַל־בְּגָדִים חֲבֻלִים יַטּוּ אֵצֶל כָּל־מִזְבֵּחַ וְיֵין עֲנוּשִׁים
ט יִשְׁתּוּ בֵּית אֱלֹהֵיהֶם: וְאָנֹכִי הִשְׁמַדְתִּי אֶת־הָאֱמֹרִי מִפְּנֵיהֶם אֲשֶׁר כְּגֹבַהּ
אֲרָזִים גָּבְהוֹ וְחָסֹן הוּא כָּאַלּוֹנִים וָאַשְׁמִיד פִּרְיוֹ מִמַּעַל וְשָׁרָשָׁיו מִתָּחַת:
י וְאָנֹכִי הֶעֱלֵיתִי אֶתְכֶם מֵאֶרֶץ מִצְרָיִם וָאוֹלֵךְ אֶתְכֶם בַּמִּדְבָּר אַרְבָּעִים
יא שָׁנָה לָרֶשֶׁת אֶת־אֶרֶץ הָאֱמֹרִי: וָאָקִים מִבְּנֵיכֶם לִנְבִיאִים וּמִבַּחוּרֵיכֶם
יב לִנְזִרִים הַאַף אֵין־זֹאת בְּנֵי יִשְׂרָאֵל נְאֻם־יְהוָה: וַתַּשְׁקוּ אֶת־הַנְּזִרִים יָיִן
יג וְעַל־הַנְּבִיאִים צִוִּיתֶם לֵאמֹר לֹא תִּנָּבְאוּ: הִנֵּה אָנֹכִי מֵעִיק תַּחְתֵּיכֶם כַּאֲשֶׁר
יד תָּעִיק הָעֲגָלָה הַמְלֵאָה לָהּ עָמִיר: וְאָבַד מָנוֹס מִקָּל וְחָזָק לֹא־יְאַמֵּץ כֹּחוֹ
טו וְגִבּוֹר לֹא־יְמַלֵּט נַפְשׁוֹ: וְתֹפֵשׂ הַקֶּשֶׁת לֹא יַעֲמֹד וְקַל בְּרַגְלָיו לֹא יְמַלֵּט
טז וְרֹכֵב הַסּוּס לֹא יְמַלֵּט נַפְשׁוֹ: וְאַמִּיץ לִבּוֹ בַּגִּבּוֹרִים עָרוֹם יָנוּס בַּיּוֹם־הַהוּא
נְאֻם־יְהוָה:
ג א שִׁמְעוּ אֶת־הַדָּבָר הַזֶּה אֲשֶׁר דִּבֶּר יְהוָה עֲלֵיכֶם בְּנֵי
ב יִשְׂרָאֵל עַל כָּל־הַמִּשְׁפָּחָה אֲשֶׁר הֶעֱלֵיתִי מֵאֶרֶץ מִצְרַיִם לֵאמֹר: רַק אֶתְכֶם
יָדַעְתִּי מִכֹּל מִשְׁפְּחוֹת הָאֲדָמָה עַל־כֵּן אֶפְקֹד עֲלֵיכֶם אֵת כָּל־עֲוֹנֹתֵיכֶם:
ג הֲיֵלְכוּ שְׁנַיִם יַחְדָּו בִּלְתִּי אִם־נוֹעָדוּ: הֲיִשְׁאַג אַרְיֵה בַּיַּעַר וְטֶרֶף אֵין לוֹ
ד הֲיִתֵּן כְּפִיר קוֹלוֹ מִמְּעֹנָתוֹ בִּלְתִּי אִם־לָכָד: הֲתִפֹּל צִפּוֹר עַל־פַּח הָאָרֶץ
ו וּמוֹקֵשׁ אֵין לָהּ הֲיַעֲלֶה־פַּח מִן־הָאֲדָמָה וְלָכוֹד לֹא יִלְכּוֹד: אִם־יִתָּקַע
ז שׁוֹפָר בְּעִיר וְעָם לֹא יֶחֱרָדוּ אִם־תִּהְיֶה רָעָה בְּעִיר וַיהוָה לֹא עָשָׂה: כִּי
לֹא יַעֲשֶׂה אֲדֹנָי יְהוִה דָּבָר כִּי אִם־גָּלָה סוֹדוֹ אֶל־עֲבָדָיו הַנְּבִיאִים: אַרְיֵה
ח שָׁאָג מִי לֹא יִירָא אֲדֹנָי יְהוִה דִּבֵּר מִי לֹא יִנָּבֵא:

פרשת מקץ

מקץ

מא א וַיְהִ֕י מִקֵּ֖ץ שְׁנָתַ֣יִם יָמִ֑ים וּפַרְעֹ֣ה חֹלֵ֔ם וְהִנֵּ֖ה עֹמֵ֥ד עַל־הַיְאֹֽר: ב וְהִנֵּ֣ה מִן־הַיְאֹ֗ר עֹלֹת֙ שֶׁ֣בַע פָּר֔וֹת יְפ֥וֹת מַרְאֶ֖ה וּבְרִיאֹ֣ת בָּשָׂ֑ר וַתִּרְעֶ֖ינָה בָּאָֽחוּ: ג וְהִנֵּ֞ה שֶׁ֧בַע פָּר֣וֹת אֲחֵר֗וֹת עֹל֤וֹת אַחֲרֵיהֶן֙ מִן־הַיְאֹ֔ר רָע֥וֹת מַרְאֶ֖ה וְדַקּ֣וֹת בָּשָׂ֑ר וַֽתַּעֲמֹ֛דְנָה אֵ֥צֶל הַפָּר֖וֹת עַל־שְׂפַ֥ת הַיְאֹֽר: ד וַתֹּאכַ֣לְנָה הַפָּר֗וֹת רָע֤וֹת הַמַּרְאֶה֙ וְדַקֹּ֣ת הַבָּשָׂ֔ר אֵ֚ת שֶׁ֣בַע הַפָּר֔וֹת יְפֹ֥ת הַמַּרְאֶ֖ה וְהַבְּרִיאֹ֑ת וַיִּיקַ֖ץ פַּרְעֹֽה: ה וַיִּישָׁ֕ן וַֽיַּחֲלֹ֖ם שֵׁנִ֑ית וְהִנֵּ֣ה ׀ שֶׁ֣בַע שִׁבֳּלִ֗ים עֹל֛וֹת בְּקָנֶ֥ה אֶחָ֖ד בְּרִיא֥וֹת וְטֹבֽוֹת: ו וְהִנֵּה֙ שֶׁ֣בַע שִׁבֳּלִ֔ים דַּקּ֖וֹת וּשְׁדוּפֹ֣ת קָדִ֑ים צֹמְח֖וֹת אַחֲרֵיהֶֽן: ז וַתִּבְלַ֙עְנָה֙ הַשִּׁבֳּלִ֣ים הַדַּקּ֔וֹת אֵ֚ת שֶׁ֣בַע הַֽשִּׁבֳּלִ֔ים הַבְּרִיא֖וֹת וְהַמְּלֵא֑וֹת וַיִּיקַ֥ץ פַּרְעֹ֖ה וְהִנֵּ֥ה חֲלֽוֹם: ח וַיְהִ֣י בַבֹּ֗קֶר וַתִּפָּ֣עֶם רוּח֔וֹ וַיִּשְׁלַ֗ח וַיִּקְרָ֛א אֶת־כָּל־חַרְטֻמֵּ֥י מִצְרַ֖יִם וְאֶת־כָּל־חֲכָמֶ֑יהָ וַיְסַפֵּ֨ר פַּרְעֹ֤ה לָהֶם֙ אֶת־חֲלֹמ֔וֹ וְאֵין־פּוֹתֵ֥ר אוֹתָ֖ם לְפַרְעֹֽה: ט וַיְדַבֵּר֙ שַׂ֣ר הַמַּשְׁקִ֔ים אֶת־פַּרְעֹ֖ה לֵאמֹ֑ר אֶת־חֲטָאַ֕י אֲנִ֖י מַזְכִּ֥יר הַיּֽוֹם: י פַּרְעֹ֖ה קָצַ֣ף עַל־עֲבָדָ֑יו וַיִּתֵּ֨ן

אֹתִי בְּמִשְׁמַר בֵּית שַׂר הַטַּבָּחִים אֹתִי וְאֵת שַׂר
יא הָאֹפִים׃ וַנַּחַלְמָה חֲלוֹם בְּלַיְלָה אֶחָד אֲנִי וָהוּא

מא א ב וַהֲוָה, מִסּוֹף תַּרְתֵּין שְׁנִין, וּפַרְעֹה חָלֵים, וְהָא קָאֵים עַל נַהֲרָא׃ וְהָא מִן נַהֲרָא, סָלְקָן שְׁבַע תּוֹרָן,
ג שַׁפִּירָן לְמִחְזֵי וּפַטִּימָן בְּסַר, וְרָעְיָן בְּאַחְוָא׃ וְהָא שְׁבַע תּוֹרָן אָחֳרָנְיָן, סָלְקָא בָּתְרֵיהוֹן מִן נַהֲרָא,
ד בִּישָׁן לְמִחְזֵי וַחֲסִירָן בְּסַר, וְקָמָא, לְקִבְלְהוֹן דְּתוֹרָתָא עַל כֵּיף נַהֲרָא׃ וַאֲכַלָא תּוֹרָתָא, דְּבִישָׁן
ה לְמִחְזֵי וַחֲסִירָן בְּסַר, יָת שְׁבַע תּוֹרָתָא, דְּשַׁפִּירָן לְמִחְזֵי וּפַטִּימָתָא, וְאִתְּעַר פַּרְעֹה׃ וּדְמוֹךְ, וַחֲלַם
ו תִּנְיָנוּת, וְהָא שְׁבַע שֻׁבְלִין, סָלְקָן, בְּקַנְיָא חַד פַּטִּימָן וְטָבָן׃ וְהָא שְׁבַע שֻׁבְלִין, לַקְיָן וּשְׁקִיפָן
ז קִדּוּם, צָמְחָן בָּתְרֵיהוֹן׃ וּבְלַעָא שֻׁבְלַיָּא לַקְיָתָא, יָת שְׁבַע שֻׁבְלַיָּא, פַּטִּימָתָא וּמַלְיָתָא, וְאִתְּעַר
ח פַּרְעֹה וְהָא חֶלְמָא׃ וַהֲוָה בְּצַפְרָא וּמִטָּרְפָא רוּחֵיהּ, וּשְׁלַח, וּקְרָא, יָת כָּל חָרָשֵׁי מִצְרַיִם וְיָת
ט כָּל חַכִּימַהָא, וְאִשְׁתַּעִי פַּרְעֹה לְהוֹן יָת חֶלְמֵיהּ, וְלֵית דְּפָשַׁר יָתְהוֹן לְפַרְעֹה׃ וּמַלֵּיל רַב שָׁקֵי,
י עִם פַּרְעֹה לְמֵימַר, יָת סָרְחָנַי, אֲנָא מַדְכַּר יוֹמָא דֵין׃ פַּרְעֹה רְגֵיז עַל עַבְדּוֹהִי, וִיהַב יָתִי
יא בְּמַטְּרַת, בֵּית רַב קָטוֹלַיָּא, יָתִי, וְיָת רַב נַחְתּוֹמֵי׃ וַחֲלַמְנָא חֶלְמָא, בְּלֵילְיָא חַד אֲנָא וְהוּא,

א| וַיְהִי מִקֵּץ. כְּתַרְגּוּמוֹ "מִסּוֹף", וְכָל לְשׁוֹן 'קֵץ' סוֹף הוּא׃ עַל הַיְאֹר. כָּל שְׁאָר נְהָרוֹת אֵינָם קְרוּיִין יְאוֹרִים חוּץ מִנִּילוּס, מִפְּנֵי שֶׁכָּל הָאָרֶץ עֲשׂוּיָה יְאוֹרִים יְאוֹרִים בִּידֵי אָדָם וְנִילוּס עוֹלֶה בְּתוֹכָם וּמַשְׁקֶה אוֹתָם, לְפִי שֶׁאֵין גְּשָׁמִים יוֹרְדִין בְּמִצְרַיִם תָּדִיר כִּשְׁאָר אֲרָצוֹת׃

ב| יְפוֹת מַרְאֶה. סִימָן הוּא לִימֵי שׂבַע, שֶׁהַבְּרִיּוֹת נִרְאוֹת יָפוֹת זוֹ לָזוֹ, שֶׁאֵין עַיִן בְּרִיָּה צָרָה בַּחֲבֶרְתָּהּ׃ בָּאָחוּ. בָּאֲגַם, מריש"ק בְּלַעַז, כְּמוֹ: "יִשְׂגֶּא אָחוּ" (איוב ח, יא)׃

ג| וְדַקּוֹת בָּשָׂר. טינבי"ש בְּלַעַז, לְשׁוֹן דַּק׃

ד| וַתֹּאכַלְנָה. סִימָן שֶׁתְּהֵא כָּל שִׂמְחַת הַשָּׂבָע נִשְׁכַּחַת בִּימֵי הָרָעָב׃

ה| בְּקָנֶה אֶחָד. טודי"ל בְּלַעַז׃ בְּרִיאוֹת. שיינ"ש בְּלַעַז׃

ו| וּשְׁדוּפֹת. השליד"ש בְּלַעַז, "שְׁקִיפָן קִדּוּם", חֲבוּטוֹת, לְשׁוֹן מַשְׁקוֹף הֶחָבוּט תָּמִיד עַל יְדֵי הַדֶּלֶת הַמַּכָּה עָלָיו׃ קָדִים. רוּחַ מִזְרָחִית שֶׁקּוֹרִין ביש"א׃

ז| הַבְּרִיאוֹת. שיינ"ש בְּלַעַז׃ וְהִנֵּה חֲלוֹם. וְהִנֵּה נִשְׁלַם חֲלוֹם שָׁלֵם לְפָנָיו וְהֻצְרַךְ לְפוֹתְרִים׃

ח| וַתִּפָּעֶם רוּחוֹ. "וּמִטָּרְפָא רוּחֵיהּ", מְקַשְׁקֶשֶׁת בְּתוֹכוֹ כְּפַעֲמוֹן. וּבִנְבוּכַדְנֶצַּר אוֹמֵר: "וַתִּתְפָּעֶם רוּחוֹ" (דניאל ב, א), לְפִי שֶׁהָיוּ שָׁם שְׁתֵּי פְּעִימוֹת: שִׁכְחַת הַחֲלוֹם וְהַעֲלָמַת פִּתְרוֹנוֹ׃ חַרְטֻמֵּי. הַנִּחָרִים בִּטִימֵי מֵתִים, שֶׁשּׁוֹאֲלִים בַּעֲצָמוֹת. 'טִימֵי' הֵן עֲצָמוֹת בִּלְשׁוֹן אֲרַמִּי, וּבַמִּשְׁנָה: בַּיִת שֶׁהוּא מְלֵא טִימַיָּא – מָלֵא עֲצָמוֹת׃ וְאֵין פּוֹתֵר אוֹתָם לְפַרְעֹה. פּוֹתְרִים הָיוּ אוֹתָם, אֲבָל לֹא לְפַרְעֹה, שֶׁלֹּא הָיָה קוֹלָן נִכְנָס בְּאָזְנָיו וְלֹא הָיָה לוֹ קוֹרַת

יב אִ֕ישׁ כְּפִתְר֥וֹן חֲלֹמ֖וֹ חָלָֽמְנוּ׃ וְשָׁ֨ם אִתָּ֜נוּ נַ֣עַר
עִבְרִ֗י עֶ֚בֶד לְשַׂ֣ר הַטַּבָּחִ֔ים וַנְּסַפֶּר־ל֕וֹ וַיִּפְתָּר־
יג לָ֖נוּ אֶת־חֲלֹמֹתֵ֑ינוּ אִ֥ישׁ כַּחֲלֹמ֖וֹ פָּתָֽר׃ וַיְהִ֛י
כַּאֲשֶׁ֥ר פָּֽתַר־לָ֖נוּ כֵּ֣ן הָיָ֑ה אֹתִ֛י הֵשִׁ֥יב עַל־כַּנִּ֖י
יד וְאֹת֥וֹ תָלָֽה׃ וַיִּשְׁלַ֤ח פַּרְעֹה֙ וַיִּקְרָ֣א אֶת־יוֹסֵ֔ף
וַיְרִיצֻ֖הוּ מִן־הַבּ֑וֹר וַיְגַלַּח֙ וַיְחַלֵּ֣ף שִׂמְלֹתָ֔יו וַיָּבֹ֖א
שני טו אֶל־פַּרְעֹֽה׃ וַיֹּ֤אמֶר פַּרְעֹה֙ אֶל־יוֹסֵ֔ף חֲל֣וֹם
חָלַ֔מְתִּי וּפֹתֵ֖ר אֵ֣ין אֹת֑וֹ וַאֲנִ֗י שָׁמַ֤עְתִּי עָלֶ֙יךָ֙
טז לֵאמֹ֔ר תִּשְׁמַ֥ע חֲל֖וֹם לִפְתֹּ֥ר אֹתֽוֹ׃ וַיַּ֨עַן יוֹסֵ֧ף
אֶת־פַּרְעֹ֛ה לֵאמֹ֖ר בִּלְעָדָ֑י אֱלֹהִ֕ים יַעֲנֶ֖ה אֶת־
יז שְׁל֥וֹם פַּרְעֹֽה׃ וַיְדַבֵּ֥ר פַּרְעֹ֖ה אֶל־יוֹסֵ֑ף בַּחֲלֹמִ֕י
יח הִנְנִ֥י עֹמֵ֖ד עַל־שְׂפַ֥ת הַיְאֹֽר׃ וְהִנֵּ֣ה מִן־הַיְאֹ֗ר
עֹלֹת֙ שֶׁ֣בַע פָּר֔וֹת בְּרִיא֥וֹת בָּשָׂ֖ר וִיפֹ֣ת תֹּ֑אַר
יט וַתִּרְעֶ֖ינָה בָּאָֽחוּ׃ וְהִנֵּ֞ה שֶֽׁבַע פָּר֤וֹת אֲחֵרוֹת֙
עֹל֣וֹת אַחֲרֵיהֶ֔ן דַּלּ֗וֹת וְרָע֥וֹת תֹּ֛אַר מְאֹ֖ד וְרַקּ֣וֹת
בָּשָׂ֑ר לֹא־רָאִ֧יתִי כָהֵ֛נָּה בְּכָל־אֶ֥רֶץ מִצְרַ֖יִם לָרֹֽעַ׃
כ וַתֹּאכַ֙לְנָה֙ הַפָּר֔וֹת הָֽרַקּ֖וֹת וְהָֽרָע֑וֹת אֵ֣ת שֶׁ֧בַע
כא הַפָּר֛וֹת הָרִאשֹׁנ֖וֹת הַבְּרִיאֹֽת׃ וַתָּבֹ֣אנָה אֶל־
קִרְבֶּ֗נָה וְלֹ֤א נוֹדַע֙ כִּי־בָ֣אוּ אֶל־קִרְבֶּ֔נָה וּמַרְאֵיהֶ֣ן
כב רַ֔ע כַּאֲשֶׁ֖ר בַּתְּחִלָּ֑ה וָאִיקָֽץ׃ וָאֵ֖רֶא בַּחֲלֹמִ֑י

וְהִנֵּה שֶׁבַע שִׁבֳּלִים עֹלֹת בְּקָנֶה אֶחָד מְלֵאֹת
כג וְטֹבוֹת: וְהִנֵּה שֶׁבַע שִׁבֳּלִים צְנֻמוֹת דַּקּוֹת
כד שְׁדֻפוֹת קָדִים צֹמְחוֹת אַחֲרֵיהֶם: וַתִּבְלַעְןָ
הַשִּׁבֳּלִים הַדַּקֹּת אֵת שֶׁבַע הַשִּׁבֳּלִים הַטֹּבוֹת

יב גְּבַר, כְּפֻשְׁרַן חֶלְמֵיהּ חֲלַמְנָא: וְתַמָּן עִמַּנָא עוּלֵים עִבְרַאי, עַבְדָּא לְרַב קָטוֹלַיָּא, וְאִשְׁתַּעֵינָא
יג לֵיהּ, וּפַשַּׁר לַנָא יָת חֶלְמַנָא, גְּבַר כְּחֶלְמֵיהּ פַּשַּׁר: וַהֲוָה, כְּמָא דְּפַשַּׁר לַנָא כֵּן הֲוָה, יָתִי, אֲתֵיב עַל
יד שִׁמּוּשִׁי וְיָתֵיהּ צְלַב: וּשְׁלַח פַּרְעֹה וּקְרָא יָת יוֹסֵף, וְאַרְהֲטוּהִי מִן בֵּית אֲסִירֵי, וְסַפַּר וְשַׁנִּי כְּסוּתֵיהּ,
טו וְעָאל לְוָת פַּרְעֹה: וַאֲמַר פַּרְעֹה לְיוֹסֵף, חֶלְמָא חֲלַמִית, וּפָשַׁר לֵית לֵיהּ, וַאֲנָא, שְׁמַעִית עֲלָךְ
טז לְמֵימַר, דְּאַתְּ שָׁמַע חֶלְמָא וּמְפַשַּׁר לֵיהּ: וַאֲתֵיב יוֹסֵף יָת פַּרְעֹה, לְמֵימַר לָא מִן חָכְמְתִי, אֱלָהֵין
יז מִן קֳדָם יְיָ, יִתְּתַב שְׁלָמָא דְּפַרְעֹה: וּמַלֵּיל פַּרְעֹה עִם יוֹסֵף, בְּחֶלְמִי, הָאֲנָא קָאֵים עַל כֵּיף נַהֲרָא:
יח יט וְהָא מִן נַהֲרָא, סָלְקָן שְׁבַע תּוֹרָן, פַּטִּימָן בְּסַר וְשַׁפִּירָן לְמֶחֱזֵי, וְרָעְיָן בְּאַחֲוָא: וְהָא, שְׁבַע תּוֹרָן
אָחֳרָנְיָן סָלְקָא בָּתְרֵיהוֹן, חֲסִיכָן וּבִישָׁן לְמֶחֱזֵי, לַחֲדָא וַחֲסִירָן בְּסַר, לָא חֲזֵיתִי דִּכְוָתְהוֹן, בְּכָל
כ אַרְעָא דְּמִצְרַיִם לְבִישׁוּ: וַאֲכַלָא תּוֹרָתָא, חֲסִיכָתָא וּבִישָׁתָא, יָת שְׁבַע תּוֹרָתָא, קַדְמָיָתָא
כא פַּטִּימָתָא: וְעָאלָא לִמְעֵיהוֹן, וְלָא אִתְיְדַע אֲרֵי עָאלָא לִמְעֵיהוֹן, וּמֶחֱזֵיהוֹן בִּישׁ, כַּד בְּקַדְמֵיתָא,
כב כג וְאִתְּעָרִית: וַחֲזֵית בְּחֶלְמִי, וְהָא שְׁבַע שֻׁבְּלִין, סָלְקָן, בְּקַנְיָא חַד מַלְיָן וְטָבָן: וְהָא שְׁבַע שֻׁבְּלִין,
כד נָצַן לָקְיָן שְׁקִיפָן קִדּוּם, צָמְחָן בָּתְרֵיהוֹן: וּבְלַעָא שֻׁבְּלַיָּא לָקְיָתָא, יָת שְׁבַע שֻׁבְּלַיָּא טָבָתָא,

רוּחַ בְּפִתְרוֹנָם, שֶׁהָיוּ אוֹמְרִים: שֶׁבַע בָּנוֹת אַתָּה מוֹלִיד, שֶׁבַע בָּנוֹת אַתָּה קוֹבֵר:

יא| **אִישׁ כְּפִתְרוֹן חֲלֹמוֹ.** הַחֲלוֹם הָרָאוּי לַפִּתְרוֹן שֶׁנִּפְתַּר לָנוּ וְדוֹמֶה לוֹ:

יב| **נַעַר עִבְרִי עֶבֶד.** אֲרוּרִים הָרְשָׁעִים שֶׁאֵין טוֹבָתָם שְׁלֵמָה, מַזְכִּירוֹ בִּלְשׁוֹן בִּזָּיוֹן: "נַעַר" – שׁוֹטֶה וְאֵין רָאוּי לִגְדֻלָּה. "עִבְרִי" – אֲפִלּוּ לְשׁוֹנֵנוּ אֵינוֹ מַכִּיר. "עֶבֶד" – וְכָתוּב בְּנִמּוּסֵי מִצְרַיִם שֶׁאֵין עֶבֶד מוֹלֵךְ וְלֹא לוֹבֵשׁ בִּגְדֵי שָׂרִים: **אִישׁ כַּחֲלֹמוֹ.** לְפִי הַחֲלוֹם וְקָרוֹב לְעִנְיָנוֹ:

יג| **אֹתִי הֵשִׁיב עַל כַּנִּי.** פַּרְעֹה הַנִּזְכָּר לְמַעְלָה, כְּמוֹ שֶׁאָמַר: "פַּרְעֹה קָצַף עַל עֲבָדָיו" (לעיל פסוק י):

יד| **מִן הַבּוֹר.** מִן בֵּית הַסֹּהַר שֶׁהוּא עָשׂוּי כְּמִין גֻּמָּא, וְכֵן כָּל בּוֹר שֶׁבַּמִּקְרָא לְשׁוֹן גֻּמָּא הוּא, וְאַף אִם אֵין בּוֹ מַיִם קָרוּי בּוֹר, פוֹס"א בְּלַעַז: **וַיְגַלַּח.** מִפְּנֵי כְּבוֹד הַמַּלְכוּת:

טו| **תִּשְׁמַע חֲלוֹם לִפְתֹּר אֹתוֹ.** תַּאֲזִין וְתָבִין חֲלוֹם לִפְתֹּר אוֹתוֹ. "תִּשְׁמַע" – לְשׁוֹן הֲבָנָה וְהַאֲזָנָה, כְּמוֹ: "שֹׁמֵעַ יוֹסֵף" (להלן מב, כג), "אֲשֶׁר לֹא תִשְׁמַע לְשֹׁנוֹ" (דברים כח, מט), אנטנדר"א בְּלַעַז:

טז| **בִּלְעָדָי.** אֵין הַחָכְמָה מִשֶּׁלִּי, אֶלָּא "אֱלֹהִים יַעֲנֶה" – יִתֵּן עֲנִיָּה בְּפִי לִשְׁלוֹם פַּרְעֹה:

יט| **דַּלּוֹת.** כְּחוּשׁוֹת, כְּמוֹ: "מַדּוּעַ אַתָּה כָּכָה דַּל" (שמואל ב' יג, ד) דְּאַמְנוֹן: **וְרַקּוֹת בָּשָׂר.** כָּל לְשׁוֹן 'רַקּוֹת' שֶׁבַּתּוֹרָה "חֲסִירָן בְּסַר", וּבְלַעַז בלוש"ש:

כג| **צְנֻמוֹת.** 'צוּנְמָא' בִּלְשׁוֹן אֲרַמִּי סֶלַע, הֲרֵי

וַאֹמַר֙ אֶל־הַחַרְטֻמִּ֔ים וְאֵ֥ין מַגִּ֖יד לִֽי׃ וַיֹּ֤אמֶר כה
יוֹסֵף֙ אֶל־פַּרְעֹ֔ה חֲל֥וֹם פַּרְעֹ֖ה אֶחָ֣ד ה֑וּא אֵ֣ת
אֲשֶׁ֧ר הָאֱלֹהִ֛ים עֹשֶׂ֖ה הִגִּ֥יד לְפַרְעֹֽה׃ שֶׁ֧בַע פָּרֹ֣ת כו
הַטֹּבֹ֗ת שֶׁ֤בַע שָׁנִים֙ הֵ֔נָּה וְשֶׁ֤בַע הַֽשִּׁבֳּלִים֙ הַטֹּבֹ֔ת
שֶׁ֥בַע שָׁנִ֖ים הֵ֑נָּה חֲל֖וֹם אֶחָ֥ד הֽוּא׃ וְשֶׁ֣בַע הַ֠פָּרוֹת כז
הָֽרַקּ֨וֹת וְהָרָעֹ֜ת הָעֹלֹ֣ת אַחֲרֵיהֶ֗ן שֶׁ֤בַע שָׁנִים֙
הֵ֔נָּה וְשֶׁ֤בַע הַֽשִּׁבֳּלִים֙ הָרֵק֔וֹת שְׁדֻפ֖וֹת הַקָּדִ֑ים
יִהְי֕וּ שֶׁ֖בַע שְׁנֵ֥י רָעָֽב׃ ה֣וּא הַדָּבָ֔ר אֲשֶׁ֥ר דִּבַּ֖רְתִּי כח
אֶל־פַּרְעֹ֑ה אֲשֶׁ֧ר הָאֱלֹהִ֛ים עֹשֶׂ֖ה הֶרְאָ֥ה אֶת־
פַּרְעֹֽה׃ הִנֵּ֛ה שֶׁ֥בַע שָׁנִ֖ים בָּא֑וֹת שָׂבָ֥ע גָּד֖וֹל בְּכָל־ כט
אֶ֥רֶץ מִצְרָֽיִם׃ וְ֠קָמוּ שֶׁ֨בַע שְׁנֵ֤י רָעָב֙ אַחֲרֵיהֶ֔ן ל
וְנִשְׁכַּ֥ח כָּל־הַשָּׂבָ֖ע בְּאֶ֣רֶץ מִצְרָ֑יִם וְכִלָּ֥ה הָרָעָ֖ב
אֶת־הָאָֽרֶץ׃ וְלֹֽא־יִוָּדַ֤ע הַשָּׂבָע֙ בָּאָ֔רֶץ מִפְּנֵ֛י לא
הָרָעָ֥ב הַה֖וּא אַחֲרֵי־כֵ֑ן כִּֽי־כָבֵ֥ד ה֖וּא מְאֹֽד׃ וְעַ֨ל לב
הִשָּׁנ֧וֹת הַחֲל֛וֹם אֶל־פַּרְעֹ֖ה פַּעֲמָ֑יִם כִּֽי־נָכ֤וֹן
הַדָּבָר֙ מֵעִ֣ם הָאֱלֹהִ֔ים וּמְמַהֵ֥ר הָאֱלֹהִ֖ים לַעֲשֹׂתֽוֹ׃
וְעַתָּה֙ יֵרֶ֣א פַרְעֹ֔ה אִ֖ישׁ נָב֣וֹן וְחָכָ֑ם וִישִׁיתֵ֖הוּ עַל־ לג
אֶ֥רֶץ מִצְרָֽיִם׃ יַעֲשֶׂ֣ה פַרְעֹ֔ה וְיַפְקֵ֥ד פְּקִדִ֖ים עַל־ לד
הָאָ֑רֶץ וְחִמֵּשׁ֙ אֶת־אֶ֣רֶץ מִצְרַ֔יִם בְּשֶׁ֖בַע שְׁנֵ֥י
הַשָּׂבָֽע׃ וְיִקְבְּצ֗וּ אֶת־כָּל־אֹ֨כֶל֙ הַשָּׁנִ֣ים הַטֹּב֔וֹת לה

מא מקץ

הַבָּאֹת הָאֵלֶּה וְיִצְבְּרוּ־בָר תַּחַת יַד־פַּרְעֹה
לו אֹכֶל בֶּעָרִים וְשָׁמָרוּ: וְהָיָה הָאֹכֶל לְפִקָּדוֹן
לָאָרֶץ לְשֶׁבַע שְׁנֵי הָרָעָב אֲשֶׁר תִּהְיֶיןָ בְּאֶרֶץ
לז מִצְרָיִם וְלֹא־תִכָּרֵת הָאָרֶץ בָּרָעָב: וַיִּיטַב הַדָּבָר

כה וַאֲמָרִית לְחָרָשַׁיָּא, וְלֵית דִּמְחַוֵּי לִי: וַאֲמַר יוֹסֵף לְפַרְעֹה, חֶלְמָא דְּפַרְעֹה חַד הוּא, יָת דַּיְיָ,
כו עֲתִיד לְמֶעֱבַד חַוִּי לְפַרְעֹה: שְׁבַע תּוֹרָתָא טָבָתָא, שְׁבַע שְׁנַיָּא אִנִּין, וּשְׁבַע שֻׁבְּלַיָּא טָבָתָא,
כז שְׁבַע שְׁנַיָּא אִנִּין, חֶלְמָא חַד הוּא: וּשְׁבַע תּוֹרָתָא, חֲסִיכָתָא וּבִישָׁתָא דְּסָלְקָא בָּתְרֵיהוֹן,
כח שְׁבַע שְׁנַיָּא אִנִּין, וּשְׁבַע שֻׁבְּלַיָּא לָקְיָתָא, דִּשְׁקִיפָן קִדּוּם, יְהָוְיָן, שְׁבַע שְׁנֵי כַפְנָא: הוּא
כט פִּתְגָמָא, דְּמַלֵּילִית עִם פַּרְעֹה, דַּיְיָ, עֲתִיד לְמֶעֱבַד אַחְזִי יָת פַּרְעֹה: הָא, שְׁבַע שְׁנַיָּא אָתְיָן,
ל סִבְעָא רַבָּא בְּכָל אַרְעָא דְּמִצְרָיִם: וִיקוּמוּן, שְׁבַע שְׁנֵי כַפְנָא בָּתְרֵיהוֹן, וְיִתְנְשֵׁי כָּל סִבְעָא
לא בְּאַרְעָא דְּמִצְרָיִם, וִישֵׁיצֵי כַפְנָא יָת עַמָּא דְּאַרְעָא: וְלָא יִתְיְדַע סִבְעָא בְּאַרְעָא, מִן קֳדָם,
לב כַּפְנָא הַהוּא דִּיהֵי בָּתַר כֵּן, אֲרֵי תַקִּיף הוּא לַחְדָא: וְעַל דְּאִתַּנִּי חֶלְמָא, לְפַרְעֹה תַּרְתֵּין זִמְנִין,
לג אֲרֵי תַקִּין פִּתְגָמָא מִן קֳדָם יְיָ, וּמוֹחֵי יְיָ לְמֶעְבְּדֵיהּ: וּכְעַן יְחֵזֵי פַרְעֹה, גְּבַר סָכְלְתָן וְחַכִּים,
לד וִימַנֵּינֵיהּ עַל אַרְעָא דְּמִצְרָיִם: יַעְבֵּיד פַּרְעֹה, וִימַנֵּי מְהֵימְנִין עַל אַרְעָא, וְיִזָּרְזוּן יָת אַרְעָא
לה דְּמִצְרָיִם, בִּשְׁבַע שְׁנֵי סִבְעָא: וְיִכְנְשׁוּן, יָת כָּל עֲבוּר שְׁנַיָּא טָבָתָא, דְּאָתְיָן אִלֵּין, וְיִצְבְּרוּן עֲבוּרָא,
לו תְּחוֹת יַד מְהֵימְנֵי פַרְעֹה, עֲבוּרָא בְּקִרְוַיָּא וְיִטְּרוּן: וִיהֵי עֲבוּרָא גְּנִיז לְעַמָּא דְּאַרְעָא, לִשְׁבַע
לז שְׁנֵי כַפְנָא, דִּיהֶוְיָן בְּאַרְעָא דְּמִצְרָיִם, וְלָא יִשְׁתֵּיצֵי עַמָּא דְּאַרְעָא בְּכַפְנָא: וּשְׁפַר פִּתְגָמָא

הֵן כְּעֵין כְּלִי לְחִלּוּחַ, קָשׁוֹת כְּסֶלַע; וְתַרְגּוּמוֹ 'נָצַן לָקְיָן'; 'נָצַן' – אֵין כָּהֶן אֶלָּא הַנֵּץ לְפִי שֶׁנִּתְרוֹקְנוּ מִן הַזֶּרַע:

כה-לב | **שֶׁבַע שָׁנִים וְשֶׁבַע שָׁנִים.** כֻּלָּן אֵינָן אֶלָּא שֶׁבַע, וַאֲשֶׁר נִשְׁנָה הַחֲלוֹם פַּעֲמַיִם לְפִי שֶׁהַדָּבָר מְזֻמָּן, כְּמוֹ שֶׁפֵּרֵשׁ לוֹ בַּסּוֹף: "וְעַל הִשָּׁנוֹת הַחֲלוֹם" וְגוֹ': **וְנִשְׁכַּח כָּל הַשָּׂבָע.** הוּא פִּתְרוֹן הַבְּלִיעָה: **וְלֹא יִוָּדַע הַשָּׂבָע.** הוּא פִּתְרוֹן "וְלֹא נוֹדַע כִּי בָאוּ אֶל קִרְבֶּנָה" (לעיל פסוק כא): **נָכוֹן.** מְזֻמָּן. בְּשֶׁבַע שָׁנִים הַטּוֹבוֹת נֶאֱמַר: "הִגִּיד לְפַרְעֹה" (פסוק כה), לְפִי שֶׁהָיָה סָמוּךְ, וּבְשֶׁבַע שְׁנֵי רָעָב נֶאֱמַר: "הֶרְאָה אֶת פַּרְעֹה" (פסוק כח), לְפִי שֶׁהָיָה הַדָּבָר מֻפְלָג וְרָחוֹק נוֹפֵל בּוֹ לְשׁוֹן מַרְאֶה:

לד | **וְחִמֵּשׁ.** כְּתַרְגּוּמוֹ: "וִיזָרְזוּן", וְכֵן: "וַחֲמֻשִׁים" (שמות יג, יח):

לה | **אֶת כָּל אֹכֶל.** שֵׁם דָּבָר הוּא, לְפִיכָךְ טַעְמוֹ בְּאָלֶ"ף וְנָקוּד בְּפַתָּח קָטָן (סגול). וְ'אוֹכֵל' שֶׁהוּא פּוֹעֵל, כְּגוֹן: "כִּי כָּל אֹכֵל חֵלֶב" (ויקרא ז, כה), טַעְמוֹ לְמַטָּה בַּכָּ"ף וְנָקוּד קָמָץ (צירי): **תַּחַת יַד פַּרְעֹה.** בִּרְשׁוּתוֹ וּבְאוֹצְרוֹתָיו:

לו | **וְהָיָה הָאֹכֶל.** הַצָּבוּר כִּשְׁאָר פִּקָּדוֹן גָּנוּז לְקִיּוּם הָאָרֶץ:

מקץ

בראשית   מא

לז בְּעֵינֵי פַרְעֹה וּבְעֵינֵי כָּל־עֲבָדָיו: וַיֹּאמֶר פַּרְעֹה לח
אֶל־עֲבָדָיו הֲנִמְצָא כָזֶה אִישׁ אֲשֶׁר רוּחַ אֱלֹהִים
שלישי בּוֹ: וַיֹּאמֶר פַּרְעֹה אֶל־יוֹסֵף אַחֲרֵי הוֹדִיעַ אֱלֹהִים לט
אוֹתְךָ אֶת־כָּל־זֹאת אֵין־נָבוֹן וְחָכָם כָּמוֹךָ: אַתָּה מ
תִּהְיֶה עַל־בֵּיתִי וְעַל־פִּיךָ יִשַּׁק כָּל־עַמִּי רַק הַכִּסֵּא
אֶגְדַּל מִמֶּךָּ: וַיֹּאמֶר פַּרְעֹה אֶל־יוֹסֵף רְאֵה נָתַתִּי מא
אֹתְךָ עַל כָּל־אֶרֶץ מִצְרָיִם: וַיָּסַר פַּרְעֹה אֶת־ מב
טַבַּעְתּוֹ מֵעַל יָדוֹ וַיִּתֵּן אֹתָהּ עַל־יַד יוֹסֵף וַיַּלְבֵּשׁ
אֹתוֹ בִּגְדֵי־שֵׁשׁ וַיָּשֶׂם רְבִד הַזָּהָב עַל־צַוָּארוֹ:
וַיַּרְכֵּב אֹתוֹ בְּמִרְכֶּבֶת הַמִּשְׁנֶה אֲשֶׁר־לוֹ וַיִּקְרְאוּ מג
לְפָנָיו אַבְרֵךְ וְנָתוֹן אֹתוֹ עַל כָּל־אֶרֶץ מִצְרָיִם:
וַיֹּאמֶר פַּרְעֹה אֶל־יוֹסֵף אֲנִי פַרְעֹה וּבִלְעָדֶיךָ לֹא־ מד
יָרִים אִישׁ אֶת־יָדוֹ וְאֶת־רַגְלוֹ בְּכָל־אֶרֶץ מִצְרָיִם:
וַיִּקְרָא פַרְעֹה שֵׁם־יוֹסֵף צָפְנַת פַּעְנֵחַ וַיִּתֶּן־לוֹ מה
אֶת־אָסְנַת בַּת־פּוֹטִי פֶרַע כֹּהֵן אֹן לְאִשָּׁה וַיֵּצֵא
יוֹסֵף עַל־אֶרֶץ מִצְרָיִם: וְיוֹסֵף בֶּן־שְׁלֹשִׁים שָׁנָה מו
בְּעָמְדוֹ לִפְנֵי פַּרְעֹה מֶלֶךְ־מִצְרָיִם וַיֵּצֵא יוֹסֵף
מִלִּפְנֵי פַרְעֹה וַיַּעֲבֹר בְּכָל־אֶרֶץ מִצְרָיִם: וַתַּעַשׂ מז
הָאָרֶץ בְּשֶׁבַע שְׁנֵי הַשָּׂבָע לִקְמָצִים: וַיִּקְבֹּץ אֶת־ מח
כָּל־אֹכֶל ׀ שֶׁבַע שָׁנִים אֲשֶׁר הָיוּ בְּאֶרֶץ מִצְרַיִם

לח בעיני פרעה, ובעיני כל עבדוהי: ואמר פרעה לעבדוהי, הנשכח כדין, גבר, דרוח נבואה
לט מן קדם יי ביה: ואמר פרעה ליוסף, בתר דהודע יי, יתך ית כל דא, לית סכלתן וחכים כותך:
מ את תהי ממנא על ביתי, ועל מימרך יתזן כל עמי, לחוד כרסי מלכותא הדין איהי
מא מב יקיר מנך: ואמר פרעה ליוסף, חזי דמניתי יתך, על כל ארעא דמצרים: ואעדי פרעה ית
עזקתיה מעל ידיה, ויהב יתה על ידא דיוסף, ואלביש יתיה לבושין דבוץ, ושוי, מניכא
מג דדהבא על צוריה: וארכיב יתיה, ברתכא תנייתא דיליה, ואכריזו קדמוהי דין אבא
מד למלכא, ומני יתיה, על כל ארעא דמצרים: ואמר פרעה, ליוסף אנא פרעה, ובר ממימרך,
מה לא ירים גבר ית ידיה למיחד זין, וית רגליה למרכב על סוסיא בכל ארעא דמצרים: וקרא
פרעה שם יוסף גברא דמטמרן גלין ליה, ויהב ליה ית אסנת, בת פוטיפרע, רבא דאון
מו לאתו, ונפק יוסף שליט על ארעא דמצרים: ויוסף בר תלתין שנין, כד קם, קדם פרעה מלכא
מז דמצרים, ונפק יוסף מן קדם פרעה, ועבר בכל ארעא דמצרים: וכנשו דירי ארעא, בשבע
מח שני סבעא, עבורא לאוצרין: וכנש, ית כל עבור שבע שניא, דהואה בארעא דמצרים,

לח| **הנמצא כזה.** "הנשכח כדין", אם נלך ונבקשנו הנמצא כמוהו? 'הנמצא' לשון תמיהה, וכן כל ה"א המשמשת בראש תיבה ונקודה בחטף פתח:

לט| **אין נבון וחכם כמוך.** לבקש "איש נבון וחכם" שאמרת (לעיל פסוק לג), לא נמצא כמוך:

מ| **ישק.** "יתזן", יתפרנס; כל צרכי עמי יהיו נעשים על ידך, כמו: "ובן משק ביתי" (לעיל טו, ב), וכמו: "נשקו בר" (תהלים ב, יב), גרניסו"ן בלעז: **רק הכסא.** שיהיו קורין לי מלך: **כסא.** לשון שם המלוכה, כמו: "ויגדל את כסאו מכסא אדני המלך" (מלכים א' א, לז):

מא| **נתתי אתך.** "מניתי יתך"; ואף על פי כן לשון נתינה הוא, כמו: "ולתתך עליון" (דברים כו, יט). בין לגדלה בין לשפלות נופל לשון נתינה עליו, כמו: "נתתי אתכם נבזים ושפלים" (מלאכי ב, ט):

מב| **ויסר פרעה את טבעתו.** נתינת טבעת המלך היא אות למי שנותנה לו להיות שני לו לגדלה: **בגדי שש.** דבר חשיבות הוא במצרים: **רבד.** ענק, ועל שהוא רצוף בטבעות קרוי 'רביד', וכן: "רבדתי ערשי" (משלי ז, טז), רצפתי ערשי מרבדות. ובלשון משנה: "מקיף רובדין של אבן" (מדות א, ח), "על הרובד שבעזרה" (יומא מג ע"ב), והיא רצפה:

מג| **במרכבת המשנה.** השניה למרכבתו, המהלכת אצל שלו: **אברך.** כתרגומו: "דין אבא למלכא", 'רך' בלשון ארמי מלך, ב'השתפין': "לא ריכא ולא בר ריכא" (בבא בתרא ד ע"א). ובדברי אגדה, דרש רבי יהודה: "אברך" זה יוסף, שהוא אב בחכמה ורך בשנים. אמר לו רבי יוסי בן דורמסקית: ברבי, עד מתי אתה מעוות עלינו את הכתובים? אין 'אברך' אלא לשון ברכים, שהכל יהו נכנסין ויוצאין תחת ידו, כענין שנאמר: "ונתון אתו" וגו':

מד| **אני פרעה.** שיש יכלת בידי לגזור גזרות על מלכותי, ואני גוזר שלא ירים איש את ידו בלעדיך, שלא ברשותך. דבר אחר, "אני פרעה", אני אהיה מלך, "ובלעדיך" וגו', זו דוגמת "רק הכסא אגדל ממך" (לעיל פסוק מ) אלא שהוצרך לפרש לו בשעת נתינת הטבעת: **את ידו ואת רגלו.** כתרגומו:

מה| **צפנת פענח.** מפרש הצפונות, ואין ל'פענח' דמיון במקרא: **פוטי פרע.** הוא פוטיפר, ונקרא פוטיפרע על שנסתרס מאליו, לפי שלקח את יוסף למשכב זכור:

מז| **ותעש הארץ.** כתרגומו, ואין הלשון נעקר מלשון עשיה: **לקמצים.** קומץ על קומץ, יד על יד היו אוצרין:

וַיִּתֶּן־אֹכֶל בֶּעָרִים אֹכֶל שְׂדֵה־הָעִיר אֲשֶׁר סְבִיבֹתֶיהָ
נָתַן בְּתוֹכָהּ׃ וַיִּצְבֹּר יוֹסֵף בָּר כְּחוֹל הַיָּם הַרְבֵּה מט
מְאֹד עַד כִּי־חָדַל לִסְפֹּר כִּי־אֵין מִסְפָּר׃ וּלְיוֹסֵף נ
יֻלַּד שְׁנֵי בָנִים בְּטֶרֶם תָּבוֹא שְׁנַת הָרָעָב אֲשֶׁר
יָלְדָה־לּוֹ אָסְנַת בַּת־פּוֹטִי פֶרַע כֹּהֵן אוֹן׃ וַיִּקְרָא נא
יוֹסֵף אֶת־שֵׁם הַבְּכוֹר מְנַשֶּׁה כִּי־נַשַּׁנִי אֱלֹהִים אֶת־
כָּל־עֲמָלִי וְאֵת כָּל־בֵּית אָבִי׃ וְאֵת שֵׁם הַשֵּׁנִי קָרָא נב
רביעי אֶפְרָיִם כִּי־הִפְרַנִי אֱלֹהִים בְּאֶרֶץ עָנְיִי׃ וַתִּכְלֶינָה נג
שֶׁבַע שְׁנֵי הַשָּׂבָע אֲשֶׁר הָיָה בְּאֶרֶץ מִצְרָיִם׃
וַתְּחִלֶּינָה שֶׁבַע שְׁנֵי הָרָעָב לָבוֹא כַּאֲשֶׁר אָמַר יוֹסֵף נד
וַיְהִי רָעָב בְּכָל־הָאֲרָצוֹת וּבְכָל־אֶרֶץ מִצְרַיִם הָיָה
לָחֶם׃ וַתִּרְעַב כָּל־אֶרֶץ מִצְרַיִם וַיִּצְעַק הָעָם אֶל־ נה
פַּרְעֹה לַלָּחֶם וַיֹּאמֶר פַּרְעֹה לְכָל־מִצְרַיִם לְכוּ אֶל־
יוֹסֵף אֲשֶׁר־יֹאמַר לָכֶם תַּעֲשׂוּ׃ וְהָרָעָב הָיָה עַל נו
כָּל־פְּנֵי הָאָרֶץ וַיִּפְתַּח יוֹסֵף אֶת־כָּל־אֲשֶׁר בָּהֶם
וַיִּשְׁבֹּר לְמִצְרַיִם וַיֶּחֱזַק הָרָעָב בְּאֶרֶץ מִצְרָיִם׃ וְכָל־ נז
הָאָרֶץ בָּאוּ מִצְרַיְמָה לִשְׁבֹּר אֶל־יוֹסֵף כִּי־חָזַק
הָרָעָב בְּכָל־הָאָרֶץ׃ וַיַּרְא יַעֲקֹב כִּי יֶשׁ־שֶׁבֶר א מב
בְּמִצְרָיִם וַיֹּאמֶר יַעֲקֹב לְבָנָיו לָמָּה תִּתְרָאוּ׃ וַיֹּאמֶר ב
הִנֵּה שָׁמַעְתִּי כִּי יֶשׁ־שֶׁבֶר בְּמִצְרָיִם רְדוּ־שָׁמָּה
וְשִׁבְרוּ־לָנוּ מִשָּׁם וְנִחְיֶה וְלֹא נָמוּת׃ וַיֵּרְדוּ אֲחֵי־ ג

מקץ

מט וִיהַב עֲבוּרָא בְּקִרְוַיָּא, עֲבוּר חֲקַל קַרְתָּא, דִּבְסַחְרָנַהָא יְהַב בְּגַוַּהּ: וּכְנַשׁ יוֹסֵף עֲבוּרָא, כְּחָלָא
נ דְיַמָּא סַגִי לַחֲדָא, עַד, דְּפַסַק מִלְמִמְנֵי אֲרֵי לֵית מִנְיָן: וּלְיוֹסֵף אִתְיְלִידוּ תְּרֵין בְּנִין, עַד לָא עָאלַת
נא שַׁתָּא דְכַפְנָא, דִּילֵידַת לֵיהּ אָסְנַת, בַּת פּוֹטִיפֶרַע רַבָּא דְאוֹן: וּקְרָא יוֹסֵף, יָת שׁוֹם בּוּכְרָא
נב מְנַשֶּׁה, אֲרֵי אַנְשְׁיַנִי יְיָ יָת כָּל עַמְלִי, וְיָת כָּל בֵּית אַבָּא: וְיָת, שׁוֹם תִּנְיָנָא קְרָא אֶפְרָיִם, אֲרֵי
נג אַפְשַׁנִי יְיָ בַּאֲרַע שִׁעְבּוּדִי: וּשְׁלִימָא, שְׁבַע שְׁנֵי סָבְעָא, דַּהֲוָאָה בְּאַרְעָא דְמִצְרָיִם: וְשָׁרִיאָה,
נד שְׁבַע שְׁנֵי כַפְנָא לְמֵיתֵי, כְּמָא דַאֲמַר יוֹסֵף, וַהֲוָה כַפְנָא בְּכָל אַרְעָתָא, וּבְכָל אַרְעָא דְמִצְרַיִם
נה הֲוָה לַחְמָא: וּכְפִינַת כָּל אַרְעָא דְמִצְרַיִם, וּצְוַח עַמָּא, קֳדָם פַּרְעֹה עַל לַחְמָא, וַאֲמַר פַּרְעֹה
נו לְכָל מִצְרָאֵי אִיזִילוּ לְוָת יוֹסֵף, דְּיֵימַר לְכוֹן תַּעַבְּדוּן: וְכַפְנָא הֲוָה, עַל כָּל אַפֵּי אַרְעָא, וּפְתַח
נז יוֹסֵף, יָת כָּל אוֹצָרַיָּא דִבְהוֹן עֲבוּרָא וְזַבִּין לְמִצְרָאֵי, וּתְקִיף כַּפְנָא בְּאַרְעָא דְמִצְרָיִם: וְכָל דָּיְרֵי
מב א אַרְעָא אֲתוֹ לְמִצְרַיִם, לְמִזְבַּן עֲבוּרָא מִן יוֹסֵף, אֲרֵי תְקִיף כַּפְנָא בְּכָל אַרְעָא: וַחֲזָא יַעֲקֹב,
ב אֲרֵי אִית עֲבוּר מִזְדַּבַּן בְּמִצְרָיִם, וַאֲמַר יַעֲקֹב לִבְנוֹהִי, לְמָא תִתְחֲזוֹן: וַאֲמַר, הָא שְׁמַעִית, אֲרֵי
ג אִית עֲבוּר מִזְדַבַּן בְּמִצְרַיִם, חוּתוּ לְתַמָּן וְזִבוּנוּ לָנָא מִתַּמָּן, וְנֵיחֵי וְלָא נְמוּת: וּנְחָתוּ אֲחֵי

מח **אֹכֶל שְׂדֵה הָעִיר... נָתַן בְּתוֹכָהּ.** שֶׁכָּל אֶרֶץ וָאֶרֶץ מַעֲמֶדֶת פֵּרוֹתֶיהָ, וְנוֹתְנִין בַּתְּבוּאָה מֵעֲפַר הַמָּקוֹם וּמַעֲמִיד אֶת הַתְּבוּאָה מִלֵּרָקֵב:

מט **עַד כִּי חָדַל לִסְפֹּר.** עַד אֲשֶׁר חָדַל לוֹ הַסּוֹפֵר לִסְפֹּר, וַהֲרֵי זֶה מִקְרָא קָצָר: כִּי אֵין מִסְפָּר. לְפִי שֶׁאֵין מִסְפָּר, וַהֲרֵי 'כִּי' מְשַׁמֵּשׁ בִּלְשׁוֹן 'דְּהָא':

נ **בְּטֶרֶם תָּבוֹא שְׁנַת הָרָעָב.** מִכָּאן שֶׁאָדָם אָסוּר לְשַׁמֵּשׁ מִטָּתוֹ בִּשְׁנֵי רְעָבוֹן:

נה **וַתִּרְעַב כָּל אֶרֶץ מִצְרָיִם.** שֶׁהִרְקִיבָה תְּבוּאָתָם שֶׁאָצְרוּ, חוּץ מִשֶּׁל יוֹסֵף: **אֲשֶׁר יֹאמַר לָכֶם תַּעֲשׂוּ.** לְפִי שֶׁהָיָה יוֹסֵף אוֹמֵר לָהֶם שֶׁיִּמּוֹלוּ, וּכְשֶׁבָּאוּ אֵצֶל פַּרְעֹה וְאוֹמְרִים: כָּךְ הוּא אוֹמֵר לָנוּ, אָמַר לָהֶם: וְלָמָּה לֹא עֲבַרְתֶּם בָּר, וַהֲלֹא הִכְרִיז לָכֶם שֶׁשְּׁנֵי הָרָעָב בָּאִים. אָמְרוּ לוֹ: אָסַפְנוּ הַרְבֵּה וְהִרְקִיבָה. אָמַר לָהֶם: אִם כֵּן, "אֲשֶׁר יֹאמַר לָכֶם תַּעֲשׂוּ"! הֲרֵי גָּזַר עַל הַתְּבוּאָה וְהִרְקִיבָה, מַה אִם יִגְזֹר עָלֵינוּ וְנָמוּת?:

נו **עַל כָּל פְּנֵי הָאָרֶץ.** מִי הֵם "פְּנֵי הָאָרֶץ"? אֵלּוּ הָעֲשִׁירִים: **אֶת כָּל אֲשֶׁר בָּהֶם.** כְּתַרְגּוּמוֹ: "דִּי בְהוֹן עֲבוּרָא": **וַיִּשְׁבֹּר לְמִצְרָיִם.** 'שֶׁבֶר' לְשׁוֹן מֶכֶר וּלְשׁוֹן קִנְיָן הוּא, כָּאן מְשַׁמֵּשׁ לְשׁוֹן מֶכֶר, "שִׁבְרוּ לָנוּ מְעַט אֹכֶל" (להלן מג, ב) – לְשׁוֹן קִנְיָן. וְאַל תֹּאמַר, אֵינוֹ כִּי אִם בִּתְבוּאָה, שֶׁאַף בְּיַיִן וְחָלָב מָצִינוּ: "וּלְכוּ שִׁבְרוּ בְּלוֹא כֶסֶף וּבְלוֹא מְחִיר יַיִן וְחָלָב" (ישעיה נה, א):

נז **וְכָל הָאָרֶץ בָּאוּ מִצְרַיְמָה.** אֶל יוֹסֵף לִשְׁבֹּר.

וְאִם תִּדְרְשֵׁהוּ כְּסִדְרוֹ, הָיָה צָרִיךְ לִכְתֹּב: 'לִשְׁבֹּר מִן יוֹסֵף':

פרק מב

א **וַיַּרְא יַעֲקֹב כִּי יֶשׁ שֶׁבֶר בְּמִצְרָיִם.** וּמֵהֵיכָן רָאָה? וַהֲלֹא לֹא רָאָה אֶלָּא שָׁמַע, שֶׁנֶּאֱמַר: "הִנֵּה שָׁמַעְתִּי" וְגוֹ' (להלן פסוק ב)! וּמַהוּ "וַיַּרְא"? רָאָה בְּאַסְפַּקְלַרְיָא שֶׁל קֹדֶשׁ שֶׁיֵּשׁ לוֹ שֶׁבֶר עוֹד בְּמִצְרַיִם, וְלֹא הָיְתָה נְבוּאָה מַמָּשׁ לְהוֹדִיעוֹ בְּפֵרוּשׁ שֶׁזֶּה יוֹסֵף: **לָמָּה תִּתְרָאוּ.** אַל תַּרְאוּ עַצְמְכֶם בִּפְנֵי בְּנֵי יִשְׁמָעֵאל וּבְנֵי עֵשָׂו כְּאִלּוּ אַתֶּם שְׂבֵעִים, שֶׁבְּאוֹתָהּ שָׁעָה עֲדַיִן הָיָה לָהֶם תְּבוּאָה. וּמִפִּי אֲחֵרִים שָׁמַעְתִּי, שֶׁהוּא לְשׁוֹן כְּחִישָׁה: לָמָּה תִּהְיוּ כְּחוּשִׁים בָּרָעָב?, וְדוֹמֶה לוֹ: "וּמַרְוֶה גַּם הוּא יוֹרֶא" (משלי יא, כה), וְאֵין הַדָּבָר נָכוֹן בְּעֵינִי:

ב **רְדוּ שָׁמָּה.** וְלֹא אָמַר 'לְכוּ'! רֶמֶז לְמָאתַיִם וְעֶשֶׂר שָׁנִים שֶׁנִּשְׁתַּעְבְּדוּ לְמִצְרַיִם, כְּמִנְיַן רְד"וּ:

ג **וַיֵּרְדוּ אֲחֵי יוֹסֵף.** וְלֹא כָתַב 'בְּנֵי יַעֲקֹב'! מְלַמֵּד שֶׁהָיוּ מִתְחָרְטִים בִּמְכִירָתוֹ, וְנָתְנוּ לִבָּם לְהִתְנַהֵג עִמּוֹ בְּאַחְוָה וְלִפְדּוֹתוֹ בְּכָל מָמוֹן שֶׁיִּפְסְקוּ עֲלֵיהֶם: **עֲשָׂרָה.** מַה תַּלְמוּד לוֹמַר? וַהֲלֹא כְּתִיב: "וְאֶת בִּנְיָמִין אֲחִי יוֹסֵף לֹא שָׁלַח" (להלן פסוק ד)! אֶלָּא לְעִנְיַן הָאַחְוָה הָיוּ חֲלוּקִין לַעֲשָׂרָה, שֶׁלֹּא הָיְתָה אַהֲבַת כֻּלָּם וְשִׂנְאַת כֻּלָּם שָׁוָה לוֹ, אֲבָל לְעִנְיַן "לִשְׁבֹּר בָּר" כֻּלָּם לֵב אֶחָד לָהֶם: בְּרֵאשִׁית רַבָּה (צא, ב):

ד יוֹסֵ֖ף עֲשָׂרָ֑ה לִשְׁבֹּ֥ר בָּ֖ר מִמִּצְרָֽיִם׃ וְאֶת־בִּנְיָמִין֙
אֲחִ֣י יוֹסֵ֔ף לֹא־שָׁלַ֥ח יַעֲקֹ֖ב אֶת־אֶחָ֑יו כִּ֣י אָמַ֔ר פֶּן־
ה יִקְרָאֶ֖נּוּ אָסֽוֹן׃ וַיָּבֹ֙אוּ֙ בְּנֵ֣י יִשְׂרָאֵ֔ל לִשְׁבֹּ֖ר בְּת֣וֹךְ
ו הַבָּאִ֑ים כִּֽי־הָיָ֥ה הָרָעָ֖ב בְּאֶ֥רֶץ כְּנָֽעַן׃ וְיוֹסֵ֗ף ה֚וּא
הַשַּׁלִּ֣יט עַל־הָאָ֔רֶץ ה֥וּא הַמַּשְׁבִּ֖יר לְכָל־עַ֣ם
הָאָ֑רֶץ וַיָּבֹ֙אוּ֙ אֲחֵ֣י יוֹסֵ֔ף וַיִּשְׁתַּחֲווּ־ל֥וֹ אַפַּ֖יִם אָֽרְצָה׃
ז וַיַּ֥רְא יוֹסֵ֛ף אֶת־אֶחָ֖יו וַיַּכִּרֵ֑ם וַיִּתְנַכֵּ֨ר אֲלֵיהֶ֜ם וַיְדַבֵּ֧ר
אִתָּ֣ם קָשׁ֗וֹת וַיֹּ֤אמֶר אֲלֵהֶם֙ מֵאַ֣יִן בָּאתֶ֔ם וַיֹּ֣אמְר֔וּ
ח מֵאֶ֥רֶץ כְּנַ֖עַן לִשְׁבָּר־אֹֽכֶל׃ וַיַּכֵּ֥ר יוֹסֵ֖ף אֶת־אֶחָ֑יו
ט וְהֵ֖ם לֹ֥א הִכִּרֻֽהוּ׃ וַיִּזְכֹּ֣ר יוֹסֵ֔ף אֵ֚ת הַחֲלֹמ֔וֹת אֲשֶׁ֥ר
חָלַ֖ם לָהֶ֑ם וַיֹּ֤אמֶר אֲלֵהֶם֙ מְרַגְּלִ֣ים אַתֶּ֔ם לִרְא֛וֹת
י אֶת־עֶרְוַ֥ת הָאָ֖רֶץ בָּאתֶֽם׃ וַיֹּאמְר֥וּ אֵלָ֖יו לֹ֣א אֲדֹנִ֑י
יא וַעֲבָדֶ֥יךָ בָּ֖אוּ לִשְׁבָּר־אֹֽכֶל׃ כֻּלָּ֕נוּ בְּנֵ֥י אִישׁ־אֶחָ֖ד
יב נָ֑חְנוּ כֵּנִ֣ים אֲנַ֔חְנוּ לֹא־הָי֥וּ עֲבָדֶ֖יךָ מְרַגְּלִֽים׃ וַיֹּ֖אמֶר
אֲלֵהֶ֑ם לֹ֕א כִּֽי־עֶרְוַ֥ת הָאָ֖רֶץ בָּאתֶ֥ם לִרְאֽוֹת׃
יג וַיֹּאמְר֗וּ שְׁנֵ֣ים עָשָׂ֣ר עֲ֠בָדֶיךָ אַחִ֨ים ׀ אֲנַ֧חְנוּ בְּנֵ֛י
אִישׁ־אֶחָ֖ד בְּאֶ֣רֶץ כְּנָ֑עַן וְהִנֵּ֨ה הַקָּטֹ֤ן אֶת־אָבִ֙ינוּ֙
יד הַיּ֔וֹם וְהָאֶחָ֖ד אֵינֶֽנּוּ׃ וַיֹּ֥אמֶר אֲלֵהֶ֖ם יוֹסֵ֑ף ה֣וּא
טו אֲשֶׁ֨ר דִּבַּ֧רְתִּי אֲלֵכֶ֛ם לֵאמֹ֖ר מְרַגְּלִ֥ים אַתֶּֽם׃ בְּזֹ֖את
תִּבָּחֵ֑נוּ חֵ֤י פַרְעֹה֙ אִם־תֵּצְא֣וּ מִזֶּ֔ה כִּ֧י אִם־בְּב֛וֹא
טז אֲחִיכֶ֥ם הַקָּטֹ֖ן הֵֽנָּה׃ שִׁלְח֨וּ מִכֶּ֣ם אֶחָד֮ וְיִקַּ֣ח אֶת־

ד יוֹסֵף עַסְרָא, לְמִזְבַּן עֲבוּרָא מִמִּצְרָיִם: וְיָת בִּנְיָמִין אֲחוּהִי דְּיוֹסֵף, לָא שְׁלַח יַעֲקֹב עִם אֲחוֹהִי,
ה אֲרֵי אֲמַר, דִּלְמָא יְעָרְעִנֵּיהּ מוֹתָא: וַאֲתוֹ בְּנֵי יִשְׂרָאֵל, לְמִזְבַּן עֲבוּרָא בְּגוֹ עָאלַיָּא, אֲרֵי הֲוָה
ו כַּפְנָא בְּאַרְעָא דִּכְנָעַן: וְיוֹסֵף, הוּא דְּשַׁלִּיט עַל אַרְעָא, הוּא מְזַבֵּין עֲבוּרָא לְכָל עַמָּא דְּאַרְעָא,
ז וַאֲתוֹ אֲחֵי יוֹסֵף, וּסְגִידוּ לֵיהּ עַל אַפֵּיהוֹן עַל אַרְעָא: וַחֲזָא יוֹסֵף, יָת אֲחוֹהִי וְאִשְׁתְּמוֹדְעִנּוּן,
וְחַשֵּׁיב מָא דִּימַלֵּיל עִמְּהוֹן וּמַלֵּיל עִמְּהוֹן קַשְׁיָן, וַאֲמַר לְהוֹן מְנָן אֲתֵיתוֹן, וַאֲמַרוּ, מֵאַרְעָא
ח ט דִּכְנַעַן לְמִזְבַּן עֲבוּרָא: וְאִשְׁתְּמוֹדַע יוֹסֵף יָת אֲחוֹהִי, וְאִנּוּן לָא אִשְׁתְּמוֹדְעוּהִי: וְאִדְּכַר יוֹסֵף,
יָת חֶלְמַיָּא, דַּהֲוָה חָלֵים לְהוֹן, וַאֲמַר לְהוֹן אַלִּילֵי אַתּוּן, לְמִחְזֵי, יָת בִּדְקַהּ דְּאַרְעָא אֲתֵיתוֹן:
יא וַאֲמַרוּ לֵיהּ לָא רִבּוֹנִי, וְעַבְדָּךְ אֲתוֹ לְמִזְבַּן עֲבוּרָא: כֻּלַּנָא, בְּנֵי גְּבַרָא חַד נַחְנָא, כֵּיוָנֵי אֲנַחְנָא,
יב יג לָא הֲווֹ עַבְדָּךְ אַלִּילֵי: וַאֲמַר לְהוֹן, לָא, אֱלָהֵין בִּדְקַהּ דְּאַרְעָא אֲתֵיתוֹן לְמִחְזֵי: וַאֲמַרוּ, תְּרֵי
עֲסַר עַבְדָּךְ אַחִין אֲנַחְנָא, בְּנֵי גְּבַרָא חַד בְּאַרְעָא דִּכְנָעַן, וְהָא זְעֵירָא עִם אֲבוּנָא יוֹמָא דֵין,
יד טו וְחַד לֵיתוֹהִי: וַאֲמַר לְהוֹן יוֹסֵף, הוּא, דְּמַלֵּילִית עִמְּכוֹן, לְמֵימַר אַלִּילֵי אַתּוּן: בְּדָא תִּתְבַּחֲרוּן,
טז חַיֵּי פַרְעֹה אִם תִּפְּקוּן מִכָּא, אֱלָהֵין בְּמֵיתֵי, אֲחוּכוֹן זְעֵירָא הָלְכָא: שְׁלַחוּ מִנְּכוֹן חַד וְיִדְבַּר יָת

ד| **פֶּן יִקְרָאֶנּוּ אָסוֹן.** וּבַבַּיִת לֹא יִקְרָאֶנּוּ?! אָמַר רַבִּי אֱלִיעֶזֶר בֶּן יַעֲקֹב: מִכָּאן שֶׁהַשָּׂטָן מְקַטְרֵג בִּשְׁעַת הַסַּכָּנָה:

ה| **בְּתוֹךְ הַבָּאִים.** מַטְמִינִין עַצְמָן שֶׁלֹּא יַכִּירוּם, לְפִי שֶׁצִּוָּה אֲבִיהֶם שֶׁלֹּא יִתְרָאוּ שֶׁלֹּא תִּשְׁלֹט בָּהֶם עַיִן רָעָה, שֶׁכֻּלָּם נָאִים וְכֻלָּם גִּבּוֹרִים:

ו| **וַיִּשְׁתַּחֲווּ לוֹ אַפַּיִם.** נִשְׁתַּטְּחוּ לוֹ עַל פְּנֵיהֶם, וְכֵן כָּל הִשְׁתַּחֲוָאָה פִּשּׁוּט יָדַיִם וְרַגְלַיִם הוּא:

ז| **וַיִּתְנַכֵּר אֲלֵיהֶם.** נַעֲשָׂה לָהֶם כְּנָכְרִי בִּדְבָרִים לְדַבֵּר קָשׁוֹת:

ח| **וַיַּכֵּר יוֹסֵף וְגוֹ'.** לְפִי שֶׁהִנִּיחָם חֲתוּמֵי זָקָן: **וְהֵם לֹא הִכִּרֻהוּ.** שֶׁיָּצָא מֵאֶצְלָם בְּלֹא חֲתִימַת זָקָן וְעַכְשָׁיו בָּא בַּחֲתִימַת זָקָן. וּמִדְרַשׁ אַגָּדָה, "וַיַּכֵּר יוֹסֵף אֶת אֶחָיו", כְּשֶׁנִּמְסְרוּ בְּיָדוֹ הִכִּיר שֶׁהֵם אֶחָיו וְרִחֵם עֲלֵיהֶם, "וְהֵם לֹא הִכִּרֻהוּ" כְּשֶׁנָּפַל בְּיָדָם לִנְהֹג בּוֹ אַחֲוָה:

ט| **אֲשֶׁר חָלַם לָהֶם.** עֲלֵיהֶם, וְיָדַע שֶׁנִּתְקַיְּמוּ, שֶׁהֲרֵי הִשְׁתַּחֲווּ לוֹ: **עֶרְוַת הָאָרֶץ.** גִּלּוּי הָאָרֶץ, מֵהֵיכָן הִיא נוֹחָה לִכָּבֵשׁ, כְּמוֹ: "אֶת מְקֹרָהּ הֶעֱרָה" (ויקרא כ, יח), וּכְמוֹ: "עֵרֹם וְעֶרְיָה" (יחזקאל טז, ז), וְכֵן כָּל עֶרְוָה שֶׁבַּמִּקְרָא לְשׁוֹן גִּלּוּי. וְאוּנְקְלוֹס תִּרְגֵּם: "בִּדְקָא דְאַרְעָא", כְּמוֹ: "בֶּדֶק הַבַּיִת" (מלכים ב' יב, ו) – רְעוּעַ הַבַּיִת, אֲבָל לֹא דִקְדֵּק לְפָרְשׁוֹ אַחַר לְשׁוֹן הַמִּקְרָא:

י| **לֹא אֲדֹנִי.** לֹא תֹאמַר כֵּן, וַהֲרֵי "עֲבָדֶיךָ בָּאוּ לִשְׁבָּר אֹכֶל":

יא| **כֻּלָּנוּ בְּנֵי אִישׁ אֶחָד נָחְנוּ.** נִצְנְצָה בָהֶם רוּחַ הַקֹּדֶשׁ וְכָלְלוּהוּ עִמָּהֶם, שֶׁאַף הוּא בֶּן אֲבִיהֶם: **כֵּנִים.** אֲמִתִּיִּים, כְּמוֹ: "כֵּן דִּבַּרְתָּ" (שמות י, כט), "כֵּן בְּנוֹת צְלָפְחָד דֹּבְרֹת" (במדבר כז, ז), "וְעֶבְרָתוֹ לֹא כֵן בַּדָּיו" (ישעיה טז, ו):

יב| **כִּי עֶרְוַת הָאָרֶץ בָּאתֶם לִרְאוֹת.** שֶׁהֲרֵי נִכְנַסְתֶּם בַּעֲשָׂרָה שַׁעֲרֵי הָעִיר, לָמָּה לֹא נִכְנַסְתֶּם בְּשַׁעַר אֶחָד?:

יג| **וַיֹּאמְרוּ שְׁנֵים עָשָׂר עֲבָדֶיךָ וְגוֹ'.** וּבִשְׁבִיל אוֹתוֹ אֶחָד שֶׁאֵינֶנּוּ, נִתְפַּזַּרְנוּ בָּעִיר לְבַקְּשׁוֹ:

יד| **הוּא אֲשֶׁר דִּבַּרְתִּי.** הַדָּבָר אֲשֶׁר דִּבַּרְתִּי שֶׁאַתֶּם מְרַגְּלִים הוּא הָאֱמֶת וְהַנָּכוֹן, זֶהוּ לְפִי פְּשׁוּטוֹ. וּמִדְרָשׁוֹ, אָמַר לָהֶם: וְאִלּוּ מְצָאתֶם אוֹתוֹ וְיִפְסְקוּ עֲלֵיכֶם מָמוֹן הַרְבֵּה, תִּפְדּוּהוּ? אָמְרוּ לוֹ: הֵן. אָמַר לָהֶם: וְאִם יֹאמְרוּ לָכֶם שֶׁלֹּא יַחֲזִירוּהוּ בְּשׁוּם מָמוֹן, מַה תַּעֲשׂוּ? אָמְרוּ: לְכָךְ בָּאנוּ, לַהֲרֹג אוֹ לֵהָרֵג! אָמַר לָהֶם: "הוּא אֲשֶׁר דִּבַּרְתִּי אֲלֵכֶם", לַהֲרֹג בְּנֵי הָעִיר בָּאתֶם, מְנַחֵשׁ אֲנִי בַּגָּבִיעַ שֶׁלִּי שֶׁשְּׁנַיִם מִכֶּם הֶחֱרִיבוּ כְּרַךְ גָּדוֹל שֶׁל שְׁכֶם:

טו| **חֵי פַרְעֹה.** אִם יִחְיֶה פַרְעֹה. כְּשֶׁהָיָה נִשְׁבָּע לַשֶּׁקֶר הָיָה נִשְׁבָּע בְּחַיֵּי פַרְעֹה: **אִם תֵּצְאוּ מִזֶּה.** מִן הַמָּקוֹם הַזֶּה:

אֲחִיכֶם֙ וְאַתֶּ֣ם הֵאָסְר֔וּ וְיִבָּֽחֲנוּ֙ דִּבְרֵיכֶ֔ם הַאֱמֶ֖ת
אִתְּכֶ֑ם וְאִם־לֹ֕א חֵ֣י פַרְעֹ֔ה כִּ֥י מְרַגְּלִ֖ים אַתֶּֽם:
יח וַיֶּאֱסֹ֥ף אֹתָ֛ם אֶל־מִשְׁמָ֖ר שְׁלֹ֥שֶׁת יָמִֽים: וַיֹּ֨אמֶר
אֲלֵהֶ֤ם יוֹסֵף֙ בַּיּ֣וֹם הַשְּׁלִישִׁ֔י זֹ֥את עֲשׂ֖וּ וִֽחְי֑וּ אֶת־
חמישי יט הָאֱלֹהִ֖ים אֲנִ֥י יָרֵֽא: אִם־כֵּנִ֣ים אַתֶּ֔ם אֲחִיכֶ֣ם אֶחָ֔ד
יֵאָסֵ֖ר בְּבֵ֣ית מִשְׁמַרְכֶ֑ם וְאַתֶּם֙ לְכ֣וּ הָבִ֔יאוּ שֶׁ֖בֶר
רַעֲב֥וֹן בָּתֵּיכֶֽם: וְאֶת־אֲחִיכֶ֤ם הַקָּטֹן֙ תָּבִ֣יאוּ אֵלַ֔י
כא וְיֵאָֽמְנ֥וּ דִבְרֵיכֶ֖ם וְלֹ֣א תָמ֑וּתוּ וַיַּעֲשׂוּ־כֵֽן: וַיֹּאמְר֞וּ
אִ֣ישׁ אֶל־אָחִ֗יו אֲבָל֮ אֲשֵׁמִ֣ים ׀ אֲנַחְנוּ֮ עַל־אָחִינוּ֒
אֲשֶׁ֨ר רָאִ֜ינוּ צָרַ֥ת נַפְשׁ֛וֹ בְּהִתְחַֽנְנ֥וֹ אֵלֵ֖ינוּ וְלֹ֣א
כב שָׁמָ֑עְנוּ עַל־כֵּן֙ בָּ֣אָה אֵלֵ֔ינוּ הַצָּרָ֖ה הַזֹּֽאת: וַיַּעַן֩
רְאוּבֵ֨ן אֹתָ֜ם לֵאמֹ֗ר הֲלוֹא֩ אָמַ֨רְתִּי אֲלֵיכֶ֧ם ׀
לֵאמֹ֛ר אַל־תֶּחֶטְא֥וּ בַיֶּ֖לֶד וְלֹ֣א שְׁמַעְתֶּ֑ם וְגַם־
כג דָּמ֖וֹ הִנֵּ֥ה נִדְרָֽשׁ: וְהֵם֙ לֹ֣א יָֽדְע֔וּ כִּ֥י שֹׁמֵ֖עַ יוֹסֵ֑ף כִּ֥י
כד הַמֵּלִ֖יץ בֵּינֹתָֽם: וַיִּסֹּ֥ב מֵֽעֲלֵיהֶ֖ם וַיֵּ֑בְךְּ וַיָּ֤שָׁב אֲלֵהֶם֙
וַיְדַבֵּ֣ר אֲלֵהֶ֔ם וַיִּקַּ֤ח מֵֽאִתָּם֙ אֶת־שִׁמְע֔וֹן וַיֶּאֱסֹ֥ר
כה אֹת֖וֹ לְעֵינֵיהֶֽם: וַיְצַ֣ו יוֹסֵ֗ף וַיְמַלְא֤וּ אֶת־כְּלֵיהֶם֙
בָּ֔ר וּלְהָשִׁ֤יב כַּסְפֵּיהֶם֙ אִ֣ישׁ אֶל־שַׂקּ֔וֹ וְלָתֵ֥ת לָהֶ֛ם
כו צֵדָ֖ה לַדָּ֑רֶךְ וַיַּ֥עַשׂ לָהֶ֖ם כֵּֽן: וַיִּשְׂא֥וּ אֶת־שִׁבְרָ֖ם
כז עַל־חֲמֹֽרֵיהֶ֑ם וַיֵּלְכ֖וּ מִשָּֽׁם: וַיִּפְתַּ֨ח הָאֶחָ֜ד אֶת־

שַׂקּ֔וֹ לָתֵ֥ת מִסְפּ֖וֹא לַחֲמֹר֑וֹ בַּמָּל֑וֹן וַיַּרְא֙ אֶת־
כח כַּסְפּ֔וֹ וְהִנֵּה־ה֖וּא בְּפִ֥י אַמְתַּחְתּֽוֹ׃ וַיֹּ֤אמֶר אֶל־

אֲחוּכוֹן, וְאַתּוּן תִּתְאַסְרוּן, וְיִתְבַּחֲרוּן פִּתְגָמֵיכוֹן, הַקְשׁוֹט אַתּוּן אָמְרִין, וְאִם לָא, חַיֵּי פַרְעֹה, אֲרֵי
יז יח אַלִּילֵי אַתּוּן: וּכְנַשׁ יָתְהוֹן, לְבֵית מַטְּרָא תְּלָתָא יוֹמִין: וַאֲמַר לְהוֹן יוֹסֵף בְּיוֹמָא תְּלִיתָאָה, דָּא
יט עֲבִידוּ וְאִתְקַיַּמוּ, מִן קֳדָם יְיָ אֲנָא דָּחֵיל: אִם כֵּינֵי אַתּוּן, אֲחוּכוֹן חַד, יִתְאֲסַר בְּבֵית מַטַּרְתְּכוֹן,
כ וְאַתּוּן אִיזִילוּ אוֹבִילוּ, עֲבוּרָא דַּחֲסִיר בְּבָתֵּיכוֹן: וְיָת אֲחוּכוֹן זְעֵירָא תַּיְתוֹן לְוָתִי, וְיִתְהֵימְנוּן
כא פִּתְגָמֵיכוֹן וְלָא תְמוּתוּן, וַעֲבַדוּ כֵן: וַאֲמַרוּ גְּבַר לַאֲחוּהִי, בְּקֻשְׁטָא חַיָּבִין אֲנַחְנָא עַל אֲחוּנָא,
דַּחֲזֵינָא, בְּעָקַת נַפְשֵׁיהּ, כַּד הֲוָה מִתְחַנַּן לַנָא וְלָא קַבֵּילְנָא מִנֵּיהּ, עַל כֵּן אֲתָת לַנָא, עָקְתָא הָדָא:
כב וַאֲתֵיב רְאוּבֵן יָתְהוֹן לְמֵימַר, הֲלָא אֲמָרִית לְכוֹן לְמֵימַר, לָא תֶחֶטְאוּן בְּעוּלֵימָא וְלָא קַבֵּילְתּוּן,
כג כד וְאַף דְּמֵיהּ הָא מִתְבְּעֵי: וְאִנּוּן לָא יָדְעִין, אֲרֵי שָׁמַע יוֹסֵף, אֲרֵי מְתֻרְגְּמָן הֲוָה בֵּינֵיהוֹן: וְאִסְתְּחַר
מִלְּוָתְהוֹן וּבְכָא, וְתָב לְוָתְהוֹן וּמַלֵּיל עִמְּהוֹן, וּדְבַר מִלְּוָתְהוֹן יָת שִׁמְעוֹן, וַאֲסַר יָתֵיהּ לְעֵינֵיהוֹן:
כה וּפַקֵּיד יוֹסֵף, וּמְלוֹ יָת מָנֵיהוֹן עֲבוּרָא, וּלְאָתָבָא כַּסְפֵּיהוֹן גְּבַר לְסַקֵּיהּ, וּלְמִתַּן לְהוֹן, זְוָדִין
כו כז לְאוֹרְחָא, וַעֲבַד לְהוֹן כֵּן: וּנְטַלוּ יָת עֲבוּרְהוֹן עַל חֲמָרֵיהוֹן, וַאֲזַלוּ מִתַּמָּן: וּפְתַח חַד יָת סַקֵּיהּ,
כח לְמִתַּן כִּסְּתָא, לַחֲמָרֵיהּ בְּבֵית מְבָתָא, וַחֲזָא יָת כַּסְפֵּיהּ, וְהָא הוּא בְּפוּם טוּעֲנֵיהּ: וַאֲמַר

טו| **הַאֶמֶת אִתְּכֶם.** אִם אֱמֶת אִתְּכֶם, לְפִיכָךְ הֵ"א נָקוּד פַּתָּח, שֶׁהוּא כְּמוֹ בִּלְשׁוֹן תֵּמַהּ. "וְאִם לֹא" תְּבִיאוּהוּ – "חֵי פַרְעֹה כִּי מְרַגְּלִים אַתֶּם":

יז| **מִשְׁמָר.** בֵּית הָאֲסוּרִים:

יט| **בְּבֵית מִשְׁמַרְכֶם.** שֶׁאַתֶּם אֲסוּרִים בּוֹ עַכְשָׁיו: **וְאַתֶּם לְכוּ הָבִיאוּ.** לְבֵית אֲבִיכֶם: **שֶׁבֶר רַעֲבוֹן בָּתֵּיכֶם.** מַה שֶּׁקְּנִיתֶם לְרַעֲבוֹן אַנְשֵׁי בָּתֵּיכֶם:

כ| **וְיֵאָמְנוּ דִבְרֵיכֶם.** יִתְאַמְּתוּ וְיִתְקַיְּמוּ, כְּמוֹ: "אָמֵן אָמֵן" (במדבר ה, כב), וּכְמוֹ: "יֵאָמֶן נָא דְּבָרְךָ" (מלכים א' ח, כו):

כא| **אֲבָל.** כְּתַרְגּוּמוֹ: "בְּקוּשְׁטָא". וְרָאִיתִי בִּבְרֵאשִׁית רַבָּה (פא, ח): לִשְׁנָא דָּרוֹמָאָה הוּא, "אֲבָל" – בְּרַם: **בָּאָה אֵלֵינוּ.** טַעְמוֹ בַּבֵּי"ת לְפִי שֶׁהוּא בִּלְשׁוֹן עָבָר, שֶׁכְּבָר בָּאָה, וְתַרְגּוּמוֹ: "אֲתָת לַנָא":

כב| **וְגַם דָּמוֹ.** אָתִין וְאַמִּין רִבּוּיִין – דָּמוֹ וְגַם דַּם הַזָּקֵן:

כג| **וְהֵם לֹא יָדְעוּ כִּי שֹׁמֵעַ יוֹסֵף.** מֵבִין לְשׁוֹנָם, וּבְפָנָיו הָיוּ מְדַבְּרִים כֵּן: **כִּי הַמֵּלִיץ בֵּינֹתָם.** כִּי כְּשֶׁהָיוּ מְדַבְּרִים עִמּוֹ הָיָה הַמֵּלִיץ בֵּינֵיהֶם הַיּוֹדֵעַ לָשׁוֹן עִבְרִית וְלָשׁוֹן מִצְרִית, וְהָיָה מֵלִיץ דִּבְרֵיהֶם לְיוֹסֵף וְדִבְרֵי יוֹסֵף לָהֶם, לְכָךְ הָיוּ סְבוּרִים שֶׁאֵין יוֹסֵף מַכִּיר בְּלָשׁוֹן עִבְרִית: **הַמֵּלִיץ.** זֶה מְנַשֶּׁה:

כד| **וַיִּסֹּב מֵעֲלֵיהֶם.** נִתְרַחֵק מֵעֲלֵיהֶם שֶׁלֹּא יִרְאוּהוּ בוֹכֶה: **וַיֵּבְךְּ.** לְפִי שֶׁשָּׁמַע שֶׁהָיוּ מִתְחָרְטִין: **אֶת שִׁמְעוֹן.** הוּא הִשְׁלִיכוֹ לַבּוֹר, הוּא שֶׁאָמַר לְלֵוִי: "הִנֵּה בַּעַל הַחֲלֹמוֹת הַלָּזֶה בָּא" (לעיל לז, יט). דָּבָר אַחֵר, נִתְכַּוֵּן יוֹסֵף לְהַפְרִידוֹ מִלֵּוִי, שֶׁמָּא יִתְיָעֲצוּ שְׁנֵיהֶם לְהָרְגוֹ: **וַיֶּאֱסֹר אֹתוֹ לְעֵינֵיהֶם.** לֹא אֲסָרוֹ אֶלָּא לְעֵינֵיהֶם, וְכֵיוָן שֶׁיָּצְאוּ הוֹצִיאוֹ וְהֶאֱכִילוֹ וְהִשְׁקָהוּ:

כז| **וַיִּפְתַּח הָאֶחָד.** הוּא לֵוִי שֶׁנִּשְׁאַר יָחִיד מִשִּׁמְעוֹן בֶּן זוּגוֹ: **בַּמָּלוֹן.** בַּמָּקוֹם שֶׁלָּנוּ בַּלַּיְלָה: **אַמְתַּחְתּוֹ.** הוּא שַׂק:

מקץ

אָחִיו הוּשַׁב כַּסְפִּי וְגַם הִנֵּה בְאַמְתַּחְתִּי וַיֵּצֵא
לִבָּם וַיֶּחֶרְדוּ אִישׁ אֶל־אָחִיו לֵאמֹר מַה־זֹּאת
עָשָׂה אֱלֹהִים לָנוּ׃ וַיָּבֹאוּ אֶל־יַעֲקֹב אֲבִיהֶם כט
אַרְצָה כְּנָעַן וַיַּגִּידוּ לוֹ אֵת כָּל־הַקֹּרֹת אֹתָם
לֵאמֹר׃ דִּבֶּר הָאִישׁ אֲדֹנֵי הָאָרֶץ אִתָּנוּ קָשׁוֹת ל
וַיִּתֵּן אֹתָנוּ כִּמְרַגְּלִים אֶת־הָאָרֶץ׃ וַנֹּאמֶר אֵלָיו לא
כֵּנִים אֲנָחְנוּ לֹא הָיִינוּ מְרַגְּלִים׃ שְׁנֵים־עָשָׂר לב
אֲנַחְנוּ אַחִים בְּנֵי אָבִינוּ הָאֶחָד אֵינֶנּוּ וְהַקָּטֹן
הַיּוֹם אֶת־אָבִינוּ בְּאֶרֶץ כְּנָעַן׃ וַיֹּאמֶר אֵלֵינוּ לג
הָאִישׁ אֲדֹנֵי הָאָרֶץ בְּזֹאת אֵדַע כִּי כֵנִים אַתֶּם
אֲחִיכֶם הָאֶחָד הַנִּיחוּ אִתִּי וְאֶת־רַעֲבוֹן בָּתֵּיכֶם
קְחוּ וָלֵכוּ׃ וְהָבִיאוּ אֶת־אֲחִיכֶם הַקָּטֹן אֵלַי לד
וְאֵדְעָה כִּי לֹא מְרַגְּלִים אַתֶּם כִּי כֵנִים אַתֶּם אֶת־
אֲחִיכֶם אֶתֵּן לָכֶם וְאֶת־הָאָרֶץ תִּסְחָרוּ׃ וַיְהִי הֵם לה
מְרִיקִים שַׂקֵּיהֶם וְהִנֵּה־אִישׁ צְרוֹר־כַּסְפּוֹ בְּשַׂקּוֹ
וַיִּרְאוּ אֶת־צְרֹרוֹת כַּסְפֵּיהֶם הֵמָּה וַאֲבִיהֶם
וַיִּירָאוּ׃ וַיֹּאמֶר אֲלֵהֶם יַעֲקֹב אֲבִיהֶם אֹתִי לו
שִׁכַּלְתֶּם יוֹסֵף אֵינֶנּוּ וְשִׁמְעוֹן אֵינֶנּוּ וְאֶת־בִּנְיָמִן
תִּקָּחוּ עָלַי הָיוּ כֻלָּנָה׃ וַיֹּאמֶר רְאוּבֵן אֶל־אָבִיו לז
לֵאמֹר אֶת־שְׁנֵי בָנַי תָּמִית אִם־לֹא אֲבִיאֶנּוּ

אֱלֶיךָ תְּנָה אֹתוֹ עַל־יָדִי וַאֲנִי אֲשִׁיבֶנּוּ אֵלֶיךָ׃
לח וַיֹּאמֶר לֹא־יֵרֵד בְּנִי עִמָּכֶם כִּי־אָחִיו מֵת וְהוּא
לְבַדּוֹ נִשְׁאָר וּקְרָאָהוּ אָסוֹן בַּדֶּרֶךְ אֲשֶׁר תֵּלְכוּ־
בָהּ וְהוֹרַדְתֶּם אֶת־שֵׂיבָתִי בְּיָגוֹן שְׁאוֹלָה׃
מג א ב וְהָרָעָב כָּבֵד בָּאָרֶץ׃ וַיְהִי כַּאֲשֶׁר כִּלּוּ לֶאֱכֹל

לַאֲחוּהִי אִתָּתַב כַּסְפִּי, וְאַף הָא בְטָעְנִי, וּנְפַק מַדַּע לִבְּהוֹן, וּתְוַהוּ, גְּבַר בַּאֲחוּהִי לְמֵימַר, מָא
כט דָא, עֲבַד יי לַנָא: וַאֲתוֹ, לְוָת יַעֲקֹב אֲבוּהוֹן לְאַרְעָא דִּכְנָעַן, וְחַוִּיאוּ לֵיהּ, יָת, כָּל דְּעָרַעָא יָתְהוֹן
ל לא לְמֵימַר: מַלֵּיל, גַּבְרָא רִבּוֹנַהּ דְּאַרְעָא, עִמַּנָא קַשְׁיָן, וִיהַב יָתַנָא, כִּמְאַלְּלֵי אַרְעָא: וַאֲמַרְנָא לֵיהּ
לב כֵּיוָנֵי אֲנַחְנָא, לָא הֲוֵינָא אַלִּילֵי: תְּרֵי עֲסַר אֲנַחְנָא, אַחִין בְּנֵי אֲבוּנָא, חַד לֵיתוֹהִי, וּזְעֵירָא יוֹמָא
לג דֵין, עִם אֲבוּנָא בְּאַרְעָא דִּכְנָעַן: וַאֲמַר לַנָא, גַּבְרָא רִבּוֹנַהּ דְּאַרְעָא, בְּדָא אֶדַּע, אֲרֵי כֵּיוָנֵי אַתּוּן,
לד אֲחוּכוֹן חַד שְׁבוּקוּ לְוָתִי, וְיָת עֲבוּרָא דְּחַסִּיר בְּבָתֵּיכוֹן סַבוּ וְאִיזִילוּ: וְאַיְתוֹ, יָת אֲחוּכוֹן זְעֵירָא
לְוָתִי, וְאֶדַּע, אֲרֵי לָא אַלִּילֵי אַתּוּן, אֲרֵי כֵּיוָנֵי אַתּוּן, יָת אֲחוּכוֹן אֶתֵּין לְכוֹן, וְיָת אַרְעָא תַּעְבְּדוּן
לה בַּהּ סְחוֹרְתָא: וַהֲוָה, אִנּוּן מְרִיקִין סַקֵּיהוֹן, וְהָא גְּבַר צְרוֹר כַּסְפֵּיהּ בְּסַקֵּיהּ, וַחֲזוֹ, יָת צְרָרֵי
לו כַּסְפֵּיהוֹן, אִנּוּן וַאֲבוּהוֹן וּדְחִילוּ: וַאֲמַר לְהוֹן יַעֲקֹב אֲבוּהוֹן, יָתִי אַתְכֵּילְתּוּן, יוֹסֵף לֵיתוֹהִי
לז וְשִׁמְעוֹן לָא הֲוָה כָא, וְיָת בִּנְיָמִין תִּדְבְּרוּן, עֲלַי הֲוָאָה כֻלְּהוֹן: וַאֲמַר רְאוּבֵן לַאֲבוּהִי לְמֵימַר, יָת
לח תְּרֵין בְּנַי תְּמִית, אִם לָא אַיְתֵינֵיהּ לָךְ, הַב יָתֵיהּ עַל יְדִי, וַאֲנָא אֲתִיבִנֵּיהּ לָךְ: וַאֲמַר, לָא יֵיחוֹת
בְּרִי עִמְּכוֹן, אֲרֵי אֲחוּהִי מִית וְהוּא בִּלְחוֹדוֹהִי אִשְׁתְּאַר, וִיעָרְעִנֵּיהּ מוֹתָא בְּאוֹרְחָא דִּתְהָכוּן
מג א ב בַּהּ, וְתַחֲתוּן יָת סֵיבְתִי, בִּדְווֹנָא לִשְׁאוֹל: וְכַפְנָא תְּקֵיף בְּאַרְעָא: וַהֲוָה, כַּד שֵׁיצִיאוּ לְמֵיכַל

כח| וְגַם הִנֵּה בְאַמְתַּחְתִּי. גַּם הַכֶּסֶף בּוֹ עִם הַתְּבוּאָה: מַה זֹּאת עָשָׂה אֱלֹהִים לָנוּ. לַהֲבִיאֵנוּ לִידֵי עֲלִילָה זוֹ, שֶׁלֹּא הוּשַׁב אֶלָּא לְהִתְעוֹלֵל עָלֵינוּ:

לד| וְאֶת הָאָרֶץ תִּסְחָרוּ. תְּסוֹבְבוּ, וְכָל לְשׁוֹן 'סוֹחֲרִים' וּ'סְחוֹרָה' עַל שֵׁם שֶׁמְּחַזְּרִים וְסוֹבְבִים אַחַר הַפְּרַקְמַטְיָא:

לה| צְרוֹר כַּסְפּוֹ. קֶשֶׁר כַּסְפּוֹ:

לו| אֹתִי שִׁכַּלְתֶּם. מְלַמֵּד שֶׁחֲשָׁדָן שֶׁמָּא הֲרָגוּהוּ אוֹ מְכָרוּהוּ כְּיוֹסֵף: שִׁכַּלְתֶּם. כָּל מִי שֶׁבָּנָיו אֲבוּדִים קָרוּי 'שַׁכּוּל':

לח| לֹא יֵרֵד בְּנִי עִמָּכֶם. לֹא קִבֵּל דְּבָרָיו שֶׁל רְאוּבֵן, אָמַר: בְּכוֹר שׁוֹטֶה הוּא זֶה! הוּא אוֹמֵר לְהָמִית בָּנָיו, וְכִי בָּנָיו הֵם וְלֹא בָּנַי?!:

פרק מג

ב| כַּאֲשֶׁר כִּלּוּ לֶאֱכֹל. יְהוּדָה אָמַר לָהֶם: הַמְתִּינוּ לַזָּקֵן עַד שֶׁתִּכְלֶה פַּת מִן הַבַּיִת: כַּאֲשֶׁר כִּלּוּ. "כַּד שֵׁיצִיאוּ", וְהַמְתַרְגֵּם 'כַּד סְפִיקוּ' טוֹעֶה. "כַּאֲשֶׁר כִּלּוּ הַגְּמַלִּים לִשְׁתּוֹת" (לעיל כד, כב) מְתֻרְגָּם "כַּד סְפִיקוּ", כְּשֶׁשָּׁתוּ דֵּי סִפּוּקָם הוּא גְּמַר שְׁתִיָּתָם; אֲבָל זֶה, "כַּאֲשֶׁר כִּלּוּ לֶאֱכֹל", כַּאֲשֶׁר תַּם הָאֹכֶל הוּא, וּמְתַרְגְּמִינַן: "כַּד שֵׁיצִיאוּ":

אֶת־הַשֶּׁ֔בֶר אֲשֶׁ֥ר הֵבִ֖יאוּ מִמִּצְרָ֑יִם וַיֹּ֤אמֶר אֲלֵהֶם֙
אֲבִיהֶ֔ם שֻׁ֖בוּ שִׁבְרוּ־לָ֥נוּ מְעַט־אֹֽכֶל: וַיֹּ֧אמֶר
אֵלָ֛יו יְהוּדָ֖ה לֵאמֹ֑ר הָעֵ֣ד הֵעִד֩ בָּ֨נוּ הָאִ֤ישׁ לֵאמֹר֙
לֹֽא־תִרְא֣וּ פָנַ֔י בִּלְתִּ֖י אֲחִיכֶ֥ם אִתְּכֶֽם: אִם־יֶשְׁךָ֛
מְשַׁלֵּ֥חַ אֶת־אָחִ֖ינוּ אִתָּ֑נוּ נֵרְדָ֕ה וְנִשְׁבְּרָ֥ה לְךָ֖
אֹֽכֶל: וְאִם־אֵינְךָ֥ מְשַׁלֵּ֖חַ לֹ֣א נֵרֵ֑ד כִּֽי־הָאִ֞ישׁ אָמַ֤ר
אֵלֵ֙ינוּ֙ לֹֽא־תִרְא֣וּ פָנַ֔י בִּלְתִּ֖י אֲחִיכֶ֥ם אִתְּכֶֽם:
וַיֹּ֙אמֶר֙ יִשְׂרָאֵ֔ל לָמָ֥ה הֲרֵעֹתֶ֖ם לִ֑י לְהַגִּ֣יד לָאִ֔ישׁ
הַע֥וֹד לָכֶ֖ם אָֽח: וַיֹּאמְר֡וּ שָׁא֣וֹל שָֽׁאַל־הָ֠אִישׁ לָ֣נוּ
וּלְמֽוֹלַדְתֵּ֜נוּ לֵאמֹ֗ר הַע֨וֹד אֲבִיכֶ֥ם חַי֙ הֲיֵ֣שׁ לָכֶ֣ם
אָ֔ח וַנַּ֨גֶּד־ל֔וֹ עַל־פִּ֖י הַדְּבָרִ֣ים הָאֵ֑לֶּה הֲיָד֣וֹעַ נֵדַ֔ע
כִּ֣י יֹאמַ֔ר הוֹרִ֖ידוּ אֶת־אֲחִיכֶֽם: וַיֹּ֨אמֶר יְהוּדָ֜ה
אֶל־יִשְׂרָאֵ֣ל אָבִ֗יו שִׁלְחָ֥ה הַנַּ֛עַר אִתִּ֖י וְנָק֣וּמָה
וְנֵלֵ֑כָה וְנִֽחְיֶה֙ וְלֹ֣א נָמ֔וּת גַּם־אֲנַ֥חְנוּ גַם־אַתָּ֖ה
גַּם־טַפֵּֽנוּ: אָֽנֹכִי֙ אֶֽעֶרְבֶ֔נּוּ מִיָּדִ֖י תְּבַקְשֶׁ֑נּוּ אִם־לֹ֨א
הֲבִיאֹתִ֤יו אֵלֶ֙יךָ֙ וְהִצַּגְתִּ֣יו לְפָנֶ֔יךָ וְחָטָ֥אתִֽי לְךָ֖ כָּל־
הַיָּמִֽים: כִּ֖י לוּלֵ֣א הִתְמַהְמָ֑הְנוּ כִּֽי־עַתָּ֥ה שַׁ֖בְנוּ זֶ֥ה
פַעֲמָֽיִם: וַיֹּ֨אמֶר אֲלֵהֶ֜ם יִשְׂרָאֵ֣ל אֲבִיהֶ֗ם אִם־כֵּ֣ן ׀
אֵפוֹא֮ זֹ֣את עֲשׂוּ֒ קְח֞וּ מִזִּמְרַ֤ת הָאָ֙רֶץ֙ בִּכְלֵיכֶ֔ם
וְהוֹרִ֥ידוּ לָאִ֖ישׁ מִנְחָ֑ה מְעַ֤ט צֳרִי֙ וּמְעַ֣ט דְּבַ֔שׁ

מג
מקץ

יב נְכֹאת וָלֹט בָּטְנִים וּשְׁקֵדִים: וְכֶסֶף מִשְׁנֶה קְחוּ
בְיֶדְכֶם וְאֶת־הַכֶּסֶף הַמּוּשָׁב בְּפִי אַמְתְּחֹתֵיכֶם

ג יָת עֲבוּרָא, דְּאֵיתִיאוּ מִמִּצְרָיִם, וַאֲמַר לְהוֹן אֲבוּהוֹן, תּוּבוּ זְבוּנוּ לַנָא זְעֵיר עֲבוּרָא: וַאֲמַר לֵיהּ,
יְהוּדָה לְמֵימַר, אַסְהָדָא אַסְהֵיד בַּנָא גַּבְרָא לְמֵימַר לָא תִחְזוֹן אַפַּי, אֱלָהֵין כַּד אֲחוּכוֹן עִמְּכוֹן:
ד ה אִם אִיתָךְ, מְשַׁלַּח יָת אֲחוּנָא עִמַּנָא, נֵיחוּת, וְנִזְבּוֹן לָךְ עֲבוּרָא: וְאִם לֵיתָךְ מְשַׁלַּח לָא נֵיחוּת,
ו אֲרֵי גַּבְרָא, אֲמַר לַנָא לָא תִחְזוֹן אַפַּי, אֱלָהֵין כַּד אֲחוּכוֹן עִמְּכוֹן: וַאֲמַר יִשְׂרָאֵל, לְמָא אַבְאֵישְׁתּוּן
ז לִי, לְחַוָּאָה לְגַבְרָא, הַעוֹד לְכוֹן אֲחָא: וַאֲמַרוּ, שַׁאָלָא שַׁאֵיל גַּבְרָא, לַנָא וּלְיַלְדוּתַנָא לְמֵימַר,
הַעוֹד אֲבוּכוֹן קַיָּם הַאִית לְכוֹן אֲחָא, וְחַוֵּינָא לֵיהּ, עַל מֵימַר פִּתְגָּמַיָּא הָאִלֵּין, הֲמֵידַע הֲוֵינָא
ח יָדְעִין, אֲרֵי יֵימַר, אַחִיתוּ יָת אֲחוּכוֹן: וַאֲמַר יְהוּדָה לְיִשְׂרָאֵל אֲבוּהִי, שְׁלַח עוּלֵימָא, עִמִּי וּנְקוּם
ט וְנֵיזֵיל, וְנֵיחֵי וְלָא נְמוּת, אַף אֲנַחְנָא אַף אַתְּ אַף טַפְלָנָא: אֲנָא מְעָרְבְנָא בֵּיהּ, מִן יְדִי תִּבְעֵינֵיהּ,
י אִם לָא אַיְתֵינֵיהּ לָךְ וַאֲקִימִנֵּיהּ קֳדָמָךְ, וְאֵיהֵי חָטֵי לָךְ כָּל יוֹמַיָּא: אֲרֵי אִלּוּ לָא פוֹן בְּדָא
יא אִתְעַכַּבְנָא, אֲרֵי כְעַן תַּבְנָא דְּנָן תַּרְתֵּין זִמְנִין: וַאֲמַר לְהוֹן יִשְׂרָאֵל אֲבוּהוֹן, אִם כֵּן הוּא דָּא עֲבִידוּ,
סַבוּ, מִדִּמְשַׁבַּח בְּאַרְעָא בְּמָנֵיכוֹן, וַאֲחִיתוּ לְגַבְרָא תִּקְרֻבְתָּא, זְעֵיר קְטוֹף וּזְעֵיר דְּבַשׁ, שְׁעַף
יב וּלְטוֹם, בָּטְמִין וְשִׁגְדִּין: וְכַסְפָּא עַל חַד תְּרֵין סַבוּ בִידְכוֹן, וְיָת כַּסְפָּא, דְּאִתָּתַב בְּפוּם טְעֱנֵיכוֹן

ג| הָעֵד הֵעִד. לְשׁוֹן הַתְרָאָה, שֶׁסְּתָם הַתְרָאָה מַתְרֶה בּוֹ בִּפְנֵי עֵדִים, וְכֵן: "הַעִדֹתִי בַּאֲבוֹתֵיכֶם" (ירמיה יא, ז), "הָעֵד הֵעִד בָּעָם" (שמות יט, כא): לֹא תִרְאוּ פָנַי בִּלְתִּי אֲחִיכֶם אִתְּכֶם. לֹא תִרְאוּנִי בְּלֹא אֲחִיכֶם אִתְּכֶם. וְאוּנְקְלוֹס תִּרְגֵּם: "אֱלָהֵין כַּד אֲחוּכוֹן עִמְּכוֹן", יִשֵּׁב הַדָּבָר עַל אָפְנוֹ וְלֹא דִקְדֵּק לְתַרְגֵּם אַחַר לְשׁוֹן הַמִּקְרָא:

ז| לָנוּ וּלְמוֹלַדְתֵּנוּ. לְמִשְׁפְּחוֹתֵינוּ. וּמִדְרָשׁוֹ, אֲפִלּוּ עֲצֵי עֲרִיסוֹתֵינוּ גִּלָּה לָנוּ: וַנַּגֶּד לוֹ. שֶׁיֵּשׁ לָנוּ אָב וָאָח: עַל פִּי הַדְּבָרִים הָאֵלֶּה. עַל פִּי שְׁאֵלוֹתָיו אֲשֶׁר שָׁאַל הִזְקַקְנוּ לְהַגִּיד: כִּי יֹאמַר. אֲשֶׁר יֹאמַר; 'כִּי' מְשַׁמֵּשׁ בִּלְשׁוֹן 'אִם' וְ'אִם' מְשַׁמֵּשׁ בִּלְשׁוֹן 'אֲשֶׁר', הֲרֵי זֶה שִׁמּוּשׁ אַחַת מֵאַרְבַּע לְשׁוֹנוֹתָיו, 'אִי', שֶׁהֲרֵי 'כִּי' זֶה כְּמוֹ 'אִם', כְּמוֹ: "עַד אִם דִּבַּרְתִּי דְּבָרָי" (לעיל כד, לג):

ח| וְנִחְיֶה. נִתְנַבְּאָה בּוֹ רוּחַ הַקֹּדֶשׁ, עַל יְדֵי הֲלִיכָה זוֹ תְּחִי רוּחֲךָ, שֶׁנֶּאֱמַר: "וַתְּחִי רוּחַ יַעֲקֹב אֲבִיהֶם" (להלן מה, כז): וְלֹא נָמוּת. בָּרָעָב; בִּנְיָמִין סָפֵק יִתָּפֵשׂ סָפֵק לֹא יִתָּפֵשׂ, וַאֲנוּ כֻּלָּנוּ מֵתִים בָּרָעָב אִם לֹא נֵלֵךְ, מוּטָב שֶׁתַּנִּיחַ אֶת הַסָּפֵק וְתִתְפֹּשׂ אֶת הַוַּדַּאי:

ט| וְהִצַּגְתִּיו לְפָנֶיךָ. שֶׁלֹּא אֲבִיאֶנּוּ אֵלֶיךָ מֵת כִּי אִם חַי: וְחָטָאתִי לְךָ כָּל הַיָּמִים. לָעוֹלָם הַבָּא:

י| לוּלֵא הִתְמַהְמָהְנוּ. עַל יָדְךָ, כְּבָר הָיִינוּ שָׁבִים עִם שִׁמְעוֹן, וְלֹא נִצְטַעַרְתָּ כָּל הַיָּמִים הַלָּלוּ:

יא| אֵפוֹא. לָשׁוֹן יָתֵר הוּא לְתַקֵּן מִלָּה בִּלְשׁוֹן עִבְרִי: אִם כֵּן אֶזְדַּקֵּק לַעֲשׂוֹת שֶׁאֶשְׁלָחֶנּוּ עִמָּכֶם, צָרִיךְ אֲנִי לַחֲזֹר וּלְבַקֵּשׁ אַיֵּה פֹה תַּקָּנָה וְעֵצָה לַהֲשִׁיאֲכֶם, וְאוֹמֵר אֲנִי: "זֹאת עֲשׂוּ": מִזִּמְרַת הָאָרֶץ. כְּתַרְגּוּמוֹ "מִדִּמְשַׁבַּח בְּאַרְעָא", שֶׁהַכֹּל מְזַמְּרִים עָלָיו כְּשֶׁהוּא בָּא לָעוֹלָם: נְכֹאת. שַׁעֲוָה. בִּבְרֵאשִׁית רַבָּה (צא, יא): בָּטְנִים. לֹא יָדַעְתִּי מַה הֵם. וּבְפֵרוּשֵׁי אָלֶ"ף בֵּי"ת שֶׁל רַבִּי מָכִיר רָאִיתִי פשטקיא"ש, וְדוֹמֶה לִי שֶׁהֵן אֲפַרְסְקִים:

יב| וְכֶסֶף מִשְׁנֶה. פִּי שְׁנַיִם כָּרִאשׁוֹן: קְחוּ בְיֶדְכֶם.

מקץ

תָּשִׁיבוּ בְיֶדְכֶם אוּלַי מִשְׁגֶּה הוּא׃ וְאֶת־אֲחִיכֶם יג
לט קְחוּ וְקוּמוּ שׁוּבוּ אֶל־הָאִישׁ׃ וְאֵל שַׁדַּי יִתֵּן יד
לָכֶם רַחֲמִים לִפְנֵי הָאִישׁ וְשִׁלַּח לָכֶם אֶת־
אֲחִיכֶם אַחֵר וְאֶת־בִּנְיָמִין וַאֲנִי כַּאֲשֶׁר שָׁכֹלְתִּי
שָׁכָלְתִּי׃ וַיִּקְחוּ הָאֲנָשִׁים אֶת־הַמִּנְחָה הַזֹּאת טו
וּמִשְׁנֶה־כֶּסֶף לָקְחוּ בְיָדָם וְאֶת־בִּנְיָמִן וַיָּקֻמוּ
ששי וַיֵּרְדוּ מִצְרַיִם וַיַּעַמְדוּ לִפְנֵי יוֹסֵף׃ וַיַּרְא יוֹסֵף טז
אִתָּם אֶת־בִּנְיָמִין וַיֹּאמֶר לַאֲשֶׁר עַל־בֵּיתוֹ הָבֵא
אֶת־הָאֲנָשִׁים הַבָּיְתָה וּטְבֹחַ טֶבַח וְהָכֵן כִּי אִתִּי
יֹאכְלוּ הָאֲנָשִׁים בַּצָּהֳרָיִם׃ וַיַּעַשׂ הָאִישׁ כַּאֲשֶׁר יז
אָמַר יוֹסֵף וַיָּבֵא הָאִישׁ אֶת־הָאֲנָשִׁים בֵּיתָה
יוֹסֵף׃ וַיִּירְאוּ הָאֲנָשִׁים כִּי הוּבְאוּ בֵּית יוֹסֵף יח
וַיֹּאמְרוּ עַל־דְּבַר הַכֶּסֶף הַשָּׁב בְּאַמְתְּחֹתֵינוּ
בַּתְּחִלָּה אֲנַחְנוּ מוּבָאִים לְהִתְגֹּלֵל עָלֵינוּ
וּלְהִתְנַפֵּל עָלֵינוּ וְלָקַחַת אֹתָנוּ לַעֲבָדִים וְאֶת־
חֲמֹרֵינוּ׃ וַיִּגְּשׁוּ אֶל־הָאִישׁ אֲשֶׁר עַל־בֵּית יוֹסֵף יט
וַיְדַבְּרוּ אֵלָיו פֶּתַח הַבָּיִת׃ וַיֹּאמְרוּ בִּי אֲדֹנִי יָרֹד כ
יָרַדְנוּ בַּתְּחִלָּה לִשְׁבָּר־אֹכֶל׃ וַיְהִי כִּי־בָאנוּ כא
אֶל־הַמָּלוֹן וַנִּפְתְּחָה אֶת־אַמְתְּחֹתֵינוּ וְהִנֵּה
כֶסֶף־אִישׁ בְּפִי אַמְתַּחְתּוֹ כַּסְפֵּנוּ בְּמִשְׁקָלוֹ
וַנָּשֶׁב אֹתוֹ בְּיָדֵנוּ׃ וְכֶסֶף אַחֵר הוֹרַדְנוּ בְיָדֵנוּ כב

לִשְׁבָּר־אֹכֶל לֹא יָדַעְנוּ מִי־שָׂם כַּסְפֵּנוּ
כג בְּאַמְתְּחֹתֵינוּ: וַיֹּאמֶר שָׁלוֹם לָכֶם אַל־תִּירָאוּ

יג יד תְּתִיבוּן בִּידְכוֹן, דִּלְמָא שָׁלוּ הֲוָת: וְיָת אֲחוּכוֹן דְּבָרוּ, וְקוּמוּ תוּבוּ לְוָת גַּבְרָא: וְאֵל שַׁדַּי, יִתֵּין
לְכוֹן רַחֲמִין קֳדָם גַּבְרָא, וְיִפְטַר לְכוֹן, יָת אֲחוּכוֹן אָחֳרָנָא וְיָת בִּנְיָמִין, וַאֲנָא, כְּמָא דִּתְכֵילִית
טו תְּכֵילִית: וּנְסִיבוּ גֻּבְרַיָּא יָת תִּקְרֻבְתָּא הָדָא, וְעַל חַד תְּרֵין כַּסְפָּא, נְסִיבוּ בִּידֵיהוֹן וּדְבַרוּ יָת
טז בִּנְיָמִין, וְקָמוּ וּנְחַתוּ לְמִצְרַיִם, וְקָמוּ קֳדָם יוֹסֵף: וַחֲזָא יוֹסֵף עִמְּהוֹן יָת בִּנְיָמִין, וַאֲמַר לִדְמְמַנָּא
עַל בֵּיתֵיהּ, אַעֵיל יָת גֻּבְרַיָּא לְבֵיתָא, וְכוֹס נִכְסְתָא וְאַתְקֵין, אֲרֵי עִמִּי, אָכְלִין גֻּבְרַיָּא בְּשֵׁירוּתָא:
יז יח וַעֲבַד גַּבְרָא, כְּמָא דַּאֲמַר יוֹסֵף, וְאַעֵיל גַּבְרָא, יָת גֻּבְרַיָּא לְבֵית יוֹסֵף: וּדְחִילוּ גֻּבְרַיָּא, אֲרֵי
אִתָּעֲלוּ לְבֵית יוֹסֵף, וַאֲמַרוּ, עַל עֵיסַק כַּסְפָּא דְּאִתְּתַב בְּטָעֲנַנָא בְּקַדְמֵיתָא, אֲנַחְנָא מִתָּעֲלִין,
יט לְאִתְרַבְרָבָא עֲלַנָא וּלְאִסְתַּקָּפָא עֲלַנָא, וּלְמִקְנֵי יָתָנָא, לְעַבְדִּין וּלְמִדְבַּר יָת חֲמָרָנָא: וְקָרִיבוּ לְוָת
כ גַּבְרָא, דִּמְמַנָּא עַל בֵּית יוֹסֵף, וּמַלִּילוּ עִמֵּיהּ בִּתְרַע בֵּיתָא: וַאֲמַרוּ בְּבָעוּ רִבּוֹנִי, מֵיחַת נְחַתְנָא,
כא בְּקַדְמֵיתָא לְמִזְבַּן עֲבוּרָא: וַהֲוָה כַּד אֲתֵינָא לְבֵית מְבָתָא, וּפְתַחְנָא יָת טָעֲנַנָא, וְהָא כְסַף גְּבַר
כב בְּפוּם טָעֲנֵיהּ, כַּסְפַּנָא בְּמַתְקָלֵיהּ, וַאֲתֵיבְנָא יָתֵיהּ בִּידַנָא: וְכַסְפָּא אָחֳרָנָא, אַחֵיתְנָא בִּידַנָא
כג לְמִזְבַּן עֲבוּרָא, לָא יְדַעְנָא, מַאן שַׁוִּי כַּסְפַּנָא בְּטָעֲנַנָא: וַאֲמַר שְׁלָם לְכוֹן לָא תִדְחֲלוּן,

לִשְׁבָּר אֹכֶל, שֶׁמָּא הוּקַר הַשַּׁעַר: אוּלַי מִשְׁגֶּה הוּא. שֶׁמָּא הַמְמֻנֶּה עַל הַבַּיִת שְׁכָחוֹ שׁוֹגֵג:

יד| וְאֵל שַׁדַּי. מֵעַתָּה אֵינְכֶם חֲסֵרִים כְּלוּם אֶלָּא תְּפִלָּה, הֲרֵינִי מִתְפַּלֵּל עֲלֵיכֶם: אֵל שֶׁיֵּשׁ דַּי בִּנְתִינַת רַחֲמָיו וּכְדֵי הַיְכֹלֶת בְּיָדוֹ לִתֵּן, "יִתֵּן לָכֶם רַחֲמִים", זֶהוּ פְּשׁוּטוֹ. וּמִדְרָשׁוֹ, מִי שֶׁאָמַר לָעוֹלָם דַּי יֹאמַר דַּי לְצָרוֹתַי, שֶׁלֹּא שָׁקַטְתִּי מִנְּעוּרַי: צָרַת לָבָן, צָרַת עֵשָׂו, צָרַת רָחֵל, צָרַת דִּינָה, צָרַת יוֹסֵף, צָרַת שִׁמְעוֹן, צָרַת בִּנְיָמִין: וְשִׁלַּח לָכֶם. "וְיִפְטַר לְכוֹן", כְּתַרְגּוּמוֹ, יִפְטָרֶנּוּ מֵאֲסוּרָיו, לְשׁוֹן "לַחָפְשִׁי יְשַׁלְּחֶנּוּ" (שמות כא, כו). וְאֵין נוֹפֵל בְּתַרְגּוּמוֹ לְשׁוֹן 'וְיִשְׁלַח', שֶׁהֲרֵי לְשָׁם הֵם הוֹלְכִים אֶצְלוֹ: אֶת אֲחִיכֶם. זֶה שִׁמְעוֹן: אַחֵר. רוּחַ הַקֹּדֶשׁ נִזְרְקָה בּוֹ, לְרַבּוֹת יוֹסֵף: וַאֲנִי. עַד שׁוּבְכֶם אֶהְיֶה שָׁכוּל מִסָּפֵק: כַּאֲשֶׁר שָׁכֹלְתִּי. מִיּוֹסֵף וּמִשִּׁמְעוֹן: שָׁכָלְתִּי. מִבִּנְיָמִין:

טו| וְאֶת בִּנְיָמִן. מְתַרְגְּמִינַן "וּדְבַרוּ יָת בִּנְיָמִין", לְפִי שֶׁאֵין לְקִיחַת הַכֶּסֶף וּלְקִיחַת הָאָדָם שָׁוָה בְּלָשׁוֹן אֲרַמִּי; בְּדָבָר הַנִּקָּח בַּיָּד מְתַרְגְּמִינַן: "וּנְסֵיב", וְדָבָר הַנִּקָּח בְּהַנְהָגַת דְּבָרִים מְתַרְגְּמִינַן: "וּדְבַר":

טז| וּטְבֹחַ טֶבַח וְהָכֵן. כְּמוֹ: 'וְלִטְבֹּחַ טֶבַח וּלְהָכֵן'. וְאֵין 'וּטְבֹחַ' לְשׁוֹן צִוּוּי, שֶׁהָיָה לוֹ לוֹמַר 'וּטְבַח': בַּצָּהֳרָיִם. זֶה מְתֻרְגָּם "בְּשֵׁירוּתָא" שֶׁהוּא לְשׁוֹן סְעוּדָה רִאשׁוֹנָה בְּלָשׁוֹן אֲרַמִּי, וּבְלַעַז דשני"ר, וְיֵשׁ הַרְבֵּה בַּתַּלְמוּד: "שָׁדָא לְכַלְבָּא שֵׁירוּתֵיהּ" (תענית יא ע"ב), "בָּצַע אַכּוּלָּא שֵׁירוּתֵיהּ" (ברכות לט ע"ב). אֲבָל כָּל תַּרְגּוּם שֶׁל 'צָהֳרַיִם' – טֵיהֲרָא:

יח| וַיִּירְאוּ הָאֲנָשִׁים. כָּתוּב הוּא בִּשְׁנֵי יוּדִי"ן, וְתַרְגּוּמוֹ: "וּדְחִילוּ": כִּי הוּבְאוּ בֵּית יוֹסֵף. וְאֵין דֶּרֶךְ שְׁאָר הַבָּאִים לִשְׁבֹּר בָּר לָלוּן בְּבֵית יוֹסֵף כִּי אִם בְּפֻנְדְּקָאוֹת שֶׁבָּעִיר. "וַיִּירְאוּ" שֶׁאֵין זֶה אֶלָּא לְאָסְפָם אֶל מִשְׁמָר: אֲנַחְנוּ מוּבָאִים. אֶל תּוֹךְ הַבַּיִת הַזֶּה: לְהִתְגֹּלֵל. לִהְיוֹת מִתְגַּלְגֶּלֶת עָלֵינוּ עֲלִילַת הַכֶּסֶף וְלִהְיוֹתָהּ נוֹפֶלֶת עָלֵינוּ. וְאוּנְקְלוֹס שֶׁתִּרְגֵּם: "וּלְאִסְתַּקָּפָא עֲלַנָא" הוּא לְשׁוֹן 'לְהִתְעוֹלֵל', כִּדְמְתַרְגְּמִינַן "עֲלִילֹת דְּבָרִים" (דברים כב, יד) – "תַּסְקוּפֵי מִלִּין", וְלֹא תִּרְגְּמוֹ אַחַר לְשׁוֹן הַמִּקְרָא. וּ"לְהִתְגֹּלֵל" שֶׁתִּרְגֵּם "לְאִתְרַבְרָבָא" הוּא לְשׁוֹן: "גֻּלַּת הַזָּהָב" (קהלת יב, ו), "וְהֻצַּב גֻּלְּתָה הֹעֲלָתָה" (נחום ב, ח), שֶׁהוּא לְשׁוֹן מַלְכוּת:

כ| בִּי אֲדֹנִי. לְשׁוֹן בָּעָיָה וְתַחֲנוּנִים הוּא, וּבְלָשׁוֹן

בראשית מג

אֱלֹהֵיכֶ֗ם וֵֽאלֹהֵי֙ אֲבִיכֶ֔ם נָתַ֨ן לָכֶ֤ם מַטְמוֹן֙ בְּאַמְתְּחֹ֣תֵיכֶ֔ם כַּסְפְּכֶ֖ם בָּ֣א אֵלָ֑י וַיּוֹצֵ֥א אֲלֵהֶ֖ם אֶת־שִׁמְעֽוֹן׃ כד וַיָּבֵ֥א הָאִ֛ישׁ אֶת־הָאֲנָשִׁ֖ים בֵּ֣יתָה יוֹסֵ֑ף וַיִּתֶּן־מַ֙יִם֙ וַיִּרְחֲצ֣וּ רַגְלֵיהֶ֔ם וַיִּתֵּ֥ן מִסְפּ֖וֹא לַחֲמֹרֵיהֶֽם׃ כה וַיָּכִ֙ינוּ֙ אֶת־הַמִּנְחָ֔ה עַד־בּ֥וֹא יוֹסֵ֖ף בַּֽצָּהֳרָ֑יִם כִּ֣י שָֽׁמְע֔וּ כִּי־שָׁ֖ם יֹ֥אכְלוּ לָֽחֶם׃ כו וַיָּבֹ֤א יוֹסֵף֙ הַבַּ֔יְתָה וַיָּבִ֥יאּוּ ל֛וֹ אֶת־הַמִּנְחָ֥ה אֲשֶׁר־בְּיָדָ֖ם הַבָּ֑יְתָה וַיִּשְׁתַּחֲווּ־ל֖וֹ אָֽרְצָה׃ כז וַיִּשְׁאַ֤ל לָהֶם֙ לְשָׁל֔וֹם וַיֹּ֗אמֶר הֲשָׁל֛וֹם אֲבִיכֶ֥ם הַזָּקֵ֖ן אֲשֶׁ֣ר אֲמַרְתֶּ֑ם הַעוֹדֶ֖נּוּ חָֽי׃ כח וַיֹּאמְר֗וּ שָׁל֛וֹם לְעַבְדְּךָ֥ לְאָבִ֖ינוּ עוֹדֶ֣נּוּ חָ֑י וַֽיִּקְּד֖וּ וַיִּֽשְׁתַּחֲוֽוּ׃ כט וַיִּשָּׂ֣א עֵינָ֗יו וַיַּ֞רְא אֶת־בִּנְיָמִ֣ין אָחִיו֮ בֶּן־אִמּוֹ֒ וַיֹּ֗אמֶר הֲזֶה֙ אֲחִיכֶ֣ם הַקָּטֹ֔ן אֲשֶׁ֥ר אֲמַרְתֶּ֖ם אֵלָ֑י

שביעי

וַיֹּאמַ֕ר אֱלֹהִ֥ים יָחְנְךָ֖ בְּנִֽי׃ ל וַיְמַהֵ֣ר יוֹסֵ֗ף כִּֽי־נִכְמְר֤וּ רַחֲמָיו֙ אֶל־אָחִ֔יו וַיְבַקֵּ֖שׁ לִבְכּ֑וֹת וַיָּבֹ֥א הַחַ֖דְרָה וַיֵּ֥בְךְּ שָֽׁמָּה׃ לא וַיִּרְחַ֥ץ פָּנָ֖יו וַיֵּצֵ֑א וַיִּ֨תְאַפַּ֔ק וַיֹּ֖אמֶר שִׂ֥ימוּ לָֽחֶם׃ לב וַיָּשִׂ֥ימוּ ל֛וֹ לְבַדּ֖וֹ וְלָהֶ֣ם לְבַדָּ֑ם וְלַמִּצְרִ֞ים הָאֹכְלִ֤ים אִתּוֹ֙ לְבַדָּ֔ם כִּי֩ לֹ֨א יוּכְל֜וּן הַמִּצְרִ֗ים לֶאֱכֹ֤ל אֶת־הָֽעִבְרִים֙ לֶ֔חֶם כִּי־תוֹעֵבָ֥ה הִ֖וא לְמִצְרָֽיִם׃ לג וַיֵּשְׁב֣וּ לְפָנָ֔יו הַבְּכֹר֙ כִּבְכֹ֣רָת֔וֹ וְהַצָּעִ֖יר כִּצְעִרָת֑וֹ וַיִּתְמְה֥וּ הָאֲנָשִׁ֖ים

לד אִישׁ אֶל־רֵעֵהוּ: וַיִּשָּׂא מַשְׂאֹת מֵאֵת פָּנָיו
אֲלֵהֶם וַתֵּרֶב מַשְׂאַת בִּנְיָמִן מִמַּשְׂאֹת כֻּלָּם

אֱלָהֲכוֹן, וֶאֱלָהָא דַאֲבוּכוֹן יְהַב לְכוֹן סִימָן בְּטְעֲנֵיכוֹן, כַּסְפְּכוֹן אֲתָא לְוָתִי, וְאַפֵּיק לְוָתְהוֹן יָת
כד שִׁמְעוֹן: וְאַעֵיל גֻּבְרָא, יָת גֻּבְרַיָּא לְבֵית יוֹסֵף, וִיהַב מַיָּא וְאַסְחוּ רַגְלֵיהוֹן, וִיהַב כִּסְתָּא לִחְמָרֵיהוֹן:
כה כו וְאַתְקִינוּ יָת תִּקְרֻבְתָּא, עַד דְּעָאל יוֹסֵף בְּשֵׁירוּתָא, אֲרֵי שְׁמַעוּ, אֲרֵי תַמָּן אָכְלִין לַחְמָא: וְעָאל
כז יוֹסֵף לְבֵיתָא, וְאַעִילוּ לֵיהּ, יָת תִּקְרֻבְתָּא דִּבְידֵיהוֹן לְבֵיתָא, וּסְגִידוּ לֵיהּ עַל אַרְעָא: וּשְׁאֵיל לְהוֹן
כח לִשְׁלָם, וַאֲמַר, הֲשְׁלָם, אֲבוּכוֹן סָבָא דַּאֲמַרְתּוּן, הַעוֹד כְּעַן קַיָּם: וַאֲמַרוּ, שְׁלָם, לְעַבְדָּךְ לַאֲבוּנָא
כט עַד כְּעַן קַיָּם, וּכְרַעוּ וּסְגִידוּ: וּזְקַף עֵינוֹהִי, וַחֲזָא, יָת בִּנְיָמִין אֲחוּהִי בַּר אִמֵּיהּ, וַאֲמַר, הֲדֵין אֲחוּכוֹן
ל זְעֵירָא, דַּאֲמַרְתּוּן לִי, וַאֲמַר, מִן קֳדָם יי יִתְרַחַם עֲלָךְ בְּרִי: וְאוֹחִי יוֹסֵף, אֲרֵי אִתְגּוֹלָלוּ רַחֲמוֹהִי
לא עַל אֲחוּהִי, וּבְעָא לְמִבְכֵּי, וְעָאל לְאִדְּרוֹן בֵּית מִשְׁכְּבָא וּבְכָא תַמָּן: וְאַסְחֵי אַפּוֹהִי וּנְפַק,
לב וְאִתְחַסַּן, וַאֲמַר שַׁווֹ לַחְמָא: וְשַׁוִּיאוּ לֵיהּ, בִּלְחוֹדוֹהִי וּלְהוֹן בִּלְחוֹדֵיהוֹן, וּלְמִצְרָאֵי, דְּאָכְלִין
עִמֵּיהּ בִּלְחוֹדֵיהוֹן, אֲרֵי לָא יָכְלִין מִצְרָאֵי, לְמֵיכַל עִם עִבְרָאֵי לַחְמָא, אֲרֵי בְּעִירָא דְּמִצְרָאֵי
לג דַּחֲלִין לֵיהּ עִבְרָאֵי אָכְלִין: וְאַסְחַרוּ קֳדָמוֹהִי, רַבָּא כְּרַבְיוּתֵיהּ, וּזְעֵירָא כִּזְעֵירוּתֵיהּ, וּתְוַהוּ גֻּבְרַיָּא
לד גְּבַר בְּחַבְרֵיהּ: וּנְטַל חוּלָקִין, מִן קֳדָמוֹהִי לִקְדָמֵיהוֹן, וּסְגִי, חוּלָקָא דְּבִנְיָמִין, מֵחוּלָקֵי כֻּלְּהוֹן

אֲרַמִּי: "בִּירָא בִּירָא" (יומא סט ע״ב): יָרֹד יָרַדְנוּ. יְרִידָה הִיא לָנוּ, רְגִילִים הָיִינוּ לְפַרְנֵס אֲחֵרִים, עַכְשָׁיו אָנוּ צְרִיכִים לָךְ:

כג| אֱלֹהֵיכֶם. בִּזְכוּתְכֶם; וְאִם אֵין זְכוּתְכֶם כְּדַאי, "אֱלֹהֵי אֲבִיכֶם" – בִּזְכוּת אֲבִיכֶם "נָתַן לָכֶם מַטְמוֹן":

כד| וַיָּבֵא הָאִישׁ. הֲבָאָה אַחַר הֲבָאָה, לְפִי שֶׁהָיוּ דּוֹחֲפִים אוֹתוֹ חוּץ עַד שֶׁדִּבְּרוּ אֵלָיו פֶּתַח הַבַּיִת, וּמִשֶּׁאָמַר לָהֶם "שָׁלוֹם לָכֶם" (לעיל פסוק כג) נִמְשְׁכוּ וּבָאוּ אַחֲרָיו:

כה| וַיָּכִינוּ. הִזְמִינוּ, עִטְּרוּהָ בְּכֵלִים נָאִים:

כו| הַבַּיְתָה. מִפְּרוֹזְדוֹר לִטְרַקְלִין:

כח| וַיִּקְּדוּ וַיִּשְׁתַּחֲוּ. עַל שְׁאֵלַת שָׁלוֹם. קִדָּה – כְּפִיפַת קָדְקֹד, הִשְׁתַּחֲוָאָה – מִשְׁתַּטֵּחַ לָאָרֶץ:

כט| אֱלֹהִים יָחְנְךָ בְּנִי. בִּשְׁאָר שְׁבָטִים שָׁמַעְנוּ חֲנִינָה: "אֲשֶׁר חָנַן אֱלֹהִים אֶת עַבְדֶּךָ" (לעיל לג, ה), וּבִנְיָמִין עֲדַיִן לֹא נוֹלַד, לְכָךְ בֵּרְכוֹ יוֹסֵף בַּחֲנִינָה:

ל| כִּי נִכְמְרוּ רַחֲמָיו. שְׁאָלוֹ: יֵשׁ לְךָ אָח מֵאֵם? אָמַר לוֹ: אָח הָיָה לִי וְאֵינִי יוֹדֵעַ הֵיכָן הוּא. יֵשׁ לְךָ בָּנִים? אָמַר לוֹ: יֵשׁ לִי עֲשָׂרָה. אָמַר לוֹ: וּמַה שְּׁמָם? אָמַר לוֹ: בֶּלַע וָבֶכֶר וְגוֹ' (להלן מו, כא). אָמַר לוֹ: מַה טִּיבָן שֶׁל שֵׁמוֹת הַלָּלוּ? אָמַר לוֹ: כֻּלָּם עַל שֵׁם אָחִי וְהַצָּרוֹת שֶׁמְּצָאוּהוּ, כִּדְאִיתָא בְּמַסֶּכֶת סוֹטָה (דף לו ע״ב); מִיָּד נִכְמְרוּ רַחֲמָיו: נִכְמְרוּ. נִתְחַמְּמוּ, וּבִלְשׁוֹן מִשְׁנָה: "עַל הַכֹּמֶר שֶׁל זֵיתִים" (בבא מציעא עד ע״א), וּבִלְשׁוֹן אֲרַמִּי: "מִכְמַר בִּשְׂרָא" (פסחים נח ע״א), וּבַמִּקְרָא: "עוֹרֵנוּ כְּתַנּוּר נִכְמָרוּ" (איכה ה, י) – נִתְחַמְּמוּ וְנִקְמְטוּ קְמָטִים קְמָטִים, "מִפְּנֵי זַלְעֲפוֹת רָעָב". כֵּן דֶּרֶךְ כָּל עוֹר, כְּשֶׁמְּחַמְּמִין אוֹתוֹ מִתְכַּוֵּץ – נִקְמָט וְנִכְוָץ:

לא| וַיִּתְאַפַּק. נִתְאַמֵּץ, וְהוּא לְשׁוֹן "אֲפִיקֵי מָגִנִּים" (איוב מא, ז), חֹזֶק. וְכֵן: "וּמְזִיחַ אֲפִיקִים רִפָּה" (שם יב, כא):

לב| כִּי תוֹעֵבָה הִוא. דָּבָר שָׂנאוּי הוּא לְמִצְרִים "לֶאֱכֹל אֶת הָעִבְרִים", וְאוּנְקְלוֹס נָתַן טַעַם לַדָּבָר:

לג| הַבְּכֹר כִּבְכֹרָתוֹ. מַכֶּה בַּגָּבִיעַ וְקוֹרֵא: רְאוּבֵן שִׁמְעוֹן לֵוִי וִיהוּדָה יִשָּׂשכָר וּזְבוּלֻן בְּנֵי אֵם אַחַת, הֲסֵבּוּ כַּסֵּדֶר הַזֶּה שֶׁהוּא תּוֹלְדוֹתֵיכֶם, וְכֵן כֻּלָּם. כֵּיוָן שֶׁהִגִּיעַ לְבִנְיָמִין, אָמַר: זֶה אֵין לוֹ אֵם וַאֲנִי אֵין לִי אֵם, יֵשֵׁב אֶצְלִי:

לד| מַשְׂאֹת. מָנוֹת: חָמֵשׁ יָדוֹת. חֶלְקוֹ עִם אֶחָיו,

מקץ

בראשית

א חָמֵשׁ יָדֹ֑ות וַיִּשְׁתּ֥וּ וַֽיִּשְׁכְּר֖וּ עִמּֽוֹ׃ וַיְצַ֞ו אֶת־אֲשֶׁ֣ר עַל־בֵּיתוֹ֮ לֵאמֹר֒ מַלֵּ֞א אֶת־אַמְתְּחֹ֤ת הָֽאֲנָשִׁים֙ אֹ֔כֶל כַּאֲשֶׁ֥ר יוּכְל֖וּן שְׂאֵ֑ת וְשִׂ֥ים כֶּֽסֶף־אִ֖ישׁ בְּפִ֥י אַמְתַּחְתּֽוֹ׃
ב וְאֶת־גְּבִיעִ֣י גְּבִ֣יעַ הַכֶּ֗סֶף תָּשִׂים֙ בְּפִי֙ אַמְתַּ֣חַת הַקָּטֹ֔ן וְאֵ֖ת כֶּ֣סֶף שִׁבְר֑וֹ וַיַּ֕עַשׂ כִּדְבַ֥ר
ג יוֹסֵ֖ף אֲשֶׁ֥ר דִּבֵּֽר׃ הַבֹּ֖קֶר א֑וֹר וְהָאֲנָשִׁ֣ים שֻׁלְּח֔וּ
ד הֵ֖מָּה וַחֲמֹֽרֵיהֶֽם׃ הֵ֠ם יָֽצְא֣וּ אֶת־הָעִיר֮ לֹ֣א הִרְחִיקוּ֒ וְיוֹסֵ֤ף אָמַר֙ לַֽאֲשֶׁ֣ר עַל־בֵּית֔וֹ ק֥וּם רְדֹ֖ף אַֽחֲרֵ֣י הָֽאֲנָשִׁ֑ים וְהִשַּׂגְתָּם֙ וְאָמַרְתָּ֣ אֲלֵהֶ֔ם לָ֛מָּה
ה שִׁלַּמְתֶּ֥ם רָעָ֖ה תַּ֥חַת טוֹבָֽה׃ הֲל֣וֹא זֶ֗ה אֲשֶׁ֨ר יִשְׁתֶּ֤ה אֲדֹנִי֙ בּ֔וֹ וְ֕הוּא נַחֵ֥שׁ יְנַחֵ֖שׁ בּ֑וֹ הֲרֵעֹתֶ֖ם
ו אֲשֶׁ֥ר עֲשִׂיתֶֽם׃ וַֽיַּשִּׂגֵ֑ם וַיְדַבֵּ֣ר אֲלֵהֶ֔ם אֶת־
ז הַדְּבָרִ֖ים הָאֵֽלֶּה׃ וַיֹּאמְר֣וּ אֵלָ֔יו לָ֚מָּה יְדַבֵּ֣ר אֲדֹנִ֔י כַּדְּבָרִ֖ים הָאֵ֑לֶּה חָלִ֙ילָה֙ לַעֲבָדֶ֔יךָ מֵעֲשׂ֖וֹת כַּדָּבָ֥ר
ח הַזֶּֽה׃ הֵ֣ן כֶּ֗סֶף אֲשֶׁ֤ר מָצָ֙אנוּ֙ בְּפִ֣י אַמְתְּחֹתֵ֔ינוּ הֱשִׁיבֹ֥נוּ אֵלֶ֖יךָ מֵאֶ֣רֶץ כְּנָ֑עַן וְאֵ֗יךְ נִגְנֹב֙ מִבֵּ֣ית
ט אֲדֹנֶ֔יךָ כֶּ֖סֶף א֥וֹ זָהָֽב׃ אֲשֶׁ֨ר יִמָּצֵ֥א אִתּ֛וֹ מֵעֲבָדֶ֖יךָ וָמֵ֑ת וְגַם־אֲנַ֕חְנוּ נִֽהְיֶ֥ה לַֽאדֹנִ֖י לַעֲבָדִֽים׃
י וַיֹּ֕אמֶר גַּם־עַתָּ֥ה כְדִבְרֵיכֶ֖ם כֶּן־ה֑וּא אֲשֶׁ֨ר יִמָּצֵ֤א אִתּוֹ֙
יא יִֽהְיֶה־לִּ֣י עָ֔בֶד וְאַתֶּ֖ם תִּהְי֥וּ נְקִיִּֽם׃ וַֽיְמַהֲר֗וּ וַיּוֹרִ֛דוּ

אִישׁ אֶת־אַמְתַּחְתּוֹ אָרְצָה וַיִּפְתְּחוּ אִישׁ
יב אַמְתַּחְתּוֹ: וַיְחַפֵּשׂ בַּגָּדוֹל הֵחֵל וּבַקָּטֹן כִּלָּה
יג וַיִּמָּצֵא הַגָּבִיעַ בְּאַמְתַּחַת בִּנְיָמִן: וַיִּקְרְעוּ
שִׂמְלֹתָם וַיַּעֲמֹס אִישׁ עַל־חֲמֹרוֹ וַיָּשֻׁבוּ

מד א חַמְשָׁא חוּלָקִין, וּשְׁתִיאוּ וּרְוִיאוּ עִמֵּיהּ: וּפַקֵּיד, יָת דִּמְמַנָּא עַל בֵּיתֵיהּ לְמֵימַר, מַלִּי, יָת
ב טְעֲנֵי גֻבְרַיָּא עֲבוּרָא, כְּמָא דְּיָכְלִין לְמִטְעַן, וְשַׁו כְּסַף גְּבַר בְּפוּם טְעֲנֵיהּ: וְיָת כַּלִּידִי כַּלִּידָא
דְּכַסְפָּא, תְּשַׁוֵּי בְּפוּם טְעֲנָא דִּזְעֵירָא, וְיָת כְּסַף זְבִינוֹהִי, וַעֲבַד, כְּפִתְגָּמָא דְּיוֹסֵף דְּמַלֵּיל:
ג ד צַפְרָא נְהַר, וְגֻבְרַיָּא אִתְפַּטַּרוּ, אִנּוּן וְחַמְרֵיהוֹן: אִנּוּן, נְפַקוּ מִן קַרְתָּא לָא אַרְחִיקוּ, וְיוֹסֵף
אֲמַר לְדִמְמַנָּא עַל בֵּיתֵיהּ, קוּם רְדוֹף בָּתַר גֻּבְרַיָּא, וְתַדְבֵּיקִנּוּן וְתֵימַר לְהוֹן, לְמָא, שַׁלֵּימְתּוּן
ה בִּשְׁתָּא חֲלָף טָבְתָא: הֲלָא דֵּין, דְּשָׁתֵי רִבּוֹנִי בֵּיהּ, וְהוּא, בַּדָּקָא מְבַדֵּיק בֵּיהּ, אַבְאֵישְׁתּוּן
ו ז דַּעֲבַדְתּוּן: וְאַדְבֵּיקִנּוּן, וּמַלֵּיל עִמְּהוֹן, יָת פִּתְגָּמַיָּא הָאִלֵּין: וַאֲמַרוּ לֵיהּ, לְמָא יְמַלֵּיל רִבּוֹנִי,
ח כְּפִתְגָּמַיָּא הָאִלֵּין, חַס לְעַבְדָּךְ, מִלְּמֶעְבַּד כְּפִתְגָּמָא הָדֵין: הָא כַסְפָּא, דְּאַשְׁכַּחְנָא בְּפוּם
טְעֲנַנָא, אֲתֵיבְנָהִי לָךְ מֵאַרְעָא דִּכְנָעַן, וְאֵיכְדֵּין, נִגְנוֹב מִבֵּית רִבּוֹנָךְ, מָנִין דִּכְסַף אוֹ
ט י מָנִין דִּדְהַב: דְּיִשְׁתְּכַח עִמֵּיהּ, מֵעַבְדָּךְ יִתְקְטִיל, וְאַף אֲנַחְנָא, נְהֵי לְרִבּוֹנִי לְעַבְדִּין: וַאֲמַר,
יא אַף כְּעַן כְּפִתְגָּמֵיכוֹן כֵּן הוּא, דְּיִשְׁתְּכַח עִמֵּיהּ יְהֵי לִי עַבְדָּא, וְאַתּוּן תְּהוֹן זַכָּאִין: וְאוֹחִיאוּ,
יב וְאַחִיתוּ, גְּבַר יָת טְעֲנֵיהּ לְאַרְעָא, וּפְתַחוּ גְּבַר טְעֲנֵיהּ: וּבְלַשׁ, בְּרַבָּא שָׁרִי, וּבִזְעֵירָא
יג שֵׁיצִי, וְאִשְׁתְּכַח כַּלִּידָא, בִּטְעֲנָא דְּבִנְיָמִין: וּבַזַּעוּ לְבוּשֵׁיהוֹן, וּרְמוֹ גְּבַר עַל חֲמָרֵיהּ, וְתָבוּ

וּמַשְׂאַת יוֹסֵף וְאָסְנַת וּמְנַשֶּׁה וְאֶפְרַיִם: וַיִּשְׁכְּרוּ עִמּוֹ. וּמִיּוֹם שֶׁמְּכָרוּהוּ לֹא שָׁתוּ יַיִן וְלֹא הוּא שָׁתָה יַיִן, וְאוֹתוֹ הַיּוֹם שָׁתוּ:

פרק מד

ב| **גְּבִיעִי.** כּוֹס אָרֹךְ וְקוֹרִין לוֹ מדירנ"ו:

ז| **חָלִילָה לַעֲבָדֶיךָ.** חֻלִּין הוּא לָנוּ, לְשׁוֹן גְּנַאי. וְתַרְגּוּם: "חַס לְעַבְדָּךְ", חָס מֵאֵת הַקָּדוֹשׁ בָּרוּךְ הוּא יְהֵא עָלֵינוּ מֵעֲשׂוֹת זֹאת. וְהַרְבֵּה יֵשׁ בַּתַּלְמוּד "חַס וְשָׁלוֹם":

ח| **הֵן כֶּסֶף אֲשֶׁר מָצָאנוּ.** זֶה אֶחָד מֵעֲשָׂרָה קַל וָחֹמֶר הָאֲמוּרִים בַּתּוֹרָה; וְכֻלָּן מְנוּיִין בִּבְרֵאשִׁית רַבָּה (צב, ז):

י| **גַּם עַתָּה.** אַף זוֹ מִן הַדִּין אֱמֶת "כְּדִבְרֵיכֶם כֶּן הוּא" שֶׁכֻּלְּכֶם חַיָּבִים בַּדָּבָר; עֲשָׂרָה שֶׁנִּמְצֵאת גְּנֵבָה בְּיַד אֶחָד מֵהֶם כֻּלָּם נִתְפָּשִׂים, אֲבָל אֲנִי אֶעֱשֶׂה לָכֶם לִפְנִים מִשּׁוּרַת הַדִּין: "אֲשֶׁר יִמָּצֵא אִתּוֹ יִהְיֶה לִּי עָבֶד" וְגוֹ':

יב| **בַּגָּדוֹל הֵחֵל.** שֶׁלֹּא יַרְגִּישׁוּ שֶׁהָיָה יוֹדֵעַ הֵיכָן הוּא:

יג| **וַיַּעֲמֹס אִישׁ עַל חֲמֹרוֹ.** בַּעֲלֵי זְרוֹעַ הָיוּ, וְלֹא הֻצְרְכוּ לְסַיֵּעַ זֶה אֶת זֶה לִטְעֹן: **וַיָּשֻׁבוּ הָעִירָה.** מֶטְרוֹפּוֹלִין הָיְתָה וְהוּא אוֹמֵר "הָעִירָה", הָעִיר כָּל שֶׁהִיא?! אֶלָּא שֶׁלֹּא הָיְתָה חֲשׁוּבָה בְּעֵינֵיהֶם אֶלָּא כְּעִיר בֵּינוֹנִית שֶׁל עֲשָׂרָה בְּנֵי אָדָם לְעִנְיַן הַמִּלְחָמָה:

מפטיר

יד הָעִ֑ירָה: וַיָּבֹ֨א יְהוּדָ֤ה וְאֶחָיו֙ בֵּ֣יתָה יוֹסֵ֔ף וְה֖וּא
טו עוֹדֶ֣נּוּ שָׁ֑ם וַיִּפְּל֥וּ לְפָנָ֖יו אָֽרְצָה: וַיֹּ֤אמֶר לָהֶם֙ יוֹסֵ֔ף
מָֽה־הַמַּעֲשֶׂ֥ה הַזֶּ֖ה אֲשֶׁ֣ר עֲשִׂיתֶ֑ם הֲל֣וֹא יְדַעְתֶּ֔ם
טז כִּֽי־נַחֵ֧שׁ יְנַחֵ֛שׁ אִ֖ישׁ אֲשֶׁ֥ר כָּמֹֽנִי: וַיֹּ֣אמֶר יְהוּדָ֗ה
מַה־נֹּאמַר֙ לַֽאדֹנִ֔י מַה־נְּדַבֵּ֖ר וּמַה־נִּצְטַדָּ֑ק
הָאֱלֹהִ֗ים מָצָא֙ אֶת־עֲוֺ֣ן עֲבָדֶ֔יךָ הִנֶּ֤נּוּ עֲבָדִים֙
לַֽאדֹנִ֔י גַּם־אֲנַ֕חְנוּ גַּ֛ם אֲשֶׁר־נִמְצָ֥א הַגָּבִ֖יעַ בְּיָדֽוֹ:
יז וַיֹּ֕אמֶר חָלִ֣ילָה לִּ֔י מֵעֲשׂ֖וֹת זֹ֑את הָאִ֡ישׁ אֲשֶׁר֩
נִמְצָ֨א הַגָּבִ֜יעַ בְּיָד֗וֹ ה֚וּא יִהְיֶה־לִּ֣י עָ֔בֶד וְאַתֶּ֕ם
עֲל֥וּ לְשָׁל֖וֹם אֶל־אֲבִיכֶֽם:

הפטרת מקץ

בחנוכה קוראים את המפטיר מספר במדבר פרק ז, ואת ההפטרה בעמודים 1287-1288.

ההפטרה מתארת אירוע מראשית מלכות שלמה המוכר בשם 'משפט שלמה'. שתי זונות הגיעו אל המלך כדי שיכריע, מי משתיהן היא אמו של התינוק החי ומי אמו של התינוק המת. שני עניינים מיוחדים באירוע זה מדגישים את חכמת ההנהגה שניתנה לשלמה, כפי שביקש בחלום: האחד, גם נשים כאלו באו אל המלך למשפט, הן ידעו שתינתן גם להן הזכות למשפט צדק. השני, האתגר המשפטי הניצב בפני המלך-השופט: בית משפט יכול להכריע רק לפי דיני ראיות, כאן אין איש שיכול להעיד מיהי אם הילד. מלך, לעומת זאת, רשאי לפסוק גם על פי ראיות נסיבתיות, כמו תגובה פסיכולוגית. אירוע זה מלמדנו על עוצמת הברכה הטמונה בשלטון ראוי ומתוקן.

מלכים א׳

ג טו וַיִּקַ֤ץ שְׁלֹמֹה֙ וְהִנֵּ֣ה חֲל֔וֹם וַיָּב֖וֹא יְרוּשָׁלַ֑͏ִם וַֽיַּעֲמֹ֣ד ׀ לִפְנֵ֣י ׀ אֲר֣וֹן בְּרִית־אֲדֹנָ֗י
טז וַיַּ֤עַל עֹלוֹת֙ וַיַּ֣עַשׂ שְׁלָמִ֔ים וַיַּ֥עַשׂ מִשְׁתֶּ֖ה לְכָל־עֲבָדָֽיו: אָ֣ז תָּבֹ֗אנָה
יז שְׁתַּ֛יִם נָשִׁ֥ים זֹנ֖וֹת אֶל־הַמֶּ֑לֶךְ וַֽתַּעֲמֹ֖דְנָה לְפָנָֽיו: וַתֹּ֨אמֶר הָאִשָּׁ֤ה הָאַחַת֙ בִּ֣י
יח אֲדֹנִ֔י אֲנִי֙ וְהָאִשָּׁ֣ה הַזֹּ֔את יֹשְׁבֹ֖ת בְּבַ֣יִת אֶחָ֑ד וָאֵלֵ֥ד עִמָּ֖הּ בַּבָּֽיִת: וַיְהִ֞י בַּיּ֤וֹם
הַשְּׁלִישִׁי֙ לְלִדְתִּ֔י וַתֵּ֖לֶד גַּם־הָאִשָּׁ֣ה הַזֹּ֑את וַאֲנַ֣חְנוּ יַחְדָּ֗ו אֵֽין־זָ֤ר אִתָּ֙נוּ֙ בַּבַּ֔יִת

יד לְקַרְתָּא: וְעָאל יְהוּדָה וַאֲחוֹהִי לְבֵית יוֹסֵף, וְהוּא עַד כְּעַן תַּמָּן, וּנְפַלוּ קֳדָמוֹהִי עַל אַרְעָא:
טו וַאֲמַר לְהוֹן יוֹסֵף, מָא עוּבָדָא הָדֵין דַּעֲבַדְתּוּן, הֲלָא יְדַעְתּוּן, אֲרֵי בַדָּקָא מְבַדֵּיק, גַּבְרָא
טז דִּכְוָתִי: וַאֲמַר יְהוּדָה, מָא נֵימַר לְרִבּוֹנִי, מָא נְמַלֵּיל וּמָא נִזַּכֵּי, מִן קֳדָם יְיָ, אִשְׁתְּכַח חוֹבָא
יז בְּעַבְדָּךְ, הָא אֲנַחְנָא עַבְדִּין לְרִבּוֹנִי, אַף אֲנַחְנָא, אַף, דְּאִשְׁתְּכַח כַּלִּידָא בִּידֵיהּ: וַאֲמַר, חַס
לִי, מִלְּמֶעֱבַד דָּא, גַּבְרָא, דְּאִשְׁתְּכַח כַּלִּידָא בִּידֵיהּ, הוּא יְהֵי לִי עַבְדָּא, וְאַתּוּן, סַקוּ לִשְׁלָם
לְוָת אֲבוּכוֹן:

יד] עוֹדֶנּוּ שָׁם. שֶׁהָיָה מַמְתִּין לָהֶם:
טז] הָאֱלֹהִים מָצָא. יוֹדְעִים אָנוּ שֶׁלֹּא סָרַחְנוּ, אֲבָל מֵאֵת הַמָּקוֹם נִהְיְתָה לְהָבִיא לָנוּ זֹאת, מָצָא בַּעַל חוֹב מָקוֹם לִגְבּוֹת שְׁטַר חוֹבוֹ: וּמַה נִּצְטַדָּק. לְשׁוֹן צֶדֶק, וְכֵן כָּל תֵּבָה שֶׁתְּחִלַּת יְסוֹדָהּ צָדִ״י וּבָאָה לְדַבֵּר בִּלְשׁוֹן מִתְפַּעֵל אוֹ נִתְפַּעֵל, נוֹתֵן טֵי״ת בִּמְקוֹם תָּי״ו, וְאֵינוֹ נוֹתְנָהּ לִפְנֵי אוֹת רִאשׁוֹנָה שֶׁל יְסוֹד הַתֵּבָה אֶלָּא בְּאֶמְצַע אוֹתִיּוֹת הָעִקָּר, כְּגוֹן ״נִצְטַדָּק״, ״יִצְטַבַּע״ (דניאל ד, יב) מִגִּזְרַת ׳צֶבַע׳, ״וַיִּצְטַיָּרוּ״ (יהושע ט, ד) מִגִּזְרַת ״צִיר אֱמוּנִים מַרְפֵּא״ (משלי יג, יז), ״הִצְטַיַּדְנוּ אֹתוֹ מִבָּתֵּינוּ״ (יהושע ט, יב) מִגִּזְרַת ״צֵדָה לַדָּרֶךְ״ (לעיל מב, כה). וְתֵבָה שֶׁתְּחִלָּתָהּ סָמֶ״ךְ, כְּשֶׁהִיא מִתְפַּעֶלֶת מַפְרִיד תָּי״ו אֶת אוֹתִיּוֹת הָעִקָּר, כְּגוֹן: ״וְיִסְתַּבֵּל הֶחָגָב״ (קהלת יב, ה), ״מִשְׂתַּכַּל הֲוֵית בְּקַרְנַיָּא״ (דניאל ז, ח), ״וְיִשְׁתַּמֵּר חֻקּוֹת עָמְרִי״ (מיכה ו, טז), ״וְסָר מֵרָע מִשְׁתּוֹלֵל״ (ישעיה נט, טו) מִגִּזְרַת ״מוֹלִיךְ יוֹעֲצִים שׁוֹלָל״ (איוב יב, יז), ״עוֹדְךָ מִסְתּוֹלֵל בְּעַמִּי״ (שמות ט, יז) מִגִּזְרַת ״דֶּרֶךְ לֹא סְלוּלָה״ (ירמיה יח, טו):

יט זוּלָתִי שְׁתַּיִם־אֲנַחְנוּ בַּבָּיִת: וַיָּמָת בֶּן־הָאִשָּׁה הַזֹּאת לָיְלָה אֲשֶׁר שָׁכְבָה
כ עָלָיו: וַתָּקָם בְּתוֹךְ הַלַּיְלָה וַתִּקַּח אֶת־בְּנִי מֵאֶצְלִי וַאֲמָתְךָ יְשֵׁנָה וַתַּשְׁכִּיבֵהוּ
כא בְּחֵיקָהּ וְאֶת־בְּנָהּ הַמֵּת הִשְׁכִּיבָה בְחֵיקִי: וָאָקֻם בַּבֹּקֶר לְהֵינִיק אֶת־בְּנִי
כב וְהִנֵּה־מֵת וָאֶתְבּוֹנֵן אֵלָיו בַּבֹּקֶר וְהִנֵּה לֹא־הָיָה בְנִי אֲשֶׁר יָלָדְתִּי: וַתֹּאמֶר
הָאִשָּׁה הָאַחֶרֶת לֹא כִי בְּנִי הַחַי וּבְנֵךְ הַמֵּת וְזֹאת אֹמֶרֶת לֹא כִי בְּנֵךְ הַמֵּת
כג וּבְנִי הֶחָי וַתְּדַבֵּרְנָה לִפְנֵי הַמֶּלֶךְ: וַיֹּאמֶר הַמֶּלֶךְ זֹאת אֹמֶרֶת זֶה־בְּנִי הַחַי
כד וּבְנֵךְ הַמֵּת וְזֹאת אֹמֶרֶת לֹא כִי בְּנֵךְ הַמֵּת וּבְנִי הֶחָי: וַיֹּאמֶר
כה הַמֶּלֶךְ קְחוּ לִי־חָרֶב וַיָּבִאוּ הַחֶרֶב לִפְנֵי הַמֶּלֶךְ: וַיֹּאמֶר הַמֶּלֶךְ גִּזְרוּ אֶת־הַיֶּלֶד
כו הַחַי לִשְׁנָיִם וּתְנוּ אֶת־הַחֲצִי לְאַחַת וְאֶת־הַחֲצִי לְאֶחָת: וַתֹּאמֶר הָאִשָּׁה
אֲשֶׁר־בְּנָהּ הַחַי אֶל־הַמֶּלֶךְ כִּי־נִכְמְרוּ רַחֲמֶיהָ עַל־בְּנָהּ וַתֹּאמֶר ׀ בִּי אֲדֹנִי
תְּנוּ־לָהּ אֶת־הַיָּלוּד הַחַי וְהָמֵת אַל־תְּמִיתֻהוּ וְזֹאת אֹמֶרֶת גַּם־לִי גַם־לָךְ

לֹ֥א יִהְיֶ֖ה גְּזֹֽרוּ׃ כז וַיַּ֨עַן הַמֶּ֜לֶךְ וַיֹּ֗אמֶר תְּנוּ־לָהּ֙ אֶת־הַיָּל֣וּד הַחַ֔י וְהָמֵ֖ת לֹ֣א
כח תְמִיתֻ֑הוּ הִ֖יא אִמּֽוֹ׃ וַיִּשְׁמְע֣וּ כָל־יִשְׂרָאֵ֗ל אֶת־הַמִּשְׁפָּט֮ אֲשֶׁ֣ר שָׁפַ֣ט הַמֶּ֒לֶךְ֒
ד א וַיִּֽרְא֖וּ מִפְּנֵ֣י הַמֶּ֑לֶךְ כִּ֣י רָא֔וּ כִּֽי־חָכְמַ֧ת אֱלֹהִ֛ים בְּקִרְבּ֖וֹ לַעֲשׂ֥וֹת מִשְׁפָּֽט׃ וַיְהִי֙
הַמֶּ֣לֶךְ שְׁלֹמֹ֔ה מֶ֖לֶךְ עַל־כָּל־יִשְׂרָאֵֽל׃

פרשת ויגש

ויגש

מ וַיִּגַּ֨שׁ אֵלָ֜יו יְהוּדָ֗ה וַיֹּאמֶר֮ בִּ֣י אֲדֹנִי֒ יְדַבֶּר־נָ֨א עַבְדְּךָ֤ יח מד
דָבָר֙ בְּאָזְנֵ֣י אֲדֹנִ֔י וְאַל־יִ֥חַר אַפְּךָ֖ בְּעַבְדֶּ֑ךָ כִּ֥י כָמ֖וֹךָ
כְּפַרְעֹֽה: אֲדֹנִ֣י שָׁאַ֔ל אֶת־עֲבָדָ֖יו לֵאמֹ֑ר הֲיֵשׁ־לָכֶ֥ם יט
אָ֖ב אוֹ־אָֽח: וַנֹּ֨אמֶר֙ אֶל־אֲדֹנִ֔י יֶשׁ־לָ֨נוּ֙ אָ֣ב זָקֵ֔ן כ
וְיֶ֖לֶד זְקֻנִ֣ים קָטָ֑ן וְאָחִ֣יו מֵ֔ת וַיִּוָּתֵ֨ר ה֧וּא לְבַדּ֛וֹ
לְאִמּ֖וֹ וְאָבִ֥יו אֲהֵבֽוֹ: וַתֹּ֨אמֶר֙ אֶל־עֲבָדֶ֔יךָ הוֹרִדֻ֖הוּ כא
אֵלָ֑י וְאָשִׂ֥ימָה עֵינִ֖י עָלָֽיו: וַנֹּ֨אמֶר֙ אֶל־אֲדֹנִ֔י לֹא־ כב
יוּכַ֥ל הַנַּ֖עַר לַעֲזֹ֣ב אֶת־אָבִ֑יו וְעָזַ֥ב אֶת־אָבִ֖יו וָמֵֽת:
וַתֹּ֨אמֶר֙ אֶל־עֲבָדֶ֔יךָ אִם־לֹ֥א יֵרֵ֛ד אֲחִיכֶ֥ם הַקָּטֹ֖ן כג
אִתְּכֶ֑ם לֹ֥א תֹסִפ֖וּן לִרְא֥וֹת פָּנָֽי: וַֽיְהִי֙ כִּ֣י עָלִ֔ינוּ אֶל־ כד
עַבְדְּךָ֣ אָבִ֑י וַנַּ֨גֶּד־ל֔וֹ אֵ֖ת דִּבְרֵ֥י אֲדֹנִֽי: וַיֹּ֖אמֶר כה
אָבִ֑ינוּ שֻׁ֖בוּ שִׁבְרוּ־לָ֥נוּ מְעַט־אֹֽכֶל: וַנֹּ֕אמֶר לֹ֥א כו
נוּכַ֖ל לָרֶ֑דֶת אִם־יֵשׁ֩ אָחִ֨ינוּ הַקָּטֹ֤ן אִתָּ֨נוּ֙ וְיָרַ֔דְנוּ
כִּי־לֹ֣א נוּכַ֗ל לִרְאוֹת֙ פְּנֵ֣י הָאִ֔ישׁ וְאָחִ֥ינוּ הַקָּטֹ֖ן
אֵינֶ֥נּוּ אִתָּֽנוּ: וַיֹּ֛אמֶר עַבְדְּךָ֥ אָבִ֖י אֵלֵ֑ינוּ אַתֶּ֣ם כז
יְדַעְתֶּ֔ם כִּ֥י שְׁנַ֖יִם יָֽלְדָה־לִּ֥י אִשְׁתִּֽי: וַיֵּצֵ֤א הָֽאֶחָד֙ כח
מֵֽאִתִּ֔י וָאֹמַ֕ר אַ֖ךְ טָרֹ֣ף טֹרָ֑ף וְלֹ֥א רְאִיתִ֖יו עַד־הֵֽנָּה:
וּלְקַחְתֶּ֧ם גַּם־אֶת־זֶ֛ה מֵעִ֥ם פָּנַ֖י וְקָרָ֥הוּ אָס֑וֹן כט

ל וְהוֹרַדְתֶּם אֶת־שֵׂיבָתִי בְּרָעָה שְׁאֹלָה׃ וְעַתָּה
כְּבֹאִי אֶל־עַבְדְּךָ אָבִי וְהַנַּעַר אֵינֶנּוּ אִתָּנוּ וְנַפְשׁוֹ
לא קְשׁוּרָה בְנַפְשׁוֹ׃ • וְהָיָה כִּרְאוֹתוֹ כִּי־אֵין הַנַּעַר שני

יח וּקְרֵיב לְוָתֵיהּ יְהוּדָה, וַאֲמַר בְּבָעוּ רִבּוֹנִי, יְמַלֵּיל כְּעַן עַבְדָּךְ פִּתְגָּמָא קֳדָם רִבּוֹנִי, וְלָא יִתְקַף רֻגְזָךְ
יט בְּעַבְדָּךְ, אֲרֵי כְּפַרְעֹה כֵּן אַתְּ׃ רִבּוֹנִי שַׁאֵיל, יָת עַבְדּוֹהִי לְמֵימַר, הַאִית לְכוֹן אַבָּא אוֹ אֲחָא׃
כ וַאֲמַרְנָא לְרִבּוֹנִי, אִית לַנָא אַבָּא סָבָא, וּבַר סֵיבְתִין זְעֵיר, וַאֲחוּהִי מִית, וְאִשְׁתְּאַר הוּא
כא בִּלְחוֹדוֹהִי, לְאִמֵּיהּ וַאֲבוּהִי רָחֵים לֵיהּ׃ וַאֲמַרְתְּ לְעַבְדָּךְ, אַחֲתוּהִי לְוָתִי, וַאֲשַׁוֵּי עֵינִי עֲלוֹהִי׃
כב כג וַאֲמַרְנָא לְרִבּוֹנִי, לָא יִכּוֹל עוּלֵימָא לְמִשְׁבַּק יָת אֲבוּהִי, וְאִם יִשְׁבּוֹק יָת אֲבוּהִי יְמוּת׃ וַאֲמַרְתְּ
כד לְעַבְדָּךְ, אִם לָא יֵיחוֹת, אֲחוּכוֹן זְעֵירָא עִמְּכוֹן, לָא תֵיסְפוּן לְמִחְזֵי אַפָּי׃ וַהֲוָה כַּד סְלֵיקְנָא, לְוָת
כה עַבְדָּךְ אַבָּא, וְחַוֵּינָא לֵיהּ, יָת פִּתְגָּמֵי רִבּוֹנִי׃ וַאֲמַר אֲבוּנָא, תּוּבוּ זְבוּנוּ לַנָא זְעֵיר עֲבוּרָא׃
כו וַאֲמַרְנָא, לָא נִכּוֹל לְמֵיחַת, אִם אִית אֲחוּנָא זְעֵירָא עִמַּנָא וְנֵיחוֹת, אֲרֵי לָא נִכּוֹל, לְמִחְזֵי אַפֵּי
כז גֻּבְרָא, וַאֲחוּנָא זְעֵירָא לֵיתוֹהִי עִמַּנָא׃ וַאֲמַר, עַבְדָּךְ אַבָּא לַנָא, אַתּוּן יְדַעְתּוּן, אֲרֵי תְרֵין יְלֵידַת
כח כט לִי אִתְּתִי׃ וּנְפַק חַד מִלְּוָתִי, וַאֲמָרִית, בְּרַם מִקְטָל קְטִיל, וְלָא חֲזֵיתֵיהּ עַד כְּעַן׃ וְתִדְבְּרוּן אַף יָת
ל דֵּין, מִן קֳדָמַי וִיעָרְעִנֵּיהּ מוֹתָא, וְתַחֲתוּן יָת סֵיבְתִי, בְּבִשְׁתָּא לִשְׁאוֹל׃ וּכְעַן, כְּמֵיתַא לְוָת עַבְדָּךְ
לא אַבָּא, וְעוּלֵימָא לֵיתוֹהִי עִמַּנָא, וְנַפְשֵׁיהּ חֲבִיבָא לֵיהּ כְּנַפְשֵׁיהּ׃ וִיהֵי, כַּד יִחְזֵי, אֲרֵי לֵית עוּלֵימָא

יח| וַיִּגַּשׁ אֵלָיו. דָּבָר בְּאָזְנֵי אֲדֹנִי. יִכָּנְסוּ דְּבָרַי בְּאָזְנֶיךָ: וְאַל יִחַר אַפְּךָ. מִכָּאן אַתָּה לָמֵד שֶׁדִּבֵּר אֵלָיו קָשׁוֹת: כִּי כָמוֹךָ כְּפַרְעֹה. חָשׁוּב אַתָּה בְּעֵינַי כְּמֶלֶךְ, זֶהוּ פְּשׁוּטוֹ. וּמִדְרָשׁוֹ, סוֹפְךָ לִלְקוֹת עָלָיו בְּצָרַעַת כְּמוֹ שֶׁלָּקָה פַרְעֹה עַל יְדֵי זְקֵנָתִי שָׂרָה עַל לַיְלָה אַחַת שֶׁעִכְּבָהּ. דָּבָר אַחֵר, מַה פַּרְעֹה גּוֹזֵר וְאֵינוֹ מְקַיֵּם מַבְטִיחַ וְאֵינוֹ עוֹשֶׂה, אַף אַתָּה כֵּן. וְכִי זוֹ הִיא שִׂימַת עַיִן שֶׁאָמַרְתָּ לָשׂוּם עֵינְךָ עָלָיו?! דָּבָר אַחֵר, "כִּי כָמוֹךָ כְּפַרְעֹה", אִם תַּקְנִיטֵנִי אֶהֱרֹג אוֹתְךָ וְאֶת אֲדוֹנֶיךָ:

יט-כ| אֲדֹנִי שָׁאַל אֶת עֲבָדָיו. מִתְּחִלָּה בַּעֲלִילָה בָּאתָ עָלֵינוּ, לָמָּה הָיָה לְךָ לִשְׁאֹל כָּל אֵלֶּה? בִּתְּךָ הָיִינוּ מְבַקְּשִׁים אוֹ אֲחוֹתֵנוּ אַתָּה מְבַקֵּשׁ? וְאַף עַל פִּי כֵן: "וַנֹּאמֶר אֶל אֲדֹנִי", לֹא כִחַדְנוּ מִמְּךָ דָּבָר: וְאָחִיו מֵת. מִפְּנֵי הַיִּרְאָה הָיָה מוֹצִיא דְּבַר שֶׁקֶר מִפִּיו, אָמַר: אִם אֹמַר לוֹ שֶׁהוּא קַיָּם, יֹאמַר הֲבִיאוּהוּ אֶצְלִי: לְבַדּוֹ לְאִמּוֹ. מֵאוֹתָהּ הָאֵם אֵין לוֹ עוֹד אָח:

כב| וְעָזַב אֶת אָבִיו וָמֵת. אִם יַעֲזֹב אֶת אָבִיו דּוֹאֲגִים אָנוּ שֶׁמָּא יָמוּת בַּדֶּרֶךְ, שֶׁהֲרֵי אִמּוֹ בַּדֶּרֶךְ מֵתָה:

כט| וְקָרָהוּ אָסוֹן. שֶׁהַשָּׂטָן מְקַטְרֵג בִּשְׁעַת הַסַּכָּנָה: וְהוֹרַדְתֶּם אֶת שֵׂיבָתִי וְגוֹ׳. עַכְשָׁיו כְּשֶׁהוּא אֶצְלִי אֲנִי מִתְנַחֵם בּוֹ עַל אִמּוֹ וְעַל אָחִיו, וְאִם יָמוּת זֶה, דּוֹמֶה עָלַי שֶׁשְּׁלָשְׁתָּן מֵתוּ בְּיוֹם אֶחָד:

לא| וְהָיָה כִּרְאוֹתוֹ כִּי אֵין הַנַּעַר וָמֵת. אָבִיו מִצָּרָתוֹ:

וּמֵ֑ת וְהוֹרִ֨ידוּ עֲבָדֶ֜יךָ אֶת־שֵׂיבַ֨ת עַבְדְּךָ֥ אָבִ֛ינוּ
לב בְּיָג֖וֹן שְׁאֹֽלָה׃ כִּ֤י עַבְדְּךָ֙ עָרַ֣ב אֶת־הַנַּ֔עַר מֵעִ֥ם אָבִ֖י
לֵאמֹ֑ר אִם־לֹ֤א אֲבִיאֶ֙נּוּ֙ אֵלֶ֔יךָ וְחָטָ֥אתִי לְאָבִ֖י כָּל־
לג הַיָּמִֽים׃ וְעַתָּ֗ה יֵֽשֶׁב־נָ֤א עַבְדְּךָ֙ תַּ֣חַת הַנַּ֔עַר עֶ֖בֶד
לד לַֽאדֹנִ֑י וְהַנַּ֖עַר יַ֥עַל עִם־אֶחָֽיו׃ כִּי־אֵיךְ֙ אֶעֱלֶ֣ה אֶל־
אָבִ֔י וְהַנַּ֖עַר אֵינֶ֣נּוּ אִתִּ֑י פֶּ֚ן אֶרְאֶ֣ה בָרָ֔ע אֲשֶׁ֥ר
מה א יִמְצָ֖א אֶת־אָבִֽי׃ וְלֹא־יָכֹ֨ל יוֹסֵ֜ף לְהִתְאַפֵּ֗ק לְכֹ֤ל
הַנִּצָּבִים֙ עָלָ֔יו וַיִּקְרָ֕א הוֹצִ֥יאוּ כָל־אִ֖ישׁ מֵעָלָ֑י וְלֹא־
ב עָ֤מַד אִישׁ֙ אִתּ֔וֹ בְּהִתְוַדַּ֥ע יוֹסֵ֖ף אֶל־אֶחָֽיו׃ וַיִּתֵּ֥ן
אֶת־קֹל֖וֹ בִּבְכִ֑י וַיִּשְׁמְע֣וּ מִצְרַ֔יִם וַיִּשְׁמַ֖ע בֵּ֥ית
ג פַּרְעֹֽה׃ וַיֹּ֨אמֶר יוֹסֵ֤ף אֶל־אֶחָיו֙ אֲנִ֣י יוֹסֵ֔ף הַע֥וֹד
אָבִ֖י חָ֑י וְלֹֽא־יָכְל֤וּ אֶחָיו֙ לַעֲנ֣וֹת אֹת֔וֹ כִּ֥י נִבְהֲל֖וּ
ד מִפָּנָֽיו׃ וַיֹּ֨אמֶר יוֹסֵ֧ף אֶל־אֶחָ֛יו גְּשׁוּ־נָ֥א אֵלַ֖י וַיִּגָּ֑שׁוּ
וַיֹּ֗אמֶר אֲנִי֙ יוֹסֵ֣ף אֲחִיכֶ֔ם אֲשֶׁר־מְכַרְתֶּ֥ם אֹתִ֖י
ה מִצְרָֽיְמָה׃ וְעַתָּ֣ה ׀ אַל־תֵּעָ֣צְב֗וּ וְאַל־יִ֙חַר֙ בְּעֵ֣ינֵיכֶ֔ם
כִּֽי־מְכַרְתֶּ֥ם אֹתִ֖י הֵ֑נָּה כִּ֣י לְמִֽחְיָ֔ה שְׁלָחַ֥נִי אֱלֹהִ֖ים
ו לִפְנֵיכֶֽם׃ כִּי־זֶ֛ה שְׁנָתַ֥יִם הָרָעָ֖ב בְּקֶ֣רֶב הָאָ֑רֶץ וְעוֹד֙
ז חָמֵ֣שׁ שָׁנִ֔ים אֲשֶׁ֥ר אֵין־חָרִ֖ישׁ וְקָצִֽיר׃ וַיִּשְׁלָחֵ֤נִי
אֱלֹהִים֙ לִפְנֵיכֶ֔ם לָשׂ֥וּם לָכֶ֛ם שְׁאֵרִ֖ית בָּאָ֑רֶץ
ח וּלְהַחֲי֣וֹת לָכֶ֔ם לִפְלֵיטָ֖ה גְּדֹלָֽה׃ וְעַתָּ֗ה לֹֽא־אַתֶּ֞ם שלישי
שְׁלַחְתֶּ֤ם אֹתִי֙ הֵ֔נָּה כִּ֖י הָאֱלֹהִ֑ים וַיְשִׂימֵ֨נִי לְאָ֜ב

לפרעה ולאדון לכל־ביתו ומשל בכל־ארץ
ט מצרים: מהרו ועלו אל־אבי ואמרתם אליו כה
אמר בנך יוסף שמני אלהים לאדון לכל־
י מצרים רדה אלי אל־תעמד: וישבת בארץ־

לב וִימוּת, וִיהֲתוּן עַבְדָּךְ, יָת סֵיבַת עַבְדָּךְ אֲבוּנָא, בִּדְווֹנָא לִשְׁאוֹל: אֲרֵי עַבְדָּךְ מְעָרַב בְּעוּלֵימָא,
לג מִן אַבָּא לְמֵימַר, אִם לָא אַיְתֵינֵיהּ לָךְ, וְאֶיהֵי חָטֵי לְאַבָּא כָּל יוֹמַיָּא: וּכְעַן, יְתֵיב כְּעַן עַבְדָּךְ
לד תְּחוֹת עוּלֵימָא, עַבְדָּא לְרִבּוֹנִי, וְעוּלֵימָא יִסַּק עִם אֲחוֹהִי: אֲרֵי אֵיכְדֵּין אֶסַּק לְוָת אַבָּא,
מה א וְעוּלֵימָא לָיְתוֹהִי עִמִּי, דִּלְמָא אֶחֱזֵי בְּבִשְׁתָּא, דְּתַשְׁכַּח יָת אַבָּא: וְלָא יְכֵיל יוֹסֵף לְאִתְחַסָּנָא,
לְכָל דְּקָיְמִין עִלָּווֹהִי, וּקְרָא, אַפִּיקוּ כָל אֱנָשׁ מֵעִלָּוַי, וְלָא קָם אֱנָשׁ עִמֵּיהּ, כַּד אִתְיְדַע יוֹסֵף
ב ג לַאֲחוֹהִי: וִיהַב יָת קָלֵיהּ בִּבְכִיתָא, וּשְׁמַעוּ מִצְרָאֵי, וּשְׁמַע אֱנָשׁ בֵּית פַּרְעֹה: וַאֲמַר יוֹסֵף
לַאֲחוֹהִי אֲנָא יוֹסֵף, הַעוֹד כְּעַן אַבָּא קַיָּם, וְלָא יְכִילוּ אֲחוֹהִי לְאָתָבָא יָתֵיהּ פִּתְגָם, אֲרֵי
ד אִתְבְּהִילוּ מִן קֳדָמוֹהִי: וַאֲמַר יוֹסֵף לַאֲחוֹהִי, קְרוּבוּ כְעַן לְוָתִי וּקְרִיבוּ, וַאֲמַר, אֲנָא יוֹסֵף
ה אֲחוּכוֹן, דְּזַבֵּינְתּוּן יָתִי לְמִצְרָיִם: וּכְעַן לָא תִתְנַסְּסוּן, וְלָא יִתְקַף בְּעֵינֵיכוֹן, אֲרֵי זַבֵּינְתּוּן יָתִי
ו הַלְכָא, אֲרֵי לְקַיָּמָא, שַׁלְחַנִי יְיָ קֳדָמֵיכוֹן: אֲרֵי דְנַן, תַּרְתֵּין שְׁנִין כַּפְנָא בְּגוֹ אַרְעָא, וְעוֹד חֲמֵשׁ
ז שְׁנִין, דְּלֵית זְרוּעָא וַחֲצָדָא: וְשַׁלְחַנִי יְיָ קֳדָמֵיכוֹן, לְשַׁוָּאָה לְכוֹן, שְׁאָרָא בְּאַרְעָא, וּלְקַיָּמָא לְכוֹן,
ח לְשֵׁיזָבָא רַבָּא: וּכְעַן, לָא אַתּוּן, שְׁלַחְתּוּן יָתִי הַלְכָא, אֱלָהֵין מִן קֳדָם יְיָ, וְשַׁוְּיַנִי אַבָּא לְפַרְעֹה,
ט וּלְרִבּוֹן לְכָל אֱנָשׁ בֵּיתֵיהּ, וְשַׁלִּיט בְּכָל אַרְעָא דְּמִצְרָיִם: אוֹחוּ וְסַקוּ לְוָת אַבָּא, וְתֵימְרוּן לֵיהּ,
י כִּדְנַן אֲמַר בְּרָךְ יוֹסֵף, שַׁוְּיַנִי יְיָ, לְרִבּוֹן לְכָל מִצְרָאֵי, חוּת לְוָתִי לָא תִתְעַכַּב: וְתִתֵּיב בְּאַרְעָא

לב) כִּי עַבְדְּךָ עָרַב אֶת הַנַּעַר. וְאִם תֹּאמַר, לָמָּה אֲנִי נִכְנָס לְתִגָּר יוֹתֵר מִשְּׁאָר אַחַי? הֵם כֻּלָּם מִבַּחוּץ, וַאֲנִי נִתְקַשַּׁרְתִּי בְּקֶשֶׁר חָזָק לִהְיוֹת מְנֻדֶּה בִּשְׁנֵי עוֹלָמוֹת:

לג) יֵשֶׁב נָא עַבְדְּךָ וְגוֹ'. לְכָל דָּבָר אֲנִי מְעֻלֶּה מִמֶּנּוּ, לִגְבוּרָה וּלְמִלְחָמָה וּלְשַׁמֵּשׁ:

פרק מה

א) לְהִתְאַפֵּק לְכֹל הַנִּצָּבִים. לֹא יָכוֹל לִסְבֹּל שֶׁיִּהְיוּ מִצְרִים נִצָּבִים עָלָיו וְשׁוֹמְעִין שֶׁאֶחָיו מִתְבַּיְּשִׁין כְּהִוָּדְעוֹ לָהֶם:

ב) וַיִּשְׁמַע בֵּית פַּרְעֹה. בֵּיתוֹ שֶׁל פַּרְעֹה, כְּלוֹמַר עֲבָדָיו וּבְנֵי בֵיתוֹ, וְאֵין זֶה לְשׁוֹן בַּיִת מַמָּשׁ, אֶלָּא כְּמוֹ "בֵּית יִשְׂרָאֵל", "בֵּית יְהוּדָה", מישנייד"א בְּלַעַז:

ג) כִּי נִבְהֲלוּ. מִפְּנֵי הַבּוּשָׁה:

ד) גְּשׁוּ נָא אֵלַי. רָאָה אוֹתָם נְסוֹגִים לְאָחוֹר, אָמַר, עַכְשָׁיו אַחַי נִכְלָמִים, קָרָא לָהֶם בְּלָשׁוֹן רַכָּה וְתַחֲנוּנִים וְהֶרְאָה לָהֶם שֶׁהוּא מָהוּל:

ה) לְמִחְיָה. לִהְיוֹת לָכֶם לְמִחְיָה:

ו) כִּי זֶה שְׁנָתַיִם הָרָעָב. עָבְרוּ מִשְּׁנֵי הָרָעָב:

ח) לְאָב. לְחָבֵר וּלְפַטְרוֹן:

ט) וַעֲלוּ אֶל אָבִי. אֶרֶץ יִשְׂרָאֵל גְּבוֹהָה מִכָּל הָאֲרָצוֹת:

גֹּ֑שֶׁן וְהָיִ֣יתָ קָרוֹב֙ אֵלַ֔י אַתָּ֕ה וּבָנֶ֖יךָ וּבְנֵ֣י בָנֶ֑יךָ
וְצֹאנְךָ֥ וּבְקָרְךָ֖ וְכָל־אֲשֶׁר־לָֽךְ׃ וְכִלְכַּלְתִּ֤י אֹֽתְךָ֙ שָׁ֔ם יא
כִּי־ע֛וֹד חָמֵ֥שׁ שָׁנִ֖ים רָעָ֑ב פֶּן־תִּוָּרֵ֛שׁ אַתָּ֥ה וּבֵיתְךָ֖
וְכָל־אֲשֶׁר־לָֽךְ׃ וְהִנֵּ֤ה עֵֽינֵיכֶם֙ רֹא֔וֹת וְעֵינֵ֖י אָחִ֣י יב
בִנְיָמִ֑ין כִּי־פִ֖י הַֽמְדַבֵּ֥ר אֲלֵיכֶֽם׃ וְהִגַּדְתֶּ֣ם לְאָבִ֗י יג
אֶת־כָּל־כְּבוֹדִי֙ בְּמִצְרַ֔יִם וְאֵ֖ת כָּל־אֲשֶׁ֣ר רְאִיתֶ֑ם
וּמִהַרְתֶּ֛ם וְהוֹרַדְתֶּ֥ם אֶת־אָבִ֖י הֵֽנָּה׃ וַיִּפֹּ֛ל עַל־ יד
צַוְּארֵ֥י בִנְיָמִן־אָחִ֖יו וַיֵּ֑בְךְּ וּבִנְיָמִ֕ן בָּכָ֖ה עַל־צַוָּארָֽיו׃
וַיְנַשֵּׁ֥ק לְכָל־אֶחָ֖יו וַיֵּ֣בְךְּ עֲלֵהֶ֑ם וְאַחֲרֵ֣י כֵ֔ן דִּבְּר֥וּ טו
אֶחָ֖יו אִתּֽוֹ׃ וְהַקֹּ֣ל נִשְׁמַ֗ע בֵּ֤ית פַּרְעֹה֙ לֵאמֹ֔ר בָּ֖אוּ טז
אֲחֵ֣י יוֹסֵ֑ף וַיִּיטַב֙ בְּעֵינֵ֣י פַרְעֹ֔ה וּבְעֵינֵ֖י עֲבָדָֽיו׃
וַיֹּ֤אמֶר פַּרְעֹה֙ אֶל־יוֹסֵ֔ף אֱמֹ֥ר אֶל־אַחֶ֖יךָ זֹ֣את עֲשׂ֑וּ יז
טַעֲנוּ֙ אֶת־בְּעִ֣ירְכֶ֔ם וּלְכוּ־בֹ֖אוּ אַ֥רְצָה כְּנָֽעַן׃ וּקְח֧וּ יח
אֶת־אֲבִיכֶ֛ם וְאֶת־בָּתֵּיכֶ֖ם וּבֹ֣אוּ אֵלָ֑י וְאֶתְּנָ֣ה לָכֶ֗ם
אֶת־טוּב֙ אֶ֣רֶץ מִצְרַ֔יִם וְאִכְל֖וּ אֶת־חֵ֥לֶב הָאָֽרֶץ׃
רביעי וְאַתָּ֥ה צֻוֵּ֖יתָה זֹ֣את עֲשׂ֑וּ קְחוּ־לָכֶם֩ מֵאֶ֨רֶץ מִצְרַ֜יִם יט
עֲגָל֗וֹת לְטַפְּכֶם֙ וְלִנְשֵׁיכֶ֔ם וּנְשָׂאתֶ֥ם אֶת־אֲבִיכֶ֖ם
וּבָאתֶֽם׃ וְעֵ֣ינְכֶ֔ם אַל־תָּחֹ֖ס עַל־כְּלֵיכֶ֑ם כִּי־ט֛וּב כ
כָּל־אֶ֥רֶץ מִצְרַ֖יִם לָכֶ֥ם הֽוּא׃ וַיַּֽעֲשׂוּ־כֵן֙ בְּנֵ֣י יִשְׂרָאֵ֔ל כא
וַיִּתֵּ֨ן לָהֶ֥ם יוֹסֵ֛ף עֲגָל֖וֹת עַל־פִּ֣י פַרְעֹ֑ה וַיִּתֵּ֥ן לָהֶ֛ם

כב צֵדָה לַדָּרֶךְ: לְכֻלָּם נָתַן לָאִישׁ חֲלִפוֹת שְׂמָלֹת
וּלְבִנְיָמִן נָתַן שְׁלֹשׁ מֵאוֹת כֶּסֶף וְחָמֵשׁ חֲלִפֹת
כג שְׂמָלֹת: וּלְאָבִיו שָׁלַח כְּזֹאת עֲשָׂרָה חֲמֹרִים

יא דְּגֹשֶׁן, וּתְהֵי קָרִיב לִי, אַתְּ, וּבְנָךְ וּבְנֵי בְנָךְ, וְעָנָךְ וְתוֹרָךְ וְכָל דְּלָךְ: וַאֲזוּן יָתָךְ תַּמָּן, אֲרֵי עוֹד,
יב חֲמֵשׁ שְׁנִין כַּפְנָא, דִּלְמָא תִתְמַסְכַּן, אַתְּ וֶאֱנָשׁ בֵּיתָךְ וְכָל דְּלָךְ: וְהָא עֵינֵיכוֹן חָזְיָן, וְעֵינֵי אֲחִי
יג בִנְיָמִין, אֲרֵי כְלִישָׁנְכוֹן אֲנָא מְמַלֵּיל עִמְּכוֹן: וּתְחַוּוֹן לְאַבָּא, יָת כָּל יְקָרִי דִּבְמִצְרַיִם, וְיָת כָּל
יד דַּחֲזֵיתוֹן, וְתוֹחוֹן, וְתַחֲתוּן יָת אַבָּא הָלְכָא: וּנְפַל, עַל צַוְּרָא דְּבִנְיָמִין אֲחוּהִי וּבְכָא, וּבִנְיָמִין,
טו טז בְּכָא עַל צַוְּרֵיהּ: וְנַשֵּׁיק לְכָל אֲחוֹהִי וּבְכָא עֲלֵיהוֹן, וּבָתַר כֵּן, מַלִּילוּ אֲחוֹהִי עִמֵּיהּ: וְקָלָא
יז אִשְׁתְּמַע, בֵּית פַּרְעֹה לְמֵימַר, אֲתוֹ אֲחֵי יוֹסֵף, וּשְׁפַר בְּעֵינֵי פַּרְעֹה, וּבְעֵינֵי עַבְדּוֹהִי: וַאֲמַר
פַּרְעֹה לְיוֹסֵף, אֵימַר לַאֲחָךְ דָּא עֲבִידוּ, טְעוּנוּ יָת בְּעִירְכוֹן, וְאִיזִילוּ אוֹבִילוּ לְאַרְעָא דִּכְנָעַן:
יח וּדְבַרוּ יָת אֲבוּכוֹן, וְיָת אֱנָשׁ בָּתֵּיכוֹן וְאִיתוֹ לְוָתִי, וְאֶתֵּין לְכוֹן, יָת טוּב אַרְעָא דְּמִצְרַיִם,
יט וְתֵיכְלוּן יָת טוּבָא דְּאַרְעָא: וְאַתְּ מְפַקַּד דָּא עֲבִידוּ, סַבוּ לְכוֹן מֵאַרְעָא דְּמִצְרַיִם עֶגְלָן,
כ לְטַפְלְכוֹן וְלִנְשֵׁיכוֹן, וְתִטְּלוּן יָת אֲבוּכוֹן וְתֵיתוֹן: וְעֵינְכוֹן, לָא תְחוּס עַל מָנֵיכוֹן, אֲרֵי טוּב, כָּל
כא אַרְעָא דְּמִצְרַיִם דִּילְכוֹן הוּא: וַעֲבַדוּ כֵן בְּנֵי יִשְׂרָאֵל, וִיהַב לְהוֹן יוֹסֵף, עֶגְלָן עַל מֵימְרָא
כב דְּפַרְעֹה, וִיהַב לְהוֹן, זְוָדִין לְאוֹרְחָא: לְכֻלְּהוֹן יְהַב, לִגְבַר אִצְטְלָן דִּלְבוּשָׁא, וּלְבִנְיָמִין יְהַב
כג תְּלָת מְאָה סִלְעִין דִּכְסַף, וְחַמְשָׁא אִצְטְלָן דִּלְבוּשָׁא: וְלַאֲבוּהִי, שְׁלַח כְּדֵין עַסְרָא חֲמָרִין,

יא| פֶּן תִּוָּרֵשׁ. "דִּלְמָא תִתְמַסְכַּן", לְשׁוֹן: "מוֹרִישׁ וּמַעֲשִׁיר" (שמואל א׳ ב, ז):

יב| וְהִנֵּה עֵינֵיכֶם רֹאוֹת. בִּכְבוֹדִי, וְשֶׁאֲנִי אֲחִיכֶם שֶׁאֲנִי מָהוּל, וְעוֹד, "כִּי פִי הַמְדַבֵּר אֲלֵיכֶם" בִּלְשׁוֹן הַקֹּדֶשׁ: וְעֵינֵי אָחִי בִנְיָמִין. הִשְׁוָה אֶת כֻּלָּם יַחַד, לוֹמַר כְּשֵׁם שֶׁאֵין בְּלִבִּי שִׂנְאָה לְהַטִּיל בְּבִנְיָמִין אָחִי, שֶׁלֹּא הָיָה בִּמְכִירָתִי, כָּךְ אֵין בְּלִבִּי עֲלֵיכֶם:

יד| וַיִּפֹּל עַל צַוְּארֵי בִנְיָמִן אָחִיו וַיֵּבְךְּ. עַל שְׁנֵי מִקְדָּשׁוֹת שֶׁעֲתִידִין לִהְיוֹת בְּחֶלְקוֹ שֶׁל בִּנְיָמִין וְסוֹפָן לֵחָרֵב: וּבִנְיָמִן בָּכָה עַל צַוָּארָיו. עַל מִשְׁכַּן שִׁילֹה שֶׁעָתִיד לִהְיוֹת בְּחֶלְקוֹ שֶׁל יוֹסֵף וְסוֹפוֹ לֵחָרֵב:

טו| וְאַחֲרֵי כֵן. מֵאַחַר שֶׁרָאוּהוּ בּוֹכֶה וְלִבּוֹ שָׁלֵם עִמָּהֶם, "דִּבְּרוּ אֶחָיו אִתּוֹ", שֶׁמִּתְּחִלָּה הָיוּ בּוֹשִׁים מִמֶּנּוּ:

טז| וְהַקֹּל נִשְׁמַע בֵּית פַּרְעֹה. כְּמוֹ בְּבֵית פַּרְעֹה, וְזֶהוּ לְשׁוֹן בַּיִת מַמָּשׁ:

יז| טַעֲנוּ אֶת בְּעִירְכֶם. תְּבוּאָה:

יח| אֶת טוּב אֶרֶץ מִצְרַיִם. אֶרֶץ גֹּשֶׁן (להלן מז, ו). נִבְהָ"ח וְאֵינוֹ יוֹדֵעַ מַה נִּבְהָ"ח, סוֹפָם לַעֲשׂוֹתָהּ כִּמְצוּלָה שֶׁאֵין בָּהּ דָּגִים: חֵלֶב הָאָרֶץ. כָּל 'חֵלֶב' לְשׁוֹן מֵיטָב הוּא:

יט| וְאַתָּה צֻוֵּיתָה. מִפִּי לוֹמַר לָהֶם: "זֹאת עֲשׂוּ", כָּךְ אֱמֹר לָהֶם שֶׁבִּרְשׁוּתִי הוּא:

כג| שָׁלַח כְּזֹאת. כַּחֶשְׁבּוֹן הַזֶּה, וּמַהוּ הַחֶשְׁבּוֹן?

ויגש

בראשית

נֹשְׂאִ֖ים מִטּ֣וּב מִצְרָ֑יִם וְעֶ֣שֶׂר אֲתֹנֹ֡ת נֹ֠שְׂאֹת בָּ֣ר
וָלֶ֧חֶם וּמָז֛וֹן לְאָבִ֖יו לַדָּֽרֶךְ׃ וַיְשַׁלַּ֥ח אֶת־אֶחָ֖יו
וַיֵּלֵ֑כוּ וַיֹּ֣אמֶר אֲלֵהֶ֔ם אַֽל־תִּרְגְּז֖וּ בַּדָּֽרֶךְ׃ וַֽיַּעֲל֖וּ
מִמִּצְרָ֑יִם וַיָּבֹ֙אוּ֙ אֶ֣רֶץ כְּנַ֔עַן אֶֽל־יַעֲקֹ֖ב אֲבִיהֶֽם׃
וַיַּגִּ֨דוּ ל֜וֹ לֵאמֹ֗ר ע֚וֹד יוֹסֵ֣ף חַ֔י וְכִֽי־ה֥וּא מֹשֵׁ֖ל
בְּכָל־אֶ֣רֶץ מִצְרָ֑יִם וַיָּ֣פָג לִבּ֔וֹ כִּ֥י לֹא־הֶאֱמִ֖ין לָהֶֽם׃
וַיְדַבְּר֣וּ אֵלָ֗יו אֵ֣ת כָּל־דִּבְרֵ֤י יוֹסֵף֙ אֲשֶׁ֣ר דִּבֶּ֣ר
אֲלֵהֶ֔ם וַיַּרְא֙ אֶת־הָ֣עֲגָל֔וֹת אֲשֶׁר־שָׁלַ֥ח יוֹסֵ֖ף
לָשֵׂ֣את אֹת֑וֹ וַתְּחִ֕י ר֖וּחַ יַעֲקֹ֥ב אֲבִיהֶֽם׃ וַיֹּ֙אמֶר֙ חמישי
יִשְׂרָאֵ֔ל רַ֛ב עוֹד־יוֹסֵ֥ף בְּנִ֖י חָ֑י אֵֽלְכָ֥ה וְאֶרְאֶ֖נּוּ
בְּטֶ֥רֶם אָמֽוּת׃ וַיִּסַּ֤ע יִשְׂרָאֵל֙ וְכָל־אֲשֶׁר־ל֔וֹ וַיָּבֹ֖א
בְּאֵ֣רָה שָּׁ֑בַע וַיִּזְבַּ֣ח זְבָחִ֔ים לֵאלֹהֵ֖י אָבִ֥יו יִצְחָֽק׃
וַיֹּ֣אמֶר אֱלֹהִ֣ים ׀ לְיִשְׂרָאֵל֮ בְּמַרְאֹ֣ת הַלַּ֒יְלָה֒
וַיֹּ֖אמֶר יַעֲקֹ֣ב ׀ יַעֲקֹ֑ב וַיֹּ֖אמֶר הִנֵּֽנִי׃ וַיֹּ֕אמֶר אָנֹכִ֥י
הָאֵ֖ל אֱלֹהֵ֣י אָבִ֑יךָ אַל־תִּירָא֙ מֵרְדָ֣ה מִצְרַ֔יְמָה
כִּֽי־לְג֥וֹי גָּד֖וֹל אֲשִֽׂימְךָ֥ שָֽׁם׃ אָנֹכִ֗י אֵרֵ֤ד עִמְּךָ֙
מִצְרַ֔יְמָה וְאָנֹכִ֖י אַֽעַלְךָ֣ גַם־עָלֹ֑ה וְיוֹסֵ֕ף יָשִׁ֥ית יָד֖וֹ
עַל־עֵינֶֽיךָ׃ וַיָּ֥קָם יַעֲקֹ֖ב מִבְּאֵ֣ר שָׁ֑בַע וַיִּשְׂא֨וּ בְנֵֽי־
יִשְׂרָאֵ֜ל אֶת־יַעֲקֹ֣ב אֲבִיהֶ֗ם וְאֶת־טַפָּם֙ וְאֶת־
נְשֵׁיהֶ֔ם בָּעֲגָל֕וֹת אֲשֶׁר־שָׁלַ֥ח פַּרְעֹ֖ה לָשֵׂ֥את

ו אֹתּוֹ: וַיִּקְחוּ אֶת־מִקְנֵיהֶם וְאֶת־רְכוּשָׁם אֲשֶׁר
רָכְשׁוּ בְּאֶרֶץ כְּנַעַן וַיָּבֹאוּ מִצְרָיְמָה יַעֲקֹב וְכָל־

כד טְעִינִין מִטּוּב מִצְרָיִם, וַעֲסַר אַתְנָן, טְעִינָן, עֲבוּר וּלְחֵים וּזְוָדִין, לַאֲבוּהִי לְאוֹרְחָא: וְשַׁלַּח יָת
כה אֲחוּהִי וַאֲזַלוּ, וַאֲמַר לְהוֹן, לָא תִתְנְצוֹן בְּאוֹרְחָא: וּסְלִיקוּ מִמִּצְרָיִם, וַאֲתוֹ לְאַרְעָא דִכְנַעַן,
כו לְוָת יַעֲקֹב אֲבוּהוֹן: וְחַוִּיאוּ לֵיהּ לְמֵימַר, עַד כְּעַן יוֹסֵף קַיָּם, וַאֲרֵי הוּא שַׁלִּיט בְּכָל אַרְעָא
כז דְמִצְרָיִם, וַהֲוָאָה מַלְיָא פָיְגָן עַל לִבֵּיהּ, אֲרֵי לָא הֵימִין לְהוֹן: וּמַלִּילוּ עִמֵּיהּ, יָת כָּל פִּתְגָּמֵי
יוֹסֵף דְּמַלֵּיל עִמְּהוֹן, וַחֲזָא יָת עֶגְלָתָא, דִּשְׁלַח יוֹסֵף לְמִטַּל יָתֵיהּ, וּשְׁרָת, רוּחַ קֻדְשָׁא עַל
כח יַעֲקֹב אֲבוּהוֹן: וַאֲמַר יִשְׂרָאֵל, סַגִּי לִי חֶדְוָא, עַד כְּעַן יוֹסֵף בְּרִי קַיָּם, אֵיזֵיל וְאֶחֱזֵינֵיהּ עַד לָא
מו א אֲמוּת: וּנְטַל יִשְׂרָאֵל וְכָל דִּלֵיהּ, וַאֲתָא לִבְאֵר שָׁבַע, וְדַבַּח דִּבְחִין, לֵאלָהָא דַאֲבוּהִי יִצְחָק:
ב ג וַאֲמַר יי לְיִשְׂרָאֵל בְּחֶזְוָא דְלֵילְיָא, וַאֲמַר יַעֲקֹב יַעֲקֹב, וַאֲמַר הָאֲנָא: וַאֲמַר, אֲנָא אֵל אֱלָהָא
ד דַאֲבוּךְ, לָא תִדְחַל מִלְּמֵיחַת לְמִצְרַיִם, אֲרֵי לְעַם סַגִּי אֲשַׁוֵּינָךְ תַּמָּן: אֲנָא, אֵיחוֹת עִמָּךְ
ה לְמִצְרַיִם, וַאֲנָא אַסְּקִנָּךְ אַף אַסָּקָא, וְיוֹסֵף, יְשַׁוֵּי יְדוֹהִי עַל עֵינָךְ: וְקָם יַעֲקֹב מִבְּאֵר שָׁבַע,
וּנְטַלוּ בְּנֵי יִשְׂרָאֵל יָת יַעֲקֹב אֲבוּהוֹן, וְיָת טַפְלְהוֹן וְיָת נְשֵׁיהוֹן, בְּעֶגְלָתָא, דִּשְׁלַח פַּרְעֹה
ו לְמִטַּל יָתֵיהּ: וּדְבַרוּ יָת גֵּיתֵיהוֹן, וְיָת קִנְיָנְהוֹן דִּקְנוֹ בְּאַרְעָא דִכְנַעַן, וַאֲתוֹ לְמִצְרָיִם, יַעֲקֹב וְכָל

"עֲשָׂרָה חֲמֹרִים" וְגוֹ': **מִטּוּב מִצְרָיִם.** מָצִינוּ בַּתַּלְמוּד שֶׁשָּׁלַח לוֹ יַיִן יָשָׁן, שֶׁדַּעַת זְקֵנִים נוֹחָה הֵימֶנּוּ. וּמִדְרַשׁ אַגָּדָה, גְּרִיסִין שֶׁל פּוֹל: **בָּר וָלֶחֶם.** כְּתַרְגּוּמוֹ: **וּמָזוֹן.** לְפִתָּן:

כד) **אַל תִּרְגְּזוּ בַּדָּרֶךְ.** אַל תִּתְעַסְּקוּ בִּדְבַר הֲלָכָה שֶׁלֹּא תִרְגַּז עֲלֵיכֶם הַדֶּרֶךְ. דָּבָר אַחֵר, אַל תַּפְסִיעוּ פְּסִיעָה גַּסָּה, וְהַכְנִיסוּ חַמָּה לָעִיר. וּלְפִי פְּשׁוּטוֹ שֶׁל מִקְרָא יֵשׁ לוֹמַר, לְפִי שֶׁהָיוּ נִכְלָמִים הָיָה דוֹאֵג שֶׁמָּא יָרִיבוּ בַּדֶּרֶךְ עַל דְּבַר מְכִירָתוֹ לְהִתְוַכֵּחַ זֶה עִם זֶה וְלוֹמַר: עַל יָדְךָ נִמְכַּר, אַתָּה סִפַּרְתָּ לָשׁוֹן הָרָע עָלָיו וְגָרַמְתָּ לָנוּ לִשְׂנֹאתוֹ:

כו) **וְכִי הוּא מֹשֵׁל.** וַאֲשֶׁר הוּא מוֹשֵׁל: **וַיָּפָג לִבּוֹ.** נֶחֱלַף לִבּוֹ וְהָלַךְ מִלְּהַאֲמִין, לֹא הָיָה לִבּוֹ פּוֹנֶה אֶל הַדְּבָרִים, לְשׁוֹן 'מְפִיגִין טַעֲמָן' בִּלְשׁוֹן מִשְׁנָה, וּכְמוֹ: "מֵאֵין הֲפֻגוֹת" (איכה ג, מט), "וְרֵיחוֹ לֹא נָמָר" (ירמיה מח, יא) מְתַרְגְּמִינַן: "וְרֵיחֵיהּ לָא פָג":

כז) **אֵת כָּל דִּבְרֵי יוֹסֵף.** סִימָן מָסַר לָהֶם בַּמֶּה הָיָה עוֹסֵק כְּשֶׁפֵּרַשׁ מִמֶּנּוּ, בְּפָרָשַׁת עֶגְלָה עֲרוּפָה, וְזֶהוּ שֶׁאָמַר: "וַיַּרְא אֶת הָעֲגָלוֹת אֲשֶׁר שָׁלַח יוֹסֵף" וְלֹא נֶאֱמַר: 'אֲשֶׁר שָׁלַח פַּרְעֹה': **וַתְּחִי רוּחַ יַעֲקֹב.** שָׁרְתָה עָלָיו שְׁכִינָה שֶׁפֵּרְשָׁה מִמֶּנּוּ:

כח) **רַב.** רַב לִי עוֹד שִׂמְחָה וְחֶדְוָה הוֹאִיל וְ"עוֹד יוֹסֵף בְּנִי חָי":

פרק מו

א) **בְּאֵרָה שָּׁבַע.** כְּמוֹ לִבְאֵר שָׁבַע, הֵ"א בְּסוֹף תֵּבָה בִּמְקוֹם לָמֶ"ד בִּתְחִלָּתָהּ: **לֵאלֹהֵי אָבִיו יִצְחָק.** חַיָּב אָדָם בִּכְבוֹד אָבִיו יוֹתֵר מִבִּכְבוֹד זְקֵנוֹ, לְפִיכָךְ תָּלָה בְּיִצְחָק וְלֹא בְּאַבְרָהָם:

ב) **יַעֲקֹב יַעֲקֹב.** לְשׁוֹן חִבָּה:

ג) **אַל תִּירָא מֵרְדָה מִצְרַיְמָה.** לְפִי שֶׁהָיָה מֵצֵר עַל שֶׁנִּזְקַק לָצֵאת לְחוּצָה לָאָרֶץ:

ד) **וְאָנֹכִי אַעַלְךָ.** הִבְטִיחוֹ לִהְיוֹת נִקְבָּר בָּאָרֶץ:

ו) **אֲשֶׁר רָכְשׁוּ בְּאֶרֶץ כְּנַעַן.** אֲבָל מַה שֶּׁרָכַשׁ בְּפַדַּן אֲרָם נָתַן הַכֹּל לְעֵשָׂו בִּשְׁבִיל חֶלְקוֹ בִּמְעָרַת הַמַּכְפֵּלָה, אָמַר: נִכְסֵי חוּצָה לָאָרֶץ אֵינָן כְּדַאי לִי,

ז זַרְעוֹ אִתּוֹ׃ בָּנָיו וּבְנֵי בָנָיו אִתּוֹ בְּנֹתָיו וּבְנוֹת בָּנָיו
ח וְכָל־זַרְעוֹ הֵבִיא אִתּוֹ מִצְרָיְמָה׃ וְאֵלֶּה
שְׁמוֹת בְּנֵי־יִשְׂרָאֵל הַבָּאִים מִצְרַיְמָה יַעֲקֹב
ט וּבָנָיו בְּכֹר יַעֲקֹב רְאוּבֵן׃ וּבְנֵי רְאוּבֵן חֲנוֹךְ וּפַלּוּא
י וְחֶצְרֹן וְכַרְמִי׃ וּבְנֵי שִׁמְעוֹן יְמוּאֵל וְיָמִין וְאֹהַד
יא וְיָכִין וְצֹחַר וְשָׁאוּל בֶּן־הַכְּנַעֲנִית׃ וּבְנֵי לֵוִי גֵּרְשׁוֹן
יב קְהָת וּמְרָרִי׃ וּבְנֵי יְהוּדָה עֵר וְאוֹנָן וְשֵׁלָה וָפֶרֶץ
וָזָרַח וַיָּמָת עֵר וְאוֹנָן בְּאֶרֶץ כְּנַעַן וַיִּהְיוּ בְנֵי־פֶרֶץ
יג חֶצְרֹן וְחָמוּל׃ וּבְנֵי יִשָּׂשכָר תּוֹלָע וּפֻוָּה וְיוֹב
יד טו וְשִׁמְרֹן׃ וּבְנֵי זְבֻלוּן סֶרֶד וְאֵלוֹן וְיַחְלְאֵל׃ אֵלֶּה ׀
בְּנֵי לֵאָה אֲשֶׁר יָלְדָה לְיַעֲקֹב בְּפַדַּן אֲרָם וְאֵת
דִּינָה בִתּוֹ כָּל־נֶפֶשׁ בָּנָיו וּבְנוֹתָיו שְׁלֹשִׁים וְשָׁלֹשׁ׃
טז וּבְנֵי גָד צִפְיוֹן וְחַגִּי שׁוּנִי וְאֶצְבֹּן עֵרִי וַאֲרוֹדִי
יז וְאַרְאֵלִי׃ וּבְנֵי אָשֵׁר יִמְנָה וְיִשְׁוָה וְיִשְׁוִי וּבְרִיעָה
יח וְשֶׂרַח אֲחֹתָם וּבְנֵי בְרִיעָה חֶבֶר וּמַלְכִּיאֵל׃ אֵלֶּה
בְּנֵי זִלְפָּה אֲשֶׁר־נָתַן לָבָן לְלֵאָה בִתּוֹ וַתֵּלֶד אֶת־
יט אֵלֶּה לְיַעֲקֹב שֵׁשׁ עֶשְׂרֵה נָפֶשׁ׃ בְּנֵי רָחֵל אֵשֶׁת
כ יַעֲקֹב יוֹסֵף וּבִנְיָמִן׃ וַיִּוָּלֵד לְיוֹסֵף בְּאֶרֶץ מִצְרַיִם
אֲשֶׁר יָלְדָה־לּוֹ אָסְנַת בַּת־פּוֹטִי פֶרַע כֹּהֵן אֹן
כא אֶת־מְנַשֶּׁה וְאֶת־אֶפְרָיִם׃ וּבְנֵי בִנְיָמִן בֶּלַע וָבֶכֶר

וְאַשְׁבֵּל גֵּרָא וְנַעֲמָן אֵחִי וָרֹאשׁ מֻפִּים וְחֻפִּים
כב וָאָרְדְּ׃ אֵלֶּה בְּנֵי רָחֵל אֲשֶׁר יֻלַּד לְיַעֲקֹב כָּל־
כג כד נֶפֶשׁ אַרְבָּעָה עָשָׂר׃ וּבְנֵי־דָן חֻשִׁים׃ וּבְנֵי נַפְתָּלִי
כה יַחְצְאֵל וְגוּנִי וְיֵצֶר וְשִׁלֵּם׃ אֵלֶּה בְּנֵי בִלְהָה
אֲשֶׁר־נָתַן לָבָן לְרָחֵל בִּתּוֹ וַתֵּלֶד אֶת־אֵלֶּה

ז בְּנוֹהִי עִמֵּיהּ: בְּנוֹהִי, וּבְנֵי בְנוֹהִי עִמֵּיהּ, בְּנָתֵיהּ, וּבְנָת בְּנוֹהִי וְכָל בְּנוֹהִי, אַיְתִי עִמֵּיהּ לְמִצְרָיִם:
ח ט וְאִלֵּין שְׁמָהָת בְּנֵי יִשְׂרָאֵל, דְּעָאלוּ לְמִצְרַיִם יַעֲקֹב וּבְנוֹהִי, בֻּכְרֵיהּ דְּיַעֲקֹב רְאוּבֵן: וּבְנֵי רְאוּבֵן,
י חֲנוֹךְ וּפַלּוּא וְחֶצְרוֹן וְכַרְמִי: וּבְנֵי שִׁמְעוֹן, יְמוּאֵל וְיָמִין, וְאוֹהַד וְיָכִין וְצוֹחַר, וְשָׁאוּל בַּר כְּנַעֲנֵיתָא:
יא יב וּבְנֵי לֵוִי, גֵּרְשׁוֹן, קְהָת וּמְרָרִי: וּבְנֵי יְהוּדָה, עֵר וְאוֹנָן, וְשֵׁלָה וָפֶרֶץ וָזָרַח, וּמִית עֵר וְאוֹנָן בְּאַרְעָא
יג יד דִּכְנַעַן, וַהֲווֹ בְנֵי פֶרֶץ חֶצְרוֹן וְחָמוּל: וּבְנֵי יִשָּׂשכָר, תּוֹלָע וּפֻוָּה וְיוֹב וְשִׁמְרוֹן: וּבְנֵי זְבוּלוּן,
טו סֶרֶד וְאֵלוֹן וְיַחְלְאֵל: אִלֵּין בְּנֵי לֵאָה, דִּילֵידַת לְיַעֲקֹב בְּפַדַּן אֲרָם, וְיָת דִּינָה בְרַתֵּיהּ, כָּל נְפַשׁ
טז יז בְּנוֹהִי, וּבְנָתֵיהּ תְּלָתִין וּתְלָת: וּבְנֵי גָד, צִפְיוֹן וְחַגִּי שׁוּנִי וְאֶצְבּוֹן, עֵרִי וַאֲרוֹדִי וְאַרְאֵלִי: וּבְנֵי אָשֵׁר,
יח יִמְנָה וְיִשְׁוָה, וְיִשְׁוִי וּבְרִיעָה וְשֶׂרַח אֲחָתְהוֹן, וּבְנֵי בְרִיעָה, חֶבֶר וּמַלְכִּיאֵל: אִלֵּין בְּנֵי זִלְפָּה, דִּיהַב
יט לָבָן לְלֵאָה בְרַתֵּיהּ, וִילֵידַת יָת אִלֵּין לְיַעֲקֹב, שִׁית עֶסְרֵי נַפְשָׁן: בְּנֵי רָחֵל אִתַּת יַעֲקֹב, יוֹסֵף
כ וּבִנְיָמִין: וְאִתְיְלִיד לְיוֹסֵף בְּאַרְעָא דְּמִצְרַיִם, דִּילֵידַת לֵיהּ אָסְנַת, בַּת פּוֹטִיפֶרַע רַבָּא דְאוֹן,
כא יָת מְנַשֶּׁה וְיָת אֶפְרָיִם: וּבְנֵי בִנְיָמִין, בֶּלַע וָבֶכֶר וְאַשְׁבֵּל, גֵּרָא וְנַעֲמָן אֵחִי וָרֹאשׁ, מֻפִּים וְחֻפִּים
כב כג כד וָאָרְדְּ: אִלֵּין בְּנֵי רָחֵל, דְּאִתְיְלִידוּ לְיַעֲקֹב, כָּל נַפְשָׁתָא אַרְבְּעַת עֲסַר: וּבְנֵי דָן חֻשִׁים: וּבְנֵי
כה נַפְתָּלִי, יַחְצְאֵל וְגוּנִי וְיֵצֶר וְשִׁלֵּם: אִלֵּין בְּנֵי בִלְהָה, דִּיהַב לָבָן לְרָחֵל בְּרַתֵּיהּ, וִילֵידַת יָת אִלֵּין,

וְזֶהוּ "חָפַרְתִּי לִי" (להלן נ, ה), הֶעֱמִיד לוֹ צִבּוּרִין שֶׁל זָהָב וָכֶסֶף כְּמִין כְּרִי, וְאָמַר לוֹ: טֹל אֶת אֵלּוּ:

ז| וּבְנוֹת בָּנָיו. שֶׂרַח בַּת אָשֵׁר וְיוֹכֶבֶד בַּת לֵוִי:

ח| הַבָּאִים מִצְרַיְמָה. עַל שֵׁם הַשָּׁעָה קוֹרֵא לָהֶם הַכָּתוּב 'בָּאִים', וְאֵין לִתְמֹהַּ עַל אֲשֶׁר לֹא כָתַב 'אֲשֶׁר בָּאוּ':

י| בֶּן הַכְּנַעֲנִית. בֶּן דִּינָה שֶׁנִּבְעֲלָה לִכְנַעֲנִי; כְּשֶׁהָרְגוּ אֶת שְׁכֶם לֹא הָיְתָה דִינָה רוֹצָה לָצֵאת עַד שֶׁנִּשְׁבַּע לָהּ שִׁמְעוֹן שֶׁיִּשָּׂאֶנָּה. בְּרֵאשִׁית רַבָּה (פ, יא):

טו| אֵלֶּה בְּנֵי לֵאָה... וְאֵת דִּינָה בִתּוֹ. הַזְּכָרִים תָּלָה בְלֵאָה וְהַנְּקֵבוֹת תָּלָה בְיַעֲקֹב, לְלַמֶּדְךָ, אִשָּׁה מַזְרַעַת תְּחִלָּה יוֹלֶדֶת זָכָר, אִישׁ מַזְרִיעַ תְּחִלָּה יוֹלֶדֶת נְקֵבָה: שְׁלֹשִׁים וְשָׁלֹשׁ. וּבִפְרָטָן אִי אַתָּה מוֹצֵא אֶלָּא שְׁלֹשִׁים וּשְׁנַיִם, אֶלָּא זוֹ יוֹכֶבֶד שֶׁנּוֹלְדָה בֵּין הַחוֹמוֹת בִּכְנִיסָתָן לָעִיר, שֶׁנֶּאֱמַר: "אֲשֶׁר יָלְדָה אֹתָהּ לְלֵוִי בְּמִצְרָיִם" (במדבר כו, נט) – לֵדָתָהּ בְּמִצְרַיִם וְאֵין הוֹרָתָהּ בְּמִצְרָיִם:

יט| בְּנֵי רָחֵל אֵשֶׁת יַעֲקֹב. וּבְכֻלָּן לֹא נֶאֱמַר כֵּן! אֶלָּא שֶׁהָיְתָה עִקָּרוֹ שֶׁל בַּיִת:

ויגש

לְיַעֲקֹ֔ב כָּל־נֶ֖פֶשׁ שִׁבְעָֽה׃ כָּל־הַנֶּ֨פֶשׁ הַבָּאָ֤ה כו
לְיַעֲקֹב֙ מִצְרַ֨יְמָה֙ יֹצְאֵ֣י יְרֵכ֔וֹ מִלְּבַ֖ד נְשֵׁ֣י בְנֵֽי־יַעֲקֹ֑ב
כָּל־נֶ֖פֶשׁ שִׁשִּׁ֥ים וָשֵֽׁשׁ׃ וּבְנֵ֥י יוֹסֵ֛ף אֲשֶׁר־יֻלַּד־ל֥וֹ כז
בְמִצְרַ֖יִם נֶ֣פֶשׁ שְׁנָ֑יִם כָּל־הַנֶּ֧פֶשׁ לְבֵית־יַעֲקֹ֛ב
הַבָּ֥אָה מִצְרַ֖יְמָה שִׁבְעִֽים׃ וְאֶת־ כח ששי מא
יְהוּדָ֞ה שָׁלַ֤ח לְפָנָיו֙ אֶל־יוֹסֵ֔ף לְהוֹרֹ֥ת לְפָנָ֖יו גֹּ֑שְׁנָה
וַיָּבֹ֖אוּ אַ֥רְצָה גֹּֽשֶׁן׃ וַיֶּאְסֹ֤ר יוֹסֵף֙ מֶרְכַּבְתּ֔וֹ וַיַּ֛עַל כט
לִקְרַֽאת־יִשְׂרָאֵ֥ל אָבִ֖יו גֹּ֑שְׁנָה וַיֵּרָ֣א אֵלָ֗יו וַיִּפֹּל֙ עַל־
צַוָּארָ֔יו וַיֵּ֥בְךְּ עַל־צַוָּארָ֖יו עֽוֹד׃ וַיֹּ֧אמֶר יִשְׂרָאֵ֛ל ל
אֶל־יוֹסֵ֖ף אָמ֣וּתָה הַפָּ֑עַם אַֽחֲרֵי֙ רְאוֹתִ֣י אֶת־פָּנֶ֔יךָ
כִּ֥י עוֹדְךָ֖ חָֽי׃ וַיֹּ֨אמֶר יוֹסֵ֤ף אֶל־אֶחָיו֙ וְאֶל־בֵּ֣ית לא
אָבִ֔יו אֶעֱלֶ֖ה וְאַגִּ֣ידָה לְפַרְעֹ֑ה וְאֹמְרָ֣ה אֵלָ֔יו אַחַ֥י
וּבֵית־אָבִ֛י אֲשֶׁ֥ר בְּאֶֽרֶץ־כְּנַ֖עַן בָּ֥אוּ אֵלָֽי׃ וְהָאֲנָשִׁים֙ לב
רֹ֣עֵי צֹ֔אן כִּֽי־אַנְשֵׁ֥י מִקְנֶ֖ה הָי֑וּ וְצֹאנָ֧ם וּבְקָרָ֛ם וְכָל־
אֲשֶׁ֥ר לָהֶ֖ם הֵבִֽיאוּ׃ וְהָיָ֕ה כִּֽי־יִקְרָ֥א לָכֶ֖ם פַּרְעֹ֑ה לג
וְאָמַ֖ר מַה־מַּעֲשֵׂיכֶֽם׃ וַאֲמַרְתֶּ֗ם אַנְשֵׁ֨י מִקְנֶ֜ה הָי֤וּ לד
עֲבָדֶ֙יךָ֙ מִנְּעוּרֵ֣ינוּ וְעַד־עַ֔תָּה גַּם־אֲנַ֖חְנוּ גַּם־
אֲבֹתֵ֑ינוּ בַּעֲב֗וּר תֵּשְׁבוּ֙ בְּאֶ֣רֶץ גֹּ֔שֶׁן כִּֽי־תוֹעֲבַ֥ת
מִצְרַ֖יִם כָּל־רֹ֥עֵה צֹֽאן׃ וַיָּבֹ֣א יוֹסֵף֮ וַיַּגֵּ֣ד לְפַרְעֹה֒ א מז
וַיֹּ֗אמֶר אָבִ֨י וְאַחַ֜י וְצֹאנָ֤ם וּבְקָרָם֙ וְכָל־אֲשֶׁ֣ר לָהֶ֔ם
בָּ֖אוּ מֵאֶ֣רֶץ כְּנָ֑עַן וְהִנָּ֖ם בְּאֶ֥רֶץ גֹּֽשֶׁן׃ וּמִקְצֵ֣ה אֶחָ֔יו ב

מז

כו לְיַעֲקֹב כָּל נַפְשָׁתָא שֶׁבַע: כָּל נַפְשָׁתָא, דְּעָאלָא עִם יַעֲקֹב לְמִצְרַיִם נָפְקֵי יַרְכֵיהּ, בַּר מִנְּשֵׁי
כז בְּנֵי יַעֲקֹב, כָּל נַפְשָׁתָא שִׁתִּין וָשֵׁית: וּבְנֵי יוֹסֵף, דְּאִתְיְלִידוּ לֵיהּ בְּמִצְרַיִם נַפְשָׁתָא תַּרְתֵּין, כָּל
כח נַפְשָׁתָא לְבֵית יַעֲקֹב, דְּעָאלָא לְמִצְרַיִם שִׁבְעִין: וְיָת יְהוּדָה, שְׁלַח קֳדָמוֹהִי
כט לְוָת יוֹסֵף, לְפַנָּאָה קֳדָמוֹהִי לְגֹשֶׁן, וַאֲתוֹ לְאַרְעָא דְגֹשֶׁן: וְטַקֵּיס יוֹסֵף רְתִיכוֹהִי, וּסְלֵיק לְקַדָּמוּת
ל יִשְׂרָאֵל אֲבוּהִי לְגֹשֶׁן, וְאִתַּחֲזֵי לֵיהּ, וּנְפַל עַל צַוְרֵיהּ, וּבְכָא עַל צַוְרֵיהּ עוֹד: וַאֲמַר יִשְׂרָאֵל
לְיוֹסֵף אִלּוּ אֲנָא מָאֵית זִמְנָא הָדָא מְנַחֵם אֲנָא, בָּתַר דַּחֲזֵיתִנּוּן לְאַפָּךְ, אֲרֵי עַד כְּעַן קַיָּם
לא אָתְּ: וַאֲמַר יוֹסֵף לַאֲחוֹהִי וּלְבֵית אֲבוּהִי, אֶסַּק וַאֲחַוֵּי לְפַרְעֹה, וְאֵימַר לֵיהּ, אַחַי וּבֵית אַבָּא,
לב דְּבְאַרְעָא דִכְנַעַן אֲתוֹ לְוָתִי: וְגֻבְרַיָּא רָעַן עָנָא, אֲרֵי גֻבְרֵי מָרֵי גֵיתֵי הֲווֹ, וְעָנְהוֹן וְתוֹרֵיהוֹן, וְכָל
לג דִּילְהוֹן אַיְתִיאוּ: וִיהֵי, אֲרֵי יִקְרֵי לְכוֹן פַּרְעֹה, וְיֵימַר מָא עוּבָדֵיכוֹן: וְתֵימְרוּן, גֻּבְרֵי מָרֵי גֵיתֵי
לד הֲווֹ עַבְדָּךְ מִזְּעוּרָנָא וְעַד כְּעַן, אַף אֲנַחְנָא אַף אֲבָהָתָנָא, בְּדִיל, דְּתִתְּבוּן בְּאַרְעָא דְגֹשֶׁן:
מז א אֲרֵי מְרַחֲקִין מִצְרָאֵי כָּל רָעֵי עָנָא: וַאֲתָא יוֹסֵף וְחַוִּי לְפַרְעֹה, וַאֲמַר, אַבָּא וְאַחַי, וְעָנְהוֹן
ב וְתוֹרֵיהוֹן וְכָל דִּילְהוֹן, אֲתוֹ מֵאַרְעָא דִכְנַעַן, וְהָאִנּוּן בְּאַרְעָא דְגֹשֶׁן: וּמִקְצָת אֲחוֹהִי,

כו-כז **כָּל הַנֶּפֶשׁ הַבָּאָה לְיַעֲקֹב.** שֶׁיָּצְאוּ מֵאֶרֶץ כְּנַעַן לָבֹא לְמִצְרַיִם, וְאֵין 'הַבָּאָה' זוֹ לְשׁוֹן עָבַר אֶלָּא לְשׁוֹן הֹוֶה, כְּמוֹ: "בָּעֶרֶב הִיא בָאָה" (אסתר ב, יד), וּכְמוֹ: "וְהִנֵּה רָחֵל בִּתּוֹ בָּאָה עִם הַצֹּאן" (לעיל כט, ו), לְפִיכָךְ טַעֲמוֹ לְמַטָּה בַּכָּ"ף, לְפִי שֶׁכְּשֶׁיָּצְאוּ לָבֹא מֵאֶרֶץ כְּנַעַן לֹא הָיוּ אֶלָּא שִׁשִּׁים וָשֵׁשׁ. וְהַשֵּׁנִי, "כָּל הַנֶּפֶשׁ לְבֵית יַעֲקֹב הַבָּאָה מִצְרַיְמָה שִׁבְעִים" הוּא לְשׁוֹן עָבַר, לְפִיכָךְ טַעֲמוֹ לְמַעְלָה בַּבֵּי"ת, לְפִי שֶׁמִּשֶּׁבָּאוּ שָׁם הָיוּ שִׁבְעִים, שֶׁמְּצָאוּ שָׁם יוֹסֵף וּשְׁנֵי בָנָיו, וְנִתּוֹסְפָה לָהֶם יוֹכֶבֶד בֵּין הַחוֹמוֹת. וּלְדִבְרֵי הָאוֹמֵר תְּאוֹמוֹת נוֹלְדוּ עִם הַשְּׁבָטִים צְרִיכִים אָנוּ לוֹמַר שֶׁמֵּתוּ לִפְנֵי יְרִידָתָן לְמִצְרַיִם, שֶׁהֲרֵי לֹא נִמְנוּ כָאן. מָצָאתִי בְּוַיִּקְרָא רַבָּה (ד, ו): עֵשָׂו שֵׁשׁ נְפָשׁוֹת הָיוּ לוֹ, וְהַכָּתוּב קוֹרֵא לָהֶן 'נַפְשׁוֹת בֵּיתוֹ' (לעיל לו, ו), לְשׁוֹן רַבִּים, לְפִי שֶׁהָיוּ עוֹבְדִין לֶאֱלֹהוֹת הַרְבֵּה. יַעֲקֹב שִׁבְעִים הָיוּ לוֹ, וְהַכָּתוּב קוֹרֵא לָהֶן 'נֶפֶשׁ', לְפִי שֶׁהָיוּ עוֹבְדִין לְאֵל אֶחָד:

כח **לְהוֹרוֹת לְפָנָיו.** כְּתַרְגוּמוֹ, לְפַנּוֹת לוֹ מָקוֹם וּלְהוֹרוֹת הֵיאַךְ יִתְיַשֵּׁב בָּהּ: **לְפָנָיו.** קֹדֶם שֶׁיַּגִּיעַ לְשָׁם. וּמִדְרַשׁ אַגָּדָה, "לְהוֹרוֹת לְפָנָיו", לְתַקֵּן לוֹ בֵּית תַּלְמוּד שֶׁמִּשָּׁם תֵּצֵא הוֹרָאָה:

כט **וַיֶּאְסֹר יוֹסֵף מֶרְכַּבְתּוֹ.** הוּא עַצְמוֹ חָסַר אֶת הַסּוּסִים לַמֶּרְכָּבָה, לְהִזְדָּרֵז לִכְבוֹד אָבִיו: **וַיֵּרָא אֵלָיו.** יוֹסֵף נִרְאָה אֶל אָבִיו: **וַיֵּבְךְּ עַל צַוָּארָיו עוֹד.** לְשׁוֹן הַרְבּוֹת בְּכִיָּה, וְכֵן: "כִּי לֹא עַל אִישׁ יָשִׂים עוֹד" (איוב לד, כג), לְשׁוֹן רִבּוּי הוּא, חַיּוֹ שָׂם עָלָיו עֲלִילוֹת נוֹסָפוֹת עַל חֲטָאָיו, אַף כָּאן, הִרְבָּה

וְהוֹסִיף בִּבְכִי יוֹתֵר עַל הָרָגִיל. אֲבָל יַעֲקֹב לֹא נָפַל עַל צַוָּארֵי יוֹסֵף וְלֹא נְשָׁקוֹ, וְאָמְרוּ רַבּוֹתֵינוּ שֶׁהָיָה קוֹרֵא אֶת שְׁמַע:

ל **אָמוּתָה הַפָּעַם.** פְּשׁוּטוֹ כְּתַרְגּוּמוֹ. וּמִדְרָשׁוֹ, סָבוּר הָיִיתִי לָמוּת שְׁתֵּי מִיתוֹת, בָּעוֹלָם הַזֶּה וְלָעוֹלָם הַבָּא, שֶׁנִּסְתַּלְּקָה מִמֶּנִּי שְׁכִינָה, וְהָיִיתִי אוֹמֵר שֶׁיִּתְבָּעֵנִי הַקָּדוֹשׁ בָּרוּךְ הוּא מִיתָתְךָ. עַכְשָׁיו שֶׁעוֹדְךָ חַי, לֹא אָמוּת אֶלָּא פַּעַם אַחַת:

לא-לב **וְאֹמְרָה אֵלָיו אַחַי וְגוֹ'.** וְעוֹד אֹמַר לוֹ: "וְהָאֲנָשִׁים רֹעֵי צֹאן וְגוֹ'":

לד **בַּעֲבוּר תֵּשְׁבוּ בְּאֶרֶץ גֹּשֶׁן.** וְהִיא צְרִיכָה לָכֶם, שֶׁהִיא אֶרֶץ מִרְעֶה, וּכְשֶׁתֹּאמְרוּ לוֹ שֶׁאֵין אַתֶּם בְּקִיאִין בִּמְלָאכָה אַחֶרֶת יַרְחִיקְכֶם מֵעָלָיו וְיוֹשִׁיבְכֶם שָׁם: **כִּי תוֹעֲבַת מִצְרַיִם כָּל רֹעֵה צֹאן.** לְפִי שֶׁהֵם לָהֶם אֱלֹהוּת:

פרק מז

ב **וּמִקְצֵה אֶחָיו.** מִן הַפְּחוּתִים שֶׁבָּהֶם לִגְבוּרָה שֶׁאֵין נִרְאִים גִּבּוֹרִים, שֶׁאִם יִרְאֶה אוֹתָם גִּבּוֹרִים יַעֲשֶׂה אוֹתָם אַנְשֵׁי מִלְחַמְתּוֹ. וְאֵלֶּה הֵם: רְאוּבֵן, שִׁמְעוֹן, לֵוִי, יִשָּׂשכָר וּבִנְיָמִין, אוֹתָן שֶׁלֹּא כָפַל מֹשֶׁה שְׁמוֹתָם כְּשֶׁבֵּרְכָן, אֲבָל שְׁמוֹת הַגִּבּוֹרִים כָּפַל: "וְזֹאת לִיהוּדָה... שְׁמַע ה' קוֹל יְהוּדָה" (דברים לג, ז), "וּלְגָד אָמַר בָּרוּךְ מַרְחִיב גָּד" (סס פסוק כ), "וּלְנַפְתָּלִי אָמַר נַפְתָּלִי" (סס פסוק כג), "וְכֵן לְזְבוּלֻן" (סס פסוק יח), "וְכֵן לְאָשֵׁר" (סס פסוק כד). זֶהוּ לְשׁוֹן בְּרֵאשִׁית רַבָּה (צה, ד) שֶׁהִיא אַגָּדַת אֶרֶץ

בראשית
מז

ג לָקַח חֲמִשָּׁה אֲנָשִׁים וַיַּצִּגֵם לִפְנֵי פַרְעֹה: וַיֹּאמֶר
פַּרְעֹה אֶל־אֶחָיו מַה־מַּעֲשֵׂיכֶם וַיֹּאמְרוּ אֶל־פַּרְעֹה
ד רֹעֵה צֹאן עֲבָדֶיךָ גַּם־אֲנַחְנוּ גַּם־אֲבוֹתֵינוּ: וַיֹּאמְרוּ
אֶל־פַּרְעֹה לָגוּר בָּאָרֶץ בָּאנוּ כִּי־אֵין מִרְעֶה לַצֹּאן
אֲשֶׁר לַעֲבָדֶיךָ כִּי־כָבֵד הָרָעָב בְּאֶרֶץ כְּנָעַן וְעַתָּה
ה יֵשְׁבוּ־נָא עֲבָדֶיךָ בְּאֶרֶץ גֹּשֶׁן: וַיֹּאמֶר פַּרְעֹה אֶל־
ו יוֹסֵף לֵאמֹר אָבִיךָ וְאַחֶיךָ בָּאוּ אֵלֶיךָ: אֶרֶץ מִצְרַיִם
לְפָנֶיךָ הִוא בְּמֵיטַב הָאָרֶץ הוֹשֵׁב אֶת־אָבִיךָ וְאֶת־
אַחֶיךָ יֵשְׁבוּ בְּאֶרֶץ גֹּשֶׁן וְאִם־יָדַעְתָּ וְיֶשׁ־בָּם
אַנְשֵׁי־חַיִל וְשַׂמְתָּם שָׂרֵי מִקְנֶה עַל־אֲשֶׁר־לִי:
ז וַיָּבֵא יוֹסֵף אֶת־יַעֲקֹב אָבִיו וַיַּעֲמִדֵהוּ לִפְנֵי פַרְעֹה
ח וַיְבָרֶךְ יַעֲקֹב אֶת־פַּרְעֹה: וַיֹּאמֶר פַּרְעֹה אֶל־יַעֲקֹב
ט כַּמָּה יְמֵי שְׁנֵי חַיֶּיךָ: וַיֹּאמֶר יַעֲקֹב אֶל־פַּרְעֹה יְמֵי
שְׁנֵי מְגוּרַי שְׁלֹשִׁים וּמְאַת שָׁנָה מְעַט וְרָעִים הָיוּ
יְמֵי שְׁנֵי חַיַּי וְלֹא הִשִּׂיגוּ אֶת־יְמֵי שְׁנֵי חַיֵּי אֲבֹתַי
י בִּימֵי מְגוּרֵיהֶם: וַיְבָרֶךְ יַעֲקֹב אֶת־פַּרְעֹה וַיֵּצֵא
שביעי
יא מִלִּפְנֵי פַרְעֹה: וַיּוֹשֵׁב יוֹסֵף אֶת־אָבִיו וְאֶת־אֶחָיו
וַיִּתֵּן לָהֶם אֲחֻזָּה בְּאֶרֶץ מִצְרַיִם בְּמֵיטַב הָאָרֶץ
יב בְּאֶרֶץ רַעְמְסֵס כַּאֲשֶׁר צִוָּה פַרְעֹה: וַיְכַלְכֵּל יוֹסֵף
אֶת־אָבִיו וְאֶת־אֶחָיו וְאֵת כָּל־בֵּית אָבִיו לֶחֶם לְפִי

ויגש

יג הַטָּף: וְלֶחֶם אֵין בְּכָל־הָאָרֶץ כִּי־כָבֵד הָרָעָב מְאֹד וַתֵּלַהּ אֶרֶץ מִצְרַיִם וְאֶרֶץ כְּנַעַן מִפְּנֵי הָרָעָב: יד וַיְלַקֵּט יוֹסֵף אֶת־כָּל־הַכֶּסֶף הַנִּמְצָא

ג דְּבַר חַמְשָׁא גַבְרִין, וַאֲקֵימִנּוּן קֳדָם פַּרְעֹה: וַאֲמַר פַּרְעֹה, לַאֲחוֹהִי מָא עוֹבָדֵיכוֹן, וַאֲמָרוּ לְפַרְעֹה, רָעֵי עָנָא עַבְדָּךְ, אַף אֲנַחְנָא אַף אֲבָהָתָנָא: וַאֲמָרוּ לְפַרְעֹה, לְאִתּוֹתָבָא בְּאַרְעָא אֲתֵינָא, אֲרֵי לֵית רַעְיָא, לְעָנָא דִלְעַבְדָּךְ, אֲרֵי תַקִּיף כַּפְנָא בְּאַרְעָא דִכְנָעַן, וּכְעַן, יִתְּבוּן כְּעַן עַבְדָּךְ בְּאַרְעָא דְגשֶׁן: וַאֲמַר פַּרְעֹה, לְיוֹסֵף לְמֵימַר, אֲבוּךְ וַאֲחָךְ אֲתוֹ לְוָתָךְ: אַרְעָא דְמִצְרַיִם קֳדָמָךְ הִיא, בְּדִשְׁפִּיר בְּאַרְעָא, אוֹתֵיב יָת אֲבוּךְ וְיָת אֲחָךְ, יִתְּבוּן בְּאַרְעָא דְגשֶׁן, וְאִם יְדַעְתְּ, וְאִית בְּהוֹן גֻּבְרִין דְּחֵילָא, וּתְמַנִּנּוּן, רַבָּנֵי גֵיתֵי עַל דִּילִי: וְאַיְתִי יוֹסֵף יָת יַעֲקֹב אֲבוּהִי, וַאֲקֵימֵיהּ קֳדָם פַּרְעֹה, וּבָרֵיךְ יַעֲקֹב יָת פַּרְעֹה: וַאֲמַר פַּרְעֹה לְיַעֲקֹב, כַּמָּה: וַאֲמַר יַעֲקֹב לְפַרְעֹה, יוֹמֵי שְׁנֵי תוֹתָבוּתִי, מְאָה וּתְלָתִין שְׁנִין, זְעֵירִין וּבִישִׁין, הֲווֹ יוֹמֵי שְׁנֵי חַיַּי, וְלָא אַדְבִּיקוּ, יָת יוֹמֵי שְׁנֵי חַיֵּי אֲבָהָתַי, בְּיוֹמֵי תוֹתָבוּתְהוֹן: וּבָרֵיךְ יַעֲקֹב יָת פַּרְעֹה, וּנְפַק מִן קֳדָם פַּרְעֹה: וְאוֹתֵיב יוֹסֵף יָת אֲבוּהִי וְיָת אֲחוֹהִי, וִיהַב לְהוֹן אַחֲסָנָא בְּאַרְעָא דְמִצְרַיִם, בְּדִשְׁפִּיר בְּאַרְעָא, בְּאַרַע רַעְמְסֵס, כְּמָא דְפַקֵּיד פַּרְעֹה: וְזָן יוֹסֵף יָת אֲבוּהִי וְיָת אֲחוֹהִי, וְיָת כָּל בֵּית אֲבוּהִי, לַחְמָא לְפוּם טַפְלָא: וְלַחְמָא לֵית בְּכָל אַרְעָא, אֲרֵי תַקִּיף כַּפְנָא לַחֲדָא, וְאִשְׁתַּלְהִי, עַמָּא דְאַרְעָא דְמִצְרַיִם וְעַמָּא דְאַרְעָא דִכְנָעַן, מִן קֳדָם כַּפְנָא: וּלְקִיט יוֹסֵף, יָת כָּל כַּסְפָּא דְאִשְׁתְּכַח

ישראל. חבל בתלמוד בבלי שלנו מצינו שאותן שכפל משה שמותן הם החלשים ואותן הביא לפני פרעה, ויהודה שהכפל שמו לא הכפל משום חלשות, אלא מטעם יש בדבר, כדאיתא בבבא קמא (דף צב ע״א). ובברייתא דספרי שמענו בה בזוחית הברכה. (ספרי) כמו תלמוד שלנו:

טז) אַנְשֵׁי חַיִל. בְּקִיאִין בְּאֻמָּנוּתָן לִרְעוֹת צֹאן: עַל אֲשֶׁר לִי. עַל צֹאן שֶׁלִּי:

יז) וַיְבָרֶךְ יַעֲקֹב. הִיא שְׁאֵלַת שָׁלוֹם כְּדֶרֶךְ כָּל הַנִּרְאִים לִפְנֵי הַמְּלָכִים לְפְרָקִים, שלודי״ר בְּלַעַז:

ט) שְׁנֵי מְגוּרַי. יְמֵי גֵרוּתִי, כָּל יָמַי הָיִיתִי גֵּר בָּאָרֶץ: וְלֹא הִשִּׂיגוּ. בְּטוֹבָה:

טו) וַיְבָרֶךְ יַעֲקֹב. כְּדַרְכּוֹ שֶׁל הַנִּפְטָרִים מִלִּפְנֵי שָׂרִים, מְבָרְכִים אוֹתָם וְנוֹטְלִים רְשׁוּת. וּמַה בְּרָכָה בֵּרְכוֹ? שֶׁיַּעֲלֶה נִילוּס לְרַגְלָיו, לְפִי שֶׁאֵין מִצְרַיִם שׁוֹתָה מֵי גְשָׁמִים, אֶלָּא נִילוּס עוֹלֶה וּמַשְׁקָה, וּמִבִּרְכָתוֹ שֶׁל יַעֲקֹב וְאֵילָךְ הָיָה פַרְעֹה בָּא עַל נִילוּס וְהוּא עוֹלֶה לִקְרָאתוֹ וּמַשְׁקֶה אֶת הָאָרֶץ. תַּנְחוּמָא (נשא כו):

יא) רַעְמְסֵס. מֵאֶרֶץ גּשֶׁן הִיא:

יב) לְפִי הַטָּף. לְפִי הַצָּרִיךְ לְכָל בְּנֵי בֵיתָם:

יג) וְלֶחֶם אֵין בְּכָל הָאָרֶץ. חוֹזֵר לָעִנְיָן הָרִאשׁוֹן לִתְחִלַּת שְׁנֵי הָרָעָב: וַתֵּלַהּ. כְּמוֹ וַתִּלְאֶה, לְשׁוֹן עֲיֵפוּת, כְּתַרְגּוּמוֹ, וְדוֹמֶה לוֹ: "כְּמִתְלַהְלֵהַּ הַיֹּרֶה זִקִּים" (משלי כו, יח):

בְּאֶרֶץ־מִצְרַיִם וּבְאֶרֶץ כְּנַעַן בַּשֶּׁבֶר אֲשֶׁר־הֵם
שֹׁבְרִים וַיָּבֵא יוֹסֵף אֶת־הַכֶּסֶף בֵּיתָה פַרְעֹה: וַיִּתֹּם
הַכֶּסֶף מֵאֶרֶץ מִצְרַיִם וּמֵאֶרֶץ כְּנַעַן וַיָּבֹאוּ כָל־
מִצְרַיִם אֶל־יוֹסֵף לֵאמֹר הָבָה־לָּנוּ לֶחֶם וְלָמָּה
נָמוּת נֶגְדֶּךָ כִּי אָפֵס כָּסֶף: וַיֹּאמֶר יוֹסֵף הָבוּ
מִקְנֵיכֶם וְאֶתְּנָה לָכֶם בְּמִקְנֵיכֶם אִם־אָפֵס כָּסֶף:
וַיָּבִיאוּ אֶת־מִקְנֵיהֶם אֶל־יוֹסֵף וַיִּתֵּן לָהֶם יוֹסֵף
לֶחֶם בַּסּוּסִים וּבְמִקְנֵה הַצֹּאן וּבְמִקְנֵה הַבָּקָר
וּבַחֲמֹרִים וַיְנַהֲלֵם בַּלֶּחֶם בְּכָל־מִקְנֵהֶם בַּשָּׁנָה
הַהִוא: וַתִּתֹּם הַשָּׁנָה הַהִוא וַיָּבֹאוּ אֵלָיו בַּשָּׁנָה
הַשֵּׁנִית וַיֹּאמְרוּ לוֹ לֹא־נְכַחֵד מֵאֲדֹנִי כִּי אִם־תַּם
הַכֶּסֶף וּמִקְנֵה הַבְּהֵמָה אֶל־אֲדֹנִי לֹא נִשְׁאַר לִפְנֵי
אֲדֹנִי בִּלְתִּי אִם־גְּוִיָּתֵנוּ וְאַדְמָתֵנוּ: לָמָּה נָמוּת
לְעֵינֶיךָ גַּם־אֲנַחְנוּ גַּם־אַדְמָתֵנוּ קְנֵה־אֹתָנוּ וְאֶת־
אַדְמָתֵנוּ בַּלָּחֶם וְנִהְיֶה אֲנַחְנוּ וְאַדְמָתֵנוּ עֲבָדִים
לְפַרְעֹה וְתֶן־זֶרַע וְנִחְיֶה וְלֹא נָמוּת וְהָאֲדָמָה לֹא
תֵשָׁם: וַיִּקֶן יוֹסֵף אֶת־כָּל־אַדְמַת מִצְרַיִם לְפַרְעֹה
כִּי־מָכְרוּ מִצְרַיִם אִישׁ שָׂדֵהוּ כִּי־חָזַק עֲלֵהֶם
הָרָעָב וַתְּהִי הָאָרֶץ לְפַרְעֹה: וְאֶת־הָעָם הֶעֱבִיר
אֹתוֹ לֶעָרִים מִקְצֵה גְבוּל־מִצְרַיִם וְעַד־קָצֵהוּ: רַק

אַדְמַת הַכֹּהֲנִים לֹא קָנָה כִּי חֹק לַכֹּהֲנִים מֵאֵת פַּרְעֹה וְאָכְלוּ אֶת־חֻקָּם אֲשֶׁר נָתַן לָהֶם פַּרְעֹה עַל־כֵּן לֹא מָכְרוּ אֶת־אַדְמָתָם: וַיֹּאמֶר יוֹסֵף אֶל־ כג

בְּאַרְעָא דְמִצְרַיִם וּבְאַרְעָא דִכְנַעַן, בַּעֲבוּרָא דְאִנּוּן זָבְנִין, וְאַיְתִי יוֹסֵף, יָת כַּסְפָּא לְבֵית פַּרְעֹה: וּשְׁלִים כַּסְפָּא, מֵאַרְעָא דְמִצְרַיִם וּמֵאַרְעָא דִכְנַעַן, וַאֲתוֹ כָל מִצְרָאֵי לְוָת יוֹסֵף טו לְמֵימַר הַב לָנָא לַחְמָא, וּלְמָא נְמוּת לְקִבְלָךְ, אֲרֵי שְׁלִים כַּסְפָּא: וַאֲמַר יוֹסֵף הָבוּ גֵיתֵיכוֹן, טז וְאֶתֵּן לְכוֹן בְּגֵיתֵיכוֹן, אִם שְׁלִים כַּסְפָּא: וְאַיְתִיאוּ יָת גֵיתֵיהוֹן לְוָת יוֹסֵף, וִיהַב לְהוֹן יוֹסֵף יז לַחְמָא בְּסוּסְוָתָא, וּבְגֵיתֵי עָנָא, וּבְגֵיתֵי תוֹרֵי וּבַחֲמָרַיָּא, וְזָנִנּוּן בְּלַחְמָא בְּכָל גֵיתֵיהוֹן, בְּשַׁתָּא הַהִיא: וּשְׁלִימַת שַׁתָּא הַהִיא, וַאֲתוֹ לְוָתֵיהּ בְּשַׁתָּא תִנְיֵתָא, וַאֲמָרוּ לֵיהּ לָא נְכַסֵּי יח מִן רִבּוֹנִי, אֱלָהֵין שְׁלִים כַּסְפָּא, וְגֵיתֵי בְעִירָא לְוָת רִבּוֹנִי, לָא אִשְׁתְּאַר קֳדָם רִבּוֹנִי, אֱלָהֵין גְּוִיָּתָנָא וְאַרְעָנָא: לְמָא נְמוּת לְעֵינָךְ, אַף אֲנַחְנָא אַף אַרְעָנָא, קְנֵי יָתָנָא וְיָת אַרְעָנָא יט בְּלַחְמָא, וּנְהֵי, אֲנַחְנָא וְאַרְעָנָא עַבְדִין לְפַרְעֹה, וְהַב בַּר זְרַע, וְנֵיחֵי וְלָא נְמוּת, וְאַרְעָא לָא תְבוּר: וּקְנָא יוֹסֵף, יָת כָּל אַרְעָא דְמִצְרַיִם לְפַרְעֹה, אֲרֵי זַבִּינוּ מִצְרָאֵי גְּבַר חַקְלֵיהּ, אֲרֵי כ תְּקֵיף עֲלֵיהוֹן כַּפְנָא, וַהֲוַת אַרְעָא לְפַרְעֹה: וְיָת עַמָּא, אַעְבַּר יָתֵיהּ מִקִּרְוֵי לְקִרְוֵי, מִסּוֹף כא תְּחוּם מִצְרַיִם וְעַד סוֹפֵיהּ: לְחוֹד, אֲרַע כּוּמְרַיָּא לָא קְנָא, אֲרֵי חוּלָקָא לְכוּמְרַיָּא מִן קֳדָם כב פַּרְעֹה, וְאָכְלִין יָת חוּלָקְהוֹן דִּיהַב לְהוֹן פַּרְעֹה, עַל כֵּן, לָא זַבִּינוּ יָת אַרְעָהוֹן: וַאֲמַר יוֹסֵף כג

יד **בַּשֶּׁבֶר אֲשֶׁר הֵם שֹׁבְרִים.** נוֹתְנִין לוֹ אֶת הַכֶּסֶף:

טו **אָפֵס.** כְּתַרְגּוּמוֹ, "שְׁלִים":

יז **וַיְנַהֲלֵם.** כְּמוֹ וַיְנַהֲגֵם, וְדוֹמֶה לוֹ: "אֵין מְנַהֵל לָהּ" (ישעיה נ״א, י״ח), "עַל מֵי מְנֻחוֹת יְנַהֲלֵנִי" (תהלים כ״ג, ב׳):

יח **בַּשָּׁנָה הַשֵּׁנִית.** לִשְׁנֵי הָרָעָב: **כִּי אִם תַּם הַכָּסֶף.** כִּי אֲשֶׁר תַּם הַכֶּסֶף וְהַמִּקְנֶה וּבָא הַכֹּל אֶל יְדֵי אֲדֹנִי: **בִּלְתִּי אִם גְּוִיָּתֵנוּ.** כְּמוֹ לֹא חַם גְּוִיָּתֵנוּ:

יט **וְתֶן זֶרַע.** לִזְרֹעַ הָאֲדָמָה. וְאַף עַל פִּי שֶׁאָמַר יוֹסֵף: "וְעוֹד חָמֵשׁ שָׁנִים אֲשֶׁר אֵין חָרִישׁ וְקָצִיר" (לעיל מ״ה, ו׳), מִכֵּיוָן שֶׁבָּא יַעֲקֹב לְמִצְרַיִם בָּאָה בְרָכָה בְּרַגְלָיו, וְהִתְחִילוּ לִזְרֹעַ, וְכָלָה הָרָעָב, וְכֵן שָׁנִינוּ

בְּתוֹסֶפְתָּא דְסוֹטָה (י׳, ג׳). **לֹא תֵשָׁם.** לֹא תְּהֵא שְׁמָמָה, "לֹא תָבוּר", לְשׁוֹן שָׂדֶה בוּר, שֶׁאֵינוֹ חָרוּשׁ:

כ **וַתְּהִי הָאָרֶץ לְפַרְעֹה.** קְנוּיָה לוֹ:

כא **וְאֶת הָעָם הֶעֱבִיר.** יוֹסֵף מֵעִיר לָעִיר לְזִכָּרוֹן שֶׁאֵין לָהֶם עוֹד חֵלֶק בָּאָרֶץ, וְהוֹשִׁיב שֶׁל עִיר זוֹ בַּחֲבֶרְתָּהּ. וְלֹא הֻצְרַךְ הַכָּתוּב לִכְתֹּב זֹאת, אֶלָּא לְהוֹדִיעֲךָ שִׁבְחוֹ שֶׁל יוֹסֵף, שֶׁנִּתְכַּוֵּן לְהָסִיר חֶרְפָּה מֵעַל אֶחָיו, שֶׁלֹּא יִהְיוּ קוֹרִין אוֹתָם גּוֹלִים: **מִקְצֵה גְבוּל מִצְרַיִם וְגוֹ׳.** כֵּן עָשָׂה לְכָל הֶעָרִים אֲשֶׁר בְּמַלְכוּת מִצְרַיִם, מִקְצֵה גְבוּלָהּ וְעַד קְצֵה גְבוּלָהּ:

כב **הַכֹּהֲנִים.** כּוֹמָרִים. כָּל לְשׁוֹן 'כֹּהֵן' מְשָׁרֵת לֶאֱלֹהוּת הוּא, חוּץ מֵאוֹתָן שֶׁהֵם לְשׁוֹן גְּדֻלָּה, כְּמוֹ: "כֹּהֵן מִדְיָן" (שמות ב׳, ט״ז), "כֹּהֵן אוֹן" (לעיל מ״א, מ״ה): **חֹק לַכֹּהֲנִים.** חֹק כָּךְ וְכָךְ לֶחֶם לַיּוֹם:

בראשית

הָעָ֑ם הֵ֣ן קָנִ֩יתִי֩ אֶתְכֶ֨ם הַיּ֤וֹם וְאֶת־אַדְמַתְכֶם֙ לְפַרְעֹ֔ה הֵֽא־לָכֶ֣ם זֶ֔רַע וּזְרַעְתֶּ֖ם אֶת־הָאֲדָמָֽה׃ כד וְהָיָה֙ בַּתְּבוּאֹ֔ת וּנְתַתֶּ֥ם חֲמִישִׁ֖ית לְפַרְעֹ֑ה וְאַרְבַּ֣ע הַיָּדֹ֡ת יִהְיֶ֣ה לָכֶם֩ לְזֶ֨רַע הַשָּׂדֶ֧ה וּֽלְאָכְלְכֶ֛ם וְלַאֲשֶׁ֥ר בְּבָתֵּיכֶ֖ם וְלֶאֱכֹ֥ל לְטַפְּכֶֽם׃ מפטיר כה וַיֹּאמְר֖וּ הֶחֱיִתָ֑נוּ נִמְצָא־חֵן֙ בְּעֵינֵ֣י אֲדֹנִ֔י וְהָיִ֥ינוּ עֲבָדִ֖ים לְפַרְעֹֽה׃ כו וַיָּ֣שֶׂם אֹתָ֣הּ יוֹסֵ֡ף לְחֹק֩ עַד־הַיּ֨וֹם הַזֶּ֜ה עַל־אַדְמַ֥ת מִצְרַ֛יִם לְפַרְעֹ֖ה לַחֹ֑מֶשׁ רַ֞ק אַדְמַ֤ת הַכֹּֽהֲנִים֙ לְבַדָּ֔ם לֹ֥א הָיְתָ֖ה לְפַרְעֹֽה׃ כז וַיֵּ֧שֶׁב יִשְׂרָאֵ֛ל בְּאֶ֥רֶץ מִצְרַ֖יִם בְּאֶ֣רֶץ גֹּ֑שֶׁן וַיֵּאָחֲז֣וּ בָ֔הּ וַיִּפְר֥וּ וַיִּרְבּ֖וּ מְאֹֽד׃

הפטרת ויגש

יחזקאל הנביא, שליווה את הגולים לבבל, משרטט בנבואות העידוד והנחמה שלו את דמותה של הממלכה בארץ, בשוב הגולים לאדמתם, ומתאר את מאפייניה: קיבוץ גלויות, חידוש מלכות בית דוד, טהרה רוחנית ודבקות בתורה ובמצוותיה, מציאות של שלום ושלווה. את אחדות העם הוא מרחיב לתאר. אחדות זו, שהיא חוליה מרכזית במציאות מתוקנת, מתוארת באמצעות מעשה סמלי מהתחום החקלאי: הרכבת עץ. בפעולה זו מחברים אל גזע של עץ חסון ומושרש, ענף של עץ בעל פירות איכותיים ויוצרים מציאות שלמה יותר. זהו סוד היחד, והוא הבסיס לגילוי המאפיינים האחרים בגאולה. דברים אלה, המושמעים באוזני הגולים מיהודה לאחר החורבן הכללי הראשון של העם (בית המקדש, מלכות בית דוד, ירושלים), מפיחים תקווה בעם ונותנים כוח להתמודדות בעוצמו של השבר הגדול.

יחזקאל לז טו וַיְהִ֥י דְבַר־יְהֹוָ֖ה אֵלַ֥י לֵאמֹֽר׃ טז וְאַתָּ֣ה בֶן־אָדָ֗ם קַח־לְךָ֙ עֵ֣ץ אֶחָ֔ד וּכְתֹ֤ב עָלָיו֙ לִֽיהוּדָ֔ה וְלִבְנֵ֥י יִשְׂרָאֵ֖ל חֲבֵרָ֑ו וּלְקַח֙ עֵ֣ץ אֶחָ֔ד וּכְת֣וֹב עָלָ֗יו לְיוֹסֵף֙ עֵ֣ץ אֶפְרַ֔יִם וְכָל־בֵּ֥ית יִשְׂרָאֵ֖ל חֲבֵרָֽו׃ יז וְקָרַ֨ב אֹתָ֜ם אֶחָ֧ד אֶל־אֶחָ֛ד לְךָ֖ לְעֵ֣ץ אֶחָ֑ד וְהָי֥וּ לַאֲחָדִ֖ים בְּיָדֶֽךָ׃ יח וְכַֽאֲשֶׁר֙ יֹאמְר֣וּ אֵלֶ֔יךָ בְּנֵ֥י עַמְּךָ֖ לֵאמֹ֑ר הֲלֽוֹא־תַגִּ֥יד לָ֖נוּ

מז
ויגש

לְעַמָּא, הָא קְנֵיתִי יָתְכוֹן יוֹמָא דֵין, וְיָת אַרְעֲכוֹן לְפַרְעֹה, הָא לְכוֹן בַּר זַרְעָא, וְתִזְרְעוּן יָת
כד אַרְעָא: וִיהֵי בְּאֵיעוֹלֵי עֲלַלְתָּא, וְתִתְּנוּן חַד מִן חַמְשָׁא לְפַרְעֹה, וְאַרְבְּעָא חוּלָקִין, יְהֵי לְכוֹן
כה לְבַר זְרַע חַקְלָא וּלְמֵיכַלְכוֹן, וְלֶאֱנָשׁ בָּתֵּיכוֹן וּלְמֵיכַל לְטַפְלְכוֹן: וַאֲמַרוּ קַיֵּימְתָּנָא, נַשְׁכַּח
כו רַחֲמִין בְּעֵינֵי רִבּוֹנִי, וּנְהֵי עַבְדִּין לְפַרְעֹה: וְשַׁוִּי יָתַהּ יוֹסֵף, לִגְזֵירָא עַד יוֹמָא הָדֵין, עַל אַרְעָא
דְמִצְרַיִם, דִּיהוֹן יָהֲבִין חַד מִן חַמְשָׁא לְפַרְעֹה, לְחוֹד, אֲרַע כֻּמְרַיָּא בִּלְחוֹדֵיהוֹן, לָא הֲוָת
כז לְפַרְעֹה: וִיתֵיב יִשְׂרָאֵל, בְּאַרְעָא דְמִצְרַיִם בְּאַרְעָא דְגֹשֶׁן, וְאַחְסִינוּ בַהּ, וּנְפִישׁוּ וּסְגִיאוּ לַחֲדָא:

כג) הֵא. כְּמוֹ הִנֵּה:

כד) לְזֶרַע הַשָּׂדֶה. שֶׁבְּכָל שָׁנָה: וְלַאֲשֶׁר בְּבָתֵּיכֶם. וְלֶאֱכֹל הָעֲבָדִים וְהַשְּׁפָחוֹת אֲשֶׁר בְּבָתֵּיכֶם: טַפְּכֶם. בָּנִים קְטַנִּים:

כה) נִמְצָא חֵן. לַעֲשׂוֹת לָנוּ זֹאת כְּמוֹ שֶׁאָמַרְתָּ: וְהָיִינוּ עֲבָדִים לְפַרְעֹה. לְהַעֲלוֹת לוֹ הַמַּס הַזֶּה בְּכָל שָׁנָה:

כו) לְחֹק. שֶׁלֹּא יַעֲבֹר:

כז) וַיֵּשֶׁב יִשְׂרָאֵל בְּאֶרֶץ מִצְרָיִם. וְהֵיכָן? ״בְּאֶרֶץ גֹּשֶׁן״, שֶׁהִיא מֵאֶרֶץ מִצְרַיִם:

יט מָה־אֵלֶּה לָּךְ: דַּבֵּר אֲלֵהֶם כֹּה־אָמַר אֲדֹנָי יֱהֹוִה הִנֵּה אֲנִי לֹקֵחַ אֶת־עֵץ יוֹסֵף
אֲשֶׁר בְּיַד־אֶפְרַיִם וְשִׁבְטֵי יִשְׂרָאֵל חֲבֵרָו וְנָתַתִּי אוֹתָם עָלָיו אֶת־עֵץ יְהוּדָה
כ וַעֲשִׂיתִם לְעֵץ אֶחָד וְהָיוּ אֶחָד בְּיָדִי: וְהָיוּ הָעֵצִים אֲשֶׁר־תִּכְתֹּב עֲלֵיהֶם
כא בְּיָדְךָ לְעֵינֵיהֶם: וְדַבֵּר אֲלֵיהֶם כֹּה־אָמַר אֲדֹנָי יֱהֹוִה הִנֵּה אֲנִי לֹקֵחַ אֶת־בְּנֵי
יִשְׂרָאֵל מִבֵּין הַגּוֹיִם אֲשֶׁר הָלְכוּ־שָׁם וְקִבַּצְתִּי אֹתָם מִסָּבִיב וְהֵבֵאתִי אוֹתָם
כב אֶל־אַדְמָתָם: וְעָשִׂיתִי אֹתָם לְגוֹי אֶחָד בָּאָרֶץ בְּהָרֵי יִשְׂרָאֵל וּמֶלֶךְ אֶחָד יִהְיֶה
לְכֻלָּם לְמֶלֶךְ וְלֹא יהיה־עוֹד לִשְׁנֵי גוֹיִם וְלֹא יֵחָצוּ עוֹד לִשְׁתֵּי מַמְלָכוֹת עוֹד: יִהְיוּ־
כג וְלֹא יִטַּמְּאוּ עוֹד בְּגִלּוּלֵיהֶם וּבְשִׁקּוּצֵיהֶם וּבְכֹל פִּשְׁעֵיהֶם וְהוֹשַׁעְתִּי אֹתָם מִכֹּל
מוֹשְׁבֹתֵיהֶם אֲשֶׁר חָטְאוּ בָהֶם וְטִהַרְתִּי אוֹתָם וְהָיוּ־לִי לְעָם וַאֲנִי אֶהְיֶה לָהֶם
כד לֵאלֹהִים: וְעַבְדִּי דָוִד מֶלֶךְ עֲלֵיהֶם וְרוֹעֶה אֶחָד יִהְיֶה לְכֻלָּם וּבְמִשְׁפָּטַי יֵלֵכוּ

ויגש

בראשית

וְחֻקּוֹתַי יִשְׁמְרוּ וְעָשׂוּ אוֹתָם׃ וְיָשְׁבוּ עַל־הָאָרֶץ אֲשֶׁר נָתַתִּי לְעַבְדִּי לְיַעֲקֹב כה
אֲשֶׁר יָשְׁבוּ־בָהּ אֲבוֹתֵיכֶם וְיָשְׁבוּ עָלֶיהָ הֵמָּה וּבְנֵיהֶם וּבְנֵי בְנֵיהֶם עַד־עוֹלָם
וְדָוִד עַבְדִּי נָשִׂיא לָהֶם לְעוֹלָם׃ וְכָרַתִּי לָהֶם בְּרִית שָׁלוֹם בְּרִית עוֹלָם יִהְיֶה כו
אוֹתָם וּנְתַתִּים וְהִרְבֵּיתִי אוֹתָם וְנָתַתִּי אֶת־מִקְדָּשִׁי בְּתוֹכָם לְעוֹלָם׃ וְהָיָה כז
מִשְׁכָּנִי עֲלֵיהֶם וְהָיִיתִי לָהֶם לֵאלֹהִים וְהֵמָּה יִהְיוּ־לִי לְעָם׃ וְיָדְעוּ הַגּוֹיִם כִּי כח
אֲנִי יְהוָה מְקַדֵּשׁ אֶת־יִשְׂרָאֵל בִּהְיוֹת מִקְדָּשִׁי בְּתוֹכָם לְעוֹלָם׃

פרשת ויחי

ויחי

מז כח וַיְחִ֤י יַעֲקֹב֙ בְּאֶ֣רֶץ מִצְרַ֔יִם שְׁבַ֥ע עֶשְׂרֵ֖ה שָׁנָ֑ה וַיְהִ֤י
יְמֵֽי־יַעֲקֹב֙ שְׁנֵ֣י חַיָּ֔יו שֶׁ֣בַע שָׁנִ֔ים וְאַרְבָּעִ֖ים וּמְאַ֥ת
כט שָׁנָֽה׃ וַיִּקְרְב֣וּ יְמֵֽי־יִשְׂרָאֵל֮ לָמוּת֒ וַיִּקְרָ֣א ׀ לִבְנ֣וֹ
לְיוֹסֵ֗ף וַיֹּ֤אמֶר לוֹ֙ אִם־נָ֨א מָצָ֤אתִי חֵן֙ בְּעֵינֶ֔יךָ שִֽׂים־
נָ֥א יָדְךָ֖ תַּ֣חַת יְרֵכִ֑י וְעָשִׂ֤יתָ עִמָּדִי֙ חֶ֣סֶד וֶֽאֱמֶ֔ת
ל אַל־נָ֥א תִקְבְּרֵ֖נִי בְּמִצְרָֽיִם׃ וְשָֽׁכַבְתִּי֙ עִם־אֲבֹתַ֔י
וּנְשָׂאתַ֙נִי֙ מִמִּצְרַ֔יִם וּקְבַרְתַּ֖נִי בִּקְבֻרָתָ֑ם וַיֹּאמַ֕ר
לא אָנֹכִ֖י אֶעֱשֶׂ֥ה כִדְבָרֶֽךָ׃ וַיֹּ֗אמֶר הִשָּֽׁבְעָה֙ לִ֔י וַיִּשָּׁבַ֖ע
ל֑וֹ וַיִּשְׁתַּ֥חוּ יִשְׂרָאֵ֖ל עַל־רֹ֥אשׁ הַמִּטָּֽה׃
מח א וַיְהִ֗י אַחֲרֵי֙ הַדְּבָרִ֣ים הָאֵ֔לֶּה וַיֹּ֣אמֶר לְיוֹסֵ֔ף הִנֵּ֥ה מב
אָבִ֖יךָ חֹלֶ֑ה וַיִּקַּ֞ח אֶת־שְׁנֵ֤י בָנָיו֙ עִמּ֔וֹ אֶת־מְנַשֶּׁ֖ה
ב וְאֶת־אֶפְרָֽיִם׃ וַיַּגֵּ֣ד לְיַעֲקֹ֔ב וַיֹּ֕אמֶר הִנֵּ֛ה בִּנְךָ֥ יוֹסֵ֖ף
בָּ֣א אֵלֶ֑יךָ וַיִּתְחַזֵּק֙ יִשְׂרָאֵ֔ל וַיֵּ֖שֶׁב עַל־הַמִּטָּֽה׃
ג וַיֹּ֤אמֶר יַעֲקֹב֙ אֶל־יוֹסֵ֔ף אֵ֥ל שַׁדַּ֛י נִרְאָֽה־אֵלַ֥י בְּל֖וּז
ד בְּאֶ֣רֶץ כְּנָ֑עַן וַיְבָ֖רֶךְ אֹתִֽי׃ וַיֹּ֣אמֶר אֵלַ֗י הִנְנִ֤י מַפְרְךָ֙
וְהִרְבִּיתִ֔ךָ וּנְתַתִּ֖יךָ לִקְהַ֣ל עַמִּ֑ים וְנָ֨תַתִּ֜י אֶת־הָאָ֧רֶץ
ה הַזֹּ֛את לְזַרְעֲךָ֥ אַחֲרֶ֖יךָ אֲחֻזַּ֥ת עוֹלָֽם׃ וְעַתָּ֡ה שְׁנֵֽי־

כח וְחַיָא יַעֲקֹב בְּאַרְעָא דְמִצְרַיִם, שְׁבַע עֶסְרֵי שְׁנִין, וַהֲוָה יוֹמֵי יַעֲקֹב שְׁנֵי חַיּוֹהִי, מְאָה וְאַרְבְּעִין
כט וּשְׁבַע שְׁנִין: וּקְרִיבוּ יוֹמֵי יִשְׂרָאֵל לִמְמָת, וּקְרָא לִבְרֵיהּ לְיוֹסֵף, וַאֲמַר לֵיהּ אִם כְּעַן אַשְׁכַּחִית
רַחֲמִין בְּעֵינָךְ, שַׁו כְּעַן יְדָךְ תְּחוֹת יִרְכִּי, וְתַעֲבֵיד עִמִּי טֵיבוּ וּקְשׁוֹט, לָא כְעַן תִּקְבְּרִנַּנִי בְּמִצְרָיִם:
ל וְאֶשְׁכּוֹב עִם אֲבָהָתַי, וְתִטְּלִנַּנִי מִמִּצְרַיִם, וְתִקְבְּרִנַּנִי בִּקְבוּרַתְהוֹן, וַאֲמַר, אֲנָא אַעֲבֵיד
מח לא א כְּפִתְגָמָךְ: וַאֲמַר, קַיֵּים לִי, וְקַיֵּים לֵיהּ, וּסְגִיד יִשְׂרָאֵל עַל רֵישׁ עַרְסָא: וַהֲוָה, בָּתַר פִּתְגָמַיָּא
הָאִלֵּין, וַאֲמַר לְיוֹסֵף, הָא אֲבוּךְ מְרַע, וּדְבַר, יָת תְּרֵין בְּנוֹהִי עִמֵּיהּ, יָת מְנַשֶּׁה וְיָת אֶפְרָיִם:
ב ג וְחַוִּי לְיַעֲקֹב, וַאֲמַר, הָא, בְּרָךְ יוֹסֵף אָתֵי לְוָתָךְ, וְאִתַּקַּף יִשְׂרָאֵל, וִיתֵיב עַל עַרְסָא: וַאֲמַר יַעֲקֹב
ד לְיוֹסֵף, אֵל שַׁדַּי, אִתְגְּלִי לִי בְּלוּז בְּאַרְעָא דִכְנָעַן, וּבָרֵיךְ יָתִי: וַאֲמַר לִי, הָאֲנָא מַפֵּישׁ לָךְ וּמַסְגֵּי
ה לָךְ, וְאֶתְּנִנָּךְ לִכְנִשַׁת שִׁבְטִין, וְאֶתֵּין, יָת אַרְעָא הָדָא, לִבְנָךְ בָּתְרָךְ אַחְסָנַת עָלַם: וּכְעַן, תְּרֵין

כח| וַיְחִי יַעֲקֹב. לָמָּה פָּרָשָׁה זוֹ סְתוּמָה? לְפִי שֶׁכֵּיוָן שֶׁנִּפְטַר יַעֲקֹב אָבִינוּ, נִסְתְּמוּ עֵינֵיהֶם וְלִבָּם שֶׁל יִשְׂרָאֵל מִצָּרַת הַשִּׁעְבּוּד, שֶׁהִתְחִילוּ לְשַׁעְבְּדָם. דָּבָר אַחֵר, שֶׁבִּקֵּשׁ לְגַלּוֹת אֶת הַקֵּץ לְבָנָיו וְנִסְתַּם מִמֶּנּוּ. בְּרֵאשִׁית רַבָּה (צו, א):

כט| וַיִּקְרְבוּ יְמֵי יִשְׂרָאֵל לָמוּת. כָּל מִי שֶׁנֶּאֶמְרָה בּוֹ קְרִיבָה לָמוּת לֹא הִגִּיעַ לִימֵי אֲבוֹתָיו: וַיִּקְרָא לִבְנוֹ לְיוֹסֵף. לְמִי שֶׁהָיָה יְכֹלֶת בְּיָדוֹ לַעֲשׂוֹת: שִׂים נָא יָדְךָ. וְהִשָּׁבַע: חֶסֶד וֶאֱמֶת. חֶסֶד שֶׁעוֹשִׂין עִם הַמֵּתִים הוּא חֶסֶד שֶׁל אֱמֶת, שֶׁאֵינוֹ מְצַפֶּה לְתַשְׁלוּם גְּמוּל: אַל נָא תִקְבְּרֵנִי בְּמִצְרָיִם. סוֹפָהּ לִהְיוֹת עֲפָרָהּ כִּנִּים, וְשֶׁאֵין מֵתֵי חוּצָה לָאָרֶץ חַיִּים אֶלָּא בְּצַעַר גִּלְגּוּל מְחִלּוֹת, וְשֶׁלֹּא יַעֲשׂוּנִי מִצְרִים עֲבוֹדָה זָרָה:

ל| וְשָׁכַבְתִּי עִם אֲבֹתַי. וָי״וֹ זֶה מְחֻבָּר לְמַעְלָה לִתְחִלַּת הַמִּקְרָא: ״שִׂים נָא יָדְךָ תַּחַת יְרֵכִי״ וְהִשָּׁבַע לִי, וַאֲנִי סוֹפִי לִשְׁכַּב עִם אֲבוֹתַי וְאַתָּה תִּשָּׂאֵנִי מִמִּצְרַיִם. וְאֵין לוֹמַר ״וְשָׁכַבְתִּי עִם אֲבֹתַי״ – הַשְׁכִּיבֵנִי עִם אֲבוֹתַי בַּמְּעָרָה, שֶׁהֲרֵי כְּתִיב אַחֲרָיו: ״וּנְשָׂאתַנִי מִמִּצְרַיִם וּקְבַרְתַּנִי בִּקְבֻרָתָם״; וְעוֹד, מָצִינוּ בְּכָל מָקוֹם לְשׁוֹן שְׁכִיבָה עִם אֲבוֹתָיו הִיא הַגְּוִיעָה וְלֹא הַקְּבוּרָה, ״וַיִּשְׁכַּב דָּוִד עִם אֲבֹתָיו וַיִּקָּבֵר בְּעִיר דָּוִד״ (מלכים א׳ ב, י):

לא| וַיִּשְׁתַּחוּ יִשְׂרָאֵל. תַּעֲלָא בְּעִדָּנֵיהּ סְגִיד לֵיהּ: עַל רֹאשׁ הַמִּטָּה. הָפַךְ עַצְמוֹ לְצַד הַשְּׁכִינָה; מִכָּאן אָמְרוּ שֶׁהַשְּׁכִינָה לְמַעְלָה מְרַאֲשׁוֹתָיו שֶׁל חוֹלֶה. דָּבָר אַחֵר, ״עַל רֹאשׁ הַמִּטָּה״, עַל שֶׁהָיְתָה מִטָּתוֹ שְׁלֵמָה וְלֹא הָיָה בָהּ רָשָׁע, שֶׁהֲרֵי יוֹסֵף מֶלֶךְ הוּא, וְעוֹד שֶׁנִּשְׁבָּה לְבֵין הַגּוֹיִם, וַהֲרֵי הוּא עוֹמֵד בְּצִדְקוֹ:

פרק מח

א| וַיֹּאמֶר לְיוֹסֵף. אֶחָד מִן הַמַּגִּידִים, וַהֲרֵי זֶה מִקְרָא קָצָר. וְיֵשׁ אוֹמְרִים, אֶפְרַיִם הָיָה רָגִיל לִפְנֵי יַעֲקֹב בַּתַּלְמוּד, וּכְשֶׁחָלָה יַעֲקֹב בְּאֶרֶץ גֹּשֶׁן הָלַךְ אֶפְרַיִם אֵצֶל אָבִיו לְמִצְרַיִם לְהַגִּיד לוֹ: וַיִּקַּח אֶת שְׁנֵי בָנָיו עִמּוֹ. כְּדֵי שֶׁיְּבָרְכֵם יַעֲקֹב לִפְנֵי מוֹתוֹ:

ב| וַיַּגֵּד. הַמַּגִּיד ״לְיַעֲקֹב״ וְלֹא פֵּרֵשׁ מִי, וְהַרְבֵּה מִקְרָאוֹת קְצָרֵי לָשׁוֹן: וַיִּתְחַזֵּק יִשְׂרָאֵל. אָמַר, אַף עַל פִּי שֶׁהוּא בְּנִי, מֶלֶךְ הוּא, אֶחְלֹק לוֹ כָּבוֹד; מִכָּאן שֶׁחוֹלְקִים כָּבוֹד לַמַּלְכוּת. וְכֵן מֹשֶׁה חָלַק כָּבוֹד לַמַּלְכוּת: ״וְיָרְדוּ כָל עֲבָדֶיךָ אֵלֶּה אֵלַי״ (שמות יא, ח). וְכֵן אֵלִיָּהוּ: ״וַיְשַׁנֵּס מָתְנָיו״ וְגוֹ׳ (מלכים א׳ יח, מו):

ד| וּנְתַתִּיךָ לִקְהַל עַמִּים. בִּשְּׂרַנִי שֶׁעֲתִידִים לָצֵאת מִמֶּנִּי עוֹד קָהָל וְעַמִּים. וְאַף עַל פִּי שֶׁאָמַר לִי: ״גּוֹי וּקְהַל גּוֹיִם״ (לעיל לה, יא)! ׳גּוֹי׳ אָמַר לִי עַל בִּנְיָמִין,

ויחי

בָנֶ֜יךָ הַנּוֹלָדִ֥ים לְךָ֛ בְּאֶ֥רֶץ מִצְרַ֖יִם עַד־בֹּאִ֣י אֵלֶ֑יךָ מִצְרַ֖יְמָה לִי־הֵ֑ם אֶפְרַ֙יִם֙ וּמְנַשֶּׁ֔ה כִּרְאוּבֵ֥ן וְשִׁמְע֖וֹן יִֽהְיוּ־לִֽי: וּמוֹלַדְתְּךָ֛ אֲשֶׁר־הוֹלַ֥דְתָּ אַחֲרֵיהֶ֖ם לְךָ֣ יִהְי֑וּ עַ֣ל שֵׁ֧ם אֲחֵיהֶ֛ם יִקָּרְא֖וּ בְּנַחֲלָתָֽם: וַאֲנִ֣י ׀ בְּבֹאִ֣י מִפַּדָּ֗ן מֵ֩תָה֩ עָלַ֨י רָחֵ֜ל בְּאֶ֤רֶץ כְּנַ֙עַן֙ בַּדֶּ֔רֶךְ בְּע֗וֹד כִּבְרַת־אֶ֛רֶץ לָבֹ֣א אֶפְרָ֑תָה וָאֶקְבְּרֶ֤הָ שָּׁם֙ בְּדֶ֣רֶךְ אֶפְרָ֔ת הִ֖וא בֵּ֥ית לָֽחֶם: וַיַּ֥רְא יִשְׂרָאֵ֖ל אֶת־בְּנֵ֣י יוֹסֵ֑ף וַיֹּ֖אמֶר מִי־אֵֽלֶּה: וַיֹּ֤אמֶר יוֹסֵף֙ אֶל־אָבִ֔יו בָּנַ֣י הֵ֔ם אֲשֶׁר־נָֽתַן־לִ֥י אֱלֹהִ֖ים בָּזֶ֑ה וַיֹּאמַ֕ר קָֽחֶם־נָ֥א אֵלַ֖י וַאֲבָרֲכֵֽם: וְעֵינֵ֤י יִשְׂרָאֵל֙ כָּבְד֣וּ מִזֹּ֔קֶן לֹ֥א יוּכַ֖ל לִרְא֑וֹת וַיַּגֵּ֤שׁ אֹתָם֙ אֵלָ֔יו וַיִּשַּׁ֥ק לָהֶ֖ם וַיְחַבֵּ֥ק לָהֶֽם: וַיֹּ֤אמֶר יִשְׂרָאֵל֙ אֶל־יוֹסֵ֔ף רְאֹ֥ה פָנֶ֖יךָ לֹ֣א פִלָּ֑לְתִּי וְהִנֵּ֨ה הֶרְאָ֥ה אֹתִ֛י אֱלֹהִ֖ים גַּ֥ם אֶת־זַרְעֶֽךָ: וַיּוֹצֵ֨א יוֹסֵ֥ף אֹתָ֛ם מֵעִ֥ם בִּרְכָּ֖יו וַיִּשְׁתַּ֥חוּ לְאַפָּ֖יו אָֽרְצָה: וַיִּקַּ֣ח יוֹסֵף֮ אֶת־שְׁנֵיהֶם֒ אֶת־אֶפְרַ֤יִם בִּֽימִינוֹ֙ מִשְּׂמֹ֣אל יִשְׂרָאֵ֔ל וְאֶת־מְנַשֶּׁ֥ה בִשְׂמֹאל֖וֹ מִימִ֣ין יִשְׂרָאֵ֑ל וַיַּגֵּ֖שׁ אֵלָֽיו: וַיִּשְׁלַח֩ יִשְׂרָאֵ֨ל אֶת־יְמִינ֜וֹ וַיָּ֨שֶׁת עַל־רֹ֤אשׁ אֶפְרַ֙יִם֙ וְה֣וּא הַצָּעִ֔יר וְאֶת־שְׂמֹאל֖וֹ עַל־רֹ֣אשׁ מְנַשֶּׁ֑ה שִׂכֵּל֙ אֶת־יָדָ֔יו כִּ֥י מְנַשֶּׁ֖ה הַבְּכֽוֹר: וַיְבָ֥רֶךְ אֶת־יוֹסֵ֖ף וַיֹּאמַ֑ר הָֽאֱלֹהִ֡ים אֲשֶׁר֩ הִתְהַלְּכ֨וּ אֲבֹתַ֤י לְפָנָיו֙ אַבְרָהָ֣ם וְיִצְחָ֔ק הָֽאֱלֹהִים֙

בְּנָךְ דְּאִתְיְלִידוּ לָךְ בְּאַרְעָא דְּמִצְרַיִם, עַד מֵיתַא לְוָתָךְ, לְמִצְרַיִם דִּילִי אִנּוּן, אֶפְרַיִם וּמְנַשֶּׁה,
ו כִּרְאוּבֵן וְשִׁמְעוֹן יְהוֹן קֳדָמָי: וּבְנִין, דְּתוֹלֵיד בָּתְרֵיהוֹן דִּילָךְ יְהוֹן, עַל שׁוּם אֲחֵיהוֹן, יִתְקְרוֹן
ז בְּאַחְסַנְתְּהוֹן: וַאֲנָא בְּמֵיתַא מִפַּדָּן, מֵיתַת עֲלַי רָחֵל, בְּאַרְעָא דִּכְנַעַן בְּאוֹרְחָא, בְּעוֹד כְּרוֹב
ח אַרְעָא לְמֵיעַל לְאֶפְרָת, וּקְבַרְתַּהּ תַּמָּן בְּאוֹרַח אֶפְרָת, הִיא בֵּית לָחֶם: וַחֲזָא יִשְׂרָאֵל יָת בְּנֵי
ט יוֹסֵף, וַאֲמַר מַאן אִלֵּין: וַאֲמַר יוֹסֵף לַאֲבוּהִי, בְּנַי אִנּוּן, דִּיהַב לִי יי הָכָא, וַאֲמַר, קָרֵיבְנוּן כְּעַן
י לְוָתִי וַאֲבָרֵיכִנּוּן: וְעֵינֵי יִשְׂרָאֵל יְקָרָא מִסֵּיבוּ, לָא יָכוֹל לְמִחְזֵי, וְקָרֵיב יָתְהוֹן לְוָתֵיהּ, וְנַשֵּׁיק לְהוֹן
יא יב וְגָפֵיף לְהוֹן: וַאֲמַר יִשְׂרָאֵל לְיוֹסֵף, מִחְזֵי אַפָּךְ לָא סַבְרֵית, וְהָא אַחְזִי יָתִי, יי אַף יָת בְּנָךְ: וְאַפֵּיק
יג יוֹסֵף, יָתְהוֹן מִן קֳדָמוֹהִי, וּסְגֵיד עַל אַפּוֹהִי עַל אַרְעָא: וּדְבַר יוֹסֵף יָת תַּרְוֵיהוֹן, יָת אֶפְרַיִם בִּימִינֵיהּ
יד מִסְּמָאלָא דְּיִשְׂרָאֵל, וְיָת מְנַשֶּׁה בִּסְמָאלֵיהּ מִיַּמִּינָא דְּיִשְׂרָאֵל, וְקָרֵיב לְוָתֵיהּ: וְאוֹשֵׁיט יִשְׂרָאֵל
יָת יַמִּינֵיהּ, וְשַׁוִּי עַל רֵישָׁא דְּאֶפְרַיִם וְהוּא זְעֵירָא, וְיָת סְמָאלֵיהּ עַל רֵישָׁא דִּמְנַשֶּׁה, אַחְכֵּימִנּוּן
טו לִידוֹהִי, אֲרֵי מְנַשֶּׁה בֻּכְרָא: וּבָרֵיךְ יָת יוֹסֵף וַאֲמַר, יי, דִּפְלַחוּ אֲבָהָתַי קֳדָמוֹהִי אַבְרָהָם וְיִצְחָק,

'קְהַל גּוֹיִם' הֲרֵי שְׁנַיִם לְבַד מִבִּנְיָמִין, וְשׁוּב לֹא נוֹלַד לִי בֵּן; לִמְּדַנִי שֶׁעָתִיד אֶחָד מִשְּׁבָטַי לֵחָלֵק, וְעַתָּה אוֹתָהּ מַתָּנָה אֲנִי נוֹתֵן לְךָ:

ה| **הַנּוֹלָדִים לְךָ... עַד בֹּאִי אֵלֶיךָ.** לִפְנֵי בוֹאִי אֵלֶיךָ, כְּלוֹמַר, שֶׁנּוֹלְדוּ מִשֶּׁפֵּרַשְׁתָּ מִמֶּנִּי עַד שֶׁבָּאתִי אֶצְלְךָ: **לִי הֵם.** בְּחֶשְׁבּוֹן שְׁאָר בָּנַי הֵם, לִטֹּל חֵלֶק בָּאָרֶץ אִישׁ כְּנֶגְדּוֹ:

ו| **וּמוֹלַדְתְּךָ.** אִם תּוֹלִיד עוֹד לֹא יִהְיוּ בְּמִנְיַן בָּנַי, אֶלָּא בְּתוֹךְ שִׁבְטֵי אֶפְרַיִם וּמְנַשֶּׁה יִהְיוּ נִכְלָלִים, וְלֹא יְהֵא לָהֶם שֵׁם בַּשְּׁבָטִים לְעִנְיַן הַנַּחֲלָה. וְאַף עַל פִּי שֶׁנֶּחְלְקָה הָאָרֶץ לְמִנְיַן גֻּלְגְּלוֹתָם, כְּדִכְתִיב: "לָרַב תַּרְבֶּה נַחֲלָתוֹ" (במדבר כו, נד), וְכָל אִישׁ וְאִישׁ נָטַל בְּשָׁוֶה חוּץ מִן הַבְּכוֹרוֹת, מִכָּל מָקוֹם לֹא נִקְרְאוּ שְׁבָטִים אֶלָּא אֵלּוּ:

ז| **וַאֲנִי בְּבֹאִי מִפַּדָּן וגו'.** וְאַף עַל פִּי שֶׁאֲנִי מַטְרִיחַ עָלֶיךָ לְהוֹלִיכֵנִי לִקָּבֵר בְּאֶרֶץ כְּנַעַן, לֹא כָךְ עָשִׂיתִי לְאִמְּךָ, שֶׁהֲרֵי מֵתָה סָמוּךְ לְבֵית לֶחֶם: **כִּבְרַת אֶרֶץ.** מִדַּת אֶרֶץ, וְהֵם אַלְפַּיִם אַמָּה כְּמִדַּת תְּחוּם שַׁבָּת, כְּדִבְרֵי רַבִּי מֹשֶׁה הַדַּרְשָׁן. וְלֹא תֹאמַר שֶׁעִכְּבוּ עָלַי גְּשָׁמִים מִלְּהוֹלִיכָהּ וּלְקָבְרָהּ בְּחֶבְרוֹן, עֵת הַגָּרִיד הָיָה שֶׁהָאָרֶץ חֲלוּלָה וּמְנֻקֶּבֶת כִּכְבָרָה: **וָאֶקְבְּרֶהָ שָּׁם.** וְלֹא הוֹלַכְתִּיהָ אֲפִלּוּ לְבֵית לֶחֶם לְהַכְנִיסָהּ לָאָרֶץ, וְיָדַעְתִּי שֶׁיֵּשׁ בְּלִבְּךָ עָלַי; אֲבָל דַּע לְךָ שֶׁעַל פִּי הַדִּבּוּר קְבַרְתִּיהָ שָׁם, שֶׁתְּהֵא לְעֶזְרָה לְבָנֶיהָ, כְּשֶׁיַּגְלֶם נְבוּזַרְאֲדָן וְהָיוּ עוֹבְרִים דֶּרֶךְ שָׁם, יָצְאת רָחֵל עַל קִבְרָהּ וּבוֹכָה וּמְבַקֶּשֶׁת עֲלֵיהֶם רַחֲמִים, שֶׁנֶּאֱמַר: "קוֹל בְּרָמָה נִשְׁמָע" וְגוֹ' (ירמיה לא, יד). וְאוּנְקְלוֹס תִּרְגֵּם: "כְּרוּב אַרְעָא", כְּדֵי שִׁעוּר חֲרִישַׁת יוֹם; וְאוֹמֵר אֲנִי שֶׁהָיָה לָהֶם קֶצֶב שֶׁהָיוּ קוֹרִין אוֹתוֹ כְּדֵי מַחֲרֵשָׁה אַחַת, קרואיד"א בְּלַעַז, כִּדְאָמְרִינַן: "כְּרוּב וְתָנֵי" (בבא מציעא קז ע"א), "כַּמָּה דְּמַסִּיק תַּעֲלָא מִבֵּי כַּרְבָא" (יומא מג ע"ב):

ח| **וַיַּרְא יִשְׂרָאֵל אֶת בְּנֵי יוֹסֵף.** בִּקֵּשׁ לְבָרְכָם וְנִסְתַּלְּקָה שְׁכִינָה מִמֶּנּוּ, לְפִי שֶׁעָתִיד יָרָבְעָם וְאַחְאָב לָצֵאת מֵאֶפְרַיִם, וְיֵהוּא וּבָנָיו מִמְּנַשֶּׁה: **וַיֹּאמֶר מִי אֵלֶּה.** מֵהֵיכָן יָצְאוּ אֵלּוּ שֶׁאֵינָן רְאוּיִין לִבְרָכָה?:

ט| **בָּזֶה.** הֶרְאָה לוֹ שְׁטַר אֵרוּסִין וּשְׁטַר כְּתֻבָּה, וּבִקֵּשׁ יוֹסֵף רַחֲמִים עַל הַדָּבָר, וְנָחָה עָלָיו רוּחַ הַקֹּדֶשׁ: **וַיֹּאמַר קָחֶם נָא אֵלַי וַאֲבָרְכֵם.** זֶהוּ שֶׁאָמַר הַכָּתוּב: "וְאָנֹכִי תִרְגַּלְתִּי לְאֶפְרַיִם קָחָם עַל זְרוֹעֹתָיו" (הושע יא, ג), תִּרְגַּלְתִּי רוּחִי בְּיַעֲקֹב בִּשְׁבִיל אֶפְרַיִם עַד שֶׁלְּקָחָם עַל זְרוֹעוֹתָיו:

יא| **לֹא פִלָּלְתִּי.** לֹא מִלָּאַנִי לִבִּי לַחְשֹׁב מַחֲשָׁבָה שֶׁאֶרְאֶה פָּנֶיךָ עוֹד. 'פִּלָּלְתִּי' לְשׁוֹן מַחֲשָׁבָה, כְּמוֹ: "הָבִיאִי עֵצָה עֲשׂוּ פְלִילָה" (ישעיה טז, ג):

יב| **וַיּוֹצֵא יוֹסֵף אֹתָם.** לְאַחַר שֶׁנְּשָׁקָם הוֹצִיאָם יוֹסֵף מֵעִם בִּרְכָּיו, כְּדֵי לְיַשְּׁבָם זֶה לַיָּמִין וְזֶה לַשְּׂמֹאל לִסְמֹךְ יָדָיו עֲלֵיהֶם וּלְבָרְכָם: **וַיִּשְׁתַּחוּ לְאַפָּיו.** כְּשֶׁחָזַר לַאֲחוֹרָיו מִלִּפְנֵי אָבִיו:

יג| **אֶת אֶפְרַיִם בִּימִינוֹ מִשְּׂמֹאל יִשְׂרָאֵל.** הַבָּא לִקְרַאת חֲבֵרוֹ יְמִינוֹ כְּנֶגֶד שְׂמֹאל חֲבֵרוֹ, וְכִוֵּן שֶׁיְּהֵא הַבְּכוֹר מְיֻמָּן לִבְרָכָה:

יד| **שִׂכֵּל אֶת יָדָיו.** כְּתַרְגּוּמוֹ "אַחְכֵּימִנּוּן", בְּהַשְׂכֵּל

בראשית

טז הִרְעָה אֹתִי מֵעוֹדִי עַד־הַיּוֹם הַזֶּה: הַמַּלְאָךְ הַגֹּאֵל אֹתִי מִכָּל־רָע יְבָרֵךְ אֶת־הַנְּעָרִים וְיִקָּרֵא בָהֶם שְׁמִי וְשֵׁם אֲבֹתַי אַבְרָהָם וְיִצְחָק וְיִדְגּוּ לָרֹב בְּקֶרֶב הָאָרֶץ: שלישי יז וַיַּרְא יוֹסֵף כִּי־יָשִׁית אָבִיו יַד־יְמִינוֹ עַל־רֹאשׁ אֶפְרַיִם וַיֵּרַע בְּעֵינָיו וַיִּתְמֹךְ יַד־אָבִיו לְהָסִיר אֹתָהּ מֵעַל רֹאשׁ־אֶפְרַיִם עַל־רֹאשׁ מְנַשֶּׁה: יח וַיֹּאמֶר יוֹסֵף אֶל־אָבִיו לֹא־כֵן אָבִי כִּי־זֶה הַבְּכֹר שִׂים יְמִינְךָ עַל־רֹאשׁוֹ: יט וַיְמָאֵן אָבִיו וַיֹּאמֶר יָדַעְתִּי בְנִי יָדַעְתִּי גַּם־הוּא יִהְיֶה־לְּעָם וְגַם־הוּא יִגְדָּל וְאוּלָם אָחִיו הַקָּטֹן יִגְדַּל מִמֶּנּוּ וְזַרְעוֹ יִהְיֶה מְלֹא־הַגּוֹיִם: כ וַיְבָרֲכֵם בַּיּוֹם הַהוּא לֵאמוֹר בְּךָ יְבָרֵךְ יִשְׂרָאֵל לֵאמֹר יְשִׂמְךָ אֱלֹהִים כְּאֶפְרַיִם וְכִמְנַשֶּׁה וַיָּשֶׂם אֶת־אֶפְרַיִם לִפְנֵי מְנַשֶּׁה: כא וַיֹּאמֶר יִשְׂרָאֵל אֶל־יוֹסֵף הִנֵּה אָנֹכִי מֵת וְהָיָה אֱלֹהִים עִמָּכֶם וְהֵשִׁיב אֶתְכֶם אֶל־אֶרֶץ אֲבֹתֵיכֶם: כב וַאֲנִי נָתַתִּי לְךָ שְׁכֶם אַחַד עַל־אַחֶיךָ אֲשֶׁר לָקַחְתִּי מִיַּד הָאֱמֹרִי בְּחַרְבִּי וּבְקַשְׁתִּי:

רביעי מט וַיִּקְרָא יַעֲקֹב אֶל־בָּנָיו וַיֹּאמֶר הֵאָסְפוּ וְאַגִּידָה לָכֶם אֵת אֲשֶׁר־יִקְרָא אֶתְכֶם בְּאַחֲרִית הַיָּמִים: ב הִקָּבְצוּ וְשִׁמְעוּ בְּנֵי יַעֲקֹב וְשִׁמְעוּ אֶל־יִשְׂרָאֵל אֲבִיכֶם: ג רְאוּבֵן בְּכֹרִי אַתָּה כֹּחִי וְרֵאשִׁית אוֹנִי יֶתֶר

מט | ויחי

טז יְדָן יָתִי, מִדְאִיתֵנִי עַד יוֹמָא הָדֵין: מַלְאֲכָא דְפָרֵק יָתִי מִכָּל בִּישָׁא, יְבָרֵךְ יָת עוּלֵימַיָּא, וְיִתְקְרֵי בְהוֹן שְׁמִי, וְשׁוֹם אֲבָהָתַי אַבְרָהָם וְיִצְחָק, וּכְנוּנֵי יַמָּא יִסְגּוֹן בְּגוֹ אֲנָשָׁא עַל אַרְעָא:
יז וַחֲזָא יוֹסֵף, אֲרֵי שַׁוִּי אֲבוּהִי יַד יַמִּינֵהּ, עַל רֵישָׁא דְאֶפְרַיִם וּבְאֵישׁ בְּעֵינוֹהִי, וְסַעֲדָהּ לִידָא דַאֲבוּהִי, לְאַעֲדָאָה יָתַהּ, מֵעַל רֵישָׁא דְאֶפְרַיִם לְאַנְחוּתַהּ עַל רֵישָׁא דִמְנַשֶּׁה: וַאֲמַר יוֹסֵף,
יח לַאֲבוּהִי לָא כֵן אַבָּא, אֲרֵי דֵין בֻּכְרָא, שַׁוִּי יַמִּינָךְ עַל רֵישֵׁיהּ: וְסָרִיב אֲבוּהִי, וַאֲמַר יְדַעְנָא בְרִי יְדַעְנָא, אַף הוּא יְהֵי לְעַם, וְאַף הוּא יִסְגֵּי, וּבְרַם, אֲחוּהִי זְעֵירָא יִסְגֵּי מִנֵּיהּ, וּבְנוֹהִי יְהוֹן שַׁלְטִין
יט בְּעַמְמַיָּא: וּבָרֵכִנּוּן, בְּיוֹמָא הַהוּא לְמֵימַר, בָּךְ, יְבָרֵךְ יִשְׂרָאֵל לְמֵימַר, יְשַׁוִּינָךְ יְיָ, כְּאֶפְרַיִם
כ וְכִמְנַשֶּׁה, וְשַׁוִּי יָת אֶפְרַיִם קֳדָם מְנַשֶּׁה: וַאֲמַר יִשְׂרָאֵל לְיוֹסֵף, הָא אֲנָא מָאִית, וִיהֵי מֵימְרָא
כא דַיְיָ בְּסַעֲדְכוֹן, וְיָתִיב יָתְכוֹן, לְאֲרַע אֲבָהָתְכוֹן: וַאֲנָא, יְהָבִית לָךְ, חוּלָק חַד יַתִּיר עַל אֲחָךְ,
כב דִּנְסֵיבִית מִידָא דֶאֱמוֹרָאָה, בְּצַלּוֹתִי וּבְבָעוּתִי: וּקְרָא יַעֲקֹב לִבְנוֹהִי, וַאֲמַר, אִתְכַּנָּשׁוּ וַאֲחַוֵּי
מט א לְכוֹן, יָת, דִּיעָרַע יָתְכוֹן בְּסוֹף יוֹמַיָּא: אִתְכַּנָּשׁוּ וּשְׁמַעוּ בְּנֵי יַעֲקֹב, וְקַבִּילוּ אֻלְפָן מִן יִשְׂרָאֵל
ב אֲבוּכוֹן: רְאוּבֵן בֻּכְרִי אַתְּ, חֵילִי וְרֵישׁ תָּקְפִּי, לָךְ הֲוָה חֲזֵי לְמִסַּב תְּלָתָא חוּלָקִין בְּכֵירוּתָא

וְחָכְמָה הִשְׂפִּיל אֶת יָדָיו לְכָךְ וּמִדַּעַת, כִּי יוֹדֵעַ הָיָה כִּי מְנַשֶּׁה הַבְּכוֹר וְאַף עַל פִּי כֵן לֹא שָׁת יְמִינוֹ עָלָיו:

טז הַמַּלְאָךְ הַגּוֹאֵל אוֹתִי. מַלְאָךְ הָרָגִיל לְהִשְׁתַּלֵּחַ אֵלַי בְּצָרָתִי, כָּעִנְיָן שֶׁנֶּאֱמַר: "וַיֹּאמֶר אֵלַי מַלְאַךְ הָאֱלֹהִים בַּחֲלוֹם יַעֲקֹב וְגוֹ', אָנֹכִי הָאֵל בֵּית אֵל" (לעיל לא, יא-יג): יְבָרֵךְ אֶת הַנְּעָרִים. מְנַשֶּׁה וְאֶפְרַיִם: וְיִדְגּוּ. כַּדָּגִים הַלָּלוּ שֶׁפָּרִים וְרָבִים וְאֵין עַיִן הָרַע שׁוֹלֶטֶת בָּהֶם:

יז וַיִּתְמֹךְ יַד אָבִיו. הֱרִימָהּ מֵעַל רֹאשׁ בְּנוֹ וּתְמָכָהּ בְּיָדוֹ:

יט יָדַעְתִּי בְנִי יָדַעְתִּי. שֶׁהוּא הַבְּכוֹר, וְגַם הוּא יִהְיֶה לְעָם וְגַם הוּא יִגְדָּל – עָתִיד גִּדְעוֹן לָצֵאת מִמֶּנּוּ, שֶׁהַקָּדוֹשׁ בָּרוּךְ הוּא עוֹשֶׂה נֵס עַל יָדוֹ: וְאוּלָם אָחִיו הַקָּטֹן יִגְדַּל מִמֶּנּוּ. שֶׁעָתִיד יְהוֹשֻׁעַ לָצֵאת מִמֶּנּוּ, שֶׁיַּנְחִיל אֶת הָאָרֶץ וִילַמֵּד תּוֹרָה לְיִשְׂרָאֵל: וְזַרְעוֹ יִהְיֶה מְלֹא הַגּוֹיִם. כָּל הָעוֹלָם יִתְמַלֵּא בְּצֵאת שִׁמְעוֹ וּשְׁמוֹ, כְּשֶׁיַּעֲמִיד חַמָּה בְּגִבְעוֹן וְיָרֵחַ בְּעֵמֶק אַיָּלוֹן:

כ בְּךָ יְבָרֵךְ יִשְׂרָאֵל. הַבָּא לְבָרֵךְ אֶת בָּנָיו יְבָרְכֵם בְּבִרְכָתָם, וְיֹאמַר אִישׁ לִבְנוֹ: "יְשִׂמְךָ אֱלֹהִים כְּאֶפְרַיִם וְכִמְנַשֶּׁה": וַיָּשֶׂם אֶת אֶפְרַיִם. בְּבִרְכָתוֹ לִפְנֵי מְנַשֶּׁה, לְהַקְדִּימוֹ בַּדְּגָלִים וּבַחֲנֻכַּת הַנְּשִׂיאִים:

כב וַאֲנִי נָתַתִּי לְךָ. מַתָּה טוֹרֵחַ לְהִתְעַסֵּק בִּקְבוּרָתִי, וְגַם "אֲנִי נָתַתִּי לְךָ" נַחֲלָה שֶׁתִּקָּבֵר בָּהּ, וְאֵי זוֹ? זוֹ שְׁכֶם, שֶׁנֶּאֱמַר: "וְאֶת עַצְמוֹת יוֹסֵף אֲשֶׁר הֶעֱלוּ בְנֵי יִשְׂרָאֵל מִמִּצְרַיִם קָבְרוּ בִשְׁכֶם" (יהושע כד, לב): שְׁכֶם אַחַד עַל אַחֶיךָ. שְׁכֶם מַמָּשׁ, הִיא תִהְיֶה לְךָ חֵלֶק אֶחָד יְתֵרָה עַל אַחֶיךָ: בְּחַרְבִּי וּבְקַשְׁתִּי. כְּשֶׁהָרְגוּ שִׁמְעוֹן וְלֵוִי אֶת אַנְשֵׁי שְׁכֶם נִתְכַּנְּסוּ כָּל סְבִיבוֹתֵיהֶם לְהִזְדַּוֵּג לָהֶם, וְחָגַר יַעֲקֹב כְּלֵי מִלְחָמָה כְּנֶגְדָּן. דָּבָר אַחֵר, "שְׁכֶם אַחַד", הִיא הַבְּכוֹרָה, שֶׁיִּטְּלוּ בָנָיו שְׁנֵי חֲלָקִים, וּ"שְׁכֶם" לְשׁוֹן חֵלֶק הוּא, וְהַרְבֵּה יֵשׁ לוֹ דּוֹמִים בַּמִּקְרָא: "אֲחַלְּקָה שְׁכֶם" (תהלים ס, ח), "כִּי תְּשִׁיתֵמוֹ שֶׁכֶם" (שם כא, יג), תָּשִׁית שׂוֹנְאַי לְפָנַי לַחֲלָקִים, "דֶּרֶךְ יְרַצְּחוּ שֶׁכְמָה" (הושע ו, ט), "לְעָבְדוֹ שְׁכֶם אֶחָד" (צפניה ג, ט): "אֲשֶׁר לָקַחְתִּי מִיַּד הָאֱמוֹרִי" – מִיַּד עֵשָׂו שֶׁעָשָׂה מַעֲשֵׂה אֱמוֹרִי. דָּבָר אַחֵר, שֶׁהָיָה צָד אָבִיו בְּאִמְרֵי פִיו. "בְּחַרְבִּי וּבְקַשְׁתִּי" – הִיא חָכְמָתוֹ וּתְפִלָּתוֹ:

פֶּרֶק מט

א וְאַגִּידָה לָכֶם. בִּקֵּשׁ לְגַלּוֹת אֶת הַקֵּץ וְנִסְתַּלְּקָה מִמֶּנּוּ שְׁכִינָה, וְהִתְחִיל אוֹמֵר דְּבָרִים אֲחֵרִים:

ג-ד וְרֵאשִׁית אוֹנִי. הִיא טִפָּה רִאשׁוֹנָה לוֹ, שֶׁלֹּא רָאָה קֶרִי מִיָּמָיו: אוֹנִי. כֹּחִי, כְּמוֹ: "מָצָאתִי אוֹן לִי" (הושע יב, ט), "מֵרֹב אוֹנִים" (ישעיה מ, כו), "וּלְאֵין אוֹנִים" (שם כט): יֶתֶר שְׂאֵת. רָאוּי הָיִיתָ לִהְיוֹת יָתֵר עַל אַחֶיךָ בַּכְּהֻנָּה, לְשׁוֹן נְשִׂיאוּת כַּפַּיִם: וְיֶתֶר עָז. בַּמַּלְכוּת, כְּמוֹ: "וְיִתֶּן עֹז לְמַלְכּוֹ" (שמואל א ב, י): וּמִי גָרַם לְךָ לְהַפְסִיד? "פַּחַז כַּמַּיִם" – הַפַּחַז וְהַבֶּהָלָה אֲשֶׁר מִהַרְתָּ לְהַרְאוֹת כַּעַסְךָ כַּמַּיִם

בראשית מט

שְׂאֵת וְיֶ֖תֶר עָ֑ז: פַּ֤חַז כַּמַּ֙יִם֙ אַל־תּוֹתַ֔ר כִּ֥י עָלִ֖יתָ
מִשְׁכְּבֵ֣י אָבִ֑יךָ אָ֥ז חִלַּ֖לְתָּ יְצוּעִ֥י עָלָֽה:
שִׁמְע֥וֹן וְלֵוִ֖י אַחִ֑ים כְּלֵ֥י חָמָ֖ס מְכֵרֹתֵיהֶֽם: בְּסֹדָ֣ם
אַל־תָּבֹ֣א נַפְשִׁ֗י בִּקְהָלָ֖ם אַל־תֵּחַ֣ד כְּבֹדִ֑י כִּ֤י
בְאַפָּם֙ הָ֣רְגוּ אִ֔ישׁ וּבִרְצֹנָ֖ם עִקְּרוּ־שֽׁוֹר: אָר֤וּר
אַפָּם֙ כִּ֣י עָ֔ז וְעֶבְרָתָ֖ם כִּ֣י קָשָׁ֑תָה אֲחַלְּקֵ֣ם בְּיַעֲקֹ֔ב
וַאֲפִיצֵ֖ם בְּיִשְׂרָאֵֽל:

יְהוּדָ֗ה אַתָּה֙ יוֹד֣וּךָ אַחֶ֔יךָ יָדְךָ֖ בְּעֹ֣רֶף אֹיְבֶ֑יךָ
יִשְׁתַּחֲו֥וּ לְךָ֖ בְּנֵ֥י אָבִֽיךָ: גּ֤וּר אַרְיֵה֙ יְהוּדָ֔ה מִטֶּ֖רֶף
בְּנִ֣י עָלִ֑יתָ כָּרַ֨ע רָבַ֧ץ כְּאַרְיֵ֛ה וּכְלָבִ֖יא מִ֥י יְקִימֶֽנּוּ:
לֹֽא־יָס֥וּר שֵׁ֙בֶט֙ מִֽיהוּדָ֔ה וּמְחֹקֵ֖ק מִבֵּ֣ין רַגְלָ֑יו

הַלָּלוּ הַמְמַהֲרִים לְמְרִוּצָתָם, לְכָךְ "אַל תּוֹתַר" – אַל תַּרְבֶּה לִטֹּל כָּל הַיִּתְרוֹת הַלָּלוּ שֶׁהָיוּ רְאוּיוֹת לָךְ. וּמֶהוּ הַפַּחַז אֲשֶׁר פָּחַזְתָּ? "כִּי עָלִיתָ מִשְׁכְּבֵי אָבִיךָ", אָז חִלַּלְתָּ אוֹתוֹ שֶׁעָלָה עַל יְצוּעִי, שֶׁם שְׁכִינָה שֶׁדַּרְכּוֹ לִהְיוֹת עוֹלֶה עַל יְצוּעִי: פַּחַז. שֵׁם דָּבָר הוּא, לְפִיכָךְ טַעֲמוֹ לְמַעְלָה וְכֻלּוֹ נָקוּד פַּתָּח. וְאִלּוּ הָיָה לְשׁוֹן עָבַר, הָיָה נָקוּד חֶצְיוֹ קָמָץ וְחֶצְיוֹ פַּתָּח וְטַעֲמוֹ לְמַטָּה. יְצוּעִי. לְשׁוֹן מִשְׁכָּב, עַל שֵׁם שֶׁמַּצִּיעִים אוֹתוֹ עַל יְדֵי לְבָדִין וּסְדִינִין. וְהַרְבֵּה דּוֹמִים לוֹ: "אִם אֶעֱלֶה עַל עֶרֶשׂ יְצוּעָי" (תהלים קלב, ג), "אִם זְכַרְתִּיךָ עַל יְצוּעָי" (שם סג, ז):

(ה) שִׁמְעוֹן וְלֵוִי אַחִים. בְּעֵצָה אַחַת עַל שְׁכֶם וְעַל יוֹסֵף: "וַיֹּאמְרוּ אִישׁ אֶל אָחִיו וְגוֹ' וְעַתָּה לְכוּ וְנַהַרְגֵהוּ" (לעיל לז, יט-כ). מִי הֵם? אִם תֹּאמַר רְאוּבֵן, הֲרֵי לֹא הִסְכִּימוּ בַּהֲרִיגָתוֹ. אִם תֹּאמַר בְּנֵי הַשְּׁפָחוֹת, הֲרֵי לֹא הָיְתָה שִׂנְאָתָן שְׁלֵמָה, שֶׁנֶּאֱמַר: "וְהוּא נַעַר אֶת בְּנֵי בִלְהָה וְאֶת בְּנֵי זִלְפָּה" (לעיל לז, ב). יִשָּׂשכָר וּזְבוּלוּן לֹא הָיוּ מְדַבְּרִים בִּפְנֵי אֲחֵיהֶם הַגְּדוֹלִים מֵהֶם. עַל כָּרְחֲךָ שִׁמְעוֹן וְלֵוִי הֵם שֶׁקְּרָאָם אֲבִיהֶם 'אַחִים': כְּלֵי חָמָס. אֻמָּנוּת זוֹ שֶׁל רְצִיחָה חָמָס הוּא בִּידֵיהֶם, מִבִּרְכָּתוֹ שֶׁל עֵשָׂו הִיא, אֻמָּנוּת שֶׁלּוֹ הִיא, וְאַתֶּם חֲמַסְתֶּם אוֹתָהּ הֵימֶנּוּ: מְכֵרֹתֵיהֶם. לְשׁוֹן כְּלֵי זַיִן, הַסַּיִף בִּלְשׁוֹן יְוָנִי מכיר"א. דָּבָר אַחֵר, "מְכֵרֹתֵיהֶם" בְּאֶרֶץ מְגוּרָתָם נֶהֱגוּ בִּכְלֵי חָמָס, כְּמוֹ: "מְכֹרֹתַיִךְ וּמֹלְדֹתַיִךְ" (יחזקאל טז, ג), וְזֶה תַּרְגּוּם שֶׁל אוּנְקְלוֹס:

(ו) בְּסֹדָם אַל תָּבֹא נַפְשִׁי. זֶה מַעֲשֵׂה זִמְרִי, כְּשֶׁנִּתְקַבְּצוּ שִׁבְטוֹ שֶׁל שִׁמְעוֹן לְהָבִיא אֶת הַמִּדְיָנִית

ויחי

ד כְּהֲנָתָא וּמַלְכוּתָא: עַל דַּאֲזַלְתְּ לְקַבֵּיל אַפָּךְ הָא כְמַיָּא בְּרַם לָא אַהֲנִיתָא חוּלָק יַתִּיר לָא
ה תְסַב, אֲרֵי סְלִיקְתָּא בֵּית מִשְׁכְּבֵי אֲבוּךְ, בְּכֵן אֲחֵילְתָּא לְשִׁיוָיִי בְּרִי סַלִּיקְתָּא: שִׁמְעוֹן וְלֵוִי
ו אֲחִין, גֻּבְרִין גִּבָּרִין בְּאַרַע תּוֹתָבוּתְהוֹן עֲבַדוּ גְבוּרָא: בְּרָזְהוֹן לָא הֲוַת נַפְשִׁי, בְּאִתְכַּנָּשֵׁיהוֹן
ז לְמֵהַךְ לָא נְחָתִית מִן יְקָרִי, אֲרֵי בְרָגְזְהוֹן קְטַלוּ קְטוֹל, וּבִרְעוּתְהוֹן תָּרְעוּ שׁוּר סָנְאָה: לִיט רָגְזְהוֹן
ח אֲרֵי תַקִּיף, וְחֵימַתְהוֹן אֲרֵי קַשְׁיָא, אֲפַלֵּיגִנּוּן בְּיַעֲקֹב, וַאֲבַדְּרִנּוּן בְּיִשְׂרָאֵל: יְהוּדָה, אַתְּ אוֹדִיתָא
וְלָא בְהֵיתְתָּא בָּךְ יוֹדוֹן אֲחָךְ, יְדָךְ תִּתְקַף עַל בַּעֲלֵי דְבָבָךְ יִתַּבְּרוּן סָנְאָךְ, יְהוֹן מַחֲזְרֵי קְדָל
ט קֳדָמָךְ, יְהוֹן מַקְדְּמִין לְמִשְׁאַל בִּשְׁלָמָךְ בְּנֵי אֲבוּךְ: שָׁלְטוֹן יְהֵי בְּשֵׁירוּיָא וּבְסוֹפָא יִתְרַבָּא מַלְכָּא
מִדְּבֵית יְהוּדָה, אֲרֵי מִדִּין קְטָלָא בְּרִי נַפְשָׁךְ סַלִּיקְתָּא, יְנוּחַ יִשְׁרֵי בְּתָקְפָּא כְּאַרְיָא, וּכְלֵיתָא
י וְלֵית מַלְכוּ דְּתְזַעְזְעִנֵּיהּ: לָא יֶעְדֵי עָבֵיד שֻׁלְטָן מִדְּבֵית יְהוּדָה, וְסָפְרָא מִבְּנֵי בְנוֹהִי עַד עָלְמָא,

לִפְנֵי מֹשֶׁה, וְאָמְרוּ לוֹ: זוֹ חֲסוּרָה אוֹ מְתָרֶפֶת? חָם
יֹאמַר חֲסוּרָה, בַּת יִתְרוֹ מִי הִתִּירָהּ לְךָ? – אַל
יִזָּכֵר שְׁמִי בַּדָּבָר, "זִמְרִי בֶן סָלוּא נְשִׂיא בֵית
אָב לַשִּׁמְעֹנִי" (במדבר כה, יד), וְלֹא כָתַב "בֶּן יַעֲקֹב":
בִּקְהָלָם. כְּשֶׁיַּקְהִיל קֹרַח שֶׁהוּא מִשִּׁבְטוֹ שֶׁל לֵוִי
אֶת כָּל הָעֵדָה עַל מֹשֶׁה וְעַל אַהֲרֹן, "אַל תֵּחַד
כְּבֹדִי" שָׁם, אַל יִתְיַחֵד עִמָּהֶם שְׁמִי, שֶׁנֶּאֱמַר:
"קֹרַח בֶּן יִצְהָר בֶּן קְהָת בֶּן לֵוִי" (במדבר טז, א),
וְלֹא נֶאֱמַר "בֶּן יַעֲקֹב". אֲבָל בְּדִבְרֵי הַיָּמִים (א
ו, כב-כג) כְּשֶׁנִּתְיַחֲסוּ בְּנֵי קֹרַח עַל הַדּוּכָן, נֶאֱמַר:
"בֶּן קֹרַח בֶּן יִצְהָר בֶּן קְהָת בֶּן לֵוִי בֶּן יִשְׂרָאֵל":
אַל תֵּחַד כְּבֹדִי. אַתָּה, כְּבוֹד לְשׁוֹן זָכָר הוּא, וְעַל כָּרְחֲךָ
אַתָּה צָרִיךְ לְפָרֵשׁ כִּמְדַבֵּר אֶל הַכָּבוֹד וְאוֹמֵר:
אַתָּה כְבוֹדִי, אַל תִּתְיַחֵד עִמָּהֶם. כְּמוֹ: "לֹא תֵחַד
אִתָּם בִּקְבוּרָה" (ישעיה יד, כ): כִּי בְאַפָּם הָרְגוּ אִישׁ.
אֵלּוּ חֲמוֹר וְאַנְשֵׁי שְׁכֶם, וְאֵינָן חֲשׁוּבִין כֻּלָּם אֶלָּא
כְּאִישׁ אֶחָד. וְכֵן הוּא אוֹמֵר בְּגִדְעוֹן: "וְהִכִּיתָ
אֶת מִדְיָן כְּאִישׁ אֶחָד" (שופטים ו, טז). וְכֵן בְּמִצְרַיִם:
"סוּס וְרֹכְבוֹ רָמָה בַיָּם" (שמות טו, א). זֶהוּ מִדְרָשׁוֹ.
וּפְשׁוּטוֹ: אֲנָשִׁים הַרְבֵּה קוֹרֵא "אִישׁ", כָּל אֶחָד
לְעַצְמוֹ, בְּאַפָּם הָרְגוּ כָּל אִישׁ שֶׁכָּעֲסוּ עָלָיו, וְכֵן:
"וַיְלַמֵּד לִטְרֹף טֶרֶף אָדָם אָכָל" (יחזקאל יט, ג):
וּבִרְצֹנָם עִקְּרוּ שׁוֹר. רָצוּ לַעֲקֹר אֶת יוֹסֵף שֶׁנִּקְרָא
שׁוֹר, שֶׁנֶּאֱמַר: "בְּכוֹר שׁוֹרוֹ הָדָר לוֹ" (דברים לב, יז):
עִקְּרוּ. אשירטיר"ד בְּלַעַז, לְשׁוֹן: "אֶת סוּסֵיהֶם
תְּעַקֵּר" (יהושע יא, ו):

ז אָרוּר אַפָּם. אֲפִלּוּ בִּשְׁעַת תּוֹכַחָה לֹא קִלֵּל
אֶלָּא אַפָּם, וְזֶהוּ שֶׁאָמַר בִּלְעָם: "מָה אֶקֹּב לֹא
קַבֹּה אֵל" (במדבר כג, ח): אֲחַלְּקֵם בְּיַעֲקֹב. אַפְרִידֵם

זֶה מִזֶּה, שֶׁלֹּא יְהֵא לֵוִי בְּמִנְיַן הַשְּׁבָטִים, וַהֲרֵי
הֵם חֲלוּקִים. דָּבָר אַחֵר, אֵין לְךָ עֲנִיִּים סוֹפְרִים
וּמְלַמְּדֵי תִינוֹקוֹת אֶלָּא מִשִּׁמְעוֹן, כְּדֵי שֶׁיִּהְיוּ
נְפוֹצִים, וְשִׁבְטוֹ שֶׁל לֵוִי עֲשָׂאוֹ מְחַזֵּר עַל הַגֳּרָנוֹת
לַתְּרוּמוֹת וְלַמַּעַשְׂרוֹת, נָתַן לוֹ תְּפוּצָתוֹ דֶּרֶךְ
כָּבוֹד:

ח יְהוּדָה אַתָּה יוֹדוּךָ אַחֶיךָ. לְפִי שֶׁהוֹכִיחַ אֶת
הָרִאשׁוֹנִים בְּקִנְטוּרִים, הִתְחִיל יְהוּדָה נָסוֹג
לַאֲחוֹרָיו, וּקְרָאוֹ יַעֲקֹב בְּדִבְרֵי רִצּוּי: לֹא מַתָּה
כְמוֹתָם: יָדְךָ בְּעֹרֶף אֹיְבֶיךָ. בִּימֵי דָוִד, "וְאֹיְבַי
תַּתָּה לִּי עֹרֶף" (שמואל ב' כב, מא): בְּנֵי אָבִיךָ. עַל שֵׁם
שֶׁהָיוּ מִנָּשִׁים הַרְבֵּה לֹא אָמַר "בְּנֵי אִמֶּךָ", כְּדֶרֶךְ
שֶׁאָמַר יִצְחָק (לעיל כז, כט):

ט גּוּר אַרְיֵה. עַל דָּוִד נִתְנַבֵּא. בַּתְּחִלָּה "גּוּר",
"בִּהְיוֹת שָׁאוּל מֶלֶךְ עָלֵינוּ אַתָּה... הַמּוֹצִיא
וְהַמֵּבִיא אֶת יִשְׂרָאֵל" (שמואל ב' ה, ב), וּלְבַסּוֹף
"אַרְיֵה", כְּשֶׁהִמְלִיכוּהוּ עֲלֵיהֶם. וְזֶהוּ שֶׁתִּרְגֵּם
אוּנְקְלוֹס: "שָׁלְטוֹן יְהֵי בְּשֵׁירוּיָא", בַּתְּחִלָּתוֹ:
מִטֶּרֶף. מִמַּה שֶּׁחֲשַׁדְתִּיךָ בְּ"טֹרֵף טֹרַף יוֹסֵף",
"חַיָּה רָעָה אֲכָלָתְהוּ" (לעיל לז, לג), וְזֶהוּ יְהוּדָה
שֶׁנִּמְשַׁל לְאַרְיֵה: בְּנִי עָלִיתָ. סִלַּקְתָּ אֶת עַצְמְךָ
וְאָמַרְתָּ: "מַה בֶּצַע וְגוֹ'" (לעיל לז, כו), וְכֵן מֵהֲרִיגַת
תָּמָר שֶׁהוֹדָה "צָדְקָה מִמֶּנִּי" (לעיל לח, כו), לְפִיכָךְ
כָּרַע רָבַץ וְגוֹ', בִּימֵי שְׁלֹמֹה "אִישׁ תַּחַת גַּפְנוֹ"
וְגוֹ' (מלכים א' ה, ה):

י לֹא יָסוּר שֵׁבֶט מִיהוּדָה. מִדָּוִד וָאֵילָךְ, אֵלּוּ
רָאשֵׁי גָלֻיּוֹת שֶׁבְּבָבֶל שֶׁרוֹדִים אֶת הָעָם בַּשֵּׁבֶט,
שֶׁמְּמֻנִּים עַל פִּי הַמַּלְכוּת: וּמְחֹקֵק מִבֵּין רַגְלָיו.

בראשית מט

עַד כִּי־יָבֹא שִׁילֹה וְלוֹ יִקְּהַת עַמִּים: אֹסְרִי לַגֶּפֶן יא
עִירֹה וְלַשֹּׂרֵקָה בְּנִי אֲתֹנוֹ כִּבֵּס בַּיַּיִן לְבֻשׁוֹ וּבְדַם־
עֲנָבִים סוּתֹה: חַכְלִילִי עֵינַיִם מִיָּיִן וּלְבֶן־שִׁנַּיִם יב
מֵחָלָב:
זְבוּלֻן לְחוֹף יַמִּים יִשְׁכֹּן וְהוּא לְחוֹף אֳנִיֹּת וְיַרְכָתוֹ יג
עַל־צִידֹן:
יִשָּׂשכָר חֲמֹר גָּרֶם רֹבֵץ בֵּין הַמִּשְׁפְּתָיִם: וַיַּרְא יד
מְנֻחָה כִּי טוֹב וְאֶת־הָאָרֶץ כִּי נָעֵמָה וַיֵּט שִׁכְמוֹ טו
לִסְבֹּל וַיְהִי לְמַס־עֹבֵד: דָּן יָדִין עַמּוֹ טז
כְּאַחַד שִׁבְטֵי יִשְׂרָאֵל: יְהִי־דָן נָחָשׁ עֲלֵי־דֶרֶךְ יז
שְׁפִיפֹן עֲלֵי־אֹרַח הַנֹּשֵׁךְ עִקְּבֵי־סוּס וַיִּפֹּל רֹכְבוֹ

תַּלְמִידִים, אֵלּוּ נְשִׂיאֵי חֶרֶן יִשְׂרָאֵל: **עַד כִּי יָבֹא שִׁילֹה**. מֶלֶךְ הַמָּשִׁיחַ שֶׁהַמְּלוּכָה שֶׁלּוֹ. וְכֵן תִּרְגְּמוֹ אוּנְקְלוֹס. וּמִדְרַשׁ אַגָּדָה, "שִׁילֹה", שַׁי לוֹ, שֶׁנֶּאֱמַר: "יוֹבִילוּ שַׁי לַמּוֹרָא" (תהלים עו, יב): **וְלוֹ יִקְּהַת עַמִּים**. אֲסֵפַת הָעַמִּים, שֶׁהַיּוּ״ד עִקָּר הִיא בַּיְסוֹד, כְּמוֹ "יִפְעָתֶךָ" (יחזקאל כח, ז), וּפְעָמִים שֶׁנּוֹפֶלֶת מִמֶּנּוּ. וְכַמָּה אוֹתִיּוֹת מְשַׁמְּשׁוֹת בַּלָּשׁוֹן זֶה וְהֵם נִקְרָאִים עִקָּר נוֹפֵל, כְּגוֹן נוּ״ן שֶׁל "נוֹגֵף", וְאָלֶ״ף שֶׁבְּ"אַחְוָתִי בְּאָזְנֵיכֶם" (איוב יג, יז), וְשֶׁבְּ"אֲחִיזַת חֶלֶב" (יחזקאל כא, כ), "אֲסוּךְ שֶׁמֶן" (מלכים ב ד, ב). אַף זֶה, "יִקְּהַת עַמִּים", אֲסֵפַת עַמִּים, שֶׁנֶּאֱמַר: "אֵלָיו גּוֹיִם יִדְרֹשׁוּ" (ישעיה יא, י), וְדוֹמֶה לוֹ: "עַיִן תִּלְעַג לְאָב וְתָבֻז לִיקְּהַת אֵם" (משלי ל, יז), לִקְבּוּץ קְמָטִים שֶׁבְּפָנֶיהָ מִפְּנֵי זִקְנָתָהּ. וּבַתַּלְמוּד: "דְּיָתְבֵי וּמַקְהוּ אַקְהָתָא בְּשׁוּקֵי דִּנְהַרְדְּעָא" בְּמַסֶּכֶת יְבָמוֹת (דף קי ע״ב). וְיָכוֹל הָיָה לוֹמַר: יִקְהַת עַמִּים:

יא אֹסְרִי לַגֶּפֶן עִירֹה. נִתְנַבֵּא עַל אֶרֶץ יְהוּדָה שֶׁתְּהֵא מוֹשֶׁכֶת יַיִן כְּמַעְיָן, אִישׁ יְהוּדָה יֶאֱסֹר לַגֶּפֶן עִיר אֶחָד וְיִטְעָנֶנּוּ מִגֶּפֶן אַחַת, וּמִשֹּׂרֵק אֶחָד בֶּן אָתוֹן אֶחָד: **שֹׂרֵקָה**. זְמוֹרָה אֲרֻכָּה, קורייד״א בְּלַעַז: **כִּבֵּס בַּיַּיִן**. כָּל זֶה לְשׁוֹן רִבּוּי יַיִן: **סוּתֹה**. לְשׁוֹן מִין בֶּגֶד הוּא, וְאֵין לוֹ דִּמְיוֹן בַּמִּקְרָא: **אֹסְרִי**. כְּמוֹ חֹסֶר, דֻּגְמָא "מְקִימִי מֵעָפָר דָּל" (תהלים קיג, ז), "הַיּשְׁבִי בַּשָּׁמַיִם" (סס קכג, א), וְכֵן "בְּנִי אֲתוֹנוֹ" כִּנְעַנִי זֶה. וְאוּנְקְלוֹס תִּרְגֵּם בְּמֶלֶךְ הַמָּשִׁיחַ: "גֶּפֶן" הֵם יִשְׂרָאֵל, "עִירֹה" זוֹ יְרוּשָׁלַיִם, "שֹׂרֵקָה" – יִשְׂרָאֵל, "וְעַלְוֵי נְטִיעָתֵךְ שֹׂרֵק" (ירמיה ב, כא), "בְּנִי אֲתוֹנוֹ" – "יִבְנוּן הֵיכְלֵהּ", לְשׁוֹן "שַׁעַר הָאִיתוֹן" בְּסֵפֶר יְחֶזְקֵאל (מ, טו). וְעוֹד תִּרְגְּמוֹ בְּפָנִים אֲחֵרִים: "גֶּפֶן" – אֵלּוּ צַדִּיקִים, "בְּנִי אֲתוֹנוֹ" – "עַבְדֵי אוֹרָיְתָא בְּאוּלְפָן", עַל שֵׁם "רֹכְבֵי אֲתוֹנוֹת צְחֹרוֹת" (שופטים ה, י): **כִּבֵּס בַּיַּיִן** – "יְהֵא אַרְגְּוָן טַב לְבוּשׁוֹהִי", שֶׁצִּבְעוֹ דּוֹמֶה לְיַיִן: **וְנָעֲמוּן**. הוּא לְשׁוֹן "סוּתֹה", שֶׁהָאִשָּׁה לוֹבַשְׁתָּן

מט ויחי

יא עַד דְּיֵיתֵי מְשִׁיחָא דְּדִילֵיהּ הִיא מַלְכוּתָא, וְלֵיהּ יִשְׁתַּמְּעוּן עַמְמַיָּא: יִסְחַר יִשְׂרָאֵל לְקַרְתֵּיהּ,
עַמָּא יִבְנוֹן הֵיכָלֵיהּ, יְהוֹן צַדִּיקַיָּא סְחוֹר סְחוֹר לֵיהּ וְעָבְדֵי אוֹרָיְתָא בְּאוּלְפַן עִמֵּיהּ, יְהֵי
יב אַרְגְּוָן טָב לְבוּשֵׁיהּ, וּכְסוּתֵיהּ מֵילָא מֵילָא צְבַע זְהוֹרֵי וְצִבְעָנִין: יַסְמְקוּן טוּרוֹהִי בְּכַרְמוֹהִי
יג יְטוּפוּן נַעֲווֹהִי בַּחֲמַר, יַחְוְרָן בִּקְעָתֵיהּ בַּעֲבוּר וּבְעֶדְרֵי עָנֵיהּ: זְבוּלֻן, עַל סְפַר יַמְמַיָּא יִשְׁרֵי,
וְהוּא יְכַבֵּישׁ מָחוֹזִין בִּסְפִינָן, וְטוֹב יַמָּא יֵיכוֹל, וּתְחוּמֵיהּ יְהֵי מָטֵי עַד צִידוֹן: יִשָּׂשכָר עַתִּיר
יד בְּנִכְסִין, אַחְסַנְתֵּיהּ בֵּין תְּחוּמַיָּא: וַחֲזָא חוּלָקָא אֲרֵי טָב, וְיָת אַרְעָא אֲרֵי מַעְבְּדָא פֵּירִין,
וִיכַבֵּישׁ מָחוֹזֵי עַמְמַיָּא וִישֵׁיצֵי יָת דָּיְרֵיהוֹן, וְדִישְׁתְּאַרוּן בְּהוֹן יְהוֹן לֵיהּ פָּלְחִין וּמַסְּקֵי
טו מִסִּין: מִדְּבֵית דָּן יִתְבְּחַר וִיקוּם גֻּבְרָא, בְּיוֹמוֹהִי יִתְפְּרִיק עַמֵּיהּ, וּבִשְׁנוֹהִי יְנוּחוּן כַּחֲדָא
טז שִׁבְטַיָּא דְיִשְׂרָאֵל: יְהֵי גֻּבְרָא דְּיִתְבְּחַר וִיקוּם מִדְּבֵית דָּן, אֵימָתֵיהּ תִּתְרְמֵי עַל עַמְמַיָּא
וּמְחָתֵיהּ תִּתְקַף בִּפְלִשְׁתָּאֵי, כְּחִוֵּי חָרְמָן יִשְׁרֵי עַל אוֹרְחָא וּכְפִתְנָא יְכַמַּן עַל שְׁבִילָא,
יְקַטֵּיל גֻּבְרֵי מַשִּׁרְיַת פְּלִשְׁתָּאֵי פָּרָשִׁין עִם רַגְלָאִין, יְעַקַּר סוּסָן וּרְתִכִּין, וִימַגַּר רָכְבֵיהוֹן

וּמְסִיתָהּ בָּהֶן לָתֵת הַזָּכָר לִתֵּן עֵינָיו בָּהּ. וְחַז
רַבּוֹתֵינוּ פֵּרְשׁוּ בַּתַּלְמוּד לְשׁוֹן הֲסָתַת שִׁכְרוּת,
בְּמַסֶּכֶת כְּתֻבּוֹת (דף קיא ע"ב), וְעַל הַיַּיִן שֶׁמָּא תֹּאמַר
אֵינוֹ מַרְוֶה, תַּלְמוּד לוֹמַר: "סוּתֹה":

יב) חַכְלִילִי. לְשׁוֹן אֹדֶם, כְּתַרְגּוּמוֹ. וְכֵן: "לְמִי
חַכְלִלוּת עֵינָיִם" (משלי כג, כט), שֶׁכֵּן דֶּרֶךְ שׁוֹתֵי יַיִן
עֵינֵיהֶם מַאְדִּימִין: מֵחָלָב. מֵרֹב חָלָב, שֶׁיְּהֵא בְּאַרְצוֹ
מִרְעֶה טוֹב לְעֶדְרֵי צֹאן, וְכֵן פֵּרוּשׁ הַמִּקְרָא:
אָדֹם עֵינַיִם יְהֵא מֵרֹב יַיִן, וּלְבֶן שִׁנַּיִם יְהֵא מֵרֹב
חָלָב. וּלְפִי תַרְגּוּמוֹ: "עֵינַיִם" לְשׁוֹן הָרִים, שֶׁמִּשָּׁם
צוֹפִים לְמֵרָחוֹק. וְעוֹד תִּרְגְּמוֹ בְּפָנִים אֲחֵרִים,
לְשׁוֹן מַעְיָנוֹת וְקִלּוּחַ הַיְקָבִים: "נַעֲווֹהִי", יְקָבִים
שֶׁלּוֹ, וּלְשׁוֹן אֲרַמִּי הוּא בְּמַסֶּכֶת עֲבוֹדָה זָרָה (דף
עב ע"ב): "נַעֲוָא מַרְדַּחְיָא". "יַחְוְרָן בִּקְעָתֵיהּ" – תַּרְגּוּם
"שִׁנַּיִם", לְשׁוֹן "שֵׁן הַסֶּלַע" (שמואל א' יד, ד):

יג) לְחוֹף יַמִּים. עַל חוֹף יַמִּים תִּהְיֶה אַרְצוֹ. "חוֹף"
כְּתַרְגּוּמוֹ "סְפַר", מרק"א בְּלַעַז. וְהוּא יִהְיֶה מָצוּי
תָּדִיר עַל חוֹף אֳנִיּוֹת, בִּמְקוֹם הַנָּמֵל שֶׁאֳנִיּוֹת
מְבִיאוֹת שָׁם פְּרַקְמַטְיָא, שֶׁהָיָה זְבוּלֻן עוֹסֵק
בִּפְרַקְמַטְיָא וּמַמְצִיא מָזוֹן לְשֵׁבֶט יִשָּׂשכָר, וְהֵם
עוֹסְקִים בַּתּוֹרָה. הוּא שֶׁאָמַר מֹשֶׁה: "שְׂמַח
זְבוּלֻן בְּצֵאתֶךָ וְיִשָּׂשכָר בְּאֹהָלֶיךָ" (דברים לג, יח), זְבוּלֻן יוֹצֵא
בִּפְרַקְמַטְיָא וְיִשָּׂשכָר עוֹסֵק בַּתּוֹרָה בְּאֹהָלִים:
וְיַרְכָתוֹ עַל צִידֹן. סוֹף גְּבוּלוֹ יִהְיֶה סָמוּךְ לְצִידוֹן.
"וְיַרְכָתוֹ" – סוֹפוֹ, כְּמוֹ: "וּלְיַרְכְּתֵי הַמִּשְׁכָּן" (שמות
כו, כב):

יד) יִשָּׂשכָר חֲמֹר גָּרֶם. חֲמוֹר בַּעַל עֲצָמוֹת, סוֹבֵל
עֹל תּוֹרָה כַּחֲמוֹר חָזָק שֶׁמַּטְעִינִין אוֹתוֹ מַשָּׂא
כָּבֵד: רֹבֵץ בֵּין הַמִּשְׁפְּתָיִם. כַּחֲמוֹר הַמְּהַלֵּךְ בַּיּוֹם
וּבַלַּיְלָה וְאֵין לוֹ לִינָה בַּבַּיִת, וּכְשֶׁהוּא רוֹצֶה לָנוּחַ
רוֹבֵץ בֵּין הַתְּחוּמִין, בִּתְחוּמֵי הָעֲיָרוֹת שֶׁמּוֹלִיךְ
שָׁם פְּרַקְמַטְיָא:

טו) וַיַּרְא מְנֻחָה כִּי טוֹב. רָאָה לְחֶלְקוֹ אֶרֶץ מְבֹרֶכֶת
וְטוֹבָה לְהוֹצִיא פֵּרוֹת: וַיֵּט שִׁכְמוֹ לִסְבֹּל. עֹל
תּוֹרָה: וַיְהִי. לְכָל אֶחָיו יִשְׂרָאֵל "לְמַס עֹבֵד" –
לְסַפֵּק לָהֶם הוֹרָאוֹת שֶׁל תּוֹרָה וְסִדְרֵי עִבּוּרִין,
שֶׁנֶּאֱמַר: "וּמִבְּנֵי יִשָּׂשכָר יוֹדְעֵי בִינָה לָעִתִּים לָדַעַת
מַה יַּעֲשֶׂה יִשְׂרָאֵל, רָאשֵׁיהֶם מָאתַיִם", מָאתַיִם
רָאשֵׁי סַנְהֶדְרָאוֹת הֶעֱמִיד, "וְכָל אֲחֵיהֶם עַל פִּיהֶם"
(דברי הימים א' יב, לג): וַיֵּט שִׁכְמוֹ. הִשְׁפִּיל שִׁכְמוֹ, כְּמוֹ:
"וַיֵּט שָׁמַיִם" (שמואל ב' כב, י), "הַטּוּ אָזְנְכֶם" (תהלים עח,
א). וְאוּנְקְלוּס תִּרְגְּמוֹ בְּפָנִים אֲחֵרִים: וַיֵּט שִׁכְמוֹ
לִסְבֹּל מִלְחָמוֹת וְלִכְבֹּשׁ מְחוֹזוֹת, שֶׁהֵם יוֹשְׁבִים
עַל הַסְּפָר, וַיְהִי הָאוֹיֵב כָּבוּשׁ תַּחְתָּיו לְמַס עֹבֵד:

טז) דָּן יָדִין עַמּוֹ. יִנְקֹם נִקְמַת עַמּוֹ מִפְּלִשְׁתִּים,
כְּמוֹ: "כִּי יָדִין ה' עַמּוֹ" (דברים לב, לו): כְּאַחַד שִׁבְטֵי
יִשְׂרָאֵל. כָּל יִשְׂרָאֵל יִהְיוּ כְּאֶחָד עִמּוֹ וְאֶת כֻּלָּם
יָדִין, וְעַל שִׁמְשׁוֹן נִבָּא נְבוּאָה זוֹ. וְעוֹד יֵשׁ לְפָרֵשׁ,
"כְּאַחַד שִׁבְטֵי יִשְׂרָאֵל", כַּמְּיֻחָד שֶׁבַּשְּׁבָטִים, הוּא
דָוִד שֶׁבָּא מִיהוּדָה:

יז) שְׁפִיפֹן. הוּא נָחָשׁ, וְאוֹמֵר אֲנִי שֶׁקָּרוּי כֵּן עַל
שֵׁם שֶׁהוּא נוֹשֵׁף, "וְאַתָּה תְּשׁוּפֶנּוּ עָקֵב" (לעיל ג,
טו): הַנֹּשֵׁךְ עִקְּבֵי סוּס. כָּךְ דַּרְכּוֹ שֶׁל נָחָשׁ. וְדִמָּהוּ

295

חמישי אָחוֹר: לִישׁוּעָתְךָ קִוִּיתִי יְהֹוָה: גָּד גְּדוּד יח יט
יְגוּדֶנּוּ וְהוּא יָגֻד עָקֵב: מֵאָשֵׁר שְׁמֵנָה כ
לַחְמוֹ וְהוּא יִתֵּן מַעֲדַנֵּי־מֶלֶךְ: נַפְתָּלִי כא
אַיָּלָה שְׁלֻחָה הַנֹּתֵן אִמְרֵי־שָׁפֶר: בֵּן כב
פֹּרָת יוֹסֵף בֵּן פֹּרָת עֲלֵי־עָיִן בָּנוֹת צָעֲדָה עֲלֵי־
שׁוּר: וַיְמָרֲרֻהוּ וָרֹבּוּ וַיִּשְׂטְמֻהוּ בַּעֲלֵי חִצִּים: וַתֵּשֶׁב כג כד
בְּאֵיתָן קַשְׁתּוֹ וַיָּפֹזּוּ זְרֹעֵי יָדָיו מִידֵי אֲבִיר יַעֲקֹב
מִשָּׁם רֹעֶה אֶבֶן יִשְׂרָאֵל: מֵאֵל אָבִיךָ וְיַעְזְרֶךָּ וְאֵת כה
שַׁדַּי וִיבָרְכֶךָּ בִּרְכֹת שָׁמַיִם מֵעָל בִּרְכֹת תְּהוֹם

לְנָחָשׁ "הַנֹּשֵׁךְ עִקְּבֵי סוּס וַיִּפֹּל רֹכְבוֹ אָחוֹר", שֶׁלֹּא נָגַע בּוֹ, וְדֻגְמָתוֹ מָצִינוּ בְּשִׁמְשׁוֹן: "וַיִּלְפֹּת וְגוֹ' אֶת שְׁנֵי עַמּוּדֵי הַתָּוֶךְ" וְגוֹ' (שופטים טז, כט), וְשֶׁעַל הַגַּג מֵתוּ. וְאוּנְקְלוֹס תִּרְגֵּם: "כְּחִוֵי חוּרְמָן", שֵׁם מִין נָחָשׁ שֶׁאֵין רְפוּאָה לִנְשִׁיכָתוֹ וְהוּא צִפְעוֹנִי, וְקָרוּי חוּרְמָן עַל שֵׁם שֶׁעוֹשֶׂה הַכֹּל חֵרֶם, "וּכְפִתְנָא" כְּמוֹ פֶּתֶן, "יִכְמוֹן" – יֶאֱרֹב:

יח| לִישׁוּעָתְךָ קִוִּיתִי ה'. נִתְנַבֵּא שֶׁיְּנַקְּרוּ פְּלִשְׁתִּים אֶת עֵינָיו, וְסוֹפוֹ לוֹמַר: "זָכְרֵנִי נָא וְחַזְּקֵנִי נָא אַךְ הַפַּעַם" וְגוֹ' (שם טז, כח):

יט| גָּד גְּדוּד יְגוּדֶנּוּ. גְּדוּדִים יָגוּדוּ הֵימֶנּוּ, שֶׁיַּעַבְרוּ אֶת הַיַּרְדֵּן עִם אֲחֵיהֶם לַמִּלְחָמָה כָּל חָלוּץ עַד נִכְבְּשָׁה הָאָרֶץ (עיין במדבר פרק לב): וְהוּא יָגֻד עָקֵב. כָּל גְּדוּדָיו יָשׁוּבוּ עַל עֲקֵבָם לְנַחֲלָתָם שֶׁלָּקְחוּ בְּעֵבֶר הַיַּרְדֵּן, וְלֹא יִפָּקֵד מֵהֶם אִישׁ: עָקֵב. בְּדַרְכָּם וּבִמְסִלּוֹתָם שֶׁהָלְכוּ יָשׁוּבוּ, כְּמוֹ: "וְעִקְּבוֹתֶיךָ לֹא נֹדָעוּ" (תהלים עז, כ), וְכֵן: "בְּעִקְבֵי הַצֹּאן" (שיר השירים א, ח), בִּלְשׁוֹן לַעַז טרא"ש:

כ| מֵאָשֵׁר שְׁמֵנָה לַחְמוֹ. מַאֲכַל הַבָּא מֵחֶלְקוֹ שֶׁל אָשֵׁר יִהְיֶה שָׁמֵן, שֶׁיִּהְיוּ זֵיתִים מְרֻבִּים בְּחֶלְקוֹ וְהוּא מוֹשֵׁךְ שֶׁמֶן כְּמַעְיָן. וְכֵן בֵּרְכוֹ מֹשֶׁה: "וְטֹבֵל בַּשֶּׁמֶן רַגְלוֹ" (דברים לג, כד), כְּמוֹ שֶׁשָּׁנִינוּ בִּמְנָחוֹת: פַּעַם אַחַת נִצְטָרְכוּ אַנְשֵׁי לוּדְקִיָּא לְשֶׁמֶן וְכוּ':

כא| אַיָּלָה שְׁלֻחָה. זוֹ בִּקְעַת גִּנּוֹסַר, שֶׁהִיא קַלָּה לְבַשֵּׁל פֵּרוֹתֶיהָ כְּאַיָּלָה זוֹ שֶׁהִיא קַלָּה לָרוּץ. "אַיָּלָה שְׁלֻחָה" – אַיָּלָה מְשֻׁלַּחַת לָרוּץ: הַנֹּתֵן אִמְרֵי שָׁפֶר. כְּתַרְגּוּמוֹ. דָּבָר אַחֵר, עַל מִלְחֶמֶת סִיסְרָא נִתְנַבֵּא: "וְלָקַחְתָּ עִמְּךָ עֲשֶׂרֶת אֲלָפִים אִישׁ מִבְּנֵי נַפְתָּלִי" וְגוֹ' (שופטים ד, ו) וְהָלְכוּ שָׁם בִּזְרִיזוּת. וְכֵן נֶאֱמַר שָׁם לְשׁוֹן שִׁלּוּחַ: "בָּעֵמֶק שֻׁלַּח בְּרַגְלָיו" (שם ה, טו). "הַנֹּתֵן אִמְרֵי שָׁפֶר" – עַל יָדָם שָׁרוּ דְּבוֹרָה וּבָרָק שִׁירָה. וְרַבּוֹתֵינוּ דְּרָשׁוּהוּ עַל יוֹם קְבוּרַת יַעֲקֹב, כְּשֶׁעִרְעֵר עֵשָׂו עַל הַמְּעָרָה, בְּמַסֶּכֶת סוֹטָה (דף יג ע"א). וְתַרְגּוּמוֹ: "יִתְרְמֵי עַדְבֵיהּ", יִפֹּל חֶבְלוֹ, וְהוּא יוֹדֶה עַל חֶלְקוֹ אֲמָרִים נָאִים וְשֶׁבַח:

כב| בֵּן פֹּרָת. בֶּן חֵן. וְהוּא לְשׁוֹן אֲרַמִּי: "אַפְרִין נִמְטְיֵהּ לְרַבִּי שִׁמְעוֹן" בְּסוֹף בָּבָא מְצִיעָא (דף קיט ע"א): בֵּן פֹּרָת עֲלֵי עָיִן. חִנּוֹ נָטוּי עַל הָעַיִן הָרוֹאָה

יח לאחרא: לפרקנך סברית יי: יט דבית גד משרית מזינין, כד יעברון ית ירדנא קדם אחיהון
כ לקרבא, ובנכסין סגיאין יתובון לארעהון: דאשר טבא ארעיה, והיא מרביא תפנקי מלכין:
כא נפתלי בארע טבא יתרמי עדביה, אחסנתיה תהי מעבדא פירין, יהון מודן ומברכין
כב עליהון: ברי דיסגי יוסף ברי דיתברך, כגופן דנציב על עינא דמיא, תרין שבטין יפקון
כג מבנוהי, יקבלון חולקא ואחסנתא: ואתמררו עמיה ונקמוהי, ואעיקו ליה גברין
כד בעלי פלגותיה: ותבת בהון נביותיה, על דקיים אוריתא בסתרא ושוי תקפא רחצניה,
בכן אתרמא דהב על דרעוהי אחסין מלכותא ותקיף, דא הות ליה מן קדם אל תקיפא
כה דיעקב, דבמימריה זן אבהן ובנין זרעא דישראל: מימר אלהא דאבוך יהי בסעדך, וית
שדי ויברכנך, ברכן דנחתן מטלא דשמיא מלעילא, ברכן דנגדן ממעמקי ארעא

אותו: **בנות צעדה עלי שור.** בנות מצרים היו צועדות על החומה להסתכל ביפיו. "בנות" הרבה "צעדה" כל אחת ואחת במקום שתוכל לראותו משם. דבר אחר, "עלי שור", על ראייתו, כמו: "אשורנו ולא קרוב" (במדבר כד, יז). ומדרשי אגדה יש רבים, וזה נוטה ליישב המקרא: **פרת.** תי"ו שבו הוא תקון הלשון, כמו: "על דברת בני האדם" (קהלת ג, יח): **שור.** כמו לשור, "עלי שור" – בשביל לשור. ותרגום של אונקלוס "בנות צעדה עלי שור" – "תרין שבטין יפקון מבנוהי" וכו', וכתב 'בנות' על שם בנות מנשה בנות צלפחד שנטלו חלק בשני עברי הירדן. "ברי דיסגי יוסף" – 'פרת' לשון פריה ורביה. ויש מדרשי אגדה המתישבים על הלשון: בשעה שבא עשו לקראת יעקב, בכלן קדמו האמהות ללכת לפני בניהן להשתחוות, וברחל כתיב: "נגש יוסף ורחל וישתחוו" (לעיל לג, ז). אמר יוסף: הרשע הזה עינו רמה, שמא יתן עיניו באמי. יצא לפניה ושרבב קומתו לכסותה. והוא שברכו אביו: "בן פרת", הגדלת עצמך "יוסף, עלי עין" של עשו, לפיכך זכית לגדלה. "בנות צעדה עלי שור", להסתכל בך בצאתך על מצרים. ועוד דרשוהו לענין שלא ישלט בזרעו עין הרע. ואף כשברך מנשה ואפרים ברכם כדגים שאין עין הרע שולטת בהם:

כג **וימררהו ורבו.** וימררוהו אחיו, וימררוהו פוטיפר ואשתו לאסרו, לשון: "וימררו את חייהם" (שמות א, יד): **ורבו.** נעשו לו אחיו אנשי ריב. ואין הלשון הזה לשון פעלו, שאם כן היה לו לנקד 'ורבו', כמו: "המה מי מריבה אשר רבו" וגו' (במדבר כ, יג), ואף אם לשון רבית חצים הוא, כן היה לו לנקד; ואינו אלא לשון פעלו, כמו: "שמו שמים" (ירמיה ב, יב) שהוא לשון הושמו, וכן: "רומו מעט" (איוב כד, כד) שהוא לשון הורמו, אלא שלשון הורמו והושמו על ידי אחרים, ולשון שמו, רמו, רבו – מאליהם הוא, משוממים את עצמם, נתרוממו מעצמם, נעשו אנשי ריב. וכן: "דמו ישבי אי" (ישעיה כג, ב) כמו נדמו. וכן תרגם אונקלוס: "ונקמוהי": **בעלי חצים.** שלשונם כחץ, ותרגומו לשון "ותהי המחצה" (במדבר לא, לו), אותן שהיו ראויים לחלק עמו נחלה:

כד **ותשב באיתן קשתו.** נתישבה בחוזק: **קשתו.** חזקו: **ויפזו זרעי ידיו.** זו היא נתינת טבעת על ידו, לשון: "זהב מופז" (מלכים א' י, יח), זאת היתה לו מידי הקדוש ברוך הוא שהוא "אביר יעקב", ומשם עלה להיות "רעה אבן ישראל", עקרן של ישראל, לשון: "האבן הראשה" (זכריה ד, ז), לשון מלכות. ואונקלוס אף הוא כך תרגמו: "ותשב" – "ותבת בהון נביאותיה", החלומות אשר חלם להם. "על דקיים אורייתא בסתרא" – תוספת הוא ולא מלשון עברי שבמקרא. "ושוי תקפא רוחצניה" – תרגום של "באיתן קשתו". וכך לשון התרגום על העברי: ותשב נבואתו בשביל שאיתנו של הקדוש ברוך הוא היתה לו לקשת ולמבטח, "בכן אתרמא דהב" – לכך "ויפזו זרעי ידיו", לשון 'פז': **אבן ישראל.** לשון נוטריקון, אב ובן, "אבהן ובנין", יעקב ובניו:

כה **מאל אביך.** היתה לך זאת, והוא יעזרך: **ואת שדי.** ועם הקדוש ברוך הוא היה לבך כשלא

כו רֹבֶצֶת תָּחַת בִּרְכֹת שָׁדַיִם וָרָחַם׃ בִּרְכֹת אָבִיךָ
גָּבְרוּ עַל־בִּרְכֹת הוֹרַי עַד־תַּאֲוַת גִּבְעֹת עוֹלָם
תִּהְיֶיןָ לְרֹאשׁ יוֹסֵף וּלְקָדְקֹד נְזִיר אֶחָיו׃
ששי כז בִּנְיָמִין זְאֵב יִטְרָף בַּבֹּקֶר יֹאכַל עַד וְלָעֶרֶב יְחַלֵּק
כח שָׁלָל׃ כָּל־אֵלֶּה שִׁבְטֵי יִשְׂרָאֵל שְׁנֵים עָשָׂר וְזֹאת
אֲשֶׁר־דִּבֶּר לָהֶם אֲבִיהֶם וַיְבָרֶךְ אוֹתָם אִישׁ אֲשֶׁר
כט כְּבִרְכָתוֹ בֵּרַךְ אֹתָם׃ וַיְצַו אוֹתָם וַיֹּאמֶר אֲלֵהֶם
אֲנִי נֶאֱסָף אֶל־עַמִּי קִבְרוּ אֹתִי אֶל־אֲבֹתָי אֶל־
ל הַמְּעָרָה אֲשֶׁר בִּשְׂדֵה עֶפְרוֹן הַחִתִּי׃ בַּמְּעָרָה אֲשֶׁר
בִּשְׂדֵה הַמַּכְפֵּלָה אֲשֶׁר־עַל־פְּנֵי מַמְרֵא בְּאֶרֶץ
כְּנָעַן אֲשֶׁר קָנָה אַבְרָהָם אֶת־הַשָּׂדֶה מֵאֵת עֶפְרֹן
לא הַחִתִּי לַאֲחֻזַּת־קָבֶר׃ שָׁמָּה קָבְרוּ אֶת־אַבְרָהָם
וְאֵת שָׂרָה אִשְׁתּוֹ שָׁמָּה קָבְרוּ אֶת־יִצְחָק וְאֵת
לב רִבְקָה אִשְׁתּוֹ וְשָׁמָּה קָבַרְתִּי אֶת־לֵאָה׃ מִקְנֵה
לג הַשָּׂדֶה וְהַמְּעָרָה אֲשֶׁר־בּוֹ מֵאֵת בְּנֵי־חֵת׃ וַיְכַל

שָׁמַעְתָּ לְדִבְרֵי אֲדוֹנָתְךָ, וְהוּא יְבָרְכֶךָּ: **בִּרְכֹת שָׁדַיִם וָרָחַם.** "בִּרְכָתָא דַּאֲבוּךְ וּדְאִמָּךְ", כְּלוֹמַר יִתְבָּרְכוּ הַמּוֹלִידִים וְהַיּוֹלְדוֹת, שֶׁיִּהְיוּ הַזְּכָרִים מַזְרִיעִים טִפָּה הָרְאוּיָה לְהֵרָיוֹן, וְהַנְּקֵבוֹת לֹא יְשַׁכְּלוּ אֶת רֶחֶם שֶׁלָּהֶן לְהַפִּיל עֻבְּרֵיהֶן: **שָׁדָיִם.** "יָרֹה יִיָּרֶה" (שמות יט, יג) מְתַרְגְּמִינַן: "אִשְׁתְּדָאָה יִשְׁתְּדֵי", אַף שָׁדַיִם כָּאן עַל שֵׁם שֶׁהַזֶּרַע יוֹרֶה כַּחֵץ:

כו) **בִּרְכֹת אָבִיךָ גָּבְרוּ וְגוֹ'.** הַבְּרָכוֹת שֶׁבֵּרְכַנִי הַקָּדוֹשׁ בָּרוּךְ הוּא גָּבְרוּ עַל הַבְּרָכוֹת שֶׁבֵּרַךְ אֶת הוֹרַי: **עַד תַּאֲוַת גִּבְעֹת עוֹלָם.** לְפִי שֶׁהַבְּרָכוֹת שֶׁלִּי גָּבְרוּ וְהָלְכוּ עַד סוֹף גְּבוּלֵי גִּבְעוֹת עוֹלָם, שֶׁנָּתַן לִי בְּרָכָה פְּרוּצָה בְּלִי מְצָרִים מַגַּעַת עַד אַרְבַּע קְצוֹת הָעוֹלָם, שֶׁנֶּאֱמַר: "וּפָרַצְתָּ יָמָּה וָקֵדְמָה" וְגוֹ' (לעיל כח, יד), מַה שֶּׁלֹּא אָמַר לְאַבְרָהָם אָבִינוּ

כו מִלְּרַע, בִּרְכָתָא דַּאֲבוּךְ וּדְאִמָּךְ: בִּרְכָתָא דַּאֲבוּךְ, יִתּוֹסְפָן לָךְ עַל בִּרְכָתָא דְּלִי בָּרִיכוּ אֲבָהָתַי,
כז דְּחַמִּידוּ לְהוֹן רַבְרְבַיָּא דְּמִן עָלְמָא, יְהוֹיָן כָּל אִלֵּין לְרֵישָׁא דְּיוֹסֵף, גַּבְרָא פְּרִישָׁא דַּאֲחוֹהִי: בִּנְיָמִין
בְּאַרְעֵיהּ תִּשְׁרֵי שְׁכִינְתָא וּבְאַחְסַנְתֵּיהּ יִתְבְּנֵי מַקְדְּשָׁא, בְּצַפְרָא וּבְפַנְיָא יְהוֹן מְקָרְבִין כָּהֲנַיָּא
כח קֻרְבָּנָא, וּלְעִדָּן רַמְשָׁא יְהוֹן מְפַלְּגִין מוֹתַר חוּלָקְהוֹן מִשְּׁאָר קֻדְשַׁיָּא: כָּל אִלֵּין, שִׁבְטַיָּא דְּיִשְׂרָאֵל
כט תְּרֵי עֲסַר, וְדָא דְּמַלֵּיל לְהוֹן אֲבוּהוֹן וּבָרֵיךְ יָתְהוֹן, גְּבַר כְּבִרְכְתֵיהּ בָּרֵיךְ יָתְהוֹן: וּפַקֵּיד יָתְהוֹן,
וַאֲמַר לְהוֹן אֲנָא מִתְכְּנֵישׁ לְעַמִּי, קְבַרוּ יָתִי לְוָת אֲבָהָתַי, בִּמְעָרְתָא, דְּבַחֲקַל עֶפְרוֹן חִתָּאָה:
ל בִּמְעָרְתָא, דְּבַחֲקַל כָּפֵילְתָּא, דְּעַל אַפֵּי מַמְרֵא בְּאַרְעָא דִכְנָעַן, דִּזְבַן אַבְרָהָם יָת חַקְלָא, מִן
לא עֶפְרוֹן חִתָּאָה לְאַחְסָנַת קְבוּרָא: תַּמָּן קְבַרוּ יָת אַבְרָהָם, וְיָת שָׂרָה אִתְּתֵיהּ, תַּמָּן קְבַרוּ יָת יִצְחָק,
לב לג וְיָת רִבְקָה אִתְּתֵיהּ, וְתַמָּן קְבַרִית יָת לֵאָה: זְבִינֵי חַקְלָא, וּמְעָרְתָא דְּבֵיהּ מִן בְּנֵי חִתָּאָה: וְשֵׁיצִי

וּלְיִצְחָק. לְאַבְרָהָם אָמַר לוֹ: "שָׂא נָא עֵינֶיךָ וּרְאֵה... צָפֹנָה וְגוֹ' כִּי אֶת כָּל הָאָרֶץ אֲשֶׁר אַתָּה רֹאֶה לְךָ אֶתְּנֶנָּה" (לעיל יג, יד-טו), וְלֹא הֶרְאָהוּ אֶלָּא אֶרֶץ יִשְׂרָאֵל בִּלְבַד. לְיִצְחָק אָמַר לוֹ: "כִּי לְךָ וּלְזַרְעֲךָ אֶתֵּן אֶת כָּל הָאֲרָצֹת הָאֵל וַהֲקִמֹתִי אֶת הַשְּׁבֻעָה" וְגוֹ' (לעיל כו, ג). וְזֶהוּ שֶׁאָמַר יְשַׁעְיָה: "וְהַאֲכַלְתִּיךָ נַחֲלַת יַעֲקֹב אָבִיךָ" (ישעיה נח, יד) וְלֹא אָמַר 'נַחֲלַת אַבְרָהָם': הוֹרַי. לְשׁוֹן הֵרָיוֹן, שֶׁהוֹרוּנִי בִּמְעֵי אִמִּי, כְּמוֹ "הֹרָה גָבֶר" (איוב ג, ג): תַּאֲוַת. אשמול"ץ, כָּךְ חִבְּרוֹ מְנַחֵם בֶּן סָרוּק: עַד תַּאֲוַת. עַד קְצוֹת, כְּמוֹ: "וְהִתְאַוִּיתֶם לָכֶם לִגְבוּל קֵדְמָה" (במדבר לד, י), "תְּתָאוּ לְבוֹא חֲמָת" (שם פסוק ח): תִּהְיֶיןָ. כֻּלָּם "לְרֹאשׁ יוֹסֵף": נְזִיר אֶחָיו. "פְּרִישָׁא דַּאֲחוֹהִי", שֶׁנִּבְדַּל מֵאֶחָיו, כְּמוֹ: "וְיִנָּזְרוּ מִקָּדְשֵׁי בְנֵי יִשְׂרָאֵל" (ויקרא כב, ב), "נָזֹרוּ אָחוֹר" (ישעיה א, ד). וְרַבּוֹתֵינוּ דָּרְשׁוּ "וַתֵּשֶׁב בְּאֵיתָן קַשְׁתּוֹ" עַל כְּבִישַׁת יִצְרוֹ בְּאֵשֶׁת אֲדֹנָיו, וְקוֹרֵהוּ 'קֶשֶׁת' עַל שֵׁם שֶׁהַזֶּרַע יוֹרֶה כַּחֵץ. "וַיָּפֹזּוּ זְרֹעֵי יָדָיו", כְּמוֹ וַיָּפוּצוּ, שֶׁיָּצָא הַזֶּרַע מִבֵּין אֶצְבְּעוֹת יָדָיו. "מִידֵי אֲבִיר יַעֲקֹב", שֶׁנִּרְאֲתָה לוֹ דְּמוּת דְּיוֹקְנוֹ שֶׁל אָבִיו בַּחַלּוֹן וְכוּ', כִּדְאִיתָא בְּמַסֶּכֶת סוֹטָה (דף לו ע"ב). וְאוּנְקְלוֹס תִּרְגֵּם "תַּאֲוַת גִּבְעֹת עוֹלָם" לְשׁוֹן תַּאֲוָה וְחֶמְדָּה, וּ'גְבָעוֹת' לְשׁוֹן "מְצֻקֵי אֶרֶץ" (שמואל א' ב, ח) שֶׁחֲמָדָתַן אִמּוֹ וְהִזְקִיקַתּוּ לְקַבְּלָם:

כז בִּנְיָמִין זְאֵב יִטְרָף. זְאֵב הוּא אֲשֶׁר יִטְרֹף, נִבָּא עַל שֶׁהָיוּ עֲתִידִין לִהְיוֹת חַטְפָנִין, "וַחֲטַפְתֶּם לָכֶם אִישׁ אִשְׁתּוֹ" בְּפִילֶגֶשׁ בְּגִבְעָה (שופטים כא, כא). וְנִבָּא עַל שָׁאוּל שֶׁהָיָה נוֹצֵחַ בְּאוֹיְבָיו סָבִיב, שֶׁנֶּאֱמַר: "וְשָׁאוּל לָכַד הַמְּלוּכָה... וַיִּלָּחֶם... בְּמוֹאָב... וּבֶאֱדוֹם וְגוֹ' וּבְכֹל אֲשֶׁר יִפְנֶה יַרְשִׁיעַ" (שמואל א' יד, מז): בַּבֹּקֶר יֹאכַל עַד. לְשׁוֹן בִּזָּה וְשָׁלָל הַמְּתֻרְגָּם: 'עֲדָאָה'. וְעוֹד יֵשׁ לוֹ דּוֹמֶה בִּלְשׁוֹן עִבְרִית: "אָז חֻלַּק עַד שָׁלָל" (ישעיה לג, כג), וְעַל שָׁאוּל הוּא אוֹמֵר, שֶׁעָמַד בִּתְחִלַּת בַּקָּרָן וּזְרִיחָתָן שֶׁל יִשְׂרָאֵל: וְלָעֶרֶב יְחַלֵּק שָׁלָל. אַף מִשֶּׁתִּשְׁקַע שִׁמְשָׁן שֶׁל יִשְׂרָאֵל עַל יְדֵי נְבוּכַדְנֶצַּר שֶׁיַּגְלֵם לְבָבֶל, "יְחַלֵּק שָׁלָל" – מָרְדְּכַי וְאֶסְתֵּר שֶׁהֵם מִבִּנְיָמִין יְחַלְּקוּ אֶת שְׁלַל הָמָן, שֶׁנֶּאֱמַר: "הִנֵּה בֵית הָמָן נָתַתִּי לְאֶסְתֵּר" (אסתר ח, ז). וְאוּנְקְלוֹס תִּרְגְּמוֹ עַל שְׁלַל הַכֹּהֲנִים בְּקָדְשֵׁי הַמִּקְדָּשׁ:

כח וְזֹאת אֲשֶׁר דִּבֶּר לָהֶם אֲבִיהֶם וַיְבָרֶךְ אוֹתָם. וַהֲלֹא יֵשׁ מֵהֶם שֶׁלֹּא בֵּרְכָם אֶלָּא קִנְטְרָן? אֶלָּא כָּךְ פֵּרוּשׁוֹ: "וְזֹאת אֲשֶׁר דִּבֶּר לָהֶם אֲבִיהֶם", מַה שֶּׁאָמוּר בָּעִנְיָן. יָכוֹל שֶׁלֹּא בֵּרַךְ לִרְאוּבֵן שִׁמְעוֹן וְלֵוִי? תַּלְמוּד לוֹמַר: "וַיְבָרֶךְ אוֹתָם", כֻּלָּם בְּמַשְׁמָע: אֲשֶׁר כְּבִרְכָתוֹ. כַּבְּרָכָה הָעֲתִידָה לָבֹא עַל כָּל אֶחָד וְאֶחָד "בֵּרַךְ אֹתָם". לֹא הָיָה לוֹ לוֹמַר אֶלָּא 'אִישׁ אֲשֶׁר כְּבִרְכָתוֹ בֵּרַךְ אֹתוֹ', מַה תַּלְמוּד לוֹמַר: "בֵּרַךְ אֹתָם"? לְפִי שֶׁנָּתַן לִיהוּדָה גְּבוּרַת אֲרִי וּלְבִנְיָמִין חֲטִיפָתוֹ שֶׁל זְאֵב וּלְנַפְתָּלִי קַלּוּתוֹ שֶׁל אַיָּל, יָכוֹל שֶׁלֹּא כְּלָלָן כֻּלָּם בְּכָל הַבְּרָכוֹת? תַּלְמוּד לוֹמַר: "בֵּרַךְ אֹתָם":

כט נֶאֱסָף אֶל עַמִּי. עַל שֵׁם שֶׁמַּכְנִיסִין הַנְּפָשׁוֹת אֶל מְקוֹם גְּנִיזָתָן, שֶׁיֵּשׁ אֲסִיפוֹת בִּלְשׁוֹן עִבְרִית שֶׁהֵן לְשׁוֹן הַכְנָסָה, כְּגוֹן: "וְאֵין אִישׁ מְאַסֵּף אוֹתִי הַבָּיְתָה" (שופטים יט, יח), "וַאֲסַפְתּוֹ אֶל תּוֹךְ בֵּיתֶךָ" (דברים כב, ב), "בְּאָסְפְּכֶם אֶת תְּבוּאַת הָאָרֶץ" (ויקרא כג, לט) – הַכְנָסָתָהּ לַבַּיִת מִפְּנֵי הַגְּשָׁמִים, "בְּאָסְפְּךָ אֶת מַעֲשֶׂיךָ" (שמות כג, טז), וְכָל אֲסִיפָה הָאֲמוּרָה בְּמִיתָה אַף הִיא לְשׁוֹן הַכְנָסָה: אֶל אֲבֹתָי. עִם אֲבוֹתַי:

יַעֲקֹב֙ לְצַוֺּ֣ת אֶת־בָּנָ֔יו וַיֶּאֱסֹ֥ף רַגְלָ֖יו אֶל־הַמִּטָּ֑ה וַיִּגְוַ֖ע וַיֵּאָ֥סֶף אֶל־עַמָּֽיו: וַיִּפֹּ֥ל יוֹסֵ֖ף עַל־פְּנֵ֣י אָבִ֑יו וַיֵּ֥בְךְּ עָלָ֖יו וַיִּשַּׁק־לֽוֹ: וַיְצַ֨ו יוֹסֵ֤ף אֶת־עֲבָדָיו֙ אֶת־הָרֹ֣פְאִ֔ים לַחֲנֹ֖ט אֶת־אָבִ֑יו וַיַּחַנְט֥וּ הָרֹפְאִ֖ים אֶת־יִשְׂרָאֵֽל: וַיִּמְלְאוּ־לוֹ֙ אַרְבָּעִ֣ים י֔וֹם כִּ֛י כֵּ֥ן יִמְלְא֖וּ יְמֵ֣י הַחֲנֻטִ֑ים וַיִּבְכּ֥וּ אֹת֛וֹ מִצְרַ֖יִם שִׁבְעִ֥ים יֽוֹם: וַיַּֽעַבְרוּ֙ יְמֵ֣י בְכִית֔וֹ וַיְדַבֵּ֣ר יוֹסֵ֔ף אֶל־בֵּ֥ית פַּרְעֹ֖ה לֵאמֹ֑ר אִם־נָ֨א מָצָ֤אתִי חֵן֙ בְּעֵ֣ינֵיכֶ֔ם דַּבְּרוּ־נָ֕א בְּאָזְנֵ֥י פַרְעֹ֖ה לֵאמֹֽר: אָבִ֞י הִשְׁבִּיעַ֣נִי לֵאמֹ֗ר הִנֵּ֣ה אָנֹכִי֮ מֵת֒ בְּקִבְרִ֗י אֲשֶׁ֨ר כָּרִ֤יתִי לִי֙ בְּאֶ֣רֶץ כְּנַ֔עַן שָׁ֖מָּה תִּקְבְּרֵ֑נִי וְעַתָּ֗ה אֶֽעֱלֶה־נָּ֛א וְאֶקְבְּרָ֥ה אֶת־אָבִ֖י וְאָשֽׁוּבָה: וַיֹּ֖אמֶר פַּרְעֹ֑ה עֲלֵ֛ה וּקְבֹ֥ר אֶת־אָבִ֖יךָ כַּאֲשֶׁ֥ר הִשְׁבִּיעֶֽךָ: וַיַּ֥עַל יוֹסֵ֖ף לִקְבֹּ֣ר אֶת־אָבִ֑יו וַיַּֽעֲל֨וּ אִתּ֜וֹ כָּל־עַבְדֵ֤י פַרְעֹה֙ זִקְנֵ֣י בֵית֔וֹ וְכֹ֖ל זִקְנֵ֥י אֶֽרֶץ־מִצְרָֽיִם: וְכֹ֖ל בֵּ֣ית יוֹסֵ֑ף וְאֶחָ֖יו וּבֵ֣ית אָבִ֑יו רַ֗ק טַפָּם֙ וְצֹאנָ֣ם וּבְקָרָ֔ם עָזְב֖וּ בְּאֶ֥רֶץ גֹּֽשֶׁן: וַיַּ֣עַל עִמּ֔וֹ גַּם־רֶ֖כֶב גַּם־פָּרָשִׁ֑ים וַיְהִ֥י הַֽמַּחֲנֶ֖ה כָּבֵ֥ד מְאֹֽד: וַיָּבֹ֜אוּ עַד־גֹּ֣רֶן הָאָטָ֗ד אֲשֶׁר֙ בְּעֵ֣בֶר הַיַּרְדֵּ֔ן וַיִּ֨סְפְּדוּ־שָׁ֔ם מִסְפֵּ֛ד גָּד֥וֹל וְכָבֵ֖ד מְאֹ֑ד וַיַּ֧עַשׂ לְאָבִ֛יו אֵ֖בֶל שִׁבְעַ֥ת יָמִֽים: וַיַּ֡רְא יוֹשֵׁב֩ הָאָ֨רֶץ הַֽכְּנַעֲנִ֜י אֶת־הָאֵ֗בֶל בְּגֹ֨רֶן֙ הָֽאָטָ֔ד וַיֹּ֣אמְר֔וּ אֵֽבֶל־כָּבֵ֥ד זֶ֖ה

לְמִצְרַיִם עַל־כֵּן קָרָא שְׁמָהּ אָבֵל מִצְרַיִם אֲשֶׁר
יב יג בְּעֵבֶר הַיַּרְדֵּן: וַיַּעֲשׂוּ בָנָיו לוֹ כֵּן כַּאֲשֶׁר צִוָּם: וַיִּשְׂאוּ

נ א יַעֲקֹב לְפַקָּדָא יָת בְּנוֹהִי, וּכְנַשׁ רַגְלוֹהִי לְעַרְסָא, וְאִתְנְגִיד וְאִתְכְּנֵישׁ לְעַמֵּיהּ: וּנְפַל יוֹסֵף עַל
ב אַפֵּי אֲבוּהִי, וּבְכָא עֲלוֹהִי וְנַשֵּׁיק לֵיהּ: וּפַקֵּיד יוֹסֵף יָת עַבְדוֹהִי יָת אָסְוָתָא, לְמִחְנַט יָת אֲבוּהִי,
ג וַחֲנַטוּ אָסְוָתָא יָת יִשְׂרָאֵל: וּשְׁלִימוּ לֵיהּ אַרְבְּעִין יוֹמִין, אֲרֵי, כֵּן שָׁלְמִין יוֹמֵי חֲנִיטַיָּא, וּבְכוֹ
ד יָתֵיהּ, מִצְרָאֵי שִׁבְעִין יוֹמִין: וַעֲבַרוּ יוֹמֵי בְכִיתֵיהּ, וּמַלֵּיל יוֹסֵף, עִם בֵּית פַּרְעֹה לְמֵימַר, אִם כְּעַן
ה אַשְׁכַּחִית רַחֲמִין בְּעֵינֵיכוֹן, מַלִּילוּ כְעַן, קֳדָם פַּרְעֹה לְמֵימַר: אַבָּא קַיֵּים עֲלַי לְמֵימַר, הָא אֲנָא
מָאִית, בְּקִבְרִי, דְּאַתְקֵינִית לִי בְּאַרְעָא דִכְנַעַן, תַּמָּן תִּקְבְּרִנַּנִי, וּכְעַן, אֶסַּק כְּעַן, וְאֶקְבַּר יָת אַבָּא
ו ז וַאֲתוּב: וַאֲמַר פַּרְעֹה, סַק, וּקְבַר יָת אֲבוּךְ כְּמָא דְקַיֵּים עֲלָךְ: וּסְלֵיק יוֹסֵף לְמִקְבַּר יָת אֲבוּהִי,
ח וּסְלִיקוּ עִמֵּיהּ, כָּל עַבְדֵי פַרְעֹה סָבֵי בֵיתֵיהּ, וְכָל סָבֵי אַרְעָא דְמִצְרָיִם: וְכָל בֵּית יוֹסֵף, וַאֲחוֹהִי
ט וּבֵית אֲבוּהִי, לְחוֹד, טַפְלְהוֹן וְעָנְהוֹן וְתוֹרֵיהוֹן, שְׁבַקוּ בְּאַרְעָא דְגֹשֶׁן: וּסְלֵיק עִמֵּיהּ, אַף רְתִכִּין
י אַף פָּרָשִׁין, וַהֲוָת מַשְׁרִיתָא סַגִּיאָה לַחֲדָא: וַאֲתוֹ עַד בֵּית אִדְּרֵי דְאָטָד, דִּבְעִבְרָא דְיַרְדְּנָא,
יא וּסְפַדוּ תַמָּן, מִסְפֵּד, רַב וְתַקִּיף לַחֲדָא, וַעֲבַד לַאֲבוּהִי, אֶבְלָא שִׁבְעָא יוֹמִין: וַחֲזָא, יָתֵיב
אַרְעָא כְנַעֲנָאָה יָת אֶבְלָא, בְּבֵית אִדְּרֵי דְאָטָד, וַאֲמַרוּ, אֵבֶל תַּקִּיף דֵּין לְמִצְרָאֵי, עַל כֵּן,
יב יג קְרָא שְׁמַהּ אָבֵל מִצְרַיִם, דִּבְעִבְרָא דְיַרְדְּנָא: וַעֲבַדוּ בְנוֹהִי לֵיהּ, כֵּן כְּמָא דְפַקֵּידִנּוּן: וּנְטַלוּ

לג) **וַיֶּאֱסֹף רַגְלָיו.** הִכְנִיס רַגְלָיו: **וַיִּגְוַע וַיֵּאָסֶף.** וּמִיתָה לֹא נֶאֶמְרָה בּוֹ, וְאָמְרוּ רַבּוֹתֵינוּ: יַעֲקֹב אָבִינוּ לֹא מֵת:

פרק נ

ב) **לַחֲנֹט אֶת אָבִיו.** עִנְיַן מִרְקַחַת בְּשָׂמִים הוּא:

ג) **וַיִּמְלְאוּ לוֹ.** הִשְׁלִימוּ לוֹ יְמֵי חֲנִיטָתוֹ עַד שֶׁמָּלְאוּ לוֹ אַרְבָּעִים יוֹם: **וַיִּבְכּוּ אֹתוֹ מִצְרַיִם שִׁבְעִים יוֹם.** אַרְבָּעִים לַחֲנִיטָה וּשְׁלֹשִׁים לַבֶּכִי, לְפִי שֶׁבָּאָה לָהֶם בְּרָכָה לְרַגְלוֹ, שֶׁכָּלָה הָרָעָב וְהָיוּ מֵי נִילוּס מִתְבָּרְכִין:

ה) **אֲשֶׁר כָּרִיתִי לִי.** כִּפְשׁוּטוֹ, כְּמוֹ: "כִּי יִכְרֶה אִישׁ" (שמות כא, לג). וּמִדְרָשׁוֹ עוֹד מְתֻיַּשֵּׁב עַל הַלָּשׁוֹן, כְּמוֹ אֲשֶׁר קָנִיתִי. אָמַר רַבִּי עֲקִיבָא: כְּשֶׁהָלַכְתִּי לִכְרַכֵּי הַיָּם הָיוּ קוֹרִין לִמְכִירָה 'כִּירָה'. וְעוֹד מִדְרָשׁוֹ לְשׁוֹן כְּרִי, דְּגוּר; שֶׁנָּטַל יַעֲקֹב כָּל כֶּסֶף וְזָהָב שֶׁהֵבִיא מִבֵּית לָבָן וְעָשָׂה אוֹתוֹ כְּרִי, וְאָמַר לְעֵשָׂו: טֹל זֶה בִּשְׁבִיל חֶלְקְךָ בַּמְּעָרָה:

ו) **כַּאֲשֶׁר הִשְׁבִּיעֶךָ.** וְאִם לֹא בִּשְׁבִיל הַשְּׁבוּעָה לֹא הָיִיתִי מַנִּיחֲךָ. אֲבָל יָרֵא לוֹמַר: עֲבֹר עַל הַשְּׁבוּעָה, שֶׁלֹּא יֹאמַר: אִם כֵּן, אֶעֱבֹר עַל הַשְּׁבוּעָה שֶׁנִּשְׁבַּעְתִּי לְךָ שֶׁלֹּא אֲגַלֶּה עַל לְשׁוֹן הַקֹּדֶשׁ שֶׁאֲנִי מַכִּיר עוֹדֵף עַל שִׁבְעִים לָשׁוֹן וְאַתָּה אֵינְךָ מַכִּיר בּוֹ, כִּדְאִיתָא בְּמַסֶּכֶת סוֹטָה (דף לו ע"ב):

י) **גֹּרֶן הָאָטָד.** מֻקָּף אֲטָדִין הָיָה. וְרַבּוֹתֵינוּ דָּרְשׁוּ עַל שֵׁם הַמְּאֹרָע, שֶׁבָּאוּ כָּל מַלְכֵי כְנַעַן וּנְשִׂיאֵי יִשְׁמָעֵאל לַמִּלְחָמָה, וְכֵיוָן שֶׁרָאוּ כִּתְרוֹ שֶׁל יוֹסֵף תָּלוּי בַּאֲרוֹנוֹ שֶׁל יַעֲקֹב, עָמְדוּ כֻלָּן וְתָלוּ בּוֹ כִּתְרֵיהֶם, וְהִקִּיפוּהוּ כְּתָרִים כְּגֹרֶן הַמֻּקָּף סְיָג שֶׁל קוֹצִים:

יב-יג) **כַּאֲשֶׁר צִוָּם.** מַהוּ אֲשֶׁר צִוָּם? "וַיִּשְׂאוּ אֹתוֹ בָנָיו" וְלֹא בְּנֵי בָנָיו, שֶׁכָּךְ צִוָּם: אַל יִשְׂאוּ מִטָּתִי לֹא אִישׁ מִצְרִי וְלֹא אֶחָד מִבְּנֵיכֶם, שֶׁהֵם מִבְּנוֹת כְּנַעַן, אֶלָּא אַתֶּם. וְקָבַע לָהֶם מָקוֹם, שְׁלֹשָׁה לַמִּזְרָח, וְכֵן לְאַרְבַּע רוּחוֹת, וּכְסִדְרָן לְמַסַּע מַחֲנֶה שֶׁל דְּגָלִים נִקְבְּעוּ כָּאן; לֵוִי לֹא יִשָּׂא, שֶׁהוּא עָתִיד

אֹת֤וֹ בָנָיו֙ אַ֣רְצָה כְּנַ֔עַן וַיִּקְבְּר֣וּ אֹת֔וֹ בִּמְעָרַ֖ת
שְׂדֵ֣ה הַמַּכְפֵּלָ֑ה אֲשֶׁ֣ר קָנָה֩ אַבְרָהָ֨ם אֶת־הַשָּׂדֶ֜ה
לַאֲחֻזַּת־קֶ֗בֶר מֵאֵ֛ת עֶפְרֹ֥ן הַחִתִּ֖י עַל־פְּנֵ֥י מַמְרֵֽא׃
וַיָּ֨שָׁב יוֹסֵ֤ף מִצְרַ֙יְמָה֙ ה֣וּא וְאֶחָ֔יו וְכָל־הָעֹלִ֥ים יד
אִתּ֖וֹ לִקְבֹּ֣ר אֶת־אָבִ֑יו אַחֲרֵ֖י קָבְר֥וֹ אֶת־אָבִֽיו׃
וַיִּרְא֤וּ אֲחֵֽי־יוֹסֵף֙ כִּי־מֵ֣ת אֲבִיהֶ֔ם וַיֹּ֣אמְר֔וּ ל֥וּ טו
יִשְׂטְמֵ֖נוּ יוֹסֵ֑ף וְהָשֵׁ֤ב יָשִׁיב֙ לָ֔נוּ אֵ֚ת כָּל־הָ֣רָעָ֔ה
אֲשֶׁ֥ר גָּמַ֖לְנוּ אֹתֽוֹ׃ וַיְצַוּ֕וּ אֶל־יוֹסֵ֖ף לֵאמֹ֑ר אָבִ֣יךָ טז
צִוָּ֔ה לִפְנֵ֥י מוֹת֖וֹ לֵאמֹֽר׃ כֹּֽה־תֹאמְר֣וּ לְיוֹסֵ֗ף יז
אָ֣נָּ֡א שָׂ֣א נָ֠א פֶּ֣שַׁע אַחֶ֤יךָ וְחַטָּאתָם֙ כִּי־רָעָ֣ה
גְמָל֔וּךָ וְעַתָּה֙ שָׂ֣א נָ֔א לְפֶ֥שַׁע עַבְדֵ֖י אֱלֹהֵ֣י אָבִ֑יךָ
וַיֵּ֥בְךְּ יוֹסֵ֖ף בְּדַבְּרָ֥ם אֵלָֽיו׃ וַיֵּלְכוּ֙ גַּם־אֶחָ֔יו וַֽיִּפְּל֖וּ יח
לְפָנָ֑יו וַיֹּ֣אמְר֔וּ הִנֶּ֥נּוּ לְךָ֖ לַעֲבָדִֽים׃ וַיֹּ֧אמֶר אֲלֵהֶ֛ם יט
יוֹסֵ֖ף אַל־תִּירָ֑אוּ כִּ֛י הֲתַ֥חַת אֱלֹהִ֖ים אָֽנִי׃ וְאַתֶּ֕ם כ
חֲשַׁבְתֶּ֥ם עָלַ֖י רָעָ֑ה אֱלֹהִים֙ חֲשָׁבָ֣הּ לְטֹבָ֔ה לְמַ֗עַן
עֲשֹׂ֛ה כַּיּ֥וֹם הַזֶּ֖ה לְהַחֲיֹ֥ת עַם־רָֽב׃ וְעַתָּה֙ אַל־ כא שביעי
תִּירָ֔אוּ אָנֹכִ֛י אֲכַלְכֵּ֥ל אֶתְכֶ֖ם וְאֶֽת־טַפְּכֶ֑ם וַיְנַחֵ֣ם
אוֹתָ֔ם וַיְדַבֵּ֖ר עַל־לִבָּֽם׃ וַיֵּ֤שֶׁב יוֹסֵף֙ בְּמִצְרַ֔יִם כב
ה֖וּא וּבֵ֣ית אָבִ֑יו וַיְחִ֣י יוֹסֵ֔ף מֵאָ֥ה וָעֶ֖שֶׂר שָׁנִֽים׃
וַיַּ֤רְא יוֹסֵף֙ לְאֶפְרַ֔יִם בְּנֵ֖י שִׁלֵּשִׁ֑ים גַּ֗ם בְּנֵ֤י מָכִיר֙ כג מפטיר
בֶּן־מְנַשֶּׁ֔ה יֻלְּד֖וּ עַל־בִּרְכֵּ֥י יוֹסֵֽף׃ וַיֹּ֤אמֶר יוֹסֵף֙ כד ★

יָתֵיהּ בְּנוֹהִי לְאַרְעָא דִכְנַעַן, וּקְבַרוּ יָתֵיהּ, בִּמְעָרַת חֲקַל כָּפֵילְתָּא, דִּזְבַן אַבְרָהָם
יד יָת חַקְלָא לְאַחְסָנַת קְבוּרָא, מִן עֶפְרוֹן חִתָּאָה עַל אַפֵּי מַמְרֵא: וְתָב יוֹסֵף לְמִצְרַיִם הוּא
טו וַאֲחוֹהִי, וְכָל דִּסְלִיקוּ עִמֵּיהּ לְמִקְבַּר יָת אֲבוּהִי, בָּתַר דִּקְבַר יָת אֲבוּהִי: וַחֲזוֹ אֲחֵי יוֹסֵף
אֲרֵי מִית אֲבוּהוֹן, וַאֲמַרוּ, דִּלְמָא יְטַר לַנָא דְּבָבוּ יוֹסֵף, וְאַתָבָא יָתִיב לַנָא, יָת כָּל בִּשְׁתָּא,
טז יז דִּגְמַלְנָא יָתֵיהּ: וּפַקִּידוּ, לְוָת יוֹסֵף לְמֵימַר, אֲבוּךְ פַּקֵּיד, קֳדָם מוֹתֵיהּ לְמֵימַר: כְּדֵין תֵּימְרוּן
לְיוֹסֵף, בְּבָעוּ, שְׁבוֹק כְּעַן, לְחוֹבֵי אֲחָךְ וּלְחַטָּאֵיהוֹן אֲרֵי בִשְׁתָּא גְמָלוּךְ, וּכְעַן שְׁבוֹק כְּעַן,
יח לְחוֹבֵי עַבְדֵי אֱלָהָא דַאֲבוּךְ, וּבְכָא יוֹסֵף בְּמַלָּלוּתְהוֹן עִמֵּיהּ: וַאֲזַלוּ אַף אֲחוֹהִי, וּנְפַלוּ
יט קֳדָמוֹהִי, וַאֲמַרוּ, הָא אֲנַחְנָא לָךְ לְעַבְדִין: וַאֲמַר לְהוֹן, יוֹסֵף לָא תִדְחֲלוּן, אֲרֵי, דָחֲלָא דַיְיָ
כ אֲנָא: וְאַתּוּן, חֲשַׁבְתּוּן עֲלַי בִּישָׁא, מִן קֳדָם יְיָ אִתְחֲשֵׁיבַת לְטָבָא, בְּדִיל, לְמֶעְבַּד, כְּיוֹמָא
כא הָדֵין לְקַיָּמָא עַם סַגִּי: וּכְעַן לָא תִדְחֲלוּן, אֲנָא, אֲזוּן יָתְכוֹן וְיָת טַפְלְכוֹן, וְנַחֵים יָתְהוֹן, וּמַלֵּיל
כב תַּנְחוּמִין עַל לִבְּהוֹן: וִיתֵיב יוֹסֵף בְּמִצְרַיִם, הוּא וּבֵית אֲבוּהִי, וַחֲיָא יוֹסֵף, מְאָה וַעֲסַר שְׁנִין:
כג כד וַחֲזָא יוֹסֵף לְאֶפְרַיִם, בְּנִין תְּלִיתָאִין, אַף, בְּנֵי מָכִיר בַּר מְנַשֶּׁה, אִתְיְלִידוּ וְרַבִּי יוֹסֵף: וַאֲמַר יוֹסֵף

לָשֵׂאת אֶת הָאָרוֹן, וְיוֹסֵף לֹא יִשָּׂא, שֶׁהוּא מֶלֶךְ, מְנַשֶּׁה וְאֶפְרַיִם יִהְיוּ תַּחְתֵּיהֶם. וְזֶהוּ "אִישׁ עַל דִּגְלוֹ בְאֹתֹת" (במדבר ב, ב) – בָּאוֹת שֶׁמָּסַר לָהֶם אֲבִיהֶם לָמַשָּׂא מִטָּתוֹ:

יד) **הוּא וְאֶחָיו וְכָל הָעֹלִים אִתּוֹ.** בַּחֲזָרָתָן כָּאן הִקְדִּים אֶחָיו לַמִּצְרִים הָעוֹלִים אִתּוֹ, וּבַהֲלִיכָתָן הִקְדִּים מִצְרִים לְאֶחָיו, שֶׁנֶּאֱמַר: "וַיַּעֲלוּ אִתּוֹ כָּל עַבְדֵי פַרְעֹה" וְגוֹ' וְאַחַר כָּךְ: "וְכֹל בֵּית יוֹסֵף וְאֶחָיו" (לעיל פסוק ז-ח)! אֶלָּא לְפִי שֶׁרָאוּ כָּבוֹד שֶׁעָשׂוּ מַלְכֵי כְנַעַן, שֶׁתָּלוּ כִתְרֵיהֶם בַּאֲרוֹנוֹ שֶׁל יַעֲקֹב, נָהֲגוּ בָּהֶם כָּבוֹד:

טו) **וַיִּרְאוּ אֲחֵי יוֹסֵף כִּי מֵת אֲבִיהֶם.** מַהוּ "וַיִּרְאוּ"? הִכִּירוּ בְּמִיתָתוֹ אֵצֶל יוֹסֵף, שֶׁהָיוּ רְגִילִים לִסְעֹד עַל שֻׁלְחָנוֹ שֶׁל יוֹסֵף וְהָיָה מְקָרְבָן בִּשְׁבִיל כְּבוֹד אָבִיו, וּמִשֶּׁמֵּת יַעֲקֹב לֹא קֵרְבָן: **לוּ יִשְׂטְמֵנוּ.** שֶׁמָּא יִשְׂטְמֵנוּ. 'לוּ' מִתְחַלֵּק לְעִנְיָנִים הַרְבֵּה: יֵשׁ 'לוּ' מְשַׁמֵּשׁ בִּלְשׁוֹן בַּקָּשָׁה וּלְשׁוֹן הַלְוַאי, כְּגוֹן: "לוּ יְהִי כִדְבָרֶךָ" (לעיל ל, לד), "לוּ שְׁמָעֵנִי" (לעיל כג, יג), "וְלוּ הוֹאַלְנוּ" (יהושע ז, ז), "לוּ מַתְנוּ" (במדבר יד, ב); וְיֵשׁ 'לוּ' מְשַׁמֵּשׁ בִּלְשׁוֹן אִם וְאוּלַי, כְּגוֹן: "לוּ חָכְמוּ" (דברים לב, כט), "לוּ הִקְשַׁבְתָּ לְמִצְוֹתָי" (ישעיה מח, יח), "וְלוּ אָנֹכִי שֹׁקֵל עַל כַּפַּי" (שמואל ב' יח, יב); וְיֵשׁ 'לוּ' מְשַׁמֵּשׁ בִּלְשׁוֹן שֶׁמָּא: "לוּ יִשְׂטְמֵנוּ" וְאֵין לוֹ עוֹד דּוֹמֶה בַּמִּקְרָא, וְהוּא לְשׁוֹן אוּלַי, כְּמוֹ: "אֻלַי לֹא תֵלֵךְ הָאִשָּׁה אַחֲרָי" (לעיל כד, לט), לְשׁוֹן שֶׁמָּא הוּא. וְיֵשׁ 'אוּלַי' לְשׁוֹן בַּקָּשָׁה, כְּגוֹן: "אוּלַי יִרְאֶה ה' בְּעֵינִי" (שמואל ב' טז, יב), "אוּלַי ה' אוֹתִי" (יהושע יד, יב), הֲרֵי הוּא כְּמוֹ: "לוּ יְהִי כִדְבָרֶךָ" (לעיל ל, לד); וְיֵשׁ 'אוּלַי' לְשׁוֹן אִם: "אוּלַי יֵשׁ חֲמִשִּׁים צַדִּיקִם" (לעיל יח, כד):

טז) **וַיְצַוּוּ אֶל יוֹסֵף.** כְּמוֹ: "וַיְצַוֵּם אֶל בְּנֵי יִשְׂרָאֵל" (שמות ו, יג), צִוָּה לְמֹשֶׁה וּלְאַהֲרֹן לִהְיוֹת שְׁלוּחִים אֶל בְּנֵי יִשְׂרָאֵל, אַף זֶה, וַיְצַוּוּ אֶל שְׁלוּחָם לִהְיוֹת שָׁלִיחַ אֶל יוֹסֵף לוֹמַר לוֹ כֵּן. וְאֶת מִי צִוּוּ? אֶת בְּנֵי בִלְהָה שֶׁהָיוּ רְגִילִין אֶצְלוֹ, שֶׁנֶּאֱמַר: "וְהוּא נַעַר אֶת בְּנֵי בִלְהָה" (לעיל לז, ב): **אָבִיךָ צִוָּה.** שִׁנּוּ בַדָּבָר מִפְּנֵי הַשָּׁלוֹם, כִּי לֹא צִוָּה יַעֲקֹב כֵּן, שֶׁלֹּא נֶחְשַׁד יוֹסֵף בְּעֵינָיו:

יז) **שָׂא נָא לְפֶשַׁע עַבְדֵי אֱלֹהֵי אָבִיךָ.** אִם אָבִיךָ מֵת, אֱלֹהָיו קַיָּם וְהֵם עֲבָדָיו:

יח) **וַיֵּלְכוּ גַּם אֶחָיו.** מוֹסָף עַל הַשְּׁלִיחוּת:

יט) **כִּי הֲתַחַת אֱלֹהִים אָנִי.** שֶׁמָּא בִּמְקוֹמוֹ אֲנִי? בִּתְמִיָּה. אִם הָיִיתִי רוֹצֶה לְהָרַע לָכֶם, כְּלוּם אֲנִי יָכוֹל? וַהֲלֹא אַתֶּם כֻּלְּכֶם חֲשַׁבְתֶּם עָלַי רָעָה וְהַקָּדוֹשׁ בָּרוּךְ הוּא חֲשָׁבָהּ לְטוֹבָה, וְהֵיאַךְ אֲנִי לְבַדִּי יָכוֹל לְהָרַע לָכֶם?:

כא) **וַיְדַבֵּר עַל לִבָּם.** דְּבָרִים הַמִּתְקַבְּלִים עַל הַלֵּב: עַד שֶׁלֹּא יְרַדְתֶּם לְכָאן הָיוּ מְרַנְּנִים עָלַי שֶׁאֲנִי עֶבֶד, וְעַל יְדֵיכֶם נוֹדַע שֶׁאֲנִי בֶּן חוֹרִין, וַאֲנִי הוֹרֵג אֶתְכֶם?! מָה הַבְּרִיּוֹת אוֹמְרוֹת? כַּת שֶׁל בַּחוּרִים רָאָה וְנִשְׁתַּבַּח בָּהֶם וְאָמַר: אַחַי הֵם, וּלְבַסּוֹף הֲרָגָם. יֵשׁ לְךָ אָח שֶׁהוֹרֵג אֶת אֶחָיו? דָּבָר אַחֵר, עֲשָׂרָה נֵרוֹת לֹא יָכְלוּ לְכַבּוֹת נֵר אֶחָד וְכוּ' (מגילה טז ע"ב):

כג) **עַל בִּרְכֵּי יוֹסֵף.** כְּתַרְגּוּמוֹ, גִּדְּלָן בֵּין בִּרְכָּיו:

אֶל־אֶחָיו אָנֹכִי מֵת וֵאלֹהִים פָּקֹד יִפְקֹד אֶתְכֶם
וְהֶעֱלָה אֶתְכֶם מִן־הָאָרֶץ הַזֹּאת אֶל־הָאָרֶץ
כה אֲשֶׁר נִשְׁבַּע לְאַבְרָהָם לְיִצְחָק וּלְיַעֲקֹב׃ וַיַּשְׁבַּע
יוֹסֵף אֶת־בְּנֵי יִשְׂרָאֵל לֵאמֹר פָּקֹד יִפְקֹד אֱלֹהִים
כו אֶתְכֶם וְהַעֲלִתֶם אֶת־עַצְמֹתַי מִזֶּה׃ וַיָּמָת יוֹסֵף

הפטרת ויחי

דוד המלך מותיר צוואה לבנו, שלמה המלך. בחלקה הראשון הוא מציין את הדבקות בתורת משה ובמצוותיה כתנאי להצלחתו כאדם וכמלך. בחלקה השני הוא מחדד את הבנתו לקראת השעה הרגישה של חילופי שלטון. יש אנשים שעלולים לנסות ולנצל את שעת הדמדומים הזאת כדי לתפוס את השלטון. מאבק דמים כזה, בניגוד לכל מה שסוכם עליו בתום המלכת שלמה, שכל המערערים מקבלים עליהם את שלטונו, עלול למוטט את מלכות ישראל. במצבים רגישים והרי גורל יש לפעול במהירות ובנחרצות כדי למנוע פגיעה בהישגים הרבים של מלכות ישראל, שהרי הייתה ממלכה גדולה וחזקה מבחינה צבאית, מדינית וכלכלית, שלטון מרכזי מוסכם ואיתן. כך היה סבור דוד המלך, והוא ראה בזה ביטוי לדבקות בערכים שהצביע עליהם בחלקה הראשון של הצוואה.

מלכים א׳ ב א ב וַיִּקְרְבוּ יְמֵי־דָוִד לָמוּת וַיְצַו אֶת־שְׁלֹמֹה בְנוֹ לֵאמֹר׃ אָנֹכִי הֹלֵךְ בְּדֶרֶךְ
ג כָּל־הָאָרֶץ וְחָזַקְתָּ וְהָיִיתָ לְאִישׁ׃ וְשָׁמַרְתָּ אֶת־מִשְׁמֶרֶת ׀ יהוה אֱלֹהֶיךָ
לָלֶכֶת בִּדְרָכָיו לִשְׁמֹר חֻקֹּתָיו מִצְוֹתָיו וּמִשְׁפָּטָיו וְעֵדְוֹתָיו כַּכָּתוּב בְּתוֹרַת
מֹשֶׁה לְמַעַן תַּשְׂכִּיל אֵת כָּל־אֲשֶׁר תַּעֲשֶׂה וְאֵת כָּל־אֲשֶׁר תִּפְנֶה שָׁם׃
ד לְמַעַן יָקִים יהוה אֶת־דְּבָרוֹ אֲשֶׁר דִּבֶּר עָלַי לֵאמֹר אִם־יִשְׁמְרוּ בָנֶיךָ
אֶת־דַּרְכָּם לָלֶכֶת לְפָנַי בֶּאֱמֶת בְּכָל־לְבָבָם וּבְכָל־נַפְשָׁם לֵאמֹר לֹא־
ה יִכָּרֵת לְךָ אִישׁ מֵעַל כִּסֵּא יִשְׂרָאֵל׃ וְגַם אַתָּה יָדַעְתָּ אֵת אֲשֶׁר־עָשָׂה לִי

כו בֶּן־מֵאָה וָעֶשֶׂר שָׁנִים וַיַּחַנְטוּ אֹתוֹ וַיִּישֶׂם בָּאָרוֹן
בְּמִצְרָיִם׃ חזק

לַאֲחוֹהִי, אֲנָא מָאִית, וַיְיָ מִדְכַּר דְּכִיר יָתְכוֹן, וְיַסֵּיק יָתְכוֹן מִן אַרְעָא הָדָא, לְאַרְעָא, דְּקַיֵּים,
כה לְאַבְרָהָם לְיִצְחָק וּלְיַעֲקֹב׃ וְאוֹמֵי יוֹסֵף, יָת בְּנֵי יִשְׂרָאֵל לְמֵימַר, מִדְכַּר דְּכִיר יְיָ יָתְכוֹן, וְתַסְּקוּן
כו יָת גַּרְמַי מִכָּא׃ וּמִית יוֹסֵף, בַּר מְאָה וַעֲסַר שְׁנִין, וַחֲנַטוּ יָתֵיהּ, וְשָׁמוּהִי בַּאֲרוֹנָא בְּמִצְרָיִם׃

יוֹאָב בֶּן־צְרוּיָה אֲשֶׁר עָשָׂה לִשְׁנֵי־שָׂרֵי צִבְאוֹת יִשְׂרָאֵל לְאַבְנֵר בֶּן־נֵר
וְלַעֲמָשָׂא בֶן־יֶתֶר וַיַּהַרְגֵם וַיָּשֶׂם דְּמֵי־מִלְחָמָה בְּשָׁלֹם וַיִּתֵּן דְּמֵי מִלְחָמָה
ו בַּחֲגֹרָתוֹ אֲשֶׁר בְּמָתְנָיו וּבְנַעֲלוֹ אֲשֶׁר בְּרַגְלָיו׃ וְעָשִׂיתָ כְּחָכְמָתֶךָ וְלֹא־
ז תוֹרֵד שֵׂיבָתוֹ בְּשָׁלֹם שְׁאֹל׃ וְלִבְנֵי בַרְזִלַּי הַגִּלְעָדִי תַּעֲשֶׂה־
חֶסֶד וְהָיוּ בְּאֹכְלֵי שֻׁלְחָנֶךָ כִּי־כֵן קָרְבוּ אֵלַי בְּבָרְחִי מִפְּנֵי אַבְשָׁלוֹם
ח אָחִיךָ׃ וְהִנֵּה עִמְּךָ שִׁמְעִי בֶן־גֵּרָא בֶן־הַיְמִינִי מִבַּחֻרִים וְהוּא קִלְלַנִי
קְלָלָה נִמְרֶצֶת בְּיוֹם לֶכְתִּי מַחֲנָיִם וְהוּא־יָרַד לִקְרָאתִי הַיַּרְדֵּן וָאֶשָּׁבַע
ט לוֹ בַיהוה לֵאמֹר אִם־אֲמִיתְךָ בֶּחָרֶב׃ וְעַתָּה אַל־תְּנַקֵּהוּ כִּי אִישׁ חָכָם
אָתָּה וְיָדַעְתָּ אֵת אֲשֶׁר תַּעֲשֶׂה־לּוֹ וְהוֹרַדְתָּ אֶת־שֵׂיבָתוֹ בְּדָם שְׁאוֹל׃
יא וַיִּשְׁכַּב דָּוִד עִם־אֲבֹתָיו וַיִּקָּבֵר בְּעִיר דָּוִד׃ וְהַיָּמִים אֲשֶׁר מָלַךְ
דָּוִד עַל־יִשְׂרָאֵל אַרְבָּעִים שָׁנָה בְּחֶבְרוֹן מָלַךְ שֶׁבַע שָׁנִים וּבִירוּשָׁלַםִ
יב מָלַךְ שְׁלֹשִׁים וְשָׁלֹשׁ שָׁנִים׃ וּשְׁלֹמֹה יָשַׁב עַל־כִּסֵּא דָּוִד אָבִיו וַתִּכֹּן
מַלְכֻתוֹ מְאֹד׃

שמות

חומש

פרשת שמות

שמות

א א א וְאֵלֶּה שְׁמוֹת בְּנֵי יִשְׂרָאֵל הַבָּאִים מִצְרָיְמָה אֵת
ב יַעֲקֹב אִישׁ וּבֵיתוֹ בָּאוּ׃ רְאוּבֵן שִׁמְעוֹן לֵוִי וִיהוּדָה׃
ג ד ה יִשָּׂשכָר זְבוּלֻן וּבִנְיָמִן׃ דָּן וְנַפְתָּלִי גָּד וְאָשֵׁר׃ וַיְהִי
כָּל־נֶפֶשׁ יֹצְאֵי יֶרֶךְ־יַעֲקֹב שִׁבְעִים נָפֶשׁ וְיוֹסֵף
ו הָיָה בְמִצְרָיִם׃ וַיָּמָת יוֹסֵף וְכָל־אֶחָיו וְכֹל הַדּוֹר
ז הַהוּא׃ וּבְנֵי יִשְׂרָאֵל פָּרוּ וַיִּשְׁרְצוּ וַיִּרְבּוּ וַיַּעַצְמוּ
בִּמְאֹד מְאֹד וַתִּמָּלֵא הָאָרֶץ אֹתָם׃
ח ◂ וַיָּקָם מֶלֶךְ־חָדָשׁ עַל־מִצְרָיִם אֲשֶׁר לֹא־יָדַע אֶת־
ט יוֹסֵף׃ וַיֹּאמֶר אֶל־עַמּוֹ הִנֵּה עַם בְּנֵי יִשְׂרָאֵל רַב
י וְעָצוּם מִמֶּנּוּ׃ הָבָה נִתְחַכְּמָה לוֹ פֶּן־יִרְבֶּה וְהָיָה
כִּי־תִקְרֶאנָה מִלְחָמָה וְנוֹסַף גַּם־הוּא עַל־שֹׂנְאֵינוּ
יא וְנִלְחַם־בָּנוּ וְעָלָה מִן־הָאָרֶץ׃ וַיָּשִׂימוּ עָלָיו שָׂרֵי
מִסִּים לְמַעַן עַנֹּתוֹ בְּסִבְלֹתָם וַיִּבֶן עָרֵי מִסְכְּנוֹת
יב לְפַרְעֹה אֶת־פִּתֹם וְאֶת־רַעַמְסֵס׃ וְכַאֲשֶׁר יְעַנּוּ
אֹתוֹ כֵּן יִרְבֶּה וְכֵן יִפְרֹץ וַיָּקֻצוּ מִפְּנֵי בְּנֵי יִשְׂרָאֵל׃
יג יד ◂ וַיַּעֲבִדוּ מִצְרַיִם אֶת־בְּנֵי יִשְׂרָאֵל בְּפָרֶךְ׃ וַיְמָרְרוּ
אֶת־חַיֵּיהֶם בַּעֲבֹדָה קָשָׁה בְּחֹמֶר וּבִלְבֵנִים וּבְכָל־

א א ב וְאִלֵּין, שְׁמָהָת בְּנֵי יִשְׂרָאֵל, דְּעָאלוּ לְמִצְרָיִם, עִם יַעֲקֹב, גְּבַר וֶאֱנָשׁ בֵּיתֵיהּ עָאלוּ: רְאוּבֵן
ג ד ה שִׁמְעוֹן, לֵוִי וִיהוּדָה: יִשָּׂשכָר זְבוּלוּן וּבִנְיָמִין: דָּן וְנַפְתָּלִי גָּד וְאָשֵׁר: וַהֲוָאָה, כָּל נַפְשָׁתָא, נָפְקֵי
ו יַרְכָּא דְיַעֲקֹב שִׁבְעִין נַפְשָׁן, וְיוֹסֵף דַּהֲוָה בְמִצְרָיִם: וּמִית יוֹסֵף וְכָל אֲחוֹהִי, וְכָל דָּרָא הַהוּא:
ז וּבְנֵי יִשְׂרָאֵל, נְפִישׁוּ וְאִתְיַלַּדוּ, וּסְגִיאוּ וּתְקִיפוּ לַחֲדָא לַחֲדָא, וְאִתְמְלִיאַת אַרְעָא מִנְּהוֹן:
ח ט וְקָם מַלְכָּא חֲדַתָּא עַל מִצְרָיִם, דְּלָא מְקַיֵּים גְּזֵירַת יוֹסֵף: וַאֲמַר לְעַמֵּיהּ, הָא, עַמָּא בְּנֵי
י יִשְׂרָאֵל, סַגַּן וְתַקְפִין מִנַּנָא: הַבוּ נִתְחַכַּם לְהוֹן, דִּלְמָא יִסְגּוֹן, וִיהֵי, אֲרֵי יְעָרְעִנַּנָא קְרָב
יא וְיִתּוֹסְפוּן אַף אִנּוּן עַל סָנְאַנָא, וִיגִיחוּן בַּנָא קְרָב וְיִסְּקוּן מִן אַרְעָא: וּמַנִּיאוּ עֲלֵיהוֹן שִׁלְטוֹנִין
מַבְאֲשִׁין, בְּדִיל לְעַנּוֹאֵיהוֹן בְּפֻלְחָנְהוֹן, וּבְנוֹ, קִרְוֵי בֵית אוֹצְרֵי לְפַרְעֹה, יָת פִּיתוֹם וְיָת
יב יג רַעַמְסֵס: וּכְמָא דִמְעַנַּן לְהוֹן, כֵּן סָגַן וְכֵן תָּקְפִין, וַעֲקַת לְמִצְרָאֵי, מִן קֳדָם בְּנֵי יִשְׂרָאֵל: וְאַפְלַחוּ
יד מִצְרָאֵי, יָת בְּנֵי יִשְׂרָאֵל בְּקַשְׁיוּ: וְאַמַּרוּ יָת חַיֵּיהוֹן בְּפֻלְחָנָא קַשְׁיָא, בְּטִינָא וּבְלִבְנֵי, וּבְכָל

פרק א

א| **וְאֵלֶּה שְׁמוֹת בְּנֵי יִשְׂרָאֵל.** אַף עַל פִּי שֶׁמְּנָאָם בְּחַיֵּיהֶם בִּשְׁמוֹתָם חָזַר וּמְנָאָם בְּמִיתָתָם, לְהוֹדִיעַ חִבָּתָם שֶׁנִּמְשְׁלוּ לַכּוֹכָבִים שֶׁמּוֹצִיאָם וּמַכְנִיסָם בְּמִסְפָּר וּבִשְׁמוֹתָם, שֶׁנֶּאֱמַר: "הַמּוֹצִיא בְמִסְפָּר צְבָאָם לְכֻלָּם בְּשֵׁם יִקְרָא" (ישעיה מ, כו):

ה| **וְיוֹסֵף הָיָה בְמִצְרָיִם.** וַהֲלֹא הוּא וּבָנָיו הָיוּ בִּכְלַל שִׁבְעִים, וּמַה בָּא לְלַמְּדֵנוּ? וְכִי לֹא הָיִינוּ יוֹדְעִים שֶׁהוּא הָיָה בְמִצְרַיִם? אֶלָּא לְהוֹדִיעֲךָ צִדְקָתוֹ שֶׁל יוֹסֵף, הוּא יוֹסֵף הָרוֹעֶה אֶת צֹאן אָבִיו, הוּא יוֹסֵף כְּשֶׁהָיָה בְמִצְרַיִם וְנַעֲשָׂה מֶלֶךְ, וְעוֹמֵד בְּצִדְקוֹ:

ז| **וַיִּשְׁרְצוּ.** שֶׁהָיוּ יוֹלְדוֹת שִׁשָּׁה בִּכְרֵס אֶחָד:

ח| **וַיָּקָם מֶלֶךְ חָדָשׁ.** רַב וּשְׁמוּאֵל, חַד אָמַר חָדָשׁ מַמָּשׁ, וְחַד אָמַר שֶׁנִּתְחַדְּשׁוּ גְּזֵרוֹתָיו: **אֲשֶׁר לֹא יָדַע.** עָשָׂה עַצְמוֹ כְּאִלּוּ לֹא יְדָעוֹ:

י| **הָבָה נִתְחַכְּמָה לוֹ.** כָּל 'הָבָה' לְשׁוֹן הֲכָנָה וְהַזְמָנָה לְדָבָר הוּא, הָכִינוּ עַצְמְכֶם לְכָךְ: **נִתְחַכְּמָה לוֹ.** לָעָם, נִתְחַכֵּם מַה לַּעֲשׂוֹת לוֹ. וְרַבּוֹתֵינוּ דָּרְשׁוּ, נִתְחַכֵּם לְמוֹשִׁיעָן שֶׁל יִשְׂרָאֵל, נְדוּנֵם בַּמַּיִם, שֶׁכְּבָר נִשְׁבַּע שֶׁלֹּא יָבִיא מַבּוּל לָעוֹלָם: **וְעָלָה מִן הָאָרֶץ.** עַל כָּרְחֵנוּ. וְרַבּוֹתֵינוּ דָּרְשׁוּ, כְּאָדָם שֶׁמְּקַלֵּל עַצְמוֹ וְתוֹלֶה קִלְלָתוֹ בַּחֲבֵרוֹ, וַהֲרֵי הוּא כְּאִלּוּ כָּתַב: 'וְעָלִינוּ מִן הָאָרֶץ' וְהֵם יִירָשׁוּהָ:

יא| **עָלָיו.** עַל הָעָם: **מִסִּים.** לְשׁוֹן מַס, שָׂרִים שֶׁגּוֹבִין מֵהֶם הַמַּס. וּמַהוּ הַמַּס? שֶׁיִּבְנוּ עָרֵי מִסְכְּנוֹת לְפַרְעֹה: **לְמַעַן עַנֹּתוֹ בְּסִבְלֹתָם.** שֶׁל מִצְרַיִם: **עָרֵי מִסְכְּנוֹת.** כְּתַרְגּוּמוֹ. וְכֵן: "לֵךְ בֹּא אֶל הַסֹּכֵן הַזֶּה" (ישעיה כב, טו) – גִּזְבָּר הַמְּמֻנֶּה עַל הָאוֹצָרוֹת: **אֶת פִּתֹם וְאֶת רַעַמְסֵס.** שֶׁלֹּא הָיוּ רְאוּיוֹת מִתְּחִלָּה לְכָךְ וַעֲשָׂאוּם חֲזָקוֹת וּבְצוּרוֹת לְאוֹצָר:

יב| **וְכַאֲשֶׁר יְעַנּוּ אֹתוֹ.** בְּכָל מַה שֶּׁהֵם נוֹתְנִין לֵב לְעַנּוֹת כֵּן לֵב הַקָּדוֹשׁ בָּרוּךְ הוּא לְהַרְבּוֹת וּלְהַפְרִיץ: **כֵּן יִרְבֶּה.** כֵּן רָבֶה וְכֵן פּוֹרֵץ. וּמִדְרָשׁוֹ, רוּחַ הַקֹּדֶשׁ אוֹמֶרֶת כֵּן: אַתֶּם אוֹמְרִים "פֶּן יִרְבֶּה" וַאֲנִי אוֹמֵר "כֵּן יִרְבֶּה": **וַיָּקֻצוּ.** קָצוּ בְּחַיֵּיהֶם. וְרַבּוֹתֵינוּ דָּרְשׁוּ, כְּקוֹצִים הָיוּ בְּעֵינֵיהֶם:

יג| **בְּפָרֶךְ.** בַּעֲבוֹדָה קָשָׁה הַמְּפָרֶכֶת וּמְשַׁבֶּרֶת אֶת הַגּוּף:

עֲבֹדָ֖ה בַּשָּׂדֶ֑ה אֵ֚ת כׇּל־עֲבֹ֣דָתָ֔ם אֲשֶׁר־עָבְד֥וּ
בָהֶ֖ם בְּפָֽרֶךְ׃ טו וַיֹּ֙אמֶר֙ מֶ֣לֶךְ מִצְרַ֔יִם לַֽמְיַלְּדֹ֖ת
הָֽעִבְרִיֹּ֑ת אֲשֶׁ֨ר שֵׁ֤ם הָֽאַחַת֙ שִׁפְרָ֔ה וְשֵׁ֥ם הַשֵּׁנִ֖ית
פּוּעָֽה׃ טז וַיֹּ֗אמֶר בְּיַלֶּדְכֶן֙ אֶת־הָֽעִבְרִיּ֔וֹת וּרְאִיתֶ֖ן
עַל־הָאׇבְנָ֑יִם אִם־בֵּ֥ן הוּא֙ וַהֲמִתֶּ֣ן אֹת֔וֹ וְאִם־בַּ֥ת
הִ֖וא וָחָֽיָה׃ יז וַתִּירֶ֤אןָ הַֽמְיַלְּדֹת֙ אֶת־הָ֣אֱלֹהִ֔ים
וְלֹ֣א עָשׂ֔וּ כַּאֲשֶׁ֛ר דִּבֶּ֥ר אֲלֵיהֶ֖ן מֶ֣לֶךְ מִצְרָ֑יִם
שני וַתְּחַיֶּ֖יןָ אֶת־הַיְלָדִֽים׃ יח וַיִּקְרָ֤א מֶֽלֶךְ־מִצְרַ֙יִם֙
לַֽמְיַלְּדֹ֔ת וַיֹּ֣אמֶר לָהֶ֔ן מַדּ֥וּעַ עֲשִׂיתֶ֖ן הַדָּבָ֣ר
הַזֶּ֑ה וַתְּחַיֶּ֖יןָ אֶת־הַיְלָדִֽים׃ יט וַתֹּאמַ֤רְןָ הַֽמְיַלְּדֹת֙
אֶל־פַּרְעֹ֔ה כִּ֣י לֹ֧א כַנָּשִׁ֛ים הַמִּצְרִיֹּ֖ת הָֽעִבְרִיֹּ֑ת
כִּֽי־חָי֣וֹת הֵ֔נָּה בְּטֶ֨רֶם תָּב֧וֹא אֲלֵהֶ֛ן הַֽמְיַלֶּ֖דֶת
וְיָלָֽדוּ׃ כ וַיֵּ֥יטֶב אֱלֹהִ֖ים לַֽמְיַלְּדֹ֑ת וַיִּ֧רֶב הָעָ֛ם
וַיַּֽעַצְמ֖וּ מְאֹֽד׃ כא וַיְהִ֕י כִּֽי־יָֽרְא֥וּ הַֽמְיַלְּדֹ֖ת אֶת־
הָאֱלֹהִ֑ים וַיַּ֥עַשׂ לָהֶ֖ם בָּתִּֽים׃ כב וַיְצַ֣ו פַּרְעֹ֔ה לְכׇל־
עַמּ֖וֹ לֵאמֹ֑ר כׇּל־הַבֵּ֣ן הַיִּלּ֗וֹד הַיְאֹ֙רָה֙ תַּשְׁלִיכֻ֔הוּ
וְכׇל־הַבַּ֖ת תְּחַיּֽוּן׃
ב א וַיֵּ֥לֶךְ אִ֖ישׁ מִבֵּ֣ית לֵוִ֑י וַיִּקַּ֖ח אֶת־בַּת־לֵוִֽי׃ ב וַתַּ֥הַר

(טו) לַֽמְיַלְּדֹת. הוּא לְשׁוֹן מוֹלִידוֹת, אֶלָּא שֶׁיֵּשׁ לָשׁוֹן קַל וְיֵשׁ לָשׁוֹן כָּבֵד, כְּמוֹ: שׁוֹבֵר וּמְשַׁבֵּר, דּוֹבֵר וּמְדַבֵּר, כָּךְ מוֹלִיד וּמְיַלֵּד: שִׁפְרָה. יוֹכֶבֶד, עַל שֵׁם שֶׁמְּשַׁפֶּרֶת אֶת הַוָּלָד: פּוּעָה. מִרְיָם, שֶׁפּוֹעָה וּמְדַבֶּרֶת וְהוֹגָה לַוָּלָד כְּדֶרֶךְ הַנָּשִׁים הַמְפַיְּסוֹת תִּינוֹק הַבּוֹכֶה. "פּוּעָה" – לְשׁוֹן צְעָקָה, כְּמוֹ: "כַּיּוֹלֵדָה אֶפְעֶה" (ישעיה מב, יד):
(טז) בְּיַלֶּדְכֶן. כְּמוֹ בְּהוֹלִידְכֶן: עַל הָאׇבְנָיִם. מוֹשַׁב

טו פלחנא בחקלא, ית כל פלחנהון, דאפלחו בהון בקשיו: ואמר מלכא דמצרים, לחיתא
טז יהודיתא, דשום חדא שפרה, ושום תנייתא פועה: ואמר, כד תהוין מילדן ית יהודיתא,
יז ותחזין על מתברא, אם ברא הוא ותקטלן יתיה, ואם ברתא היא ותקימנה: ודחילא
יח חיתא מן קדם יי, ולא עבדא, כמא דמליל עמהון מלכא דמצרים, וקיימא ית בניא: וקרא
מלכא דמצרים לחיתא, ואמר להון, מדין עבדתין פתגמא הדין, וקיימתין ית בניא:
יט ואמרא חיתא לפרעה, ארי לא כנשיא, מצריתא יהודיתא, ארי חכימן אנין, עד לא עאלת
כ כא לותהון, חיתא ילדן: ואוטיב יי לחיתא, וסגי עמא, ותקיפו לחדא: והוה, כד דחילא חיתא
כב מן קדם יי, ועבד להון בתין: ופקיד פרעה, לכל עמיה למימר, כל ברא דיתיליד ליהודאי,
ב א ב בנהרא תרמוניה, וכל ברתא תקימון: ואזל גברא מדבית לוי, ונסיב ית בת לוי: ועדיאת

האשה היולדת, ובמקום אחר קורהו 'משבר' (שם לז, ג), וכמוהו: "עשה מלאכה על האבנים" (ירמיה יח, ג) – מושב כלי אומנות יוצר חרש: **אם בן הוא וגו'.** לא היה מקפיד אלא על הזכרים, שאמרו לו אצטגניניו שעתידות לילד בן המושיע אותם: **וחיה.** ותחיה:

יז| **ותחיין את הילדים.** מספקות להם מזון. תרגום הראשון "וקיימא" (בפסוק הבא) והשני "וקיימתין". לפי שלשון עבר לנקבות רבות, תיבה זו וכיוצא בה משמשת לשון פעלו ולשון פעלתן, כגון: "ותאמרן איש מצרי" (להלן ב, יט) לשון עבר, כמו 'ויאמרו' לזכרים. "ותדברנה בפיכם" (ירמיה מד, כה) לשון דברתם כמו 'ותדברו' לזכרים. וכן: "ותחללנה אותי אל עמי" (יחזקאל יג, יט) לשון עבר, חללתן, כמו 'ותחללו' לזכרים:

יט| **כי חיות הנה.** בקיאות כמילדות, תרגום מילדות 'חיתא'. ורבותינו דרשו, הרי הן משולות כחיות השדה שאינן צריכות מילדת: "גור אריה" (בראשית מט, ט), "זאב יטרף" (שם פסוק כז), "בכור שורו" (דברים לג, יז), "אילה שלחה" (בראשית מט, כא). ומי שלא נכתב בו, הרי הכתוב כוללן: "מה אמך לביא" (יחזקאל יט, ב):

כ-כא| **וייטב.** היטיב להן. וזה חלוק בתיבה שיסודה שתי אותיות ונתן לה וי"ו יו"ד בראשה, כשהיא באה לדבר לשון ויפעיל הוא נוקד את היו"ד בצירי שהוא קמץ קטן, כגון: "וייטב אלהים למילדות"; "וירב בבת יהודה" (איכה ב, ה), הרבה תאניה; וכן "ויגל השארית" (דברי הימים ב' לו, כ) דנבוזראדן, הגלה את השארית; "ויפן זנב אל זנב" (שופטים טו, ד) – הפנה הזנבות זו לזו. כל אלו לשון הפעיל את אחרים. וכשהוא מדבר בלשון ויפעל הוא נוקד היו"ד בחירק, כגון: "וייטב בעיניו" (ויקרא י, כ) – לשון הוטב; וכן "וירב העם" (להלן פסוק כ) – רבה העם; "ויגל יהודה" (מלכים ב' כה, כא) – גלה יהודה; "ויפן כה וכה" (להלן ב, יב) – פנה לכאן ולכאן. ואל תשיבני: וילך, וישב, וירד, ויצא, לפי שאינן מגזרתן של אלו, שהרי היו"ד יסוד בהן: ירד, יצא, ילך, ישב, היו"ד אות שלישית בו: **וייטב אלהים למילדת.** מהו הטובה? "ויעש להם בתים" – בתי כהונה ולויה ומלכות, שקרויין בתים: "לבנות את בית ה' ואת בית המלך" (מלכים א' ט, א); כהונה ולויה מיוכבד, ומלכות ממרים, כדאיתא במסכת סוטה (דף יא ע"ב):

כב| **לכל עמו.** אף עליהם גזר. יום שנולד משה אמרו לו אצטגניניו: היום נולד ואין אנו יודעים אם ממצרים אם מישראל, ורואין אנו שסופו ללקות במים, לפיכך גזר אותו היום אף על המצרים, שנאמר: "כל הבן הילוד" ולא נאמר 'הילוד לעברים'. והם לא היו יודעים שסופו ללקות על מי מריבה:

פרק ב

א| **ויקח את בת לוי.** פרוש היה ממנה מפני גזרת פרעה והחזירה ועשה בה לקוחין שניים. ואף היא נהפכה להיות נערה. ובת מאה ושלשים שנה היתה; שנולדה בבואם למצרים בין החומות, ומאתים ועשר נשתהו שם, וכשיצאו היה משה בן שמונים שנה – כשנתעברה ממנו היתה בת מאה ושלשים, וקורא אותה 'בת לוי':

הָאִשָּׁה וַתֵּלֶד בֵּן וַתֵּרֶא אֹתוֹ כִּי־טוֹב הוּא
ג וַתִּצְפְּנֵהוּ שְׁלֹשָׁה יְרָחִים׃ וְלֹא־יָכְלָה עוֹד
הַצְּפִינוֹ וַתִּקַּח־לוֹ תֵּבַת גֹּמֶא וַתַּחְמְרָה בַחֵמָר
וּבַזָּפֶת וַתָּשֶׂם בָּהּ אֶת־הַיֶּלֶד וַתָּשֶׂם בַּסּוּף
ד עַל־שְׂפַת הַיְאֹר׃ וַתֵּתַצַּב אֲחֹתוֹ מֵרָחֹק לְדֵעָה
ה מַה־יֵּעָשֶׂה לוֹ׃ וַתֵּרֶד בַּת־פַּרְעֹה לִרְחֹץ עַל־
הַיְאֹר וְנַעֲרֹתֶיהָ הֹלְכֹת עַל־יַד הַיְאֹר וַתֵּרֶא
אֶת־הַתֵּבָה בְּתוֹךְ הַסּוּף וַתִּשְׁלַח אֶת־אֲמָתָהּ
ו וַתִּקָּחֶהָ׃ וַתִּפְתַּח וַתִּרְאֵהוּ אֶת־הַיֶּלֶד וְהִנֵּה־
נַעַר בֹּכֶה וַתַּחְמֹל עָלָיו וַתֹּאמֶר מִיַּלְדֵי הָעִבְרִים
ז זֶה׃ וַתֹּאמֶר אֲחֹתוֹ אֶל־בַּת־פַּרְעֹה הַאֵלֵךְ
וְקָרָאתִי לָךְ אִשָּׁה מֵינֶקֶת מִן הָעִבְרִיֹּת וְתֵינִק
ח לָךְ אֶת־הַיָּלֶד׃ וַתֹּאמֶר־לָהּ בַּת־פַּרְעֹה לֵכִי
ט וַתֵּלֶךְ הָעַלְמָה וַתִּקְרָא אֶת־אֵם הַיָּלֶד׃ וַתֹּאמֶר
לָהּ בַּת־פַּרְעֹה הֵילִיכִי אֶת־הַיֶּלֶד הַזֶּה וְהֵינִקִהוּ
לִי וַאֲנִי אֶתֵּן אֶת־שְׂכָרֵךְ וַתִּקַּח הָאִשָּׁה הַיֶּלֶד
י וַתְּנִיקֵהוּ׃ וַיִּגְדַּל הַיֶּלֶד וַתְּבִאֵהוּ לְבַת־פַּרְעֹה
וַיְהִי־לָהּ לְבֵן וַתִּקְרָא שְׁמוֹ מֹשֶׁה וַתֹּאמֶר כִּי מִן־
שלישי יא הַמַּיִם מְשִׁיתִהוּ׃ וַיְהִי ׀ בַּיָּמִים הָהֵם וַיִּגְדַּל מֹשֶׁה
וַיֵּצֵא אֶל־אֶחָיו וַיַּרְא בְּסִבְלֹתָם וַיַּרְא אִישׁ מִצְרִי

ג אִתְּתָא וִילֵידַת בַּר, וַחֲזַת יָתֵיהּ אֲרֵי טָב הוּא, וְאַטְמַרְתֵּיהּ תְּלָתָא יַרְחִין: וְלָא יְכֵילַת עוֹד
לְאַטְמָרוּתֵיהּ, וּנְסֵיבַת לֵיהּ תֵּיבְתָא דְגוֹמֶא, וַחֲפָתַהּ בְּחֵימָרָא וּבְזִפְתָּא, וְשַׁוִּיאַת בַּהּ יָת
ד רַבְיָא, וְשַׁוִּיתַהּ בְּיַעְרָא עַל כֵּיף נַהְרָא: וְאִתְעַתַּדַת אֲחָתֵיהּ מֵרָחִיק, לְמִדַּע, מָא יִתְעֲבֵיד
ה לֵיהּ: וּנְחָתַת בַּת פַּרְעֹה לְמִסְחֵי עַל נַהְרָא, וְעוּלֵימָתַהָא מְהַלְּכָן עַל כֵּיף נַהְרָא, וַחֲזַת יָת
ו תֵּיבְתָא בְּגוֹ יַעְרָא, וְאוֹשֵׁיטַת יָת אַמְתַהּ וּנְסֵיבְתַהּ: וּפְתַחַת וַחֲזָת יָת רַבְיָא, וְהָא עוּלֵימָא
ז בָּכֵי, וְחַסַת עֲלוֹהִי, וַאֲמַרַת, מִבְּנֵי יְהוּדָאֵי הוּא דֵין: וַאֲמַרַת אֲחָתֵיהּ לְבַת פַּרְעֹה, הַאֵיזֵיל,
ח וְאֶקְרֵי לִיךְ אִתְּתָא מֵינִקְתָּא, מִן יְהוּדָיָתָא, וְתוֹנִיק לִיךְ יָת רַבְיָא: וַאֲמַרַת לַהּ בַּת פַּרְעֹה
ט אִיזִילִי, וַאֲזַלַת עוּלֵימְתָא, וּקְרָת יָת אִמֵּיהּ דְּרַבְיָא: וַאֲמַרַת לַהּ בַּת פַּרְעֹה, הֲלִיכִי, יָת רַבְיָא
י הָדֵין וְאוֹנִיקִיהוּ לִי, וַאֲנָא אֶתֵּין יָת אַגְרִיךְ, וּנְסֵיבַת אִתְּתָא, רַבְיָא וְאוֹנִקְתֵּיהּ: וּרְבָא רַבְיָא,
וְאֵיתִיתֵיהּ לְבַת פַּרְעֹה, וַהֲוָה לַהּ לְבַר, וּקְרָת שְׁמֵיהּ מֹשֶׁה, וַאֲמַרַת, אֲרֵי מִן מַיָּא שְׁחַלְתֵּיהּ:
יא וַהֲוָה בְּיוֹמַיָּא הָאִנּוּן, וּרְבָא מֹשֶׁה וּנְפַק לְוָת אֲחוֹהִי, וַחֲזָא בְּפֻלְחָנְהוֹן, וַחֲזָא גְּבַר מִצְרַאי,

ב] **כִּי טוֹב הוּא.** כְּשֶׁנּוֹלַד נִתְמַלֵּא הַבַּיִת כֻּלּוֹ אוֹרָה:

ג] **וְלֹא יָכְלָה עוֹד הַצְּפִינוֹ.** שֶׁמָּנוּ לָהּ הַמִּצְרִים מִיּוֹם שֶׁהֶחֱזִירָהּ, וְהִיא יְלָדַתּוּ לְשִׁשָּׁה חֳדָשִׁים וְיוֹם אֶחָד, שֶׁהַיּוֹלֶדֶת לְשִׁבְעָה יוֹלֶדֶת לְמִקְּטָעִין, וְהֵם בָּדְקוּ אַחֲרֶיהָ לְסוֹף תִּשְׁעָה: **גֹּמֶא.** גֶּמִי בִּלְשׁוֹן מִשְׁנָה, וּבְלַעַז יונ"ק, וְדָבָר רַךְ הוּא וְעוֹמֵד בִּפְנֵי רַךְ וּבִפְנֵי קָשֶׁה: **בַחֵמָר וּבַזָּפֶת.** זֶפֶת מִבַּחוּץ וְטִיט מִבִּפְנִים, כְּדֵי שֶׁלֹּא יָרִיחַ אוֹתוֹ צַדִּיק רֵיחַ רַע שֶׁל זֶפֶת: **וַתָּשֶׂם בַּסּוּף.** הוּא לְשׁוֹן אֲגַם, רוֹסֵי"ל בְּלַעַז, וְדוֹמֶה לוֹ: "קָנֶה וָסוּף קָמֵלוּ" (ישעיה יט, ו):

ה] **לִרְחֹץ עַל הַיְאֹר.** סָרֵס הַמִּקְרָא וּפָרְשֵׁהוּ, וַתֵּרֶד בַּת פַּרְעֹה עַל הַיְאוֹר לִרְחֹץ בּוֹ: **עַל יַד הַיְאֹר.** אֵצֶל הַיְאוֹר, כְּמוֹ: "רְאוּ חֶלְקַת יוֹאָב אֶל יָדִי" (שמואל ב' יד, ל), וְהוּא לְשׁוֹן יָד מַמָּשׁ, שֶׁיַּד הָאָדָם סְמוּכָה לוֹ. וְרַבּוֹתֵינוּ אָמְרוּ, "הֹלְכֹת" לְשׁוֹן מִיתָה, הוֹלְכוֹת לָמוּת לְפִי שֶׁמִּחוּ בָּהּ. וְהַכָּתוּב מְסַיְּעָן, כִּי לָמָּה לָנוּ לִכְתֹּב: "וְנַעֲרֹתֶיהָ הֹלְכֹת"?: **אֶת אֲמָתָהּ.** אֶת שִׁפְחָתָהּ. וְרַבּוֹתֵינוּ דָּרְשׁוּ לְשׁוֹן יָד, אֲבָל לְפִי דִּקְדּוּק לְשׁוֹן הַקֹּדֶשׁ הָיָה לוֹ לְהִנָּקֵד 'אַמָּתָהּ' מֵ"ם דְּגוּשָׁה, וְהֵם דָּרְשׁוּ "אֶת אֲמָתָהּ" – אֶת יָדָהּ, וְנִשְׁתַּרְבְּבָה אַמָּתָהּ אַמּוֹת הַרְבֵּה:

ו] **וַתִּפְתַּח וַתִּרְאֵהוּ.** אֶת מִי רָאֲתָה? "אֶת הַיֶּלֶד", זֶהוּ פְּשׁוּטוֹ. וּמִדְרָשׁוֹ, שֶׁרָאֲתָה עִמּוֹ שְׁכִינָה: **וְהִנֵּה נַעַר בֹּכֶה.** קוֹלוֹ כְּנַעַר:

ז] **מִן הָעִבְרִיֹּת.** שֶׁהֶחֱזִירַתּוּ עַל מִצְרִיּוֹת הַרְבֵּה לִינֹק וְלֹא יָנַק, לְפִי שֶׁהָיָה עָתִיד לְדַבֵּר עִם הַשְּׁכִינָה:

ח] **וַתֵּלֶךְ הָעַלְמָה.** הָלְכָה בִּזְרִיזוּת וְעַלְמוּת כְּעֶלֶם:

ט] **הֵילִיכִי.** נִתְנַבְּאָה וְלֹא יָדְעָה מַה נִּתְנַבְּאָה, הֵי שֶׁלִּיכִי:

י] **מְשִׁיתִהוּ.** "שְׁחַלְתֵּיהּ", הוּא לְשׁוֹן הוֹצָאָה בִּלְשׁוֹן אֲרַמִּי: "כְּמִשְׁחַל בִּינִיתָא מֵחֲלָבָא" (ברכות ח ע"א). וּבִלְשׁוֹן עִבְרִי "מְשִׁיתִהוּ" לְשׁוֹן הֲסִירוֹתִיו, כְּמוֹ: "לֹא יָמוּשׁ" (יהושע א, ח), "לֹא מָשׁוּ" (במדבר יד, מד); כָּךְ חִבְּרוֹ מְנַחֵם. וַאֲנִי אוֹמֵר שֶׁאֵינוֹ מִמַּחְבֶּרֶת מָשׁ וְיָמוּשׁ, אֶלָּא מִגִּזְרַת מָשָׁה, וּלְשׁוֹן הוֹצָאָה הוּא; וְכֵן: "יַמְשֵׁנִי מִמַּיִם רַבִּים" (שמואל ב' כב, יז). שֶׁאִלּוּ הָיָה מִמַּחְבֶּרֶת מָשׁ, לֹא יִתָּכֵן לוֹמַר 'מְשִׁיתִיהוּ', אֶלָּא 'הֲמִישׁוֹתִיהוּ', כַּאֲשֶׁר יֵאָמֵר מִן קָם 'הֲקִימוֹתִי', וּמִן שָׁב 'הֲשִׁיבֹתִי', וּמִן בָּא 'הֲבִיאֹתִי'; אוֹ 'מַשְׁתִּיהוּ', כְּמוֹ: "וּמַשְׁתִּי אֶת עֲוֹן הָאָרֶץ" (זכריה ג, ט). אֲבָל 'מָשִׁיתִי' אֵינוֹ אֶלָּא מִגִּזְרַת תֵּבָה שֶׁפָּעַל שֶׁלָּהּ מְיֻסָּד בְּהֵ"א בְּסוֹף הַתֵּבָה, כְּגוֹן: מָשָׁה, בָּנָה, עָשָׂה, צִוָּה, פָּנָה, כְּשֶׁיָּבוֹא לוֹמַר בָּהֶם פָּעַלְתִּי תָּבֹא הַיּוּ"ד בִּמְקוֹם הֵ"א, כְּמוֹ: עָשִׂיתִי, בָּנִיתִי, פָּנִיתִי, צִוִּיתִי:

יא] **וַיִּגְדַּל מֹשֶׁה.** וַהֲלֹא כְּבָר כָּתַב (לעיל פסוק י) "וַיִּגְדַּל הַיֶּלֶד"? אָמַר רַבִּי יְהוּדָה בְּרַבִּי אִלְעַאי, הָרִאשׁוֹן לְקוֹמָה וְהַשֵּׁנִי לִגְדֻלָּה, שֶׁמִּנָּהוּ פַּרְעֹה עַל בֵּיתוֹ: **וַיַּרְא בְּסִבְלֹתָם.** נָתַן עֵינָיו וְלִבּוֹ לִהְיוֹת מֵצֵר עֲלֵיהֶם: **אִישׁ מִצְרִי.** נוֹגֵשׂ הָיָה, מְמֻנֶּה עַל

מַכֶּה אִישׁ־עִבְרִי מֵאֶחָיו׃ וַיִּפֶן כֹּה וָכֹה וַיַּרְא יב
כִּי אֵין אִישׁ וַיַּךְ אֶת־הַמִּצְרִי וַיִּטְמְנֵהוּ בַּחוֹל׃
וַיֵּצֵא בַּיּוֹם הַשֵּׁנִי וְהִנֵּה שְׁנֵי־אֲנָשִׁים עִבְרִים יג
נִצִּים וַיֹּאמֶר לָרָשָׁע לָמָּה תַכֶּה רֵעֶךָ׃ וַיֹּאמֶר יד
מִי שָׂמְךָ לְאִישׁ שַׂר וְשֹׁפֵט עָלֵינוּ הַלְהָרְגֵנִי
אַתָּה אֹמֵר כַּאֲשֶׁר הָרַגְתָּ אֶת־הַמִּצְרִי וַיִּירָא
מֹשֶׁה וַיֹּאמַר אָכֵן נוֹדַע הַדָּבָר׃ וַיִּשְׁמַע פַּרְעֹה טו
אֶת־הַדָּבָר הַזֶּה וַיְבַקֵּשׁ לַהֲרֹג אֶת־מֹשֶׁה
וַיִּבְרַח מֹשֶׁה מִפְּנֵי פַרְעֹה וַיֵּשֶׁב בְּאֶרֶץ־מִדְיָן
וַיֵּשֶׁב עַל־הַבְּאֵר׃ וּלְכֹהֵן מִדְיָן שֶׁבַע בָּנוֹת טז
וַתָּבֹאנָה וַתִּדְלֶנָה וַתְּמַלֶּאנָה אֶת־הָרְהָטִים
לְהַשְׁקוֹת צֹאן אֲבִיהֶן׃ וַיָּבֹאוּ הָרֹעִים וַיְגָרְשׁוּם יז
וַיָּקָם מֹשֶׁה וַיּוֹשִׁעָן וַיַּשְׁקְ אֶת־צֹאנָם׃ וַתָּבֹאנָה יח
אֶל־רְעוּאֵל אֲבִיהֶן וַיֹּאמֶר מַדּוּעַ מִהַרְתֶּן
בֹּא הַיּוֹם׃ וַתֹּאמַרְןָ אִישׁ מִצְרִי הִצִּילָנוּ מִיַּד יט
הָרֹעִים וְגַם־דָּלֹה דָלָה לָנוּ וַיַּשְׁקְ אֶת־הַצֹּאן׃
וַיֹּאמֶר אֶל־בְּנֹתָיו וְאַיּוֹ לָמָּה זֶּה עֲזַבְתֶּן אֶת־ כ
הָאִישׁ קִרְאֶן לוֹ וְיֹאכַל לָחֶם׃ וַיּוֹאֶל מֹשֶׁה כא
לָשֶׁבֶת אֶת־הָאִישׁ וַיִּתֵּן אֶת־צִפֹּרָה בִתּוֹ
לְמֹשֶׁה׃ וַתֵּלֶד בֵּן וַיִּקְרָא אֶת־שְׁמוֹ גֵּרְשֹׁם כִּי כב
אָמַר גֵּר הָיִיתִי בְּאֶרֶץ נָכְרִיָּה׃

שמות

כג וַיְהִי֩ בַיָּמִ֨ים הָֽרַבִּ֜ים הָהֵ֗ם וַיָּ֙מָת֙ מֶ֣לֶךְ מִצְרַ֔יִם וַיֵּאָנְח֧וּ בְנֵֽי־יִשְׂרָאֵ֛ל מִן־הָעֲבֹדָ֖ה וַיִּזְעָ֑קוּ

יב מְחֵי לִגְבַר יְהוּדָאִי מֵאֲחוֹהִי: וְאִתְפְּנִי לְכָא וּלְכָא, וַחֲזָא אֲרֵי לֵית אֱנָשׁ, וּמְחָא יָת מִצְרָאָה,
יג וְטַמְרֵיהּ בְּחָלָא: וּנְפַק בְּיוֹמָא תִנְיָנָא, וְהָא, תְּרֵין גֻּבְרִין יְהוּדָאִין נָצַן, וַאֲמַר לְחַיָּבָא, לְמָא אַתְּ
יד מָחֵי לְחַבְרָךְ: וַאֲמַר, מַאן שַׁוְיָךְ, לִגְבַר רַב וְדַיָּן עֲלָנָא, הַלְמִקְטְלִי אַתְּ אָמַר, כְּמָא דִקְטַלְתָּא
יָת מִצְרָאָה, וּדְחֵיל מֹשֶׁה וַאֲמַר, בְּקֻשְׁטָא אִתְיְדַע פִּתְגָּמָא: טו וּשְׁמַע פַּרְעֹה יָת פִּתְגָּמָא הָדֵין,
וּבְעָא לְמִקְטַל יָת מֹשֶׁה, וַעֲרַק מֹשֶׁה מִן קֳדָם פַּרְעֹה, וִיתֵיב בְּאַרְעָא דְמִדְיָן וִיתֵיב עַל בֵּירָא:
טז וּלְרַבָּא דְמִדְיָן שְׁבַע בְּנָן, וַאֲתָאָה וּדְלָאָה, וּמְלָאָה יָת רָטַיָּא, לְאַשְׁקָאָה עָנָא דַאֲבוּהֶן: וַאֲתוֹ
יז רָעַיָּא וְטָרְדוּנִין, וְקָם מֹשֶׁה וּפָרְקִנִּין, וְאַשְׁקִי יָת עָנְהוֹן: יח וַאֲתָאָה, לְוָת רְעוּאֵל אֲבוּהֶן, וַאֲמַר,
מָדֵין, אוֹחֵיתִין לְמֵיתֵי יוֹמָא דֵין: יט וַאֲמָרָא, גַּבְרָא מִצְרָאָה, שֵׁיזְבָנָא מִידָא דְרַעֲיָא, וְאַף מִדְלָא
דְלָא לָנָא, וְאַשְׁקִי יָת עָנָא: כ וַאֲמַר לִבְנָתֵיהּ וְאָן הוּא, לְמָא דְנָן שְׁבַקְתִּין יָת גַּבְרָא, קְרָן לֵיהּ
כא וְיֵיכוּל לַחְמָא: וּצְבִי מֹשֶׁה לְמִתַּב עִם גַּבְרָא, וִיהַב, יָת צִפּוֹרָה בְרַתֵּיהּ לְמֹשֶׁה: וִילֵידַת בַּר,
כב וּקְרָא יָת שְׁמֵיהּ גֵּרְשֹׁם, אֲרֵי אֲמַר, דַּיָּר הֲוֵיתִי, בְּאַרְע נֻכְרָאָה: כג וַהֲוָה בְיוֹמַיָּא סַגִּיאַיָּא הָאִנּוּן,
וּמִית מַלְכָּא דְמִצְרַיִם, וְאִתְאֲנַחוּ בְנֵי יִשְׂרָאֵל, מִן פָּלְחָנָא דַּהֲוָה קְשֵׁי עֲלֵיהוֹן וּזְעִיקוּ,

שׁוֹטְרֵי יִשְׂרָאֵל, וְהָיָה מַעֲמִידָם מַקְרוֹת הַגֶּבֶר לִמְלַאכְתָּם: **מַכֶּה אִישׁ עִבְרִי.** מַלְקֵהוּ וְרוֹדֵהוּ, וּבַעְלָהּ שֶׁל שְׁלוֹמִית בַּת דִּבְרִי הָיָה, וְנָתַן עֵינָיו בָּהּ, וּבַלַּיְלָה הֶעֱמִידוֹ וְהוֹצִיאוֹ מִבֵּיתוֹ וְהוּא חָזַר וְנִכְנַס לַבַּיִת וּבָא עַל אִשְׁתּוֹ, כְּסְבוּרָה שֶׁהוּא בַעֲלָהּ. וְחָזַר הָאִישׁ לְבֵיתוֹ וְהִרְגִּישׁ בַּדָּבָר, וּכְשֶׁרָאָה אוֹתוֹ מִצְרִי שֶׁהִרְגִּישׁ בַּדָּבָר הָיָה מַכֵּהוּ וְרוֹדֵהוּ כָּל הַיּוֹם:

יב **וַיִּפֶן כֹּה וָכֹה.** רָאָה מֶה עָשָׂה לוֹ בַּבַּיִת וּמָה עָשָׂה לוֹ בַּשָּׂדֶה. וּלְפִי פְּשׁוּטוֹ כְּמַשְׁמָעוֹ: **וַיַּרְא כִּי אֵין אִישׁ.** עָתִיד לָצֵאת מִמֶּנּוּ שֶׁיִּתְגַּיֵּר:

יג **שְׁנֵי אֲנָשִׁים עִבְרִים.** דָּתָן וַאֲבִירָם, הֵם שֶׁהוֹתִירוּ מִן הַמָּן: **נִצִּים.** מְרִיבִים: **לָמָּה תַכֶּה.** אַף עַל פִּי שֶׁלֹּא הִכָּהוּ נִקְרָא רָשָׁע בַּהֲרָמַת יָד: **רֶשַׁע.** רָשָׁע כְּמוֹתְךָ:

יד **מִי שָׂמְךָ לְאִישׁ.** וַעֲדַיִן עוֹדְךָ נַעַר: **הַלְהָרְגֵנִי אַתָּה אֹמֵר.** מִכָּאן אָנוּ לְמֵדִים שֶׁהֲרָגוֹ בַּשֵּׁם הַמְפֹרָשׁ: **וַיִּירָא מֹשֶׁה.** כִּפְשׁוּטוֹ. וּמִדְרָשׁוֹ, דָּאַג לוֹ עַל שֶׁרָאָה בְיִשְׂרָאֵל רְשָׁעִים דֵּלָטוֹרִין, אָמַר, מֵעַתָּה שֶׁמָּא אֵינָם רְאוּיִין לְהִגָּאֵל: **אָכֵן נוֹדַע הַדָּבָר.** כְּמַשְׁמָעוֹ. וּמִדְרָשׁוֹ, נוֹדַע לִי הַדָּבָר שֶׁהָיִיתִי תָמֵהַּ עָלָיו, מֶה חָטְאוּ יִשְׂרָאֵל מִכָּל

שִׁבְעִים אֻמּוֹת לִהְיוֹת נִרְדִּים בַּעֲבוֹדַת פֶּרֶךְ, אֲבָל רוֹאֶה אֲנִי שֶׁהֵם רְאוּיִים לְכָךְ:

טו **וַיִּשְׁמַע פַּרְעֹה.** הֵם הִלְשִׁינוּ עָלָיו: **וַיְבַקֵּשׁ לַהֲרֹג אֶת מֹשֶׁה.** מְסָרוֹ לְקוֹסְטִינָר לְהָרְגוֹ, וְלֹא שָׁלְטָה בּוֹ הַחֶרֶב, הוּא שֶׁאָמַר מֹשֶׁה: "וַיַּצִּלֵנִי מֵחֶרֶב פַּרְעֹה" (להלן יח, ד): **וַיֵּשֶׁב עַל הַבְּאֵר.** לָמַד מִיַּעֲקֹב שֶׁנִּזְדַּוֵּג לוֹ זִוּוּגוֹ מִן הַבְּאֵר:

טז **וּלְכֹהֵן מִדְיָן.** רַב שֶׁבָּהֶן, וּפֵרַשׁ לוֹ מֵעֲבוֹדָה זָרָה וְנִדּוּהוּ מֵאֶצְלָם: **אֶת הָרְהָטִים.** אֶת בְּרֵכוֹת מְרוּצוֹת הַמַּיִם הָעֲשׂוּיוֹת בָּאָרֶץ:

יז **וַיְגָרְשׁוּם.** מִפְּנֵי הַנִּדּוּי:

כ **לָמָּה זֶּה עֲזַבְתֶּן.** הִכִּיר בּוֹ שֶׁהוּא מִזַּרְעוֹ שֶׁל יַעֲקֹב, שֶׁהַמַּיִם עוֹלִים לִקְרָאתוֹ: **וְיֹאכַל לָחֶם.** שֶׁמָּא יִשָּׂא אַחַת מִכֶּם, כְּמָא דְאַתְּ אָמַר: "כִּי אִם הַלֶּחֶם אֲשֶׁר הוּא אוֹכֵל" (בראשית לט, ו):

כא **וַיּוֹאֶל.** כְּתַרְגּוּמוֹ. וְדוֹמֶה לוֹ: "הוֹאֶל נָא וְלִין" (שופטים יט, ו), "וְלוּ הוֹאַלְנוּ" (יהושע ז, ז), "הוֹאַלְתִּי לְדַבֵּר" (בראשית יח, לא). וּמִדְרָשׁוֹ, לְשׁוֹן אָלָה, נִשְׁבַּע לוֹ שֶׁלֹּא יָזוּז מִמִּדְיָן כִּי אִם בִּרְשׁוּתוֹ:

כג **וַיָּמָת מֶלֶךְ מִצְרַיִם.** נִצְטָרַע, וְהָיָה שׁוֹחֵט תִּינוֹקוֹת יִשְׂרָאֵל וְרוֹחֵץ בְּדָמָם:

וַתַּ֧עַל שַֽׁוְעָתָ֛ם אֶל־הָאֱלֹהִ֖ים מִן־הָעֲבֹדָֽה׃
כד וַיִּשְׁמַ֥ע אֱלֹהִ֖ים אֶת־נַאֲקָתָ֑ם וַיִּזְכֹּ֤ר אֱלֹהִים֙
אֶת־בְּרִית֔וֹ אֶת־אַבְרָהָ֖ם אֶת־יִצְחָ֥ק וְאֶֽת־
כה יַעֲקֹֽב׃ וַיַּ֥רְא אֱלֹהִ֖ים אֶת־בְּנֵ֣י יִשְׂרָאֵ֑ל וַיֵּ֖דַע
רביעי ב אֱלֹהִֽים׃ וּמֹשֶׁ֗ה הָיָ֥ה רֹעֶ֛ה אֶת־צֹ֛אן א ג
יִתְר֥וֹ חֹתְנ֖וֹ כֹּהֵ֣ן מִדְיָ֑ן וַיִּנְהַ֤ג אֶת־הַצֹּאן֙ אַחַ֣ר
ב הַמִּדְבָּ֔ר וַיָּבֹ֛א אֶל־הַ֥ר הָאֱלֹהִ֖ים חֹרֵֽבָה׃ וַ֠יֵּרָא
מַלְאַ֨ךְ יְהוָ֥ה אֵלָ֛יו בְּלַבַּת־אֵ֖שׁ מִתּ֣וֹךְ הַסְּנֶ֑ה
וַיַּ֗רְא וְהִנֵּ֤ה הַסְּנֶה֙ בֹּעֵ֣ר בָּאֵ֔שׁ וְהַסְּנֶ֖ה אֵינֶ֥נּוּ
ג אֻכָּֽל׃ וַיֹּ֣אמֶר מֹשֶׁ֔ה אָסֻֽרָה־נָּ֣א וְאֶרְאֶ֔ה אֶת־
הַמַּרְאֶ֥ה הַגָּדֹ֖ל הַזֶּ֑ה מַדּ֖וּעַ לֹא־יִבְעַ֥ר הַסְּנֶֽה׃
ד וַיַּ֥רְא יְהוָ֖ה כִּ֣י סָ֣ר לִרְא֑וֹת וַיִּקְרָא֩ אֵלָ֨יו אֱלֹהִ֜ים
מִתּ֣וֹךְ הַסְּנֶ֗ה וַיֹּ֛אמֶר מֹשֶׁ֥ה מֹשֶׁ֖ה וַיֹּ֥אמֶר הִנֵּֽנִי׃
ה וַיֹּ֖אמֶר אַל־תִּקְרַ֣ב הֲלֹ֑ם שַׁל־נְעָלֶ֨יךָ֙ מֵעַ֣ל רַגְלֶ֔יךָ
כִּ֣י הַמָּק֗וֹם אֲשֶׁ֤ר אַתָּה֙ עוֹמֵ֣ד עָלָ֔יו אַדְמַת־קֹ֖דֶשׁ
ו הֽוּא׃ וַיֹּ֗אמֶר אָנֹכִי֙ אֱלֹהֵ֣י אָבִ֔יךָ אֱלֹהֵ֧י אַבְרָהָ֛ם
אֱלֹהֵ֥י יִצְחָ֖ק וֵאלֹהֵ֣י יַעֲקֹ֑ב וַיַּסְתֵּ֤ר מֹשֶׁה֙ פָּנָ֔יו
ז כִּ֣י יָרֵ֔א מֵהַבִּ֖יט אֶל־הָאֱלֹהִֽים׃ וַיֹּ֣אמֶר יְהוָ֔ה
רָאֹ֥ה רָאִ֛יתִי אֶת־עֳנִ֥י עַמִּ֖י אֲשֶׁ֣ר בְּמִצְרָ֑יִם וְאֶת־
צַעֲקָתָ֤ם שָׁמַ֨עְתִּי֙ מִפְּנֵ֣י נֹֽגְשָׂ֔יו כִּ֥י יָדַ֖עְתִּי אֶת־

מַכְאֹבָיו׃ וָאֵרֵד לְהַצִּילוֹ ׀ מִיַּד מִצְרַיִם וּֽלְהַעֲלֹתוֹ ח
מִן־הָאָרֶץ הַהִוא אֶל־אֶרֶץ טוֹבָה וּרְחָבָה אֶל־
אֶרֶץ זָבַת חָלָב וּדְבָשׁ אֶל־מְקוֹם הַכְּנַעֲנִי וְהַחִתִּי
ט וְהָאֱמֹרִי וְהַפְּרִזִּי וְהַחִוִּי וְהַיְבוּסִי׃ וְעַתָּה הִנֵּה
צַעֲקַת בְּנֵי־יִשְׂרָאֵל בָּאָה אֵלָי וְגַם־רָאִיתִי אֶת־

כד וּסְלֵיקַת קְבִילַתְהוֹן, לִקְדָם יְיָ מִן פָּלְחָנָא: וּשְׁמִיעַ קֳדָם יְיָ יָת קְבִילַתְהוֹן, וּדְכִיר יְיָ יָת קְיָמֵיהּ,
כה דְּעִם אַבְרָהָם דְּעִם יִצְחָק וּדְעִם יַעֲקֹב: וּגְלֵי קֳדָם יְיָ שִׁעְבּוּדָא דִּבְנֵי יִשְׂרָאֵל, וַאֲמַר בְּמֵימְרֵיהּ
ג א לְמִפְרָקְהוֹן יְיָ: וּמֹשֶׁה, הֲוָה רָעֵי, יָת עָנָא, דְּיִתְרוֹ חֲמוּהִי רַבָּא דְּמִדְיָן, וְדַבַּר יָת עָנָא לַאֲתַר
ב שְׁפַר רַעְיָא לְמַדְבְּרָא, וַאֲתָא, לְטוּרָא דְּאִתְגְּלִי עֲלוֹהִי יְקָרָא דַּייְ לְחוֹרֵב: וְאִתְגְּלִי, מַלְאֲכָא
דַּייְ לֵיהּ, בְּשַׁלְהוֹבִית אִישָׁתָא מִגּוֹ אֲסַנָּא, וַחֲזָא, וְהָא אֲסַנָּא בָּעַר בְּאִישָׁתָא, וַאֲסַנָּא
ג לֵיתוֹהִי מִתְאֲכִיל: וַאֲמַר מֹשֶׁה, אֶתְפְּנֵי כְעַן וְאֶחֱזֵי, יָת חֶזְוָנָא רַבָּא הָדֵין, מָדֵין לָא מִתּוֹקַד
ד אֲסַנָּא: וַחֲזָא יְיָ אֲרֵי אִתְפְּנִי לְמִחְזֵי, וּקְרָא לֵיהּ יְיָ מִגּוֹ אֲסַנָּא, וַאֲמַר, מֹשֶׁה מֹשֶׁה וַאֲמַר
ה הָאֲנָא: וַאֲמַר לָא תִקְרַב הָלְכָא, שְׁרִי סֵינָךְ מֵעַל רַגְלָךְ, אֲרֵי אַתְרָא, דְּאַתְּ קָאֵים עֲלוֹהִי,
ו אֲתַר קַדִּישׁ הוּא: וַאֲמַר, אֲנָא אֱלָהָא דַּאֲבוּךְ, אֱלָהֵיהּ דְּאַבְרָהָם, אֱלָהֵיהּ דְּיִצְחָק וֵאלָהֵיהּ
ז דְּיַעֲקֹב, וּכְבַשִׁנּוּן מֹשֶׁה לְאַפּוֹהִי, אֲרֵי דְּחֵיל, מִלְּאִסְתַּכָּלָא בְּצֵית יְקָרָא דַּייְ: וַאֲמַר יְיָ, מִגְלָא
גְּלֵי קֳדָמַי, שִׁעְבּוּד עַמִּי דִּבְמִצְרָיִם, וְיָת קְבִילַתְהוֹן שְׁמִיעַ קֳדָמַי מִן קֳדָם מַפְלְחֵיהוֹן, אֲרֵי
ח גְּלֵי קֳדָמַי כֵּיבֵיהוֹן: וְאִתְגְּלִיתִי, לְשֵׁיזָבוּתְהוֹן מִידָא דְּמִצְרָאֵי, וּלְאַסָּקוּתְהוֹן מִן אַרְעָא
הַהִיא, לַאֲרַע טָבָא וּפְתָיָא, לַאֲרַע, עָבְדָא חֲלַב וּדְבַשׁ, לַאֲתַר כְּנַעֲנָאֵי וְחִתָּאֵי, וֶאֱמוֹרָאֵי
ט וּפְרִזָּאֵי, וְחִוָּאֵי וִיבוּסָאֵי: וּכְעַן, הָא, קְבִילַת בְּנֵי יִשְׂרָאֵל עָאלַת לִקְדָמַי, וְאַף גְּלֵי קֳדָמַי

כד| נַאֲקָתָם. צַעֲקָתָם, וְכֵן: "מֵעִיר מְתִים יִנְאָקוּ" (איוב כד, יב): אֶת בְּרִיתוֹ אֶת אַבְרָהָם. עִם אַבְרָהָם:

כה| וַיֵּדַע אֱלֹהִים. נָתַן עֲלֵיהֶם לֵב וְלֹא הֶעְלִים עֵינָיו:

פרק ג

א| אַחַר הַמִּדְבָּר. לְהִתְרַחֵק מִן הַגָּזֵל שֶׁלֹּא יִרְעוּ בִּשְׂדוֹת אֲחֵרִים: אֶל הַר הָאֱלֹהִים. עַל שֵׁם הֶעָתִיד:

ב| בְּלַבַּת אֵשׁ. בְּשַׁלְהֶבֶת אֵשׁ, לִבּוֹ שֶׁל אֵשׁ כְּמוֹ: "לֵב הַשָּׁמַיִם" (דברים ד, יא), "בְּלֵב הָאֵלָה" (שמואל ב' יח, יד). וְאַל תִּתְמַהּ עַל הַתָּי"ו, יֵשׁ לָנוּ כַּיּוֹצֵא בוֹ: "מָה אֲמֻלָה לִבָּתֵךְ" (יחזקאל טז, ל): מִתּוֹךְ הַסְּנֶה. וְלֹא אִילָן אַחֵר, מִשּׁוּם "עִמּוֹ אָנֹכִי בְצָרָה" (תהלים צא, טו): אֻכָּל. נֶאֱכָל, כְּמוֹ "לֹא עֻבַּד בָּהּ" (דברים כא, ג), "אֲשֶׁר לֻקַּח מִשָּׁם" (בראשית ג, כג):

ג| אָסֻרָה. מִכָּאן לְהִתְקָרֵב שָׁם:

ה| שַׁל. שְׁלֹף וְהוֹצֵא, כְּמוֹ: "וְנָשַׁל הַבַּרְזֶל" (דברים יט, ה), "כִּי יִשַּׁל זֵיתֶךָ" (דברים כח, מ): אַדְמַת קֹדֶשׁ הוּא. הַמָּקוֹם:

הַלַּחַץ אֲשֶׁר מִצְרַיִם לֹחֲצִים אֹתָם: וְעַתָּה לְכָה י
וְאֶשְׁלָחֲךָ אֶל־פַּרְעֹה וְהוֹצֵא אֶת־עַמִּי בְנֵי־
יִשְׂרָאֵל מִמִּצְרָיִם: וַיֹּאמֶר מֹשֶׁה אֶל־הָאֱלֹהִים יא
מִי אָנֹכִי כִּי אֵלֵךְ אֶל־פַּרְעֹה וְכִי אוֹצִיא אֶת־
בְּנֵי יִשְׂרָאֵל מִמִּצְרָיִם: וַיֹּאמֶר כִּי־אֶהְיֶה עִמָּךְ יב
וְזֶה־לְּךָ הָאוֹת כִּי אָנֹכִי שְׁלַחְתִּיךָ בְּהוֹצִיאֲךָ
אֶת־הָעָם מִמִּצְרַיִם תַּעַבְדוּן אֶת־הָאֱלֹהִים עַל
הָהָר הַזֶּה: וַיֹּאמֶר מֹשֶׁה אֶל־הָאֱלֹהִים הִנֵּה יג
אָנֹכִי בָא אֶל־בְּנֵי יִשְׂרָאֵל וְאָמַרְתִּי לָהֶם אֱלֹהֵי
אֲבוֹתֵיכֶם שְׁלָחַנִי אֲלֵיכֶם וְאָמְרוּ־לִי מַה־שְּׁמוֹ
מָה אֹמַר אֲלֵהֶם: וַיֹּאמֶר אֱלֹהִים אֶל־מֹשֶׁה יד
אֶהְיֶה אֲשֶׁר אֶהְיֶה וַיֹּאמֶר כֹּה תֹאמַר לִבְנֵי
יִשְׂרָאֵל אֶהְיֶה שְׁלָחַנִי אֲלֵיכֶם: וַיֹּאמֶר עוֹד טו
אֱלֹהִים אֶל־מֹשֶׁה כֹּה תֹאמַר אֶל־בְּנֵי יִשְׂרָאֵל
יהוה אֱלֹהֵי אֲבֹתֵיכֶם אֱלֹהֵי אַבְרָהָם אֱלֹהֵי
יִצְחָק וֵאלֹהֵי יַעֲקֹב שְׁלָחַנִי אֲלֵיכֶם זֶה־שְּׁמִי
חמישי לְעֹלָם וְזֶה זִכְרִי לְדֹר דֹּר: לֵךְ וְאָסַפְתָּ אֶת־זִקְנֵי טז
יִשְׂרָאֵל וְאָמַרְתָּ אֲלֵהֶם יהוה אֱלֹהֵי אֲבֹתֵיכֶם
נִרְאָה אֵלַי אֱלֹהֵי אַבְרָהָם יִצְחָק וְיַעֲקֹב
לֵאמֹר פָּקֹד פָּקַדְתִּי אֶתְכֶם וְאֶת־הֶעָשׂוּי לָכֶם
בְּמִצְרָיִם: וָאֹמַר אַעֲלֶה אֶתְכֶם מֵעֳנִי מִצְרַיִם יז

אֶל־אֶרֶץ הַכְּנַעֲנִי וְהַחִתִּי וְהָאֱמֹרִי וְהַפְּרִזִּי וְהַחִוִּי
יח וְהַיְבוּסִי אֶל־אֶרֶץ זָבַת חָלָב וּדְבָשׁ׃ וְשָׁמְעוּ
לְקֹלֶךָ וּבָאתָ אַתָּה וְזִקְנֵי יִשְׂרָאֵל אֶל־מֶלֶךְ

י דְּחָקָא, דְּמִצְרָאֵי דָּחֲקִין לְהוֹן: וּכְעַן אֵיתָא, וְאֶשְׁלְחִנָּךְ לְוָת פַּרְעֹה, וְאַפֵּיק, יָת עַמִּי בְּנֵי יִשְׂרָאֵל
יא מִמִּצְרָיִם: וַאֲמַר מֹשֶׁה קֳדָם יְיָ, מַאן אֲנָא, אֲרֵי אֵיזֵיל לְוָת פַּרְעֹה, וַאֲרֵי אַפֵּיק, יָת בְּנֵי יִשְׂרָאֵל
יב מִמִּצְרָיִם: וַאֲמַר אֲרֵי יְהֵי מֵימְרִי בְּסַעֲדָךְ, וְדֵין לָךְ אָתָא, אֲרֵי אֲנָא שְׁלַחְתָּךְ, בְּאַפָּקוּתָךְ יָת
יג עַמָּא מִמִּצְרַיִם, תִּפְלְחוּן קֳדָם יְיָ, עַל טוּרָא הָדֵין: וַאֲמַר מֹשֶׁה קֳדָם יְיָ, הָא אֲנָא אָתֵי לְוָת בְּנֵי
יִשְׂרָאֵל, וְאֵימַר לְהוֹן, אֱלָהָא דַּאֲבָהָתְכוֹן שַׁלְחַנִי לְוָתְכוֹן, וְיֵימְרוּן לִי מַאן שְׁמֵיהּ, מָא אֵימַר
יד לְהוֹן: וַאֲמַר יְיָ לְמֹשֶׁה, אֶהְיֶה אֲשֶׁר אֶהְיֶה, וַאֲמַר, כִּדְנָן תֵּימַר לִבְנֵי יִשְׂרָאֵל, אֶהְיֶה שַׁלְחַנִי
טו לְוָתְכוֹן: וַאֲמַר עוֹד יְיָ לְמֹשֶׁה, כִּדְנָן תֵּימַר לִבְנֵי יִשְׂרָאֵל, יְיָ אֱלָהָא דַּאֲבָהָתְכוֹן, אֱלָהֵיהּ
דְּאַבְרָהָם, אֱלָהֵיהּ דְּיִצְחָק, וֵאלָהֵיהּ דְּיַעֲקֹב שַׁלְחַנִי לְוָתְכוֹן, דֵּין שְׁמִי לְעָלַם, וְדֵין דָּכְרָנִי
טז לְכָל דָּר וְדָר: אֵיזֵיל וְתִכְנוֹשׁ יָת סָבֵי יִשְׂרָאֵל, וְתֵימַר לְהוֹן יְיָ, אֱלָהָא דַּאֲבָהָתְכוֹן אִתְגְּלִי לִי,
אֱלָהֵיהּ דְּאַבְרָהָם, יִצְחָק וְיַעֲקֹב לְמֵימַר, מִדְכַּר דְּכִירְנָא יָתְכוֹן, וְיָת דְּאִתְעֲבֵיד לְכוֹן בְּמִצְרָיִם:
יז וַאֲמָרִית, אַסֵּיק יָתְכוֹן מִשִּׁעְבּוּד מִצְרָאֵי, לַאֲרַע כְּנַעֲנָאֵי וְחִתָּאֵי, וֶאֱמוֹרָאֵי וּפְרִזָּאֵי, וְחִוָּאֵי
יח וִיבוּסָאֵי, לַאֲרַע, עָבְדָא חֲלָב וּדְבָשׁ: וִיקַבְּלוּן מִנָּךְ, וְתֵיתֵי, אַתְּ וְסָבֵי יִשְׂרָאֵל לְוָת מַלְכָּא

י| **וְעַתָּה לְכָה וְאֶשְׁלָחֲךָ אֶל פַּרְעֹה.** וְאִם תֹּאמַר, מַה תּוֹעִיל? "וְהוֹצֵא אֶת עַמִּי", יוֹעִילוּ דְּבָרֶיךָ וְתוֹצִיאֵם:

יא| **מִי אָנֹכִי.** מָה אֲנִי חָשׁוּב לְדַבֵּר עִם הַמְּלָכִים? **וְכִי אוֹצִיא אֶת בְּנֵי יִשְׂרָאֵל.** וְאַף אִם חָשׁוּב אֲנִי, מַה זָּכוּ יִשְׂרָאֵל שֶׁיֵּעָשֶׂה לָהֶם נֵס וְאוֹצִיאֵם מִמִּצְרָיִם?:

יב| **וַיֹּאמֶר כִּי אֶהְיֶה עִמָּךְ.** הֵשִׁיבוֹ עַל רִאשׁוֹן רִאשׁוֹן וְעַל אַחֲרוֹן אַחֲרוֹן: שֶׁאָמַרְתָּ "מִי אָנֹכִי כִּי אֵלֵךְ אֶל פַּרְעֹה" – לֹא שֶׁלְּךָ הִיא כִּי אִם מִשֶּׁלִּי, "כִּי אֶהְיֶה עִמָּךְ"; "וְזֶה" הַמַּרְאֶה אֲשֶׁר רָאִיתָ בַּסְּנֶה, "לְךָ הָאוֹת כִּי אָנֹכִי שְׁלַחְתִּיךָ" וּכְדַאי אֲנִי לְהַצִּיל, כַּאֲשֶׁר רָאִיתָ הַסְּנֶה עוֹשֶׂה שְׁלִיחוּתִי וְאֵינֶנּוּ אֻכָּל כָּךְ תֵּלֵךְ בִּשְׁלִיחוּתִי וְאֵינְךָ נִזּוֹק. וְשֶׁשָּׁאַלְתָּ: מַה זְּכוּת יֵשׁ לְיִשְׂרָאֵל שֶׁיֵּצְאוּ מִמִּצְרַיִם? דָּבָר גָּדוֹל יֵשׁ לִי עַל הוֹצָאָה זוֹ, שֶׁהֲרֵי עֲתִידִים לְקַבֵּל הַתּוֹרָה עַל הָהָר הַזֶּה לְסוֹף שְׁלֹשָׁה חֳדָשִׁים. דָּבָר אַחֵר, "כִּי אֶהְיֶה עִמָּךְ", "וְזֶה" שֶׁתַּצְלִיחַ בִּשְׁלִיחוּתְךָ, "לְךָ הָאוֹת" עַל הַבְטָחָה אַחֶרֶת שֶׁאֲנִי מַבְטִיחֲךָ, שֶׁכְּשֶׁתּוֹצִיאֵם מִמִּצְרַיִם תַּעַבְדוּן אוֹתִי עַל הָהָר הַזֶּה, שֶׁתְּקַבְּלוּ הַתּוֹרָה עָלָיו, וְהִיא הַזְּכוּת הָעוֹמֶדֶת לְיִשְׂרָאֵל. וְדֻגְמַת לָשׁוֹן זֶה מָצִינוּ בִּישַׁעְיָה (לז, ל): "וְזֶה לְּךָ הָאוֹת אָכוֹל הַשָּׁנָה סָפִיחַ" וְגוֹ׳, מַפֶּלֶת סַנְחֵרִיב תִּהְיֶה לְךָ אוֹת עַל הַבְטָחָה אַחֶרֶת, שֶׁאַרְצְכֶם חֲרֵבָה מִפֵּרוֹת וַאֲנִי אֲבָרֵךְ הַסְּפִיחִים:

יד-טו| **אֶהְיֶה אֲשֶׁר אֶהְיֶה.** "אֶהְיֶה" עִמָּם בְּצָרָה זוֹ, "אֲשֶׁר אֶהְיֶה" עִמָּם בְּשִׁעְבּוּד שְׁאָר מַלְכֻיּוֹת. אָמַר לְפָנָיו: רִבּוֹנוֹ שֶׁל עוֹלָם, מָה אֲנִי מַזְכִּיר לָהֶם צָרָה אַחֶרֶת? דַּיָּם בְּצָרָה זוֹ! אָמַר לוֹ: יָפֶה אָמַרְתָּ, "כֹּה תֹאמַר" וְגוֹ׳: **זֶה שְּׁמִי לְעֹלָם.** חָסֵר וָי״ו, לוֹמַר הַעֲלִימֵהוּ שֶׁלֹּא יִקָּרֵא כִּכְתָבוֹ: **וְזֶה זִכְרִי.** לִמְּדוֹ הֵיאַךְ נִקְרָא. וְכֵן דָּוִד הוּא אוֹמֵר: "ה׳ שִׁמְךָ לְעוֹלָם ה׳ זִכְרְךָ לְדֹר וָדֹר" (תהלים קלה, יג):

טז| **אֶת זִקְנֵי יִשְׂרָאֵל.** מְיֻחָדִים לִישִׁיבָה. וְאִם תֹּאמַר זְקֵנִים סְתָם, הֵיאַךְ אֶפְשָׁר לוֹ לֶאֱסֹף זְקֵנִים שֶׁל שִׁשִּׁים רִבּוֹא?:

יח| **וְשָׁמְעוּ לְקֹלֶךָ.** מִכֵּיוָן שֶׁתֹּאמַר לָהֶם לָשׁוֹן

מִצְרַיִם וַאֲמַרְתֶּם אֵלָיו יְהוָה אֱלֹהֵי הָעִבְרִיִּים
נִקְרָה עָלֵינוּ וְעַתָּה נֵלֲכָה־נָּא דֶּרֶךְ שְׁלֹשֶׁת יָמִים
בַּמִּדְבָּר וְנִזְבְּחָה לַיהוָה אֱלֹהֵינוּ׃ וַאֲנִי יָדַעְתִּי יט
כִּי לֹא־יִתֵּן אֶתְכֶם מֶלֶךְ מִצְרַיִם לַהֲלֹךְ וְלֹא בְּיָד
חֲזָקָה׃ וְשָׁלַחְתִּי אֶת־יָדִי וְהִכֵּיתִי אֶת־מִצְרַיִם כ
בְּכֹל נִפְלְאֹתַי אֲשֶׁר אֶעֱשֶׂה בְּקִרְבּוֹ וְאַחֲרֵי־כֵן
יְשַׁלַּח אֶתְכֶם׃ וְנָתַתִּי אֶת־חֵן הָעָם־הַזֶּה בְּעֵינֵי כא
מִצְרָיִם וְהָיָה כִּי תֵלֵכוּן לֹא תֵלְכוּ רֵיקָם׃ וְשָׁאֲלָה כב
אִשָּׁה מִשְּׁכֶנְתָּהּ וּמִגָּרַת בֵּיתָהּ כְּלֵי־כֶסֶף וּכְלֵי
זָהָב וּשְׂמָלֹת וְשַׂמְתֶּם עַל־בְּנֵיכֶם וְעַל־בְּנֹתֵיכֶם
וְנִצַּלְתֶּם אֶת־מִצְרָיִם׃ וַיַּעַן מֹשֶׁה וַיֹּאמֶר וְהֵן לֹא־ א ד
יַאֲמִינוּ לִי וְלֹא יִשְׁמְעוּ בְּקֹלִי כִּי יֹאמְרוּ לֹא־נִרְאָה
מַה־זֶּה אֵלֶיךָ יְהוָה׃ וַיֹּאמֶר אֵלָיו יְהוָה מזה בְיָדֶךָ וַיֹּאמֶר ב
מַטֶּה׃ וַיֹּאמֶר הַשְׁלִיכֵהוּ אַרְצָה וַיַּשְׁלִכֵהוּ אַרְצָה ג
וַיְהִי לְנָחָשׁ וַיָּנָס מֹשֶׁה מִפָּנָיו׃ וַיֹּאמֶר יְהוָה ד
אֶל־מֹשֶׁה שְׁלַח יָדְךָ וֶאֱחֹז בִּזְנָבוֹ וַיִּשְׁלַח יָדוֹ
וַיַּחֲזֶק־בּוֹ וַיְהִי לְמַטֶּה בְּכַפּוֹ׃ לְמַעַן יַאֲמִינוּ כִּי־ ה
נִרְאָה אֵלֶיךָ יְהוָה אֱלֹהֵי אֲבֹתָם אֱלֹהֵי אַבְרָהָם
אֱלֹהֵי יִצְחָק וֵאלֹהֵי יַעֲקֹב׃ וַיֹּאמֶר יְהוָה לוֹ עוֹד ו

זֶה יִשְׁמְעוּ לְקוֹלֶךָ, שֶׁכְּבָר סִימָן זֶה מָסוּר בְּיָדָם מִיַּעֲקֹב וּמִיּוֹסֵף שֶׁבְּלָשׁוֹן זֶה הֵם נִגְאָלִים; יַעֲקֹב אָמַר לָהֶם: "וֵאלֹהִים פָּקֹד יִפְקֹד אֶתְכֶם" (בראשית נ, כד), יוֹסֵף אָמַר לָהֶם: "פָּקֹד יִפְקֹד אֱלֹהִים אֶתְכֶם"

שמות

דְּמִצְרַיִם, וְתֵימְרוּן לֵיהּ יי, אֱלָהָא דִיהוּדָאֵי אִתְקְרִי עֲלַנָא, וּכְעַן, נֵיזֵיל כְּעַן, מַהֲלַךְ תְּלָתָא
יט יוֹמִין בְּמַדְבְּרָא, וּנְדַבַּח קֳדָם יי אֱלָהַנָא: וּקְדָמַי גְּלֵי, אֲרֵי, לָא יִשְׁבּוֹק יָתְכוֹן, מַלְכָּא דְמִצְרַיִם
כ לְמֵיזַל, וְלָא מִן קֳדָם דְּחֵילֵיהּ תַּקִּיף: וְאֶשְׁלַח יָת מַחַת גְּבוּרְתִּי וְאֶמְחֵי יָת מִצְרָאֵי, בְּכָל
כא פְּרִישָׁתַי, דְּאַעֲבֵיד בֵּינֵיהוֹן, וּבָתַר כֵּן יְשַׁלַּח יָתְכוֹן: וְאֶתֵּין, יָת עַמָּא הָדֵין לְרַחֲמִין בְּעֵינֵי
כב מִצְרָאֵי, וִיהֵי אֲרֵי תְהָכוּן, לָא תְהָכוּן רֵיקָנִין: וְתִשְׁאַל אִתְּתָא מִשֵּׁיבַבְתַּהּ וּמִקָּרִיבַת בֵּיתַהּ,
מָנִין דִּכְסַף, וּמָנִין דִּדְהַב וּלְבוּשִׁין, וּתְשַׁוּוּן, עַל בְּנֵיכוֹן וְעַל בְּנָתְכוֹן, וּתְרוֹקְנוּן יָת מִצְרָאֵי:
ד א וַאֲתֵיב מֹשֶׁה וַאֲמַר, וְהָא לָא יְהֵימְנוּן לִי, וְלָא יְקַבְּלוּן מִנִּי, אֲרֵי יֵימְרוּן, לָא אִתְגְּלִי לָךְ יי:
ב ג וַאֲמַר לֵיהּ, יי מָא דֵין בִּידָךְ, וַאֲמַר חֻטְרָא: וַאֲמַר רְמוֹהִי לְאַרְעָא, וּרְמָהִי לְאַרְעָא וַהֲוָה
ד לְחִוְיָא, וַעֲרַק מֹשֶׁה מִן קֳדָמוֹהִי: וַאֲמַר יי לְמֹשֶׁה, אוֹשֵׁיט יְדָךְ, וְאֵיחוֹד בְּדַנְבֵּיהּ, וְאוֹשֵׁיט
ה יְדֵיהּ וְאַתְקֵיף בֵּיהּ, וַהֲוָה לְחֻטְרָא בִּידֵיהּ: בְּדִיל דִּיהֵימְנוּן, אֲרֵי אִתְגְּלִי לָךְ, יי אֱלָהָא
ו דַּאֲבָהָתְהוֹן, אֱלָהֵיהּ דְּאַבְרָהָם, אֱלָהֵיהּ דְּיִצְחָק וֵאלָהֵיהּ דְּיַעֲקֹב: וַאֲמַר יי לֵיהּ עוֹד,

(שם פסוק כה): **נִקְרָה עָלֵינוּ.** לְשׁוֹן מִקְרֶה, וְכֵן: "וַיִּקָּר אֱלֹהִים" (במדבר כג, ד); "וְאָנֹכִי אֶקָּרֶה כֹּה" (שם פסוק טו) – אָהֵא נִקְרֶה מֵאִתּוֹ הֲלֹם:

יט **לֹא יִתֵּן אֶתְכֶם מֶלֶךְ מִצְרַיִם לַהֲלֹךְ.** אִם אֵין אֲנִי מַרְאֶה לוֹ יָדִי הַחֲזָקָה; כְּלוֹמַר, כָּל עוֹד שֶׁאֵין אֲנִי מוֹדִיעוֹ יָדִי הַחֲזָקָה לֹא יִתֵּן אֶתְכֶם לַהֲלֹךְ: **לֹא יִתֵּן.** "לָא יִשְׁבּוֹק", כְּמוֹ: "עַל כֵּן לֹא נְתַתִּיךָ" (בראשית כ, ו), "וְלֹא נְתָנוֹ אֱלֹהִים לְהָרַע עִמָּדִי" (שם לא, ז), וְכֻלָּן לְשׁוֹן נְתִינָה הֵם. וְיֵשׁ מְפָרְשִׁים, "וְלֹא בְּיָד חֲזָקָה", וְלֹא בִּשְׁבִיל שֶׁיָּדוֹ חֲזָקָה, כִּי מֵאָז אֶשְׁלַח אֶת יָדִי "וְהִכֵּיתִי אֶת מִצְרַיִם" וְגוֹ' (פסוק כ), וּמְתַרְגְּמִין אוֹתוֹ: "וְלָא מִן קֳדָם דְּחֵילֵיהּ תַּקִּיף". מִשְּׁמוֹ שֶׁל רַבִּי יַעֲקֹב בְּרַבִּי מְנַחֵם נֶאֱמַר לִי:

כב **וּמִגָּרַת בֵּיתָהּ.** מֵאוֹתָהּ שֶׁהִיא גָּרָה אִתָּהּ בַּבַּיִת: **וְנִצַּלְתֶּם.** כְּתַרְגּוּמוֹ: "וּתְרוֹקְנוּן", וְכֵן: "וַיְנַצְּלוּ אֶת מִצְרָיִם" (להלן יב, לו), "וַיִּתְנַצְּלוּ בְנֵי יִשְׂרָאֵל אֶת עֶדְיָם" (להלן לג, ו), וְהַנּוּ"ן בּוֹ יְסוֹד. וּמְנַחֵם חִבְּרוֹ בְּמַחְבֶּרֶת צָד"י עִם "וַיַּצֵּל אֱלֹהִים אֶת מִקְנֵה אֲבִיכֶם" (בראשית לא, ט), "אֲשֶׁר הִצִּיל אֱלֹהִים מֵאָבִינוּ" (שם טז), וְלֹא יֶאֶמְנוּ דְבָרָיו, כִּי אִם לֹא הָיְתָה הַנּוּ"ן יְסוֹד וְהִיא נְקוּדָה בְּחִירִיק, לֹא תְהֵא מְשַׁמֶּשֶׁת בִּלְשׁוֹן וּפְעַלְתֶּם אֶלָּא בִּלְשׁוֹן וְנִפְעַלְתֶּם, כְּמוֹ: "וְנִסַּחְתֶּם מֵעַל הָאֲדָמָה" (דברים כח, סג), "וְנִתַּתֶּם בְּיַד אוֹיֵב" (ויקרא כו, כה), "וְנִגַּפְתֶּם לִפְנֵי אֹיְבֵיכֶם" (שם פסוק יז), "וְנִתַּכְתֶּם בְּתוֹכָהּ" (יחזקאל כב, כא), "וַאֲמַרְתֶּם נִצַּלְנוּ" (ירמיה ז, י), לְשׁוֹן נִפְעַלְנוּ. וְכָל נוּ"ן שֶׁהִיא בָּאָה בְּתֵבָה לִפְרָקִים וְנוֹפֶלֶת מִמֶּנָּה, כְּנוּ"ן שֶׁל נוֹגֵף, נוֹשֵׂא, נוֹתֵן, נוֹשֵׁךְ, כְּשֶׁהִיא מְדַבֶּרֶת לְשׁוֹן וּפְעַלְתֶּם תִּנָּקֵד בִּשְׁבָא בַּחֲטָף, כְּגוֹן: "וּנְשָׂאתֶם אֶת אֲבִיכֶם" (בראשית מה, יט), "וּנְתַתֶּם לָהֶם אֶת אֶרֶץ הַגִּלְעָד" (במדבר לב, כט), "וּנְמַלְתֶּם אֵת בְּשַׂר עָרְלַתְכֶם" (בראשית יז, יא). לְכָךְ אֲנִי אוֹמֵר שֶׁזֹּאת, הַנְּקוּדָה בְּחִירִיק, מִן הַיְסוֹד הִיא, וִיסוֹד שֵׁם דָּבָר 'נִצּוּל', וְהוּא מִן הַלְּשׁוֹנוֹת הַכְּבֵדִים, כְּמוֹ דִּבּוּר, כִּפּוּר, לִמּוּד, כְּשֶׁיְּדַבֵּר בִּלְשׁוֹן וּפְעַלְתֶּם יִנָּקֵד בְּחִירִיק, כְּמוֹ: "וְדִבַּרְתֶּם אֶל הַסֶּלַע" (במדבר כ, ח), "וְכִפַּרְתֶּם אֶת הַבַּיִת" (יחזקאל מה, כ), "וְלִמַּדְתֶּם אֹתָם אֶת בְּנֵיכֶם" (דברים יא, יט):

פרק ד

ב **מַזֶּה בְיָדֶךָ.** לְכָךְ נִכְתַּב תֵּבָה אַחַת, לִדְרֹשׁ: מִזֶּה שֶׁבְּיָדְךָ אַתָּה חַיָּב לִלְקוֹת, שֶׁחָשַׁדְתָּ בִּכְשֵׁרִים. וּפְשׁוּטוֹ, כְּאָדָם שֶׁאוֹמֵר לַחֲבֵרוֹ: מוֹדֶה אַתָּה שֶׁזּוֹ שֶׁלְּפָנֶיךָ אֶבֶן הִיא? אָמַר לוֹ: הֵן. אָמַר לוֹ: הֲרֵינִי עוֹשֶׂה אוֹתָהּ עֵץ:

ג **וַיְהִי לְנָחָשׁ.** רָמַז לוֹ שֶׁסִּפֵּר לָשׁוֹן הָרָע עַל יִשְׂרָאֵל וְתָפַשׂ אֻמָּנוּתוֹ שֶׁל נָחָשׁ:

ד **וַיַּחֲזֶק בּוֹ.** לְשׁוֹן אֲחִיזָה הוּא, וְהַרְבֵּה יֵשׁ בַּמִּקְרָא: "וַיַּחֲזִיקוּ הָאֲנָשִׁים בְּיָדוֹ" (בראשית יט, טז), "וְהֶחֱזִיקָה בִּמְבֻשָׁיו" (דברים כה, יא), "וְהֶחֱזַקְתִּי בִּזְקָנוֹ" (שמואל א' יז, לה), כָּל לְשׁוֹן חִזּוּק הַדָּבוּק לְבֵי"ת לְשׁוֹן אֲחִיזָה הוּא:

שמות

הָבֵא־נָ֥א יָדְךָ֖ בְּחֵיקֶ֑ךָ וַיָּבֵ֤א יָדוֹ֙ בְּחֵיק֔וֹ וַיּ֖וֹצִאָ֑הּ
וְהִנֵּ֥ה יָד֖וֹ מְצֹרַ֥עַת כַּשָּֽׁלֶג: וַיֹּ֗אמֶר הָשֵׁ֤ב יָֽדְךָ֙
אֶל־חֵיקֶ֔ךָ וַיָּ֥שֶׁב יָד֖וֹ אֶל־חֵיק֑וֹ וַיּֽוֹצִאָהּ֙ מֵֽחֵיק֔וֹ
וְהִנֵּה־שָׁ֖בָה כִּבְשָׂרֽוֹ: וְהָיָה֙ אִם־לֹ֣א יַאֲמִ֣ינוּ לָ֔ךְ
וְלֹ֣א יִשְׁמְע֔וּ לְקֹ֖ל הָאֹ֣ת הָרִאשׁ֑וֹן וְהֶֽאֱמִ֔ינוּ לְקֹ֖ל
הָאֹ֥ת הָאַחֲרֽוֹן: וְהָיָ֡ה אִם־לֹ֣א יַאֲמִ֡ינוּ גַּם֩ לִשְׁנֵ֨י
הָאֹת֜וֹת הָאֵ֗לֶּה וְלֹ֤א יִשְׁמְעוּן֙ לְקֹלֶ֔ךָ וְלָקַחְתָּ֙
מִמֵּימֵ֣י הַיְאֹ֔ר וְשָׁפַכְתָּ֖ הַיַּבָּשָׁ֑ה וְהָי֤וּ הַמַּ֨יִם֙ אֲשֶׁ֣ר
תִּקַּ֣ח מִן־הַיְאֹ֔ר וְהָי֥וּ לְדָ֖ם בַּיַּבָּֽשֶׁת: וַיֹּ֨אמֶר מֹשֶׁ֜ה
אֶל־יְהוָה֮ בִּ֣י אֲדֹנָי֒ לֹא֩ אִ֨ישׁ דְּבָרִ֜ים אָנֹ֗כִי גַּ֤ם
מִתְּמוֹל֙ גַּ֣ם מִשִּׁלְשֹׁ֔ם גַּ֛ם מֵאָ֥ז דַּבֶּרְךָ֖ אֶל־עַבְדֶּ֑ךָ
כִּ֧י כְבַד־פֶּ֛ה וּכְבַ֥ד לָשׁ֖וֹן אָנֹֽכִי: וַיֹּ֨אמֶר יְהוָ֜ה אֵלָ֗יו
מִ֣י שָׂ֣ם פֶּה֮ לָֽאָדָם֒ א֚וֹ מִֽי־יָשׂ֣וּם אִלֵּ֔ם א֣וֹ חֵרֵ֔שׁ
א֥וֹ פִקֵּ֖חַ א֣וֹ עִוֵּ֑ר הֲלֹ֥א אָנֹכִ֖י יְהוָֽה: וְעַתָּ֖ה לֵ֑ךְ
וְאָנֹכִי֙ אֶֽהְיֶ֣ה עִם־פִּ֔יךָ וְהוֹרֵיתִ֖יךָ אֲשֶׁ֥ר תְּדַבֵּֽר:
וַיֹּ֕אמֶר בִּ֣י אֲדֹנָ֑י שְֽׁלַֽח־נָ֖א בְּיַד־תִּשְׁלָֽח: וַיִּֽחַר־
אַ֨ף יְהוָ֜ה בְּמֹשֶׁ֗ה וַיֹּ֨אמֶר֙ הֲלֹ֨א אַהֲרֹ֤ן אָחִ֨יךָ֙ הַלֵּוִ֔י
יָדַ֕עְתִּי כִּֽי־דַבֵּ֥ר יְדַבֵּ֖ר ה֑וּא וְגַ֤ם הִנֵּה־הוּא֙ יֹצֵ֣א
לִקְרָאתֶ֔ךָ וְרָאֲךָ֖ וְשָׂמַ֥ח בְּלִבּֽוֹ: וְדִבַּרְתָּ֣ אֵלָ֔יו
וְשַׂמְתָּ֥ אֶת־הַדְּבָרִ֖ים בְּפִ֑יו וְאָנֹכִ֗י אֶֽהְיֶ֤ה עִם־פִּ֨יךָ֙
וְעִם־פִּ֔יהוּ וְהוֹרֵיתִ֣י אֶתְכֶ֔ם אֵ֖ת אֲשֶׁ֥ר תַּעֲשֽׂוּן:

שמות ד

ז אָעֵיל כְּעַן יְדָךְ בְּעַטְפָךְ, וְאָעֵיל יְדֵיהּ בְּעַטְפְיֵהּ, וְאַפְּקַהּ, וְהָא יְדֵיהּ חִוְּרָא כְּתַלְגָּא: וַאֲמַר, אֲתֵיב
ח יְדָךְ לְעַטְפָךְ, וַאֲתֵיב יְדֵיהּ לְעַטְפְיֵהּ, וְאַפְּקַהּ מֵעַטְפְיֵהּ, וְהָא תָּבַת הֲוָת כְּבִסְרַהּ: וִיהֵי אִם לָא
ט יְהֵימְנוּן לָךְ, וְלָא יְקַבְּלוּן, לְקָל אָתָא קַדְמָאָה, וִיהֵימְנוּן, לְקָל אָתָא בָּתְרָאָה: וִיהֵי, אִם לָא יְהֵימְנוּן, אַף לִתְרֵין אָתַיָּא הָאִלֵּין, וְלָא יְקַבְּלוּן מִנָּךְ, וְתִסַּב מִמַּיָּא דְּבִנְהָרָא, וְתֵישׁוֹד לְיַבֶּשְׁתָּא,
י וִיהוֹן מַיָּא דְּתִסַּב מִן נַהֲרָא, וִיהוֹן לִדְמָא בְּיַבֶּשְׁתָּא: וַאֲמַר מֹשֶׁה קֳדָם יְיָ בְּבָעוּ יְיָ, לָא גְּבַר דִּמְלֵיל אֲנָא, אַף מֵאֶתְמָלֵי אַף מִדְּקַמּוֹהִי, אַף, מֵעִדָּן דְּמַלֶּלְתָּא עִם עַבְדָּךְ, אֲרֵי יַקִּיר מַמְלַל, וְעַמִּיק
יא לִישָׁן אֲנָא: וַאֲמַר יְיָ לֵיהּ, מַאן שַׁוִּי פֻּמָּא לֶאֱנָשָׁא, אוֹ מַאן שַׁוִּי אִלְּמָא, אוֹ חֵרְשָׁא, אוֹ פְּתִיחָא
יב אוֹ עַוִּירָא, הֲלָא אֲנָא יְיָ: וּכְעַן אִיזֵיל, וּמֵימְרִי יְהֵי עִם פֻּמָּךְ, וְאַלְּפִנָּךְ דִּתְמַלֵּיל: וַאֲמַר בְּבָעוּ יְיָ,
יג שְׁלַח כְּעַן בְּיַד מַאן דְּכָשַׁר לְמִשְׁלַח: וּתְקֵיף רֻגְזָא דַּייָ בְּמֹשֶׁה, וַאֲמַר הֲלָא אַהֲרֹן אֲחוּךְ לֵיוָאָה,
יד גְּלֵי קֳדָמַי, אֲרֵי מַלָּלָא יְמַלֵּיל הוּא, וְאַף הָא הוּא נָפֵיק לְקַדָּמוּתָךְ, וְיַחְזִנָּךְ וְיִחְדֵּי בְּלִבֵּיהּ: וּתְמַלֵּיל
טו עִמֵּיהּ, וּתְשַׁוֵּי יָת פִּתְגָמַיָּא בְּפֻמֵּיהּ, וּמֵימְרִי, יְהֵי עִם פֻּמָּךְ וְעִם פֻּמֵּיהּ, וְאַלֵּיף יָתְכוֹן, יָת דְּתַעְבְּדוּן:

מִצְּרַעַת כַּשָּׁלֶג. דֶּרֶךְ צָרַעַת לִהְיוֹת לְבָנָה, "אִם בַּהֶרֶת לְבָנָה הִוא" (ויקרא יג, ד). אַף בְּאוֹת זֶה רָמַז לוֹ שֶׁלְּשׁוֹן הָרָע סִפֵּר בְּאָמְרוֹ: "לֹא יַאֲמִינוּ לִי" (לעיל פסוק א). לְפִיכָךְ הִלְקָהוּ בְּצָרַעַת, כְּמוֹ שֶׁלָּקְתָה מִרְיָם עַל לָשׁוֹן הָרָע:

ז **וַיּוֹצִאָהּ מֵחֵיקוֹ וְהִנֵּה שָׁבָה כִּבְשָׂרוֹ.** מִכָּאן שֶׁמִּדָּה טוֹבָה מְמַהֶרֶת לָבֹא מִמִּדַּת פֻּרְעָנוּת, שֶׁהֲרֵי בָּרִאשׁוֹנָה לֹא נֶאֱמַר 'מֵחֵיקוֹ':

ח **וְהֶאֱמִינוּ לְקֹל הָאוֹת הָאַחֲרוֹן.** מִשֶּׁתֹּאמַר לָהֶם: בִּשְׁבִילְכֶם לָקִיתִי עַל שֶׁסִּפַּרְתִּי עֲלֵיכֶם לָשׁוֹן הָרָע, יַאֲמִינוּ לָךְ, שֶׁכְּבָר לָמְדוּ בְּכָךְ שֶׁהַמִּזְדַּוְּגִים לָהֶם לוֹקִים בִּנְגָעִים, כְּגוֹן פַּרְעֹה וַאֲבִימֶלֶךְ בִּשְׁבִיל שָׂרָה:

ט **וְהָיוּ הַמַּיִם וְגוֹ'. וְהָיוּ וְהָיוּ,** שְׁתֵּי פְּעָמִים. נִרְאֶה בְּעֵינַי, אִלּוּ נֶאֱמַר: 'וְהָיוּ הַמַּיִם אֲשֶׁר תִּקַּח מִן הַיְאוֹר לְדָם', הָיִיתִי שׁוֹמֵעַ שֶׁבְּיָדוֹ הֵם נֶהְפָּכִים לְדָם, וְאַף כְּשֶׁיִּהְיוּ לָאָרֶץ יִהְיוּ בַּהֲוָיָתָן, אֲבָל עַכְשָׁיו מְלַמְּדֵנוּ שֶׁלֹּא יִהְיוּ דָּם עַד שֶׁיִּהְיוּ בַּיַּבָּשֶׁת:

י **גַּם מִתְּמוֹל וְגוֹ'. לָמַדְנוּ שֶׁשִּׁבְעַת** יָמִים הָיָה הַקָּדוֹשׁ בָּרוּךְ הוּא מְפַתֶּה אֶת מֹשֶׁה בַּסְּנֶה לֵילֵךְ בִּשְׁלִיחוּתוֹ: מִתְּמוֹל, שִׁלְשׁוֹם, מֵאָז דַּבֶּרְךָ - הֲרֵי שְׁלֹשָׁה, וּשְׁלֹשָׁה גַּמִּין רִבּוּיִין הֵם הֲרֵי שִׁשָּׁה, וְהוּא הָיָה עוֹמֵד בַּיּוֹם הַשְּׁבִיעִי כְּשֶׁאָמַר לוֹ זֹאת עַד "שְׁלַח נָא בְּיַד תִּשְׁלָח" (להלן פסוק יג), עַד שֶׁחָרָה בּוֹ וְקִבֵּל עָלָיו. וְכָל זֶה, שֶׁלֹּא הָיָה רוֹצֶה לִטֹּל גְּדֻלָּה עַל אַהֲרֹן אָחִיו שֶׁהָיָה גָּדוֹל הֵימֶנּוּ, וְנָבִיא הָיָה,

שֶׁנֶּאֱמַר: "הֲנִגְלֹה נִגְלֵיתִי אֶל בֵּית אָבִיךָ בִּהְיוֹתָם בְּמִצְרַיִם" (שמואל א' ב, כז). וְכֵן בִּיחֶזְקֵאל: "וָאִוָּדַע לָהֶם בְּאֶרֶץ מִצְרַיִם וְגוֹ' וָאֹמַר אֲלֵיהֶם אִישׁ שִׁקּוּצֵי עֵינָיו הַשְׁלִיכוּ" (יחזקאל כ, ה-ז). וְאוֹתָהּ נְבוּאָה לְאַהֲרֹן נֶאֶמְרָה: **כְּבַד פֶּה.** בִּכְבֵדוּת אֲנִי מְדַבֵּר, וּבִלְשׁוֹן לַעַז בלב"ש:

יא **מִי שָׂם פֶּה וְגוֹ'. מִי לִמֶּדְךָ לְדַבֵּר** כְּשֶׁהָיִיתָ נִדּוֹן לִפְנֵי פַרְעֹה עַל הַמִּצְרִי? **אוֹ מִי יָשׂוּם אִלֵּם.** מִי עָשָׂה פַרְעֹה אִלֵּם שֶׁלֹּא נִתְאַמֵּץ בְּמִצְוַת הֲרִיגָתֶךָ, וְאֶת מְשָׁרְתָיו חֵרְשִׁים שֶׁלֹּא שָׁמְעוּ בְּצַוּוֹתוֹ עָלֶיךָ, וְלַאִסְפַּקְלָטוֹרִין הַהוֹרְגִים מִי עֲשָׂאָם עִוְרִים שֶׁלֹּא רָאוּ כְּשֶׁבָּרַחְתָּ מִן הַבִּימָה וְנִמְלָטְתָּ? **הֲלֹא אָנֹכִי.** שֶׁשְּׁמִי "ה'", עָשִׂיתִי כָּל זֹאת:

יג **בְּיַד תִּשְׁלָח. בְּיַד מִי שֶׁאַתָּה רָגִיל לִשְׁלֹחַ, וְהוּא** אַהֲרֹן. דָּבָר אַחֵר, בְּיַד אַחֵר שֶׁתִּרְצֶה לִשְׁלֹחַ, אֵין סוֹפִי לְהַכְנִיסָם לָאָרֶץ וְלִהְיוֹת גּוֹאֲלָם לֶעָתִיד, יֵשׁ לְךָ שְׁלוּחִים הַרְבֵּה:

יד **וַיִּחַר אַף.** רַבִּי יְהוֹשֻׁעַ בֶּן קָרְחָה אוֹמֵר: כָּל חֲרוֹן אַף שֶׁבַּתּוֹרָה עוֹשֶׂה רֹשֶׁם, וְזֶה לֹא נֶאֱמַר בּוֹ רֹשֶׁם, וְלֹא מָצִינוּ שֶׁבָּא עֹנֶשׁ עַל יְדֵי אוֹתוֹ חָרוֹן. אָמַר לוֹ רַבִּי יוֹסֵי: אַף בָּזוֹ נֶאֱמַר בּוֹ רֹשֶׁם: "הֲלֹא אַהֲרֹן אָחִיךָ הַלֵּוִי", שֶׁהָיָה עָתִיד לִהְיוֹת לֵוִי וְלֹא כֹהֵן, וְהַכְּהֻנָּה הָיִיתִי אוֹמֵר לָצֵאת מִמְּךָ, מֵעַתָּה לֹא יִהְיֶה כֵן, אֶלָּא הוּא יִהְיֶה כֹהֵן וְאַתָּה לֵוִי, שֶׁנֶּאֱמַר: "וּמֹשֶׁה אִישׁ הָאֱלֹהִים בָּנָיו יִקָּרְאוּ עַל שֵׁבֶט הַלֵּוִי" (דברי הימים א' כג, יד). **הִנֵּה הוּא יֹצֵא לִקְרָאתֶךָ.** כְּשֶׁתֵּלֵךְ לְמִצְרַיִם: **וְרָאֲךָ וְשָׂמַח בְּלִבּוֹ.** לֹא כְּשֶׁאַתָּה סָבוּר

טז וְדִבֶּר־ה֥וּא לְךָ֖ אֶל־הָעָ֑ם וְהָ֤יָה הוּא֙ יִֽהְיֶה־לְּךָ֣
יז לְפֶ֔ה וְאַתָּ֖ה תִּֽהְיֶה־לּ֥וֹ לֵֽאלֹהִֽים׃ וְאֶת־הַמַּטֶּ֥ה הַזֶּ֖ה
תִּקַּ֣ח בְּיָדֶ֑ךָ אֲשֶׁ֥ר תַּעֲשֶׂה־בּ֖וֹ אֶת־הָאֹתֹֽת׃
ששי ג יח וַיֵּ֨לֶךְ מֹשֶׁ֜ה וַיָּ֣שָׁב ׀ אֶל־יֶ֣תֶר חֹֽתְנ֗וֹ וַיֹּ֤אמֶר לוֹ֙
אֵֽלְכָה־נָּ֗א וְאָשׁ֙וּבָה֙ אֶל־אַחַ֣י אֲשֶׁר־בְּמִצְרַ֔יִם
וְאֶרְאֶ֖ה הַעוֹדָ֣ם חַיִּ֑ים וַיֹּ֧אמֶר יִתְר֛וֹ לְמֹשֶׁ֖ה לֵ֥ךְ
יט לְשָׁלֽוֹם׃ וַיֹּ֨אמֶר יהוה אֶל־מֹשֶׁה֙ בְּמִדְיָ֔ן לֵ֖ךְ שֻׁ֣ב
מִצְרָ֑יִם כִּי־מֵ֙תוּ֙ כָּל־הָ֣אֲנָשִׁ֔ים הַֽמְבַקְשִׁ֖ים אֶת־
כ נַפְשֶֽׁךָ׃ וַיִּקַּ֨ח מֹשֶׁ֜ה אֶת־אִשְׁתּ֣וֹ וְאֶת־בָּנָ֗יו וַיַּרְכִּבֵם֙
עַֽל־הַחֲמֹ֔ר וַיָּ֖שָׁב אַ֣רְצָה מִצְרָ֑יִם וַיִּקַּ֥ח מֹשֶׁ֛ה אֶת־
★ כא מַטֵּ֥ה הָאֱלֹהִ֖ים בְּיָדֽוֹ׃ וַיֹּ֣אמֶר יהוה֘ אֶל־מֹשֶׁה֒
בְּלֶכְתְּךָ֙ לָשׁ֣וּב מִצְרַ֔יְמָה רְאֵ֗ה כָּל־הַמֹּֽפְתִים֙ אֲשֶׁר־
שַׂ֣מְתִּי בְיָדֶ֔ךָ וַעֲשִׂיתָ֖ם לִפְנֵ֣י פַרְעֹ֑ה וַאֲנִי֙ אֲחַזֵּ֣ק
כב אֶת־לִבּ֔וֹ וְלֹ֥א יְשַׁלַּ֖ח אֶת־הָעָֽם׃ וְאָמַרְתָּ֖ אֶל־
כג פַּרְעֹ֑ה כֹּ֚ה אָמַ֣ר יהוה בְּנִ֥י בְכֹרִ֖י יִשְׂרָאֵֽל׃ וָאֹמַ֣ר
אֵלֶ֗יךָ שַׁלַּ֤ח אֶת־בְּנִי֙ וְיַֽעַבְדֵ֔נִי וַתְּמָאֵ֖ן לְשַׁלְּח֑וֹ הִנֵּה֙
כד אָנֹכִ֣י הֹרֵ֔ג אֶת־בִּנְךָ֖ בְּכֹרֶֽךָ׃ וַיְהִ֥י בַדֶּ֖רֶךְ בַּמָּל֑וֹן
כה וַיִּפְגְּשֵׁ֣הוּ יהוה וַיְבַקֵּ֖שׁ הֲמִיתֽוֹ׃ וַתִּקַּ֨ח צִפֹּרָ֜ה צֹ֗ר
וַתִּכְרֹת֙ אֶת־עָרְלַ֣ת בְּנָ֔הּ וַתַּגַּ֖ע לְרַגְלָ֑יו וַתֹּ֕אמֶר כִּ֛י

שֶׁיְּהֵא מַקְפִּיד עָלֶיךָ שֶׁאַתָּה עוֹלֶה לִגְדֻלָּה. וּמִשָּׁם זָכָה אַהֲרֹן לַעֲדִי הַחֹשֶׁן הַנָּתוּן עַל הַלֵּב:

טז וְדִבֶּר הוּא לְךָ. בִּשְׁבִילְךָ יְדַבֵּר אֶל הָעָם. וְזֶה יוֹכִיחַ עַל כָּל לְךָ וְלִי וְלוֹ וְלָכֶם וְלָהֶם הַסְּמוּכִים

טז יז וִימַלֵּיל הוּא לָךְ עִם עַמָּא, וִיהֵי הוּא יְהֵי לָךְ לִמְתֻרְגְּמָן, וְאַתְּ תְּהֵי לֵיהּ לְרַב: וְיָת חֻטְרָא
יח הָדֵין תִּסַּב בִּידָךְ, דְּתַעְבֵּיד בֵּיהּ יָת אָתַיָּא: וַאֲזַל מֹשֶׁה, וְתָב לְוָת יֶתֶר חֲמוּהִי, וַאֲמַר לֵיהּ
אֵיזֵיל כְּעַן, וַאֲתוּב לְוָת אַחַי דִּבְמִצְרַיִם, וְאֶחֱזֵי הַעוֹד כְּעַן קַיָּמִין, וַאֲמַר יִתְרוֹ, לְמֹשֶׁה
יט אֵיזֵיל לִשְׁלָם: וַאֲמַר יְיָ לְמֹשֶׁה בְּמִדְיָן, אֵיזֵיל תּוּב לְמִצְרָיִם, אֲרֵי מִיתוּ כָּל גֻּבְרַיָּא, דִּבְעוֹ
כ לְמִקְטְלָךְ: וּדְבַר מֹשֶׁה יָת אִתְּתֵיהּ וְיָת בְּנוֹהִי, וְאַרְכֵּיבִנּוּן עַל חֲמָרָא, וְתָב לְאַרְעָא
כא דְּמִצְרָיִם, וּנְסֵיב מֹשֶׁה, יָת חֻטְרָא דְּאִתְעֲבִידוּ בֵיהּ נִסִּין מִן קֳדָם יְיָ בִּידֵיהּ: וַאֲמַר יְיָ לְמֹשֶׁה,
בִּמְהָכָךְ לִמְתָב לְמִצְרַיִם, חֲזִי, כָּל מוֹפְתַיָּא דְּשַׁוֵּיתִי בִּידָךְ, וְתַעְבֵּידִנּוּן קֳדָם פַּרְעֹה,
כב וַאֲנָא אֲתַקֵּיף יָת לִבֵּיהּ, וְלָא יְשַׁלַּח יָת עַמָּא: וְתֵימַר לְפַרְעֹה, כִּדְנָן אֲמַר יְיָ, בְּרִי בֻכְרִי
כג יִשְׂרָאֵל: וַאֲמָרִית לָךְ, שַׁלַּח יָת בְּרִי וְיִפְלַח קֳדָמַי, וּמְסָרֵיב אַתְּ לְשַׁלָּחוּתֵיהּ, הָא אֲנָא
כד קָטֵיל, יָת בְּרָךְ בֻּכְרָךְ: וַהֲוָה בְּאוֹרְחָא בְּבֵית מְבָתָא, וְעָרַע בֵּיהּ מַלְאֲכָא דַּיְיָ, וּבְעָא
כה לְמִקְטְלֵיהּ: וּנְסֵיבַת צִפּוֹרָה טִנָּרָא, וּגְזַרַת יָת עָרְלַת בְּרַהּ, וְקָרֵיבַת לִקְדָמוֹהִי, וַאֲמַרַת,

לְדִבּוּר, שֶׁכֻּלָּם לְשׁוֹן עָלֶיךָ הֵם: יִהְיֶה לְּךָ לְפֶה. לְמֵלִיץ, לְפִי שֶׁאַתָּה כְּבַד פֶּה: לֵאלֹהִים. לְרַב וּלְשַׂר:

יח| וַיָּשָׁב אֶל יֶתֶר חֹתְנוֹ. לִטֹּל רְשׁוּת, שֶׁהֲרֵי נִשְׁבַּע לוֹ. וְשִׁבְעָה שֵׁמוֹת הָיוּ לוֹ: רְעוּאֵל, יֶתֶר, יִתְרוֹ, קֵינִי, חוֹבָב, חֶבֶר, פּוּטִיאֵל:

יט| כִּי מֵתוּ כָּל הָאֲנָשִׁים. מִי הֵם? דָּתָן וַאֲבִירָם; חַיִּים הָיוּ, אֶלָּא שֶׁיָּרְדוּ מִנִּכְסֵיהֶם, וְהֶעָנִי חָשׁוּב כַּמֵּת:

כ| עַל הַחֲמֹר. חֲמוֹר הַמְיֻחָד. הוּא הַחֲמוֹר שֶׁחָבַשׁ אַבְרָהָם לַעֲקֵדַת יִצְחָק, וְהוּא שֶׁעָתִיד מֶלֶךְ הַמָּשִׁיחַ לְהִגָּלוֹת עָלָיו, שֶׁנֶּאֱמַר: "עָנִי וְרֹכֵב עַל חֲמוֹר" (זכריה ט, ט): וַיָּשָׁב אַרְצָה מִצְרָיִם וַיִּקַּח מֹשֶׁה אֶת מַטֵּה. אֵין מֻקְדָּם וּמְאֻחָר מְדֻקְדָּקִים בַּמִּקְרָא:

כא| בְּלֶכְתְּךָ לָשׁוּב מִצְרַיְמָה וְגוֹ'. דַּע שֶׁעַל מְנָת כֵּן תֵּלֵךְ, שֶׁתְּהֵא גִבּוֹר בִּשְׁלִיחוּתִי לַעֲשׂוֹת כָּל מוֹפְתַי לִפְנֵי פַרְעֹה וְלֹא תִירָא מִמֶּנּוּ: אֲשֶׁר שַׂמְתִּי בְיָדֶךָ. לֹא עַל שָׁלֹשׁ אוֹתוֹת הָאֲמוּרוֹת לְמַעְלָה, שֶׁהֲרֵי לֹא לִפְנֵי פַרְעֹה צִוָּה לַעֲשׂוֹתָם אֶלָּא לִפְנֵי יִשְׂרָאֵל שֶׁיַּאֲמִינוּ לוֹ, וְלֹא מָצִינוּ שֶׁעֲשָׂאָם לְפָנָיו, אֶלָּא מוֹפְתִים שֶׁאֲנִי עָתִיד לָשׂוּם בְּיָדְךָ בְּמִצְרַיִם, כְּמוֹ: "כִּי יְדַבֵּר אֲלֵכֶם פַּרְעֹה" וְגוֹ' (להלן ז, ט). וְאַל תִּתְמַהּ עַל אֲשֶׁר כָּתַב: "אֲשֶׁר שַׂמְתִּי", שֶׁכֵּן מַשְׁמָעוֹ: כְּשֶׁתְּדַבֵּר עִמּוֹ כְּבָר שַׂמְתִּים בְּיָדֶךָ:

כב| וְאָמַרְתָּ אֶל פַּרְעֹה. כְּשֶׁתִּשְׁמַע שֶׁלִּבּוֹ חָזָק וִימָאֵן לְשַׁלֵּחַ אֱמֹר לוֹ כֵּן: בְּנִי בְכֹרִי. לְשׁוֹן גְּדֻלָּה, כְּמוֹ: "אַף אָנִי בְּכוֹר אֶתְּנֵהוּ" (תהלים פט, כח) זֶהוּ פְּשׁוּטוֹ. וּמִדְרָשׁוֹ, כָּאן חָתַם הַקָּדוֹשׁ בָּרוּךְ הוּא עַל מְכִירַת הַבְּכוֹרָה שֶׁלָּקַח יַעֲקֹב מֵעֵשָׂו:

כג| וָאֹמַר אֵלֶיךָ. בִּשְׁלִיחוּתוֹ שֶׁל מָקוֹם: "שַׁלַּח אֶת בְּנִי": הִנֵּה אָנֹכִי הֹרֵג וְגוֹ'. הִיא מַכָּה אַחֲרוֹנָה, וּבָהּ הִתְרָהוּ תְּחִלָּה מִפְּנֵי שֶׁהִיא קָשָׁה. וְזֶה הוּא שֶׁאָמַר אִיּוֹב: "הֶן אֵל יַשְׂגִּיב בְּכֹחוֹ" (איוב לו, כב), לְפִיכָךְ "מִי כָמֹהוּ מוֹרֶה" – בָּשָׂר וָדָם הַמְבַקֵּשׁ לְהִנָּקֵם מֵחֲבֵרוֹ מַעֲלִים אֶת דְּבָרָיו, שֶׁלֹּא יְבַקֵּשׁ הַצָּלָה. אֲבָל הַקָּדוֹשׁ בָּרוּךְ הוּא יַשְׂגִּיב בְּכֹחוֹ וְאֵין יְכֹלֶת לְהִמָּלֵט מִיָּדוֹ כִּי אִם בְּשׁוּבוֹ אֵלָיו, לְפִיכָךְ הוּא מוֹרֵהוּ וּמַתְרֶה בּוֹ לָשׁוּב:

כד| וַיְהִי. מֹשֶׁה, "בַּדֶּרֶךְ בַּמָּלוֹן": וַיְבַקֵּשׁ הֲמִיתוֹ. לְפִי שֶׁלֹּא מָל אֶת אֱלִיעֶזֶר בְּנוֹ, וְעַל שֶׁנִּתְרַשֵּׁל נֶעֱנַשׁ מִיתָה. תַּנְיָא, אָמַר רַבִּי יוֹסֵי: חַס וְשָׁלוֹם, לֹא נִתְרַשֵּׁל, אֶלָּא אָמַר: אָמוּל וְאֵצֵא לַדֶּרֶךְ – סַכָּנָה הִיא לַתִּינוֹק עַד שְׁלֹשָׁה יָמִים! אָמוּל וְאֶשְׁהֶה שְׁלֹשָׁה יָמִים – הַקָּדוֹשׁ בָּרוּךְ הוּא צִוַּנִי: "לֵךְ שֻׁב מִצְרָיִם"! וּמִפְּנֵי מָה נֶעֱנַשׁ? לְפִי שֶׁנִּתְעַסֵּק בַּמָּלוֹן תְּחִלָּה. בְּמַסֶּכֶת נְדָרִים (דף לא ע"ב). וְהָיָה הַמַּלְאָךְ נַעֲשֶׂה כְּמִין נָחָשׁ וּבוֹלְעוֹ מֵרֹאשׁוֹ וְעַד יְרֵכָיו וְחוֹזֵר וּבוֹלְעוֹ מֵרַגְלָיו וְעַד אוֹתוֹ מָקוֹם, הֵבִינָה צִפּוֹרָה שֶׁבִּשְׁבִיל הַמִּילָה הוּא:

כה| וַתַּגַּע לְרַגְלָיו. הִשְׁלִיכַתּוּ לִפְנֵי רַגְלָיו שֶׁל מֹשֶׁה: וַתֹּאמֶר. עַל בְּנָהּ: "כִּי חֲתַן דָּמִים אַתָּה לִי" – אַתָּה הָיִיתָ גּוֹרֵם לִהְיוֹת הֶחָתָן שֶׁלִּי נִרְצָח עָלֶיךָ, הוֹרֵג אִישִׁי אַתָּה לִי:

כו חֲתַן־דָּמִ֛ים אַתָּ֖ה לִֽי׃ וַיִּ֖רֶף מִמֶּ֑נּוּ אָ֚ז אָֽמְרָ֔ה חֲתַ֥ן
דָּמִ֖ים לַמּוּלֹֽת׃

★ כז וַיֹּ֤אמֶר יהוה֙ אֶֽל־אַהֲרֹ֔ן לֵ֛ךְ לִקְרַ֥את מֹשֶׁ֖ה
הַמִּדְבָּ֑רָה וַיֵּ֗לֶךְ וַֽיִּפְגְּשֵׁ֛הוּ בְּהַ֥ר הָאֱלֹהִ֖ים וַיִּשַּׁק־
כח לֽוֹ׃ וַיַּגֵּ֤ד מֹשֶׁה֙ לְאַהֲרֹ֔ן אֵ֛ת כָּל־דִּבְרֵ֥י יהוה אֲשֶׁ֣ר
כט שְׁלָח֑וֹ וְאֵת֙ כָּל־הָ֣אֹתֹ֔ת אֲשֶׁ֖ר צִוָּֽהוּ׃ וַיֵּ֖לֶךְ מֹשֶׁ֣ה
ל וְאַהֲרֹ֑ן וַיַּאַסְפ֕וּ אֶת־כָּל־זִקְנֵ֖י בְּנֵ֥י יִשְׂרָאֵֽל׃ וַיְדַבֵּ֣ר
אַהֲרֹ֔ן אֵ֚ת כָּל־הַדְּבָרִ֔ים אֲשֶׁר־דִּבֶּ֥ר יהוה אֶל־
לא מֹשֶׁ֑ה וַיַּ֥עַשׂ הָאֹתֹ֖ת לְעֵינֵ֥י הָעָֽם׃ וַיַּאֲמֵ֖ן הָעָ֑ם
וַיִּשְׁמְע֞וּ כִּֽי־פָקַ֤ד יהוה אֶת־בְּנֵ֣י יִשְׂרָאֵ֔ל וְכִ֤י רָאָה֙
שביעי ה א אֶת־עָנְיָ֔ם וַֽיִּקְּד֖וּ וַיִּֽשְׁתַּחֲוֽוּ׃ וְאַחַ֗ר בָּ֚אוּ מֹשֶׁ֣ה
וְאַהֲרֹ֔ן וַיֹּאמְר֖וּ אֶל־פַּרְעֹ֑ה כֹּֽה־אָמַ֤ר יהוה֙ אֱלֹהֵ֣י
ב יִשְׂרָאֵ֔ל שַׁלַּח֙ אֶת־עַמִּ֔י וְיָחֹ֥גּוּ לִ֖י בַּמִּדְבָּֽר׃ וַיֹּ֣אמֶר
פַּרְעֹ֔ה מִ֤י יהוה֙ אֲשֶׁ֣ר אֶשְׁמַ֣ע בְּקֹל֔וֹ לְשַׁלַּ֖ח
אֶת־יִשְׂרָאֵ֑ל לֹ֤א יָדַ֙עְתִּי֙ אֶת־יהוה וְגַ֥ם אֶת־
ג יִשְׂרָאֵ֖ל לֹ֥א אֲשַׁלֵּֽחַ׃ וַיֹּ֣אמְר֔וּ אֱלֹהֵ֥י הָעִבְרִ֖ים
נִקְרָ֣א עָלֵ֑ינוּ נֵ֣לְכָה־נָּ֡א דֶּרֶךְ֩ שְׁלֹ֨שֶׁת יָמִ֜ים
בַּמִּדְבָּ֗ר וְנִזְבְּחָה֙ לַיהוה אֱלֹהֵ֔ינוּ פֶּ֨ן־יִפְגָּעֵ֔נוּ
ד בַּדֶּ֖בֶר א֥וֹ בֶחָֽרֶב׃ וַיֹּ֤אמֶר אֲלֵהֶם֙ מֶ֣לֶךְ מִצְרַ֔יִם
לָ֚מָּה מֹשֶׁ֣ה וְאַהֲרֹ֔ן תַּפְרִ֥יעוּ אֶת־הָעָ֖ם מִמַּעֲשָׂ֑יו

שמות

ה לְכוּ לְסִבְלֹתֵיכֶם׃ וַיֹּאמֶר פַּרְעֹה הֵן־רַבִּים עַתָּה
ו עַם הָאָרֶץ וְהִשְׁבַּתֶּם אֹתָם מִסִּבְלֹתָם׃ וַיְצַו
פַּרְעֹה בַּיּוֹם הַהוּא אֶת־הַנֹּגְשִׂים בָּעָם וְאֶת־

כו בִּדְמָא דִמְהֻלְּתָא הָדֵין אִתְיְהֵיב חַתְנָא לַנָא׃ וְנָח מִנֵּיהּ, בְּכֵן אֲמַרַת, אִלּוּלֵי דְמָא דִמְהֻלְּתָא
כז הָדֵין אִתְחַיַּב חַתְנָא קְטוֹל׃ וַאֲמַר יי לְאַהֲרֹן, אִיזֵיל, לְקַדָּמוּת מֹשֶׁה לְמַדְבְּרָא, וַאֲזַל,
כח וְעָרְעֵיהּ, בְּטוּרָא דְאִתְגְּלִי עֲלוֹהִי יְקָרָא דַיי וְנַשֵּׁיק לֵיהּ׃ וְחַוִּי מֹשֶׁה לְאַהֲרֹן, יָת כָּל פִּתְגָּמַיָּא
כט דַיי דְשַׁלְחֵיהּ, וְיָת כָּל אָתַיָּא דְפַקְדֵיהּ׃ וַאֲזַל מֹשֶׁה וְאַהֲרֹן, וּכְנַשׁוּ, יָת כָּל סָבֵי בְּנֵי יִשְׂרָאֵל׃
ל לא וּמַלֵּיל אַהֲרֹן, יָת כָּל פִּתְגָּמַיָּא, דְמַלֵּיל יי עִם מֹשֶׁה, וַעֲבַד אָתַיָּא לְעֵינֵי עַמָּא׃ וְהֵימִין עַמָּא,
ה א וּשְׁמַעוּ, אֲרֵי דְכִיר יי יָת בְּנֵי יִשְׂרָאֵל, וַאֲרֵי גְּלֵי קֳדָמוֹהִי שִׁעְבּוּדְהוֹן, וּכְרַעוּ וּסְגִידוּ׃ וּבָתַר
כֵּן, עָאלוּ מֹשֶׁה וְאַהֲרֹן, וַאֲמַרוּ לְפַרְעֹה, כִּדְנָן אֲמַר יי אֱלָהָא דְיִשְׂרָאֵל, שַׁלַּח יָת עַמִּי,
ב וְיֵיחֲגוּן קֳדָמַי בְּמַדְבְּרָא׃ וַאֲמַר פַּרְעֹה, שְׁמָא דַיי לָא אִתְגְּלִי לִי דַאֲקַבֵּיל לְמֵימְרֵיהּ, לְשַׁלָּחָא
ג יָת יִשְׂרָאֵל, לָא אִתְגְּלִי לִי שְׁמָא דַיי, וְאַף יָת יִשְׂרָאֵל לָא אֲשַׁלַּח׃ וַאֲמַרוּ, אֱלָהָא דִיהוּדָאֵי
אִתְקְרִי עֲלַנָא, נֵיזֵיל כְּעַן, מַהֲלַךְ תְּלָתָא יוֹמִין בְּמַדְבְּרָא, וּנְדַבַּח קֳדָם יי אֱלָהַנָא, דִּלְמָא
ד יְעָרְעִנַּנָא, בְּמוֹת אוֹ בִקְטוֹל׃ וַאֲמַר לְהוֹן מַלְכָּא דְמִצְרַיִם, לְמָא מֹשֶׁה וְאַהֲרֹן, תְּבַטְּלוּן
ה יָת עַמָּא מֵעֲבִידַתְהוֹן, אִיזִילוּ לְפָלְחָנְכוֹן׃ וַאֲמַר פַּרְעֹה, הָא מַסְגִּיאִין כְּעַן עַמָּא דְאַרְעָא,
ו וּתְבַטְּלוּן יָתְהוֹן מִפָּלְחָנְהוֹן׃ וּפַקֵּיד פַּרְעֹה בְּיוֹמָא הַהוּא, יָת שִׁלְטוֹנֵי עַמָּא, וְיָת

כו) וַיִּרֶף. הַמַּלְאָךְ "מִמֶּנּוּ", "אָז" הֵבִינָה שֶׁעַל הַמִּילָה בָּא לְהָרְגוֹ, "אָמְרָה: חֲתַן דָּמִים לַמּוּלֹת" – חֲתָנִי הָיָה נִרְצָח עַל דְּבַר הַמִּילָה. לַמּוּלֹת. עַל דְּבַר הַמּוּלוֹת, שֵׁם דָּבָר הוּא, וְהַלָּמֶ"ד מְשַׁמֶּשֶׁת בִּלְשׁוֹן 'עַל', כְּמוֹ: "וְאָמַר פַּרְעֹה לִבְנֵי יִשְׂרָאֵל" (להלן יד, ג). וְאוּנְקְלוֹס תִּרְגֵּם 'דָּמִים', עַל דַּם הַמִּילָה:

פרק ה

א) וְאַחַר בָּאוּ מֹשֶׁה וְאַהֲרֹן וְגוֹ'. אֲבָל הַזְּקֵנִים נִשְׁמְטוּ אֶחָד אֶחָד מֵאַחַר מֹשֶׁה וְאַהֲרֹן עַד שֶׁנִּשְׁמְטוּ כֻּלָּם קֹדֶם שֶׁהִגִּיעוּ לַפָּלָטִין, לְפִי שֶׁיָּרְאוּ לָלֶכֶת. וּבְסִינַי נִפְרַע לָהֶם: "וְנִגַּשׁ מֹשֶׁה לְבַדּוֹ וְהֵם לֹא יִגָּשׁוּ" (להלן כד, ב), הֶחֱזִירָם לַאֲחוֹרֵיהֶם:

ג) פֶּן יִפְגָּעֵנוּ. 'פֶּן יִפְגָּעֲךָ' הָיָה לָהֶם לוֹמַר, אֶלָּא שֶׁחָלְקוּ כָּבוֹד לַמַּלְכוּת. פְּגִיעָה זוֹ לְשׁוֹן מִקְרֵה מָוֶת הוּא:

ד) תַּפְרִיעוּ אֶת הָעָם מִמַּעֲשָׂיו. תַּבְדִּילוּ וְתַרְחִיקוּ אוֹתָם מִמְּלַאכְתָּם, שֶׁשּׁוֹמְעִין לָכֶם וּסְבוּרִים לָנוּחַ מִן הַמְּלָאכָה. וְכֵן: "פְּרָעֵהוּ אַל תַּעֲבָר בּוֹ" (משלי ד, טו) – רַחֲקֵהוּ. וְכֵן: "וַתִּפְרְעוּ כָל עֲצָתִי" (שם א, כה). "כִּי פָרֻעַ הוּא" (להלן לב, כה) – נִרְחָק וְנִתְעָב: לְכוּ לְסִבְלֹתֵיכֶם. לְכוּ לִמְלַאכְתְּכֶם שֶׁיֵּשׁ לָכֶם לַעֲשׂוֹת בְּבָתֵּיכֶם. אֲבָל מְלֶאכֶת שִׁעְבּוּד מִצְרַיִם לֹא הָיְתָה עַל שִׁבְטוֹ שֶׁל לֵוִי, וְתֵדַע לְךָ, שֶׁהֲרֵי מֹשֶׁה וְאַהֲרֹן יוֹצְאִים וּבָאִים:

ה) הֵן רַבִּים עַתָּה עַם הָאָרֶץ. שֶׁהָעֲבוֹדָה מֻטֶּלֶת עֲלֵיהֶם, וְאַתֶּם מַשְׁבִּיתִים אוֹתָם מִסִּבְלוֹתָם, הֶפְסֵד גָּדוֹל הוּא זֶה:

ו) הַנֹּגְשִׂים. מִצְרִיִּים הָיוּ, וְהַשּׁוֹטְרִים הָיוּ יִשְׂרָאֵל. הַנּוֹגֵשׂ מְמֻנֶּה עַל כַּמָּה שׁוֹטְרִים, וְהַשּׁוֹטֵר מְמֻנֶּה לִרְדּוֹת בְּעוֹשֵׂי הַמְּלָאכָה:

ז שֹׁטְרָיו לֵאמֹר: לֹא תֹאסִפוּן לָתֵת תֶּבֶן לָעָם
לִלְבֹּן הַלְּבֵנִים כִּתְמוֹל שִׁלְשֹׁם הֵם יֵלְכוּ וְקֹשְׁשׁוּ
ח לָהֶם תֶּבֶן: וְאֶת־מַתְכֹּנֶת הַלְּבֵנִים אֲשֶׁר הֵם
עֹשִׂים תְּמוֹל שִׁלְשֹׁם תָּשִׂימוּ עֲלֵיהֶם לֹא תִגְרְעוּ
מִמֶּנּוּ כִּי־נִרְפִּים הֵם עַל־כֵּן הֵם צֹעֲקִים לֵאמֹר
ט נֵלְכָה נִזְבְּחָה לֵאלֹהֵינוּ: תִּכְבַּד הָעֲבֹדָה עַל־
הָאֲנָשִׁים וְיַעֲשׂוּ־בָהּ וְאַל־יִשְׁעוּ בְּדִבְרֵי־שָׁקֶר:
י וַיֵּצְאוּ נֹגְשֵׂי הָעָם וְשֹׁטְרָיו וַיֹּאמְרוּ אֶל־הָעָם
לֵאמֹר כֹּה אָמַר פַּרְעֹה אֵינֶנִּי נֹתֵן לָכֶם תֶּבֶן:
יא אַתֶּם לְכוּ קְחוּ לָכֶם תֶּבֶן מֵאֲשֶׁר תִּמְצָאוּ כִּי
יב אֵין נִגְרָע מֵעֲבֹדַתְכֶם דָּבָר: וַיָּפֶץ הָעָם בְּכָל־
יג אֶרֶץ מִצְרָיִם לְקֹשֵׁשׁ קַשׁ לַתֶּבֶן: וְהַנֹּגְשִׂים
אָצִים לֵאמֹר כַּלּוּ מַעֲשֵׂיכֶם דְּבַר־יוֹם בְּיוֹמוֹ
יד כַּאֲשֶׁר בִּהְיוֹת הַתֶּבֶן: וַיֻּכּוּ שֹׁטְרֵי בְּנֵי יִשְׂרָאֵל
אֲשֶׁר־שָׂמוּ עֲלֵהֶם נֹגְשֵׂי פַרְעֹה לֵאמֹר מַדּוּעַ לֹא
כִלִּיתֶם חָקְכֶם לִלְבֹּן כִּתְמוֹל שִׁלְשֹׁם גַּם־תְּמוֹל
טו גַּם־הַיּוֹם: וַיָּבֹאוּ שֹׁטְרֵי בְּנֵי יִשְׂרָאֵל וַיִּצְעֲקוּ
אֶל־פַּרְעֹה לֵאמֹר לָמָּה תַעֲשֶׂה כֹה לַעֲבָדֶיךָ:

ז תֶּבֶן. אשטובל"א, הָיוּ גוֹבְלִין אוֹתוֹ עִם הַטִּיט: לְבֵנִים. טיוול"ש, שֶׁעוֹשִׂים מִטִּיט וּמְיַבְּשִׁין אוֹתָן בַּחַמָּה, וְיֵשׁ שֶׁשּׂוֹרְפִין אוֹתָן בְּכִבְשָׁן: כִּתְמוֹל שִׁלְשֹׁם. כַּאֲשֶׁר הֱיִיתֶם עוֹשִׂים עַד הֵנָּה: וְקֹשְׁשׁוּ. וְלָקְטוּ:

ח וְאֶת מַתְכֹּנֶת הַלְּבֵנִים. סְכוּם חֶשְׁבּוֹן הַלְּבֵנִים

שמות ה

ז סָרְכוֹהִי לְמֵימַר: לָא תֵיסְפוּן, לְמִתַּן תִּבְנָא לְעַמָּא, לְמִרְמֵי לִבְנִין כְּמֵאֶתְמָלִי וּמִדְּקַמּוֹהִי:
ח אִנּוּן יֵיזְלוּן, וִיגַבְּבוּן לְהוֹן תִּבְנָא: וְיָת סְכוּם לִבְנַיָּא, דְּאִנּוּן עָבְדִין מֵאֶתְמָלִי וּמִדְּקַמּוֹהִי תְּמַנּוֹן עֲלֵיהוֹן, לָא תִמְנְעוּן מִנֵּיהּ, אֲרֵי בַּטְלָנִין אִנּוּן, עַל כֵּן, אִנּוּן מַצְוְחִין לְמֵימַר, נֵיזֵיל נְדַבַּח קֳדָם אֱלָהַנָא: יִתְקַף פָּלְחָנָא, עַל גֻּבְרַיָּא וְיִתְעַסְּקוּן בַּהּ, וְלָא יִתְעַסְּקוּן בְּפִתְגָמִין בְּטֵילִין:
י וּנְפַקוּ, שִׁלְטוֹנֵי עַמָּא וְסָרְכוֹהִי, וַאֲמַרוּ לְעַמָּא לְמֵימַר, כִּדְנָן אֲמַר פַּרְעֹה, לֵית אֲנָא יָהֵיב לְכוֹן תִּבְנָא: אַתּוּן, אִיזִילוּ סַבוּ לְכוֹן תִּבְנָא, מֵאֲתַר דְּתִשְׁכְּחוּן, אֲרֵי לָא יִתְמְנַע, מִפָּלְחָנְכוֹן מִדָּעַם: וְאִתְבַּדַּר עַמָּא בְּכָל אַרְעָא דְמִצְרָיִם, לְגַבָּבָא גְּלֵי לְתִבְנָא: וְשִׁלְטוֹנַיָּא דָּחֲקִין לְמֵימַר, אַשְׁלִימוּ עֲבִידַתְכוֹן פִּתְגַם יוֹם בְּיוֹמֵיהּ, כְּמָא דַּהֲוֵיתוּן עָבְדִין כַּד מִתְיְהֵיב לְכוֹן תִּבְנָא: וּלְקוֹ, סָרְכֵי בְּנֵי יִשְׂרָאֵל, דְּמַנִּיאוּ עֲלֵיהוֹן, שִׁלְטוֹנֵי פַרְעֹה לְמֵימַר, מָדֵין, לָא אַשְׁלֵמְתּוּן גְּזֵירַתְכוֹן לְמִרְמֵי לִבְנִין כְּמֵאֶתְמָלִי וּמִדְּקַמּוֹהִי, אַף תְּמָלֵי אַף יוֹמָא דֵין: וַאֲתוֹ, סָרְכֵי בְּנֵי יִשְׂרָאֵל, וּצְוַחוּ קֳדָם פַּרְעֹה לְמֵימַר, לְמָא תַעֲבֵיד כְּדֵין לְעַבְדָּךְ:

שֶׁהָיָה כָל אֶחָד עוֹשֶׂה לְיוֹם כְּשֶׁהָיָה הַתֶּבֶן נִתָּן לָהֶם, אוֹתוֹ סְכוּם "תָּשִׂימוּ עֲלֵיהֶם" גַּם עַתָּה, לְמַעַן תִּכְבַּד הָעֲבוֹדָה עֲלֵיהֶם: כִּי נִרְפִּים. מִן הָעֲבוֹדָה הֵם, לְכָךְ לִבָּם פּוֹנֶה אֶל הַבַּטָּלָה וְ"צוֹעֲקִים לֵאמֹר נֵלְכָה וְגוֹ'". מַתְכֹּנֶת. "וְתֹכֶן לְבֵנִים" (לְהַלָּן פָּסוּק יח), "וְלֹא נִתְכְּנוּ עֲלִלוֹת" (שְׁמוּאֵל א' ב, ג), "וְאֵת הַכֶּסֶף הַמְתֻכָּן" (מְלָכִים ב' יב, יב), כֻּלָּם לְשׁוֹן חֶשְׁבּוֹן הֵם. נִרְפִּים. הַמְּלָאכָה רְפוּיָה בְּיָדָם וַעֲזוּבָה מֵהֶם וְהֵם נִרְפִּים מִמֶּנָּה, רֶטְרַיְי"ש בְּלַעַ"ז:

(ט) וְאַל יִשְׁעוּ בְּדִבְרֵי שָׁקֶר. וְאַל יֶהְגּוּ וִידַבְּרוּ תָּמִיד בְּדִבְרֵי רוּחַ לֵאמֹר: "נֵלְכָה נִזְבְּחָה". וְדוֹמֶה לוֹ: "וְאֶשְׁעָה בְחֻקֶּיךָ תָמִיד" (תְּהִלִּים קיט, קיז), "לְמָשָׁל וְלִשְׁנִינָה" (דְּבָרִים כח, לז) – "וּלְשׁוֹעֵי", "וַיְסַפֵּר" (לְהַלָּן יח, ח) – "וְאִשְׁתָּעֵי". וְאִי אֶפְשָׁר לוֹמַר 'יִשְׁעוּ' לְשׁוֹן "וַיִּשַׁע ה' אֶל הֶבֶל", "וְאֶל קַיִן וְאֶל מִנְחָתוֹ לֹא שָׁעָה" (בְּרֵאשִׁית ד, ד-ה), וּלְפָרֵשׁ "אַל יִשְׁעוּ" – אַל יִפְנוּ, שֶׁאִם כֵּן הָיָה לוֹ לִכְתֹּב: "אַל יִשְׁעוּ אֶל דִּבְרֵי שָׁקֶר" אוֹ "לְדִבְרֵי שָׁקֶר", כִּי כֵן גִּזְרַת כֻּלָּם: "יִשְׁעֶה הָאָדָם עַל עוֹשֵׂהוּ" (יְשַׁעְיָה יז, ז), "וְלֹא שָׁעוּ עַל קְדוֹשׁ יִשְׂרָאֵל" (שָׁם לא, א), "וְלֹא יִשְׁעוּ אֶל הַמִּזְבְּחוֹת" (שָׁם יז, ח), וְלֹא מָצָאתִי שִׁמּוּשׁ שֶׁל בֵּי"ת סְמוּכָה לְאַחֲרֵיהֶם. אֲבָל אַחַר לְשׁוֹן דִּבּוּר כְּמִתְעַסֵּק לְדַבֵּר בְּדָבָר נוֹפֵל לְשׁוֹן שִׁמּוּשׁ בֵּי"ת, כְּגוֹן: "הַנִּדְבָּרִים בָּךְ" (יְחֶזְקֵאל לג, ל), "וַתְּדַבֵּר מִרְיָם וְאַהֲרֹן בְּמֹשֶׁה" (בַּמִּדְבָּר יב, א), "הֲמֵלַאכְלַאךְ הַדַּבֵּר בִּי" (זְכַרְיָה ה, א), "לְדַבֶּר בָּם", "וַחֲדַבְּרָה בְעֵדֹתֶיךָ" (דְּבָרִים ו, יט), "תְּהִלִּים

קיט, מו). אַף כָּאן, "אַל יִשְׁעוּ בְּדִבְרֵי שֶׁקֶר" – אַל יִהְיוּ נִדְבָּרִים בְּדִבְרֵי שָׁוְא וַהֲבַאי:

(יא) אַתֶּם לְכוּ קְחוּ לָכֶם תֶּבֶן. וּצְרִיכִים אַתֶּם לֵילֵךְ בִּזְרִיזוּת "כִּי אֵין נִגְרָע" דָּבָר מִכָּל סְכוּם לְבֵנִים שֶׁהֱיִיתֶם עוֹשִׂים לְיוֹם בִּהְיוֹת הַתֶּבֶן נִתָּן לָכֶם מִזֻּמָּן מִבֵּית הַמֶּלֶךְ:

(יב) לְקֹשֵׁשׁ קַשׁ לַתֶּבֶן. לֶאֱסֹף אֲסִיפָה, לִלְקֹט לֶקֶט לְצֹרֶךְ תֶּבֶן הַטִּיט: קַשׁ. לְשׁוֹן לִקּוּט, עַל שֵׁם שֶׁדָּבָר הַמִּתְפַּזֵּר הוּא וְצָרִיךְ לְקוֹשְׁשׁוֹ הוּא קָרוּי 'קַשׁ' בִּשְׁאָר מְקוֹמוֹת:

(יג) אָצִים. דּוֹחֲקִים: **דְּבַר יוֹם בְּיוֹמוֹ.** חֶשְׁבּוֹן שֶׁל כָּל יוֹם כַּלּוּ בְּיוֹמוֹ, כַּאֲשֶׁר עֲשִׂיתֶם בִּהְיוֹת הַתֶּבֶן מוּכָן:

(יד) וַיֻּכּוּ שֹׁטְרֵי בְּנֵי יִשְׂרָאֵל. הַשּׁוֹטְרִים יִשְׂרְאֵלִים הָיוּ וְחָסִים עַל חַבְרֵיהֶם מִלְּדָחֳקָם, וּכְשֶׁהָיוּ מַשְׁלִימִים הַלְּבֵנִים לַנּוֹגְשִׂים שֶׁהֵם מִצְרִיִּים וְהָיָה חָסֵר מִן הַסְּכוּם, הָיוּ מַלְקִין אוֹתָם עַל שֶׁלֹּא דָחֲקוּ אֶת עוֹשֵׂי הַמְּלָאכָה. לְפִיכָךְ זָכוּ אוֹתָן שׁוֹטְרִים לִהְיוֹת סַנְהֶדְרִין וְנֶאֱצַל מִן הָרוּחַ אֲשֶׁר עַל מֹשֶׁה וְהוּשַׂם עֲלֵיהֶם, שֶׁנֶּאֱמַר: "אֶסְפָה לִּי שִׁבְעִים אִישׁ מִזִּקְנֵי יִשְׂרָאֵל", מֵאוֹתָן שֶׁיָּדַעְתָּ הַטּוֹבָה שֶׁעָשׂוּ בְּמִצְרַיִם, "כִּי הֵם זִקְנֵי הָעָם וְשֹׁטְרָיו" (בַּמִּדְבָּר יא, טז): **וַיֻּכּוּ שֹׁטְרֵי בְּנֵי יִשְׂרָאֵל.** אֲשֶׁר שָׂמוּ נֹגְשֵׂי פַרְעֹה אוֹתָם לְשׁוֹטְרִים עֲלֵיהֶם: **לֵאמֹר.** אָמַר

שמות

טז תֶּבֶן אֵין נִתָּן לַעֲבָדֶיךָ וּלְבֵנִים אֹמְרִים לָנוּ עֲשׂוּ וְהִנֵּה עֲבָדֶיךָ מֻכִּים וְחָטָאת עַמֶּךָ: יז וַיֹּאמֶר נִרְפִּים אַתֶּם נִרְפִּים עַל־כֵּן אַתֶּם אֹמְרִים נֵלְכָה נִזְבְּחָה לַיהוָה: יח וְעַתָּה לְכוּ עִבְדוּ וְתֶבֶן לֹא־יִנָּתֵן לָכֶם וְתֹכֶן לְבֵנִים תִּתֵּנוּ: יט וַיִּרְאוּ שֹׁטְרֵי בְנֵי־יִשְׂרָאֵל אֹתָם בְּרָע לֵאמֹר לֹא־תִגְרְעוּ מִלִּבְנֵיכֶם דְּבַר־יוֹם בְּיוֹמוֹ: כ וַיִּפְגְּעוּ אֶת־מֹשֶׁה וְאֶת־אַהֲרֹן נִצָּבִים לִקְרָאתָם בְּצֵאתָם מֵאֵת פַּרְעֹה: כא וַיֹּאמְרוּ אֲלֵהֶם יֵרֶא יְהוָה עֲלֵיכֶם וְיִשְׁפֹּט אֲשֶׁר הִבְאַשְׁתֶּם אֶת־רֵיחֵנוּ בְּעֵינֵי פַרְעֹה וּבְעֵינֵי עֲבָדָיו לָתֶת־חֶרֶב בְּיָדָם לְהָרְגֵנוּ: כב וַיָּשָׁב מֹשֶׁה אֶל־יְהוָה וַיֹּאמַר אֲדֹנָי לָמָה הֲרֵעֹתָה לָעָם הַזֶּה לָמָּה זֶּה שְׁלַחְתָּנִי: כג וּמֵאָז בָּאתִי אֶל־פַּרְעֹה לְדַבֵּר בִּשְׁמֶךָ הֵרַע לָעָם הַזֶּה וְהַצֵּל לֹא־הִצַּלְתָּ אֶת־עַמֶּךָ: ו א וַיֹּאמֶר יְהוָה אֶל־מֹשֶׁה עַתָּה תִרְאֶה אֲשֶׁר אֶעֱשֶׂה לְפַרְעֹה כִּי בְיָד חֲזָקָה יְשַׁלְּחֵם וּבְיָד חֲזָקָה יְגָרְשֵׁם מֵאַרְצוֹ:

טז תִּבְנָא, לָא מִתְיְהֵיב לְעַבְדָּךְ, וּלְבֵנַיָּא, אָמְרִין לַנָא עֲבִידוּ, וְהָא עַבְדָּךְ, לָקַן וְחָטַן עֲלֵיהוֹן עַמָּךְ:
יז יח וַאֲמַר, בַּטְלָנִין אַתּוּן בַּטְלָנִין, עַל כֵּן אַתּוּן אָמְרִין, נֵיזֵיל נְדַבַּח קֳדָם יְיָ: וּכְעַן אִיזִילוּ פְּלַחוּ,
יט וְתִבְנָא לָא יִתְיְהֵיב לְכוֹן, וּסְכוּם לִבְנַיָּא תִּתְּנוּן: וַחֲזוֹ, סָרְכֵי בְנֵי יִשְׂרָאֵל, יָתְהוֹן בְּבִישׁ לְמֵימַר,
כ לָא תִמְנְעוּן מִלִּבְנֵיכוֹן פִּתְגָם יוֹם בְּיוֹמֵיהּ: וְעָרַעוּ יָת מֹשֶׁה וְיָת אַהֲרֹן, קָיְמִין לְקַדָּמוּתְהוֹן,
כא בְּמִפַּקְהוֹן מִלְּוָת פַּרְעֹה: וַאֲמַרוּ לְהוֹן, יִתְגְּלֵי יְיָ, עֲלֵיכוֹן וְיִתְפְּרַע, דְּאַבְאֵישְׁתּוּן יָת רֵיחַנָא,
כב בְּעֵינֵי פַרְעֹה וּבְעֵינֵי עַבְדוֹהִי, לְמִתַּן חַרְבָּא בִּידֵיהוֹן לְמִקְטְלַנָא: וְתָב מֹשֶׁה, לִקְדָם יְיָ וַאֲמַר, יְיָ,
כג לְמָא אַבְאֵישְׁתָּא לְעַמָּא הָדֵין, לְמָא דְנָן שְׁלַחְתָּנִי: וּמֵעִדָּן, דְּעָאלִית לְוָת פַּרְעֹה לְמַלָּלָא
ו א בִּשְׁמָךְ, אַבְאֵישׁ לְעַמָּא הָדֵין, וְשֵׁיזָבָא לָא שֵׁיזֵיבְתָּא יָת עַמָּךְ: וַאֲמַר יְיָ לְמֹשֶׁה, כְּעַן תֶּחֱזֵי,
דְּאַעֲבֵיד לְפַרְעֹה, אֲרֵי בְּיַד תַּקִּיפָא יְשַׁלְּחִנּוּן, וּבְיַד תַּקִּיפָא, יְתָרֵיכִנּוּן מֵאַרְעֵיהּ:

מַדּוּעַ וְגוֹ׳. לָמָּה "וַיֻּכּוּ"? שֶׁהָיוּ אוֹמְרִים לָהֶם: מַדּוּעַ לֹא כִלִּיתֶם גַּם תְּמוֹל גַּם הַיּוֹם חֹק הַקָּצוּב עֲלֵיכֶם לִלְבֹּן כִּתְמוֹל הַשְּׁלִישִׁי, שֶׁהוּא יוֹם שֶׁלִּפְנֵי אֶתְמוֹל, וְהוּא הָיָה בִּהְיוֹת הַתֶּבֶן נִתָּן לָהֶם: וַיֻּכּוּ. לְשׁוֹן וַיֻּפְעֲלוּ, הֻכּוּ מִיַּד אֲחֵרִים, הַנּוֹגְשִׂים הִכּוּם:

טז| וּלְבֵנִים אוֹמְרִים לָנוּ. הַנּוֹגְשִׂים, "עֲשׂוּ" כַּמִּנְיָן הָרִאשׁוֹן: וְחָטָאת עַמֶּךָ. אִלּוּ הָיָה נָקוּד פַּתָּח הָיִיתִי אוֹמֵר שֶׁהוּא דָּבוּק – וְדָבָר זֶה חַטַּאת עַמְּךָ הוּא. עַכְשָׁיו שֶׁהוּא קָמָץ, שֵׁם דָּבָר הוּא, וְכָךְ פֵּרוּשׁוֹ, וְדָבָר זֶה מֵבִיא חַטָּאת עַל עַמֶּךָ, כְּאִלּוּ כָּתוּב: 'וְחַטָּאת לְעַמֶּךָ', כְּמוֹ: "כְּבוֹאֲנָה בֵּית לָחֶם" (רות א, יט) שֶׁהוּא כְּמוֹ לְבֵית לֶחֶם, וְכֵן הַרְבֵּה:

יח| וְתֹכֶן לְבֵנִים. חֶשְׁבּוֹן הַלְּבֵנִים, וְכֵן: "אֶת הַכֶּסֶף הַמְתֻכָּן" (מלכים ב' יב, יב) הַמָּנוּי, כְּמוֹ שֶׁאָמוּר בָּעִנְיָן: "וַיָּצֻרוּ וַיִּמְנוּ אֶת הַכֶּסֶף" (שם פסוק יא):

יט| וַיִּרְאוּ שֹׁטְרֵי בְנֵי יִשְׂרָאֵל. אֶת חַבְרֵיהֶם הַנִּרְדִּים עַל יָדָם, "בְּרָע" – רָאוּ אוֹתָם בְּרָעָה וְצָרָה הַמּוֹצֵאת אוֹתָם בְּהַכְבִּידָם הָעֲבוֹדָה עֲלֵיהֶם "לֵאמֹר: לֹא תִגְרְעוּ" וְגוֹ׳:

כ| וַיִּפְגְּעוּ. אֲנָשִׁים מִיִּשְׂרָאֵל, "אֶת מֹשֶׁה וְאֶת אַהֲרֹן" וְגוֹ׳. וְרַבּוֹתֵינוּ אָמְרוּ, כָּל 'נִצִּים' וְ'נִצָּבִים' דָּתָן וַאֲבִירָם הָיוּ, שֶׁנֶּאֱמַר בָּהֶם: "יָצְאוּ נִצָּבִים" (במדבר טז, כז):

כב| לָמָה הֲרֵעֹתָה לָעָם הַזֶּה. וְאִם תֹּאמַר, מָה אִכְפַּת לְךָ? קוֹבֵל אֲנִי עַל שֶׁשְּׁלַחְתַּנִי:

כג| הֵרַע. לְשׁוֹן הִפְעִיל הוּא, הִרְבָּה רָעָה עֲלֵיהֶם. וְתַרְגּוּמוֹ "אַבְאֵישׁ":

פרק ו

א| עַתָּה תִרְאֶה וְגוֹ׳. הִרְהַרְתָּ עַל מִדּוֹתַי, לֹא כְאַבְרָהָם שֶׁאָמַרְתִּי לוֹ: "כִּי בְיִצְחָק יִקָּרֵא לְךָ זָרַע" (בראשית כא, יב) וְאַחַר כָּךְ אָמַרְתִּי לוֹ: "הַעֲלֵהוּ... לְעֹלָה" (שם כב, ב) וְלֹא הִרְהֵר אַחֲרַי. לְפִיכָךְ – "עַתָּה תִרְאֶה", הֶעָשׂוּי לְפַרְעֹה תִּרְאֶה, וְלֹא הֶעָשׂוּי לְמַלְכֵי שִׁבְעָה אֻמּוֹת כְּשֶׁאֲבִיאֵם לָאָרֶץ: כִּי בְיָד חֲזָקָה יְשַׁלְּחֵם. מִפְּנֵי יָדִי שֶׁתֶּחֱזַק עָלָיו יְשַׁלְּחֵם: וּבְיָד חֲזָקָה יְגָרְשֵׁם מֵאַרְצוֹ. עַל כָּרְחָם שֶׁל יִשְׂרָאֵל יְגָרְשֵׁם וְלֹא יַסְפִּיקוּ לַעֲשׂוֹת לָהֶם צֵידָה, וְכֵן הוּא אוֹמֵר: "וַתֶּחֱזַק מִצְרַיִם עַל הָעָם" וְגוֹ׳ (להלן יב, לג):

הפטרת שמות

מלכות יהודה בימי ישעיהו הנביא הייתה קוטבית מצד אחד, ימי הזוהר של עוזיהו, שהביא את מלכות יהודה לאחד משיאיה, ומצד אחר, ימי השפל של מלכות אחז. גם בימי מלכות חזקיהו הייתה קוטביות: השפל בגלל המצור האשורי על ירושלים, לעומת השמחה הגדולה על מפלת סנחריב בשערי ירושלים.

המרחק מן השפע אל הפשע קצר, אם אין יודעים להכיל את השפע בענווה ובצניעות. שִׁכרון ההצלחה והכוח יכולים לגרום לאנשים להיות "הלומי יין". חברה כזו תאבד במו ידיה את האפשרות לגאולה שלמה. במקום: "והיה ביום ההוא יִתָּקע בשופר גדול ובאו האֹבדים בארץ אשור... והשתחוו לה' בהר הקֹדש בירושלִם", תישמע הנבואה: "בְּרַגלים תֵּרָמַסנה, עטרת גאות שִׁכּוֹרי אפרים".

ישעיה לאשכנזים

הַבָּאִים יַשְׁרֵשׁ יַעֲקֹב יָצִיץ וּפָרַח יִשְׂרָאֵל וּמָלְאוּ פְנֵי־תֵבֵל ו כז
תְּנוּבָה: הַכְּמַכַּת מַכֵּהוּ הִכָּהוּ אִם־כְּהֶרֶג הֲרֻגָיו הֹרָג: בְּסַאסְּאָה ז
בְּשַׁלְחָהּ תְּרִיבֶנָּה הָגָה בְּרוּחוֹ הַקָּשָׁה בְּיוֹם קָדִים: לָכֵן בְּזֹאת יְכֻפַּר ח
עֲוֺן־יַעֲקֹב וְזֶה כָּל־פְּרִי הָסִר חַטָּאתוֹ בְּשׂוּמוֹ ׀ כָּל־אַבְנֵי מִזְבֵּחַ כְּאַבְנֵי־ ט
גִר מְנֻפָּצוֹת לֹא־יָקֻמוּ אֲשֵׁרִים וְחַמָּנִים: כִּי עִיר בְּצוּרָה בָּדָד נָוֶה מְשֻׁלָּח י
וְנֶעֱזָב כַּמִּדְבָּר שָׁם יִרְעֶה עֵגֶל וְשָׁם יִרְבָּץ וְכִלָּה סְעִפֶיהָ: בִּיבֹשׁ קְצִירָהּ יא
תִּשָּׁבַרְנָה נָשִׁים בָּאוֹת מְאִירוֹת אוֹתָהּ כִּי לֹא עַם־בִּינוֹת הוּא עַל־כֵּן
לֹא־יְרַחֲמֶנּוּ עֹשֵׂהוּ וְיֹצְרוֹ לֹא יְחֻנֶּנּוּ: וְהָיָה בַּיּוֹם הַהוּא יַחְבֹּט יב
יְהוָה מִשִּׁבֹּלֶת הַנָּהָר עַד־נַחַל מִצְרָיִם וְאַתֶּם תְּלֻקְּטוּ לְאַחַד אֶחָד בְּנֵי
יִשְׂרָאֵל: וְהָיָה ׀ בַּיּוֹם הַהוּא יִתָּקַע בְּשׁוֹפָר גָּדוֹל וּבָאוּ הָאֹבְדִים יג
בְּאֶרֶץ אַשּׁוּר וְהַנִּדָּחִים בְּאֶרֶץ מִצְרָיִם וְהִשְׁתַּחֲווּ לַיהוָה בְּהַר הַקֹּדֶשׁ
בִּירוּשָׁלִָם: הוֹי עֲטֶרֶת גֵּאוּת שִׁכֹּרֵי אֶפְרַיִם וְצִיץ נֹבֵל צְבִי א כח
תִפְאַרְתּוֹ אֲשֶׁר עַל־רֹאשׁ גֵּיא־שְׁמָנִים הֲלוּמֵי יָיִן: הִנֵּה חָזָק וְאַמִּץ לַאדֹנָי ב
כְּזֶרֶם בָּרָד שַׂעַר קָטֶב כְּזֶרֶם מַיִם כַּבִּירִים שֹׁטְפִים הִנִּיחַ לָאָרֶץ בְּיָד:
בְּרַגְלַיִם תֵּרָמַסְנָה עֲטֶרֶת גֵּאוּת שִׁכּוֹרֵי אֶפְרָיִם: וְהָיְתָה צִיצַת נֹבֵל צְבִי ג ד
תִפְאַרְתּוֹ אֲשֶׁר עַל־רֹאשׁ גֵּיא שְׁמָנִים כְּבִכּוּרָהּ בְּטֶרֶם קַיִץ אֲשֶׁר יִרְאֶה
הָרֹאֶה אוֹתָהּ בְּעוֹדָהּ בְּכַפּוֹ יִבְלָעֶנָּה: בַּיּוֹם הַהוּא יִהְיֶה יְהוָה ה
צְבָאוֹת לַעֲטֶרֶת צְבִי וְלִצְפִירַת תִּפְאָרָה לִשְׁאָר עַמּוֹ: וּלְרוּחַ מִשְׁפָּט לַיּוֹשֵׁב ו
עַל־הַמִּשְׁפָּט וְלִגְבוּרָה מְשִׁיבֵי מִלְחָמָה שָׁעְרָה: וְגַם־אֵלֶּה בַּיַּיִן שָׁגוּ וּבַשֵּׁכָר ז
תָּעוּ כֹּהֵן וְנָבִיא שָׁגוּ בַשֵּׁכָר נִבְלְעוּ מִן־הַיַּיִן תָּעוּ מִן־הַשֵּׁכָר שָׁגוּ בָּרֹאֶה
פָּקוּ פְּלִילִיָּה: כִּי כָּל־שֻׁלְחָנוֹת מָלְאוּ קִיא צֹאָה בְּלִי מָקוֹם: אֶת־ ח ט
מִי יוֹרֶה דֵעָה וְאֶת־מִי יָבִין שְׁמוּעָה גְּמוּלֵי מֵחָלָב עַתִּיקֵי מִשָּׁדָיִם: כִּי צַו י
לָצָו צַו לָצָו קַו לָקָו קַו לָקָו זְעֵיר שָׁם זְעֵיר שָׁם: כִּי בְּלַעֲגֵי שָׂפָה וּבְלָשׁוֹן יא
אַחֶרֶת יְדַבֵּר אֶל־הָעָם הַזֶּה: אֲשֶׁר ׀ אָמַר אֲלֵיהֶם זֹאת הַמְּנוּחָה הָנִיחוּ יב

יג לְעָיֵף וְזֹאת הַמַּרְגֵּעָה וְלֹא אָבוּא שְׁמוֹעַ׃ וְהָיָה לָהֶם דְּבַר־יהוה צַו לָצָו צַו
לָצָו קַו לָקָו קַו לָקָו זְעֵיר שָׁם זְעֵיר שָׁם לְמַעַן יֵלְכוּ וְכָשְׁלוּ אָחוֹר וְנִשְׁבָּרוּ
וְנוֹקְשׁוּ וְנִלְכָּדוּ׃
כט כב לָכֵן כֹּה־אָמַר יהוה אֶל־בֵּית יַעֲקֹב אֲשֶׁר פָּדָה אֶת־אַבְרָהָם לֹא־עַתָּה
כג יֵבוֹשׁ יַעֲקֹב וְלֹא עַתָּה פָּנָיו יֶחֱוָרוּ׃ כִּי בִרְאֹתוֹ יְלָדָיו מַעֲשֵׂה יָדַי בְּקִרְבּוֹ
יַקְדִּישׁוּ שְׁמִי וְהִקְדִּישׁוּ אֶת־קְדוֹשׁ יַעֲקֹב וְאֶת־אֱלֹהֵי יִשְׂרָאֵל יַעֲרִיצוּ׃

נבואת ההקדשה של ירמיהו, שפעל בימי מלכי יהודה האחרונים עד לחורבן בית ראשון וקצת לאחריו, ממחישה את הקושי הגדול שבשליחות הנבואית. שליחותו של ירמיהו הייתה קשה במיוחד, בהיותו הנביא הראשון והיחיד שליווה את החורבן במקום התרחשותו. הקושי היה כפול: מצד אחד היה שליח ה' המצֻוֶּה להעביר נבואות חורבן לעם, מצד אחר אוהב את העם וצריך להוכיח אותו ביד קָשָׁה. לא בכדי נחוצה לו הבטחת ה' הייחודית בראשית הדרך, "ואתה תאזר מתניך ודִברת אליהם את כל אשר אנכי אצוֶּךָּ, אל תֵּחַת מפניהם... ואני הנה נתתיך היום לעיר מבצר ולעמוד ברזל... ונלחמו אליך ולא יוכלו לך". ניסיונות ההתחמקות של ירמיהו, כמו גם של משה, מהשליחות הנבואית הם שיקוף של הקושי הזה.

א א דִּבְרֵי יִרְמְיָהוּ בֶּן־חִלְקִיָּהוּ מִן־הַכֹּהֲנִים אֲשֶׁר בַּעֲנָתוֹת בְּאֶרֶץ בִּנְיָמִן׃ ירמיה לספרדים
ב אֲשֶׁר הָיָה דְבַר־יהוה אֵלָיו בִּימֵי יֹאשִׁיָּהוּ בֶן־אָמוֹן מֶלֶךְ יְהוּדָה בִּשְׁלֹשׁ־
ג עֶשְׂרֵה שָׁנָה לְמָלְכוֹ׃ וַיְהִי בִּימֵי יְהוֹיָקִים בֶּן־יֹאשִׁיָּהוּ מֶלֶךְ יְהוּדָה עַד־תֹּם
עַשְׁתֵּי־עֶשְׂרֵה שָׁנָה לְצִדְקִיָּהוּ בֶן־יֹאשִׁיָּהוּ מֶלֶךְ יְהוּדָה עַד־גְּלוֹת יְרוּשָׁלַ͏ִם
ד ה בַּחֹדֶשׁ הַחֲמִישִׁי׃ וַיְהִי דְבַר־יהוה אֵלַי לֵאמֹר׃ בְּטֶרֶם אצורך אֶצָּרְךָ
בַבֶּטֶן יְדַעְתִּיךָ וּבְטֶרֶם תֵּצֵא מֵרֶחֶם הִקְדַּשְׁתִּיךָ נָבִיא לַגּוֹיִם נְתַתִּיךָ׃
ו ז וָאֹמַר אֲהָהּ אֲדֹנָי יֱהֹוִה הִנֵּה לֹא־יָדַעְתִּי דַּבֵּר כִּי־נַעַר אָנֹכִי׃ וַיֹּאמֶר
יהוה אֵלַי אַל־תֹּאמַר נַעַר אָנֹכִי כִּי עַל־כָּל־אֲשֶׁר אֶשְׁלָחֲךָ תֵּלֵךְ וְאֵת
ח כָּל־אֲשֶׁר אֲצַוְּךָ תְּדַבֵּר׃ אַל־תִּירָא מִפְּנֵיהֶם כִּי־אִתְּךָ אֲנִי לְהַצִּלֶךָ נְאֻם־
ט יהוה׃ וַיִּשְׁלַח יהוה אֶת־יָדוֹ וַיַּגַּע עַל־פִּי וַיֹּאמֶר יהוה אֵלַי הִנֵּה נָתַתִּי
י דְבָרַי בְּפִיךָ׃ רְאֵה הִפְקַדְתִּיךָ ׀ הַיּוֹם הַזֶּה עַל־הַגּוֹיִם וְעַל־הַמַּמְלָכוֹת
יא לִנְתוֹשׁ וְלִנְתוֹץ וּלְהַאֲבִיד וְלַהֲרוֹס לִבְנוֹת וְלִנְטוֹעַ׃ וַיְהִי
דְבַר־יהוה אֵלַי לֵאמֹר מָה־אַתָּה רֹאֶה יִרְמְיָהוּ וָאֹמַר מַקֵּל שָׁקֵד
יב אֲנִי רֹאֶה׃ וַיֹּאמֶר יהוה אֵלַי הֵיטַבְתָּ לִרְאוֹת כִּי־שֹׁקֵד אֲנִי עַל־דְּבָרִי
יג לַעֲשֹׂתוֹ׃ וַיְהִי דְבַר־יהוה ׀ אֵלַי שֵׁנִית לֵאמֹר מָה אַתָּה רֹאֶה
יד וָאֹמַר סִיר נָפוּחַ אֲנִי רֹאֶה וּפָנָיו מִפְּנֵי צָפוֹנָה׃ וַיֹּאמֶר יהוה אֵלָי מִצָּפוֹן
טו תִּפָּתַח הָרָעָה עַל כָּל־יֹשְׁבֵי הָאָרֶץ׃ כִּי ׀ הִנְנִי קֹרֵא לְכָל־מִשְׁפְּחוֹת מַמְלְכוֹת
צָפוֹנָה נְאֻם־יהוה וּבָאוּ וְנָתְנוּ אִישׁ כִּסְאוֹ פֶּתַח ׀ שַׁעֲרֵי יְרוּשָׁלַ͏ִם וְעַל

שמות

כָּל־חוֹמֹתֶיהָ סָבִיב וְעַל כָּל־עָרֵי יְהוּדָה: וְדִבַּרְתִּי מִשְׁפָּטַי אוֹתָם עַל כָּל־ טז
רָעָתָם אֲשֶׁר עֲזָבוּנִי וַיְקַטְּרוּ לֵאלֹהִים אֲחֵרִים וַיִּשְׁתַּחֲווּ לְמַעֲשֵׂי יְדֵיהֶם:
וְאַתָּה תֶּאְזֹר מָתְנֶיךָ וְקַמְתָּ וְדִבַּרְתָּ אֲלֵיהֶם אֵת כָּל־אֲשֶׁר אָנֹכִי אֲצַוֶּךָּ אַל־ יז
תֵּחַת מִפְּנֵיהֶם פֶּן־אֲחִתְּךָ לִפְנֵיהֶם: וַאֲנִי הִנֵּה נְתַתִּיךָ הַיּוֹם לְעִיר מִבְצָר יח
וּלְעַמּוּד בַּרְזֶל וּלְחֹמוֹת נְחֹשֶׁת עַל־כָּל־הָאָרֶץ לְמַלְכֵי יְהוּדָה לְשָׂרֶיהָ
לְכֹהֲנֶיהָ וּלְעַם הָאָרֶץ: וְנִלְחֲמוּ אֵלֶיךָ וְלֹא־יוּכְלוּ לָךְ כִּי־אִתְּךָ אֲנִי נְאֻם־ יט
יְהוָה לְהַצִּילֶךָ: וַיְהִי דְבַר־יְהוָה אֵלַי לֵאמֹר: הָלֹךְ וְקָרָאתָ בְאָזְנֵי ב א ב
יְרוּשָׁלַםִ לֵאמֹר כֹּה אָמַר יְהוָה זָכַרְתִּי לָךְ חֶסֶד נְעוּרַיִךְ אַהֲבַת כְּלוּלֹתָיִךְ
לֶכְתֵּךְ אַחֲרַי בַּמִּדְבָּר בְּאֶרֶץ לֹא זְרוּעָה: קֹדֶשׁ יִשְׂרָאֵל לַיהוָה רֵאשִׁית ג
תְּבוּאָתֹה כָּל־אֹכְלָיו יֶאְשָׁמוּ רָעָה תָּבֹא אֲלֵיהֶם נְאֻם־יְהוָה:

יחזקאל הנביא מתאר לאנשים שגלו עמו לבבל בגלות יהויכין, את הסיבות לחורבן המתקרב. בין השאר הוא
סוקר את יחסו ה׳ עם עמו מימי גלות מצרים ואילך. הוא מתאר זאת באמצעות משל על איש ואסופית תינוקת
הושלכה לרחוב לאחר הולדתה. איש שהיה שם הציל אותה ולקח אותה תחת חסותו. הוא טיפל בה טיפול
מסור במשך שנים, עד שהפכה לבוגרת, יפה ומוצלחת, ואז נשאה לו לאישה. סיפור זה מבטא את ההשגחה
המיוחדת של ה׳ על עמו מן השפל של הגלות במצרים ועד לברית בסיני. פסוקים מנבואה זו משורו גם בנוסח
הגדה של פסח.

בהמשך הנבואה, בפסוקים שלאחר ההפטרה, הנביא מתאר שהעם מפנה עורף לה׳, למרות הטובה הרבה
שהיטיב עמו.

יחזקאל
לתימנים

וַיְהִי דְבַר־יְהוָה אֵלַי לֵאמֹר: בֶּן־אָדָם הוֹדַע אֶת־יְרוּשָׁלַםִ אֶת־תּוֹעֲבֹתֶיהָ: טז א ב
וְאָמַרְתָּ כֹּה־אָמַר אֲדֹנָי יְהוִֹה לִירוּשָׁלַםִ מְכֹרֹתַיִךְ וּמֹלְדֹתַיִךְ מֵאֶרֶץ הַכְּנַעֲנִי ג
אָבִיךְ הָאֱמֹרִי וְאִמֵּךְ חִתִּית: וּמוֹלְדוֹתַיִךְ בְּיוֹם הוּלֶּדֶת אֹתָךְ לֹא־כָרַּת שָׁרֵּךְ ד
וּבְמַיִם לֹא־רֻחַצְתְּ לְמִשְׁעִי וְהָמְלֵחַ לֹא הֻמְלַחַתְּ וְהָחְתֵּל לֹא חֻתָּלְתְּ: לֹא־ ה
חָסָה עָלַיִךְ עַיִן לַעֲשׂוֹת לָךְ אַחַת מֵאֵלֶּה לְחֻמְלָה עָלָיִךְ וַתֻּשְׁלְכִי אֶל־פְּנֵי
הַשָּׂדֶה בְּגֹעַל נַפְשֵׁךְ בְּיוֹם הֻלֶּדֶת אֹתָךְ: וָאֶעֱבֹר עָלַיִךְ וָאֶרְאֵךְ מִתְבּוֹסֶסֶת ו
בְּדָמָיִךְ וָאֹמַר לָךְ בְּדָמַיִךְ חֲיִי וָאֹמַר לָךְ בְּדָמַיִךְ חֲיִי: רְבָבָה כְּצֶמַח הַשָּׂדֶה ז
נְתַתִּיךְ וַתִּרְבִּי וַתִּגְדְּלִי וַתָּבֹאִי בַּעֲדִי עֲדָיִים שָׁדַיִם נָכֹנוּ וּשְׂעָרֵךְ צִמֵּחַ וְאַתְּ
עֵרֹם וְעֶרְיָה: וָאֶעֱבֹר עָלַיִךְ וָאֶרְאֵךְ וְהִנֵּה עִתֵּךְ עֵת דֹּדִים וָאֶפְרֹשׂ כְּנָפִי עָלַיִךְ ח
וָאֲכַסֶּה עֶרְוָתֵךְ וָאֶשָּׁבַע לָךְ וָאָבוֹא בִבְרִית אֹתָךְ נְאֻם אֲדֹנָי יְהוִֹה וַתִּהְיִי־לִי:
וָאֶרְחָצֵךְ בַּמַּיִם וָאֶשְׁטֹף דָּמַיִךְ מֵעָלָיִךְ וָאֲסֻכֵךְ בַּשָּׁמֶן: וָאַלְבִּישֵׁךְ רִקְמָה ט י
וָאֶנְעֲלֵךְ תָּחַשׁ וָאֶחְבְּשֵׁךְ בַּשֵּׁשׁ וַאֲכַסֵּךְ מֶשִׁי: וָאֶעְדֵּךְ עֶדִי וָאֶתְּנָה צְמִידִים יא
עַל־יָדַיִךְ וְרָבִיד עַל־גְּרוֹנֵךְ: וָאֶתֵּן נֶזֶם עַל־אַפֵּךְ וַעֲגִילִים עַל־אָזְנָיִךְ וַעֲטֶרֶת יב
תִּפְאֶרֶת בְּרֹאשֵׁךְ: וַתַּעְדִּי זָהָב וָכֶסֶף וּמַלְבּוּשֵׁךְ שֵׁשׁ וָמֶשִׁי וְרִקְמָה סֹלֶת יג
וּדְבַשׁ וָשֶׁמֶן אָכָלְתְּ וַתִּיפִי בִּמְאֹד מְאֹד וַתִּצְלְחִי לִמְלוּכָה: וַיֵּצֵא לָךְ שֵׁם יד
בַּגּוֹיִם בְּיָפְיֵךְ כִּי । כָּלִיל הוּא בַּהֲדָרִי אֲשֶׁר־שַׂמְתִּי עָלַיִךְ נְאֻם אֲדֹנָי יְהוִֹה:

שש
אכלת

פרשת וארא

וארא

ב וַיְדַבֵּ֥ר אֱלֹהִ֖ים אֶל־מֹשֶׁ֑ה וַיֹּ֥אמֶר אֵלָ֖יו אֲנִ֥י יְהוָֽה: ג וָאֵרָ֗א אֶל־אַבְרָהָ֛ם אֶל־יִצְחָ֥ק וְאֶֽל־יַעֲקֹ֖ב בְּאֵ֣ל שַׁדָּ֑י וּשְׁמִ֣י יְהוָ֔ה לֹ֥א נוֹדַ֖עְתִּי לָהֶֽם: ד וְגַ֨ם הֲקִמֹ֤תִי אֶת־בְּרִיתִי֙ אִתָּ֔ם לָתֵ֥ת לָהֶ֖ם אֶת־אֶ֣רֶץ כְּנָ֑עַן אֵ֛ת אֶ֥רֶץ מְגֻרֵיהֶ֖ם אֲשֶׁר־גָּ֥רוּ בָֽהּ: ה וְגַ֣ם ׀ אֲנִ֣י שָׁמַ֗עְתִּי אֶֽת־נַאֲקַת֙ בְּנֵ֣י יִשְׂרָאֵ֔ל אֲשֶׁ֥ר מִצְרַ֖יִם מַעֲבִדִ֣ים אֹתָ֑ם וָאֶזְכֹּ֖ר אֶת־בְּרִיתִֽי: ו לָכֵ֞ן אֱמֹ֥ר לִבְנֵֽי־יִשְׂרָאֵל֮ אֲנִ֣י יְהוָה֒ וְהוֹצֵאתִ֣י אֶתְכֶ֗ם מִתַּ֨חַת֙ סִבְלֹ֣ת מִצְרַ֔יִם וְהִצַּלְתִּ֥י אֶתְכֶ֖ם מֵעֲבֹדָתָ֑ם וְגָאַלְתִּ֤י אֶתְכֶם֙ בִּזְר֣וֹעַ נְטוּיָ֔ה וּבִשְׁפָטִ֖ים גְּדֹלִֽים: ז וְלָקַחְתִּ֨י אֶתְכֶ֥ם לִי֙ לְעָ֔ם וְהָיִ֥יתִי לָכֶ֖ם לֵֽאלֹהִ֑ים וִֽידַעְתֶּ֗ם כִּ֣י אֲנִ֤י יְהוָה֙ אֱלֹ֣הֵיכֶ֔ם הַמּוֹצִ֣יא אֶתְכֶ֔ם מִתַּ֖חַת סִבְל֥וֹת מִצְרָֽיִם: ח וְהֵבֵאתִ֤י אֶתְכֶם֙ אֶל־הָאָ֔רֶץ אֲשֶׁ֤ר נָשָׂ֙אתִי֙ אֶת־יָדִ֔י לָתֵ֣ת אֹתָ֔הּ לְאַבְרָהָ֥ם לְיִצְחָ֖ק וּֽלְיַעֲקֹ֑ב וְנָתַתִּ֨י אֹתָ֥הּ לָכֶ֛ם מוֹרָשָׁ֖ה אֲנִ֥י יְהוָֽה: ט וַיְדַבֵּ֥ר מֹשֶׁ֛ה כֵּ֖ן אֶל־בְּנֵ֣י יִשְׂרָאֵ֑ל וְלֹ֤א שָֽׁמְעוּ֙ אֶל־מֹשֶׁ֔ה מִקֹּ֣צֶר ר֔וּחַ וּמֵעֲבֹדָ֖ה קָשָֽׁה:

ב ג וּמַלֵּיל יְיָ עִם מֹשֶׁה, וַאֲמַר לֵיהּ אֲנָא יְיָ: וְאִתְגְּלֵיתִי, לְאַבְרָהָם, לְיִצְחָק וּלְיַעֲקֹב בְּאֵל
ד שַׁדָּי, וּשְׁמִי יְיָ, לָא הוֹדַעִית לְהוֹן: וְאַף אֲקֵימִית יָת קְיָמִי עִמְּהוֹן, לְמִתַּן לְהוֹן יָת אַרְעָא
ה דִּכְנָעַן, יָת, אֲרַע תּוֹתָבוּתְהוֹן דְּאִתּוֹתַבוּ בַהּ: וְאַף קֳדָמַי שְׁמִיעַ, יָת קְבִילַת בְּנֵי יִשְׂרָאֵל,
ו דְּמִצְרָאֵי מַפְלְחִין בְּהוֹן, וּדְכִירְנָא יָת קְיָמִי: בְּכֵן, אֵימַר לִבְנֵי יִשְׂרָאֵל אֲנָא יְיָ, וְאַפֵּיק יָתְכוֹן,
מִגּוֹ דְּחוֹק פָּלְחַן מִצְרָאֵי, וַאֲשֵׁיזֵיב יָתְכוֹן מִפָּלְחָנְהוֹן, וְאֶפְרוֹק יָתְכוֹן בִּדְרָע מְרָמַם, וּבְדִינִין
ז רַבְרְבִין: וַאֲקָרֵיב יָתְכוֹן קֳדָמַי לְעַם, וְאֶהֱוֵי לְכוֹן לֶאֱלָהּ, וְתִדְּעוּן, אֲרֵי אֲנָא יְיָ אֱלָהֲכוֹן,
ח דְּאַפֵּיק יָתְכוֹן, מִגּוֹ דְּחוֹק פָּלְחַן מִצְרָאֵי: וְאַעֵיל יָתְכוֹן לְאַרְעָא, דְּקַיֵּימִית בְּמֵימְרִי,
ט לְמִתַּן יָתַהּ, לְאַבְרָהָם לְיִצְחָק וּלְיַעֲקֹב, וְאֶתֵּין יָתַהּ לְכוֹן, יְרֻתָּא אֲנָא יְיָ: וּמַלֵּיל מֹשֶׁה, כֵּן
עִם בְּנֵי יִשְׂרָאֵל, וְלָא קַבִּילוּ מִן מֹשֶׁה, מֵעָיק רוּחַ, וּמִפָּלְחָנָא דַּהֲוָה קְשֵׁי עֲלֵיהוֹן:

ב] **וַיְדַבֵּר אֱלֹהִים אֶל מֹשֶׁה.** דִּבֵּר אִתּוֹ מִשְׁפָּט עַל שֶׁהִקְשָׁה לְדַבֵּר וְלוֹמַר: "לָמָה הֲרֵעֹתָה לָעָם הַזֶּה" (לעיל ה, כב): **וַיֹּאמֶר אֵלָיו אֲנִי ה'.** נֶאֱמָן לְשַׁלֵּם שָׂכָר טוֹב לַמִּתְהַלְּכִים לְפָנַי. וְלֹא לְחִנָּם שְׁלַחְתִּיךָ כִּי אִם לְקַיֵּם דְּבָרַי לָאָבוֹת הָרִאשׁוֹנִים. וּבַלָּשׁוֹן הַזֶּה מָצִינוּ שֶׁהוּא נִדְרָשׁ בְּכַמָּה מְקוֹמוֹת: "אֲנִי ה'" נֶאֱמָן לְפָרַע, כְּשֶׁהוּא אָמוּר אֵצֶל עֹנֶשׁ כְּגוֹן: "וְחִלַּלְתָּ אֶת שֵׁם אֱלֹהֶיךָ אֲנִי ה'" (ויקרא יט, יב); וּכְשֶׁהוּא אָמוּר אֵצֶל קִיּוּם מִצְוֹת כְּגוֹן: "וּשְׁמַרְתֶּם מִצְוֹתַי וַעֲשִׂיתֶם אֹתָם אֲנִי ה'" (שם כב, לא) נֶאֱמָן לִתֵּן שָׂכָר:

ג] **וָאֵרָא.** אֶל הָאָבוֹת: **בְּאֵל שַׁדָּי.** הִבְטַחְתִּים הַבְטָחוֹת וּבְכֻלָּן אָמַרְתִּי לָהֶם: "אֲנִי אֵל שַׁדַּי": **וּשְׁמִי ה' לֹא נוֹדַעְתִּי לָהֶם.** 'לֹא הוֹדַעְתִּי' אֵין כְּתִיב כָּאן אֶלָּא "לֹא נוֹדַעְתִּי", לֹא נִכַּרְתִּי לָהֶם בְּמִדַּת אֲמִתּוּת שֶׁלִּי שֶׁעָלֶיהָ נִקְרָא שְׁמִי ה', נֶאֱמָן לְאַמֵּת דְּבָרַי, שֶׁהֲרֵי הִבְטַחְתִּים וְלֹא קִיַּמְתִּי:

ד] **וְגַם הֲקִמֹתִי אֶת בְּרִיתִי וְגוֹ'.** וְגַם כְּשֶׁנִּרְאֵיתִי לָהֶם בְּאֵל שַׁדַּי הִצַּבְתִּי וְהֶעֱמַדְתִּי בְּרִית בֵּינִי וּבֵינֵיהֶם "לָתֵת לָהֶם אֶת אֶרֶץ כְּנָעַן" – לְאַבְרָהָם בְּפָרָשַׁת מִילָה נֶאֱמַר: "אֲנִי אֵל שַׁדַּי וְגוֹ' וְנָתַתִּי לְךָ וּלְזַרְעֲךָ אַחֲרֶיךָ אֵת אֶרֶץ מְגֻרֶיךָ" (בראשית יז, א-ח); לְיִצְחָק: "כִּי לְךָ וּלְזַרְעֲךָ אֶתֵּן אֶת כָּל הָאֲרָצֹת הָאֵל וַהֲקִמֹתִי אֶת הַשְּׁבֻעָה אֲשֶׁר נִשְׁבַּעְתִּי לְאַבְרָהָם" (שם כו, ג), וְאוֹתָהּ שְׁבוּעָה שֶׁנִּשְׁבַּעְתִּי לְאַבְרָהָם בְּאֵל שַׁדַּי נֶאֶמְרָה; לְיַעֲקֹב: "אֲנִי אֵל שַׁדַּי פְּרֵה וּרְבֵה וְגוֹ' וְאֶת הָאָרֶץ אֲשֶׁר" וְגוֹ' (שם לה, יא-יב). הֲרֵי שֶׁנָּדַרְתִּי לָהֶם וְלֹא קִיַּמְתִּי:

ה] **וְגַם אֲנִי.** כְּמוֹ שֶׁהִצַּבְתִּי וְהֶעֱמַדְתִּי הַבְּרִית יֵשׁ עָלַי לְקַיֵּם, לְפִיכָךְ "שָׁמַעְתִּי אֶת נַאֲקַת בְּנֵי יִשְׂרָאֵל" הַנֶּאֱנָקִים, "אֲשֶׁר מִצְרַיִם מַעֲבִדִים אֹתָם, וָאֶזְכֹּר" אוֹתוֹ הַבְּרִית, כִּי בִּבְרִית בֵּין הַבְּתָרִים אָמַרְתִּי לוֹ: "וְגַם אֶת הַגּוֹי אֲשֶׁר יַעֲבֹדוּ דָּן אָנֹכִי" (שם טו, יד):

ו] **לָכֵן.** עַל פִּי אוֹתָהּ הַשְּׁבוּעָה: **אֱמֹר לִבְנֵי יִשְׂרָאֵל אֲנִי ה'.** הַנֶּאֱמָן בְּהַבְטָחָתִי: **וְהוֹצֵאתִי אֶתְכֶם.** כִּי כֵן הִבְטַחְתִּי: "וְאַחֲרֵי כֵן יֵצְאוּ בִּרְכֻשׁ גָּדוֹל" (שם): **סִבְלֹת.** טֹרַח מַשָּׂא מִצְרַיִם:

ח] **נָשָׂאתִי אֶת יָדִי.** הֲרִימוֹתִיהָ לִשָּׁבַע בְּכִסְאִי:

ט] **וְלֹא שָׁמְעוּ אֶל מֹשֶׁה.** לֹא קִבְּלוּ תַּנְחוּמִין: **מִקֹּצֶר רוּחַ.** כָּל מִי שֶׁהוּא מֵצֵר, רוּחוֹ וּנְשִׁימָתוֹ קְצָרָה וְאֵינוֹ יָכוֹל לְהַאֲרִיךְ בִּנְשִׁימָתוֹ.

קָרוֹב לְעִנְיָן זֶה שָׁמַעְתִּי בְּפָרָשָׁה זוֹ מֵרַבִּי בָּרוּךְ בְּרַבִּי אֱלִיעֶזֶר, וְהֵבִיא לִי רְאָיָה מִמִּקְרָא זֶה: "בַּפַּעַם הַזֹּאת אוֹדִיעֵם אֶת יָדִי וְאֶת גְּבוּרָתִי וְיָדְעוּ כִּי שְׁמִי ה'" (ירמיה טז, כא); לָמַדְנוּ כְּשֶׁהַקָּדוֹשׁ בָּרוּךְ הוּא מְאַמֵּן אֶת דְּבָרָיו, אֲפִלּוּ לְפֻרְעָנוּת,

וַיְדַבֵּר יְהוָה אֶל־מֹשֶׁה לֵּאמֹר׃ בֹּא דַבֵּר אֶל־ יא
פַּרְעֹה מֶלֶךְ מִצְרָיִם וִישַׁלַּח אֶת־בְּנֵי־יִשְׂרָאֵל
מֵאַרְצוֹ׃ וַיְדַבֵּר מֹשֶׁה לִפְנֵי יְהוָה לֵאמֹר הֵן בְּנֵי־ יב
יִשְׂרָאֵל לֹא־שָׁמְעוּ אֵלַי וְאֵיךְ יִשְׁמָעֵנִי פַרְעֹה
וַאֲנִי עֲרַל שְׂפָתָיִם׃
וַיְדַבֵּר יְהוָה אֶל־מֹשֶׁה וְאֶל־אַהֲרֹן וַיְצַוֵּם אֶל־בְּנֵי יג
יִשְׂרָאֵל וְאֶל־פַּרְעֹה מֶלֶךְ מִצְרָיִם לְהוֹצִיא אֶת־
שני בְּנֵי־יִשְׂרָאֵל מֵאֶרֶץ מִצְרָיִם׃ אֵלֶּה יד
רָאשֵׁי בֵית־אֲבֹתָם בְּנֵי רְאוּבֵן בְּכֹר יִשְׂרָאֵל
חֲנוֹךְ וּפַלּוּא חֶצְרֹן וְכַרְמִי אֵלֶּה מִשְׁפְּחֹת רְאוּבֵן׃
וּבְנֵי שִׁמְעוֹן יְמוּאֵל וְיָמִין וְאֹהַד וְיָכִין וְצֹחַר טו
וְשָׁאוּל בֶּן־הַכְּנַעֲנִית אֵלֶּה מִשְׁפְּחֹת שִׁמְעוֹן׃
וְאֵלֶּה שְׁמוֹת בְּנֵי־לֵוִי לְתֹלְדֹתָם גֵּרְשׁוֹן וּקְהָת טז
וּמְרָרִי וּשְׁנֵי חַיֵּי לֵוִי שֶׁבַע וּשְׁלֹשִׁים וּמְאַת שָׁנָה׃
בְּנֵי גֵרְשׁוֹן לִבְנִי וְשִׁמְעִי לְמִשְׁפְּחֹתָם׃ וּבְנֵי קְהָת יז יח
עַמְרָם וְיִצְהָר וְחֶבְרוֹן וְעֻזִּיאֵל וּשְׁנֵי חַיֵּי קְהָת
שָׁלֹשׁ וּשְׁלֹשִׁים וּמְאַת שָׁנָה׃ וּבְנֵי מְרָרִי מַחְלִי יט
וּמוּשִׁי אֵלֶּה מִשְׁפְּחֹת הַלֵּוִי לְתֹלְדֹתָם׃ וַיִּקַּח כ

מודיע ששמו ה׳, וכל שכן האמנה לטובה. ורבותינו דרשוהו לענין של מעלה שאמר משה: ״למה הרעתה״ (לעיל ה, כב), אמר לו הקדוש ברוך הוא: חבל על דאבדין ולא משתכחין! יש לי להתאונן על מיתת האבות, הרבה פעמים נגליתי עליהם באל שדי ולא אמרו לי מה שמך, ואתה אמרת: ״מה שמו, מה אמר אליהם״ (לעיל ג, יג): וגם הקמתי וגו׳. וכשבקש אברהם לקבר את

יא ומַלֵּיל יי עִם משֶׁה לְמֵימַר: עוֹל מַלֵּיל, עִם פַּרְעֹה מַלְכָּא דְמִצְרָיִם, וִישַׁלַּח יָת בְּנֵי יִשְׂרָאֵל
יב מֵאַרְעֵיהּ: וּמַלֵּיל משֶׁה, קֳדָם יי לְמֵימַר, הָא בְנֵי יִשְׂרָאֵל לָא קַבִּילוּ מִנִּי, וְאֵיכְדֵין יְקַבֵּיל
יג מִנִּי פַּרְעֹה, וַאֲנָא יַקִּיר מַמְלַל: וּמַלֵּיל יי עִם משֶׁה וּלְאַהֲרֹן, וּפַקֵּידִנּוּן לְוָת בְּנֵי יִשְׂרָאֵל, וּלְוָת
יד פַּרְעֹה מַלְכָּא דְמִצְרָיִם, לְאַפָּקָא יָת בְּנֵי יִשְׂרָאֵל מֵאַרְעָא דְמִצְרָיִם: אִלֵּין רֵישֵׁי בֵית אֲבָהָתְהוֹן,
טו בְּנֵי רְאוּבֵן בֻּכְרָא דְיִשְׂרָאֵל, חֲנוֹךְ וּפַלּוּא חֶצְרוֹן וְכַרְמִי, אִלֵּין זַרְעִיַת רְאוּבֵן: וּבְנֵי שִׁמְעוֹן,
טז יְמוּאֵל וְיָמִין וְאוֹהַד וְיָכִין וְצוֹחַר, וְשָׁאוּל בַּר כְּנַעֲנֵיתָא, אִלֵּין זַרְעִיַת שִׁמְעוֹן: וְאִלֵּין שְׁמָהָת
יז בְּנֵי לֵוִי לְתוֹלְדָתְהוֹן, גֵּרְשׁוֹן, וּקְהָת וּמְרָרִי, וּשְׁנֵי חַיֵּי לֵוִי, מְאָה וּתְלָתִין וּשְׁבַע שְׁנִין: בְּנֵי גֵרְשׁוֹן,
יח לִבְנִי וְשִׁמְעִי לְזַרְעֲיָתְהוֹן: וּבְנֵי קְהָת, עַמְרָם וְיִצְהָר, וְחֶבְרוֹן וְעֻזִּיאֵל, וּשְׁנֵי חַיֵּי קְהָת, מְאָה
יט כ וּתְלָתִין וּתְלָת שְׁנִין: וּבְנֵי מְרָרִי מַחְלִי וּמוּשִׁי, אִלֵּין, זַרְעִיַת לֵוִי לְתוֹלְדָתְהוֹן: וּנְסֵיב

שָׂרָה לֹא מָצָא קֶבֶר עַד שֶׁקָּנָה בְּדָמִים מְרֻבִּים; וְכֵן יִצְחָק – עוֹרְרוּ עָלָיו עַל הַבְּאֵרוֹת אֲשֶׁר חָפַר; וְכֵן יַעֲקֹב – "וַיִּקֶן אֶת חֶלְקַת הַשָּׂדֶה" (בראשית לג, יט) לִנְטוֹת אָהֳלוֹ; וְלֹא הִרְהֲרוּ אַחַר מִדּוֹתַי, וְאַתָּה אָמַרְתָּ: "לָמָּה הֲרֵעֹתָה". וְאֵין הַמִּדְרָשׁ מִתְיַשֵּׁב אַחַר הַמִּקְרָא מִפְּנֵי כַּמָּה דְבָרִים: אַחַת, שֶׁלֹּא נֶאֱמַר: 'וּשְׁמִי ה' לֹא שָׁאֲלוּ לִי'. וְאִם תֹּאמַר, לֹא הוֹדִיעָם שֶׁכָּךְ שְׁמוֹ; הֲרֵי תְּחִלָּה כְּשֶׁנִּגְלָה לְאַבְרָהָם בֵּין הַבְּתָרִים נֶאֱמַר: "אֲנִי ה' אֲשֶׁר הוֹצֵאתִיךָ מֵאוּר כַּשְׂדִּים" (שם טו, ז)! וְעוֹד, הֵיאַךְ הַסְּמִיכָה נִמְשֶׁכֶת בִּדְבָרִים שֶׁהוּא סוֹמֵךְ לְכָאן: "וְגַם אֲנִי שָׁמַעְתִּי וְגוֹ', לָכֵן אֱמֹר לִבְנֵי יִשְׂרָאֵל"? לְכָךְ אֲנִי אוֹמֵר יִתְיַשֵּׁב הַמִּקְרָא עַל פְּשׁוּטוֹ דָּבוּר עַל אָפְנָיו וְהַדְּרָשָׁה תִּדָּרֵשׁ, שֶׁנֶּאֱמַר: "הֲלוֹא כֹה דְבָרִי כָּאֵשׁ נְאֻם ה' וּכְפַטִּישׁ יְפֹצֵץ סָלַע" (ירמיה כג, כט), מִתְחַלֵּק לְכַמָּה נִיצוֹצוֹת:

יב] **עֲרַל שְׂפָתָיִם.** אֲטוּם שְׂפָתַיִם. וְכֵן כָּל לְשׁוֹן עָרְלָה אֲנִי אוֹמֵר שֶׁהוּא אֹטֶם: "עֲרֵלָה אָזְנָם" (שם ו, י) – אֲטוּמָה מִשְּׁמֹעַ; "עַרְלֵי לֵב" (שם ט, כה) – אֲטוּמִים מֵהָבִין; "שְׁתֵה גַם אַתָּה וְהֵעָרֵל" (חבקוק ב, טז) – וְהֵאָטֵם מִשִּׁכְרוּת כּוֹס הַקְּלָלָה; "עָרְלַת בָּשָׂר", שֶׁהַגִּיד אָטוּם וּמְכֻסֶּה בָּהּ; "וַעֲרַלְתֶּם עָרְלָתוֹ" (ויקרא יט, כג) – עֲשׂוּ לוֹ אֹטֶם וְכִסּוּי אִסּוּר שֶׁיַּבְדִּיל בִּפְנֵי אֲכִילָתוֹ; "שָׁלֹשׁ שָׁנִים יִהְיֶה לָכֶם עֲרֵלִים" (שם) – אָטוּם וּמְכֻסֶּה וּמֻבְדָּל מֵאֲכִילָתוֹ: **וְאֵיךְ יִשְׁמָעֵנִי פַרְעֹה.** זֶה אֶחָד מֵעֲשָׂרָה קַל וָחֹמֶר שֶׁבַּתּוֹרָה:

יג] **וַיְדַבֵּר ה' אֶל משֶׁה וְאֶל אַהֲרֹן.** לְפִי שֶׁאָמַר מֹשֶׁה: "וַאֲנִי עֲרַל שְׂפָתָיִם" צֵרַף הַקָּדוֹשׁ בָּרוּךְ הוּא אֶת אַהֲרֹן עִמּוֹ לִהְיוֹת לוֹ לְמֵלִיץ: **וַיְצַוֵּם אֶל בְּנֵי יִשְׂרָאֵל.** צִוָּם עֲלֵיהֶם לְהַנְהִיגָם בְּנַחַת וְלִסְבֹּל אוֹתָם: **וְאֶל פַּרְעֹה מֶלֶךְ מִצְרָיִם.** צִוָּם עָלָיו לַחְלֹק לוֹ כָּבוֹד בְּדִבְרֵיהֶם, זֶה מִדְרָשׁוֹ. וּפְשׁוּטוֹ, צִוָּם עַל דְּבַר יִשְׂרָאֵל וְעַל שְׁלִיחוּתוֹ אֶל פַּרְעֹה. וּדְבַר הַצִּוּוּי מַהוּ, מְפֹרָשׁ בְּפָרָשָׁה שְׁנִיָּה לְאַחַר סֵדֶר הַיַּחַס (להלן פסוק כט), אֶלָּא מִתּוֹךְ שֶׁהִזְכִּיר מֹשֶׁה וְאַהֲרֹן, הִפְסִיק הָעִנְיָן בְּ"אֵלֶּה רָאשֵׁי בֵית אֲבֹתָם" לְלַמְּדֵנוּ הֵיאַךְ נוֹלְדוּ מֹשֶׁה וְאַהֲרֹן וּבְמִי נִתְיַחֲסוּ:

יד] **אֵלֶּה רָאשֵׁי בֵית אֲבֹתָם.** מִתּוֹךְ שֶׁהֻזְקַק לְיַחֵס שִׁבְטוֹ שֶׁל לֵוִי עַד מֹשֶׁה וְאַהֲרֹן בִּשְׁבִיל מֹשֶׁה וְאַהֲרֹן, הִתְחִיל לְיַחֲסָם דֶּרֶךְ תּוֹלְדוֹתָם מֵרְאוּבֵן. וּבִפְסִיקְתָּא הַגְּדוֹלָה (פסיקתא ז) רָאִיתִי, לְפִי שֶׁקִּנְתְּרָם יַעֲקֹב אֲבִיהֶם לִשְׁלֹשָׁה שְׁבָטִים הַלָּלוּ בִּשְׁעַת מוֹתוֹ, חָזַר הַכָּתוּב לְיַחֲסָם כָּאן לְבַדָּם, לוֹמַר שֶׁחֲשׁוּבִים הֵם:

טז] **וּשְׁנֵי חַיֵּי לֵוִי וְגוֹ'.** לָמָּה נִמְנוּ שְׁנוֹתָיו שֶׁל לֵוִי? לְהוֹדִיעַ כַּמָּה יְמֵי הַשִּׁעְבּוּד, שֶׁכָּל זְמַן שֶׁאֶחָד מִן הַשְּׁבָטִים קַיָּם לֹא הָיָה שִׁעְבּוּד, שֶׁנֶּאֱמַר: "וַיָּמָת יוֹסֵף וְכָל אֶחָיו" (לעיל א, ו) וְאַחַר כָּךְ: "וַיָּקָם מֶלֶךְ חָדָשׁ" (שם פסוק ח), וְלֵוִי הֶאֱרִיךְ יָמִים עַל כֻּלָּם:

יח] **וּשְׁנֵי חַיֵּי קְהָת... וּשְׁנֵי חַיֵּי עַמְרָם וְגוֹ'.** מֵחֶשְׁבּוֹן זֶה אָנוּ לְמֵדִים עַל מוֹשַׁב בְּנֵי יִשְׂרָאֵל אַרְבַּע מֵאוֹת שָׁנָה שֶׁאָמַר הַכָּתוּב (בראשית טו, יג; ועיין להלן יב, מ), שֶׁלֹּא בְּאֶרֶץ מִצְרַיִם לְבַדָּהּ הָיוּ, אֶלָּא מִיּוֹם שֶׁנּוֹלַד יִצְחָק. שֶׁהֲרֵי קְהָת מִיּוֹרְדֵי מִצְרַיִם הָיָה, חֲשֹׁב כָּל שְׁנוֹתָיו וּשְׁנוֹת עַמְרָם וּשְׁמוֹנִים שֶׁל מֹשֶׁה, לֹא תִמְצָאֵם אַרְבַּע מֵאוֹת שָׁנָה, וְהַרְבֵּה שָׁנִים נִבְלָעִים לַבָּנִים בִּשְׁנֵי הָאָבוֹת:

עַמְרָ֜ם אֶת־יוֹכֶ֤בֶד דֹּֽדָתוֹ֙ ל֣וֹ לְאִשָּׁ֔ה וַתֵּ֣לֶד ל֔וֹ
אֶֽת־אַהֲרֹ֖ן וְאֶת־מֹשֶׁ֑ה וּשְׁנֵי֙ חַיֵּ֣י עַמְרָ֔ם שֶׁ֛בַע
וּשְׁלֹשִׁ֥ים וּמְאַ֖ת שָׁנָֽה׃ וּבְנֵ֖י יִצְהָ֑ר קֹ֥רַח וָנֶ֖פֶג כא
וְזִכְרִֽי׃ וּבְנֵ֖י עֻזִּיאֵ֑ל מִֽישָׁאֵ֥ל וְאֶלְצָפָ֖ן וְסִתְרִֽי׃ וַיִּקַּ֨ח כב כג
אַהֲרֹ֜ן אֶת־אֱלִישֶׁ֧בַע בַּת־עַמִּֽינָדָ֛ב אֲח֥וֹת נַחְשׁ֖וֹן
ל֣וֹ לְאִשָּׁ֑ה וַתֵּ֣לֶד ל֗וֹ אֶת־נָדָב֙ וְאֶת־אֲבִיה֔וּא אֶת־
אֶלְעָזָ֖ר וְאֶת־אִֽיתָמָֽר׃ וּבְנֵ֣י קֹ֔רַח אַסִּ֥יר וְאֶלְקָנָ֖ה כד
וַאֲבִיאָסָ֑ף אֵ֖לֶּה מִשְׁפְּחֹ֥ת הַקָּרְחִֽי׃ וְאֶלְעָזָ֨ר כה
בֶּן־אַהֲרֹ֜ן לָֽקַח־ל֨וֹ מִבְּנ֤וֹת פּֽוּטִיאֵל֙ ל֣וֹ לְאִשָּׁ֔ה
וַתֵּ֥לֶד ל֖וֹ אֶת־פִּֽינְחָ֑ס אֵ֗לֶּה רָאשֵׁ֛י אֲב֥וֹת הַלְוִיִּ֖ם
לְמִשְׁפְּחֹתָֽם׃ ה֥וּא אַהֲרֹ֖ן וּמֹשֶׁ֑ה אֲשֶׁ֨ר אָמַ֤ר יְהוָה֙ כו
לָהֶ֔ם הוֹצִ֜יאוּ אֶת־בְּנֵ֧י יִשְׂרָאֵ֛ל מֵאֶ֥רֶץ מִצְרַ֖יִם
עַל־צִבְאֹתָֽם׃ הֵ֗ם הַֽמְדַבְּרִים֙ אֶל־פַּרְעֹ֣ה מֶֽלֶךְ־ כז
מִצְרַ֔יִם לְהוֹצִ֥יא אֶת־בְּנֵֽי־יִשְׂרָאֵ֖ל מִמִּצְרָ֑יִם ה֖וּא
מֹשֶׁ֥ה וְאַהֲרֹֽן׃ וַיְהִ֗י בְּי֨וֹם דִּבֶּ֧ר יְהוָ֛ה אֶל־מֹשֶׁ֖ה כח
שלישי בְּאֶ֥רֶץ מִצְרָֽיִם׃ וַיְדַבֵּ֧ר יְהוָ֛ה אֶל־ כט
מֹשֶׁ֥ה לֵּאמֹ֖ר אֲנִ֣י יְהוָ֑ה דַּבֵּ֗ר אֶל־פַּרְעֹה֙ מֶ֣לֶךְ
מִצְרַ֔יִם אֵ֛ת כָּל־אֲשֶׁ֥ר אֲנִ֖י דֹּבֵ֥ר אֵלֶֽיךָ׃ וַיֹּ֖אמֶר ל
מֹשֶׁ֖ה לִפְנֵ֣י יְהוָ֑ה הֵ֤ן אֲנִי֙ עֲרַ֣ל שְׂפָתַ֔יִם וְאֵ֕יךְ
יִשְׁמַ֥ע אֵלַ֖י פַּרְעֹֽה׃

וארא

א וַיֹּ֤אמֶר יְהוָה֙ אֶל־מֹשֶׁ֔ה רְאֵ֛ה נְתַתִּ֥יךָ אֱלֹהִ֖ים
ב לְפַרְעֹ֑ה וְאַהֲרֹ֥ן אָחִ֖יךָ יִהְיֶ֥ה נְבִיאֶֽךָ: אַתָּ֣ה
תְדַבֵּ֔ר אֵ֖ת כָּל־אֲשֶׁ֣ר אֲצַוֶּ֑ךָּ וְאַהֲרֹ֤ן אָחִ֙יךָ֙ יְדַבֵּ֣ר
אֶל־פַּרְעֹ֔ה וְשִׁלַּ֥ח אֶת־בְּנֵֽי־יִשְׂרָאֵ֖ל מֵאַרְצֽוֹ:

עַמְרָם, יָת יוֹכֶבֶד אֲחַת אֲבוּהִי לֵיהּ לְאִתּוּ, וִילֵידַת לֵיהּ, יָת אַהֲרֹן וְיָת מֹשֶׁה, וּשְׁנֵי חַיֵּי
כ עַמְרָם, מְאָה וּתְלָתִין וּשְׁבַע שְׁנִין: וּבְנֵי יִצְהָר, קֹרַח וְנֶפֶג וְזִכְרִי: וּבְנֵי עֻזִּיאֵל, מִישָׁאֵל וְאֶלְצָפָן
כג וְסִתְרִי: וּנְסֵיב אַהֲרֹן, יָת אֱלִישֶׁבַע בַּת עַמִּינָדָב, אֲחָתֵיהּ דְּנַחְשׁוֹן לֵיהּ לְאִתּוּ, וִילֵידַת לֵיהּ,
כד יָת נָדָב וְיָת אֲבִיהוּא, יָת אֶלְעָזָר וְיָת אִיתָמָר: וּבְנֵי קֹרַח, אַסִּיר וְאֶלְקָנָה וַאֲבִיאָסָף, אִלֵּין
כה זַרְעִית קֹרַח: וְאֶלְעָזָר בַּר אַהֲרֹן, נְסֵיב לֵיהּ מִבְּנָת פּוּטִיאֵל לֵיהּ לְאִתּוּ, וִילֵידַת לֵיהּ יָת
כו פִּינְחָס, אִלֵּין, רֵישֵׁי, אֲבָהָת לֵוָאֵי לְזַרְעֲיָתְהוֹן: הוּא אַהֲרֹן וּמֹשֶׁה, דַּאֲמַר יְיָ לְהוֹן, אַפִּיקוּ
כז יָת בְּנֵי יִשְׂרָאֵל, מֵאַרְעָא דְמִצְרַיִם עַל חֵילֵיהוֹן: אִנּוּן, דִּמְמַלְּלִין עִם פַּרְעֹה מַלְכָּא דְמִצְרַיִם,
כח לְאַפָּקָא יָת בְּנֵי יִשְׂרָאֵל מִמִּצְרָיִם, הוּא מֹשֶׁה וְאַהֲרֹן: וַהֲוָה, בְּיוֹמָא דְּמַלִּיל יְיָ, עִם מֹשֶׁה
כט בְּאַרְעָא דְמִצְרָיִם: וּמַלִּיל יְיָ, עִם מֹשֶׁה לְמֵימַר אֲנָא יְיָ, מַלֵּיל, עִם פַּרְעֹה מַלְכָּא דְמִצְרַיִם,
ל יָת, כָּל דַּאֲנָא מְמַלֵּיל עִמָּךְ: וַאֲמַר מֹשֶׁה קֳדָם יְיָ, הָא אֲנָא יַקִּיר מַמְלַל, וְאֵיכְדֵין, יְקַבֵּיל

א מִנִּי פַרְעֹה: וַאֲמַר יְיָ לְמֹשֶׁה, חֲזִי, דְּמַנִּיתָךְ רַב לְפַרְעֹה, וְאַהֲרֹן אֲחוּךְ יְהֵי מְתֻרְגְּמָנָךְ: אַתְּ
תְּמַלֵּיל, יָת כָּל דַּאֲפַקְּדִנָּךְ, וְאַהֲרֹן אֲחוּךְ יְמַלֵּיל עִם פַּרְעֹה, וִישַׁלַּח יָת בְּנֵי יִשְׂרָאֵל מֵאַרְעֵיהּ:

כ) **יוֹכֶבֶד דֹּדָתוֹ.** "אֲחַת אֲבוּהִי", בַּת לֵוִי, אֲחוֹת קְהָת:

כה) **מִבְּנוֹת פּוּטִיאֵל.** מִזֶּרַע יִתְרוֹ שֶׁפִּטֵּם עֲגָלִים לַעֲבוֹדָה זָרָה, וּמִזֶּרַע יוֹסֵף שֶׁפִּטְפֵּט בְּיִצְרוֹ:

כו) **הוּא אַהֲרֹן וּמֹשֶׁה.** אֵלּוּ שֶׁהֻזְכְּרוּ לְמַעְלָה שֶׁיָּלְדָה יוֹכֶבֶד לְעַמְרָם, "הוּא אַהֲרֹן וּמֹשֶׁה אֲשֶׁר אָמַר ה'" וְגוֹ'. יֵשׁ מְקוֹמוֹת שֶׁמַּקְדִּים אַהֲרֹן לְמֹשֶׁה וְיֵשׁ מְקוֹמוֹת שֶׁמַּקְדִּים מֹשֶׁה לְאַהֲרֹן, לוֹמַר שֶׁשְּׁקוּלִים שְׁנֵיהֶם כְּאֶחָד. **עַל צִבְאֹתָם.** בְּצִבְאוֹתָם, כָּל צְבָאָם לְשִׁבְטֵיהֶם. יֵשׁ עַל שֶׁאֵינוֹ אֶלָּא בִּמְקוֹם אוֹת אַחַת: "וְעַל חַרְבְּךָ תִחְיֶה" (בראשית כז, מ) כְּמוֹ בְּחַרְבְּךָ; "עֲמַדְתֶּם עַל חַרְבְּכֶם" (יחזקאל לג, כו) בְּחַרְבְּכֶם:

כז) **הֵם הַמְדַבְּרִים וְגוֹ'.** הֵם שֶׁנִּצְטַוּוּ הֵם שֶׁקִּיְּמוּ הוּא מֹשֶׁה וְאַהֲרֹן. הֵם בִּשְׁלִיחוּתָם וּבְצִדְקָתָם מִתְּחִלָּה וְעַד סוֹף:

כח) **וַיְהִי בְּיוֹם דִּבֶּר וְגוֹ'.** מְחֻבָּר לְמִקְרָא שֶׁל אַחֲרָיו:

כט) **וַיְדַבֵּר ה'.** הוּא הַדִּבּוּר עַצְמוֹ הָאָמוּר לְמַעְלָה "בֹּא דַבֵּר אֶל פַּרְעֹה מֶלֶךְ מִצְרַיִם" אֶלָּא מִתּוֹךְ שֶׁהִפְסִיק הָעִנְיָן כְּדֵי לְיַחֲסָם, חָזַר עָלָיו לְהַתְחִיל בּוֹ: **אֲנִי ה'.** כְּדַאי אֲנִי לְשָׁלְחֲךָ וּלְקַיֵּם דִּבְרֵי שְׁלִיחוּתִי:

פרק ז

א) **נְתַתִּיךָ אֱלֹהִים לְפַרְעֹה.** שׁוֹפֵט וְרוֹדֶה, לִרְדּוֹתוֹ בְּמַכּוֹת וְיִסּוּרִין: **יִהְיֶה נְבִיאֶךָ.** כְּתַרְגּוּמוֹ: "מְתֻרְגְּמָנָךְ". וְכֵן כָּל לְשׁוֹן נְבוּאָה, אָדָם הַמַּכְרִיז וּמַשְׁמִיעַ לָעָם דִּבְרֵי תוֹכָחוֹת, וְהוּא מִגִּזְרַת "נִיב שְׂפָתָיִם" (ישעיה נז, יט), "יָנוּב חָכְמָה" (משלי י, לא), "וַיְכַל מֵהִתְנַבּוֹת" (שמואל א' י, יג), וּבְלַעַ"ז פרי"דיקנ"ט:

ב) **אַתָּה תְדַבֵּר.** פַּעַם אַחַת כָּל שְׁלִיחוּת וּשְׁלִיחוּת לְפִי שֶׁשָּׁמַעְתָּ מִפִּי, וְאַהֲרֹן אָחִיךָ יַמְלִיצֶנּוּ וְיַטְעִימֶנּוּ בְּאָזְנֵי פַרְעֹה:

שמות

ג וַאֲנִי אַקְשֶׁה אֶת־לֵב פַּרְעֹה וְהִרְבֵּיתִי אֶת־אֹתֹתַי
ד וְאֶת־מוֹפְתַי בְּאֶרֶץ מִצְרָיִם: וְלֹא־יִשְׁמַע אֲלֵכֶם
פַּרְעֹה וְנָתַתִּי אֶת־יָדִי בְּמִצְרָיִם וְהוֹצֵאתִי אֶת־
צִבְאֹתַי אֶת־עַמִּי בְנֵי־יִשְׂרָאֵל מֵאֶרֶץ מִצְרַיִם
ה בִּשְׁפָטִים גְּדֹלִים: וְיָדְעוּ מִצְרַיִם כִּי־אֲנִי יְהוָה
בִּנְטֹתִי אֶת־יָדִי עַל־מִצְרָיִם וְהוֹצֵאתִי אֶת־בְּנֵי־
ו יִשְׂרָאֵל מִתּוֹכָם: וַיַּעַשׂ מֹשֶׁה וְאַהֲרֹן כַּאֲשֶׁר
צִוָּה יְהוָה אֹתָם כֵּן עָשׂוּ: וּמֹשֶׁה בֶּן־שְׁמֹנִים ז
שָׁנָה וְאַהֲרֹן בֶּן־שָׁלֹשׁ וּשְׁמֹנִים שָׁנָה בְּדַבְּרָם
אֶל־פַּרְעֹה:

רביעי ה וַיֹּאמֶר יְהוָה אֶל־מֹשֶׁה וְאֶל־אַהֲרֹן לֵאמֹר:
ט כִּי יְדַבֵּר אֲלֵכֶם פַּרְעֹה לֵאמֹר תְּנוּ לָכֶם מוֹפֵת
וְאָמַרְתָּ אֶל־אַהֲרֹן קַח אֶת־מַטְּךָ וְהַשְׁלֵךְ לִפְנֵי־
י פַרְעֹה יְהִי לְתַנִּין: וַיָּבֹא מֹשֶׁה וְאַהֲרֹן אֶל־פַּרְעֹה
וַיַּעֲשׂוּ כֵן כַּאֲשֶׁר צִוָּה יְהוָה וַיַּשְׁלֵךְ אַהֲרֹן אֶת־
מַטֵּהוּ לִפְנֵי פַרְעֹה וְלִפְנֵי עֲבָדָיו וַיְהִי לְתַנִּין:
יא וַיִּקְרָא גַּם־פַּרְעֹה לַחֲכָמִים וְלַמְכַשְּׁפִים וַיַּעֲשׂוּ
יב גַם־הֵם חַרְטֻמֵּי מִצְרַיִם בְּלַהֲטֵיהֶם כֵּן: וַיַּשְׁלִיכוּ
אִישׁ מַטֵּהוּ וַיִּהְיוּ לְתַנִּינִם וַיִּבְלַע מַטֵּה־אַהֲרֹן
יג אֶת־מַטֹּתָם: וַיֶּחֱזַק לֵב פַּרְעֹה וְלֹא שָׁמַע אֲלֵהֶם
כַּאֲשֶׁר דִּבֶּר יְהוָה: וַיֹּאמֶר יְהוָה אֶל־ יד

וארא

טו מֹשֶׁה כָּבֵד לֵב פַּרְעֹה מֵאֵן לְשַׁלַּח הָעָם: לֵךְ אֶל־פַּרְעֹה בַּבֹּקֶר הִנֵּה יֹצֵא הַמַּיְמָה וְנִצַּבְתָּ לִקְרָאתוֹ עַל־שְׂפַת הַיְאֹר וְהַמַּטֶּה אֲשֶׁר־נֶהְפַּךְ

טז לְנָחָשׁ תִּקַּח בְּיָדֶךָ: וְאָמַרְתָּ אֵלָיו יְהֹוָה אֱלֹהֵי הָעִבְרִים שְׁלָחַנִי אֵלֶיךָ לֵאמֹר שַׁלַּח אֶת־עַמִּי

ג וַאֲנָא אַקְשֵׁי יָת לִבָּא דְפַרְעֹה, וְאַסְגֵּי יָת אָתְוָתַי, וְיָת מוֹפְתַי בְּאַרְעָא דְמִצְרָיִם: וְלָא יְקַבֵּיל מִנְּכוֹן פַּרְעֹה, וְאֶתֵּין יָת מַחַת גְּבוּרְתִי בְּמִצְרָיִם, וְאַפֵּיק יָת חֵילַי, יָת עַמִּי בְנֵי יִשְׂרָאֵל

ה מֵאַרְעָא דְמִצְרָיִם, בְּדִינִין רַבְרְבִין: וְיִדְּעוּן מִצְרָאֵי אֲרֵי אֲנָא יְיָ, כַּד אֲרִים יָת מַחַת גְּבוּרְתִי

ו עַל מִצְרַיִם, וְאַפֵּיק יָת בְּנֵי יִשְׂרָאֵל מִבֵּינֵיהוֹן: וַעֲבַד מֹשֶׁה וְאַהֲרֹן, כְּמָא דְפַקֵּיד יְיָ, יָתְהוֹן כֵּן

ז עֲבָדוּ: וּמֹשֶׁה בַּר תְּמָנָן שְׁנִין, וְאַהֲרֹן, בַּר תְּמָנָן וּתְלַת שְׁנִין, בְּמַלָּלוּתְהוֹן עִם פַּרְעֹה: וַאֲמַר יְיָ,

ח לְמֹשֶׁה וּלְאַהֲרֹן לְמֵימָר: אֲרֵי יְמַלֵּיל עִמְּכוֹן פַּרְעֹה לְמֵימָר, הָבוּ לְכוֹן אָתָא, וְתֵימַר לְאַהֲרֹן,

ט סַב יָת חֻטְרָךְ, וּרְמִי קֳדָם פַּרְעֹה יְהֵי לְתַנִּינָא: וְעָאל מֹשֶׁה וְאַהֲרֹן לְוָת פַּרְעֹה, וַעֲבַדוּ כֵן, כְּמָא

י דְפַקֵּיד יְיָ, וּרְמָא אַהֲרֹן יָת חֻטְרֵיהּ, קֳדָם פַּרְעֹה, וּקֳדָם עַבְדוֹהִי וַהֲוָה לְתַנִּינָא: וּקְרָא אַף

יא פַּרְעֹה, לְחַכִּימַיָּא וּלְחָרָשַׁיָּא, וַעֲבַדוּ אַף אִנּוּן, חָרָשֵׁי מִצְרַיִם, בְּלַחֲשֵׁיהוֹן כֵּן: וּרְמוֹ גְּבַר

יב חֻטְרֵיהּ, וַהֲווֹ לְתַנִּינִין, וּבְלַע חֻטְרָא דְאַהֲרֹן יָת חֻטְרֵיהוֹן: וְאִתַּקַּף לִבָּא דְפַרְעֹה, וְלָא קַבֵּיל

יג מִנְּהוֹן, כְּמָא דְמַלֵּיל יְיָ: וַאֲמַר יְיָ לְמֹשֶׁה, יַקִּיר לִבָּא דְפַרְעֹה, סָרֵיב לְשַׁלָּחָא עַמָּא: אִיזֵיל לְוָת

יד פַּרְעֹה בְּצַפְרָא, הָא נָפֵיק לְמַיָּא, וְתִתְעַתַּד לְקַדָּמוּתֵיהּ עַל כֵּיף נַהְרָא, וְחֻטְרָא, דְאִתְהֲפֵיךְ

טו לְחִוְיָא תִּסַּב בְּיָדָךְ: וְתֵימַר לֵיהּ, יְיָ, אֱלָהָא דִיהוּדָאֵי שְׁלָחַנִי לְוָתָךְ לְמֵימַר, שַׁלַּח יָת עַמִּי,

---

ג. **וַאֲנִי אַקְשֶׁה.** מֵאַחַר שֶׁהִרְשִׁיעַ וְהִתְרִיס כְּנֶגְדִּי, וְגָלוּי לְפָנַי שֶׁאֵין נַחַת רוּחַ בָּאֻמּוֹת לָתֵת לֵב שָׁלֵם לָשׁוּב, טוֹב לִי שֶׁיִּתְקָשֶׁה לִבּוֹ לְמַעַן הַרְבּוֹת בּוֹ אוֹתוֹתַי וְתַכִּירוּ אַתֶּם גְּבוּרוֹתַי. וְכֵן מִדָּתוֹ שֶׁל הַקָּדוֹשׁ בָּרוּךְ הוּא, מֵבִיא פֻּרְעָנוּת עַל הָאֻמּוֹת כְּדֵי שֶׁיִּשְׁמְעוּ יִשְׂרָאֵל וְיִירְאוּ, שֶׁנֶּאֱמַר: "הִכְרַתִּי גוֹיִם נָשַׁמּוּ פִּנּוֹתָם... אָמַרְתִּי אַךְ תִּירְאִי אוֹתִי תִּקְחִי מוּסָר" (צפניה ג, ו-ז). וְאַף עַל פִּי כֵן, בְּחָמֵשׁ מַכּוֹת הָרִאשׁוֹנוֹת לֹא נֶאֱמַר: "וַיְחַזֵּק ה' אֶת לֵב פַּרְעֹה", אֶלָּא: "וַיֶּחֱזַק לֵב פַּרְעֹה":

ד **אֶת יָדִי.** יָד מַמָּשׁ, לְהַכּוֹת בָּהֶם:

ט **מוֹפֵת.** אוֹת, לְהוֹדִיעַ שֵׁשׁ עוֹרֶךְ בְּמִי שֶׁשּׁוֹלֵחַ אֶתְכֶם: **לְתַנִּין.** נָחָשׁ:

יא **בְּלַהֲטֵיהֶם.** "בְּלַחֲשֵׁיהוֹן", וְאֵין לוֹ דִמְיוֹן בַּמִּקְרָא. וְיֵשׁ לְדַמּוֹת לוֹ: "לַהַט הַחֶרֶב הַמִּתְהַפֶּכֶת" (בראשית ג, כד), דּוֹמֶה שֶׁהִיא מִתְהַפֶּכֶת עַל יְדֵי לַחַשׁ:

יב **וַיִּבְלַע מַטֵּה אַהֲרֹן.** מֵאַחַר שֶׁחָזַר וְנַעֲשָׂה מַטֶּה בָּלַע אֶת כֻּלָּן:

יד **כָּבֵד.** תַּרְגּוּמוֹ "יַקִּיר" וְלֹא "אִתְיַקַּר", מִפְּנֵי שֶׁהוּא שֵׁם דָּבָר, כְּמוֹ: "כִּי כָבֵד מִמְּךָ הַדָּבָר" (להלן יח, יח):

טו **הִנֵּה יֹצֵא הַמַּיְמָה.** לִנְקָבָיו, שֶׁהָיָה עוֹשֶׂה עַצְמוֹ אֱלוֹהַּ וְאוֹמֵר שֶׁאֵינוֹ צָרִיךְ לִנְקָבָיו, וּמַשְׁכִּים וְיוֹצֵא לַנִּילוּס וְעוֹשֶׂה שָׁם צְרָכָיו:

וְיַעַבְדֻ֫נִי בַּמִּדְבָּ֑ר וְהִנֵּ֥ה לֹא־שָׁמַ֖עְתָּ עַד־כֹּֽה:
כֹּ֚ה אָמַ֣ר יְהוָ֔ה בְּזֹ֣את תֵּדַ֔ע כִּ֖י אֲנִ֣י יְהוָ֑ה הִנֵּ֨ה
אָנֹכִ֜י מַכֶּ֣ה ׀ בַּמַּטֶּ֣ה אֲשֶׁר־בְּיָדִ֗י עַל־הַמַּ֛יִם
אֲשֶׁ֥ר בַּיְאֹ֖ר וְנֶהֶפְכ֥וּ לְדָֽם: וְהַדָּגָ֨ה אֲשֶׁר־בַּיְאֹ֥ר
תָּמ֜וּת וּבָאַ֣שׁ הַיְאֹ֑ר וְנִלְא֣וּ מִצְרַ֔יִם לִשְׁתּ֥וֹת
מַ֖יִם מִן־הַיְאֹֽר: וַיֹּ֣אמֶר יְהוָ֣ה אֶל־
מֹשֶׁ֗ה אֱמֹ֣ר אֶֽל־אַהֲרֹ֡ן קַ֣ח מַטְּךָ֣ וּנְטֵֽה־יָדְךָ֪
עַל־מֵימֵ֣י מִצְרַ֡יִם עַֽל־נַהֲרֹתָ֣ם ׀ עַל־יְאֹרֵיהֶ֣ם
וְעַל־אַגְמֵיהֶ֗ם וְעַ֛ל כָּל־מִקְוֵ֥ה מֵימֵיהֶ֖ם וְיִֽהְיוּ־דָ֑ם
וְהָ֤יָה דָם֙ בְּכָל־אֶ֣רֶץ מִצְרַ֔יִם וּבָעֵצִ֖ים וּבָאֲבָנִֽים:
וַיַּֽעֲשׂוּ־כֵן֩ מֹשֶׁ֨ה וְאַהֲרֹ֜ן כַּאֲשֶׁ֣ר ׀ צִוָּ֣ה יְהוָ֗ה וַיָּ֤רֶם
בַּמַּטֶּה֙ וַיַּ֣ךְ אֶת־הַמַּ֣יִם אֲשֶׁ֣ר בַּיְאֹ֗ר לְעֵינֵ֤י פַרְעֹה֙
וּלְעֵינֵ֣י עֲבָדָ֑יו וַיֵּהָ֥פְכ֛וּ כָּל־הַמַּ֥יִם אֲשֶׁר־בַּיְאֹ֖ר
לְדָֽם: וְהַדָּגָ֨ה אֲשֶׁר־בַּיְאֹ֥ר מֵ֙תָה֙ וַיִּבְאַ֣שׁ הַיְאֹ֔ר
וְלֹא־יָכְל֣וּ מִצְרַ֔יִם לִשְׁתּ֥וֹת מַ֖יִם מִן־הַיְאֹ֑ר וַיְהִ֥י
הַדָּ֖ם בְּכָל־אֶ֥רֶץ מִצְרָֽיִם: וַיַּֽעֲשׂוּ־כֵ֛ן חַרְטֻמֵּ֥י
מִצְרַ֖יִם בְּלָטֵיהֶ֑ם וַיֶּחֱזַ֤ק לֵב־פַּרְעֹה֙ וְלֹא־שָׁמַ֣ע
אֲלֵהֶ֔ם כַּאֲשֶׁ֖ר דִּבֶּ֥ר יְהוָֽה: וַיִּ֣פֶן פַּרְעֹ֔ה וַיָּבֹ֖א
אֶל־בֵּית֑וֹ וְלֹא־שָׁ֥ת לִבּ֖וֹ גַּם־לָזֹֽאת: וַיַּחְפְּר֧וּ כָל־
מִצְרַ֛יִם סְבִיבֹ֥ת הַיְאֹ֖ר מַ֣יִם לִשְׁתּ֑וֹת כִּ֣י לֹ֤א יָכְלוּ֙

וארא

כה לִשְׁתּוֹת מִמֵּימֵי הַיְאֹר: וַיִּמָּלֵא שִׁבְעַת יָמִים אַחֲרֵי הַכּוֹת־יְהוָה אֶת־הַיְאֹר:
כו וַיֹּאמֶר יְהוָה אֶל־מֹשֶׁה בֹּא אֶל־פַּרְעֹה וְאָמַרְתָּ אֵלָיו כֹּה אָמַר יְהוָה שַׁלַּח אֶת־עַמִּי וְיַעַבְדֻנִי:

יז וְיִפְלְחוּן קֳדָמַי בְּמַדְבְּרָא, וְהָא לָא קַבֵּילְתָּא עַד כְּעַן: כִּדְנַן אֲמַר יְיָ, בְּדָא תִדַּע, אֲרֵי אֲנָא יְיָ, הָא אֲנָא מָחֵי בְּחֻטְרָא דְּבִידִי, עַל מַיָּא דְּבְנַהֲרָא וְיִתְהַפְּכוּן לִדְמָא: וְנוּנֵי דְּבְנַהֲרָא, יְמוּתוּן
יח וְיִסְרֵי נַהֲרָא, וְיִלְאוּן מִצְרָאֵי, לְמִשְׁתֵּי מַיָּא מִן נַהֲרָא: וַאֲמַר יְיָ לְמֹשֶׁה, אֵימַר לְאַהֲרֹן, סַב חֻטְרָךְ וַאֲרֵים יְדָךְ עַל מַיָּא דְמִצְרָאֵי, עַל נַהֲרֵיהוֹן עַל אֲרִיתֵיהוֹן וְעַל אַגְמֵיהוֹן, וְעַל כָּל בֵּית כְּנִשַּׁת מֵימֵיהוֹן וִיהוֹן דְּמָא, וִיהֵי דְמָא בְּכָל אַרְעָא דְמִצְרַיִם, וּבְמָנֵי אָעָא וּבְמָנֵי אַבְנָא:
כ וַעֲבַדוּ כֵן מֹשֶׁה וְאַהֲרֹן, כְּמָא דְפַקֵּיד יְיָ, וַאֲרֵים בְּחֻטְרָא וּמְחָא יָת מַיָּא דִּבְנַהֲרָא, לְעֵינֵי פַרְעֹה, וּלְעֵינֵי עַבְדוֹהִי, וְאִתְהֲפִיכוּ, כָּל מַיָּא דְבְנַהֲרָא לִדְמָא: וְנוּנֵי דְבְנַהֲרָא מִיתוּ וּסְרֵי
כא נַהֲרָא, וְלָא יְכִילוּ מִצְרָאֵי, לְמִשְׁתֵּי מַיָּא מִן נַהֲרָא, וַהֲוָה דְמָא בְּכָל אַרְעָא דְמִצְרָיִם: וַעֲבַדוּ
כב כֵן, חָרָשֵׁי מִצְרַיִם בְּלַחֲשֵׁיהוֹן, וְאִתַּקַּף לִבָּא דְפַרְעֹה, וְלָא קַבֵּיל מִנְּהוֹן, כְּמָא דְּמַלֵּיל יְיָ:
כג וְאִתְפְּנִי פַרְעֹה, וְעָאל לְבֵיתֵיהּ, וְלָא שַׁוִּי לִבֵּיהּ אַף לְדָא: וַחֲפָרוּ כָל מִצְרָאֵי, סַחֲרָנוּת נַהֲרָא
כד מַיָּא לְמִשְׁתֵּי, אֲרֵי לָא יְכִילוּ לְמִשְׁתֵּי, מִמַּיָּא דְבְנַהֲרָא: וּשְׁלִימוּ שִׁבְעָה יוֹמִין, בָּתַר דִּמְחָא יְיָ יָת
כה נַהֲרָא: וַאֲמַר יְיָ לְמֹשֶׁה, עוּל לְוָת פַּרְעֹה, וְתֵימַר לֵיהּ, כִּדְנַן אֲמַר יְיָ, שַׁלַּח יָת עַמִּי וְיִפְלְחוּן קֳדָמַי:

טז **עַד כֹּה.** עַד הֵנָּה. וּמִדְרָשׁוֹ, עַד שֶׁתִּשְׁמַע מִמֶּנִּי מַכַּת בְּכוֹרוֹת שֶׁאֶפְתַּח בָּהּ בְּכֹה אָמַר ה' "כַּחֲצוֹת הַלַּיְלָה" וְגוֹ' (להלן י״א, ד'):

יז **וְנֶהֶפְכוּ לְדָם.** לְפִי שֶׁאֵין גְּשָׁמִים יוֹרְדִים בְּמִצְרַיִם וְנִילוּס עוֹלֶה וּמַשְׁקֶה אֶת הָאָרֶץ וּמִצְרַיִם עוֹבְדִים לַנִּילוּס, לְפִיכָךְ הִלְקָה אֶת יִרְאָתָם וְאַחַר כָּךְ הִלְקָה אוֹתָם:

יח **וְנִלְאוּ מִצְרַיִם.** לְבַקֵּשׁ רְפוּאָה לְמֵי הַיְאוֹר שֶׁיִּהְיוּ רְאוּיִין לִשְׁתּוֹת:

יט **אֱמֹר אֶל אַהֲרֹן.** לְפִי שֶׁהֵגֵן הַיְאוֹר עַל מֹשֶׁה כְּשֶׁנִּשְׁלַךְ לְתוֹכוֹ, לְפִיכָךְ לֹא לָקָה עַל יָדוֹ לֹא בַּדָּם וְלֹא בַּצְפַרְדְּעִים, וְלָקָה עַל יְדֵי אַהֲרֹן: **נַהֲרֹתָם.** הֵם נְהָרוֹת הַמּוֹשְׁכִים כְּעֵין נְהָרוֹת שֶׁלָּנוּ: **יְאֹרֵיהֶם.** הֵם עֲגָרִים וּבְרֵכוֹת הָעֲשׂוּיִים בִּידֵי אָדָם מִשְׂפַת הַנָּהָר לַשָּׂדוֹת, וְנִילוּס מֵימָיו מִתְבָּרְכִים וְעוֹלֶה דֶּרֶךְ הַיְאוֹרִים וּמַשְׁקֶה הַשָּׂדוֹת: **אַגְמֵיהֶם.** קְבוּצַת מַיִם שֶׁאֵינָן נוֹבְעִין וְאֵין מוֹשְׁכִין אֶלָּא עוֹמְדִין בְּמָקוֹם אֶחָד, וְקוֹרִין לוֹ אשטנ"ק: **בְּכָל אֶרֶץ מִצְרָיִם.** אַף הַמֶּרְחֲצָאוֹת וְהַאַמְבַּטְיָאוֹת שֶׁבַּבָּתִּים: **וּבָעֵצִים וּבָאֲבָנִים.** מַיִם שֶׁבִּכְלִי עֵץ וּבִכְלִי אֶבֶן:

כב **בְּלָטֵיהֶם.** לַחַשׁ שֶׁאוֹמְרִים אוֹתוֹ בַּלָּאט וּבַחֲשַׁאי. וְרַבּוֹתֵינוּ אָמְרוּ: 'בְּלָטֵיהֶם' - מַעֲשֵׂה שֵׁדִים, 'בְּלַהֲטֵיהֶם' - מַעֲשֵׂה כְשָׁפִים: **וַיֶּחֱזַק לֵב פַּרְעֹה.** לוֹמַר עַל יְדֵי מְכַשְּׁפוּת אַתֶּם עוֹשִׂים כֵּן, תֶּבֶן אַתֶּם מַכְנִיסִים לְעָפָרַיִם, עִיר שֶׁכֻּלָּהּ תֶּבֶן?! אַף אַתֶּם מְבִיאִין מְכַשְּׁפוּת לְמִצְרַיִם שֶׁכֻּלָּהּ כְּשָׁפִים?!

כג **גַּם לָזֹאת.** לְמוֹפֵת הַמַּטֶּה שֶׁנֶּהְפַּךְ לְתַנִּין, וְלֹא לְוָה שֶׁל דָּם:

כה **וַיִּמָּלֵא.** מִנְיַן שִׁבְעַת יָמִים שֶׁלֹּא שָׁב הַיְאוֹר לְקַדְמוּתוֹ, שֶׁהָיְתָה הַמַּכָּה מְשַׁמֶּשֶׁת לִרְבִיעַ חֹדֶשׁ, וּשְׁלֹשָׁה חֲלָקִים הָיָה מֵעִיד וּמַתְרֶה בָּהֶם:

347

כז וְאִם־מָאֵ֥ן אַתָּ֖ה לְשַׁלֵּ֑חַ הִנֵּ֣ה אָנֹכִ֗י נֹגֵ֛ף אֶת־
כח כָּל־גְּבוּלְךָ֖ בַּֽצְפַרְדְּעִֽים: וְשָׁרַ֣ץ הַיְאֹר֮ צְפַרְדְּעִים֒
וְעָלוּ֙ וּבָ֣אוּ בְּבֵיתֶ֔ךָ וּבַחֲדַ֥ר מִשְׁכָּבְךָ֖ וְעַל־
מִטָּתֶ֑ךָ וּבְבֵ֤ית עֲבָדֶ֙יךָ֙ וּבְעַמֶּ֔ךָ וּבְתַנּוּרֶ֖יךָ
כט וּבְמִשְׁאֲרוֹתֶֽיךָ: וּבְכָ֥ה וּֽבְעַמְּךָ֖ וּבְכָל־עֲבָדֶ֑יךָ
ח א יַעֲל֖וּ הַֽצְפַרְדְּעִֽים: וַיֹּ֣אמֶר יְהוָה֮ אֶל־מֹשֶׁה֒
אֱמֹ֣ר אֶֽל־אַהֲרֹ֗ן נְטֵ֤ה אֶת־יָדְךָ֙ בְּמַטֶּ֔ךָ עַל־
הַ֨נְּהָרֹ֔ת עַל־הַיְאֹרִ֖ים וְעַל־הָאֲגַמִּ֑ים וְהַ֥עַל אֶת־
ב הַֽצְפַרְדְּעִ֖ים עַל־אֶ֥רֶץ מִצְרָֽיִם: וַיֵּ֤ט אַהֲרֹן֙ אֶת־
יָד֔וֹ עַ֖ל מֵימֵ֣י מִצְרָ֑יִם וַתַּ֙עַל֙ הַצְּפַרְדֵּ֔עַ וַתְּכַ֖ס אֶת־
ג אֶ֥רֶץ מִצְרָֽיִם: וַיַּֽעֲשׂוּ־כֵ֥ן הַֽחַרְטֻמִּ֖ים בְּלָטֵיהֶ֑ם
וַיַּעֲל֥וּ אֶת־הַֽצְפַרְדְּעִ֖ים עַל־אֶ֥רֶץ מִצְרָֽיִם:
ד וַיִּקְרָ֨א פַרְעֹ֜ה לְמֹשֶׁ֣ה וּֽלְאַהֲרֹ֗ן וַיֹּ֙אמֶר֙ הַעְתִּ֣ירוּ
אֶל־יְהוָ֔ה וְיָסֵר֙ הַֽצְפַרְדְּעִ֔ים מִמֶּ֖נִּי וּמֵֽעַמִּ֑י
ה וַאֲשַׁלְּחָה֙ אֶת־הָעָ֔ם וְיִזְבְּח֖וּ לַיהוָֽה: וַיֹּ֣אמֶר
מֹשֶׁ֣ה לְפַרְעֹה֮ הִתְפָּאֵ֣ר עָלַי֒ לְמָתַ֣י ׀ אַעְתִּ֣יר לְךָ֗
וְלַעֲבָדֶ֙יךָ֙ וּֽלְעַמְּךָ֔ לְהַכְרִית֙ הַֽצְפַרְדְּעִ֔ים מִמְּךָ֖
ו וּמִבָּתֶּ֑יךָ רַ֥ק בַּיְאֹ֖ר תִּשָּׁאַֽרְנָה: וַיֹּ֖אמֶר לְמָחָ֑ר
וַיֹּ֙אמֶר֙ כִּדְבָ֣רְךָ֔ לְמַ֣עַן תֵּדַ֔ע כִּי־אֵ֖ין כַּיהוָ֥ה
ז אֱלֹהֵֽינוּ: וְסָר֣וּ הַֽצְפַרְדְּעִ֗ים מִמְּךָ֙ וּמִבָּ֣תֶּ֔יךָ
ח וּמֵעֲבָדֶ֖יךָ וּמֵעַמֶּ֑ךָ רַ֥ק בַּיְאֹ֖ר תִּשָּׁאַֽרְנָה: וַיֵּצֵ֥א

וארא

מֹשֶׁה וְאַהֲרֹן מֵעִם פַּרְעֹה וַיִּצְעַק מֹשֶׁה אֶל־
יְהוָה עַל־דְּבַר הַצְפַרְדְּעִים אֲשֶׁר־שָׂם לְפַרְעֹה:
ט וַיַּעַשׂ יְהוָה כִּדְבַר מֹשֶׁה וַיָּמֻתוּ הַצְפַרְדְּעִים

כז כח וְאִם מְסָרֵיב אַתְּ לְשַׁלָּחָא, הָא אֲנָא, מָחֵי, יָת כָּל תְּחוּמָךְ בְּעֻרְדְּעָנַיָּא: וְיִרְבֵּי נַהְרָא עֻרְדְּעָנַיָּא,
וְיִסְקוּן וְיֵיעֲלוּן בְּבֵיתָךְ, וּבְאִדְּרוֹן בֵּית מִשְׁכְּבָךְ וְעַל עַרְסָךְ, וּבְבֵית עַבְדָּךְ וּבְעַמָּךְ, וּבְתַנּוּרָךְ
ח כט א וּבְאָצְוָתָךְ: וּבָךְ וּבְעַמָּךְ וּבְכָל עַבְדָּךְ, יִסְקוּן עֻרְדְּעָנַיָּא: וַאֲמַר יְיָ לְמֹשֶׁה, אֵימַר לְאַהֲרֹן, אֲרֵים
יָת יְדָךְ בְּחֻטְרָךְ, עַל נַהֲרַיָּא, עַל אֲרִתַיָּא וְעַל אַגְמַיָּא, וְאַסֵּיק יָת עֻרְדְּעָנַיָּא עַל אַרְעָא
ב דְּמִצְרָיִם: וַאֲרֵים אַהֲרֹן יָת יְדֵיהּ, עַל מַיָּא דְּמִצְרָאֵי, וּסְלִיקוּ עֻרְדְּעָנַיָּא, וַחֲפוֹ יָת אַרְעָא
ג ד דְּמִצְרָיִם: וַעֲבַדוּ כֵן חָרָשַׁיָּא בְּלַחֲשֵׁיהוֹן, וְאַסִּיקוּ יָת עֻרְדְּעָנַיָּא עַל אַרְעָא דְּמִצְרָיִם: וּקְרָא
פַּרְעֹה לְמֹשֶׁה וּלְאַהֲרֹן, וַאֲמַר צַלּוֹ קֳדָם יְיָ, וְיַעְדֵּי עֻרְדְּעָנַיָּא, מִנִּי וּמֵעַמִּי, וַאֲשַׁלַּח יָת עַמָּא,
ה וִידַבְּחוּן קֳדָם יְיָ: וַאֲמַר מֹשֶׁה לְפַרְעֹה שְׁאַל לָךְ גְּבוּרָא הַב לָךְ זְמַן, לְאִמָּתַי אֲצַלֵּי עֲלָךְ, וְעַל
ו עַבְדָּךְ וְעַל עַמָּךְ, לְשֵׁיצָאָה עֻרְדְּעָנַיָּא, מִנָּךְ וּמִבָּתָּךְ, לְחוֹד דִּבְנַהֲרָא יִשְׁתַּאֲרוּן: וַאֲמַר לִמְחַר,
ז וַאֲמַר כְּפִתְגָּמָךְ, בְּדִיל דְּתִדַּע, אֲרֵי לֵית כַּיְיָ אֱלָהָנָא: וְיַעְדּוֹן עֻרְדְּעָנַיָּא, מִנָּךְ וּמִבָּתָּךְ,
ח וּמֵעַבְדָּךְ וּמֵעַמָּךְ, לְחוֹד דִּבְנַהֲרָא יִשְׁתַּאֲרוּן: וּנְפַק מֹשֶׁה, וְאַהֲרֹן מִלְּוָת פַּרְעֹה, וְצַלִּי מֹשֶׁה
ט קֳדָם יְיָ, עַל עֵיסַק עֻרְדְּעָנַיָּא דְּשַׁוִּי לְפַרְעֹה: וַעֲבַד יְיָ כְּפִתְגָּמָא דְּמֹשֶׁה, וּמִיתוּ עֻרְדְּעָנַיָּא,

כז| **וְאִם מָאֵן אַתָּה.** וְאִם סַרְבָן אַתָּה. 'מָאֵן' כְּמוֹ מְמָאֵן, מְסָרֵב, אֶלָּא כִּנּוּי הָאָדָם עַל שֵׁם הַמִּפְעָל, כְּמוֹ: "שָׁלֵו" (איוב טז, יב), "וְשֹׁקֵט" (ירמיה מח, יא), "סַר וְזָעֵף" (מלכים א' כ, מג): **נֹגֵף אֶת כָּל גְּבוּלְךָ.** מַכֶּה. וְכֵן כָּל לְשׁוֹן מַגֵּפָה אֵינוֹ לְשׁוֹן מִיתָה אֶלָּא לְשׁוֹן מַכָּה, וְכֵן: "וְנָגְפוּ אִשָּׁה הָרָה" (להלן כא, כב) אֵינוֹ מִיתָה, וְכֵן: "וּבְטֶרֶם יִתְנַגְּפוּ רַגְלֵיכֶם" (ירמיה יג, טז), "פֶּן תִּגֹּף בָּאֶבֶן רַגְלֶךָ" (תהלים צא, יב), "וּלְאֶבֶן נֶגֶף" (ישעיה ח, יד):

כח| **וְעָלוּ.** מִן הַיְאוֹר: **בְּבֵיתֶךָ.** וְאַחַר כָּךְ "בְּבֵית עֲבָדֶיךָ", הוּא הִתְחִיל בָּעֵצָה תְּחִלָּה – "וַיֹּאמֶר אֶל עַמּוֹ" (לעיל א, ט) וּמִמֶּנּוּ הִתְחִילָה הַפֻּרְעָנוּת:

כט| **וּבְכָה וּבְעַמְּךָ.** בְּתוֹךְ מֵעֵיהֶם נִכְנָסִין וּמְקַרְקְרִין:

פרק ח

ב| **וַתַּעַל הַצְּפַרְדֵּעַ.** צְפַרְדֵּעַ אַחַת הָיְתָה וְהָיוּ מַכִּין אוֹתָהּ וְהִיא מַתֶּזֶת נְחִילִים נְחִילִים, זֶהוּ מִדְרָשׁוֹ. וּפְשׁוּטוֹ יֵשׁ לוֹמַר, שֶׁרוּץ הַצְּפַרְדְּעִים קוֹרֵא לְשׁוֹן יְחִידוּת. וְכֵן: "וַתְּהִי הַכִּנָּם" (להלן פסוק יד) הָרְחִישָׁה, פדוליר"א בְּלַעַז, וְאַף "וַתַּעַל הַצְּפַרְדֵּעַ" גרינוליי"רא בְּלַעַז:

ה| **הִתְפָּאֵר עָלַי.** כְּמוֹ: "הֲיִתְפָּאֵר הַגַּרְזֶן עַל הַחֹצֵב בּוֹ" (ישעיה י, טו), מִשְׁתַּבֵּחַ לוֹמַר: אֲנִי גָּדוֹל מִמְּךָ. ונטי"ר בְּלַעַז. וְכֵן "הִתְפָּאֵר עָלַי", הִשְׁתַּבַּח לְהִתְחַכֵּם וְלִשְׁאֹל דָּבָר גָּדוֹל וְלוֹמַר שֶׁלֹּא אוּכַל לַעֲשׂוֹתוֹ: **לְמָתַי אַעְתִּיר לְךָ.** אֵת אֲשֶׁר אַעְתִּיר לְךָ הַיּוֹם עַל הַכְרָתַת הַצְּפַרְדְּעִים, לְמָתַי תִּרְצֶה שֶׁיִּכָּרְתוּ, וְתִרְאֶה אִם אֲשַׁלִּים דְּבָרִי לַמּוֹעֵד שֶׁתִּקְבַּע לִי. אִלּוּ נֶאֱמַר 'מָתַי אַעְתִּיר', הָיָה מַשְׁמַע: מָתַי אֶתְפַּלֵּל? עַכְשָׁיו שֶׁנֶּאֱמַר 'לְמָתַי', אֲנִי הַיּוֹם אֶתְפַּלֵּל עָלֶיךָ שֶׁיִּכָּרְתוּ הַצְּפַרְדְּעִים לַזְּמַן שֶׁתִּקְבַּע לִי, אֱמֹר לְאֵיזֶה יוֹם תִּרְצֶה שֶׁיִּכָּרְתוּ. "אַעְתִּיר", "הַעְתִּירוּ", "וְהַעְתַּרְתִּי", וְלֹא נֶאֱמַר: 'אֶעְתַּר', 'עִתְרוּ', 'וְעָתַרְתִּי', מִפְּנֵי שֶׁכָּל לְשׁוֹן 'עֶתֶר' הַרְבּוֹת פֶּלֶל הוּא, וְכַאֲשֶׁר יֵאָמֵר: הַרְבּוּ, אַרְבֶּה, וְהִרְבֵּיתִי, לְשׁוֹן מַפְעִיל, כֵּן יֵאָמֵר: הַעְתִּירוּ, אַעְתִּיר, אַעְתִּיר דְּבָרִים, וְאָב לְכֻלָּם: "וְהַעְתַּרְתֶּם עָלַי דִּבְרֵיכֶם" (יחזקאל לה, יג), הִרְבֵּיתֶם:

ו| **וַיֹּאמֶר לְמָחָר.** הִתְפַּלֵּל הַיּוֹם שֶׁיִּכָּרְתוּ לְמָחָר:

ח| **וַיֵּצֵא... וַיִּצְעַק.** מִיָּד, שֶׁיִּכָּרְתוּ לְמָחָר:

מִן־הַבָּתִּ֛ים מִן־הַחֲצֵרֹ֖ת וּמִן־הַשָּׂדֹֽת׃ וַיִּצְבְּר֥וּ י
אֹתָ֖ם חֳמָרִ֣ם חֳמָרִ֑ם וַתִּבְאַ֖שׁ הָאָֽרֶץ׃ וַיַּ֣רְא פַּרְעֹ֗ה יא
כִּ֤י הָֽיְתָה֙ הָֽרְוָחָ֔ה וְהַכְבֵּד֙ אֶת־לִבּ֔וֹ וְלֹ֥א שָׁמַ֖ע
אֲלֵהֶ֑ם כַּאֲשֶׁ֖ר דִּבֶּ֥ר יְהוָֽה׃ וַיֹּ֣אמֶר יב
יְהוָה֮ אֶל־מֹשֶׁה֒ אֱמֹר֙ אֶֽל־אַהֲרֹ֔ן נְטֵ֣ה אֶֽת־מַטְּךָ֔
וְהַ֖ךְ אֶת־עֲפַ֣ר הָאָ֑רֶץ וְהָיָ֥ה לְכִנִּ֖ם בְּכָל־אֶ֥רֶץ
מִצְרָֽיִם׃ וַיַּֽעֲשׂוּ־כֵ֗ן וַיֵּט֩ אַהֲרֹ֨ן אֶת־יָד֤וֹ בְמַטֵּ֙הוּ֙ יג
וַיַּךְ֙ אֶת־עֲפַ֣ר הָאָ֔רֶץ וַתְּהִי֙ הַכִּנָּ֔ם בָּאָדָ֖ם וּבַבְּהֵמָ֑ה
כָּל־עֲפַ֥ר הָאָ֛רֶץ הָיָ֥ה כִנִּ֖ים בְּכָל־אֶ֥רֶץ מִצְרָֽיִם׃
וַיַּעֲשׂוּ־כֵ֨ן הַֽחַרְטֻמִּ֧ים בְּלָטֵיהֶ֛ם לְהוֹצִ֥יא אֶת־ יד
הַכִּנִּ֖ים וְלֹ֣א יָכֹ֑לוּ וַתְּהִי֙ הַכִּנָּ֔ם בָּאָדָ֖ם וּבַבְּהֵמָֽה׃
וַיֹּאמְר֤וּ הַֽחַרְטֻמִּם֙ אֶל־פַּרְעֹ֔ה אֶצְבַּ֥ע אֱלֹהִ֖ים הִ֑וא טו
וַיֶּחֱזַ֤ק לֵב־פַּרְעֹה֙ וְלֹֽא־שָׁמַ֣ע אֲלֵהֶ֔ם כַּאֲשֶׁ֖ר דִּבֶּ֥ר
ו יְהוָֽה׃ וַיֹּ֨אמֶר יְהוָ֜ה אֶל־מֹשֶׁ֗ה הַשְׁכֵּ֤ם טז
בַּבֹּ֙קֶר֙ וְהִתְיַצֵּב֙ לִפְנֵ֣י פַרְעֹ֔ה הִנֵּ֖ה יוֹצֵ֣א הַמָּ֑יְמָה
וְאָמַרְתָּ֣ אֵלָ֗יו כֹּ֚ה אָמַ֣ר יְהוָ֔ה שַׁלַּ֥ח עַמִּ֖י וְיַֽעַבְדֻֽנִי׃
כִּ֣י אִם־אֵינְךָ֮ מְשַׁלֵּ֣חַ אֶת־עַמִּי֒ הִנְנִ֨י מַשְׁלִ֜יחַ בְּךָ֨ יז
וּבַעֲבָדֶ֧יךָ וּֽבְעַמְּךָ֛ וּבְבָתֶּ֖יךָ אֶת־הֶעָרֹ֑ב וּמָ֨לְא֜וּ
בָּתֵּ֤י מִצְרַ֙יִם֙ אֶת־הֶ֣עָרֹ֔ב וְגַ֥ם הָאֲדָמָ֖ה אֲשֶׁר־הֵ֥ם
עָלֶֽיהָ׃ וְהִפְלֵיתִי֩ בַיּ֨וֹם הַה֜וּא אֶת־אֶ֣רֶץ גֹּ֗שֶׁן אֲשֶׁ֤ר יח
עַמִּי֙ עֹמֵ֣ד עָלֶ֔יהָ לְבִלְתִּ֥י הֱיֽוֹת־שָׁ֖ם עָרֹ֑ב לְמַ֣עַן

יט תֵּדַ֕ע כִּ֛י אֲנִ֥י יְהֹוָ֖ה בְּקֶ֥רֶב הָאָֽרֶץ׃ וְשַׂמְתִּ֣י פְדֻ֔ת ששי
בֵּ֥ין עַמִּ֖י וּבֵ֣ין עַמֶּ֑ךָ לְמָחָ֥ר יִהְיֶ֖ה הָאֹ֥ת הַזֶּֽה׃
כ וַיַּ֤עַשׂ יְהֹוָה֙ כֵּ֔ן וַיָּבֹא֙ עָרֹ֣ב כָּבֵ֔ד בֵּ֥יתָה פַרְעֹ֖ה

יא מִן בָּתַּיָא מִן דָּרְתָא וּמִן חַקְלָתָא: וּכְנַשׁוּ יָתְהוֹן דְּגוֹרִין דְּגוֹרִין, וּסְרִיאוּ עַל אַרְעָא: וַחֲזָא פַּרְעֹה,
יב אֲרֵי הֲוָת רְוַחְתָּא, וְיַקַּר יָת לִבֵּיהּ, וְלָא קַבֵּיל מִנְּהוֹן, כְּמָא דְּמַלֵּיל יי: וַאֲמַר יי לְמֹשֶׁה, אֵימַר
לְאַהֲרֹן, אֲרֵים יָת חֻטְרָךְ, וּמְחִי יָת עַפְרָא דְּאַרְעָא, וִיהֵי לְקַלְמְתָא בְּכָל אַרְעָא דְּמִצְרָיִם:
יג וַעֲבַדוּ כֵן, וַאֲרֵים אַהֲרֹן יָת יְדֵיהּ בְּחֻטְרֵיהּ וּמְחָא יָת עַפְרָא דְּאַרְעָא, וַהֲוָת קַלְמְתָא, בַּאֲנָשָׁא
יד וּבִבְעִירָא, כָּל עַפְרָא דְּאַרְעָא, הֲוָת קַלְמְתָא בְּכָל אַרְעָא דְּמִצְרָיִם: וַעֲבַדוּ כֵן חָרָשַׁיָּא
טו בְּלַחֲשֵׁיהוֹן, לְאַפָּקָא יָת קַלְמְתָא וְלָא יְכִילוּ, וַהֲוָת קַלְמְתָא, בַּאֲנָשָׁא וּבִבְעִירָא: וַאֲמַרוּ
חָרָשַׁיָּא לְפַרְעֹה, מַחָא מִן קֳדָם יי הִיא, וְאִתַּקַּף לִבָּא דְּפַרְעֹה וְלָא קַבֵּיל מִנְּהוֹן, כְּמָא דְּמַלֵּיל
טז יי: וַאֲמַר יי לְמֹשֶׁה, אַקְדֵּים בְּצַפְרָא וְאִתְעַתַּד קֳדָם פַּרְעֹה, הָא נָפֵיק לְמַיָּא, וְתֵימַר
יז לֵיהּ, כִּדְנַן אֲמַר יי, שַׁלַּח עַמִּי וְיִפְלְחוּן קֳדָמָי: אֲרֵי אִם לֵיתָךְ מְשַׁלַּח יָת עַמִּי, הָאֲנָא מְשַׁלַּח
בָּךְ, וּבְעַבְדָּךְ וּבְעַמָּךְ, וּבְבָתָּךְ יָת עָרוֹבָא, וְיִתְמְלוֹן, בָּתֵּי מִצְרָאֵי יָת עָרוֹבָא, וְאַף אַרְעָא
יח דְּאִנּוּן עֲלַהּ: וְאַפְרֵישׁ בְּיוֹמָא הַהוּא יָת אַרְעָא דְּגֹשֶׁן, דְּעַמִּי שָׁרֵי עֲלַהּ, בְּדִיל דְּלָא לְמֶהֱוֵי
יט תַּמָּן עָרוֹבָא, בְּדִיל דְּתִדַּע, אֲרֵי, אֲנָא יי שַׁלִּיט בְּגוֹ אַרְעָא: וַאֲשַׁוֵּי פֻרְקָן לְעַמִּי, וְעַל
כ עַמָּךְ אַיְתִי מַחָא, לִמְחַר יְהֵי אָתָא הָדֵין: וַעֲבַד יי כֵּן, וַאֲתָא עָרוֹבָא תַּקִּיף, לְבֵית פַּרְעֹה

י| חֳמָרִם חֳמָרִם. צִבּוּרִים צִבּוּרִים, כְּתַרְגּוּמוֹ "דְּגוֹרִין", גַּלִּין:

יא| וְהַכְבֵּד אֶת לִבּוֹ. לְשׁוֹן פָּעוּל הוּא, "הָלֹךְ הָלֹךְ" (ירמיה מא, ו), וְכֵן: "וְהַכּוֹת אֶת מוֹאָב" (מלכים ב׳ ג, כד), "וְשָׁאוֹל לוֹ בֵּאלֹהִים" (שמואל א׳ כב, יג), "הַכֵּה וּפָצֹעַ" (מלכים א׳ כ, לז): כַּאֲשֶׁר דִּבֶּר ה׳. וְהֵיכָן דִּבֵּר? "וְלֹא יִשְׁמַע אֲלֵכֶם פַּרְעֹה" (לעיל ז, ד):

יב| אֱמֹר אֶל אַהֲרֹן. לֹא הָיָה הֶעָפָר כְּדַאי לִלְקוֹת עַל יְדֵי מֹשֶׁה, לְפִי שֶׁהֵגֵן עָלָיו כְּשֶׁהָרַג אֶת הַמִּצְרִי וַיִּטְמְנֵהוּ בַּחוֹל (לעיל ב, יב), וְלָקָה עַל יְדֵי אַהֲרֹן:

יג| וַתְּהִי הַכִּנָּם. הָרְחִישָׁה, פדולייר״א בְּלַעַ״ז:

יד| לְהוֹצִיא אֶת הַכִּנִּים. לְבָרְאתָם מִמָּקוֹם אַחֵר: וְלֹא יָכֹלוּ. שֶׁאֵין הַשֵּׁד שׁוֹלֵט עַל בְּרִיָּה פְּחוּתָה מִכִּשְׂעוֹרָה:

טו| אֶצְבַּע אֱלֹהִים הוּא. מַכָּה זוֹ אֵינָהּ עַל יְדֵי כְּשָׁפִים, מֵאֵת הַמָּקוֹם הִיא: כַּאֲשֶׁר דִּבֶּר ה׳. "וְלֹא יִשְׁמַע אֲלֵכֶם פַּרְעֹה" (לעיל ז, ד):

יז| מַשְׁלִיחַ בְּךָ. מְגָרֶה בְּךָ, וְכֵן: "וְשֶׁן בְּהֵמֹת אֲשַׁלַּח בָּם" (דברים לב, כד) לְשׁוֹן שִׁסּוּי, אינצ״יטיי״ר בְּלַעַ״ז: אֶת הֶעָרֹב. כָּל מִינֵי חַיּוֹת רָעוֹת וּנְחָשִׁים וְעַקְרַבִּים בְּעִרְבּוּבְיָא, וְהָיוּ מַשְׁחִיתִים בָּהֶם. וְיֵשׁ טַעַם בַּדָּבָר בְּאַגָּדָה בְּכָל מַכָּה וּמַכָּה לָמָּה זוֹ וְלָמָּה זוֹ: בְּטַכְסִיסֵי מִלְחָמוֹת מְלָכִים בָּא עֲלֵיהֶם, כְּסֵדֶר מַלְכוּת כְּשֶׁצָּרָה עַל עִיר; בַּתְּחִלָּה מְקַלְקֵל מַעְיְנוֹתֶיהָ, וְאַחַר כָּךְ תּוֹקֵעַ עֲלֵיהֶם וּמְרִיעִים בַּשּׁוֹפָרוֹת לְיָרְאָם וּלְבַהֲלָם, וְכֵן הַצְּפַרְדְּעִים מְקַרְקְרִים וְהוֹמִים וְכוּ׳, כִּדְאִיתָא בְּמִדְרַשׁ רַבִּי תַּנְחוּמָא (כא ד):

יח| וְהִפְלֵיתִי. וְהִפְרַשְׁתִּי, וְכֵן: "וְהִפְלָה ה׳" (להלן ט, ד), וְכֵן: "לֹא נִפְלֵאת הִוא מִמְּךָ" (דברים ל, יא), לֹא מֻבְדֶּלֶת וּמֻפְרֶשֶׁת הִיא מִמְּךָ: לְמַעַן תֵּדַע כִּי אֲנִי ה׳ בְּקֶרֶב הָאָרֶץ. אַף עַל פִּי שֶׁשְּׁכִינָתִי בַּשָּׁמַיִם גְּזֵרָתִי מִתְקַיֶּמֶת בַּתַּחְתּוֹנִים:

יט| וְשַׂמְתִּי פְדֻת. שֶׁיַּבְדִּיל "בֵּין עַמִּי וּבֵין עַמֶּךָ":

וּבֵית עֲבָדָיו וּבְכָל־אֶרֶץ מִצְרַיִם תִּשָּׁחֵת הָאָרֶץ
מִפְּנֵי הֶעָרֹב׃ וַיִּקְרָא פַרְעֹה אֶל־מֹשֶׁה וּלְאַהֲרֹן כא
וַיֹּאמֶר לְכוּ זִבְחוּ לֵאלֹהֵיכֶם בָּאָרֶץ׃ וַיֹּאמֶר מֹשֶׁה כב
לֹא נָכוֹן לַעֲשׂוֹת כֵּן כִּי תּוֹעֲבַת מִצְרַיִם נִזְבַּח
לַיהוה אֱלֹהֵינוּ הֵן נִזְבַּח אֶת־תּוֹעֲבַת מִצְרַיִם
לְעֵינֵיהֶם וְלֹא יִסְקְלֻנוּ׃ דֶּרֶךְ שְׁלֹשֶׁת יָמִים נֵלֵךְ כג
בַּמִּדְבָּר וְזָבַחְנוּ לַיהוה אֱלֹהֵינוּ כַּאֲשֶׁר יֹאמַר
אֵלֵינוּ׃ וַיֹּאמֶר פַּרְעֹה אָנֹכִי אֲשַׁלַּח אֶתְכֶם כד
וּזְבַחְתֶּם לַיהוה אֱלֹהֵיכֶם בַּמִּדְבָּר רַק הַרְחֵק
לֹא־תַרְחִיקוּ לָלֶכֶת הַעְתִּירוּ בַּעֲדִי׃ וַיֹּאמֶר מֹשֶׁה כה
הִנֵּה אָנֹכִי יוֹצֵא מֵעִמָּךְ וְהַעְתַּרְתִּי אֶל־יהוה
וְסָר הֶעָרֹב מִפַּרְעֹה מֵעֲבָדָיו וּמֵעַמּוֹ מָחָר רַק
אַל־יֹסֵף פַּרְעֹה הָתֵל לְבִלְתִּי שַׁלַּח אֶת־הָעָם
לִזְבֹּחַ לַיהוה׃ וַיֵּצֵא מֹשֶׁה מֵעִם פַּרְעֹה וַיֶּעְתַּר כו
אֶל־יהוה׃ וַיַּעַשׂ יהוה כִּדְבַר מֹשֶׁה וַיָּסַר הֶעָרֹב כז
מִפַּרְעֹה מֵעֲבָדָיו וּמֵעַמּוֹ לֹא נִשְׁאַר אֶחָד׃ וַיַּכְבֵּד כח
פַּרְעֹה אֶת־לִבּוֹ גַּם בַּפַּעַם הַזֹּאת וְלֹא שִׁלַּח אֶת־
הָעָם׃

וַיֹּאמֶר יהוה אֶל־מֹשֶׁה בֹּא אֶל־פַּרְעֹה וְדִבַּרְתָּ א ט
אֵלָיו כֹּה־אָמַר יהוה אֱלֹהֵי הָעִבְרִים שַׁלַּח אֶת־

וארא

עַמִּי וְיַעַבְדֻנִי: כִּי אִם־מָאֵן אַתָּה לְשַׁלֵּחַ וְעוֹדְךָ
מַחֲזִיק בָּם: הִנֵּה יַד־יְהֹוָה הוֹיָה בְּמִקְנְךָ אֲשֶׁר
בַּשָּׂדֶה בַּסּוּסִים בַּחֲמֹרִים בַּגְּמַלִּים בַּבָּקָר וּבַצֹּאן
דֶּבֶר כָּבֵד מְאֹד: וְהִפְלָה יְהֹוָה בֵּין מִקְנֵה יִשְׂרָאֵל

כא וּלְבֵית עַבְדּוֹהִי, וּבְכָל אַרְעָא דְמִצְרָיִם, אִתְחַבַּלַת אַרְעָא מִן קֳדָם עָרוֹבָא: וּקְרָא פַרְעֹה, לְמֹשֶׁה
כב וּלְאַהֲרֹן, וַאֲמַר, אִיזִילוּ, דַּבַּחוּ קֳדָם אֱלָהֲכוֹן בְּאַרְעָא: וַאֲמַר מֹשֶׁה, לָא תַקִּין לְמֶעְבַּד כֵּן, אֲרֵי בְעִירָא דְמִצְרָאֵי דָּחֲלִין לֵהּ, מִנֵּהּ אֲנַחְנָא נָסְבִין, לְדַבָּחָא קֳדָם יְיָ אֱלָהָנָא, הָא נִדְבַּח, יָת בְּעִירָא
כג דְמִצְרָאֵי דָּחֲלִין לֵהּ, וְאִנּוּן יֶהֱזוּן הָלָא יֵימְרוּן לְמִרְגְּמָנָא: מַהֲלַךְ תְּלָתָא יוֹמִין, נֵיזִיל בְּמַדְבְּרָא,
כד וּנְדַבַּח קֳדָם יְיָ אֱלָהָנָא, כְּמָא דְיֵימַר לָנָא: וַאֲמַר פַּרְעֹה, אֲנָא, אֲשַׁלַּח יָתְכוֹן וּתְדַבְּחוּן קֳדָם יְיָ
כה אֱלָהֲכוֹן בְּמַדְבְּרָא, לְחוֹד, אַרְחָקָא לָא תְרַחֲקוּן לְמֵיזַל, צַלּוֹ עֲלָי: וַאֲמַר מֹשֶׁה, הָא אֲנָא, נָפֵיק מֵעִמָּךְ וַאֲצַלֵּי קֳדָם יְיָ, וְיֶעְדֵּי עָרוֹבָא, מִפַּרְעֹה, מֵעַבְדּוֹהִי וּמֵעַמֵּהּ מְחָר, לְחוֹד, לָא יוֹסֵיף פַּרְעֹה
כו לְשַׁקָּרָא, בְּדִיל דְּלָא לְשַׁלָּחָא יָת עַמָּא, לְדַבָּחָא קֳדָם יְיָ: וּנְפַק מֹשֶׁה מִלְּוָת פַּרְעֹה, וְצַלִּי קֳדָם
כז יְיָ: וַעֲבַד יְיָ כְּפִתְגָּמָא דְמֹשֶׁה, וְאַעְדִּי עָרוֹבָא, מִפַּרְעֹה מֵעַבְדּוֹהִי וּמֵעַמֵּהּ, לָא אִשְׁתְּאַר חָד:
ט א וְיַקַּר פַּרְעֹה יָת לִבֵּהּ, אַף בְּזִמְנָא הָדָא, וְלָא שַׁלַּח יָת עַמָּא: וַאֲמַר יְיָ לְמֹשֶׁה, עוֹל לְוָת פַּרְעֹה,
ב וּתְמַלֵּיל עִמֵּהּ, כִּדְנַן אֲמַר יְיָ אֱלָהָא דִיהוּדָאֵי, שַׁלַּח יָת עַמִּי וְיִפְלְחוּן קֳדָמָי: אֲרֵי, אִם מְסָרֵיב
ג אַתְּ לְשַׁלָּחָא, וְעַד כְּעַן אַתְּ מַתְקֵיף בְּהוֹן: הָא מַחָא מִן קֳדָם יְיָ הָוְיָא, בִּבְעִירָךְ דִּבְחַקְלָא,
ד בְּסוּסָוָתָא בַּחֲמָרֵי בְגַמְלֵי, בְּתוֹרֵי וּבְעָנָא, מוֹתָא סַגִּי לַחֲדָא: וְיַפְרֵישׁ יְיָ, בֵּין בְּעִירָא דְיִשְׂרָאֵל,

---

כו תִּשָּׁחֵת הָאָרֶץ. נִשְׁחֶתֶת הָאָרֶץ, "אִתְחַבַּלַת אַרְעָא":

כא זִבְחוּ לֵאלֹהֵיכֶם בָּאָרֶץ. בִּמְקוֹמְכֶם, וְלֹא תֵלְכוּ בַּמִּדְבָּר:

כב תּוֹעֲבַת מִצְרַיִם. יִרְאַת מִצְרַיִם, כְּמוֹ: "וּלְמִלְכֹּם תּוֹעֲבַת בְּנֵי עַמּוֹן" (מלכים ב׳ כג, יג), וְאֵצֶל יִשְׂרָאֵל קוֹרֵא אוֹתָהּ תּוֹעֵבָה. וְעוֹד יֵשׁ לוֹמַר בְּלָשׁוֹן אַחֵר, "תּוֹעֲבַת מִצְרַיִם", דָּבָר שָׂנאוּי הוּא לְמִצְרַיִם זְבִיחָה שֶׁאָנוּ זוֹבְחִים, שֶׁהֲרֵי יִרְאָתָם אָנוּ זוֹבְחִים: וְלֹא יִסְקְלֻנוּ. בִּתְמִיָּה:

כה הָתֵל. כְּמוֹ לְהָתֵל:

כו-כז וַיָּסַר הֶעָרֹב. וְלֹא מֵתוּ כְּמוֹ שֶׁמֵּתוּ הַצְפַרְדְּעִים, שֶׁאִם מֵתוּ הָיָה לָהֶם הֲנָאָה בְּעוֹרוֹתָם:

וַיֶּעְתַּר אֶל ה׳. נִתְאַמֵּץ בִּתְפִלָּה. וְכֵן אִם בָּא לוֹמַר "וַיַּעְתִּיר" הָיָה יָכוֹל לוֹמַר, וּמַשְׁמַע וַיַּרְבֶּה תְּפִלָּה. וּכְשֶׁהוּא אוֹמֵר בִּלְשׁוֹן וַיִּפְעַל, מַשְׁמַע וַיַּרְבֶּה לְהִתְפַּלֵּל:

כט גַּם בַּפַּעַם הַזֹּאת. אַף עַל פִּי שֶׁאָמַר "אָנֹכִי אֲשַׁלַּח אֶתְכֶם" (לעיל פסוק כד) לֹא קִיֵּם הַבְטָחָתוֹ:

פרק ט

ב מַחֲזִיק בָּם. אוֹחֵז בָּם, כְּמוֹ: "וְהֶחֱזִיקָה בִּמְבֻשָׁיו" (דברים כה, יא):

ג הִנֵּה יַד ה׳ הוֹיָה. לְשׁוֹן הֹוֶה, כִּי כֵן יֵאָמֵר בִּלְשׁוֹן נְקֵבָה עַל שֶׁעָבַר הָיָתָה, וְעַל הֶעָתִיד תִּהְיֶה, וְעַל הָעוֹמֵד הוֹיָה, כְּמוֹ: עוֹשָׂה, רוֹצָה, רוֹעָה:

ד וְהִפְלָה. וְהִבְדִּיל:

וּבֵין מִקְנֵה מִצְרָיִם וְלֹא יָמוּת מִכָּל־לִבְנֵי יִשְׂרָאֵל
ה דָּבָר: וַיָּשֶׂם יְהוָה מוֹעֵד לֵאמֹר מָחָר יַעֲשֶׂה יְהוָה
ו הַדָּבָר הַזֶּה בָּאָרֶץ: וַיַּעַשׂ יְהוָה אֶת־הַדָּבָר הַזֶּה
מִמָּחֳרָת וַיָּמָת כֹּל מִקְנֵה מִצְרָיִם וּמִמִּקְנֵה בְנֵי־
ז יִשְׂרָאֵל לֹא־מֵת אֶחָד: וַיִּשְׁלַח פַּרְעֹה וְהִנֵּה לֹא־
מֵת מִמִּקְנֵה יִשְׂרָאֵל עַד־אֶחָד וַיִּכְבַּד לֵב פַּרְעֹה
וְלֹא שִׁלַּח אֶת־הָעָם:
ח וַיֹּאמֶר יְהוָה אֶל־מֹשֶׁה וְאֶל־אַהֲרֹן קְחוּ לָכֶם מְלֹא
חָפְנֵיכֶם פִּיחַ כִּבְשָׁן וּזְרָקוֹ מֹשֶׁה הַשָּׁמַיְמָה לְעֵינֵי
ט פַרְעֹה: וְהָיָה לְאָבָק עַל כָּל־אֶרֶץ מִצְרָיִם וְהָיָה
עַל־הָאָדָם וְעַל־הַבְּהֵמָה לִשְׁחִין פֹּרֵחַ אֲבַעְבֻּעֹת
י בְּכָל־אֶרֶץ מִצְרָיִם: וַיִּקְחוּ אֶת־פִּיחַ הַכִּבְשָׁן
וַיַּעַמְדוּ לִפְנֵי פַרְעֹה וַיִּזְרֹק אֹתוֹ מֹשֶׁה הַשָּׁמָיְמָה
יא וַיְהִי שְׁחִין אֲבַעְבֻּעֹת פֹּרֵחַ בָּאָדָם וּבַבְּהֵמָה: וְלֹא־
יָכְלוּ הַחַרְטֻמִּים לַעֲמֹד לִפְנֵי מֹשֶׁה מִפְּנֵי הַשְּׁחִין
יב כִּי־הָיָה הַשְּׁחִין בַּחַרְטֻמִּם וּבְכָל־מִצְרָיִם: וַיְחַזֵּק
יְהוָה אֶת־לֵב פַּרְעֹה וְלֹא שָׁמַע אֲלֵהֶם כַּאֲשֶׁר
יג דִּבֶּר יְהוָה אֶל־מֹשֶׁה: וַיֹּאמֶר יְהוָה
אֶל־מֹשֶׁה הַשְׁכֵּם בַּבֹּקֶר וְהִתְיַצֵּב לִפְנֵי פַרְעֹה
וְאָמַרְתָּ אֵלָיו כֹּה־אָמַר יְהוָה אֱלֹהֵי הָעִבְרִים

וארא

שַׁלַּח אֶת־עַמִּי וְיַעַבְדֻנִי: כִּי ׀ בַּפַּעַם הַזֹּאת אֲנִי שֹׁלֵחַ אֶת־כָּל־מַגֵּפֹתַי אֶל־לִבְּךָ וּבַעֲבָדֶיךָ וּבְעַמֶּךָ בַּעֲבוּר תֵּדַע כִּי אֵין כָּמֹנִי בְּכָל־הָאָרֶץ: כִּי עַתָּה שָׁלַחְתִּי אֶת־יָדִי וָאַךְ אוֹתְךָ וְאֶת־עַמְּךָ בַּדָּבֶר וַתִּכָּחֵד מִן־הָאָרֶץ: וְאוּלָם בַּעֲבוּר זֹאת

ה וּבֵין בְּעִירָא דְמִצְרָאֵי, וְלָא יְמוּת, מִכָּל־לִבְנֵי יִשְׂרָאֵל מִדָּעַם: וְשַׁוִּי יְיָ זִמְנָא לְמֵימָר, מְחַר, יַעְבֵּיד
ו יְיָ, פִּתְגָמָא הָדֵין בְּאַרְעָא: וַעֲבַד יְיָ, יָת פִּתְגָמָא הָדֵין מִיּוֹמָא דְבַתְרוֹהִי, וּמִית, כָּל־בְּעִירָא
ז דְמִצְרָאֵי, וּמִבְּעִירָא דִּבְנֵי יִשְׂרָאֵל לָא מִית חַד: וּשְׁלַח פַּרְעֹה, וְהָא, לָא מִית, מִבְּעִירָא דְיִשְׂרָאֵל
ח עַד חַד, וְאִתְיַקַּר לִבָּא דְפַרְעֹה, וְלָא שַׁלַּח יָת עַמָּא: וַאֲמַר יְיָ לְמֹשֶׁה וּלְאַהֲרֹן, סַבוּ לְכוֹן מְלֵי
ט חָפְנֵיכוֹן, פִּיחַ דְּאַתּוּנָא, וְיִזְרְקִנֵּיהּ מֹשֶׁה, לְצֵית שְׁמַיָּא לְעֵינֵי פַרְעֹה: וִיהֵי לְאַבְקָא, עַל כָּל־אַרְעָא
י דְמִצְרָיִם, וִיהֵי עַל אֲנָשָׁא וְעַל בְּעִירָא, לְשִׁיחִין סָגֵי, אֲבַעְבּוּעִין בְּכָל אַרְעָא דְמִצְרָיִם: וּנְסִיבוּ יָת
פִּיחַ דְאַתּוּנָא, וְקָמוּ קֳדָם פַּרְעֹה, וּזְרַק יָתֵיהּ, מֹשֶׁה לְצֵית שְׁמַיָּא, וַהֲוָה, שְׁחִין אֲבַעְבּוּעִין, סָגֵי,
יא בַּאֲנָשָׁא וּבִבְעִירָא: וְלָא יְכִילוּ חָרָשַׁיָּא, לִמְקָם, קֳדָם מֹשֶׁה מִן קֳדָם שְׁחָנָא, אֲרֵי הֲוָה שְׁחָנָא,
יב בְּחָרָשַׁיָּא וּבְכָל־מִצְרָאֵי: וְתַקֵּיף יְיָ יָת לִבָּא דְפַרְעֹה, וְלָא קַבִּיל מִנְּהוֹן, כְּמָא דְמַלִּיל יְיָ עִם מֹשֶׁה:
יג וַאֲמַר יְיָ לְמֹשֶׁה, אַקְדֵּים בְּצַפְרָא, וְאִתְעַתַּד קֳדָם פַּרְעֹה, וְתֵימַר לֵיהּ, כִּדְנַן אֲמַר יְיָ אֱלָהָא
יד דִיהוּדָאֵי, שַׁלַּח יָת עַמִּי וְיִפְלְחוּן קֳדָמָי: אֲרֵי בְּזִמְנָא הָדָא, אֲנָא שָׁלַח, יָת כָּל־מַחֲתַי בְּלִבָּךְ,
טו וּבְעַבְדָּךְ וּבְעַמָּךְ, בְּדִיל דְּתִדַּע, אֲרֵי, לֵית דִּכְוָתִי בְּכָל־אַרְעָא: אֲרֵי כְעַן קָרִיב קֳדָמַי, דְּשַׁלְחִית
טז פּוּן יָת מַחַת גְּבוּרְתִּי, וּמְחֵית יָתָךְ, וְיָת עַמָּךְ בְּמוֹתָא, וְאִשְׁתֵּיצִיתָא מִן אַרְעָא: וּבְרַם, בְּדִיל דָּא

ח) **מָלֵא חָפְנֵיכֶם**. יולוינ״ש בְּלַעַז: **פִּיחַ כִּבְשָׁן**. דָּבָר הַנִּפָּח מִן הַגֶּחָלִים עֲמוּמִים הַנִּשְׂרָפִים בַּכִּבְשָׁן, וּבְלַעַז אולב״ש. **פִּיחַ** לְשׁוֹן הֲפָחָה, שֶׁהָרוּחַ מְפִיחָן וּמַפְרִיחָן: **וְזָרְקוֹ מֹשֶׁה**. וְכָל דָּבָר הַנִּזְרָק בְּכֹחַ אֵינוֹ נִזְרָק אֶלָּא בְּיָד אַחַת, הֲרֵי נִסִּים הַרְבֵּה: אֶחָד, שֶׁהֶחֱזִיק קֻמְצוֹ שֶׁל מֹשֶׁה מְלֹא חָפְנַיִם שֶׁלּוֹ וְשֶׁל אַהֲרֹן; וְאֶחָד, שֶׁהָלַךְ הָאָבָק עַל כָּל אֶרֶץ מִצְרַיִם:

ט) **פֹרֵחַ אֲבַעְבֻּעֹת**. כְּתַרְגּוּמוֹ: ״לְשִׁיחִין סָגֵי אֲבַעְבּוּעִין״ שֶׁעַל יָדוֹ צוֹמְחִין בָּהֶן בּוּעוֹת: **שְׁחִין**. לְשׁוֹן חֲמִימוּת, וְהַרְבֵּה יֵשׁ בִּלְשׁוֹן מִשְׁנָה: ״שָׁנָה שְׁחוּנָה״ (יומא נ ע״ב):

י) **בָּאָדָם וּבַבְּהֵמָה**. וְאִם תֹּאמַר, מֵאַיִן הָיוּ לָהֶם

הַבְּהֵמוֹת, וַהֲלֹא כְּבָר נֶאֱמַר: ״וַיָּמָת כֹּל מִקְנֵה מִצְרָיִם״ (לעיל פסוק ו)? לֹא נִגְזְרָה גְזֵרָה אֶלָּא עַל אוֹתָן שֶׁבַּשָּׂדוֹת בִּלְבַד, שֶׁנֶּאֱמַר: ״בְּמִקְנְךָ אֲשֶׁר בַּשָּׂדֶה״ (לעיל פסוק ג), וְהַיָּרֵא אֶת דְּבַר ה' הִכְנִיס אֶת מִקְנֵהוּ אֶל הַבָּתִּים. וְכֵן שְׁנוּיָה בַּמְּכִילְתָּא אֵצֶל ״וַיִּקַּח שֵׁשׁ מֵאוֹת רֶכֶב בָּחוּר״ (להלן יד, ז):

יד) **אֶת כָּל מַגֵּפֹתַי**. לָמַדְנוּ מִכָּאן שֶׁמַּכַּת בְּכוֹרוֹת שְׁקוּלָה כְּנֶגֶד כָּל הַמַּכּוֹת:

טו) **כִּי עַתָּה שָׁלַחְתִּי אֶת יָדִי וְגוֹ׳**. כִּי אִלּוּ רָצִיתִי, כְּשֶׁהָיְתָה יָדִי בְּמִקְנְךָ שֶׁהִכִּיתִים בַּדֶּבֶר, שְׁלַחְתִּיהָ וְהִכֵּיתִי אוֹתְךָ וְאֶת עַמְּךָ עִם הַבְּהֵמוֹת וְנִכְחַדְתֶּם מִן הָאָרֶץ, אֲבָל ״בַּעֲבוּר זֹאת הֶעֱמַדְתִּיךָ״ וְגוֹ':

שמות

הֶעֱמַדְתִּ֔יךָ בַּעֲב֖וּר הַרְאֹתְךָ֣ אֶת־כֹּחִ֑י וּלְמַ֛עַן סַפֵּ֥ר
שְׁמִ֖י בְּכָל־הָאָֽרֶץ: עוֹדְךָ֖ מִסְתּוֹלֵ֣ל בְּעַמִּ֑י לְבִלְתִּ֖י שביעי
שַׁלְּחָֽם: הִנְנִ֤י מַמְטִיר֙ כָּעֵ֣ת מָחָ֔ר בָּרָ֖ד כָּבֵ֣ד מְאֹ֑ד
אֲשֶׁ֨ר לֹא־הָיָ֤ה כָמֹ֙הוּ֙ בְּמִצְרַ֔יִם לְמִן־הַיּ֥וֹם הִוָּסְדָ֖ה
וְעַד־עָֽתָּה: וְעַתָּ֗ה שְׁלַ֤ח הָעֵז֙ אֶת־מִקְנְךָ֔ וְאֵ֛ת
כָּל־אֲשֶׁ֥ר לְךָ֖ בַּשָּׂדֶ֑ה כָּל־הָאָדָ֨ם וְהַבְּהֵמָ֜ה אֲשֶֽׁר־
יִמָּצֵ֣א בַשָּׂדֶ֗ה וְלֹ֤א יֵֽאָסֵף֙ הַבַּ֔יְתָה וְיָרַ֧ד עֲלֵהֶ֛ם
הַבָּרָ֖ד וָמֵֽתוּ: הַיָּרֵא֙ אֶת־דְּבַ֣ר יְהֹוָ֔ה מֵֽעַבְדֵ֖י פַּרְעֹ֑ה
הֵנִ֛יס אֶת־עֲבָדָ֥יו וְאֶת־מִקְנֵ֖הוּ אֶל־הַבָּתִּֽים: וַאֲשֶׁ֥ר
לֹא־שָׂ֛ם לִבּ֖וֹ אֶל־דְּבַ֣ר יְהֹוָ֑ה וַֽיַּעֲזֹ֛ב אֶת־עֲבָדָ֥יו
וְאֶת־מִקְנֵ֖הוּ בַּשָּׂדֶֽה:
וַיֹּ֨אמֶר יְהֹוָ֜ה אֶל־מֹשֶׁ֗ה נְטֵ֤ה אֶת־יָֽדְךָ֙ עַל־הַשָּׁמַ֔יִם
וִיהִ֥י בָרָ֖ד בְּכָל־אֶ֣רֶץ מִצְרָ֑יִם עַל־הָאָדָ֣ם וְעַל־
הַבְּהֵמָ֗ה וְעַ֛ל כָּל־עֵ֥שֶׂב הַשָּׂדֶ֖ה בְּאֶ֥רֶץ מִצְרָֽיִם:
וַיֵּ֨ט מֹשֶׁ֣ה אֶת־מַטֵּהוּ֮ עַל־הַשָּׁמַיִם֒ וַֽיהֹוָ֗ה נָתַ֤ן
קֹלֹת֙ וּבָרָ֔ד וַתִּ֥הֲלַךְ אֵ֖שׁ אָ֑רְצָה וַיַּמְטֵ֧ר יְהֹוָ֛ה בָּרָ֖ד
עַל־אֶ֥רֶץ מִצְרָֽיִם: וַיְהִ֣י בָרָ֔ד וְאֵ֕שׁ מִתְלַקַּ֖חַת בְּת֣וֹךְ
הַבָּרָ֑ד כָּבֵ֣ד מְאֹ֔ד אֲ֠שֶׁ֠ר לֹֽא־הָיָ֤ה כָמֹ֙הוּ֙ בְּכָל־אֶ֣רֶץ
מִצְרַ֔יִם מֵאָ֖ז הָיְתָ֥ה לְגֽוֹי: וַיַּ֤ךְ הַבָּרָד֙ בְּכָל־אֶ֣רֶץ
מִצְרַ֔יִם אֵ֛ת כָּל־אֲשֶׁ֥ר בַּשָּׂדֶ֖ה מֵֽאָדָ֥ם וְעַד־בְּהֵמָ֑ה

וארא

וְאֵ֨ת כָּל־עֵ֤שֶׂב הַשָּׂדֶה֙ הִכָּ֣ה הַבָּרָ֔ד וְאֶת־כָּל־עֵ֥ץ הַשָּׂדֶ֖ה שִׁבֵּֽר: רַ֚ק בְּאֶ֣רֶץ גֹּ֔שֶׁן אֲשֶׁר־שָׁ֖ם בְּנֵ֣י יִשְׂרָאֵ֑ל לֹ֥א הָיָ֖ה בָּרָֽד: וַיִּשְׁלַ֣ח פַּרְעֹ֗ה וַיִּקְרָא֙ לְמֹשֶׁ֣ה וּֽלְאַהֲרֹ֔ן וַיֹּ֥אמֶר אֲלֵהֶ֖ם חָטָ֣אתִי הַפָּ֑עַם

יז קַיָּמְתָּךְ, בְּדִיל לְאַחֲזָיוּתָךְ יָת חֵילִי, וּבְדִיל, דִּיהוֹן מִשְׁתָּעַן גְּבוּרַת שְׁמִי בְּכָל אַרְעָא: עַד
יח כְּעַן כְּבִישַׁת בֵּיהּ בְּעַמִּי, בְּדִיל דְּלָא לְשַׁלָּחוּתְהוֹן: הָאֲנָא מָחֵית כְּעִדָּנָא הָדֵין מְחַר, בַּרְדָּא
יט תַּקִּיף לַחֲדָא, דְּלָא הֲוָה דִּכְוָתֵיהּ בְּמִצְרַיִם, לְמִן יוֹמָא דְּאִשְׁתַּכְלָלַת וְעַד כְּעַן: וּכְעַן, שְׁלַח כְּנוּשׁ יָת בְּעִירָךְ, וְיָת כָּל דְּלָךְ בְּחַקְלָא, כָּל אֲנָשָׁא וּבְעִירָא דְּיִשְׁתַּכַּח בְּחַקְלָא, וְלָא
כ יִתְכְּנֵישׁ לְבֵיתָא, וְיֵיחוֹת עֲלֵיהוֹן, בַּרְדָּא וִימוּתוּן: דִּדְחֵיל מִפִּתְגָּמָא דַּייָ, מֵעַבְדֵי פַרְעֹה,
כא כְּנַשׁ, יָת עַבְדּוֹהִי וְיָת בְּעִירֵיהּ לְבָתַּיָּא: וּדְלָא שַׁוִּי, לִבֵּיהּ לְפִתְגָּמָא דַּייָ, שְׁבַק, יָת עַבְדּוֹהִי
כב וְיָת בְּעִירֵיהּ בְּחַקְלָא: וַאֲמַר יְיָ לְמֹשֶׁה, אֲרֵים יָת יְדָךְ עַל צֵית שְׁמַיָּא, וִיהֵי בַרְדָּא בְּכָל אַרְעָא דְמִצְרָיִם, עַל אֲנָשָׁא וְעַל בְּעִירָא, וְעַל, כָּל עִסְבָּא דְחַקְלָא בְּאַרְעָא דְמִצְרָיִם:
כג וַאֲרֵים מֹשֶׁה יָת חֻטְרֵיהּ עַל צֵית שְׁמַיָּא, וַייָ, יְהַב קָלִין וּבְרַד, וּמְהַלְּכָא אִישָׁתָא עַל
כד אַרְעָא, וְאַמְטַר יְיָ, בַּרְדָּא עַל אַרְעָא דְמִצְרָיִם: וַהֲוָה בַרְדָּא, וְאִישָׁתָא, מִשְׁתַּלְהֲבָא בְּגוֹ בַרְדָּא, תַּקִּיף לַחֲדָא, דְּלָא הֲוָה דִּכְוָתֵיהּ בְּכָל אַרְעָא דְמִצְרַיִם, מֵעִדָּן דַּהֲוַת לְעַם:
כה וּמְחָא בַרְדָּא בְּכָל אַרְעָא דְמִצְרַיִם, יָת כָּל דִּבְחַקְלָא, מֵאֲנָשָׁא וְעַד בְּעִירָא, וְיָת כָּל עִסְבָּא דְחַקְלָא מְחָא בַרְדָּא, וְיָת כָּל אִילָנֵי חַקְלָא תַּבַּר: לְחוֹד בְּאַרְעָא דְגֹשֶׁן, דְּתַמָּן בְּנֵי יִשְׂרָאֵל,
כו לָא הֲוָה בַּרְדָּא: וּשְׁלַח פַּרְעֹה, וּקְרָא לְמֹשֶׁה וּלְאַהֲרֹן, וַאֲמַר לְהוֹן חֲבִית זִמְנָא הָדָא,

יז] **עוֹדְךָ** מִסְתּוֹלֵל בְּעַמִּי. כְּתַרְגּוּמוֹ: "כְּבִישַׁת בֵּיהּ בְּעַמִּי" וְהוּא מִגִּזְרַת 'מְסִלָּה' (במדבר כ, יט) דִּמְתַרְגְּמִינָן: "אֹרַח כְּבִישָׁא", וּבְלַעַ"ז קלקי"ר. וּכְבָר פֵּרַשְׁתִּי בְּסוֹף "וַיְהִי מִקֵּץ" (בראשית מג, טז), כָּל תֵּבָה שֶׁתְּחִלַּת יְסוֹדָהּ סָמֶ"ךְ וְהִיא בָּאָה לְדַבֵּר בִּלְשׁוֹן מִתְפַּעֵל נוֹתֵן הַתֵּי"ו שֶׁל שִׁמּוּשׁ בְּאֶמְצַע אוֹתִיּוֹת שֶׁל עִקָּר, כְּגוֹן זוֹ, וּכְגוֹן: "וְיִסְתַּבֵּל הֶחָגָב" (קהלת יב, ה) מִגִּזְרַת 'סָבַל' (מלכים א' ה, כט), "כִּי תִשְׂתָּרֵר עָלֵינוּ" (במדבר טז, יג) מִגִּזְרַת 'שַׂר וְעִיד' (דברי הימים ב' לב, כא), "מִשְׂתַּכַּל הֲוֵית" (דניאל ז, ח):

יח] **כָּעֵת מָחָר.** כָּעֵת הַזֹּאת לְמָחָר. שָׂרַט לוֹ שְׂרִיטָה בַּכֹּתֶל, לְמָחָר כְּשֶׁתַּגִּיעַ חַמָּה לְכָאן יֵרֵד הַבָּרָד: **הִוָּסְדָה.** שֶׁנִּתְיַסְּדָה. וְכָל תֵּבָה שֶׁתְּחִלַּת יְסוֹדָהּ יוֹ"ד כְּגוֹן: יָסַד, יָלַד, יָדַע, יָסַר, כְּשֶׁהִיא מִתְפַּעֶלֶת תָּבֹא הַיּוֹ"ד בִּמְקוֹם הֵ"א כְּמוֹ:

"הִוָּסְדָה", "הִוָּלְדָה" (הושע ב, ה), "וִיּוָּדַע" (אסתר ב, כב), "וַיִּוָּלֶד לְיוֹסֵף" (בראשית מו, כ), "בַּדְּבָרִים לֹא יִוָּסֶר עָבֶד" (משלי כט, יט):

יט] **שְׁלַח הָעֵז.** כְּתַרְגּוּמוֹ: "שְׁלַח כְּנוּשׁ". וְכֵן: "יֹשְׁבֵי הַגְּבִים הֵעִיזוּ" (ישעיה י, לא), "הָעִזּוּ בְּנֵי בִנְיָמִן" (ירמיה ו, א): **וְלֹא יֵאָסֵף הַבַּיְתָה.** לְשׁוֹן הַכְנָסָה הוּא:

כ] **הֵנִיס.** הִבְרִיחַ:

כב] **עַל הַשָּׁמַיִם.** לְצַד הַשָּׁמַיִם. וּמִדְרַשׁ אַגָּדָה, הִגְבִּיהוֹ הַקָּדוֹשׁ בָּרוּךְ הוּא לְמֹשֶׁה לְמַעְלָה מִן הַשָּׁמַיִם:

כד] **מִתְלַקַּחַת בְּתוֹךְ הַבָּרָד.** נֵס בְּתוֹךְ נֵס, הָאֵשׁ וְהַבָּרָד מְעֹרָבִין, וְהַבָּרָד מַיִם הוּא, וְלַעֲשׂוֹת רְצוֹן קוֹנָם עָשׂוּ שָׁלוֹם בֵּינֵיהֶם:

שמות

כח יהוה֙ הַצַּדִּ֔יק וַאֲנִ֥י וְעַמִּ֖י הָרְשָׁעִֽים: הַעְתִּ֙ירוּ֙ אֶל־
יהו֔ה וְרַ֕ב מִֽהְיֹ֛ת קֹלֹ֥ת אֱלֹהִ֖ים וּבָרָ֑ד וַאֲשַׁלְּחָ֣ה
אֶתְכֶ֔ם וְלֹ֥א תֹסִפ֖וּן לַעֲמֹֽד: כט וַיֹּ֤אמֶר אֵלָיו֙ מֹשֶׁ֔ה
כְּצֵאתִי֙ אֶת־הָעִ֔יר אֶפְרֹ֥שׂ אֶת־כַּפַּ֖י אֶל־יהו֑ה
הַקֹּל֣וֹת יֶחְדָּל֗וּן וְהַבָּרָד֙ לֹ֣א יִֽהְיֶה־ע֔וֹד לְמַ֣עַן
תֵּדַ֔ע כִּ֥י לַיהו֖ה הָאָֽרֶץ: ל וְאַתָּ֖ה וַעֲבָדֶ֑יךָ יָדַ֕עְתִּי
כִּ֚י טֶ֣רֶם תִּֽירְא֔וּן מִפְּנֵ֖י יהו֥ה אֱלֹהִֽים: לא וְהַפִּשְׁתָּ֥ה
וְהַשְּׂעֹרָ֖ה נֻכָּ֑תָה כִּ֤י הַשְּׂעֹרָה֙ אָבִ֔יב וְהַפִּשְׁתָּ֖ה
גִּבְעֹֽל: לב וְהַחִטָּ֥ה וְהַכֻּסֶּ֖מֶת לֹ֣א נֻכּ֑וּ כִּ֥י אֲפִילֹ֖ת
הֵֽנָּה: לג וַיֵּצֵ֨א מֹשֶׁ֜ה מֵעִ֤ם פַּרְעֹה֙ אֶת־הָעִ֔יר וַיִּפְרֹ֥שׂ
כַּפָּ֖יו אֶל־יהו֑ה וַֽיַּחְדְּל֣וּ הַקֹּל֗וֹת וְהַבָּרָד֙ וּמָטָ֖ר
לֹא־נִתַּ֥ךְ אָֽרְצָה: לד וַיַּ֣רְא פַּרְעֹ֗ה כִּֽי־חָדַ֨ל הַמָּטָ֧ר
וְהַבָּרָ֛ד וְהַקֹּלֹ֖ת וַיֹּ֣סֶף לַחֲטֹ֑א וַיַּכְבֵּ֥ד לִבּ֖וֹ ה֥וּא
וַעֲבָדָֽיו: לה וַֽיֶּחֱזַק֙ לֵ֣ב פַּרְעֹ֔ה וְלֹ֥א שִׁלַּ֖ח אֶת־בְּנֵ֣י
יִשְׂרָאֵ֑ל כַּאֲשֶׁ֛ר דִּבֶּ֥ר יהו֖ה בְּיַד־מֹשֶֽׁה:

וארא

מפטיר

וארא

כח יְיָ זַכָּאָה, וַאֲנָא וְעַמִּי חַיָּבִין: צַלּוֹ קֳדָם יְיָ, וְסַגִּי קֳדָמוֹהִי רְוַח, דְּלָא יְהוֹן עֲלַנָא, קָלִין דְּלְוָט כְּאִלֵּין
כט מִן קֳדָם יְיָ וּבַרְדָּא, וַאֲשַׁלַּח יָתְכוֹן, וְלָא תֵיסְפוּן לְאִתְעַכָּבָא: וַאֲמַר לֵיהּ מֹשֶׁה, כְּמִפְּקִי מִן קַרְתָּא,
אֶפְרוֹס יָת יְדַי בִּצְלוֹ קֳדָם יְיָ, קָלַיָּא יִתְמַנְעוּן, וּבַרְדָּא לָא יְהֵי עוֹד, בְּדִיל דְּתִדַּע, אֲרֵי דַיְיָ
ל לא אַרְעָא: וְאַתְּ וְעַבְדָּךְ, יָדַעְנָא, אֲרֵי עַד כְּעַן לָא אִתְכְּנַעְתּוּן, מִן קֳדָם יְיָ אֱלֹהִים: וְכִתָּנָא וּסְעָרֵי
לב לג לְקוֹ, אֲרֵי סַעֲרַיָּא אָבִיב, וְכִתָּנָא גַּבְעֳלִין: וְחִטַּיָּא וְכוּנָתַיָּא לָא לְקָאָה, אֲרֵי אַפְלָתָא אִנִּין: וּנְפַק
מֹשֶׁה, מִלְּוָת פַּרְעֹה יָת קַרְתָּא, וּפְרַס יְדוֹהִי בִּצְלוֹ קֳדָם יְיָ, וְאִתְמְנַעוּ קָלַיָּא וּבַרְדָּא, וּמִטְרָא
לד דַּהֲוָה נָחֵית לָא מְטָא עַל אַרְעָא: וַחֲזָא פַרְעֹה, אֲרֵי אִתְמְנַע מִטְרָא וּבַרְדָּא, וְקָלַיָּא וְאוֹסֵיף
לה לְמִחְטֵי, וְיַקַּרֵיהּ לְלִבֵּיהּ הוּא וְעַבְדּוֹהִי: וְאִתַּקַּף לִבָּא דְפַרְעֹה, וְלָא שַׁלַּח יָת בְּנֵי יִשְׂרָאֵל, כְּמָא
דְּמַלֵּיל יְיָ בִּידָא דְמֹשֶׁה:

כח) **וְרַב.** דַּי לוֹ כַּמָּה שֶׁהוֹרִיד כְּבָר:

כט) **כְּצֵאתִי אֶת הָעִיר.** מִן הָעִיר. אֲבָל בְּתוֹךְ הָעִיר לֹא הִתְפַּלֵּל לְפִי שֶׁהָיְתָה מְלֵאָה גִּלּוּלִים:

ל) **טֶרֶם תִּירְאוּן.** עֲדַיִן לֹא תִירְאוּן. וְכֵן כָּל טֶרֶם שֶׁבַּמִּקְרָא ׳עֲדַיִן לֹא׳ הוּא וְאֵינוֹ לְשׁוֹן קֹדֶם. ״טֶרֶם יִשְׁכָּבוּ״ (בראשית יט, ד) – ״עַד לָא שְׁכִיבוּ״; ״טֶרֶם יִצְמָח״ (שם ב, ה) – ״עַד לָא צְמַח״. אַף זֶה כֵּן הוּא, יָדַעְתִּי כִּי עֲדַיִן אֵינְכֶם יְרֵאִים, וּמִשֶּׁתִּהְיֶה הָרְוָחָה תַּעַמְדוּ בְּקִלְקוּלְכֶם:

לא) **וְהַפִּשְׁתָּה וְהַשְּׂעֹרָה נֻכָּתָה.** נִשְׁבְּרָה, לְשׁוֹן: ״פַּרְעֹה נְכֹה״ (מלכים ב׳ כג, כט), ״נְכָאִים״ (ישעיה טז, ז), וְכֵן ״לֹא נֻכּוּ״ (להלן פסוק לב). וְלֹא יִתָּכֵן לְפָרְשָׁם לְשׁוֹן הַכָּאָה, שֶׁאֵין נוּ״ן בִּמְקוֹם הֵ״א לְפָרֵשׁ ׳נֻכָּתָה׳ כְּמוֹ ׳הֻכָּתָה׳, ׳נֻכּוּ׳ כְּמוֹ ׳הֻכּוּ׳, אֶלָּא הַנּוּ״ן שֹׁרֶשׁ בַּתֵּבָה, וַהֲרֵי הוּא מְגֻזֶּרֶת ״וְשֻׁפּוּ עַצְמֹתָיו״ (איוב לג, כא): **כִּי הַשְּׂעֹרָה אָבִיב.** כְּבָר בִּכְּרָה וְעוֹמֶדֶת בְּקַשֶּׁיהָ וְנִשְׁתַּבְּרוּ וְנָפְלוּ. וְכֵן הַפִּשְׁתָּה גָּדְלָה כְּבָר וְהִקְשָׁה לַעֲמֹד בִּגְבְעוֹלֶיהָ: **הַשְּׂעֹרָה אָבִיב.** עָמְדָה בְּאִבֶּיהָ, לְשׁוֹן ״בְּאִבֵּי הַנָּחַל״ (שיר השירים ו, יא):

לב) **כִּי אֲפִילֹת הֵנָּה.** מְאֻחָרוֹת, וַעֲדַיִן הָיוּ רַכּוֹת וִיכוֹלוֹת לַעֲמֹד בִּפְנֵי קָשֶׁה. וְאַף עַל פִּי שֶׁנֶּאֱמַר: ״וְאֵת כָּל עֵשֶׂב הַשָּׂדֶה הִכָּה הַבָּרָד״ (לעיל פסוק כה), יֵשׁ לְיַשֵּׁב פְּשׁוּטוֹ שֶׁל מִקְרָא בָּעֲשָׂבִים הָעוֹמְדִים בְּקַלְחָם הָרְאוּיִם לִלְקוֹת בַּבָּרָד. וּבְמִדְרַשׁ רַבִּי תַּנְחוּמָא (ו) יֵשׁ מֵרַבּוֹתֵינוּ שֶׁנֶּחְלְקוּ עַל זֹאת, וְדָרְשׁוּ ״כִּי אֲפִילֹת״, פִּלְאֵי פְלָאוֹת נַעֲשׂוּ לָהֶם שֶׁלֹּא לָקוּ:

לג) **לֹא נִתַּךְ.** לֹא הִגִּיעַ, וְאַף אוֹתָן שֶׁהָיוּ בָּאֲוִיר לֹא הִגִּיעוּ לָאָרֶץ. וְדוֹמֶה לוֹ: ״וַתִּתַּךְ עָלֵינוּ הָאָלָה וְהַשְּׁבֻעָה״ דְּעֶזְרָא (דניאל ט, יא), וַתַּגִּיעַ עָלֵינוּ. וּמְנַחֵם בֶּן סָרוּק חִבְּרוֹ בְּחֵלֶק ״כְּהִתּוּךְ כֶּסֶף״ (יחזקאל כב, כב), לְשׁוֹן יְצִיקַת מַתֶּכֶת, וְדוֹחֶה אֲנִי אֶת דְּבָרָיו; כְּתַרְגּוּמוֹ ״וַיִּצֹק״ – ״וְאַתִּיךְ״ (להלן לח, ה), ״לָצֶקֶת״ (שם פסוק כז) – ״לְאַתָּכָא״. אַף זֶה ״לֹא נִתַּךְ״, לֹא הוּצַק לָאָרֶץ:

הפטרת וארא

בראש חודש שבט קוראים את המפטיר מספר במדבר כח, ט-טו, ואת ההפטרה בעמ' 1284.

חלקו האמצעי של ספר יחזקאל עוסק בנבואות על עמי האזור. את הנבואות האלה ניבא יחזקאל בבבל, לאנשים שגלו עמו מיהודה בגלות יהויכין, בעת המצור האחרון של בבל על ירושלים שבסיומו חרב הבית הראשון. הגולים עם יהויכין היו אמורים לחזק את הגולים שיגיעו לאחר החורבן הכללי. אחת השאלות שעלו אז הייתה, מדוע ניתן כוח לעמים להחריב את בית ה', את מלכות בית דוד, ולהצר לאנשי יהודה. בפרקי הנבואות על העמים ה' מבהיר שהוא יבוא חשבון עם עמי הרשע שהיו מעורבים בחורבן יהודה וירושלים. יש דין ויש דיין גם בשעה של ליקוי מאורות. ברשימת העמים שה' יבוא אתם חשבון נמצאת גם מצרים. לאחר המכות שיכה ה' את מצרים "ידעו כי אני ה'". גם מצרים וגם ישראל יגלו מי הוא מנהיג העולם. הנהגה זו תביא בסופו של דבר לשיבת ישראל לארצו.

התימנים מתחילים כאן

יחזקאל

כח כד וְלֹא־יִהְיֶה עוֹד לְבֵית יִשְׂרָאֵל סִלּוֹן מַמְאִיר וְקוֹץ מַכְאִב מִכֹּל סְבִיבֹתָם

האשכנזים והספרדים מתחילים כאן

כה הַשָּׁאטִים אוֹתָם וְיָדְעוּ כִּי אֲנִי אֲדֹנָי יֱהוִה: *כֹּה־אָמַר אֲדֹנָי

יֱהוִה בְּקַבְּצִי ׀ אֶת־בֵּית יִשְׂרָאֵל מִן־הָעַמִּים אֲשֶׁר נָפֹצוּ בָם וְנִקְדַּשְׁתִּי בָם

כו לְעֵינֵי הַגּוֹיִם וְיָשְׁבוּ עַל־אַדְמָתָם אֲשֶׁר נָתַתִּי לְעַבְדִּי לְיַעֲקֹב: וְיָשְׁבוּ עָלֶיהָ

לָבֶטַח וּבָנוּ בָתִּים וְנָטְעוּ כְרָמִים וְיָשְׁבוּ לָבֶטַח בַּעֲשׂוֹתִי שְׁפָטִים בְּכֹל

כט א הַשָּׁאטִים אֹתָם מִסְּבִיבוֹתָם וְיָדְעוּ כִּי אֲנִי יְהוָה אֱלֹהֵיהֶם: בַּשָּׁנָה

ב הָעֲשִׂרִית בָּעֲשִׂרִי בִּשְׁנֵים עָשָׂר לַחֹדֶשׁ הָיָה דְבַר־יְהוָה אֵלַי לֵאמֹר: בֶּן־

אָדָם שִׂים פָּנֶיךָ עַל־פַּרְעֹה מֶלֶךְ מִצְרָיִם וְהִנָּבֵא עָלָיו וְעַל־מִצְרַיִם כֻּלָּהּ:

ג דַּבֵּר וְאָמַרְתָּ כֹּה־אָמַר ׀ אֲדֹנָי יֱהוִה הִנְנִי עָלֶיךָ פַּרְעֹה מֶלֶךְ־מִצְרַיִם הַתַּנִּים

ד הַגָּדוֹל הָרֹבֵץ בְּתוֹךְ יְאֹרָיו אֲשֶׁר אָמַר לִי יְאֹרִי וַאֲנִי עֲשִׂיתִנִי: וְנָתַתִּי

חחיים בִּלְחָיֶיךָ וְהִדְבַּקְתִּי דְגַת־יְאֹרֶיךָ בְּקַשְׂקְשֹׂתֶיךָ וְהַעֲלִיתִיךָ מִתּוֹךְ חַחִים

ה יְאֹרֶיךָ וְאֵת כָּל־דְּגַת יְאֹרֶיךָ בְּקַשְׂקְשֹׂתֶיךָ תִּדְבָּק: וּנְטַשְׁתִּיךָ הַמִּדְבָּרָה

אוֹתְךָ וְאֵת כָּל־דְּגַת יְאֹרֶיךָ עַל־פְּנֵי הַשָּׂדֶה תִּפּוֹל לֹא תֵאָסֵף וְלֹא תִקָּבֵץ

ו לְחַיַּת הָאָרֶץ וּלְעוֹף הַשָּׁמַיִם נְתַתִּיךָ לְאָכְלָה: וְיָדְעוּ כָּל־יֹשְׁבֵי מִצְרַיִם כִּי

ז אֲנִי יְהוָה יַעַן הֱיוֹתָם מִשְׁעֶנֶת קָנֶה לְבֵית יִשְׂרָאֵל: בְּתָפְשָׂם בְּךָ בכפך בַכַּף

תֵּרוֹץ וּבָקַעְתָּ לָהֶם כָּל־כָּתֵף וּבְהִשָּׁעֲנָם עָלֶיךָ תִּשָּׁבֵר וְהַעֲמַדְתָּ לָהֶם

ח כָּל־מָתְנָיִם: לָכֵן כֹּה אָמַר אֲדֹנָי יֱהוִה הִנְנִי מֵבִיא עָלַיִךְ חָרֶב

ט וְהִכְרַתִּי מִמֵּךְ אָדָם וּבְהֵמָה: וְהָיְתָה אֶרֶץ־מִצְרַיִם לִשְׁמָמָה וְחָרְבָּה וְיָדְעוּ

י כִּי־אֲנִי יְהוָה יַעַן אָמַר יְאֹר לִי וַאֲנִי עָשִׂיתִי: לָכֵן הִנְנִי אֵלֶיךָ וְאֶל־יְאֹרֶיךָ

וְנָתַתִּי אֶת־אֶרֶץ מִצְרַיִם לְחָרְבוֹת חֹרֶב שְׁמָמָה מִמִּגְדֹּל סְוֵנֵה וְעַד־גְּבוּל

יא כּוּשׁ: לֹא תַעֲבָר־בָּהּ רֶגֶל אָדָם וְרֶגֶל בְּהֵמָה לֹא תַעֲבָר־בָּהּ וְלֹא תֵשֵׁב

יב אַרְבָּעִים שָׁנָה: וְנָתַתִּי אֶת־אֶרֶץ מִצְרַיִם שְׁמָמָה בְּתוֹךְ ׀ אֲרָצוֹת נְשַׁמּוֹת

וְעָרֶיהָ בְּתוֹךְ עָרִים מָחֳרָבוֹת תִּהְיֶיןָ שְׁמָמָה אַרְבָּעִים שָׁנָה וַהֲפִצֹתִי אֶת־
יג מִצְרַיִם בַּגּוֹיִם וְזֵרִיתִים בָּאֲרָצוֹת׃ כִּי כֹּה אָמַר אֲדֹנָי יֱהֹוִה מִקֵּץ
יד אַרְבָּעִים שָׁנָה אֲקַבֵּץ אֶת־מִצְרַיִם מִן־הָעַמִּים אֲשֶׁר־נָפֹצוּ שָׁמָּה׃ וְשַׁבְתִּי
אֶת־שְׁבוּת מִצְרַיִם וַהֲשִׁבֹתִי אֹתָם אֶרֶץ פַּתְרוֹס עַל־אֶרֶץ מְכוּרָתָם וְהָיוּ שָׁם
טו מַמְלָכָה שְׁפָלָה׃ מִן־הַמַּמְלָכוֹת תִּהְיֶה שְׁפָלָה וְלֹא־תִתְנַשֵּׂא עוֹד עַל־הַגּוֹיִם
טז וְהִמְעַטְתִּים לְבִלְתִּי רְדוֹת בַּגּוֹיִם׃ וְלֹא יִהְיֶה־עוֹד לְבֵית יִשְׂרָאֵל לְמִבְטָח
יז מַזְכִּיר עָוֺן בִּפְנוֹתָם אַחֲרֵיהֶם וְיָדְעוּ כִּי אֲנִי אֲדֹנָי יֱהֹוִה׃ וַיְהִי
בְּעֶשְׂרִים וָשֶׁבַע שָׁנָה בָּרִאשׁוֹן בְּאֶחָד לַחֹדֶשׁ הָיָה דְבַר־יְהֹוָה אֵלַי לֵאמֹר׃
יח בֶּן־אָדָם נְבוּכַדְרֶאצַּר מֶלֶךְ־בָּבֶל הֶעֱבִיד אֶת־חֵילוֹ עֲבֹדָה גְדוֹלָה אֶל־צֹר
כָּל־רֹאשׁ מֻקְרָח וְכָל־כָּתֵף מְרוּטָה וְשָׂכָר לֹא־הָיָה לוֹ וּלְחֵילוֹ מִצֹּר עַל־
יט הָעֲבֹדָה אֲשֶׁר־עָבַד עָלֶיהָ׃ לָכֵן כֹּה אָמַר אֲדֹנָי יֱהֹוִה הִנְנִי נֹתֵן
לִנְבוּכַדְרֶאצַּר מֶלֶךְ־בָּבֶל אֶת־אֶרֶץ מִצְרָיִם וְנָשָׂא הֲמֹנָהּ וְשָׁלַל שְׁלָלָהּ
כ וּבָזַז בִּזָּהּ וְהָיְתָה שָׂכָר לְחֵילוֹ׃ פְּעֻלָּתוֹ אֲשֶׁר־עָבַד בָּהּ נָתַתִּי לוֹ אֶת־אֶרֶץ
כא מִצְרָיִם אֲשֶׁר עָשׂוּ לִי נְאֻם אֲדֹנָי יֱהֹוִה׃ בַּיּוֹם הַהוּא אַצְמִיחַ קֶרֶן לְבֵית
יִשְׂרָאֵל וּלְךָ אֶתֵּן פִּתְחוֹן־פֶּה בְּתוֹכָם וְיָדְעוּ כִּי־אֲנִי יְהֹוָה׃

פרשת בא

בא

ז וַיֹּאמֶר יְהוָה אֶל־מֹשֶׁה בֹּא אֶל־פַּרְעֹה כִּי־אֲנִי י א
הִכְבַּדְתִּי אֶת־לִבּוֹ וְאֶת־לֵב עֲבָדָיו לְמַעַן שִׁתִי
אֹתֹתַי אֵלֶּה בְּקִרְבּוֹ: וּלְמַעַן תְּסַפֵּר בְּאָזְנֵי בִנְךָ ב
וּבֶן־בִּנְךָ אֵת אֲשֶׁר הִתְעַלַּלְתִּי בְּמִצְרַיִם וְאֶת־
אֹתֹתַי אֲשֶׁר־שַׂמְתִּי בָם וִידַעְתֶּם כִּי־אֲנִי יְהוָה:
וַיָּבֹא מֹשֶׁה וְאַהֲרֹן אֶל־פַּרְעֹה וַיֹּאמְרוּ אֵלָיו ג
כֹּה־אָמַר יְהוָה אֱלֹהֵי הָעִבְרִים עַד־מָתַי מֵאַנְתָּ
לֵעָנֹת מִפָּנָי שַׁלַּח עַמִּי וְיַעַבְדֻנִי: כִּי אִם־מָאֵן ד
אַתָּה לְשַׁלֵּחַ אֶת־עַמִּי הִנְנִי מֵבִיא מָחָר אַרְבֶּה
בִּגְבֻלֶךָ: וְכִסָּה אֶת־עֵין הָאָרֶץ וְלֹא יוּכַל לִרְאֹת ה
אֶת־הָאָרֶץ וְאָכַל ׀ אֶת־יֶתֶר הַפְּלֵטָה הַנִּשְׁאֶרֶת
לָכֶם מִן־הַבָּרָד וְאָכַל אֶת־כָּל־הָעֵץ הַצֹּמֵחַ לָכֶם
מִן־הַשָּׂדֶה: וּמָלְאוּ בָתֶּיךָ וּבָתֵּי כָל־עֲבָדֶיךָ וּבָתֵּי ו
כָל־מִצְרַיִם אֲשֶׁר לֹא־רָאוּ אֲבֹתֶיךָ וַאֲבוֹת אֲבֹתֶיךָ
מִיּוֹם הֱיוֹתָם עַל־הָאֲדָמָה עַד הַיּוֹם הַזֶּה וַיִּפֶן
וַיֵּצֵא מֵעִם פַּרְעֹה: וַיֹּאמְרוּ עַבְדֵי פַרְעֹה אֵלָיו ז
עַד־מָתַי יִהְיֶה זֶה לָנוּ לְמוֹקֵשׁ שַׁלַּח אֶת־הָאֲנָשִׁים
וְיַעַבְדוּ אֶת־יְהוָה אֱלֹהֵיהֶם הֲטֶרֶם תֵּדַע כִּי אָבְדָה

ח מִצְרָיִם: וַיּוּשַׁב אֶת־מֹשֶׁה וְאֶת־אַהֲרֹן אֶל־פַּרְעֹה
וַיֹּאמֶר אֲלֵהֶם לְכוּ עִבְדוּ אֶת־יְהוָה אֱלֹהֵיכֶם מִי
ט וָמִי הַהֹלְכִים: וַיֹּאמֶר מֹשֶׁה בִּנְעָרֵינוּ וּבִזְקֵנֵינוּ
נֵלֵךְ בְּבָנֵינוּ וּבִבְנוֹתֵנוּ בְּצֹאנֵנוּ וּבִבְקָרֵנוּ נֵלֵךְ כִּי
י חַג־יְהוָה לָנוּ: וַיֹּאמֶר אֲלֵהֶם יְהִי כֵן יְהוָה עִמָּכֶם

י א וַאֲמַר יי לְמֹשֶׁה, עוֹל לְוָת פַּרְעֹה, אֲרֵי אֲנָא, יַקִּרִית יָת לִבֵּיהּ וְיָת לִבָּא דְעַבְדוֹהִי, בְּדִיל,
ב לְשַׁוָּאָה, אָתַי אִלֵּין בֵּינֵיהוֹן: וּבְדִיל, דְּתִשְׁתַּעֵי קֳדָם בְּרָךְ וּבַר בְּרָךְ, יָת נִסִּין דַּעֲבַדִית בְּמִצְרַיִם,
ג וְיָת אָתְוָתַי דְשַׁוִּיתִי בְהוֹן, וְתִדְעוּן אֲרֵי אֲנָא יי: וְעָאל מֹשֶׁה וְאַהֲרֹן לְוָת פַּרְעֹה, וַאֲמַרוּ לֵיהּ,
כִּדְנַן אֲמַר יי אֱלָהָא דִיהוּדָאֵי, עַד אִמַּתִּי מְסָרֵיב אַתְּ, לְאִתְכְּנָעָא מִן קֳדָמָי, שַׁלַּח עַמִּי
ד וְיִפְלְחוּן קֳדָמָי: אֲרֵי, אִם מְסָרֵיב אַתְּ לְשַׁלָּחָא יָת עַמִּי, הָאֲנָא מֵיתֵי מְחַר, גּוֹבָא בִּתְחוּמָךְ:
ה וִיחַפֵּי יָת עֵין שִׁמְשָׁא דְּאַרְעָא, וְלָא יִכּוֹל לְמֶחֱזֵי יָת אַרְעָא, וְיֵיכוֹל יָת שְׁאָר שֵׁיזָבְתָא,
ו דְּאִשְׁתְּאַרַת לְכוֹן מִן בַּרְדָּא, וְיֵיכוֹל יָת כָּל אִילָנָא, דְּאַצְמַח לְכוֹן מִן חַקְלָא: וְיִתְמְלוֹן בָּתָּךְ,
וּבָתֵּי כָל עַבְדָּךְ וּבָתֵּי כָל מִצְרָאֵי, דְּלָא חֲזוֹ אֲבָהָתָךְ וַאֲבָהָת אֲבָהָתָךְ, מִיּוֹם, מִהְוֵיהוֹן עַל
ז אַרְעָא, עַד יוֹמָא הָדֵין, וְאִתְפְּנִי וּנְפַק מִלְּוָת פַּרְעֹה: וַאֲמַרוּ עַבְדֵי פַרְעֹה לֵיהּ, עַד אִמַּתִּי
יְהֵי דֵין לַנָא לְתַקְלָא, שַׁלַּח יָת גֻּבְרַיָּא, וְיִפְלְחוּן קֳדָם יי אֱלָהֲהוֹן, הַעוֹד כְּעַן לָא יְדַעְתָּא,
ח אֲרֵי אֲבַדַת מִצְרָיִם: וְאִתְּתַב, יָת מֹשֶׁה וְיָת אַהֲרֹן לְוָת פַּרְעֹה, וַאֲמַר לְהוֹן, אִיזִילוּ פְלַחוּ קֳדָם
ט יי אֱלָהֲכוֹן, מַאן וּמַאן אָזְלִין: וַאֲמַר מֹשֶׁה, בְּעוּלֵימַנָא וּבְסָבַנָא נֵיזֵיל, בִּבְנַנָא וּבִבְנָתַנָא,
י בְּעָנָנָא וּבְתוֹרַנָא נֵיזֵיל, אֲרֵי חַגָּא קֳדָם יי לַנָא: וַאֲמַר לְהוֹן, יְהֵי כֵן מֵימְרָא דַיי בְּסַעְדְּכוֹן,

א| וַיֹּאמֶר ה' אֶל מֹשֶׁה בֹּא אֶל פַּרְעֹה. וְהַתְרֵה בּוֹ: שִׁתִי. שׂוּמִי, שֶׁאָשִׁית אֲנִי:

ב| הִתְעַלַּלְתִּי. שִׂחַקְתִּי, כְּמוֹ: "כִּי הִתְעַלַּלְתְּ בִּי" (במדבר כב, כט), "הֲלוֹא כַּאֲשֶׁר הִתְעוֹלֵל בָּהֶם" (שמואל א' ו, ו) הָאָמוּר בְּמִצְרַיִם. וְאֵינוֹ לְשׁוֹן פֹּעַל וּמַעֲלָלִים, שֶׁאִם כֵּן הָיָה לוֹ לִכְתֹּב 'עוֹלַלְתִּי', כְּמוֹ: "וְעוֹלֵל לָמוֹ כַּאֲשֶׁר עוֹלַלְתָּ לִי" (איכה א, כב), "אֲשֶׁר עוֹלַל לִי" (שם פסוק יב):

ג| לֵעָנֹת. כְּתַרְגּוּמוֹ: "לְאִתְכְּנָעָא", וְהוּא מִגִּזְרַת 'עָנִי', מֵאַנְתָּ לִהְיוֹת עָנִי וְשָׁפָל מִפָּנַי:

ה| אֶת עֵין הָאָרֶץ. אֶת מַרְאֵה הָאָרֶץ: וְלֹא יוּכַל. הָרוֹאֶה "לִרְאֹת אֶת הָאָרֶץ", וְלָשׁוֹן קְצָרָה דִּבֵּר:

ז| הֲטֶרֶם תֵּדַע. הַעוֹד לֹא יָדַעְתָּ "כִּי אָבְדָה מִצְרָיִם":

ח| וַיּוּשַׁב. הוּשְׁבוּ עַל יְדֵי שָׁלִיחַ, שֶׁשְּׁלָחוּם אַחֲרֵיהֶם וֶהֱשִׁיבוּם אֶל פַּרְעֹה:

כַּאֲשֶׁר אֲשַׁלַּח אֶתְכֶם וְאֶת־טַפְּכֶם רְאוּ כִּי רָעָה
נֶגֶד פְּנֵיכֶם׃ לֹא כֵן לְכוּ־נָא הַגְּבָרִים וְעִבְדוּ יא
אֶת־יְהוָה כִּי אֹתָהּ אַתֶּם מְבַקְשִׁים וַיְגָרֶשׁ אֹתָם
מֵאֵת פְּנֵי פַרְעֹה׃ וַיֹּאמֶר יְהוָה אֶל־ יב שני
מֹשֶׁה נְטֵה יָדְךָ עַל־אֶרֶץ מִצְרַיִם בָּאַרְבֶּה וְיַעַל
עַל־אֶרֶץ מִצְרָיִם וְיֹאכַל אֶת־כָּל־עֵשֶׂב הָאָרֶץ
אֵת כָּל־אֲשֶׁר הִשְׁאִיר הַבָּרָד׃ וַיֵּט מֹשֶׁה אֶת־ יג
מַטֵּהוּ עַל־אֶרֶץ מִצְרַיִם וַיהוָה נִהַג רוּחַ־קָדִים
בָּאָרֶץ כָּל־הַיּוֹם הַהוּא וְכָל־הַלָּיְלָה הַבֹּקֶר הָיָה
וְרוּחַ הַקָּדִים נָשָׂא אֶת־הָאַרְבֶּה׃ וַיַּעַל הָאַרְבֶּה יד
עַל כָּל־אֶרֶץ מִצְרַיִם וַיָּנַח בְּכֹל גְּבוּל מִצְרָיִם כָּבֵד
מְאֹד לְפָנָיו לֹא־הָיָה כֵן אַרְבֶּה כָּמֹהוּ וְאַחֲרָיו
לֹא יִהְיֶה־כֵּן׃ וַיְכַס אֶת־עֵין כָּל־הָאָרֶץ וַתֶּחְשַׁךְ טו
הָאָרֶץ וַיֹּאכַל אֶת־כָּל־עֵשֶׂב הָאָרֶץ וְאֵת כָּל־פְּרִי
הָעֵץ אֲשֶׁר הוֹתִיר הַבָּרָד וְלֹא־נוֹתַר כָּל־יֶרֶק בָּעֵץ
וּבְעֵשֶׂב הַשָּׂדֶה בְּכָל־אֶרֶץ מִצְרָיִם׃ וַיְמַהֵר פַּרְעֹה טז
לִקְרֹא לְמֹשֶׁה וּלְאַהֲרֹן וַיֹּאמֶר חָטָאתִי לַיהוָה
אֱלֹהֵיכֶם וְלָכֶם׃ וְעַתָּה שָׂא נָא חַטָּאתִי אַךְ הַפַּעַם יז
וְהַעְתִּירוּ לַיהוָה אֱלֹהֵיכֶם וְיָסֵר מֵעָלַי רַק אֶת־
הַמָּוֶת הַזֶּה׃ וַיֵּצֵא מֵעִם פַּרְעֹה וַיֶּעְתַּר אֶל־יְהוָה׃ יח

יט וַיַּהֲפֹךְ יְהוָה רֽוּחַ־יָם חָזָק מְאֹד וַיִּשָּׂא אֶת־
הָֽאַרְבֶּה וַֽיִּתְקָעֵהוּ יָמָּה סּוּף לֹא נִשְׁאַר אַרְבֶּה
כ אֶחָד בְּכֹל גְּבוּל מִצְרָֽיִם׃ וַיְחַזֵּק יְהוָה אֶת־לֵב
פַּרְעֹה וְלֹא שִׁלַּח אֶת־בְּנֵי יִשְׂרָאֵֽל׃

כַּד אֲשַׁלַּח יָתְכוֹן וְיָת טַפְלְכוֹן, חֲזוֹ, אֲרֵי בִישָׁא אַתּוּן סְבִירִין לְמֶעְבַּד לֵית קֳבֵיל אַפֵּיכוֹן
יא לְאִסְתַּחֲרָא: לָא כֵן, אִיזִילוּ כְעַן גֻּבְרַיָּא וּפְלַחוּ קֳדָם יְיָ, אֲרֵי יָתַהּ אַתּוּן בָּעַן, וְתָרֵיךְ יָתְהוֹן, מִן
יב קֳדָם פַּרְעֹה: וַאֲמַר יְיָ לְמֹשֶׁה, אֲרֵים יְדָךְ, עַל אַרְעָא דְמִצְרַיִם וְיֵיתֵי גוֹבָא, וְיִסַּק עַל אַרְעָא
יג דְמִצְרָיִם, וְיֵיכוֹל יָת כָּל עִסְבָּא דְאַרְעָא, יָת, כָּל דְּאַשְׁאַר בַּרְדָּא: וַאֲרֵים מֹשֶׁה יָת חֻטְרֵיהּ עַל
אַרְעָא דְמִצְרַיִם, וַייָ, דַּבַּר רוּחַ קִדּוּמָא בְּאַרְעָא, כָּל יוֹמָא הַהוּא וְכָל לֵילְיָא, צַפְרָא הֲוָה, וְרוּחַ
יד קִדּוּמָא, נְטַל יָת גּוֹבָא: וּסְלֵיק גּוֹבָא, עַל כָּל אַרְעָא דְמִצְרַיִם, וּשְׁרָא, בְּכָל תְּחוּם מִצְרָיִם,
טו תַּקִּיף לַחְדָּא, קֳדָמוֹהִי, לָא הֲוָה כֵן גּוֹבָא דִכְוָתֵיהּ, וּבָתְרוֹהִי לָא יְהֵי כֵן: וַחֲפָא, יָת עֵין שִׁמְשָׁא
דְּכָל אַרְעָא וַחֲשׁוֹכַת אַרְעָא, וַאֲכַל יָת כָּל עִסְבָּא דְאַרְעָא, וְיָת כָּל פֵּירֵי אִילָנָא, דְּאַשְׁאַר
טז בַּרְדָּא, וְלָא אִשְׁתְּאַר כָּל יָרוֹק בְּאִילָנָא, וּבְעִסְבָּא דְחַקְלָא בְּכָל אַרְעָא דְמִצְרָיִם: וְאוֹחִי
יז פַּרְעֹה, לְמִקְרֵי לְמֹשֶׁה וּלְאַהֲרֹן, וַאֲמַר, חַבִית, קֳדָם יְיָ אֱלָהֲכוֹן וּלְכוֹן: וּכְעַן, שְׁבוֹק כְּעַן לְחוֹבִי
יח בְּרַם זִמְנָא הָדָא, וְצַלּוֹ קֳדָם יְיָ אֱלָהֲכוֹן, וְיַעְדֵּי מִנִּי, לְחוֹד יָת מוֹתָא הָדֵין: וּנְפַק מִלְּוָת פַּרְעֹה,
יט וְצַלִּי קֳדָם יְיָ: וַהֲפַךְ יְיָ רוּחַ מַעַרְבָא תַּקִּיף לַחְדָּא, וּנְטַל יָת גּוֹבָא, וּרְמָהִי לְיַמָּא דְסוּף, לָא
כ אִשְׁתְּאַר גּוֹבָא חַד, בְּכָל תְּחוּם מִצְרָיִם: וְתַקֵּיף יְיָ יָת לִבָּא דְפַרְעֹה, וְלָא שַׁלַּח יָת בְּנֵי יִשְׂרָאֵל:

י] כַּאֲשֶׁר אֲשַׁלַּח אֶתְכֶם וְאֶת טַפְּכֶם. אַף כִּי אֲשַׁלַּח גַּם אֶת הַצֹּאן וְאֶת הַבָּקָר כַּאֲשֶׁר אֲמַרְתֶּם: רְאוּ כִּי רָעָה נֶגֶד פְּנֵיכֶם. כְּתַרְגּוּמוֹ. וּמִדְרַשׁ אַגָּדָה שָׁמַעְתִּי, כּוֹכָב אֶחָד יֵשׁ שֶׁשְּׁמוֹ רָעָה, אָמַר לָהֶם פַּרְעֹה: רוֹאֶה אֲנִי בְּאִיצְטַגְנִינוּת שֶׁלִּי אוֹתוֹ כּוֹכָב עוֹלֶה לִקְרַאתְכֶם בַּמִּדְבָּר וְהוּא סִימָן דָּם וַהֲרֵיגָה. וּכְשֶׁחָטְאוּ יִשְׂרָאֵל בָּעֵגֶל וּבִקֵּשׁ הַקָּדוֹשׁ בָּרוּךְ הוּא לְהָרְגָם, אָמַר מֹשֶׁה בִּתְפִלָּתוֹ: "לָמָּה יֹאמְרוּ מִצְרַיִם לֵאמֹר בְּרָעָה הוֹצִיאָם" (להלן לב, יב), זוֹ הִיא שֶׁאָמַר לָהֶם: "רְאוּ כִּי רָעָה נֶגֶד פְּנֵיכֶם". מִיָּד – "וַיִּנָּחֶם ה' עַל הָרָעָה" (שם פסוק יד) וְהָפַךְ אֶת הַדָּם לְדַם מִילָה שֶׁמָּל יְהוֹשֻׁעַ אוֹתָם. וְזֶהוּ שֶׁנֶּאֱמַר: "הַיּוֹם גַּלּוֹתִי אֶת חֶרְפַּת מִצְרַיִם מֵעֲלֵיכֶם" (יהושע ה, ט) שֶׁהָיוּ אוֹמְרִים לָכֶם: דָּם אָנוּ רוֹאִין עֲלֵיכֶם בַּמִּדְבָּר:

יא] לֹא כֵן. כַּאֲשֶׁר אֲמַרְתֶּם לְהוֹלִיךְ הַטַּף עִמָּכֶם, אֶלָּא לְכוּ הַגְּבָרִים וְעִבְדוּ אֶת ה' כִּי אוֹתָהּ בִּקַּשְׁתֶּם עַד הֵנָּה, "נִזְבְּחָה לֵאלֹהֵינוּ" (לעיל ה, ח), וְאֵין דֶּרֶךְ הַטַּף לִזְבֹּחַ: וַיְגָרֶשׁ אֹתָם. הֲרֵי זֶה לָשׁוֹן קָצָר וְלֹא פֵּרַשׁ מִי הַמְגָרֵשׁ:

יב] בָּאַרְבֶּה. בִּשְׁבִיל מַכַּת הָאַרְבֶּה:

יד] וְאַחֲרָיו לֹא יִהְיֶה כֵּן. וְאוֹתוֹ שֶׁהָיָה בִּימֵי יוֹאֵל שֶׁנֶּאֱמַר: "כָּמֹהוּ לֹא נִהְיָה מִן הָעוֹלָם" (יואל ב, ב) לָמַדְנוּ שֶׁהָיָה כָּבֵד מִשֶּׁל מֹשֶׁה – עַל יְדֵי מִינִין הַרְבֵּה שֶׁהָיוּ יַחַד: אַרְבֶּה, יֶלֶק, חָסִיל, גָּזָם; אֲבָל שֶׁל מֹשֶׁה מִין אֶחָד, וְכָמוֹהוּ לֹא נִהְיָה וְלֹא יִהְיֶה:

טו] כָּל יֶרֶק. עָלֶה יָרֹק, ווירדור"א בְּלַעַז:

יט] לֹא נִשְׁאַר אַרְבֶּה אֶחָד. אַף הַמְּלוּחִים שֶׁמָּלְחוּ מֵהֶן:

וַיֹּאמֶר יְהוָה אֶל־מֹשֶׁה נְטֵה יָדְךָ עַל־הַשָּׁמַיִם כא
וִיהִי חֹשֶׁךְ עַל־אֶרֶץ מִצְרָיִם וְיָמֵשׁ חֹשֶׁךְ׃ וַיֵּט כב
מֹשֶׁה אֶת־יָדוֹ עַל־הַשָּׁמָיִם וַיְהִי חֹשֶׁךְ־אֲפֵלָה
בְּכָל־אֶרֶץ מִצְרַיִם שְׁלֹשֶׁת יָמִים׃ לֹא־רָאוּ כג
אִישׁ אֶת־אָחִיו וְלֹא־קָמוּ אִישׁ מִתַּחְתָּיו
שְׁלֹשֶׁת יָמִים וּלְכָל־בְּנֵי יִשְׂרָאֵל הָיָה אוֹר
שלישי בְּמוֹשְׁבֹתָם׃ וַיִּקְרָא פַרְעֹה אֶל־מֹשֶׁה וַיֹּאמֶר כד
לְכוּ עִבְדוּ אֶת־יְהוָה רַק צֹאנְכֶם וּבְקַרְכֶם
יֻצָּג גַּם־טַפְּכֶם יֵלֵךְ עִמָּכֶם׃ וַיֹּאמֶר מֹשֶׁה גַּם־ כה
אַתָּה תִּתֵּן בְּיָדֵנוּ זְבָחִים וְעֹלֹת וְעָשִׂינוּ לַיהוָה
אֱלֹהֵינוּ׃ וְגַם־מִקְנֵנוּ יֵלֵךְ עִמָּנוּ לֹא תִשָּׁאֵר כו
פַּרְסָה כִּי מִמֶּנּוּ נִקַּח לַעֲבֹד אֶת־יְהוָה אֱלֹהֵינוּ
וַאֲנַחְנוּ לֹא־נֵדַע מַה־נַּעֲבֹד אֶת־יְהוָה עַד־
בֹּאֵנוּ שָׁמָּה׃ וַיְחַזֵּק יְהוָה אֶת־לֵב פַּרְעֹה וְלֹא כז
אָבָה לְשַׁלְּחָם׃ וַיֹּאמֶר־לוֹ פַרְעֹה לֵךְ מֵעָלָי כח
הִשָּׁמֶר לְךָ אַל־תֹּסֶף רְאוֹת פָּנַי כִּי בְּיוֹם רְאֹתְךָ
פָנַי תָּמוּת׃ וַיֹּאמֶר מֹשֶׁה כֵּן דִּבַּרְתָּ לֹא־אֹסִף כט
עוֹד רְאוֹת פָּנֶיךָ׃

ח וַיֹּאמֶר יְהוָה אֶל־מֹשֶׁה עוֹד נֶגַע אֶחָד אָבִיא א יא
עַל־פַּרְעֹה וְעַל־מִצְרַיִם אַחֲרֵי־כֵן יְשַׁלַּח
אֶתְכֶם מִזֶּה כְּשַׁלְּחוֹ כָּלָה גָּרֵשׁ יְגָרֵשׁ אֶתְכֶם

ב מִזֶּה: דַּבֶּר־נָא בְּאָזְנֵי הָעָם וְיִשְׁאֲלוּ אִישׁ ׀ מֵאֵת
רֵעֵהוּ וְאִשָּׁה מֵאֵת רְעוּתָהּ כְּלֵי־כֶסֶף וּכְלֵי זָהָב׃

כא וַאֲמַר יי לְמֹשֶׁה, אֲרֵים יְדָךְ עַל צֵית שְׁמַיָּא, וִיהֵי חֲשׁוֹכָא עַל אַרְעָא דְּמִצְרָיִם, בָּתַר דְּיִעְדֵּי
כב קְבַל לֵילְיָא: וַאֲרֵים מֹשֶׁה, יָת יְדֵיהּ עַל צֵית שְׁמַיָּא, וַהֲוָה חֲשׁוֹךְ קְבַל, בְּכָל אַרְעָא דְּמִצְרַיִם
כג תְּלָתָא יוֹמִין: לָא חֲזוֹ גְּבַר יָת אֲחוּהִי, וְלָא קָמוּ, אֱנָשׁ מִתְּחוֹתוֹהִי תְּלָתָא יוֹמִין, וּלְכָל בְּנֵי
כד יִשְׂרָאֵל, הֲוָה נְהוֹרָא בְּמוֹתְבָנֵיהוֹן: וּקְרָא פַרְעֹה לְמֹשֶׁה, וַאֲמַר אִיזִילוּ פְּלַחוּ קֳדָם יי, לְחוֹד,
כה עָנְכוֹן וְתוֹרֵיכוֹן שְׁבוּקוּ, אַף טַפְלְכוֹן יֵיזֵיל עִמְּכוֹן: וַאֲמַר מֹשֶׁה, אַף אַתְּ, תִּתֵּין בִּידַנָא נִכְסַת
כו קֻדְשִׁין וַעֲלָוָן, וְנַעֲבֵיד קֳדָם יי אֱלָהַנָא: וְאַף בְּעִירַנָא יֵיזֵיל עִמַּנָא, לָא נִשְׁאַר מִנֵּיהּ מִדָּעַם, אֲרֵי
מִנֵּיהּ אֲנַחְנָא נָסְבִין, לְמִפְלַח קֳדָם יי אֱלָהַנָא, וַאֲנַחְנָא לֵית אֲנַחְנָא יָדְעִין, מָא נִפְלַח קֳדָם יי,
כז
כח עַד מֵיתַנָא לְתַמָּן: וְתַקֵּיף יי יָת לִבָּא דְפַרְעֹה, וְלָא אֲבָא לְשַׁלָּחוּתְהוֹן: וַאֲמַר לֵיהּ פַּרְעֹה אִיזֵיל
כט מֵעִלָּוָי, אִסְתְּמַר לָךְ, לָא תוֹסֵיף לְמִחְזֵי אַפַּי, אֲרֵי, בְּיוֹמָא, דְּתִחְזֵי אַפַּי תְּמוּת: וַאֲמַר מֹשֶׁה
יא א יָאוּת מַלֵּילְתָּא, לָא אוֹסֵיף עוֹד לְמִחְזֵי אַפָּךְ: וַאֲמַר יי לְמֹשֶׁה, עוֹד מַכְתָּשׁ חַד אַיְתֵי עַל פַּרְעֹה
וְעַל מִצְרָאֵי, בָּתַר כֵּן, יְשַׁלַּח יָתְכוֹן מִכָּא, כְּשַׁלָּחוּתֵיהּ, גְּמִירָא, תָּרָכָא, יְתָרֵיךְ יָתְכוֹן מִכָּא:
ב מַלֵּיל כְּעַן קֳדָם עַמָּא, וְיִשְׁאֲלוּן, גְּבַר מִן חַבְרֵיהּ, וְאִתְּתָא מִן חַבְרְתַהּ, מָנִין דִּכְסַף וּמָנִין דִּדְהַב:

כא| וִימֵשׁ חֹשֶׁךְ. וְיַחְשִׁיךְ עֲלֵיהֶם חֹשֶׁךְ יוֹתֵר מֵחֶשְׁכּוֹ שֶׁל לַיְלָה, וְחֹשֶׁךְ שֶׁל לַיְלָה יַאֲמִישׁ וְיַחֲשִׁיךְ עוֹד: וְיָמֵשׁ. כְּמוֹ 'וְיַאֲמֵשׁ'. יֵשׁ לָנוּ תֵּבוֹת הַרְבֵּה חֲסֵרוֹת אָלֶ"ף, לְפִי שֶׁאֵין הַכָּרַת הָאָלֶ"ף נִכֶּרֶת כָּל כָּךְ אֵין הַכָּתוּב מַקְפִּיד עַל חֶסְרוֹנָהּ, כְּגוֹן: "וְלֹא יַהֵל שָׁם עֲרָבִי" (ישעיה יג, כ) כְּמוֹ 'לֹא יַאֲהֵל', לֹא יַטֶּה אָהֳלוֹ. וְכֵן: "וַתַּזְרֵנִי חַיִל" (שמואל ב' כב, מ) כְּמוֹ 'וַתְּאַזְּרֵנִי'. וְאוּנְקְלוֹס תִּרְגֵּם לְשׁוֹן הֲסָרָה, כְּמוֹ: "לֹא יָמִישׁ" (להלן יג, כב) – "בָּתַר דְּיִעְדֵּי קְבַל לֵילְיָא", כְּשֶׁיַּגִּיעַ סָמוּךְ לְאוֹר הַיּוֹם. אֲבָל אֵין הַדִּבּוּר מְיֻשָּׁב עַל הַוָּי"ו שֶׁל 'וְיָמֵשׁ', לְפִי שֶׁהוּא כָּתוּב אַחַר "וִיהִי חֹשֶׁךְ". וּמִדְרַשׁ אַגָּדָה פּוֹתְרוֹ לְשׁוֹן "מְמַשֵּׁשׁ בַּצָּהֳרַיִם" (דברים כח, כט), שֶׁהָיָה כָּפוּל וּמְכֻפָּל וְעָב עַד שֶׁהָיָה בּוֹ מַמָּשׁ:

כב| שְׁלֹשֶׁת יָמִים. שִׁלּוּשׁ שֶׁל יָמִים, טרציי"א בְּלַעַז. וְכֵן 'שִׁבְעַת יָמִים' בְּכָל מָקוֹם, שטיי"א שֶׁל יָמִים: וַיְהִי חֹשֶׁךְ אֲפֵלָה... שְׁלֹשֶׁת יָמִים. חֹשֶׁךְ שֶׁל אֹפֶל שֶׁלֹּא רָאוּ אִישׁ אֶת אָחִיו" אוֹתָן שְׁלֹשֶׁת יָמִים, וְעוֹד שְׁלֹשֶׁת יָמִים אֲחֵרִים חֹשֶׁךְ מֻכְפָּל עַל זֶה שֶׁ"לֹּא קָמוּ אִישׁ מִתַּחְתָּיו", יוֹשֵׁב אֵין יָכוֹל לַעֲמֹד וְעוֹמֵד אֵין יָכוֹל לֵישֵׁב. וְלָמָּה הֵבִיא עֲלֵיהֶם חֹשֶׁךְ? שֶׁהָיוּ בְּיִשְׂרָאֵל בְּאוֹתוֹ הַדּוֹר רְשָׁעִים וְלֹא הָיוּ רוֹצִים לָצֵאת, וּמֵתוּ בִּשְׁלֹשֶׁת יְמֵי אֲפֵלָה, כְּדֵי שֶׁלֹּא יִרְאוּ מִצְרִים בְּמַפַּלְתָּם וְיֹאמְרוּ: אַף הֵם לוֹקִים כָּמוֹנוּ. וְעוֹד, שֶׁחִפְּשׂוּ יִשְׂרָאֵל וְרָאוּ אֶת כְּלֵיהֶם, וּכְשֶׁיָּצְאוּ וְהָיוּ שׁוֹאֲלִים מֵהֶן וְהָיוּ אוֹמְרִים: אֵין בְּיָדֵינוּ כְּלוּם, אוֹמֵר לוֹ: אֲנִי רְאִיתִיו בְּבֵיתְךָ וּבְמָקוֹם פְּלוֹנִי הוּא:

כד| יֻצָּג. יְהֵא מֻצָּג בִּמְקוֹמוֹ:

כה| גַּם אַתָּה תִּתֵּן. לֹא דַיְּךָ שֶׁמִּקְנֵנוּ יֵלֵךְ עִמָּנוּ, אֶלָּא אַף מִשֶּׁלְּךָ תִּתֵּן:

כו| פַּרְסָה. פַּרְסַת רֶגֶל, פלנט"א בְּלַעַז: לֹא נֵדַע מַה נַּעֲבֹד. כַּמָּה תִּכְבַּד הָעֲבוֹדָה, שֶׁמָּא יִשְׁאַל יוֹתֵר מִמַּה שֶּׁיֵּשׁ בְּיָדֵינוּ:

כט| כֵּן דִּבַּרְתָּ. יָפֶה דִּבַּרְתָּ וּבִזְמַנּוֹ דִּבַּרְתָּ, אֱמֶת שֶׁ"לֹּא אֹסִף עוֹד רְאוֹת פָּנֶיךָ":

פרק יא

א| כָּלָה. "גְּמִירָא", כָּלִיל, כֻּלְּכֶם יְשַׁלַּח:

ב| דַּבֶּר נָא. אֵין 'נָא' אֶלָּא לְשׁוֹן בַּקָּשָׁה; בְּבַקָּשָׁה מִמְּךָ הַזְהִירֵם עַל כָּךְ, שֶׁלֹּא יֹאמַר אוֹתוֹ צַדִּיק, אַבְרָהָם, "וַעֲבָדוּם וְעִנּוּ אֹתָם" (בראשית טו, יג) קִיֵּם בָּהֶם, "וְאַחֲרֵי כֵן יֵצְאוּ בִּרְכֻשׁ גָּדוֹל" (שם פסוק יד) לֹא קִיֵּם בָּהֶם:

וַיִּתֵּן יְהוָה אֶת־חֵן הָעָם בְּעֵינֵי מִצְרָיִם גַּם ׀ ג
הָאִישׁ מֹשֶׁה גָּדוֹל מְאֹד בְּאֶרֶץ מִצְרַיִם בְּעֵינֵי
רביעי עַבְדֵי־פַרְעֹה וּבְעֵינֵי הָעָם׃ וַיֹּאמֶר ד
מֹשֶׁה כֹּה אָמַר יְהוָה כַּחֲצֹת הַלַּיְלָה אֲנִי יוֹצֵא
בְּתוֹךְ מִצְרָיִם׃ וּמֵת כָּל־בְּכוֹר בְּאֶרֶץ מִצְרַיִם ה
מִבְּכוֹר פַּרְעֹה הַיֹּשֵׁב עַל־כִּסְאוֹ עַד בְּכוֹר
הַשִּׁפְחָה אֲשֶׁר אַחַר הָרֵחָיִם וְכֹל בְּכוֹר בְּהֵמָה׃
וְהָיְתָה צְעָקָה גְדֹלָה בְּכָל־אֶרֶץ מִצְרָיִם אֲשֶׁר ו
כָּמֹהוּ לֹא נִהְיָתָה וְכָמֹהוּ לֹא תֹסִף׃ וּלְכֹל ׀ בְּנֵי ז
יִשְׂרָאֵל לֹא יֶחֱרַץ־כֶּלֶב לְשֹׁנוֹ לְמֵאִישׁ וְעַד־
בְּהֵמָה לְמַעַן תֵּדְעוּן אֲשֶׁר יַפְלֶה יְהוָה בֵּין
מִצְרַיִם וּבֵין יִשְׂרָאֵל׃ וְיָרְדוּ כָל־עֲבָדֶיךָ אֵלֶּה ח
אֵלַי וְהִשְׁתַּחֲווּ־לִי לֵאמֹר צֵא אַתָּה וְכָל־הָעָם
אֲשֶׁר־בְּרַגְלֶיךָ וְאַחֲרֵי־כֵן אֵצֵא וַיֵּצֵא מֵעִם־
פַּרְעֹה בָּחֳרִי־אָף׃ וַיֹּאמֶר יְהוָה אֶל־ ט
מֹשֶׁה לֹא־יִשְׁמַע אֲלֵיכֶם פַּרְעֹה לְמַעַן רְבוֹת
מוֹפְתַי בְּאֶרֶץ מִצְרָיִם׃ וּמֹשֶׁה וְאַהֲרֹן עָשׂוּ אֶת־ י
כָּל־הַמֹּפְתִים הָאֵלֶּה לִפְנֵי פַרְעֹה וַיְחַזֵּק יְהוָה
אֶת־לֵב פַּרְעֹה וְלֹא־שִׁלַּח אֶת־בְּנֵי־יִשְׂרָאֵל
מֵאַרְצוֹ׃ וַיֹּאמֶר יְהוָה אֶל־מֹשֶׁה א יב
מצווה ד
מצוות קידוש החודש
וְאֶל־אַהֲרֹן בְּאֶרֶץ מִצְרַיִם לֵאמֹר׃ הַחֹדֶשׁ הַזֶּה ב

בא

ג וִיהַב יְיָ, יָת עַמָּא לְרַחֲמִין בְּעֵינֵי מִצְרָאֵי, אַף גַּבְרָא מֹשֶׁה, רַב לַחֲדָא בְּאַרְעָא דְמִצְרַיִם, בְּעֵינֵי
ד עַבְדֵי פַרְעֹה וּבְעֵינֵי עַמָּא: וַאֲמַר מֹשֶׁה, כִּדְנָן אֲמַר יְיָ, כְּפַלְגּוּת לֵילְיָא, אֲנָא מִתְגְּלֵי בְּגוֹ מִצְרָיִם:
ה וִימוּת כָּל בּוּכְרָא בְּאַרְעָא דְמִצְרַיִם, מִבּוּכְרָא דְפַרְעֹה דַּעֲתִיד לְמִתַּב עַל כָּרְסֵי מַלְכוּתֵיהּ, עַד
ו בּוּכְרָא דְאַמְתָא, דִּבְבָתַר רֵחְיָא, וְכָל בּוּכְרָא דִבְעִירָא: וּתְהֵי, צְוָחְתָּא רַבְּתָא בְּכָל אַרְעָא
ז דְמִצְרַיִם, דִּכְוָתַהּ לָא הֲוַת, וְדִכְוָתַהּ לָא תוֹסִיף: וּלְכָל בְּנֵי יִשְׂרָאֵל, לָא יַנֵּיק כַּלְבָּא בְּלִישָׁנֵיהּ
ח לְמִבַּח, לְמֵאֱנָשָׁא וְעַד בְּעִירָא, בְּדִיל דְּתִדְּעוּן, דִּיַפְרֵישׁ יְיָ, בֵּין מִצְרָאֵי וּבֵין יִשְׂרָאֵל: וְיֵיחֲתוּן כָּל
עַבְדָּךְ אִלֵּין לְוָתִי וִיבָעוֹן מִנִּי לְמֵימַר, פּוּק אַתְּ וְכָל עַמָּא דְעִמָּךְ, וּבָתַר כֵּן אֶפּוֹק, וּנְפַק מִלְּוָת
ט פַּרְעֹה בִּתְקוֹף רְגַז: וַאֲמַר יְיָ לְמֹשֶׁה, לָא יְקַבֵּל מִנְּכוֹן פַּרְעֹה, בְּדִיל, לְאַסְגָּאָה מוֹפְתַי בְּאַרְעָא
י דְמִצְרָיִם: וּמֹשֶׁה וְאַהֲרֹן, עֲבַדוּ, יָת כָּל מוֹפְתַיָּא הָאִלֵּין קֳדָם פַּרְעֹה, וְתַקִּיף יְיָ יָת לִבָּא דְפַרְעֹה,

יב א וְלָא שַׁלַּח יָת בְּנֵי יִשְׂרָאֵל מֵאַרְעֵיהּ: וַאֲמַר יְיָ לְמֹשֶׁה וּלְאַהֲרֹן, בְּאַרְעָא דְמִצְרַיִם לְמֵימַר: יַרְחָא

ד] **וַיֹּאמֶר מֹשֶׁה כֹּה אָמַר ה'.** בְּעָמְדוֹ לִפְנֵי פַּרְעֹה אֲמָרָהּ לוֹ, שֶׁהֲרֵי מִשֶּׁיָּצָא מִלְּפָנָיו לֹא הוֹסִיף רְאוֹת פָּנָיו: **כַּחֲצֹת הַלַּיְלָה.** כְּהֵחָלֵק הַלַּיְלָה. 'כַּחֲצֹת' כְּמוֹ: 'כַּעֲלוֹת' (הושע ד, ועוד), "כְּכַלּוֹת" (דברים כ, ועוד) "בַּחֲרוֹת חַפֵּם בָּנוּ" (תהלים קכד, ג). זֶהוּ פְּשׁוּטוֹ לְיַשְּׁבוֹ עַל אָפְנָיו, שֶׁאֵין 'חֲצוֹת' שֵׁם דָּבָר שֶׁל חֲצִי. וְרַבּוֹתֵינוּ דְּרָשׁוּהוּ כְּמוֹ 'כַּחֲצִי הַלַּיְלָה', וְאָמְרוּ שֶׁאָמַר מֹשֶׁה 'כַּחֲצוֹת', דְּמַשְׁמַע סָמוּךְ לוֹ לְפָנָיו אוֹ לְאַחֲרָיו, וְלֹא אָמַר 'בַּחֲצוֹת', שֶׁמָּא יִטְעוּ אִצְטַגְנִינֵי פַרְעֹה וְיֹאמְרוּ: מֹשֶׁה בַּדַּאי הוּא:

ה] **עַד בְּכוֹר הַשְּׁבִי** (להלן יב, כט). לָמָּה לָקוּ הַשְּׁבוּיִים? כְּדֵי שֶׁלֹּא יֹאמְרוּ, יִרְאָתָם תָּבְעָה עֶלְבּוֹנָם וְהֵבִיאָה פֻּרְעָנוּת עַל מִצְרַיִם: **מִבְּכוֹר פַּרְעֹה... עַד בְּכוֹר הַשִּׁפְחָה.** כָּל הַפְּחוּתִים מִבְּכוֹר פַּרְעֹה וַחֲשׁוּבִים מִבְּכוֹר הַשִּׁפְחָה הָיוּ בַּכְּלָל. וְלָמָּה לָקוּ בְּנֵי הַשְּׁפָחוֹת? שֶׁאַף הֵם הָיוּ מִשְׁתַּעְבְּדִים בָּהֶם וּשְׂמֵחִים בְּצָרָתָם: **וְכֹל בְּכוֹר בְּהֵמָה.** לְפִי שֶׁהָיוּ עוֹבְדִין לָהּ - כְּשֶׁהַקָּדוֹשׁ בָּרוּךְ הוּא נִפְרָע מִן הָאֻמָּה נִפְרָע מֵאֱלֹהֶיהָ:

ז] **לֹא יֶחֱרַץ כֶּלֶב לְשׁוֹנוֹ.** אוֹמֵר אֲנִי שֶׁהוּא לְשׁוֹן שְׁנוּן, לֹא יְשַׁנֵּן. וְכֵן: "לֹא חָרַץ לִבְנֵי יִשְׂרָאֵל לְאִישׁ אֶת לְשׁוֹנוֹ" (יהושע י, כא) - לֹא שִׁנֵּן - "אָז תֶּחֱרָץ" (שמואל ב ה, כד) - תִּשְׁתַּנֵּן; "לַמּוֹרַג חָרוּץ" (ישעיה מא, טו) - שָׁנוּן; "מַחְשְׁבוֹת חָרוּץ" (משלי כא, ה) - אָדָם חָרִיף וְשָׁנוּן; "יַד חָרוּצִים תַּעֲשִׁיר" (שם י, ד) - חֲרִיפִים, סוֹחֲרִים שְׁנוּנִים: **אֲשֶׁר יַפְלֶה.** יַבְדִּיל:

ח] **וְיָרְדוּ כָל עֲבָדֶיךָ.** חָלַק כָּבוֹד לַמַּלְכוּת, שֶׁהֲרֵי

סוֹף שֶׁיָּרַד פַּרְעֹה בְּעַצְמוֹ אֵלָיו בַּלַּיְלָה, "וַיֹּאמֶר קוּמוּ צְּאוּ מִתּוֹךְ עַמִּי" (להלן יב, לא), וְלֹא אָמַר לוֹ מֹשֶׁה מִתְּחִלָּה: 'וְיָרַדְתָּ אֵלַי וְהִשְׁתַּחֲוִיתָ לִּי': **אֲשֶׁר בְּרַגְלֶיךָ.** הַהוֹלְכִים אַחַר עֲצָתְךָ וְהִלּוּכְךָ: **וְאַחֲרֵי כֵן אֵצֵא.** עִם כָּל הָעָם מֵאַרְצְךָ: **וַיֵּצֵא מֵעִם פַּרְעֹה.** כְּשֶׁגָּמַר דְּבָרָיו יָצָא מִלְּפָנָיו: **בָּחֳרִי אָף.** עַל שֶׁאָמַר לוֹ: "אַל תֹּסֶף רְאוֹת פָּנָי" (לעיל י, כח):

ט] **לְמַעַן רְבוֹת מוֹפְתַי.** מַכַּת בְּכוֹרוֹת וּקְרִיעַת יַם סוּף וּלְנַעֵר אֶת מִצְרַיִם:

י] **וּמֹשֶׁה וְאַהֲרֹן עָשׂוּ וְגוֹ'.** כְּבָר כָּתַב לָנוּ זֹאת בְּכָל הַמּוֹפְתִים, וְלֹא שְׁנָאָהּ כָּאן אֶלָּא בִּשְׁבִיל לִסְמְכָהּ לַפָּרָשָׁה שֶׁל אַחֲרֶיהָ: "וַיֹּאמֶר ה' אֶל מֹשֶׁה וְאֶל אַהֲרֹן", שֶׁבִּשְׁבִיל שֶׁאַהֲרֹן עָשָׂה וְטָרַח בַּמּוֹפְתִים כְּמֹשֶׁה, חָלַק לוֹ כָּבוֹד זֶה בְּמִצְוָה רִאשׁוֹנָה שֶׁכְּלָלוֹ עִם מֹשֶׁה בַּדִּבּוּר:

פרק יב

א] **בְּאֶרֶץ מִצְרַיִם.** חוּץ לַכְּרָךְ, אוֹ אֵינוֹ אֶלָּא בְּתוֹךְ הַכְּרָךְ? תַּלְמוּד לוֹמַר: "כְּצֵאתִי אֶת הָעִיר וְגוֹ'" (לעיל ט, כט). וּמַה תְּפִלָּה קַלָּה לֹא הִתְפַּלֵּל בְּתוֹךְ הַכְּרָךְ, דִּבּוּר חָמוּר לֹא כָּל שֶׁכֵּן? וּמִפְּנֵי מָה לֹא נִדְבַּר עִמּוֹ בְּתוֹךְ הַכְּרָךְ? לְפִי שֶׁהָיְתָה מְלֵאָה גִלּוּלִים:

ב] **הַחֹדֶשׁ הַזֶּה.** הֶרְאָהוּ לְבָנָה בְּחִדּוּשָׁהּ וְאָמַר לוֹ: כְּשֶׁהַיָּרֵחַ מִתְחַדֵּשׁ יִהְיֶה לְךָ רֹאשׁ חֹדֶשׁ. וְאֵין מִקְרָא יוֹצֵא מִידֵי פְּשׁוּטוֹ, עַל חֹדֶשׁ נִיסָן אָמַר לוֹ, זֶה יִהְיֶה רֹאשׁ לְסֵדֶר מִנְיַן הֶחֳדָשִׁים, שֶׁיְּהֵא אִיָּר

שמות
יב

לָכֶ֔ם רֹ֥אשׁ חֳדָשִׁ֖ים רִאשׁ֥וֹן הוּא֙ לָכֶ֔ם לְחָדְשֵׁ֖י הַשָּׁנָֽה: ג דַּבְּר֗וּ אֶֽל־כָּל־עֲדַ֤ת יִשְׂרָאֵל֙ לֵאמֹ֔ר בֶּעָשֹׂ֖ר לַחֹ֣דֶשׁ הַזֶּ֑ה וְיִקְח֣וּ לָהֶ֗ם אִ֛ישׁ שֶׂ֥ה לְבֵית־אָבֹ֖ת שֶׂ֥ה לַבָּֽיִת: ד וְאִם־יִמְעַ֣ט הַבַּיִת֮ מִֽהְי֣וֹת מִשֶּׂה֒ וְלָקַ֣ח ה֗וּא וּשְׁכֵנ֛וֹ הַקָּרֹ֥ב אֶל־בֵּית֖וֹ בְּמִכְסַ֣ת נְפָשֹׁ֑ת אִ֚ישׁ לְפִ֣י אָכְל֔וֹ תָּכֹ֖סּוּ עַל־הַשֶּֽׂה: ה שֶׂ֥ה תָמִ֛ים זָכָ֥ר בֶּן־שָׁנָ֖ה יִהְיֶ֣ה לָכֶ֑ם מִן־הַכְּבָשִׂ֥ים וּמִן־הָעִזִּ֖ים תִּקָּֽחוּ: ו וְהָיָ֤ה לָכֶם֙ לְמִשְׁמֶ֔רֶת עַ֣ד אַרְבָּעָ֥ה עָשָׂ֛ר י֖וֹם לַחֹ֣דֶשׁ הַזֶּ֑ה וְשָׁחֲט֣וּ אֹת֗וֹ כֹּ֛ל קְהַ֥ל עֲדַֽת־יִשְׂרָאֵ֖ל בֵּ֥ין הָעַרְבָּֽיִם: ז וְלָקְחוּ֙ מִן־הַדָּ֔ם וְנָ֥תְנ֛וּ עַל־שְׁתֵּ֥י הַמְּזוּזֹ֖ת וְעַל־הַמַּשְׁק֑וֹף עַ֚ל הַבָּ֣תִּ֔ים אֲשֶׁר־יֹאכְל֥וּ אֹת֖וֹ בָּהֶֽם: ח וְאָכְל֥וּ אֶת־הַבָּשָׂ֖ר בַּלַּ֣יְלָה הַזֶּ֑ה צְלִי־אֵ֣שׁ וּמַצּ֔וֹת עַל־מְרֹרִ֖ים יֹאכְלֻֽהוּ: ט אַל־תֹּאכְל֤וּ מִמֶּ֨נּוּ֙ נָ֔א וּבָשֵׁ֥ל

מצוה ה
מצוות
שחיטת הפסח

מצוה ו
מצוות אכילת
בשר הפסח

מצוה ז
איסור אכילת
הפסח נא ומבושל

קְרוּי שֵׁנִי, סִיוָן שְׁלִישִׁי. נִתְקַשָּׁה מֹשֶׁה עַל מוֹלַד הַלְּבָנָה בְּאֵיזוֹ שִׁעוּר תֵּרָאֶה וְתִהְיֶה רְאוּיָה לְקַדֵּשׁ, וְהֶרְאָה לוֹ בְּאֶצְבַּע אֶת הַלְּבָנָה בָּרָקִיעַ וְאָמַר לוֹ: כָּזֶה רְאֵה וְקַדֵּשׁ. וְכֵיצַד הֶרְאָהוּ? וַהֲלֹא לֹא הָיָה נִדְבָּר עִמּוֹ אֶלָּא בַּיּוֹם, שֶׁנֶּאֱמַר: "וַיְהִי בְּיוֹם דִּבֶּר ה'" (לעיל ו, כח), "בַּיּוֹם צַוֹּתוֹ" (ויקרא ז, לח), "מִן הַיּוֹם אֲשֶׁר עָוָה ה' וָהָלְאָה" (במדבר טו, כג)? אֶלָּא סָמוּךְ לִשְׁקִיעַת הַחַמָּה נֶאֶמְרָה לוֹ פָּרָשָׁה זוֹ וְהֶרְאָהוּ עִם חֲשֵׁכָה:

ג] דַּבְּרוּ אֶל כָּל עֲדַת. וְכִי אַהֲרֹן מְדַבֵּר? וַהֲלֹא כְּבָר נֶאֱמַר: "אַתָּה תְדַבֵּר" (לעיל ז, ב)! אֶלָּא חוֹלְקִין כָּבוֹד זֶה לָזֶה וְאוֹמְרִים זֶה לָזֶה: לַמְּדֵנִי, וְהַדִּבּוּר יוֹצֵא מִבֵּין שְׁנֵיהֶם כְּאִלּוּ שְׁנֵיהֶם מְדַבְּרִים: דַּבְּרוּ אֶל כָּל עֲדַת יִשְׂרָאֵל לֵאמֹר בֶּעָשֹׂר לַחֹדֶשׁ. דַּבְּרוּ הַיּוֹם בְּרֹאשׁ חֹדֶשׁ שֶׁיִּקָּחֻהוּ בֶּעָשׂוֹר לַחֹדֶשׁ: הַזֶּה. פֶּסַח מִצְרַיִם מִקָּחוֹ בֶּעָשׂוֹר וְלֹא פֶּסַח דּוֹרוֹת: לְבֵית אָבֹת. לְמִשְׁפָּחָה אַחַת. הֲרֵי שֶׁהָיוּ מְרֻבִּין, יָכוֹל שֶׂה אֶחָד לְכֻלָּן? תַּלְמוּד לוֹמַר: שֶׂה לַבָּיִת:

ד] וְאִם יִמְעַט הַבַּיִת מִהְיוֹת מִשֶּׂה. וְאִם יִהְיוּ מוּעָטִין מִהְיוֹת מִשֶּׂה אֶחָד, שֶׁאֵין יְכוֹלִין לְאָכְלוֹ

ג הָדֵין, לְכוֹן רֵישׁ יַרְחַיָּא, קַדְמַאי הוּא לְכוֹן, לְיַרְחֵי שַׁתָּא: מַלִּילוּ, עִם כָּל כְּנִשְׁתָּא דְּיִשְׂרָאֵל
ד לְמֵימַר, בְּעַסְרָא לְיַרְחָא הָדֵין, וְיִסְּבוּן לְהוֹן, גְּבַר, אִמַּר לְבֵית אַבָּא אִמְּרָא לְבֵיתָא: וְאִם
זְעֵיר בֵּיתָא מִלְּאִתְמְנָאָה עַל אִמְּרָא, וְיִסַּב הוּא, וְשֵׁיבָבֵיהּ, דְּקָרִיב לְבֵיתֵיהּ בְּמִנְיַן
ה נַפְשָׁתָא, גְּבַר לְפוּם מֵיכְלֵיהּ, תִּתְמְנוּן עַל אִמְּרָא: אִמַּר שְׁלִים, דְּכַר בַּר שַׁתֵּיהּ יְהֵי לְכוֹן,
ו מִן אִמְּרַיָּא וּמִן בְּנֵי עִזַּיָּא תִּסְּבוּן: וִיהֵי לְכוֹן לְמַטְּרָא, עַד אַרְבְּעַת עַסְרָא, יוֹמָא לְיַרְחָא
ז הָדֵין, וְיִכְּסוּן יָתֵיהּ, כֹּל, קְהָלָא כְּנִשְׁתָּא דְּיִשְׂרָאֵל בֵּין שִׁמְשַׁיָּא: וְיִסְּבוּן מִן דְּמָא, וְיִתְּנוּן,
ח עַל תְּרֵין סִפַּיָּא וְעַל שָׁקְפָא, עַל בָּתַּיָּא, דְּיֵיכְלוּן יָתֵיהּ בְּהוֹן: וְיֵיכְלוּן יָת בִּסְרָא בְּלֵילְיָא
ט הָדֵין, טְוֵי נוּר וּפַטִּיר, עַל מְרָרִין יֵיכְלֻנֵּיהּ: לָא תֵיכְלוּן מִנֵּיהּ כַּד חַי, וְאַף לָא כַּד בַּשָּׁלָא

וְיָבֹא לִידֵי נוֹתָר – "וְלָקַח הוּא וּשְׁכֵנוֹ" וְגוֹ', זֶהוּ מַשְׁמָעוֹ לִפְשׁוּטוֹ. וְעוֹד יֵשׁ בּוֹ מִדְרָשׁ, לְלַמֵּד שֶׁאַחַר שֶׁנִּמְנוּ עָלָיו יְכוֹלִין לְהִתְמַעֵט וְלִמְשֹׁךְ יְדֵיהֶם הֵימֶנּוּ וּלְהִמָּנוֹת עַל שֶׂה אַחֵר, אַךְ אִם בָּאוּ לִמְשֹׁךְ יְדֵיהֶם וּלְהִתְמַעֵט – "מִהְיוֹת מִשֶּׂה" יִתְמַעֲטוּ, בְּעוֹד הַשֶּׂה קַיָּם, בִּהְיוֹתוֹ בַּחַיִּים, וְלֹא מִשֶּׁנִּשְׁחַט: **בְּמִכְסַת.** חֶשְׁבּוֹן, וְכֵן: "מִכְסַת הָעֶרְכְּךָ" (ויקרא כז, כג): **לְפִי אָכְלוֹ.** הָרָאוּי לַאֲכִילָה, פְּרָט לְחוֹלֶה וּלְזָקֵן שֶׁאֵינוֹ יָכוֹל לֶאֱכֹל כַּזַּיִת: **תָּכֹסּוּ.** "תִּתְמְנוּן":

ה) **תָּמִים.** בְּלֹא מוּם: **בֶּן שָׁנָה.** כָּל שְׁנָתוֹ קָרוּי 'בֶּן שָׁנָה', כְּלוֹמַר שֶׁנּוֹלַד בְּשָׁנָה זוֹ: **מִן הַכְּבָשִׂים וּמִן הָעִזִּים.** אוֹ מִזֶּה אוֹ מִזֶּה, שֶׁאַף עֵז קָרוּי 'שֶׂה', שֶׁנֶּאֱמַר: "וְשֵׂה עִזִּים" (דברים יד, ד):

ו) **וְהָיָה לָכֶם לְמִשְׁמֶרֶת.** זֶהוּ לְשׁוֹן בִּקּוּר, שֶׁטָּעוּן בִּקּוּר מִמּוּם אַרְבָּעָה יָמִים קֹדֶם שְׁחִיטָה. וּמִפְּנֵי מָה הִקְדִּים לְקִיחָתוֹ לִשְׁחִיטָתוֹ אַרְבָּעָה יָמִים, מַה שֶּׁלֹּא צִוָּה כֵּן בְּפֶסַח דּוֹרוֹת? הָיָה רַבִּי מַתְיָא בֶּן חָרָשׁ אוֹמֵר: הֲרֵי הוּא אוֹמֵר: "וָאֶעֱבֹר עָלַיִךְ וָאֶרְאֵךְ וְהִנֵּה עִתֵּךְ עֵת דֹּדִים" (יחזקאל טז, ח), הִגִּיעָה שְׁבוּעָה שֶׁנִּשְׁבַּעְתִּי לְאַבְרָהָם שֶׁאֶגְאַל אֶת בָּנָיו, וְלֹא הָיוּ בְיָדָם מִצְוֹת לְהִתְעַסֵּק בָּהֶם כְּדֵי שֶׁיִּגָּאֲלוּ, שֶׁנֶּאֱמַר: "וְאַתְּ עֵרֹם וְעֶרְיָה" (שם פסוק ז), וְנָתַן לָהֶם שְׁתֵּי מִצְוֹת, דַּם פֶּסַח וְדַם מִילָה, שֶׁמָּלוּ בְּאוֹתוֹ הַלַּיְלָה, שֶׁנֶּאֱמַר: "מִתְבּוֹסֶסֶת בְּדָמָיִךְ" (שם פסוק ו) בִּשְׁנֵי דָּמִים, וְאוֹמֵר: "גַּם אַתְּ בְּדַם בְּרִיתֵךְ שִׁלַּחְתִּי אֲסִירַיִךְ מִבּוֹר אֵין מַיִם בּוֹ" (זכריה ט, יא); וְשֶׁהָיוּ שְׁטוּפִים בַּעֲבוֹדָה זָרָה, אָמַר לָהֶם: "מִשְׁכוּ וּקְחוּ לָכֶם" (להלן פסוק כא), מִשְׁכוּ יְדֵיכֶם מֵעֲבוֹדָה זָרָה וּקְחוּ לָכֶם צֹאן שֶׁל מִצְוָה: **וְשָׁחֲטוּ אֹתוֹ** וְגוֹ'. וְכִי כֻּלָּן שׁוֹחֲטִין? אֶלָּא מִכָּאן שֶׁשְּׁלוּחוֹ שֶׁל אָדָם כְּמוֹתוֹ: **קְהַל עֲדַת יִשְׂרָאֵל.** קָהָל וְעֵדָה וְיִשְׂרָאֵל. מִכָּאן אָמְרוּ: פִּסְחֵי צִבּוּר נִשְׁחָטִים בְּשָׁלֹשׁ כִּתּוֹת זוֹ אַחַר זוֹ. נִכְנְסָה כַּת רִאשׁוֹנָה נִנְעֲלוּ דַּלְתוֹת הָעֲזָרָה וְכוּ', כִּדְאִיתָא בִּפְסָחִים (דף סד ע"א): **בֵּין הָעַרְבָּיִם.** מִשֵּׁשׁ שָׁעוֹת וּלְמַעְלָה קָרוּי 'בֵּין הָעַרְבַּיִם', שֶׁהַשֶּׁמֶשׁ נוֹטֶה לְבֵית מְבוֹאוֹ לַעֲרֹב. וּלְשׁוֹן 'בֵּין הָעַרְבַּיִם' נִרְאֶה בְּעֵינַי, אוֹתָן שָׁעוֹת שֶׁבֵּין עֲרִיבַת הַיּוֹם לַעֲרִיבַת הַלַּיְלָה, עֲרִיבַת הַיּוֹם בִּתְחִלַּת שֶׁבַע שָׁעוֹת מִכִּי יִנָּטוּ צִלְלֵי עֶרֶב, וַעֲרִיבַת הַלַּיְלָה בִּתְחִלַּת הַלַּיְלָה. 'עֶרֶב' לְשׁוֹן נֶשֶׁף וַחֹשֶׁךְ, כְּמוֹ: "עָרְבָה כָּל שִׂמְחָה" (ישעיה כד, יא):

ז) **וְלָקְחוּ מִן הַדָּם.** זוֹ קַבָּלַת הַדָּם. יָכוֹל בַּיָּד? תַּלְמוּד לוֹמַר: "אֲשֶׁר בַּסַּף" (להלן פסוק כב): **הַמְּזוּזֹת.** הֵם הַזְּקוּפוֹת, אַחַת מִכָּאן לַפֶּתַח וְאַחַת מִכָּאן: **הַמַּשְׁקוֹף.** הוּא הָעֶלְיוֹן, שֶׁהַדֶּלֶת שׁוֹקֵף עָלָיו כְּשֶׁסּוֹגְרִין אוֹתוֹ, לינט"ל בְּלַעַז. וּלְשׁוֹן 'שְׁקִיפָה' – חֲבָטָה, כְּמוֹ: "קוֹל עָלֶה נִדָּף" (ויקרא כו, לו) – "דְּשָׁקֵיף". "חַבּוּרָה" (להלן כא, כה) – "מַשְׁקוֹפֵי": **עַל הַבָּתִּים אֲשֶׁר יֹאכְלוּ אֹתוֹ בָּהֶם.** וְלֹא עַל מַשְׁקוֹף וּמְזוּזוֹת שֶׁבְּבֵית הַתֶּבֶן וּבֵית הַבָּקָר, שֶׁאֵין דָּרִין בְּתוֹכוֹ:

ח) **אֶת הַבָּשָׂר.** וְלֹא גִּידִים וַעֲצָמוֹת: **עַל מְרֹרִים.** כָּל עֵשֶׂב מַר נִקְרָא 'מָרוֹר'. וְצִוָּם לֶאֱכֹל מַר זֵכֶר לְ"וַיְמָרְרוּ אֶת חַיֵּיהֶם" (לעיל א, יד):

ט) **אַל תֹּאכְלוּ מִמֶּנּוּ נָא.** שֶׁאֵינוֹ צָלוּי כָּל צָרְכּוֹ קוֹרֵהוּ 'נָא' בִּלְשׁוֹן עֲרָבִי: **וּבָשֵׁל מְבֻשָּׁל.** כָּל זֶה בְּאַזְהָרַת "אַל תֹּאכְלוּ": **בַּמָּיִם.** מִנַּיִן לִשְׁאָר מַשְׁקִים? תַּלְמוּד לוֹמַר: "וּבָשֵׁל מְבֻשָּׁל" מִכָּל

מְבֻשָּׁל בַּמָּיִם כִּי אִם־צְלִי־אֵשׁ רֹאשׁוֹ עַל־
כְּרָעָיו וְעַל־קִרְבּוֹ׃ וְלֹא־תוֹתִירוּ מִמֶּנּוּ עַד־בֹּקֶר י
וְהַנֹּתָר מִמֶּנּוּ עַד־בֹּקֶר בָּאֵשׁ תִּשְׂרֹפוּ׃ וְכָכָה יא
תֹּאכְלוּ אֹתוֹ מָתְנֵיכֶם חֲגֻרִים נַעֲלֵיכֶם בְּרַגְלֵיכֶם
וּמַקֶּלְכֶם בְּיֶדְכֶם וַאֲכַלְתֶּם אֹתוֹ בְּחִפָּזוֹן פֶּסַח
הוּא לַיהוָה׃ וְעָבַרְתִּי בְאֶרֶץ־מִצְרַיִם בַּלַּיְלָה יב
הַזֶּה וְהִכֵּיתִי כָל־בְּכוֹר בְּאֶרֶץ מִצְרַיִם מֵאָדָם
וְעַד־בְּהֵמָה וּבְכָל־אֱלֹהֵי מִצְרַיִם אֶעֱשֶׂה שְׁפָטִים
אֲנִי יְהוָה׃ וְהָיָה הַדָּם לָכֶם לְאֹת עַל הַבָּתִּים יג
אֲשֶׁר אַתֶּם שָׁם וְרָאִיתִי אֶת־הַדָּם וּפָסַחְתִּי
עֲלֵכֶם וְלֹא־יִהְיֶה בָכֶם נֶגֶף לְמַשְׁחִית בְּהַכֹּתִי
בְּאֶרֶץ מִצְרָיִם׃ וְהָיָה הַיּוֹם הַזֶּה לָכֶם לְזִכָּרוֹן יד
וְחַגֹּתֶם אֹתוֹ חַג לַיהוָה לְדֹרֹתֵיכֶם חֻקַּת עוֹלָם
תְּחָגֻּהוּ׃ שִׁבְעַת יָמִים מַצּוֹת תֹּאכֵלוּ אַךְ בַּיּוֹם טו
הָרִאשׁוֹן תַּשְׁבִּיתוּ שְּׂאֹר מִבָּתֵּיכֶם כִּי ׀ כָּל־אֹכֵל

מצווה ח
איסור להותיר מבשר הפסח

מצווה ט
מצוות השבתת חמץ

מָקוֹם: **כִּי אִם צְלִי אֵשׁ.** לְמַעְלָה גָּזַר עָלָיו בְּמִצְוַת עֲשֵׂה, וְכָאן הוֹסִיף עָלָיו לֹא תַעֲשֶׂה: "אַל תֹּאכְלוּ מִמֶּנּוּ... כִּי אִם צְלִי אֵשׁ": **רֹאשׁוֹ עַל כְּרָעָיו.** צוֹלֵהוּ כֻּלּוֹ כְּאֶחָד עִם רֹאשׁוֹ וְעִם כְּרָעָיו וְעִם קִרְבּוֹ, בְּנֵי מֵעָיו נוֹתֵן לְתוֹכוֹ לְאַחַר הֲדָחָתָן. וּלְשׁוֹן: "עַל כְּרָעָיו וְעַל קִרְבּוֹ" כִּלְשׁוֹן "עַל צִבְאֹתָם" (לעיל ו, כו) כְּמוֹ בְּצִבְאֹתָם, כְּמוֹת שֶׁהֵן, אַף זֶה כְּמוֹת שֶׁהוּא, כָּל בְּשָׂרוֹ מֻשְׁלָם:

י **וְהַנֹּתָר מִמֶּנּוּ עַד בֹּקֶר.** מַה תַּלְמוּד לוֹמַר "עַד בֹּקֶר" פַּעַם שְׁנִיָּה? לִתֵּן בֹּקֶר עַל בֹּקֶר, שֶׁהַבֹּקֶר מַשְׁמָעוֹ הָנֵץ הַחַמָּה, וּבָא הַכָּתוּב לְהַקְדִּים שֶׁאָסוּר בַּאֲכִילָה מֵעֲלוֹת הַשַּׁחַר; זֶהוּ לְפִי מַשְׁמָעוֹ. וְעוֹד מִדְרָשׁ אַחֵר, לִמֵּד שֶׁאֵינוֹ נִשְׂרָף בְּיוֹם טוֹב אֶלָּא מִמָּחֳרָת, וְכָךְ תִּדְרְשֶׁנּוּ: "וְהַנּוֹתָר מִמֶּנּוּ" בְּבֹקֶר רִאשׁוֹן "עַד בֹּקֶר" שֵׁנִי תַּעֲמֹד וְתִשְׂרְפֶנּוּ:

יא **מָתְנֵיכֶם חֲגֻרִים.** מְזֻמָּנִים לַדֶּרֶךְ: **בְּחִפָּזוֹן.** לְשׁוֹן בֶּהָלָה וּמְהִירוּת, כְּמוֹ: "וַיְהִי דָוִד נֶחְפָּז לָלֶכֶת" (שמואל א' כג, כו), "אֲשֶׁר הִשְׁלִיכוּ אֲרָם בְּחָפְזָם" (מלכים

בא

י מְבֻשַּׁל בְּמַיָּא, אֱלָהֵין טְוֵי נוּר, רֵישֵׁיהּ עַל כְּרָעוֹהִי וְעַל גַּוֵּיהּ: וְלֹא תַשְׁאֲרוּן מִנֵּיהּ עַד צַפְרָא,
יא וּדִישְׁתָּאַר מִנֵּיהּ, עַד צַפְרָא בְּנוּרָא תּוֹקְדוּן: וּכְדֵין תֵּיכְלוּן יָתֵיהּ, חַרְצֵיכוֹן יְהוֹן אֲסִירִין, מְסָנֵיכוֹן
יב בְּרַגְלֵיכוֹן, וְחֻטְרֵיכוֹן בִּידְכוֹן, וְתֵיכְלוּן יָתֵיהּ בִּבְהִילוּ, פִּסְחָא הוּא קֳדָם יְיָ: וְאִתְגְּלֵי בְאַרְעָא
דְמִצְרַיִם בְּלֵילְיָא הָדֵין, וְאֶקְטוֹל כָּל בּוּכְרָא בְּאַרְעָא דְמִצְרַיִם, מֵאֱנָשָׁא וְעַד בְּעִירָא, וּבְכָל
יג טָעֲוַת מִצְרָאֵי, אֶעֱבֵיד דִּינִין אֲנָא יְיָ: וִיהֵי דְּמָא לְכוֹן לְאָת, עַל בָּתַּיָּא דְּאַתּוּן תַּמָּן, וְאֶחֱזֵי יָת
יד דְּמָא, וְאֵחוּס עֲלֵיכוֹן, וְלֹא יְהֵי בְכוֹן מוֹתָא לְחַבָּלָא, בְּמִקְטְלִי בְּאַרְעָא דְמִצְרָיִם: וִיהֵי יוֹמָא
טו הָדֵין לְכוֹן לְדוּכְרָנָא, וּתְחַגּוּן יָתֵיהּ חַגָּא קֳדָם יְיָ, לְדָרֵיכוֹן, קְיָם עָלָם תְּחַגֻּנֵּיהּ: שַׁבְעָא
יוֹמִין פַּטִּירָא תֵּיכְלוּן, בְּרַם בְּיוֹמָא קַדְמָאָה, תְּבַטְּלוּן חֲמִירָא מִבָּתֵּיכוֹן, אֲרֵי כָל דְּיֵיכוֹל

(כ׳ ז, טו) **פֶּסַח הוּא לַה׳.** הַקָּרְבָּן קָרוּי ׳פֶּסַח׳ עַל שֵׁם הַפְּסִיחָה, וְחָתַם עָשׂוּ כָּל עֲבוֹדוֹתָיו לְשֵׁם שָׁמָיִם:

יב) וְעָבַרְתִּי. כְּמֶלֶךְ הָעוֹבֵר מִמָּקוֹם לְמָקוֹם וּבְהַעֲבָרָה אַחַת וּבְרֶגַע אֶחָד כֻּלָּן לוֹקִין: **כָּל בְּכוֹר בְּאֶרֶץ מִצְרָיִם.** אַף בְּכוֹרוֹת אֲחֵרִים וְהֵם בְּמִצְרַיִם. וּמִנַּיִן אַף בְּכוֹרֵי מִצְרַיִם שֶׁבִּמְקוֹמוֹת אֲחֵרִים? תַּלְמוּד לוֹמַר: "לְמַכֵּה מִצְרַיִם בִּבְכוֹרֵיהֶם" (תהלים קלו, י): **מֵאָדָם וְעַד בְּהֵמָה.** מִי שֶׁהִתְחִיל בַּעֲבֵרָה תְּחִלָּה מִמֶּנּוּ מַתְחֶלֶת הַפֻּרְעָנוּת: **וּבְכָל אֱלֹהֵי מִצְרַיִם.** שֶׁל עֵץ נִרְקֶבֶת, וְשֶׁל מַתֶּכֶת נִמֶּסֶת וְנִתֶּכֶת לָאָרֶץ: **אֶעֱשֶׂה שְׁפָטִים אֲנִי ה׳.** אֲנִי בְּעַצְמִי וְלֹא עַל יְדֵי שָׁלִיחַ:

יג) וְהָיָה הַדָּם לָכֶם לְאֹת. לָכֶם לְאוֹת וְלֹא לַאֲחֵרִים לְאוֹת. מִכָּאן שֶׁלֹּא נָתְנוּ הַדָּם אֶלָּא מִבִּפְנִים: **וְרָאִיתִי אֶת הַדָּם.** הַכֹּל גָּלוּי לְפָנָיו, אֶלָּא אָמַר הַקָּדוֹשׁ בָּרוּךְ הוּא: נוֹתֵן אֲנִי אֶת עֵינַי לִרְאוֹת שֶׁאַתֶּם עֲסוּקִים בְּמִצְוֹתַי וּפוֹסֵחַ אֲנִי עֲלֵיכֶם: **וּפָסַחְתִּי.** וְחָמַלְתִּי, וְדוֹמֶה לוֹ: "פָּסוֹחַ וְהִמְלִיט" (ישעיה לא, ה), וַאֲנִי אוֹמֵר כָּל פְּסִיחָה לְשׁוֹן דִּלּוּג וּקְפִיצָה, "וּפָסַחְתִּי" – מְדַלֵּג הָיָה מִבָּתֵּי יִשְׂרָאֵל לְבָתֵּי מִצְרַיִם, שֶׁהָיוּ שְׁרוּיִים זֶה בְּתוֹךְ זֶה. וְכֵן: "פֹּסְחִים עַל שְׁתֵּי הַסְּעִפִּים" (מלכים א׳ יח, כא). וְכֵן כָּל הַפִּסְחִים הוֹלְכִים כְּקוֹפְצִים. וְכֵן: "פָּסוֹחַ וְהִמְלִיט", מְדַלְּגוֹ וּמְמַלְּטוֹ מִבֵּין הַמּוּמָתִים: **וְלֹא יִהְיֶה בָכֶם נֶגֶף.** אֲבָל הוֹוֶה הוּא בְּמִצְרַיִם. הֲרֵי שֶׁהָיָה מִצְרִי בְּבֵיתוֹ שֶׁל יִשְׂרָאֵל, יָכוֹל יִמָּלֵט? תַּלְמוּד לוֹמַר: "וְלֹא יִהְיֶה בָכֶם נֶגֶף", אֲבָל הוֹוֶה בְּמִצְרַיִם שֶׁבְּבָתֵּיכֶם. הֲרֵי שֶׁהָיָה יִשְׂרָאֵל בְּבֵיתוֹ שֶׁל מִצְרִי, שׁוֹמֵעַ אֲנִי יִלְקֶה כְּמוֹתוֹ? תַּלְמוּד לוֹמַר: "וְלֹא יִהְיֶה בָכֶם נֶגֶף":

יד) לְזִכָּרוֹן. לְדוֹרוֹת: **וְחַגֹּתֶם אֹתוֹ.** יוֹם שֶׁהוּא לְךָ לְזִכָּרוֹן אַתָּה חוֹגְגוֹ. וַעֲדַיִן לֹא שָׁמַעְנוּ אֵי זֶה הוּא יוֹם הַזִּכָּרוֹן, תַּלְמוּד לוֹמַר: "זָכוֹר אֶת הַיּוֹם הַזֶּה אֲשֶׁר יְצָאתֶם" (להלן יג, ג), לָמַדְנוּ שֶׁיּוֹם הַיְצִיאָה הוּא יוֹם שֶׁל זִכָּרוֹן. וְאֵי זֶה יוֹם יָצְאוּ? תַּלְמוּד לוֹמַר: "מִמָּחֳרַת הַפֶּסַח יָצְאוּ" (במדבר לג, ג), הֱוֵי אוֹמֵר יוֹם חֲמִשָּׁה עָשָׂר בְּנִיסָן הוּא שֶׁל יוֹם טוֹב, שֶׁהֲרֵי לֵיל חֲמִשָּׁה עָשָׂר אָכְלוּ אֶת הַפֶּסַח וְלַבֹּקֶר יָצְאוּ: **לְדֹרֹתֵיכֶם.** שׁוֹמֵעַ אֲנִי מִעוּט דּוֹרוֹת שְׁנַיִם, תַּלְמוּד לוֹמַר: "חֻקַּת עוֹלָם תְּחָגֻּהוּ":

טו) שִׁבְעַת יָמִים. סטיי״נָא שֶׁל יָמִים: **שִׁבְעַת יָמִים מַצּוֹת תֹּאכֵלוּ.** וּבְמָקוֹם אַחֵר הוּא אוֹמֵר: "שֵׁשֶׁת יָמִים תֹּאכַל מַצּוֹת" (דברים טז, ח), לִמְּדָנוּ עַל שְׁבִיעִי שֶׁאֵינוֹ חוֹבָה לֶאֱכֹל מַצָּה, וּבִלְבַד שֶׁלֹּא יֹאכַל חָמֵץ. מִנַּיִן אַף שִׁשָּׁה לִרְשׁוּת? זוֹ מִדָּה בַּתּוֹרָה: דָּבָר שֶׁהָיָה בַּכְּלָל וְיָצָא מִן הַכְּלָל לְלַמֵּד, לֹא לְלַמֵּד עַל עַצְמוֹ בִּלְבַד יָצָא אֶלָּא לְלַמֵּד עַל הַכְּלָל כֻּלּוֹ יָצָא, מַה שְּׁבִיעִי לִרְשׁוּת אַף שִׁשָּׁה לִרְשׁוּת. יָכוֹל אַף לַיְלָה הָרִאשׁוֹן לִרְשׁוּת? תַּלְמוּד לוֹמַר: "בָּעֶרֶב תֹּאכְלוּ מַצֹּת" (להלן פסוק יח), הַכָּתוּב קְבָעוֹ חוֹבָה: **אַךְ בַּיּוֹם הָרִאשׁוֹן תַּשְׁבִּיתוּ שְּׂאֹר.** מֵעֶרֶב יוֹם טוֹב, וְקָרוּי רִאשׁוֹן שֶׁהוּא לִפְנֵי הַשִּׁבְעָה, וּמָצִינוּ מֻקְדָּם קָרוּי רִאשׁוֹן, "הֲרִאשׁוֹן אָדָם תִּוָּלֵד" (איוב טו, ז), הֲלִפְנֵי אָדָם נוֹלַדְתָּ. אוֹ אֵינוֹ אֶלָּא רִאשׁוֹן שֶׁל שִׁבְעָה? תַּלְמוּד לוֹמַר: "לֹא תִשְׁחַט עַל חָמֵץ" (להלן לד, כה), לֹא תִשְׁחַט הַפֶּסַח וַעֲדַיִן חָמֵץ קַיָּם: **הַנֶּפֶשׁ הַהִוא.** כְּשֶׁהִיא בְּנַפְשָׁהּ וּבְדַעְתָּהּ, פְּרָט לְאָנוּס: **מִיִּשְׂרָאֵל.** שׁוֹמֵעַ אֲנִי תִּכָּרֵת מִיִּשְׂרָאֵל וְתֵלֵךְ לָהּ לְעַם אַחֵר? תַּלְמוּד לוֹמַר בְּמָקוֹם אַחֵר: "מִלְּפָנַי" (ויקרא כב, ג), בְּכָל מָקוֹם שֶׁהוּא רְשׁוּתִי:

חָמֵץ וְנִכְרְתָה הַנֶּפֶשׁ הַהִוא מִיִּשְׂרָאֵל מִיּוֹם
הָרִאשֹׁן עַד־יוֹם הַשְּׁבִעִי: וּבַיּוֹם הָרִאשׁוֹן מִקְרָא־ טז
קֹדֶשׁ וּבַיּוֹם הַשְּׁבִיעִי מִקְרָא־קֹדֶשׁ יִהְיֶה לָכֶם
כָּל־מְלָאכָה לֹא־יֵעָשֶׂה בָהֶם אַךְ אֲשֶׁר יֵאָכֵל
לְכָל־נֶפֶשׁ הוּא לְבַדּוֹ יֵעָשֶׂה לָכֶם: וּשְׁמַרְתֶּם יז
אֶת־הַמַּצּוֹת כִּי בְּעֶצֶם הַיּוֹם הַזֶּה הוֹצֵאתִי אֶת־
צִבְאוֹתֵיכֶם מֵאֶרֶץ מִצְרָיִם וּשְׁמַרְתֶּם אֶת־הַיּוֹם
הַזֶּה לְדֹרֹתֵיכֶם חֻקַּת עוֹלָם: בָּרִאשֹׁן בְּאַרְבָּעָה יח
עָשָׂר יוֹם לַחֹדֶשׁ בָּעֶרֶב תֹּאכְלוּ מַצֹּת עַד יוֹם
הָאֶחָד וְעֶשְׂרִים לַחֹדֶשׁ בָּעָרֶב: שִׁבְעַת יָמִים יט
שְׂאֹר לֹא יִמָּצֵא בְּבָתֵּיכֶם כִּי ׀ כָּל־אֹכֵל מַחְמֶצֶת
וְנִכְרְתָה הַנֶּפֶשׁ הַהִוא מֵעֲדַת יִשְׂרָאֵל בַּגֵּר
וּבְאֶזְרַח הָאָרֶץ: כָּל־מַחְמֶצֶת לֹא תֹאכֵלוּ בְּכֹל כ
מוֹשְׁבֹתֵיכֶם תֹּאכְלוּ מַצּוֹת:

מצווה י
מצוות אכילת מצה

מצווה יא
איסור הימצאות חמץ ברשות היהודי בפסח

מצווה יב
איסור אכילת דבר שיש בו חמץ, בפסח

חמישי
וַיִּקְרָא מֹשֶׁה לְכָל־זִקְנֵי יִשְׂרָאֵל וַיֹּאמֶר אֲלֵהֶם כא
מִשְׁכוּ וּקְחוּ לָכֶם צֹאן לְמִשְׁפְּחֹתֵיכֶם וְשַׁחֲטוּ
הַפָּסַח: וּלְקַחְתֶּם אֲגֻדַּת אֵזוֹב וּטְבַלְתֶּם בַּדָּם כב
אֲשֶׁר־בַּסַּף וְהִגַּעְתֶּם אֶל־הַמַּשְׁקוֹף וְאֶל־שְׁתֵּי
הַמְּזוּזֹת מִן־הַדָּם אֲשֶׁר בַּסָּף וְאַתֶּם לֹא תֵצְאוּ
אִישׁ מִפֶּתַח־בֵּיתוֹ עַד־בֹּקֶר: וְעָבַר יְהוָה לִנְגֹּף כג
אֶת־מִצְרַיִם וְרָאָה אֶת־הַדָּם עַל־הַמַּשְׁקוֹף וְעַל

בא

טז חֲמִיעַ, וְיִשְׁתֵּיצֵי, אֲנָשָׁא הַהוּא מִיִּשְׂרָאֵל, מִיּוֹמָא קַדְמָאָה עַד יוֹמָא שְׁבִיעָאָה: וּבְיוֹמָא קַדְמָאָה מְעָרַע קַדִּישׁ, וּבְיוֹמָא שְׁבִיעָאָה, מְעָרַע קַדִּישׁ יְהֵי לְכוֹן, כָּל עֲבִידָא לָא יִתְעֲבֵיד בְּהוֹן, בְּרַם מָא דְּמִתְאֲכִיל לְכָל נְפַשׁ, הוּא בִּלְחוֹדוֹהִי יִתְעֲבֵיד לְכוֹן: יז וְתִטְּרוּן יָת פַּטִּירָא, אֲרֵי, בְּכֵן יוֹמָא הָדֵין, אַפֵּיקִית יָת חֵילֵיכוֹן מֵאַרְעָא דְּמִצְרָיִם, וְתִטְּרוּן יָת יוֹמָא הָדֵין, לְדָרֵיכוֹן קְיָם עָלָם: יח בְּנִיסָן, בְּאַרְבָּעַת עַסְרָא יוֹמָא לְיַרְחָא בְּרַמְשָׁא, תֵּיכְלוּן פַּטִּירָא, עַד, יוֹמָא חַד וְעֶסְרִין, לְיַרְחָא בְּרַמְשָׁא: יט שִׁבְעָא יוֹמִין, חֲמִירָא, לָא יִשְׁתְּכַח בְּבָתֵּיכוֹן, אֲרֵי כָּל דְּיֵיכוֹל מַחְמְעָא, וְיִשְׁתֵּיצֵי, אֲנָשָׁא הַהוּא מִכְּנִשְׁתָּא דְּיִשְׂרָאֵל, בְּגִיּוֹרַיָא וּבְיַצִּיבַיָּא דְּאַרְעָא: כ כָּל מַחְמְעָא לָא תֵיכְלוּן, בְּכָל מוֹתְבָנֵיכוֹן, תֵּיכְלוּן פַּטִּירָא: כא וּקְרָא מֹשֶׁה, לְכָל סָבֵי יִשְׂרָאֵל וַאֲמַר לְהוֹן, אִתְנְגִידוּ, וְסַבוּ לְכוֹן מִן בְּנֵי עָנָא, לְזַרְעֲיַתְכוֹן וְכוּסוּ פִסְחָא: כב וְתִסְּבוּן אֲסָרַת אֵיזוֹבָא, וְתִטְבְּלוּן בִּדְמָא דְּבִמְנָא, וְתַדּוּן לְשַׁקְפָא וְלִתְרֵין סִפַּיָּא, מִן דְּמָא דְּבִמְנָא, וְאַתּוּן, לָא תִפְּקוּן, אֱנָשׁ מִתְּרַע בֵּיתֵיהּ עַד צַפְרָא: כג וְיִתְגְּלֵי יְיָ לְמִמְחֵי יָת מִצְרָאֵי, וְיֶחֱזֵי יָת דְּמָא עַל שַׁקְפָא, וְעַל

טז] **מִקְרָא קֹדֶשׁ.** מִקְרָא שֵׁם דָּבָר, קְרָא אוֹתוֹ קֹדֶשׁ לַאֲכִילָה וּשְׁתִיָּה וּכְסוּת: **לֹא יֵעָשֶׂה בָהֶם.** אֲפִלּוּ עַל יְדֵי אֲחֵרִים: **הוּא לְבַדּוֹ.** הוּא וְלֹא מַכְשִׁירָיו שֶׁאֶפְשָׁר לַעֲשׂוֹתָן מֵעֶרֶב יוֹם טוֹב: **לְכָל נֶפֶשׁ.** אַף לִבְהֵמָה. יָכוֹל אַף לַגּוֹיִם? תַּלְמוּד לוֹמַר: "אַךְ":

יז] **וּשְׁמַרְתֶּם אֶת הַמַּצּוֹת.** שֶׁלֹּא יָבֹאוּ לִידֵי חִמּוּץ. מִכָּאן אָמְרוּ: תָּפַח, תִּלְטֹשׁ בְּצוֹנֵן. רַבִּי יֹאשִׁיָּה אוֹמֵר: אַל תְּהִי קוֹרֵא "אֶת הַמַּצּוֹת" אֶלָּא "אֶת הַמִּצְוֹת", כְּדֶרֶךְ שֶׁאֵין מַחְמִיצִין אֶת הַמַּצָּה כָּךְ אֵין מַחְמִיצִין אֶת הַמִּצְוָה, אֶלָּא אִם בָּאָה לְיָדְךָ עֲשֵׂה אוֹתָהּ מִיָּד: **וּשְׁמַרְתֶּם אֶת הַיּוֹם הַזֶּה.** מִמְּלָאכָה: **לְדֹרֹתֵיכֶם חֻקַּת עוֹלָם.** לְפִי שֶׁלֹּא נֶאֱמַר "דוֹרוֹת" וְ"חֻקַּת עוֹלָם" עַל הַמְּלָאכָה אֶלָּא עַל הַחֲגִיגָה (לעיל פסוק יד), לְכָךְ חָזַר וּשְׁנָאוֹ כָּאן, שֶׁלֹּא תֹאמַר: אַזְהָרַת "כָּל מְלָאכָה לֹא יֵעָשֶׂה" (לעיל פסוק טז) לֹא לְדוֹרוֹת נֶאֶמְרָה אֶלָּא לְאוֹתוֹ הַדּוֹר:

יח] **עַד יוֹם הָאֶחָד וְעֶשְׂרִים.** לָמָּה נֶאֱמַר? וַהֲלֹא כְּבָר נֶאֱמַר: "שִׁבְעַת יָמִים" (לעיל פסוק טו)? לְפִי שֶׁנֶּאֱמַר "יָמִים", לֵילוֹת מִנַּיִן? תַּלְמוּד לוֹמַר: "עַד יוֹם הָאֶחָד וְעֶשְׂרִים וְגוֹ'":

יט] **לֹא יִמָּצֵא בְּבָתֵּיכֶם.** מִנַּיִן לַגְּבוּלִין? תַּלְמוּד לוֹמַר: "בְּכָל גְּבֻלֶךָ" (להלן יג, ז). מַה תַּלְמוּד לוֹמַר בָּתֵּיכֶם? מַה בֵּיתְךָ בִּרְשׁוּתְךָ אַף גְּבוּלְךָ שֶׁבִּרְשׁוּתְךָ, יָצָא חֲמֵצוֹ שֶׁל נָכְרִי שֶׁהוּא אֵצֶל יִשְׂרָאֵל וְלֹא קִבֵּל עָלָיו אַחֲרָיוּת: **כִּי כָּל אֹכֵל מַחְמֶצֶת.** לַעֲנֹשׁ כָּרֵת עַל הַשְּׂאוֹר. וַהֲלֹא כְּבָר עָנַשׁ עַל הֶחָמֵץ? אֶלָּא שֶׁלֹּא תֹאמַר: חָמֵץ שֶׁרָאוּי לַאֲכִילָה עָנַשׁ עָלָיו, שְׂאוֹר שֶׁאֵינוֹ רָאוּי לַאֲכִילָה לֹא יֵעָנַשׁ עָלָיו; וְאִם עָנַשׁ עַל הַשְּׂאוֹר וְלֹא עָנַשׁ עַל הֶחָמֵץ, הָיִיתִי אוֹמֵר: שְׂאוֹר שֶׁהוּא מְחַמֵּץ אֲחֵרִים עָנַשׁ עָלָיו, חָמֵץ שֶׁאֵינוֹ מְחַמֵּץ אֲחֵרִים לֹא יֵעָנַשׁ עָלָיו – לְכָךְ נֶאֶמְרוּ שְׁנֵיהֶם: **בַּגֵּר וּבְאֶזְרַח הָאָרֶץ.** לְפִי שֶׁהַנֵּס נַעֲשָׂה לְיִשְׂרָאֵל הֻצְרַךְ לְרַבּוֹת אֶת הַגֵּרִים:

כ] **מַחְמֶצֶת לֹא תֹאכֵלוּ.** אַזְהָרָה עַל אֲכִילַת שְׂאוֹר: **כָּל מַחְמֶצֶת.** לְהָבִיא אֶת תַּעֲרָבְתּוֹ: **בְּכָל מוֹשְׁבֹתֵיכֶם תֹּאכְלוּ מַצּוֹת.** זֶה בָּא לְלַמֵּד שֶׁתְּהֵא רְאוּיָה לְהֵאָכֵל בְּכָל מוֹשְׁבוֹתֵיכֶם, פְּרָט לְמַעֲשֵׂר שֵׁנִי וְחַלּוֹת תּוֹדָה:

כא] **מִשְׁכוּ.** מִי שֶׁיֵּשׁ לוֹ צֹאן יִמְשֹׁךְ מִשֶּׁלּוֹ: **וּקְחוּ.** מִי שֶׁאֵין לוֹ יִקַּח מִן הַשּׁוּק: **לְמִשְׁפְּחֹתֵיכֶם.** שֶׂה לְבֵית אָבוֹת (לעיל פסוק ג):

כב] **אֵזוֹב.** מִין יָרָק שֶׁיֵּשׁ לוֹ גִּבְעוֹלִין: **אֲגֻדַּת אֵזוֹב.** שְׁלֹשָׁה קְלָחִין קְרוּיִין אֲגֻדָּה: **אֲשֶׁר בַּסַּף.** כְּכֵלִי, כְּמוֹ: "סִפּוֹת כֶּסֶף" (מלכים ב' יב, יד): **מִן הַדָּם אֲשֶׁר בַּסַּף.** לָמָּה חָזַר וּשְׁנָאוֹ? שֶׁלֹּא תֹאמַר טְבִילָה אַחַת לִשְׁלֹשׁ הַמַּתָּנוֹת, לְכָךְ נֶאֱמַר עוֹד: "אֲשֶׁר בַּסַּף", שֶׁתְּהֵא כָּל נְתִינָה וּנְתִינָה מִן הַדָּם אֲשֶׁר בַּסַּף, עַל כָּל הַגָּעָה טְבִילָה: **וְאַתֶּם לֹא תֵצְאוּ וְגוֹ'.** מַגִּיד שֶׁמֵּאַחַר שֶׁנִּתְּנָה רְשׁוּת לַמַּשְׁחִית לְחַבֵּל אֵינוֹ מַבְחִין בֵּין צַדִּיק לְרָשָׁע, וְלַיְלָה רְשׁוּת לַמְחַבְּלִים הוּא, שֶׁנֶּאֱמַר: "בּוֹ תִרְמֹשׂ כָּל חַיְתוֹ יָעַר" (תהלים קד, כ):

שְׁתֵּי הַמְּזוּזֹת וּפָסַח יְהוָה עַל־הַפֶּתַח וְלֹא יִתֵּן
הַמַּשְׁחִית לָבֹא אֶל־בָּתֵּיכֶם לִנְגֹּף׃ וּשְׁמַרְתֶּם כד
אֶת־הַדָּבָר הַזֶּה לְחָק־לְךָ וּלְבָנֶיךָ עַד־עוֹלָם׃
וְהָיָה כִּי־תָבֹאוּ אֶל־הָאָרֶץ אֲשֶׁר יִתֵּן יְהוָה כה
לָכֶם כַּאֲשֶׁר דִּבֵּר וּשְׁמַרְתֶּם אֶת־הָעֲבֹדָה
הַזֹּאת׃ וְהָיָה כִּי־יֹאמְרוּ אֲלֵיכֶם בְּנֵיכֶם מָה כו
הָעֲבֹדָה הַזֹּאת לָכֶם׃ וַאֲמַרְתֶּם זֶבַח־פֶּסַח כז
הוּא לַיהוָה אֲשֶׁר פָּסַח עַל־בָּתֵּי בְנֵי־יִשְׂרָאֵל
בְּמִצְרַיִם בְּנָגְפּוֹ אֶת־מִצְרַיִם וְאֶת־בָּתֵּינוּ
הִצִּיל וַיִּקֹּד הָעָם וַיִּשְׁתַּחֲווּ׃ וַיֵּלְכוּ וַיַּעֲשׂוּ בְּנֵי כח
יִשְׂרָאֵל כַּאֲשֶׁר צִוָּה יְהוָה אֶת־מֹשֶׁה וְאַהֲרֹן כֵּן
ששי עָשׂוּ׃ ס וַיְהִי ׀ בַּחֲצִי הַלַּיְלָה וַיהוָה כט
הִכָּה כָל־בְּכוֹר בְּאֶרֶץ מִצְרַיִם מִבְּכֹר פַּרְעֹה
הַיֹּשֵׁב עַל־כִּסְאוֹ עַד בְּכוֹר הַשְּׁבִי אֲשֶׁר בְּבֵית
הַבּוֹר וְכֹל בְּכוֹר בְּהֵמָה׃ וַיָּקָם פַּרְעֹה לַיְלָה ל
הוּא וְכָל־עֲבָדָיו וְכָל־מִצְרַיִם וַתְּהִי צְעָקָה
גְדֹלָה בְּמִצְרָיִם כִּי־אֵין בַּיִת אֲשֶׁר אֵין־שָׁם מֵת׃
וַיִּקְרָא לְמֹשֶׁה וּלְאַהֲרֹן לַיְלָה וַיֹּאמֶר קוּמוּ צְּאוּ לא
מִתּוֹךְ עַמִּי גַּם־אַתֶּם גַּם־בְּנֵי יִשְׂרָאֵל וּלְכוּ עִבְדוּ
אֶת־יְהוָה כְּדַבֶּרְכֶם׃ גַּם־צֹאנְכֶם גַּם־בְּקַרְכֶם לב

בא

קְחוּ כַּאֲשֶׁר דִּבַּרְתֶּם וָלֵכוּ וּבֵרַכְתֶּם גַּם־אֹתִי:
לג וַתֶּחֱזַק מִצְרַיִם עַל־הָעָם לְמַהֵר לְשַׁלְּחָם מִן־

כד תְּרֵין סַפַּיָּא, וְיֵחוּס יְיָ עַל תַּרְעָא, וְלָא יִשְׁבּוֹק מְחַבְּלָא, לְמֵיעַל לְבָתֵּיכוֹן לְמִמְחֵי: וְתִטְּרוּן יָת
כה פִּתְגָּמָא הָדֵין, לִקְיָם לָךְ וְלִבְנָךְ עַד עָלְמָא: וִיהֵי אֲרֵי תֵיעֲלוּן לְאַרְעָא, דְּיִתֵּן יְיָ, לְכוֹן כְּמָא
כו דְמַלִּיל, וְתִטְּרוּן יָת פָּלְחָנָא הָדֵין: וִיהֵי, אֲרֵי יֵימְרוּן לְכוֹן בְּנֵיכוֹן, מָא פָּלְחָנָא הָדָא לְכוֹן: וְתֵימְרוּן,
כז דֵּיבַח חֲיָס הוּא קֳדָם יְיָ, דְּחָס, עַל בָּתֵּי בְנֵי יִשְׂרָאֵל בְּמִצְרַיִם, כַּד מְחָא יָת מִצְרָאֵי וְיָת בָּתָּנָא
כח שֵׁיזֵיב, וּכְרַע עַמָּא וּסְגִידוּ: וַאֲזָלוּ וַעֲבַדוּ בְּנֵי יִשְׂרָאֵל: כְּמָא דְפַקִּיד יְיָ, יָת מֹשֶׁה וְאַהֲרֹן כֵּן עֲבָדוּ:
כט וַהֲוָה בְּפַלְגוּת לֵילְיָא, וַיְיָ קְטַל כָּל בּוּכְרָא בְּאַרְעָא דְמִצְרַיִם, מִבּוּכְרָא דְפַרְעֹה דַּעֲתִיד לְמִתַּב
ל עַל כֻּרְסֵי מַלְכוּתֵהּ, עַד בּוּכְרָא דְשִׁבְיָא, דִּבְבֵית אֲסִירֵי, וְכֹל בּוּכְרָא דִבְעִירָא: וְקָם פַּרְעֹה
לא בְלֵילְיָא, הוּא וְכָל עַבְדוֹהִי וְכָל מִצְרָאֵי, וַהֲוַת, צְוַחְתָּא רַבְּתָא בְּמִצְרָיִם, אֲרֵי לֵית בֵּיתָא תַמָּן,
 דְּלָא הֲוָה בֵיהּ מִיתָא: וּקְרָא לְמֹשֶׁה וּלְאַהֲרֹן בְּלֵילְיָא, וַאֲמַר קוּמוּ פּוּקוּ מִגּוֹ עַמִּי, אַף אַתּוּן
לב אַף בְּנֵי יִשְׂרָאֵל, וְאִיזִילוּ, פְּלַחוּ קֳדָם יְיָ כְּמָא דַהֲוֵיתוּן אָמְרִין: אַף עָנְכוֹן אַף תּוֹרֵיכוֹן דְּבָרוּ,
לג כְּמָא דְמַלֵּלְתּוּן וְאִיזִילוּ, וְצַלּוֹ אַף עֲלָי: וּתְקִיפוּ מִצְרָאֵי עַל עַמָּא, לְאוֹחָאָה לְשַׁלָּחוּתְהוֹן מִן

כג) **וּפָסַח.** וְחָמַל. וְיֵשׁ לוֹמַר, וְדִלֵּג: **וְלֹא יִתֵּן הַמַּשְׁחִית.** וְלֹא יִתֵּן לוֹ יְכֹלֶת לָבֹא, כְּמוֹ: "וְלֹא נְתָנוֹ אֱלֹהִים לְהָרַע עִמָּדִי" (בראשית לֹא, ז):

כה) **כַּאֲשֶׁר דִּבֵּר.** וְהֵיכָן דִּבֵּר? "וְהֵבֵאתִי אֶתְכֶם אֶל הָאָרֶץ" וְגוֹ' (לעיל ו, ח):

כז) **וַיִּקֹּד הָעָם.** עַל בְּשׂוֹרַת הַגְּאֻלָּה וּבִיאַת הָאָרֶץ וּבְשׂוֹרַת הַבָּנִים שֶׁיִּהְיוּ לָהֶם וְיִשְׁאָלוּם:

כח) **וַיֵּלְכוּ וַיַּעֲשׂוּ בְּנֵי יִשְׂרָאֵל.** וְכִי כְּבָר עָשׂוּ? וַהֲלֹא מֵרֹאשׁ חֹדֶשׁ נֶאֱמַר לָהֶם! אֶלָּא מִכֵּיוָן שֶׁקִּבְּלוּ עֲלֵיהֶם מַעֲלֶה עֲלֵיהֶם הַכָּתוּב כְּאִלּוּ עָשׂוּ: וַיֵּלְכוּ וַיַּעֲשׂוּ. אַף הַהֲלִיכָה מָנָה הַכָּתוּב, לִתֵּן שָׂכָר לַהֲלִיכָה וְשָׂכָר לַעֲשִׂיָּה: **כַּאֲשֶׁר צִוָּה ה' אֶת מֹשֶׁה וְאַהֲרֹן.** לְהַגִּיד שִׁבְחָן שֶׁל יִשְׂרָאֵל שֶׁלֹּא הִפִּילוּ דָּבָר מִכָּל מִצְוַת מֹשֶׁה וְאַהֲרֹן. וּמַהוּ "כֵּן עָשׂוּ"? אַף מֹשֶׁה וְאַהֲרֹן כֵּן עָשׂוּ:

כט) **וַה'.** כָּל מָקוֹם שֶׁנֶּאֱמַר "וַה'" – הוּא וּבֵית דִּינוֹ, שֶׁיּוּ"ד שֶׁהוּא לְשׁוֹן תּוֹסֶפֶת הוּא, כְּמוֹ: פְּלוֹנִי וּפְלוֹנִי: **הִכָּה כָל בְּכוֹר.** אַף שֶׁל אֻמָּה אַחֶרֶת וְהוּא בְּמִצְרַיִם: **מִבְּכֹר פַּרְעֹה.** אַף פַּרְעֹה בְּכוֹר הָיָה וְנִשְׁתַּיֵּר מִן הַבְּכוֹרוֹת, וְעָלָיו הוּא אוֹמֵר: "בַּעֲבוּר

הֶרְאֹתְךָ אֶת כֹּחִי" (לעיל ט, טז) – **בְּיַם סוּף:** **עַד בְּכוֹר הַשְּׁבִי.** שֶׁהָיוּ שְׂמֵחִין לְאֵידָם שֶׁל יִשְׂרָאֵל. וְעוֹד, שֶׁלֹּא יֹאמְרוּ: יִרְאָתֵנוּ הֵבִיאָה הַפֻּרְעָנוּת: וּבְכוֹר הַשִּׁפְחָה בַּכְּלָל הָיָה, שֶׁהֲרֵי מָנָה מִן הֶחָשׁוּב שֶׁבְּכֻלָּן עַד הַפְּחוּתִים, וּבְכוֹר הַשִּׁפְחָה חָשׁוּב מִבְּכוֹר הַשְּׁבִי:

ל) **וַיָּקָם פַּרְעֹה.** מִמִּטָּתוֹ: **לַיְלָה.** וְלֹא כְדֶרֶךְ הַמְּלָכִים בְּשָׁלֹשׁ שָׁעוֹת בַּיּוֹם: **הוּא.** תְּחִלָּה וְאַחַר כָּךְ "עֲבָדָיו", מְלַמֵּד שֶׁהָיָה הוּא מְחַזֵּר עַל בָּתֵּי עֲבָדָיו וּמַעֲמִידָן: **כִּי אֵין בַּיִת אֲשֶׁר אֵין שָׁם מֵת.** יֵשׁ שָׁם בְּכוֹר – מֵת, אֵין שָׁם בְּכוֹר – גָּדוֹל שֶׁבַּבַּיִת קָרוּי בְּכוֹר, שֶׁנֶּאֱמַר: "אַף אֲנִי בְּכוֹר אֶתְּנֵהוּ" (תהלים פט, כח). דָּבָר אַחֵר, מִצְרִיּוֹת מְזַנּוֹת תַּחַת בַּעֲלֵיהֶן וְיוֹלְדוֹת מֵרַוָּקִים פְּנוּיִים וְהָיוּ לָהֶם בְּכוֹרוֹת הַרְבֵּה, פְּעָמִים הֵם חֲמִשָּׁה לְאִשָּׁה אַחַת, כָּל אֶחָד בְּכוֹר לְאָבִיו:

לא-לב) **וַיִּקְרָא לְמֹשֶׁה וּלְאַהֲרֹן לָיְלָה.** מַגִּיד שֶׁהָיָה מְחַזֵּר עַל פִּתְחֵי הָעִיר וְצוֹעֵק: הֵיכָן מֹשֶׁה שָׁרוּי? הֵיכָן אַהֲרֹן שָׁרוּי?: **גַּם אַתֶּם.** הַגְּבָרִים: **גַּם בְּנֵי יִשְׂרָאֵל.** הַטַּף: **וּלְכוּ עִבְדוּ אֶת ה' כְּדַבֶּרְכֶם.** הַכֹּל כְּמוֹ שֶׁאֲמַרְתֶּם וְלֹא כְמוֹ שֶׁאָמַרְתִּי אֲנִי. בָּטֵל

הָאָרֶץ כִּי אָמְרוּ כֻּלָּנוּ מֵתִים: וַיִּשָּׂא הָעָם אֶת־ לד
בְּצֵקוֹ טֶרֶם יֶחְמָץ מִשְׁאֲרֹתָם צְרֻרֹת בְּשִׂמְלֹתָם
עַל־שִׁכְמָם: וּבְנֵי־יִשְׂרָאֵל עָשׂוּ כִּדְבַר מֹשֶׁה לה
וַיִּשְׁאֲלוּ מִמִּצְרַיִם כְּלֵי־כֶסֶף וּכְלֵי זָהָב וּשְׂמָלֹת:
וַיהוָה נָתַן אֶת־חֵן הָעָם בְּעֵינֵי מִצְרַיִם וַיַּשְׁאִלוּם לו
וַיְנַצְּלוּ אֶת־מִצְרָיִם:
וַיִּסְעוּ בְנֵי־יִשְׂרָאֵל מֵרַעְמְסֵס סֻכֹּתָה כְּשֵׁשׁ־ לז
מֵאוֹת אֶלֶף רַגְלִי הַגְּבָרִים לְבַד מִטָּף: וְגַם־עֵרֶב לח
רַב עָלָה אִתָּם וְצֹאן וּבָקָר מִקְנֶה כָּבֵד מְאֹד:
וַיֹּאפוּ אֶת־הַבָּצֵק אֲשֶׁר הוֹצִיאוּ מִמִּצְרַיִם עֻגֹת לט
מַצּוֹת כִּי לֹא חָמֵץ כִּי־גֹרְשׁוּ מִמִּצְרַיִם וְלֹא יָכְלוּ
לְהִתְמַהְמֵהַּ וְגַם־צֵדָה לֹא־עָשׂוּ לָהֶם: וּמוֹשַׁב מ
בְּנֵי יִשְׂרָאֵל אֲשֶׁר יָשְׁבוּ בְּמִצְרָיִם שְׁלֹשִׁים שָׁנָה
וְאַרְבַּע מֵאוֹת שָׁנָה: וַיְהִי מִקֵּץ שְׁלֹשִׁים שָׁנָה מא
וְאַרְבַּע מֵאוֹת שָׁנָה וַיְהִי בְּעֶצֶם הַיּוֹם הַזֶּה יָצְאוּ
כָּל־צִבְאוֹת יהוה מֵאֶרֶץ מִצְרָיִם: לֵיל שִׁמֻּרִים מב
הוּא לַיהוה לְהוֹצִיאָם מֵאֶרֶץ מִצְרָיִם הוּא־

"לֹא אֲשַׁלֵּחַ" (לעיל ה, ב), בָּטֵל "מִי וָמִי הַהֹלְכִים" (לעיל י, ח), בָּטֵל "רַק צֹאנְכֶם וּבְקַרְכֶם יֻצָּג" (לעיל י, כד) – "גַּם צֹאנְכֶם גַּם בְּקַרְכֶם קְחוּ"; וּמַהוּ "כַּאֲשֶׁר דִּבַּרְתֶּם"? "גַּם אַתָּה תִּתֵּן בְּיָדֵנוּ זְבָחִים וְעֹלֹת" (לעיל י, כה) – "קְחוּ כַּאֲשֶׁר דִּבַּרְתֶּם". וּבֵרַכְתֶּם גַּם אֹתִי. הִתְפַּלְּלוּ עָלַי שֶׁלֹּא אָמוּת, שֶׁאֲנִי בְּכוֹר:

לג) כֻּלָּנוּ מֵתִים. אָמְרוּ: לֹא כִּגְזֵרַת מֹשֶׁה הוּא, שֶׁהֲרֵי אָמַר: "וּמֵת כָּל בְּכוֹר" (לעיל יא, ה) וְכָאן אַף הַפְּשׁוּטִים מֵתִים, חֲמִשָּׁה אוֹ עֲשָׂרָה בְּבַיִת אֶחָד:

לד) טֶרֶם יֶחְמָץ. הַמִּצְרִים לֹא הִנִּיחוּם לִשְׁהוֹת כְּדֵי חִמּוּץ: מִשְׁאֲרֹתָם. שְׁיָרֵי מַצָּה וּמָרוֹר: עַל

לד אַרְעָא, אֲרֵי אֲמַרוּ כֻּלַּנָא מָיְתִין: וּנְטַל עַמָּא, יָת לֵישְׁהוֹן עַד לָא חֲמַע, מוֹתַר אָצְוָתְהוֹן,
לה צְרִיר בִּלְבוּשֵׁיהוֹן עַל כַּתְפֵיהוֹן: וּבְנֵי יִשְׂרָאֵל עֲבַדוּ כְּפִתְגָּמָא דְמֹשֶׁה, וּשְׁאִילוּ מִמִּצְרָיִם,
לו מָנִין דִּכְסַף, וּמָנִין דִּדְהַב וּלְבוּשִׁין: וַיְיָ, יְהַב יָת עַמָּא לְרַחֲמִין, בְּעֵינֵי מִצְרָאֵי וְאַשְׁאִילוּנוּן,
לז וְרוֹקִינוּ יָת מִצְרָיִם: וּנְטַלוּ בְנֵי יִשְׂרָאֵל, מֵרַעְמְסֵס לְסֻכּוֹת, כְּשִׁית מְאָה אַלְפִין גֻּבְרָא, רַגְלָאָה
לח לט בַּר מִטַּפְלָא: וְאַף נֻכְרָאִין סַגִּיאִין סְלִיקוּ עִמְּהוֹן, וְעָנָא וְתוֹרֵי, בְּעִירָא סַגִּי לַחֲדָא: וַאֲפוֹ יָת
לֵישָׁא, דְּאַפִּיקוּ מִמִּצְרַיִם, גְּרִיצָן פַּטִּירָן אֲרֵי לָא חֲמַע, אֲרֵי אִתָּרְכוּ מִמִּצְרַיִם, וְלָא יְכִילוּ
מ לְאִתְעַכָּבָא, וְאַף זְוָדִין לָא עֲבַדוּ לְהוֹן: וּמוֹתַב בְּנֵי יִשְׂרָאֵל, דִּיתִיבוּ בְּמִצְרָיִם, אַרְבַּע מְאָה
מא וּתְלָתִין שְׁנִין: וַהֲוָה, מִסּוֹף אַרְבַּע מְאָה וּתְלָתִין שְׁנִין, וַהֲוָה, בִּכְרַן יוֹמָא הָדֵין, נְפַקוּ, כָּל
מב חֵילַיָּא דַּייָ מֵאַרְעָא דְּמִצְרָיִם: לֵילֵי נְטִיר הוּא קֳדָם יְיָ, לְאַפָּקוּתְהוֹן מֵאַרְעָא דְּמִצְרָיִם, הוּא

שִׁכְמָם. אַף עַל פִּי שֶׁבְּהֵמוֹת הַרְבֵּה הוֹלִיכוּ עִמָּהֶם, מְחַבְּבִים הָיוּ אֶת הַמִּצְוָה:

לה) **כִּדְבַר מֹשֶׁה.** שֶׁאָמַר לָהֶם בְּמִצְרַיִם: "וְיִשְׁאֲלוּ אִישׁ מֵאֵת רֵעֵהוּ" (לעיל יא, ב): **וּשְׂמָלֹת.** אַף הֵן הָיוּ חֲשׁוּבוֹת לָהֶם מִן הַכֶּסֶף וּמִן הַזָּהָב, וְהַמְאֻחָר בַּפָּסוּק חָשׁוּב:

לו) **וַיַּשְׁאִלוּם.** אַף מַה שֶּׁלֹּא הָיוּ שׁוֹאֲלִים מֵהֶם הָיוּ נוֹתְנִים לָהֶם, אַתָּה אוֹמֵר אֶחָד, טֹל שְׁנַיִם וָלֵךְ: **וַיְנַצְּלוּ.** "וְרוֹקִינוּ":

לז) **מֵרַעְמְסֵס סֻכֹּתָה.** מֵאָה וְעֶשְׂרִים מִיל הָיוּ, וּבָאוּ שָׁם לְפִי שָׁעָה, שֶׁנֶּאֱמַר: "וָאֶשָּׂא אֶתְכֶם עַל כַּנְפֵי נְשָׁרִים" (להלן יט, ד): **הַגְּבָרִים.** מִבֶּן עֶשְׂרִים וָמַעְלָה:

לח) **עֵרֶב רַב.** תַּעֲרֹבֶת אֻמּוֹת שֶׁל גֵּרִים:

לט) **עֻגֹת מַצּוֹת.** חֲרָרָה שֶׁל מַצָּה. בָּצֵק שֶׁלֹּא הֶחֱמִיץ קָרוּי מַצָּה: **וְגַם צֵדָה לֹא עָשׂוּ לָהֶם.** לַדֶּרֶךְ. מַגִּיד שִׁבְחָן שֶׁל יִשְׂרָאֵל, שֶׁלֹּא אָמְרוּ: הֵיאַךְ נֵצֵא לַמִּדְבָּר בְּלֹא צֵדָה? אֶלָּא הֶאֱמִינוּ וְהָלְכוּ. הוּא שֶׁמְּפֹרָשׁ בַּקַּבָּלָה: "זָכַרְתִּי לָךְ חֶסֶד נְעוּרַיִךְ אַהֲבַת כְּלוּלֹתָיִךְ לֶכְתֵּךְ אַחֲרַי בַּמִּדְבָּר בְּאֶרֶץ לֹא זְרוּעָה" (ירמיה ב, ב), מַה שָּׂכָר מְפֹרָשׁ אַחֲרָיו? "קֹדֶשׁ יִשְׂרָאֵל לַה'" וְגוֹ' (שם פסוק ג):

מ) **אֲשֶׁר יָשְׁבוּ בְּמִצְרָיִם.** אַחַר שְׁאָר הַיְשִׁיבוֹת שֶׁיָּשְׁבוּ גֵּרִים בְּאֶרֶץ לֹא לָהֶם: **שְׁלֹשִׁים שָׁנָה וְאַרְבַּע מֵאוֹת שָׁנָה.** בֵּין הַכֹּל, מִשֶּׁנּוֹלַד יִצְחָק עַד עַכְשָׁיו הָיוּ אַרְבַּע מֵאוֹת שָׁנָה. מִשֶּׁהָיָה לוֹ זֶרַע לְאַבְרָהָם נִתְקַיֵּם: "כִּי גֵר יִהְיֶה זַרְעֲךָ" (בראשית טו, יג), וּשְׁלֹשִׁים שָׁנָה הָיוּ מִשֶּׁנִּגְזְרָה גְּזֵרַת בֵּין הַבְּתָרִים עַד שֶׁנּוֹלַד יִצְחָק. וְאִי אֶפְשָׁר לוֹמַר בְּאֶרֶץ מִצְרַיִם לְבַדָּהּ, שֶׁהֲרֵי קְהָת מִן הַבָּאִים עִם יַעֲקֹב הָיָה, צֵא וַחֲשֹׁב כָּל שְׁנוֹתָיו וְכָל שְׁנוֹת עַמְרָם בְּנוֹ וּשְׁמוֹנִים שֶׁל מֹשֶׁה, לֹא תִּמְצָאֵם כָּל כָּךְ. וְעַל כָּרְחֲךָ הַרְבֵּה שָׁנִים הָיוּ לִקְהָת עַד שֶׁלֹּא יָרַד לְמִצְרַיִם, וְהַרְבֵּה מִשְּׁנוֹת עַמְרָם נִבְלָעִים בִּשְׁנוֹת קְהָת, וְהַרְבֵּה מִשְּׁמוֹנִים שֶׁל מֹשֶׁה נִבְלָעִים בִּשְׁנוֹת עַמְרָם, הֲרֵי שֶׁלֹּא תִּמְצָא אַרְבַּע מֵאוֹת לְבִיאַת מִצְרַיִם; וְהֻזְקַקְתָּ לוֹמַר עַל כָּרְחֲךָ שֶׁאַף שְׁאָר הַיְשִׁיבוֹת נִקְרְאוּ גֵּרוּת, וַאֲפִלּוּ בְּחֶבְרוֹן, שֶׁנֶּאֱמַר: "אֲשֶׁר גָּר שָׁם אַבְרָהָם וְיִצְחָק" (בראשית לה, כז), וְאוֹמֵר: "אֵת אֶרֶץ מְגֻרֵיהֶם אֲשֶׁר גָּרוּ בָהּ" (לעיל ו, ד). לְפִיכָךְ אַתָּה צָרִיךְ לוֹמַר "כִּי גֵר יִהְיֶה זַרְעֲךָ" – מִשֶּׁהָיָה לוֹ זֶרַע. וּכְשֶׁתִּמְנֶה אַרְבַּע מֵאוֹת שָׁנָה מִשֶּׁנּוֹלַד יִצְחָק, תִּמְצָא מִבִּיאָתָן לְמִצְרַיִם עַד יְצִיאָתָן מָאתַיִם וָעֶשֶׂר שָׁנִים. וְזֶה אֶחָד מִן הַדְּבָרִים שֶׁשִּׁנּוּ לְתַלְמַי הַמֶּלֶךְ:

מא) **וַיְהִי מִקֵּץ שְׁלֹשִׁים שָׁנָה... וַיְהִי בְּעֶצֶם הַיּוֹם הַזֶּה.** מַגִּיד שֶׁכֵּיוָן שֶׁהִגִּיעַ הַקֵּץ לֹא עִכְּבָן הַמָּקוֹם כְּהֶרֶף עַיִן. בַּחֲמִשָּׁה עָשָׂר בְּנִיסָן בָּאוּ מַלְאֲכֵי הַשָּׁרֵת אֵצֶל אַבְרָהָם לְבַשְּׂרוֹ, בַּחֲמִשָּׁה עָשָׂר בְּנִיסָן נוֹלַד יִצְחָק, בַּחֲמִשָּׁה עָשָׂר בְּנִיסָן נִגְזְרָה גְּזֵרַת בֵּין הַבְּתָרִים:

מב) **לֵיל שִׁמֻּרִים.** שֶׁהָיָה הַקָּדוֹשׁ בָּרוּךְ הוּא שׁוֹמֵר וּמְצַפֶּה לוֹ לְקַיֵּם הַבְטָחָתוֹ "לְהוֹצִיאָם מֵאֶרֶץ מִצְרַיִם": **הוּא הַלַּיְלָה הַזֶּה לַה'.** הוּא הַלַּיְלָה שֶׁאָמַר לְאַבְרָהָם: בַּלַּיְלָה הַזֶּה אֲנִי גוֹאֵל אֶת בָּנֶיךָ: **שִׁמֻּרִים לְכָל בְּנֵי יִשְׂרָאֵל לְדֹרֹתָם.** מְשֻׁמָּר וּבָא מִן הַמַּזִּיקִין, כְּעִנְיָן שֶׁנֶּאֱמַר: "וְלֹא יִתֵּן הַמַּשְׁחִית" וְגוֹ' (לעיל פסוק כג):

הַלַּיְלָה הַזֶּה לַיהוָה שִׁמֻּרִים לְכָל־בְּנֵי יִשְׂרָאֵל
לְדֹרֹתָם׃
וַיֹּאמֶר יְהוָה אֶל־מֹשֶׁה וְאַהֲרֹן זֹאת חֻקַּת הַפָּסַח מג
כָּל־בֶּן־נֵכָר לֹא־יֹאכַל בּוֹ׃ וְכָל־עֶבֶד אִישׁ מִקְנַת־ מד

מצווה יג
איסור האכלת הפסח ליהודי עובד עבודה זרה

כֶּסֶף וּמַלְתָּה אֹתוֹ אָז יֹאכַל בּוֹ׃ תּוֹשָׁב וְשָׂכִיר מה

מצווה יד
איסור האכלת הפסח לגר ולתושב

לֹא־יֹאכַל בּוֹ׃ בְּבַיִת אֶחָד יֵאָכֵל לֹא־תוֹצִיא מִן־ מו

מצווה טו
איסור להוציא את קרבן הפסח ממקום החבורה

הַבַּיִת מִן־הַבָּשָׂר חוּצָה וְעֶצֶם לֹא תִשְׁבְּרוּ־בוֹ׃

מצווה טז
איסור שבירת עצם מן הפסח

כָּל־עֲדַת יִשְׂרָאֵל יַעֲשׂוּ אֹתוֹ׃ וְכִי־יָגוּר אִתְּךָ גֵּר מז מח
וְעָשָׂה פֶסַח לַיהוָה הִמּוֹל לוֹ כָל־זָכָר וְאָז יִקְרַב
לַעֲשֹׂתוֹ וְהָיָה כְּאֶזְרַח הָאָרֶץ וְכָל־עָרֵל לֹא־

מצווה יז
איסור האכלת הפסח לערל

יֹאכַל בּוֹ׃ תּוֹרָה אַחַת יִהְיֶה לָאֶזְרָח וְלַגֵּר הַגָּר מט
בְּתוֹכְכֶם׃ וַיַּעֲשׂוּ כָּל־בְּנֵי יִשְׂרָאֵל כַּאֲשֶׁר צִוָּה יְהוָה נ
אֶת־מֹשֶׁה וְאֶת־אַהֲרֹן כֵּן עָשׂוּ׃ וַיְהִי נא
בְּעֶצֶם הַיּוֹם הַזֶּה הוֹצִיא יְהוָה אֶת־בְּנֵי יִשְׂרָאֵל
מֵאֶרֶץ מִצְרַיִם עַל־צִבְאֹתָם׃

שביעי
וַיְדַבֵּר יְהוָה אֶל־מֹשֶׁה לֵּאמֹר׃ קַדֶּשׁ־לִי כָל־בְּכוֹר יג א ב

מצווה יח
מצוות קידוש בכורות

פֶּטֶר כָּל־רֶחֶם בִּבְנֵי יִשְׂרָאֵל בָּאָדָם וּבַבְּהֵמָה לִי
הוּא׃ וַיֹּאמֶר מֹשֶׁה אֶל־הָעָם זָכוֹר אֶת־הַיּוֹם הַזֶּה ג
אֲשֶׁר יְצָאתֶם מִמִּצְרַיִם מִבֵּית עֲבָדִים כִּי בְּחֹזֶק
יָד הוֹצִיא יְהוָה אֶתְכֶם מִזֶּה וְלֹא יֵאָכֵל חָמֵץ׃

מצווה יט
איסור אכילת חמץ בפסח

הַיּוֹם אַתֶּם יֹצְאִים בְּחֹדֶשׁ הָאָבִיב׃ וְהָיָה כִי־יְבִיאֲךָ ד ה

מג לֵילְיָא הָדֵין קֳדָם יְיָ, נְטִיר, לְכָל בְּנֵי יִשְׂרָאֵל לְדָרֵיהוֹן: וַאֲמַר יְיָ לְמֹשֶׁה וּלְאַהֲרֹן, דָּא גְזֵירַת
מד פִּסְחָא, כָּל בַּר יִשְׂרָאֵל דְּיִשְׁתַּמַּד לָא יֵיכוֹל בֵּיהּ: וְכָל עֲבֵד גְּבַר זְבִין כַּסְפָּא, וְתִגְזַר יָתֵיהּ, בְּכֵן
מה מו יֵיכוֹל בֵּיהּ: תּוֹתָבָא וַאֲגִירָא לָא יֵיכוֹל בֵּיהּ: בַּחֲבוּרָא חֲדָא יִתְאֲכִיל, לָא תַפְּקוּן מִן בֵּיתָא,
מז מח מִן בִּסְרָא לְבָרָא, וְגַרְמָא לָא תְתַבְּרוּן בֵּיהּ: כָּל כְּנִשְׁתָּא דְיִשְׂרָאֵל יַעַבְדּוּן יָתֵיהּ: וַאֲרֵי יִתְגַּיַּר
עִמְּכוֹן גִּיּוֹרָא, וְיַעֲבֵיד פִּסְחָא קֳדָם יְיָ, מִגְזַר לֵיהּ כָּל דְּכוּרָא, וּבְכֵן יִקְרַב לְמֶעְבְּדֵיהּ, וִיהֵי כְּיַצִּיבֵי
מט אַרְעָא, וְכָל עַרְלָא לָא יֵיכוֹל בֵּיהּ: אוֹרַיְתָא חֲדָא, תְּהֵי לְיַצִּיבָא, וּלְגִיּוֹרַיָּא דְיִתְגַּיְּרוּן בֵּינֵיכוֹן:
נ נא וַעֲבַדוּ כָּל בְּנֵי יִשְׂרָאֵל, כְּמָא דְפַקֵּיד יְיָ, יָת מֹשֶׁה וְיָת אַהֲרֹן כֵּן עֲבַדוּ: וַהֲוָה, בִּכְרַן יוֹמָא הָדֵין,
אַפֵּיק יְיָ, יָת בְּנֵי יִשְׂרָאֵל, מֵאַרְעָא דְמִצְרַיִם עַל חֵילֵיהוֹן: וּמַלֵּיל יְיָ עִם מֹשֶׁה לְמֵימַר: אַקְדֵּישׁ א ב יג
ג קֳדָמַי כָּל בּוּכְרָא, פְּתַח כָּל וַלְדָּא בִּבְנֵי יִשְׂרָאֵל, בֶּאֱנָשָׁא וּבִבְעִירָא, דִּילִי הוּא: וַאֲמַר מֹשֶׁה
לְעַמָּא, הֲווֹ דְּכִירִין, יָת יוֹמָא הָדֵין דִּנְפַקְתּוּן מִמִּצְרַיִם מִבֵּית עַבְדוּתָא, אֲרֵי בִּתְקוֹף יַד, אַפֵּיק
ד ה יְיָ, יָתְכוֹן מִכָּא, וְלָא יִתְאֲכֵיל חֲמִיעַ: יוֹמָא דֵין אַתּוּן נָפְקִין, בְּיַרְחָא דַאֲבִיבָא: וִיהֵי אֲרֵי יַעֲלִנָּךְ

מג) **זאת חקת הפסח.** בְּאַרְבָּעָה עָשָׂר בְּנִיסָן נֶאֶמְרָה לָהֶם פָּרָשָׁה זוֹ: **כל בן נכר.** שֶׁנִּתְנַכְּרוּ מַעֲשָׂיו לְאָבִיו שֶׁבַּשָּׁמַיִם, וְאֶחָד הַגּוֹי וְאֶחָד יִשְׂרָאֵל מְשֻׁמָּד בַּמַּשְׁמָע:

מד) **ומלתה אתו אז יאכל בו.** רַבּוֹ; מַגִּיד שֶׁמִּילַת עֲבָדָיו מְעַכַּבְתּוֹ מִלֶּאֱכֹל בַּפֶּסַח, דִּבְרֵי רַבִּי יְהוֹשֻׁעַ. רַבִּי אֱלִיעֶזֶר אוֹמֵר: אֵין מִילַת עֲבָדָיו מְעַכַּבְתּוֹ מִלֶּאֱכֹל בַּפֶּסַח, אִם כֵּן מַה תַּלְמוּד לוֹמַר: "אָז יֹאכַל בּוֹ"? הָעֶבֶד:

מה) **תושב.** זֶה גֵּר תּוֹשָׁב: **ושכיר.** זֶה הַגּוֹי. וּמַה תַּלְמוּד לוֹמַר? וַהֲלֹא עֲרֵלִים הֵם, וְנֶאֱמַר: "וְכָל עָרֵל לֹא יֹאכַל בּוֹ" (להלן פסוק מח)! אֶלָּא כְּגוֹן עֲרָבִי מָהוּל וְגִבְעוֹנִי מָהוּל וְהוּא תּוֹשָׁב אוֹ שָׂכִיר:

מו) **בבית אחד יאכל.** בַּחֲבוּרָה אַחַת, שֶׁלֹּא יֵעָשׂוּ הַנִּמְנִין עָלָיו שְׁתֵּי חֲבוּרוֹת וְיַחְלְקוּהוּ. אַתָּה אוֹמֵר בַּחֲבוּרָה אַחַת, אוֹ אֵינוֹ אֶלָּא "בְּבַיִת אֶחָד" כְּמַשְׁמָעוֹ, וּלְלַמֵּד שֶׁאִם הִתְחִילוּ וְהָיוּ אוֹכְלִים בֶּחָצֵר וְיָרְדוּ גְשָׁמִים שֶׁלֹּא יִכָּנְסוּ לַבַּיִת? תַּלְמוּד לוֹמַר: "עַל הַבָּתִּים אֲשֶׁר יֹאכְלוּ אֹתוֹ בָּהֶם" (לעיל פסוק ז), מִכָּאן שֶׁהָאוֹכֵל אוֹכֵל בִּשְׁנֵי מְקוֹמוֹת: **לא תוציא מן הבית.** מִן הַחֲבוּרָה: **ועצם לא תשברו בו.** הָרָאוּי לַאֲכִילָה, כְּגוֹן שֶׁיֵּשׁ עָלָיו כְּזַיִת בָּשָׂר, יֵשׁ בּוֹ מִשּׁוּם שְׁבִירַת עֶצֶם, אֵין עָלָיו כְּזַיִת בָּשָׂר אֵין בּוֹ מִשּׁוּם שְׁבִירַת עֶצֶם:

מז) **כל עדת ישראל יעשו אתו.** לָמָּה נֶאֱמַר? לְפִי שֶׁהוּא אוֹמֵר בְּפֶסַח מִצְרַיִם: "שֶׂה לְבֵית אָבֹת" (לעיל פסוק ג) שֶׁנִּמְנוּ עָלָיו לְמִשְׁפָּחוֹת, יָכוֹל אַף פֶּסַח דּוֹרוֹת כֵּן? תַּלְמוּד לוֹמַר: "כָּל עֲדַת יִשְׂרָאֵל יַעֲשׂוּ אֹתוֹ":

מח) **ועשה פסח.** יָכוֹל כָּל הַמִּתְגַּיֵּר יַעֲשֶׂה פֶּסַח מִיָּד? תַּלְמוּד לוֹמַר: "וְהָיָה כְּאֶזְרַח הָאָרֶץ", מָה אֶזְרָח בְּאַרְבָּעָה עָשָׂר אַף גֵּר בְּאַרְבָּעָה עָשָׂר: **וכל ערל לא יאכל בו.** לְהָבִיא אֶת שֶׁמֵּתוּ אֶחָיו מֵחֲמַת מִילָה, שֶׁאֵינוֹ מְשֻׁמָּד לַעֲרֵלוּת וְאֵינוֹ לָמֵד מִ"בֶּן נֵכָר לֹא יֹאכַל בּוֹ" (לעיל פסוק מג):

מט) **תורה אחת וגו'.** לְהַשְׁווֹת גֵּר לְאֶזְרָח אַף לִשְׁאָר מִצְוֹת שֶׁבַּתּוֹרָה:

פרק יג

ב) **פטר כל רחם.** שֶׁפָּתַח אֶת הָרֶחֶם תְּחִלָּה, כְּמוֹ: "פּוֹטֵר מַיִם רֵאשִׁית מָדוֹן" (משלי יז, יד), וְכֵן: "יַפְטִירוּ בְשָׂפָה" (תהלים כב, ח) – יִפְתְּחוּ שְׂפָתַיִם: **לי הוא.** לְעַצְמִי קְנִיתִים עַל יְדֵי שֶׁהִכֵּיתִי בְּכוֹרֵי מִצְרַיִם:

ג) **זכור את היום הזה.** לָמֵד שֶׁמַּזְכִּירִין יְצִיאַת מִצְרַיִם בְּכָל יוֹם:

ד) **בחדש האביב.** וְכִי לֹא הָיִינוּ יוֹדְעִין בְּאֵי זֶה חֹדֶשׁ? אֶלָּא כָּךְ אָמַר לָהֶם: רְאוּ חֶסֶד שֶׁגְּמַלְכֶם, שֶׁהוֹצִיא אֶתְכֶם בְּחֹדֶשׁ שֶׁהוּא כָּשֵׁר לָצֵאת, לֹא חַמָּה וְלֹא צִנָּה וְלֹא גְשָׁמִים. וְכֵן הוּא אוֹמֵר: "מוֹצִיא אֲסִירִים בַּכּוֹשָׁרוֹת" (תהלים סח, ז), חֹדֶשׁ שֶׁהוּא כָּשֵׁר לָצֵאת:

יְהוָ֡ה אֶל־אֶ֣רֶץ הַֽכְּנַעֲנִ֡י וְהַֽחִתִּ֨י וְהָאֱמֹרִ֤י וְהַֽחִוִּי֙
וְהַיְבוּסִ֔י אֲשֶׁ֨ר נִשְׁבַּ֤ע לַאֲבֹתֶ֙יךָ֙ לָ֣תֶת לָ֔ךְ אֶ֛רֶץ
זָבַ֥ת חָלָ֖ב וּדְבָ֑שׁ וְעָבַדְתָּ֛ אֶת־הָעֲבֹדָ֥ה הַזֹּ֖את
ו בַּחֹ֥דֶשׁ הַזֶּֽה׃ שִׁבְעַ֥ת יָמִ֖ים תֹּאכַ֣ל מַצֹּ֑ת וּבַיּוֹם֙
ז הַשְּׁבִיעִ֔י חַ֖ג לַיהוָֽה׃ מַצּוֹת֙ יֵאָכֵ֔ל אֵ֖ת שִׁבְעַ֣ת
הַיָּמִ֑ים וְלֹֽא־יֵרָאֶ֨ה לְךָ֜ חָמֵ֗ץ וְלֹֽא־יֵרָאֶ֥ה לְךָ֛

מצווה כ
איסור שייראה חמץ ברשות היהודי בפסח

ח שְׂאֹ֖ר בְּכָל־גְּבֻלֶֽךָ׃ וְהִגַּדְתָּ֣ לְבִנְךָ֔ בַּיּ֥וֹם הַה֖וּא

מצווה כא
מצוות סיפור יציאת מצרים

לֵאמֹ֑ר בַּעֲב֣וּר זֶ֗ה עָשָׂ֤ה יְהוָה֙ לִ֔י בְּצֵאתִ֖י
ט מִמִּצְרָֽיִם׃ וְהָיָה֩ לְךָ֨ לְא֜וֹת עַל־יָדְךָ֗ וּלְזִכָּרוֹן֙ בֵּ֣ין
עֵינֶ֔יךָ לְמַ֗עַן תִּהְיֶ֛ה תּוֹרַ֥ת יְהוָ֖ה בְּפִ֑יךָ כִּ֚י בְּיָ֣ד
י חֲזָקָ֔ה הוֹצִֽאֲךָ֥ יְהוָ֖ה מִמִּצְרָֽיִם׃ וְשָׁמַרְתָּ֛ אֶת־
הַחֻקָּ֥ה הַזֹּ֖את לְמוֹעֲדָ֑הּ מִיָּמִ֖ים יָמִֽימָה׃

★ יא וְהָיָ֞ה כִּֽי־יְבִֽאֲךָ֤ יְהוָה֙ אֶל־אֶ֣רֶץ הַֽכְּנַעֲנִ֔י כַּאֲשֶׁ֛ר
יב נִשְׁבַּ֥ע לְךָ֖ וְלַאֲבֹתֶ֑יךָ וּנְתָנָ֖הּ לָֽךְ׃ וְהַעֲבַרְתָּ֥ כָל־
פֶּֽטֶר־רֶ֖חֶם לַיהוָ֑ה וְכָל־פֶּ֣טֶר ׀ שֶׁ֣גֶר בְּהֵמָ֗ה אֲשֶׁ֨ר

מצווה כב
מצוות פדיון פטר חמור

יג יִהְיֶ֥ה לְךָ֛ הַזְּכָרִ֖ים לַיהוָֽה׃ וְכָל־פֶּ֤טֶר חֲמֹר֙ תִּפְדֶּ֣ה

מצווה כג
מצוות עריפת פטר חמור

בְשֶׂ֔ה וְאִם־לֹ֥א תִפְדֶּ֖ה וַעֲרַפְתּ֑וֹ וְכֹ֨ל בְּכ֥וֹר אָדָ֛ם

מפטיר

יד בְּבָנֶ֖יךָ תִּפְדֶּֽה׃ וְהָיָ֞ה כִּֽי־יִשְׁאָלְךָ֥ בִנְךָ֖ מָחָ֣ר

ה **אֶל אֶרֶץ הַכְּנַעֲנִי וְגוֹ׳.** אַף עַל פִּי שֶׁלֹּא מָנָה אֶלָּא חֲמִשָּׁה עֲמָמִים, כָּל שִׁבְעָה גוֹיִם בְּמַשְׁמָע שֶׁכֻּלָּן בִּכְלַל כְּנַעֲנִי הֵם, וְאַחַת מִמִּשְׁפְּחוֹת כְּנַעַן הָיְתָה שֶׁלֹּא נִקְרָא לָהּ שֵׁם אֶלָּא ׳כְּנַעֲנִי׳. **נִשְׁבַּע לַאֲבֹתֶיךָ.** בְּאַבְרָהָם הוּא אוֹמֵר: ״בַּיּוֹם הַהוּא כָּרַת ה׳ אֶת אַבְרָם״ וְגוֹ׳ (בראשית טו, יח), וּבְיִצְחָק

יי, לַאֲרַע כְּנַעֲנָאֵי, וְחִתָּאֵי וֶאֱמוֹרָאֵי וְחִוָּאֵי וִיבוּסָאֵי, דְּקַיֵּים לַאֲבָהָתָךְ לְמִתַּן לָךְ, אֲרַע, עָבְדָא
ו חֲלַב וּדְבַשׁ, וְתִפְלַח, יָת פָּלְחָנָא הָדָא בְּיַרְחָא הָדֵין: שִׁבְעָא יוֹמִין תֵּיכוֹל פַּטִּירָא, וּבְיוֹמָא
ז שְׁבִיעָאָה, חַגָּא קֳדָם יי: פַּטִּירָא יִתְאֲכִיל, יָת שִׁבְעָא יוֹמִין, וְלָא יִתַּחְזֵי לָךְ חֲמִיעַ, וְלָא יִתַּחְזֵי
ח לָךְ, חֲמִיר בְּכָל תְּחוּמָךְ: וּתְחַוֵּי לִבְרָךְ, בְּיוֹמָא הַהוּא לְמֵימַר, בְּדִיל דָּא, עֲבַד יי לִי, בְּמִפְּקִי
ט מִמִּצְרָיִם: וִיהֵי לָךְ לְאָת עַל יְדָךְ, וּלְדָכְרָן בֵּין עֵינָךְ, בְּדִיל, דִּתְהֵי, אוֹרָיְתָא דַּיי בְּפֻמָּךְ, אֲרֵי
יא בְּיַד תַּקִּיפָא, אַפְּקָךְ יי מִמִּצְרָיִם: וְתִטַּר, יָת קְיָמָא הָדֵין בְּזִמְנֵיהּ, מִזְּמַן לִזְמָן: וִיהֵי, אֲרֵי יַעֲלִנָּךְ
יב יי לַאֲרַע כְּנַעֲנָאֵי, כְּמָא דְּקַיֵּים לָךְ וְלַאֲבָהָתָךְ, וְיִתְּנַהּ לָךְ: וְתַעְבַּר כָּל פָּתַח וַלְדָּא קֳדָם יי, וְכָל
יג פָּתַח וְלַד בְּעִירָא, דִּיהוֹן לָךְ, דִּכְרִין תַּקְדֵּישׁ קֳדָם יי: וְכָל בֻּכְרָא דִּחְמָרָא תִּפְרוֹק בְּאִמְּרָא,
יד וְאִם לָא תִפְרוֹק וְתִקְפֵיהּ, וְכָל בֻּכְרָא דַּאֲנָשָׁא, בִּבְנָךְ תִּפְרוֹק: וִיהֵי, אֲרֵי יִשְׁאֲלִנָּךְ בְּרָךְ,

הוּא אוֹמֵר: "גּוּר בָּאָרֶץ הַזֹּאת" וְגוֹ' (שם כו, ג), וּבְיַעֲקֹב הוּא אוֹמֵר: "הָאָרֶץ אֲשֶׁר אַתָּה שֹׁכֵב עָלֶיהָ" וְגוֹ' (שם כח, יג): **זָבַת חָלָב וּדְבָשׁ.** חָלָב זָב מִן הָעִזִּים, וְהַדְּבַשׁ זָב מִן הַתְּמָרִים וּמִן הַתְּאֵנִים: **אֶת הָעֲבֹדָה הַזֹּאת.** שֶׁל פֶּסַח. וַהֲלֹא כְּבָר נֶאֱמַר לְמַעְלָה: "וְהָיָה כִּי תָבֹאוּ אֶל הָאָרֶץ" וְגוֹ' (לעיל יב, כה), וְלָמָּה חָזַר וּשְׁנָאָהּ? בִּשְׁבִיל דָּבָר שֶׁנִּתְחַדֵּשׁ בָּהּ: בְּפָרָשָׁה רִאשׁוֹנָה נֶאֱמַר: "וְהָיָה כִּי יֹאמְרוּ אֲלֵיכֶם בְּנֵיכֶם מָה הָעֲבֹדָה הַזֹּאת לָכֶם" (שם פסוק כו), בְּבֵן רָשָׁע הַכָּתוּב מְדַבֵּר שֶׁהוֹצִיא עַצְמוֹ מִן הַכְּלָל; וְכָאן: "וְהִגַּדְתָּ לְבִנְךָ" (להלן פסוק ח), בְּבֵן שֶׁאֵינוֹ יוֹדֵעַ לִשְׁאֹל, וְהַכָּתוּב מְלַמֶּדְךָ שֶׁתִּפְתַּח לוֹ אַתָּה בְּדִבְרֵי אַגָּדָה הַמּוֹשְׁכִין אֶת הַלֵּב:

ח| **בַּעֲבוּר זֶה.** בַּעֲבוּר שֶׁאֲקַיֵּם מִצְוֹתָיו כְּגוֹן פֶּסַח מַצָּה וּמָרוֹר הַלָּלוּ: **עָשָׂה ה' לִי.** רֶמֶז תְּשׁוּבָה לְבֵן רָשָׁע, לוֹמַר: "עָשָׂה ה' לִי", וְלֹא לְךָ, שֶׁאִלּוּ הָיִיתָ שָׁם לֹא הָיִיתָ כְּדַאי לִגָּאֵל:

ט| **וְהָיָה לְךָ לְאוֹת.** יְצִיאַת מִצְרַיִם תִּהְיֶה לְךָ לְאוֹת עַל יָדְךָ וּבֵין עֵינֶיךָ, שֶׁתִּכְתֹּב פָּרָשִׁיּוֹת הַלָּלוּ וְתִקְשְׁרֵם בָּרֹאשׁ וּבַזְּרוֹעַ: **עַל יָדְךָ.** שְׂמֹאל, לְפִיכָךְ 'יָדְכָה' מָלֵא בְּפָרָשָׁה שְׁנִיָּה (להלן פסוק טז) לִדְרֹשׁ בּוֹ, יָד שֶׁהִיא כֵּהָה:

י| **מִיָּמִים יָמִימָה.** מִשָּׁנָה לְשָׁנָה:

יא| **נִשְׁבַּע לְךָ.** וְהֵיכָן נִשְׁבַּע לְךָ? "וְהֵבֵאתִי אֶתְכֶם אֶל הָאָרֶץ אֲשֶׁר נָשָׂאתִי" וְגוֹ' (לעיל ו, ח): **וּנְתָנָהּ לָךְ.** תְּהֵא בְּעֵינֶיךָ כְּאִלּוּ נְתָנָהּ לְךָ בּוֹ בַּיּוֹם וְאַל תְּהִי בְּעֵינֶיךָ כִּירֻשַּׁת אָבוֹת:

יב| **וְהַעֲבַרְתָּ.** אֵין "וְהַעֲבַרְתָּ" אֶלָּא לְשׁוֹן הַפְרָשָׁה, וְכֵן הוּא אוֹמֵר: "וְהַעֲבַרְתֶּם אֶת נַחֲלָתוֹ לְבִתּוֹ" (במדבר כז, ח): **שֶׁגֶר בְּהֵמָה.** נֵפֶל שֶׁשִּׁגְּרַתּוּ אִמּוֹ וְשִׁלְּחַתּוּ בְּלֹא עִתּוֹ, וְלִמֶּדְךָ הַכָּתוּב שֶׁהוּא קָדוֹשׁ בִּבְכוֹרָה לִפְטֹר אֶת הַבָּא אַחֲרָיו. וְאַף שֶׁאֵינוֹ נֵפֶל קָרוּי 'שֶׁגֶר', כְּמוֹ: "שְׁגַר אֲלָפֶיךָ" (דברים ז, יג), אֲבָל זֶה לֹא בָּא אֶלָּא לְלַמֵּד עַל הַנֵּפֶל, שֶׁהֲרֵי כְּבָר כָּתַב "כָּל פֶּטֶר רֶחֶם". וְאִם תֹּאמַר, אַף בְּכוֹר בְּהֵמָה טְמֵאָה בְּמַשְׁמָע, בָּא וּפֵרֵשׁ בְּמָקוֹם אַחֵר: "בִּבְקָרְךָ וּבְצֹאנֶךָ" (שם טו, יט). לָשׁוֹן אַחֵר יֵשׁ לְפָרֵשׁ, "וְהַעֲבַרְתָּ כָל פֶּטֶר רֶחֶם" – בִּבְכוֹר אָדָם הַכָּתוּב מְדַבֵּר:

יג| **פֶּטֶר חֲמֹר.** וְלֹא פֶּטֶר שְׁאָר בְּהֵמָה טְמֵאָה, וּגְזֵרַת הַכָּתוּב הִיא, לְפִי שֶׁנִּמְשְׁלוּ בְּכוֹרֵי מִצְרַיִם לַחֲמוֹרִים. וְעוֹד, שֶׁסִּיְּעוּ אֶת יִשְׂרָאֵל בִּיצִיאָתָן מִמִּצְרַיִם, שֶׁאֵין לְךָ אֶחָד מִיִּשְׂרָאֵל שֶׁלֹּא נָשָׂא עִמּוֹ הַרְבֵּה חֲמוֹרִים טְעוּנִים מִכַּסְפָּהּ וּמִזְּהָבָהּ שֶׁל מִצְרַיִם: **תִּפְדֶּה בְשֶׂה.** נוֹתֵן שֶׂה לַכֹּהֵן וּפֶטֶר חֲמוֹר מֻתָּר בַּהֲנָאָה, וְהַשֶּׂה חֻלִּין בְּיַד כֹּהֵן: **וַעֲרַפְתּוֹ.** עוֹרְפוֹ בְּקוֹפִיץ מֵאֲחוֹרָיו וְהוֹרְגוֹ. הוּא הִפְסִיד מָמוֹנוֹ שֶׁל כֹּהֵן לְפִיכָךְ יְפַסֵּד מָמוֹנוֹ: **וְכֹל בְּכוֹר אָדָם בְּבָנֶיךָ תִּפְדֶּה.** חָמֵשׁ סְלָעִים פִּדְיוֹנוֹ קָצוּב בְּמָקוֹם אַחֵר (במדבר יח, טז):

יד| **כִּי יִשְׁאָלְךָ בִנְךָ מָחָר.** יֵשׁ 'מָחָר' שֶׁהוּא עַכְשָׁיו וְיֵשׁ 'מָחָר' שֶׁהוּא לְאַחַר זְמַן, כְּגוֹן זֶה וּכְגוֹן: "מָחָר יֹאמְרוּ בְנֵיכֶם לְבָנֵינוּ" (יהושע כב, כד) דִּבְנֵי גָּד וּבְנֵי רְאוּבֵן: **מַה זֹּאת.** זֶה תִּינוֹק טִפֵּשׁ שֶׁאֵינוֹ יוֹדֵעַ לְהַעֲמִיק שְׁאֵלָתוֹ וְסוֹתֵם וְשׁוֹאֵל: "מַה זֹּאת". וּבְמָקוֹם אַחֵר הוּא אוֹמֵר: "מָה הָעֵדֹת וְהַחֻקִּים וְהַמִּשְׁפָּטִים" וְגוֹ' (דברים ו, כ), הֲרֵי זֹאת שְׁאֵלַת בֵּן

לֵאמֹר מַה־זֹּאת וְאָמַרְתָּ אֵלָיו בְּחֹזֶק יָד הוֹצִיאָנוּ
יְהוָה מִמִּצְרַיִם מִבֵּית עֲבָדִים: וַיְהִי כִּי־הִקְשָׁה טו
פַרְעֹה לְשַׁלְּחֵנוּ וַיַּהֲרֹג יְהוָה כָּל־בְּכוֹר בְּאֶרֶץ
מִצְרַיִם מִבְּכֹר אָדָם וְעַד־בְּכוֹר בְּהֵמָה עַל־כֵּן אֲנִי
זֹבֵחַ לַיהוָה כָּל־פֶּטֶר רֶחֶם הַזְּכָרִים וְכָל־בְּכוֹר בָּנַי
אֶפְדֶּה: וְהָיָה לְאוֹת עַל־יָדְכָה וּלְטוֹטָפֹת בֵּין עֵינֶיךָ טז
כִּי בְּחֹזֶק יָד הוֹצִיאָנוּ יְהוָה מִמִּצְרָיִם:

הפטרת בא

הפרקים החותמים את ספר ירמיהו עוסקים בנבואות על העמים באזור. נבואות אלה הן פורענות המזומנת לשותפים בחורבן יהודה וירושלים. באחת מהן מתאר ירמיהו את מסע נבוכדנאצר לכיבוש מצרים, לאחר שיחריב את יהודה. בראייה הנבואית העמים כולם בני חלוף לאחר שמימשו את שליחותם עלי אדמות, והם ייענשו על התנהלותם האכזרית בסבך האירועים של המציאות בעולם. ה׳ הוא המכוון את המערכות הכלל אנושיות, והוא שֶׁימַצה את הדין עם ממלכות הרשע. והוא הוא שיותיר את עם ישראל על במת ההיסטוריה, לאחר שייענש על כישלונותיו.

ירמיה לאשכנזים ולספרדים

הַדָּבָר אֲשֶׁר דִּבֶּר יְהוָה אֶל־יִרְמְיָהוּ הַנָּבִיא לָבוֹא נְבוּכַדְרֶאצַּר מֶלֶךְ בָּבֶל יג מו
לְהַכּוֹת אֶת־אֶרֶץ מִצְרָיִם: הַגִּידוּ בְמִצְרַיִם וְהַשְׁמִיעוּ בְמִגְדּוֹל וְהַשְׁמִיעוּ בְנֹף יד
וּבְתַחְפַּנְחֵס אִמְרוּ הִתְיַצֵּב וְהָכֵן לָךְ כִּי־אָכְלָה חֶרֶב סְבִיבֶיךָ: מַדּוּעַ נִסְחַף טו
אַבִּירֶיךָ לֹא עָמַד כִּי יְהוָה הֲדָפוֹ: הִרְבָּה כּוֹשֵׁל גַּם־נָפַל אִישׁ אֶל־רֵעֵהוּ וַיֹּאמְרוּ טז
קוּמָה | וְנָשֻׁבָה אֶל־עַמֵּנוּ וְאֶל־אֶרֶץ מוֹלַדְתֵּנוּ מִפְּנֵי חֶרֶב הַיּוֹנָה: קָרְאוּ שָׁם יז
פַּרְעֹה מֶלֶךְ־מִצְרַיִם שָׁאוֹן הֶעֱבִיר הַמּוֹעֵד: חַי־אָנִי נְאֻם־הַמֶּלֶךְ יְהוָה צְבָאוֹת יח
שְׁמוֹ כִּי כְּתָבוֹר בֶּהָרִים וּכְכַרְמֶל בַּיָּם יָבוֹא: כְּלֵי גוֹלָה עֲשִׂי לָךְ יוֹשֶׁבֶת בַּת־ יט
מִצְרָיִם כִּי־נֹף לְשַׁמָּה תִהְיֶה וְנִצְּתָה מֵאֵין יוֹשֵׁב: עֶגְלָה יְפֵה־פִיָּה כ
מִצְרָיִם קֶרֶץ מִצָּפוֹן בָּא בָא: גַּם־שְׂכִרֶיהָ בְקִרְבָּהּ כְּעֶגְלֵי מַרְבֵּק כִּי־גַם־הֵמָּה כא
הִפְנוּ נָסוּ יַחְדָּיו לֹא עָמָדוּ כִּי יוֹם אֵידָם בָּא עֲלֵיהֶם עֵת פְּקֻדָּתָם: קוֹלָהּ כַּנָּחָשׁ כב
יֵלֵךְ כִּי־בְחַיִל יֵלֵכוּ וּבְקַרְדֻּמּוֹת בָּאוּ לָהּ כְּחֹטְבֵי עֵצִים: כָּרְתוּ יַעְרָהּ נְאֻם־יְהוָה כג
כִּי לֹא יֵחָקֵר כִּי רַבּוּ מֵאַרְבֶּה וְאֵין לָהֶם מִסְפָּר: הֹבִישָׁה בַּת־מִצְרָיִם נִתְּנָה כד
בְּיַד עַם־צָפוֹן: אָמַר יְהוָה צְבָאוֹת אֱלֹהֵי יִשְׂרָאֵל הִנְנִי פוֹקֵד אֶל־אָמוֹן מִנֹּא כה

בא

טו מְחַר לְמֵימַר מָא דָא, וְתֵימַר לֵיהּ, בִּתְקוֹף יַד, אַפְּקַנָא יְיָ, מִמִּצְרַיִם מִבֵּית עַבְדּוּתָא: וַהֲוָה, כַּד אַקְשִׁי פַרְעֹה לְשַׁלָּחוּתַנָא, וּקְטַל יְיָ כָּל בּוּכְרָא בְּאַרְעָא דְמִצְרַיִם, מִבּוּכְרָא דֶאֱנָשָׁא וְעַד בּוּכְרָא

טז דִבְעִירָא, עַל כֵּן אֲנָא דָבַח קֳדָם יְיָ, כָּל פָּתַח וַלְדָא דִכְרַיָּא, וְכָל בּוּכְרָא דִבְנַי אֶפְרוֹק: וִיהֵי לְאָת עַל יְדָךְ, וְלִתְפִלִּין בֵּין עֵינָיךְ, אֲרֵי בִּתְקוֹף יַד, אַפְּקַנָא יְיָ מִמִּצְרָיִם:

חָכָם. דִּבְרָה תוֹרָה כְּנֶגֶד אַרְבָּעָה בָנִים: רָשָׁע, וְשֶׁאֵינוֹ מֵבִין לִשְׁאֹל, וְהַשּׁוֹאֵל דֶּרֶךְ סְתוּמָה, וְהַשּׁוֹאֵל דֶּרֶךְ חָכְמָה:

טז) וּלְטוֹטָפֹת. תְּפִלִּין, וְעַל שֵׁם שֶׁהֵם אַרְבָּעָה בָּתִּים קְרוּיִים 'טוֹטָפֹת', 'טַט' בְּכַתְפֵּי שְׁתַּיִם

'פַּת' בְּאַפְרִיקִי שְׁתַּיִם. וּמְנַחֵם חִבְּרוֹ עִם "וְהַטֵּף אֶל דָּרוֹם" (יחזקאל כ״א, ב׳), "אַל תַּטִּפוּ" (מיכה ב׳, ו׳), לְשׁוֹן דִּבּוּר, כְּמוֹ: "וּלְזִכָּרוֹן בֵּין עֵינֶיךָ" (לעיל פסוק ט), שֶׁהָרוֹאֶה אוֹתָם קְשׁוּרִים בֵּין הָעֵינַיִם יִזְכֹּר הַנֵּס וִידַבֵּר בּוֹ.

וְעַל־פַּרְעֹה וְעַל־מִצְרַיִם וְעַל־אֱלֹהֶיהָ וְעַל־מְלָכֶיהָ וְעַל־פַּרְעֹה וְעַל הַבֹּטְחִים
בוֹ: וּנְתַתִּים בְּיַד מְבַקְשֵׁי נַפְשָׁם וּבְיַד נְבוּכַדְרֶאצַּר מֶלֶךְ־בָּבֶל וּבְיַד עֲבָדָיו וְאַחֲרֵי־כֵן תִּשְׁכֹּן כִּימֵי־קֶדֶם נְאֻם־יְהוָה: וְאַתָּה אַל־תִּירָא עַבְדִּי יַעֲקֹב וְאַל־תֵּחַת יִשְׂרָאֵל כִּי הִנְנִי מוֹשִׁיעֲךָ מֵרָחוֹק וְאֶת־זַרְעֲךָ מֵאֶרֶץ שִׁבְיָם וְשָׁב יַעֲקֹב וְשָׁקַט וְשַׁאֲנַן וְאֵין מַחֲרִיד: אַתָּה אַל־תִּירָא עַבְדִּי יַעֲקֹב נְאֻם־יְהוָה כִּי אִתְּךָ אָנִי כִּי אֶעֱשֶׂה כָלָה בְּכָל־הַגּוֹיִם ׀ אֲשֶׁר הִדַּחְתִּיךָ שָׁמָּה וְאֹתְךָ לֹא־אֶעֱשֶׂה כָלָה וְיִסַּרְתִּיךָ לַמִּשְׁפָּט וְנַקֵּה לֹא אֲנַקֶּךָּ:

בנבואת ישעיהו, כחלק ממקבץ הנבואות על העמים, מתוארת נבואה לעתיד על מצרים ובה שני שלבים. בשלב הראשון יהיו סכסוכים פנימיים שיביאו לנפילתה בידי מלך עז שימשול בה. מבוכה רבה תהיה בכל רובדי החברה המצרית וכמו כן תהיה פגיעה בענפים כלכליים רבים. כל אלה יביאו את מצרים להכיר ביד ה'. המכוונת אירועים אלה. הכרה זו תביא בהמשך לשינוי עמדות גם במצרים וגם באשור, אשר יחברו לישראל בעבודת ה'.

על זיהוי העיתוי ההיסטורי של ההתרחשויות המתוארות בנבואה נחלקו פרשנים וחוקרים. יש המזהים במלך העז את מלך כוש, יש המזהים בו את מלכי אשור ואף את מלכי פרס. השלב השני בנבואה עוסק באחרית הימים, כיוון שלא נוצרו תנאים למימושה עד כה.

יט א מַשָּׂא מִצְרָיִם הִנֵּה יְהוָה רֹכֵב עַל־עָב קַל וּבָא מִצְרַיִם וְנָעוּ אֱלִילֵי מִצְרַיִם
מִפָּנָיו וּלְבַב מִצְרַיִם יִמַּס בְּקִרְבּוֹ: וְסִכְסַכְתִּי מִצְרַיִם בְּמִצְרַיִם וְנִלְחֲמוּ אִישׁ

ישעיה לתימנים

בְּאָחִיו וְאִישׁ בְּרֵעֵהוּ עִיר בְּעִיר מַמְלָכָה בְּמַמְלָכָה׃ וְנָבְקָה רוּחַ־מִצְרַיִם ג
בְּקִרְבּוֹ וַעֲצָתוֹ אֲבַלֵּעַ וְדָרְשׁוּ אֶל־הָאֱלִילִים וְאֶל־הָאִטִּים וְאֶל־הָאֹבוֹת
וְאֶל־הַיִּדְּעֹנִים׃ וְסִכַּרְתִּי אֶת־מִצְרַיִם בְּיַד אֲדֹנִים קָשֶׁה וּמֶלֶךְ עַז יִמְשָׁל־בָּם ד
נְאֻם הָאָדוֹן יְהוָה צְבָאוֹת׃ וְנִשְּׁתוּ־מַיִם מֵהַיָּם וְנָהָר יֶחֱרַב וְיָבֵשׁ׃ וְהֶאֶזְנִיחוּ ה ו
נְהָרוֹת דָּלְלוּ וְחָרְבוּ יְאֹרֵי מָצוֹר קָנֶה וָסוּף קָמֵלוּ׃ עָרוֹת עַל־יְאוֹר עַל־פִּי ז
יְאוֹר וְכֹל מִזְרַע יְאוֹר יִיבַשׁ נִדַּף וְאֵינֶנּוּ׃ וְאָנוּ הַדַּיָּגִים וְאָבְלוּ כָּל־מַשְׁלִיכֵי ח
בַיְאוֹר חַכָּה וּפֹרְשֵׂי מִכְמֹרֶת עַל־פְּנֵי־מַיִם אֻמְלָלוּ׃ וּבֹשׁוּ עֹבְדֵי פִשְׁתִּים ט
שְׂרִיקוֹת וְאֹרְגִים חוֹרָי׃ וְהָיוּ שָׁתֹתֶיהָ מְדֻכָּאִים כָּל־עֹשֵׂי שֶׂכֶר אַגְמֵי־נָפֶשׁ׃ י
אַךְ־אֱוִלִים שָׂרֵי צֹעַן חַכְמֵי יֹעֲצֵי פַרְעֹה עֵצָה נִבְעָרָה אֵיךְ תֹּאמְרוּ אֶל־ יא
פַּרְעֹה בֶּן־חֲכָמִים אֲנִי בֶּן־מַלְכֵי־קֶדֶם׃ אַיָּם אֵפוֹא חֲכָמֶיךָ וְיַגִּידוּ נָא לָךְ יב
וְיֵדְעוּ מַה־יָּעַץ יְהוָה צְבָאוֹת עַל־מִצְרָיִם׃ נוֹאֲלוּ שָׂרֵי צֹעַן נִשְּׁאוּ שָׂרֵי נֹף יג
הִתְעוּ אֶת־מִצְרַיִם פִּנַּת שְׁבָטֶיהָ׃ יְהוָה מָסַךְ בְּקִרְבָּהּ רוּחַ עִוְעִים וְהִתְעוּ יד
אֶת־מִצְרַיִם בְּכָל־מַעֲשֵׂהוּ כְּהִתָּעוֹת שִׁכּוֹר בְּקִיאוֹ׃ וְלֹא־יִהְיֶה לְמִצְרַיִם טו
מַעֲשֶׂה אֲשֶׁר יַעֲשֶׂה רֹאשׁ וְזָנָב כִּפָּה וְאַגְמוֹן׃ בַּיּוֹם הַהוּא יִהְיֶה טז
מִצְרַיִם כַּנָּשִׁים וְחָרַד ׀ וּפָחַד מִפְּנֵי תְּנוּפַת יַד־יְהוָה צְבָאוֹת אֲשֶׁר־הוּא מֵנִיף
עָלָיו׃ וְהָיְתָה אַדְמַת יְהוּדָה לְמִצְרַיִם לְחָגָּא כֹּל אֲשֶׁר יַזְכִּיר אֹתָהּ אֵלָיו יז
יִפְחָד מִפְּנֵי עֲצַת יְהוָה צְבָאוֹת אֲשֶׁר־הוּא יוֹעֵץ עָלָיו׃ בַּיּוֹם יח
הַהוּא יִהְיוּ חָמֵשׁ עָרִים בְּאֶרֶץ מִצְרַיִם מְדַבְּרוֹת שְׂפַת כְּנַעַן וְנִשְׁבָּעוֹת
לַיהוָה צְבָאוֹת עִיר הַהֶרֶס יֵאָמֵר לְאֶחָת׃ בַּיּוֹם הַהוּא יִהְיֶה יט
מִזְבֵּחַ לַיהוָה בְּתוֹךְ אֶרֶץ מִצְרָיִם וּמַצֵּבָה אֵצֶל־גְּבוּלָהּ לַיהוָה׃ וְהָיָה כ
לְאוֹת וּלְעֵד לַיהוָה צְבָאוֹת בְּאֶרֶץ מִצְרָיִם כִּי־יִצְעֲקוּ אֶל־יְהוָה מִפְּנֵי
לֹחֲצִים וְיִשְׁלַח לָהֶם מוֹשִׁיעַ וָרָב וְהִצִּילָם׃ וְנוֹדַע יְהוָה לְמִצְרַיִם וְיָדְעוּ כא
מִצְרַיִם אֶת־יְהוָה בַּיּוֹם הַהוּא וְעָבְדוּ זֶבַח וּמִנְחָה וְנָדְרוּ־נֵדֶר לַיהוָה
וְשִׁלֵּמוּ׃ וְנָגַף יְהוָה אֶת־מִצְרַיִם נָגֹף וְרָפוֹא וְשָׁבוּ עַד־יְהוָה וְנֶעְתַּר לָהֶם כב
וּרְפָאָם׃ בַּיּוֹם הַהוּא תִּהְיֶה מְסִלָּה מִמִּצְרַיִם אַשּׁוּרָה וּבָא־אַשּׁוּר כג
בְּמִצְרַיִם וּמִצְרַיִם בְּאַשּׁוּר וְעָבְדוּ מִצְרַיִם אֶת־אַשּׁוּר׃ בַּיּוֹם כד
הַהוּא יִהְיֶה יִשְׂרָאֵל שְׁלִישִׁיָּה לְמִצְרַיִם וּלְאַשּׁוּר בְּרָכָה בְּקֶרֶב הָאָרֶץ׃
אֲשֶׁר בֵּרְכוֹ יְהוָה צְבָאוֹת לֵאמֹר בָּרוּךְ עַמִּי מִצְרַיִם וּמַעֲשֵׂה יָדַי אַשּׁוּר כה
וְנַחֲלָתִי יִשְׂרָאֵל׃

פרשת בשלח

בשלח

יג יז וַיְהִי בְּשַׁלַּח פַּרְעֹה אֶת־הָעָם וְלֹא־נָחָם אֱלֹהִים
דֶּרֶךְ אֶרֶץ פְּלִשְׁתִּים כִּי קָרוֹב הוּא כִּי ׀ אָמַר
אֱלֹהִים פֶּן־יִנָּחֵם הָעָם בִּרְאֹתָם מִלְחָמָה וְשָׁבוּ
יח מִצְרָיְמָה: וַיַּסֵּב אֱלֹהִים ׀ אֶת־הָעָם דֶּרֶךְ הַמִּדְבָּר
יַם־סוּף וַחֲמֻשִׁים עָלוּ בְנֵי־יִשְׂרָאֵל מֵאֶרֶץ
יט מִצְרָיִם: וַיִּקַּח מֹשֶׁה אֶת־עַצְמוֹת יוֹסֵף עִמּוֹ כִּי
הַשְׁבֵּעַ הִשְׁבִּיעַ אֶת־בְּנֵי יִשְׂרָאֵל לֵאמֹר פָּקֹד
יִפְקֹד אֱלֹהִים אֶתְכֶם וְהַעֲלִיתֶם אֶת־עַצְמֹתַי
כ מִזֶּה אִתְּכֶם: וַיִּסְעוּ מִסֻּכֹּת וַיַּחֲנוּ בְאֵתָם בִּקְצֵה
כא הַמִּדְבָּר: וַיהוָה הֹלֵךְ לִפְנֵיהֶם יוֹמָם בְּעַמּוּד עָנָן
לַנְחֹתָם הַדֶּרֶךְ וְלַיְלָה בְּעַמּוּד אֵשׁ לְהָאִיר לָהֶם
כב לָלֶכֶת יוֹמָם וָלָיְלָה: לֹא־יָמִישׁ עַמּוּד הֶעָנָן יוֹמָם
וְעַמּוּד הָאֵשׁ לָיְלָה לִפְנֵי הָעָם:

יד א ב ▸ וַיְדַבֵּר יְהוָה אֶל־מֹשֶׁה לֵּאמֹר: דַּבֵּר אֶל־בְּנֵי
יִשְׂרָאֵל וְיָשֻׁבוּ וְיַחֲנוּ לִפְנֵי פִּי הַחִירֹת בֵּין מִגְדֹּל
וּבֵין הַיָּם לִפְנֵי בַּעַל צְפֹן נִכְחוֹ תַחֲנוּ עַל־הַיָּם:

יז וַיְהִי בְּשַׁלַּח פַּרְעֹה. וְלֹא נָחָם. נְהָגָם, כְּמוֹ: "לֵךְ נְחֵה אֶת הָעָם" (להלן לב, לד), "בְּהִתְהַלֶּכְךָ תַּנְחֶה אֹתָךְ" (משלי ו, כב): כִּי קָרוֹב הוּא. וְנוֹחַ לָשׁוּב בְּאוֹתוֹ הַדֶּרֶךְ לְמִצְרַיִם. וּמִדְרְשֵׁי אַגָּדָה יֵשׁ הַרְבֵּה: בִּרְאֹתָם מִלְחָמָה. כְּגוֹן מִלְחֶמֶת "וַיֵּרֶד הָעֲמָלֵקִי וְהַכְּנַעֲנִי" וְגוֹ' (במדבר יד, מה), אִם הָלְכוּ

יז וַהֲוָה, כַּד שַׁלַּח פַּרְעֹה יָת עַמָּא, וְלָא דַבְּרִנּוּן יְיָ, אֹרַח אֲרַע פְּלִשְׁתָּאֵי, אֲרֵי קָרִיבָא הִיא,
יח אֲרֵי אֲמַר יְיָ, דִּלְמָא יְזוּעוּן עַמָּא, בְּמֶחֱזֵיהוֹן קְרָבָא וִיתוּבוּן לְמִצְרָיִם: וְאַסְחַר יְיָ יָת עַמָּא,
יט אֹרַח מַדְבְּרָא לְיַמָּא דְסוּף, וּמְזָרְזִין, סְלִיקוּ בְנֵי יִשְׂרָאֵל מֵאַרְעָא דְמִצְרָיִם: וְאַסִּיק מֹשֶׁה,
יָת גַּרְמֵי יוֹסֵף עִמֵּיהּ, אֲרֵי אוֹמָאָה אוֹמִי, יָת בְּנֵי יִשְׂרָאֵל לְמֵימַר, מִדְכַּר דְּכִיר יְיָ יָתְכוֹן,
כ וְתַסְּקוּן יָת גַּרְמַי, מִכָּא עִמְּכוֹן: וּנְטָלוּ מִסֻּכּוֹת, וּשְׁרוֹ בְאֵתָם, בִּסְטַר מַדְבְּרָא: כא וַיְיָ, מְדַבַּר
קֳדָמֵיהוֹן בִּימָמָא, בְּעַמּוּדָא דַעֲנָנָא לְדַבָּרוּתְהוֹן בְּאוֹרְחָא, וּבְלֵילְיָא, בְּעַמּוּדָא דְאֶשָּׁתָא
כב לְאַנְהָרָא לְהוֹן, לְמֵיזַל בִּימָמָא וּבְלֵילְיָא: לָא עָדֵי, עַמּוּדָא דַעֲנָנָא בִּימָמָא, וְאַף לָא עַמּוּדָא
דְאֶשָּׁתָא בְּלֵילְיָא, מִן קֳדָם עַמָּא: יד א וּמַלִּיל יְיָ עִם מֹשֶׁה לְמֵימָר: ב מַלֵּיל עִם בְּנֵי יִשְׂרָאֵל, וִיתוּבוּן,
וְיִשְׁרוֹן קֳדָם פּוּם חִירָתָא, בֵּין מִגְדּוֹל וּבֵין יַמָּא, קֳדָם בְּעֵיל צְפוֹן, לְקִבְלֵיהּ תִּשְׁרוֹן עַל יַמָּא:

דֶּרֶךְ יָשָׁר הָיוּ חוֹזְרִים. מַה כְּשֶׁהִקִּיפָם דֶּרֶךְ
מְעֻקָּם אָמְרוּ: "נִתְּנָה רֹאשׁ וְנָשׁוּבָה מִצְרָיְמָה"
(שם פסוק ד), אִם הוֹלִיכָם בִּפְשׁוּטָה עַל אַחַת כַּמָּה
וְכַמָּה: פֶּן יִנָּחֵם. יַחְשְׁבוּ מַחֲשָׁבָה עַל שֶׁיָּצְאוּ וְיִתְּנוּ
לֵב לָשׁוּב:

יח) וַיַּסֵּב. הֶסֵבָּם מִן הַדֶּרֶךְ הַפְּשׁוּטָה לַדֶּרֶךְ
הָעֲקֻמָּה. יַם סוּף. כְּמוֹ לְיַם סוּף. וְ'סוּף' הוּא לְשׁוֹן
אֲגַם שֶׁגְּדֵלִים בּוֹ קָנִים, וְכֵן: "וַתָּשֶׂם בַּסּוּף" (לעיל
ב, ג), "קָנֶה וָסוּף קָמֵלוּ" (ישעיה יט, ו): וַחֲמֻשִׁים. אֵין
חֲמֻשִׁים' אֶלָּא מְזֻיָּנִים, וְכֵן הוּא אוֹמֵר: "וְאַתֶּם
תַּעַבְרוּ חֲמֻשִׁים" (יהושע א, יד). וְכֵן תִּרְגֵּם אוּנְקְלוֹס
"מְזָרְזִין", כְּמוֹ: "וַיָּרֶק אֶת חֲנִיכָיו" (בראשית יד, יד)
"וְזָרֵיז". דָּבָר אַחֵר, "וַחֲמֻשִׁים", מְחֻמָּשִׁים, אֶחָד
מֵחֲמִשָּׁה יָצְאוּ וְאַרְבָּעָה חֲלָקִים מֵתוּ בִּשְׁלֹשֶׁת
יְמֵי אֲפֵלָה:

יט) הַשְׁבֵּעַ הִשְׁבִּיעַ. הִשְׁבִּיעָם שֶׁיַּשְׁבִּיעוּ לִבְנֵיהֶם.
וְלָמָּה לֹא הִשְׁבִּיעַ לְבָנָיו שֶׁיִּשָּׂאוּהוּ לְאֶרֶץ כְּנַעַן מִיָּד
כְּמוֹ שֶׁהִשְׁבִּיעַ יַעֲקֹב? אָמַר יוֹסֵף: אֲנִי שַׁלִּיט הָיִיתִי
בְּמִצְרַיִם וְהָיָה סִפֵּק בְּיָדִי לַעֲשׂוֹת, אֲבָל בָּנַי לֹא
יַנִּיחוּם מִצְרִים לַעֲשׂוֹת, לְכָךְ הִשְׁבִּיעָם לִכְשֶׁיִּגָּאֲלוּ
וְיֵצְאוּ מִשָּׁם שֶׁיִּשָּׂאוּהוּ: וְהַעֲלִיתֶם אֶת עַצְמֹתַי מִזֶּה
אִתְּכֶם. לְאֶחָיו הִשְׁבִּיעַ כָּךְ, לִמַּדְנוּ שֶׁאַף עַצְמוֹת כָּל
הַשְּׁבָטִים הֶעֱלוּ עִמָּהֶם, שֶׁנֶּאֱמַר "אִתְּכֶם":

כ) וַיִּסְעוּ מִסֻּכֹּת. בַּיּוֹם הַשֵּׁנִי, שֶׁהֲרֵי בָרִאשׁוֹן בָּאוּ
מֵרַעְמְסֵס לְסֻכּוֹת (לעיל יב, לו):

כא) לַנְחֹתָם הַדֶּרֶךְ. נָקוּד פַּתָּח, שֶׁהוּא כְּמוֹ
לְהַנְחוֹתָם, כְּמוֹ: "לַרְאֹתְכֶם בַּדֶּרֶךְ אֲשֶׁר תֵּלְכוּ
בָהּ" (דברים א, לג) שֶׁהוּא כְּמוֹ לְהַרְאֹתְכֶם, אַף כָּאן
לְהַנְחוֹתָם עַל יְדֵי שָׁלִיחַ. וּמִי הוּא הַשָּׁלִיחַ?
עַמּוּד הֶעָנָן, וְהַקָּדוֹשׁ בָּרוּךְ הוּא בִּכְבוֹדוֹ מוֹלִיכוֹ
לִפְנֵיהֶם, וּמִכָּל מָקוֹם אֶת עַמּוּד הֶעָנָן הֵכִין
לְהַנְחוֹתָם עַל יָדוֹ, שֶׁהֲרֵי עַל יְדֵי עַמּוּד הֶעָנָן הֵם
הוֹלְכִים. עַמּוּד הֶעָנָן אֵינוֹ לְאוֹרָה אֶלָּא לְהוֹרוֹתָם
הַדָּרֶךְ:

כב) לֹא יָמִישׁ. הַקָּדוֹשׁ בָּרוּךְ הוּא אֶת "עַמּוּד
הֶעָנָן יוֹמָם וְעַמּוּד הָאֵשׁ לָיְלָה", מַגִּיד שֶׁעַמּוּד
הֶעָנָן מַשְׁלִים לְעַמּוּד הָאֵשׁ וְעַמּוּד הָאֵשׁ מַשְׁלִים
לְעַמּוּד הֶעָנָן, שֶׁעַד שֶׁלֹּא יִשְׁקַע זֶה עוֹלֶה זֶה:

פרק יד

ב) וְיָשֻׁבוּ. לַאֲחוֹרֵיהֶם, לְצַד מִצְרַיִם הָיוּ מְקָרְבִין
כָּל יוֹם הַשְּׁלִישִׁי, כְּדֵי לְהַטְעוֹת אֶת פַּרְעֹה
שֶׁיֹּאמַר תּוֹעִים הֵם בַּדֶּרֶךְ, כְּמוֹ שֶׁנֶּאֱמַר: "וְאָמַר
פַּרְעֹה לִבְנֵי יִשְׂרָאֵל" וְגוֹ' (להלן פסוק ג): וְיַחֲנוּ לִפְנֵי
פִּי הַחִירֹת. הִיא פִּיתוֹם, וְעַכְשָׁיו נִקְרֵאת "פִּי
הַחִירֹת" עַל שֵׁם שֶׁנַּעֲשׂוּ שָׁם בְּנֵי חוֹרִין. וְהֵם שְׁנֵי
סְלָעִים גְּבוֹהִים זְקוּפִים, וְהַגַּיְא שֶׁבֵּינֵיהֶם קָרוּי פִּי
הַסְּלָעִים: לִפְנֵי בַּעַל צְפֹן. הוּא נִשְׁאַר מִכָּל אֱלֹהֵי
מִצְרַיִם כְּדֵי לְהַטְעוֹתָן שֶׁיֹּאמְרוּ: קָשָׁה יִרְאָתָן.
וְעָלָיו פֵּרֵשׁ אִיּוֹב: "מַשְׂגִּיא לַגּוֹיִם וַיְאַבְּדֵם" (איוב
יב, כג):

ג וְאָמַ֤ר פַּרְעֹה֙ לִבְנֵ֣י יִשְׂרָאֵ֔ל נְבֻכִ֥ים הֵ֖ם בָּאָ֑רֶץ
סָגַ֥ר עֲלֵיהֶ֖ם הַמִּדְבָּֽר׃ ד וְחִזַּקְתִּ֣י אֶת־לֵב־פַּרְעֹה֮
וְרָדַ֣ף אַחֲרֵיהֶם֒ וְאִכָּבְדָ֤ה בְּפַרְעֹה֙ וּבְכָל־חֵיל֔וֹ
וְיָדְע֥וּ מִצְרַ֖יִם כִּֽי־אֲנִ֣י יְהֹוָ֑ה וַיַּֽעֲשׂוּ־כֵֽן׃ ה וַיֻּגַּד֙
לְמֶ֣לֶךְ מִצְרַ֔יִם כִּ֥י בָרַ֖ח הָעָ֑ם וַ֠יֵּהָפֵךְ לְבַ֨ב פַּרְעֹ֤ה
וַעֲבָדָיו֙ אֶל־הָעָ֔ם וַיֹּֽאמְרוּ֙ מַה־זֹּ֣את עָשִׂ֔ינוּ כִּֽי־
שִׁלַּ֥חְנוּ אֶת־יִשְׂרָאֵ֖ל מֵעָבְדֵֽנוּ׃ ו וַיֶּאְסֹ֖ר אֶת־רִכְבּ֑וֹ
וְאֶת־עַמּ֖וֹ לָקַ֥ח עִמּֽוֹ׃ ז וַיִּקַּ֗ח שֵׁשׁ־מֵא֥וֹת רֶ֙כֶב֙
בָּח֔וּר וְכֹ֖ל רֶ֣כֶב מִצְרָ֑יִם וְשָׁלִשִׁ֖ם עַל־כֻּלּֽוֹ׃ ח וַיְחַזֵּ֣ק
יְהֹוָ֗ה אֶת־לֵ֤ב פַּרְעֹה֙ מֶ֣לֶךְ מִצְרַ֔יִם וַיִּרְדֹּ֕ף אַחֲרֵ֖י
בְּנֵ֣י יִשְׂרָאֵ֑ל וּבְנֵ֣י יִשְׂרָאֵ֔ל יֹצְאִ֖ים בְּיָ֥ד רָמָֽה׃
ט וַיִּרְדְּפ֨וּ מִצְרַ֜יִם אַחֲרֵיהֶ֗ם וַיַּשִּׂ֤יגוּ אוֹתָם֙ חֹנִ֣ים עַל־ שני
הַיָּ֔ם כָּל־סוּס֙ רֶ֣כֶב פַּרְעֹ֔ה וּפָרָשָׁ֖יו וְחֵיל֑וֹ עַל־פִּי֙
הַֽחִירֹ֔ת לִפְנֵ֖י בַּ֥עַל צְפֹֽן׃ י וּפַרְעֹ֖ה הִקְרִ֑יב וַיִּשְׂא֩וּ
בְנֵֽי־יִשְׂרָאֵ֨ל אֶת־עֵינֵיהֶ֜ם וְהִנֵּ֥ה מִצְרַ֣יִם ׀ נֹסֵ֣עַ
אַחֲרֵיהֶ֗ם וַיִּֽירְאוּ֙ מְאֹ֔ד וַיִּצְעֲק֥וּ בְנֵֽי־יִשְׂרָאֵ֖ל אֶל־
יְהֹוָֽה׃ יא וַיֹּֽאמְרוּ֮ אֶל־מֹשֶׁה֒ הֲֽמִבְּלִ֨י אֵין־קְבָרִ֜ים

ג וְאָמַר פַּרְעֹה. כְּשֶׁיִּשְׁמַע שֶׁהֵם שָׁבִים לַאֲחוֹרֵיהֶם: לִבְנֵי יִשְׂרָאֵל. עַל בְּנֵי יִשְׂרָאֵל. וְכֵן: "ה' יִלָּחֵם לָכֶם" (להלן פסוק יד) – עֲלֵיכֶם; "אִמְרִי לִי אָחִי הוּא" (בראשית כ, יג) – אִמְרִי עָלַי: נְבֻכִים הֵם. כְּלוּאִים וּמְשֻׁקָּעִים, וּבְלַעַז שׂירי"ר. כְּמוֹ: "נִבְכֵי יָם" (איוב לח, טז), "בְּעֵמֶק הַבָּכָא" (תהלים פד, ז), "מִבְּכִי נְהָרוֹת" (איוב כח, יא). "נְבֻכִים הֵם" – כְּלוּאִים הֵם בַּמִּדְבָּר, שֶׁאֵינָן יוֹדְעִין לָצֵאת מִמֶּנּוּ וּלְהֵיכָן יֵלְכוּ:

ד וְאִכָּבְדָה בְּפַרְעֹה. כְּשֶׁהַקָּדוֹשׁ בָּרוּךְ הוּא מִתְנַקֵּם בָּרְשָׁעִים שְׁמוֹ מִתְגַּדֵּל וּמִתְכַּבֵּד. וְכֵן

בשלח

ד וַיֵּאמַר פַּרְעֹה עַל בְּנֵי יִשְׂרָאֵל, מְעַרְבְּלִין אִנּוּן בְּאַרְעָא, אֲחַד עֲלֵיהוֹן מַדְבְּרָא: וְאַתְקֵיף יָת לִבָּא
דְפַרְעֹה וְרָדַף בַּתְרֵיהוֹן, וְאִתְיְקַר בְּפַרְעֹה וּבְכָל מַשִׁרְיָתֵיהּ, וִידְעוּן מִצְרָאֵי אֲרֵי אֲנָא יְיָ, וַעֲבַדוּ
ה כֵן: וְאִתְחַוָּא לְמַלְכָּא דְמִצְרַיִם, אֲרֵי אֲזַל עַמָּא, וְאִתְהֲפֵיךְ, לִבָּא דְפַרְעֹה וְעַבְדּוֹהִי בְּעַמָּא, וַאֲמָרוּ
ו מָא דָא עֲבַדְנָא, אֲרֵי שַׁלַּחְנָא יָת יִשְׂרָאֵל מִלְּמִפְלְחָנָא: וּטְקֵיס יָת רְתִכֵּיהּ, וְיָת עַמֵּיהּ דְּבַר עִמֵּיהּ:
ז וּדְבַר, שֵׁית מְאָה רְתִכִּין בְּחִירָן, וְכָל רְתִכֵּי מִצְרָאֵי, וְגִבָּרִין מְמַנַּן עַל כֻּלְּהוֹן: וְתַקֵּיף יְיָ, יָת לִבָּא
ח דְפַרְעֹה מַלְכָּא דְמִצְרַיִם, וּרְדַף, בָּתַר בְּנֵי יִשְׂרָאֵל, וּבְנֵי יִשְׂרָאֵל, נָפְקִין בְּרֵישׁ גְּלֵי: וּרְדַפוּ מִצְרָאֵי
ט בַּתְרֵיהוֹן, וְאַדְבִּיקוּ יָתְהוֹן כַּד שָׁרָן עַל יַמָּא, כָּל סוּסָוַת רְתִכֵּי פַרְעֹה, וּפָרָשׁוֹהִי וּמַשִׁרְיָתֵיהּ,
י עַל פּוּם חִירָתָא, קֳדָם בְּעֵיל צְפוֹן: וּפַרְעֹה קָרֵיב, וּזְקַפוּ בְּנֵי יִשְׂרָאֵל יָת עֵינֵיהוֹן, וְהָא מִצְרָאֵי
יא נָטְלִין בַּתְרֵיהוֹן, וּדְחִילוּ לַחְדָּא, וּזְעִיקוּ בְּנֵי יִשְׂרָאֵל קֳדָם יְיָ: וַאֲמָרוּ לְמֹשֶׁה, הֲמִדְּלֵית קִבְרִין

רש"י

הוּא אוֹמֵר: "וְנִשְׁפַּטְתִּי אִתּוֹ" וְגוֹ' וְאַחַר כָּךְ "וְהִתְגַּדִּלְתִּי וְהִתְקַדִּשְׁתִּי וְנוֹדַעְתִּי" וְגוֹ' (יחזקאל לח, כב-כג), וְאוֹמֵר: "שָׁמָּה שִׁבַּר רִשְׁפֵי קָשֶׁת" וְאַחַר כָּךְ "נוֹדָע בִּיהוּדָה אֱלֹהִים" (תהלים עו, ד-ב), וְאוֹמֵר: "עֹשֶׂה מִשְׁפָּט עָשָׂה" (שם ט, יז). **בְּפַרְעֹה וּבְכָל חֵילוֹ**. הוּא הִתְחִיל בַּעֲבֵרָה וּמִמֶּנּוּ הִתְחִיל הַפֻּרְעָנוּת: **וַיַּעֲשׂוּ כֵן**. לְהַגִּיד שִׁבְחָן שֶׁשָּׁמְעוּ לְקוֹל מֹשֶׁה, וְלֹא אָמְרוּ: הֵיאַךְ נִתְקָרֵב אֶל רוֹדְפֵינוּ? אָנוּ צְרִיכִים לִבְרֹחַ! אֶלָּא אָמְרוּ: אֵין לָנוּ אֶלָּא דִּבְרֵי בֶּן עַמְרָם:

ה) **וַיֻּגַּד לְמֶלֶךְ מִצְרַיִם**. אִיקְטוֹרִין שָׁלַח עִמָּהֶם, וְכֵיוָן שֶׁהִגִּיעוּ לִשְׁלֹשֶׁת יָמִים שֶׁקָּבְעוּ לֵילֵךְ וְלָשׁוּב וְרָאוּ שֶׁאֵינָן חוֹזְרִין לְמִצְרַיִם, בָּאוּ וְהִגִּידוּ לְפַרְעֹה בַּיּוֹם הָרְבִיעִי. וּבַחֲמִישִׁי וּבַשִּׁשִּׁי רָדְפוּ אַחֲרֵיהֶם, לֵיל שְׁבִיעִי יָרְדוּ לַיָּם, בְּשַׁחֲרִית אָמְרוּ שִׁירָה, וְהוּא יוֹם שְׁבִיעִי שֶׁל פֶּסַח. לְכָךְ אָנוּ קוֹרִין הַשִּׁירָה בַּיּוֹם הַשְּׁבִיעִי: **וַיֵּהָפֵךְ**. נֶהְפַּךְ מִמַּה שֶּׁהָיָה, שֶׁהֲרֵי אָמַר לָהֶם: "קוּמוּ צְּאוּ מִתּוֹךְ עַמִּי" (לעיל יב, לא), וְנֶהְפַּךְ לֵב עֲבָדָיו, שֶׁהֲרֵי לְשֶׁעָבַר הָיוּ אוֹמְרִים לוֹ: "עַד מָתַי יִהְיֶה זֶה לָנוּ לְמוֹקֵשׁ" (לעיל י, ז) וְעַכְשָׁיו נֶהֶפְכוּ לִרְדֹּף אַחֲרֵיהֶם בִּשְׁבִיל מָמוֹנָם שֶׁהִשְׁאִילוּם: **מֵעָבְדֵנוּ**. מֵעֲבֹד אוֹתָנוּ:

ו) **וַיֶּאְסֹר אֶת רִכְבּוֹ**. הוּא בְּעַצְמוֹ: **וְאֶת עַמּוֹ לָקַח עִמּוֹ**. מְשָׁכָם בִּדְבָרִים: לָקִינוּ וְנָטְלוּ מָמוֹנֵנוּ וְשִׁלַּחְנוּם; בֹּאוּ עִמִּי וַאֲנִי לֹא אֶתְנַהֵג עִמָּכֶם כִּשְׁאָר מְלָכִים, דֶּרֶךְ שְׁאָר מְלָכִים עֲבָדָיו קוֹדְמִין לוֹ בַּמִּלְחָמָה, וַאֲנִי אַקְדִּים לִפְנֵיכֶם, שֶׁנֶּאֱמַר: "וּפַרְעֹה הִקְרִיב" (להלן פסוק י), הִקְרִיב עַצְמוֹ וּמִהֵר מִהֵר לִפְנֵי חֲיָלוֹתָיו, דֶּרֶךְ

מְלָכִים לִטֹּל בִּזָּה בָּרֹאשׁ כְּמוֹ שֶׁיִּבְחַר, אֲנִי חֶשְׁוָה עִמָּכֶם בַּחֵלֶק, שֶׁנֶּאֱמַר: "אֲחַלֵּק שָׁלָל" (להלן טו, ט):

ז) **בָּחוּר**. נִבְחָרִים, 'בָּחוּר' לְשׁוֹן יָחִיד, כָּל רֶכֶב וָרֶכֶב שֶׁבַּמִּנְיָן זֶה הָיָה בָּחוּר: **וְכֹל רֶכֶב מִצְרָיִם**. וְעִמָּהֶם כָּל שְׁאָר הָרָכֶב. וּמֵהֵיכָן הָיוּ הַבְּהֵמוֹת הַלָּלוּ? אִם תֹּאמַר מִשֶּׁל מִצְרִים, הֲרֵי נֶאֱמַר: "וַתָּמָת כָּל מִקְנֵה מִצְרָיִם" (לעיל ט, ו), וְאִם מִשֶּׁל יִשְׂרָאֵל, וַהֲלֹא נֶאֱמַר: "וְגַם מִקְנֵנוּ יֵלֵךְ עִמָּנוּ" (לעיל י, כו)! מִשֶּׁל מִי הָיוּ? מֵ"הַיָּרֵא אֶת דְּבַר ה'" (לעיל ט, כ). מִכָּאן הָיָה רַבִּי שִׁמְעוֹן אוֹמֵר: כָּשֵׁר שֶׁבַּגּוֹיִם הֲרֹג, טוֹב שֶׁבַּנְּחָשִׁים רַצֵּץ אֶת מֹחוֹ: **וְשָׁלִשִׁם עַל כֻּלּוֹ**. שָׂרֵי צְבָאוֹת, כְּתַרְגּוּמוֹ:

ח) **וַיְחַזֵּק ה' אֶת לֵב פַּרְעֹה**. שֶׁהָיָה תוֹלֶה אִם לִרְדֹּף אִם לָאו, וְחִזֵּק אֶת לִבּוֹ לִרְדֹּף: **בְּיָד רָמָה**. בִּגְבוּרָה גְּבוֹהָה וּמְפֻרְסֶמֶת:

י) **וּפַרְעֹה הִקְרִיב**. הָיָה לוֹ לִכְתֹּב: 'וּפַרְעֹה קָרֵב', מַהוּ "הִקְרִיב"? הִקְרִיב עַצְמוֹ וְנִתְאַמֵּץ לְקַדֵּם לִפְנֵיהֶם כְּמוֹ שֶׁהִתְנָה עִמָּהֶם: **נֹסֵעַ אַחֲרֵיהֶם**. בְּלֵב אֶחָד כְּאִישׁ אֶחָד. דָּבָר אַחֵר, "וְהִנֵּה מִצְרַיִם נֹסֵעַ אַחֲרֵיהֶם", רָאוּ שַׂר שֶׁל מִצְרַיִם נוֹסֵעַ מִן הַשָּׁמַיִם לַעֲזֹר לְמִצְרִים. תַּנְחוּמָא: **וַיִּצְעֲקוּ**. תָּפְשׂוּ אֻמָּנוּת אֲבוֹתָם, בְּאַבְרָהָם הוּא אוֹמֵר: "אֶל הַמָּקוֹם אֲשֶׁר עָמַד שָׁם" (בראשית יט, כז), בְּיִצְחָק: "לָשׂוּחַ בַּשָּׂדֶה" (שם כד, סג), בְּיַעֲקֹב: "וַיִּפְגַּע בַּמָּקוֹם" (שם כח, יא):

יא) **הֲמִבְּלִי אֵין קְבָרִים**. וְכִי מֵחֲמַת חֶסְרוֹן קְבָרִים, שֶׁאֵין קְבָרִים בְּמִצְרַיִם לִקְבֹּר שָׁם, לְקַחְתָּנוּ מִשָּׁם? שִׁיפּוּ"ר פלינצ"א דינ"א פוש"ם בְּלַעַז:

בְּמִצְרַ֔יִם לְקַחְתָּ֖נוּ לָמ֣וּת בַּמִּדְבָּ֑ר מַה־זֹּאת֙
עָשִׂ֣יתָ לָּ֔נוּ לְהוֹצִיאָ֖נוּ מִמִּצְרָֽיִם׃ הֲלֹא־זֶ֣ה הַדָּבָ֗ר יב
אֲשֶׁר֩ דִּבַּ֨רְנוּ אֵלֶ֤יךָ בְמִצְרַ֙יִם֙ לֵאמֹ֔ר חֲדַ֥ל מִמֶּ֖נּוּ
וְנַעַבְדָ֣ה אֶת־מִצְרָ֑יִם כִּ֣י ט֥וֹב לָ֙נוּ֙ עֲבֹ֣ד אֶת־
מִצְרַ֔יִם מִמֻּתֵ֖נוּ בַּמִּדְבָּֽר׃ וַיֹּ֨אמֶר מֹשֶׁ֣ה אֶל־הָעָם֮ יג
אַל־תִּירָאוּ֒ הִֽתְיַצְב֗וּ וּרְאוּ֙ אֶת־יְשׁוּעַ֣ת יהוה
אֲשֶׁר־יַעֲשֶׂ֥ה לָכֶ֖ם הַיּ֑וֹם כִּ֗י אֲשֶׁ֨ר רְאִיתֶ֤ם אֶת־
מִצְרַ֙יִם֙ הַיּ֔וֹם לֹ֥א תֹסִ֛פוּ לִרְאֹתָ֥ם ע֖וֹד עַד־עוֹלָֽם׃
יהוה יִלָּחֵ֣ם לָכֶ֑ם וְאַתֶּ֖ם תַּחֲרִשֽׁוּן׃ יד
שלישי יא וַיֹּ֤אמֶר יהוה֙ אֶל־מֹשֶׁ֔ה מַה־תִּצְעַ֖ק אֵלָ֑י דַּבֵּ֛ר טו
אֶל־בְּנֵֽי־יִשְׂרָאֵ֖ל וְיִסָּֽעוּ׃ וְאַתָּ֞ה הָרֵ֣ם אֶֽת־מַטְּךָ֗ טז
וּנְטֵ֛ה אֶת־יָדְךָ֥ עַל־הַיָּ֖ם וּבְקָעֵ֑הוּ וְיָבֹ֧אוּ בְנֵֽי־
יִשְׂרָאֵ֛ל בְּת֥וֹךְ הַיָּ֖ם בַּיַּבָּשָֽׁה׃ וַאֲנִ֗י הִנְנִ֤י מְחַזֵּק֙ יז
אֶת־לֵ֣ב מִצְרַ֔יִם וְיָבֹ֖אוּ אַחֲרֵיהֶ֑ם וְאִכָּבְדָ֤ה
בְּפַרְעֹה֙ וּבְכָל־חֵיל֔וֹ בְּרִכְבּ֖וֹ וּבְפָרָשָֽׁיו׃ וְיָדְע֥וּ יח
מִצְרַ֖יִם כִּֽי־אֲנִ֣י יהוה בְּהִכָּבְדִ֣י בְּפַרְעֹ֔ה בְּרִכְבּ֖וֹ
וּבְפָרָשָֽׁיו׃ וַיִּסַּ֞ע מַלְאַ֣ךְ הָאֱלֹהִ֗ים הַהֹלֵךְ֙ לִפְנֵי֙ יט
מַחֲנֵ֣ה יִשְׂרָאֵ֔ל וַיֵּ֖לֶךְ מֵאַחֲרֵיהֶ֑ם וַיִּסַּ֞ע עַמּ֤וּד
הֶֽעָנָן֙ מִפְּנֵיהֶ֔ם וַיַּֽעֲמֹ֖ד מֵאַחֲרֵיהֶֽם׃ וַיָּבֹ֗א בֵּ֣ין ׀ כ
מַחֲנֵ֣ה מִצְרַ֗יִם וּבֵין֙ מַחֲנֵ֣ה יִשְׂרָאֵ֔ל וַיְהִ֤י הֶֽעָנָן֙
וְהַחֹ֔שֶׁךְ וַיָּ֖אֶר אֶת־הַלָּ֑יְלָה וְלֹא־קָרַ֥ב זֶ֛ה אֶל־

כא זֶה כָּל־הַלָּיְלָה: וַיֵּט מֹשֶׁה אֶת־יָדוֹ עַל־הַיָּם
וַיּוֹלֶךְ יְהוָה | אֶת־הַיָּם בְּרוּחַ קָדִים עַזָּה כָּל־

יב בְּמִצְרַיִם, דְּבַרְתָּנָא לְמֵמַת בְּמַדְבְּרָא, מָא דָא עֲבַדְתְּ לַנָא, לְאַפָּקוּתָנָא מִמִּצְרָיִם: הֲלָא דֵין
פִּתְגָּמָא, דְּמַלֵּילְנָא עִמָּךְ בְּמִצְרַיִם לְמֵימַר, שְׁבוֹק מִנַּנָא וְנִפְלַח יָת מִצְרָאֵי, אֲרֵי טָב לַנָא דְּנִפְלַח
יג יָת מִצְרָאֵי, מִדִּנְמוּת בְּמַדְבְּרָא: וַאֲמַר מֹשֶׁה לְעַמָּא לָא תִדְחֲלוּן, אִתְעַתַּדוּ, וַחֲזוֹ יָת פֻּרְקָנָא דַיְיָ,
דְּיַעְבֵּיד לְכוֹן יוֹמָא דֵין, אֲרֵי, דַּחֲזֵיתוּן יָת מִצְרָאֵי יוֹמָא דֵין, לָא תֵיסְפוּן, לְמֶחֱזֵיהוֹן עוֹד עַד עָלְמָא:
יד טו יְיָ יְגִיחַ לְכוֹן קְרָב, וְאַתּוּן תִּשְׁתְּקוּן: וַאֲמַר יְיָ לְמֹשֶׁה, קַבֵּילִית צְלוֹתָךְ, מַלֵּיל עִם בְּנֵי יִשְׂרָאֵל
טז וְיִטְּלוּן: וְאַתְּ טוֹל יָת חֻטְרָךְ, וַאֲרֵים יָת יְדָךְ, עַל יַמָּא וּבְזַעְהִי, וְיֵיעֲלוּן בְּנֵי יִשְׂרָאֵל, בְּגוֹ יַמָּא
יז בְּיַבֶּשְׁתָּא: וַאֲנָא, הָאֲנָא מְתַקֵּיף יָת לִבָּא דְמִצְרָאֵי, וְיֵיעֲלוּן בָּתְרֵיהוֹן, וְאֶתְיַקַּר בְּפַרְעֹה וּבְכָל
יח מַשִּׁרְיָתֵיהּ, בִּרְתִכּוֹהִי וּבְפָרָשׁוֹהִי: וְיִדְּעוּן מִצְרָאֵי אֲרֵי אֲנָא יְיָ, בְּאִתְיַקָּרוּתִי בְּפַרְעֹה, בִּרְתִכּוֹהִי
יט וּבְפָרָשׁוֹהִי: וּנְטַל מַלְאֲכָא דַיְיָ, דִּמְדַבַּר קֳדָם מַשִּׁרְיָתָא דְיִשְׂרָאֵל, וַאֲתָא מִבָּתְרֵיהוֹן, וּנְטַל,
כ עַמּוּדָא דַעֲנָנָא מִן קֳדָמֵיהוֹן, וּשְׁרָא מִבָּתְרֵיהוֹן: וְעָאל, בֵּין מַשִּׁרְיָתָא דְמִצְרָאֵי, וּבֵין מַשִּׁרְיָתָא
דְיִשְׂרָאֵל, וַהֲוָה עֲנָנָא וְקַבְלָא לְמִצְרָאֵי, וּלְיִשְׂרָאֵל נְהַר כָּל לֵילְיָא, וְלָא אִתְקְרַבוּ דֵין, לְוָת דֵין
כא כָּל לֵילְיָא: וַאֲרֵים מֹשֶׁה יָת יְדֵיהּ עַל יַמָּא, וְדַבַּר יְיָ יָת יַמָּא, בְּרוּחַ קִדּוּמָא תַּקִּיף כָּל

יב| אֲשֶׁר דִּבַּרְנוּ אֵלֶיךָ בְמִצְרַיִם. וְהֵיכָן דִּבְּרוּ? "יֵרֶא ה' עֲלֵיכֶם וְיִשְׁפֹּט" (לעיל ה, כא): מִמֻּתֵנוּ. מֵאֲשֶׁר נָמוּת. וְאִם הָיָה נָקוּד מְלָאפוּם הָיָה נִבְאָר 'מִמִּיתָתֵנוּ', עַכְשָׁיו שֶׁנָּקוּד בְּשׁוּרֻק נִבְאָר 'מֵאֲשֶׁר נָמוּת'. וְכֵן: "מִי יִתֵּן מוּתֵנוּ" (להלן טז, ג), שֶׁנָּמוּת, וְכֵן: "מִי יִתֵּן מוּתִי" דְּאַבְשָׁלוֹם (שמואל ב' יט, א), שֶׁאָמוּת, כְּמוֹ: "לְיוֹם קוּמִי לְעַד" (צפניה ג, ח), "עַד שׁוּבִי בְשָׁלוֹם" (דברי הימים ב' יח, כו), שֶׁאָקוּם, שֶׁאָשׁוּב:

יג| כִּי אֲשֶׁר רְאִיתֶם אֶת מִצְרַיִם וגו'. מַה שֶּׁרְאִיתֶם אוֹתָם אֵינוּ אֶלָּא הַיּוֹם, הַיּוֹם הוּא שֶׁרְאִיתֶם אוֹתָם וְלֹא תוֹסִיפוּ עוֹד:

יד| יִלָּחֵם לָכֶם. בִּשְׁבִילְכֶם. וְכֵן: "כִּי ה' נִלְחָם לָהֶם" (להלן פסוק כה), וְכֵן: "אִם לָאֵל תְּרִיבוּן" (איוב יג, ח), וְכֵן: "וַאֲשֶׁר דִּבֶּר לִי" (בראשית כד, ז), וְכֵן: "הַאַתֶּם תְּרִיבוּן לַבַּעַל" (שופטים ו, לא):

טו| מַה תִּצְעַק אֵלָי. לְמָדְנוּ שֶׁהָיָה מֹשֶׁה עוֹמֵד וּמִתְפַּלֵּל, אָמַר לוֹ הַקָּדוֹשׁ בָּרוּךְ הוּא: לֹא עֵת עַתָּה לְהַאֲרִיךְ שֶׁיִּשְׂרָאֵל נְתוּנִין בְּצָרָה. דָּבָר אַחֵר, "מַה תִּצְעַק אֵלָי", עָלַי הַדָּבָר וְלֹא עָלֶיךָ, כְּמוֹ שֶׁנֶּאֱמַר לְהַלָּן: "עַל בָּנַי וְעַל פֹּעַל יָדַי תְּצַוֻּנִי" (ישעיה מה, יא):
דַּבֵּר אֶל בְּנֵי יִשְׂרָאֵל וְיִסָּעוּ. אֵין לָהֶם אֶלָּא לִסַּע, שֶׁאֵין הַיָּם עוֹמֵד בִּפְנֵיהֶם, כְּדַאי זְכוּת אֲבוֹתֵיהֶם וְהָאֱמוּנָה שֶׁהֶאֱמִינוּ בִי וְיָצְאוּ, לִקְרֹעַ לָהֶם אֶת הַיָּם:

יט-כ| וַיֵּלֶךְ מֵאַחֲרֵיהֶם. לְהַבְדִּיל בֵּין מַחֲנֵה מִצְרַיִם וּבֵין מַחֲנֵה יִשְׂרָאֵל וּלְקַבֵּל חִצִּים וּבַלִּיסְטְרָאוֹת שֶׁל מִצְרַיִם. בְּכָל מָקוֹם הוּא אוֹמֵר: "מַלְאַךְ ה'" וְכָאן: "מַלְאַךְ הָאֱלֹהִים", אֵין 'אֱלֹהִים' בְּכָל מָקוֹם אֶלָּא דַּיָּן, מְלַמֵּד שֶׁהָיוּ יִשְׂרָאֵל נְתוּנִין בַּדִּין בְּאוֹתָהּ שָׁעָה אִם לְהִנָּצֵל אִם לְהֵאָבֵד עִם מִצְרַיִם: וַיָּבֹא בֵּין מַחֲנֵה מִצְרַיִם. מָשָׁל לִמְהַלֵּךְ בַּדֶּרֶךְ וּבְנוֹ מְהַלֵּךְ לְפָנָיו. בָּאוּ לִסְטִים לִשְׁבּוֹתוֹ, נְטָלוֹ מִלְּפָנָיו נְתָנוֹ לְאַחֲרָיו. בָּא זְאֵב מֵאַחֲרָיו, נְתָנוֹ לְפָנָיו. בָּאוּ לִסְטִים לְפָנָיו וּזְאֵבִים מֵאַחֲרָיו, נְתָנוֹ עַל זְרוֹעוֹ וְנִלְחַם בָּהֶם. כָּךְ: "וְאָנֹכִי תִרְגַּלְתִּי לְאֶפְרַיִם קָחָם עַל זְרוֹעֹתָיו" (הושע יא, ג): וַיִּסַּע עַמּוּד הֶעָנָן. כְּשֶׁחָשְׁכָה וְהִשְׁלִים עַמּוּד הֶעָנָן אֶת הַמַּחֲנֶה לְעַמּוּד הָאֵשׁ, לֹא נִסְתַּלֵּק הֶעָנָן כְּמוֹ שֶׁהָיָה רָגִיל לְהִסְתַּלֵּק עַרְבִית לְגַמְרֵי, אֶלָּא נָסַע וְהָלַךְ לוֹ מֵאַחֲרֵיהֶם לְהַחֲשִׁיךְ לְמִצְרַיִם: וַיְהִי הֶעָנָן וְהַחֹשֶׁךְ. לְמִצְרַיִם: וַיָּאֶר. עַמּוּד הָאֵשׁ "אֶת הַלַּיְלָה" לְיִשְׂרָאֵל, וְהוֹלֵךְ לִפְנֵיהֶם כְּדַרְכּוֹ לָלֶכֶת כָּל הַלַּיְלָה. וְהַחֹשֶׁךְ שֶׁל עֲרָפֶל לְצַד מִצְרַיִם: וְלֹא קָרַב זֶה אֶל זֶה. מַחֲנֶה אֶל מַחֲנֶה:

כא| בְּרוּחַ קָדִים עַזָּה. בְּרוּחַ קָדִים שֶׁהִיא עַזָּה

הַלַּיְלָה וַיָּשֶׂם אֶת־הַיָּם לֶחָרָבָה וַיִּבָּקְעוּ הַמָּיִם׃ וַיָּבֹאוּ כב
בְנֵי־יִשְׂרָאֵל בְּתוֹךְ הַיָּם בַּיַּבָּשָׁה וְהַמַּיִם לָהֶם חוֹמָה
מִימִינָם וּמִשְּׂמֹאלָם׃ וַיִּרְדְּפוּ מִצְרַיִם וַיָּבֹאוּ אַחֲרֵיהֶם כג
כֹּל סוּס פַּרְעֹה רִכְבּוֹ וּפָרָשָׁיו אֶל־תּוֹךְ הַיָּם׃ וַיְהִי כד
בְּאַשְׁמֹרֶת הַבֹּקֶר וַיַּשְׁקֵף יהוה אֶל־מַחֲנֵה מִצְרַיִם
בְּעַמּוּד אֵשׁ וְעָנָן וַיָּהָם אֵת מַחֲנֵה מִצְרָיִם׃ וַיָּסַר אֵת כה
אֹפַן מַרְכְּבֹתָיו וַיְנַהֲגֵהוּ בִּכְבֵדֻת וַיֹּאמֶר מִצְרַיִם אָנוּסָה
מִפְּנֵי יִשְׂרָאֵל כִּי יהוה נִלְחָם לָהֶם בְּמִצְרָיִם׃
רביעי וַיֹּאמֶר יהוה אֶל־מֹשֶׁה נְטֵה אֶת־יָדְךָ עַל־הַיָּם וְיָשֻׁבוּ כו
הַמַּיִם עַל־מִצְרַיִם עַל־רִכְבּוֹ וְעַל־פָּרָשָׁיו׃ וַיֵּט מֹשֶׁה כז
אֶת־יָדוֹ עַל־הַיָּם וַיָּשָׁב הַיָּם לִפְנוֹת בֹּקֶר לְאֵיתָנוֹ
וּמִצְרַיִם נָסִים לִקְרָאתוֹ וַיְנַעֵר יהוה אֶת־מִצְרַיִם
בְּתוֹךְ הַיָּם׃ וַיָּשֻׁבוּ הַמַּיִם וַיְכַסּוּ אֶת־הָרֶכֶב וְאֶת־ כח
הַפָּרָשִׁים לְכֹל חֵיל פַּרְעֹה הַבָּאִים אַחֲרֵיהֶם בַּיָּם לֹא־
נִשְׁאַר בָּהֶם עַד־אֶחָד׃ וּבְנֵי יִשְׂרָאֵל הָלְכוּ בַיַּבָּשָׁה כט
בְּתוֹךְ הַיָּם וְהַמַּיִם לָהֶם חֹמָה מִימִינָם וּמִשְּׂמֹאלָם׃
וַיּוֹשַׁע יהוה בַּיּוֹם הַהוּא אֶת־יִשְׂרָאֵל מִיַּד מִצְרָיִם ל
וַיַּרְא יִשְׂרָאֵל אֶת־מִצְרַיִם מֵת עַל־שְׂפַת הַיָּם׃ וַיַּרְא לא
יִשְׂרָאֵל אֶת־הַיָּד הַגְּדֹלָה אֲשֶׁר עָשָׂה יהוה בְּמִצְרַיִם
וַיִּירְאוּ הָעָם אֶת־יהוה וַיַּאֲמִינוּ בַּיהוה וּבְמֹשֶׁה
עַבְדּוֹ׃

בשלח

כב לֵילְיָא, וְשַׁוִּי יָת יַמָּא לְיַבֶּשְׁתָּא, וְאִתְבְּזָעוּ מַיָּא: וְעָאלוּ בְנֵי יִשְׂרָאֵל, בְּגוֹ יַמָּא בְּיַבֶּשְׁתָּא, וּמַיָּא
כג לְהוֹן שׁוּרִין, מִיַּמִּינְהוֹן וּמִסְּמָאלְהוֹן: וּרְדַפוּ מִצְרָאֵי וְעָאלוּ בַתְרֵיהוֹן, כָּל סוּסְוַת פַּרְעֹה, וּתְכוֹבִי
כד וּפָרָשׁוֹהִי, לְגוֹ יַמָּא: וַהֲוָה בְּמַטְּרַת צַפְרָא, וְאִסְתְּכִי יְיָ לְמַשְׁרִיתָא דְמִצְרָאֵי, בְּעַמּוּדָא דְאֶשָּׁתָא
כה וַעֲנָנָא, וְשַׁגֵּישׁ, יָת מַשְׁרִיתָא דְמִצְרָאֵי: וְאַעְדִּי, יָת גַּלְגַּלֵּי רְתִיכֵיהוֹן, וּמְדַבְּרִין לְהוֹן בִּתְקוֹף, וַאֲמָרוּ
כו מִצְרָאֵי, נֵעֲרוֹק מִן קֳדָם יִשְׂרָאֵל, אֲרֵי דָא הִיא גְבוּרְתָּא דַייָ, דְּעָבֵד לְהוֹן קְרָבִין בְּמִצְרָיִם: וַאֲמַר
כז יְיָ לְמֹשֶׁה, אֲרֵים יָת יְדָךְ עַל יַמָּא, וִיתוּבוּן מַיָּא עַל מִצְרָאֵי, עַל רְתִיכֵיהוֹן וְעַל פָּרָשֵׁיהוֹן: וַאֲרֵים
משֶׁה יָת יְדֵיהּ עַל יַמָּא, וְתָב יַמָּא, לְעִדָּן צַפְרָא לִתְקָפֵיהּ, וּמִצְרָאֵי עָרְקִין לְקַדָּמוּתֵיהּ, וְשַׁנֵּיק
כח יְיָ יָת מִצְרָאֵי בְּגוֹ יַמָּא: וְתָבוּ מַיָּא, וַחֲפוֹ יָת רְתִכַּיָּא וְיָת פָּרָשַׁיָּא, לְכֹל מַשְׁרִית פַּרְעֹה, דְּעָאלוּ
כט בַתְרֵיהוֹן בְּיַמָּא, לָא אִשְׁתְּאַר בְּהוֹן עַד חָד: וּבְנֵי יִשְׂרָאֵל, הַלִּיכוּ בְיַבֶּשְׁתָּא בְּגוֹ יַמָּא, וּמַיָּא
ל לְהוֹן שׁוּרִין, מִיַּמִּינְהוֹן וּמִסְּמָאלְהוֹן: וּפְרַק יְיָ, בְּיוֹמָא הַהוּא, יָת יִשְׂרָאֵל מִידָא דְמִצְרָאֵי,
לא וַחֲזָא יִשְׂרָאֵל יָת מִצְרָאֵי, מִיתִין עַל כֵּיף יַמָּא: וַחֲזָא יִשְׂרָאֵל יָת גְּבוּרַת יְדָא רַבְּתָא, דַּעֲבַד
יְיָ בְּמִצְרָאֵי, וּדְחִילוּ עַמָּא מִן קֳדָם יְיָ, וְהֵימִינוּ בְּמֵימְרָא דַייָ, וּבִנְבִיאוּת משֶׁה עַבְדֵּיהּ:

שֶׁפֵּרוּחוֹת, הִיא הָרוּחַ שֶׁהַקָּדוֹשׁ בָּרוּךְ הוּא נִפְרָע בָּהּ מִן הָרְשָׁעִים, שֶׁנֶּאֱמַר: "כְּרוּחַ קָדִים אֲפִיצֵם" (ירמיה יח, יז), "יָבֹא קָדִים רוּחַ ה'" (הושע יג, טו), "רוּחַ הַקָּדִים שְׁבָרֵךְ בְּלֵב יַמִּים" (יחזקאל כז, כו), "הָגָה בְּרוּחוֹ הַקָּשָׁה בְּיוֹם קָדִים" (ישעיה כז, ח): וַיִּבָּקְעוּ הַמָּיִם. כָּל מַיִם שֶׁבָּעוֹלָם:

כג כָּל סוּס פַּרְעֹה. וְכִי סוּס אֶחָד הָיָה?! מַגִּיד שֶׁאֵין כֻּלָּם חֲשׁוּבִין לִפְנֵי הַמָּקוֹם אֶלָּא כְּסוּס אֶחָד:

כד בְּאַשְׁמֹרֶת הַבֹּקֶר. שְׁלֹשֶׁת חֶלְקֵי הַלַּיְלָה קְרוּיִין אַשְׁמֹרֶת, וְאוֹתָהּ שֶׁלִּפְנֵי הַיּוֹם קוֹרֵא "אַשְׁמֹרֶת הַבֹּקֶר". וְאוֹמֵר אֲנִי, שֶׁהוּא חִלּוּק לְמִשְׁמְרוֹת שִׁיר מַלְאֲכֵי הַשָּׁרֵת כַּת אַחַר כַּת לִשְׁלֹשָׁה חֲלָקִים, לְכָךְ קָרוּי אַשְׁמֹרֶת, וְזֶהוּ שֶׁתִּרְגֵּם אוּנְקְלוֹס: "מַטְּרָת": וַיָּשְׁקֵף. וַיַּבֵּט, כְּלוֹמַר פָּנָה אֲלֵיהֶם לְהַשְׁחִיתָם. וְתַרְגּוּמוֹ: "וְאִסְתְּכִי". אַף הוּא לְשׁוֹן הַבָּטָה, כְּמוֹ: "שְׂדֵה צֹפִים" (במדבר כג, יד), "חֲקַל סָכוּתָא": בְּעַמּוּד אֵשׁ וְעָנָן. עַמּוּד עָנָן יוֹרֵד וְעוֹשֶׂה אוֹתוֹ כְּטִיט, וְעַמּוּד אֵשׁ מַרְתִּיחוֹ, וְטַלְפֵי סוּסֵיהֶם מִשְׁתַּמְּטוֹת: וַיָּהָם. לְשׁוֹן מְהוּמָה, אשטורד"יישון בְּלַעַ"ז. עִרְבְּבָם, נָטַל סִגְנִיּוֹת שֶׁלָּהֶם. וְשָׁנִינוּ בְּפִרְקֵי רַבִּי אֱלִיעֶזֶר בְּנוֹ שֶׁל רַבִּי יוֹסֵי הַגְּלִילִי, כָּל מָקוֹם שֶׁנֶּאֱמַר 'מְהוּמָה' הֲרָעַשַׁת קוֹל הוּא, וְזֶה אָב לְכֻלָּן: "וַיַּרְעֵם ה' בְּקוֹל גָּדוֹל... עַל פְּלִשְׁתִּים וַיְהֻמֵּם" (שמואל א ז, י):

כה וַיָּסַר אֵת אֹפַן מַרְכְּבֹתָיו. מִכֹּחַ הָאֵשׁ נִשְׂרְפוּ הַגַּלְגַּלִּים, וְהַמֶּרְכָּבוֹת נִגְרָרוֹת, וְהַיּוֹשְׁבִים בָּהֶם נָעִים וְאֵיבְרֵיהֶם מִתְפָּרְקִים: וַיְנַהֲגֵהוּ בִּכְבֵדֻת.

בְּהַנְהָגָה שֶׁהִיא כְּבֵדָה וְקָשָׁה לָהֶם. בַּמִּדָּה שֶׁמָּדְדוּ, "וַיִּכְבַּד לִבּוֹ הוּא וַעֲבָדָיו" (לעיל ט, לד), אַף כָּאן, "וַיְנַהֲגֵהוּ בִּכְבֵדֻת": נִלְחָם לָהֶם בְּמִצְרָיִם. בְּמִצְרַיִם. דָּבָר אַחֵר "בְּמִצְרַיִם", בְּאֶרֶץ מִצְרַיִם, שֶׁכְּשֵׁם שֶׁאֵלּוּ לוֹקִים עַל הַיָּם כָּךְ לוֹקִים אוֹתָם שֶׁנִּשְׁאֲרוּ בְּמִצְרָיִם:

כו וַיָּשֻׁבוּ הַמַּיִם. שֶׁזְּקוּפִים וְעוֹמְדִים כְּחוֹמָה, יָשׁוּבוּ לִמְקוֹמָם וִיכַסּוּ "עַל מִצְרָיִם":

כז לִפְנוֹת בֹּקֶר. לְעֵת שֶׁהַבֹּקֶר פּוֹנֶה לָבוֹא: לְאֵיתָנוֹ. לְתָקְפּוֹ הָרִאשׁוֹן: נָסִים לִקְרָאתוֹ. שֶׁהָיוּ מְהוּמָמִים וּמְטֹרָפִים וְדֵין לִקְרַאת הַמַּיִם: וַיְנַעֵר ה'. כְּאָדָם שֶׁמְּנַעֵר אֶת הַקְּדֵרָה וְהוֹפֵךְ הָעֶלְיוֹן לְמַטָּה וְהַתַּחְתּוֹן לְמַעְלָה, כָּךְ הָיוּ עוֹלִין וְיוֹרְדִין וּמִשְׁתַּבְּרִין בַּיָּם. וְנָתַן הַקָּדוֹשׁ בָּרוּךְ הוּא בָּהֶם חַיּוּת לְקַבֵּל הַיִּסּוּרִין. "וַיְנַעֵר", הוּא לְשׁוֹן טֵרוּף בִּלְשׁוֹן אֲרַמִּי, וְהַרְבֵּה יֵשׁ בְּמִדְרְשֵׁי אַגָּדָה:

כז וַיְכַסּוּ אֶת הָרֶכֶב... לְכָל חֵיל פַּרְעֹה. כֵּן דֶּרֶךְ הַמִּקְרָאוֹת לִכְתֹּב לָמֶ"ד יְתֵרָה, כְּמוֹ: "לְכֹל כֵּלָיו תַּעֲשֶׂה נְחֹשֶׁת" (להלן כז, ג), וְכֵן: "לְכָל כְּלֵי הַמִּשְׁכָּן בְּכֹל עֲבֹדָתוֹ" (פסוק יט), "וִיתֵדֹתָם וּמֵיתְרֵיהֶם לְכָל כְּלֵיהֶם" (במדבר ד, לב), וְאֵינָהּ אֶלָּא תִּקּוּן לָשׁוֹן:

ל וַיַּרְא יִשְׂרָאֵל אֶת מִצְרַיִם מֵת. שֶׁפְּלָטָן הַיָּם עַל שְׂפָתוֹ, כְּדֵי שֶׁלֹּא יֹאמְרוּ יִשְׂרָאֵל: כְּשֵׁם שֶׁאָנוּ עוֹלִים מִצַּד זֶה כָּךְ הֵם עוֹלִים מִצַּד אַחֵר רָחוֹק מִמֶּנּוּ וְיִרְדְּפוּ אַחֲרֵינוּ:

לא אֶת הַיָּד הַגְּדֹלָה. אֶת הַגְּבוּרָה הַגְּדוֹלָה שֶׁעָשְׂתָה

טו א אָז יָשִׁיר־מֹשֶׁה וּבְנֵי יִשְׂרָאֵל אֶת־הַשִּׁירָה הַזֹּאת לַיהוָה וַיֹּאמְרוּ
לֵאמֹר אָשִׁירָה לַּיהוָה כִּי־גָאֹה גָּאָה סוּס
ב וְרֹכְבוֹ רָמָה בַיָּם: עָזִּי וְזִמְרָת יָהּ וַיְהִי־לִי
לִישׁוּעָה זֶה אֵלִי וְאַנְוֵהוּ אֱלֹהֵי
ג אָבִי וַאֲרֹמְמֶנְהוּ: יְהוָה אִישׁ מִלְחָמָה יְהוָה
ד שְׁמוֹ: מַרְכְּבֹת פַּרְעֹה וְחֵילוֹ יָרָה בַיָּם וּמִבְחַר
ה שָׁלִשָׁיו טֻבְּעוּ בְיַם־סוּף: תְּהֹמֹת יְכַסְיֻמוּ יָרְדוּ בִמְצוֹלֹת כְּמוֹ־
ו אָבֶן: יְמִינְךָ יְהוָה נֶאְדָּרִי בַּכֹּחַ יְמִינְךָ
ז יְהוָה תִּרְעַץ אוֹיֵב: וּבְרֹב גְּאוֹנְךָ תַּהֲרֹס

יָדוֹ שֶׁל הַקָּדוֹשׁ בָּרוּךְ הוּא. וְהַרְבֵּה לְשׁוֹנוֹת נוֹפְלִין עַל לְשׁוֹן 'יָד' וְכֻלָּן לְשׁוֹן יָד מַמָּשׁ הֵן, וְהַמְפָרֵשׁ יְתַקֵּן הַלָּשׁוֹן אַחַר עִנְיַן הַדִּבּוּר:

פרק טו

א] **אָז יָשִׁיר מֹשֶׁה.** אָז כְּשֶׁרָאָה הַנֵּס עָלָה בְלִבּוֹ שֶׁיָּשִׁיר שִׁירָה. וְכֵן: "אָז יְדַבֵּר יְהוֹשֻׁעַ" (יהושע י, יב), וְכֵן: "וּבַיִת יַעֲשֶׂה לְבַת פַּרְעֹה" (מלכים א׳ ז, ח), חָשַׁב בְּלִבּוֹ שֶׁיַּעֲשֶׂה לָהּ, אַף כָּאן, "יָשִׁיר", אָמַר לוֹ לִבּוֹ שֶׁיָּשִׁיר, וְכֵן עָשָׂה: "וַיֹּאמְרוּ לֵאמֹר אָשִׁירָה לַה'". וְכֵן בִּיהוֹשֻׁעַ כְּשֶׁרָאָה הַנֵּס אָמַר לוֹ לִבּוֹ שֶׁיְּדַבֵּר, וְכֵן עָשָׂה: "וַיֹּאמֶר לְעֵינֵי יִשְׂרָאֵל" (יהושע שם). וְכֵן שִׁירַת הַבְּאֵר שֶׁפָּתַח בָּהּ: "אָז יָשִׁיר יִשְׂרָאֵל", פֵּרֵשׁ אַחֲרָיו: "עֲלִי בְאֵר עֱנוּ לָהּ" (במדבר כא, יז); "אָז יִבְנֶה שְׁלֹמֹה בָּמָה" (מלכים א׳ יא, ז) פֵּרְשׁוּ בוֹ חַכְמֵי יִשְׂרָאֵל שֶׁבִּקֵּשׁ לִבְנוֹת וְלֹא בָנָה. לָמַדְנוּ שֶׁהַיּו"ד עַל שֵׁם הַמַּחֲשָׁבָה נֶאֶמְרָה. זֶהוּ לְיַשֵּׁב פְּשׁוּטוֹ. אֲבָל מִדְרָשׁוֹ, אָמְרוּ רַבּוֹתֵינוּ זִכְרוֹנָם לִבְרָכָה, מִכָּאן רֶמֶז לִתְחִיַּת הַמֵּתִים מִן הַתּוֹרָה, וְכֵן בְּכֻלָּן, חוּץ מִשֶּׁל שְׁלֹמֹה שֶׁפֵּרְשׁוּהוּ בִּקֵּשׁ לִבְנוֹת וְלֹא בָנָה. וְאֵין לוֹמַר וּלְיַשֵּׁב לָשׁוֹן הַזֶּה כִּשְׁאָר דְּבָרִים הַנִּכְתָּבִים בִּלְשׁוֹן עָתִיד וְהֵן מִיָּד, כְּגוֹן: "כָּכָה יַעֲשֶׂה אִיּוֹב" (איוב א, ה), "עַל פִּי ה' יַחֲנוּ" (במדבר ט, כ), "וְיֵשׁ אֲשֶׁר יִהְיֶה הֶעָנָן" (שם), לְפִי שֶׁהֵן דָּבָר הַהֹוֶה תָּמִיד וְנוֹפֵל בּוֹ בֵּין לְשׁוֹן עָתִיד בֵּין לְשׁוֹן עָבָר, אֲבָל זֶה שֶׁלֹּא הָיָה אֶלָּא לְשָׁעָה אֵינִי יָכוֹל לְיַשְּׁבוֹ בַּלָּשׁוֹן הַזֶּה: **כִּי גָאֹה גָּאָה.** כְּתַרְגּוּמוֹ. דָּבָר אַחֵר, "כִּי גָאֹה גָּאָה", עַל כָּל הַשִּׁירוֹת וְכָל מַה שֶּׁאֲקַלֵּס בּוֹ עוֹד יֵשׁ תּוֹסָפוֹת, וְלֹא כְּמִדַּת מֶלֶךְ בָּשָׂר וָדָם שֶׁמְּקַלְּסִין אוֹתוֹ וְאֵין בּוֹ: **סוּס וְרֹכְבוֹ.** שְׁנֵיהֶם קְשׁוּרִים זֶה בָּזֶה, וְהַמַּיִם מַעֲלִין אוֹתָן לָרוּם וְיוֹרְדִין לָעֹמֶק וְאֵינָן נִפְרָדִין: **רָמָה.** הִשְׁלִיךְ, וְכֵן: "וּרְמִיו לְגוֹא אַתּוּן נוּרָא" (דניאל ג, כא). וּמִדְרַשׁ אַגָּדָה, כָּתוּב אֶחָד אוֹמֵר "רָמָה" וְכָתוּב אֶחָד אוֹמֵר "יָרָה", מְלַמֵּד שֶׁהָיוּ עוֹלִין לָרוּם וְיוֹרְדִין לַתְּהוֹם, כְּמוֹ: "מִי יָרָה אֶבֶן פִּנָּתָהּ" (איוב לח, ו) מִלְמַעְלָה לְמַטָּה:

ב] **עָזִּי וְזִמְרָת יָהּ.** אוּנְקְלוֹס תִּרְגֵּם "עָזִּי" כְּמוֹ 'עֻזִּי', "וְזִמְרָת" כְּמוֹ 'וְזִמְרָתִי'. וַאֲנִי תָּמֵהַּ עַל לְשׁוֹן הַמִּקְרָא, שֶׁאֵין לְךָ כָּמוֹהוּ בִּנְקֻדָּתוֹ בַּמִּקְרָא אֶלָּא בִּשְׁלֹשָׁה מְקוֹמוֹת שֶׁהוּא סָמוּךְ אֵצֶל "וְזִמְרָת", וְכָל שְׁאָר מְקוֹמוֹת נָקוּד שׁוּרֻק, "ה' עֻזִּי וּמָעֻזִּי" (ירמיה טז, יט), "עֻזּוֹ אֵלֶיךָ אֶשְׁמֹרָה" (תהלים נט, י). וְכֵן כָּל תֵּבָה בַּת שְׁתֵּי אוֹתִיּוֹת הַנְּקוּדָה מְלָאפוּם, כְּשֶׁהִיא מַאֲרֶכֶת בְּאוֹת שְׁלִישִׁית וְאֵין הַשְּׁנִית בִּשְׁבָא בַּחֲטָף, הָרִאשׁוֹנָה נְקוּדָה בְּשׁוּרֻק, כְּגוֹן: עֹז עֻזִּי, רֹק רֻקִּי, חֹק חֻקִּי, עֹל עֻלּוֹ, "וְסָר... עֻלּוֹ" (ישעיה יד, כה), כֹּל כֻּלּוֹ, "וְשָׁלִשִׁם עַל כֻּלּוֹ" (לעיל יד, ז). וְאֵלּוּ שְׁלֹשָׁה "עָזִּי וְזִמְרָת" שֶׁל כָּאן וְשֶׁל יְשַׁעְיָה (יב, ב) וְשֶׁל תְּהִלִּים (קיח, יד) נְקוּדִים בַּחֲטָף קָמָץ; וְעוֹד, אֵין בְּאֶחָד מֵהֶם כָּתוּב 'וְזִמְרָתִי' אֶלָּא "וְזִמְרָת", וְכֻלָּם סָמוּךְ לָהֶם: "וַיְהִי לִי לִישׁוּעָה". לְכָךְ אֲנִי אוֹמֵר

טו בשלח

טו א בְּכֵן שַׁבַּח מֹשֶׁה וּבְנֵי יִשְׂרָאֵל, יָת תֻּשְׁבַּחְתָּא הָדָא קֳדָם יְיָ, וַאֲמַרוּ לְמֵימַר, נְשַׁבַּח וְנוֹדֵי
ב קֳדָם יְיָ, אֲרֵי אִתְגָּאֵי עַל גֵּיוְתָנַיָּא וְגֵיאוּתָא דִּילֵיהּ הִיא, סוּסְיָא וְרָכְבֵיהּ רְמָא בְיַמָּא: תָּקְפִּי
וְתֻשְׁבַּחְתִּי דְּחִילָא יְיָ, אֲמַר בְּמֵימְרֵיהּ וַהֲוָה לִי לְפָרִיק, דֵּין אֱלָהִי וְאֶבְנֵי לֵיהּ מַקְדָּשׁ,
ג ד אֱלָהָא דַאֲבָהָתִי וְאֶפְלַח קֳדָמוֹהִי: יְיָ מָרֵי נִצְחָן קְרָבַיָּא, יְיָ שְׁמֵיהּ: רְתִכֵּי פַרְעֹה, וּמַשִּׁרְיָתֵיהּ
ה שְׁדִי בְיַמָּא, וּמִבְחַר גִּבָּרוֹהִי אִטְּבַעוּ בְּיַמָּא דְסוּף: תְּהוֹמַיָּא חֲפוֹ עֲלֵיהוֹן, נְחַתוּ לְעוּמְקַיָּא
ו ז כְּאַבְנָא: יַמִּינָךְ יְיָ, אַדִּירָא בְּחֵילָא, יַמִּינָךְ יְיָ תְּבַרַת סָנְאָה: וּבִסְגֵּי תָקְפָּךְ תַּבַּרְתָּנוּן

לְיַשֵּׁב לְשׁוֹן הַמִּקְרָא, שֶׁאֵין "עָזִּי" כְּמוֹ 'עֻזִּי' וְלֹא "וְזִמְרָת" כְּמוֹ 'וְזִמְרָתִי', אֶלָּא "עָזִּי" שֵׁם דָּבָר הוּא, כְּמוֹ: "הַיֹּשְׁבִי בַּשָּׁמָיִם" (שם קכג, א), "שֹׁכְנִי בְחַגְוֵי סֶלַע" (עובדיה א, ג), "שֹׁכְנִי סְנֶה" (דברים לג, טז). וְזֶהוּ הַשֶּׁבַח: עֹז וְזִמְרָת יָהּ הוּא הָיָה לִי לִישׁוּעָה. וְ"זִמְרָת" דָּבוּק הוּא לְתֵבַת ה', כְּמוֹ "לְעֶזְרַת ה'" (שופטים ה, כג), "בְּעֶבְרַת ה'" (ישעיה ט, יח), "עַל דִּבְרַת בְּנֵי הָאָדָם" (קהלת ג, יח). וּלְשׁוֹן "וְזִמְרָת" לְשׁוֹן "לֹא תִזְמֹר" (ויקרא כה, ד), "זְמִיר עָרִיצִים" (ישעיה כה, ה), כִּסּוּחַ וּכְרִיתָה, עֻזּוֹ וְנִקְמָתוֹ שֶׁל אֱלֹהֵינוּ הָיָה לָנוּ לִישׁוּעָה. וְאַל תִּתְמַהּ עַל לְשׁוֹן "וַיְהִי" שֶׁלֹּא נֶאֱמַר 'הָיָה', שֶׁיֵּשׁ לָנוּ מִקְרָאוֹת מְדַבְּרִים בְּלָשׁוֹן זֶה, וְזֶה דֻּגְמָתוֹ: "אֶת קִירוֹת הַבַּיִת סָבִיב לַהֵיכָל וְלַדְּבִיר וַיַּעַשׂ צְלָעוֹת סָבִיב" (מלכים א' ו, ה), הָיָה לוֹ לוֹמַר: 'עָשָׂה צְלָעוֹת סָבִיב'; וְכֵן בְּדִבְרֵי הַיָּמִים (ב' י, יז): "וּבְנֵי יִשְׂרָאֵל הַיֹּשְׁבִים בְּעָרֵי יְהוּדָה וַיִּמְלֹךְ עֲלֵיהֶם רְחַבְעָם", הָיָה לוֹ לוֹמַר: 'מָלַךְ עֲלֵיהֶם רְחַבְעָם'; "מִבִּלְתִּי יְכֹלֶת ה' וְגוֹ' וַיִּשְׁחָטֵם" (במדבר יד, טז), הָיָה לוֹ לוֹמַר: 'שְׁחָטָם'; "וְהָאֲנָשִׁים אֲשֶׁר שָׁלַח מֹשֶׁה... וַיָּמֻתוּ" (שם פסוקים לו-לז), 'מֵתוּ' הָיָה לוֹ לוֹמַר; "וַאֲשֶׁר לֹא שָׂם לִבּוֹ אֶל דְּבַר ה' וַיַּעֲזֹב" (לעיל ט, כא), הָיָה לוֹ לוֹמַר: 'עָזַב': **זֶה אֵלִי.** בִּכְבוֹדוֹ נִגְלָה עֲלֵיהֶם וְהָיוּ מַרְאִין אוֹתוֹ בָּאֶצְבַּע, רָאֲתָה שִׁפְחָה עַל הַיָּם מַה שֶּׁלֹּא רָאוּ נְבִיאִים: **וְאַנְוֵהוּ.** אוּנְקְלוֹס תִּרְגֵּם לְשׁוֹן נָוֶה, "נָוֶה שַׁאֲנָן" (ישעיה לג, כ), "לִנְוֵה צֹאן" (שם סה, י). דָּבָר אַחֵר, "וְאַנְוֵהוּ", לְשׁוֹן נוֹי, אֲסַפֵּר נוֹיוֹ וְשִׁבְחוֹ לְבָאֵי עוֹלָם, כְּגוֹן: "מַה דּוֹדֵךְ מִדּוֹד" (שיר השירים ה, ט), "דּוֹדִי צַח וְאָדוֹם" (שם פסוק י) וְכָל הָעִנְיָן: **אֱלֹהֵי אָבִי.** הוּא זֶה, "וַאֲרֹמְמֶנְהוּ": **אֱלֹהֵי אָבִי.** לֹא אֲנִי תְּחִלַּת הַקְּדֻשָּׁה, מֻחְזֶקֶת וְעוֹמֶדֶת לִי הַקְּדֻשָּׁה וֶאֱלָהוּתוֹ עָלַי מִימֵי אֲבוֹתַי:

ג] **ה' אִישׁ מִלְחָמָה.** בַּעַל מִלְחָמוֹת, כְּמוֹ: "אִישׁ נָעֳמִי" (רות א, ג), וְכָל 'אִישׁ' וְ'אִישֵׁךְ' מְתֻרְגָּמִין בַּעַל. וְכֵן: "וְחָזַקְתָּ וְהָיִיתָ לְאִישׁ" (מלכים א' ב, ב), לְגִבּוֹר: **ה' שְׁמוֹ.** מִלְחֲמוֹתָיו לֹא בִּכְלֵי זַיִן אֶלָּא בִּשְׁמוֹ הוּא נִלְחָם, "וְאָנֹכִי בָא אֵלֶיךָ בְּשֵׁם ה' צְבָאוֹת" (שמואל א' יז, מה). דָּבָר אַחֵר, "ה' שְׁמוֹ", אַף בְּשָׁעָה שֶׁהוּא נִלְחָם וְנוֹקֵם מֵאוֹיְבָיו, אוֹחֵז הוּא בְּמִדָּתוֹ לְרַחֵם עַל בְּרוּאָיו וְלָזוּן אֶת כָּל בָּאֵי עוֹלָם, וְלֹא כְּמִדַּת מַלְכֵי אֲדָמָה כְּשֶׁהוּא עָסוּק בְּמִלְחָמָה פּוֹנֶה עַצְמוֹ מִכָּל עֲסָקִים וְאֵין בּוֹ כֹּחַ לַעֲשׂוֹת זוֹ וָזוֹ:

ד] **יָרָה בַיָּם.** "שְׁדִי בְיַמָּא", "שְׁדִי" לְשׁוֹן יְרִיָּה. וְכֵן הוּא אוֹמֵר: "אוֹ יָרֹה יִיָּרֶה" (להלן יט, יג), "אוֹ אִשְׁתְּדָאָה יִשְׁתְּדֵי", וְהַתָּי"ו מְשַׁמֶּשֶׁת בְּאִלּוּ בִּמְקוֹם יִתְפַּעֵל: **וּמִבְחַר.** שֵׁם דָּבָר, כְּמוֹ: "מֶרְכָּב" (ויקרא טו, ט), "מִשְׁכָּב" (שם פסוק ד), "מִקְרָא קֹדֶשׁ" (לעיל יב, טז): **טֻבְּעוּ.** אֵין טְבִיעָה אֶלָּא בִּמְקוֹם טִיט, כְּמוֹ: "טָבַעְתִּי בִּיוֵן מְצוּלָה" (תהלים סט, ג), "וַיִּטְבַּע יִרְמְיָהוּ בַּטִּיט" (ירמיה לח, ו), מְלַמֵּד שֶׁנַּעֲשָׂה הַיָּם טִיט, לִגְמֹל לָהֶם כְּמִדָּתָם שֶׁשִּׁעְבְּדוּ אֶת יִשְׂרָאֵל בְּחֹמֶר וּבִלְבֵנִים:

ה] **יְכַסְיֻמוּ.** כְּמוֹ 'יְכַסּוּם'. וְהַיּו"ד הָאֶמְצָעִית יְתֵרָה בּוֹ וְדֶרֶךְ מִקְרָאוֹת בְּכָךְ, כְּמוֹ: "וּבְקָרְךָ וְצֹאנְךָ יִרְבְּיֻן" (דברים ח, יג), "יִרְוְיֻן מִדֶּשֶׁן בֵּיתֶךָ" (תהלים לו, ט), וְהַיּו"ד רִאשׁוֹנָה שֶׁמְּשַׁמְּעָהּ לְשׁוֹן עָתִיד, כָּךְ פָּרְשֵׁהוּ: טֻבְּעוּ בְּיַם סוּף כְּדֵי שֶׁיַּחְזְרוּ הַמַּיִם וִיכַסּוּ אוֹתָן. "יְכַסְיֻמוּ" אֵין דּוֹמֶה לוֹ בַּמִּקְרָא בִּנְקֻדָּתוֹ, וְדַרְכּוֹ לִהְיוֹת נָקוּד 'יְכַסְּיֻמוּ' מְלָאפוּם: **כְּמוֹ אָבֶן.** וּבְמָקוֹם אַחֵר "צָלְלוּ כַּעוֹפֶרֶת" (להלן פסוק י), וּבְמָקוֹם אַחֵר "יֹאכְלֵמוֹ כַּקַּשׁ" (להלן פסוק ז). הָרְשָׁעִים כַּקַּשׁ הוֹלְכִים וּמִטָּרְפִין עוֹלִין וְיוֹרְדִין, בֵּינוֹנִים כָּאֶבֶן, וְהַכְּשֵׁרִים כַּעוֹפֶרֶת שֶׁנָּחוּ מִיָּד:

ו] **יְמִינְךָ יְמִינְךָ.** שְׁתֵּי פְּעָמִים, כְּשֶׁיִּשְׂרָאֵל עוֹשִׂין רְצוֹנוֹ שֶׁל מָקוֹם הַשְּׂמֹאל נַעֲשֵׂית יָמִין: **יְמִינְךָ ה' נֶאְדָּרִי בַּכֹּחַ.** לְהַצִּיל אֶת יִשְׂרָאֵל, וִימִינְךָ הַשֵּׁנִית "תִּרְעַץ אוֹיֵב": **נֶאְדָּרִי.** כְּמוֹ: "רַבָּתִי עָם" (איכה א, א), "שָׂרָתִי בַּמְּדִינוֹת" (שם), "גְּנֻבְתִי יוֹם" (בראשית לא, לט): **תִּרְעַץ אוֹיֵב.** תָּמִיד הִיא רוֹעֶצֶת וּמְשַׁבֶּרֶת הָאוֹיֵב, וְדוֹמֶה לוֹ: "וַיִּרְעֲצוּ וַיְרֹצְצוּ אֶת בְּנֵי יִשְׂרָאֵל", בְּשׁוֹפְטִים (י, ח):

בשלח

שמות טו

קָמֶיךָ תְּשַׁלַּח חֲרֹנְךָ יֹאכְלֵמוֹ כַּקַּשׁ: וּבְרוּחַ ח

אַפֶּיךָ נֶעֶרְמוּ מַיִם נִצְּבוּ כְמוֹ־נֵד

נֹזְלִים קָפְאוּ תְהֹמֹת בְּלֶב־יָם: אָמַר ט

אוֹיֵב אֶרְדֹּף אַשִּׂיג אֲחַלֵּק שָׁלָל תִּמְלָאֵמוֹ

נַפְשִׁי אָרִיק חַרְבִּי תּוֹרִישֵׁמוֹ יָדִי: נָשַׁפְתָּ י

בְרוּחֲךָ כִּסָּמוֹ יָם צָלְלוּ כַּעוֹפֶרֶת בְּמַיִם

אַדִּירִים: מִי־כָמֹכָה בָּאֵלִם יְהוָה מִי יא

כָּמֹכָה נֶאְדָּר בַּקֹּדֶשׁ נוֹרָא תְהִלֹּת עֹשֵׂה

פֶלֶא: נָטִיתָ יְמִינְךָ תִּבְלָעֵמוֹ אָרֶץ: נָחִיתָ יב יג

בְחַסְדְּךָ עַם־זוּ גָּאָלְתָּ נֵהַלְתָּ בְעָזְּךָ אֶל־נְוֵה

קָדְשֶׁךָ: שָׁמְעוּ עַמִּים יִרְגָּזוּן חִיל יד

אָחַז יֹשְׁבֵי פְּלָשֶׁת: אָז נִבְהֲלוּ אַלּוּפֵי טו

אֱדוֹם אֵילֵי מוֹאָב יֹאחֲזֵמוֹ רָעַד נָמֹגוּ

בשלח

ז | תהרס קמיך. תמיד אתה הורס קמיך הקמים נגדך. ומי הם הקמים כנגדו? אלו הקמים על ישראל. וכן הוא אומר: "כי הנה אויביך יהמיון" (תהלים פג, ג), ומה היא ההמיה? "על עמך יערימו סוד" (שם פסוק ד), ועל זה קורא אותם אויביו:

ח | וברוח אפיך. היוצא משני נחירים של אף. דבר הכתוב כביכול בשכינה דגמת מלך בשר ודם, כדי להשמיע אזן הבריות כפי ההוה שיוכלו להבין דבר. כשאדם כועס יוצא רוח מנחיריו, וכן: "עלה עשן באפו" (שם יח, ט), וכן: "ומרוח אפו יכלו" (איוב ד, ט). וזהו שאמר: "למען שמי אאריך אפי" (ישעיה מח, ט), כשזעפו נחה נשימתו ארכה וכשהוא כועס נשימתו קצרה, "ותהלתי אחטם לך" (שם), ולמען תהלתי אשים חטם באפי לסתם נחירי בפני האף והרוח שלא יצאו "לך", בשבילך. "אחטם" כמו 'נאקה בחטם' במסכת שבת (דף נא ע"ב), כך נראה בעיני. וכל אף וחרון שבמקרא אני אומר כן: "חרה אף" (ישעיה ה, כה) כמו: "ועצמי חרה מני חרב" (איוב ל, ל) לשון שרפה ומוקד, שהנחירים מתחממים ונחרים בעת הקצף, וחרון מגזרת חרה כמו רצון מגזרת רצה, וכן חמה לשון חמימות, על כן הוא אומר: "וחמתו בערה בו" (אסתר א, יב), ובנוא החמה אומר: "נתקררה דעתו" (יבמות סג ע"א): נערמו מים. אונקלוס תרגם לשון ערמימות. ולשון אחות המקרא כמו: "ערמת חטים" (שיר השירים ז, ג), ו"נצבו כמו נד" יוכיח: נערמו. ממוקד רוח שיצא מאפך יבשו המים והם נעשו כמין גלים וכריות של ערמה שהם גבוהים: כמו נד. כתרגומו, "כשור", כחומה: נד. לשון צבור וכנוס, כמו: "נד קציר ביום נחלה" (ישעיה יז, יא), "כנס כנד" (תהלים לג, ז), לא כתב 'כנס כנאד' אלא "כנד", ואלו היה "כנד" כמו 'כנאד' ו'כנס' לשון הכנסה, היה לו לכתב 'מכניס כבנאד מי הים'.

ח לִדְקָמוּ עַל עַמָּךְ, שַׁלַּחְתְּ רֻגְזָךְ, שֵׁיצֵינוּן כְּנוּרָא לְקַשָּׁא: וּבְמֵימַר פֻּמָּךְ חֲכִימוּ מַיָּא, קָמוּ כְשׁוּר
ט אֲזַלַיָּא, קְפוֹ תְהוֹמֵי בְּלִבָּא דְיַמָּא: דַּהֲוָה אָמַר סָנְאָה, אֶרְדּוֹף אַדְבֵּיק אֲפַלֵּיג בִּזְתָּא, תִּסְבַּע
י מִנְּהוֹן נַפְשִׁי, אֶשְׁלוֹף חַרְבִּי, תְּשֵׁיצֵינוּן יְדִי: אֲמַרְתְּ בְּמֵימְרָךְ חֲפָא עֲלֵיהוֹן יַמָּא, אִשְׁתְּקַעוּ
יא כַּאֲבָרָא, בְּמַיִּין תַּקִּיפִין: לֵית בַּר מִנָּךְ אַתְּ הוּא אֱלָהָא יְיָ, לֵית אֱלָהּ אֶלָּא אַתְּ אַדִּיר בְּקֻדְשָׁא,
יב יג דְּחִיל תֻּשְׁבְּחָן עָבֵיד פְּרִישָׁן: אֲרֵימְתְּ יַמִּינָךְ, בְּלַעְתְּנוּן אַרְעָא: דַּבַּרְתְּהִי בְּטָבְוָתָךְ לְעַמָּא דְנָן
יד דִּפְרַקְתָּא, סוֹבַרְתְּהִי בְתָקְפָּךְ לְדֵירָא דְקֻדְשָׁךְ: שְׁמַעוּ עַמְמַיָּא וְזָעוּ, דַּחֲלָא אֲחַדְתִּנּוּן, לְדַהֲווֹ
טו יָתְבִין בִּפְלָשֶׁת: בְּכֵן אִתְבְּהִילוּ רַבְרְבֵי אֱדוֹם, תַּקִּיפֵי מוֹאָב, אֲחַדְנוּן רְתֵיתָא, אִתְּבַרוּ,

אֶלָּא 'כֹּנֵס' לְשׁוֹן אוֹסֵף וְצוֹבֵר הוּא, וְכֵן: "קָמוּ נֵד אֶחָד" (יהושע ג, טז), "וַיַּעַמְדוּ נֵד אֶחָד" (שם פסוק יג), וְאֵין לְשׁוֹן קִימָה וַעֲמִידָה בְּנֹאדוֹת אֶלָּא בְּחוֹמוֹת וּבְגוּדִים. וְלֹא מָצִינוּ 'נֹאד' נָקוּד אֶלָּא בְּמַלְאָפוּם, כְּמוֹ: "שִׂימָה דִמְעָתִי בְנֹאדֶךָ" (תהלים נו, ט), "אֶת נֹאוד הֶחָלָב" (שופטים ד, יט): קָפְאוּ. כְּמוֹ: "וְכַגְּבִינָה תַּקְפִּיאֵנִי" (איוב י, י), שֶׁהִקְשׁוּ וְנַעֲשׂוּ כַּאֲבָנִים, וְהַמַּיִם זוֹרְקִים אֶת הַמִּצְרִים עַל הָאֶבֶן בְּכֹחַ וְנִלְחָמִים בָּם בְּכָל מִינֵי קֹשִׁי: בְּלֶב יָם. בְּחֹזֶק הַיָּם. וְדֶרֶךְ הַמִּקְרָאוֹת לְדַבֵּר כֵּן: "עַד לֵב הַשָּׁמַיִם" (דברים ד, יא), "בְּלֵב הָאֵלָה" (שמואל ב' יח, יד), לְשׁוֹן עִקָּרוֹ וְתָקְפּוֹ שֶׁל דָּבָר:

ט| אָמַר אוֹיֵב. לְעַמּוֹ כְּשֶׁפִּתָּם בִּדְבָרִים, אֶרְדֹּף וְאַשִּׂיגֵם וַאֲחַלֵּק שְׁלָלָם עִם שָׂרַי וַעֲבָדַי: תִּמְלָאֵמוֹ. תִּמָּלֵא מֵהֶם: נַפְשִׁי. רוּחִי וּרְצוֹנִי. וְאַל תִּתְמַהּ עַל תֵּבָה הַמְדַבֶּרֶת בִּשְׁתַּיִם, "תִּמְלָאֵמוֹ" תִּמָּלֵא מֵהֶם, יֵשׁ הַרְבֵּה בַּלָּשׁוֹן הַזֶּה: "כִּי אֶרֶץ הַנֶּגֶב נְתַתָּנִי" (שופטים א, טו) כְּמוֹ נָתַתָּ לִי; "וְלֹא יָכְלוּ דַּבְּרוֹ לְשָׁלֹם" (בראשית לז, ד) כְּמוֹ דַּבֵּר עִמּוֹ; "בָּנַי יְצָאֻנִי" (ירמיה י, כ) כְּמוֹ יָצְאוּ מִמֶּנִּי; "מִסְפַּר צְעָדַי אַגִּידֶנּוּ" (איוב לא, לז) כְּמוֹ אַגִּיד לוֹ; אַף כָּאן "תִּמְלָאֵמוֹ" תִּמָּלֵא נַפְשִׁי מֵהֶם: אָרִיק חַרְבִּי. אֶשְׁלֹף. וְעַל שֵׁם שֶׁהוּא מֵרִיק אֶת הַתַּעַר בְּשְׁלִיפָתוֹ וְנִשְׁאַר רֵיק נוֹפֵל בּוֹ לְשׁוֹן הֲרָקָה, כְּמוֹ: "מְרִיקִים שַׂקֵּיהֶם" (בראשית מב, לה), "וְכֵלָיו יָרִיקוּ" (ירמיה מח, יב). וְאַל תֹּאמַר, אֵין לְשׁוֹן רֵיקוּת נוֹפֵל עַל הַיּוֹצֵא אֶלָּא עַל הַתִּיק וְעַל הַשַּׂק וְעַל הַכְּלִי שֶׁיָּצָא מִמֶּנָּה, אֲבָל לֹא עַל הַחֶרֶב וְעַל הַיַּיִן, וְלִדְחֹק וּלְפָרֵשׁ "אָרִיק חַרְבִּי" כִּלְשׁוֹן "וַיָּרֶק אֶת חֲנִיכָיו" (בראשית יד, יד), אֶזְדַּיֵּן בְּחַרְבִּי – מָצִינוּ הַלָּשׁוֹן מוּסָב אַף עַל הַיּוֹצֵא, "שֶׁמֶן תּוּרַק" (שיר השירים א, ג), "וְלֹא הוּרַק מִכְּלִי אֶל כֶּלִי" (ירמיה מח, יא), 'לֹא הוּרַק הַכְּלִי' אֵין כָּתוּב כָּאן אֶלָּא "לֹא הוּרַק הַיַּיִן מִכְּלִי אֶל כְּלִי", מָצִינוּ הַלָּשׁוֹן מוּסָב עַל הַיַּיִן, וְכֵן: "וְהֵרִיקוּ חַרְבוֹתָם עַל יְפִי חָכְמָתֶךָ" (יחזקאל כח, ז) דְּאִירָם: תּוֹרִישֵׁמוֹ. לְשׁוֹן רֵישׁוּת וְדַלּוּת, כְּמוֹ: "מוֹרִישׁ וּמַעֲשִׁיר" (שמואל א' ב, ז):

י| נָשַׁפְתָּ. לְשׁוֹן הֲפָחָה, וְכֵן "וְגַם נָשַׁף בָּהֶם" (ישעיה מ, כד): צָלֲלוּ. שָׁקְעוּ, עָמְקוּ, לְשׁוֹן "מְצוּלָה": כַּעוֹפֶרֶת. אֲבָר, פלו"ם בְּלַעַז:

יא| בָּאֵלִם. בַּחֲזָקִים, כְּמוֹ: "וְאֶת אֵילֵי הָאָרֶץ לָקָח" (יחזקאל יז, יג), "אֱיָלוּתִי לְעֶזְרָתִי חוּשָׁה" (תהלים כב, כ): נוֹרָא תְהִלֹּת. יָרוּאִי מִלְּהַגִּיד תְּהִלּוֹתֶיךָ פֶּן יִמְעֲטוּ, עַל כֵּן: "לְךָ דֻמִיָּה תְהִלָּה" (שם סה, ב):

יב| נָטִיתָ יְמִינְךָ. כְּשֶׁהַקָּדוֹשׁ בָּרוּךְ הוּא נוֹטֶה יָדוֹ הָרְשָׁעִים כָּלִים וְנוֹפְלִים, לְפִי שֶׁהַכֹּל נָתוּן בְּיָדוֹ וְנוֹפְלִים בְּהַטָּיָתָהּ, וְכֵן הוּא אוֹמֵר: "וַה' יַטֶּה יָדוֹ וְכָשַׁל עוֹזֵר וְנָפַל עָזֻר" (ישעיה לא, ג). מָשָׁל לִכְלֵי זְכוּכִית הַנְּתוּנִים בְּיַד אָדָם, מַטֶּה יָדוֹ מְעַט וְהֵם נוֹפְלִים וּמִשְׁתַּבְּרִים: תִּבְלָעֵמוֹ אָרֶץ. מִכָּאן שֶׁזָּכוּ לִקְבוּרָה, בִּשְׂכַר שֶׁאָמְרוּ: "ה' הַצַּדִּיק" (לעיל ט, כז):

יג| נֵהַלְתָּ. לְשׁוֹן מְנַהֵל. וְאוּנְקְלוֹס תִּרְגֵּם לְשׁוֹן נוֹשֵׂא וְסוֹבֵל, וְלֹא דִקְדֵּק לְפָרֵשׁ אַחַר לָשׁוֹן הָעִבְרִית:

יד| יִרְגָּזוּן. מִתְרַגְּזִין: יֹשְׁבֵי פְּלָשֶׁת. מִפְּנֵי שֶׁהָרְגוּ אֶת בְּנֵי אֶפְרַיִם שֶׁמִּהֲרוּ אֶת הַקֵּץ וְיָצְאוּ בְּחָזְקָה, כַּמְפֹרָשׁ בְּדִבְרֵי הַיָּמִים (א' ז, כא): "וַהֲרָגוּם אַנְשֵׁי גַת":

טו| אַלּוּפֵי אֱדוֹם אֵילֵי מוֹאָב. וַהֲלֹא לֹא הָיָה לָהֶם לִירֹא כְּלוּם, שֶׁהֲרֵי לֹא עֲלֵיהֶם הוֹלְכִים? אֶלָּא מִפְּנֵי אֲנִינוּת שֶׁהָיוּ מִתְאוֹנְנִים וּמִצְטַעֲרִים עַל כְּבוֹדָם שֶׁל יִשְׂרָאֵל: נָמֹגוּ. נָמַסּוּ, כְּמוֹ: "בִּרְבִיבִים

כֹּל יֹשְׁבֵי כְנָעַן׃ תִּפֹּל עֲלֵיהֶם אֵימָתָה טז
וָפַחַד בִּגְדֹל זְרוֹעֲךָ יִדְּמוּ כָּאָבֶן עַד־
יַעֲבֹר עַמְּךָ יְהוָה עַד־יַעֲבֹר עַם־זוּ
קָנִיתָ׃ תְּבִאֵמוֹ וְתִטָּעֵמוֹ בְּהַר נַחֲלָתְךָ מָכוֹן יז
לְשִׁבְתְּךָ פָּעַלְתָּ יְהוָה מִקְּדָשׁ אֲדֹנָי כּוֹנְנוּ
יָדֶיךָ׃ יְהוָה ׀ יִמְלֹךְ לְעֹלָם וָעֶד׃ כִּי יח יט
בָא סוּס פַּרְעֹה בְּרִכְבּוֹ וּבְפָרָשָׁיו בַּיָּם וַיָּשֶׁב יְהוָה עֲלֵהֶם אֶת־מֵי
הַיָּם וּבְנֵי יִשְׂרָאֵל הָלְכוּ בַיַּבָּשָׁה בְּתוֹךְ הַיָּם׃

וַתִּקַּח מִרְיָם הַנְּבִיאָה אֲחוֹת אַהֲרֹן אֶת־הַתֹּף בְּיָדָהּ וַתֵּצֶאןָ כ
כָל־הַנָּשִׁים אַחֲרֶיהָ בְּתֻפִּים וּבִמְחֹלֹת׃ וַתַּעַן לָהֶם מִרְיָם שִׁירוּ כא
לַיהוָה כִּי־גָאֹה גָּאָה סוּס וְרֹכְבוֹ רָמָה בַיָּם׃ וַיַּסַּע כב
מֹשֶׁה אֶת־יִשְׂרָאֵל מִיַּם־סוּף וַיֵּצְאוּ אֶל־מִדְבַּר־שׁוּר וַיֵּלְכוּ
שְׁלֹשֶׁת־יָמִים בַּמִּדְבָּר וְלֹא־מָצְאוּ מָיִם׃ וַיָּבֹאוּ מָרָתָה וְלֹא כג
יָכְלוּ לִשְׁתֹּת מַיִם מִמָּרָה כִּי מָרִים הֵם עַל־כֵּן קָרָא־שְׁמָהּ
מָרָה׃ וַיִּלֹּנוּ הָעָם עַל־מֹשֶׁה לֵּאמֹר מַה־נִּשְׁתֶּה׃ וַיִּצְעַק אֶל־ כד כה
יְהוָה וַיּוֹרֵהוּ יְהוָה עֵץ וַיַּשְׁלֵךְ אֶל־הַמַּיִם וַיִּמְתְּקוּ הַמָּיִם
שָׁם שָׂם לוֹ חֹק וּמִשְׁפָּט וְשָׁם נִסָּהוּ׃ וַיֹּאמֶר אִם־שָׁמוֹעַ כו
תִּשְׁמַע לְקוֹל ׀ יְהוָה אֱלֹהֶיךָ וְהַיָּשָׁר בְּעֵינָיו תַּעֲשֶׂה וְהַאֲזַנְתָּ

תְּמוֹגְגֶנָּה" (תהלים סה, יא), חָמְרוּ: עָלֵינוּ הַס בְּחַיִּים לְכַלּוֹתֵינוּ וְלִירַשׁ אֶת אַרְצֵנוּ:

טז) **תִּפֹּל עֲלֵיהֶם אֵימָתָה.** עַל הָרְחוֹקִים: **וָפַחַד.** עַל הַקְּרוֹבִים, כְּעִנְיָן שֶׁנֶּאֱמַר: "כִּי שָׁמַעְנוּ אֵת אֲשֶׁר הוֹבִישׁ" וְגוֹ' (יהושע ב, י): **עַד יַעֲבֹר... עַד יַעֲבֹר.** כְּתַרְגּוּמוֹ: **קָנִיתָ.** חִבַּבְתָּ מִשְּׁאָר אֻמּוֹת, כְּחֵפֶץ הַקָּנוּי בְּדָמִים יְקָרִים שֶׁחָבִיב עַל הָאָדָם:

יז-יח) **תְּבִאֵמוֹ.** נִתְנַבֵּא מֹשֶׁה שֶׁלֹּא יִכָּנֵס לָאָרֶץ, לְכָךְ לֹא נֶאֱמַר 'תְּבִיאֵנוּ': **מָכוֹן לְשִׁבְתְּךָ.** מִקְדָּשׁ שֶׁל מַטָּה מְכֻוָּן כְּנֶגֶד כִּסֵּא שֶׁל מַעְלָה אֲשֶׁר "פָּעַלְתָּ": **מִקְּדָשׁ.** הַטַּעַם עָלָיו זָקֵף גָּדוֹל לְהַפְרִידוֹ מִתֵּבַת הַשֵּׁם שֶׁלְּאַחֲרָיו, הַמִּקְדָּשׁ אֲשֶׁר כּוֹנְנוּ יָדֶיךָ ה'. חָבִיב בֵּית הַמִּקְדָּשׁ, שֶׁהָעוֹלָם נִבְרָא בְּיָד אַחַת, שֶׁנֶּאֱמַר "אַף יָדִי יָסְדָה אֶרֶץ"

בשלח

טז כָּל דַּהֲווֹ יָתְבִין בִּכְנָעַן: תִּפֵּל עֲלֵיהוֹן אֵימְתָא וְדַחַלְתָּא, בִּסְגֵי תָקְפָּךְ יִשְׁתְּקוּן כְּאַבְנָא, עַד
יז דְּיֶעְבַּר עַמָּךְ יְיָ יָת אַרְנוֹנָא, עַד דְּיֶעְבַּר עַמָּא דְנָן דִּפְרַקְתָּא יָת יַרְדְּנָא: תַּעֵילִנּוּן, וְתַשְׁרִנּוּן
יח בְּטוּרָא דְאַחֲסַנְתָּךְ, אֲתַר לְבֵית שְׁכִינְתָּךְ, אַתְקֵינְתָּא יְיָ, מַקְדְּשָׁא, יְיָ אַתְקֵנִהִי יְדָךְ: יְיָ
יט מַלְכוּתֵיהּ קָאֵים לְעָלַם וּלְעָלְמֵי עָלְמַיָּא: אֲרֵי עָאלוּ סוּסָוַת פַּרְעֹה, בִּרְתִכּוֹהִי וּבְפָרָשׁוֹהִי
כ בְּיַמָּא, וַאֲתֵיב יְיָ, עֲלֵיהוֹן יָת מֵי יַמָּא, וּבְנֵי יִשְׂרָאֵל, הַלִּיכוּ בְיַבֶּשְׁתָּא בְּגוֹ יַמָּא: וּנְסֵיבַת מִרְיָם
נְבִיאֲתָא, אֲחָתֵיהּ דְּאַהֲרֹן, יָת תֻּפָּא בִּידַהּ, וּנְפַקָא כָל נְשַׁיָּא בַּתְרַהָא, בְּתֻפִּין וּבְחִנְגִין:
כא וּמְעַנְיָא לְהוֹן מִרְיָם, שַׁבָּחוּ וְאוֹדוּ קֳדָם יְיָ אֲרֵי אִתְגָּאֵי עַל גֵּיוְתָנַיָּא וְגֵאוּתָא דִּילֵיהּ הִיא,
כב סוּסְיָא וְרָכְבֵיהּ רְמָא בְיַמָּא: וְאַטֵּיל מֹשֶׁה יָת יִשְׂרָאֵל מִיַּמָּא דְסוּף, וּנְפַקוּ לְמַדְבְּרָא דְחַגְרָא,
כג וַאֲזַלוּ תְלָתָא יוֹמִין, בְּמַדְבְּרָא וְלָא אַשְׁכַּחוּ מַיָּא: וַאֲתוֹ לְמָרָה, וְלָא יְכִילוּ, לְמִשְׁתֵּי מַיָּא
כד מִמָּרָה, אֲרֵי מָרִירִין אִנּוּן, עַל כֵּן קְרָא שְׁמַהּ מָרָה: וְאִתְרַעֲמוּ עַמָּא, עַל מֹשֶׁה לְמֵימַר מָא
כה נִשְׁתֵּי: וְצַלִּי קֳדָם יְיָ, וְאַלְפֵיהּ יְיָ אָעָא, וּרְמָא לְמַיָּא, וּבְסִימוּ מַיָּא, תַּמָּן גְּזַר לֵיהּ, קְיָם וְדִין
כו וְתַמָּן נַסְיֵיהּ: וַאֲמַר אִם קַבָּלָא תְקַבֵּל, לְמֵימְרָא דַּיְיָ אֱלָהָךְ, וּדְכָשַׁר קֳדָמוֹהִי תַּעֲבֵיד, וּתְצִית

(ישעיה מא, יג) "וּמִקְדָּשׁ בִּשְׁתֵּי יָדַיִם. וְאֵימָתַי יִבָּנֶה בִּשְׁתֵּי יָדַיִם? בִּזְמַן שֶׁה' יִמְלֹךְ לְעֹלָם וָעֶד", לֶעָתִיד לָבֹא שֶׁכָּל הַמְּלוּכָה שֶׁלּוֹ, וּ"לְעֹלָם וָעֶד" לְשׁוֹן עוֹלָמִית הוּא וְהַוָּי"ו בּוֹ יְסוֹד, לְפִיכָךְ הִיא פְּתוּחָה, אֲבָל "וְחֹלֵי הַיּוֹדֵעַ וָעֵד" (ירמיה כט, כג) שֶׁהַוָּי"ו בּוֹ שִׁמּוּשׁ, קְמוּצָה הִיא:

יט] כִּי בָא סוּס פַּרְעֹה. כַּאֲשֶׁר בָּא סוּס פַּרְעֹה וְגוֹ':

כ] וַתִּקַּח מִרְיָם הַנְּבִיאָה. הֵיכָן נִתְנַבְּאָה? כְּשֶׁהִיא "אֲחוֹת אַהֲרֹן" קֹדֶם שֶׁנּוֹלַד מֹשֶׁה, אָמְרָה: "עֲתִידָה אִמִּי שֶׁתֵּלֵד בֵּן" וְכוּ' כִּדְאִיתָא בְּסוֹטָה (דף יב ע"ב). דָּבָר אַחֵר, "אֲחוֹת אַהֲרֹן", לְפִי שֶׁמָּסַר נַפְשׁוֹ עָלֶיהָ כְּשֶׁנִּצְטָרְעָה נִקְרֵאת עַל שְׁמוֹ: אֶת הַתֹּף. כְּלִי שֶׁל מִינֵי זֶמֶר: בְּתֻפִּים וּבִמְחֹלֹת. מֻבְטָחוֹת הָיוּ צִדְקָנִיּוֹת שֶׁבַּדּוֹר שֶׁהַקָּדוֹשׁ בָּרוּךְ הוּא עוֹשֶׂה לָהֶם נִסִּים, וְהוֹצִיאוּ תֻּפִּים מִמִּצְרָיִם:

כא] וַתַּעַן לָהֶם מִרְיָם. מֹשֶׁה אָמַר שִׁירָה לָאֲנָשִׁים, הוּא אוֹמֵר וְהֵם עוֹנִין אַחֲרָיו, וּמִרְיָם אָמְרָה שִׁירָה לַנָּשִׁים:

כב] וַיַּסַּע מֹשֶׁה. הִסִּיעָן בְּעַל כָּרְחָם, שֶׁעִטְּרוּ מִצְרִים אֶת סוּסֵיהֶם בְּתַכְשִׁיטֵי זָהָב וָכֶסֶף וַאֲבָנִים טוֹבוֹת, וְהָיוּ יִשְׂרָאֵל מוֹצְאִין אוֹתָן בַּיָּם. וּגְדוֹלָה הָיְתָה בִּזַּת הַיָּם מִבִּזַּת מִצְרַיִם, שֶׁנֶּאֱמַר: "תּוֹרֵי זָהָב נַעֲשֶׂה לָּךְ עִם נְקֻדּוֹת הַכָּסֶף" (שיר השירים א, יא), לְפִיכָךְ הֻצְרַךְ לְהַסִּיעָן בְּעַל כָּרְחָם:

כג] וַיָּבֹאוּ מָרָתָה. כְּמוֹ "לְמָרָה", הֵ"א בְּסוֹף תֵּבָה בִּמְקוֹם לָמֶ"ד בִּתְחִלָּתָהּ, וְהַתָּי"ו הִיא בִּמְקוֹם

הֵ"א הַנִּשְׁרֶשֶׁת בְּתֵבַת מָרָה, וּבִסְמִיכָתָהּ, כְּשֶׁהִיא נִדְבֶּקֶת לַהֵ"א שֶׁהִיא מוֹסִיף בִּמְקוֹם הַלָּמֶ"ד, תֵּהָפֵךְ הֵ"א שֶׁל שֹׁרֶשׁ לְתָי"ו. וְכֵן כָּל הֵ"א שֶׁהִיא שֹׁרֶשׁ בַּתֵּבָה תֵּהָפֵךְ לְתָי"ו בִּסְמִיכָתָהּ, כְּמוֹ: "חֵמָה אֵין לִי" (ישעיה כז, ד), "וַחֲמָתוֹ בָּעֲרָה בוֹ" (אסתר א, יב), הֲרֵי הֵ"א שֶׁל שֹׁרֶשׁ נֶהְפֶּכֶת לְתָי"ו מִפְּנֵי שֶׁנִּסְמְכָה עַל הַוָּי"ו הַנּוֹסֶפֶת. וְכֵן: "עֶבְדָּה וְאָמָה" (ויקרא כה, מד), "הִנֵּה חֲמַתִי וְכָלָתִי" (בראשית ל, ג), "לְנֶפֶשׁ חַיָּה" (שם ב, ז), "וְזֶהֱמַתּוּ חַיָּתוֹ לָחֶם" (איוב לג, כ), "בֵּין הָרָמָה" (שופטים ד, ה), "וְיִתְּשׁוּבְתָה הָרָמָתָה" (שמואל א' ז, יז):

כד] וַיִּלֹּנוּ. לְשׁוֹן נִפְעַל הוּא. וְכֵן הַתַּרְגּוּם לְשׁוֹן נִתְפַּעֵל הוּא, וְכֵן "וַיִּתְרַעֲמוּ". וְכֵן דֶּרֶךְ לְשׁוֹן תְּלוּנָה לְהָסֵב הַדִּבּוּר אֶל הָאָדָם: מִתְלוֹנֵן, מִתְרוֹעֵם, וְלֹא יֹאמַר: לוֹנֵן, רוֹעֵם. וְכֵן יֹאמַר הַלּוֹעֵז דְּקוֹמְפְּלוֹנִי"ט ש"יי, מֵסֵב הַדִּבּוּר אֵלָיו בְּאָמְרוֹ ש"יי:

כה] שָׁם שָׂם לוֹ. בְּמָרָה נָתַן לָהֶם מִקְצָת פָּרָשִׁיּוֹת שֶׁל תּוֹרָה שֶׁיִּתְעַסְּקוּ בָּהֶם: שַׁבָּת וּפָרָה אֲדֻמָּה וְדִינִין: וְשָׁם נִסָּהוּ. לָעָם, וְרָאָה קְשִׁי עָרְפּוֹ שֶׁלֹּא נִמְלְכוּ בְּמֹשֶׁה בְּלָשׁוֹן יָפָה: בַּקֵּשׁ עָלֵינוּ שֶׁיִּהְיוּ לָנוּ מַיִם לִשְׁתּוֹת, אֶלָּא נִתְלוֹנְנוּ:

כו] אִם שָׁמוֹעַ תִּשְׁמָע. זוֹ קַבָּלָה שֶׁיְּקַבְּלוּ עֲלֵיהֶם: תַּעֲשֶׂה. הִיא עֲשִׂיָּה: וְהַאֲזַנְתָּ. תַּטֶּה אָזְנַיִם לְדַקְדֵּק בָּהֶם: כָּל חֻקָּיו. דְּבָרִים שֶׁאֵינָן אֶלָּא גְּזֵרַת מֶלֶךְ בְּלֹא שׁוּם טַעַם, וְיֵצֶר הָרָע מְקַטְרֵג עֲלֵיהֶם, מָה אִסּוּר בְּאֵלּוּ? לָמָּה נֶאֶסְרוּ? כְּגוֹן

שמות

לְמִצְוֺתָיו֙ וְשָׁמַרְתָּ֣ כָּל־חֻקָּ֔יו כָּל־הַֽמַּחֲלָ֞ה אֲשֶׁר־שַׂ֤מְתִּי בְמִצְרַ֙יִם֙ לֹא־אָשִׂ֣ים עָלֶ֔יךָ כִּ֛י אֲנִ֥י יְהוָ֖ה רֹפְאֶֽךָ:

חמישי כז וַיָּבֹ֣אוּ אֵילִ֔מָה וְשָׁ֗ם שְׁתֵּ֥ים עֶשְׂרֵ֛ה עֵינֹ֥ת מַ֖יִם וְשִׁבְעִ֣ים תְּמָרִ֑ים וַיַּחֲנוּ־שָׁ֖ם עַל־הַמָּֽיִם:

טז א וַיִּסְעוּ֙ מֵֽאֵילִ֔ם וַיָּבֹ֜אוּ כָּל־עֲדַ֤ת בְּנֵֽי־יִשְׂרָאֵל֙ אֶל־מִדְבַּר־סִ֔ין אֲשֶׁ֥ר בֵּין־אֵילִ֖ם וּבֵ֣ין סִינָ֑י בַּחֲמִשָּׁ֨ה עָשָׂ֥ר יוֹם֙ לַחֹ֣דֶשׁ הַשֵּׁנִ֔י לְצֵאתָ֖ם מֵאֶ֥רֶץ מִצְרָֽיִם:

ב וַיִּלּ֜וֹנוּ כָּל־עֲדַ֧ת בְּנֵי־יִשְׂרָאֵ֛ל עַל־מֹשֶׁ֥ה וְעַֽל־אַהֲרֹ֖ן בַּמִּדְבָּֽר:

ג וַיֹּאמְר֨וּ אֲלֵהֶ֜ם בְּנֵ֣י יִשְׂרָאֵ֗ל מִֽי־יִתֵּ֨ן מוּתֵ֤נוּ בְיַד־יְהוָה֙ בְּאֶ֣רֶץ מִצְרַ֔יִם בְּשִׁבְתֵּ֙נוּ֙ עַל־סִ֣יר הַבָּשָׂ֔ר בְּאָכְלֵ֥נוּ לֶ֖חֶם לָשֹׂ֑בַע כִּֽי־הוֹצֵאתֶ֤ם אֹתָ֙נוּ֙ אֶל־הַמִּדְבָּ֣ר הַזֶּ֔ה לְהָמִ֛ית אֶת־כָּל־הַקָּהָ֥ל הַזֶּ֖ה בָּרָעָֽב:

ד וַיֹּ֤אמֶר יְהוָה֙ אֶל־מֹשֶׁ֔ה הִנְנִ֨י מַמְטִ֥יר לָכֶ֛ם לֶ֖חֶם מִן־הַשָּׁמָ֑יִם וְיָצָ֨א הָעָ֤ם וְלָֽקְטוּ֙ דְּבַר־י֣וֹם בְּיוֹמ֔וֹ לְמַ֧עַן אֲנַסֶּ֛נּוּ הֲיֵלֵ֥ךְ בְּתוֹרָתִ֖י אִם־לֹֽא:

ה וְהָיָה֙ בַּיּ֣וֹם הַשִּׁשִּׁ֔י וְהֵכִ֖ינוּ אֵ֣ת אֲשֶׁר־יָבִ֑יאוּ וְהָיָ֣ה מִשְׁנֶ֔ה עַ֥ל אֲשֶֽׁר־יִלְקְט֖וּ י֥וֹם ׀ יֽוֹם:

ו וַיֹּ֤אמֶר מֹשֶׁה֙ וְאַהֲרֹ֔ן אֶֽל־כָּל־בְּנֵ֖י יִשְׂרָאֵ֑ל עֶ֕רֶב וִֽידַעְתֶּ֕ם כִּ֧י יְהוָ֛ה הוֹצִ֥יא אֶתְכֶ֖ם מֵאֶ֥רֶץ מִצְרָֽיִם:

ז וּבֹ֗קֶר וּרְאִיתֶם֙ אֶת־כְּב֣וֹד יְהוָ֔ה בְּשָׁמְע֥וֹ אֶת־תְּלֻנֹּתֵיכֶ֖ם

בשלח

לְפִקּוּדוֹהִי, וְתִטַּר כָּל קְיָמוֹהִי, כָּל מַרְעִין, דְּשַׁוִּיתִי בְמִצְרַיִם לָא אֲשַׁוִּינּוּן עֲלָךְ, אֲרֵי, אֲנָא יְיָ
כג אָסָךְ: וַאֲתוֹ לְאֵילִים, וְתַמָּן, תְּרֵי עֲסַר, מַבּוּעִין דְּמַיִין וְשִׁבְעִין דִּקְלִין, וּשְׁרוֹ תַמָּן עַל מַיָּא:
טז א וּנְטָלוּ מֵאֵילִים, וַאֲתוֹ, כָּל כְּנִשְׁתָּא דִּבְנֵי יִשְׂרָאֵל לְמַדְבְּרָא דְסִין, דְּבֵין אֵילִים וּבֵין סִינָי,
ב בַּחֲמֵשַׁת עֶסְרָא יוֹמָא לְיַרְחָא תִנְיָנָא, לְמִפַּקְהוֹן מֵאַרְעָא דְמִצְרָיִם: וְאִתְרַעֲמוּ, כָּל כְּנִשְׁתָּא
ג דִּבְנֵי יִשְׂרָאֵל, עַל מֹשֶׁה וְעַל אַהֲרֹן בְּמַדְבְּרָא: וַאֲמָרוּ לְהוֹן בְּנֵי יִשְׂרָאֵל, לְוֵי דְמִיתְנָא קֳדָם
יְיָ בְּאַרְעָא דְמִצְרַיִם, כַּד הֲוֵינָא יָתְבִין עַל דּוּדֵי בִסְרָא, כַּד הֲוֵינָא אָכְלִין לַחְמָא וְסָבְעִין,
ד אֲרֵי אַפֵּיקְתּוּן יָתָנָא לְמַדְבְּרָא הָדֵין, לְקַטָּלָא, יָת כָּל קְהָלָא הָדֵין בְּכַפְנָא: וַאֲמַר יְיָ לְמֹשֶׁה,
הָאֲנָא מָחֵית לְכוֹן, לַחְמָא מִן שְׁמַיָּא, וְיִפְּקוּן עַמָּא וְיִלְקְטוּן פִּתְגָם יוֹם בְּיוֹמֵיהּ, בְּדִיל
ה דַּאֲנַסִּינּוּן, הַיְהָכוּן בְּאוֹרָיְתִי אִם לָא: וִיהֵי בְּיוֹמָא שְׁתִיתָאָה, וִיתַקְּנוּן יָת דְּיַיְתוּן, וִיהֵי עַל
חַד תְּרֵין, עַל דְּיִלְקְטוּן יוֹם יוֹם: וַאֲמַר מֹשֶׁה וְאַהֲרֹן, לְכָל בְּנֵי יִשְׂרָאֵל, בְּרַמְשָׁא, וְתִדְּעוּן, אֲרֵי יְיָ,
ו אַפֵּיק יָתְכוֹן מֵאַרְעָא דְמִצְרָיִם: וּבְצַפְרָא, וְתִחְזוֹן יָת יְקָרָא דַיְיָ, בְּדִשְׁמִיעָן קֳדָמוֹהִי תֻּרְעֲמָתְכוֹן

לְבִישַׁת בְּלָחִים וַאֲכִילַת חָזִיר וּפָרָה אֲדֻמָּה וְכַיּוֹצֵא בָהֶם: לֹא אָשִׂים עָלֶיךָ. וְחַם חָסֵר הֲרֵי הָיָה כְּלָל הוּנְּאֲמָה, "כִּי אֲנִי ה' רֹפְאֶךָ". וּלְפִי פְשׁוּטוֹ, "כִּי אֲנִי ה' רֹפְאֶךָ" הַמְלַמֶּדְךָ תּוֹרָה וּמִצְוֹת לְמַעַן תִּנָּצֵל מֵהֶם, כְּרוֹפֵא הַזֶּה הָאוֹמֵר לָאָדָם: אַל תֹּאכַל דָּבָר זֶה פֶּן יְבִיאֲךָ לִידֵי חֳלִי זֶה, וְכֵן הוּא אוֹמֵר: "רִפְאוּת תְּהִי לְשָׁרֶּךָ" (משלי ג, ח):

כז שְׁתֵּים עֶשְׂרֵה עֵינֹת מָיִם. כְּנֶגֶד שְׁנֵים עָשָׂר שְׁבָטִים נִזְדַּמְּנוּ לָהֶם: וְשִׁבְעִים תְּמָרִים. כְּנֶגֶד שִׁבְעִים זְקֵנִים:

פרק טז

א בַּחֲמִשָּׁה עָשָׂר יוֹם. נִתְפָּרֵשׁ הַיּוֹם שֶׁל חֲנִיָּה זוֹ, לְפִי שֶׁבּוֹ בַיּוֹם כָּלְתָה הַחֲרָרָה שֶׁהוֹצִיאוּ מִמִּצְרַיִם וְהֻצְרְכוּ לַמָּן, לְלַמְּדֵנוּ שֶׁאָכְלוּ מִשְּׁיָרֵי הַבָּצֵק שִׁשִּׁים וְאַחַת סְעוּדוֹת, וְיָרַד לָהֶם מָן בְּשִׁשָּׁה עָשָׂר בְּאִיָּר, וְיוֹם אֶחָד בְּשַׁבָּת הָיָה, כִּדְאִיתָא בְּמַסֶּכֶת שַׁבָּת (דף פז ע"ב):

ב וַיִּלּוֹנוּ. לְפִי שֶׁכָּלָה הַלֶּחֶם:

ג מִי יִתֵּן מוּתֵנוּ. שֶׁנָּמוּת, וְאֵינוֹ שֵׁם דָּבָר כְּמוֹ 'מוֹתֵנוּ', אֶלָּא כְּמוֹ: עֲשׂוֹתֵנוּ, חֲנוֹתֵנוּ, שׁוּבֵנוּ – לַעֲשׂוֹת אֲנַחְנוּ, לַחֲנוֹת אֲנַחְנוּ, לָמוּת אֲנַחְנוּ. "לְוַי דְמִיתָנָא" – לוּ מַתְנוּ, הַלְוַאי וְהָיִינוּ מֵתִים:

ד דְּבַר יוֹם בְּיוֹמוֹ. צֹרֶךְ אֲכִילַת יוֹם יִלְקְטוּ בְּיוֹמוֹ, וְלֹא יִלְקְטוּ הַיּוֹם לְצֹרֶךְ מָחָר: לְמַעַן אֲנַסֶּנּוּ. כִּי אֲנַסֶּה "הֲיֵלֵךְ בְּתוֹרָתִי", אִם יִשְׁמְרוּ מִצְווֹת

הַתְּלוּיוֹת בּוֹ, שֶׁלֹּא יוֹתִירוּ מִמֶּנּוּ וְלֹא יֵצְאוּ בְּשַׁבָּת לִלְקֹט:

ה וְהָיָה מִשְׁנֶה. לַיּוֹם וְלַמָּחֳרָת: מִשְׁנֶה. עַל שֶׁהָיוּ רְגִילִים לִלְקֹט יוֹם יוֹם שֶׁל שְׁאָר יְמוֹת הַשָּׁבוּעַ:

ו עֶרֶב. כְּמוֹ לָעֶרֶב: וִידַעְתֶּם כִּי ה' הוֹצִיא אֶתְכֶם מֵאֶרֶץ מִצְרָיִם. לְפִי שֶׁאֲמַרְתֶּם לָנוּ: "כִּי הוֹצֵאתֶם אוֹתָנוּ" (לעיל פסוק ג), תֵּדְעוּ כִּי לֹא אֲנַחְנוּ הַמּוֹצִיאִים אֶלָּא ה' הוֹצִיא אֶתְכֶם, שֶׁיָּגִיז לָכֶם אֶת הַשְּׂלָו:

ז וּבֹקֶר וּרְאִיתֶם. לֹא עַל הַכָּבוֹד שֶׁנֶּאֱמַר: "וְהִנֵּה כְּבוֹד ה' נִרְאָה בֶּעָנָן" (להלן פסוק י) נֶאֱמַר, אֶלָּא כָּךְ אָמַר לָהֶם: עֶרֶב וִידַעְתֶּם כִּי הַיְּכֹלֶת בְּיָדוֹ לִתֵּן תַּאֲוַתְכֶם, וּבָשָׂר יִתֵּן, אַךְ לֹא בְּפָנִים מְאִירוֹת יִתְּנֶנָּה לָכֶם, כִּי שֶׁלֹא כַהֹגֶן שְׁאֵלְתֶּם אוֹתוֹ, וּמִכֶּרֶס מְלֵאָה. וְהַלֶּחֶם שֶׁשְּׁאַלְתֶּם לְצֹרֶךְ, בְּרִדְתּוֹ לַבֹּקֶר תִּרְאוּ אֶת כְּבוֹד אוֹר פָּנָיו, שֶׁיּוֹרִידֵהוּ לָכֶם דֶּרֶךְ חִבָּה בַּבֹּקֶר שֶׁיֵּשׁ שָׁהוּת לַהֲכִינוֹ, וְטַל מִלְמַעְלָה וְטַל מִלְמַטָּה כְּמֻנָּח בְּקֻפְסָא: אֶת תְּלֻנֹּתֵיכֶם עַל ה'. כְּמוֹ אֲשֶׁר עַל ה': וְנַחְנוּ מָה. מָה אֲנַחְנוּ חֲשׁוּבִין: כִּי תַלִּינוּ עָלֵינוּ. שֶׁתַּרְעִימוּ עָלֵינוּ אֶת הַכֹּל, אֶת בְּנֵיכֶם וּנְשֵׁיכֶם וּבְנוֹתֵיכֶם וְעֵרֶב רַב. וְעַל כָּרְחִי אֲנִי זָקוּק לְפָרֵשׁ "תַּלִּינוּ" בִּלְשׁוֹן תַּפְעִילוּ, מִפְּנֵי דָגְשׁוּתוֹ וּקְרִיאָתוֹ. שֶׁאִלּוּ הָיָה רָפֶה הָיִיתִי מְפָרְשׁוֹ בִּלְשׁוֹן תִּפְעֲלוּ, כְּמוֹ: "וַיָּלֶן הָעָם עַל מֹשֶׁה" (להלן ח), אוֹ אִם הָיָה דָגֵשׁ וְאֵין בּוֹ יוּ"ד וְנִקְרָא "תִּלּוֹנוּ", הָיִיתִי מְפָרְשׁוֹ לְשׁוֹן תִּתְלוֹנְנוּ. עַכְשָׁו הוּא מַשְׁמָע תַּלִּינוּ אֶת אֲחֵרִים, כְּמוֹ בַמְרַגְּלִים: "וַיַּלִּינוּ עָלָיו אֶת כָּל הָעֵדָה" (במדבר יד, לו):

תַלִּינוּ עַל־יְהוָה וְנַחְנוּ מָה כִּי תלונו עָלֵינוּ׃ וַיֹּאמֶר מֹשֶׁה ח
בְּתֵת יְהוָה לָכֶם בָּעֶרֶב בָּשָׂר לֶאֱכֹל וְלֶחֶם בַּבֹּקֶר
לִשְׂבֹּעַ בִּשְׁמֹעַ יְהוָה אֶת־תְּלֻנֹּתֵיכֶם אֲשֶׁר־אַתֶּם
מַלִּינִם עָלָיו וְנַחְנוּ מָה לֹא־עָלֵינוּ תְלֻנֹּתֵיכֶם כִּי
עַל־יְהוָה׃ וַיֹּאמֶר מֹשֶׁה אֶל־אַהֲרֹן אֱמֹר אֶל־כָּל־ ט
עֲדַת בְּנֵי יִשְׂרָאֵל קִרְבוּ לִפְנֵי יְהוָה כִּי שָׁמַע אֵת
תְּלֻנֹּתֵיכֶם׃ וַיְהִי כְּדַבֵּר אַהֲרֹן אֶל־כָּל־עֲדַת בְּנֵי־ י
יִשְׂרָאֵל וַיִּפְנוּ אֶל־הַמִּדְבָּר וְהִנֵּה כְּבוֹד יְהוָה נִרְאָה
בֶּעָנָן׃
ששי וַיְדַבֵּר יְהוָה אֶל־מֹשֶׁה לֵּאמֹר׃ שָׁמַעְתִּי אֶת־ יא יב
תְּלוּנֹּת בְּנֵי יִשְׂרָאֵל דַּבֵּר אֲלֵהֶם לֵאמֹר בֵּין
הָעַרְבַּיִם תֹּאכְלוּ בָשָׂר וּבַבֹּקֶר תִּשְׂבְּעוּ־לָחֶם
וִידַעְתֶּם כִּי אֲנִי יְהוָה אֱלֹהֵיכֶם׃ וַיְהִי בָעֶרֶב וַתַּעַל יג
הַשְּׂלָו וַתְּכַס אֶת־הַמַּחֲנֶה וּבַבֹּקֶר הָיְתָה שִׁכְבַת
הַטַּל סָבִיב לַמַּחֲנֶה׃ וַתַּעַל שִׁכְבַת הַטָּל וְהִנֵּה יד
עַל־פְּנֵי הַמִּדְבָּר דַּק מְחֻסְפָּס דַּק כַּכְּפֹר עַל־
הָאָרֶץ׃ וַיִּרְאוּ בְנֵי־יִשְׂרָאֵל וַיֹּאמְרוּ אִישׁ אֶל־ טו
אָחִיו מָן הוּא כִּי לֹא יָדְעוּ מַה־הוּא וַיֹּאמֶר מֹשֶׁה
אֲלֵהֶם הוּא הַלֶּחֶם אֲשֶׁר נָתַן יְהוָה לָכֶם לְאָכְלָה׃
זֶה הַדָּבָר אֲשֶׁר צִוָּה יְהוָה לִקְטוּ מִמֶּנּוּ אִישׁ לְפִי טז
אָכְלוֹ עֹמֶר לַגֻּלְגֹּלֶת מִסְפַּר נַפְשֹׁתֵיכֶם אִישׁ לַאֲשֶׁר

יז בְּאָהֳלוֹ תִּקָּחוּ: וַיַּעֲשׂוּ־כֵן בְּנֵי יִשְׂרָאֵל וַיִּלְקְטוּ
יח הַמַּרְבֶּה וְהַמַּמְעִיט: וַיָּמֹדּוּ בָעֹמֶר וְלֹא הֶעְדִּיף

ח עַל יְיָ, וְנַחְנָא מָא, אֲרֵי מִתְרַעַמְתּוּן עֲלָנָא: וַאֲמַר מֹשֶׁה, בְּדְיִתֵּן יְיָ לְכוֹן בְּרַמְשָׁא בִּסְרָא לְמֵיכַל,
וְלַחְמָא בְּצַפְרָא לְמִסְבַּע, בִּדְשְׁמִיעַ קֳדָם יְיָ תְּרַעֲמָתְכוֹן, דְּאַתּוּן מִתְרַעֲמִין עֲלוֹהִי, וְנַחְנָא מָא,
ט לָא עֲלָנָא תְּרַעֲמָתְכוֹן אֱלָהֵין עַל מֵימְרָא דַיְיָ: וַאֲמַר מֹשֶׁה לְאַהֲרֹן, אֵימַר, לְכָל כְּנִשְׁתָּא דִּבְנֵי
י יִשְׂרָאֵל, קְרוּבוּ קֳדָם יְיָ, אֲרֵי שְׁמִיעַ קֳדָמוֹהִי תְּרַעֲמָתְכוֹן: וַהֲוָה, כַּד מַלֵּיל אַהֲרֹן עִם כָּל כְּנִשְׁתָּא
יא דִּבְנֵי יִשְׂרָאֵל, וְאִתְפְּנִיאוּ לְמַדְבְּרָא, וְהָא יְקָרָא דַיְיָ, אִתְגְּלִי בַּעֲנָנָא: וּמַלֵּיל יְיָ עִם מֹשֶׁה לְמֵימַר:
יב שְׁמִיעַ קֳדָמַי, יָת תְּרַעֲמַת בְּנֵי יִשְׂרָאֵל, מַלֵּיל עִמְּהוֹן לְמֵימַר, בֵּין שִׁמְשַׁיָּא תֵּיכְלוּן בִּסְרָא,
יג וּבְצַפְרָא תִּסְבְּעוּן לַחְמָא, וְתִדְּעוּן, אֲרֵי, אֲנָא יְיָ אֱלָהֲכוֹן: וַהֲוָה בְרַמְשָׁא, וּסְלֵיקַת שְׂלָיו, וַחֲפָת
יד יָת מַשְׁרִיתָא, וּבְצַפְרָא, הֲוָת נְחָתַת טַלָּא, סְחוֹר סְחוֹר לְמַשְׁרִיתָא: וּסְלֵיקַת נְחָתַת טַלָּא, וְהָא,
טו עַל אַפֵּי מַדְבְּרָא דַּעְדַק מְקַלַּף, דַּעְדַק כְּגִיר כִּגְלִידָא עַל אַרְעָא: וַחֲזוֹ בְּנֵי יִשְׂרָאֵל, וַאֲמַרוּ, גְּבַר
לַאֲחוּהִי מַנָּא הוּא, אֲרֵי, לָא יָדְעִין מָא הוּא, וַאֲמַר מֹשֶׁה לְהוֹן, הוּא לַחְמָא, דִּיהַב יְיָ, לְכוֹן
טז לְמֵיכַל: דֵּין פִּתְגָמָא דְּפַקֵּיד יְיָ, לְקוּטוּ מִנֵּיהּ, גְּבַר לְפוּם מֵיכְלֵיהּ, עֻמְרָא לְגֻלְגַּלְתָּא, מִנְיַן נַפְשָׁתְכוֹן,
יז יח גְּבַר לִדְבְמַשְׁכְּנֵיהּ תִּסְּבוּן: וַעֲבַדוּ כֵן בְּנֵי יִשְׂרָאֵל, וּלְקַטוּ, דְּאַסְגִּי וּדְאַזְעַר: וְכָלוּ בְעֻמְרָא, וְלָא

ח| **בָּשָׂר לֶאֱכֹל.** וְלֹא לִשְׂבֹּעַ, לִמְּדָה תוֹרָה דֶּרֶךְ אֶרֶץ שֶׁאֵין אוֹכְלִין בָּשָׂר לָשֹׂבַע. וּמָה רָאָה לְהוֹרִיד לֶחֶם בַּבֹּקֶר וּבָשָׂר בָּעֶרֶב? לְפִי שֶׁהַלֶּחֶם שָׁאֲלוּ כַּהֹגֶן, שֶׁאִי אֶפְשָׁר לוֹ לָאָדָם בְּלֹא לֶחֶם, אֲבָל בָּשָׂר שָׁאֲלוּ שֶׁלֹּא כַּהֹגֶן, שֶׁהַרְבֵּה בְּהֵמוֹת הָיוּ לָהֶם, וְעוֹד שֶׁהָיָה אֶפְשָׁר לָהֶם בְּלֹא בָּשָׂר, לְפִיכָךְ נָתַן לָהֶם בִּשְׁעַת טֹרַח שֶׁלֹּא כַּהֹגֶן: **אֲשֶׁר אַתֶּם מַלִּינִם עָלָיו.** אֶת הָאֲחֵרִים הַשּׁוֹמְעִים אֶתְכֶם מִתְלוֹנְנִים:

ט| **קִרְבוּ.** לַמָּקוֹם שֶׁהֶעָנָן יָרַד:

יג| **הַשְּׂלָו.** מִין עוֹף, וְשָׁמֵן מְאֹד: **הָיְתָה שִׁכְבַת הַטָּל.** הַטַּל שׁוֹכֵב עַל הַמָּן, וּבְמָקוֹם אַחֵר הוּא אוֹמֵר: "וּבְרֶדֶת הַטַּל" וְגוֹ' (במדבר יא, ט), הַטַּל יוֹרֵד עַל הָאָרֶץ וְהַמָּן יוֹרֵד עָלָיו וְחוֹזֵר וְיוֹרֵד טַל עָלָיו, וַהֲרֵי הוּא כְּמֻנָּח בְּקֻפְסָא:

יד| **וַתַּעַל שִׁכְבַת הַטָּל.** כְּשֶׁהַחַמָּה זוֹרַחַת עוֹלֶה טַל שֶׁעַל הַמָּן לִקְרַאת הַחַמָּה כְּדֶרֶךְ טַל עוֹלֶה לִקְרַאת חַמָּה, אַף אִם תְּמַלֵּא שְׁפוֹפֶרֶת שֶׁל בֵּיצָה טַל וְתִסְתֹּם אֶת פִּיהָ וְתַנִּיחָהּ בַּחַמָּה, הִיא עוֹלָה מֵאֵלֶיהָ בָּאֲוִיר. וְרַבּוֹתֵינוּ דָּרְשׁוּ שֶׁהַטַּל עוֹלֶה מִן הָאָרֶץ. וְכַעֲלוֹת שִׁכְבַת הַטַּל נִתְגַּלָּה הַמָּן, וְרָאוּ וְהִנֵּה עַל פְּנֵי הַמִּדְבָּר דָּבָר דַּק, מְחֻסְפָּס – מְגֻלֶּה, וְאֵין דּוֹמֶה לוֹ בַּמִּקְרָא. וְיֵשׁ לוֹמַר "מְחֻסְפָּס" לְשׁוֹן "חֲפִיסָה וּדְלוּסְקְמָא" שֶׁבִּלְשׁוֹן מִשְׁנָה; כְּשֶׁנִּתְגַּלָּה מִשִּׁכְבַת הַטַּל רָאוּ שֶׁהָיָה דָּבָר דַּק מְחֻסְפָּס בְּתוֹכוֹ בֵּין שְׁתֵּי שִׁכְבוֹת הַטַּל. וְאוּנְקְלוֹס תִּרְגֵּם: "מְקַלַּף", לְשׁוֹן "מַחְשֹׂף הַלָּבָן" (בראשית ל, לז): **כַּכְּפֹר.** כְּפוֹר – גלידא בְּלַעַז. "דַּעְדַק כְּגִיר", "כְּאַבְנֵי גִר" (ישעיה כז, ט), וְהוּא מִין צֶבַע שָׁחוֹר כִּדְאָמְרִינַן גַּבֵּי כִּסּוּי הַדָּם: "הַגִּיר וְהַזַּרְנִיךְ" (חולין פח ע"ב). "דַּעְדַק כְּגִיר כִּגְלִידָא עַל אַרְעָא", דַּק הָיָה כְּגִיר וְשׁוֹכֵב מְגֻלָּד כְּקֶרַח עַל הָאָרֶץ. וְכֵן פֵּרוּשׁוֹ, "דַּק כַּכְּפֹר", שָׁטוּחַ קָלוּשׁ וּמְחֻבָּר כִּגְלִיד. "דַּק" טינבי"ש בְּלַעַז, שֶׁהָיָה מַגְלִיד גֶּלֶד דַּק מִלְמַעְלָה. וּ"כְגִיר" שֶׁתִּרְגֵּם אוּנְקְלוֹס, תּוֹסֶפֶת הוּא עַל לְשׁוֹן הָעִבְרִית וְאֵין לוֹ תֵּבָה בַּפָּסוּק:

טו| **מָן הוּא.** הֲכָנַת מָזוֹן הוּא, כְּמוֹ: "וַיְמַן לָהֶם הַמֶּלֶךְ" (דניאל א, ה): **כִּי לֹא יָדְעוּ מַה הוּא.** שֶׁיִּקְרָאוּהוּ בִּשְׁמוֹ:

טז| **עֹמֶר.** שֵׁם מִדָּה: **מִסְפַּר נַפְשֹׁתֵיכֶם.** כְּפִי מִנְיַן נְפָשׁוֹת שֶׁיֵּשׁ לְאִישׁ בְּאָהֳלוֹ תִּקְחוּ, עֹמֶר לְכָל גֻּלְגֹּלֶת:

יז| **הַמַּרְבֶּה וְהַמַּמְעִיט.** יֵשׁ שֶׁלָּקְטוּ הַרְבֵּה וְיֵשׁ שֶׁלָּקְטוּ מְעַט, וּכְשֶׁבָּאוּ לְבֵיתָם מָדְדוּ בָּעֹמֶר

הַמַּרְבֶּה וְהַמַּמְעִיט לֹא הֶחְסִיר אִישׁ לְפִי־אָכְלוֹ
יט לָקָטוּ׃ וַיֹּאמֶר מֹשֶׁה אֲלֵהֶם אִישׁ אַל־יוֹתֵר
כ מִמֶּנּוּ עַד־בֹּקֶר׃ וְלֹא־שָׁמְעוּ אֶל־מֹשֶׁה וַיּוֹתִרוּ
אֲנָשִׁים מִמֶּנּוּ עַד־בֹּקֶר וַיָּרֻם תּוֹלָעִים וַיִּבְאַשׁ
כא וַיִּקְצֹף עֲלֵהֶם מֹשֶׁה׃ וַיִּלְקְטוּ אֹתוֹ בַּבֹּקֶר בַּבֹּקֶר
כב אִישׁ כְּפִי אָכְלוֹ וְחַם הַשֶּׁמֶשׁ וְנָמָס׃ וַיְהִי ׀ בַּיּוֹם
הַשִּׁשִּׁי לָקְטוּ לֶחֶם מִשְׁנֶה שְׁנֵי הָעֹמֶר לָאֶחָד
כג וַיָּבֹאוּ כָּל־נְשִׂיאֵי הָעֵדָה וַיַּגִּידוּ לְמֹשֶׁה׃ וַיֹּאמֶר
אֲלֵהֶם הוּא אֲשֶׁר דִּבֶּר יְהוָה שַׁבָּתוֹן שַׁבַּת־
קֹדֶשׁ לַיהוָה מָחָר אֵת אֲשֶׁר־תֹּאפוּ אֵפוּ וְאֵת
אֲשֶׁר־תְּבַשְּׁלוּ בַּשֵּׁלוּ וְאֵת כָּל־הָעֹדֵף הַנִּיחוּ
כד לָכֶם לְמִשְׁמֶרֶת עַד־הַבֹּקֶר׃ וַיַּנִּיחוּ אֹתוֹ עַד־
הַבֹּקֶר כַּאֲשֶׁר צִוָּה מֹשֶׁה וְלֹא הִבְאִישׁ וְרִמָּה לֹא־
כה הָיְתָה־בּוֹ׃ וַיֹּאמֶר מֹשֶׁה אִכְלֻהוּ הַיּוֹם כִּי־שַׁבָּת
כו הַיּוֹם לַיהוָה הַיּוֹם לֹא תִמְצָאֻהוּ בַּשָּׂדֶה׃ שֵׁשֶׁת
יָמִים תִּלְקְטֻהוּ וּבַיּוֹם הַשְּׁבִיעִי שַׁבָּת לֹא יִהְיֶה־
כז בּוֹ׃ וַיְהִי בַּיּוֹם הַשְּׁבִיעִי יָצְאוּ מִן־הָעָם לִלְקֹט
כח יג וְלֹא מָצָאוּ׃ וַיֹּאמֶר יְהוָה אֶל־מֹשֶׁה
כט עַד־אָנָה מֵאַנְתֶּם לִשְׁמֹר מִצְוֺתַי וְתוֹרֹתָי׃ רְאוּ
כִּי־יְהוָה נָתַן לָכֶם הַשַּׁבָּת עַל־כֵּן הוּא נֹתֵן לָכֶם

יט אוֹתַר דְּאַסְגִּי, וּדְאַזְעַר לָא חֲסַר, גְּבַר לְפוּם מֵיכְלֵיהּ לְקַטוּ: וַאֲמַר מֹשֶׁה לְהוֹן, אֱנָשׁ, לָא יַשְׁאַר
כ מִנֵּיהּ עַד צַפְרָא: וְלָא קַבִּילוּ מִן מֹשֶׁה, וְאַשְׁאַרוּ גֻּבְרַיָּא מִנֵּיהּ עַד צַפְרָא, וּרְחֵישׁ רִחְשָׁא וּסְרִי,
כא וּרְגִיז עֲלֵיהוֹן מֹשֶׁה: וּלְקַטוּ יָתֵיהּ בִּצְפַר בִּצְפַר, גְּבַר כְּפוּם מֵיכְלֵיהּ, וּמָא דְּמִשְׁתְּאַר מִנֵּיהּ עַל אַפֵּי
כב חַקְלָא כַּד חֲמָא עֲלוֹהִי שִׁמְשָׁא פָּשַׁר: וַהֲוָה בְּיוֹמָא שְׁתִיתָאָה, לְקַטוּ לַחְמָא עַל חַד תְּרֵין, תְּרֵין
כג עֻמְרִין לְחַד, וַאֲתוֹ כָּל רַבְרְבֵי כְּנִשְׁתָּא, וְחַוִּיאוּ לְמֹשֶׁה: וַאֲמַר לְהוֹן, הוּא דְּמַלֵּיל יְיָ, שַׁבָּא שַׁבְּתָא
קֻדְשָׁא, קֳדָם יְיָ מְחַר, יָת דְּאַתּוּן עֲתִידִין לְמֵיפָא אֵיפוֹ, וְיָת דְּאַתּוּן עֲתִידִין לְבַשָּׁלָא בַּשִּׁילוּ, וְיָת
כד כָּל מוֹתָרָא, אַצְנַעוּ לְכוֹן, לְמַטְּרָא עַד צַפְרָא: וְאַצְנַעוּ יָתֵיהּ עַד צַפְרָא, כְּמָא דְּפַקֵּיד מֹשֶׁה, וְלָא
כה סְרִי, וְרִחְשָׁא לָא הֲוָת בֵּיהּ: וַאֲמַר מֹשֶׁה אִכְלוּהִי יוֹמָא דֵין, אֲרֵי שַׁבְּתָא יוֹמָא דֵין קֳדָם יְיָ, יוֹמָא
כו דֵין, לָא תַשְׁכְּחֻנֵּיהּ בְּחַקְלָא: שִׁתָּא יוֹמִין תִּלְקְטֻנֵּיהּ, וּבְיוֹמָא שְׁבִיעָאָה, שַׁבְּתָא לָא יְהֵי בֵיהּ:
כז כח וַהֲוָה בְּיוֹמָא שְׁבִיעָאָה, נְפַקוּ מִן עַמָּא לְמִלְקַט, וְלָא אַשְׁכַּחוּ: וַאֲמַר יְיָ לְמֹשֶׁה, עַד אֵמָתַי אַתּוּן
כט מְסָרְבִין, לְמִטַּר פִּקּוֹדַי וְאוֹרָיְתָי: חֲזוֹ, אֲרֵי יְיָ יְהַב לְכוֹן שַׁבְּתָא, עַל כֵּן, הוּא יָהֵיב לְכוֹן,

אִישׁ אִישׁ מַה שֶּׁלָּקַט, וּמָצְאוּ שֶׁהַמַּרְבֶּה לִלְקֹט לֹא הֶעְדִּיף עַל עֹמֶר לַגֻּלְגֹּלֶת אֲשֶׁר בְּאָהֳלוֹ, וְהַמַּמְעִיט לִלְקֹט לֹא מָצָא חָסֵר מֵעֹמֶר לַגֻּלְגֹּלֶת, וְזֶהוּ נֵס גָּדוֹל שֶׁנַּעֲשָׂה בּוֹ:

כ] וַיּוֹתִרוּ אֲנָשִׁים. דָּתָן וַאֲבִירָם: וַיָּרֻם תּוֹלָעִים. לְשׁוֹן רִמָּה: וַיִּבְאַשׁ. הֲרֵי זֶה מִקְרָא הָפוּךְ, שֶׁבַּתְּחִלָּה הִבְאִישׁ וּלְבַסּוֹף הִתְלִיעַ, כְּעִנְיָן שֶׁנֶּאֱמַר: "וְלֹא הִבְאִישׁ וְרִמָּה לֹא הָיְתָה בּוֹ" (להלן פסוק כד), וְכֵן דֶּרֶךְ כָּל הַמַּתְלִיעִים:

כא] וְחַם הַשֶּׁמֶשׁ וְנָמָס. הַנִּשְׁאָר בַּשָּׂדֶה נַעֲשֶׂה נְחָלִים וְשׁוֹתִין מִמֶּנּוּ אַיָּלִים וּצְבָאִים, וְאֻמּוֹת הָעוֹלָם צָדִין מֵהֶם וְטוֹעֲמִים בָּהֶם טַעַם מָן וְיוֹדְעִים מַה שִּׁבְחָן שֶׁל יִשְׂרָאֵל. "פָּשַׁר" (אונקלוס), לְשׁוֹן פּוֹשְׁרִין, עַל יְדֵי הַשֶּׁמֶשׁ מִתְחַמֵּם וּמַפְשִׁיר: וְנָמָס. דישטמפרי"ר. וְדֻגְמָתוֹ בְּסַנְהֶדְרִין בְּסוֹף 'אַרְבַּע מִיתוֹת' (דף סז ע"ב):

כב] לָקְטוּ לֶחֶם מִשְׁנֶה. כְּשֶׁמָּדְדוּ אֶת לְקִיטָתָם בְּאָהֳלֵיהֶם מָצְאוּ כִּפְלַיִם, "שְׁנֵי הָעֹמֶר לָאֶחָד". וּמִדְרַשׁ אַגָּדָה, "לֶחֶם מִשְׁנֶה" מְשֻׁנֶּה, אוֹתוֹ הַיּוֹם נִשְׁתַּנָּה לְשֶׁבַח בְּרֵיחוֹ וְטַעְמוֹ: וַיַּגִּידוּ לְמֹשֶׁה. שְׁאָלוּהוּ מַה הַיּוֹם מִיָּמִים? וּמִכָּאן יֵשׁ לִלְמֹד שֶׁעֲדַיִן לֹא הִגִּיד לָהֶם מֹשֶׁה פָּרָשַׁת שַׁבָּת שֶׁנִּצְטַוָּה לוֹמַר לָהֶם: "וְהָיָה בַּיּוֹם הַשִּׁשִּׁי וְהֵכִינוּ" וְגוֹ' (לעיל פסוק ה), עַד שֶׁשָּׁאֲלוּ אֶת זֹאת. אָמַר לָהֶם: "הוּא אֲשֶׁר דִּבֶּר ה'" (בפסוק הבא), שֶׁנִּצְטַוֵּיתִי לוֹמַר לָכֶם. וּלְכָךְ עֲנָשׁוֹ הַכָּתוּב, שֶׁאָמַר לוֹ: "עַד אָנָה מֵאַנְתֶּם" (להלן פסוק כח) וְלֹא הוֹצִיאוֹ מִן הַכְּלָל:

כג] אֵת אֲשֶׁר תֹּאפוּ אֵפוּ. מַה שֶּׁאַתֶּם רוֹצִים לֶאֱפוֹת בַּתַּנּוּר, "אֵפוּ" הַיּוֹם הַכֹּל לִשְׁנֵי יָמִים. וּמַה שֶּׁאַתֶּם צְרִיכִים לְבַשֵּׁל מִמֶּנּוּ בַּמַּיִם, "בַּשֵּׁלוּ" הַיּוֹם. לְשׁוֹן אֲפִיָּה נוֹפֵל בְּלֶחֶם וּלְשׁוֹן בִּשּׁוּל בְּתַבְשִׁיל: לְמִשְׁמֶרֶת. לִגְנִיזָה:

כה] וַיֹּאמֶר מֹשֶׁה אִכְלֻהוּ הַיּוֹם. שַׁחֲרִית שֶׁהָיוּ רְגִילִים לָצֵאת וְלִלְקֹט, בָּאוּ לִשְׁאֹל אִם נֵצֵא אִם לָאו, אָמַר לָהֶם: אֶת שֶׁבְּיֶדְכֶם אִכְלוּ. לָעֶרֶב חָזְרוּ לְפָנָיו: מַהוּ לָצֵאת? אָמַר לָהֶם: "שַׁבָּת הַיּוֹם". רָאָה אוֹתָם דּוֹאֲגִים שֶׁמָּא פָּסַק הַמָּן וְלֹא יֵרֵד עוֹד, אָמַר לָהֶם: "הַיּוֹם לֹא תִמְצָאֻהוּ", מַה תַּלְמוּד לוֹמַר "הַיּוֹם"? הַיּוֹם לֹא תִמְצָאוּהוּ אֲבָל מָחָר תִּמְצָאוּהוּ:

כו] וּבַיּוֹם הַשְּׁבִיעִי שַׁבָּת. "שַׁבָּת" הוּא, הַמָּן "לֹא יִהְיֶה בּוֹ". וְלֹא בָא הַכָּתוּב אֶלָּא לְרַבּוֹת יוֹם הַכִּפּוּרִים וְיָמִים טוֹבִים:

כח] עַד אָנָה מֵאַנְתֶּם. מָשָׁל הֶדְיוֹט הוּא, בַּהֲדֵי הוּצָא לָקֵי כְּרָבָא, עַל יְדֵי הָרְשָׁעִים מִתְגַּנִּין הַכְּשֵׁרִים:

כט] רְאוּ. בְּעֵינֵיכֶם כִּי ה' בִּכְבוֹדוֹ מַזְהִיר אֶתְכֶם עַל הַשַּׁבָּת, שֶׁהֲרֵי נֵס נַעֲשֶׂה בְּכָל עֶרֶב שַׁבָּת

שמות   טז

מצווה כד
איסור יציאה
מתחום שבת

בַּיּ֣וֹם הַשִּׁשִּׁ֗י לֶ֛חֶם יוֹמָ֖יִם שְׁב֣וּ ׀ אִ֣ישׁ תַּחְתָּ֗יו אַל־
יֵ֥צֵא אִ֛ישׁ מִמְּקֹמ֖וֹ בַּיּ֥וֹם הַשְּׁבִיעִֽי: וַיִּשְׁבְּת֥וּ ל
הָעָ֖ם בַּיּ֥וֹם הַשְּׁבִעִֽי: וַיִּקְרְא֧וּ בֵֽית־יִשְׂרָאֵ֛ל אֶת־ לא
שְׁמ֖וֹ מָ֑ן וְה֗וּא כְּזֶ֤רַע גַּד֙ לָבָ֔ן וְטַעְמ֖וֹ כְּצַפִּיחִ֥ת
בִּדְבָֽשׁ: וַיֹּ֣אמֶר מֹשֶׁ֗ה זֶ֤ה הַדָּבָר֙ אֲשֶׁ֣ר צִוָּ֣ה לב
יְהֹוָ֔ה מְלֹ֤א הָעֹ֙מֶר֙ מִמֶּ֔נּוּ לְמִשְׁמֶ֖רֶת לְדֹרֹתֵיכֶ֑ם
לְמַ֣עַן ׀ יִרְא֣וּ אֶת־הַלֶּ֗חֶם אֲשֶׁ֨ר הֶאֱכַ֤לְתִּי אֶתְכֶם֙
בַּמִּדְבָּ֔ר בְּהוֹצִיאִ֥י אֶתְכֶ֖ם מֵאֶ֥רֶץ מִצְרָֽיִם:
וַיֹּ֨אמֶר מֹשֶׁ֜ה אֶֽל־אַהֲרֹ֗ן קַ֚ח צִנְצֶ֣נֶת אַחַ֔ת וְתֶן־ לג
שָׁ֥מָּה מְלֹֽא־הָעֹ֖מֶר מָ֑ן וְהַנַּ֤ח אֹתוֹ֙ לִפְנֵ֣י יְהֹוָ֔ה
לְמִשְׁמֶ֖רֶת לְדֹרֹתֵיכֶֽם: כַּאֲשֶׁ֛ר צִוָּ֥ה יְהֹוָ֖ה אֶל־ לד
מֹשֶׁ֑ה וַיַּנִּיחֵ֧הוּ אַהֲרֹ֛ן לִפְנֵ֥י הָעֵדֻ֖ת לְמִשְׁמָֽרֶת:
וּבְנֵ֣י יִשְׂרָאֵ֗ל אָֽכְל֤וּ אֶת־הַמָּן֙ אַרְבָּעִ֣ים שָׁנָ֔ה לה
עַד־בֹּאָ֖ם אֶל־אֶ֣רֶץ נוֹשָׁ֑בֶת אֶת־הַמָּן֙ אָֽכְל֔וּ
עַד־בֹּאָ֕ם אֶל־קְצֵ֖ה אֶ֥רֶץ כְּנָֽעַן: וְהָעֹ֕מֶר עֲשִׂרִ֥ית לו
הָאֵיפָ֖ה הֽוּא:

שביעי וַ֠יִּסְע֠וּ כָּל־עֲדַ֨ת בְּנֵֽי־יִשְׂרָאֵ֧ל מִמִּדְבַּר־סִ֛ין יז א
לְמַסְעֵיהֶ֖ם עַל־פִּ֣י יְהֹוָ֑ה וַֽיַּחֲנוּ֙ בִּרְפִידִ֔ים וְאֵ֥ין
מַ֖יִם לִשְׁתֹּ֥ת הָעָֽם: וַיָּ֤רֶב הָעָם֙ עִם־מֹשֶׁ֔ה וַיֹּ֣אמְר֔וּ ב
תְּנוּ־לָ֥נוּ מַ֖יִם וְנִשְׁתֶּ֑ה וַיֹּ֤אמֶר לָהֶם֙ מֹשֶׁ֔ה מַה־
תְּרִיבוּן֙ עִמָּדִ֔י מַה־תְּנַסּ֖וּן אֶת־יְהֹוָֽה: וַיִּצְמָ֨א ג

שָׁם הָעָם לַמַּיִם וַיָּלֶן הָעָם עַל־מֹשֶׁה וַיֹּאמֶר
לָמָּה זֶּה הֶעֱלִיתָנוּ מִמִּצְרַיִם לְהָמִית אֹתִי וְאֶת־

בְּיוֹמָא שְׁתִיתָאָה לְחֵים תְּרֵין יוֹמִין, תִּיבוּ אֱנָשׁ תְּחוֹתוֹהִי, לָא יִפּוֹק אֱנָשׁ, מֵאַתְרֵיהּ בְּיוֹמָא
ל לא שְׁבִיעָאָה: וּשְׁבַתוּ עַמָּא בְּיוֹמָא שְׁבִיעָאָה: וּקְרוֹ בֵית יִשְׂרָאֵל, יָת שְׁמֵיהּ מַנָּא, וְהוּא, כְּבַר
לב זְרַע גִּדָּא חִוָּר, וְטַעְמֵיהּ כְּאִסְקְרִיטָון בִּדְבָשׁ: וַאֲמַר מֹשֶׁה, דֵּין פִּתְגָּמָא דְּפַקֵּיד יי, מְלֵי
עֻמְרָא מִנֵּיהּ, לְמַטְּרָא לְדָרֵיכוֹן, בְּדִיל דְּיִחְזוֹן יָת לַחְמָא, דְּאוֹכֵילִית יָתְכוֹן בְּמַדְבְּרָא,
לג בְּאַפָּקוּתִי יָתְכוֹן מֵאַרְעָא דְּמִצְרָיִם: וַאֲמַר מֹשֶׁה לְאַהֲרֹן, סַב צְלוֹחִית חֲדָא, וְהַב תַּמָּן מְלֵי
לד עֻמְרָא מַנָּא, וְאַצְנַע יָתֵיהּ קֳדָם יי, לְמַטְּרָא לְדָרֵיכוֹן: כְּמָא דְּפַקֵּיד יי לְמֹשֶׁה, וְאַצְנְעֵיהּ
לה אַהֲרֹן, קֳדָם סָהֲדוּתָא לְמַטְּרָא: וּבְנֵי יִשְׂרָאֵל, אֲכַלוּ יָת מַנָּא אַרְבְּעִין שְׁנִין, עַד דְּעָאלוּ לַאֲרַע
לו יָתֵיבְתָּא, יָת מַנָּא אֲכַלוּ, עַד דַּאֲתוֹ, לִסְיָפֵי אֲרַעָא דִּכְנָעַן: וְעֻמְרָא, חַד מִן עַסְרָא בִּתְלָת
יז א סְאִין הוּא: וּנְטַלוּ, כָּל כְּנִשְׁתָּא דִּבְנֵי יִשְׂרָאֵל מִמַּדְבְּרָא דְּסִין, לְמַטְּלָנֵיהוֹן עַל מֵימְרָא דַּיי,
ב וּשְׁרוֹ בִּרְפִידִים, וְלֵית מַיָּא לְמִשְׁתֵּי עַמָּא: וּנְצָא עַמָּא עִם מֹשֶׁה, וַאֲמַרוּ, הַבוּ לַנָא מַיָּא
ג וְנִשְׁתֵּי, וַאֲמַר לְהוֹן מֹשֶׁה, מָא נָצַן אַתּוּן עִמִּי, מָא מְנַסַּן אַתּוּן קֳדָם יי: וּצְהִי תַמָּן עַמָּא
לְמַיָּא, וְאִתְרָעַם עַמָּא עַל מֹשֶׁה, וַאֲמַר, לְמָא דְנָן אַסֵּיקְתַּנָא מִמִּצְרַיִם, לְקַטָּלָא יָתִי, וְיָת

לָתֵת לָכֶם לֶחֶם יוֹמָיִם: **שְׁבוּ אִישׁ תַּחְתָּיו.** מִכָּאן סָמְכוּ חֲכָמִים אַרְבַּע אַמּוֹת לַיּוֹצֵא חוּץ לַתְּחוּם: **אַל יֵצֵא אִישׁ מִמְּקֹמוֹ.** אֵלּוּ אַלְפַּיִם אַמָּה, וְלֹא בִמְפֹרָשׁ, שֶׁאֵין תְּחוּמִין אֶלָּא מִדִּבְרֵי סוֹפְרִים, וְעִקָּרוֹ שֶׁל מִקְרָא עַל לוֹקְטֵי הַמָּן נֶאֱמַר:

לא) **וְהוּא כְּזֶרַע גַּד.** עֵשֶׂב שֶׁשְּׁמוֹ אליי״נדרי, וְזֶרַע שֶׁלּוֹ עָגֹל וְאֵינוֹ לָבָן, וְהַמָּן הָיָה לָבָן, וְאֵינוֹ נִמְשָׁל לְזֶרַע גַּד אֶלָּא לְעִנְיַן הָעִגּוּל, ״כְּזֶרַע גַּד״ הָיָה וְהוּא ״לָבָן״: **כְּצַפִּיחִת.** בָּצֵק שֶׁמְּטַגְּנִין אוֹתוֹ בִּדְבַשׁ, וְקוֹרִין לוֹ ׳אֶסְקְרִיטִין׳ בִּלְשׁוֹן מִשְׁנָה (חלה א, ד; פסחים לז ע״א), וְהוּא תַּרְגּוּם שֶׁל אוּנְקְלוֹס:

לב) **לְמִשְׁמֶרֶת.** לְגְנִיזָה: **לְדֹרֹתֵיכֶם.** בִּימֵי יִרְמְיָהוּ, כְּשֶׁהָיָה יִרְמְיָהוּ מוֹכִיחָם: לָמָּה אֵין אַתֶּם עוֹסְקִים בַּתּוֹרָה? וְהֵם אוֹמְרִים: נַנִּיחַ מְלַאכְתֵּנוּ וְנַעֲסֹק בַּתּוֹרָה, מֵהֵיכָן נִתְפַּרְנֵס? הוֹצִיא לָהֶם צִנְצֶנֶת הַמָּן, אָמַר לָהֶם: ״הַדּוֹר אַתֶּם רְאוּ דְבַר ה׳״ (ירמיה ב, לא), ׳שִׁמְעוּ׳ לֹא נֶאֱמַר אֶלָּא ״רְאוּ״, בָּזֶה נִתְפַּרְנְסוּ אֲבוֹתֵיכֶם, הַרְבֵּה שְׁלוּחִין יֵשׁ לוֹ לַמָּקוֹם לְהָכִין מָזוֹן לִירֵאָיו:

לג) **צִנְצֶנֶת.** צְלוֹחִית שֶׁל חֶרֶס, כְּתַרְגּוּמוֹ: **וְהַנַּח אוֹתוֹ לִפְנֵי ה׳.** לִפְנֵי הָאָרוֹן. וְלֹא נֶאֱמַר מִקְרָא זֶה עַד שֶׁנִּבְנָה אֹהֶל מוֹעֵד, אֶלָּא שֶׁנִּכְתַּב כָּאן בְּפָרָשַׁת הַמָּן:

לה) **אַרְבָּעִים שָׁנָה.** וַהֲלֹא חָסֵר שְׁלֹשִׁים יוֹם, שֶׁהֲרֵי בַּחֲמִשָּׁה עָשָׂר בְּאִיָּר יָרַד לָהֶם הַמָּן תְּחִלָּה וּבַחֲמִשָּׁה עָשָׂר בְּנִיסָן פָּסַק, שֶׁנֶּאֱמַר: ״וַיִּשְׁבֹּת הַמָּן מִמָּחֳרָת״ (יהושע ה, יב)? אֶלָּא מַגִּיד שֶׁהָעוּגוֹת שֶׁהוֹצִיאוּ יִשְׂרָאֵל מִמִּצְרַיִם טָעֲמוּ בָהֶם טַעַם מָן: **אֶל אֶרֶץ נוֹשָׁבֶת.** לְאַחַר שֶׁעָבְרוּ אֶת הַיַּרְדֵּן: **אֶל קְצֵה אֶרֶץ כְּנָעַן.** בִּתְחִלַּת הַגְּבוּל קֹדֶם שֶׁעָבְרוּ אֶת הַיַּרְדֵּן, וְהֵם עַרְבוֹת מוֹאָב. נִמְצְאוּ מַכְחִישִׁין זֶה אֶת זֶה! אֶלָּא בְּעַרְבוֹת מוֹאָב כְּשֶׁמֵּת מֹשֶׁה בְּשִׁבְעָה בַּאֲדָר פָּסַק הַמָּן מִלֵּרֵד, וְנִסְתַּפְּקוּ מִמָּן שֶׁלָּקְטוּ בוֹ בַּיּוֹם עַד שֶׁהִקְרִיבוּ הָעֹמֶר בְּשִׁשָּׁה עָשָׂר בְּנִיסָן, שֶׁנֶּאֱמַר: ״וַיֹּאכְלוּ מֵעֲבוּר הָאָרֶץ מִמָּחֳרַת הַפֶּסַח״ (יהושע ה, יא):

לו) **עֲשִׂרִית הָאֵיפָה.** הָאֵיפָה שָׁלֹשׁ סְאִין, וְהַסְּאָה שֵׁשֶׁת קַבִּין, וְהַקַּב אַרְבָּעָה לֻגִּין, וְהַלֹּג שֵׁשׁ בֵּיצִים; נִמְצָא עֲשִׂירִית הָאֵיפָה אַרְבָּעִים וְשָׁלֹשׁ בֵּיצִים וְחֹמֶשׁ בֵּיצָה, וְהוּא שִׁעוּר לַחַלָּה וְלַמְּנָחוֹת:

פרק יז

ב) **מַה תְּנַסּוּן.** לוֹמַר, הֲיוּכַל לָתֵת מַיִם בְּאֶרֶץ צִיָּה:

בָּנַי וְאֶת־מִקְנַי בַּצָּמָא׃ ד וַיִּצְעַק מֹשֶׁה אֶל־יְהוָה
לֵאמֹר מָה אֶעֱשֶׂה לָעָם הַזֶּה עוֹד מְעַט וּסְקָלֻנִי׃
ה וַיֹּאמֶר יְהוָה אֶל־מֹשֶׁה עֲבֹר לִפְנֵי הָעָם וְקַח
אִתְּךָ מִזִּקְנֵי יִשְׂרָאֵל וּמַטְּךָ אֲשֶׁר הִכִּיתָ בּוֹ אֶת־
הַיְאֹר קַח בְּיָדְךָ וְהָלָכְתָּ׃ ו הִנְנִי עֹמֵד לְפָנֶיךָ שָּׁם ׀
עַל־הַצּוּר בְּחֹרֵב וְהִכִּיתָ בַצּוּר וְיָצְאוּ מִמֶּנּוּ מַיִם
וְשָׁתָה הָעָם וַיַּעַשׂ כֵּן מֹשֶׁה לְעֵינֵי זִקְנֵי יִשְׂרָאֵל׃
ז וַיִּקְרָא שֵׁם הַמָּקוֹם מַסָּה וּמְרִיבָה עַל־רִיב ׀ בְּנֵי
יִשְׂרָאֵל וְעַל נַסֹּתָם אֶת־יְהוָה לֵאמֹר הֲיֵשׁ יְהוָה
בְּקִרְבֵּנוּ אִם־אָיִן׃
ח וַיָּבֹא עֲמָלֵק וַיִּלָּחֶם עִם־יִשְׂרָאֵל בִּרְפִידִם׃
ט וַיֹּאמֶר מֹשֶׁה אֶל־יְהוֹשֻׁעַ בְּחַר־לָנוּ אֲנָשִׁים
וְצֵא הִלָּחֵם בַּעֲמָלֵק מָחָר אָנֹכִי נִצָּב עַל־רֹאשׁ
הַגִּבְעָה וּמַטֵּה הָאֱלֹהִים בְּיָדִי׃ י וַיַּעַשׂ יְהוֹשֻׁעַ
כַּאֲשֶׁר אָמַר־לוֹ מֹשֶׁה לְהִלָּחֵם בַּעֲמָלֵק וּמֹשֶׁה
אַהֲרֹן וְחוּר עָלוּ רֹאשׁ הַגִּבְעָה׃ יא וְהָיָה כַּאֲשֶׁר *
יָרִים מֹשֶׁה יָדוֹ וְגָבַר יִשְׂרָאֵל וְכַאֲשֶׁר יָנִיחַ יָדוֹ
וְגָבַר עֲמָלֵק׃ יב וִידֵי מֹשֶׁה כְּבֵדִים וַיִּקְחוּ־אֶבֶן
וַיָּשִׂימוּ תַחְתָּיו וַיֵּשֶׁב עָלֶיהָ וְאַהֲרֹן וְחוּר תָּמְכוּ
בְיָדָיו מִזֶּה אֶחָד וּמִזֶּה אֶחָד וַיְהִי יָדָיו אֱמוּנָה

ד בְּנַי וְיָת בְּעִירַי בְּצַהוּתָא: וְצַלִּי מֹשֶׁה קֳדָם יי לְמֵימַר, מָא אַעֲבֵיד לְעַמָּא הָדֵין, עוֹד זְעֵיר פּוֹן
ה וְרָגְמוּנִי: וַאֲמַר יי לְמֹשֶׁה, עֲבַר קֳדָם עַמָּא, וּדְבַר עִמָּךְ מִסָּבֵי יִשְׂרָאֵל, וְחֻטְרָךְ, דִּמְחֵיתָא בֵיהּ
ו יָת נַהְרָא, סַב בִּידָךְ וְתֵיזֵיל: הָאֲנָא קָאֵים קֳדָמָךְ תַּמָּן עַל טִנָּרָא בְּחוֹרֵב, וְתִמְחֵי בְטִנָּרָא,
ז וְיִפְּקוּן מִנֵּיהּ, מַיָּא וְיִשְׁתֵּי עַמָּא, וַעֲבַד כֵּן מֹשֶׁה, לְעֵינֵי סָבֵי יִשְׂרָאֵל: וּקְרָא שְׁמֵיהּ דְּאַתְרָא,
נִסֵּיתָא וּמַצּוּתָא, עַל דִּנְצוֹ בְּנֵי יִשְׂרָאֵל, וְעַל דְּנַסִּיאוּ קֳדָם יי לְמֵימַר, הַאִית שְׁכִינְתָא דַיי,
ח ט בֵּינָנָא אִם לָא: וַאֲתָא עֲמָלֵק, וַאֲגִיחַ קְרָבָא עִם יִשְׂרָאֵל בִּרְפִידִים: וַאֲמַר מֹשֶׁה לִיהוֹשֻׁעַ בְּחַר
לַנָא גֻּבְרִין, וּפוֹק אֲגִיחַ קְרָבָא בַּעֲמָלֵק, מְחַר, אֲנָא קָאֵים עַל רֵישׁ רָמְתָא, וְחֻטְרָא דְּאִתְעֲבִידוּ
י בֵיהּ נִסִּין מִן קֳדָם יי בִּידִי: וַעֲבַד יְהוֹשֻׁעַ, כְּמָא דַּאֲמַר לֵיהּ מֹשֶׁה, לְאַגָּחָא קְרָבָא בַּעֲמָלֵק,
יא וּמֹשֶׁה אַהֲרֹן וְחוּר, סְלִיקוּ לְרֵישׁ רָמְתָא: וְהָוֵי, כַּד מָרֵים מֹשֶׁה, יְדוֹהִי מִתְגַּבְּרִין דְּבֵית יִשְׂרָאֵל,
יב וְכַד מַנַּח, יְדוֹהִי מִתְגַּבְּרִין דְּבֵית עֲמָלֵק: וִידֵי מֹשֶׁה יַקִּירָא, וּנְסִיבוּ אַבְנָא, וְשַׁוִּיאוּ תְּחוֹתוֹהִי
וִיתֵיב עֲלַהּ, וְאַהֲרֹן וְחוּר סְעִידִין בִּידוֹהִי, מִכָּא חַד וּמִכָּא חַד, וַהֲוָאָה יְדוֹהִי, פְּרִיסָן בִּצְלוֹ

ד| **עוֹד מְעַט.** אִם אַמְתִּין "עוֹד מְעַט, וּסְקָלֻנִי":

ה| **עֲבֹר לִפְנֵי הָעָם.** וּרְאֵה אִם יִסְקְלוּךָ, לָמָּה הוֹצֵאתָ לַעַז עַל בָּנַי?: **וְקַח אִתְּךָ מִזִּקְנֵי יִשְׂרָאֵל.** לְעֵדוּת, שֶׁיִּרְאוּ שֶׁעַל יָדְךָ הַמַּיִם יוֹצְאִים מִן הַצּוּר, וְלֹא יֹאמְרוּ: מַעְיָנוֹת הָיוּ שָׁם מִימֵי קֶדֶם: **וּמַטְּךָ אֲשֶׁר הִכִּיתָ בּוֹ אֶת הַיְאֹר.** מַה תַּלְמוּד לוֹמַר: "אֲשֶׁר הִכִּיתָ בּוֹ אֶת הַיְאֹר"? אֶלָּא שֶׁהָיוּ יִשְׂרָאֵל אוֹמְרִים עַל הַמַּטֶּה שֶׁאֵינוֹ מוּכָן אֶלָּא לְפֻרְעָנוּת, בּוֹ לָקָה פַּרְעֹה וּמִצְרַיִם כַּמָּה מַכּוֹת בְּמִצְרַיִם וְעַל הַיָּם, לְכָךְ נֶאֱמַר: "אֲשֶׁר הִכִּיתָ בּוֹ אֶת הַיְאֹר" וְהֵם אוֹמְרִים עָלָיו שֶׁאֵינוֹ אֶלָּא לְפֻרְעָנוּת, יִרְאוּ עַתָּה שֶׁאַף לְטוֹבָה הוּא מוּכָן:

ו| **וְהִכִּיתָ בַצּוּר.** 'עַל הַצּוּר' לֹא נֶאֱמַר אֶלָּא "בַּצּוּר", מִכָּאן שֶׁהַמַּטֶּה הָיָה שֶׁל מִין דָּבָר חָזָק וּשְׁמוֹ סַנְפִּירִינוֹן, וְהַצּוּר נִבְקַע מִפָּנָיו:

ח| **וַיָּבֹא עֲמָלֵק.** סָמַךְ פָּרָשָׁה זוֹ לְמִקְרָא זֶה, לוֹמַר, תָּמִיד אֲנִי בֵּינֵיכֶם וּמְזֻמָּן לְכָל צָרְכֵיכֶם, וְאַתֶּם אוֹמְרִים: "הֲיֵשׁ ה' בְּקִרְבֵּנוּ אִם אָיִן" (לעיל פסוק ז)?! חַיֵּיכֶם שֶׁהַכֶּלֶב בָּא וְנוֹשֵׁךְ אֶתְכֶם וְאַתֶּם צוֹעֲקִים לִי וְתֵדְעוּ הֵיכָן אֲנִי. מָשָׁל לְאָדָם שֶׁהִרְכִּיב בְּנוֹ עַל כְּתֵפוֹ וְיָצָא לַדֶּרֶךְ, הָיָה אוֹתוֹ הַבֵּן רוֹאֶה חֵפֶץ וְאוֹמֵר: אַבָּא, טֹל חֵפֶץ זֶה וְתֵן לִי! וְהוּא נוֹתֵן לוֹ, וְכֵן שְׁנִיָּה וְכֵן שְׁלִישִׁית. פָּגְעוּ בְּאָדָם אֶחָד, אָמַר לוֹ אוֹתוֹ הַבֵּן: רָאִיתָ אֶת אַבָּא? אָמַר לוֹ אָבִיו: אֵינְךָ יוֹדֵעַ הֵיכָן אֲנִי?! הִשְׁלִיכוֹ מֵעָלָיו, וּבָא הַכֶּלֶב וּנְשָׁכוֹ:

ט| **בְּחַר לָנוּ.** לִי וּלְךָ, הִשְׁוָהוּ לוֹ. מִכָּאן אָמְרוּ: "יְהִי כְבוֹד תַּלְמִידְךָ חָבִיב עָלֶיךָ כְּשֶׁלָּךְ" (אבות ד, טו). כְּבוֹד חֲבֵרְךָ כְּמוֹרָא רַבָּךְ, מִנַּיִן? "וַיֹּאמֶר אַהֲרֹן אֶל מֹשֶׁה בִּי אֲדֹנִי" (במדבר יב, יא), וַהֲלֹא גָּדוֹל הָאַחִין הָיָה, וְעָשָׂה אֶת חֲבֵרוֹ כְּרַבּוֹ. וּ"מוֹרָא רַבָּךְ כְּמוֹרָא שָׁמַיִם", שֶׁנֶּאֱמַר: "אֲדֹנִי מֹשֶׁה כְּלָאֵם" (שם יא, כח), כַּלֵּם מִן הָעוֹלָם, חַיָּבִין הֵם כְּלָיָה הַמּוֹרְדִים בְּךָ כְּאִלּוּ פָּשְׁעוּ בְּהַקָּדוֹשׁ בָּרוּךְ הוּא: **וְצֵא הִלָּחֵם.** צֵא מִן הֶעָנָן וְהִלָּחֵם בּוֹ: **מָחָר.** בְּעֵת הַמִּלְחָמָה "אָנֹכִי נִצָּב": **בְּחַר לָנוּ אֲנָשִׁים.** גִּבּוֹרִים וְיִרְאֵי חֵטְא, שֶׁתְּהֵא זְכוּתָן מְסַיַּעְתָּן. דָּבָר אַחֵר, בְּחַר לָנוּ אֲנָשִׁים שֶׁיּוֹדְעִין לְבַטֵּל כְּשָׁפִים, לְפִי שֶׁבְּנֵי עֲמָלֵק מְכַשְּׁפִים הָיוּ:

י| **וּמֹשֶׁה אַהֲרֹן וְחוּר.** מִכָּאן לְתַעֲנִית שֶׁצְּרִיכִים שְׁלֹשָׁה לַעֲבֹר לִפְנֵי הַתֵּבָה, שֶׁבְּתַעֲנִית הָיוּ שְׁרוּיִים: **חוּר.** בְּנָהּ שֶׁל מִרְיָם הָיָה:

יא| **כַּאֲשֶׁר יָרִים מֹשֶׁה יָדוֹ.** וְכִי יָדָיו שֶׁל מֹשֶׁה נוֹצְחוֹת הָיוּ הַמִּלְחָמָה? וְכוּ', כִּדְאִיתָא בְּרֹאשׁ הַשָּׁנָה (דף כט ע"א):

יב| **וִידֵי מֹשֶׁה כְּבֵדִים.** בִּשְׁבִיל שֶׁנִּתְעַצֵּל בַּמִּצְוָה וּמִנָּה אַחֵר תַּחְתָּיו, נִתְיַקְּרוּ יָדָיו: **וַיִּקְחוּ.** אַהֲרֹן וְחוּר "אֶבֶן, וַיָּשִׂימוּ תַחְתָּיו", וְלֹא יָשַׁב לוֹ עַל כַּר וָכֶסֶת, אָמַר: יִשְׂרָאֵל שְׁרוּיִין בְּצַעַר, אַף אֲנִי אֶהְיֶה עִמָּהֶם בְּצַעַר: **וַיְהִי יָדָיו אֱמוּנָה.** וַיְהִי מֹשֶׁה יָדָיו בֶּאֱמוּנָה פְּרוּשׂוֹת הַשָּׁמַיִם בִּתְפִלָּה נֶאֱמָנָה וּנְכוֹנָה:

עַד־בֹּא הַשָּׁמֶשׁ׃ וַיַּחֲלֹשׁ יְהוֹשֻׁעַ אֶת־עֲמָלֵק יג
וְאֶת־עַמּוֹ לְפִי־חָרֶב׃
מפטיר וַיֹּאמֶר יְהוָה אֶל־מֹשֶׁה כְּתֹב זֹאת זִכָּרוֹן בַּסֵּפֶר יד
וְשִׂים בְּאׇזְנֵי יְהוֹשֻׁעַ כִּי־מָחֹה אֶמְחֶה אֶת־זֵכֶר
עֲמָלֵק מִתַּחַת הַשָּׁמָיִם׃ וַיִּבֶן מֹשֶׁה מִזְבֵּחַ טו
וַיִּקְרָא שְׁמוֹ יְהוָה ׀ נִסִּי׃ וַיֹּאמֶר כִּי־יָד עַל־כֵּס טז
יָהּ מִלְחָמָה לַיהוָה בַּעֲמָלֵק מִדֹּר דֹּר׃

עַד בֹּא הַשָּׁמֶשׁ. שֶׁהָיוּ עֲמָלֵקִים מְחַשְּׁבִין אֶת הַשָּׁעוֹת בְּאִצְטְרוֹלוֹגִיאָה בְּאֵיזוֹ שָׁעָה הֵם נוֹצְחִים, וְהֶעֱמִיד לָהֶם מֹשֶׁה חַמָּה וְעִרְבֵּב אֶת הַשָּׁעוֹת:

יג] וַיַּחֲלֹשׁ יְהוֹשֻׁעַ. חָתַךְ רָאשֵׁי גִּבּוֹרָיו וְלֹא הִשְׁאִיר אֶלָּא חֲלָשִׁים שֶׁבָּהֶם, וְלֹא הֲרָגָם כֻּלָּם. מִכָּאן אָנוּ לְמֵדִים שֶׁעָשׂוּ עַל פִּי הַדִּבּוּר שֶׁל שְׁכִינָה:

הפטרת בשלח

תקופת השופטים מאופיינת בחוסר שלטון מרכזי. מציאות זו הקרינה חולשה כלפי פנים וכלפי חוץ. חולשתו של עם ישראל הפכה את השבטים פיתיון וטרף קל לשכניהם. כך היה גם בימיהם של דבורה וברק. הכנענים נשענו על רכב ברזל, ושיבשו את חיי השגרה של שבטי ישראל שגבלו עמם בעמק יזרעאל. ההתנכלות לעוברי דרכים יצרה נתק בין שבטי הצפון לשבטי המרכז. על פי צו ה' ביד דבורה הנביאה, יצא צבא מתנדבים בראשות ברק בן אבינעם למלחמה בצבא הכנעני. בעקבות הניצחון המפתיע והמוחץ של צבא המתנדבים הישראלי על צבא רכב הברזל הכנעני, שרו דבורה וברק שירת הודיה לה', ממש כשירת הים ששר משה ובני ישראל בשעה שנושעו מרכב צבא מצרים.

שופטים האשכנזים מתחילים כאן
ד ד וּדְבוֹרָה אִשָּׁה נְבִיאָה אֵשֶׁת לַפִּידוֹת הִיא שֹׁפְטָה אֶת־יִשְׂרָאֵל בָּעֵת הַהִיא׃
ה וְהִיא יוֹשֶׁבֶת תַּחַת־תֹּמֶר דְּבוֹרָה בֵּין הָרָמָה וּבֵין בֵּית־אֵל בְּהַר אֶפְרָיִם
ו וַיַּעֲלוּ אֵלֶיהָ בְּנֵי יִשְׂרָאֵל לַמִּשְׁפָּט׃ וַתִּשְׁלַח וַתִּקְרָא לְבָרָק בֶּן־אֲבִינֹעַם
מִקֶּדֶשׁ נַפְתָּלִי וַתֹּאמֶר אֵלָיו הֲלֹא־צִוָּה ׀ יְהוָה אֱלֹהֵי־יִשְׂרָאֵל לֵךְ וּמָשַׁכְתָּ
בְּהַר תָּבוֹר וְלָקַחְתָּ עִמְּךָ עֲשֶׂרֶת אֲלָפִים אִישׁ מִבְּנֵי נַפְתָּלִי וּמִבְּנֵי זְבֻלוּן׃
ז וּמָשַׁכְתִּי אֵלֶיךָ אֶל־נַחַל קִישׁוֹן אֶת־סִיסְרָא שַׂר־צְבָא יָבִין וְאֶת־רִכְבּוֹ
ח וְאֶת־הֲמוֹנוֹ וּנְתַתִּיהוּ בְּיָדֶךָ׃ וַיֹּאמֶר אֵלֶיהָ בָּרָק אִם־תֵּלְכִי עִמִּי וְהָלָכְתִּי
ט וְאִם־לֹא תֵלְכִי עִמִּי לֹא אֵלֵךְ׃ וַתֹּאמֶר הָלֹךְ אֵלֵךְ עִמָּךְ אֶפֶס כִּי לֹא
תִהְיֶה תִּפְאַרְתְּךָ עַל־הַדֶּרֶךְ אֲשֶׁר אַתָּה הוֹלֵךְ כִּי בְיַד־אִשָּׁה יִמְכֹּר יְהוָה

יג יד עַד דְּעָאל שִׁמְשָׁא: וְתַבַּר יְהוֹשֻׁעַ, יָת עֲמָלֵק וְיָת עַמֵּיהּ לְפִתְגָם דְּחָרֶב: וַאֲמַר יְיָ לְמֹשֶׁה, כְּתוֹב
דָּא דָּכְרָנָא בְּסִפְרָא, וְשַׁו קֳדָם יְהוֹשֻׁעַ, אֲרֵי מִמְחָא אֶמְחֵי יָת דָּכְרָנֵיהּ דַּעֲמָלֵק, מִתְּחוֹת
טו טז שְׁמַיָּא: וּבְנָא מֹשֶׁה מַדְבְּחָא, וּפְלַח עֲלוֹהִי קֳדָם יְיָ דַּעֲבַד לֵיהּ נִסִּין: וַאֲמַר, בִּשְׁבוּעָה אֲמִירָא
דָּא מִן קֳדָם דְּחִילָא דִּשְׁכִינְתֵּיהּ עַל כּוּרְסֵי יְקָרָא, דַּעֲתִיד דְּיִתְגַּח קְרָבָא קֳדָם יְיָ בִּדְבֵית עֲמָלֵק,
לְשֵׁיצָיוּתְהוֹן מִדָּרֵי עָלְמָא:

יד **כְּתֹב זֹאת זִכָּרוֹן.** שֶׁבָּא עֲמָלֵק לְהִזְדַּוֵּג לְיִשְׂרָאֵל קֹדֶם לְכָל הָאֻמּוֹת: **וְשִׂים בְּאָזְנֵי יְהוֹשֻׁעַ.** הַמַּכְנִיס אֶת יִשְׂרָאֵל לָאָרֶץ, שֶׁיְּצַוֶּה אֶת יִשְׂרָאֵל לְשַׁלֵּם לוֹ אֶת גְּמוּלוֹ. כָּאן נִרְמַז לוֹ לְמֹשֶׁה שֶׁיְּהוֹשֻׁעַ מַכְנִיס אֶת יִשְׂרָאֵל לָאָרֶץ: **כִּי מָחֹה אֶמְחֶה.** לְכָךְ אֲנִי מַזְהִירְךָ כֵּן, כִּי חָפֵץ אֲנִי לִמְחוֹתוֹ:

טו **וַיִּקְרָא שְׁמוֹ.** שֶׁל מִזְבֵּחַ "ה' נִסִּי" – הַקָּדוֹשׁ בָּרוּךְ הוּא עָשָׂה לָנוּ כָּאן נֵס. לֹא שֶׁהַמִּזְבֵּחַ קָרוּי ה', אֶלָּא הַמַּזְכִּיר שְׁמוֹ שֶׁל מִזְבֵּחַ זוֹכֵר אֶת הַנֵּס שֶׁעָשָׂה הַמָּקוֹם, ה' הוּא נֵס שֶׁלָּנוּ:

טז **וַיֹּאמֶר.** מֹשֶׁה "כִּי יָד עַל כֵּס יָהּ" – יָדוֹ שֶׁל הַקָּדוֹשׁ בָּרוּךְ הוּא הוּרְמָה לְשָׁבַע בְּכִסְאוֹ לִהְיוֹת לוֹ מִלְחָמָה וְאֵיבָה בַּעֲמָלֵק עוֹלָמִית. וּמַהוּ "כֵּס" וְלֹא נֶאֱמַר 'כִּסֵּא', וְאַף הַשֵּׁם נֶחֱלַק לְחֶצְיוֹ? נִשְׁבַּע הַקָּדוֹשׁ בָּרוּךְ הוּא שֶׁאֵין שְׁמוֹ שָׁלֵם וְאֵין כִּסְאוֹ שָׁלֵם עַד שֶׁיִּמָּחֶה שְׁמוֹ שֶׁל עֵשָׂו כֻּלּוֹ, וּכְשֶׁיִּמָּחֶה שְׁמוֹ יִהְיֶה הַשֵּׁם שָׁלֵם וְהַכִּסֵּא שָׁלֵם, שֶׁנֶּאֱמַר: "הָאוֹיֵב תַּמּוּ חֳרָבוֹת לָנֶצַח" (תהלים ט, ז) זֶהוּ עֵשָׂו שֶׁכָּתוּב בּוֹ: "וְעֶבְרָתוֹ שְׁמָרָה נֶצַח" (עמוס א, יא), "וְעָרִים נָתַשְׁתָּ אָבַד זִכְרָם הֵמָּה" (תהלים שם), מַהוּ אוֹמֵר אַחֲרָיו? "וַה' לְעוֹלָם יֵשֵׁב" (שם פסוק ח), הֲרֵי הַשֵּׁם שָׁלֵם, "כּוֹנֵן לַמִּשְׁפָּט כִּסְאוֹ" (שם), הֲרֵי הַכִּסֵּא שָׁלֵם:

בשלח

י אֶת־סִיסְרָא וַתָּקָם דְּבוֹרָה וַתֵּלֶךְ עִם־בָּרָק קֶדְשָׁה: וַיַּזְעֵק בָּרָק אֶת־זְבוּלֻן
וְאֶת־נַפְתָּלִי קֶדְשָׁה וַיַּעַל בְּרַגְלָיו עֲשֶׂרֶת אַלְפֵי אִישׁ וַתַּעַל עִמּוֹ דְּבוֹרָה:
יא וְחֶבֶר הַקֵּינִי נִפְרָד מִקַּיִן מִבְּנֵי חֹבָב חֹתֵן מֹשֶׁה וַיֵּט אָהֳלוֹ עַד־אֵלוֹן בצענים בְּצַעֲנַנִּים
יב אֲשֶׁר אֶת־קֶדֶשׁ: וַיַּגִּדוּ לְסִיסְרָא כִּי עָלָה בָּרָק בֶּן־אֲבִינֹעַם הַר־תָּבוֹר:
יג וַיַּזְעֵק סִיסְרָא אֶת־כָּל־רִכְבּוֹ תְּשַׁע מֵאוֹת רֶכֶב בַּרְזֶל וְאֶת־כָּל־הָעָם
יד אֲשֶׁר אִתּוֹ מֵחֲרֹשֶׁת הַגּוֹיִם אֶל־נַחַל קִישׁוֹן: וַתֹּאמֶר דְּבֹרָה אֶל־בָּרָק קוּם
כִּי זֶה הַיּוֹם אֲשֶׁר נָתַן יְהוָה אֶת־סִיסְרָא בְּיָדֶךָ הֲלֹא יְהוָה יָצָא לְפָנֶיךָ וַיֵּרֶד
טו בָּרָק מֵהַר תָּבוֹר וַעֲשֶׂרֶת אֲלָפִים אִישׁ אַחֲרָיו: וַיָּהָם יְהוָה אֶת־סִיסְרָא
וְאֶת־כָּל־הָרֶכֶב וְאֶת־כָּל־הַמַּחֲנֶה לְפִי־חֶרֶב לִפְנֵי בָרָק וַיֵּרֶד סִיסְרָא מֵעַל
טז הַמֶּרְכָּבָה וַיָּנָס בְּרַגְלָיו: וּבָרָק רָדַף אַחֲרֵי הָרֶכֶב וְאַחֲרֵי הַמַּחֲנֶה עַד חֲרֹשֶׁת
יז הַגּוֹיִם וַיִּפֹּל כָּל־מַחֲנֵה סִיסְרָא לְפִי־חֶרֶב לֹא נִשְׁאַר עַד־אֶחָד: וְסִיסְרָא
נָס בְּרַגְלָיו אֶל־אֹהֶל יָעֵל אֵשֶׁת חֶבֶר הַקֵּינִי כִּי שָׁלוֹם בֵּין יָבִין מֶלֶךְ־
יח חָצוֹר וּבֵין בֵּית חֶבֶר הַקֵּינִי: וַתֵּצֵא יָעֵל לִקְרַאת סִיסְרָא וַתֹּאמֶר אֵלָיו
סוּרָה אֲדֹנִי סוּרָה אֵלַי אַל־תִּירָא וַיָּסַר אֵלֶיהָ הָאֹהֱלָה וַתְּכַסֵּהוּ בַּשְּׂמִיכָה:

שמות

יט וַיֹּ֣אמֶר אֵלֶ֗יהָ הַשְׁקִֽינִי־נָ֤א מְעַט־מַ֙יִם֙ כִּ֣י צָמֵ֔אתִי וַתִּפְתַּ֛ח אֶת־נֹ֥אוד הֶחָלָ֖ב
כ וַתַּשְׁקֵ֑הוּ וַתְּכַסֵּֽהוּ: וַיֹּ֣אמֶר אֵלֶ֔יהָ עֲמֹ֖ד פֶּ֣תַח הָאֹ֑הֶל וְהָיָה֩ אִם־אִ֨ישׁ יָב֜וֹא
כא וּשְׁאֵלֵ֗ךְ וְאָמַ֛ר הֲיֵֽשׁ־פֹּ֥ה אִ֖ישׁ וְאָמַ֥רְתְּ אָֽיִן: וַתִּקַּ֣ח יָעֵ֣ל אֵֽשֶׁת־חֶ֠בֶר אֶת־יְתַ֨ד
הָאֹ֜הֶל וַתָּ֧שֶׂם אֶת־הַמַּקֶּ֣בֶת בְּיָדָ֗הּ וַתָּב֤וֹא אֵלָיו֙ בַּלָּ֔אט וַתִּתְקַ֤ע אֶת־הַיָּתֵד֙
כב בְּרַקָּת֔וֹ וַתִּצְנַ֖ח בָּאָ֑רֶץ וְהֽוּא־נִרְדָּ֥ם וַיָּ֖עַף וַיָּמֹֽת: וְהִנֵּ֣ה בָרָק֮ רֹדֵ֣ף אֶת־
סִֽיסְרָא֒ וַתֵּצֵ֤א יָעֵל֙ לִקְרָאת֔וֹ וַתֹּ֣אמֶר ל֔וֹ לֵ֣ךְ וְאַרְאֶ֔ךָּ אֶת־הָאִ֖ישׁ אֲשֶׁר־אַתָּ֣ה
כג מְבַקֵּ֑שׁ וַיָּבֹ֣א אֵלֶ֗יהָ וְהִנֵּ֤ה סִֽיסְרָא֙ נֹפֵ֣ל מֵ֔ת וְהַיָּתֵ֖ד בְּרַקָּתֽוֹ: *וַיַּכְנַ֤ע אֱלֹהִים֙
כד בַּיּ֣וֹם הַה֔וּא אֵ֖ת יָבִ֣ין מֶֽלֶךְ־כְּנָ֑עַן לִפְנֵ֖י בְּנֵ֥י יִשְׂרָאֵֽל: וַתֵּ֜לֶךְ יַ֤ד בְּנֵֽי־יִשְׂרָאֵל֙
הָל֣וֹךְ וְקָשָׁ֔ה עַ֖ל יָבִ֣ין מֶֽלֶךְ־כְּנָ֑עַן עַ֚ד אֲשֶׁ֣ר הִכְרִ֔יתוּ אֵ֖ת יָבִ֥ין מֶֽלֶךְ־כְּנָֽעַן:

התימנים מתחילים כאן

בשלח

הספרדים מתחילים כאן

ה א *וַתָּ֣שַׁר דְּבוֹרָ֔ה וּבָרָ֖ק בֶּן־אֲבִינֹ֑עַם בַּיּ֥וֹם הַה֖וּא
ב לֵאמֹֽר: בִּפְרֹ֤עַ פְּרָעוֹת֙ בְּיִשְׂרָאֵ֔ל בְּהִתְנַדֵּ֖ב
ג עָ֑ם בָּרְכ֖וּ יְהוָֽה: שִׁמְע֣וּ מְלָכִ֔ים הַאֲזִ֖ינוּ
רֹֽזְנִ֑ים אָֽנֹכִ֗י לַֽיהוָה֙ אָנֹכִ֣י אָשִׁ֔ירָה אֲזַמֵּ֕ר
ד לַֽיהוָ֖ה אֱלֹהֵ֥י יִשְׂרָאֵֽל: יְהוָ֗ה בְּצֵאתְךָ֤
מִשֵּׂעִיר֙ בְּצַעְדְּךָ֙ מִשְּׂדֵ֣ה אֱד֔וֹם אֶ֖רֶץ
רָעָ֑שָׁה גַּם־שָׁמַ֖יִם נָטָ֑פוּ גַּם־עָבִ֥ים נָ֥טְפוּ
ה מָֽיִם: הָרִ֥ים נָזְל֖וּ מִפְּנֵ֣י יְהוָ֑ה זֶ֣ה
ו סִינַ֔י מִפְּנֵ֕י יְהוָ֖ה אֱלֹהֵ֥י יִשְׂרָאֵֽל: בִּימֵ֞י שַׁמְגַּ֤ר בֶּן־
עֲנָ֗ת בִּימֵ֣י יָעֵ֔ל חָדְל֖וּ אֳרָח֑וֹת וְהֹלְכֵ֣י
ז נְתִיב֔וֹת יֵלְכ֖וּ אֳרָח֥וֹת עֲקַלְקַלּֽוֹת: חָדְל֧וּ פְרָז֛וֹן בְּיִשְׂרָאֵ֖ל
חָדֵ֑לּוּ עַ֤ד שַׁקַּ֙מְתִּי֙ דְּבוֹרָ֔ה שַׁקַּ֖מְתִּי
ח אֵ֥ם בְּיִשְׂרָאֵֽל: יִבְחַר֙ אֱלֹהִ֣ים
חֲדָשִׁ֔ים אָ֖ז לָ֣חֶם שְׁעָרִ֑ים מָגֵ֤ן
אִם־יֵֽרָאֶה֙ וָרֹ֔מַח בְּאַרְבָּעִ֥ים אֶ֖לֶף
ט בְּיִשְׂרָאֵֽל: לִבִּי֙ לְחוֹקְקֵ֣י יִשְׂרָאֵ֔ל הַמִּתְנַדְּבִ֖ים
י בָּעָ֑ם בָּרְכ֖וּ יְהוָֽה: רֹכְבֵי֩ אֲתֹנ֨וֹת
צְחֹר֜וֹת יֹשְׁבֵ֧י עַל־מִדִּ֛ין וְהֹלְכֵ֥י
יא עַל־דֶּ֖רֶךְ שִֽׂיחוּ: מִקּ֣וֹל מְחַֽצְצִ֗ים בֵּ֚ין
מַשְׁאַבִּ֔ים שָׁ֤ם יְתַנּוּ֙ צִדְק֣וֹת יְהוָ֔ה צִדְקֹ֥ת
פִּרְזוֹנ֖וֹ בְּיִשְׂרָאֵ֑ל אָ֛ז יָרְד֥וּ לַשְּׁעָרִ֖ים עַם־
יב יְהוָֽה: עוּרִ֤י עוּרִי֙ דְּבוֹרָ֔ה עוּרִ֥י

עוּרִי דַּבְּרִי־שִׁיר קוּם בָּרָק וּשֲׁבֵה שֶׁבְיְךָ בֶּן־
יג אֲבִינֹעַם׃ אָז יְרַד שָׂרִיד לְאַדִּירִים עָם יהוה
יד יְרַד־לִי בַּגִּבּוֹרִים׃ מִנִּי אֶפְרַיִם שָׁרְשָׁם
בַּעֲמָלֵק אַחֲרֶיךָ בִנְיָמִין בַּעֲמָמֶיךָ מִנִּי
מָכִיר יָרְדוּ מְחֹקְקִים וּמִזְּבוּלֻן מֹשְׁכִים בְּשֵׁבֶט
טו סֹפֵר׃ וְשָׂרַי בְּיִשָּׂשכָר עִם־דְּבֹרָה וְיִשָּׂשכָר
כֵּן בָּרָק בָּעֵמֶק שֻׁלַּח
בְּרַגְלָיו בִּפְלַגּוֹת רְאוּבֵן גְּדֹלִים
טז חִקְקֵי־לֵב׃ לָמָּה יָשַׁבְתָּ בֵּין
הַמִּשְׁפְּתַיִם לִשְׁמֹעַ שְׁרִקוֹת עֲדָרִים לִפְלַגּוֹת
יז רְאוּבֵן גְּדוֹלִים חִקְרֵי־לֵב׃ גִּלְעָד בְּעֵבֶר הַיַּרְדֵּן
שָׁכֵן וְדָן לָמָּה יָגוּר אֳנִיּוֹת אָשֵׁר
יָשַׁב לְחוֹף יַמִּים וְעַל מִפְרָצָיו
יח יִשְׁכּוֹן׃ זְבֻלוּן עַם חֵרֵף נַפְשׁוֹ לָמוּת וְנַפְתָּלִי
יט עַל מְרוֹמֵי שָׂדֶה׃ בָּאוּ מְלָכִים
נִלְחָמוּ אָז נִלְחֲמוּ מַלְכֵי כְנַעַן בְּתַעְנַךְ
עַל־מֵי מְגִדּוֹ בֶּצַע כֶּסֶף לֹא
כ לָקָחוּ׃ מִן־שָׁמַיִם נִלְחָמוּ הַכּוֹכָבִים
כא מִמְּסִלּוֹתָם נִלְחֲמוּ עִם סִיסְרָא׃ נַחַל קִישׁוֹן
גְּרָפָם נַחַל קְדוּמִים נַחַל קִישׁוֹן תִּדְרְכִי
כב נַפְשִׁי עֹז׃ אָז הָלְמוּ עִקְּבֵי־
כג סוּס מִדַּהֲרוֹת דַּהֲרוֹת אַבִּירָיו׃ אוֹרוּ
מֵרוֹז אָמַר מַלְאַךְ יהוה אֹרוּ אָרוֹר
יֹשְׁבֶיהָ כִּי לֹא־בָאוּ לְעֶזְרַת יהוה לְעֶזְרַת
כד יהוה בַּגִּבּוֹרִים׃ תְּבֹרַךְ מִנָּשִׁים
יָעֵל אֵשֶׁת חֶבֶר הַקֵּינִי מִנָּשִׁים
כה בָּאֹהֶל תְּבֹרָךְ׃ מַיִם שָׁאַל חָלָב
כו נָתָנָה בְּסֵפֶל אַדִּירִים הִקְרִיבָה חֶמְאָה׃ יָדָהּ
לַיָּתֵד תִּשְׁלַחְנָה וִימִינָהּ לְהַלְמוּת
עֲמֵלִים וְהָלְמָה סִיסְרָא מָחֲקָה רֹאשׁוֹ וּמָחֲצָה
כז וְחָלְפָה רַקָּתוֹ׃ בֵּין רַגְלֶיהָ כָּרַע נָפַל
שָׁכָב בֵּין רַגְלֶיהָ כָּרַע נָפָל בַּאֲשֶׁר

כָּרַע שָׁם נָפַל שָׁדוּד׃ בְּעַד הַחַלּוֹן נִשְׁקְפָה כח
וַתְּיַבֵּב אֵם סִיסְרָא בְּעַד הָאֶשְׁנָב מַדּוּעַ
בֹּשֵׁשׁ רִכְבּוֹ לָבוֹא מַדּוּעַ אֶחֱרוּ פַּעֲמֵי
מַרְכְּבוֹתָיו׃ חַכְמוֹת שָׂרוֹתֶיהָ תַּעֲנֶינָּה אַף־ כט
הִיא תָּשִׁיב אֲמָרֶיהָ לָהּ׃ הֲלֹא יִמְצְאוּ יְחַלְּקוּ ל
שָׁלָל רַחַם רַחֲמָתַיִם לְרֹאשׁ גֶּבֶר שְׁלַל
צְבָעִים לְסִיסְרָא שְׁלַל צְבָעִים
רִקְמָה צֶבַע רִקְמָתַיִם לְצַוָּארֵי שָׁלָל׃ כֵּן לא
יֹאבְדוּ כָל־אוֹיְבֶיךָ יהוה וְאֹהֲבָיו כְּצֵאת הַשֶּׁמֶשׁ
בִּגְבֻרָתוֹ וַתִּשְׁקֹט הָאָרֶץ אַרְבָּעִים שָׁנָה׃

פרשת
יתרו

יתרו

יח א וַיִּשְׁמַ֞ע יִתְר֨וֹ כֹהֵ֤ן מִדְיָן֙ חֹתֵ֣ן מֹשֶׁ֔ה אֵת֩ כָּל־אֲשֶׁ֨ר עָשָׂ֤ה אֱלֹהִים֙ לְמֹשֶׁ֔ה וּלְיִשְׂרָאֵ֖ל עַמּ֑וֹ כִּֽי־הוֹצִ֧יא יְהֹוָ֛ה אֶת־יִשְׂרָאֵ֖ל מִמִּצְרָֽיִם: ב וַיִּקַּ֗ח יִתְרוֹ֙ חֹתֵ֣ן מֹשֶׁ֔ה אֶת־צִפֹּרָ֖ה אֵ֣שֶׁת מֹשֶׁ֑ה אַחַ֖ר שִׁלּוּחֶֽיהָ: ג וְאֵ֖ת שְׁנֵ֣י בָנֶ֑יהָ אֲשֶׁ֨ר שֵׁ֤ם הָֽאֶחָד֙ גֵּֽרְשֹׁ֔ם כִּ֣י אָמַ֔ר גֵּ֣ר הָיִ֔יתִי בְּאֶ֖רֶץ נָכְרִיָּֽה: ד וְשֵׁ֥ם הָאֶחָ֖ד אֱלִיעֶ֑זֶר כִּֽי־אֱלֹהֵ֤י אָבִי֙ בְּעֶזְרִ֔י וַיַּצִּלֵ֖נִי מֵחֶ֥רֶב פַּרְעֹֽה: ה וַיָּבֹ֞א יִתְר֨וֹ חֹתֵ֥ן מֹשֶׁ֛ה וּבָנָ֥יו וְאִשְׁתּ֖וֹ אֶל־מֹשֶׁ֑ה אֶל־הַמִּדְבָּ֕ר אֲשֶׁר־ה֛וּא חֹנֶ֥ה שָׁ֖ם הַ֥ר הָאֱלֹהִֽים: ו וַיֹּ֨אמֶר֙ אֶל־מֹשֶׁ֔ה אֲנִ֛י חֹתֶנְךָ֥ יִתְר֖וֹ בָּ֣א אֵלֶ֑יךָ וְאִ֨שְׁתְּךָ֔ וּשְׁנֵ֥י בָנֶ֖יהָ עִמָּֽהּ: ז וַיֵּצֵ֨א מֹשֶׁ֜ה לִקְרַ֣את חֹֽתְנ֗וֹ וַיִּשְׁתַּ֙חוּ֙ וַיִּשַּׁק־ל֔וֹ וַיִּשְׁאֲל֥וּ אִישׁ־לְרֵעֵ֖הוּ לְשָׁל֑וֹם וַיָּבֹ֖אוּ הָאֹֽהֱלָה: ח וַיְסַפֵּ֤ר מֹשֶׁה֙ לְחֹ֣תְנ֔וֹ אֵת֩ כָּל־אֲשֶׁ֨ר עָשָׂ֤ה יְהֹוָה֙ לְפַרְעֹ֣ה וּלְמִצְרַ֔יִם עַ֖ל אוֹדֹ֣ת יִשְׂרָאֵ֑ל אֵ֤ת כָּל־הַתְּלָאָה֙ אֲשֶׁ֣ר מְצָאָ֣תַם בַּדֶּ֔רֶךְ וַיַּצִּלֵ֖ם יְהֹוָֽה: ט וַיִּ֣חַדְּ יִתְר֔וֹ עַ֥ל כָּל־הַטּוֹבָ֖ה אֲשֶׁר־עָשָׂ֥ה

א] **וַיִּשְׁמַע יִתְרוֹ.** מַה שְׁמוּעָה שָׁמַע? קְרִיעַת יַם סוּף וּמִלְחֶמֶת עֲמָלֵק: **יִתְרוֹ.** שִׁבְעָה שֵׁמוֹת נִקְרְאוּ לוֹ: רְעוּאֵל, יֶתֶר, יִתְרוֹ, חוֹבָב, חֶבֶר, קֵינִי, פּוּטִיאֵל. יֶתֶר, עַל שֵׁם שֶׁיִּתֵּר פָּרָשָׁה אַחַת בַּתּוֹרָה: "וְאַתָּה תֶחֱזֶה" (להלן פסוק כא), יִתְרוֹ, לִכְשֶׁנִּתְגַּיֵּר וְקִיֵּם הַמִּצְוֹת הוֹסִיפוּ לוֹ אוֹת; חוֹבָב, שֶׁחִבַּב אֶת

יח א וּשְׁמַע, יִתְרוֹ רַבָּא דְמִדְיָן חֲמוּהִי דְמֹשֶׁה, יָת כָּל דַּעֲבַד יְיָ לְמֹשֶׁה, וּלְיִשְׂרָאֵל עַמֵּיהּ, אֲרֵי
ב אַפֵּיק יְיָ, יָת יִשְׂרָאֵל מִמִּצְרָיִם: וּדְבַר, יִתְרוֹ חֲמוּהִי דְמֹשֶׁה, יָת צִפּוֹרָה אִתַּת מֹשֶׁה, בָּתַר
ג ד דְּשַׁלְחַהּ: וְיָת תְּרֵין בְּנַהָא, דְּשׁוּם חַד גֵּרְשׁוֹם, אֲרֵי אֲמַר, דַּיָּר הֲוֵיתִי, בַּאֲרַע נֻכְרָאָה: וְשׁוּם
ה חַד אֱלִיעֶזֶר, אֲרֵי אֱלָהֵיהּ דְּאַבָּא הֲוָה בְּסַעֲדִי, וְשֵׁיזְבַנִי מֵחַרְבָּא דְּפַרְעֹה: וַאֲתָא, יִתְרוֹ
חֲמוּהִי דְמֹשֶׁה, וּבְנוֹהִי וְאִתְּתֵיהּ לְוָת מֹשֶׁה, לְמַדְבְּרָא, דְּהוּא, שָׁרֵי תַּמָּן לְטוּרָא דְּאִתְגְּלִי
ו עֲלוֹהִי יְקָרָא דַּייָ: וַאֲמַר לְמֹשֶׁה, אֲנָא, חֲמוּךְ יִתְרוֹ אָתֵי לְוָתָךְ, וְאִתְּתָךְ, וּתְרֵין בְּנַהָא עִמַּהּ:
ז וּנְפַק מֹשֶׁה לְקַדָּמוּת חֲמוּהִי, וּסְגִיד וְנַשֵּׁיק לֵיהּ, וּשְׁאִילוּ גְּבַר לְחַבְרֵיהּ לִשְׁלָם, וְעָאלוּ
ח לְמַשְׁכְּנָא: וְאִשְׁתַּעִי מֹשֶׁה לַחֲמוּהִי, יָת כָּל דַּעֲבַד יְיָ לְפַרְעֹה וּלְמִצְרָאֵי, עַל עֵיסַק יִשְׂרָאֵל,
ט יָת כָּל עָקְתָא דְּאַשְׁכַּחַתְנוּן בְּאוֹרְחָא, וְשֵׁיזֵיבִנּוּן יְיָ: וַחֲדִי יִתְרוֹ, עַל כָּל טָבְתָא, דַּעֲבַד

הַתּוֹרָה, חוֹבָב הוּא יִתְרוֹ, שֶׁנֶּאֱמַר: "מִבְּנֵי חֹבָב חֹתֵן מֹשֶׁה" (שופטים ד, יא). וְיֵשׁ אוֹמְרִים: רְעוּאֵל אָבִיו שֶׁל יִתְרוֹ הָיָה, וּמַהוּ אוֹמֵר: "וַתָּבֹאנָה אֶל רְעוּאֵל אֲבִיהֶן" (לעיל ב, יח)? שֶׁהַתִּינוֹקוֹת קוֹרִין לַאֲבִי אֲבִיהֶן אַבָּא. בְּסִפְרֵי (בהעלותך עח): חֹתֵן מֹשֶׁה. כָּאן הָיָה יִתְרוֹ מִתְכַּבֵּד בְּמֹשֶׁה: אֲנִי חוֹתֵן הַמֶּלֶךְ, וּלְשֶׁעָבַר הָיָה מֹשֶׁה תּוֹלֶה הַגְּדֻלָּה בְּחָמִיו, שֶׁנֶּאֱמַר: "וַיָּשָׁב אֶל יֶתֶר חֹתְנוֹ" (לעיל ד, יח): לְמֹשֶׁה וּלְיִשְׂרָאֵל. שָׁקוּל מֹשֶׁה כְּנֶגֶד כָּל יִשְׂרָאֵל: אֵת כָּל אֲשֶׁר עָשָׂה. לָהֶם בִּירִידַת הַמָּן וּבַבְּאֵר וּבַעֲמָלֵק: כִּי הוֹצִיא ה' וְגוֹ'. זוֹ גְּדוֹלָה עַל כֻּלָּם:

ב| אַחַר שִׁלּוּחֶיהָ. כְּשֶׁאָמַר לוֹ הַקָּדוֹשׁ בָּרוּךְ הוּא בְּמִדְיָן: "לֵךְ שֻׁב מִצְרָיִם", "וַיִּקַּח מֹשֶׁה אֶת אִשְׁתּוֹ וְאֶת בָּנָיו" וְגוֹ' (לעיל ד, יט-כ), וַיֵּצֵא אַהֲרֹן לִקְרָאתוֹ "וַיִּפְגְּשֵׁהוּ בְּהַר הָאֱלֹהִים" (שם פסוק כז); אָמַר לוֹ: מִי הֵם הַלָּלוּ? אָמַר לוֹ: זוֹ אִשְׁתִּי שֶׁנָּשָׂאתִי בְּמִדְיָן וְאֵלּוּ בָּנַי. אָמַר לוֹ: וְהֵיכָן אַתָּה מוֹלִיכָן? אָמַר לוֹ: לְמִצְרַיִם. אָמַר לוֹ: עַל הָרִאשׁוֹנִים אָנוּ מִצְטַעֲרִים וְאַתָּה בָּא לְהוֹסִיף עֲלֵיהֶם? אָמַר לָהּ: לְכִי לְבֵית אָבִיךְ. נָטְלָה שְׁנֵי בָנֶיהָ וְהָלְכָה לָהּ:

ד| וַיַּצִּלֵנִי מֵחֶרֶב פַּרְעֹה. כְּשֶׁגִּלּוּ דָתָן וַאֲבִירָם עַל דְּבַר הַמִּצְרִי וּבִקֵּשׁ לַהֲרֹג אֶת מֹשֶׁה, נַעֲשָׂה צַוָּארוֹ כְּעַמּוּד שֶׁל שַׁיִשׁ:

ה| אֶל הַמִּדְבָּר. אַף אָנוּ יוֹדְעִים שֶׁבַּמִּדְבָּר הָיוּ, אֶלָּא בְּשִׁבְחוֹ שֶׁל יִתְרוֹ דִּבֵּר הַכָּתוּב, שֶׁהָיָה יוֹשֵׁב בִּכְבוֹדוֹ שֶׁל עוֹלָם, וְנִדְּבוֹ לִבּוֹ לָצֵאת אֶל הַמִּדְבָּר מְקוֹם תֹּהוּ לִשְׁמֹעַ דִּבְרֵי תוֹרָה:

ו| וַיֹּאמֶר אֶל מֹשֶׁה. עַל יְדֵי שָׁלִיחַ: אֲנִי חֹתֶנְךָ יִתְרוֹ וְגוֹ'. אִם אֵין אַתָּה יוֹצֵא בִּגְלָלִי צֵא בִּגְלַל אִשְׁתְּךָ, וְאִם אֵין אַתָּה יוֹצֵא בִּגְלַל אִשְׁתְּךָ צֵא בִּגְלַל שְׁנֵי בָנֶיהָ:

ז| וַיֵּצֵא מֹשֶׁה. כָּבוֹד גָּדוֹל נִתְכַּבֵּד יִתְרוֹ בְּאוֹתָהּ שָׁעָה; כֵּיוָן שֶׁיָּצָא מֹשֶׁה יָצָא אַהֲרֹן נָדָב וַאֲבִיהוּא, וּמִי הוּא שֶׁרָאָה אֶת אֵלּוּ יוֹצְאִין וְלֹא יָצָא?: וַיִּשְׁתַּחוּ וַיִּשַּׁק לוֹ. אֵינִי יוֹדֵעַ מִי הִשְׁתַּחֲוָה לְמִי, כְּשֶׁהוּא אוֹמֵר: "אִישׁ לְרֵעֵהוּ", מִי הַקָּרוּי "אִישׁ"? זֶה מֹשֶׁה (ראה במדבר יב, ג):

ח| וַיְסַפֵּר מֹשֶׁה לְחֹתְנוֹ. לִמְשֹׁךְ אֶת לִבּוֹ לְקָרְבוֹ לַתּוֹרָה: אֵת כָּל הַתְּלָאָה. שֶׁעַל הַיָּם וְשֶׁל עֲמָלֵק: הַתְּלָאָה. לָמֶ"ד אָלֶ"ף מִן הַיְסוֹד שֶׁל תֵּבָה, וְהַתָּי"ו הוּא תִּקּוּן וִיסוֹד הַנּוֹפֵל מִמֶּנּוּ לִפְרָקִים. וְכֵן: תְּרוּמָה, תְּנוּפָה, תְּקוּמָה, תְּנוּאָה:

ט| וַיִּחַדְּ יִתְרוֹ. וַיִּשְׂמַח יִתְרוֹ, זֶהוּ פְּשׁוּטוֹ. וּמִדְרָשׁוֹ, נַעֲשָׂה בְשָׂרוֹ חִדּוּדִין חִדּוּדִין, מֵיצֵר עַל אִבּוּד מִצְרַיִם. "הַיְינוּ דְּאָמְרֵי אֱנָשֵׁי: גִּיּוֹרָא, עַד עַשְׂרָה דָּרֵי לָא תְּבַזֵּי אֲרַמָּאָה בְּאַפֵּיהּ" (סנהדרין צד ע"א): עַל כָּל הַטּוֹבָה. טוֹבַת הַמָּן וְהַבְּאֵר וְהַתּוֹרָה. וְעַל כֻּלָּן "אֲשֶׁר הִצִּילוֹ מִיַּד מִצְרָיִם", עַד עַכְשָׁיו לֹא

שמות יח

יְהוָ֖ה לְיִשְׂרָאֵ֑ל אֲשֶׁ֥ר הִצִּיל֖וֹ מִיַּ֥ד מִצְרָֽיִם׃
י וַיֹּאמֶר֮ יִתְרוֹ֒ בָּר֣וּךְ יְהוָ֔ה אֲשֶׁ֨ר הִצִּ֥יל אֶתְכֶ֛ם מִיַּ֥ד מִצְרַ֖יִם וּמִיַּ֣ד פַּרְעֹ֑ה אֲשֶׁ֤ר הִצִּיל֙ אֶת־הָעָ֔ם מִתַּ֖חַת יַד־מִצְרָֽיִם׃
יא עַתָּ֣ה יָדַ֔עְתִּי כִּֽי־גָד֥וֹל יְהוָ֖ה מִכָּל־הָאֱלֹהִ֑ים כִּ֣י בַדָּבָ֔ר אֲשֶׁ֥ר זָד֖וּ עֲלֵיהֶֽם׃
יב וַיִּקַּ֞ח יִתְר֨וֹ חֹתֵ֥ן מֹשֶׁ֛ה עֹלָ֥ה וּזְבָחִ֖ים לֵֽאלֹהִ֑ים וַיָּבֹ֨א אַהֲרֹ֜ן וְכֹ֣ל ׀ זִקְנֵ֣י יִשְׂרָאֵ֗ל לֶאֱכָל־לֶ֛חֶם עִם־חֹתֵ֥ן מֹשֶׁ֖ה לִפְנֵ֥י הָאֱלֹהִֽים׃

שני יג וַֽיְהִי֙ מִֽמָּחֳרָ֔ת וַיֵּ֥שֶׁב מֹשֶׁ֖ה לִשְׁפֹּ֣ט אֶת־הָעָ֑ם וַיַּעֲמֹ֤ד הָעָם֙ עַל־מֹשֶׁ֔ה מִן־הַבֹּ֖קֶר עַד־הָעָֽרֶב׃
יד וַיַּרְא֙ חֹתֵ֣ן מֹשֶׁ֔ה אֵ֛ת כָּל־אֲשֶׁר־ה֥וּא עֹשֶׂ֖ה לָעָ֑ם וַיֹּ֗אמֶר מָֽה־הַדָּבָ֤ר הַזֶּה֙ אֲשֶׁ֨ר אַתָּ֤ה עֹשֶׂה֙ לָעָ֔ם מַדּ֗וּעַ אַתָּ֤ה יוֹשֵׁב֙ לְבַדֶּ֔ךָ וְכָל־הָעָ֛ם נִצָּ֥ב עָלֶ֖יךָ מִן־בֹּ֥קֶר עַד־עָֽרֶב׃
טו וַיֹּ֥אמֶר מֹשֶׁ֖ה לְחֹתְנ֑וֹ כִּֽי־יָבֹ֥א אֵלַ֛י הָעָ֖ם לִדְרֹ֥שׁ אֱלֹהִֽים׃
טז כִּֽי־יִהְיֶ֨ה לָהֶ֤ם דָּבָר֙ בָּ֣א אֵלַ֔י וְשָׁ֣פַטְתִּ֔י בֵּ֥ין אִ֖ישׁ וּבֵ֣ין רֵעֵ֑הוּ וְהוֹדַעְתִּ֛י אֶת־חֻקֵּ֥י הָאֱלֹהִ֖ים וְאֶת־תּוֹרֹתָֽיו׃
יז וַיֹּ֛אמֶר חֹתֵ֥ן מֹשֶׁ֖ה אֵלָ֑יו לֹא־טוֹב֙ הַדָּבָ֔ר אֲשֶׁ֥ר אַתָּ֖ה עֹשֶֽׂה׃
יח נָבֹ֣ל תִּבֹּ֔ל גַּם־אַתָּ֕ה גַּם־הָעָ֥ם הַזֶּ֖ה אֲשֶׁ֣ר עִמָּ֑ךְ כִּֽי־כָבֵ֤ד

הָיָה עֶבֶד יָכוֹל לִבְרֹחַ מִמִּצְרַיִם, שֶׁהָיְתָה הָאָרֶץ מְסֻגֶּרֶת, וַהֲלֹא יָצְאוּ שִׁשִּׁים רִבּוֹא: טז אֲשֶׁר הִצִּיל אֶתְכֶם מִיַּד מִצְרָיִם. אֻמָּה קָשָׁה: וּמִיַּד פַּרְעֹה. מֶלֶךְ קָשֶׁה: מִתַּחַת יַד מִצְרָיִם.

י יְיָ לְיִשְׂרָאֵל, דְּשֵׁיזֵיבִנּוּן מִידָא דְמִצְרָאֵי: וַאֲמַר יִתְרוֹ, בְּרִיךְ יְיָ, דְּשֵׁיזֵיב יָתְכוֹן, מִידָא דְמִצְרָאֵי
יא וּמִידָא דְפַרְעֹה, דְּשֵׁיזֵיב יָת עַמָּא, מִתְּחוֹת מָרוּת מִצְרָאֵי: כְּעַן יְדַעְנָא, אֲרֵי רַב יְיָ וְלֵית אֱלָהּ בַּר
יב מִנֵּיהּ, אֲרֵי בְּפִתְגָמָא, דְּחַשִׁיבוּ מִצְרָאֵי לְמִדַּן יָת יִשְׂרָאֵל בֵּיהּ דָּנִנּוּן: וְקָרֵיב, יִתְרוֹ חֲמוּהִי דְמֹשֶׁה,
עֲלָוָן וְנִכְסַת קֻדְשִׁין קֳדָם יְיָ, וַאֲתָא אַהֲרֹן, וְכֹל סָבֵי יִשְׂרָאֵל, לְמֵיכַל לַחְמָא, עִם חֲמוּהִי דְמֹשֶׁה
יג קֳדָם יְיָ: וַהֲוָה בְּיוֹמָא דְבָתְרוֹהִי, וִיתֵיב מֹשֶׁה לְמִדַּן יָת עַמָּא, וְקָם עַמָּא עִלָּווֹהִי דְמֹשֶׁה, מִן צַפְרָא
יד עַד רַמְשָׁא: וַחֲזָא חֲמוּהִי דְמֹשֶׁה, יָת, כָּל דְּהוּא עָבֵיד לְעַמָּא, וַאֲמַר, מָא פִתְגָמָא הָדֵין דְּאַתְּ
טו עָבֵיד לְעַמָּא, מָדֵין, אַתְּ יָתֵיב בִּלְחוֹדָךְ, וְכָל עַמָּא, קָיְמִין עִלָּוָךְ מִן צַפְרָא עַד רַמְשָׁא: וַאֲמַר
טז מֹשֶׁה לַחֲמוּהִי, אֲרֵי אָתַן לְוָתִי, עַמָּא לְמִתְבַּע אוּלְפָן מִן קֳדָם יְיָ: כַּד הָוֵי לְהוֹן דִּינָא אָתַן לְוָתִי,
יז וְדָאֵינְנָא, בֵּין גַּבְרָא וּבֵין חַבְרֵיהּ, וּמְהוֹדַעְנָא לְהוֹן, יָת קְיָמַיָּא דַיְיָ וְיָת אוֹרָיָתֵיהּ: וַאֲמַר, חֲמוּהִי
יח דְמֹשֶׁה לֵיהּ, לָא תָקִין פִּתְגָמָא, דְּאַתְּ עָבֵיד: מִלְאָה תִלְאֵי, אַף אַתְּ, אַף עַמָּא הָדֵין דְּעִמָּךְ, אֲרֵי

כְּתַרְגּוּמוֹ, לְשׁוֹן רִדּוּי וּמָרוּת הַיָּד שֶׁהָיוּ מַכְבִּידִים עֲלֵיהֶם, הִיא הָעֲבוֹדָה:

יא] **עַתָּה יָדַעְתִּי.** מַכִּירוֹ הָיִיתִי לְשֶׁעָבַר, וְעַכְשָׁיו בְּיוֹתֵר: **מִכָּל הָאֱלֹהִים.** מְלַמֵּד שֶׁהָיָה מַכִּיר בְּכָל עֲבוֹדָה זָרָה שֶׁבָּעוֹלָם, שֶׁלֹּא הִנִּיחַ עֲבוֹדָה זָרָה שֶׁלֹּא עֲבָדָהּ: **כִּי בַדָּבָר אֲשֶׁר זָדוּ עֲלֵיהֶם.** כְּתַרְגּוּמוֹ, בַּמַּיִם דִּמּוּ לְאַבְּדָם וְהֵם נֶאֶבְדוּ בַּמַּיִם: **אֲשֶׁר זָדוּ.** אֲשֶׁר הִרְשִׁיעוּ. וְרַבּוֹתֵינוּ דְּרָשׁוּהוּ לְשׁוֹן: "וַיָּזֶד יַעֲקֹב נָזִיד" (בראשית כה, כט), בַּקְּדֵרָה שֶׁבִּשְּׁלוּ בָּהּ נִתְבַּשְּׁלוּ:

יב] **עֹלָה.** כְּמַשְׁמָעָהּ, שֶׁהִיא כֻּלָּהּ כָּלִיל: **וּזְבָחִים.** שְׁלָמִים: **וַיָּבֹא אַהֲרֹן וְגוֹ'.** וּמֹשֶׁה הֵיכָן הָלַךְ? וַהֲלֹא הוּא שֶׁיָּצָא לִקְרָאתוֹ וְגָרַם לוֹ אֶת כָּל הַכָּבוֹד? אֶלָּא שֶׁהָיָה עוֹמֵד וּמְשַׁמֵּשׁ לִפְנֵיהֶם: **לִפְנֵי הָאֱלֹהִים.** מִכָּאן שֶׁהַנֶּהֱנֶה מִסְּעוּדָה שֶׁתַּלְמִידֵי חֲכָמִים מְסֻבִּין בָּהּ כְּאִלּוּ נֶהֱנֶה מִזִּיו הַשְּׁכִינָה:

יג] **וַיְהִי מִמָּחֳרָת.** מוֹצָאֵי יוֹם הַכִּפּוּרִים הָיָה, כָּךְ שָׁנִינוּ בְּסִפְרֵי (ראה מכילתא יתרו, עמלק א). וּמַהוּ "מִמָּחֳרָת"? לְמָחֳרַת רִדְתּוֹ מִן הָהָר. וְעַל כָּרְחֲךָ אִי אֶפְשָׁר לוֹמַר אֶלָּא מִמָּחֳרַת יוֹם הַכִּפּוּרִים, שֶׁהֲרֵי קֹדֶם מַתַּן תּוֹרָה אִי אֶפְשָׁר לוֹמַר "וְהוֹדַעְתִּי אֶת חֻקֵּי" וְגוֹ' (להלן פסוק טז), וּמִשֶּׁנִּתְּנָה תּוֹרָה עַד יוֹם הַכִּפּוּרִים לֹא יָשַׁב מֹשֶׁה לִשְׁפֹּט אֶת הָעָם, שֶׁהֲרֵי בְּשִׁבְעָה עָשָׂר בְּתַמּוּז יָרַד וְשִׁבֵּר אֶת הַלּוּחוֹת, וּלְמָחָר עָלָה בְּהַשְׁכָּמָה וְשָׁהָה שְׁמוֹנִים יוֹם וְיָרַד בְּיוֹם הַכִּפּוּרִים. וְאֵין פָּרָשָׁה זוֹ כְּתוּבָה כַּסֵּדֶר, שֶׁלֹּא נֶאֱמַר: "וַיְהִי מִמָּחֳרָת" עַד שָׁנָה שְׁנִיָּה. אַף לְדִבְרֵי הָאוֹמֵר יִתְרוֹ קֹדֶם מַתַּן תּוֹרָה בָּא, שִׁלּוּחוֹ אֶל אַרְצוֹ לֹא הָיָה אֶלָּא עַד שָׁנָה שְׁנִיָּה, שֶׁהֲרֵי נֶאֱמַר כָּאן: "וַיְשַׁלַּח מֹשֶׁה אֶת חֹתְנוֹ" (להלן פסוק כז), וּמָצִינוּ בְּמַסַּע הַדְּגָלִים שֶׁאָמַר לוֹ מֹשֶׁה: "נֹסְעִים אֲנַחְנוּ אֶל הַמָּקוֹם וְגוֹ' אַל נָא תַּעֲזֹב אֹתָנוּ" (במדבר י, כט-לא), וְאִם זֶה קֹדֶם מַתַּן תּוֹרָה, מִשֶּׁשִּׁלְּחוֹ וְהָלַךְ הֵיכָן מָצִינוּ שֶׁחָזַר? וְאִם תֹּאמַר, שָׁם לֹא נֶאֱמַר יִתְרוֹ אֶלָּא חוֹבָב, וּבְנוֹ שֶׁל יִתְרוֹ הָיָה – הוּא חוֹבָב הוּא יִתְרוֹ, שֶׁהֲרֵי כָּתוּב: "מִבְּנֵי חֹבָב חֹתֵן מֹשֶׁה" (שופטים ד, יא): **וַיֵּשֶׁב מֹשֶׁה... וַיַּעֲמֹד הָעָם.** יוֹשֵׁב כְּמֶלֶךְ וְכֻלָּן עוֹמְדִים, וְהֻקְשָׁה הַדָּבָר לְיִתְרוֹ שֶׁהָיָה מְזַלְזֵל בִּכְבוֹדָן שֶׁל יִשְׂרָאֵל וְהוֹכִיחוֹ עַל כָּךְ, שֶׁנֶּאֱמַר: "מַדּוּעַ אַתָּה יוֹשֵׁב לְבַדֶּךָ" וְכֻלָּם נִצָּבִים: **מִן הַבֹּקֶר עַד הָעָרֶב.** אֶפְשָׁר לוֹמַר כֵּן?! אֶלָּא כָּל דַּיָּן שֶׁדָּן דִּין אֱמֶת לַאֲמִתּוֹ אֲפִלּוּ שָׁעָה אַחַת מַעֲלֶה עָלָיו הַכָּתוּב כְּאִלּוּ עוֹסֵק בַּתּוֹרָה כָּל הַיּוֹם, וּכְאִלּוּ נַעֲשָׂה שֻׁתָּף לְהַקָּדוֹשׁ בָּרוּךְ הוּא בְּמַעֲשֵׂה בְרֵאשִׁית שֶׁנֶּאֱמַר בּוֹ: "וַיְהִי עֶרֶב וַיְהִי בֹקֶר יוֹם אֶחָד" (בראשית א, ה):

טו] **כִּי יָבֹא.** כִּי בָא, לְשׁוֹן הֹוֶה, "לְמִתְבַּע אֻלְפָן", לִשְׁאֹל תַּלְמוּד מִפִּי הַגְּבוּרָה:

טז] **כִּי יִהְיֶה לָהֶם דָּבָר.** מִי שֶׁיִּהְיֶה לוֹ דָּבָר בָּא אֵלַי:

יז] **וַיֹּאמֶר חֹתֵן מֹשֶׁה.** דֶּרֶךְ כָּבוֹד קוֹרֵהוּ הַכָּתוּב, חוֹתְנוֹ שֶׁל מֶלֶךְ:

יח] **נָבֹל תִּבֹּל.** כְּתַרְגּוּמוֹ. וּלְשׁוֹנוֹ לְשׁוֹן כְּמִישָׁה, פלייסטר"א בְּלַעַז, כְּמוֹ: "וְהֶעָלֶה נָבֵל" (ירמיה ח, יג), "כִּנְבֹל עָלֶה מִגֶּפֶן" (ישעיה לד, ד), שֶׁהוּא כָּמוּשׁ עַל יְדֵי חַמָּה וְעַל יְדֵי קֶרַח וְכֹחוֹ תָּשׁ וְנִלְאֶה: **גַּם אַתָּה.** לְרַבּוֹת אַהֲרֹן וְחוּר וְשִׁבְעִים זְקֵנִים: **כִּי כָבֵד מִמְּךָ.** כָּבְדּוֹ רַב יוֹתֵר מִכֹּחֲךָ:

מִמְּךָ֙ הַדָּבָ֔ר לֹא־תוּכַ֥ל עֲשֹׂ֖הוּ לְבַדֶּֽךָ׃ עַתָּ֞ה יט
שְׁמַ֤ע בְּקֹלִי֙ אִיעָ֣צְךָ֔ וִיהִ֥י אֱלֹהִ֖ים עִמָּ֑ךְ הֱיֵ֧ה אַתָּ֣ה
לָעָ֗ם מ֚וּל הָֽאֱלֹהִ֔ים וְהֵבֵאתָ֥ אַתָּ֛ה אֶת־הַדְּבָרִ֖ים
אֶל־הָאֱלֹהִֽים׃ וְהִזְהַרְתָּ֣ה אֶתְהֶ֔ם אֶת־הַחֻקִּ֖ים כ
וְאֶת־הַתּוֹרֹ֑ת וְהוֹדַעְתָּ֣ לָהֶ֗ם אֶת־הַדֶּ֙רֶךְ֙ יֵ֣לְכוּ בָ֔הּ
וְאֶת־הַֽמַּעֲשֶׂ֖ה אֲשֶׁ֥ר יַעֲשֽׂוּן׃ וְאַתָּ֣ה תֶחֱזֶ֣ה מִכָּל־ כא
הָ֠עָם אַנְשֵׁי־חַ֜יִל יִרְאֵ֧י אֱלֹהִ֛ים אַנְשֵׁ֥י אֱמֶ֖ת שֹׂ֣נְאֵי
בָ֑צַע וְשַׂמְתָּ֣ עֲלֵהֶ֗ם שָׂרֵ֤י אֲלָפִים֙ שָׂרֵ֣י מֵא֔וֹת
שָׂרֵ֥י חֲמִשִּׁ֖ים וְשָׂרֵ֥י עֲשָׂרֹֽת׃ וְשָׁפְט֣וּ אֶת־הָעָם֮ כב
בְּכָל־עֵת֒ וְהָיָ֞ה כָּל־הַדָּבָ֤ר הַגָּדֹל֙ יָבִ֣יאוּ אֵלֶ֔יךָ
וְכָל־הַדָּבָ֥ר הַקָּטֹ֖ן יִשְׁפְּטוּ־הֵ֑ם וְהָקֵל֙ מֵֽעָלֶ֔יךָ
וְנָשְׂא֖וּ אִתָּֽךְ׃ אִ֣ם אֶת־הַדָּבָ֤ר הַזֶּה֙ תַּעֲשֶׂ֔ה וְצִוְּךָ֣ כג
אֱלֹהִ֔ים וְיָֽכָלְתָּ֖ עֲמֹ֑ד וְגַם֙ כָּל־הָעָ֣ם הַזֶּ֔ה עַל־
שלישי מְקֹמ֖וֹ יָבֹ֥א בְשָׁלֽוֹם׃ וַיִּשְׁמַ֥ע מֹשֶׁ֖ה לְק֣וֹל חֹתְנ֑וֹ כד
וַיַּ֕עַשׂ כֹּ֖ל אֲשֶׁ֥ר אָמָֽר׃ וַיִּבְחַ֨ר מֹשֶׁ֜ה אַנְשֵׁי־חַ֙יִל֙ כה
מִכָּל־יִשְׂרָאֵ֔ל וַיִּתֵּ֥ן אֹתָ֛ם רָאשִׁ֖ים עַל־הָעָ֑ם שָׂרֵ֤י
אֲלָפִים֙ שָׂרֵ֣י מֵא֔וֹת שָׂרֵ֥י חֲמִשִּׁ֖ים וְשָׂרֵ֥י עֲשָׂרֹֽת׃
וְשָׁפְט֥וּ אֶת־הָעָ֖ם בְּכָל־עֵ֑ת אֶת־הַדָּבָ֤ר הַקָּשֶׁה֙ כו
יְבִיא֣וּן אֶל־מֹשֶׁ֔ה וְכָל־הַדָּבָ֥ר הַקָּטֹ֖ן יִשְׁפּוּט֥וּ
הֵֽם׃ וַיְשַׁלַּ֥ח מֹשֶׁ֖ה אֶת־חֹתְנ֑וֹ וַיֵּ֥לֶךְ ל֖וֹ אֶל־ כז
אַרְצֽוֹ׃

יתרו

יט א בַּחֹ֨דֶשׁ֙ הַשְּׁלִישִׁ֔י לְצֵ֥את בְּנֵֽי־יִשְׂרָאֵ֖ל מֵאֶ֣רֶץ רביעי
ב מִצְרָ֑יִם בַּיּ֣וֹם הַזֶּ֔ה בָּ֖אוּ מִדְבַּ֥ר סִינָֽי׃ וַיִּסְע֣וּ
מֵרְפִידִ֗ים וַיָּבֹ֨אוּ֙ מִדְבַּ֣ר סִינַ֔י וַֽיַּחֲנ֖וּ בַּמִּדְבָּ֑ר

יט יַקִּיר מִנָּךְ פִּתְגָּמָא, לָא תִכּוּל לְמֶעְבְּדֵיהּ בִּלְחוֹדָךְ: כְּעַן, קַבֵּיל מִנִּי אַמְלְכִנָּךְ, וִיהֵי מֵימְרָא דַּיְיָ
כ בְּסַעְדָּךְ, הֱוִי אַתְּ לְעַמָּא, תָּבַע אֻלְפָּן מִן קֳדָם יְיָ, וּתְהֵי מֵיתֵי אַתְּ, יָת פִּתְגָּמַיָּא לִקְדָם יְיָ: וְתַזְהַר
יָתְהוֹן, יָת קְיָמַיָּא וְיָת אוֹרָיָתָא, וּתְהוֹדַע לְהוֹן, יָת אוֹרְחָא דִּיהָכוּן בַּהּ, וְיָת עוֹבָדָא דְּיַעְבְּדוּן:
כא וְאַתְּ תֶּחֱזֵי מִכָּל עַמָּא, גֻּבְרִין דְּחֵילָא דַּחֲלַיָּא דַּיְיָ, גֻּבְרִין דְּקֻשּׁוֹט דְּסָנַן לְקַבָּלָא מָמוֹן, וּתְמַנֵּי
כב עֲלֵיהוֹן, רַבָּנֵי אַלְפֵי רַבָּנֵי מָאוָתָא, רַבָּנֵי חַמְשִׁין וְרַבָּנֵי עֲסוֹרְיָתָא: וִידִינוּן יָת עַמָּא בְּכָל עִדָּן,
כג וִיהֵי, כָּל פִּתְגָּם רַב יַיְתוֹן לְוָתָךְ, וְכָל פִּתְגָּם זְעֵיר יְדִינוּן אִנּוּן, וְיֵיקְלוּן מִנָּךְ, וִיסוֹבְרוּן עִמָּךְ: אִם
יָת פִּתְגָּמָא הָדֵין תַּעֲבֵיד, וִיפַקְּדִנָּךְ יְיָ, וְתִכּוּל לִמְקָם, וְאַף כָּל עַמָּא הָדֵין, עַל אַתְרֵיהּ יְהָךְ
כד כה בִּשְׁלָם: וְקַבֵּיל מֹשֶׁה לְמֵימַר חֲמוּהִי, וַעֲבַד, כָּל דַּאֲמַר: וּבְחַר מֹשֶׁה גֻּבְרִין דְּחֵילָא מִכָּל
יִשְׂרָאֵל, וּמַנִּי יָתְהוֹן, רֵישִׁין עַל עַמָּא, רַבָּנֵי אַלְפֵי רַבָּנֵי מָאוָתָא, רַבָּנֵי חַמְשִׁין וְרַבָּנֵי עֲסוֹרְיָתָא:
כו כז וְדָיְנִין יָת עַמָּא בְּכָל עִדָּן, יָת פִּתְגָּם קְשֵׁי מֵיתַן לְוָת מֹשֶׁה, וְכָל פִּתְגָּם זְעֵיר דָּיְנִין אִנּוּן: וְשַׁלַּח
יט א מֹשֶׁה יָת חֲמוּהִי, וַאֲזַל לֵיהּ לְאַרְעֵיהּ: בְּיַרְחָא תְלִיתָאָה, לְמִפַּק בְּנֵי יִשְׂרָאֵל מֵאַרְעָא דְמִצְרָיִם,
ב בְּיוֹמָא הָדֵין, אֲתוֹ לְמַדְבְּרָא דְסִינָי: וּנְטַלוּ מֵרְפִידִים, וַאֲתוֹ לְמַדְבְּרָא דְסִינַי, וּשְׁרוֹ בְּמַדְבְּרָא,

יט) אִיעָצְךָ וִיהִי אֱלֹהִים עִמָּךְ. בְּעֵצָה, אָמַר לוֹ: צֵא הִמָּלֵךְ בַּגְּבוּרָה: הֱיֵה אַתָּה לָעָם מוּל הָאֱלֹהִים. שָׁלִיחַ וּמֵלִיץ בֵּינוֹתָם לַמָּקוֹם וְשׁוֹאֵל מִשְׁפָּטִים מֵאִתּוֹ: אֶת הַדְּבָרִים. דִּבְרֵי רִיבוֹתָם:

כא) וְאַתָּה תֶחֱזֶה. בְּרוּחַ הַקֹּדֶשׁ שֶׁעָלֶיךָ: אַנְשֵׁי חַיִל. עֲשִׁירִים, שֶׁאֵין צְרִיכִין לְהַחֲנִיף וּלְהַכִּיר פָּנִים: אַנְשֵׁי אֱמֶת. אֵלּוּ בַּעֲלֵי הַבְטָחָה שֶׁהֵם כְּדַאי לִסְמֹךְ עַל דִּבְרֵיהֶם, שֶׁעַל יְדֵי כָךְ יִהְיוּ דִּבְרֵיהֶם נִשְׁמָעִין: שֹׂנְאֵי בָצַע. שֶׁשּׂוֹנְאִים אֶת מָמוֹנָם בַּדִּין, כְּהַהִיא דַּאֲמְרִינַן: כָּל דַּיָּנָא דְּמַפְּקִין מָמוֹנָא מִנֵּיהּ בְּדִינָא לָאו דַּיָּנָא הוּא: שָׂרֵי אֲלָפִים. הֵם הָיוּ שֵׁשׁ מֵאוֹת שָׂרִים לְשֵׁשׁ מֵאוֹת אֶלֶף: שָׂרֵי מֵאוֹת. שֵׁשֶׁת אֲלָפִים הָיוּ: שָׂרֵי חֲמִשִּׁים. שְׁנֵים עָשָׂר אֶלֶף: וְשָׂרֵי עֲשָׂרֹת. שִׁשִּׁים אֶלֶף:

כב) וְשָׁפְטוּ. "וִידוּנוּן", לְשׁוֹן צִוּוּי: וְהָקֵל מֵעָלֶיךָ. דָּבָר זֶה לְהָקֵל מֵעָלֶיךָ. "וְהָקֵל" כְּמוֹ: "וְהַכְבֵּד אֶת לִבּוֹ" (לעיל ח, יא), "וְהַכּוֹת אֶת מוֹאָב" (מלכים ב׳ ג, כד), לְשׁוֹן הוֹוֶה:

כג) וְצִוְּךָ אֱלֹהִים וְיָכָלְתָּ עֲמֹד. הִמָּלֵךְ בַּגְּבוּרָה, אִם מְצַוֶּה אוֹתְךָ לַעֲשׂוֹת כֵּן – תּוּכַל לַעֲמֹד, וְאִם יְעַכֵּב עַל יָדְךָ – לֹא תוּכַל לַעֲמֹד: וְגַם כָּל הָעָם הַזֶּה. אַהֲרֹן נָדָב וַאֲבִיהוּא וְשִׁבְעִים זְקֵנִים הַנִּלְוִים עַתָּה עִמָּךְ:

כו) וְשָׁפְטוּ. "וְדָיְנִין יָת עַמָּא": יְבִיאוּן. "מֵיתַן": יִשְׁפּוּטוּ הֵם. כְּמוֹ יִשְׁפְּטוּ. וְכֵן: "לֹא תַעֲבוּרִי" (רות ב, ח) כְּמוֹ לֹא תַעַבְרִי. וְתַרְגּוּמוֹ: "דָּיְנִין אִנּוּן". מִקְרָאוֹת הָעֶלְיוֹנִים (לעיל פסוק כב) הָיוּ לְשׁוֹן צִוּוּי, לְכָךְ מְתַרְגְּמִין: וִידוּנוּן, יַיְתוֹן, יְדוּנוּן, וּמִקְרָאוֹת הַלָּלוּ לְשׁוֹן עֲשִׂיָּה:

כז) וַיֵּלֶךְ לוֹ אֶל אַרְצוֹ. לְגַיֵּר בְּנֵי מִשְׁפַּחְתּוֹ:

פרק יט

א) בַּיּוֹם הַזֶּה. בְּרֹאשׁ חֹדֶשׁ. לֹא הָיָה צָרִיךְ לִכְתֹּב אֶלָּא 'בַּיּוֹם הַהוּא', מַהוּ "בַּיּוֹם הַזֶּה"? שֶׁיִּהְיוּ דִּבְרֵי תוֹרָה חֲדָשִׁים עָלֶיךָ כְּאִלּוּ הַיּוֹם נְתָנוּ:

ב) וַיִּסְעוּ מֵרְפִידִים. מַה תַּלְמוּד לוֹמַר לַחֲזֹר וּלְפָרֵשׁ מֵהֵיכָן נָסְעוּ? וַהֲלֹא כְּבָר כָּתַב שֶׁבִּרְפִידִים הָיוּ חוֹנִים (לעיל יז, א), בְּיָדוּעַ שֶׁמִּשָּׁם נָסְעוּ! אֶלָּא לְהַקִּישׁ נְסִיעָתָן מֵרְפִידִים לְבִיאָתָן לְמִדְבַּר סִינַי;

שמות יט

ג וַיִּחַן־שָׁם יִשְׂרָאֵל נֶגֶד הָהָר: וּמֹשֶׁה עָלָה אֶל־הָאֱלֹהִים וַיִּקְרָא אֵלָיו יְהֹוָה מִן־הָהָר לֵאמֹר כֹּה תֹאמַר לְבֵית יַעֲקֹב וְתַגֵּיד לִבְנֵי יִשְׂרָאֵל:
ד אַתֶּם רְאִיתֶם אֲשֶׁר עָשִׂיתִי לְמִצְרָיִם וָאֶשָּׂא אֶתְכֶם עַל־כַּנְפֵי נְשָׁרִים וָאָבִא אֶתְכֶם אֵלָי:
ה וְעַתָּה אִם־שָׁמוֹעַ תִּשְׁמְעוּ בְּקֹלִי וּשְׁמַרְתֶּם אֶת־בְּרִיתִי וִהְיִיתֶם לִי סְגֻלָּה מִכָּל־הָעַמִּים כִּי־לִי כָּל־הָאָרֶץ:
ו וְאַתֶּם תִּהְיוּ־לִי מַמְלֶכֶת כֹּהֲנִים וְגוֹי קָדוֹשׁ אֵלֶּה הַדְּבָרִים אֲשֶׁר תְּדַבֵּר אֶל־בְּנֵי יִשְׂרָאֵל:
חמישי ז וַיָּבֹא מֹשֶׁה וַיִּקְרָא לְזִקְנֵי הָעָם וַיָּשֶׂם לִפְנֵיהֶם אֵת כָּל־הַדְּבָרִים הָאֵלֶּה אֲשֶׁר צִוָּהוּ יְהֹוָה:
ח וַיַּעֲנוּ כָל־הָעָם יַחְדָּו וַיֹּאמְרוּ כֹּל אֲשֶׁר־דִּבֶּר יְהֹוָה נַעֲשֶׂה וַיָּשֶׁב מֹשֶׁה אֶת־דִּבְרֵי הָעָם אֶל־יְהֹוָה:
ט וַיֹּאמֶר יְהֹוָה אֶל־מֹשֶׁה הִנֵּה אָנֹכִי בָּא אֵלֶיךָ בְּעַב הֶעָנָן בַּעֲבוּר יִשְׁמַע הָעָם בְּדַבְּרִי עִמָּךְ וְגַם־בְּךָ יַאֲמִינוּ לְעוֹלָם וַיַּגֵּד מֹשֶׁה אֶת־דִּבְרֵי הָעָם אֶל־יְהֹוָה:
י וַיֹּאמֶר יְהֹוָה אֶל־מֹשֶׁה לֵךְ אֶל־הָעָם וְקִדַּשְׁתָּם הַיּוֹם וּמָחָר וְכִבְּסוּ שִׂמְלֹתָם:
יא וְהָיוּ נְכֹנִים לַיּוֹם הַשְּׁלִישִׁי כִּי ׀ בַּיּוֹם הַשְּׁלִישִׁי יֵרֵד יְהֹוָה

מַה בִּיאָתָן לְמִדְבַּר סִינַי בִּתְשׁוּבָה אַף נְסִיעָתָן מֵרְפִידִים בִּתְשׁוּבָה: וַיִּחַן שָׁם יִשְׂרָאֵל. כְּאִישׁ אֶחָד בְּלֵב אֶחָד, אֲבָל שְׁאָר כָּל הַחֲנִיּוֹת בְּתַרְעֹמֶת וּבְמַחֲלֹקֶת: נֶגֶד הָהָר. לְמִזְרָחוֹ, וְכָל מָקוֹם שֶׁאַתָּה מוֹצֵא 'נֶגֶד' – פָּנִים לַמִּזְרָח:
ג) וּמֹשֶׁה עָלָה. בַּיּוֹם הַשֵּׁנִי, וְכָל עֲלִיּוֹתָיו בְּהַשְׁכָּמָה

ג ושרא תמן ישראל לקביל טורא: ומשה סליק לקדם יי, וקרא ליה יי מן טורא למימר, כדין
ד תימר לבית יעקב, ותחוי לבני ישראל: אתון חזיתון, דעבדית למצראי, ואטילית יתכון
ה כד על גדפי נשרין, וקריבית יתכון לפלחני: וכען, אם קבלא תקבלון למימרי, ותטרון
ו ית קימי, ותהון קדמי חביבין מכל עממיא, ארי דילי כל ארעא: ואתון תהון קדמי, מלכין
ז כהנין ועם קדיש, אלין פתגמיא, דתמליל עם בני ישראל: ואתא משה, וקרא לסבי עמא,
ח וסדר קדמיהון, ית כל פתגמיא האלין, דפקדיה יי: ואתיבו כל עמא כחדא ואמרו,
ט כל, דמליל יי נעביד, ואתיב משה, ית פתגמי עמא לקדם יי: ואמר יי למשה, הא אנא,
מתגלי לך בעיבא דעננא, בדיל, דישמע עמא במללותי עמך, ואף בך יהימנון לעלם,
י וחוי משה, ית פתגמי עמא לקדם יי: ואמר יי למשה איזיל לות עמא, ותזמינינון יומא דין
יא ומחר, ויחורון לבושיהון: ויהון זמינין ליומא תליתאה, ארי ביומא תליתאה, יתגלי יי,

היו, שנאמר: "וישכם משה בבקר" (להלן לד, ד): **כה תאמר.** בלשון הזה וכסדר הזה: **לבית יעקב.** אלו הנשים, תאמר להן בלשון רכה: **ותגיד לבני ישראל.** ענשין ודקדוקין פרש לזכרים, דברים הקשין כגידין:

ד) **אתם ראיתם.** ולא מסרת היא בידכם בדברים אשר עשיתי במצרים, על כמה עברות היו חיבין לי קדם שנזדוגו לכם, ולא נפרעתי מהם אלא על ידכם: **ואשא אתכם.** זה יום שבאו ישראל לרעמסס, שהיו ישראל מפזרין בכל ארץ גשן, ולשעה קלה כשבאו לסע ולצאת נקבצו כלם לרעמסס. ואונקלוס תרגם "ואשא" כמו ואסיע אתכם: "ואטילית יתכון", תקן את הדבור דרך כבוד למעלה: **על כנפי נשרים.** כנשר הנושא גוזליו על כנפיו, שכל שאר העופות נותנים את בניהם בין רגליהם, לפי שמתיראין מעוף אחר שפורח על גביהם, אבל הנשר הזה אינו מתירא אלא מן האדם שמא יזרק בו חץ, לפי שאין עוף פורח על גביו, לכך נותנו על כנפיו, אומר: מוטב יכנס החץ בי ולא בבני. אף אני עשיתי כן: "ויסע מלאך האלהים וגו' ויבא בין מחנה מצרים" וגו' (לעיל יד, יט-כ), והיו מצרים זורקים חצים ואבני בליסטראות והענן מקבלם: **ואבא אתכם אלי.** כתרגומו:

ה) **ועתה.** אם עתה תקבלו עליכם יערב לכם מכאן ואילך, שכל התחלות קשות: **ושמרתם את בריתי.** שאכרת עמכם על שמירת התורה: **סגלה.** אוצר חביב, כמו: "וסגלת מלכים" (קהלת ב, ח), כלי יקר ואבנים טובות שהמלכים גונזים אותם, כך אתם לי סגלה משאר אמות. ולא תאמרו, אתם לבדכם שלי ואין לי אחרים עמכם, ומה יש לי עוד שתהא חבתכם נכרת? – "כי לי כל הארץ", והם בעיני ולפני לכלום:

ו) **ואתם תהיו לי ממלכת כהנים.** שרים, כמה דאת אמר: "ובני דוד כהנים היו" (שמואל ב' ח, יח): **אלה הדברים.** לא פחות ולא יותר:

ח) **וישב משה את דברי העם וגו'.** ביום המחרת שהוא שלישי, שהרי בהשכמה עלה. וכי צריך היה משה להשיב? אלא בא הכתוב ללמדך דרך ארץ ממשה, שלא אמר: הואיל ויודע מי ששלחני, איני צריך להשיב:

ט) **בעב הענן.** במעבה הענן, וזהו ערפל: **וגם בך.** גם בנביאים הבאים אחריך: **ויגד משה את דברי וגו'.** ביום המחרת שהוא רביעי לחדש: **את דברי העם וגו'.** תשובה על דבר זה שמעתי מהם, שרצונם לשמע ממך, אינו דומה השומע מפי שליח לשומע מפי המלך, רצוננו לראות את מלכנו:

י) **וקדשתם.** וזמנתם, שיכינו עצמם "היום ומחר":

יא) **והיו נכנים.** מאשה: **ליום השלישי.** שהוא ששה בחדש, ובחמישי בנה משה את המזבח תחת ההר ושתים עשרה מצבה, כל הענין האמור בפרשת ואלה המשפטים (להלן פרק כד),

שמות יט

לְעֵינֵ֥י כָל־הָעָ֖ם עַל־הַ֥ר סִינָֽי: וְהִגְבַּלְתָּ֤ אֶת־הָעָם֙ יב
סָבִ֣יב לֵאמֹ֔ר הִשָּׁמְר֥וּ לָכֶ֛ם עֲל֥וֹת בָּהָ֖ר וּנְגֹ֣עַ
בְּקָצֵ֑הוּ כָּל־הַנֹּגֵ֥עַ בָּהָ֖ר מ֥וֹת יוּמָֽת: לֹא־תִגַּ֨ע יג
בּ֜וֹ יָ֗ד כִּֽי־סָק֤וֹל יִסָּקֵל֙ אוֹ־יָרֹ֣ה יִיָּרֶ֔ה אִם־בְּהֵמָ֥ה
אִם־אִ֖ישׁ לֹ֣א יִחְיֶ֑ה בִּמְשֹׁךְ֙ הַיֹּבֵ֔ל הֵ֖מָּה יַעֲל֥וּ
בָהָֽר: וַיֵּ֧רֶד מֹשֶׁ֛ה מִן־הָהָ֖ר אֶל־הָעָ֑ם וַיְקַדֵּשׁ֙ יד
אֶת־הָעָ֔ם וַֽיְכַבְּס֖וּ שִׂמְלֹתָֽם: וַיֹּ֨אמֶר֙ אֶל־הָעָ֔ם טו
הֱי֥וּ נְכֹנִ֖ים לִשְׁלֹ֣שֶׁת יָמִ֑ים אַֽל־תִּגְּשׁ֖וּ אֶל־אִשָּֽׁה:
וַיְהִי֩ בַיּ֨וֹם הַשְּׁלִישִׁ֜י בִּֽהְיֹ֣ת הַבֹּ֗קֶר וַיְהִי֩ קֹלֹ֨ת טז
וּבְרָקִ֜ים וְעָנָ֤ן כָּבֵד֙ עַל־הָהָ֔ר וְקֹ֥ל שֹׁפָ֖ר חָזָ֣ק
מְאֹ֑ד וַיֶּחֱרַ֥ד כָּל־הָעָ֖ם אֲשֶׁ֥ר בַּֽמַּחֲנֶֽה: וַיּוֹצֵ֨א יז
מֹשֶׁ֧ה אֶת־הָעָ֛ם לִקְרַ֥את הָֽאֱלֹהִ֖ים מִן־הַֽמַּחֲנֶ֑ה
וַיִּֽתְיַצְּב֖וּ בְּתַחְתִּ֥ית הָהָֽר: וְהַ֤ר סִינַי֙ עָשַׁ֣ן כֻּלּ֔וֹ יח
מִ֠פְּנֵ֠י אֲשֶׁ֨ר יָרַ֥ד עָלָ֛יו יְהֹוָ֖ה בָּאֵ֑שׁ וַיַּ֤עַל עֲשָׁנוֹ֙
כְּעֶ֣שֶׁן הַכִּבְשָׁ֔ן וַיֶּחֱרַ֥ד כָּל־הָהָ֖ר מְאֹֽד: וַיְהִי֙ ק֣וֹל יט
הַשֹּׁפָ֔ר הוֹלֵ֖ךְ וְחָזֵ֣ק מְאֹ֑ד מֹשֶׁ֣ה יְדַבֵּ֔ר וְהָאֱלֹהִ֖ים
יַעֲנֶ֥נּוּ בְקֽוֹל: וַיֵּ֧רֶד יְהֹוָ֛ה עַל־הַ֥ר סִינַ֖י אֶל־רֹ֣אשׁ כ

וְאֵין מִקְדָּם וּמְאֻחָר בַּתּוֹרָה: לְעֵינֵי כָל הָעָם. מְלַמֵּד שֶׁלֹּא הָיָה בָהֶם סוּמָא, שֶׁנִּתְרַפְּאוּ כֻלָּם:

יב) וְהִגְבַּלְתָּ. קְבַע לָהֶם תְּחוּמִין לְסִימָן, שֶׁלֹּא יִקְרְבוּ מִן הַגְּבוּל וָהָלְאָה: לֵאמֹר. הַגְּבוּל אוֹמֵר לָהֶם: הִשָּׁמְרוּ מֵעֲלוֹת מִכָּאן וּלְהָלְאָן, וְאַתָּה הַזְהִירֵם עַל כָּךְ: וּנְגֹעַ בְּקָצֵהוּ. אֲפִלּוּ בְּקָצֵהוּ:

יג) יָרֹה יִיָּרֶה. מִכָּאן לַנִּסְקָלִין שֶׁהֵם נִדְחִין לְמַטָּה מִבֵּית הַסְּקִילָה, שֶׁהָיְתָה גְבוֹהָה שְׁתֵּי קוֹמוֹת: יִיָּרֶה. יֻשְׁלַךְ לְמַטָּה לָאָרֶץ, כְּמוֹ: "יָרָה בַיָּם" (לעיל טו, ד): בִּמְשֹׁךְ הַיֹּבֵל. כְּשֶׁיִּמְשֹׁךְ הַיּוֹבֵל קוֹל אָרֹךְ, הוּא סִימָן סִלּוּק שְׁכִינָה וְהַפְסָקַת הַקּוֹל, וְכֵיוָן שֶׁאֶסְתַּלֵּק הֵם רַשָּׁאִין לַעֲלוֹת:

יב לְעֵינֵי כָּל עַמָּא עַל טוּרָא דְּסִינָי: וּתְתַחֵים יָת עַמָּא סְחוֹר סְחוֹר לְמֵימַר, אִסְתַּמַּרוּ לְכוֹן,
יג מִלְּמִסַּק בְּטוּרָא וּלְמִקְרַב בְּסוֹפֵיהּ, כָּל דְּיִקְרַב בְּטוּרָא אִתְקְטָלָא יִתְקְטִיל: לָא תִקְרַב בֵּיהּ
יַד, אֲרֵי אִתְרְגָמָא יִתְרְגֵים אוֹ אִשְׁתְּדָאָה יִשְׁתְּדֵי, אִם בְּעִירָא אִם אֱנָשָׁא לָא יִתְקַיַּם, בְּמֵיגַד
יד שׁוֹפָרָא, אִנּוּן מָרְשַׁן לְמִסַּק בְּטוּרָא: וּנְחַת מֹשֶׁה, מִן טוּרָא לְוָת עַמָּא, וְזָמֵין יָת עַמָּא, וְחַוַּרוּ
טו טז לְבוּשֵׁיהוֹן: וַאֲמַר לְעַמָּא, הֲווֹ זְמִינִין לִתְלָתָא יוֹמִין, לָא תִקְרְבוּן לְצַד אִתְּתָא: וַהֲוָה בְּיוֹמָא
תְּלִיתָאָה בְּמִהְוֵי צַפְרָא, וַהֲווֹ קָלִין וּבַרְקִין, וַעֲנָנָא תַּקִּיף עַל טוּרָא, וְקָל שׁוֹפָרָא תַּקִּיף
יז לַחְדָּא, וְזָע כָּל עַמָּא דִּבְמַשְׁרִיתָא: וְאַפֵּיק מֹשֶׁה יָת עַמָּא, לְקַדָּמוּת מֵימְרָא דַּיְיָ מִן מַשְׁרִיתָא,
יח וְאִתְעַתַּדוּ בְּשִׁפּוֹלֵי טוּרָא: וְטוּרָא דְּסִינַי תָּנַן כֻּלֵּיהּ, מִן קֳדָם, דְּאִתְגְּלִי עֲלוֹהִי, יי בְּאִישָׁתָא,
יט וּסְלֵיק תַּנְנֵיהּ כְּתַנְנָא דְּאַתּוּנָא, וְזָע כָּל טוּרָא לַחְדָּא: וַהֲוָה קָל שׁוֹפָרָא, אָזֵיל וְתָקֵיף
כ לַחְדָּא, מֹשֶׁה מְמַלֵּיל, וּמִן קֳדָם יי מִתְעֲנֵי לֵיהּ בְּקָל: וְאִתְגְּלִי יי, עַל טוּרָא דְּסִינַי לְרֵישׁ

הַיֹּבֵל. הוּא שׁוֹפָר שֶׁל אַיִל, שֶׁכֵּן בַּעֲרַבְיָא קוֹרִין לְדִכְרָא 'יוּבְלָא'. וְשׁוֹפָר שֶׁל אֵילוֹ שֶׁל יִצְחָק הָיָה:

יד) מִן הָהָר אֶל הָעָם. מְלַמֵּד שֶׁלֹּא הָיָה מֹשֶׁה פּוֹנֶה לַעֲסָקָיו, אֶלָּא מִן הָהָר אֶל הָעָם:

טו) הֱיוּ נְכֹנִים לִשְׁלֹשֶׁת יָמִים. לְסוֹף שְׁלֹשֶׁת יָמִים, הוּא יוֹם רְבִיעִי, שֶׁהוֹסִיף מֹשֶׁה יוֹם אֶחָד מִדַּעְתּוֹ, כְּדִבְרֵי רַבִּי יוֹסֵי. וּלְדִבְרֵי הָאוֹמֵר בְּשִׁשָּׁה בַּחֹדֶשׁ נִתְּנוּ עֲשֶׂרֶת הַדִּבְּרוֹת, לֹא הוֹסִיף מֹשֶׁה כְּלוּם, וְ"לִשְׁלֹשֶׁת יָמִים" כְּמוֹ 'לַיּוֹם הַשְּׁלִישִׁי': אַל תִּגְּשׁוּ אֶל אִשָּׁה. כָּל שְׁלֹשֶׁת יָמִים הַלָּלוּ, כְּדֵי שֶׁיִּהְיוּ הַנָּשִׁים טוֹבְלוֹת לַיּוֹם הַשְּׁלִישִׁי וְיִהְיוּ טְהוֹרוֹת לְקַבֵּל תּוֹרָה, שֶׁאִם יְשַׁמְּשׁוּ תּוֹךְ שְׁלֹשָׁה שֶׁמָּא תִּפְלֹט הָאִשָּׁה שִׁכְבַת זֶרַע לְאַחַר טְבִילָתָהּ וְתַחֲזֹר וְתִטְמָא, אֲבָל מִשֶּׁשָּׁהֲתָה שְׁלֹשָׁה יָמִים כְּבָר הַזֶּרַע מַסְרִיחַ וְאֵינוֹ רָאוּי לְהַזְרִיעַ, וְטָהוֹר מִלְּטַמֵּא אֶת הַפּוֹלֶטֶת:

טז) בִּהְיֹת הַבֹּקֶר. מְלַמֵּד שֶׁהִקְדִּים עַל יָדָם, מַה שֶּׁאֵין דֶּרֶךְ בָּשָׂר וָדָם לַעֲשׂוֹת כֵּן שֶׁיְּהֵא הָרַב מַמְתִּין לְתַלְמִיד. וְכֵן מָצִינוּ בִּיחֶזְקֵאל: "קוּם צֵא אֶל הַבִּקְעָה... וָאָקוּם וָאֵצֵא אֶל הַבִּקְעָה וְהִנֵּה שָׁם כְּבוֹד ה' עֹמֵד" (יחזקאל ג, כב-כג):

יז) לִקְרַאת הָאֱלֹהִים. מַגִּיד שֶׁהָיְתָה שְׁכִינָה יוֹצְאָה לִקְרָאתָם כְּחָתָן הַיּוֹצֵא לִקְרַאת כַּלָּה, וְזֶהוּ שֶׁנֶּאֱמַר: "ה' מִסִּינַי בָּא" (דברים לג, ב) וְלֹא נֶאֱמַר: 'לְסִינַי בָּא': בְּתַחְתִּית הָהָר. לְפִי פְשׁוּטוֹ בְּרַגְלֵי הָהָר. וּמִדְרָשׁוֹ, שֶׁנִּתְלַשׁ הָהָר מִמְּקוֹמוֹ וְנִכְפָּה עֲלֵיהֶם כְּגִיגִית:

יח) עָשַׁן כֻּלּוֹ. אֵין 'עָשַׁן' זֶה שֵׁם דָּבָר, שֶׁהֲרֵי נָקוּד הַשִּׁי"ן פַּתָּח, אֶלָּא לְשׁוֹן פָּעַל, כְּמוֹ חָמַר, שָׁמַר, שָׁמַע. לְכָךְ תַּרְגּוּמוֹ: "תָּנַן כֻּלֵּיהּ" וְלֹא תִרְגֵּם 'תַּנְנָא'. וְכָל 'עָשָׁן' שֶׁבַּמִּקְרָא נְקוּדִים קָמַץ, מִפְּנֵי שֶׁהֵם שֵׁם דָּבָר: הַכִּבְשָׁן. שֶׁל סִיד. יָכוֹל כְּכִבְשָׁן זֶה וְלֹא יוֹתֵר? תַּלְמוּד לוֹמַר: "בֹּעֵר בָּאֵשׁ עַד לֵב הַשָּׁמַיִם" (דברים ד, יא). וּמַה תַּלְמוּד לוֹמַר: "כִּבְשָׁן"? לְשַׁבֵּר אֶת הָאֹזֶן מַה שֶּׁהִיא יְכוֹלָה לִשְׁמֹעַ, נוֹתֵן לַבְּרִיּוֹת סִימָן הַנִּכָּר לָהֶם. כַּיּוֹצֵא בוֹ: "כְּאַרְיֵה יִשְׁאָג" (הושע יא, י), וְכִי מִי נָתַן כֹּחַ בָּאֲרִי אֶלָּא הוּא, וְהַכָּתוּב מוֹשְׁלוֹ כְּאַרְיֵה? אֶלָּא אָנוּ מְכַנִּין וּמְדַמִּין אוֹתוֹ לִבְרִיּוֹתָיו כְּדֵי לְשַׁבֵּר אֶת הָאֹזֶן מַה שֶּׁיְּכוֹלָה לִשְׁמֹעַ. כַּיּוֹצֵא בוֹ: "וְקוֹלוֹ כְּקוֹל מַיִם רַבִּים" (יחזקאל מג, ב), וְכִי מִי נָתַן קוֹל לַמַּיִם אֶלָּא הוּא, וְאַתָּה מְכַנֶּה אוֹתוֹ לְדַמּוֹתוֹ לִבְרִיּוֹתָיו, כְּדֵי לְשַׁבֵּר אֶת הָאֹזֶן:

יט) הוֹלֵךְ וְחָזֵק מְאֹד. מִנְהַג הֶדְיוֹט כָּל זְמַן שֶׁהוּא מַאֲרִיךְ לִתְקֹעַ קוֹלוֹ מַחֲלִישׁ וְכוֹהֶה, אֲבָל כָּאן "הוֹלֵךְ וְחָזֵק מְאֹד". וְלָמָּה כָּךְ מִתְּחִלָּה? לְשַׁבֵּר אָזְנֵיהֶם מַה שֶּׁיְּכוֹלִין לִשְׁמֹעַ: מֹשֶׁה יְדַבֵּר. כְּשֶׁהָיָה מֹשֶׁה מְדַבֵּר וּמַשְׁמִיעַ הַדִּבְּרוֹת לְיִשְׂרָאֵל, שֶׁהֲרֵי לֹא שָׁמְעוּ מִפִּי הַגְּבוּרָה אֶלָּא "אָנֹכִי" וְ"לֹא יִהְיֶה לְךָ", וְהַקָּדוֹשׁ בָּרוּךְ הוּא מְסַיְּעוֹ לָתֵת בּוֹ כֹּחַ לִהְיוֹת קוֹלוֹ מַגְבִּיר וְנִשְׁמָע: יַעֲנֶנּוּ בְקוֹל. יַעֲנֶנּוּ עַל דְּבַר הַקּוֹל, כְּמוֹ: "אֲשֶׁר יַעֲנֶה בָאֵשׁ" (מלכים א' יח, כד), עַל דְּבַר הָאֵשׁ לְהוֹרִידוֹ:

כ) וַיֵּרֶד ה' עַל הַר סִינַי. יָכוֹל יָרַד עָלָיו מַמָּשׁ? תַּלְמוּד לוֹמַר: "כִּי מִן הַשָּׁמַיִם דִּבַּרְתִּי עִמָּכֶם" (להלן כ, יט)! מְלַמֵּד שֶׁהִרְכִּין שָׁמַיִם הַתַּחְתּוֹנִים

שמות יט

הָהָ֑ר וַיִּקְרָ֨א יְהוָ֧ה לְמֹשֶׁ֛ה אֶל־רֹ֥אשׁ הָהָ֖ר וַיַּ֥עַל מֹשֶֽׁה:
כא וַיֹּ֤אמֶר יְהוָה֙ אֶל־מֹשֶׁ֔ה רֵ֖ד הָעֵ֣ד בָּעָ֑ם פֶּן־יֶהֶרְס֤וּ אֶל־יְהוָה֙ לִרְא֔וֹת וְנָפַ֥ל מִמֶּ֖נּוּ רָֽב:
כב וְגַ֧ם הַכֹּהֲנִ֛ים הַנִּגָּשִׁ֥ים אֶל־יְהוָ֖ה יִתְקַדָּ֑שׁוּ פֶּן־יִפְרֹ֥ץ בָּהֶ֖ם יְהוָֽה:
כג וַיֹּ֤אמֶר מֹשֶׁה֙ אֶל־יְהוָ֔ה לֹא־יוּכַ֣ל הָעָ֔ם לַעֲלֹ֖ת אֶל־הַ֣ר סִינָ֑י כִּֽי־אַתָּ֞ה הַעֵדֹ֤תָה בָּ֨נוּ֙ לֵאמֹ֔ר הַגְבֵּ֥ל אֶת־הָהָ֖ר וְקִדַּשְׁתּֽוֹ:
כד וַיֹּ֨אמֶר אֵלָ֤יו יְהוָה֙ לֶךְ־רֵ֔ד וְעָלִ֥יתָ אַתָּ֖ה וְאַהֲרֹ֣ן עִמָּ֑ךְ וְהַכֹּהֲנִ֣ים וְהָעָ֗ם אַל־יֶֽהֶרְס֛וּ לַעֲלֹ֥ת אֶל־יְהוָ֖ה פֶּן־יִפְרָץ־בָּֽם:
כה וַיֵּ֥רֶד מֹשֶׁ֖ה אֶל־הָעָ֑ם וַיֹּ֖אמֶר אֲלֵהֶֽם:

כ

א וַיְדַבֵּ֣ר אֱלֹהִ֔ים אֵ֛ת כָּל־הַדְּבָרִ֥ים הָאֵ֖לֶּה לֵאמֹֽר:
ב אָֽנֹכִי֙ יְהוָ֣ה אֱלֹהֶ֔יךָ אֲשֶׁ֧ר הוֹצֵאתִ֛יךָ מֵאֶ֥רֶץ מִצְרַ֖יִם מִבֵּ֥ית עֲבָדִֽים:
ג לֹֽא־יִהְיֶ֥ה לְךָ֛ אֱלֹהִ֥ים אֲחֵרִ֖ים עַל־פָּנָֽי:
ד לֹֽא־תַעֲשֶׂ֨ה לְךָ֥ פֶ֨סֶל֙ וְכָל־תְּמוּנָ֔ה אֲשֶׁ֤ר בַּשָּׁמַ֨יִם֙

מצווה כה
מצוות האמונה
במציאות ה'

מצווה כו
איסור להאמין
באל אחר

מצווה כז
איסור עשיית פסל

וְהָעֲלִיּוֹנִים וְהִגִּיעַן עַל גַּבֵּי הָהָר כְּמַעֲנֶה עַל הַמִּטָּה, וְיָרַד כִּסֵּא הַכָּבוֹד עֲלֵיהֶם:

כא] **הָעֵד בָּעָם.** הַתְרֵה בָּהֶם שֶׁלֹּא לַעֲלוֹת בָּהָר: **פֶּן יֶהֶרְסוּ וְגוֹ'.** שֶׁלֹּא יֶהֶרְסוּ אֶת מַצָּבָם עַל יְדֵי שֶׁתַּאֲוָתָם "אֶל ה' לִרְאוֹת", וְיִקְרְבוּ לְצַד הָהָר: **וְנָפַל מִמֶּנּוּ רָב.** כָּל מָה שֶׁיִּפֹּל מֵהֶם, וַאֲפִלּוּ הוּא יְחִידִי, חָשׁוּב לְפָנַי רָב: **פֶּן יֶהֶרְסוּ.** כָּל הֲרִיסָה מַפְרֶדֶת אֲסִיפַת הַבִּנְיָן, אַף הַנִּפְרָדִין מִמַּצַּב אֲנָשִׁים הוֹרְסִים אֶת הַמַּצָּב:

כב] **וְגַם הַכֹּהֲנִים.** אַף הַבְּכוֹרוֹת שֶׁהָעֲבוֹדָה בָּהֶם: **הַנִּגָּשִׁים אֶל ה'.** לְהַקְרִיב קָרְבָּנוֹת, אַף הֵם אַל יִסְמְכוּ עַל חֲשִׁיבוּתָם לַעֲלוֹת: **יִתְקַדָּשׁוּ.** יִהְיוּ מְזֻמָּנִים לְהִתְיַצֵּב עַל עָמְדָן: **פֶּן יִפְרֹץ.** לְשׁוֹן פִּרְצָה, יַהֲרֹג בָּהֶם וְיַעֲשֶׂה בָּהֶם פְּרָצָה:

כג] **לֹא יוּכַל הָעָם.** אֵינִי צָרִיךְ לְהָעִיד בָּהֶם, שֶׁהֲרֵי מֻתְרִין וְעוֹמְדִין הֵם הַיּוֹם שְׁלֹשָׁה יָמִים, וְלֹא יוּכְלוּ לַעֲלוֹת, שֶׁאֵין לָהֶם רְשׁוּת:

כא טוּרָא, וּקְרָא יי לְמֹשֶׁה, לְרֵישׁ טוּרָא וּסְלֵיק מֹשֶׁה: וַאֲמַר יי לְמֹשֶׁה, חוּת אַסְהֵיד בְּעַמָּא, דִּלְמָא
כב יִפַּגְּרוּן קֳדָם יי לְמֶחֱזֵי, וְיִפּוֹל מִנְּהוֹן סַגִּי: וְאַף כָּהֲנַיָּא, דְּקָרִיבִין לְשַׁמָּשָׁא קֳדָם יי יִתְקַדְּשׁוּן, דִּלְמָא
כג יִקְטוֹל בְּהוֹן יי: וַאֲמַר מֹשֶׁה קֳדָם יי, לָא יִכּוֹל עַמָּא, לְמִסַּק לְטוּרָא דְּסִינַי, אֲרֵי אַתְּ, אַסְהֵידְתְּ
כד בַּנָא לְמֵימַר, תַּחֵים יָת טוּרָא וְקַדֵּישְׁהִי: וַאֲמַר לֵיהּ יי אִיזֵיל חוּת, וְתִסַּק אַתְּ וְאַהֲרֹן עִמָּךְ, וְכָהֲנַיָּא
כה וְעַמָּא, לָא יִפַּגְּרוּן, לְמִסַּק לִקֳדָם יי דִּלְמָא יִקְטוֹל בְּהוֹן: וּנְחַת מֹשֶׁה לְוָת עַמָּא, וַאֲמַר לְהוֹן:
כ א ב וּמַלֵּיל יי, יָת, כָּל פִּתְגָּמַיָּא הָאִלֵּין לְמֵימַר: אֲנָא יי אֱלָהָךְ, דְּאַפֵּיקְתָּךְ, מֵאַרְעָא דְּמִצְרַיִם מִבֵּית
ג ד עַבְדּוּתָא: לָא יְהֵי לָךְ אֱלָהּ אָחֳרָן בַּר מִנִּי: לָא תַעְבֵּיד לָךְ צֵילֶם וְכָל דְּמוּ, דְּבִשְׁמַיָּא

כד) **לֶךְ רֵד.** וְהָעֵד בָּהֶם שֵׁנִית, שֶׁמַּזְהִירִין אֶת הָאָדָם קֹדֶם מַעֲשֶׂה וְחוֹזְרִין וּמַזְהִירִין אוֹתוֹ בִּשְׁעַת מַעֲשֶׂה: **וְעָלִיתָ אַתָּה וְאַהֲרֹן עִמָּךְ וְהַכֹּהֲנִים.** יָכוֹל אַף הֵם "עִמָּךְ"? תַּלְמוּד לוֹמַר: "וְעָלִיתָ אַתָּה". אֱמֹר מֵעַתָּה, אַתָּה מְחִצָּה לְעַצְמְךָ, וְאַהֲרֹן מְחִצָּה לְעַצְמוֹ; מֹשֶׁה נִגַּשׁ יוֹתֵר מֵאַהֲרֹן וְאַהֲרֹן יוֹתֵר מִן הַכֹּהֲנִים, "וְהָעָם" כָּל עִקָּר "אַל יֶהֶרְסוּ" אֶת מַצָּבָם "לַעֲלֹת אֶל ה'": **פֶּן יִפְרָץ בָּם.** אַף עַל פִּי שֶׁהוּא נָקוּד חֲטַף קָמָץ אֵינוֹ זָז מִגִּזְרָתוֹ. כָּךְ דֶּרֶךְ כָּל תֵּבָה שֶׁנְּקֻדָּתָהּ מִלָּאפוּם, כְּשֶׁהִיא סְמוּכָה בְּמַקָּף מִשְׁתַּנֶּה הַנִּקּוּד לַחֲטַף קָמָץ:

כה) **וַיֹּאמֶר אֲלֵהֶם.** הַתְרָאָה זוֹ:

פרק כ

א) **וַיְדַבֵּר אֱלֹהִים.** אֵין "אֱלֹהִים" אֶלָּא דַּיָּן, לְפִי שֶׁיֵּשׁ פָּרָשִׁיּוֹת בַּתּוֹרָה שֶׁאִם עֲשָׂאָן אָדָם מְקַבֵּל שָׂכָר וְאִם לָאו אֵינוֹ מְקַבֵּל עֲלֵיהֶם פֻּרְעָנוּת, יָכוֹל אַף עֲשֶׂרֶת הַדִּבְּרוֹת כֵּן? תַּלְמוּד לוֹמַר: "וַיְדַבֵּר אֱלֹהִים", דַּיָּן לִפָּרַע: **אֵת כָּל הַדְּבָרִים הָאֵלֶּה.** מְלַמֵּד שֶׁאָמַר הַקָּדוֹשׁ בָּרוּךְ הוּא עֲשֶׂרֶת הַדִּבְּרוֹת בְּדִבּוּר אֶחָד, מַה שֶּׁאִי אֶפְשָׁר לְאָדָם לוֹמַר כֵּן. אִם כֵּן מַה תַּלְמוּד לוֹמַר עוֹד "אָנֹכִי" וְ"לֹא יִהְיֶה לְךָ"? שֶׁחָזַר וּפֵרַשׁ עַל כָּל דִּבּוּר וְדִבּוּר בִּפְנֵי עַצְמוֹ: **לֵאמֹר.** מְלַמֵּד שֶׁהָיוּ עוֹנִין עַל הֵן – הֵן, וְעַל לָאו – לָאו:

ב) **אֲשֶׁר הוֹצֵאתִיךָ מֵאֶרֶץ מִצְרָיִם.** כְּדַאי הִיא הַהוֹצָאָה שֶׁתִּהְיוּ מְשֻׁעְבָּדִים לִי. דָּבָר אַחֵר, לְפִי שֶׁנִּגְלָה בַּיָּם כְּגִבּוֹר מִלְחָמָה וְנִגְלָה כָּאן כְּזָקֵן מָלֵא רַחֲמִים, שֶׁנֶּאֱמַר: "וְתַחַת רַגְלָיו כְּמַעֲשֵׂה לִבְנַת הַסַּפִּיר" (להלן כד, י), זוֹ הָיְתָה לְפָנָיו בִּשְׁעַת הַשִּׁעְבּוּד, "וּכְעֶצֶם הַשָּׁמַיִם" (שם) מִשֶּׁנִּגְאֲלוּ, הוֹאִיל וַאֲנִי מִשְׁתַּנֶּה בַּמַּרְאוֹת, אַל תֹּאמְרוּ שְׁתֵּי רְשֻׁיּוֹת הֵן! אָנֹכִי הוּא אֲשֶׁר הוֹצֵאתִיךָ מִמִּצְרַיִם וְעַל הַיָּם. דָּבָר אַחֵר, לְפִי שֶׁהָיוּ שׁוֹמְעִין קוֹלוֹת הַרְבֵּה, שֶׁנֶּאֱמַר "אֶת הַקּוֹלֹת" (להלן פסוק טו), קוֹלוֹת בָּאִין מֵאַרְבַּע רוּחוֹת וּמִן הַשָּׁמַיִם וּמִן הָאָרֶץ, אַל תֹּאמְרוּ רְשֻׁיּוֹת הַרְבֵּה הֵן! וְלָמָּה אָמַר לְשׁוֹן יָחִיד, "אֱלֹהֶיךָ"? לִתֵּן פִּתְחוֹן פֶּה לְמֹשֶׁה לְלַמֵּד סָנֵגוֹרְיָא בְּמַעֲשֵׂה הָעֵגֶל, וְזֶה הוּא שֶׁאָמַר: "לָמָה ה' יֶחֱרֶה אַפְּךָ בְּעַמֶּךָ" (להלן לב, יא), לֹא לָהֶם צִוִּיתָ "לֹא יִהְיֶה לָכֶם אֱלֹהִים אֲחֵרִים", אֶלָּא לִי לְבַדִּי: **מִבֵּית עֲבָדִים.** מִבֵּית פַּרְעֹה שֶׁהֱיִיתֶם עֲבָדִים לוֹ. אוֹ אֵינוֹ אוֹמֵר אֶלָּא "מִבֵּית עֲבָדִים" שֶׁהָיוּ עֲבָדִים לַעֲבָדִים? תַּלְמוּד לוֹמַר: "וַיִּפְדְּךָ מִבֵּית עֲבָדִים מִיַּד פַּרְעֹה מֶלֶךְ מִצְרָיִם" (דברים ז, ח), אֱמֹר מֵעַתָּה, עֲבָדִים לַמֶּלֶךְ הָיוּ וְלֹא עֲבָדִים לַעֲבָדִים:

ג) **לֹא יִהְיֶה לְךָ.** לָמָּה נֶאֱמַר? לְפִי שֶׁנֶּאֱמַר: "לֹא תַעֲשֶׂה לְךָ", אֵין לִי אֶלָּא שֶׁלֹּא יַעֲשֶׂה, הֶעָשׂוּי כְּבָר מִנַּיִן שֶׁלֹּא יְקַיֵּם? תַּלְמוּד לוֹמַר: "לֹא יִהְיֶה לְךָ": **אֱלֹהִים אֲחֵרִים.** שֶׁאֵינָן אֱלֹהוּת, אֶלָּא אֲחֵרִים עֲשָׂאוּם אֱלֹהִים עֲלֵיהֶם. וְלֹא יִתָּכֵן לְפָרֵשׁ "אֱלֹהִים אֲחֵרִים" זוּלָתִי, שֶׁגְּנַאי הוּא כְּלַפֵּי מַעְלָה לִקְרוֹתָם אֱלֹהוּת אֶצְלוֹ. דָּבָר אַחֵר, "אֱלֹהִים אֲחֵרִים", שֶׁהֵם אֲחֵרִים לְעוֹבְדֵיהֶם, צוֹעֲקִים אֲלֵיהֶם וְאֵינָן עוֹנִין אוֹתָם, וְדוֹמֶה כְּאִלּוּ הוּא אַחֵר שֶׁאֵינוֹ מַכִּירוֹ מֵעוֹלָם: **עַל פָּנָי.** כָּל זְמַן שֶׁאֲנִי קַיָּם, שֶׁלֹּא תֹאמַר, לֹא נִצְטַוּוּ עַל עֲבוֹדָה זָרָה אֶלָּא אוֹתוֹ הַדּוֹר:

ד) **פֶּסֶל.** עַל שֵׁם שֶׁנִּפְסָל כָּל תְּמוּנַת דָּבָר "אֲשֶׁר בַּשָּׁמַיִם" וְגוֹ':

מִמַּעַל וַאֲשֶׁר בָּאָרֶץ מִתַּחַת וַאֲשֶׁר בַּמַּיִם מִתַּחַת
לָאָרֶץ׃ לֹא־תִשְׁתַּחֲוֶה לָהֶם וְלֹא תָעָבְדֵם כִּי אָנֹכִי ה
יְהוָה אֱלֹהֶיךָ אֵל קַנָּא פֹּקֵד עֲוֺן אָבֹת עַל־בָּנִים
עַל־שִׁלֵּשִׁים וְעַל־רִבֵּעִים לְשֹׂנְאָי׃ וְעֹשֶׂה חֶסֶד ו
לַאֲלָפִים לְאֹהֲבַי וּלְשֹׁמְרֵי מִצְוֺתָי׃ לֹא ז
תִשָּׂא אֶת־שֵׁם־יְהוָה אֱלֹהֶיךָ לַשָּׁוְא כִּי לֹא יְנַקֶּה
יְהוָה אֵת אֲשֶׁר־יִשָּׂא אֶת־שְׁמוֹ לַשָּׁוְא׃
זָכוֹר אֶת־יוֹם הַשַּׁבָּת לְקַדְּשׁוֹ׃ שֵׁשֶׁת יָמִים תַּעֲבֹד ח ט
וְעָשִׂיתָ כָּל־מְלַאכְתֶּךָ׃ וְיוֹם הַשְּׁבִיעִי שַׁבָּת י
לַיהוָה אֱלֹהֶיךָ לֹא־תַעֲשֶׂה כָל־מְלָאכָה אַתָּה ו
וּבִנְךָ וּבִתֶּךָ עַבְדְּךָ וַאֲמָתְךָ וּבְהֶמְתֶּךָ וְגֵרְךָ אֲשֶׁר
בִּשְׁעָרֶיךָ׃ כִּי שֵׁשֶׁת־יָמִים עָשָׂה יְהוָה אֶת־הַשָּׁמַיִם יא
וְאֶת־הָאָרֶץ אֶת־הַיָּם וְאֶת־כָּל־אֲשֶׁר־בָּם וַיָּנַח
בַּיּוֹם הַשְּׁבִיעִי עַל־כֵּן בֵּרַךְ יְהוָה אֶת־יוֹם הַשַּׁבָּת
וַיְקַדְּשֵׁהוּ׃ כַּבֵּד אֶת־אָבִיךָ וְאֶת־אִמֶּךָ יב
לְמַעַן יַאֲרִכוּן יָמֶיךָ עַל הָאֲדָמָה אֲשֶׁר־יְהוָה
אֱלֹהֶיךָ נֹתֵן לָךְ׃ לֹא תִרְצָח לֹא יג
תִנְאָף לֹא תִגְנֹב לֹא־
תַעֲנֶה בְרֵעֲךָ עֵד שָׁקֶר׃ לֹא יד
תַחְמֹד בֵּית רֵעֶךָ לֹא־

מצווה כח
איסור השתחוויה לעבודה זרה

מצווה כט
איסור עבודה זרה בדרך המקובלת

מצווה ל
איסור שבועת שווא

מצווה לא
מצוות קידוש והבדלה

מצווה לב
איסור מלאכה בשבת

מצווה לג
מצוות כיבוד אב ואם

מצווה לד
איסור רצח

מצווה לה
איסור ניאוף

מצווה לו
איסור גנבת אדם

מצווה לז
איסור עדות שקר

מצווה לח
איסור לחמוד

תַחְמֹ֖ד אֵ֣שֶׁת רֵעֶ֑ךָ וְעַבְדּ֤וֹ וַאֲמָתוֹ֙ וְשׁוֹר֣וֹ וַחֲמֹר֔וֹ וְכֹ֖ל אֲשֶׁ֥ר לְרֵעֶֽךָ׃

ה מִלְּעֵילָא וְדִבְאַרְעָא מִלְּרַע, וְדִבְמַיָּא מִלְּרַע לְאַרְעָא: לָא תִסְגּוּד לְהוֹן וְלָא תִפְלְחִנּוּן, אֲרֵי
אֲנָא, יי אֱלָהָךְ אֵל קַנָּא, מַסְעַר, חוֹבֵי אֲבָהָן עַל בְּנִין מָרָדִין, עַל דָּר תְּלִיתַאי וְעַל דָּר
ו רְבִיעַאי לְסָנְאָי, כַּד מַשְׁלְמִין בְּנַיָּא לְמִחְטֵי בָּתַר אֲבָהָתְהוֹן: וְעָבֵיד טֵיבוּ לְאַלְפֵי דָרִין,
ז לְרָחֲמַי וּלְנָטְרֵי פִקּוֹדָי: לָא תֵימֵי, בִּשְׁמָא דַיי אֱלָהָךְ לְמַגָּנָא, אֲרֵי לָא יְזַכֵּי יי, יָת, דְּיֵימֵי
ח ט בִּשְׁמֵיהּ לְשִׁקְרָא: הֱוֵי דְכִיר יָת יוֹמָא דְשַׁבְּתָא לְקַדָּשׁוּתֵיהּ: שִׁתָּא יוֹמִין תִּפְלַח וְתַעֲבֵיד
י כָּל עֲבִידְתָךְ: וְיוֹמָא שְׁבִיעָאָה, שַׁבְּתָא קֳדָם יי אֱלָהָךְ, לָא תַעֲבֵיד כָּל עֲבִידָא, אַתְּ וּבְרָךְ
יא וּבְרַתָּךְ, עַבְדָּךְ וְאַמְתָךְ וּבְעִירָךְ, וְגִיּוֹרָךְ דִּבְקִרְוָךְ: אֲרֵי שִׁתָּא יוֹמִין עֲבַד יי יָת שְׁמַיָּא וְיָת
אַרְעָא, יָת יַמָּא וְיָת כָּל דִּבְהוֹן, וְנָח בְּיוֹמָא שְׁבִיעָאָה, עַל כֵּן, בָּרֵיךְ יי, יָת יוֹמָא דְשַׁבְּתָא
יב וְקַדְּשֵׁיהּ: יַקַּר יָת אֲבוּךְ וְיָת אִמָּךְ, בְּדִיל דְּיֵירְכוּן יוֹמָךְ, עַל אַרְעָא, דַּיי אֱלָהָךְ יָהֵיב לָךְ:
יג יד לָא תִקְטוֹל נְפַשׁ, לָא תְגוּף, לָא תִגְנוּב, לָא תַסְהֵיד בְּחַבְרָךְ סָהֲדוּתָא דְשִׁקְרָא: לָא תַחְמֵיד
בֵּית חַבְרָךְ, לָא תַחְמֵיד אִתַּת חַבְרָךְ, וְעַבְדֵּיהּ וְאַמְתֵיהּ וְתוֹרֵיהּ וּחְמָרֵיהּ, וְכֹל דִּלְחַבְרָךְ:

ה-ו| **אֵל קַנָּא.** מְקַנֵּא לִפָּרַע וְאֵינוֹ עוֹבֵר עַל מִדָּתוֹ לִמְחֹל עַל עֲבוֹדָה זָרָה. כָּל לְשׁוֹן 'קַנָּא' אנפרינמנ"ט בְּלַעַז, נוֹתֵן לֵב לִפָּרַע: **לְשֹׂנְאָי.** כְּתַרְגּוּמוֹ, כְּשֶׁאוֹחֲזִין מַעֲשֵׂה אֲבוֹתֵיהֶם בִּידֵיהֶם. וְנֹצֵר חֶסֶד שֶׁאָדָם עוֹשֶׂה, לְשַׁלֵּם שָׂכָר עַד לַאֲלָפִים דּוֹר. נִמְצֵאת מִדָּה טוֹבָה יְתֵרָה עַל מִדַּת פֻּרְעָנוּת אַחַת עַל חֲמֵשׁ מֵאוֹת, שֶׁזּוֹ לְאַרְבָּעָה דוֹרוֹת וְזוֹ לַאֲלָפִים:

ז| **לַשָּׁוְא.** חִנָּם, לַהֶבֶל. וְאֵי זֶהוּ שְׁבוּעַת שָׁוְא? נִשְׁבַּע לְשַׁנּוֹת אֶת הַיָּדוּעַ, עַל עַמּוּד שֶׁל אֶבֶן שֶׁהוּא שֶׁל זָהָב:

ח| "זָכוֹר" וְ"שָׁמוֹר" בְּדִבּוּר אֶחָד נֶאֶמְרוּ. וְכֵן: "מְחַלְלֶיהָ מוֹת יוּמָת" (להלן לא, יד), "וּבְיוֹם הַשַּׁבָּת שְׁנֵי כְבָשִׂים" (במדבר כח, ט); וְכֵן: "לֹא תִלְבַּשׁ שַׁעַטְנֵז", "גְּדִלִים תַּעֲשֶׂה לָּךְ" (דברים כב, יא-יב); וְכֵן: "עֶרְוַת אֵשֶׁת אָחִיךָ" (ויקרא יח, טז), "יְבָמָהּ יָבֹא עָלֶיהָ" (דברים כה, ה); הוּא שֶׁנֶּאֱמַר: "אַחַת דִּבֶּר אֱלֹהִים שְׁתַּיִם זוּ שָׁמָעְתִּי" (תהלים סב, יב). "זָכוֹר" לְשׁוֹן פָּעוֹל הוּא, כְּמוֹ: "אָכוֹל וְשָׁתוֹ" (ישעיה כב, יג), "הָלוֹךְ וּבָכֹה" (שמואל ב' ג, טז), וְכֵן פִּתְרוֹנוֹ: תְּנוּ לֵב לִזְכֹּר תָּמִיד אֶת יוֹם הַשַּׁבָּת, שֶׁאִם נִזְדַּמֵּן לְךָ חֵפֶץ יָפֶה תְּהֵא מַזְמִינוֹ לַשַּׁבָּת:

ט| **וְעָשִׂיתָ כָּל מְלַאכְתֶּךָ.** כְּשֶׁתָּבֹא שַׁבָּת יְהֵא בְעֵינֶיךָ כְּאִלּוּ כָּל מְלַאכְתְּךָ עֲשׂוּיָה, שֶׁלֹּא תְהַרְהֵר אַחַר מְלָאכָה:

י| **אַתָּה וּבִנְךָ וּבִתֶּךָ.** אֵלּוּ קְטַנִּים. אוֹ אֵינוֹ אֶלָּא גְדוֹלִים? אָמַרְתָּ, הֲרֵי כְּבָר מֻזְהָרִין הֵם, אֶלָּא לֹא בָא אֶלָּא לְהַזְהִיר הַגְּדוֹלִים עַל שְׁבִיתַת הַקְּטַנִּים, וְזֶהוּ שֶׁשָּׁנִינוּ: קָטָן שֶׁבָּא לְכַבּוֹת אֵין שׁוֹמְעִין לוֹ, מִפְּנֵי שֶׁשְּׁבִיתָתוֹ עָלֶיךָ:

יא| **וַיָּנַח בַּיּוֹם הַשְּׁבִיעִי.** כִּבְיָכוֹל הִכְתִּיב בְּעַצְמוֹ מְנוּחָה, לְלַמֵּד הֵימֶנּוּ קַל וָחֹמֶר לְאָדָם שֶׁמְּלַאכְתּוֹ בְּעָמָל וּבִיגִיעָה שֶׁיְּהֵא נָח בַּשַּׁבָּת: בֵּרַךְ... וַיְקַדְּשֵׁהוּ. בֵּרְכוֹ בַּמָּן, לִכְפְלוֹ בַשִּׁשִּׁי לֶחֶם מִשְׁנֶה, וְקִדְּשׁוֹ בַּמָּן, שֶׁלֹּא הָיָה יוֹרֵד בּוֹ:

יב| **לְמַעַן יַאֲרִכוּן יָמֶיךָ.** אִם תְּכַבֵּד - יַאֲרִיכוּן, וְאִם לָאו - יִקְצְרוּן, שֶׁדִּבְרֵי תוֹרָה נוֹטָרִיקוֹן הֵם נִדְרָשִׁים, מִכְּלָל הֵן לָאו וּמִכְּלָל לָאו הֵן:

יג| **לֹא תִנְאָף.** אֵין נִאוּף אֶלָּא בְּאֵשֶׁת אִישׁ, שֶׁנֶּאֱמַר: "מוֹת יוּמַת הַנֹּאֵף וְהַנֹּאָפֶת" (ויקרא כ, י), וְאוֹמֵר: "הָאִשָּׁה הַמְּנָאֶפֶת תַּחַת אִישָׁהּ תִּקַּח אֶת זָרִים" (יחזקאל טז, לב): **לֹא תִגְנֹב.** בְּגוֹנֵב נְפָשׁוֹת הַכָּתוּב

שביעי
טו וְכָל־הָעָם רֹאִים אֶת־הַקּוֹלֹת וְאֶת־הַלַּפִּידִם וְאֵת
קוֹל הַשֹּׁפָר וְאֶת־הָהָר עָשֵׁן וַיַּרְא הָעָם וַיָּנֻעוּ
טז וַיַּעַמְדוּ מֵרָחֹק: וַיֹּאמְרוּ אֶל־מֹשֶׁה דַּבֵּר־אַתָּה
עִמָּנוּ וְנִשְׁמָעָה וְאַל־יְדַבֵּר עִמָּנוּ אֱלֹהִים פֶּן־
יז נָמוּת: וַיֹּאמֶר מֹשֶׁה אֶל־הָעָם אַל־תִּירָאוּ כִּי
לְבַעֲבוּר נַסּוֹת אֶתְכֶם בָּא הָאֱלֹהִים וּבַעֲבוּר
יח תִּהְיֶה יִרְאָתוֹ עַל־פְּנֵיכֶם לְבִלְתִּי תֶחֱטָאוּ: וַיַּעֲמֹד
הָעָם מֵרָחֹק וּמֹשֶׁה נִגַּשׁ אֶל־הָעֲרָפֶל אֲשֶׁר־שָׁם
★ מפטיר
יט הָאֱלֹהִים: וַיֹּאמֶר יהוה אֶל־מֹשֶׁה כֹּה
תֹאמַר אֶל־בְּנֵי יִשְׂרָאֵל אַתֶּם רְאִיתֶם כִּי מִן־
מצווה לט
איסור לעשות צורת אדם
כ הַשָּׁמַיִם דִּבַּרְתִּי עִמָּכֶם: לֹא תַעֲשׂוּן אִתִּי אֱלֹהֵי
כא כֶסֶף וֵאלֹהֵי זָהָב לֹא תַעֲשׂוּ לָכֶם: מִזְבַּח אֲדָמָה
תַּעֲשֶׂה־לִּי וְזָבַחְתָּ עָלָיו אֶת־עֹלֹתֶיךָ וְאֶת־
שְׁלָמֶיךָ אֶת־צֹאנְךָ וְאֶת־בְּקָרֶךָ בְּכָל־הַמָּקוֹם
אֲשֶׁר אַזְכִּיר אֶת־שְׁמִי אָבוֹא אֵלֶיךָ וּבֵרַכְתִּיךָ:
מצווה מ
איסור בניית מזבח מאבני גזית
כב וְאִם־מִזְבַּח אֲבָנִים תַּעֲשֶׂה־לִּי לֹא־תִבְנֶה אֶתְהֶן

מְדַבֵּר. "לֹא תִּגְנֹבוּ" (ויקרא יט, יא) בְּגוֹנֵב מָמוֹן. אוֹ אֵינוֹ אֶלָּא זֶה בְּגוֹנֵב מָמוֹן וּלְהַלָּן בְּגוֹנֵב נְפָשׁוֹת? אָמַרְתָּ, דָּבָר לָמֵד מֵעִנְיָנוֹ, "לֹא תִרְצַח, לֹא תִנְאָף" מִיתַת בֵּית דִּין, אַף "לֹא תִגְנֹב" דָּבָר שֶׁחַיָּבִין עָלָיו מִיתַת בֵּית דִּין:

טו) וְכָל הָעָם רֹאִים. מְלַמֵּד שֶׁלֹּא הָיָה בָּהֶם אֶחָד סוּמָא. וּמִנַּיִן שֶׁלֹּא הָיָה בָּהֶם אִלֵּם? תַּלְמוּד לוֹמַר: "וַיַּעֲנוּ כָּל הָעָם" (לעיל יט, ח). וּמִנַּיִן שֶׁלֹּא הָיָה בָּהֶם חֵרֵשׁ? תַּלְמוּד לוֹמַר: "נַעֲשֶׂה וְנִשְׁמָע" (להלן כד, ז): רֹאִים אֶת הַקּוֹלֹת. רוֹאִים אֶת הַנִּשְׁמָע, שֶׁאִי אֶפְשָׁר לִרְאוֹת בְּמָקוֹם אַחֵר: אֶת הַקּוֹלֹת. הַיּוֹצְאִין מִפִּי הַגְּבוּרָה: וַיָּנֻעוּ. אֵין 'נוֹעַ' אֶלָּא זִיעַ: וַיַּעַמְדוּ מֵרָחֹק. הָיוּ נִרְתָּעִין לַאֲחוֹרֵיהֶם שְׁנֵים עָשָׂר מִיל כְּאֹרֶךְ מַחֲנֵיהֶם, וּמַלְאֲכֵי הַשָּׁרֵת בָּאִין וּמְסַיְּעִין אוֹתָן לְהַחֲזִירָם, שֶׁנֶּאֱמַר: "מַלְכֵי צְבָאוֹת יִדֹּדוּן יִדֹּדוּן" (תהלים סח, יג).

טו וְכָל עַמָּא חָזַן יָת קָלַיָּא וְיָת בְּעוֹרַיָּא, וְיָת קָל שׁוֹפָרָא, וְיָת טוּרָא דְּתָנַן, וַחֲזָא עַמָּא וְזָעוּ, וְקָמוּ
טז מֵרַחִיק: וַאֲמַרוּ לְמֹשֶׁה, מַלֵּיל אַתְּ עִמַּנָא וּנְקַבֵּיל, וְלָא יִתְמַלַּל עִמַּנָא, מִן קֳדָם יְיָ דִּלְמָא נְמוּת:
יז וַאֲמַר מֹשֶׁה לְעַמָּא לָא תִדְחֲלוּן, אֲרֵי, בְּדִיל לְנַסָּאָה יָתְכוֹן, אִתְגְּלִי לְכוֹן יְקָרָא דַּייָ, וּבְדִיל, דִּתְהֵי
יח דַּחַלְתֵיהּ, עַל אַפֵּיכוֹן בְּדִיל דְּלָא תְחוּבוּן: וְקָם עַמָּא מֵרַחִיק, וּמֹשֶׁה קְרֵיב לְצַד אֲמִטְתָא, דְּתַמָּן
יט יְקָרָא דַּייָ: וַאֲמַר יְיָ לְמֹשֶׁה, כִּדְנָן תֵּימַר לִבְנֵי יִשְׂרָאֵל, אַתּוּן חֲזֵיתוּן, אֲרֵי מִן שְׁמַיָּא, מַלֵּילִית
כ כא עִמְּכוֹן: לָא תַעְבְּדוּן קֳדָמַי, דַּחֲלָן דִּכְסַף וְדַחֲלָן דִּדְהַב, לָא תַעְבְּדוּן לְכוֹן: מַדְבַּח אֲדַמְתָא תַּעֲבֵיד
קֳדָמַי, וּתְהֵי דָּבַח עֲלוֹהִי, יָת עֲלָוָתָךְ וְיָת נִכְסַת קֻדְשָׁךְ, מִן עָנָךְ וּמִן תּוֹרָךְ, בְּכָל אֲתַר דְּאַשְׁרֵי
כב שְׁכִינְתִּי, לְתַמָּן אֶשְׁלַח בִּרְכְתִי לָךְ וַאֲבָרְכִנָּךְ: וְאִם מַדְבַּח אַבְנִין תַּעֲבֵיד קֳדָמַי, לָא תִבְנֵי יָתְהוֹן

יז) **לְבַעֲבוּר נַסּוֹת אֶתְכֶם.** לְגַדֵּל אֶתְכֶם בָּעוֹלָם, שֶׁיֵּצֵא לָכֶם שֵׁם בָּאֻמּוֹת שֶׁהוּא בִּכְבוֹדוֹ נִגְלָה עֲלֵיכֶם: **נַסּוֹת.** לְשׁוֹן הֲרָמָה וּגְדֻלָּה, כְּמוֹ: "הָרִימוּ נֵס" (ישעיה סב, י), "אָרִים נִסִּי" (שם מט, כב), "וְכַנֵּס עַל הַגִּבְעָה" (שם ל, יז) שֶׁהוּא זָקוּף: **וּבַעֲבוּר תִּהְיֶה יִרְאָתוֹ.** עַל יְדֵי שֶׁרְאִיתֶם אוֹתוֹ יָרוּי וּמְאֻיָּם, תֵּדְעוּ כִּי אֵין זוּלָתוֹ וְתִירְאוּ מִפָּנָיו:

יח) **נִגַּשׁ אֶל הָעֲרָפֶל.** לִפְנִים מִשָּׁלֹשׁ מְחִצּוֹת: חֹשֶׁךְ, עָנָן וַעֲרָפֶל, שֶׁנֶּאֱמַר: "וְהָהָר בֹּעֵר בָּאֵשׁ עַד לֵב הַשָּׁמַיִם חֹשֶׁךְ עָנָן וַעֲרָפֶל" (דברים ד, יא). עֲרָפֶל הוּא עַב הֶעָנָן, שֶׁאָמַר לוֹ: "הִנֵּה אָנֹכִי בָּא אֵלֶיךָ בְּעַב הֶעָנָן" (לעיל יט, ט):

יט) **כֹּה תֹאמַר.** בַּלָּשׁוֹן הַזֶּה: **אַתֶּם רְאִיתֶם.** יֵשׁ הֶפְרֵשׁ בֵּין מַה שֶּׁאָדָם רוֹאֶה לְמַה שֶּׁאֲחֵרִים מְסִיחִין לוֹ, שֶׁמָּה שֶּׁאֲחֵרִים מְסִיחִין לוֹ פְּעָמִים שֶׁלִּבּוֹ חָלוּק מִלְּהַאֲמִין: **כִּי מִן הַשָּׁמַיִם דִּבַּרְתִּי.** וְכָתוּב אַחֵר אוֹמֵר: "וַיֵּרֶד ה' עַל הַר סִינַי" (לעיל יט, כ)! בָּא הַכָּתוּב הַשְּׁלִישִׁי וְהִכְרִיעַ בֵּינֵיהֶם: "מִן הַשָּׁמַיִם הִשְׁמִיעֲךָ אֶת קֹלוֹ לְיַסְּרֶךָּ וְעַל הָאָרֶץ הֶרְאֲךָ אֶת אִשּׁוֹ הַגְּדוֹלָה" (דברים ד, לו), כְּבוֹדוֹ בַּשָּׁמַיִם וְאִשּׁוֹ וּגְבוּרָתוֹ עַל הָאָרֶץ. דָּבָר אַחֵר, הִרְכִּין שָׁמַיִם וּשְׁמֵי שָׁמַיִם וְהִצִּיעָן עַל הָהָר, וְכֵן הוּא אוֹמֵר: "וַיֵּט שָׁמַיִם וַיֵּרַד" (שמואל ב' כב, י):

כ) **לֹא תַעֲשׂוּן אִתִּי.** לֹא תַעֲשׂוּן דְּמוּת שַׁמָּשַׁי הַמְשַׁמְּשִׁים לְפָנַי בַּמָּרוֹם: **אֱלֹהֵי כֶסֶף.** בָּא לְהַזְהִיר עַל הַכְּרוּבִים שֶׁאַתָּה עוֹשֶׂה לַעֲמֹד אִתִּי שֶׁלֹּא יִהְיוּ שֶׁל כֶּסֶף, שֶׁאִם שִׁנִּיתָם לַעֲשׂוֹתָם שֶׁל כֶּסֶף הֲרֵי הֵן לְפָנַי כֶּאֱלֹהוֹת: **וֵאלֹהֵי זָהָב.** בָּא לְהַזְהִיר שֶׁלֹּא יוֹסִיף עַל שְׁנַיִם, שֶׁאִם עָשִׂיתָ אַרְבָּעָה הֲרֵי הֵן לְפָנַי כֵּאלֹהֵי זָהָב: **לֹא תַעֲשׂוּ לָכֶם.** שֶׁלֹּא תֹאמַר, הֲרֵינִי עוֹשֶׂה כְּרוּבִים בְּבָתֵּי כְנֵסִיּוֹת וּבְבָתֵּי מִדְרָשׁוֹת כְּדֶרֶךְ שֶׁאֲנִי עוֹשֶׂה בְּבֵית עוֹלָמִים, לְכָךְ נֶאֱמַר: "לֹא תַעֲשׂוּ לָכֶם":

כא) **מִזְבַּח אֲדָמָה.** מְחֻבָּר בָּאֲדָמָה, שֶׁלֹּא יִבְנֶנּוּ עַל גַּבֵּי עַמּוּדִים אוֹ עַל גַּבֵּי כִּפִּים. דָּבָר אַחֵר, שֶׁהָיָה מְמַלֵּא אֶת חֲלַל מִזְבַּח הַנְּחֹשֶׁת אֲדָמָה בִּשְׁעַת חֲנִיָּתָן: **תַּעֲשֶׂה לִּי.** שֶׁתְּהֵא תְּחִלַּת עֲשִׂיָּתוֹ לִשְׁמִי: **וְזָבַחְתָּ עָלָיו.** אֶצְלוֹ, כְּמוֹ: "וְעָלָיו מַטֵּה מְנַשֶּׁה" (במדבר ב, כ). אוֹ אֵינוֹ אֶלָּא עָלָיו מַמָּשׁ? תַּלְמוּד לוֹמַר: "הַבָּשָׂר וְהַדָּם עַל מִזְבַּח ה' אֱלֹהֶיךָ" (דברים יב, כז), וְאֵין שְׁחִיטָה בְּרֹאשׁ הַמִּזְבֵּחַ: **אֶת עֹלֹתֶיךָ וְאֶת שְׁלָמֶיךָ.** אֲשֶׁר מִצֹּאנְךָ וּמִבְּקָרֶךָ. "אֶת צֹאנְךָ וְאֶת בְּקָרֶךָ" פֵּרוּשׁ לְ"אֶת עֹלֹתֶיךָ וְאֶת שְׁלָמֶיךָ": **בְּכָל הַמָּקוֹם אֲשֶׁר אַזְכִּיר אֶת שְׁמִי.** אֲשֶׁר אֶתֵּן לְךָ רְשׁוּת לְהַזְכִּיר שֵׁם הַמְפֹרָשׁ שֶׁלִּי, שָׁם "אָבוֹא אֵלֶיךָ", אַשְׁרֶה אֶת שְׁכִינָתִי, "וּבֵרַכְתִּיךָ". מִכָּאן אַתָּה לָמֵד שֶׁלֹּא נִתַּן רְשׁוּת לְהַזְכִּיר שֵׁם הַמְפֹרָשׁ אֶלָּא בַּמָּקוֹם שֶׁהַשְּׁכִינָה בָּאָה שָׁם, וְזֶהוּ בֵּית הַבְּחִירָה, שָׁם נִתַּן רְשׁוּת לַכֹּהֲנִים לְהַזְכִּיר שֵׁם הַמְפֹרָשׁ בִּנְשִׂיאוּת כַּפַּיִם וּלְבָרֵךְ אֶת הָעָם:

כב) **וְאִם מִזְבַּח אֲבָנִים.** רַבִּי יִשְׁמָעֵאל אוֹמֵר: כָּל אִם וְאִם שֶׁבַּתּוֹרָה רְשׁוּת חוּץ מִשְּׁלֹשָׁה: "וְאִם מִזְבַּח אֲבָנִים תַּעֲשֶׂה לִּי", הֲרֵי 'אִם' זֶה מְשַׁמֵּשׁ בִּלְשׁוֹן 'כַּאֲשֶׁר', וְכַאֲשֶׁר תַּעֲשֶׂה לִי מִזְבַּח אֲבָנִים "לֹא תִבְנֶה אֶתְהֶן גָּזִית", שֶׁהֲרֵי חוֹבָה עָלֶיךָ לִבְנוֹת מִזְבַּח אֲבָנִים, שֶׁנֶּאֱמַר: "אֲבָנִים שְׁלֵמוֹת תִּבְנֶה" (דברים כז, ו). וְכֵן: "אִם כֶּסֶף תַּלְוֶה" (להלן כב, כד) חוֹבָה הוּא, שֶׁנֶּאֱמַר: "וְהַעֲבֵט תַּעֲבִיטֶנּוּ" (דברים טו, ח), וְאַף זֶה מְשַׁמֵּשׁ בִּלְשׁוֹן 'כַּאֲשֶׁר'. וְכֵן: "וְאִם תַּקְרִיב מִנְחַת בִּכּוּרִים" (ויקרא ב, יד), זוֹ מִנְחַת הָעֹמֶר שֶׁהִיא חוֹבָה. וְעַל כָּרְחָךְ אֵין 'אִם' הַלָּלוּ תְּלוּיִין אֶלָּא וַדַּאי, וּבִלְשׁוֹן 'כַּאֲשֶׁר' הֵם מְשַׁמְּשִׁים: **גָּזִית.**

מצווה מא
איסור עלייה על המזבח במדרגות

גָּזִית כִּי חַרְבְּךָ הֵנַפְתָּ עָלֶיהָ וַתְּחַלְלֶהָ: כג וְלֹא־תַעֲלֶה
בְמַעֲלֹת עַל־מִזְבְּחִי אֲשֶׁר לֹא־תִגָּלֶה עֶרְוָתְךָ
עָלָיו:

לְשׁוֹן גְּזִיזָה, שֶׁפּוֹסְלָן וּמְכַתְּתָן בְּבַרְזֶל: כִּי חַרְבְּךָ הֵנַפְתָּ עָלֶיהָ. הֲרֵי "כִּי" זֶה מְשַׁמֵּשׁ בִּלְשׁוֹן 'פֶּן' שֶׁהוּא 'דִּלְמָא', פֶּן תָּנִיף חַרְבְּךָ עָלֶיהָ: וַתְּחַלְלֶהָ. הָא לָמַדְתָּ שֶׁאִם הֵנַפְתָּ עָלֶיהָ בַּרְזֶל – חִלַּלְתָּ, שֶׁהַמִּזְבֵּחַ נִבְרָא לְהַאֲרִיךְ יָמָיו שֶׁל אָדָם וְהַבַּרְזֶל נִבְרָא לְקַצֵּר יָמָיו שֶׁל אָדָם, אֵין זֶה בְּדִין שֶׁיּוּנַף הַמְקַצֵּר עַל הַמַּאֲרִיךְ. וְעוֹד, שֶׁהַמִּזְבֵּחַ מֵטִיל שָׁלוֹם בֵּין יִשְׂרָאֵל לַאֲבִיהֶם שֶׁבַּשָּׁמַיִם, לְפִיכָךְ לֹא יָבֹא עָלָיו כּוֹרֵת וּמְחַבֵּל. וַהֲרֵי דְּבָרִים קַל וָחֹמֶר: וּמָה אֲבָנִים שֶׁאֵינָן רוֹאוֹת וְלֹא שׁוֹמְעוֹת

הפטרת יתרו

את חלקה הראשון של ההפטרה קוראים לפי מנהגי כל העדות והוא עוסק בהתגלות ה׳ לישעיהו. התגלות זו – כמו בהתגלויות נבואיות רבות אחרות המתוארות בכתוב – שני מרכיבים לה: החלק המילולי, שבו מובא תוכן דבר ה׳ ששמע הנביא בנבואה, והחלק החזותי, המראָה שראה הנביא בנבואתו. שני חלקים אלה משלימים זה את זה. בנבואה זו, שנגלתה לנביא "בשנת מות המלך עֻזיהו", הנביא מתנדב לשליחות הנבואית – תופעה חריגה אצל הנביאים, והוא נדרש לפנות לעם ולהזהירו מפני חורבן, אם ימשיך בדרכו הרעה. אמנם, בַּמחזה ה׳ יושב על כיסאו בהיכל ופמליה של מעלה מקיפה אותו, אבל סִפֵּי הבית נעים והוא מתמלא עשן. אלו סימנים של רעידת אדמה וחוסר יציבות, כמו אלה שהיו בסוף ימי עוזיהו, והם אמורים לעורר את העם לשוב אל ה׳ לפני חורבן אפשרי.

ישעיה

ו א בִּשְׁנַת־מוֹת הַמֶּלֶךְ עֻזִּיָּהוּ וָאֶרְאֶה אֶת־אֲדֹנָי יֹשֵׁב עַל־כִּסֵּא רָם וְנִשָּׂא
ב וְשׁוּלָיו מְלֵאִים אֶת־הַהֵיכָל: שְׂרָפִים עֹמְדִים ׀ מִמַּעַל לוֹ שֵׁשׁ כְּנָפַיִם שֵׁשׁ
כְּנָפַיִם לְאֶחָד בִּשְׁתַּיִם ׀ יְכַסֶּה פָנָיו וּבִשְׁתַּיִם יְכַסֶּה רַגְלָיו וּבִשְׁתַּיִם יְעוֹפֵף:
ג וְקָרָא זֶה אֶל־זֶה וְאָמַר קָדוֹשׁ ׀ קָדוֹשׁ קָדוֹשׁ יהוה צְבָאוֹת מְלֹא כָל־
ד הָאָרֶץ כְּבוֹדוֹ: וַיָּנֻעוּ אַמּוֹת הַסִּפִּים מִקּוֹל הַקּוֹרֵא וְהַבַּיִת יִמָּלֵא עָשָׁן:
ה וָאֹמַר אוֹי־לִי כִי־נִדְמֵיתִי כִּי אִישׁ טְמֵא־שְׂפָתַיִם אָנֹכִי וּבְתוֹךְ עַם־טְמֵא
ו שְׂפָתַיִם אָנֹכִי יֹשֵׁב כִּי אֶת־הַמֶּלֶךְ יהוה צְבָאוֹת רָאוּ עֵינָי: וַיָּעָף אֵלַי אֶחָד
ז מִן־הַשְּׂרָפִים וּבְיָדוֹ רִצְפָּה בְּמֶלְקַחַיִם לָקַח מֵעַל הַמִּזְבֵּחַ: וַיַּגַּע עַל־פִּי
ח וַיֹּאמֶר הִנֵּה נָגַע זֶה עַל־שְׂפָתֶיךָ וְסָר עֲוֺנֶךָ וְחַטָּאתְךָ תְּכֻפָּר: וָאֶשְׁמַע אֶת־
ט קוֹל אֲדֹנָי אֹמֵר אֶת־מִי אֶשְׁלַח וּמִי יֵלֶךְ־לָנוּ וָאֹמַר הִנְנִי שְׁלָחֵנִי: וַיֹּאמֶר
לֵךְ וְאָמַרְתָּ לָעָם הַזֶּה שִׁמְעוּ שָׁמוֹעַ וְאַל־תָּבִינוּ וּרְאוּ רָאוֹ וְאַל־תֵּדָעוּ:
י הַשְׁמֵן לֵב־הָעָם הַזֶּה וְאָזְנָיו הַכְבֵּד וְעֵינָיו הָשַׁע פֶּן־יִרְאֶה בְעֵינָיו וּבְאָזְנָיו

כג פְּסִילָן, דִּלְמָא תְּרִים חַרְבָּךְ, עֲלַהּ וּתְחַלְּנַהּ: וְלָא תִסַּק בְּדַרְגִּין עַל מַדְבְּחִי, דְּלָא תִתְגַּלֵּי עֶרְיְתָךְ עֲלוֹהִי:

וְלֹא מְדַבְּרוֹת, עַל יְדֵי שֶׁמַּטִּילוֹת שָׁלוֹם חָמְרָה תוֹרָה: "לֹא תָנִיף עֲלֵיהֶם בַּרְזֶל" (דברים כז, ה), הַמַּטִּיל שָׁלוֹם בֵּין אִישׁ לְאִשְׁתּוֹ, בֵּין מִשְׁפָּחָה לְמִשְׁפָּחָה, בֵּין אָדָם לַחֲבֵרוֹ, עַל אַחַת כַּמָּה וְכַמָּה שֶׁלֹּא תְבוֹאֵהוּ פֻּרְעָנוּת:

כג] וְלֹא תַעֲלֶה בְמַעֲלֹת. כְּשֶׁאַתָּה בּוֹנֶה כֶּבֶשׁ לַמִּזְבֵּחַ לֹא תַעֲשֵׂהוּ מַעֲלוֹת מַעֲלוֹת, אשקלונ"ש בְּלַעַז, אֶלָּא חָלָק יְהֵא וּמְשֻׁפָּע: אֲשֶׁר לֹא תִגָּלֶה עֶרְוָתְךָ. שֶׁעַל יְדֵי הַמַּעֲלוֹת אַתָּה צָרִיךְ לְהַרְחִיב פְּסִיעוֹתֶיךָ. וְאַף עַל פִּי שֶׁאֵינוֹ גִּלּוּי עֶרְוָה מַמָּשׁ, שֶׁהֲרֵי כְּתִיב: "וַעֲשֵׂה לָהֶם מִכְנְסֵי בָד" (להלן כח, מב), מִכָּל מָקוֹם הַרְחָבַת הַפְּסִיעוֹת קָרוֹב לְגִלּוּי עֶרְוָה הוּא, וְאַתָּה נוֹהֵג בָּם מִנְהַג בִּזָּיוֹן. וַהֲרֵי דְּבָרִים קַל וָחֹמֶר: וּמָה אֲבָנִים הַלָּלוּ שֶׁאֵין בָּהֶם דַּעַת לְהַקְפִּיד עַל בִּזְיוֹנָן, אָמְרָה תוֹרָה: הוֹאִיל וְיֵשׁ בָּהֶם צֹרֶךְ לֹא תִנְהַג בָּהֶם מִנְהַג בִּזָּיוֹן, חֲבֵרְךָ שֶׁהוּא בִּדְמוּת יוֹצֶרְךָ וּמַקְפִּיד עַל בִּזְיוֹנוֹ, עַל אַחַת כַּמָּה וְכַמָּה:

יא יִשְׁמָע וּלְבָבוֹ יָבִין וָשָׁב וְרָפָא לוֹ: וָאֹמַר עַד־מָתַי אֲדֹנָי וַיֹּאמֶר עַד אֲשֶׁר
אִם־שָׁאוּ עָרִים מֵאֵין יוֹשֵׁב וּבָתִּים מֵאֵין אָדָם וְהָאֲדָמָה תִּשָּׁאֶה שְׁמָמָה:
יב יג וְרִחַק יְהוָה אֶת־הָאָדָם וְרַבָּה הָעֲזוּבָה בְּקֶרֶב הָאָרֶץ: וְעוֹד בָּהּ עֲשִׂרִיָּה
וְשָׁבָה וְהָיְתָה לְבָעֵר כָּאֵלָה וְכָאַלּוֹן אֲשֶׁר בְּשַׁלֶּכֶת מַצֶּבֶת בָּם זֶרַע קֹדֶשׁ
ז א מַצַּבְתָּהּ:* וַיְהִי בִּימֵי אָחָז בֶּן־יוֹתָם בֶּן־עֻזִּיָּהוּ מֶלֶךְ יְהוּדָה
עָלָה רְצִין מֶלֶךְ־אֲרָם וּפֶקַח בֶּן־רְמַלְיָהוּ מֶלֶךְ־יִשְׂרָאֵל יְרוּשָׁלַםִ לַמִּלְחָמָה
ב עָלֶיהָ וְלֹא יָכֹל לְהִלָּחֵם עָלֶיהָ: וַיֻּגַּד לְבֵית דָּוִד לֵאמֹר נָחָה אֲרָם עַל־
ג אֶפְרָיִם וַיָּנַע לְבָבוֹ וּלְבַב עַמּוֹ כְּנוֹעַ עֲצֵי־יַעַר מִפְּנֵי־רוּחַ: וַיֹּאמֶר
יְהוָה אֶל־יְשַׁעְיָהוּ צֵא־נָא לִקְרַאת אָחָז אַתָּה וּשְׁאָר יָשׁוּב בְּנֶךָ אֶל־קְצֵה
ד תְּעָלַת הַבְּרֵכָה הָעֶלְיוֹנָה אֶל־מְסִלַּת שְׂדֵה כוֹבֵס: וְאָמַרְתָּ אֵלָיו הִשָּׁמֵר
וְהַשְׁקֵט אַל־תִּירָא וּלְבָבְךָ אַל־יֵרַךְ מִשְּׁנֵי זַנְבוֹת הָאוּדִים הָעֲשֵׁנִים הָאֵלֶּה
ה בָּחֳרִי־אַף רְצִין וַאֲרָם וּבֶן־רְמַלְיָהוּ: יַעַן כִּי־יָעַץ עָלֶיךָ אֲרָם רָעָה אֶפְרַיִם
ו וּבֶן־רְמַלְיָהוּ לֵאמֹר: נַעֲלֶה בִיהוּדָה וּנְקִיצֶנָּה וְנַבְקִעֶנָּה אֵלֵינוּ וְנַמְלִיךְ
מֶלֶךְ בְּתוֹכָהּ אֵת בֶּן־טָבְאַל:
ט ה כִּי־יֶלֶד יֻלַּד־לָנוּ בֵּן נִתַּן־לָנוּ וַתְּהִי הַמִּשְׂרָה עַל־שִׁכְמוֹ וַיִּקְרָא שְׁמוֹ
ו פֶּלֶא יוֹעֵץ אֵל גִּבּוֹר אֲבִי־עַד שַׂר־שָׁלוֹם: לםרבה הַמִּשְׂרָה וּלְשָׁלוֹם אֵין־ לְמַרְבֵּה
קֵץ עַל־כִּסֵּא דָוִד וְעַל־מַמְלַכְתּוֹ לְהָכִין אֹתָהּ וּלְסַעֲדָהּ בְּמִשְׁפָּט וּבִצְדָקָה
מֵעַתָּה וְעַד־עוֹלָם קִנְאַת יְהוָה צְבָאוֹת תַּעֲשֶׂה־זֹּאת:

הספרדים מסיימים כאן
התימנים ממשיכים בפרק ט

פרשת משפטים

משפטים

טז וְאֵ֙לֶּה֙ הַמִּשְׁפָּטִ֔ים אֲשֶׁ֥ר תָּשִׂ֖ים לִפְנֵיהֶֽם: בִּ֤י כִ֣א תִקְנֶה֙ עֶ֣בֶד עִבְרִ֔י שֵׁ֥שׁ שָׁנִ֖ים יַעֲבֹ֑ד וּבַ֨שְּׁבִעִ֔ת יֵצֵ֥א לַֽחָפְשִׁ֖י חִנָּֽם: אִם־בְּגַפּ֣וֹ יָבֹ֔א בְּגַפּ֖וֹ יֵצֵ֑א גּ אִם־בַּ֤עַל אִשָּׁה֙ ה֔וּא וְיָצְאָ֥ה אִשְׁתּ֖וֹ עִמּֽוֹ: אִם־ ד אֲדֹנָיו֙ יִתֶּן־ל֣וֹ אִשָּׁ֔ה וְיָלְדָה־ל֥וֹ בָנִ֖ים א֣וֹ בָנ֑וֹת הָאִשָּׁ֣ה וִילָדֶ֗יהָ תִּהְיֶה֙ לַֽאדֹנֶ֔יהָ וְה֖וּא יֵצֵ֥א בְגַפּֽוֹ: וְאִם־אָמֹ֤ר יֹאמַר֙ הָעֶ֔בֶד אָהַ֙בְתִּי֙ אֶת־ ה אֲדֹנִ֔י אֶת־אִשְׁתִּ֖י וְאֶת־בָּנָ֑י לֹ֥א אֵצֵ֖א חָפְשִֽׁי: וְהִגִּישׁ֤וֹ אֲדֹנָיו֙ אֶל־הָ֣אֱלֹהִ֔ים וְהִגִּישׁוֹ֙ אֶל־הַדֶּ֔לֶת ו א֖וֹ אֶל־הַמְּזוּזָ֑ה וְרָצַ֨ע אֲדֹנָ֤יו אֶת־אָזְנוֹ֙ בַּמַּרְצֵ֔עַ וַעֲבָד֖וֹ לְעֹלָֽם: ‹ וְכִֽי־יִמְכֹּ֥ר אִ֛ישׁ ז אֶת־בִּתּ֖וֹ לְאָמָ֑ה לֹ֥א תֵצֵ֖א כְּצֵ֥את הָעֲבָדִֽים:

מצווה מב
מצווה לדון
דיני עבד עברי

א **וְאֵלֶּה הַמִּשְׁפָּטִים.** כָּל מָקוֹם שֶׁנֶּאֱמַר 'אֵלֶּה' – פָּסַל אֶת הָרִאשׁוֹנִים, 'וְאֵלֶּה' – מוֹסִיף עַל הָרִאשׁוֹנִים, מָה הָרִאשׁוֹנִים מִסִּינַי, אַף אֵלּוּ מִסִּינַי. וְלָמָּה נִסְמְכָה פָּרָשַׁת דִּינִין לְפָרָשַׁת מִזְבֵּחַ? לוֹמַר לְךָ שֶׁתָּשִׂית סַנְהֶדְרִין אֵצֶל הַמִּקְדָּשׁ: **אֲשֶׁר תָּשִׂים לִפְנֵיהֶם.** אָמַר לוֹ הַקָּדוֹשׁ בָּרוּךְ הוּא לְמֹשֶׁה: לֹא תַעֲלֶה עַל דַּעְתְּךָ לוֹמַר אֶשְׁנֶה לָהֶם הַפֶּרֶק וְהַהֲלָכָה שְׁנַיִם אוֹ שְׁלֹשָׁה פְּעָמִים עַד שֶׁתְּהֵא סְדוּרָה בְּפִיהֶם כְּמִשְׁנָתָהּ, וְאֵינִי מַטְרִיחַ עַצְמִי לַהֲבִינָם טַעֲמֵי הַדָּבָר וּפֵרוּשׁוֹ, לְכָךְ נֶאֱמַר: "אֲשֶׁר תָּשִׂים לִפְנֵיהֶם", כְּשֻׁלְחָן הֶעָרוּךְ וּמוּכָן לֶאֱכֹל לִפְנֵי הָאָדָם: **לִפְנֵיהֶם.** וְלֹא לִפְנֵי גוֹיִם, וַאֲפִלּוּ

יְדַעְתָּ בְּדִין אֶחָד שֶׁהַגּוֹיִם דָּנִין אוֹתוֹ כְּדִינֵי יִשְׂרָאֵל אַל תְּבִיאֵהוּ בְּעַרְכָּאוֹת שֶׁלָּהֶם, שֶׁהַמֵּבִיא דִּינֵי יִשְׂרָאֵל לִפְנֵי גּוֹיִם מְחַלֵּל אֶת הַשֵּׁם וּמְיַקֵּר שֵׁם עֲבוֹדָה זָרָה לְהַחֲשִׁיבָהּ, שֶׁנֶּאֱמַר: "כִּי לֹא כְצוּרֵנוּ צוּרָם וְאֹיְבֵינוּ פְּלִילִים" (דברים לב, לא), כְּשֶׁאוֹיְבֵינוּ פְּלִילִים זֶהוּ עֵדוּת לְעִלּוּי יִרְאָתָם:

ב **כִּי תִקְנֶה עֶבֶד עִבְרִי.** עֶבֶד שֶׁהוּא עִבְרִי. אוֹ אֵינוֹ אֶלָּא עַבְדּוֹ שֶׁל עִבְרִי, עֶבֶד כְּנַעֲנִי שֶׁלְּקָחַתּוֹ מִיִּשְׂרָאֵל, וְעָלָיו הוּא אוֹמֵר: "שֵׁשׁ שָׁנִים יַעֲבֹד", וּמָה אֲנִי מְקַיֵּם "וְהִתְנַחַלְתֶּם אֹתָם" (ויקרא כה, מו) – בִּלְקוּחַ מִן הַגּוֹי, אֲבָל בִּלְקוּחַ מִיִּשְׂרָאֵל יֵצֵא בְּשֵׁשׁ? תַּלְמוּד לוֹמַר: "כִּי יִמָּכֵר לְךָ אָחִיךָ הָעִבְרִי" (דברים

440

כא א ב **וְאִלֵּין דִּינַיָּא, דְּתַסְדַּר קֳדָמֵיהוֹן: אֲרֵי תִזְבּוֹן עַבְדָּא בַּר יִשְׂרָאֵל, שֵׁית שְׁנִין יִפְלַח,**
ג **וּבִשְׁבִיעֵיתָא, יִפּוֹק לְבַר חוֹרִין מַגָּן: אִם בִּלְחוֹדוֹהִי יֵיעוֹל בִּלְחוֹדוֹהִי יִפּוֹק, אִם בְּעֵיל**
ד **אִתְּתָא הוּא, וְתִפּוֹק אִתְּתֵיהּ עִמֵּיהּ: אִם רִבּוֹנֵיהּ יִתֵּין לֵיהּ אִתְּתָא, וּתְלִיד לֵיהּ בְּנִין אוֹ**
ה **בְנָן, אִתְּתָא וּבְנַהָא, תְּהֵי לְרִבּוֹנַהּ, וְהוּא יִפּוֹק בִּלְחוֹדוֹהִי: וְאִם מֵימָר יֵימַר עַבְדָּא,**
ו **רָחֵימְנָא יָת רִבּוֹנִי, יָת אִתְּתִי וְיָת בְּנַי, לָא אֶפּוֹק בַּר חוֹרִין: וִיקָרְבִנֵּיהּ רִבּוֹנֵיהּ לִקְדָם דַּיָּנַיָּא,**
וִיקָרְבִנֵּיהּ לְוָת דַּשָּׁא, אוֹ דִלְוָת מְזוּזְתָא, וְיִרְצַע רִבּוֹנֵיהּ יָת אֻדְנֵיהּ בְּמַרְצְעָא, וִיהֵי לֵיהּ
ז **עֶבֶד פָּלַח לְעָלַם: וַאֲרֵי יְזַבֵּין גְּבַר, יָת בְּרַתֵּיהּ לְאַמְהוּ, לָא תִפּוֹק כְּמַפְּקָנוּת עַבְדַיָּא:**

(טו, יב), לֹא אָמַרְתִּי אֶלָּא בְּאָחִיךָ: **כִּי תִקְנֶה.** מִיַּד בֵּית דִּין שֶׁמְּכָרוּהוּ בִּגְנֵבָתוֹ, כְּמוֹ שֶׁנֶּאֱמַר: "אִם אֵין לוֹ וְנִמְכַּר בִּגְנֵבָתוֹ" (להלן כב, ב). אוֹ אֵינוֹ אֶלָּא בְּמוֹכֵר עַצְמוֹ מִפְּנֵי דָּחְקוֹ, אֲבָל מְכָרוּהוּ בֵּית דִּין לֹא יֵצֵא בְּשֵׁשׁ? כְּשֶׁהוּא אוֹמֵר: "וְכִי יָמוּךְ אָחִיךָ עִמָּךְ וְנִמְכַּר לָךְ" (ויקרא כה, לט) הֲרֵי מוֹכֵר עַצְמוֹ מִפְּנֵי דָּחְקוֹ אָמוּר, וּמָה אֲנִי מְקַיֵּם "כִּי תִקְנֶה"? בְּנִמְכַּר בְּבֵית דִּין: **לַחָפְשִׁי.** לַחֵרוּת:

ג] **אִם בְּגַפּוֹ יָבֹא.** שֶׁלֹּא הָיָה נָשׂוּי אִשָּׁה, כְּתַרְגּוּמוֹ: "אִם בִּלְחוֹדוֹהִי". וּלְשׁוֹן 'בְּגַפּוֹ', בִּכְנָפוֹ, שֶׁלֹּא בָּא אֶלָּא כְּמוֹת שֶׁהוּא יְחִידִי בְּתוֹךְ לְבוּשׁוֹ, בִּכְנַף בִּגְדוֹ: **בְּגַפּוֹ יֵצֵא.** מַגִּיד שֶׁאִם לֹא הָיָה נָשׂוּי מִתְּחִלָּה, אֵין רַבּוֹ מוֹסֵר לוֹ שִׁפְחָה כְּנַעֲנִית לְהוֹלִיד מִמֶּנָּה עֲבָדִים: **אִם בַּעַל אִשָּׁה הוּא.** יִשְׂרְאֵלִית: **וְיָצְאָה אִשְׁתּוֹ עִמּוֹ.** וְכִי מִי הִכְנִיסָהּ שֶׁתֵּצֵא? אֶלָּא מַגִּיד הַכָּתוּב שֶׁהַקּוֹנֶה עֶבֶד עִבְרִי חַיָּב בִּמְזוֹנוֹת אִשְׁתּוֹ וּבָנָיו:

ד] **אִם אֲדֹנָיו יִתֶּן לוֹ אִשָּׁה.** מִכָּאן שֶׁהָרְשׁוּת בְּיַד רַבּוֹ לִמְסֹר לוֹ שִׁפְחָה כְּנַעֲנִית לְהוֹלִיד מִמֶּנָּה עֲבָדִים. אוֹ אֵינוֹ אֶלָּא בְּיִשְׂרְאֵלִית? תַּלְמוּד לוֹמַר: "הָאִשָּׁה וִילָדֶיהָ תִּהְיֶה לַאדֹנֶיהָ", הָא אֵינוֹ מְדַבֵּר אֶלָּא בִּכְנַעֲנִית, שֶׁהֲרֵי הָעִבְרִיָּה אַף הִיא יוֹצְאָה בְּשֵׁשׁ, וַאֲפִלּוּ לִפְנֵי שֵׁשׁ אִם הֵבִיאָה סִימָנִין יוֹצְאָה, שֶׁנֶּאֱמַר: "אָחִיךָ הָעִבְרִי אוֹ הָעִבְרִיָּה" (דברים טו, יב), מְלַמֵּד שֶׁאַף הָעִבְרִיָּה יוֹצְאָה בְּשֵׁשׁ:

ה] **אֶת אִשְׁתִּי.** הַשִּׁפְחָה:

ו] **אֶל הָאֱלֹהִים.** לְבֵית דִּין, צָרִיךְ שֶׁיִּמָּלֵךְ בְּמוֹכְרָיו שֶׁמְּכָרוּהוּ לוֹ: **אֶל הַדֶּלֶת אוֹ אֶל הַמְּזוּזָה.** יָכוֹל שֶׁתְּהֵא הַמְּזוּזָה כְּשֵׁרָה לִרְצֹעַ עָלֶיהָ? תַּלְמוּד לוֹמַר: "וְנָתַתָּה בְאָזְנוֹ וּבַדֶּלֶת" (דברים טו, יז), בַּדֶּלֶת וְלֹא בַּמְּזוּזָה, הָא מַה תַּלְמוּד לוֹמַר: "אוֹ אֶל הַמְּזוּזָה"? הִקִּישׁ דֶּלֶת לִמְזוּזָה, מַה מְּזוּזָה מְעוֹמֵד אַף דֶּלֶת מְעוֹמֵד. רַבִּי שִׁמְעוֹן הָיָה דּוֹרֵשׁ מִקְרָא זֶה כְּמִין חֹמֶר: מַה נִּשְׁתַּנּוּ דֶּלֶת וּמְזוּזָה מִכָּל כֵּלִים שֶׁבַּבַּיִת? אָמַר הַקָּדוֹשׁ בָּרוּךְ הוּא: דֶּלֶת וּמְזוּזָה שֶׁהָיוּ עֵדַי בְּמִצְרַיִם כְּשֶׁפָּסַחְתִּי עַל הַמַּשְׁקוֹף וְעַל שְׁתֵּי הַמְּזוּזוֹת, וְאָמַרְתִּי: "כִּי לִי בְנֵי יִשְׂרָאֵל עֲבָדִים" (ויקרא כה, נה), וְלֹא עֲבָדִים לַעֲבָדִים, וְהָלַךְ זֶה וְקָנָה אָדוֹן לְעַצְמוֹ, יֵרָצַע בִּפְנֵיהֶם: **וְרָצַע אֲדֹנָיו אֶת אָזְנוֹ.** הַיְמָנִית. אוֹ אֵינוֹ אֶלָּא שֶׁל שְׂמֹאל? תַּלְמוּד לוֹמַר: 'אֹזֶן' 'אֹזֶן' לִגְזֵרָה שָׁוָה, שֶׁנֶּאֱמַר בִּמְצֹרָע: "תְּנוּךְ אֹזֶן הַמִּטַּהֵר הַיְמָנִית" (ויקרא יד, יד). וּמָה רָאָה אֹזֶן לֵרָצַע מִכָּל הָאֵבָרִים? אָמַר רַבָּן יוֹחָנָן בֶּן זַכַּאי: אֹזֶן שֶׁשָּׁמְעָה בְּסִינַי: "לֹא תִגְנֹב" (לעיל כ, יג) וְהָלַךְ וְגָנַב, תֵּרָצַע. וְאִם מוֹכֵר עַצְמוֹ הוּא, אֹזֶן שֶׁשָּׁמְעָה "כִּי לִי בְנֵי יִשְׂרָאֵל עֲבָדִים" (ויקרא כה, נה) וְהָלַךְ וְקָנָה אָדוֹן לְעַצְמוֹ, תֵּלָקֶה: **וַעֲבָדוֹ לְעֹלָם.** עַד הַיּוֹבֵל. אוֹ אֵינוֹ אֶלָּא 'לְעוֹלָם' כְּמַשְׁמָעוֹ? תַּלְמוּד לוֹמַר: "וְאִישׁ אֶל מִשְׁפַּחְתּוֹ תָּשֻׁבוּ" (ויקרא כה, י), מַגִּיד שֶׁחֲמִשִּׁים שָׁנָה קְרוּיִים 'עוֹלָם'. וְלֹא שֶׁיְּהֵא עוֹבְדוֹ כָּל חֲמִשִּׁים שָׁנָה, אֶלָּא עוֹבְדוֹ עַד הַיּוֹבֵל, בֵּין סָמוּךְ בֵּין מֻפְלָג:

ז] **וְכִי יִמְכֹּר אִישׁ אֶת בִּתּוֹ לְאָמָה.** בִּקְטַנָּה הַכָּתוּב מְדַבֵּר. יָכוֹל אֲפִלּוּ הֵבִיאָה סִימָנִים? אָמַרְתָּ, קַל וָחֹמֶר: וּמַה מְּכוּרָה קֹדֶם לָכֵן יוֹצְאָה בְּסִימָנִין,

שמות כא

לוֹ
אִם־רָעָה בְּעֵינֵי אֲדֹנֶיהָ אֲשֶׁר־לֹא יְעָדָהּ וְהֶפְדָּהּ ח
לְעַם נָכְרִי לֹא־יִמְשֹׁל לְמָכְרָהּ בְּבִגְדוֹ־בָהּ׃ וְאִם־ ט
לִבְנוֹ יִיעָדֶנָּה כְּמִשְׁפַּט הַבָּנוֹת יַעֲשֶׂה־לָּהּ׃ אִם־ י
אַחֶרֶת יִקַּח־לוֹ שְׁאֵרָהּ כְּסוּתָהּ וְעֹנָתָהּ לֹא יִגְרָע׃
וְאִם־שְׁלָשׁ־אֵלֶּה לֹא יַעֲשֶׂה לָהּ וְיָצְאָה חִנָּם אֵין יא
כָּסֶף׃ מַכֵּה אִישׁ וָמֵת מוֹת יוּמָת׃ יב
וַאֲשֶׁר לֹא צָדָה וְהָאֱלֹהִים אִנָּה לְיָדוֹ וְשַׂמְתִּי לְךָ יג
מָקוֹם אֲשֶׁר יָנוּס שָׁמָּה׃ וְכִי־יָזִד יד
אִישׁ עַל־רֵעֵהוּ לְהָרְגוֹ בְעָרְמָה מֵעִם מִזְבְּחִי

מצוות מג – מה
מצוות ייעוד אמה עברייה
מצוות פדיון אמה עברייה
איסור מכירת אמה עברייה

מצווה מו
איסור גריעת שאר, כסות ועונה

מצווה מז
מצוות הריגה בחנק בבית הדין

משפטים

כְּמוֹ שֶׁכָּתוּב: "וְיָצְאָה חִנָּם אֵין כָּסֶף" (להלן פסוק יא) שֶׁאָנוּ דּוֹרְשִׁים אוֹתוֹ לְסִימָנֵי נַעֲרוּת, שֶׁאֵינָהּ מְכוּרָה אֵינוֹ דִּין שֶׁלֹּא תִּמָּכֵר?: **לֹא תֵצֵא כְּצֵאת הָעֲבָדִים.** כִּיצִיאַת עֲבָדִים כְּנַעֲנִים שֶׁיּוֹצְאִים בְּשֵׁן וָעַיִן, אֲבָל זוֹ לֹא תֵצֵא בְּשֵׁן וָעַיִן אֶלָּא עוֹבֶדֶת שֵׁשׁ, אוֹ עַד הַיּוֹבֵל, אוֹ עַד שֶׁתָּבִיא סִימָנִין, וְכָל הַקּוֹדֵם קוֹדֵם לְחֵרוּתָהּ, וְנוֹתֵן לָהּ דְּמֵי עֵינָהּ אוֹ דְּמֵי שִׁנָּהּ. אוֹ אֵינוֹ אֶלָּא "לֹא תֵצֵא כְּצֵאת הָעֲבָדִים" בְּשֵׁשׁ וּבַיּוֹבֵל? תַּלְמוּד לוֹמַר: "כִּי יִמָּכֵר לְךָ אָחִיךָ הָעִבְרִי אוֹ הָעִבְרִיָּה" (דברים טו, יב), מַקִּישׁ עִבְרִיָּה לְעִבְרִי לְכָל יְצִיאוֹתָיו: מָה עִבְרִי יוֹצֵא בְּשֵׁשׁ וּבַיּוֹבֵל, אַף עִבְרִיָּה יוֹצְאָה בְּשֵׁשׁ וּבַיּוֹבֵל. וּמַהוּ "לֹא תֵצֵא כְּצֵאת הָעֲבָדִים"? לֹא תֵצֵא בְּרָאשֵׁי אֵבָרִים כַּעֲבָדִים כְּנַעֲנִים. יָכוֹל הָעִבְרִי יוֹצֵא בְּרָאשֵׁי אֵבָרִים? תַּלְמוּד לוֹמַר: "הָעִבְרִי אוֹ הָעִבְרִיָּה", מַקִּישׁ עִבְרִי לְעִבְרִיָּה, מָה הָעִבְרִיָּה אֵינָהּ יוֹצְאָה בְּרָאשֵׁי אֵבָרִים, אַף הוּא אֵינוֹ יוֹצֵא בְּרָאשֵׁי אֵבָרִים:

ח] **אִם רָעָה בְּעֵינֵי אֲדֹנֶיהָ.** שֶׁלֹּא נָשְׂאָה חֵן בְּעֵינָיו לְכָנְסָהּ: **אֲשֶׁר לֹא יְעָדָהּ.** שֶׁהָיָה לוֹ לְיַעֲדָהּ וּלְהַכְנִיסָהּ לוֹ לְאִשָּׁה, וְכֶסֶף קְנִיָּתָהּ הוּא כֶּסֶף קִדּוּשֶׁיהָ. וְכָאן רָמַז לְךָ הַכָּתוּב שֶׁמִּצְוָה בְּיִעוּד, וְרָמַז לְךָ שֶׁאֵינָהּ צְרִיכָה קִדּוּשִׁין אֲחֵרִים: **וְהֶפְדָּהּ.** יִתֵּן לָהּ מָקוֹם לְהִפָּדוֹת וְלָצֵאת, שֶׁאַף הוּא מְסַיֵּעַ בְּפִדְיוֹנָהּ. וּמַה הוּא מָקוֹם שֶׁנּוֹתֵן לָהּ? שֶׁמְּגָרֵעַ מִפִּדְיוֹנָהּ בְּמִסְפַּר הַשָּׁנִים שֶׁעָשְׂתָה אֶצְלוֹ, כְּאִלּוּ הִיא שְׂכוּרָה אֶצְלוֹ. כֵּיצַד? הֲרֵי שֶׁקְּנָאָהּ בְּמָנֶה וְעָשְׂתָה אֶצְלוֹ שְׁתֵּי שָׁנִים, אוֹמְרִים לוֹ, יוֹדֵעַ הָיִיתָ שֶׁעֲתִידָה לָצֵאת לְסוֹף שֵׁשׁ, נִמְצָא שֶׁקָּנִיתָ עֲבוֹדַת כָּל שָׁנָה וְשָׁנָה בְּשִׁשִּׁית הַמָּנֶה, וְעָשְׂתָה אֶצְלְךָ שְׁתֵּי שָׁנִים, הֲרֵי שְׁלִישִׁית הַמָּנֶה. טֹל שְׁנֵי שְׁלִישֵׁי מָנֶה וְתֵצֵא מֵאֶצְלְךָ: **לְעַם נָכְרִי לֹא יִמְשֹׁל לְמָכְרָהּ.** אֵינוֹ רַשַּׁאי לְמָכְרָהּ לְאַחֵר, לֹא הָאָדוֹן וְלֹא הָאָב: **בְּבִגְדוֹ בָהּ.** אִם בָּא לִבְגֹּד בָּהּ שֶׁלֹּא לְקַיֵּם בָּהּ מִצְוַת יִעוּד. וְכֵן אָבִיהָ, מֵאַחַר שֶׁבָּגַד בָּהּ וּמְכָרָהּ לָזֶה:

ט] **וְאִם לִבְנוֹ יִיעָדֶנָּה.** הָאָדוֹן, מְלַמֵּד שֶׁאַף בְּנוֹ קָם תַּחְתָּיו לְיַעֲדָהּ אִם יִרְצֶה אָבִיו, וְאֵינוֹ צָרִיךְ לְקַדְּשָׁהּ קִדּוּשִׁין אֲחֵרִים, אֶלָּא אוֹמֵר לָהּ: הֲרֵי אַתְּ מְיֻעֶדֶת לִי בַּכֶּסֶף שֶׁקִּבֵּל אָבִיךְ בְּדָמַיִךְ: **כְּמִשְׁפַּט הַבָּנוֹת.** שְׁאֵר כְּסוּת וְעוֹנָה:

י] **אִם אַחֶרֶת יִקַּח לוֹ.** עָלֶיהָ: **שְׁאֵרָהּ כְּסוּתָהּ וְעֹנָתָהּ לֹא יִגְרָע.** מִן הָאָמָה שֶׁיִּעֵד לוֹ כְּבָר: **שְׁאֵרָהּ.** מְזוֹנוֹת: **כְּסוּתָהּ.** כְּמַשְׁמָעוֹ: **עֹנָתָהּ.** תַּשְׁמִישׁ:

כא משפטים

ח אִם בִּישַׁת, בְּעֵינֵי רִבּוֹנַהּ, דִּיקַיְּמַהּ לֵיהּ וְיִפְרְקִנַּהּ, לִגְבַר אָחֳרָן, לֵית לֵיהּ רְשׁוּ לְזַבּוֹנַהּ
ט י בְּמִשְׁלְטֵיהּ בַּהּ: וְאִם לִבְרֵיהּ יְקַיְּמִנַּהּ, כְּהִלְכַת בְּנָת יִשְׂרָאֵל יַעֲבֵיד לַהּ: אִם אָחֳרַנְתָּא יִסַּב
יא לֵיהּ, זְיוֹנַהּ, כְּסוּתַהּ וְעוֹנְתַהּ לָא יִמְנַע: וְאִם תְּלָת אִלֵּין, לָא יַעֲבֵיד לַהּ, וְתִפּוֹק מַגָּן דְּלָא כְסַף:
יב יג דְּיִמְחֵי לֶאֱנָשׁ, וְיִקְטְלִנֵּיהּ אִתְקְטָלָא יִתְקְטִיל: וּדְלָא כְמַן לֵיהּ, וּמִן קֳדָם יי אִתְמְסַר לִידֵיהּ,
יד וַאֲשַׁוֵּי לָךְ אֲתַר, דְּיִעְרוֹק לְתַמָּן: וַאֲרֵי יַרְשַׁע גְּבַר, עַל חַבְרֵיהּ לְמִקְטְלֵיהּ בִּנְכִילוּ, מִן מַדְבְּחִי,

יא] **וְאִם שְׁלָשׁ אֵלֶּה לֹא יַעֲשֶׂה לָהּ.** אִם אַחַת מִשְּׁלָשׁ אֵלֶּה לֹא יַעֲשֶׂה לָהּ. וּמָה הֵן הַשָּׁלֹשׁ? יִיעָדֶנָּה לוֹ, אוֹ לִבְנוֹ, אוֹ יִגְרַע מִפִּדְיוֹנָהּ וְתֵצֵא, וְזֶה לֹא יְעָדָהּ לֹא לוֹ וְלֹא לִבְנוֹ, וְהִיא לֹא הָיָה בְּיָדָהּ לִפְדּוֹת אֶת עַצְמָהּ: **וְיָצְאָה חִנָּם.** רִבָּה לָהּ יְצִיאָה לָזוֹ יוֹתֵר מִמַּה שֶּׁרִבָּה לַעֲבָדִים. וּמַה הִיא הַיְּצִיאָה? לִמֶּדְךָ שֶׁתֵּצֵא בְּסִימָנִים – תִּשְׁהֶא עִמּוֹ עַד שֶׁתֵּצֵא בְּסִימָנִים. וְאִם הִגִּיעוּ שֵׁשׁ שָׁנִים קֹדֶם סִימָנִים, כְּבָר לָמַדְנוּ שֶׁתֵּצֵא, שֶׁנֶּאֱמַר: "הָעִבְרִי אוֹ הָעִבְרִיָּה וַעֲבָדְךָ שֵׁשׁ שָׁנִים" (דברים טו, יב), וּמַהוּ הָאָמוּר כָּאן: "וְיָצְאָה חִנָּם"? שֶׁאִם קָדְמוּ סִימָנִים לְשֵׁשׁ שָׁנִים תֵּצֵא בָּהֶן. אוֹ אֵינוֹ אוֹמֵר שֶׁתֵּצֵא אֶלָּא בְּבַגְרוּת? תַּלְמוּד לוֹמַר: "אֵין כָּסֶף" לְרַבּוֹת יְצִיאַת בַּגְרוּת. וְאִם לֹא נֶאֶמְרוּ שְׁנֵיהֶם, הָיִיתִי אוֹמֵר: "וְיָצְאָה חִנָּם" זוֹ בַּגְרוּת, לְכָךְ נֶאֶמְרוּ שְׁנֵיהֶם, שֶׁלֹּא לִתֵּן פִּתְחוֹן פֶּה לְבַעַל הַדִּין לַחֲלֹק:

יב] **מַכֵּה אִישׁ וָמֵת.** כַּמָּה כְתוּבִים נֶאֶמְרוּ בְּפָרָשַׁת רוֹצְחִין, וּמַה שֶּׁבְּיָדִי לְפָרֵשׁ לָמָּה בָּאוּ כֻלָּם אֲפָרֵשׁ: **מַכֵּה אִישׁ וָמֵת.** לָמָּה נֶאֱמַר? לְפִי שֶׁנֶּאֱמַר: "וְאִישׁ כִּי יַכֶּה כָּל נֶפֶשׁ אָדָם מוֹת יוּמָת" (ויקרא כד, יז), שׁוֹמֵעַ אֲנִי הַכָּאָה בְּלֹא מִיתָה? תַּלְמוּד לוֹמַר: "מַכֵּה אִישׁ וָמֵת", אֵינוֹ חַיָּב אֶלָּא בְּהַכָּאָה שֶׁל מִיתָה. וְאִם נֶאֱמַר "מַכֵּה אִישׁ" וְלֹא נֶאֱמַר "וְאִישׁ כִּי יַכֶּה", הָיִיתִי אוֹמֵר אֵינוֹ חַיָּב עַד שֶׁיַּכֶּה אִישׁ, הִכָּה אֶת הָאִשָּׁה וְאֶת הַקָּטָן מִנַּיִן? תַּלְמוּד לוֹמַר: "כִּי יַכֶּה כָּל נֶפֶשׁ אָדָם", אֲפִלּוּ קָטָן וַאֲפִלּוּ אִשָּׁה. וְעוֹד, אִלּוּ נֶאֱמַר "מַכֵּה אִישׁ" שׁוֹמֵעַ אֲנִי אֲפִלּוּ קָטָן שֶׁהִכָּה וְהָרַג יְהֵא חַיָּב? תַּלְמוּד לוֹמַר: "וְאִישׁ כִּי יַכֶּה", וְלֹא קָטָן שֶׁהִכָּה. וְעוֹד, "כִּי יַכֶּה כָּל נֶפֶשׁ אָדָם" אֲפִלּוּ נְפָלִים בְּמַשְׁמָע, תַּלְמוּד לוֹמַר: "מַכֵּה אִישׁ", עַד שֶׁיַּכֶּה בֶּן קַיָּמָא הָרָאוּי לִהְיוֹת אִישׁ:

יג] **וַאֲשֶׁר לֹא צָדָה.** לֹא אָרַב לוֹ וְלֹא נִתְכַּוֵּן. 'צָדָה' לְשׁוֹן אָרַב, וְכֵן הוּא אוֹמֵר: "וְאַתָּה צֹדֶה אֶת נַפְשִׁי לְקַחְתָּהּ" (שמואל א׳ כד, יא). וְלֹא יִתָּכֵן לוֹמַר 'צָדָה' לְשׁוֹן "הַצָּד צַיִד" (בראשית כז, לג), שֶׁצְּדִיַּת חַיּוֹת אֵין נוֹפֵל הֵ"א בְּפֹעַל שֶׁלָּהּ, וְשֵׁם דָּבָר בָּהּ 'צַיִד', וְזֶה שֵׁם דָּבָר בּוֹ 'צְדִיָּה', וּפֹעַל שֶׁלּוֹ 'צוֹדֶה', וְזֶה פֹּעַל שֶׁלּוֹ 'צָד'. וְאוֹמֵר אֲנִי, פִּתְרוֹנוֹ כְּתַרְגּוּמוֹ: "וּדְלָא כְמַן לֵיהּ". וּמְנַחֵם חִבְּרוֹ בְּחֵלֶק 'צָד צַיִד', וְאֵין אֲנִי מוֹדֶה לוֹ. וְאִם יֵשׁ לְחַבְּרוֹ בְּאַחַת מִמַּחְלְקוֹת שֶׁל 'צָד', נְחַבְּרֶנּוּ בְּחֵלֶק "עַל צַד תִּנָּשֵׂאוּ" (ישעיה סו, יב), "צִדָּה אוֹרֶה" (שמואל א׳ כ, כ), "וּמִלִּין לְצַד עִלָּאָה יְמַלִּל" (דניאל ז, כה), אַף כָּאן "אֲשֶׁר לֹא צָדָה" לֹא צִדֵּד לִמְצֹא לוֹ שׁוּם צַד מִיתָה. וְאַף זֶה יֵשׁ לְהַרְהֵר עָלָיו, מִכָּל מָקוֹם לְשׁוֹן אוֹרֵב הוּא: **וְהָאֱלֹהִים אִנָּה לְיָדוֹ.** זִמֵּן לְיָדוֹ. לְשׁוֹן: "לֹא תְאֻנֶּה אֵלֶיךָ רָעָה" (תהלים צא, י), "לֹא יְאֻנֶּה לַצַּדִּיק כָּל אָוֶן" (משלי יב, כא), "מִתְאַנֶּה הוּא לִי" (מלכים ב׳ ה, ז) – מִזְדַּמֵּן לִמְצֹא לִי עִלָּה: **וְהָאֱלֹהִים אִנָּה לְיָדוֹ.** וְלָמָּה תֵּצֵא זֹאת מִלְּפָנָיו? הוּא שֶׁאָמַר דָּוִד: "כַּאֲשֶׁר יֹאמַר מְשַׁל הַקַּדְמֹנִי מֵרְשָׁעִים יֵצֵא רֶשַׁע" (שמואל א׳ כד, יג) וּמְשַׁל הַקַּדְמֹנִי הִיא הַתּוֹרָה שֶׁהִיא מְשַׁל הַקָּדוֹשׁ בָּרוּךְ הוּא שֶׁהוּא קַדְמוֹנוֹ שֶׁל עוֹלָם. וְהֵיכָן אָמְרָה תּוֹרָה: "מֵרְשָׁעִים יֵצֵא רֶשַׁע"? – "וְהָאֱלֹהִים אִנָּה לְיָדוֹ". בַּמֶּה הַכָּתוּב מְדַבֵּר? בִּשְׁנֵי בְנֵי אָדָם, אֶחָד הָרַג שׁוֹגֵג וְאֶחָד הָרַג מֵזִיד, וְלֹא הָיוּ עֵדִים בַּדָּבָר שֶׁיָּעִידוּ, זֶה לֹא נֶהֱרַג וְזֶה לֹא גָלָה. הַקָּדוֹשׁ בָּרוּךְ הוּא מְזַמְּנָן לְפֻנְדָּק אֶחָד, זֶה שֶׁהָרַג שׁוֹגֵג עוֹלֶה בַּסֻּלָּם וְנוֹפֵל עַל זֶה שֶׁהָרַג מֵזִיד וְהוֹרְגוֹ, וְעֵדִים מְעִידִים עָלָיו וּמְחַיְּבִים אוֹתוֹ לִגְלוֹת. נִמְצָא זֶה שֶׁהָרַג שׁוֹגֵג גּוֹלֶה וְזֶה שֶׁהָרַג מֵזִיד נֶהֱרָג: **וְשַׂמְתִּי לְךָ מָקוֹם.** אַף בַּמִּדְבָּר, שֶׁיָּנוּס שָׁמָּה. וְאֵי זֶה מָקוֹם קוֹלְטוֹ? זֶה מַחֲנֵה לְוִיָּה:

יד] **וְכִי יָזִד.** לָמָּה נֶאֱמַר? לְפִי שֶׁנֶּאֱמַר: "מַכֵּה אִישׁ" וְגוֹ׳ (לעיל פסוק יב), שׁוֹמֵעַ אֲנִי אֲפִלּוּ גּוֹי, וְהָרוֹפֵא שֶׁהֵמִית, וּשְׁלִיחַ בֵּית דִּין שֶׁהֵמִית בְּמַלְקוּת אַרְבָּעִים, וְהָאָב הַמַּכֶּה אֶת בְּנוֹ, וְהָרַב

משפטים

שמות כא

מצווה מח
איסור הכאת אב ואם

תִּקָּחֶ֖נּוּ לָמֽוּת׃ וּמַכֵּ֥ה אָבִ֛יו וְאִמּ֖וֹ טו
מ֥וֹת יוּמָֽת׃ וְגֹנֵ֨ב אִ֧ישׁ וּמְכָר֛וֹ וְנִמְצָ֥א טז
בְיָד֖וֹ מ֥וֹת יוּמָֽת׃ וּמְקַלֵּ֥ל אָבִ֛יו וְאִמּ֖וֹ יז
מ֥וֹת יוּמָֽת׃ וְכִֽי־יְרִיבֻ֣ן אֲנָשִׁ֔ים וְהִכָּה־ יח
אִישׁ֙ אֶת־רֵעֵ֔הוּ בְּאֶ֖בֶן א֣וֹ בְאֶגְרֹ֑ף וְלֹ֥א יָמ֖וּת
וְנָפַ֥ל לְמִשְׁכָּֽב׃ אִם־יָק֞וּם וְהִתְהַלֵּ֥ךְ בַּח֛וּץ עַל־ יט
מִשְׁעַנְתּ֖וֹ וְנִקָּ֣ה הַמַּכֶּ֑ה רַ֥ק שִׁבְתּ֛וֹ יִתֵּ֖ן וְרַפֹּ֥א
שני יְרַפֵּֽא׃ · וְכִֽי־יַכֶּה֩ אִ֨ישׁ אֶת־עַבְדּ֜וֹ א֤וֹ כ
אֶת־אֲמָתוֹ֙ בַּשֵּׁ֔בֶט וּמֵ֖ת תַּ֣חַת יָד֑וֹ נָקֹ֖ם יִנָּקֵֽם׃
אַ֥ךְ אִם־י֛וֹם א֥וֹ יוֹמַ֖יִם יַעֲמֹ֑ד לֹ֣א יֻקַּ֔ם כִּ֥י כַסְפּ֖וֹ כא
הֽוּא׃ וְכִֽי־יִנָּצ֣וּ אֲנָשִׁ֗ים וְנָ֨גְפ֜וּ אִשָּׁ֤ה כב
הָרָה֙ וְיָצְא֣וּ יְלָדֶ֔יהָ וְלֹ֥א יִהְיֶ֖ה אָס֑וֹן עָנ֣וֹשׁ יֵעָנֵ֗שׁ
כַּאֲשֶׁ֨ר יָשִׁ֤ית עָלָיו֙ בַּ֣עַל הָֽאִשָּׁ֔ה וְנָתַ֖ן בִּפְלִלִֽים׃
וְאִם־אָס֖וֹן יִהְיֶ֑ה וְנָתַתָּ֥ה נֶ֖פֶשׁ תַּ֥חַת נָֽפֶשׁ׃ כג

מצווה מט
חובת בית הדין לדון דיני קנסות

מצווה נ
מצוות הריגה בסיף בבית הדין

משפטים

הָרוֹדֶה אֶת תַּלְמִידוֹ, וְהַשּׁוֹגֵג? תַּלְמוּד לוֹמַר: "וְכִי יָזִד" וְלֹא שׁוֹגֵג, "עַל רֵעֵהוּ" וְלֹא עַל גּוֹי, "לְהָרְגוֹ בְעָרְמָה" וְלֹא שְׁלִיחַ בֵּית דִּין וְהָרוֹפֵא וְהָרוֹדֶה בְּנוֹ וְתַלְמִידוֹ, שֶׁאַף עַל פִּי שֶׁהֵם מְזִידִין אֵין מַעֲרִימִין: **מֵעִם מִזְבְּחִי.** אִם הָיָה כֹּהֵן וְרוֹצֶה לַעֲבֹד עֲבוֹדָה, "תִּקָּחֶנּוּ לָמוּת":

טו] **וּמַכֵּה אָבִיו וְאִמּוֹ.** לְפִי שֶׁלָּמַדְנוּ עַל הַחוֹבֵל בַּחֲבֵרוֹ שֶׁהוּא בְּתַשְׁלוּמִין וְלֹא בְמִיתָה, הֻצְרַךְ לוֹמַר עַל הַחוֹבֵל בְּאָבִיו שֶׁהוּא בְּמִיתָה. וְאֵינוֹ חַיָּב אֶלָּא בְּהַכָּאָה שֶׁיֵּשׁ בָּהּ חַבּוּרָה: **אָבִיו וְאִמּוֹ.** אוֹ זֶה אוֹ זֶה: **מוֹת יוּמָת.** בְּחֶנֶק:

טז] **וְגֹנֵב אִישׁ וּמְכָרוֹ.** לָמָּה נֶאֱמַר? לְפִי שֶׁנֶּאֱמַר: "כִּי יִמָּצֵא אִישׁ גֹּנֵב נֶפֶשׁ מֵאֶחָיו" (דברים כד, ז), אֵין לִי אֶלָּא אִישׁ שֶׁגָּנַב נֶפֶשׁ, אִשָּׁה אוֹ טֻמְטוּם אוֹ אַנְדְּרוֹגִינוֹס שֶׁגָּנְבוּ מִנַּיִן? תַּלְמוּד לוֹמַר: "וְגֹנֵב אִישׁ וּמְכָרוֹ". וּלְפִי שֶׁנֶּאֱמַר כָּאן: "וְגֹנֵב אִישׁ", אֵין לִי אֶלָּא גּוֹנֵב אִישׁ, גּוֹנֵב אִשָּׁה מִנַּיִן? תַּלְמוּד לוֹמַר: "גֹּנֵב נֶפֶשׁ". לְכָךְ הֻצְרְכוּ שְׁנֵיהֶם, מַה שֶּׁחִסֵּר זֶה גִּלָּה זֶה: **וְנִמְצָא בְיָדוֹ.** שֶׁרָאוּהוּ עֵדִים שֶׁגְּנָבוֹ וּמְכָרוֹ, "וְנִמְצָא" כְּבָר קֹדֶם הַמְּכִירָה: **מוֹת יוּמָת.** בְּחֶנֶק. כָּל מִיתָה הָאֲמוּרָה בַּתּוֹרָה סְתָם חֶנֶק הִיא:

יז] **וּמְקַלֵּל אָבִיו וְאִמּוֹ.** לָמָּה נֶאֱמַר? לְפִי שֶׁהוּא

כא
משפטים

טו טז תְּדַבְּרִנֵּיהּ לְמִקְטַל: וּדְיִמְחֵי אֲבוּהִי, וְאִמֵּיהּ אִתְקְטָלָא יִתְקְטִיל: וּדְיִגְנוֹב נַפְשָׁא מִבְּנֵי יִשְׂרָאֵל
יז וִיזַבְּנִנֵּיהּ, וְיִשְׁתְּכַח בִּידֵיהּ אִתְקְטָלָא יִתְקְטִיל: וְדִילוּט אֲבוּהִי, וְאִמֵּיהּ אִתְקְטָלָא יִתְקְטִיל:
יח וַאֲרֵי יִנְצוּן גֻּבְרִין, וְיִמְחֵי גְּבַר יָת חַבְרֵיהּ, בְּאַבְנָא אוֹ בְּכֻרְמֵיזָא, וְלָא יְמוּת וְיִפּוֹל לְבֻטְלָן:
יט אִם יְקוּם, וִיהַלֵּיךְ בְּבָרָא, עַל בֻּרְיֵיהּ וִיהֵי זַכָּא מַחְיָא, לְחוֹד בֻּטְלָנֵיהּ, יִתֵּין וַאֲגַר אַסְיָא
כ יְשַׁלֵּים: וַאֲרֵי יִמְחֵי גְּבַר יָת עַבְדֵּיהּ, אוֹ יָת אַמְתֵיהּ בְּשִׁלְטָן, וִימוּת תְּחוֹת יְדֵיהּ, אִתְדָּנָא
כא כב יִתְדָּן: בְּרַם אִם יוֹמָא, אוֹ תְּרֵין יוֹמִין יִתְקַיַּם, לָא יִתְדָּן, אֲרֵי כַסְפֵּיהּ הוּא: וַאֲרֵי יִנְצוּן גֻּבְרִין,
וְיִמְחוֹן, אִתְּתָא מְעַדְּיָא וְיִפְּקוּן וַלְדַהָא, וְלָא יְהֵי מוֹתָא, אִתְגְּבָאָה יִתְגְּבֵי, כְּמָא דִישַׁוֵּי עֲלוֹהִי
כג בַּעְלַהּ דְּאִתְּתָא, וְיִתֵּין מִמֵּימַר דַּיָּנַיָּא: וְאִם מוֹתָא יְהֵי, וְתִתֵּין נַפְשָׁא חֲלָף נַפְשָׁא:

אוֹמֵר: "אִישׁ אִישׁ אֲשֶׁר יְקַלֵּל אֶת אָבִיו" (ויקרא כ, ט), אֵין לִי אֶלָּא אִישׁ שֶׁקִּלֵּל אֶת אָבִיו, אִשָּׁה שֶׁקִּלְּלָה אֶת אָבִיהָ מִנַּיִן? תַּלְמוּד לוֹמַר: "וּמְקַלֵּל אָבִיו וְאִמּוֹ", סְתָם, בֵּין אִישׁ וּבֵין אִשָּׁה. אִם כֵּן לָמָּה נֶאֱמַר: "אִישׁ אֲשֶׁר יְקַלֵּל"? לְהוֹצִיא אֶת הַקָּטָן: מוֹת יוּמָת. בִּסְקִילָה, וְכָל מָקוֹם שֶׁנֶּאֱמַר 'דָּמָיו בּוֹ', בִּסְקִילָה, וּבִנְיַן אָב לְכֻלָּם: "בָּאֶבֶן יִרְגְּמוּ אֹתָם דְּמֵיהֶם בָּם" (ויקרא כ, כז), וּבִמְקַלֵּל אָבִיו נֶאֱמַר: "דָּמָיו בּוֹ" (שם פסוק ט):

יח| וְכִי יְרִיבֻן אֲנָשִׁים. לָמָּה נֶאֱמַר? לְפִי שֶׁנֶּאֱמַר: "עַיִן תַּחַת עַיִן" (להלן פסוק כד), לֹא לָמַדְנוּ אֶלָּא דְּמֵי אֵבָרָיו, אֲבָל שֶׁבֶת וְרִפּוּי לֹא לָמַדְנוּ, לְכָךְ נֶאֶמְרָה פָּרָשָׁה זוֹ: וְנָפַל לְמִשְׁכָּב. כְּתַרְגּוּמוֹ: "וְיִפּוֹל לְבוּטְלָן", לְחֹלִי שֶׁמְּבַטְּלוֹ מִמְּלַאכְתּוֹ:

יט| עַל מִשְׁעַנְתּוֹ. עַל בֻּרְיוֹ וְכֹחוֹ: וְנִקָּה הַמַּכֶּה. וְכִי תַּעֲלֶה עַל דַּעְתְּךָ שֶׁיֵּהָרֵג זֶה שֶׁלֹּא הָרַג?! אֶלָּא לִמֶּדְךָ כָּאן שֶׁחוֹבְשִׁים אוֹתוֹ עַד שֶׁנִּרְאֶה אִם יִתְרַפֵּא זֶה. וְכֵן מַשְׁמָעוֹ: כְּשֶׁקָּם זֶה וְהוֹלֵךְ עַל מִשְׁעַנְתּוֹ אָז נִקָּה הַמַּכֶּה, אֲבָל עַד שֶׁלֹּא יָקוּם זֶה לֹא נִקָּה הַמַּכֶּה: רַק שִׁבְתּוֹ. בִּטּוּל מְלַאכְתּוֹ מֵחֲמַת הַחֹלִי. אִם קָטַע יָדוֹ אוֹ רַגְלוֹ רוֹאִין בִּטּוּל מְלַאכְתּוֹ מֵחֲמַת הַחֹלִי כְּאִלּוּ הוּא שׁוֹמֵר קִשּׁוּאִין, שֶׁהֲרֵי אַף לְאַחַר הַחֹלִי אֵינוֹ רָאוּי לִמְלֶאכֶת יָד וָרֶגֶל, וְהוּא כְּבָר נָתַן לוֹ מֵחֲמַת נִזְקוֹ דְּמֵי יָדוֹ וְרַגְלוֹ, שֶׁנֶּאֱמַר: "יָד תַּחַת יָד רֶגֶל תַּחַת רָגֶל" (להלן פסוק כד): וְרַפֹּא יְרַפֵּא. כְּתַרְגּוּמוֹ, יְשַׁלֵּם שְׂכַר הָרוֹפֵא:

כ| וְכִי יַכֶּה אִישׁ אֶת עַבְדּוֹ אוֹ אֶת אֲמָתוֹ. בְּעֶבֶד כְּנַעֲנִי הַכָּתוּב מְדַבֵּר. אוֹ אֵינוֹ אֶלָּא בְּעִבְרִי? תַּלְמוּד לוֹמַר: "כִּי כַסְפּוֹ הוּא", מַה כַּסְפּוֹ קָנוּי לוֹ עוֹלָמִית, אַף עֶבֶד הַקָּנוּי לוֹ עוֹלָמִית. וַהֲרֵי הָיָה בִּכְלַל "מַכֵּה אִישׁ וָמֵת" (לעיל פסוק יב), אֶלָּא בָּא הַכָּתוּב וְהוֹצִיאוֹ מִן הַכְּלָל לִהְיוֹת נִדּוֹן בְּדִין יוֹם אוֹ יוֹמַיִם, שֶׁאִם לֹא מֵת תַּחַת יָדוֹ וְשָׁהָה מֵעֵת לְעֵת – פָּטוּר: בַּשֵּׁבֶט. כְּשֶׁיֵּשׁ בּוֹ כְּדֵי לְהָמִית הַכָּתוּב מְדַבֵּר. אוֹ אֲפִלּוּ אֵין בּוֹ כְּדֵי לְהָמִית? תַּלְמוּד לוֹמַר בְּיִשְׂרָאֵל: "וְאִם בְּאֶבֶן יָד אֲשֶׁר יָמוּת בָּהּ הִכָּהוּ" (במדבר לה, יז), וַהֲלֹא דְּבָרִים קַל וָחֹמֶר: וּמַה יִּשְׂרָאֵל חָמוּר, אֵין חַיָּב עָלָיו אֶלָּא אִם כֵּן הִכָּהוּ בְּדָבָר שֶׁיֵּשׁ בּוֹ כְּדֵי לְהָמִית וְעַל אֵבֶר שֶׁהוּא כְּדֵי לָמוּת בְּהַכָּאָה זוֹ, עֶבֶד הַקַּל לֹא כָּל שֶׁכֵּן?: נָקֹם יִנָּקֵם. מִיתַת סַיִף. וְכֵן הוּא אוֹמֵר: "חֶרֶב נֹקֶמֶת נְקַם בְּרִית" (ויקרא כו, כה):

כא| אַךְ אִם יוֹם אוֹ יוֹמַיִם יַעֲמֹד לֹא יֻקַּם. אִם עַל יוֹם אֶחָד הוּא פָּטוּר עַל יוֹמַיִם לֹא כָּל שֶׁכֵּן?! אֶלָּא יוֹם שֶׁהוּא כְּיוֹמַיִם, וְאֵי זֶה זֶה? זֶה מֵעֵת לְעֵת: לֹא יֻקַּם כִּי כַסְפּוֹ הוּא. הָא אַחֵר שֶׁהִכָּהוּ, אַף עַל פִּי שֶׁשָּׁהָה מֵעֵת לְעֵת קֹדֶם שֶׁמֵּת, חַיָּב:

כב| וְכִי יִנָּצוּ אֲנָשִׁים. זֶה עִם זֶה, וְנִתְכַּוֵּן לְהַכּוֹת אֶת חֲבֵרוֹ וְהִכָּה אֶת הָאִשָּׁה: וְנָגְפוּ. אֵין נְגִיפָה אֶלָּא לְשׁוֹן דְּחִיפָה וְהַכָּאָה, כְּמוֹ: "פֶּן תִּגֹּף בָּאֶבֶן רַגְלֶךָ" (תהלים צא, יב), "וּבְטֶרֶם יִתְנַגְּפוּ רַגְלֵיכֶם" (ירמיה יג, טז), "וּלְאֶבֶן נֶגֶף" (ישעיה ח, יד): וְלֹא יִהְיֶה אָסוֹן. בָּאִשָּׁה: עָנוֹשׁ יֵעָנֵשׁ. לְשַׁלֵּם דְּמֵי וְלָדוֹת לַבַּעַל. שָׁמִין אוֹתָהּ כַּמָּה הָיְתָה רְאוּיָה לִמָּכֵר בַּשּׁוּק לְהַעֲלוֹת בְּדָמֶיהָ בִּשְׁבִיל הֶרְיוֹנָהּ: עָנוֹשׁ יֵעָנֵשׁ. יִגְבּוּ מָמוֹן מִמֶּנּוּ, כְּמוֹ: "וְעָנְשׁוּ אֹתוֹ מֵאָה כֶסֶף" (דברים כב, יט): כַּאֲשֶׁר יָשִׁית עָלָיו וְגוֹ'. כְּשֶׁיִּתְבָּעֶנּוּ הַבַּעַל בְּבֵית דִּין לְהָשִׁית עָלָיו עֹנֶשׁ עַל כָּךְ: וְנָתַן. הַמַּכֶּה דְּמֵי וְלָדוֹת: בִּפְלִלִים. עַל פִּי הַדַּיָּנִים:

כג| וְאִם אָסוֹן יִהְיֶה. בָּאִשָּׁה: וְנָתַתָּה נֶפֶשׁ תַּחַת נֶפֶשׁ. רַבּוֹתֵינוּ חוֹלְקִים בַּדָּבָר: יֵשׁ אוֹמְרִים נֶפֶשׁ

משפטים

שמות   כא

כד עַ֚יִן תַּ֣חַת עַ֔יִן שֵׁ֖ן תַּ֣חַת שֵׁ֑ן יָ֚ד תַּ֣חַת יָ֔ד רֶ֖גֶל תַּ֥חַת
כה רָֽגֶל: כְּוִיָּה֙ תַּ֣חַת כְּוִיָּ֔ה פֶּ֖צַע תַּ֣חַת פָּ֑צַע חַבּוּרָ֕ה
כו תַּ֖חַת חַבּוּרָֽה: וְכִֽי־יַכֶּ֨ה אִ֜ישׁ אֶת־עֵ֥ין
עַבְדּ֛וֹ אֽוֹ־אֶת־עֵ֥ין אֲמָת֖וֹ וְשִֽׁחֲתָ֑הּ לַֽחָפְשִׁ֥י יְשַׁלְּחֶ֖נּוּ
כז תַּ֥חַת עֵינֽוֹ: וְאִם־שֵׁ֥ן עַבְדּ֛וֹ אֽוֹ־שֵׁ֥ן אֲמָת֖וֹ יַפִּ֑יל
לַֽחָפְשִׁ֥י יְשַׁלְּחֶ֖נּוּ תַּ֥חַת שִׁנּֽוֹ:

כח וְכִֽי־יִגַּ֨ח שׁ֥וֹר אֶת־אִ֛ישׁ א֥וֹ אֶת־אִשָּׁ֖ה וָמֵ֑ת סָק֣וֹל
יִסָּקֵ֣ל הַשּׁ֗וֹר וְלֹ֤א יֵֽאָכֵל֙ אֶת־בְּשָׂר֔וֹ וּבַ֥עַל הַשּׁ֖וֹר
כט נָקִֽי: וְאִ֡ם שׁוֹר֩ נַגָּ֨ח ה֜וּא מִתְּמֹ֣ל שִׁלְשֹׁ֗ם וְהוּעַ֤ד
בִּבְעָלָיו֙ וְלֹ֣א יִשְׁמְרֶ֔נּוּ וְהֵמִ֥ית אִ֖ישׁ א֣וֹ אִשָּׁ֑ה הַשּׁוֹר֙
ל יִסָּקֵ֔ל וְגַם־בְּעָלָ֖יו יוּמָֽת: אִם־כֹּ֖פֶר יוּשַׁ֣ת עָלָ֑יו וְנָתַן֙
לא פִּדְיֹ֣ן נַפְשׁ֔וֹ כְּכֹ֥ל אֲשֶׁר־יוּשַׁ֖ת עָלָֽיו: אוֹ־בֵ֥ן יִגָּ֖ח אוֹ־
לב בַ֣ת יִגָּ֑ח כַּמִּשְׁפָּ֥ט הַזֶּ֖ה יֵעָ֥שֶׂה לּֽוֹ: אִם־עֶ֛בֶד יִגַּ֥ח
הַשּׁ֖וֹר א֣וֹ אָמָ֑ה כֶּ֣סֶף ׀ שְׁלֹשִׁ֣ים שְׁקָלִ֗ים יִתֵּן֙ לַֽאדֹנָ֔יו
לג וְהַשּׁ֖וֹר יִסָּקֵֽל: וְכִֽי־יִפְתַּ֣ח אִ֣ישׁ בּ֔וֹר א֠וֹ

מצוה נא
חובת בית הדין
לדון בנוקי בהמה

מצוה נב
איסור אכילת
שור הנסקל

מצוה נג
חובת בית הדין
לדון בנוקי בור

מָמוֹן, וְיֵשׁ אוֹמְרִים מָמוֹן, אֲבָל לֹא נֶפֶשׁ מַמָּשׁ, שֶׁהַמִּתְכַּוֵּן לַהֲרֹג אֶת זֶה וְהָרַג אֶת זֶה פָּטוּר מִמִּיתָה, וּמְשַׁלֵּם לְיוֹרְשָׁיו דָּמָיו כְּמוֹ שֶׁהָיָה נִמְכָּר בַּשּׁוּק:

כד] עַיִן תַּחַת עַיִן. סְמֵי עֵין חֲבֵרוֹ נוֹתֵן לוֹ דְּמֵי עֵינוֹ כַּמָּה שֶׁפָּחֲתוּ דָּמָיו לִמְכֹּר בַּשּׁוּק, וְכֵן כֻּלָּם, וְלֹא נְטִילַת אֵבֶר מַמָּשׁ, כְּמוֹ שֶׁדָּרְשׁוּ רַבּוֹתֵינוּ בְּפֶרֶק 'הַחוֹבֵל' (בבא קמא פג ע"ב – פד ע"א):

כה] כְּוִיָּה תַּחַת כְּוִיָּה. מִכְוַת אֵשׁ. וְעַד עַכְשָׁיו דִּבֶּר

בַּחֲבָלָה שֶׁיֵּשׁ בָּהּ פְּחַת דָּמִים, וְעַכְשָׁיו בְּשֶׁאֵין בָּהּ פְּחַת דָּמִים אֶלָּא צַעַר, כְּגוֹן כְּוָאוֹ בְּשִׁפּוּד עַל צִפָּרְנוֹ, אוֹמְדִים כַּמָּה אָדָם כַּיּוֹצֵא בָּזֶה רוֹצֶה לִטֹּל לִהְיוֹת מִצְטַעֵר כָּךְ: פֶּצַע. הִיא מַכָּה הַמּוֹצִיאָה דָּם, שֶׁפָּצַע אֶת בְּשָׂרוֹ, נברדור"א בְּלַעַ"ז. הַכֹּל לְפִי מַה שֶּׁהוּא, אִם יֵשׁ בּוֹ פְּחַת דָּמִים נוֹתֵן נֶזֶק, וְאִם נָפַל לְמִשְׁכָּב נוֹתֵן שֶׁבֶת וְרִפּוּי וּבֹשֶׁת וָצַעַר. וּמִקְרָא זֶה יָתֵר הוּא, וּבְ'הַחוֹבֵל' דְּרָשׁוּהוּ רַבּוֹתֵינוּ לְחַיֵּב עַל הַצַּעַר אֲפִלּוּ בִּמְקוֹם נֶזֶק, שֶׁאַף עַל פִּי שֶׁנּוֹתֵן לוֹ דְּמֵי יָדוֹ אֵין פּוֹטְרִין אוֹתוֹ מִן

כא משפטים

כד כה עֵינָא חֲלָף עֵינָא, שִׁנָּא חֲלָף שִׁנָּא, יְדָא חֲלָף יְדָא, רִגְלָא חֲלָף רִגְלָא: כְּוָאָה חֲלָף כְּוָאָה, פִּדְעָא
כו חֲלָף פִּדְעָא, מַשְׁקוֹפֵי, חֲלָף מַשְׁקוֹפֵי: וַאֲרֵי יִמְחֵי גְּבַר, יָת עֵינָא דְעַבְדֵּיהּ, אוֹ יָת עֵינָא
כז דְּאַמְתֵּיהּ וִיחַבְּלִנַּהּ, לְבַר חוֹרִין יְפַטְרִנֵּיהּ חֲלָף עֵינֵיהּ: וְאִם שִׁנָּא דְעַבְדֵּיהּ, אוֹ שִׁנָּא דְאַמְתֵּיהּ
כח יַפֵּיל, לְבַר חוֹרִין יְפַטְרִנֵּיהּ חֲלָף שִׁנֵּיהּ: וַאֲרֵי יִגַּח תּוֹרָא יָת גַּבְרָא, אוֹ יָת אִתְּתָא וִימוּת,
כט אִתְרְגָמָא יִתְרְגֵים תּוֹרָא, וְלָא יִתְאֲכִיל יָת בִּסְרֵיהּ, וּמָרֵיהּ דְּתוֹרָא יְהֵי זַכָּאִ: וְאִם, תּוֹר נַגָּח
הוּא מֵאִתְמָלֵי וּמִדְּקַמּוֹהִי, וְאִתַּסְהַד בְּמָרֵיהּ וְלָא נַטְרֵיהּ, וְיִקְטוֹל גְּבַר אוֹ אִתָּא, תּוֹרָא יִתְרְגֵים,
ל לא וְאַף מָרֵיהּ יִתְקְטִיל: אִם מָמוֹן יְשַׁוּוֹן עֲלוֹהִי, וְיִתֵּין פֻּרְקַן נַפְשֵׁיהּ, כְּכָל דִּישַׁוּוֹן עֲלוֹהִי: אוֹ לְבַר
לב יִשְׂרָאֵל יִגַּח תּוֹרָא אוֹ לְבַת יִשְׂרָאֵל יִגַּח, כְּדִינָא הָדֵין יִתְעֲבֵיד לֵיהּ: אִם לְעַבְדָּא, יִגַּח תּוֹרָא
לג אוֹ לְאַמְתָא, כַּסְפָּא תְּלָתִין סִלְעִין, יִתֵּין לְרִבּוֹנֵיהּ, וְתוֹרָא יִתְרְגֵים: וַאֲרֵי יִפְתַּח גְּבַר גּוֹב, אוֹ,

הַנַּעַר, לוֹמַר הוֹאִיל וְקָנָה יָדוֹ יֵשׁ עָלָיו לְחָתְכָהּ כְּכָל מַה שֶּׁיִּרְצֶה, אֶלָּא אוֹמְרִים יֵשׁ לוֹ לְחָתְכָהּ כְּאֵשׁ שֶׁאֵינוֹ מִצְטַעֵר כָּל כָּךְ, וְזֶה חֲתָכָהּ בְּבַרְזֶל וְנִצְעָר: **חַבּוּרָה.** הִיא מַכָּה שֶׁהַדָּם נִצְרָר בָּהּ וְאֵינוֹ יוֹצֵא אֶלָּא שֶׁמַּאֲדִים הַבָּשָׂר כְּנֶגְדּוֹ. וּלְשׁוֹן חַבּוּרָה טק״א בְּלַעַז, כְּמוֹ: ״וְנָמֵר חֲבַרְבֻּרֹתָיו״ (ירמיה יג, כג), וְתַרְגּוּמוֹ ״מַשְׁקוֹפֵי״, לְשׁוֹן חֲבָטָה, בטדור״א בְּלַעַז, וְכֵן: ״שְׁדֻפוֹת קָדִים״ (בראשית מא, כג), ״שְׁקִיפָן קִדּוּם״, חֲבוּטוֹת בָּרוּחַ. וְכֵן: ״עַל הַמַּשְׁקוֹף״ (לעיל יב, ז), עַל שֵׁם שֶׁהַדֶּלֶת נוֹקֵשׁ עָלָיו:

כו **אֶת עֵין עַבְדּוֹ.** כְּנַעֲנִי, אֲבָל עִבְרִי אֵינוֹ יוֹצֵא בְּשֵׁן וָעַיִן, כְּמוֹ שֶׁאָמַרְנוּ אֵצֶל ״לֹא תֵצֵא כְּצֵאת הָעֲבָדִים״ (לעיל פסוק ז): **תַּחַת עֵינוֹ.** וְכֵן בְּעֶשְׂרִים וְאַרְבָּעָה רָאשֵׁי אֵבָרִים: אֶצְבְּעוֹת הַיָּדַיִם וְהָרַגְלַיִם וּשְׁתֵּי אָזְנַיִם וְהַחֹטֶם וְרֹאשׁ הַגְּוִיָּה שֶׁהוּא גִּיד הָאַמָּה. וְלָמָּה נֶאֶמְרוּ שֵׁן וָעַיִן? שֶׁאִם נֶאֱמַר עַיִן וְלֹא נֶאֱמַר שֵׁן, הָיִיתִי אוֹמֵר, מָה עַיִן שֶׁנִּבְרָא עִמּוֹ אַף כָּל שֶׁנִּבְרָא עִמּוֹ, וַהֲרֵי שֵׁן לֹא נִבְרָא עִמּוֹ. וְאִם נֶאֱמַר שֵׁן וְלֹא נֶאֱמַר עַיִן, הָיִיתִי אוֹמֵר, אֲפִלּוּ שֵׁן תִּינוֹק שֶׁיֵּשׁ לָהּ חֲלִיפִין, לְכָךְ נֶאֱמַר עַיִן:

כח **וְכִי יִגַּח שׁוֹר.** אֶחָד שׁוֹר וְאֶחָד כָּל בְּהֵמָה וְחַיָּה וָעוֹף, אֶלָּא שֶׁדִּבֶּר הַכָּתוּב בַּהוֶֹה: **וְלֹא יֵאָכֵל אֶת בְּשָׂרוֹ.** מִמַּשְׁמָע שֶׁנֶּאֱמַר: ״סָקוֹל יִסָּקֵל הַשּׁוֹר״ אֵינִי יוֹדֵעַ שֶׁהוּא נְבֵלָה וּנְבֵלָה אֲסוּרָה בַּאֲכִילָה? אֶלָּא מַה תַּלְמוּד לוֹמַר: ״וְלֹא יֵאָכֵל אֶת בְּשָׂרוֹ״? שֶׁאֲפִלּוּ שְׁחָטוֹ לְאַחַר שֶׁנִּגְמַר דִּינוֹ אָסוּר בַּאֲכִילָה. בַּהֲנָאָה מִנַּיִן? תַּלְמוּד לוֹמַר: ״וּבַעַל הַשּׁוֹר נָקִי״, כְּאָדָם הָאוֹמֵר לַחֲבֵרוֹ: יָצָא פְּלוֹנִי נָקִי מִנְּכָסָיו וְאֵין לוֹ בָּהֶם הֲנָאָה שֶׁל כְּלוּם. זֶהוּ מִדְרָשׁוֹ. וּפְשׁוּטוֹ כְּמַשְׁמָעוֹ, לְפִי שֶׁנֶּאֱמַר בְּמוּעָד: ״וְגַם בְּעָלָיו יוּמָת״, הֻצְרַךְ לוֹמַר בְּתָם: ״וּבַעַל הַשּׁוֹר נָקִי״:

כט **מִתְּמֹל שִׁלְשֹׁם.** הֲרֵי שָׁלֹשׁ נְגִיחוֹת: **וְהוּעַד בִּבְעָלָיו.** לְשׁוֹן הַתְרָאָה בְּעֵדִים, כְּמוֹ: ״הָעֵד הֵעִד בָּנוּ הָאִישׁ״ (בראשית מג, ג): **וְהֵמִית אִישׁ וְגוֹ׳.** לְפִי שֶׁנֶּאֱמַר: ״וְכִי יִגַּח״ (לעיל פסוק כח), אֵין לִי אֶלָּא שֶׁהֱמִיתוֹ בִּנְגִיחָה, הֱמִיתוֹ בִּנְשִׁיכָה דְּחִיפָה בְּעִיטָה מִנַּיִן? תַּלְמוּד לוֹמַר: ״וְהֵמִית״: **וְגַם בְּעָלָיו יוּמָת.** בִּידֵי שָׁמַיִם. יָכוֹל בִּידֵי אָדָם? תַּלְמוּד לוֹמַר: ״מוֹת יוּמַת הַמַּכֶּה רֹצֵחַ הוּא״ (במדבר לה, כא), עַל רְצִיחָתוֹ אַתָּה הוֹרְגוֹ וְאִי אַתָּה הוֹרְגוֹ עַל רְצִיחַת שׁוֹרוֹ:

ל **אִם כֹּפֶר יוּשַׁת עָלָיו.** ׳אִם׳ זֶה אֵינוֹ תָּלוּי, וַהֲרֵי הוּא כְּמוֹ: ״אִם כֶּסֶף תַּלְוֶה״ (להלן כב, כד), לְשׁוֹן ׳אֲשֶׁר׳, זֶה מִשְׁפָּטוֹ שֶׁיָּשִׁיתוּ עָלָיו בֵּית דִּין כֹּפֶר: **וְנָתַן פִּדְיֹן נַפְשׁוֹ.** דְּמֵי נִזָּק, דִּבְרֵי רַבִּי יִשְׁמָעֵאל. רַבִּי עֲקִיבָא אוֹמֵר: דְּמֵי מַזִּיק:

לא **אוֹ בֵן יִגָּח.** בֵּן שֶׁהוּא קָטָן: **אוֹ בַת.** שֶׁהִיא קְטַנָּה. לְפִי שֶׁנֶּאֱמַר: ״וְהֵמִית אִישׁ אוֹ אִשָּׁה״ (לעיל פסוק כט), יָכוֹל אֵינוֹ חַיָּב אֶלָּא עַל הַגְּדוֹלִים? תַּלְמוּד לוֹמַר: ״אוֹ בֵן יִגָּח״ וְגוֹ׳, לְחַיֵּב עַל הַקְּטַנִּים כַּגְּדוֹלִים:

לב **אִם עֶבֶד אוֹ אָמָה.** כְּנַעֲנִיִּים: **שְׁלֹשִׁים שְׁקָלִים יִתֵּן.** גְּזֵרַת הַכָּתוּב הוּא, בֵּין שֶׁהוּא שָׁוֶה אֶלֶף זוּז בֵּין שֶׁאֵינוֹ שָׁוֶה אֶלָּא דִּינָר וְהַשֶּׁקֶל מִשְׁקָלוֹ אַרְבָּעָה זְהוּבִים שֶׁהֵם חֲצִי אוּנְקִיָּא לְמִשְׁקַל הַיָּשָׁר שֶׁל קוֹלוֹנְיָא:

לג **וְכִי יִפְתַּח אִישׁ בּוֹר.** שֶׁהָיָה מְכֻסֶּה וְגִלָּהוּ: **אוֹ כִּי יִכְרֶה.** לָמָּה נֶאֱמַר? אִם עַל הַפְּתִיחָה חַיָּב

משפטים

כִּֽי־יִכְרֶה֩ אִ֨ישׁ בֹּ֜ר וְלֹ֥א יְכַסֶּ֛נּוּ וְנָֽפַל־שָׁ֛מָּה שּׁ֖וֹר
לד אוֹ חֲמֽוֹר׃ בַּ֤עַל הַבּוֹר֙ יְשַׁלֵּ֔ם כֶּ֖סֶף יָשִׁ֣יב לִבְעָלָ֑יו
לה וְהַמֵּ֖ת יִֽהְיֶה־לּֽוֹ׃ וְכִֽי־יִגֹּ֧ף שֽׁוֹר־אִ֛ישׁ
אֶת־שׁ֥וֹר רֵעֵ֖הוּ וָמֵ֑ת וּמָ֨כְר֜וּ אֶת־הַשּׁ֤וֹר הַחַי֙
לו וְחָצ֣וּ אֶת־כַּסְפּ֔וֹ וְגַ֥ם אֶת־הַמֵּ֖ת יֶחֱצֽוּן׃ א֣וֹ נוֹדַ֗ע
כִּ֠י שׁ֣וֹר נַגָּ֥ח הוּא֙ מִתְּמ֣וֹל שִׁלְשֹׁ֔ם וְלֹ֥א יִשְׁמְרֶ֖נּוּ
בְּעָלָ֑יו שַׁלֵּ֨ם יְשַׁלֵּ֥ם שׁוֹר֙ תַּ֣חַת הַשּׁ֔וֹר וְהַמֵּ֖ת
לז יִֽהְיֶה־לּֽוֹ׃ כִּ֤י יִגְנֹֽב־אִישׁ֙ שׁ֣וֹר אוֹ־ מצווה נד חובת בית דין לדון גנב
שֶׂ֔ה וּטְבָח֖וֹ א֣וֹ מְכָר֑וֹ חֲמִשָּׁ֣ה בָקָ֗ר יְשַׁלֵּם֙ תַּ֣חַת
כב א הַשּׁ֔וֹר וְאַרְבַּע־צֹ֖אן תַּ֥חַת הַשֶּֽׂה׃ אִם־בַּמַּחְתֶּ֛רֶת
ב יִמָּצֵ֥א הַגַּנָּ֖ב וְהֻכָּ֣ה וָמֵ֑ת אֵ֥ין ל֖וֹ דָּמִֽים׃ אִם־זָֽרְחָ֥ה
הַשֶּׁ֛מֶשׁ עָלָ֖יו דָּמִ֣ים ל֑וֹ שַׁלֵּ֣ם יְשַׁלֵּ֔ם אִם־אֵ֣ין
ג ל֔וֹ וְנִמְכַּ֖ר בִּגְנֵבָתֽוֹ׃ אִם־הִמָּצֵא֩ תִמָּצֵ֨א בְיָד֜וֹ

משפטים

עַל הַכְּרִיָּה לֹא כָּל שֶׁכֵּן?! אֶלָּא לְהָבִיא כּוֹרֶה אַחַר כּוֹרֶה שֶׁהוּא חַיָּב: וְלֹא יְכַסֶּנּוּ. הָא אִם כִּסָּהוּ פָּטוּר, וּבְחוֹפֵר בִּרְשׁוּת הָרַבִּים דִּבֵּר הַכָּתוּב: שׁוֹר אוֹ חֲמוֹר. הוּא הַדִּין לְכָל בְּהֵמָה וְחַיָּה, שֶׁבְּכָל מָקוֹם שֶׁנֶּאֱמַר שׁוֹר וַחֲמוֹר אָנוּ לְמֵדִין אוֹתוֹ 'שׁוֹר' 'שׁוֹר' מִשַּׁבָּת, שֶׁנֶּאֱמַר: "לְמַעַן יָנוּחַ שׁוֹרְךָ וַחֲמֹרֶךָ" (להלן כג, יב), מַה לְּהַלָּן כָּל בְּהֵמָה וְחַיָּה כַּשּׁוֹר, שֶׁהֲרֵי נֶאֱמַר בְּמָקוֹם אַחֵר: "וְכָל בְּהֶמְתֶּךָ" (דברים ה, יד), אַף כָּאן כָּל בְּהֵמָה וְחַיָּה כַּשּׁוֹר, וְלֹא נֶאֱמַר שׁוֹר וַחֲמוֹר אֶלָּא 'שׁוֹר' וְלֹא אָדָם, 'חֲמוֹר' וְלֹא כֵּלִים:

לד) **בַּעַל הַבּוֹר.** בַּעַל הַתַּקָּלָה, אַף עַל פִּי שֶׁאֵין הַבּוֹר שֶׁלּוֹ, שֶׁעֲשָׂאוֹ בִּרְשׁוּת הָרַבִּים, עֲשָׂאוֹ הַכָּתוּב בְּעָלָיו לְהִתְחַיֵּב בְּנִזְקָיו: **כֶּסֶף יָשִׁיב לִבְעָלָיו.** "יָשִׁיב" לְרַבּוֹת שָׁוֶה כֶּסֶף וַאֲפִלּוּ סֻבִּין: **וְהַמֵּת יִהְיֶה לּוֹ.** לַנִּזָּק. שָׁמִין אֶת הַנְּבֵלָה וְנוֹטְלָהּ בְּדָמִים, וּמַשְׁלִים לוֹ הַמַּזִּיק עָלֶיהָ תַּשְׁלוּמֵי נִזְקוֹ:

לה) **וְכִי יִגֹּף.** יִדְחֹף, בֵּין בְּקַרְנָיו בֵּין בְּגוּפוֹ בֵּין בְּרַגְלָיו בֵּין שֶׁנְּשָׁכוֹ בְּשִׁנָּיו, כֻּלָּן בִּכְלַל נְגִיפָה הֵם, שֶׁאֵין נְגִיפָה אֶלָּא לְשׁוֹן מַכָּה: **שׁוֹר אִישׁ.** שׁוֹר שֶׁל אִישׁ: **וּמָכְרוּ אֶת הַשּׁוֹר וגו'.** בְּשָׁוִים הַכָּתוּב מְדַבֵּר, שׁוֹר שָׁוֶה מָאתַיִם שֶׁהֵמִית שׁוֹר שָׁוֶה מָאתַיִם, בֵּין שֶׁהַנְּבֵלָה שָׁוָה הַרְבֵּה בֵּין שֶׁהִיא שָׁוָה מְעַט, כְּשֶׁנּוֹטֵל זֶה חֲצִי הַחַי וַחֲצִי הַמֵּת וְזֶה חֲצִי הַחַי וַחֲצִי הַמֵּת נִמְצָא כָּל אֶחָד מַפְסִיד חֲצִי נֶזֶק שֶׁהִזִּיקָהּ הַמִּיתָה. לָמַדְנוּ שֶׁהַתָּם מְשַׁלֵּם חֲצִי נֶזֶק,

לד אֲרֵי יִכְרֵי גְּבַר, גּוֹב וְלָא יְכַסֵּינֵיהּ, וְיִפּוֹל תַּמָּן תּוֹרָא אוֹ חֲמָרָא: מָרֵיהּ דְּגוּבָא יְשַׁלֵּים, כַּסְפָּא יָתִיב
לה לְמָרוֹהִי, וּמִיתָא יְהֵי דִּילֵיהּ: וַאֲרֵי יִגּוֹף תּוֹר דִּגְבַר, יָת תּוֹרָא דְּחַבְרֵיהּ וִימוּת, וִיזַבְּנוּן, יָת תּוֹרָא
לו חַיָּא וְיִפְלְגוּן יָת כַּסְפֵּיהּ, וְאַף יָת דְּמֵי מִיתָא יִפְלְגוּן: אוֹ אִתְיְדַע, אֲרֵי, תּוֹר נַגָּח הוּא מֵאִתְמָלֵי
לז וּמִדְּקַמּוֹהִי, וְלָא נַטְרֵיהּ מָרֵיהּ, שַׁלָּמָא יְשַׁלֵּים תּוֹרָא חֲלָף תּוֹרָא, וּמִיתָא יְהֵי דִּילֵיהּ: אֲרֵי יִגְנוֹב
גְּבַר תּוֹר אוֹ אִמַּר, וְיִכְסְנֵיהּ אוֹ יְזַבְּנִנֵּיהּ, חַמְשָׁא תוֹרִין, יְשַׁלֵּים חֲלָף תּוֹרָא, וְאַרְבַּע עָנָא חֲלָף
כב א ב אִמְּרָא: אִם בְּמַחְתַּרְתָּא, יִשְׁתְּכַח גַּנָּבָא וְיִתְמְחֵי וִימוּת, לֵית לֵיהּ דַּם: אִם עֵינָא דְּסָהֲדַיָּא, נְפַלַת
ג עֲלוֹהִי דְּמָא לֵיהּ, שַׁלָּמָא יְשַׁלֵּים, אִם לֵית לֵיהּ, וְיִזְדַּבַּן בִּגְנֻבְתֵּיהּ: אִם אִשְׁתְּכָחָא תִשְׁתְּכַח

שֶׁמִּן הַשָּׁוִין אַתָּה לָמֵד לְשֶׁאֵינָן שָׁוִין כִּי דִּין הַתָּם לְשַׁלֵּם חֲצִי נֶזֶק, לֹא פָּחוֹת וְלֹא יוֹתֵר. אוֹ יָכוֹל אַף בְּשֶׁאֵינָן שָׁוִין בִּדְמֵיהֶן כְּשֶׁהֵן חַיִּים אָמַר הַכָּתוּב: וְחָצוּ אֶת שְׁנֵיהֶם? אִם אָמַרְתָּ כֵּן, פְּעָמִים שֶׁהַמַּזִּיק מִשְׂתַּכֵּר הַרְבֵּה, כְּשֶׁהַנְּבֵלָה שָׁוָה לְמָכֹר לְגוֹיִם הַרְבֵּה יוֹתֵר מִדְּמֵי שׁוֹר הַמַּזִּיק, וְאִי אֶפְשָׁר שֶׁיֹּאמַר הַכָּתוּב שֶׁיְּהֵא הַמַּזִּיק נִשְׂכָּר. אוֹ פְּעָמִים שֶׁהַנִּזָּק נוֹטֵל הַרְבֵּה יוֹתֵר מִדְּמֵי נֶזֶק שָׁלֵם, שֶׁחֲצִי דְּמֵי שׁוֹר הַמַּזִּיק שָׁוִין יוֹתֵר מִכָּל דְּמֵי שׁוֹר הַנִּזָּק, וְאִם אָמַרְתָּ כֵּן, הֲרֵי תָּם חָמוּר מִמּוּעָד. עַל כָּרְחֲךָ לֹא דִּבֶּר הַכָּתוּב אֶלָּא בְּשָׁוִין, וְלִמֶּדְךָ שֶׁהַתָּם מְשַׁלֵּם חֲצִי נֶזֶק, וּמִן הַשָּׁוִין תִּלְמַד לְשֶׁאֵינָן שָׁוִין, שֶׁהַמִּשְׁתַּלֵּם חֲצִי נִזְקוֹ שָׁמִין לוֹ אֶת הַנְּבֵלָה, וּמַה שֶּׁפָּחֲתוּ דָּמָיו בִּשְׁבִיל הַמִּיתָה, נוֹטֵל חֲצִי הַפְּחָת וְהוֹלֵךְ. וְלָמָּה אָמַר הַכָּתוּב בַּלָּשׁוֹן הַזֶּה, וְלֹא אָמַר: 'יְשַׁלֵּם חֶצְיוֹ'? לְלַמֵּד שֶׁאֵין הַתָּם מְשַׁלֵּם אֶלָּא מִגּוּפוֹ, וְאִם נָגַח וּמֵת אֵין הַנִּזָּק נוֹטֵל אֶלָּא הַנְּבֵלָה, וְאִם אֵינָהּ מַגַּעַת לַחֲצִי נִזְקוֹ יַפְסִיד. אוֹ שׁוֹר שָׁוֶה מָנֶה שֶׁנָּגַח שׁוֹר שָׁוֶה חָמֵשׁ מֵאוֹת זוּז אֵינוֹ נוֹטֵל אֶלָּא אֶת הַשּׁוֹר, שֶׁלֹּא נִתְחַיֵּב הַתָּם לְחַיֵּב אֶת בְּעָלָיו לְשַׁלֵּם מִן הָעֲלִיָּה:

לו **אוֹ נוֹדַע.** אוֹ לֹא הָיָה תָּם, אֶלָּא "נוֹדַע כִּי שׁוֹר נַגָּח הוּא" הַיּוֹם וּמִתְּמוֹל שִׁלְשֹׁם, הֲרֵי שָׁלֹשׁ נְגִיחוֹת: **שַׁלֵּם יְשַׁלֵּם שׁוֹר.** נֶזֶק שָׁלֵם: **וְהַמֵּת יִהְיֶה לוֹ.** לַנִּזָּק, וְעָלָיו יַשְׁלִים הַמַּזִּיק עַד שֶׁיִּשְׁתַּלֵּם נִזָּק כָּל נִזְקוֹ:

לז **חֲמִשָּׁה בָקָר וְגוֹ'.** אָמַר רַבָּן יוֹחָנָן בֶּן זַכַּאי: חָס הַמָּקוֹם עַל כְּבוֹדָן שֶׁל בְּרִיּוֹת, שׁוֹר שֶׁהוֹלֵךְ בְּרַגְלָיו וְלֹא נִתְבַּזָּה בּוֹ הַגַּנָּב לְנָשְׂאוֹ עַל כְּתֵפוֹ – מְשַׁלֵּם חֲמִשָּׁה; שֶׂה שֶׁנּוֹשְׂאוֹ עַל כְּתֵפוֹ – מְשַׁלֵּם אַרְבָּעָה הוֹאִיל וְנִתְבַּזָּה בּוֹ. אָמַר רַבִּי מֵאִיר: בֹּא וּרְאֵה כַּמָּה גְּדוֹלָה כֹּחָהּ שֶׁל מְלָאכָה, שׁוֹר שֶׁבִּטְּלוֹ מִמְּלַאכְתּוֹ – חֲמִשָּׁה, שֶׂה שֶׁלֹּא בִּטְּלוֹ מִמְּלַאכְתּוֹ – אַרְבָּעָה: **תַּחַת הַשּׁוֹר... תַּחַת הַשֶּׂה.** שְׁנָאָן הַכָּתוּב, לוֹמַר שֶׁאֵין מִדַּת תַּשְׁלוּמֵי אַרְבָּעָה וַחֲמִשָּׁה נוֹהֶגֶת אֶלָּא בְּשׁוֹר וָשֶׂה בִּלְבַד:

פרק כב

א **אִם בַּמַּחְתֶּרֶת.** כְּשֶׁהָיָה חוֹתֵר אֶת הַבַּיִת: **אֵין לוֹ דָּמִים.** אֵין זוֹ רְצִיחָה, הֲרֵי הוּא כְּמֵת מֵעִקָּרוֹ. כָּאן לִמֶּדְךָ תּוֹרָה: אִם בָּא לְהָרְגְךָ הַשְׁכֵּם לְהָרְגוֹ, וְזֶה לַהֲרָגְךָ בָּא, שֶׁהֲרֵי יוֹדֵעַ הוּא שֶׁאֵין אָדָם מַעֲמִיד עַצְמוֹ וְרוֹאֶה שֶׁנּוֹטְלִין מָמוֹנוֹ בְּפָנָיו וְשׁוֹתֵק, לְפִיכָךְ עַל מְנָת כֵּן בָּא שֶׁאִם יַעֲמֹד בַּעַל הַמָּמוֹן כְּנֶגְדּוֹ יַהַרְגֶנּוּ:

ב **אִם זָרְחָה הַשֶּׁמֶשׁ עָלָיו.** אֵין זֶה אֶלָּא כְּמִין מָשָׁל, אִם בָּרוּר לְךָ הַדָּבָר שֶׁיֵּשׁ לוֹ שָׁלוֹם עִמְּךָ, כַּשֶּׁמֶשׁ הַזֶּה שֶׁהוּא שָׁלוֹם בָּעוֹלָם כָּךְ פָּשׁוּט לְךָ שֶׁאֵינוֹ בָּא לַהֲרֹג אֲפִלּוּ יַעֲמֹד בַּעַל הַמָּמוֹן כְּנֶגְדּוֹ, כְּגוֹן אָב הַחוֹתֵר לִגְנֹב מָמוֹן הַבֵּן, בְּיָדוּעַ שֶׁרַחֲמֵי הָאָב עַל הַבֵּן וְאֵינוֹ בָּא עַל עִסְקֵי נְפָשׁוֹת: **דָּמִים לוֹ.** כְּחַי הוּא חָשׁוּב, וּרְצִיחָה הִיא אִם יַהַרְגֶנּוּ בַּעַל הַבַּיִת: **שַׁלֵּם יְשַׁלֵּם.** הַגַּנָּב מָמוֹן שֶׁגָּנַב וְאֵינוֹ חַיָּב מִיתָה. וְאוּנְקְלוֹס שֶׁתִּרְגֵּם: "אִם עֵינָא דְּסָהֲדַיָּא נְפַלַת עֲלוֹהִי" לָקַח לוֹ שִׁטָּה אַחֶרֶת, לוֹמַר שֶׁאִם מְצָאוּהוּ עֵדִים קֹדֶם שֶׁבָּא בַּעַל הַבַּיִת וּכְשֶׁבָּא בַּעַל הַבַּיִת נֶגְדּוֹ הִתְרוּ בּוֹ שֶׁלֹּא יַהַרְגֵהוּ, "דָּמִים לוֹ", חַיָּב עָלָיו אִם הֲרָגוֹ, שֶׁמֵּאַחַר שֶׁיֵּשׁ רוֹאִים לָהֶם אֵין הַגַּנָּב הַזֶּה בָּא עַל עִסְקֵי נְפָשׁוֹת, וְלֹא יַהֲרֹג אֶת בַּעַל הַמָּמוֹן:

ג **אִם הִמָּצֵא תִמָּצֵא בְיָדוֹ.** בִּרְשׁוּתוֹ, שֶׁלֹּא טָבַח וְלֹא מָכַר: **מִשּׁוֹר עַד חֲמוֹר.** כָּל דָּבָר בִּכְלַל תַּשְׁלוּמֵי כֶפֶל, בֵּין שֶׁיֵּשׁ בּוֹ רוּחַ חַיִּים בֵּין שֶׁאֵין

שמות

כב

שלישי

מצווה נה
חובת בית הדין
לדון בנזקי שן ורגל

מצווה נו
חובת בית הדין
לדון בנזקי אש

מצווה נז
חובת בית הדין
לדון דין שומר חינם

מצווה נח
חובת בית הדין
לדון טוען ונטען

מצווה נט
חובת בית הדין
לדון דין נושא
שכר והשוכר

הַגְּנֵבָה מִשּׁוֹר עַד־חֲמוֹר עַד־שֶׂה חַיִּים שְׁנַיִם יְשַׁלֵּם: ד כִּי יַבְעֶר־אִישׁ שָׂדֶה אוֹ־כֶרֶם וְשִׁלַּח אֶת־בְּעִירֹה וּבִעֵר בִּשְׂדֵה אַחֵר מֵיטַב שָׂדֵהוּ וּמֵיטַב כַּרְמוֹ יְשַׁלֵּם: ה כִּי־תֵצֵא אֵשׁ וּמָצְאָה קֹצִים וְנֶאֱכַל גָּדִישׁ אוֹ הַקָּמָה אוֹ הַשָּׂדֶה שַׁלֵּם יְשַׁלֵּם הַמַּבְעִר אֶת־הַבְּעֵרָה: ו כִּי־יִתֵּן אִישׁ אֶל־רֵעֵהוּ כֶּסֶף אוֹ־כֵלִים לִשְׁמֹר וְגֻנַּב מִבֵּית הָאִישׁ אִם־יִמָּצֵא הַגַּנָּב יְשַׁלֵּם שְׁנָיִם: ז אִם־לֹא יִמָּצֵא הַגַּנָּב וְנִקְרַב בַּעַל־הַבַּיִת אֶל־הָאֱלֹהִים אִם־לֹא שָׁלַח יָדוֹ בִּמְלֶאכֶת רֵעֵהוּ: ח עַל־כָּל־דְּבַר־פֶּשַׁע עַל־שׁוֹר עַל־חֲמוֹר עַל־שֶׂה עַל־שַׂלְמָה עַל־כָּל־אֲבֵדָה אֲשֶׁר יֹאמַר כִּי־הוּא זֶה עַד הָאֱלֹהִים יָבֹא דְּבַר־שְׁנֵיהֶם אֲשֶׁר יַרְשִׁיעֻן אֱלֹהִים יְשַׁלֵּם שְׁנַיִם לְרֵעֵהוּ: ט כִּי־יִתֵּן אִישׁ אֶל־רֵעֵהוּ חֲמוֹר אוֹ־שׁוֹר אוֹ־שֶׂה וְכָל־בְּהֵמָה לִשְׁמֹר וּמֵת אוֹ־נִשְׁבַּר אוֹ־נִשְׁבָּה אֵין רֹאֶה: י שְׁבֻעַת יְהוָה תִּהְיֶה בֵּין שְׁנֵיהֶם אִם־לֹא שָׁלַח יָדוֹ בִּמְלֶאכֶת

בּוֹ רוּחַ חַיִּים, שֶׁהֲרֵי נֶאֱמַר מִקָּרֵא מִקְרָא אַחֵר: "עַל שֶׂה עַל שַׂלְמָה עַל כָּל אֲבֵדָה וְגוֹ'" יְשַׁלֵּם שְׁנַיִם לוֹ מֵיתִים, אֶלָּא חַיִּים אוֹ דְּמֵי חַיִּים: לְרֵעֵהוּ" (להלן פסוק ח): **חַיִּים שְׁנַיִם יְשַׁלֵּם.** וְלֹא יְשַׁלֵּם

450

משפטים

ד בִּידֵיהּ גְּנֵבְתָּא, מִתּוֹר עַד חֲמָר, עַד אִמַּר אִנּוּן חַיִּין, עַל חַד תְּרֵין יְשַׁלֵּים: אֲרֵי יוֹכֵיל גְּבַר חֲקַל
ה אוֹ כְרַם, וִישַׁלַּח יָת בְּעִירֵיהּ, וְיֵיכוֹל בַּחֲקַל אָחֳרָן, שְׁפַר חַקְלֵיהּ, וּשְׁפַר כַּרְמֵיהּ יְשַׁלֵּים: אֲרֵי יִתְפַּק
ו נוּר, וְיַשְׁכַּח כֻּבִּין וְיֵיכוֹל גְּדִישִׁין, אוֹ קָמָא אוֹ חֲקַל, שַׁלָּמָא יְשַׁלֵּים, דְּאַדְלִיק יָת דְּלֵיקְתָא: אֲרֵי
יִתֵּן גְּבַר לְחַבְרֵיהּ, כְּסַף אוֹ מָנִין לְמִטַּר, וְיִתְגְּנִבוּן מִבֵּית גַּבְרָא, אִם יִשְׁתְּכַח גַּנָּבָא יְשַׁלֵּים עַל
ז חַד תְּרֵין: אִם לָא יִשְׁתְּכַח גַּנָּבָא, וְיִתְקָרַב דְּבֵיתָא לָקֳדָם דַּיָּנַיָּא, אִם לָא אוֹשִׁיט יְדֵיהּ
ח בְּמָא דִּמְסַר לֵיהּ חַבְרֵיהּ: עַל כָּל פִּתְגָם דְּחוֹב, עַל תּוֹר, עַל חֲמָר, עַל אִמַּר עַל כְּסוּ עַל כָּל
אֲבֵדְתָּא, דְּיֵימַר אֲרֵי הוּא דֵין, לָקֳדָם דַּיָּנַיָּא, יֵיעוֹל דִּין תַּרְוֵיהוֹן, דִּיחַיְּבוּן דַּיָּנַיָּא, יְשַׁלֵּים עַל חַד
ט תְּרֵין לְחַבְרֵיהּ: אֲרֵי יִתֵּן גְּבַר לְחַבְרֵיהּ, חֲמָר אוֹ תּוֹר אוֹ אִמַּר, וְכָל בְּעִירָא לְמִטַּר, וִימוּת, אוֹ
י אִתְּבַר אוֹ אִשְׁתְּבִי לֵית דְּחָזֵי: מוֹמָתָא דַּיָּי, תְּהֵי בֵּין תַּרְוֵיהוֹן, אִם לָא אוֹשִׁיט, יְדֵיהּ בְּמָא

ד **כִּי יַבְעֶר... אֶת בְּעִירֹה וּבִעֵר.** כֻּלָּם לְשׁוֹן בְּהֵמָה, כְּמוֹ: "חֲנַחְנוּ וּבְעִירֵנוּ" (במדבר כ, ד): **כִּי יַבְעֶר.** יוֹלִיךְ בְּהֶמְתּוֹ בְּשָׂדֶה וְכֶרֶם שֶׁל חֲבֵרוֹ וְיַזִּיק אוֹתוֹ בְּאַחַת מִשְּׁתֵּי אֵלּוּ: אוֹ בְּשִׁלּוּחַ בְּעִירָה אוֹ בְּבִעוּר. וּפֵרְשׁוּ רַבּוֹתֵינוּ: 'שִׁלּוּחַ' הוּא נִזְקֵי מִדְרַךְ כַּף רֶגֶל, "וּבִעֵר" הוּא נִזְקֵי הַשֵּׁן הָאוֹכֶלֶת וּמְבַעֶרֶת: **בִּשְׂדֵה אַחֵר.** בְּשָׂדֶה שֶׁל אִישׁ אַחֵר: **מֵיטַב שָׂדֵהוּ... יְשַׁלֵּם.** שָׁמִין אֶת הַנֶּזֶק, וְאִם בָּא לְשַׁלֵּם לוֹ קַרְקַע דְּמֵי נִזְקוֹ יְשַׁלֵּם לוֹ מִמֵּיטַב שְׂדוֹתָיו, אִם הָיָה נִזְקוֹ סֶלַע יִתֵּן לוֹ שָׁוֶה סֶלַע מֵעִדִּית שֶׁיֵּשׁ לוֹ. לִמֶּדְךָ הַכָּתוּב שֶׁהַנִּזָּקִין שָׁמִין לָהֶם בָּעִדִּית:

ה **כִּי תֵצֵא אֵשׁ.** אֲפִלּוּ מֵעַצְמָהּ: **וּמָצְאָה קֹצִים.** קַרְדּוּנִ"ס בְּלַעַ"ז: **וְנֶאֱכַל גָּדִישׁ.** שֶׁלִּחֲכָה בַּקּוֹצִים עַד שֶׁהִגִּיעָה לַגָּדִישׁ אוֹ לַקָּמָה הַמְחֻבֶּרֶת לַקַּרְקַע: **אוֹ הַשָּׂדֶה.** שֶׁלִּחֲכָה אֶת נִירוֹ וְצָרִיךְ לָנִיר אוֹתָהּ פַּעַם שְׁנִיָּה: **שַׁלֵּם יְשַׁלֵּם הַמַּבְעִר.** אַף עַל פִּי שֶׁהִדְלִיק בְּתוֹךְ שֶׁלּוֹ וְהִיא יָצְאָה מֵעַצְמָהּ עַל יְדֵי קוֹצִים שֶׁמָּצְאָה, חַיָּב לְשַׁלֵּם, לְפִי שֶׁלֹּא שָׁמַר אֶת גַּחַלְתּוֹ שֶׁלֹּא תֵצֵא וְתַזִּיק:

ו **וְגֻנַּב מִבֵּית הָאִישׁ.** לְפִי דְּבָרָיו: **אִם יִמָּצֵא הַגַּנָּב.** יְשַׁלֵּם הַגַּנָּב שְׁנַיִם לַבְּעָלִים:

ז **אִם לֹא יִמָּצֵא הַגַּנָּב.** וּבָא הַשּׁוֹמֵר הַזֶּה שֶׁהוּא בַּעַל הַבַּיִת: **וְנִקְרַב.** אֶל הַדַּיָּנִין לָדוּן עִם זֶה וְלִשָּׁבַע לוֹ שֶׁלֹּא שָׁלַח יָדוֹ בְּשֶׁלּוֹ:

ח **עַל כָּל דְּבַר פֶּשַׁע.** שֶׁיִּמָּצֵא שַׁקְרָן בִּשְׁבוּעָתוֹ, שֶׁיָּעִידוּ עֵדִים שֶׁהוּא עַצְמוֹ גְּנָבוֹ, וְיַרְשִׁיעוּהוּ אֱלֹהִים עַל פִּי הָעֵדִים: יְשַׁלֵּם שְׁנַיִם לְרֵעֵהוּ. לִמֶּדְךָ הַכָּתוּב שֶׁהַטּוֹעֵן בְּפִקָּדוֹן לוֹמַר נִגְנַב

הֵימֶנּוּ, וְנִמְצָא שֶׁהוּא עַצְמוֹ גְּנָבוֹ, מְשַׁלֵּם תַּשְׁלוּמֵי כֶפֶל. וְאֵימָתַי? בִּזְמַן שֶׁנִּשְׁבַּע וְאַחַר כָּךְ בָּאוּ עֵדִים, שֶׁכָּךְ דָּרְשׁוּ רַבּוֹתֵינוּ: "וְנִקְרַב בַּעַל הַבַּיִת אֶל הָאֱלֹהִים", קְרִיבָה זוֹ שְׁבוּעָה הִיא. אַתָּה אוֹמֵר לִשְׁבוּעָה אוֹ אֵינוֹ אֶלָּא לַדִּין, שֶׁכֵּיוָן שֶׁבָּא לְדִין וְכָפַר לוֹמַר נִגְנְבָה, מִיָּד יִתְחַיֵּב כֶּפֶל אִם בָּאוּ עֵדִים שֶׁהוּא בְּיָדוֹ? נֶאֱמַר כָּאן שְׁלִיחוּת יָד וְנֶאֱמַר לְמַטָּה שְׁלִיחוּת יָד: "שְׁבֻעַת ה' תִּהְיֶה בֵּין שְׁנֵיהֶם אִם לֹא שָׁלַח יָדוֹ" (להלן פסוק י), מַה לְּהַלָּן שְׁבוּעָה אַף כָּאן שְׁבוּעָה: **אֲשֶׁר יֹאמַר כִּי הוּא זֶה.** לְפִי פְשׁוּטוֹ, אֲשֶׁר יֹאמַר הָעֵד: "כִּי הוּא זֶה" שֶׁנִּשְׁבַּעְתָּ עָלָיו הֲרֵי הוּא אֶצְלְךָ, עַד הַדַּיָּנִין "יָבֹא דְבַר שְׁנֵיהֶם" וְיַחְקְרוּ אֶת הָעֵדוּת, וְאִם כְּשֵׁרִים הֵם וְיַרְשִׁיעוּהוּ לְשׁוֹמֵר זֶה – "יְשַׁלֵּם שְׁנַיִם", וְאִם יַרְשִׁיעוּ אֶת הָעֵדִים שֶׁנִּמְצְאוּ זוֹמְמִין, יְשַׁלְּמוּ הֵם שְׁנַיִם לַשּׁוֹמֵר. וְרַבּוֹתֵינוּ זִכְרוֹנָם לִבְרָכָה דָּרְשׁוּ: "כִּי הוּא זֶה" לְלַמֵּד שֶׁאֵין מְחַיְּבִין אוֹתוֹ שְׁבוּעָה אֶלָּא אִם כֵּן הוֹדָה בְּמִקְצָת, לוֹמַר: כָּךְ וְכָךְ אֲנִי חַיָּב לְךָ וְהַמּוֹתָר נִגְנַב מִמֶּנִּי:

ט-י **כִּי יִתֵּן אִישׁ אֶל רֵעֵהוּ חֲמוֹר אוֹ שׁוֹר.** פָּרָשָׁה רִאשׁוֹנָה נֶאֶמְרָה בְּשׁוֹמֵר חִנָּם, לְפִיכָךְ פָּטַר בּוֹ אֶת הַגְּנֵבָה, כְּמוֹ שֶׁכָּתוּב: "וְגֻנַּב מִבֵּית הָאִישׁ... אִם לֹא יִמָּצֵא הַגַּנָּב וְנִקְרַב בַּעַל הַבַּיִת" (לעיל פסוקים ו-ז) לִשְׁבוּעָה, לָמַדְתָּ שֶׁפּוֹטֵר עַצְמוֹ בִּשְׁבוּעָה זוֹ, וּפָרָשָׁה זוֹ אֲמוּרָה בְּשׁוֹמֵר שָׂכָר, לְפִיכָךְ אֵינוֹ פָּטוּר אִם נִגְנְבָה, כְּמוֹ שֶׁכָּתוּב: "אִם גָּנֹב יִגָּנֵב מֵעִמּוֹ יְשַׁלֵּם" (להלן פסוק יא), אֲבָל עַל הָאֹנֶס אוֹ נִשְׁבַּר אוֹ נִשְׁבָּה בְּחָזְקָה עַל יְדֵי לִסְטִים, וְ"אֵין רֹאֶה" שֶׁיָּעִיד בַּדָּבָר – "שְׁבֻעַת ה' תִּהְיֶה", יִשָּׁבַע שֶׁכֵּן הוּא כִּדְבָרָיו, וְהוּא לֹא

יא רֵעֵהוּ וְלָקַח בְּעָלָיו וְלֹא יְשַׁלֵּם׃ וְאִם־גָּנֹב יִגָּנֵב
יב מֵעִמּוֹ יְשַׁלֵּם לִבְעָלָיו׃ אִם־טָרֹף יִטָּרֵף יְבִאֵהוּ
עֵד הַטְּרֵפָה לֹא יְשַׁלֵּם׃
יג וְכִי־יִשְׁאַל אִישׁ מֵעִם רֵעֵהוּ וְנִשְׁבַּר אוֹ־מֵת בְּעָלָיו
יד אֵין־עִמּוֹ שַׁלֵּם יְשַׁלֵּם׃ אִם־בְּעָלָיו עִמּוֹ לֹא יְשַׁלֵּם
טו אִם־שָׂכִיר הוּא בָּא בִּשְׂכָרוֹ׃ וְכִי־
יְפַתֶּה אִישׁ בְּתוּלָה אֲשֶׁר לֹא־אֹרָשָׂה וְשָׁכַב
טז עִמָּהּ מָהֹר יִמְהָרֶנָּה לּוֹ לְאִשָּׁה׃ אִם־מָאֵן
יְמָאֵן אָבִיהָ לְתִתָּהּ לוֹ כֶּסֶף יִשְׁקֹל כְּמֹהַר
יז יח הַבְּתוּלֹת׃ מְכַשֵּׁפָה לֹא תְחַיֶּה׃ כָּל־
יט שֹׁכֵב עִם־בְּהֵמָה מוֹת יוּמָת׃ זֹבֵחַ
כ לָאֱלֹהִים יָחֳרָם בִּלְתִּי לַיהוָה לְבַדּוֹ׃ וְגֵר לֹא־
תוֹנֶה וְלֹא תִלְחָצֶנּוּ כִּי־גֵרִים הֱיִיתֶם בְּאֶרֶץ
כא כב מִצְרָיִם׃ כָּל־אַלְמָנָה וְיָתוֹם לֹא תְעַנּוּן׃ אִם־עַנֵּה
תְעַנֶּה אֹתוֹ כִּי אִם־צָעֹק יִצְעַק אֵלַי שָׁמֹעַ אֶשְׁמַע

מצווה ס
חובת בית הדין
לדון דין שואל

מצווה סא
חובת בית הדין
לדון דין מפתה

מצווה סב
איסור
להחיות מכשף

מצווה סג
איסור אונאת
גר בדברים

מצווה סד
איסור אונאת
גר בממון

מצווה סה
איסור עינוי
יתום ואלמנה

שֶׁלַח בָּהּ יָד לְהִשְׁתַּמֵּשׁ בָּהּ לְעַצְמוֹ, שֶׁאִם שָׁלַח בָּהּ יָד וְאַחַר כָּךְ נֶאֶנְסָה חַיָּב בְּאָנְסֶיהָ: **וְלָקַח בְּעָלָיו.** הַשְּׁבוּעָה: **וְלֹא יְשַׁלֵּם.** לוֹ הַשּׁוֹמֵר כְּלוּם:

יב) **אִם טָרֹף יִטָּרֵף.** עַל יְדֵי חַיָּה רָעָה: **יְבִאֵהוּ עֵד.** יָבִיא עֵדִים שֶׁנִּטְרְפָה בְּאֹנֶס וּפָטוּר: **הַטְּרֵפָה לֹא יְשַׁלֵּם.** אֵינוֹ אוֹמֵר 'טְרֵפָה לֹא יְשַׁלֵּם' אֶלָּא "הַטְּרֵפָה", יֵשׁ טְרֵפָה שֶׁהוּא מְשַׁלֵּם וְיֵשׁ טְרֵפָה שֶׁאֵינוֹ מְשַׁלֵּם: טְרֵפַת חָתוּל וְשׁוּעָל וּנְמִיָּה מְשַׁלֵּם; טְרֵפַת זְאֵב אֲרִי וְדֹב וְנָחָשׁ אֵינוֹ מְשַׁלֵּם. וּמִי לְחַלֵּק לָדוּן כֵּן? שֶׁהֲרֵי כָּתוּב: "וּמֵת אוֹ נִשְׁבַּר אוֹ נִשְׁבָּה", מָה מִיתָה שֶׁאֵין יָכוֹל לְהַצִּיל, אַף שֶׁבֶר וּשְׁבִיָּה שֶׁאֵין יָכוֹל לְהַצִּיל:

יג) **וְכִי יִשְׁאַל.** בָּא לְלַמֵּד עַל הַשּׁוֹאֵל שֶׁחַיָּב בְּאֳנָסִין: **בְּעָלָיו אֵין עִמּוֹ.** אִם בְּעָלָיו שֶׁל שׁוֹר אֵינוֹ עִם הַשּׁוֹאֵל בִּמְלַאכְתּוֹ:

יד) **אִם בְּעָלָיו עִמּוֹ.** בֵּין שֶׁהוּא בְּאוֹתָהּ מְלָאכָה בֵּין שֶׁהוּא בִּמְלָאכָה אַחֶרֶת. הָיָה עִמּוֹ בִּשְׁעַת שְׁאֵלָה אֵינוֹ צָרִיךְ לִהְיוֹת עִמּוֹ בִּשְׁעַת שְׁבִירָה

יא דְּמְסַר לֵיהּ חַבְרֵיהּ, וִיקַבֵּיל מָרֵיהּ מִנֵּיהּ מוֹמָתָא וְלָא יְשַׁלֵּים: וְאִם אִתְגְּנָבָא יִתְגְּנֵיב מֵעִמֵּיהּ,
יב יג יְשַׁלֵּים לְמָרוֹהִי: אִם אִתְבָּרָא יִתְבַּר יַיְתֵי סָהֲדִין, דִּתְבִיר לָא יְשַׁלֵּים: וַאֲרֵי יִשְׁאַל גְּבַר, מִן חַבְרֵיהּ
יד וְיִתְּבַר אוֹ יְמוּת, מָרֵיהּ לֵית עִמֵּיהּ שַׁלָּמָא יְשַׁלֵּים: אִם מָרֵיהּ עִמֵּיהּ לָא יְשַׁלֵּים, אִם אֲגִירָא הוּא,
טו עָאל בַּאֲגָרֵיהּ: וַאֲרֵי יְשַׁדֵּיל גְּבַר, בְּתוּלְתָּא, דְּלָא מְאָרְסָא וְיִשְׁכּוּב עִמַּהּ, קַיָּמָא, יְקַיְּמִנַּהּ לֵיהּ
טז יז לְאִתּוּ: אִם מִצְבָּא לָא יִצְבֵּי, אֲבוּהָא לְמִתְּנַהּ לֵיהּ, כַּסְפָּא יִתְקוּל, כְּמָהַר בְּתוּלָתָא: חָרְשָׁא לָא
יח יט תַחֵי: כָּל דְּיִשְׁכּוּב עִם בְּעִירָא אִתְקְטָלָא יִתְקְטִיל: דְּיִדַבַּח לְטָעֲוַת עַמְמַיָּא יִתְקְטִיל, אֱלָהֵין
כ כא לִשְׁמָא דַּיְיָ בִּלְחוֹדוֹהִי: וּלְגִיּוֹרָא לָא תוֹנוּן וְלָא תְעִיקוּן, אֲרֵי דַּיָּרִין הֲוֵיתוּן בְּאַרְעָא דְמִצְרָיִם: כָּל
כב אַרְמְלָא וְיִיתַּם לָא תְעַנּוּן: אִם עַנָּאָה תְעַנֵּי יָתֵיהּ, אֲרֵי אִם מִקְבָּל יִקְבַּל קֳדָמַי, קַבָּלָא אֲקַבֵּיל

וּמִיתָה: **אִם שָׂכִיר הוּא.** אִם הַשּׁוֹר אֵינוֹ שָׁאוּל אֶלָּא שָׂכוּר, "בָּא בִּשְׂכָרוֹ" לְיַד הַשּׂוֹכֵר הַזֶּה וְלֹא בִּשְׁאֵלָה, וְאֵין כָּל הֲנָאָה שֶׁלּוֹ שֶׁהֲרֵי עַל יְדֵי שְׂכָרוֹ נִשְׁתַּמֵּשׁ, וְאֵין לוֹ מִשְׁפַּט שׁוֹאֵל לְהִתְחַיֵּב בָּאֳנָסִין. וְלֹא פֵּרֵשׁ מַה דִּינוֹ אִם כְּשׁוֹמֵר חִנָּם אוֹ כְּשׁוֹמֵר שָׂכָר, לְפִיכָךְ נֶחְלְקוּ בּוֹ חַכְמֵי יִשְׂרָאֵל: שׂוֹכֵר כֵּיצַד מְשַׁלֵּם? רַבִּי מֵאִיר אוֹמֵר: כְּשׁוֹמֵר חִנָּם, רַבִּי יְהוּדָה אוֹמֵר: כְּשׁוֹמֵר שָׂכָר:

טו **וְכִי יְפַתֶּה.** מְדַבֵּר עַל לִבָּהּ עַד שֶׁשּׁוֹמַעַת לוֹ, וְכֵן תַּרְגּוּמוֹ: "וַאֲרֵי יְשַׁדֵּל". שִׁדּוּל בְּלָשׁוֹן אֲרַמִּי כְּפִתּוּי בְּלָשׁוֹן עִבְרִי: **מָהֹר יִמְהָרֶנָּה.** יִפְסֹק לָהּ מֹהַר כְּמִשְׁפַּט אִישׁ לְאִשְׁתּוֹ, שֶׁכּוֹתֵב לָהּ כְּתֻבָּה וְיִשָּׂאֶנָּה:

טז **כְּמֹהַר הַבְּתוּלוֹת.** שֶׁהוּא קָצוּב חֲמִשִּׁים כֶּסֶף אֵצֶל הַתּוֹפֵס אֶת הַבְּתוּלָה וְשׁוֹכֵב עִמָּהּ בְּאֹנֶס, שֶׁנֶּאֱמַר: "וְנָתַן הָאִישׁ הַשֹּׁכֵב עִמָּהּ לַאֲבִי הַנַּעֲרָ חֲמִשִּׁים כָּסֶף" (דברים כב, כט):

יז **מְכַשֵּׁפָה לֹא תְחַיֶּה.** אֶלָּא תּוּמַת בְּבֵית דִּין. וְאֶחָד זְכָרִים וְאֶחָד נְקֵבוֹת, אֶלָּא שֶׁדִּבֶּר הַכָּתוּב בַּהֹוֶה, שֶׁהַנָּשִׁים מְצוּיוֹת בִּכְשָׁפִים:

יח **כָּל שֹׁכֵב עִם בְּהֵמָה מוֹת יוּמָת.** בִּסְקִילָה, רוֹבֵעַ כְּנִרְבַּעַת, שֶׁכָּתוּב בָּהֶם: "דְּמֵיהֶם בָּם" (ויקרא כ, טז):

יט **לָאֱלֹהִים.** לַעֲבוֹדָה זָרָה. אִלּוּ הָיָה נָקוּד 'לֵאלֹהִים', הָיָה צָרִיךְ לְפָרֵשׁ וְלִכְתֹּב 'אֲחֵרִים', עַכְשָׁיו שֶׁאָמַר: "לָאֱלֹהִים" אֵין צָרִיךְ לְפָרֵשׁ 'אֲחֵרִים'; שֶׁכָּל לָמֶ"ד וּבֵי"ת הַמְשַׁמֶּשֶׁת בְּרֹאשׁ הַתֵּבָה, אִם נְקוּדָה בַּחֲטָף, כְּגוֹן: לְמֶלֶךְ, לְמִדְבָּר, לְעִיר, צָרִיךְ לְפָרֵשׁ לְאֵיזֶה מֶלֶךְ, לְאֵיזֶה מִדְבָּר, לְאֵיזֶה עִיר. וְכֵן: לִמְלָכִים, לִרְגָלִים צָרִיךְ לְפָרֵשׁ לְאֵיזֶה, וְאִם אֵינוֹ מְפָרֵשׁ, כָּל מְלָכִים בַּמַּשְׁמָע. וְכֵן 'לֵאלֹהִים' כָּל אֱלֹהִים בַּמַּשְׁמָע, אֲפִלּוּ קֹדֶשׁ. אֲבָל כְּשֶׁהִיא נְקוּדָה פַּתָּח, כְּמוֹ: לַמֶּלֶךְ, לַמִּדְבָּר, לָעִיר, נוֹדַע בְּאֵיזֶה מֶלֶךְ מְדַבֵּר, וְכֵן 'לָעִיר' נוֹדַע בְּאֵיזֶה עִיר מְדַבֵּר, וְכֵן "לָאֱלֹהִים", לְאוֹתָן שֶׁהֻזְהַרְתֶּם עֲלֵיהֶם בְּמָקוֹם אַחֵר. כַּיּוֹצֵא בוֹ: "אֵין כָּמוֹךָ בָאֱלֹהִים" (תהלים פו, ח), לְפִי שֶׁלֹּא פֵרַשׁ הֻצְרַךְ לְנַקֵּד פַּתָּח: **יָחֳרָם.** יוּמַת. וְלָמָּה נֶאֱמַר "יָחֳרָם"? וַהֲלֹא כְּבָר נֶאֶמְרָה בּוֹ מִיתָה בְּמָקוֹם אַחֵר: "וְהוֹצֵאתָ אֶת הָאִישׁ הַהוּא אוֹ אֶת הָאִשָּׁה הַהִיא" וְגוֹ' (דברים יז, ה), אֶלָּא לְפִי שֶׁלֹּא פֵרַשׁ עַל אֵיזוֹ עֲבוֹדָה חַיָּב מִיתָה, שֶׁלֹּא תֹאמַר כָּל עֲבוֹדוֹת בְּמִיתָה, בָּא וּפֵרַשׁ לְךָ כָּאן: "זֹבֵחַ לָאֱלֹהִים", מַה זְּבִיחָה עֲבוֹדָה הַנַּעֲשֵׂית בִּפְנִים לַשָּׁמַיִם, אַף אֲנִי מְרַבֶּה הַמְקַטֵּר וְהַמְנַסֵּךְ שֶׁהֵן עֲבוֹדָה בִּפְנִים, וְחַיָּבִים עֲלֵיהֶם לְכָל עֲבוֹדָה זָרָה, בֵּין שֶׁדַּרְכָּהּ לְעָבְדָהּ בְּכָךְ בֵּין שֶׁאֵין דַּרְכָּהּ לְעָבְדָהּ בְּכָךְ. אֲבָל שְׁאָר עֲבוֹדוֹת, כְּגוֹן: הַמְכַבֵּד וְהַמְרַבֵּץ וְהַמְגַפֵּף וְהַמְנַשֵּׁק, אֵינָן בְּמִיתָה:

כ **וְגֵר לֹא תוֹנֶה.** אוֹנָאַת דְּבָרִים, קונטרליאי"ר בְּלַעַז, כְּמוֹ: "וְהַאֲכַלְתִּי אֶת מוֹנַיִךְ אֶת בְּשָׂרָם" (ישעיה מט, כו): **וְלֹא תִלְחָצֶנּוּ.** בִּגְזֵלַת מָמוֹן: **כִּי גֵרִים הֱיִיתֶם.** אִם הוֹנִיתוֹ אַף הוּא יָכוֹל לְהוֹנוֹתְךָ וְלוֹמַר לְךָ: אַף אַתָּה מִגֵּרִים בָּאתָ. מוּם שֶׁבְּךָ אַל תֹּאמַר לַחֲבֵרְךָ. כָּל לְשׁוֹן 'גֵּר' אָדָם שֶׁלֹּא נוֹלַד בְּאוֹתָהּ מְדִינָה, אֶלָּא בָּא מִמְּדִינָה אַחֶרֶת לָגוּר שָׁם:

כא **כָּל אַלְמָנָה וְיָתוֹם לֹא תְעַנּוּן.** הוּא הַדִּין לְכָל אָדָם, אֶלָּא שֶׁדִּבֶּר הַכָּתוּב בַּהֹוֶה, לְפִי שֶׁהֵם תְּשׁוּשֵׁי כֹחַ וְדָבָר מָצוּי לְעַנּוֹתָם:

כב **אִם עַנֵּה תְעַנֶּה אֹתוֹ.** הֲרֵי זֶה מִקְרָא קָצָר.

כג צַעֲקָתוֹ: וְחָרָה אַפִּי וְהָרַגְתִּי אֶתְכֶם בֶּחָרֶב וְהָיוּ
נְשֵׁיכֶם אַלְמָנוֹת וּבְנֵיכֶם יְתֹמִים:
כד יז אִם־כֶּסֶף ׀ תַּלְוֶה אֶת־עַמִּי אֶת־הֶעָנִי עִמָּךְ
לֹא־תִהְיֶה לוֹ כְּנֹשֶׁה לֹא־תְשִׂימוּן עָלָיו נֶשֶׁךְ:
כה אִם־חָבֹל תַּחְבֹּל שַׂלְמַת רֵעֶךָ עַד־בֹּא הַשֶּׁמֶשׁ
כו תְּשִׁיבֶנּוּ לוֹ: כִּי הִוא כְסוּתֹה לְבַדָּהּ הִוא שִׂמְלָתוֹ
לְעֹרוֹ בַּמֶּה יִשְׁכָּב וְהָיָה כִּי־יִצְעַק אֵלַי וְשָׁמַעְתִּי
כז כִּי־חַנּוּן אָנִי: אֱלֹהִים לֹא
כח תְקַלֵּל וְנָשִׂיא בְעַמְּךָ לֹא תָאֹר: מְלֵאָתְךָ וְדִמְעֲךָ
כט לֹא תְאַחֵר בְּכוֹר בָּנֶיךָ תִּתֶּן־לִּי: כֵּן־תַּעֲשֶׂה
לְשֹׁרְךָ לְצֹאנֶךָ שִׁבְעַת יָמִים יִהְיֶה עִם־אִמּוֹ
ל בַּיּוֹם הַשְּׁמִינִי תִּתְּנוֹ־לִי: וְאַנְשֵׁי־קֹדֶשׁ תִּהְיוּן לִי
וּבָשָׂר בַּשָּׂדֶה טְרֵפָה לֹא תֹאכֵלוּ לַכֶּלֶב תַּשְׁלִכוּן
כג א אֹתוֹ: לֹא תִשָּׂא שֵׁמַע שָׁוְא

מצוות סו – סח
מצוות הלוואה לעני
איסור תביעת חוב ממי שאינו יכול לפרוע
איסור התעסקות בעסקי ריבית

רביעי

מצוות סט – עא
איסור קללת דיין
איסור ברכת ה׳
איסור קללת נשיא

מצווה עב
איסור שינוי סדר התרומות והמעשרות

מצווה עג
איסור אכילת טרפה

מצווה עד
איסור שמיעת בעל דין במעמד צד אחד

גַּזֵּם וְלֹא פֵּרֵשׁ עָנְשׁוֹ, כְּמוֹ: "לָכֵן כָּל הֹרֵג קַיִן" (בראשית ד, טו), וְלֹא פֵּרֵשׁ עָנְשׁוֹ. אַף כָּאן: "אִם עַנֵּה תְעַנֶּה אֹתוֹ" לְשׁוֹן גִּזּוּם, כְּלוֹמַר, סוֹפְךָ לִטֹּל אֶת שֶׁלְּךָ, לָמָּה? "כִּי אִם צָעֹק יִצְעַק אֵלַי" וְגוֹ':

כג | **וְהָיוּ נְשֵׁיכֶם אַלְמָנוֹת.** מִמַּשְׁמָע שֶׁנֶּאֱמַר: "וְהָרַגְתִּי אֶתְכֶם" אֵינִי יוֹדֵעַ שֶׁ"נְּשֵׁיכֶם אַלְמָנוֹת וּבְנֵיכֶם יְתֹמִים"? אֶלָּא הֲרֵי זוֹ קְלָלָה אַחֶרֶת, שֶׁיִּהְיוּ הַנָּשִׁים צְרוּרוֹת כְּאַלְמְנוּת חַיּוּת, שֶׁלֹּא יִהְיוּ עֵדִים לְמִיתַת בַּעְלֵיהֶן וְתִהְיֶינָה אֲסוּרוֹת לְהִנָּשֵׂא, וְהַבָּנִים יִהְיוּ יְתוֹמִים, שֶׁלֹּא יַנִּיחוּם בֵּית דִּין לֵירֵד לְנִכְסֵי אֲבִיהֶם, לְפִי שֶׁאֵין יוֹדְעִים אִם מֵתוּ אִם נִשְׁבּוּ:

כד | **אִם כֶּסֶף תַּלְוֶה אֶת עַמִּי.** רַבִּי יִשְׁמָעֵאל אוֹמֵר: כָּל אִם וְאִם שֶׁבַּתּוֹרָה רְשׁוּת חוּץ מִשְּׁלֹשָׁה, וְזֶה אֶחָד מֵהֶן: **אֶת עַמִּי.** עַמִּי וְגוֹי, עַמִּי קוֹדֵם. עָנִי וְעָשִׁיר, עָנִי קוֹדֵם. עֲנִיֵּי עִירְךָ וַעֲנִיֵּי עִיר אַחֶרֶת, עֲנִיֵּי עִירְךָ קוֹדְמִין. וְזֶה מַשְׁמָעוֹ: "אִם כֶּסֶף תַּלְוֶה, אֶת עַמִּי" תַּלְוֵהוּ, וְלֹא לַגּוֹי. וּלְאֵיזֶה מֵעַמִּי? "אֶת הֶעָנִי". וּלְאֵיזֶה עָנִי? לְאוֹתוֹ שֶׁ"עִמָּךְ". דָּבָר אַחֵר "אֶת עַמִּי", שֶׁלֹּא תִנְהַג בּוֹ מִנְהַג בִּזָּיוֹן בְּהַלְוָאָה, שֶׁהוּא עַמִּי: **אֶת הֶעָנִי עִמָּךְ.** הֱוֵי מִסְתַּכֵּל בְּעַצְמְךָ כְּאִלּוּ אַתָּה עָנִי: **לֹא תִהְיֶה לוֹ כְּנֹשֶׁה.** לֹא תִּתְבָּעֶנּוּ בְּחָזְקָה. אִם אַתָּה יוֹדֵעַ שֶׁאֵין לוֹ, אַל תְּהִי דּוֹמֶה

משפטים

כג קַבִּילְתֵּיהּ: וְיִתְקַף רָגְזִי, וְאֶקְטוֹל יָתְכוֹן בְּחַרְבָּא, וִיהוֹיָן נְשֵׁיכוֹן אַרְמְלָן, וּבְנֵיכוֹן יַתְמִין:
כד אִם כַּסְפָּא תוֹזֵיף לְעַמִּי, לְעַנְיָא דְעִמָּךְ, לָא תְהֵי לֵיהּ כְּרַשְׁיָא, לָא תְשַׁוּוֹן עֲלוֹהִי חִבּוּלְיָא: כה אִם מַשְׁכּוֹנָא תִּסַּב כְּסוּתָא דְחַבְרָךְ, עַד מֵיעַל שִׁמְשָׁא תְּתִיבִנֵּיהּ לֵיהּ: אֲרֵי הִיא כְסוּתֵיהּ בִּלְחוֹדַהּ, הִיא תְּחוּבְתֵּיהּ לְמַשְׁכְּיֵהּ, בְּמָא יִשְׁכּוּב, וִיהֵי אֲרֵי יְקַבֵּל קֳדָמַי, וַאֲקַבֵּל קְבִילְתֵּיהּ אֲרֵי חַנָּנָא אֲנָא: כו דַּיָּנָא לָא תָקִיל, וְרַבָּא בְעַמָּךְ לָא תְלוּט: בְּכוּרָךְ
כז וְדִמְעָךְ לָא תְאַחַר, בְּכְרָא דִבְנָךְ תַּפְרֵישׁ קֳדָמַי: כֵּן תַּעֲבֵיד לְתוֹרָךְ לְעָנָךְ, שַׁבְעָא יוֹמִין
ל יְהֵי עִם אִמֵּיהּ, בְּיוֹמָא תְּמִינָאָה תַּפְרְשִׁינֵּיהּ קֳדָמַי: וֶאֱנָשִׁין קַדִּישִׁין תְּהוֹן קֳדָמַי, וּבְשַׂר
כג א תְּלִישׁ מִן חֵיוָא חַיָּא לָא תֵיכְלוּן, לְכַלְבָּא תִרְמוֹן יָתֵיהּ: לָא תְקַבֵּל שְׁמַע דִּשְׁקַר,

עָלָיו כְּחֹלִי הַלֵּוִיתִי הֲלָךְ הַלְוִיתוֹ, כְּלוֹמַר לֹא תַּכְלִימֵהוּ: **נֶשֶׁךְ.** רִבִּית, שֶׁהוּא כִּנְשִׁיכַת נָחָשׁ, שֶׁנּוֹשֵׁךְ חַבּוּרָה קְטַנָּה בְּרַגְלוֹ וְאֵינוֹ מַרְגִּישׁ, וּפִתְאוֹם הוּא מְבַצְבֵּץ וְנוֹפֵחַ עַד קָדְקֳדוֹ, כָּךְ רִבִּית אֵינוֹ מַרְגִּישׁ וְאֵינוֹ נִכָּר, עַד שֶׁהָרִבִּית עוֹלֶה וּמְחַסְּרוֹ מָמוֹן הַרְבֵּה:

כה **אִם חָבֹל תַּחְבֹּל.** כָּל לְשׁוֹן חֲבָלָה אֵינוֹ מַשְׁכּוֹן בִּשְׁעַת הַלְוָאָה, אֶלָּא שֶׁמְּמַשְׁכְּנִין אֶת הַלֹּוֶה כְּשֶׁמַּגִּיעַ הַזְּמַן וְאֵינוֹ פּוֹרֵעַ. "חָבֹל תַּחְבֹּל", כָּפַל לְךָ בַּחֲבָלָה עַד כַּמָּה פְעָמִים, אָמַר הַקָּדוֹשׁ בָּרוּךְ הוּא, כַּמָּה אַתָּה חַיָּב לִי, וַהֲרֵי נַפְשְׁךָ עוֹלָה אֶצְלִי בְּכָל לַיְלָה וְלַיְלָה וְנוֹתֶנֶת דִּין וְחֶשְׁבּוֹן וּמִתְחַיֶּבֶת לְפָנַי וַאֲנִי מַחֲזִירָהּ לָךְ, אַף אַתָּה טֹל וְהָשֵׁב טֹל וְהָשֵׁב: **עַד בֹּא הַשֶּׁמֶשׁ תְּשִׁיבֶנּוּ לוֹ.** כָּל הַיּוֹם תְּשִׁיבֶנּוּ לוֹ עַד בֹּא הַשֶּׁמֶשׁ, וּכְבוֹא הַשֶּׁמֶשׁ תַּחֲזֹר וְתִטְּלֶנּוּ עַד שֶׁיָּבוֹא בֹקֶר שֶׁל מָחָר. וּבִכְסוּת יוֹם הַכָּתוּב מְדַבֵּר, שֶׁאֵין צָרִיךְ לָהּ בַּלַּיְלָה:

כו **כִּי הִוא כְסוּתֹה.** זוֹ טַלִּית: **שִׂמְלָתוֹ.** זוֹ חָלוּק: **בַּמֶּה יִשְׁכָּב.** לְרַבּוֹת אֶת הַמַּצָּע:

כז **אֱלֹהִים לֹא תְקַלֵּל.** הֲרֵי זוֹ אַזְהָרָה לְבִרְכַּת הַשֵּׁם, וְאַזְהָרָה לְקִלְלַת דַּיָּן:

כח **מְלֵאָתְךָ.** חוֹבָה הַמֻּטֶּלֶת עָלֶיךָ כְּשֶׁתִּתְמַלֵּא תְבוּאָתְךָ לְהִתְבַּשֵּׁל, וְהֵם בִּכּוּרִים: **וְדִמְעֲךָ.** הִיא תְּרוּמָה, וְאֵינִי יוֹדֵעַ מַהוּ לְשׁוֹן דֶּמַע: **לֹא תְאַחֵר.** לֹא תְּשַׁנֶּה סֵדֶר הַפְרָשָׁתָן לְאַחֵר אֶת הַמֻּקְדָּם וּלְהַקְדִּים אֶת הַמְאֻחָר, שֶׁלֹּא יַקְדִּים תְּרוּמָה לְבִכּוּרִים וּמַעֲשֵׂר לִתְרוּמָה: **בְּכוֹר בָּנֶיךָ תִּתֶּן לִי.** לִפְדּוֹתוֹ חָמֵשׁ סְלָעִים מִן הַכֹּהֵן. וַהֲלֹא כְבָר צִוָּה עָלָיו בְּמָקוֹם אַחֵר (במדבר יח, טו)? אֶלָּא כְּדֵי לִסְמוֹךְ לוֹ: "כֵּן תַּעֲשֶׂה לְשֹׁרְךָ", מַה בְּכוֹר אָדָם לְאַחַר שְׁלֹשִׁים יוֹם פּוֹדֵהוּ, שֶׁנֶּאֱמַר: "וּפְדוּיָו מִבֶּן חֹדֶשׁ

תִּפְדֶּה" (שם), אַף בְּכוֹר בְּהֵמָה דַּקָּה טָעוּן טִפּוּל שְׁלֹשִׁים יוֹם וְאַחַר כָּךְ נוֹתְנוֹ לַכֹּהֵן:

כט **שִׁבְעַת יָמִים יִהְיֶה עִם אִמּוֹ.** זוֹ אַזְהָרָה לַכֹּהֵן, שֶׁאִם בָּא לְמַהֵר הַקְרָבָתוֹ לֹא יְמַהֵר קֹדֶם שְׁמוֹנָה, לְפִי שֶׁהוּא מְחֻסַּר זְמָן: **בַּיּוֹם הַשְּׁמִינִי תִּתְּנוֹ לִי.** יָכוֹל יְהֵא חוֹבָה לְבוֹ בַיּוֹם? נֶאֱמַר כָּאן: "שְׁמִינִי" וְנֶאֱמַר לְהַלָּן: "וּמִיּוֹם הַשְּׁמִינִי וָהָלְאָה יֵרָצֶה" (ויקרא כב, כז), מַה שְּׁמִינִי הָאָמוּר לְהַלָּן לְהַכְשִׁיר מִשְּׁמִינִי וּלְהַלָּן, אַף שְׁמִינִי הָאָמוּר כָּאן לְהַכְשִׁיר מִשְּׁמִינִי וּלְהַלָּן, וְכֵן מַשְׁמָעוֹ: וּבַיּוֹם הַשְּׁמִינִי אַתָּה רַשַּׁאי לִתְּנוֹ לִי:

ל **וְאַנְשֵׁי קֹדֶשׁ תִּהְיוּן לִי.** אִם אַתֶּם קְדוֹשִׁים וּפְרוּשִׁים מִשִּׁקּוּצֵי נְבֵלוֹת וּטְרֵפוֹת הֲרֵי אַתֶּם שֶׁלִּי, וְאִם לָאו אֵינְכֶם שֶׁלִּי: **וּבָשָׂר בַּשָּׂדֶה טְרֵפָה.** אַף בַּבַּיִת כֵּן, אֶלָּא שֶׁדִּבֵּר הַכָּתוּב בַּהֹוֶה, מְקוֹם שֶׁדֶּרֶךְ בְּהֵמוֹת לִטָּרֵף. וְכֵן: "כִּי בַשָּׂדֶה מְצָאָהּ" (דברים כב, כז). וְכֵן: "אֲשֶׁר לֹא יִהְיֶה טָהוֹר מִקְּרֵה לָיְלָה" (דברים כג, יא), הוּא הַדִּין לְמִקְרֵה יוֹם, אֶלָּא שֶׁדִּבֵּר הַכָּתוּב בַּהֹוֶה: **וּבָשָׂר תְּלִישָׁה מִן חַיָּה חַיָּה,** בַּשַּׁר שֶׁנִּתְלַשׁ עַל יְדֵי טְרֵפַת זְאֵב אוֹ אֲרִי מִן חַיָּה כְּשֵׁרָה אוֹ בְהֵמָה כְּשֵׁרָה בְּחַיֶּיהָ: **לַכֶּלֶב תַּשְׁלִיכוּן אֹתוֹ.** אַף הַגּוֹי כַּכֶּלֶב, אוֹ אֵינוֹ אֶלָּא כֶּלֶב כְּמַשְׁמָעוֹ, תַּלְמוּד לוֹמַר בִּנְבֵלָה: "אוֹ מָכֹר לְנָכְרִי" (דברים יד, כא), קַל וָחֹמֶר לִטְרֵפָה שֶׁמֻּתֶּרֶת בְּכָל הֲנָאוֹת. אִם כֵּן מַה תַּלְמוּד לוֹמַר: "לַכֶּלֶב"? לְלַמֶּדְךָ שֶׁהַכֶּלֶב מְכֻבָּד מִן הַגּוֹי שֶׁהַנְּבֵלָה לַגּוֹי וְהַטְּרֵפָה לַכֶּלֶב. וּלְלַמֶּדְךָ שֶׁאֵין הַקָּדוֹשׁ בָּרוּךְ הוּא מְקַפֵּחַ שְׂכַר כָּל בְּרִיָּה, שֶׁנֶּאֱמַר: "וּלְכֹל בְּנֵי יִשְׂרָאֵל לֹא יֶחֱרַץ כֶּלֶב לְשֹׁנוֹ" (לעיל יא, ז), אָמַר הַקָּדוֹשׁ בָּרוּךְ הוּא: תְּנוּ לוֹ שְׂכָרוֹ:

פרק כג

א **לֹא תִשָּׂא שֵׁמַע שָׁוְא.** כְּתַרְגּוּמוֹ, "לָא תְקַבֵּל

שמות כג

אַל־תָּשֶׁת יָדְךָ עִם־רָשָׁע לִהְיֹת עֵד חָמָס׃ לֹא־ ב
תִהְיֶה אַחֲרֵי־רַבִּים לְרָעֹת וְלֹא־תַעֲנֶה עַל־רִב
לִנְטֹת אַחֲרֵי רַבִּים לְהַטֹּת׃ וְדָל לֹא תֶהְדַּר ג
בְּרִיבוֹ׃ כִּי תִפְגַּע שׁוֹר אֹיִבְךָ אוֹ חֲמֹרוֹ ד
תֹּעֶה הָשֵׁב תְּשִׁיבֶנּוּ לוֹ׃ כִּי־תִרְאֶה ה
חֲמוֹר שֹׂנַאֲךָ רֹבֵץ תַּחַת מַשָּׂאוֹ וְחָדַלְתָּ מֵעֲזֹב
לוֹ עָזֹב תַּעֲזֹב עִמּוֹ׃ לֹא תַטֶּה מִשְׁפַּט ו
אֶבְיֹנְךָ בְּרִיבוֹ׃ מִדְּבַר־שֶׁקֶר תִּרְחָק וְנָקִי וְצַדִּיק ז
אַל־תַּהֲרֹג כִּי לֹא־אַצְדִּיק רָשָׁע׃ וְשֹׁחַד לֹא תִקָּח ח
כִּי הַשֹּׁחַד יְעַוֵּר פִּקְחִים וִיסַלֵּף דִּבְרֵי צַדִּיקִים׃
וְגֵר לֹא תִלְחָץ וְאַתֶּם יְדַעְתֶּם אֶת־נֶפֶשׁ הַגֵּר כִּי־ ט
גֵרִים הֱיִיתֶם בְּאֶרֶץ מִצְרָיִם׃ וְשֵׁשׁ שָׁנִים תִּזְרַע י
אֶת־אַרְצֶךָ וְאָסַפְתָּ אֶת־תְּבוּאָתָהּ׃ וְהַשְּׁבִיעִת יא
תִּשְׁמְטֶנָּה וּנְטַשְׁתָּהּ וְאָכְלוּ אֶבְיֹנֵי עַמֶּךָ וְיִתְרָם

מצוה עה
איסור לבעל עבירה להעיד

מצוות עו – עח
איסור על דיין ללכת אחר דעת המחייבים ברוב של אחד בדיני נפשות

איסור להסתמך על דיינים אחרים בדיני נפשות

מצוות פסיקת הדין על פי רוב הדיינים

מצוה עט
איסור רחמים על עני בדין

חמישי

מצוה פ
מצוות פריקת משא מעל בהמה

מצוה פא
איסור הטיית משפט רשע

מצוה פב
איסור פסיקת הדין על פי אומד הדעת

מצוה פג
איסור לקיחת שוחד

מצוה פד
מצוות שמיטת קרקעות

שֵׁמַע שָׁקֶר", אַזְהָרָה לִמְקַבֵּל לָשׁוֹן הָרָע וּלְדַיָּן שֶׁלֹּא יִשְׁמַע דִּבְרֵי בַּעַל דִּין עַד שֶׁיָּבוֹא בַּעַל דִּין חֲבֵרוֹ: **אַל תָּשֶׁת יָדְךָ עִם רָשָׁע.** הַטּוֹעֵן אֶת חֲבֵרוֹ תְּבִיעַת שֶׁקֶר, שֶׁתַּבְטִיחֵהוּ לִהְיוֹת לוֹ עֵד חָמָס:

ב) **לֹא תִהְיֶה אַחֲרֵי רַבִּים לְרָעֹת.** יֵשׁ בַּמִּקְרָא זֶה מִדְרְשֵׁי חַכְמֵי יִשְׂרָאֵל, אֲבָל אֵין לְשׁוֹן הַמִּקְרָא מְיֻשָּׁב בָּהֶן עַל אָפְנָיו. מִכָּאן דָּרְשׁוּ שֶׁאֵין מַטִּין לְחוֹבָה בְּהַכְרָעַת דַּיָּן אֶחָד. וְסוֹף הַמִּקְרָא דָּרְשׁוּ: "אַחֲרֵי רַבִּים לְהַטֹּת", שֶׁאִם יֵשׁ שְׁנַיִם בִּמְחַיְּבִין יוֹתֵר עַל הַמְזַכִּין, הַטֵּה הַדִּין עַל פִּיהֶם לְחוֹבָה, וּבְדִינֵי נְפָשׁוֹת הַכָּתוּב מְדַבֵּר. וְאֶמְצַע הַמִּקְרָא דָּרְשׁוּ: "וְלֹא תַעֲנֶה עַל רִב", עַל רַב, שֶׁאֵין חוֹלְקִין עַל מֻפְלָא שֶׁבְּבֵית דִּין, לְפִיכָךְ מַתְחִילִין בְּדִינֵי נְפָשׁוֹת מִן הַצַּד, לַקְּטַנִּים שֶׁבָּהֶם שׁוֹאֲלִין תְּחִלָּה שֶׁיֹּאמְרוּ אֶת דַּעְתָּם. וּלְפִי דִּבְרֵי רַבּוֹתֵינוּ כָּךְ פִּתְרוֹן הַמִּקְרָא: "לֹא תִהְיֶה אַחֲרֵי רַבִּים לְרָעֹת", לְחַיֵּב מִיתָה בִּשְׁבִיל דַּיָּן אֶחָד שֶׁיִּרְבּוּ מְחַיְּבִין עַל הַמְזַכִּין; וְלֹא תַעֲנֶה עַל הָרַב לִנְטוֹת מִדְּבָרָיו, וּלְפִי שֶׁהוּא חָסֵר יוּ"ד דָּרְשׁוּ בּוֹ כֵּן; "אַחֲרֵי רַבִּים לְהַטֹּת", וְיֵשׁ רַבִּים שֶׁאַתָּה נוֹטֶה אַחֲרֵיהֶם, וְאֵימָתַי? בִּזְמַן שֶׁהֵן שְׁנַיִם הַמַּכְרִיעִין בַּמְחַיְּבִין יוֹתֵר מִן הַמְזַכִּין, וּמַשְׁמָע שֶׁנֶּאֱמַר: "לֹא תִהְיֶה אַחֲרֵי רַבִּים לְרָעֹת" שׁוֹמֵעַ אֲנִי: אֲבָל הֱיֵה עִמָּהֶם לְטוֹבָה, מִכָּאן אָמְרוּ: דִּינֵי נְפָשׁוֹת מַטִּין עַל פִּי אֶחָד לִזְכוּת וְעַל פִּי שְׁנַיִם לְחוֹבָה. וְאוּנְקְלוֹס תִּרְגֵּם: "לָא תִתְמְנַע מִלְּאַלָּפָא מָה דִּבְעֵינָךְ עַל

ב לָא תְשַׁוֵּי יְדָךְ עִם חַיָּבָא, לְמֶהֱוֵי לֵיהּ סָהִיד שְׁקָר: לָא תְהֵי בָּתַר סַגִּיאֵי לְאַבְאָשָׁא, וְלָא
ג תִתְמְנַע מִלְּאַלָּפָא מָא דִבְעֵינָךְ עַל דִּינָא, בָּתַר סַגִּיאֵי שַׁלֵּים דִּינָא: וְעַל מִסְכֵּינָא, לָא
ד ה תְרַחֵים בְּדִינֵיהּ: אֲרֵי תְעָרַע, תּוֹרָא דְסָנְאָךְ, אוֹ חֲמָרֵיהּ דְּטָעֵי, אָתָבָא תְתִיבִנֵּיהּ לֵיהּ: אֲרֵי
תִחְזֵי חֲמָרָא דְסָנְאָךְ, רְבִיעַ תְּחוֹת טָעֲנֵיהּ, וְתִתְמְנַע מִלְּמִשְׁקַל לֵיהּ, מִשְׁבַּק תִּשְׁבּוֹק מָא
ו ז דִּבְלִבָּךְ עֲלוֹהִי וּתְפָרֵיק עִמֵּיהּ: לָא תַצְלֵי, דִּין מִסְכֵּינָךְ בְּדִינֵיהּ: מִפִּתְגָּמָא דְשִׁקְרָא הֱוֵי
ח רַחִיק, וּדְזַכֵּי וּדְנָפַק דַּכֵּי מִן דִּינָא לָא תִקְטוֹל, אֲרֵי לָא אֲזַכֵּי חַיָּבָא: וְשֹׁחְדָּא לָא תְקַבֵּיל, אֲרֵי
ט שֹׁחְדָּא מְעַוַּר עֵינֵי חַכִּימִין, וּמְקַלְקֵיל פִּתְגָּמִין תְּרִיצִין: וּלְגִיּוֹרָא לָא תְעִיקוּן, וְאַתּוּן, יְדַעְתּוּן
י יָת נַפְשָׁא דְגִיּוֹרָא, אֲרֵי דַיָּרִין הֲוֵיתוּן בְּאַרְעָא דְמִצְרָיִם: וְשֵׁית שְׁנִין תִּזְרַע יָת אַרְעָךְ,
יא וְתִכְנוֹשׁ יָת עֲלַלְתַּהּ: וּשְׁבִיעֵיתָא תַּשְׁמְטִנַּהּ וְתִרְטְשִׁנַּהּ, וְיֵיכְלוּן מִסְכֵּינֵי עַמָּךְ, וּשְׁאָרְהוֹן,

דִּינָא", וּלְשׁוֹן הָעִבְרִי לְפִי הַתַּרְגּוּם כָּךְ הוּא נִדְרָשׁ: "לֹא תַעֲנֶה עַל רִב לִנְטֹת", אִם יִשְׁאָלְךָ דָּבָר לְמִשְׁפָּט לֹא תַעֲנֶה לִנְטוֹת לְצַד אֶחָד וּלְסַלֵּק עַצְמְךָ מִן הָרִיב, אֶלָּא הֱוֵי דָן אוֹתוֹ לַאֲמִתּוֹ. וַאֲנִי אוֹמֵר לְיַשְּׁבוֹ עַל אָפְנָיו כִּפְשׁוּטוֹ כָּךְ פִּתְרוֹנוֹ: "לֹא תִהְיֶה אַחֲרֵי רַבִּים לְרָעֹת" – אִם רָאִיתָ רְשָׁעִים מַטִּין מִשְׁפָּט, לֹא תֹאמַר: הוֹאִיל וְרַבִּים הֵם הִנְנִי נוֹטֶה אַחֲרֵיהֶם. "וְלֹא תַעֲנֶה עַל רִב לִנְטֹת" וְגוֹ' – וְאִם יִשְׁאָלְךָ הַנִּדּוֹן עַל אוֹתוֹ הַמִּשְׁפָּט, אַל תַּעֲנֶנּוּ עַל הָרִיב דָּבָר הַנּוֹטֶה אַחֲרֵי אוֹתָן רַבִּים לְהַטּוֹת אֶת הַמִּשְׁפָּט מֵאֲמִתּוֹ, אֶלָּא אֱמֹר אֶת הַמִּשְׁפָּט כַּאֲשֶׁר הוּא, וְקוֹלָר יְהֵא תָּלוּי בְּצַוַּאר הָרַבִּים:

ג] **לֹא תֶהְדַּר.** לֹא תַחְלֹק לוֹ כָּבוֹד לְזַכּוֹתוֹ בַּדִּין, וְלוֹמַר: דַּל הוּא, אֲזַכֶּנּוּ וַאֲכַבְּדֶנּוּ:

ה] **כִּי תִרְאֶה חֲמוֹר שֹׂנַאֲךָ וְגוֹ'.** הֲרֵי "כִּי" מְשַׁמֵּשׁ לְשׁוֹן 'דִּלְמָא', שֶׁהוּא מֵאַרְבַּע לְשׁוֹנוֹת שֶׁל שִׁמּוּשֵׁי 'כִּי'. וְכָה פִּתְרוֹנוֹ: שֶׁמָּא תִרְאֶה חֲמוֹרוֹ "רֹבֵץ תַּחַת מַשָּׂאוֹ, וְחָדַלְתָּ מֵעֲזֹב לוֹ", בִּתְמִיָּה; "עָזֹב תַּעֲזֹב עִמּוֹ" – עֲזִיבָה זוֹ לְשׁוֹן עֶזְרָה, וְכֵן: "עָצוּר וְעָזוּב" (דברים לב, לו), וְכֵן: "וַיַּעַזְבוּ יְרוּשָׁלִַם עַד הַחוֹמָה" (נחמיה ג, ח), מִלְאוּהָ עָפָר לַעֲזֹר וּלְסַיֵּעַ אֶת חֹזֶק הַחוֹמָה. כַּיּוֹצֵא בוֹ: "כִּי תֹאמַר בִּלְבָבְךָ רַבִּים הַגּוֹיִם הָאֵלֶּה מִמֶּנִּי" וְגוֹ' (דברים ז, יז), שֶׁמָּא תֹאמַר כֵּן, בִּתְמִיָּה – "לֹא תִירָא מֵהֶם" (שם פסוק יח). וּמִדְרָשׁוֹ, כָּךְ דָּרְשׁוּ רַבּוֹתֵינוּ: "כִּי תִרְאֶה וְחָדַלְתָּ", פְּעָמִים שֶׁאַתָּה חוֹדֵל וּפְעָמִים שֶׁאַתָּה עוֹזֵר. הָא כֵּיצַד? זָקֵן וְאֵינָהּ לְפִי כְבוֹדוֹ – "וְחָדַלְתָּ", אוֹ בֶּהֱמַת גּוֹי וּמַשָּׂאוֹ שֶׁל יִשְׂרָאֵל – "וְחָדַלְתָּ": **עָזֹב תַּעֲזֹב עִמּוֹ.** לִפְרֹק הַמַּשָּׂא. "מִלְּמִשְׁקַל לֵיהּ", מִלִּטֹּל מַשָּׂאוֹ מִמֶּנּוּ:

ו] **אֶבְיֹנְךָ.** לְשׁוֹן אוֹבֶה, שֶׁהוּא מְדֻלְדָּל וְתָאֵב לְכָל טוֹבָה:

ז] **וְנָקִי וְצַדִּיק אַל תַּהֲרֹג.** מִנַּיִן לַיּוֹצֵא מִבֵּית דִּין חַיָּב, וְאָמַר אֶחָד: יֵשׁ לִי לְלַמֵּד עָלָיו זְכוּת, שֶׁמַּחֲזִירִין אוֹתוֹ? תַּלְמוּד לוֹמַר: "וְנָקִי אַל תַּהֲרֹג", וְאַף עַל פִּי שֶׁאֵינוֹ "צַדִּיק", שֶׁלֹּא נִצְטַדֵּק בְּבֵית דִּין, מִכָּל מָקוֹם "נָקִי" הוּא מִדִּין מִיתָה, שֶׁהֲרֵי יֵשׁ לְךָ לְזַכּוֹתוֹ. וּמִנַּיִן לַיּוֹצֵא מִבֵּית דִּין זַכַּאי, וְאָמַר אֶחָד: יֵשׁ לִי לְלַמֵּד עָלָיו חוֹבָה, שֶׁאֵין מַחֲזִירִין אוֹתוֹ לְבֵית דִּין? תַּלְמוּד לוֹמַר: "וְצַדִּיק אַל תַּהֲרֹג", וְזֶה צַדִּיק הוּא שֶׁנִּצְטַדֵּק בְּבֵית דִּין: **כִּי לֹא אַצְדִּיק רָשָׁע.** אֵין עָלֶיךָ לְהַחֲזִירוֹ, כִּי אֲנִי לֹא אַצְדִּיקֶנּוּ בְּדִינִי, אִם יָצָא מִיָּדְךָ זַכַּאי יֵשׁ לִי שְׁלוּחִים הַרְבֵּה לַהֲמִיתוֹ בַּמִּיתָה שֶׁנִּתְחַיֵּב בָּהּ:

ח] **וְשֹׁחַד לֹא תִקָּח.** אֲפִלּוּ לִשְׁפֹּט אֱמֶת, וְכָל שֶׁכֵּן כְּדֵי לְהַטּוֹת הַדִּין, שֶׁהֲרֵי כְּדֵי לְהַטּוֹת אֶת הַדִּין כְּבָר נֶאֱמַר: "לֹא תַטֶּה מִשְׁפָּט" (לעיל פסוק ו): **יְעַוֵּר פִּקְחִים.** אֲפִלּוּ חָכָם בַּתּוֹרָה וְנוֹטֵל שֹׁחַד, סוֹף שֶׁתִּטָּרֵף דַּעְתּוֹ עָלָיו, וְיִשְׁתַּכַּח תַּלְמוּדוֹ וְיִכְהֶה מְאוֹר עֵינָיו: **וִיסַלֵּף.** כְּתַרְגּוּמוֹ: "וּמְקַלְקֵל": **דִּבְרֵי צַדִּיקִים.** דְּבָרִים הַמְצֻדָּקִים, מִשְׁפְּטֵי אֱמֶת. וְכֵן תַּרְגּוּמוֹ: "פִּתְגָּמִין תְּרִיצִין", יְשָׁרִים:

ט] **וְגֵר לֹא תִלְחָץ.** בְּהַרְבֵּה מְקוֹמוֹת הִזְהִירָה תוֹרָה עַל הַגֵּר, מִפְּנֵי שֶׁסּוּרוֹ רָע: **אֶת נֶפֶשׁ הַגֵּר.** כַּמָּה קָשֶׁה לוֹ כְּשֶׁלּוֹחֲצִין אוֹתוֹ:

י] **וְאָסַפְתָּ אֶת תְּבוּאָתָהּ.** לְשׁוֹן הַכְנָסָה לַבַּיִת, כְּמוֹ: "וַאֲסַפְתּוֹ אֶל תּוֹךְ בֵּיתֶךָ" (דברים כב, ב):

יא] **תִּשְׁמְטֶנָּה.** מֵעֲבוֹדָה: **וּנְטַשְׁתָּהּ.** מֵאֲכִילָה אַחַר זְמַן הַבִּעוּר. דָּבָר אַחֵר, "תִּשְׁמְטֶנָּה" מֵעֲבוֹדָה

שמות

כג

תֹּאכַל חַיַּת הַשָּׂדֶה כֵּן־תַּעֲשֶׂה לְכַרְמְךָ לְזֵיתֶֽךָ: יב שֵׁ֣שֶׁת יָמִים֮ תַּעֲשֶׂ֣ה מַעֲשֶׂיךָ֒ וּבַיּ֣וֹם הַשְּׁבִיעִ֔י תִּשְׁבֹּ֑ת לְמַ֣עַן יָנ֗וּחַ שֽׁוֹרְךָ֙ וַחֲמֹרֶ֔ךָ וְיִנָּפֵ֥שׁ בֶּן־אֲמָתְךָ֖ וְהַגֵּֽר: יג וּבְכֹ֛ל אֲשֶׁר־אָמַ֥רְתִּי אֲלֵיכֶ֖ם תִּשָּׁמֵ֑רוּ וְשֵׁ֨ם אֱלֹהִ֤ים אֲחֵרִים֙ לֹ֣א תַזְכִּ֔ירוּ לֹ֥א יִשָּׁמַ֖ע עַל־פִּֽיךָ: יד שָׁלֹ֣שׁ רְגָלִ֔ים תָּחֹ֥ג לִ֖י בַּשָּׁנָֽה: טו אֶת־חַג֩ הַמַּצּ֨וֹת תִּשְׁמֹ֜ר שִׁבְעַ֣ת יָמִים֩ תֹּאכַ֨ל מַצּ֜וֹת כַּאֲשֶׁ֣ר צִוִּיתִ֗ךָ לְמוֹעֵד֙ חֹ֣דֶשׁ הָֽאָבִ֔יב כִּי־ב֖וֹ יָצָ֣אתָ מִמִּצְרָ֑יִם וְלֹא־יֵרָא֥וּ פָנַ֖י רֵיקָֽם: טז וְחַ֤ג הַקָּצִיר֙ בִּכּוּרֵ֣י מַעֲשֶׂ֔יךָ אֲשֶׁ֥ר תִּזְרַ֖ע בַּשָּׂדֶ֑ה וְחַ֤ג הָֽאָסִף֙ בְּצֵ֣את הַשָּׁנָ֔ה בְּאָסְפְּךָ֥ אֶֽת־מַעֲשֶׂ֖יךָ מִן־הַשָּׂדֶֽה: יז שָׁלֹ֥שׁ פְּעָמִ֖ים בַּשָּׁנָ֑ה יֵרָאֶה֙ כָּל־זְכ֣וּרְךָ֔ אֶל־פְּנֵ֖י הָאָדֹ֥ן ׀ יְהוָֽה: יח לֹֽא־תִזְבַּ֥ח עַל־חָמֵ֖ץ דַּם־זִבְחִ֑י וְלֹֽא־יָלִ֥ין חֵֽלֶב־חַגִּ֖י עַד־בֹּֽקֶר: יט רֵאשִׁ֗ית בִּכּוּרֵי֙ אַדְמָ֣תְךָ֔ תָּבִ֕יא בֵּ֖ית יְהוָ֣ה אֱלֹהֶ֑יךָ לֹֽא־תְבַשֵּׁ֥ל גְּדִ֖י בַּחֲלֵ֥ב אִמּֽוֹ:

מצווה פה
מצוות שביתה
בשבת

מצווה פו - פז
איסור שבועה
באלהים אחרים
איסור הדחה
לעבודה זרה

מצווה פח
מצוות חגיגה
ברגלים

מצוות

מצווה פט - צ
איסור שחיטת הפסח
בשעה שהחמץ
ברשות האדם
איסור הלנת
אימורי הפסח

מצווה צא - צב
מצוות הבאת ביכורים

איסור בישול
בשר בחלב

יב. וּבַיּוֹם הַשְּׁבִיעִי תִּשְׁבֹּת. אַף בַּשָּׁנָה הַשְּׁבִיעִית לֹא תֵּעָקֵר שַׁבָּת בְּרֵאשִׁית מִמְּקוֹמָהּ, שֶׁלֹּא תֹּאמַר: הוֹאִיל וְכָל הַשָּׁנָה קְרוּיָה שַׁבָּת לֹא תִּנְהֹג בָּהּ שַׁבַּת בְּרֵאשִׁית: לְמַעַן יָנוּחַ שׁוֹרְךָ וַחֲמֹרֶךָ. תֵּן לוֹ נְיָח, לְהַתִּיר שֶׁיְּהֵא תּוֹלֵשׁ וְאוֹכֵל עֲשָׂבִים מִן הַקַּרְקַע. אוֹ אֵינוֹ אֶלָּא יַחְבְּשֶׁנּוּ בְּתוֹךְ הַבַּיִת? אָמַרְתָּ, אֵין זֶה נְיָח אֶלָּא צַעַר: בֶּן אֲמָתְךָ. בְּעֶבֶד עָרֵל הַכָּתוּב מְדַבֵּר. וְהַגֵּר. זֶה גֵּר תּוֹשָׁב.

גְּמוּרָה, כְּגוֹן חֲרִישָׁה וּזְרִיעָה. "וּנְטַשְׁתָּהּ" מִלְּזַבֵּל וּמִלְּקַשְׁקֵשׁ: וְיִתְרָם תֹּאכַל חַיַּת הַשָּׂדֶה. לְהַקִּישׁ מַאֲכַל אֶבְיוֹן לְמַאֲכַל חַיָּה, מַה חַיָּה אוֹכֶלֶת בְּלֹא מַעֲשֵׂר אַף אֶבְיוֹנִים אוֹכְלִים בְּלֹא מַעֲשֵׂר, מִכָּאן אָמְרוּ: אֵין מַעֲשֵׂר בַּשְּׁבִיעִית: כֵּן תַּעֲשֶׂה לְכַרְמְךָ. וּתְחִלַּת הַמִּקְרָא מְדַבֵּר בִּשְׂדֵה הַלָּבָן, כְּמוֹ שֶׁאָמוּר לְמַעְלָה הֵימֶנּוּ: "תִּזְרַע אֶת אַרְצֶךָ" (בפסוק הקודם):

יב תֵּיכוּל חֵיוַת בָּרָא, כֵּן תַּעֲבֵיד לְכַרְמָךְ לְזֵיתָךְ: שִׁתָּא יוֹמִין תַּעֲבֵיד עוּבָדָךְ, וּבְיוֹמָא
יג שְׁבִיעָאָה תְּנוּחַ, בְּדִיל דִּינוּחַ, תּוֹרָךְ וּחֲמָרָךְ, וְיִשְׁקוֹט בַּר אַמְתָךְ וְגִיּוֹרָא: וּבְכֹל, דַּאֲמַרִית
יד לְכוֹן תִּסְתַּמְרוּן, וְשׁוּם טָעֲוַת עַמְמַיָּא לָא תִדְכְּרוּן, לָא יִשְׁתְּמַע עַל פֻּמְכוֹן: תְּלָת זִמְנִין,
טו תֵּיחֲגוּן קֳדָמַי בְּשַׁתָּא: יָת חַגָּא דְפַטִּירַיָּא תִּטַּר, שִׁבְעָא יוֹמִין תֵּיכוּל פַּטִּירָא כְּמָא
דְּפַקֵּידְתָּךְ, לִזְמַן יַרְחָא דַאֲבִיבָא, אֲרֵי בֵיהּ נְפַקְתָּא מִמִּצְרָיִם, וְלָא יִתַּחְזוֹן קֳדָמַי רֵיקָנִין:
טז וְחַגָּא דַחֲצָדָא בִּכּוּרֵי עוּבָדָךְ, דְּתִזְרַע בְּחַקְלָא, וְחַגָּא דִכְנָשָׁא בְּמִפְּקַהּ דְּשַׁתָּא, בְּמִכְנְשָׁךְ
יז יָת עוּבָדָךְ מִן חַקְלָא: תְּלָת זִמְנִין בְּשַׁתָּא, יִתַּחְזוֹן כָּל דְּכוּרָךְ, קֳדָם רִבּוֹן עָלְמָא
יח יְיָ: לָא תִכּוֹס עַל חֲמִיעַ דַּם פִּסְחִי, וְלָא יְבִיתוּן בַּר מִמַּדְבְּחָא, תַּרְבֵּי נִכְסַת חַגָּא עַד
יט צַפְרָא: רֵישׁ, בִּכּוּרֵי אַרְעָךְ, תַּיְתֵי, לְבֵית מַקְדְּשָׁא דַּיְיָ אֱלָהָךְ, לָא תֵיכְלוּן בְּסַר בַּחֲלַב:

יג) **וּבְכֹל אֲשֶׁר אָמַרְתִּי אֲלֵיכֶם תִּשָּׁמֵרוּ.** לַעֲשׂוֹת כָּל מִצְוֹת עֲשֵׂה בְּאַזְהָרָה, שֶׁכָּל שְׁמִירָה שֶׁבַּתּוֹרָה אַזְהָרָה הִיא בִּמְקוֹם לָאו: **לֹא תַזְכִּירוּ.** שֶׁלֹּא יֹאמַר לוֹ: שְׁמֹר לִי בְּצַד עֲבוֹדָה זָרָה פְּלוֹנִית, אוֹ תַּעֲמֹד עִמִּי בְּיוֹם עֲבוֹדָה זָרָה פְּלוֹנִית. דָּבָר אַחֵר, "וּבְכֹל אֲשֶׁר אָמַרְתִּי אֲלֵיכֶם תִּשָּׁמֵרוּ וְשֵׁם אֱלֹהִים אֲחֵרִים לֹא תַזְכִּירוּ", לְלַמֶּדְךָ שֶׁשְּׁקוּלָה עֲבוֹדָה זָרָה כְּנֶגֶד כָּל הַמִּצְוֹת כֻּלָּן, וְהַנִּזְהָר בָּהּ כְּשׁוֹמֵר אֶת כֻּלָּן: **לֹא יִשָּׁמַע.** מִן הַגּוֹי "עַל פִּיךָ" – שֶׁלֹּא תַעֲשֶׂה שֻׁתָּפוּת עִם הַגּוֹי וְיִשָּׁבַע לְךָ בַּעֲבוֹדָה זָרָה שֶׁלּוֹ, נִמְצֵאתָ שֶׁאַתָּה גוֹרֵם שֶׁיִּזָּכֵר עַל יָדְךָ:

יד) **רְגָלִים.** פְּעָמִים, וְכֵן: "כִּי הִכִּיתַנִי זֶה שָׁלֹשׁ רְגָלִים" (במדבר כב, כח):

טו) **חֹדֶשׁ הָאָבִיב.** שֶׁהַתְּבוּאָה מִתְמַלֵּאת בּוֹ בְּאִבֶּיהָ. לָשׁוֹן אַחֵר, "אָבִיב", לָשׁוֹן אָב, בְּכוֹר וְרִאשׁוֹן לְבַשֵּׁל פֵּרוֹת: **וְלֹא יֵרָאוּ פָנַי רֵיקָם.** כְּשֶׁתָּבֹאוּ לֵרָאוֹת פָּנַי בָּרְגָלִים, הָבִיאוּ לִי עוֹלוֹת:

טז) **וְחַג הַקָּצִיר.** הוּא חַג שָׁבוּעוֹת: **בִּכּוּרֵי מַעֲשֶׂיךָ.** שֶׁהוּא זְמַן הֲבָאַת בִּכּוּרִים, שֶׁשְּׁתֵּי הַלֶּחֶם הַבָּאִין בָּעֲצֶרֶת הָיוּ מַתִּירִין הֶחָדָשׁ לַמְּנָחוֹת וּלְהָבִיא בִּכּוּרִים לַמִּקְדָּשׁ, שֶׁנֶּאֱמַר: "וּבְיוֹם הַבִּכּוּרִים" וְגוֹ' (שם כח, כו): **וְחַג הָאָסִף.** הוּא חַג הַסֻּכּוֹת: **בְּאָסְפְּךָ אֶת מַעֲשֶׂיךָ.** שֶׁכָּל יְמוֹת הַחַמָּה הַתְּבוּאָה מִתְיַבֶּשֶׁת בַּשָּׂדוֹת, וּבֶחָג אוֹסְפִים אוֹתָהּ אֶל הַבַּיִת מִפְּנֵי הַגְּשָׁמִים:

יז) **שָׁלֹשׁ פְּעָמִים וְגוֹ'.** לְפִי שֶׁהָעִנְיָן מְדַבֵּר בַּשְּׁבִיעִית, הֻצְרַךְ לוֹמַר שֶׁלֹּא יִסְתָּרְסוּ רְגָלִים מִמְּקוֹמָן: **כָּל זְכוּרְךָ.** הַזְּכָרִים שֶׁבְּךָ:

יח) **לֹא תִזְבַּח עַל חָמֵץ וְגוֹ'.** לֹא תִשְׁחַט אֶת הַפֶּסַח בְּאַרְבָּעָה עָשָׂר בְּנִיסָן עַד שֶׁתְּבַעֵר הֶחָמֵץ: **וְלֹא יָלִין חֵלֶב חַגִּי וְגוֹ'.** חוּץ לַמִּזְבֵּחַ: **עַד בֹּקֶר.** יָכוֹל אַף עַל הַמַּעֲרָכָה יִפָּסֵל בְּלִינָה? תַּלְמוּד לוֹמַר: "עַל מוֹקְדָה עַל הַמִּזְבֵּחַ כָּל הַלַּיְלָה" (ויקרא ו, ב): **וְלֹא יָלִין.** אֵין לִינָה אֶלָּא בְּעַמּוּד הַשַּׁחַר, שֶׁנֶּאֱמַר: "עַד בֹּקֶר", אֲבָל כָּל הַלַּיְלָה יָכוֹל לְהַעֲלוֹתוֹ מִן הָרִצְפָּה לַמִּזְבֵּחַ:

יט) **רֵאשִׁית בִּכּוּרֵי אַדְמָתְךָ.** אַף הַשְּׁבִיעִית חַיֶּבֶת בַּבִּכּוּרִים, לְכָךְ נֶאֶמְרָה אַף כָּאן: **בִּכּוּרֵי אַדְמָתְךָ.** כֵּיצַד? אָדָם נִכְנָס לְתוֹךְ שָׂדֵהוּ, רוֹאֶה תְּאֵנָה שֶׁבִּכְּרָה, כּוֹרֵךְ עָלֶיהָ גֶּמִי לְסִימָן וּמַקְדִּישָׁהּ (ביכורים ג, א). וְאֵין בִּכּוּרִים אֶלָּא מִשִּׁבְעַת הַמִּינִין הָאֲמוּרִים בַּמִּקְרָא: "אֶרֶץ חִטָּה וּשְׂעֹרָה" וְגוֹ' (דברים ח, ח): **לֹא תְבַשֵּׁל גְּדִי.** אַף עֵגֶל וָכֶבֶשׂ בִּכְלַל 'גְּדִי', שֶׁאֵין גְּדִי אֶלָּא לְשׁוֹן וָלָד רַךְ, מִמַּה שֶׁאַתָּה מוֹצֵא בְּכַמָּה מְקוֹמוֹת בַּתּוֹרָה שֶׁכָּתוּב 'גְּדִי' וְהֻצְרַךְ לְפָרֵשׁ אַחֲרָיו 'עִזִּים', כְּגוֹן: "אָנֹכִי אֲשַׁלַּח גְּדִי עִזִּים" (בראשית לח, יז), "אֶת גְּדִי הָעִזִּים" (שם פסוק כ; שופטים יג, יט), "שְׁנֵי גְּדָיֵי עִזִּים" (בראשית כז, ט), לְלַמֶּדְךָ שֶׁכָּל מָקוֹם שֶׁנֶּאֱמַר 'גְּדִי' סְתָם אַף עֵגֶל וָכֶבֶשׂ בַּמַּשְׁמָע. וּבִשְׁלֹשָׁה מְקוֹמוֹת נִכְתַּב בַּתּוֹרָה: אֶחָד לְאִסּוּר אֲכִילָה וְאֶחָד לְאִסּוּר הֲנָאָה וְאֶחָד לְאִסּוּר בִּשּׁוּל:

ששי כ הִנֵּה אָנֹכִי שֹׁלֵחַ מַלְאָךְ לְפָנֶיךָ לִשְׁמָרְךָ בַּדָּרֶךְ
כא וְלַהֲבִיאֲךָ אֶל־הַמָּקוֹם אֲשֶׁר הֲכִנֹתִי: הִשָּׁמֶר מִפָּנָיו
וּשְׁמַע בְּקֹלוֹ אַל־תַּמֵּר בּוֹ כִּי לֹא יִשָּׂא לְפִשְׁעֲכֶם
כב כִּי שְׁמִי בְּקִרְבּוֹ: כִּי אִם־שָׁמוֹעַ תִּשְׁמַע בְּקֹלוֹ
וְעָשִׂיתָ כֹּל אֲשֶׁר אֲדַבֵּר וְאָיַבְתִּי אֶת־אֹיְבֶיךָ וְצַרְתִּי
כג אֶת־צֹרְרֶיךָ: כִּי־יֵלֵךְ מַלְאָכִי לְפָנֶיךָ וֶהֱבִיאֲךָ אֶל־
הָאֱמֹרִי וְהַחִתִּי וְהַפְּרִזִּי וְהַכְּנַעֲנִי הַחִוִּי וְהַיְבוּסִי
כד וְהִכְחַדְתִּיו: לֹא־תִשְׁתַּחֲוֶה לֵאלֹהֵיהֶם וְלֹא
תָעָבְדֵם וְלֹא תַעֲשֶׂה כְּמַעֲשֵׂיהֶם כִּי הָרֵס תְּהָרְסֵם
כה וְשַׁבֵּר תְּשַׁבֵּר מַצֵּבֹתֵיהֶם: וַעֲבַדְתֶּם אֵת יְהוָה
אֱלֹהֵיכֶם וּבֵרַךְ אֶת־לַחְמְךָ וְאֶת־מֵימֶיךָ וַהֲסִרֹתִי
שביעי כו מַחֲלָה מִקִּרְבֶּךָ: לֹא תִהְיֶה מְשַׁכֵּלָה
כז וַעֲקָרָה בְּאַרְצֶךָ אֶת־מִסְפַּר יָמֶיךָ אֲמַלֵּא: אֶת־
אֵימָתִי אֲשַׁלַּח לְפָנֶיךָ וְהַמֹּתִי אֶת־כָּל־הָעָם אֲשֶׁר
תָּבֹא בָּהֶם וְנָתַתִּי אֶת־כָּל־אֹיְבֶיךָ אֵלֶיךָ עֹרֶף:
כח וְשָׁלַחְתִּי אֶת־הַצִּרְעָה לְפָנֶיךָ וְגֵרְשָׁה אֶת־הַחִוִּי
כט אֶת־הַכְּנַעֲנִי וְאֶת־הַחִתִּי מִלְּפָנֶיךָ: לֹא אֲגָרְשֶׁנּוּ
מִפָּנֶיךָ בְּשָׁנָה אֶחָת פֶּן־תִּהְיֶה הָאָרֶץ שְׁמָמָה וְרַבָּה
ל עָלֶיךָ חַיַּת הַשָּׂדֶה: מְעַט מְעַט אֲגָרְשֶׁנּוּ מִפָּנֶיךָ

כ הִנֵּה אָנֹכִי שֹׁלֵחַ מַלְאָךְ. כָּאן נִתְבַּשְּׂרוּ שֶׁעֲתִידִין לַחֲטֹא וּשְׁכִינָה אוֹמֶרֶת לָהֶם: "כִּי לֹא אֶעֱלֶה בְּקִרְבְּךָ" (להלן לג, ג): אֲשֶׁר הֲכִנֹתִי. אֲשֶׁר זִמַּנְתִּי לָתֵת לָכֶם, זֶהוּ פְּשׁוּטוֹ. וּמִדְרָשׁוֹ, "אֶל הַמָּקוֹם

כ הָא אֲנָא, שָׁלַח מַלְאֲכָא קֳדָמָךְ, לְמִטְּרָךְ בְּאוֹרְחָא, וּלְאַעָלוּתָךְ, לְאַתְרָא דְּאַתְקֵינִית:
כא אִסְתְּמַר מִן קֳדָמוֹהִי, וְקַבֵּיל לְמֵימְרֵיהּ לָא תְּסָרֵיב לְקִבְלֵיהּ, אֲרֵי לָא יִשְׁבּוֹק לְחוֹבֵיכוֹן, אֲרֵי
כב בִּשְׁמִי מֵימְרֵיהּ: אֲרֵי אִם קַבָּלָא תְקַבֵּיל לְמֵימְרֵיהּ, וְתַעֲבֵיד, כֹּל דַּאֲמַלֵּיל, וְאַסְנֵי יָת סָנְאָךְ,
כג וְאַעֵיק לִדְמְעִיקִין לָךְ: אֲרֵי יְהָךְ מַלְאֲכִי קֳדָמָךְ, וְיַעֲלִנָּךְ, לְוָת אֱמוֹרָאֵי וְחִתָּאֵי, וּפְרִזָּאֵי
כד וּכְנַעֲנָאֵי, חִוָּאֵי וִיבוּסָאֵי, וַאֲשֵׁיצֵינוּן: לָא תִסְגּוּד לְטָעֲוָתְהוֹן וְלָא תִפְלְחִנִּין, וְלָא תַעֲבֵיד
כה כְּעוֹבָדֵיהוֹן, אֲרֵי פַּגָּרָא תְפַגְּרִנּוּן, וְתַבָּרָא תְּתַבַּר קָמָתְהוֹן: וְתִפְלְחוּן, קֳדָם יְיָ אֱלָהֲכוֹן, וִיבָרֵךְ
כו יָת מֵיכְלָךְ וְיָת מִשְׁתְּיָךְ, וְאַעְדֵּי מַרְעִין בִּישִׁין מִבֵּינָךְ: לָא תְהֵי, תַּכְלָא וְעַקְרָא בְּאַרְעָךְ, יָת
כז מִנְיַן יוֹמָךְ אַשְׁלֵים: יָת אֵימְתִי אֲשַׁלַּח קֳדָמָךְ, וַאֲשַׁגֵּישׁ יָת כָּל עַמָּא, דְּאַתְּ אָתֵי לְאַגָּחָא
כח קְרָבָא בְּהוֹן, וְאֶמְסַר יָת כָּל בַּעֲלֵי דְבָבָךְ, קֳדָמָךְ מַחְזְרֵי קְדָל: וְאֶשְׁלַח יָת עִרְעִיתָא קֳדָמָךְ,
כט וּתְתָרֵיךְ, יָת חִוָּאֵי יָת כְּנַעֲנָאֵי, וְיָת חִתָּאֵי מִן קֳדָמָךְ: לָא אֲתָרֵיכִנּוּן, מִן קֳדָמָךְ בְּשַׁתָּא
ל חֲדָא, דִּלְמָא תְהֵי אַרְעָא צָדְיָא, וְתִסְגֵּי עֲלָךְ חֵיוַת בָּרָא: זְעֵיר זְעֵיר, אֲתָרֵיכִנּוּן מִן קֳדָמָךְ,

חֶסֶד הֲכִינֹתִי", כְּבָר מְקוֹמִי נִכָּר כְּנֶגְדּוֹ. וְזֶה אֶחָד מִן הַמִּקְרָאוֹת שֶׁאוֹמְרִים שֶׁבֵּית הַמִּקְדָּשׁ שֶׁל מַעְלָה מְכֻוָּן כְּנֶגֶד בֵּית הַמִּקְדָּשׁ שֶׁל מַטָּה:

כא] **אַל תַּמֵּר בּוֹ.** לְשׁוֹן הַמְרָאָה, "אֲשֶׁר יַמְרֶה אֶת פִּיךָ" (יהושע א, יח), "וַיַּמְרוּ בִי" (יחזקאל כ, ח): **כִּי לֹא יִשָּׂא לְפִשְׁעֲכֶם.** אֵינוֹ מְלֻמָּד בְּכָךְ, שֶׁהוּא מִן הַכַּת שֶׁאֵין חוֹטְאִין. וְעוֹד, שֶׁהוּא שָׁלִיחַ וְאֵינוֹ עוֹשֶׂה אֶלָּא שְׁלִיחוּתוֹ: **כִּי שְׁמִי בְּקִרְבּוֹ.** מְחֻבָּר לְרֹאשׁ הַמִּקְרָא, "הִשָּׁמֶר מִפָּנָיו" כִּי שְׁמִי מְשֻׁתָּף בּוֹ; וְרַבּוֹתֵינוּ אָמְרוּ, זֶה מְטַטְרוֹן שֶׁשְּׁמוֹ כְּשֵׁם רַבּוֹ. מְטַטְרוֹן בְּגִימַטְרִיָּא שַׁדַּי:

כב] **וְצַרְתִּי.** כְּתַרְגּוּמוֹ: "וְאָעִיק":

כד] **הָרֵס תְּהָרְסֵם.** לְאוֹתָם אֱלֹהוֹת: **מַצֵּבֹתֵיהֶם.** אֲבָנִים שֶׁהֵם מַצִּיבִין לְהִשְׁתַּחֲווֹת לָהֶם:

כו] **לֹא תִהְיֶה מְשַׁכֵּלָה.** אִם תַּעֲשֶׂה רְצוֹנִי: **מְשַׁכֵּלָה.** מַפֶּלֶת נְפָלִים אוֹ קוֹבֶרֶת אֶת בָּנֶיהָ קְרוּיָה מְשַׁכֵּלָה:

כז] **וְהַמֹּתִי.** כְּמוֹ וְהָמַמְתִּי, וְתַרְגּוּמוֹ: "וַאֲשַׁגֵּשׁ". וְכֵן כָּל תֵּבָה שֶׁפָּעַל שֶׁלָּהּ בְּכֶפֶל אוֹת אַחֲרוֹנָה, כְּשֶׁתֵּהָפֵךְ לְדַבֵּר בִּלְשׁוֹן פָּעַלְתִּי יֵשׁ מְקוֹמוֹת שֶׁנּוֹטֵל אוֹת הַכְּפוּלָה וּמַדְגִּישׁ אֶת הָאוֹת וְנוֹקְדוֹ בְּמִלְאָפוּם, כְּגוֹן: "וְהַמֹּתִי" מִגִּזְרַת "וְהָמַם גִּלְגַּל עֶגְלָתוֹ" (ישעיה כח, כח); "וְסַבּוֹתִי" (קהלת ב, כ) מִגִּזְרַת "וְסָבַב בֵּית אֵל" (שמואל א' ז, טז); "דַּלּוֹתִי" (תהלים קטז, ו) מִגִּזְרַת "דָּלְלוּ וְחָרְבוּ" (ישעיה יט, ו); "עַל כַּפַּיִם חַקֹּתִיךְ" (שם מט, טז) מִגִּזְרַת "חִקְקֵי לֵב" (שופטים ה, טו); "אֶת מִי רַצּוֹתִי" (שמואל א' יב, ג) מִגִּזְרַת "רִצַּץ עָזַב דַּלִּים" (איוב כ, יט). וְהַמְתַרְגֵּם "וְהַמֹּתִי" - 'וְאֲקַטֵּיל' טוֹעֶה הוּא, שֶׁאִלּוּ מִגִּזְרַת מִיתָה הָיָה, אֵין הֵ"א שֶׁלָּהּ בְּפַתָּח וְלֹא מֵ"ם שֶׁלָּהּ מְדֻגֶּשֶׁת וְלֹא נְקוּדָה מִלְאָפוּם, אֶלָּא 'וְהֵמַתִּי', כְּגוֹן: "וְהֵמַתָּה אֶת הָעָם הַזֶּה" (במדבר יד, טו), וְהַתָּי"ו מְדֻגֶּשֶׁת לְפִי שֶׁבָּאָה בִּמְקוֹם שְׁתֵּי תָוִי"ן, הָאַחַת נִשְׁרֶשֶׁת, לְפִי שֶׁאֵין 'מִיתָה' בְּלֹא תָי"ו, וְהָאַחֶרֶת מְשַׁמֶּשֶׁת, כְּמוֹ: אָמַרְתִּי, חָטָאתִי, עָשִׂיתִי. וְכֵן 'וְנָתַתִּי' הַתָּי"ו מְדֻגֶּשֶׁת, שֶׁהִיא בָּאָה בִּמְקוֹם שְׁתַּיִם, לְפִי שֶׁהָיָה צָרִיךְ שָׁלֹשׁ תָּוִי"ן, שְׁתַּיִם לַיְסוֹד כְּמוֹ: "בְּיוֹם תֵּת ה'" (יהושע י, יב), "מַתַּת אֱלֹהִים הִיא" (קהלת ג, יג), וְהַשְּׁלִישִׁית לְשִׁמּוּשׁ: **עֹרֶף.** שֶׁיָּנוּסוּ לְפָנֶיךָ וְיַהַפְכוּ לְךָ עָרְפָּם:

כח] **הַצִּרְעָה.** מִין שֶׁרֶץ הָעוֹף, וְהָיְתָה מַכָּה אוֹתָם בְּעֵינֵיהֶם וּמַטִּילָה בָּם אֶרֶס וְהֵם מֵתִים. וְהַצִּרְעָה לֹא עָבְרָה אֶת הַיַּרְדֵּן. וְחִתִּי וּכְנַעֲנִי הֵם אֶרֶץ סִיחוֹן וְעוֹג, לְפִיכָךְ מִכָּל שֶׁבַע אֻמּוֹת לֹא מָנָה כָּאן אֶלָּא אֵלּוּ. וְחִוִּי, אַף עַל פִּי שֶׁהוּא מֵעֵבֶר הַיַּרְדֵּן וָהָלְאָה, שָׁנוּ רַבּוֹתֵינוּ בְּמַסֶּכֶת סוֹטָה (דף לו ע"א): עַל שְׂפַת הַיַּרְדֵּן עָמְדָה וְזָרְקָה בָּהֶם מָרָה:

כט] **שְׁמָמָה.** רֵיקָנִית מִבְּנֵי אָדָם, לְפִי שֶׁאַתֶּם מְעַט וְאֵין בָּכֶם כְּדֵי לְמַלֹּאת אוֹתָהּ: **וְרַבָּה עָלֶיךָ.** וְתִרְבֶּה עָלֶיךָ:

לא עַד אֲשֶׁר תִּפְרֶה וְנָחַלְתָּ אֶת־הָאָרֶץ: וְשַׁתִּי אֶת־
גְּבֻלְךָ מִיַּם־סוּף וְעַד־יָם פְּלִשְׁתִּים וּמִמִּדְבָּר עַד־
הַנָּהָר כִּי ׀ אֶתֵּן בְּיֶדְכֶם אֵת יֹשְׁבֵי הָאָרֶץ וְגֵרַשְׁתָּמוֹ
לב לג מִפָּנֶיךָ: לֹא־תִכְרֹת לָהֶם וְלֵאלֹהֵיהֶם בְּרִית: לֹא
יֵשְׁבוּ בְּאַרְצְךָ פֶּן־יַחֲטִיאוּ אֹתְךָ לִי כִּי תַעֲבֹד אֶת־
אֱלֹהֵיהֶם כִּי־יִהְיֶה לְךָ לְמוֹקֵשׁ:

מצווה צג
איסור כריתת ברית
עם שבעת העממים

מצווה צד
איסור להושיב
עובדי עבודה זרה
בארץ ישראל

כד א וְאֶל־מֹשֶׁה אָמַר עֲלֵה אֶל־יְהוָה אַתָּה וְאַהֲרֹן נָדָב
וַאֲבִיהוּא וְשִׁבְעִים מִזִּקְנֵי יִשְׂרָאֵל וְהִשְׁתַּחֲוִיתֶם
ב מֵרָחֹק: וְנִגַּשׁ מֹשֶׁה לְבַדּוֹ אֶל־יְהוָה וְהֵם לֹא יִגָּשׁוּ
ג וְהָעָם לֹא יַעֲלוּ עִמּוֹ: וַיָּבֹא מֹשֶׁה וַיְסַפֵּר לָעָם אֵת
כָּל־דִּבְרֵי יְהוָה וְאֵת כָּל־הַמִּשְׁפָּטִים וַיַּעַן כָּל־הָעָם
קוֹל אֶחָד וַיֹּאמְרוּ כָּל־הַדְּבָרִים אֲשֶׁר־דִּבֶּר יְהוָה
ד נַעֲשֶׂה: וַיִּכְתֹּב מֹשֶׁה אֵת כָּל־דִּבְרֵי יְהוָה וַיַּשְׁכֵּם ★
בַּבֹּקֶר וַיִּבֶן מִזְבֵּחַ תַּחַת הָהָר וּשְׁתֵּים עֶשְׂרֵה
ה מַצֵּבָה לִשְׁנֵים עָשָׂר שִׁבְטֵי יִשְׂרָאֵל: וַיִּשְׁלַח
אֶת־נַעֲרֵי בְּנֵי יִשְׂרָאֵל וַיַּעֲלוּ עֹלֹת וַיִּזְבְּחוּ זְבָחִים
ו שְׁלָמִים לַיהוָה פָּרִים: וַיִּקַּח מֹשֶׁה חֲצִי הַדָּם וַיָּשֶׂם
ז בָּאַגָּנֹת וַחֲצִי הַדָּם זָרַק עַל־הַמִּזְבֵּחַ: וַיִּקַּח סֵפֶר
הַבְּרִית וַיִּקְרָא בְּאָזְנֵי הָעָם וַיֹּאמְרוּ כֹּל אֲשֶׁר־
ח דִּבֶּר יְהוָה נַעֲשֶׂה וְנִשְׁמָע: וַיִּקַּח מֹשֶׁה אֶת־הַדָּם ★
וַיִּזְרֹק עַל־הָעָם וַיֹּאמֶר הִנֵּה דַם־הַבְּרִית אֲשֶׁר

ט כְּרֹת יְהוָה עִמָּכֶם עַל כָּל־הַדְּבָרִים הָאֵלֶּה: וַיַּעַל
מֹשֶׁה וְאַהֲרֹן נָדָב וַאֲבִיהוּא וְשִׁבְעִים מִזִּקְנֵי

לא עַד דְּתִסְגֵּי, וְתַחְסֵין יָת אַרְעָא: וַאֲשַׁוֵּי יָת תְּחוּמָךְ, מִיַּמָּא דְסוּף וְעַד יַמָּא דִפְלִשְׁתָּאֵי,
לב וּמִמַּדְבְּרָא עַד פְּרָת, אֲרֵי אֶמְסַר בִּידְכוֹן, יָת יָתְבֵי אַרְעָא, וּתְתָרֵיכִנּוּן מִן קֳדָמָךְ: לָא תִגְזַר
לג לְהוֹן, וּלְטָעֲוָתְהוֹן קְיָם: לָא יִתְּבוּן בְּאַרְעָךְ, דִּלְמָא יְחַיְּבוּן יָתָךְ קֳדָמָי, אֲרֵי תִפְלַח יָת
כד א טָעֲוָתְהוֹן, אֲרֵי יְהוֹן לָךְ לְתַקְלָא: וּלְמֹשֶׁה אֲמַר סַק לִקְדָם יְיָ, אַתְּ וְאַהֲרֹן נָדָב וַאֲבִיהוּא,
ב וְשִׁבְעִין מִסָּבֵי יִשְׂרָאֵל, וְתִסְגְּדוּן מֵרָחִיק: וְיִתְקָרַב מֹשֶׁה בִּלְחוֹדוֹהִי לִקְדָם יְיָ, וְאִנּוּן לָא
ג יִתְקָרְבוּן, וְעַמָּא, לָא יִסְּקוּן עִמֵּיהּ: וַאֲתָא מֹשֶׁה, וְאִשְׁתַּעִי לְעַמָּא יָת כָּל פִּתְגָמַיָּא דַייָ, וְיָת
ד כָּל דִּינַיָּא, וַאֲתֵיב כָּל עַמָּא, קָלָא חַד וַאֲמַרוּ, כָּל פִּתְגָמַיָּא, דְּמַלֵּיל יְיָ נַעֲבֵיד: וּכְתַב מֹשֶׁה,
יָת כָּל פִּתְגָמַיָּא דַייָ, וְאַקְדֵּים בְּצַפְרָא, וּבְנָא מַדְבְּחָא בְּשִׁפּוֹלֵי טוּרָא, וְתַרְתָּא עַסְרֵי קָמָא,
ה לִתְרֵי עֲסַר שִׁבְטַיָּא דְיִשְׂרָאֵל: וּשְׁלַח, יָת בְּכוֹרֵי בְּנֵי יִשְׂרָאֵל, וְאַסִּיקוּ עֲלָוָן, וְנַכִּיסוּ, נִכְסַת
ו קֻדְשִׁין, קֳדָם יְיָ תּוֹרִין: וּנְסֵיב מֹשֶׁה פַּלְגוּת דְּמָא, וְשַׁוִּי בְּמִזְרְקַיָּא, וּפַלְגוּת דְּמָא, זְרַק עַל
ז מַדְבְּחָא: וּנְסֵיב סִפְרָא דִקְיָמָא, וּקְרָא קֳדָם עַמָּא, וַאֲמַרוּ, כֹּל, דְּמַלֵּיל יְיָ נַעֲבֵיד וּנְקַבֵּיל:
ח וּנְסֵיב מֹשֶׁה יָת דְּמָא, וּזְרַק עַל מַדְבְּחָא לְכַפָּרָא עַל עַמָּא, וַאֲמַר, הָא דֵין דַּם קְיָמָא דִּגְזַר
ט יְיָ עִמְּכוֹן, עַל כָּל פִּתְגָמַיָּא הָאִלֵּין: וּסְלֵיק מֹשֶׁה וְאַהֲרֹן, נָדָב וַאֲבִיהוּא, וְשִׁבְעִין מִסָּבֵי

ל| **עַד אֲשֶׁר תִּפְרֶה.** תִּרְבֶּה, לְשׁוֹן פְּרִי, כְּמוֹ: "פְּרוּ וּרְבוּ" (בראשית א, כב):

לא| **וְשַׁתִּי.** לְשׁוֹן הֲשָׁתָה, וְהַתָּי"ו מְדֻגֶּשֶׁת מִפְּנֵי שֶׁבָּאָה תַּחַת שְׁתַּיִם, שֶׁאֵין שִׁיתָה בְּלֹא תָי"ו, וְהָאַחַת לְשִׁמּוּשׁ: **עַד הַנָּהָר.** פְּרָת: **וְגֵרַשְׁתָּמוֹ.** וּתְגָרְשֵׁם:

לג| **כִּי תַעֲבֹד וגו'.** הֲרֵי אֵלּוּ "כִּי" מְשַׁמְּשִׁין בִּמְקוֹם 'אֲשֶׁר', וְכֵן בְּכַמָּה מְקוֹמוֹת. וְזֶהוּ לְשׁוֹן 'אִי', שֶׁהוּא אֶחָד מֵאַרְבָּעָה לְשׁוֹנוֹת שֶׁהַ'כִּי' מְשַׁמֵּשׁ. וְגַם מָצִינוּ בְּהַרְבֵּה מְקוֹמוֹת 'אִם' מְשַׁמֵּשׁ בִּלְשׁוֹן 'אֲשֶׁר', כְּמוֹ: "וְאִם תַּקְרִיב מִנְחַת בִּכּוּרִים" (ויקרא ב, יד) שֶׁהוּא חוֹבָה:

פרק כד

א| **וְאֶל מֹשֶׁה אָמַר.** פָּרָשָׁה זוֹ נֶאֶמְרָה קֹדֶם עֲשֶׂרֶת הַדִּבְּרוֹת, בְּאַרְבָּעָה בְּסִיוָן נֶאֱמַר לוֹ: "עֲלֵה":

ב| **וְנִגַּשׁ מֹשֶׁה לְבַדּוֹ.** אֶל הָעֲרָפֶל:

ג| **וַיָּבֹא מֹשֶׁה וַיְסַפֵּר לָעָם.** בּוֹ בַּיּוֹם: **אֵת כָּל דִּבְרֵי** ה'. מִצְוַת פְּרִישָׁה וְהַגְבָּלָה: **וְאֵת כָּל הַמִּשְׁפָּטִים.** שֶׁבַע מִצְוֹת שֶׁנִּצְטַוּוּ בְּנֵי נֹחַ, וְשַׁבָּת וְכִבּוּד אָב וָאֵם וּפָרָה אֲדֻמָּה וְדִינִין שֶׁנִּתְּנוּ לָהֶם בְּמָרָה:

ד| **וַיִּכְתֹּב מֹשֶׁה.** מִבְּרֵאשִׁית וְעַד מַתַּן תּוֹרָה, וְכָתַב מִצְוֹת שֶׁנִּצְטַוּוּ בְּמָרָה: **וַיַּשְׁכֵּם בַּבֹּקֶר.** בַּחֲמִשָּׁה בְּסִיוָן:

ה| **אֶת נַעֲרֵי.** הַבְּכוֹרוֹת:

ו| **וַיִּקַּח מֹשֶׁה חֲצִי הַדָּם.** מִי חִלְּקוֹ? מַלְאָךְ בָּא וְחִלְּקוֹ: **בָּאַגָּנֹת.** שְׁתֵּי אַגָּנוֹת, אֶחָד לַחֲצִי דַּם עוֹלָה וְאֶחָד לַחֲצִי דַּם שְׁלָמִים לְהַזּוֹת אוֹתָם עַל הָעָם. וּמִכָּאן לָמְדוּ רַבּוֹתֵינוּ שֶׁנִּכְנְסוּ אֲבוֹתֵינוּ לַבְּרִית בְּמִילָה וּטְבִילָה וְהַרְצָאַת דָּמִים; שֶׁאֵין הַזָּאָה בְּלֹא טְבִילָה:

ז| **סֵפֶר הַבְּרִית.** מִבְּרֵאשִׁית וְעַד מַתַּן תּוֹרָה, וּמִצְוֹת שֶׁנִּצְטַוּוּ בְּמָרָה:

ח| **וַיִּזְרֹק.** עִנְיַן הַזָּאָה, וְתַרְגּוּמוֹ: "וּזְרַק עַל מַדְבְּחָא לְכַפָּרָא עַל עַמָּא":

י יִשְׂרָאֵל: וַיִּרְאוּ אֵת אֱלֹהֵי יִשְׂרָאֵל וְתַחַת רַגְלָיו
כְּמַעֲשֵׂה לִבְנַת הַסַּפִּיר וּכְעֶצֶם הַשָּׁמַיִם לָטֹהַר:
יא וְאֶל־אֲצִילֵי בְּנֵי יִשְׂרָאֵל לֹא שָׁלַח יָדוֹ וַיֶּחֱזוּ
יב אֶת־הָאֱלֹהִים וַיֹּאכְלוּ וַיִּשְׁתּוּ: וַיֹּאמֶר
יְהוָה אֶל־מֹשֶׁה עֲלֵה אֵלַי הָהָרָה וֶהְיֵה־שָׁם
וְאֶתְּנָה לְךָ אֶת־לֻחֹת הָאֶבֶן וְהַתּוֹרָה וְהַמִּצְוָה
יג אֲשֶׁר כָּתַבְתִּי לְהוֹרֹתָם: וַיָּקָם מֹשֶׁה וִיהוֹשֻׁעַ
יד מְשָׁרְתוֹ וַיַּעַל מֹשֶׁה אֶל־הַר הָאֱלֹהִים: וְאֶל־
הַזְּקֵנִים אָמַר שְׁבוּ־לָנוּ בָזֶה עַד אֲשֶׁר־נָשׁוּב
אֲלֵיכֶם וְהִנֵּה אַהֲרֹן וְחוּר עִמָּכֶם מִי־בַעַל דְּבָרִים
טו יִגַּשׁ אֲלֵהֶם: וַיַּעַל מֹשֶׁה אֶל־הָהָר וַיְכַס הֶעָנָן מפטיר
טז אֶת־הָהָר: וַיִּשְׁכֹּן כְּבוֹד־יְהוָה עַל־הַר סִינַי
וַיְכַסֵּהוּ הֶעָנָן שֵׁשֶׁת יָמִים וַיִּקְרָא אֶל־מֹשֶׁה בַּיּוֹם
יז הַשְּׁבִיעִי מִתּוֹךְ הֶעָנָן: וּמַרְאֵה כְּבוֹד יְהוָה כְּאֵשׁ
יח אֹכֶלֶת בְּרֹאשׁ הָהָר לְעֵינֵי בְּנֵי יִשְׂרָאֵל: וַיָּבֹא
מֹשֶׁה בְּתוֹךְ הֶעָנָן וַיַּעַל אֶל־הָהָר וַיְהִי מֹשֶׁה
בָּהָר אַרְבָּעִים יוֹם וְאַרְבָּעִים לָיְלָה:

י וַיִּרְאוּ אֵת אֱלֹהֵי יִשְׂרָאֵל. נִסְתַּכְּלוּ וְהֵצִיצוּ וְנִתְחַיְּבוּ מִיתָה, אֶלָּא שֶׁלֹּא רָצָה הַקָּדוֹשׁ בָּרוּךְ הוּא לְעַרְבֵּב שִׂמְחַת הַתּוֹרָה, וְהִמְתִּין לְנָדָב וַאֲבִיהוּא עַד יוֹם חֲנֻכַּת הַמִּשְׁכָּן, וְלַזְּקֵנִים עַד

כד משפטים

י יִשְׂרָאֵל: וַחֲזוֹ, יָת יְקָר אֱלָהָא דְיִשְׂרָאֵל, וּתְחוֹת כֻּרְסֵי יְקָרֵיהּ, כְּעוֹבַד אֶבֶן טָבָא, וּכְמֶחֱזֵי שְׁמַיָּא
יא לְבָרִירוּ: וּלְרַבְרְבֵי בְּנֵי יִשְׂרָאֵל, לָא הֲוָה נִזְקָא, וַחֲזוֹ יָת יְקָרָא דַיְיָ, וַהֲווֹ חָדַן בְּקֻרְבָּנֵיהוֹן
יב דְּאִתְקַבָּלוּ בְּרַעֲוָא כְּאִלּוּ אָכְלִין וְשָׁתָן: וַאֲמַר יְיָ לְמֹשֶׁה, סַק לְקָדָמַי, לְטוּרָא וֶהֱוֵי תַמָּן, וְאֶתֵּן
יג לָךְ יָת לוּחֵי אַבְנָא, וְאוֹרַיְתָא וְתַפְקֶדְתָּא, דִּכְתָבִית לְאַלָּפוּתְהוֹן: וְקָם מֹשֶׁה, וִיהוֹשֻׁעַ
יד מְשֻׁמְּשָׁנֵיהּ, וּסְלִיק מֹשֶׁה לְטוּרָא דְּאִתְגְּלִי עֲלוֹהִי יְקָרָא דַיְיָ: וּלְסָבַיָּא אֲמַר אוֹרִיכוּ לָנָא הָכָא,
טו עַד דִּנְתוּב לְוָתְכוֹן, וְהָא אַהֲרֹן וְחוּר עִמְּכוֹן, מַאן דְּאִית לֵיהּ דִּינָא יִתְקָרַב לְקָדָמֵיהוֹן: וּסְלֵיק
טז מֹשֶׁה לְטוּרָא, וַחֲפָא עֲנָנָא יָת טוּרָא: וּשְׁרָא יְקָרָא דַיְיָ עַל טוּרָא דְסִינַי, וַחֲפָהִי עֲנָנָא שִׁתָּא
יז יוֹמִין, וּקְרָא לְמֹשֶׁה, בְּיוֹמָא שְׁבִיעָאָה מִגּוֹ עֲנָנָא: וְחֵיזוּ יְקָרָא דַיְיָ, כְּאֶשָּׁא אָכְלָא בְּרֵישׁ
יח טוּרָא, לְעֵינֵי בְּנֵי יִשְׂרָאֵל: וְעָאל מֹשֶׁה, בְּגוֹ עֲנָנָא וּסְלֵיק לְטוּרָא, וַהֲוָה מֹשֶׁה בְּטוּרָא, אַרְבְּעִין יְמָמִין, וְאַרְבְּעִין לֵילָוָן:

רש"י

"וַיְהִי הָעָם כְּמִתְאֹנְנִים... וַתִּבְעַר בָּם אֵשׁ ה' וַתֹּאכַל בִּקְצֵה הַמַּחֲנֶה" (במדבר יא, א), בַּקְצִינִים שֶׁבַּמַּחֲנֶה: **כְּמַעֲשֵׂה לִבְנַת הַסַּפִּיר.** הִיא הָיְתָה לְפָנָיו בִּשְׁעַת הַשִּׁעְבּוּד, לִזְכֹּר צָרָתָן שֶׁל יִשְׂרָאֵל שֶׁהָיוּ מְשֻׁעְבָּדִים בְּמַעֲשֵׂה לְבֵנִים: **וּכְעֶצֶם הַשָּׁמַיִם לָטֹהַר.** מִשֶּׁנִּגְאֲלוּ הָיָה אוֹר וְחֶדְוָה לְפָנָיו: **וּכְעֶצֶם.** כְּתַרְגּוּמוֹ, לְשׁוֹן מַרְאֶה. **לָטֹהַר.** לְשׁוֹן בָּרוּר וְצָלוּל:

יא **וְאֶל אֲצִילֵי.** הֵם נָדָב וַאֲבִיהוּא וְהַזְּקֵנִים: **לֹא שָׁלַח יָדוֹ.** מִכְּלַל שֶׁהָיוּ רְאוּיִים לְהִשְׁתַּלַּח יָד: **וַיֶּחֱזוּ אֶת הָאֱלֹהִים.** הָיוּ מִסְתַּכְּלִין בּוֹ בְּלֵב גַּס מִתּוֹךְ אֲכִילָה וּשְׁתִיָּה, כָּךְ מִדְרַשׁ תַּנְחוּמָא, וְאוּנְקְלוֹס לֹא תִּרְגֵּם כֵּן, "אֲצִילֵי" לְשׁוֹן גְּדוֹלִים, כְּמוֹ: "וּמֵאֲצִילֶיהָ קְרָאתִיךָ" (ישעיה מא, ט), "וַיָּאצֶל מִן הָרוּחַ" (במדבר יא, כה), "שֵׁשׁ אַמּוֹת אַצִּילָה" (יחזקאל מא, ח):

יב **וַיֹּאמֶר ה' אֶל מֹשֶׁה.** לְאַחַר מַתַּן תּוֹרָה: **עֲלֵה אֵלַי הָהָרָה וֶהְיֵה שָׁם.** אַרְבָּעִים יוֹם: **אֶת לֻחֹת הָאֶבֶן וְהַתּוֹרָה וְהַמִּצְוָה אֲשֶׁר כָּתַבְתִּי לְהוֹרֹתָם.** כָּל שֵׁשׁ מֵאוֹת וּשְׁלֹשׁ עֶשְׂרֵה מִצְוֹת בִּכְלַל עֲשֶׂרֶת הַדִּבְּרוֹת הֵן, וְרַבֵּנוּ סְעַדְיָה פֵּרֵשׁ בָּאַזְהָרוֹת שֶׁיָּסַד לְכָל דִּבּוּר וְדִבּוּר מִצְוֹת הַתְּלוּיוֹת בּוֹ:

יג **וַיָּקָם מֹשֶׁה וִיהוֹשֻׁעַ מְשָׁרְתוֹ.** לֹא יָדַעְתִּי מַה טִּיבוֹ שֶׁל יְהוֹשֻׁעַ כָּאן, וְאוֹמֵר אֲנִי, שֶׁהָיָה הַתַּלְמִיד מְלַוֶּה לָרַב עַד מְקוֹם הַגְבָּלַת תְּחוּמֵי הָהָר, שֶׁאֵינוֹ רַשַּׁאי לֵילֵךְ מִשָּׁם וָהָלְאָה, וּמִשָּׁם "וַיַּעַל מֹשֶׁה" לְבַדּוֹ "אֶל הַר הָאֱלֹהִים", וִיהוֹשֻׁעַ נָטָה שָׁם אָהֳלוֹ וְנִתְעַכֵּב שָׁם כָּל אַרְבָּעִים יוֹם, שֶׁכֵּן מָצִינוּ כְּשֶׁיָּרַד מֹשֶׁה: "וַיִּשְׁמַע יְהוֹשֻׁעַ אֶת קוֹל הָעָם בְּרֵעֹה" (להלן לב, יז), לָמַדְנוּ שֶׁלֹּא הָיָה יְהוֹשֻׁעַ עִמָּהֶם:

יד **וְאֶל הַזְּקֵנִים אָמַר.** בְּצֵאתוֹ מִן הַמַּחֲנֶה: **שְׁבוּ לָנוּ בָזֶה.** וְהִתְעַכְּבוּ כָּאן עִם שְׁאָר הָעָם בַּמַּחֲנֶה לִהְיוֹת נְכוֹנִים לִשְׁפֹּט לְכָל אִישׁ רִיבוֹ: **חוּר.** בְּנָהּ שֶׁל מִרְיָם הָיָה, וְאָבִיו כָּלֵב בֶּן יְפֻנֶּה, שֶׁנֶּאֱמַר: "וַיִּקַּח לוֹ כָּלֵב אֶת אֶפְרָת וַתֵּלֶד לוֹ אֶת חוּר" (דברי הימים א' ב, יט), אֶפְרָת זוֹ מִרְיָם, כִּדְאִיתָא בְּסוֹטָה (דף יב ע"ב): **מִי בַעַל דְּבָרִים.** מִי שֶׁיֵּשׁ לוֹ דִין:

טו **וַיְכַס הֶעָנָן.** כַּדְּבָרִים הַלָּלוּ חוֹלְקִים בַּדָּבָר; יֵשׁ מֵהֶם אוֹמְרִים, אֵלּוּ שִׁשָּׁה יָמִים שֶׁמֵּרֹאשׁ חֹדֶשׁ; "וַיְכַסֵּהוּ הֶעָנָן" לָהָר, "וַיִּקְרָא אֶל מֹשֶׁה בַּיּוֹם הַשְּׁבִיעִי" לוֹמַר עֲשֶׂרֶת הַדִּבְּרוֹת, וּמֹשֶׁה וְכָל בְּנֵי יִשְׂרָאֵל עוֹמְדִים אֶלָּא שֶׁחָלַק הַכָּתוּב כָּבוֹד לְמֹשֶׁה. וְיֵשׁ אוֹמְרִים, "וַיְכַסֵּהוּ הֶעָנָן" לְמֹשֶׁה "שֵׁשֶׁת יָמִים" לְאַחַר עֲשֶׂרֶת הַדִּבְּרוֹת, וְהֵם הָיוּ בִּתְחִלַּת אַרְבָּעִים יוֹם שֶׁעָלָה מֹשֶׁה לְקַבֵּל הַלּוּחוֹת, וְלִמֶּדְךָ שֶׁכָּל הַנִּכְנָס לְמַחֲנֵה שְׁכִינָה טָעוּן פְּרִישָׁה שִׁשָּׁה יָמִים:

יח **בְּתוֹךְ הֶעָנָן.** עָנָן זֶה כְּמִין עָשָׁן הוּא, וְעָשָׂה לוֹ הַקָּדוֹשׁ בָּרוּךְ הוּא לְמֹשֶׁה שְׁבִיל בְּתוֹכוֹ:

הפטרת משפטים

בראש חודש אדר א׳ קוראים את המפטיר מספר במדבר כח, ט-טו, ואת ההפטרה בעמ׳ 1284. בערב ראש חודש אדר א׳ קוראים את ההפטרה בעמ׳ 1285. בשבת פרשת שקלים, גם אם חל בה ראש חודש או ערב ראש חודש, קוראים את המפטיר להלן ל, יא-טז, ואת ההפטרה בעמ׳ 1289.

בימי צדקיהו במהלך המצור הבבלי על ירושלים נערך טקס המוני של שחרור עבדים. עצם הצורך בטקס זה מעיד על השבר החברתי-כלכלי שקדם לו. הטקס התקיים בהשפעת נבואה שהשמיע ירמיהו על רקע החרפת המצב בירושלים הנצורה. התפתחות צבאית סמוך לזמן שחרור העבדים הביאה להקלה במצור. זמן קצר לאחר מכן שבו המשחררים ושעבדו את אחיהם. תגובת ה׳ על רמייה זו לא איחרה לבוא. ירמיהו שב והשמיע נבואת חורבן קשה.

בין השיטין אנו קוראים על הטקס הייחודי של כריתת ברית. ברית היא הסכם וחיבור, כריתה היא חיתוך והפרדה. בטקס נלקח עגל ונכרת-בותר לשניים. בעלי הברית עוברים בין חלקיו כדי להבהיר שהצלחת הברית תלויה בשני הצדדים: אם כל אחד יקיים את חלקו הברית תהיה שלמה.

לד ח הַדָּבָר אֲשֶׁר־הָיָה אֶל־יִרְמְיָהוּ מֵאֵת יהוה אַחֲרֵי כְּרֹת הַמֶּלֶךְ צִדְקִיָּהוּ ירמיה
ט בְּרִית אֶת־כָּל־הָעָם אֲשֶׁר בִּירוּשָׁלִַם לִקְרֹא לָהֶם דְּרוֹר: לְשַׁלַּח אִישׁ
אֶת־עַבְדּוֹ וְאִישׁ אֶת־שִׁפְחָתוֹ הָעִבְרִי וְהָעִבְרִיָּה חָפְשִׁים לְבִלְתִּי עֲבָד־בָּם
י בִּיהוּדִי אָחִיהוּ אִישׁ: וַיִּשְׁמְעוּ כָל־הַשָּׂרִים וְכָל־הָעָם אֲשֶׁר־בָּאוּ בַבְּרִית
לְשַׁלַּח אִישׁ אֶת־עַבְדּוֹ וְאִישׁ אֶת־שִׁפְחָתוֹ חָפְשִׁים לְבִלְתִּי עֲבָד־בָּם עוֹד
יא וַיִּשְׁמְעוּ וַיְשַׁלֵּחוּ: וַיָּשׁוּבוּ אַחֲרֵי־כֵן וַיָּשִׁבוּ אֶת־הָעֲבָדִים וְאֶת־הַשְּׁפָחוֹת
יב אֲשֶׁר שִׁלְּחוּ חָפְשִׁים ויכבישום לַעֲבָדִים וְלִשְׁפָחוֹת: וַיְהִי וַיִּכְבְּשׁוּם
יג דְבַר־יהוה אֶל־יִרְמְיָהוּ מֵאֵת יהוה לֵאמֹר: כֹּה־אָמַר יהוה אֱלֹהֵי יִשְׂרָאֵל
אָנֹכִי כָּרַתִּי בְרִית אֶת־אֲבוֹתֵיכֶם בְּיוֹם הוֹצִאִי אוֹתָם מֵאֶרֶץ מִצְרַיִם מִבֵּית
יד עֲבָדִים לֵאמֹר: מִקֵּץ שֶׁבַע שָׁנִים תְּשַׁלְּחוּ אִישׁ אֶת־אָחִיו הָעִבְרִי אֲשֶׁר־
יִמָּכֵר לְךָ וַעֲבָדְךָ שֵׁשׁ שָׁנִים וְשִׁלַּחְתּוֹ חָפְשִׁי מֵעִמָּךְ וְלֹא־שָׁמְעוּ אֲבוֹתֵיכֶם
טו אֵלַי וְלֹא הִטּוּ אֶת־אָזְנָם: וַתָּשֻׁבוּ אַתֶּם הַיּוֹם וַתַּעֲשׂוּ אֶת־הַיָּשָׁר בְּעֵינַי
לִקְרֹא דְרוֹר אִישׁ לְרֵעֵהוּ וַתִּכְרְתוּ בְרִית לְפָנַי בַּבַּיִת אֲשֶׁר־נִקְרָא שְׁמִי
טז עָלָיו: וַתָּשֻׁבוּ וַתְּחַלְּלוּ אֶת־שְׁמִי וַתָּשִׁבוּ אִישׁ אֶת־עַבְדּוֹ וְאִישׁ אֶת־שִׁפְחָתוֹ
אֲשֶׁר־שִׁלַּחְתֶּם חָפְשִׁים לְנַפְשָׁם וַתִּכְבְּשׁוּ אֹתָם לִהְיוֹת לָכֶם לַעֲבָדִים
יז וְלִשְׁפָחוֹת: לָכֵן כֹּה־אָמַר יהוה אַתֶּם לֹא־שְׁמַעְתֶּם אֵלַי לִקְרֹא
דְּרוֹר אִישׁ לְאָחִיו וְאִישׁ לְרֵעֵהוּ הִנְנִי קֹרֵא לָכֶם דְּרוֹר נְאֻם־יהוה אֶל־הַחֶרֶב
יח אֶל־הַדֶּבֶר וְאֶל־הָרָעָב וְנָתַתִּי אֶתְכֶם לזועה לְכֹל מַמְלְכוֹת הָאָרֶץ: וְנָתַתִּי לְזַעֲוָה
אֶת־הָאֲנָשִׁים הָעֹבְרִים אֶת־בְּרִתִי אֲשֶׁר לֹא־הֵקִימוּ אֶת־דִּבְרֵי הַבְּרִית אֲשֶׁר
יט כָּרְתוּ לְפָנָי הָעֵגֶל אֲשֶׁר כָּרְתוּ לִשְׁנַיִם וַיַּעַבְרוּ בֵּין בְּתָרָיו: שָׂרֵי יְהוּדָה וְשָׂרֵי
יְרוּשָׁלִַם הַסָּרִסִים וְהַכֹּהֲנִים וְכֹל עַם הָאָרֶץ הָעֹבְרִים בֵּין בִּתְרֵי הָעֵגֶל:

כ וְנָתַתִּי אוֹתָם בְּיַד אֹיְבֵיהֶם וּבְיַד מְבַקְשֵׁי נַפְשָׁם וְהָיְתָה נִבְלָתָם לְמַאֲכָל
כא לְעוֹף הַשָּׁמַיִם וּלְבֶהֱמַת הָאָרֶץ׃ וְאֶת־צִדְקִיָּהוּ מֶלֶךְ־יְהוּדָה וְאֶת־שָׂרָיו אֶתֵּן
בְּיַד אֹיְבֵיהֶם וּבְיַד מְבַקְשֵׁי נַפְשָׁם וּבְיַד חֵיל מֶלֶךְ בָּבֶל הָעֹלִים מֵעֲלֵיכֶם׃
כב הִנְנִי מְצַוֶּה נְאֻם־יְהוָה וַהֲשִׁבֹתִים אֶל־הָעִיר הַזֹּאת וְנִלְחֲמוּ עָלֶיהָ וּלְכָדוּהָ
וּשְׂרָפֻהָ בָאֵשׁ וְאֶת־עָרֵי יְהוּדָה אֶתֵּן שְׁמָמָה מֵאֵין יֹשֵׁב׃*

התימנים ממשיכים בפרק לה

לג כה כֹּה אָמַר יְהוָה אִם־לֹא בְרִיתִי יוֹמָם וָלָיְלָה חֻקּוֹת שָׁמַיִם וָאָרֶץ לֹא־שָׂמְתִּי׃
כו גַּם־זֶרַע יַעֲקוֹב וְדָוִד עַבְדִּי אֶמְאַס מִקַּחַת מִזַּרְעוֹ מֹשְׁלִים אֶל־זֶרַע אַבְרָהָם
יִשְׂחָק וְיַעֲקֹב כִּי־אָשׁוּב אֶת־שְׁבוּתָם וְרִחַמְתִּים׃*

אָשִׁיב

האשכנזים והספרדים מסיימים כאן

לה א הַדָּבָר אֲשֶׁר־הָיָה אֶל־יִרְמְיָהוּ מֵאֵת יְהוָה בִּימֵי יְהוֹיָקִים בֶּן־יֹאשִׁיָּהוּ מֶלֶךְ
ב יְהוּדָה לֵאמֹר׃ הָלוֹךְ אֶל־בֵּית הָרֵכָבִים וְדִבַּרְתָּ אוֹתָם וַהֲבִאוֹתָם בֵּית יְהוָה
ג אֶל־אַחַת הַלְּשָׁכוֹת וְהִשְׁקִיתָ אוֹתָם יָיִן׃ וָאֶקַּח אֶת־יַאֲזַנְיָה בֶן־יִרְמְיָהוּ
ד בֶּן־חֲבַצִּנְיָה וְאֶת־אֶחָיו וְאֶת־כָּל־בָּנָיו וְאֵת כָּל־בֵּית הָרֵכָבִים׃ וָאָבִא אֹתָם
בֵּית יְהוָה אֶל־לִשְׁכַּת בְּנֵי חָנָן בֶּן־יִגְדַּלְיָהוּ אִישׁ הָאֱלֹהִים אֲשֶׁר־אֵצֶל
ה לִשְׁכַּת הַשָּׂרִים אֲשֶׁר מִמַּעַל לְלִשְׁכַּת מַעֲשֵׂיָהוּ בֶן־שַׁלֻּם שֹׁמֵר הַסַּף׃ וָאֶתֵּן
לִפְנֵי ׀ בְּנֵי בֵית־הָרֵכָבִים גְּבִעִים מְלֵאִים יַיִן וְכֹסוֹת וָאֹמַר אֲלֵיהֶם שְׁתוּ־
ו יָיִן׃ וַיֹּאמְרוּ לֹא נִשְׁתֶּה־יָּיִן כִּי יוֹנָדָב בֶּן־רֵכָב אָבִינוּ צִוָּה עָלֵינוּ לֵאמֹר לֹא
ז תִשְׁתּוּ־יַיִן אַתֶּם וּבְנֵיכֶם עַד־עוֹלָם׃ וּבַיִת לֹא־תִבְנוּ וְזֶרַע לֹא־תִזְרָעוּ וְכֶרֶם
לֹא־תִטָּעוּ וְלֹא יִהְיֶה לָכֶם כִּי בָּאֳהָלִים תֵּשְׁבוּ כָּל־יְמֵיכֶם לְמַעַן תִּחְיוּ יָמִים
ח רַבִּים עַל־פְּנֵי הָאֲדָמָה אֲשֶׁר אַתֶּם גָּרִים שָׁם׃ וַנִּשְׁמַע בְּקוֹל יְהוֹנָדָב בֶּן־
רֵכָב אָבִינוּ לְכֹל אֲשֶׁר צִוָּנוּ לְבִלְתִּי שְׁתוֹת־יַיִן כָּל־יָמֵינוּ אֲנַחְנוּ נָשֵׁינוּ בָּנֵינוּ
ט וּבְנֹתֵינוּ׃ וּלְבִלְתִּי בְּנוֹת בָּתִּים לְשִׁבְתֵּנוּ וְכֶרֶם וְשָׂדֶה וָזֶרַע לֹא יִהְיֶה־לָּנוּ׃
י יא וַנֵּשֶׁב בָּאֳהָלִים וַנִּשְׁמַע וַנַּעַשׂ כְּכֹל אֲשֶׁר־צִוָּנוּ יוֹנָדָב אָבִינוּ׃ וַיְהִי בַּעֲלוֹת
נְבוּכַדְרֶאצַּר מֶלֶךְ־בָּבֶל אֶל־הָאָרֶץ וַנֹּאמֶר בֹּאוּ וְנָבוֹא יְרוּשָׁלַםִ מִפְּנֵי חֵיל
יב הַכַּשְׂדִּים וּמִפְּנֵי חֵיל אֲרָם וַנֵּשֶׁב בִּירוּשָׁלָםִ׃ וַיְהִי דְבַר־יְהוָה אֶל־
יג יִרְמְיָהוּ לֵאמֹר׃ כֹּה־אָמַר יְהוָה צְבָאוֹת אֱלֹהֵי יִשְׂרָאֵל הָלֹךְ וְאָמַרְתָּ לְאִישׁ
יְהוּדָה וּלְיוֹשְׁבֵי יְרוּשָׁלָםִ הֲלוֹא תִקְחוּ מוּסָר לִשְׁמֹעַ אֶל־דְּבָרַי נְאֻם־יְהוָה׃
יד הוּקַם אֶת־דִּבְרֵי יְהוֹנָדָב בֶּן־רֵכָב אֲשֶׁר־צִוָּה אֶת־בָּנָיו לְבִלְתִּי שְׁתוֹת־יַיִן
וְלֹא שָׁתוּ עַד־הַיּוֹם הַזֶּה כִּי שָׁמְעוּ אֵת מִצְוַת אֲבִיהֶם וְאָנֹכִי דִּבַּרְתִּי אֲלֵיכֶם
טו הַשְׁכֵּם וְדַבֵּר וְלֹא שְׁמַעְתֶּם אֵלָי׃ וָאֶשְׁלַח אֲלֵיכֶם אֶת־כָּל־עֲבָדַי הַנְּבִאִים ׀
הַשְׁכֵּים וְשָׁלֹחַ ׀ לֵאמֹר שֻׁבוּ־נָא אִישׁ מִדַּרְכּוֹ הָרָעָה וְהֵיטִיבוּ מַעַלְלֵיכֶם

וְאַל־תֵּלְכ֗וּ אַחֲרֵי֙ אֱלֹהִ֣ים אֲחֵרִ֔ים לְעׇבְדָ֑ם וּשְׁבוּ֙ אֶל־הָ֣אֲדָמָ֔ה אֲשֶׁר־נָתַ֥תִּי לָכֶ֖ם וְלַאֲבֹֽתֵיכֶ֑ם וְלֹ֤א הִטִּיתֶם֙ אֶֽת־אׇזְנְכֶ֔ם וְלֹ֥א שְׁמַעְתֶּ֖ם אֵלָֽי: כִּ֣י הֵקִ֗ימוּ בְּנֵי֙ יְהוֹנָדָ֣ב בֶּן־רֵכָ֔ב אֶת־מִצְוַ֥ת אֲבִיהֶ֖ם אֲשֶׁ֣ר צִוָּ֑ם וְהָעָ֣ם הַזֶּ֔ה לֹ֥א שָׁמְע֖וּ אֵלָֽי: לָ֠כֵ֠ן כֹּֽה־אָמַ֨ר יְהֹוָ֜ה אֱלֹהֵ֤י צְבָאוֹת֙ אֱלֹהֵ֣י יִשְׂרָאֵ֔ל הִנְנִ֧י מֵבִ֣יא אֶל־יְהוּדָ֗ה וְאֶ֤ל כׇּל־יֽוֹשְׁבֵי֙ יְר֣וּשָׁלַ֔͏ִם אֵ֥ת כׇּל־הָרָעָ֖ה אֲשֶׁ֣ר דִּבַּ֣רְתִּי עֲלֵיהֶ֑ם יַ֣עַן דִּבַּ֤רְתִּי אֲלֵיהֶם֙ וְלֹ֣א שָׁמֵ֔עוּ וָאֶקְרָ֥א לָהֶ֖ם וְלֹ֥א עָנֽוּ: וּלְבֵ֨ית הָרֵכָבִ֜ים אָמַ֣ר יִרְמְיָ֗הוּ כֹּֽה־אָמַ֞ר יְהֹוָ֤ה צְבָאוֹת֙ אֱלֹהֵ֣י יִשְׂרָאֵ֔ל יַ֚עַן אֲשֶׁ֣ר שְׁמַעְתֶּ֔ם עַל־מִצְוַ֖ת יְהוֹנָדָ֣ב אֲבִיכֶ֑ם וַֽתִּשְׁמְרוּ֙ אֶת־כׇּל־מִצְוֺתָ֔יו וַתַּֽעֲשׂ֔וּ כְּכֹ֥ל אֲשֶׁר־צִוָּ֖ה אֶתְכֶֽם: לָכֵ֗ן כֹּ֥ה אָמַ֛ר יְהֹוָ֥ה צְבָא֖וֹת אֱלֹהֵ֣י יִשְׂרָאֵ֑ל לֹֽא־יִכָּרֵ֨ת אִ֜ישׁ לְיוֹנָדָ֧ב בֶּן־רֵכָ֛ב עֹמֵ֥ד לְפָנַ֖י כׇּל־הַיָּמִֽים:

פרשת תרומה

תרומה

יח וַיְדַבֵּר יְהוָה אֶל־מֹשֶׁה לֵּאמֹר: דַּבֵּר אֶל־בְּנֵי כה א ב
יִשְׂרָאֵל וְיִקְחוּ־לִי תְּרוּמָה מֵאֵת כָּל־אִישׁ אֲשֶׁר
יִדְּבֶנּוּ לִבּוֹ תִּקְחוּ אֶת־תְּרוּמָתִי: וְזֹאת הַתְּרוּמָה ג
אֲשֶׁר תִּקְחוּ מֵאִתָּם זָהָב וָכֶסֶף וּנְחֹשֶׁת: וּתְכֵלֶת ד
וְאַרְגָּמָן וְתוֹלַעַת שָׁנִי וְשֵׁשׁ וְעִזִּים: וְעֹרֹת אֵילִם ה
מְאָדָּמִים וְעֹרֹת תְּחָשִׁים וַעֲצֵי שִׁטִּים: · שֶׁמֶן ו
לַמָּאֹר בְּשָׂמִים לְשֶׁמֶן הַמִּשְׁחָה וְלִקְטֹרֶת הַסַּמִּים:
אַבְנֵי־שֹׁהַם וְאַבְנֵי מִלֻּאִים לָאֵפֹד וְלַחֹשֶׁן: וְעָשׂוּ ז ח
לִי מִקְדָּשׁ וְשָׁכַנְתִּי בְּתוֹכָם: כְּכֹל אֲשֶׁר אֲנִי מַרְאֶה ט
אוֹתְךָ אֵת תַּבְנִית הַמִּשְׁכָּן וְאֵת תַּבְנִית כָּל־כֵּלָיו
וְכֵן תַּעֲשׂוּ: · וְעָשׂוּ אֲרוֹן עֲצֵי י
שִׁטִּים אַמָּתַיִם וָחֵצִי אָרְכּוֹ וְאַמָּה וָחֵצִי רָחְבּוֹ
וְאַמָּה וָחֵצִי קֹמָתוֹ: וְצִפִּיתָ אֹתוֹ זָהָב טָהוֹר יא
מִבַּיִת וּמִחוּץ תְּצַפֶּנּוּ וְעָשִׂיתָ עָלָיו זֵר זָהָב סָבִיב:

מצווה צה
מצוות בניין בית המקדש

ב] וְיִקְחוּ לִי תְּרוּמָה. "לִי" – לִשְׁמִי. תְּרוּמָה. הַפְרָשָׁה, יַפְרִישׁוּ לִי מִמָּמוֹנָם נְדָבָה: יִדְּבֶנּוּ לִבּוֹ. לְשׁוֹן נְדָבָה, וְהוּא לְשׁוֹן רָצוֹן טוֹב, פיישנ"ט בְּלַעַז: תִּקְחוּ אֶת תְּרוּמָתִי. אָמְרוּ רַבּוֹתֵינוּ, שָׁלֹשׁ תְּרוּמוֹת אֲמוּרוֹת כָּאן: אַחַת תְּרוּמַת בֶּקַע לַגֻּלְגֹּלֶת שֶׁנַּעֲשׂוּ מֵהֶם הָאֲדָנִים, כְּמוֹ שֶׁמְּפֹרָשׁ בְּ'אֵלֶּה פְקוּדֵי' (להלן לח, כו-כז); וְאַחַת תְּרוּמַת הַמִּזְבֵּחַ בֶּקַע לַגֻּלְגֹּלֶת, לַקֻּפּוֹת לִקְנוֹת מֵהֶן קָרְבְּנוֹת צִבּוּר; וְאַחַת תְּרוּמַת הַמִּשְׁכָּן נִדְבַת כָּל אֶחָד וְאֶחָד שֶׁהִתְנַדְּבוּ. שְׁלֹשָׁה עָשָׂר דְּבָרִים הָאֲמוּרִים בָּעִנְיָן כֻּלָּם הֻצְרְכוּ לִמְלֶאכֶת הַמִּשְׁכָּן אוֹ לְבִגְדֵי כְהֻנָּה כְּשֶׁתְּדַקְדֵּק בָּהֶם:

ג] זָהָב וָכֶסֶף וּנְחֹשֶׁת וְגוֹ'. כֻּלָּם בָּאוּ בִּנְדָבָה אִישׁ אִישׁ מַה שֶּׁנְּדָבוֹ לִבּוֹ, חוּץ מִן הַכֶּסֶף שֶׁבָּא

כה א ב וּמַלֵּיל יי עִם מֹשֶׁה לְמֵימַר: מַלֵּיל עִם בְּנֵי יִשְׂרָאֵל, וְיַפְרְשׁוּן קֳדָמַי אַפְרָשׁוּתָא, מִן כָּל גְּבַר
ג דְּיִתְרְעֵי לִבֵּיהּ, תִּסְּבוּן יָת אַפְרָשׁוּתִי: וְדָא אַפְרָשׁוּתָא, דְּתִסְּבוּן מִנְּהוֹן, דַּהֲבָא וְכַסְפָּא וּנְחָשָׁא:
ד ה וְתַכְלָא וְאַרְגְּוָנָא, וּצְבַע זְהוֹרִי וּבוּץ וּמַעְזֵי: וּמַשְׁכֵּי דְדִכְרֵי מְסַמְּקֵי, וּמַשְׁכֵּי סָסְגוֹנָא וְאָעֵי שִׁטִּין:
ו ז מִשְׁחָא לְאַנְהָרוּתָא, בֻּסְמַיָּא לִמְשַׁח רְבוּתָא, וְלִקְטֹרֶת בֻּסְמַיָּא: אַבְנֵי בֵרְלָא, וְאַבְנֵי
ח אַשְׁלָמוּתָא, לְשַׁקָּעָא בְּאֵיפוֹדָא וּבְחֻשְׁנָא: וְיַעְבְּדוּן קֳדָמַי מַקְדַּשׁ, וְאַשְׁרֵי שְׁכִינְתִּי בֵּינֵיהוֹן:
ט י כְּכֹל, דַּאֲנָא מַחֲזֵי יָתָךְ, יָת דְּמוּת מַשְׁכְּנָא, וְיָת דְּמוּת כָּל מָנוֹהִי, וְכֵן תַּעְבְּדוּן: וְיַעְבְּדוּן אֲרוֹנָא
דְּאָעֵי שִׁטִּין, תַּרְתֵּין אַמִּין וּפַלְגָּא אֻרְכֵּיהּ, וְאַמְּתָא וּפַלְגָּא פְּתָיֵיהּ, וְאַמְּתָא וּפַלְגָּא רוּמֵיהּ:
יא וְתַחְפֵּי יָתֵיהּ דְּהַב דְּכֵי, מִגָּיו וּמִבָּרָא תַּחְפֵּינֵיהּ, וְתַעֲבֵיד עֲלוֹהִי, זֵיר דִּדְהַב סְחוֹר סְחוֹר:

בְּשָׁוֶה, מַחֲצִית הַשֶּׁקֶל לְכָל אֶחָד. וְלֹא מָנִינוּ בְּכָל מְלֶאכֶת הַמִּשְׁכָּן שֶׁהֻצְרַךְ שָׁם כֶּסֶף יוֹתֵר, שֶׁנֶּאֱמַר: "וְכֶסֶף פְּקוּדֵי הָעֵדָה וְגוֹ' בֶּקַע לַגֻּלְגֹּלֶת" וְגוֹ' (להלן לח, כה-כו). וּשְׁאָר הַכֶּסֶף הַבָּא שָׁם בִּנְדָבָה (להלן לה, כד) עֲשָׂאוּהוּ לִכְלֵי שָׁרֵת:

ד| וּתְכֵלֶת. צֶמֶר צָבוּעַ בְּדַם חִלָּזוֹן, וְצִבְעוֹ יָרֹק: וְאַרְגָּמָן. צֶמֶר צָבוּעַ מִמִּין צֶבַע שֶׁשְּׁמוֹ אַרְגָּמָן: וְשֵׁשׁ. הוּא פִּשְׁתָּן: וְעִזִּים. נוֹצָה שֶׁל עִזִּים, לְכָךְ תִּרְגֵּם אוּנְקְלוֹס: "וּמַעְזֵי", דָּבָר הַבָּא מִן הָעִזִּים וְלֹא עִזִּים עַצְמָן, שֶׁתַּרְגּוּם שֶׁל עִזִּים 'עִזַּיָּא':

ה| מְאָדָּמִים. צְבוּעוֹת הָיוּ אָדֹם לְאַחַר עִבּוּדָן: תְּחָשִׁים. מִין חַיָּה, וְלֹא הָיְתָה אֶלָּא לְשָׁעָה, וְהַרְבֵּה גְּוָנִים הָיוּ לָהּ, לְכָךְ מְתֻרְגָּם "סָסְגוֹנָא", שֶׁשָּׂשׂ וּמִתְפָּאֵר בִּגְוָנִין שֶׁלּוֹ: וַעֲצֵי שִׁטִּים. וּמֵאַיִן הָיוּ לָהֶם בַּמִּדְבָּר? פֵּרֵשׁ רַבִּי תַּנְחוּמָא, יַעֲקֹב אָבִינוּ צָפָה בְּרוּחַ הַקֹּדֶשׁ שֶׁעֲתִידִין יִשְׂרָאֵל לִבְנוֹת מִשְׁכָּן בַּמִּדְבָּר, וְהֵבִיא אֲרָזִים לְמִצְרַיִם וּנְטָעָם, וְצִוָּה לְבָנָיו לִטְּלָם עִמָּהֶם כְּשֶׁיֵּצְאוּ מִמִּצְרַיִם:

ו| שֶׁמֶן לַמָּאֹר. שֶׁמֶן זַיִת זָךְ לְהַעֲלוֹת נֵר תָּמִיד: בְּשָׂמִים לְשֶׁמֶן הַמִּשְׁחָה. שֶׁנַּעֲשָׂה לִמְשֹׁחַ כְּלֵי הַמִּשְׁכָּן וְהַמִּשְׁכָּן לְקַדְּשׁוֹ, וְהֻצְרְכוּ לוֹ בְּשָׂמִים, כְּמוֹ שֶׁמְּפֹרָשׁ בְּ'כִי תִשָּׂא' (להלן ל, כג-כה): וְלִקְטֹרֶת הַסַּמִּים. שֶׁהָיוּ מַקְטִירִין בְּכָל בֹּקֶר וָעֶרֶב, כְּמוֹ שֶׁמְּפֹרָשׁ בְּ'וְאַתָּה תְּצַוֶּה' (להלן ל, ז-ח). וּלְשׁוֹן קְטֹרֶת, הַעֲלָאַת קִיטוֹר וְתִימְרוֹת עָשָׁן:

ז| אַבְנֵי שֹׁהַם. שְׁתַּיִם הֻצְרְכוּ שָׁם לְצֹרֶךְ הָאֵפוֹד הָאָמוּר בְּ'וְאַתָּה תְּצַוֶּה' (שם כח, ט-יב): מִלֻּאִים. עַל שֵׁם שֶׁעוֹשִׂין לָהֶם בַּזָּהָב מוֹשָׁב כְּמִין גּוּמָא וְנוֹתְנִין הָאֶבֶן שָׁם לְמַלְּאוֹת הַגּוּמָא, קְרוּיִים "אַבְנֵי מִלּוּאִים", וּמְקוֹם הַמּוֹשָׁב קָרוּי מִשְׁבֶּצֶת: לָאֵפֹד וְלַחֹשֶׁן. הַשֹּׁהַם לָאֵפוֹד וְאַבְנֵי הַמִּלּוּאִים לַחֹשֶׁן. וְחֹשֶׁן וְאֵפוֹד מְפֹרָשִׁים בְּ'וְאַתָּה תְּצַוֶּה' (שם כח, ו-ל), וְהֵם מִינֵי תַּכְשִׁיט:

ח| וְעָשׂוּ לִי מִקְדָּשׁ. וְעָשׂוּ לִשְׁמִי בֵּית קְדֻשָּׁה:

ט| כְּכֹל אֲשֶׁר אֲנִי מַרְאֶה אוֹתְךָ. כָּאן "אֵת תַּבְנִית הַמִּשְׁכָּן". הַמִּקְרָא הַזֶּה מְחֻבָּר לַמִּקְרָא שֶׁלְּמַעְלָה הֵימֶנּוּ: "וְעָשׂוּ לִי מִקְדָּשׁ... כְּכֹל אֲשֶׁר אֲנִי מַרְאֶה אוֹתְךָ... וְכֵן תַּעֲשׂוּ" לְדוֹרוֹת, אִם יֹאבַד אֶחָד מִן הַכֵּלִים, אוֹ כְּשֶׁתַּעֲשׂוּ לִי כְּלֵי בֵּית עוֹלָמִים כְּגוֹן שֻׁלְחָנוֹת וּמְנוֹרוֹת וְכִיּוֹרוֹת וּמְכוֹנוֹת שֶׁעָשָׂה שְׁלֹמֹה, כְּתַבְנִית אֵלּוּ תַּעֲשׂוּ אוֹתָם. וְאִם לֹא הָיָה הַמִּקְרָא מְחֻבָּר לְמַעְלָה הֵימֶנּוּ, לֹא הָיָה לוֹ לִכְתֹּב: "וְכֵן תַּעֲשׂוּ" אֶלָּא "כֵּן תַּעֲשׂוּ", וְהָיָה מְדַבֵּר עַל עֲשִׂיַּת אֹהֶל מוֹעֵד וְכֵלָיו:

י| וְעָשׂוּ אֲרוֹן. כְּמִין אֲרוֹנוֹת שֶׁעוֹשִׂים בְּלֹא רַגְלַיִם עֲשׂוּיִם כְּמִין אַרְגָּז שֶׁקּוֹרִין אשקרי"ן, יוֹשֵׁב עַל שׁוּלָיו:

יא| מִבַּיִת וּמִחוּץ תְּצַפֶּנּוּ. שְׁלֹשָׁה אֲרוֹנוֹת עָשָׂה בְּצַלְאֵל, שְׁנַיִם שֶׁל זָהָב וְאֶחָד שֶׁל עֵץ, אַרְבָּעָה כְתָלִים וְשׁוּלַיִם לְכָל אֶחָד, וּפְתוּחִים מִלְמַעְלָה. נָתַן שֶׁל עֵץ בְּתוֹךְ שֶׁל זָהָב, וְשֶׁל זָהָב בְּתוֹךְ שֶׁל עֵץ, וְחִפָּה שְׂפָתוֹ הָעֶלְיוֹנָה בְּזָהָב, נִמְצָא מְצֻפֶּה

וְיָצַקְתָּ לּוֹ אַרְבַּע טַבְּעֹת זָהָב וְנָתַתָּה עַל יב
אַרְבַּע פַּעֲמֹתָיו וּשְׁתֵּי טַבָּעֹת עַל־צַלְעוֹ הָאֶחָת
וּשְׁתֵּי טַבָּעֹת עַל־צַלְעוֹ הַשֵּׁנִית׃ וְעָשִׂיתָ בַדֵּי יג
עֲצֵי שִׁטִּים וְצִפִּיתָ אֹתָם זָהָב׃ וְהֵבֵאתָ אֶת־ יד
הַבַּדִּים בַּטַּבָּעֹת עַל צַלְעֹת הָאָרֹן לָשֵׂאת אֶת־
הָאָרֹן בָּהֶם׃ בְּטַבְּעֹת הָאָרֹן יִהְיוּ הַבַּדִּים לֹא טו
יָסֻרוּ מִמֶּנּוּ׃ וְנָתַתָּ אֶל־הָאָרֹן אֵת הָעֵדֻת אֲשֶׁר טז
אֶתֵּן אֵלֶיךָ׃ וְעָשִׂיתָ כַפֹּרֶת זָהָב טָהוֹר אַמָּתַיִם יז
וָחֵצִי אָרְכָּהּ וְאַמָּה וָחֵצִי רָחְבָּהּ׃ וְעָשִׂיתָ שְׁנַיִם יח
כְּרֻבִים זָהָב מִקְשָׁה תַּעֲשֶׂה אֹתָם מִשְּׁנֵי קְצוֹת
הַכַּפֹּרֶת׃ וַעֲשֵׂה כְּרוּב אֶחָד מִקָּצָה מִזֶּה וּכְרוּב־ יט
אֶחָד מִקָּצָה מִזֶּה מִן־הַכַּפֹּרֶת תַּעֲשׂוּ אֶת־
הַכְּרֻבִים עַל־שְׁנֵי קְצוֹתָיו׃ וְהָיוּ הַכְּרֻבִים פֹּרְשֵׂי כ
כְנָפַיִם לְמַעְלָה סֹכְכִים בְּכַנְפֵיהֶם עַל־הַכַּפֹּרֶת
וּפְנֵיהֶם אִישׁ אֶל־אָחִיו אֶל־הַכַּפֹּרֶת יִהְיוּ פְּנֵי
הַכְּרֻבִים׃ וְנָתַתָּ אֶת־הַכַּפֹּרֶת עַל־הָאָרֹן מִלְמָעְלָה כא
וְאֶל־הָאָרֹן תִּתֵּן אֶת־הָעֵדֻת אֲשֶׁר אֶתֵּן אֵלֶיךָ׃
וְנוֹעַדְתִּי לְךָ שָׁם וְדִבַּרְתִּי אִתְּךָ מֵעַל הַכַּפֹּרֶת כב

מצווה צו
איסור הסרת
בדי הארון

שני

תרומה

מִבַּיִת וּמִחוּץ: זֵר זָהָב. כְּמִין כֶּתֶר מַקִּיף לוֹ סָבִיב לְמַעְלָה מִשְּׂפָתוֹ, שֶׁעֲשָׂה הֶחָרוּז הַחִיצוֹן גָּבֹהַּ מִן הַפְּנִימִי עַד שֶׁעָלָה לְמוּל עֳבִי הַכַּפֹּרֶת וּלְמַעְלָה הֵימֶנּוּ מַשֶּׁהוּ, וּכְשֶׁהַכַּפֹּרֶת שׁוֹכֵב עַל עֳבִי הַכְּתָלִים עוֹלֶה הַזֵּר לְמַעְלָה מִכָּל עֳבִי הַכַּפֹּרֶת כָּל שֶׁהוּא, וְהוּא סִימָן לְכֶתֶר תּוֹרָה:

יב וְתַתֵּיךְ לֵיהּ, אַרְבַּע עִזְקָן דִּדְהַב, וְתִתֵּין, עַל אַרְבַּע זָוְיָתֵיהּ, וְתַרְתֵּין עִזְקָן, עַל סִטְרֵיהּ חַד,
יג יד וְתַרְתֵּין עִזְקָן, עַל סִטְרֵיהּ תִּנְיָנָא: וְתַעֲבֵיד אֲרִיחֵי דְּאָעֵי שִׁטִּין, וְתִחְפֵי יָתְהוֹן דַּהֲבָא: וְתַעֵיל
טו יָת אֲרִיחַיָּא בְּעִזְקָתָא, עַל סִטְרֵי אֲרוֹנָא, לְמִטַּל יָת אֲרוֹנָא בְּהוֹן: בְּעִזְקָת אֲרוֹנָא, יְהוֹן
טז יז אֲרִיחַיָּא, לָא יֶעְדּוֹן מִנֵּיהּ: וְתִתֵּין בַּאֲרוֹנָא, יָת סָהֲדוּתָא, דְּאֶתֵּין לָךְ: וְתַעֲבֵיד כָּפֻרְתָּא
יח דִּדְהַב דְּכֵי, תַּרְתֵּין אַמִּין וּפַלְגָּא אֻרְכַּהּ, וְאַמְּתָא וּפַלְגָּא פֻּתְיַהּ: וְתַעֲבֵיד, תְּרֵין כְּרוּבִין
יט דִּדְהַב, נְגִיד תַּעֲבֵיד יָתְהוֹן, מִתְּרֵין סִטְרֵי כָּפֻרְתָּא: וַעֲבֵיד, כְּרוּבָא חַד מִסִּטְרָא מִכָּא,
כ וּכְרוּבָא חַד מִסִּטְרָא מִכָּא, מִן כָּפֻרְתָּא, תַּעְבְּדוּן יָת כְּרוּבַיָּא עַל תְּרֵין סִטְרוֹהִי: וִיהוֹן
כְּרוּבַיָּא פְּרִיסִין גַּדְפֵיהוֹן לְעֵילָא, מְטַלִּן בְּגַדְפֵיהוֹן עַל כָּפֻרְתָּא, וְאַפֵּיהוֹן חַד לָקֳבֵיל חַד,
כא לָקֳבֵיל כָּפֻרְתָּא, יְהוֹן אַפֵּי כְּרוּבַיָּא: וְתִתֵּין יָת כָּפֻרְתָּא, עַל אֲרוֹנָא מִלְּעֵילָא, וּבַאֲרוֹנָא, תִּתֵּין
כב יָת סָהֲדוּתָא, דְּאֶתֵּין לָךְ: וַאֲזַמֵּין מֵימְרִי לָךְ תַּמָּן, וַאֲמַלֵּיל עִמָּךְ מֵעִלָּוֵי כָּפֻרְתָּא,

יב) **וְיָצַקְתָּ.** לְשׁוֹן הַתָּכָה, כְּתַרְגּוּמוֹ: **פַּעֲמֹתָיו.** כְּתַרְגּוּמוֹ: "זָוְיָתֵיהּ". וּבַזָּוִיּוֹת הָעֶלְיוֹנוֹת סָמוּךְ לַכַּפֹּרֶת הָיוּ נְתוּנוֹת, שְׁתַּיִם מִכָּאן וּשְׁתַּיִם מִכָּאן לְרָחְבּוֹ שֶׁל אָרוֹן, וְהַבַּדִּים נְתוּנִים בָּהֶם, וְאָרְכּוֹ שֶׁל אָרוֹן מַפְסִיק בֵּין הַבַּדִּים אַמָּתַיִם וָחֵצִי בֵּין בַּד לְבַד, שֶׁיִּהְיוּ שְׁנֵי בְּנֵי אָדָם הַנּוֹשְׂאִים אֶת הָאָרוֹן מְהַלְּכִין בֵּינֵיהֶם, וְכֵן מְפֹרָשׁ בִּמְנָחוֹת בְּפֶרֶק 'שְׁתֵּי הַלֶּחֶם' (דף צח ע"ב): **וּשְׁתֵּי טַבָּעֹת עַל צַלְעוֹ הָאֶחָת.** הֵן הֵן הָאַרְבַּע טַבָּעוֹת שֶׁבִּתְחִלַּת הַמִּקְרָא, וּפֵרֵשׁ לְךָ הֵיכָן הָיוּ. וְהַוָּי"ו זוֹ יְתֵרָה הִיא, וּפִתְרוֹנוֹ כְּמוֹ שְׁתֵּי טַבָּעֹת. וְיֵשׁ לְךָ לְיַשְּׁבָהּ כֵּן: וּשְׁתַּיִם מִן הַטַּבָּעוֹת הָאֵלּוּ עַל צַלְעוֹ הָאֶחָת: **צַלְעוֹ.** צִדּוֹ:

יג) **בַדֵּי.** מוֹטוֹת:

טו) **לֹא יָסֻרוּ מִמֶּנּוּ.** לְעוֹלָם:

טז) **וְנָתַתָּ אֶל הָאָרֹן.** כְּמוֹ בָּאָרוֹן: **הָעֵדֻת.** הַתּוֹרָה שֶׁהִיא לְעֵדוּת בֵּינִי וּבֵינֵיכֶם שֶׁצִּוִּיתִי אֶתְכֶם מִצְוֹת הַכְּתוּבוֹת בָּהּ:

יז) **כַּפֹּרֶת.** כִּסּוּי עַל הָאָרוֹן, שֶׁהָיָה פָּתוּחַ מִלְמַעְלָה וּמַנִּיחוֹ עָלָיו כְּמִין דַּף: **אַמָּתַיִם וָחֵצִי אָרְכָּהּ.** כְּאָרְכּוֹ שֶׁל אָרוֹן, וְרָחְבָּהּ כְּרָחְבּוֹ שֶׁל אָרוֹן, וּמֻנַּחַת עַל עֳבִי הַכְּתָלִים הָאַרְבַּעְתָּם. וְאַף עַל פִּי שֶׁלֹּא נָתַן שִׁעוּר לְעָבְיָהּ, פֵּרְשׁוּ רַבּוֹתֵינוּ שֶׁהָיָה עָבְיָהּ טֶפַח:

יח) **כְּרֻבִים.** דְּמוּת פַּרְצוּף תִּינוֹק לָהֶם: **מִקְשָׁה תַּעֲשֶׂה אֹתָם.** שֶׁלֹּא תַּעֲשֵׂם בִּפְנֵי עַצְמָם וּתְחַבְּרֵם בְּרָאשֵׁי הַכַּפֹּרֶת לְאַחַר עֲשִׂיָּתָם כְּמַעֲשֵׂה צוֹרְפִים שֶׁקּוֹרִין שולדדי"ן, אֶלָּא הַטֵּל זָהָב הַרְבֵּה בִּתְחִלַּת עֲשִׂיַּת הַכַּפֹּרֶת, וְהַכֵּה בְּפַטִּישׁ וּבְקֻרְנָס בָּאֶמְצַע וְרָאשִׁין בּוֹלְטִין לְמַעְלָה, וְצַיֵּר הַכְּרוּבִים בְּבְלִיטַת קְצוֹתָיו: **מִקְשָׁה.** בטדי"ץ בְּלַעַז, כְּמוֹ: "דָּא לְדָא נָקְשָׁן" (דניאל ה, ו): **קְצוֹת הַכַּפֹּרֶת.** רָאשֵׁי הַכַּפֹּרֶת:

יט) **וַעֲשֵׂה כְּרוּב אֶחָד מִקָּצָה.** שֶׁלֹּא תֹּאמַר, שְׁנַיִם כְּרוּבִים לְכָל קָצֶה וְקָצֶה, לְכָךְ הֻצְרַךְ לְפָרֵשׁ: "כְּרוּב אֶחָד מִקָּצָה מִזֶּה": **מִן הַכַּפֹּרֶת.** עַצְמָהּ, "תַּעֲשׂוּ אֶת הַכְּרֻבִים". זֶהוּ פֵּרוּשׁוֹ שֶׁל "מִקְשָׁה תַּעֲשֶׂה אֹתָם", שֶׁלֹּא תַּעֲשֵׂם בִּפְנֵי עַצְמָם וּתְחַבְּרֵם לַכַּפֹּרֶת:

כ) **פֹּרְשֵׂי כְנָפַיִם.** שֶׁלֹּא תַּעֲשֶׂה כַּנְפֵיהֶם שׁוֹכְבִים, אֶלָּא פְּרוּשִׂים וּגְבוֹהִים לְמַעְלָה אֵצֶל רָאשֵׁיהֶם, שֶׁיְּהֵא עֲשָׂרָה טְפָחִים בֶּחָלָל שֶׁבֵּין הַכְּנָפַיִם לַכַּפֹּרֶת, כִּדְאִיתָא בְּסֻכָּה (דף ה ע"ב):

כא) **וְאֶל הָאָרֹן תִּתֵּן אֶת הָעֵדֻת.** לֹא יָדַעְתִּי לָמָּה נִכְפַּל, שֶׁהֲרֵי כְּבָר נֶאֱמַר: "וְנָתַתָּ אֶל הָאָרֹן אֵת הָעֵדֻת" (לעיל פסוק טז)! וְיֵשׁ לוֹמַר, שֶׁבָּא לְלַמֵּד שֶׁבְּעוֹדוֹ אָרוֹן לְבַדּוֹ בְּלֹא כַּפֹּרֶת יִתֵּן תְּחִלָּה הָעֵדוּת לְתוֹכוֹ, וְאַחַר כָּךְ יִתֵּן אֶת הַכַּפֹּרֶת עָלָיו, וְכֵן מָצִינוּ כְּשֶׁהֵקִים אֶת הַמִּשְׁכָּן, נֶאֱמַר: "וַיִּתֵּן אֶת הָעֵדֻת אֶל הָאָרֹן" וְאַחַר כָּךְ: "וַיִּתֵּן אֶת הַכַּפֹּרֶת עַל הָאָרֹן מִלְמָעְלָה" (להלן מ, כ):

כב) **וְנוֹעַדְתִּי.** כְּשֶׁאֶקְבַּע מוֹעֵד לְךָ לְדַבֵּר עִמְּךָ, אוֹתוֹ מָקוֹם אֶקְבַּע לַמּוֹעֵד, שֶׁאָבֹא שָׁם לְדַבֵּר אֵלֶיךָ: **וְדִבַּרְתִּי אִתְּךָ מֵעַל הַכַּפֹּרֶת.** וּבְמָקוֹם אַחֵר הוּא אוֹמֵר: "וַיְדַבֵּר ה' אֵלָיו מֵאֹהֶל מוֹעֵד לֵאמֹר" (ויקרא א, א), זֶה הַמִּשְׁכָּן מִחוּץ לַפָּרֹכֶת,

מִבֵּין֙ שְׁנֵ֣י הַכְּרֻבִ֔ים אֲשֶׁ֖ר עַל־אֲר֣וֹן הָעֵדֻ֑ת אֵ֣ת
כָּל־אֲשֶׁ֧ר אֲצַוֶּ֛ה אוֹתְךָ֖ אֶל־בְּנֵ֥י יִשְׂרָאֵֽל׃
וְעָשִׂ֥יתָ שֻׁלְחָ֖ן עֲצֵ֣י שִׁטִּ֑ים אַמָּתַ֤יִם אָרְכּוֹ֙ וְאַמָּ֣ה כג
רָחְבּ֔וֹ וְאַמָּ֥ה וָחֵ֖צִי קֹמָתֽוֹ׃ וְצִפִּיתָ֥ אֹת֖וֹ זָהָ֣ב טָה֑וֹר כד
וְעָשִׂ֥יתָ לּ֛וֹ זֵ֥ר זָהָ֖ב סָבִֽיב׃ וְעָשִׂ֨יתָ לּ֥וֹ מִסְגֶּ֛רֶת טֹ֖פַח כה
סָבִ֑יב וְעָשִׂ֧יתָ זֵר־זָהָ֛ב לְמִסְגַּרְתּ֖וֹ סָבִֽיב׃ וְעָשִׂ֣יתָ כו
לּ֔וֹ אַרְבַּ֖ע טַבְּעֹ֣ת זָהָ֑ב וְנָתַתָּ֙ אֶת־הַטַּבָּעֹ֔ת עַ֚ל
אַרְבַּ֣ע הַפֵּאֹ֔ת אֲשֶׁ֖ר לְאַרְבַּ֥ע רַגְלָֽיו׃ לְעֻמַּת֙ כז
הַמִּסְגֶּ֔רֶת תִּהְיֶ֖יןָ הַטַּבָּעֹ֑ת לְבָתִּ֣ים לְבַדִּ֔ים לָשֵׂ֖את
אֶת־הַשֻּׁלְחָֽן׃ וְעָשִׂ֤יתָ אֶת־הַבַּדִּים֙ עֲצֵ֣י שִׁטִּ֔ים כח
וְצִפִּיתָ֥ אֹתָ֖ם זָהָ֑ב וְנִשָּׂא־בָ֖ם אֶת־הַשֻּׁלְחָֽן׃ וְעָשִׂ֨יתָ כט
קְּעָרֹתָ֜יו וְכַפֹּתָ֗יו וּקְשׂוֹתָיו֙ וּמְנַקִּיֹּתָ֔יו אֲשֶׁ֥ר יֻסַּ֖ךְ
בָּהֵ֑ן זָהָ֥ב טָה֖וֹר תַּעֲשֶׂ֥ה אֹתָֽם׃ וְנָתַתָּ֧ עַל־הַשֻּׁלְחָ֛ן ל
לֶ֥חֶם פָּנִ֖ים לְפָנַ֥י תָּמִֽיד׃
וְעָשִׂ֥יתָ מְנֹרַ֖ת זָהָ֣ב טָה֑וֹר מִקְשָׁ֞ה תֵּיעָשֶׂ֤ה הַמְּנוֹרָה֙ לא

מצווה צז
סידור
לחם הפנים

תרומה

נִמְצְאוּ שְׁנֵי כְתוּבִים מַכְחִישִׁים זֶה אֶת זֶה! בָּא הַכָּתוּב הַשְּׁלִישִׁי וְהִכְרִיעַ בֵּינֵיהֶם: "וּבְבֹא מֹשֶׁה אֶל אֹהֶל מוֹעֵד... וַיִּשְׁמַע אֶת הַקּוֹל מִדַּבֵּר אֵלָיו מֵעַל הַכַּפֹּרֶת" וְגוֹ' (במדבר ז, פט), מֹשֶׁה הָיָה נִכְנָס לַמִּשְׁכָּן, וְכֵיוָן שֶׁבָּא בְּתוֹךְ הַפֶּתַח קוֹל יוֹרֵד מִן הַשָּׁמַיִם לְבֵין הַכְּרוּבִים, וּמִשָּׁם יוֹצֵא וְנִשְׁמַע לְמֹשֶׁה בְּאֹהֶל מוֹעֵד: **וְאֵת כָּל אֲשֶׁר אֲצַוֶּה אוֹתְךָ אֶל בְּנֵי יִשְׂרָאֵל.** הֲרֵי וָי"ו זוֹ יְתֵרָה וּטְפֵלָה. וְכָמוֹהָ הַרְבֵּה בַּמִּקְרָא, וְכֹה תִּפָּתֵר: וַאֲשֶׁר אֲדַבֵּר עִמְּךָ שָׁם "אֵת כָּל אֲשֶׁר אֲצַוֶּה אוֹתְךָ אֶל בְּנֵי יִשְׂרָאֵל" הוּא:

כג) **קֹמָתוֹ.** גֹּבַהּ רַגְלָיו עִם עֳבִי הַשֻּׁלְחָן:

כד) **זֵר זָהָב.** סִימָן לְכֶתֶר מַלְכוּת, שֶׁהַשֻּׁלְחָן שֵׁם עֹשֶׁר וּגְדֻלָּה, כְּמוֹ שֶׁאוֹמְרִים: שֻׁלְחַן מְלָכִים:

כה) **מִסְגֶּרֶת.** כְּתַרְגּוּמוֹ: "גְּדָנְפָא". וְנֶחְלְקוּ חַכְמֵי יִשְׂרָאֵל בַּדָּבָר: יֵשׁ אוֹמְרִים לְמַעְלָה הָיְתָה סָבִיב לַשֻּׁלְחָן, כְּמוֹ לְבִזְבְּזִין שֶׁבִּשְׂפַת שֻׁלְחַן שָׂרִים, וְיֵשׁ אוֹמְרִים לְמַטָּה הָיְתָה תְּקוּעָה מֵרֶגֶל לְרֶגֶל בְּאַרְבַּע רוּחוֹת הַשֻּׁלְחָן, וְדַף הַשֻּׁלְחָן שׁוֹכֵב עַל אוֹתָהּ מִסְגֶּרֶת: **וְעָשִׂיתָ זֵר זָהָב לְמִסְגַּרְתּוֹ.** הוּא זֵר

כג מִבֵּין תְּרֵין כְּרוּבַיָּא, דְּעַל אֲרוֹנָא דְּסָהֲדוּתָא, יָת כָּל דַּאֲפַקֵּיד, יָתָךְ לְוָת בְּנֵי יִשְׂרָאֵל: וְתַעֲבֵיד
כד פָּתוּרָא דְּאָעֵי שִׁטִּין, תַּרְתֵּין אַמִּין אֻרְכֵּיהּ וְאַמְּתָא פֻּתְיֵהּ, וְאַמְּתָא וּפַלְגָּא רוּמֵיהּ: וְתַחְפֵּי יָתֵיהּ
כה דְּהַב דְּכֵי, וְתַעֲבֵיד לֵיהּ, זֵיר דִּדְהַב סְחוֹר סְחוֹר: וְתַעֲבֵיד לֵיהּ גְּדָנְפָא, רוּמֵיהּ פֻּשְׁכָּא סְחוֹר סְחוֹר,
כו וְתַעֲבֵיד זֵיר דִּדְהַב, לִגְדָנְפֵיהּ סְחוֹר סְחוֹר: וְתַעֲבֵיד לֵיהּ, אַרְבַּע עִזְקָן דִּדְהַב, וְתִתֵּין יָת עִזְקָתָא,
כז עַל אַרְבַּע זָוְיָתָא, דִּלְאַרְבַּע רַגְלוֹהִי: לָקֳבֵיל גְּדָנְפָא, יְהָוְיָן עִזְקָתָא, לְאַתְרָא לַאֲרִיחַיָּא, לְמִטַּל
כח יָת פָּתוּרָא: וְתַעֲבֵיד יָת אֲרִיחַיָּא דְּאָעֵי שִׁטִּין, וְתַחְפֵּי יָתְהוֹן דַּהֲבָא, וִיהוֹן נָטְלִין בְּהוֹן יָת פָּתוּרָא:
כט ל וְתַעֲבֵיד מְגִסּוֹהִי וּבָזִכּוֹהִי, וְקַסְוָתֵיהּ וּמְכִילָתֵיהּ, דְּיִתְנַסַּךְ בְּהוֹן, דְּהַב דְּכֵי תַּעֲבֵיד יָתְהוֹן: וְתִתֵּין
לא עַל פָּתוּרָא, לְחֵים אַפַּיָּא קֳדָמַי תְּדִירָא: וְתַעֲבֵיד מְנָרְתָא דִּדְהַב דְּכֵי, נְגִיד, תִּתְעֲבֵיד מְנָרְתָא

הָאָמוּר לְמַעְלָה, וּפֵרֵשׁ לְךָ כָּאן שֶׁעַל הַמִּסְגֶּרֶת הָיָה:

כז) **לְעֻמַּת הַמִּסְגֶּרֶת תִּהְיֶיןָ הַטַּבָּעֹת.** בָּרַגְלַיִם תְּקוּעוֹת כְּנֶגֶד רָאשֵׁי הַמִּסְגֶּרֶת: **לְבָתִּים לְבַדִּים.** אוֹתָן הַטַּבָּעוֹת יִהְיוּ בָּתִּים לְהַכְנִיס בָּהֶן הַבַּדִּים: **לְבָתִּים.** לְצֹרֶךְ בָּתִּים: **לְבַדִּים.** כְּתַרְגּוּמוֹ: "לְאַתְרָא לַאֲרִיחַיָּא":

כח) **וְנִשָּׂא בָם.** לְשׁוֹן נִפְעַל, יִהְיֶה נִשָּׂא בָּם אֶת הַשֻּׁלְחָן:

כט) **וְעָשִׂיתָ קְעָרֹתָיו וְכַפֹּתָיו.** קְעָרָתָיו זֶה דְּפוּס, שֶׁהָיָה עָשׂוּי כִּדְפוּס הַלֶּחֶם. וְהַלֶּחֶם הָיָה עָשׂוּי כְּמִין תֵּבָה פְּרוּצָה מִשְּׁתֵּי רוּחוֹתֶיהָ, שׁוּלַיִם לוֹ לְמַטָּה, וְקוֹפֵל מִכָּאן וּמִכָּאן כְּלַפֵּי מַעְלָה כְּמִין כְּתָלִים. וּלְכָךְ קָרוּי לֶחֶם הַפָּנִים, שֶׁיֵּשׁ לוֹ פָּנִים רוֹאִים לְכָאן וּלְכָאן לְצִדֵּי הַבַּיִת מִזֶּה וּמִזֶּה. וְנוֹתֵן אָרְכּוֹ לְרָחְבּוֹ שֶׁל שֻׁלְחָן, וְכָתְלָיו זְקוּפִים כְּנֶגֶד שְׂפַת הַשֻּׁלְחָן. וְהָיָה עָשׂוּי לוֹ דְּפוּס זָהָב וּדְפוּס בַּרְזֶל; בְּשֶׁל בַּרְזֶל הוּא נֶאֱפֶה, וּכְשֶׁמּוֹצִיאוֹ מִן הַתַּנּוּר נוֹתְנוֹ בְּשֶׁל זָהָב עַד לְמָחָר, בְּשַׁבָּת, שֶׁמְּסַדְּרוֹ עַל הַשֻּׁלְחָן, וְאוֹתוֹ דְּפוּס קָרוּי קְעָרָה: **וְכַפֹּתָיו.** בָּזִיכִין שֶׁנּוֹתְנִין בָּהֶם לְבוֹנָה, שְׁתַּיִם הָיוּ לִשְׁנֵי קָמְצֵי לְבוֹנָה שֶׁנּוֹתְנִין עַל שְׁתֵּי הַמַּעֲרָכוֹת, שֶׁנֶּאֱמַר: "וְנָתַתָּ עַל הַמַּעֲרֶכֶת לְבֹנָה זַכָּה" (ויקרא כד, ז): **וּקְשׂוֹתָיו.** הֵן כְּמִין חֲצָאֵי קָנִים חֲלוּלִים הַנִּסְדָּקִין לְאָרְכָּן, דֻּגְמָתָן עוֹשֶׂה שֶׁל זָהָב וּמְסַדֵּר שְׁלֹשָׁה עַל רֹאשׁ כָּל לֶחֶם, שֶׁיֵּשֵׁב לֶחֶם הָאֶחָד עַל גַּבֵּי אוֹתָן הַקָּנִים, וּמַבְדִּילִין בֵּין לֶחֶם לְלֶחֶם כְּדֵי שֶׁתִּכָּנֵס הָרוּחַ בֵּינֵיהֶם וְלֹא יִתְעַפְּשׁוּ. וּבִלְשׁוֹן עֲרָבִי כָּל דָּבָר חָלוּל קָרוּי קסו"א: **וּמְנַקִּיֹּתָיו.** תַּרְגּוּמוֹ "וּמְכִילָתֵיהּ", הֵן סְנִיפִין כְּמִין יְתֵדוֹת זָהָב עוֹמְדִין בָּאָרֶץ וּגְבוֹהִין עַד לְמַעְלָה מִן הַשֻּׁלְחָן הַרְבֵּה כְּנֶגֶד גֹּבַהּ מַעֲרֶכֶת הַלֶּחֶם, וּמְפֻצָּלִים שִׁשָּׁה פִּצּוּלִים, זֶה לְמַעְלָה מִזֶּה, וְרָאשֵׁי הַקָּנִים שֶׁבֵּין לֶחֶם לְלֶחֶם סְמוּכִין עַל אוֹתָן פִּצּוּלִין, כְּדֵי שֶׁלֹּא יִכְבַּד מַשָּׂא הַלֶּחֶם הָעֶלְיוֹנִים עַל הַתַּחְתּוֹנִים וְיִשָּׁבְרוּ. וּלְשׁוֹן "מְכִילָתֵיהּ" סוֹבְלוֹתָיו, כְּמוֹ: "נִלְאֵיתִי הָכִיל" (ירמיה ו, יא). אֲבָל לְשׁוֹן 'מְנַקִּית' אֵינִי יוֹדֵעַ אֵיךְ נוֹפֵל עַל סְנִיפִין. וְיֵשׁ מֵחַכְמֵי יִשְׂרָאֵל אוֹמְרִים, "קְשׂוֹתָיו" אֵלּוּ סְנִיפִין, שֶׁמְּקַשִּׁין אוֹתוֹ וּמַחֲזִיקִים אוֹתוֹ שֶׁלֹּא יִשָּׁבֵר, "וּמְנַקִּיֹּתָיו" אֵלּוּ הַקָּנִים, שֶׁמְּנַקִּין אוֹתוֹ שֶׁלֹּא יִתְעַפֵּשׁ. אֲבָל אוּנְקְלוֹס שֶׁתִּרְגֵּם: "וּמְכִילָתֵיהּ" הָיָה שׁוֹנֶה כְּדִבְרֵי הָאוֹמֵר מְנַקִּיּוֹת הֵן סְנִיפִין: **אֲשֶׁר יֻסַּךְ בָּהֵן.** אֲשֶׁר יְכֻסֶּה בָּהֶן. וְעַל קְשׂוֹתָיו הוּא אוֹמֵר: "אֲשֶׁר יֻסַּךְ", שֶׁהָיוּ עָלָיו כְּמִין סְכָךְ וְכִסּוּי, וְכֵן בְּמָקוֹם אַחֵר הוּא אוֹמֵר: "וְאֵת קְשׂוֹת הַנָּסֶךְ" (במדבר ד, ז). וְזֶה וָזֶה, 'יֻסַּךְ' וְ'הַנָּסֶךְ', לְשׁוֹן סְכָךְ וְכִסּוּי הֵם:

ל) **לֶחֶם פָּנִים.** שֶׁהָיוּ לוֹ פָּנִים כְּמוֹ שֶׁפֵּרַשְׁתִּי. וּמִנְיַן הַלֶּחֶם וְסֵדֶר מַעַרְכוֹתָיו מְפֹרָשִׁים בְּ'אֱמֹר אֶל הַכֹּהֲנִים' (ויקרא כד, ה-ט):

לא) **מִקְשָׁה תֵּיעָשֶׂה הַמְּנוֹרָה.** שֶׁלֹּא יַעֲשֶׂנָּה חֻלְיוֹת, וְלֹא יַעֲשֶׂה קָנֶיהָ וְנֵרוֹתֶיהָ אֵבָרִים אֵבָרִים וְאַחַר כָּךְ יַדְבִּיקֵם כְּדֶרֶךְ הַצּוֹרְפִים שֶׁקּוֹרִין שולדרי"ן, אֶלָּא כֻּלָּהּ בָּאָה מֵחֲתִיכָה אַחַת, וּמַקִּישׁ בַּקֻּרְנָס וְחוֹתֵךְ בִּכְלֵי הָאֻמָּנוּת וּמַפְרִיד הַקָּנִים אֵילָךְ וְאֵילָךְ. תַּרְגּוּמוֹ שֶׁל "מִקְשָׁה": "נְגִיד", לְשׁוֹן הַמְשָׁכָה, שֶׁמַּמְשִׁיךְ הָאֵבָרִים מִן הָעֶשֶׁת לְכָאן וּלְכָאן בְּהַקָּשַׁת הַקֻּרְנָס. וּלְשׁוֹן "מִקְשָׁה" מַכַּת קֻרְנָס, בטדי"ץ בְּלַעַז: **תֵּיעָשֶׂה הַמְּנוֹרָה.** מֵאֵלֶיהָ, לְפִי שֶׁהָיָה מֹשֶׁה מִתְקַשֶּׁה בָּהּ, אָמַר לוֹ הַקָּדוֹשׁ בָּרוּךְ הוּא: הַשְׁלֵךְ אֶת הַכִּכָּר לָאוּר וְהִיא נַעֲשֵׂית מֵאֵלֶיהָ. לְכָךְ לֹא נִכְתַּב 'תַּעֲשֶׂה': **יְרֵכָהּ.** הוּא הָרֶגֶל שֶׁלְּמַטָּה

שמות כה

יְרֵכָהּ וְקָנָהּ גְּבִיעֶיהָ כַּפְתֹּרֶיהָ וּפְרָחֶיהָ מִמֶּנָּה יִהְיוּ:
לב וְשִׁשָּׁה קָנִים יֹצְאִים מִצִּדֶּיהָ שְׁלֹשָׁה ׀ קְנֵי מְנֹרָה מִצִּדָּהּ הָאֶחָד וּשְׁלֹשָׁה קְנֵי מְנֹרָה מִצִּדָּהּ הַשֵּׁנִי:
לג שְׁלֹשָׁה גְבִעִים מְשֻׁקָּדִים בַּקָּנֶה הָאֶחָד כַּפְתֹּר וָפֶרַח וּשְׁלֹשָׁה גְבִעִים מְשֻׁקָּדִים בַּקָּנֶה הָאֶחָד כַּפְתֹּר וָפָרַח כֵּן לְשֵׁשֶׁת הַקָּנִים הַיֹּצְאִים מִן־הַמְּנֹרָה:
לד וּבַמְּנֹרָה אַרְבָּעָה גְבִעִים מְשֻׁקָּדִים כַּפְתֹּרֶיהָ וּפְרָחֶיהָ:
לה וְכַפְתֹּר תַּחַת שְׁנֵי הַקָּנִים מִמֶּנָּה וְכַפְתֹּר תַּחַת שְׁנֵי הַקָּנִים מִמֶּנָּה וְכַפְתֹּר תַּחַת־שְׁנֵי הַקָּנִים מִמֶּנָּה לְשֵׁשֶׁת הַקָּנִים הַיֹּצְאִים מִן־הַמְּנֹרָה:
לו כַּפְתֹּרֵיהֶם וּקְנֹתָם מִמֶּנָּה יִהְיוּ כֻּלָּהּ מִקְשָׁה אַחַת זָהָב טָהוֹר:
לז וְעָשִׂיתָ אֶת־נֵרֹתֶיהָ שִׁבְעָה וְהֶעֱלָה אֶת־נֵרֹתֶיהָ וְהֵאִיר עַל־עֵבֶר פָּנֶיהָ:
לח וּמַלְקָחֶיהָ וּמַחְתֹּתֶיהָ זָהָב טָהוֹר:
לט כִּכַּר זָהָב טָהוֹר יַעֲשֶׂה אֹתָהּ אֵת כָּל־הַכֵּלִים

הָעָשׂוּי כְּמִין תֵּבָה, וּשְׁלֹשֶׁת הָרַגְלַיִם יוֹצְאִין הֵימֶנָּה לְמַטָּה: וְקָנָהּ. הַקָּנֶה הָאֶמְצָעִי שֶׁלָּהּ הָעוֹלֶה בָּאֶמְצַע הַיָּרֵךְ זָקוּף כְּלַפֵּי מַעְלָה, וְעָלָיו נֵר הָאֶמְצָעִי עָשׂוּי כְּמִין בָּזָךְ לָצֹק הַשֶּׁמֶן לְתוֹכוֹ וְלָתֵת הַפְּתִילָה: גְּבִיעֶיהָ. הֵן כְּמִין כּוֹסוֹת שֶׁעוֹשִׂין מִזְּכוּכִית אֲרֻכִּים וְקַצָּרִים, וְקוֹרִין לָהֶם מדרינ"ש, וְאֵלּוּ עֲשׂוּיִין שֶׁל זָהָב וּבוֹלְטִין וְיוֹצְאִין מִכָּל קָנֶה וְקָנֶה כַּמִּנְיָן שֶׁנָּתַן בָּהֶם הַכָּתוּב, וְלֹא הָיוּ בָהּ אֶלָּא לְנוֹי: כַּפְתֹּרֶיהָ. כְּמִין תַּפּוּחִים הָיוּ עֲגֻלִּין סָבִיב, בּוֹלְטִין סְבִיבוֹת הַקָּנֶה הָאֶמְצָעִי, כְּדֶרֶךְ שֶׁעוֹשִׂין לַמְּנוֹרוֹת שֶׁלִּפְנֵי הַשָּׂרִים, וְקוֹרִין לָהֶם פומיל"ש, וּמִנְיָן שֶׁלָּהֶם כָּתוּב בַּפָּרָשָׁה, כַּמָּה כַפְתּוֹרִים בּוֹלְטִין מִמֶּנָּה וְכַמָּה חֲלָק

בֵּין כַּפְתּוֹר לְכַפְתּוֹר: וּפְרָחֶיהָ. צִיּוּרִין עֲשׂוּיִין בָּהּ כְּמִין פְּרָחִים: מִמֶּנָּה יִהְיוּ. הַכֹּל מִקְשָׁה יוֹצֵא מִתּוֹךְ חֲתִיכַת הָעֶשֶׁת, וְלֹא יַעֲשֶׂה לְבַדָּד וְיִדְבָּקֵם:

לב) יֹצְאִים מִצִּדֶּיהָ. לְכָאן וּלְכָאן בַּאֲלַכְסוֹן, נִמְשָׁכִים וְעוֹלִין עַד כְּנֶגֶד גָּבְהָהּ שֶׁל מְנוֹרָה שֶׁהוּא קָנֶה הָאֶמְצָעִי, וְיוֹצְאִים מִתּוֹךְ קָנֶה הָאֶמְצָעִי זֶה לְמַעְלָה מִזֶּה, הַתַּחְתּוֹן אָרֹךְ וְשֶׁל מַעְלָה קָצָר הֵימֶנּוּ וְהָעֶלְיוֹן קָצָר הֵימֶנּוּ, לְפִי שֶׁהָיָה גֹּבַהּ רָאשֵׁיהֶן שָׁוֶה לְגָבְהוֹ שֶׁל קָנֶה הָאֶמְצָעִי הַשְּׁבִיעִי שֶׁמִּמֶּנּוּ יוֹצְאִים שִׁשָּׁה:

לג) מְשֻׁקָּדִים. כְּתַרְגּוּמוֹ, מְצֻיָּרִים הָיוּ כְּדֶרֶךְ שֶׁעוֹשִׂין

תרומה

לב שְׁדָה וּקְנֵה, כֻּלִּידַהּ, חֲזוֹרָהָא וְשׁוֹשַׁנָּהָא מִנַּהּ יְהוֹן: וְשִׁתָּא קְנִין, נָפְקִין מִסִּטְרָהָא, תְּלָתָא

לג קְנֵי מְנָרְתָא, מִסִּטְרָה חַד, וּתְלָתָא קְנֵי מְנָרְתָא, מִסִּטְרָה תִנְיָנָא: תְּלָתָא כַלִּידִין, מְצַיְּרִין, בְּקַנְיָא חַד חֲזוּר וְשׁוֹשָׁן, וּתְלָתָא כַלִּידִין, מְצַיְּרִין, בְּקַנְיָא חַד חֲזוּר וְשׁוֹשָׁן, כֵּן לְשִׁתָּא קְנִין,

לד דְנָפְקִין מִן מְנָרְתָא: וּבִמְנָרְתָא אַרְבְּעָא כַלִּידִין, מְצַיְּרִין, חֲזוֹרָהָא וְשׁוֹשַׁנָּהָא: וַחֲזוּר, תְּחוֹת תְּרֵין קְנִין דְמִנַּהּ, וַחֲזוּר תְּחוֹת תְּרֵין קְנֵי דְמִנַּהּ, וַחֲזוּר, תְּחוֹת תְּרֵין קְנֵי דְמִנַּהּ, לְשִׁתָּא

לה קְנִין, דְנָפְקִין מִן מְנָרְתָא: חֲזוֹרֵיהוֹן וּקְנֵיהוֹן מִנַּהּ יְהוֹן, כֻּלַּהּ, נְגִידָא חֲדָא דִדְהַב דְּכֵי:

לו וְתַעֲבֵיד יָת בּוֹצִינָהָא שִׁבְעָא, וְתַדְלֵיק יָת בּוֹצִינָהָא, וִיהוֹן מְנָהֲרִין לָקֳבֵיל אַפָּהָא:

לז וְצִבְתָהָא וּמַחְתִּיָתָהָא דִדְהַב דְּכֵי: כִּכְּרָא, דִדְהַבָא דְּכְיָא יַעֲבֵיד יָתַהּ, יָת כָּל מָנַיָּא

לְכָלֵי כֶּסֶף וְזָהָב שֶׁקּוֹדֶן עיי"כּ: **שְׁלֹשָׁה גְבִעִים.** בּוֹלְטִין מִכָּל קָנֶה וְקָנֶה: **כַּפְתֹּר וָפָרַח.** הָיָה לְכָל קָנֶה וְקָנֶה:

לד **וּבַמְּנֹרָה אַרְבָּעָה גְבִעִים.** בְּגוּפָהּ שֶׁל מְנוֹרָה הָיוּ אַרְבָּעָה גְבִיעִים, אֶחָד בּוֹלֵט בָּהּ לְמַטָּה מִן הַקָּנִים, וְהַשְּׁלֹשָׁה לְמַעְלָה מִן יְצִיאַת הַקָּנִים הַיּוֹצְאִים מִמֶּנָּה: **מְשֻׁקָּדִים כַּפְתֹּרֶיהָ וּפְרָחֶיהָ.** זֶה אֶחָד מֵחֲמִשָּׁה מִקְרָאוֹת שֶׁאֵין לָהֶם הֶכְרֵעַ, אֵין יָדוּעַ אִם "גְבִעִים מְשֻׁקָּדִים" אוֹ "מְשֻׁקָּדִים כַּפְתֹּרֶיהָ וּפְרָחֶיהָ":

לה **וְכַפְתֹּר תַּחַת שְׁנֵי הַקָּנִים.** מִתּוֹךְ הַכַּפְתּוֹר הָיוּ הַקָּנִים נִמְשָׁכִים מִשְּׁנֵי עֶדְיָהּ אֵילָךְ וְאֵילָךְ. כָּךְ שָׁנִינוּ בִּמְלֶאכֶת הַמִּשְׁכָּן: גָּבְהָהּ שֶׁל מְנוֹרָה שְׁמוֹנָה עָשָׂר טְפָחִים. הָרַגְלַיִם וְהַפֶּרַח שְׁלֹשָׁה טְפָחִים, הוּא הַפֶּרַח הָאָמוּר בַּיָּרֵךְ שֶׁנֶּאֱמַר: "עַד יְרֵכָהּ עַד פִּרְחָהּ" (במדבר ח, ד), וּטְפָחַיִם חָלָק, וְטֶפַח שֶׁבּוֹ גָּבִיעַ מֵהָאַרְבָּעָה גְבִיעִים, וְכַפְתּוֹר וָפֶרַח מִשְּׁנֵי כַפְתּוֹרִים וּשְׁנֵי פְרָחִים הָאֲמוּרִים בַּמְּנוֹרָה עַצְמָהּ, שֶׁנֶּאֱמַר: "מְשֻׁקָּדִים כַּפְתֹּרֶיהָ וּפְרָחֶיהָ" (כפסוק הקודם), לָמַדְנוּ שֶׁהָיוּ בַּקָּנֶה שְׁנֵי כַפְתּוֹרִים וּשְׁנֵי פְרָחִים לְבַד מִן הַשְּׁלֹשָׁה כַפְתּוֹרִים שֶׁהַקָּנִים נִמְשָׁכִין מִתּוֹכָן, שֶׁנֶּאֱמַר: "וְכַפְתֹּר תַּחַת שְׁנֵי הַקָּנִים" וְגוֹ', וְטְפָחַיִם חָלָק, וְטֶפַח כַּפְתּוֹר וּשְׁנֵי קָנִים יוֹצְאִים מִמֶּנּוּ אֵילָךְ וְאֵילָךְ נִמְשָׁכִים וְעוֹלִים כְּנֶגֶד גָּבְהָהּ שֶׁל מְנוֹרָה, וְטֶפַח חָלָק, וְטֶפַח כַּפְתּוֹר, וּשְׁנֵי קָנִים יוֹצְאִים מִמֶּנּוּ, וְטֶפַח חָלָק, וְטֶפַח כַּפְתּוֹר, וּשְׁנֵי קָנִים יוֹצְאִים מִמֶּנּוּ, וְטְפָחַיִם חָלָק, נִשְׁתַּיְּרוּ שָׁם שְׁלֹשָׁה טְפָחִים, שֶׁבָּהֶם שְׁלֹשָׁה גְבִיעִים וְכַפְתּוֹר וָפֶרַח. נִמְצְאוּ גְבִיעִים שְׁנַיִם וְעֶשְׂרִים, שְׁמוֹנָה עָשָׂר לְשִׁשָּׁה קָנִים שְׁלֹשָׁה לְכָל אֶחָד וְאֶחָד, וְאַרְבָּעָה בְּגוּפָהּ שֶׁל מְנוֹרָה, וְאֶחָד

עָשָׂר כַּפְתּוֹרִים, שִׁשָּׁה בְּשֵׁשֶׁת הַקָּנִים, וּשְׁלֹשָׁה בְּגוּפָהּ שֶׁל מְנוֹרָה שֶׁהַקָּנִים יוֹצְאִים מֵהֶם, וְעוֹד שְׁנַיִם בַּמְּנוֹרָה שֶׁנֶּאֱמַר: "מְשֻׁקָּדִים כַּפְתֹּרֶיהָ" וּמִעוּט כַּפְתּוֹרִים שְׁנַיִם, הָאֶחָד לְמַטָּה אֵצֶל הַיָּרֵךְ וְהֶאֶחָד בִּשְׁלֹשָׁה טְפָחִים הָעֶלְיוֹנִים עִם הַשְּׁלֹשָׁה גְבִיעִים, וְתִשְׁעָה פְרָחִים הָיוּ לָהּ, שִׁשָּׁה לְשֵׁשֶׁת הַקָּנִים, שֶׁנֶּאֱמַר: "בַּקָּנֶה הָאֶחָד כַּפְתֹּר וָפָרַח" (לעיל פסוק לג), וּשְׁלֹשָׁה לַמְּנוֹרָה, שֶׁנֶּאֱמַר: "מְשֻׁקָּדִים כַּפְתֹּרֶיהָ וּפְרָחֶיהָ" (בפסוק הקודם) וּמִעוּט פְּרָחִים שְׁנַיִם, וְאֶחָד הָאָמוּר בְּפָרָשַׁת "בְּהַעֲלֹתְךָ" (במדבר ח, ד) "עַד יְרֵכָהּ עַד פִּרְחָהּ". וְאִם תְּדַקְדֵּק בַּמִּשְׁנָה זוֹ הַכְּתוּבָה לְמַעְלָה תִּמְצָאֵם כְּמִנְיָנָם אִישׁ אִישׁ בִּמְקוֹמוֹ:

לו **אֶת נֵרֹתֶיהָ.** כְּמִין בָּזִיכִין שֶׁנּוֹתְנִין בְּתוֹכָם הַשֶּׁמֶן וְהַפְּתִילוֹת: **וְהֵאִיר עַל עֵבֶר פָּנֶיהָ.** עֲשֵׂה פִּי שֵׁשֶׁת הַנֵּרוֹת שֶׁבְּרָאשֵׁי הַקָּנִים הַיּוֹצְאִים מִצִּדֶּיהָ מֻסַּבִּים כְּלַפֵּי הָאֶמְצָעִי, כְּדֵי שֶׁיִּהְיוּ הַנֵּרוֹת כְּשֶׁתַּדְלִיקֵם מְאִירִים "אֶל עֵבֶר פָּנֶיהָ", מוּסָב חוֹרָם אֶל עֵבֶר הַקָּנֶה הָאֶמְצָעִי שֶׁהוּא גּוּף הַמְּנוֹרָה:

לז **וּמַלְקָחֶיהָ.** הֵם הַצְּבָתִים הָעֲשׂוּיִין לִקַּח בָּהֶם הַפְּתִילוֹת מִתּוֹךְ הַשֶּׁמֶן לְיַשְּׁבָן וּלְמָשְׁכָן פִּי הַנֵּרוֹת, וְעַל שֵׁם שֶׁלּוֹקְחִים בָּהֶם קְרוּיִים מֶלְקָחַיִם, "וְצִבְתָהָא" שֶׁתִּרְגֵּם אוּנְקְלוֹס, לְשׁוֹן צְבָת, טונַיי"ל"ש בְּלַעַז: **וּמַחְתֹּתֶיהָ.** הֵם כְּמִין בָּזִיכִין קְטַנִּים שֶׁחוֹתָה בָּהֶן אֶת הָאֵפֶר שֶׁבַּנֵּר בַּבֹּקֶר, כְּשֶׁהוּא מֵטִיב אֶת הַנֵּרוֹת מֵאֵפֶר הַפְּתִילוֹת שֶׁדָּלְקוּ הַלַּיְלָה וְכָבוּ, וּלְשׁוֹן מַחְתָּה פושיידו"ר"ח בְּלַעַז, כְּמוֹ: "לַחְתּוֹת אֵשׁ מִיָּקוּד" (ישעיה ל, יד):

לט **כִּכַּר זָהָב טָהוֹר.** שֶׁלֹּא יִהְיֶה מִשְׁקָלָהּ עִם כָּל כֵּלֶיהָ אֶלָּא כִּכָּר, לֹא פָחוֹת וְלֹא יוֹתֵר. וְהַכִּכָּר שֶׁל חוֹל שִׁשִּׁים מָנֶה, וְשֶׁל קֹדֶשׁ הָיָה כָּפוּל, מֵאָה

מ הָאֵלֶּה: וּרְאֵה וַעֲשֵׂה בְּתַבְנִיתָם אֲשֶׁר־אַתָּה
כו א שלישי יט מָרְאֶה בָּהָר: וְאֶת־הַמִּשְׁכָּן תַּעֲשֶׂה
עֶשֶׂר יְרִיעֹת שֵׁשׁ מָשְׁזָר וּתְכֵלֶת וְאַרְגָּמָן וְתֹלַעַת
ב שָׁנִי כְּרֻבִים מַעֲשֵׂה חֹשֵׁב תַּעֲשֶׂה אֹתָם: אֹרֶךְ ׀
הַיְרִיעָה הָאַחַת שְׁמֹנֶה וְעֶשְׂרִים בָּאַמָּה וְרֹחַב
אַרְבַּע בָּאַמָּה הַיְרִיעָה הָאֶחָת מִדָּה אַחַת לְכָל־
ג הַיְרִיעֹת: חֲמֵשׁ הַיְרִיעֹת תִּהְיֶיןָ חֹבְרֹת אִשָּׁה
אֶל־אֲחֹתָהּ וְחָמֵשׁ יְרִיעֹת חֹבְרֹת אִשָּׁה אֶל־
ד אֲחֹתָהּ: וְעָשִׂיתָ לֻלְאֹת תְּכֵלֶת עַל שְׂפַת
הַיְרִיעָה הָאֶחָת מִקָּצָה בַּחֹבָרֶת וְכֵן תַּעֲשֶׂה
בִּשְׂפַת הַיְרִיעָה הַקִּיצוֹנָה בַּמַּחְבֶּרֶת הַשֵּׁנִית:
ה חֲמִשִּׁים לֻלָאֹת תַּעֲשֶׂה בַּיְרִיעָה הָאֶחָת
וַחֲמִשִּׁים לֻלָאֹת תַּעֲשֶׂה בִּקְצֵה הַיְרִיעָה אֲשֶׁר
בַּמַּחְבֶּרֶת הַשֵּׁנִית מַקְבִּילֹת הַלֻּלָאֹת אִשָּׁה
ו אֶל־אֲחֹתָהּ: וְעָשִׂיתָ חֲמִשִּׁים קַרְסֵי זָהָב וְחִבַּרְתָּ
אֶת־הַיְרִיעֹת אִשָּׁה אֶל־אֲחֹתָהּ בַּקְּרָסִים וְהָיָה

תרומה

וְעֶשְׂרִים מָנֶה, וְהַמָּנֶה הוּא לִיטְרָא שֶׁשּׁוֹקְלִין בָּהּ כֶּסֶף לְמִשְׁקַל קוֹלוֹנְיָא, וְהֵם מֵאָה זְהוּבִים, עֶשְׂרִים וַחֲמִשָּׁה סְלָעִים, וְהַסֶּלַע אַרְבָּעָה זְהוּבִים:

מ **וּרְאֵה וַעֲשֵׂה.** רְאֵה כָּאן בָּהָר תַּבְנִית שֶׁאֲנִי מַרְאֶה אוֹתְךָ, מַגִּיד שֶׁנִּתְקַשָּׁה מֹשֶׁה בְּמַעֲשֵׂה הַמְּנוֹרָה עַד שֶׁהֶרְאָה לוֹ הַקָּדוֹשׁ בָּרוּךְ הוּא מְנוֹרָה שֶׁל אֵשׁ: **אֲשֶׁר אַתָּה מָרְאֶה.** כְּתַרְגּוּמוֹ: "דְּאַתְּ מִתַּחְזֵי בְּטוּרָא". אִלּוּ הָיָה נָקוּד 'מַרְאֶה' בְּפַתָּח, הָיָה פִּתְרוֹנוֹ, 'אַתָּה מַרְאֶה לַאֲחֵרִים', עַכְשָׁיו שֶׁנָּקוּד חֲטַף קָמָץ, פִּתְרוֹנוֹ 'דְּאַתְּ מִתַּחְזֵי', שֶׁאֲחֵרִים מַרְאִים לְךָ:

פרק כו

א **וְאֶת הַמִּשְׁכָּן תַּעֲשֶׂה עֶשֶׂר יְרִיעֹת.** לִהְיוֹת לוֹ לְגַג וּלְמְחִצּוֹת מִחוּץ לַקְּרָשִׁים, שֶׁהַיְרִיעוֹת תְּלוּיוֹת מֵאֲחוֹרֵיהֶן לְכַסּוֹתָן: **שֵׁשׁ מָשְׁזָר וּתְכֵלֶת וְאַרְגָּמָן וְתֹלַעַת שָׁנִי.** הֲרֵי אַרְבָּעָה מִינִין בְּכָל

כו מ הָאִלֵּין: וַחֲזִי וַעֲבֵיד, בִּדְמוּתְהוֹן, דְּאַתְּ מִתַּחְזֵי בְּטוּרָא: וְיָת מַשְׁכְּנָא תַּעֲבֵיד עֲסַר יְרִיעָן,
א
ב דְּבוּץ שְׁזִיר, וְתַכְלָא וְאַרְגְּוָנָא וּצְבַע זְהוֹרִי, צוּרַת כְּרוּבִין, עוֹבַד אֻמָּן תַּעֲבֵיד יָתְהוֹן: אֻרְכָּא
דִּירִיעֲתָא חֲדָא, עַסְרִין וְתַמְנֵי אַמִּין, וּפְתָיָא אַרְבַּע אַמִּין, דִּירִיעֲתָא חֲדָא, מִשְׁחֲתָא חֲדָא
ג לְכָל יְרִיעָתָא: חֲמֵשׁ יְרִיעָן, יְהוְיָן מְלַפְּפָן, חֲדָא עִם חֲדָא, וַחֲמֵשׁ יְרִיעָן מְלַפְּפָן, חֲדָא עִם
ד חֲדָא: וְתַעֲבֵיד עֲנוּבִין דְּתַכְלָא, עַל סִפְתָּא דִּירִיעֲתָא חֲדָא, מִסִּטְרָא בֵּית לוֹפֵי, וְכֵן תַּעֲבֵיד
ה בְּסִפְתָּא דִּירִיעֲתָא, בְּסִטְרָא, בֵּית לוֹפֵי תִּנְיָנָא: חַמְשִׁין עֲנוּבִין, תַּעֲבֵיד בִּירִיעֲתָא חֲדָא,
וְחַמְשִׁין עֲנוּבִין, תַּעֲבֵיד בְּסִטְרָא דִּירִיעֲתָא, דְּבֵית לוֹפֵי תִּנְיָנָא, מְכַוְּנָן עֲנוּבַיָּא, חֲדָא לָקֳבֵיל
ו חֲדָא: וְתַעֲבֵיד, חַמְשִׁין פּוּרְפִין דִּדְהַב, וּתְלָפֵיף יָת יְרִיעָתָא, חֲדָא עִם חֲדָא בְּפוּרְפַיָּא, וִיהֵי

חוּט וְחוּט, אֶחָד שֶׁל פִּשְׁתִּים וּשְׁלֹשָׁה שֶׁל צֶמֶר, וְכָל מִין וּמִין חוּטוֹ כָּפוּל שִׁשָּׁה, הֲרֵי אַרְבָּעָה מִינִין כְּשֶׁהֵן שְׁזוּרִין יַחַד עֶשְׂרִים וְאַרְבָּעָה כְּפָלִים לַחוּט: כְּרֻבִים מַעֲשֵׂה חֹשֵׁב. כְּרוּבִים הָיוּ מְצֻיָּרִין בָּהֶם בַּאֲרִיגָתָן, וְלֹא בִּרְקִימָה שֶׁהוּא מַעֲשֵׂה מַחַט, אֶלָּא בַּאֲרִיגָה בִּשְׁנֵי כְתָלִים, פַּרְצוּף אֶחָד מִכָּאן וּפַרְצוּף אֶחָד מִכָּאן, אֲרִי מִצַּד זֶה וְנֶשֶׁר מִצַּד זֶה, כְּמוֹ שֶׁאוֹרְגִין חֲגוֹרוֹת שֶׁל מֶשִׁי שֶׁקּוֹרִין בְּלַעַז פיישי"ש:

ג| תִּהְיֶיןָ חֹבְרֹת. תּוֹפְרָן בְּמַחַט זוֹ בְּצַד זוֹ, חָמֵשׁ לְבַד וְחָמֵשׁ לְבַד: **אִשָּׁה אֶל אֲחֹתָהּ.** כָּךְ דֶּרֶךְ הַמִּקְרָא לְדַבֵּר בְּדָבָר שֶׁהוּא לְשׁוֹן נְקֵבָה; וּבְדָבָר שֶׁהוּא לְשׁוֹן זָכָר אוֹמֵר: 'אִישׁ אֶל אָחִיו', כְּמוֹ שֶׁנֶּאֱמַר בַּכְּרוּבִים: "וּפְנֵיהֶם אִישׁ אֶל אָחִיו" (לעיל כה, כ):

ד| לֻלָאֹת. לצו"ל בְּלַעַז, וְכֵן תִּרְגֵּם אוּנְקְלוֹס: "עֲנוּבִין", לְשׁוֹן עֲנִיבָה: **מִקָּצָה בַּחֹבָרֶת.** בְּאוֹתָהּ יְרִיעָה שֶׁבְּסוֹף הַחִבּוּר, קְבוּצַת חֲמֵשֶׁת הַיְרִיעוֹת קְרוּיָה חוֹבֶרֶת: **וְכֵן תַּעֲשֶׂה בִּשְׂפַת הַיְרִיעָה הַקִּיצוֹנָה בַּמַּחְבֶּרֶת הַשֵּׁנִית.** בְּאוֹתָהּ יְרִיעָה שֶׁהִיא קִיצוֹנָה, לְשׁוֹן קָצֶה, כְּלוֹמַר לְסוֹף הַחוֹבֶרֶת:

ה| **מַקְבִּילֹת הַלֻּלָאֹת אִשָּׁה אֶל אֲחֹתָהּ.** שְׁמֹר שֶׁתַּעֲשֶׂה הַלּוּלָאוֹת מְכֻוָּנוֹת בְּמִדָּה אַחַת הַבְדָּלָתָן זוֹ מִזּוֹ, וּכְמִדָּתָן בִּירִיעָה זוֹ כֵּן יְהֵא בַּחֲבֶרְתָּהּ, כְּשֶׁתִּפְרֹשׂ חוֹבֶרֶת אֵצֶל חוֹבֶרֶת יִהְיוּ הַלּוּלָאוֹת שֶׁל יְרִיעָה זוֹ מְכֻוָּנוֹת כְּנֶגֶד לוּלָאוֹת שֶׁל זוֹ. וְזֶהוּ לְשׁוֹן 'מַקְבִּילֹת', זוֹ כְּנֶגֶד זוֹ, תַּרְגּוּמוֹ שֶׁל 'נֶגֶד' (לעיל י, י) – 'לָקֳבֵל'. הַיְרִיעוֹת אָרְכָּן עֶשְׂרִים וּשְׁמוֹנֶה וְרָחְבָּן אַרְבַּע, וּכְשֶׁחִבֵּר חָמֵשׁ יְרִיעוֹת יַחַד נִמְצָא רָחְבָּן עֶשְׂרִים, וְכֵן הַחוֹבֶרֶת הַשֵּׁנִית. וְהַמִּשְׁכָּן אָרְכּוֹ שְׁלֹשִׁים מִן הַמִּזְרָח לַמַּעֲרָב, שֶׁנֶּאֱמַר: "עֶשְׂרִים קְרָשִׁים לִפְאַת נֶגֶב תֵּימָנָה" (להלן לו, כג; כעין זה להלן פסוק יח), וְכֵן לַצָּפוֹן (להלן פסוק כ), וְכָל קֶרֶשׁ אַמָּה וַחֲצִי הָאַמָּה (להלן פסוק טז), הֲרֵי שְׁלֹשִׁים מִן הַמִּזְרָח לַמַּעֲרָב. רֹחַב הַמִּשְׁכָּן מִן הַצָּפוֹן לַדָּרוֹם עֶשֶׂר אַמּוֹת, שֶׁנֶּאֱמַר: "וּלְיַרְכְּתֵי הַמִּשְׁכָּן יָמָּה וְגוֹ' וּשְׁנֵי קְרָשִׁים... לִמְקֻצְעֹת" (להלן פסוקים כב-כג) הֲרֵי עֶשֶׂר, וּבִמְקוֹמָם אֲפָרְשֵׁם לַמִּקְרָאוֹת הַלָּלוּ. נוֹתֵן הַיְרִיעוֹת אָרְכָּן לְרָחְבּוֹ שֶׁל מִשְׁכָּן, עֶשֶׂר אַמּוֹת הָאֶמְצָעִיּוֹת לְגַג חֲלַל רֹחַב הַמִּשְׁכָּן, וְאַמָּה מִכָּאן וְאַמָּה מִכָּאן לְעָבִי רָאשֵׁי הַקְּרָשִׁים, שֶׁעָבְיָן אַמָּה, נִשְׁתַּיְּרוּ שֵׁשׁ עֶשְׂרֵה אַמָּה, שְׁמוֹנֶה לַצָּפוֹן וּשְׁמוֹנֶה לַדָּרוֹם, מְכַסּוֹת קוֹמַת הַקְּרָשִׁים שֶׁגָּבְהָן עֶשֶׂר, נִמְצְאוּ שְׁתֵּי אַמּוֹת הַתַּחְתּוֹנוֹת מְגֻלּוֹת. רָחְבָּן שֶׁל יְרִיעוֹת אַרְבָּעִים אַמָּה כְּשֶׁהֵן מְחֻבָּרוֹת, עֶשְׂרִים אַמָּה לְחוֹבֶרֶת. שְׁלֹשִׁים מֵהֶן לְגַג חֲלַל הַמִּשְׁכָּן לְאָרְכּוֹ, וְאַמָּה כְּנֶגֶד עָבִי רָאשֵׁי הַקְּרָשִׁים שֶׁבַּמַּעֲרָב, וְאַמָּה לְכַסּוֹת עָבִי הָעַמּוּדִים שֶׁבַּמִּזְרָח, שֶׁלֹּא הָיוּ קְרָשִׁים בַּמִּזְרָח אֶלָּא אַרְבָּעָה עַמּוּדִים שֶׁהַמָּסָךְ פָּרוּשׂ וְתָלוּי בְּוָוִין שֶׁבָּהֶן כְּמִין וִילוֹן, נִשְׁתַּיְּרוּ שְׁמוֹנֶה אַמּוֹת הַתְּלוּיִין עַל אֲחוֹרֵי הַמִּשְׁכָּן שֶׁבַּמַּעֲרָב, וּשְׁתֵּי אַמּוֹת הַתַּחְתּוֹנוֹת מְגֻלּוֹת. זוֹ מָצָאתִי בַּבָּרַיְתָא דְּאַרְבָּעִים וָתֵשַׁע מִדּוֹת. אֲבָל בְּמַסֶּכֶת שַׁבָּת (דף צח ע"ב) אֵין הַיְרִיעוֹת מְכַסּוֹת אֶת עַמּוּדֵי הַמִּזְרָח, וְתֵשַׁע אַמּוֹת תְּלוּיוֹת אֲחוֹרֵי הַמִּשְׁכָּן, וְהַכָּתוּב מְסַיְּעֵנוּ: "וְנָתַתָּה אֶת הַפָּרֹכֶת תַּחַת הַקְּרָסִים" (להלן פסוק לג), וְאִם כְּדִבְרֵי הַבָּרַיְתָא הַזֹּאת, נִמְצֵאת פָּרֹכֶת מְשׁוּכָה מִן הַקְּרָסִים וְלַמַּעֲרָב אַמָּה:

ו| **קַרְסֵי זָהָב.** פירמיל"ש בְּלַעַז, וּמַכְנִיסִין רֹאשָׁן אֶחָד בַּלּוּלָאוֹת שֶׁבְּחוֹבֶרֶת זוֹ וְרֹאשָׁן אֶחָד בַּלּוּלָאוֹת שֶׁבְּחוֹבֶרֶת זוֹ וּמְחַבְּרָן בָּהֶן:

ז הַמִּשְׁכָּן אֶחָד: וְעָשִׂיתָ יְרִיעֹת עִזִּים לְאֹהֶל עַל־
הַמִּשְׁכָּן עַשְׁתֵּי־עֶשְׂרֵה יְרִיעֹת תַּעֲשֶׂה אֹתָם:
ח אֹרֶךְ ׀ הַיְרִיעָה הָאַחַת שְׁלֹשִׁים בָּאַמָּה וְרֹחַב
אַרְבַּע בָּאַמָּה הַיְרִיעָה הָאֶחָת מִדָּה אַחַת לְעַשְׁתֵּי
ט עֶשְׂרֵה יְרִיעֹת: וְחִבַּרְתָּ אֶת־חֲמֵשׁ הַיְרִיעֹת לְבָד
וְאֶת־שֵׁשׁ הַיְרִיעֹת לְבָד וְכָפַלְתָּ אֶת־הַיְרִיעָה
י הַשִּׁשִּׁית אֶל־מוּל פְּנֵי הָאֹהֶל: וְעָשִׂיתָ חֲמִשִּׁים
לֻלָאֹת עַל שְׂפַת הַיְרִיעָה הָאֶחָת הַקִּיצֹנָה בַּחֹבָרֶת
וַחֲמִשִּׁים לֻלָאֹת עַל שְׂפַת הַיְרִיעָה הַחֹבֶרֶת
יא הַשֵּׁנִית: וְעָשִׂיתָ קַרְסֵי נְחֹשֶׁת חֲמִשִּׁים וְהֵבֵאתָ
אֶת־הַקְּרָסִים בַּלֻּלָאֹת וְחִבַּרְתָּ אֶת־הָאֹהֶל וְהָיָה
יב אֶחָד: וְסֶרַח הָעֹדֵף בִּירִיעֹת הָאֹהֶל חֲצִי הַיְרִיעָה
יג הָעֹדֶפֶת תִּסְרַח עַל אֲחֹרֵי הַמִּשְׁכָּן: וְהָאַמָּה מִזֶּה
וְהָאַמָּה מִזֶּה בָּעֹדֵף בְּאֹרֶךְ יְרִיעֹת הָאֹהֶל יִהְיֶה
יד סָרוּחַ עַל־צִדֵּי הַמִּשְׁכָּן מִזֶּה וּמִזֶּה לְכַסֹּתוֹ: וְעָשִׂיתָ
מִכְסֶה לָאֹהֶל עֹרֹת אֵילִם מְאָדָּמִים וּמִכְסֵה עֹרֹת
תְּחָשִׁים מִלְמָעְלָה:

רביעי טו וְעָשִׂיתָ אֶת־הַקְּרָשִׁים לַמִּשְׁכָּן עֲצֵי שִׁטִּים עֹמְדִים:
טז עֶשֶׂר אַמּוֹת אֹרֶךְ הַקָּרֶשׁ וְאַמָּה וַחֲצִי הָאַמָּה

ז) יְרִיעֹת עִזִּים. מִנּוֹצָה שֶׁל עִזִּים: לְאֹהֶל עַל הַמִּשְׁכָּן. לִפְרֹשׂ אוֹתָן עַל הַיְרִיעוֹת הַתַּחְתּוֹנוֹת:

ח) שְׁלֹשִׁים בָּאַמָּה. שֶׁכְּשֶׁנּוֹתְנָן אָרְכָּן לְרֹחַב הַמִּשְׁכָּן כְּמוֹ שֶׁנָּתַן אֶת הָרִאשׁוֹנוֹת, נִמְצְאוּ אֵלּוּ עוֹדְפוֹת

תרומה

ז מַשְׁכְּנָא חַד: וְתַעֲבֵיד יְרִיעָן דִּמְעַזֵּי, לִפְרָסָא עַל מַשְׁכְּנָא, חֲדָא עַסְרֵי יְרִיעָן תַּעֲבֵיד יָתְהוֹן:
ח אֻרְכָּא דִּירִיעֲתָא חֲדָא, תְּלָתִין אַמִּין, וּפְתָיָא אַרְבַּע אַמִּין, דִּירִיעֲתָא חֲדָא, מְשַׁחְתָּא חֲדָא,
ט לַחֲדָא עַסְרֵי יְרִיעָן: וּתְלָפֵיף, יָת חֲמֵשׁ יְרִיעָן לְחוֹד, וְיָת שֵׁית יְרִיעָן לְחוֹד, וְתַעֵיף יָת יְרִיעֲתָא
י שְׁתִיתֵיתָא, לְקָבֵיל אַפֵּי מַשְׁכְּנָא: וְתַעֲבֵיד חַמְשִׁין עֲנוּבִין, עַל סִפְתָּא דִּירִיעֲתָא חֲדָא, בְּסִטְרָא
יא בֵּית לוֹפֵי, וְחַמְשִׁין עֲנוּבִין, עַל סִפְתָּא דִּירִיעֲתָא, דְּבֵית לוֹפֵי תִּנְיָנָא: וְתַעֲבֵיד, פּוּרְפִין דִּנְחָשׁ
יב חַמְשִׁין, וְתַעֵיל יָת פּוּרְפַיָּא בַּעֲנוּבַיָּא, וּתְלָפֵיף יָת מַשְׁכְּנָא וִיהֵי חַד: וְסִרְחָא דְּיָתִיר, בִּירִיעַת
יג מַשְׁכְּנָא, פַּלְגוּת יְרִיעֲתָא דְּיָתְרָא, תִּסְרַח, עַל אֲחוֹרֵי מַשְׁכְּנָא: וְאַמְּתָא מִכָּא, וְאַמְּתָא מִכָּא
יד בִּדְיָתִיר, בְּאוֹרֶךְ יְרִיעַת מַשְׁכְּנָא, יְהֵי סְרִיחַ, עַל סִטְרֵי מַשְׁכְּנָא, מִכָּא וּמִכָּא לְכַסָּיוּתֵיהּ: וְתַעֲבֵיד
טו חוּפָאָה לְמַשְׁכְּנָא, דְּמַשְׁכֵּי דִּכְרֵי מְסַמְּקֵי, וְחוּפָאָה, דְּמַשְׁכֵּי סָסְגוֹנָא מִלְּעֵילָא: וְתַעֲבֵיד יָת
טז דַּפַּיָּא לְמַשְׁכְּנָא, דְּאָעֵי שִׁטִּין קָיְמִין: עֲסַר אַמִּין אֻרְכָּא דְּדַפָּא, וְאַמְּתָא וּפַלְגוּת אַמְּתָא,

אַמָּה מִכָּאן וְאַמָּה מִכָּאן, לְכַסּוֹת אַחַת מֵהַשְּׁתַּיִם אַמּוֹת שֶׁנִּשְׁאֲרוּ מְגֻלּוֹת בַּקְּרָשִׁים. וְהָאַמָּה הַתַּחְתּוֹנָה שֶׁל קֶרֶשׁ שֶׁאֵין הַיְרִיעָה מְכַסָּה אוֹתוֹ, הִיא הָאַמָּה הַתְּחוּבָה בְּנֶקֶב הָאֶדֶן, שֶׁהָאֲדָנִים גָּבְהָן אַמָּה:

ט | **וְכָפַלְתָּ אֶת הַיְרִיעָה הַשִּׁשִּׁית.** שֶׁעוֹדֶפֶת בְּאֵלּוּ הָעֶלְיוֹנוֹת יוֹתֵר מִן הַתַּחְתּוֹנוֹת: **אֶל מוּל פְּנֵי הָאֹהֶל.** חֲצִי רָחְבָּהּ הָיָה תָּלוּי וְכָפוּל עַל הַמָּסָךְ שֶׁבַּמִּזְרָח כְּנֶגֶד הַפֶּתַח, דּוֹמֶה לְכַלָּה צְנוּעָה הַמְּכֻסָּה בְּצָעִיף עַל פָּנֶיהָ:

יב-יג | **וְסֶרַח הָעֹדֵף בִּירִיעֹת הָאֹהֶל.** עַל יְרִיעוֹת הַמִּשְׁכָּן. ׳יְרִיעֹת הָאֹהֶל׳ הֵן הָעֶלְיוֹנוֹת שֶׁל עִזִּים שֶׁקְּרוּיִם אֹהֶל, כְּמוֹ שֶׁאָמוּר בָּהֶן: ״לְאֹהֶל עַל הַמִּשְׁכָּן״ (לעיל פסוק ז), וְכָל אֹהֶל הָאָמוּר בָּהֶן אֵינוֹ אֶלָּא לְשׁוֹן גַּג, שֶׁמַּאֲהִילוֹת וּמְסַכְּכוֹת עַל הַתַּחְתּוֹנוֹת. וְהֵן הָיוּ עוֹדְפוֹת עַל הַתַּחְתּוֹנוֹת חֲצִי הַיְרִיעָה לַמַּעֲרָב, שֶׁהַחֲצִי שֶׁל יְרִיעָה אַחַת עֶשְׂרֵה הַיְתֵרָה הָיָה נִכְפָּל אֶל מוּל פְּנֵי הָאֹהֶל, נִשְׁאֲרוּ שְׁתֵּי אַמּוֹת רֹחַב חֶצְיָהּ עוֹדֵף עַל רֹחַב הַתַּחְתּוֹנוֹת: **תִּסְרַח עַל אֲחֹרֵי הַמִּשְׁכָּן.** לְכַסּוֹת שְׁתֵּי אַמּוֹת שֶׁהָיוּ מְגֻלּוֹת בַּקְּרָשִׁים: **וְהָאַמָּה מִזֶּה וְהָאַמָּה מִזֶּה.** לַצָּפוֹן וְלַדָּרוֹם: **בָּעֹדֵף בְּאֹרֶךְ יְרִיעֹת הָאֹהֶל.** שֶׁהֵן עוֹדְפוֹת עַל אֹרֶךְ יְרִיעוֹת הַמִּשְׁכָּן שְׁתֵּי אַמּוֹת: **יִהְיֶה סָרוּחַ עַל צִדֵּי הַמִּשְׁכָּן.** לַצָּפוֹן וְלַדָּרוֹם, כְּמוֹ שֶׁפֵּרַשְׁתִּי לְמַעְלָה. לִמְּדָה תּוֹרָה דֶּרֶךְ אֶרֶץ, שֶׁיְּהֵא אָדָם חָס עַל הַיָּפֶה: **אֲחֹרֵי הַמִּשְׁכָּן.** הוּא צַד הַמַּעֲרָב, לְפִי שֶׁהַפֶּתַח בַּמִּזְרָח שֶׁהֵן פָּנָיו, וְצָפוֹן וְדָרוֹם קְרוּיִין צְדָדִין לַיָּמִין וְלַשְּׂמֹאל:

יד | **מִכְסֶה לָאֹהֶל.** לְאוֹתוֹ גַּג שֶׁל יְרִיעוֹת עִזִּים, עֲשֵׂה עוֹד מִכְסֶה אֶחָד שֶׁל ״עֹרֹת אֵילִם מְאָדָּמִים״, וְעוֹד לְמַעְלָה מִמֶּנּוּ ״מִכְסֵה עֹרֹת תְּחָשִׁים״, וְאוֹתָן מִכְסָאוֹת לֹא הָיוּ מְכַסִּין אֶלָּא אֶת הַגַּג, אָרְכָּן שְׁלֹשִׁים וְרָחְבָּן עֶשֶׂר, אֵלּוּ דִּבְרֵי רַבִּי נְחֶמְיָה. וּלְדִבְרֵי רַבִּי יְהוּדָה מִכְסֶה אֶחָד הָיָה, חֶצְיוֹ שֶׁל עוֹרוֹת אֵילִים מְאָדָּמִים וְחֶצְיוֹ שֶׁל עוֹרוֹת תְּחָשִׁים:

טו | **וְעָשִׂיתָ אֶת הַקְּרָשִׁים.** הָיָה לוֹ לוֹמַר: ׳וְעָשִׂיתָ קְרָשִׁים׳, כְּמוֹ שֶׁנֶּאֱמַר בְּכָל דָּבָר וְדָבָר. מַהוּ ״הַקְּרָשִׁים״? מֵאוֹתָן הָעוֹמְדִין וּמְיֻחָדִין לְכָךְ; יַעֲקֹב אָבִינוּ נָטַע אֲרָזִים בְּמִצְרַיִם, וּכְשֶׁמֵּת צִוָּה לְבָנָיו לְהַעֲלוֹתָם עִמָּהֶם כְּשֶׁיֵּצְאוּ מִמִּצְרַיִם, וְאָמַר לָהֶם שֶׁעָתִיד הַקָּדוֹשׁ בָּרוּךְ הוּא לְצַוּוֹת אוֹתָן לַעֲשׂוֹת מִשְׁכָּן בַּמִּדְבָּר מֵעֲצֵי שִׁטִּים, רְאוּ שֶׁיִּהְיוּ מְזֻמָּנִים בְּיֶדְכֶם. הוּא שֶׁיִּסַּד הַבַּבְלִי בַּפִּיּוּט שֶׁלּוֹ: ״טָס מַטַּע מְזֹרָזִים, קוֹרוֹת בָּתֵּינוּ אֲרָזִים״ (יוצר ליום ראשון של פסח), שֶׁנִּזְדָּרְזוּ לִהְיוֹת מוּכָנִים בְּיָדָם מִקֹּדֶם לָכֵן: **עֲצֵי שִׁטִּים עֹמְדִים.** אשטנטי״ש בְּלַעַז, שֶׁיְּהֵא אֹרֶךְ הַקְּרָשִׁים זָקוּף לְמַעְלָה בְּקִירוֹת הַמִּשְׁכָּן, וְלֹא תַּעֲשֶׂה הַכְּתָלִים בִּקְרָשִׁים שׁוֹכְבִים לִהְיוֹת רֹחַב הַקְּרָשִׁים לְגֹבַהּ הַכְּתָלִים קֶרֶשׁ עַל קֶרֶשׁ:

טז | **עֶשֶׂר אַמּוֹת אֹרֶךְ הַקָּרֶשׁ.** לִמְּדָנוּ גָּבְהוֹ שֶׁל מִשְׁכָּן עֶשֶׂר אַמּוֹת: **וְאַמָּה וַחֲצִי הָאַמָּה רֹחַב.** לִמְּדָנוּ אָרְכּוֹ שֶׁל מִשְׁכָּן לְעֶשְׂרִים קְרָשִׁים שֶׁהָיוּ בַּצָּפוֹן וּבַדָּרוֹם מִן הַמִּזְרָח לַמַּעֲרָב, שְׁלֹשִׁים אַמָּה:

שמות כו

יז רֹ֣חַב הַקֶּ֣רֶשׁ הָאֶחָ֑ד שְׁתֵּ֣י יָד֗וֹת לַקֶּ֙רֶשׁ֙ הָֽאֶחָ֔ד מְשֻׁ֨לָּבֹ֔ת אִשָּׁ֖ה אֶל־אֲחֹתָ֑הּ כֵּ֣ן תַּעֲשֶׂ֔ה לְכֹ֖ל קַרְשֵׁ֥י הַמִּשְׁכָּֽן׃ יח וְעָשִׂ֥יתָ אֶת־הַקְּרָשִׁ֖ים לַמִּשְׁכָּ֑ן עֶשְׂרִ֣ים קֶ֔רֶשׁ לִפְאַ֖ת נֶ֥גְבָּה תֵימָֽנָה׃ יט וְאַרְבָּעִים֙ אַדְנֵי־כֶ֔סֶף תַּעֲשֶׂ֕ה תַּ֖חַת עֶשְׂרִ֣ים הַקָּ֑רֶשׁ שְׁנֵ֣י אֲדָנִ֡ים תַּֽחַת־הַקֶּ֩רֶשׁ֩ הָאֶחָ֨ד לִשְׁתֵּ֣י יְדֹתָ֗יו וּשְׁנֵ֣י אֲדָנִ֗ים תַּֽחַת־הַקֶּ֙רֶשׁ֙ הָֽאֶחָ֔ד לִשְׁתֵּ֖י יְדֹתָֽיו׃ כ וּלְצֶ֧לַע הַמִּשְׁכָּ֛ן הַשֵּׁנִ֖ית לִפְאַ֣ת צָפ֑וֹן עֶשְׂרִ֖ים קָֽרֶשׁ׃ כא וְאַרְבָּעִ֥ים אַדְנֵיהֶ֖ם כָּ֑סֶף שְׁנֵ֣י אֲדָנִ֗ים תַּ֚חַת הַקֶּ֣רֶשׁ הָֽאֶחָ֔ד וּשְׁנֵ֣י אֲדָנִ֔ים תַּ֖חַת הַקֶּ֥רֶשׁ הָאֶחָֽד׃ כב וּֽלְיַרְכְּתֵ֥י הַמִּשְׁכָּ֖ן יָ֑מָּה תַּעֲשֶׂ֖ה שִׁשָּׁ֥ה קְרָשִֽׁים׃ כג וּשְׁנֵ֤י קְרָשִׁים֙ תַּעֲשֶׂ֔ה לִמְקֻצְעֹ֖ת הַמִּשְׁכָּ֑ן בַּיַּרְכָתָֽיִם׃ כד וְיִֽהְי֣וּ תֹֽאֲמִים֮ מִלְּמַ֒טָּה֒ וְיַחְדָּ֗ו יִהְי֤וּ תַמִּים֙ עַל־רֹאשׁ֔וֹ אֶל־הַטַּבַּ֖עַת הָאֶחָ֑ת כֵּ֚ן יִהְיֶ֣ה לִשְׁנֵיהֶ֔ם לִשְׁנֵ֥י הַמִּקְצֹעֹ֖ת יִהְיֽוּ׃ כה וְהָיוּ֙ שְׁמֹנָ֣ה קְרָשִׁ֔ים וְאַדְנֵיהֶ֣ם כֶּ֔סֶף שִׁשָּׁ֥ה עָשָׂ֖ר אֲדָנִ֑ים שְׁנֵ֣י אֲדָנִ֗ים תַּ֚חַת הַקֶּ֣רֶשׁ הָאֶחָ֔ד וּשְׁנֵ֣י אֲדָנִ֔ים תַּ֖חַת

יז **שְׁתֵּי יָדוֹת לַקֶּרֶשׁ הָאֶחָד.** הָיָה חוֹרֵץ אֶת הַקֶּרֶשׁ מִלְמַטָּה בְּאֶמְצָעוֹ בְּגֹבַהּ אַמָּה, מַנִּיחַ רְבִיעַ רָחְבּוֹ מִכָּאן וּרְבִיעַ רָחְבּוֹ מִכָּאן וְהֵן הֵן הַיָּדוֹת, וְהֶחָרִיץ חֲצִי רֹחַב הַקֶּרֶשׁ בְּאֶמְצַע. וְאוֹתָן הַיָּדוֹת מַכְנִיס בָּאֲדָנִים שֶׁהָיוּ חֲלוּלִים, וְהָאֲדָנִים גָּבְהָן אַמָּה וְיוֹשְׁבִים רְצוּפִים אַרְבָּעִים זֶה אֵצֶל זֶה. וִידוֹת הַקֶּרֶשׁ הַנִּכְנָסוֹת בַּחֲלַל הָאֲדָנִים חֲרוּצוֹת מִשָּׁלֹשׁ עֶדְיֶהָן, רֹחַב הֶחָרִיץ כָּעֳבִי שְׂפַת הָאֶדֶן, שֶׁיְּכַסֶּה הַקֶּרֶשׁ אֶת כָּל רֹאשׁ הָאֶדֶן, שֶׁאִם לֹא כֵן נִמְצָא רֶוַח בֵּין קֶרֶשׁ לְקֶרֶשׁ כָּעֳבִי שְׂפַת שְׁנֵי הָאֲדָנִים שֶׁיַּפְסִיקוּ בֵּינֵיהֶם, וְזֶהוּ שֶׁנֶּאֱמַר: "וְיִהְיוּ תֹאֲמִים מִלְּמַטָּה" (להלן פסוק כד), שֶׁיְּחַלֵּץ אֶת עֲדִי

יז פְּתִיָא דְּדַפָּא חַד: תְּרֵין צִירִין, לְדַפָּא חַד, מְשַׁלְּבִין, חַד לָקֳבֵיל חַד, כֵּן תַּעְבֵּיד, לְכָל דַּפֵּי
יח יט מַשְׁכְּנָא: וְתַעְבֵּיד יָת דַּפַּיָא לְמַשְׁכְּנָא, עֶסְרִין דַּפִּין, לְרוּחַ עֵיבֶר דָּרוֹמָא: וְאַרְבְּעִין סָמְכִין דִּכְסַף,
תַּעְבֵּיד, תְּחוֹת עֶסְרִין דַּפִּין, תְּרֵין סָמְכִין, תְּחוֹת דַּפָּא חַד לִתְרֵין צִירוֹהִי, וּתְרֵין סָמְכִין, תְּחוֹת
כ כא דַּפָּא חַד לִתְרֵין צִירוֹהִי: וְלִסְטַר מַשְׁכְּנָא, תִּנְיָנָא לְרוּחַ צִפּוּנָא, עֶסְרִין דַּפִּין: וְאַרְבְּעִין סָמְכֵיהוֹן
כב דִּכְסַף, תְּרֵין סָמְכִין, תְּחוֹת דַּפָּא חַד, וּתְרֵין סָמְכִין, תְּחוֹת דַּפָּא חַד: וְלִסְיָפֵי מַשְׁכְּנָא מַעְרְבָא,
כג כד תַּעְבֵּיד שִׁתָּא דַּפִּין: וּתְרֵין דַּפִּין תַּעְבֵּיד, לְזָוְיַת מַשְׁכְּנָא, בְּסוֹפְהוֹן: וִיהוֹן מְכֻוְּנִין מִלְּרַע, וְכַחְדָא,
כה יְהוֹן מְכֻוְּנִין עַל רֵישֵׁיהוֹן, לְעִזְקְתָא חֲדָא, כֵּן יְהֵי לְתַרְוֵיהוֹן, לְתַרְתֵּין זָוְיָן יְהוֹן: וִיהוֹן תְּמָנְיָא
דַּפִּין, וְסָמְכֵיהוֹן דִּכְסַף, שִׁתַּת עֲסַר סָמְכִין, תְּרֵין סָמְכִין, תְּחוֹת דַּפָּא חַד, וּתְרֵין סָמְכִין, תְּחוֹת

הַיָּדוֹת כְּדֵי שֶׁיִּתְחַבְּרוּ הַקְּרָשִׁים זֶה אֵצֶל זֶה: **מְשֻׁלָּבֹת.** עֲשׂוּיוֹת כְּמִין שְׁלִיבוֹת סֻלָּם מֻבְדָּלוֹת זוֹ מִזּוֹ, וּמְשֻׁפִּין רָאשֵׁיהֶם לִכָּנֵס בְּתוֹךְ חֲלַל הָאֶדֶן כִּשְׁלִיבָה הַנִּכְנֶסֶת בְּנֶקֶב עַמּוּדֵי הַסֻּלָּם: **אִשָּׁה אֶל אֲחֹתָהּ.** מְכֻוָּנוֹת זוֹ כְּנֶגֶד זוֹ, שֶׁיִּהְיוּ חֲרִיצֵיהֶם שָׁוִים זוֹ כְּמִדַּת זוֹ, כְּדֵי שֶׁלֹּא יִהְיוּ שְׁתֵּי יָדוֹת זוֹ מְשׁוּכָה לְצַד פְּנִים וְזוֹ מְשׁוּכָה לְצַד חוּץ בְּעֳבִי הַקֶּרֶשׁ שֶׁהוּא אַמָּה. וְתַרְגּוּם שֶׁל "יָדוֹת" – "צִירִין", לְפִי שֶׁדּוֹמוֹת לְצִירֵי הַדֶּלֶת הַנִּכְנָסִים בְּחוֹרֵי הַמְּפְתָּן:

יח| **לִפְאַת נֶגְבָּה תֵימָנָה.** אֵין 'פֵּאָה' זוֹ לְשׁוֹן מִקְצוֹעַ, אֶלָּא כָּל הָרוּחַ קְרוּיָה פֵּאָה. כְּתַרְגּוּמוֹ: "לְרוּחַ עֵבֶר דָּרוֹמָא":

כב| **וּלְיַרְכְּתֵי.** לְשׁוֹן סוֹף, כְּתַרְגּוּמוֹ: "וְלִסְיָפֵי". וּלְפִי שֶׁהַפֶּתַח בַּמִּזְרָח, קָרוּי מִזְרָח פָּנִים וְהַמַּעֲרָב אֲחוֹרַיִם, וְזֶהוּ סוֹף, שֶׁהַפָּנִים הֵן הָרֹאשׁ: **תַּעֲשֶׂה שִׁשָּׁה קְרָשִׁים.** הֲרֵי תֵּשַׁע אַמּוֹת רֹחַב:

כג| **וּשְׁנֵי קְרָשִׁים תַּעֲשֶׂה לִמְקֻצְעֹת.** אֶחָד לְמִקְצוֹעַ צְפוֹנִית מַעֲרָבִית וְאֶחָד לְמַעֲרָבִית דְּרוֹמִית. כָּל שְׁמוֹנָה קְרָשִׁים בְּסֵדֶר אֶחָד הֵן, אֶלָּא שֶׁאֵלּוּ הַשְּׁתַּיִם אֵינָן בַּחֲלַל הַמִּשְׁכָּן, אֶלָּא חֲצִי אַמָּה מִזּוֹ וַחֲצִי אַמָּה מִזּוֹ נִרְאוֹת בֶּחָלָל, לְהַשְׁלִים רָחְבּוֹ לְעֶשֶׂר, וְהָאַמָּה מִזֶּה וְהָאַמָּה מִזֶּה בָּאוֹת כְּנֶגֶד אַמַּת עֳבִי קַרְשֵׁי הַמִּשְׁכָּן הַצָּפוֹן וְהַדָּרוֹם, כְּדֵי שֶׁיְּהֵא הַמִּקְצוֹעַ מִבַּחוּץ שָׁוֶה:

כד| **וְיִהְיוּ.** כָּל הַקְּרָשִׁים "תֹּאֲמִם" זֶה לָזֶה "מִלְּמַטָּה", שֶׁלֹּא יַפְסִיק עֳבִי שְׂפַת שְׁנֵי הָאֲדָנִים בֵּינֵיהֶם לְהַרְחִיקָם זוֹ מִזּוֹ. זֶהוּ שֶׁפֵּרַשְׁתִּי שֶׁיִּהְיוּ צִירֵי הַיָּדוֹת חֲרוּצִים מִצִּדֵּיהֶן, שֶׁיְּהֵא רֹחַב הַקֶּרֶשׁ בּוֹלֵט לְצִדָּיו חוּץ לִידֵי הַקֶּרֶשׁ לְכַסּוֹת אֶת שְׂפַת הָאֶדֶן, וְכֵן הַקֶּרֶשׁ שֶׁאֶצְלוֹ, וְנִמְצְאוּ תּוֹאֲמִים זֶה לָזֶה. וְקֶרֶשׁ הַמִּקְצוֹעַ שֶׁבְּסֵדֶר הַמַּעֲרָב אַחֲרוֹן לְרָחְבּוֹ בְּעָבְיוֹ, כְּנֶגֶד אֲרִיץ שֶׁל צַד קֶרֶשׁ הַצְּפוֹנִי וְהַדְּרוֹמִי, כְּדֵי שֶׁלֹּא יַפְרִידוּ הָאֲדָנִים בֵּינֵיהֶם: **וְיַחְדָּו יִהְיוּ תַמִּים.** כְּמוֹ "תֹּאֲמִם": **עַל רֹאשׁוֹ.** שֶׁל קֶרֶשׁ: **אֶל הַטַּבַּעַת הָאֶחָת.** כָּל קֶרֶשׁ וְקֶרֶשׁ הָיָה חָרוּץ לְמַעְלָה בְּרָחְבּוֹ שְׁנֵי חֲרִיצִין בִּשְׁנֵי צִדָּיו כְּדֵי עֳבִי טַבַּעַת, וּמַכְנִיסוֹ בְּטַבַּעַת אַחַת, נִמְצָא מַתְאִים לַקֶּרֶשׁ שֶׁאֶצְלוֹ. אֲבָל אוֹתָן טַבָּעוֹת לֹא יָדַעְתִּי אִם קְבוּעוֹת הֵן אִם מְטֻלְטָלוֹת. וּבַקֶּרֶשׁ שֶׁבַּמִּקְצוֹעַ הָיָה טַבַּעַת בְּעָבְי הַקֶּרֶשׁ הַדְּרוֹמִי וְהַצְּפוֹנִי וְרֹאשׁ קֶרֶשׁ הַמִּקְצוֹעַ שֶׁבְּסֵדֶר מַעֲרָב נִכְנָס לְתוֹכוֹ, נִמְצְאוּ שְׁנֵי הַכְּתָלִים מְחֻבָּרִים: **כֵּן יִהְיֶה לִשְׁנֵיהֶם.** הַקְּרָשִׁים שֶׁבַּמִּקְצוֹעַ, לַקֶּרֶשׁ שֶׁבְּסוֹף צָפוֹן וְלַקֶּרֶשׁ הַמַּעֲרָבִי. וְכֵן "לִשְׁנֵי הַמִּקְצֹעֹת":

כה| **וְהָיוּ שְׁמֹנָה קְרָשִׁים.** הֵן הָאֲמוּרוֹת לְמַעְלָה: "תַּעֲשֶׂה שִׁשָּׁה קְרָשִׁים וּשְׁנֵי קְרָשִׁים תַּעֲשֶׂה לִמְקֻצְעֹת" (לעיל פסוקים כב-כג), נִמְצְאוּ שְׁמוֹנָה קְרָשִׁים בְּסֵדֶר מַעֲרָבִי. כָּךְ שְׁנוּיָה בְּמִשְׁנַת מַעֲשֵׂה סֵדֶר הַקְּרָשִׁים בִּמְלֶאכֶת הַמִּשְׁכָּן (ברייתא דמלאכת המשכן, פרק א): הָיָה עוֹשֶׂה אֶת הָאֲדָנִים חֲלוּלִים, וְחוֹרֵץ אֶת הַקֶּרֶשׁ מִלְּמַטָּה רְבִיעַ מִכָּאן וּרְבִיעַ מִכָּאן וְהֶחָרִיץ חֶצְיוֹ בָּאֶמְצַע, וְעָשָׂה לוֹ שְׁתֵּי יָדוֹת כְּמִין שְׁנֵי חַמּוּקִין, וְלִי נִרְאֶה שֶׁהַגִּרְסָא: כְּמִין שְׁנֵי חֲוָקִין, כְּמִין שְׁתֵּי שְׁלִיבוֹת סֻלָּם הַמֻּבְדָּלוֹת זוֹ מִזּוֹ, וּמְשֻׁפּוֹת לִכָּנֵס בַּחֲלַל הָאֶדֶן כִּשְׁלִיבָה הַנִּכְנֶסֶת בְּנֶקֶב עַמּוּד הַסֻּלָּם, וְהוּא לְשׁוֹן "מְשֻׁלָּבֹת", עֲשׂוּיוֹת כְּמִין שְׁלִיבָה. וּמַכְנִיסָן לְתוֹךְ שְׁנֵי אֲדָנִים, שֶׁנֶּאֱמַר: "שְׁנֵי אֲדָנִים... וּשְׁנֵי אֲדָנִים" (לעיל פסוק יט). וְחוֹרֵץ אֶת הַקֶּרֶשׁ מִלְּמַעְלָה אֶצְבַּע מִכָּאן וְאֶצְבַּע מִכָּאן וְנוֹתֵן לְתוֹךְ טַבַּעַת אַחַת שֶׁל זָהָב, כְּדֵי שֶׁלֹּא יִהְיוּ נִפְרָדִים זֶה מִזֶּה, שֶׁנֶּאֱמַר:

כו | שמות

הַקֶּ֖רֶשׁ הָאֶחָֽד: וְעָשִׂ֥יתָ בְרִיחִ֖ם עֲצֵ֣י שִׁטִּ֑ים כו
חֲמִשָּׁ֕ה לְקַרְשֵׁ֛י צֶֽלַע־הַמִּשְׁכָּ֖ן הָאֶחָֽד: וַחֲמִשָּׁ֣ה כז
בְרִיחִ֔ם לְקַרְשֵׁ֥י צֶֽלַע־הַמִּשְׁכָּ֖ן הַשֵּׁנִ֑ית וַחֲמִשָּׁ֣ה
בְרִיחִ֗ם לְקַרְשֵׁי֙ צֶ֣לַע הַמִּשְׁכָּ֔ן לַיַּרְכָתַ֖יִם יָֽמָּה:
וְהַבְּרִ֥יחַ הַתִּיכֹ֖ן בְּת֣וֹךְ הַקְּרָשִׁ֑ים מַבְרִ֕חַ מִן־ כח
הַקָּצֶ֖ה אֶל־הַקָּצֶֽה: וְֽאֶת־הַקְּרָשִׁ֞ים תְּצַפֶּ֣ה זָהָ֗ב כט
וְאֶת־טַבְּעֹֽתֵיהֶם֙ תַּעֲשֶׂ֣ה זָהָ֔ב בָּתִּ֖ים לַבְּרִיחִ֑ם
וְצִפִּיתָ֥ אֶת־הַבְּרִיחִ֖ם זָהָֽב: וַהֲקֵמֹתָ֖ אֶת־הַמִּשְׁכָּ֑ן ל
כְּמִ֨שְׁפָּט֔וֹ אֲשֶׁ֥ר הָרְאֵ֖יתָ בָּהָֽר: וְעָשִׂ֣יתָ לא   חמישי
פָרֹ֔כֶת תְּכֵ֥לֶת וְאַרְגָּמָ֖ן וְתוֹלַ֣עַת שָׁנִ֑י וְשֵׁ֣שׁ מָשְׁזָ֔ר
מַעֲשֵׂ֥ה חֹשֵׁ֛ב יַעֲשֶׂ֥ה אֹתָ֖הּ כְּרֻבִֽים: וְנָתַתָּ֣ה אֹתָ֗הּ לב
עַל־אַרְבָּעָה֙ עַמּוּדֵ֣י שִׁטִּ֔ים מְצֻפִּ֣ים זָהָ֔ב וָוֵיהֶ֖ם
זָהָ֑ב עַל־אַרְבָּעָ֖ה אַדְנֵי־כָֽסֶף: וְנָתַתָּ֣ה אֶת־ לג
הַפָּרֹכֶת֮ תַּ֣חַת הַקְּרָסִים֒ וְהֵבֵאתָ֥ שָׁ֨מָּה֙ מִבֵּ֣ית
לַפָּרֹ֔כֶת אֵ֖ת אֲר֣וֹן הָעֵד֑וּת וְהִבְדִּילָ֤ה הַפָּרֹ֨כֶת֙
לָכֶ֔ם בֵּ֣ין הַקֹּ֔דֶשׁ וּבֵ֖ין קֹ֥דֶשׁ הַקֳּדָשִֽׁים: וְנָתַתָּ֙ לד
אֶת־הַכַּפֹּ֔רֶת עַ֖ל אֲר֣וֹן הָעֵדֻ֑ת בְּקֹ֖דֶשׁ הַקֳּדָשִֽׁים:

"וַיִּהְיוּ תֹאֲמִם מִלְמַטָּה" וְגוֹ' (לעיל פסוק כד). כָּךְ הָיָה
הַמִּשְׁנָה, וְהַפֵּרוּשׁ שֶׁלָּהּ הִצַּעְתִּי לְמַעְלָה בְּסֵדֶר
הַמִּקְרָאוֹת:
כז בְּרִיחִם. כְּתַרְגּוּמוֹ "עַבְרִין", וּבְלַעַז אשפרי"ש:
חֲמִשָּׁה לְקַרְשֵׁי צֶלַע הַמִּשְׁכָּן. אֵלּוּ חֲמִשָּׁה שְׁלֹשָׁה

הֵן, חֶלֶק שֶׁהַבְּרִיחַ הָעֶלְיוֹן וְהַתַּחְתּוֹן עֲשׂוּי מִשְּׁתֵּי
חֲתִיכוֹת, זֶה מַבְרִיחַ עַד חֲצִי הַכֹּתֶל וְזֶה מַבְרִיחַ
עַד חֲצִי הַכֹּתֶל, זֶה נִכְנָס בַּטַּבַּעַת מִצַּד זֶה וְזֶה
נִכְנָס בַּטַּבַּעַת מִצַּד זֶה עַד שֶׁמַּגִּיעִין זֶה לָזֶה,
נִמְצְאוּ הָעֶלְיוֹן וְהַתַּחְתּוֹן שְׁנַיִם שֶׁהֵן אַרְבָּעָה. אֲבָל

תרומה

כז) דַּפָּא חַד: וְתַעֲבֵיד עָבְרֵי דָאֵי שִׁטִּין, חַמְשָׁא, לְדַפֵּי סְטַר מַשְׁכְּנָא חַד: וְחַמְשָׁא עָבְרִין,
לְדַפֵּי סְטַר מַשְׁכְּנָא תִנְיָנָא, וְחַמְשָׁא עָבְרִין, לְדַפֵּי סְטַר מַשְׁכְּנָא, לְסוֹפְהוֹן מַעַרְבָא:
כח) וְעָבְרָא מְצִיעָאָה בְּגוֹ דַפַּיָּא, מֵעֲבַר, מִן סְיָפֵי לְסְיָפֵי: וְיָת דַּפַּיָּא תְּחַפֵּי דַהֲבָא, וְיָת
ל) עִזְקָתְהוֹן תַּעֲבֵיד דַּהֲבָא, אַתְרָא לְעָבְרַיָּא, וְתַחֲפֵי יָת עָבְרַיָּא דַּהֲבָא: וּתְקִים יָת מַשְׁכְּנָא,
לא) כְּהִלְכָתֵיהּ, דְּאִתַּחֲזִיתָא בְּטוּרָא: וְתַעֲבֵיד פָּרֻכְתָּא, תִּכְלָא וְאַרְגְּוָנָא, וּצְבַע זְהוֹרִי
לב) וּבוּץ שְׁזִיר, עוֹבַד אָמָּן, יַעֲבֵיד יָתַהּ צוּרַת כְּרוּבִין: וְתִתֵּן יָתַהּ, עַל אַרְבְּעָא עַמּוּדֵי שִׁטִּין
לג) מְחֻפָּן דַּהֲבָא, וָוֵיהוֹן, עַל אַרְבְּעָא סַמְכִין דִּכְסַף: וְתִתֵּן יָת פָּרֻכְתָּא תְּחוֹת פֻּרְפַיָּא,
וְתָעֵיל לְתַמָּן מִגָּיו לְפָרֻכְתָּא, יָת אֲרוֹנָא דְסָהֲדוּתָא, וְתַפְרֵישׁ פָּרֻכְתָּא לְכוֹן, בֵּין קֻדְשָׁא,
לד) וּבֵין קֹדֶשׁ קֻדְשַׁיָּא: וְתִתֵּן יָת כַּפֻּרְתָּא, עַל אֲרוֹנָא דְסָהֲדוּתָא, בְּקֹדֶשׁ קֻדְשַׁיָּא:

הָאֶמְצָעִי אָרְכּוֹ כְּנֶגֶד כָּל הַכֹּתֶל, וּמַבְרִיחַ מִקְצֵה הַכֹּתֶל וְעַד קָצֵהוּ, שֶׁנֶּאֱמַר: "וְהַבְּרִיחַ הַתִּיכֹן וְגוֹ' מַבְרִחַ מִן הַקָּצֶה אֶל הַקָּצֶה" (להלן פסוק כח) שֶׁהָעֶלְיוֹנִים וְהַתַּחְתּוֹנִים הָיוּ לָהֶן טַבָּעוֹת בַּקְּרָשִׁים לְהִכָּנֵס לְתוֹכָן, שְׁתֵּי טַבָּעוֹת לְכָל קֶרֶשׁ, מְשֻׁלָּשִׁים בְּתוֹךְ עֶשֶׂר אַמּוֹת שֶׁל גֹּבַהּ הַקֶּרֶשׁ, חֵלֶק אֶחָד מִן הַטַּבַּעַת הָעֶלְיוֹנָה וּלְמַעְלָה וְחֵלֶק אֶחָד מִן הַתַּחְתּוֹנָה וּלְמַטָּה, וְכָל חֵלֶק הוּא רְבִיעַ אֹרֶךְ הַקֶּרֶשׁ, וּשְׁנֵי חֲלָקִים בֵּין טַבַּעַת לְטַבַּעַת, כְּדֵי שֶׁיִּהְיוּ כָּל הַטַּבָּעוֹת מְכֻוָּנוֹת זוֹ כְּנֶגֶד זוֹ. אֲבָל לַבְּרִיחַ הַתִּיכוֹן אֵין טַבָּעוֹת, אֶלָּא הַקְּרָשִׁים נְקוּבִין בְּעָבְיָן, וְהוּא נִכְנָס בָּהֶם דֶּרֶךְ הַנְּקָבִים שֶׁהֵם מְכֻוָּנִין זֶה מוּל זֶה, וְזֶהוּ שֶׁנֶּאֱמַר: "בְּתוֹךְ הַקְּרָשִׁים" (שם). הַבְּרִיחִים הָעֶלְיוֹנִים וְהַתַּחְתּוֹנִים שֶׁבַּצָּפוֹן וְשֶׁבַּדָּרוֹם אֹרֶךְ כָּל אֶחָד חָמֵשׁ עֶשְׂרֵה אַמָּה, וְהַתִּיכוֹן אָרְכּוֹ שְׁלֹשִׁים אַמָּה, וְזֶהוּ "מִן הַקָּצֶה אֶל הַקָּצֶה" (שם), מִן הַמִּזְרָח וְעַד הַמַּעֲרָב. וַחֲמִשָּׁה בְרִיחִים שֶׁבַּמַּעֲרָב, אֹרֶךְ הָעֶלְיוֹנִים וְהַתַּחְתּוֹנִים שֵׁשׁ אַמּוֹת, וְהַתִּיכוֹן אָרְכּוֹ שְׁתֵּים עֶשְׂרֵה, כְּנֶגֶד רֹחַב שְׁמוֹנָה קְרָשִׁים. כָּךְ הִיא מְפֹרֶשֶׁת בִּמְלֶאכֶת הַמִּשְׁכָּן:

כט) **בָּתִּים לַבְּרִיחִם.** הַטַּבָּעוֹת שֶׁתַּעֲשֶׂה בָהֶן יִהְיוּ בָתִּים לְהַכְנִיס בָּהֶן הַבְּרִיחִים: **וְצִפִּיתָ אֶת הַבְּרִיחִם זָהָב.** לֹא שֶׁהָיָה הַזָּהָב מְדֻבָּק עַל הַבְּרִיחִים, שֶׁאֵין עֲלֵיהֶם שׁוּם צִפּוּי, אֶלָּא בַּקֶּרֶשׁ הָיָה קוֹבֵעַ כְּמִין שְׁנֵי פִּיפִיוֹת שֶׁל זָהָב כְּמִין שְׁנֵי סִדְקֵי קָנֶה חָלוּק, וְקוֹבְעָן אֵצֶל הַטַּבָּעוֹת לְכָאן וּלְכָאן, אָרְכָּן מְמַלֵּא אֶת רֹחַב הַקֶּרֶשׁ מִן הַטַּבַּעַת לְכָאן וּמִמֶּנָּה לְכָאן, וְהַבְּרִיחַ נִכְנָס בְּתוֹכוֹ וּמִן הַטַּבַּעַת לְפָה הַשֵּׁנִי, נִמְצְאוּ הַבְּרִיחִים מְצֻפִּים זָהָב כְּשֶׁהֵן

תְּחוּבִין בַּקְּרָשִׁים. וְהַבְּרִיחִים הַלָּלוּ מִבַּחוּץ הָיוּ; בְּלִיטַת הַטַּבָּעוֹת וְהַפִּיפִיּוֹת לֹא הָיְתָה נִרְאֵית בְּתוֹךְ הַמִּשְׁכָּן, אֶלָּא כָּל הַכֹּתֶל חָלָק מִבִּפְנִים:

ל) **וַהֲקֵמֹתָ אֶת הַמִּשְׁכָּן.** לְאַחַר שֶׁיִּגָּמֵר הֲקִימֵהוּ: **אֲשֶׁר הָרְאֵיתָ בָּהָר.** קֹדֶם לָכֵן, שֶׁאֲנִי עָתִיד לְלַמֶּדְךָ וּלְהַרְאוֹתְךָ סֵדֶר הֲקָמָתוֹ:

לא) **פָּרֹכֶת.** לְשׁוֹן מְחִצָּה הוּא, וּבִלְשׁוֹן חֲכָמִים פַּרְגּוֹד, דָּבָר הַמַּבְדִּיל בֵּין הַמֶּלֶךְ וּבֵין הָעָם: **תְּכֵלֶת וְאַרְגָּמָן.** כָּל מִין וָמִין הָיָה כָּפוּל, בְּכָל חוּט וָחוּט שִׁשָּׁה חוּטִין: **מַעֲשֵׂה חֹשֵׁב.** כְּבָר פֵּרַשְׁתִּי שֶׁזּוֹ הִיא אֲרִיגָה שֶׁל שְׁתֵּי קִירוֹת, וְהַצִּיּוּרִין שֶׁמִּשְּׁנֵי עֲבָרֶיהָ אֵינָן דּוֹמִין זֶה לָזֶה: **כְּרֻבִים.** צִיּוּרִין שֶׁל בְּרִיּוֹת יַעֲשֶׂה בָּהּ:

לב) **אַרְבָּעָה עַמּוּדִים.** תְּקוּעִים בְּתוֹךְ אַרְבָּעָה אֲדָנִים, וְאוּנְקְלָיוֹת קְבוּעִין בָּהֶן עֲקוּמִין לְמַעְלָה, לְהוֹשִׁיב עֲלֵיהֶן כְּלוֹנָס שֶׁרֹאשׁ הַפָּרֹכֶת כָּרוּךְ בָּהּ. וְהָאוּנְקְלָיוֹת הֵן הַוָּוִין, שֶׁהֲרֵי כְּמִין וָוִין הֵן עֲשׂוּיִים. וְהַפָּרֹכֶת אָרְכָּהּ עֶשֶׂר אַמּוֹת כְּאֹרֶךְ רֹחַב הַמִּשְׁכָּן, וְרָחְבָּהּ עֶשֶׂר אַמּוֹת כְּגָבְהָן שֶׁל קְרָשִׁים, פְּרוּשָׂה בִּשְׁלִישׁוֹ שֶׁל מִשְׁכָּן, שֶׁיְּהֵא הֵימֶנָּה וְלִפְנִים עֶשֶׂר אַמּוֹת וְהֵימֶנָּה וְהַחוּצָה עֶשְׂרִים אַמָּה. נִמְצָא בֵּית קָדְשֵׁי הַקֳּדָשִׁים עֶשֶׂר עַל עֶשֶׂר, שֶׁנֶּאֱמַר: "וְנָתַתָּה אֶת הַפָּרֹכֶת תַּחַת הַקְּרָסִים" (להלן פסוק לג) הַמַּחְבִּירִים אֶת שְׁתֵּי חוֹבְרוֹת שֶׁל יְרִיעוֹת הַמִּשְׁכָּן; וְרֹחַב הַחוֹבֶרֶת עֶשְׂרִים אַמָּה, וּכְשֶׁפְּרָשָׂהּ עַל גַּג הַמִּשְׁכָּן מִן הַפֶּתַח לַמַּעֲרָב, כָּלְתָה בִּשְׁנֵי שְׁלִישֵׁי הַמִּשְׁכָּן, וְהַחוֹבֶרֶת הַשֵּׁנִית כִּסְּתָה שְׁלִישׁוֹ שֶׁל מִשְׁכָּן, וְהַמּוֹתָר תָּלוּי לַאֲחוֹרָיו לְכַסּוֹת אֶת הַקְּרָשִׁים:

לה וְשַׂמְתָּ֤ אֶת־הַשֻּׁלְחָן֙ מִח֣וּץ לַפָּרֹ֔כֶת וְאֶת־הַמְּנֹרָ֗ה
נֹ֚כַח הַשֻּׁלְחָ֔ן עַ֛ל צֶ֥לַע הַמִּשְׁכָּ֖ן תֵּימָ֑נָה וְהַ֨שֻּׁלְחָ֔ן
לו תִּתֵּ֖ן עַל־צֶ֥לַע צָפֽוֹן׃ וְעָשִׂ֤יתָ מָסָךְ֙ לְפֶ֣תַח הָאֹ֔הֶל
תְּכֵ֥לֶת וְאַרְגָּמָ֖ן וְתוֹלַ֣עַת שָׁנִ֑י וְשֵׁ֥שׁ מָשְׁזָ֖ר מַעֲשֵׂ֥ה
לז רֹקֵֽם׃ וְעָשִׂ֣יתָ לַמָּסָ֗ךְ חֲמִשָּׁה֙ עַמּ֣וּדֵי שִׁטִּ֔ים וְצִפִּיתָ֤
אֹתָם֙ זָהָ֔ב וָוֵיהֶ֖ם זָהָ֑ב וְיָצַקְתָּ֣ לָהֶ֔ם חֲמִשָּׁ֖ה אַדְנֵ֥י
ששי נְחֹֽשֶׁת׃ וְעָשִׂ֥יתָ אֶת־הַמִּזְבֵּ֖חַ עֲצֵ֣י שִׁטִּ֑ים א כז
חָמֵשׁ֩ אַמּ֨וֹת אֹ֜רֶךְ וְחָמֵ֧שׁ אַמּ֣וֹת רֹ֗חַב רָב֤וּעַ
ב יִהְיֶה֙ הַמִּזְבֵּ֔חַ וְשָׁלֹ֥שׁ אַמּ֖וֹת קֹמָתֽוֹ׃ וְעָשִׂ֣יתָ
קַרְנֹתָ֗יו עַ֚ל אַרְבַּ֣ע פִּנֹּתָ֔יו מִמֶּ֖נּוּ תִּהְיֶ֣יןָ קַרְנֹתָ֑יו
ג וְצִפִּיתָ֥ אֹת֖וֹ נְחֹֽשֶׁת׃ וְעָשִׂ֣יתָ סִּירֹתָיו֮ לְדַשְּׁנוֹ֒
וְיָעָיו֙ וּמִזְרְקֹתָ֔יו וּמִזְלְגֹתָ֖יו וּמַחְתֹּתָ֑יו לְכָל־כֵּלָ֖יו
ד * תַּעֲשֶׂ֥ה נְחֹֽשֶׁת׃ וְעָשִׂ֤יתָ לּוֹ֙ מִכְבָּ֔ר מַעֲשֵׂ֖ה רֶ֣שֶׁת
נְחֹ֑שֶׁת וְעָשִׂ֣יתָ עַל־הָרֶ֗שֶׁת אַרְבַּע֙ טַבְּעֹ֣ת נְחֹ֔שֶׁת
ה עַ֖ל אַרְבַּ֥ע קְצוֹתָֽיו׃ וְנָתַתָּ֣ה אֹתָ֗הּ תַּ֛חַת כַּרְכֹּ֥ב
הַמִּזְבֵּ֖חַ מִלְּמָ֑טָּה וְהָיְתָ֣ה הָרֶ֔שֶׁת עַ֖ד חֲצִ֥י הַמִּזְבֵּֽחַ׃

תרומה

לה) וְשַׂמְתָּ אֶת הַשֻּׁלְחָן. שֻׁלְחָן בַּצָּפוֹן מָשׁוּךְ מִן הַכֹּתֶל הַצְּפוֹנִי שְׁתֵּי אַמּוֹת וּמֶחֱצָה, וּמְנוֹרָה בַּדָּרוֹם מְשׁוּכָה מִן הַכֹּתֶל הַדְּרוֹמִי שְׁתֵּי אַמּוֹת וּמֶחֱצָה, וּמִזְבַּח הַזָּהָב נָתוּן כְּנֶגֶד חֲוִיר שֶׁבֵּין שֻׁלְחָן לַמְּנוֹרָה מָשׁוּךְ קִמְעָה כְּלַפֵּי הַמִּזְרָח, וְכֻלָּם נְתוּנִים מִן חֲצִי הַמִּשְׁכָּן וְלִפְנִים. כֵּיצַד? אֹרֶךְ הַמִּשְׁכָּן מִן הַפֶּתַח לַפָּרֹכֶת עֶשְׂרִים אַמָּה, הַמִּזְבֵּחַ וְהַשֻּׁלְחָן וְהַמְּנוֹרָה מְשׁוּכִים מִן הַפֶּתַח לְצַד מַעֲרָב עֶשֶׂר אַמּוֹת:

לו) וְעָשִׂיתָ מָסָךְ. וִילוֹן שֶׁהוּא מֵסֵךְ כְּנֶגֶד הַפֶּתַח, כְּמוֹ: "שַׂכְתָּ בַעֲדוֹ" (איוב א, י), לְשׁוֹן מָגֵן: מַעֲשֵׂה רֹקֵם. הַצּוּרוֹת עֲשׂוּיוֹת בּוֹ מַעֲשֵׂה מַחַט, כְּפַרְצוּף שֶׁל עֵבֶר זֶה כָּךְ פַּרְצוּף שֶׁל עֵבֶר זֶה: רֹקֵם. שֵׁם הָאֻמָּן וְלֹא שֵׁם הָאֻמָּנוּת, וְתַרְגּוּמוֹ: "עוֹבַד צַיָּר" וְלֹא 'עוֹבַד צִיּוּר'. מִדַּת הַמָּסָךְ כְּמִדַּת הַפָּרֹכֶת, עֶשֶׂר אַמּוֹת עַל עֶשֶׂר אַמּוֹת:

לה ותשוי ית פתורא מברא לפרכתא, וית מנרתא לקביל פתורא, על סטר משכנא דרומא,
לו ופתורא, תתין על סטר צפונא: ותעביד פרסא לתרע משכנא, תכלא וארגונא, וצבע זהורי
לז ובוץ שזיר, עובד צייר: ותעביד לפרסא, חמשא עמודי שטין, ותחפי יתהון דהבא, ווויהון
כז א דהבא, ותתיך להון, חמשא סמכין דנחשא: ותעביד ית מדבחא דאעי שטין, חמש אמין
ב ארכא וחמש אמין פתיא, מרבע יהי מדבחא, ותלת אמין רומיה: ותעביד קרנוהי, על
ג ארבע זויתיה, מניה יהוין קרנוהי, ותחפי יתיה נחשא: ותעביד פסכתירותיה למספי קטמיה,
ד ומגרופיתיה ומזרקוהי, וצנוריתיה ומחתיתיה, לכל מנוהי תעביד נחשא: ותעביד ליה
סרדא, עובד מצדתא דנחשא, ותעביד על מצדתא, ארבע עזקן דנחשא, על ארבעא
ה סטרוהי: ותתין יתה, תחות, סוביבא דמדבחא מלרע, ותהי מצדתא, עד פלגות מדבחא:

פרק כז

א| **ועשית את המזבח וגו' ושלש אמות קמתו.** דברים ככתבן, דברי רבי יהודה. רבי יוסי אומר: נאמר כאן "רבוע" ונאמר בפנימי "רבוע" (להלן ל, ח), מה להלן גבהו פי שנים כארכו, אף כאן גבהו פי שנים כארכו; ומה אני מקיים "ושלש אמות קמתו"? משפת סובב ולמעלה:

ב| **ממנו תהיין קרנתיו.** שלא יעשם לבדם ויחברם בו: **וצפית אתו נחשת.** לכפר על עזות מצח, שנאמר: "ומצחך נחושה" (ישעיה מח, ד):

ג| **סירתיו.** כמין יורות: **לדשנו.** להסיר דשנו לתוכם; והוא שתרגם אונקלוס: "למספי קטמיה", לספות הדשן לתוכם. כי יש מלות בלשון עברית מלה אחת מתחלפת בפתרון לשמש בנין וסתירה, כמו "ותשרש שרשיה" (תהלים פ, י), "אויל משריש" (איוב ה, ג), וחלופו: "ובכל תבואתי תשרש" (שם לא, יב). וכמוהו: "בסעפיה פוריה" (ישעיה יז, ו), וחלופו: "מסעף פארה" (שם י, לג), מפשח סעיפיה. וכמוהו: "וזה האחרון עצמו" (ירמיה נ, יז), שבר עצמותיו. וכמוהו: "ויסקלהו באבנים" (מלכים א' כא, יג), וחלופו: "סקלו מאבן" (ישעיה סב, י), הסירו אבניה, וכן: "ויעזקהו ויסקלהו" (שם ה, ב). אף כאן "לדשנו" להסיר דשנו, ובלעז אדשנדרי"ר: **ויעיו.** כתרגומו, מגרפות שנוטל בהם הדשן, והן כמין כסוי קדרה, והוא של מתכת דק ולו בית יד, ובלעז ווידי"ל: **ומזרקתיו.** לקבל בהם דם הזבחים: **ומזלגתיו.** כמין אנקליות כפופין, ומכה בהן בבשר ונתחבין בו, ומהפכן בהן על גחלי המערכה שיהא ממהר שרפתן, ובלעז קרוצינ"ש, ובלשון חכמים: צנוריות: **ומחתתיו.** בית קבול יש להם לטול בהן גחלים מן המזבח לשאתם על מזבח הפנימי לקטרת. ועל שם חתיתן קרויים מחתות, כמו: "לחתות אש מיקוד" (ישעיה ל, יד), לשון שאיבת אש ממקומה, וכן: "היחתה איש אש בחיקו" (משלי ו, כז): **לכל כליו.** כמו כל כליו:

ד| **מכבר.** לשון כברה שקורין קריב"ל, כמין לבוש עשו לו למזבח, עשוי חורין חורין כמין רשת. ומקרא זה מסרס וכה פתרונו: ועשית לו מכבר נחשת מעשה רשת:

ה| **כרכב המזבח.** סובב. כל דבר המקיף סביב בעגול קרוי כרכב, כמו ששנינו ב'הכל שוחטין': "אלו הן גלמי כלי עץ, כל שעתיד לשוף ולכרכב" (חולין כה ע"א), והוא שעושין חריצין עגלין בקרשי דפני התבות וספסלי העץ, אף למזבח עשה חריץ סביבו בדפנו לנוי, והוא לסוף שש אמות של גבהו כדברי האומר (זבחים נט ע"ב – ס ע"א) מה אני מקיים "ושלש אמות קמתו"? משפת סובב ולמעלה. אבל סובב להלוך הכהנים לא היה למזבח הנחשת אלא על ראשו לפנים מקרנותיו. וכן שנינו בזבחים (דף סב ע"א): איזהו כרכב? בין קרן לקרן, ולפנים מהן אמה של הלוך רגלי הכהנים, שתי אמות הללו קרויים כרכב. ודקדקנו שם: והכתיב: "תחת כרכבו מלמטה" (להלן לח, ד), למדנו שהכרכב בדפנו הוא ולבוש המכבר תחתיו! ותרץ המתרץ: תרי הוו, חד לנוי וחד לכהנים דלא נשתרקו; זה שבדפן לנוי היה, ומתחתיו הלבישו המכבר, והגיע רחבו עד חצי המזבח, והוא היה סימן לחצי גבהו להבדיל בין דמים העליונים לדמים התחתונים, וכנגדו עשו למזבח בית עולמים חגורת חוט הסקרא

תרומה

ו וְעָשִׂיתָ בַדִּים לַמִּזְבֵּחַ בַּדֵּי עֲצֵי שִׁטִּים וְצִפִּיתָ
ז אֹתָם נְחֹשֶׁת׃ וְהוּבָא אֶת־בַּדָּיו בַּטַּבָּעֹת וְהָיוּ
הַבַּדִּים עַל־שְׁתֵּי צַלְעֹת הַמִּזְבֵּחַ בִּשְׂאֵת אֹתוֹ׃
ח נְבוּב לֻחֹת תַּעֲשֶׂה אֹתוֹ כַּאֲשֶׁר הֶרְאָה אֹתְךָ
שביעי ט בָּהָר כֵּן יַעֲשׂוּ׃ וְעָשִׂיתָ אֵת חֲצַר
הַמִּשְׁכָּן לִפְאַת נֶגֶב־תֵּימָנָה קְלָעִים לֶחָצֵר שֵׁשׁ
י מָשְׁזָר מֵאָה בָאַמָּה אֹרֶךְ לַפֵּאָה הָאֶחָת׃ וְעַמֻּדָיו
עֶשְׂרִים וְאַדְנֵיהֶם עֶשְׂרִים נְחֹשֶׁת וָוֵי הָעַמֻּדִים
יא וַחֲשֻׁקֵיהֶם כָּסֶף׃ וְכֵן לִפְאַת צָפוֹן בָּאֹרֶךְ קְלָעִים
מֵאָה אֹרֶךְ וְעַמֻּדָו עֶשְׂרִים וְאַדְנֵיהֶם עֶשְׂרִים
יב נְחֹשֶׁת וָוֵי הָעַמֻּדִים וַחֲשֻׁקֵיהֶם כָּסֶף׃ וְרֹחַב
הֶחָצֵר לִפְאַת־יָם קְלָעִים חֲמִשִּׁים אַמָּה עַמֻּדֵיהֶם
יג עֲשָׂרָה וְאַדְנֵיהֶם עֲשָׂרָה׃ וְרֹחַב הֶחָצֵר לִפְאַת
יד קֵדְמָה מִזְרָחָה חֲמִשִּׁים אַמָּה׃ וַחֲמֵשׁ עֶשְׂרֵה
אַמָּה קְלָעִים לַכָּתֵף עַמֻּדֵיהֶם שְׁלֹשָׁה וְאַדְנֵיהֶם
טו שְׁלֹשָׁה׃ וְלַכָּתֵף הַשֵּׁנִית חֲמֵשׁ עֶשְׂרֵה קְלָעִים
★ טז עַמֻּדֵיהֶם שְׁלֹשָׁה וְאַדְנֵיהֶם שְׁלֹשָׁה׃ וּלְשַׁעַר
הֶחָצֵר מָסָךְ ׀ עֶשְׂרִים אַמָּה תְּכֵלֶת וְאַרְגָּמָן
וְתוֹלַעַת שָׁנִי וְשֵׁשׁ מָשְׁזָר מַעֲשֵׂה רֹקֵם עַמֻּדֵיהֶם

כְּאֶמְצָעוֹ (מדות ג, ח). וְכֶבֶשׁ שֶׁהָיוּ עוֹלִין בּוֹ, אַף עַל פִּי שֶׁלֹּא פֵּרְשׁוֹ בְּעִנְיָן זֶה, כְּבָר שָׁמַעְנוּ בְּפָרָשַׁת ״מִזְבַּח אֲדָמָה תַּעֲשֶׂה לִּי״: ״וְלֹא תַעֲלֶה בְמַעֲלֹת״ (לעיל כ, כב), לֹא תַעֲשֶׂה לוֹ מַעֲלוֹת כְּבֶבֶשׁ שֶׁלּוֹ,

תרומה

כז תרומה

ז וְתַעֲבֵיד אֲרִיחַיָּא לְמַדְבְּחָא, אֲרִיחֵי דְּאָעֵי שִׁטִּין, וְתַחְפֵי יָתְהוֹן נְחָשָׁא: וְיֵעֵיל יָת אֲרִיחוֹהִי
ח בְּעִזְקָתָא, וִיהוֹן אֲרִיחַיָּא, עַל תְּרֵין, סִטְרֵי מַדְבְּחָא בְּמִטַּל יָתֵיהּ: חֲלִיל לוּחִין תַּעֲבֵיד יָתֵיהּ,
ט כְּמָא דְּאַחְזִי יָתָךְ, בְּטוּרָא כֵּן יַעְבְּדוּן: וְתַעֲבֵיד, יָת דָּרַת מַשְׁכְּנָא, לְרוּחַ עִיבַר דָּרוֹמָא, סְרָדֵי
י לְדָרְתָא דְּבוּץ שְׁזִיר, מְאָה אַמִּין אָרְכָּא, לְרוּחָא חֲדָא: וְעַמּוּדוֹהִי עַסְרִין, וְסָמְכֵיהוֹן עַסְרִין
יא דִּנְחָשָׁא, וָוֵי עַמּוּדַיָּא, וְכִבּוּשֵׁיהוֹן כְּסַף: וְכֵן לְרוּחַ צִפּוּנָא בְּאָרְכָּא, סְרָדֵי מְאָה אָרְכָּא,
יב וְעַמּוּדוֹהִי עַסְרִין, וְסָמְכֵיהוֹן עַסְרִין דִּנְחָשָׁא, וָוֵי עַמּוּדַיָּא, וְכִבּוּשֵׁיהוֹן כְּסַף: וּפְתָיָא דְּדָרְתָא
יג לְרוּחַ מַעַרְבָא, סְרָדֵי חַמְשִׁין אַמִּין, עַמּוּדֵיהוֹן עַסְרָא, וְסָמְכֵיהוֹן עַסְרָא: וּפְתָיָא דְּדָרְתָא, לְרוּחַ,
יד קִדּוּמָא מַדִּנְחָא חַמְשִׁין אַמִּין: וַחֲמֵשׁ עַסְרֵי אַמִּין, סְרָדֵי לְעִבְרָא, עַמּוּדֵיהוֹן תְּלָתָא, וְסָמְכֵיהוֹן
טו טז תְּלָתָא: וּלְעִבְרָא תִּנְיָנָא, חֲמֵשׁ עַסְרֵי סְרָדִין, עַמּוּדֵיהוֹן תְּלָתָא, וְסָמְכֵיהוֹן תְּלָתָא: וְלִתְרַע
דָּרְתָא, פְּרָסָא עַסְרִין אַמִּין, תַּכְלָא וְאַרְגְּוָנָא, וּצְבַע זְהוֹרִי, וּבוּץ שְׁזִיר עוֹבָד צַיָּר, עַמּוּדֵיהוֹן

אֶלָּא כֶּבֶשׁ חָלָק, לָמַדְנוּ שֶׁהָיָה לוֹ כֶּבֶשׁ. כָּךְ שָׁנִינוּ בַּמְּכִילְתָּא (בחדש פרשה יא). וּ'מִזְבַּח אֲדָמָה' הוּא מִזְבַּח הַנְּחֹשֶׁת, שֶׁהָיוּ מְמַלְּאִין חֲלָלוֹ אֲדָמָה בִּמְקוֹם חֲנִיָּתָן. וְהַכֶּבֶשׁ הָיָה בְּדָרוֹם הַמִּזְבֵּחַ מֻבְדָּל מִן הַמִּזְבֵּחַ מְלֹא חוּט הַשַּׂעֲרָה, וְרַגְלָיו מַגִּיעִין עַד אַמָּה סָמוּךְ לְקַלְעֵי הֶחָצֵר שֶׁבַּדָּרוֹם, כְּדִבְרֵי הָאוֹמֵר עֶשֶׂר אַמּוֹת קוֹמָתוֹ; וּלְדִבְרֵי הָאוֹמֵר דְּבָרִים כִּכְתָבָן "שָׁלֹשׁ אַמּוֹת קֹמָתוֹ" (זבחים נט ע"ב), לֹא הָיָה אֹרֶךְ הַכֶּבֶשׁ אֶלָּא עֶשֶׂר אַמּוֹת. כָּךְ מָצָאתִי בְּמִשְׁנַת אַרְבָּעִים וְתֵשַׁע מִדּוֹת. וְזֶה שֶׁהוּא מֻבְדָּל מִן הַמִּזְבֵּחַ מְלֹא הַחוּט, בְּמַסֶּכֶת זְבָחִים (דף סב ע"ב) לְמַדְנוּהָ מִן הַמִּקְרָא:

ז) **בַּטַּבָּעֹת.** בְּאַרְבַּע טַבָּעוֹת שֶׁנַּעֲשׂוּ לַמִּכְבָּר:

ח) **נְבוּב לֻחֹת.** כְּתַרְגּוּמוֹ: "חֲלִיל לוּחִין", לוּחוֹת עֲצֵי שִׁטִּים מִכָּל צַד וְהֶחָלָל בָּאֶמְצַע, וְלֹא יְהֵא כֻּלּוֹ עֵץ אֶחָד שֶׁיְּהֵא עָבְיוֹ חָמֵשׁ אַמּוֹת עַל חָמֵשׁ אַמּוֹת כְּמִין סַדָּן:

ט) **קְלָעִים.** עֲשׂוּיִין כְּמִין קַלְעֵי סְפִינָה נְקָבִים נְקָבִים, מַעֲשֵׂה קְלִיעָה וְלֹא מַעֲשֵׂה אוֹרֵג. וְתַרְגּוּמוֹ: "סְרָדִין", כְּתַרְגּוּמוֹ שֶׁל "מִכְבָּר" (לעיל פסוק ד) הַמְּתֻרְגָּם: "סְרָדָא", לְפִי שֶׁהֵן מְנֻקָּבִין כִּכְבָרָה: **לַפֵּאָה הָאֶחָת.** כָּל הָרוּחַ קָרוּי פֵּאָה:

י) **וְעַמֻּדָיו עֶשְׂרִים.** חָמֵשׁ אַמּוֹת בֵּין עַמּוּד לְעַמּוּד: **וְאַדְנֵיהֶם.** שֶׁל הָעַמּוּדִים "נְחֹשֶׁת". הָאֲדָנִים יוֹשְׁבִין עַל הָאָרֶץ וְהָעַמּוּדִים תְּקוּעִים לְתוֹכָן. וְהָיָה עוֹשֶׂה כְּמִין קֻנְדָּסִין שֶׁקּוֹרִין פלא"ש אָרְכָּן שִׁשָּׁה טְפָחִים וְרָחְבָּן שְׁלֹשָׁה, וְטַבַּעַת נְחֹשֶׁת קְבוּעָה בּוֹ בְּאֶמְצָעוֹ, וְכוֹרֵךְ שְׂפַת הַקֶּלַע סְבִיבָיו בְּמֵיתָרִים כְּנֶגֶד כָּל עַמּוּד וְעַמּוּד, וְתוֹלֶה הַקֻּנְדָּס דֶּרֶךְ טַבַּעְתּוֹ בְּאֻנְקְלִי שֶׁבָּעַמּוּד, הֶעָשׂוּי כְּמִין וָי"ו, רֹאשׁוֹ זָקוּף לְמַעְלָה וְרֹאשׁוֹ אֶחָד תָּקוּעַ בָּעַמּוּד, כְּאוֹתָן שֶׁעוֹשִׂין לְהַצִּיב דְּלָתוֹת שֶׁקּוֹרִין גונזי"ש, וְרֹחַב הַקֶּלַע תָּלוּי מִלְּמַטָּה וְהִיא קוֹמַת מְחִצּוֹת הֶחָצֵר: **וָוֵי הָעַמֻּדִים.** הֵם הָאֻנְקְלִיּוֹת: **וַחֲשֻׁקֵיהֶם.** מֻקָּפִין הָיוּ הָעַמּוּדִים בְּחוּטֵי כֶּסֶף סָבִיב. וְאֵינִי יוֹדֵעַ אִם עַל פְּנֵי כֻלָּם אִם בְּרָאשָׁם אִם בְּאֶמְצָעָם, אַךְ יוֹדֵעַ אֲנִי שֶׁ'חִשּׁוּק' לְשׁוֹן חֲגוֹרָה, שֶׁכָּךְ מָצִינוּ בְּפִילֶגֶשׁ בַּגִּבְעָה: "וְעִמּוֹ צֶמֶד חֲמוֹרִים חֲבוּשִׁים" (שופטים יט, י), תַּרְגּוּמוֹ: 'חֲסִיקִין':

יג) **לִפְאַת קֵדְמָה מִזְרָחָה.** פְּנֵי הַמִּזְרָח קָרוּי 'קֶדֶם', לְשׁוֹן פָּנִים, 'אָחוֹר' לְשׁוֹן אֲחוֹרַיִם. לְפִיכָךְ מִזְרָח קָרוּי קֶדֶם שֶׁהוּא פָּנִים, וּמַעֲרָב קָרוּי אָחוֹר, כְּמָא דְאַתְּ אָמַר: "הַיָּם הָאַחֲרוֹן" (דברים יא, כד) – "יַמָּא מַעַרְבָאָה" (אונקלוס שם): **חֲמִשִּׁים אַמָּה.** אוֹתָן חֲמִשִּׁים אַמָּה לֹא הָיוּ סְתוּמִים כֻּלָּם בַּקְּלָעִים, לְפִי שֶׁשָּׁם הַפֶּתַח, אֶלָּא חֲמֵשׁ עֶשְׂרֵה אַמָּה קְלָעִים לְכֶתֶף הַפֶּתַח מִכָּאן וְכֵן לַכָּתֵף הַשֵּׁנִית, נִשְׁאַר רֹחַב חֲלַל הַפֶּתַח בֵּינְתַיִם עֶשְׂרִים אַמָּה, וְזֶהוּ שֶׁנֶּאֱמַר: "וּלְשַׁעַר הֶחָצֵר מָסָךְ עֶשְׂרִים אַמָּה" (להלן פסוק טז), וִילוֹן לְהָסֵךְ כְּנֶגֶד הַפֶּתַח עֶשְׂרִים אַמָּה אֹרֶךְ, כְּרֹחַב הַפֶּתַח:

יד) **עַמֻּדֵיהֶם שְׁלֹשָׁה.** חָמֵשׁ אַמּוֹת בֵּין עַמּוּד לְעַמּוּד, בֵּין עַמּוּד שֶׁבְּרֹאשׁ הַדָּרוֹם הָעוֹמֵד בְּמִקְצוֹעַ דְּרוֹמִית מִזְרָחִית עַד עַמּוּד שֶׁהוּא מִן הַשְּׁלֹשָׁה שֶׁבַּמִּזְרָח חָמֵשׁ אַמּוֹת, וּמִמֶּנּוּ לַשֵּׁנִי חָמֵשׁ אַמּוֹת, וּמִן הַשֵּׁנִי לַשְּׁלִישִׁי חָמֵשׁ אַמּוֹת, וְכֵן לַכָּתֵף

תרומה

מפטיר
יז אַרְבָּעָה וְאַדְנֵיהֶם אַרְבָּעָה: כָּל־עַמּוּדֵי הֶחָצֵר
סָבִיב מְחֻשָּׁקִים כֶּסֶף וָוֵיהֶם כָּסֶף וְאַדְנֵיהֶם
יח נְחֹשֶׁת: אֹרֶךְ הֶחָצֵר מֵאָה בָאַמָּה וְרֹחַב ׀
חֲמִשִּׁים בַּחֲמִשִּׁים וְקֹמָה חָמֵשׁ אַמּוֹת שֵׁשׁ מָשְׁזָר
יט וְאַדְנֵיהֶם נְחֹשֶׁת: לְכֹל כְּלֵי הַמִּשְׁכָּן בְּכֹל עֲבֹדָתוֹ
וְכָל־יְתֵדֹתָיו וְכָל־יִתְדֹת הֶחָצֵר נְחֹשֶׁת:

הַשֵּׁנִית, וְאַרְבָּעָה עַמּוּדִים לַמָּסָךְ. הֲרֵי עֲשָׂרָה עַמּוּדִים לַמִּזְרָח כְּנֶגֶד עֲשָׂרָה לַמַּעֲרָב:

יז| **כָּל עַמּוּדֵי הֶחָצֵר סָבִיב וגו׳.** לְפִי שֶׁלֹּא פֵּרֵשׁ וָוִין וַחֲשׁוּקִים וְאַדְנֵי נְחֹשֶׁת אֶלָּא לַצָּפוֹן וְלַדָּרוֹם, אֲבָל לַמִּזְרָח וְלַמַּעֲרָב לֹא נֶאֱמַר וָוִין וַחֲשׁוּקִים וְאַדְנֵי נְחֹשֶׁת, לְכָךְ בָּא וְלִמֵּד כָּאן:

יח| **אֹרֶךְ הֶחָצֵר.** הַצָּפוֹן וְהַדָּרוֹם שֶׁמִּן הַמִּזְרָח לַמַּעֲרָב "מֵאָה בָּאַמָּה": **וְרֹחַב חֲמִשִּׁים בַּחֲמִשִּׁים.**

הפטרת תרומה

בראש חודש אדר א׳ קוראים את המפטיר מספר במדבר כח, ט-טו, ואת ההפטרה בעמ׳ 1284. בשבת פרשת שקלים, גם אם חל בה ראש חודש או ערב ראש חודש, קוראים את המפטיר להלן ל, יא-טז, ואת ההפטרה בעמ׳ 1289. בשבת פרשת זכור קוראים את המפטיר מספר דברים, כה, יז-יט, ואת ההפטרה בעמ׳ 1290.

ההפטרה מתארת את הבנייה של המקדש בימי שלמה ואת ההתארגנות לקראתה. פעילות זו החלה בשנה הרביעית למלכותו של שלמה, במלאת 480 שנה ליציאת מצרים. למעשה, יציאת מצרים הייתה נקודת הזינוק, ובניית המקדש היא היעד והשיא, כבשירת הים: "תבִאֵמוֹ ותִטָּעֵמוֹ בהר נחלתך... מקדש ה׳ כוננו ידיך". הבית לה׳ היה צנוע במידותיו ומפואר בהדרו. כלי ברזל לא שימשו בבניית המקדש והמזבח. בעיצומה של הבנייה ההפטרה חותמת בדבר ה׳: שמירת התורה והמצוות היא התנאי האמתי לאיתנו של הבית הזה ולהשראת השכינה בו.

מלכים א׳
כו וַיהוָה נָתַן חָכְמָה לִשְׁלֹמֹה כַּאֲשֶׁר דִּבֶּר־לוֹ וַיְהִי שָׁלֹם בֵּין חִירָם וּבֵין שְׁלֹמֹה ה
כז וַיִּכְרְתוּ בְרִית שְׁנֵיהֶם: וַיַּעַל הַמֶּלֶךְ שְׁלֹמֹה מַס מִכָּל־יִשְׂרָאֵל וַיְהִי הַמַּס
כח שְׁלֹשִׁים אֶלֶף אִישׁ: וַיִּשְׁלָחֵם לְבָנוֹנָה עֲשֶׂרֶת אֲלָפִים בַּחֹדֶשׁ חֲלִיפוֹת חֹדֶשׁ
כט יִהְיוּ בַלְּבָנוֹן שְׁנַיִם חֳדָשִׁים בְּבֵיתוֹ וַאֲדֹנִירָם עַל־הַמַּס: וַיְהִי
ל לִשְׁלֹמֹה שִׁבְעִים אֶלֶף נֹשֵׂא סַבָּל וּשְׁמֹנִים אֶלֶף חֹצֵב בָּהָר: לְבַד מִשָּׂרֵי
הַנִּצָּבִים לִשְׁלֹמֹה אֲשֶׁר עַל־הַמְּלָאכָה שְׁלֹשֶׁת אֲלָפִים וּשְׁלֹשׁ מֵאוֹת

תרומה כז

יז אַרְבְּעָא, וְסָמְכֵיהוֹן אַרְבְּעָא: כָּל עַמּוּדֵי דָּרְתָא סְחוֹר סְחוֹר מְכַבְּשִׁין כְּסַף, וָוֵיהוֹן כְּסַף,
יח וְסָמְכֵיהוֹן דִּנְחָשָׁא: אֻרְכָּא דְּדָרְתָא מְאָה אַמִּין, וּפְתָיָא חַמְשִׁין בְּחַמְשִׁין, וְרוּמָא, חֲמֵשׁ אַמִּין
יט דְּבוּץ שְׁזִיר, וְסָמְכֵיהוֹן דִּנְחָשָׁא: לְכָל מָנֵי מַשְׁכְּנָא, בְּכָל פָּלְחָנֵיהּ, וְכָל סִכּוֹהִי, וְכָל סִכֵּי דָּרְתָא דִּנְחָשָׁא:

חָצֵר שֶׁבַּמִּזְרָח הָיְתָה מְרֻבַּעַת חֲמִשִּׁים עַל חֲמִשִּׁים, שֶׁהַמִּשְׁכָּן אָרְכּוֹ שְׁלֹשִׁים וְרָחְבּוֹ עֶשֶׂר, הֶעֱמִיד מִזְרַח פִּתְחוֹ בִּשְׂפַת חֲמִשִּׁים הַחִיצוֹנִים שֶׁל אֹרֶךְ הֶחָצֵר, נִמְצָא כֻּלּוֹ בַּחֲמִשִּׁים הַפְּנִימִיִּים, וְכָלָה אָרְכּוֹ לְסוֹף שְׁלֹשִׁים, נִמְצְאוּ עֶשְׂרִים אַמָּה רֶוַח לַאֲחוֹרָיו בֵּין הַקְּלָעִים שֶׁבַּמַּעֲרָב לַיְרִיעוֹת שֶׁל אֲחוֹרֵי הַמִּשְׁכָּן. וְרֹחַב הַמִּשְׁכָּן עֶשֶׂר אַמּוֹת בְּאֶמְצַע רֹחַב הֶחָצֵר, נִמְצְאוּ לוֹ עֶשְׂרִים אַמָּה רֶוַח לַצָּפוֹן וְלַדָּרוֹם מִן קַלְעֵי הֶחָצֵר לִירִיעוֹת הַמִּשְׁכָּן, וְכֵן לַמַּעֲרָב, וַחֲמִשִּׁים עַל חֲמִשִּׁים חָצֵר לְפָנָיו: וְקֹמָה חָמֵשׁ אַמּוֹת. גֹּבַהּ מְחִצּוֹת הֶחָצֵר, וְהוּא רֹחַב הַקְּלָעִים: וְאַדְנֵיהֶם נְחֹשֶׁת. לְהָבִיא אַדְנֵי הַמָּסָךְ, שֶׁלֹּא תֹאמַר, לֹא נֶאֶמְרוּ אַדְנֵי נְחֹשֶׁת אֶלָּא לְעַמּוּדֵי הַקְּלָעִים, אֲבָל אַדְנֵי הַמָּסָךְ שֶׁל מִין אַחֵר. כָּךְ נִרְאֶה בְּעֵינַי שֶׁלְּכָךְ חָזַר וּשְׁנָאָן:

יט) **לְכֹל כְּלֵי הַמִּשְׁכָּן.** שֶׁהָיוּ צְרִיכִין לַהֲקָמָתוֹ וּלְהוֹרָדָתוֹ, כְּגוֹן מַקָּבוֹת לִתְקֹעַ יְתֵדוֹת וְעַמּוּדִים: יְתֵדֹת. כְּמִין נַגְרֵי נְחֹשֶׁת עֲשׂוּיִין לִירִיעוֹת הָאֹהֶל וּלְקַלְעֵי הֶחָצֵר קְשׁוּרִים בְּמֵיתָרִים סָבִיב סָבִיב בְּשִׁפּוּלֵיהֶן כְּדֵי שֶׁלֹּא תְהֵא הָרוּחַ מַגְבִּיהָתָן. וְאֵינִי יוֹדֵעַ אִם תְּחוּבִין בָּאָרֶץ, אוֹ קְשׁוּרִין וּתְלוּיִין וְכֹבֶד מַכְבִּיד שִׁפּוּלֵי הַיְרִיעוֹת שֶׁלֹּא יָנוּעוּ בָּרוּחַ. וְאוֹמֵר אֲנִי שֶׁשְּׁמָן מוֹכִיחַ עֲלֵיהֶם שֶׁהֵם תְּקוּעִים בָּאָרֶץ, לְכָךְ נִקְרְאוּ 'יְתֵדוֹת', וּמִקְרָא זֶה מְסַיְּעֵנִי: "אֹהֶל בַּל יִצְעָן בַּל יִסַּע יְתֵדֹתָיו לָנֶצַח" (ישעיה לג, כ):

תרומה

לא הָרֹדִים בָּעָם הָעֹשִׂים בַּמְּלָאכָה: וַיְצַו הַמֶּלֶךְ וַיַּסִּעוּ אֲבָנִים גְּדֹלוֹת אֲבָנִים
לב יְקָרוֹת לְיַסֵּד הַבָּיִת אַבְנֵי גָזִית: וַיִּפְסְלוּ בֹּנֵי שְׁלֹמֹה וּבֹנֵי חִירוֹם וְהַגִּבְלִים
ו א וַיָּכִינוּ הָעֵצִים וְהָאֲבָנִים לִבְנוֹת הַבָּיִת: וַיְהִי בִשְׁמוֹנִים שָׁנָה
וְאַרְבַּע מֵאוֹת שָׁנָה לְצֵאת בְּנֵי־יִשְׂרָאֵל מֵאֶרֶץ־מִצְרַיִם בַּשָּׁנָה הָרְבִיעִית
בְּחֹדֶשׁ זִו הוּא הַחֹדֶשׁ הַשֵּׁנִי לִמְלֹךְ שְׁלֹמֹה עַל־יִשְׂרָאֵל וַיִּבֶן הַבַּיִת לַיהוָה:
ב וְהַבַּיִת אֲשֶׁר בָּנָה הַמֶּלֶךְ שְׁלֹמֹה לַיהוָה שִׁשִּׁים־אַמָּה אָרְכּוֹ וְעֶשְׂרִים רָחְבּוֹ
ג וּשְׁלֹשִׁים אַמָּה קוֹמָתוֹ: וְהָאוּלָם עַל־פְּנֵי הֵיכַל הַבַּיִת עֶשְׂרִים אַמָּה אָרְכּוֹ
ד עַל־פְּנֵי רֹחַב הַבָּיִת עֶשֶׂר בָּאַמָּה רָחְבּוֹ עַל־פְּנֵי הַבָּיִת: וַיַּעַשׂ לַבָּיִת חַלּוֹנֵי
ה שְׁקֻפִים אֲטֻמִים: וַיִּבֶן עַל־קִיר הַבַּיִת יָצוּעַ סָבִיב אֶת־קִירוֹת הַבַּיִת סָבִיב יְצִיעַ
ו לַהֵיכָל וְלַדְּבִיר וַיַּעַשׂ צְלָעוֹת סָבִיב: הַיָּצוּעַ הַתַּחְתֹּנָה חָמֵשׁ בָּאַמָּה רָחְבָּהּ הַיָּצִיעַ
וְהַתִּיכֹנָה שֵׁשׁ בָּאַמָּה רָחְבָּהּ וְהַשְּׁלִישִׁית שֶׁבַע בָּאַמָּה רָחְבָּהּ כִּי מִגְרָעוֹת
ז נָתַן לַבַּיִת סָבִיב חוּצָה לְבִלְתִּי אֲחֹז בְּקִירוֹת הַבָּיִת: וְהַבַּיִת בְּהִבָּנֹתוֹ
אֶבֶן־שְׁלֵמָה מַסָּע נִבְנָה וּמַקָּבוֹת וְהַגַּרְזֶן כָּל־כְּלִי בַרְזֶל לֹא־נִשְׁמַע בַּבַּיִת

ח בְּהִבָּנֹתֽוֹ׃ פֶּ֗תַח הַצֵּלָע֙ הַתִּ֣יכֹנָ֔ה אֶל־כֶּ֥תֶף הַבַּ֖יִת הַיְמָנִ֑ית וּבְלוּלִּ֣ים יַעֲל֗וּ
ט עַל־הַתִּ֣יכֹנָ֔ה וּמִן־הַתִּֽיכֹנָ֖ה אֶל־הַשְּׁלִשִֽׁים׃ וַיִּ֥בֶן אֶת־הַבַּ֖יִת וַיְכַלֵּ֑הוּ וַיִּסְפֹּ֤ן
י אֶת־הַבַּ֙יִת֙ גֵּבִ֣ים וּשְׂדֵרֹ֔ת בָּאֲרָזִֽים׃ וַיִּ֤בֶן אֶת־היצוע עַל־כָּל־הַבַּ֔יִת חָמֵ֥שׁ הַיָּצִ֙יעַ֙
יא אַמּ֖וֹת קוֹמָת֑וֹ וַיֶּאֱחֹ֥ז אֶת־הַבַּ֖יִת בַּעֲצֵ֥י אֲרָזִֽים׃ וַֽיְהִי֙ דְּבַר־יְהֹוָ֔ה
יב אֶל־שְׁלֹמֹ֖ה לֵאמֹֽר׃ הַבַּ֨יִת הַזֶּ֜ה אֲשֶׁר־אַתָּ֣ה בֹנֶ֗ה אִם־תֵּלֵ֤ךְ בְּחֻקֹּתַי֙ וְאֶת־
מִשְׁפָּטַ֣י תַּעֲשֶׂ֔ה וְשָׁמַרְתָּ֥ אֶת־כָּל־מִצְוֺתַ֖י לָלֶ֣כֶת בָּהֶ֑ם וַהֲקִמֹתִ֤י אֶת־דְּבָרִי֙
יג אִתָּ֔ךְ אֲשֶׁ֥ר דִּבַּ֖רְתִּי אֶל־דָּוִ֥ד אָבִֽיךָ׃ וְשָׁ֣כַנְתִּ֔י בְּת֖וֹךְ בְּנֵ֣י יִשְׂרָאֵ֑ל וְלֹ֥א אֶעֱזֹ֖ב
אֶת־עַמִּ֥י יִשְׂרָאֵֽל׃

פרשת תצוה

תצוה

כא וְאַתָּ֞ה תְּצַוֶּ֣ה ׀ אֶת־בְּנֵ֣י יִשְׂרָאֵ֗ל וְיִקְח֨וּ אֵלֶ֜יךָ שֶׁ֣מֶן זַ֥יִת זָ֛ךְ כָּתִ֖ית לַמָּא֑וֹר לְהַעֲלֹ֥ת נֵ֖ר תָּמִֽיד: בְּאֹ֣הֶל מוֹעֵד֩ מִח֨וּץ לַפָּרֹ֜כֶת אֲשֶׁ֣ר עַל־הָעֵדֻ֗ת יַעֲרֹךְ֩ אֹת֨וֹ אַהֲרֹ֧ן וּבָנָ֛יו מֵעֶ֥רֶב עַד־בֹּ֖קֶר לִפְנֵ֣י יְהוָ֑ה חֻקַּ֤ת עוֹלָם֙ לְדֹ֣רֹתָ֔ם מֵאֵ֖ת בְּנֵ֥י יִשְׂרָאֵֽל: כח וְאַתָּ֡ה הַקְרֵ֣ב אֵלֶיךָ֩ אֶת־אַהֲרֹ֨ן אָחִ֜יךָ וְאֶת־בָּנָ֣יו אִתּ֗וֹ מִתּ֛וֹךְ בְּנֵ֥י יִשְׂרָאֵ֖ל לְכַהֲנוֹ־לִ֑י אַהֲרֹ֕ן נָדָ֧ב וַאֲבִיה֛וּא אֶלְעָזָ֥ר וְאִיתָמָ֖ר בְּנֵ֥י אַהֲרֹֽן: ב וְעָשִׂ֥יתָ בִגְדֵי־קֹ֖דֶשׁ לְאַהֲרֹ֣ן אָחִ֑יךָ לְכָב֖וֹד וּלְתִפְאָֽרֶת: ג וְאַתָּ֗ה תְּדַבֵּר֙ אֶל־כָּל־חַכְמֵי־לֵ֔ב אֲשֶׁ֥ר מִלֵּאתִ֖יו ר֣וּחַ חָכְמָ֑ה וְעָשׂ֞וּ אֶת־בִּגְדֵ֧י אַהֲרֹ֛ן לְקַדְּשׁ֖וֹ לְכַהֲנוֹ־לִֽי: ד וְאֵ֨לֶּה הַבְּגָדִ֜ים אֲשֶׁ֣ר יַעֲשׂ֗וּ חֹ֤שֶׁן וְאֵפוֹד֙ וּמְעִ֔יל וּכְתֹ֥נֶת תַּשְׁבֵּ֖ץ מִצְנֶ֣פֶת וְאַבְנֵ֑ט וְעָשׂ֨וּ בִגְדֵי־קֹ֜דֶשׁ לְאַהֲרֹ֥ן אָחִ֛יךָ וּלְבָנָ֖יו לְכַהֲנוֹ־לִֽי: ה וְהֵם֙ יִקְח֣וּ אֶת־הַזָּהָ֔ב

מצווה צח
מצווה לערוך את הנרות במקדש

מצווה צט
מצווה על הכהנים ללבוש בגדי כהונה

כ] **וְאַתָּה תְּצַוֶּה. זָךְ.** בְּלִי שְׁמָרִים, כְּמוֹ שֶׁשָּׁנִינוּ בִּמְנָחוֹת (דף פו ע"א), מְגַרְגְּרוֹ בְּרֹאשׁ הַזַּיִת וְכוּ': **כָּתִית.** הַזֵּיתִים, כּוֹתֵשׁ בַּמַּכְתֶּשֶׁת וְאֵינוֹ טוֹחֲנָן בָּרֵיחַיִם, כְּדֵי שֶׁלֹּא יְהֵא בּוֹ שְׁמָרִים, וְאַחַר שֶׁהוֹצִיא טִפָּה רִאשׁוֹנָה מַכְנִיסָן לָרֵיחַיִם וְטוֹחֲנָן. וְהַשֶּׁמֶן הַשֵּׁנִי פָּסוּל לַמְּנוֹרָה וְכָשֵׁר לַמְּנָחוֹת, שֶׁנֶּאֱמַר: "כָּתִית לַמָּאוֹר", וְלֹא כָתִית לַמְּנָחוֹת (שם): **לְהַעֲלֹת** נֵר תָּמִיד. מַדְלִיק עַד שֶׁתְּהֵא שַׁלְהֶבֶת עוֹלָה מֵאֵלֶיהָ: **תָּמִיד.** כָּל לַיְלָה וְלַיְלָה קָרוּי 'תָּמִיד', כְּמוֹ שֶׁאַתָּה אוֹמֵר: "עֹלַת תָּמִיד" (להלן כט, לח; במדבר כח, ו) וְאֵינָהּ אֶלָּא מִיּוֹם לְיוֹם, וְכֵן בְּמִנְחַת חֲבִתִּין: "תָּמִיד" (ויקרא ו, יג) וְאֵינָהּ אֶלָּא מַחֲצִיתָהּ בַּבֹּקֶר וּמַחֲצִיתָהּ בָּעֶרֶב. אֲבָל "תָּמִיד" הָאָמוּר בְּלֶחֶם הַפָּנִים (לעיל כה, ל) מִשַּׁבָּת לְשַׁבָּת הוּא:

נֵר תָּמִיד.

494

כ וְאַתְּ, תְּפַקֵּיד יָת בְּנֵי יִשְׂרָאֵל, וְיִסְּבוּן לָךְ, מְשַׁח זֵיתָא דָּכְיָא, כְּתִישָׁא לְאַנְהָרָא, לְאַדְלָקָא
כא בּוֹצִינַיָּא תְּדִירָא: בְּמַשְׁכַּן זִמְנָא מִבָּרָא לְפָרֻכְתָּא דְּעַל סָהֲדוּתָא, יְסַדַּר יָתֵיהּ אַהֲרֹן וּבְנוֹהִי,
כח א מֵרַמְשָׁא עַד צַפְרָא קֳדָם יְיָ, קְיָם עָלַם לְדָרֵיהוֹן, מִן בְּנֵי יִשְׂרָאֵל: וְאַתְּ, קָרֵיב לְוָתָךְ יָת אַהֲרֹן
אֲחוּךְ וְיָת בְּנוֹהִי עִמֵּיהּ, מִגּוֹ, בְּנֵי יִשְׂרָאֵל לְשַׁמָּשָׁא קֳדָמַי, אַהֲרֹן, נָדָב וַאֲבִיהוּא, אֶלְעָזָר וְאִיתָמָר
ב בְּנֵי אַהֲרֹן: וְתַעֲבֵיד לְבוּשֵׁי קֻדְשָׁא לְאַהֲרֹן אֲחוּךְ, לִיקָר וּלְתֻשְׁבְּחָא: וְאַתְּ, תְּמַלֵּיל עִם כָּל
חַכִּימֵי לִבָּא, דְּאַשְׁלֵימִית עִמְּהוֹן רוּחַ חָכְמְתָא, וְיַעְבְּדוּן, יָת לְבוּשֵׁי אַהֲרֹן, לְקַדָּשׁוּתֵיהּ לְשַׁמָּשָׁא
ד קֳדָמָי: וְאִלֵּין לְבוּשַׁיָּא דְּיַעְבְּדוּן, חֻשְׁנָא וְאֵיפוֹדָא וּמְעִילָא, וְכִתּוּנִין מְרַמְצָן מִצְנַפְתָּא וְהֶמְיָנִין,
ה וְיַעְבְּדוּן לְבוּשֵׁי קֻדְשָׁא, לְאַהֲרֹן אֲחוּךְ, וְלִבְנוֹהִי לְשַׁמָּשָׁא קֳדָמָי: וְאִנּוּן יִסְּבוּן יָת דַּהֲבָא,

כא **מֵעֶרֶב עַד בֹּקֶר.** תֵּן לָהּ מִדָּתָהּ שֶׁתְּהֵא דּוֹלֶקֶת מֵעֶרֶב וְעַד בֹּקֶר. וְשִׁעֲרוּ חֲכָמִים חֲצִי לֹג לְלֵילֵי טֵבֵת הָאֲרֻכִּין, וְכֵן לְכָל הַלֵּילוֹת, וְאִם יִוָּתֵר אֵין בְּכָךְ כְּלוּם:

פרק כח

א **וְאַתָּה הַקְרֵב אֵלֶיךָ.** לְאַחַר שֶׁתִּגָּמֵר מְלֶאכֶת הַמִּשְׁכָּן:

ג **לְקַדְּשׁוֹ לְכַהֲנוֹ לִי.** לְקַדְּשׁוֹ לְהַכְנִיסוֹ בִּכְהֻנָּה עַל יְדֵי הַבְּגָדִים, שֶׁיְּהֵא כֹהֵן לִי. וּלְשׁוֹן 'כְּהֻנָּה' שֵׁרוּת הוּא, שירדי"טריא"ה בְּלַעַ"ז:

ד **חשֶׁן. תַּכְשִׁיט כְּנֶגֶד הַלֵּב. וְאֵפוֹד.** לֹא שָׁמַעְתִּי וְלֹא מָצָאתִי בַּבָּרַיְתָא פֵּרוּשׁ תַּבְנִיתוֹ. וְלִבִּי אוֹמֵר לִי שֶׁהוּא חֲגוּרָה לוֹ מֵאֲחוֹרָיו, רָחָב כְּרֹחַב גַּב אִישׁ כְּמִין סִינָר שֶׁקּוֹרִין רעיינ"ט שֶׁחוֹגְרוֹת הַשָּׂרוֹת כְּשֶׁרוֹכְבוֹת עַל הַסּוּסִים, כָּךְ מַעֲשֵׂהוּ מִלְּמַטָּה, שֶׁנֶּאֱמַר: "וְדָוִד חָגוּר אֵפוֹד בָּד" (שמואל ב' ו, יד), לָמַדְנוּ שֶׁהָאֵפוֹד חֲגוֹרָה הִיא. וְאִי אֶפְשָׁר לוֹמַר שֶׁאֵין בּוֹ אֶלָּא הַחֲגוֹרָה לְבַדָּהּ, שֶׁהֲרֵי נֶאֱמַר: "וַיִּתֵּן עָלָיו אֶת הָאֵפוֹד" (ויקרא ח, ז) וְאַחַר כָּךְ "וַיַּחְגֹּר אֹתוֹ בְּחֵשֶׁב הָאֵפוֹד" וְתִרְגֵם אוּנְקְלוֹס: "בְּהֶמְיַן אֵפוֹדָא", לָמַדְנוּ שֶׁהַחֵשֶׁב הוּא הַחֲגוֹר, וְהָאֵפוֹד שֵׁם תַּכְשִׁיט לְבַדּוֹ. וְאִי אֶפְשָׁר לוֹמַר שֶׁעַל שֵׁם שְׁתֵּי הַכְּתֵפוֹת שֶׁבּוֹ הוּא קָרוּי אֵפוֹד, שֶׁהֲרֵי נֶאֱמַר: "שְׁתֵּי כִתְפוֹת הָאֵפוֹד" (להלן פסוק כז), לָמַדְנוּ שֶׁהָאֵפוֹד שֵׁם לְבַד, וְהַכְּתֵפוֹת שֵׁם לְבַד, וְהַחֵשֶׁב שֵׁם לְבַד. לְכָךְ אֲנִי אוֹמֵר שֶׁעַל שֵׁם

הַסִּינָר שֶׁל מַטָּה קָרוּי אֵפוֹד, עַל שֵׁם שֶׁאוֹפְדוֹ וּמְקַשְּׁטוֹ בּוֹ, כְּמוֹ שֶׁנֶּאֱמַר: "וַיֶּאְפֹּד לוֹ בּוֹ" (ויקרא ח, ז). וְהַחֵשֶׁב הוּא חָגוֹר שֶׁלְּמַעְלָה הֵימֶנּוּ, וְהַכְּתֵפוֹת קְבוּעוֹת בּוֹ. וְעוֹד אוֹמֵר לִי לִבִּי שֶׁיֵּשׁ רְאָיָה שֶׁהוּא מִין לְבוּשׁ, שֶׁתִּרְגֵּם יוֹנָתָן: "וְדָוִד חָגוּר אֵפוֹד בָּד" (שמואל ב' ו, יד) – "כַּרְדּוּט דְּבוּץ", וְתִרְגֵּם כְּמוֹ כֵן "מְעִילִים" – "כַּרְדּוּטִין" בְּמַעֲשֵׂה תָמָר אֲחוֹת אַבְשָׁלוֹם, "כִּי כֵן תִּלְבַּשְׁןָ בְנוֹת הַמֶּלֶךְ הַבְּתוּלֹת מְעִילִים" (שם יג, יח): **וּמְעִיל.** הוּא כְּמִין חָלוּק, וְכֵן הַכֻּתֹּנֶת, אֶלָּא שֶׁהַכֻּתֹּנֶת סָמוּךְ לִבְשָׂרוֹ, וּמְעִיל קָרוּי חָלוּק הָעֶלְיוֹן: **תַּשְׁבֵּץ.** עֲשׂוּיִין מִשְׁבְּצוֹת לְנוֹי. וְהַמִּשְׁבְּצוֹת הֵם כְּמִין גֻּמּוֹת הָעֲשׂוּיוֹת בְּתַכְשִׁיטֵי זָהָב לְמוֹשַׁב קְבִיעַת אֲבָנִים טוֹבוֹת וּמַרְגָּלִיּוֹת, כְּמוֹ שֶׁנֶּאֱמַר בְּאַבְנֵי הָאֵפוֹד: "מֻסַבֹּת מִשְׁבְּצוֹת זָהָב" (להלן פסוק יא), וּבְלַעַ"ז קוֹרְחִין אוֹתוֹ קשטונ"ש: **מִצְנָפֶת.** כְּמִין כִּפַּת כּוֹבַע שֶׁקּוֹרִין קופי"א, שֶׁהֲרֵי בְּמָקוֹם אַחֵר קוֹרֵא לָהֶם "מִגְבָּעֹת" (להלן כט, ט) וּמְתַרְגְּמִינָן: "כּוֹבָעִין": **וְאַבְנֵט.** הִיא חֲגוֹרָה עַל הַכֻּתֹּנֶת, וְהָאֵפוֹד חֲגוֹרָה עַל הַמְּעִיל, כְּמוֹ שֶׁשָּׁמַעְנוּ בְּסֵדֶר לְבִישָׁתָן: "וַיִּתֵּן עָלָיו אֶת הַכֻּתֹּנֶת וַיַּחְגֹּר אֹתוֹ בָּאַבְנֵט, וַיַּלְבֵּשׁ אֹתוֹ אֶת הַמְּעִיל וַיִּתֵּן עָלָיו אֶת הָאֵפוֹד" (ויקרא ח, ז): **בִּגְדֵי קֹדֶשׁ.** מִתְּרוּמָה הַמֻּקְדֶּשֶׁת לִשְׁמִי יַעֲשׂוּ אוֹתָם:

ה **וְהֵם יִקְחוּ.** אוֹתָם חַכְמֵי לֵב שֶׁיַּעֲשׂוּ הַבְּגָדִים יְקַבְּלוּ מִן הַמִּתְנַדְּבִים "אֶת הַזָּהָב וְאֶת הַתְּכֵלֶת" לַעֲשׂוֹת מֵהֶן אֶת הַבְּגָדִים:

וְאֶת־הַתְּכֵ֧לֶת וְאֶת־הָאַרְגָּמָ֛ן וְאֶת־תּוֹלַ֥עַת הַשָּׁנִ֖י וְאֶת־הַשֵּֽׁשׁ:

ו וְעָשׂ֖וּ אֶת־הָאֵפֹ֑ד זָ֠הָב תְּכֵ֨לֶת וְאַרְגָּמָ֜ן תּוֹלַ֧עַת שָׁנִ֛י וְשֵׁ֥שׁ מָשְׁזָ֖ר מַעֲשֵׂ֥ה חֹשֵֽׁב: ז שְׁתֵּ֧י כְתֵפֹ֣ת חֹֽבְרֹ֗ת יִֽהְיֶה־לּ֛וֹ אֶל־שְׁנֵ֥י קְצוֹתָ֖יו וְחֻבָּֽר: ח וְחֵ֨שֶׁב אֲפֻדָּת֜וֹ אֲשֶׁ֣ר עָלָ֗יו כְּמַעֲשֵׂ֙הוּ֙ מִמֶּ֣נּוּ יִהְיֶ֔ה זָהָ֗ב תְּכֵ֧לֶת וְאַרְגָּמָ֛ן וְתוֹלַ֥עַת שָׁנִ֖י וְשֵׁ֥שׁ מָשְׁזָֽר: ט וְלָ֣קַחְתָּ֔ אֶת־שְׁתֵּ֖י אַבְנֵי־שֹׁ֑הַם וּפִתַּחְתָּ֣ עֲלֵיהֶ֔ם שְׁמ֖וֹת בְּנֵ֥י יִשְׂרָאֵֽל: י שִׁשָּׁה֙ מִשְּׁמֹתָ֔ם עַ֖ל הָאֶ֣בֶן הָאֶחָ֑ת וְאֶת־שְׁמ֞וֹת הַשִּׁשָּׁ֧ה הַנּוֹתָרִ֛ים עַל־הָאֶ֥בֶן הַשֵּׁנִ֖ית כְּתוֹלְדֹתָֽם: יא מַעֲשֵׂ֣ה חָרַשׁ֮ אֶ֒בֶן֒ פִּתּוּחֵ֣י חֹתָ֗ם תְּפַתַּח֙ אֶת־שְׁתֵּ֣י הָאֲבָנִ֔ים עַל־שְׁמֹ֖ת בְּנֵ֣י יִשְׂרָאֵ֑ל מֻסַבֹּ֛ת מִשְׁבְּצ֥וֹת זָהָ֖ב תַּעֲשֶׂ֥ה

ו) **וְעָשׂוּ אֶת הָאֵפֹד.** אִם בָּאתִי לְפָרֵשׁ מַעֲשֵׂה הָאֵפוֹד וְהַחֹשֶׁן עַל סֵדֶר הַמִּקְרָאוֹת, הֲרֵי פֵּרוּשָׁן פְּרָקִים, וְיִשְׁגֶּה הַקּוֹרֵא בְּצֵרוּפָן. לְכָךְ אֲנִי כוֹתֵב מַעֲשֵׂיהֶם כְּמוֹת שֶׁהוּא לְמַעַן יָרוּץ קוֹרֵא בוֹ, וְאַחַר כָּךְ אֲפָרֵשׁ עַל סֵדֶר הַמִּקְרָאוֹת. הָאֵפוֹד עָשׂוּי כְּמִין סִינָר שֶׁל נָשִׁים רוֹכְבוֹת סוּסִים, וְחוֹגֵר אוֹתוֹ מֵאֲחוֹרָיו כְּנֶגֶד לִבּוֹ לְמַטָּה מֵאֲצִילָיו, רָחְבּוֹ כְּמִדַּת רֹחַב גַּבּוֹ שֶׁל אָדָם וְיוֹתֵר, וּמַגִּיעַ עַד עֲקֵבָיו. וְהַחֵשֶׁב מְחֻבָּר בְּרֹאשׁוֹ עַל פְּנֵי רָחְבּוֹ מַעֲשֵׂה אוֹרֵג, וּמַאֲרִיךְ לְכָאן וּלְכָאן כְּדֵי לְהַקִּיף וְלַחְגֹּר בּוֹ, וְהַכְּתֵפוֹת מְחֻבָּרוֹת בַּחֵשֶׁב, אֶחָד לְיָמִין וְאֶחָד לִשְׂמֹאל, מֵאֲחוֹרֵי הַכֹּהֵן לִשְׁנֵי קְצוֹת רָחְבּוֹ שֶׁל סִינָר, וּכְשֶׁזּוֹקְפָן עוֹמְדוֹת לוֹ עַל שְׁנֵי כְתֵפָיו,

וְהֵן כְּמִין שְׁתֵּי רְצוּעוֹת עֲשׂוּיוֹת מִמִּין הָאֵפוֹד, אֲרֻכּוֹת כְּדֵי שִׁעוּר לְזָקְפָן אֵצֶל צַוָּארוֹ מִכָּאן וּמִכָּאן, וְנִכְפָּלוֹת לְפָנָיו לְמַטָּה מִכְּתֵפָיו מְעַט. וְאַבְנֵי הַשֹּׁהַם קְבוּעוֹת בָּהֶם, אַחַת עַל כָּתֵף יָמִין וְאַחַת עַל כָּתֵף שְׂמֹאל, וְהַמִּשְׁבְּצוֹת נְתוּנוֹת בְּרָאשֵׁיהֶם לִפְנֵי כְתֵפָיו, וּשְׁתֵּי עֲבוֹתוֹת הַזָּהָב תְּחוּבוֹת בִּשְׁתֵּי טַבָּעוֹת שֶׁבַּחֹשֶׁן בִּשְׁנֵי קְצוֹת רָחְבּוֹ הָעֶלְיוֹן, אַחַת לְיָמִין וְאַחַת לִשְׂמֹאל, וּשְׁנֵי רָאשֵׁי הַשַּׁרְשֶׁרֶת תְּקוּעִין בַּמִּשְׁבְּצוֹת לְיָמִין, וְכֵן שְׁנֵי רָאשֵׁי הַשַּׁרְשֶׁרֶת הַשְּׂמָאלִית תְּקוּעִין בַּמִּשְׁבְּצוֹת שֶׁבַּכָּתֵף שְׂמֹאל, נִמְצָא הַחֹשֶׁן תָּלוּי בְּמִשְׁבְּצוֹת הָאֵפוֹד עַל לִבּוֹ מִלְּפָנָיו. וְעוֹד שְׁתֵּי טַבָּעוֹת בִּשְׁנֵי קְצוֹת הַחֹשֶׁן בְּתַחְתִּיתוֹ, וּכְנֶגְדָּם שְׁתֵּי טַבָּעוֹת בִּשְׁתֵּי כְתֵפוֹת

ו וְיָת תַּכְלָא וְיָת אַרְגְּוָנָא, וְיָת צְבַע זְהוֹרִי וְיָת בּוּצָא: וְיַעְבְּדוּן יָת אֵיפוֹדָא, דַּהְבָא,
ז תַּכְלָא וְאַרְגְּוָנָא, צְבַע זְהוֹרִי, וּבוּץ שְׁזִיר עוֹבַד אֻמָּן: תַּרְתֵּין כִּתְפִּין מְלָפְפָן, יְהוֹן לֵיהּ,
ח עַל תְּרֵין סִטְרוֹהִי וְיִתְלָפַף: וְהֶמְיַן תִּקּוּנֵיהּ דַּעֲלוֹהִי, כְּעוֹבָדֵיהּ מִנֵּיהּ יְהֵי, דַּהְבָא, תַּכְלָא
ט וְאַרְגְּוָנָא, וּצְבַע זְהוֹרִי וּבוּץ שְׁזִיר: וְתִסַּב, יָת תַּרְתֵּין אַבְנֵי בְרֶלָא, וְתִגְלוֹף עֲלֵיהוֹן,
י שְׁמָהָת בְּנֵי יִשְׂרָאֵל: שִׁתָּא מִשְּׁמָהָתְהוֹן, עַל אַבְנָא חֲדָא, וְיָת שְׁמָהָת, שִׁתָּא דְּאִשְׁתְּאָרוּ,
יא עַל אַבְנָא תִנְיֵיתָא כְּתוֹלְדָתְהוֹן: עוֹבַד אֻמַּן אֶבֶן טָבָא, כְּתָב מְפָרַשׁ כִּגְלָף דְּעִזְקָא,
תִּגְלוֹף יָת תַּרְתֵּין אַבְנַיָּא, עַל שְׁמָהָת בְּנֵי יִשְׂרָאֵל, מְשַׁקְּעָן, מְרַמְּצָן דִּדְהַב תַּעֲבֵיד

הָאֵפוֹד מִלְּמַטָּה כְּרֹאשׁוֹ הַתַּחְתּוֹן הַמְחֻבָּר בַּחֵשֶׁב, טַבְּעוֹת הַחֹשֶׁן אֶל מוּל טַבְּעוֹת הָאֵפוֹד שׁוֹכְבִים זֶה עַל זֶה, וּמְרַכְּסָן בִּפְתִיל תְּכֵלֶת תָּחוּב בְּטַבְּעוֹת הָאֵפוֹד וְהַחֹשֶׁן, שֶׁיְּהֵא תַּחְתִּית הַחֹשֶׁן דָּבוּק לְחֵשֶׁב הָאֵפוֹד, וְלֹא יְהֵא נָד וְנִבְדָּל הוֹלֵךְ וְחוֹזֵר: **זָהָב תְּכֵלֶת וְאַרְגָּמָן תּוֹלַעַת שָׁנִי וְשֵׁשׁ מָשְׁזָר.** חֲמֵשֶׁת מִינִים הַלָּלוּ שְׁזוּרִין בְּכָל חוּט וְחוּט. הָיוּ מְרַדְּדִין אֶת הַזָּהָב כְּמִין טַסִּים דַּקִּים וְקוֹצְצִין פְּתִילִים מֵהֶם, וְטוֹוִין אוֹתָן חוּט שֶׁל זָהָב עִם שִׁשָּׁה חוּטִין שֶׁל תְּכֵלֶת, וְחוּט שֶׁל זָהָב עִם שִׁשָּׁה חוּטִין שֶׁל אַרְגָּמָן, וְכֵן בְּתוֹלַעַת שָׁנִי וְכֵן בַּשֵּׁשׁ, שֶׁכָּל הַמִּינִין חוּטָן כָּפוּל שִׁשָּׁה וְחוּט שֶׁל זָהָב עִם כָּל אֶחָד וְאֶחָד. וְאַחַר כָּךְ שׁוֹזֵר אֶת כֻּלָּם כְּאֶחָד, נִמְצָא חוּטָן כָּפוּל עֶשְׂרִים וּשְׁמוֹנָה. וְכֵן מְפֹרָשׁ בְּמַסֶּכֶת יוֹמָא (דף עב ע״א), וְלָמֵד מִן הַמִּקְרָא הַזֶּה: "וַיְרַקְּעוּ אֶת פַּחֵי הַזָּהָב וְקִצֵּץ פְּתִילִם לַעֲשׂוֹת" אֶת פְּתִילֵי הַזָּהָב "בְּתוֹךְ הַתְּכֵלֶת וּבְתוֹךְ הָאַרְגָּמָן" וְגוֹ' (להלן לט, ג). לָמַדְנוּ שֶׁחוּט שֶׁל זָהָב שָׁזוּר עִם כָּל מִין וּמִין: **מַעֲשֵׂה חֹשֵׁב.** כְּבָר פֵּרַשְׁתִּי (רש״י לעיל כו, א) שֶׁהִיא אֲרִיגַת שְׁתֵּי קִירוֹת, שֶׁאֵין צוּרַת שְׁנֵי עֲבָרֶיהָ דּוֹמוֹת זוֹ לָזוֹ:

ז| **שְׁתֵּי כְתֵפֹת וְגוֹ'.** הַסִּינָר מִלְּמַטָּה, וְחֵשֶׁב הָאֵפוֹד הִיא הַחֲגוֹרָה, וְנִמְוּדָה לוֹ מִלְמַעְלָה דֻּגְמַת סִינַר הַנָּשִׁים. וּמִגַּבּוֹ שֶׁל כֹּהֵן הָיוּ מְחֻבָּרוֹת בַּחֵשֶׁב שְׁתֵּי חֲתִיכוֹת כְּמִין שְׁתֵּי רְצוּעוֹת רְחָבוֹת, אַחַת כְּנֶגֶד כָּל כָּתֵף וְכָתֵף, וְזוֹקְפָן עַל שְׁתֵּי כְתֵפוֹתָיו עַד שֶׁנִּקְפָּלוֹת לְפָנָיו כְּנֶגֶד הֶחָזֶה, וְעַל יְדֵי חִבּוּרָן לְטַבְּעוֹת הַחֹשֶׁן נֶאֱחָזִין מִלְּפָנָיו כְּנֶגֶד לִבּוֹ שֶׁאֵין נוֹפְלוֹת, כְּמוֹ שֶׁמְּפֹרָשׁ בָּעִנְיָן, וְהָיוּ זְקוּפוֹת וְהוֹלְכוֹת כְּנֶגֶד כְּתֵפָיו, וּשְׁתֵּי אַבְנֵי שֹׁהַם קְבוּעוֹת בָּהֶן, אַחַת בְּכָל אַחַת: **אֶל שְׁנֵי קְצוֹתָיו.** אֶל רָחְבּוֹ שֶׁל אֵפוֹד, שֶׁלֹּא הָיָה רָחְבּוֹ אֶלָּא כְּנֶגֶד גַּבּוֹ שֶׁל כֹּהֵן, וְגָבְהוֹ עַד כְּנֶגֶד הָאַצִּילִים שֶׁקּוֹרִין קודי״ש, שֶׁנֶּאֱמַר: "לֹא יַחְגְּרוּ בַּיָּזַע" (יחזקאל מד, יח), אֵין חוֹגְרִין בִּמְקוֹם זֵיעָה, לֹא לְמַעְלָה מֵאַצִּילֵיהֶם וְלֹא לְמַטָּה מִמָּתְנֵיהֶם, אֶלָּא כְּנֶגֶד אַצִּילֵיהֶם: **וְחֻבָּר.** הָאֵפוֹד עִם אוֹתָן שְׁתֵּי כְתֵפוֹת הָאֵפוֹד, יְחַבֵּר אוֹתָם בְּמַחַט לְמַטָּה בַּחֵשֶׁב, וְלֹא יַאַרְגֵם עִמּוֹ, אֶלָּא אוֹרְגָם לְבַד וְאַחַר כָּךְ מְחַבְּרָם:

ח| **וְחֵשֶׁב אֲפֻדָּתוֹ.** חֲגוֹר שֶׁעַל יָדוֹ הוּא מְאַפְּדוֹ וּמְתַקְּנוֹ לַכֹּהֵן וּמְקַשְּׁטוֹ: **אֲשֶׁר עָלָיו.** לְמַעְלָה בִּשְׂפַת הַסִּינָר, וְהִיא הַחֲגוֹרָה: **כְּמַעֲשֵׂהוּ.** כַּאֲרִיגַת הַסִּינָר מַעֲשֵׂה חוֹשֵׁב וּמֵחֲמֵשֶׁת מִינִים, כָּךְ אֲרִיגַת הַחֵשֶׁב מַעֲשֵׂה חוֹשֵׁב וּמֵחֲמֵשֶׁת מִינִים: **מִמֶּנּוּ יִהְיֶה.** עִמּוֹ הָיָה אָרוּג, וְלֹא יַאַרְגֶנּוּ לְבַד וִיחַבְּרֶנּוּ:

י| **כְּתוֹלְדֹתָם.** כַּסֵּדֶר שֶׁנּוֹלְדוּ: רְאוּבֵן, שִׁמְעוֹן, לֵוִי, יְהוּדָה, דָּן, נַפְתָּלִי עַל הָאַחַת; וְעַל הַשֵּׁנִית: גָּד, אָשֵׁר, יִשָּׂשכָר, זְבוּלֻן, יוֹסֵף, בִּנְיָמִין מָלֵא, שֶׁכֵּן הוּא כָּתוּב בִּמְקוֹם תּוֹלַדְתּוֹ (בראשית לה, יח), עֶשְׂרִים וְחָמֵשׁ אוֹתִיּוֹת בְּכָל אַחַת וְאַחַת:

יא| **מַעֲשֵׂה חָרַשׁ אֶבֶן.** מַעֲשֵׂה אֻמָּן שֶׁל אֲבָנִים. 'חָרַשׁ' זֶה, דָּבוּק הוּא לַתֵּבָה שֶׁלְּאַחֲרָיו וּלְפִיכָךְ הוּא נָקוּד פַּתָּח בְּסוֹפוֹ, וְכֵן: "חָרַשׁ עֵצִים נָטָה קָו" (ישעיה מד, יג), חָרָשׁ שֶׁל עֵצִים, וְכֵן: "חָרַשׁ בַּרְזֶל מַעֲצָד" (שם פסוק יב), כָּל אֵלֶּה דְּבוּקִים וּפְתוּחִים: **פִּתּוּחֵי חֹתָם.** כְּתַרְגּוּמוֹ: "כְּתָב מְפָרַשׁ כִּגְלָף דְּעִזְקָא", חֲרוּצוֹת הָאוֹתִיּוֹת בְּתוֹכָן כְּמוֹ שֶׁחוֹרְצִין חוֹתְמֵי טַבָּעוֹת שֶׁהֵם לַחְתֹּם אִגְּרוֹת, כְּתָב נִכָּר וּמְפֹרָשׁ: **עַל שְׁמֹת.** כְּמוֹ בִּשְׁמוֹת: **מֻסַבֹּת מִשְׁבְּצוֹת.** מֻקָּפוֹת הָאֲבָנִים בְּמִשְׁבְּצוֹת זָהָב, שֶׁעוֹשֶׂה מוֹשַׁב הָאֶבֶן בְּזָהָב כְּמִין גּוּמָא לְמִדַּת הָאֶבֶן וּמְשַׁקְּעָהּ בַּמִּשְׁבֶּצֶת, נִמְצֵאת הַמִּשְׁבֶּצֶת סוֹבֶבֶת אֶת הָאֶבֶן סָבִיב, וּמְחַבֵּר הַמִּשְׁבֶּצֶת בָּאֵפוֹד:

שמות כח

יב וְשַׂמְתָּ֞ אֶת־שְׁתֵּ֣י הָאֲבָנִ֗ים עַ֚ל כִּתְפֹ֣ת הָאֵפֹ֔ד אַבְנֵ֥י זִכָּרֹ֖ן לִבְנֵ֣י יִשְׂרָאֵ֑ל וְנָשָׂא֩ אַהֲרֹ֨ן אֶת־שְׁמוֹתָ֜ם לִפְנֵ֧י יהוה עַל־שְׁתֵּ֥י כְתֵפָ֖יו לְזִכָּרֹֽן׃ שני יג וְעָשִׂ֥יתָ מִשְׁבְּצֹ֖ת זָהָֽב׃
יד וּשְׁתֵּ֤י שַׁרְשְׁרֹת֙ זָהָ֣ב טָה֔וֹר מִגְבָּלֹ֛ת תַּעֲשֶׂ֥ה אֹתָ֖ם מַעֲשֵׂ֣ה עֲבֹ֑ת וְנָתַתָּ֛ה אֶת־שַׁרְשְׁרֹ֥ת הָעֲבֹתֹ֖ת עַל־הַֽמִּשְׁבְּצֹֽת׃
טו וְעָשִׂ֜יתָ חֹ֣שֶׁן מִשְׁפָּט֮ מַעֲשֵׂ֣ה חֹשֵׁב֒ כְּמַעֲשֵׂ֣ה אֵפֹ֖ד תַּעֲשֶׂ֑נּוּ זָ֠הָ֠ב תְּכֵ֨לֶת וְאַרְגָּמָ֜ן וְתוֹלַ֧עַת שָׁנִ֛י וְשֵׁ֥שׁ מָשְׁזָ֖ר תַּעֲשֶׂ֥ה אֹתֽוֹ׃
טז רָב֥וּעַ יִֽהְיֶ֖ה כָּפ֑וּל זֶ֥רֶת אָרְכּ֖וֹ וְזֶ֥רֶת רָחְבּֽוֹ׃
יז וּמִלֵּאתָ֥ בוֹ֙ מִלֻּ֣אַת אֶ֔בֶן אַרְבָּעָ֖ה טוּרִ֣ים אָ֑בֶן ט֗וּר אֹ֤דֶם פִּטְדָה֙ וּבָרֶ֔קֶת הַטּ֖וּר הָאֶחָֽד׃
יח וְהַטּ֖וּר הַשֵּׁנִ֑י נֹ֥פֶךְ סַפִּ֖יר וְיָהֲלֹֽם׃
יט וְהַטּ֖וּר הַשְּׁלִישִׁ֑י לֶ֥שֶׁם שְׁב֖וֹ וְאַחְלָֽמָה׃
כ וְהַטּוּר֙ הָרְבִיעִ֔י תַּרְשִׁ֥ישׁ וְשֹׁ֖הַם וְיָשְׁפֵ֑ה מְשֻׁבָּצִ֥ים זָהָ֛ב יִהְי֖וּ בְּמִלּוּאֹתָֽם׃
כא וְ֠הָאֲבָנִ֠ים תִּֽהְיֶ֜יןָ עַל־שְׁמֹ֧ת בְּנֵֽי־יִשְׂרָאֵ֛ל שְׁתֵּ֥ים עֶשְׂרֵ֖ה עַל־שְׁמֹתָ֑ם פִּתּוּחֵ֤י חוֹתָם֙ אִ֣ישׁ עַל־שְׁמ֔וֹ תִּֽהְיֶ֕יןָ לִשְׁנֵ֥י עָשָׂ֖ר שָֽׁבֶט׃
כב וְעָשִׂ֧יתָ עַל־הַחֹ֛שֶׁן שַׁרְשֹׁ֥ת גַּבְלֻ֖ת מַעֲשֵׂ֥ה עֲבֹ֑ת

יב) לְזִכָּרֹן. שֶׁיִּרְאֶה הַקָּדוֹשׁ בָּרוּךְ הוּא שְׁבָטִים כְּתוּבִים לְפָנָיו וְיִזְכֹּר צִדְקָתָם:

יב יָתְהוֹן: וּתְשַׁוֵּי יָת תַּרְתֵּין אַבְנַיָּא, עַל כִּתְפֵי אֵיפוֹדָא, אַבְנֵי דָּכְרָנָא לִבְנֵי יִשְׂרָאֵל, וְיִטּוֹל אַהֲרֹן
יג יד יָת שְׁמָהָתְהוֹן, קֳדָם יי, עַל תַּרְתֵּין כִּתְפוֹהִי לְדָכְרָנָא: וְתַעְבֵּיד מְרַמְּצָן דִּדְהַב: וְתַרְתֵּין תִּכִּין
דִּדְהַב דְּכֵי, מְתַחְמָן, תַּעְבֵּיד יָתְהוֹן עוֹבָד גְּדִילוּ, וְתִתֵּין, יָת תִּכַּיָּא גְּדִילָתָא עַל מְרַמְּצָתָא:
טו וְתַעְבֵּיד, חֹשֶׁן דִּינָא עוֹבָד אֻמָּן, כְּעוֹבָד אֵיפוֹדָא תַּעְבְּדִנֵּיהּ, דַּהְבָא, תִּכְלָא וְאַרְגְּוָנָא, וּצְבַע
טז יז זְהוֹרִי, וּבוּץ שְׁזִיר תַּעְבֵּיד יָתֵיהּ: מְרַבַּע יְהֵי עִיף, זַרְתָּא אֻרְכֵּיהּ וְזַרְתָּא פְּתָיֵהּ: וְתַשְׁלֵים בֵּיהּ
אַשְׁלָמוּת אַבְנָא, אַרְבְּעָא סִדְרִין דְּאֶבֶן טָבָא, סִדְרָא קַדְמָאָה, סָמְקָן יַרְקָן וּבָרְקָן, סִדְרָא חַד:
יח יט וְסִדְרָא תִּנְיָנָא, אִזְמַרַגְדִּין שַׁבְזֵיז וְסַבְהֲלוֹם: וְסִדְרָא תְּלִיתָאָה, קַנְכֵּירֵי טַרְקְיָא וְעֵין עִגְלָא:
כ כא וְסִדְרָא רְבִיעָאָה, כְּרוּם יַמָּא וּבֻרְלָא וּפַנְתֵּירֵי, מְרַמְּצָן בִּדְהַב, יְהוֹן בְּאַשְׁלָמוּתְהוֹן: וְאַבְנַיָּא,
יְהוֹיָן, עַל שְׁמָהָת בְּנֵי יִשְׂרָאֵל, תַּרְתָּא עַסְרֵי עַל שְׁמָהָתְהוֹן, כְּתַב מְפָרַשׁ כִּגְלַף דְּעִזְקָא גְּבַר
כב עַל שְׁמֵיהּ, יְהוֹיָן, לִתְרֵי עֲסַר שִׁבְטִין: וְתַעְבֵּיד עַל חָשְׁנָא, תִּכִּין מְתַחְמָן עוֹבָד גְּדִילוּ,

יג) **וְעָשִׂיתָ מִשְׁבְּצֹת.** מִעוּט "מִשְׁבְּצוֹת" שְׁתַּיִם, וְלֹא פֵּרַשׁ לְךָ עַתָּה בְּפָרָשָׁה זוֹ אֶלָּא מִקְצָת צָרְכָּן, וּבְפָרָשַׁת הַחֹשֶׁן גּוֹמֵר לְךָ פֵּרוּשָׁן:

יד) **שַׁרְשְׁרֹת זָהָב.** שַׁלְשְׁלָאוֹת: **מִגְבָּלֹת.** לְסוֹף גְּבוּל הַחֹשֶׁן "תַּעֲשֶׂה אֹתָם": **מַעֲשֵׂה עֲבֹת.** מַעֲשֵׂה קְלִיעַת חוּטִין, וְלֹא מַעֲשֵׂה נְקָבִים וּכְפָלִים כְּאוֹתָן שֶׁעוֹשִׂין לְבוּרוֹת, אֶלָּא כְּאוֹתָן שֶׁעוֹשִׂין לַעֲרַדְּסְקָאוֹת שֶׁקּוֹרִין אנצינסייר"ש: **וְנָתַתָּה אֶת שַׁרְשְׁרֹת.** שֶׁל עֲבוֹתוֹת הָעֲשׂוּיוֹת מַעֲשֵׂה עֲבוֹת, עַל מִשְׁבְּצוֹת הַלָּלוּ. וְלֹא זֶה הוּא מְקוֹם צַוָּאַת עֲשִׂיָּתָן שֶׁל שַׁרְשְׁרוֹת וְלֹא צַוָּאַת קְבִיעָתָן, וְאֵין "תַּעֲשֶׂה" הָאָמוּר כָּאן לְשׁוֹן צִוּוּי, וְאֵין "וְנָתַתָּה" הָאָמוּר כָּאן לְשׁוֹן צִוּוּי, אֶלָּא לְשׁוֹן עָתִיד, כִּי בְּפָרָשַׁת הַחֹשֶׁן חוֹזֵר וּמְצַוֶּה עַל עֲשִׂיָּתָן וְעַל קְבִיעָתָן, וְלֹא נִכְתַּב כָּאן אֶלָּא לְהוֹדִיעַ מִקְצָת צֹרֶךְ הַמִּשְׁבְּצוֹת שֶׁצִּוָּה לַעֲשׂוֹת עִם הָאֵפוֹד, וְכָתַב לְךָ זֹאת לוֹמַר לְךָ, הַמִּשְׁבְּצוֹת הַלָּלוּ יִזְקְקוּ לְךָ, לִכְשֶׁתַּעֲשֶׂה שַׁרְשְׁרוֹת מִגְבָּלוֹת עַל הַחֹשֶׁן, תִּתְּנֵם עַל הַמִּשְׁבְּצוֹת הַלָּלוּ:

טו) **חֹשֶׁן מִשְׁפָּט.** שֶׁמְּכַפֵּר עַל קִלְקוּל הַדִּין. דָּבָר אַחֵר, "מִשְׁפָּט", שֶׁמְּבָרֵר דְּבָרָיו וְהַבְטָחָתוֹ אֱמֶת, דריסנמנ"ט בְּלַעַז. שֶׁהַמִּשְׁפָּט מְשַׁמֵּשׁ שָׁלֹשׁ לְשׁוֹנוֹת: דִּבְרֵי בַּעֲלֵי הַדִּין, וּגְמַר הַדִּין, וְעֹנֶשׁ הַדִּין, אִם עֹנֶשׁ מִיתָה אִם עֹנֶשׁ מַכּוֹת אִם עֹנֶשׁ מָמוֹן. וְזֶה מְשַׁמֵּשׁ לְשׁוֹן בֵּרוּר דְּבָרִים, שֶׁמְּפָרֵשׁ וּמְבָרֵר דְּבָרָיו: **כְּמַעֲשֵׂה אֵפֹד.** מַעֲשֵׂה חוֹשֵׁב וּמֵחֲמֵשֶׁת מִינִין:

טז) **זֶרֶת אָרְכּוֹ וְזֶרֶת רָחְבּוֹ.** כָּפוּל וּמֻטָּל לוֹ לְפָנָיו כְּנֶגֶד לִבּוֹ, שֶׁנֶּאֱמַר: "וְהָיוּ עַל לֵב אַהֲרֹן" (להלן פסוק ל), תָּלוּי בְּכִתְפוֹת הָאֵפוֹד הַבָּאוֹת מֵאֲחוֹרָיו עַל כְּתֵפָיו וְנִקְפָּלוֹת וְיוֹרְדוֹת לְפָנָיו מְעַט, וְהַחֹשֶׁן תָּלוּי בָּהֶן בְּשַׁרְשְׁרוֹת וְטַבָּעוֹת, כְּמוֹ שֶׁמְּפֹרָשׁ בָּעִנְיָן:

יז) **וּמִלֵּאתָ בוֹ.** עַל שֵׁם שֶׁהָאֲבָנִים מְמַלְּאוֹת גּוּמוֹת הַמִּשְׁבְּצוֹת הַמְתֻקָּנוֹת לָהֶן, קוֹרֵא אוֹתָן בִּלְשׁוֹן מִלּוּאִים:

כ) **מְשֻׁבָּצִים זָהָב יִהְיוּ.** הַטּוּרִים "בְּמִלּוּאֹתָם", מֻקָּפִים מִשְׁבְּצוֹת זָהָב בְּעֹמֶק שִׁעוּר שֶׁיִּתְמַלֵּא בְּעָבְיֵ הָאֶבֶן. זֶהוּ לְשׁוֹן "בְּמִלּוּאֹתָם", כְּשִׁעוּר מִלּוּי עָבְיָן שֶׁל אֲבָנִים יִהְיֶה עֹמֶק הַמִּשְׁבְּצוֹת, לֹא פָּחוֹת וְלֹא יוֹתֵר:

כא) **אִישׁ עַל שְׁמוֹ.** כְּסֵדֶר תּוֹלְדוֹתָם סֵדֶר הָאֲבָנִים: אֹדֶם לִרְאוּבֵן, פִּטְדָה לְשִׁמְעוֹן, וְכֵן כֻּלָּם:

כב) **עַל הַחֹשֶׁן.** בִּשְׁבִיל הַחֹשֶׁן, לְקָבְעָם בְּטַבְּעוֹתָיו, כְּמוֹ שֶׁמְּפֹרָשׁ לְמַטָּה בָּעִנְיָן: **שַׁרְשֹׁת.** לְשׁוֹן שָׁרְשֵׁי אִילָן שֶׁהֵן מַאֲחִזִין לָאִילָן לְהֵאָחֵז וּלְהִתָּקַע בָּאָרֶץ, אַף אֵלּוּ יִהְיוּ מְאַחֲזִין לַחֹשֶׁן, שֶׁבָּהֶם יִהְיֶה תָּלוּי בָּאֵפוֹד, וְהֵן שְׁתֵּי שַׁרְשְׁרוֹת הָאֲמוּרוֹת לְמַעְלָה בְּעִנְיַן הַמִּשְׁבְּצוֹת (לעיל פסוק יד). וְאַף 'שַׁרְשְׁרוֹת' פָּתַר מְנַחֵם בֶּן סָרוּק לְשׁוֹן שָׁרָשִׁים, וְאָמַר שֶׁהָרֵי"שׁ יְתֵרָה כְּמוֹ מֵ"ם שֶׁבְּ'שִׁלְשׁוֹם' (בראשית לא, ב) וּמֵ"ם שֶׁבְּ'רֵיקָם' (שם פסוק מב). וְאֵינִי רוֹאֶה אֶת דְּבָרָיו, אֶלָּא 'שַׁרְשֶׁרֶת' בִּלְשׁוֹן עִבְרִית כְּ'שַׁלְשֶׁלֶת' בִּלְשׁוֹן מִשְׁנָה (כלים יד, ג): **גַּבְלֻת.** הוּא "מִגְבָּלֹת" הָאָמוּר לְמַעְלָה (לעיל פסוק יד), שֶׁתִּתְקָעֵם בַּטַּבָּעוֹת שֶׁיִּהְיוּ בִּגְבוּל הַחֹשֶׁן. וְכָל 'גְּבוּל' לְשׁוֹן קָצֶה, אשומי"ל בְּלַעַז: **מַעֲשֵׂה עֲבֹת.** מַעֲשֵׂה קְלִיעָה:

כג זָהָ֥ב טָהֽוֹר׃ וְעָשִׂ֙יתָ֙ עַל־הַחֹ֔שֶׁן שְׁתֵּ֖י טַבְּע֣וֹת
זָהָ֑ב וְנָתַתָּ֗ אֶת־שְׁתֵּי֙ הַטַּבָּע֔וֹת עַל־שְׁנֵ֖י קְצ֥וֹת
כד הַחֹֽשֶׁן׃ וְנָתַתָּ֗ה אֶת־שְׁתֵּי֙ עֲבֹתֹ֣ת הַזָּהָ֔ב עַל־שְׁתֵּ֖י
כה הַטַּבָּעֹ֑ת אֶל־קְצ֖וֹת הַחֹֽשֶׁן׃ וְאֵ֨ת שְׁתֵּ֤י קְצוֹת֙ שְׁתֵּ֣י
הָעֲבֹתֹ֔ת תִּתֵּ֖ן עַל־שְׁתֵּ֣י הַמִּשְׁבְּצ֑וֹת וְנָתַתָּ֛ה עַל־
כו כִּתְפ֥וֹת הָאֵפֹ֖ד אֶל־מ֥וּל פָּנָֽיו׃ וְעָשִׂ֗יתָ שְׁתֵּי֙ טַבְּע֣וֹת
זָהָ֔ב וְשַׂמְתָּ֣ אֹתָ֔ם עַל־שְׁנֵ֖י קְצ֣וֹת הַחֹ֑שֶׁן עַל־שְׂפָת֕וֹ
כז אֲשֶׁ֛ר אֶל־עֵ֥בֶר הָאֵפ֖וֹד בָּֽיְתָה׃ וְעָשִׂיתָ֮ שְׁתֵּ֣י
טַבְּע֣וֹת זָהָב֒ וְנָתַתָּ֣ה אֹתָ֡ם עַל־שְׁתֵּי֩ כִתְפ֨וֹת
הָאֵפ֤וֹד מִלְּמַ֙טָּה֙ מִמּ֣וּל פָּנָ֔יו לְעֻמַּ֖ת מַחְבַּרְתּ֑וֹ
כח מִמַּ֕עַל לְחֵ֖שֶׁב הָאֵפֽוֹד׃ וְיִרְכְּס֣וּ אֶת־הַחֹ֡שֶׁן
מִטַּבְּעֹתָו֩ אֶל־טַבְּעֹ֨ת הָאֵפ֜וֹד בִּפְתִ֣יל תְּכֵ֗לֶת
לִֽהְי֛וֹת עַל־חֵ֥שֶׁב הָאֵפ֖וֹד וְלֹֽא־יִזַּ֣ח הַחֹ֔שֶׁן מֵעַ֖ל
כט הָאֵפֽוֹד׃ וְנָשָׂ֣א אַ֠הֲרֹן אֶת־שְׁמ֨וֹת בְּנֵֽי־יִשְׂרָאֵ֜ל
בְּחֹ֧שֶׁן הַמִּשְׁפָּ֛ט עַל־לִבּ֖וֹ בְּבֹא֣וֹ אֶל־הַקֹּ֑דֶשׁ לְזִכָּרֹ֥ן
ל לִפְנֵֽי־יְהוָ֖ה תָּמִֽיד׃ וְנָתַתָּ֞ אֶל־חֹ֣שֶׁן הַמִּשְׁפָּ֗ט אֶת־
הָֽאוּרִים֙ וְאֶת־הַתֻּמִּ֔ים וְהָיוּ֙ עַל־לֵ֣ב אַהֲרֹ֔ן בְּבֹא֖וֹ

מצווה ק
איסור
הסרת החושן
מעל האפוד

תצוה

כג עַל הַחֹשֶׁן. לְצֹרֶךְ הַחֹשֶׁן, כְּדֵי לְקָבְעָם בּוֹ. וְלֹא יִתָּכֵן לוֹמַר שֶׁתְּהֵא תְּחִלַּת עֲשִׂיָּתָן עָלָיו, שֶׁאִם כֵּן מַה הוּא שֶׁחוֹזֵר וְאוֹמֵר: "וְנָתַתָּ אֶת שְׁתֵּי הַטַּבָּעוֹת", וַהֲלֹא כְּבָר נְתוּנִים בּוֹ! הָיָה לוֹ לִכְתֹּב בִּתְחִלַּת הַמִּקְרָא: 'וְעָשִׂיתָ עַל קְצוֹת הַחֹשֶׁן שְׁתֵּי טַבְּעוֹת זָהָב'! וְאַף בַּשַּׁרְשְׁרוֹת צָרִיךְ אַתָּה לְפָרֵשׁ כֵּן: עַל שְׁנֵי קְצוֹת הַחֹשֶׁן. לִשְׁתֵּי פֵּאוֹת שֶׁכְּנֶגֶד הַצַּוָּאר, לַיָּמִין וְלַשְּׂמֹאל, הַבָּאִים מוּל כִּתְפוֹת הָאֵפוֹד:

כד וְנָתַתָּה אֶת שְׁתֵּי עֲבֹתֹת הַזָּהָב. הֵן הֵן "שַׁרְשְׁרֹת

כג דִּדְהַב דְּכֵי: וְתַעֲבֵיד עַל חֻשְׁנָא, תַּרְתֵּין עִזְקָן דִּדְהַב, וְתִתֵּין, יָת תַּרְתֵּין עִזְקָתָא, עַל תְּרֵין סִטְרֵי
כד כה חֻשְׁנָא: וְתִתֵּין, יָת תַּרְתֵּין גְּדִילָן דִּדְהַב, עַל תַּרְתֵּין עִזְקָתָא, בְּסִטְרֵי חֻשְׁנָא: וְיָת תַּרְתֵּין גְּדִילָן דְּעַל
כו תְּרֵין סִטְרוֹהִי, תִּתֵּין עַל תַּרְתֵּין מְרַמְצָתָא, וְתִתֵּין, עַל כִּתְפֵי אֵיפוֹדָא לָקֳבֵיל אַפּוֹהִי: וְתַעֲבֵיד,
תַּרְתֵּין עִזְקָן דִּדְהַב, וּתְשַׁוֵּי יָתְהוֹן, עַל תְּרֵין סִטְרֵי חֻשְׁנָא, עַל סִפְתֵיהּ, דִּלְעִבְרָא דְּאֵיפוֹדָא לְגָיו:
כז וְתַעֲבֵיד תַּרְתֵּין עִזְקָן דִּדְהַב, וְתִתֵּין יָתְהוֹן, עַל תַּרְתֵּין כִּתְפֵי אֵיפוֹדָא מִלְּרַע מִלָּקֳבֵיל אַפּוֹהִי,
כח לָקֳבֵיל בֵּית לוֹפֵי, מֵעִלָּוֵי, לְהֶמְיַן אֵיפוֹדָא: וְיֶחְדוּן יָת חֻשְׁנָא, מֵעִזְקָתֵיהּ, לְעִזְקָת אֵיפוֹדָא
כט בְּחוּטָא דִּתְכִילְתָא, לְמֶהֱוֵי עַל הֶמְיַן אֵיפוֹדָא, וְלָא יִתְפָּרַק חֻשְׁנָא, מֵעִלָּוֵי אֵיפוֹדָא: וְיִטּוֹל
אַהֲרֹן, יָת שְׁמָהָת בְּנֵי יִשְׂרָאֵל, בְּחֹשֶׁן דִּינָא, עַל לִבֵּיהּ בְּמֵיעֲלֵיהּ לְקֻדְשָׁא, לְדֻכְרָנָא קֳדָם
ל יי תְּדִירָא: וְתִתֵּין בְּחֹשֶׁן דִּינָא, יָת אוּרַיָּא וְיָת תֻּמַּיָּא, וִיהוֹן עַל לִבָּא דְּאַהֲרֹן, בְּמֵיעֲלֵיהּ

גַּבְלֻת" הַכְּתוּבוֹת לְמַעְלָה (לעיל פסוק כב), וְלֹא פֵּרַשׁ מְקוֹם קְבוּעָן בַּחֹשֶׁן, עַכְשָׁיו מְפָרֵשׁ לְךָ שֶׁיְּהֵא תּוֹחֵב אוֹתָן בַּטַּבָּעוֹת. וְתֵדַע לְךָ שֶׁהֵן הֵן הָרִאשׁוֹנוֹת, שֶׁהֲרֵי בְּפָרָשַׁת 'אֵלֶּה פְקוּדֵי' לֹא הֻכְפְּלוּ:

כה] וְאֵת שְׁתֵּי קְצוֹת. שֶׁל "שְׁתֵּי הָעֲבֹתֹת", שְׁנֵי רָאשֵׁיהֶם שֶׁל כָּל אַחַת וְאַחַת: תִּתֵּן עַל שְׁתֵּי הַמִּשְׁבְּצוֹת. הֵן הֵן הַכְּתוּבוֹת לְמַעְלָה בֵּין פָּרָשַׁת הַחֹשֶׁן וּפָרָשַׁת הָאֵפוֹד, וְלֹא פֵּרַשׁ אֶת עָרְכָּן וְאֶת מְקוֹמָן, עַכְשָׁיו מְפָרֵשׁ שֶׁיִּתְקַע בָּהֶן רָאשֵׁי הָעֲבוֹתוֹת הַתְּחוּבוֹת בְּטַבְּעוֹת הַחֹשֶׁן לְיָמִין וְלִשְׂמֹאל אֵצֶל הַצַּוָּאר, שְׁנֵי רָאשֵׁי שַׁרְשֶׁרֶת הַיְמָנִית תּוֹקֵעַ בְּמִשְׁבֶּצֶת שֶׁל יָמִין, וְכֵן בְּשֶׁל שְׂמֹאל שְׁנֵי רָאשֵׁי שַׁרְשֶׁרֶת הַשְּׂמָאלִית: וְנָתַתָּה. הַמִּשְׁבְּצוֹת "עַל כִּתְפוֹת הָאֵפוֹד". אַחַת בְּזוֹ וְאַחַת בְּזוֹ, נִמְצְאוּ כִּתְפוֹת הָאֵפוֹד מַחֲזִיקִין אֶת הַחֹשֶׁן שֶׁלֹּא יִפֹּל, וּבָהֶן הוּא תָּלוּי. וַעֲדַיִן שְׂפַת הַחֹשֶׁן הַתַּחְתּוֹנָה הוֹלֶכֶת וּבָאָה וְנוֹקֶשֶׁת עַל כְּרֵסוֹ וְאֵינָהּ דְּבוּקָה לוֹ יָפֶה, לְכָךְ הֻצְרַךְ עוֹד שְׁתֵּי טַבָּעוֹת לְתַחְתִּיתוֹ כְּמוֹ שֶׁמְּפָרֵשׁ וְהוֹלֵךְ: אֶל מוּל פָּנָיו. שֶׁל אֵפוֹד, שֶׁלֹּא יִתֵּן הַמִּשְׁבְּצוֹת בְּעֵבֶר הַכְּתֵפוֹת שֶׁכְּלַפֵּי הַמְּעִיל, אֶלָּא בָּעֵבֶר הָעֶלְיוֹן שֶׁכְּלַפֵּי הַחוּץ, וְהוּא קָרוּי 'מוּל פָּנָיו' שֶׁל אֵפוֹד, כִּי אוֹתוֹ עֵבֶר שֶׁאֵינוֹ נִרְאֶה אֵינוֹ קָרוּי פָּנִים:

כו] עַל שְׁנֵי קְצוֹת הַחֹשֶׁן. הֵן שְׁתֵּי פֵּאוֹתָיו הַתַּחְתּוֹנוֹת לְיָמִין וְלִשְׂמֹאל: עַל שְׂפָתוֹ אֲשֶׁר אֶל עֵבֶר הָאֵפוֹד בָּיְתָה. הֲרֵי לְךָ שְׁנֵי סִימָנִין: הָאֶחָד שֶׁיִּתְּנֵם בִּשְׁנֵי קְצוֹת שֶׁל תַּחְתִּיתוֹ שֶׁהוּא כְּנֶגֶד הָאֵפוֹד, שֶׁעֶלְיוֹנוֹ אֵינוֹ כְּנֶגֶד הָאֵפוֹד, שֶׁהֲרֵי סָמוּךְ לַצַּוָּאר הוּא וְהָאֵפוֹד נָתוּן עַל מָתְנָיו. וְעוֹד נָתַן סִימָן, שֶׁלֹּא יִקְבָּעֵם בְּעֵבֶר הַחֹשֶׁן שֶׁכְּלַפֵּי הַחוּץ אֶלָּא בָּעֵבֶר שֶׁכְּלַפֵּי פְּנִים, שֶׁנֶּאֱמַר "בָּיְתָה", וְאוֹתוֹ הָעֵבֶר הוּא לְצַד הָאֵפוֹד, שֶׁחֵשֶׁב הָאֵפוֹד חוֹגְרוֹ לַכֹּהֵן וְנִקְפָּל הַסִּינָר לִפְנֵי הַכֹּהֵן עַל מָתְנָיו וּקְצָת כְּרֵסוֹ מִכָּאן וּמִכָּאן עַד כְּנֶגֶד קְצוֹת הַחֹשֶׁן, וּקְצוֹתָיו שׁוֹכְבִין עָלָיו:

כז] עַל שְׁתֵּי כִתְפוֹת הָאֵפוֹד מִלְּמַטָּה. שֶׁהַמִּשְׁבְּצוֹת נִתְּנוּ בְּרָאשֵׁי כִּתְפוֹת הָאֵפוֹד הָעֶלְיוֹנִים הַבָּאִים עַל כְּתֵפָיו כְּנֶגֶד גְּרוֹנוֹ וְנִקְפָּלוֹת וְיוֹרְדוֹת לְפָנָיו, וְהַטַּבָּעוֹת צִוָּה לִתֵּן בְּרֹאשָׁן הַשֵּׁנִי שֶׁהוּא מְחֻבָּר לָאֵפוֹד, וְהוּא שֶׁנֶּאֱמַר: "לְעֻמַּת מַחְבַּרְתּוֹ", סָמוּךְ לִמְקוֹם חִבּוּרָן בָּאֵפוֹד לְמַעְלָה מִן הַחֲגוֹרָה מְעַט, שֶׁהַמַּחְבֶּרֶת לְעֻמַּת הַחֲגוֹרָה, וְאֵלּוּ נְתוּנִים מְעַט בְּגָבְהָּ זְקִיפַת הַכְּתֵפוֹת, הוּא שֶׁנֶּאֱמַר: "מִמַּעַל לְחֵשֶׁב הָאֵפוֹד", וְהֵן כְּנֶגֶד סוֹף הַחֹשֶׁן. וְנוֹתֵן פְּתִיל תְּכֵלֶת בְּאוֹתָן הַטַּבָּעוֹת וּבְטַבְּעוֹת הַחֹשֶׁן, וְרוֹכְסָן בְּאוֹתוֹ פְּתִיל לְיָמִין וְלִשְׂמֹאל, שֶׁלֹּא יְהֵא תַּחְתִּית הַחֹשֶׁן הוֹלֵךְ לִפְנִים וְחוֹזֵר לְאָחוֹר וְנוֹקֵשׁ עַל כְּרֵסוֹ, וְנִמְצָא מְיֻשָּׁב עַל הַמְּעִיל יָפֶה: מִמּוּל פָּנָיו. בָּעֵבֶר הַחִיצוֹן:

כח] וְיִרְכְּסוּ. לְשׁוֹן חִבּוּר, וְכֵן: "מֵרֻכְסֵי אִישׁ" (תהלים לא, כא), חִבּוּרֵי חַבְלֵי רְשָׁעִים, וְכֵן: "וְהָרְכָסִים לְבִקְעָה" (ישעיה מ, ד), הָרִים הַסְּמוּכִים זֶה לָזֶה שֶׁאִי אֶפְשָׁר לֵירֵד לַגַּיְא שֶׁבֵּינֵיהֶם אֶלָּא בְּקֹשִׁי גָּדוֹל, שֶׁמִּתּוֹךְ סְמִיכָתָן הַגַּיְא זְקוּפָה וַעֲמֻקָּה, יִהְיוּ לְבִקְעַת מִישׁוֹר וְנוֹחָה לֵילֵךְ: לִהְיוֹת עַל חֵשֶׁב הָאֵפוֹד. לִהְיוֹת הַחֹשֶׁן דָּבוּק אֶל חֵשֶׁב הָאֵפוֹד: וְלֹא יִזַּח. לְשׁוֹן נִתּוּק, וּלְשׁוֹן עֲרָבִי הוּא, כְּדִבְרֵי דּוּנַשׁ בֶּן לַבְרָט:

ל] אֶת הָאוּרִים וְאֶת הַתֻּמִּים. הוּא כְּתָב שֵׁם הַמְּפֹרָשׁ שֶׁהָיָה נוֹתְנוֹ בְּתוֹךְ כִּפְלֵי הַחֹשֶׁן, שֶׁעַל יָדוֹ

תצוה

שמות

לִפְנֵ֧י יְהוָ֛ה וְנָשָׂא֩ אַהֲרֹ֨ן אֶת־מִשְׁפַּ֧ט בְּנֵֽי־יִשְׂרָאֵ֛ל עַל־לִבּ֛וֹ לִפְנֵ֥י יְהוָ֖ה תָּמִֽיד:
שלישי
וְעָשִׂ֛יתָ אֶת־מְעִ֥יל הָאֵפ֖וֹד כְּלִ֥יל תְּכֵֽלֶת: וְהָיָ֥ה פִֽי־רֹאשׁ֖וֹ בְּתוֹכ֑וֹ שָׂפָ֡ה יִֽהְיֶה֩ לְפִ֨יו סָבִ֜יב מַעֲשֵׂ֣ה אֹרֵ֗ג כְּפִ֥י תַחְרָ֛א יִֽהְיֶה־לּ֖וֹ לֹ֥א יִקָּרֵֽעַ: וְעָשִׂ֣יתָ עַל־שׁוּלָ֗יו רִמֹּנֵי֙ תְּכֵ֤לֶת וְאַרְגָּמָן֙ וְתוֹלַ֣עַת שָׁנִ֔י עַל־שׁוּלָ֖יו סָבִ֑יב וּפַעֲמֹנֵ֥י זָהָ֛ב בְּתוֹכָ֖ם סָבִֽיב: פַּעֲמֹ֤ן זָהָב֙ וְרִמּ֔וֹן פַּעֲמֹ֥ן זָהָ֖ב וְרִמּ֑וֹן עַל־שׁוּלֵ֥י הַמְּעִ֖יל סָבִֽיב: וְהָיָ֥ה עַֽל־אַהֲרֹ֖ן לְשָׁרֵ֑ת וְנִשְׁמַ֣ע ק֠וֹלוֹ בְּבֹא֨וֹ אֶל־הַקֹּ֜דֶשׁ לִפְנֵ֧י יְהוָ֛ה וּבְצֵאת֖וֹ וְלֹ֥א יָמֽוּת:
וְעָשִׂ֥יתָ צִּ֖יץ זָהָ֣ב טָה֑וֹר וּפִתַּחְתָּ֤ עָלָיו֙ פִּתּוּחֵ֣י חֹתָ֔ם קֹ֖דֶשׁ לַֽיהוָֽה: וְשַׂמְתָּ֤ אֹתוֹ֙ עַל־פְּתִ֣יל תְּכֵ֔לֶת וְהָיָ֖ה עַל־הַמִּצְנָ֑פֶת אֶל־מ֥וּל פְּנֵֽי־הַמִּצְנֶ֖פֶת יִֽהְיֶֽה: וְהָיָה֮ עַל־מֵ֣צַח אַהֲרֹן֒ וְנָשָׂ֨א אַהֲרֹ֜ן אֶת־עֲוֹ֣ן הַקֳּדָשִׁ֗ים אֲשֶׁ֤ר יַקְדִּ֨ישׁוּ֙ בְּנֵ֣י יִשְׂרָאֵ֔ל לְכָֽל־מַתְּנֹ֖ת קָדְשֵׁיהֶ֑ם וְהָיָ֤ה עַל־מִצְחוֹ֙ תָּמִ֔יד לְרָצ֥וֹן לָהֶ֖ם לִפְנֵ֥י יְהוָֽה: וְשִׁבַּצְתָּ֙

כח

לא
לב
לג
לד
לה
לו
לז
לח
לט

מצווה קא
איסור קריעת
שפת מעיל
של הכהן הגדול

הוּא מֵאִיר דְּבָרָיו וּמְתַמֵּם אֶת דְּבָרָיו. וּבַמִּקְדָּשׁ שֵׁנִי הָיָה הַחֹשֶׁן, שֶׁאִי אֶפְשָׁר לְכֹהֵן גָּדוֹל לִהְיוֹת מְחֻסַּר בְּגָדִים, אֲבָל אוֹתוֹ הַשֵּׁם לֹא הָיָה בְּתוֹכוֹ. וְעַל שֵׁם אוֹתוֹ הַכְּתָב הוּא קָרוּי ״מִשְׁפָּט״, שֶׁנֶּאֱמַר: ״וְשָׁאַל לוֹ בְּמִשְׁפַּט הָאוּרִים״ (במדבר כז, כא). אֶת מִשְׁפַּט בְּנֵי יִשְׂרָאֵל. דָּבָר שֶׁהֵם נִשְׁפָּטִים וְנוֹכָחִים

עַל יָדוֹ אִם לַעֲשׂוֹת דָּבָר אוֹ לֹא לַעֲשׂוֹת. וּלְפִי מִדְרַשׁ אַגָּדָה שֶׁהַחֹשֶׁן מְכַפֵּר עַל מְעַוְּתֵי הַדִּין, נִקְרָא ״מִשְׁפָּט״ עַל שֵׁם סְלִיחַת הַמִּשְׁפָּט:
לא אֶת מְעִיל הָאֵפוֹד. שֶׁהָאֵפוֹד נָתוּן עָלָיו לַחֲגוֹרָה: כְּלִיל תְּכֵלֶת. כֻּלּוֹ תְכֵלֶת, שֶׁאֵין מִין אַחֵר מְעֹרָב בּוֹ:

502

לא לקדם יי, ויטול אהרן, ית דין בני ישראל על לביה, קדם יי תדירא: ותעביד, ית מעיל
לב איפודא גמיר תכלא: ויהי פמיה כפיל לגויה, תורא, יהי מקף לפמיה סחור סחור עובד
לג מחי, כפום שרין, יהי ליה דלא יתבזע: ותעביד על שפולוהי, רמוני תכלא וארגונא וצבע
לד זהורי, על שפולוהי סחור סחור, וזוגין דדהב, ביניהון סחור סחור: זוגא דדהבא ורמונא,
לה זוגא דדהבא ורמונא, על שפולי מעילא סחור סחור: ויהי על אהרן לשמשא, וישתמע
לו קליה, במיעליה לקודשא, לקדם יי, ובמפקיה ולא ימות: ותעביד ציצא דדהב דכי, ותגלוף
לז עלוהי כתב מפרש, קדש ליי: ותשוי יתיה על חוטא דתכילתא, ויהי על מצנפתא, לקביל
לח אפי מצנפתא יהי: ויהי על בית עינוהי דאהרן, ויטול אהרן ית עוית קודשיא, דיקדשון בני
לט ישראל, לכל מתנת קודשיהון, ויהי על בית עינוהי תדירא, לרעוא להון קדם יי: ותרמיץ

לב] **והיה פי ראשו.** פי המעיל שבגבהו, הוא פתיחת בית הצואר: **בתוכו.** כתרגומו: "כפיל לגויה", כפול לתוכו להיות לו לשפה כפילתו. והיה מעשה אורג ולא במחט: **כפי תחרא.** למדנו שהשריונים שלהם פיהם כפול: **לא יקרע.** כדי שלא יקרע. והקורעו עובר בלאו, שזה ממנין לאוין שבתורה. וכן: "ולא יזח החשן" (לעיל פסוק כח), וכן: "לא יסרו ממנו" (לעיל כה, טו) האמור בבדי הארון:

לג] **רמני.** עגולים וחלולים היו, כמין רמונים העשויים כביצת תרנגלת: **ופעמני זהב.** זגים עם ענבלים שבתוכם: **בתוכם סביב.** ביניהם סביב, בין שני רמונים פעמון אחד דבוק ותלוי בשולי המעיל:

לד] **פעמן זהב ורמון.** אצלו: פעמן זהב ורמון. אצלו:

לה] **ולא ימות.** מכלל לאו אתה שומע הן: אם יהיו לו לא יתחייב מיתה, הא אם יכנס מחסר אחד מן הבגדים הללו חייב מיתה בידי שמים:

לו] **ציץ.** כמין טס של זהב היה, רחב שתי אצבעות, מקיף על המצח מאזן לאזן:

לז] **על פתיל תכלת.** ובמקום אחר הוא אומר: "ויתנו עליו פתיל תכלת" (להלן לט, לא), ועוד, כתיב כאן: "והיה על המצנפת", ולמטה הוא אומר: "והיה על מצח אהרן" (בפסוק הבא), ובשחיטת קדשים שנינו: "שערו היה נראה בין ציץ למצנפת ששם מניח תפלין" (זבחים יט ע"א), למדנו שהמצנפת למעלה בגבה הראש ואינה עמוקה לכנס בה כל הראש עד המצח, והציץ מלמטה, והפתילים היו נקובין ותלויין בו בשני ראשים ובאמצעיתו, ששה בשלשה מקומות הללו, פתיל מלמעלה – אחד מבחוץ ואחד מבפנים כנגדו, וקושר ראשי הפתילים מאחורי העורף שלשתן, ונמצאו בין אורך הטס ופתילי ראשיו מקיפין את הקדקד; והפתיל האמצעי, שבראשו קשור עם ראשי השנים, הולך על פני רוחב הראש מלמעלה, ונמצא עשוי כמין כובע. ועל פתיל האמצעי הוא אומר: "והיה על המצנפת", והיה נותן הציץ על ראשו כמין כובע על המצנפת, והפתיל האמצעי מחזיקו שאינו נופל, והטס תלוי כנגד מצחו. ונתקיימו כל המקראות: פתיל על הציץ, וציץ על הפתיל, ופתיל על המצנפת מלמעלה:

לח] **ונשא אהרן.** לשון סליחה, ואף על פי כן אינו זז ממשמעו, אהרן נושא את המשא של עון, נמצא מסלק העון מן הקדשים: **את עון הקדשים.** לרצות על הדם ועל החלב שקרבו בטמאה, כמו ששנינו: אי זה עון הוא נושא? אם עון פגול, הרי כבר נאמר וכו'. ואין לומר שיכפר על הכהן שהקריבם טמאים, שהרי "עון הקדשים" נאמר ולא עון המקריב! אינו מרצה אלא להכשיר הקרבן: **והיה על מצחו תמיד.** אי אפשר לומר שיהא על מצחו תמיד, שהרי אינו עליו אלא בשעת העבודה! אלא "תמיד לרצון להם", אפילו אינו על מצחו, שלא היה כהן גדול עובד באותה שעה. ולדברי האומר עודהו על מצחו מכפר ומרצה ואם לאו אינו מרצה, נדרש "על מצחו תמיד" ללמד שימשמש בו בעודו על מצחו, שלא יסיח דעתו ממנו:

לט] **ושבצת.** עשה אותה משבצות משבצות, וכלה של שש:

הַכְּתֹנֶת שֵׁשׁ וְעָשִׂיתָ מִצְנֶפֶת שֵׁשׁ וְאַבְנֵט
מ תַּעֲשֶׂה מַעֲשֵׂה רֹקֵם: וְלִבְנֵי אַהֲרֹן תַּעֲשֶׂה
כֻתֳּנֹת וְעָשִׂיתָ לָהֶם אַבְנֵטִים וּמִגְבָּעוֹת תַּעֲשֶׂה
מא לָהֶם לְכָבוֹד וּלְתִפְאָרֶת: וְהִלְבַּשְׁתָּ אֹתָם אֶת־
אַהֲרֹן אָחִיךָ וְאֶת־בָּנָיו אִתּוֹ וּמָשַׁחְתָּ אֹתָם
וּמִלֵּאתָ אֶת־יָדָם וְקִדַּשְׁתָּ אֹתָם וְכִהֲנוּ־לִי:
מב וַעֲשֵׂה לָהֶם מִכְנְסֵי־בָד לְכַסּוֹת בְּשַׂר עֶרְוָה
מג מִמָּתְנַיִם וְעַד־יְרֵכַיִם יִהְיוּ: וְהָיוּ עַל־אַהֲרֹן וְעַל־
בָּנָיו בְּבֹאָם ׀ אֶל־אֹהֶל מוֹעֵד אוֹ בְגִשְׁתָּם אֶל־
הַמִּזְבֵּחַ לְשָׁרֵת בַּקֹּדֶשׁ וְלֹא־יִשְׂאוּ עָוֹן וָמֵתוּ
רביעי כב חֻקַּת עוֹלָם לוֹ וּלְזַרְעוֹ אַחֲרָיו: וְזֶה א כט
הַדָּבָר אֲשֶׁר תַּעֲשֶׂה לָהֶם לְקַדֵּשׁ אֹתָם לְכַהֵן
לִי לְקַח פַּר אֶחָד בֶּן־בָּקָר וְאֵילִם שְׁנַיִם תְּמִימִם:
ב וְלֶחֶם מַצּוֹת וְחַלֹּת מַצֹּת בְּלוּלֹת בַּשֶּׁמֶן וּרְקִיקֵי
מַצּוֹת מְשֻׁחִים בַּשָּׁמֶן סֹלֶת חִטִּים תַּעֲשֶׂה
ג אֹתָם: וְנָתַתָּ אוֹתָם עַל־סַל אֶחָד וְהִקְרַבְתָּ
ד אֹתָם בַּסָּל וְאֶת־הַפָּר וְאֵת שְׁנֵי הָאֵילִם: וְאֶת־
אַהֲרֹן וְאֶת־בָּנָיו תַּקְרִיב אֶל־פֶּתַח אֹהֶל מוֹעֵד
ה וְרָחַצְתָּ אֹתָם בַּמָּיִם: וְלָקַחְתָּ אֶת־הַבְּגָדִים
וְהִלְבַּשְׁתָּ אֶת־אַהֲרֹן אֶת־הַכֻּתֹּנֶת וְאֵת מְעִיל
הָאֵפֹד וְאֶת־הָאֵפֹד וְאֶת־הַחֹשֶׁן וְאָפַדְתָּ לוֹ

כט תצוה

ו בְּחֵשֶׁב הָאֵפֹד: וְשַׂמְתָּ הַמִּצְנֶפֶת עַל־רֹאשׁוֹ
ז וְנָתַתָּ אֶת־נֵזֶר הַקֹּדֶשׁ עַל־הַמִּצְנָפֶת: וְלָקַחְתָּ

מ כִּתּוּנָא דְּבוּצָא, וְתַעֲבֵיד מַצְנַפְתָּא דְּבוּצָא, וְהֶמְיָן תַּעֲבֵיד עוֹבַד צַיָּר: וְלִבְנֵי אַהֲרֹן תַּעֲבֵיד
מא כִּתּוּנִין, וְתַעֲבֵיד לְהוֹן הֶמְיָנִין, וְקוֹבְעִין תַּעֲבֵיד לְהוֹן, לִיקָר וּלְתֻשְׁבְּחָא: וְתַלְבֵּישׁ יָתְהוֹן יָת
אַהֲרֹן אֲחוּךְ, וְיָת בְּנוֹהִי עִמֵּיהּ, וּתְרַבֵּי יָתְהוֹן, וּתְקָרֵיב יָת קֻרְבָּנְהוֹן, וּתְקַדֵּישׁ יָתְהוֹן וִישַׁמְּשׁוּן
מב מג קֳדָמָי: וַעֲבֵיד לְהוֹן מִכְנְסִין דְּבוּץ, לְכַסָּאָה בְּסַר עֶרְיָא, מֵחַרְצִין וְעַד יַרְכָן יְהוֹן: וִיהוֹן עַל
אַהֲרֹן וְעַל בְּנוֹהִי, בְּמֵיעַלְהוֹן לְמַשְׁכַּן זִמְנָא, אוֹ בְּמִקְרַבְהוֹן לְמַדְבְּחָא לְשַׁמָּשָׁא בְּקֻדְשָׁא,
כט א וְלָא יְקַבְּלוּן חוֹבָא וְלָא יְמוּתוּן, קְיָם עָלַם, לֵיהּ וְלִבְנוֹהִי בַּתְרוֹהִי: וְדֵין פִּתְגָמָא, דְּתַעֲבֵיד
ב לְהוֹן, לְקַדָּשָׁא יָתְהוֹן לְשַׁמָּשָׁא קֳדָמָי, סַב, תּוֹר חַד בַּר תּוֹרֵי, וְדִכְרִין תְּרֵין שַׁלְמִין: וּלְחֵים
פַּטִּיר, וּגְרִיצָן פַּטִּירָן דְּפִילָן בִּמְשַׁח, וְאֶסְפּוֹגִין פַּטִּירִין דִּמְשִׁיחִין בִּמְשַׁח, סֹלֶת דְּחִטִּין תַּעֲבֵיד
ג ד יָתְהוֹן: וְתִתֵּין יָתְהוֹן עַל סַלָּא חַד, וּתְקָרֵיב יָתְהוֹן בְּסַלָּא, וְיָת תּוֹרָא, וְיָת תְּרֵין דִּכְרִין: וְיָת
ה אַהֲרֹן וְיָת בְּנוֹהִי תְּקָרֵיב, לִתְרַע מַשְׁכַּן זִמְנָא, וְתַסְחֵי יָתְהוֹן בְּמַיָּא: וְתִסַּב יָת לְבוּשַׁיָּא,
וְתַלְבֵּישׁ יָת אַהֲרֹן יָת כִּתּוּנָא, וְיָת מְעִיל אֵיפוֹדָא, וְיָת אֵיפוֹדָא וְיָת חֻשְׁנָא, וְתַתְקֵין לֵיהּ,
ו ז בְּהֶמְיַן אֵיפוֹדָא: וּתְשַׁוֵּי מַצְנַפְתָּא עַל רֵישֵׁיהּ, וְתִתֵּין, יָת כְּלִילָא דְּקֻדְשָׁא עַל מַצְנַפְתָּא: וְתִסַּב

מ] וְלִבְנֵי אַהֲרֹן תַּעֲשֶׂה. אַרְבָּעָה בְּגָדִים הַלָּלוּ וְלֹא יוֹתֵר: כֻּתֹּנֶת, וְאַבְנֵט, וּמִגְבָּעוֹת הִיא מִצְנֶפֶת, וּמִכְנָסַיִם כְּתוּבִים לְמַטָּה בַּפָּרָשָׁה (להלן פסוק מב):

מא] וְהִלְבַּשְׁתָּ אֹתָם אֶת אַהֲרֹן. אוֹתָם הָאֲמוּרִים בְּאַהֲרֹן: "חֹשֶׁן וְאֵפוֹד וּמְעִיל וּכְתֹנֶת תַּשְׁבֵּץ מִצְנֶפֶת וְאַבְנֵט" (לעיל פסוק ד), וְצִיץ, וּמִכְנָסַיִם כְּתוּבִים לְמַטָּה בְּכֻלָּם: וְאֶת בָּנָיו אִתּוֹ. אוֹתָם הַכְּתוּבִים בָּהֶם: וּמָשַׁחְתָּ אֹתָם. אֶת אַהֲרֹן וְאֶת בָּנָיו בְּשֶׁמֶן הַמִּשְׁחָה: וּמִלֵּאתָ אֶת יָדָם. כָּל מִלּוּי יָדַיִם לְשׁוֹן חִנּוּךְ, כְּשֶׁהוּא נִכְנָס לְדָבָר לִהְיוֹת מֻחְזָק בּוֹ מֵאוֹתוֹ יוֹם וָהָלְאָה הוּא, וּבִלְשׁוֹן לַעַז כְּשֶׁמְּמַנִּין אָדָם עַל פְּקֻדַּת דָּבָר, נוֹתֵן הַשַּׁלִּיט בְּיָדוֹ בֵּית יָד שֶׁל עוֹר שֶׁקּוֹרִין גואנ"ט, וְעַל יָדוֹ הוּא מַחֲזִיקוֹ בַּדָּבָר, וְקוֹרִין לְאוֹתָהּ מְסִירָה רוויסטי"ר, וְהוּא מִלּוּי יָדַיִם:

מב] וַעֲשֵׂה לָהֶם. לְאַהֲרֹן וּלְבָנָיו: מִכְנְסֵי בָד. הֲרֵי שְׁמוֹנָה בְגָדִים לְכֹהֵן גָּדוֹל וְאַרְבָּעָה לְכֹהֵן הֶדְיוֹט:

מג] וְהָיוּ. כָּל הַבְּגָדִים הָאֵלֶּה, "עַל אַהֲרֹן" הָרְאוּיִים לוֹ, "וְעַל בָּנָיו" הָאֲמוּרִים בָּהֶם: בְּבֹאָם אֶל אֹהֶל מוֹעֵד. לַהֵיכָל, וְכֵן לַמִּשְׁכָּן: וָמֵתוּ. הָא לָמַדְתָּ שֶׁהַמְשַׁמֵּשׁ מְחֻסַּר בְּגָדִים – בְּמִיתָה: חֻקַּת עוֹלָם לוֹ. כָּל מָקוֹם שֶׁנֶּאֱמַר: 'חֻקָּה' לְעַכֵּב:

פרק כט

א] לְקַח. כְּמוֹ קַח. וּשְׁתֵּי גְּזָרוֹת הֵן, אַחַת שֶׁל קִיחָה וְאַחַת שֶׁל לְקִיחָה, וְלָהֶן פִּתְרוֹן אֶחָד: פַּר אֶחָד. לְכַפֵּר עַל מַעֲשֵׂה הָעֵגֶל שֶׁהוּא פָּר:

ב] וְלֶחֶם מַצּוֹת וְחַלֹּת מַצֹּת... וּרְקִיקֵי מַצּוֹת. הֲרֵי אֵלּוּ שְׁלֹשָׁה מִינִין: רְבוּכָה וְחַלּוֹת וּרְקִיקִין. "לֶחֶם מַצּוֹת" הִיא הַקְּרוּיָה לְמַטָּה בָּעִנְיָן: "חַלַּת לֶחֶם שֶׁמֶן" (להלן פסוק כג), עַל שֵׁם שֶׁנּוֹתֵן שֶׁמֶן בָּרְבוּכָה כְּנֶגֶד הַחַלּוֹת וְהָרְקִיקִין. וְכָל הַמִּינִין בָּאִים עֶשֶׂר עֶשֶׂר חַלּוֹת: בְּלוּלֹת בַּשֶּׁמֶן. כְּשֶׁהֵן קֶמַח יוֹצֵק בָּהֶן שֶׁמֶן וּבוֹלְלָן: מְשֻׁחִים בַּשָּׁמֶן. אַחַר אֲפִיָּתָן מוֹשְׁחָן כְּמִין כ"י, כָּ"ף יְוָנִית, שֶׁהִיא עֲשׂוּיָה כְּנוּ"ן שֶׁלָּנוּ:

ג] וְהִקְרַבְתָּ אֹתָם. אֶל חֲצַר הַמִּשְׁכָּן בְּיוֹם הֲקָמָתוֹ:

ד] וְרָחַצְתָּ. טְבִילַת כָּל הַגּוּף:

ה] וְאָפַדְתָּ. קַשֵּׁט וְתַקֵּן הַחֲגוֹרָה וְהַסִּינָר סְבִיבוֹתָיו:

ו] נֵזֶר הַקֹּדֶשׁ. זֶה הַצִּיץ: עַל הַמִּצְנָפֶת. כְּמוֹ שֶׁפֵּרַשְׁתִּי לְמַעְלָה (לעיל כח, לז), עַל יְדֵי הַפְּתִיל הָאֶמְצָעִי וּשְׁנֵי פְתִילִין שֶׁבְּרֹאשׁוֹ הַקְּשׁוּרִין שְׁלָשְׁתָּן

תצוה

שמות כט

אֶת־שֶׁ֣מֶן הַמִּשְׁחָ֔ה וְיָצַקְתָּ֖ עַל־רֹאשׁ֑וֹ וּמָשַׁחְתָּ֖
אֹתֽוֹ: וְאֶת־בָּנָ֖יו תַּקְרִ֑יב וְהִלְבַּשְׁתָּ֖ם כֻּתֳּנֹֽת: ה
וְחָגַרְתָּ֩ אֹתָ֨ם אַבְנֵ֜ט אַהֲרֹ֣ן וּבָנָ֗יו וְחָבַשְׁתָּ֤ לָהֶם֙ ט
מִגְבָּעֹ֔ת וְהָיְתָ֥ה לָהֶ֛ם כְּהֻנָּ֖ה לְחֻקַּ֣ת עוֹלָ֑ם וּמִלֵּאתָ֥
יַד־אַהֲרֹ֖ן וְיַד־בָּנָֽיו: וְהִקְרַבְתָּ֙ אֶת־הַפָּ֔ר לִפְנֵ֖י אֹ֣הֶל י
מוֹעֵ֑ד וְסָמַ֨ךְ אַהֲרֹ֧ן וּבָנָ֛יו אֶת־יְדֵיהֶ֖ם עַל־רֹ֥אשׁ
הַפָּֽר: וְשָׁחַטְתָּ֥ אֶת־הַפָּ֖ר לִפְנֵ֣י יְהֹוָ֑ה פֶּ֖תַח אֹ֥הֶל יא
מוֹעֵֽד: וְלָקַחְתָּ֙ מִדַּ֣ם הַפָּ֔ר וְנָתַתָּ֛ה עַל־קַרְנֹ֥ת יב
הַמִּזְבֵּ֖חַ בְּאֶצְבָּעֶ֑ךָ וְאֶת־כָּל־הַדָּ֣ם תִּשְׁפֹּ֔ךְ אֶל־
יְס֥וֹד הַמִּזְבֵּֽחַ: וְלָ֨קַחְתָּ֜ אֶת־כָּל־הַחֵ֗לֶב הַֽמְכַסֶּ֣ה יג
אֶת־הַקֶּ֔רֶב וְאֵ֗ת הַיֹּתֶ֙רֶת֙ עַל־הַכָּבֵ֔ד וְאֵת֙ שְׁתֵּ֣י
הַכְּלָיֹ֔ת וְאֶת־הַחֵ֖לֶב אֲשֶׁ֣ר עֲלֵיהֶ֑ן וְהִקְטַרְתָּ֖
הַמִּזְבֵּֽחָה: וְאֶת־בְּשַׂ֤ר הַפָּר֙ וְאֶת־עֹר֣וֹ וְאֶת־פִּרְשׁ֔וֹ יד
תִּשְׂרֹ֣ף בָּאֵ֔שׁ מִח֖וּץ לַֽמַּחֲנֶ֑ה חַטָּ֖את הֽוּא: וְאֶת־ טו
הָאַ֥יִל הָאֶחָ֖ד תִּקָּ֑ח וְסָ֨מְכ֜וּ אַהֲרֹ֧ן וּבָנָ֛יו אֶת־יְדֵיהֶ֖ם
עַל־רֹ֥אשׁ הָאָֽיִל: וְשָׁחַטְתָּ֖ אֶת־הָאָ֑יִל וְלָֽקַחְתָּ֙ טז
אֶת־דָּמ֔וֹ וְזָרַקְתָּ֥ עַל־הַמִּזְבֵּ֖חַ סָבִֽיב: וְאֶ֨ת־הָאַ֔יִל יז
תְּנַתֵּ֖חַ לִנְתָחָ֑יו וְרָחַצְתָּ֤ קִרְבּוֹ֙ וּכְרָעָ֔יו וְנָתַתָּ֥ עַל־
נְתָחָ֖יו וְעַל־רֹאשֽׁוֹ: וְהִקְטַרְתָּ֤ אֶת־כָּל־הָאַ֙יִל֙ יח
הַמִּזְבֵּ֔חָה עֹלָ֥ה ה֖וּא לַֽיהֹוָ֑ה רֵ֣יחַ נִיח֔וֹחַ אִשֶּׁ֥ה
לַֽיהֹוָ֖ה הֽוּא: וְלָ֣קַחְתָּ֔ אֵ֖ת הָאַ֣יִל הַשֵּׁנִ֑י וְסָמַ֨ךְ יט

חמישי

אַהֲרֹ֧ן וּבָנָ֛יו אֶת־יְדֵיהֶ֖ם עַל־רֹ֥אשׁ הָאָֽיִל׃
כ וְשָׁחַטְתָּ֣ אֶת־הָאָ֔יִל וְלָקַחְתָּ֙ מִדָּמ֜וֹ וְנָתַתָּ֡ה עַל־

ח יָת מִשְׁחָא דִּרְבוּתָא, וּתְרִיק עַל רֵישֵׁיהּ, וּתְרַבֵּי יָתֵיהּ: וְיָת בְּנוֹהִי תְּקָרֵיב, וְתַלְבֵּישִׁנּוּן כִּתּוּנִין:
ט וּתְזָרֵיז יָתְהוֹן הִמְיָנִין אַהֲרֹן וּבְנוֹהִי, וְתַתְקֵין לְהוֹן קוֹבְעִין, וּתְהֵי לְהוֹן, כְּהֻנְּתָא לִקְיָם עָלַם,
י וּתְקָרֵיב קֻרְבָּנָא דְּאַהֲרֹן וְקֻרְבָּנָא דִּבְנוֹהִי: וּתְקָרֵיב יָת תּוֹרָא, לִקְדָם מַשְׁכַּן זִמְנָא, וְיִסְמוֹךְ אַהֲרֹן
יא יב וּבְנוֹהִי, יָת יְדֵיהוֹן עַל רֵישׁ תּוֹרָא: וְתִכּוֹס יָת תּוֹרָא קֳדָם יְיָ, בִּתְרַע מַשְׁכַּן זִמְנָא: וְתִסַּב מִדְּמָא
יג דְתוֹרָא, וְתִתֵּין, עַל קַרְנָת מַדְבְּחָא בְּאֶצְבְּעָךְ, וְיָת כָּל דְּמָא תִּשְׁפּוֹךְ, לִיסוֹדָא דְּמַדְבְּחָא: וְתִסַּב,
יָת כָּל תַּרְבָּא דְּחָפֵי יָת גַּוָּא, וְיָת חַצְרָא דְּעַל כַּבְדָּא, וְיָת תַּרְתֵּין כּוֹלְיָן, וְיָת תַּרְבָּא דַּעֲלֵיהוֹן,
יד וְתַסֵּיק לְמַדְבְּחָא: וְיָת בְּסַר תּוֹרָא וְיָת מַשְׁכֵּיהּ וְיָת אֻכְלֵיהּ, תּוֹקֵיד בְּנוּרָא, מִבָּרָא לְמַשְׁרִיתָא,
טו טז חַטָּתָא הוּא: וְיָת דִּכְרָא חַד תִּסַּב, וְיִסְמְכוּן, אַהֲרֹן וּבְנוֹהִי, יָת יְדֵיהוֹן עַל רֵישׁ דִּכְרָא: וְתִכּוֹס
יז יָת דִּכְרָא, וְתִסַּב יָת דְּמֵיהּ, וְתִזְרוֹק עַל מַדְבְּחָא סְחוֹר סְחוֹר: וְיָת דִּכְרָא, תְּפַלֵּיג לְאֶבְרוֹהִי,
יח וּתְחַלֵּיל גַּוֵּיהּ וּכְרָעוֹהִי, וְתִתֵּין עַל אֶבְרוֹהִי וְעַל רֵישֵׁיהּ: וְתַסֵּיק יָת כָּל דִּכְרָא לְמַדְבְּחָא, עֲלָתָא
יט הוּא קֳדָם יְיָ, לְאִתְקַבָּלָא בְרַעֲוָא, קֻרְבָּנָא קֳדָם יְיָ הוּא: וְתִסַּב, יָת דִּכְרָא תִּנְיָנָא, וְיִסְמוֹךְ
כ אַהֲרֹן וּבְנוֹהִי, יָת יְדֵיהוֹן עַל רֵישׁ דִּכְרָא: וְתִכּוֹס יָת דִּכְרָא, וְתִסַּב מִדְּמֵיהּ וְתִתֵּין, עַל

מֵאֲחוֹרֵי הָעֹרֶף, הוּא נוֹתְנוֹ עַל הַמִּצְנֶפֶת כְּמִין כּוֹבַע:

ז| וּמָשַׁחְתָּ אֹתוֹ. אַף מְשִׁיחָה זוֹ כְּמִין כ״י, נוֹתֵן שֶׁמֶן עַל רֹאשׁוֹ וּבֵין רִיסֵי עֵינָיו וּמְחַבְּרָן בְּאֶצְבָּעוֹ:

ט| וְהָיְתָה לָהֶם. מִלּוּי יָדַיִם זֶה לִכְהֻנַּת עוֹלָם: וּמִלֵּאתָ. עַל יְדֵי הַדְּבָרִים הָאֵלֶּה: יַד אַהֲרֹן וְיַד בָּנָיו. בְּמִלּוּי וּפְקֻדַּת הַכְּהֻנָּה:

יא| פֶּתַח אֹהֶל מוֹעֵד. בַּחֲצַר הַמִּשְׁכָּן שֶׁלִּפְנֵי הַפֶּתַח:

יב| עַל קַרְנֹת. לְמַעְלָה בַּקְּרָנוֹת מַמָּשׁ: וְאֶת כָּל הַדָּם. שְׁיָרֵי הַדָּם: אֶל יְסוֹד הַמִּזְבֵּחַ. כְּמִין בְּלִיטַת בֵּית קִבּוּל עָשׂוּי לוֹ סָבִיב סָבִיב לְאַחַר שֶׁעָלָה אַמָּה מִן הָאָרֶץ:

יג| הַחֵלֶב הַמְכַסֶּה אֶת הַקֶּרֶב. הוּא הַקְּרוּם שֶׁעַל הַכָּרֵס שֶׁקּוֹרִין טיל״א: וְאֵת הַיֹּתֶרֶת. הוּא טַרְפְּשָׁא דְּכַבְדָּא שֶׁקּוֹרִין איבל״ש: עַל הַכָּבֵד. אַף מִן הַכָּבֵד יִטֹּל עִמָּהּ:

יד| תִּשְׂרֹף בָּאֵשׁ. לֹא מָצִינוּ חַטָּאת חִיצוֹנָה נִשְׂרֶפֶת אֶלָּא זוֹ:

טז| וְזָרַקְתָּ. בִּכְלִי, אוֹחֵז בַּמִּזְרָק וְזוֹרֵק כְּנֶגֶד הַקֶּרֶן, כְּדֵי שֶׁיֵּרָאֶה לְכָאן וּלְכָאן. וְאֵין קָרְבָּן טָעוּן מַתָּנָה בְּאֶצְבַּע אֶלָּא חַטָּאת בִּלְבַד, אֲבָל שְׁאָר זְבָחִים אֵינָן טְעוּנִין קֶרֶן וְלֹא אֶצְבַּע, שֶׁמַּתַּן דָּמָם מֵחֲצִי הַמִּזְבֵּחַ וּלְמַטָּה, וְאֵינוֹ עוֹלֶה בַּכֶּבֶשׁ אֶלָּא עוֹמֵד בָּאָרֶץ וְזוֹרֵק: סָבִיב. כָּךְ מְפֹרָשׁ בִּשְׁחִיטַת קָדָשִׁים (זבחים נג ע״ב), שֶׁאֵין "סָבִיב" אֶלָּא שְׁתֵּי מַתָּנוֹת שֶׁהֵן אַרְבַּע, הָאַחַת בְּקֶרֶן זָוִית זוֹ וְהָאַחַת בַּשֶּׁכְּנֶגְדָּהּ בַּאֲלַכְסוֹן, וְכָל מַתָּנָה נִרְאֵית בִּשְׁנֵי צִדֵּי הַקֶּרֶן אֵילָךְ וְאֵילָךְ, נִמְצָא הַדָּם נָתוּן בְּאַרְבַּע רוּחוֹת סָבִיב, לְכָךְ קָרוּי סָבִיב:

יז| עַל נְתָחָיו. עִם נְתָחָיו, מוּסָף עַל שְׁאָר הַנְּתָחִים:

יח| רֵיחַ נִיחוֹחַ. נַחַת רוּחַ לְפָנַי שֶׁאָמַרְתִּי וְנַעֲשָׂה רְצוֹנִי: אִשֶּׁה. לְשׁוֹן אֵשׁ, וְהִיא הַקְטָרַת אֵבָרִים שֶׁעַל הָאֵשׁ:

תְּנוּךְ אֹזֶן אַהֲרֹן וְעַל־תְּנוּךְ אֹזֶן בָּנָיו הַיְמָנִית
וְעַל־בֹּהֶן יָדָם הַיְמָנִית וְעַל־בֹּהֶן רַגְלָם הַיְמָנִית
כא וְזָרַקְתָּ אֶת־הַדָּם עַל־הַמִּזְבֵּחַ סָבִיב׃ וְלָקַחְתָּ
מִן־הַדָּם אֲשֶׁר עַל־הַמִּזְבֵּחַ וּמִשֶּׁמֶן הַמִּשְׁחָה
וְהִזֵּיתָ עַל־אַהֲרֹן וְעַל־בְּגָדָיו וְעַל־בָּנָיו וְעַל־
בִּגְדֵי בָנָיו אִתּוֹ וְקָדַשׁ הוּא וּבְגָדָיו וּבָנָיו וּבִגְדֵי
כב בָנָיו אִתּוֹ׃ וְלָקַחְתָּ מִן־הָאַיִל הַחֵלֶב וְהָאַלְיָה
וְאֶת־הַחֵלֶב ׀ הַמְכַסֶּה אֶת־הַקֶּרֶב וְאֵת יֹתֶרֶת
הַכָּבֵד וְאֵת ׀ שְׁתֵּי הַכְּלָיֹת וְאֶת־הַחֵלֶב אֲשֶׁר
עֲלֵיהֶן וְאֵת שׁוֹק הַיָּמִין כִּי אֵיל מִלֻּאִים הוּא׃
כג וְכִכַּר לֶחֶם אַחַת וְחַלַּת לֶחֶם שֶׁמֶן אַחַת וְרָקִיק
כד אֶחָד מִסַּל הַמַּצּוֹת אֲשֶׁר לִפְנֵי יְהוָה׃ וְשַׂמְתָּ
הַכֹּל עַל כַּפֵּי אַהֲרֹן וְעַל כַּפֵּי בָנָיו וְהֵנַפְתָּ אֹתָם
כה תְּנוּפָה לִפְנֵי יְהוָה׃ וְלָקַחְתָּ אֹתָם מִיָּדָם וְהִקְטַרְתָּ
הַמִּזְבֵּחָה עַל־הָעֹלָה לְרֵיחַ נִיחוֹחַ לִפְנֵי יְהוָה
כו אִשֶּׁה הוּא לַיהוָה׃ וְלָקַחְתָּ אֶת־הֶחָזֶה מֵאֵיל
הַמִּלֻּאִים אֲשֶׁר לְאַהֲרֹן וְהֵנַפְתָּ אֹתוֹ תְּנוּפָה
כז לִפְנֵי יְהוָה וְהָיָה לְךָ לְמָנָה׃ וְקִדַּשְׁתָּ אֵת ׀ חֲזֵה
הַתְּנוּפָה וְאֵת שׁוֹק הַתְּרוּמָה אֲשֶׁר הוּנַף וַאֲשֶׁר
הוּרָם מֵאֵיל הַמִּלֻּאִים מֵאֲשֶׁר לְאַהֲרֹן וּמֵאֲשֶׁר
כח לְבָנָיו׃ וְהָיָה לְאַהֲרֹן וּלְבָנָיו לְחָק־עוֹלָם מֵאֵת

בְּנֵי יִשְׂרָאֵל כִּי תְרוּמָה הוּא וּתְרוּמָה יִהְיֶה מֵאֵת
בְּנֵי־יִשְׂרָאֵל מִזִּבְחֵי שַׁלְמֵיהֶם תְּרוּמָתָם לַיהוָה׃

רוּם אֻדְנָא דְּאַהֲרֹן, וְעַל רוּם אֻדְנָא דִּבְנוֹהִי דְּיַמִּינָא, וְעַל אִלְיוֹן יְדֵיהוֹן דְּיַמִּינָא, וְעַל אִלְיוֹן
כא רַגְלֵיהוֹן דְּיַמִּינָא, וְתִזְרוֹק יָת דְּמָא, עַל מַדְבְּחָא סְחוֹר סְחוֹר׃ וְתִסַּב, מִן דְּמָא דְּעַל מַדְבְּחָא
וּמִמִּשְׁחָא דִּרְבוּתָא, וְתַדֵּי עַל אַהֲרֹן וְעַל לְבוּשׁוֹהִי, וְעַל בְּנוֹהִי, וְעַל לְבוּשֵׁי בְנוֹהִי עִמֵּיהּ,
כב וְיִתְקַדַּשׁ הוּא וּלְבוּשׁוֹהִי, וּבְנוֹהִי, וּלְבוּשֵׁי בְנוֹהִי עִמֵּיהּ׃ וְתִסַּב מִן דִּכְרָא, תַּרְבָּא וְאַלְיְתָא, וְיָת
תַּרְבָּא דְּחָפֵי יָת גַּוָּא, וְיָת חֲצַר כַּבְדָּא וְיָת תַּרְתֵּין כּוּלְיָן, וְיָת תַּרְבָּא דַּעֲלֵיהוֹן, וְיָת שָׁקָא
כג דְּיַמִּינָא, אֲרֵי, דְּכַר קֻרְבָּנַיָּא הוּא׃ וּפִתָּא דִּלְחֵים חֲדָא, וּגְרִיצְתָּא דִּלְחֵים מְשַׁח, חֲדָא וְאֶסְפּוֹג
כד חַד, מִסַּלָּא דְּפַטִּירַיָּא, דִּקְדָם יי׃ וּתְשַׁוֵּי כוֹלָא, עַל יְדֵי אַהֲרֹן, וְעַל יְדֵי בְנוֹהִי, וּתְרִים יָתְהוֹן,
כה אֲרָמָא קֳדָם יי׃ וְתִסַּב יָתְהוֹן מִיְּדֵיהוֹן, וְתַסֵּיק לְמַדְבְּחָא עַל עֲלָתָא, לְאִתְקַבָּלָא בְרַעֲוָא קֳדָם
כו יי, קֻרְבָּנָא הוּא קֳדָם יי׃ וְתִסַּב יָת חֶדְיָא, מִדְּכַר קֻרְבָּנַיָּא דִּלְאַהֲרֹן, וּתְרִים יָתֵיהּ, אֲרָמָא קֳדָם
כז יי, וִיהֵי לָךְ לְחֳלָק׃ וּתְקַדֵּישׁ, יָת חֶדְיָא דַּאֲרָמוּתָא, וְיָת שָׁקָא דְּאַפְרָשׁוּתָא, דְּאִתְּרַם וּדְאִתַּפְרַשׁ,
כח מִדְּכַר קֻרְבָּנַיָּא, מִדִּלְאַהֲרֹן וּמִדִּלְבְנוֹהִי׃ וִיהֵי לְאַהֲרֹן וְלִבְנוֹהִי לִקְיָם עָלַם, מִן בְּנֵי יִשְׂרָאֵל, אֲרֵי
אַפְרָשׁוּתָא הוּא, וְאַפְרָשׁוּתָא, יְהֵי מִן בְּנֵי יִשְׂרָאֵל מִנִּכְסַת קֻדְשֵׁיהוֹן, אַפְרָשׁוּתְהוֹן קֳדָם יי׃

כ) **תְּנוּךְ.** הוּא הַסְּחוּס הָאֶמְצָעִי שֶׁבְּתוֹךְ הָאֹזֶן שֶׁקּוֹרִין טנרו״ש: **בֹּהֶן יָדָם.** הַגּוּדָל, וּבַפֶּרֶק הָאֶמְצָעִי:

כב) **הַחֵלֶב.** זֶה חֵלֶב הַדַּקִּים אוֹ הַקֵּבָה: **וְהָאַלְיָה.** מִן הַכְּלָיוֹת וּלְמַטָּה, כְּמוֹ שֶׁמְּפֹרָשׁ בְּ׳וַיִּקְרָא׳ (ג, ט), שֶׁנֶּאֱמַר: ״לְעֻמַּת הֶעָצֶה יְסִירֶנָּה״, מָקוֹם שֶׁהַכְּלָיוֹת יוֹעֲצוֹת. וּבְאֵמוּרֵי הַפָּר לֹא נֶאֱמַר אַלְיָה, שֶׁאֵין אַלְיָה קְרֵבָה אֶלָּא בְּכֶבֶשׂ וְכִבְשָׂה וְאַיִל, אֲבָל שׁוֹר וָעֵז אֵין טְעוּנִים אַלְיָה: **וְאֵת שׁוֹק הַיָּמִין.** לֹא מָצִינוּ הַקְטָרָה בְּשׁוֹק הַיָּמִין עִם הָאֵמוּרִים אֶלָּא זוֹ בִּלְבַד: **כִּי אֵיל מִלֻּאִים הוּא.** שְׁלָמִים, לְשׁוֹן שְׁלֵמוּת, שֶׁמְּשֻׁלָּם בַּכֹּל. מַגִּיד הַכָּתוּב שֶׁהַמִּלּוּאִים שְׁלָמִים, שָׁלוֹם לַמִּזְבֵּחַ וּלְעוֹבֵד הָעֲבוֹדָה וְלַבְּעָלִים, לְכָךְ אֲנִי מַצְרִיכוֹ הֶחָזֶה לִהְיוֹת לְעוֹבֵד הָעֲבוֹדָה לְמָנָה, וְזֶהוּ מֹשֶׁה שֶׁשִּׁמֵּשׁ בַּמִּלּוּאִים, וְהַשְּׁאָר אֲכָלוּ אַהֲרֹן וּבָנָיו שֶׁהֵם בְּעָלִים כַּמְפֹרָשׁ בָּעִנְיָן:

כג) **וְכִכַּר לֶחֶם.** מִן הַחַלּוֹת: **וְחַלַּת לֶחֶם שֶׁמֶן.** מִמִּין הָרְבוּכָה: **וְרָקִיק.** מִן הָרְקִיקִין, אֶחָד מֵעֲשָׂרָה שֶׁבְּכָל מִין וָמִין. וְלֹא מָצִינוּ תְּרוּמַת לֶחֶם הַבָּא עִם זֶבַח נִקְטֶרֶת אֶלָּא זוֹ בִּלְבַד, שֶׁתְּרוּמַת לַחְמֵי תוֹדָה וְאֵיל נָזִיר נְתוּנָה לַכֹּהֲנִים עִם חָזֶה וָשׁוֹק, וּמִזֶּה לֹא הָיָה לְמֹשֶׁה לְמָנָה אֶלָּא חָזֶה בִּלְבַד:

כד) **עַל כַּפֵּי אַהֲרֹן... וְהֵנַפְתָּ.** שְׁנֵיהֶם עֲסוּקִין בַּתְּנוּפָה, הַבְּעָלִים וְהַכֹּהֵן; הָא כֵּיצַד? כֹּהֵן מַנִּיחַ יָדוֹ תַּחַת יַד הַבְּעָלִים וּמֵנִיף, וּבָזֶה הָיוּ אַהֲרֹן וּבָנָיו בְּעָלִים וּמֹשֶׁה כֹּהֵן: **תְּנוּפָה.** מוֹלִיךְ וּמֵבִיא, לְמִי שֶׁאַרְבַּע רוּחוֹת הָעוֹלָם שֶׁלּוֹ, וּתְנוּפָה מְעַכֶּבֶת וּמְבַטֶּלֶת פֻּרְעָנוּת רוּחוֹת רָעוֹת. וּמַעֲלֶה וּמוֹרִיד, לְמִי שֶׁהַשָּׁמַיִם וְהָאָרֶץ שֶׁלּוֹ, וּמְעַכֶּבֶת טְלָלִים רָעִים:

כה) **עַל הָעֹלָה.** עַל הָאַיִל הָרִאשׁוֹן שֶׁהֶעֱלֵיתָ עוֹלָה: **לְרֵיחַ נִיחוֹחַ.** לְנַחַת רוּחַ לְמִי שֶׁאָמַר וְנַעֲשָׂה רְצוֹנוֹ: **אִשֶּׁה.** לָאֵשׁ נִתָּן: **לַה׳.** לִשְׁמוֹ שֶׁל מָקוֹם:

כז-כח) **וְקִדַּשְׁתָּ אֵת חֲזֵה הַתְּנוּפָה וְאֵת שׁוֹק הַתְּרוּמָה וְגוֹ׳.** קַדְּשֵׁם לְדוֹרוֹת לִהְיוֹת נוֹהֶגֶת תְּרוּמָתָם וַהֲנָפָתָם בְּחָזֶה וָשׁוֹק שֶׁל שְׁלָמִים, אֲבָל לֹא לְהַקְטָרָה, אֶלָּא ״וְהָיָה לְאַהֲרֹן וּלְבָנָיו״ לֶאֱכֹל: **לְחָק עוֹלָם מֵאֵת בְּנֵי יִשְׂרָאֵל.** שֶׁהַשְּׁלָמִים לַבְּעָלִים, וְאֶת הֶחָזֶה וְהַשּׁוֹק יִתְּנוּ לַכֹּהֵן: **תְּנוּפָה.** לְשׁוֹן הוֹלָכָה וַהֲבָאָה, וינטלי״ר בְּלַעַז: **הוּרָם.** לְשׁוֹן מַעֲלֶה וּמוֹרִיד: **כִּי תְרוּמָה הוּא.** הֶחָזֶה וְהַשּׁוֹק הַזֶּה:

שמות | כט

וּבִגְדֵ֤י הַקֹּ֙דֶשׁ֙ אֲשֶׁ֣ר לְאַהֲרֹ֔ן יִהְי֥וּ לְבָנָ֖יו אַחֲרָ֑יו כט
לְמָשְׁחָ֣ה בָהֶ֔ם וּלְמַלֵּא־בָ֖ם אֶת־יָדָֽם: שִׁבְעַ֣ת יָמִ֗ים ל
יִלְבָּשָׁ֧ם הַכֹּהֵ֛ן תַּחְתָּ֖יו מִבָּנָ֑יו אֲשֶׁ֥ר יָבֹ֛א אֶל־אֹ֥הֶל
מוֹעֵ֖ד לְשָׁרֵ֥ת בַּקֹּֽדֶשׁ: וְאֵ֛ת אֵ֥יל הַמִּלֻּאִ֖ים תִּקָּ֑ח לא
וּבִשַּׁלְתָּ֥ אֶת־בְּשָׂר֖וֹ בְּמָקֹ֥ם קָדֹֽשׁ: וְאָכַ֤ל אַהֲרֹן֙ לב
וּבָנָ֔יו אֶת־בְּשַׂ֥ר הָאַ֖יִל וְאֶת־הַלֶּ֑חֶם אֲשֶׁ֖ר בַּסָּֽל
פֶּ֖תַח אֹ֥הֶל מוֹעֵֽד: וְאָכְל֣וּ אֹתָ֗ם אֲשֶׁ֨ר כֻּפַּ֤ר בָּהֶם֙ לג
לְמַלֵּ֣א אֶת־יָדָ֔ם לְקַדֵּ֖שׁ אֹתָ֑ם וְזָ֥ר לֹא־יֹאכַ֖ל כִּי־
קֹ֥דֶשׁ הֵֽם: וְֽאִם־יִוָּתֵ֞ר מִבְּשַׂ֧ר הַמִּלֻּאִ֛ים וּמִן־הַלֶּ֖חֶם לד
עַד־הַבֹּ֑קֶר וְשָׂרַפְתָּ֤ אֶת־הַנּוֹתָר֙ בָּאֵ֔שׁ לֹ֥א יֵאָכֵ֖ל
כִּי־קֹ֥דֶשׁ הֽוּא: וְעָשִׂ֜יתָ לְאַהֲרֹ֤ן וּלְבָנָיו֙ כָּ֔כָה כְּכֹ֥ל לה
אֲשֶׁר־צִוִּ֖יתִי אֹתָ֑כָה שִׁבְעַ֥ת יָמִ֖ים תְּמַלֵּ֥א יָדָֽם:
וּפַ֨ר חַטָּ֜את תַּעֲשֶׂ֤ה לַיּוֹם֙ עַל־הַכִּפֻּרִ֔ים וְחִטֵּאתָ֙ לו
עַל־הַמִּזְבֵּ֔חַ בְּכַפֶּרְךָ֖ עָלָ֑יו וּמָשַׁחְתָּ֥ אֹת֖וֹ לְקַדְּשֽׁוֹ:
שִׁבְעַ֣ת יָמִ֗ים תְּכַפֵּר֙ עַל־הַמִּזְבֵּ֔חַ וְקִדַּשְׁתָּ֖ אֹת֑וֹ לז
וְהָיָ֤ה הַמִּזְבֵּ֙חַ֙ קֹ֣דֶשׁ קָֽדָשִׁ֔ים כָּל־הַנֹּגֵ֥עַ בַּמִּזְבֵּ֖חַ
יִקְדָּֽשׁ: וְזֶ֕ה אֲשֶׁ֥ר תַּעֲשֶׂ֖ה עַל־הַמִּזְבֵּ֑חַ לח
כְּבָשִׂ֧ים בְּנֵֽי־שָׁנָ֛ה שְׁנַ֖יִם לַיּ֥וֹם תָּמִֽיד: אֶת־הַכֶּ֥בֶשׂ לט
הָאֶחָ֖ד תַּעֲשֶׂ֣ה בַבֹּ֑קֶר וְאֵת֙ הַכֶּ֣בֶשׂ הַשֵּׁנִ֔י תַּעֲשֶׂ֖ה
בֵּ֥ין הָעַרְבָּֽיִם: וְעִשָּׂרֹ֨ן סֹ֜לֶת בָּל֨וּל בְּשֶׁ֤מֶן כָּתִית֙ מ
רֶ֣בַע הַהִ֔ין וְנֵ֕סֶךְ רְבִעִ֥ת הַהִ֖ין יָ֑יִן לַכֶּ֖בֶשׂ הָאֶחָֽד:

מצווה קב
מצווה לכהנים לאכול
בשר חטאת ואשם

ששי

ויעל

כט וּלְבוּשֵׁי קֻדְשָׁא דִּלְאַהֲרֹן, יְהוֹן לִבְנוֹהִי בָּתְרוֹהִי, לְרַבָּאָה בְהוֹן, וּלְקָרָבָא בְהוֹן יָת קֻרְבָּנְהוֹן:
ל שִׁבְעָא יוֹמִין, יִלְבְּשִׁנּוּן כָּהֲנָא, תְּחוֹתוֹהִי מִבְּנוֹהִי, דְּיֵיעוֹל, לְמַשְׁכַּן זִמְנָא לְשַׁמָּשָׁא בְקֻדְשָׁא:
לא וְיָת, דְּכַר קֻרְבָּנַיָּא תִּסַּב, וּתְבַשֵּׁיל יָת בִּסְרֵיהּ בַּאֲתַר קַדִּישׁ: לב וְיֵיכוֹל אַהֲרֹן וּבְנוֹהִי יָת בְּסַר
לג דִּכְרָא, וְיָת לַחְמָא דְּבְסַלָּא, בִּתְרַע מַשְׁכַּן זִמְנָא: וְיֵיכְלוּן יָתְהוֹן דְּאִתְכַּפַּר בְּהוֹן, לְקָרָבָא יָת
לד קֻרְבָּנְהוֹן לְקַדָּשָׁא יָתְהוֹן, וְחִילוֹנַי לָא יֵיכוֹל אֲרֵי קֻדְשָׁא אִנּוּן: וְאִם יִשְׁתְּאַר, מִבְּסַר קֻרְבָּנַיָּא,
וּמִן לַחְמָא עַד צַפְרָא, וְתוֹקֵיד יָת דְּאִשְׁתְּאַר בְּנוּרָא, לָא יִתְאֲכִיל אֲרֵי קֻדְשָׁא הוּא:
לה וְתַעֲבֵיד, לְאַהֲרֹן וְלִבְנוֹהִי כְּדֵין, כְּכֹל דְּפַקֵּידִית יָתָךְ, שִׁבְעָא יוֹמִין תְּקָרֵיב קֻרְבָּנְהוֹן: לו וְתוֹרָא
דְּחַטָּתָא, תַּעֲבֵיד לְיוֹמָא עַל כִּפּוּרַיָּא, וּתְדַכֵּי עַל מַדְבְּחָא, בְּכַפָּרוּתָךְ עֲלוֹהִי, וּתְרַבֵּי יָתֵיהּ
לז לְקַדָּשׁוּתֵיהּ: שִׁבְעָא יוֹמִין, תְּכַפַּר עַל מַדְבְּחָא, וּתְקַדֵּישׁ יָתֵיהּ, וִיהֵי מַדְבְּחָא קֹדֶשׁ קֻדְשִׁין,
לח כָּל דְּיִקְרַב בְּמַדְבְּחָא יִתְקַדַּשׁ: וְדֵין, דְּתַעֲבֵיד עַל מַדְבְּחָא, אִמְּרִין בְּנֵי שְׁנָא, תְּרֵין לְיוֹמָא
לט תְּדִירָא: יָת אִמְּרָא חַד תַּעֲבֵיד בְּצַפְרָא, וְיָת אִמְּרָא תִּנְיָנָא, תַּעֲבֵיד בֵּין שִׁמְשַׁיָּא: מ וְעֶסְרוֹנָא
סֻלְתָּא, דְּפִיל בִּמְשַׁח כְּתִישָׁא רַבְעוּת הִינָא, וְנִסְכָּא, רַבְעוּת הִינָא חַמְרָא, לְאִמְּרָא חַד:

כט **יִהְיוּ לְבָנָיו אַחֲרָיו.** לְמִי שֶׁבָּא בִּגְדֻלָּה אַחֲרָיו: **לְמָשְׁחָה.** לְהִתְגַּדֵּל בָּהֶם, שֶׁיֵּשׁ מְשִׁיחָה שֶׁהִיא לְשׁוֹן שְׂרָרָה, כְּמוֹ: "לְךָ נְתַתִּים לְמָשְׁחָה" (במדבר יח, ח), "אַל תִּגְּעוּ בִּמְשִׁיחָי" (תהלים קה, טו): **וּלְמַלֵּא בָם אֶת יָדָם.** עַל יְדֵי הַבְּגָדִים הוּא מִתְלַבֵּשׁ בִּכְהֻנָּה גְּדוֹלָה:

ל **שִׁבְעַת יָמִים.** רְצוּפִין: **יִלְבָּשָׁם הַכֹּהֵן.** אֲשֶׁר יָקוּם מִבָּנָיו תַּחְתָּיו לִכְהֻנָּה גְּדוֹלָה, כְּשֶׁיְּמַנּוּהוּ לִהְיוֹת כֹּהֵן גָּדוֹל: **אֲשֶׁר יָבֹא אֶל אֹהֶל מוֹעֵד.** אוֹתוֹ כֹּהֵן הַמּוּכָן לִכָּנֵס לִפְנַי וְלִפְנִים בְּיוֹם הַכִּפּוּרִים, וְזֶהוּ כֹּהֵן גָּדוֹל, שֶׁאֵין עֲבוֹדַת יוֹם הַכִּפּוּרִים כְּשֵׁרָה אֶלָּא בּוֹ: **תַּחְתָּיו מִבָּנָיו.** מְלַמֵּד שֶׁאִם יֵשׁ לוֹ לְכֹהֵן גָּדוֹל בֵּן מְמַלֵּא אֶת מְקוֹמוֹ, יְמַנּוּהוּ כֹּהֵן גָּדוֹל תַּחְתָּיו:

לא **בְּמָקֹם קָדֹשׁ.** בַּחֲצַר אֹהֶל מוֹעֵד, שֶׁהַשְּׁלָמִים הַלָּלוּ קָדְשֵׁי קָדָשִׁים הָיוּ:

לב **פֶּתַח אֹהֶל מוֹעֵד.** כָּל הֶחָצֵר קָרוּי כֵּן:

לג **וְאָכְלוּ אֹתָם.** אַהֲרֹן וּבָנָיו, לְפִי שֶׁהֵם בַּעֲלֵיהֶם: **אֲשֶׁר כֻּפַּר בָּהֶם.** לָהֶם כָּל זָרוּת וְתִעוּב: **לְמַלֵּא אֶת יָדָם.** בָּאַיִל וְלֶחֶם הַלָּלוּ: **לְקַדֵּשׁ אֹתָם.** שֶׁעַל יְדֵי הַמִּלּוּאִים הַלָּלוּ נִתְמַלְּאוּ יְדֵיהֶם וְנִתְקַדְּשׁוּ לִכְהֻנָּה: **כִּי קֹדֶשׁ הֵם.** קָדְשֵׁי קָדָשִׁים. וּמִכָּאן לָמַדְנוּ אַזְהָרָה לְזָר הָאוֹכֵל קָדְשֵׁי קָדָשִׁים (מכות יח ע"א), שֶׁנָּתַן הַמִּקְרָא טַעַם לַדָּבָר מִשּׁוּם דְּ"קֹדֶשׁ הֵם":

לה **וְעָשִׂיתָ לְאַהֲרֹן וּלְבָנָיו כָּכָה.** שָׁנָה הַכָּתוּב וְכָפַל לְעַכֵּב, שֶׁאִם חִסֵּר דָּבָר אֶחָד מִכָּל הָאָמוּר בָּעִנְיָן, לֹא נִתְמַלְּאוּ יְדֵיהֶם לִהְיוֹת כֹּהֲנִים וַעֲבוֹדָתָם פְּסוּלָה: **אֹתָכָה.** כְּמוֹ אוֹתְךָ: **שִׁבְעַת יָמִים תְּמַלֵּא.** בָּעִנְיָן הַזֶּה וּבַקָּרְבָּנוֹת הַלָּלוּ בְּכָל יוֹם:

לו **עַל הַכִּפֻּרִים.** בִּשְׁבִיל הַכִּפּוּרִים, לְכַפֵּר עַל הַמִּזְבֵּחַ מִכָּל זָרוּת וְתִעוּב. וּלְפִי שֶׁנֶּאֱמַר: "שִׁבְעַת יָמִים תְּמַלֵּא יָדָם" (כפסוק הקודם), אֵין לִי אֶלָּא דָּבָר הַבָּא בִּשְׁבִילָם, כְּגוֹן הָאֵילִים וְהַלֶּחֶם, אֲבָל הַבָּא בִּשְׁבִיל הַמִּזְבֵּחַ, כְּגוֹן פַּר שֶׁהוּא לְחִטּוּי הַמִּזְבֵּחַ, לֹא שָׁמַעְנוּ, לְכָךְ הֻצְרַךְ מִקְרָא זֶה. וּמִדְרַשׁ תּוֹרַת כֹּהֲנִים (ויקרא ח, יד מלואים טו) אוֹמֵר: כַּפָּרַת הַמִּזְבֵּחַ הֻצְרְכָה שֶׁמָּא הִתְנַדֵּב אִישׁ מִיִּשְׂרָאֵל דְּבַר גָּזֵל בִּמְלֶאכֶת הַמִּשְׁכָּן וְהַמִּזְבֵּחַ: **וְחִטֵּאתָ.** "וּתְדַכֵּי", לְשׁוֹן מַתְּנַת דָּמִים הַנִּתּוּנִים בְּאֶצְבַּע קָרוּי חִטּוּי: **וּמָשַׁחְתָּ אֹתוֹ.** בְּשֶׁמֶן הַמִּשְׁחָה. וְכָל הַמְּשִׁיחוֹת כְּמִין כ"י:

לז **וְהָיָה הַמִּזְבֵּחַ קֹדֶשׁ.** וּמַה הִיא קְדֻשָּׁתוֹ? "כָּל הַנֹּגֵעַ בַּמִּזְבֵּחַ יִקְדָּשׁ", אֲפִלּוּ קָרְבָּן פָּסוּל שֶׁעָלָה עָלָיו, קִדְּשׁוֹ הַמִּזְבֵּחַ לְהַכְשִׁירוֹ שֶׁלֹּא יֵרֵד. מִתּוֹךְ שֶׁנֶּאֱמַר: "כָּל הַנֹּגֵעַ... יִקְדָּשׁ", שׁוֹמֵעַ אֲנִי בֵּין רָאוּי בֵּין שֶׁאֵינוֹ רָאוּי, כְּגוֹן דָּבָר שֶׁלֹּא הָיָה פְסוּלוֹ בַּקֹּדֶשׁ, כְּגוֹן הָרוֹבֵעַ וְהַנִּרְבָּע וּמֻקְצֶה וְנֶעֱבָד וְהַטְּרֵפָה וְכַיּוֹצֵא בָּהֶן, תַּלְמוּד לוֹמַר: "וְזֶה אֲשֶׁר תַּעֲשֶׂה" הַסָּמוּךְ אַחֲרָיו, מָה עוֹלָה רְאוּיָה אַף כָּל רָאוּי, שֶׁנִּרְאָה לוֹ כְּבָר וְנִפְסַל מִשֶּׁבָּא לָעֲזָרָה, כְּגוֹן הַלָּן וְהַיּוֹצֵא וְהַטָּמֵא וְשֶׁנִּשְׁחַט בְּמַחֲשֶׁבֶת חוּץ לִזְמַנּוֹ וְחוּץ לִמְקוֹמוֹ וְכַיּוֹצֵא בָּהֶן:

מ **וְעִשָּׂרֹן סֹלֶת.** עֲשִׂירִית הָאֵיפָה, אַרְבָּעִים וְשָׁלֹשׁ בֵּיצִים וְחֹמֶשׁ בֵּיצָה: **בְּשֶׁמֶן כָּתִית.** לֹא לְחוֹבָה

מא וְאֵת֙ הַכֶּ֣בֶשׂ הַשֵּׁנִ֔י תַּעֲשֶׂ֖ה בֵּ֣ין הָעַרְבָּ֑יִם כְּמִנְחַ֨ת הַבֹּ֤קֶר וּכְנִסְכָּהּ֙ תַּֽעֲשֶׂה־לָּ֔הּ לְרֵ֣יחַ נִיחֹ֔חַ אִשֶּׁ֖ה לַיהוָֽה׃
מב עֹלַ֤ת תָּמִיד֙ לְדֹרֹ֣תֵיכֶ֔ם פֶּ֥תַח אֹֽהֶל־מוֹעֵ֖ד לִפְנֵ֣י יְהוָ֑ה אֲשֶׁ֨ר אִוָּעֵ֤ד לָכֶם֙ שָׁ֔מָּה לְדַבֵּ֥ר אֵלֶ֖יךָ שָֽׁם׃
מג וְנֹעַדְתִּ֥י שָׁ֖מָּה לִבְנֵ֣י יִשְׂרָאֵ֑ל וְנִקְדַּ֖שׁ בִּכְבֹדִֽי׃
מד וְקִדַּשְׁתִּ֛י אֶת־אֹ֥הֶל מוֹעֵ֖ד וְאֶת־הַמִּזְבֵּ֑חַ וְאֶת־אַהֲרֹ֧ן וְאֶת־בָּנָ֛יו אֲקַדֵּ֖שׁ לְכַהֵ֥ן לִֽי׃
מה וְשָׁ֣כַנְתִּ֔י בְּת֖וֹךְ בְּנֵ֣י יִשְׂרָאֵ֑ל וְהָיִ֥יתִי לָהֶ֖ם לֵאלֹהִֽים׃
מו וְיָדְע֗וּ כִּ֣י אֲנִ֤י יְהוָה֙ אֱלֹ֣הֵיהֶ֔ם אֲשֶׁ֨ר הוֹצֵ֧אתִי אֹתָ֛ם מֵאֶ֥רֶץ מִצְרַ֖יִם לְשָׁכְנִ֣י בְתוֹכָ֑ם אֲנִ֖י יְהוָ֥ה אֱלֹהֵיהֶֽם׃

שביעי
א וְעָשִׂ֥יתָ מִזְבֵּ֖חַ מִקְטַ֣ר קְטֹ֑רֶת עֲצֵ֥י שִׁטִּ֖ים תַּעֲשֶׂ֥ה אֹתֽוֹ׃
ב אַמָּ֨ה אָרְכּ֜וֹ וְאַמָּ֤ה רָחְבּוֹ֙ רָב֣וּעַ יִהְיֶ֔ה וְאַמָּתַ֖יִם קֹמָת֑וֹ מִמֶּ֖נּוּ קַרְנֹתָֽיו׃
ג וְצִפִּיתָ֨ אֹת֜וֹ זָהָ֣ב טָה֗וֹר אֶת־גַּגּ֧וֹ וְאֶת־קִירֹתָ֛יו סָבִ֖יב וְאֶת־קַרְנֹתָ֑יו וְעָשִׂ֥יתָ לּ֛וֹ זֵ֥ר זָהָ֖ב סָבִֽיב׃
ד וּשְׁתֵּי֩ טַבְּעֹ֨ת זָהָ֜ב תַּֽעֲשֶׂה־לּ֣וֹ ׀ מִתַּ֣חַת לְזֵר֗וֹ עַ֚ל שְׁתֵּ֣י צַלְעֹתָ֔יו תַּעֲשֶׂ֖ה עַל־שְׁנֵ֣י צִדָּ֑יו וְהָיָה֙ לְבָתִּ֣ים לְבַדִּ֔ים לָשֵׂ֥את אֹת֖וֹ בָּהֵֽמָּה׃
ה וְעָשִׂ֥יתָ אֶת־הַבַּדִּ֖ים עֲצֵ֣י שִׁטִּ֑ים וְצִפִּיתָ֥ אֹתָ֖ם זָהָֽב׃
ו וְנָתַתָּ֤ה אֹתוֹ֙ לִפְנֵ֣י הַפָּרֹ֔כֶת אֲשֶׁ֖ר עַל־אֲרֹ֣ן הָעֵדֻ֑ת לִפְנֵ֣י הַכַּפֹּ֗רֶת אֲשֶׁר֙ עַל־הָ֣עֵדֻ֔ת אֲשֶׁ֛ר אִוָּעֵ֥ד לְךָ֖ שָֽׁמָּה׃
ז וְהִקְטִ֥יר עָלָ֛יו אַהֲרֹ֖ן קְטֹ֣רֶת סַמִּ֑ים בַּבֹּ֣קֶר בַּבֹּ֗קֶר

מא וְיָת אִמְּרָא תִּנְיָנָא, תַּעֲבֵיד בֵּין שִׁמְשַׁיָּא, כְּמִנְחַת צַפְרָא וּכְנִסְכַּהּ תַּעֲבֵיד לַהּ, לְאִתְקַבָּלָא
מב בְרַעֲוָא, קֻרְבָּנָא קֳדָם יי: עֲלַת תְּדִירָא לְדָרֵיכוֹן, בִּתְרַע מַשְׁכַּן זִמְנָא קֳדָם יי, דַּאֲזַמֵּין מֵימְרִי לְכוֹן
מג מד תַּמָּן, לְמַלָּלָא עִמָּךְ תַּמָּן: וַאֲזַמֵּין מֵימְרִי תַּמָּן לִבְנֵי יִשְׂרָאֵל, וְאֶתְקַדַּשׁ בִּיקָרִי: וַאֲקַדֵּישׁ, יָת מַשְׁכַּן
מה זִמְנָא וְיָת מַדְבְּחָא, וְיָת אַהֲרֹן וְיָת בְּנוֹהִי, אֲקַדֵּישׁ לְשַׁמָּשָׁא קֳדָמָי: וְאַשְׁרֵי שְׁכִינְתִּי, בְּגוֹ בְּנֵי
מו יִשְׂרָאֵל, וְאֶהֱוֵי לְהוֹן לֶאֱלָהּ: וְיִדְעוּן, אֲרֵי אֲנָא יי אֱלָהֲהוֹן, דְּאַפֵּיקִית יָתְהוֹן, מֵאַרְעָא דְמִצְרַיִם
ל א לְאַשְׁרָאָה שְׁכִינְתִּי בֵּינֵיהוֹן, אֲנָא יי אֱלָהֲהוֹן: וְתַעֲבֵיד מַדְבְּחָא לְאַקְטָרָא עֲלוֹהִי קְטֹרֶת בֻּסְמִין,
ב דְּאָעֵי שִׁטִּין תַּעֲבֵיד יָתֵיהּ: אַמְּתָא אֻרְכֵּיהּ, וְאַמְּתָא פֻּתְיֵיהּ מְרַבַּע יְהֵי, וְתַרְתֵּין אַמִּין רוּמֵיהּ,
ג מִנֵּיהּ קַרְנוֹהִי: וְתַחְפֵּי יָתֵיהּ דְּהַב דְּכֵי, יָת אִגָּרֵיהּ וְיָת כָּתְלוֹהִי, סְחוֹר סְחוֹר וְיָת קַרְנוֹהִי, וְתַעֲבֵיד
ד לֵיהּ, זֵיר דִּדְהַב סְחוֹר סְחוֹר: וְתַרְתֵּין עִזְקָן דִּדְהַב, תַּעֲבֵיד לֵיהּ מִלְּרַע לְזֵירֵיהּ, עַל תַּרְתֵּין זָוְיָתֵיהּ,
ה תַּעֲבֵיד עַל תְּרֵין סִטְרוֹהִי, וִיהֵי לְאַתְרָא לַאֲרִיחַיָּא, לְמִטַּל יָתֵיהּ בְּהוֹן: וְתַעֲבֵיד יָת אֲרִיחַיָּא דְּאָעֵי
ו שִׁטִּין, וְתַחְפֵּי יָתְהוֹן דַּהֲבָא: וְתִתֵּין יָתֵיהּ קֳדָם פָּרֻכְתָּא, דְּעַל אֲרוֹנָא דְסָהֲדוּתָא, קֳדָם כַּפֻּרְתָּא,
ז דְּעַל סָהֲדוּתָא, דַּאֲזַמֵּין מֵימְרִי לָךְ תַּמָּן: וְיַקְטַר עֲלוֹהִי, אַהֲרֹן קְטֹרֶת בֻּסְמִין, בִּצְפַר בִּצְפַר,

נֶאֱמַר 'כָּתִית' אֶלָּא לְהַכְשִׁיר, לְפִי שֶׁנֶּאֱמַר: "כָּתִית לַמָּאוֹר" (לעיל כז, כ) וּמַשְׁמַע לַמָּאוֹר וְלֹא לַמְּנָחוֹת, יָכוֹל לְפָסְלוֹ לַמְּנָחוֹת? תַּלְמוּד לוֹמַר כָּאן: "כָּתִית", וְלֹא נֶאֱמַר: "כָּתִית לַמָּאוֹר" אֶלָּא לְמַעֵט מְנָחוֹת שֶׁאֵין צָרִיךְ כָּתִית, שֶׁאַף הַטָּחוּן בָּרֵיחַיִם כָּשֵׁר בָּהֶן: **רֶבַע הַהִין.** שְׁלֹשָׁה לֻגִּין: **וְנֵסֶךְ.** לַסְּפָלִים, כְּמוֹ שֶׁשָּׁנִינוּ בְּמַסֶּכֶת סֻכָּה (דף מח ע"א): שְׁנֵי סְפָלִים שֶׁל כֶּסֶף הָיוּ בְּרֹאשׁ הַמִּזְבֵּחַ וּמְנֻקָּבִים כְּמִין שְׁנֵי חֹטָמִין דַּקִּים, נוֹתֵן הַיַּיִן לְתוֹכוֹ וְהוּא מְקַלֵּחַ וְיוֹצֵא דֶּרֶךְ הַחֹטֶם וְנוֹפֵל עַל גַּג הַמִּזְבֵּחַ, וּמִשָּׁם יוֹרֵד לַשִּׁיתִין בְּמִזְבַּח בֵּית עוֹלָמִים, וּבְמִזְבַּח הַנְּחֹשֶׁת יוֹרֵד מִן הַמִּזְבֵּחַ לָאָרֶץ:

מא **לְרֵיחַ נִיחֹחַ.** עַל הַמִּנְחָה נֶאֱמַר, שֶׁמִּנְחַת נְסָכִים כֻּלָּהּ כָּלִיל. וְסֵדֶר הַקְרָבָתָם, הָאֵבָרִים בַּתְּחִלָּה וְאַחַר כָּךְ הַמִּנְחָה, שֶׁנֶּאֱמַר: "עֹלָה וּמִנְחָה" (ויקרא כג, לז):

מב **תָּמִיד.** מִיּוֹם אֶל יוֹם, לֹא יַפְסִיק יוֹם בֵּינְתַיִם: **אֲשֶׁר אִוָּעֵד לָכֶם.** כְּשֶׁאֶקְבַּע מוֹעֵד לְדַבֵּר אֵלֶיךָ, שָׁם אֶקְבָּעֶנּוּ לָבֹא. וְיֵשׁ מֵרַבּוֹתֵינוּ לְמֵדִים מִכָּאן שֶׁמֵּעַל מִזְבַּח הַנְּחֹשֶׁת הָיָה הַקָּדוֹשׁ בָּרוּךְ הוּא מְדַבֵּר עִם מֹשֶׁה מִשֶּׁהוּקַם הַמִּשְׁכָּן. וְיֵשׁ אוֹמְרִים מֵעַל הַכַּפֹּרֶת, כְּמוֹ שֶׁנֶּאֱמַר: "וְדִבַּרְתִּי אִתְּךָ מֵעַל הַכַּפֹּרֶת" (לעיל כה, כב), וַ"אֲשֶׁר אִוָּעֵד לָכֶם" הָאָמוּר כָּאן אֵינוֹ אָמוּר עַל הַמִּזְבֵּחַ, אֶלָּא עַל "אֹהֶל מוֹעֵד" הַנִּזְכָּר בַּמִּקְרָא:

מג **וְנֹעַדְתִּי שָׁמָּה.** אֶתְוַעֵד עִמָּם בְּדִבּוּר, כְּמֶלֶךְ הַקּוֹבֵעַ מְקוֹם מוֹעֵד לְדַבֵּר עִם עֲבָדָיו שָׁם: **וְנִקְדַּשׁ.** הַמִּשְׁכָּן "בִּכְבֹדִי", שֶׁתִּשְׁרֶה שְׁכִינָתִי בּוֹ. וּמִדְרַשׁ אַגָּדָה, אַל תִּקְרֵי 'בִּכְבֹדִי' אֶלָּא 'בִּמְכֻבָּדַי', בִּמְכֻבָּדִים שֶׁלִּי, כָּאן רָמַז לוֹ מִיתַת בְּנֵי אַהֲרֹן בְּיוֹם הֲקָמָתוֹ, וְזֶהוּ שֶׁאָמַר מֹשֶׁה: "הוּא אֲשֶׁר דִּבֶּר ה' לֵאמֹר בִּקְרֹבַי אֶקָּדֵשׁ" (ויקרא י, ג), וְהֵיכָן דִּבֶּר? "וְנִקְדַּשׁ בִּכְבֹדִי":

מו **לְשָׁכְנִי בְתוֹכָם.** עַל מְנָת לִשְׁכֹּן אֲנִי בְּתוֹכָם:

פרק ל

א **מִקְטַר קְטֹרֶת.** לְהַעֲלוֹת עָלָיו קִטּוּר עֲשַׁן סַמִּים:

ג **אֶת גַּגּוֹ.** זֶה הָיָה לוֹ גַּג, אֲבָל מִזְבַּח הָעוֹלָה לֹא הָיָה לוֹ גַּג, אֶלָּא מְמַלְּאִים אֲלָלוֹ אֲדָמָה בְּכָל חֲנִיָּתָן: **זֵר זָהָב.** סִימָן לְכֶתֶר כְּהֻנָּה:

ד **צַלְעֹתָיו.** כָּאן הוּא לְשׁוֹן זָוִיּוֹת, כְּתַרְגּוּמוֹ, לְפִי שֶׁנֶּאֱמַר: "עַל שְׁנֵי צִדָּיו", שְׁתֵּי זָוִיּוֹתָיו שֶׁבִּשְׁנֵי צִדָּיו: **וְהָיָה.** מַעֲשֵׂה הַטַּבָּעוֹת הָאֵלֶּה "לְבָתִּים לְבַדִּים", בַּיִת תִּהְיֶה הַטַּבַּעַת לַבַּד:

ו **לִפְנֵי הַפָּרֹכֶת.** שֶׁמָּא תֹּאמַר מָשׁוּךְ מִכְּנֶגֶד הָאָרוֹן לַצָּפוֹן אוֹ לַדָּרוֹם? תַּלְמוּד לוֹמַר: "לִפְנֵי הַכַּפֹּרֶת", מְכֻוָּן כְּנֶגֶד הָאָרוֹן מִבַּחוּץ:

מפטיר

ח בְּהֵיטִיבוֹ אֶת־הַנֵּרֹת יַקְטִירֶנָּה׃ וּבְהַעֲלֹת אַהֲרֹן
אֶת־הַנֵּרֹת בֵּין הָעַרְבַּיִם יַקְטִירֶנָּה קְטֹרֶת תָּמִיד
ט לִפְנֵי יְהוָה לְדֹרֹתֵיכֶם׃ לֹא־תַעֲלוּ עָלָיו קְטֹרֶת
י זָרָה וְעֹלָה וּמִנְחָה וְנֶסֶךְ לֹא תִסְּכוּ עָלָיו׃ וְכִפֶּר
אַהֲרֹן עַל־קַרְנֹתָיו אַחַת בַּשָּׁנָה מִדַּם חַטַּאת
הַכִּפֻּרִים אַחַת בַּשָּׁנָה יְכַפֵּר עָלָיו לְדֹרֹתֵיכֶם
קֹדֶשׁ־קָדָשִׁים הוּא לַיהוָה׃

מצווה קג
מצוות הקטרת הקטורת

מצווה קד
איסור הקטרת דבר מלבד הקטורת על מזבח הזהב

הפטרת תצוה

בשבת פרשת זכור קוראים את המפטיר מספר דברים כה, יז-יט, ואת ההפטרה בעמ׳ 1290. בפורים משולש בירושלים קוראים את המפטיר, לעיל יז, ח-טז, ואת ההפטרה בעמ׳ 1290.

בחזון האחרון המובא בספר יחזקאל יש תיאור נרחב של הבנייה העתידית בירושלים ובהר בית ה׳. נבואה זו הושמעה לגולים בבבל לאחר חורבן הבית הראשון – חורבן ירושלים ומלכות בית דוד. חטיבת נבואות הנחמה בסוף הספר משרטטת בפירוט רב את שיבת העם לארצו ולכל מה שהיה וחרב. הכול הפיך! אמירה עוצמתית זו סמוכה בזמן לחורבן הנורא, ובאה למנוע שקיעה בייאוש. ההפטרה עוסקת בחלק המתאר את בניית המקדש, בניית המזבח וחידוש עבודת הכוהנים.

יחזקאל

מג י אַתָּה בֶן־אָדָם הַגֵּד אֶת־בֵּית־יִשְׂרָאֵל אֶת־הַבַּיִת וְיִכָּלְמוּ מֵעֲוֺנוֹתֵיהֶם וּמָדְדוּ
יא אֶת־תָּכְנִית׃ וְאִם־נִכְלְמוּ מִכֹּל אֲשֶׁר־עָשׂוּ צוּרַת הַבַּיִת וּתְכוּנָתוֹ וּמוֹצָאָיו
וּמוֹבָאָיו וְכָל־צוּרֹתָו וְאֵת כָּל־חֻקֹּתָיו וְכָל־צוּרֹתָו וְכָל־תּוֹרֹתָו הוֹדַע אוֹתָם
יב וּכְתֹב לְעֵינֵיהֶם וְיִשְׁמְרוּ אֶת־כָּל־צוּרָתוֹ וְאֶת־כָּל־חֻקֹּתָיו וְעָשׂוּ אוֹתָם׃ זֹאת
תּוֹרַת הַבָּיִת עַל־רֹאשׁ הָהָר כָּל־גְּבֻלוֹ סָבִיב ׀ סָבִיב קֹדֶשׁ קָדָשִׁים הִנֵּה־זֹאת
יג תּוֹרַת הַבָּיִת׃ וְאֵלֶּה מִדּוֹת הַמִּזְבֵּחַ בָּאַמּוֹת אַמָּה אַמָּה וָטֹפַח וְחֵיק הָאַמָּה
יד וְאַמָּה־רֹחַב וּגְבוּלָהּ אֶל־שְׂפָתָהּ סָבִיב זֶרֶת הָאֶחָד וְזֶה גַּב הַמִּזְבֵּחַ׃ וּמֵחֵיק
הָאָרֶץ עַד־הָעֲזָרָה הַתַּחְתּוֹנָה שְׁתַּיִם אַמּוֹת וְרֹחַב אַמָּה אֶחָת וּמֵהָעֲזָרָה
טו הַקְּטַנָּה עַד־הָעֲזָרָה הַגְּדוֹלָה אַרְבַּע אַמּוֹת וְרֹחַב הָאַמָּה׃ וְהַהַרְאֵל אַרְבַּע
טז אַמּוֹת וּמֵהָאֲרִאֵיל וּלְמַעְלָה הַקְּרָנוֹת אַרְבַּע׃ וְהָאֲרִאֵיל שְׁתֵּים עֶשְׂרֵה אֹרֶךְ
יז בִּשְׁתֵּים עֶשְׂרֵה רֹחַב רָבוּעַ אֶל אַרְבַּעַת רְבָעָיו׃ וְהָעֲזָרָה אַרְבַּע עֶשְׂרֵה

ח בְּאַתְקָנוּתֵיהּ יָת בּוֹצִינַיָּא יַקְטְרִנַּהּ: וּבְאַדְלָקוּת אַהֲרֹן יָת בּוֹצִינַיָּא, בֵּין שִׁמְשַׁיָּא יַקְטְרִנַּהּ,
ט קְטֹרֶת בֻּסְמִין תְּדִירָא, קֳדָם יי לְדָרֵיכוֹן: לָא תַסְּקוּן עֲלוֹהִי, קְטֹרֶת בֻּסְמִין נֻכְרָאִין וַעֲלָתָא
י וּמִנְחָתָא, וְנִסְכָּא, לָא תְנַסְּכוּן עֲלוֹהִי: וִיכַפַּר אַהֲרֹן עַל קַרְנָתֵיהּ, חֲדָא בְּשַׁתָּא, מִדַּם חַטַּאת
כִּפּוּרַיָּא, חֲדָא בְּשַׁתָּא יְכַפַּר עֲלוֹהִי לְדָרֵיכוֹן, קֹדֶשׁ קֻדְשִׁין הוּא קֳדָם יי:

ז-ח **בְּהֵיטִיבוֹ.** לְשׁוֹן נִקּוּי הַבָּזִיכִין שֶׁל הַמְּנוֹרָה מִדֶּשֶׁן הַפְּתִילוֹת שֶׁנִּשְׂרְפוּ בַּלַּיְלָה, וְהָיָה מְטִיבָן בְּכָל בֹּקֶר וָבֹקֶר: **הַנֵּרֹת.** לוּצ"שׂ בְּלַעַז, וְכֵן כָּל נֵרוֹת הָאֲמוּרוֹת בַּמְּנוֹרָה, חוּץ מִמָּקוֹם שֶׁנֶּאֱמַר שָׁם הַעֲלָאָה, שֶׁהוּא לְשׁוֹן הַדְלָקָה: **וּבְהַעֲלֹת.** כְּשֶׁיַּדְלִיקֵם לְהַעֲלוֹת לַהַבְתָּן "יַקְטִירֶנָּה". בְּכָל יוֹם מַקְטִיר פְּרָס שַׁחֲרִית וּפְרָס בֵּין הָעַרְבַּיִם:

ט **לֹא תַעֲלוּ עָלָיו.** עַל מִזְבֵּחַ זֶה: **קְטֹרֶת זָרָה.** שׁוּם קְטֹרֶת שֶׁל נְדָבָה, כֻּלָּן זָרוֹת לוֹ חוּץ מִזּוֹ:

וְעֹלָה וּמִנְחָה. וְלֹא עוֹלָה וּמִנְחָה. עוֹלָה שֶׁל בְּהֵמָה וָעוֹף, מִנְחָה הִיא שֶׁל מִין לֶחֶם:

י **וְכִפֶּר אַהֲרֹן.** מַתַּן דָּמִים "עַל קַרְנֹתָיו": **אַחַת בַּשָּׁנָה.** בְּיוֹם הַכִּפּוּרִים, הוּא שֶׁנֶּאֱמַר בְּ'אַחֲרֵי מוֹת': "וְיָצָא אֶל הַמִּזְבֵּחַ אֲשֶׁר לִפְנֵי ה' וְכִפֶּר עָלָיו" (ויקרא טז, יח): **חַטַּאת הַכִּפֻּרִים.** הֵם פַּר וְשָׂעִיר שֶׁל יוֹם הַכִּפּוּרִים הַמְכַפְּרִים עַל טֻמְאַת מִקְדָּשׁ וְקָדָשָׁיו: **קֹדֶשׁ קָדָשִׁים הוּא.** הַמִּזְבֵּחַ מְקֻדָּשׁ לַדְּבָרִים הַלָּלוּ בִּלְבַד וְלֹא לַעֲבוֹדָה אַחֶרֶת:

אֹרֶךְ בְּאַרְבַּע עֶשְׂרֵה רֹחַב אֶל אַרְבַּעַת רְבָעֶיהָ וְהַגְּבוּל סָבִיב אוֹתָהּ חֲצִי
יח הָאַמָּה וְהַחֵיק־לָהּ אַמָּה סָבִיב וּמַעֲלֹתֵהוּ פְּנוֹת קָדִים: וַיֹּאמֶר אֵלַי בֶּן־אָדָם
כֹּה אָמַר אֲדֹנָי יֱהֹוִה אֵלֶּה חֻקּוֹת הַמִּזְבֵּחַ בְּיוֹם הֵעָשׂוֹתוֹ לְהַעֲלוֹת עָלָיו
יט עוֹלָה וְלִזְרֹק עָלָיו דָּם: וְנָתַתָּה אֶל־הַכֹּהֲנִים הַלְוִיִּם אֲשֶׁר הֵם מִזֶּרַע צָדוֹק
כ הַקְּרֹבִים אֵלַי נְאֻם אֲדֹנָי יֱהֹוִה לְשָׁרְתֵנִי פַּר בֶּן־בָּקָר לְחַטָּאת: וְלָקַחְתָּ
מִדָּמוֹ וְנָתַתָּה עַל־אַרְבַּע קַרְנֹתָיו וְאֶל־אַרְבַּע פִּנּוֹת הָעֲזָרָה וְאֶל־הַגְּבוּל
כא סָבִיב וְחִטֵּאתָ אוֹתוֹ וְכִפַּרְתָּהוּ: וְלָקַחְתָּ אֵת הַפָּר הַחַטָּאת וּשְׂרָפוֹ בְּמִפְקַד
כב הַבַּיִת מִחוּץ לַמִּקְדָּשׁ: וּבַיּוֹם הַשֵּׁנִי תַּקְרִיב שְׂעִיר־עִזִּים תָּמִים לְחַטָּאת
כג וְחִטְּאוּ אֶת־הַמִּזְבֵּחַ כַּאֲשֶׁר חִטְּאוּ בַּפָּר: בְּכַלּוֹתְךָ מֵחַטֵּא תַּקְרִיב פַּר
כד בֶּן־בָּקָר תָּמִים וְאַיִל מִן־הַצֹּאן תָּמִים: וְהִקְרַבְתָּם לִפְנֵי יְהוָה וְהִשְׁלִיכוּ
כה הַכֹּהֲנִים עֲלֵיהֶם מֶלַח וְהֶעֱלוּ אוֹתָם עֹלָה לַיהוָה: שִׁבְעַת יָמִים תַּעֲשֶׂה
כו שְׂעִיר־חַטָּאת לַיּוֹם וּפַר בֶּן־בָּקָר וְאַיִל מִן־הַצֹּאן תְּמִימִים יַעֲשׂוּ: שִׁבְעַת
כז יָמִים יְכַפְּרוּ אֶת־הַמִּזְבֵּחַ וְטִהֲרוּ אֹתוֹ וּמִלְאוּ יָדָו: וִיכַלּוּ אֶת־הַיָּמִים וְהָיָה
בַיּוֹם הַשְּׁמִינִי וָהָלְאָה יַעֲשׂוּ הַכֹּהֲנִים עַל־הַמִּזְבֵּחַ אֶת־עוֹלוֹתֵיכֶם וְאֶת־
שַׁלְמֵיכֶם וְרָצָאתִי אֶתְכֶם נְאֻם אֲדֹנָי יֱהֹוִה:

פרשת כי תשא

כי תשא

ל יא וַיְדַבֵּר יְהוָה אֶל־מֹשֶׁה לֵּאמֹר: כִּי תִשָּׂא אֶת־ יב
רֹאשׁ בְּנֵי־יִשְׂרָאֵל לִפְקֻדֵיהֶם וְנָתְנוּ אִישׁ כֹּפֶר
נַפְשׁוֹ לַיהוָה בִּפְקֹד אֹתָם וְלֹא־יִהְיֶה בָהֶם נֶגֶף
יג בִּפְקֹד אֹתָם: זֶה | יִתְּנוּ כָּל־הָעֹבֵר עַל־הַפְּקֻדִים
מַחֲצִית הַשֶּׁקֶל בְּשֶׁקֶל הַקֹּדֶשׁ עֶשְׂרִים גֵּרָה
יד הַשֶּׁקֶל מַחֲצִית הַשֶּׁקֶל תְּרוּמָה לַיהוָה: כֹּל
הָעֹבֵר עַל־הַפְּקֻדִים מִבֶּן עֶשְׂרִים שָׁנָה וָמָעְלָה
טו יִתֵּן תְּרוּמַת יְהוָה: הֶעָשִׁיר לֹא־יַרְבֶּה וְהַדַּל לֹא
יַמְעִיט מִמַּחֲצִית הַשָּׁקֶל לָתֵת אֶת־תְּרוּמַת יְהוָה
טז לְכַפֵּר עַל־נַפְשֹׁתֵיכֶם: וְלָקַחְתָּ אֶת־כֶּסֶף הַכִּפֻּרִים
מֵאֵת בְּנֵי יִשְׂרָאֵל וְנָתַתָּ אֹתוֹ עַל־עֲבֹדַת אֹהֶל
מוֹעֵד וְהָיָה לִבְנֵי יִשְׂרָאֵל לְזִכָּרוֹן לִפְנֵי יְהוָה לְכַפֵּר
עַל־נַפְשֹׁתֵיכֶם:

מצווה קה
מצוות נתינת
מחצית השקל

יב| **כִּי תִשָּׂא.** לְשׁוֹן קַבָּלָה, כְּתַרְגּוּמוֹ. כְּשֶׁתַּחְפֹּץ לְקַבֵּל סְכוּם מִנְיָנָם לָדַעַת כַּמָּה הֵם, אַל תִּמְנֵם לַגֻּלְגֹּלֶת, אֶלָּא יִתְּנוּ כָּל אֶחָד מַחֲצִית הַשֶּׁקֶל, וְתִמְנֶה אֶת הַשְּׁקָלִים וְתֵדַע מִנְיָנָם: **וְלֹא יִהְיֶה בָהֶם נֶגֶף.** שֶׁהַמִּנְיָן שׁוֹלֵט בּוֹ עַיִן הָרָע וְהַדֶּבֶר בָּא עֲלֵיהֶם, כְּמוֹ שֶׁמָּצִינוּ בִּימֵי דָוִד (שמואל ב׳ כד, א-י): יג| **זֶה יִתְּנוּ.** הֶרְאָה לוֹ כְּמִין מַטְבֵּעַ שֶׁל אֵשׁ וּמִשְׁקָלָהּ מַחֲצִית הַשֶּׁקֶל, וְאָמַר לוֹ: כָּזֶה יִתְּנוּ: **הָעֹבֵר עַל הַפְּקֻדִים.** דֶּרֶךְ הַמּוֹנִין מַעֲבִירִין אֶת הַנִּמְנִין זֶה אַחַר זֶה, וְכֵן: ״כֹּל אֲשֶׁר יַעֲבֹר תַּחַת הַשָּׁבֶט״ (ויקרא כז, לב), וְכֵן: ״תַּעֲבֹרְנָה הַצֹּאן עַל יְדֵי מוֹנֶה״ (ירמיה לג, יג): **מַחֲצִית הַשֶּׁקֶל בְּשֶׁקֶל הַקֹּדֶשׁ.** בְּמִשְׁקַל הַשֶּׁקֶל שֶׁקָּצַבְתִּי לְךָ לִשְׁקֹל בּוֹ שִׁקְלֵי הַקֹּדֶשׁ, כְּגוֹן שְׁקָלִים הָאֲמוּרִין בְּפָרָשַׁת עֲרָכִין (ויקרא כז, א-ח) וּשְׂדֵה אֲחֻזָּה (שם פסוק טז-יט): **עֶשְׂרִים גֵּרָה הַשֶּׁקֶל.** עַכְשָׁיו פֵּרֵשׁ לְךָ כַּמָּה הוּא: **גֵּרָה.**

יא יב וּמַלֵּיל יי עִם מֹשֶׁה לְמֵימַר: אֲרֵי תְקַבֵּיל, יָת חֻשְׁבַּן בְּנֵי יִשְׂרָאֵל לְמִנְיָנֵיהוֹן, וְיִתְּנוּן, גְּבַר
יג פֻּרְקַן נַפְשֵׁיהּ, קֳדָם יי כַּד תִּמְנֵי יָתְהוֹן, וְלָא יְהֵי בְהוֹן, מוֹתָא כַּד תִּמְנֵי יָתְהוֹן: דֵּין יִתְּנוּן,
כָּל דְּעָבַר עַל מִנְיָנַיָּא, פַּלְגוּת סִלְעָא בְּסִלְעֵי קֻדְשָׁא, עֶסְרִין מָעִין סִלְעָא, פַּלְגוּת סִלְעָא,
יד אַפְרָשׁוּתָא קֳדָם יי: כֹּל, דְּעָבַר עַל מִנְיָנַיָּא, מִבַּר עֶסְרִין שְׁנִין וּלְעֵילָא, יִתֵּין אַפְרָשׁוּתָא
טו קֳדָם יי: דְּעַתִּיר לָא יַסְגֵּי, וּדְמִסְכֵּין לָא יַזְעַר, מִפַּלְגוּת סִלְעָא, לְמִתַּן יָת אַפְרָשׁוּתָא
טז קֳדָם יי, לְכַפָּרָא עַל נַפְשָׁתְכוֹן: וְתִסַּב יָת כְּסַף כִּפּוּרַיָּא, מִן בְּנֵי יִשְׂרָאֵל, וְתִתֵּין יָתֵיהּ,
עַל פָּלְחַן מַשְׁכַּן זִמְנָא, וִיהֵי לִבְנֵי יִשְׂרָאֵל לְדֻכְרָנָא קֳדָם יי, לְכַפָּרָא עַל נַפְשָׁתְכוֹן:

לְשׁוֹן מָעָה, וְכֵן בִּשְׁמוּאֵל: "יָבוֹא לְהִשְׁתַּחֲוֹת לוֹ לַאֲגוֹרַת כֶּסֶף וְכִכַּר לָחֶם" (שמואל א׳ ב, לו): **עֶשְׂרִים גֵּרָה הַשָּׁקֶל.** הַסֶּלַע, שֶׁהַשֶּׁקֶל אַרְבָּעָה זוּזִים, וְהַזּוּז מִתְּחִלָּתוֹ חָמֵשׁ מָעוֹת, אֶלָּא בָּאוּ וְהוֹסִיפוּ עָלָיו שְׁתוּת וְהֶעֱלוּהוּ לְשֵׁשׁ מָעָה כֶּסֶף, וּמַחֲצִית הַשֶּׁקֶל הַזֶּה שֶׁאָמַרְתִּי לְךָ יִתְּנוּ תְּרוּמָה לַה׳:

יד **מִבֶּן עֶשְׂרִים שָׁנָה וָמָעְלָה.** לִמֶּדְךָ כָּאן שֶׁאֵין פָּחוֹת מִבֶּן עֶשְׂרִים יוֹצֵא לַצָּבָא וְנִמְנֶה בִּכְלַל אֲנָשִׁים:

טו **לְכַפֵּר עַל נַפְשֹׁתֵיכֶם.** שֶׁלֹּא תִּנָּגְפוּ עַל יְדֵי מִנְיָן. דָּבָר אַחֵר, "לְכַפֵּר עַל נַפְשֹׁתֵיכֶם", לְפִי שֶׁרָמַז לָהֶם כָּאן שָׁלֹשׁ תְּרוּמוֹת, שֶׁנִּכְתַּב כָּאן "תְּרוּמַת ה׳" שָׁלֹשׁ פְּעָמִים: אַחַת תְּרוּמַת אֲדָנִים, שֶׁמְּנָאָן כְּשֶׁהִתְחִילוּ בְּנִדְבַת הַמִּשְׁכָּן, שֶׁנָּתְנוּ כָּל אֶחָד וְאֶחָד מַחֲצִית הַשֶּׁקֶל וְעָלָה לִמְאַת הַכִּכָּר, שֶׁנֶּאֱמַר: "וְכֶסֶף פְּקוּדֵי הָעֵדָה מְאַת כִּכָּר" (להלן לח, כה), וּמֵהֶם נַעֲשׂוּ הָאֲדָנִים, שֶׁנֶּאֱמַר: "וַיְהִי מְאַת כִּכַּר הַכֶּסֶף" וְגוֹ׳ (שם פסוק כז); וְהַשֵּׁנִית אַף הִיא עַל יְדֵי מִנְיָן שֶׁמְּנָאָן מִשֶּׁהוּקַם הַמִּשְׁכָּן, הוּא הַמִּנְיָן הָאָמוּר בִּתְחִלַּת חוּמַשׁ הַפְּקוּדִים "בְּאֶחָד לַחֹדֶשׁ הַשֵּׁנִי בַּשָּׁנָה הַשֵּׁנִית" (במדבר א, א), וְנָתְנוּ כָּל אֶחָד מַחֲצִית הַשֶּׁקֶל, וְהֵן לִקְנוֹת מֵהֶן קָרְבְּנוֹת צִבּוּר שֶׁל כָּל שָׁנָה וְשָׁנָה, וְהֻשְׁווּ בָּהֶם עֲנִיִּים וַעֲשִׁירִים, וְעַל אוֹתָהּ תְּרוּמָה נֶאֱמַר: "לְכַפֵּר עַל נַפְשֹׁתֵיכֶם", שֶׁהַקָּרְבָּנוֹת לְכַפָּרָה הֵם בָּאִים; וְהַשְּׁלִישִׁית הִיא תְּרוּמַת הַמִּשְׁכָּן, כְּמוֹ שֶׁנֶּאֱמַר: "כָּל מֵרִים תְּרוּמַת כֶּסֶף וּנְחֹשֶׁת" (להלן לה, כד), וְלֹא הָיְתָה יַד כֻּלָּם שָׁוָה בָּהּ, אֶלָּא אִישׁ מַה שֶּׁנְּדָבוֹ לִבּוֹ:

טז **וְנָתַתָּ אֹתוֹ עַל עֲבֹדַת אֹהֶל מוֹעֵד.** לָמַדְתָּ שֶׁנִּצְטַוָּה לְמְנוֹתָם בִּתְחִלַּת נִדְבַת הַמִּשְׁכָּן אַחַר מַעֲשֵׂה הָעֵגֶל, מִפְּנֵי שֶׁנִּתְּנָה בָּהֶם מַגֵּפָה, כְּמוֹ שֶׁנֶּאֱמַר: "וַיִּגֹּף ה׳ אֶת הָעָם" (להלן לב, לה). מָשָׁל לְצֹאן הַחֲבִיבָה עַל בְּעָלֶיהָ שֶׁנָּפַל בָּהּ דֶּבֶר, וּמִשֶּׁפָּסַק אָמַר לוֹ לָרוֹעֶה: בְּבַקָּשָׁה מִמְּךָ, מְנֵה אֶת צֹאנִי וְדַע כַּמָּה נוֹתְרוּ בָּהּ, לְהוֹדִיעוֹ שֶׁהוּא חֲבִיבָה עָלָיו. וְאִי אֶפְשָׁר לוֹמַר שֶׁהַמִּנְיָן הַזֶּה הוּא הָאָמוּר בְּחוּמַשׁ הַפְּקוּדִים, שֶׁהֲרֵי נֶאֱמַר בּוֹ: "בְּאֶחָד לַחֹדֶשׁ הַשֵּׁנִי" (במדבר א, א), וְהַמִּשְׁכָּן הוּקַם בְּאֶחָד לַחֹדֶשׁ הָרִאשׁוֹן, שֶׁנֶּאֱמַר: "בְּיוֹם הַחֹדֶשׁ הָרִאשׁוֹן בְּאֶחָד לַחֹדֶשׁ תָּקִים" וְגוֹ׳ (להלן מ, ב), וּמֵהַמִּנְיָן הַזֶּה נַעֲשׂוּ הָאֲדָנִים מִשְּׁקָלִים שֶׁלּוֹ, שֶׁנֶּאֱמַר: "וַיְהִי מְאַת כִּכַּר הַכֶּסֶף לָצֶקֶת" וְגוֹ׳ (להלן לח, כז), הָא לָמַדְתָּ שְׁנַיִם הָיוּ: אֶחָד בִּתְחִלַּת נִדְבָתָן אַחַר יוֹם הַכִּפּוּרִים בְּשָׁנָה רִאשׁוֹנָה, וְאֶחָד בְּשָׁנָה שְׁנִיָּה בְּאִיָּר מִשֶּׁהוּקַם הַמִּשְׁכָּן. וְאִם תֹּאמַר, וְכִי אֶפְשָׁר שֶׁבִּשְׁנֵיהֶם הָיוּ יִשְׂרָאֵל שָׁוִים שֵׁשׁ מֵאוֹת אֶלֶף וּשְׁלֹשֶׁת אֲלָפִים וַחֲמֵשׁ מֵאוֹת וַחֲמִשִּׁים? שֶׁהֲרֵי בְּכֶסֶף פְּקוּדֵי הָעֵדָה נֶאֱמַר כֵּן (להלן לח, כו), וּבְחוּמַשׁ הַפְּקוּדִים אַף בּוֹ נֶאֱמַר כֵּן: "וַיִּהְיוּ כָּל הַפְּקֻדִים שֵׁשׁ מֵאוֹת אֶלֶף וּשְׁלֹשֶׁת אֲלָפִים וַחֲמֵשׁ מֵאוֹת וַחֲמִשִּׁים" (במדבר א, מו), וַהֲלֹא בִּשְׁתֵּי שָׁנִים הָיוּ, וְאִי אֶפְשָׁר שֶׁלֹּא הָיוּ בִּשְׁעַת מִנְיָן הָרִאשׁוֹן בְּנֵי תְּשַׁע עֶשְׂרֵה שָׁנָה שֶׁלֹּא נִמְנוּ וּבַשְּׁנִיָּה נַעֲשׂוּ בְּנֵי עֶשְׂרִים! תְּשׁוּבָה

וַיְדַבֵּר יְהוָה אֶל־מֹשֶׁה לֵּאמֹר׃ וְעָשִׂיתָ כִּיּוֹר יז יח
נְחֹשֶׁת וְכַנּוֹ נְחֹשֶׁת לְרָחְצָה וְנָתַתָּ אֹתוֹ בֵּין־אֹהֶל
מוֹעֵד וּבֵין הַמִּזְבֵּחַ וְנָתַתָּ שָׁמָּה מָיִם׃ וְרָחֲצוּ יט
אַהֲרֹן וּבָנָיו מִמֶּנּוּ אֶת־יְדֵיהֶם וְאֶת־רַגְלֵיהֶם׃
בְּבֹאָם אֶל־אֹהֶל מוֹעֵד יִרְחֲצוּ־מַיִם וְלֹא יָמֻתוּ כ
אוֹ בְגִשְׁתָּם אֶל־הַמִּזְבֵּחַ לְשָׁרֵת לְהַקְטִיר אִשֶּׁה
לַיהוָה׃ וְרָחֲצוּ יְדֵיהֶם וְרַגְלֵיהֶם וְלֹא יָמֻתוּ וְהָיְתָה כא
לָהֶם חָק־עוֹלָם לוֹ וּלְזַרְעוֹ לְדֹרֹתָם׃
וַיְדַבֵּר יְהוָה אֶל־מֹשֶׁה לֵּאמֹר׃ וְאַתָּה קַח־לְךָ כב כג
בְּשָׂמִים רֹאשׁ מָר־דְּרוֹר חֲמֵשׁ מֵאוֹת וְקִנְּמָן־
בֶּשֶׂם מַחֲצִיתוֹ חֲמִשִּׁים וּמָאתָיִם וּקְנֵה־בֹשֶׂם
חֲמִשִּׁים וּמָאתָיִם׃ וְקִדָּה חֲמֵשׁ מֵאוֹת בְּשֶׁקֶל כד
הַקֹּדֶשׁ וְשֶׁמֶן זַיִת הִין׃ וְעָשִׂיתָ אֹתוֹ שֶׁמֶן כה
מִשְׁחַת־קֹדֶשׁ רֹקַח מִרְקַחַת מַעֲשֵׂה רֹקֵחַ שֶׁמֶן
מִשְׁחַת־קֹדֶשׁ יִהְיֶה׃ וּמָשַׁחְתָּ בוֹ אֶת־אֹהֶל כו
מוֹעֵד וְאֵת אֲרוֹן הָעֵדֻת׃ וְאֶת־הַשֻּׁלְחָן וְאֶת־ כז
כָּל־כֵּלָיו וְאֶת־הַמְּנֹרָה וְאֶת־כֵּלֶיהָ וְאֵת מִזְבַּח
הַקְּטֹרֶת׃ וְאֶת־מִזְבַּח הָעֹלָה וְאֶת־כָּל־כֵּלָיו כח

מצווה קו
מצוות קידוש ידיים ורגליים

מצווה קז
מצוות משיחה בשמן המשחה

כי תשא

לדבר, אבל שנות החדשים בשנה אחת נמנו, אבל למנין יציאת מצרים היו שתי שנים, לפי שליציאת מצרים מונין מניסן, כמו ששנינו במסכת ראש השנה (דף ב ע"ב) ונבנה המשכן בראשונה והוקם בשניה, שנתחדשה שנה באחד בניסן, אבל שנות החדשים מנויין למנין שנות עולם המתחילין מתשרי, נמצאו שניהם המנוים בשנה אחת, המנין האחד היה בתשרי לאחר יום הכפורים, שנתרצה

יז יח וּמַלֵּיל יי עִם מֹשֶׁה לְמֵימַר: וְתַעֲבֵיד, כִּיּוֹרָא דִנְחָשָׁא, וּבְסִיסֵיהּ דִּנְחָשָׁא לְקִדּוּשׁ, וְתִתֵּין יָתֵיהּ,
יט בֵּין מַשְׁכַּן זִמְנָא וּבֵין מַדְבְּחָא, וְתִתֵּין תַּמָּן מַיָּא: וִיקַדְּשׁוּן, אַהֲרֹן וּבְנוֹהִי מִנֵּיהּ, יָת יְדֵיהוֹן וְיָת
כ רַגְלֵיהוֹן: בְּמֵיעַלְהוֹן, לְמַשְׁכַּן זִמְנָא, יְקַדְּשׁוּן מַיָּא וְלָא יְמוּתוּן, אוֹ בְמִקְרַבְהוֹן לְמַדְבְּחָא
כא לְשַׁמָּשָׁא, לְאַסָּקָא קֻרְבָּנָא קֳדָם יי: וִיקַדְּשׁוּן, יְדֵיהוֹן וְרַגְלֵיהוֹן וְלָא יְמוּתוּן, וּתְהֵי לְהוֹן קְיָם
כב כג עָלַם, לֵיהּ וְלִבְנוֹהִי לְדָרֵיהוֹן: וּמַלֵּיל יי עִם מֹשֶׁה לְמֵימַר: וְאַתְּ סַב לָךְ בֻּסְמִין רֵישָׁא, מֵירָא
דַכְיָא מַתְקַל חֲמֵשׁ מְאָה, וְקִנְּמָן בְּסַם פַּלְגוּתֵיהּ מַתְקַל מָאתַן וְחַמְשִׁין, וּקְנֵי בֻסְמָא מַתְקַל
כד מָאתַן וְחַמְשִׁין: וּקְצִיעֲתָא, מַתְקַל חֲמֵשׁ מְאָה בְּסִלְעֵי קֻדְשָׁא, וּמְשַׁח זֵיתָא מְלֵי הִינָא:
כה וְתַעֲבֵיד יָתֵיהּ, מְשַׁח רְבוּת קֻדְשָׁא, בּוֹסֶם מְבֻסַּם עוֹבַד בֻּסְמָנוּ, מְשַׁח רְבוּת קֻדְשָׁא יְהֵי:
כו כז וּתְרַבֵּי בֵיהּ יָת מַשְׁכַּן זִמְנָא, וְיָת אֲרוֹנָא דְסָהֲדוּתָא: וְיָת פָּתוּרָא וְיָת כָּל מָנוֹהִי, וְיָת מְנָרְתָא
כח וְיָת מָנַהָא, וְיָת מַדְבְּחָא דִקְטֹרֶת בֻּסְמַיָּא: וְיָת מַדְבְּחָא דַעֲלָתָא וְיָת כָּל מָנוֹהִי,

הַמָּקוֹם לְיִשְׂרָאֵל לִסְלֹחַ לָהֶם וְנִצְטַוּוּ עַל הַמִּשְׁכָּן, וְהַשֵּׁנִי כְּאֶחָד כְּאִיר: **עַל עֲבֹדַת אֹהֶל מוֹעֵד.** הֵן הָאֲדָנִים שֶׁנַּעֲשׂוּ בּוֹ:

יח| **כִּיּוֹר.** כְּמִין דּוּד גְּדוֹלָה וְלָהּ דַּדִּים הַמְרִיקִים בְּפִיהֶם מַיִם: **וְכַנּוֹ.** כְּתַרְגּוּמוֹ: "בְּסִיסֵיהּ", מוֹשָׁב מְתֻקָּן לַכִּיּוֹר: **לְרָחְצָה.** מוּסָב עַל הַכִּיּוֹר: **וּבֵין הַמִּזְבֵּחַ.** מִזְבַּח הָעוֹלָה, שֶׁכָּתוּב בּוֹ שֶׁהוּא לִפְנֵי פֶּתַח מִשְׁכַּן אֹהֶל מוֹעֵד (להלן מ, כט), וְהָיָה הַכִּיּוֹר מָשׁוּךְ קִמְעָא וְעוֹמֵד כְּנֶגֶד אֲוִיר שֶׁבֵּין הַמִּזְבֵּחַ וְהַמִּשְׁכָּן וְאֵינוֹ מַפְסִיק כְּלָל בֵּינְתַיִם, מִשּׁוּם שֶׁנֶּאֱמַר: "וְאֵת מִזְבַּח הָעֹלָה שָׂם פֶּתַח מִשְׁכַּן אֹהֶל מוֹעֵד" (שם), כְּלוֹמַר, מִזְבֵּחַ לִפְנֵי אֹהֶל מוֹעֵד וְאֵין כִּיּוֹר לִפְנֵי אֹהֶל מוֹעֵד, הָא כֵּיצַד? מָשׁוּךְ קִמְעָא כְּלַפֵּי הַדָּרוֹם. כָּךְ שְׁנוּיָה בִּזְבָחִים (דף נט ע"א):

יט| **אֶת יְדֵיהֶם וְאֶת רַגְלֵיהֶם.** בְּבַת אַחַת הָיָה מְקַדֵּשׁ יָדָיו וְרַגְלָיו. וְכָךְ שָׁנִינוּ בִּזְבָחִים (דף יט ע"ב): כֵּיצַד קִדּוּשׁ יָדַיִם וְרַגְלַיִם? מַנִּיחַ יָדוֹ הַיְמָנִית עַל גַּבֵּי רַגְלוֹ הַיְמָנִית, וְיָדוֹ הַשְּׂמָאלִית עַל גַּבֵּי רַגְלוֹ הַשְּׂמָאלִית, וּמְקַדֵּשׁ:

כ| **בְּבֹאָם אֶל אֹהֶל מוֹעֵד.** לְהַקְטִיר שַׁחֲרִית וּבֵין הָעַרְבַּיִם קְטֹרֶת, אוֹ לְהַזּוֹת מִדַּם פַּר כֹּהֵן הַמָּשִׁיחַ וּשְׂעִירֵי עֲבוֹדָה זָרָה: **וְלֹא יָמֻתוּ.** הָא אִם לֹא יִרְחֲצוּ – יָמוּתוּ, שֶׁבַּתּוֹרָה נֶאֶמְרוּ כְּלָלוֹת, וּמִכְּלַל לָאו אַתָּה שׁוֹמֵעַ הֵן: **אֶל הַמִּזְבֵּחַ.** הַחִיצוֹן, שֶׁאֵין כָּאן בִּיאַת אֹהֶל מוֹעֵד אֶלָּא בֶּחָצֵר:

כא| **וְלֹא יָמֻתוּ.** לְחַיֵּב מִיתָה עַל הַמְשַׁמֵּשׁ בַּמִּזְבֵּחַ וְאֵינוֹ רְחוּץ יָדַיִם וְרַגְלַיִם, שֶׁהַמִּיתָה הָרִאשׁוֹנָה לֹא שָׁמַעְנוּ אֶלָּא עַל הַנִּכְנָס לַהֵיכָל:

כג| **בְּשָׂמִים רֹאשׁ.** חֲשׁוּבִים: **וְקִנְּמָן בֶּשֶׂם.** לְפִי שֶׁהַקִּנָּמוֹן קְלִפַּת עֵץ הוּא, יֵשׁ שֶׁהוּא טוֹב וְיֵשׁ בּוֹ רֵיחַ טוֹב וְטַעַם, וְיֵשׁ שֶׁאֵינוֹ אֶלָּא כְּעֵץ, לְכָךְ הֻצְרַךְ לוֹמַר "קִנְּמָן בֶּשֶׂם", מִן הַטּוֹב: **מַחֲצִיתוֹ חֲמִשִּׁים וּמָאתָיִם.** מַחֲצִית הַבָּאָתוֹ תְּהֵא "חֲמִשִּׁים וּמָאתָיִם", נִמְצָא כֻּלּוֹ חֲמֵשׁ מֵאוֹת, כְּמוֹ שִׁעוּר מָר דְּרוֹר. אִם כֵּן לָמָּה נֶאֱמַר בּוֹ חֲצָאִין? גְּזֵרַת הַכָּתוּב הָיְתָה לַהֲבִיאוֹ לַחֲצָאִין, לְהַרְבּוֹת בּוֹ שְׁנֵי הֶכְרֵעוֹת, שֶׁאֵין שׁוֹקְלִין עַיִן בְּעַיִן. וְכָךְ שְׁנוּיָה בִּכְרֵתוֹת (דף ה ע"א): **וּקְנֵה בֹשֶׂם.** קָנֶה שֶׁל בֹּשֶׂם, לְפִי שֶׁיֵּשׁ קָנִים שֶׁאֵינָן שֶׁל בֹּשֶׂם הֻצְרַךְ לוֹמַר: "בֹּשֶׂם": **חֲמִשִּׁים וּמָאתָיִם.** סַךְ מִשְׁקַל כֻּלּוֹ:

כד| **וְקִדָּה.** שֵׁם שֹׁרֶשׁ עֵשֶׂב, וּבִלְשׁוֹן חֲכָמִים 'קְצִיעָה': **הִין.** שְׁנֵים עָשָׂר לֹג. וְנֶחְלְקוּ בוֹ חַכְמֵי יִשְׂרָאֵל: רַבִּי מֵאִיר אוֹמֵר: בּוֹ שָׁלְקוּ אֶת הָעִקָּרִין. אָמַר לוֹ רַבִּי יְהוּדָה: וַהֲלֹא לָסוּךְ אֶת הָעִקָּרִין אֵינוֹ סִפֵּק, אֶלָּא שְׁרָאוּם בְּמַיִם שֶׁלֹּא יִבְלְעוּ אֶת הַשֶּׁמֶן, וְאַחַר כָּךְ הֵצִיף עֲלֵיהֶם הַשֶּׁמֶן עַד שֶׁקָּלַט הָרֵיחַ, וְקִפְּאוֹ לַשֶּׁמֶן מֵעַל הָעִקָּרִין:

כה| **רֹקַח מִרְקַחַת.** 'רֹקַח' שֵׁם דָּבָר הוּא, וְהַטַּעַם מוֹכִיחַ, שֶׁהוּא לְמַעְלָה. וַהֲרֵי הוּא כְּמוֹ 'רֶקַח' (שיר השירים ח, ב), 'רֶגַע' (להלן לג, ה), וְאֵינוֹ כְּמוֹ "רֹגַע הַיָּם" (ישעיה נא, טו) וּכְמוֹ "רֹקַע הָאָרֶץ" (שם מב, ה) שֶׁהַטַּעַם לְמַטָּה. וְכָל דָּבָר הַמְעֹרָב בַּחֲבֵרוֹ עַד שֶׁזֶּה קוֹפֵחַ מִזֶּה אוֹ רֵיחַ אוֹ טַעַם, קָרוּי 'מִרְקַחַת': **רֹקַח מִרְקַחַת.** רֹקַח הֶעָשׂוּי עַל יְדֵי אָמָּנוּת וְתַעֲרוֹבֶת: **מַעֲשֵׂה רֹקֵחַ.** שֵׁם הָאֻמָּן בַּדָּבָר:

כו| **וּמָשַׁחְתָּ בוֹ.** כָּל הַמְּשִׁיחוֹת כְּמִין כ"י, חוּץ מִשֶּׁל מְלָכִים שֶׁהֵן כְּמִין נֵזֶר:

כט וְאֶת־הַכִּיֹּר וְאֶת־כַּנּוֹ׃ וְקִדַּשְׁתָּ אֹתָם וְהָיוּ קֹדֶשׁ
ל קָדָשִׁים כָּל־הַנֹּגֵעַ בָּהֶם יִקְדָּשׁ׃ וְאֶת־אַהֲרֹן וְאֶת־
לא בָּנָיו תִּמְשָׁח וְקִדַּשְׁתָּ אֹתָם לְכַהֵן לִי׃ וְאֶל־בְּנֵי
יִשְׂרָאֵל תְּדַבֵּר לֵאמֹר שֶׁמֶן מִשְׁחַת־קֹדֶשׁ יִהְיֶה זֶה
לב לִי לְדֹרֹתֵיכֶם׃ עַל־בְּשַׂר אָדָם לֹא יִיסָךְ וּבְמַתְכֻּנְתּוֹ
לג לֹא תַעֲשׂוּ כָּמֹהוּ קֹדֶשׁ הוּא קֹדֶשׁ יִהְיֶה לָכֶם׃ אִישׁ
אֲשֶׁר יִרְקַח כָּמֹהוּ וַאֲשֶׁר יִתֵּן מִמֶּנּוּ עַל־זָר וְנִכְרַת
לד מֵעַמָּיו׃ וַיֹּאמֶר יְהוָה אֶל־מֹשֶׁה קַח־
לְךָ סַמִּים נָטָף ׀ וּשְׁחֵלֶת וְחֶלְבְּנָה סַמִּים וּלְבֹנָה
לה זַכָּה בַּד בְּבַד יִהְיֶה׃ וְעָשִׂיתָ אֹתָהּ קְטֹרֶת רֹקַח
לו מַעֲשֵׂה רוֹקֵחַ מְמֻלָּח טָהוֹר קֹדֶשׁ׃ וְשָׁחַקְתָּ מִמֶּנָּה
הָדֵק וְנָתַתָּה מִמֶּנָּה לִפְנֵי הָעֵדֻת בְּאֹהֶל מוֹעֵד
אֲשֶׁר אִוָּעֵד לְךָ שָׁמָּה קֹדֶשׁ קָדָשִׁים תִּהְיֶה לָכֶם׃
לז וְהַקְּטֹרֶת אֲשֶׁר תַּעֲשֶׂה בְּמַתְכֻּנְתָּהּ לֹא תַעֲשׂוּ לָכֶם
לח קֹדֶשׁ תִּהְיֶה לְךָ לַיהוָה׃ אִישׁ אֲשֶׁר־יַעֲשֶׂה כָמוֹהָ
כד לְהָרִיחַ בָּהּ וְנִכְרַת מֵעַמָּיו׃ וַיְדַבֵּר יְהוָה לא א

מצווה קח
האיסור על זר לסוך בשמן המשחה

מצווה קט
איסור עשיית שמן המשחה לשימוש אחר

מצווה קי
איסור עשיית קטורת לשימוש אחר

כי תשא

כט) וְקִדַּשְׁתָּ אֹתָם. מְשִׁיחָה זוֹ מְקַדַּשְׁתָּם לִהְיוֹת קֹדֶשׁ קָדָשִׁים. וּמַה הִיא קְדֻשָּׁתָם? "כָּל הַנֹּגֵעַ" וְגוֹ׳ – כָּל הָרָאוּי לִכְלֵי שָׁרֵת מִשֶּׁנִּכְנָס לְתוֹכוֹ, קָדוֹשׁ קְדֻשַּׁת הַגּוּף לִפָּסֵל בְּיוֹצֵא וּלִינָה וּטְבוּל יוֹם, וְאֵינוֹ נִפְדֶּה לָצֵאת לְחֻלִּין, אֲבָל דָּבָר שֶׁאֵינוֹ רָאוּי לָהֶם אֵין מְקַדְּשִׁין. וּשְׁנוּיָה הִיא מִשְׁנָה שְׁלֵמָה אֵצֶל מִזְבֵּחַ: מִתּוֹךְ שֶׁנֶּאֱמַר: "כָּל הַנֹּגֵעַ בַּמִּזְבֵּחַ יִקְדָּשׁ" (לעיל כט, לז), שׁוֹמֵעַ אֲנִי בֵּין רָאוּי בֵּין שֶׁאֵינוֹ רָאוּי, תַּלְמוּד לוֹמַר: "כְּבָשִׂים", מַה כְּבָשִׂים רְאוּיִים אַף כָּל רָאוּי (זבחים פג ע״ב). כָּל מְשִׁיחַת מִשְׁכָּן וְכֹהֲנִים וּמְלָכִים מְתֻרְגָּם לְשׁוֹן ׳רִבּוּי׳, לְפִי שֶׁאֵין צֶרֶךְ מְשִׁיחָתָן אֶלָּא לִגְדֻלָּה, כִּי כֵן יִסֵּד הַמֶּלֶךְ שֶׁזֶּה חִנּוּךְ גְּדֻלָּתָן. וּשְׁאָר מְשִׁיחוֹת, כְּגוֹן ׳רְקִיקִין מְשׁוּחִין׳, "וְרֵאשִׁית שְׁמָנִים יִמְשָׁחוּ" (עמוס ו, ו) לָשׁוֹן אֲרַמִּית הֵן כִּלְשׁוֹן עִבְרִית:

כי תשא

כט וְיָת כִּיּוֹרָא וְיָת בְּסִיסֵיהּ: וּתְקַדֵּשׁ יָתְהוֹן, וִיהוֹן קֹדֶשׁ קוּדְשִׁין, כָּל דְּיִקְרַב בְּהוֹן יִתְקַדָּשׁ: וְיָת
לא אַהֲרֹן וְיָת בְּנוֹהִי תְּרַבֵּי, וּתְקַדֵּשׁ יָתְהוֹן לְשַׁמָּשָׁא קֳדָמָי: וְעִם בְּנֵי יִשְׂרָאֵל תְּמַלֵּל לְמֵימַר,
לב מְשַׁח, רְבוּת קֻדְשָׁא יְהֵי דֵין, לִי לְדָרֵיכוֹן: עַל בִּסְרָא דֶאֱנָשָׁא לָא יִתְּסַךְ, וּבְדִמוּתֵיהּ, לָא
לג תַעְבְּדוּן כְּוָתֵיהּ, קֻדְשָׁא הוּא, קֻדְשָׁא יְהֵי לְכוֹן: גְּבַר דִּיבַסֵּם דִּכְוָתֵיהּ, וּדְיִתֵּן מִנֵּיהּ עַל חִלּוֹנַי,
לד וְיִשְׁתֵּיצֵי מֵעַמֵּיהּ: וַאֲמַר יְיָ לְמֹשֶׁה סַב לָךְ בֻּסְמִין, נְטוֹפָא וְטוּפְרָא וְחֶלְבְּנִתָּא, בֻּסְמִין וּלְבוֹנְתָא
לה דַּכִיתָא, מַתְקַל בְּמַתְקַל יְהֵי: וְתַעְבֵּיד יָתַהּ קְטֹרֶת בֻּסְמִין, בּוּסַם עוֹבַד בֻּסְמָנוּ, מְעָרַב דְּכֵי
לו לְקוּדְשָׁא: וְתִשְׁחוֹק מִנַּהּ וְתַדֵּיק, וְתִתֵּן מִנַּהּ, קֳדָם סָהֲדוּתָא בְּמַשְׁכַּן זִמְנָא, דַּאֲזַמֵּין מֵימְרִי
לז לָךְ תַּמָּן, קֹדֶשׁ קֻדְשִׁין תְּהֵי לְכוֹן: וּקְטֹרֶת בֻּסְמִין דִּתַעְבֵּיד, בִּדְמוּתַהּ, לָא תַעְבְּדוּן לְכוֹן,
לא לח קֻדְשָׁא, תְּהֵי לָךְ קֳדָם יְיָ: גְּבַר, דְּיַעְבֵּיד דִּכְוָתַהּ לְאָרָחָא בַהּ, וְיִשְׁתֵּיצֵי מֵעַמֵּיהּ: וּמַלֵּיל יְיָ

לא] **לְדֹרֹתֵיכֶם.** מִכָּאן לָמְדוּ רַבּוֹתֵינוּ לוֹמַר שֶׁכֻּלּוֹ קַיָּם לֶעָתִיד לָבֹא, "זֶה" בְּגִימַטְרִיָּא תְּרֵיסַר לְגִין הֲוֵי:

לב] **לֹא יִיסָךְ.** בִּשְׁנֵי יוּדִי"ן, לְשׁוֹן לֹא יִפְעַל, כְּמוֹ: "לְמַעַן יִיטַב לָךְ" (דברים ה, טז), **עַל בְּשַׂר אָדָם לֹא** יִיסָךְ. מִן הַשֶּׁמֶן הַזֶּה עַצְמוֹ: וּבְמַתְכֻּנְתּוֹ לֹא תַעֲשׂוּ כָּמֹהוּ. בְּסִכּוּם סַמָּנָיו לֹא תַעֲשׂוּ אַחֵר כָּמוֹהוּ בְּמִשְׁקַל סַמָּנָיו הַלָּלוּ לְפִי מִדַּת הִין שֶׁמֶן, אֲבָל אִם פִּחֵת אוֹ רִבָּה סַמָּנִים לְפִי מִדַּת הִין שֶׁמֶן – מֻתָּר. וְאַף הֶעָשׂוּי בְּמַתְכֻּנְתּוֹ שֶׁל זֶה, אֵין הַסָּךְ מִמֶּנּוּ חַיָּב, אֶלָּא הַמְרַקְּחוֹ. וּבְמַתְכֻּנְתּוֹ. לְשׁוֹן חֶשְׁבּוֹן, כְּמוֹ "מַתְכֹּנֶת הַלְּבֵנִים" (לעיל ה, ח), וְכֵן "בְּמַתְכֻּנְתָּהּ" (להלן פסוק לו) שֶׁל קְטֹרֶת:

לג] **וַאֲשֶׁר יִתֵּן מִמֶּנּוּ.** מֵחוֹתוֹ שֶׁל מֹשֶׁה: **עַל זָר.** שֶׁאֵינוֹ צֹרֶךְ כְּהֻנָּה וּמַלְכוּת:

לד] **נָטָף.** הוּא צֳרִי, וְעַל שֶׁאֵינוֹ אֶלָּא שְׂרָף הַנּוֹטֵף מֵעֲצֵי הַקְּטָף קָרוּי "נָטָף", וּבְלַעַ"ז גומ"א, וְהָעֵצִים קוֹרִין לוֹ טריאק"ה: וּשְׁחֵלֶת. שֹׁרֶשׁ בֹּשֶׂם חָלָק וּמַצְהִיר כַּצִּפֹּרֶן, וּבִלְשׁוֹן הַמִּשְׁנָה קָרוּי צִפֹּרֶן, וְזֶהוּ שֶׁתִּרְגֵּם אוּנְקְלוּס: "וְטוּפְרָא": **וְחֶלְבְּנָה.** בֹּשֶׂם שֶׁרֵיחוֹ רַע וְקוֹרִין לוֹ גלבנ"א. וּמָנָה הַכָּתוּב בֵּין סַמָּנֵי הַקְּטֹרֶת, לְלַמְּדֵנוּ שֶׁלֹּא יֵקַל בְּעֵינֵינוּ לְצָרֵף עִמָּנוּ בַּאֲגֻדַּת תַּעֲנִיּוֹתֵינוּ וּתְפִלּוֹתֵינוּ אֶת פּוֹשְׁעֵי יִשְׂרָאֵל שֶׁיִּהְיוּ נִמְנִין עִמָּנוּ: **סַמִּים.** אֲחֵרִים: **וּלְבֹנָה זַכָּה.** מִכָּאן לָמְדוּ רַבּוֹתֵינוּ אֶחָד עָשָׂר סַמָּנִין נֶאֶמְרוּ לוֹ לְמֹשֶׁה בְּסִינַי: מִעוּט "סַמִּים" שְׁנַיִם, "נָטָף וּשְׁחֵלֶת וְחֶלְבְּנָה" שְׁלֹשָׁה, הֲרֵי חֲמִשָּׁה. "סַמִּים", לְרַבּוֹת עוֹד כְּמוֹ אֵלּוּ, הֲרֵי עֲשָׂרָה. "וּלְבֹנָה", הֲרֵי אַחַד עָשָׂר. וְאֵלּוּ הֵן:

הַצֳּרִי וְהַצִּפֹּרֶן, הַחֶלְבְּנָה וְהַלְּבוֹנָה, מוֹר וּקְצִיעָה, שִׁבֹּלֶת נֵרְדְּ וְכַרְכֹּם, הֲרֵי שְׁמוֹנָה, שֶׁהַשִּׁבֹּלֶת וְנֵרְדְּ אֶחָד, שֶׁהַנֵּרְדְּ דּוֹמֶה לְשִׁבֹּלֶת: הַקֹּשְׁטְ וְהַקִּלּוּפָה וְהַקִּנָּמוֹן, הֲרֵי אַחַד עָשָׂר. בּוֹרִית כַּרְשִׁינָה אֵינוֹ נִקְטָר, אֶלָּא בּוֹ שָׁפִין אֶת הַצִּפֹּרֶן לְלַבְּנָהּ שֶׁתְּהֵא נָאָה: **בַּד בְּבַד יִהְיֶה.** אֵלּוּ הָאַרְבָּעָה הַנִּזְכָּרִים כָּאן יִהְיוּ שָׁוִין מִשְׁקָל בְּמִשְׁקָל, כְּמִשְׁקָלוֹ שֶׁל זֶה כָּךְ מִשְׁקָלוֹ שֶׁל זֶה, וְכֵן שָׁנִינוּ: "הַצֳּרִי וְהַצִּפֹּרֶן הַחֶלְבְּנָה וְהַלְּבוֹנָה מִשְׁקַל שִׁבְעִים שִׁבְעִים מָנֶה" (כריתות ו ע"א). וּלְשׁוֹן "בַּד" נִרְאֶה בְעֵינַי שֶׁהוּא לְשׁוֹן יָחִיד, אֶחָד בְּאֶחָד יִהְיֶה, זֶה כְּמוֹת זֶה:

לה] **מְמֻלָּח.** כְּתַרְגּוּמוֹ, "מְעָרַב", שֶׁיְּעָרֵב שְׁחִיקָתָן יָפֶה יָפֶה זֶה עִם זֶה. וְאוֹמֵר אֲנִי שֶׁדּוֹמֶה לוֹ: "וַיָּטִלוּ הַמַּלָּחִים" (יונה א, ה), "מַלָּחַיִךְ וְחֹבְלָיִךְ" (יחזקאל כז, כז), עַל שֵׁם שֶׁמְּהַפְּכִין אֶת הַמַּיִם בַּמְּשׁוֹטוֹת כְּשֶׁמַּנְהִיגִים אֶת הַסְּפִינָה, כְּאָדָם הַמְהַפֵּךְ בְּכַף בֵּיצִים טְרוּפוֹת לְעָרְבָן עִם הַמַּיִם, וְכָל דָּבָר שֶׁאָדָם רוֹצֶה לְעָרֵב יָפֶה יָפֶה מְהַפְּכוֹ בְּאֶצְבַּע אוֹ בְכַף: **מְמֻלָּח טָהוֹר קֹדֶשׁ.** מְמֻלָּח יִהְיֶה, וְטָהוֹר יִהְיֶה, וְקֹדֶשׁ יִהְיֶה:

לו] **וְנָתַתָּה מִמֶּנָּה וְגוֹ'.** הִיא קְטֹרֶת שֶׁבְּכָל יוֹם וָיוֹם שֶׁעַל מִזְבֵּחַ הַפְּנִימִי, שֶׁהוּא "בְּאֹהֶל מוֹעֵד": **אֲשֶׁר אִוָּעֵד לְךָ שָׁמָּה.** כָּל מוֹעֲדֵי דִּבּוּר שֶׁאֶקְבַּע לָךְ, אֲנִי קוֹבְעָם לְאוֹתוֹ מָקוֹם:

לו] **בְּמַתְכֻּנְתָּהּ.** בְּמִנְיַן סַמָּנֶיהָ: **קֹדֶשׁ תִּהְיֶה לְךָ לַה'.** שֶׁלֹּא תַעֲשֶׂנָּה אֶלָּא לִשְׁמִי:

לח] **לְהָרִיחַ בָּהּ.** אֲבָל עוֹשֶׂה אַתָּה בְּמַתְכֻּנְתָּהּ מִשֶּׁלְּךָ כְּדֵי לְמָסְרָהּ לַצִּבּוּר:

שמות לא

אֶל־מֹשֶׁ֥ה לֵּאמֹֽר: רְאֵ֖ה קָרָ֣אתִי בְשֵׁ֑ם בְּצַלְאֵ֛ל בֶּן־
אוּרִ֥י בֶן־ח֖וּר לְמַטֵּ֥ה יְהוּדָֽה: וָאֲמַלֵּ֥א אֹת֖וֹ ר֣וּחַ
אֱלֹהִ֑ים בְּחָכְמָ֛ה וּבִתְבוּנָ֥ה וּבְדַ֖עַת וּבְכָל־מְלָאכָֽה:
לַחְשֹׁ֖ב מַחֲשָׁבֹ֑ת לַעֲשׂ֛וֹת בַּזָּהָ֥ב וּבַכֶּ֖סֶף וּבַנְּחֹֽשֶׁת:
וּבַחֲרֹ֥שֶׁת אֶ֛בֶן לְמַלֹּ֖את וּבַחֲרֹ֣שֶׁת עֵ֑ץ לַעֲשׂ֖וֹת
בְּכָל־מְלָאכָֽה: וַאֲנִ֞י הִנֵּ֧ה נָתַ֣תִּי אִתּ֗וֹ אֵ֣ת אָהֳלִיאָ֞ב
בֶּן־אֲחִֽיסָמָךְ֙ לְמַטֵּה־דָ֔ן וּבְלֵ֥ב כָּל־חֲכַם־לֵ֖ב נָתַ֣תִּי
חָכְמָ֑ה וְעָשׂ֕וּ אֵ֖ת כָּל־אֲשֶׁ֥ר צִוִּיתִֽךָ: אֵ֣ת ׀ אֹ֣הֶל
מוֹעֵ֗ד וְאֶת־הָֽאָרֹן֙ לָֽעֵדֻ֔ת וְאֶת־הַכַּפֹּ֖רֶת אֲשֶׁ֣ר עָלָ֑יו
וְאֵ֖ת כָּל־כְּלֵ֥י הָאֹֽהֶל: וְאֶת־הַשֻּׁלְחָ֣ן וְאֶת־כֵּלָ֗יו
וְאֶת־הַמְּנֹרָ֧ה הַטְּהֹרָ֛ה וְאֶת־כָּל־כֵּלֶ֖יהָ וְאֵ֥ת מִזְבַּ֥ח
הַקְּטֹֽרֶת: וְאֶת־מִזְבַּ֥ח הָעֹלָ֖ה וְאֶת־כָּל־כֵּלָ֑יו וְאֶת־
הַכִּיּ֖וֹר וְאֶת־כַּנּֽוֹ: וְאֵ֖ת בִּגְדֵ֣י הַשְּׂרָ֑ד וְאֶת־בִּגְדֵ֨י
הַקֹּ֜דֶשׁ לְאַהֲרֹ֣ן הַכֹּהֵ֗ן וְאֶת־בִּגְדֵ֥י בָנָ֖יו לְכַהֵֽן: וְאֵ֨ת
שֶׁ֤מֶן הַמִּשְׁחָה֙ וְאֶת־קְטֹ֣רֶת הַסַּמִּ֔ים לַקֹּ֑דֶשׁ כְּכֹ֥ל
אֲשֶׁר־צִוִּיתִ֖ךָ יַעֲשֽׂוּ:

וַיֹּ֥אמֶר יְהוָ֖ה אֶל־מֹשֶׁ֥ה לֵּאמֹֽר: וְאַתָּ֞ה דַּבֵּ֨ר אֶל־
בְּנֵ֤י יִשְׂרָאֵל֙ לֵאמֹ֔ר אַ֥ךְ אֶת־שַׁבְּתֹתַ֖י תִּשְׁמֹ֑רוּ כִּי֩
א֨וֹת הִ֜וא בֵּינִ֤י וּבֵֽינֵיכֶם֙ לְדֹרֹ֣תֵיכֶ֔ם לָדַ֕עַת כִּ֛י אֲנִ֥י
יְהוָ֖ה מְקַדִּשְׁכֶֽם: וּשְׁמַרְתֶּם֙ אֶת־הַשַּׁבָּ֔ת כִּ֛י קֹ֥דֶשׁ
הִ֖וא לָכֶ֑ם מְחַֽלְלֶ֙יהָ֙ מ֣וֹת יוּמָ֔ת כִּ֗י כָּל־הָעֹשֶׂ֥ה בָהּ֙

ב עִם מֹשֶׁה לְמֵימַר: חֲזֵי דְּרַבֵּיתִי בְשׁוּם, בְּצַלְאֵל, בַּר אוּרִי בַר חוּר לְשִׁבְטָא דִיהוּדָה:
ג ד וְאַשְׁלֵימִית עִמֵּיהּ רוּחַ מִן קֳדָם יי, בְּחָכְמָא, וּבְסָכְלְתָנוּ וּבְמַדַּע וּבְכָל עֲבִידָא: לְאַלָּפָא
ה אֻמָּנָן, לְמֶעְבַּד, בְּדַהֲבָא וּבְכַסְפָּא וּבִנְחָשָׁא: וּבְאֻמָּנוּת אֶבֶן טָבָא, לְאַשְׁלָמָא וּבְנַגָּרוּת
ו אָעָא, לְמֶעְבַּד בְּכָל עֲבִידָא: וַאֲנָא הָא יְהַבִית עִמֵּיהּ, יָת אָהֳלִיאָב, בַּר אֲחִיסָמָךְ לְשִׁבְטָא
ז דָן, וּבְלֵב כָּל חַכִּימֵי לִבָּא יְהַבִית חָכְמְתָא, וְיַעְבְּדוּן, יָת כָּל דְּפַקֵּידְתָּךְ: יָת מַשְׁכַּן זִמְנָא,
ח וְיָת אֲרוֹנָא לְסָהֲדוּתָא, וְיָת כָּפֻּרְתָּא דַּעֲלוֹהִי, וְיָת כָּל מָנֵי מַשְׁכְּנָא: וְיָת פָּתוּרָא וְיָת מָנוֹהִי,
ט וְיָת מְנָרְתָא דָכִיתָא וְיָת כָּל מָנַהָא, וְיָת מַדְבְּחָא דִקְטֹרֶת בֻּסְמַיָּא: וְיָת מַדְבְּחָא דַעֲלָתָא וְיָת
י כָּל מָנוֹהִי, וְיָת כִּיּוֹרָא וְיָת בְּסִיסֵיהּ: וְיָת לְבוּשֵׁי שִׁמּוּשָׁא, וְיָת לְבוּשֵׁי קֻדְשָׁא לְאַהֲרֹן כָּהֲנָא,
יא וְיָת לְבוּשֵׁי בְנוֹהִי לְשַׁמָּשָׁא: וְיָת מִשְׁחָא דִּרְבוּתָא, וְיָת קְטֹרֶת בֻּסְמַיָּא לְקֻדְשָׁא, כְּכֹל
יב יג דְּפַקֵּידְתָּךְ יַעְבְּדוּן: וַאֲמַר יי לְמֹשֶׁה לְמֵימַר: וְאַתְּ, מַלֵּיל עִם בְּנֵי יִשְׂרָאֵל לְמֵימַר, בְּרַם יָת יוֹמֵי
שַׁבְּיָא דִילִי תִּטְּרוּן, אֲרֵי אָת הִיא, בֵּין מֵימְרִי וּבֵינֵיכוֹן לְדָרֵיכוֹן, לְמִדַּע, אֲרֵי, אֲנָא יי מְקַדִּשְׁכוֹן:
יד וְתִטְּרוּן יָת שַׁבְּתָא, אֲרֵי, קֻדְשָׁא הִיא לְכוֹן, דְּיַחֲלְנַהּ אִתְקְטָלָא יִתְקְטִיל, אֲרֵי, כָּל דְּיַעֲבֵיד בַּהּ

פרק לא

ב) **קָרָאתִי בְשֵׁם.** לַעֲשׂוֹת מְלַאכְתִּי, אֶת בְּצַלְאֵל:

ג) **בְּחָכְמָה.** מַה שֶּׁאָדָם שׁוֹמֵעַ מֵאֲחֵרִים וְלָמֵד: **וּבִתְבוּנָה.** מֵבִין דָּבָר מִלִּבּוֹ מִתּוֹךְ דְּבָרִים שֶׁלָּמַד: **וּבְדַעַת.** רוּחַ הַקֹּדֶשׁ:

ד) **לַחְשֹׁב מַחֲשָׁבֹת.** אֲרִיגַת מַעֲשֵׂה חוֹשֵׁב:

ה) **וּבַחֲרֹשֶׁת.** לְשׁוֹן אֻמָּנוּת, כְּמוֹ: "חָרָשׁ חָכָם" (ישעיה מ, כ). וְאוּנְקְלוֹס פֵּרֵשׁ וְשִׁנָּה בְּפֵרוּשָׁן, שֶׁאֻמָּן אֲבָנִים קָרוּי 'אֻמָּן' וְחָרַשׁ עֵץ קָרוּי 'נַגָּר': **לְמַלֹּאת.** לְהוֹשִׁיבָהּ בַּמִּשְׁבֶּצֶת שֶׁלָּהּ בִּמְלוּאָהּ, לַעֲשׂוֹת הַמִּשְׁבֶּצֶת לְמִדַּת מוֹשַׁב הָאֶבֶן וְעָבְיָהּ:

ו) **וּבְלֵב כָּל חֲכַם לֵב וְגוֹ'.** וְעוֹד שְׁאָר חַכְמֵי לֵב יֵשׁ בָּכֶם, וְכָל אֲשֶׁר נָתַתִּי בּוֹ חָכְמָה, "וְעָשׂוּ אֵת כָּל אֲשֶׁר צִוִּיתִךָ":

ז) **וְאֶת הָאָרֹן לָעֵדֻת.** לְצֹרֶךְ לוּחוֹת הָעֵדוּת:

ח) **הַטְּהֹרָה.** עַל שֵׁם זָהָב טָהוֹר:

י) **וְאֵת בִּגְדֵי הַשְּׂרָד.** אוֹמֵר אֲנִי לְפִי פְשׁוּטוֹ שֶׁל מִקְרָא שֶׁאִי אֶפְשָׁר לוֹמַר שֶׁבְּבִגְדֵי כְהֻנָּה מְדַבֵּר, לְפִי שֶׁנֶּאֱמַר אֶצְלָם: "וְאֶת בִּגְדֵי הַקֹּדֶשׁ לְאַהֲרֹן הַכֹּהֵן וְאֶת בִּגְדֵי בָנָיו לְכַהֵן", אֶלָּא אֵלּוּ בִּגְדֵי הַשְּׂרָד הֵם בִּגְדֵי הַתְּכֵלֶת וְהָאַרְגָּמָן וְתוֹלַעַת שָׁנִי הָאֲמוּרִים בְּפָרָשַׁת מַסָּעוֹת: וְנָתְנוּ עָלָיו בֶּגֶד תְּכֵלֶת (עיין במדבר ד, ז), וְנָתְנוּ עָלָיו בֶּגֶד אַרְגָּמָן (שם פסוק יג-יד), וְנָתְנוּ עֲלֵיהֶם בֶּגֶד תּוֹלַעַת שָׁנִי (שם פסוק ח). וְנִרְאִין דְּבָרַי, שֶׁנֶּאֱמַר: "וּמִן הַתְּכֵלֶת וְהָאַרְגָּמָן וְתוֹלַעַת הַשָּׁנִי עָשׂוּ בִגְדֵי שְׂרָד לְשָׁרֵת בַּקֹּדֶשׁ" (להלן לט, א), וְלֹא הֻזְכַּר שֵׁשׁ עִמָּהֶם, וְאִם בְּבִגְדֵי כְהֻנָּה מְדַבֵּר, לֹא מָצִינוּ בְּאֶחָד מֵהֶם אַרְגָּמָן אוֹ תּוֹלַעַת שָׁנִי בְּלֹא שֵׁשׁ: **בִּגְדֵי הַשְּׂרָד.** יֵשׁ מְפָרְשִׁים לְשׁוֹן עֲבוֹדָה וְשֵׁרוּת, כְּתַרְגּוּמוֹ: "לְבוּשֵׁי שִׁמּוּשָׁא", וְאֵין לוֹ דִּמְיוֹן בַּמִּקְרָא. וַאֲנִי אוֹמֵר שֶׁהוּא לָשׁוֹן אֲרַמִּי כְּתַרְגּוּמוֹ שֶׁל "קְלָעִים" (לעיל כז, ט) וְתַרְגּוּם שֶׁל "מַכְבֵּר" (שם פסוק ד), שֶׁהָיוּ אֲרוּגִים בְּמַחַט, עֲשׂוּיִים נְקָבִים נְקָבִים, לנידי"ן בְּלַעַז:

יא) **וְאֶת קְטֹרֶת הַסַּמִּים לַקֹּדֶשׁ.** לְצֹרֶךְ הַקְטָרַת הֵיכָל שֶׁהוּא קֹדֶשׁ:

יג) **וְאַתָּה דַּבֵּר אֶל בְּנֵי יִשְׂרָאֵל.** וְאַתָּה, אַף עַל פִּי שֶׁהִפְקַדְתִּיךָ לְצַוּוֹתָם עַל מְלֶאכֶת הַמִּשְׁכָּן, אַל יֵקַל בְּעֵינֶיךָ לִדְחוֹת אֶת הַשַּׁבָּת מִפְּנֵי אוֹתָהּ מְלָאכָה: **אַךְ אֶת שַׁבְּתֹתַי תִּשְׁמֹרוּ.** אַף עַל פִּי שֶׁתִּהְיוּ רְדוּפִין וּזְרִיזִין בִּזְרִיזוּת הַמְּלָאכָה, שַׁבָּת אַל תִּדָּחֶה מִפָּנֶיהָ. כָּל אַכִין וְרַקִּין מִעוּטִין, לְמַעֵט שַׁבָּת מִמְּלֶאכֶת הַמִּשְׁכָּן: **כִּי אוֹת הִוא בֵּינִי וּבֵינֵיכֶם.** אוֹת גְּדוֹלָה הִיא בֵּינֵינוּ שֶׁבָּחַרְתִּי בָּכֶם, בְּהַנְחִילִי לָכֶם אֶת יוֹם מְנוּחָתִי לִמְנוּחָה: **לָדַעַת.** הָאֻמּוֹת בָּהּ "כִּי אֲנִי ה' מְקַדִּשְׁכֶם":

יד) **מוֹת יוּמָת.** אִם יֵשׁ עֵדִים וְהַתְרָאָה: **וְנִכְרְתָה.** בְּלֹא הַתְרָאָה: **מְחַלְלֶיהָ.** הַנּוֹהֵג בָּהּ חֹל בִּקְדֻשָּׁתָהּ:

כי תשא

מְלָאכָה וְנִכְרְתָה הַנֶּפֶשׁ הַהִוא מִקֶּרֶב עַמֶּיהָ׃
טו שֵׁשֶׁת יָמִים יֵעָשֶׂה מְלָאכָה וּבַיּוֹם הַשְּׁבִיעִי שַׁבַּת
שַׁבָּתוֹן קֹדֶשׁ לַיהוָה כָּל־הָעֹשֶׂה מְלָאכָה בְּיוֹם
טז הַשַּׁבָּת מוֹת יוּמָת׃ וְשָׁמְרוּ בְנֵי־יִשְׂרָאֵל אֶת־
הַשַּׁבָּת לַעֲשׂוֹת אֶת־הַשַּׁבָּת לְדֹרֹתָם בְּרִית עוֹלָם׃
יז בֵּינִי וּבֵין בְּנֵי יִשְׂרָאֵל אוֹת הִוא לְעֹלָם כִּי־שֵׁשֶׁת
יָמִים עָשָׂה יְהוָה אֶת־הַשָּׁמַיִם וְאֶת־הָאָרֶץ וּבַיּוֹם
שני יח הַשְּׁבִיעִי שָׁבַת וַיִּנָּפַשׁ׃ וַיִּתֵּן אֶל־מֹשֶׁה
כְּכַלֹּתוֹ לְדַבֵּר אִתּוֹ בְּהַר סִינַי שְׁנֵי לֻחֹת הָעֵדֻת
לב א לֻחֹת אֶבֶן כְּתֻבִים בְּאֶצְבַּע אֱלֹהִים׃ וַיַּרְא הָעָם
כִּי־בֹשֵׁשׁ מֹשֶׁה לָרֶדֶת מִן־הָהָר וַיִּקָּהֵל הָעָם עַל־
אַהֲרֹן וַיֹּאמְרוּ אֵלָיו קוּם ׀ עֲשֵׂה־לָנוּ אֱלֹהִים אֲשֶׁר
יֵלְכוּ לְפָנֵינוּ כִּי־זֶה ׀ מֹשֶׁה הָאִישׁ אֲשֶׁר הֶעֱלָנוּ
ב מֵאֶרֶץ מִצְרַיִם לֹא יָדַעְנוּ מֶה־הָיָה לוֹ׃ וַיֹּאמֶר
אֲלֵהֶם אַהֲרֹן פָּרְקוּ נִזְמֵי הַזָּהָב אֲשֶׁר בְּאָזְנֵי נְשֵׁיכֶם
ג בְּנֵיכֶם וּבְנֹתֵיכֶם וְהָבִיאוּ אֵלָי׃ וַיִּתְפָּרְקוּ כָּל־הָעָם
אֶת־נִזְמֵי הַזָּהָב אֲשֶׁר בְּאָזְנֵיהֶם וַיָּבִיאוּ אֶל־אַהֲרֹן׃
ד וַיִּקַּח מִיָּדָם וַיָּצַר אֹתוֹ בַּחֶרֶט וַיַּעֲשֵׂהוּ עֵגֶל מַסֵּכָה

טו שַׁבַּת שַׁבָּתוֹן. מְנוּחַת מַרְגּוֹעַ וְלֹא מְנוּחַת עֲרַאי. קֹדֶשׁ לַה'. שְׁמִירַת קְדֻשָּׁתָהּ לִשְׁמִי וּבְמִצְוָתִי.

יז וַיִּנָּפַשׁ. כְּתַרְגּוּמוֹ "וְנָח". וְכָל לְשׁוֹן 'נֶפֶשׁ' הוּא לְשׁוֹן נֶפֶשׁ, שֶׁמֵּשִׁיב נַפְשׁוֹ וּנְשִׁימָתוֹ בְּהַרְגִּיעוֹ מִטֹּרַח

כי תשא

טו עֲבִידְתָּא, וְיִשְׁתֵּיצֵי, אֲנָשָׁא הַהוּא מִגוֹ עַמֵּיהּ: שִׁתָּא יוֹמִין יִתְעֲבֵיד עֲבִידְתָּא, וּבְיוֹמָא שְׁבִיעָאָה, שַׁבָּא שַׁבְּתָא, קֻדְשָׁא קֳדָם יְיָ, כָּל דְּיַעֲבֵיד עֲבִידְתָּא, בְּיוֹמָא דְשַׁבְּתָא אִתְקְטָלָא
טז יִתְקְטִיל: וְיִטְּרוּן בְּנֵי יִשְׂרָאֵל יָת שַׁבְּתָא, לְמֶעֱבַד יָת שַׁבְּתָא, לְדָרֵיהוֹן קְיָם עָלָם, בֵּין מֵימְרִי, וּבֵין בְּנֵי יִשְׂרָאֵל, אָת הִיא לְעָלָם, אֲרֵי שִׁתָּא יוֹמִין, עֲבַד יְיָ יָת שְׁמַיָּא וְיָת אַרְעָא, וּבְיוֹמָא
יח שְׁבִיעָאָה, שְׁבַת וְנָח: וִיהַב לְמֹשֶׁה, כַּד שֵׁיצִי לְמַלָּלָא עִמֵּיהּ בְּטוּרָא דְסִינַי, תְּרֵין לוּחֵי
לב א סָהֲדוּתָא, לוּחֵי אַבְנָא, כְּתִיבִין בְּאֶצְבְּעָא דַּיְיָ: וַחֲזָא עַמָּא, אֲרֵי אוֹחַר מֹשֶׁה לְמֵיחַת מִן טוּרָא, וְאִתְכְּנֵישׁ עַמָּא עַל אַהֲרֹן, וַאֲמַרוּ לֵיהּ קוּם עֲבֵיד לָנָא דַחֲלָן, דִּיהָכוּן קֳדָמָנָא, אֲרֵי דֵין מֹשֶׁה
ב גַּבְרָא, דְּאַסְּקָנָא מֵאַרְעָא דְמִצְרַיִם, לָא יְדַעְנָא מָא הֲוָה לֵיהּ: וַאֲמַר לְהוֹן אַהֲרֹן, פָּרִיקוּ קָדָשֵׁי
ג דְדַהֲבָא, דִּבְאוּדְנֵי נְשֵׁיכוֹן, בְּנֵיכוֹן וּבְנָתְכוֹן, וְאַיְתִיאוּ לְוָתִי: וּפָרִיקוּ כָּל עַמָּא, יָת קָדָשֵׁי דְדַהֲבָא
ד דִּבְאוּדְנֵיהוֹן, וְאַיְתִיאוּ לְוַת אַהֲרֹן: וּנְסֵיב מִיְּדֵיהוֹן, וְצַר יָתֵיהּ בְּזִיפָא, וְעַבְדֵיהּ עֵגֶל מַתְּכָא,

הַמְּלָאכָה. וּמִי שֶׁכָּתוּב בּוֹ: "לֹא יִיעַף וְלֹא יִיגָע" (ישעיה מ, כח). וְכָל פְּעָלוֹ בְּמַאֲמָר, הִכְתִּיב מְנוּחָה בְּעַצְמוֹ, לְשַׂבֵּר הָאֹזֶן מַה שֶּׁהִיא יְכוֹלָה לִשְׁמֹעַ:

יח וַיִּתֵּן אֶל מֹשֶׁה וְגוֹ'. אֵין מֻקְדָּם וּמְאֻחָר בַּתּוֹרָה. מַעֲשֵׂה הָעֵגֶל קֹדֶם לְצִוּוּי מְלֶאכֶת הַמִּשְׁכָּן יָמִים רַבִּים הָיָה, שֶׁהֲרֵי בְּשִׁבְעָה עָשָׂר בְּתַמּוּז נִשְׁתַּבְּרוּ הַלּוּחוֹת, וּבְיוֹם הַכִּפּוּרִים נִתְרַצָּה הַקָּדוֹשׁ בָּרוּךְ הוּא לְיִשְׂרָאֵל, וּלְמָחֳרַת הִתְחִילוּ בְּנִדְבַת הַמִּשְׁכָּן וְהוּקַם בְּאֶחָד בְּנִיסָן. כְּכַלֹּתוֹ. ״כְּכַלֹּתוֹ״ כְּתִיב חָסֵר, שֶׁנִּמְסְרָה לוֹ תּוֹרָה בְּמַתָּנָה כְּכַלָּה לֶחָתָן, שֶׁלֹּא הָיָה יָכוֹל לִלְמֹד כֻּלָּהּ בִּזְמַן מוּעָט כָּזֶה. דָּבָר אַחֵר, מַה כַּלָּה מִתְקַשֶּׁטֶת בְּעֶשְׂרִים וְאַרְבָּעָה קִשּׁוּטִין, הֵן הָאֲמוּרִים בְּסֵפֶר יְשַׁעְיָה (ג, יח-כד). אַף תַּלְמִיד חָכָם צָרִיךְ לִהְיוֹת בָּקִי בְּעֶשְׂרִים וְאַרְבָּעָה סְפָרִים: לְדַבֵּר אִתּוֹ. הַחֻקִּים וְהַמִּשְׁפָּטִים שֶׁבְּוָאֵלֶּה הַמִּשְׁפָּטִים: לְדַבֵּר אִתּוֹ. מְלַמֵּד שֶׁהָיָה מֹשֶׁה שׁוֹמֵעַ מִפִּי הַגְּבוּרָה וְחוֹזְרִין וְשׁוֹנִין אֶת הַהֲלָכָה שְׁנֵיהֶם יַחַד: לֻחֹת. ״לֻחֹת״ כְּתִיב, שֶׁהָיוּ שְׁתֵּיהֶן שָׁווֹת:

פרק לב

א כִּי בֹשֵׁשׁ מֹשֶׁה. כְּתַרְגּוּמוֹ לְשׁוֹן אִחוּר, וְכֵן: ״בֹּשֵׁשׁ רִכְבּוֹ״ (שופטים ה, כח), ״וַיָּחִילוּ עַד בּוֹשׁ״ (שם ג, כה). כִּי כְשֶׁעָלָה מֹשֶׁה לָהָר אָמַר לָהֶם: לְסוֹף אַרְבָּעִים יוֹם אֲנִי בָּא בְּתוֹךְ שֵׁשׁ שָׁעוֹת. כִּסְבוּרִים הֵם שְׁאוֹתוֹ יוֹם שֶׁעָלָה מִן הַמִּנְיָן הוּא, וְהוּא אָמַר לָהֶם שְׁלֵמִים, אַרְבָּעִים יוֹם וְלֵילוֹ עִמּוֹ, וְיוֹם עֲלִיָּתוֹ אֵין לֵילוֹ עִמּוֹ, שֶׁהֲרֵי בְּשִׁבְעָה בְּסִיוָן עָלָה, נִמְצָא יוֹם אַרְבָּעִים בְּשִׁבְעָה עָשָׂר בְּתַמּוּז. בְּשִׁשָּׁה עָשָׂר

בָּא שָׂטָן וְעִרְבֵּב אֶת הָעוֹלָם וְהֶרְאָה דְּמוּת חֹשֶׁךְ וַאֲפֵלָה וְעִרְבּוּבְיָא, לוֹמַר וַדַּאי מֵת מֹשֶׁה לְכָךְ בָּא עִרְבּוּבְיָא לָעוֹלָם. אָמַר לָהֶם: מֵת מֹשֶׁה, שֶׁכְּבָר בָּאוּ שֵׁשׁ שָׁעוֹת וְלֹא בָּא וְכוּ', כִּדְאִיתָא בְּמַסֶּכֶת שַׁבָּת (דף פט ע״א). וְאִי אֶפְשָׁר לוֹמַר שֶׁלֹּא טָעוּ אֶלָּא בְּיוֹם הַמְּעֻנָּן בֵּין קֹדֶם חֲצוֹת בֵּין לְאַחַר חֲצוֹת, שֶׁהֲרֵי לֹא יָרַד מֹשֶׁה עַד יוֹם הַמָּחֳרָת, שֶׁנֶּאֱמַר: ״וַיַּשְׁכִּימוּ מִמָּחֳרָת וַיַּעֲלוּ עֹלֹת״ (להלן פסוק ו): אֲשֶׁר יֵלְכוּ לְפָנֵינוּ. אֱלֹהוּת הַרְבֵּה אִוּוּ לָהֶם: כִּי זֶה מֹשֶׁה הָאִישׁ. כְּמִין דְּמוּת מֹשֶׁה הֶרְאָה לָהֶם הַשָּׂטָן שֶׁנּוֹשְׂאִים אוֹתוֹ בַּאֲוִיר רְקִיעַ הַשָּׁמַיִם: אֲשֶׁר הֶעֱלָנוּ מֵאֶרֶץ מִצְרַיִם. וְהָיָה מוֹרֶה לָנוּ דֶּרֶךְ אֲשֶׁר נַעֲלֶה בָּהּ, עַתָּה צְרִיכִין אָנוּ לֶאֱלֹהוּת ״אֲשֶׁר יֵלְכוּ לְפָנֵינוּ״:

ב בְּאָזְנֵי נְשֵׁיכֶם. אָמַר אַהֲרֹן בְּלִבּוֹ: הַנָּשִׁים וְהַיְלָדִים חָסִים עַל תַּכְשִׁיטֵיהֶן, שֶׁמָּא יִתְעַכֵּב הַדָּבָר וּבְתוֹךְ כָּךְ יָבֹא מֹשֶׁה. וְהֵם לֹא הִמְתִּינוּ וּפֵרְקוּ מֵעַל עַצְמָן: פָּרְקוּ. לְשׁוֹן צִוּוּי מִגִּזְרַת ״פָּרֵק״ לְיָחִיד, כְּמוֹ ״בָּרְכוּ״ מִגִּזְרַת ״בָּרֵךְ״:

ג וַיִּתְפָּרְקוּ. לְשׁוֹן פְּרִיקַת מַשָּׂא, כְּשֶׁנְּטָלוּם מֵאָזְנֵיהֶם נִמְצְאוּ הֵם מְפֹרָקִים מִנִּזְמֵיהֶם, דישקרי״ר בְּלַעַז: אֵת נִזְמֵי. כְּמוֹ מִנִּזְמֵי, כְּמוֹ: ״כְּצֵאתִי אֶת הָעִיר״ (לעיל ט, כט) – מִן הָעִיר:

ד וַיָּצַר אֹתוֹ בַּחֶרֶט. יֵשׁ לְתַרְגְּמוֹ בִּשְׁנֵי פָנִים: הָאֶחָד – ״וַיָּצַר״ לְשׁוֹן קְשִׁירָה, ״בַּחֶרֶט״ לְשׁוֹן סוּדָר, כְּמוֹ ״וְהַמִּטְפָּחוֹת וְהַחֲרִיטִים״ (ישעיה ג, כב), ״וַיָּצַר כִּכְּרַיִם כֶּסֶף בִּשְׁנֵי חֲרִטִים״ (מלכים ב ה, כג).

וַיֹּאמְרוּ אֵלֶּה אֱלֹהֶיךָ יִשְׂרָאֵל אֲשֶׁר הֶעֱלוּךָ מֵאֶרֶץ
ה מִצְרָיִם׃ וַיַּרְא אַהֲרֹן וַיִּבֶן מִזְבֵּחַ לְפָנָיו וַיִּקְרָא
ו אַהֲרֹן וַיֹּאמַר חַג לַיהוָה מָחָר׃ וַיַּשְׁכִּימוּ מִמָּחֳרָת
וַיַּעֲלוּ עֹלֹת וַיַּגִּשׁוּ שְׁלָמִים וַיֵּשֶׁב הָעָם לֶאֱכֹל
וְשָׁתוֹ וַיָּקֻמוּ לְצַחֵק׃
ז וַיְדַבֵּר יְהוָה אֶל־מֹשֶׁה לֶךְ־רֵד כִּי שִׁחֵת עַמְּךָ אֲשֶׁר
ח הֶעֱלֵיתָ מֵאֶרֶץ מִצְרָיִם׃ סָרוּ מַהֵר מִן־הַדֶּרֶךְ
אֲשֶׁר צִוִּיתִם עָשׂוּ לָהֶם עֵגֶל מַסֵּכָה וַיִּשְׁתַּחֲווּ־לוֹ
וַיִּזְבְּחוּ־לוֹ וַיֹּאמְרוּ אֵלֶּה אֱלֹהֶיךָ יִשְׂרָאֵל אֲשֶׁר
ט הֶעֱלוּךָ מֵאֶרֶץ מִצְרָיִם׃ וַיֹּאמֶר יְהוָה אֶל־מֹשֶׁה
רָאִיתִי אֶת־הָעָם הַזֶּה וְהִנֵּה עַם־קְשֵׁה־עֹרֶף
י הוּא׃ וְעַתָּה הַנִּיחָה לִּי וְיִחַר־אַפִּי בָהֶם וַאֲכַלֵּם
יא וְאֶעֱשֶׂה אוֹתְךָ לְגוֹי גָּדוֹל׃ וַיְחַל מֹשֶׁה אֶת־פְּנֵי
יְהוָה אֱלֹהָיו וַיֹּאמֶר לָמָה יְהוָה יֶחֱרֶה אַפְּךָ בְּעַמֶּךָ
אֲשֶׁר הוֹצֵאתָ מֵאֶרֶץ מִצְרַיִם בְּכֹחַ גָּדוֹל וּבְיָד
יב חֲזָקָה׃ לָמָּה יֹאמְרוּ מִצְרַיִם לֵאמֹר בְּרָעָה הוֹצִיאָם
לַהֲרֹג אֹתָם בֶּהָרִים וּלְכַלֹּתָם מֵעַל פְּנֵי הָאֲדָמָה
שׁוּב מֵחֲרוֹן אַפֶּךָ וְהִנָּחֵם עַל־הָרָעָה לְעַמֶּךָ׃
יג זְכֹר לְאַבְרָהָם לְיִצְחָק וּלְיִשְׂרָאֵל עֲבָדֶיךָ אֲשֶׁר

וְהַשֵּׁנִי – "וַיָּצַר" לְשׁוֹן צוּרָה, "בַּחֶרֶט" כְּלִי אֻמָּנוּת הַצּוֹרְפִין שֶׁחוֹרְצִין וְחוֹרְתִין בּוֹ צוּרוֹת בַּזָּהָב כְּעֵט סוֹפֵר הַחוֹרֵט אוֹתִיּוֹת בְּלוּחוֹת וּפִנְקָסִין, כְּמוֹ: "וּכְתֹב עָלָיו בְּחֶרֶט אֱנוֹשׁ" (ישעיה ח, א), וְזֶהוּ שֶׁתִּרְגֵּם אוּנְקְלוֹס: "וְצַר יָתֵיהּ בְּזִיפָא" לְשׁוֹן זִיוּף, הוּא כְּלִי אֻמָּנוּת שֶׁחוֹרְצִין בּוֹ בַּזָּהָב אוֹתִיּוֹת וּנְקוּדִים שֶׁקּוֹרִין

ה ואמרו, אלין דחלתך ישראל, דאסקוך מארעא דמצרים: וחזא אהרן, ובנא מדבחא קדמוהי,
ו וקרא אהרן ואמר, חגא קדם יי מחר: ואקדימו ביומא דבתרוהי, ואסיקו עלון, וקריבו נכסן,
ז ואסחר עמא למיכל ולמשתי, וקמו לחיכא: ומליל יי עם משה, איזיל חות, ארי חביל עמך,
ח דאסיקתא מארעא דמצרים: סטו בפריע, מן אורחא דפקידתנון, עבדו להון, עיגל מתכא,
ט וסגידו ליה ודבחו ליה, ואמרו, אלין דחלתך ישראל, דאסקוך מארעא דמצרים: ואמר יי
י למשה, גלי קדמי עמא הדין, והא עם קשי קדל הוא: וכען אנח בעותך מן קדמי, ויתקף רגזי
יא בהון ואשיצינון, ואעביד יתך לעם סגי: וצלי משה, קדם יי אלהיה, ואמר, למא יי יתקף רגזך
יב בעמך, דאפיקתא מארעא דמצרים, בחיל רב וביד תקיפא: למא יימרון מצראי למימר,
בבישא אפיקנון לקטלא יתהון ביני טוריא, ולשיצאותהון, מעל אפי ארעא, תוב מתקוף
יג רגזך, ותוב מן בשתא דמלילתא למעבד לעמך: אדכר, לאברהם ליצחק ולישראל עבדך,

בלעז ניי"ל, ומזייפין על ידו חותמות: עגל מסכה. כיון שהשליכו לאור בכור, באו מכשפי ערב רב שעלו עמהם ממצרים ועשאוהו בכשפים. ויש אומרים: מיכה היה שם, שיצא מתוך דמוסי בנין שנתמכמך בו במצרים, והיה בידו שם וטס שכתב בו משה: "עלה שור עלה שור" להעלות ארונו של יוסף מתוך נילוס, והשליכו לתוך הכור ויצא העגל: מסכה. לשון מתכת. דבר אחר, מאה ועשרים וחמשה קנטרין זהב היו בו כגימטריא של מסכה: אלה אלהיך. ולא נאמר 'אלה אלהינו', מכאן שערב רב שעלו ממצרים הם שנקהלו על אהרן והם שעשאוהו, ואחר כך הטעו את ישראל אחריו:

ה| וירא אהרן. שהיה בו רוח חיים, שנאמר: "בתבנית שור אכל עשב" (תהלים קו, כ), וראה שהצליח מעשה שטן, ולא היה לו פה לדחותם לגמרי: ויבן מזבח. לדחותם: ויקרא... חג לה' מחר. ולא היום, שמא יבא משה קודם שיעבדוהו, זהו פשוטו. ומדרשו בויקרא רבה (י, ג): דברים הרבה ראה אהרן; ראה חור בן אחותו שהיה מוכיחם והרגוהו, וזהו "ויבן מזבח לפניו", ויבן מזבוח לפניו; ועוד ראה ואמר, מוטב שיתלה בי הסרחון ולא בהם; ועוד ראה ואמר, אם הם בונים אותו המזבח, זה מביא צרור וזה מביא אבן ונמצאת מלאכתן בבת אחת, מתוך שאני בונה אותו אני מתעצל במלאכתי, ובין כך ובין כך משה בא. חג לה'. בלבו היה לשמים, בטוח היה שיבא משה ויעבדו את המקום:

ו| וישכימו. השטן זרזם כדי שיחטאו: לצחק. יש במשמע הזה גלוי עריות, כמו שנאמר: "לצחק בי" (בראשית לט, יז), ושפיכות דמים, כמו שנאמר: "יקומו נא הנערים וישחקו לפנינו" (שמואל ב' ב, יד), אף כאן נהרג חור:

ז| וידבר. לשון קשי הוא, כמו: "וידבר אתם קשות" (בראשית מב, ז): לך רד. מגדלתך, לא נתתי לך גדלה אלא בשבילם. באותה שעה נתנדה משה מפי בית דין שלמעלה: שחת עמך. שחת העם לא נאמר, אלא "עמך", ערב רב שקבלת מעצמך וגיירתם ולא נמלכת בי, ואמרת: טוב שידבקו גרים בשכינה – הם שחתו והשחיתו:

ט| קשה ערף. מחזירין קשי ערפם לנגד מוכיחיהם וממאנים לשמע:

י| הניחה לי. עדין לא שמענו שהתפלל משה עליהם, והוא אומר "הניחה לי"? אלא כאן פתח לו פתח והודיעו שהדבר תלוי בו, שאם יתפלל עליהם לא יכלם:

יא| למה ה' יחרה אפך. כלום מתקנא אלא חכם בחכם גבור בגבור:

יב| והנחם. התעשת להם מחשבה אחרת להיטיב: על הרעה. אשר חשבת להם:

יג| זכר לאברהם. אם עברו על עשרת הדברות, אבותיהם אביהם נתנסה בעשר נסיונות ועדין לא קבל שכרו, תנהו לו, ויצאו עשר בעשר: לאברהם ליצחק ולישראל. ואם אינן נצולין בזכותן, מה אתה אומר לי: "ואעשה אותך לגוי גדול"? אם כסא של שלש רגלים אינו

נִשְׁבַּ֣עְתָּ לָהֶם֮ בָּךְ֒ וַתְּדַבֵּ֣ר אֲלֵהֶ֔ם אַרְבֶּה֙ אֶת־זַרְעֲכֶ֔ם כְּכוֹכְבֵ֖י הַשָּׁמָ֑יִם וְכָל־הָאָ֨רֶץ הַזֹּ֜את אֲשֶׁ֣ר אָמַ֗רְתִּי אֶתֵּן֙ לְזַרְעֲכֶ֔ם וְנָחֲל֖וּ לְעֹלָֽם: יד וַיִּנָּ֖חֶם יְהֹוָ֑ה עַל־הָ֣רָעָ֔ה אֲשֶׁ֥ר דִּבֶּ֖ר לַעֲשׂ֥וֹת לְעַמּֽוֹ:

כה וַיִּ֜פֶן וַיֵּ֤רֶד מֹשֶׁה֙ מִן־הָהָ֔ר וּשְׁנֵ֛י לֻחֹ֥ת הָעֵדֻ֖ת בְּיָד֑וֹ לֻחֹ֗ת כְּתֻבִים֙ מִשְּׁנֵ֣י עֶבְרֵיהֶ֔ם מִזֶּ֥ה וּמִזֶּ֖ה הֵ֥ם כְּתֻבִֽים: טז וְהַ֨לֻּחֹ֔ת מַעֲשֵׂ֥ה אֱלֹהִ֖ים הֵ֑מָּה וְהַמִּכְתָּ֗ב מִכְתַּ֤ב אֱלֹהִים֙ ה֔וּא חָר֖וּת עַל־הַלֻּחֹֽת: יז וַיִּשְׁמַ֧ע יְהוֹשֻׁ֛עַ אֶת־ק֥וֹל הָעָ֖ם בְּרֵעֹ֑ה וַיֹּ֨אמֶר֙ אֶל־מֹשֶׁ֔ה ק֥וֹל מִלְחָמָ֖ה בַּֽמַּחֲנֶֽה: יח וַיֹּ֗אמֶר אֵ֥ין קוֹל֙ עֲנ֣וֹת גְּבוּרָ֔ה וְאֵ֥ין ק֖וֹל עֲנ֣וֹת חֲלוּשָׁ֑ה ק֣וֹל עַנּ֔וֹת אָנֹכִ֖י שֹׁמֵֽעַ: יט וַֽיְהִ֗י כַּאֲשֶׁ֤ר קָרַב֙ אֶל־הַֽמַּחֲנֶ֔ה וַיַּ֥רְא אֶת־הָעֵ֖גֶל וּמְחֹלֹ֑ת וַיִּֽחַר־אַ֣ף מֹשֶׁ֗ה וַיַּשְׁלֵ֤ךְ מִיָּדָו֙ אֶת־הַלֻּחֹ֔ת וַיְשַׁבֵּ֥ר אֹתָ֖ם תַּ֥חַת הָהָֽר: כ וַיִּקַּ֞ח אֶת־הָעֵ֨גֶל אֲשֶׁ֤ר עָשׂוּ֙ וַיִּשְׂרֹ֣ף בָּאֵ֔שׁ וַיִּטְחַ֖ן עַ֣ד אֲשֶׁר־דָּ֑ק וַיִּ֨זֶר֙ עַל־פְּנֵ֣י הַמַּ֔יִם וַיַּ֖שְׁקְ אֶת־בְּנֵ֥י יִשְׂרָאֵֽל: כא וַיֹּ֤אמֶר מֹשֶׁה֙ אֶֽל־אַהֲרֹ֔ן מֶֽה־עָשָׂ֥ה לְךָ֖ הָעָ֣ם הַזֶּ֑ה כִּֽי־הֵבֵ֥אתָ עָלָ֖יו חֲטָאָ֥ה גְדֹלָֽה: כב וַיֹּ֣אמֶר אַהֲרֹ֔ן אַל־יִ֥חַר אַ֖ף אֲדֹנִ֑י אַתָּה֙ יָדַ֣עְתָּ אֶת־הָעָ֔ם כִּ֥י בְרָ֖ע הֽוּא: כג וַיֹּ֣אמְרוּ לִ֔י עֲשֵׂה־לָ֣נוּ אֱלֹהִ֔ים אֲשֶׁ֥ר יֵלְכ֖וּ לְפָנֵ֑ינוּ כִּי־זֶ֣ה ׀ מֹשֶׁ֣ה הָאִ֗ישׁ

אֲשֶׁר הֶעֱלָנוּ מֵאֶרֶץ מִצְרַיִם לֹא יָדַעְנוּ מֶה־
כד הָיָה לוֹ׃ וָאֹמַר לָהֶם לְמִי זָהָב הִתְפָּרָקוּ

דְּקַיֵּימְתָּא לְהוֹן בְּמֵימְרָךְ, וּמַלֵּילְתָּא עִמְּהוֹן, אַסְגֵּי יָת בְּנֵיכוֹן, כְּכוֹכְבֵי שְׁמַיָּא, וְכָל אַרְעָא
יד הָדָא דַּאֲמַרִית, אֶתֵּין לִבְנֵיכוֹן, וְיַחְסְנוּן לְעָלַם׃ וְתָב יְיָ, מִן בִּשְׁתָּא, דְּמַלֵּיל לְמֶעְבַּד לְעַמֵּיהּ׃
טו וְאִתְפְּנִי, וּנְחַת מֹשֶׁה מִן טוּרָא, וּתְרֵין לוּחֵי סָהֲדוּתָא בִּידֵיהּ, לוּחֵי, כְּתִיבִין מִתְּרֵין עִבְרֵיהוֹן,
טז מִכָּא וּמִכָּא אִנּוּן כְּתִיבִין׃ וְלוּחַיָּא, עוֹבָדָא דַּייָ אִנּוּן, וּכְתָבָא, כְּתָבָא דַּייָ הוּא, מְפָרַשׁ עַל
יז יח לוּחַיָּא׃ וּשְׁמַע יְהוֹשֻׁעַ, יָת קָל עַמָּא כַּד מְיַבְּבִין, וַאֲמַר לְמֹשֶׁה, קָל קְרָבָא בְּמַשְׁרִיתָא׃ וַאֲמַר,
לָא קָל גִּבָּרִין דְּנָצְחִין בִּקְרָבָא, וְאַף לָא קָל חַלָּשִׁין דְּמִתַּבְרִין, קָל דִּמְחַיְּכִין, אֲנָא שָׁמַע׃
יט וַהֲוָה, כַּד קְרֵיב לְמַשְׁרִיתָא, וַחֲזָא יָת עִגְלָא וְחִנְגִּין, וּתְקֵיף רֻגְזָא דְּמֹשֶׁה, וּרְמָא מִידוֹהִי יָת
כ לוּחַיָּא, וְתַבַּר יָתְהוֹן בְּשִׁפּוֹלֵי טוּרָא׃ וּנְסֵיב, יָת עִגְלָא דַּעֲבַדוּ וְאוֹקֵיד בְּנוּרָא, וְשָׁף עַד דַּהֲוָה
כא דַּקִּיק, וּדְרָא עַל אַפֵּי מַיָּא, וְאַשְׁקִי יָת בְּנֵי יִשְׂרָאֵל׃ וַאֲמַר מֹשֶׁה לְאַהֲרֹן, מָא עֲבַד לָךְ עַמָּא
כב הָדֵין, אֲרֵי אֵיתֵיתָא עֲלוֹהִי חוֹבָא רַבָּא׃ וַאֲמַר אַהֲרֹן, לָא יִתְקַף רֻגְזָא דְּרִבּוֹנִי, אַתְּ יְדַעְתְּ יָת
כג עַמָּא, אֲרֵי בְּבִישׁ הוּא׃ וַאֲמַרוּ לִי, עֲבֵיד לַנָא דַּחְלָן, דִּיהָכוּן קֳדָמַנָא, אֲרֵי דֵין מֹשֶׁה גַּבְרָא,
כד דְּאַסְּקָנָא מֵאַרְעָא דְּמִצְרַיִם, לָא יְדַעְנָא מָא הֲוָה לֵיהּ׃ וַאֲמַרִית לְהוֹן לְמַאן דַּהֲבָא, פָּרִיקוּ

עוֹמֵד לְפָנֶיךָ, קַל וָחֹמֶר לְכִסֵּא שֶׁל רֶגֶל אֶחָד: אֲשֶׁר נִשְׁבַּעְתָּ לָהֶם בָּךְ. לֹא נִשְׁבַּעְתָּ לָהֶם בְּדָבָר שֶׁהוּא כָּלֶה, לֹא בַּשָּׁמַיִם וְלֹא בָּאָרֶץ, לֹא בֶּהָרִים וְלֹא בַּגְּבָעוֹת, אֶלָּא בְּךָ שֶׁאַתָּה קַיָּם וְכֵן שְׁבוּעָתְךָ תִּתְקַיֵּם, שֶׁנֶּאֱמַר: "כִּי נִשְׁבַּעְתִּי נְאֻם ה'" (בראשית כב, טז), וּלְיִצְחָק נֶאֱמַר: "וַהֲקִמֹתִי אֶת הַשְּׁבֻעָה אֲשֶׁר נִשְׁבַּעְתִּי לְאַבְרָהָם אָבִיךָ" (שם כו, ג), וּלְיַעֲקֹב נֶאֱמַר: "אֲנִי אֵל שַׁדַּי פְּרֵה וּרְבֵה" (שם לה, יא), נִשְׁבַּע לוֹ בְּאֵל שַׁדַּי:

טו| מִשְּׁנֵי עֶבְרֵיהֶם. הָיוּ הָאוֹתִיּוֹת נִקְרָאוֹת, וּמַעֲשֵׂה נִסִּים הוּא:

טז| מַעֲשֵׂה אֱלֹהִים הֵמָּה. כְּמַשְׁמָעוֹ, הוּא בִּכְבוֹדוֹ עֲשָׂאָן. דָּבָר אַחֵר, כְּאָדָם הָאוֹמֵר לַחֲבֵרוֹ: כָּל עֲסָקָיו שֶׁל פְּלוֹנִי בִּמְלָאכָה פְּלוֹנִית, כָּךְ כָּל שַׁעֲשׁוּעָיו שֶׁל הַקָּדוֹשׁ בָּרוּךְ הוּא בַּתּוֹרָה: חָרוּת. לְשׁוֹן 'חֶרֶט' וְ'חָרוּת' אֶחָד הוּא, שְׁנֵיהֶם לְשׁוֹן חִקּוּק, אנטליי"ר בְּלַעַז:

יז| בְּרֵעֹה. בַּהֲרִיעוֹ, שֶׁהָיוּ מְרִיעִים וּשְׂמֵחִים וְצוֹחֲקִים:

יח| אֵין קוֹל עֲנוֹת גְּבוּרָה. אֵין קוֹל הַזֶּה נִרְאֶה קוֹל עֲנִיַּת גִּבּוֹרִים הַצּוֹעֲקִים 'נִצָּחוֹן', וְלֹא קוֹל חַלָּשִׁים הַצּוֹעֲקִים 'וַי' אוֹ 'נִיסָה': קוֹל עַנּוֹת. קוֹל חֵרוּפִין וְגִדּוּפִין הַמְעַנִּין אֶת נֶפֶשׁ שׁוֹמְעָן כְּשֶׁנֶּאֱמָרִין לוֹ:

יט| וַיַּשְׁלֵךְ מִיָּדָו וגו'. אָמַר: מַה פֶּסַח שֶׁהוּא אַחַת מִן הַמִּצְוֹת, אָמְרָה תּוֹרָה: "כָּל בֶּן נֵכָר לֹא יֹאכַל בּוֹ" (לעיל יב, מג), הַתּוֹרָה כֻּלָּהּ כָּאן וְכָל יִשְׂרָאֵל מְשֻׁמָּדִים, וְאֶתְּנֶנָּה לָהֶם?!: תַּחַת הָהָר. לְרַגְלֵי הָהָר:

כ| וַיִּזֶר. לְשׁוֹן נִפּוּץ, וְכֵן: "יְזֹרֶה עַל נָוֵהוּ גָפְרִית" (איוב יח, טו), וְכֵן: "כִּי חִנָּם מְזֹרָה הָרָשֶׁת" (משלי א, יז) שֶׁזּוֹרִין בָּהּ דָּגָן וְקִטְנִית: וַיַּשְׁקְ אֶת בְּנֵי יִשְׂרָאֵל. נִתְכַּוֵּן לְבָדְקָן כַּסּוֹטוֹת. שָׁלֹשׁ מִיתוֹת נִדּוֹנוּ שָׁם: אִם יֵשׁ עֵדִים וְהַתְרָאָה, בְּסַיִף, כְּמִשְׁפַּט אַנְשֵׁי עִיר הַנִּדַּחַת שֶׁהֵן מְרֻבִּין; עֵדִים בְּלֹא הַתְרָאָה, בְּמַגֵּפָה, שֶׁנֶּאֱמַר: "וַיִּגֹּף ה' אֶת הָעָם" (להלן פסוק לה); לֹא עֵדִים וְלֹא הַתְרָאָה, בְּהַדְרוֹקָן, שֶׁבְּדָקוּם הַמַּיִם וְצָבוּ בִטְנֵיהֶם:

כא| מֶה עָשָׂה לְךָ הָעָם הַזֶּה. כַּמָּה יִסּוּרִים סָבַלְתָּ שֶׁיִּסְּרוּךָ עַד שֶׁלֹּא תָּבִיא עֲלֵיהֶם חֵטְא זֶה:

כב| כִּי בְרָע הוּא. בְּדֶרֶךְ רָע הֵם הוֹלְכִין תָּמִיד וּבְנִסְיוֹנוֹת לִפְנֵי הַמָּקוֹם:

וַיִּתְּנוּ־לִי וָאַשְׁלִכֵהוּ בָאֵשׁ וַיֵּצֵא הָעֵגֶל הַזֶּה׃
וַיַּרְא מֹשֶׁה אֶת־הָעָם כִּי פָרֻעַ הוּא כִּי־פְרָעֹה כה
אַהֲרֹן לְשִׁמְצָה בְּקָמֵיהֶם׃ וַיַּעֲמֹד מֹשֶׁה בְּשַׁעַר כו
הַמַּחֲנֶה וַיֹּאמֶר מִי לַיהוָה אֵלָי וַיֵּאָסְפוּ אֵלָיו
כָּל־בְּנֵי לֵוִי׃ וַיֹּאמֶר לָהֶם כֹּה־אָמַר יְהוָה אֱלֹהֵי כז
יִשְׂרָאֵל שִׂימוּ אִישׁ־חַרְבּוֹ עַל־יְרֵכוֹ עִבְרוּ וָשׁוּבוּ
מִשַּׁעַר לָשַׁעַר בַּמַּחֲנֶה וְהִרְגוּ אִישׁ־אֶת־אָחִיו
וְאִישׁ אֶת־רֵעֵהוּ וְאִישׁ אֶת־קְרֹבוֹ׃ וַיַּעֲשׂוּ בְנֵי־ כח
לֵוִי כִּדְבַר מֹשֶׁה וַיִּפֹּל מִן־הָעָם בַּיּוֹם הַהוּא
כִּשְׁלֹשֶׁת אַלְפֵי אִישׁ׃ וַיֹּאמֶר מֹשֶׁה מִלְאוּ יֶדְכֶם כט
הַיּוֹם לַיהוָה כִּי אִישׁ בִּבְנוֹ וּבְאָחִיו וְלָתֵת עֲלֵיכֶם
הַיּוֹם בְּרָכָה׃ וַיְהִי מִמָּחֳרָת וַיֹּאמֶר מֹשֶׁה אֶל־ ל
הָעָם אַתֶּם חֲטָאתֶם חֲטָאָה גְדֹלָה וְעַתָּה אֶעֱלֶה
אֶל־יְהוָה אוּלַי אֲכַפְּרָה בְּעַד חַטַּאתְכֶם׃ וַיָּשָׁב לא
מֹשֶׁה אֶל־יְהוָה וַיֹּאמַר אָנָּא חָטָא הָעָם הַזֶּה
חֲטָאָה גְדֹלָה וַיַּעֲשׂוּ לָהֶם אֱלֹהֵי זָהָב׃ וְעַתָּה אִם־ לב
תִּשָּׂא חַטָּאתָם וְאִם־אַיִן מְחֵנִי נָא מִסִּפְרְךָ אֲשֶׁר
כָּתָבְתָּ׃ וַיֹּאמֶר יְהוָה אֶל־מֹשֶׁה מִי אֲשֶׁר חָטָא־ לג
לִי אֶמְחֶנּוּ מִסִּפְרִי׃ וְעַתָּה לֵךְ ׀ נְחֵה אֶת־הָעָם לד
אֶל אֲשֶׁר־דִּבַּרְתִּי לָךְ הִנֵּה מַלְאָכִי יֵלֵךְ לְפָנֶיךָ

כי תשא

לה וּבְיוֹם פׇּקְדִי וּפָקַדְתִּי עֲלֵהֶם חַטָּאתָם: וַיִּגֹּף יְהֹוָה אֶת־הָעָם עַל אֲשֶׁר עָשׂוּ אֶת־הָעֵגֶל אֲשֶׁר

כה וִיהֲבוּ לִי, וּרְמֵיתֵיהּ בְּנוּרָא, וּנְפַק עִגְלָא הָדֵין: וַחֲזָא מֹשֶׁה יָת עַמָּא, אֲרֵי בְטִיל הוּא, אֲרֵי
כו בַטֵּילִנּוּן אַהֲרֹן, לְאַסָּבוּתְהוֹן שׁוּם בִּישׁ לְדָרֵיהוֹן: וְקָם מֹשֶׁה בִּתְרַע מַשְׁרִיתָא, וַאֲמַר, מַאן
כז דְּחַלְיָא דַּייָ יֵיתוֹן לְוָתִי, וְאִתְכְּנִישׁוּ לְוָתֵיהּ כׇּל בְּנֵי לֵוִי: וַאֲמַר לְהוֹן, כִּדְנַן אֲמַר יְיָ אֱלָהָא
דְיִשְׂרָאֵל, שַׁוּוֹ גְבַר חַרְבֵּיהּ עַל יַרְכֵּיהּ, עִיבַרוּ וְתוּבוּ, מִתְּרַע לִתְרַע בְּמַשְׁרִיתָא, וּקְטוּלוּ גְּבַר
כח יָת אֲחוּהִי, וּגְבַר יָת חַבְרֵיהּ וֶאֱנָשׁ יָת קָרִיבֵיהּ: וַעֲבַדוּ בְנֵי לֵוִי כְּפִתְגָּמָא דְמֹשֶׁה, וּנְפַל מִן עַמָּא
כט בְּיוֹמָא הַהוּא, כִּתְלָתָא אַלְפִין גֻּבְרָא: וַאֲמַר מֹשֶׁה, קָרִיבוּ יַדְכוֹן יוֹמָא דֵין קׇרְבָּנָא קֳדָם יְיָ,
ל אֲרֵי גְבַר בִּבְרֵיהּ וּבַאֲחוּהִי, וּלְאֵיתָאָה עֲלֵיכוֹן, יוֹמָא דֵין בִּרְכָן: וַהֲוָה בְּיוֹמָא דְּבַתְרוֹהִי, וַאֲמַר
לא מֹשֶׁה לְעַמָּא, אַתּוּן חַבְתּוּן חוֹבָא רַבָּא, וּכְעַן אֶסַּק לִקְדָם יְיָ, מָאִם אֲכַפֵּר עַל חוֹבֵיכוֹן: וְתָב
לב מֹשֶׁה, לִקְדָם יְיָ, וַאֲמַר, בְּבָעוּ, חָב, עַמָּא הָדֵין חוֹבָא רַבָּא, וַעֲבַדוּ לְהוֹן דַּחֲלָן דְּדַהֲבָא: וּכְעַן
לג אִם שָׁבֵיקַתְּ לְחוֹבֵיהוֹן, וְאִם לָא, מְחֵינִי כְעַן, מִסִּפְרָךְ דִּכְתַבְתָּא: וַאֲמַר יְיָ לְמֹשֶׁה, מַאן דְּחָב
לד קׇדָמַי, אֶמְחִינֵיהּ מִסִּפְרִי: וּכְעַן, אִיזֵל דְּבַר יָת עַמָּא, לַאֲתַר דְּמַלֵּילִית לָךְ, הָא מַלְאֲכִי יְהָךְ
לה קׇדָמָךְ, וּבְיוֹם אַסְעָרוּתִי, וְאַסְעַר עֲלֵיהוֹן חוֹבֵיהוֹן: וּמְחָא יְיָ יָת עַמָּא, עַל דְּאִשְׁתַּעֲבַדוּ לְעִגְלָא,

כד וַאֲמַר לָהֶם. דָּבָר אֶחָד, וְהֵם מִהֲרוּ וְ״הִתְפָּרְקוּ״. וָאַשְׁלִכֵהוּ בָאֵשׁ. וְלֹא יָדַעְתִּי שֶׁיֵּצֵא הָעֵגֶל הַזֶּה, ״וַיֵּצֵא״:

כה פָרֻעַ. מְגֻלֶּה, נִתְגַּלָּה שִׁמְעוֹ וּקְלוֹנוֹ, כְּמוֹ ״וּפָרַע אֶת רֹאשׁ הָאִשָּׁה״ (במדבר ה, יח): לְשִׁמְצָה בְּקָמֵיהֶם. לִהְיוֹת לָהֶם הַדָּבָר הַזֶּה לִגְנוּת בְּפִי כׇּל הַקָּמִים עֲלֵיהֶם:

כו מִי לַה׳ אֵלָי. יָבֹא אֵלַי: כׇּל בְּנֵי לֵוִי. מִכָּאן שֶׁכׇּל הַשֵּׁבֶט כָּשֵׁר:

כז כֹּה אָמַר וְגוֹ׳. וְהֵיכָן אָמַר? ״זֹבֵחַ לָאֱלֹהִים יָחֳרָם״ (לעיל כב, יט), כָּךְ שְׁנוּיָה בַּמְּכִילְתָּא: אָחִיו. מֵאִמּוֹ, וְהוּא יִשְׂרָאֵל:

כט מִלְאוּ יֶדְכֶם. אַתֶּם הַהוֹרְגִים אוֹתָם, בַּדָּבָר הַזֶּה תִּתְחַנְּכוּ לִהְיוֹת כֹּהֲנִים לַמָּקוֹם: כִּי אִישׁ. מִכֶּם, יְמַלֵּא יָדוֹ ״בִּבְנוֹ וּבְאָחִיו״:

ל אֲכַפְּרָה בְּעַד חַטַּאתְכֶם. אָשִׂים כֹּפֶר וְקִנּוּחַ וּסְתִימָה לְנֶגֶד חַטַּאתְכֶם, לְהַבְדִּיל בֵּינֵיכֶם וּבֵין הַחֵטְא:

לא אֱלֹהֵי זָהָב. אַתָּה הוּא שֶׁגְּרַמְתָּ לָהֶם,

שֶׁהִשְׁפַּעְתָּ לָהֶם זָהָב וְכָל חֶפְצָם, מַה יַּעֲשׂוּ שֶׁלֹּא יֶחֶטְאוּ? מָשָׁל לְמֶלֶךְ שֶׁהָיָה מַאֲכִיל וּמַשְׁקֶה אֶת בְּנוֹ וּמְקַשְׁטוֹ, וְתוֹלֶה לוֹ כִּיס בְּצַוָּארוֹ, וּמַעֲמִידוֹ בְּפֶתַח בֵּית זוֹנוֹת, מַה יַּעֲשֶׂה הַבֵּן שֶׁלֹּא יֶחֱטָא?:

לב וְעַתָּה אִם תִּשָּׂא חַטָּאתָם. הֲרֵי טוֹב, אֵינִי אוֹמֵר לְךָ מְחֵנִי, ״וְאִם אַיִן — מְחֵנִי״, וְזֶה מִקְרָא קָצָר, וְכֵן הַרְבֵּה: מִסִּפְרְךָ. מִכׇּל הַתּוֹרָה כֻּלָּהּ, שֶׁלֹּא יֹאמְרוּ עָלַי שֶׁלֹּא הָיִיתִי כְדַאי לְבַקֵּשׁ עֲלֵיהֶם רַחֲמִים:

לד אֶל אֲשֶׁר דִּבַּרְתִּי לָךְ. יֶשׁ כָּאן ״לָךְ״ אֵצֶל דִּבּוּר בִּמְקוֹם ״אֵלֶיךָ״, וְכֵן: ״לְדַבֵּר לוֹ עַל אֲדֹנִיָּהוּ״ (מלכים א׳ ב, יט): הִנֵּה מַלְאָכִי. וְלֹא אֲנִי: וּבְיוֹם פׇּקְדִי וְגוֹ׳. עַתָּה שָׁמַעְתִּי אֵלֶיךָ מִלְּכַלּוֹתָם יַחַד, וְתָמִיד תָּמִיד כְּשֶׁאֶפְקֹד עֲלֵיהֶם עֲוֹנוֹתֵיהֶם, ״וּפָקַדְתִּי עֲלֵיהֶם״ מְעַט מִן הֶעָוֹן הַזֶּה עִם שְׁאָר הָעֲוֹנוֹת. וְאֵין פֻּרְעָנוּת בָּאָה עַל יִשְׂרָאֵל שֶׁאֵין בָּהּ קְצָת מִפִּרְעוֹן עֲוֹן הָעֵגֶל:

לה וַיִּגֹּף ה׳ אֶת הָעָם. מִיתָה בִּידֵי שָׁמַיִם לָעֵדִים בְּלֹא הַתְרָאָה.

לג א עָשָׂ֖ה אַהֲרֹֽן׃ וַיְדַבֵּ֨ר יְהוָ֜ה אֶל־מֹשֶׁה֙ לֵ֣ךְ
עֲלֵ֣ה מִזֶּ֔ה אַתָּ֣ה וְהָעָ֔ם אֲשֶׁ֥ר הֶעֱלִ֖יתָ מֵאֶ֣רֶץ מִצְרָ֑יִם
אֶל־הָאָ֗רֶץ אֲשֶׁ֨ר נִשְׁבַּ֜עְתִּי לְאַבְרָהָ֨ם לְיִצְחָ֤ק
ב וּֽלְיַעֲקֹב֙ לֵאמֹ֔ר לְזַרְעֲךָ֖ אֶתְּנֶֽנָּה׃ וְשָׁלַחְתִּ֥י לְפָנֶ֖יךָ
מַלְאָ֑ךְ וְגֵֽרַשְׁתִּ֗י אֶת־הַֽכְּנַעֲנִי֙ הָֽאֱמֹרִ֔י וְהַֽחִתִּי֙
ג וְהַפְּרִזִּ֔י הַחִוִּ֖י וְהַיְבוּסִֽי׃ אֶל־אֶ֛רֶץ זָבַ֥ת חָלָ֖ב וּדְבָ֑שׁ
כִּי֩ לֹ֨א אֶֽעֱלֶ֜ה בְּקִרְבְּךָ֗ כִּ֤י עַם־קְשֵׁה־עֹ֙רֶף֙ אַ֔תָּה
ד פֶּן־אֲכֶלְךָ֖ בַּדָּֽרֶךְ׃ וַיִּשְׁמַ֣ע הָעָ֗ם אֶת־הַדָּבָ֥ר הָרָ֛ע
ה הַזֶּ֖ה וַיִּתְאַבָּ֑לוּ וְלֹא־שָׁ֛תוּ אִ֥ישׁ עֶדְי֖וֹ עָלָֽיו׃ וַיֹּ֨אמֶר
יְהוָ֜ה אֶל־מֹשֶׁ֗ה אֱמֹ֤ר אֶל־בְּנֵֽי־יִשְׂרָאֵל֙ אַתֶּ֣ם עַם־
קְשֵׁה־עֹ֔רֶף רֶ֧גַע אֶחָ֛ד אֶֽעֱלֶ֥ה בְקִרְבְּךָ֖ וְכִלִּיתִ֑יךָ
וְעַתָּ֗ה הוֹרֵ֤ד עֶדְיְךָ֙ מֵֽעָלֶ֔יךָ וְאֵדְעָ֖ה מָ֥ה אֶֽעֱשֶׂה־
ו לָּֽךְ׃ וַיִּֽתְנַצְּל֧וּ בְנֵֽי־יִשְׂרָאֵ֛ל אֶת־עֶדְיָ֖ם מֵהַ֥ר חוֹרֵֽב׃
ז וּמֹשֶׁה֩ יִקַּ֨ח אֶת־הָאֹ֜הֶל וְנָֽטָה־ל֣וֹ ׀ מִח֣וּץ לַֽמַּחֲנֶ֗ה
הַרְחֵק֙ מִן־הַֽמַּחֲנֶ֔ה וְקָ֥רָא ל֖וֹ אֹ֣הֶל מוֹעֵ֑ד וְהָיָה֙
כָּל־מְבַקֵּ֣שׁ יְהוָ֔ה יֵצֵא֙ אֶל־אֹ֣הֶל מוֹעֵ֔ד אֲשֶׁ֖ר מִח֥וּץ
ח לַֽמַּחֲנֶֽה׃ וְהָיָ֗ה כְּצֵ֤את מֹשֶׁה֙ אֶל־הָאֹ֔הֶל יָק֙וּמוּ֙ כָּל־
הָעָ֔ם וְנִ֨צְּב֔וּ אִ֖ישׁ פֶּ֣תַח אָהֳל֑וֹ וְהִבִּ֙יטוּ֙ אַחֲרֵ֣י מֹשֶׁ֔ה
ט עַד־בֹּא֖וֹ הָאֹֽהֱלָה׃ וְהָיָ֗ה כְּבֹ֤א מֹשֶׁה֙ הָאֹ֔הֱלָה יֵרֵד֙
עַמּ֣וּד הֶֽעָנָ֔ן וְעָמַ֖ד פֶּ֣תַח הָאֹ֑הֶל וְדִבֶּ֖ר עִם־מֹשֶֽׁה׃
י וְרָאָ֤ה כָל־הָעָם֙ אֶת־עַמּ֣וּד הֶֽעָנָ֔ן עֹמֵ֖ד פֶּ֣תַח הָאֹ֑הֶל

כי תשא

לג א דַּעֲבַד אַהֲרֹן: וּמַלֵּיל יי עִם מֹשֶׁה אִיזֵיל סַק מִכָּא, אַתְּ וְעַמָּא, דְּאַסֵּיקְתָּא מֵאַרְעָא
ב דְּמִצְרָיִם, לְאַרְעָא, דְּקַיֵּימִית, לְאַבְרָהָם לְיִצְחָק וּלְיַעֲקֹב לְמֵימַר, לִבְנָךְ אֶתְּנִנַּהּ: וְאֶשְׁלַח
קֳדָמָךְ מַלְאֲכָא, וַאֲתָרֵיךְ, יָת כְּנַעֲנָאֵי אֱמוֹרָאֵי, וְחִתָּאֵי וּפְרִזָּאֵי, חִוָּאֵי וִיבוּסָאֵי:
ג לַאֲרַע, עָבְדָא חֲלַב וּדְבָשׁ, אֲרֵי לָא אֲסַלֵּיק שְׁכִינְתִּי מִבֵּינָךְ, אֲרֵי עַם קְשֵׁי קְדָל אַתְּ, דִּלְמָא
ד אֲשֵׁיצֵינָךְ בְּאוֹרְחָא: וּשְׁמַע עַמָּא, יָת פִּתְגָּמָא בִּישָׁא, הָדֵין וְאִתְאַבַּלוּ, וְלָא שַׁווֹ, גְּבַר
ה תִּקּוּן זֵינֵיהּ עֲלוֹהִי: וַאֲמַר יי לְמֹשֶׁה, אֵימַר לִבְנֵי יִשְׂרָאֵל אַתּוּן עַם קְשֵׁי קְדָל, שָׁעָא חֲדָא,
אֲסַלֵּיק שְׁכִינְתִּי מִבֵּינָךְ וַאֲשֵׁיצֵינָךְ, וּכְעַן, אַעְדְּ תִּקּוּן זֵינָךְ מִנָּךְ, גְּלֵי קֳדָמַי מָא אַעֲבֵיד לָךְ:
ו ז וְאַעְדִּיו בְּנֵי יִשְׂרָאֵל, יָת תִּקּוּן זֵינְהוֹן מִטּוּרָא דְּחוֹרֵב: וּמֹשֶׁה נְסֵיב יָת מַשְׁכְּנָא, וּפַרְסֵיהּ לֵיהּ
מִבָּרָא לְמַשְׁרִיתָא, אַרְחֵיק מִן מַשְׁרִיתָא, וְקָרֵי לֵיהּ מַשְׁכַּן בֵּית אֻלְפָנָא, וְהָוֵי כָּל דְּתָבַע
ח אֻלְפָן מִן קֳדָם יי, נָפֵיק לְמַשְׁכַּן בֵּית אֻלְפָנָא, דְּמִבָּרָא לְמַשְׁרִיתָא: וְהָוֵי, כַּד נָפֵיק מֹשֶׁה
לְמַשְׁכְּנָא, קָיְמִין כָּל עַמָּא, וּמִתְעַתְּדִין, גְּבַר בִּתְרַע מַשְׁכְּנֵיהּ, וּמִסְתַּכְּלִין אֲחוֹרֵי מֹשֶׁה, עַד
ט דְּעָלֵיל לְמַשְׁכְּנָא: וְהָוֵי, כַּד עָלֵיל מֹשֶׁה לְמַשְׁכְּנָא, נָחֵית עַמּוּדָא דַּעֲנָנָא, וְקָאֵים בִּתְרַע
י מַשְׁכְּנָא, וּמִתְמַלַּל עִם מֹשֶׁה: וְחָזַן כָּל עַמָּא יָת עַמּוּדָא דַּעֲנָנָא, קָאֵים בִּתְרַע מַשְׁכְּנָא,

פרק לג

א| לֵךְ עֲלֵה מִזֶּה. אֶרֶץ יִשְׂרָאֵל גְּבוֹהָה מִכָּל הָאֲרָצוֹת, לְכָךְ נֶאֱמַר "עֲלֵה". דָּבָר אַחֵר, כְּלַפֵּי שֶׁאָמַר לוֹ בִּשְׁעַת הַכַּעַס: "לֶךְ רֵד" (לעיל לב, ז), אָמַר לוֹ בִּשְׁעַת רָצוֹן: "לֵךְ עֲלֵה": אַתָּה וְהָעָם. כָּאן לֹא נֶאֱמַר 'וְעַמְּךָ':

ב| וְגֵרַשְׁתִּי אֶת הַכְּנַעֲנִי וְגוֹ'. שֵׁשׁ אֻמּוֹת הֵן, וְהַגִּרְגָּשִׁי עָמַד וּפָנָה מִפְּנֵיהֶם מֵאֵלָיו:

ג| אֶל אֶרֶץ זָבַת חָלָב וּדְבָשׁ. אֲנִי אוֹמֵר לְךָ לְהַעֲלוֹתָם: כִּי לֹא אֶעֱלֶה בְּקִרְבְּךָ. לְכָךְ אֲנִי אוֹמֵר לְךָ: "וְשָׁלַחְתִּי לְפָנֶיךָ מַלְאָךְ": כִּי עַם קְשֵׁה עֹרֶף אַתָּה. וּכְשֶׁשְּׁכִינָתִי בְּקִרְבְּכֶם וְאַתֶּם מַמְרִים בִּי מַרְבֶּה אֲנִי עֲלֵיכֶם זַעַם: אֲכֶלְךָ. לְשׁוֹן כִּלָּיוֹן:

ד| הַדָּבָר הָרָע. שֶׁאֵין הַשְּׁכִינָה שׁוֹרָה וּמְהַלֶּכֶת עִמָּם: אִישׁ עֶדְיוֹ. כְּתָרִים שֶׁנִּתְּנוּ לָהֶם בְּחוֹרֵב כְּשֶׁאָמְרוּ: "נַעֲשֶׂה וְנִשְׁמָע" (לעיל כד, ז):

ה| רֶגַע אֶחָד אֶעֱלֶה בְקִרְבְּךָ וְכִלִּיתִיךָ. אִם אֶעֱלֶה בְּקִרְבְּךָ וְאַתֶּם מַמְרִים בִּי בְּקַשְׁיוּת עָרְפְּכֶם, אֶזְעֹם עֲלֵיכֶם רֶגַע אֶחָד – שֶׁהוּא שִׁעוּר זַעְמוֹ, שֶׁנֶּאֱמַר: "חֲבִי כִמְעַט רֶגַע עַד יַעֲבָר זָעַם" (ישעיה כו, כ) – וַאֲכַלֶּה אֶתְכֶם, לְפִיכָךְ טוֹב לָכֶם שֶׁאֶשְׁלַח מַלְאָךְ: וְעַתָּה. פֻּרְעָנוּת זוֹ תִּלְקוּ מִיָּד, שֶׁתּוֹרִידוּ עֶדְיְכֶם מֵעֲלֵיכֶם: וְאֵדְעָה מָה אֶעֱשֶׂה לָּךְ. בְּפִקֻדַּת שְׁאָר הֶעָוֹן אֲנִי יוֹדֵעַ מַה בְּלִבִּי לַעֲשׂוֹת:

ו| אֶת עֶדְיָם מֵהַר חוֹרֵב. אֶת הָעֲדִי שֶׁהָיָה בְּיָדָם מֵהַר חוֹרֵב:

ז| וּמֹשֶׁה. מֵאוֹתוֹ עָוֹן וָהָלְאָה "יִקַּח אֶת הָאֹהֶל", לְשׁוֹן הֹוֶה הוּא, לוֹקֵחַ אָהֳלוֹ וְנוֹטֵהוּ מִחוּץ לַמַּחֲנֶה, אָמַר: מְנֻדֶּה לָרַב מְנֻדֶּה לַתַּלְמִיד: הַרְחֵק. אַלְפַּיִם אַמָּה, כָּעִנְיָן שֶׁנֶּאֱמַר: "אַךְ רָחוֹק יִהְיֶה בֵּינֵיכֶם וּבֵינָו כְּאַלְפַּיִם אַמָּה בַּמִּדָּה" (יהושע ג, ד): וְקָרָא לוֹ. וְהָיָה קוֹרֵא לוֹ "אֹהֶל מוֹעֵד", הוּא בֵּית וַעַד לִמְבַקְשֵׁי תוֹרָה: כָּל מְבַקֵּשׁ ה'. מִכָּאן לִמְבַקֵּשׁ פְּנֵי זָקֵן כִּמְקַבֵּל פְּנֵי שְׁכִינָה: יֵצֵא אֶל אֹהֶל מוֹעֵד. כְּמוֹ 'יוֹצֵא'. דָּבָר אַחֵר, "וְהָיָה כָּל מְבַקֵּשׁ ה'", אֲפִלּוּ מַלְאֲכֵי הַשָּׁרֵת כְּשֶׁהָיוּ שׁוֹאֲלִים מְקוֹם שְׁכִינָה, חַבְרֵיהֶם אוֹמְרִים לָהֶם הֲרֵי הוּא בְּאָהֳלוֹ שֶׁל מֹשֶׁה:

ח| וְהָיָה. לְשׁוֹן הֹוֶה: כְּצֵאת מֹשֶׁה מִן הַמַּחֲנֶה. לָלֶכֶת אֶל הָאֹהֶל: יָקוּמוּ כָּל הָעָם. עוֹמְדִים מִפָּנָיו, וְאֵין יוֹשְׁבִין עַד שֶׁנִּתְכַּסָּה מֵהֶם: וְהִבִּיטוּ אַחֲרֵי מֹשֶׁה. לְשֶׁבַח: אַשְׁרֵי יְלוּד אִשָּׁה שֶׁכָּךְ מֻבְטָח שֶׁהַשְּׁכִינָה תִּכָּנֵס אַחֲרָיו לְפֶתַח אָהֳלוֹ:

ט| וְדִבֶּר עִם מֹשֶׁה. כְּמוֹ וּמְדַבֵּר עִם מֹשֶׁה, וְתַרְגּוּמוֹ: "וּמִתְמַלַּל עִם מֹשֶׁה" שֶׁהוּא כְּבוֹד שְׁכִינָה, כְּמוֹ: "וַיִּשְׁמַע אֶת הַקּוֹל מִדַּבֵּר אֵלָיו" (במדבר ז, פט), וְאֵינוֹ קוֹרֵא 'מְדַבֵּר' אֵלָיו; כְּשֶׁהוּא קוֹרֵא 'מִדַּבֵּר' פִּתְרוֹנוֹ, הַקּוֹל מִדַּבֵּר בֵּינוֹ לְבֵין עַצְמוֹ וְהַהֶדְיוֹט שׁוֹמֵעַ מֵאֵלָיו, וּכְשֶׁהוּא קוֹרֵא 'מְדַבֵּר' מַשְׁמַע שֶׁהַמֶּלֶךְ מְדַבֵּר עִם הַהֶדְיוֹט:

שמות לג

יא וְקָ֤ם כָּל־הָעָם֙ וְהִֽשְׁתַּחֲו֔וּ אִ֖ישׁ פֶּ֣תַח אָהֳל֑וֹ: וְדִבֶּ֨ר יְהֹוָ֤ה אֶל־מֹשֶׁה֙ פָּנִ֣ים אֶל־פָּנִ֔ים כַּאֲשֶׁ֛ר יְדַבֵּ֥ר אִ֖ישׁ אֶל־רֵעֵ֑הוּ וְשָׁב֙ אֶל־הַֽמַּחֲנֶ֔ה וּמְשָׁ֨רְת֜וֹ יְהוֹשֻׁ֤עַ בִּן־נוּן֙ נַ֔עַר לֹ֥א יָמִ֖ישׁ מִתּ֥וֹךְ הָאֹֽהֶל:

שלישי יב וַיֹּ֨אמֶר מֹשֶׁ֜ה אֶל־יְהֹוָ֗ה רְ֠אֵה אַתָּ֞ה אֹמֵ֤ר אֵלַי֙ הַ֚עַל אֶת־הָעָ֣ם הַזֶּ֔ה וְאַתָּה֙ לֹ֣א הֽוֹדַעְתַּ֔נִי אֵ֥ת אֲשֶׁר־תִּשְׁלַ֖ח עִמִּ֑י וְאַתָּ֣ה אָמַ֗רְתָּ יְדַעְתִּ֣יךָֽ בְשֵׁ֔ם וְגַם־מָצָ֥אתָ חֵ֖ן בְּעֵינָֽי: יג וְעַתָּ֡ה אִם־נָא֩ מָצָ֨אתִי חֵ֜ן בְּעֵינֶ֗יךָ הֽוֹדִעֵ֤נִי נָא֙ אֶת־דְּרָכֶ֔ךָ וְאֵדָ֣עֲךָ֔ לְמַ֥עַן אֶמְצָא־חֵ֖ן בְּעֵינֶ֑יךָ וּרְאֵ֕ה כִּ֥י עַמְּךָ֖ הַגּ֥וֹי הַזֶּֽה: יד וַיֹּאמַ֑ר פָּנַ֥י יֵלֵ֖כוּ וַהֲנִחֹ֥תִי לָֽךְ: טו וַיֹּ֖אמֶר אֵלָ֑יו אִם־אֵ֤ין פָּנֶ֨יךָ֙ הֹלְכִ֔ים אַֽל־תַּעֲלֵ֖נוּ מִזֶּֽה: טז וּבַמֶּ֣ה ׀ יִוָּדַ֣ע אֵפ֗וֹא כִּֽי־מָצָ֨אתִי חֵ֤ן בְּעֵינֶ֨יךָ֙ אֲנִ֣י וְעַמֶּ֔ךָ הֲל֖וֹא בְּלֶכְתְּךָ֣ עִמָּ֑נוּ וְנִפְלֵ֨ינוּ֙ אֲנִ֣י וְעַמְּךָ֔ מִכָּ֨ל־הָעָ֔ם אֲשֶׁ֖ר עַל־פְּנֵ֥י הָאֲדָמָֽה:

רביעי יז וַיֹּ֤אמֶר יְהֹוָה֙ אֶל־מֹשֶׁ֔ה גַּ֣ם אֶת־הַדָּבָ֥ר הַזֶּ֛ה אֲשֶׁ֥ר דִּבַּ֖רְתָּ אֶֽעֱשֶׂ֑ה כִּֽי־מָצָ֤אתָ חֵן֙ בְּעֵינַ֔י וָאֵדָעֲךָ֖ בְּשֵֽׁם:

יא) וְדִבֶּר ה' אֶל מֹשֶׁה פָּנִים אֶל פָּנִים. וּמִתְמַלֵּל עִם מֹשֶׁה: וְשָׁב אֶל הַמַּחֲנֶה. לְאַחַר שֶׁנִּדְבָּר עִמּוֹ הָיָה מֹשֶׁה שָׁב אֶל הַמַּחֲנֶה וּמְלַמֵּד לַזְּקֵנִים מַה שֶּׁלָּמַד. וְהַדָּבָר הַזֶּה נָהַג מֹשֶׁה מִיּוֹם הַכִּפּוּרִים עַד

יא) וְהִשְׁתַּחֲוּוּ. לַשְּׁכִינָה:
שֶׁהוּקַם הַמִּשְׁכָּן וְלֹא יוֹתֵר, שֶׁהֲרֵי בְּשִׁבְעָה עָשָׂר בְּתַמּוּז נִשְׁתַּבְּרוּ הַלּוּחוֹת, וּבְשִׁמוֹנָה עָשָׂר שָׂרַף אֶת הָעֵגֶל וְדָן אֶת הַחוֹטְאִים, וּבְתִשְׁעָה עָשָׂר עָלָה, שֶׁנֶּאֱמַר: "וַיְהִי מִמָּחֳרָת וַיֹּאמֶר מֹשֶׁה אֶל הָעָם" וְגוֹ' (לעיל לב, ל), עָשָׂה שָׁם אַרְבָּעִים יוֹם וּבִקֵּשׁ

יא וְקָיְמִין כָּל עַמָּא וְסָגְדִין, גְּבַר בִּתְרַע מַשְׁכְּנֵיהּ: וּמְמַלֵּיל יי עִם מֹשֶׁה מַמְלַל עִם מַמְלַל,
כְּמָא דִימַלֵּיל גְּבְרָא עִם חַבְרֵיהּ, וְתָאֵיב לְמַשְׁרִיתָא, וּמְשֻׁמְשָׁנֵיהּ, יְהוֹשֻׁעַ בַּר נוּן עוּלֵימָא,
יב לָא עָדֵי מִגּוֹ מַשְׁכְּנָא: וַאֲמַר מֹשֶׁה קֳדָם יי, חֲזִי, דְּאַתְּ, אָמַר לִי אַסֵּיק יָת עַמָּא הָדֵין, וְאַתְּ
לָא הוֹדַעְתַּנִי, יָת דְּתִשְׁלַח עִמִּי, וְאַתְּ אֲמַרְתְּ רַבֵּיתָךְ בְּשׁוּם, וְאַף אַשְׁכַּחְתָּא רַחֲמִין קֳדָמָי:
יג וּכְעַן, אִם כְּעַן אַשְׁכַּחִית רַחֲמִין קֳדָמָךְ, הוֹדַעְנִי כְעַן יָת אוֹרַח טוּבָךְ, וְאֶדַּע רַחֲמָךְ, בְּדִיל
יד דְּאַשְׁכַּח רַחֲמִין קֳדָמָךְ, וּגְלֵי קֳדָמָךְ, אֲרֵי עַמָּךְ עַמָּא הָדֵין: וַאֲמַר, שְׁכִינְתִי תְּהָךְ וַאֲנִיחַ
טו טז לָךְ: וַאֲמַר קֳדָמוֹהִי, אִם לֵית שְׁכִינְתָךְ מְהַלְּכָא בֵּינַנָא, לָא תַסְּקִנַּנָא מִכָּא: וּבְמָא יִתְיְדַע
הָכָא, אֲרֵי אַשְׁכַּחִית רַחֲמִין קֳדָמָךְ אֲנָא וְעַמָּךְ, הֲלָא בִּמְהָךְ שְׁכִינְתָךְ עִמַּנָא, וְיִתְעַבְדָן
יז לַנָא פְּרִישָׁן לִי וּלְעַמָּךְ, מִשְּׁנֵי מִכָּל עַמָּא, דְּעַל אַפֵּי אַרְעָא: וַאֲמַר יי לְמֹשֶׁה, אַף יָת
יח פִּתְגָמָא הָדֵין, דְּמַלֵּילְתָּא אַעֲבֵיד, אֲרֵי אַשְׁכַּחְתָּא רַחֲמִין קֳדָמַי, וְרַבֵּיתָךְ בְּשׁוּם: וַאֲמַר,

רַחֲמִים, שֶׁנֶּאֱמַר: "וָאֶתְנַפַּל לִפְנֵי ה'" וְגוֹ' (דברים ט, יח), וּבְרֹאשׁ חֹדֶשׁ אֱלוּל נֶאֱמַר לוֹ: "וְעָלִיתָ בַבֹּקֶר אֶל הַר סִינַי" (להלן לד, ב) לְקַבֵּל לוּחוֹת הָאַחֲרוֹנוֹת, וְעָשָׂה שָׁם אַרְבָּעִים יוֹם, שֶׁנֶּאֱמַר בָּהֶם: "וְאָנֹכִי עָמַדְתִּי בָהָר כַּיָּמִים הָרִאשֹׁנִים" וְגוֹ' (דברים י, י), מָה הָרִאשׁוֹנִים בְּרָצוֹן אַף הָאַחֲרוֹנִים בְּרָצוֹן, אֱמֹר מֵעַתָּה אֶמְצָעִיִּים הָיוּ בְּכַעַס. בַּעֲשָׂרָה בְּתִשְׁרֵי נִתְרַצָּה הַקָּדוֹשׁ בָּרוּךְ הוּא לְיִשְׂרָאֵל בְּשִׂמְחָה וּבְלֵב שָׁלֵם, וְאָמַר לוֹ לְמֹשֶׁה: סָלַחְתִּי כִּדְבָרֶךָ, וּמָסַר לוֹ לוּחוֹת אַחֲרוֹנוֹת, וְיָרַד, וְהִתְחִיל לְצַוּוֹתָם עַל מְלֶאכֶת הַמִּשְׁכָּן, וַעֲשָׂאוּהוּ עַד אֶחָד בְּנִיסָן, וּמִשֶּׁהוּקַם לֹא נִדְבַּר עִמּוֹ עוֹד אֶלָּא מֵאֹהֶל מוֹעֵד: **וְשָׁב אֶל הַמַּחֲנֶה.** תַּרְגּוּמוֹ: "וְתָאֵיב לְמַשְׁרִיתָא" לְפִי שֶׁהוּא לְשׁוֹן הוֶֹה, וְכֵן כָּל הָעִנְיָן: "וְרָאָה כָל הָעָם" (לעיל פסוק י) – "וְחָזַן", "וְנִצְּבוּ" (לעיל פסוק ח) – "וְקָיְמִין", "וְהִבִּיטוּ" (שם) – "וּמִסְתַּכְּלִין", "וְהִשְׁתַּחֲווּ" (לעיל פסוק י) – "וְסָגְדִין". וּמִדְרָשׁוֹ: "וְדִבֶּר ה' אֶל מֹשֶׁה" שֶׁיָּשׁוּב אֶל הַמַּחֲנֶה, אָמַר לוֹ: אֲנִי בְּכַעַס וְאַתָּה בְּכַעַס, אִם כֵּן מִי יְקָרְבֵם?:

יב **רְאֵה אַתָּה אֹמֵר אֵלַי.** רְאֵה, תֵּן עֵינֶיךָ וְלִבְּךָ עַל דְּבָרֶיךָ: אַתָּה אוֹמֵר אֵלַי וְגוֹ' וְאַתָּה לֹא הוֹדַעְתַּנִי וְגוֹ'. שֶׁאָמַרְתָּ לִי: "הִנֵּה אָנֹכִי שֹׁלֵחַ מַלְאָךְ" (לעיל כג, כ), אֵין זוֹ הוֹדָעָה, שֶׁאֵינִי חָפֵץ בּוֹ: **וְאַתָּה אָמַרְתָּ.** הִכַּרְתִּיךָ מִשְּׁאָר בְּנֵי אָדָם בְּשֵׁם חֲשִׁיבוּת, שֶׁהֲרֵי אָמַרְתָּ לִי: "הִנֵּה אָנֹכִי בָּא אֵלֶיךָ בְּעַב הֶעָנָן וְגוֹ' וְגַם בְּךָ יַאֲמִינוּ לְעוֹלָם" (לעיל יט, ט):

יג **וְעַתָּה.** אִם אֱמֶת שֶׁמָּצָאתִי חֵן בְּעֵינֶיךָ: **הוֹדִעֵנִי נָא אֶת דְּרָכֶךָ.** מַה שָּׂכָר אַתָּה נוֹתֵן לְמוֹצְאֵי חֵן בְּעֵינֶיךָ: **וְאֵדָעֲךָ לְמַעַן אֶמְצָא חֵן בְּעֵינֶיךָ.** וְאֵדַע בְּזוֹ מִדַּת תַּגְמוּלְךָ, מַה הִיא מְצִיאַת חֵן שֶׁמָּצָאתִי בְּעֵינֶיךָ. וּפִתְרוֹן "לְמַעַן אֶמְצָא חֵן" – לְמַעַן אַכִּיר כַּמָּה שְׂכַר מְצִיאַת הַחֵן: **וּרְאֵה כִּי עַמְּךָ הַגּוֹי הַזֶּה.** שֶׁלֹּא תֹאמַר: "וְאֶעֱשֶׂה אוֹתְךָ לְגוֹי גָּדוֹל" (לעיל לב, י) וְאֶת אֵלֶּה תַּעֲזֹב, רְאֵה כִּי עַמְּךָ הֵם מִקֶּדֶם, וְאִם בָּהֶם תִּמְאַס, אֵינִי סוֹמֵךְ עַל הַיּוֹצְאִים מֵחֲלָצַי שֶׁיִּתְקַיְּמוּ; וְאֶת תַּשְׁלוּם הַשָּׂכָר שֶׁלִּי בָּעָם הַזֶּה תּוֹדִיעֵנִי. וְרַבּוֹתֵינוּ דְּרָשׁוּהוּ בְּמַסֶּכֶת בְּרָכוֹת (דף ז ע"א), וַאֲנִי לְיַשֵּׁב הַמִּקְרָאוֹת עַל אָפְנֵיהֶם וְעַל סִדְרָם בָּאתִי:

יד **וַיֹּאמַר פָּנַי יֵלֵכוּ.** כְּתַרְגּוּמוֹ. לֹא אֶשְׁלַח עוֹד מַלְאָךְ, אֲנִי בְּעַצְמִי אֵלֵךְ, כְּמוֹ: "וּפָנֶיךָ הֹלְכִים בַּקְרָב" (שמואל ב' יז, יא):

טו **וַיֹּאמֶר אֵלָיו.** בְּזוֹ אֲנִי חָפֵץ, כִּי עַל יְדֵי מַלְאָךְ "אַל תַּעֲלֵנוּ מִזֶּה":

טז **וּבַמֶּה יִוָּדַע אֵפוֹא.** יִוָּדַע מְצִיאַת הַחֵן, "הֲלוֹא בְּלֶכְתְּךָ עִמָּנוּ". וְעוֹד דָּבָר אַחֵר אֲנִי שׁוֹאֵל מִמְּךָ, שֶׁלֹּא תַשְׁרֶה שְׁכִינָתְךָ עוֹד עַל אֻמּוֹת הָעוֹלָם: **וְנִפְלֵינוּ אֲנִי וְעַמְּךָ.** וְנִהְיֶה מֻבְדָּלִים בַּדָּבָר הַזֶּה "מִכָּל הָעָם", כְּמוֹ: "וְהִפְלָה ה' בֵּין מִקְנֵה יִשְׂרָאֵל" וְגוֹ' (לעיל ט, ד):

יז **גַּם אֶת הַדָּבָר הַזֶּה.** שֶׁלֹּא תַשְׁרֶה שְׁכִינָתִי עוֹד עַל אֻמּוֹת הָעוֹלָם, "אֶעֱשֶׂה". וְאֵין דְּבָרָיו שֶׁל בִּלְעָם עַל יְדֵי שְׁרִיַּת שְׁכִינָה, אֶלָּא "נֹפֵל וּגְלוּי עֵינָיִם" (במדבר כד, ד), כְּגוֹן: "וְאֵלַי דָּבָר יְגֻנָּב" (איוב ד, יב), שׁוֹמְעִין עַל יְדֵי שָׁלִיחַ:

כי תשא

יח וַיֹּאמַר הַרְאֵנִי נָא אֶת־כְּבֹדֶךָ׃ וַיֹּאמֶר אֲנִי אַעֲבִיר יט
כָּל־טוּבִי עַל־פָּנֶיךָ וְקָרָאתִי בְשֵׁם יְהוָה לְפָנֶיךָ
וְחַנֹּתִי אֶת־אֲשֶׁר אָחֹן וְרִחַמְתִּי אֶת־אֲשֶׁר אֲרַחֵם׃
כ וַיֹּאמֶר לֹא תוּכַל לִרְאֹת אֶת־פָּנָי כִּי לֹא־יִרְאַנִי
כא הָאָדָם וָחָי׃ וַיֹּאמֶר יְהוָה הִנֵּה מָקוֹם אִתִּי וְנִצַּבְתָּ
כב עַל־הַצּוּר׃ וְהָיָה בַּעֲבֹר כְּבֹדִי וְשַׂמְתִּיךָ בְּנִקְרַת
כג הַצּוּר וְשַׂכֹּתִי כַפִּי עָלֶיךָ עַד־עָבְרִי׃ וַהֲסִרֹתִי אֶת־
כַּפִּי וְרָאִיתָ אֶת־אֲחֹרָי וּפָנַי לֹא יֵרָאוּ׃

חמישי לד א וַיֹּאמֶר יְהוָה אֶל־מֹשֶׁה פְּסָל־לְךָ שְׁנֵי־לֻחֹת אֲבָנִים
כָּרִאשֹׁנִים וְכָתַבְתִּי עַל־הַלֻּחֹת אֶת־הַדְּבָרִים אֲשֶׁר
ב הָיוּ עַל־הַלֻּחֹת הָרִאשֹׁנִים אֲשֶׁר שִׁבַּרְתָּ׃ וֶהְיֵה
נָכוֹן לַבֹּקֶר וְעָלִיתָ בַבֹּקֶר אֶל־הַר סִינַי וְנִצַּבְתָּ
ג לִי שָׁם עַל־רֹאשׁ הָהָר׃ וְאִישׁ לֹא־יַעֲלֶה עִמָּךְ
וְגַם־אִישׁ אַל־יֵרָא בְּכָל־הָהָר גַּם־הַצֹּאן וְהַבָּקָר
ד אַל־יִרְעוּ אֶל־מוּל הָהָר הַהוּא׃ וַיִּפְסֹל שְׁנֵי־לֻחֹת
אֲבָנִים כָּרִאשֹׁנִים וַיַּשְׁכֵּם מֹשֶׁה בַבֹּקֶר וַיַּעַל אֶל־
הַר סִינַי כַּאֲשֶׁר צִוָּה יְהוָה אֹתוֹ וַיִּקַּח בְּיָדוֹ שְׁנֵי

יח) **וַיֹּאמַר הַרְאֵנִי נָא אֶת כְּבֹדֶךָ.** רָאָה מֹשֶׁה שֶׁהָיָה עֵת רָצוֹן וּדְבָרָיו מְקֻבָּלִים, וְהוֹסִיף לִשְׁאֹל לְהַרְאוֹתוֹ מַרְאִית כְּבוֹדוֹ:

יט) **וַיֹּאמֶר אֲנִי אַעֲבִיר וְגוֹ'.** הִגִּיעָה שָׁעָה שֶׁתִּרְאֶה בִּכְבוֹדִי מַה שֶּׁאַרְשֶׁה אוֹתְךָ לִרְאוֹת, לְפִי שֶׁאֲנִי רוֹצֶה וְצָרִיךְ לְלַמֶּדְךָ סֵדֶר תְּפִלָּה, שֶׁכְּשֶׁנִּצְרַכְתָּ לְבַקֵּשׁ רַחֲמִים עַל יִשְׂרָאֵל הִזְכַּרְתָּ לִי זְכוּת אָבוֹת, כִּסָבוּר אַתָּה שֶׁאִם תַּמָּה זְכוּת אָבוֹת אֵין עוֹד

יט אַחְזֵינִי כְעַן יָת יְקָרָךְ: וַאֲמַר, אֲנָא אֶעְבַּר כָּל טוּבִי עַל אַפָּךְ, וְאֶקְרֵי בִשְׁמָא דַיְיָ קֳדָמָךְ,
כ וְאֶחוֹן לְמַאן דַּאֲחוֹן, וַאֲרַחֵים עַל מַאן דַּאֲרַחֵים: וַאֲמַר, לָא תִכּוֹל לְמִחְזֵי יָת אַפֵּי
כא שְׁכִינְתִי, אֲרֵי, לָא יְחֶזֵינַנִי אֱנָשָׁא וְיִתְקַיַּם: וַאֲמַר יְיָ, הָא אֲתַר מְתַקַּן קֳדָמָי, וְתִתְעַתַּד
כב עַל טִנָּרָא: וִיהֵי בְּמִעְבַּר יְקָרִי, וַאֲשַׁוֵּינָךְ בִּמְעָרַת טִנָּרָא, וְאַגֵּין בְּמֵימְרִי, עֲלָךְ עַד דְּאֶעְבַּר:
לד כג א וְאֶעְדֵּי יָת דִּבְרַת יְקָרִי, וְתִחְזֵי יָת דִּבַתְרָי, וְדִקֳדָמַי לָא יִתַּחְזוֹן: וַאֲמַר יְיָ לְמֹשֶׁה, פְּסָל
לָךְ, תְּרֵין לוּחֵי אַבְנַיָּא כְּקַדְמָאֵי, וְאֶכְתּוֹב עַל לוּחַיָּא, יָת פִּתְגָמַיָּא, דַּהֲווֹ, עַל לוּחַיָּא
ב קַדְמָאֵי דְּתַבַּרְתָּא: וֶהֱוֵי זְמִין לְצַפְרָא, וְתִסַּק בְּצַפְרָא לְטוּרָא דְסִינַי, וְתִתְעַתַּד קֳדָמַי,
ג תַּמָּן עַל רֵישׁ טוּרָא: וֶאֱנָשׁ לָא יִסַּק עִמָּךְ, וְאַף אֱנָשׁ לָא יִתַּחְזֵי בְּכָל טוּרָא, אַף עָנָא
ד וְתוֹרֵי לָא יִרְעוֹן, לָקֳבֵיל טוּרָא הַהוּא: וּפְסַל, תְּרֵין לוּחֵי אַבְנַיָּא כְּקַדְמָאֵי, וְאַקְדֵּים
מֹשֶׁה בְּצַפְרָא וּסְלֵיק לְטוּרָא דְסִינַי, כְּמָא דְפַקֵּיד יְיָ יָתֵיהּ, וּנְסֵיב בִּידֵיהּ, תְּרֵין

תִּקְוָה, אֲנִי מַעֲבִיר כָּל מִדַּת טוּבִי לְפָנֶיךָ עַל הַצּוּר וְאַתָּה נָתוּן בַּמְּעָרָה: וְקָרָאתִי בְשֵׁם ה' לְפָנֶיךָ. לְלַמֶּדְךָ סֵדֶר בַּקָּשַׁת רַחֲמִים אַף אִם תִּכְלֶה זְכוּת אָבוֹת, וּכְסֵדֶר שֶׁאַתָּה רוֹאֶה אוֹתִי מְעֻטָּף וְקוֹרֵא שְׁלֹשׁ עֶשְׂרֵה מִדּוֹת הֱוֵי מְלַמֵּד אֶת יִשְׂרָאֵל לַעֲשׂוֹת כֵּן, וְעַל יְדֵי שֶׁיַּזְכִּירוּ לְפָנַי 'רַחוּם וְחַנּוּן', כִּי רַחֲמַי לֹא כָלִים: וְחַנֹּתִי אֶת אֲשֶׁר אָחֹן. אוֹתָן פְּעָמִים שֶׁאֶרְצֶה לָחֹן: וְרִחַמְתִּי. עֵת שֶׁאֶחְפֹּץ לְרַחֵם. עַד כָּאן לֹא הִבְטִיחוֹ אֶלָּא עִתִּים אֶעֱנֶה עִתִּים לֹא אֶעֱנֶה, אֲבָל בִּשְׁעַת מַעֲשֶׂה אָמַר לוֹ: "הִנֵּה אָנֹכִי כֹּרֵת בְּרִית" (להלן לד, י), הִבְטִיחוֹ שֶׁאֵינָן חוֹזְרוֹת רֵיקָם:

כ] וַיֹּאמֶר לֹא תוּכַל וְגוֹ'. אַף כְּשֶׁאַעֲבִיר כָּל טוּבִי עַל פָּנֶיךָ, אֵינִי נוֹתֵן לְךָ רְשׁוּת לִרְאוֹת אֶת פָּנַי:

כא] הִנֵּה מָקוֹם אִתִּי. בָּהָר אֲשֶׁר אֲנִי מְדַבֵּר עִמְּךָ תָּמִיד, יֵשׁ מָקוֹם מוּכָן לִי לְצָרְכְּךָ שֶׁאַטְמִינְךָ שָׁם שֶׁלֹּא תִּזֹּק, וּמִשָּׁם תִּרְאֶה מַה שֶּׁתִּרְאֶה, זֶהוּ פְּשׁוּטוֹ. וּמִדְרָשׁוֹ, עַל מָקוֹם שֶׁהַשְּׁכִינָה שָׁם מְדַבֵּר, וְאוֹמֵר 'הַמָּקוֹם אִתִּי' וְאֵינוֹ אוֹמֵר 'אֲנִי בַּמָּקוֹם', שֶׁהַקָּדוֹשׁ בָּרוּךְ הוּא מְקוֹמוֹ שֶׁל עוֹלָם וְאֵין עוֹלָמוֹ מְקוֹמוֹ:

כב] בַּעֲבֹר כְּבֹדִי. כְּשֶׁאֶעֱבֹר לְפָנֶיךָ: בְּנִקְרַת הַצּוּר. כְּמוֹ: "הַעֵינֵי הָאֲנָשִׁים הָהֵם תְּנַקֵּר" (במדבר טז, יד), "יִקְּרוּהָ עֹרְבֵי נַחַל" (משלי ל, יז), "אֲנִי קַרְתִּי וְשָׁתִיתִי מָיִם" (ישעיה לז, כה), גִּזְרָה אַחַת לָהֶם: נִקְרַת הַצּוּר. כְּרִיַּת הַצּוּר: וְשַׂכֹּתִי כַפִּי. מִכָּאן שֶׁנִּתְּנָה רְשׁוּת לַמְחַבְּלִים לְחַבֵּל, וְתַרְגּוּמוֹ: "וְאַגֵּין בְּמֵימְרִי", כִּנּוּי הוּא לְדֶרֶךְ כָּבוֹד שֶׁל מַעְלָה, שֶׁאֵינוֹ צָרִיךְ לְסוֹכֵךְ עָלָיו בְּכַף מַמָּשׁ:

כג] וַהֲסִרֹתִי אֶת כַּפִּי. "וְאַעְדֵּי יָת דִּבְרַת יְקָרִי", כְּשֶׁאֲסַלֵּק הַנְהָגַת כְּבוֹדִי מִכְּנֶגֶד פָּנֶיךָ לָלֶכֶת מִשָּׁם וּלְהַלָּן: וְרָאִיתָ אֶת אֲחֹרָי. הֶרְאָהוּ קֶשֶׁר שֶׁל תְּפִלִּין:

פרק לד

א] פְּסָל לְךָ. הֶרְאָהוּ מַחְצַב סַנְפִּירִינוֹן מִתּוֹךְ אָהֳלוֹ, וְאָמַר לוֹ: הַפְּסֹלֶת יִהְיֶה שֶׁלְּךָ, וּמִשָּׁם נִתְעַשֵּׁר מֹשֶׁה הַרְבֵּה: פְּסָל לְךָ. אַתָּה שִׁבַּרְתָּ הָרִאשׁוֹנוֹת, אַתָּה "פְּסָל לְךָ" אֲחֵרוֹת. מָשָׁל לְמֶלֶךְ שֶׁהָלַךְ לִמְדִינַת הַיָּם וְהִנִּיחַ אֲרוּסָתוֹ עִם הַשְּׁפָחוֹת. מִתּוֹךְ קִלְקוּל הַשְּׁפָחוֹת יָצָא עָלֶיהָ שֵׁם רָע. עָמַד שׁוֹשְׁבִינָהּ וְקָרַע כְּתֻבָּתָהּ, אָמַר: אִם יֹאמַר הַמֶּלֶךְ לְהָרְגָהּ, אֹמַר לוֹ: עֲדַיִן אֵינָהּ אִשְׁתְּךָ. בָּדַק הַמֶּלֶךְ וּמָצָא שֶׁלֹּא הָיָה הַקִּלְקוּל אֶלָּא מִן הַשְּׁפָחוֹת, נִתְרַצָּה לָהּ. אָמַר לוֹ שׁוֹשְׁבִינָהּ: כְּתֹב לָהּ כְּתֻבָּה אַחֶרֶת, שֶׁנִּקְרְעָה הָרִאשׁוֹנָה. אָמַר לוֹ הַמֶּלֶךְ: אַתָּה קָרַעְתָּ אוֹתָהּ, אַתָּה קְנֵה לְךָ נְיָר אַחֵר וַאֲנִי אֶכְתֹּב לָהּ בִּכְתַב יָדִי. כָּךְ הַמֶּלֶךְ זֶה הַקָּדוֹשׁ בָּרוּךְ הוּא, הַשְּׁפָחוֹת אֵלּוּ עֵרֶב רַב, וְהַשּׁוֹשְׁבִין זֶה מֹשֶׁה. לְכָךְ נֶאֱמַר: "פְּסָל לְךָ":

ב] נָכוֹן. מְזֻמָּן:

ג] וְאִישׁ לֹא יַעֲלֶה עִמָּךְ. הָרִאשׁוֹנוֹת עַל יְדֵי שֶׁהָיוּ בִּתְשׁוּאוֹת וְקוֹלוֹת וְקוֹלוֹת וּקְהִלָּה, שָׁלְטָה בָּהֶן עַיִן רָעָה, אֵין לְךָ יָפֶה מִן הַצְּנִיעוּת:

לֻחֹ֥ת אֲבָנִֽים׃ וַיֵּ֤רֶד יְהוָה֙ בֶּֽעָנָ֔ן וַיִּתְיַצֵּ֥ב עִמּ֖וֹ ה
שָׁ֑ם וַיִּקְרָ֥א בְשֵׁ֖ם יְהוָֽה׃ וַיַּעֲבֹ֨ר יְהוָ֥ה ׀ עַל־ ו
פָּנָיו֮ וַיִּקְרָא֒ יְהוָ֣ה ׀ יְהוָ֔ה אֵ֥ל רַח֖וּם וְחַנּ֑וּן אֶ֥רֶךְ
אַפַּ֖יִם וְרַב־חֶ֥סֶד וֶאֱמֶֽת׃ נֹצֵ֥ר חֶ֙סֶד֙ לָאֲלָפִ֔ים ז
נֹשֵׂ֥א עָוֺ֛ן וָפֶ֖שַׁע וְחַטָּאָ֑ה וְנַקֵּה֙ לֹ֣א יְנַקֶּ֔ה
פֹּקֵ֣ד ׀ עֲוֺ֣ן אָב֗וֹת עַל־בָּנִים֙ וְעַל־בְּנֵ֣י בָנִ֔ים
עַל־שִׁלֵּשִׁ֖ים וְעַל־רִבֵּעִֽים׃ וַיְמַהֵ֖ר מֹשֶׁ֑ה וַיִּקֹּ֥ד ח
אַ֖רְצָה וַיִּשְׁתָּֽחוּ׃ וַיֹּ֡אמֶר אִם־נָא֩ מָצָ֨אתִי חֵ֤ן ט
בְּעֵינֶ֙יךָ֙ אֲדֹנָ֔י יֵֽלֶךְ־נָ֥א אֲדֹנָ֖י בְּקִרְבֵּ֑נוּ כִּ֤י עַם־
קְשֵׁה־עֹ֙רֶף֙ ה֔וּא וְסָלַחְתָּ֛ לַעֲוֺנֵ֥נוּ וּלְחַטָּאתֵ֖נוּ
וּנְחַלְתָּֽנוּ׃ וַיֹּ֗אמֶר הִנֵּ֣ה אָנֹכִי֮ כֹּרֵ֣ת בְּרִית֒ נֶ֤גֶד י ששי
כָּל־עַמְּךָ֙ אֶעֱשֶׂ֣ה נִפְלָאֹ֔ת אֲשֶׁ֛ר לֹא־נִבְרְא֥וּ
בְכָל־הָאָ֖רֶץ וּבְכָל־הַגּוֹיִ֑ם וְרָאָ֣ה כָל־הָ֠עָם
אֲשֶׁר־אַתָּ֨ה בְקִרְבּ֜וֹ אֶת־מַעֲשֵׂ֤ה יְהוָה֙ כִּֽי־
נוֹרָ֣א ה֔וּא אֲשֶׁ֥ר אֲנִ֖י עֹשֶׂ֥ה עִמָּֽךְ׃ שְׁמָ֨ר־ יא
לְךָ֔ אֵ֛ת אֲשֶׁ֥ר אָנֹכִ֖י מְצַוְּךָ֣ הַיּ֑וֹם הִנְנִ֧י גֹרֵ֣שׁ
מִפָּנֶ֗יךָ אֶת־הָֽאֱמֹרִי֙ וְהַֽכְּנַעֲנִ֔י וְהַֽחִתִּי֙ וְהַפְּרִזִּ֔י
וְהַֽחִוִּ֖י וְהַיְבוּסִֽי׃ הִשָּׁ֣מֶר לְךָ֗ פֶּן־תִּכְרֹ֤ת בְּרִית֙ יב
לְיוֹשֵׁ֣ב הָאָ֔רֶץ אֲשֶׁ֥ר אַתָּ֖ה בָּ֣א עָלֶ֑יהָ פֶּן־
יִהְיֶ֥ה לְמוֹקֵ֖שׁ בְּקִרְבֶּֽךָ׃ כִּ֤י אֶת־מִזְבְּחֹתָם֙ יג
תִּתֹּצ֔וּן וְאֶת־מַצֵּבֹתָ֖ם תְּשַׁבֵּר֑וּן וְאֶת־אֲשֵׁרָ֖יו

מצוה קיא
איסור אכילה ושתייה מתקרובת עבודה זרה

יד תִּכְרֹתוּן׃ כִּי לֹא תִשְׁתַּחֲוֶה לְאֵל אַחֵר כִּי
טו יְהוָה קַנָּא שְׁמוֹ אֵל קַנָּא הוּא׃ פֶּן־תִּכְרֹת

ה ו לוּחֵי אַבְנַיָּא: וְאִתְגְּלִי יְיָ בַּעֲנָנָא, וְאִתְעַתַּד עִמֵּיהּ תַּמָּן, וּקְרָא בִשְׁמָא דַּייָ: וְאַעְבַּר יְיָ שְׁכִינְתֵּיהּ
ז עַל אַפּוֹהִי וּקְרָא, יְיָ יְיָ, אֱלָהָא רַחֲמָנָא וְחַנָּנָא, מַרְחִיק רְגַז וּמַסְגֵּי לְמֶעְבַּד טָבְוָן וּקְשׁוֹט: נָטֵיר
טֵיבוּ לְאַלְפֵי דָרִין, שָׁבֵיק לַעֲוָיָן, וְלִמְרוֹד וּלְחוֹבִין, סָלַח לְדְתָיְבִין לְאוֹרַיְתֵיהּ וּלְדְלָא תָיְבִין לָא
ח מְזַכֵּי, מַסְעַר חוֹבֵי אֲבָהָן, עַל בְּנִין וְעַל בְּנֵי בְנִין מָרָדִין, עַל דָּר תְּלִיתַאי וְעַל דָּר רְבִיעַי: וְאוֹחִי
ט מֹשֶׁה, וּכְרַע עַל אַרְעָא וּסְגֵיד: וַאֲמַר, אִם כְּעַן אַשְׁכַּחִית רַחֲמִין קֳדָמָךְ יְיָ, תְּהָךְ כְּעַן שְׁכִינְתָּא
י דַּייָ בֵּינַנָא, אֲרֵי עַם קְשֵׁי קְדָל הוּא, וְתִשְׁבּוֹק, לְחוֹבַנָא וּלְחַטָּאַנָא וְתַחְסְנִנַּנָא: וַאֲמַר, הָא
אֲנָא גָּזַר קְיָם, קֳדָם כָּל עַמָּךְ אַעֲבֵיד פְּרִישָׁן, דְּלָא אִתְבְּרִיאוּ בְּכָל אַרְעָא וּבְכָל עַמְמַיָּא,
יא וְיִחְזֵי כָל עַמָּא, דְּאַתְּ בֵּינֵיהוֹן, יָת עוּבָדָא דַּייָ אֲרֵי דְחִיל הוּא, דַּאֲנָא עָבֵיד עִמָּךְ: טַר לָךְ, יָת
דַּאֲנָא מְפַקֵּיד לָךְ יוֹמָא דֵין, הָאֲנָא מְתָרֵיךְ מִן קֳדָמָךְ, יָת אֱמוֹרָאֵי וּכְנַעֲנָאֵי, וְחִתָּאֵי וּפְרִזָּאֵי,
יב וְחִוָּאֵי וִיבוּסָאֵי: אִסְתְּמַר לָךְ, דִּלְמָא תִגְזַר קְיָם לְיָתֵיב אַרְעָא, דְּאַתְּ עָלֵיל עֲלַהּ, דִּלְמָא יְהֵי
יג לְתַקְלָא בֵּינָךְ: אֲרֵי יָת אֵיגוֹרֵיהוֹן תְּתָרְעוּן, וְיָת קָמָתְהוֹן תְּתַבְּרוּן, וְיָת אֲשֵׁירֵיהוֹן תְּקַצְּצוּן:
יד טו אֲרֵי, לָא תִסְגּוֹד לְטָעֲוַת עַמְמַיָּא, אֲרֵי יְיָ קַנָּא שְׁמֵיהּ, אֵל קַנָּא הוּא: דִּלְמָא תִגְזַר

ה| וַיִּקְרָא בְשֵׁם ה׳. מְתַרְגְּמִינַן: "וּקְרָא בִשְׁמָא דַה'":

ו| ה׳ ה׳. הוּא מִדַּת רַחֲמִים, אַחַת קֹדֶם שֶׁיֶּחֱטָא וְאַחַת לְאַחַר שֶׁיֶּחֱטָא וְיָשׁוּב: אֵל. אַף זוֹ מִדַּת רַחֲמִים, וְכֵן הוּא אוֹמֵר: "אֵלִי אֵלִי לָמָה עֲזַבְתָּנִי" (תהלים כב, ב), וְאֵין לוֹמַר לְמִדַּת הַדִּין: "לָמָה עֲזַבְתָּנִי". כָּךְ מָצָאתִי בַּמְּכִילְתָּא (שירה ג, טו, ב): אֶרֶךְ אַפַּיִם. מַאֲרִיךְ אַפּוֹ וְאֵינוֹ מְמַהֵר לִפָּרַע, שֶׁמָּא יַעֲשֶׂה תְּשׁוּבָה: וְרַב חֶסֶד. לִצְרִיכֵי חֶסֶד, שֶׁאֵין לָהֶם זְכֻיּוֹת כָּל כָּךְ: וֶאֱמֶת. לְשַׁלֵּם שָׂכָר טוֹב לְעוֹשֵׂי רְצוֹנוֹ:

ז| נֹצֵר חֶסֶד. שֶׁהָאָדָם עוֹשֶׂה לְפָנָיו: לָאֲלָפִים. לִשְׁנֵי אֲלָפִים דּוֹרוֹת. 'עֲוֹנוֹת' אֵלּוּ הַזְּדוֹנוֹת, 'פְּשָׁעִים' אֵלּוּ הַמְּרָדִים שֶׁאָדָם עוֹשֶׂה לְהַכְעִיס: וְנַקֵּה לֹא יְנַקֶּה. לְפִי פְּשׁוּטוֹ מַשְׁמָע שֶׁאֵינוֹ מְוַתֵּר עַל הֶעָוֹן לְגַמְרֵי, אֶלָּא נִפְרָע מִמֶּנּוּ מְעַט מְעַט. וְרַבּוֹתֵינוּ דָּרְשׁוּ, "מְנַקֶּה" הוּא לַשָּׁבִים "וְלֹא יְנַקֶּה" לְשֶׁאֵינָן שָׁבִים: פֹּקֵד עֲוֹן אָבוֹת עַל בָּנִים. כְּשֶׁאוֹחֲזִים מַעֲשֵׂה אֲבוֹתֵיהֶם בִּידֵיהֶם, שֶׁכְּבָר פֵּרַשׁ בְּמִקְרָא אַחֵר "לְשֹׂנְאָי" (לעיל כ, ה): וְעַל רִבֵּעִים. דּוֹר רְבִיעִי. נִמְצֵאת מִדָּה טוֹבָה מְרֻבָּה עַל מִדַּת פֻּרְעָנוּת אַחַת לַחֲמֵשׁ מֵאוֹת, שֶׁבְּמִדָּה טוֹבָה הוּא אוֹמֵר: "נֹצֵר חֶסֶד לַאֲלָפִים":

ח| וַיְמַהֵר מֹשֶׁה. כְּשֶׁרָאָה מֹשֶׁה שְׁכִינָה עוֹבֶרֶת וְשָׁמַע קוֹל הַקְּרִיאָה, מִיָּד "וַיִּשְׁתָּחוּ":

ט| יֵלֶךְ נָא ה׳ בְּקִרְבֵּנוּ. כְּמוֹ שֶׁהִבְטַחְתָּ, מֵאַחַר שֶׁאַתָּה נוֹשֵׂא עָוֹן, וְאִם "עַם קְשֵׁה עֹרֶף הוּא" וְיַמְרוּ בְּךָ וְאָמַרְתָּ עַל זֹאת: "פֶּן אֲכֶלְךָ בַּדָּרֶךְ" (לעיל לג, ג) – אַתָּה תִסְלַח "לַעֲוֹנֵנוּ" וְגוֹ׳. יֵשׁ 'כִּי' בִּמְקוֹם 'אִם': וּנְחַלְתָּנוּ. וְתִתְּנֵנוּ לְךָ לְנַחֲלָה מְיֻחֶדֶת. זוֹ הִיא בַּקָּשַׁת "וְנִפְלֵינוּ אֲנִי וְעַמְּךָ" (שם פסוק טז), שֶׁלֹּא תַשְׁרֶה שְׁכִינָתְךָ עַל הָאֻמּוֹת:

י| כֹּרֵת בְּרִית. עַל זֹאת: אֶעֱשֶׂה נִפְלָאֹת. לְשׁוֹן "וְנִפְלֵינוּ", שֶׁתִּהְיוּ מֻבְדָּלִים בָּזוֹ מִכָּל הָאֻמּוֹת, שֶׁלֹּא תִשְׁרֶה שְׁכִינָתִי עֲלֵיהֶם:

יא| אֶת הָאֱמֹרִי וְגוֹ׳. שֵׁשׁ אֻמּוֹת יֵשׁ כָּאן, כִּי הַגִּרְגָּשִׁי עָמַד וּפָנָה מִפְּנֵיהֶם:

יג| אֲשֵׁרָיו. הוּא אִילָן שֶׁעוֹבְדִים אוֹתוֹ:

יד| קַנָּא שְׁמוֹ. מְקַנֵּא לִפָּרַע וְאֵינוֹ מְוַתֵּר, וְזֶהוּ כָּל לְשׁוֹן קִנְאָה, אוֹחֵז בְּנִצְחוֹנוֹ וּפוֹרֵעַ מֵעוֹזְבָיו:

בְּרִית לְיוֹשֵׁב הָאָרֶץ וְזָנוּ ׀ אַחֲרֵי אֱלֹהֵיהֶם וְזָבְחוּ
טז לֵאלֹהֵיהֶם וְקָרָא לְךָ וְאָכַלְתָּ מִזִּבְחוֹ׃ וְלָקַחְתָּ
מִבְּנֹתָיו לְבָנֶיךָ וְזָנוּ בְנֹתָיו אַחֲרֵי אֱלֹהֵיהֶן וְהִזְנוּ
יז אֶת־בָּנֶיךָ אַחֲרֵי אֱלֹהֵיהֶן׃ אֱלֹהֵי מַסֵּכָה לֹא תַעֲשֶׂה־
★ יח לָּךְ׃ אֶת־חַג הַמַּצּוֹת תִּשְׁמֹר שִׁבְעַת יָמִים תֹּאכַל
מַצּוֹת אֲשֶׁר צִוִּיתִךָ לְמוֹעֵד חֹדֶשׁ הָאָבִיב כִּי בְּחֹדֶשׁ
יט הָאָבִיב יָצָאתָ מִמִּצְרָיִם׃ כָּל־פֶּטֶר רֶחֶם לִי וְכָל־
כ מִקְנְךָ תִּזָּכָר פֶּטֶר שׁוֹר וָשֶׂה׃ וּפֶטֶר חֲמוֹר תִּפְדֶּה
בְשֶׂה וְאִם־לֹא תִפְדֶּה וַעֲרַפְתּוֹ כֹּל בְּכוֹר בָּנֶיךָ
★ כא תִּפְדֶּה וְלֹא־יֵרָאוּ פָנַי רֵיקָם׃ שֵׁשֶׁת יָמִים תַּעֲבֹד
וּבַיּוֹם הַשְּׁבִיעִי תִּשְׁבֹּת בֶּחָרִישׁ וּבַקָּצִיר תִּשְׁבֹּת׃ מצווה קיב מצוות שביתת הארץ בשמיטה
כב וְחַג שָׁבֻעֹת תַּעֲשֶׂה לְךָ בִּכּוּרֵי קְצִיר חִטִּים וְחַג
כג הָאָסִיף תְּקוּפַת הַשָּׁנָה׃ שָׁלֹשׁ פְּעָמִים בַּשָּׁנָה יֵרָאֶה
כָּל־זְכוּרְךָ אֶת־פְּנֵי הָאָדֹן ׀ יְהוָה אֱלֹהֵי יִשְׂרָאֵל׃
כד כִּי־אוֹרִישׁ גּוֹיִם מִפָּנֶיךָ וְהִרְחַבְתִּי אֶת־גְּבֻלֶךָ וְלֹא־
יַחְמֹד אִישׁ אֶת־אַרְצְךָ בַּעֲלֹתְךָ לֵרָאוֹת אֶת־פְּנֵי
כה יְהוָה אֱלֹהֶיךָ שָׁלֹשׁ פְּעָמִים בַּשָּׁנָה׃ לֹא־תִשְׁחַט

טו-טז] וְאָכַלְתָּ מִזִּבְחוֹ. כִּסְבוּר אַתָּה שֶׁאֵין עֹנֶשׁ בַּאֲכִילָתוֹ, וַאֲנִי מַעֲלֶה עָלֶיךָ כְּמוֹדֶה בַּעֲבוֹדָתָם, שֶׁמִּתּוֹךְ כָּךְ אַתָּה בָּא וְלוֹקֵחַ "מִבְּנֹתָיו לְבָנֶיךָ":
יח] חֹדֶשׁ הָאָבִיב. חֹדֶשׁ הַבִּכִּיר, שֶׁהַתְּבוּאָה מִתְבַּכֶּרֶת בְּבִשּׁוּלָהּ:

יט] כָּל פֶּטֶר רֶחֶם לִי. בָּאָדָם: וְכָל מִקְנְךָ תִּזָּכָר וְגוֹ'. וְכָל מִקְנְךָ אֲשֶׁר תִּזָּכָר בְּפֶטֶר שׁוֹר וָשֶׂה, אֲשֶׁר יִפְטֹר זָכָר אֶת רַחְמָהּ. 'פֶּטֶר' לְשׁוֹן פְּתִיחָה, וְכֵן: "פּוֹטֵר מַיִם רֵאשִׁית מָדוֹן" (משלי יז, יד). תָּיו שֶׁל "תִּזָּכָר" לְשׁוֹן נְקֵבָה הִיא, מוּסָב עַל הַיּוֹלֶדֶת:

לד כי תשא

קְיָם לְיָתֵיב אַרְעָא, וְיִטְעוֹן בָּתַר טָעֲוָתְהוֹן, וִידַבְּחוּן לְטָעֲוָתְהוֹן, וְיִקְרוֹן לָךְ, וְתֵיכוֹל
טז מִדִּבְחֵיהוֹן: וְתִסַּב מִבְּנָתְהוֹן לִבְנָךְ, וְיִטְעוֹן בְּנָתְהוֹן, בָּתַר טָעֲוָתְהוֹן, וְיַטְעְיָן יָת בְּנָךְ, בָּתַר
יז יח טָעֲוָתְהוֹן: דַּחֲלָן דְּמַתְּכָא לָא תַעֲבֵיד לָךְ: יָת חַגָּא דְפַטִּירַיָּא תִּטַּר, שִׁבְעָא יוֹמִין, תֵּיכוֹל
יט פַּטִּירָא דְּפַקֵּידְתָּךְ, לִזְמַן יַרְחָא דַאֲבִיבָא, אֲרֵי בְּיַרְחָא דַאֲבִיבָא, נְפַקְתָּא מִמִּצְרָיִם: כָּל פָּתַח
כ וַלְדָּא דִּילִי הוּא, וְכָל בְּעִירָךְ דִּכְרִין תַּקְדֵּישׁ, בְּכוֹר תּוֹר וְאִמַּר: וּבְכַרָא דִּחְמָרָא תִּפְרוֹק
כא בְּאִמְּרָא, וְאִם לָא תִפְרוֹק וְתִקְפֵיהּ, כָּל בֻּכְרָא דִבְנָךְ תִּפְרוֹק, וְלָא יִתַּחְזוֹן קֳדָמַי רֵיקָנִין: שִׁתָּא
כב יוֹמִין תִּפְלַח, וּבְיוֹמָא שְׁבִיעָאָה תְּנוּחַ, בִּזְרוּעָא וּבַחֲצָדָא תְנוּחַ: וְחַגָּא דְשָׁבוּעַיָּא תַּעֲבֵיד לָךְ,
כג בִּכּוּרֵי חֲצַד חִטִּין, וְחַגָּא דִכְנָשָׁא, בְּמַפְּקַהּ דְּשַׁתָּא: תְּלָת זִמְנִין בְּשַׁתָּא, יִתַּחְזוֹן כָּל דְּכוּרָךְ,
כד קֳדָם רִבּוֹן עָלְמָא יי אֱלָהָא דְיִשְׂרָאֵל: אֲרֵי אֲתָרֵיךְ עַמְמִין מִן קֳדָמָךְ, וְאַפְתֵּי יָת תְּחוּמָךְ, וְלָא
כה יַחְמֵיד אֱנָשׁ יָת אַרְעָךְ, בְּמִסְּקָךְ, לְאִתַּחֲזָאָה קֳדָם יי אֱלָהָךְ, תְּלָת זִמְנִין בְּשַׁתָּא: לָא תִכּוֹס

כ) **וּפֶטֶר חֲמוֹר.** וְלֹא שְׁאָר בְּהֵמָה טְמֵאָה: **תִּפְדֶּה בְשֶׂה.** נוֹתֵן שֶׂה לַכֹּהֵן וְהוּא חֻלִּין בְּיַד כֹּהֵן, וּפֶטֶר חֲמוֹר מֻתָּר בַּעֲבוֹדָה לַבְּעָלִים: **וַעֲרַפְתּוֹ.** עוֹרְפוֹ בְּקוֹפִיץ. הוּא הִפְסִיד מָמוֹן כֹּהֵן, לְפִיכָךְ יְפַסֵּד מָמוֹנוֹ: **כֹּל בְּכוֹר בָּנֶיךָ תִּפְדֶּה.** חֲמִשָּׁה סְלָעִים פִּדְיוֹנוֹ קָצוּב, שֶׁנֶּאֱמַר: "וּפְדוּיָו מִבֶּן חֹדֶשׁ תִּפְדֶּה" וְגוֹ' (במדבר יח, טז): **וְלֹא יֵרָאוּ פָנַי רֵיקָם.** לְפִי פְּשׁוּטוֹ שֶׁל מִקְרָא דָּבָר בִּפְנֵי עַצְמוֹ הוּא וְאֵינוֹ מוּסָב עַל הַבְּכוֹר, שֶׁאֵין בְּמִצְוַת בְּכוֹר רְאִיַּת פָּנִים, אֶלָּא אַזְהָרָה אַחֶרֶת הִיא: וּכְשֶׁתַּעֲלוּ לָרֶגֶל לֵרָאוֹת "לֹא יֵרָאוּ פָנַי רֵיקָם", מִצְוָה עֲלֵיכֶם לְהָבִיא עוֹלַת רְאִיַּת פָּנִים. וּלְפִי מִדְרַשׁ בָּרַיְתָא, מִקְרָא יָתֵר הוּא וּמֻפְנֶה לִגְזֵרָה שָׁוָה, לְלַמֵּד עַל הַעֲנָקָתוֹ שֶׁל עֶבֶד עִבְרִי שֶׁהוּא חֲמִשָּׁה סְלָעִים מִכָּל מִין וָמִין כְּפִדְיוֹן בְּכוֹר. בְּמַסֶּכֶת קִדּוּשִׁין (דף יז ע"א):

כא) **בֶּחָרִישׁ וּבַקָּצִיר תִּשְׁבֹּת.** לָמָּה נִזְכַּר חָרִישׁ וְקָצִיר? יֵשׁ מֵרַבּוֹתֵינוּ אוֹמְרִים: עַל חָרִישׁ שֶׁל עֶרֶב שְׁבִיעִית הַנִּכְנָס לִשְׁבִיעִית וְקָצִיר שֶׁל שְׁבִיעִית הַיּוֹצֵא לְמוֹצָאֵי שְׁבִיעִית, לְלַמֶּדְךָ שֶׁמּוֹסִיפִין מֵחֹל עַל הַקֹּדֶשׁ. וְכָךְ מַשְׁמָעוֹ: "שֵׁשֶׁת יָמִים תַּעֲבֹד וּבַיּוֹם הַשְּׁבִיעִי תִּשְׁבֹּת", וַעֲבוֹדַת שֵׁשֶׁת הַיָּמִים שֶׁהִתַּרְתִּי לְךָ, יֵשׁ שָׁנָה שֶׁהֶחָרִישׁ וְהַקָּצִיר אָסוּר. וְאֵין צָרִיךְ לוֹמַר חָרִישׁ וְקָצִיר שֶׁל שְׁבִיעִית, שֶׁהֲרֵי כְּבָר נֶאֱמַר: "שָׂדְךָ לֹא תִזְרָע" וְגוֹ' (ויקרא כה, ד). וְיֵשׁ מֵהֶם אוֹמְרִים: אֵינוֹ מְדַבֵּר אֶלָּא בְּשַׁבָּת, וְחָרִישׁ וְקָצִיר שֶׁהֻזְכַּר בּוֹ לוֹמַר לְךָ, מַה חָרִישׁ רְשׁוּת אַף קָצִיר רְשׁוּת, יָצָא קְצִיר הָעֹמֶר שֶׁהוּא מִצְוָה וְדוֹחֶה אֶת הַשַּׁבָּת:

כב) **בִּכּוּרֵי קְצִיר חִטִּים.** שֶׁאַתָּה מֵבִיא בוֹ שְׁתֵּי הַלֶּחֶם מִן הַחִטִּים בִּכּוּרִים, שֶׁהִיא מִנְחָה רִאשׁוֹנָה הַבָּאָה מִן הֶחָדָשׁ חִטִּים לַמִּקְדָּשׁ, כִּי מִנְחַת הָעֹמֶר הַבָּאָה בְּפֶסַח, מִן הַשְּׂעוֹרִים הִיא: **וְחַג הָאָסִיף.** בִּזְמַן שֶׁאַתָּה אוֹסֵף תְּבוּאָתְךָ מִן הַשָּׂדֶה לַבַּיִת. אֲסִיפָה זוֹ לְשׁוֹן הַכְנָסָה לַבַּיִת, כְּמוֹ: "וַאֲסַפְתּוֹ אֶל תּוֹךְ בֵּיתֶךָ" (דברים כב, ב): **תְּקוּפַת הַשָּׁנָה.** שֶׁהִיא בַּחֲזָרַת הַשָּׁנָה, בִּתְחִלַּת הַשָּׁנָה הַבָּאָה: **תְּקוּפַת.** לְשׁוֹן מְסִבָּה וְהַקָּפָה:

כג) **כָּל זְכוּרְךָ.** כָּל הַזְּכָרִים שֶׁבְּךָ. הַרְבֵּה מִצְוֹת בַּתּוֹרָה נֶאֶמְרוּ וְנִכְפְּלוּ, וְיֵשׁ מֵהֶם שָׁלֹשׁ פְּעָמִים וְאַרְבַּע, לְחַיֵּב וְלַעֲנֹשׁ עַל מִנְיַן לָאוִין שֶׁבָּהֶם וְעַל מִנְיַן עֲשֵׂה שֶׁבָּהֶם:

כד) **אוֹרִישׁ.** כְּתַרְגּוּמוֹ: "אֲתָרֵיךְ", וְכֵן: "הָחֵל רָשׁ" (דברים ב, לא), וְכֵן: "וַיּוֹרֶשׁ אֶת הָאֱמֹרִי" (במדבר כא, לב), לְשׁוֹן גֵּרוּשִׁין: **וְהִרְחַבְתִּי אֶת גְּבֻלֶךָ.** וְאַתָּה רָחוֹק מִבֵּית הַבְּחִירָה וְאֵינְךָ יָכוֹל לֵרָאוֹת לְפָנַי תָּמִיד, לְכָךְ אֲנִי קוֹבֵעַ לְךָ שָׁלֹשׁ רְגָלִים הַלָּלוּ:

כה) **לֹא תִשְׁחַט וְגוֹ'.** לֹא תִּשְׁחַט אֶת הַפֶּסַח וַעֲדַיִן חָמֵץ קַיָּם, אַזְהָרָה לַשּׁוֹחֵט אוֹ לַזּוֹרֵק אוֹ לְאֶחָד מִבְּנֵי חֲבוּרָה: **וְלֹא יָלִין.** כְּתַרְגּוּמוֹ. אֵין לִינָה מוֹעֶלֶת בְּרֹאשׁ הַמִּזְבֵּחַ, וְאֵין לִינָה אֶלָּא

כי תשא

עַל־חָמֵץ דַּם־זִבְחִי וְלֹא־יָלִין לַבֹּקֶר זֶבַח חַג
הַפָּסַח׃ רֵאשִׁית בִּכּוּרֵי אַדְמָתְךָ תָּבִיא בֵּית יְהוָה כו
מצווה קיג איסור אכילת בשר בחלב
אֱלֹהֶיךָ לֹא־תְבַשֵּׁל גְּדִי בַּחֲלֵב אִמּוֹ׃
שביעי כו וַיֹּאמֶר יְהוָה אֶל־מֹשֶׁה כְּתָב־לְךָ אֶת־הַדְּבָרִים כז
הָאֵלֶּה כִּי עַל־פִּי ׀ הַדְּבָרִים הָאֵלֶּה כָּרַתִּי
אִתְּךָ בְּרִית וְאֶת־יִשְׂרָאֵל׃ וַיְהִי־שָׁם עִם־יְהוָה כח
אַרְבָּעִים יוֹם וְאַרְבָּעִים לַיְלָה לֶחֶם לֹא אָכַל וּמַיִם
לֹא שָׁתָה וַיִּכְתֹּב עַל־הַלֻּחֹת אֵת דִּבְרֵי הַבְּרִית
עֲשֶׂרֶת הַדְּבָרִים׃ וַיְהִי בְּרֶדֶת מֹשֶׁה מֵהַר סִינַי כט
וּשְׁנֵי לֻחֹת הָעֵדֻת בְּיַד־מֹשֶׁה בְּרִדְתּוֹ מִן־הָהָר
וּמֹשֶׁה לֹא־יָדַע כִּי קָרַן עוֹר פָּנָיו בְּדַבְּרוֹ אִתּוֹ׃
וַיַּרְא אַהֲרֹן וְכָל־בְּנֵי יִשְׂרָאֵל אֶת־מֹשֶׁה וְהִנֵּה ל
קָרַן עוֹר פָּנָיו וַיִּירְאוּ מִגֶּשֶׁת אֵלָיו׃ וַיִּקְרָא אֲלֵהֶם לא
מֹשֶׁה וַיָּשֻׁבוּ אֵלָיו אַהֲרֹן וְכָל־הַנְּשִׂאִים בָּעֵדָה
וַיְדַבֵּר מֹשֶׁה אֲלֵהֶם׃ וְאַחֲרֵי־כֵן נִגְּשׁוּ כָּל־בְּנֵי לב
יִשְׂרָאֵל וַיְצַוֵּם אֵת כָּל־אֲשֶׁר דִּבֶּר יְהוָה אִתּוֹ בְּהַר
מפטיר סִינָי׃ וַיְכַל מֹשֶׁה מִדַּבֵּר אִתָּם וַיִּתֵּן עַל־פָּנָיו מַסְוֶה׃ לג
וּבְבֹא מֹשֶׁה לִפְנֵי יְהוָה לְדַבֵּר אִתּוֹ יָסִיר אֶת־ לד

בְּעַמּוּד הַשַּׁחַר: זֶבַח חַג הַפָּסַח. אֵמוּרָיו, וּמִכָּאן אַתָּה לָמֵד לְכָל הֶקְטֵר חֲלָבִים וְאֵבָרִים:

כו רֵאשִׁית בִּכּוּרֵי אַדְמָתְךָ. מִשִּׁבְעַת הַמִּינִין הָאֲמוּרִים בְּשֶׁבַח אַרְצְךָ: "אֶרֶץ חִטָּה וּשְׂעֹרָה

לד כי תשא

עַל חֲמִיעַ דַּם פִּסְחִי, וְלָא יְבִיתוּן לְצַפְרָא בַּר מִמַּדְבְּחָא, תַּרְבֵּי נִכְסַת חַגָּא דְּפִסְחָא:
כו כז רֵישׁ, בִּכּוּרֵי אַרְעָךְ, תַּיְתֵי, לְבֵית מַקְדְּשָׁא דַּייָ אֱלָהָךְ, לָא תֵיכְלוּן בְּסַר בַּחֲלַב: וַאֲמַר יְיָ
לְמֹשֶׁה, כְּתוֹב לָךְ יָת פִּתְגָמַיָּא הָאִלֵּין, אֲרֵי, עַל מֵימַר פִּתְגָמַיָּא הָאִלֵּין, גְּזָרִית עִמָּךְ,
כח קְיָם וְעִם יִשְׂרָאֵל: וַהֲוָה תַמָּן קֳדָם יְיָ, אַרְבְּעִין יְמָמִין וְאַרְבְּעִין לֵילָוָן, לַחְמָא לָא אֲכַל,
כט וּמַיָּא לָא שְׁתִי, וּכְתַב עַל לוּחַיָּא, יָת פִּתְגָמֵי קְיָמָא, עַסְרָא פִּתְגָמִין: וַהֲוָה, כַּד נְחַת
מֹשֶׁה מִטּוּרָא דְּסִינַי, וּתְרֵין לוּחֵי סָהֲדוּתָא בִּידָא דְּמֹשֶׁה, בְּמֵיחֲתֵיהּ מִן טוּרָא, וּמֹשֶׁה
ל לָא יְדַע, אֲרֵי סְגִי, זִיו יְקָרָא דְּאַפּוֹהִי בְּמַלָּלוּתֵיהּ עִמֵּיהּ: וַחֲזָא אַהֲרֹן, וְכָל בְּנֵי יִשְׂרָאֵל
לא יָת מֹשֶׁה, וְהָא סְגִי זִיו יְקָרָא דְּאַפּוֹהִי, וּדְחִילוּ מִלְּאִתְקָרָבָא לְוָתֵיהּ: וּקְרָא לְהוֹן מֹשֶׁה,
לב וְתָבוּ לְוָתֵיהּ, אַהֲרֹן וְכָל רַבְרְבַיָּא בִּכְנִשְׁתָּא, וּמַלֵּיל מֹשֶׁה עִמְּהוֹן: וּבָתַר כֵּן אִתְקָרַבוּ כָּל
לג בְּנֵי יִשְׂרָאֵל, וּפַקֵּידִנּוּן, יָת כָּל דְּמַלֵּיל יְיָ, עִמֵּיהּ בְּטוּרָא דְּסִינָי: וְשֵׁיצִי מֹשֶׁה, מִלְּמַלָּלָא
לד עִמְּהוֹן, וִיהַב עַל אַפּוֹהִי בֵּית אַפֵּי: וְכַד עָלֵיל מֹשֶׁה, קֳדָם יְיָ לְמַלָּלָא עִמֵּיהּ, מַעְדֵּי יָת

וְגֶפֶן" וְגוֹ' (דברים ח, ח) "וּדְבָשׁ" – הֵן תְּמָרִים: **לֹא תְבַשֵּׁל גְּדִי.** אַזְהָרָה לְבָשָׂר בְּחָלָב. וּשְׁלֹשָׁה פְעָמִים כָּתוּב בַּתּוֹרָה: אֶחָד לַאֲכִילָה, וְאֶחָד לַהֲנָאָה, וְאֶחָד לְאִסּוּר בִּשּׁוּל: **גְּדִי.** כָּל וָלָד רַךְ בַּמַּשְׁמָע וְאַף עֵגֶל וָכֶבֶשׂ, מִמַּה שֶּׁהֻצְרַךְ לִפְרֵשׁ בְּכַמָּה מְקוֹמוֹת: 'גְּדִי עִזִּים' (בראשית לח, יז, ועוד) לָמַדְתָּ שֶׁ'גְּדִי' סְתָם כָּל יוֹנְקִים בַּמַּשְׁמָע: **בַּחֲלֵב אִמּוֹ.** פְּרָט לְעוֹף, שֶׁאֵין לוֹ חֲלֵב אֵם, שֶׁאֵין אִסּוּרוֹ מִן הַתּוֹרָה אֶלָּא מִדִּבְרֵי סוֹפְרִים:

כז **אֶת הַדְּבָרִים הָאֵלֶּה.** וְלֹא אַתָּה רַשַּׁאי לִכְתֹּב תּוֹרָה שֶׁבְּעַל פֶּה:

כט **וַיְהִי בְּרֶדֶת מֹשֶׁה.** כְּשֶׁהֵבִיא לוּחוֹת אַחֲרוֹנוֹת בְּיוֹם הַכִּפּוּרִים: **כִּי קָרַן.** לְשׁוֹן קַרְנַיִם, שֶׁהָאוֹר מַבְהִיק וּבוֹלֵט כְּמִין קֶרֶן. וּמֵהֵיכָן זָכָה מֹשֶׁה לְקַרְנֵי הַהוֹד? רַבּוֹתֵינוּ אָמְרוּ: מִן הַמְּעָרָה, שֶׁנָּתַן הַקָּדוֹשׁ בָּרוּךְ הוּא יָדוֹ עַל פָּנָיו, שֶׁנֶּאֱמַר: "וְשַׂכֹּתִי כַפִּי" (לעיל לג, כב):

ל **וַיִּירְאוּ מִגֶּשֶׁת אֵלָיו.** בֹּא וּרְאֵה כַּמָּה גָּדוֹל כֹּחָהּ שֶׁל עֲבֵרָה, שֶׁעַד שֶׁלֹּא פָּשְׁטוּ יְדֵיהֶם בַּעֲבֵרָה מַהוּ אוֹמֵר? "וּמַרְאֵה כְּבוֹד ה' כְּאֵשׁ אֹכֶלֶת בְּרֹאשׁ הָהָר לְעֵינֵי בְּנֵי יִשְׂרָאֵל" (לעיל כד, יז), וְלֹא יְרֵאִים וְלֹא מִזְדַּעְזְעִים; וּמִשֶּׁעָשׂוּ אֶת הָעֵגֶל, אַף מִקַּרְנֵי הוֹדוֹ שֶׁל מֹשֶׁה הָיוּ מַרְתִּיעִים וּמִזְדַּעְזְעִים:

לא **הַנְּשִׂאִים בָּעֵדָה.** כְּמוֹ נְשִׂיאֵי הָעֵדָה: **וַיְדַבֵּר מֹשֶׁה אֲלֵהֶם.** שְׁלִיחוּתוֹ שֶׁל מָקוֹם. וּלְשׁוֹן הֹוֶה הוּא כָּל הָעִנְיָן הַזֶּה:

לב **וְאַחֲרֵי כֵן נִגְּשׁוּ.** אַחַר שֶׁלִּמֵּד לַזְּקֵנִים חוֹזֵר וּמְלַמֵּד הַפָּרָשָׁה אוֹ הַהֲלָכָה לְיִשְׂרָאֵל. תָּנוּ רַבָּנָן: כֵּיצַד סֵדֶר הַמִּשְׁנָה? מֹשֶׁה הָיָה לָמֵד מִפִּי הַגְּבוּרָה. נִכְנַס אַהֲרֹן, שָׁנָה לוֹ מֹשֶׁה פִּרְקוֹ, נִסְתַּלֵּק אַהֲרֹן וְיָשַׁב לוֹ לִשְׂמֹאל מֹשֶׁה. נִכְנְסוּ בָנָיו, שָׁנָה לָהֶם מֹשֶׁה פִּרְקָם, נִסְתַּלְּקוּ הֵם, יָשַׁב אֶלְעָזָר לִימִין מֹשֶׁה וְאִיתָמָר לִשְׂמֹאל אַהֲרֹן. נִכְנְסוּ זְקֵנִים, שָׁנָה לָהֶם מֹשֶׁה פִּרְקָם, נִסְתַּלְּקוּ זְקֵנִים, יָשְׁבוּ לַצְּדָדִין. נִכְנְסוּ כָּל הָעָם, שָׁנָה לָהֶם מֹשֶׁה פִּרְקָם. נִמְצָא בְּיַד כָּל הָעָם אֶחָד, בְּיַד הַזְּקֵנִים שְׁנַיִם, בְּיַד בְּנֵי אַהֲרֹן שְׁלֹשָׁה, בְּיַד אַהֲרֹן אַרְבָּעָה וְכוּ', כִּדְאִיתָא בְּעֵרוּבִין (דף נד ע"ב):

לג-לה **וַיִּתֵּן עַל פָּנָיו מַסְוֶה.** כְּתַרְגּוּמוֹ: "בֵּית אַפֵּי", לְשׁוֹן אֲרַמִּי הוּא בַּתַּלְמוּד (כתובות סב ע"ב): "סְוֵי לְבַהּ", וְעוֹד בִּכְתֻבּוֹת (דף ס ע"א): "הֲוָה קָא מַסְוֵי לְאַפַּהּ", לְשׁוֹן הַבָּטָה, הָיָה מִסְתַּכֵּל בָּהּ. אַף כָּאן "מַסְוֶה", בֶּגֶד הַנִּתָּן כְּנֶגֶד הַפַּרְצוּף וּבֵית הָעֵינַיִם. וְלִכְבוֹד קַרְנֵי הַהוֹד שֶׁלֹּא יָזוּנוּ הַכֹּל מֵהֶם הָיָה נוֹתֵן הַמַּסְוֶה כְּנֶגְדָּן, וְנוֹטְלוֹ בְּשָׁעָה שֶׁהָיָה מְדַבֵּר עִם יִשְׂרָאֵל, וּבְשָׁעָה שֶׁהַמָּקוֹם נִדְבָּר עִמּוֹ "עַד צֵאתוֹ", וּבְצֵאתוֹ – "וְיָצָא" בְּלֹא מַסְוֶה "וְדִבֶּר אֶל

כי תשא

הַמַּסְוֶה עַד־צֵאתוֹ וְיָצָא וְדִבֶּר אֶל־בְּנֵי יִשְׂרָאֵל
לה אֵת אֲשֶׁר יְצֻוֶּה׃ וְרָאוּ בְנֵי־יִשְׂרָאֵל אֶת־פְּנֵי מֹשֶׁה
כִּי קָרַן עוֹר פְּנֵי מֹשֶׁה וְהֵשִׁיב מֹשֶׁה אֶת־הַמַּסְוֶה
עַל־פָּנָיו עַד־בֹּאוֹ לְדַבֵּר אִתּוֹ׃

הפטרת כי תשא

בפורים משולש בירושלים קוראים את המפטיר, לעיל יז, ח-טז, ואת ההפטרה בעמ׳ 1290. בשבת פרשת פרה קוראים את המפטיר מספר במדבר יט, א-כב, ואת ההפטרה בעמ׳ 1292.

העימות הדרמתי של אליהו עם נביאי הבעל בהר הכרמל לעיני כל ישראל, היה סיומו של מאבק איתנים שהתנהל שלוש שנים. אליהו לָחם בהשפעה האלילית של איזבל וגזר בצורת קשה, כדי לגרום לעם להכיר שה׳ הוא המוריד גשם ולא הבעל הכנעני. אחאב שיתף פעולה עם אליהו ויצר את התנאים לעימות בכרמל כדי לסיים את הבצורת. במעמד בכרמל יש מעין מעמד הר סיני. במאבק בבעל יש מעין המאבק בעובדי העגל למרגלות הר סיני. גם בסיני וגם בכרמל הייתה פסיחה על שתי הסעיפים ונדרשה הכרעה חד־משמעית. וכדי להביא להכרעה זו השתדלו משה ואליהו בתפילה לה׳ ובתוכחה לעם.

מלכים א׳
האשכנזים והתימנים מתחילים כאן

יח א וַיְהִי יָמִים רַבִּים וּדְבַר־יהוה הָיָה אֶל־אֵלִיָּהוּ בַּשָּׁנָה הַשְּׁלִישִׁית לֵאמֹר לֵךְ
ב הֵרָאֵה אֶל־אַחְאָב וְאֶתְּנָה מָטָר עַל־פְּנֵי הָאֲדָמָה׃ וַיֵּלֶךְ אֵלִיָּהוּ לְהֵרָאוֹת
ג אֶל־אַחְאָב וְהָרָעָב חָזָק בְּשֹׁמְרוֹן׃ וַיִּקְרָא אַחְאָב אֶל־עֹבַדְיָהוּ אֲשֶׁר
ד עַל־הַבָּיִת וְעֹבַדְיָהוּ הָיָה יָרֵא אֶת־יהוה מְאֹד׃ וַיְהִי בְּהַכְרִית אִיזֶבֶל אֵת
נְבִיאֵי יהוה וַיִּקַּח עֹבַדְיָהוּ מֵאָה נְבִיאִים וַיַּחְבִּיאֵם חֲמִשִּׁים אִישׁ בַּמְּעָרָה
ה וְכִלְכְּלָם לֶחֶם וָמָיִם׃ וַיֹּאמֶר אַחְאָב אֶל־עֹבַדְיָהוּ לֵךְ בָּאָרֶץ אֶל־כָּל־מַעְיְנֵי
הַמַּיִם וְאֶל כָּל־הַנְּחָלִים אוּלַי ׀ נִמְצָא חָצִיר וּנְחַיֶּה סוּס וָפֶרֶד וְלוֹא נַכְרִית
ו מֵהַבְּהֵמָה׃ וַיְחַלְּקוּ לָהֶם אֶת־הָאָרֶץ לַעֲבָר־בָּהּ אַחְאָב הָלַךְ בְּדֶרֶךְ אֶחָד
ז לְבַדּוֹ וְעֹבַדְיָהוּ הָלַךְ בְּדֶרֶךְ־אֶחָד לְבַדּוֹ׃ וַיְהִי עֹבַדְיָהוּ בַּדֶּרֶךְ וְהִנֵּה אֵלִיָּהוּ
ח לִקְרָאתוֹ וַיַּכִּרֵהוּ וַיִּפֹּל עַל־פָּנָיו וַיֹּאמֶר הַאַתָּה זֶה אֲדֹנִי אֵלִיָּהוּ׃ וַיֹּאמֶר לוֹ
ט אָנִי לֵךְ אֱמֹר לַאדֹנֶיךָ הִנֵּה אֵלִיָּהוּ׃ וַיֹּאמֶר מֶה חָטָאתִי כִּי־אַתָּה נֹתֵן אֶת־
י עַבְדְּךָ בְּיַד־אַחְאָב לַהֲמִיתֵנִי׃ חַי ׀ יהוה אֱלֹהֶיךָ אִם־יֶשׁ־גּוֹי וּמַמְלָכָה אֲשֶׁר
לֹא־שָׁלַח אֲדֹנִי שָׁם לְבַקֶּשְׁךָ וְאָמְרוּ אָיִן וְהִשְׁבִּיעַ אֶת־הַמַּמְלָכָה וְאֶת־הַגּוֹי
יא יב כִּי לֹא יִמְצָאֶכָּה׃ וְעַתָּה אַתָּה אֹמֵר לֵךְ אֱמֹר לַאדֹנֶיךָ הִנֵּה אֵלִיָּהוּ׃ וְהָיָה

לד כי תשא

לה בֵּית אַפֵּי עַד מִפְּקֵיהּ, וְנָפֵיק, וּמְמַלֵּיל עִם בְּנֵי יִשְׂרָאֵל, יָת דְּמִתְפַּקַּד: וְחָזַן בְּנֵי יִשְׂרָאֵל יָת אַפֵּי מֹשֶׁה, אֲרֵי סְגִי, זִיו יְקָרָא דְּאַפֵּי מֹשֶׁה, וּמְתִיב מֹשֶׁה יָת בֵּית אַפֵּי עַל אַפּוֹהִי, עַד דְּעָלֵיל לְמַלָּלָא עִמֵּיהּ:

בְּנֵי יִשְׂרָאֵל" וְרָאוּ קַרְנֵי הַהוֹד בְּפָנָיו. וּכְשֶׁהוּא מִסְתַּלֵּק מֵהֶם, "וְהֵשִׁיב... אֶת הַמַּסְוֶה עַל פָּנָיו

עַד בֹּאוֹ לְדַבֵּר אִתּוֹ", וּכְשֶׁבָּא לְדַבֵּר אִתּוֹ – נוֹטְלוֹ מֵעַל פָּנָיו:

אֲנִ֣י ׀ אֵלֵ֣ךְ מֵאִתָּ֗ךְ וְר֤וּחַ יְהוָה֙ ׀ יִֽשָּׂאֲךָ֙ עַ֣ל אֲשֶׁ֣ר לֹֽא־אֵדָ֔ע וּבָ֥אתִי לְהַגִּ֖יד
יג לְאַחְאָ֑ב וְלֹ֥א יִֽמְצָאֲךָ֖ וַהֲרָגָ֑נִי וְעַבְדְּךָ֛ יָרֵ֥א אֶת־יְהוָ֖ה מִנְּעֻרָֽי: הֲלֹֽא־הֻגַּ֣ד
לַֽאדֹנִ֔י אֵ֚ת אֲשֶׁר־עָשִׂ֔יתִי בַּהֲרֹ֣ג אִיזֶ֔בֶל אֵ֖ת נְבִיאֵ֣י יְהוָ֑ה וָאַחְבִּא֩ מִנְּבִיאֵ֨י
יְהוָ֜ה מֵ֣אָה אִ֗ישׁ חֲמִשִּׁ֨ים חֲמִשִּׁ֥ים אִישׁ֙ בַּמְּעָרָ֔ה וָאֲכַלְכְּלֵ֖ם לֶ֥חֶם וָמָֽיִם:
טו וְעַתָּה֙ אַתָּ֣ה אֹמֵ֔ר לֵ֛ךְ אֱמֹ֥ר לַאדֹנֶ֖יךָ הִנֵּ֣ה אֵלִיָּ֑הוּ וַהֲרָגָֽנִי: וַיֹּ֙אמֶר֙ אֵלִיָּ֔הוּ
חַ֚י יְהוָ֣ה צְבָא֔וֹת אֲשֶׁ֥ר עָמַ֖דְתִּי לְפָנָ֑יו כִּ֥י הַיּ֖וֹם אֵרָאֶ֥ה אֵלָֽיו: וַיֵּ֤לֶךְ עֹבַדְיָ֙הוּ֙
לִקְרַ֣את אַחְאָ֔ב וַיַּגֶּד־ל֑וֹ וַיֵּ֥לֶךְ אַחְאָ֖ב לִקְרַ֥את אֵלִיָּֽהוּ: וַיְהִ֛י כִּרְא֥וֹת אַחְאָ֖ב
יח אֶת־אֵלִיָּ֑הוּ וַיֹּ֤אמֶר אַחְאָב֙ אֵלָ֔יו הַאַתָּ֥ה זֶ֖ה עֹכֵ֥ר יִשְׂרָאֵֽל: וַיֹּ֗אמֶר לֹ֤א עָכַ֙רְתִּי֙
אֶת־יִשְׂרָאֵ֔ל כִּ֥י אִם־אַתָּ֖ה וּבֵ֣ית אָבִ֑יךָ בַּעֲזָבְכֶם֙ אֶת־מִצְוֺ֣ת יְהוָ֔ה וַתֵּ֖לֶךְ
יט אַחֲרֵ֥י הַבְּעָלִֽים: וְעַתָּ֗ה שְׁלַ֨ח קְבֹ֥ץ אֵלַ֛י אֶת־כָּל־יִשְׂרָאֵ֖ל אֶל־הַ֣ר הַכַּרְמֶ֑ל
וְאֶת־נְבִיאֵ֨י הַבַּ֜עַל אַרְבַּ֧ע מֵא֣וֹת וַחֲמִשִּׁ֗ים וּנְבִיאֵ֤י הָאֲשֵׁרָה֙ אַרְבַּ֣ע מֵא֔וֹת
כ אֹכְלֵ֖י שֻׁלְחַ֥ן אִיזָֽבֶל: וַיִּשְׁלַ֥ח אַחְאָ֖ב בְּכָל־בְּנֵ֣י יִשְׂרָאֵ֑ל וַיִּקְבֹּ֥ץ אֶת־הַנְּבִיאִ֖ים
כא אֶל־הַ֥ר הַכַּרְמֶֽל: וַיִּגַּ֨שׁ אֵלִיָּ֜הוּ אֶל־כָּל־הָעָ֗ם וַיֹּ֙אמֶר֙ עַד־מָתַ֞י אַתֶּ֣ם פֹּסְחִים֮
עַל־שְׁתֵּ֣י הַסְּעִפִּים֒ אִם־יְהוָ֤ה הָֽאֱלֹהִים֙ לְכ֣וּ אַחֲרָ֔יו וְאִם־הַבַּ֖עַל לְכ֣וּ אַחֲרָ֑יו
כב וְלֹֽא־עָנ֥וּ הָעָ֛ם אֹת֖וֹ דָּבָֽר: וַיֹּ֤אמֶר אֵלִיָּ֙הוּ֙ אֶל־הָעָ֔ם אֲנִ֞י נוֹתַ֧רְתִּי נָבִ֛יא לַיהוָ֖ה
כג לְבַדִּ֑י וּנְבִיאֵ֣י הַבַּ֔עַל אַרְבַּע־מֵא֥וֹת וַחֲמִשִּׁ֖ים אִֽישׁ: וְיִתְּנוּ־לָ֜נוּ שְׁנַ֣יִם פָּרִ֗ים
וְיִבְחֲר֣וּ לָהֶם֩ הַפָּ֨ר הָאֶחָ֜ד וִֽינַתְּחֻ֗הוּ וְיָשִׂ֙ימוּ֙ עַל־הָ֣עֵצִ֔ים וְאֵ֖שׁ לֹ֣א יָשִׂ֑ימוּ וַאֲנִ֞י
כד אֶעֱשֶׂ֣ה ׀ אֶת־הַפָּ֣ר הָאֶחָ֗ד וְנָֽתַתִּי֙ עַל־הָ֣עֵצִ֔ים וְאֵ֖שׁ לֹ֥א אָשִֽׂים: וּקְרָאתֶ֞ם
בְּשֵׁ֣ם אֱלֹֽהֵיכֶ֗ם וַֽאֲנִי֙ אֶקְרָ֣א בְשֵׁם־יְהוָ֔ה וְהָיָ֧ה הָאֱלֹהִ֛ים אֲשֶׁר־יַעֲנֶ֥ה בָאֵ֖שׁ
כה ה֣וּא הָאֱלֹהִ֑ים וַיַּ֧עַן כָּל־הָעָ֛ם וַיֹּאמְר֖וּ ט֥וֹב הַדָּבָֽר: וַיֹּ֨אמֶר אֵלִיָּ֜הוּ לִנְבִיאֵ֣י
הַבַּ֗עַל בַּחֲר֨וּ לָכֶ֜ם הַפָּ֤ר הָֽאֶחָד֙ וַעֲשׂ֣וּ רִֽאשֹׁנָ֔ה כִּ֥י אַתֶּ֖ם הָרַבִּ֑ים וְקִרְאוּ֙ בְּשֵׁ֣ם

הספרדים מתחילים כאן

כו אֱלֹהֵיכֶם וְאֵשׁ לֹא תָשִׂימוּ׃ וַיִּקְחוּ אֶת־הַפָּר אֲשֶׁר־נָתַן לָהֶם וַיַּעֲשׂוּ וַיִּקְרְאוּ
בְשֵׁם־הַבַּעַל מֵהַבֹּקֶר וְעַד־הַצָּהֳרַיִם לֵאמֹר הַבַּעַל עֲנֵנוּ וְאֵין קוֹל וְאֵין
כז עֹנֶה וַיְפַסְּחוּ עַל־הַמִּזְבֵּחַ אֲשֶׁר עָשָׂה׃ וַיְהִי בַצָּהֳרַיִם וַיְהַתֵּל בָּהֶם אֵלִיָּהוּ
וַיֹּאמֶר קִרְאוּ בְקוֹל־גָּדוֹל כִּי־אֱלֹהִים הוּא כִּי־שִׂיחַ וְכִי־שִׂיג לוֹ וְכִי־דֶרֶךְ
כח לוֹ אוּלַי יָשֵׁן הוּא וְיִקָץ׃ וַיִּקְרְאוּ בְּקוֹל גָּדוֹל וַיִּתְגֹּדְדוּ כְּמִשְׁפָּטָם בַּחֲרָבוֹת
כט וּבָרְמָחִים עַד־שְׁפָךְ־דָּם עֲלֵיהֶם׃ וַיְהִי כַּעֲבֹר הַצָּהֳרַיִם וַיִּתְנַבְּאוּ עַד לַעֲלוֹת
ל הַמִּנְחָה וְאֵין־קוֹל וְאֵין־עֹנֶה וְאֵין קָשֶׁב׃ וַיֹּאמֶר אֵלִיָּהוּ לְכָל־הָעָם גְּשׁוּ אֵלַי
לא וַיִּגְּשׁוּ כָל־הָעָם אֵלָיו וַיְרַפֵּא אֶת־מִזְבַּח יְהוָה הֶהָרוּס׃ וַיִּקַּח אֵלִיָּהוּ שְׁתֵּים
עֶשְׂרֵה אֲבָנִים כְּמִסְפַּר שִׁבְטֵי בְנֵי־יַעֲקֹב אֲשֶׁר הָיָה דְבַר־יְהוָה אֵלָיו לֵאמֹר
לב יִשְׂרָאֵל יִהְיֶה שְׁמֶךָ׃ וַיִּבְנֶה אֶת־הָאֲבָנִים מִזְבֵּחַ בְּשֵׁם יְהוָה וַיַּעַשׂ תְּעָלָה
לג כְּבֵית סָאתַיִם זֶרַע סָבִיב לַמִּזְבֵּחַ׃ וַיַּעֲרֹךְ אֶת־הָעֵצִים וַיְנַתַּח אֶת־הַפָּר
לד וַיָּשֶׂם עַל־הָעֵצִים׃ וַיֹּאמֶר מִלְאוּ אַרְבָּעָה כַדִּים מַיִם וְיִצְקוּ עַל־הָעֹלָה
לה וְעַל־הָעֵצִים וַיֹּאמֶר שְׁנוּ וַיִּשְׁנוּ וַיֹּאמֶר שַׁלֵּשׁוּ וַיְשַׁלֵּשׁוּ׃ וַיֵּלְכוּ הַמַּיִם סָבִיב
לו לַמִּזְבֵּחַ וְגַם אֶת־הַתְּעָלָה מִלֵּא־מָיִם׃ וַיְהִי ׀ בַּעֲלוֹת הַמִּנְחָה וַיִּגַּשׁ אֵלִיָּהוּ
הַנָּבִיא וַיֹּאמַר יְהוָה אֱלֹהֵי אַבְרָהָם יִצְחָק וְיִשְׂרָאֵל הַיּוֹם יִוָּדַע כִּי־אַתָּה
אֱלֹהִים בְּיִשְׂרָאֵל וַאֲנִי עַבְדֶּךָ ובדבריך עָשִׂיתִי אֵת כָּל־הַדְּבָרִים הָאֵלֶּה׃ וּבִדְבָרְךָ
לז עֲנֵנִי יְהוָה עֲנֵנִי וְיֵדְעוּ הָעָם הַזֶּה כִּי־אַתָּה יְהוָה הָאֱלֹהִים וְאַתָּה הֲסִבֹּתָ
לח אֶת־לִבָּם אֲחֹרַנִּית׃ וַתִּפֹּל אֵשׁ־יְהוָה וַתֹּאכַל אֶת־הָעֹלָה וְאֶת־הָעֵצִים
לט וְאֶת־הָאֲבָנִים וְאֶת־הֶעָפָר וְאֶת־הַמַּיִם אֲשֶׁר־בַּתְּעָלָה לִחֵכָה׃ וַיַּרְא כָּל־
הָעָם וַיִּפְּלוּ עַל־פְּנֵיהֶם וַיֹּאמְרוּ יְהוָה הוּא הָאֱלֹהִים יְהוָה הוּא הָאֱלֹהִים׃*

האשכנזים והספרדים מסיימים כאן

מ וַיֹּאמֶר אֵלִיָּהוּ לָהֶם תִּפְשׂוּ ׀ אֶת־נְבִיאֵי הַבַּעַל אִישׁ אַל־יִמָּלֵט מֵהֶם
מא וַיִּתְפְּשׂוּם וַיּוֹרִדֵם אֵלִיָּהוּ אֶל־נַחַל קִישׁוֹן וַיִּשְׁחָטֵם שָׁם׃ וַיֹּאמֶר אֵלִיָּהוּ
מב לְאַחְאָב עֲלֵה אֱכֹל וּשְׁתֵה כִּי־קוֹל הֲמוֹן הַגָּשֶׁם׃ וַיַּעֲלֶה אַחְאָב לֶאֱכֹל
וְלִשְׁתּוֹת וְאֵלִיָּהוּ עָלָה אֶל־רֹאשׁ הַכַּרְמֶל וַיִּגְהַר אַרְצָה וַיָּשֶׂם פָּנָיו בֵּין
מג בִּרְכָּו׃ וַיֹּאמֶר אֶל־נַעֲרוֹ עֲלֵה־נָא הַבֵּט דֶּרֶךְ־יָם וַיַּעַל וַיַּבֵּט וַיֹּאמֶר אֵין
מד מְאוּמָה וַיֹּאמֶר שֻׁב שֶׁבַע פְּעָמִים׃ וַיְהִי בַּשְּׁבִעִית וַיֹּאמֶר הִנֵּה־עָב קְטַנָּה
כְּכַף־אִישׁ עֹלָה מִיָּם וַיֹּאמֶר עֲלֵה אֱמֹר אֶל־אַחְאָב אֱסֹר וָרֵד וְלֹא יַעַצָרְכָה
מה הַגָּשֶׁם׃ וַיְהִי ׀ עַד־כֹּה וְעַד־כֹּה וְהַשָּׁמַיִם הִתְקַדְּרוּ עָבִים וְרוּחַ וַיְהִי גֶּשֶׁם
גָּדוֹל וַיִּרְכַּב אַחְאָב וַיֵּלֶךְ יִזְרְעֶאלָה׃

פרשת ויקהל

ויקהל

א וַיַּקְהֵ֣ל מֹשֶׁ֗ה אֶֽת־כָּל־עֲדַ֛ת בְּנֵ֥י יִשְׂרָאֵ֖ל וַיֹּ֣אמֶר לה
אֲלֵהֶ֑ם אֵ֚לֶּה הַדְּבָרִ֔ים אֲשֶׁר־צִוָּ֥ה יְהוָ֖ה לַעֲשֹׂ֥ת
ב אֹתָֽם׃ שֵׁ֣שֶׁת יָמִים֮ תֵּעָשֶׂ֣ה מְלָאכָה֒ וּבַיּ֣וֹם
הַשְּׁבִיעִ֗י יִהְיֶ֨ה לָכֶ֥ם קֹ֛דֶשׁ שַׁבַּ֥ת שַׁבָּת֖וֹן לַיהוָ֑ה
ג כָּל־הָעֹשֶׂ֥ה ב֛וֹ מְלָאכָ֖ה יוּמָֽת׃ לֹא־תְבַעֲר֣וּ אֵ֔שׁ
בְּכֹ֖ל מֹשְׁבֹתֵיכֶ֑ם בְּי֖וֹם הַשַּׁבָּֽת׃

מצווה קיד
איסור עשיית משפט מוות בשבת

ד · וַיֹּ֣אמֶר מֹשֶׁ֔ה אֶל־כָּל־עֲדַ֥ת בְּנֵֽי־יִשְׂרָאֵ֖ל לֵאמֹ֑ר
ה זֶ֣ה הַדָּבָ֔ר אֲשֶׁר־צִוָּ֥ה יְהוָ֖ה לֵאמֹֽר׃ קְח֨וּ מֵאִתְּכֶ֤ם
תְּרוּמָה֙ לַֽיהוָ֔ה כֹּ֚ל נְדִ֣יב לִבּ֔וֹ יְבִיאֶ֕הָ אֵ֖ת תְּרוּמַ֣ת
ו יְהוָ֑ה זָהָ֥ב וָכֶ֖סֶף וּנְחֹֽשֶׁת׃ וּתְכֵ֧לֶת וְאַרְגָּמָ֛ן
ז וְתוֹלַ֥עַת שָׁנִ֖י וְשֵׁ֥שׁ וְעִזִּֽים׃ וְעֹרֹ֨ת אֵילִ֧ם מְאָדָּמִ֛ים
ח וְעֹרֹ֥ת תְּחָשִׁ֖ים וַעֲצֵ֥י שִׁטִּֽים׃ וְשֶׁ֖מֶן לַמָּא֑וֹר
וּבְשָׂמִים֙ לְשֶׁ֣מֶן הַמִּשְׁחָ֔ה וְלִקְטֹ֖רֶת הַסַּמִּֽים׃
ט י וְאַבְנֵי־שֹׁ֕הַם וְאַבְנֵ֖י מִלֻּאִ֑ים לָאֵפ֖וֹד וְלַחֹֽשֶׁן׃ וְכָל־
חֲכַם־לֵ֖ב בָּכֶ֑ם יָבֹ֣אוּ וְיַעֲשׂ֔וּ אֵ֛ת כָּל־אֲשֶׁ֥ר צִוָּ֖ה
יא יְהוָֽה׃ · אֶת־הַמִּשְׁכָּ֕ן אֶת־אָהֳל֖וֹ וְאֶת־מִכְסֵ֑הוּ
אֶת־קְרָסָיו֙ וְאֶת־קְרָשָׁ֔יו אֶת־בְּרִיחָ֕ו אֶת־עַמֻּדָ֖יו
יב וְאֶת־אֲדָנָֽיו׃ אֶת־הָאָרֹ֥ן וְאֶת־בַּדָּ֖יו אֶת־הַכַּפֹּ֑רֶת

יג וְאֶת פָּרֹכֶת הַמָּסָךְ׃ אֶת־הַשֻּׁלְחָן וְאֶת־בַּדָּיו
יד וְאֶת־כָּל־כֵּלָיו וְאֵת לֶחֶם הַפָּנִים׃ וְאֶת־מְנֹרַת
הַמָּאוֹר וְאֶת־כֵּלֶיהָ וְאֶת־נֵרֹתֶיהָ וְאֵת שֶׁמֶן

לה א וְאַכְנֵישׁ מֹשֶׁה, יָת כָּל כְּנִשְׁתָּא, דִּבְנֵי יִשְׂרָאֵל וַאֲמַר לְהוֹן, אִלֵּין פִּתְגָּמַיָּא, דְּפַקֵּיד יי לְמֶעְבַּד
ב יָתְהוֹן: שִׁתָּא יוֹמִין תִּתְעֲבֵיד עֲבִידְתָּא, וּבְיוֹמָא שְׁבִיעָאָה, יְהֵי לְכוֹן קֻדְשָׁא, שַׁבָּא שַׁבְּתָא
ג קֳדָם יי, כָּל דְּיַעֲבֵיד בֵּיהּ, עֲבִידְתָּא יִתְקְטִיל: לָא תְבַעֲרוּן אִישָׁתָא, בְּכָל מוֹתְבָנֵיכוֹן, בְּיוֹמָא
ד דְּשַׁבְּתָא: וַאֲמַר מֹשֶׁה, לְכָל כְּנִשְׁתָּא דִּבְנֵי יִשְׂרָאֵל לְמֵימַר, דֵּין פִּתְגָּמָא, דְּפַקֵּיד יי לְמֵימַר:
ה סַבוּ מִנְּכוֹן אַפְרָשׁוּתָא קֳדָם יי, כָּל דְּיִתְרְעֵי לִבֵּיהּ, יַיְתֵי, יָת אַפְרָשׁוּתָא קֳדָם יי, דַּהֲבָא וְכַסְפָּא
ו ז וּנְחָשָׁא: וְתַכְלָא וְאַרְגְּוָנָא, וּצְבַע זְהוֹרִי וּבוּץ וּמַעְזֵי: וּמַשְׁכֵּי דִּדְכְרֵי מְסַמְּקֵי, וּמַשְׁכֵּי סָסְגוֹנָא
ח ט וְאָעֵי שִׁטִּין: וּמִשְׁחָא לְאַנְהָרוּתָא, וּבֻסְמַיָּא לִמְשַׁח רְבוּתָא, וְלִקְטֹרֶת בֻּסְמַיָּא: וְאַבְנֵי בֻרְלָא,
י וְאַבְנֵי אַשְׁלָמוּתָא, לְשַׁקָּעָא בְּאֵיפוֹדָא וּבְחֻשְׁנָא: וְכָל חַכִּימֵי לִבָּא דִּבְכוֹן, יֵיתוֹן וְיַעְבְּדוּן, יָת
יא כָּל דְּפַקֵּיד יי: יָת מַשְׁכְּנָא, יָת פְּרָסֵיהּ וְיָת חוּפָאֵיהּ, פֻּרְפוֹהִי דַּפּוֹהִי, עַבְרוֹהִי, עַמּוּדוֹהִי
יב יג וְסָמְכוֹהִי: יָת אֲרוֹנָא וְיָת אֲרִיחוֹהִי יָת כָּפֻרְתָּא, וְיָת פָּרֻכְתָּא דִּפְרָסָא: יָת פָּתוֹרָא וְיָת אֲרִיחוֹהִי
יד וְיָת כָּל מָנוֹהִי, וְיָת לְחֵים אַפַּיָּא: וְיָת מְנָרְתָּא דְּאַנְהוֹרֵי, וְיָת מָנַהָא וְיָת בּוֹצִינַהָא, וְיָת מִשְׁחָא

א| וַיַּקְהֵל מֹשֶׁה. לְמָחֳרַת יוֹם הַכִּפּוּרִים כְּשֶׁיָּרַד מִן הָהָר. וְהוּא לְשׁוֹן הִפְעִיל, שֶׁאֵינוֹ אוֹסֵף אֲנָשִׁים בַּיָּדַיִם, אֶלָּא הֵן נֶאֱסָפִים עַל פִּי דִבּוּרוֹ, וְתַרְגּוּמוֹ: "וְאַכְנֵישׁ":

ב| שֵׁשֶׁת יָמִים. הִקְדִּים לָהֶם אַזְהָרַת שַׁבָּת לְצִוּוּי מְלֶאכֶת הַמִּשְׁכָּן, לוֹמַר שֶׁאֵינוֹ דּוֹחֶה אֶת הַשַּׁבָּת:

ג| לֹא תְבַעֲרוּ אֵשׁ. יֵשׁ מֵרַבּוֹתֵינוּ אוֹמְרִים הַבְעָרָה לְלָאו יָצָאת, וְיֵשׁ אוֹמְרִים לְחַלֵּק יָצָאת:

ד| זֶה הַדָּבָר אֲשֶׁר צִוָּה ה'. לִי "לֵאמֹר" לָכֶם:

ה| נְדִיב לִבּוֹ. עַל שֵׁם שֶׁלִּבּוֹ נוֹדְבוֹ קָרוּי 'נְדִיב לֵב'. כְּבָר פֵּרַשְׁתִּי נִדְבַת הַמִּשְׁכָּן וּמְלַאכְתּוֹ בִּמְקוֹם עֲשִׂיָּתָם:

יא| אֶת הַמִּשְׁכָּן. יְרִיעוֹת הַתַּחְתּוֹנוֹת הַנִּרְאוֹת בְּתוֹכוֹ קָרוּי 'מִשְׁכָּן': אֶת אָהֳלוֹ. הוּא אֹהֶל יְרִיעוֹת עִזִּים הֶעָשׂוּי לְגַג: וְאֶת מִכְסֵהוּ. מִכְסֵה עוֹרוֹת אֵילִים וְהַתְּחָשִׁים:

יב| וְאֵת פָּרֹכֶת הַמָּסָךְ. פָּרֹכֶת הַמְּחִצָּה. כָּל דָּבָר הַמֵּגֵן בֵּין מִלְמַעְלָה בֵּין מִכְּנֶגֶד קָרוּי 'מָסָךְ' וּ'סְכָךְ', וְכֵן: "שַׂכְתָּ בַעֲדוֹ" (איוב א, י), "הִנְנִי שָׂךְ אֶת דַּרְכֵּךְ" (הושע ב, ח):

יג| לֶחֶם הַפָּנִים. כְּבָר פֵּרַשְׁתִּי (לעיל כה, כט) עַל שֵׁם שֶׁהָיוּ לוֹ פָּנִים לְכָאן וּלְכָאן, שֶׁהָיָה עָשׂוּי כְּמִין תֵּבָה פְּרוּצָה:

יד| וְאֶת כֵּלֶיהָ. מֶלְקָחַיִם וּמַחְתּוֹת: נֵרֹתֶיהָ. לוּצִינִי"שׁ בְּלַעַ"ז, בָּזִיכִים שֶׁהַשֶּׁמֶן וְהַפְּתִילוֹת נְתוּנִין בָּהֶן: וְאֵת שֶׁמֶן הַמָּאוֹר. אַף הוּא צָרִיךְ חַכְמֵי לֵב, שֶׁהוּא מְשֻׁנֶּה מִשְּׁאָר שְׁמָנִים, כְּמוֹ שֶׁמְּפֹרָשׁ בִּמְנָחוֹת (דף פו ע"א): מְגַרְגְּרוֹ בְּרֹאשׁ הַזַּיִת, וְהוּא כָּתִית וָזָךְ:

טו הַמָּאוֹר׃ וְאֶת־מִזְבַּח הַקְּטֹרֶת וְאֶת־בַּדָּיו וְאֵת
שֶׁמֶן הַמִּשְׁחָה וְאֵת קְטֹרֶת הַסַּמִּים וְאֶת־מָסַךְ
טז הַפֶּתַח לְפֶתַח הַמִּשְׁכָּן׃ אֵת ׀ מִזְבַּח הָעֹלָה
וְאֶת־מִכְבַּר הַנְּחֹשֶׁת אֲשֶׁר־לוֹ אֶת־בַּדָּיו וְאֶת־
יז כָּל־כֵּלָיו אֶת־הַכִּיֹּר וְאֶת־כַּנּוֹ׃ אֵת קַלְעֵי הֶחָצֵר
אֶת־עַמֻּדָיו וְאֶת־אֲדָנֶיהָ וְאֵת מָסַךְ שַׁעַר הֶחָצֵר׃
יח אֶת־יִתְדֹת הַמִּשְׁכָּן וְאֶת־יִתְדֹת הֶחָצֵר וְאֶת־
יט מֵיתְרֵיהֶם׃ אֶת־בִּגְדֵי הַשְּׂרָד לְשָׁרֵת בַּקֹּדֶשׁ
אֶת־בִּגְדֵי הַקֹּדֶשׁ לְאַהֲרֹן הַכֹּהֵן וְאֶת־בִּגְדֵי בָנָיו
כ לְכַהֵן׃ וַיֵּצְאוּ כָּל־עֲדַת בְּנֵי־יִשְׂרָאֵל מִלִּפְנֵי
כא מֹשֶׁה׃ ◦ וַיָּבֹאוּ כָּל־אִישׁ אֲשֶׁר־נְשָׂאוֹ לִבּוֹ וְכֹל שני
אֲשֶׁר נָדְבָה רוּחוֹ אֹתוֹ הֵבִיאוּ אֶת־תְּרוּמַת יְהוָה
לִמְלֶאכֶת אֹהֶל מוֹעֵד וּלְכָל־עֲבֹדָתוֹ וּלְבִגְדֵי
כב הַקֹּדֶשׁ׃ וַיָּבֹאוּ הָאֲנָשִׁים עַל־הַנָּשִׁים כֹּל ׀ נְדִיב
לֵב הֵבִיאוּ חָח וָנֶזֶם וְטַבַּעַת וְכוּמָז כָּל־כְּלִי זָהָב
כג וְכָל־אִישׁ אֲשֶׁר הֵנִיף תְּנוּפַת זָהָב לַיהוָה׃ וְכָל־
אִישׁ אֲשֶׁר־נִמְצָא אִתּוֹ תְּכֵלֶת וְאַרְגָּמָן וְתוֹלַעַת
שָׁנִי וְשֵׁשׁ וְעִזִּים וְעֹרֹת אֵילִם מְאָדָּמִים וְעֹרֹת
כד תְּחָשִׁים הֵבִיאוּ׃ כָּל־מֵרִים תְּרוּמַת כֶּסֶף וּנְחֹשֶׁת
הֵבִיאוּ אֵת תְּרוּמַת יְהוָה וְכֹל אֲשֶׁר נִמְצָא אִתּוֹ
עֲצֵי שִׁטִּים לְכָל־מְלֶאכֶת הָעֲבֹדָה הֵבִיאוּ׃

ויקהל לה

כה וְכָל־אִשָּׁה חַכְמַת־לֵב בְּיָדֶיהָ טָווּ וַיָּבִיאוּ מַטְוֶה
אֶת־הַתְּכֵלֶת וְאֶת־הָאַרְגָּמָן אֶת־תּוֹלַעַת הַשָּׁנִי
כו וְאֶת־הַשֵּׁשׁ: וְכָל־הַנָּשִׁים אֲשֶׁר נָשָׂא לִבָּן אֹתָנָה
כז בְּחָכְמָה טָווּ אֶת־הָעִזִּים: וְהַנְּשִׂאִם הֵבִיאוּ

טו דְּאַנְהָרוּתָא: וְיָת מַדְבְּחָא דִּקְטֹרֶת בֻּסְמַיָּא וְיָת אֲרִיחוֹהִי, וְיָת מִשְׁחָא דִּרְבוּתָא, וְיָת קְטֹרֶת
טז בֻּסְמַיָּא, וְיָת פְּרָסָא דִּתְרָעָא לִתְרַע מַשְׁכְּנָא: יָת מַדְבְּחָא דַּעֲלָתָא, וְיָת סְרָדָא דִּנְחָשָׁא
יז דִּילֵיהּ, יָת אֲרִיחוֹהִי וְיָת כָּל מָנוֹהִי, יָת כִּיּוֹרָא וְיָת בְּסִיסֵיהּ: יָת סְרָדֵי דָּרְתָא, יָת עַמּוּדוֹהִי
יח וְיָת סַמְכַהָא, וְיָת, פְּרָסָא דִּתְרַע דָּרְתָא: יָת סִכֵּי מַשְׁכְּנָא, וְיָת סִכֵּי דָּרְתָא וְיָת אֲטוּנֵיהוֹן:
יט יָת לְבוּשֵׁי שִׁמּוּשָׁא לְשַׁמָּשָׁא בְקֻדְשָׁא, יָת לְבוּשֵׁי קֻדְשָׁא לְאַהֲרֹן כָּהֲנָא, וְיָת לְבוּשֵׁי
כ כא בְּנוֹהִי לְשַׁמָּשָׁא: וּנְפַקוּ, כָּל כְּנִשְׁתָּא דִּבְנֵי יִשְׂרָאֵל מִן קֳדָם מֹשֶׁה: וַאֲתוֹ, כָּל גְּבַר דְּאִתְרְעִי
לִבֵּיהּ, וְכֹל, דְּאַשְׁלֵימַת רוּחֵיהּ עִמֵּיהּ, אַיְתִיאוּ, יָת אַפְרָשׁוּתָא קֳדָם יְיָ, לַעֲבִידַת מַשְׁכַּן
כב זִמְנָא וּלְכָל פָּלְחָנֵיהּ, וּלְלְבוּשֵׁי קֻדְשָׁא: וּמֵיתַן גֻּבְרַיָּא עַל נְשַׁיָּא, כָּל דְּאִתְרְעִי לִבֵּיהּ,
אַיְתִיאוּ, שֵׁירִין וְשַׁבְּבִין, וְעִזְקָן וּמָחוֹךְ כָּל מָן דִּדְהַב, וְכָל גְּבַר, דַּאֲרֵים, אֲרָמוּת דַּהֲבָא קֳדָם
כג יְיָ: וְכָל גְּבַר דְּאִשְׁתְּכַח עִמֵּיהּ, תַּכְלָא וְאַרְגְּוָנָא, וּצְבַע זְהוֹרִי וּבוּץ וּמַעְזֵי, וּמַשְׁכֵּי דְּדִכְרֵי
כד מְסַמְּקֵי, וּמַשְׁכֵּי סָסְגוֹנָא אַיְתִיאוּ: כָּל דַּאֲרֵים, אֲרָמוּת כְּסַף וּנְחָשׁ, אַיְתִיאוּ, יָת אַפְרָשׁוּתָא
כה קֳדָם יְיָ, וְכֹל, דְּאִשְׁתְּכַח עִמֵּיהּ, אָעֵי שִׁטִּין, לְכָל עֲבִידַת פָּלְחָנָא אַיְתִיאוּ: וְכָל אִתְּתָא
חַכִּימַת לִבָּא בִּידַהָא עָזְלָא, וּמֵיתַן כַּד עֲזִיל, יָת תַּכְלָא וְיָת אַרְגְּוָנָא, יָת צְבַע זְהוֹרִי וְיָת
כו כז בּוּצָא: וְכָל נְשַׁיָּא, דְּאִתְרְעִי לִבְּהוֹן, עִמְּהוֹן בְּחָכְמָא, עָזְלָן יָת מַעְזַיָּא: וְרַבְרְבַיָּא אַיְתִיאוּ,

טו| מָסַךְ הַפָּתַח. וִילוֹן שֶׁלִּפְנֵי הַמִּזְרָח, שֶׁלֹּא הָיוּ שָׁם קְרָשִׁים וְלֹא יְרִיעוֹת:

יז| אֶת עַמֻּדָיו וְאֶת אֲדָנֶיהָ. הֲרֵי 'חָצֵר' קָרוּי כָּאן לְשׁוֹן זָכָר וּלְשׁוֹן נְקֵבָה, וְכֵן דְּבָרִים הַרְבֵּה: וְאֵת מָסַךְ שַׁעַר הֶחָצֵר. וִילוֹן פָּרוּשׂ לְצַד הַמִּזְרָח, עֶשְׂרִים אַמָּה אֶמְצָעִיּוֹת שֶׁל רֹחַב הֶחָצֵר, שֶׁהָיָה חֲמִשִּׁים רֹחַב, וּסְתוּמִין הֵימֶנּוּ לְצַד צָפוֹן חֲמֵשׁ עֶשְׂרֵה אַמָּה וְכֵן לַדָּרוֹם, שֶׁנֶּאֱמַר: "וַחֲמֵשׁ עֶשְׂרֵה אַמָּה קְלָעִים לַכָּתֵף" (לעיל כז, יד):

יח| יִתְדֹת. לִתְקֹעַ וְלִקְשֹׁר בָּהֶם סוֹפֵי הַיְרִיעוֹת בָּאָרֶץ שֶׁלֹּא יָנוּעוּ בָּרוּחַ: מֵיתְרֵיהֶם. חֲבָלִים לִקְשֹׁר:

יט| בִּגְדֵי הַשְּׂרָד. לְכַסּוֹת הָאָרוֹן וְהַשֻּׁלְחָן וְהַמְּנוֹרָה וְהַמִּזְבְּחוֹת בִּשְׁעַת סִלּוּק הַמַּסָּעוֹת:

כב| עַל הַנָּשִׁים. עִם הַנָּשִׁים וּסְמוּכִין אֲלֵיהֶם:

אָח. הוּא תַּכְשִׁיט שֶׁל זָהָב עָגֹל נָתוּן עַל הַזְּרוֹעַ וְהוּא הַצָּמִיד: וְכוּמָז. כְּלִי זָהָב הוּא נָתוּן כְּנֶגֶד אוֹתוֹ מָקוֹם לָאִשָּׁה. וְרַבּוֹתֵינוּ פֵּרְשׁוּ שֵׁם 'כּוּמָז': כָּאן מְקוֹם זִמָּה:

כג| וְכָל אִישׁ אֲשֶׁר נִמְצָא אִתּוֹ. תְּכֵלֶת אוֹ אַרְגָּמָן אוֹ תּוֹלַעַת שָׁנִי אוֹ עוֹרוֹת אֵילִים אוֹ תְּחָשִׁים, כֻּלָּם "הֵבִיאוּ":

כו| טָווּ אֶת הָעִזִּים. הִיא הָיְתָה אֻמָּנוּת יְתֵרָה, שֶׁמֵּעַל גַּבֵּי הָעִזִּים טוֹוִין אוֹתָם:

כז| וְהַנְּשִׂאִם הֵבִיאוּ. אָמַר רַבִּי נָתָן: מָה רָאוּ נְשִׂיאִים לְהִתְנַדֵּב בַּחֲנֻכַּת הַמִּזְבֵּחַ בַּתְּחִלָּה, וּבִמְלֶאכֶת הַמִּשְׁכָּן לֹא הִתְנַדְּבוּ בַּתְּחִלָּה? אֶלָּא כָּךְ אָמְרוּ נְשִׂיאִים: יִתְנַדְּבוּ צִבּוּר מַה שֶּׁמִּתְנַדְּבִין, וּמַה שֶּׁמְּחַסְּרִין – אָנוּ מַשְׁלִימִין אוֹתוֹ. כֵּיוָן

ויקהל

אֵת אַבְנֵי הַשֹּׁהַם וְאֵת אַבְנֵי הַמִּלֻּאִים לָאֵפוֹד
כח וְלַחֹשֶׁן׃ וְאֶת־הַבֹּשֶׂם וְאֶת־הַשָּׁמֶן לְמָאוֹר
כט וּלְשֶׁמֶן הַמִּשְׁחָה וְלִקְטֹרֶת הַסַּמִּים׃ כָּל־אִישׁ
וְאִשָּׁה אֲשֶׁר נָדַב לִבָּם אֹתָם לְהָבִיא לְכָל־
הַמְּלָאכָה אֲשֶׁר צִוָּה יְהוָה לַעֲשׂוֹת בְּיַד־מֹשֶׁה
הֵבִיאוּ בְנֵי־יִשְׂרָאֵל נְדָבָה לַיהוָה׃
ל שלישי /שני/ וַיֹּאמֶר מֹשֶׁה אֶל־בְּנֵי יִשְׂרָאֵל רְאוּ קָרָא יְהוָה
בְּשֵׁם בְּצַלְאֵל בֶּן־אוּרִי בֶן־חוּר לְמַטֵּה יְהוּדָה׃
לא וַיְמַלֵּא אֹתוֹ רוּחַ אֱלֹהִים בְּחָכְמָה בִּתְבוּנָה
לב וּבְדַעַת וּבְכָל־מְלָאכָה׃ וְלַחְשֹׁב מַחֲשָׁבֹת לַעֲשֹׂת
לג בַּזָּהָב וּבַכֶּסֶף וּבַנְּחֹשֶׁת׃ וּבַחֲרֹשֶׁת אֶבֶן לְמַלֹּאת
וּבַחֲרֹשֶׁת עֵץ לַעֲשׂוֹת בְּכָל־מְלֶאכֶת מַחֲשָׁבֶת׃
לד וּלְהוֹרֹת נָתַן בְּלִבּוֹ הוּא וְאָהֳלִיאָב בֶּן־אֲחִיסָמָךְ
לה לְמַטֵּה־דָן׃ מִלֵּא אֹתָם חָכְמַת־לֵב לַעֲשׂוֹת כָּל־
מְלֶאכֶת חָרָשׁ ׀ וְחֹשֵׁב וְרֹקֵם בַּתְּכֵלֶת וּבָאַרְגָּמָן
בְּתוֹלַעַת הַשָּׁנִי וּבַשֵּׁשׁ וְאֹרֵג עֹשֵׂי כָּל־מְלָאכָה
לו א וְחֹשְׁבֵי מַחֲשָׁבֹת׃ וְעָשָׂה בְצַלְאֵל וְאָהֳלִיאָב
וְכֹל ׀ אִישׁ חֲכַם־לֵב אֲשֶׁר נָתַן יְהוָה חָכְמָה
וּתְבוּנָה בָּהֵמָּה לָדַעַת לַעֲשֹׂת אֶת־כָּל־מְלֶאכֶת
ב עֲבֹדַת הַקֹּדֶשׁ לְכֹל אֲשֶׁר־צִוָּה יְהוָה׃ וַיִּקְרָא
מֹשֶׁה אֶל־בְּצַלְאֵל וְאֶל־אָהֳלִיאָב וְאֶל כָּל־אִישׁ

ויקהל

חֲכַם־לֵב אֲשֶׁר נָתַן יְהֹוָה חָכְמָה בְּלִבּוֹ כֹּל אֲשֶׁר נְשָׂאוֹ לִבּוֹ לְקׇרְבָה אֶל־הַמְּלָאכָה לַעֲשֹׂת אֹתָהּ: וַיִּקְחוּ מִלִּפְנֵי מֹשֶׁה אֵת כׇּל־הַתְּרוּמָה אֲשֶׁר הֵבִיאוּ בְּנֵי יִשְׂרָאֵל לִמְלֶאכֶת עֲבֹדַת הַקֹּדֶשׁ לַעֲשֹׂת אֹתָהּ וְהֵם הֵבִיאוּ אֵלָיו עוֹד נְדָבָה בַּבֹּקֶר בַּבֹּקֶר: וַיָּבֹאוּ כׇּל־הַחֲכָמִים הָעֹשִׂים אֵת כׇּל־מְלֶאכֶת הַקֹּדֶשׁ אִישׁ־אִישׁ מִמְּלַאכְתּוֹ אֲשֶׁר־הֵמָּה עֹשִׂים: וַיֹּאמְרוּ אֶל־מֹשֶׁה לֵּאמֹר

כח יָת אַבְנֵי בוּרְלָא, וְיָת אַבְנֵי אַשְׁלָמוּתָא, לְשַׁקָּעָא בְּאֵיפוֹדָא וּבְחֻשְׁנָא: וְיָת בֻּסְמָא וְיָת
כט מִשְׁחָא, לְאַנְהָרוּתָא, וְלִמְשַׁח רְבוּתָא, וְלִקְטֹרֶת בֻּסְמַיָּא: כָּל גְּבַר וְאִתְּתָא, דְּאִתְרְעִי לִבְּהוֹן עִמְּהוֹן, לְאַיְתָאָה לְכָל עֲבִידְתָּא, דְּפַקֵּיד יְיָ, לְמֶעְבַּד בִּידָא דְּמֹשֶׁה, אַיְתִיאוּ בְנֵי יִשְׂרָאֵל,
ל נְדַבְתָּא קֳדָם יְיָ: וַאֲמַר מֹשֶׁה לִבְנֵי יִשְׂרָאֵל, חֲזוֹ, דְּרַבִּי יְיָ בְּשׁוֹם, בְּצַלְאֵל, בַּר אוּרִי בַר חוּר
לא לְשִׁבְטָא דִיהוּדָה: וְאַשְׁלֵים עִמֵּיהּ רוּחַ מִן קֳדָם יְיָ, בְּחָכְמְתָא, בְּסָכְלְתָנוּ וּבְמַדַּע וּבְכָל עֲבִידָא:
לב וּלְאַלָּפָא אֻמָּנוּן, לְמֶעְבַּד, בְּדַהֲבָא וּבְכַסְפָּא וּבִנְחָשָׁא: וּבְאֻמָּנוּת אֶבֶן טָבָא, לְאַשְׁלָמָא
לד וּבְנַגָּרוּת אָעָא, לְמֶעְבַּד בְּכָל עֲבִידַת אֻמָּנוּן: וּלְאַלָּפָא יְהַב בְּלִבֵּיהּ, הוּא, וְאָהֳלִיאָב בַּר
לה אֲחִיסָמָךְ לְשִׁבְטָא דְדָן: אַשְׁלֵים עִמְּהוֹן חָכְמוּת לִבָּא, לְמֶעְבַּד כָּל עֲבִידַת נַגָּר וְאֻמָּן, וְצַיָּר
לו א בְּתִכְלָא וּבְאַרְגְּוָנָא, בִּצְבַע זְהוֹרֵי, וּבְבוּצָא וּמָחֵי, עָבְדֵי כָּל עֲבִידָא, וּמַלְּפֵי אֻמָּנוּן: וְיַעְבֵּד בְּצַלְאֵל וְאָהֳלִיאָב, וְכָל גְּבַר חַכִּים לִבָּא, דִּיהַב יְיָ, חָכְמְתָא וְסָכְלְתָנוּתָא בְּהוֹן, לְמִדַּע
ב לְמֶעְבַּד, יָת כָּל עֲבִידַת פּוּלְחָן קֻדְשָׁא, לְכֹל דְּפַקֵּיד יְיָ: וּקְרָא מֹשֶׁה, לִבְצַלְאֵל וּלְאָהֳלִיאָב, וּלְכָל גְּבַר חַכִּים לִבָּא, דִּיהַב יְיָ, חָכְמְתָא בְּלִבֵּיהּ, כָּל דְּאִתְרְעִי לִבֵּיהּ, לְמִקְרַב לַעֲבִידְתָּא
ג לְמֶעְבַּד יָתַהּ: וּנְסִיבוּ מִן קֳדָם מֹשֶׁה, יָת כָּל אַפְרָשׁוּתָא דְּאַיְתִיאוּ בְּנֵי יִשְׂרָאֵל, לַעֲבִידַת
ד פּוּלְחָן קֻדְשָׁא לְמֶעְבַּד יָתַהּ, וְאִנּוּן, מַיְתָן לֵיהּ עוֹד, נְדַבְתָּא בִּצְפַר בִּצְפַר: וַאֲתוֹ כָּל חַכִּימַיָּא,
ה דְּעָבְדִין, יָת כָּל עֲבִידַת קֻדְשָׁא, גְּבַר גְּבַר מֵעֲבִידְתֵּיהּ דְּאִנּוּן עָבְדִין: וַאֲמַרוּ לְמֹשֶׁה לְמֵימַר,

שֶׁהִשְׁלִימוּ עֲבוּר אֵת הַכֹּל, שֶׁנֶּאֱמַר: "וְהַמְּלָאכָה הָיְתָה דַיָּם" (להלן לו, ז). אָמְרוּ נְשִׂיאִים: מָה עָלֵינוּ לַעֲשׂוֹת? "הֵבִיאוּ אֶת אַבְנֵי הַשֹּׁהַם" וְגוֹ', לְכָךְ הִתְנַדְּבוּ בַּחֲנֻכַּת הַמִּזְבֵּחַ תְּחִלָּה. וּלְפִי שֶׁנִּתְעַצְּלוּ מִתְּחִלָּה נֶחְסְרָה אוֹת מִשְּׁמָם, "וְהַנְּשִׂאִם" כְּתִיב:

לו. חוּר. בְּנָהּ שֶׁל מִרְיָם הָיָה: לד. וְאָהֳלִיאָב. מִשֵּׁבֶט דָּן, מִן הַיְרוּדִין שֶׁבַּשְּׁבָטִים, מִבְּנֵי הַשְּׁפָחוֹת, וְהִשְׁוָהוּ הַמָּקוֹם לִבְצַלְאֵל לִמְלֶאכֶת הַמִּשְׁכָּן וְהוּא מִגְּדוֹלֵי הַשְּׁבָטִים, לְקַיֵּם מַה שֶּׁנֶּאֱמַר: "וְלֹא נִכַּר שׁוֹעַ לִפְנֵי דָל" (איוב לד, יט):

מַרְבִּים הָעָם לְהָבִיא מִדֵּי הָעֲבֹדָה לַמְּלָאכָה
ו אֲשֶׁר־צִוָּה יְהוָה לַעֲשֹׂת אֹתָהּ׃ וַיְצַו מֹשֶׁה וַיַּעֲבִירוּ
קוֹל בַּמַּחֲנֶה לֵאמֹר אִישׁ וְאִשָּׁה אַל־יַעֲשׂוּ־עוֹד
מְלָאכָה לִתְרוּמַת הַקֹּדֶשׁ וַיִּכָּלֵא הָעָם מֵהָבִיא׃
ז וְהַמְּלָאכָה הָיְתָה דַיָּם לְכָל־הַמְּלָאכָה לַעֲשׂוֹת
ח אֹתָהּ וְהוֹתֵר׃ וַיַּעֲשׂוּ כָל־חֲכַם־לֵב רביעי
בְּעֹשֵׂי הַמְּלָאכָה אֶת־הַמִּשְׁכָּן עֶשֶׂר יְרִיעֹת שֵׁשׁ
מָשְׁזָר וּתְכֵלֶת וְאַרְגָּמָן וְתוֹלַעַת שָׁנִי כְּרֻבִים
ט מַעֲשֵׂה חֹשֵׁב עָשָׂה אֹתָם׃ אֹרֶךְ הַיְרִיעָה הָאַחַת
שְׁמֹנֶה וְעֶשְׂרִים בָּאַמָּה וְרֹחַב אַרְבַּע בָּאַמָּה
י הַיְרִיעָה הָאֶחָת מִדָּה אַחַת לְכָל־הַיְרִיעֹת׃ וַיְחַבֵּר
אֶת־חֲמֵשׁ הַיְרִיעֹת אַחַת אֶל־אֶחָת וְחָמֵשׁ יְרִיעֹת
יא חִבַּר אַחַת אֶל־אֶחָת׃ וַיַּעַשׂ לֻלְאֹת תְּכֵלֶת עַל
שְׂפַת הַיְרִיעָה הָאֶחָת מִקָּצָה בַּמַּחְבָּרֶת כֵּן עָשָׂה
בִּשְׂפַת הַיְרִיעָה הַקִּיצוֹנָה בַּמַּחְבֶּרֶת הַשֵּׁנִית׃
יב חֲמִשִּׁים לֻלָאֹת עָשָׂה בַּיְרִיעָה הָאֶחָת וַחֲמִשִּׁים
לֻלָאֹת עָשָׂה בִּקְצֵה הַיְרִיעָה אֲשֶׁר בַּמַּחְבֶּרֶת
יג הַשֵּׁנִית מַקְבִּילֹת הַלֻּלָאֹת אַחַת אֶל־אֶחָת׃ וַיַּעַשׂ
חֲמִשִּׁים קַרְסֵי זָהָב וַיְחַבֵּר אֶת־הַיְרִיעֹת אַחַת
אֶל־אַחַת בַּקְּרָסִים וַיְהִי הַמִּשְׁכָּן אֶחָד׃
יד וַיַּעַשׂ יְרִיעֹת עִזִּים לְאֹהֶל עַל־הַמִּשְׁכָּן עַשְׁתֵּי־

טו עֶשְׂרֵ֥ה יְרִיעֹ֖ת עָשָׂ֥ה אֹתָֽם׃ אֹ֚רֶךְ הַיְרִיעָ֣ה
הָֽאַחַ֔ת שְׁלֹשִׁים֙ בָּֽאַמָּ֔ה וְאַרְבַּ֣ע אַמּ֔וֹת רֹ֖חַב
הַיְרִיעָ֣ה הָאֶחָ֑ת מִדָּ֣ה אַחַ֔ת לְעַשְׁתֵּ֥י עֶשְׂרֵ֖ה
טז יְרִיעֹֽת׃ וַיְחַבֵּ֛ר אֶת־חֲמֵ֥שׁ הַיְרִיעֹ֖ת לְבָ֑ד וְאֶת־
יז שֵׁ֥שׁ הַיְרִיעֹ֖ת לְבָֽד׃ וַיַּ֤עַשׂ לֻֽלָאֹת֙ חֲמִשִּׁ֔ים עַ֚ל
שְׂפַ֣ת הַיְרִיעָ֔ה הַקִּיצֹנָ֖ה בַּמַּחְבָּ֑רֶת וַחֲמִשִּׁ֣ים
לֻלָאֹ֗ת עָשָׂה֙ עַל־שְׂפַ֣ת הַיְרִיעָ֔ה הַחֹבֶ֖רֶת
יח הַשֵּׁנִֽית׃ וַיַּ֛עַשׂ קַרְסֵ֥י נְחֹ֖שֶׁת חֲמִשִּׁ֑ים לְחַבֵּ֥ר

ו מְסַגַּן עַמָּא לְאֵיתָאָה, מִסַּת פָּלְחָנָא לַעֲבִידְתָא, דְּפַקֵּיד יי לְמֶעְבַּד יָתַהּ: וּפַקֵּיד מֹשֶׁה,
וְאַעְבַּרוּ כָּרוֹז בְּמַשְׁרִיתָא לְמֵימַר, גְּבַר וְאִתְּא, לָא יַעְבְּדוּן עוֹד, עֲבִידְתָא לְאַפְרָשׁוּת קֻדְשָׁא,
ז וּפְסַק עַמָּא מִלְּאֵיתָאָה: וַעֲבִידְתָא, הֲוַת מִסַּת, לְכָל עֲבִידְתָא לְמֶעְבַּד יָתַהּ, וְיַתְרַת: וַעֲבַדוּ
ח כָּל חַכִּימֵי לִבָּא, בְּעָבְדֵי עֲבִידְתָא, יָת מַשְׁכְּנָא עֲסַר יְרִיעָן, דְּבוּץ שְׁזִיר, וְתִכְלָא וְאַרְגְּוָנָא
ט וּצְבַע זְהוֹרִי, צוּרַת כְּרוּבִין, עוֹבַד אֻמָּן עֲבַד יָתְהוֹן: אֻרְכָּא דִּירִיעֲתָא חֲדָא, עַסְרִין וְתַמְנֵי
י אַמִּין, וּפְתָיָא אַרְבַּע אַמִּין, דִּירִיעֲתָא חֲדָא, מִשְׁחֲתָא חֲדָא לְכָל יְרִיעָתָא: וְלַפֵּיף יָת חֲמֵשׁ
יא יְרִיעָן, חֲדָא עִם חֲדָא, וַחֲמֵשׁ יְרִיעָן לַפֵּיף, חֲדָא עִם חֲדָא: וַעֲבַד עֲנֻבִין דְּתִכְלָא, עַל סִפְתָּא
דִּירִיעֲתָא חֲדָא, מִסִּטְרָא בֵּית לוֹפֵי, כֵּן עֲבַד בְּסִפְתָּא דִּירִיעֲתָא, בְּסִטְרָא, בֵּית לוֹפֵי תִּנְיָנָא:
יב חַמְשִׁין עֲנֻבִין, עֲבַד בִּירִיעֲתָא חֲדָא, וְחַמְשִׁין עֲנֻבִין, עֲבַד בְּסִטְרָא דִּירִיעֲתָא, דְּבֵית לוֹפֵי
יג תִּנְיָנָא, מְכֻוְּנָן עֲנֻבַיָּא, חֲדָא לָקֳבֵיל חֲדָא: וַעֲבַד, חַמְשִׁין פֻּרְפִּין דִּדְהַב, וְלַפֵּיף יָת יְרִיעָתָא,
יד חֲדָא עִם חֲדָא בְּפֻרְפַּיָּא, וַהֲוָה מַשְׁכְּנָא חַד: וַעֲבַד יְרִיעָן דְּמַעֲזֵי, לִפְרָסָא עַל מַשְׁכְּנָא, חֲדָא
טו עַסְרֵי יְרִיעָן עֲבַד יָתְהוֹן: אֻרְכָּא דִּירִיעֲתָא חֲדָא, תְּלָתִין אַמִּין, וְאַרְבַּע אַמִּין, פְּתָיָא דִּירִיעֲתָא
טז חֲדָא, מִשְׁחֲתָא חֲדָא, לַחֲדָא עַסְרֵי יְרִיעָן: וְלַפֵּיף, יָת חֲמֵשׁ יְרִיעָן לְחוֹד, וְיָת שֵׁית
יז יְרִיעָן לְחוֹד: וַעֲבַד עֲנֻבִין חַמְשִׁין, עַל סִפְתָּא דִּירִיעֲתָא, בְּסִטְרָא בֵּית לוֹפֵי, וְחַמְשִׁין עֲנֻבִין,
יח עֲבַד עַל סִפְתָּא דִּירִיעֲתָא, דְּבֵית לוֹפֵי תִּנְיָנָא: וַעֲבַד, פֻּרְפִּין דִּנְחָשׁ חַמְשִׁין, לְלַפָּפָא

פרק לו

ה מִדֵּי הָעֲבֹדָה. יוֹתֵר מִכְּדֵי צֹרֶךְ הָעֲבוֹדָה:

ו וַיִּכָּלֵא. לְשׁוֹן מְנִיעָה:

ז וְהַמְּלָאכָה הָיְתָה דַיָּם לְכָל הַמְּלָאכָה. וּמְלֶאכֶת הַהֲבָאָה "הָיְתָה דַּיָּם" שֶׁל עוֹשֵׂי הַמִּשְׁכָּן, "לְכָל הַמְּלָאכָה" שֶׁל מִשְׁכָּן "לַעֲשׂוֹת אוֹתָהּ" וּלְהוֹתֵר: וְהוֹתֵר. כְּמוֹ: "וְהַכְבֵּד אֶת לִבּוֹ" (לעיל ח, יא), "וְהַכּוֹת אֶת מוֹאָב" (מלכים ב' ג, כד).

אֶת־הָאֹהֶל לִהְיֹת אֶחָד׃ וַיַּעַשׂ מִכְסֶה לָאֹהֶל יט
עֹרֹת אֵילִם מְאָדָּמִים וּמִכְסֵה עֹרֹת תְּחָשִׁים
חמישי מִלְמָעְלָה׃ וַיַּעַשׂ אֶת־הַקְּרָשִׁים כ
לַמִּשְׁכָּן עֲצֵי שִׁטִּים עֹמְדִים׃ עֶשֶׂר אַמֹּת אֹרֶךְ כא
הַקָּרֶשׁ וְאַמָּה וַחֲצִי הָאַמָּה רֹחַב הַקֶּרֶשׁ הָאֶחָד׃
שְׁתֵּי יָדֹת לַקֶּרֶשׁ הָאֶחָד מְשֻׁלָּבֹת אַחַת אֶל־ כב
אֶחָת כֵּן עָשָׂה לְכֹל קַרְשֵׁי הַמִּשְׁכָּן׃ וַיַּעַשׂ כג
אֶת־הַקְּרָשִׁים לַמִּשְׁכָּן עֶשְׂרִים קְרָשִׁים לִפְאַת
נֶגֶב תֵּימָנָה׃ וְאַרְבָּעִים אַדְנֵי־כֶסֶף עָשָׂה תַּחַת כד
עֶשְׂרִים הַקְּרָשִׁים שְׁנֵי אֲדָנִים תַּחַת־הַקֶּרֶשׁ
הָאֶחָד לִשְׁתֵּי יְדֹתָיו וּשְׁנֵי אֲדָנִים תַּחַת־הַקֶּרֶשׁ
הָאֶחָד לִשְׁתֵּי יְדֹתָיו׃ וּלְצֶלַע הַמִּשְׁכָּן הַשֵּׁנִית כה
לִפְאַת צָפוֹן עָשָׂה עֶשְׂרִים קְרָשִׁים׃ וְאַרְבָּעִים כו
אַדְנֵיהֶם כָּסֶף שְׁנֵי אֲדָנִים תַּחַת הַקֶּרֶשׁ הָאֶחָד
וּשְׁנֵי אֲדָנִים תַּחַת הַקֶּרֶשׁ הָאֶחָד׃ וּלְיַרְכְּתֵי כז
הַמִּשְׁכָּן יָמָּה עָשָׂה שִׁשָּׁה קְרָשִׁים׃ וּשְׁנֵי כח
קְרָשִׁים עָשָׂה לִמְקֻצְעֹת הַמִּשְׁכָּן בַּיַּרְכָתָיִם׃
וְהָיוּ תוֹאֲמִם מִלְּמַטָּה וְיַחְדָּו יִהְיוּ תַמִּים אֶל־ כט
רֹאשׁוֹ אֶל־הַטַּבַּעַת הָאֶחָת כֵּן עָשָׂה לִשְׁנֵיהֶם
לִשְׁנֵי הַמִּקְצֹעֹת׃ וְהָיוּ שְׁמֹנָה קְרָשִׁים וְאַדְנֵיהֶם ל

ויקהל

כֶּ֗סֶף שִׁשָּׁ֤ה עָשָׂר֙ אֲדָנִ֔ים שְׁנֵ֣י אֲדָנִ֔ים שְׁנֵ֣י אֲדָנִ֗ים
תַּ֛חַת הַקֶּ֥רֶשׁ הָאֶחָֽד׃ וַיַּ֛עַשׂ בְּרִיחֵ֥י עֲצֵ֖י שִׁטִּ֑ים
חֲמִשָּׁ֕ה לְקַרְשֵׁ֥י צֶֽלַע־הַמִּשְׁכָּ֖ן הָאֶחָֽת׃ וַחֲמִשָּׁ֣ה
בְרִיחִ֔ם לְקַרְשֵׁ֥י צֶֽלַע־הַמִּשְׁכָּ֖ן הַשֵּׁנִ֑ית וַחֲמִשָּׁ֣ה
בְרִיחִ֗ם לְקַרְשֵׁ֤י הַמִּשְׁכָּן֙ לַיַּרְכָתַ֣יִם יָ֔מָּה׃ וַיַּ֖עַשׂ
אֶת־הַבְּרִ֣יחַ הַתִּיכֹ֑ן לִבְרֹ֙חַ֙ בְּת֣וֹךְ הַקְּרָשִׁ֔ים מִן־
הַקָּצֶ֖ה אֶל־הַקָּצֶֽה׃ וְאֶת־הַקְּרָשִׁ֞ים צִפָּ֣ה זָהָ֗ב
וְאֶת־טַבְּעֹתָם֙ עָשָׂ֣ה זָהָ֔ב בָּתִּ֖ים לַבְּרִיחִ֑ם וַיְצַ֥ף
אֶת־הַבְּרִיחִ֖ם זָהָֽב׃ וַיַּ֙עַשׂ֙ אֶת־הַפָּרֹ֔כֶת תְּכֵ֧לֶת
וְאַרְגָּמָ֛ן וְתוֹלַ֥עַת שָׁנִ֖י וְשֵׁ֣שׁ מָשְׁזָ֑ר מַעֲשֵׂ֥ה

יט יָת מַשְׁכְּנָא לְמִהְוֵי חַד: וַעֲבַד חוּפָאָה לְמַשְׁכְּנָא, דְּמַשְׁכֵּי דִּכְרֵי מְסַמְּקֵי, וְחוּפָאָה, דְּמַשְׁכֵּי
כ סַסְגּוֹנָא מִלְּעֵילָא: וַעֲבַד יָת דַּפַּיָּא לְמַשְׁכְּנָא, דְּאָעֵי שִׁטִּין קָיְמִין: עֲסַר אַמִּין אוּרְכָּא דְּדַפָּא,
כא וְאַמְּתָא וּפַלְגוּת אַמְּתָא, פּוּתְיָא דְּדַפָּא חַד: תַּרְתֵּין צִירִין, לְדַפָּא חַד, מְשַׁלְּבִין, חַד לָקֳבֵיל חַד, כֵּן
כב עֲבַד, לְכָל דַּפֵּי מַשְׁכְּנָא: וַעֲבַד יָת דַּפַּיָּא לְמַשְׁכְּנָא, עַסְרִין דַּפִּין, לְרוּחַ עֵיבַר דָּרוֹמָא: וְאַרְבְּעִין
כג סַמְכִין דִּכְסַף, עֲבַד, תְּחוֹת עַסְרִין דַּפִּין, תְּרֵין סָמְכִין, תְּחוֹת דַּפָּא חַד לִתְרֵין צִירוֹהִי, וּתְרֵין סָמְכִין,
כד תְּחוֹת דַּפָּא חַד לִתְרֵין צִירוֹהִי: וְלִסְטַר מַשְׁכְּנָא, תִּנְיָנָא לְרוּחַ צִפּוּנָא, עֲבַד עֶסְרִין דַּפִּין: וְאַרְבְּעִין
כה סַמְכֵיהוֹן דִּכְסָף, תְּרֵין סָמְכִין, תְּחוֹת דַּפָּא חַד, וּתְרֵין סָמְכִין, תְּחוֹת דַּפָּא חַד: וְלִסְיָפֵי מַשְׁכְּנָא
כו מַעַרְבָא, עֲבַד שִׁתָּא דַּפִּין: וּתְרֵין דַּפִּין עֲבַד, לְזָוְיָת מַשְׁכְּנָא, בְּסוֹפְהוֹן: וַהֲווֹ מְכַוְּנִין מִלְּרַע,
כז וְכַחְדָּא, הֲווֹ מְכַוְּנִין בְּרֵישֵׁיהוֹן, לְעִזְקְתָא חֲדָא, כֵּן עֲבַד לִתְרֵיהוֹן, לִתְרֵין זָוְיָן: וַהֲווֹ תְּמָנְיָא
כח דַּפִּין, וְסַמְכֵיהוֹן דִּכְסַף, שִׁתַּת עֲסַר סַמְכִין, תְּרֵין סָמְכִין תְּרֵין סָמְכִין, תְּחוֹת דַּפָּא חַד: וַעֲבַד
כט עָבְרֵי דְּאָעֵי שִׁטִּין, חַמְשָׁא, לְדַפֵּי סְטַר מַשְׁכְּנָא חַד: וְחַמְשָׁא עָבְרִין, לְדַפֵּי סְטַר מַשְׁכְּנָא תִּנְיָנָא,
ל וְחַמְשָׁא עָבְרִין לְדַפֵּי מַשְׁכְּנָא, לְסוֹפְהוֹן מַעַרְבָא: וַעֲבַד יָת עָבְרָא מְצִיעָאָה, לְאַעְבָּרָא בְּגוֹ
לא דַּפַּיָּא, מִן סְיָפֵי לִסְיָפֵי: וְיָת דַּפַּיָּא חֲפָא דַּהֲבָא, וְיָת עִזְקָתְהוֹן עֲבַד דַּהֲבָא, אַתְרָא לְעָבְרַיָּא
לה וַחֲפָא יָת עָבְרַיָּא דַּהֲבָא: וַעֲבַד יָת פָּרֻכְתָּא, תַּכְלָא וְאַרְגְּוָנָא, וּצְבַע זְהוֹרִי וּבוּץ שְׁזִיר, עוֹבַד

שמות

לו

חֹשֵׁב עָשָׂה אֹתָהּ כְּרֻבִֽים: וַיַּעַשׂ לָהּ אַרְבָּעָה֙ לו
עַמּוּדֵ֣י שִׁטִּ֔ים וַיְצַפֵּ֤ם זָהָב֙ וָוֵיהֶ֣ם זָהָ֔ב וַיִּצֹ֣ק
לָהֶ֔ם אַרְבָּעָ֖ה אַדְנֵי־כָֽסֶף: וַיַּ֛עַשׂ מָסָ֥ךְ לְפֶ֖תַח לז
הָאֹ֑הֶל תְּכֵ֧לֶת וְאַרְגָּמָ֛ן וְתוֹלַ֥עַת שָׁנִ֖י וְשֵׁ֣שׁ
מָשְׁזָ֑ר מַעֲשֵׂ֖ה רֹקֵֽם: וְאֶת־עַמּוּדָ֣יו חֲמִשָּׁה֮ לח
וְאֶת־וָוֵיהֶם֒ וְצִפָּ֧ה רָאשֵׁיהֶ֛ם וַחֲשֻׁקֵיהֶ֖ם זָהָ֑ב
וְאַדְנֵיהֶ֥ם חֲמִשָּׁ֖ה נְחֹֽשֶׁת:

וַיַּ֧עַשׂ בְּצַלְאֵ֛ל אֶת־הָאָרֹ֖ן עֲצֵ֣י שִׁטִּ֑ים אַמָּתַ֨יִם֙ לז א
וָחֵ֣צִי אָרְכּ֔וֹ וְאַמָּ֥ה וָחֵ֖צִי רָחְבּ֔וֹ וְאַמָּ֥ה וָחֵ֖צִי
קֹמָתֽוֹ: וַיְצַפֵּ֛הוּ זָהָ֥ב טָה֖וֹר מִבַּ֣יִת וּמִח֑וּץ וַיַּ֥עַשׂ ב
ל֛וֹ זֵ֥ר זָהָ֖ב סָבִֽיב: וַיִּצֹ֣ק ל֗וֹ אַרְבַּע֙ טַבְּעֹ֣ת זָהָ֔ב ג
עַ֖ל אַרְבַּ֣ע פַּעֲמֹתָ֑יו וּשְׁתֵּ֣י טַבָּעֹ֗ת עַל־צַלְעוֹ֙
הָאֶחָ֔ת וּשְׁתֵּי֙ טַבָּעֹ֔ת עַל־צַלְע֖וֹ הַשֵּׁנִֽית: וַיַּ֥עַשׂ ד
בַדֵּ֖י עֲצֵ֣י שִׁטִּ֑ים וַיְצַ֥ף אֹתָ֖ם זָהָֽב: וַיָּבֵ֤א אֶת־ ה
הַבַּדִּים֙ בַּטַּבָּעֹ֔ת עַ֖ל צַלְעֹ֣ת הָאָרֹ֑ן לָשֵׂ֖את אֶת־
הָאָרֹֽן: וַיַּ֥עַשׂ כַּפֹּ֖רֶת זָהָ֣ב טָה֑וֹר אַמָּתַ֣יִם וָחֵ֨צִי֙ ו
אָרְכָּ֔הּ וְאַמָּ֥ה וָחֵ֖צִי רָחְבָּֽהּ: וַיַּ֛עַשׂ שְׁנֵ֥י כְרֻבִ֖ים ז
זָהָ֑ב מִקְשָׁה֙ עָשָׂ֣ה אֹתָ֔ם מִשְּׁנֵ֖י קְצ֥וֹת הַכַּפֹּֽרֶת:
כְּרוּב־אֶחָ֤ד מִקָּצָה֙ מִזֶּ֔ה וּכְרוּב־אֶחָ֥ד מִקָּצָ֖ה ח
מִזֶּ֑ה מִן־הַכַּפֹּ֛רֶת עָשָׂ֥ה אֶת־הַכְּרֻבִ֖ים מִשְּׁנֵ֥י

ט קְצוֹוֹתָו: וַיִּהְיוּ הַכְּרֻבִים פֹּרְשֵׂי כְנָפַיִם לְמַעְלָה קְצוֹתָיו
סֹכְכִים בְּכַנְפֵיהֶם עַל־הַכַּפֹּרֶת וּפְנֵיהֶם אִישׁ אֶל־
אָחִיו אֶל־הַכַּפֹּרֶת הָיוּ פְּנֵי הַכְּרֻבִים:
י וַיַּעַשׂ אֶת־הַשֻּׁלְחָן עֲצֵי שִׁטִּים אַמָּתַיִם אָרְכּוֹ
יא וְאַמָּה רָחְבּוֹ וְאַמָּה וָחֵצִי קֹמָתוֹ: וַיְצַף אֹתוֹ זָהָב
יב טָהוֹר וַיַּעַשׂ לוֹ זֵר זָהָב סָבִיב: וַיַּעַשׂ לוֹ מִסְגֶּרֶת
טֹפַח סָבִיב וַיַּעַשׂ זֵר־זָהָב לְמִסְגַּרְתּוֹ סָבִיב:
יג וַיִּצֹק לוֹ אַרְבַּע טַבְּעֹת זָהָב וַיִּתֵּן אֶת־הַטַּבָּעֹת

לו אֻמָּן, עֲבַד יָתֵהּ צוּרַת כְּרוּבִין: וַעֲבַד לַהּ, אַרְבְּעָא עַמּוּדֵי שִׁטִּין, וַחֲפָנוּן דַּהֲבָא, וָוֵיהוֹן דַּהֲבָא,
לז וְאַתֵּיךְ לְהוֹן, אַרְבְּעָא סָמְכִין דִּכְסַף: וַעֲבַד פְּרָסָא לִתְרַע מַשְׁכְּנָא, תַּכְלָא וְאַרְגְּוָנָא, וּצְבַע
לח זְהוֹרִי וּבוּץ שְׁזִיר, עוֹבָד צַיָּר: וְיָת עַמּוּדוֹהִי חַמְשָׁא וְיָת וָוֵיהוֹן, וְחַפִּי רֵישֵׁיהוֹן, וְכִבּוּשֵׁיהוֹן
לז א דַּהֲבָא, וְסָמְכֵיהוֹן חַמְשָׁא דִּנְחָשָׁא: וַעֲבַד בְּצַלְאֵל, יָת אֲרוֹנָא דְּאָעֵי שִׁטִּין, תַּרְתֵּין אַמִּין
ב וּפַלְגָא אָרְכֵּיהּ, וְאַמְּתָא וּפַלְגָא פְּתָיֵהּ, וְאַמְּתָא וּפַלְגָא רוּמֵיהּ: וַחֲפָהִי, דְּהַב דְּכֵי מִגָּיו וּמִבָּרָא,
ג וַעֲבַד לֵיהּ, זֵיר דִּדְהַב סְחוֹר סְחוֹר: וְאַתֵּיךְ לֵיהּ, אַרְבַּע עִזְקָן דִּדְהַב, עַל אַרְבַּע זָוְיָתֵיהּ, וְתַרְתֵּין
ד עִזְקָן, עַל סִטְרֵיהּ חַד, וְתַרְתֵּין עִזְקָן, עַל סִטְרֵיהּ תִּנְיָנָא: וַעֲבַד אֲרִיחֵי דְּאָעֵי שִׁטִּין, וַחֲפָא יָתְהוֹן
ה ו דַּהֲבָא: וְאַעֵיל יָת אֲרִיחַיָּא בְּעִזְקָתָא, עַל סִטְרֵי אֲרוֹנָא, לְמִטַּל יָת אֲרוֹנָא: וַעֲבַד כַּפֻּרְתָּא
ז דִּדְהַב דְּכֵי, תַּרְתֵּין אַמִּין וּפַלְגָא אָרְכַּהּ, וְאַמְּתָא וּפַלְגָא פְּתָיַהּ: וַעֲבַד, תְּרֵין כְּרוּבִין דִּדְהַב,
ח נְגִיד עֲבַד יָתְהוֹן, מִתְּרֵין סִטְרֵי כַּפֻּרְתָּא: כְּרוּבָא חַד מִסִּטְרָא מִכָּא, וּכְרוּבָא חַד מִסִּטְרָא מִכָּא,
ט מִן כַּפֻּרְתָּא, עֲבַד יָת כְּרוּבַיָּא מִתְּרֵין סִטְרוֹהִי: וַהֲווֹ כְּרוּבַיָּא פְּרִיסִין גַּדְפֵּיהוֹן לְעֵילָא, מְטַלַּן
י בְּגַדְפֵּיהוֹן עַל כַּפֻּרְתָּא, וְאַפֵּיהוֹן חַד לָקֳבֵיל חַד, לָקֳבֵיל כַּפֻּרְתָּא, הֲווֹ אַפֵּי כְּרוּבַיָּא: וַעֲבַד יָת
יא פָּתוּרָא דְּאָעֵי שִׁטִּין, תַּרְתֵּין אַמִּין אָרְכֵּיהּ וְאַמְּתָא פְּתָיֵהּ, וְאַמְּתָא וּפַלְגָא רוּמֵיהּ: וַחֲפָא יָתֵיהּ
יב דְּהַב דְּכֵי, וַעֲבַד לֵיהּ, זֵיר דִּדְהַב סְחוֹר סְחוֹר: וַעֲבַד לֵיהּ גְּדָנְפָא, רוּמֵיהּ פֻּשְׁכָּא סְחוֹר סְחוֹר,
יג וַעֲבַד זֵיר דִּדְהַב, לִגְדָנְפֵיהּ סְחוֹר סְחוֹר: וְאַתֵּיךְ לֵיהּ, אַרְבַּע עִזְקָן דִּדְהַב, וִיהַב יָת עִזְקָתָא,

פרק לז

א| וַיַּעַשׂ בְּצַלְאֵל. לְפִי שֶׁנָּתַן נַפְשׁוֹ עַל הַמְּלָאכָה יוֹתֵר מִשְּׁאָר חֲכָמִים, נִקְרֵאת עַל שְׁמוֹ:

עַל אַרְבַּע הַפֵּאֹת אֲשֶׁר לְאַרְבַּע רַגְלָיו: לְעֻמַּת֙ יד
הַמִּסְגֶּ֔רֶת הָי֖וּ הַטַּבָּעֹ֑ת בָּתִּים֙ לַבַּדִּ֔ים לָשֵׂ֖את
אֶת־הַשֻּׁלְחָֽן: וַיַּ֤עַשׂ אֶת־הַבַּדִּים֙ עֲצֵ֣י שִׁטִּ֔ים טו
וַיְצַ֥ף אֹתָ֖ם זָהָ֑ב לָשֵׂ֖את אֶת־הַשֻּׁלְחָֽן: וַיַּ֣עַשׂ אֶת־ טז
הַכֵּלִ֣ים ׀ אֲשֶׁ֣ר עַל־הַשֻּׁלְחָ֗ן אֶת־קְעָרֹתָ֤יו וְאֶת־
כַּפֹּתָיו֙ וְאֵת֙ מְנַקִּיֹּתָ֔יו וְאֶת־הַקְּשָׂוֺ֔ת אֲשֶׁ֥ר יֻסַּ֖ךְ
בָּהֵ֑ן זָהָ֥ב טָהֽוֹר:

וַיַּ֥עַשׂ אֶת־הַמְּנֹרָ֖ה זָהָ֣ב טָה֑וֹר מִקְשָׁ֞ה עָשָׂ֤ה יז ששי
אֶת־הַמְּנֹרָה֙ יְרֵכָ֣הּ וְקָנָ֔הּ גְּבִיעֶ֛יהָ כַּפְתֹּרֶ֥יהָ /שלישי/
וּפְרָחֶ֖יהָ מִמֶּ֥נָּה הָיֽוּ: וְשִׁשָּׁ֣ה קָנִ֔ים יֹצְאִ֖ים מִצִּדֶּ֑יהָ יח
שְׁלֹשָׁ֣ה ׀ קְנֵ֣י מְנֹרָ֗ה מִצִּדָּהּ֙ הָֽאֶחָ֔ד וּשְׁלֹשָׁה֙ קְנֵ֣י
מְנֹרָ֔ה מִצִּדָּ֖הּ הַשֵּׁנִֽי: שְׁלֹשָׁ֣ה גְ֠בִעִים מְֽשֻׁקָּדִ֞ים יט
בַּקָּנֶ֣ה הָאֶחָד֮ כַּפְתֹּ֣ר וָפֶרַח֒ וּשְׁלֹשָׁ֣ה גְבִעִ֗ים
מְשֻׁקָּדִ֛ים בְּקָנֶ֥ה אֶחָ֖ד כַּפְתֹּ֣ר וָפָ֑רַח כֵּ֚ן לְשֵׁ֣שֶׁת
הַקָּנִ֔ים הַיֹּצְאִ֖ים מִן־הַמְּנֹרָֽה: וּבַמְּנֹרָ֖ה אַרְבָּעָ֣ה כ
גְבִעִ֑ים מְשֻׁ֨קָּדִ֔ים כַּפְתֹּרֶ֖יהָ וּפְרָחֶֽיהָ: וְכַפְתֹּ֡ר תַּחַת֩ כא
שְׁנֵ֨י הַקָּנִ֜ים מִמֶּ֗נָּה וְכַפְתֹּר֙ תַּ֣חַת שְׁנֵ֤י הַקָּנִים֙ מִמֶּ֔נָּה
וְכַפְתֹּ֕ר תַּֽחַת־שְׁנֵ֥י הַקָּנִ֖ים מִמֶּ֑נָּה לְשֵׁ֙שֶׁת֙ הַקָּנִ֔ים
הַיֹּצְאִ֖ים מִמֶּֽנָּה: כַּפְתֹּרֵיהֶ֥ם וּקְנֹתָ֖ם מִמֶּ֣נָּה הָי֑וּ כב
כֻּלָּ֛הּ מִקְשָׁ֥ה אַחַ֖ת זָהָ֥ב טָהֽוֹר: וַיַּ֥עַשׂ אֶת־נֵרֹתֶ֖יהָ כג

ויקהל

כד שִׁבְעָה וּמַלְקָחֶיהָ וּמַחְתֹּתֶיהָ זָהָב טָהוֹר: כִּכָּר זָהָב טָהוֹר עָשָׂה אֹתָהּ וְאֵת כָּל־כֵּלֶיהָ:
כה וַיַּעַשׂ אֶת־מִזְבַּח הַקְּטֹרֶת עֲצֵי שִׁטִּים אַמָּה אָרְכּוֹ וְאַמָּה רָחְבּוֹ רָבוּעַ וְאַמָּתַיִם קֹמָתוֹ מִמֶּנּוּ הָיוּ קַרְנֹתָיו: וַיְצַף אֹתוֹ זָהָב טָהוֹר אֶת־גַּגּוֹ וְאֶת־קִירֹתָיו סָבִיב וְאֶת־קַרְנֹתָיו וַיַּעַשׂ לוֹ זֵר זָהָב סָבִיב:
כז וּשְׁתֵּי טַבְּעֹת זָהָב עָשָׂה־לוֹ ׀ מִתַּחַת לְזֵרוֹ עַל שְׁתֵּי צַלְעֹתָיו עַל שְׁנֵי צִדָּיו לְבָתִּים לְבַדִּים לָשֵׂאת אֹתוֹ בָּהֶם: וַיַּעַשׂ אֶת־הַבַּדִּים עֲצֵי שִׁטִּים וַיְצַף אֹתָם זָהָב: וַיַּעַשׂ אֶת־שֶׁמֶן

יד עַל אַרְבַּע זָוְיָתָא, דִּלְאַרְבַּע רַגְלוֹהִי: לָקֳבֵיל גְּדַנְפָא, הֲוָאָה עִזְקָתָא, אַתְרָא לַאֲרִיחַיָּא, לְמִטַּל
טו יָת פָּתוֹרָא: וַעֲבַד יָת אֲרִיחַיָּא דְּאָעֵי שִׁטִּין, וַחֲפָא יָתְהוֹן דַּהֲבָא, לְמִטַּל יָת פָּתוֹרָא: וַעֲבַד, יָת מָנַיָּא דְּעַל פָּתוֹרָא, יָת מְגִסּוֹהִי וְיָת בָּזִיכוֹהִי וְיָת מְכִילָתֵיהּ, וְיָת קָסְוָתָא, דְּיִתְנַסַּךְ בְּהוֹן, דְּהַב
יז דְּכֵי: וַעֲבַד יָת מְנָרְתָא דִּדְהַב דְּכֵי, נְגִיד, עֲבַד יָת מְנָרְתָא שִׁדָּהּ וּקְנַהּ, כַּלִּידַהָא, חֲזוּרַהָא וְשׁוֹשַׁנַּהָא מִנַּהּ הֲווֹ: וְשִׁתָּא קְנִין, נָפְקִין מִסִּטְרָהָא, תְּלָתָא קְנֵי מְנָרְתָא, מִסִּטְרָהּ חַד, וּתְלָתָא
יט קְנֵי מְנָרְתָא, מִסִּטְרָהּ תִּנְיָנָא: תְּלָתָא כַלִּידִין, מְצַיְּרִין, בְּקַנְיָא חַד חֲזוּר וְשׁוֹשַׁן, וּתְלָתָא כַלִּידִין,
כ מְצַיְּרִין, בְּקַנְיָא חַד חֲזוּר וְשׁוֹשַׁן, כֵּן לְשִׁתָּא קְנִין, דְּנָפְקִין מִן מְנָרְתָא: וּבִמְנָרְתָא אַרְבְּעָה כַלִּידִין,
כא מְצַיְּרִין, חֲזוּרַהָא וְשׁוֹשַׁנַּהָא: וְחָזוּר, תְּחוֹת תְּרֵין קְנִין דְּמִנַּהּ, וְחָזוּר תְּחוֹת תְּרֵין קְנִין דְּמִנַּהּ, וְחָזוּר,
כב תְּחוֹת תְּרֵין קְנִין דְּמִנַּהּ, לְשִׁתָּא קְנִין, דְּנָפְקִין מִנַּהּ: חֲזוּרֵיהוֹן וּקְנֵיהוֹן מִנַּהּ הֲווֹ, כֻּלַּהּ, נְגִידָא חֲדָא
כג דִּדְהַב דְּכֵי: וַעֲבַד יָת בּוּצִינַהָא שִׁבְעָא, וְצִבְיָתַהָא וּמַחְתְּיָתַהָא דִּדְהַב דְּכֵי: כִּכְּרָא, דִּדְהַבָא
כה דַּכְיָא עֲבַד יָתַהּ, וְיָת כָּל מָנַהּ: וַעֲבַד, יָת מַדְבְּחָא דִּקְטֹרֶת בֻּסְמַיָּא דְּאָעֵי שִׁטִּין, אַמְּתָא אָרְכֵּיהּ וְאַמְּתָא פְּתָיֵיהּ מְרַבַּע, וְתַרְתֵּין אַמִּין רוּמֵיהּ, מִנֵּיהּ הֲוָאָה קַרְנוֹהִי:
כו וַחֲפָא יָתֵיהּ דְּהַב דְּכֵי, יָת אִגָּרֵיהּ וְיָת כָּתְלוֹהִי, סְחוֹר סְחוֹר וְיָת קַרְנוֹהִי, וַעֲבַד לֵיהּ, זֵיר דִּדְהַב סְחוֹר סְחוֹר: וְתַרְתֵּין עִזְקָן דִּדְהַב, עֲבַד לֵיהּ מִלְּרַע לְזֵירֵיהּ, עַל תַּרְתֵּין זָוְיָתֵיהּ, עַל תְּרֵין סִטְרוֹהִי, לְאַתְרָא לַאֲרִיחַיָּא,
כח לְמִטַּל יָתֵיהּ בְּהוֹן: וַעֲבַד יָת אֲרִיחַיָּא דְּאָעֵי שִׁטִּין, וַחֲפָא יָתְהוֹן דַּהֲבָא: וַעֲבַד, יָת מִשְׁחָא

שמות

הַמִּשְׁחָ֖ה קֹ֑דֶשׁ וְאֶת־קְטֹ֧רֶת הַסַּמִּ֛ים טָה֖וֹר
מַעֲשֵׂ֥ה רֹקֵֽחַ: וַיַּ֛עַשׂ אֶת־מִזְבַּ֥ח
הָעֹלָ֖ה עֲצֵ֣י שִׁטִּ֑ים חָמֵשׁ֩ אַמּ֨וֹת אָרְכּ֜וֹ וְחָֽמֵשׁ־
אַמּ֤וֹת רָחְבּוֹ֙ רָב֔וּעַ וְשָׁלֹ֥שׁ אַמּ֖וֹת קֹמָתֽוֹ: וַיַּ֣עַשׂ
קַרְנֹתָ֗יו עַ֚ל אַרְבַּ֣ע פִּנֹּתָ֔יו מִמֶּ֖נּוּ הָי֣וּ קַרְנֹתָ֑יו
וַיְצַ֥ף אֹת֖וֹ נְחֹֽשֶׁת: וַיַּ֜עַשׂ אֶֽת־כָּל־כְּלֵ֣י הַמִּזְבֵּ֗חַ
אֶת־הַסִּירֹ֤ת וְאֶת־הַיָּעִים֙ וְאֶת־הַמִּזְרָקֹ֔ת אֶת־
הַמִּזְלָגֹ֖ת וְאֶת־הַמַּחְתֹּ֑ת כָּל־כֵּלָ֖יו עָשָׂ֥ה נְחֹֽשֶׁת:
וַיַּ֤עַשׂ לַמִּזְבֵּ֙חַ֙ מִכְבָּ֔ר מַעֲשֵׂ֖ה רֶ֣שֶׁת נְחֹ֑שֶׁת
תַּ֧חַת כַּרְכֻּבּ֛וֹ מִלְּמַ֖טָּה עַד־חֶצְיֽוֹ: וַיִּצֹ֞ק אַרְבַּ֧ע
טַבָּעֹ֛ת בְּאַרְבַּ֥ע הַקְּצָוֹ֖ת לְמִכְבַּ֣ר הַנְּחֹ֑שֶׁת בָּתִּ֖ים
לַבַּדִּֽים: וַיַּ֥עַשׂ אֶת־הַבַּדִּ֖ים עֲצֵ֣י שִׁטִּ֑ים וַיְצַ֥ף
אֹתָ֖ם נְחֹֽשֶׁת: וַיָּבֵ֤א אֶת־הַבַּדִּים֙ בַּטַּבָּעֹ֔ת עַ֖ל
צַלְעֹ֣ת הַמִּזְבֵּ֑חַ לָשֵׂ֥את אֹת֖וֹ בָּהֶ֑ם נְב֥וּב לֻחֹ֖ת
עָשָׂ֥ה אֹתֽוֹ: וַיַּ֗עַשׂ אֵ֚ת הַכִּיּ֣וֹר נְחֹ֔שֶׁת
וְאֵ֖ת כַּנּ֣וֹ נְחֹ֑שֶׁת בְּמַרְאֹת֙ הַצֹּ֣בְאֹ֔ת אֲשֶׁ֣ר צָֽבְא֔וּ
פֶּ֖תַח אֹ֥הֶל מוֹעֵֽד: וַיַּ֖עַשׂ אֶת־הֶחָצֵ֑ר
לִפְאַ֣ת ׀ נֶ֣גֶב תֵּימָ֗נָה קַלְעֵ֤י הֶֽחָצֵר֙ שֵׁ֣שׁ מָשְׁזָ֔ר מֵאָ֖ה
בָּאַמָּֽה: עַמּוּדֵיהֶ֣ם עֶשְׂרִ֔ים וְאַדְנֵיהֶ֥ם עֶשְׂרִ֖ים
נְחֹ֑שֶׁת וָוֵ֧י הָעַמֻּדִ֛ים וַחֲשֻׁקֵיהֶ֖ם כָּֽסֶף: וְלִפְאַ֣ת

צָפ֞וֹן מֵאָ֣ה בָאַמָּ֗ה עַמּֽוּדֵיהֶ֣ם עֶשְׂרִ֔ים וְאַדְנֵיהֶ֥ם
עֶשְׂרִ֖ים נְחֹ֑שֶׁת וָוֵ֤י הָֽעַמּוּדִים֙ וַחֲשֻׁ֣קֵיהֶ֔ם כָּֽסֶף׃
יב וְלִפְאַת־יָ֗ם קְלָעִים֙ חֲמִשִּׁ֣ים בָּֽאַמָּ֔ה עַמּֽוּדֵיהֶ֥ם

לח א דִּרְבוּתָא קֻדְשָׁא, וְיָת קְטֹרֶת בֻּסְמַיָּא דְּכֵי, עוֹבַד בָּסָמָנוּ: וַעֲבַד, יָת מַדְבְּחָא דַעֲלָתָא דְּאָעֵי
ב שִׁטִּין, חֲמֵשׁ אַמִּין אֻרְכֵּיהּ, וַחֲמֵשׁ אַמִּין פְּתָיֵהּ מְרַבַּע, וּתְלָת אַמִּין רוּמֵיהּ: וַעֲבַד קַרְנוֹהִי,
ג עַל אַרְבַּע זָוְיָתֵיהּ, מִנֵּיהּ הֲוָאָה קַרְנוֹהִי, וַחֲפָא יָתֵיהּ נְחָשָׁא: וַעֲבַד יָת כָּל מָנֵי מַדְבְּחָא, יָת
פְּסַכְתֵּירְוָתָא וְיָת מַגְרוֹפְיָתָא וְיָת מִזְרְקַיָּא, יָת צִנּוֹרְיָתָא וְיָת מַחְתְּיָתָא, כָּל מָנוֹהִי עֲבַד
ד נְחָשָׁא: וַעֲבַד לְמַדְבְּחָא סְרָדָא, עוֹבַד מְצָדְתָא דִּנְחָשָׁא, תְּחוֹת סוֹבֵיבֵיהּ, מִלְּרַע עַד פַּלְגֵּיהּ:
ה ו וְאַתֵּיךְ, אַרְבַּע עִזְקָן, בְּאַרְבַּע זָוְיָתָא לִסְרָדָא דִּנְחָשָׁא, אַתְרָא לַאֲרִיחַיָּא: וַעֲבַד יָת אֲרִיחַיָּא
ז דְּאָעֵי שִׁטִּין, וַחֲפָא יָתְהוֹן נְחָשָׁא: וְאַעֵיל יָת אֲרִיחַיָּא בְּעִזְקָתָא, עַל סִטְרֵי מַדְבְּחָא, לְמִטַּל
ח יָתֵיהּ בְּהוֹן, חֲלִיל לוּחִין עֲבַד יָתֵיהּ: וַעֲבַד, יָת כִּיּוֹרָא דִּנְחָשָׁא, וְיָת בְּסִיסֵיהּ דִּנְחָשָׁא,
ט בְּמַחְזְיָת נְשַׁיָּא, דְּאָתְיָן לְצַלָּאָה, בִּתְרַע מַשְׁכַּן זִמְנָא: וַעֲבַד יָת דָּרְתָא, לְרוּחַ עֵיבַר דָּרוֹמָא,
י סְרָדֵי דָּרְתָא דְּבוּץ שְׁזִיר, מְאָה אַמִּין: עַמּוּדֵיהוֹן עַסְרִין, וְסַמְכֵיהוֹן עַסְרִין דִּנְחָשָׁא, וָוֵי
יא עַמּוּדַיָּא, וְכִבּוּשֵׁיהוֹן כְּסַף: וּלְרוּחַ צִפּוּנָא מְאָה אַמִּין, עַמּוּדֵיהוֹן עַסְרִין, וְסַמְכֵיהוֹן עַסְרִין
יב דִּנְחָשָׁא, וָוֵי עַמּוּדַיָּא, וְכִבּוּשֵׁיהוֹן כְּסַף: וּלְרוּחַ מַעַרְבָא, סְרָדֵי חַמְשִׁין אַמִּין, עַמּוּדֵיהוֹן

פרק לח

ז | **נְבוּב לֻחֹת.** 'נָבוּב' הוּא חָלוּל, וְכֵן: "וְעָבְיוֹ אַרְבַּע אֶצְבָּעוֹת נָבוּב" (ירמיה נב, כא): **נְבוּב לֻחֹת.** הַלּוּחוֹת שֶׁל עֲצֵי שִׁטִּים לְכָל רוּחַ, וְהֶחָלָל בָּאֶמְצַע:

ח | **בְּמַרְאֹת הַצֹּבְאֹת.** בְּנוֹת יִשְׂרָאֵל הָיוּ בְּיָדָן מַרְאוֹת שֶׁרוֹאוֹת בָּהֶן כְּשֶׁהֵן מִתְקַשְּׁטוֹת, וְאַף אוֹתָן לֹא עִכְּבוּ מִלְּהָבִיא לְנִדְבַת הַמִּשְׁכָּן, וְהָיָה מוֹאֵס מֹשֶׁה בָּהֶן מִפְּנֵי שֶׁעֲשׂוּיִים לְיֵצֶר הָרָע. אָמַר לוֹ הַקָּדוֹשׁ בָּרוּךְ הוּא: קַבֵּל, כִּי אֵלּוּ חֲבִיבִין עָלַי מִן הַכֹּל, שֶׁעַל יְדֵיהֶם הֶעֱמִידוּ הַנָּשִׁים צְבָאוֹת רַבּוֹת בְּמִצְרַיִם. כְּשֶׁהָיוּ בַּעְלֵיהֶן יְגֵעִים בַּעֲבוֹדַת פֶּרֶךְ בַּשָּׂדֶה, הָיוּ הוֹלְכוֹת וּמוֹלִיכוֹת לָהֶם מַאֲכָל וּמִשְׁתֶּה וּמַאֲכִילוֹת אוֹתָם, וְנוֹטְלוֹת הַמַּרְאוֹת, וְכָל אַחַת רוֹאָה עַצְמָהּ עִם בַּעְלָהּ בַּמַּרְאָה, וּמְשַׁדַּלְתּוֹ בִּדְבָרִים: 'אֲנִי נָאָה מִמְּךָ', וּמִתּוֹךְ כָּךְ מְבִיאוֹת אוֹתָם לִידֵי תַאֲוָה וְנִזְקָקוֹת לָהֶם וּמִתְעַבְּרוֹת וְיוֹלְדוֹת שָׁם, שֶׁנֶּאֱמַר: "תַּחַת הַתַּפּוּחַ עוֹרַרְתִּיךָ" (שיר השירים ח, ה), וְזֶהוּ שֶׁנֶּאֱמַר: "בְּמַרְאֹת הַצֹּבְאֹת". וְנַעֲשָׂה הַכִּיּוֹר מֵהֶם שֶׁהוּא לָשׂוּם שָׁלוֹם בֵּין אִישׁ לְאִשְׁתּוֹ, לְהַשְׁקוֹת מִמַּיִם שֶׁבְּתוֹכוֹ אֶת שֶׁקִּנֵּא לָהּ בַּעְלָהּ. וְתֵדַע לְךָ שֶׁהֵן מַרְאוֹת מַמָּשׁ, שֶׁהֲרֵי נֶאֱמַר: "וּנְחֹשֶׁת הַתְּנוּפָה שִׁבְעִים כִּכָּר וְגוֹ' וַיַּעַשׂ בָּהּ" וְגוֹ' (להלן פסוקים כט-ל), וְכִיּוֹר וְכַנּוֹ לֹא הֻזְכְּרוּ שָׁם, לָמַדְתָּ שֶׁלֹּא הָיָה נְחֹשֶׁת שֶׁל כִּיּוֹר מִנְּחֹשֶׁת הַתְּנוּפָה. כָּךְ דָּרַשׁ רַבִּי תַּנְחוּמָא (פקודי ט). וְכֵן תִּרְגֵּם אוּנְקְלוֹס: "בְּמַחְזְיַת נְשַׁיָּא", וְהוּא תַּרְגּוּם שֶׁל 'מַרְאוֹת', מירואו"ש בְּלַעַז. וְכֵן מָצִינוּ בִּישַׁעְיָה: "וְהַגִּלְיֹנִים" (ג, כג) מְתַרְגְּמִינַן: "וּמַחְזְיָתָא": **אֲשֶׁר צָבְאוּ.** לְהָבִיא נִדְבָתָן:

ויקהל

עֶשְׂרֵה וְאַדְנֵיהֶם עֲשָׂרָה וָוֵי הָעַמֻּדִים וַחֲשׁוּקֵיהֶם
יג כֶּסֶף׃ וְלִפְאַת קֵדְמָה מִזְרָחָה חֲמִשִּׁים אַמָּה׃
יד קְלָעִים חֲמֵשׁ־עֶשְׂרֵה אַמָּה אֶל־הַכָּתֵף עַמּוּדֵיהֶם
טו שְׁלֹשָׁה וְאַדְנֵיהֶם שְׁלֹשָׁה׃ וְלַכָּתֵף הַשֵּׁנִית מִזֶּה
וּמִזֶּה לְשַׁעַר הֶחָצֵר קְלָעִים חֲמֵשׁ עֶשְׂרֵה אַמָּה
טז * עַמֻּדֵיהֶם שְׁלֹשָׁה וְאַדְנֵיהֶם שְׁלֹשָׁה׃ כָּל־קַלְעֵי
יז הֶחָצֵר סָבִיב שֵׁשׁ מָשְׁזָר׃ וְהָאֲדָנִים לָעַמֻּדִים
נְחֹשֶׁת וָוֵי הָעַמּוּדִים וַחֲשׁוּקֵיהֶם כֶּסֶף וְצִפּוּי
רָאשֵׁיהֶם כָּסֶף וְהֵם מְחֻשָּׁקִים כֶּסֶף כֹּל עַמֻּדֵי
מפטיר יח הֶחָצֵר׃ וּמָסַךְ שַׁעַר הֶחָצֵר מַעֲשֵׂה רֹקֵם תְּכֵלֶת
וְאַרְגָּמָן וְתוֹלַעַת שָׁנִי וְשֵׁשׁ מָשְׁזָר וְעֶשְׂרִים אַמָּה
אֹרֶךְ וְקוֹמָה בְרֹחַב חָמֵשׁ אַמּוֹת לְעֻמַּת קַלְעֵי

הפטרת ויקהל

בשבת פרשת שקלים קוראים את המפטיר, לעיל ל, יא-טז, ואת ההפטרה בעמ׳ 1289. בשבת פרשת פרה קוראים את המפטיר מספר במדבר יט, א-כב, ואת ההפטרה בעמ׳ 1292. בשבת פרשת החודש קוראים את המפטיר, לעיל יב, א-כ, ואת ההפטרה בעמ׳ 1293. כאשר ויקהל ופקודי מחוברות קוראים את הפטרת פקודי.

הבית הראשון בימי שלמה נבנה, בשיא עוצמתה של מלכות ישראל, ממיטב חומרי הגלם ובאמצעים הטכנולוגיים המתקדמים ביותר. היה אפשר להבחין בעושר הרב גם בעשייה לכבוד ה׳. ההפטרה מתארת את פועלו של חירום – הבצלאל של שלמה, ומפרטת את יפי הבניין והכלים. ברשימת הכלים נזכרות גם מנורות הזהב שהאירו את המבנה המפואר. מלאכת הבנייה הייתה מורכבת, ובסיומה, לאחר שבע שנים, נחנך הבית ברוב פאר והדר.

מלכים א׳ לספרדים ולתימנים
ז יג וַיִּשְׁלַח הַמֶּלֶךְ שְׁלֹמֹה וַיִּקַּח אֶת־חִירָם מִצֹּר׃ יד בֶּן־אִשָּׁה אַלְמָנָה הוּא מִמַּטֵּה
נַפְתָּלִי וְאָבִיו אִישׁ־צֹרִי חֹרֵשׁ נְחֹשֶׁת וַיִּמָּלֵא אֶת־הַחָכְמָה וְאֶת־הַתְּבוּנָה
וְאֶת־הַדַּעַת לַעֲשׂוֹת כָּל־מְלָאכָה בַּנְּחֹשֶׁת וַיָּבוֹא אֶל־הַמֶּלֶךְ שְׁלֹמֹה וַיַּעַשׂ
טו אֶת־כָּל־מְלַאכְתּוֹ׃ וַיָּצַר אֶת־שְׁנֵי הָעַמּוּדִים נְחֹשֶׁת שְׁמֹנֶה עֶשְׂרֵה אַמָּה

ויקהל

הֶחָצֵר: וְעַמֻּדֵיהֶם אַרְבָּעָה וְאַדְנֵיהֶם אַרְבָּעָה נְחֹשֶׁת וָוֵיהֶם כֶּסֶף וְצִפּוּי רָאשֵׁיהֶם וַחֲשֻׁקֵיהֶם כָּסֶף: וְכָל־הַיְתֵדֹת לַמִּשְׁכָּן וְלֶחָצֵר סָבִיב נְחֹשֶׁת:

יד עַסְרָא, וְסָמְכֵיהוֹן עַסְרָא, וָוֵי עַמּוּדַיָּא, וְכִבּוּשֵׁיהוֹן כְּסַף: וְלִרוּחַ, קִדּוּמָא מַדְנְחָא חַמְשִׁין
טו אַמִּין: סְרָדֵי, חֲמֵשׁ עֶשְׂרֵי אַמִּין לְעִבְרָא, עַמּוּדֵיהוֹן תְּלָתָא, וְסָמְכֵיהוֹן תְּלָתָא: וּלְעִבְרָא
טז תִּנְיָנָא, מִכָּא וּמִכָּא לִתְרַע דָּרְתָא, סְרָדֵי, חֲמֵשׁ עֶשְׂרֵי אַמִּין, עַמּוּדֵיהוֹן תְּלָתָא, וְסָמְכֵיהוֹן
יז תְּלָתָא: כָּל סְרָדֵי דָּרְתָא, סְחוֹר סְחוֹר דְּבוּץ שְׁזִיר: וְסָמְכַיָּא לְעַמּוּדַיָּא דִּנְחָשָׁא, וָוֵי עַמּוּדַיָּא, וְכִבּוּשֵׁיהוֹן כְּסַף, וְחִפּוּי רֵישֵׁיהוֹן כְּסַף, וְאִנּוּן מְכַבְּשִׁין כְּסַף, כָּל עַמּוּדֵי דָּרְתָא:
יח וּפְרָסָא, דִּתְרַע דָּרְתָא עוֹבַד צַיָּר, תִּכְלָא וְאַרְגְּוָנָא, וּצְבַע זְהוֹרִי וּבוּץ שְׁזִיר, וְעֶסְרִין אַמִּין
יט אֻרְכָּא, וְרוּמָא בִּפְתָיָא חֲמֵשׁ אַמִּין, לָקֳבֵיל סְרָדֵי דָּרְתָא: וְעַמּוּדֵיהוֹן אַרְבְּעָא, וְסָמְכֵיהוֹן
כ אַרְבְּעָא דִּנְחָשָׁא, וָוֵיהוֹן כְּסַף, וְחִפּוּי רֵישֵׁיהוֹן, וְכִבּוּשֵׁיהוֹן כְּסָף: וְכָל סִכַּיָּא, לְמַשְׁכְּנָא וּלְדָרְתָא, סְחוֹר סְחוֹר דִּנְחָשָׁא:

יח] לְעֻמַּת קַלְעֵי הֶחָצֵר. כְּמִדַּת קַלְעֵי הֶחָצֵר:

קוֹמַת הָעַמּוּד הָאֶחָד וְחוּט שְׁתֵּים־עֶשְׂרֵה אַמָּה יָסֹב אֶת־הָעַמּוּד הַשֵּׁנִי:
טז וּשְׁתֵּי כֹתָרֹת עָשָׂה לָתֵת עַל־רָאשֵׁי הָעַמּוּדִים מֻצַק נְחֹשֶׁת חָמֵשׁ אַמּוֹת
יז קוֹמַת הַכֹּתֶרֶת הָאֶחָת וְחָמֵשׁ אַמּוֹת קוֹמַת הַכֹּתֶרֶת הַשֵּׁנִית: שְׂבָכִים מַעֲשֵׂה שְׂבָכָה גְּדִלִים מַעֲשֵׂה שַׁרְשְׁרוֹת לַכֹּתָרֹת אֲשֶׁר עַל־רֹאשׁ הָעַמּוּדִים
יח שִׁבְעָה לַכֹּתֶרֶת הָאֶחָת וְשִׁבְעָה לַכֹּתֶרֶת הַשֵּׁנִית: וַיַּעַשׂ אֶת־הָעַמּוּדִים וּשְׁנֵי טוּרִים סָבִיב עַל־הַשְּׂבָכָה הָאֶחָת לְכַסּוֹת אֶת־הַכֹּתָרֹת אֲשֶׁר
יט עַל־רֹאשׁ הָרִמֹּנִים וְכֵן עָשָׂה לַכֹּתֶרֶת הַשֵּׁנִית: וְכֹתָרֹת אֲשֶׁר עַל־רֹאשׁ
כ הָעַמּוּדִים מַעֲשֵׂה שׁוּשַׁן בָּאוּלָם אַרְבַּע אַמּוֹת: וְכֹתָרֹת עַל־שְׁנֵי הָעַמּוּדִים גַּם־מִמַּעַל מִלְּעֻמַּת הַבֶּטֶן אֲשֶׁר לְעֵבֶר שבכה וְהָרִמּוֹנִים מָאתַיִם טֻרִים
כא סָבִיב עַל הַכֹּתֶרֶת הַשֵּׁנִית: וַיָּקֶם אֶת־הָעַמֻּדִים לְאֻלָם הַהֵיכָל וַיָּקֶם

הַשְּׂבָכָה

שמות

אֶת־הָעַמּוּד הַיְמָנִ֔י וַיִּקְרָ֥א אֶת־שְׁמ֖וֹ יָכִ֑ין וַיָּ֙קֶם֙ אֶת־הָעַמּ֣וּד הַשְּׂמָאלִ֔י וַיִּקְרָ֥א אֶת־שְׁמ֖וֹ בֹּֽעַז: וְעַ֛ל רֹ֥אשׁ הָעַמּוּדִ֖ים מַעֲשֵׂ֣ה שׁוֹשָׁ֑ן וַתִּתֹּ֖ם מְלֶ֥אכֶת הָעַמּוּדִֽים:*   כב

וַיַּ֥עַשׂ אֶת־הַיָּ֖ם מוּצָ֑ק עֶ֣שֶׂר בָּ֠אַמָּה מִשְּׂפָת֨וֹ עַד־שְׂפָת֜וֹ עָגֹ֣ל ׀ סָבִ֗יב וְחָמֵ֤שׁ בָּֽאַמָּה֙ קֽוֹמָת֔וֹ וקוה [וְקָו֙] שְׁלֹשִׁ֣ים בָּֽאַמָּ֔ה יָסֹ֥ב אֹת֖וֹ סָבִֽיב: וּפְקָעִים֩ מִתַּ֨חַת לִשְׂפָת֤וֹ ׀ סָבִיב֙ סֹבְבִ֣ים אֹת֔וֹ עֶ֚שֶׂר בָּֽאַמָּ֔ה מַקִּפִ֥ים אֶת־הַיָּ֖ם סָבִ֑יב שְׁנֵ֤י טוּרִים֙ הַפְּקָעִ֔ים יְצֻקִ֖ים בִּיצֻקָתֽוֹ: עֹמֵ֞ד עַל־שְׁנֵ֧י עָשָׂ֣ר בָּקָ֗ר שְׁלֹשָׁ֣ה פֹנִ֣ים ׀ צָפ֡וֹנָה וּשְׁלֹשָׁה֩ פֹנִ֨ים ׀ יָ֜מָּה וּשְׁלֹשָׁ֣ה ׀ פֹּנִ֣ים נֶ֗גְבָּה וּשְׁלֹשָׁה֙ פֹּנִ֣ים מִזְרָ֔חָה וְהַיָּ֥ם עֲלֵיהֶ֖ם מִלְמָ֑עְלָה וְכָל־אֲחֹֽרֵיהֶ֖ם בָּֽיְתָה: וְעָבְי֣וֹ טֶ֔פַח וּשְׂפָת֛וֹ כְּמַעֲשֵׂ֥ה שְׂפַת־כּ֖וֹס פֶּ֣רַח שׁוֹשָׁ֑ן אַלְפַּ֖יִם בַּ֥ת יָכִֽיל: כג וְקָו כד כה כו

התימנים מסיימים כאן העמודים

מלכים א׳ לאשכנזים

וַיַּ֣עַשׂ חִירָ֔ם אֶת־הַ֨כִּיֹּר֔וֹת וְאֶת־הַיָּעִ֖ים וְאֶת־הַמִּזְרָק֑וֹת וַיְכַ֣ל חִירָ֗ם לַעֲשׂוֹת֙ אֶת־כָּל־הַמְּלָאכָ֔ה אֲשֶׁ֥ר עָשָׂ֛ה לַמֶּ֥לֶךְ שְׁלֹמֹ֖ה בֵּ֥ית יְהוָֽה: עַמֻּדִ֣ים שְׁנַ֔יִם וְגֻלֹּ֧ת הַכֹּתָרֹ֛ת אֲשֶׁר־עַל־רֹ֥אשׁ הָעַמּוּדִ֖ים שְׁתָּ֑יִם וְהַשְּׂבָכ֣וֹת שְׁתַּ֔יִם לְכַסּ֗וֹת אֶת־שְׁתֵּי֙ גֻּלֹּ֣ת הַכֹּֽתָרֹ֔ת אֲשֶׁ֖ר עַל־רֹ֥אשׁ הָעַמּוּדִֽים: וְאֶת־הָרִמֹּנִ֖ים אַרְבַּ֣ע מֵא֑וֹת לִשְׁתֵּ֣י הַשְּׂבָכ֑וֹת שְׁנֵי־טוּרִ֤ים רִמֹּנִים֙ לַשְּׂבָכָ֣ה הָֽאֶחָ֔ת לְכַסּ֗וֹת אֶת־שְׁתֵּי֙ גֻּלֹּ֣ת הַכֹּֽתָרֹ֔ת אֲשֶׁ֖ר עַל־פְּנֵ֥י הָעַמּוּדִֽים: וְאֶת־הַמְּכֹנ֖וֹת עָ֑שֶׂר וְאֶת־הַכִּיֹּרֹ֥ת עֲשָׂרָ֖ה עַל־הַמְּכֹנֽוֹת: וְאֶת־הַיָּ֖ם הָאֶחָ֑ד וְאֶת־הַבָּקָ֥ר שְׁנֵים־עָשָׂ֖ר תַּ֥חַת הַיָּֽם: וְאֶת־הַסִּיר֥וֹת וְאֶת־הַיָּעִ֖ים וְאֶת־הַמִּזְרָק֑וֹת וְאֵת֙ כָּל־הַכֵּלִ֣ים

הָאֵ֔לֶּה אֲשֶׁ֨ר עָשָׂ֥ה חִירָ֛ם לַמֶּ֥לֶךְ שְׁלֹמֹ֖ה בֵּ֣ית יְהוָ֑ה נְחֹ֖שֶׁת מְמֹרָֽט: בְּכִכַּ֤ר הַיַּרְדֵּן֙ יְצָקָ֣ם הַמֶּ֔לֶךְ בְּמַעֲבֵ֖ה הָאֲדָמָ֑ה בֵּ֥ין סֻכּ֖וֹת וּבֵ֥ין צָֽרְתָֽן: וַיַּנַּ֤ח שְׁלֹמֹה֙ אֶת־כָּל־הַכֵּלִ֔ים מֵרֹ֖ב מְאֹ֣ד מְאֹ֑ד לֹ֥א נֶחְקַ֖ר מִשְׁקַ֥ל הַנְּחֹֽשֶׁת: וַיַּ֣עַשׂ שְׁלֹמֹ֗ה אֵ֚ת כָּל־הַכֵּלִ֔ים אֲשֶׁ֖ר בֵּ֣ית יְהוָ֑ה אֵ֚ת מִזְבַּ֣ח הַזָּהָ֔ב וְאֶת־הַשֻּׁלְחָ֗ן אֲשֶׁ֥ר עָלָ֛יו לֶ֥חֶם הַפָּנִ֖ים זָהָֽב: וְאֶת־הַמְּנֹר֗וֹת חָמֵ֤שׁ מִיָּמִין֙ וְחָמֵ֣שׁ מִשְּׂמֹ֔אול לִפְנֵ֖י הַדְּבִ֑יר זָהָ֣ב סָג֔וּר וְהַפֶּ֥רַח וְהַנֵּרֹ֖ת וְהַמֶּלְקָחַ֖יִם זָהָֽב: וְהַסִּפּ֧וֹת וְהַֽמְזַמְּר֣וֹת וְהַמִּזְרָק֗וֹת וְהַכַּפּ֛וֹת וְהַמַּחְתּ֖וֹת זָהָ֣ב סָג֑וּר וְהַפֹּת֡וֹת לְדַלְת֩וֹת הַבַּ֨יִת הַפְּנִימִ֜י לְקֹ֣דֶשׁ הַקֳּדָשִׁ֗ים לְדַלְתֵ֥י הַבַּ֛יִת לַהֵיכָ֖ל זָהָֽב: ז מ מא מב מג מד מה מו מז מח מט נ

הָאֵלֶּה

פרשת פקודי

פקודי

כח אֵ֣לֶּה פְקוּדֵ֤י הַמִּשְׁכָּן֙ מִשְׁכַּ֣ן הָעֵדֻ֔ת אֲשֶׁ֥ר פֻּקַּ֖ד כא לח
עַל־פִּ֣י מֹשֶׁ֑ה עֲבֹדַת֙ הַלְוִיִּ֔ם בְּיַד֙ אִֽיתָמָ֔ר בֶּֽן־
אַהֲרֹ֖ן הַכֹּהֵֽן׃ וּבְצַלְאֵ֥ל בֶּן־אוּרִ֛י בֶן־ח֖וּר לְמַטֵּ֣ה כב
יְהוּדָ֑ה עָשָׂ֕ה אֵ֛ת כָּל־אֲשֶׁר־צִוָּ֥ה יְהוָ֖ה אֶת־
מֹשֶֽׁה׃ וְאִתּ֗וֹ אָֽהֳלִיאָ֛ב בֶּן־אֲחִֽיסָמָ֖ךְ לְמַטֵּה־ כג
דָ֑ן חָרָ֣שׁ וְחֹשֵׁ֔ב וְרֹקֵ֗ם בַּתְּכֵ֙לֶת֙ וּבָֽאַרְגָּמָ֔ן
וּבְתוֹלַ֥עַת הַשָּׁנִ֖י וּבַשֵּֽׁשׁ׃ ◂ כָּל־ כד
הַזָּהָ֗ב הֶֽעָשׂוּי֙ לַמְּלָאכָ֔ה בְּכֹ֖ל מְלֶ֣אכֶת הַקֹּ֑דֶשׁ
וַיְהִ֣י ׀ זְהַ֣ב הַתְּנוּפָ֗ה תֵּ֤שַׁע וְעֶשְׂרִים֙ כִּכָּ֔ר וּשְׁבַ֨ע
מֵא֧וֹת וּשְׁלֹשִׁ֛ים שֶׁ֖קֶל בְּשֶׁ֥קֶל הַקֹּֽדֶשׁ׃ וְכֶ֥סֶף כה
פְּקוּדֵ֛י הָעֵדָ֖ה מְאַ֣ת כִּכָּ֑ר וְאֶ֡לֶף וּשְׁבַע֩ מֵא֨וֹת
וַחֲמִשָּׁ֧ה וְשִׁבְעִ֛ים שֶׁ֖קֶל בְּשֶׁ֥קֶל הַקֹּֽדֶשׁ׃ בֶּ֣קַע כו
לַגֻּלְגֹּ֗לֶת מַחֲצִ֛ית הַשֶּׁ֖קֶל בְּשֶׁ֣קֶל הַקֹּ֑דֶשׁ לְכֹ֨ל
הָעֹבֵ֜ר עַל־הַפְּקֻדִ֗ים מִבֶּ֨ן עֶשְׂרִ֤ים שָׁנָה֙ וָמַ֔עְלָה
לְשֵׁשׁ־מֵא֥וֹת אֶ֙לֶף֙ וּשְׁלֹ֣שֶׁת אֲלָפִ֔ים וַחֲמֵ֥שׁ
מֵא֖וֹת וַחֲמִשִּֽׁים׃ וַיְהִ֗י מְאַת֙ כִּכַּ֣ר הַכֶּ֔סֶף לָצֶ֗קֶת כז
אֵ֚ת אַדְנֵ֣י הַקֹּ֔דֶשׁ וְאֵ֖ת אַדְנֵ֣י הַפָּרֹ֑כֶת מְאַ֧ת
אֲדָנִ֛ים לִמְאַ֥ת הַכִּכָּ֖ר כִּכָּ֥ר לָאָֽדֶן׃ ◂ וְאֶת־הָאֶ֜לֶף כח

ושבע המאות וחמשה ושבעים עשה ווים
כט לעמודים וצפה ראשיהם וחשק אתם: ונחשת

כא אִלֵּין מִנְיָנֵי מַשְׁכְּנָא מַשְׁכְּנָא דְסָהֲדוּתָא, דְּאִתְמְנִיאוּ עַל מֵימְרָא דְמֹשֶׁה, פָּלְחַן לֵיוָאֵי, בִּידָא
כב דְּאִיתָמָר, בַּר אַהֲרֹן כָּהֲנָא: וּבְצַלְאֵל, בַּר אוּרִי בַר חוּר לְשִׁבְטָא דִיהוּדָה, עֲבַד, יָת כָּל דְּפַקֵּיד
כג יְיָ יָת מֹשֶׁה: וְעִמֵּיהּ, אָהֳלִיאָב, בַּר אֲחִיסָמָךְ, לְשִׁבְטָא דְדָן נַגַּר וְאֻמָּן, וְצַיָּר, בִּתְכִלְתָּא וּבְאַרְגְּוָנָא,
כד וּבִצְבַע זְהוֹרִי וּבְבוּצָא: כָּל דַּהֲבָא, דְּאִתְעֲבֵיד לַעֲבִידְתָּא, בְּכֹל עֲבִידַת קֻדְשָׁא, וַהֲוָה דְּהַב
כה אֲרָמוּתָא, עֶסְרִין וּתְשַׁע כַּכְּרִין, וּשְׁבַע מְאָה וּתְלָתִין, סִלְעִין בְּסִלְעֵי קֻדְשָׁא: וּכְסַף, מִנְיָנֵי
כו כְּנִשְׁתָּא מְאָה כַּכְּרִין, וְאֶלֶף וּשְׁבַע מְאָה, וְשִׁבְעִין וַחֲמֵשׁ, סִלְעִין בְּסִלְעֵי קֻדְשָׁא: תִּקְלָא
לְגֻלְגַּלְתָּא, פַּלְגוּת סִלְעָא בְּסִלְעֵי קֻדְשָׁא, לְכֹל דְּעָבַר עַל מִנְיָנַיָּא, מִבַּר עֶסְרִין שְׁנִין וּלְעֵילָא,
כז לְשִׁית מְאָה וּתְלָתָא אַלְפִין, וַחֲמֵשׁ מְאָה וְחַמְשִׁין: וַהֲוָאָה, מְאָה כַּכְּרֵי כַסְפָּא, לְאַתָּכָא,
כח יָת סָמְכֵי קֻדְשָׁא, וְיָת סָמְכֵי פָרֻכְתָּא, מְאָה סָמְכִין, לִמְאָה כַּכְּרִין כַּכְּרָא לְסָמְכָא: וְיָת
כט אֶלֶף, וּשְׁבַע מְאָה וְשִׁבְעִין וַחֲמֵשׁ, עֲבַד וָוִין לְעַמּוּדַיָּא, וְחַפִּי רֵישֵׁיהוֹן וְכַבֵּישׁ יָתְהוֹן: וּנְחָשׁ

כא| אֵלֶּה פְקוּדֵי. בְּפָרָשָׁה זוֹ נִמְנוּ כָּל מִשְׁקְלֵי נִדְבַת הַמִּשְׁכָּן לַכֶּסֶף, לַזָּהָב וְלַנְּחֹשֶׁת, וְנִמְנוּ כָּל כֵּלָיו לְכָל עֲבוֹדָתוֹ: הַמִּשְׁכָּן מִשְׁכַּן. שְׁנֵי פְעָמִים, רֶמֶז לַמִּקְדָּשׁ שֶׁנִּתְמַשְׁכֵּן בִּשְׁנֵי חֻרְבָּנִין עַל עֲוֹנוֹתֵיהֶן שֶׁל יִשְׂרָאֵל: מִשְׁכַּן הָעֵדֻת. עֵדוּת לְיִשְׂרָאֵל שֶׁוִּתֵּר לָהֶם הַקָּדוֹשׁ בָּרוּךְ הוּא עַל מַעֲשֵׂה הָעֵגֶל, שֶׁהֲרֵי הִשְׁרָה שְׁכִינָתוֹ בֵּינֵיהֶם: עֲבֹדַת הַלְוִיִּם. פְּקוּדֵי הַמִּשְׁכָּן וְכֵלָיו הִיא עֲבוֹדָה הַמְּסוּרָה לַלְוִיִּם בַּמִּדְבָּר, לָשֵׂאת וּלְהוֹרִיד וּלְהָקִים אִישׁ אִישׁ לְמַשָּׂאוֹ הַמֻּפְקָד עָלָיו, כְּמוֹ שֶׁאָמוּר בְּפָרָשַׁת נָשֹׂא (במדבר ד): בְּיַד אִיתָמָר. הוּא הָיָה פָקִיד עֲלֵיהֶם, לִמְסֹר לְכָל בֵּית אָב עֲבוֹדָה שֶׁעָלָיו:

כב| וּבְצַלְאֵל בֶּן אוּרִי... עָשָׂה. 'אֵת כָּל אֲשֶׁר צִוָּה אוֹתוֹ מֹשֶׁה' אֵין כְּתִיב כָּאן אֶלָּא "אֵת כָּל אֲשֶׁר צִוָּה ה' אֶת מֹשֶׁה", אֲפִלּוּ דְּבָרִים שֶׁלֹּא אָמַר לוֹ רַבּוֹ הִסְכִּימָה דַעְתּוֹ לְמַה שֶּׁנֶּאֱמַר לְמֹשֶׁה בְּסִינַי:

כד| כִּכָּר. שִׁשִּׁים מָנֶה. וּמָנֶה שֶׁל קֹדֶשׁ כָּפוּל הָיָה, הֲרֵי הַכִּכָּר מֵאָה וְעֶשְׂרִים מָנֶה, וְהַמָּנֶה עֶשְׂרִים וַחֲמִשָּׁה סְלָעִים, הֲרֵי כִּכָּר שֶׁל קֹדֶשׁ שְׁלֹשֶׁת אֲלָפִים שְׁקָלִים, לְפִיכָךְ מָנָה בִּפְרוֹטְרוֹט כָּל הַשְּׁקָלִים שֶׁפְּחוּתִין בְּמִנְיָנָם מִשְּׁלֹשֶׁת אֲלָפִים שֶׁאֵין מַגִּיעִין לְכִכָּר:

כו| בֶּקַע. הוּא שֵׁם מִשְׁקָל שֶׁל מַחֲצִית הַשֶּׁקֶל: לְשֵׁשׁ מֵאוֹת אֶלֶף וגו'. כָּךְ הָיוּ יִשְׂרָאֵל, וְכָךְ עָלָה מִנְיָנָם אַחַר שֶׁהוּקַם הַמִּשְׁכָּן בְּסֵפֶר וַיְדַבֵּר (במדבר ב, לב), וְאַף עַתָּה בְּנִדְבַת הַמִּשְׁכָּן כָּךְ הָיוּ. וּמִנְיַן חֲצָאֵי הַשְּׁקָלִים שֶׁל שֵׁשׁ מֵאוֹת אֶלֶף עוֹלֶה מְאַת כִּכָּר, כָּל אֶחָד שֶׁל שְׁלֹשֶׁת אֲלָפִים שְׁקָלִים. כֵּיצַד? שֵׁשׁ מֵאוֹת אֶלֶף חֲצָאִין, הֲרֵי הֵן שְׁלֹשׁ מֵאוֹת אֶלֶף שְׁלֵמִים, הֲרֵי מְאַת כִּכָּר. וְהַשְּׁלֹשֶׁת אֲלָפִים וַחֲמֵשׁ מֵאוֹת וַחֲמִשִּׁים חֲצָאִין, עוֹלִין אֶלֶף וּשְׁבַע מֵאוֹת וַחֲמִשָּׁה וְשִׁבְעִים שְׁקָלִים:

כז| לָצֶקֶת. "לְאַתָּכָא": אֵת אַדְנֵי הַקֹּדֶשׁ. שֶׁל קַרְשֵׁי הַמִּשְׁכָּן, שֶׁהֵם אַרְבָּעִים וּשְׁמוֹנָה קְרָשִׁים וְלָהֶן תִּשְׁעִים וְשִׁשָּׁה אֲדָנִים, וְאַדְנֵי הַפָּרֹכֶת אַרְבָּעָה, הֲרֵי מֵאָה. וְכָל שְׁאָר הָאֲדָנִים 'נְחֹשֶׁת' כָּתוּב בָּהֶם:

כח| וְצִפָּה רָאשֵׁיהֶם. שֶׁל עַמּוּדִים מֵהֶם, שֶׁבְּכֻלָּן

הַתְּנוּפָה שִׁבְעִים כִּכָּר וְאַלְפַּיִם וְאַרְבַּע־מֵאוֹת
ל שֶׁקֶל׃ וַיַּעַשׂ בָּהּ אֶת־אַדְנֵי פֶּתַח אֹהֶל מוֹעֵד
וְאֵת מִזְבַּח הַנְּחֹשֶׁת וְאֶת־מִכְבַּר הַנְּחֹשֶׁת
לא אֲשֶׁר־לוֹ וְאֵת כָּל־כְּלֵי הַמִּזְבֵּחַ׃ וְאֶת־אַדְנֵי
הֶחָצֵר סָבִיב וְאֶת־אַדְנֵי שַׁעַר הֶחָצֵר וְאֵת כָּל־
יִתְדֹת הַמִּשְׁכָּן וְאֶת־כָּל־יִתְדֹת הֶחָצֵר סָבִיב׃
לט א וּמִן־הַתְּכֵלֶת וְהָאַרְגָּמָן וְתוֹלַעַת הַשָּׁנִי עָשׂוּ
בִגְדֵי־שְׂרָד לְשָׁרֵת בַּקֹּדֶשׁ וַיַּעֲשׂוּ אֶת־בִּגְדֵי
הַקֹּדֶשׁ אֲשֶׁר לְאַהֲרֹן כַּאֲשֶׁר צִוָּה יְהוָה אֶת־
מֹשֶׁה׃ ◂

ב וַיַּעַשׂ אֶת־הָאֵפֹד זָהָב תְּכֵלֶת וְאַרְגָּמָן וְתוֹלַעַת שני /חמישי/
ג שָׁנִי וְשֵׁשׁ מָשְׁזָר׃ וַיְרַקְּעוּ אֶת־פַּחֵי הַזָּהָב
וְקִצֵּץ פְּתִילִם לַעֲשׂוֹת בְּתוֹךְ הַתְּכֵלֶת וּבְתוֹךְ
הָאַרְגָּמָן וּבְתוֹךְ תּוֹלַעַת הַשָּׁנִי וּבְתוֹךְ הַשֵּׁשׁ
ד מַעֲשֵׂה חֹשֵׁב׃ כְּתֵפֹת עָשׂוּ־לוֹ חֹבְרֹת עַל־
ה שְׁנֵי קְצוֹתָו חֻבָּר׃ וְחֵשֶׁב אֲפֻדָּתוֹ אֲשֶׁר עָלָיו קְצוֹתָיו
מִמֶּנּוּ הוּא כְּמַעֲשֵׂהוּ זָהָב תְּכֵלֶת וְאַרְגָּמָן
וְתוֹלַעַת שָׁנִי וְשֵׁשׁ מָשְׁזָר כַּאֲשֶׁר צִוָּה יְהוָה
ו אֶת־מֹשֶׁה׃ וַיַּעֲשׂוּ אֶת־אַבְנֵי הַשֹּׁהַם
מֻסַבֹּת מִשְׁבְּצֹת זָהָב מְפֻתָּחֹת פִּתּוּחֵי חוֹתָם
ז עַל־שְׁמוֹת בְּנֵי יִשְׂרָאֵל׃ וַיָּשֶׂם אֹתָם עַל כִּתְפֹת

פקודי

הָאֵפֹד אַבְנֵי זִכָּרֹן לִבְנֵי יִשְׂרָאֵל כַּאֲשֶׁר צִוָּה יהוה אֶת־מֹשֶׁה:
ח וַיַּעַשׂ אֶת־הַחֹשֶׁן מַעֲשֵׂה חֹשֵׁב כְּמַעֲשֵׂה אֵפֹד זָהָב תְּכֵלֶת וְאַרְגָּמָן וְתוֹלַעַת שָׁנִי וְשֵׁשׁ מָשְׁזָר:
ט רָבוּעַ הָיָה כָּפוּל עָשׂוּ אֶת־הַחֹשֶׁן זֶרֶת אָרְכּוֹ וְזֶרֶת רָחְבּוֹ כָּפוּל: י וַיְמַלְאוּ־בוֹ אַרְבָּעָה טוּרֵי אָבֶן
יא טוּר אֹדֶם פִּטְדָה וּבָרֶקֶת הַטּוּר הָאֶחָד: וְהַטּוּר

ל אֲרָמוּתָא שִׁבְעִין בְּכַכְּרִין, וּתְרֵין אַלְפִין וְאַרְבַּע מְאָה סִלְעִין: וַעֲבַד בָּהּ, יָת סַמְכֵי תְּרַע מַשְׁכַּן
לא זִמְנָא, וְיָת מַדְבְּחָא דִנְחָשָׁא, וְיָת סְרָדָא דִנְחָשָׁא דִּילֵיהּ, וְיָת כָּל מָנֵי מַדְבְּחָא: וְיָת סַמְכֵי דָרְתָא
לט א סְחוֹר סְחוֹר, וְיָת סַמְכֵי תְּרַע דָּרְתָא, וְיָת כָּל סִכֵּי מַשְׁכְּנָא, וְיָת כָּל סִכֵּי דָרְתָא סְחוֹר סְחוֹר: וּמִן
תִּכְלָא וְאַרְגְּוָנָא וּצְבַע זְהוֹרִי, עֲבַדוּ לְבוּשֵׁי שִׁמּוּשָׁא לְשַׁמָּשָׁא בְּקֻדְשָׁא, וַעֲבַדוּ, יָת לְבוּשֵׁי
קֻדְשָׁא דִלְאַהֲרֹן, כְּמָא דְפַקִּיד יְיָ יָת מֹשֶׁה: ב וַעֲבַד יָת אֵיפוֹדָא, דַּהֲבָא, תִּכְלָא וְאַרְגְּוָנָא, וּצְבַע
ג זְהוֹרִי וּבוּץ שְׁזִיר: וְרַדִּידוּ, יָת טַסֵּי דְּדַהֲבָא וְקַצִּיצוּ חוּטִין, לְמֶעְבַּד, בְּגוֹ תִכְלָא וּבְגוֹ אַרְגְּוָנָא,
וּבְגוֹ, צְבַע זְהוֹרִי וּבְגוֹ בוּצָא, עוֹבַד אֻמָּן: ד כִּתְפִין עֲבַדוּ לֵיהּ מִלְפָפָן, עַל תְּרֵין סִטְרוֹהִי מְלָפָף:
ה וְהִמְיַן תִּקּוּנֵיהּ דַּעֲלוֹהִי, מִנֵּיהּ הוּא כְעוֹבָדֵיהּ, דַּהֲבָא, תִּכְלָא וְאַרְגְּוָנָא וּצְבַע זְהוֹרִי וּבוּץ שְׁזִיר,
ו כְּמָא דְפַקִּיד יְיָ יָת מֹשֶׁה: וַעֲבַדוּ יָת אַבְנֵי בֻרְלָא, מֻשְׁקְעָן מְרַמְּצָן דִּדְהַב, גְּלִיפָן כְּתָב מְפָרַשׁ,
ז עַל שְׁמָהָת בְּנֵי יִשְׂרָאֵל: וְשַׁוִּי יָתְהוֹן, עַל כִּתְפֵי אֵיפוֹדָא, אַבְנֵי דּוּכְרָנָא לִבְנֵי יִשְׂרָאֵל, כְּמָא דְפַקִּיד
ח יְיָ יָת מֹשֶׁה: וַעֲבַד יָת חֻשְׁנָא, עוֹבַד אֻמָּן כְּעוֹבַד אֵיפוֹדָא, דַּהֲבָא, תִּכְלָא וְאַרְגְּוָנָא, וּצְבַע זְהוֹרִי
ט וּבוּץ שְׁזִיר: מְרַבַּע הֲוָה, עִיף עֲבַדוּ יָת חֻשְׁנָא, זַרְתָּא אֻרְכֵּיהּ, וְזַרְתָּא פֻתְיֵהּ עִיף: וְאַשְׁלִימוּ
י בֵיהּ, אַרְבְּעָא סִדְרִין דְּאֶבֶן טָבָא, סִדְרָא קַדְמָאָה, סָמְקָן יָרְקָן וּבָרְקָן, סִדְרָא חַד: וְסִדְרָא

(עיין לעיל כָּתוּב וְנַפֶּה לָחֲשִׁיִים וַחֲשֻׁקֵיהֶם כָּסֶף לח, י-כ):

פרק לט

א **וּמִן הַתְּכֵלֶת וְהָאַרְגָּמָן וְגוֹ'.** שֵׁם לֹא נֶאֱמַר כָּאן, מִכָּאן אֲנִי אוֹמֵר שֶׁאֵין בִּגְדֵי שְׂרָד הַלָּלוּ בִּגְדֵי כְהֻנָּה, שֶׁבְּבִגְדֵי כְהֻנָּה הָיָה שֵׁשׁ, אֶלָּא הֵם בְּגָדִים שֶׁמְּכַסִּים בָּהֶם כְּלֵי הַקֹּדֶשׁ בִּשְׁעַת סִלּוּק מַסָּעוֹת, שֶׁלֹּא הָיָה שֵׁשׁ בָּהֶם שָׁם.

ג **וַיְרַקְּעוּ.** כְּמוֹ: "לְרֹקַע הָאָרֶץ" (תהלים קלו, ו):

כְּתַרְגּוּמוֹ "וְרַדִּידוּ". טַסִּין הָיוּ מְרַדְּדִין מִן הַזָּהָב, אשטנדר"א בְּלַעַז, טַסִּין דַּקּוֹת. כָּאן הוּא מְלַמֶּדְךָ הֵיאַךְ הָיוּ טוֹוִין אֶת הַזָּהָב עִם הַחוּטִין: מְרַדְּדִין טַסִּין דַּקִּין, וְקוֹצְצִין מֵהֶן פְּתִילִים לְאֹרֶךְ הַטַּס, לַעֲשׂוֹת אוֹתָן פְּתִילִים תַּעֲרֹבֶת עִם כָּל מִין וָמִין בַּחֹשֶׁן וְאֵפוֹד, שֶׁנֶּאֱמַר בָּהֶן "זָהָב" (לעיל כח, ו, טו), חוּט אֶחָד שֶׁל זָהָב עִם שִׁשָּׁה חוּטִין שֶׁל תְּכֵלֶת, וְכֵן עִם כָּל מִין וָמִין, שֶׁכָּל הַמִּינִים חוּטָן כָּפוּל שִׁשָּׁה, וְהַזָּהָב חוּט שְׁבִיעִי עִם כָּל אֶחָד וְאֶחָד:

יב הַשֵּׁנִי נֹפֶךְ סַפִּיר וְיָהֲלֹם: וְהַטּוּר הַשְּׁלִישִׁי לֶשֶׁם
יג שְׁבוֹ וְאַחְלָמָה: וְהַטּוּר הָרְבִיעִי תַּרְשִׁישׁ שֹׁהַם
יד וְיָשְׁפֵה מוּסַבֹּת מִשְׁבְּצוֹת זָהָב בְּמִלֻּאֹתָם: וְהָאֲבָנִים
עַל־שְׁמֹת בְּנֵי־יִשְׂרָאֵל הֵנָּה שְׁתֵּים עֶשְׂרֵה עַל־
שְׁמֹתָם פִּתּוּחֵי חֹתָם אִישׁ עַל־שְׁמוֹ לִשְׁנֵים עָשָׂר
טו שָׁבֶט: וַיַּעֲשׂוּ עַל־הַחֹשֶׁן שַׁרְשְׁרֹת גַּבְלֻת מַעֲשֵׂה
טז עֲבֹת זָהָב טָהוֹר: וַיַּעֲשׂוּ שְׁתֵּי מִשְׁבְּצֹת זָהָב וּשְׁתֵּי
טַבְּעֹת זָהָב וַיִּתְּנוּ אֶת־שְׁתֵּי הַטַּבָּעֹת עַל־שְׁנֵי
יז קְצוֹת הַחֹשֶׁן: וַיִּתְּנוּ שְׁתֵּי הָעֲבֹתֹת הַזָּהָב עַל־שְׁתֵּי
יח הַטַּבָּעֹת עַל־קְצוֹת הַחֹשֶׁן: וְאֵת שְׁתֵּי קְצוֹת שְׁתֵּי
הָעֲבֹתֹת נָתְנוּ עַל־שְׁתֵּי הַמִּשְׁבְּצֹת וַיִּתְּנֻם עַל־
יט כִּתְפֹת הָאֵפֹד אֶל־מוּל פָּנָיו: וַיַּעֲשׂוּ שְׁתֵּי טַבְּעֹת
זָהָב וַיָּשִׂימוּ עַל־שְׁנֵי קְצוֹת הַחֹשֶׁן עַל־שְׂפָתוֹ אֲשֶׁר
כ אֶל־עֵבֶר הָאֵפֹד בָּיְתָה: וַיַּעֲשׂוּ שְׁתֵּי טַבְּעֹת זָהָב
וַיִּתְּנֻם עַל־שְׁתֵּי כִתְפֹת הָאֵפֹד מִלְּמַטָּה מִמּוּל פָּנָיו
כא לְעֻמַּת מַחְבַּרְתּוֹ מִמַּעַל לְחֵשֶׁב הָאֵפֹד: וַיִּרְכְּסוּ
אֶת־הַחֹשֶׁן מִטַּבְּעֹתָיו אֶל־טַבְּעֹת הָאֵפֹד בִּפְתִיל
תְּכֵלֶת לִהְיֹת עַל־חֵשֶׁב הָאֵפֹד וְלֹא־יִזַּח הַחֹשֶׁן
מֵעַל הָאֵפֹד כַּאֲשֶׁר צִוָּה יְהוָה אֶת־מֹשֶׁה:
כב וַיַּעַשׂ אֶת־מְעִיל הָאֵפֹד מַעֲשֵׂה אֹרֵג כְּלִיל תְּכֵלֶת: שלישי /ששי/
כג וּפִי־הַמְּעִיל בְּתוֹכוֹ כְּפִי תַחְרָא שָׂפָה לְפִיו סָבִיב

כד לֹא יִקָּרֵֽעַ׃ וַֽיַּעֲשׂוּ֙ עַל־שׁוּלֵ֣י הַמְּעִ֔יל רִמּוֹנֵ֕י
כה תְּכֵ֥לֶת וְאַרְגָּמָ֖ן וְתוֹלַ֣עַת שָׁנִ֑י מָשְׁזָֽר׃ וַיַּֽעֲשׂ֥וּ
פַעֲמֹנֵ֖י זָהָ֣ב טָה֑וֹר וַיִּתְּנ֨וּ אֶת־הַפַּעֲמֹנִ֜ים
בְּת֣וֹךְ הָרִמֹּנִ֗ים עַל־שׁוּלֵ֤י הַמְּעִיל֙ סָבִ֔יב בְּת֖וֹךְ
כו הָרִמֹּנִֽים׃ פַּעֲמֹ֤ן וְרִמֹּן֙ פַּעֲמֹ֣ן וְרִמֹּ֔ן עַל־שׁוּלֵ֥י
הַמְּעִ֖יל סָבִ֑יב לְשָׁרֵ֕ת כַּאֲשֶׁ֛ר צִוָּ֥ה יְהוָ֖ה אֶת־
כז מֹשֶֽׁה׃ וַיַּֽעֲשׂ֛וּ אֶת־הַכָּתְנֹ֥ת שֵׁ֖שׁ
כח מַעֲשֵׂ֣ה אֹרֵ֑ג לְאַהֲרֹ֖ן וּלְבָנָֽיו׃ וְאֵת֙ הַמִּצְנֶ֣פֶת שֵׁ֔שׁ
וְאֶת־פַּאֲרֵ֥י הַמִּגְבָּעֹ֖ת שֵׁ֑שׁ וְאֶת־מִכְנְסֵ֥י הַבָּ֖ד

יב יג תִּנְיָנָא, אִזְמָרַגְדִּין שַׁבְזִיז וְסַבְהֲלוֹם: וְסִדְרָא תְּלִיתָאָה, קַנְכֵּירֵי טַרְקְיָא וְעֵין עִגְלָא: וְסִדְרָא
יד רְבִיעָאָה, כְּרוּם יַמָּא וּבְרֻלָּא וּפַנְתֵּירֵי, מְשַׁקְּעָן, מְרַמְּצָן דִּדְהַב בְּאַשְׁלָמוּתְהוֹן: וְאַבְנַיָּא, עַל
שְׁמָהָת בְּנֵי יִשְׂרָאֵל אִנִּין, תַּרְתָּא עַסְרֵי עַל שְׁמָהָתְהוֹן, כְּתָב מְפָרַשׁ כִּגְלָף דְּעִזְקָא גְּבַר עַל
טו טז שְׁמֵיהּ, לִתְרֵי עֲסַר שִׁבְטִין: וַעֲבַדוּ עַל חֻשְׁנָא, תִּכִּין מְתַחֲמָן עוֹבַד גְּדִילוּ, דִּדְהַב דְּכֵי: וַעֲבַדוּ,
תַּרְתֵּין מְרַמְּצָן דִּדְהַב, וְתַרְתֵּין עִזְקָן דִּדְהַב, וִיהַבוּ, יָת תַּרְתֵּין עִזְקָתָא, עַל תְּרֵין סִטְרֵי חֻשְׁנָא:
יז יח וִיהַבוּ, תַּרְתֵּין גְּדִילָן דִּדְהַב, עַל תַּרְתֵּין עִזְקָתָא, עַל סִטְרֵי חֻשְׁנָא: וְיָת תַּרְתֵּין גְּדִילָן דְּעַל תְּרֵין
יט סִטְרוֹהִי, יְהַבוּ עַל תַּרְתֵּין מְרַמְּצָתָא, וִיהַבוּנִין, עַל כִּתְפֵי אֵיפוֹדָא לָקֳבֵיל אַפּוֹהִי: וַעֲבַדוּ,
תַּרְתֵּין עִזְקָן דִּדְהַב, וְשַׁוִּיאוּ, עַל תְּרֵין סִטְרֵי חֻשְׁנָא, עַל סִפְתֵּיהּ, דִּלְעִבְרָא דְּאֵיפוֹדָא לְגָיו:
כ וַעֲבַדוּ תַּרְתֵּין עִזְקָן דִּדְהַב, וִיהַבוּנִין, עַל תַּרְתֵּין כִּתְפֵּי אֵיפוֹדָא מִלְּרַע מִלָּקֳבֵיל אַפּוֹהִי,
כא לָקֳבֵיל בֵּית לוֹפֵי, מֵעִלָּוֵי, לְהֶמְיַן אֵיפוֹדָא: וַאֲחַדוּ יָת חֻשְׁנָא, מֵעִזְקָתֵיהּ לְעִזְקָת אֵיפוֹדָא
בְּחוּטָא דִּתְכִילְתָּא, לְמֶהֱוֵי עַל הֶמְיַן אֵיפוֹדָא, וְלָא יִתְפָּרַק חֻשְׁנָא, מֵעִלָּוֵי אֵיפוֹדָא, כְּמָא
כב כג דְּפַקֵּיד יי יָת מֹשֶׁה: וַעֲבַד, יָת מְעִיל אֵיפוֹדָא עוֹבַד מָחֵי, גְּמִיר תַּכְלָא: וּפוּמֵיהּ דִּמְעִילָא כְּפִיל
כד לְגַוֵּיהּ כְּפוּם שִׁרְיָן, תּוֹרָא מַקַּף לְפוּמֵיהּ, סְחוֹר סְחוֹר דְּלָא יִתְבְּזַע: וַעֲבַדוּ עַל שִׁפּוֹלֵי מְעִילָא,
כה רִמּוֹנֵי, תַּכְלָא וְאַרְגְּוָנָא וּצְבַע זְהוֹרִי, שְׁזִיר: וַעֲבַדוּ זוֹגִין דִּדְהַב דְּכֵי, וִיהַבוּ יָת זוֹגַיָּא בְּגוֹ
כו רִמּוֹנַיָּא, עַל שִׁפּוֹלֵי מְעִילָא סְחוֹר סְחוֹר, בְּגוֹ רִמּוֹנַיָּא: זוֹגָא וְרִמּוֹנָא זוֹגָא וְרִמּוֹנָא, עַל שִׁפּוֹלֵי
כז מְעִילָא סְחוֹר סְחוֹר, לְשַׁמָּשָׁא, כְּמָא דְּפַקֵּיד יי יָת מֹשֶׁה: וַעֲבַדוּ, יָת כִּתּוּנִין דְּבוּצָא עוֹבַד
כח מָחֵי, לְאַהֲרֹן וְלִבְנוֹהִי: וְיָת מַצְנַפְתָּא דְּבוּצָא, וְיָת שְׁבַח קוֹבְעַיָּא דְּבוּצָא, וְיָת מִכְנְסֵי בוּצָא

כח) וְאֶת פַּאֲרֵי הַמִּגְבָּעֹת. תִּפְאֶרֶת הַמִּגְבָּעוֹת, הַמִּגְבָּעוֹת הַמְפֹאָרִין:

כט שֵׁשׁ מָשְׁזָר׃ וְאֶת־הָאַבְנֵט שֵׁשׁ מָשְׁזָר וּתְכֵלֶת
וְאַרְגָּמָן וְתוֹלַעַת שָׁנִי מַעֲשֵׂה רֹקֵם כַּאֲשֶׁר צִוָּה
ל יְהוָה אֶת־מֹשֶׁה׃ וַיַּעֲשׂוּ אֶת־צִיץ נֵזֶר־
הַקֹּדֶשׁ זָהָב טָהוֹר וַיִּכְתְּבוּ עָלָיו מִכְתַּב פִּתּוּחֵי
לא חוֹתָם קֹדֶשׁ לַיהוָה׃ וַיִּתְּנוּ עָלָיו פְּתִיל תְּכֵלֶת
לָתֵת עַל־הַמִּצְנֶפֶת מִלְמָעְלָה כַּאֲשֶׁר צִוָּה יְהוָה
לב אֶת־מֹשֶׁה׃ וַתֵּכֶל כָּל־עֲבֹדַת מִשְׁכַּן
אֹהֶל מוֹעֵד וַיַּעֲשׂוּ בְּנֵי יִשְׂרָאֵל כְּכֹל אֲשֶׁר צִוָּה
יְהוָה אֶת־מֹשֶׁה כֵּן עָשׂוּ׃
לג רביעי כט וַיָּבִיאוּ אֶת־הַמִּשְׁכָּן אֶל־מֹשֶׁה אֶת־הָאֹהֶל וְאֶת־
כָּל־כֵּלָיו קְרָסָיו קְרָשָׁיו בְּרִיחָו וְעַמֻּדָיו וַאֲדָנָיו׃
לד וְאֶת־מִכְסֵה עוֹרֹת הָאֵילִם הַמְאָדָּמִים וְאֶת־מִכְסֵה
לה עֹרֹת הַתְּחָשִׁים וְאֵת פָּרֹכֶת הַמָּסָךְ׃ אֶת־אֲרוֹן
לו הָעֵדֻת וְאֶת־בַּדָּיו וְאֵת הַכַּפֹּרֶת׃ אֶת־הַשֻּׁלְחָן
לז אֶת־כָּל־כֵּלָיו וְאֵת לֶחֶם הַפָּנִים׃ אֶת־הַמְּנֹרָה
הַטְּהֹרָה אֶת־נֵרֹתֶיהָ נֵרֹת הַמַּעֲרָכָה וְאֶת־כָּל־
לח כֵּלֶיהָ וְאֵת שֶׁמֶן הַמָּאוֹר׃ וְאֵת מִזְבַּח הַזָּהָב וְאֵת
שֶׁמֶן הַמִּשְׁחָה וְאֵת קְטֹרֶת הַסַּמִּים וְאֵת מָסַךְ
לט פֶּתַח הָאֹהֶל׃ אֵת ׀ מִזְבַּח הַנְּחֹשֶׁת וְאֶת־מִכְבַּר
הַנְּחֹשֶׁת אֲשֶׁר־לוֹ אֶת־בַּדָּיו וְאֶת־כָּל־כֵּלָיו אֶת־
מ הַכִּיֹּר וְאֶת־כַּנּוֹ׃ אֵת קַלְעֵי הֶחָצֵר אֶת־עַמֻּדֶיהָ

וְאֶת־אֲדָנֶיהָ וְאֶת־הַמָּסָךְ לְשַׁעַר הֶחָצֵר אֶת־
מֵיתָרָיו וִיתֵדֹתֶיהָ וְאֵת כָּל־כְּלֵי עֲבֹדַת הַמִּשְׁכָּן
מא לְאֹהֶל מוֹעֵד׃ אֶת־בִּגְדֵי הַשְּׂרָד לְשָׁרֵת בַּקֹּדֶשׁ
אֶת־בִּגְדֵי הַקֹּדֶשׁ לְאַהֲרֹן הַכֹּהֵן וְאֶת־בִּגְדֵי בָנָיו

כט דבוץ שזיר: וית המינא דבוץ שזיר, ותכלא וארגונא, וצבע זהורי עובד צייר, כמא דפקיד
ל יי ית משה: ועבדו, ית ציצא כלילא דקודשא דדהב דכי, וכתבו עלוהי, כתב מפרש כגלף
לא דעזקא, קודש ליי: ויהבו עלוהי חוטא דתכלתא, למתן על מצנפתא מלעילא, כמא דפקיד
לב יי ית משה: ושלימת, כל עבידת, משכנא משכן זמנא, ועבדו בני ישראל, ככל, דפקיד יי,
לג ית משה כן עבדו: ואיתיאו ית משכנא לות משה, ית משכנא וית כל מנוהי, פרפוהי דפוהי,
לד עברוהי ועמודוהי וסמכוהי: וית חופאה, דמשכי דכרי מסמקי, וית חופאה דמשכי
לה לו ססגונא, וית פרכתא דפרסא: ית ארונא דסהדותא וית אריחוהי, וית כפרתא: ית פתורא
לז ית כל מנוהי, וית לחים אפיא: ית מנרתא דכיתא ית בוצינהא, בוציני, סדרא וית כל
לח מנהא, וית משחא דאנהרותא: וית מדבחא דדהבא, וית משחא דרבותא, וית קטורת
לט בסמיא, וית פרסא דתרע משכנא: ית מדבחא דנחשא, וית סרדא דנחשא דיליה, ית
מ אריחוהי וית כל מנוהי, ית כיורא וית בסיסיה: ית סרדי דרתא ית עמודהא וית סמכהא,
מא וית פרסא לתרע דרתא, ית אטונוהי וסכהא, וית, כל מני, פלחן משכנא למשכן זמנא: ית
לבושי שמושא לשמשא בקודשא, ית לבושי קודשא לאהרן כהנא, וית לבושי בנוהי

לא) **לתת על המצנפת מלמעלה.** שעל ידי הפתילים היה מושיבו על המצנפת כמין כתר. ואי אפשר לומר הציץ על המצנפת, שהרי בשחיטת קדשים שנינו: שערו היה נראה בין ציץ למצנפת ששם מניח תפלין (זבחים יט ע"א), והציץ היה נתון על המצח, הרי המצנפת למעלה והציץ למטה. כאן הוא אומר: "ויתנו עליו פתיל תכלת", ובענין הצואה הוא אומר: "ושמת אתו על פתיל תכלת" (לעיל כח, לז)? שני חוטין היו בכל קצה וקצה, אחד מעל ואחד מתחת לצד מצחו, וכן באמצע, וקושר ראשיהם השנים כלם יחד מאחוריו למול ערפו, ומושיבו על המצנפת. ואל תתמה שלא נאמר 'פתילי תכלת' הואיל ומרבין הן, שהרי מצינו בחשן ואפוד: "וירכסו את החשן" וגו' (לעיל פסוק כא), ועל כרחך פחות משנים לא היו, שהרי בשני קצות החשן היו שתי טבעות החשן ובשתי כתפות האפוד היו טבעות האפוד שכנגדן, ולפי דרך קשירה ארבעה חוטין היו, ומכל מקום פחות משנים אי אפשר:

לב) **ויעשו בני ישראל.** את המלאכה, "ככל אשר צוה ה'" וגו':

לג) **ויביאו את המשכן וגו'.** שלא היו יכולין להקימו, ולפי שלא עשה משה שום מלאכה במשכן הניח לו הקדוש ברוך הוא הקמתו, שלא היה יכול להקימו שום אדם מחמת כבד הקרשים שאין כח באדם לזקפן, ומשה העמידו. אמר משה לפני הקדוש ברוך הוא: איך אפשר הקמתו על ידי אדם? אמר לו: עסק אתה בידך נראה כמקימו, והוא נזקף וקם מאליו. וזהו שנאמר: "הוקם המשכן" (להלן מ, יז), הוקם מאליו. מדרש רבי תנחומא (פקודי יא):

לְכַהֵן: כְּכֹל אֲשֶׁר־צִוָּה יְהוָה אֶת־מֹשֶׁה כֵּן מב
עָשׂוּ בְּנֵי יִשְׂרָאֵל אֵת כָּל־הָעֲבֹדָה: וַיַּרְא מֹשֶׁה מג
אֶת־כָּל־הַמְּלָאכָה וְהִנֵּה עָשׂוּ אֹתָהּ כַּאֲשֶׁר
צִוָּה יְהוָה כֵּן עָשׂוּ וַיְבָרֶךְ אֹתָם מֹשֶׁה:

חמישי /שביעי/ וַיְדַבֵּר יְהוָה אֶל־מֹשֶׁה לֵּאמֹר: בְּיוֹם־הַחֹדֶשׁ מ א ב
הָרִאשׁוֹן בְּאֶחָד לַחֹדֶשׁ תָּקִים אֶת־מִשְׁכַּן
אֹהֶל מוֹעֵד: וְשַׂמְתָּ שָׁם אֵת אֲרוֹן הָעֵדוּת ג
וְסַכֹּתָ עַל־הָאָרֹן אֶת־הַפָּרֹכֶת: וְהֵבֵאתָ אֶת־ ד
הַשֻּׁלְחָן וְעָרַכְתָּ אֶת־עֶרְכּוֹ וְהֵבֵאתָ אֶת־
הַמְּנֹרָה וְהַעֲלֵיתָ אֶת־נֵרֹתֶיהָ: וְנָתַתָּה אֶת־ ה
מִזְבַּח הַזָּהָב לִקְטֹרֶת לִפְנֵי אֲרוֹן הָעֵדֻת וְשַׂמְתָּ
אֶת־מָסַךְ הַפֶּתַח לַמִּשְׁכָּן: וְנָתַתָּה אֵת מִזְבַּח ו
הָעֹלָה לִפְנֵי פֶּתַח מִשְׁכַּן אֹהֶל־מוֹעֵד: וְנָתַתָּ ז
אֶת־הַכִּיֹּר בֵּין־אֹהֶל מוֹעֵד וּבֵין הַמִּזְבֵּחַ וְנָתַתָּ
שָׁם מָיִם: וְשַׂמְתָּ אֶת־הֶחָצֵר סָבִיב וְנָתַתָּ ח
אֶת־מָסַךְ שַׁעַר הֶחָצֵר: וְלָקַחְתָּ אֶת־שֶׁמֶן ט
הַמִּשְׁחָה וּמָשַׁחְתָּ אֶת־הַמִּשְׁכָּן וְאֶת־כָּל־
אֲשֶׁר־בּוֹ וְקִדַּשְׁתָּ אֹתוֹ וְאֶת־כָּל־כֵּלָיו וְהָיָה
קֹדֶשׁ: וּמָשַׁחְתָּ אֶת־מִזְבַּח הָעֹלָה וְאֶת־כָּל־ י
כֵּלָיו וְקִדַּשְׁתָּ אֶת־הַמִּזְבֵּחַ וְהָיָה הַמִּזְבֵּחַ קֹדֶשׁ

יא קָדָשִׁים: וּמָשַׁחְתָּ אֶת־הַכִּיֹּר וְאֶת־כַּנּוֹ וְקִדַּשְׁתָּ
יב אֹתוֹ: וְהִקְרַבְתָּ אֶת־אַהֲרֹן וְאֶת־בָּנָיו אֶל־פֶּתַח
יג אֹהֶל מוֹעֵד וְרָחַצְתָּ אֹתָם בַּמָּיִם: וְהִלְבַּשְׁתָּ אֶת־
אַהֲרֹן אֵת בִּגְדֵי הַקֹּדֶשׁ וּמָשַׁחְתָּ אֹתוֹ וְקִדַּשְׁתָּ
יד אֹתוֹ וְכִהֵן לִי: וְאֶת־בָּנָיו תַּקְרִיב וְהִלְבַּשְׁתָּ אֹתָם
טו כֻּתֳּנֹת: וּמָשַׁחְתָּ אֹתָם כַּאֲשֶׁר מָשַׁחְתָּ אֶת־
אֲבִיהֶם וְכִהֲנוּ לִי וְהָיְתָה לִהְיֹת לָהֶם מָשְׁחָתָם
טז לִכְהֻנַּת עוֹלָם לְדֹרֹתָם: וַיַּעַשׂ מֹשֶׁה כְּכֹל אֲשֶׁר

מב מג לְשַׁמָּשָׁא: כְּכֹל, דְּפַקֵּיד יי יָת מֹשֶׁה, כֵּן עֲבַדוּ בְּנֵי יִשְׂרָאֵל, יָת כָּל פָּלְחָנָא: וַחֲזָא מֹשֶׁה יָת כָּל
מ א עֲבִידְתָּא, וְהָא עֲבַדוּ יָתַהּ, כְּמָא דְּפַקֵּיד יי כֵּן עֲבַדוּ, וּבָרֵיךְ יָתְהוֹן מֹשֶׁה: וּמַלֵּיל יי עִם מֹשֶׁה
ב ג לְמֵימַר: בְּיוֹם יַרְחָא קַדְמָאָה בְּחַד לְיַרְחָא, תְּקִים, יָת מַשְׁכְּנָא מַשְׁכַּן זִמְנָא: וּתְשַׁוֵּי תַמָּן, יָת
ד אֲרוֹנָא דְּסָהֲדוּתָא, וְתַטֵּיל עַל אֲרוֹנָא יָת פָּרֻכְתָּא: וְתַעֵיל יָת פָּתוּרָא, וְתַסְדַּר יָת סִדְרֵיהּ,
ה וְתַעֵיל יָת מְנָרְתָּא, וְתַדְלֵיק יָת בּוֹצִינַהָא: וְתִתֵּין, יָת מַדְבְּחָא דְּדַהֲבָא לִקְטֹרֶת בֻּסְמַיָּא, קֳדָם
ו אֲרוֹנָא דְּסָהֲדוּתָא, וּתְשַׁוֵּי, יָת פְּרָסָא דְּתַרְעָא לְמַשְׁכְּנָא: וְתִתֵּין, יָת מַדְבְּחָא דַּעֲלָתָא, קֳדָם,
ז תְּרַע מַשְׁכְּנָא מַשְׁכַּן זִמְנָא: וְתִתֵּין יָת כִּיּוֹרָא, בֵּין מַשְׁכַּן זִמְנָא וּבֵין מַדְבְּחָא, וְתִתֵּין תַּמָּן מַיָּא:
ח ט וּתְשַׁוֵּי יָת דָּרְתָּא סְחוֹר סְחוֹר, וְתִתֵּין, יָת פְּרָסָא דִּתְרַע דָּרְתָּא: וְתִסַּב יָת מִשְׁחָא דִּרְבוּתָא,
י וּתְרַבֵּי יָת מַשְׁכְּנָא וְיָת כָּל דְּבֵיהּ, וּתְקַדֵּישׁ יָתֵיהּ, וְיָת כָּל מָנוֹהִי וִיהֵי קֻדְשָׁא: וּתְרַבֵּי, יָת
יא מַדְבְּחָא דַּעֲלָתָא וְיָת כָּל מָנוֹהִי, וּתְקַדֵּישׁ יָת מַדְבְּחָא, וִיהֵי מַדְבְּחָא קֹדֶשׁ קֻדְשִׁין: וּתְרַבֵּי יָת
יב כִּיּוֹרָא וְיָת בְּסִיסֵיהּ, וּתְקַדֵּישׁ יָתֵיהּ: וּתְקָרֵיב יָת אַהֲרֹן וְיָת בְּנוֹהִי, לִתְרַע מַשְׁכַּן זִמְנָא, וְתַסְחֵי
יג יָתְהוֹן בְּמַיָּא: וְתַלְבֵּישׁ יָת אַהֲרֹן, יָת לְבוּשֵׁי קֻדְשָׁא, וּתְרַבֵּי יָתֵיהּ, וּתְקַדֵּישׁ יָתֵיהּ וִישַׁמֵּישׁ
יד טו קֳדָמָי: וְיָת בְּנוֹהִי תְּקָרֵיב, וְתַלְבֵּישׁ יָתְהוֹן כִּתּוּנִין: וּתְרַבֵּי יָתְהוֹן, כְּמָא דְּרַבֵּיתָא יָת אֲבוּהוֹן,
טז וִישַׁמְּשׁוּן קֳדָמָי, וּתְהֵי, לְמֶהֱוֵי לְהוֹן רְבוּתְהוֹן, לִכְהֻנַּת עָלַם לְדָרֵיהוֹן: וַעֲבַד מֹשֶׁה, כְּכֹל,

פרק מ

מג) וַיְבָרֶךְ אֹתָם מֹשֶׁה. אָמַר לָהֶם: יְהִי רָצוֹן שֶׁתִּשְׁרֶה שְׁכִינָה בְּמַעֲשֵׂה יְדֵיכֶם, "וִיהִי נֹעַם ה' אֱלֹהֵינוּ עָלֵינוּ" וְגוֹ' (תהלים צ, יז), וְהוּא אֶחָד מֵאַחַד עָשָׂר מִזְמוֹרִים שֶׁבִּ'תְפִלָּה לְמֹשֶׁה' (תהלים צ-ק):

ג) וְסַכֹּתָ עַל הָאָרֹן. לְשׁוֹן הֲגָנָה, שֶׁהֲרֵי מְחִצָּה הָיְתָה:

ד) וְעָרַכְתָּ אֶת עֶרְכּוֹ. שְׁתֵּי מַעֲרָכוֹת שֶׁל לֶחֶם הַפָּנִים:

ששי צִוָּה יְהוָה אֹתוֹ כֵּן עָשָׂה׃ וַיְהִי בַּחֹדֶשׁ יז
הָרִאשׁוֹן בַּשָּׁנָה הַשֵּׁנִית בְּאֶחָד לַחֹדֶשׁ הוּקַם
הַמִּשְׁכָּן׃ וַיָּקֶם מֹשֶׁה אֶת־הַמִּשְׁכָּן וַיִּתֵּן אֶת־ יח
אֲדָנָיו וַיָּשֶׂם אֶת־קְרָשָׁיו וַיִּתֵּן אֶת־בְּרִיחָיו וַיָּקֶם
אֶת־עַמּוּדָיו׃ וַיִּפְרֹשׂ אֶת־הָאֹהֶל עַל־הַמִּשְׁכָּן יט
וַיָּשֶׂם אֶת־מִכְסֵה הָאֹהֶל עָלָיו מִלְמָעְלָה כַּאֲשֶׁר
צִוָּה יְהוָה אֶת־מֹשֶׁה׃ וַיִּקַּח וַיִּתֵּן כ
אֶת־הָעֵדֻת אֶל־הָאָרֹן וַיָּשֶׂם אֶת־הַבַּדִּים עַל־
הָאָרֹן וַיִּתֵּן אֶת־הַכַּפֹּרֶת עַל־הָאָרֹן מִלְמָעְלָה׃
וַיָּבֵא אֶת־הָאָרֹן אֶל־הַמִּשְׁכָּן וַיָּשֶׂם אֵת פָּרֹכֶת כא
הַמָּסָךְ וַיָּסֶךְ עַל אֲרוֹן הָעֵדוּת כַּאֲשֶׁר צִוָּה
יְהוָה אֶת־מֹשֶׁה׃ וַיִּתֵּן אֶת־הַשֻּׁלְחָן כב
בְּאֹהֶל מוֹעֵד עַל יֶרֶךְ הַמִּשְׁכָּן צָפֹנָה מִחוּץ
לַפָּרֹכֶת׃ וַיַּעֲרֹךְ עָלָיו עֵרֶךְ לֶחֶם לִפְנֵי יְהוָה כג
★ כַּאֲשֶׁר צִוָּה יְהוָה אֶת־מֹשֶׁה׃ וַיָּשֶׂם כד
אֶת־הַמְּנֹרָה בְּאֹהֶל מוֹעֵד נֹכַח הַשֻּׁלְחָן עַל יֶרֶךְ
הַמִּשְׁכָּן נֶגְבָּה׃ וַיַּעַל הַנֵּרֹת לִפְנֵי יְהוָה כַּאֲשֶׁר כה
צִוָּה יְהוָה אֶת־מֹשֶׁה׃ וַיָּשֶׂם כו
אֶת־מִזְבַּח הַזָּהָב בְּאֹהֶל מוֹעֵד לִפְנֵי הַפָּרֹכֶת׃
וַיַּקְטֵר עָלָיו קְטֹרֶת סַמִּים כַּאֲשֶׁר צִוָּה יְהוָה כז

כח אֶת־מֹשֶׁה׃ וַיָּשֶׂם אֶת־מָסַךְ הַפֶּתַח שביעי
כט לַמִּשְׁכָּן׃ וְאֵת מִזְבַּח הָעֹלָה שָׂם פֶּתַח מִשְׁכַּן
אֹהֶל־מוֹעֵד וַיַּעַל עָלָיו אֶת־הָעֹלָה וְאֶת־הַמִּנְחָה
ל כַּאֲשֶׁר צִוָּה יְהֹוָה אֶת־מֹשֶׁה׃ וַיָּשֶׂם אֶת־ *
הַכִּיֹּר בֵּין־אֹהֶל מוֹעֵד וּבֵין הַמִּזְבֵּחַ וַיִּתֵּן שָׁמָּה מַיִם
לא לְרָחְצָה׃ וְרָחֲצוּ מִמֶּנּוּ מֹשֶׁה וְאַהֲרֹן וּבָנָיו אֶת־

יז דְּפַקֵּיד יְיָ, יָתֵיהּ כֵּן עֲבַד׃ וַהֲוָה, בְּיַרְחָא קַדְמָאָה, בְּשַׁתָּא תִּנְיֵיתָא בְּחַד לְיַרְחָא, אִתְּקַם
יח מַשְׁכְּנָא׃ וַאֲקֵים מֹשֶׁה יָת מַשְׁכְּנָא, וִיהַב יָת סָמְכוֹהִי, וְשַׁוִּי יָת דַּפּוֹהִי, וִיהַב יָת עַבְרוֹהִי,
יט וַאֲקֵים יָת עַמּוּדוֹהִי׃ וּפְרַס יָת פְּרָסָא עַל מַשְׁכְּנָא, וְשַׁוִּי, יָת חוּפָאָה דְּמַשְׁכְּנָא, עֲלוֹהִי
כ מִלְּעֵילָא, כְּמָא דְּפַקֵּיד יְיָ יָת מֹשֶׁה׃ וּנְסֵיב, וִיהַב יָת סָהֲדוּתָא בַּאֲרוֹנָא, וְשַׁוִּי יָת אֲרִיחַיָּא
כא עַל אֲרוֹנָא, וִיהַב יָת כָּפֻּרְתָּא, עַל אֲרוֹנָא מִלְּעֵילָא׃ וְאַעֵיל יָת אֲרוֹנָא לְמַשְׁכְּנָא, וְשַׁוִּי, יָת
כב פָּרֻכְתָּא דִּפְרָסָא, וְאַטֵּיל, עַל אֲרוֹנָא דְּסָהֲדוּתָא, כְּמָא דְּפַקֵּיד יְיָ יָת מֹשֶׁה׃ וִיהַב יָת פָּתוּרָא
כג בְּמַשְׁכַּן זִמְנָא, עַל שִׁדָּא דְּמַשְׁכְּנָא צִפּוּנָא, מִבָּרָא לְפָרֻכְתָּא׃ וְסַדַּר עֲלוֹהִי, סִדְרִין דִּלְחֵים
כד קֳדָם יְיָ, כְּמָא דְּפַקֵּיד יְיָ יָת מֹשֶׁה׃ וְשַׁוִּי יָת מְנָרְתָא בְּמַשְׁכַּן זִמְנָא, לָקֳבֵיל פָּתוּרָא, עַל שִׁדָּא
כה כו דְּמַשְׁכְּנָא דָּרוֹמָא׃ וְאַדְלֵיק בּוֹצִינַיָּא קֳדָם יְיָ, כְּמָא דְּפַקֵּיד יְיָ יָת מֹשֶׁה׃ וְשַׁוִּי, יָת מַדְבְּחָא
כז דְּדַהֲבָא בְּמַשְׁכַּן זִמְנָא, קֳדָם פָּרֻכְתָּא׃ וְאַקְטַר עֲלוֹהִי קְטֹרֶת בֻּסְמִין, כְּמָא דְּפַקֵּיד יְיָ יָת מֹשֶׁה׃
כח כט וְשַׁוִּי, יָת פְּרָסָא דְּתַרְעָא לְמַשְׁכְּנָא׃ וְיָת מַדְבְּחָא דַּעֲלָתָא, שַׁוִּי, בִּתְרַע מַשְׁכְּנָא מַשְׁכַּן זִמְנָא,
ל וְאַסֵּיק עֲלוֹהִי, יָת עֲלָתָא וְיָת מִנְחָתָא, כְּמָא דְּפַקֵּיד יְיָ יָת מֹשֶׁה׃ וְשַׁוִּי יָת כִּיּוֹרָא, בֵּין מַשְׁכַּן
לא זִמְנָא וּבֵין מַדְבְּחָא, וִיהַב תַּמָּן, מַיָּא לְקִדּוּשׁ׃ וּמְקַדְּשִׁין מִנֵּיהּ, מֹשֶׁה וְאַהֲרֹן וּבְנוֹהִי, יָת

יט) וַיִּפְרֹשׂ אֶת הָאֹהֶל. הֵן יְרִיעוֹת הָעִזִּים:

כ) אֶת הָעֵדֻת. הַלּוּחוֹת:

כב) עַל יֶרֶךְ הַמִּשְׁכָּן צָפֹנָה. בַּחֲצִי הַצְּפוֹנִי שֶׁל רֹחַב הַבַּיִת: יֶרֶךְ. כְּתַרְגּוּמוֹ: "שִׁדָּא", כַּיָּרֵךְ הַזֶּה שֶׁהוּא בְּצִדּוֹ שֶׁל אָדָם:

כז) וַיַּקְטֵר עָלָיו קְטֹרֶת. שַׁחֲרִית וְעַרְבִית, כְּמוֹ שֶׁנֶּאֱמַר: "בַּבֹּקֶר בַּבֹּקֶר בְּהֵיטִיבוֹ אֶת הַנֵּרֹת וְגוֹ' וּבְהַעֲלֹת אַהֲרֹן" וְגוֹ' (לעיל ל, ז-ח):

כט) אַף בַּיּוֹם הַשְּׁמִינִי לַמִּלּוּאִים שֶׁהוּא יוֹם הֲקָמַת הַמִּשְׁכָּן, שִׁמֵּשׁ מֹשֶׁה וְהִקְרִיב קָרְבְּנוֹת צִבּוּר, חוּץ מֵאוֹתָן שֶׁנִּצְטַוּוּ לְבוֹ בַּיּוֹם, שֶׁנֶּאֱמַר: "קְרַב אֶל הַמִּזְבֵּחַ" וְגוֹ' (ויקרא ט, ז): אֶת הָעֹלָה. עוֹלַת הַתָּמִיד: וְאֶת הַמִּנְחָה. מִנְחַת נְסָכִים שֶׁל תָּמִיד, כְּמוֹ שֶׁנֶּאֱמַר: "וְעִשָּׂרֹן סֹלֶת בָּלוּל בְּשֶׁמֶן" וְגוֹ' (לעיל כט, מ):

לא) וְרָחֲצוּ מִמֶּנּוּ מֹשֶׁה וְאַהֲרֹן וּבָנָיו. יוֹם שְׁמִינִי לַמִּלּוּאִים הֻשְׁווּ כֻּלָּם לַכְּהֻנָּה, וְתַרְגּוּמוֹ: "וּמְקַדְּשִׁין מִנֵּיהּ", בּוֹ בַּיּוֹם קִדֵּשׁ מֹשֶׁה עִמָּהֶם:

לב יְדֵיהֶם וְאֶת־רַגְלֵיהֶם׃ בְּבֹאָם אֶל־אֹהֶל מוֹעֵד
וּבְקָרְבָתָם אֶל־הַמִּזְבֵּחַ יִרְחָצוּ כַּאֲשֶׁר צִוָּה יְהוָה
לג אֶת־מֹשֶׁה׃ וַיָּקֶם אֶת־הֶחָצֵר סָבִיב
לַמִּשְׁכָּן וְלַמִּזְבֵּחַ וַיִּתֵּן אֶת־מָסַךְ שַׁעַר הֶחָצֵר וַיְכַל
מֹשֶׁה אֶת־הַמְּלָאכָה׃

מפטיר
לד וַיְכַס הֶעָנָן אֶת־אֹהֶל מוֹעֵד וּכְבוֹד יְהוָה מָלֵא
לה אֶת־הַמִּשְׁכָּן׃ וְלֹא־יָכֹל מֹשֶׁה לָבוֹא אֶל־אֹהֶל
מוֹעֵד כִּי־שָׁכַן עָלָיו הֶעָנָן וּכְבוֹד יְהוָה מָלֵא אֶת־
לו הַמִּשְׁכָּן׃ וּבְהֵעָלוֹת הֶעָנָן מֵעַל הַמִּשְׁכָּן יִסְעוּ בְּנֵי
לז יִשְׂרָאֵל בְּכֹל מַסְעֵיהֶם׃ וְאִם־לֹא יֵעָלֶה הֶעָנָן
לח וְלֹא יִסְעוּ עַד־יוֹם הֵעָלֹתוֹ׃ כִּי עֲנַן יְהוָה עַל־

הפטרת פקודי

הפטרה לפרשת פקודי גם כאשר ויקהל ופקודי מחוברות.
בשבת פרשת שקלים קוראים את המפטיר, לעיל, יא-טז, ואת ההפטרה בעמ׳ 1289. בשבת פרשת פרה קוראים את המפטיר מספר במדבר יט, א-כב, ואת ההפטרה בעמ׳ 1292. בשבת פרשת החודש קוראים את המפטיר, לעיל יב, א-כ, ואת ההפטרה בעמ׳ 1293.

בסיום מפעל הבנייה של המקדש בימי שלמה, נערכו המלך והעם לטקס חנוכת המקדש. אל הטקס הגיעו כל ישראל וחגגו במשך ארבעה־עשר יום בחודש תשרי, עד שמיני עצרת. במרכז הטקס הייחודי היו שני אירועים שתוארו בהרחבה. האחד, העברת ארון ה׳, שנבנה בימי משה ובו הלוחות, מעיר דוד לקודש הקודשים בהר הבית. השני, תפילת ההודיה הארוכה של שלמה, וקביעת בית ה׳ כבית תפילה לישראל ולאנושות כולה.

מלכים א׳
הספרדים והתימנים מתחילים כאן

מ ז וַיַּעַשׂ חִירוֹם אֶת־הַכִּיֹּרוֹת וְאֶת־הַיָּעִים וְאֶת־הַמִּזְרָקוֹת וַיְכַל חִירָם לַעֲשׂוֹת
מא אֶת־כָּל־הַמְּלָאכָה אֲשֶׁר עָשָׂה לַמֶּלֶךְ שְׁלֹמֹה בֵּית יְהוָה׃ עַמֻּדִים שְׁנַיִם
וְגֻלֹּת הַכֹּתָרֹת אֲשֶׁר־עַל־רֹאשׁ הָעַמֻּדִים שְׁתָּיִם וְהַשְּׂבָכוֹת שְׁתַּיִם לְכַסּוֹת
מב אֶת־שְׁתֵּי גֻּלּוֹת הַכֹּתָרֹת אֲשֶׁר עַל־רֹאשׁ הָעַמּוּדִים׃ וְאֶת־הָרִמֹּנִים אַרְבַּע
מֵאוֹת לִשְׁתֵּי הַשְּׂבָכוֹת שְׁנֵי־טוּרִים רִמֹּנִים לַשְּׂבָכָה הָאֶחָת לְכַסּוֹת אֶת־שְׁתֵּי

הַמִּשְׁכָּן יוֹמָם וְאֵשׁ תִּהְיֶה לַיְלָה בּוֹ לְעֵינֵי כָל־
בֵּית־יִשְׂרָאֵל בְּכָל־מַסְעֵיהֶם׃ חזק

לב יְדֵיהוֹן וְיָת רַגְלֵיהוֹן׃ בְּמֵיעַלְהוֹן לְמַשְׁכַּן זִמְנָא, וּבְמִקְרַבְהוֹן, לְמַדְבְּחָא מְקַדְּשִׁין, כְּמָא דְּפַקֵּיד
לג יי יָת מֹשֶׁה׃ וַאֲקֵים יָת דָּרְתָא, סְחוֹר סְחוֹר לְמַשְׁכְּנָא וּלְמַדְבְּחָא, וִיהַב, יָת פְּרָסָא דִּתְרַע
לד דָּרְתָא, וְשֵׁיצִי מֹשֶׁה יָת עֲבִידְתָא׃ וַחֲפָא עֲנָנָא יָת מַשְׁכַּן זִמְנָא, וִיקָרָא דַּייָ, אִתְמְלִי יָת
לה מַשְׁכְּנָא׃ וְלָא יָכֵיל מֹשֶׁה, לְמֵיעַל לְמַשְׁכַּן זִמְנָא, אֲרֵי שְׁרָא עֲלוֹהִי עֲנָנָא, וִיקָרָא דַּייָ, אִתְמְלִי
לו לז יָת מַשְׁכְּנָא׃ וּבְאִסְתַּלָּקוּת עֲנָנָא מֵעִלָּוֵי מַשְׁכְּנָא, נָטְלִין בְּנֵי יִשְׂרָאֵל, בְּכָל מַטְלָנֵיהוֹן׃ וְאִם לָא
לח מִסְתַּלַּק עֲנָנָא, וְלָא נָטְלִין, עַד יוֹם אִסְתַּלָּקוּתֵיהּ׃ אֲרֵי עֲנַן יְקָרָא דַּייָ עַל מַשְׁכְּנָא בִּימָמָא,
וְחֵיזוּ אִישָׁתָא, הֲוֵי בְּלֵילְיָא בֵּיהּ, לְעֵינֵי כָל בֵּית יִשְׂרָאֵל בְּכָל מַטְלָנֵיהוֹן׃

לב) וּבְקָרְבָתָם. כְּמוֹ וּבְקָרְבָם, כְּשֶׁיִּקְרְבוּ:
לה) וְלֹא יָכֹל מֹשֶׁה לָבוֹא אֶל אֹהֶל מוֹעֵד. וְכָתוּב אֶחָד אוֹמֵר: "וּבְבֹא מֹשֶׁה אֶל אֹהֶל מוֹעֵד" (במדבר ז, פט), בָּא הַכָּתוּב הַשְּׁלִישִׁי וְהִכְרִיעַ בֵּינֵיהֶם: "כִּי שָׁכַן עָלָיו הֶעָנָן", אֱמֹר מֵעַתָּה, כָּל זְמַן שֶׁהָיָה הֶעָנָן עָלָיו לֹא הָיָה יָכוֹל לָבֹא, נִסְתַּלֵּק הֶעָנָן, נִכְנָס וּמְדַבֵּר עִמּוֹ:

לח) לְעֵינֵי כָל בֵּית יִשְׂרָאֵל בְּכָל מַסְעֵיהֶם. בְּכָל מַסָּע שֶׁהָיוּ נוֹסְעִים, הָיָה הֶעָנָן שׁוֹכֵן בִּמְקוֹם אֲשֶׁר יַחֲנוּ שָׁם. מְקוֹם חֲנִיָּתָן אַף הוּא קָרוּי מַסָּע, וְכֵן: "וַיֵּלֶךְ לְמַסָּעָיו" (בראשית יג, ג), וְכֵן: "אֵלֶּה מַסְעֵי" (במדבר לג, א), לְפִי שֶׁמִּמְּקוֹם הַחֲנִיָּה חָזְרוּ וְנָסְעוּ, לְכָךְ נִקְרְאוּ כֻּלָּן מַסָּעוֹת:

מג גֻּלֹּת הַכֹּתָרֹת אֲשֶׁר עַל־פְּנֵי הָעַמּוּדִים׃ וְאֶת־הַמְּכֹנוֹת עֶשֶׂר וְאֶת־הַכִּיֹּרֹת
מד עֲשָׂרָה עַל־הַמְּכֹנוֹת׃ וְאֶת־הַיָּם הָאֶחָד וְאֶת־הַבָּקָר שְׁנֵים־עָשָׂר תַּחַת הַיָּם׃
מה וְאֶת־הַסִּירוֹת וְאֶת־הַיָּעִים וְאֶת־הַמִּזְרָקוֹת וְאֵת כָּל־הַכֵּלִים האהל אֲשֶׁר הָאֵלֶּה
מו עָשָׂה חִירָם לַמֶּלֶךְ שְׁלֹמֹה בֵּית יְהוָה נְחֹשֶׁת מְמֹרָט׃ בְּכִכַּר הַיַּרְדֵּן יְצָקָם
מז הַמֶּלֶךְ בְּמַעֲבֵה הָאֲדָמָה בֵּין סֻכּוֹת וּבֵין צָרְתָן׃ וַיַּנַּח שְׁלֹמֹה אֶת־כָּל־הַכֵּלִים
מח מֵרֹב מְאֹד מְאֹד לֹא נֶחְקַר מִשְׁקַל הַנְּחֹשֶׁת׃ וַיַּעַשׂ שְׁלֹמֹה אֵת כָּל־הַכֵּלִים
אֲשֶׁר בֵּית יְהוָה אֵת מִזְבַּח הַזָּהָב וְאֶת־הַשֻּׁלְחָן אֲשֶׁר עָלָיו לֶחֶם הַפָּנִים
מט זָהָב׃ וְאֶת־הַמְּנֹרוֹת חָמֵשׁ מִיָּמִין וְחָמֵשׁ מִשְּׂמֹאול לִפְנֵי הַדְּבִיר זָהָב סָגוּר
נ וְהַפֶּרַח וְהַנֵּרֹת וְהַמֶּלְקַחַיִם זָהָב׃ וְהַסִּפּוֹת וְהַמְזַמְּרוֹת וְהַמִּזְרָקוֹת וְהַכַּפּוֹת
וְהַמַּחְתּוֹת זָהָב סָגוּר וְהַפֹּתוֹת לְדַלְתוֹת הַבַּיִת הַפְּנִימִי לְקֹדֶשׁ הַקֳּדָשִׁים
נא לְדַלְתֵי הַבַּיִת לַהֵיכָל זָהָב׃* וַתִּשְׁלַם כָּל־הַמְּלָאכָה אֲשֶׁר עָשָׂה

הספרדים והתימנים מסיימים כאן האשכנזים מתחילים כאן

הַמֶּלֶךְ שְׁלֹמֹה בֵּית יְהוָה וַיָּבֵא שְׁלֹמֹה אֶת־קׇדְשֵׁי ׀ דָּוִד אָבִיו אֶת־הַכֶּסֶף
ח א וְאֶת־הַזָּהָב וְאֶת־הַכֵּלִים נָתַן בְּאֹצְרוֹת בֵּית יְהוָה׃ אָז יַקְהֵל
שְׁלֹמֹה אֶת־זִקְנֵי יִשְׂרָאֵל אֶת־כׇּל־רָאשֵׁי הַמַּטּוֹת נְשִׂיאֵי הָאָבוֹת לִבְנֵי
יִשְׂרָאֵל אֶל־הַמֶּלֶךְ שְׁלֹמֹה יְרוּשָׁלָ͏ִם לְהַעֲלוֹת אֶת־אֲרוֹן בְּרִית־יְהוָה מֵעִיר
ב דָּוִד הִיא צִיּוֹן׃ וַיִּקָּהֲלוּ אֶל־הַמֶּלֶךְ שְׁלֹמֹה כׇּל־אִישׁ יִשְׂרָאֵל בְּיֶרַח הָאֵתָנִים
ג בֶּחָג הוּא הַחֹדֶשׁ הַשְּׁבִיעִי׃ וַיָּבֹאוּ כֹּל זִקְנֵי יִשְׂרָאֵל וַיִּשְׂאוּ הַכֹּהֲנִים אֶת־
ד הָאָרוֹן׃ וַיַּעֲלוּ אֶת־אֲרוֹן יְהוָה וְאֶת־אֹהֶל מוֹעֵד וְאֶת־כׇּל־כְּלֵי הַקֹּדֶשׁ אֲשֶׁר
ה בָּאֹהֶל וַיַּעֲלוּ אֹתָם הַכֹּהֲנִים וְהַלְוִיִּם׃ וְהַמֶּלֶךְ שְׁלֹמֹה וְכׇל־עֲדַת יִשְׂרָאֵל
הַנּוֹעָדִים עָלָיו אִתּוֹ לִפְנֵי הָאָרוֹן מְזַבְּחִים צֹאן וּבָקָר אֲשֶׁר לֹא־יִסָּפְרוּ וְלֹא
ו יִמָּנוּ מֵרֹב׃ וַיָּבִאוּ הַכֹּהֲנִים אֶת־אֲרוֹן בְּרִית־יְהוָה אֶל־מְקוֹמוֹ אֶל־דְּבִיר
ז הַבַּיִת אֶל־קֹדֶשׁ הַקֳּדָשִׁים אֶל־תַּחַת כַּנְפֵי הַכְּרוּבִים׃ כִּי הַכְּרוּבִים פֹּרְשִׂים
כְּנָפַיִם אֶל־מְקוֹם הָאָרוֹן וַיָּסֹכּוּ הַכְּרֻבִים עַל־הָאָרוֹן וְעַל־בַּדָּיו מִלְמָעְלָה׃
ח וַיַּאֲרִכוּ הַבַּדִּים וַיֵּרָאוּ רָאשֵׁי הַבַּדִּים מִן־הַקֹּדֶשׁ עַל־פְּנֵי הַדְּבִיר וְלֹא יֵרָאוּ
ט הַחוּצָה וַיִּהְיוּ שָׁם עַד הַיּוֹם הַזֶּה׃ אֵין בָּאָרוֹן רַק שְׁנֵי לֻחוֹת הָאֲבָנִים אֲשֶׁר
הִנִּחַ שָׁם מֹשֶׁה בְּחֹרֵב אֲשֶׁר כָּרַת יְהוָה עִם־בְּנֵי יִשְׂרָאֵל בְּצֵאתָם מֵאֶרֶץ
י מִצְרָיִם׃ וַיְהִי בְּצֵאת הַכֹּהֲנִים מִן־הַקֹּדֶשׁ וְהֶעָנָן מָלֵא אֶת־בֵּית יְהוָה׃
יא וְלֹא־יָכְלוּ הַכֹּהֲנִים לַעֲמֹד לְשָׁרֵת מִפְּנֵי הֶעָנָן כִּי־מָלֵא כְבוֹד־יְהוָה אֶת־
יב יג בֵּית יְהוָה׃ אָז אָמַר שְׁלֹמֹה יְהוָה אָמַר לִשְׁכֹּן בָּעֲרָפֶל׃ בָּנֹה
יד בָנִיתִי בֵּית זְבֻל לָךְ מָכוֹן לְשִׁבְתְּךָ עוֹלָמִים׃ וַיַּסֵּב הַמֶּלֶךְ אֶת־פָּנָיו וַיְבָרֶךְ
טו אֵת כׇּל־קְהַל יִשְׂרָאֵל וְכׇל־קְהַל יִשְׂרָאֵל עֹמֵד׃ וַיֹּאמֶר בָּרוּךְ יְהוָה אֱלֹהֵי
טז יִשְׂרָאֵל אֲשֶׁר דִּבֶּר בְּפִיו אֵת דָּוִד אָבִי וּבְיָדוֹ מִלֵּא לֵאמֹר׃ מִן־הַיּוֹם אֲשֶׁר
הוֹצֵאתִי אֶת־עַמִּי אֶת־יִשְׂרָאֵל מִמִּצְרַיִם לֹא־בָחַרְתִּי בְעִיר מִכֹּל שִׁבְטֵי
יִשְׂרָאֵל לִבְנוֹת בַּיִת לִהְיוֹת שְׁמִי שָׁם וָאֶבְחַר בְּדָוִד לִהְיוֹת עַל־עַמִּי
יז יִשְׂרָאֵל׃ וַיְהִי עִם־לְבַב דָּוִד אָבִי לִבְנוֹת בַּיִת לְשֵׁם יְהוָה אֱלֹהֵי יִשְׂרָאֵל׃
יח וַיֹּאמֶר יְהוָה אֶל־דָּוִד אָבִי יַעַן אֲשֶׁר הָיָה עִם־לְבָבְךָ לִבְנוֹת בַּיִת לִשְׁמִי
יט הֱטִיבֹתָ כִּי הָיָה עִם־לְבָבֶךָ׃ רַק אַתָּה לֹא תִבְנֶה הַבָּיִת כִּי אִם־בִּנְךָ הַיֹּצֵא
כ מֵחֲלָצֶיךָ הוּא־יִבְנֶה הַבַּיִת לִשְׁמִי׃ וַיָּקֶם יְהוָה אֶת־דְּבָרוֹ אֲשֶׁר דִּבֵּר וָאָקֻם
תַּחַת דָּוִד אָבִי וָאֵשֵׁב ׀ עַל־כִּסֵּא יִשְׂרָאֵל כַּאֲשֶׁר דִּבֶּר יְהוָה וָאֶבְנֶה הַבַּיִת
כא לְשֵׁם יְהוָה אֱלֹהֵי יִשְׂרָאֵל׃ וָאָשִׂם שָׁם מָקוֹם לָאָרוֹן אֲשֶׁר־שָׁם בְּרִית יְהוָה
אֲשֶׁר כָּרַת עִם־אֲבֹתֵינוּ בְּהוֹצִיאוֹ אֹתָם מֵאֶרֶץ מִצְרָיִם׃

ויקרא

אגדתא

פרשת ויקרא

ויקרא

א וַיִּקְרָא אֶל־מֹשֶׁה וַיְדַבֵּר יהוה אֵלָיו מֵאֹהֶל א א
מוֹעֵד לֵאמֹר׃ דַּבֵּר אֶל־בְּנֵי יִשְׂרָאֵל וְאָמַרְתָּ ב
אֲלֵהֶם אָדָם כִּי־יַקְרִיב מִכֶּם קָרְבָּן לַיהוָה מִן־
הַבְּהֵמָה מִן־הַבָּקָר וּמִן־הַצֹּאן תַּקְרִיבוּ אֶת־
קָרְבַּנְכֶם׃ אִם־עֹלָה קָרְבָּנוֹ מִן־הַבָּקָר זָכָר ג
תָּמִים יַקְרִיבֶנּוּ אֶל־פֶּתַח אֹהֶל מוֹעֵד יַקְרִיב
אֹתוֹ לִרְצֹנוֹ לִפְנֵי יהוה׃ וְסָמַךְ יָדוֹ עַל רֹאשׁ ד
הָעֹלָה וְנִרְצָה לוֹ לְכַפֵּר עָלָיו׃ ◦ וְשָׁחַט אֶת־בֶּן ה
הַבָּקָר לִפְנֵי יהוה וְהִקְרִיבוּ בְּנֵי אַהֲרֹן הַכֹּהֲנִים

מצווה קטו
מצוות הקרבת עולה כדיניה

פרק א

א| **וַיִּקְרָא אֶל מֹשֶׁה.** לְכָל דִּבְּרוֹת וּלְכָל אֲמִירוֹת וּלְכָל צִוּוּיִים קָדְמָה קְרִיאָה, לְשׁוֹן חִבָּה, לָשׁוֹן שֶׁמַּלְאֲכֵי הַשָּׁרֵת מִשְׁתַּמְּשִׁין בּוֹ, שֶׁנֶּאֱמַר: "וְקָרָא זֶה אֶל זֶה" (ישעיה ו, ג). אֲבָל לִנְבִיאֵי אֻמּוֹת הָעוֹלָם נִגְלָה עֲלֵיהֶן בִּלְשׁוֹן עֲרַאי, בִּלְשׁוֹן טֻמְאָה, שֶׁנֶּאֱמַר: "וַיִּקָּר אֱלֹהִים אֶל בִּלְעָם" (במדבר כג, ד): **וַיִּקְרָא אֶל מֹשֶׁה.** הַקּוֹל הוֹלֵךְ וּמַגִּיעַ לְאָזְנָיו וְכָל יִשְׂרָאֵל לֹא שׁוֹמְעִין. יָכוֹל אַף לַהַפְסָקוֹת הָיְתָה קְרִיאָה? תַּלְמוּד לוֹמַר: "וַיְדַבֵּר", לַדִּבּוּר הָיְתָה קְרִיאָה וְלֹא לַהַפְסָקוֹת. וּמֶה הָיוּ הַפְסָקוֹת מְשַׁמְּשׁוֹת? לִתֵּן רֶוַח לְמֹשֶׁה לְהִתְבּוֹנֵן בֵּין פָּרָשָׁה לְפָרָשָׁה וּבֵין עִנְיָן לְעִנְיָן, קַל וָחֹמֶר לְהֶדְיוֹט הַלָּמֵד מִן הַהֶדְיוֹט: **אֵלָיו.** לְמַעֵט אֶת אַהֲרֹן. רַבִּי יְהוּדָה בֶּן בְּתֵירָה אוֹמֵר: שְׁלֹשָׁה עָשָׂר דִּבְּרוֹת נֶאֶמְרוּ בַּתּוֹרָה לְמֹשֶׁה וּלְאַהֲרֹן, וּכְנֶגְדָּן נֶאֶמְרוּ שְׁלֹשָׁה עָשָׂר מִעוּטִין, לְלַמֶּדְךָ, שֶׁלֹּא לְאַהֲרֹן נֶאֶמְרוּ, אֶלָּא לְמֹשֶׁה שֶׁיֹּאמַר לְאַהֲרֹן. וְאֵלּוּ הֵן שְׁלֹשָׁה עָשָׂר מִעוּטִין: "לְדַבֵּר אִתּוֹ" (במדבר ז, פט), "מִדַּבֵּר אֵלָיו" (שם), "וַיְדַבֵּר אֵלָיו" (שם), "וְנוֹעַדְתִּי לְךָ" (שמות כה, כב), כֻּלָּן בְּתוֹרַת כֹּהֲנִים (פרק ב, ב). יָכוֹל יִשְׁמְעוּ אֶת קוֹל הַקְּרִיאָה? תַּלְמוּד לוֹמַר, קוֹל לוֹ, קוֹל אֵלָיו, מֹשֶׁה שָׁמַע וְכָל יִשְׂרָאֵל לֹא שָׁמְעוּ: **מֵאֹהֶל מוֹעֵד.** מְלַמֵּד שֶׁהָיָה הַקּוֹל נִפְסָק וְלֹא הָיָה יוֹצֵא חוּץ לָאֹהֶל. יָכוֹל מִפְּנֵי שֶׁהַקּוֹל נָמוּךְ? תַּלְמוּד לוֹמַר: "אֶת הַקּוֹל" (במדבר ז, פט), מַהוּ "הַקּוֹל"? הוּא הַקּוֹל הַמִּתְפָּרֵשׁ בַּכְּתוּבִים: "קוֹל ה' בַּכֹּחַ, קוֹל ה' בֶּהָדָר, קוֹל ה' שֹׁבֵר אֲרָזִים" (תהלים כט, ד-ה). אִם כֵּן, לָמָּה נֶאֱמַר: "מֵאֹהֶל מוֹעֵד"? מְלַמֵּד שֶׁהָיָה הַקּוֹל נִפְסָק. כַּיּוֹצֵא בּוֹ: "וְקוֹל כַּנְפֵי הַכְּרוּבִים נִשְׁמַע עַד הֶחָצֵר הַחִיצֹנָה" (יחזקאל י, ה). יָכוֹל מִפְּנֵי שֶׁהַקּוֹל נָמוּךְ? תַּלְמוּד לוֹמַר: "כְּקוֹל אֵל שַׁדַּי בְּדַבְּרוֹ" (שם),

א א ב וּקְרָא לְמשֶׁה, וּמַלֵּיל יי עִמֵּיהּ, מִמַּשְׁכַּן זִמְנָא לְמֵימַר: מַלֵּיל, עִם בְּנֵי יִשְׂרָאֵל
וְתֵימַר לְהוֹן, אֱנָשׁ, אֲרֵי יְקָרֵיב מִנְּכוֹן, קֻרְבָּנָא קֳדָם יי, מִן בְּעִירָא, מִן תּוֹרֵי וּמִן עָנָא,
ג תְּקָרְבוּן יָת קֻרְבַּנְכוֹן: אִם עֲלָתָא קֻרְבָּנֵיהּ מִן תּוֹרֵי, דְּכַר שְׁלִים יְקָרְבִנֵּיהּ, לִתְרַע,
ד מַשְׁכַּן זִמְנָא יְקָרֵיב יָתֵיהּ, לְרַעֲוָא לֵיהּ קֳדָם יי: וְיִסְמוֹךְ יְדֵיהּ, עַל רֵישׁ עֲלָתָא,
ה וְיִתְרְעֵי לֵיהּ לְכַפָּרָא עֲלוֹהִי: וְיִכּוֹס, יָת בַּר תּוֹרֵי קֳדָם יי, וִיקָרְבוּן, בְּנֵי אַהֲרֹן כָּהֲנַיָּא

אִם כֵּן, לָמָּה נֶאֱמַר: "עַד הֶחָצֵר הַחִיצוֹנָה"? שֶׁכֵּיוָן שֶׁמַּגִּיעַ שָׁם הָיָה נִפְסָק: **מֵאֹהֶל מוֹעֵד לֵאמֹר.** יָכוֹל מִכָּל הַבַּיִת? תַּלְמוּד לוֹמַר: "מֵעַל הַכַּפֹּרֶת" (במדבר ז, פט). יָכוֹל מֵעַל הַכַּפֹּרֶת כֻּלָּהּ? תַּלְמוּד לוֹמַר: "מִבֵּין שְׁנֵי הַכְּרֻבִים" (שם): **לֵאמֹר.** צֵא וֶאֱמֹר לָהֶם דִּבְרֵי כִבּוּשִׁין: בִּשְׁבִילְכֶם הוּא נִדְבָּר עִמִּי. שֶׁכֵּן מָצִינוּ, שֶׁכָּל שְׁמוֹנֶה וּשְׁלֹשִׁים שָׁנָה שֶׁהָיוּ יִשְׂרָאֵל בַּמִּדְבָּר כִּמְנֻדִּים, מִן הַמְרַגְּלִים וְאֵילָךְ, לֹא נִתְיַחֵד הַדִּבּוּר עִם מֹשֶׁה, שֶׁנֶּאֱמַר: "וַיְהִי כַאֲשֶׁר תַּמּוּ כָּל אַנְשֵׁי הַמִּלְחָמָה לָמוּת... וַיְדַבֵּר ה' אֵלַי לֵאמֹר" (דברים ב, טז-יז). דָּבָר אַחֵר, צֵא וֶאֱמֹר לָהֶם דְּבָרַי וַהֲשִׁיבֵנִי אִם יְקַבְּלוּם, כְּמוֹ שֶׁנֶּאֱמַר: "וַיָּשֶׁב מֹשֶׁה אֶת דִּבְרֵי הָעָם" וְגוֹ' (שמות יט, ח):

ב] **אָדָם כִּי יַקְרִיב מִכֶּם.** כְּשֶׁיַּקְרִיב, בְּקָרְבְּנוֹת נְדָבָה דִּבֵּר הָעִנְיָן: **אָדָם.** לָמָּה נֶאֱמַר? מָה אָדָם הָרִאשׁוֹן לֹא הִקְרִיב מִן הַגָּזֵל, שֶׁהַכֹּל הָיָה שֶׁלּוֹ, אַף אַתֶּם לֹא תַקְרִיבוּ מִן הַגָּזֵל: **הַבְּהֵמָה.** יָכוֹל אַף חַיָּה בַּכְּלָל? תַּלְמוּד לוֹמַר: "בָּקָר וָצֹאן": **מִן הַבְּהֵמָה.** וְלֹא כֻלָּהּ, לְהוֹצִיא אֶת הָרוֹבֵעַ וְאֶת הַנִּרְבָּע: **מִן הַבָּקָר.** לְהוֹצִיא אֶת הַנֶּעֱבָד: **מִן הַצֹּאן.** לְהוֹצִיא אֶת הַמֻּקְצֶה: **וּמִן הַצֹּאן.** לְהוֹצִיא אֶת הַנּוֹגֵחַ שֶׁהֵמִית. כְּשֶׁהוּא אוֹמֵר לְמַטָּה מִן הָעִנְיָן: "מִן הַבָּקָר" (פסוק ג), שֶׁאֵין תַּלְמוּד לוֹמַר – לְהוֹצִיא אֶת הַטְּרֵפָה: **תַּקְרִיבוּ.** מְלַמֵּד שֶׁשְּׁנַיִם מִתְנַדְּבִים עוֹלָה בְּשֻׁתָּפוּת: **קָרְבַּנְכֶם.** מְלַמֵּד שֶׁהִיא בָאָה נִדְבַת צִבּוּר, הִיא עוֹלַת קַיִץ הַמִּזְבֵּחַ, הַבָּאָה מִן הַמּוֹתָרוֹת:

ג] **זָכָר.** וְלֹא נְקֵבָה. כְּשֶׁהוּא אוֹמֵר: "זָכָר" לְמַטָּה (פסוק י), שֶׁאֵין תַּלְמוּד לוֹמַר – זָכָר וְלֹא טֻמְטוּם וְאַנְדְּרוֹגִינוֹס: **תָּמִים.** בְּלֹא מוּם: **אֶל פֶּתַח אֹהֶל מוֹעֵד.** מִטַּפֵּל בַּהֲבָאָתוֹ עַד הָעֲזָרָה. מַהוּ אוֹמֵר "יַקְרִיב יַקְרִיב"? אֲפִלּוּ נִתְעָרְבָה עוֹלַת רְאוּבֵן בְּעוֹלַת שִׁמְעוֹן, יַקְרִיב כָּל אַחַת לְשֵׁם מִי שֶׁהוּא. וְכֵן עוֹלָה בְּחֻלִּין, יִמָּכְרוּ הַחֻלִּין לְצָרְכֵי עוֹלוֹת, וַהֲרֵי הֵן כֻּלָּן עוֹלוֹת, וְתִקְרַב כָּל אַחַת לְשֵׁם מִי שֶׁהוּא. יָכוֹל אֲפִלּוּ נִתְעָרְבָה בִּפְסוּלִין, אוֹ בְּשֶׁאֵינוֹ מִינוֹ? תַּלְמוּד לוֹמַר: "יַקְרִיבֶנּוּ": **יַקְרִיב אֹתוֹ.** מְלַמֵּד שֶׁכּוֹפִין אוֹתוֹ. יָכוֹל בְּעַל כָּרְחוֹ? תַּלְמוּד לוֹמַר: "לִרְצֹנוֹ", הָא כֵּיצַד? כּוֹפִין אוֹתוֹ עַד שֶׁיֹּאמַר: 'רוֹצֶה אֲנִי': **לִפְנֵי ה' וְסָמַךְ.** אֵין סְמִיכָה בְּבָמָה:

ד] **עַל רֹאשׁ הָעֹלָה.** לְהָבִיא עוֹלַת חוֹבָה לִסְמִיכָה, וּלְהָבִיא עוֹלַת הַצֹּאן: **הָעֹלָה.** פְּרָט לְעוֹלַת הָעוֹף: **וְנִרְצָה לוֹ.** עַל מָה הוּא מְרַצֶּה לוֹ? אִם תֹּאמַר עַל כָּרֵתוֹת וּמִיתוֹת בֵּית דִּין אוֹ מִיתָה בִּידֵי שָׁמַיִם אוֹ מַלְקוּת – הֲרֵי עָנְשָׁן אָמוּר, הָא אֵינוֹ מְרַצֶּה אֶלָּא עַל עֲשֵׂה וְעַל לָאו שֶׁנִּתַּק לַעֲשֵׂה:

ה] **וְשָׁחַט... וְהִקְרִיבוּ... הַכֹּהֲנִים.** מִקַּבָּלָה וְאֵילָךְ מִצְוַת כְּהֻנָּה, לִמֵּד עַל הַשְּׁחִיטָה שֶׁכְּשֵׁרָה בְּזָר: **לִפְנֵי ה'.** בָּעֲזָרָה: **וְהִקְרִיבוּ.** זוֹ קַבָּלָה שֶׁהִיא רִאשׁוֹנָה, וּמַשְׁמָעָהּ לְשׁוֹן הוֹלָכָה, לָמַדְנוּ שְׁתֵּיהֶן: **בְּנֵי אַהֲרֹן.** יָכוֹל חֲלָלִים? תַּלְמוּד לוֹמַר: "הַכֹּהֲנִים": **אֶת הַדָּם וְזָרְקוּ אֶת הַדָּם.** מַה תַּלְמוּד לוֹמַר: 'דָּם' 'דָּם' שְׁתֵּי פְעָמִים? לְהָבִיא אֶת שֶׁנִּתְעָרֵב בְּמִינוֹ אוֹ בְּשֶׁאֵינוֹ מִינוֹ. יָכוֹל אַף בִּפְסוּלִים, אוֹ בְּחַטָּאוֹת הַפְּנִימִיּוֹת אוֹ בְּחַטָּאוֹת הַחִיצוֹנִיּוֹת, שֶׁאֵלּוּ לְמַעְלָה וְאֵלּוּ לְמַטָּה? תַּלְמוּד לוֹמַר בְּמָקוֹם אַחֵר: "דָּמוֹ" (להלן פסוק יח): **וְזָרְקוּ.** עוֹמֵד לְמַטָּה וְזוֹרֵק מִן הַכְּלִי

ויקרא

אֶת־הַדָּ֑ם וְזָרְק֨וּ אֶת־הַדָּ֤ם עַל־הַמִּזְבֵּ֨חַ֙ סָבִ֔יב
אֲשֶׁר־פֶּ֖תַח אֹ֣הֶל מוֹעֵֽד: וְהִפְשִׁ֖יט אֶת־הָעֹלָ֑ה
וְנִתַּ֥ח אֹתָ֖הּ לִנְתָחֶֽיהָ: וְ֠נָתְנ֠וּ בְּנֵ֨י אַהֲרֹ֧ן הַכֹּהֵ֛ן
אֵ֖שׁ עַל־הַמִּזְבֵּ֑חַ וְעָרְכ֥וּ עֵצִ֖ים עַל־הָאֵֽשׁ:
וְעָרְכ֗וּ בְּנֵ֤י אַהֲרֹן֙ הַכֹּ֣הֲנִ֔ים אֵ֚ת הַנְּתָחִ֔ים אֶת־
הָרֹ֖אשׁ וְאֶת־הַפָּ֑דֶר עַל־הָעֵצִים֙ אֲשֶׁ֣ר עַל־הָאֵ֔שׁ
אֲשֶׁ֖ר עַל־הַמִּזְבֵּֽחַ: וְקִרְבּ֥וֹ וּכְרָעָ֖יו יִרְחַ֣ץ בַּמָּ֑יִם
וְהִקְטִ֨יר הַכֹּהֵ֤ן אֶת־הַכֹּל֙ הַמִּזְבֵּ֔חָה עֹלָ֛ה אִשֵּׁ֥ה
רֵֽיחַ־נִיח֖וֹחַ לַיהוָֽה: וְאִם־מִן־הַצֹּ֨אן
קָרְבָּנ֧וֹ מִן־הַכְּשָׂבִ֛ים א֥וֹ מִן־הָעִזִּ֖ים לְעֹלָ֑ה זָכָ֥ר
תָּמִ֖ים יַקְרִיבֶֽנּוּ: וְשָׁחַ֨ט אֹת֜וֹ עַ֣ל יֶ֧רֶךְ הַמִּזְבֵּ֛חַ
צָפֹ֖נָה לִפְנֵ֣י יְהוָ֑ה וְזָרְק֡וּ בְּנֵי֩ אַהֲרֹ֨ן הַכֹּהֲנִ֧ים אֶת־
דָּמ֛וֹ עַל־הַמִּזְבֵּ֖חַ סָבִֽיב: וְנִתַּ֤ח אֹתוֹ֙ לִנְתָחָ֔יו
וְאֶת־רֹאשׁ֖וֹ וְאֶת־פִּדְר֑וֹ וְעָרַ֤ךְ הַכֹּהֵן֙ אֹתָ֔ם עַל־
הָ֣עֵצִ֔ים אֲשֶׁ֥ר עַל־הָאֵ֖שׁ אֲשֶׁ֥ר עַל־הַמִּזְבֵּֽחַ:
וְהַקֶּ֥רֶב וְהַכְּרָעַ֖יִם יִרְחַ֣ץ בַּמָּ֑יִם וְהִקְרִ֨יב הַכֹּהֵ֤ן
אֶת־הַכֹּל֙ וְהִקְטִ֣יר הַמִּזְבֵּ֔חָה עֹלָ֣ה ה֗וּא אִשֵּׁ֛ה
רֵ֥יחַ נִיחֹ֖חַ לַיהוָֽה:

וְאִ֧ם מִן־הָע֛וֹף עֹלָ֥ה קָרְבָּנ֖וֹ לַיהוָ֑ה וְהִקְרִ֣יב מִן־
הַתֹּרִ֗ים א֛וֹ מִן־בְּנֵ֥י הַיּוֹנָ֖ה אֶת־קָרְבָּנֽוֹ: וְהִקְרִיב֤וֹ
הַכֹּהֵן֙ אֶל־הַמִּזְבֵּ֔חַ וּמָלַק֙ אֶת־רֹאשׁ֔וֹ וְהִקְטִ֖יר

ו יָת דְּמָא, וְיִזְרְקוּן יָת דְּמָא עַל מַדְבְּחָא סְחוֹר סְחוֹר, דִּבְתְרַע מַשְׁכַּן זִמְנָא: וְיַשְׁלַח יָת
ז עֲלָתָא, וִיפַלֵּיג יָתַהּ לְאֶבְרַהָא: וְיִתְּנוּן, בְּנֵי אַהֲרֹן כָּהֲנָא, אִישָּׁתָא עַל מַדְבְּחָא, וִיסַדְּרוּן
ח אָעַיָּא עַל אִישָּׁתָא: וִיסַדְּרוּן, בְּנֵי אַהֲרֹן כָּהֲנַיָּא, יָת אֶבְרַיָּא, יָת רֵישָׁא וְיָת תַּרְבָּא, עַל אָעַיָּא
ט דְּעַל אִישָּׁתָא, דְּעַל מַדְבְּחָא: וְגַוֵּיהּ וּכְרָעוֹהִי יְחַלֵּיל בְּמַיָּא, וְיַסֵּיק כָּהֲנָא יָת כּוֹלָּא
י לְמַדְבְּחָא, עֲלָתָא, קֻרְבַּן דְּמִתְקַבַּל בְּרַעֲוָא קֳדָם יְיָ: וְאִם מִן עָנָא קֻרְבָּנֵיהּ מִן אִמְּרַיָּא, אוֹ
יא מִן בְּנֵי עִזַּיָּא לַעֲלָתָא, דְּכַר שְׁלִים יְקָרְבִנֵּיהּ: וְיִכּוֹס יָתֵיהּ, עַל שִׁדָּא דְּמַדְבְּחָא, צִפּוּנָא קֳדָם
יב יְיָ, וְיִזְרְקוּן, בְּנֵי אַהֲרֹן כָּהֲנַיָּא יָת דְּמֵיהּ, עַל מַדְבְּחָא סְחוֹר סְחוֹר: וִיפַלֵּיג יָתֵיהּ לְאֶבְרוֹהִי,
יג וְיָת רֵישֵׁיהּ וְיָת תַּרְבֵּיהּ, וִיסַדַּר כָּהֲנָא יָתְהוֹן, עַל אָעַיָּא דְּעַל אִישָּׁתָא, דְּעַל מַדְבְּחָא: וְגַוָּא
וּכְרָעַיָּא יְחַלֵּיל בְּמַיָּא, וִיקָרֵיב כָּהֲנָא יָת כּוֹלָּא וְיַסֵּיק לְמַדְבְּחָא, עֲלָתָא הוּא, קֻרְבַּן
יד דְּמִתְקַבַּל בְּרַעֲוָא קֳדָם יְיָ: וְאִם מִן עוֹפָא, עֲלָתָא קֻרְבָּנֵיהּ קֳדָם יְיָ, וִיקָרֵיב מִן שַׁפְנִינַיָּא, אוֹ,
טו מִן בְּנֵי יוֹנָה יָת קֻרְבָּנֵיהּ: וִיקָרְבִנֵּיהּ כָּהֲנָא לְמַדְבְּחָא, וְיִמְלוֹק יָת רֵישֵׁיהּ, וְיַסֵּיק

לְכֹתֶל הַמִּזְבֵּחַ לְמַטָּה מִחוּט הַסִּקְרָא כְּנֶגֶד הַזָּוִיּוֹת, לְכָךְ נֶאֱמַר: "סָבִיב", שֶׁיְּהֵא הַדָּם נָתוּן בְּאַרְבַּע רוּחוֹת הַמִּזְבֵּחַ. אוֹ יָכוֹל יַקִּיפֶנּוּ כְּחוּט? תַּלְמוּד לוֹמַר: "וְזָרְקוּ", וְאִי אֶפְשָׁר לְהַקִּיף בִּזְרִיקָה. אִי "וְזָרְקוּ", יָכוֹל בִּזְרִיקָה אַחַת? תַּלְמוּד לוֹמַר: "סָבִיב". הָא כֵּיצַד? נוֹתֵן שְׁתֵּי מַתָּנוֹת שֶׁהֵן אַרְבַּע: אֲשֶׁר פֶּתַח אֹהֶל מוֹעֵד. וְלֹא בִּזְמַן שֶׁהוּא מְפֹרָק:

ו| **וְהִפְשִׁיט אֶת הָעֹלָה.** מַה תַּלְמוּד לוֹמַר "הָעֹלָה"? לְרַבּוֹת אֶת כָּל הָעוֹלוֹת לְהֶפְשֵׁט וְנִתּוּחַ: **אֹתָהּ לִנְתָחֶיהָ.** וְלֹא נְתָחֶיהָ לִנְתָחִים:

ז| **וְנָתְנוּ אֵשׁ.** אַף עַל פִּי שֶׁהָאֵשׁ יוֹרֶדֶת מִן הַשָּׁמַיִם, מִצְוָה לְהָבִיא מִן הַהֶדְיוֹט: **בְּנֵי אַהֲרֹן הַכֹּהֵן.** כְּשֶׁהוּא בִּכְהוּנּוֹ, הָא אִם עָבַד בִּבְגְדֵי כֹּהֵן הֶדְיוֹט עֲבוֹדָתוֹ פְּסוּלָה:

ח| **בְּנֵי אַהֲרֹן הַכֹּהֲנִים.** כְּשֶׁהֵם בִּכְהוּנָּם, הָא כֹּהֵן הֶדְיוֹט שֶׁעָבַד בִּשְׁמוֹנָה בְּגָדִים עֲבוֹדָתוֹ פְּסוּלָה: **אֵת הַנְּתָחִים אֶת הָרֹאשׁ.** לְפִי שֶׁאֵין הָרֹאשׁ בִּכְלַל הֶפְשֵׁט, שֶׁכְּבָר הֻתַּז בִּשְׁחִיטָה, לְפִיכָךְ הֻצְרַךְ לִמְנוֹתוֹ לְעַצְמוֹ: **וְאֶת הַפָּדֶר.** לָמָּה נֶאֱמַר? לְלַמֶּדְךָ שֶׁמַּעֲלֵהוּ עִם הָרֹאשׁ וּמְכַסֶּה בּוֹ אֶת בֵּית הַשְּׁחִיטָה, וְזֶהוּ דֶּרֶךְ כָּבוֹד שֶׁל מַעְלָה: **אֲשֶׁר עַל הַמִּזְבֵּחַ.** שֶׁלֹּא יִהְיוּ הַגְּזִירִין יוֹצְאִין חוּץ לַמַּעֲרָכָה:

ט| **עֹלָה.** לְשֵׁם עוֹלָה יַקְטִירֶנּוּ: **אִשֵּׁה.** כְּשֶׁיִּשְׁחָטֶנּוּ יְהֵא שׁוֹחֲטוֹ לְשֵׁם הָאֵשׁ. וְכָל 'אִשֶּׁה' לְשׁוֹן אֵשׁ, פוּאִיד"א בְּלַעַז: **נִיחוֹחַ.** נַחַת רוּחַ לְפָנַי שֶׁאָמַרְתִּי וְנַעֲשָׂה רְצוֹנִי:

י| **וְאִם מִן הַצֹּאן.** וָי"ו מוֹסִיף עַל עִנְיָן רִאשׁוֹן. וְלָמָּה הִפְסִיק? לִתֵּן רֶוַח לְמֹשֶׁה לְהִתְבּוֹנֵן בֵּין פָּרָשָׁה לְפָרָשָׁה: **מִן הַצֹּאן מִן הַכְּשָׂבִים מִן הָעִזִּים.** הֲרֵי אֵלּוּ שְׁלֹשָׁה מִעוּטִין: פְּרָט לְזָקֵן וּלְחוֹלֶה וְלִמְזֹהָם:

יא| **עַל יֶרֶךְ הַמִּזְבֵּחַ.** עַל צַד הַמִּזְבֵּחַ: **צָפֹנָה לִפְנֵי ה'.** וְאֵין צָפוֹן בְּבָמָה:

יד| **מִן הָעוֹף.** וְלֹא כָּל הָעוֹף, לְפִי שֶׁנֶּאֱמַר: "תָּמִים זָכָר בַּבָּקָר בַּכְּשָׂבִים וּבָעִזִּים" (להלן כב, יט), תַּמּוּת וְזַכְרוּת בִּבְהֵמָה וְאֵין תַּמּוּת וְזַכְרוּת בָּעוֹפוֹת, יָכוֹל אַף מְחֻסַּר אֵבָר? תַּלְמוּד לוֹמַר: "מִן הָעוֹף": **תֹּרִים.** גְּדוֹלִים וְלֹא קְטַנִּים: **בְּנֵי יוֹנָה.** קְטַנִּים וְלֹא גְּדוֹלִים: **מִן הַתֹּרִים אוֹ מִן בְּנֵי הַיּוֹנָה.** פְּרָט לִתְחִלַּת הַצִּהוּב שֶׁבָּזֶה וְשֶׁבָּזֶה שֶׁהוּא פָּסוּל, שֶׁגָּדוֹל הוּא אֵצֶל בְּנֵי יוֹנָה וְקָטָן אֵצֶל תּוֹרִים:

טו| **וְהִקְרִיבוֹ.** אֲפִילוּ פְּרִידָה אַחַת יָבִיא: **הַכֹּהֵן וּמָלַק.** אֵין מְלִיקָה בִּכְלִי אֶלָּא בְּעַצְמוֹ שֶׁל כֹּהֵן, קוֹצֵץ בְּצִפָּרְנוֹ מִמּוּל הָעֹרֶף, וְחוֹתֵךְ הַמַּפְרֶקֶת עַד שֶׁמַּגִּיעַ לַסִּימָנִין וְקוֹצְצָן: **וְנִמְצָה דָמוֹ.** לְשׁוֹן "וּמִיץ אַפַּיִם" (משלי ל, לג), "כִּי אָפֵס הַמֵּץ" (ישעיה טז, ד). כּוֹבֵשׁ בֵּית הַשְּׁחִיטָה עַל קִיר הַמִּזְבֵּחַ וְהַדָּם מִתְמַצֶּה וְיוֹרֵד: **וּמָלַק וְהִקְטִיר וְנִמְצָה.** אֶפְשָׁר לוֹמַר כֵּן, מֵאַחַר שֶׁהוּא מַקְטִיר הוּא מוֹצֶה?! אֶלָּא, מַה הַקְטָרָה הָרֹאשׁ בְּעַצְמוֹ וְהַגּוּף בְּעַצְמוֹ אַף מְלִיקָה כֵּן. וּפְשׁוּטוֹ שֶׁל מִקְרָא, מְסֹרָס הוּא: "וּמָלַק וְהִקְטִיר", וְקֹדֶם הַקְטָרָה "וְנִמְצָה דָמוֹ" כְּבָר:

טז הַמִּזְבֵּחַ וְנִמְצָה דָמוֹ עַל קִיר הַמִּזְבֵּחַ׃ וְהֵסִיר
אֶת־מֻרְאָתוֹ בְּנֹצָתָהּ וְהִשְׁלִיךְ אֹתָהּ אֵצֶל
יז הַמִּזְבֵּחַ קֵדְמָה אֶל־מְקוֹם הַדָּשֶׁן׃ וְשִׁסַּע אֹתוֹ
בִכְנָפָיו לֹא יַבְדִּיל וְהִקְטִיר אֹתוֹ הַכֹּהֵן הַמִּזְבֵּחָה
עַל־הָעֵצִים אֲשֶׁר עַל־הָאֵשׁ עֹלָה הוּא אִשֵּׁה
ב א רֵיחַ נִיחֹחַ לַיהוָה׃ וְנֶפֶשׁ כִּי־תַקְרִיב
קָרְבַּן מִנְחָה לַיהוָה סֹלֶת יִהְיֶה קָרְבָּנוֹ וְיָצַק
ב עָלֶיהָ שֶׁמֶן וְנָתַן עָלֶיהָ לְבֹנָה׃ וֶהֱבִיאָהּ אֶל־
בְּנֵי אַהֲרֹן הַכֹּהֲנִים וְקָמַץ מִשָּׁם מְלֹא קֻמְצוֹ
מִסָּלְתָּהּ וּמִשַּׁמְנָהּ עַל כָּל־לְבֹנָתָהּ וְהִקְטִיר
הַכֹּהֵן אֶת־אַזְכָּרָתָהּ הַמִּזְבֵּחָה אִשֵּׁה רֵיחַ נִיחֹחַ
ג לַיהוָה׃ וְהַנּוֹתֶרֶת מִן־הַמִּנְחָה לְאַהֲרֹן וּלְבָנָיו
ד קֹדֶשׁ קָדָשִׁים מֵאִשֵּׁי יְהוָה׃ וְכִי
תַקְרִב קָרְבַּן מִנְחָה מַאֲפֵה תַנּוּר סֹלֶת חַלּוֹת
מַצֹּת בְּלוּלֹת בַּשֶּׁמֶן וּרְקִיקֵי מַצּוֹת מְשֻׁחִים

מצווה קטז
מצוות הקרבת
מנחה כדיניה

טז **מֻרְאָתוֹ.** מְקוֹם הָרְאִי, זֶה הַזֶּפֶק: **בְּנֹצָתָהּ.** עִם בְּנֵי מֵעֶיהָ. וְ'נוֹצָה' לְשׁוֹן דָּבָר הַמָּאוּס, כְּמוֹ: "כִּי נָצוּ גַּם נָעוּ" (איכה ד, טו), וְזֶהוּ שֶׁתִּרְגֵּם אוּנְקְלוֹס: "בְּאוּכְלֵיהּ", וְזֶהוּ מִדְרָשׁוֹ שֶׁל אַבָּא יוֹסֵי בֶּן חָנָן, שֶׁאָמַר: נוֹטֵל אֶת הַקֻּרְקְבָן עִמָּהּ. וְרַבּוֹתֵינוּ זִכְרוֹנָם לִבְרָכָה אָמְרוּ: קוֹדֵר סָבִיב הַזֶּפֶק בְּסַכִּין כְּעֵין אֲרֻבָּה, וְנוֹטְלוֹ עִם הַנּוֹצָה שֶׁעַל הָעוֹר. בְּעוֹלַת בְּהֵמָה שֶׁאֵינָהּ אוֹכֶלֶת אֶלָּא בְּאֵבוּס בְּעָלֶיהָ, נֶאֱמַר: "וְהַקֶּרֶב וְהַכְּרָעַיִם יִרְחַץ בַּמָּיִם וְגוֹ' וְהִקְטִיר" (לעיל פסוק יג), וּבָעוֹף, שֶׁנִּזּוֹן מִן הַגָּזֵל, נֶאֱמַר: "וְהִשְׁלִיךְ" אֶת הַמֵּעַיִם שֶׁאָכְלוּ מִן הַגָּזֵל: **אֵצֶל הַמִּזְבֵּחַ קֵדְמָה.** בְּמִזְרָחוֹ שֶׁל כֶּבֶשׁ: **אֶל מְקוֹם הַדָּשֶׁן.** מָקוֹם שֶׁנּוֹתְנִין שָׁם תְּרוּמַת הַדֶּשֶׁן בְּכָל בֹּקֶר וְדִשּׁוּן מִזְבֵּחַ הַפְּנִימִי וְהַמְּנוֹרָה, וְכֻלָּם נִבְלָעִים שָׁם בִּמְקוֹמָן:

יז **וְשִׁסַּע.** אֵין שִׁסּוּעַ אֶלָּא בַּיָּד, וְכֵן הוּא אוֹמֵר בְּשִׁמְשׁוֹן: "וַיְשַׁסְּעֵהוּ כְּשַׁסַּע הַגְּדִי" (שופטים יד, ו): **בִּכְנָפָיו.** עִם כְּנָפָיו, אֵינוֹ צָרִיךְ לִמְרֹט כַּנְפֵי נוֹצָתוֹ:

ויקרא ב

טו לְמַדְבְּחָא, וְיִתְמְצֵי דְמֵיהּ, עַל כּוֹתֶל מַדְבְּחָא: וְיַעְדֵּי יָת זְפָקֵיהּ בְּאֻכְלֵיהּ, וְיִרְמֵי יָתַהּ, בִּסְטַר

טז מַדְבְּחָא קִדּוּמָא, בַּאֲתַר דְּמַקְרִין קִטְמָא: וִיפָרֵיק יָתֵיהּ בְּכַנְפוֹהִי לָא יַפְרֵישׁ, וְיַסֵּיק יָתֵיהּ כַּהֲנָא

ב א לְמַדְבְּחָא, עַל אָעַיָּא דְּעַל אִישָׁתָא, עֲלָתָא הוּא, קֻרְבַּן דְּמִתְקַבַּל בְּרַעֲוָא קֳדָם יְיָ: וֶאֱנָשׁ, אֲרֵי יְקָרֵיב, קֻרְבַּן מִנְחָתָא קֳדָם יְיָ, סֻלְתָּא יְהֵי קֻרְבָּנֵיהּ, וְיָרֵיק עֲלַהּ מִשְׁחָא, וְיִתֵּין עֲלַהּ לְבוֹנְתָּא:

ב וְיַיְתִינַהּ, לְוָת בְּנֵי אַהֲרֹן כָּהֲנַיָּא, וְיִקְמוֹץ מִתַּמָּן מְלֵי קֻמְצֵיהּ, מִסֻּלְתַּהּ וּמִמִּשְׁחַהּ, עַל כָּל לְבוֹנְתַהּ, וְיַסֵּיק כָּהֲנָא יָת אַדְכַּרְתַּהּ לְמַדְבְּחָא, קֻרְבַּן דְּמִתְקַבַּל בְּרַעֲוָא קֳדָם יְיָ:

ג וּדְיִשְׁתְּאַר מִן מִנְחָתָא, לְאַהֲרֹן וְלִבְנוֹהִי, קֹדֶשׁ קֻדְשִׁין מִקֻּרְבָּנַיָּא דַּייָ: וַאֲרֵי תְקָרֵיב, קֻרְבַּן מִנְחָתָא מַאֲפֵה תַנּוּר, סֻלֶת גְּרִיצָן פַּטִּירָן דְּפִילָן בִּמְשַׁח, וְאֶסְפּוֹגִין פַּטִּירִין דִּמְשִׁיחִין

בְּכַנְפָיו.

נוֹצָה מַמָּשׁ. וַהֲלֹא אֵין לְךָ הֶדְיוֹט שֶׁמֵּרִיחַ רֵיחַ כְּנָפַיִם נִשְׂרָפִים וְאֵין נַפְשׁוֹ קָצָה עָלָיו, וְלָמָּה אָמַר הַכָּתוּב יַקְרִיב? כְּדֵי שֶׁיְּהֵא הַמִּזְבֵּחַ שָׂבֵעַ וּמְהֻדָּר בְּקָרְבָּנוֹ שֶׁל עָנִי: אֵינוֹ מַבְדִּיל. אֵינוֹ מַפְרִיקוֹ לִגְמָרֵי לִשְׁתֵּי חֲתִיכוֹת, אֶלָּא קוֹרְעוֹ מִגַּבּוֹ. נֶאֱמַר בָּעוֹף "רֵיחַ נִיחוֹחַ" וְנֶאֱמַר בַּבְּהֵמָה "רֵיחַ נִיחוֹחַ" (לעיל פסוקים ט, יג), לוֹמַר לְךָ, אֶחָד הַמַּרְבֶּה וְאֶחָד הַמַּמְעִיט, וּבִלְבַד שֶׁיְּכַוֵּן אֶת לִבּוֹ לַשָּׁמַיִם:

פרק ב

א וְנֶפֶשׁ כִּי תַקְרִיב. לֹא נֶאֱמַר 'נֶפֶשׁ' בְּכָל קָרְבְּנוֹת נְדָבָה אֶלָּא בְּמִנְחָה. מִי דַּרְכּוֹ לְהִתְנַדֵּב מִנְחָה? עָנִי. אָמַר הַקָּדוֹשׁ בָּרוּךְ הוּא: מַעֲלֶה אֲנִי עָלָיו כְּאִלּוּ הִקְרִיב נַפְשׁוֹ: סֹלֶת יִהְיֶה קָרְבָּנוֹ. הָאוֹמֵר 'הֲרֵי עָלַי מִנְחָה' סְתָם, מֵבִיא מִנְחַת סֹלֶת שֶׁהִיא הָרִאשׁוֹנָה שֶׁבַּמְּנָחוֹת, וְנִקְמֶצֶת כְּשֶׁהִיא סֹלֶת כְּמוֹ שֶׁמְּפֹרָשׁ בָּעִנְיָן. לְפִי שֶׁנֶּאֶמְרוּ כָּאן חֲמִשָּׁה מִינֵי מְנָחוֹת, וְכֻלָּן בָּאוֹת אֲפוּיוֹת קֹדֶם קְמִיצָה חוּץ מִזּוֹ, לְכָךְ קְרוּיָה מִנְחַת סֹלֶת: סֹלֶת. אֵין 'סֹלֶת' אֶלָּא מִן הַחִטִּין, שֶׁנֶּאֱמַר: "סֹלֶת חִטִּים" (שמות כט, ב): וְאֵין מִנְחָה פְּחוּתָה מֵעִשָּׂרוֹן, שֶׁנֶּאֱמַר: "וְעִשָּׂרוֹן סֹלֶת... לְמִנְחָה" (ויקרא יד, כא), עִשָּׂרוֹן לְכָל מִנְחָה: וְיָצַק עָלֶיהָ שָׁמֶן. עַל כֻּלָּהּ: וְנָתַן עָלֶיהָ לְבֹנָה. עַל מִקְצָתָהּ, מַנִּיחַ קֹמֶץ לְבוֹנָה עָלֶיהָ לְצַד אֶחָד. וּמָה רָאִיתָ לוֹמַר כֵּן? שֶׁאֵין רִבּוּי אַחַר רִבּוּי בַּתּוֹרָה אֶלָּא לְמַעֵט. דָּבָר אַחֵר, שֶׁמֶן עַל כֻּלָּהּ מִפְּנֵי שֶׁהוּא נִבְלָל עִמָּהּ וְנִקְמָץ עִמָּהּ, כְּמוֹ שֶׁנֶּאֱמַר: "מִסָּלְתָּהּ וּמִשַּׁמְנָהּ" (פסוק ב), וּלְבוֹנָה עַל מִקְצָתָהּ, שֶׁאֵינָהּ נִבְלֶלֶת עִמָּהּ וְלֹא נִקְמֶצֶת עִמָּהּ, שֶׁנֶּאֱמַר: "עַל כָּל לְבֹנָתָהּ", שֶׁלְּאַחַר שֶׁקּוֹמֵץ מְלַקֵּט אֶת הַלְּבוֹנָה כֻּלָּהּ מֵעָלֶיהָ וּמַקְטִירָהּ: וֶיָצַק, וְנָתַן, וֶהֱבִיאָהּ. מְלַמֵּד שֶׁיְּצִיקָה וּבְלִילָה כְּשֵׁרִים בְּזָר:

ב הַכֹּהֲנִים וְקָמַץ.

מִקְּמִיצָה וְאֵילָךְ מִצְוַת כְּהֻנָּה: וְקָמַץ מִשָּׁם. מִמָּקוֹם שֶׁרַגְלֵי הַזָּר עוֹמְדוֹת, לְלַמֶּדְךָ שֶׁהַקְּמִיצָה כְּשֵׁרָה בְּכָל מָקוֹם בָּעֲזָרָה, אַף בְּאַחַת עֶשְׂרֵה אַמָּה שֶׁל מְקוֹם דְּרִיסַת רַגְלֵי יִשְׂרָאֵל: מְלֹא קֻמְצוֹ. יָכוֹל מְבֹרָץ, מְבַצְבֵּץ וְיוֹצֵא לְכָל צַד? תַּלְמוּד לוֹמַר בְּמָקוֹם אַחֵר: "וְהֵרִים מִמֶּנּוּ בְּקֻמְצוֹ" (להלן ו, ח), לֹא יְהֵא כָשֵׁר אֶלָּא מַה שֶׁבְּתוֹךְ הַקֹּמֶץ. אִי "בְּקֻמְצוֹ", יָכוֹל חָסֵר? תַּלְמוּד לוֹמַר: "מְלֹא". הָא כֵיצַד? חוֹפֶה שָׁלֹשׁ אֶצְבְּעוֹתָיו עַל פַּס יָדוֹ, וְזֶהוּ "קֹמֶץ" בְּמַשְׁמַע לָשׁוֹן הָעִבְרִית: עַל כָּל לְבֹנָתָהּ. לְבַד כָּל הַלְּבוֹנָה יְהֵא הַקֹּמֶץ מָלֵא: לְבֹנָתָהּ וְהִקְטִיר. אַף הַלְּבוֹנָה בְּהַקְטָרָה: מְלֹא קֻמְצוֹ מִסָּלְתָּהּ וּמִשַּׁמְנָהּ. הָא אִם קָמַץ וְעָלָה בְיָדוֹ גַּרְגִּיר מֶלַח אוֹ קֹרֶט לְבוֹנָה פְּסוּלָה: אַזְכָּרָתָהּ. הַקֹּמֶץ הָעוֹלֶה לַגָּבוֹהַּ הוּא זִכְרוֹן הַמִּנְחָה, שֶׁבּוֹ נִזְכָּר בְּעָלֶיהָ לְטוֹבָה וּלְנַחַת רוּחַ:

ג לְאַהֲרֹן וּלְבָנָיו.

כֹּהֵן גָּדוֹל נוֹטֵל חֵלֶק בָּרֹאשׁ שֶׁלֹּא בְּמַחֲלֹקֶת, וְהַהֶדְיוֹט בְּמַחֲלֹקֶת: קֹדֶשׁ קָדָשִׁים. הִיא לָהֶם: מֵאִשֵּׁי ה' — אֵין לָהֶם חֵלֶק בָּהּ אֶלָּא לְאַחַר מַתְּנוֹת הָאִשִּׁים:

ד וְכִי תַקְרִב וְגוֹ'.

שֶׁאָמַר: 'הֲרֵי עָלַי מִנְחַת מַאֲפֵה תַנּוּר', וְלִמֵּד הַכָּתוּב שֶׁיָּבִיא אוֹ חַלּוֹת אוֹ רְקִיקִין, הַחַלּוֹת בְּלוּלוֹת, וְהָרְקִיקִין מְשׁוּחִין. וְנֶחְלְקוּ רַבּוֹתֵינוּ בִּמְשִׁיחָתָן, יֵשׁ אוֹמְרִים: מוֹשְׁחָן וְחוֹזֵר וּמוֹשְׁחָן עַד שֶׁיִּכְלֶה כָּל הַשֶּׁמֶן שֶׁבַּלֹּג, שֶׁכָּל הַמְּנָחוֹת טְעוּנוֹת לֹג שֶׁמֶן. וְיֵשׁ אוֹמְרִים: מוֹשְׁחָן כְּמִין כִי, וּשְׁאָר הַשֶּׁמֶן נֶאֱכָל בִּפְנֵי עַצְמוֹ לַכֹּהֲנִים. מַה תַּלְמוּד לוֹמַר "בַּשֶּׁמֶן" "בַּשֶּׁמֶן" שְׁתֵּי פְעָמִים? לְהַכְשִׁיר שֶׁמֶן שֵׁנִי וּשְׁלִישִׁי הַיּוֹצֵא מִן הַזֵּיתִים, וְאֵין צָרִיךְ שֶׁמֶן רִאשׁוֹן אֶלָּא לַמְּנוֹרָה, שֶׁנֶּאֱמַר בּוֹ: "זָךְ" (שמות כז, כ). וְשָׁנִינוּ בִמְנָחוֹת (דף פו ע"א): כָּל

ה בַּשָּׁמֶן׃ וְאִם־מִנְחָה עַל־הַמַּחֲבַת
קָרְבָּנֶךָ סֹלֶת בְּלוּלָה בַשֶּׁמֶן מַצָּה תִהְיֶה׃
ו פָּתוֹת אֹתָהּ פִּתִּים וְיָצַקְתָּ עָלֶיהָ שָׁמֶן מִנְחָה
ז הִוא׃ וְאִם־מִנְחַת מַרְחֶשֶׁת קָרְבָּנֶךָ שלישי
ח סֹלֶת בַּשֶּׁמֶן תֵּעָשֶׂה׃ וְהֵבֵאתָ אֶת־הַמִּנְחָה
אֲשֶׁר יֵעָשֶׂה מֵאֵלֶּה לַיהוָה וְהִקְרִיבָהּ אֶל־
ט הַכֹּהֵן וְהִגִּישָׁהּ אֶל־הַמִּזְבֵּחַ׃ וְהֵרִים הַכֹּהֵן
מִן־הַמִּנְחָה אֶת־אַזְכָּרָתָהּ וְהִקְטִיר הַמִּזְבֵּחָה
י אִשֵּׁה רֵיחַ נִיחֹחַ לַיהוָה׃ וְהַנּוֹתֶרֶת מִן־הַמִּנְחָה
לְאַהֲרֹן וּלְבָנָיו קֹדֶשׁ קָדָשִׁים מֵאִשֵּׁי יְהוָה׃
יא כָּל־הַמִּנְחָה אֲשֶׁר תַּקְרִיבוּ לַיהוָה לֹא תֵעָשֶׂה
חָמֵץ כִּי כָל־שְׂאֹר וְכָל־דְּבַשׁ לֹא־תַקְטִירוּ
יב מִמֶּנּוּ אִשֶּׁה לַיהוָה׃ קָרְבַּן רֵאשִׁית תַּקְרִיבוּ
אֹתָם לַיהוָה וְאֶל־הַמִּזְבֵּחַ לֹא־יַעֲלוּ לְרֵיחַ
יג נִיחֹחַ׃ וְכָל־קָרְבַּן מִנְחָתְךָ בַּמֶּלַח תִּמְלָח וְלֹא
תַשְׁבִּית מֶלַח בְּרִית אֱלֹהֶיךָ מֵעַל מִנְחָתֶךָ עַל
יד כָּל־קָרְבָּנְךָ תַּקְרִיב מֶלַח׃ וְאִם־
תַּקְרִיב מִנְחַת בִּכּוּרִים לַיהוָה אָבִיב קָלוּי
בָּאֵשׁ גֶּרֶשׂ כַּרְמֶל תַּקְרִיב אֵת מִנְחַת בִּכּוּרֶיךָ׃
טו וְנָתַתָּ עָלֶיהָ שֶׁמֶן וְשַׂמְתָּ עָלֶיהָ לְבֹנָה מִנְחָה

מצווה קיז
איסור הקרבת
שאור או דבש

מצווה קיח
איסור הקרבת
קרבן בלא מלח

מצווה קיט
מצוות מליחת
הקרבן

ה/ו בִּמְשַׁח: וְאִם מִנְחָתָא עַל מַסְרֵיתָא קֻרְבָּנָךְ, סֻלְתָּא, דְּפִילָא בִמְשַׁח פַּטִּיר תְּהֵי: בַּצַּע יָתַהּ
ז בִּצוּעִין, וּתְרִיק עֲלַהּ מִשְׁחָא, מִנְחָתָא הִיא: וְאִם מִנְחָתָא רְדָתָא קֻרְבָּנָךְ, סוֹלֶת בִּמְשַׁח
ח תִּתְעֲבֵיד: וְתַיְתֵי יָת מִנְחָתָא, דְּיִתְעֲבֵיד, מֵאִלֵּין קֳדָם יְיָ, וִיקָרְבִנַּהּ לְכָהֲנָא, וִיקָרְבִנַּהּ
ט לְמַדְבְּחָא: וְיַפְרֵישׁ כָּהֲנָא מִן מִנְחָתָא יָת אַדְכָּרְתַהּ, וְיַסֵּיק לְמַדְבְּחָא, קֻרְבַּן דְּמִתְקַבַּל
י/יא בְּרַעֲוָא קֳדָם יְיָ: וּדְיִשְׁתְּאַר מִן מִנְחָתָא, לְאַהֲרֹן וְלִבְנוֹהִי, קֹדֶשׁ קֻדְשִׁין מִקֻּרְבָּנַיָּא דַּיְיָ: כָּל
מִנְחָתָא, דִּתְקָרְבוּן קֳדָם יְיָ, לָא תִתְעֲבֵיד חֲמִיעַ, אֲרֵי כָל חֲמִיר וְכָל דְּבַשׁ, לָא תַסְּקוּן מִנֵּיהּ,
יב קֻרְבָּנָא קֳדָם יְיָ: קֻרְבַּן קַדְמַאי, תְּקָרְבוּן יָתְהוֹן קֳדָם יְיָ, וּלְמַדְבְּחָא לָא יִתַּסְּקוּן לְאִתְקַבָּלָא
יג בְּרַעֲוָא: וְכָל קֻרְבַּן מִנְחָתָךְ בְּמִלְחָא תִמְלַח, וְלָא תְבַטֵּיל, מְלַח קְיָם אֱלָהָךְ, מֵעַל מִנְחָתָךְ,
יד עַל כָּל קֻרְבָּנָךְ תְּקָרֵיב מִלְחָא: וְאִם תְּקָרֵיב, מִנְחַת בִּכּוּרִין קֳדָם יְיָ, אֲבִיב, קְלֵי בְנוּר פֵּירוּכָן
טו רַכִּיכָן, תְּקָרֵיב, יָת מִנְחַת בִּכּוּרָךְ: וְתִתֵּין עֲלַהּ מִשְׁחָא, וּתְשַׁוֵּי עֲלַהּ לְבוֹנְתָא, מִנְחָתָא

הַמְּנָחוֹת הָאֲפוּיוֹת לִפְנֵי קְמִיצָתָן וְנִקְמָצוֹת עַל יְדֵי פְתִיתָה, כֻּלָּן בָּאוֹת עֶשֶׂר עֶשֶׂר חַלּוֹת, וְהָאָמוּר בָּהּ 'רְקִיקִין' בָּאָה עֶשֶׂר רְקִיקִין:

ה) **וְאִם מִנְחָה עַל הַמַּחֲבַת.** שֶׁאָמַר: 'הֲרֵי עָלַי מִנְחַת מַחֲבַת'. וּכְלִי הוּא שֶׁהָיָה בַּמִּקְדָּשׁ שֶׁאוֹפִין בּוֹ מִנְחָה עַל הָאוּר בַּשֶּׁמֶן, וְהַכְּלִי אֵינוֹ עָמֹק אֶלָּא צָף, וּמַעֲשֵׂי הַמִּנְחָה שֶׁבְּתוֹכוֹ קָשִׁין, שֶׁמִּתּוֹךְ שֶׁהִיא צָפָה הָאוּר שׂוֹרֵף אֶת הַשֶּׁמֶן. וְכֻלָּן טְעוּנוֹת מַתְּנוֹת שֶׁמֶן: יְצִיקָה וּבְלִילָה וּמַתַּן שֶׁמֶן בַּכְּלִי קֹדֶם לַעֲשִׂיָּתָן: **סֹלֶת בְּלוּלָה בַשֶּׁמֶן.** מְלַמֵּד שֶׁבּוֹלְלָן בְּעוֹדָן סֹלֶת:

ו) **פָּתוֹת אֹתָהּ פִּתִּים.** לְרַבּוֹת כָּל הַמְּנָחוֹת הַנֶּאֱפוֹת קֹדֶם קְמִיצָה – לִפְתִיתָה: **וְיָצַקְתָּ עָלֶיהָ שָׁמֶן מִנְחָה הִוא.** לְרַבּוֹת כָּל הַמְּנָחוֹת לִיצִיקָה. יָכוֹל אַף מִנְחַת מַאֲפֵה תַנּוּר כֵּן? תַּלְמוּד לוֹמַר: "עָלֶיהָ". אוֹצִיא אֶת הַחַלּוֹת וְלֹא אוֹצִיא אֶת הָרְקִיקִין? תַּלְמוּד לוֹמַר: "הִוא":

ז) **מַרְחֶשֶׁת.** כְּלִי הוּא שֶׁהָיָה בַּמִּקְדָּשׁ, עָמֹק, וּמִתּוֹךְ שֶׁהִיא עֲמֻקָּה, שַׁמְנָהּ צָבוּר וְאֵין הָאוּר שׂוֹרְפוֹ, לְפִיכָךְ מַעֲשֵׂי מִנְחָה הָעֲשׂוּיִין לְתוֹכָהּ רוֹחֲשִׁין. כָּל דָּבָר רַךְ עַל יְדֵי מַשְׁקֶה נִרְאֶה כְּרוֹחֵשׁ וּמְנַעֲנֵעַ:

ח) **אֲשֶׁר יֵעָשֶׂה מֵאֵלֶּה.** מֵאֶחָד מִן הַמִּינִים הַלָּלוּ: **וְהִקְרִיבָהּ.** בְּעָלֶיהָ "אֶל הַכֹּהֵן": **וְהִגִּישָׁהּ.** הַכֹּהֵן: **אֶל הַמִּזְבֵּחַ.** מַגִּיעָהּ לְקֶרֶן דְּרוֹמִית מַעֲרָבִית שֶׁל מִזְבֵּחַ:

ט) **אֶת אַזְכָּרָתָהּ.** הִיא הַקֹּמֶץ:

יא) **וְכָל דְּבַשׁ.** כָּל מְתִיקַת פְּרִי קְרוּיָה דְּבַשׁ:

יב) **קָרְבַּן רֵאשִׁית תַּקְרִיבוּ אֹתָם.** מַה יֵּשׁ לְךָ לְהָבִיא מִן הַשְּׂאוֹר וּמִן הַדְּבַשׁ? "קָרְבַּן רֵאשִׁית", שְׁתֵּי הַלֶּחֶם שֶׁל עֲצֶרֶת הַבָּאִים מִן הַשְּׂאוֹר, שֶׁנֶּאֱמַר: "חָמֵץ תֵּאָפֶינָה" (ויקרא כג, יז), וּבִכּוּרִים מִן הַדְּבַשׁ, כְּמוֹ בִּכּוּרֵי תְאֵנִים וּתְמָרִים:

יג) **מֶלַח בְּרִית.** שֶׁהַבְּרִית כְּרוּתָה לַמֶּלַח מִשֵּׁשֶׁת יְמֵי בְרֵאשִׁית, שֶׁהֻבְטְחוּ הַמַּיִם הַתַּחְתּוֹנִים לִקָּרֵב בַּמִּזְבֵּחַ בַּמֶּלַח, וְנִסּוּךְ הַמַּיִם בֶּחָג: **עַל כָּל קָרְבָּנְךָ.** עַל עוֹלַת בְּהֵמָה וָעוֹף וְאֵמוּרֵי כָּל הַקֳּדָשִׁים כֻּלָּן:

יד) **וְאִם תַּקְרִיב.** הֲרֵי "אִם" מְשַׁמֵּשׁ בִּלְשׁוֹן 'כִּי', שֶׁהֲרֵי אֵין זֶה רְשׁוּת, שֶׁהֲרֵי בְּמִנְחַת הָעֹמֶר הַכָּתוּב מְדַבֵּר, שֶׁהִיא חוֹבָה. וְכֵן: "וְאִם יִהְיֶה הַיֹּבֵל" וְגוֹ' (במדבר לו, ד): **מִנְחַת בִּכּוּרִים.** בְּמִנְחַת הָעֹמֶר הַכָּתוּב מְדַבֵּר, שֶׁהִיא בָּאָה אָבִיב, בִּשְׁעַת בִּשּׁוּל הַתְּבוּאָה, וּמִן הַשְּׂעוֹרִים הִיא בָּאָה, נֶאֱמַר כָּאן: "אָבִיב" וְנֶאֱמַר לְהַלָּן: "כִּי הַשְּׂעֹרָה אָבִיב" (שמות ט, לא): **קָלוּי בָּאֵשׁ.** שֶׁמְּיַבְּשִׁין אוֹתָהּ עַל הָאוּר בְּאַבּוּב שֶׁל קָלָאִים, שֶׁאִלּוּלֵי כֵן אֵינָהּ נִטְחֶנֶת בָּרֵחַיִם, לְפִי שֶׁהִיא לַחָה: **גֶּרֶשׂ כַּרְמֶל.** גְּרוּסָה בְּעוֹדָהּ לַחָה: **גֶּרֶשׂ.** לְשׁוֹן שְׁבִירָה וּטְחִינָה גַּסָּה בְּרֵחַיִם שֶׁל גָּרוֹסוֹת, כְּמוֹ: "וַיַּגְרֵס בֶּחָצָץ" (איכה ג, טז), וְכֵן: "גָּרְסָה נַפְשִׁי" (תהלים קיט, כ): **כַּרְמֶל.** בְּעוֹד הַכַּר מָלֵא, שֶׁהַתְּבוּאָה לַחָה וּמְלֵאָה בַּקַּשִּׁין שֶׁלָּהּ,

הִֽוא׃ וְהִקְטִ֨יר הַכֹּהֵ֜ן אֶת־אַזְכָּרָתָ֗הּ מִגִּרְשָׂהּ֙ טז
וּמִשַּׁמְנָ֔הּ עַ֖ל כָּל־לְבֹנָתָ֑הּ אִשֶּׁ֖ה לַיהוָֽה׃

רביעי
וְאִם־זֶ֥בַח שְׁלָמִ֖ים קָרְבָּנ֑וֹ אִ֤ם מִן־הַבָּקָר֙ ה֣וּא א ג
מַקְרִ֔יב אִם־זָכָר֙ אִם־נְקֵבָ֔ה תָּמִ֥ים יַקְרִיבֶ֖נּוּ לִפְנֵ֥י
יְהוָֽה׃ וְסָמַ֤ךְ יָדוֹ֙ עַל־רֹ֣אשׁ קָרְבָּנ֔וֹ וּשְׁחָט֕וֹ פֶּ֖תַח ב
אֹ֣הֶל מוֹעֵ֑ד וְזָֽרְק֞וּ בְּנֵ֨י אַהֲרֹ֧ן הַכֹּהֲנִ֛ים אֶת־הַדָּ֖ם
עַל־הַמִּזְבֵּ֥חַ סָבִֽיב׃ וְהִקְרִיב֙ מִזֶּ֣בַח הַשְּׁלָמִ֔ים ג
אִשֶּׁ֖ה לַיהוָ֑ה אֶת־הַחֵ֙לֶב֙ הַֽמְכַסֶּ֣ה אֶת־הַקֶּ֔רֶב
וְאֵת֙ כָּל־הַחֵ֔לֶב אֲשֶׁ֖ר עַל־הַקֶּֽרֶב׃ וְאֵת֙ שְׁתֵּ֣י ד
הַכְּלָיֹ֔ת וְאֶת־הַחֵ֙לֶב֙ אֲשֶׁ֣ר עֲלֵהֶ֔ן אֲשֶׁ֖ר עַל־
הַכְּסָלִ֑ים וְאֶת־הַיֹּתֶ֙רֶת֙ עַל־הַכָּבֵ֔ד עַל־הַכְּלָי֖וֹת
יְסִירֶֽנָּה׃ וְהִקְטִ֨ירוּ אֹת֤וֹ בְנֵֽי־אַהֲרֹן֙ הַמִּזְבֵּ֔חָה ה
עַל־הָ֣עֹלָ֔ה אֲשֶׁ֖ר עַל־הָעֵצִ֣ים אֲשֶׁ֣ר עַל־הָאֵ֑שׁ
אִשֵּׁ֛ה רֵ֥יחַ נִיחֹ֖חַ לַיהוָֽה׃

וְאִם־מִן־הַצֹּ֧אן קָרְבָּנ֛וֹ לְזֶ֥בַח שְׁלָמִ֖ים לַיהוָ֑ה זָכָר֙ ו
א֣וֹ נְקֵבָ֔ה תָּמִ֖ים יַקְרִיבֶֽנּוּ׃ אִם־כֶּ֥שֶׂב הֽוּא־מַקְרִ֖יב ז
אֶת־קָרְבָּנ֑וֹ וְהִקְרִ֥יב אֹת֖וֹ לִפְנֵ֥י יְהוָֽה׃ וְסָמַ֤ךְ אֶת־ ח
יָדוֹ֙ עַל־רֹ֣אשׁ קָרְבָּנ֔וֹ וְשָׁחַ֣ט אֹת֔וֹ לִפְנֵ֖י אֹ֣הֶל
מוֹעֵ֑ד וְזָרְק֞וּ בְּנֵ֨י אַהֲרֹ֧ן אֶת־דָּמ֛וֹ עַל־הַמִּזְבֵּ֖חַ
סָבִֽיב׃ וְהִקְרִ֨יב מִזֶּ֣בַח הַשְּׁלָמִים֮ אִשֶּׁ֣ה לַיהוָה֒ ט

חֶלְבּוֹ הָאַלְיָה תְמִימָה לְעֻמַּת הֶעָצֶה יְסִירֶנָּה
וְאֶת־הַחֵלֶב הַמְכַסֶּה אֶת־הַקֶּרֶב וְאֵת כָּל־הַחֵלֶב
י אֲשֶׁר עַל־הַקֶּרֶב׃ וְאֵת שְׁתֵּי הַכְּלָיֹת וְאֶת־הַחֵלֶב
אֲשֶׁר עֲלֵהֶן אֲשֶׁר עַל־הַכְּסָלִים וְאֶת־הַיֹּתֶרֶת

ג טז א היא: ויסיק כהנא ית אדכרתה, מגרסה וממשחה, על כל לבונתה, קרבנא קדם יי: ואם
נכסת קדשיא קרבניה, אם מן תורי הוא מקריב, אם דכר אם נקבא, שלים יקרבניה
ב קדם יי: ויסמוך ידיה על ריש קרבניה, ויכסניה, בתרע משכן זמנא, ויזרקון, בני אהרן
ג כהניא ית דמא, על מדבחא סחור סחור: ויקריב מנכסת קדשיא, קרבנא קדם יי, ית
ד תרבא דחפי ית גוא, וית כל תרבא, דעל גוא: וית תרתין כולין, וית תרבא דעליהון, דעל
ה גססיא, וית חצרא דעל כבדא, על כוליתא יעדינה: ויסקון יתיה בני אהרן למדבחא,
ו על עלתא, דעל אעיא דעל אישתא, קרבן דמתקבל ברעוא קדם יי: ואם מן ענא קרבניה,
ז לנכסת קדשיא קדם יי, דכר או נקבא, שלים יקרבניה: אם אמר הוא מקריב ית קרבניה,
ח ויקריב יתיה קדם יי: ויסמוך ית ידיה על ריש קרבניה, ויכוס יתיה, קדם משכן זמנא,
ט ויזרקון, בני אהרן ית דמיה, על מדבחא סחור סחור: ויקריב מנכסת קדשיא קרבנא קדם
יי, תרביה אליתא שלמתא, לקביל שזרתא יעדינה, וית תרבא דחפי ית גוא, וית כל
י תרבא, דעל גוא: וית תרתין כולין, וית תרבא דעליהון, דעל גססיא, וית חצרא

ועל כן נקראים המלילות 'כרמל', וכן: "וכרמל בצקלנו" (מלכים ב' ד, מב):

פרק ג

א| **שלמים.** שמטילים שלום בעולם. "שלמים" – שיש בהם שלום למזבח ולכהנים ולבעלים:

ג| **ואת כל החלב וגו'.** להביא חלב שעל הקבה, דברי רבי ישמעאל. רבי עקיבא אומר: להביא חלב שעל הדקין:

ד| **הכסלים.** פלנק"ש בלעז, שהחלב שעל הכליות כשהבהמה חיה הוא בגבה הכסלים והם למטה, וזהו החלב שתחת המתנים שקורין בלעז לונביל"ש, לבן הנראה למעלה בגבה הכסלים, ובתחתיתו הבשר חופהו: **היתרת.** הוא דפן המסך שקורין איבלי"ש, ובלשון ארמי "חצרא": **על הכבד.** שיטול מן הכבד עמה מעט, ובמקום אחר הוא אומר: "ואת היתרת מן הכבד" (ויקרא ט, י): **על הכבד על הכליות.** לבד מן הכבד ולבד מן הכליות "יסירנה" לזו:

ה| **על העלה.** מלבד העולה, למדנו שתקדים עולת תמיד לכל קרבן על המערכה:

ז| **אם כשב.** לפי שיש באמורי הכשב מה שאין באמורי העז, שהכשב אליתו קרבה, לכך נחלקו לשתי פרשיות:

ח| **וזרקו.** שתי מתנות שהן ארבע, ועל ידי הכלי הוא זורק, ואינו נותן באצבע אלא חטאת:

ט| **חלבו.** המבחר שבו, ומהו זה? "האליה תמימה": **לעמת העצה.** למעלה מן הכליות היועצות:

יא עַל־הַכָּבֵד עַל־הַכְּלָיֹת יְסִירֶנָּה׃ וְהִקְטִירוֹ
הַכֹּהֵן הַמִּזְבֵּחָה לֶחֶם אִשֶּׁה לַיהוָה׃
יב יג וְאִם־עֵז קָרְבָּנוֹ וְהִקְרִיבוֹ לִפְנֵי יְהוָה׃ וְסָמַךְ
אֶת־יָדוֹ עַל־רֹאשׁוֹ וְשָׁחַט אֹתוֹ לִפְנֵי אֹהֶל
מוֹעֵד וְזָרְקוּ בְּנֵי אַהֲרֹן אֶת־דָּמוֹ עַל־הַמִּזְבֵּחַ
יד סָבִיב׃ וְהִקְרִיב מִמֶּנּוּ קָרְבָּנוֹ אִשֶּׁה לַיהוָה
אֶת־הַחֵלֶב הַמְכַסֶּה אֶת־הַקֶּרֶב וְאֵת כָּל־
טו הַחֵלֶב אֲשֶׁר עַל־הַקֶּרֶב׃ וְאֵת שְׁתֵּי הַכְּלָיֹת
וְאֶת־הַחֵלֶב אֲשֶׁר עֲלֵהֶן אֲשֶׁר עַל־הַכְּסָלִים
וְאֶת־הַיֹּתֶרֶת עַל־הַכָּבֵד עַל־הַכְּלָיֹת יְסִירֶנָּה׃
טז וְהִקְטִירָם הַכֹּהֵן הַמִּזְבֵּחָה לֶחֶם אִשֶּׁה לְרֵיחַ
יז נִיחֹחַ כָּל־חֵלֶב לַיהוָה׃ חֻקַּת עוֹלָם לְדֹרֹתֵיכֶם
בְּכֹל מוֹשְׁבֹתֵיכֶם כָּל־חֵלֶב וְכָל־דָּם לֹא
תֹאכֵלוּ׃

ד א ב חמישי ב וַיְדַבֵּר יְהוָה אֶל־מֹשֶׁה לֵּאמֹר׃ דַּבֵּר אֶל־בְּנֵי
יִשְׂרָאֵל לֵאמֹר נֶפֶשׁ כִּי־תֶחֱטָא בִשְׁגָגָה מִכֹּל
מִצְוֺת יְהוָה אֲשֶׁר לֹא תֵעָשֶׂינָה וְעָשָׂה מֵאַחַת
ג מֵהֵנָּה׃ אִם הַכֹּהֵן הַמָּשִׁיחַ יֶחֱטָא לְאַשְׁמַת
הָעָם וְהִקְרִיב עַל חַטָּאתוֹ אֲשֶׁר חָטָא פַּר
ד בֶּן־בָּקָר תָּמִים לַיהוָה לְחַטָּאת׃ וְהֵבִיא
אֶת־הַפָּר אֶל־פֶּתַח אֹהֶל מוֹעֵד לִפְנֵי יְהוָה

וְסָמַ֤ךְ אֶת־יָדוֹ֙ עַל־רֹ֣אשׁ הַפָּ֔ר וְשָׁחַ֥ט אֶת־
ה הַפָּ֖ר לִפְנֵ֥י יְהוָֽה׃ וְלָקַ֛ח הַכֹּהֵ֥ן הַמָּשִׁ֖יחַ מִדַּ֣ם
ו הַפָּ֑ר וְהֵבִ֥יא אֹת֖וֹ אֶל־אֹ֥הֶל מוֹעֵֽד׃ וְטָבַ֧ל הַכֹּהֵ֛ן
אֶת־אֶצְבָּע֖וֹ בַּדָּ֑ם וְהִזָּ֨ה מִן־הַדָּ֜ם שֶׁ֤בַע פְּעָמִים֙
ז לִפְנֵ֣י יְהוָ֔ה אֶת־פְּנֵ֖י פָּרֹ֥כֶת הַקֹּֽדֶשׁ׃ וְנָתַן֩ הַכֹּהֵ֨ן
מִן־הַדָּ֜ם עַל־קַ֠רְנוֹת מִזְבַּ֨ח קְטֹ֤רֶת הַסַּמִּים֙

יא יב דְּעַל כַּבְדָּא, עַל כּוֹלְיָתָא יַעְדֵּינַהּ: וְיַסְּקִנֵּיהּ כָּהֲנָא לְמַדְבְּחָא, לְחֵים קֻרְבָּנָא קֳדָם יי: וְאִם מִן בְּנֵי
יג עִזַּיָּא קֻרְבָּנֵיהּ, וִיקָרְבִנֵּיהּ קֳדָם יי: וְיִסְמוֹךְ יָת יְדֵיהּ עַל רֵישֵׁיהּ, וְיִכּוֹס יָתֵיהּ, קֳדָם מַשְׁכַּן זִמְנָא,
יד וְיִזְרְקוּן, בְּנֵי אַהֲרֹן יָת דְּמֵיהּ, עַל מַדְבְּחָא סְחוֹר סְחוֹר: וִיקָרֵיב מִנֵּיהּ קֻרְבָּנֵיהּ, קֻרְבָּנָא קֳדָם יי, יָת
טו תַּרְבָּא דְּחָפֵי יָת גַּוָּא, וְיָת כָּל תַּרְבָּא, דְּעַל גַּוָּא: וְיָת תַּרְתֵּין כּוֹלְיָן, וְיָת תַּרְבָּא דַּעֲלֵיהוֹן, דְּעַל
טז גִּסְסַיָּא, וְיָת חַצְרָא דְּעַל כַּבְדָּא, עַל כּוֹלְיָתָא יַעְדֵּינַהּ: וְיַסֵּיקִנּוּן כָּהֲנָא לְמַדְבְּחָא, לְחֵים קֻרְבָּנָא
יז לְאִתְקַבָּלָא בְרַעֲוָא, כָּל תַּרְבָּא קֳדָם יי: קְיָם עָלַם לְדָרֵיכוֹן, בְּכָל מוֹתְבָנֵיכוֹן, כָּל תַּרְבָּא וְכָל דְּמָא
ד א ב לָא תֵיכְלוּן: וּמַלֵּיל יי עִם מֹשֶׁה לְמֵימַר: מַלֵּיל, עִם בְּנֵי יִשְׂרָאֵל לְמֵימַר, אֱנָשׁ, אֲרֵי יְחוֹב בְּשָׁלוּ
ג מִכָּל פִּקּוֹדַיָּא דַּיי, דְּלָא כָשְׁרִין לְאִתְעֲבָדָא, וְיַעֲבֵיד, מִן חַד מִנְּהוֹן: אִם כָּהֲנָא רַבָּא, יְחוֹב לְחוֹבַת
ד עַמָּא, וִיקָרֵיב, עַל חוֹבְתֵיהּ דַּחֲב, תּוֹר בַּר תּוֹרֵי שְׁלִים, קֳדָם יי לְחַטָּתָא: וְיַיְתֵי יָת תּוֹרָא, לִתְרַע,
ה מַשְׁכַּן זִמְנָא לִקֳדָם יי, וְיִסְמוֹךְ יָת יְדֵיהּ עַל רֵישׁ תּוֹרָא, וְיִכּוֹס יָת תּוֹרָא קֳדָם יי: וְיִסַּב, כָּהֲנָא רַבָּא
ו מִדְּמָא דְּתוֹרָא, וְיַעֵיל יָתֵיהּ לְמַשְׁכַּן זִמְנָא: וְיִטְבּוֹל כָּהֲנָא, יָת אֶצְבְּעֵיהּ בִּדְמָא, וְיַדֵּי מִן דְּמָא,
ז שְׁבַע זִמְנִין קֳדָם יי, קֳדָם פָּרֻכְתָּא דְקֻדְשָׁא: וְיִתֵּין כָּהֲנָא מִן דְּמָא, עַל קַרְנָת, מַדְבְּחָא דִּקְטוֹרֶת

יא| **לֶחֶם אִשֶּׁה לַה'.** לַחְמוֹ שֶׁל אֵשׁ לְשֵׁם גָּבוֹהַּ: **לֶחֶם.** לְשׁוֹן מַאֲכָל, וְכֵן: "נַשְׁחִיתָה עֵץ בְּלַחְמוֹ" (ירמיה יא, יט), "עֲבַד לְחֶם רַב" (דניאל ה, א), "לִשְׂחוֹק עֹשִׂים לֶחֶם" (קהלת י, יט):

פרק ד

ב| **מִכֹּל מִצְוֹת ה'.** פֵּרְשׁוּ רַבּוֹתֵינוּ: אֵין חַטָּאת בָּאָה אֶלָּא עַל דָּבָר שֶׁזְּדוֹנוֹ לָאו וְכָרֵת: **מֵאַחַת מֵהֵנָּה.** מִמִּקְצָת אַחַת מֵהֶן, כְּגוֹן הַכּוֹתֵב בְּשַׁבָּת 'שֵׁם' מִ'שִּׁמְעוֹן', 'נֹחַ' מִ'נָּחוֹר', 'דָּן' מִ'דָּנִיֵּאל':

ג| **אִם הַכֹּהֵן הַמָּשִׁיחַ יֶחֱטָא לְאַשְׁמַת הָעָם.** מִדְרָשׁוֹ, אֵינוֹ חַיָּב אֶלָּא בְּהֶעְלֵם דָּבָר עִם שִׁגְגַת מַעֲשֶׂה, כְּמוֹ שֶׁנֶּאֱמַר בְּאַשְׁמַת הָעָם: "וְנֶעְלַם דָּבָר מֵעֵינֵי הַקָּהָל וְעָשׂוּ" (להלן פסוק יג). וּפְשׁוּטוֹ לְפִי אַגָּדָה, כְּשֶׁכֹּהֵן גָּדוֹל חוֹטֵא "אַשְׁמַת הָעָם" הִיא, שֶׁזֶּה שֶׁהֵן תְּלוּיִין בּוֹ לְכַפֵּר עֲלֵיהֶם וּלְהִתְפַּלֵּל בַּעֲדָם נַעֲשָׂה מְקֻלְקָל: **פַּר.** יָכוֹל זָקֵן? תַּלְמוּד לוֹמַר: "בֶּן". אִי "בֶּן", יָכוֹל קָטָן? תַּלְמוּד לוֹמַר: "פַּר", הָא כֵּיצַד? זֶה פַּר בֶּן שָׁלֹשׁ:

ה| **אֶל אֹהֶל מוֹעֵד.** לַמִּשְׁכָּן, וּבְבֵית עוֹלָמִים – לַהֵיכָל:

ו| **אֶת פְּנֵי פָּרֹכֶת הַקֹּדֶשׁ.** כְּנֶגֶד מְקוֹם קְדֻשָּׁתָהּ, מְכֻוָּן כְּנֶגֶד בֵּין הַבַּדִּים, וְלֹא הָיוּ נוֹגְעִים דָּמִים בַּפָּרֹכֶת, וְאִם נָגְעוּ נָגְעוּ:

ויקרא

לִפְנֵי יְהֹוָה אֲשֶׁר בְּאֹהֶל מוֹעֵד וְאֵת ׀ כָּל־דַּם
הַפָּר יִשְׁפֹּךְ אֶל־יְסוֹד מִזְבַּח הָעֹלָה אֲשֶׁר־פֶּתַח
אֹהֶל מוֹעֵד: וְאֶת־כָּל־חֵלֶב פַּר הַחַטָּאת יָרִים
מִמֶּנּוּ אֶת־הַחֵלֶב הַמְכַסֶּה עַל־הַקֶּרֶב וְאֵת כָּל־
הַחֵלֶב אֲשֶׁר עַל־הַקֶּרֶב: וְאֵת שְׁתֵּי הַכְּלָיֹת
וְאֶת־הַחֵלֶב אֲשֶׁר עֲלֵיהֶן אֲשֶׁר עַל־הַכְּסָלִים
וְאֶת־הַיֹּתֶרֶת עַל־הַכָּבֵד עַל־הַכְּלָיוֹת יְסִירֶנָּה:
כַּאֲשֶׁר יוּרַם מִשּׁוֹר זֶבַח הַשְּׁלָמִים וְהִקְטִירָם
הַכֹּהֵן עַל מִזְבַּח הָעֹלָה: וְאֶת־עוֹר הַפָּר וְאֶת־
כָּל־בְּשָׂרוֹ עַל־רֹאשׁוֹ וְעַל־כְּרָעָיו וְקִרְבּוֹ וּפִרְשׁוֹ:
וְהוֹצִיא אֶת־כָּל־הַפָּר אֶל־מִחוּץ לַמַּחֲנֶה אֶל־
מָקוֹם טָהוֹר אֶל־שֶׁפֶךְ הַדֶּשֶׁן וְשָׂרַף אֹתוֹ עַל־
עֵצִים בָּאֵשׁ עַל־שֶׁפֶךְ הַדֶּשֶׁן יִשָּׂרֵף:
וְאִם כָּל־עֲדַת יִשְׂרָאֵל יִשְׁגּוּ וְנֶעְלַם דָּבָר מֵעֵינֵי
הַקָּהָל וְעָשׂוּ אַחַת מִכָּל־מִצְוֺת יְהֹוָה אֲשֶׁר
לֹא־תֵעָשֶׂינָה וְאָשֵׁמוּ: וְנוֹדְעָה הַחַטָּאת אֲשֶׁר
חָטְאוּ עָלֶיהָ וְהִקְרִיבוּ הַקָּהָל פַּר בֶּן־בָּקָר
לְחַטָּאת וְהֵבִיאוּ אֹתוֹ לִפְנֵי אֹהֶל מוֹעֵד: וְסָמְכוּ
זִקְנֵי הָעֵדָה אֶת־יְדֵיהֶם עַל־רֹאשׁ הַפָּר לִפְנֵי
יְהֹוָה וְשָׁחַט אֶת־הַפָּר לִפְנֵי יְהֹוָה: וְהֵבִיא הַכֹּהֵן
הַמָּשִׁיחַ מִדַּם הַפָּר אֶל־אֹהֶל מוֹעֵד: וְטָבַל

מצווה קכ
מצוות בית דין להקריב
חטאת אם טעו

הַכֹּהֵ֛ן אֶצְבָּע֖וֹ מִן־הַדָּ֑ם וְהִזָּ֞ה שֶׁ֤בַע פְּעָמִים֙
יח לִפְנֵ֣י יְהוָ֔ה אֵ֖ת פְּנֵ֥י הַפָּרֹֽכֶת׃ וּמִן־הַדָּ֞ם
יִתֵּ֣ן ׀ עַל־קַרְנֹ֣ת הַמִּזְבֵּ֗חַ אֲשֶׁר֙ לִפְנֵ֣י יְהוָ֔ה

בְּסַמַּיָּא דִּקְדָם יְיָ, דִּבְמַשְׁכַּן זִמְנָא, וְיָת כָּל דְּמָא דְּתוֹרָא, יִשְׁפּוֹךְ לִיסוֹדָא דְּמַדְבְּחָא דַּעֲלָתָא,
ח דִּבְתְרַע מַשְׁכַּן זִמְנָא: וְיָת כָּל תְּרַב, תּוֹרָא דְּחַטָּתָא יַפְרֵישׁ מִנֵּיהּ, יָת תַּרְבָּא דְּחָפֵי עַל גַּוָּא,
ט וְיָת כָּל תַּרְבָּא, דְּעַל גַּוָּא: וְיָת תַּרְתֵּין כּוֹלְיָן, וְיָת תַּרְבָּא דַּעֲלֵיהוֹן, דְּעַל גִּסְסַיָּא, וְיָת חַצְרָא
י דְּעַל כַּבְדָּא, עַל כּוֹלְיָתָא יַעְדִּינַהּ: כְּמָא דְּמִתַּפְרַשׁ, מִתּוֹר נִכְסַת קֻדְשַׁיָּא, וְיַסֵּיקִנּוּן כָּהֲנָא, עַל
יא מַדְבְּחָא דַּעֲלָתָא: וְיָת מְשַׁךְ תּוֹרָא וְיָת כָּל בִּסְרֵיהּ, עַל רֵישֵׁיהּ וְעַל כְּרָעוֹהִי, וְגַוֵּיהּ וְאֻכְלֵיהּ:
יב וְיַפֵּיק יָת כָּל תּוֹרָא, לְמִבָּרָא לְמַשְׁרִיתָא, לַאֲתַר דְּכֵי לַאֲתַר בֵּית מֵישַׁד קִטְמָא, וְיוֹקֵיד יָתֵיהּ,
יג עַל אָעַיָּא בְּאִישָׁתָא, עַל אֲתַר בֵּית מֵישַׁד קִטְמָא יִתּוֹקַד: וְאִם כָּל כְּנִשְׁתָּא דְּיִשְׂרָאֵל יִשְׁתְּלוֹן,
וִיהֵי מְכַסָּא פִּתְגָמָא, מֵעֵינֵי קְהָלָא, וְיַעְבְּדוּן, חַד מִכָּל פִּקּוֹדַיָּא דַּיְיָ, דְּלָא כַשְׁרִין לְאִתְעֲבָדָא
יד וִיחוּבוּן: וְתִתְיְדַע חוֹבְתָא, דְּחָבוּ עֲלַהּ, וִיקָרְבוּן קְהָלָא, תּוֹר בַּר תּוֹרֵי לְחַטָּתָא, וְיַיְתוֹן יָתֵיהּ,
טו לִקְדָם מַשְׁכַּן זִמְנָא: וְיִסְמְכוּן, סָבֵי כְנִשְׁתָּא יָת יְדֵיהוֹן, עַל רֵישׁ תּוֹרָא קֳדָם יְיָ, וְיִכּוֹס יָת תּוֹרָא
טז יז קֳדָם יְיָ: וְיַעֵיל, כָּהֲנָא רַבָּא מִדְּמָא דְּתוֹרָא, לְמַשְׁכַּן זִמְנָא: וְיִטְבּוֹל כָּהֲנָא, אֶצְבְּעֵיהּ מִן דְּמָא,
יח וְיַדֵּי, שְׁבַע זִמְנִין קֳדָם יְיָ, קֳדָם פָּרֻכְתָּא: וּמִן דְּמָא, יִתֵּין עַל קַרְנָת מַדְבְּחָא, דִּקְדָם יְיָ,

ז| **וְאֵת כָּל דַּם.** שְׁיָרֵי הַדָּם:

ח| **וְאֶת כָּל חֵלֶב פַּר.** 'חֶלְבּוֹ' הָיָה לוֹ לוֹמַר, מַה תַּלְמוּד לוֹמַר: "פַּר"? לְרַבּוֹת פַּר שֶׁל יוֹם הַכִּפּוּרִים לִכְלָיוֹת וְלַחֲלָבִים וְיוֹתֶרֶת: **הַחַטָּאת.** לְהָבִיא שְׂעִירֵי עֲבוֹדָה זָרָה לִכְלָיוֹת וְלַחֲלָבִים וְיוֹתֶרֶת: **יָרִים מִמֶּנּוּ.** מִן הַמְחֻבָּר, שֶׁלֹּא יְנַתְּחֶנּוּ קֹדֶם הֲסָרַת חֶלְבּוֹ. תּוֹרַת כֹּהֲנִים:

ט-יא| **כַּאֲשֶׁר יוּרַם.** כְּאוֹתָן אֵמוּרִין הַמְפֹרָשִׁין בְּשׁוֹר זֶבַח הַשְּׁלָמִים. וְכִי מַה פֵּרַשׁ בְּזֶבַח הַשְּׁלָמִים שֶׁלֹּא פֵּרַשׁ כָּאן? אֶלָּא לְהַקִּישׁוֹ לִשְׁלָמִים: מַה שְּׁלָמִים לִשְׁמָן, אַף זֶה לִשְׁמוֹ; וּמַה שְּׁלָמִים שָׁלוֹם לָעוֹלָם, אַף זֶה שָׁלוֹם לָעוֹלָם. וּבִשְׁחִיטַת קָדָשִׁים מַצְרִיכוֹ לִלְמֹד הֵימֶנּוּ שֶׁאֵין לְמֵדִין לָמֵד מִן הַלָּמֵד בְּקָדָשִׁים, בְּפֶרֶק 'אֵיזֶהוּ מְקוֹמָן' (זבחים מט ע"ב): **עַל הַכָּבֵד, עַל הַכְּלָיוֹת, עַל רֹאשׁוֹ, וְעַל כְּרָעָיו.** כֻּלָּן לְשׁוֹן תּוֹסֶפֶת הֵן, כְּמוֹ: 'מִלְּבַד':

יב| **אֶל מָקוֹם טָהוֹר.** לְפִי שֶׁיֵּשׁ מִחוּץ לָעִיר מָקוֹם מוּכָן לְטֻמְאָה, לְהַשְׁלִיךְ אֲבָנִים מְנֻגָּעוֹת וּלְבֵית הַקְּבָרוֹת, הֻצְרַךְ לוֹמַר בְּ"מִחוּץ לַמַּחֲנֶה" זֶה, שֶׁהוּא חוּץ לָעִיר, שֶׁיְּהֵא הַמָּקוֹם טָהוֹר: **מִחוּץ לַמַּחֲנֶה.** חוּץ לְשָׁלֹשׁ מַחֲנוֹת, וּבְבֵית עוֹלָמִים – חוּץ לָעִיר, כְּמוֹ שֶׁפֵּרְשׁוּהוּ רַבּוֹתֵינוּ בְּמַסֶּכֶת יוֹמָא (דף סח ע"א) וּבְסַנְהֶדְרִין (דף מב ע"ב): **אֶל שֶׁפֶךְ הַדֶּשֶׁן.** מָקוֹם שֶׁשּׁוֹפְכִין בּוֹ הַדֶּשֶׁן הַמְסֻלָּק מִן הַמִּזְבֵּחַ, כְּמוֹ שֶׁנֶּאֱמַר: "וְהוֹצִיא אֶת הַדֶּשֶׁן אֶל מִחוּץ לַמַּחֲנֶה" (להלן ו, ד): **עַל שֶׁפֶךְ הַדֶּשֶׁן יִשָּׂרֵף.** שֶׁאֵין תַּלְמוּד לוֹמַר, אֶלָּא לְלַמֵּד שֶׁאֲפִלּוּ אֵין שָׁם דֶּשֶׁן:

יג| **עֲדַת יִשְׂרָאֵל.** אֵלּוּ סַנְהֶדְרִין: **וְנֶעְלַם דָּבָר.** טָעוּ לְהוֹרוֹת בְּאַחַת מִכָּל כָּרֵתוֹת שֶׁבַּתּוֹרָה שֶׁהוּא מֻתָּר: **הַקָּהָל וְעָשׂוּ.** שֶׁעָשׂוּ הַצִּבּוּר עַל פִּיהֶם:

יז| **אֵת פְּנֵי הַפָּרֹכֶת.** וּלְמַעְלָה הוּא אוֹמֵר: "אֶת פְּנֵי פָּרֹכֶת הַקֹּדֶשׁ" (לעיל פסוק ו)! מָשָׁל לְמֶלֶךְ שֶׁסָּרְחָה עָלָיו מְדִינָה, אִם מִעוּטָהּ סָרְחָה – פָּמַלְיָא שֶׁלּוֹ מִתְקַיֶּמֶת, וְאִם כֻּלָּהּ סָרְחָה – אֵין פָּמַלְיָא שֶׁלּוֹ מִתְקַיֶּמֶת. אַף כָּאן, כְּשֶׁחָטָא כֹּהֵן מָשִׁיחַ עֲדַיִן שֵׁם קְדֻשַּׁת הַמָּקוֹם עַל הַמִּקְדָּשׁ, מִשֶּׁחָטְאוּ כֻּלָּם חַס וְשָׁלוֹם נִסְתַּלְּקָה הַקְּדֻשָּׁה:

אֲשֶׁר בְּאֹהֶל מוֹעֵד וְאֵת כָּל־הַדָּם יִשְׁפֹּךְ אֶל־
יְסוֹד מִזְבַּח הָעֹלָה אֲשֶׁר־פֶּתַח אֹהֶל מוֹעֵד׃ וְאֵת יט
כָּל־חֶלְבּוֹ יָרִים מִמֶּנּוּ וְהִקְטִיר הַמִּזְבֵּחָה׃ וְעָשָׂה כ
לַפָּר כַּאֲשֶׁר עָשָׂה לְפַר הַחַטָּאת כֵּן יַעֲשֶׂה־לּוֹ
וְכִפֶּר עֲלֵהֶם הַכֹּהֵן וְנִסְלַח לָהֶם׃ וְהוֹצִיא אֶת־ כא
הַפָּר אֶל־מִחוּץ לַמַּחֲנֶה וְשָׂרַף אֹתוֹ כַּאֲשֶׁר שָׂרַף
אֵת הַפָּר הָרִאשׁוֹן חַטַּאת הַקָּהָל הוּא׃
אֲשֶׁר נָשִׂיא יֶחֱטָא וְעָשָׂה אַחַת מִכָּל־מִצְוֺת כב
יְהוָה אֱלֹהָיו אֲשֶׁר לֹא־תֵעָשֶׂינָה בִּשְׁגָגָה וְאָשֵׁם׃
אוֹ־הוֹדַע אֵלָיו חַטָּאתוֹ אֲשֶׁר חָטָא בָּהּ וְהֵבִיא כג
אֶת־קָרְבָּנוֹ שְׂעִיר עִזִּים זָכָר תָּמִים׃ וְסָמַךְ יָדוֹ כד
עַל־רֹאשׁ הַשָּׂעִיר וְשָׁחַט אֹתוֹ בִּמְקוֹם אֲשֶׁר־
יִשְׁחַט אֶת־הָעֹלָה לִפְנֵי יְהוָה חַטָּאת הוּא׃
וְלָקַח הַכֹּהֵן מִדַּם הַחַטָּאת בְּאֶצְבָּעוֹ וְנָתַן עַל־ כה
קַרְנֹת מִזְבַּח הָעֹלָה וְאֶת־דָּמוֹ יִשְׁפֹּךְ אֶל־יְסוֹד
מִזְבַּח הָעֹלָה׃ וְאֶת־כָּל־חֶלְבּוֹ יַקְטִיר הַמִּזְבֵּחָה כו
כְּחֵלֶב זֶבַח הַשְּׁלָמִים וְכִפֶּר עָלָיו הַכֹּהֵן מֵחַטָּאתוֹ
וְנִסְלַח לוֹ׃

ששי
וְאִם־נֶפֶשׁ אַחַת תֶּחֱטָא בִשְׁגָגָה מֵעַם הָאָרֶץ כז
בַּעֲשֹׂתָהּ אַחַת מִמִּצְוֺת יְהוָה אֲשֶׁר לֹא־תֵעָשֶׂינָה
וְאָשֵׁם׃ אוֹ הוֹדַע אֵלָיו חַטָּאתוֹ אֲשֶׁר חָטָא כח

מצווה קכא
מצוות הקרבת חטאת
ליחיד ששגג

וְהֵבִיא קׇרְבָּנוֹ שְׂעִירַת עִזִּים תְּמִימָה נְקֵבָה עַל־
כט חַטָּאתוֹ אֲשֶׁר חָטָא׃ וְסָמַךְ אֶת־יָדוֹ עַל רֹאשׁ
הַחַטָּאת וְשָׁחַט אֶת־הַחַטָּאת בִּמְקוֹם הָעֹלָה׃
ל וְלָקַח הַכֹּהֵן מִדָּמָהּ בְּאֶצְבָּעוֹ וְנָתַן עַל־קַרְנֹת

יט דִּבְמַשְׁכַּן זִמְנָא, וְיָת כָּל דְּמָא, יִשְׁפּוֹךְ לִיסוֹדָא דְּמַדְבְּחָא דַּעֲלָתָא, דִּבְתְרַע מַשְׁכַּן זִמְנָא: וְיָת כָּל
כ תַּרְבֵּיהּ יַפְרֵישׁ מִנֵּיהּ, וְיַסֵּיק לְמַדְבְּחָא: וְיַעֲבֵיד לְתוֹרָא, כְּמָא דַּעֲבַד לְתוֹרָא דְּחַטָּתָא, כֵּן יַעֲבֵיד
כא לֵיהּ, וִיכַפַּר עֲלֵיהוֹן, כָּהֲנָא וְיִשְׁתְּבֵיק לְהוֹן: וְיַפֵּיק יָת תּוֹרָא, לְמִבָּרָא לְמַשְׁרִיתָא, וְיוֹקֵיד יָתֵיהּ,
כב כְּמָא דְּאוֹקֵיד, יָת תּוֹרָא קַדְמָאָה, חַטַּאת קְהָלָא הוּא: אִם רַבָּא יְחוֹב, וְיַעֲבֵיד, חַד מִכָּל פִּקּוֹדַיָּא
כג דַּייָ אֱלָהֵיהּ, דְּלָא כָשְׁרִין לְאִתְעֲבָדָא, בְּשָׁלוּ וִיחוֹב: אוֹ אִתְיְדַע לֵיהּ חוֹבְתֵיהּ, דְּחָב בַּהּ, וְיַיְתֵי
כד יָת קֻרְבָּנֵיהּ, צְפִיר בַּר עִזִּין דְּכַר שְׁלִים: וְיִסְמוֹךְ יְדֵיהּ עַל רֵישׁ צְפִירָא, וְיִכּוֹס יָתֵיהּ, בְּאַתְרָא, דְּיִכּוֹס
כה יָת עֲלָתָא קֳדָם יְיָ, חַטָּתָא הוּא: וְיִסַּב כָּהֲנָא, מִדְּמָא דְּחַטָּתָא בְּאֶצְבְּעֵיהּ, וְיִתֵּין, עַל קַרְנָת
כו מַדְבְּחָא דַּעֲלָתָא, וְיָת דְּמֵיהּ יִשְׁפּוֹךְ, לִיסוֹדָא דְּמַדְבְּחָא דַּעֲלָתָא: וְיָת כָּל תַּרְבֵּיהּ יַסֵּיק לְמַדְבְּחָא,
כז כְּתַרַב נִכְסַת קֻדְשַׁיָּא, וִיכַפַּר עֲלוֹהִי כָּהֲנָא, מֵחוֹבְתֵיהּ וְיִשְׁתְּבֵיק לֵיהּ: וְאִם אֱנָשׁ חַד, יְחוֹב בְּשָׁלוּ
כח מֵעַמָּא דְּאַרְעָא, בְּמֶעְבְּדֵיהּ, חַד מִפִּקּוֹדַיָּא דַּייָ, דְּלָא כָשְׁרִין לְאִתְעֲבָדָא וִיחוֹב: אוֹ אִתְיְדַע לֵיהּ,
כט חוֹבְתֵיהּ דְּחָב, וְיַיְתֵי קֻרְבָּנֵיהּ, צְפִירַת עִזֵּי שַׁלְמָא נֻקְבָּא, עַל חוֹבְתֵיהּ דְּחָב: וְיִסְמוֹךְ יָת יְדֵיהּ, עַל
ל רֵישׁ חַטָּתָא, וְיִכּוֹס יָת חַטָּתָא, בְּאַתְרָא דַּעֲלָתָא: וְיִסַּב כָּהֲנָא מִדְּמַהּ בְּאֶצְבְּעֵיהּ, וְיִתֵּין, עַל קַרְנָת

יח| **יְסוֹד מִזְבַּח הָעֹלָה אֲשֶׁר פֶּתַח אֹהֶל מוֹעֵד.** זֶה יְסוֹד מַעֲרָבִי שֶׁהוּא כְּנֶגֶד הַפֶּתַח:

יט-כ| **וְאֵת כָּל חֶלְבּוֹ יָרִים.** אַף עַל פִּי שֶׁלֹּא פֵּרַשׁ כָּאן יוֹתֶרֶת וּשְׁתֵּי כְלָיוֹת, לְמֵדִין הֵם מִ"וְעָשָׂה לַפָּר כַּאֲשֶׁר עָשָׂה" וְגוֹ'. וּמִפְּנֵי מָה לֹא נִתְפָּרְשׁוּ בּוֹ? תָּנָא דְּבֵי רַבִּי יִשְׁמָעֵאל: מָשָׁל לְמֶלֶךְ שֶׁזָּעַם עַל אוֹהֲבוֹ, וּמִעֵט בְּסָרְחוֹנוֹ מִפְּנֵי חִבָּתוֹ: **וְעָשָׂה לַפָּר.** זֶה, "כַּאֲשֶׁר עָשָׂה לְפַר הַחַטָּאת", כְּמוֹ שֶׁמְּפֹרָשׁ בְּפַר כֹּהֵן מָשִׁיחַ, לְהָבִיא יוֹתֶרֶת וּשְׁתֵּי כְלָיוֹת שֶׁפֵּרַשׁ שָׁם (לעיל פסוק ט), שֶׁלֹּא פֵּרַשׁ כָּאן, וְלִכְפֹּל בְּמִצְוַת הָעֲבוֹדוֹת, לְלַמֵּד שֶׁאִם חִסֵּר אַחַת מִכָּל הַמַּתָּנוֹת – פָּסַל, לְפִי שֶׁמָּצִינוּ בַּנִּתָּנִין עַל הַמִּזְבֵּחַ הַחִיצוֹן שֶׁנְּתָנָן בְּמַתָּנָה אַחַת – כִּפֵּר, הֻצְרַךְ לוֹמַר כָּאן שֶׁמַּתָּנָה אַחַת מֵהֶן מְעַכֶּבֶת:

כב| **אֲשֶׁר נָשִׂיא יֶחֱטָא.** לְשׁוֹן 'אַשְׁרֵי', אַשְׁרֵי הַדּוֹר שֶׁהַנָּשִׂיא שֶׁלּוֹ נוֹתֵן לֵב לְהָבִיא כַּפָּרָה עַל שִׁגְגָתוֹ, קַל וָחֹמֶר שֶׁמִּתְחָרֵט עַל זְדוֹנוֹתָיו:

כג| **אוֹ הוֹדַע.** כְּמוֹ: אִם הוֹדַע הַדָּבָר, הַרְבֵּה 'אוֹ' יֵשׁ מְשַׁמְּשִׁין בִּלְשׁוֹן 'אִם' וְ'אִם' בִּמְקוֹם 'אוֹ', וְכֵן: "אוֹ נוֹדַע כִּי שׁוֹר נַגָּח הוּא" (שמות כא, לו): **הוֹדַע אֵלָיו.** כְּשֶׁחָטָא הָיָה סָבוּר שֶׁהוּא הֶתֵּר, וּלְאַחַר מִכָּאן נוֹדַע לוֹ שֶׁאִסּוּר הָיָה:

כד| **בִּמְקוֹם אֲשֶׁר יִשְׁחַט אֶת הָעֹלָה.** בַּצָּפוֹן, שֶׁהוּא מְפֹרָשׁ בָּעוֹלָה (לעיל א, יא): **חַטָּאת הוּא.** לִשְׁמוֹ כָּשֵׁר, שֶׁלֹּא לִשְׁמוֹ פָּסוּל:

כה| **וְאֶת דָּמוֹ.** שְׁיָרֵי הַדָּם:

כו| **כְּחֵלֶב זֶבַח הַשְּׁלָמִים.** כְּאוֹתָן אֵמוּרִין הַמְפֹרָשִׁים בָּעֵז הָאָמוּר אֵצֶל שְׁלָמִים (לעיל ג, יד-טו):

מִזְבַּח הָעֹלָה וְאֶת־כָּל־דָּמָהּ יִשְׁפֹּךְ אֶל־יְסוֹד
הַמִּזְבֵּחַ: וְאֶת־כָּל־חֶלְבָּהּ יָסִיר כַּאֲשֶׁר הוּסַר לא
חֵלֶב מֵעַל־זֶבַח הַשְּׁלָמִים וְהִקְטִיר הַכֹּהֵן
הַמִּזְבֵּחָה לְרֵיחַ נִיחֹחַ לַיהוָה וְכִפֶּר עָלָיו הַכֹּהֵן
וְנִסְלַח לוֹ:
וְאִם־כֶּבֶשׂ יָבִיא קָרְבָּנוֹ לְחַטָּאת נְקֵבָה תְמִימָה לב
יְבִיאֶנָּה: וְסָמַךְ אֶת־יָדוֹ עַל רֹאשׁ הַחַטָּאת לג
וְשָׁחַט אֹתָהּ לְחַטָּאת בִּמְקוֹם אֲשֶׁר יִשְׁחַט
אֶת־הָעֹלָה: וְלָקַח הַכֹּהֵן מִדַּם הַחַטָּאת לד
בְּאֶצְבָּעוֹ וְנָתַן עַל־קַרְנֹת מִזְבַּח הָעֹלָה וְאֶת־
כָּל־דָּמָהּ יִשְׁפֹּךְ אֶל־יְסוֹד הַמִּזְבֵּחַ: וְאֶת־כָּל־ לה
חֶלְבָּהּ יָסִיר כַּאֲשֶׁר יוּסַר חֵלֶב־הַכֶּשֶׂב מִזֶּבַח
הַשְּׁלָמִים וְהִקְטִיר הַכֹּהֵן אֹתָם הַמִּזְבֵּחָה עַל
אִשֵּׁי יְהוָה וְכִפֶּר עָלָיו הַכֹּהֵן עַל־חַטָּאתוֹ
אֲשֶׁר־חָטָא וְנִסְלַח לוֹ:
וְנֶפֶשׁ כִּי־תֶחֱטָא וְשָׁמְעָה קוֹל אָלָה וְהוּא עֵד א ה
אוֹ רָאָה אוֹ יָדָע אִם־לוֹא יַגִּיד וְנָשָׂא עֲוֹנוֹ: אוֹ ב
נֶפֶשׁ אֲשֶׁר תִּגַּע בְּכָל־דָּבָר טָמֵא אוֹ בְנִבְלַת
חַיָּה טְמֵאָה אוֹ בְּנִבְלַת בְּהֵמָה טְמֵאָה אוֹ
בְּנִבְלַת שֶׁרֶץ טָמֵא וְנֶעְלַם מִמֶּנּוּ וְהוּא טָמֵא
וְאָשֵׁם: אוֹ כִי יִגַּע בְּטֻמְאַת אָדָם לְכֹל טֻמְאָתוֹ ג

★ **מצווה קכב**
מצוות עדות

מצווה קכג
מצוות הקרבת
קרבן עולה ויורד

אֲשֶׁר יִטְמָא בָּהּ וְנֶעְלַם מִמֶּנּוּ וְהוּא יָדַע וְאָשֵׁם׃
ד אוֹ נֶפֶשׁ כִּי תִשָּׁבַע לְבַטֵּא בִשְׂפָתַיִם לְהָרַע ׀
אוֹ לְהֵיטִיב לְכֹל אֲשֶׁר יְבַטֵּא הָאָדָם בִּשְׁבֻעָה
וְנֶעְלַם מִמֶּנּוּ וְהוּא־יָדַע וְאָשֵׁם לְאַחַת מֵאֵלֶּה׃

לא מַדְבְּחָא דַעֲלָתָא, וְיָת כָּל דְּמַהּ יִשְׁפּוֹךְ, לִיסוֹדָא דְמַדְבְּחָא: וְיָת כָּל תַּרְבַּהּ יַעְדֵּי, כְּמָא
דְּאִתַּעְדָּא תְּרַב מֵעַל נִכְסַת קֻדְשַׁיָּא, וְיַסֵּיק כָּהֲנָא לְמַדְבְּחָא, לְאִתְקַבָּלָא בְּרַעֲוָא קֳדָם יְיָ,
לב וִיכַפַּר עֲלוֹהִי, כָּהֲנָא וְיִשְׁתְּבֵיק לֵיהּ: וְאִם אִמַּר, יַיְתֵי קֻרְבָּנֵיהּ לְחַטָּתָא, נֻקְבָּא שַׁלְמָא
לג יַיְתֵינַהּ: וְיִסְמוֹךְ יָת יְדֵיהּ, עַל רֵישׁ חַטָּתָא, וְיִכּוֹס יָתַהּ לְחַטָּתָא, בְּאַתְרָא, דְּיִכּוֹס יָת
לד עֲלָתָא: וְיִסַּב כָּהֲנָא, מִדְּמָא דְחַטָּתָא בְּאֶצְבְּעֵיהּ, וְיִתֵּין, עַל קַרְנָת מַדְבְּחָא דַעֲלָתָא, וְיָת
לה כָּל דְּמַהּ יִשְׁפּוֹךְ, לִיסוֹדָא דְמַדְבְּחָא: וְיָת כָּל תַּרְבַּהּ יַעְדֵּי, כְּמָא דְמִתַּעְדָּא תְּרַב אִמַּר
מִנִּכְסַת קֻדְשַׁיָּא, וְיַסֵּיק כָּהֲנָא יָתְהוֹן לְמַדְבְּחָא, עַל קֻרְבָּנַיָּא דַיְיָ, וִיכַפַּר עֲלוֹהִי כָּהֲנָא, עַל
ה א חוֹבְתֵיהּ דְּחָב וְיִשְׁתְּבֵיק לֵיהּ: וֶאֱנָשׁ אֲרֵי יְחוּב, וְיִשְׁמַע קָל מוֹמֵי, וְהוּא סָהִיד, אוֹ חֲזָא אוֹ
ב יְדַע, אִם לָא יְחַוֵּי וִיקַבֵּיל חוֹבֵיהּ: אוֹ אֱנָשׁ, דְּיִקְרַב בְּכָל מִדַּעַם מְסָאַב, אוֹ בְנִבְלַת חַיְתָא
מְסָאַבְתָּא, אוֹ בְנִבְלַת בְּעִירָא מְסָאֲבָא, אוֹ, בְּנִבְלַת רְחֵישׁ מְסָאַב, וִיהֵי מְכַסַּא מִנֵּיהּ,
ג וְהוּא מְסָאַב וְחָב: אוֹ אֲרֵי יִקְרַב בְּסוֹאֲבַת אֲנָשָׁא, לְכָל סְאוֹבְתֵיהּ, דְּיִסְתָּאַב בַּהּ, וִיהֵי
ד מְכַסַּא מִנֵּיהּ, וְהוּא יְדַע וְחָב: אוֹ אֱנָשׁ, אֲרֵי יְקַיֵּים לְפָרָשָׁא בְסִפְוָן, לְאַבְאָשָׁא אוֹ
לְאֵיטָבָא, לְכֹל, דִּיפָרֵישׁ אֲנָשָׁא, בְּקִיּוּם וִיהֵי מְכַסַּא מִנֵּיהּ, וְהוּא יְדַע וְחָב לַחֲדָא מֵאִלֵּין:

לא| כַּאֲשֶׁר הוּסַר חֵלֶב מֵעַל זֶבַח הַשְּׁלָמִים. כְּאֵמוּרֵי עֵז הָאֲמוּרִים בִּשְׁלָמִים (לעיל ג, יד-טז):

לג| וְשָׁחַט אֹתָהּ לְחַטָּאת. שֶׁתְּהֵא שְׁחִיטָתָהּ לְשֵׁם חַטָּאת:

לה| כַּאֲשֶׁר יוּסַר חֵלֶב הַכֶּשֶׂב. שֶׁנִּתְרַבּוּ אֵמוּרִין בָּאַלְיָה, אַף חַטָּאת כְּשֶׁהִיא בָּאָה כִּבְשָׂה טְעוּנָה אַלְיָה עִם הָאֵמוּרִין: עַל אִשֵּׁי ה׳. עַל מְדוּרוֹת הָאֵשׁ הָעֲשׂוּיוֹת לַשֵּׁם, פוֹאיילי״שׂ בְּלַעַז:

פרק ה

א| וְשָׁמְעָה קוֹל אָלָה. בְּדָבָר שֶׁהוּא עֵד בּוֹ, שֶׁהִשְׁבִּיעוּהוּ שְׁבוּעָה שֶׁאִם יוֹדֵעַ לוֹ בְּעֵדוּת שֶׁיָּעִיד לוֹ:

ב| אוֹ נֶפֶשׁ אֲשֶׁר תִּגַּע וְגוֹ׳. וְלְאַחַר הַטֻּמְאָה הַזּוֹ יֹאכַל קָדָשִׁים אוֹ יִכָּנֵס לַמִּקְדָּשׁ, שֶׁהוּא דָּבָר שֶׁזְּדוֹנוֹ כָּרֵת. בְּמַסֶּכֶת שְׁבוּעוֹת (דף ו ע״ב – ז ע״ב; יד ע״ב) נִדְרַשׁ כֵּן: וְנֶעְלַם מִמֶּנּוּ. הַטֻּמְאָה: וְאָשֵׁם. בַּאֲכִילַת קֹדֶשׁ אוֹ בְּבִיאַת מִקְדָּשׁ:

ג| בְּטֻמְאַת אָדָם. זוֹ טֻמְאַת מֵת: לְכֹל טֻמְאָתוֹ. לְרַבּוֹת טֻמְאַת מַגַּע זָבִין וְזָבוֹת: אֲשֶׁר יִטְמָא. לְרַבּוֹת הַנּוֹגֵעַ בְּבוֹעֵל נִדָּה: בָּהּ. לְרַבּוֹת בּוֹלֵעַ נִבְלַת עוֹף טָהוֹר, וְלֹא יָדַע, שֶׁשָּׁכַח הַטֻּמְאָה: וְאָשֵׁם. בַּאֲכִילַת קֹדֶשׁ אוֹ בְּבִיאַת מִקְדָּשׁ:

ד| בִשְׂפָתַיִם. וְלֹא בַלֵּב: לְהָרַע. לְעַצְמוֹ: אוֹ לְהֵיטִיב. לְעַצְמוֹ, כְּגוֹן אֹכַל וְלֹא אֹכַל, אִישַׁן וְלֹא אִישַׁן: לְכֹל אֲשֶׁר יְבַטֵּא. לְרַבּוֹת לְשֶׁעָבַר: וְנֶעְלַם מִמֶּנּוּ. וְעָבַר עַל שְׁבוּעָתוֹ. כָּל אֵלֶּה בְּקָרְבַּן עוֹלֶה וְיוֹרֵד כַּמְפֹרָשׁ כָּאן, אֲבָל שְׁבוּעָה שֶׁיֵּשׁ בָּהּ כְּפִירַת מָמוֹן אֵינָהּ בְּקָרְבָּן זֶה אֶלָּא בְּאָשָׁם (להלן פסוקים כ-כו):

ויקרא ה

וְהָיָ֥ה כִֽי־יֶאְשַׁ֖ם לְאַחַ֣ת מֵאֵ֑לֶּה וְהִ֨תְוַדָּ֔ה אֲשֶׁ֥ר חָטָ֖א עָלֶֽיהָ: וְהֵבִ֣יא אֶת־אֲשָׁמ֣וֹ לַיהוָ֡ה עַל֩ חַטָּאת֨וֹ אֲשֶׁ֜ר חָטָ֗א נְקֵבָ֛ה מִן־הַצֹּ֥אן כִּשְׂבָּ֛ה אֽוֹ־שְׂעִירַ֥ת עִזִּ֖ים לְחַטָּ֑את וְכִפֶּ֥ר עָלָ֛יו הַכֹּהֵ֖ן מֵחַטָּאתֽוֹ: וְאִם־לֹ֨א תַגִּ֣יע יָדוֹ֮ דֵּ֣י שֶׂה֒ וְהֵבִ֨יא אֶת־אֲשָׁמ֜וֹ אֲשֶׁ֣ר חָטָ֗א שְׁתֵּ֥י תֹרִ֛ים אֽוֹ־שְׁנֵ֥י בְנֵֽי־יוֹנָ֖ה לַיהוָ֑ה אֶחָ֥ד לְחַטָּ֖את וְאֶחָ֥ד לְעֹלָֽה:

וְהֵבִ֤יא אֹתָם֙ אֶל־הַכֹּהֵ֔ן וְהִקְרִ֛יב אֶת־אֲשֶׁ֥ר לַחַטָּ֖את רִֽאשׁוֹנָ֑ה וּמָלַ֧ק אֶת־רֹאשׁ֛וֹ מִמּ֥וּל עָרְפּ֖וֹ וְלֹ֥א יַבְדִּֽיל: וְהִזָּ֞ה מִדַּ֤ם הַֽחַטָּאת֙ עַל־קִ֣יר הַמִּזְבֵּ֔חַ וְהַנִּשְׁאָ֣ר בַּדָּ֔ם יִמָּצֵ֖ה אֶל־יְס֣וֹד הַמִּזְבֵּ֑חַ חַטָּ֖את הֽוּא: וְאֶת־הַשֵּׁנִ֛י יַעֲשֶׂ֥ה עֹלָ֖ה כַּמִּשְׁפָּ֑ט וְכִפֶּר֩ עָלָ֨יו הַכֹּהֵ֜ן מֵחַטָּאת֛וֹ אֲשֶׁר־חָטָ֖א וְנִסְלַ֥ח לֽוֹ:

וְאִם־לֹא֩ תַשִּׂ֨יג יָד֜וֹ לִשְׁתֵּ֣י תֹרִ֗ים אוֹ֙ לִשְׁנֵ֣י בְנֵי־יוֹנָ֔ה וְהֵבִ֣יא אֶת־קָרְבָּנ֗וֹ אֲשֶׁ֣ר חָטָ֔א עֲשִׂירִ֥ת הָאֵפָ֛ה סֹ֖לֶת לְחַטָּ֑את לֹא־יָשִׂ֨ים עָלֶ֜יהָ שֶׁ֗מֶן וְלֹא־יִתֵּ֤ן עָלֶ֨יהָ֙ לְבֹנָ֔ה כִּ֥י חַטָּ֖את הִֽוא: וֶהֱבִיאָהּ֮ אֶל־הַכֹּהֵן֒ וְקָמַ֣ץ הַכֹּהֵ֣ן ׀ מִ֠מֶּ֠נָּה מְל֨וֹא קֻמְצ֜וֹ אֶת־אַזְכָּרָתָהּ֙ וְהִקְטִ֣יר הַמִּזְבֵּ֔חָה עַ֖ל אִשֵּׁ֣י יְהוָ֑ה חַטָּ֖את הִֽוא: וְכִפֶּר֩ עָלָ֨יו הַכֹּהֵ֜ן עַל־חַטָּאת֧וֹ אֲשֶׁר־חָטָ֛א מֵֽאַחַ֥ת מֵאֵ֖לֶּה וְנִסְלַ֥ח

מצוה קכד
איסור הפרדת הראש
של קרבן העוף

מצוה קכה
איסור נתינת שמן
במנחת חוטא

מצוה קכו
איסור נתינת לבונה
במנחת חוטא

יד לוֹ וְהָיְתָה לַכֹּהֵן כַּמִּנְחָה: וַיְדַבֵּר יְהֹוָה ★
טו אֶל־מֹשֶׁה לֵּאמֹר: נֶפֶשׁ כִּי־תִמְעֹל מַעַל וְחָטְאָה

מצווה קכז
מצוות תשלום
קרן וחומש
במעילה בהקדש

ה ו וִיהֵי אֲרֵי יְחוּב לַחֲדָא מֵאִלֵּין, וִיוַדֵּי, דְּחָב עֲלַהּ: וְיַיְתֵי יָת אֲשָׁמֵיהּ לִקְדָם יְיָ, עַל חוֹבְתֵיהּ
דְּחָב, נֻקְבָּא מִן עָנָא אִמַּרְתָּא, אוֹ צְפִירַת עִזֵּי לְחַטָּתָא, וִיכַפַּר עֲלוֹהִי, כָּהֲנָא מֵחוֹבְתֵיהּ:
ז וְאִם לָא תִמְטֵי יְדֵיהּ כְּמִסַּת אִמְּרָא, וְיַיְתֵי יָת חוֹבְתֵיהּ דְּחָב, תַּרְתֵּין שַׁפְנִינִין, אוֹ תְרֵין בְּנֵי
ח יוֹנָה לִקְדָם יְיָ, חַד לְחַטָּתָא וְחַד לַעֲלָתָא: וְיַיְתֵי יָתְהוֹן לְוָת כָּהֲנָא, וִיקָרֵיב, יָת דִּלְחַטָּתָא
ט קַדְמוֹתָא, וְיִמְלוֹק יָת רֵישֵׁיהּ, מִקֳּבֵיל קְדָלֵיהּ וְלָא יַפְרֵישׁ: וְיַדֵּי, מִדְּמָא דְּחַטָּתָא עַל כּוֹתֶל
י מַדְבְּחָא, וּדְיִשְׁתְּאַר בִּדְמָא, יִתְמְצֵי לִיסוֹדָא דְּמַדְבְּחָא, חַטָּתָא הוּא: וְיָת תִּנְיָנָא, יַעֲבֵיד
יא עֲלָתָא כִּדְחָזֵי, וִיכַפַּר עֲלוֹהִי כָּהֲנָא, מֵחוֹבְתֵיהּ דְּחָב וְיִשְׁתְּבֵיק לֵיהּ: וְאִם לָא תַדְבֵּיק יְדֵיהּ
לְתַרְתֵּין שַׁפְנִינִין, אוֹ לִתְרֵין בְּנֵי יוֹנָה, וְיַיְתֵי יָת קֻרְבָּנֵיהּ דְּחָב, חַד מִן עַסְרָא בִּתְלָת סְאִין,
יב סֻלְתָּא לְחַטָּתָא, לָא יְשַׁוֵּי עֲלַהּ מִשְׁחָא, וְלָא יִתֵּין עֲלַהּ לְבוֹנְתָא, אֲרֵי חַטָּתָא הִיא: וְיַיְתֵינַהּ
לְוָת כָּהֲנָא, וְיִקְמוֹץ כָּהֲנָא מִנַּהּ, מְלֵי קֻמְצֵיהּ, יָת אַדְכָּרְתַהּ וְיַסֵּיק לְמַדְבְּחָא, עַל קֻרְבָּנַיָּא
יג דַּיְיָ, חַטָּתָא הִיא: וִיכַפַּר עֲלוֹהִי כָּהֲנָא, עַל חוֹבְתֵיהּ דְּחָב, מֵחֲדָא מֵאִלֵּין וְיִשְׁתְּבֵיק לֵיהּ,
יד טו וּתְהֵי לְכָהֲנָא כְּמִנְחָתָא: וּמַלֵּיל יְיָ עִם מֹשֶׁה לְמֵימַר: אֱנָשׁ אֲרֵי יְשַׁקַּר שְׁקַר, וִיחוּב

ח| **וְהִקְרִיב אֶת אֲשֶׁר לַחַטָּאת רִאשׁוֹנָה.** חַטָּאת קוֹדֶמֶת לְעוֹלָה. לְמָה הַדָּבָר דּוֹמֶה? לִפְרַקְלִיט שֶׁנִּכְנַס לְרַצּוֹת, רִצָּה פְּרַקְלִיט, נִכְנַס דּוֹרוֹן אַחֲרָיו: **וְלֹא יַבְדִּיל.** אֵינוֹ מוֹלֵק אֶלָּא סִימָן אֶחָד: עֹרֶף. הוּא גֹּבַהּ הָרֹאשׁ הַמְשֻׁפָּע לְצַד הַצַּוָּאר. 'מוּל עֹרֶף' – מוּל הָרוֹאֶה אֶת הָעֹרֶף, וְהוּא אֹרֶךְ כָּל אֲחוֹרֵי הַצַּוָּאר:

ט| **וְהִזָּה מִדַּם הַחַטָּאת.** בָּעוֹלָה לֹא הִטְעִין אֶלָּא מִצּוּי (לעיל א, טו) וּבַחַטָּאת הַזָּאָה וּמִצּוּי, אוֹחֵז בָּעוֹף וּמַתִּיז וְהַדָּם נִתָּז וְהוֹלֵךְ לַמִּזְבֵּחַ: **חַטָּאת הוּא.** לִשְׁמָהּ כְּשֵׁרָה, שֶׁלֹּא לִשְׁמָהּ פְּסוּלָה:

י| **כַּמִּשְׁפָּט.** כַּדָּת הָאֲמוּרָה בְּעוֹלַת הָעוֹף שֶׁל נְדָבָה בְּרֹאשׁ הַפָּרָשָׁה:

יא| **כִּי חַטָּאת הוּא.** וְאֵין בַּדִּין שֶׁיְּהֵא קָרְבָּנָהּ מְהֻדָּר:

יב| **חַטָּאת הוּא.** נִקְמְצָה וְנִקְטְרָה לִשְׁמָהּ כְּשֵׁרָה, שֶׁלֹּא לִשְׁמָהּ פְּסוּלָה:

יג| **עַל חַטָּאתוֹ אֲשֶׁר חָטָא.** כָּאן שִׁנָּה הַכָּתוּב, שֶׁהֲרֵי בַּעֲשִׁירוּת וּבְדַלּוּת נֶאֱמַר: "מֵחַטָּאתוֹ" (לעיל פסוק ו ופסוק י), וְכָאן בְּדַלֵּי דַלּוּת נֶאֱמַר: "עַל חַטָּאתוֹ", דִּקְדְּקוּ רַבּוֹתֵינוּ מִכָּאן, שֶׁאִם חָטָא כְּשֶׁהוּא עָשִׁיר וְהִפְרִישׁ מָעוֹת לְכִשְׂבָּה אוֹ שְׂעִירָה וְהֶעֱנִי, יָבִיא מִמִּקְצָתָן שְׁתֵּי תוֹרִים. הִפְרִישׁ מָעוֹת לִשְׁתֵּי תוֹרִים וְהֶעֱנִי, יָבִיא מִמִּקְצָתָן עֲשִׂירִית הָאֵיפָה. הִפְרִישׁ מָעוֹת לַעֲשִׂירִית הָאֵיפָה וְהֶעֱשִׁיר, יוֹסִיף עֲלֵיהֶן וְיָבִיא קָרְבַּן עָשִׁיר, לְכָךְ נֶאֱמַר כָּאן: "עַל חַטָּאתוֹ": **מֵאַחַת מֵאֵלֶּה.** מֵאַחַת מִשָּׁלֹשׁ כַּפָּרוֹת הָאֲמוּרוֹת בָּעִנְיָן: אוֹ בַּעֲשִׁירוּת, אוֹ בְּדַלּוּת, אוֹ בְּדַלֵּי דַלּוּת. וּמַה תַּלְמוּד לוֹמַר? שֶׁיָּכוֹל הַחֲמוּרִים שֶׁבָּהֶם יִהְיוּ בְּכִשְׂבָּה אוֹ שְׂעִירָה, וְהַקַּלִּין יִהְיוּ בְעוֹף, וְהַקַּלִּין שֶׁבַּקַּלִּין יִהְיוּ בַּעֲשִׂירִית הָאֵיפָה? תַּלְמוּד לוֹמַר: "מֵאַחַת מֵאֵלֶּה", לְהַשְׁווֹת קַלִּין לַחֲמוּרִין לְכִשְׂבָּה וּשְׂעִירָה אִם הִשִּׂיגָה יָדָם, וְאֶת הַחֲמוּרִין לְקַלִּין לַעֲשִׂירִית הָאֵיפָה בְּדַלֵּי דַלּוּת: **וְהָיְתָה לַכֹּהֵן כַּמִּנְחָה.** לְלַמֵּד עַל מִנְחַת חוֹטֵא שֶׁיִּהְיוּ שְׁיָרֶיהָ נֶאֱכָלִין, זֶהוּ לְפִי פְּשׁוּטוֹ. וְרַבּוֹתֵינוּ דָּרְשׁוּ, "וְהָיְתָה לַכֹּהֵן", וְאִם חוֹטֵא זֶה כֹּהֵן הוּא, תְּהֵא כִּשְׁאָר מִנְחַת נִדְבַת כֹּהֵן, שֶׁהִיא בְּ"כָלִיל תִּהְיֶה לֹא תֵאָכֵל" (להלן ו, טז):

טו| **כִּי תִמְעֹל מַעַל.** אֵין מְעִילָה בְּכָל מָקוֹם אֶלָּא

בִּשְׁגָגָה מִקָּדְשֵׁי יְהוָה וְהֵבִיא אֶת־אֲשָׁמוֹ לַיהוָה
אַיִל תָּמִים מִן־הַצֹּאן בְּעֶרְכְּךָ כֶּסֶף־שְׁקָלִים
בְּשֶׁקֶל־הַקֹּדֶשׁ לְאָשָׁם: וְאֵת אֲשֶׁר חָטָא מִן־ טז
הַקֹּדֶשׁ יְשַׁלֵּם וְאֶת־חֲמִישִׁתוֹ יוֹסֵף עָלָיו וְנָתַן
אֹתוֹ לַכֹּהֵן וְהַכֹּהֵן יְכַפֵּר עָלָיו בְּאֵיל הָאָשָׁם
וְנִסְלַח לוֹ:

וְאִם־נֶפֶשׁ כִּי תֶחֱטָא וְעָשְׂתָה אַחַת מִכָּל־מִצְוֹת יז
יְהוָה אֲשֶׁר לֹא תֵעָשֶׂינָה וְלֹא־יָדַע וְאָשֵׁם וְנָשָׂא
עֲוֺנוֹ: וְהֵבִיא אַיִל תָּמִים מִן־הַצֹּאן בְּעֶרְכְּךָ יח
לְאָשָׁם אֶל־הַכֹּהֵן וְכִפֶּר עָלָיו הַכֹּהֵן עַל שִׁגְגָתוֹ
אֲשֶׁר־שָׁגָג וְהוּא לֹא־יָדַע וְנִסְלַח לוֹ: אָשָׁם הוּא יט
אָשֹׁם אָשַׁם לַיהוָה:

מצווה קכח
מצוות הקרבת
אשם תלוי

וַיְדַבֵּר יְהוָה אֶל־מֹשֶׁה לֵּאמֹר: נֶפֶשׁ כִּי תֶחֱטָא כ כא
וּמָעֲלָה מַעַל בַּיהוָה וְכִחֵשׁ בַּעֲמִיתוֹ בְּפִקָּדוֹן
אוֹ־בִתְשׂוּמֶת יָד אוֹ בְגָזֵל אוֹ עָשַׁק אֶת־עֲמִיתוֹ:
אוֹ־מָצָא אֲבֵדָה וְכִחֶשׁ בָּהּ וְנִשְׁבַּע עַל־שָׁקֶר עַל־ כב

שִׁנּוּי, וְכֵן הוּא אוֹמֵר: "וַיִּמְעֲלוּ בֵּאלֹהֵי אֲבֹתֵיהֶם וַיִּזְנוּ אַחֲרֵי אֱלֹהֵי עַמֵּי הָאָרֶץ" (דברי הימים א' ה, כה), וְכֵן הוּא אוֹמֵר בְּסוֹטָה: "וּמָעֲלָה בוֹ מָעַל" (במדבר ה, יב): **וְחָטְאָה בִּשְׁגָגָה מִקָּדְשֵׁי ה'.** שֶׁנֶּהֱנָה מִן הַהֶקְדֵּשׁ. וְהֵיכָן הֻזְהַר? נֶאֱמַר כָּאן 'חֵטְא' וְנֶאֱמַר לְהַלָּן 'חֵטְא' בִּתְרוּמָה: "וְלֹא יִשְׂאוּ עָלָיו חֵטְא" (להלן כב, ט), מַה לְהַלָּן הִזְהִיר, אַף כָּאן הִזְהִיר. אִי מַה לְהַלָּן לֹא הִזְהִיר אֶלָּא עַל הָאוֹכֵל אַף כָּאן לֹא הִזְהִיר אֶלָּא עַל הָאוֹכֵל? תַּלְמוּד לוֹמַר: "תִּמְעֹל מַעַל", רִבָּה: **מִקָּדְשֵׁי ה'.** הַמְיֻחָדִים לַשֵּׁם, יָצְאוּ קָדָשִׁים קַלִּים: **אַיִל.** לְשׁוֹן 'קָשֶׁה', כְּמוֹ: "וְאֶת אֵילֵי הָאָרֶץ לָקָח" (יחזקאל יז, יג), אַף כָּאן קָשֶׁה, בֶּן שְׁתֵּי שָׁנִים: **בְּעֶרְכְּךָ כֶּסֶף שְׁקָלִים.** שֶׁיְּהֵא שָׁוֶה שְׁתֵּי סְלָעִים:

בְּשָׁלוּ, מִקֻּדְשַׁיָּא דַּיְיָ, וְיַיְתֵי יָת אֲשָׁמֵיהּ לִקֳדָם יְיָ דְּכַר שְׁלִים מִן עָנָא, בְּפֻרְסָנֵיהּ, כְּסַף סִלְעִין
טז בְּסִלְעֵי קֻדְשָׁא לַאֲשָׁמָא: וְיָת דְּחָב מִן קֻדְשָׁא יְשַׁלֵּים, וְיָת חֻמְשֵׁיהּ יוֹסֵיף עֲלוֹהִי, וְיִתֵּין יָתֵיהּ
יז לְכָהֲנָא, וְכָהֲנָא, יְכַפַּר עֲלוֹהִי, בְּדִכְרָא דַּאֲשָׁמָא וְיִשְׁתְּבֵיק לֵיהּ: וְאִם אֱנָשׁ אֲרֵי יְחוּב, וְיַעֲבֵיד,
יח חַד מִכָּל פִּקּוֹדַיָּא דַּיְיָ, דְּלָא כָשְׁרִין לְאִתְעֲבָדָא, וְלָא יְדַע וְחָב וִיקַבֵּיל חוֹבֵיהּ: וְיַיְתֵי, דְּכַר שְׁלִים
מִן עָנָא, בְּפֻרְסָנֵיהּ לַאֲשָׁמָא לְוָת כָּהֲנָא, וִיכַפַּר עֲלוֹהִי כָּהֲנָא, עַל שָׁלוּתֵיהּ דְּאִשְׁתְּלִי, וְהוּא לָא
יט כ יְדַע וְיִשְׁתְּבֵיק לֵיהּ: אֲשָׁמָא הוּא, עַל חוֹבְתֵיהּ דְּחָב אֲשָׁמָא יְקָרֵיב קֳדָם יְיָ: וּמַלֵּיל יְיָ עִם מֹשֶׁה
כא לְמֵימַר: אֱנָשׁ אֲרֵי יְחוּב, וִישַׁקַּר שְׁקַר קֳדָם יְיָ, וִיכַדֵּיב בְּחַבְרֵיהּ בְּפִקְדוֹנָא, אוֹ בְשׁוּתָּפוּת יְדָא
כב אוֹ בִגְזֵילָא, אוֹ עֲשַׁק יָת חַבְרֵיהּ: אוֹ אַשְׁכַּח אֲבֵידְתָא, וְכַדֵּיב בַּהּ וְאִשְׁתְּבַע עַל שִׁקְרָא, עַל

טז] **וְאֵת אֲשֶׁר חָטָא מִן הַקֹּדֶשׁ יְשַׁלֵּם.** קֶרֶן וְחֹמֶשׁ לַהֶקְדֵּשׁ:

יז] **וְלֹא יָדַע וְאָשֵׁם וְהֵבִיא.** הָעִנְיָן הַזֶּה מְדַבֵּר בְּמִי שֶׁבָּא סְפֵק כָּרֵת לְיָדוֹ וְלֹא יָדַע אִם עָבַר עָלָיו אִם לָאו, כְּגוֹן חֵלֶב וְשֻׁמָּן לְפָנָיו וּכְסָבוּר שֶׁשְּׁתֵּיהֶן הֶתֵּר וְאָכַל אֶת הָאַחַת. אָמְרוּ לוֹ: אַחַת שֶׁל חֵלֶב הָיְתָה, וְלֹא יָדַע אִם זוֹ שֶׁל חֵלֶב אָכַל – הֲרֵי זֶה מֵבִיא אָשָׁם תָּלוּי, וּמֵגֵן עָלָיו כָּל זְמַן שֶׁלֹּא נוֹדַע לוֹ שֶׁוַּדַּאי חָטָא, וְאִם יִוָּדַע לוֹ לְאַחַר זְמַן, יָבִיא חַטָּאת: **וְלֹא יָדַע וְאָשֵׁם וְנָשָׂא עֲוֹנוֹ.** רַבִּי יוֹסֵי הַגְּלִילִי אוֹמֵר: הֲרֵי הַכָּתוּב עָנַשׁ אֶת מִי שֶׁלֹּא יָדַע, עַל אַחַת כַּמָּה וְכַמָּה שֶׁיַּעֲנֹשׁ אֶת מִי שֶׁיָּדַע. רַבִּי יוֹסֵי אוֹמֵר: אִם נַפְשְׁךָ לֵידַע מַתַּן שְׂכָרָן שֶׁל צַדִּיקִים, צֵא וּלְמַד מֵאָדָם הָרִאשׁוֹן, שֶׁלֹּא נִצְטַוָּה אֶלָּא עַל מִצְוַת לֹא תַעֲשֶׂה וְעָבַר עָלֶיהָ, רְאֵה כַּמָּה מִיתוֹת נִקְנְסוּ עָלָיו וּלְדוֹרוֹתָיו. וְכִי אֵיזוֹ מִדָּה מְרֻבָּה, שֶׁל טוֹבָה אוֹ שֶׁל פֻּרְעָנוּת? הֱוֵי אוֹמֵר מִדָּה טוֹבָה. אִם מִדַּת פֻּרְעָנוּת מְעֻטָּה, רְאֵה כַּמָּה מִיתוֹת נִקְנְסוּ לוֹ וּלְדוֹרוֹתָיו, מִדָּה טוֹבָה הַמְרֻבָּה, הַיּוֹשֵׁב לוֹ מִן הַפִּגּוּלִין וְהַנּוֹתָרוֹת וְהַמִּתְעַנֶּה בְּיוֹם הַכִּפּוּרִים, עַל אַחַת כַּמָּה וְכַמָּה שֶׁיִּזְכֶּה לוֹ וּלְדוֹרוֹתָיו וּלְדוֹרוֹת דּוֹרוֹתָיו עַד סוֹף כָּל הַדּוֹרוֹת. רַבִּי עֲקִיבָא אוֹמֵר: הֲרֵי הוּא אוֹמֵר: "עַל פִּי שְׁנַיִם עֵדִים אוֹ שְׁלֹשָׁה" וְגוֹ' (דברים יז, ו), אִם מִתְקַיֶּמֶת הָעֵדוּת בִּשְׁנַיִם, לָמָּה פָּרַט לְךָ הַכָּתוּב שְׁלֹשָׁה, אֶלָּא לְהָבִיא שְׁלִישִׁי לְהַחֲמִיר עָלָיו כְּאִלּוּ הוֹעִיל וְלַעֲשׂוֹת דִּינוֹ כַּיּוֹצֵא בְּאֵלּוּ לְעִנְיַן עֹנֶשׁ וַהֲזַמָּה; אִם כָּךְ עָנַשׁ הַכָּתוּב לַנִּטְפָּל לְעוֹבְרֵי עֲבֵרָה כְּעוֹבְרֵי עֲבֵרָה, עַל אַחַת כַּמָּה וְכַמָּה שֶׁיְּשַׁלֵּם שָׂכָר טוֹב לַנִּטְפָּל לְעוֹשֵׂי מִצְוָה כְּעוֹשֵׂי מִצְוָה. רַבִּי אֶלְעָזָר בֶּן עֲזַרְיָה אוֹמֵר: "כִּי תִקְצֹר קְצִירְךָ בְשָׂדֶךָ וְשָׁכַחְתָּ עֹמֶר בַּשָּׂדֶה" (דברים כד, יט), הֲרֵי הוּא אוֹמֵר: "לְמַעַן יְבָרֶכְךָ" וְגוֹ' (שם), קָבַע הַכָּתוּב בְּרָכָה לְמִי שֶׁבָּאת עַל יָדוֹ מִצְוָה בְּלֹא יָדַע, אֱמֹר מֵעַתָּה: הָיְתָה סֶלַע צְרוּרָה בִּכְנָפָיו וְנָפְלָה הֵימֶנּוּ וּמְצָאָהּ הֶעָנִי וְנִתְפַּרְנֵס בָּהּ, הֲרֵי הַקָּדוֹשׁ בָּרוּךְ הוּא קוֹבֵעַ לוֹ בְּרָכָה:

יח] **בְּעֶרְכְּךָ לְאָשָׁם.** בָּעֵרֶךְ הָאָמוּר לְמַעְלָה (פסוק טו): **אֲשֶׁר שָׁגָג וְהוּא לֹא יָדַע.** הָא אִם יָדַע לְאַחַר זְמַן, לֹא נִתְכַּפֵּר לוֹ בְּאָשָׁם זֶה, עַד שֶׁיָּבִיא חַטָּאת. הָא לְמָה זֶה דּוֹמֶה? לְעֶגְלָה עֲרוּפָה שֶׁנִּתְעָרְפָה וְאַחַר כָּךְ נִמְצָא הַהוֹרֵג – הֲרֵי זֶה יֵהָרֵג:

יט] **אָשָׁם הוּא אָשֹׁם אָשַׁם.** הָרִאשׁוֹן כֻּלּוֹ קָמוּץ, שֶׁהוּא שֵׁם דָּבָר, וְהָאַחֲרוֹן חֶצְיוֹ קָמַץ וְחֶצְיוֹ פַּתָּח, שֶׁהוּא לְשׁוֹן פָּעַל. וְאִם תֹּאמַר, מִקְרָא שֶׁלֹּא לְצֹרֶךְ הוּא! כְּבָר דָּרוּשׁ הוּא בְּתוֹרַת כֹּהֲנִים (ג, ו): "אָשֹׁם אָשַׁם", לְהָבִיא אֲשַׁם שִׁפְחָה חֲרוּפָה שֶׁיְּהֵא אַיִל בֶּן שְׁתֵּי שָׁנִים. יָכוֹל שֶׁאֲנִי מְרַבֶּה אֲשַׁם נָזִיר וַאֲשַׁם מְצֹרָע? תַּלְמוּד לוֹמַר: "הוּא":

כא] **נֶפֶשׁ כִּי תֶחֱטָא.** אָמַר רַבִּי עֲקִיבָא: מַה תַּלְמוּד לוֹמַר: "וּמָעֲלָה מַעַל בַּה'"? לְפִי שֶׁכָּל הַמַּלְוֶה וְהַלֹּוֶה וְהַנּוֹשֵׂא וְהַנּוֹתֵן אֵינוֹ עוֹשֶׂה אֶלָּא בְּעֵדִים וּבִשְׁטָר, לְפִיכָךְ בִּזְמַן שֶׁהוּא מְכַחֵשׁ, מְכַחֵשׁ בָּעֵדִים וּבַשְּׁטָר; אֲבָל הַמַּפְקִיד אֵצֶל חֲבֵרוֹ וְאֵינוֹ רוֹצֶה שֶׁתֵּדַע בּוֹ נְשָׁמָה אֶלָּא שְׁלִישִׁי שֶׁבֵּינֵיהֶם, לְפִיכָךְ בִּזְמַן שֶׁהוּא מְכַחֵשׁ מְכַחֵשׁ בַּשְּׁלִישִׁי שֶׁבֵּינֵיהֶם: **בִתְשׂוּמֶת יָד.** שֶׁשָּׂם בְּיָדוֹ מָמוֹן לְהִתְעַסֵּק אוֹ בְּמִלְוֶה: **אוֹ בְגָזֵל.** שֶׁגָּזַל מִיָּדוֹ כְּלוּם: **אוֹ עָשַׁק.** הוּא שְׂכַר שָׂכִיר:

כב] **וְכִחֶשׁ בָּהּ.** שֶׁכָּפַר עַל אַחַת מִכָּל אֵלֶּה "אֲשֶׁר יַעֲשֶׂה הָאָדָם", לַחֲטֹא וּלְהִשָּׁבַע עַל שֶׁקֶר לִכְפִירַת מָמוֹן:

ויקרא

אַחַ֗ת מִכֹּ֛ל אֲשֶׁר־יַעֲשֶׂ֥ה הָאָדָ֖ם לַחֲטֹ֥א בָהֵֽנָּה׃

מצווה קל
מצוות השבת
גזלה

כג וְהָיָה֙ כִּֽי־יֶחֱטָ֣א וְאָשֵׁ֔ם וְהֵשִׁ֨יב אֶת־הַגְּזֵלָ֜ה אֲשֶׁ֣ר גָּזָ֗ל אוֹ אֶת־הָעֹ֙שֶׁק֙ אֲשֶׁ֣ר עָשָׁ֔ק א֖וֹ אֶת־הַפִּקָּד֑וֹן אֲשֶׁ֤ר הָפְקַד֙ אִתּ֔וֹ א֥וֹ אֶת־הָאֲבֵדָ֖ה אֲשֶׁ֥ר מָצָֽא׃

מפטיר

כד א֠וֹ מִכֹּ֞ל אֲשֶׁר־יִשָּׁבַ֣ע עָלָיו֮ לַשֶּׁקֶר֒ וְשִׁלַּ֤ם אֹתוֹ֙ בְּרֹאשׁ֔וֹ וַחֲמִשִׁתָ֖יו יֹסֵ֣ף עָלָ֑יו לַאֲשֶׁ֨ר ה֥וּא ל֛וֹ יִתְּנֶ֖נּוּ בְּי֥וֹם אַשְׁמָתֽוֹ׃

מצווה קכט
מצוות הקרבת
אשם ודאי

כה וְאֶת־אֲשָׁמ֥וֹ יָבִ֖יא לַיהוָ֑ה אַ֣יִל תָּמִ֧ים מִן־הַצֹּ֛אן בְּעֶרְכְּךָ֥ לְאָשָׁ֖ם אֶל־הַכֹּהֵֽן׃

הפטרת ויקרא

בשבת פרשת זכור קוראים את המפטיר מספר דברים כה, יז-יט, ואת ההפטרה בעמ' 1290. בשבת פרשת החודש קוראים את המפטיר מספר שמות יב, א-כ, ואת ההפטרה בעמ' 1293.

העימותות שהיו לישראל מכניסתם לארץ ועד ימי ישעיהו, היו עם עמים קטנים ובינוניים ולא הגיעו לחורבן וגלות. בימיו, במהלך תקופת המלוכה של חזקיהו, המעצמה האשורית הגלתה את ישראל וגם יהודה הייתה נתונה לסכנה זו. העימות עם אשור הוצג בפי שליחיו המעצמה כמאבק בין אלוהויות, ניצחון אשור פורש כניצחון אלוהי אשור על א-לוהי שומרון. להצלת יהודה מידי אשור הייתה גם משמעות רוחנית – שאין ניצחון על ה'. ישראל הוא עם ה' ועליו להכיר בקריאה של ה' בפי ישעיהו "אני ראשון ואני אחרון ומבלעדי אין א-לוהים". אם יבין זאת העם, לא יחשוש מאיום של אלוהי פסל, שהנביא מרחיב לתאר וללעוג להם. הקרבנות אינם עיקר כבאלילות, אלא אמצעי. ההתקרבות לה' תבוא באמצעות תיקון המעשים.

ישעיה

מג עַם־ז֖וּ יָצַ֣רְתִּי לִ֑י תְּהִלָּתִ֖י יְסַפֵּֽרוּ׃ כב וְלֹא־אֹתִ֥י קָרָ֖אתָ יַעֲקֹ֑ב כִּֽי־יָגַ֥עְתָּ בִּ֖י יִשְׂרָאֵֽל׃ כג לֹֽא־הֵבֵ֤יאתָ לִּי֙ שֵׂ֣ה עֹלֹתֶ֔יךָ וּזְבָחֶ֖יךָ לֹ֣א כִבַּדְתָּ֑נִי לֹ֤א הֶעֱבַדְתִּ֙יךָ֙ בְּמִנְחָ֔ה וְלֹ֥א הוֹגַעְתִּ֖יךָ בִּלְבוֹנָֽה׃ כד לֹא־קָנִ֨יתָ לִּ֤י בַכֶּ֙סֶף֙ קָנֶ֔ה וְחֵ֥לֶב זְבָחֶ֖יךָ לֹ֣א הִרְוִיתָ֑נִי אַ֗ךְ הֶעֱבַדְתַּ֙נִי֙ בְּחַטֹּאותֶ֔יךָ הוֹגַעְתַּ֖נִי בַּעֲוֺנֹתֶֽיךָ׃ כה אָנֹכִ֨י אָנֹכִ֥י ה֛וּא מֹחֶ֥ה פְשָׁעֶ֖יךָ לְמַעֲנִ֑י וְחַטֹּאתֶ֖יךָ לֹ֥א אֶזְכֹּֽר׃ כו הַזְכִּירֵ֕נִי נִשָּׁפְטָ֖ה יָ֑חַד סַפֵּ֥ר אַתָּ֖ה לְמַ֥עַן תִּצְדָּֽק׃ כז אָבִ֥יךָ הָרִאשׁ֖וֹן חָטָ֑א וּמְלִיצֶ֖יךָ פָּ֥שְׁעוּ בִֽי׃ כח וַאֲחַלֵּ֖ל שָׂ֣רֵי קֹ֑דֶשׁ וְאֶתְּנָ֤ה לַחֵ֙רֶם֙ יַעֲקֹ֔ב וְיִשְׂרָאֵ֖ל לְגִדּוּפִֽים׃ מד א וְעַתָּ֥ה שְׁמַ֖ע יַעֲקֹ֣ב עַבְדִּ֑י

ויקרא

כו וְכִפֶּ֨ר עָלָ֤יו הַכֹּהֵן֙ לִפְנֵ֣י יְהוָ֔ה וְנִסְלַ֖ח ל֑וֹ עַל־אַחַ֛ת מִכֹּ֥ל אֲשֶֽׁר־יַעֲשֶׂ֖ה לְאַשְׁמָ֥ה בָֽהּ׃

כג חֲדָא, מִכֹּל, דְּיַעֲבֵיד אֲנָשָׁא לְמִחָב בְּהוֹן: וִיהֵי אֲרֵי יֶחֱטֵי וִיחוּב, וְיָתִיב יָת גְּזֵילָא דִּגְזַל, אוֹ יָת
כד עֻשְׁקָא דַּעֲשַׁק, אוֹ יָת פִּקְדוֹנָא, דְּאִתַּפְקַד לְוָתֵיהּ, אוֹ יָת אֲבֵידְתָּא דְּאַשְׁכַּח: אוֹ, מִכּוֹלָא, דְּיִשְׁתְּבַע עֲלוֹהִי לְשִׁקְרָא, וִישַׁלֵּים יָתֵיהּ בְּרֵישֵׁיהּ, וְחֻמְשׁוֹהִי יוֹסֵיף עֲלוֹהִי, לְדְּהוּא דִילֵיהּ,
כה יִתְּנִנֵּיהּ בְּיוֹמָא דְּחוֹבָתֵיהּ: וְיָת אֲשָׁמֵיהּ יַיְתֵי לָקֳדָם יְיָ, דְּכַר שְׁלִים מִן עָנָא, בְּפֻרְסָנֵיהּ לַאֲשָׁמָא
כו לְוָת כָּהֲנָא: וִיכַפַּר עֲלוֹהִי כָּהֲנָא, קֳדָם יְיָ וְיִשְׁתְּבֵיק לֵיהּ, עַל חֲדָא, מִכֹּל דְּיַעֲבֵיד לְמִחָב בַּהּ:

כג) כִּי יֶחֱטָא וְאָשֵׁם. כְּשֶׁיַּכִּיר בְּעַצְמוֹ לָשׁוּב בִּתְשׁוּבָה וְלָדַעַת וּלְהוֹדוֹת כִּי חָטָא וְאָשֵׁם: כד) בְּרֹאשׁוֹ. הוּא הַקֶּרֶן, רֹאשׁ הַמָּמוֹן: לַאֲשֶׁר הוּא לוֹ. לְמִי שֶׁהַמָּמוֹן שֶׁלּוֹ:

ב וְיִשְׂרָאֵ֖ל בָּחַ֣רְתִּי ב֑וֹ׃ כֹּה־אָמַ֨ר יְהוָ֜ה עֹשֶׂ֤ךָ וְיֹצֶרְךָ֙ מִבֶּ֔טֶן יַעְזְרֶ֑ךָּ אַל־תִּירָ֞א
ג עַבְדִּ֤י יַעֲקֹב֙ וִישֻׁר֔וּן בָּחַ֖רְתִּי בֽוֹ׃ כִּ֤י אֶצָּק־מַ֙יִם֙ עַל־צָמֵ֔א וְנֹזְלִ֖ים עַל־יַבָּשָׁ֑ה
ד אֶצֹּ֤ק רוּחִי֙ עַל־זַרְעֶ֔ךָ וּבִרְכָתִ֖י עַל־צֶאֱצָאֶֽיךָ׃ וְצָמְח֖וּ בְּבֵ֣ין חָצִ֑יר כַּעֲרָבִ֖ים
ה עַל־יִבְלֵי־מָֽיִם׃ זֶ֣ה יֹאמַ֤ר לַֽיהוָה֙ אָ֔נִי וְזֶ֖ה יִקְרָ֣א בְשֵׁם־יַעֲקֹ֑ב וְזֶ֗ה יִכְתֹּ֤ב יָדוֹ֙
ו לַֽיהוָ֔ה וּבְשֵׁ֥ם יִשְׂרָאֵ֖ל יְכַנֶּֽה׃ כֹּֽה־אָמַ֨ר יְהוָ֧ה מֶֽלֶךְ־יִשְׂרָאֵ֛ל וְגֹאֲל֖וֹ
ז יְהוָ֣ה צְבָא֑וֹת אֲנִ֤י רִאשׁוֹן֙ וַאֲנִ֣י אַחֲר֔וֹן וּמִבַּלְעָדַ֖י אֵ֥ין אֱלֹהִֽים׃* וּמִֽי־כָמ֣וֹנִי
יִקְרָ֗א וְיַגִּידֶ֤הָ וְיַעְרְכֶ֙הָ֙ לִ֔י מִשּׂוּמִ֖י עַם־עוֹלָ֑ם וְאֹתִיּ֛וֹת וַאֲשֶׁ֥ר תָּבֹ֖אנָה יַגִּ֥ידוּ
ח לָֽמוֹ׃ אַֽל־תִּפְחֲדוּ֙ וְאַל־תִּרְה֔וּ הֲלֹ֥א מֵאָ֛ז הִשְׁמַעְתִּ֥יךָ וְהִגַּ֖דְתִּי וְאַתֶּ֣ם עֵדָ֑י
ט הֲיֵ֤שׁ אֱל֙וֹהַּ֙ מִבַּלְעָדַ֔י וְאֵ֥ין צ֖וּר בַּל־יָדָֽעְתִּי׃ יֹֽצְרֵי־פֶ֤סֶל כֻּלָּם֙ תֹּ֔הוּ וַחֲמוּדֵיהֶ֖ם
י בַּל־יוֹעִ֑ילוּ וְעֵדֵיהֶ֣ם הֵ֗מָּה בַּל־יִרְאוּ֙ וּבַל־יֵ֣דְע֔וּ לְמַ֖עַן יֵבֹֽשׁוּ׃ מִֽי־יָצַ֥ר אֵ֛ל
יא וּפֶ֥סֶל נָסָ֖ךְ לְבִלְתִּ֣י הוֹעִֽיל׃ הֵ֤ן כָּל־חֲבֵרָיו֙ יֵבֹ֔שׁוּ וְחָרָשִׁ֥ים הֵ֖מָּה מֵאָדָ֑ם
יב יִֽתְקַבְּצ֤וּ כֻלָּם֙ יַֽעֲמֹ֔דוּ יִפְחֲד֖וּ יֵבֹ֥שׁוּ יָֽחַד׃ חָרַ֤שׁ בַּרְזֶל֙ מַֽעֲצָ֔ד וּפָעַל֙ בַּפֶּחָ֔ם
וּבַמַּקָּב֖וֹת יִצְּרֵ֑הוּ וַיִּפְעָלֵ֙הוּ֙ בִּזְר֣וֹעַ כֹּח֔וֹ גַּם־רָעֵ֥ב וְאֵ֣ין כֹּ֔חַ לֹא־שָׁ֥תָה מַ֖יִם
יג וַיִּעָֽף׃ חָרַ֣שׁ עֵצִים֮ נָ֣טָה קָו֒ יְתָאֲרֵ֣הוּ בַשֶּׂ֔רֶד יַעֲשֵׂ֖הוּ בַּמַּקְצֻע֑וֹת וּבַמְּחוּגָ֖ה

התימנים מסיימים כאן

ויקרא

יד יְתָאֲרֵהוּ וַיַּעֲשֵׂהוּ כְּתַבְנִית אִישׁ כְּתִפְאֶרֶת אָדָם לָשֶׁבֶת בָּיִת׃ לִכְרָת־לוֹ
אֲרָזִים וַיִּקַּח תִּרְזָה וְאַלּוֹן וַיְאַמֶּץ־לוֹ בַּעֲצֵי־יָעַר נָטַע אֹרֶן וְגֶשֶׁם יְגַדֵּל׃
טו וְהָיָה לְאָדָם לְבָעֵר וַיִּקַּח מֵהֶם וַיָּחָם אַף־יַשִּׂיק וְאָפָה לָחֶם אַף־יִפְעַל־אֵל
טז וַיִּשְׁתָּחוּ עָשָׂהוּ פֶסֶל וַיִּסְגָּד־לָמוֹ׃ חֶצְיוֹ שָׂרַף בְּמוֹ־אֵשׁ עַל־חֶצְיוֹ בָּשָׂר יֹאכֵל
יז יִצְלֶה צָלִי וְיִשְׂבָּע אַף־יָחֹם וְיֹאמַר הֶאָח חַמּוֹתִי רָאִיתִי אוּר׃ וּשְׁאֵרִיתוֹ
לְאֵל עָשָׂה לְפִסְלוֹ יסגוד־לוֹ וְיִשְׁתַּחוּ וְיִתְפַּלֵּל אֵלָיו וְיֹאמַר הַצִּילֵנִי כִּי אֵלִי יִסְגָּד־
יח יט אָתָּה׃ לֹא יָדְעוּ וְלֹא יָבִינוּ כִּי טַח מֵרְאוֹת עֵינֵיהֶם מֵהַשְׂכִּיל לִבֹּתָם׃ וְלֹא־
יָשִׁיב אֶל־לִבּוֹ וְלֹא דַעַת וְלֹא־תְבוּנָה לֵאמֹר חֶצְיוֹ שָׂרַפְתִּי בְמוֹ־אֵשׁ וְאַף
אָפִיתִי עַל־גֶּחָלָיו לֶחֶם אֶצְלֶה בָשָׂר וְאֹכֵל וְיִתְרוֹ לְתוֹעֵבָה אֶעֱשֶׂה לְבוּל עֵץ
כ אֶסְגּוֹד׃ רֹעֶה אֵפֶר לֵב הוּתַל הִטָּהוּ וְלֹא־יַצִּיל אֶת־נַפְשׁוֹ וְלֹא יֹאמַר הֲלוֹא
כא שֶׁקֶר בִּימִינִי׃ זְכָר־אֵלֶּה יַעֲקֹב וְיִשְׂרָאֵל כִּי עַבְדִּי־אָתָּה יְצַרְתִּיךָ
כב עֶבֶד־לִי אַתָּה יִשְׂרָאֵל לֹא תִנָּשֵׁנִי׃ מָחִיתִי כָעָב פְּשָׁעֶיךָ וְכֶעָנָן חַטֹּאותֶיךָ
כג שׁוּבָה אֵלַי כִּי גְאַלְתִּיךָ׃ רָנּוּ שָׁמַיִם כִּי־עָשָׂה יהוה הָרִיעוּ תַּחְתִּיּוֹת אָרֶץ
פִּצְחוּ הָרִים רִנָּה יַעַר וְכָל־עֵץ בּוֹ כִּי־גָאַל יהוה יַעֲקֹב וּבְיִשְׂרָאֵל יִתְפָּאָר׃

פרשת צו

צו

וַיְדַבֵּ֥ר יְהוָ֖ה אֶל־מֹשֶׁ֥ה לֵּאמֹֽר: צַ֤ו אֶֽת־אַהֲרֹן֙ וְאֶת־בָּנָ֣יו לֵאמֹ֔ר זֹ֥את תּוֹרַ֖ת הָעֹלָ֑ה הִ֣וא הָעֹלָ֡ה עַל֩ מוֹקְדָ֨ה עַל־הַמִּזְבֵּ֤חַ כָּל־הַלַּ֙יְלָה֙ עַד־הַבֹּ֔קֶר וְאֵ֥שׁ הַמִּזְבֵּ֖חַ תּ֥וּקַד בּֽוֹ: וְלָבַ֨שׁ הַכֹּהֵ֜ן מִדּ֣וֹ בַ֗ד וּמִֽכְנְסֵי־בַד֮ יִלְבַּ֣שׁ עַל־בְּשָׂרוֹ֒ וְהֵרִ֣ים אֶת־הַדֶּ֗שֶׁן אֲשֶׁ֨ר תֹּאכַ֥ל הָאֵ֛שׁ אֶת־הָעֹלָ֖ה עַל־הַמִּזְבֵּ֑חַ וְשָׂמ֕וֹ אֵ֖צֶל הַמִּזְבֵּֽחַ: וּפָשַׁט֙ אֶת־בְּגָדָ֔יו וְלָבַ֖שׁ בְּגָדִ֣ים אֲחֵרִ֑ים וְהוֹצִ֤יא אֶת־הַדֶּ֙שֶׁן֙ אֶל־מִח֣וּץ לַֽמַּחֲנֶ֔ה אֶל־מָק֖וֹם טָהֽוֹר: וְהָאֵ֨שׁ עַל־הַמִּזְבֵּ֤חַ תּֽוּקַד־בּוֹ֙ לֹ֣א תִכְבֶּ֔ה וּבִעֵ֨ר עָלֶ֧יהָ הַכֹּהֵ֛ן עֵצִ֖ים בַּבֹּ֣קֶר בַּבֹּ֑קֶר וְעָרַ֤ךְ עָלֶ֙יהָ֙ הָֽעֹלָ֔ה וְהִקְטִ֥יר עָלֶ֖יהָ חֶלְבֵ֥י הַשְּׁלָמִֽים: אֵ֗שׁ תָּמִ֛יד תּוּקַ֥ד עַל־הַמִּזְבֵּ֖חַ לֹ֥א תִכְבֶּֽה: וְזֹ֥את תּוֹרַ֖ת הַמִּנְחָ֑ה הַקְרֵ֨ב אֹתָ֤הּ בְּנֵֽי־אַהֲרֹן֙ לִפְנֵ֣י יְהוָ֔ה אֶל־פְּנֵ֖י הַמִּזְבֵּֽחַ: וְהֵרִ֨ים מִמֶּ֜נּוּ בְּקֻמְצ֗וֹ מִסֹּ֤לֶת הַמִּנְחָה֙ וּמִשַּׁמְנָ֔הּ וְאֵת֙ כָּל־הַלְּבֹנָ֔ה אֲשֶׁ֖ר עַל־הַמִּנְחָ֑ה וְהִקְטִ֣יר

מצוה קלא
מצוות תרומת הדשן

מצוה קלב
מצוות הדלקת אש
על המזבח בכל יום

מצוה קלג
איסור כיבוי האש
על המזבח

ב) **צַו אֶת אַהֲרֹן.** אֵין 'צַו' אֶלָּא לְשׁוֹן זֵרוּז, מִיָּד וּלְדוֹרוֹת. אָמַר רַבִּי שִׁמְעוֹן: בְּיוֹתֵר צָרִיךְ הַכָּתוּב לְזָרֵז מָקוֹם שֶׁיֵּשׁ בּוֹ חֶסְרוֹן כִּיס: **זֹאת תּוֹרַת הָעֹלָה וְגוֹ'.** הֲרֵי הָעִנְיָן הַזֶּה בָּא לְלַמֵּד עַל

א וּמַלֵּיל יְיָ עִם מֹשֶׁה לְמֵימָר: פַּקֵּיד יָת אַהֲרֹן וְיָת בְּנוֹהִי לְמֵימַר, דָּא אוֹרַיְתָא דַעֲלָתָא, הִיא עֲלָתָא, דְּמִתּוֹקְדָא עַל מַדְבְּחָא כָּל לֵילְיָא עַד צַפְרָא, וְאִשָּׁתָא דְמַדְבְּחָא תְּהֵי יָקְדָא בֵיהּ: וְיִלְבַּשׁ כַּהֲנָא לְבוּשִׁין דְּבוּץ, וּמִכְנְסִין דְּבוּץ יִלְבַּשׁ עַל בִּסְרֵיהּ, וְיַפְרֵישׁ יָת דְּשַׁנָּא, דְּתֵיכוֹל אִשָּׁתָא, יָת עֲלָתָא עַל מַדְבְּחָא, וִישַׁוִּינֵיהּ, בִּסְטַר מַדְבְּחָא: וְיִשְׁלַח יָת לְבוּשׁוֹהִי, וְיִלְבַּשׁ לְבוּשִׁין אָחֳרָנִין, וְיַפֵּיק יָת דִּשְׁנָא לְמִבָּרָא לְמַשְׁרִיתָא, לַאֲתַר דְּכֵי: וְאִשָּׁתָא עַל מַדְבְּחָא תְּהֵי יָקְדָא בֵיהּ לָא תִטְפֵי, וִיבַעֵר עֲלַהּ כַּהֲנָא, אָעִין בִּצְפַר בִּצְפָר, וִיסַדַּר עֲלַהּ עֲלָתָא, וְיַסֵּיק עֲלַהּ תַּרְבֵּי נִכְסַת קוּדְשַׁיָּא: אִשָּׁתָא, תְּדִירָא, תְּהֵי יָקְדָא עַל מַדְבְּחָא לָא תִטְפֵי: וְדָא אוֹרַיְתָא דְמִנְחָתָא, דִּיקָרְבוּן יָתַהּ בְּנֵי אַהֲרֹן קֳדָם יְיָ, לִקֳדָם מַדְבְּחָא: וְיַפְרֵישׁ מִנַּהּ בְּקֻמְצֵיהּ, מִסֻּלְתָּא דְמִנְחָתָא וּמִמִּשְׁחַהּ, וְיָת כָּל לְבוֹנְתָא, דְּעַל מִנְחָתָא, וְיַסֵּיק

הַקְטֵר חֲלָבִים וְאֵיבָרִים, שֶׁיְּהֵא כָשֵׁר כָּל הַלַּיְלָה, וּלְלַמֵּד עַל הַפְּסוּלִין, אֵיזֶה אִם עָלָה יֵרֵד וְאֵיזֶה אִם עָלָה לֹא יֵרֵד, שֶׁכָּל ״תּוֹרַת״ לְרַבּוֹת הוּא בָא, לוֹמַר, תּוֹרָה אַחַת לְכָל הָעוֹלִים וַאֲפִלּוּ פְּסוּלִין, שֶׁאִם עָלוּ לֹא יֵרְדוּ: הִוא הָעֹלָה. מְעֵט אֶת הָרוֹבֵעַ וְאֶת הַנִּרְבָּע וְכַיּוֹצֵא בָּהֶן, שֶׁלֹּא הָיָה פְסוּלָן בַּקֹּדֶשׁ, שֶׁנִּפְסְלוּ קֹדֶם שֶׁבָּאוּ לָעֲזָרָה:

(ג) מִדּוֹ בַד. הִיא הַכֻּתֹּנֶת, וּמַה תַּלְמוּד לוֹמַר ״מִדּוֹ״? שֶׁתְּהֵא כְּמִדָּתוֹ: עַל בְּשָׂרוֹ. שֶׁלֹּא יְהֵא דָּבָר חוֹצֵץ בֵּינְתַיִם: וְהֵרִים אֶת הַדֶּשֶׁן. הָיָה חוֹתֶה מְלֹא הַמַּחְתָּה מִן הַמְאֻכָּלוֹת הַפְּנִימִיּוֹת, וְנוֹתְנָן בְּמִזְרָחוֹ שֶׁל כֶּבֶשׁ: הַדֶּשֶׁן אֲשֶׁר תֹּאכַל הָאֵשׁ אֶת הָעֹלָה. וַעֲשָׂאַתָּה דֶשֶׁן, מֵאוֹתוֹ דֶשֶׁן יָרִים תְּרוּמָה ״וְשָׂמוֹ אֵצֶל הַמִּזְבֵּחַ״:

(ד) וּפָשַׁט אֶת בְּגָדָיו. אֵין זוֹ חוֹבָה אֶלָּא דֶרֶךְ אֶרֶץ, שֶׁלֹּא יְלַכְלֵךְ בְּהוֹצָאַת הַדֶּשֶׁן בְּגָדִים שֶׁהוּא מְשַׁמֵּשׁ בָּהֶן תָּמִיד, בְּגָדִים שֶׁבִּשֵּׁל בָּהֶן קְדֵרָה לְרַבּוֹ אַל יִמְזֹג בָּהֶן כּוֹס לְרַבּוֹ, לְכָךְ: ״וְלָבַשׁ בְּגָדִים אֲחֵרִים״, פְּחוּתִין מֵהֶן: וְהוֹצִיא אֶת הַדֶּשֶׁן. הַצָּבוּר בַּתַּפּוּחַ, כְּשֶׁהוּא רָבֶה וְאֵין מָקוֹם לַמַּעֲרָכָה מוֹצִיאוֹ מִשָּׁם, וְאֵין זֶה חוֹבָה בְּכָל יוֹם, אֲבָל הַתְּרוּמָה חוֹבָה בְּכָל יוֹם:

(ה) וְהָאֵשׁ עַל הַמִּזְבֵּחַ תּוּקַד בּוֹ. רִבָּה כָּאן יְקִידוֹת הַרְבֵּה: ״עַל מוֹקְדָה״ (לעיל פסוק ב), ״וְאֵשׁ הַמִּזְבֵּחַ

תּוּקַד בּוֹ״ (שם), ״וְהָאֵשׁ עַל הַמִּזְבֵּחַ תּוּקַד בּוֹ״, ״אֵשׁ תָּמִיד תּוּקַד עַל הַמִּזְבֵּחַ״ (להלן פסוק ו). כֻּלָּן נִדְרְשׁוּ בְמַסֶּכֶת יוֹמָא (דף מה ע״א) שֶׁנֶּחְלְקוּ רַבּוֹתֵינוּ בְּמִנְיַן הַמַּעֲרָכוֹת שֶׁהָיוּ שָׁם: וְעָרַךְ עָלֶיהָ הָעֹלָה. עוֹלַת תָּמִיד הִיא תִקְדַּם: חֶלְבֵי הַשְּׁלָמִים. אִם יָבִיאוּ שָׁם שְׁלָמִים. וְרַבּוֹתֵינוּ לָמְדוּ מִכָּאן: ״עָלֶיהָ״, עַל עוֹלַת הַבֹּקֶר, הַשְׁלֵם כָּל הַקָּרְבָּנוֹת כֻּלָּם, מִכָּאן שֶׁלֹּא יְהֵא דָּבָר מְאֻחָר לַתָּמִיד שֶׁל בֵּין הָעַרְבַּיִם:

(ו) אֵשׁ תָּמִיד. אֵשׁ שֶׁנֶּאֱמַר בָּהּ ״תָּמִיד״, הִיא שֶׁמַּדְלִיקִין בָּהּ אֶת הַנֵּרוֹת, שֶׁנֶּאֱמַר בָּהּ: ״לְהַעֲלֹת נֵר תָּמִיד״ (שמות כז, כ), אַף הִיא מֵעַל הַמִּזְבֵּחַ הַחִיצוֹן תּוּקַד: לֹא תִכְבֶּה. הַמְכַבֶּה אֵשׁ עַל הַמִּזְבֵּחַ עוֹבֵר בִּשְׁנֵי לָאוִין:

(ז) וְזֹאת תּוֹרַת הַמִּנְחָה. תּוֹרָה אַחַת לְכֻלָּן, לְהַטְעִינָן שֶׁמֶן וּלְבוֹנָה הָאֲמוּרִין בָּעִנְיָן, שֶׁיָּכוֹל אֵין לִי טְעוּנוֹת שֶׁמֶן וּלְבוֹנָה אֶלָּא מִנְחַת יִשְׂרָאֵל שֶׁהִיא נִקְמֶצֶת, מִנְחַת כֹּהֲנִים שֶׁהִיא כָלִיל מִנַּיִן? תַּלְמוּד לוֹמַר: ״תּוֹרַת״: הַקְרֵב אֹתָהּ. הִיא הַגָּשָׁה בְּקֶרֶן דְּרוֹמִית מַעֲרָבִית: לִפְנֵי ה׳. הוּא מַעֲרָב, שֶׁהוּא לְצַד אֹהֶל מוֹעֵד: אֶל פְּנֵי הַמִּזְבֵּחַ. הוּא הַדָּרוֹם שֶׁהוּא פָנָיו שֶׁל מִזְבֵּחַ, שֶׁהַכֶּבֶשׁ נָתוּן לְאוֹתוֹ הָרוּחַ:

(ח) בְּקֻמְצוֹ. שֶׁלֹּא יַעֲשֶׂה מִדָּה לַקֹּמֶץ: מִסֹּלֶת הַמִּנְחָה וּמִשַּׁמְנָהּ. מִכָּאן שֶׁקּוֹמֵץ מִמָּקוֹם שֶׁנִּתְרַבָּה שַׁמְנָהּ: וְאֵת כָּל הַלְּבֹנָה אֲשֶׁר עַל הַמִּנְחָה וְהִקְטִיר.

מצווה קלד
מצוות אכילת שיירי מנחות

הַמִּזְבֵּחַ רֵיחַ נִיחֹחַ אַזְכָּרָתָהּ לַיהוָה׃ וְהַנּוֹתֶרֶת ט
מִמֶּנָּה יֹאכְלוּ אַהֲרֹן וּבָנָיו מַצּוֹת תֵּאָכֵל בְּמָקוֹם

מצווה קלה
איסור החמצת שיירי המנחות

קָדֹשׁ בַּחֲצַר אֹהֶל־מוֹעֵד יֹאכְלוּהָ׃ לֹא תֵאָפֶה י
חָמֵץ חֶלְקָם נָתַתִּי אֹתָהּ מֵאִשָּׁי קֹדֶשׁ קָדָשִׁים
הִוא כַּחַטָּאת וְכָאָשָׁם׃ כָּל־זָכָר בִּבְנֵי אַהֲרֹן יא
יֹאכְלֶנָּה חָק־עוֹלָם לְדֹרֹתֵיכֶם מֵאִשֵּׁי יְהוָה כֹּל
אֲשֶׁר־יִגַּע בָּהֶם יִקְדָּשׁ׃ ▸

שני ג

מצווה קלו
מצוות קרבן מנחה של כהן גדול

וַיְדַבֵּר יְהוָה אֶל־מֹשֶׁה לֵּאמֹר׃ זֶה קָרְבַּן אַהֲרֹן יב יג
וּבָנָיו אֲשֶׁר־יַקְרִיבוּ לַיהוָה בְּיוֹם הִמָּשַׁח אֹתוֹ
עֲשִׂירִת הָאֵפָה סֹלֶת מִנְחָה תָּמִיד מַחֲצִיתָהּ
בַּבֹּקֶר וּמַחֲצִיתָהּ בָּעָרֶב׃ עַל־מַחֲבַת בַּשֶּׁמֶן יד
תֵּעָשֶׂה מֻרְבֶּכֶת תְּבִיאֶנָּה תֻּפִינֵי מִנְחַת פִּתִּים
תַּקְרִיב רֵיחַ־נִיחֹחַ לַיהוָה׃ וְהַכֹּהֵן הַמָּשִׁיחַ טו
תַּחְתָּיו מִבָּנָיו יַעֲשֶׂה אֹתָהּ חָק־עוֹלָם לַיהוָה

מצווה קלז
איסור אכילת מנחת כהן

כָּלִיל תָּקְטָר׃ וְכָל־מִנְחַת כֹּהֵן כָּלִיל תִּהְיֶה לֹא טז
תֵאָכֵל׃

וַיְדַבֵּר יְהוָה אֶל־מֹשֶׁה לֵּאמֹר׃ דַּבֵּר אֶל־אַהֲרֹן יז יח

מצווה קלח
מצוות הקרבת חטאת כדיניה

וְאֶל־בָּנָיו לֵאמֹר זֹאת תּוֹרַת הַחַטָּאת בִּמְקוֹם
אֲשֶׁר תִּשָּׁחֵט הָעֹלָה תִּשָּׁחֵט הַחַטָּאת לִפְנֵי
יְהוָה קֹדֶשׁ קָדָשִׁים הִוא׃ הַכֹּהֵן הַמְחַטֵּא אֹתָהּ יט
יֹאכְלֶנָּה בְּמָקוֹם קָדֹשׁ תֵּאָכֵל בַּחֲצַר אֹהֶל

כ מוֹעֵד: כֹּל אֲשֶׁר־יִגַּע בִּבְשָׂרָהּ יִקְדָּשׁ וַאֲשֶׁר
יִזֶּה מִדָּמָהּ עַל־הַבֶּגֶד אֲשֶׁר יִזֶּה עָלֶיהָ תְּכַבֵּס

ט לְמַדְבְּחָא, לְאִתְקַבָּלָא בְּרַעֲוָא, אַדְכָּרְתַהּ קֳדָם יי: וּדְיִשְׁתְּאַר מִנַּהּ, יֵיכְלוּן אַהֲרֹן וּבְנוֹהִי,
י פַּטִּיר תִּתְאֲכִיל בַּאֲתַר קַדִּישׁ, בְּדָרַת מַשְׁכַּן זִמְנָא יֵיכְלֻנַּהּ: לָא תִתְאֲפֵי חֲמִיעַ, חוּלָקְהוֹן,
יא יְהַבִית יָתַהּ מִקֻּרְבָּנָי, קֹדֶשׁ קֻדְשִׁין הִיא, כְּחַטָּתָא וְכַאֲשָׁמָא: כָּל דְּכוּרָא, בִּבְנֵי אַהֲרֹן
יב יֵיכְלִנַּהּ, קְיָם עָלַם לְדָרֵיכוֹן, מִקֻּרְבָּנַיָּא דַּיי, כֹּל, דִּיִקְרַב בְּהוֹן יִתְקַדַּשׁ: וּמַלֵּיל יי עִם מֹשֶׁה
יג לְמֵימַר: דֵּין, קֻרְבָּנָא דְּאַהֲרֹן וְדִבְנוֹהִי דִּיקָרְבוּן קֳדָם יי, בְּיוֹמָא דְּיִרַבּוֹן יָתֵיהּ, חַד מִן עַסְרָא
יד בִּתְלָת סְאִין סֻלְתָּא, מִנְחָתָא תְּדִירָא, פַּלְגוּתַהּ בְּצַפְרָא, וּפַלְגוּתַהּ בְּרַמְשָׁא: עַל מַסְרֵיתָא,
בִּמְשַׁח, תִּתְעֲבֵיד רְבִיכָא תַּיְתִינַהּ, תּוּפִינֵי מִנְחַת בִּצּוּעִין, תְּקָרֵיב לְאִתְקַבָּלָא בְּרַעֲוָא קֳדָם
טו יי: וְכָהֲנָא דְּיִתְרַבָּא תְּחוֹתוֹהִי, מִבְּנוֹהִי יַעֲבֵיד יָתַהּ, קְיָם עָלַם, קֳדָם יי גְּמִיר תִּתַּסַּק:
טז יז יח וְכָל מִנְחָתָא דְכָהֲנָא, גְּמִיר תְּהֵי לָא תִתְאֲכִיל: וּמַלֵּיל יי עִם מֹשֶׁה לְמֵימַר: מַלֵּיל עִם אַהֲרֹן
וְעִם בְּנוֹהִי לְמֵימַר, דָּא אוֹרָיְתָא דְּחַטָּתָא, בְּאַתְרָא, דְּתִתְנְכֵיס עֲלָתָא, תִּתְנְכֵיס חַטָּתָא
יט קֳדָם יי, קֹדֶשׁ קֻדְשִׁין הִיא: כָּהֲנָא, דִּמְכַפַּר בִּדְמַהּ יֵיכְלִנַּהּ, בַּאֲתַר קַדִּישׁ תִּתְאֲכִיל, בְּדָרַת
כ מַשְׁכַּן זִמְנָא: כֹּל, דְּיִקְרַב בִּבְסְרַהּ יִתְקַדַּשׁ, וּדְיַדֵּי מִדְּמַהּ עַל לְבוּשָׁא, דְּיַדֵּי עֲלַהּ, תְּחַוַּר

שֶׁמְּלַקֵּט אֶת לְבוֹנָתָהּ לְאַחַר קְמִיצָה וּמַקְטִירוֹ. וּלְפִי שֶׁלֹּא פֵּרַשׁ כֵּן אֶלָּא בְּאַחַת מִן הַמְּנָחוֹת בְּ'וַיִּקְרָא' (לעיל ב, ב), הֻצְרַךְ לִשְׁנוֹת פָּרָשָׁה זוֹ, לִכְלֹל כָּל הַמְּנָחוֹת כְּמִשְׁפָּטָן:

ט| **בְּמָקוֹם קָדֹשׁ.** וְאֵיזֶהוּ? "בַּחֲצַר אֹהֶל מוֹעֵד":

י| **לֹא תֵאָפֶה חָמֵץ חֶלְקָם.** אַף הַשְּׁיָרִים אֲסוּרִים בְּחָמֵץ: **כַּחַטָּאת וְכָאָשָׁם.** מִנְחַת חוֹטֵא הֲרֵי הִיא כְּחַטָּאת, לְפִיכָךְ קְמָצָהּ שֶׁלֹּא לִשְׁמָהּ פְּסוּלָה. מִנְחַת נְדָבָה הֲרֵי הִיא כְּאָשָׁם, לְפִיכָךְ קְמָצָהּ שֶׁלֹּא לִשְׁמָהּ כְּשֵׁרָה:

יא| **כָּל זָכָר.** אֲפִלּוּ בַּעַל מוּם. לָמָּה נֶאֱמַר? אִם לַאֲכִילָה, הֲרֵי כְּבָר אָמוּר: "לֶחֶם אֱלֹהָיו מִקָּדְשֵׁי הַקֳּדָשִׁים" וְגוֹ' (להלן כא, כב), אֶלָּא לְרַבּוֹת בַּעֲלֵי מוּמִין לְמַחֲלֹקֶת: **כֹּל אֲשֶׁר יִגַּע וְגוֹ'.** קָדָשִׁים קַלִּים אוֹ חֻלִּין שֶׁיִּגְּעוּ בָהּ וְיִבְלְעוּ מִמֶּנָּה: **יִקְדָּשׁ.** לִהְיוֹת כָּמוֹהָ, שֶׁאִם פְּסוּלָה יִפָּסְלוּ, וְאִם כְּשֵׁרָה יֵאָכְלוּ כְּחֹמֶר הַמִּנְחָה:

יג| **זֶה קָרְבַּן אַהֲרֹן וּבָנָיו.** אַף הַהֶדְיוֹטוֹת מַקְרִיבִין עֲשִׂירִית הָאֵיפָה בַּיּוֹם שֶׁהֵן מִתְחַנְּכִין לַעֲבוֹדָה, אֲבָל כֹּהֵן גָּדוֹל בְּכָל יוֹם, שֶׁנֶּאֱמַר: "מִנְחָה תָּמִיד... וְהַכֹּהֵן הַמָּשִׁיחַ תַּחְתָּיו מִבָּנָיו... חָק עוֹלָם":

יד| **מֻרְבֶּכֶת.** חֲלוּטָה בְּרוֹתְחִין כָּל צָרְכָּהּ: **תֻּפִינֵי.** אֲפוּיָה אֲפִיּוֹת הַרְבֵּה: אַחַר חֲלִיטָתָהּ אוֹפָהּ בַּתַּנּוּר וְחוֹזֵר וּמְטַגְּנָהּ בַּמַּחֲבַת: **מִנְחַת פִּתִּים.** מְלַמֵּד שֶׁטְּעוּנָה פְּתִיתָה:

טו-טז| **הַמָּשִׁיחַ תַּחְתָּיו מִבָּנָיו.** הַמָּשִׁיחַ מִבָּנָיו תַּחְתָּיו: **כָּלִיל תָּקְטָר.** אֵין נִקְמֶצֶת לִהְיוֹת שְׁיָרֶיהָ נֶאֱכָלִין, אֶלָּא כֻּלָּהּ כָּלִיל, וְכֵן "כָּל מִנְחַת כֹּהֵן" שֶׁל נְדָבָה, "כָּלִיל תִּהְיֶה": **כָּלִיל.** כֻּלָּהּ שָׁוָה לַגָּבוֹהַּ:

יט| **הַמְחַטֵּא אֹתָהּ.** הָעוֹבֵד עֲבוֹדוֹתֶיהָ, שֶׁהִיא נַעֲשֵׂית חַטָּאת עַל יָדוֹ: **הַמְחַטֵּא אֹתָהּ יֹאכְלֶנָּה.** הָרָאוּי לַעֲבוֹדָה, יָצָא טָמֵא בִּשְׁעַת זְרִיקַת דָּמִים, שֶׁאֵינוֹ חוֹלֵק בַּבָּשָׂר. וְאִי אֶפְשָׁר לוֹמַר שֶׁאוֹסֵר שְׁאָר כֹּהֲנִים בַּאֲכִילָתָהּ חוּץ מִן הַזּוֹרֵק דָּמָהּ, שֶׁהֲרֵי נֶאֱמַר לְמַטָּה: "כָּל זָכָר בַּכֹּהֲנִים יֹאכַל אֹתָהּ" (להלן פסוק כב):

כ| **כֹּל אֲשֶׁר יִגַּע בִּבְשָׂרָהּ.** כָּל דָּבָר אֹכֶל אֲשֶׁר יִגַּע וְיִבְלַע מִמֶּנָּה: **יִקְדָּשׁ.** לִהְיוֹת כָּמוֹהָ, אִם פְּסוּלָה תִּפָּסֵל, וְאִם הִיא כְּשֵׁרָה תֵּאָכֵל כַּחֹמֶר שֶׁבָּהּ: **וַאֲשֶׁר יִזֶּה מִדָּמָהּ עַל הַבֶּגֶד.** וְאִם הֻזָּה מִדָּמָהּ עַל הַבֶּגֶד, אוֹתוֹ הַבֶּגֶד מְקוֹם הַדָּם "אֲשֶׁר יִזֶּה עָלֶיהָ

ויקרא

כא בִּמְק֣וֹם קָדֹ֑שׁ וּכְלִי־חֶ֜רֶשׂ אֲשֶׁ֧ר תְּבֻשַּׁל־בּ֣וֹ יִשָּׁבֵ֑ר וְאִם־בִּכְלִ֤י נְחֹ֨שֶׁת֙ בֻּשָּׁ֔לָה וּמֹרַ֥ק וְשֻׁטַּ֖ף בַּמָּֽיִם׃ כב כָּל־זָכָ֥ר בַּכֹּהֲנִ֖ים יֹאכַ֣ל אֹתָ֑הּ קֹ֥דֶשׁ קָֽדָשִׁ֖ים הִֽוא׃ כג וְכָל־חַטָּ֡את אֲשֶׁר֩ יוּבָ֨א מִדָּמָ֜הּ אֶל־אֹ֧הֶל מוֹעֵ֛ד לְכַפֵּ֥ר בַּקֹּ֖דֶשׁ לֹ֣א תֵאָכֵ֑ל בָּאֵ֖שׁ תִּשָּׂרֵֽף׃

מצווה קלט
איסור אכילת חטאת
הנעשית בהיכל

ז א וְזֹ֥את תּוֹרַ֖ת הָאָשָׁ֑ם קֹ֥דֶשׁ קָֽדָשִׁ֖ים הֽוּא׃ ב בִּמְק֗וֹם אֲשֶׁ֤ר יִשְׁחֲטוּ֙ אֶת־הָ֣עֹלָ֔ה יִשְׁחֲט֖וּ אֶת־הָאָשָׁ֑ם וְאֶת־דָּמ֛וֹ יִזְרֹ֥ק עַל־הַמִּזְבֵּ֖חַ סָבִֽיב׃ ג וְאֵ֥ת כָּל־חֶלְבּ֖וֹ יַקְרִ֣יב מִמֶּ֑נּוּ אֵ֚ת הָֽאַלְיָ֔ה וְאֶת־הַחֵ֖לֶב הַֽמְכַסֶּ֥ה אֶת־הַקֶּֽרֶב׃ ד וְאֵת֙ שְׁתֵּ֣י הַכְּלָיֹ֔ת וְאֶת־הַחֵ֨לֶב֙ אֲשֶׁ֣ר עֲלֵיהֶ֔ן אֲשֶׁ֖ר עַל־הַכְּסָלִ֑ים וְאֶת־הַיֹּתֶ֨רֶת֙ עַל־הַכָּבֵ֔ד עַל־הַכְּלָיֹ֖ת יְסִירֶֽנָּה׃ ה וְהִקְטִ֨יר אֹתָ֤ם הַכֹּהֵן֙ הַמִּזְבֵּ֔חָה אִשֶּׁ֖ה לַיהֹוָ֑ה אָשָׁ֖ם הֽוּא׃ ו כָּל־זָכָ֥ר בַּכֹּהֲנִ֖ים יֹאכְלֶ֑נּוּ בְּמָק֤וֹם קָדוֹשׁ֙ יֵאָכֵ֔ל קֹ֥דֶשׁ קָֽדָשִׁ֖ים הֽוּא׃ ז כַּֽחַטָּאת֙ כָּֽאָשָׁ֔ם תּוֹרָ֥ה אַחַ֖ת לָהֶ֑ם הַכֹּהֵ֛ן אֲשֶׁ֥ר יְכַפֶּר־בּ֖וֹ ל֥וֹ יִהְיֶֽה׃ ח וְהַ֨כֹּהֵ֔ן הַמַּקְרִ֖יב אֶת־עֹ֣לַת אִ֑ישׁ ע֤וֹר הָעֹלָה֙ אֲשֶׁ֣ר הִקְרִ֔יב לַכֹּהֵ֖ן ל֥וֹ יִהְיֶֽה׃ ט וְכָל־מִנְחָ֗ה אֲשֶׁ֤ר תֵּֽאָפֶה֙ בַּתַּנּ֔וּר וְכָל־נַעֲשָׂ֥ה בַמַּרְחֶ֖שֶׁת וְעַל־מַֽחֲבַ֑ת לַכֹּהֵ֛ן הַמַּקְרִ֥יב אֹתָ֖הּ ל֥וֹ תִֽהְיֶֽה׃

מצווה קמ
מצוות הקרבת
אשם כדיניו

י וְכָל־מִנְחָה בְלוּלָה־בַשֶּׁמֶן וַחֲרֵבָה לְכָל־בְּנֵי
אַהֲרֹן תִּהְיֶה אִישׁ כְּאָחִיו׃

כא בַּאֲתַר קַדִּישׁ: וּמָן דַּחֲסַף, דְּתִתְבַּשַּׁל בֵּיהּ יִתְּבַר, וְאִם בְּמָנָא דִּנְחָשָׁא תִּתְבַּשַּׁל, וְיִתְמְרֵיק
כב כג וְיִשְׁתְּטֵיף בְּמַיָּא: כָּל דְּכוּרָא בְּכַהֲנַיָּא יֵיכוֹל יָתַהּ, קֹדֶשׁ קֻדְשִׁין הִיא: וְכָל חַטָּתָא, דְּיִתָּעַל מִדְּמַהּ,
ז א לְמַשְׁכַּן זִמְנָא, לְכַפָּרָא בְּקֻדְשָׁא לָא תִתְאֲכִיל, בְּנוּרָא תִּתּוֹקַד: וְדָא אוֹרָיְתָא דַּאֲשָׁמָא, קֹדֶשׁ
ב קֻדְשִׁין הוּא: בְּאַתְרָא, דְּיִכְּסוּן יָת עֲלָתָא, יִכְּסוּן יָת אֲשָׁמָא, וְיָת דְּמֵיהּ, יִזְרוֹק עַל מַדְבְּחָא סְחוֹר
ג ד סְחוֹר: וְיָת כָּל תַּרְבֵּיהּ יְקָרֵיב מִנֵּיהּ, יָת אַלְיְתָא, וְיָת תַּרְבָּא דְּחָפֵי יָת גַּוָּא: וְיָת תַּרְתֵּין כּוֹלְיָן,
ה וְיָת תַּרְבָּא דַּעֲלֵיהוֹן, דְּעַל גִּסְסַיָּא, וְיָת חַצְרָא דְּעַל כַּבְדָּא, עַל כּוֹלְיָתָא יַעְדֵּינַהּ: וְיַסֵּיק יָתְהוֹן
ו כַּהֲנָא לְמַדְבְּחָא, קֻרְבָּנָא קֳדָם יְיָ, אֲשָׁמָא הוּא: כָּל דְּכוּרָא בְּכַהֲנַיָּא יֵיכְלִנֵּיהּ, בַּאֲתַר קַדִּישׁ
ז יִתְאֲכִיל, קֹדֶשׁ קֻדְשִׁין הוּא: כְּחַטָּתָא כֵּן אֲשָׁמָא, אוֹרָיְתָא חֲדָא לְהוֹן, כַּהֲנָא, דִּיכַפַּר בֵּיהּ
ח ט דִּילֵיהּ יְהֵי: וְכַהֲנָא, דִּמְקָרֵיב יָת עֲלַת גְּבַר, מַשַּׁךְ עֲלָתָא דִּיקָרֵיב, לְכַהֲנָא דִּילֵיהּ יְהֵי: וְכָל
מִנְחָתָא, דְּתִתְאֲפֵי בְּתַנּוּרָא, וְכָל דְּתִתְעֲבֵיד בְּרְדָתָא וְעַל מַסְרֵיתָא, לְכַהֲנָא, דִּמְקָרֵיב יָתַהּ
י דִּילֵיהּ תְּהֵי: וְכָל מִנְחָתָא דְּפִילָא בִמְשַׁח וּדְלָא פִילָא, לְכָל בְּנֵי אַהֲרֹן, תְּהֵי גְּבַר כַּאֲחוּהִי:

תְּכַבֵּס" בְּתוֹךְ הָעֲזָרָה: אֲשֶׁר יִזֶּה. יְהֵא נִזֶּה, כְּמוֹ: "וְלֹא יִטֶּה לָאָרֶץ מִנְלָם" (איוב טו, כט), יְהֵא נָטוּי:

כא| יִשָּׁבֵר. לְפִי שֶׁהַבְּלִיעָה שֶׁנִּבְלַעַת בּוֹ נַעֲשֵׂית נוֹתָר, וְהוּא הַדִּין לְכָל הַקֳּדָשִׁים: וּמֹרַק. לְשׁוֹן "תַּמְרוּקֵי הַנָּשִׁים" (אסתר ב, יב), אישקור"מנט בְּלַעַז: וּמֹרַק וְשֻׁטַּף. לִפְלֹט אֶת בְּלִיעָתוֹ. אֲבָל כְּלִי חֶרֶס לִמֶּדְךָ הַכָּתוּב כָּאן שֶׁאֵינוֹ יוֹצֵא מִידֵי דָפְיוֹ לְעוֹלָם:

כב| כָּל זָכָר בַּכֹּהֲנִים יֹאכַל אֹתָהּ. הָא לָמַדְתָּ שֶׁ"הַמְחַטֵּא אֹתָהּ" הָאָמוּר לְמַעְלָה (פסוק יט) לֹא לְהוֹצִיא שְׁאָר הַכֹּהֲנִים, אֶלָּא לְהוֹצִיא אֶת שֶׁאֵינוֹ רָאוּי לְחִטּוּי:

כג| וְכָל חַטָּאת וְגוֹ'. שֶׁאִם הִכְנִיס מִדַּם חַטָּאת הַחִיצוֹנָה לִפְנִים פְּסוּלָה:

פרק ז

א| קֹדֶשׁ קָדָשִׁים הוּא. הוּא קָרֵב וְאֵין תְּמוּרָתוֹ קְרֵבָה:

ג| וְאֵת כָּל חֶלְבּוֹ וְגוֹ'. עַד כָּאן לֹא נִתְפָּרְשׁוּ אֵמוּרִין בָּאָשָׁם, לְכָךְ הֻצְרַךְ לְפָרְשָׁם כָּאן, אֲבָל חַטָּאת כְּבָר נִתְפָּרֵשׁ בָּהּ בְּפָרָשַׁת וַיִּקְרָא (לעיל פרק ד): אֵת הָאַלְיָה. לְפִי שֶׁאָשָׁם אֵינוֹ בָּא אֶלָּא אַיִל אוֹ כֶּבֶשׂ, וְאַיִל וְכֶבֶשׂ נִתְרַבּוּ בָּאַלְיָה (לעיל ג, ט):

ה| אָשָׁם הוּא. עַד שֶׁיִּנָּתֵק שְׁמוֹ מִמֶּנּוּ, לִמֵּד עַל אָשָׁם שֶׁמֵּתוּ בְּעָלָיו אוֹ שֶׁנִּתְכַּפְּרוּ בְּעָלָיו, אַף עַל פִּי שֶׁעוֹמֵד לִהְיוֹת דָּמָיו עוֹלָה לְקַיִץ הַמִּזְבֵּחַ, אִם שְׁחָטוֹ סְתָם אֵינוֹ כָּשֵׁר לְעוֹלָה קֹדֶם שֶׁנִּתַּק לִרְעִיָּה. וְאֵינוֹ בָּא לְלַמֵּד עַל הָאָשָׁם שֶׁיְּהֵא פָּסוּל שֶׁלֹּא לִשְׁמוֹ, כְּמוֹ שֶׁדָּרְשׁוּ "הוּא" הַכָּתוּב בַּחַטָּאת (לעיל ד, כד), לְפִי שֶׁאָשָׁם לֹא נֶאֱמַר בּוֹ "אָשָׁם הוּא" אֶלָּא לְאַחַר הַקְטָרַת אֵמוּרִין, וְהוּא עַצְמוֹ שֶׁלֹּא הֻקְטְרוּ אֵמוּרָיו כָּשֵׁר:

ו| קֹדֶשׁ קָדָשִׁים הוּא. בְּתוֹרַת כֹּהֲנִים הוּא נִדְרָשׁ:

ז| תּוֹרָה אַחַת לָהֶם. בְּדָבָר זֶה: הַכֹּהֵן אֲשֶׁר יְכַפֶּר בּוֹ. הָרָאוּי לְכַפָּרָה חוֹלֵק בּוֹ, פְּרָט לִטְבוּל יוֹם וּמְחֻסַּר כִּפּוּרִים וְאוֹנֵן:

ח| עוֹר הָעֹלָה אֲשֶׁר הִקְרִיב לַכֹּהֵן לוֹ יִהְיֶה. פְּרָט לִטְבוּל יוֹם וּמְחֻסַּר כִּפּוּרִים וְאוֹנֵן, שֶׁאֵינָן חוֹלְקִים בָּעוֹרוֹת:

ט| לַכֹּהֵן הַמַּקְרִיב אֹתָהּ וְגוֹ'. יָכוֹל לוֹ לְבַדּוֹ? תַּלְמוּד לוֹמַר: "לְכָל בְּנֵי אַהֲרֹן תִּהְיֶה" (להלן פסוק י). יָכוֹל לְכֻלָּן? תַּלְמוּד לוֹמַר: "לַכֹּהֵן הַמַּקְרִיב", הָא כֵּיצַד? לְבֵית אָב שֶׁל יוֹם שֶׁמַּקְרִיבִין אוֹתָהּ:

י| בְּלוּלָה בַשֶּׁמֶן. זוֹ מִנְחַת נְדָבָה: וַחֲרֵבָה. זוֹ מִנְחַת חוֹטֵא וּמִנְחַת קְנָאוֹת שֶׁאֵין בָּהֶן שֶׁמֶן:

שלישי

יא וְזֹאת תּוֹרַת זֶבַח הַשְּׁלָמִים אֲשֶׁר יַקְרִיב לַיהוָה:
יב אִם עַל־תּוֹדָה יַקְרִיבֶנּוּ וְהִקְרִיב ׀ עַל־זֶבַח הַתּוֹדָה
חַלּוֹת מַצּוֹת בְּלוּלֹת בַּשֶּׁמֶן וּרְקִיקֵי מַצּוֹת מְשֻׁחִים
יג בַּשָּׁמֶן וְסֹלֶת מֻרְבֶּכֶת חַלֹּת בְּלוּלֹת בַּשָּׁמֶן: עַל־
חַלֹּת לֶחֶם חָמֵץ יַקְרִיב קָרְבָּנוֹ עַל־זֶבַח תּוֹדַת
יד שְׁלָמָיו: וְהִקְרִיב מִמֶּנּוּ אֶחָד מִכָּל־קָרְבָּן תְּרוּמָה
לַיהוָה לַכֹּהֵן הַזֹּרֵק אֶת־דַּם הַשְּׁלָמִים לוֹ יִהְיֶה:
טו וּבְשַׂר זֶבַח תּוֹדַת שְׁלָמָיו בְּיוֹם קָרְבָּנוֹ יֵאָכֵל לֹא־
טז יַנִּיחַ מִמֶּנּוּ עַד־בֹּקֶר: וְאִם־נֶדֶר ׀ אוֹ נְדָבָה זֶבַח
קָרְבָּנוֹ בְּיוֹם הַקְרִיבוֹ אֶת־זִבְחוֹ יֵאָכֵל וּמִמָּחֳרָת
יז וְהַנּוֹתָר מִמֶּנּוּ יֵאָכֵל: וְהַנּוֹתָר מִבְּשַׂר הַזָּבַח בַּיּוֹם
יח הַשְּׁלִישִׁי בָּאֵשׁ יִשָּׂרֵף: וְאִם הֵאָכֹל יֵאָכֵל מִבְּשַׂר־
זֶבַח שְׁלָמָיו בַּיּוֹם הַשְּׁלִישִׁי לֹא יֵרָצֶה הַמַּקְרִיב
אֹתוֹ לֹא יֵחָשֵׁב לוֹ פִּגּוּל יִהְיֶה וְהַנֶּפֶשׁ הָאֹכֶלֶת
יט מִמֶּנּוּ עֲוֺנָהּ תִּשָּׂא: וְהַבָּשָׂר אֲשֶׁר־יִגַּע בְּכָל־טָמֵא
לֹא יֵאָכֵל בָּאֵשׁ יִשָּׂרֵף וְהַבָּשָׂר כָּל־טָהוֹר יֹאכַל
כ בָּשָׂר: וְהַנֶּפֶשׁ אֲשֶׁר־תֹּאכַל בָּשָׂר מִזֶּבַח הַשְּׁלָמִים
אֲשֶׁר לַיהוָה וְטֻמְאָתוֹ עָלָיו וְנִכְרְתָה הַנֶּפֶשׁ הַהִוא

מצווה קמא
מצוות הקרבת קרבן שלמים כדיניו

מצווה קמב
איסור הותרת בשר קרבן התודה

מצווה קמג
מצוות שרפת נותר הקודשים

מצווה קמד
איסור אכילת פיגול

מצווה קמה
איסור אכילת בשר קודשים שנטמא

מצווה קמו
מצוות שרפת בשר קודש שנטמא

יב) **אִם עַל תּוֹדָה יַקְרִיבֶנּוּ.** אִם עַל דְּבַר הוֹדָאָה עַל נֵס שֶׁנַּעֲשָׂה לוֹ, כְּגוֹן יוֹרְדֵי הַיָּם וְהוֹלְכֵי מִדְבָּרוֹת וַחֲבוּשֵׁי בֵּית הָאֲסוּרִים וְחוֹלֶה שֶׁנִּתְרַפֵּא, שֶׁהֵן צְרִיכִין לְהוֹדוֹת, שֶׁכָּתוּב בָּהֶן: "יוֹדוּ לַה' חַסְדּוֹ וְנִפְלְאוֹתָיו לִבְנֵי אָדָם" (תהלים קז, ח ועוד), "וְיִזְבְּחוּ זִבְחֵי תוֹדָה" (שם פסוק כב), אִם עַל אַחַת מֵאֵלֶּה נָדַר שְׁלָמִים הַלָּלוּ, שַׁלְמֵי תוֹדָה הֵן, וּטְעוּנוֹת לֶחֶם הָאָמוּר בָּעִנְיָן, וְאֵינָן נֶאֱכָלִין

ז

יא] וְדָא אוֹרַיְתָא דְּנִכְסַת קֻדְשַׁיָּא, דִּיקָרֵיב קֳדָם יְיָ: אִם עַל תּוֹדְתָא יְקָרְבִנֵּיהּ, וִיקָרֵיב עַל נִכְסַת תּוֹדְתָא, גְּרִיצָן פַּטִּירָן דִּפִּילָן בִּמְשַׁח, וְאֶסְפּוֹגִין פַּטִּירִין דִּמְשִׁיחִין בִּמְשַׁח, וְסֻלֶּת רְבִיכָא, גְּרִיצָן

יב] דְּפִילָן בִּמְשַׁח: עַל גְּרִיצָן דִּלְחֵים חֲמִיעַ, יְקָרֵיב קֻרְבָּנֵיהּ, עַל נִכְסַת תּוֹדַת קֻדְשׁוֹהִי: וִיקָרֵיב מִנֵּיהּ חַד מִכָּל קֻרְבָּנָא, אַפְרָשׁוּתָא קֳדָם יְיָ, לְכַהֲנָא, דְּיִזְרוֹק, יָת דַּם נִכְסַת קֻדְשַׁיָּא דִּילֵיהּ יְהֵי:

יג] וּבְסַר, נִכְסַת תּוֹדַת קֻדְשׁוֹהִי, בְּיוֹם קֻרְבָּנֵיהּ יִתְאֲכִיל, לָא יַצְנַע מִנֵּיהּ עַד צַפְרָא: וְאִם נִדְרָא אוֹ נְדַבְתָּא, נִכְסַת קֻרְבָּנֵיהּ, בְּיוֹמָא, דִּיקָרֵיב יָת נִכְסָתֵיהּ יִתְאֲכִיל, וּבְיוֹמָא דְּבַתְרוֹהִי,

יד] וּדְיִשְׁתְּאַר מִנֵּיהּ יִתְאֲכִיל: וּדְיִשְׁתְּאַר מִבְּסַר נִכְסָתָא, בְּיוֹמָא תְּלִיתָאָה, בְּנוּרָא יִתּוֹקַד: וְאִם אִתְאֲכָלָא יִתְאֲכִיל, מִבְּסַר נִכְסַת קֻדְשׁוֹהִי, בְּיוֹמָא תְּלִיתָאָה לָא יְהֵי לְרַעֲוָא, דִּמְקָרֵיב יָתֵיהּ,

טו] לָא יִתְחַשֵּׁיב, לֵיהּ מְרַחָק יְהֵי, וֶאֱנָשׁ, דְּיֵיכוֹל מִנֵּיהּ חוֹבֵיהּ יְקַבֵּיל: וּבְסַר קַדִּישָׁא, דְּיִקְרַב בְּכָל מְסָאָב לָא יִתְאֲכִיל, בְּנוּרָא יִתּוֹקַד, וּבְסַר קֻדְשָׁא, כָּל דְּדָכֵי לְקֻדְשָׁא יֵיכוֹל בְּסַר קֻדְשָׁא:

כ] וֶאֱנָשׁ דְּיֵיכוֹל בִּסְרָא, מִנִּכְסַת קֻדְשַׁיָּא דְּקֳדָם יְיָ, וְסוֹאֲבָתֵיהּ עֲלוֹהִי, וְיִשְׁתֵּיצֵי, אֲנָשָׁא הַהוּא

חֲלָף יוֹם וָלַיְלָה כְּמוֹ שֶׁמִּמַּלְּאִים כָּאן (להלן פסוק טו) וְהִקְרִיב עַל זֶבַח הַתּוֹדָה. אַרְבָּעָה מִינֵי לֶחֶם: חַלּוֹת וּרְקִיקִין וּרְבוּכָה – שְׁלֹשָׁה מִינֵי מַצָּה, וּכְתִיב: "עַל חַלֹּת לֶחֶם חָמֵץ" וְגוֹ' (להלן פסוק יג). וְכָל מִין וָמִין עֶשֶׂר חַלּוֹת, כָּךְ מְפֹרָשׁ בִּמְנָחוֹת (דף עו ע"א), וְשִׁעוּרָן חָמֵשׁ סְאִין יְרוּשַׁלְמִיּוֹת שֶׁהֵן שֵׁשׁ מִדְבָּרִיּוֹת, עֶשְׂרִים עִשָּׂרוֹן: **מַרְבֶּכֶת.** לֶחֶם חֲלוּט בְּרוֹתְחִין כָּל צָרְכּוֹ:

יג] **יַקְרִיב קָרְבָּנוֹ עַל זֶבַח.** מַגִּיד שֶׁאֵין הַלֶּחֶם קָדוֹשׁ קְדֻשַּׁת הַגּוּף לְפָסֵל בְּיוֹצֵא וּטְבוּל יוֹם וּמִלְּצֵאת לְחֻלִּין בְּפִדְיוֹן, עַד שֶׁיִּשָּׁחֵט הַזָּבַח:

יד] **אֶחָד מִכָּל קָרְבָּן.** לֶחֶם אֶחָד מִכָּל מִין וָמִין יִטֹּל תְּרוּמָה לַכֹּהֵן הָעוֹבֵד עֲבוֹדָתָהּ, וְהַשְּׁאָר נֶאֱכָל לַבְּעָלִים. וּבְשָׂרָהּ לַבְּעָלִים חוּץ מֵחָזֶה וָשׁוֹק שֶׁבָּהּ, כְּמוֹ שֶׁמִּמַּלְּאִים לְמַטָּה תְּנוּפַת חָזֶה וָשׁוֹק בִּשְׁלָמִים (להלן פסוקים כט-לג), וְהַתּוֹדָה קְרוּיָה שְׁלָמִים:

טו] **וּבְשַׂר זֶבַח תּוֹדַת שְׁלָמָיו.** יֵשׁ כָּאן רִבּוּיִין הַרְבֵּה, לְרַבּוֹת חַטָּאת וְאָשָׁם וְאֵיל נָזִיר וַחֲגִיגַת אַרְבָּעָה עָשָׂר שֶׁיְּהוּ נֶאֱכָלִין לְיוֹם וָלַיְלָה: **בְּיוֹם קָרְבָּנוֹ יֵאָכֵל.** וּבִזְמַן בְּשָׂרָה זְמַן לַחְמָהּ: **לֹא יַנִּיחַ מִמֶּנּוּ עַד בֹּקֶר.** אוֹכֵל הוּא כָּל הַלַּיְלָה. אִם כֵּן, לָמָּה אָמְרוּ עַד חֲצוֹת? כְּדֵי לְהַרְחִיק אָדָם מִן הָעֲבֵרָה:

טז] **וְאִם נֶדֶר אוֹ נְדָבָה.** שֶׁלֹּא הֱבִיאָהּ עַל הוֹדָאָה שֶׁל נֵס, אֵינָהּ טְעוּנָה לֶחֶם, וְנֶאֱכֶלֶת לִשְׁנֵי יָמִים, כְּמוֹ שֶׁמִּמַּלְּאִים בָּעִנְיָן: **וּמִמָּחֳרָת וְהַנּוֹתָר מִמֶּנּוּ.** בָּרִאשׁוֹן, יֵאָכֵל. וָי"ו זוֹ יְתֵרָה הִיא, וְיֵשׁ כְּמוֹהָ הַרְבֵּה

בַּמִּקְרָא, כְּגוֹן: "וְאֵלֶּה בְנֵי צִבְעוֹן וְאַיָּה וַעֲנָה" (בראשית לו, כד), "תֵּת וְקֹדֶשׁ וְצָבָא מִרְמָס" (דניאל ח, יג):

יח] **וְאִם הֵאָכֹל יֵאָכֵל וְגוֹ'.** בִּמְחַשֵּׁב בִּשְׁחִיטָה לְאָכְלוֹ בַּשְּׁלִישִׁי הַכָּתוּב מְדַבֵּר. יָכוֹל אִם אָכַל מִמֶּנּוּ בַּשְּׁלִישִׁי יִפָּסֵל לְמַפְרֵעַ? תַּלְמוּד לוֹמַר: "הַמַּקְרִיב אֹתוֹ לֹא יֵחָשֵׁב", בִּשְׁעַת הַקְרָבָה הוּא נִפְסָל, וְאֵינוֹ נִפְסָל בַּשְּׁלִישִׁי. וְכֵן פֵּרוּשׁוֹ: בִּשְׁעַת הַקְרָבָתוֹ לֹא תַעֲלֶה זֹאת בְּמַחֲשָׁבָה, וְאִם חָשַׁב – "פִּגּוּל יִהְיֶה", וְהַנֶּפֶשׁ הָאֹכֶלֶת מִמֶּנּוּ, אֲכִילוּ בְּתוֹךְ הַזְּמַן, "עֲוֹנָהּ תִּשָּׂא":

יט] **וְהַבָּשָׂר.** שֶׁל קֹדֶשׁ שְׁלָמִים "אֲשֶׁר יִגַּע בְּכָל טָמֵא לֹא יֵאָכֵל": **וְהַבָּשָׂר.** לְרַבּוֹת אֵבֶר שֶׁיָּצָא מִקְצָתוֹ, שֶׁהַפְּנִימִי מֻתָּר: **כָּל טָהוֹר יֹאכַל בָּשָׂר.** מַה תַּלְמוּד לוֹמַר? לְפִי שֶׁנֶּאֱמַר: "וְדַם זְבָחֶיךָ יִשָּׁפֵךְ וְגוֹ' וְהַבָּשָׂר תֹּאכֵל" (דברים יב, כז), יָכוֹל לֹא יֹאכְלוּ שְׁלָמִים אֶלָּא הַבְּעָלִים? לְכָךְ נֶאֱמַר: "כָּל טָהוֹר יֹאכַל בָּשָׂר":

כ] **וְטֻמְאָתוֹ עָלָיו.** בְּטֻמְאַת הַגּוּף הַכָּתוּב מְדַבֵּר, אֲבָל טָהוֹר שֶׁאָכַל אֶת הַטָּמֵא אֵינוֹ עָנוּשׁ כָּרֵת אֶלָּא בְּאַזְהָרָה: "וְהַבָּשָׂר אֲשֶׁר יִגַּע בְּכָל טָמֵא וְגוֹ'" (לעיל פסוק יט). וְאַזְהָרַת טָמֵא שֶׁאָכַל אֶת הַטָּהוֹר אֵינָהּ מְפֹרֶשֶׁת בַּתּוֹרָה, אֶלָּא חֲכָמִים לְמָדוּהָ בִּגְזֵרָה שָׁוָה: שָׁלֹשׁ כָּרֵתוֹת אֲמוּרוֹת בְּאוֹכְלֵי קָדָשִׁים בְּטֻמְאַת הַגּוּף, וּדְרָשׁוּם רַבּוֹתֵינוּ בִּשְׁבוּעוֹת (דף ז ע"א) אַחַת לִכְלָל, וְאַחַת לִפְרָט, וְאַחַת לִלְמַד עַל קָרְבַּן עוֹלֶה וְיוֹרֵד שֶׁלֹּא נֶאֱמַר אֶלָּא עַל טֻמְאַת מִקְדָּשׁ וְקָדָשָׁיו:

ויקרא

מְעַמֶּיהָ: וְנֶ֗פֶשׁ כִּֽי־תִגַּע֙ בְּכָל־טָמֵ֔א בְּטֻמְאַ֤ת כא
אָדָם֙ א֣וֹ ׀ בִּבְהֵמָ֣ה טְמֵאָ֗ה א֚וֹ בְּכָל־שֶׁ֣קֶץ טָמֵ֔א
וְאָכַ֛ל מִבְּשַׂר־זֶ֥בַח הַשְּׁלָמִ֖ים אֲשֶׁ֣ר לַיהוָ֑ה
וְנִכְרְתָ֛ה הַנֶּ֥פֶשׁ הַהִ֖וא מֵעַמֶּֽיהָ: וַיְדַבֵּ֥ר יְהוָ֖ה כב
אֶל־מֹשֶׁ֥ה לֵּאמֹֽר: דַּבֵּ֛ר אֶל־בְּנֵ֥י יִשְׂרָאֵ֖ל לֵאמֹ֑ר כג
כָּל־חֵ֜לֶב שׁ֥וֹר וְכֶ֛שֶׂב וָעֵ֖ז לֹ֥א תֹאכֵֽלוּ: וְחֵ֤לֶב כד
נְבֵלָה֙ וְחֵ֣לֶב טְרֵפָ֔ה יֵעָשֶׂ֖ה לְכָל־מְלָאכָ֑ה וְאָכֹ֖ל
לֹ֥א תֹאכְלֻֽהוּ: כִּ֚י כָּל־אֹכֵ֣ל חֵ֔לֶב מִן־הַבְּהֵמָ֗ה כה
אֲשֶׁ֨ר יַקְרִ֥יב מִמֶּ֛נָּה אִשֶּׁ֖ה לַיהוָ֑ה וְנִכְרְתָ֛ה
הַנֶּ֥פֶשׁ הָאֹכֶ֖לֶת מֵעַמֶּֽיהָ: וְכָל־דָּם֙ לֹ֣א תֹאכְל֔וּ כו
בְּכֹ֖ל מוֹשְׁבֹתֵיכֶ֑ם לָע֖וֹף וְלַבְּהֵמָֽה: כָּל־נֶ֖פֶשׁ כז
אֲשֶׁר־תֹּאכַ֣ל כָּל־דָּ֑ם וְנִכְרְתָ֛ה הַנֶּ֥פֶשׁ הַהִ֖וא
מֵעַמֶּֽיהָ:

וַיְדַבֵּ֥ר יְהוָ֖ה אֶל־מֹשֶׁ֥ה לֵּאמֹֽר: דַּבֵּ֛ר אֶל־בְּנֵ֥י כח
יִשְׂרָאֵ֖ל לֵאמֹ֑ר הַמַּקְרִ֞יב אֶת־זֶ֤בַח שְׁלָמָיו֙
לַיהוָ֔ה יָבִ֥יא אֶת־קָרְבָּנ֛וֹ לַיהוָ֖ה מִזֶּ֥בַח שְׁלָמָֽיו:
יָדָ֣יו תְּבִיאֶ֔ינָה אֵ֖ת אִשֵּׁ֣י יְהוָ֑ה אֶת־הַחֵ֤לֶב עַל־ ל
הֶֽחָזֶה֙ יְבִיאֶ֔נּוּ אֵ֣ת הֶחָזֶ֔ה לְהָנִ֥יף אֹת֛וֹ תְּנוּפָ֖ה
לִפְנֵ֣י יְהוָֽה: וְהִקְטִ֧יר הַכֹּהֵ֛ן אֶת־הַחֵ֖לֶב הַמִּזְבֵּ֑חָה לא
וְהָיָה֙ הֶֽחָזֶ֔ה לְאַהֲרֹ֖ן וּלְבָנָֽיו: וְאֵת֙ שׁ֣וֹק הַיָּמִ֔ין לב

מצווה קמו
איסור אכילת חלב

מצווה קמז
איסור אכילת דם

לג תַּתְּנוּ תְּרוּמָה לַכֹּהֵן מִזִּבְחֵי שַׁלְמֵיכֶם: הַמַּקְרִיב אֶת־דַּם הַשְּׁלָמִים וְאֶת־הַחֵלֶב מִבְּנֵי אַהֲרֹן לוֹ

כא מֵעַמֵּיהּ: וֶאֱנָשׁ אֲרֵי יִקְרַב בְּכָל מְסָאַב, בְּסוֹאֲבַת אֱנָשָׁא אוֹ בִּבְעִירָא מְסָאֲבָא, אוֹ בְּכָל
כב שְׁקַיץ מְסָאַב, וְיֵיכוֹל, מִבְּסַר נִכְסַת קוּדְשַׁיָּא דִּקְדָם יְיָ, וְיִשְׁתֵּיצֵי, אֱנָשָׁא הַהוּא מֵעַמֵּיהּ: וּמַלֵּיל
כג יְיָ עִם מֹשֶׁה לְמֵימַר: מַלֵּיל, עִם בְּנֵי יִשְׂרָאֵל לְמֵימַר, כָּל תְּרַב, תּוֹר וְאִמַּר, וְעֵז לָא תֵיכְלוּן:
כד כה וּתְרַב נְבִילָא וּתְרַב תְּבִירָא, יִתְעֲבֵיד לְכָל עֲבִידָא, וּמֵיכַל לָא תֵיכְלֻנֵּיהּ: אֲרֵי כָּל דְּיֵיכוֹל
כו תַּרְבָּא, מִן בְּעִירָא, דִּיקָרֵיב מִנַּהּ, קֻרְבָּנָא קֳדָם יְיָ, וְיִשְׁתֵּיצֵי, אֱנָשָׁא דְּיֵיכוֹל מֵעַמֵּיהּ: וְכָל דְּמָא
כז לָא תֵיכְלוּן, בְּכָל מוֹתְבָנֵיכוֹן, דְּעוֹפָא וְדִבְעִירָא: כָּל אֱנָשׁ דְּיֵיכוֹל כָּל דַּם, וְיִשְׁתֵּיצֵי, אֱנָשָׁא
כח כט הַהוּא מֵעַמֵּיהּ: וּמַלֵּיל יְיָ עִם מֹשֶׁה לְמֵימַר: מַלֵּיל, עִם בְּנֵי יִשְׂרָאֵל לְמֵימַר, דִּמְקָרֵיב, יָת נִכְסַת
ל קוּדְשׁוֹהִי קֳדָם יְיָ, יַיְתֵי יָת קֻרְבָּנֵיהּ, לִקְדָם יְיָ מִנִּכְסַת קוּדְשׁוֹהִי: יְדוֹהִי יַיְתְיָן, יָת קֻרְבָּנַיָּא דַּייָ,
לא יָת תַּרְבָּא עַל חַדְיָא יַיְתֵינֵיהּ, יָת חַדְיָא, לְאָרָמָא יָתֵיהּ, אֲרָמָא קֳדָם יְיָ: וְיַסֵּיק כַּהֲנָא, יָת
לב תַּרְבָּא לְמַדְבְּחָא, וִיהֵי חַדְיָא, לְאַהֲרֹן וְלִבְנוֹהִי: וְיָת שָׁקָא דְּיַמִּינָא, תִּתְּנוּן אַפְרָשׁוּתָא
לג לְכַהֲנָא, מִנִּכְסַת קוּדְשֵׁיכוֹן: דִּמְקָרֵיב, יָת דַּם נִכְסַת קוּדְשַׁיָּא, וְיָת תַּרְבָּא מִבְּנֵי אַהֲרֹן, דִּילֵיהּ

כד) **יֵעָשֶׂה לְכָל מְלָאכָה.** בָּא וְלִמֵּד עַל הַחֵלֶב שֶׁאֵינוֹ מְטַמֵּא טֻמְאַת נְבֵלוֹת: **וְאָכֹל לֹא תֹאכְלֻהוּ.** אָמְרָה תוֹרָה: יָבוֹא אִסּוּר נְבֵלָה וּטְרֵפָה וְיָחוּל עַל אִסּוּר חֵלֶב, שֶׁאִם אֲכָלוֹ יִתְחַיֵּב אַף עַל לָאו שֶׁל נְבֵלָה, וְלֹא תֹּאמַר אֵין אִסּוּר חָל עַל אִסּוּר:

כו) **לָעוֹף וְלַבְּהֵמָה.** פְּרָט לְדַם דָּגִים וַחֲגָבִים: **בְּכֹל מוֹשְׁבֹתֵיכֶם.** לְפִי שֶׁהִיא חוֹבַת הַגּוּף וְאֵינָהּ חוֹבַת קַרְקַע, נוֹהֶגֶת בְּכָל מוֹשָׁבוֹת, וּבְמַסֶּכֶת קִדּוּשִׁין בְּפֶרֶק רִאשׁוֹן (דף לז ע״ב) מְפֹרָשׁ לָמָּה הֻצְרַךְ לוֹמַר:

ל) **יָדָיו תְּבִיאֶינָה וגו׳.** שֶׁתְּהֵא יַד הַבְּעָלִים מִלְמַעְלָה וְהַחֵלֶב וְהֶחָזוֹת נְתוּנִין בָּהּ, וְיַד כֹּהֵן מִלְּמַטָּה וּמְנִיפָן: **אֵת אִשֵּׁי ה׳.** וּמַה הֵן הָאִשִּׁים? ״אֶת הַחֵלֶב עַל הֶחָזֶה יְבִיאֶנּוּ״, כְּשֶׁמְּבִיאוֹ מִבֵּית הַמִּטְבָּחַיִם נוֹתֵן חֵלֶב עַל הֶחָזֶה, וּכְשֶׁנּוֹתְנוֹ לְיַד הַמֵּנִיף נִמְצָא הֶחָזֶה לְמַעְלָה וְהַחֵלֶב לְמַטָּה, וְזֶהוּ הָאָמוּר בְּמָקוֹם אַחֵר: ״שׁוֹק הַתְּרוּמָה וַחֲזֵה הַתְּנוּפָה עַל אִשֵּׁי הַחֲלָבִים יָבִיאוּ לְהָנִיף״ וגו׳ (להלן י, טו), וּלְאַחַר הַתְּנוּפָה נוֹתְנוֹ לַכֹּהֵן הַמַּקְטִיר, וְנִמְצָא הֶחָזֶה לְמַטָּה, וְזֶהוּ שֶׁנֶּאֱמַר: ״וַיָּשִׂימוּ אֶת הַחֲלָבִים עַל הֶחָזוֹת וַיַּקְטֵר הַחֲלָבִים הַמִּזְבֵּחָה״ (להלן ט, כ). לָמַדְנוּ שֶׁשְּׁלֹשָׁה כֹהֲנִים זְקוּקִין לָהּ, כָּךְ מְפֹרָשׁ בִּמְנָחוֹת (דף סב ע״א): **אֶת הַחֵלֶב עַל הֶחָזֶה יְבִיאֶנּוּ.** וְ״אֶת הֶחָזֶה״ לָמָּה מְבִיאוֹ? ״לְהָנִיף אֹתוֹ״ הוּא מְבִיאוֹ, וְלֹא שֶׁיְּהֵא הוּא מִן הָאִשִּׁים. לְפִי שֶׁנֶּאֱמַר: ״אֵת אִשֵּׁי ה׳ אֶת הַחֵלֶב עַל הֶחָזֶה״, יָכוֹל שֶׁיְּהֵא אַף הֶחָזֶה לָאִשִּׁים? לְכָךְ נֶאֱמַר: ״אֶת הֶחָזֶה לְהָנִיף״ וגו׳:

לא) **וְהִקְטִיר הַכֹּהֵן אֶת הַחֵלֶב.** וְאַחַר כָּךְ ״וְהָיָה הֶחָזֶה לְאַהֲרֹן״, לָמַדְנוּ שֶׁאֵין הַבָּשָׂר נֶאֱכָל בְּעוֹד הָאֵמוּרִים לְמַטָּה מִן הַמִּזְבֵּחַ:

לב) **שׁוֹק.** מִן הַפֶּרֶק שֶׁל אַרְכֻּבָּה הַנִּמְכֶּרֶת עִם הָרֹאשׁ עַד הַפֶּרֶק הָאֶמְצָעִי שֶׁהוּא סֹבֶךְ שֶׁל רֶגֶל:

לג) **הַמַּקְרִיב אֶת דַּם הַשְּׁלָמִים וגו׳.** מִי שֶׁהוּא רָאוּי לִזְרִיקָתוֹ וּלְהַקְטִיר חֲלָבָיו, יָצָא טָמֵא בִּשְׁעַת זְרִיקַת דָּמִים אוֹ בִּשְׁעַת הֶקְטֵר חֲלָבִים שֶׁאֵינוֹ חוֹלֵק בַּבָּשָׂר:

תִּהְיֶה שׁוֹק הַיָּמִין לְמָנָה׃ כִּי אֶת־חֲזֵה הַתְּנוּפָה לד
וְאֵת ׀ שׁוֹק הַתְּרוּמָה לָקַחְתִּי מֵאֵת בְּנֵי־יִשְׂרָאֵל
מִזִּבְחֵי שַׁלְמֵיהֶם וָאֶתֵּן אֹתָם לְאַהֲרֹן הַכֹּהֵן וּלְבָנָיו
לְחָק־עוֹלָם מֵאֵת בְּנֵי יִשְׂרָאֵל׃ זֹאת מִשְׁחַת לה
אַהֲרֹן וּמִשְׁחַת בָּנָיו מֵאִשֵּׁי יְהוָה בְּיוֹם הִקְרִיב
אֹתָם לְכַהֵן לַיהוָה׃ אֲשֶׁר צִוָּה יְהוָה לָתֵת לָהֶם לו
בְּיוֹם מָשְׁחוֹ אֹתָם מֵאֵת בְּנֵי יִשְׂרָאֵל חֻקַּת עוֹלָם
לְדֹרֹתָם׃ זֹאת הַתּוֹרָה לָעֹלָה לַמִּנְחָה וְלַחַטָּאת לז
וְלָאָשָׁם וְלַמִּלּוּאִים וּלְזֶבַח הַשְּׁלָמִים׃ אֲשֶׁר צִוָּה לח
יְהוָה אֶת־מֹשֶׁה בְּהַר סִינָי בְּיוֹם צַוֹּתוֹ אֶת־בְּנֵי
יִשְׂרָאֵל לְהַקְרִיב אֶת־קָרְבְּנֵיהֶם לַיהוָה בְּמִדְבַּר
סִינָי׃

רביעי ד וַיְדַבֵּר יְהוָה אֶל־מֹשֶׁה לֵּאמֹר׃ קַח אֶת־אַהֲרֹן ח א ב
וְאֶת־בָּנָיו אִתּוֹ וְאֵת הַבְּגָדִים וְאֵת שֶׁמֶן הַמִּשְׁחָה
וְאֵת ׀ פַּר הַחַטָּאת וְאֵת שְׁנֵי הָאֵילִים וְאֵת סַל
הַמַּצּוֹת׃ וְאֵת כָּל־הָעֵדָה הַקְהֵל אֶל־פֶּתַח אֹהֶל ג
מוֹעֵד׃ וַיַּעַשׂ מֹשֶׁה כַּאֲשֶׁר צִוָּה יְהוָה אֹתוֹ וַתִּקָּהֵל ד
הָעֵדָה אֶל־פֶּתַח אֹהֶל מוֹעֵד׃ וַיֹּאמֶר מֹשֶׁה אֶל־ ה
הָעֵדָה זֶה הַדָּבָר אֲשֶׁר־צִוָּה יְהוָה לַעֲשׂוֹת׃ וַיַּקְרֵב ו
מֹשֶׁה אֶת־אַהֲרֹן וְאֶת־בָּנָיו וַיִּרְחַץ אֹתָם בַּמָּיִם׃
וַיִּתֵּן עָלָיו אֶת־הַכֻּתֹּנֶת וַיַּחְגֹּר אֹתוֹ בָּאַבְנֵט ז

ח

וַיַּלְבֵּשׁ אֹתוֹ אֶת־הַמְּעִיל וַיִּתֵּן עָלָיו אֶת־הָאֵפֹד
ח וַיַּחְגֹּר אֹתוֹ בְּחֵשֶׁב הָאֵפֹד וַיֶּאְפֹּד לוֹ בּוֹ: וַיָּשֶׂם
עָלָיו אֶת־הַחֹשֶׁן וַיִּתֵּן אֶל־הַחֹשֶׁן אֶת־הָאוּרִים
ט וְאֶת־הַתֻּמִּים: וַיָּשֶׂם אֶת־הַמִּצְנֶפֶת עַל־רֹאשׁוֹ
וַיָּשֶׂם עַל־הַמִּצְנֶפֶת אֶל־מוּל פָּנָיו אֵת צִיץ הַזָּהָב
י נֵזֶר הַקֹּדֶשׁ כַּאֲשֶׁר צִוָּה יְהוָה אֶת־מֹשֶׁה: וַיִּקַּח

לד תְּהֵי, שָׁקָא דִימִינָא לְחֻלָק: אֲרֵי יָת חַדְיָא דַאֲרָמוּתָא, וְיָת שָׁקָא דְאַפְרָשׁוּתָא, נְסֵיבִית מִן בְּנֵי יִשְׂרָאֵל, מִנִּכְסַת קֻדְשֵׁיהוֹן, וִיהָבִית יָתְהוֹן, לְאַהֲרֹן כָּהֲנָא וְלִבְנוֹהִי לִקְיָם עָלָם, מִן בְּנֵי
לה יִשְׂרָאֵל: דָּא רְבוּת אַהֲרֹן וּרְבוּת בְּנוֹהִי, מִקָּרְבָּנַיָּא דַייָ, בְּיוֹמָא דִיקָרֵיב יָתְהוֹן, לְשַׁמָּשָׁא קֳדָם
לו יְיָ: דְּפַקֵּיד יְיָ לְמִתַּן לְהוֹן, בְּיוֹמָא דְיִרְבּוֹן יָתְהוֹן, מִן בְּנֵי יִשְׂרָאֵל, קְיָם עָלָם לְדָרֵיהוֹן: דָּא
לז אוֹרַיְתָא, לַעֲלָתָא לְמִנְחָתָא, וּלְחַטָּתָא וְלַאֲשָׁמָא, וּלְקֻרְבָּנַיָּא, וּלְנִכְסַת קֻדְשַׁיָּא: דְּפַקֵּיד יְיָ,
יָת מֹשֶׁה בְּטוּרָא דְסִינָי, בְּיוֹמָא דְפַקֵּיד יָת בְּנֵי יִשְׂרָאֵל, לְקָרָבָא יָת קֻרְבָּנְהוֹן, קֳדָם יְיָ בְּמַדְבְּרָא
ח א דְסִינָי: וּמַלֵּיל יְיָ עִם מֹשֶׁה לְמֵימַר: קָרֵיב יָת אַהֲרֹן וְיָת בְּנוֹהִי עִמֵּיהּ, וְיָת לְבוּשַׁיָּא, וְיָת מִשְׁחָא
ג דִרְבוּתָא, וְיָת תּוֹרָא דְחַטָּתָא, וְיָת תְּרֵין דִּכְרִין, וְיָת סַלָּא דְפַטִּירַיָּא: וְיָת כָּל כְּנִשְׁתָּא כְּנוֹשׁ,
ד לִתְרַע מַשְׁכַּן זִמְנָא: וַעֲבַד מֹשֶׁה, כְּמָא דְפַקֵּיד יְיָ יָתֵיהּ, וְאִתְכְּנֵישַׁת כְּנִשְׁתָּא, לִתְרַע מַשְׁכַּן
ה זִמְנָא: וַאֲמַר מֹשֶׁה לִכְנִשְׁתָּא, דֵּין פִּתְגָמָא, דְּפַקֵּיד יְיָ לְמֶעְבַּד: וְקָרֵיב מֹשֶׁה, יָת אַהֲרֹן וְיָת
ז בְּנוֹהִי, וְאַסְחִי יָתְהוֹן בְּמַיָּא: וִיהַב עֲלוֹהִי יָת כֻּתּוּנָא, וְזָרֵיז יָתֵיהּ בְּהֶמְיָנָא, וְאַלְבֵּישׁ יָתֵיהּ יָת
ח מְעִילָא, וִיהַב עֲלוֹהִי יָת אֵיפוֹדָא, וְזָרֵיז יָתֵיהּ, בְּהֶמְיָן אֵיפוֹדָא, וְאַתְקֵין לֵיהּ בֵּיהּ: וְשַׁוִּי עֲלוֹהִי
ט יָת חֻשְׁנָא, וִיהַב בְּחֻשְׁנָא, יָת אוּרַיָּא וְיָת תֻּמַּיָּא: וְשַׁוִּי יָת מִצְנַפְתָּא עַל רֵישֵׁיהּ, וְשַׁוִּי עַל
י מִצְנַפְתָּא לָקֳבֵיל אַפּוֹהִי, יָת צִיצָא דְדַהֲבָא כְּלִילָא דְקֻדְשָׁא, כְּמָא דְפַקֵּיד יְיָ יָת מֹשֶׁה: וּנְסֵיב

לד) תְּנוּפָה, תְּרוּמָה. מוֹלִיךְ וּמֵבִיא, מַעֲלֶה וּמוֹרִיד:

לו) וְלַמִּלּוּאִים. לְיוֹם חִנּוּךְ הַכְּהֻנָּה:

פרק ח

ב) קַח אֶת אַהֲרֹן. פָּרָשָׁה זוֹ נֶאֶמְרָה שִׁבְעַת יָמִים קֹדֶם הֲקָמַת הַמִּשְׁכָּן, שֶׁאֵין מֻקְדָּם וּמְאֻחָר בַּתּוֹרָה: קַח אֶת אַהֲרֹן. קָחֶנּוּ בִּדְבָרִים וּמָשְׁכֵהוּ: וְאֵת פַּר הַחַטָּאת וְגוֹ'. אֵלּוּ הָאֲמוּרִים בְּעִנְיַן צַוָּאַת הַמִּלּוּאִים בִּ'וְאַתָּה תְּצַוֶּה' (שמות כט), וְעַכְשָׁיו בְּיוֹם רִאשׁוֹן לַמִּלּוּאִים חָזַר וְזֵרְזוֹ בְּשָׁעַת מַעֲשֶׂה:

ג) הַקְהֵל אֶל פֶּתַח אֹהֶל מוֹעֵד. זֶה אֶחָד מִן הַמְּקוֹמוֹת שֶׁהֶחֱזִיק מוּעָט אֶת הַמְרֻבֶּה:

ה) זֶה הַדָּבָר. דְּבָרִים שֶׁתִּרְאוּ שֶׁאֲנִי עוֹשֶׂה לִפְנֵיכֶם צִוַּנִי הַקָּדוֹשׁ בָּרוּךְ הוּא לַעֲשׂוֹת, וְאַל תֹּאמְרוּ לִכְבוֹדִי וְלִכְבוֹד אָחִי אֲנִי עוֹשֶׂה. כָּל הָעִנְיָן הַזֶּה פֵּרַשְׁתִּי בְּ'וְאַתָּה תְּצַוֶּה' (שמות כט, ד-לו):

ח) אֶת הָאוּרִים. כְּתָב שֶׁל שֵׁם הַמְפֹרָשׁ:

ט) וַיָּשֶׂם עַל הַמִּצְנֶפֶת. פְּתִילֵי תְּכֵלֶת הַקְּבוּעִים בַּצִּיץ נוֹתֵן עַל הַמִּצְנֶפֶת, נִמְצָא הַצִּיץ תָּלוּי בַּמִּצְנֶפֶת:

מֹשֶׁה אֶת־שֶׁמֶן הַמִּשְׁחָה וַיִּמְשַׁח אֶת־הַמִּשְׁכָּן
וְאֶת־כָּל־אֲשֶׁר־בּוֹ וַיְקַדֵּשׁ אֹתָם: וַיַּז מִמֶּנּוּ עַל־ יא
הַמִּזְבֵּחַ שֶׁבַע פְּעָמִים וַיִּמְשַׁח אֶת־הַמִּזְבֵּחַ
וְאֶת־כָּל־כֵּלָיו וְאֶת־הַכִּיֹּר וְאֶת־כַּנּוֹ לְקַדְּשָׁם:
וַיִּצֹק מִשֶּׁמֶן הַמִּשְׁחָה עַל רֹאשׁ אַהֲרֹן וַיִּמְשַׁח יב
אֹתוֹ לְקַדְּשׁוֹ: וַיַּקְרֵב מֹשֶׁה אֶת־בְּנֵי אַהֲרֹן יג
וַיַּלְבִּשֵׁם כֻּתֳּנֹת וַיַּחְגֹּר אֹתָם אַבְנֵט וַיַּחֲבֹשׁ
לָהֶם מִגְבָּעוֹת כַּאֲשֶׁר צִוָּה יְהֹוָה אֶת־מֹשֶׁה:
וַיַּגֵּשׁ אֵת פַּר הַחַטָּאת וַיִּסְמֹךְ אַהֲרֹן וּבָנָיו אֶת־ יד חמישי
יְדֵיהֶם עַל־רֹאשׁ פַּר הַחַטָּאת: וַיִּשְׁחָט וַיִּקַּח טו
מֹשֶׁה אֶת־הַדָּם וַיִּתֵּן עַל־קַרְנוֹת הַמִּזְבֵּחַ סָבִיב
בְּאֶצְבָּעוֹ וַיְחַטֵּא אֶת־הַמִּזְבֵּחַ וְאֶת־הַדָּם יָצַק
אֶל־יְסוֹד הַמִּזְבֵּחַ וַיְקַדְּשֵׁהוּ לְכַפֵּר עָלָיו: וַיִּקַּח טז
אֶת־כָּל־הַחֵלֶב אֲשֶׁר עַל־הַקֶּרֶב וְאֵת יֹתֶרֶת
הַכָּבֵד וְאֶת־שְׁתֵּי הַכְּלָיֹת וְאֶת־חֶלְבְּהֶן וַיַּקְטֵר
מֹשֶׁה הַמִּזְבֵּחָה: וְאֶת־הַפָּר וְאֶת־עֹרוֹ וְאֶת־ יז
בְּשָׂרוֹ וְאֶת־פִּרְשׁוֹ שָׂרַף בָּאֵשׁ מִחוּץ לַמַּחֲנֶה
כַּאֲשֶׁר צִוָּה יְהֹוָה אֶת־מֹשֶׁה: וַיַּקְרֵב אֵת אֵיל יח
הָעֹלָה וַיִּסְמְכוּ אַהֲרֹן וּבָנָיו אֶת־יְדֵיהֶם עַל־
רֹאשׁ הָאָיִל: וַיִּשְׁחָט וַיִּזְרֹק מֹשֶׁה אֶת־הַדָּם יט
עַל־הַמִּזְבֵּחַ סָבִיב: וְאֶת־הָאַיִל נִתַּח לִנְתָחָיו כ

וַיַּקְטֵ֤ר מֹשֶׁה֙ אֶת־הָרֹ֔אשׁ וְאֶת־הַנְּתָחִ֖ים וְאֶת־
הַפָּֽדֶר: וְאֶת־הַקֶּ֥רֶב וְאֶת־הַכְּרָעַ֖יִם רָחַ֣ץ בַּמָּ֑יִם
וַיַּקְטֵר֩ מֹשֶׁ֨ה אֶת־כָּל־הָאַ֜יִל הַמִּזְבֵּ֗חָה עֹלָ֨ה
ה֤וּא לְרֵֽיחַ־נִיחֹ֙חַ֙ אִשֶּׁ֥ה הוּא֙ לַֽיהֹוָ֔ה כַּאֲשֶׁ֛ר
צִוָּ֥ה יְהֹוָ֖ה אֶת־מֹשֶֽׁה: וַיַּקְרֵב֙ אֶת־הָאַ֣יִל הַשֵּׁנִ֔י
אֵ֖יל הַמִּלֻּאִ֑ים וַֽיִּסְמְכ֞וּ אַהֲרֹ֧ן וּבָנָ֛יו אֶת־יְדֵיהֶ֖ם
עַל־רֹ֥אשׁ הָאָֽיִל: וַיִּשְׁחָ֓ט ׀ וַיִּקַּ֤ח מֹשֶׁה֙ מִדָּמ֔וֹ

כא

כב

כג

מֹשֶׁה יָת מִשְׁחָא דִרְבוּתָא, וְרַבִּי יָת מַשְׁכְּנָא וְיָת כָּל דְּבֵיהּ, וְקַדִּישׁ יָתְהוֹן: וְאַדִּי מִנֵּיהּ, עַל מַדְבְּחָא שְׁבַע זִמְנִין, וְרַבִּי יָת מַדְבְּחָא וְיָת כָּל מָנוֹהִי, וְיָת כִּיּוֹרָא, וְיָת בְּסִיסֵיהּ לְקַדָּשׁוּתְהוֹן:
וַאֲרִיק מִמִּשְׁחָא דִרְבוּתָא, עַל רֵישָׁא דְאַהֲרֹן, וְרַבִּי יָתֵיהּ לְקַדָּשׁוּתֵיהּ: וְקָרִיב מֹשֶׁה יָת בְּנֵי אַהֲרֹן, וְאַלְבִּשִׁנּוּן כִּתּוּנִין וְזָרֵיז יָתְהוֹן הֶמְיָנִין, וְאַתְקִין לְהוֹן קוֹבְעִין, כְּמָא דְפַקִּיד יְיָ יָת מֹשֶׁה:
וְקָרִיב, יָת תּוֹרָא דְחַטָּאתָא, וּסְמַךְ אַהֲרֹן וּבְנוֹהִי יָת יְדֵיהוֹן, עַל רֵישׁ תּוֹרָא דְחַטָּאתָא: וּנְכֵס, וּנְסֵיב מֹשֶׁה יָת דְּמָא וִיהַב, עַל קַרְנַת מַדְבְּחָא סְחוֹר סְחוֹר בְּאֶצְבְּעֵיהּ, וְדַכִּי יָת מַדְבְּחָא, וְיָת דְּמָא,
אֲרִיק לִיסוֹדָא דְמַדְבְּחָא, וְקַדְּשֵׁיהּ לְכַפָּרָא עֲלוֹהִי: וּנְסֵיב, יָת כָּל תַּרְבָּא דְּעַל גַּוָּא, וְיָת חֲצַר כַּבְדָּא, וְיָת תַּרְתֵּין כּוּלְיָן וְיָת תַּרְבְּהוֹן, וְאַסֵּיק מֹשֶׁה לְמַדְבְּחָא: וְיָת תּוֹרָא וְיָת מַשְׁכֵּיהּ וְיָת בִּסְרֵיהּ וְיָת אֻכְלֵיהּ, אוֹקֵיד בְּנוּרָא, מִבָּרָא לְמַשְׁרִיתָא, כְּמָא דְפַקִּיד יְיָ יָת מֹשֶׁה: וְקָרִיב, יָת
דִּכְרָא דַעֲלָתָא, וּסְמַכוּ, אַהֲרֹן וּבְנוֹהִי, יָת יְדֵיהוֹן עַל רֵישׁ דִּכְרָא: וּנְכַס, וּזְרַק מֹשֶׁה יָת דְּמָא, עַל מַדְבְּחָא סְחוֹר סְחוֹר: וְיָת דִּכְרָא, פַּלֵּיג לְאֶבְרוֹהִי, וְאַסֵּיק מֹשֶׁה יָת רֵישָׁא, וְיָת אֶבְרַיָּא וְיָת תַּרְבָּא: וְיָת גַּוָּא וְיָת כְּרָעַיָּא חַלֵּיל בְּמַיָּא, וְאַסֵּיק מֹשֶׁה יָת כָּל דִּכְרָא לְמַדְבְּחָא, עֲלָתָא הוּא לְאִתְקַבָּלָא בְרַעֲוָא קֻרְבָּנָא הוּא קֳדָם יְיָ, כְּמָא דְפַקִּיד יְיָ יָת מֹשֶׁה: וְקָרִיב יָת דִּכְרָא תִנְיָנָא, דְכַר קֻרְבָּנַיָּא, וּסְמַכוּ, אַהֲרֹן וּבְנוֹהִי, יָת יְדֵיהוֹן עַל רֵישׁ דִּכְרָא: וּנְכֵס וּנְסֵיב מֹשֶׁה מִדְּמֵיהּ,

יא
יב
יג
יד
טו
טז
יז
יח
יט
כ
כא
כב
כג

יא) **וַיִּז מִמֶּנּוּ עַל הַמִּזְבֵּחַ.** לֹא יָדַעְתִּי הֵיכָן נִצְטַוָּה בְּהַזָּאוֹת הַלָּלוּ:

יב) **וַיִּצֹק, וַיִּמְשַׁח.** בַּתְּחִלָּה יוֹצֵק עַל רֹאשׁוֹ, וְאַחַר כָּךְ נוֹתֵן בֵּין רִיסֵי עֵינָיו וּמוֹשֵׁךְ בְּאֶצְבָּעוֹ מִזֶּה לָזֶה:

יג) **וַיַּחְבֹּשׁ.** לְשׁוֹן קְשִׁירָה:

טו) **וַיְחַטֵּא אֶת הַמִּזְבֵּחַ.** חִטְּאוֹ וְטִהֲרוֹ מִזָּרוּת לִכָּנֵס לַקְּדֻשָּׁה: **וַיְקַדְּשֵׁהוּ.** בַּעֲבוֹדָה זוֹ: **לְכַפֵּר עָלָיו.** מֵעַתָּה כָּל הַכַּפָּרוֹת:

טז) **"עַל הַכָּבֵד"** (שמות כט, יג), לְבַד הַכָּבֵד, שֶׁהָיָה נוֹטֵל מְעַט מִן הַכָּבֵד עִמָּהּ:

כב) **אֵיל הַמִּלֻּאִים.** אֵיל הַשְּׁלָמִים, שֶׁ"מִּלּוּאִים" לְשׁוֹן שְׁלָמִים, שֶׁמְּמַלְּאִין וּמַשְׁלִימִין אֶת הַכֹּהֲנִים בִּכְהֻנָּתָם:

וַיִּתֵּ֞ן עַל־תְּנ֤וּךְ אֹֽזֶן־אַהֲרֹן֙ הַיְמָנִ֔ית וְעַל־בֹּ֤הֶן
יָדוֹ֙ הַיְמָנִ֔ית וְעַל־בֹּ֥הֶן רַגְל֖וֹ הַיְמָנִֽית: וַיַּקְרֵ֞ב
אֶת־בְּנֵ֣י אַהֲרֹ֗ן וַיִּתֵּ֨ן מֹשֶׁ֤ה מִן־הַדָּם֙ עַל־תְּנ֤וּךְ
אָזְנָם֙ הַיְמָנִ֔ית וְעַל־בֹּ֤הֶן יָדָם֙ הַיְמָנִ֔ית וְעַל־
בֹּ֥הֶן רַגְלָ֖ם הַיְמָנִ֑ית וַיִּזְרֹ֨ק מֹשֶׁ֧ה אֶת־הַדָּ֛ם עַל־
הַמִּזְבֵּ֖חַ סָבִֽיב: וַיִּקַּ֣ח אֶת־הַחֵ֗לֶב וְאֶת־הָ֣אַלְיָ֡ה
וְאֶת־כָּל־הַחֵלֶב֩ אֲשֶׁ֨ר עַל־הַקֶּ֜רֶב וְאֵ֨ת יֹתֶ֤רֶת
הַכָּבֵד֙ וְאֶת־שְׁתֵּ֣י הַכְּלָיֹ֔ת וְאֶֽת־חֶלְבְּהֶ֖ן וְאֵ֥ת שׁ֥וֹק
הַיָּמִֽין: וּמִסַּ֨ל הַמַּצּ֜וֹת אֲשֶׁ֣ר ׀ לִפְנֵ֣י יְהוָ֗ה לָקַ֞ח
חַלַּ֨ת מַצָּ֤ה אַחַת֙ וְֽחַלַּ֨ת לֶ֥חֶם שֶׁ֛מֶן אַחַ֖ת וְרָקִ֣יק
אֶחָ֑ד וַיָּ֨שֶׂם֙ עַל־הַ֣חֲלָבִ֔ים וְעַ֖ל שׁ֥וֹק הַיָּמִֽין: וַיִּתֵּ֣ן
אֶת־הַכֹּ֔ל עַ֚ל כַּפֵּ֣י אַהֲרֹ֔ן וְעַ֖ל כַּפֵּ֣י בָנָ֑יו וַיָּ֧נֶף אֹתָ֛ם
תְּנוּפָ֖ה לִפְנֵ֥י יְהוָֽה: וַיִּקַּ֨ח מֹשֶׁ֤ה אֹתָם֙ מֵעַ֣ל
כַּפֵּיהֶ֔ם וַיַּקְטֵ֥ר הַמִּזְבֵּ֖חָה עַל־הָעֹלָ֑ה מִלֻּאִ֥ים הֵ֨ם
לְרֵ֣יחַ נִיחֹ֔חַ אִשֶּׁ֥ה ה֖וּא לַיהוָֽה: וַיִּקַּ֤ח מֹשֶׁה֙ אֶת־
הֶ֣חָזֶ֔ה וַיְנִיפֵ֥הוּ תְנוּפָ֖ה לִפְנֵ֣י יְהוָ֑ה מֵאֵ֣יל הַמִּלֻּאִ֗ים
לְמֹשֶׁ֤ה הָיָה֙ לְמָנָ֔ה כַּאֲשֶׁ֛ר צִוָּ֥ה יְהוָ֖ה אֶת־מֹשֶֽׁה:
וַיִּקַּ֨ח מֹשֶׁ֜ה מִשֶּׁ֤מֶן הַמִּשְׁחָה֙ וּמִן־הַדָּ֔ם אֲשֶׁ֖ר עַל־
הַמִּזְבֵּ֑חַ וַיַּ֤ז עַֽל־אַהֲרֹן֙ עַל־בְּגָדָ֔יו וְעַל־בָּנָ֖יו וְעַל־
בִּגְדֵ֣י בָנָ֣יו אִתּ֑וֹ וַיְקַדֵּ֤שׁ אֶֽת־אַהֲרֹן֙ אֶת־בְּגָדָ֔יו
וְאֶת־בָּנָ֛יו וְאֶת־בִּגְדֵ֥י בָנָ֖יו אִתּֽוֹ: וַיֹּ֤אמֶר מֹשֶׁה֙

אֶל־אַהֲרֹן וְאֶל־בָּנָיו בַּשְּׁלוּ אֶת־הַבָּשָׂר פֶּתַח
אֹהֶל מוֹעֵד וְשָׁם תֹּאכְלוּ אֹתוֹ וְאֶת־הַלֶּחֶם
אֲשֶׁר בְּסַל הַמִּלֻּאִים כַּאֲשֶׁר צִוֵּיתִי לֵאמֹר אַהֲרֹן
לב וּבָנָיו יֹאכְלֻהוּ: וְהַנּוֹתָר בַּבָּשָׂר וּבַלָּחֶם בָּאֵשׁ
לג תִּשְׂרֹפוּ: וּמִפֶּתַח אֹהֶל מוֹעֵד לֹא תֵצְאוּ שִׁבְעַת מפטיר
יָמִים עַד יוֹם מְלֹאת יְמֵי מִלֻּאֵיכֶם כִּי שִׁבְעַת
לד יָמִים יְמַלֵּא אֶת־יֶדְכֶם: כַּאֲשֶׁר עָשָׂה בַּיּוֹם הַזֶּה
לה צִוָּה יְהוָה לַעֲשֹׂת לְכַפֵּר עֲלֵיכֶם: וּפֶתַח אֹהֶל

כד וִיהַב, עַל רוּם אֻדְנָא דְאַהֲרֹן דְּיַמִּינָא, וְעַל אִלְיוֹן יְדֵיהּ דְּיַמִּינָא, וְעַל אִלְיוֹן רַגְלֵיהּ דְּיַמִּינָא: וְקָרֵיב
יָת בְּנֵי אַהֲרֹן, וִיהַב מֹשֶׁה מִן דְּמָא עַל רוּם אֻדְנְהוֹן דְּיַמִּינָא, וְעַל אִלְיוֹן יְדֵיהוֹן דְּיַמִּינָא, וְעַל אִלְיוֹן
כה רַגְלֵיהוֹן דְּיַמִּינָא, וּזְרַק מֹשֶׁה יָת דְּמָא, עַל מַדְבְּחָא סְחוֹר סְחוֹר: וּנְסֵיב יָת תַּרְבָּא וְיָת אַלְיְתָא,
וְיָת כָּל תַּרְבָּא דְּעַל גַּוָּא, וְיָת חֲצַר כַּבְדָּא, וְיָת תַּרְתֵּין כּוֹלְיָן וְיָת תַּרְבְּהוֹן, וְיָת שָׁקָא דְּיַמִּינָא:
כו וּמִסַּלָּא דְּפַטִּירַיָּא, דִּקְדָם יְיָ, נְסֵיב, גְּרִיצְתָא פַטִּירְתָא חֲדָא וּגְרִיצְתָא דִּלְחֵים מְשַׁח, חֲדָא
כז וְאֶסְפּוֹג חַד, וְשַׁוִּי עַל תַּרְבַּיָּא, וְעַל שָׁקָא דְּיַמִּינָא: וִיהַב יָת כּוֹלָּא, עַל יְדֵי אַהֲרֹן, וְעַל יְדֵי בְנוֹהִי,
כח וַאֲרֵים יָתְהוֹן, אֲרָמָא קֳדָם יְיָ: וּנְסֵיב מֹשֶׁה יָתְהוֹן מֵעַל יְדֵיהוֹן, וְאַסֵּיק לְמַדְבְּחָא עַל עֲלָתָא,
כט קֻרְבָּנָא אִנּוּן לְאִתְקַבָּלָא בְרַעֲוָא, קֻרְבָּנָא הוּא קֳדָם יְיָ: וּנְסֵיב מֹשֶׁה יָת חַדְיָא, וַאֲרִימֵיהּ אֲרָמָא
ל קֳדָם יְיָ, מִדְּכַר קֻרְבָּנַיָּא, לְמֹשֶׁה הֲוָה לַחֲלָק, כְּמָא דְּפַקֵּיד יְיָ יָת מֹשֶׁה: וּנְסֵיב מֹשֶׁה מִמִּשְׁחָא
דִּרְבוּתָא, וּמִן דְּמָא דְּעַל מַדְבְּחָא, וְאַדִּי עַל אַהֲרֹן עַל לְבוּשׁוֹהִי, וְעַל בְּנוֹהִי, וְעַל לְבוּשֵׁי בְנוֹהִי
לא עִמֵּיהּ, וְקַדֵּישׁ יָת אַהֲרֹן יָת לְבוּשׁוֹהִי, וְיָת בְּנוֹהִי, וְיָת לְבוּשֵׁי בְנוֹהִי עִמֵּיהּ: וַאֲמַר מֹשֶׁה לְאַהֲרֹן
וְלִבְנוֹהִי, בַּשִּׁילוּ יָת בִּסְרָא בִּתְרַע מַשְׁכַּן זִמְנָא, וְתַמָּן תֵּיכְלוּן יָתֵיהּ, וְיָת לַחְמָא, דִּבְסַל קֻרְבָּנַיָּא,
לב כְּמָא דְּפַקֵּידִית לְמֵימַר, אַהֲרֹן וּבְנוֹהִי יֵיכְלֻנֵּיהּ: וּדְיִשְׁתְּאַר בְּבִסְרָא וּבְלַחְמָא, בְּנוּרָא תּוֹקְדוּן:
לג וּמִתְּרַע מַשְׁכַּן זִמְנָא, לָא תִפְּקוּן שִׁבְעָא יוֹמִין, עַד יוֹם מִשְׁלַם, יוֹמֵי קֻרְבָּנְכוֹן, אֲרֵי שִׁבְעָא יוֹמִין,
לד לה יִתְקָרַב קֻרְבַּנְכוֹן: כְּמָא דַּעֲבַד בְּיוֹמָא הָדֵין, פַּקֵּיד יְיָ, לְמֶעֱבַד לְכַפָּרָא עֲלֵיכוֹן: וּבִתְרַע מַשְׁכַּן

כו) וְחַלַּת לֶחֶם שֶׁמֶן. הִיא רְבוּכָה, שֶׁהָיָה מַרְבֶּה בָּהּ שֶׁמֶן כְּנֶגֶד הַחַלּוֹת וְהָרְקִיקִין, כָּךְ מְפֹרָשׁ בִּמְנָחוֹת (דף עח ע״א):

כח) וַיַּקְטֵר הַמִּזְבֵּחָה. מֹשֶׁה שִׁמֵּשׁ כָּל שִׁבְעַת יְמֵי הַמִּלּוּאִים בְּחָלוּק לָבָן: עַל הָעֹלָה. אַחַר הָעֹלָה, וְלֹא מָצִינוּ שׁוֹק שֶׁל שְׁלָמִים קָרֵב בְּכָל מָקוֹם חוּץ מִזֶּה:

לד) צִוָּה ה׳ לַעֲשֹׂת. כָּל שִׁבְעַת הַיָּמִים. וְרַבּוֹתֵינוּ

ויקרא　　　　　　　　　　　　　　　　　　ח

מוֹעֵד תֵּשְׁבוּ יוֹמָם וָלַיְלָה שִׁבְעַת יָמִים וּשְׁמַרְתֶּם
אֶת־מִשְׁמֶרֶת יְהוָה וְלֹא תָמוּתוּ כִּי־כֵן צֻוֵּיתִי:
וַיַּעַשׂ אַהֲרֹן וּבָנָיו אֵת כָּל־הַדְּבָרִים אֲשֶׁר־צִוָּה　לו
יְהוָה בְּיַד־מֹשֶׁה:

הפטרת צו

בשבת פרשת זכור קוראים את המפטיר מספר דברים כה, יז-יט, ואת ההפטרה בעמ' 1290. בפורים משולש בירושלים קוראים את המפטיר מספר שמות יז, ח-טז, ואת ההפטרה בעמ' 1290. בשבת פרשת פרה קוראים את המפטיר מספר במדבר יט, א-כב, ואת ההפטרה בעמ' 1292. בשבת הגדול קוראים את ההפטרה בעמ' 1295.

בימי המלך יהויקים נחתמה גזרת החורבן. אכזריותו לעם, שגשוג העבודה הזרה (לרבות הקרבת קרבנות אדם) והרדיפה אחרי נביאי ה' היו ממכריעי הדין. ירמיהו ניבא על העתיד המר ונבואות אלו הביאו לרדיפתו הקשה.

ירמיהו חזר ולימד שגם קרבנות בעלי חיים נועדו לעורר ולזעזע את האדם ולהביאו לתיקון, לתשובה ולהתקרבות לה'. העיקר הוא ההתנהגות הראויה. הנהג בדרכים מעוותות ומקריב קרבנות במקדש – הוא כ"טובל ושרץ בידו", ומוסיף חטא על פשע. כשם שה' עושה חסד, משפט וצדקה בארץ, כן הוא חפץ באדם שיעשה חסד, משפט וצדקה בארץ.

ירמיה　כא　כֹּה אָמַר יְהוָה צְבָאוֹת אֱלֹהֵי יִשְׂרָאֵל עֹלוֹתֵיכֶם סְפוּ עַל־זִבְחֵיכֶם וְאִכְלוּ
כב　בָשָׂר: כִּי לֹא־דִבַּרְתִּי אֶת־אֲבוֹתֵיכֶם וְלֹא צִוִּיתִים בְּיוֹם הוֹצִיאִי אוֹתָם מֵאֶרֶץ
מִצְרָיִם עַל־דִּבְרֵי עוֹלָה וָזָבַח: כִּי אִם־אֶת־הַדָּבָר הַזֶּה צִוִּיתִי אוֹתָם לֵאמֹר　כג
שִׁמְעוּ בְקוֹלִי וְהָיִיתִי לָכֶם לֵאלֹהִים וְאַתֶּם תִּהְיוּ־לִי לְעָם וַהֲלַכְתֶּם בְּכָל־הַדֶּרֶךְ
אֲשֶׁר אֲצַוֶּה אֶתְכֶם לְמַעַן יִיטַב לָכֶם: וְלֹא שָׁמְעוּ וְלֹא־הִטּוּ אֶת־אָזְנָם וַיֵּלְכוּ　כד
בְּמֹעֵצוֹת בִּשְׁרִרוּת לִבָּם הָרָע וַיִּהְיוּ לְאָחוֹר וְלֹא לְפָנִים: לְמִן־הַיּוֹם אֲשֶׁר　כה
יָצְאוּ אֲבוֹתֵיכֶם מֵאֶרֶץ מִצְרַיִם עַד הַיּוֹם הַזֶּה וָאֶשְׁלַח אֲלֵיכֶם אֶת־כָּל־עֲבָדַי
הַנְּבִיאִים יוֹם הַשְׁכֵּם וְשָׁלֹחַ: וְלוֹא שָׁמְעוּ אֵלַי וְלֹא הִטּוּ אֶת־אָזְנָם וַיַּקְשׁוּ　כו
אֶת־עָרְפָּם הֵרֵעוּ מֵאֲבוֹתָם: וְדִבַּרְתָּ אֲלֵיהֶם אֶת־כָּל־הַדְּבָרִים הָאֵלֶּה וְלֹא　כז
יִשְׁמְעוּ אֵלֶיךָ וְקָרָאתָ אֲלֵיהֶם וְלֹא יַעֲנוּכָה: וְאָמַרְתָּ אֲלֵיהֶם זֶה הַגּוֹי אֲשֶׁר　כח
לוֹא־שָׁמְעוּ בְּקוֹל יְהוָה אֱלֹהָיו וְלֹא לָקְחוּ מוּסָר אָבְדָה הָאֱמוּנָה וְנִכְרְתָה
מִפִּיהֶם:*　גָּזִּי נִזְרֵךְ וְהַשְׁלִיכִי וּשְׂאִי עַל־שְׁפָיִם קִינָה כִּי מָאַס יְהוָה　כט
וַיִּטֹּשׁ אֶת־דּוֹר עֶבְרָתוֹ: כִּי־עָשׂוּ בְנֵי־יְהוּדָה הָרַע בְּעֵינַי נְאֻם־יְהוָה שָׂמוּ　ל
שִׁקּוּצֵיהֶם בַּבַּיִת אֲשֶׁר־נִקְרָא־שְׁמִי עָלָיו לְטַמְּאוֹ: וּבָנוּ בָּמוֹת הַתֹּפֶת אֲשֶׁר　לא
בְּגֵיא בֶן־הִנֹּם לִשְׂרֹף אֶת־בְּנֵיהֶם וְאֶת־בְּנֹתֵיהֶם בָּאֵשׁ אֲשֶׁר לֹא צִוִּיתִי וְלֹא

התימנים
מדלגים עד
פרק ט

זְמְנָא, תִּתְּבוּן יֵימָם וְלֵילֵי שִׁבְעָא יוֹמִין, וְתִטְּרוּן, יָת מַטְּרַת מֵימְרָא דַּיְיָ וְלָא תְמוּתוּן, אֲרֵי כֵן
לו אִתְפַּקֵּדִית: וַעֲבַד אַהֲרֹן וּבְנוֹהִי, יָת כָּל פִּתְגָּמַיָּא, דְּפַקֵּיד יְיָ בִּידָא דְּמֹשֶׁה:

דָּרְשׁוּ: "לַעֲשֹׂת" – זֶה מַעֲשֵׂה פָּרָה, "לְכַפֵּר" – זֶה מַעֲשֵׂה יוֹם הַכִּפּוּרִים, וּלְלַמֵּד שֶׁכֹּהֵן גָּדוֹל טָעוּן פְּרִישָׁה קֹדֶם יוֹם הַכִּפּוּרִים שִׁבְעַת יָמִים, וְכֵן הַכֹּהֵן הַשּׂוֹרֵף אֶת הַפָּרָה:

לה | וְלֹא תָמוּתוּ. הָא אִם לֹא תַעֲשׂוּ כֵן הֲרֵי אַתֶּם חַיָּבִים מִיתָה:

לו | וַיַּעַשׂ אַהֲרֹן וּבָנָיו. לְהַגִּיד שִׁבְחָן, שֶׁלֹּא הִטּוּ יָמִין וּשְׂמֹאל:

לב עֲלְתָה עַל־לִבִּי: לָכֵן הִנֵּה יָמִים בָּאִים נְאֻם־יְהוָה וְלֹא־יֵאָמֵר עוֹד
לג הַתֹּפֶת וְגֵיא בֶן־הִנֹּם כִּי אִם־גֵּיא הַהֲרֵגָה וְקָבְרוּ בְתֹפֶת מֵאֵין מָקוֹם: וְהָיְתָה
נִבְלַת הָעָם הַזֶּה לְמַאֲכָל לְעוֹף הַשָּׁמַיִם וּלְבֶהֱמַת הָאָרֶץ וְאֵין מַחֲרִיד:
לד וְהִשְׁבַּתִּי | מֵעָרֵי יְהוּדָה וּמֵחֻצוֹת יְרוּשָׁלִַם קוֹל שָׂשׂוֹן וְקוֹל שִׂמְחָה קוֹל
ח א חָתָן וְקוֹל כַּלָּה כִּי לְחָרְבָּה תִּהְיֶה הָאָרֶץ: בָּעֵת הַהִיא נְאֻם־יְהוָה ויוציאו יוֹצִיאוּ
אֶת־עַצְמוֹת מַלְכֵי־יְהוּדָה וְאֶת־עַצְמוֹת שָׂרָיו וְאֶת־עַצְמוֹת הַכֹּהֲנִים וְאֵת |
ב עַצְמוֹת הַנְּבִיאִים וְאֵת עַצְמוֹת יוֹשְׁבֵי־יְרוּשָׁלִָם מִקִּבְרֵיהֶם: וּשְׁטָחוּם לַשֶּׁמֶשׁ
וְלַיָּרֵחַ וּלְכֹל | צְבָא הַשָּׁמַיִם אֲשֶׁר אֲהֵבוּם וַאֲשֶׁר עֲבָדוּם וַאֲשֶׁר הָלְכוּ אַחֲרֵיהֶם
וַאֲשֶׁר דְּרָשׁוּם וַאֲשֶׁר הִשְׁתַּחֲווּ לָהֶם לֹא יֵאָסְפוּ וְלֹא יִקָּבֵרוּ לְדֹמֶן עַל־פְּנֵי
ג הָאֲדָמָה יִהְיוּ: וְנִבְחַר מָוֶת מֵחַיִּים לְכֹל הַשְּׁאֵרִית הַנִּשְׁאָרִים מִן־הַמִּשְׁפָּחָה
הָרָעָה הַזֹּאת בְּכָל־הַמְּקֹמוֹת הַנִּשְׁאָרִים אֲשֶׁר הִדַּחְתִּים שָׁם נְאֻם יְהוָה
ט כב צְבָאוֹת: כֹּה | אָמַר יְהוָה אַל־יִתְהַלֵּל חָכָם בְּחָכְמָתוֹ וְאַל־יִתְהַלֵּל
כג הַגִּבּוֹר בִּגְבוּרָתוֹ אַל־יִתְהַלֵּל עָשִׁיר בְּעָשְׁרוֹ: כִּי אִם־בְּזֹאת יִתְהַלֵּל הַמִּתְהַלֵּל
הַשְׂכֵּל וְיָדֹעַ אוֹתִי כִּי אֲנִי יְהוָה עֹשֶׂה חֶסֶד מִשְׁפָּט וּצְדָקָה בָּאָרֶץ כִּי־בְאֵלֶּה
חָפַצְתִּי נְאֻם־יְהוָה:

פרשת שמיני

שמיני

ט א וַיְהִי֙ בַּיּ֣וֹם הַשְּׁמִינִ֔י קָרָ֣א מֹשֶׁ֔ה לְאַהֲרֹ֖ן וּלְבָנָ֑יו
ב וּלְזִקְנֵ֖י יִשְׂרָאֵֽל׃ וַיֹּ֣אמֶר אֶֽל־אַהֲרֹ֗ן קַח־לְךָ֨ עֵ֧גֶל
בֶּן־בָּקָ֛ר לְחַטָּ֖את וְאַ֣יִל לְעֹלָ֑ה תְּמִימִ֔ם וְהַקְרֵ֖ב
ג לִפְנֵ֥י יְהוָֽה׃ וְאֶל־בְּנֵ֥י יִשְׂרָאֵ֖ל תְּדַבֵּ֣ר לֵאמֹ֑ר קְח֤וּ
שְׂעִיר־עִזִּים֙ לְחַטָּ֔את וְעֵ֨גֶל וָכֶ֧בֶשׂ בְּנֵֽי־שָׁנָ֛ה
ד תְּמִימִ֖ם לְעֹלָֽה׃ וְשׁ֨וֹר וָאַ֜יִל לִשְׁלָמִ֗ים לִזְבֹּ֙חַ֙ לִפְנֵ֣י
יְהוָ֔ה וּמִנְחָ֖ה בְּלוּלָ֣ה בַשָּׁ֑מֶן כִּ֣י הַיּ֔וֹם יְהוָ֖ה נִרְאָ֥ה
ה אֲלֵיכֶֽם׃ וַיִּקְח֗וּ אֵ֚ת אֲשֶׁ֣ר צִוָּ֣ה מֹשֶׁ֔ה אֶל־פְּנֵ֖י אֹ֣הֶל
מוֹעֵ֑ד וַיִּקְרְבוּ֙ כָּל־הָ֣עֵדָ֔ה וַיַּֽעַמְד֖וּ לִפְנֵ֥י יְהוָֽה׃
ו וַיֹּ֣אמֶר מֹשֶׁ֔ה זֶ֧ה הַדָּבָ֛ר אֲשֶׁר־צִוָּ֥ה יְהוָ֖ה תַּעֲשׂ֑וּ
ז וְיֵרָ֥א אֲלֵיכֶ֖ם כְּב֥וֹד יְהוָֽה׃ וַיֹּ֨אמֶר מֹשֶׁ֜ה אֶֽל־
אַהֲרֹ֗ן קְרַ֤ב אֶל־הַמִּזְבֵּ֙חַ֙ וַעֲשֵׂ֞ה אֶת־חַטָּֽאתְךָ֙
וְאֶת־עֹ֣לָתֶ֔ךָ וְכַפֵּ֥ר בַּעַדְךָ֖ וּבְעַ֣ד הָעָ֑ם וַעֲשֵׂ֞ה אֶת־
ח קָרְבַּ֤ן הָעָם֙ וְכַפֵּ֣ר בַּעֲדָ֔ם כַּאֲשֶׁ֖ר צִוָּ֥ה יְהוָֽה׃ וַיִּקְרַ֥ב
אַהֲרֹ֖ן אֶל־הַמִּזְבֵּ֑חַ וַיִּשְׁחַ֛ט אֶת־עֵ֥גֶל הַֽחַטָּ֖את
ט אֲשֶׁר־לֽוֹ׃ וַ֠יַּקְרִבוּ בְּנֵ֨י אַהֲרֹ֣ן אֶת־הַדָּם֮ אֵלָיו֒ וַיִּטְבֹּ֤ל
אֶצְבָּעוֹ֙ בַּדָּ֔ם וַיִּתֵּ֖ן עַל־קַרְנ֣וֹת הַמִּזְבֵּ֑חַ וְאֶת־הַדָּ֣ם
י יָצַ֔ק אֶל־יְס֖וֹד הַמִּזְבֵּֽחַ׃ וְאֶת־הַחֵ֨לֶב וְאֶת־הַכְּלָיֹ֜ת

וְאֶת־הַיֹּתֶ֗רֶת מִן־הַכָּבֵד֙ מִן־הַ֣חַטָּ֔את הִקְטִ֖יר הַמִּזְבֵּ֑חָה כַּאֲשֶׁ֛ר צִוָּ֥ה יְהוָ֖ה אֶת־מֹשֶֽׁה: וְאֶת־הַבָּשָׂ֣ר וְאֶת־הָע֔וֹר שָׂרַ֣ף בָּאֵ֑שׁ מִח֖וּץ לַֽמַּחֲנֶֽה: וַיִּשְׁחַ֖ט אֶת־הָעֹלָ֑ה וַ֠יַּמְצִ֠אוּ בְּנֵ֨י אַהֲרֹ֤ן אֵלָיו֙

יא

יב

תרגום

ט וַהֲוָה בְּיוֹמָא תְמִינָאָה, קְרָא מֹשֶׁה, לְאַהֲרֹן וְלִבְנוֹהִי, וּלְסָבֵי יִשְׂרָאֵל; וַאֲמַר לְאַהֲרֹן, סַב לָךְ, עֵגֶל בַּר תּוֹרֵי לְחַטָּאתָא, וּדְכַר לַעֲלָתָא שַׁלְמִין, וְקָרֵיב קֳדָם יְיָ: וְעִם בְּנֵי יִשְׂרָאֵל תְּמַלֵּיל לְמֵימַר, סַבוּ צְפִיר בַּר עִזִּין לְחַטָּאתָא, וְעֵגֶל וְאִמַּר בְּנֵי שְׁנָא, שַׁלְמִין לַעֲלָתָא: וְתוֹר וּדְכַר לְנִכְסַת קוּדְשַׁיָּא, לְדַבָּחָא קֳדָם יְיָ, וּמִנְחָתָא דְּפִילָא בִמְשַׁח, אֲרֵי יוֹמָא דֵין, יְקָרָא דַּיְיָ מִתְגְּלֵי לְכוֹן: וּקְרִיבוּ, יָת דְּפַקֵּיד מֹשֶׁה, לִקְדָם מַשְׁכַּן זִמְנָא, וּקְרִיבוּ כָּל כְּנִשְׁתָּא, וְקָמוּ קֳדָם יְיָ: וַאֲמַר מֹשֶׁה, דֵּין פִּתְגָמָא, דְּפַקֵּיד יְיָ תַּעְבְּדוּן, וְיִתְגְּלֵי לְכוֹן יְקָרָא דַּיְיָ: וַאֲמַר מֹשֶׁה לְאַהֲרֹן, קְרַב לְמַדְבְּחָא וַעֲבֵיד, יָת חַטָּתָךְ וְיָת עֲלָתָךְ, וְכַפַּר עֲלָךְ וְעַל עַמָּא, וַעֲבֵיד, יָת קוּרְבַּן עַמָּא וְכַפַּר עֲלֵיהוֹן, כְּמָא דְּפַקֵּיד יְיָ: וּקְרֵיב אַהֲרֹן לְמַדְבְּחָא, וּנְכַס, יָת עֶגְלָא דְחַטָּתָא דִילֵיהּ: וְקָרִיבוּ, בְּנֵי אַהֲרֹן יָת דְּמָא לֵיהּ, וּטְבַל אֶצְבְּעֵיהּ בִּדְמָא, וִיהַב עַל קַרְנַת מַדְבְּחָא, וְיָת דְּמָא אֲרֵיק, לִיסוֹדָא דְּמַדְבְּחָא: וְיָת תַּרְבָּא וְיָת כּוֹלְיָתָא, וְיָת חַצְרָא מִן כַּבְדָּא מִן חַטָּתָא, אַסֵּיק לְמַדְבְּחָא, כְּמָא דְפַקֵּיד יְיָ יָת מֹשֶׁה: וְיָת בִּסְרָא וְיָת מַשְׁכָּא, אוֹקֵיד בְּנוּרָא, מִבָּרָא לְמַשְׁרִיתָא: וּנְכַס יָת עֲלָתָא, וְאַמְטִיאוּ, בְּנֵי אַהֲרֹן לֵיהּ

רש"י

א) וַיְהִי בַּיּוֹם הַשְּׁמִינִי. לַמִּלּוּאִים, הוּא רֹאשׁ חֹדֶשׁ נִיסָן, שֶׁהוּקַם הַמִּשְׁכָּן בּוֹ בַּיּוֹם, וְנָטַל עֶשֶׂר עֲטָרוֹת הַשְּׁנוּיוֹת בְּסֵדֶר עוֹלָם: וּלְזִקְנֵי יִשְׂרָאֵל. לְהַשְׁמִיעָם שֶׁעַל פִּי הַדִּבּוּר אַהֲרֹן נִכְנָס וּמְשַׁמֵּשׁ בִּכְהֻנָּה גְדוֹלָה, וְלֹא יֹאמְרוּ: מֵאֵלָיו נִכְנַס:

ב) קַח לְךָ עֵגֶל. לְהוֹדִיעַ שֶׁמְּכַפֵּר לוֹ הַקָּדוֹשׁ בָּרוּךְ הוּא עַל יְדֵי עֵגֶל זֶה עַל מַעֲשֵׂה הָעֵגֶל שֶׁעָשָׂה:

ד) כִּי הַיּוֹם ה' נִרְאָה אֲלֵיכֶם. לְהַשְׁרוֹת שְׁכִינָתוֹ בְּמַעֲשֵׂה יְדֵיכֶם, לְכָךְ קָרְבָּנוֹת הַלָּלוּ בָּאִין חוֹבָה לַיּוֹם זֶה:

ז) קְרַב אֶל הַמִּזְבֵּחַ. שֶׁהָיָה אַהֲרֹן בּוֹשׁ וְיָרֵא לָגֶשֶׁת, אָמַר לוֹ מֹשֶׁה: לָמָּה אַתָּה בּוֹשׁ? לְכָךְ נִבְחַרְתָּ: אֶת חַטָּאתְךָ. עֵגֶל בֶּן בָּקָר: וְאֶת עֹלָתֶךָ. אַיִל: קָרְבַּן הָעָם. שְׂעִיר עִזִּים וְעֵגֶל וָכֶבֶשׂ. כָּל מָקוֹם שֶׁנֶּאֱמַר 'עֵגֶל' בֶּן שָׁנָה הוּא, וּמִכָּאן אַתָּה לָמֵד:

יא) וְאֶת הַבָּשָׂר וְאֶת הָעוֹר וְגוֹ'. לֹא מָצִינוּ חַטָּאת חִיצוֹנָה נִשְׂרֶפֶת אֶלָּא זוֹ שֶׁל מִלּוּאִים (שמות כט, יד), וְכֻלָּן עַל פִּי הַדִּבּוּר:

יב) וַיַּמְצִאוּ. לְשׁוֹן הוֹשָׁטָה וְהַזְמָנָה:

יג אֶת־הַדָּם וַיִּזְרְקֵהוּ עַל־הַמִּזְבֵּחַ סָבִיב׃ וְאֶת־
הָעֹלָה הִמְצִיאוּ אֵלָיו לִנְתָחֶיהָ וְאֶת־הָרֹאשׁ
יד וַיַּקְטֵר עַל־הַמִּזְבֵּחַ׃ וַיִּרְחַץ אֶת־הַקֶּרֶב וְאֶת־
טו הַכְּרָעָיִם וַיַּקְטֵר עַל־הָעֹלָה הַמִּזְבֵּחָה׃ וַיַּקְרֵב
אֵת קָרְבַּן הָעָם וַיִּקַּח אֶת־שְׂעִיר הַחַטָּאת אֲשֶׁר
טז לָעָם וַיִּשְׁחָטֵהוּ וַיְחַטְּאֵהוּ כָּרִאשׁוֹן׃ וַיַּקְרֵב אֶת־
שני יז הָעֹלָה וַיַּעֲשֶׂהָ כַּמִּשְׁפָּט׃ וַיַּקְרֵב אֶת־הַמִּנְחָה
וַיְמַלֵּא כַפּוֹ מִמֶּנָּה וַיַּקְטֵר עַל־הַמִּזְבֵּחַ מִלְּבַד
יח עֹלַת הַבֹּקֶר׃ וַיִּשְׁחַט אֶת־הַשּׁוֹר וְאֶת־הָאַיִל זֶבַח
הַשְּׁלָמִים אֲשֶׁר לָעָם וַיַּמְצִאוּ בְּנֵי אַהֲרֹן אֶת־
יט הַדָּם אֵלָיו וַיִּזְרְקֵהוּ עַל־הַמִּזְבֵּחַ סָבִיב׃ וְאֶת־
הַחֲלָבִים מִן־הַשּׁוֹר וּמִן־הָאַיִל הָאַלְיָה וְהַמְכַסֶּה
כ וְהַכְּלָיֹת וְיֹתֶרֶת הַכָּבֵד׃ וַיָּשִׂימוּ אֶת־הַחֲלָבִים
כא עַל־הֶחָזוֹת וַיַּקְטֵר הַחֲלָבִים הַמִּזְבֵּחָה׃ וְאֵת
הֶחָזוֹת וְאֵת שׁוֹק הַיָּמִין הֵנִיף אַהֲרֹן תְּנוּפָה לִפְנֵי
כב יְהוָה כַּאֲשֶׁר צִוָּה מֹשֶׁה׃ וַיִּשָּׂא אַהֲרֹן אֶת־יָדָו
אֶל־הָעָם וַיְבָרְכֵם וַיֵּרֶד מֵעֲשֹׂת הַחַטָּאת וְהָעֹלָה
כג וְהַשְּׁלָמִים׃ וַיָּבֹא מֹשֶׁה וְאַהֲרֹן אֶל־אֹהֶל מוֹעֵד
וַיֵּצְאוּ וַיְבָרְכוּ אֶת־הָעָם וַיֵּרָא כְבוֹד־יְהוָה אֶל־
שלישי כד כָּל־הָעָם׃ וַתֵּצֵא אֵשׁ מִלִּפְנֵי יְהוָה וַתֹּאכַל עַל־
הַמִּזְבֵּחַ אֶת־הָעֹלָה וְאֶת־הַחֲלָבִים וַיַּרְא כָּל־הָעָם

י א וַיָּרֹנּוּ וַיִּפְּלוּ עַל־פְּנֵיהֶם׃ וַיִּקְחוּ בְנֵי־אַהֲרֹן נָדָב
וַאֲבִיהוּא אִישׁ מַחְתָּתוֹ וַיִּתְּנוּ בָהֵן אֵשׁ וַיָּשִׂימוּ

יג יָת דְּמָא, וְזַרְקֵיהּ עַל מַדְבְּחָא סְחוֹר סְחוֹר: וְיָת עֲלָתָא, אַמְטִיאוּ לֵיהּ, לְאֶבְרָהָא וְיָת רֵישָׁא,
יד טו וְאַסֵּיק עַל מַדְבְּחָא: וְחַלֵּיל יָת גַּוָּא וְיָת כְּרָעַיָּא, וְאַסֵּיק עַל עֲלָתָא לְמַדְבְּחָא: וְקָרֵיב, יָת
טז קֻרְבַּן עַמָּא, וּנְסֵיב, יָת צְפִירָא דְּחַטָּתָא דִּלְעַמָּא, וְנַכְסֵיהּ וְכַפַּר בִּדְמֵיהּ כְּקַדְמָאָה: וְקָרֵיב
יז יָת עֲלָתָא, וְעַבְדַהּ כִּדְחָזֵי: וְקָרֵיב יָת מִנְחָתָא, וּמְלָא יְדֵיהּ מִנַּהּ, וְאַסֵּיק עַל מַדְבְּחָא, בַּר
יח מֵעֲלַת צַפְרָא: וּנְכַס יָת תּוֹרָא וְיָת דִּכְרָא, נִכְסַת קֻדְשַׁיָּא דִּלְעַמָּא, וְאַמְטִיאוּ, בְּנֵי אַהֲרֹן יָת
יט דְּמָא לֵיהּ, וְזַרְקֵיהּ עַל מַדְבְּחָא סְחוֹר סְחוֹר: וְיָת תַּרְבַּיָּא מִן תּוֹרָא, וּמִן דִּכְרָא, אַלְיְתָא וְחָפֵי
כ כא גַּוָּא וְכוֹלְיָתָא, וַחֲצַר כַּבְדָּא: וְשַׁוִּיאוּ יָת תַּרְבַּיָּא עַל חֲדָוָתָא, וְאַסֵּיק תַּרְבַּיָּא לְמַדְבְּחָא: וְיָת
כב חֲדָוָתָא, וְיָת שָׁקָא דְּיַמִּינָא, אֲרֵים אַהֲרֹן, אֲרָמָא קֳדָם יְיָ, כְּמָא דְּפַקֵּיד מֹשֶׁה: וַאֲרֵים אַהֲרֹן
כג יָת יְדוֹהִי, לְעַמָּא וּבָרֵיכִנּוּן, וּנְחַת, מִלְּמֶעְבַּד חַטָּתָא, וַעֲלָתָא וְנִכְסַת קֻדְשַׁיָּא: וְעָאל מֹשֶׁה
כד וְאַהֲרֹן לְמַשְׁכַּן זִמְנָא, וּנְפַקוּ, וּבָרִיכוּ יָת עַמָּא, וְאִתְגְּלִי יְקָרָא דַּייָ לְכָל עַמָּא: וּנְפַקַת אִישָׁתָא
מִן קֳדָם יְיָ, וַאֲכַלַת עַל מַדְבְּחָא, יָת עֲלָתָא וְיָת תַּרְבַּיָּא, וַחֲזָא כָּל עַמָּא וְשַׁבַּחוּ, וּנְפַלוּ עַל
י א אַפֵּיהוֹן: וּנְסִיבוּ בְּנֵי אַהֲרֹן, נָדָב וַאֲבִיהוּא גְּבַר מַחְתִּיתֵיהּ, וִיהַבוּ בְהוֹן אִישָׁתָא, וְשַׁוִּיאוּ

טו] וַיְחַטְּאֵהוּ. עָשָׂהוּ כְּמִשְׁפַּט חַטָּאת: כָּרִאשׁוֹן. כָּעֵגֶל שֶׁלּוֹ:

טז] וַיַּעֲשֶׂהָ כַּמִּשְׁפָּט. הַמְּפֹרָשׁ בְּעוֹלַת נְדָבָה בְּ'וַיִּקְרָא' (לעיל פרק א):

יז] וַיְמַלֵּא כַפּוֹ. הִיא קְמִיצָה: מִלְּבַד עֹלַת הַבֹּקֶר. כָּל אֵלֶּה עָשָׂה אַחַר עוֹלַת הַתָּמִיד:

יט] וְהַמְכַסֶּה. חֵלֶב הַמְכַסֶּה אֶת הַקֶּרֶב:

כ] וַיָּשִׂימוּ אֶת הַחֲלָבִים עַל הֶחָזוֹת. לְאַחַר הַתְּנוּפָה נְתָנָן כֹּהֵן הַמֵּנִיף לְכֹהֵן אַחֵר לְהַקְטִירָם, נִמְצְאוּ הָעֶלְיוֹנִים לְמַטָּה:

כב] וַיְבָרְכֵם. בִּרְכַּת כֹּהֲנִים: יְבָרֶכְךָ, יָאֵר, יִשָּׂא: וַיֵּרֶד. מֵעַל הַמִּזְבֵּחַ:

כג] וַיָּבֹא מֹשֶׁה וְאַהֲרֹן. לָמָּה נִכְנְסוּ? מָצָאתִי בְּפָרָשַׁת מִלּוּאִים בַּבָּרַיְתָא הַנּוֹסֶפֶת עַל תּוֹרַת כֹּהֲנִים שֶׁלָּנוּ (מכילתא דמלואים, פרשתא א, ל): לָמָּה נִכְנַס מֹשֶׁה עִם אַהֲרֹן? לְלַמְּדוֹ עַל מַעֲשֵׂה הַקְּטֹרֶת. אוֹ לֹא נִכְנַס אֶלָּא לְדָבָר אַחֵר? הֲרֵינִי דָן: יְרִידָה וּבִיאָה טְעוּנוֹת בְּרָכָה, מַה יְּרִידָה מֵעֵין עֲבוֹדָה, אַף בִּיאָה מֵעֵין עֲבוֹדָה, הָא לָמַדְתָּ, לָמָּה נִכְנַס מֹשֶׁה עִם אַהֲרֹן – לְלַמְּדוֹ עַל מַעֲשֵׂה הַקְּטֹרֶת. דָּבָר אַחֵר, כֵּיוָן שֶׁרָאָה אַהֲרֹן שֶׁקָּרְבוּ כָּל הַקָּרְבָּנוֹת וְנַעֲשׂוּ כָּל הַמַּעֲשִׂים וְלֹא יָרְדָה שְׁכִינָה לְיִשְׂרָאֵל, הָיָה מִצְטַעֵר וְאוֹמֵר: יוֹדֵעַ אֲנִי שֶׁכָּעַס הַקָּדוֹשׁ בָּרוּךְ הוּא עָלַי וּבִשְׁבִילִי לֹא יָרְדָה שְׁכִינָה לְיִשְׂרָאֵל. אָמַר לוֹ לְמֹשֶׁה: מֹשֶׁה אָחִי, כָּךְ עָשִׂיתָ לִי, שֶׁנִּכְנַסְתִּי וְנִתְבַּיַּשְׁתִּי; מִיָּד נִכְנַס מֹשֶׁה עִמּוֹ וּבִקְּשׁוּ רַחֲמִים וְיָרְדָה שְׁכִינָה לְיִשְׂרָאֵל: וַיֵּצְאוּ וַיְבָרְכוּ אֶת הָעָם. אָמְרוּ: "וִיהִי נֹעַם ה' אֱלֹהֵינוּ עָלֵינוּ" (תהלים צ, יז), יְהִי רָצוֹן שֶׁתִּשְׁרֶה שְׁכִינָה בְּמַעֲשֵׂה יְדֵיכֶם; לְפִי שֶׁכָּל שִׁבְעַת יְמֵי הַמִּלּוּאִים שֶׁהֶעֱמִידוֹ מֹשֶׁה לַמִּשְׁכָּן וְשִׁמֵּשׁ בּוֹ וּפֵרְקוֹ בְּכָל יוֹם, לֹא שָׁרְתָה בוֹ שְׁכִינָה, וְהָיוּ יִשְׂרָאֵל נִכְלָמִים וְאוֹמְרִים לְמֹשֶׁה: מֹשֶׁה רַבֵּנוּ, כָּל הַטֹּרַח שֶׁטָּרַחְנוּ שֶׁתִּשְׁרֶה שְׁכִינָה בֵּינֵינוּ וְנֵדַע שֶׁנִּתְכַּפֵּר לָנוּ עֲוֹן הָעֵגֶל, לְכָךְ אָמַר לָהֶם: "זֶה הַדָּבָר אֲשֶׁר צִוָּה ה' תַּעֲשׂוּ וְיֵרָא אֲלֵיכֶם כְּבוֹד ה'" (לעיל פסוק ו), אַהֲרֹן אָחִי כְּדַאי וְחָשׁוּב מִמֶּנִּי, שֶׁעַל יְדֵי קָרְבְּנוֹתָיו וַעֲבוֹדָתוֹ תִּשְׁרֶה שְׁכִינָה בָּכֶם, וְתֵדְעוּ שֶׁהַמָּקוֹם בָּחַר בּוֹ:

כד] וַיָּרֹנּוּ. כְּתַרְגּוּמוֹ:

עָלֶ֖יהָ קְטֹ֑רֶת וַיַּקְרִ֜בוּ לִפְנֵ֤י יְהוָה֙ אֵ֣שׁ זָרָ֔ה אֲשֶׁ֛ר
לֹ֥א צִוָּ֖ה אֹתָֽם׃ וַתֵּ֥צֵא אֵ֛שׁ מִלִּפְנֵ֥י יְהוָ֖ה וַתֹּ֣אכַל ב
אוֹתָ֑ם וַיָּמֻ֖תוּ לִפְנֵ֥י יְהוָֽה׃ וַיֹּ֨אמֶר מֹשֶׁ֜ה אֶֽל־ ג
אַהֲרֹ֗ן הוּא֩ אֲשֶׁר־דִּבֶּ֨ר יְהוָ֤ה ׀ לֵאמֹר֙ בִּקְרֹבַ֣י
אֶקָּדֵ֔שׁ וְעַל־פְּנֵ֥י כָל־הָעָ֖ם אֶכָּבֵ֑ד וַיִּדֹּ֖ם אַהֲרֹֽן׃
וַיִּקְרָ֣א מֹשֶׁ֗ה אֶל־מִֽישָׁאֵל֙ וְאֶ֣ל אֶלְצָפָ֔ן בְּנֵ֥י ד
עֻזִּיאֵ֖ל דֹּ֣ד אַהֲרֹ֑ן וַיֹּ֣אמֶר אֲלֵהֶ֗ם קִ֠רְב֞וּ שְׂא֤וּ
אֶת־אֲחֵיכֶם֙ מֵאֵ֣ת פְּנֵי־הַקֹּ֔דֶשׁ אֶל־מִח֖וּץ
לַֽמַּחֲנֶֽה׃ וַֽיִּקְרְב֗וּ וַיִּשָּׂאֻם֙ בְּכֻתֳּנֹתָ֔ם אֶל־מִח֖וּץ ה
לַֽמַּחֲנֶ֑ה כַּאֲשֶׁ֖ר דִּבֶּ֥ר מֹשֶֽׁה׃ וַיֹּ֣אמֶר מֹשֶׁ֣ה אֶֽל־ ו
אַהֲרֹ֡ן וּלְאֶלְעָזָ֣ר וּלְאִֽיתָמָ֣ר ׀ בָּנָ֡יו רָֽאשֵׁיכֶ֣ם אַל־
תִּפְרָ֣עוּ ׀ וּבִגְדֵיכֶ֣ם לֹֽא־תִפְרֹ֨מוּ֙ וְלֹ֣א תָמֻ֔תוּ וְעַ֥ל
כָּל־הָעֵדָ֖ה יִקְצֹ֑ף וַאֲחֵיכֶם֙ כָּל־בֵּ֣ית יִשְׂרָאֵ֔ל יִבְכּוּ֙
אֶת־הַשְּׂרֵפָ֔ה אֲשֶׁ֖ר שָׂרַ֥ף יְהוָֽה׃ וּמִפֶּ֨תַח אֹ֜הֶל ז
מוֹעֵ֗ד לֹ֤א תֵֽצְאוּ֙ פֶּן־תָּמֻ֔תוּ כִּי־שֶׁ֛מֶן מִשְׁחַ֥ת
יְהוָ֖ה עֲלֵיכֶ֑ם וַֽיַּעֲשׂ֖וּ כִּדְבַ֥ר מֹשֶֽׁה׃

★ ה וַיְדַבֵּ֣ר יְהוָ֔ה אֶֽל־אַהֲרֹ֖ן לֵאמֹֽר׃ יַ֣יִן וְשֵׁכָ֞ר אַל־ ח
תֵּ֣שְׁתְּ ׀ אַתָּ֣ה ׀ וּבָנֶ֣יךָ אִתָּ֗ךְ בְּבֹאֲכֶ֛ם אֶל־אֹ֥הֶל
מוֹעֵ֖ד וְלֹ֣א תָמֻ֑תוּ חֻקַּ֥ת עוֹלָ֖ם לְדֹרֹתֵיכֶֽם׃
וּֽלְהַבְדִּ֔יל בֵּ֥ין הַקֹּ֖דֶשׁ וּבֵ֣ין הַחֹ֑ל וּבֵ֥ין הַטָּמֵ֖א י
וּבֵ֥ין הַטָּהֽוֹר׃ וּלְהוֹרֹ֖ת אֶת־בְּנֵ֣י יִשְׂרָאֵ֑ל אֵ֚ת יא

מצווה קמט
איסור לכהן להיכנס
למקדש מגודל שיער

מצווה קנ
איסור לכהנים להיכנס
למקדש בבגדים קרועים

מצווה קנא
איסור לכהנים לצאת
מהמקדש בשעת העבודה

מצווה קנב
איסור כניסת שתוי
למקדש ואיסור
הוראה בשכרות

שמיני

ב עֲלַהּ קְטֹרֶת בֻּסְמִין, וְקָרִיבוּ, קֳדָם יְיָ אִישָׁתָא נֻכְרֵיתָא, דְּלָא פַּקֵּיד יָתְהוֹן: וּנְפַקַת אִישָּׁתָא
ג מִן קֳדָם יְיָ, וַאֲכַלַת יָתְהוֹן, וּמִיתוּ קֳדָם יְיָ: וַאֲמַר מֹשֶׁה לְאַהֲרֹן, הוּא דְּמַלֵּיל יְיָ לְמֵימַר
ד בִּקְרִיבַי אֶתְקַדַּשׁ, וְעַל אַפֵּי כָל עַמָּא אֶתְיַקַּר, וּשְׁתִיק אַהֲרֹן: וּקְרָא מֹשֶׁה, לְמִישָׁאֵל וּלְאֶלְצָפָן, בְּנֵי עֻזִּיאֵל אֲחֲבוֹהִי דְּאַהֲרֹן, וַאֲמַר לְהוֹן, קְרִיבוּ, טוּלוּ יָת אֲחֵיכוֹן מִן קֳדָם אַפֵּי
ה קֻדְשָׁא, לְמִבָּרָא לְמַשְׁרִיתָא: וּקְרִיבוּ, וּנְטָלוּנִין בְּכִתּוּנֵיהוֹן, לְמִבָּרָא לְמַשְׁרִיתָא, כְּמָא
ו דְּמַלֵּיל מֹשֶׁה: וַאֲמַר מֹשֶׁה לְאַהֲרֹן, וּלְאֶלְעָזָר וּלְאִיתָמָר בְּנוֹהִי, רֵישֵׁיכוֹן לָא תַרְבּוֹן פְּרוּעַ וּלְבוּשֵׁיכוֹן לָא תְבַזְּעוּן וְלָא תְמוּתוּן, וְעַל כָּל כְּנִשְׁתָּא יְהֵי רוּגְזָא, וַאֲחֵיכוֹן כָּל בֵּית יִשְׂרָאֵל,
ז יִבְכּוּן יָת יְקִידְתָּא, דְּאוֹקֵיד יְיָ: וּמִתְּרַע מַשְׁכַּן זִמְנָא, לָא תִפְּקוּן דִּלְמָא תְּמוּתוּן, אֲרֵי מְשַׁח
ח רְבוּתָא דַּיְיָ עֲלֵיכוֹן, וַעֲבָדוּ כְּפִתְגָּמָא דְּמֹשֶׁה: וּמַלֵּיל יְיָ, עִם אַהֲרֹן לְמֵימַר: חֲמַר וּמְרַוֵּי, לָא
ט תִשְׁתֵּי אַתְּ וּבְנָךְ עִמָּךְ, בְּמֵיעַלְכוֹן, לְמַשְׁכַּן זִמְנָא וְלָא תְמוּתוּן, קְיָם עָלָם לְדָרֵיכוֹן:
י וּלְאַפְרָשָׁא, בֵּין קֻדְשָׁא וּבֵין חוֹלָא, וּבֵין מְסָאֲבָא וּבֵין דָּכְיָא: וּלְאַלָּפָא יָת בְּנֵי יִשְׂרָאֵל, יָת

פרק י

ב וַתֵּצֵא אֵשׁ. רַבִּי אֱלִיעֶזֶר אוֹמֵר: לֹא מֵתוּ בְּנֵי אַהֲרֹן אֶלָּא עַל יְדֵי שֶׁהוֹרוּ הֲלָכָה בִּפְנֵי מֹשֶׁה רַבָּן. רַבִּי יִשְׁמָעֵאל אוֹמֵר: שְׁתוּיֵי יַיִן נִכְנְסוּ לַמִּקְדָּשׁ, תֵּדַע, שֶׁאַחַר מִיתָתָן הִזְהִיר הַנּוֹתָרִים שֶׁלֹּא יִכָּנְסוּ שְׁתוּיֵי יַיִן לַמִּקְדָּשׁ. מָשָׁל לְמֶלֶךְ שֶׁהָיָה לוֹ בֶּן בַּיִת וְכוּ' [נְחֶמְיָה, מָצְאוֹ עוֹמֵד עַל פֶּתַח חֲנוּיוֹת וְהִתִּיר אֶת רֹאשׁוֹ כַּשְּׁתִיקָה, וּמִינָה בֶן בֵּית אַחֵר תַּחְתָּיו, וְאֵין אָנוּ יוֹדְעִים מִפְּנֵי מָה הָרַג אֶת הָרִאשׁוֹן, אֶלָּא מִמַּה שֶּׁמְּצַוֶּה אֶת הַשֵּׁנִי וְאוֹמֵר לֹא תִכָּנֵס בְּפֶתַח חֲנוּיוֹת, אָנוּ יוֹדְעִין שֶׁמִּתּוֹךְ כָּךְ הָרַג הָרִאשׁוֹן], כִּדְאִיתָא בְּוַיִּקְרָא רַבָּה (י, ו):

ג הוּא אֲשֶׁר דִּבֶּר וְגוֹ'. הֵיכָן דִּבֶּר? "וְנוֹעַדְתִּי שָׁמָּה לִבְנֵי יִשְׂרָאֵל וְנִקְדַּשׁ בִּכְבוֹדִי" (שמות כט, מג). אַל תִּקְרֵי 'בִּכְבוֹדִי' אֶלָּא 'בִּמְכֻבָּדַי'. אָמַר לוֹ מֹשֶׁה לְאַהֲרֹן: אַהֲרֹן אָחִי, יוֹדֵעַ הָיִיתִי שֶׁיִּתְקַדֵּשׁ הַבַּיִת בִּמְיֻדָּעָיו שֶׁל מָקוֹם, וְהָיִיתִי סָבוּר אוֹ בִּי אוֹ בָךְ, עַכְשָׁו רוֹאֶה אֲנִי שֶׁהֵם גְּדוֹלִים מִמֶּנִּי וּמִמֶּךָ: **וַיִּדֹּם אַהֲרֹן.** וְקִבֵּל שָׂכָר עַל שְׁתִיקָתוֹ, וּמַה שָּׂכָר קִבֵּל? שֶׁנִּתְיַחֵד עִמּוֹ הַדִּבּוּר, שֶׁנֶּאֶמְרָה לוֹ לְבַדּוֹ פָּרָשַׁת שְׁתוּיֵי יַיִן: **בִּקְרֹבַי.** בִּבְחִירַי: **וְעַל פְּנֵי כָל הָעָם אֶכָּבֵד.** כְּשֶׁהַקָּדוֹשׁ בָּרוּךְ הוּא עוֹשֶׂה דִּין בַּצַּדִּיקִים, מִתְיָרֵא וּמִתְעַלֶּה וּמִתְקַלֵּס, אִם כֵּן בְּאֵלּוּ, כָּל שֶׁכֵּן בִּרְשָׁעִים. וְכֵן הוּא אוֹמֵר: "נוֹרָא אֱלֹהִים מִמִּקְדָּשֶׁיךָ" (תהלים סח, לו). אַל תִּקְרֵי 'מִמִּקְדָּשֶׁיךָ' אֶלָּא 'מִמְּקֻדָּשֶׁיךָ':

ד דֹּד אַהֲרֹן. עֻזִּיאֵל אֲחִי עַמְרָם הָיָה, שֶׁנֶּאֱמַר: "וּבְנֵי קְהָת" וְגוֹ' (שמות ו, יח): **שְׂאוּ אֶת אֲחֵיכֶם וְגוֹ'.** כְּאָדָם הָאוֹמֵר לַחֲבֵרוֹ: הַעֲבֵר אֶת הַמֵּת מִלִּפְנֵי הַכַּלָּה, שֶׁלֹּא לְעַרְבֵּב אֶת הַשִּׂמְחָה:

ה בְּכֻתֳּנֹתָם. שֶׁל מֵתִים, מְלַמֵּד שֶׁלֹּא נִשְׂרְפוּ בִּגְדֵיהֶם אֶלָּא נִשְׁמָתָם, כְּמִין שְׁנֵי חוּטִין שֶׁל אֵשׁ נִכְנְסוּ לְתוֹךְ חָטְמֵיהֶם:

ו אַל תִּפְרָעוּ. אַל תְּגַדְּלוּ שֵׂעָר, מִכָּאן שֶׁאָבֵל אָסוּר בְּתִסְפֹּרֶת, אֲבָל אַתֶּם אַל תְּעָרְבְּבוּ שִׂמְחָתוֹ שֶׁל מָקוֹם: **וְלֹא תָמֻתוּ.** הָא אִם תַּעֲשׂוּ – תָּמוּתוּ: **וַאֲחֵיכֶם כָּל בֵּית יִשְׂרָאֵל.** מִכָּאן שֶׁצָּרָתָן שֶׁל תַּלְמִידֵי חֲכָמִים מֻטֶּלֶת עַל הַכֹּל לְהִתְאַבֵּל בָּהּ:

ט יַיִן וְשֵׁכָר. דֶּרֶךְ שִׁכְרוּתוֹ: **בְּבֹאֲכֶם אֶל אֹהֶל מוֹעֵד.** אֵין לִי אֶלָּא בְּבוֹאֲכֶם לַהֵיכָל. בְּגִשְׁתָּם לַמִּזְבֵּחַ מִנַּיִן? נֶאֱמַר כָּאן בִּיאַת אֹהֶל מוֹעֵד וְנֶאֱמַר בְּקִדּוּשׁ יָדַיִם וְרַגְלַיִם בִּיאַת אֹהֶל מוֹעֵד (שמות ל, כ), מַה לְּהַלָּן עָשָׂה גִּשַּׁת מִזְבֵּחַ כְּבִיאַת אֹהֶל מוֹעֵד, אַף כָּאן עָשָׂה גִּשַּׁת מִזְבֵּחַ כְּבִיאַת אֹהֶל מוֹעֵד:

י וּלְהַבְדִּיל. כְּדֵי שֶׁתַּבְדִּילוּ בֵּין עֲבוֹדָה קְדוֹשָׁה לִמְחֻלֶּלֶת. הָא לָמַדְתָּ שֶׁאִם עָבַד – עֲבוֹדָתוֹ פְּסוּלָה:

יא וּלְהוֹרֹת. לִמֵּד שֶׁאָסוּר שִׁכּוֹר בְּהוֹרָאָה. יָכוֹל יְהֵא חַיָּב מִיתָה? תַּלְמוּד לוֹמַר: "אַתָּה וּבָנֶיךָ אִתָּךְ... וְלֹא תָמֻתוּ" (לעיל פסוק ט), כֹּהֲנִים בַּעֲבוֹדָתָם בְּמִיתָה וְאֵין חֲכָמִים בְּהוֹרָאָתָם בְּמִיתָה:

כָּל־הַחֻקִּ֕ים אֲשֶׁ֨ר דִּבֶּ֧ר יְהוָ֛ה אֲלֵיהֶ֖ם בְּיַד־
מֹשֶֽׁה׃
רביעי יב וַיְדַבֵּ֨ר מֹשֶׁ֜ה אֶֽל־אַהֲרֹ֗ן וְאֶ֣ל אֶלְעָזָ֣ר וְאֶל־
אִ֠יתָמָ֠ר ׀ בָּנָ֣יו הַנּֽוֹתָרִ֗ים קְח֤וּ אֶת־הַמִּנְחָה֙
הַנּוֹתֶ֙רֶת֙ מֵאִשֵּׁ֣י יְהוָ֔ה וְאִכְל֥וּהָ מַצּ֖וֹת אֵ֣צֶל
יג הַמִּזְבֵּ֑חַ כִּ֛י קֹ֥דֶשׁ קָֽדָשִׁ֖ים הִֽוא׃ וַאֲכַלְתֶּ֤ם אֹתָהּ֙
בְּמָק֣וֹם קָד֔וֹשׁ כִּ֣י חָקְךָ֤ וְחָק־בָּנֶ֙יךָ֙ הִ֔וא מֵאִשֵּׁ֖י
יד יְהוָ֑ה כִּי־כֵ֖ן צֻוֵּֽיתִי׃ וְאֵ֣ת חֲזֵ֣ה הַתְּנוּפָ֗ה וְאֵ֣ת ׀
שׁ֣וֹק הַתְּרוּמָ֗ה תֹּֽאכְלוּ֙ בְּמָק֣וֹם טָה֔וֹר אַתָּ֕ה
וּבָנֶ֥יךָ וּבְנֹתֶ֖יךָ אִתָּ֑ךְ כִּֽי־חָקְךָ֤ וְחָק־בָּנֶ֙יךָ֙ נִתְּנ֔וּ
טו מִזִּבְחֵ֖י שַׁלְמֵ֥י בְּנֵ֥י יִשְׂרָאֵֽל׃ שׁ֣וֹק הַתְּרוּמָ֞ה
וַחֲזֵ֣ה הַתְּנוּפָ֗ה עַ֣ל אִשֵּׁ֤י הַחֲלָבִים֙ יָבִ֔יאוּ
לְהָנִ֥יף תְּנוּפָ֖ה לִפְנֵ֣י יְהוָ֑ה וְהָיָ֨ה לְךָ֜ וּלְבָנֶ֤יךָ
חמישי טז אִתְּךָ֙ לְחָק־עוֹלָ֔ם כַּאֲשֶׁ֖ר צִוָּ֥ה יְהוָֽה׃ וְאֵ֣ת ׀
שְׂעִ֣יר הַֽחַטָּ֗את דָּרֹ֥שׁ דָּרַ֛שׁ מֹשֶׁ֖ה וְהִנֵּ֣ה שֹׂרָ֑ף
וַ֠יִּקְצֹ֠ף עַל־אֶלְעָזָ֤ר וְעַל־אִיתָמָר֙ בְּנֵ֣י אַהֲרֹ֔ן
יז הַנּוֹתָרִ֖ם לֵאמֹֽר׃ מַדּ֗וּעַ לֹא־אֲכַלְתֶּ֤ם אֶת־
הַחַטָּאת֙ בִּמְק֣וֹם הַקֹּ֔דֶשׁ כִּ֛י קֹ֥דֶשׁ קָֽדָשִׁ֖ים
הִ֑וא וְאֹתָ֣הּ ׀ נָתַ֣ן לָכֶ֗ם לָשֵׂאת֙ אֶת־עֲוֺ֣ן הָֽעֵדָ֔ה
יח לְכַפֵּ֥ר עֲלֵיהֶ֖ם לִפְנֵ֥י יְהוָֽה׃ הֵ֚ן לֹֽא־הוּבָ֣א אֶת־
דָּמָ֔הּ אֶל־הַקֹּ֖דֶשׁ פְּנִ֑ימָה אָכ֨וֹל תֹּאכְל֥וּ אֹתָ֛הּ

יב כָּל קֳיָמַיָּא, דְּמַלֵּיל יְיָ, לְהוֹן בִּידָא דְמֹשֶׁה: וּמַלֵּיל מֹשֶׁה עִם אַהֲרֹן, וְעִם אֶלְעָזָר, וְעִם אִיתָמָר
בְּנוֹהִי דְּאִשְׁתְּאַרוּ, סַבוּ יָת מִנְחָתָא, דְּאִשְׁתְּאַרַת מִקֻּרְבָּנַיָּא דַּייָ, וְאִכְלוּהָא פַּטִּיר בִּסְטַר מַדְבְּחָא,
יג אֲרֵי, קֹדֶשׁ קֻדְשִׁין הִיא: וְתֵיכְלוּן יָתַהּ בַּאֲתַר קַדִּישׁ, אֲרֵי חוּלָקָךְ וְחוּלָק בְּנָךְ הִיא, מִקֻּרְבָּנַיָּא
יד דַּייָ, אֲרֵי כֵן אִתְפַּקַּדִית: וְיָת חַדְיָא דַּאֲרָמוּתָא, וְיָת שָׁקָא דְּאַפְרָשׁוּתָא, תֵּיכְלוּן בַּאֲתַר דְּכֵי, אַתְּ,
טו וּבְנָךְ וּבְנָתָךְ עִמָּךְ, אֲרֵי חוּלָקָךְ וְחוּלָק בְּנָךְ אִתְיְהִיבוּ, מִנִּכְסַת קֻדְשַׁיָּא דִּבְנֵי יִשְׂרָאֵל: שָׁקָא
דְּאַפְרָשׁוּתָא וְחַדְיָא דַּאֲרָמוּתָא, עַל קֻרְבָּנֵי תַרְבַּיָּא יַיְתוּן, לַאֲרָמָא אֲרָמָא קֳדָם יְיָ, וִיהֵי לָךְ,
טז וְלִבְנָךְ עִמָּךְ לִקְיָם עָלַם, כְּמָא דְּפַקֵּיד יְיָ: וְיָת צְפִירָא דְּחַטָּתָא, מִתְבָּע תַּבְעֵיהּ, מֹשֶׁה וְהָא
יז אִתּוֹקַד, וּרְגֵיז, עַל אֶלְעָזָר וְעַל אִיתָמָר בְּנֵי אַהֲרֹן, דְּאִשְׁתְּאַרוּ לְמֵימַר: מָדֵין, לָא אֲכַלְתּוּן יָת
חַטָּתָא בַּאֲתַר קַדִּישׁ, אֲרֵי, קֹדֶשׁ קֻדְשִׁין הִיא, וְיָתַהּ יְהַב לְכוֹן, לְסַלָּחָא עַל חוֹבֵי כְּנִשְׁתָּא,
יח לְכַפָּרָא עֲלֵיהוֹן קֳדָם יְיָ: הָא לָא אִתָּעַל מִדְּמַהּ, לְבֵית קֻדְשָׁא גַּוָּאָה, מֵיכַל תֵּיכְלוּן יָתַהּ,

יב] **הַנּוֹתָרִים.** מִן הַמִּיתָה, מְלַמֵּד שֶׁאַף עֲלֵיהֶן נִקְנְסָה מִיתָה עַל עֲוֹן הָעֵגֶל, הוּא שֶׁנֶּאֱמַר: "וּבְאַהֲרֹן הִתְאַנַּף ה׳ מְאֹד לְהַשְׁמִידוֹ" (דברים ט, כ), וְאֵין הַשְׁמָדָה אֶלָּא כִּלּוּי בָּנִים, שֶׁנֶּאֱמַר: "וָאַשְׁמִיד פִּרְיוֹ מִמַּעַל" (עמוס ב, ט), וּתְפִלָּתוֹ שֶׁל מֹשֶׁה בִּטְּלָה מֶחֱצָה, שֶׁנֶּאֱמַר: "וָאֶתְפַּלֵּל גַּם בְּעַד אַהֲרֹן בָּעֵת הַהִיא" (דברים שם): **קְחוּ אֶת הַמִּנְחָה.** אַף עַל פִּי שֶׁאַתֶּם אוֹנְנִין וְאַף עַל פִּי שֶׁהַקֳּדָשִׁים אֲסוּרִים לָאוֹנֵן: **אֶת הַמִּנְחָה.** זוֹ מִנְחַת שְׁמִינִי וּמִנְחַת נַחְשׁוֹן (במדבר ז, ג): **וְאִכְלוּהָ מַצּוֹת.** מַה תַּלְמוּד לוֹמַר? לְפִי שֶׁהִיא מִנְחַת צִבּוּר וּמִנְחַת שָׁעָה וְאֵין כַּיּוֹצֵא בָּהּ לְדוֹרוֹת, הֻצְרַךְ לְפָרֵשׁ בָּהּ דִּין שְׁאָר מְנָחוֹת:

יג] **וְחָק בָּנֶיךָ.** אֵין לַבָּנוֹת חֹק בַּקֳּדָשִׁים: **כִּי כֵן צֻוֵּיתִי.** בַּאֲנִינוּת יֹאכְלוּהָ:

יד] **וְאֵת חֲזֵה הַתְּנוּפָה.** שֶׁל שַׁלְמֵי צִבּוּר: **תֹּאכְלוּ בְּמָקוֹם טָהוֹר.** וְכִי אֶת הָרִאשׁוֹנִים אָכְלוּ בְּמָקוֹם טָמֵא?! אֶלָּא הָרִאשׁוֹנִים שֶׁהֵם קָדְשֵׁי קָדָשִׁים הֻזְקְקָה אֲכִילָתָם בְּמָקוֹם קָדוֹשׁ, אֲבָל אֵלּוּ אֵין צְרִיכִים תּוֹךְ הַקְּלָעִים, אֲבָל צְרִיכִים הֵם לֵאָכֵל תּוֹךְ מַחֲנֵה יִשְׂרָאֵל, שֶׁהוּא טָהוֹר מִלִּכָּנֵס שָׁם מְצֹרָעִים. מִכָּאן שֶׁקָּדָשִׁים קַלִּים נֶאֱכָלִין בְּכָל הָעִיר: **אַתָּה וּבָנֶיךָ וּבְנֹתֶיךָ.** אַתָּה וּבָנֶיךָ בְּחֵלֶק, אֲבָל בְּנוֹתֶיךָ לֹא בְּחֵלֶק, אֶלָּא אִם תִּתְּנוּ לָהֶם מַתָּנוֹת רַשָּׁאוֹת הֵן לֶאֱכֹל בְּחָזֶה וָשׁוֹק. אוֹ אֵינוֹ אֶלָּא אַף הַבָּנוֹת בְּחֵלֶק? תַּלְמוּד לוֹמַר: "כִּי חָקְךָ וְחָק בָּנֶיךָ נִתְּנוּ", חֹק לַבָּנִים וְאֵין חֹק לַבָּנוֹת:

טו] **עַל אִשֵּׁי הַחֲלָבִים.** מִכָּאן שֶׁהַחֲלָבִים לְמַטָּן בִּשְׁעַת תְּנוּפָה. וְיִשּׁוּב הַמִּקְרָאוֹת שֶׁלֹּא יַכְחִישׁוּ זֶה אֶת זֶה, כְּבָר פֵּרַשְׁתִּי שְׁלָשְׁתָּן בְּ"צַו אֶת אַהֲרֹן" (לעיל ז, ל):

טז] **שְׂעִיר הַחַטָּאת.** שְׂעִיר מוּסְפֵי רֹאשׁ חֹדֶשׁ. וּשְׁלֹשָׁה שְׂעִירֵי חַטָּאוֹת קָרְבוּ בּוֹ בַּיּוֹם: "קְחוּ שְׂעִיר עִזִּים" (לעיל ט, ג), וּשְׂעִיר נַחְשׁוֹן, וּשְׂעִיר רֹאשׁ חֹדֶשׁ. וּמִכֻּלָּן לֹא נִשְׂרַף אֶלָּא זֶה. וְנֶחְלְקוּ בַּדָּבָר חַכְמֵי יִשְׂרָאֵל: יֵשׁ אוֹמְרִים מִפְּנֵי טֻמְאָה שֶׁנָּגְעָה בּוֹ נִשְׂרַף, וְיֵשׁ אוֹמְרִים מִפְּנֵי אֲנִינוּת נִשְׂרַף, לְפִי שֶׁהוּא קָדְשֵׁי דוֹרוֹת, אֲבָל בְּקָדְשֵׁי שָׁעָה סָמְכוּ עַל מֹשֶׁה שֶׁאָמַר לָהֶם בַּמִּנְחָה: "וְאִכְלוּהָ מַצּוֹת" (לעיל פסוק יב): **דָּרֹשׁ דָּרַשׁ.** שְׁתֵּי דְרִישׁוֹת – מִפְּנֵי מָה נִשְׂרַף זֶה, וּמִפְּנֵי מָה נֶאֶכְלוּ אֵלּוּ. כָּךְ הִיא בְּתוֹרַת כֹּהֲנִים (פרק ב, ב): **עַל אֶלְעָזָר וְעַל אִיתָמָר.** בִּשְׁבִיל כְּבוֹדוֹ שֶׁל אַהֲרֹן, הָפַךְ פָּנָיו כְּנֶגֶד הַבָּנִים וְכָעַס: **לֵאמֹר.** אָמַר לָהֶם: הֲשִׁיבוּנִי עַל דְּבָרַי:

יז] **מַדּוּעַ לֹא אֲכַלְתֶּם אֶת הַחַטָּאת בִּמְקוֹם הַקֹּדֶשׁ.** וְכִי חוּץ לַקֹּדֶשׁ אֲכָלוּהָ?! וַהֲלֹא שְׂרָפוּהָ! וּמַהוּ אוֹמֵר "בִּמְקוֹם הַקֹּדֶשׁ"? אֶלָּא אָמַר לָהֶם: שֶׁמָּא חוּץ לַקְּלָעִים יָצְאָה וְנִפְסְלָה?: **כִּי קֹדֶשׁ קָדָשִׁים הוּא.** וְנִפְסֶלֶת בְּיוֹצֵא. וְהֵם אָמְרוּ לוֹ: לָאו. אָמַר לָהֶם: הוֹאִיל וּבִמְקוֹם הַקֹּדֶשׁ הָיְתָה, מַדּוּעַ לֹא אֲכַלְתֶּם אוֹתָהּ?: **וְאֹתָהּ נָתַן לָכֶם לָשֵׂאת וְגוֹ׳.** שֶׁהַכֹּהֲנִים אוֹכְלִים וּבְעָלִים מִתְכַּפְּרִים: **לָשֵׂאת אֶת עֲוֹן הָעֵדָה.** מִכָּאן לָמַדְנוּ שֶׁשְּׂעִיר רֹאשׁ חֹדֶשׁ הָיָה, שֶׁהוּא מְכַפֵּר עַל עֲוֹן טֻמְאַת מִקְדָּשׁ וְקָדָשָׁיו, שֶׁחַטַּאת שְׁמִינִי וְחַטַּאת נַחְשׁוֹן לֹא לְכַפָּרָה בָּאוּ:

יח] **הֵן לֹא הוּבָא וְגוֹ׳.** שֶׁאִלּוּ הוּבָא הָיָה לָכֶם

ויקרא

בַּקֹּדֶשׁ כַּאֲשֶׁר צִוֵּיתִי: וַיְדַבֵּ֨ר אַהֲרֹ֜ן אֶל־מֹשֶׁ֗ה הֵ֣ן יט
הַ֠יּוֹם הִקְרִ֨יבוּ אֶת־חַטָּאתָ֤ם וְאֶת־עֹֽלָתָם֙ לִפְנֵ֣י
יְהוָ֔ה וַתִּקְרֶ֥אנָה אֹתִ֖י כָּאֵ֑לֶּה וְאָכַ֤לְתִּי חַטָּאת֙
הַיּ֔וֹם הַיִּיטַ֖ב בְּעֵינֵ֥י יְהוָֽה: וַיִּשְׁמַ֣ע מֹשֶׁ֔ה וַיִּיטַ֖ב כ
בְּעֵינָֽיו:

וַיְדַבֵּ֤ר יְהוָה֙ אֶל־מֹשֶׁ֣ה וְאֶֽל־אַהֲרֹ֔ן לֵאמֹ֖ר אֲלֵהֶֽם: ששי יא א
דַּבְּר֛וּ אֶל־בְּנֵ֥י יִשְׂרָאֵ֖ל לֵאמֹ֑ר זֹ֤את הַֽחַיָּה֙ אֲשֶׁ֣ר ב
תֹּאכְל֔וּ מִכָּל־הַבְּהֵמָ֖ה אֲשֶׁ֥ר עַל־הָאָֽרֶץ: כֹּ֣ל ׀ ג
מַפְרֶ֣סֶת פַּרְסָ֗ה וְשֹׁסַ֤עַת שֶׁ֙סַע֙ פְּרָסֹ֔ת מַעֲלַ֥ת גֵּרָ֖ה
בַּבְּהֵמָ֑ה אֹתָ֖הּ תֹּאכֵֽלוּ: אַ֤ךְ אֶת־זֶה֙ לֹ֣א תֹֽאכְל֔וּ ד
מִֽמַּעֲלֵי֙ הַגֵּרָ֔ה וּמִמַּפְרִיסֵ֖י הַפַּרְסָ֑ה אֶֽת־הַ֠גָּמָ֠ל כִּֽי־
מַעֲלֵ֨ה גֵרָ֜ה ה֗וּא וּפַרְסָה֙ אֵינֶ֣נּוּ מַפְרִ֔יס טָמֵ֥א ה֖וּא
לָכֶֽם: וְאֶת־הַשָּׁפָ֗ן כִּֽי־מַעֲלֵ֤ה גֵרָה֙ ה֔וּא וּפַרְסָ֖ה ה
לֹ֣א יַפְרִ֑יס טָמֵ֥א ה֖וּא לָכֶֽם: וְאֶת־הָאַרְנֶ֗בֶת כִּֽי־ ו
מַעֲלַ֤ת גֵּרָה֙ הִ֔וא וּפַרְסָ֖ה לֹ֣א הִפְרִ֑יסָה טְמֵאָ֥ה
הִ֖וא לָכֶֽם: וְאֶת־הַחֲזִ֗יר כִּֽי־מַפְרִ֤יס פַּרְסָה֙ ה֔וּא ז

מצוה קנג
מצוות בדיקת
סימני בהמה וחיה

מצוה קנד
איסור אכילת
בהמה וחיה טמאה

לְשָׂרְפָ֑הּ, כְּמוֹ שֶׁנֶּאֱמַר: "וְכָל חַטָּאת אֲשֶׁר יוּבָא מִדָּמָהּ" וְגוֹ' (לעיל ו, כג): אָכוֹל תֹּאכְלוּ אֹתָהּ. הָיָה לָכֶם לְאָכְלָהּ אַף עַל פִּי שֶׁאַתֶּם אוֹנְנִים: כַּאֲשֶׁר צִוֵּיתִי. לָכֶם בַּמִּנְחָה (לעיל פסוק יב): יט) וַיְדַבֵּר אַהֲרֹן. אֵין לְשׁוֹן 'דִּבּוּר' אֶלָּא לְשׁוֹן עַז, שֶׁנֶּאֱמַר: "וַיְדַבֵּר הָעָם" וְגוֹ' (במדבר כא, ה). אֶפְשָׁר, מֹשֶׁה קָצַף עַל אֶלְעָזָר וְעַל אִיתָמָר וְאַהֲרֹן מְדַבֵּר?

הָא יָדַעְתָּ שֶׁלֹּא הָיְתָה אֶלָּא מִדַּת כָּבוֹד, אָמְרוּ: אֵינוֹ בַּדִּין שֶׁיְּהֵא אָבִינוּ יוֹשֵׁב וְאָנוּ מְדַבְּרִים לְפָנָיו, וְאֵינוֹ בַּדִּין שֶׁיְּהֵא תַּלְמִיד מֵשִׁיב אֶת רַבּוֹ. יָכוֹל מִפְּנֵי שֶׁלֹּא הָיָה בְּאֶלְעָזָר לְהָשִׁיב? תַּלְמוּד לוֹמַר: "וַיֹּאמֶר אֶלְעָזָר הַכֹּהֵן אֶל אַנְשֵׁי הַצָּבָא" וְגוֹ' (ספר לא, כא), הֲרֵי כְּשֶׁרָצָה דִּבֵּר לִפְנֵי מֹשֶׁה וְלִפְנֵי הַנְּשִׂיאִים. זוֹ מָצָאתִי בְּסִפְרֵי שֶׁל פָּנִים שֵׁנִי (ספרי זוטא לז, כא): הֵן

שמיני יא

יט בְּקֻדְשָׁא כְּמָא דְפַקִּידִית: וּמַלֵּיל אַהֲרֹן עִם מֹשֶׁה, הָא יוֹמָא דֵין, קָרִיבוּ יָת חַטָּוָתְהוֹן וְיָת עֲלָוָתְהוֹן קֳדָם יְיָ, וְעָרְעָא יָתִי עָקָן כְּאִלֵּין, אִלּוּ פוֹן אֲכָלִית חַטָּאתָא יוֹמָא דֵין, הַתְקִין קֳדָם יְיָ: יא א וּשְׁמַע מֹשֶׁה, וּשְׁפַר בְּעֵינוֹהִי: וּמַלֵּיל יְיָ, עִם מֹשֶׁה וּלְאַהֲרֹן לְמֵימַר לְהוֹן: מַלִּילוּ, עִם בְּנֵי יִשְׂרָאֵל ב לְמֵימַר, דָּא חַיְתָא דְּתֵיכְלוּן, מִכָּל בְּעִירָא דְּעַל אַרְעָא: כָּל דִּסְדִיקָא פַרְסָתַהּ, וּמַטִּלְפָן טִלְפִין ג פַרְסָתַהּ, מַסְּקָא פִשְׁרָא בִּבְעִירָא, יָתַהּ תֵּיכְלוּן: בְּרַם יָת דֵּין, לָא תֵיכְלוּן, מִמַּסְּקֵי פִשְׁרָא, וּמִסְדִיקֵי ד פַרְסָתָא, יָת גַּמְלָא, אֲרֵי מַסֵּיק פִּשְׁרָא הוּא, וּפַרְסָתֵיהּ לָא סְדִיקָא, מְסָאָב הוּא לְכוֹן: וְיָת טַבְזָא, ה אֲרֵי מַסֵּיק פִּשְׁרָא הוּא, וּפַרְסָתֵיהּ לָא סְדִיקָא, מְסָאָב הוּא לְכוֹן: וְיָת אַרְנְבָא, אֲרֵי מַסְּקָא ו פִשְׁרָא הִיא, וּפַרְסָתַהּ לָא סְדִיקָא, מְסָאָבָא הִיא לְכוֹן: וְיָת חֲזִירָא, אֲרֵי סְדִיק פַּרְסָתָא הוּא,

הַיּוֹם הִקְרִיבוּ. מַהוּ אוֹמֵר? חֲלָה חָמַר לָהֶם מֹשֶׁה: שֶׁמָּא זְרַקְתֶּם דָּמָהּ אוֹנְנִים, שֶׁאוֹנֵן שֶׁעָבַד חִלֵּל? אָמַר לוֹ אַהֲרֹן: וְכִי הֵם הִקְרִיבוּ שֶׁהֵם הֶדְיוֹטוֹת? אֲנִי הִקְרַבְתִּי, שֶׁאֲנִי כֹּהֵן גָּדוֹל וּמַקְרִיב אוֹנֵן: וַתִּקְרֶאנָה אֹתִי כָּאֵלֶּה. אֲפִלּוּ לֹא הָיוּ הַמֵּתִים בָּנַי, אֶלָּא שְׁאָר קְרוֹבִים שֶׁאֲנִי חַיָּב לִהְיוֹת אוֹנֵן עֲלֵיהֶם כְּאֵלּוּ, כְּגוֹן כָּל הָאֲמוּרִים בְּפָרָשַׁת כֹּהֲנִים שֶׁהַכֹּהֵן מִטַּמֵּא לָהֶם: וְאָכַלְתִּי חַטָּאת. (להלן כא, ב-ג) וְהִם חָכַלְתִּי, "הַיִּיטַב" וְגוֹ'?: הַיּוֹם. אֲבָל אֲנִינוּת לַיְלָה מֻתָּר, שֶׁאֵין אוֹנֵן אֶלָּא יוֹם קְבוּרָה: הַיִּיטַב בְּעֵינֵי ה'. אִם שָׁמַעְתָּ בְּקָדְשֵׁי שָׁעָה, אֵין לְךָ לְהָקֵל בְּקָדְשֵׁי דוֹרוֹת:

כ וַיִּיטַב בְּעֵינָיו. הוֹדָה, וְלֹא בּוֹשׁ לוֹמַר: לֹא שָׁמַעְתִּי:

פרק יא

א אֶל מֹשֶׁה וְאֶל אַהֲרֹן. לְמֹשֶׁה אָמַר שֶׁיֹּאמַר לְאַהֲרֹן: לֵאמֹר אֲלֵהֶם. אָמַר שֶׁיֹּאמַר לְאֶלְעָזָר וּלְאִיתָמָר. אוֹ אֵינוֹ אֶלָּא לוֹמַר לְיִשְׂרָאֵל? כְּשֶׁהוּא אוֹמֵר: "דַּבְּרוּ אֶל בְּנֵי יִשְׂרָאֵל", הֲרֵי דִּבּוּר אָמוּר לְיִשְׂרָאֵל, הָא מָה אֲנִי מְקַיֵּם "לֵאמֹר אֲלֵהֶם"? לַבָּנִים, לְאֶלְעָזָר וּלְאִיתָמָר:

ב דַּבְּרוּ אֶל בְּנֵי יִשְׂרָאֵל. אֶת כֻּלָּם הִשְׁוָה לִהְיוֹת שְׁלוּחִים בְּדִבּוּר זֶה, לְפִי שֶׁהֻשְׁווּ בִּדְמִימָה וְקִבְּלוּ עֲלֵיהֶם גְּזֵרַת הַמָּקוֹם מֵאַהֲבָה: זֹאת הַחַיָּה. לְשׁוֹן חַיִּים, לְפִי שֶׁיִּשְׂרָאֵל דְּבוּקִים בַּמָּקוֹם וּרְאוּיִין לִהְיוֹת חַיִּים, לְפִיכָךְ הִבְדִּילָם מִן הַטֻּמְאָה וְגָזַר עֲלֵיהֶם מִצְוֹת, וְלָאֻמּוֹת לֹא אָסַר כְּלוּם. מָשָׁל לְרוֹפֵא שֶׁנִּכְנַס לְבַקֵּר אֶת הַחוֹלֶה וְכוּ', כִּדְאִיתָא בְּמִדְרַשׁ רַבִּי תַּנְחוּמָא (ו): [מָשָׁל לְמַה הַדָּבָר דּוֹמֶה? לְרוֹפֵא שֶׁהָלַךְ לְבַקֵּר שְׁנֵי חוֹלִים, רָאָה אֶחָד מֵהֶם שֶׁהָיָה בְּסַכָּנָה, אָמַר לִבְנֵי בֵּיתוֹ: תְּנוּ לוֹ כָּל מַאֲכָל שֶׁהוּא מְבַקֵּשׁ. רָאָה הָאֶחָד שֶׁעָתִיד לִחְיוֹת, אָמַר לָהֶם: כָּךְ וְכָךְ מַאֲכָל יֹאכַל, כָּךְ וְכָךְ לֹא יֹאכַל. אָמְרוּ לְרוֹפֵא: מַה זֶּה, לָזֶה אַתָּה אוֹמֵר יֹאכַל כָּל מַאֲכָל שֶׁהוּא מְבַקֵּשׁ, וּלְאֶחָד אָמַרְתָּ לֹא יֹאכַל וְכָךְ? אָמַר לָהֶם הָרוֹפֵא: לָזֶה שֶׁהוּא לְחַיִּים אָמַרְתִּי לוֹ זֶה אֱכוֹל וְזֶה לֹא תֹאכַל, אֲבָל אוֹתוֹ שֶׁהוּא לְמִיתָה אָמַרְתִּי לָהֶם כָּל מַה שֶּׁהוּא מְבַקֵּשׁ תְּנוּ לוֹ, שֶׁאֵינוֹ לְחַיִּים]: זֹאת הַחַיָּה. מְלַמֵּד שֶׁהָיָה מֹשֶׁה אוֹחֵז בַּחַיָּה וּמַרְאֶה אוֹתָהּ לְיִשְׂרָאֵל. זֹאת תֹּאכְלוּ וְזֹאת לֹא תֹאכְלוּ. "אֶת זֶה תֹּאכְלוּ" וְגוֹ' (להלן פסוק ט) – אַף בְּשִׁרְצֵי הַמַּיִם אוֹחֵז מִכָּל מִין וּמִין וּמַרְאֶה לָהֶם, וְכֵן בָּעוֹף: "וְאֶת אֵלֶּה תְּשַׁקְּצוּ מִן הָעוֹף" (להלן פסוק יג), וְכֵן בַּשְּׁרָצִים: "וְזֶה לָכֶם הַטָּמֵא" (להלן פסוק כט): זֹאת הַחַיָּה... מִכָּל הַבְּהֵמָה. מְלַמֵּד שֶׁהַבְּהֵמָה בִּכְלַל חַיָּה:

ג מַפְרֶסֶת. כְּתַרְגּוּמוֹ: "סְדִיקָא": פַּרְסָה. פְּלַנְטָ"א בְּלַעַז: וְשֹׁסַעַת שֶׁסַע. שֶׁמֻּבְדֶּלֶת מִלְמַעְלָה וּמִלְּמַטָּה בִּשְׁתֵּי צִפָּרְנַיִם, כְּתַרְגּוּמוֹ: "וּמַטִּלְפָן טִלְפִין", שֶׁיֵּשׁ שֶׁפַּרְסוֹתָיו סְדוּקוֹת מִלְמַעְלָה וְאֵין שְׁסוּעוֹת וּמֻבְדָּלוֹת לְגַמְרֵי, שֶׁמִּלְּמַטָּה מְחֻבָּרוֹת: מַעֲלַת גֵּרָה. מַעֲלָה וּמְקִיאָה הָאֹכֶל מִמֵּעֶיהָ וּמַחֲזֶרֶת אוֹתוֹ לְתוֹךְ פִּיהָ לְכָתְשׁוֹ וּלְטָחֲנוֹ הָדֵק: גֵּרָה. כָּךְ שְׁמוֹ, וְיִתָּכֵן לִהְיוֹת מִגִּזְרַת "מַיִם הַנִּגָּרִים" (שמואל ב' יד, יד), שֶׁהוּא נִגָּר אַחַר הַפֶּה. וְתַרְגּוּמוֹ: "פִּשְׁרָא", שֶׁעַל יְדֵי הַגֵּרָה הָאֹכֶל נִפְשָׁר וְנִמּוֹחַ: בַּבְּהֵמָה. תֵּבָה יְתֵרָה הִיא לִדְרָשָׁה, לְהַתִּיר אֶת הַשָּׁלִיל הַנִּמְצָא בִּמְעֵי אִמּוֹ: אֹתָהּ תֹּאכֵלוּ. וְלֹא בְּהֵמָה טְמֵאָה. וַהֲלֹא בְּאַזְהָרָה הִיא (להלן פסוק ח)? אֶלָּא לַעֲבֹר עָלֶיהָ בַּעֲשֵׂה וְלֹא תַעֲשֶׂה:

אֶחָד מֵהֶם שֶׁהָיָה בְּסַכָּנָה, אָמַר לִבְנֵי בֵיתוֹ: תְּנוּ לוֹ כָּל מַאֲכָל שֶׁהוּא מְבַקֵּשׁ. רָאָה הָאֶחָד שֶׁעָתִיד לִחְיוֹת, אָמַר לָהֶם: כָּךְ וְכָךְ יֹאכַל, כָּךְ וְכָךְ לֹא יֹאכַל. אָמְרוּ לָרוֹפֵא: מַה זֶּה, לָזֶה אַתָּה אוֹמֵר יֹאכַל כָּל מַאֲכָל שֶׁהוּא מְבַקֵּשׁ, וּלְאֶחָד אָמַרְתָּ כָּךְ וְכָךְ? אָמַר לָהֶם הָרוֹפֵא: לָזֶה שֶׁהוּא לְחַיִּים אָמַרְתִּי מַה שֶּׁהוּא מַאֲכָל לֹא יֹאכַל וְזֶה לֹא תֹאכַל, אֲבָל אוֹתוֹ שֶׁהוּא לְמִיתָה אָמַרְתִּי לָהֶם כָּל מַה שֶּׁהוּא מְבַקֵּשׁ תְּנוּ לוֹ, שֶׁאֵינוֹ לְחַיִּים]: זֹאת הַחַיָּה. מְלַמֵּד שֶׁהָיָה מֹשֶׁה אוֹחֵז בַּחַיָּה וּמַרְאֶה אוֹתָהּ לְיִשְׂרָאֵל: זֹאת תֹּאכְלוּ וְזֹאת לֹא תֹאכְלוּ. "אֶת זֶה תֹּאכְלוּ" וְגוֹ' (להלן פסוק ט) – אַף בְּשִׁרְצֵי הַמַּיִם אוֹחֵז מִכָּל מִין וּמִין וּמַרְאֶה לָהֶם, וְכֵן בָּעוֹף: "וְאֶת אֵלֶּה תְּשַׁקְּצוּ מִן הָעוֹף" (להלן פסוק יג), וְכֵן בַּשְּׁרָצִים: "וְזֶה לָכֶם הַטָּמֵא" (להלן פסוק כט): זֹאת הַחַיָּה... מִכָּל הַבְּהֵמָה. מְלַמֵּד שֶׁהַבְּהֵמָה בִּכְלַל חַיָּה:

ויקרא יא

וְשֹׁסַ֤ע שֶׁ֙סַע֙ פַּרְסָ֔ה וְה֖וּא גֵּרָ֣ה לֹֽא־יִגָּ֑ר טָמֵ֥א
ה֖וּא לָכֶֽם: מִבְּשָׂרָם֙ לֹ֣א תֹאכֵ֔לוּ וּבְנִבְלָתָ֖ם לֹ֣א
תִגָּ֑עוּ טְמֵאִ֥ים הֵ֖ם לָכֶֽם: אֶת־זֶה֙ תֹּֽאכְל֔וּ מִכֹּ֖ל
אֲשֶׁ֣ר בַּמָּ֑יִם כֹּ֣ל אֲשֶׁר־לוֹ֩ סְנַפִּ֨יר וְקַשְׂקֶ֜שֶׂת
בַּמַּ֗יִם בַּיַּמִּ֛ים וּבַנְּחָלִ֖ים אֹתָ֥ם תֹּאכֵֽלוּ: וְכֹל֩
אֲשֶׁ֨ר אֵֽין־ל֜וֹ סְנַפִּ֣יר וְקַשְׂקֶ֗שֶׂת בַּיַּמִּים֙
וּבַנְּחָלִ֔ים מִכֹּל֙ שֶׁ֣רֶץ הַמַּ֔יִם וּמִכֹּ֛ל נֶ֥פֶשׁ הַחַיָּ֖ה
אֲשֶׁ֣ר בַּמָּ֑יִם שֶׁ֥קֶץ הֵ֖ם לָכֶֽם: וְשֶׁ֖קֶץ יִהְי֣וּ לָכֶ֑ם
מִבְּשָׂרָם֙ לֹ֣א תֹאכֵ֔לוּ וְאֶת־נִבְלָתָ֖ם תְּשַׁקֵּֽצוּ:
כֹּ֣ל אֲשֶׁ֥ר אֵֽין־ל֛וֹ סְנַפִּ֥יר וְקַשְׂקֶ֖שֶׂת בַּמָּ֑יִם שֶׁ֥קֶץ
ה֖וּא לָכֶֽם: וְאֶת־אֵ֙לֶּה֙ תְּשַׁקְּצ֣וּ מִן־הָע֔וֹף לֹ֥א
יֵאָכְל֖וּ שֶׁ֣קֶץ הֵ֑ם אֶת־הַנֶּ֙שֶׁר֙ וְאֶת־הַפֶּ֔רֶס וְאֵ֖ת
הָעָזְנִיָּֽה: וְאֶת־הַדָּאָ֔ה וְאֶת־הָאַיָּ֖ה לְמִינָֽהּ:
אֵ֥ת כׇּל־עֹרֵ֖ב לְמִינֽוֹ: וְאֵת֙ בַּ֣ת הַֽיַּעֲנָ֔ה וְאֶת־
הַתַּחְמָ֖ס וְאֶת־הַשָּׁ֑חַף וְאֶת־הַנֵּ֖ץ לְמִינֵֽהוּ:
וְאֶת־הַכּ֥וֹס וְאֶת־הַשָּׁלָ֖ךְ וְאֶת־הַיַּנְשֽׁוּף: וְאֶת־
הַתִּנְשֶׁ֥מֶת וְאֶת־הַקָּאָ֖ת וְאֶת־הָרָחָֽם: וְאֵת֙
הַחֲסִידָ֔ה הָאֲנָפָ֖ה לְמִינָ֑הּ וְאֶת־הַדּוּכִיפַ֖ת
וְאֶת־הָעֲטַלֵּֽף: כֹּ֚ל שֶׁ֣רֶץ הָע֔וֹף הַהֹלֵ֖ךְ עַל־
אַרְבַּ֑ע שֶׁ֥קֶץ ה֖וּא לָכֶֽם: אַ֤ךְ אֶת־זֶה֙ תֹּֽאכְל֔וּ

מצווה קנה
מצוות בדיקת
סימני דגים

מצווה קנו
איסור אכילת דג טמא

מצווה קנז
איסור אכילת עוף טמא

שמיני

ח וּמַטְלְפָן טִלְפִין פַּרְסָתֵיהּ, וְהוּא פִּשְׁרָא לָא פָּשַׁר, מְסָאַב הוּא לְכוֹן: מִבִּסְרְהוֹן לָא תֵיכְלוּן,
ט וּבִנְבִילַתְהוֹן לָא תִקְרְבוּן, מְסָאֲבִין אִנּוּן לְכוֹן: יָת דֵּין תֵּיכְלוּן, מִכֹּל דִּבְמַיָּא, כֹּל דְּלֵיהּ צִיצִין
י וְקַלְפִין בְּמַיָּא, בְּיַמְמַיָּא, וּבְנַחֲלַיָּא יָתְהוֹן תֵּיכְלוּן: וְכֹל דְּלֵית לֵיהּ צִיצִין וְקַלְפִין, בְּיַמְמַיָּא
יא וּבְנַחֲלַיָּא, מִכֹּל רִחֲשָׁא דְמַיָּא, וּמִכֹּל, נַפְשָׁא חַיְתָא דִּבְמַיָּא, שִׁקְצָא אִנּוּן לְכוֹן: וְשִׁקְצָא יְהוֹן
יב לְכוֹן, מִבִּסְרְהוֹן לָא תֵיכְלוּן, וְיָת נְבִילַתְהוֹן תְּשַׁקְּצוּן: כֹּל דְּלֵית לֵיהּ, צִיצִין וְקַלְפִין בְּמַיָּא, שִׁקְצָא
יג הוּא לְכוֹן: וְיָת אִלֵּין תְּשַׁקְּצוּן מִן עוֹפָא, לָא יִתְאַכְלוּן שִׁקְצָא אִנּוּן, נִשְׁרָא וְעָר וְעָזְיָא: וְדִיתָא,
יד וְטָרְפִיתָא לִזְנַהּ: יָת כָּל עוֹרְבָא לִזְנֵיהּ: וְיָת בַּת נַעֲמִיתָא, וְצִיצָא וְצִפַּר שַׁחְפָּא, וְנַצָּא לִזְנוֹהִי:
טו וְקָדְיָא וְשָׁלֵינוּנָא וְקִפּוּפָא: וּבָוְתָא וְקָתָא וִירַקְרִיקָא: וְחַוְרִיתָא, וְאָבוּ לִזְנַהּ, וְנֶגֶר טוּרָא
כא וַעֲטַלֵּיפָא: כֹּל רִחֲשָׁא דְעוֹפָא, דִּמְהַלֵּךְ עַל אַרְבַּע, שִׁקְצָא הוּא לְכוֹן: בְּרַם יָת דֵּין תֵּיכְלוּן,

רש"י

ח] **מבשרם לא תאכלו.** אֵין לִי אֶלָּא אֵלּוּ, שְׁאָר בְּהֵמָה טְמֵאָה שֶׁאֵין לָהּ שׁוּם סִימָן טָהֳרָה, מִנַּיִן? אָמַרְתָּ קַל וָחֹמֶר. וּמָה אֵלּוּ שֶׁיֵּשׁ בָּהֶן קְצָת סִימָנֵי טָהֳרָה אֲסוּרוֹת וְכוּ': **מבשרם.** עַל בָּשָׂר בְּאַזְהָרָה, וְלֹא עַל עֲצָמוֹת וְגִידִין וְקַרְנַיִם וּטְלָפַיִם: **ובנבלתם לא תגעו.** יָכוֹל יְהוּ יִשְׂרָאֵל מֻזְהָרִים עַל מַגַּע נְבֵלָה? תַּלְמוּד לוֹמַר: "אֱמֹר אֶל הַכֹּהֲנִים" וְגוֹ' (להלן כא, א), הַכֹּהֲנִים מֻזְהָרִין וְאֵין יִשְׂרָאֵל מֻזְהָרִין. קַל וָחֹמֶר מֵעַתָּה, וּמָה טֻמְאַת מֵת חֲמוּרָה לֹא הִזְהִיר בָּהּ אֶלָּא כֹּהֲנִים, טֻמְאַת נְבֵלָה קַלָּה לֹא כָּל שֶׁכֵּן? וּמָה תַּלְמוּד לוֹמַר "לֹא תִגָּעוּ"? בָּרֶגֶל:

ט] **סנפיר.** אֵלּוּ שָׁטִין בָּהֶם: **קשקשת.** אֵלּוּ קְלִפִּין הַקְּבוּעִים בּוֹ, כְּמוֹ שֶׁנֶּאֱמַר: "וְשִׁרְיוֹן קַשְׂקַשִּׂים הוּא לָבוּשׁ" (שמואל א' יז, ה):

י] **שרץ.** בְּכָל מָקוֹם מַשְׁמָעוֹ דָּבָר נָמוּךְ שֶׁרוֹחֵשׁ וְנָד עַל הָאָרֶץ:

יא] **ושקץ יהיו.** לֶאֱסֹר אֶת עֵרוּבֵיהֶן, אִם יֶשׁ בּוֹ בְּנוֹתֵן טַעַם: **מבשרם.** אֵינוֹ מֻזְהָר עַל הַסְּנַפִּירִים וְעַל הָעֲצָמוֹת: **ואת נבלתם תשקצו.** לְרַבּוֹת יְבְחוּשִׁין שֶׁסִּנְּנָן, יַבְחוּשִׁין מוּשְׁרוֹנ"ש בְּלַעַז:

יב] **כל אשר אין לו וגו'.** מַה תַּלְמוּד לוֹמַר? שֶׁיָּכוֹל אֵין לִי שֶׁיְּהֵא מֻתָּר אֶלָּא הַמַּעֲלֶה סִימָנָיו שֶׁלּוֹ לַיַּבָּשָׁה, הִשִּׁירָן בַּמַּיִם מִנַּיִן? תַּלְמוּד לוֹמַר: "כֹּל אֲשֶׁר אֵין לוֹ סְנַפִּיר וְקַשְׂקֶשֶׂת בַּמָּיִם" - הָא אִם הָיוּ לוֹ בַּמַּיִם, אַף עַל פִּי שֶׁהִשִּׁירָן בַּעֲלִיָּתוֹ, מֻתָּר:

יג] **לא יאכלו.** לְחַיֵּב אֶת הַמַּאֲכִילָן לִקְטַנִּים, שֶׁכָּךְ מַשְׁמָעוֹ: לֹא יְהוּ נֶאֱכָלִין עַל יָדְךָ. אוֹ אֵינוֹ אֶלָּא לְאָסְרָן בַּהֲנָאָה? תַּלְמוּד לוֹמַר: "לֹא תֹאכְלוּ" (דברים יד, יב), בַּאֲכִילָה אֲסוּרִין, בַּהֲנָאָה מֻתָּרִין. כָּל עוֹף שֶׁנֶּאֱמַר בּוֹ 'לְמִינָהּ', 'לְמִינוֹ', 'לְמִינֵהוּ', יֵשׁ בְּאוֹתוֹ הַמִּין שֶׁאֵין דּוֹמִין זֶה לָזֶה לֹא בְּמַרְאֵיהֶם וְלֹא בִּשְׁמוֹתֵיהֶם, וְכֻלָּן מִין אֶחָד:

טז] **הנץ.** אושטו"ר:

יז] **שלך.** פֵּרְשׁוּ רַבּוֹתֵינוּ, זֶה הַשּׁוֹלֶה דָּגִים מִן הַיָּם, וְזֶהוּ שֶׁתִּרְגֵּם אוּנְקְלוּס: "וְשָׁלֵינוּנָא": כּוֹס וְיַנְשׁוּף. הֵם צואיטי"ש הַצּוֹעֲקִים בַּלַּיְלָה, וְיֵשׁ לָהֶם לְסָתוֹת כְּאָדָם, וְעוֹד אַחֵר דּוֹמֶה לוֹ שֶׁקּוֹרִין יב"ן:

יח] **תנשמת.** הִיא קלב"א שורי"ץ, וְדוֹמָה לָעַכְבָּר, וּפוֹרַחַת בַּלַּיְלָה, וְתִנְשֶׁמֶת הָאֲמוּרָה בַּשְּׁרָצִים הִיא דּוֹמָה לָהּ, וְאֵין לָהּ עֵינַיִם, וְקוֹרִין לָהּ טלפ"א:

יט] **החסידה.** זוֹ דַּיָּה לְבָנָה, ציגוני"א, וְלָמָּה נִקְרָא שְׁמָהּ 'חֲסִידָה'? שֶׁעוֹשָׂה חֲסִידוּת עִם חַבְרוֹתֶיהָ בִּמְזוֹנוֹת: **האנפה.** הִיא דַּיָּה רַגְזָנִית, וְנִרְאָה לִי, שֶׁהִיא שֶׁקּוֹרִין הירו"ן: **הדוכיפת.** תַּרְנְגוֹל הַבַּר, וְכַרְבָּלְתּוֹ כְּפוּלָה, וּבְלַעַז הרופ"א, וְלָמָּה נִקְרָא שְׁמוֹ 'דּוּכִיפַת'? שֶׁהוֹדוֹ כָּפוּת, וְזוֹ הִיא כַּרְבָּלְתּוֹ, וְנֶעָר טוּרֵ"א נִקְרָא עַל שֵׁם מַעֲשָׂיו, כְּמוֹ שֶׁפֵּרְשׁוּ רַבּוֹתֵינוּ בְּמַסֶּכֶת גִּטִּין בְּפֶרֶק 'מִי שֶׁאֲחָזוֹ' (דף סח ע"ב):

כ] **שרץ העוף.** הֵם הַדַּקִּים הַנְּמוּכִים הָרוֹחֲשִׁין עַל הָאָרֶץ, כְּגוֹן זְבוּבִים וּצְרָעִין וְיַתּוּשִׁין וַחֲגָבִים:

ויקרא

יא

לוֹ מִכֹּל שֶׁרֶץ הָעוֹף הַהֹלֵךְ עַל־אַרְבַּע אֲשֶׁר־לא כְרָעַיִם
מִמַּעַל לְרַגְלָיו לְנַתֵּר בָּהֵן עַל־הָאָרֶץ: אֶת־אֵלֶּה
מֵהֶם תֹּאכֵלוּ אֶת־הָאַרְבֶּה לְמִינוֹ וְאֶת־הַסָּלְעָם
לְמִינֵהוּ וְאֶת־הַחַרְגֹּל לְמִינֵהוּ וְאֶת־הֶחָגָב לְמִינֵהוּ:
וְכֹל שֶׁרֶץ הָעוֹף אֲשֶׁר־לוֹ אַרְבַּע רַגְלָיִם שֶׁקֶץ
הוּא לָכֶם: וּלְאֵלֶּה תִּטַּמָּאוּ כָּל־הַנֹּגֵעַ בְּנִבְלָתָם
יִטְמָא עַד־הָעָרֶב: וְכָל־הַנֹּשֵׂא מִנִּבְלָתָם יְכַבֵּס
בְּגָדָיו וְטָמֵא עַד־הָעָרֶב: לְכָל־הַבְּהֵמָה אֲשֶׁר הִוא
מַפְרֶסֶת פַּרְסָה וְשֶׁסַע ׀ אֵינֶנָּה שֹׁסַעַת וְגֵרָה אֵינֶנָּה
מַעֲלָה טְמֵאִים הֵם לָכֶם כָּל־הַנֹּגֵעַ בָּהֶם יִטְמָא:
וְכֹל ׀ הוֹלֵךְ עַל־כַּפָּיו בְּכָל־הַחַיָּה הַהֹלֶכֶת עַל־
אַרְבַּע טְמֵאִים הֵם לָכֶם כָּל־הַנֹּגֵעַ בְּנִבְלָתָם יִטְמָא
עַד־הָעָרֶב: וְהַנֹּשֵׂא אֶת־נִבְלָתָם יְכַבֵּס בְּגָדָיו וְטָמֵא
עַד־הָעֶרֶב טְמֵאִים הֵמָּה לָכֶם: וְזֶה
לָכֶם הַטָּמֵא בַּשֶּׁרֶץ הַשֹּׁרֵץ עַל־הָאָרֶץ הַחֹלֶד
וְהָעַכְבָּר וְהַצָּב לְמִינֵהוּ: וְהָאֲנָקָה וְהַכֹּחַ וְהַלְּטָאָה
וְהַחֹמֶט וְהַתִּנְשָׁמֶת: אֵלֶּה הַטְּמֵאִים לָכֶם
בְּכָל־הַשָּׁרֶץ כָּל־הַנֹּגֵעַ בָּהֶם בְּמֹתָם יִטְמָא עַד־
הָעָרֶב: וְכֹל אֲשֶׁר־יִפֹּל־עָלָיו מֵהֶם ׀ בְּמֹתָם יִטְמָא
מִכָּל־כְּלִי־עֵץ אוֹ בֶגֶד אוֹ־עוֹר אוֹ שָׂק כָּל־כְּלִי

שמיני יא

אֲשֶׁר־יֵעָשֶׂה מְלָאכָה בָּהֶם בַּמַּיִם יוּבָא וְטָמֵא
עַד־הָעֶרֶב וְטָהֵר: וְכָל־כְּלִי־חֶרֶשׂ אֲשֶׁר־יִפֹּל לג שביעי

מִכָּל רִחֲשָׁא דְעוֹפָא, דִּמְהַלֵּךְ עַל אַרְבַּע, דְּלֵיהּ קַרְסֻלִּין מֵעִלָּוֵי רַגְלוֹהִי, לְקַפָּצָא בְהוֹן עַל אַרְעָא:
כב יָת אִלֵּין מִנְּהוֹן תֵּיכְלוּן, יָת גּוֹבָא לִזְנֵיהּ, וְיָת רָשׁוֹנָא לִזְנוֹהִי, וְיָת חַרְגְּלָא לִזְנוֹהִי, וְיָת חַגְבָא
כג לִזְנוֹהִי: וְכָל רִחֲשָׁא דְעוֹפָא, דְּלֵיהּ אַרְבַּע רַגְלִין, שִׁקְצָא הוּא לְכוֹן: וּלְאִלֵּין תִּסְתָּאֲבוּן, כָּל דְּיִקְרַב
כה בִּנְבִילַתְהוֹן יְהֵי מְסָאָב עַד רַמְשָׁא: וְכָל דְּיִטּוֹל מִנְּבִילַתְהוֹן, יְצַבַּע לְבוּשׁוֹהִי וִיהֵי מְסָאָב עַד
כו רַמְשָׁא: לְכָל בְּעִירָא, דְּהִיא סְדִיקָא פַּרְסְתַהּ, וְטִלְפִין לֵיתְהָא מַטְלְפָא, וּפִשְׁרָא לֵיתְהָא מַסְּקָא,
כז מְסָאֲבִין אִנּוּן לְכוֹן, כָּל דְּיִקְרַב בְּהוֹן יְהֵי מְסָאָב: וְכָל דִּמְהַלֵּךְ עַל יְדוֹהִי, בְּכָל חַיְתָא דִּמְהַלְּכָא
כח עַל אַרְבַּע, מְסָאֲבִין אִנּוּן לְכוֹן, כָּל דְּיִקְרַב בִּנְבִילַתְהוֹן יְהֵי מְסָאָב עַד רַמְשָׁא: וּדְיִטּוֹל יָת
כט נְבִילַתְהוֹן, יְצַבַּע לְבוּשׁוֹהִי וִיהֵי מְסָאָב עַד רַמְשָׁא, מְסָאֲבִין אִנּוּן לְכוֹן: וְדֵין לְכוֹן דִּמְסָאָב,
ל בְּרִחֲשָׁא דְּרָחֵישׁ עַל אַרְעָא, חֻלְדָּא וְעַכְבְּרָא וְצָבָא לִזְנוֹהִי: וְיַלָּא וְכוֹחָא וְהַלְטָתָא, וְחָמְטָא
לא וְאָשׁוּתָא: אִלֵּין, דִּמְסָאֲבִין לְכוֹן בְּכָל רִחֲשָׁא, כָּל דְּיִקְרַב בְּהוֹן, בְּמוֹתְהוֹן יְהֵי מְסָאָב עַד רַמְשָׁא:
לב וְכָל דְּיִפּוֹל עֲלוֹהִי מִנְּהוֹן בְּמוֹתְהוֹן יְהֵי מְסָאָב, מִכָּל מָן דְּאָע אוֹ לְבוּשׁ אוֹ מְשַׁךְ אוֹ שַׂק, כָּל מָן,
לג דְּיִתְעֲבֵיד עֲבִידְתָּא בְהוֹן, בְּמַיָּא יִתָּעַל, וִיהֵי מְסָאָב עַד רַמְשָׁא וְיִדְכֵּי: וְכָל מָן דַּחֲסַף, דְּיִפּוֹל

כא) **עַל אַרְבַּע. אַרְבַּע רַגְלָיִם: מִמַּעַל לְרַגְלָיו.** סָמוּךְ לְצַוָּארוֹ יֵשׁ לוֹ כְּמִין שְׁתֵּי רַגְלַיִם לְבַד אַרְבַּע רַגְלָיו, וּכְשֶׁרוֹצֶה לָעוּף וְלִקְפֹּץ מִן הָאָרֶץ מִתְחַזֵּק בְּאוֹתָן שְׁתֵּי כְרָעַיִם וּפוֹרֵחַ. וְיֵשׁ מֵהֶן הַרְבֵּה כְּאוֹתָן שֶׁקּוֹרִין לנגוש״טא, אֲבָל אֵין אָנוּ בְּקִיאִין בָּהֶן, שֶׁאַרְבָּעָה סִימָנֵי טָהֳרָה נֶאֶמְרוּ בָהֶם: אַרְבַּע רַגְלַיִם, וְאַרְבַּע כְּנָפַיִם, וְקַרְסֻלַּיִן – אֵלּוּ הַכְּתוּבִים כָּאן, וּכְנָפָיו חוֹפִין אֶת רֻבּוֹ. וְכָל סִימָנִים הַלָּלוּ מְצוּיִים בְּאוֹתָן שֶׁבֵּינוֹתֵינוּ, אֲבָל יֵשׁ שֶׁרֹאשָׁן אָרֹךְ, וְיֵשׁ שֶׁאֵין לָהֶם זָנָב, וְצָרִיךְ שֶׁיְּהֵא שְׁמוֹ ׳חָגָב׳, וּבָזֶה אֵין אָנוּ יוֹדְעִים לְהַבְדִּיל בֵּינֵיהֶן:

כג) **וְכֹל שֶׁרֶץ הָעוֹף וְגוֹ׳.** בָּא וְלִמֵּד שֶׁאִם יֵשׁ לוֹ חָמֵשׁ טָהוֹר:

כד) **וּלְאֵלֶּה.** הָעֲתִידִין לְהֵאָמֵר בָּעִנְיָן לְמַטָּה **תִּטַּמָּאוּ.** כְּלוֹמַר, בִּנְגִיעָתָם יֵשׁ טֻמְאָה:

כה) **וְכָל הַנֹּשֵׂא מִנִּבְלָתָם.** כָּל מָקוֹם שֶׁנֶּאֱמְרָה טֻמְאַת מַשָּׂא, חֲמוּרָה מְטֻמְאַת מַגָּע, שֶׁהִיא טְעוּנָה כִּבּוּס בְּגָדִים:

כו) **מַפְרֶסֶת פַּרְסָה וְשֶׁסַע אֵינֶנָּה שֹׁסַעַת.** כְּגוֹן גָּמָל, שֶׁפַּרְסָתוֹ סְדוּקָה לְמַעְלָה אֲבָל לְמַטָּה הִיא מְחֻבֶּרֶת. כָּאן לִמֶּדְךָ שֶׁנִּבְלַת בְּהֵמָה טְמֵאָה מְטַמְּאָה, וּבְעִנְיָן שֶׁבְּסוֹף הַפָּרָשָׁה (להלן פסוקים לט-מ) פֵּרַשׁ עַל בְּהֵמָה טְהוֹרָה:

כז) **עַל כַּפָּיו.** כְּגוֹן כֶּלֶב וְדֹב וְחָתוּל: **טְמֵאִים הֵם לָכֶם.** לְמַגָּע:

כט) **וְזֶה לָכֶם הַטָּמֵא.** כָּל טֻמְאוֹת הַלָּלוּ אֵינָן לְאִסּוּר אֲכִילָה, אֶלָּא לְטֻמְאָה מַמָּשׁ לִהְיוֹת טָמֵא בְּמַגְּעָן, וְנֶאֱסָר לֶאֱכֹל תְּרוּמָה וְקָדָשִׁים וְלִכָּנֵס לַמִּקְדָּשׁ: **הַחֹלֶד.** מושטיל״א: **וְהַצָּב.** פרוי״ט שֶׁדּוֹמֶה לִצְפַרְדֵּעַ:

ל) **אֲנָקָה.** הרינ״ן: **הַלְּטָאָה.** לוישרד״א: **חֹמֶט.** לימצ״א: **תִּנְשָׁמֶת.** טלפ״א:

לב) **בַּמַּיִם יוּבָא.** וְאַף לְאַחַר טְבִילָתוֹ טָמֵא הוּא לִתְרוּמָה ״עַד הָעֶרֶב״, וְאַחַר כָּךְ ״וְטָהֵר״ בְּהַעֲרֵב שִׁמְשׁוֹ:

מֵהֶם אֶל־תּוֹכוֹ כֹּל אֲשֶׁר בְּתוֹכוֹ יִטְמָא וְאֹתוֹ
לד תִשְׁבֹּרוּ׃ מִכָּל־הָאֹכֶל אֲשֶׁר יֵאָכֵל אֲשֶׁר יָבוֹא
עָלָיו מַיִם יִטְמָא וְכָל־מַשְׁקֶה אֲשֶׁר יִשָּׁתֶה
לה בְּכָל־כְּלִי יִטְמָא׃ וְכֹל אֲשֶׁר־יִפֹּל מִנִּבְלָתָם ׀
עָלָיו יִטְמָא תַּנּוּר וְכִירַיִם יֻתָּץ טְמֵאִים הֵם
לו וּטְמֵאִים יִהְיוּ לָכֶם׃ אַךְ מַעְיָן וּבוֹר מִקְוֵה־מַיִם
לז יִהְיֶה טָהוֹר וְנֹגֵעַ בְּנִבְלָתָם יִטְמָא׃ וְכִי יִפֹּל
מִנִּבְלָתָם עַל־כָּל־זֶרַע זֵרוּעַ אֲשֶׁר יִזָּרֵעַ טָהוֹר
לח הוּא׃ וְכִי יֻתַּן־מַיִם עַל־זֶרַע וְנָפַל מִנִּבְלָתָם
לט עָלָיו טָמֵא הוּא לָכֶם׃ וְכִי יָמוּת
מִן־הַבְּהֵמָה אֲשֶׁר־הִיא לָכֶם לְאָכְלָה הַנֹּגֵעַ
מ בְּנִבְלָתָהּ יִטְמָא עַד־הָעָרֶב׃ וְהָאֹכֵל מִנִּבְלָתָהּ
יְכַבֵּס בְּגָדָיו וְטָמֵא עַד־הָעָרֶב וְהַנֹּשֵׂא אֶת־
מא נִבְלָתָהּ יְכַבֵּס בְּגָדָיו וְטָמֵא עַד־הָעָרֶב׃ וְכָל־
הַשֶּׁרֶץ הַשֹּׁרֵץ עַל־הָאָרֶץ שֶׁקֶץ הוּא לֹא יֵאָכֵל׃

מצווה קס
דיני טומאת אוכלים

מצווה קסא
דיני טומאת נבלה

מצווה קסב
איסור אכילת שרץ הארץ

לג) אֶל תּוֹכוֹ. אֵין כְּלִי חֶרֶס מִטַּמֵּא אֶלָּא מֵאֲוִירוֹ: כֹּל אֲשֶׁר בְּתוֹכוֹ יִטְמָא. הַכְּלִי חוֹזֵר וּמְטַמֵּא מַה שֶּׁבַּאֲוִירוֹ: וְאֹתוֹ תִשְׁבֹּרוּ. לִמֵּד שֶׁאֵין לוֹ טָהֳרָה בְּמִקְוֶה:

לד) מִכָּל הָאֹכֶל אֲשֶׁר יֵאָכֵל. מוּסָב עַל מִקְרָא הָעֶלְיוֹן: כֹּל אֲשֶׁר בְּתוֹכוֹ יִטְמָא, מִכָּל הָאֹכֶל אֲשֶׁר יֵאָכֵל אֲשֶׁר בָּאוּ עָלָיו מַיִם, וְהוּא בְּתוֹךְ כְּלִי חֶרֶס הַטָּמֵא, יִטְמָא. לָמַדְנוּ מִכָּאן דְּבָרִים הַרְבֵּה: לָמַדְנוּ שֶׁאֵין אֹכֶל מֻכְשָׁר וּמְתֻקָּן לְקַבֵּל טֻמְאָה עַד שֶׁיָּבוֹאוּ עָלָיו מַיִם פַּעַם אַחַת, וּמִשֶּׁבָּאוּ עָלָיו מַיִם פַּעַם אַחַת מְקַבֵּל טֻמְאָה לְעוֹלָם וַאֲפִלּוּ נָגוּב; וְהַיַּיִן וְהַשֶּׁמֶן וְכָל הַנִּקְרָא מַשְׁקֶה מַכְשִׁיר זְרָעִים לְטֻמְאָה כַּמַּיִם, שֶׁכָּךְ יֵשׁ לִדְרֹשׁ הַמִּקְרָא: "אֲשֶׁר יָבוֹא עָלָיו מַיִם" אוֹ "כָּל מַשְׁקֶה אֲשֶׁר יִשָּׁתֶה בְּכָל כְּלִי, יִטְמָא" הָאֹכֶל. וְעוֹד לָמְדוּ רַבּוֹתֵינוּ מִכָּאן שֶׁאֵין וְלַד הַטֻּמְאָה מְטַמֵּא כֵּלִים, שֶׁכָּךְ שָׁנִינוּ: יָכוֹל יְהוּ כָּל הַכֵּלִים מִטַּמְּאִין מֵאֲוִיר כְּלִי חֶרֶס? תַּלְמוּד לוֹמַר: "כֹּל אֲשֶׁר בְּתוֹכוֹ יִטְמָא... מִכָּל הָאֹכֶל" – אֹכֶל וּמַשְׁקֶה מִטַּמֵּא מֵאֲוִיר כְּלִי חֶרֶס, וְאֵין כָּל הַכֵּלִים מִטַּמְּאִין מֵאֲוִיר

שמיני יא

לד מִנְּהוֹן לְגַוֵּיהּ, כָּל דִּבְגַוֵּיהּ, יְהֵי מְסָאָב, וְיָתֵיהּ תִּתְבְּרוּן: מִכָּל מֵיכָל דְּמִתְאֲכִיל, דְּיֵיעוּל עֲלוֹהִי,
לה מַיָּא יְהֵי מְסָאָב, וְכָל מַשְׁקְיָא דְּיִשְׁתְּתֵי, בְּכָל מָן יְהֵי מְסָאָב: וְכֹל, דְּיִפּוֹל מִנְּבִילַתְהוֹן עֲלוֹהִי
לו יְהֵי מְסָאָב, תַּנּוּר וְכִירַיִם, יִתָּרְעוּן מְסָאֲבִין אִנּוּן, וּמְסָאֲבִין יְהוֹן לְכוֹן: בְּרַם מַעְיָן וְגוֹב, בֵּית
לז כְּנִישַׁת מַיָּא יְהֵי דְּכֵי, וְדִיקְרַב בִּנְבִילַתְהוֹן יְהֵי מְסָאָב: וַאֲרֵי יִפּוֹל מִנְּבִילַתְהוֹן, עַל כָּל בַּר זְרַע
לח זְרוֹעַ דְּיִזְדְּרַע, דְּכֵי הוּא: וַאֲרֵי יִתְיְהִבוּן מַיָּא עַל בַּר זַרְעָא, וְיִפּוֹל מִנְּבִילַתְהוֹן עֲלוֹהִי, מְסָאָב
לט הוּא לְכוֹן: וַאֲרֵי יְמוּת מִן בְּעִירָא, דְּהִיא לְכוֹן לְמֵיכַל, דְּיִקְרַב בִּנְבִילְתַהּ יְהֵי מְסָאָב עַד רַמְשָׁא:
מ וְדִיֵיכוֹל מִנְּבִילְתַהּ, יְצַבַּע לְבוּשׁוֹהִי וִיהֵי מְסָאָב עַד רַמְשָׁא, וּדְיִטּוֹל יָת נְבִילְתַהּ, יְצַבַּע
מא לְבוּשׁוֹהִי וִיהֵי מְסָאָב עַד רַמְשָׁא: וְכָל רִחֲשָׁא דְּרָחֵישׁ עַל אַרְעָא, שִׁקְצָא הוּא לָא יִתְאֲכִיל:

רש"י

כְּלִי חֶרֶס; לְפִי שֶׁהַשֶּׁרֶץ אַב הַטֻּמְאָה וְהַכְּלִי שֵׁנִי לוֹ, לְפִיכָךְ אֵינוֹ חוֹזֵר וּמְטַמֵּא כֵּלִים שֶׁבְּתוֹכוֹ. וְלָמַדְנוּ עוֹד, שֶׁהַשֶּׁרֶץ שֶׁנָּפַל לַאֲוִיר תַּנּוּר וְהַפַּת בְּתוֹכוֹ, וְלֹא נָגַע הַשֶּׁרֶץ בַּפַּת, הַתַּנּוּר רִאשׁוֹן וְהַפַּת שְׁנִיָּה, וְלֹא נֹאמַר רוֹאִין אֶת הַתַּנּוּר כְּאִלּוּ מָלֵא טֻמְאָה וּתְהֵא הַפַּת תְּחִלָּה, שֶׁאִם אַתָּה אוֹמֵר כֵּן, לֹא נִתְמַעֲטוּ כָּל הַכֵּלִים מִלְּטַמֵּא מֵאֲוִיר כְּלִי חֶרֶס, שֶׁהֲרֵי טֻמְאָה עַצְמָהּ נָגְעָה בָּהֶן מִגַּבָּן. וְלָמַדְנוּ עוֹד עַל בִּיאַת מַיִם שֶׁאֵינָהּ מַכְשֶׁרֶת זְרָעִים אֶלָּא אִם כֵּן נָפְלוּ עֲלֵיהֶן מִשֶּׁנִּתְלְשׁוּ, שֶׁאִם אַתָּה אוֹמֵר מְקַבְּלִין הֶכְשֵׁר בִּמְחֻבָּר, אֵין לְךָ שֶׁלֹּא בָּאוּ עָלָיו מַיִם, וּמַהוּ אוֹמֵר: "אֲשֶׁר יָבוֹא עָלָיו מַיִם"? וְלָמַדְנוּ עוֹד שֶׁאֵין אֹכֶל מְטַמֵּא אֲחֵרִים אֶלָּא אִם כֵּן יֵשׁ בּוֹ כַּבֵּיצָה, שֶׁנֶּאֱמַר: "אֲשֶׁר יֵאָכֵל" - אֹכֶל הַנֶּאֱכָל בְּבַת אַחַת, וְשִׁעֲרוּ חֲכָמִים אֵין בֵּית הַבְּלִיעָה מַחֲזִיק יוֹתֵר מִבֵּיצַת תַּרְנְגֹלֶת:

[לה] **תַּנּוּר וְכִירַיִם**. כֵּלִים הַמִּטַּלְטְלִין הֵן, וְהֵן שֶׁל חֶרֶס וְיֵשׁ לָהֶן תּוֹךְ, וְשׁוֹפֵת עַל נֶקֶב הֶחָלָל אֶת הַקְּדֵרָה, וּשְׁנֵיהֶם פִּיהֶם לְמַעְלָה: **יֻתָּץ**. שֶׁאֵין לִכְלִי חֶרֶס טָהֳרָה בִּטְבִילָה: **וּטְמֵאִים יִהְיוּ לָכֶם**. שֶׁלֹּא תֹּאמַר מְצֻוֶּה אֲנִי לְנָתְצָם, תַּלְמוּד לוֹמַר: "וּטְמֵאִים יִהְיוּ לָכֶם", אִם רָצָה לְקַיְּמָן בְּטֻמְאָתָן - רַשַּׁאי:

[לו] **אַךְ מַעְיָן וּבוֹר מִקְוֵה מַיִם**. הַמְחֻבָּרִים לַקַּרְקַע, אֵין מְקַבְּלִין טֻמְאָה. וְעוֹד יֵשׁ לְךָ לִלְמֹד, "יִהְיֶה טָהוֹר" הַטּוֹבֵל בָּהֶם מִטֻּמְאָתוֹ: **וְנֹגֵעַ בְּנִבְלָתָם יִטְמָא**. אֲפִלּוּ הוּא בְּתוֹךְ מַעְיָן וּבוֹר וְנוֹגֵעַ בְּטֻמְאָתָן - יִטְמָא, שֶׁלֹּא תֹּאמַר קַל וָחֹמֶר: אִם מְטַהֵר אֶת הַטְּמֵאִים מִטֻּמְאָתָם, קַל וָחֹמֶר שֶׁיַּצִּיל אֶת הַטָּהוֹר מִלְּטַמֵּא, לְכָךְ נֶאֱמַר: "וְנֹגֵעַ בְּנִבְלָתָם יִטְמָא":

[לז] **זֶרַע זֵרוּעַ**. זְרִיעָה שֶׁל מִינֵי זֵרְעוֹנִין. 'זֵרוּעַ' שֵׁם דָּבָר הוּא, כְּמוֹ: "וְיִתְּנוּ לָנוּ מִן הַזֵּרֹעִים" (דניאל א, יב): **טָהוֹר הוּא**. לִמֶּדְךָ הַכָּתוּב שֶׁלֹּא הֻכְשַׁר וְנִתְקָן לִקְרוֹת אֹכֶל לְקַבֵּל טֻמְאָה עַד שֶׁיָּבוֹאוּ עָלָיו מַיִם:

[לח] **וְכִי יֻתַּן מַיִם עַל זֶרַע**. לְאַחַר שֶׁנִּתְלַשׁ, שֶׁאִם תֹּאמַר יֵשׁ הֶכְשֵׁר בִּמְחֻבָּר, אֵין לְךָ זֶרַע שֶׁלֹּא הֻכְשַׁר: **מַיִם עַל זֶרַע**. בֵּין מַיִם בֵּין שְׁאָר מַשְׁקִין, בֵּין הֵם עַל הַזֶּרַע בֵּין זֶרַע נוֹפֵל לְתוֹכָן, הַכֹּל נִדְרָשׁ בְּתוֹרַת כֹּהֲנִים (פרק יא, ט): **וְנָפַל מִנִּבְלָתָם עָלָיו**. אַף מִשֶּׁנִּגַּב מִן הַמַּיִם, שֶׁלֹּא הִקְפִּידָה תּוֹרָה אֶלָּא לִהְיוֹת עָלָיו שֵׁם אֹכֶל, וּמִשֶּׁיָּרַד לוֹ הֶכְשֵׁר קַבָּלַת טֻמְאָה פַּעַם אַחַת, שׁוּב אֵינוֹ נֶעֱקָר הֵימֶנּוּ:

[לט] **בִּנְבֵלָתָהּ**. וְלֹא בַּעֲצָמוֹת וְגִידִים וְלֹא בַּקַּרְנַיִם וְטִלְפַיִם וְלֹא בָּעוֹר:

[מ] **וְהַנֹּשֵׂא אֶת נִבְלָתָהּ**. חֲמוּרָה טֻמְאַת מַשָּׂא מִטֻּמְאַת מַגָּע, שֶׁהַנּוֹשֵׂא מְטַמֵּא בְּגָדִים, וְהַנּוֹגֵעַ אֵין בְּגָדָיו טְמֵאִין, שֶׁלֹּא נֶאֱמַר בּוֹ: "יְכַבֵּס בְּגָדָיו": **וְהָאֹכֵל מִנִּבְלָתָהּ**. יָכוֹל תְּטַמְּאֶנּוּ אֲכִילָתוֹ? כְּשֶׁהוּא אוֹמֵר בְּנִבְלַת עוֹף טָהוֹר: "לֹא יֹאכַל לְטָמְאָה בָהּ" (להלן כב, ח), בָּהּ אַתָּה מְטַמֵּא בְּגָדִים בַּאֲכִילָתָהּ, וְאֵין נִבְלַת בְּהֵמָה מְטַמְּאָה בְגָדִים בַּאֲכִילָתָהּ בְּלֹא מַגָּע אוֹ בְּלֹא מַשָּׂא, כְּגוֹן אִם תְּחָבָהּ לוֹ חֲבֵרוֹ בְּבֵית הַבְּלִיעָה. אִם כֵּן, מַה תַּלְמוּד לוֹמַר: "הָאֹכֵל"? לִתֵּן שִׁעוּר לַנּוֹשֵׂא וְלַנּוֹגֵעַ, כְּדֵי אֲכִילָה, וְהוּא כַּזַּיִת: **וְטָמֵא עַד הָעֶרֶב**. אַף עַל פִּי שֶׁטָּבַל, צָרִיךְ הַעֲרֵב שֶׁמֶשׁ:

[מא] **הַשֹּׁרֵץ עַל הָאָרֶץ**. לְהוֹצִיא אֶת הַיַּתּוּשִׁין שֶׁבַּכְּלִיסִין וְשֶׁבַּפּוֹלִין וְאֶת הַזִּיזִין שֶׁבָּעֲדָשִׁים, שֶׁהֲרֵי לֹא שָׁרְצוּ עַל הָאָרֶץ אֶלָּא בְּתוֹךְ הָאֹכֶל, אֲבָל מִשֶּׁיָּצְאוּ לַאֲוִיר וְשָׁרְצוּ הֲרֵי נֶאֶסְרוּ: **לֹא יֵאָכֵל**. לְחַיֵּב עַל הַמַּאֲכִיל כָּאוֹכֵל. וְאֵין קָרוּי שֶׁרֶץ אֶלָּא

כֹּל הוֹלֵךְ עַל־גָּחוֹן וְכֹל ׀ הוֹלֵךְ עַל־אַרְבַּע עַד מב
כָּל־מַרְבֵּה רַגְלַיִם לְכָל־הַשֶּׁרֶץ הַשֹּׁרֵץ עַל־הָאָרֶץ
לֹא תֹאכְלוּם כִּי־שֶׁקֶץ הֵם׃ אַל־תְּשַׁקְּצוּ אֶת־ מג
נַפְשֹׁתֵיכֶם בְּכָל־הַשֶּׁרֶץ הַשֹּׁרֵץ וְלֹא תִטַּמְּאוּ בָּהֶם
וְנִטְמֵתֶם בָּם׃ כִּי אֲנִי יהוה אֱלֹהֵיכֶם וְהִתְקַדִּשְׁתֶּם מד
וִהְיִיתֶם קְדֹשִׁים כִּי קָדוֹשׁ אָנִי וְלֹא תְטַמְּאוּ אֶת־
מפטיר נַפְשֹׁתֵיכֶם בְּכָל־הַשֶּׁרֶץ הָרֹמֵשׂ עַל־הָאָרֶץ׃ כִּי ׀ מה
אֲנִי יהוה הַמַּעֲלֶה אֶתְכֶם מֵאֶרֶץ מִצְרַיִם לִהְיֹת
לָכֶם לֵאלֹהִים וִהְיִיתֶם קְדֹשִׁים כִּי קָדוֹשׁ אָנִי׃ זֹאת מו
תּוֹרַת הַבְּהֵמָה וְהָעוֹף וְכֹל נֶפֶשׁ הַחַיָּה הָרֹמֶשֶׂת
בַּמָּיִם וּלְכָל־נֶפֶשׁ הַשֹּׁרֶצֶת עַל־הָאָרֶץ׃ לְהַבְדִּיל מז
בֵּין הַטָּמֵא וּבֵין הַטָּהֹר וּבֵין הַחַיָּה הַנֶּאֱכֶלֶת וּבֵין
הַחַיָּה אֲשֶׁר לֹא תֵאָכֵל׃

מצווה קסג
איסור אכילת שרצים מפירות

מצווה קסד
איסור אכילת שרץ המים

מצווה קסה
איסור אכילת שרצים המתהווים מעיפוש

מב כָּל דִּמְהַלֵּיךְ עַל מְעוֹהִי, וְכָל דִּמְהַלֵּיךְ עַל אַרְבַּע, עַד כָּל סַגִּיאוּת רַגְלִין, לְכָל רִחְשָׁא דְּרָחֵישׁ עַל
מג אַרְעָא, לָא תֵיכְלוּנוּן אֲרֵי שִׁקְצָא אִנּוּן: לָא תְשַׁקְּצוּן יָת נַפְשָׁתְכוֹן, בְּכָל רִחְשָׁא דְּרָחֵישׁ, וְלָא
מד תִסְתַּאֲבוּן בְּהוֹן, וְתִסְתַּאֲבוּן פּוֹן בְּהוֹן: אֲרֵי אֲנָא יְיָ אֱלָהֲכוֹן, וְתִתְקַדְּשׁוּן וּתְהוֹן קַדִּישִׁין, אֲרֵי
מה קַדִּישׁ אֲנָא, וְלָא תְסָאֲבוּן יָת נַפְשָׁתְכוֹן, בְּכָל רִחְשָׁא דְּרָחֵישׁ עַל אַרְעָא: אֲרֵי אֲנָא יְיָ, דְּאַסֵּיק
מו יָתְכוֹן מֵאַרְעָא דְּמִצְרַיִם, לְמִהְוֵי לְכוֹן לֶאֱלָהּ, וּתְהוֹן קַדִּישִׁין, אֲרֵי קַדִּישׁ אֲנָא: דָּא אוֹרָיְתָא
דִּבְעִירָא וְדְעוֹפָא, וּלְכָל נַפְשָׁא חַיְתָא, דְּרָחֲשָׁא בְּמַיָּא, וּלְכָל נַפְשָׁא דְּרָחֲשָׁא עַל אַרְעָא:
מז לְאַפְרָשָׁא, בֵּין מְסָאֲבָא וּבֵין דָּכְיָא, וּבֵין חַיְתָא דְּמִתְאַכְלָא, וּבֵין חַיְתָא, דְּלָא מִתְאַכְלָא:

דָּבָר נָמוּךְ קְצַר רַגְלַיִם שֶׁאֵינוֹ נִרְאֶה אֶלָּא כְּרוֹחֵשׁ וְנָד:

מב) הוֹלֵךְ עַל גָּחוֹן. זֶה נָחָשׁ, וּלְשׁוֹן 'גָּחוֹן' – שְׁחִיָּה, שֶׁהוֹלֵךְ שַׁח וְנוֹפֵל עַל מֵעָיו: וְכֹל הוֹלֵךְ. לְהָבִיא הַשִּׁלְשׁוּלִין וְאֶת הַדּוֹמֶה לַדּוֹמֶה: הוֹלֵךְ עַל אַרְבַּע. זֶה עַקְרָב: כֹּל. לְהָבִיא אֶת הַחִפּוּשִׁית, אשקרבו"ט בְּלַעַז, וְאֶת הַדּוֹמֶה לַדּוֹמֶה: מַרְבֵּה רַגְלַיִם. זֶה נָדָל, שֶׁרֶץ שֶׁיֵּשׁ לוֹ רַגְלַיִם מֵרֹאשׁוֹ וְעַד זְנָבוֹ לְכָאן וּלְכָאן, וְקוֹרִין צינטפיד"ש:

מג) אַל תְּשַׁקְּצוּ. בַּאֲכִילָתָן, שֶׁהֲרֵי כְּתִיב: "נַפְשֹׁתֵיכֶם", וְאֵין שִׁקּוּץ נֶפֶשׁ בְּמַגָּע, וְכֵן: אַל תִּטַּמְּאוּ בַּאֲכִילָתָן: וְנִטְמֵתֶם בָּם. אִם אַתֶּם מִטַּמְּאִין בָּהֶם בָּאָרֶץ, אַף אֲנִי מְטַמֵּא אֶתְכֶם בָּעוֹלָם הַבָּא וּבִישִׁיבַת מַעְלָה:

מד) כִּי אֲנִי ה' אֱלֹהֵיכֶם. כְּשֵׁם שֶׁאֲנִי קָדוֹשׁ שֶׁאֲנִי ה' אֱלֹהֵיכֶם, כָּךְ "וְהִתְקַדִּשְׁתֶּם", קַדְּשׁוּ עַצְמְכֶם לְמַטָּה: וִהְיִיתֶם קְדֹשִׁים. לְפִי, שֶׁאֲנִי אֲקַדֵּשׁ אֶתְכֶם לְמַעְלָה וּבָעוֹלָם הַבָּא: וְלֹא תְטַמְּאוּ וְגוֹ'. לַעֲבֹר עֲלֵיהֶם בְּלָאוִין הַרְבֵּה, וְכָל לָאו – מַלְקוּת. וְזֶהוּ שֶׁאָמְרוּ בַּתַּלְמוּד: אָכַל פּוּטִיתָא לוֹקֶה אַרְבַּע, נְמָלָה לוֹקֶה חָמֵשׁ, צִרְעָה לוֹקֶה שֵׁשׁ:

מה) כִּי אֲנִי ה' הַמַּעֲלֶה אֶתְכֶם. עַל מְנָת שֶׁתְּקַבְּלוּ מִצְוֹתַי הֶעֱלֵיתִי אֶתְכֶם:

מז) לְהַבְדִּיל. לֹא בִּלְבַד הַשּׁוֹנֶה, אֶלָּא שֶׁתְּהֵא יוֹדֵעַ וּמַכִּיר וּבָקִי בָּהֶן: בֵּין הַטָּמֵא וּבֵין הַטָּהֹר. צָרִיךְ לוֹמַר בֵּין חֲמוֹר לְפָרָה? וַהֲלֹא כְּבָר מְפֹרָשִׁים הֵם! אֶלָּא בֵּין טְמֵאָה לְךָ לִטְהוֹרָה לְךָ, בֵּין נִשְׁחַט חֶצְיוֹ שֶׁל קָנֶה לְנִשְׁחַט רֻבּוֹ: וּבֵין הַחַיָּה הַנֶּאֱכֶלֶת וְגוֹ'. צָרִיךְ לוֹמַר בֵּין צְבִי לְעָרוֹד? וַהֲלֹא כְּבָר מְפֹרָשִׁים הֵם! אֶלָּא בֵּין שֶׁנּוֹלַד בָּהּ סִימָנֵי טְרֵפָה כְּשֵׁרָה לְנוֹלַד בָּהּ סִימָנֵי טְרֵפָה פְּסוּלָה:

הפטרת שמיני

בשבת פרשת פרה קוראים את המפטיר מספר במדבר יט, א-כב, ואת ההפטרה בעמ' 1292. בשבת פרשת החודש קוראים את המפטיר מספר שמות יב, א-כ, ואת ההפטרה בעמ' 1293.

ההפטרה היא חלק ממקבץ פרקים המתארים כיצד מלכותו של דוד בירושלים ב־33 שנותיה הייתה כפופה למלכות שמים. ארון ה' הוחזר משביו בארץ פלישתים בימי שמואל ולא הגיע לירושלים. דוד העלה אותו לירושלים, סמוך לארמונו. צעד סמלי זה מבטא את היות ארון ה' מקור ההשראה והכוח. זה הרעיון שמבליט דוד בשיח עם מיכל בת שאול אשתו ועם נתן הנביא. דוד חש כאחד העם בעמדו לפני ארון ה', ואין בזה כדי להמעיט ממעמדו. כבודו של מלך ישראל מתגדל ככל שהוא פועל להאדרת שם ה'.

שמואל ב'

ו א וַיֹּסֶף עוֹד דָּוִד אֶת־כָּל־בָּחוּר בְּיִשְׂרָאֵל שְׁלֹשִׁים אָלֶף: ב וַיָּקָם ׀ וַיֵּלֶךְ דָּוִד
וְכָל־הָעָם אֲשֶׁר אִתּוֹ מִבַּעֲלֵי יְהוּדָה לְהַעֲלוֹת מִשָּׁם אֵת אֲרוֹן הָאֱלֹהִים
ג אֲשֶׁר־נִקְרָא שֵׁם שֵׁם יהוה צְבָאוֹת יֹשֵׁב הַכְּרֻבִים עָלָיו: וַיַּרְכִּבוּ אֶת־אֲרוֹן
הָאֱלֹהִים אֶל־עֲגָלָה חֲדָשָׁה וַיִּשָּׂאֻהוּ מִבֵּית אֲבִינָדָב אֲשֶׁר בַּגִּבְעָה וְעֻזָּא
ד וְאַחְיוֹ בְּנֵי אֲבִינָדָב נֹהֲגִים אֶת־הָעֲגָלָה חֲדָשָׁה: וַיִּשָּׂאֻהוּ מִבֵּית אֲבִינָדָב
ה אֲשֶׁר בַּגִּבְעָה עִם אֲרוֹן הָאֱלֹהִים וְאַחְיוֹ הֹלֵךְ לִפְנֵי הָאָרוֹן: וְדָוִד ׀ וְכָל־
בֵּית יִשְׂרָאֵל מְשַׂחֲקִים לִפְנֵי יהוה בְּכֹל עֲצֵי בְרוֹשִׁים וּבְכִנֹּרוֹת וּבִנְבָלִים
ו וּבְתֻפִּים וּבִמְנַעַנְעִים וּבְצֶלְצֶלִים: וַיָּבֹאוּ עַד־גֹּרֶן נָכוֹן וַיִּשְׁלַח עֻזָּא אֶל־
ז אֲרוֹן הָאֱלֹהִים וַיֹּאחֶז בּוֹ כִּי שָׁמְטוּ הַבָּקָר: וַיִּחַר־אַף יהוה בְּעֻזָּה וַיַּכֵּהוּ
ח שָׁם הָאֱלֹהִים עַל־הַשַּׁל וַיָּמָת שָׁם עִם אֲרוֹן הָאֱלֹהִים: וַיִּחַר לְדָוִד עַל
אֲשֶׁר פָּרַץ יהוה פֶּרֶץ בְּעֻזָּה וַיִּקְרָא לַמָּקוֹם הַהוּא פֶּרֶץ עֻזָּה עַד הַיּוֹם
ט הַזֶּה: וַיִּרָא דָוִד אֶת־יהוה בַּיּוֹם הַהוּא וַיֹּאמֶר אֵיךְ יָבוֹא אֵלַי אֲרוֹן יהוה:
י וְלֹא־אָבָה דָוִד לְהָסִיר אֵלָיו אֶת־אֲרוֹן יהוה עַל־עִיר דָּוִד וַיַּטֵּהוּ דָוִד בֵּית
יא עֹבֵד־אֱדֹם הַגִּתִּי: וַיֵּשֶׁב אֲרוֹן יהוה בֵּית עֹבֵד אֱדֹם הַגִּתִּי שְׁלֹשָׁה חֳדָשִׁים
יב וַיְבָרֶךְ יהוה אֶת־עֹבֵד אֱדֹם וְאֶת־כָּל־בֵּיתוֹ: וַיֻּגַּד לַמֶּלֶךְ דָּוִד לֵאמֹר בֵּרַךְ
יהוה אֶת־בֵּית עֹבֵד אֱדֹם וְאֶת־כָּל־אֲשֶׁר־לוֹ בַּעֲבוּר אֲרוֹן הָאֱלֹהִים וַיֵּלֶךְ
יג דָּוִד וַיַּעַל אֶת־אֲרוֹן הָאֱלֹהִים מִבֵּית עֹבֵד אֱדֹם עִיר דָּוִד בְּשִׂמְחָה: וַיְהִי
יד כִּי צָעֲדוּ נֹשְׂאֵי אֲרוֹן־יהוה שִׁשָּׁה צְעָדִים וַיִּזְבַּח שׁוֹר וּמְרִיא: וְדָוִד מְכַרְכֵּר
טו בְּכָל־עֹז לִפְנֵי יהוה וְדָוִד חָגוּר אֵפוֹד בָּד: וְדָוִד וְכָל־בֵּית יִשְׂרָאֵל מַעֲלִים
טז אֶת־אֲרוֹן יהוה בִּתְרוּעָה וּבְקוֹל שׁוֹפָר: וְהָיָה אֲרוֹן יהוה בָּא עִיר דָּוִד
וּמִיכַל בַּת־שָׁאוּל נִשְׁקְפָה ׀ בְּעַד הַחַלּוֹן וַתֵּרֶא אֶת־הַמֶּלֶךְ דָּוִד מְפַזֵּז
יז וּמְכַרְכֵּר לִפְנֵי יהוה וַתִּבֶז לוֹ בְּלִבָּהּ: וַיָּבִאוּ אֶת־אֲרוֹן יהוה וַיַּצִּגוּ אֹתוֹ
בִּמְקוֹמוֹ בְּתוֹךְ הָאֹהֶל אֲשֶׁר נָטָה־לוֹ דָּוִד וַיַּעַל דָּוִד עֹלוֹת לִפְנֵי יהוה
יח וּשְׁלָמִים: וַיְכַל דָּוִד מֵהַעֲלוֹת הָעוֹלָה וְהַשְּׁלָמִים וַיְבָרֶךְ אֶת־הָעָם בְּשֵׁם
יט יהוה צְבָאוֹת: וַיְחַלֵּק לְכָל־הָעָם לְכָל־הֲמוֹן יִשְׂרָאֵל לְמֵאִישׁ וְעַד־אִשָּׁה

שמיני

לְאִישׁ חַלַּת לֶחֶם אַחַת וְאֶשְׁפָּר אֶחָד וַאֲשִׁישָׁה אֶחָת וַיֵּלֶךְ כָּל־הָעָם אִישׁ
לְבֵיתוֹ: וַיָּשָׁב דָּוִד לְבָרֵךְ אֶת־בֵּיתוֹ וַתֵּצֵא מִיכַל בַּת־שָׁאוּל לִקְרַאת דָּוִד
וַתֹּאמֶר מַה־נִּכְבַּד הַיּוֹם מֶלֶךְ יִשְׂרָאֵל אֲשֶׁר נִגְלָה הַיּוֹם לְעֵינֵי אַמְהוֹת
עֲבָדָיו כְּהִגָּלוֹת נִגְלוֹת אַחַד הָרֵקִים: וַיֹּאמֶר דָּוִד אֶל־מִיכַל לִפְנֵי יְהוָה
אֲשֶׁר בָּחַר־בִּי מֵאָבִיךְ וּמִכָּל־בֵּיתוֹ לְצַוֹּת אֹתִי נָגִיד עַל־עַם יְהוָה עַל־
יִשְׂרָאֵל וְשִׂחַקְתִּי לִפְנֵי יְהוָה: וּנְקַלֹּתִי עוֹד מִזֹּאת וְהָיִיתִי שָׁפָל בְּעֵינָי
וְעִם־הָאֲמָהוֹת אֲשֶׁר אָמַרְתְּ עִמָּם אִכָּבֵדָה: וּלְמִיכַל בַּת־שָׁאוּל לֹא־הָיָה
לָהּ יָלֶד עַד יוֹם מוֹתָהּ: וַיְהִי כִּי־יָשַׁב הַמֶּלֶךְ בְּבֵיתוֹ וַיהוָה
הֵנִיחַ־לוֹ מִסָּבִיב מִכָּל־אֹיְבָיו: וַיֹּאמֶר הַמֶּלֶךְ אֶל־נָתָן הַנָּבִיא רְאֵה נָא
אָנֹכִי יוֹשֵׁב בְּבֵית אֲרָזִים וַאֲרוֹן הָאֱלֹהִים יֹשֵׁב בְּתוֹךְ הַיְרִיעָה: וַיֹּאמֶר נָתָן
אֶל־הַמֶּלֶךְ כֹּל אֲשֶׁר בִּלְבָבְךָ לֵךְ עֲשֵׂה כִּי יְהוָה עִמָּךְ: וַיְהִי
בַּלַּיְלָה הַהוּא וַיְהִי דְּבַר־יְהוָה אֶל־נָתָן לֵאמֹר: לֵךְ וְאָמַרְתָּ
אֶל־עַבְדִּי אֶל־דָּוִד כֹּה אָמַר יְהוָה הַאַתָּה תִּבְנֶה־לִּי בַיִת לְשִׁבְתִּי: כִּי לֹא
יָשַׁבְתִּי בְּבַיִת לְמִיּוֹם הַעֲלֹתִי אֶת־בְּנֵי יִשְׂרָאֵל מִמִּצְרַיִם וְעַד הַיּוֹם הַזֶּה
וָאֶהְיֶה מִתְהַלֵּךְ בְּאֹהֶל וּבְמִשְׁכָּן: בְּכֹל אֲשֶׁר־הִתְהַלַּכְתִּי בְּכָל־בְּנֵי יִשְׂרָאֵל
הֲדָבָר דִּבַּרְתִּי אֶת־אַחַד שִׁבְטֵי יִשְׂרָאֵל אֲשֶׁר צִוִּיתִי לִרְעוֹת אֶת־עַמִּי
אֶת־יִשְׂרָאֵל לֵאמֹר לָמָּה לֹא־בְנִיתֶם לִי בֵּית אֲרָזִים: וְעַתָּה כֹּה־תֹאמַר
לְעַבְדִּי לְדָוִד כֹּה אָמַר יְהוָה צְבָאוֹת אֲנִי לְקַחְתִּיךָ מִן־הַנָּוֶה מֵאַחַר
הַצֹּאן לִהְיוֹת נָגִיד עַל־עַמִּי עַל־יִשְׂרָאֵל: וָאֶהְיֶה עִמְּךָ בְּכֹל אֲשֶׁר הָלַכְתָּ
וָאַכְרִתָה אֶת־כָּל־אֹיְבֶיךָ מִפָּנֶיךָ וְעָשִׂתִי לְךָ שֵׁם גָּדוֹל כְּשֵׁם הַגְּדֹלִים אֲשֶׁר
בָּאָרֶץ: וְשַׂמְתִּי מָקוֹם לְעַמִּי לְיִשְׂרָאֵל וּנְטַעְתִּיו וְשָׁכַן תַּחְתָּיו וְלֹא יִרְגַּז עוֹד
וְלֹא־יֹסִיפוּ בְנֵי־עַוְלָה לְעַנּוֹתוֹ כַּאֲשֶׁר בָּרִאשׁוֹנָה: וּלְמִן־הַיּוֹם אֲשֶׁר צִוִּיתִי
שֹׁפְטִים עַל־עַמִּי יִשְׂרָאֵל וַהֲנִיחֹתִי לְךָ מִכָּל־אֹיְבֶיךָ וְהִגִּיד לְךָ יְהוָה כִּי־בַיִת
יַעֲשֶׂה־לְּךָ יְהוָה: כִּי ׀ יִמְלְאוּ יָמֶיךָ וְשָׁכַבְתָּ אֶת־אֲבֹתֶיךָ וַהֲקִימֹתִי אֶת־
זַרְעֲךָ אַחֲרֶיךָ אֲשֶׁר יֵצֵא מִמֵּעֶיךָ וַהֲכִינֹתִי אֶת־מַמְלַכְתּוֹ: הוּא יִבְנֶה־בַּיִת
לִשְׁמִי וְכֹנַנְתִּי אֶת־כִּסֵּא מַמְלַכְתּוֹ עַד־עוֹלָם: אֲנִי אֶהְיֶה־לּוֹ לְאָב וְהוּא
יִהְיֶה־לִּי לְבֵן אֲשֶׁר בְּהַעֲוֹתוֹ וְהֹכַחְתִּיו בְּשֵׁבֶט אֲנָשִׁים וּבְנִגְעֵי בְּנֵי אָדָם:
וְחַסְדִּי לֹא־יָסוּר מִמֶּנּוּ כַּאֲשֶׁר הֲסִרֹתִי מֵעִם שָׁאוּל אֲשֶׁר הֲסִרֹתִי מִלְּפָנֶיךָ:
וְנֶאְמַן בֵּיתְךָ וּמַמְלַכְתְּךָ עַד־עוֹלָם לְפָנֶיךָ כִּסְאֲךָ יִהְיֶה נָכוֹן עַד־עוֹלָם: כְּכֹל
הַדְּבָרִים הָאֵלֶּה וּכְכֹל הַחִזָּיוֹן הַזֶּה כֵּן דִּבֶּר נָתָן אֶל־דָּוִד:

**פרשת
תזריע**

תזריע

יב א וַיְדַבֵּר יהוה אֶל־מֹשֶׁה לֵּאמֹר: דַּבֵּר אֶל־בְּנֵי יִשְׂרָאֵל לֵאמֹר אִשָּׁה כִּי תַזְרִיעַ וְיָלְדָה זָכָר וְטָמְאָה שִׁבְעַת יָמִים כִּימֵי נִדַּת דְּוֺתָהּ תִּטְמָא: ג וּבַיּוֹם הַשְּׁמִינִי יִמּוֹל בְּשַׂר עָרְלָתוֹ: ד וּשְׁלֹשִׁים יוֹם וּשְׁלֹשֶׁת יָמִים תֵּשֵׁב בִּדְמֵי טָהֳרָה בְּכָל־קֹדֶשׁ לֹא־תִגָּע וְאֶל־הַמִּקְדָּשׁ לֹא תָבֹא עַד־מְלֹאת יְמֵי טָהֳרָהּ: ה וְאִם־נְקֵבָה תֵלֵד וְטָמְאָה שְׁבֻעַיִם כְּנִדָּתָהּ וְשִׁשִּׁים יוֹם וְשֵׁשֶׁת יָמִים תֵּשֵׁב עַל־דְּמֵי טָהֳרָה: ו וּבִמְלֹאת ׀ יְמֵי טָהֳרָהּ לְבֵן אוֹ לְבַת תָּבִיא כֶּבֶשׂ בֶּן־שְׁנָתוֹ לְעֹלָה וּבֶן־יוֹנָה אוֹ־תֹר לְחַטָּאת אֶל־פֶּתַח אֹהֶל־מוֹעֵד אֶל־הַכֹּהֵן: ז וְהִקְרִיבוֹ לִפְנֵי יהוה וְכִפֶּר עָלֶיהָ וְטָהֲרָה מִמְּקֹר דָּמֶיהָ זֹאת תּוֹרַת הַיֹּלֶדֶת לַזָּכָר אוֹ לַנְּקֵבָה: ח וְאִם־לֹא תִמְצָא יָדָהּ דֵּי שֶׂה וְלָקְחָה שְׁתֵּי־תֹרִים אוֹ שְׁנֵי בְּנֵי יוֹנָה אֶחָד לְעֹלָה וְאֶחָד לְחַטָּאת וְכִפֶּר עָלֶיהָ הַכֹּהֵן וְטָהֵרָה:

מצווה קסו
דיני טומאת יולדת

מצווה קסז
איסור לטמא
לאכול מן הקודשים

מצווה קסח
מצוות הקרבת
קרבן יולדת

יג א • וַיְדַבֵּר יְהוָה אֶל־מֹשֶׁה וְאֶל־אַהֲרֹן לֵּאמֹר׃
ב אָדָם כִּי־יִהְיֶה בְעוֹר־בְּשָׂרוֹ שְׂאֵת אוֹ־סַפַּחַת

מצווה קסט
דיני טומאת אדם
מצורע

תזריע

יב א ב וּמַלֵּיל יי עִם מֹשֶׁה לְמֵימַר: מַלֵּיל, עִם בְּנֵי יִשְׂרָאֵל לְמֵימַר, אִתְּתָא אֲרֵי תְעַדֵּי, וּתְלִיד
ג דְּכַר, וּתְהֵי מְסָאֲבָא שִׁבְעָא יוֹמִין, כְּיוֹמֵי, רִיחוּק סְאוֹבְתַהּ תְּהֵי מְסָאֲבָא: וּבְיוֹמָא
ד תְּמִינָאָה, יִתְגְּזַר בְּסַר עָרְלְתֵיהּ: וּתְלָתִין וּתְלָתָא יוֹמִין, תְּתֵיב בְּדַם דְּכוּ, בְּכָל קֻדְשָׁא
ה לָא תִקְרַב, וּלְמַקְדְּשָׁא לָא תֵיעוֹל, עַד מִשְׁלַם יוֹמֵי דְּכוּתַהּ: וְאִם נֻקְבְּתָא תְלִיד, וּתְהֵי
ו מְסָאֲבָא אַרְבְּעַת עֲסַר כְּרִיחוּקַהּ, וְשִׁתִּין וְשִׁתָּא יוֹמִין, תְּתֵיב עַל דַּם דְּכוּ: וּבְמִשְׁלַם יוֹמֵי
דְּכוּתַהּ, לִבְרָא אוֹ לִבְרַתָּא, תַּיְתֵי, אִמַּר בַּר שַׁתֵּיהּ לַעֲלָתָא, וּבַר יוֹנָה אוֹ שַׁפְנִינָא לְחַטָּתָא,
ז לִתְרַע מַשְׁכַּן זִמְנָא לְוָת כָּהֲנָא: וִיקָרְבִנֵּיהּ, לִקְדָם יי וִיכַפַּר עֲלַהּ, וְתִדְכֵּי מִסּוֹאֲבַת דְּמַהָא,
ח דָּא אוֹרָיְתָא דְּיָלֵידְתָּא, לִדְכַר אוֹ לְנֻקְבָּא: וְאִם לָא תַשְׁכַּח יְדַהּ כְּמִסַּת אִמְּרָא, וְתִסַּב
תַּרְתֵּין שַׁפְנִינִין, אוֹ תְּרֵין בְּנֵי יוֹנָה, חַד לַעֲלָתָא וְחַד לְחַטָּתָא, וִיכַפַּר עֲלַהּ, כָּהֲנָא וְתִדְכֵּי:
יג א ב וּמַלֵּיל יי, עִם מֹשֶׁה וּלְאַהֲרֹן לְמֵימַר: אֱנָשׁ, אֲרֵי יְהֵי בִמְשַׁךְ בִּסְרֵיהּ עָמְקָא אוֹ עֶדְיָא

ב) **אִשָּׁה כִּי תַזְרִיעַ.** אָמַר רַבִּי שִׂמְלַאי: כְּשֵׁם שֶׁיְּצִירָתוֹ שֶׁל אָדָם אַחַר כָּל בְּהֵמָה חַיָּה וָעוֹף בְּמַעֲשֵׂה בְרֵאשִׁית, כָּךְ תּוֹרָתוֹ נִתְפָּרְשָׁה אַחַר תּוֹרַת בְּהֵמָה חַיָּה וָעוֹף: **כִּי תַזְרִיעַ.** לְרַבּוֹת שֶׁאֲפִלּוּ יְלָדַתּוּ מָחוּי, שֶׁנִּמְחָה וְנַעֲשָׂה כְּעֵין זֶרַע, אִמּוֹ טְמֵאָה לֵדָה: **כִּימֵי נִדַּת דְּוֹתָהּ תִּטְמָא.** כְּסֵדֶר כָּל טֻמְאָה הָאֲמוּרָה בְּנִדָּה מְטַמְּאָה בְּטֻמְאַת לֵדָה, וַאֲפִלּוּ נִפְתַּח הַקֶּבֶר בְּלֹא דָם: **דְּוֹתָהּ.** לְשׁוֹן דָּבָר הַזָּב מִגּוּפָהּ. לָשׁוֹן אַחֵר, לְשׁוֹן מַדְוֶה וְחֹלִי, שֶׁאֵין אִשָּׁה רוֹאָה דָם שֶׁלֹּא תֶּחֱלֶה, וְרֹאשָׁהּ וְאֵבָרֶיהָ כְּבֵדִין עָלֶיהָ:

ד) **תֵּשֵׁב.** אֵין 'תֵּשֵׁב' אֶלָּא לְשׁוֹן עַכָּבָה, כְּמוֹ: "וַתֵּשְׁבוּ בְקָדֵשׁ" (דברים א, מו), "וַיֵּשֶׁב בְּאֵלֹנֵי מַמְרֵא" (בראשית יג, יח): **בִּדְמֵי טָהֳרָה.** אַף עַל פִּי שֶׁרוֹאָה דָם, טְהוֹרָה: **בִּדְמֵי טָהֳרָה.** לֹא מַפִּיק הֵ"א, וְהוּא שֵׁם דָּבָר, כְּמוֹ 'טֹהַר': **יְמֵי טָהֳרָהּ.** מַפִּיק הֵ"א, יְמֵי טֹהַר שֶׁלָּהּ: **לֹא תִגָּע.** אַזְהָרָה לָאוֹכֵל, כְּמוֹ שֶׁשְּׁנוּיָה בִּיבָמוֹת (דף עה ע"א): **בְּכָל קֹדֶשׁ וְגוֹ'.** לְרַבּוֹת אֶת הַתְּרוּמָה, לְפִי שֶׁזּוֹ טְבוּלַת יוֹם אָרֹךְ, שֶׁטָּבְלָה לְסוֹף שִׁבְעָה, וְאֵין שִׁמְשָׁהּ מַעֲרִיב לְטַהֲרָהּ עַד שְׁקִיעַת הַחַמָּה שֶׁל יוֹם אַרְבָּעִים, שֶׁלְּמָחָר תָּבִיא אֶת כַּפָּרַת טָהֳרָתָהּ:

ז) **וְהִקְרִיבוֹ.** לִמֶּדְךָ שֶׁאֵין מְעַכְּבָהּ לֶאֱכֹל בַּקָּדָשִׁים אֶלָּא אֶחָד מֵהֶם, וְאֵי זֶה הוּא? זֶה חַטָּאת, שֶׁנֶּאֱמַר: "וְכִפֶּר עָלֶיהָ הַכֹּהֵן וְטָהֵרָה" (להלן פסוק ח), מִי שֶׁהוּא בָא לְכַפֵּר, בּוֹ הַטָּהֳרָה תְּלוּיָה: **וְטָהֲרָה.** מִכְּלָל שֶׁעַד כָּאן קְרוּיָה טְמֵאָה:

ח) **אֶחָד לְעֹלָה וְאֶחָד לְחַטָּאת.** לֹא הִקְדִּימָהּ הַכָּתוּב אֶלָּא לְמִקְרָאָהּ, אֲבָל לְהַקְרָבָה חַטָּאת קוֹדֶם לְעוֹלָה. כָּךְ שָׁנִינוּ בִּזְבָחִים בְּפֶרֶק 'כָּל הַתָּדִיר' (דף צ ע"א):

פרק יג

ב) **שְׂאֵת אוֹ סַפַּחַת וְגוֹ'.** שֵׁמוֹת נְגָעִים הֵם, וּלְבָנוֹת

ויקרא יג

אוֹ בַהֶרֶת וְהָיָה בְעוֹר־בְּשָׂרוֹ לְנֶגַע צָרָעַת וְהוּבָא
אֶל־אַהֲרֹן הַכֹּהֵן אוֹ אֶל־אַחַד מִבָּנָיו הַכֹּהֲנִים׃
ג וְרָאָה הַכֹּהֵן אֶת־הַנֶּגַע בְּעוֹר־הַבָּשָׂר וְשֵׂעָר
בַּנֶּגַע הָפַךְ ׀ לָבָן וּמַרְאֵה הַנֶּגַע עָמֹק מֵעוֹר
בְּשָׂרוֹ נֶגַע צָרַעַת הוּא וְרָאָהוּ הַכֹּהֵן וְטִמֵּא אֹתוֹ׃
ד וְאִם־בַּהֶרֶת לְבָנָה הִוא בְּעוֹר בְּשָׂרוֹ וְעָמֹק אֵין־
מַרְאֶהָ מִן־הָעוֹר וּשְׂעָרָה לֹא־הָפַךְ לָבָן וְהִסְגִּיר
ה הַכֹּהֵן אֶת־הַנֶּגַע שִׁבְעַת יָמִים׃ וְרָאָהוּ הַכֹּהֵן
בַּיּוֹם הַשְּׁבִיעִי וְהִנֵּה הַנֶּגַע עָמַד בְּעֵינָיו לֹא־
פָשָׂה הַנֶּגַע בָּעוֹר וְהִסְגִּירוֹ הַכֹּהֵן שִׁבְעַת יָמִים
ו שני שֵׁנִית׃ וְרָאָה הַכֹּהֵן אֹתוֹ בַּיּוֹם הַשְּׁבִיעִי שֵׁנִית
וְהִנֵּה כֵּהָה הַנֶּגַע וְלֹא־פָשָׂה הַנֶּגַע בָּעוֹר וְטִהֲרוֹ
ז הַכֹּהֵן מִסְפַּחַת הִוא וְכִבֶּס בְּגָדָיו וְטָהֵר׃ וְאִם־
פָּשֹׂה תִפְשֶׂה הַמִּסְפַּחַת בָּעוֹר אַחֲרֵי הֵרָאֹתוֹ
אֶל־הַכֹּהֵן לְטָהֳרָתוֹ וְנִרְאָה שֵׁנִית אֶל־הַכֹּהֵן׃
ח וְרָאָה הַכֹּהֵן וְהִנֵּה פָּשְׂתָה הַמִּסְפַּחַת בָּעוֹר
וְטִמְּאוֹ הַכֹּהֵן צָרַעַת הִוא׃

ט נֶגַע צָרַעַת כִּי תִהְיֶה בְּאָדָם וְהוּבָא אֶל־הַכֹּהֵן׃
י וְרָאָה הַכֹּהֵן וְהִנֵּה שְׂאֵת־לְבָנָה בָּעוֹר וְהִיא
הָפְכָה שֵׂעָר לָבָן וּמִחְיַת בָּשָׂר חַי בַּשְׂאֵת׃

יא צָרַעַת נוֹשֶׁנֶת הִוא בְּעוֹר בְּשָׂרוֹ וְטִמְּאוֹ הַכֹּהֵן
יב לֹא יַסְגִּרֶנּוּ כִּי טָמֵא הוּא: וְאִם־פָּרוֹחַ תִּפְרַח

או בַּהֲרָא, וִיהֵי בִמְשַׁךְ בִּסְרֵיהּ לְמַכְתַּשׁ סְגִירוּ, וְיִתֵּיתֵי לְוָת אַהֲרֹן כָּהֲנָא, אוֹ, לְוָת חַד
ג מִבְּנוֹהִי כָּהֲנַיָּא: וְיִחְזֵי כָהֲנָא יָת מַכְתָּשָׁא בִּמְשַׁךְ בִּסְרָא, וְסַעֲרָא בְּמַכְתָּשָׁא אִתְהֲפֵיךְ
לְמִחְוַר, וּמֶחְזֵי מַכְתָּשָׁא עַמִּיק מִמְּשַׁךְ בִּסְרֵיהּ, מַכְתַּשׁ סְגִירוּתָא הוּא, וְיִחְזְיֵנֵּיהּ כָּהֲנָא
ד וִיסָאֵיב יָתֵיהּ: וְאִם בַּהֲרָא חִוְּרָא הִיא בִּמְשַׁךְ בִּסְרֵיהּ, וְעַמִּיק לֵית מֶחֱזַהָא מִן מַשְׁכָּא,
ה וְסַעֲרַהּ לָא אִתְהֲפֵיךְ לְמִחְוַר, וְיַסְגַּר כָּהֲנָא, יָת מַכְתָּשָׁא שִׁבְעָא יוֹמִין: וְיִחְזְיֵנֵּיהּ כָּהֲנָא
בְּיוֹמָא שְׁבִיעָאָה, וְהָא מַכְתָּשָׁא קָם כַּד הֲוָה, לָא אוֹסֵיף מַכְתָּשָׁא בְּמַשְׁכָּא, וְיַסְגְּרִנֵּיהּ
ו כָּהֲנָא, שִׁבְעָא יוֹמִין תִּנְיָנוּת: וְיִחְזֵי כָהֲנָא יָתֵיהּ, בְּיוֹמָא שְׁבִיעָאָה תִּנְיָנוּת, וְהָא עֲמָא
מַכְתָּשָׁא, וְלָא אוֹסֵיף מַכְתָּשָׁא בְּמַשְׁכָּא, וִידַכֵּינֵּיהּ כָּהֲנָא עֲדִיתָא הִיא, וִיצַבַּע לְבוּשׁוֹהִי
ז וְיִדְכֵּי: וְאִם אוֹסָפָא תוֹסֵיף עֲדִיתָא בְּמַשְׁכָּא, בָּתַר דְּאִתַּחְזִי, לְכָהֲנָא לְדַכּוּתֵיהּ, וְיִתַּחְזֵי
ח תִּנְיָנוּת לְכָהֲנָא: וְיִחְזֵי כָהֲנָא, וְהָא, אוֹסֵיפַת עֲדִיתָא בְּמַשְׁכָּא, וִיסַאֲבִנֵּיהּ כָּהֲנָא סְגִירוּתָא
ט הִיא: מַכְתַּשׁ סְגִירוּ, אֲרֵי תְהֵי בַּאֲנָשָׁא, וְיִתֵּיתֵי לְוָת כָּהֲנָא: וְיִחְזֵי כָהֲנָא, וְהָא עַמְקָא
יא חִוָּרָא בְּמַשְׁכָּא, וְהִיא, הֲפַכַת סַעֲרָא לְמִחְוַר, וְרוֹשֶׁם, בְּסַר חַי בְּעַמִּיקְתָא: סְגִירוּת עַתִּיקָא
יב הִיא בִּמְשַׁךְ בִּסְרֵיהּ, וִיסַאֲבִנֵּיהּ כָּהֲנָא, לָא יַסְגְּרִנֵּיהּ, אֲרֵי מְסָאַב הוּא: וְאִם מִסְגָּא תִסְגֵּי

זו מזו: בַּהֶרֶת. חֲבַרְבּוּרוֹת, טיי"א בְּלַעַז, וְכֵן: "בָּהִיר הוּא בַּשְּׁחָקִים" (איוב לז, כא): אֶל אַהֲרֹן וְגוֹ'. גְּזֵרַת הַכָּתוּב הִיא שֶׁאֵין טֻמְאַת נְגָעִים וְטָהֳרָתָן אֶלָּא עַל פִּי כֹהֵן:

ג׀ הָפַךְ לָבָן. מִתְּחִלָּה שָׁחוֹר וְהָפַךְ לְלָבָן בְּתוֹךְ הַנֶּגַע. וּמִעוּט שֵׂעָר – שְׁנַיִם: עָמֹק מֵעוֹר בְּשָׂרוֹ. כָּל מַרְאֶה לָבָן עָמֹק הוּא, כְּמַרְאֵה חַמָּה עֲמֻקָּה מִן הַצֵּל: וְטִמֵּא אֹתוֹ. יֹאמַר לוֹ: 'טָמֵא אַתָּה', שֶׁשֵּׂעָר לָבָן סִימַן טֻמְאָה הוּא גְּזֵרַת הַכָּתוּב:

ד׀ וְעָמֹק אֵין מַרְאֶהָ. לֹא יָדַעְתִּי פֵּרוּשׁוֹ: וְהִסְגִּיר. יַסְגִּירֶנּוּ בְּבַיִת אֶחָד וְלֹא יֵרָאֶה עַד סוֹף הַשָּׁבוּעַ, וְיוֹכִיחוּ סִימָנִים עָלָיו:

ה׀ בְּעֵינָיו. בְּמַרְאֵהוּ וּבְשִׁעוּרוֹ הָרִאשׁוֹן: וְהִסְגִּירוֹ שֵׁנִית. הָא אִם פָּשָׂה בַּשָּׁבוּעַ רִאשׁוֹן – טָמֵא מֻחְלָט (נגעים ג, ג):

ו׀ כֵּהָה. הֻכְהָה מִמַּרְאִיתוֹ. הָא אִם עָמַד בְּמַרְאִיתוֹ אוֹ פָּשָׂה – טָמֵא: מִסְפַּחַת. שֵׁם נֶגַע טָהוֹר: וְכִבֶּס בְּגָדָיו וְטָהֵר. הוֹאִיל וְנִזְקַק לְהֶסְגֵּר נִקְרָא טָמֵא וְצָרִיךְ טְבִילָה:

ח׀ וְטִמְּאוֹ הַכֹּהֵן. וּמִשֶּׁטִּמְּאוֹ הֲרֵי הוּא מֻחְלָט, וְזָקוּק לְצִפֳּרִים וּלְתִגְלַחַת וּלְקָרְבָּן הָאָמוּר בְּפָרָשַׁת 'זֹאת תִּהְיֶה' (להלן יד, ח-לב): צָרַעַת הִוא. הַמִּסְפַּחַת הַזֹּאת: צָרַעַת. לְשׁוֹן נְקֵבָה, "נֶגַע" לְשׁוֹן זָכָר:

י׀ וּמִחְיַת. שינמינ"ט בְּלַעַז, שֶׁנֶּהְפַּךְ מִקְצַת הַלֹּבֶן שֶׁבְּתוֹךְ הַשְּׂאֵת לְמַרְאֵה בָּשָׂר, אַף הוּא סִימַן טֻמְאָה, שֵׂעָר לָבָן בְּלֹא מִחְיָה, וּמִחְיָה בְּלֹא שֵׂעָר לָבָן. וְאַף עַל פִּי שֶׁלֹּא נֶאֶמְרָה מִחְיָה אֶלָּא בַּשְּׂאֵת, אַף בְּכָל הַמַּרְאוֹת וְתוֹלְדוֹתֵיהֶן הוּא סִימַן טֻמְאָה:

יא׀ צָרַעַת נוֹשֶׁנֶת הִוא. מַכָּה יְשָׁנָה הִיא תַּחַת הַמִּחְיָה, וְחַבּוּרָה זוֹ נִרְאֵית בְּרִיאָה מִלְמַעְלָה וְתַחְתֶּיהָ מְלֵאָה לֵחָה, שֶׁלֹּא תֹּאמַר הוֹאִיל וְעָלְתָה מִחְיָה אֲטַהֲרֶנָּה:

הַצָּרַ֙עַת֙ בָּע֔וֹר וְכִסְּתָ֣ה הַצָּרַ֗עַת אֵ֚ת כָּל־ע֣וֹר
הַנֶּ֔גַע מֵרֹאשׁ֖וֹ וְעַד־רַגְלָ֑יו לְכָל־מַרְאֵ֖ה עֵינֵ֥י
יג הַכֹּהֵֽן׃ וְרָאָ֣ה הַכֹּהֵ֗ן וְהִנֵּ֨ה כִסְּתָ֤ה הַצָּרַ֙עַת֙ אֶת־
כָּל־בְּשָׂר֔וֹ וְטִהַ֖ר אֶת־הַנָּ֑גַע כֻּלּ֛וֹ הָפַ֥ךְ לָבָ֖ן טָה֥וֹר
יד טו הֽוּא׃ וּבְי֨וֹם הֵרָא֥וֹת בּ֛וֹ בָּשָׂ֥ר חַ֖י יִטְמָֽא׃ וְרָאָ֧ה
הַכֹּהֵ֛ן אֶת־הַבָּשָׂ֥ר הַחַ֖י וְטִמְּא֑וֹ הַבָּשָׂ֥ר הַחַ֛י
טז טָמֵ֥א ה֖וּא צָרַ֥עַת הֽוּא׃ א֣וֹ כִ֥י יָשׁ֛וּב הַבָּשָׂ֥ר הַחַ֖י
יז וְנֶהְפַּ֣ךְ לְלָבָ֑ן וּבָ֖א אֶל־הַכֹּהֵֽן׃ וְרָאָ֙הוּ֙ הַכֹּהֵ֔ן וְהִנֵּ֛ה
נֶהְפַּ֥ךְ הַנֶּ֖גַע לְלָבָ֑ן וְטִהַ֧ר הַכֹּהֵ֛ן אֶת־הַנֶּ֖גַע טָה֥וֹר
הֽוּא׃

שלישי
יח יט וּבָשָׂ֕ר כִּֽי־יִהְיֶ֥ה בֽוֹ־בְעֹר֖וֹ שְׁחִ֑ין וְנִרְפָּֽא׃ וְהָיָ֞ה
בִּמְק֤וֹם הַשְּׁחִין֙ שְׂאֵ֣ת לְבָנָ֔ה א֥וֹ בַהֶ֖רֶת לְבָנָ֣ה
כ אֲדַמְדָּ֑מֶת וְנִרְאָ֖ה אֶל־הַכֹּהֵֽן׃ וְרָאָ֣ה הַכֹּהֵ֗ן וְהִנֵּ֤ה
מַרְאֶ֙הָ֙ שָׁפָ֣ל מִן־הָע֔וֹר וּשְׂעָרָ֖הּ הָפַ֣ךְ לָבָ֑ן וְטִמְּא֧וֹ
כא הַכֹּהֵ֛ן נֶֽגַע־צָרַ֥עַת הִ֖וא בַּשְּׁחִ֥ין פָּרָֽחָה׃ וְאִ֣ם ׀
יִרְאֶ֣נָּה הַכֹּהֵ֗ן וְהִנֵּ֤ה אֵין־בָּהּ֙ שֵׂעָ֣ר לָבָ֔ן וּשְׁפָלָ֥ה
אֵינֶ֛נָּה מִן־הָע֖וֹר וְהִ֣יא כֵהָ֑ה וְהִסְגִּיר֥וֹ הַכֹּהֵ֖ן
כב שִׁבְעַ֥ת יָמִֽים׃ וְאִם־פָּשֹׂ֥ה תִפְשֶׂ֖ה בָּע֑וֹר וְטִמֵּ֧א
כג הַכֹּהֵ֛ן אֹת֖וֹ נֶ֥גַע הִֽוא׃ וְאִם־תַּחְתֶּ֜יהָ תַּעֲמֹ֤ד
הַבַּהֶ֙רֶת֙ לֹ֣א פָשָׂ֔תָה צָרֶ֥בֶת הַשְּׁחִ֖ין הִ֑וא וְטִהֲר֖וֹ
רביעי / שני / כד הַכֹּהֵֽן׃ א֣וֹ בָשָׂ֔ר כִּֽי־יִהְיֶ֥ה בְעֹר֖וֹ

תזריע

מִכְוַת־אֵשׁ וְהָיְתָה מִחְיַת הַמִּכְוָה בַּהֶרֶת לְבָנָה
כה אֲדַמְדֶּמֶת אוֹ לְבָנָה: וְרָאָה אֹתָהּ הַכֹּהֵן וְהִנֵּה
נֶהְפַּךְ שֵׂעָר לָבָן בַּבַּהֶרֶת וּמַרְאֶהָ עָמֹק מִן־

סְגִירוּתָא בְּמַשְׁכָּא, וְתַחְפֵּי סְגִירוּתָא, יָת כָּל מְשַׁךְ מַכְתָּשָׁא, מֵרֵישֵׁיהּ וְעַד רַגְלוֹהִי, לְכָל חֵיזוּ
יג עֵינֵי כָּהֲנָא: וְיִחְזֵי כָּהֲנָא, וְהָא חֲפָת סְגִירוּתָא יָת כָּל בִּסְרֵיהּ, וִידַכֵּי יָת מַכְתָּשָׁא, כְּלֵּיהּ,
יד טו אִתְהֲפֵיךְ לְמִחְוַר דְּכֵי הוּא: וּבְיוֹמָא דְּיִתַּחְזֵי בֵיהּ, בִּסְרָא חַיָּא יְהֵי מְסָאַב: וְיִחְזֵי כָּהֲנָא, יָת
טז בִּסְרָא חַיָּא וִיסַאֲבִנֵּיהּ, בִּסְרָא חַיָּא, מְסָאַב הוּא סְגִירוּתָא הוּא: אוֹ אֲרֵי יְתוּב, בִּסְרָא חַיָּא
יז וְיִתְהֲפֵיךְ לְמִחְוַר, וְיֵיתֵי לְוָת כָּהֲנָא: וְיִחְזֵינֵּיהּ כָּהֲנָא, וְהָא, אִתְהֲפֵיךְ מַכְתָּשָׁא לְמִחְוַר, וִידַכֵּי
יח יט כָּהֲנָא, יָת מַכְתָּשָׁא דְּכֵי הוּא: וֶאֱנָשׁ, אֲרֵי יְהֵי בֵיהּ בְּמַשְׁכֵּיהּ שִׁחְנָא, וְיִתַּסֵּי: וִיהֵי, בַּאֲתַר
כ שִׁחְנָא עֲמְקָא חִוָּרָא, אוֹ בַהֲרָא חִוָּרָא סָמְקָא, וְיִתַּחְזֵי לְוָת כָּהֲנָא: וְיִחְזֵי כָּהֲנָא, וְהָא מִחְזַהָא
מַכִּיךְ מִן מַשְׁכָּא, וְסַעֲרַהּ אִתְהֲפֵיךְ לְמִחְוַר, וִיסַאֲבִנֵּיהּ כָּהֲנָא, מַכְתַּשׁ סְגִירוּתָא הִיא בְּשִׁחְנָא
כא סְגִיאַת: וְאִם יִחְזֵינַהּ כָּהֲנָא, וְהָא לֵית בַּהּ סְעַר חִוָּר, וּמַכִּיכָא לֵיתַהָא, מִן מַשְׁכָּא וְהִיא
כב עַמְיָא, וְיַסְגְּרִנֵּיהּ כָּהֲנָא שִׁבְעָא יוֹמִין: וְאִם אוֹסָפָא תוֹסֵיף בְּמַשְׁכָּא, וִיסַאֵב כָּהֲנָא, יָתֵיהּ
כג מַכְתָּשָׁא הִיא: וְאִם בְּאַתְרַהּ, קָמַת בַּהַרְתָּא לָא אוֹסֵיפַת, רוֹשֶׁם שִׁחְנָא הִיא, וִידַכֵּינֵּיהּ
כד כָּהֲנָא: אוֹ אֱנָשׁ, אֲרֵי יְהֵי בְּמַשְׁכֵּיהּ כְּוָאָה דְּנוּר, וִיהֵי רוֹשֶׁם כְּוָאָה, בַּהֲרָא, חִוָּרָא סָמְקָא אוֹ
כה חִוָּרָא: וְיִחְזֵי יָתַהּ כָּהֲנָא, וְהָא אִתְהֲפֵיךְ סַעֲרָא לְמִחְוַר בְּבַהַרְתָּא, וּמִחְזַהָא עַמִּיק מִן

יב| **מֵרֹאשׁוֹ.** שֶׁל אָדָם "וְעַד רַגְלָיו": **לְכָל מַרְאֵה עֵינֵי הַכֹּהֵן.** פְּרָט לְכֹהֵן שֶׁחָשַׁךְ מְאוֹרוֹ:

יד| **וּבְיוֹם הֵרָאוֹת בּוֹ בָּשָׂר חַי.** אִם נִמְחָה בּוֹ מִחְיָה הֲרֵי כְּבָר פֵּרַשׁ שֶׁהַמִּחְיָה סִימַן טֻמְאָה, אֶלָּא הֲרֵי שֶׁהָיָה הַנֶּגַע בְּאֶחָד מֵעֶשְׂרִים וְאַרְבָּעָה רָאשֵׁי אֵבָרִים שֶׁאֵין מְטַמְּאִין מִשּׁוּם מִחְיָה, לְפִי שֶׁאֵין נִרְאֶה הַנֶּגַע כֻּלּוֹ כְּאֶחָד שֶׁשּׁוֹפְעִין אֵילָךְ וְאֵילָךְ, וְחָזַר רֹאשׁ הָאֵבָר וְנִתְגַּלָּה שִׁפּוּעוֹ עַל יְדֵי שֻׁמָּן, כְּגוֹן שֶׁהִבְרִיא וְנַעֲשָׂה רָחָב וְנִרְאֵית בּוֹ הַמִּחְיָה, לִמְּדָנוּ הַכָּתוּב שֶׁתְּטַמֵּא: **וּבְיוֹם.** מַה תַּלְמוּד לוֹמַר? יֵשׁ יוֹם שֶׁאַתָּה רוֹאֶה בּוֹ וְיֵשׁ יוֹם שֶׁאֵין אַתָּה רוֹאֶה בּוֹ; מִכָּאן אָמְרוּ, חָתָן נוֹתְנִין לוֹ כָּל שִׁבְעַת יְמֵי הַמִּשְׁתֶּה לוֹ וּלְאִצְטְלִיתוֹ וְלִכְסוּתוֹ, וְכֵן בָּרֶגֶל נוֹתְנִין לוֹ כָּל יְמֵי הָרֶגֶל:

טו| **צָרַעַת הוּא.** הַבָּשָׂר הַהוּא, "בָּשָׂר" לְשׁוֹן זָכָר:

יח| **שְׁחִין.** לְשׁוֹן חִמּוּם, שֶׁנִּתְחַמֵּם הַבָּשָׂר בְּלִקּוּי הַבָּא לוֹ מֵחֲמַת מַכָּה שֶׁלֹּא מֵחֲמַת הָאוּר: **וְנִרְפָּא.** הַשְּׁחִין הֶעֱלָה אֲרוּכָה, וּבִמְקוֹמוֹ הֶעֱלָה נֶגַע אַחֵר:

יט| **אוֹ בַהֶרֶת לְבָנָה אֲדַמְדֶּמֶת.** שֶׁאֵין הַנֶּגַע לָבָן חָלָק, אֶלָּא פָּתוּךְ וּמְעֹרָב בִּשְׁתֵּי מַרְאוֹת – לֹבֶן וְאֹדֶם:

כ| **מַרְאֶהָ שָׁפָל.** וְאֵין מַמָּשָׁהּ שָׁפָל, אֶלָּא מִתּוֹךְ לַבְנוּנִיתוֹ הוּא נִרְאֶה שָׁפָל וְעָמֹק, כְּמַרְאֵה חַמָּה עֲמֻקָּה מִן הַצֵּל:

כב| **נֶגַע הִוא.** הַשְּׂאֵת הַזֹּאת אוֹ הַבַּהֶרֶת:

כג| **תַּחְתֶּיהָ.** בִּמְקוֹמָהּ: **צָרֶבֶת הַשְּׁחִין.** כְּתַרְגּוּמוֹ: "רֹשֶׁם שִׁחְנָא", אֵינוֹ אֶלָּא רֹשֶׁם הַחִמּוּם הַנִּכָּר בַּבָּשָׂר. כָּל 'צָרֶבֶת' לְשׁוֹן רְגִיעַת עוֹר הַנִּרְגָּע מֵחֲמַת חִמּוּם, כְּמוֹ: "וְנִצְרְבוּ בָהּ כָּל פָּנִים" (יחזקאל כא, ג), רייטרי"ר בְּלַעַז: **צָרֶבֶת.** רטריחמנ"ט בְּלַעַז:

כד| **מִחְיַת הַמִּכְוָה.** סנמנ"ט, כְּשֶׁחָיְתָה הַמִּכְוָה, נֶהֶפְכָה לְבַהֶרֶת פְּתוּכָה אוֹ לְבָנָה חֲלָקָה:

ויקרא　　　　　　　　　　　　　　יג

הָע֔וֹר צָרַ֥עַת הִ֖וא בַּמִּכְוָ֣ה פָּרָ֑חָה וְטִמֵּ֤א אֹתוֹ֙ הַכֹּהֵ֔ן נֶ֥גַע צָרַ֖עַת הִֽוא׃ כו וְאִ֣ם ׀ יִרְאֶ֣נָּה הַכֹּהֵ֗ן וְהִנֵּ֤ה אֵֽין־בַּבַּהֶ֙רֶת֙ שֵׂעָ֣ר לָבָ֔ן וּשְׁפָלָ֥ה אֵינֶ֛נָּה מִן־הָע֖וֹר וְהִ֣וא כֵהָ֑ה וְהִסְגִּיר֥וֹ הַכֹּהֵ֖ן שִׁבְעַ֥ת יָמִֽים׃ כז וְרָאָ֥הוּ הַכֹּהֵ֖ן בַּיּ֣וֹם הַשְּׁבִיעִ֑י אִם־פָּשֹׂ֤ה תִפְשֶׂה֙ בָּע֔וֹר וְטִמֵּ֤א הַכֹּהֵן֙ אֹת֔וֹ נֶ֥גַע צָרַ֖עַת הִֽוא׃ כח וְאִם־תַּחְתֶּיהָ֩ תַעֲמֹ֨ד הַבַּהֶ֜רֶת לֹא־פָשְׂתָ֤ה בָעוֹר֙ וְהִ֣וא כֵהָ֔ה שְׂאֵ֥ת הַמִּכְוָ֖ה הִ֑וא וְטִֽהֲרוֹ֙ הַכֹּהֵ֔ן כִּֽי־צָרֶ֥בֶת הַמִּכְוָ֖ה הִֽוא׃

חמישי ח כט וְאִישׁ֙ א֣וֹ אִשָּׁ֔ה כִּֽי־יִהְיֶ֥ה ב֖וֹ נָ֑גַע בְּרֹ֖אשׁ א֥וֹ בְזָקָֽן׃ ל וְרָאָ֣ה הַכֹּהֵ֣ן אֶת־הַנֶּ֗גַע וְהִנֵּ֤ה מַרְאֵ֙הוּ֙ עָמֹ֣ק מִן־הָע֔וֹר וּב֛וֹ שֵׂעָ֥ר צָהֹ֖ב דָּ֑ק וְטִמֵּ֨א אֹת֤וֹ הַכֹּהֵן֙ נֶ֣תֶק ה֔וּא צָרַ֧עַת הָרֹ֛אשׁ א֥וֹ הַזָּקָ֖ן הֽוּא׃ לא וְכִֽי־יִרְאֶ֨ה הַכֹּהֵ֜ן אֶת־נֶ֣גַע הַנֶּ֗תֶק וְהִנֵּ֤ה אֵין־מַרְאֵ֙הוּ֙ עָמֹ֣ק מִן־הָע֔וֹר וְשֵׂעָ֥ר שָׁחֹ֖ר אֵ֣ין בּ֑וֹ וְהִסְגִּ֧יר הַכֹּהֵ֛ן אֶת־נֶ֥גַע הַנֶּ֖תֶק שִׁבְעַ֥ת יָמִֽים׃ לב וְרָאָ֨ה הַכֹּהֵ֣ן אֶת־הַנֶּ֘גַע֮ בַּיּ֣וֹם הַשְּׁבִיעִי֒ וְהִנֵּה֙ לֹא־פָשָׂ֣ה הַנֶּ֔תֶק וְלֹא־הָ֥יָה ב֖וֹ שֵׂעָ֣ר צָהֹ֑ב וּמַרְאֵ֣ה הַנֶּ֔תֶק אֵ֥ין עָמֹ֖ק מִן־הָעֽוֹר׃ לג וְהִ֨תְגַּלָּ֔ח וְאֶת־הַנֶּ֖תֶק לֹ֣א יְגַלֵּ֑חַ וְהִסְגִּ֨יר הַכֹּהֵ֧ן אֶת־הַנֶּ֛תֶק שִׁבְעַ֥ת יָמִ֖ים שֵׁנִֽית׃ לד וְרָאָה֩ הַכֹּהֵ֨ן אֶת־הַנֶּ֜תֶק

מצווה קע
איסור גילוח
שיער הנתק

בַּיּוֹם הַשְּׁבִיעִ֑י וְהִנֵּ֤ה לֹֽא־פָשָׂה֙ הַנֶּ֣תֶק בָּע֔וֹר
וּמַרְאֵ֕הוּ אֵינֶ֥נּוּ עָמֹ֖ק מִן־הָע֑וֹר וְטִהַ֤ר אֹתוֹ֙
הַכֹּהֵ֔ן וְכִבֶּ֥ס בְּגָדָ֖יו וְטָהֵֽר: וְאִם־פָּשֹׂ֨ה יִפְשֶׂ֤ה
הַנֶּ֨תֶק֙ בָּע֔וֹר אַחֲרֵ֖י טָהֳרָתֽוֹ: וְרָאָ֖הוּ הַכֹּהֵ֑ן
וְהִנֵּ֛ה פָּשָׂ֥ה הַנֶּ֖תֶק בָּע֑וֹר לֹֽא־יְבַקֵּ֧ר הַכֹּהֵ֛ן
לַשֵּׂעָ֥ר הַצָּהֹ֖ב טָמֵ֥א הֽוּא: וְאִם־בְּעֵינָיו֩ עָמַ֨ד

לה

לו

לו

כו מַשְׁכָּא, סְגִירוּתָא הִיא, בְּכוּאָה סַגִיאַת, וִיסָאֵיב יָתֵיהּ כַּהֲנָא, מַכְתָּשׁ סְגִירוּתָא הִיא: וְאִם יֶחֱזִנֵּיהּ
כַּהֲנָא, וְהָא לֵית בְּבַהֲרוּתָא סְעַר חִוָּר, וּמִכִּיכָא לְיָתָהּ, מִן מַשְׁכָּא וְהִיא עַמְיָא, וְיַסְגְּרִנֵּיהּ כַּהֲנָא
כז שַׁבְעָא יוֹמִין: וְיֶחֱזִנֵּיהּ כַּהֲנָא בְּיוֹמָא שְׁבִיעָאָה, אִם אוֹסָפָא תוֹסֵיף בְּמַשְׁכָּא, וִיסָאֵיב כַּהֲנָא
כח יָתֵיהּ, מַכְתָּשׁ סְגִירוּתָא הִיא: וְאִם בְּאַתְרַהּ קָמַת בַּהֲרוּתָא, לָא אוֹסֵיפַת בְּמַשְׁכָּא וְהִיא עַמְיָא,
כט עוֹמְק כֵּוָאָה הִיא, וִידַכִּנֵּיהּ כַּהֲנָא, אֲרֵי רוֹשַׁם כֵּוָאָה הִיא: וּגְבַר אוֹ אִתְּתָא, אֲרֵי יְהֵי בֵיהּ
ל מַכְתָּשָׁא, בְּרֵישׁ אוֹ בְדָקָן: וְיֶחֱזֵי כַּהֲנָא יָת מַכְתָּשָׁא, וְהָא מֶחֱזוֹהִי עַמִּיק מִן מַשְׁכָּא, וּבֵיהּ סְעַר
לא סֻמָּק דַּעֲדַק, וִיסָאֵיב יָתֵיהּ כַּהֲנָא נִתְקָא הוּא, סְגִירוּת רֵישָׁא, אוֹ דְקָנָא הוּא: וַאֲרֵי יֶחֱזֵי כַּהֲנָא
יָת מַכְתָּשׁ נִתְקָא, וְהָא לֵית מֶחֱזוֹהִי עַמִּיק מִן מַשְׁכָּא, וּסְעַר אֻכָּם לֵית בֵּיהּ, וְיַסְגַּר כַּהֲנָא,
לב יָת מַכְתָּשׁ נִתְקָא שַׁבְעָא יוֹמִין: וְיֶחֱזֵי כַּהֲנָא יָת מַכְתָּשָׁא בְּיוֹמָא שְׁבִיעָאָה, וְהָא לָא אוֹסֵיף
לג נִתְקָא, וְלָא הֲוָה בֵיהּ סְעַר סֻמָּק, וּמֶחֱזֵי נִתְקָא, לֵית עַמִּיק מִן מַשְׁכָּא: וְיִגְלַח סַחֲרָנֵי נִתְקָא, וְדַעַם
לד נִתְקָא לָא יְגַלַּח, וְיַסְגַּר כַּהֲנָא יָת נִתְקָא שַׁבְעָא יוֹמִין תִּנְיָנוּת: וְיֶחֱזֵי כַּהֲנָא יָת נִתְקָא בְּיוֹמָא
שְׁבִיעָאָה, וְהָא, לָא אוֹסֵיף נִתְקָא בְּמַשְׁכָּא, וּמֶחֱזוֹהִי, לֵיתוֹהִי עַמִּיק מִן מַשְׁכָּא, וִידַכֵּי יָתֵיהּ
לה כַּהֲנָא, וִיצַבַּע לְבוּשׁוֹהִי וִידַכֵּי: וְאִם אוֹסָפָא יוֹסֵיף, נִתְקָא בְּמַשְׁכָּא, בָּתַר דְּכוּתֵיהּ: וְיֶחֱזִנֵּיהּ
לו כַּהֲנָא, וְהָא, אוֹסֵיף נִתְקָא בְמַשְׁכָּא, לָא יְבַקַּר כַּהֲנָא, לִסְעַר סֻמָּק מְסָאָב הוּא: וְאִם כַּד הֲוָה

כט **בְּרֹאשׁ אוֹ בְזָקָן.** בָּא הַכָּתוּב לַחֲלֹק בֵּין נֶגַע
שֶׁבִּמְקוֹם שֵׂעָר לְנֶגַע שֶׁבִּמְקוֹם בָּשָׂר, שֶׁזֶּה סִימָנוֹ
בְּשֵׂעָר לָבָן וְזֶה סִימָנוֹ בְּשֵׂעָר צָהֹב:

ל **וּבוֹ שֵׂעָר צָהֹב.** שֶׁנֶּהְפַּךְ שְׂעַר שָׁחוֹר שֶׁבּוֹ לְצָהֹב.
נֶתֶק הוּא. כָּךְ שְׁמוֹ שֶׁל נֶגַע שֶׁבִּמְקוֹם שֵׂעָר:

לא **וְשֵׂעָר שָׁחֹר אֵין בּוֹ.** הָא אִם הָיָה בּוֹ שֵׂעָר
שָׁחוֹר – טָהוֹר, וְאֵין צָרִיךְ לְהַסְגִּיר, שֶׁשֵּׂעָר שָׁחוֹר
סִימָן טָהֳרָה הוּא בַּנְּתָקִים, כְּמוֹ שֶׁנֶּאֱמַר: "וְשֵׂעָר
שָׁחֹר צָמַח בּוֹ" וְגוֹ' (להלן פסוק לז):

לב **וְהִנֵּה לֹא פָשָׂה וְגוֹ'.** הָא אִם פָּשָׂה אוֹ הָיָה
בּוֹ שֵׂעָר צָהֹב – טָמֵא:

לג **וְהִתְגַּלָּח.** סְבִיבוֹת הַנֶּתֶק: **וְאֶת הַנֶּתֶק לֹא
יְגַלֵּחַ.** מַנִּיחַ שְׁתֵּי שְׂעָרוֹת סָמוּךְ לוֹ סָבִיב, כְּדֵי
שֶׁיְהֵא נִכָּר אִם פָּשָׂה, שֶׁאִם יִפְשֶׂה יַעֲבֹר הַשְּׂעָרוֹת
וְיֵצֵא לִמְקוֹם הַגִּלּוּחַ:

לה **אַחֲרֵי טָהֳרָתוֹ.** אֵין לִי אֶלָּא פּוֹשֶׂה לְאַחַר
הַפְּטוּר. מִנַּיִן אַף בְּסוֹף שָׁבוּעַ רִאשׁוֹן וּבְסוֹף שָׁבוּעַ
שֵׁנִי? תַּלְמוּד לוֹמַר: "פָּשֹׂה יִפְשֶׂה":

הַנֶּתֶק וְשֵׂעָר שָׁחֹר צָמַח־בּוֹ נִרְפָּא הַנֶּתֶק
טָהוֹר הוּא וְטִהֲרוֹ הַכֹּהֵן׃ וְאִישׁ לח
אוֹ־אִשָּׁה כִּי־יִהְיֶה בְעוֹר־בְּשָׂרָם בֶּהָרֹת
בֶּהָרֹת לְבָנֹת׃ וְרָאָה הַכֹּהֵן וְהִנֵּה בְעוֹר־ לט
בְּשָׂרָם בֶּהָרֹת כֵּהוֹת לְבָנֹת בֹּהַק הוּא פָּרַח
ששי / שלישי /
בָּעוֹר טָהוֹר הוּא׃ וְאִישׁ כִּי יִמָּרֵט מ
רֹאשׁוֹ קֵרֵחַ הוּא טָהוֹר הוּא׃ וְאִם מִפְּאַת מא
פָּנָיו יִמָּרֵט רֹאשׁוֹ גִּבֵּחַ הוּא טָהוֹר הוּא׃
וְכִי־יִהְיֶה בַקָּרַחַת אוֹ בַגַּבַּחַת נֶגַע לָבָן מב
אֲדַמְדָּם צָרַעַת פֹּרַחַת הִוא בְּקָרַחְתּוֹ אוֹ
בְגַבַּחְתּוֹ׃ וְרָאָה אֹתוֹ הַכֹּהֵן וְהִנֵּה שְׂאֵת־ מג
הַנֶּגַע לְבָנָה אֲדַמְדֶּמֶת בְּקָרַחְתּוֹ אוֹ בְגַבַּחְתּוֹ
כְּמַרְאֵה צָרַעַת עוֹר בָּשָׂר׃ אִישׁ־צָרוּעַ הוּא מד
טָמֵא הוּא טַמֵּא יְטַמְּאֶנּוּ הַכֹּהֵן בְּרֹאשׁוֹ
מצווה קעא
דיני התנהגות המצורע
נִגְעוֹ׃ וְהַצָּרוּעַ אֲשֶׁר־בּוֹ הַנֶּגַע בְּגָדָיו יִהְיוּ מה
פְרֻמִים וְרֹאשׁוֹ יִהְיֶה פָרוּעַ וְעַל־שָׂפָם יַעְטֶה
וְטָמֵא ׀ טָמֵא יִקְרָא׃ כָּל־יְמֵי אֲשֶׁר הַנֶּגַע בּוֹ מו
יִטְמָא טָמֵא הוּא בָּדָד יֵשֵׁב מִחוּץ לַמַּחֲנֶה
מצווה קעב
דיני נגעים בבגדים
מוֹשָׁבוֹ׃ וְהַבֶּגֶד כִּי־יִהְיֶה בוֹ נֶגַע מז
צָרָעַת בְּבֶגֶד צֶמֶר אוֹ בְּבֶגֶד פִּשְׁתִּים׃ אוֹ מח
בִשְׁתִי אוֹ בְעֵרֶב לַפִּשְׁתִּים וְלַצָּמֶר אוֹ בְעוֹר אוֹ

מט בְּכָל־מְלֶאכֶת עוֹר: וְהָיָה הַנֶּגַע יְרַקְרַק ׀ אוֹ
אֲדַמְדָּם בַּבֶּגֶד אוֹ בָעוֹר אוֹ־בַשְּׁתִי אוֹ־בָעֵרֶב

לח קָם נִתְקָא, וּסְעַר אֻכָּם צְמַח בֵּיהּ, אִתַּסִּי נִתְקָא דְּכֵי הוּא, וִידַכֵּינֵיהּ כָּהֲנָא: וּגְבַר אוֹ אִתְּתָא,
לט אֲרֵי יְהֵי בִמְשַׁךְ בִּסְרְהוֹן בַּהֲרָן, בַּהֲרָן חָוְרָן: וְיִחְזֵי כָהֲנָא, וְהָא בִמְשַׁךְ בִּסְרְהוֹן, בַּהֲרָן עֲמְיָן
מ חָוְרָן, בָּהֲקָא הוּא, סְגִי בְמַשְׁכָּא דְּכֵי הוּא: וּגְבַר, אֲרֵי יִתַּר סְעַר רֵישֵׁיהּ, קָרִיחַ הוּא דְּכֵי הוּא:
מא מב וְאִם מִקֳּבֵיל אַפּוֹהִי, יִתַּר סְעַר רֵישֵׁיהּ, גְּלִישׁ הוּא דְּכֵי הוּא: וַאֲרֵי יְהֵי בְקָרְחוּתָא אוֹ
מג בִגְלֵישׁוּתָא, מַכְתָּשׁ חִוָּר סָמוֹק, סְגִירוּת סָגְיָא הִיא, בְּקָרְחוּתֵיהּ אוֹ בִגְלֵישׁוּתֵיהּ: וְיִחְזֵי יָתֵיהּ
כָּהֲנָא, וְהָא עֲמִיק מַכְתָּשָׁא חִוָּר סָמוֹק, בְּקָרְחוּתֵיהּ אוֹ בִגְלֵישׁוּתֵיהּ, כְּמִחְזֵי סְגִירוּת מְשַׁךְ
מד מה בִּסְרָא: גְּבַר סְגִיר הוּא מְסָאַב הוּא, סָאָבָא יְסָאֲבִנֵּיהּ, כָּהֲנָא בְּרֵישֵׁיהּ מַכְתָּשֵׁיהּ: וּסְגִירָא
דְּבֵיהּ מַכְתָּשָׁא, לְבוּשׁוֹהִי, יְהוֹן מְבַזְּעִין וְרֵישֵׁיהּ יְהֵי פְרִיעַ, וְעַל שָׂפָם כַּאֲבִילָא יִתְעַטַּף, וְלָא
מו תִסְתָּאֲבוּ וְלָא תִסְתָּאֲבוּ יִקְרֵי: כָּל יוֹמִין, דְּמַכְתָּשָׁא בֵיהּ, יְהֵי מְסָאַב מְסָאַב הוּא, בִּלְחוֹדוֹהִי
מז יְתֵיב, מִבָּרָא לְמַשְׁרִיתָא מוֹתְבֵיהּ: וּלְבוּשָׁא, אֲרֵי יְהֵי בֵיהּ מַכְתָּשׁ סְגִירוּ, בִּלְבוּשׁ עֲמַר, אוֹ
מח בִּלְבוּשׁ כִּתָּן: אוֹ בִשְׁתְיָא אוֹ בְעִרְבָא, לְכִתָּנָא וּלְעַמְרָא, אוֹ בְמַשְׁכָּא, אוֹ בְּכָל עֲבִידַת מְשַׁךְ:
מט וִיהֵי מַכְתָּשָׁא, יָרוֹק אוֹ סָמוֹק, בִּלְבוּשָׁא אוֹ בְמַשְׁכָּא, אוֹ בִשְׁתְיָא אוֹ בְעִרְבָא

לז | **וְשֵׂעָר שָׁחֹר.** מִנַּיִן אַף הַיָּרֹק וְהָאָדֹם שֶׁאֵינוֹ צָהֹב? תַּלְמוּד לוֹמַר: "וְשֵׂעָר", וְלָמָּה צָהֹב דּוֹמֶה? לְתַבְנִית הַזָּהָב: **טָהוֹר הוּא וְטִהֲרוֹ הַכֹּהֵן.** הָא טָמֵא שֶׁטִּהֲרוֹ הַכֹּהֵן לֹא טָהַר:

לח | **בֶּהָרֹת.** חֲבַרְבּוּרוֹת:

לט | **כֵּהוֹת לְבָנֹת.** שֶׁאֵין לֹבֶן שֶׁלָּהֶן עַז אֶלָּא כֵּהֶה: **בֹּהַק.** כְּמִין לֹבֶן הַנִּרְאֶה בִּבְשַׂר אָדָם אָדֹם שֶׁקּוֹרִין רו"ס בֵּין חֲבַרְבּוּרוֹת אֲדַמְדְּמוּתוֹ, קָרוּי בֹּהַק, כְּאִישׁ עַדְשָׁן, שֶׁבֵּין עֲדָשָׁה לַעֲדָשָׁה מַבְהִיק הַבָּשָׂר בְּלֹבֶן צַח:

מ | **קֵרֵחַ הוּא טָהוֹר הוּא.** מִטֻּמְאַת נְתָקִין, שֶׁאֵין נִדּוֹן בְּסִימָנֵי רֹאשׁ וְזָקָן שֶׁהֵם מְקוֹם שֵׂעָר, אֶלָּא בְּסִימָנֵי נִגְעֵי עוֹר בָּשָׂר – מִחְיָה וּפִשְׂיוֹן:

מא | **וְאִם מִפְּאַת פָּנָיו.** מִשִּׁפּוּעַ קָדְקֹד כְּלַפֵּי פָּנָיו קָרוּי 'גַּבַּחַת', וְאַף הַצְּדָעִין שֶׁמִּכָּאן וּמִכָּאן בַּכְּלָל, וּמִשִּׁפּוּעַ קָדְקֹד כְּלַפֵּי אֲחוֹרָיו קָרוּי 'קָרַחַת':

מב | **נֶגַע לָבָן אֲדַמְדָּם.** פָּתוּךְ. מִנַּיִן אֶחָד הַמַּרְאוֹת? תַּלְמוּד לוֹמַר: "נֶגַע":

מג | **כְּמַרְאֵה צָרַעַת עוֹר בָּשָׂר.** כְּמַרְאֵה הַצָּרַעַת הָאָמוּר בְּפָרָשַׁת עוֹר בָּשָׂר: "אָדָם כִּי יִהְיֶה בְעוֹר בְּשָׂרוֹ" (לעיל פסוק ב), וּמָה אָמוּר בּוֹ? שֶׁמִּטַּמֵּא בְּאַרְבָּעָה מַרְאוֹת וְנִדּוֹן בִּשְׁנֵי שָׁבוּעוֹת, וְלֹא כְּמַרְאֵה צָרַעַת הָאָמוּר בִּשְׂחִין וּמִכְוָה שֶׁהוּא נִדּוֹן בְּשָׁבוּעַ אֶחָד, וְלֹא כְּמַרְאֵה נְתָקִין שֶׁל מְקוֹם שֵׂעָר שֶׁאֵין מִטַּמְּאִין בְּאַרְבַּע מַרְאוֹת:

מד | **בְּרֹאשׁוֹ נִגְעוֹ.** אֵין לִי אֶלָּא נְתָקִין. מִנַּיִן לְרַבּוֹת שְׁאָר הַמְנֻגָּעִים? תַּלְמוּד לוֹמַר: "טַמֵּא יְטַמְּאֶנּוּ", לְרַבּוֹת אֶת כֻּלָּן, עַל כֻּלָּן הוּא אוֹמֵר: "בְּגָדָיו יִהְיוּ פְרֻמִים" וְגוֹ' (להלן פסוק מה):

מה | **פְרֻמִים.** קְרוּעִים: **פָּרוּעַ.** מְגֻדַּל שֵׂעָר: **וְעַל שָׂפָם יַעְטֶה.** כְּאָבֵל: **שָׂפָם.** שְׂעַר הַשְּׂפָתַיִם, גרנו"ן בְּלַעַז: **וְטָמֵא טָמֵא יִקְרָא.** מַשְׁמִיעַ שֶׁהוּא טָמֵא וְיִפְרְשׁוּ מִמֶּנּוּ:

מו | **בָּדָד יֵשֵׁב.** שֶׁלֹּא יִהְיוּ טְמֵאִים יוֹשְׁבִים עִמּוֹ. וְאָמְרוּ רַבּוֹתֵינוּ: מַה נִּשְׁתַּנָּה מִשְּׁאָר טְמֵאִים לֵישֵׁב בָּדָד? הוֹאִיל וְהוּא הִבְדִּיל בִּלְשׁוֹן הָרָע בֵּין אִישׁ לְאִשְׁתּוֹ, בֵּין אִישׁ לְרֵעֵהוּ, אַף הוּא יִבָּדֵל: **מִחוּץ לַמַּחֲנֶה.** חוּץ לְשָׁלֹשׁ מַחֲנוֹת:

מח | **לַפִּשְׁתִּים וְלַצָּמֶר.** שֶׁל פִּשְׁתִּים אוֹ שֶׁל צֶמֶר: **אוֹ בְעוֹר.** זֶה עוֹר שֶׁלֹּא נַעֲשָׂה בּוֹ מְלָאכָה: **אוֹ בְּכָל מְלֶאכֶת עוֹר.** עוֹר שֶׁנַּעֲשָׂה בּוֹ מְלָאכָה:

מט | **יְרַקְרַק.** יָרֹק שֶׁבִּירֻקִּין: **אֲדַמְדָּם.** אָדֹם שֶׁבַּאֲדֻמִּים:

אוֹ בְכׇל־כְּלִי־עוֹר נֶגַע צָרַעַת הוּא וְהׇרְאָה אֶת־
★ הַכֹּהֵן׃ וְרָאָה הַכֹּהֵן אֶת־הַנָּגַע וְהִסְגִּיר אֶת־הַנֶּגַע נ
שִׁבְעַת יָמִים׃ וְרָאָה אֶת־הַנֶּגַע בַּיּוֹם הַשְּׁבִיעִי כִּי־ נא
פָשָׂה הַנֶּגַע בַּבֶּגֶד אוֹ־בַשְּׁתִי אוֹ־בָעֵרֶב אוֹ בָעוֹר
לְכֹל אֲשֶׁר־יֵעָשֶׂה הָעוֹר לִמְלָאכָה צָרַעַת מַמְאֶרֶת
הַנֶּגַע טָמֵא הוּא׃ וְשָׂרַף אֶת־הַבֶּגֶד אוֹ אֶת־הַשְּׁתִי ׀ נב
אוֹ אֶת־הָעֵרֶב בַּצֶּמֶר אוֹ בַפִּשְׁתִּים אוֹ אֶת־כׇּל־כְּלִי
הָעוֹר אֲשֶׁר־יִהְיֶה בוֹ הַנָּגַע כִּי־צָרַעַת מַמְאֶרֶת
הִוא בָּאֵשׁ תִּשָּׂרֵף׃ וְאִם יִרְאֶה הַכֹּהֵן וְהִנֵּה לֹא־ נג
פָשָׂה הַנֶּגַע בַּבֶּגֶד אוֹ בַשְּׁתִי אוֹ בָעֵרֶב אוֹ בְּכׇל־
כְּלִי־עוֹר׃ וְצִוָּה הַכֹּהֵן וְכִבְּסוּ אֵת אֲשֶׁר־בּוֹ הַנָּגַע נד
שביעי / רביעי / וְהִסְגִּירוֹ שִׁבְעַת־יָמִים שֵׁנִית׃ וְרָאָה הַכֹּהֵן אַחֲרֵי ׀ נה
הֻכַּבֵּס אֶת־הַנֶּגַע וְהִנֵּה לֹא־הָפַךְ הַנֶּגַע אֶת־עֵינוֹ
וְהַנֶּגַע לֹא־פָשָׂה טָמֵא הוּא בָּאֵשׁ תִּשְׂרְפֶנּוּ פְּחֶתֶת
הִוא בְּקָרַחְתּוֹ אוֹ בְגַבַּחְתּוֹ׃ וְאִם רָאָה הַכֹּהֵן וְהִנֵּה נו
כֵּהָה הַנֶּגַע אַחֲרֵי הֻכַּבֵּס אֹתוֹ וְקָרַע אֹתוֹ מִן־
הַבֶּגֶד אוֹ מִן־הָעוֹר אוֹ מִן־הַשְּׁתִי אוֹ מִן־הָעֵרֶב׃
מפטיר וְאִם־תֵּרָאֶה עוֹד בַּבֶּגֶד אוֹ־בַשְּׁתִי אוֹ־בָעֵרֶב אוֹ נז
בְכׇל־כְּלִי־עוֹר פֹּרַחַת הִוא בָּאֵשׁ תִּשְׂרְפֶנּוּ אֵת
אֲשֶׁר־בּוֹ הַנָּגַע׃ וְהַבֶּגֶד אוֹ־הַשְּׁתִי אוֹ־הָעֵרֶב נח
אוֹ־כׇל־כְּלִי הָעוֹר אֲשֶׁר תְּכַבֵּס וְסָר מֵהֶם הַנָּגַע

תזריע

נ אוֹ בְכָל מָן דִּמְשַׁךְ, מַכְתַּשׁ סְגִירוּתָא הוּא, וְיִתַּחֲזֵי לְוָת כָּהֲנָא: וְיֶחֱזֵי כָהֲנָא יָת מַכְתָּשָׁא, וְיַסְגַּר
נא יָת מַכְתָּשָׁא שִׁבְעָא יוֹמִין: וְיֶחֱזֵי יָת מַכְתָּשָׁא בְּיוֹמָא שְׁבִיעָאָה, אֲרֵי אוֹסִיף מַכְתָּשָׁא בִּלְבוּשָׁא, אוֹ בִשְׁתָיָא אוֹ בְעַרְבָא אוֹ בְמַשְׁכָּא, לְכֹל, דִּיתְעֲבֵיד מַשְׁכָּא לַעֲבִידְתָּא, סְגִירוּת מַחְסְרָא,
נב מַכְתָּשָׁא מְסָאָב הוּא: וְיוֹקִיד יָת לְבוּשָׁא, אוֹ יָת שְׁתָיָא אוֹ יָת עַרְבָא, בְּעַמְרָא אוֹ בְכִתָּנָא, אוֹ
נג יָת כָּל מָן דִּמְשַׁךְ, דִּיהֵי בֵיהּ מַכְתָּשָׁא, אֲרֵי סְגִירוּת מַחְסְרָא הִיא, בְּנוּרָא תִּתּוֹקָד: וְאִם יֶחֱזֵי
נד כָהֲנָא, וְהָא לָא אוֹסִיף מַכְתָּשָׁא, בִּלְבוּשָׁא, אוֹ בִשְׁתָיָא אוֹ בְעַרְבָא, אוֹ בְכָל מָן דִּמְשַׁךְ: וִיפַקֵּיד
נה כָּהֲנָא, וִיחַוְּרוּן, יָת דְּבֵיהּ מַכְתָּשָׁא, וְיַסְגְרִנֵּיהּ שִׁבְעָא יוֹמִין תִּנְיָנוּת: וְיֶחֱזֵי כָהֲנָא, בָּתַר דְּחַוָּרוּ יָת מַכְתָּשָׁא, וְהָא, לָא שְׁנָא מַכְתָּשָׁא מִן כַּד הֲוָה וּמַכְתָּשָׁא לָא אוֹסִיף, מְסָאָב הוּא, בְּנוּרָא
נו תּוֹקְדִנֵּיהּ, תַּבְרָא הִיא, בִּשְׁחִיקוּתֵיהּ אוֹ בְחַדְתּוּתֵיהּ: וְאִם חֲזָא כָהֲנָא, וְהָא עֲמָא מַכְתָּשָׁא,
נז בָּתַר דְּחַוָּרוּ יָתֵיהּ, וִיבַזַּע יָתֵיהּ, מִן לְבוּשָׁא אוֹ מִן מַשְׁכָּא, אוֹ מִן שְׁתָיָא אוֹ מִן עַרְבָא: וְאִם תִּתַּחֲזֵי עוֹד, בִּלְבוּשָׁא, אוֹ בִשְׁתָיָא אוֹ בְעַרְבָא אוֹ בְכָל מָן דִּמְשַׁךְ, סַגְיָא הִיא, בְּנוּרָא תּוֹקְדִנֵּיהּ, יָת
נח דְּבֵיהּ מַכְתָּשָׁא: וּלְבוּשָׁא, אוֹ שְׁתָיָא אוֹ עַרְבָא, אוֹ כָּל מָן דִּמְשַׁךְ דְּתַחֲוַר, וְיֶעְדֵּי מִנְּהוֹן מַכְתָּשָׁא,

---

נא] **צָרַעַת מַמְאֶרֶת.** לְשׁוֹן "סִלּוֹן מַמְאִיר" (יחזקאל כח, כד), פּוֹינְ"ט בְּלַעַז. וּמִדְרָשׁוֹ, תֵּן בּוֹ מְאֵרָה, שֶׁלֹּא תֵהָנֶה הֵימֶנּוּ:

נב] **בַּצֶּמֶר אוֹ בַפִּשְׁתִּים.** שֶׁל צֶמֶר אוֹ שֶׁל פִּשְׁתִּים, זֶהוּ פְּשׁוּטוֹ. וּמִדְרָשׁוֹ, יָכוֹל יָבִיא גֵּז צֶמֶר וַאֲנִיצֵי פִשְׁתָּן וְיִשְׂרְפֵם עִמּוֹ? תַּלְמוּד לוֹמַר: "הוּא בָּאֵשׁ תִּשָּׂרֵף", אֵינָהּ צְרִיכָה דָבָר אַחֵר עִמָּהּ. אִם כֵּן מַה תַּלְמוּד לוֹמַר: "בַּצֶּמֶר אוֹ בַפִּשְׁתִּים"? לְהוֹצִיא אֶת הָאֻמְרִיּוֹת שֶׁבּוֹ שֶׁהֵן מִמִּין אַחֵר. 'אֻמְרִיּוֹת' לְשׁוֹן שָׂפָה, כְּמוֹ: 'אִמְרָא':

נד] **אֶת אֲשֶׁר בּוֹ הַנָּגַע.** יָכוֹל מְקוֹם הַנֶּגַע בִּלְבַד? תַּלְמוּד לוֹמַר: "אֵת אֲשֶׁר בּוֹ הַנָּגַע". יָכוֹל כָּל הַבֶּגֶד כֻּלּוֹ טָעוּן כִּבּוּס? תַּלְמוּד לוֹמַר: "הַנָּגַע". הָא כֵּיצַד? יְכַבֵּס מִן הַבֶּגֶד עִמּוֹ:

נה] **אַחֲרֵי הֻכַּבֵּס.** לְשׁוֹן הֵעָשׂוֹת: לֹא הָפַךְ הַנֶּגַע אֶת עֵינוֹ. לֹא הֻכְהָה מִמַּרְאִיתוֹ: וְהַנֶּגַע לֹא פָשָׂה. שְׁמַעֲנוּ שֶׁאִם לֹא הָפַךְ וְלֹא פָשָׂה טָמֵא, וְאֵין צָרִיךְ לוֹמַר לֹא הָפַךְ וּפָשָׂה. הָפַךְ וְלֹא פָשָׂה אֵינִי יוֹדֵעַ מַה יֵּעָשֶׂה לּוֹ? תַּלְמוּד לוֹמַר: "וְהִסְגִּיר אֶת הַנֶּגַע", מִכָּל מָקוֹם, דִּבְרֵי רַבִּי יְהוּדָה. וַחֲכָמִים אוֹמְרִים וְכוּ', כִּדְאִיתָא בְּתוֹרַת כֹּהֲנִים (פרק טו, ז). וְרַמְזוֹתִיהָ כָּאן לְיַשֵּׁב הַמִּקְרָא עַל אָפְנָיו: **פְּחֶתֶת הוּא.** לְשׁוֹן גֻּמָּא, כְּמוֹ: "בְּאַחַת הַפְּחָתִים" (שמואל ב׳ יז, ט), כְּלוֹמַר שִׁפְלָה הִיא, נֶגַע שֶׁמַּרְאָיו שׁוֹקְעִין:

כְּתַרְגּוּמוֹ: "בִּשְׁחִיקוּתֵיהּ אוֹ בְחַדְתוּתֵיהּ": **קָרַחְתּוֹ.** שְׁחָקִים, יְשָׁנִים. וּמִפְּנֵי הַמִּדְרָשׁ שֶׁהֻזְקַק לִגְזֵרָה שָׁוָה: מִנַּיִן לִפְרִיחָה בִּבְגָדִים שֶׁהִיא טְהוֹרָה? נֶאֶמְרָה קָרַחַת וְגַבַּחַת בְּאָדָם (לעיל פסוק מב) וְנֶאֶמְרָה קָרַחַת וְגַבַּחַת בִּבְגָדִים, מַה לְּהַלָּן פָּרַח בְּכֻלּוֹ טָהוֹר, אַף כָּאן פָּרַח בְּכֻלּוֹ טָהוֹר – לְכָךְ חָלַק הַכָּתוּב לְשׁוֹן קָרַחַת וְגַבַּחַת. וּלְעִנְיַן פֵּרוּשׁוֹ וְתַרְגּוּמוֹ זֶהוּ מַשְׁמָעוֹ, קָרַחַת לְשׁוֹן יְשָׁנִים וְגַבַּחַת לְשׁוֹן חֲדָשִׁים, כְּאִלּוּ נִכְתַּב: 'בְּאַחֲרִית אוֹ בְקַדְמוּתוֹ', שֶׁהַקָּרַחַת לְשׁוֹן אֲחוֹרַיִם וְהַגַּבַּחַת לְשׁוֹן פָּנִים, כְּמוֹ שֶׁכָּתוּב: "וְאִם מִפְּאַת פָּנָיו וְגוֹ'" (לעיל פסוק מא), וְהַקָּרַחַת כָּל שֶׁשּׁוֹפֵעַ וְיוֹרֵד מִן הַקָּדְקֹד וְלַאֲחוֹרָיו. כָּךְ מְפֹרָשׁ בְּתוֹרַת כֹּהֲנִים (פרק טו, ט):

נו] **וְקָרַע אֹתוֹ.** יִקְרַע מְקוֹם הַנֶּגַע מִן הַבֶּגֶד וְיִשְׂרְפֶנּוּ:

נז] **פֹּרַחַת הִוא.** דָּבָר הַחוֹזֵר וְצוֹמֵחַ: **בָּאֵשׁ תִּשְׂרְפֶנּוּ.** אֶת כָּל הַבֶּגֶד:

נח] **וְסָר מֵהֶם הַנָּגַע.** אִם כְּשֶׁכִּבְּסוּהוּ בַּתְּחִלָּה עַל פִּי כֹהֵן סָר מִמֶּנּוּ הַנֶּגַע לְגַמְרֵי: **וְכֻבַּס שֵׁנִית.** לְשׁוֹן טְבִילָה. תַּרְגּוּם שֶׁל כִּבּוּסִין שֶׁבַּפָּרָשָׁה זוֹ לְשׁוֹן לִבּוּן, 'וְיִתַּחֲוַר', חוּץ מִזֶּה שֶׁאֵינוֹ לְלִבּוּן אֶלָּא לִטְבֹל, לְכָךְ תַּרְגּוּמוֹ: "וְיִצְטַבַּע". וְכֵן כָּל כִּבּוּסֵי בְגָדִים שֶׁהֵן לִטְבִילָה מְתֻרְגָּמִין: 'וְיִצְטַבַּע':

וְכֻבַּס שֵׁנִית וְטָהֵר: זֹאת תּוֹרַת נֶגַע־צָרַעַת בֶּגֶד נט
הַצֶּמֶר ׀ אוֹ הַפִּשְׁתִּים אוֹ הַשְּׁתִי אוֹ הָעֵרֶב אוֹ
כָּל־כְּלִי־עוֹר לְטַהֲרוֹ אוֹ לְטַמְּאוֹ:

הפטרת תזריע

בשבת פרשת החודש קוראים את המפטיר מספר *שמות* יב, א-כ, ואת ההפטרה בעמ׳ 1293. כאשר תזריע ומצרע מחוברות קוראים את הפטרת מצרע.

ההפטרה מתמקדת בתיאור ריפוי נעמן, שר צבא ארם, מצרעתו. זוהי פעולה אחת ממקבץ פעולות נִסיות של אלישע המובאות ברצף. נעמן הופיע בפתח ביתו של אלישע בשומרון בלוויית פמליה נכבדה. הוא ציפה שהנביא יצא לקראתו ויפעיל את כוחותיו העל־טבעיים לרפאו. אלישע התעלם ממנו ושלח אליו הוראות לפעולות שירפאוהו. נעמן קצף על אלישע ופנה לדרכו. בהגיעו לירדן פעל לפי הוראות הנביא ונרפא. נרעש כולו שב להודות ולהודיע על אמונתו בא־לוהי ישראל. הוא מציע שכר נכבד לאלישע מרפאו, אך אלישע מסרב בתוקף.

התנהלותו של אלישע עם נעמן באה להבהיר: ה׳ הוא המרפא. הנביא אינו מעורב כלל בעשייה ולכן הוא מסרב לקבל כל שכר. מאת ה׳ הייתה זאת, ונעמן הבין זאת. וזהו ההבדל המהותי בין נביא לקוסם.

ארם הייתה האויב הקשה של עם ישראל כמאתיים שנה. נעמן, שר הצבא המאיים, העמיק את האמונה בה׳ והדבר השפיע גם בארם וגם בישראל. לזה כיוון אלישע בהתנהלותו.

מלכים ב׳
וְאִישׁ בָּא מִבַּעַל שָׁלִשָׁה וַיָּבֵא לְאִישׁ הָאֱלֹהִים לֶחֶם בִּכּוּרִים עֶשְׂרִים־לֶחֶם ד מב
שְׂעֹרִים וְכַרְמֶל בְּצִקְלֹנוֹ וַיֹּאמֶר תֵּן לָעָם וְיֹאכֵלוּ: וַיֹּאמֶר מְשָׁרְתוֹ מָה מג
אֶתֵּן זֶה לִפְנֵי מֵאָה אִישׁ וַיֹּאמֶר תֵּן לָעָם וְיֹאכֵלוּ כִּי כֹה אָמַר יהוה אָכֹל
וְהוֹתֵר: וַיִּתֵּן לִפְנֵיהֶם וַיֹּאכְלוּ וַיּוֹתִרוּ כִּדְבַר יהוה: וְנַעֲמָן שַׂר־ מד ה א
צְבָא מֶלֶךְ־אֲרָם הָיָה אִישׁ גָּדוֹל לִפְנֵי אֲדֹנָיו וּנְשֻׂא פָנִים כִּי־בוֹ נָתַן־יהוה
תְּשׁוּעָה לַאֲרָם וְהָאִישׁ הָיָה גִּבּוֹר חַיִל מְצֹרָע: וַאֲרָם יָצְאוּ גְדוּדִים וַיִּשְׁבּוּ ב
מֵאֶרֶץ יִשְׂרָאֵל נַעֲרָה קְטַנָּה וַתְּהִי לִפְנֵי אֵשֶׁת נַעֲמָן: וַתֹּאמֶר אֶל־גְּבִרְתָּהּ ג
אַחֲלֵי אֲדֹנִי לִפְנֵי הַנָּבִיא אֲשֶׁר בְּשֹׁמְרוֹן אָז יֶאֱסֹף אֹתוֹ מִצָּרַעְתּוֹ: וַיָּבֹא ד
וַיַּגֵּד לַאדֹנָיו לֵאמֹר כָּזֹאת וְכָזֹאת דִּבְּרָה הַנַּעֲרָה אֲשֶׁר מֵאֶרֶץ יִשְׂרָאֵל:
וַיֹּאמֶר מֶלֶךְ־אֲרָם לֶךְ־בֹּא וְאֶשְׁלְחָה סֵפֶר אֶל־מֶלֶךְ יִשְׂרָאֵל וַיֵּלֶךְ וַיִּקַּח ה
בְּיָדוֹ עֶשֶׂר כִּכְּרֵי־כֶסֶף וְשֵׁשֶׁת אֲלָפִים זָהָב וְעֶשֶׂר חֲלִיפוֹת בְּגָדִים: וַיָּבֵא ו
הַסֵּפֶר אֶל־מֶלֶךְ יִשְׂרָאֵל לֵאמֹר וְעַתָּה כְּבוֹא הַסֵּפֶר הַזֶּה אֵלֶיךָ הִנֵּה שָׁלַחְתִּי
אֵלֶיךָ אֶת־נַעֲמָן עַבְדִּי וַאֲסַפְתּוֹ מִצָּרַעְתּוֹ: וַיְהִי כִּקְרֹא מֶלֶךְ־יִשְׂרָאֵל אֶת־ ז

נט וְיִצְטְבַע תִּנְיָנוּת וְיִדְכֵּי: דָא, אוֹרָיְתָא דְּמַכְתַּשׁ סְגִירוּ, לְבוּשׁ עֲמַר אוֹ כִתָּנָא, אוֹ שִׁתְיָא אוֹ
עִרְבָא, אוֹ כָל מָן דִּמְשַׁךְ, לְדַכָּאוּתֵיהּ אוֹ לְסַאָבוּתֵיהּ:

הַסֵּפֶר וַיִּקְרַע בְּגָדָיו וַיֹּאמֶר הַאֱלֹהִים אָנִי לְהָמִית וּלְהַחֲיוֹת כִּי־זֶה שֹׁלֵחַ
אֵלַי לֶאֱסֹף אִישׁ מִצָּרַעְתּוֹ כִּי אַךְ־דְּעוּ־נָא וּרְאוּ כִּי־מִתְאַנֶּה הוּא לִי:
ח וַיְהִי כִּשְׁמֹעַ ׀ אֱלִישָׁע אִישׁ־הָאֱלֹהִים כִּי־קָרַע מֶלֶךְ־יִשְׂרָאֵל אֶת־בְּגָדָיו
וַיִּשְׁלַח אֶל־הַמֶּלֶךְ לֵאמֹר לָמָּה קָרַעְתָּ בְּגָדֶיךָ יָבֹא־נָא אֵלַי וְיֵדַע כִּי יֵשׁ
ט נָבִיא בְּיִשְׂרָאֵל: וַיָּבֹא נַעֲמָן בְּסוּסָו וּבְרִכְבּוֹ וַיַּעֲמֹד פֶּתַח־הַבַּיִת לֶאֱלִישָׁע:
י וַיִּשְׁלַח אֵלָיו אֱלִישָׁע מַלְאָךְ לֵאמֹר הָלוֹךְ וְרָחַצְתָּ שֶׁבַע־פְּעָמִים בַּיַּרְדֵּן
יא וְיָשֹׁב בְּשָׂרְךָ לְךָ וּטְהָר: וַיִּקְצֹף נַעֲמָן וַיֵּלַךְ וַיֹּאמֶר הִנֵּה אָמַרְתִּי אֵלַי ׀
יֵצֵא יָצוֹא וְעָמַד וְקָרָא בְּשֵׁם־יְהוָה אֱלֹהָיו וְהֵנִיף יָדוֹ אֶל־הַמָּקוֹם וְאָסַף
יב הַמְּצֹרָע: הֲלֹא טוֹב אבנה וּפַרְפַּר נַהֲרוֹת דַּמֶּשֶׂק מִכֹּל מֵימֵי יִשְׂרָאֵל אֲמָנָה
יג הֲלֹא־אֶרְחַץ בָּהֶם וְטָהָרְתִּי וַיִּפֶן וַיֵּלֶךְ בְּחֵמָה: וַיִּגְּשׁוּ עֲבָדָיו וַיְדַבְּרוּ אֵלָיו
וַיֹּאמְרוּ אָבִי דָּבָר גָּדוֹל הַנָּבִיא דִּבֶּר אֵלֶיךָ הֲלוֹא תַעֲשֶׂה וְאַף כִּי־אָמַר אֵלֶיךָ
יד רְחַץ וּטְהָר: וַיֵּרֶד וַיִּטְבֹּל בַּיַּרְדֵּן שֶׁבַע פְּעָמִים כִּדְבַר אִישׁ הָאֱלֹהִים וַיָּשָׁב
טו בְּשָׂרוֹ כִּבְשַׂר נַעַר קָטֹן וַיִּטְהָר: וַיָּשָׁב אֶל־אִישׁ הָאֱלֹהִים הוּא וְכָל־מַחֲנֵהוּ
וַיָּבֹא וַיַּעֲמֹד לְפָנָיו וַיֹּאמֶר הִנֵּה־נָא יָדַעְתִּי כִּי אֵין אֱלֹהִים בְּכָל־הָאָרֶץ כִּי
טז אִם־בְּיִשְׂרָאֵל וְעַתָּה קַח־נָא בְרָכָה מֵאֵת עַבְדֶּךָ: וַיֹּאמֶר חַי־יְהוָה אֲשֶׁר־
יז עָמַדְתִּי לְפָנָיו אִם־אֶקָּח וַיִּפְצַר־בּוֹ לָקַחַת וַיְמָאֵן: וַיֹּאמֶר נַעֲמָן וָלֹא יֻתַּן־נָא
לְעַבְדְּךָ מַשָּׂא צֶמֶד־פְּרָדִים אֲדָמָה כִּי לוֹא־יַעֲשֶׂה עוֹד עַבְדְּךָ עֹלָה וָזֶבַח
יח לֵאלֹהִים אֲחֵרִים כִּי אִם־לַיהוָה: לַדָּבָר הַזֶּה יִסְלַח יְהוָה לְעַבְדֶּךָ בְּבוֹא
אֲדֹנִי בֵית־רִמּוֹן לְהִשְׁתַּחֲוֺת שָׁמָּה וְהוּא ׀ נִשְׁעָן עַל־יָדִי וְהִשְׁתַּחֲוֵיתִי בֵּית
יט רִמֹּן בְּהִשְׁתַּחֲוָיָתִי בֵּית רִמֹּן יִסְלַח־נָא יְהוָה לְעַבְדְּךָ בַּדָּבָר הַזֶּה: וַיֹּאמֶר
לוֹ לֵךְ לְשָׁלוֹם וַיֵּלֶךְ מֵאִתּוֹ כִּבְרַת אָרֶץ:

פרשת מצרע

מצרע

א וַיְדַבֵּ֥ר יְהוָ֖ה אֶל־מֹשֶׁ֥ה לֵּאמֹֽר: ב זֹ֤את תִּֽהְיֶה֙ תּוֹרַ֣ת הַמְּצֹרָ֔ע בְּי֖וֹם טָהֳרָת֑וֹ וְהוּבָ֖א אֶל־הַכֹּהֵֽן: ג וְיָצָא֙ הַכֹּהֵ֔ן אֶל־מִח֖וּץ לַֽמַּחֲנֶ֑ה וְרָאָה֙ הַכֹּהֵ֔ן וְהִנֵּ֛ה נִרְפָּ֥א נֶֽגַע־הַצָּרַ֖עַת מִן־הַצָּרֽוּעַ: ד וְצִוָּה֙ הַכֹּהֵ֔ן וְלָקַ֧ח לַמִּטַּהֵ֛ר שְׁתֵּֽי־צִפֳּרִ֥ים חַיּ֖וֹת טְהֹר֑וֹת וְעֵ֣ץ אֶ֔רֶז וּשְׁנִ֥י תוֹלַ֖עַת וְאֵזֹֽב: ה וְצִוָּה֙ הַכֹּהֵ֔ן וְשָׁחַ֖ט אֶת־הַצִּפּ֣וֹר הָאֶחָ֑ת אֶל־כְּלִי־חֶ֖רֶשׂ עַל־מַ֥יִם חַיִּֽים: ו אֶת־הַצִּפֹּ֤ר הַֽחַיָּה֙ יִקַּ֣ח אֹתָ֔הּ וְאֶת־עֵ֥ץ הָאֶ֖רֶז וְאֶת־שְׁנִ֣י הַתּוֹלַ֑עַת וְאֶת־הָאֵזֹ֑ב וְטָבַ֨ל אוֹתָ֜ם וְאֵ֣ת ׀ הַצִּפֹּ֣ר הַֽחַיָּ֗ה בְּדַם֙ הַצִּפֹּ֣ר הַשְּׁחֻטָ֔ה עַ֖ל הַמַּ֥יִם הַֽחַיִּֽים: ז וְהִזָּ֗ה עַ֧ל הַמִּטַּהֵ֛ר מִן־הַצָּרַ֖עַת שֶׁ֣בַע פְּעָמִ֑ים וְטִ֣הֲר֔וֹ וְשִׁלַּ֛ח אֶת־הַצִּפֹּ֥ר הַֽחַיָּ֖ה עַל־פְּנֵ֥י הַשָּׂדֶֽה: ח וְכִבֶּס֩ הַמִּטַּהֵ֨ר אֶת־בְּגָדָ֜יו וְגִלַּ֣ח אֶת־כָּל־שְׂעָר֗וֹ וְרָחַ֤ץ בַּמַּ֙יִם֙ וְטָהֵ֔ר וְאַחַ֖ר יָב֣וֹא אֶל־הַֽמַּחֲנֶ֑ה וְיָשַׁ֛ב מִח֥וּץ לְאָהֳל֖וֹ שִׁבְעַ֥ת יָמִֽים: ט וְהָיָה֩ בַיּ֨וֹם הַשְּׁבִיעִ֜י יְגַלַּ֣ח אֶת־כָּל־שְׂעָר֗וֹ אֶת־רֹאשׁ֤וֹ וְאֶת־זְקָנוֹ֙ וְאֵת֙ גַּבֹּ֣ת עֵינָ֔יו

מצווה קעג
מצוות הטהרה
מן הצרעת

מצווה קעד
מצוות תגלחת
המצורע ביום השביעי

מצווה קעה
מצוות טבילה
לטמאים

מצווה קעו
מצוות הקרבת
קרבן מצורע

וְאֶת־כָּל־שְׂעָרוֹ יְגַלֵּחַ וְכִבֶּס אֶת־בְּגָדָיו וְרָחַץ
אֶת־בְּשָׂרוֹ בַּמַּיִם וְטָהֵר: וּבַיּוֹם הַשְּׁמִינִי
יִקַּח שְׁנֵי־כְבָשִׂים תְּמִימִם וְכַבְשָׂה אַחַת בַּת־

יד וּמַלִּיל יְיָ עִם מֹשֶׁה לְמֵימַר: דָּא תְהֵי אוֹרַיְתָא דִסְגִירָא, בְּיוֹמָא דִדְכוּתֵיהּ, וְיִתֵּיתֵי לְוָת כַּהֲנָא:
ג וְיִפּוֹק כַּהֲנָא, לְמִבָּרָא לְמַשְׁרִיתָא, וְיֶחֱזֵי כַּהֲנָא, וְהָא, אִתַּסִּי מַכְתָּשׁ סְגִירוּתָא מִן סְגִירָא: וִיפַקֵּיד
ד כַּהֲנָא, וְיִסַּב לִדְמִדַּכֵּי, תַּרְתֵּין צִפְּרִין חַיָּן דְּכָן, וְאָעָא דְאַרְזָא, וּצְבַע זְהוֹרִי וְאֵזוֹבָא:
ה וִיפַקֵּיד כַּהֲנָא, וְיִכּוֹס יָת צִפְּרָא חֲדָא, לְמָן דַּחֲסַף עַל מֵי מַבּוּעַ: יָת צִפְּרָא חַיְתָא יִסַּב יָתַהּ, וְיָת אָעָא דְאַרְזָא, וְיָת צְבַע זְהוֹרִי וְיָת אֵזוֹבָא, וְיִטְבּוֹל יָתְהוֹן, וְיָת צִפְּרָא חַיְתָא, בִּדְמָא דְצִפְּרָא דְנִכִיסְתָּא,
ו עַל מֵי מַבּוּעַ: וְיַדֵּי, עַל דְּמִדַּכֵּי, מִן סְגִירוּתָא שְׁבַע זִמְנִין, וִידַכֵּינֵיהּ, וִישַׁלַּח יָת צִפְּרָא חַיְתָא עַל
ז אַפֵּי חַקְלָא: וִיצַבַּע דְּמִדַּכֵּי יָת לְבוּשׁוֹהִי וִיגַלַּח יָת כָּל סַעֲרֵיהּ, וְיַסְחֵי בְמַיָּא וְיִדְכֵּי, וּבָתַר כֵּן
ח יֵיעוֹל לְמַשְׁרִיתָא, וְיִתֵּיב, מִבָּרָא לְמַשְׁכְּנֵיהּ שַׁבְעָא יוֹמִין: וִיהֵי בְּיוֹמָא שְׁבִיעָאָה יְגַלַּח יָת כָּל סַעֲרֵיהּ, יָת רֵישֵׁיהּ וְיָת דִּקְנֵיהּ וְיָת גְּבִינֵי עֵינוֹהִי, וְיָת כָּל סַעֲרֵיהּ יְגַלַּח, וִיצַבַּע יָת לְבוּשׁוֹהִי, וְיַסְחֵי
ט יָת בִּסְרֵיהּ, בְּמַיָּא וְיִדְכֵּי: וּבְיוֹמָא תְמִינָאָה, יִסַּב תְּרֵין אִמְּרִין שַׁלְמִין, וְאִמַּרְתָּא חֲדָא, בַּת

ב) זֹאת תִּהְיֶה תּוֹרַת הַמְּצֹרָע בְּיוֹם טָהֳרָתוֹ. מְלַמֵּד שֶׁאֵין מְטַהֲרִין אוֹתוֹ בַּלַּיְלָה:

ג) אֶל מִחוּץ לַמַּחֲנֶה. חוּץ לְשָׁלֹשׁ מַחֲנוֹת שֶׁנִּשְׁתַּלֵּחַ שָׁם בִּימֵי חִלּוּטוֹ:

ד) חַיּוֹת. פְּרָט לִטְרֵפוֹת: טְהֹרוֹת. פְּרָט לְעוֹף טָמֵא. לְפִי שֶׁהַנְּגָעִים בָּאִין עַל לְשׁוֹן הָרָע שֶׁהוּא מַעֲשֵׂה פִטְפּוּטֵי דְבָרִים, לְפִיכָךְ הֻזְקְקוּ לְטָהֳרָתוֹ צִפֳּרִים, שֶׁמְּפַטְפְּטִין תָּמִיד בְּצִפְצוּף קוֹל: וְעֵץ אֶרֶז. לְפִי שֶׁהַנְּגָעִים בָּאִין עַל גַּסּוּת הָרוּחַ: וּשְׁנֵי תוֹלַעַת וְאֵזֹב. מַה תַּקָּנָתוֹ וְיִתְרַפֵּא? יַשְׁפִּיל עַצְמוֹ מִגַּאֲוָתוֹ כְּתוֹלַעַת וּכְאֵזוֹב: עֵץ אֶרֶז. מַקֵּל שֶׁל אֶרֶז: וּשְׁנֵי תוֹלָעַת. לָשׁוֹן שֶׁל צֶמֶר צָבוּעַ זְהוֹרִית:

ה) עַל מַיִם חַיִּים. נוֹתֵן אוֹתָם תְּחִלָּה בִּכְלִי כְּדֵי שֶׁיְּהֵא דַּם צִפּוֹר נִכָּר בָּהֶם, וְכַמָּה הֵם? רְבִיעִית:

ו) אֶת הַצִּפֹּר הַחַיָּה יִקַּח אֹתָהּ. מְלַמֵּד שֶׁאֵינוֹ אוֹגְדָהּ עִמָּהֶם, חֹלֶק מַעֲרִיכָתָהּ לְעַצְמָהּ, אֲבָל הָעֵץ וְהָאֵזוֹב כְּרוּכִין יַחַד בִּלְשׁוֹן הַזְּהוֹרִית, כָּעִנְיָן שֶׁנֶּאֱמַר: "וְאֵת עֵץ הָאֶרֶז וְאֶת שְׁנִי הַתּוֹלַעַת וְאֶת הָאֵזֹב", קִיחָה אַחַת לִשְׁלָשְׁתָּן. יָכוֹל כְּשֵׁם שֶׁאֵינָהּ בִּכְלָל אֲגֻדָּה כָּךְ לֹא תִהְיֶה בִּכְלָל טְבִילָה? תַּלְמוּד לוֹמַר: "וְטָבַל אוֹתָם וְאֵת הַצִּפֹּר הַחַיָּה", הֶחֱזִיר אֶת הַצִּפּוֹר לִכְלַל טְבִילָה:

ח) וְיָשַׁב מִחוּץ לְאָהֳלוֹ. מְלַמֵּד שֶׁאָסוּר בְּתַשְׁמִישׁ הַמִּטָּה:

ט) אֶת כָּל שְׂעָרוֹ וְגוֹ׳. כְּלָל וּפְרָט וּכְלָל, לְהָבִיא כָּל מְקוֹם כִּנּוּס שֵׂעָר וְנִרְאֶה:

י) וְכַבְשָׂה אַחַת. לְחַטָּאת. וּשְׁלֹשָׁה עֶשְׂרֹנִים. לְנִסְכֵּי שְׁלֹשָׁה כְּבָשִׂים הַלָּלוּ, שֶׁחַטָּאתוֹ וַאֲשָׁמוֹ שֶׁל

ויקרא

שְׁנָתָהּ תְּמִימָה וּשְׁלֹשָׁה עֶשְׂרֹנִים סֹלֶת מִנְחָה
בְּלוּלָה בַשֶּׁמֶן וְלֹג אֶחָד שָׁמֶן: וְהֶעֱמִיד הַכֹּהֵן יא
הַמְטַהֵר אֵת הָאִישׁ הַמִּטַּהֵר וְאֹתָם לִפְנֵי יְהוָה
פֶּתַח אֹהֶל מוֹעֵד: וְלָקַח הַכֹּהֵן אֶת־הַכֶּבֶשׂ יב
הָאֶחָד וְהִקְרִיב אֹתוֹ לְאָשָׁם וְאֶת־לֹג הַשָּׁמֶן
וְהֵנִיף אֹתָם תְּנוּפָה לִפְנֵי יְהוָה: וְשָׁחַט אֶת־ יג שני
הַכֶּבֶשׂ בִּמְקוֹם אֲשֶׁר יִשְׁחַט אֶת־הַחַטָּאת וְאֶת־
הָעֹלָה בִּמְקוֹם הַקֹּדֶשׁ כִּי כַּחַטָּאת הָאָשָׁם הוּא
לַכֹּהֵן קֹדֶשׁ קָדָשִׁים הוּא: וְלָקַח הַכֹּהֵן מִדַּם יד
הָאָשָׁם וְנָתַן הַכֹּהֵן עַל־תְּנוּךְ אֹזֶן הַמִּטַּהֵר
הַיְמָנִית וְעַל־בֹּהֶן יָדוֹ הַיְמָנִית וְעַל־בֹּהֶן רַגְלוֹ
הַיְמָנִית: וְלָקַח הַכֹּהֵן מִלֹּג הַשָּׁמֶן וְיָצַק עַל־כַּף טו
הַכֹּהֵן הַשְּׂמָאלִית: וְטָבַל הַכֹּהֵן אֶת־אֶצְבָּעוֹ טז
הַיְמָנִית מִן־הַשֶּׁמֶן אֲשֶׁר עַל־כַּפּוֹ הַשְּׂמָאלִית
וְהִזָּה מִן־הַשֶּׁמֶן בְּאֶצְבָּעוֹ שֶׁבַע פְּעָמִים לִפְנֵי
יְהוָה: וּמִיֶּתֶר הַשֶּׁמֶן אֲשֶׁר עַל־כַּפּוֹ יִתֵּן הַכֹּהֵן יז
עַל־תְּנוּךְ אֹזֶן הַמִּטַּהֵר הַיְמָנִית וְעַל־בֹּהֶן יָדוֹ
הַיְמָנִית וְעַל־בֹּהֶן רַגְלוֹ הַיְמָנִית עַל דַּם הָאָשָׁם:
וְהַנּוֹתָר בַּשֶּׁמֶן אֲשֶׁר עַל־כַּף הַכֹּהֵן יִתֵּן עַל־ יח
רֹאשׁ הַמִּטַּהֵר וְכִפֶּר עָלָיו הַכֹּהֵן לִפְנֵי יְהוָה:
וְעָשָׂה הַכֹּהֵן אֶת־הַחַטָּאת וְכִפֶּר עַל־הַמִּטַּהֵר יט

כ מִטֻּמְאָתוֹ וְאַחַר יִשְׁחַט אֶת־הָעֹלָה: וְהֶעֱלָה
הַכֹּהֵן אֶת־הָעֹלָה וְאֶת־הַמִּנְחָה הַמִּזְבֵּחָה וְכִפֶּר
כא עָלָיו הַכֹּהֵן וְטָהֵר: וְאִם־דַּל הוּא וְאֵין שלישי / חמישי /
יָדוֹ מַשֶּׂגֶת וְלָקַח כֶּבֶשׂ אֶחָד אָשָׁם לִתְנוּפָה
לְכַפֵּר עָלָיו וְעִשָּׂרוֹן סֹלֶת אֶחָד בָּלוּל בַּשֶּׁמֶן

יא שַׁתָּה שַׁלְמְתָא, וּתְלָתָא עֶסְרוֹנִין, סֻלְתָּא מִנְחֲתָא דְּפִילָא בִמְשַׁח, וְלוֹגָא חַד דִּמְשַׁחָא: וִיקִים
יב כַּהֲנָא דִּמְדַכֵּי, יָת, גֻּבְרָא דְּמִדַּכֵּי וְיָתְהוֹן, קֳדָם יְיָ, בִּתְרַע מַשְׁכַּן זִמְנָא: וְיִסַּב כַּהֲנָא יָת אִמְּרָא
יג חַד, וִיקָרֵיב יָתֵיהּ, לַאֲשָׁמָא וְיָת לוֹגָא דִּמְשַׁחָא, וִירִים יָתְהוֹן, אֲרָמָא קֳדָם יְיָ: וְיִכּוֹס יָת אִמְּרָא,
בְּאַתְרָא, דְּיִכּוֹס יָת חַטָּתָא, וְיָת עֲלָתָא בַּאֲתַר קַדִּישׁ, אֲרֵי, כְּחַטָּתָא, אֲשָׁמָא הוּא לְכַהֲנָא,
יד קֹדֶשׁ קֻדְשִׁין הוּא: וְיִסַּב כַּהֲנָא מִדְּמָא דַּאֲשָׁמָא, וְיִתֵּין כַּהֲנָא, עַל רוּם, אֻדְנָא דְּמִדַּכֵּי דְּיַמִּינָא,
טו וְעַל אִלְיוֹן יְדֵיהּ דְּיַמִּינָא, וְעַל אִלְיוֹן רַגְלֵיהּ דְּיַמִּינָא: וְיִסַּב כַּהֲנָא מִלּוֹגָא דִּמְשַׁחָא, וְיָרִיק, עַל יְדָא
טז דְּכַהֲנָא דִּסְמָאלָא: וְיִטְבּוֹל כַּהֲנָא יָת אֶצְבְּעֵיהּ דְּיַמִּינָא, מִן מִשְׁחָא, דְּעַל יְדֵיהּ דִּסְמָאלָא, וְיַדֵּי
יז מִן מִשְׁחָא בְּאֶצְבְּעֵיהּ, שְׁבַע זִמְנִין קֳדָם יְיָ: וּמִשְּׁאָר מִשְׁחָא דְּעַל יְדֵיהּ, יִתֵּין כַּהֲנָא עַל רוּם, אֻדְנָא
דְּמִדַּכֵּי דְּיַמִּינָא, וְעַל אִלְיוֹן יְדֵיהּ דְּיַמִּינָא, וְעַל אִלְיוֹן רַגְלֵיהּ דְּיַמִּינָא, עַל דְּמָא דַּאֲשָׁמָא:
יח וּדְיִשְׁתְּאַר, בִּמְשַׁחָא דְּעַל יְדָא דְּכַהֲנָא, יִתֵּין עַל רֵישָׁא דְּמִדַּכֵּי, וִיכַפַּר עֲלוֹהִי, כַּהֲנָא קֳדָם יְיָ:
יט כ וְיַעֲבֵיד כַּהֲנָא יָת חַטָּתָא, וִיכַפַּר, עַל דְּמִדַּכֵּי מִסְּאוֹבְתֵיהּ, וּבָתַר כֵּן יִכּוֹס יָת עֲלָתָא: וְיַסֵּיק כַּהֲנָא,
כא יָת עֲלָתָא וְיָת מִנְחָתָא לְמַדְבְּחָא, וִיכַפַּר עֲלוֹהִי, כַּהֲנָא וְיִדְכֵּי: וְאִם מִסְכֵּין הוּא, וְלֵית יְדֵיהּ
מַדְבְּקָא, וְיִסַּב, אִמַּר חַד אֲשָׁמָא, לַאֲרָמָא לְכַפָּרָא עֲלוֹהִי, וְעֶסְרוֹנָא סֻלְתָּא, חַד דְּפִיל בִּמְשַׁח,

מְצֹרָע טְעוּנִין נְסָכִים: וְלֹג אֶחָד שָׁמֶן. לְהַזּוֹת עָלָיו שֶׁבַע וְלִתֵּן מִמֶּנּוּ עַל תְּנוּךְ אָזְנוֹ וּמַתַּן בְּהוֹנוֹת:

יא לִפְנֵי ה'. בְּשַׁעַר נִיקָנוֹר וְלֹא בָּעֲזָרָה עַצְמָהּ, לְפִי שֶׁהוּא מְחֻסַּר כִּפּוּרִים:

יב וְהִקְרִיב אֹתוֹ לְאָשָׁם. יַקְרִיבֶנּוּ לְתוֹךְ הָעֲזָרָה לְשֵׁם אָשָׁם: וְהֵנִיף. שֶׁהוּא טָעוּן תְּנוּפָה חַי: וְהֵנִיף אֹתָם. אֶת הָאָשָׁם וְאֶת הַלֹּג:

יג בִּמְקוֹם אֲשֶׁר יִשְׁחַט וְגוֹ'. עַל יֶרֶךְ הַמִּזְבֵּחַ בַּצָּפוֹן. וּמַה תַּלְמוּד לוֹמַר? וַהֲלֹא כְּבָר נֶאֱמַר בְּתוֹרַת אָשָׁם בְּפָרָשַׁת "צַו אֶת אַהֲרֹן" שֶׁהָאָשָׁם טָעוּן שְׁחִיטָה בַּצָּפוֹן (לעיל ז, ב)? לְפִי שֶׁיָּצָא זֶה מִכְּלַל אֲשָׁמוֹת לִדּוֹן בְּהַעֲמָדָה, יָכוֹל תְּהֵא שְׁחִיטָתוֹ בִּמְקוֹם הַעֲמָדָתוֹ? לְכָךְ נֶאֱמַר: "וְשָׁחַט בִּמְקוֹם אֲשֶׁר יִשְׁחַט" וְגוֹ': כִּי כַּחַטָּאת. כִּי כְּכָל הַחַטָּאוֹת הָאָשָׁם הַזֶּה הוּא לַכֹּהֵן, בְּכָל עֲבוֹדוֹת הַתְּלוּיוֹת בַּכֹּהֵן הֻשְׁוָה אָשָׁם זֶה לְחַטָּאת, שֶׁלֹּא תֹּאמַר הוֹאִיל וְיָצָא דָמוֹ מִכְּלַל שְׁאָר אֲשָׁמוֹת לִנָּתֵן עַל תְּנוּךְ וּבְהוֹנוֹת, לֹא יְהֵא טָעוּן מַתַּן דָּמִים וְאֵמוּרִים לְגַבֵּי מִזְבֵּחַ, לְכָךְ נֶאֱמַר: "כִּי כַּחַטָּאת הָאָשָׁם הוּא לַכֹּהֵן". יָכוֹל יְהֵא דָמוֹ נִתָּן לְמַעְלָה כַּחַטָּאת? תַּלְמוּד לוֹמַר וְכוּ'. בְּתוֹרַת כֹּהֲנִים (פרק ג, ח):

יד תְּנוּךְ. גֶּדֶר אֶמְצָעִי שֶׁבָּאֹזֶן, וּלְשׁוֹן 'תְּנוּךְ' לֹא נוֹדַע לִי, וְהַפּוֹתְרִים קוֹרִים לוֹ טנדרו"ס: בֹּהֶן. גּוּדָל:

טז לִפְנֵי ה'. כְּנֶגֶד בֵּית קָדְשֵׁי הַקֳּדָשִׁים:

כ וְאֶת הַמִּנְחָה. מִנְחַת נְסָכִים שֶׁל בְּהֵמָה:

כא וְעִשָּׂרוֹן סֹלֶת אֶחָד. לְכֶבֶשׂ זֶה שֶׁהוּא אֶחָד,

מצרע

כב לְמִנְחָ֖ה וְלֹ֥ג שָֽׁמֶן׃ וּשְׁתֵּ֣י תֹרִ֗ים א֤וֹ שְׁנֵי֙ בְּנֵ֣י יוֹנָ֔ה
אֲשֶׁ֥ר תַּשִּׂ֖יג יָד֑וֹ וְהָיָ֤ה אֶחָד֙ חַטָּ֔את וְהָאֶחָ֖ד
כג עֹלָֽה׃ וְהֵבִ֨יא אֹתָ֜ם בַּיּ֧וֹם הַשְּׁמִינִ֛י לְטׇהֳרָת֖וֹ
אֶל־הַכֹּהֵ֑ן אֶל־פֶּ֥תַח אֹֽהֶל־מוֹעֵ֖ד לִפְנֵ֥י יְהוָֽה׃
כד וְלָקַ֧ח הַכֹּהֵ֛ן אֶת־כֶּ֥בֶשׂ הָאָשָׁ֖ם וְאֶת־לֹ֣ג הַשָּׁ֑מֶן
כה וְהֵנִ֨יף אֹתָ֧ם הַכֹּהֵ֛ן תְּנוּפָ֖ה לִפְנֵ֥י יְהוָֽה׃ וְשָׁחַט֮
אֶת־כֶּ֣בֶשׂ הָאָשָׁם֒ וְלָקַ֣ח הַכֹּהֵ֗ן מִדַּ֣ם הָאָשָׁ֔ם
וְנָתַ֥ן עַל־תְּנ֛וּךְ אֹֽזֶן־הַמִּטַּהֵ֖ר הַיְמָנִ֑ית וְעַל־
כו בֹּ֤הֶן יָדוֹ֙ הַיְמָנִ֔ית וְעַל־בֹּ֥הֶן רַגְל֖וֹ הַיְמָנִֽית׃ וּמִן־
הַשֶּׁ֖מֶן יִצֹ֣ק הַכֹּהֵ֑ן עַל־כַּ֥ף הַכֹּהֵ֖ן הַשְּׂמָאלִֽית׃
כז וְהִזָּ֤ה הַכֹּהֵן֙ בְּאֶצְבָּע֣וֹ הַיְמָנִ֔ית מִן־הַשֶּׁ֕מֶן אֲשֶׁ֖ר
עַל־כַּפּ֣וֹ הַשְּׂמָאלִ֑ית שֶׁ֥בַע פְּעָמִ֖ים לִפְנֵ֥י יְהוָֽה׃
כח וְנָתַן֩ הַכֹּהֵ֨ן מִן־הַשֶּׁ֜מֶן ׀ אֲשֶׁ֣ר עַל־כַּפּ֗וֹ עַל־תְּנ֞וּךְ
אֹ֤זֶן הַמִּטַּהֵר֙ הַיְמָנִ֔ית וְעַל־בֹּ֤הֶן יָדוֹ֙ הַיְמָנִ֔ית
וְעַל־בֹּ֥הֶן רַגְל֖וֹ הַיְמָנִ֑ית עַל־מְק֖וֹם דַּ֥ם הָאָשָֽׁם׃
כט וְהַנּוֹתָ֗ר מִן־הַשֶּׁ֙מֶן֙ אֲשֶׁר֙ עַל־כַּ֣ף הַכֹּהֵ֔ן יִתֵּ֖ן עַל־
ל רֹ֣אשׁ הַמִּטַּהֵ֑ר לְכַפֵּ֥ר עָלָ֖יו לִפְנֵ֥י יְהוָֽה׃ וְעָשָׂ֣ה
אֶת־הָאֶחָד֙ מִן־הַתֹּרִ֔ים א֖וֹ מִן־בְּנֵ֣י הַיּוֹנָ֑ה
לא מֵאֲשֶׁ֥ר תַּשִּׂ֖יג יָדֽוֹ׃ אֵ֣ת אֲשֶׁר־תַּשִּׂ֞יג יָד֗וֹ אֶת־
הָאֶחָ֥ד חַטָּ֛את וְאֶת־הָאֶחָ֥ד עֹלָ֖ה עַל־הַמִּנְחָ֑ה

מצרע

לב וְכִפֶּר הַכֹּהֵן עַל הַמִּטַּהֵר לִפְנֵי יהוה: זֹאת תוֹרַת אֲשֶׁר־בּוֹ נֶגַע צָרָעַת אֲשֶׁר לֹא־תַשִּׂיג יָדוֹ בְּטָהֳרָתוֹ:

לג וַיְדַבֵּר יהוה אֶל־מֹשֶׁה וְאֶל־אַהֲרֹן לֵאמֹר: כִּי תָבֹאוּ אֶל־אֶרֶץ כְּנַעַן אֲשֶׁר אֲנִי נֹתֵן לָכֶם לַאֲחֻזָּה

לה וְנָתַתִּי נֶגַע צָרַעַת בְּבֵית אֶרֶץ אֲחֻזַּתְכֶם: וּבָא אֲשֶׁר־לוֹ הַבַּיִת וְהִגִּיד לַכֹּהֵן לֵאמֹר כְּנֶגַע נִרְאָה

רביעי / ששי /

מצווה קעז
דיני נגעי בתים

כב לְמִנְחָתָא וְלוֹגָא דְמִשְׁחָא: וְתַרְתֵּין שַׁפְנִינִין, אוֹ תְּרֵין בְּנֵי יוֹנָה, דְּתַדְבֵּיק יְדֵיהּ, וִיהֵי חַד חַטָּאתָא,
כג וְחַד עֲלָתָא: וְיַיְתֵי יָתְהוֹן, בְּיוֹמָא תְמִינָאָה, לְדָכוּתֵיהּ לְוָת כַּהֲנָא, לִתְרַע מַשְׁכַּן זִמְנָא לִקֳדָם יְיָ:
כד וְיִסַּב כַּהֲנָא, יָת אִמַּר דַּאֲשָׁמָא וְיָת לוֹגָא דְמִשְׁחָא, וִירִים יָתְהוֹן כַּהֲנָא, אֲרָמָא קֳדָם יְיָ: וְיִכּוֹס
יָת אִמַּר דַּאֲשָׁמָא, וְיִסַּב כַּהֲנָא מִדְּמָא דַּאֲשָׁמָא, וְיִתֵּין, עַל רוּם אוּדְנָא דְמִדְבַּח דְּיַמִּינָא, וְעַל
אִלְיוֹן יְדֵיהּ דְּיַמִּינָא, וְעַל אִלְיוֹן רַגְלֵיהּ דְּיַמִּינָא: וּמִן מִשְׁחָא יְרִיק כַּהֲנָא, עַל יְדָא דְכַהֲנָא
דִּסְמָאלָא: וְיַדֵּי כַּהֲנָא בְּאֶצְבְּעֵיהּ דְּיַמִּינָא, מִן מִשְׁחָא, דְּעַל יְדֵיהּ דִּסְמָאלָא, שְׁבַע זִמְנִין קֳדָם
כח יְיָ: וְיִתֵּין כַּהֲנָא, מִן מִשְׁחָא דְּעַל יְדֵיהּ, עַל רוּם אוּדְנָא דְמִדְבַּח דְּיַמִּינָא, וְעַל אִלְיוֹן יְדֵיהּ דְּיַמִּינָא,
כט וְעַל אִלְיוֹן רַגְלֵיהּ דְּיַמִּינָא, עַל אֲתַר דְּמָא דַּאֲשָׁמָא: וּדְיִשְׁתְּאַר, מִן מִשְׁחָא דְּעַל יְדָא דְכַהֲנָא,
ל יִתֵּין עַל רֵישָׁא דְמִדְבַּח, לְכַפָּרָא עֲלוֹהִי קֳדָם יְיָ: וְיַעְבֵּיד יָת חַד מִן שַׁפְנִינַיָּא, אוֹ מִן בְּנֵי יוֹנָה,
לא מִדְּתַדְבֵּיק יְדֵיהּ: יָת דְּתַדְבֵּיק יְדֵיהּ, יָת חַד חַטָּאתָא, וְיָת חַד עֲלָתָא עַל מִנְחָתָא, וִיכַפַּר כַּהֲנָא
לב עַל דְּמִדְּכֵי קֳדָם יְיָ: דָּא אוֹרַיְתָא, דְּבֵיהּ מַכְתַּשׁ סְגִירוּ, דְּלָא תַדְבֵּיק יְדֵיהּ בִּדְכוּתֵיהּ: וּמַלֵּיל יְיָ
לג עִם מֹשֶׁה וּלְאַהֲרֹן לְמֵימָר: אֲרֵי תֵיעֲלוּן לְאַרְעָא דִכְנַעַן, דַּאֲנָא, יָהֵיב לְכוֹן לְאַחֲסָנָא, וְאֶתֵּין
לה מַכְתַּשׁ סְגִירוּ, בְּבֵית אֲרַע אַחֲסַנְתְּכוֹן: וְיֵיתֵי דְּדִילֵיהּ בֵּיתָא, וִיחַוֵּי לְכַהֲנָא לְמֵימַר, כְּמַכְתָּשָׁא,

---

יָבִיא עִשָּׂרוֹן אֶחָד לְנִסְכָּיו: וְלֹג שֶׁמֶן. לָתֵת מִמֶּנּוּ עַל הַבְּהוֹנוֹת. וְשֶׁמֶן שֶׁל נִסְכֵּי הַמִּנְחָה לֹא הֻזְקַק הַכָּתוּב לִפְרֵשׁ:

כג) בַּיּוֹם הַשְּׁמִינִי לְטָהֳרָתוֹ. שְׁמִינִי לַצִּפֳּרִים וּלְהַזָּאַת עֵץ אֶרֶז וְאֵזוֹב וּשְׁנִי תוֹלַעַת:

כח) עַל מְקוֹם דַּם הָאָשָׁם. אֲפִלּוּ נִתְקַנַּח הַדָּם. לִמֵּד שֶׁאֵין הַדָּם גּוֹרֵם חֶלָּא מְקוֹם גּוֹרֵם:

לד) וְנָתַתִּי נֶגַע צָרַעַת. בְּשׂוֹרָה הִיא לָהֶם שֶׁהַנְּגָעִים בָּאִים עֲלֵיהֶם, לְפִי שֶׁהִטְמִינוּ אֱמוֹרִיִּים מַטְמוֹנִיּוֹת שֶׁל זָהָב בְּקִירוֹת בָּתֵּיהֶם כָּל אַרְבָּעִים שָׁנָה שֶׁהָיוּ יִשְׂרָאֵל בַּמִּדְבָּר, וְעַל יְדֵי הַנֶּגַע נוֹתֵץ הַבַּיִת וּמוֹצְאָן:

לה) כְּנֶגַע נִרְאָה לִי בַּבָּיִת. שֶׁאֲפִלּוּ הוּא חָכָם שֶׁיּוֹדֵעַ שֶׁהוּא נֶגַע וַדַּאי, לֹא יִפְסוֹק דָּבָר בָּרוּר לוֹמַר: "נֶגַע נִרְאָה לִי", אֶלָּא: "כְּנֶגַע נִרְאָה לִי":

לו לִ֖י בַּבָּֽיִת׃ וְצִוָּ֨ה הַכֹּהֵ֜ן וּפִנּ֣וּ אֶת־הַבַּ֗יִת בְּטֶ֨רֶם
יָבֹ֤א הַכֹּהֵן֙ לִרְא֣וֹת אֶת־הַנֶּ֔גַע וְלֹ֥א יִטְמָ֖א כָּל־
אֲשֶׁ֣ר בַּבָּ֑יִת וְאַ֥חַר כֵּ֛ן יָבֹ֥א הַכֹּהֵ֖ן לִרְא֥וֹת אֶת־
לז הַבָּֽיִת׃ וְרָאָ֣ה אֶת־הַנֶּ֗גַע וְהִנֵּ֤ה הַנֶּ֙גַע֙ בְּקִירֹ֣ת
הַבַּ֔יִת שְׁקַֽעֲרוּרֹת֙ יְרַקְרַקֹּ֔ת א֖וֹ אֲדַמְדַּמֹּ֑ת
לח וּמַרְאֵיהֶ֥ן שָׁפָ֖ל מִן־הַקִּֽיר׃ וְיָצָ֧א הַכֹּהֵ֛ן מִן־
הַבַּ֖יִת אֶל־פֶּ֣תַח הַבָּ֑יִת וְהִסְגִּ֥יר אֶת־הַבַּ֖יִת
לט שִׁבְעַ֥ת יָמִֽים׃ וְשָׁ֥ב הַכֹּהֵ֖ן בַּיּ֣וֹם הַשְּׁבִיעִ֑י
מ וְרָאָ֕ה וְהִנֵּ֛ה פָּשָׂ֥ה הַנֶּ֖גַע בְּקִירֹ֥ת הַבָּֽיִת׃ וְצִוָּה֙
הַכֹּהֵ֔ן וְחִלְּצוּ֙ אֶת־הָ֣אֲבָנִ֔ים אֲשֶׁ֥ר בָּהֵ֖ן הַנָּ֑גַע
וְהִשְׁלִ֤יכוּ אֶתְהֶן֙ אֶל־מִח֣וּץ לָעִ֔יר אֶל־מָק֖וֹם
מא טָמֵֽא׃ וְאֶת־הַבַּ֥יִת יַקְצִ֛עַ מִבַּ֖יִת סָבִ֑יב וְשָֽׁפְכ֗וּ
אֶת־הֶֽעָפָר֙ אֲשֶׁ֣ר הִקְצ֔וּ אֶל־מִח֣וּץ לָעִ֔יר אֶל־
מב מָק֖וֹם טָמֵֽא׃ וְלָֽקְחוּ֙ אֲבָנִ֣ים אֲחֵר֔וֹת וְהֵבִ֖יאוּ
אֶל־תַּ֣חַת הָאֲבָנִ֑ים וְעָפָ֥ר אַחֵ֛ר יִקַּ֖ח וְטָ֥ח אֶת־
מג הַבָּֽיִת׃ וְאִם־יָשׁ֤וּב הַנֶּ֙גַע֙ וּפָרַ֣ח בַּבַּ֔יִת אַחַ֖ר
חִלֵּ֣ץ אֶת־הָאֲבָנִ֑ים וְאַחֲרֵ֛י הִקְצ֥וֹת אֶת־הַבַּ֖יִת
מד וְאַחֲרֵ֥י הִטּֽוֹחַ׃ וּבָא֙ הַכֹּהֵ֔ן וְרָאָ֕ה וְהִנֵּ֛ה פָּשָׂ֥ה
הַנֶּ֖גַע בַּבָּ֑יִת צָרַ֨עַת מַמְאֶ֥רֶת הִ֛וא בַּבַּ֖יִת
מה טָמֵ֥א הֽוּא׃ וְנָתַ֣ץ אֶת־הַבַּ֗יִת אֶת־אֲבָנָיו֙ וְאֶת־
עֵצָ֔יו וְאֵ֖ת כָּל־עֲפַ֣ר הַבָּ֑יִת וְהוֹצִיא֙ אֶל־מִח֣וּץ

מצרע

לו אִתַּחֲזִי לִי בְּבֵיתָא: וִיפַקֵּיד כַּהֲנָא וִיפַנּוּן יָת בֵּיתָא, עַד לָא יֵיעוֹל כַּהֲנָא לְמֶחְזֵי יָת
לז מַכְתָּשָׁא, וְלָא יִסְתָּאַב כָּל דִּבְבֵיתָא, וּבָתַר כֵּן, יֵיעוֹל כַּהֲנָא לְמֶחְזֵי יָת בֵּיתָא: וְיֶחֱזֵי יָת
מַכְתָּשָׁא, וְהָא מַכְתָּשָׁא בְּכָתְלֵי בֵיתָא, פַּחֲתִין יַרְקָן, אוֹ סָמְקָן, וּמֶחְזֵיהוֹן מַכִּיךְ מִן כָּתְלָא:
לח וְיִפּוֹק כַּהֲנָא, מִן בֵּיתָא לִתְרַע בֵּיתָא, וְיַסְגַּר יָת בֵּיתָא שִׁבְעָא יוֹמִין: וִיתוּב כַּהֲנָא בְּיוֹמָא
שְׁבִיעָאָה, וְיֶחֱזֵי, וְהָא, אוֹסִיף מַכְתָּשָׁא בְּכָתְלֵי בֵיתָא: וִיפַקֵּיד כַּהֲנָא, וִישַׁלְּפוּן יָת אַבְנַיָּא,
מ דִּבְהוֹן מַכְתָּשָׁא, וְיִרְמוֹן יָתְהוֹן לְמִבָּרָא לְקַרְתָּא, לַאֲתַר מְסָאָב: וְיָת בֵּיתָא, יְקַלְּפוּן מִגָּיו
מא סְחוֹר סְחוֹר, וְיִרְמוֹן, יָת עַפְרָא דְּקַלִּיפוּ, לְמִבָּרָא לְקַרְתָּא, לַאֲתַר מְסָאָב: וְיִסְּבוּן אַבְנִין
מב אָחֳרָנִין, וְיָעֲלוּן לַאֲתַר אַבְנַיָּא, וַעֲפַר אָחֳרָן, יִסַּב וִישׁוּעַ יָת בֵּיתָא: וְאִם יְתוּב מַכְתָּשָׁא
וְיִסְגֵּי בְּבֵיתָא, בָּתַר דְּשַׁלִּיפוּ יָת אַבְנַיָּא, וּבָתַר, דְּקַלִּיפוּ יָת בֵּיתָא וּבָתַר דְּאִתְּשַׁע:
מג וְיֵיעוֹל כַּהֲנָא, וְיֶחֱזֵי, וְהָא, אוֹסִיף מַכְתָּשָׁא בְּבֵיתָא, סְגִירוּת מַחְסְרָא בְּבֵיתָא, מְסָאָבָא
מד הוּא: וִיתָרַע יָת בֵּיתָא, יָת אַבְנוֹהִי וְיָת אָעוֹהִי, וְיָת כָּל עֲפַר בֵּיתָא, וְיַפֵּיק לְמִבָּרָא

לו **בְּטֶרֶם יָבֹא הַכֹּהֵן וְגוֹ׳.** שֶׁכָּל זְמַן שֶׁאֵין כֹּהֵן נִזְקָק לוֹ אֵין שָׁם תּוֹרַת טֻמְאָה: **וְלֹא יִטְמָא כָּל אֲשֶׁר בַּבָּיִת.** שֶׁאִם לֹא יְפַנֵּהוּ וְיָבֹא הַכֹּהֵן וְיִרְאֶה הַנֶּגַע, נִזְקָק לְהֶסְגֵּר, וְכָל מַה שֶּׁבְּתוֹכוֹ יִטָּמֵא. וְעַל מַה חָסָה תּוֹרָה? אִם עַל כְּלֵי שֶׁטֶף, יַטְבִּילֵם וְיִטְהֲרוּ, וְאִם עַל אֳכָלִין וּמַשְׁקִין, יֹאכְלֵם בִּימֵי טֻמְאָתוֹ, הָא לֹא חָסָה תּוֹרָה אֶלָּא עַל כְּלֵי חֶרֶס שֶׁאֵין לָהֶם טָהֳרָה בְּמִקְוֶה:

לז **שְׁקַעֲרוּרֹת.** שׁוֹקְעוֹת בְּמַרְאֵיהֶן:

מ **וְחִלְּצוּ אֶת הָאֲבָנִים.** כְּתַרְגּוּמוֹ "וִישַׁלְּפוּן", יִטְּלוּם מִשָּׁם, כְּמוֹ "וְחָלְצָה נַעֲלוֹ" (דברים כה, ט), לְשׁוֹן הֲסָרָה: **אֶל מָקוֹם טָמֵא.** מָקוֹם שֶׁאֵין טְהָרוֹת מִשְׁתַּמְּשׁוֹת שָׁם. לִמֶּדְךָ הַכָּתוּב שֶׁהָאֲבָנִים הַלָּלוּ מְטַמְּאוֹת מְקוֹמָן בְּעוֹדָן בּוֹ:

מא **יַקְצִעַ.** רדוניי"ר בְּלַעַז, וּבִלְשׁוֹן מִשְׁנָה יֵשׁ הַרְבֵּה: מִבַּיִת. מִבִּפְנִים: **סָבִיב.** סְבִיבוֹת הַנֶּגַע, בְּתוֹרַת כֹּהֲנִים נִדְרַשׁ כֵּן (פרק ה, ה), שֶׁיְּקַלֵּף הַטִּיחַ שֶׁסְּבִיב אַבְנֵי הַנֶּגַע: **הִקְצוּ.** לְשׁוֹן קָצֶה, אֲשֶׁר קִצְעוּ בְּקִצְווֹת הַנֶּגַע סָבִיב:

מג **הִקְצוֹת.** לְשׁוֹן הַקְצָעוֹת, וְכֵן "הַטּוֹחַ", אֲבָל "חִלֵּץ אֶת הָאֲבָנִים" מוּסָב הַלָּשׁוֹן אֶל הָאָדָם שֶׁחִלְּצָן, וְהוּא מִשְׁקָל כָּבֵד, כְּמוֹ 'כִּפֵּר', 'דִּבֵּר': **וְאִם יָשׁוּב הַנֶּגַע וְגוֹ׳.** יָכוֹל חָזַר בּוֹ בַּיּוֹם יְהֵא טָמֵא? תַּלְמוּד לוֹמַר: "וְשָׁב הַכֹּהֵן", "וְאִם יָשׁוּב", מַה 'שִׁיבָה' הָאֲמוּרָה לְהַלָּן בְּסוֹף שָׁבוּעַ, אַף 'שִׁיבָה' הָאֲמוּרָה כָּאן בְּסוֹף שָׁבוּעַ:

מד **וּבָא הַכֹּהֵן וְרָאָה וְהִנֵּה פָּשָׂה.** יָכוֹל לֹא יְהֵא

הַחוֹזֵר טָמֵא אֶלָּא אִם כֵּן פָּשָׂה? נֶאֱמַר: "צָרַעַת מַמְאֶרֶת" בַּבָּתִּים, וְנֶאֱמַר: "צָרַעַת מַמְאֶרֶת" בַּבְּגָדִים (לעיל יג, נא־נב), מַה לְּהַלָּן טִמֵּא אֶת הַחוֹזֵר אַף עַל פִּי שֶׁאֵינוֹ פוֹשֶׂה, אַף כָּאן טִמֵּא אֶת הַחוֹזֵר אַף עַל פִּי שֶׁאֵינוֹ פוֹשֶׂה. אִם כֵּן, מַה תַּלְמוּד לוֹמַר: "וְהִנֵּה פָּשָׂה"? אֵין כָּאן מִקְרָא זֶה, מָלֵא: "וְנָתַן אֶת הַבַּיִת" הָיָה לוֹ לִכְתֹּב אַחַר: "וְאִם יָשׁוּב הַנֶּגַע", "וְרָאָה וְהִנֵּה פָּשָׂה" הָא לֹא בָא לְלַמֵּד אֶלָּא עַל נֶגַע הָעוֹמֵד בְּעֵינָיו בְּשָׁבוּעַ רִאשׁוֹן, וּבְסוֹף שָׁבוּעַ שֵׁנִי וּמְצָאוֹ שֶׁפָּשָׂה, שֶׁלֹּא פֵּרֵשׁ בּוֹ הַכָּתוּב לְמַעְלָה (לעיל פסוק לט) כְּלוּם בָּעוֹמֵד בְּעֵינָיו בְּשָׁבוּעַ רִאשׁוֹן, וְלִמֶּדְךָ כָּאן בְּפִשְׂיוֹן זֶה, שֶׁאֵינוֹ מְדַבֵּר אֶלָּא בָּעוֹמֵד בָּרִאשׁוֹן וּפָשָׂה בַּשֵּׁנִי. וּמַה יַּעֲשֶׂה לוֹ? יָכוֹל יִתְּצֶנּוּ כְּמוֹ שֶׁסָּמַךְ לוֹ: "וְנָתַן אֶת הַבַּיִת"? תַּלְמוּד לוֹמַר: "וְשָׁב הַכֹּהֵן" "וּבָא הַכֹּהֵן" (לעיל פסוק לט), נִלְמַד בִּיאָה מִשִּׁיבָה, מַה שִּׁיבָה חוֹלֵץ וְקוֹצֶה וְטָח וְנוֹתֵן לוֹ שָׁבוּעַ, אַף בִּיאָה חוֹלֵץ וְקוֹצֶה וְטָח וְנוֹתֵן לוֹ שָׁבוּעַ, וְאִם חָזַר - נוֹתֵץ, לֹא חָזַר - טָהוֹר. וּמִנַּיִן שֶׁאִם עָמַד בָּזֶה וּבָזֶה חוֹלֵץ וְקוֹצֶה וְטָח וְנוֹתֵן לוֹ שָׁבוּעַ? תַּלְמוּד לוֹמַר: "וּבָא" "וְחָם בּוֹ יָבֹא", וּמַמָּה הַכָּתוּב מְדַבֵּר? אִם בְּפוֹשֶׂה בָּרִאשׁוֹן - הֲרֵי כְּבָר אָמוּר, אִם בְּפוֹשֶׂה בַּשֵּׁנִי - הֲרֵי כְּבָר אָמוּר, הָא אֵינוֹ אוֹמֵר "וּבָא" "וְחָם בּוֹ יָבֹא" אֶלָּא אֶת שֶׁבָּא בְּסוֹף שָׁבוּעַ רִאשׁוֹן וּבְסוֹף שָׁבוּעַ שֵׁנִי "וְרָאָה וְהִנֵּה לֹא פָשָׂה", זֶה הָעוֹמֵד, מַה יַּעֲשֶׂה לוֹ? יָכוֹל יִפָּטֵר וְיֵלֵךְ, כְּמוֹ שֶׁכָּתוּב כָּאן: "וְטִהַר אֶת הַבַּיִת"? תַּלְמוּד לוֹמַר: "כִּי נִרְפָּא הַנֶּגַע", לֹא טִהַרְתִּי אֶלָּא אֶת

ויקרא יד

מו לָעִיר אֶל־מָקוֹם טָמֵא: וְהַבָּא אֶל־הַבַּיִת כָּל־
מז יְמֵי הִסְגִּיר אֹתוֹ יִטְמָא עַד־הָעָרֶב: וְהַשֹּׁכֵב
בַּבַּיִת יְכַבֵּס אֶת־בְּגָדָיו וְהָאֹכֵל בַּבַּיִת יְכַבֵּס
מח אֶת־בְּגָדָיו: וְאִם־בֹּא יָבֹא הַכֹּהֵן וְרָאָה וְהִנֵּה
לֹא־פָשָׂה הַנֶּגַע בַּבָּיִת אַחֲרֵי הִטֹּחַ אֶת־הַבָּיִת
מט וְטִהַר הַכֹּהֵן אֶת־הַבַּיִת כִּי נִרְפָּא הַנָּגַע: וְלָקַח
לְחַטֵּא אֶת־הַבַּיִת שְׁתֵּי צִפֳּרִים וְעֵץ אֶרֶז וּשְׁנִי
נ תוֹלַעַת וְאֵזֹב: וְשָׁחַט אֶת־הַצִּפֹּר הָאֶחָת אֶל־
נא כְּלִי־חֶרֶשׂ עַל־מַיִם חַיִּים: וְלָקַח אֶת־עֵץ־הָאֶרֶז
וְאֶת־הָאֵזֹב וְאֵת ׀ שְׁנִי הַתּוֹלַעַת וְאֵת הַצִּפֹּר
הַחַיָּה וְטָבַל אֹתָם בְּדַם הַצִּפֹּר הַשְּׁחוּטָה וּבַמַּיִם
נב הַחַיִּים וְהִזָּה אֶל־הַבַּיִת שֶׁבַע פְּעָמִים: וְחִטֵּא
אֶת־הַבַּיִת בְּדַם הַצִּפּוֹר וּבַמַּיִם הַחַיִּים וּבַצִּפֹּר
הַחַיָּה וּבְעֵץ הָאֶרֶז וּבָאֵזֹב וּבִשְׁנִי הַתּוֹלָעַת:
נג וְשִׁלַּח אֶת־הַצִּפֹּר הַחַיָּה אֶל־מִחוּץ לָעִיר
אֶל־פְּנֵי הַשָּׂדֶה וְכִפֶּר עַל־הַבַּיִת וְטָהֵר: זֹאת
נד הַתּוֹרָה לְכָל־נֶגַע הַצָּרַעַת וְלַנָּתֶק: וְלַצָּרַעַת
נה הַבֶּגֶד וְלַבָּיִת: וְלַשְׂאֵת וְלַסַּפַּחַת וְלַבֶּהָרֶת:
נז לְהוֹרֹת בְּיוֹם הַטָּמֵא וּבְיוֹם הַטָּהֹר זֹאת תּוֹרַת
הַצָּרָעַת:

מצרע

טו

א וַיְדַבֵּר יְהֹוָה אֶל־מֹשֶׁה וְאֶל־אַהֲרֹן לֵאמֹר: דַּבְּרוּ יא
אֶל־בְּנֵי יִשְׂרָאֵל וַאֲמַרְתֶּם אֲלֵהֶם אִישׁ אִישׁ כִּי

מצוה קעח
דיני טומאת זב

מו לְקַרְתָּא, לַאֲתַר מְסָאָב: וּדְיֵיעוֹל לְבֵיתָא, כָּל יוֹמִין דִּיסְגַּר יָתֵיהּ, יְהֵי מְסָאָב עַד רַמְשָׁא: וּדְיִשְׁכּוּב
מח בְּבֵיתָא, יְצַבַּע יָת לְבוּשׁוֹהִי, וּדְיֵיכוּל בְּבֵיתָא, יְצַבַּע יָת לְבוּשׁוֹהִי: וְאִם מֵיעַל יֵיעוֹל כָּהֲנָא,
וְיֶחֱזֵי וְהָא, לָא אוֹסִיף מַכְתָּשָׁא בְּבֵיתָא, בָּתַר דְּאִתַּשַּׁע יָת בֵּיתָא, וִידַכֵּי כָהֲנָא יָת בֵּיתָא, אֲרֵי
מט אִתַּסִּי מַכְתָּשָׁא: וְיִסַּב, לְדַכָּאָה יָת בֵּיתָא תַּרְתֵּין צִפְּרִין, וְאָעָא דְאַרְזָא, וּצְבַע זְהוֹרִי וְאֵיזוֹבָא:
נ וְיִכּוֹס יָת צִפְּרָא חֲדָא, לְמָן דַּחֲסַף עַל מֵי מַבּוּעַ: וְיִסַּב יָת אָעָא דְאַרְזָא, וְיָת אֵיזוֹבָא, וְיָת צְבַע
זְהוֹרִי, וְיָת צִפְּרָא חַיְתָא, וְיִטְבּוֹל יָתְהוֹן, בִּדְמָא דְצִפְּרָא דִנְכִיסְתָּא, וּבְמֵי מַבּוּעַ, וְיַדֵּי לְבֵיתָא
נב שְׁבַע זִמְנִין: וִידַכֵּי יָת בֵּיתָא, בִּדְמָא דְצִפְּרָא, וּבְמֵי מַבּוּעַ, וּבְצִפְּרָא חַיְתָא, וּבְאָעָא דְאַרְזָא
נג וּבְאֵיזוֹבָא וּבִצְבַע זְהוֹרִי: וִישַׁלַּח, יָת צִפְּרָא חַיְתָא, לְמִבָּרָא לְקַרְתָּא עַל אַפֵּי חַקְלָא, וִיכַפַּר
נד עַל בֵּיתָא וְיִדְכֵּי: דָּא אוֹרַיְתָא, לְכָל מַכְתַּשׁ סְגִירוּתָא וּלְנִתְקָא: וְלִסְגִירוּת לְבוּשָׁא וּלְבֵיתָא:
נה וּלְעָמְקָא וּלְעֲדֵיָּא וּלְבַהֲרָא: לְאַלָּפָא, בְּיוֹם מְסָאֲבָא וּבְיוֹם דָּכְיָא, דָּא אוֹרַיְתָא דִסְגִירוּתָא:

טו א וּמַלִּיל יְיָ, עִם מֹשֶׁה וּלְאַהֲרֹן לְמֵימָר: מַלִּילוּ עִם בְּנֵי יִשְׂרָאֵל, וְתֵימְרוּן לְהוֹן, גְּבַר גְּבַר, אֲרֵי

הֶרְפּוּי. מַה יַּעֲשֶׂה לוֹ? בִּיאָה אֲמוּרָה לְמַעְלָה
וּבִיאָה אֲמוּרָה לְמַטָּה (להלן פסוק מח), מַה בַּעֲלִיוֹנָה
חוֹלֵץ וְקוֹצֶה וְטָח וְנוֹתֵן לוֹ שָׁבוּעַ, דְּגָמַר לָהּ
זֶהוּ שִׂיבָה זֶהוּ בִּיאָה, אַף בַּפְּתִיחָנָה כֵּן וְכוּ',
כִּדְאִיתָא בְּתוֹרַת כֹּהֲנִים (פרשתא ז, ד-ט). גְּמָרוֹ שֶׁל
דָּבָר, אֵין נְתִיעָה אֶלָּא בְּנֶגַע הַחוֹזֵר אַחַר חֲלִיצָה
וְקוֹצֶה וְטִיחָה, וְאֵין הַחוֹזֵר צָרִיךְ פִּשְׂיוֹן. וְסֵדֶר
הַמִּקְרָאוֹת כָּךְ הוּא, "וְחָשׂ יָשׁוּב" (מג), "וְנָתַן"
(מה), "וְהִפָּח אֶל הַבַּיִת" (מו), "וְהָאוֹכֵל בַּבַּיִת" (מז),
"וּבָא הַכֹּהֵן וְרָאָה וְהִנֵּה פָשָׂה" (מג), וְדִבֵּר הַכָּתוּב
בְּעוֹמֵד בָּרִאשׁוֹן שֶׁנּוֹתְנִין לוֹ שָׁבוּעַ שֵׁנִי לְהַסְגִּירוֹ,
וּבְסוֹף שָׁבוּעַ שֵׁנִי לְהַסְגִּירוֹ בָּא וְרָאָהוּ שֶׁפָּשָׂה,
וּמַה יַּעֲשֶׂה לוֹ? חוֹלֵץ וְקוֹצֶה וְטָח וְנוֹתֵן לוֹ שָׁבוּעַ.
חָזַר — נוֹתֵץ, לֹא חָזַר — טָעוּן צִפֳּרִים, שֶׁאֵין
בִּנְגָעִים יוֹתֵר מִשְּׁלֹשָׁה שָׁבוּעוֹת. "וְחָשׂ בָּא יָבֹא"
(מח) לְסוֹף שָׁבוּעַ שֵׁנִי, "וְרָאָה וְהִנֵּה לֹא פָשָׂה",
מִקְרָא זֶה בָּא לְלַמֵּד בְּעוֹמֵד בְּעֵינָיו בָּרִאשׁוֹן
וּבַשֵּׁנִי. וּמַה יַּעֲשֶׂה לוֹ? יָכוֹל יִטַּהֲרֶנּוּ כְּמַשְׁמָעוֹ
שֶׁל מִקְרָא "וְטִהַר הַכֹּהֵן אֶת הַבַּיִת"? תַּלְמוּד
לוֹמַר: "כִּי נִרְפָּא הַנָּגַע", לֹא טִהַרְתִּי אֶלָּא אֶת
הֶרְפּוּי, וְאֵין כָּאן אֶלָּא הַבַּיִת שֶׁהִקְצָה וְהוּטַח

וְלֹא חָזַר הַנֶּגַע, אֲבָל זֶה טָעוּן חֲלִיצָה וּקְצִיעָה
וּטְחִיָה וְשָׁבוּעַ שְׁלִישִׁי. וְכֵן הַמִּקְרָא נִדְרָשׁ:
"וְחָשׂ בֹּא יָבֹא" בַּשֵּׁנִי, "וְרָאָה וְהִנֵּה לֹא פָשָׂה", יְטִיחֶנּוּ,
וְאֵין טִיחָה בְּלֹא חִלּוּץ וּקְצִיעָה. "וְאַחֲרֵי הַטּוֹחַ אֶת
הַבַּיִת, וְטִהַר הַכֹּהֵן אֶת הַבַּיִת" אִם לֹא חָזַר
לְסוֹף הַשָּׁבוּעַ, "כִּי נִרְפָּא הַנֶּגַע", וְאִם חָזַר, כְּבָר
פֵּרַשׁ עַל הַחוֹזֵר שֶׁטָּעוּן נְתִיצָה:

מו כָּל יְמֵי הִסְגִּיר אֹתוֹ. וְלֹא יָמִים שֶׁקְּלָפְךְ אֶת
נִגְעוֹ. יָכוֹל שֶׁאֲנִי מוֹצִיא הַמֻּחְלָט שֶׁקְּלָפְךְ אֶת
נִגְעוֹ? תַּלְמוּד לוֹמַר: "כָּל יְמֵי": יִטְמָא עַד הָעָרֶב.
מְלַמֵּד שֶׁאֵין מְטַמֵּא בְגָדִים. יָכוֹל אֲפִלּוּ שָׁהָה
בִּכְדֵי אֲכִילַת פְּרָס? תַּלְמוּד לוֹמַר: "וְהָאוֹכֵל בַּבַּיִת
יְכַבֵּס אֶת בְּגָדָיו" (להלן פסוק מז), אֵין לִי אֶלָּא אוֹכֵל,
שׁוֹכֵב מִנַּיִן? תַּלְמוּד לוֹמַר: "וְהַשּׁוֹכֵב". אֵין לִי
אֶלָּא אוֹכֵל וְשׁוֹכֵב, לֹא אוֹכֵל וְלֹא שׁוֹכֵב מִנַּיִן?
תַּלְמוּד לוֹמַר: "יְכַבֵּס". רִבָּה. אִם כֵּן לָמָּה
נֶאֱמַר: "אוֹכֵל" וְ"שׁוֹכֵב"? לִתֵּן שִׁעוּר לַשּׁוֹכֵב כְּדֵי
אֲכִילַת פְּרָס:

נז לְהוֹרֹת בְּיוֹם הַטָּמֵא וְגוֹ'. אֵיזֶהוּ יוֹם מְטַהֲרוֹ
וְאֵיזֶהוּ יוֹם מְטַמְּאוֹ:

ג יִהְיֶה זָב מִבְּשָׂרוֹ זוֹבוֹ טָמֵא הוּא׃ וְזֹאת תִּהְיֶה
טֻמְאָתוֹ בְּזוֹבוֹ רָר בְּשָׂרוֹ אֶת־זוֹבוֹ אוֹ־הֶחְתִּים
ד בְּשָׂרוֹ מִזּוֹבוֹ טֻמְאָתוֹ הִוא׃ כָּל־הַמִּשְׁכָּב אֲשֶׁר
יִשְׁכַּב עָלָיו הַזָּב יִטְמָא וְכָל־הַכְּלִי אֲשֶׁר־יֵשֵׁב
ה עָלָיו יִטְמָא׃ וְאִישׁ אֲשֶׁר יִגַּע בְּמִשְׁכָּבוֹ יְכַבֵּס
ו בְּגָדָיו וְרָחַץ בַּמַּיִם וְטָמֵא עַד־הָעָרֶב׃ וְהַיֹּשֵׁב
עַל־הַכְּלִי אֲשֶׁר־יֵשֵׁב עָלָיו הַזָּב יְכַבֵּס בְּגָדָיו
ז וְרָחַץ בַּמַּיִם וְטָמֵא עַד־הָעָרֶב׃ וְהַנֹּגֵעַ בִּבְשַׂר
הַזָּב יְכַבֵּס בְּגָדָיו וְרָחַץ בַּמַּיִם וְטָמֵא עַד־
ח הָעָרֶב׃ וְכִי־יָרֹק הַזָּב בַּטָּהוֹר וְכִבֶּס בְּגָדָיו וְרָחַץ
ט בַּמַּיִם וְטָמֵא עַד־הָעָרֶב׃ וְכָל־הַמֶּרְכָּב אֲשֶׁר
י יִרְכַּב עָלָיו הַזָּב יִטְמָא׃ וְכָל־הַנֹּגֵעַ בְּכֹל אֲשֶׁר
יִהְיֶה תַחְתָּיו יִטְמָא עַד־הָעָרֶב וְהַנּוֹשֵׂא אוֹתָם
יְכַבֵּס בְּגָדָיו וְרָחַץ בַּמַּיִם וְטָמֵא עַד־הָעָרֶב׃
יא וְכֹל אֲשֶׁר יִגַּע־בּוֹ הַזָּב וְיָדָיו לֹא־שָׁטַף בַּמָּיִם
וְכִבֶּס בְּגָדָיו וְרָחַץ בַּמַּיִם וְטָמֵא עַד־הָעָרֶב׃
יב וּכְלִי־חֶרֶשׂ אֲשֶׁר־יִגַּע־בּוֹ הַזָּב יִשָּׁבֵר וְכָל־כְּלִי־
יג עֵץ יִשָּׁטֵף בַּמָּיִם׃ וְכִי־יִטְהַר הַזָּב מִזּוֹבוֹ וְסָפַר

★ מצווה קעט
מצוות קרבן הזב

מצרע

פרק טו

ב כִּי יִהְיֶה זָב. יָכוֹל זָב מִכָּל מָקוֹם יְהֵא טָמֵא? תַּלְמוּד לוֹמַר: "מִבְּשָׂרוֹ", וְלֹא כָּל בְּשָׂרוֹ. אַחַר שֶׁחִלֵּק הַכָּתוּב בֵּין בָּשָׂר לְבָשָׂר, זָכִיתִי לָדוּן: טִמֵּא בְּזָב וְטִמֵּא בְּזָבָה, מָה זָבָה מִמָּקוֹם שֶׁהִיא מְטַמְּאָה טֻמְאָה קַלָּה – נִדָּה, מְטַמְּאָה

ג יְהֵי דָּאִיב מִבִּסְרֵיהּ, דּוֹבֵיהּ מְסָאַב הוּא: וְדָא, תְּהֵי סְאוֹבְתֵיהּ בְּדוֹבֵיהּ, רִיר בִּסְרֵיהּ יָת דּוֹבֵיהּ,
ד אוֹ חֲתִים בִּסְרֵיהּ מִדּוֹבֵיהּ, סְאוֹבְתֵיהּ הִיא: כָּל מִשְׁכְּבָא, דְּיִשְׁכּוֹב עֲלוֹהִי, דּוֹבָנָא יְהֵי מְסָאַב,
ה וְכָל מָנָא, דְּיִתֵּיב עֲלוֹהִי יְהֵי מְסָאַב: וּגְבַר, דְּיִקְרַב בְּמִשְׁכְּבֵיהּ, יְצַבַּע לְבוּשׁוֹהִי, וְיִסְחֵי בְמַיָּא
ו וִיהֵי מְסָאַב עַד רַמְשָׁא: וּדְיִתֵּיב עַל מָנָא, דְּיִתֵּיב עֲלוֹהִי דּוֹבָנָא, יְצַבַּע לְבוּשׁוֹהִי, וְיִסְחֵי בְמַיָּא
ז וִיהֵי מְסָאַב עַד רַמְשָׁא: וּדְיִקְרַב בִּבְסַר דּוֹבָנָא, יְצַבַּע לְבוּשׁוֹהִי, וְיִסְחֵי בְמַיָּא וִיהֵי מְסָאַב עַד
ח ט רַמְשָׁא: וַאֲרֵי יְרוֹק דּוֹבָנָא בִּדְכְיָא, וִיצַבַּע לְבוּשׁוֹהִי, וְיִסְחֵי בְמַיָּא וִיהֵי מְסָאַב עַד רַמְשָׁא: וְכָל
י מֶרְכְּבָא, דְּיִרְכּוֹב עֲלוֹהִי, דּוֹבָנָא יְהֵי מְסָאַב: וְכָל דְּיִקְרַב, בְּכָל דִּיהֵי תְּחוֹתוֹהִי, יְהֵי מְסָאַב עַד
יא רַמְשָׁא, וּדְיִטּוֹל יָתְהוֹן, יְצַבַּע לְבוּשׁוֹהִי, וְיִסְחֵי בְמַיָּא וִיהֵי מְסָאַב עַד רַמְשָׁא: וְכָל דְּיִקְרַב בֵּיהּ
יב דּוֹבָנָא, וִידוֹהִי לָא שְׁטִיף בְּמַיָּא, וִיצַבַּע לְבוּשׁוֹהִי, וְיִסְחֵי בְמַיָּא וִיהֵי מְסָאַב עַד רַמְשָׁא: וּמָן
יג דַּחֲסַף, דְּיִקְרַב בֵּיהּ דּוֹבָנָא יִתַּבַר, וְכָל מָן דְּאָע, יִשְׁתְּטֵיף בְּמַיָּא: וַאֲרֵי יִדְכֵּי דּוֹבָנָא מִדּוֹבֵיהּ, וְיִמְנֵי

טֻמְאָה חֲמוּרָה – זִיבָה, אַף הַזָּב מִמָּקוֹם שֶׁמְּטַמֵּא טֻמְאָה קַלָּה – קֶרִי, מְטַמֵּא טֻמְאָה חֲמוּרָה – זִיבָה: זוֹבוֹ טָמֵא. לִמֵּד עַל הַטִּפָּה שֶׁהִיא מְטַמְּאָה. זוֹב דּוֹמֶה לְמֵי בָצֵק שֶׁל שְׂעוֹרִין, וְדָחוּי, וְדוֹמֶה לְלֹבֶן בֵּיצָה הַמּוּזֶרֶת. שִׁכְבַת זֶרַע, קָשׁוּר כְּלֹבֶן בֵּיצָה שֶׁאֵינָהּ מוּזֶרֶת:

ג| רָר. לְשׁוֹן רִיר, שֶׁזָּב בְּשָׂרוֹ "אֶת זוֹבוֹ", כְּמוֹ רִיר שֶׁיּוֹצֵא צָלוּל: אוֹ הֶחְתִּים. שֶׁיּוֹצֵא עָב וְסוֹתֵם אֶת פִּי הָאַמָּה, וְנִסְתָּם בְּשָׂרוֹ מִטִּפַּת זוֹבוֹ, זֶהוּ פְּשׁוּטוֹ. וּמִדְרָשׁוֹ, מָנָה הַכָּתוּב הָרִאשׁוֹן רְאִיּוֹת שְׁתַּיִם וּקְרָאוֹ טָמֵא, שֶׁנֶּאֱמַר: "זָב מִבְּשָׂרוֹ זוֹבוֹ טָמֵא הוּא", וּמָנָה הַכָּתוּב הַשֵּׁנִי רְאִיּוֹת שָׁלֹשׁ וּקְרָאוֹ טָמֵא, שֶׁנֶּאֱמַר: "טֻמְאָתוֹ בְּזוֹבוֹ רָר בְּשָׂרוֹ אֶת זוֹבוֹ אוֹ הֶחְתִּים בְּשָׂרוֹ מִזּוֹבוֹ טֻמְאָתוֹ הִוא", הָא כֵּיצַד? שְׁתַּיִם לְטֻמְאָה וְהַשְּׁלִישִׁית מַזְקִיקָתוֹ לְקָרְבָּן:

ד| כָּל הַמִּשְׁכָּב. הָרָאוּי לְמִשְׁכָּב. יָכוֹל אֲפִלּוּ מְיֻחָד לִמְלָאכָה אַחֶרֶת? תַּלְמוּד לוֹמַר: "אֲשֶׁר יִשְׁכַּב", 'אֲשֶׁר שָׁכַב' לֹא נֶאֱמַר, אֶלָּא "אֲשֶׁר יִשְׁכַּב", הַמְיֻחָד תָּמִיד לְכָךְ, יָצָא זֶה שֶׁאוֹמְרִין לוֹ: 'עֲמֹד וְנַעֲשֶׂה מְלַאכְתֵּנוּ': אֲשֶׁר יֵשֵׁב. 'יָשַׁב' לֹא נֶאֱמַר, אֶלָּא "אֲשֶׁר יֵשֵׁב עָלָיו" הַזָּב, בִּמְיֻחָד תָּמִיד לְכָךְ:

ה| וְאִישׁ אֲשֶׁר יִגַּע בְּמִשְׁכָּבוֹ. לִמֵּד עַל הַמִּשְׁכָּב שֶׁחָמוּר מִן הַמַּגָּע, שֶׁזֶּה נַעֲשָׂה אַב הַטֻּמְאָה לְטַמֵּא אָדָם לְטַמֵּא בְגָדִים, וְהַמַּגָּע שֶׁאֵינוֹ מִשְׁכָּב אֵינוֹ אֶלָּא וְלַד הַטֻּמְאָה, וְאֵינוֹ מְטַמֵּא אֶלָּא אֳכָלִין וּמַשְׁקִין:

ו| וְהַיֹּשֵׁב עַל הַכְּלִי. אֲפִלּוּ לֹא נָגַע, אֲפִלּוּ עֲשָׂרָה כֵּלִים זֶה עַל זֶה כֻּלָּן מְטַמְּאִין מִשּׁוּם מוֹשָׁב, וְכֵן בְּמִשְׁכָּב:

ח| וְכִי יָרֹק הַזָּב בַּטָּהוֹר. וְנָגַע בּוֹ אוֹ נְשָׂאוֹ, שֶׁהָרֹק מְטַמֵּא בְּמַשָּׂא:

ט| וְכָל הַמֶּרְכָּב. אַף עַל פִּי שֶׁלֹּא יָשַׁב עָלָיו, כְּגוֹן הַתְּפוּס שֶׁל סַרְגָּא שֶׁקּוֹרִין אַרְצוֹ"ן, טָמֵא מִשּׁוּם מֶרְכָּב, וְהָאֻכָּף שֶׁקּוֹרִין אַלוּי"ש טָמֵא טֻמְאַת מוֹשָׁב:

י| וְכָל הַנֹּגֵעַ בְּכֹל אֲשֶׁר יִהְיֶה תַחְתָּיו. שֶׁל זָב, בָּא וְלִמֵּד עַל הַמֶּרְכָּב שֶׁיְּהֵא הַנּוֹגֵעַ בּוֹ טָמֵא וְאֵין טָעוּן כִּבּוּס בְּגָדִים, וְהוּא חֹמֶר בַּמִּשְׁכָּב מִבַּמֶּרְכָּב: וְהַנּוֹשֵׂא אוֹתָם. כָּל הָאָמוּר בְּעִנְיַן הַזָּב, זוֹבוֹ וְרֻקּוֹ וְשִׁכְבַת זַרְעוֹ וּמֵימֵי רַגְלָיו וְהַמִּשְׁכָּב וְהַמֶּרְכָּב, מַשָּׂאָן מְטַמֵּא אָדָם לְטַמֵּא בְּגָדִים:

יא| וְיָדָיו לֹא שָׁטַף בַּמָּיִם. בְּעוֹד שֶׁלֹּא טָבַל מִטֻּמְאָתוֹ, וַאֲפִלּוּ פָּסַק מִזּוֹבוֹ וְסָפַר שִׁבְעָה וּמְחֻסַּר טְבִילָה, מְטַמֵּא בְּכָל טֻמְאוֹתָיו. וְזֶה שֶׁהוֹצִיא הַכָּתוּב טְבִילַת גּוּפוֹ שֶׁל זָב בִּלְשׁוֹן שְׁטִיפַת יָדַיִם, לְלַמֶּדְךָ שֶׁאֵין בֵּית הַסְּתָרִים טָעוּן בִּיאַת מַיִם, אֶלָּא אֵיבָר הַגָּלוּי כְּמוֹ הַיָּדַיִם:

יב| וּכְלִי חֶרֶשׂ אֲשֶׁר יִגַּע בּוֹ הַזָּב. יָכוֹל אֲפִלּוּ נָגַע בּוֹ מֵאֲחוֹרָיו וְכוּ', כִּדְאִיתָא בְּתוֹרַת כֹּהֲנִים (פרשתא ג, א-ב), עַד אֵיזֶהוּ מַגָּעוֹ שֶׁהוּא בְּכֻלּוֹ, הֱוֵי אוֹמֵר זֶה הֶסֵּטוֹ:

יג| וְכִי יִטְהַר. כְּשֶׁיִּפְסֹק: שִׁבְעַת יָמִים לְטָהֳרָתוֹ. שִׁבְעַת יָמִים טְהוֹרִים מִטֻּמְאַת זִיבָה שֶׁלֹּא יִרְאֶה זוֹב, וְכֻלָּן רְצוּפִין.

ויקרא

לוֹ שִׁבְעַת יָמִים לְטָהֳרָת֑וֹ וְכִבֶּ֧ס בְּגָדָ֛יו וְרָחַ֥ץ
בְּשָׂר֛וֹ בְּמַ֥יִם חַיִּ֖ים וְטָהֵֽר: וּבַיּ֣וֹם הַשְּׁמִינִ֗י יִקַּֽח־ יד
ל֣וֹ שְׁתֵּ֣י תֹרִ֔ים א֥וֹ שְׁנֵ֖י בְּנֵ֣י יוֹנָ֑ה וּבָ֣א ׀ לִפְנֵ֣י יְהֹוָ֗ה
אֶל־פֶּ֙תַח֙ אֹ֣הֶל מוֹעֵ֔ד וּנְתָנָ֖ם אֶל־הַכֹּהֵֽן: וְעָשָׂ֤ה טו
אֹתָם֙ הַכֹּהֵ֔ן אֶחָ֥ד חַטָּ֖את וְהָאֶחָ֣ד עֹלָ֑ה וְכִפֶּ֨ר
עָלָ֧יו הַכֹּהֵ֛ן לִפְנֵ֥י יְהֹוָ֖ה מִזּוֹבֽוֹ: וְאִ֕ישׁ טז

ששי
/ שביעי

כִּֽי־תֵצֵ֥א מִמֶּ֖נּוּ שִׁכְבַת־זָ֑רַע וְרָחַ֥ץ בַּמַּ֛יִם אֶת־

מצווה קפ
דיני טומאת שכבת זרע

כָּל־בְּשָׂר֖וֹ וְטָמֵ֥א עַד־הָעָֽרֶב: וְכָל־בֶּ֣גֶד וְכָל־ יז
ע֔וֹר אֲשֶׁר־יִהְיֶ֥ה עָלָ֖יו שִׁכְבַת־זָ֑רַע וְכֻבַּ֥ס בַּמַּ֖יִם
וְטָמֵ֥א עַד־הָעָֽרֶב: וְאִשָּׁ֕ה אֲשֶׁ֨ר יִשְׁכַּ֥ב אִ֛ישׁ יח
אֹתָ֖הּ שִׁכְבַת־זָ֑רַע וְרָחֲצ֣וּ בַמַּ֔יִם וְטָמְא֖וּ עַד־
הָעָֽרֶב:

וְאִשָּׁה֙ כִּֽי־תִהְיֶ֣ה זָבָ֔ה דָּ֛ם יִהְיֶ֥ה זֹבָ֖הּ בִּבְשָׂרָ֑הּ יט

מצווה קפא
דיני טומאת נידה

שִׁבְעַ֤ת יָמִים֙ תִּהְיֶ֣ה בְנִדָּתָ֔הּ וְכָל־הַנֹּגֵ֥עַ בָּ֖הּ יִטְמָ֥א
עַד־הָעָֽרֶב: וְכֹל֩ אֲשֶׁ֨ר תִּשְׁכַּ֥ב עָלָ֛יו בְּנִדָּתָ֖הּ כ
יִטְמָ֑א וְכֹ֛ל אֲשֶׁר־תֵּשֵׁ֥ב עָלָ֖יו יִטְמָֽא: וְכָל־הַנֹּגֵ֖עַ כא
בְּמִשְׁכָּבָ֑הּ יְכַבֵּ֧ס בְּגָדָ֛יו וְרָחַ֥ץ בַּמַּ֖יִם וְטָמֵ֥א עַד־
הָעָֽרֶב: וְכָ֨ל־הַנֹּגֵ֔עַ בְּכָל־כְּלִ֖י אֲשֶׁר־תֵּשֵׁ֣ב עָלָ֑יו כב
יְכַבֵּ֧ס בְּגָדָ֛יו וְרָחַ֥ץ בַּמַּ֖יִם וְטָמֵ֥א עַד־הָעָֽרֶב:
וְאִ֨ם עַֽל־הַמִּשְׁכָּ֜ב ה֗וּא א֧וֹ עַֽל־הַכְּלִ֛י אֲשֶׁר־הִ֥וא כג
יֹשֶֽׁבֶת־עָלָ֖יו בְּנָגְעוֹ־ב֑וֹ יִטְמָ֖א עַד־הָעָֽרֶב: וְאִ֡ם כד

מצורע

שָׁכֹב יִשְׁכַּב אִישׁ אֹתָהּ וּתְהִי נִדָּתָהּ עָלָיו וְטָמֵא שִׁבְעַת יָמִים וְכָל־הַמִּשְׁכָּב אֲשֶׁר־יִשְׁכַּב עָלָיו יִטְמָא: וְאִשָּׁה כִּי־יָזוּב זוֹב דָּמָהּ יָמִים רַבִּים בְּלֹא עֶת־נִדָּתָהּ אוֹ כִי־תָזוּב עַל־

מצוה קפב דיני טומאת זבה

יד לֵיהּ, שַׁבְעָא יוֹמִין, לְדָכוּתֵיהּ וִיצַבַּע לְבוּשׁוֹהִי, וְיַסְחֵי בִּסְרֵיהּ, בְּמֵי מַבּוּעַ וְיִדְכֵּי: וּבְיוֹמָא תְמִינָאָה, יִסַּב לֵיהּ תַּרְתֵּין שַׁפְנִינִין, אוֹ תְּרֵין בְּנֵי יוֹנָה, וְיֵיתֵי לִקֳדָם יְיָ, לִתְרַע מַשְׁכַּן זִמְנָא, וְיִתְּנִנּוּן
טו לְכָהֲנָא: וְיַעְבֵּיד יָתְהוֹן כַּהֲנָא, חַד חַטָּאתָא, וְחַד עֲלָתָא, וִיכַפַּר עֲלוֹהִי כַהֲנָא, קֳדָם יְיָ מִדּוֹבֵיהּ:
טז וּגְבַר, אֲרֵי תִפּוֹק מִנֵּיהּ שִׁכְבַת זַרְעָא, וְיַסְחֵי בְמַיָּא, יָת כָּל בִּסְרֵיהּ וִיהֵי מְסָאָב עַד רַמְשָׁא: וְכָל
יז לְבוּשׁ וְכָל מְשַׁךְ, דִּיהֵי עֲלוֹהִי שִׁכְבַת זַרְעָא, וְיִצְטַבַּע בְּמַיָּא וִיהֵי מְסָאָב עַד רַמְשָׁא: וְאִתְּתָא,
יח דְּיִשְׁכּוּב גְּבַר, יָתַהּ שִׁכְבַת זַרְעָא, וְיַסְחוּן בְּמַיָּא, וִיהוֹן מְסָאֲבִין עַד רַמְשָׁא: וְאִתְּתָא אֲרֵי תְהֵי
יט דָּיְבָא, דַּם, יְהֵי דּוֹבַהּ בְּבִסְרַהּ, שַׁבְעָא יוֹמִין תְּהֵי בְרִיחוּקַהּ, וְכָל דְּיִקְרַב בַּהּ יְהֵי מְסָאָב עַד
כ רַמְשָׁא: וְכָל דְּתִשְׁכּוּב עֲלוֹהִי, בְּרִיחוּקַהּ יְהֵי מְסָאָב, וְכָל, דְּתֵתֵיב עֲלוֹהִי יְהֵי מְסָאָב: וְכָל דְּיִקְרַב
כא בְּמִשְׁכְּבַהּ, יְצַבַּע לְבוּשׁוֹהִי, וְיַסְחֵי בְמַיָּא וִיהֵי מְסָאָב עַד רַמְשָׁא: וְכָל דְּיִקְרַב, בְּכָל מָנָא דְּתֵתִיב
כב עֲלוֹהִי, יְצַבַּע לְבוּשׁוֹהִי, וְיַסְחֵי בְמַיָּא וִיהֵי מְסָאָב עַד רַמְשָׁא: וְאִם עַל מִשְׁכְּבָא הוּא, אוֹ עַל
כג מָנָא, דְּהִיא יָתְבָא עֲלוֹהִי בְּמִקְרְבֵיהּ בֵּיהּ, יְהֵי מְסָאָב עַד רַמְשָׁא: וְאִם, מִשְׁכַּב יִשְׁכּוּב גְּבַר
כד יָתַהּ, וּתְהֵי רִיחוּקַהּ עֲלוֹהִי, וִיהֵי מְסָאָב שַׁבְעָא יוֹמִין, וְכָל מִשְׁכְּבָא, דְּיִשְׁכּוּב עֲלוֹהִי יְהֵי
כה מְסָאָב: וְאִתְּתָא, אֲרֵי יְדוּב דּוֹב דְּמַהּ יוֹמִין סַגִּיאִין, בְּלָא עִדָּן רִיחוּקַהּ, אוֹ אֲרֵי תְדוּב עַל

יח **וְרָחֲצוּ בַמָּיִם.** גְּזֵרַת מֶלֶךְ הִיא שֶׁתִּטַּמֵּא הָאִשָּׁה בְּבִיאָה, וְאֵין הַטַּעַם מִשּׁוּם נוֹגֵעַ בְּשִׁכְבַת זֶרַע, שֶׁהֲרֵי מַגַּע בֵּית הַסְּתָרִים הוּא:

יט **כִּי תִהְיֶה זָבָה.** יָכוֹל מֵאֶחָד מִכָּל אֵיבָרֶיהָ? תַּלְמוּד לוֹמַר "וְהִוא גִּלְּתָה אֶת מְקוֹר דָּמֶיהָ" (להלן כ, יח), אֵין דָּם מְטַמֵּא אֶלָּא הַבָּא מִן הַמָּקוֹר. **דָּם יִהְיֶה זֹבָהּ בִּבְשָׂרָהּ.** אֵין זוֹבָהּ קָרוּי זוֹב לְטַמֵּא אֶלָּא אִם כֵּן הוּא אָדֹם: **בְּנִדָּתָהּ.** כְּמוֹ "וּמִתַּבָּל יִנָּדוּ" (איוב יח, יח), שֶׁהִיא מְנֻדָּה מִמַּגַּע כָּל אָדָם: **תִּהְיֶה בְנִדָּתָהּ.** אֲפִלּוּ לֹא רָאֲתָה אֶלָּא רְאִיָּה רִאשׁוֹנָה:

כג **וְאִם עַל הַמִּשְׁכָּב הוּא.** הַשּׁוֹכֵב אוֹ הַיּוֹשֵׁב עַל מִשְׁכָּבָהּ אוֹ עַל מוֹשָׁבָהּ, אֲפִלּוּ לֹא נָגַע בּוֹ, אַף הוּא בְּדַת טֻמְאָה הָאֲמוּרָה בַּמִּקְרָא הָעֶלְיוֹן, שֶׁטָּעוּן כִּבּוּס בְּגָדִים: **עַל הַכְּלִי.** לְרַבּוֹת אֶת הַמֶּרְכָּב: **בְּנָגְעוֹ בוֹ יִטְמָא.** אֵינוֹ מְדַבֵּר חֵלֶק עַל הַמֶּרְכָּב שֶׁנִּתְרַבָּה מֵ"עַל הַכְּלִי": **בְּנָגְעוֹ בוֹ יִטְמָא.** וְאֵינוֹ טָעוּן כִּבּוּס בְּגָדִים, שֶׁהַמֶּרְכָּב אֵין מַגָּעוֹ מְטַמֵּא אָדָם לְטַמֵּא בְגָדִים:

כד **וּתְהִי נִדָּתָהּ עָלָיו.** יָכוֹל יַעֲלֶה לְרַגְלָהּ, שֶׁאִם בָּא עָלֶיהָ חֲמִישִׁי לְנִדָּתָהּ לֹא יִטְמָא אֶלָּא שְׁלֹשָׁה יָמִים כְּמוֹתָהּ? תַּלְמוּד לוֹמַר: "וְטָמֵא שִׁבְעַת יָמִים". וּמַה תַּלְמוּד לוֹמַר: "וּתְהִי נִדָּתָהּ עָלָיו"? מַה הִיא מְטַמְּאָה אָדָם וּכְלִי חֶרֶס, אַף הוּא מְטַמֵּא אָדָם וּכְלִי חֶרֶס:

כה **יָמִים רַבִּים. שְׁלֹשָׁה יָמִים. בְּלֹא עֶת נִדָּתָהּ.** אַחַר שֶׁיָּצְאוּ שִׁבְעַת יְמֵי נִדָּתָהּ: **אוֹ כִי תָזוּב.** אֶת שְׁלֹשֶׁת הַיָּמִים הַלָּלוּ: **עַל נִדָּתָהּ.** מֻפְלָג מִנִּדָּתָהּ יוֹם אֶחָד, זוֹ הִיא זָבָה, וּמִשְׁפָּטָהּ חָלוּק בְּפָרָשָׁה זוֹ, וְלֹא כְדַת הַנִּדָּה, שֶׁזּוֹ טְעוּנָה סְפִירַת שִׁבְעָה

ויקרא

נִדָּתָהּ כָּל־יְמֵ֞י ז֣וֹב טֻמְאָתָ֗הּ כִּימֵ֧י נִדָּתָ֛הּ תִּֽהְיֶ֖ה
כו טְמֵאָ֥ה הִֽוא: כָּֽל־הַמִּשְׁכָּ֞ב אֲשֶׁר־תִּשְׁכַּ֤ב עָלָיו֙
כָּל־יְמֵ֣י זוֹבָ֔הּ כְּמִשְׁכַּ֥ב נִדָּתָ֖הּ יִֽהְיֶה־לָּ֑הּ וְכָֽל־הַכְּלִי֙
אֲשֶׁ֣ר תֵּשֵׁ֣ב עָלָ֔יו טָמֵ֣א יִֽהְיֶ֔ה כְּטֻמְאַ֖ת נִדָּתָֽהּ:
כז וְכָל־הַנּוֹגֵ֥עַ בָּ֖ם יִטְמָ֑א וְכִבֶּ֧ס בְּגָדָ֛יו וְרָחַ֥ץ בַּמַּ֖יִם

מצוה קפג
מצוות קרבן זבה

כח וְטָמֵ֥א עַד־הָעָֽרֶב: וְאִֽם־טָהֲרָ֖ה מִזּוֹבָ֑הּ וְסָ֣פְרָה־
שביעי לָּ֛הּ שִׁבְעַ֥ת יָמִ֖ים וְאַחַ֥ר תִּטְהָֽר: וּבַיּ֣וֹם הַשְּׁמִינִ֗י
תִּֽקַּֽח־לָהּ֙ שְׁתֵּ֣י תֹרִ֔ים א֥וֹ שְׁנֵ֖י בְּנֵ֣י יוֹנָ֑ה וְהֵבִיאָ֤ה
ל אוֹתָם֙ אֶל־הַכֹּהֵ֔ן אֶל־פֶּ֖תַח אֹ֥הֶל מוֹעֵֽד: וְעָשָׂ֣ה
הַכֹּהֵ֗ן אֶת־הָאֶחָ֣ד חַטָּ֔את וְאֶת־הָאֶחָ֖ד עֹלָ֑ה
וְכִפֶּ֨ר עָלֶ֤יהָ הַכֹּהֵן֙ לִפְנֵ֣י יְהֹוָ֔ה מִזּ֖וֹב טֻמְאָתָֽהּ:
מפטיר וְהִזַּרְתֶּ֥ם אֶת־בְּנֵֽי־יִשְׂרָאֵ֖ל מִטֻּמְאָתָ֑ם וְלֹ֤א יָמֻ֙תוּ֙ לא
בְּטֻמְאָתָ֔ם בְּטַמְּאָ֥ם אֶת־מִשְׁכָּנִ֖י אֲשֶׁ֥ר בְּתוֹכָֽם:
לב זֹ֥את תּוֹרַ֖ת הַזָּ֑ב וַאֲשֶׁ֨ר תֵּצֵ֥א מִמֶּ֛נּוּ שִׁכְבַת־

לג זָרַע לְטָמְאָה־בָהּ: וְהַדָּוָה בְּנִדָּתָהּ וְהַזָּב אֶת־
זוֹבוֹ לַזָּכָר וְלַנְּקֵבָה וּלְאִישׁ אֲשֶׁר יִשְׁכַּב עִם־
טְמֵאָה:

כו רִיחוּקַהּ, כָּל יוֹמֵי דוּב סְאוֹבְתַהּ, כְּיוֹמֵי רִיחוּקַהּ, תְּהֵי מְסָאֲבָא הִיא: כָּל מִשְׁכְּבָא, דְּתִשְׁכּוּב
עֲלוֹהִי כָּל יוֹמֵי דוּבַהּ, כְּמִשְׁכַּב רִיחוּקַהּ יְהֵי לַהּ, וְכָל מָנָא דְּתֵתֵיב עֲלוֹהִי, מְסָאַב יְהֵי,
כז כְּסוֹאֲבַת רִיחוּקַהּ: וְכָל דְּיִקְרַב בְּהוֹן יְהֵי מְסָאַב, וִיצַבַּע לְבוּשׁוֹהִי, וְיִסְחֵי בְּמַיָּא וִיהֵי מְסָאַב
כח כט עַד רַמְשָׁא: וְאִם דְּכִיאַת מִדּוּבַהּ, וְתִמְנֵי לַהּ, שִׁבְעָא יוֹמִין וּבָתַר כֵּן תִּדְכֵּי: וּבְיוֹמָא תְּמִינָאָה,
תִּסַּב לַהּ תַּרְתֵּין שַׁפְנִינִין, אוֹ תְּרֵין בְּנֵי יוֹנָה, וְתַיְתֵי יָתְהוֹן לְוָת כָּהֲנָא, לִתְרַע מַשְׁכַּן זִמְנָא:
ל וְיַעֲבֵיד כָּהֲנָא יָת חַד חַטָּתָא, וְיָת חַד עֲלָתָא, וִיכַפַּר עֲלַהּ כָּהֲנָא קֳדָם יְיָ, מִדּוּב סְאוֹבְתַהּ:
לא וְתַפְרְשׁוּן יָת בְּנֵי יִשְׂרָאֵל מִסּוֹאֲבָתְהוֹן, וְלָא יְמוּתוּן בְּסוֹאֲבָתְהוֹן, בְּסַאוֹבֵיהוֹן יָת מַשְׁכְּנִי
לב לג דְּבֵינֵיהוֹן: דָּא אוֹרָיְתָא דְּדוֹבָנָא, וּדְתִפּוֹק מִנֵּיהּ, שִׁכְבַת זַרְעָא לְאִסְתַּאָבָא בַהּ: וְלִדְסָאוֹבְתַהּ
בְּרִיחוּקַהּ, וְלִדְדָאִיב יָת דּוֹבֵיהּ, לִדְכַר וּלְנֻקְבָא, וּלְגְבַר, דְּיִשְׁכּוּב עִם מְסָאַבְתָּא:

נְקִיִּים וְקָרְבָּן, וְהַנִּדָּה אֵינָהּ טְעוּנָה סְפִירַת שִׁבְעָה נְקִיִּים, אֶלָּא "שִׁבְעַת יָמִים תִּהְיֶה בְנִדָּתָהּ" (לעיל פסוק יט), בֵּין רוֹאָה בֵּין שֶׁאֵינָהּ רוֹאָה. וְדָרְשׁוּ בְּפָרָשָׁה זוֹ אַחַד עָשָׂר יוֹם שֶׁבֵּין סוֹף נִדָּה לִתְחִלַּת נִדָּה, שֶׁכָּל שְׁלֹשָׁה רְצוּפִין שֶׁתִּרְאֶה בְּאַחַד עָשָׂר יוֹם הַלָּלוּ תְּהֵא זָבָה:

לא] וְהִזַּרְתֶּם. אֵין נְזִירָה אֶלָּא פְּרִישָׁה, וְכֵן "נָזֹרוּ אָחוֹר" (ישעיה א, ד), וְכֵן "נְזִיר אֶחָיו" (בראשית מט, כו):

וְלֹא יָמֻתוּ בְּטֻמְאָתָם. הֲרֵי הַכָּרֵת שֶׁל מְטַמֵּא מִקְדָּשׁ קָרוּי מִיתָה:

לב] זֹאת תּוֹרַת הַזָּב. בַּעַל רְאִיָּה אַחַת, וּמַהוּ תּוֹרָתוֹ? וַאֲשֶׁר תֵּצֵא מִמֶּנּוּ שִׁכְבַת זֶרַע. הֲרֵי הוּא כְּבַעַל קֶרִי, טָמֵא טֻמְאַת עֶרֶב:

לג] וְהַזָּב אֶת זוֹבוֹ. בַּעַל שְׁתֵּי רְאִיּוֹת וּבַעַל שָׁלֹשׁ רְאִיּוֹת, שֶׁתּוֹרָתָן מְפֹרֶשֶׁת לְמַעְלָה:

הפטרת מצרע

הפטרה לפרשת מצרע גם כאשר תזריע ומצרע מחוברות. בשבת הגדול קוראים את ההפטרה בעמ' 1295. בראש חודש אייר קוראים את המפטיר מספר במדבר כח, ט-טו, ואת ההפטרה בעמ' 1284. בערב ראש חודש אייר קוראים את ההפטרה בעמ' 1285.

המצור הארמי על שומרון בימי אלישע הנביא בודד את בירת ישראל. מחוץ לעיר שהו ארבעה מצורעים. הרעב הקשה שפגע בעיר פגע גם בהם, והם החליטו לנסות למצוא מזון אצל הצבא הארמי. בהתקרבם לארם גילו מחנה נטוש שיושביו ברחו בבהלה והותירו אחריהם מזון ורכוש רב. המצורעים ברעבם התנפלו על השלל עד שמילאו כל תאוותם. אז שבו לעיר וסיפרו את שראו עיניהם. לאחר שבדקו את אמיתות הדברים, נהנו גם אנשי העיר מהשלל.

מעניין לציין שדווקא המצורעים הם שגילו שהמצור הוסר. בפנייתם לאנשי העיר לזכות גם אותם בשפע, הפסיקו לחשוב על עצמם ותיקנו את כישלונם ובידודם כמצורעים. במעשה זה הביאו טובה לאנשי העיר ולעצמם.

מלכים ב
התימנים מתחילים כאן

א ז וַיֹּאמֶר אֱלִישָׁע שִׁמְעוּ דְּבַר־יְהוָה כֹּה ׀ אָמַר יְהוָה כָּעֵת ׀ מָחָר סְאָה־
ב סֹלֶת בְּשֶׁקֶל וְסָאתַיִם שְׂעֹרִים בְּשֶׁקֶל בְּשַׁעַר שֹׁמְרוֹן: וַיַּעַן הַשָּׁלִישׁ
אֲשֶׁר לַמֶּלֶךְ נִשְׁעָן עַל־יָדוֹ אֶת־אִישׁ הָאֱלֹהִים וַיֹּאמַר הִנֵּה יְהוָה
עֹשֶׂה אֲרֻבּוֹת בַּשָּׁמַיִם הֲיִהְיֶה הַדָּבָר הַזֶּה וַיֹּאמֶר הִנְּכָה רֹאֶה בְּעֵינֶיךָ

האשכנזים והספרדים מתחילים כאן

ג וּמִשָּׁם לֹא תֹאכֵל: *וְאַרְבָּעָה אֲנָשִׁים הָיוּ מְצֹרָעִים פֶּתַח
הַשָּׁעַר וַיֹּאמְרוּ אִישׁ אֶל־רֵעֵהוּ מָה אֲנַחְנוּ יֹשְׁבִים פֹּה עַד־מָתְנוּ:
ד אִם־אָמַרְנוּ נָבוֹא הָעִיר וְהָרָעָב בָּעִיר וָמַתְנוּ שָׁם וְאִם־יָשַׁבְנוּ פֹה
וָמָתְנוּ וְעַתָּה לְכוּ וְנִפְּלָה אֶל־מַחֲנֵה אֲרָם אִם־יְחַיֻּנוּ נִחְיֶה וְאִם־
ה יְמִיתֻנוּ וָמָתְנוּ: וַיָּקֻמוּ בַנֶּשֶׁף לָבוֹא אֶל־מַחֲנֵה אֲרָם וַיָּבֹאוּ עַד־
ו קְצֵה מַחֲנֵה אֲרָם וְהִנֵּה אֵין־שָׁם אִישׁ: וַאדֹנָי הִשְׁמִיעַ ׀ אֶת־מַחֲנֵה
אֲרָם קוֹל רֶכֶב קוֹל סוּס קוֹל חַיִל גָּדוֹל וַיֹּאמְרוּ אִישׁ אֶל־אָחִיו
הִנֵּה שָׂכַר־עָלֵינוּ מֶלֶךְ יִשְׂרָאֵל אֶת־מַלְכֵי הַחִתִּים וְאֶת־מַלְכֵי
ז מִצְרַיִם לָבוֹא עָלֵינוּ: וַיָּקוּמוּ וַיָּנוּסוּ בַנֶּשֶׁף וַיַּעַזְבוּ אֶת־אָהֳלֵיהֶם
וְאֶת־סוּסֵיהֶם וְאֶת־חֲמֹרֵיהֶם הַמַּחֲנֶה כַּאֲשֶׁר הִיא וַיָּנֻסוּ אֶל־
ח נַפְשָׁם: וַיָּבֹאוּ הַמְצֹרָעִים הָאֵלֶּה עַד־קְצֵה הַמַּחֲנֶה וַיָּבֹאוּ אֶל־אֹהֶל
אֶחָד וַיֹּאכְלוּ וַיִּשְׁתּוּ וַיִּשְׂאוּ מִשָּׁם כֶּסֶף וְזָהָב וּבְגָדִים וַיֵּלְכוּ וַיַּטְמִנוּ
ט וַיָּשֻׁבוּ וַיָּבֹאוּ אֶל־אֹהֶל אַחֵר וַיִּשְׂאוּ מִשָּׁם וַיֵּלְכוּ וַיַּטְמִנוּ: וַיֹּאמְרוּ
אִישׁ אֶל־רֵעֵהוּ לֹא־כֵן ׀ אֲנַחְנוּ עֹשִׂים הַיּוֹם הַזֶּה יוֹם־בְּשֹׂרָה הוּא
וַאֲנַחְנוּ מַחְשִׁים וְחִכִּינוּ עַד־אוֹר הַבֹּקֶר וּמְצָאָנוּ עָווֹן וְעַתָּה לְכוּ

י וְנָבֹאָה וְנַגִּידָה בֵּית הַמֶּלֶךְ׃ וַיָּבֹאוּ וַיִּקְרְאוּ אֶל־שֹׁעֵר הָעִיר וַיַּגִּידוּ
לָהֶם לֵאמֹר בָּאנוּ אֶל־מַחֲנֵה אֲרָם וְהִנֵּה אֵין־שָׁם אִישׁ וְקוֹל אָדָם
יא כִּי אִם־הַסּוּס אָסוּר וְהַחֲמוֹר אָסוּר וְאֹהָלִים כַּאֲשֶׁר הֵמָּה׃ וַיִּקְרָא
יב הַשֹּׁעֲרִים וַיַּגִּידוּ בֵּית הַמֶּלֶךְ פְּנִימָה׃ וַיָּקָם הַמֶּלֶךְ לַיְלָה וַיֹּאמֶר אֶל־
עֲבָדָיו אַגִּידָה־נָּא לָכֶם אֵת אֲשֶׁר־עָשׂוּ לָנוּ אֲרָם יָדְעוּ כִּי־רְעֵבִים
אֲנַחְנוּ וַיֵּצְאוּ מִן־הַמַּחֲנֶה לְהֵחָבֵה בהשדה לֵאמֹר כִּי־יֵצְאוּ מִן־ בַשָּׂדֶה
יג הָעִיר וְנִתְפְּשֵׂם חַיִּים וְאֶל־הָעִיר נָבֹא׃ וַיַּעַן אֶחָד מֵעֲבָדָיו וַיֹּאמֶר
וְיִקְחוּ־נָא חֲמִשָּׁה מִן־הַסּוּסִים הַנִּשְׁאָרִים אֲשֶׁר נִשְׁאֲרוּ־בָהּ הִנָּם
כְּכָל־ההמון יִשְׂרָאֵל אֲשֶׁר נִשְׁאֲרוּ־בָהּ הִנָּם כְּכָל־הֲמוֹן יִשְׂרָאֵל הֶהָמוֹן
יד אֲשֶׁר־תָּמּוּ וְנִשְׁלְחָה וְנִרְאֶה׃ וַיִּקְחוּ שְׁנֵי רֶכֶב סוּסִים וַיִּשְׁלַח הַמֶּלֶךְ
טו אַחֲרֵי מַחֲנֵה־אֲרָם לֵאמֹר לְכוּ וּרְאוּ׃ וַיֵּלְכוּ אַחֲרֵיהֶם עַד־הַיַּרְדֵּן
וְהִנֵּה כָל־הַדֶּרֶךְ מְלֵאָה בְגָדִים וְכֵלִים אֲשֶׁר־הִשְׁלִיכוּ אֲרָם בהחפזם בְּחָפְזָם
טז וַיָּשֻׁבוּ הַמַּלְאָכִים וַיַּגִּדוּ לַמֶּלֶךְ׃ וַיֵּצֵא הָעָם וַיָּבֹזּוּ אֵת מַחֲנֵה אֲרָם
וַיְהִי סְאָה־סֹלֶת בְּשֶׁקֶל וְסָאתַיִם שְׂעֹרִים בְּשֶׁקֶל כִּדְבַר יְהוָה׃
יז וְהַמֶּלֶךְ הִפְקִיד אֶת־הַשָּׁלִישׁ אֲשֶׁר־נִשְׁעָן עַל־יָדוֹ עַל־הַשַּׁעַר
וַיִּרְמְסֻהוּ הָעָם בַּשַּׁעַר וַיָּמֹת כַּאֲשֶׁר דִּבֶּר אִישׁ הָאֱלֹהִים אֲשֶׁר דִּבֶּר
יח בְּרֶדֶת הַמֶּלֶךְ אֵלָיו׃ וַיְהִי כְּדַבֵּר אִישׁ הָאֱלֹהִים אֶל־הַמֶּלֶךְ לֵאמֹר
סָאתַיִם שְׂעֹרִים בְּשֶׁקֶל וּסְאָה־סֹלֶת בְּשֶׁקֶל יִהְיֶה כָּעֵת מָחָר בְּשַׁעַר
יט שֹׁמְרוֹן׃ וַיַּעַן הַשָּׁלִישׁ אֶת־אִישׁ הָאֱלֹהִים וַיֹּאמַר וְהִנֵּה יהוה עֹשֶׂה
אֲרֻבּוֹת בַּשָּׁמַיִם הֲיִהְיֶה כַּדָּבָר הַזֶּה וַיֹּאמֶר הִנְּךָ רֹאֶה בְּעֵינֶיךָ וּמִשָּׁם
כ לֹא תֹאכֵל׃ וַיְהִי־לוֹ כֵּן וַיִּרְמְסוּ אֹתוֹ הָעָם בַּשַּׁעַר וַיָּמֹת׃
כז כג וַיָּחָן יהוה אֹתָם וַיְרַחֲמֵם וַיִּפֶן אֲלֵיהֶם לְמַעַן בְּרִיתוֹ אֶת־אַבְרָהָם התימנים מוסיפים
יִצְחָק וְיַעֲקֹב וְלֹא אָבָה הַשְׁחִיתָם וְלֹא־הִשְׁלִיכָם מֵעַל־פָּנָיו עַד־
עָתָּה׃

פרשת אחרי מות

אחרי מות

טז א וַיְדַבֵּר יהוה אֶל־מֹשֶׁה אַחֲרֵי מוֹת שְׁנֵי בְּנֵי
ב אַהֲרֹן בְּקָרְבָתָם לִפְנֵי־יהוה וַיָּמֻתוּ: וַיֹּאמֶר
יהוה אֶל־מֹשֶׁה דַּבֵּר אֶל־אַהֲרֹן אָחִיךָ וְאַל־
יָבֹא בְכָל־עֵת אֶל־הַקֹּדֶשׁ מִבֵּית לַפָּרֹכֶת אֶל־
פְּנֵי הַכַּפֹּרֶת אֲשֶׁר עַל־הָאָרֹן וְלֹא יָמוּת כִּי בֶּעָנָן
ג אֵרָאֶה עַל־הַכַּפֹּרֶת: בְּזֹאת יָבֹא אַהֲרֹן אֶל־
הַקֹּדֶשׁ בְּפַר בֶּן־בָּקָר לְחַטָּאת וְאַיִל לְעֹלָה:
ד כְּתֹנֶת־בַּד קֹדֶשׁ יִלְבָּשׁ וּמִכְנְסֵי־בַד יִהְיוּ עַל־
בְּשָׂרוֹ וּבְאַבְנֵט בַּד יַחְגֹּר וּבְמִצְנֶפֶת בַּד יִצְנֹף
בִּגְדֵי־קֹדֶשׁ הֵם וְרָחַץ בַּמַּיִם אֶת־בְּשָׂרוֹ וּלְבֵשָׁם:
ה וּמֵאֵת עֲדַת בְּנֵי יִשְׂרָאֵל יִקַּח שְׁנֵי־שְׂעִירֵי עִזִּים
ו לְחַטָּאת וְאַיִל אֶחָד לְעֹלָה: וְהִקְרִיב אַהֲרֹן
אֶת־פַּר הַחַטָּאת אֲשֶׁר־לוֹ וְכִפֶּר בַּעֲדוֹ וּבְעַד
ז בֵּיתוֹ: וְלָקַח אֶת־שְׁנֵי הַשְּׂעִירִם וְהֶעֱמִיד אֹתָם
ח לִפְנֵי יהוה פֶּתַח אֹהֶל מוֹעֵד: וְנָתַן אַהֲרֹן עַל־
שְׁנֵי הַשְּׂעִירִם גֹּרָלוֹת גּוֹרָל אֶחָד לַיהוה וְגוֹרָל
ט אֶחָד לַעֲזָאזֵל: וְהִקְרִיב אַהֲרֹן אֶת־הַשָּׂעִיר
אֲשֶׁר עָלָה עָלָיו הַגּוֹרָל לַיהוה וְעָשָׂהוּ חַטָּאת:

מצווה קפד
הגבלת הכניסה למקדש שלא בעת עבודה

מצווה קפה
מצוות עבודת יום הכיפורים

טז א וּמַלֵּיל יי עִם מֹשֶׁה, בָּתַר דְּמִיתוּ, תְּרֵין בְּנֵי אַהֲרֹן, בְּקָרוֹבֵיהוֹן אִישָּׁתָא נֻכְרֵיתָא קֳדָם יי
ב וּמִיתוּ: וַאֲמַר יי לְמֹשֶׁה, מַלֵּיל עִם אַהֲרֹן אֲחוּךְ, וְלָא יְהֵי עָלֵיל בְּכָל עִדָּן לְקֻדְשָׁא, מִגָּיו
לְפָרֻכְתָּא, לִקְדָם כַּפֻּרְתָּא, דְּעַל אֲרוֹנָא וְלָא יְמוּת, אֲרֵי בַעֲנָנָא, אֲנָא מִתְגְּלֵי עַל בֵּית כַּפּוּרֵי:
ג בְּדָא, יְהֵי עָלֵיל אַהֲרֹן לְקֻדְשָׁא, בְּתוֹר בַּר תּוֹרֵי, לְחַטָּתָא וּדְכַר לַעֲלָתָא: כִּתּוּנָא דְבוּצָא
ד דְּקֻדְשָׁא יִלְבַּשׁ, וּמִכְנְסִין דְּבוּץ יְהוֹן עַל בִּסְרֵיהּ, וְהִמְיָנָא דְבוּצָא יֵיסַר, וּמַצְנֶפְתָּא דְבוּצָא
ה יַחֵית בְּרֵישֵׁיהּ, לְבוּשֵׁי קֻדְשָׁא אִנּוּן, וְיַסְחֵי בְמַיָּא, יָת בִּסְרֵיהּ וְיִלְבְּשִׁנּוּן: וּמִן כְּנִשְׁתָּא דִּבְנֵי
ו יִשְׂרָאֵל, יִסַּב, תְּרֵין צְפִירֵי עִזֵּי לְחַטָּתָא, וּדְכַר חַד לַעֲלָתָא: וִיקָרֵיב אַהֲרֹן, יָת תּוֹרָא דְּחַטָּתָא
ז דִּילֵיהּ, וִיכַפַּר עֲלוֹהִי וְעַל אֱנַשׁ בֵּיתֵיהּ: וְיִסַּב יָת תְּרֵין צְפִירִין, וִיקִים יָתְהוֹן קֳדָם יי, בִּתְרַע
ח מַשְׁכַּן זִמְנָא: וְיִתֵּין אַהֲרֹן, עַל תְּרֵין צְפִירִין עַדְבִין, עַדְבָא חַד לִשְׁמָא דַיי, וְעַדְבָא חַד
ט לַעֲזָאזֵל: וִיקָרֵיב אַהֲרֹן יָת צְפִירָא, דִּסְלֵיק עֲלוֹהִי, עַדְבָא לִשְׁמָא דַיי, וְיַעְבְּדִנֵּיהּ חַטָּתָא:

א] **וַיְדַבֵּר ה׳ אֶל מֹשֶׁה אַחֲרֵי מוֹת שְׁנֵי בְּנֵי אַהֲרֹן וְגוֹ׳.** מַה תַּלְמוּד לוֹמַר? הָיָה רַבִּי אֶלְעָזָר בֶּן עֲזַרְיָה מוֹשְׁלוֹ מָשָׁל, לְחוֹלֶה שֶׁנִּכְנַס אֶצְלוֹ רוֹפֵא, אָמַר לוֹ: אַל תֹּאכַל צוֹנֵן וְאַל תִּשְׁכַּב בְּטַחַב. בָּא אַחֵר וְאָמַר לוֹ: אַל תֹּאכַל צוֹנֵן וְאַל תִּשְׁכַּב בְּטַחַב, שֶׁלֹּא תָמוּת כְּדֶרֶךְ שֶׁמֵּת פְּלוֹנִי; זֶה זֵרְזוֹ יוֹתֵר מִן הָרִאשׁוֹן, לְכָךְ נֶאֱמַר: "אַחֲרֵי מוֹת שְׁנֵי בְּנֵי אַהֲרֹן":

ב] **וַיֹּאמֶר ה׳ אֶל מֹשֶׁה דַּבֵּר אֶל אַהֲרֹן אָחִיךָ וְאַל יָבֹא.** שֶׁלֹּא יָמוּת כְּדֶרֶךְ שֶׁמֵּתוּ בָנָיו: **וְלֹא יָמוּת.** שֶׁאִם בָּא, הוּא מֵת: **כִּי בֶּעָנָן אֵרָאֶה.** כִּי תָמִיד אֲנִי נִרְאֶה שָׁם עִם עַמּוּד עֲנָנִי. וּלְפִי שֶׁגִּלּוּי שְׁכִינָתִי שָׁם, יִזָּהֵר שֶׁלֹּא יַרְגִּיל לָבֹא, זֶהוּ פְּשׁוּטוֹ. וּמִדְרָשׁוֹ, אַל יָבֹא כִּי אִם בַּעֲנַן הַקְּטֹרֶת בְּיוֹם הַכִּפּוּרִים:

ג] **בְּזֹאת.** גִּימַטְרִיָּא שֶׁלּוֹ אַרְבַּע מֵאוֹת וְעֶשֶׂר, רֶמֶז לְבַיִת רִאשׁוֹן: **בְּזֹאת יָבֹא אַהֲרֹן וְגוֹ׳.** וְאַף זוֹ לֹא בְּכָל עֵת, כִּי אִם בְּיוֹם הַכִּפּוּרִים, כְּמוֹ שֶׁמְּפֹרָשׁ בְּסוֹף הַפָּרָשָׁה: "בַּחֹדֶשׁ הַשְּׁבִיעִי בֶּעָשׂוֹר לַחֹדֶשׁ" (להלן פסוק כט):

ד] **כְּתֹנֶת בַּד וְגוֹ׳.** מַגִּיד שֶׁאֵינוֹ מְשַׁמֵּשׁ לִפְנִים בִּשְׁמוֹנָה בְגָדִים שֶׁהוּא מְשַׁמֵּשׁ בָּהֶן בַּחוּץ, שֶׁיֵּשׁ בָּהֶן זָהָב, לְפִי שֶׁאֵין קָטֵגוֹר נַעֲשֶׂה סָנֵגוֹר, אֶלָּא בְּאַרְבָּעָה כְּכֹהֵן הֶדְיוֹט, וְכֻלָּן שֶׁל בּוּץ: **קֹדֶשׁ יִלְבָּשׁ.** שֶׁיִּהְיוּ מִשֶּׁל הֶקְדֵּשׁ: **יִצְנֹף.** כְּתַרְגּוּמוֹ 'יַחֵית בְּרֵישֵׁיהּ', יַנִּיחַ בְּרֹאשׁוֹ, כְּמוֹ: "וַתַּנַּח בִּגְדוֹ" (בראשית לט, טז), 'וְאַחֲתֵיתֵיהּ': **וְרָחַץ בַּמַּיִם.** אוֹתוֹ הַיּוֹם טָעוּן טְבִילָה בְּכָל חֲלִיפוֹתָיו, וְחָמֵשׁ פְּעָמִים הָיָה מַחֲלִיף מֵעֲבוֹדַת פְּנִים לַעֲבוֹדַת חוּץ וּמֵחוּץ לִפְנִים, וּמְשַׁנֶּה מִבִּגְדֵי זָהָב לְבִגְדֵי לָבָן וּמִבִּגְדֵי לָבָן לְבִגְדֵי זָהָב, וּבְכָל חֲלִיפָה טָעוּן טְבִילָה וּשְׁנֵי קִדּוּשֵׁי יָדַיִם וְרַגְלַיִם מִן הַכִּיּוֹר:

ו] **אֶת פַּר הַחַטָּאת אֲשֶׁר לוֹ.** הָאָמוּר לְמַעְלָה (פסוק ג), וְלִמֶּדְךָ כָּאן שֶׁמִּשֶּׁלּוֹ הוּא בָא וְלֹא מִשֶּׁל צִבּוּר: **וְכִפֶּר בַּעֲדוֹ וּבְעַד בֵּיתוֹ.** מִתְוַדֶּה עָלָיו עֲוֹנוֹתָיו וַעֲוֹנוֹת בֵּיתוֹ:

ח] **וְנָתַן אַהֲרֹן עַל שְׁנֵי הַשְּׂעִירִם גֹּרָלוֹת.** מַעֲמִיד אֶחָד לְיָמִין וְאֶחָד לִשְׂמֹאל, וְנוֹתֵן שְׁתֵּי יָדָיו בַּקַּלְפֵּי, וְנוֹטֵל גּוֹרָל בְּיָמִין וַחֲבֵרוֹ בִּשְׂמֹאל וְנוֹתֵן עֲלֵיהֶם, אֶת שֶׁכָּתוּב בּוֹ לַשֵּׁם הוּא לַשֵּׁם, וְאֶת שֶׁכָּתוּב בּוֹ לַעֲזָאזֵל מִשְׁתַּלֵּחַ לַעֲזָאזֵל: **עֲזָאזֵל.** הוּא הַר עַז וְקָשֶׁה, צוּק גָּבוֹהַּ, שֶׁנֶּאֱמַר: "אֶרֶץ גְּזֵרָה" (להלן פסוק כב), חֲתוּכָה:

ט] **וְעָשָׂהוּ חַטָּאת.** כְּשֶׁמַּנִּיחַ הַגּוֹרָל עָלָיו קוֹרֵא לוֹ שֵׁם וְאוֹמֵר: 'לַה׳ חַטָּאת':

ויקרא טז

י וְהַשָּׂעִיר אֲשֶׁר עָלָה עָלָיו הַגּוֹרָל לַעֲזָאזֵל יָעֳמַד־חַי לִפְנֵי יהוה לְכַפֵּר עָלָיו לְשַׁלַּח אֹתוֹ לַעֲזָאזֵל הַמִּדְבָּרָה: יא וְהִקְרִיב אַהֲרֹן אֶת־פַּר הַחַטָּאת אֲשֶׁר־לוֹ וְכִפֶּר בַּעֲדוֹ וּבְעַד בֵּיתוֹ וְשָׁחַט אֶת־פַּר הַחַטָּאת אֲשֶׁר־לוֹ: יב וְלָקַח מְלֹא־הַמַּחְתָּה גַּחֲלֵי־אֵשׁ מֵעַל הַמִּזְבֵּחַ מִלִּפְנֵי יהוה וּמְלֹא חָפְנָיו קְטֹרֶת סַמִּים דַּקָּה וְהֵבִיא מִבֵּית לַפָּרֹכֶת: יג וְנָתַן אֶת־הַקְּטֹרֶת עַל־הָאֵשׁ לִפְנֵי יהוה וְכִסָּה ׀ עֲנַן הַקְּטֹרֶת אֶת־הַכַּפֹּרֶת אֲשֶׁר עַל־הָעֵדוּת וְלֹא יָמוּת: יד וְלָקַח מִדַּם הַפָּר וְהִזָּה בְאֶצְבָּעוֹ עַל־פְּנֵי הַכַּפֹּרֶת קֵדְמָה וְלִפְנֵי הַכַּפֹּרֶת יַזֶּה שֶׁבַע־פְּעָמִים מִן־הַדָּם בְּאֶצְבָּעוֹ: טו וְשָׁחַט אֶת־שְׂעִיר הַחַטָּאת אֲשֶׁר לָעָם וְהֵבִיא אֶת־דָּמוֹ אֶל־מִבֵּית לַפָּרֹכֶת וְעָשָׂה אֶת־דָּמוֹ כַּאֲשֶׁר עָשָׂה לְדַם הַפָּר וְהִזָּה אֹתוֹ עַל־הַכַּפֹּרֶת וְלִפְנֵי הַכַּפֹּרֶת: טז וְכִפֶּר עַל־הַקֹּדֶשׁ מִטֻּמְאֹת בְּנֵי יִשְׂרָאֵל וּמִפִּשְׁעֵיהֶם לְכָל־חַטֹּאתָם וְכֵן יַעֲשֶׂה לְאֹהֶל מוֹעֵד הַשֹּׁכֵן אִתָּם בְּתוֹךְ טֻמְאֹתָם: יז וְכָל־אָדָם לֹא־יִהְיֶה ׀ בְּאֹהֶל מוֹעֵד בְּבֹאוֹ לְכַפֵּר בַּקֹּדֶשׁ עַד־צֵאתוֹ וְכִפֶּר בַּעֲדוֹ וּבְעַד בֵּיתוֹ וּבְעַד כָּל־קְהַל יִשְׂרָאֵל: שני יח וְיָצָא אֶל־

אחרי מות

הַמִּזְבֵּחַ אֲשֶׁר לִפְנֵי־יהוה וְכִפֶּר עָלָיו וְלָקַח מִדַּם
הַפָּר וּמִדַּם הַשָּׂעִיר וְנָתַן עַל־קַרְנוֹת הַמִּזְבֵּחַ

י וְצִפְרָא, דְּסָלֵיק עֲלוֹהִי עַדְבָא לַעֲזָאזֵל, יִתָּקַם כַּד חַי, קֳדָם יי לְכַפָּרָא עֲלוֹהִי, לְשַׁלָּחָא יָתֵיהּ,
יא לַעֲזָאזֵל לְמַדְבְּרָא: וִיקָרֵיב אַהֲרֹן, יָת תּוֹרָא דְחַטָּתָא דִילֵיהּ, וִיכַפַּר עֲלוֹהִי וְעַל אֱנָשׁ בֵּיתֵיהּ,
יב וְיִכּוֹס, יָת תּוֹרָא דְחַטָּתָא דִילֵיהּ: וְיִסַּב מְלֵי מַחְתִּיתָא, גֻּמְרִין דְּאִישָּׁא, מֵעִלָּוֵי מַדְבְּחָא מִן
קֳדָם יי, וּמְלֵי חֻפְנוֹהִי, קְטֹרֶת בּוּסְמִין דַּקִּיקִין: וְיָעֵיל מִגָּיו לְפָרֻכְתָּא: וְיִתֵּן יָת קְטֹרְתָּא בְסַמָּיָא,
יג עַל אִישָּׁתָא קֳדָם יי, וִיחַפֵּי עֲנַן קְטָרְתָּא, יָת כַּפֻּרְתָּא, דְּעַל סָהֲדוּתָא וְלָא יְמוּת: וְיִסַּב מִדְּמָא
יד דְתוֹרָא, וְיַדֵּי בְאֶצְבְּעֵיהּ, עַל אַפֵּי כַפֻּרְתָּא קִדּוּמָא, וְלִקֳדָם כַּפֻּרְתָּא, יַדֵּי שְׁבַע זִמְנִין, מִן דְּמָא
בְאֶצְבְּעֵיהּ: וְיִכּוֹס, יָת צְפִירָא דְחַטָּתָא דִלְעַמָּא, וְיָעֵיל יָת דְּמֵיהּ, לְמִגָּיו לְפָרֻכְתָּא, וְיַעֲבֵיד
טו לִדְמֵיהּ, כְּמָא דַעֲבַד לִדְמָא דְתוֹרָא, וְיַדֵּי יָתֵיהּ, עַל כַּפֻּרְתָּא וְלִקֳדָם כַּפֻּרְתָּא: וִיכַפַּר עַל
טז קֻדְשָׁא, מִסּוֹאֲבַת בְּנֵי יִשְׂרָאֵל, וּמִמֶּרְדֵיהוֹן לְכָל חֲטָאֵיהוֹן, וְכֵן יַעֲבֵיד לְמַשְׁכַּן זִמְנָא,
דְּשָׁרֵי עִמְּהוֹן, בְּגוֹ סוֹאֲבָתְהוֹן: וְכָל אֱנָשׁ, לָא יְהֵי בְּמַשְׁכַּן זִמְנָא, בְּמֵיעֲלֵיהּ, לְכַפָּרָא בְקֻדְשָׁא
יז עַד מִפְּקֵיהּ, וִיכַפַּר עֲלוֹהִי וְעַל אֱנָשׁ בֵּיתֵיהּ, וְעַל כָּל קְהָלָא דְיִשְׂרָאֵל: וְיִפּוֹק, לְמַדְבְּחָא,
יח דִּקֳדָם יי וִיכַפַּר עֲלוֹהִי, וְיִסַּב, מִדְּמָא דְתוֹרָא וּמִדְּמָא דִצְפִירָא, וְיִתֵּין, עַל קַרְנַת מַדְבְּחָא

י יָעֳמַד חָי. כְּמוֹ "יָעֳמַד חַי, עַל יְדֵי אֲחֵרִים, וְתַרְגּוּמוֹ: "יִתָּקַם כַּד חַי". מַה תַּלְמוּד לוֹמַר? לְפִי שֶׁנֶּאֱמַר: "לְשַׁלַּח אוֹתוֹ לַעֲזָאזֵל", וְאֵינִי יוֹדֵעַ שִׁלּוּחוֹ אִם לְמִיתָה אִם לְחַיִּים, לְכָךְ נֶאֱמַר: "יָעֳמַד חַי", עֲמִידָתוֹ חַי עַד שֶׁיִּשְׁתַּלֵּחַ, מִכָּאן שֶׁשִּׁלּוּחוֹ לְמִיתָה: לְכַפֵּר עָלָיו. שֶׁיִּתְוַדֶּה עָלָיו, כִּדְכְתִיב: "וְהִתְוַדָּה עָלָיו" וְגוֹ' (להלן פסוק כא).

יא וְכִפֶּר בַּעֲדוֹ וְגוֹ'. וִדּוּי שֵׁנִי, עָלָיו וְעַל אֶחָיו הַכֹּהֲנִים, שֶׁהֵם כֻּלָּם קְרוּיִים 'בֵּיתוֹ', שֶׁנֶּאֱמַר: "בֵּית אַהֲרֹן בָּרְכוּ אֶת ה'" וְגוֹ' (תהלים קלה, יט), מִכָּאן שֶׁהַכֹּהֲנִים מִתְכַּפְּרִים בּוֹ. וְכָל כַּפָּרָתָן אֵינָהּ אֶלָּא עַל טֻמְאַת מִקְדָּשׁ וְקָדָשָׁיו, כְּמוֹ שֶׁנֶּאֱמַר: "וְכִפֶּר עַל הַקֹּדֶשׁ מִטֻּמְאֹת" וְגוֹ' (להלן פסוק טז).

יב מֵעַל הַמִּזְבֵּחַ. הַחִיצוֹן: מִלִּפְנֵי ה'. מִצַּד שֶׁלִּפְנֵי הַפֶּתַח, וְהוּא צַד מַעֲרָבִי: דַּקָּה. מַה תַּלְמוּד לוֹמַר "דַּקָּה"? וַהֲלֹא כָל הַקְּטֹרֶת דַּקָּה הִיא, שֶׁנֶּאֱמַר: "וְשָׁחַקְתָּ מִמֶּנָּה הָדֵק" (שמות ל, לו)! אֶלָּא שֶׁתְּהֵא דַּקָּה מִן הַדַּקָּה, שֶׁבְּעֶרֶב יוֹם הַכִּפּוּרִים הָיָה מַחֲזִירָהּ לַמַּכְתֶּשֶׁת.

יג עַל הָאֵשׁ. שֶׁבְּתוֹךְ הַמַּחְתָּה: וְלֹא יָמוּת. הָא אִם לֹא עֲשָׂאָהּ כְּתִקְנָהּ חַיָּב מִיתָה:

יד וְהִזָּה בְאֶצְבָּעוֹ. הַזָּאָה אַחַת בַּמַּשְׁמָע: וְלִפְנֵי הַכַּפֹּרֶת יַזֶּה שֶׁבַע. הֲרֵי אַחַת לְמַעְלָה וְשֶׁבַע לְמַטָּה:

טו אֲשֶׁר לָעָם. מַה שֶּׁהַפָּר מְכַפֵּר עַל הַכֹּהֲנִים, מְכַפֵּר הַשָּׂעִיר עַל יִשְׂרָאֵל, וְהוּא הַשָּׂעִיר שֶׁעָלָה עָלָיו הַגּוֹרָל לַשֵּׁם: כַּאֲשֶׁר עָשָׂה לְדַם הַפָּר. אַחַת לְמַעְלָה וְשֶׁבַע לְמַטָּה:

טז מִטֻּמְאֹת בְּנֵי יִשְׂרָאֵל. עַל הַנִּכְנָסִין לַמִּקְדָּשׁ בְּטֻמְאָה וְלֹא נוֹדַע לָהֶם בַּסּוֹף, שֶׁנֶּאֱמַר: "לְכָל חַטֹּאתָם", וְחַטָּאת הִיא שׁוֹגֵג: וּמִפִּשְׁעֵיהֶם. אַף הַנִּכְנָסִין מֵזִיד בְּטֻמְאָה: וְכֵן יַעֲשֶׂה לְאֹהֶל מוֹעֵד. כְּשֵׁם שֶׁהָיָה מַזֶּה מִשְּׁנֵיהֶם בִּפְנִים אַחַת לְמַעְלָה וְשֶׁבַע לְמַטָּה, כָּךְ מַזֶּה עַל הַפָּרֹכֶת מִבַּחוּץ מִשְּׁנֵיהֶם אַחַת לְמַעְלָה וְשֶׁבַע לְמַטָּה: הַשֹּׁכֵן אִתָּם בְּתוֹךְ טֻמְאֹתָם. אַף עַל פִּי שֶׁהֵם טְמֵאִים, שְׁכִינָה בֵינֵיהֶם:

יח אֶל הַמִּזְבֵּחַ אֲשֶׁר לִפְנֵי ה'. זֶה מִזְבַּח הַזָּהָב שֶׁהוּא לִפְנֵי ה' בַּהֵיכָל. וּמַה תַּלְמוּד לוֹמַר "וְיָצָא"? לְפִי שֶׁהִזָּה הַהַזָּאוֹת עַל הַפָּרֹכֶת וְעָמַד מִן הַמִּזְבֵּחַ וְלִפְנִים וְהִזָּה, וּבְמַתְּנוֹת הַמִּזְבֵּחַ הִזְקִיקוֹ לָצֵאת מִן הַמִּזְבֵּחַ וְלַחוּץ וְיַתְחִיל מִקֶּרֶן מִזְרָחִית צְפוֹנִית:

ויקרא טז

סָבִ֑יב׃ וְהִזָּ֨ה עָלָ֧יו מִן־הַדָּ֛ם בְּאֶצְבָּע֖וֹ שֶׁ֣בַע פְּעָמִ֑ים וְטִהֲר֣וֹ וְקִדְּשׁ֔וֹ מִטֻּמְאֹ֖ת בְּנֵ֥י יִשְׂרָאֵֽל׃ כ וְכִלָּה֙ מִכַּפֵּ֣ר אֶת־הַקֹּ֔דֶשׁ וְאֶת־אֹ֥הֶל מוֹעֵ֖ד וְאֶת־הַמִּזְבֵּ֑חַ וְהִקְרִ֖יב אֶת־הַשָּׂעִ֥יר הֶחָֽי׃ כא וְסָמַ֨ךְ אַהֲרֹ֜ן אֶת־שְׁתֵּ֣י יָדָ֗יו עַ֣ל רֹ֣אשׁ הַשָּׂעִיר֮ הַחַי֒ וְהִתְוַדָּ֣ה עָלָ֗יו אֶת־כָּל־עֲוֺנֹת֙ בְּנֵ֣י יִשְׂרָאֵ֔ל וְאֶת־כָּל־פִּשְׁעֵיהֶ֖ם לְכָל־חַטֹּאתָ֑ם וְנָתַ֤ן אֹתָם֙ עַל־רֹ֣אשׁ הַשָּׂעִ֔יר וְשִׁלַּ֛ח בְּיַד־אִ֥ישׁ עִתִּ֖י הַמִּדְבָּֽרָה׃ כב וְנָשָׂ֨א הַשָּׂעִ֥יר עָלָ֛יו אֶת־כָּל־עֲוֺנֹתָ֖ם אֶל־אֶ֣רֶץ גְּזֵרָ֑ה וְשִׁלַּ֥ח אֶת־הַשָּׂעִ֖יר בַּמִּדְבָּֽר׃ כג וּבָ֤א אַהֲרֹן֙ אֶל־אֹ֣הֶל מוֹעֵ֔ד וּפָשַׁט֙ אֶת־בִּגְדֵ֣י הַבָּ֔ד אֲשֶׁ֥ר לָבַ֖שׁ בְּבֹא֣וֹ אֶל־הַקֹּ֑דֶשׁ וְהִנִּיחָ֖ם שָֽׁם׃ כד וְרָחַ֨ץ אֶת־בְּשָׂר֤וֹ בַמַּ֙יִם֙ בְּמָק֣וֹם קָד֔וֹשׁ וְלָבַ֖שׁ אֶת־בְּגָדָ֑יו וְיָצָ֗א וְעָשָׂ֤ה אֶת־עֹֽלָתוֹ֙ וְאֶת־עֹלַ֣ת הָעָ֔ם וְכִפֶּ֥ר בַּעֲד֖וֹ וּבְעַ֥ד הָעָֽם׃ כה וְאֵ֛ת חֵ֥לֶב הַֽחַטָּ֖את יַקְטִ֥יר הַמִּזְבֵּֽחָה׃ כו וְהַֽמְשַׁלֵּ֤חַ אֶת־הַשָּׂעִיר֙ לַֽעֲזָאזֵ֔ל יְכַבֵּ֣ס בְּגָדָ֔יו וְרָחַ֥ץ אֶת־בְּשָׂר֖וֹ בַּמָּ֑יִם וְאַחֲרֵי־כֵ֖ן יָב֥וֹא אֶל־הַֽמַּחֲנֶֽה׃ כז וְאֵת֩ פַּ֨ר הַחַטָּ֜את וְאֵ֣ת ׀ שְׂעִ֣יר הַֽחַטָּ֗את אֲשֶׁ֨ר הוּבָ֤א אֶת־דָּמָם֙ לְכַפֵּ֣ר בַּקֹּ֔דֶשׁ יוֹצִ֖יא אֶל־מִח֣וּץ לַֽמַּחֲנֶ֑ה וְשָׂרְפ֣וּ בָאֵ֔שׁ

שלישי
/ שני /

אחרי מות

יט סְחוֹר סְחוֹר: וְיַדֵּי עֲלוֹהִי מִן דְּמָא, בְּאֶצְבְּעֵיהּ שְׁבַע זִמְנִין, וְיַדַכֵּינֵיהּ וִיקַדְּשִׁנֵּיהּ, מִסּוֹאֲבַת בְּנֵי
כ יִשְׂרָאֵל: וִישֵׁיצֵי מִלְּכַפָּרָא עַל קֻדְשָׁא, וְעַל מַשְׁכַּן זִמְנָא וְעַל מַדְבְּחָא, וִיקָרֵיב יָת צְפִירָא חַיָּא:
כא וְיִסְמוֹךְ אַהֲרֹן יָת תַּרְתֵּין יְדוֹהִי, עַל רֵישׁ צְפִירָא חַיָּא, וִיוַדֵּי עֲלוֹהִי, יָת כָּל עֲוָיָת בְּנֵי יִשְׂרָאֵל, וְיָת
כָּל מְרָדֵיהוֹן לְכָל חֲטָאֵיהוֹן, וְיִתֵּין יָתְהוֹן עַל רֵישׁ צְפִירָא, וִישַׁלַּח, בְּיַד גְּבַר דִּזְמִין לִמְהָךְ לְמַדְבְּרָא:
כב כג וְיִטּוֹל צְפִירָא עֲלוֹהִי, יָת כָּל עֲוָיָתְהוֹן לַאֲרַע דְּלָא יָתְבָא, וִישַׁלַּח יָת צְפִירָא בְּמַדְבְּרָא: וְיֵיעוֹל
כד אַהֲרֹן לְמַשְׁכַּן זִמְנָא, וְיַשְׁלַח יָת לְבוּשֵׁי בוּצָא, דִּלְבַשׁ בְּמֵיעַלֵיהּ לְקֻדְשָׁא, וְיַצְנְעִנּוּן תַּמָּן: וְיַסְחֵי
יָת בִּסְרֵיהּ בְּמַיָּא בַּאֲתַר קַדִּישׁ, וְיִלְבַּשׁ יָת לְבוּשׁוֹהִי, וְיִפּוֹק, וְיַעֲבֵיד יָת עֲלָתֵיהּ וְיָת עֲלַת עַמָּא,
כה כו וִיכַפַּר עֲלוֹהִי וְעַל עַמָּא: וְיָת, תַּרְבֵּי חַטָּאתָא יַסֵּיק לְמַדְבְּחָא: וּדְמוֹבִיל יָת צְפִירָא לַעֲזָאזֵל, יְצַבַּע
כז לְבוּשׁוֹהִי, וְיַסְחֵי יָת בִּסְרֵיהּ בְּמַיָּא, וּבָתַר כֵּן יֵיעוֹל לְמַשְׁרִיתָא: וְיָת תּוֹרָא דְחַטָּתָא, וְיָת צְפִירָא
דְּחַטָּתָא, דְּאִתָּעַל מִדְּמְהוֹן לְכַפָּרָא בְּקֻדְשָׁא, יִתַּפְּקוּן לְמִבָּרָא לְמַשְׁרִיתָא, וְיוֹקְדוּן בְּנוּרָא,

וְכִפֶּר עָלָיו. וּמַה הִיא כַּפָּרָתוֹ? "וְלָקַח מִדַּם הַפָּר וּמִדַּם הַשָּׂעִיר" – מְעֹרָבִין זֶה לְתוֹךְ זֶה:

יט **וְהִזָּה עָלָיו מִן הַדָּם.** אַחַר שֶׁנָּתַן מַתָּנוֹת בְּאֶצְבָּעוֹ עַל קַרְנוֹתָיו, מַזֶּה שֶׁבַע הַזָּאוֹת עַל גַּגּוֹ: **וְטִהֲרוֹ.** מִמַּה שֶּׁעָבַר: **וְקִדְּשׁוֹ.** לֶעָתִיד לָבֹא:

כא **אִישׁ עִתִּי.** הַמּוּכָן לְכָךְ מִיּוֹם אֶתְמוֹל:

כג **וּבָא אַהֲרֹן אֶל אֹהֶל מוֹעֵד.** אָמְרוּ רַבּוֹתֵינוּ שֶׁאֵין זֶה מְקוֹמוֹ שֶׁל מִקְרָא זֶה, וְנָתְנוּ טַעַם לְדִבְרֵיהֶם בְּמַסֶּכֶת יוֹמָא (דף לב ע"א) וְאָמְרוּ, כָּל הַפָּרָשָׁה כֻּלָּהּ נֶאֶמְרָה עַל הַסֵּדֶר חוּץ מִבִּיאָה זוֹ, שֶׁהִיא אַחַר עֲשִׂיַּת עוֹלָתוֹ וְעוֹלַת הָעָם וְהַקְטָרַת אֵמוּרֵי פַר וְשָׂעִיר שֶׁנַּעֲשִׂים בַּחוּץ בְּבִגְדֵי זָהָב, וְטוֹבֵל וּמְקַדֵּשׁ וּפוֹשְׁטָן וְלוֹבֵשׁ בִּגְדֵי לָבָן, וּבָא אֶל אֹהֶל מוֹעֵד לְהוֹצִיא אֶת הַכַּף וְאֶת הַמַּחְתָּה שֶׁהִקְטִיר בָּהּ הַקְּטֹרֶת לִפְנַי וְלִפְנִים: **וּפָשַׁט אֶת בִּגְדֵי הַבָּד.** אַחַר שֶׁהוֹצִיאָם, וְלוֹבֵשׁ בִּגְדֵי זָהָב לְתָמִיד שֶׁל בֵּין הָעַרְבַּיִם. וְזֶהוּ סֵדֶר הָעֲבוֹדוֹת: תָּמִיד שֶׁל שַׁחַר בְּבִגְדֵי זָהָב, וַעֲבוֹדַת פַּר וְשָׂעִיר הַפְּנִימִיִּים וּקְטֹרֶת שֶׁל מַחְתָּה בְּבִגְדֵי לָבָן, וְאֵילוֹ וְאֵיל הָעָם וּמִקְצָת הַמּוּסָפִין בְּבִגְדֵי זָהָב, וְהוֹצָאַת כַּף וּמַחְתָּה בְּבִגְדֵי לָבָן, וּשְׁיָרֵי הַמּוּסָפִין וְתָמִיד שֶׁל בֵּין הָעַרְבַּיִם וּקְטֹרֶת הַהֵיכָל שֶׁעַל מִזְבַּח הַפְּנִימִי בְּבִגְדֵי זָהָב. וְסֵדֶר הַמִּקְרָאוֹת לְפִי סֵדֶר הָעֲבוֹדוֹת כָּךְ הוּא: "וְשִׁלַּח אֶת הַשָּׂעִיר בַּמִּדְבָּר" (לעיל פסוק כב), "וְרָחַץ אֶת בְּשָׂרוֹ בַמַּיִם וְגוֹ', וְיָצָא וְעָשָׂה אֶת עֹלָתוֹ וְגוֹ', וְאֵת חֵלֶב הַחַטָּאת" וְגוֹ', וְכָל הַפָּרָשָׁה עַד "וְאַחֲרֵי כֵן יָבוֹא אֶל הַמַּחֲנֶה" (להלן פסוקים כד-כח), וְאַחַר כָּךְ "וּבָא אַהֲרֹן" (פסוק כג): **וְהִנִּיחָם שָׁם.** מְלַמֵּד שֶׁטְּעוּנִין גְּנִיזָה, וְלֹא יִשְׁתַּמֵּשׁ בְּאוֹתָן אַרְבָּעָה בְּגָדִים לְיוֹם כִּפּוּרִים אַחֵר:

כד **וְרָחַץ אֶת בְּשָׂרוֹ וְגוֹ'.** לְמַעְלָה לָמַדְנוּ מִ"וְּרָחַץ... אֶת בְּשָׂרוֹ וּלְבֵשָׁם" (לעיל פסוק ד) שֶׁכְּשֶׁהוּא מְשַׁנֶּה מִבִּגְדֵי זָהָב לְבִגְדֵי לָבָן טָעוּן טְבִילָה, שֶׁבְּאוֹתָהּ טְבִילָה פָּשַׁט בִּגְדֵי זָהָב שֶׁעָבַד בָּהֶן עֲבוֹדַת תָּמִיד שֶׁל שַׁחַר וְלָבַשׁ בִּגְדֵי לָבָן לַעֲבוֹדַת הַיּוֹם, וְכָאן לָמַדְנוּ שֶׁכְּשֶׁהוּא מְשַׁנֶּה מִבִּגְדֵי לָבָן לְבִגְדֵי זָהָב טָעוּן טְבִילָה: **בְּמָקוֹם קָדוֹשׁ.** הַמְקֻדָּשׁ בִּקְדֻשַּׁת עֲזָרָה, וְהִיא הָיְתָה בְּגַג בֵּית הַפַּרְוָה, וְכֵן אַרְבַּע טְבִילוֹת הַבָּאוֹת חוֹבָה לַיּוֹם, אֲבָל הָרִאשׁוֹנָה הָיְתָה בַּחֹל: **וְלָבַשׁ אֶת בְּגָדָיו.** שְׁמוֹנָה בְּגָדִים שֶׁהוּא עוֹבֵד בָּהֶן כָּל יְמוֹת הַשָּׁנָה: **וְיָצָא.** מִן הַהֵיכָל אֶל הֶחָצֵר, שֶׁמִּזְבַּח הָעוֹלָה שָׁם: **וְעָשָׂה אֶת עֹלָתוֹ.** אַיִל לְעוֹלָה הָאָמוּר לְמַעְלָה, "בְּזֹאת יָבֹא אַהֲרֹן" וְגוֹ' (לעיל פסוק ג): **וְאֶת עֹלַת הָעָם.** "וְאַיִל אֶחָד לְעֹלָה" הָאָמוּר לְמַעְלָה: "וּמֵאֵת עֲדַת בְּנֵי יִשְׂרָאֵל" וְגוֹ' (לעיל פסוק ה):

כה **וְאֵת חֵלֶב הַחַטָּאת.** אֵמוּרֵי פַּר וְשָׂעִיר: **יַקְטִיר הַמִּזְבֵּחָה.** עַל מִזְבֵּחַ הַחִיצוֹן, דְּאִלּוּ בַּפְּנִימִי כְּתִיב: "לֹא תַעֲלוּ עָלָיו קְטֹרֶת זָרָה וְעֹלָה וּמִנְחָה" (שמות ל, ט):

כז **אֲשֶׁר הוּבָא אֶת דָּמָם.** לַהֵיכָל וְלִפְנַי וְלִפְנִים:

ויקרא טז

אֶת־עֹרֹתָ֥ם וְאֶת־בְּשָׂרָ֖ם וְאֶת־פִּרְשָֽׁם׃ וְהַשֹּׂרֵ֣ף כח
אֹתָ֗ם יְכַבֵּ֤ס בְּגָדָיו֙ וְרָחַ֥ץ אֶת־בְּשָׂר֖וֹ בַּמָּ֑יִם
וְאַחֲרֵי־כֵ֖ן יָב֥וֹא אֶל־הַֽמַּחֲנֶֽה׃ וְהָיְתָ֥ה לָכֶ֖ם כט
לְחֻקַּ֣ת עוֹלָ֑ם בַּחֹ֣דֶשׁ הַ֠שְּׁבִיעִ֠י בֶּֽעָשׂ֨וֹר לַחֹ֜דֶשׁ
תְּעַנּ֣וּ אֶת־נַפְשֹֽׁתֵיכֶ֗ם וְכָל־מְלָאכָה֙ לֹ֣א תַעֲשׂ֔וּ
הָֽאֶזְרָ֔ח וְהַגֵּ֖ר הַגָּ֥ר בְּתוֹכְכֶֽם׃ כִּֽי־בַיּ֥וֹם הַזֶּ֛ה ל
יְכַפֵּ֥ר עֲלֵיכֶ֖ם לְטַהֵ֣ר אֶתְכֶ֑ם מִכֹּל֙ חַטֹּ֣אתֵיכֶ֔ם
לִפְנֵ֥י יהוה תִּטְהָֽרוּ׃ שַׁבַּ֨ת שַׁבָּת֥וֹן הִיא֙ לָכֶ֔ם לא
וְעִנִּיתֶ֖ם אֶת־נַפְשֹֽׁתֵיכֶ֑ם חֻקַּ֖ת עוֹלָֽם׃ וְכִפֶּ֨ר לב
הַכֹּהֵ֜ן אֲשֶׁר־יִמְשַׁ֣ח אֹת֗וֹ וַאֲשֶׁ֤ר יְמַלֵּא֙ אֶת־
יָד֔וֹ לְכַהֵ֖ן תַּ֣חַת אָבִ֑יו וְלָבַ֛שׁ אֶת־בִּגְדֵ֥י הַבָּ֖ד
בִּגְדֵ֥י הַקֹּֽדֶשׁ׃ וְכִפֶּר֙ אֶת־מִקְדַּ֣שׁ הַקֹּ֔דֶשׁ וְאֶת־ לג
אֹ֧הֶל מוֹעֵ֛ד וְאֶת־הַמִּזְבֵּ֖חַ יְכַפֵּ֑ר וְעַ֧ל הַכֹּהֲנִ֛ים
וְעַל־כָּל־עַ֥ם הַקָּהָ֖ל יְכַפֵּֽר׃ וְהָֽיְתָה־זֹּ֨את לָכֶ֜ם לד
לְחֻקַּ֣ת עוֹלָ֗ם לְכַפֵּ֞ר עַל־בְּנֵ֤י יִשְׂרָאֵל֙ מִכָּל־
חַטֹּאתָ֔ם אַחַ֖ת בַּשָּׁנָ֑ה וַיַּ֕עַשׂ כַּאֲשֶׁ֛ר צִוָּ֥ה יהוה
אֶת־מֹשֶֽׁה׃

רביעי יג וַיְדַבֵּ֥ר יהוה אֶל־מֹשֶׁ֥ה לֵּאמֹֽר׃ דַּבֵּ֤ר אֶֽל־אַהֲרֹן֙ אב יז
וְאֶל־בָּנָ֗יו וְאֶל֙ כָּל־בְּנֵ֣י יִשְׂרָאֵ֔ל וְאָמַרְתָּ֖ אֲלֵיהֶ֑ם
זֶ֣ה הַדָּבָ֔ר אֲשֶׁר־צִוָּ֥ה יהוה לֵאמֹֽר׃ אִ֥ישׁ אִישׁ֙ ג
מִבֵּ֣ית יִשְׂרָאֵ֔ל אֲשֶׁ֨ר יִשְׁחַ֜ט שׁ֥וֹר אוֹ־כֶ֨שֶׂב אוֹ־

מצווה קפו
איסור שחיטת
קודשים מחוץ לעזרה

עֵז בַּמַּחֲנֶה אוֹ אֲשֶׁר יִשְׁחָט מִחוּץ לַמַּחֲנֶה:
ד וְאֶל־פֶּתַח אֹהֶל מוֹעֵד לֹא הֱבִיאוֹ לְהַקְרִיב
קָרְבָּן לַיהוָה לִפְנֵי מִשְׁכַּן יְהוָה דָּם יֵחָשֵׁב
לָאִישׁ הַהוּא דָּם שָׁפָךְ וְנִכְרַת הָאִישׁ הַהוּא
ה מִקֶּרֶב עַמּוֹ: לְמַעַן אֲשֶׁר יָבִיאוּ בְּנֵי יִשְׂרָאֵל
אֶת־זִבְחֵיהֶם אֲשֶׁר הֵם זֹבְחִים עַל־פְּנֵי הַשָּׂדֶה

כח יָת מַשְׁכְּהוֹן וְיָת בִּסְרְהוֹן וְיָת אֻכְלְהוֹן: וּדְמוֹקֵיד יָתְהוֹן, יְצַבַּע לְבוּשׁוֹהִי, וְיַסְחֵי יָת בִּסְרֵיהּ
כט בְּמַיָּא, וּבָתַר כֵּן יֵיעוֹל לְמַשְׁרִיתָא: וּתְהֵי לְכוֹן לִקְיָם עָלַם, בְּיַרְחָא שְׁבִיעָאָה, בְּעַסְרָא לְיַרְחָא
ל תְּעַנּוֹן יָת נַפְשָׁתְכוֹן, וְכָל עֲבִידָא לָא תַעְבְּדוּן, יַצִּיבַיָּא, וְגִיּוֹרַיָּא דְּיִתְגַּיְּרוּן בֵּינֵיכוֹן: אֲרֵי בְּיוֹמָא
לא הָדֵין, יְכַפַּר עֲלֵיכוֹן לְדַכָּאָה יָתְכוֹן, מִכָּל חוֹבֵיכוֹן, קֳדָם יי תִּדְכּוֹן: שַׁבָּא שַׁבָּתָא הִיא לְכוֹן,
לב וּתְעַנּוֹן יָת נַפְשָׁתְכוֹן, קְיָם עָלַם: וִיכַפַּר כָּהֲנָא דִּירַבֵּי יָתֵיהּ, וְדִיקָרֵיב יָת קֻרְבָּנֵיהּ, לְשַׁמָּשָׁא
לג תְּחוֹת אֲבוּהִי, וְיִלְבַּשׁ, יָת לְבוּשֵׁי בוּצָא לְבוּשֵׁי קֻדְשָׁא: וִיכַפַּר עַל מַקְדַּשׁ קֻדְשָׁא, וְעַל מַשְׁכַּן
לד זִמְנָא, וְעַל מַדְבְּחָא יְכַפַּר, וְעַל כָּהֲנַיָּא, וְעַל כָּל עַמָּא דִּקְהָלָא יְכַפַּר: וּתְהֵי דָא לְכוֹן לִקְיָם
עָלַם, לְכַפָּרָא, עַל בְּנֵי יִשְׂרָאֵל מִכָּל חוֹבֵיהוֹן, חֲדָא בְּשַׁתָּא, וַעֲבַד, כְּמָא דְּפַקֵּיד יי יָת מֹשֶׁה:
יז א ב וּמַלֵּיל יי עִם מֹשֶׁה לְמֵימַר: מַלֵּיל עִם אַהֲרֹן וְעִם בְּנוֹהִי, וְעִם כָּל בְּנֵי יִשְׂרָאֵל, וְתֵימַר לְהוֹן,
ג דֵּין פִּתְגָּמָא, דְּפַקֵּיד יי לְמֵימַר: גְּבַר גְּבַר מִבֵּית יִשְׂרָאֵל, דְּיִכּוֹס, תּוֹר אוֹ אִמַּר, אוֹ עֵז
ד בְּמַשְׁרִיתָא, אוֹ דְּיִכּוֹס, מִבָּרָא לְמַשְׁרִיתָא: וְלִתְרַע, מַשְׁכַּן זִמְנָא לָא אַיְתְיֵהּ, לְקָרָבָא קֻרְבָּנָא
קֳדָם יי, קֳדָם מַשְׁכְּנָא דַּיי, דְּמָא יִתְחֲשֵׁיב, לְגַבְרָא הַהוּא דְּמָא אֲשַׁד, וְיִשְׁתֵּיצֵי, אֲנָשָׁא הַהוּא
ה מִגּוֹ עַמֵּיהּ: בְּדִיל דְּיַיְתוֹן בְּנֵי יִשְׂרָאֵל, יָת דִּבְחֵיהוֹן דְּאִנּוּן דָּבְחִין עַל אַפֵּי חַקְלָא,

לב| וְכִפֶּר הַכֹּהֵן אֲשֶׁר יִמְשַׁח וְגוֹ׳. כַּפָּרָה זוֹ שֶׁל יוֹם הַכִּפּוּרִים אֵינָהּ כְּשֵׁרָה אֶלָּא בְּכֹהֵן גָּדוֹל, לְפִי שֶׁנֶּאֶמְרָה כָּל הַפָּרָשָׁה בְּאַהֲרֹן, הֻצְרַךְ לוֹמַר בְּכֹהֵן גָּדוֹל הַבָּא אַחֲרָיו שֶׁיְּהֵא כָּמוֹהוּ: וַאֲשֶׁר יְמַלֵּא אֶת יָדוֹ. אֵין לִי אֶלָּא הַמָּשׁוּחַ בְּשֶׁמֶן הַמִּשְׁחָה, מְרֻבֶּה בְגָדִים מִנַּיִן? תַּלְמוּד לוֹמַר: "וַאֲשֶׁר יְמַלֵּא אֶת יָדוֹ" וְגוֹ׳, וְהֵם כָּל הַכֹּהֲנִים הַגְּדוֹלִים שֶׁעָמְדוּ מִיֹּאשִׁיָּהוּ וָאֵילָךְ, שֶׁבְּיָמָיו נִגְנְזָה צְלוֹחִית שֶׁל שֶׁמֶן הַמִּשְׁחָה: לְכַהֵן תַּחַת אָבִיו. לְלַמֵּד שֶׁאִם בְּנוֹ מְמַלֵּא אֶת מְקוֹמוֹ הוּא קוֹדֵם לְכָל אָדָם:

לד| וַיַּעַשׂ כַּאֲשֶׁר צִוָּה ה׳ וְגוֹ׳. כְּשֶׁהִגִּיעַ יוֹם הַכִּפּוּרִים עָשָׂה כַּסֵּדֶר הַזֶּה, וּלְהַגִּיד שִׁבְחוֹ שֶׁל אַהֲרֹן, שֶׁלֹּא הָיָה לוֹבְשָׁן לִגְדֻלָּתוֹ, אֶלָּא כִּמְקַיֵּם גְּזֵרַת הַמֶּלֶךְ:

פרק יז

ג| אֲשֶׁר יִשְׁחַט שׁוֹר אוֹ כֶשֶׂב. בְּמֻקְדָּשִׁין הַכָּתוּב מְדַבֵּר, שֶׁנֶּאֱמַר: "לְהַקְרִיב קָרְבָּן": בַּמַּחֲנֶה. חוּץ לָעֲזָרָה:

ד| דָּם יֵחָשֵׁב. כְּשׁוֹפֵךְ דַּם הָאָדָם, שֶׁמִּתְחַיֵּב בְּנַפְשׁוֹ: דָּם שָׁפָךְ. לְרַבּוֹת אֶת הַזּוֹרֵק דָּמִים בַּחוּץ:

ה| אֲשֶׁר הֵם זֹבְחִים. אֲשֶׁר הֵם רְגִילִים לִזְבֹּחַ:

וְהֱבִיאֻם לַיהוָה אֶל־פֶּתַח אֹהֶל מוֹעֵד אֶל־
ו הַכֹּהֵן וְזָבְחוּ זִבְחֵי שְׁלָמִים לַיהוָה אוֹתָם׃ וְזָרַק
הַכֹּהֵן אֶת־הַדָּם עַל־מִזְבַּח יְהוָה פֶּתַח אֹהֶל
ז מוֹעֵד וְהִקְטִיר הַחֵלֶב לְרֵיחַ נִיחֹחַ לַיהוָה׃ וְלֹא־
יִזְבְּחוּ עוֹד אֶת־זִבְחֵיהֶם לַשְּׂעִירִם אֲשֶׁר הֵם זֹנִים
אַחֲרֵיהֶם חֻקַּת עוֹלָם תִּהְיֶה־זֹּאת לָהֶם לְדֹרֹתָם׃
ח וַאֲלֵהֶם תֹּאמַר אִישׁ אִישׁ מִבֵּית יִשְׂרָאֵל וּמִן־ חמישי / שלישי /
הַגֵּר אֲשֶׁר־יָגוּר בְּתוֹכָם אֲשֶׁר־יַעֲלֶה עֹלָה אוֹ־
ט זָבַח׃ וְאֶל־פֶּתַח אֹהֶל מוֹעֵד לֹא יְבִיאֶנּוּ לַעֲשׂוֹת
י אֹתוֹ לַיהוָה וְנִכְרַת הָאִישׁ הַהוּא מֵעַמָּיו׃ וְאִישׁ
אִישׁ מִבֵּית יִשְׂרָאֵל וּמִן־הַגֵּר הַגָּר בְּתוֹכָם
אֲשֶׁר יֹאכַל כָּל־דָּם וְנָתַתִּי פָנַי בַּנֶּפֶשׁ הָאֹכֶלֶת
יא אֶת־הַדָּם וְהִכְרַתִּי אֹתָהּ מִקֶּרֶב עַמָּהּ׃ כִּי־נֶפֶשׁ
הַבָּשָׂר בַּדָּם הִוא וַאֲנִי נְתַתִּיו לָכֶם עַל־הַמִּזְבֵּחַ
לְכַפֵּר עַל־נַפְשֹׁתֵיכֶם כִּי־הַדָּם הוּא בַּנֶּפֶשׁ יְכַפֵּר׃
יב עַל־כֵּן אָמַרְתִּי לִבְנֵי יִשְׂרָאֵל כָּל־נֶפֶשׁ מִכֶּם לֹא־
תֹאכַל דָּם וְהַגֵּר הַגָּר בְּתוֹכְכֶם לֹא־יֹאכַל דָּם׃
יג וְאִישׁ אִישׁ מִבְּנֵי יִשְׂרָאֵל וּמִן־הַגֵּר הַגָּר בְּתוֹכָם ★
אֲשֶׁר יָצוּד צֵיד חַיָּה אוֹ־עוֹף אֲשֶׁר יֵאָכֵל וְשָׁפַךְ
יד אֶת־דָּמוֹ וְכִסָּהוּ בֶּעָפָר׃ כִּי־נֶפֶשׁ כָּל־בָּשָׂר דָּמוֹ
בְנַפְשׁוֹ הוּא וָאֹמַר לִבְנֵי יִשְׂרָאֵל דַּם כָּל־בָּשָׂר

מצווה קפז
מצוות כיסוי דם
חיה ועוף

לֹא תֹאכֵלוּ כִּי נֶפֶשׁ כָּל־בָּשָׂר דָּמוֹ הִוא כָּל־
טו אֹכְלָיו יִכָּרֵת: וְכָל־נֶפֶשׁ אֲשֶׁר תֹּאכַל נְבֵלָה
וּטְרֵפָה בָּאֶזְרָח וּבַגֵּר וְכִבֶּס בְּגָדָיו וְרָחַץ בַּמַּיִם

ו וְיִתּוּנוּן לִקְדָם יְיָ, לִתְרַע, מַשְׁכַּן זִמְנָא לְוָת כַּהֲנָא, וִיכַסּוּן, נִכְסַת קֻדְשִׁין, קֳדָם יְיָ יָתְהוֹן: וְיִזְרוֹק
כַּהֲנָא יָת דְּמָא עַל מַדְבְּחָא דַּייָ, בִּתְרַע מַשְׁכַּן זִמְנָא, וְיַסֵּיק תַּרְבָּא, לְאִתְקַבָּלָא בְּרַעֲוָא קֳדָם
ז יְיָ: וְלָא יְדַבְּחוּן עוֹד יָת דִּבְחֵיהוֹן, לְשֵׁידִין, דְּאִנּוּן טָעַן בָּתְרֵיהוֹן, קְיָם עָלַם, תְּהֵי דָּא לְהוֹן
ח לְדָרֵיהוֹן: וּלְהוֹן תֵּימַר, גְּבַר גְּבַר מִבֵּית יִשְׂרָאֵל, וּמִן גִּיּוֹרַיָּא דְּיִתְגַּיְּרוּן בֵּינֵיהוֹן, דְּיַסֵּיק עֲלָתָא אוֹ
ט נִכְסַת קֻדְשַׁיָּא: וְלִתְרַע, מַשְׁכַּן זִמְנָא לָא יַיְתֵינֵיהּ, לְמֶעְבַּד יָתֵיהּ קֳדָם יְיָ, וְיִשְׁתֵּיצֵי, אֱנָשָׁא הַהוּא
י מֵעַמֵּיהּ: וּגְבַר גְּבַר מִבֵּית יִשְׂרָאֵל, וּמִן גִּיּוֹרַיָּא דְּיִתְגַּיְּרוּן בֵּינֵיהוֹן, דְּיֵיכוֹל כָּל דַּם, וְאֶתֵּין רֻגְזִי,
יא בַּאֲנָשָׁא דְּיֵיכוֹל יָת דְּמָא, וַאֲשֵׁיצֵי יָתֵיהּ מִגּוֹ עַמֵּיהּ: אֲרֵי נְפַשׁ בִּסְרָא בִּדְמָא הִיא, וַאֲנָא,
יב יְהַבְתֵּיהּ לְכוֹן עַל מַדְבְּחָא, לְכַפָּרָא עַל נַפְשָׁתְכוֹן, אֲרֵי דְּמָא הוּא עַל נַפְשָׁא מְכַפַּר: עַל כֵּן
אֲמַרִית לִבְנֵי יִשְׂרָאֵל, כָּל אֱנָשׁ מִנְּכוֹן לָא יֵיכוֹל דַּם, וְגִיּוֹרַיָּא, דְּיִתְגַּיְּרוּן בֵּינֵיכוֹן לָא יֵיכְלוּן
יג דַּם: וּגְבַר גְּבַר מִבְּנֵי יִשְׂרָאֵל, וּמִן גִּיּוֹרַיָּא דְּיִתְגַּיְּרוּן בֵּינֵיהוֹן, דִּיצוּד, צֵידָא חַיְתָא, אוֹ עוֹפָא
יד דְּמִתְאֲכִיל, וְיֵישׁוֹד יָת דְּמֵיהּ, וִיכַסֵּינֵיהּ בְּעַפְרָא: אֲרֵי נְפַשׁ כָּל בִּסְרָא, דְּמֵיהּ בְּנַפְשֵׁיהּ הוּא,
וַאֲמַרִית לִבְנֵי יִשְׂרָאֵל, דַּם כָּל בִּסְרָא לָא תֵיכְלוּן, אֲרֵי נְפַשׁ כָּל בִּסְרָא דְּמֵיהּ הִיא, כָּל דְּיֵיכְלִנֵּיהּ
טו יִשְׁתֵּיצֵי: וְכָל אֱנָשׁ, דְּיֵיכוֹל נְבִילָא וּתְבִירָא, בְּיַצִּיבַיָּא וּבְגִיּוֹרַיָּא, וִיצַבַּע לְבוּשׁוֹהִי, וְיִסְחֵי בְּמַיָּא,

ז| לַשְּׂעִירִם. לַשֵּׁדִים, כְּמוֹ: "וּשְׂעִירִים יְרַקְּדוּ שָׁם" (ישעיה יג, כא):

ח| אֲשֶׁר יַעֲלֶה עֹלָה. לְחַיֵּב עַל הַמַּקְטִיר אֵיבָרִים בַּחוּץ כְּשׁוֹחֵט בַּחוּץ, שֶׁאִם שָׁחַט אֶחָד וְהֶעֱלָה חֲבֵרוֹ שְׁנֵיהֶן חַיָּבִין:

ט| וְנִכְרַת. זַרְעוֹ נִכְרָת וְיָמָיו נִכְרָתִין:

י| כָּל דָּם. לְפִי שֶׁנֶּאֱמַר: "בַּנֶּפֶשׁ יְכַפֵּר" (פסוק יא), יָכוֹל לֹא יְהֵא חַיָּב אֶלָּא עַל דַּם הַמֻּקְדָּשִׁים? תַּלְמוּד לוֹמַר: "כָּל דָּם": וְנָתַתִּי פָנַי. פְּנַאי שֶׁלִּי, פּוֹנֶה אֲנִי מִכָּל עֲסָקַי וְעוֹסֵק בּוֹ:

יא| כִּי נֶפֶשׁ הַבָּשָׂר. שֶׁל כָּל בְּרִיָּה "בַּדָּם הִיא" תְּלוּיָה, וּלְפִיכָךְ נְתַתִּיו עַל הַמִּזְבֵּחַ לְכַפֵּר עַל נֶפֶשׁ הָאָדָם, תָּבוֹא נֶפֶשׁ וּתְכַפֵּר עַל הַנֶּפֶשׁ:

יב| כָּל נֶפֶשׁ מִכֶּם. לְהַזְהִיר גְּדוֹלִים עַל הַקְּטַנִּים:

יג| אֲשֶׁר יָצוּד. אֵין לִי אֶלָּא צַיִד, אֲוָזִין וְתַרְנְגוֹלִין מִנַּיִן? תַּלְמוּד לוֹמַר "צֵיד" – מִכָּל מָקוֹם. אִם כֵּן לָמָּה נֶאֱמַר "אֲשֶׁר יָצוּד"? שֶׁלֹּא יֹאכַל בָּשָׂר אֶלָּא בַּהַזְמָנָה הַזֹּאת: אֲשֶׁר יֵאָכֵל. פְּרָט לִטְמֵאִים:

יד| דָּמוֹ בְנַפְשׁוֹ הוּא. דָּמוֹ הוּא לוֹ בִּמְקוֹם הַנֶּפֶשׁ, שֶׁהַנֶּפֶשׁ תְּלוּיָה בּוֹ: כִּי נֶפֶשׁ כָּל בָּשָׂר דָּמוֹ הִוא. הַנֶּפֶשׁ הִיא הַדָּם. 'דָּם' וּ'בָשָׂר' – לְשׁוֹן זָכָר, 'נֶפֶשׁ' – לְשׁוֹן נְקֵבָה:

טו| אֲשֶׁר תֹּאכַל נְבֵלָה וּטְרֵפָה. בְּנִבְלַת עוֹף טָהוֹר דִּבֵּר הַכָּתוּב, שֶׁאֵין לָהּ טֻמְאָה אֶלָּא בְּשָׁעָה שֶׁנִּבְלַעַת בְּבֵית הַבְּלִיעָה, וְלִמֶּדְךָ כָּאן שֶׁמְּטַמְּאָה בַּאֲכִילָתָהּ. וּטְרֵפָה הָאֲמוּרָה כָּאן לֹא נִכְתַּב אֶלָּא לִדְרֹשׁ, וְכֵן שָׁנִינוּ: יָכוֹל תְּהֵא נִבְלַת עוֹף טָמֵא מְטַמְּאָה בְּבֵית הַבְּלִיעָה? תַּלְמוּד לוֹמַר: "טְרֵפָה", מִי שֶׁיֵּשׁ בְּמִינוֹ טְרֵפָה, יָצָא עוֹף טָמֵא שֶׁאֵין בְּמִינוֹ טְרֵפָה:

ויקרא יז

טז וְטָמֵ֥א עַד־הָעֶ֖רֶב וְטָהֵֽר׃ וְאִם֙ לֹ֣א יְכַבֵּ֔ס
וּבְשָׂר֖וֹ לֹ֣א יִרְחָ֑ץ וְנָשָׂ֖א עֲוֺנֽוֹ׃
יח א ב וַיְדַבֵּ֥ר יְהוָ֖ה אֶל־מֹשֶׁ֥ה לֵּאמֹֽר׃ דַּבֵּר֙ אֶל־בְּנֵ֣י יד
יִשְׂרָאֵ֔ל וְאָמַרְתָּ֖ אֲלֵהֶ֑ם אֲנִ֖י יְהוָ֥ה אֱלֹהֵיכֶֽם׃
ג כְּמַעֲשֵׂ֧ה אֶֽרֶץ־מִצְרַ֛יִם אֲשֶׁ֥ר יְשַׁבְתֶּם־בָּ֖הּ לֹ֣א
תַעֲשׂ֑וּ וּכְמַעֲשֵׂ֣ה אֶֽרֶץ־כְּנַ֡עַן אֲשֶׁ֣ר אֲנִי֩ מֵבִ֨יא
אֶתְכֶ֥ם שָׁ֙מָּה֙ לֹ֣א תַעֲשׂ֔וּ וּבְחֻקֹּתֵיהֶ֖ם לֹ֥א תֵלֵֽכוּ׃
ד אֶת־מִשְׁפָּטַ֤י תַּעֲשׂוּ֙ וְאֶת־חֻקֹּתַ֣י תִּשְׁמְר֔וּ
ה לָלֶ֣כֶת בָּהֶ֑ם אֲנִ֖י יְהוָ֥ה אֱלֹהֵיכֶֽם׃ וּשְׁמַרְתֶּ֤ם
אֶת־חֻקֹּתַי֙ וְאֶת־מִשְׁפָּטַ֔י אֲשֶׁ֨ר יַעֲשֶׂ֥ה אֹתָ֛ם
ו הָאָדָ֖ם וָחַ֣י בָּהֶ֑ם אֲנִ֖י יְהוָֽה׃ אִ֥ישׁ ששי
אִישׁ֙ אֶל־כָּל־שְׁאֵ֣ר בְּשָׂר֔וֹ לֹ֥א תִקְרְב֖וּ לְגַלּ֣וֹת

מצווה קפח
איסור התענגות
באחת מן העריות

ז עֶרְוָ֑ה אֲנִ֖י יְהוָֽה׃ עֶרְוַ֥ת אָבִ֛יךָ

מצווה קפט
איסור גילוי ערוות אב

וְעֶרְוַ֥ת אִמְּךָ֖ לֹ֣א תְגַלֵּ֑ה אִמְּךָ֙ הִ֔וא לֹ֥א תְגַלֶּ֖ה

מצווה קצ
איסור גילוי ערוות אם

ח עֶרְוָתָֽהּ׃ עֶרְוַ֥ת אֵֽשֶׁת־אָבִ֖יךָ לֹ֣א תְגַלֵּ֑ה

מצווה קצא
איסור גילוי ערוות אשת
האב

ט עֶרְוַ֥ת אָבִ֖יךָ הִֽוא׃ עֶרְוַ֨ת אֲחוֹתְךָ֤
בַת־אָבִ֙יךָ֙ א֣וֹ בַת־אִמֶּ֔ךָ מוֹלֶ֣דֶת בַּ֔יִת א֖וֹ

מצווה קצב
איסור גילוי
ערוות אחות

י מוֹלֶ֣דֶת ח֑וּץ לֹ֥א תְגַלֶּ֖ה עֶרְוָתָֽן׃ עֶרְוַ֤ת
בַּת־בִּנְךָ֙ א֣וֹ בַת־בִּתְּךָ֔ לֹ֥א תְגַלֶּ֖ה עֶרְוָתָ֑ן כִּ֥י

מצווה קצג
איסור גילוי
ערוות בת הבן

מצווה קצד
איסור גילוי
ערוות בת הבת

יא עֶרְוָתְךָ֖ הֵֽנָּה׃ עֶרְוַ֤ת בַּת־אֵ֙שֶׁת֙

מצווה קצה
איסור גילוי
ערוות בת

יח טז א וִיהֵי מְסָאַב עַד רַמְשָׁא וְיִדְכֵּי: וְאִם לָא יְצַבַּע, וּבִסְרֵיהּ לָא יַסְחֵי, וִיקַבֵּיל חוֹבֵיהּ: וּמַלֵּיל
ב ג יי עִם מֹשֶׁה לְמֵימַר: מַלֵּיל עִם בְּנֵי יִשְׂרָאֵל, וְתֵימַר לְהוֹן, אֲנָא יי אֱלָהֲכוֹן: כְּעוֹבָדֵי עַמָּא
דְּאַרְעָא דְמִצְרַיִם, דִּיתֵיבְתּוּן בַּהּ לָא תַעְבְּדוּן, וּכְעוֹבָדֵי עַמָּא דְּאַרְעָא דִכְנַעַן, דַּאֲנָא
ד מַעֵיל יָתְכוֹן לְתַמָּן לָא תַעְבְּדוּן, וּבְנִמּוֹסֵיהוֹן לָא תְהָכוּן: יָת דִּינַי תַּעְבְּדוּן, וְיָת קְיָמַי
ה תִּטְּרוּן לִמְהַךְ בְּהוֹן, אֲנָא יי אֱלָהֲכוֹן: וְתִטְּרוּן יָת קְיָמַי וְיָת דִּינַי, דְּאִם יַעֲבֵיד יָתְהוֹן,
ו אֲנָשָׁא יֵיחֵי בְהוֹן בְּחַיֵּי עָלְמָא, אֲנָא יי: גְּבַר גְּבַר לְכָל קָרִיב בִּסְרֵיהּ, לָא תִקְרְבוּן לְגַלָּאָה
ז ח עֶרְיָא, אֲנָא יי: עֶרְיַת אֲבוּךְ, וְעֶרְיַת אִמָּךְ לָא תְגַלֵּי, אִמָּךְ הִיא, לָא תְגַלֵּי עֶרְיְתַהּ: עֶרְיַת
ט אִתַּת אֲבוּךְ לָא תְגַלֵּי, עֶרְיְתָא דַאֲבוּךְ הִיא: עֶרְיַת אֲחָתָךְ בַּת אֲבוּךְ אוֹ בַת אִמָּךְ,
דִּילִידָא מִן אֲבוּךְ מִן אִתְּתָא אָחֳרִי, אוֹ מִן אִמָּךְ מִן גְּבַר אָחֳרָן, לָא תְגַלֵּי עֶרְיַתְהוֹן:
י יא עֶרְיַת בַּת בְּרָךְ אוֹ בַת בְּרַתָּךְ, לָא תְגַלֵּי עֶרְיַתְהוֹן, אֲרֵי עֶרְיָתָךְ אִנִּין: עֶרְיַת בַּת אִתַּת

טז] **וְנָשָׂא עֲוֹנוֹ.** אִם יֹאכַל קֹדֶשׁ אוֹ יִכָּנֵס לַמִּקְדָּשׁ, חַיָּב עַל טֻמְאָה זוֹ כְּכָל שְׁאָר טֻמְאוֹת: **וּבְשָׂרוֹ לֹא יִרְחָץ וְנָשָׂא עֲוֹנוֹ.** עַל רְחִיצַת גּוּפוֹ עָנוּשׁ כָּרֵת, וְעַל כִּבּוּס בְּגָדִים בְּמַלְקוּת:

פרק יח

ב] **אֲנִי ה' אֱלֹהֵיכֶם.** אֲנִי הוּא שֶׁאָמַרְתִּי בְּסִינַי: "אָנֹכִי ה' אֱלֹהֶיךָ" (שמות כ, ב), וְקִבַּלְתֶּם עֲלֵיכֶם מַלְכוּתִי, מֵעַתָּה קַבְּלוּ גְּזֵרוֹתָי. רַבִּי אוֹמֵר: גָּלוּי וְיָדוּעַ לְפָנָיו שֶׁסּוֹפָן לְנַתֵּק בַּעֲרָיוֹת בִּימֵי עֶזְרָא, לְפִיכָךְ בָּא עֲלֵיהֶם בִּגְזֵרָה: "אֲנִי ה' אֱלֹהֵיכֶם", דְּעוּ מִי גּוֹזֵר עֲלֵיכֶם, דַּיָּן לִפָּרַע וְנֶאֱמָן לְשַׁלֵּם שָׂכָר:

ג] **כְּמַעֲשֵׂה אֶרֶץ מִצְרַיִם.** מַגִּיד שֶׁמַּעֲשֵׂיהֶם שֶׁל מִצְרִיִּים וְשֶׁל כְּנַעֲנִיִּים מְקֻלְקָלִים מִכָּל הָאֻמּוֹת, וְאוֹתוֹ מָקוֹם שֶׁיָּשְׁבוּ בּוֹ יִשְׂרָאֵל מְקֻלְקָל מִן הַכֹּל: **אֲשֶׁר אֲנִי מֵבִיא אֶתְכֶם שָׁמָּה.** מַגִּיד שֶׁאוֹתָן עֲמָמִין שֶׁכָּבְשׁוּ יִשְׂרָאֵל, מְקֻלְקָלִים יוֹתֵר מִכֻּלָּם: **וּבְחֻקֹּתֵיהֶם לֹא תֵלֵכוּ.** מָה הִנִּיחַ הַכָּתוּב שֶׁלֹּא אָמַר? אֶלָּא אֵלּוּ נִימוּסוֹת שֶׁלָּהֶן, דְּבָרִים הַחֲקוּקִין לָהֶם, כְּגוֹן טַרְטִיאוֹת וְאִצְטַדְיָאוֹת. רַבִּי מֵאִיר אוֹמֵר, אֵלּוּ דַּרְכֵי הָאֱמוֹרִי שֶׁמָּנוּ חֲכָמִים:

ד] **אֶת מִשְׁפָּטַי תַּעֲשׂוּ.** אֵלּוּ דְּבָרִים הָאֲמוּרִים בַּתּוֹרָה בַּמִּשְׁפָּט, שֶׁאִלּוּ לֹא נֶאֶמְרוּ הָיוּ כְדַאי לְאָמְרָן: **וְאֶת חֻקֹּתַי תִּשְׁמְרוּ.** דְּבָרִים שֶׁהֵם גְּזֵרַת הַמֶּלֶךְ, שֶׁיֵּצֶר הָרָע מֵשִׁיב עֲלֵיהֶם לָמָּה לָנוּ לְשָׁמְרָן, וְאֻמּוֹת הָעוֹלָם מְשִׁיבִין עֲלֵיהֶם, כְּגוֹן אֲכִילַת חֲזִיר וּלְבִישַׁת שַׁעַטְנֵז וְטָהֳרַת מֵי חַטָּאת, לְכָךְ נֶאֱמַר: "אֲנִי ה'" – גָּזַרְתִּי עֲלֵיכֶם, אִי אַתָּה רַשַּׁאי לְהִפָּטֵר: **לָלֶכֶת בָּהֶם.** אַל תִּפָּטֵר מִתּוֹכָם, שֶׁלֹּא תֹאמַר: לָמַדְתִּי חָכְמַת יִשְׂרָאֵל, אֵלֵךְ וְאֶלְמַד חָכְמַת הָאֻמּוֹת:

ה] **וּשְׁמַרְתֶּם אֶת חֻקֹּתַי וְגוֹ'.** לְרַבּוֹת שְׁאָר דִּקְדּוּקֵי הַפָּרָשָׁה, שֶׁלֹּא פֵּרַט הַכָּתוּב בָּהֶם. דָּבָר אַחֵר, לִתֵּן שְׁמִירָה וַעֲשִׂיָּה לַחֻקִּים וּשְׁמִירָה וַעֲשִׂיָּה לַמִּשְׁפָּטִים, לְפִי שֶׁלֹּא נָתַן אֶלָּא עֲשִׂיָּה לַמִּשְׁפָּטִים וּשְׁמִירָה לַחֻקִּים (לעיל פסוק ד): **וָחַי בָּהֶם.** לָעוֹלָם הַבָּא, שֶׁאִם תֹּאמַר בָּעוֹלָם הַזֶּה, וַהֲלֹא סוֹפוֹ הוּא מֵת: **אֲנִי ה'.** נֶאֱמָן לְשַׁלֵּם שָׂכָר:

ו] **לֹא תִקְרְבוּ.** לְהַזְהִיר הַנְּקֵבָה כַּזָּכָר, לְכָךְ נֶאֱמַר לְשׁוֹן רַבִּים: **אֲנִי ה'.** נֶאֱמָן לְשַׁלֵּם שָׂכָר:

ז] **עֶרְוַת אָבִיךָ.** זוֹ אֵשֶׁת אָבִיךָ. אוֹ אֵינוֹ אֶלָּא כְּמַשְׁמָעוֹ? נֶאֱמַר כָּאן: "עֶרְוַת אָבִיךָ", וְנֶאֱמַר לְהַלָּן: "עֶרְוַת אָבִיו גִּלָּה" (ויקרא כ, יא), מַה לְּהַלָּן אֵשֶׁת אָבִיו, אַף כָּאן אֵשֶׁת אָבִיו: **וְעֶרְוַת אִמְּךָ.** לְהָבִיא אִמּוֹ שֶׁאֵינָהּ אֵשֶׁת אָבִיו:

ח] **עֶרְוַת אֵשֶׁת אָבִיךָ.** לְרַבּוֹת לְאַחַר מִיתָה:

ט] **בַּת אָבִיךָ.** אַף בַּת אֲנוּסָה בְּמַשְׁמָע: **מוֹלֶדֶת בַּיִת אוֹ מוֹלֶדֶת חוּץ.** בֵּין שֶׁאוֹמְרִים לוֹ לְאָבִיךָ קַיֵּם אֶת אִמָּהּ, וּבֵין שֶׁאוֹמְרִים לוֹ הוֹצֵא אֶת אִמָּהּ, כְּגוֹן מַמְזֶרֶת אוֹ נְתִינָה:

י] **עֶרְוַת בַּת בִּנְךָ וְגוֹ'.** בְּבִתּוֹ מֵאֲנוּסָתוֹ הַכָּתוּב מְדַבֵּר, וּבִתּוֹ וּבַת בִּתּוֹ מֵאִשְׁתּוֹ אָנוּ לְמֵדִין מֵעֶרְוַת אִשָּׁה וּבִתָּהּ, שֶׁנֶּאֱמַר בָּהֶן: "לֹא תְגַלֵּה" (להלן פסוק יז) בֵּין שֶׁהִיא מִמֶּנּוּ בֵּין שֶׁהִיא מֵאִישׁ אַחֵר: **עֶרְוַת**

אביך מולדת אביך אחותך הוא לא תגלה
ערותה: ערות אחות־אביך לא תגלה יב
שאר אביך הוא: ערות אחות־אמך יג
לא תגלה כי־שאר אמך הוא: ערות יד
אחי־אביך לא תגלה אל־אשתו לא תקרב דדתך
הוא: ערות כלתך לא תגלה אשת בנך טו
הוא לא תגלה ערותה: ערות אשת־ טז
אחיך לא תגלה ערות אחיך הוא: ערות יז
אשה ובתה לא תגלה את־בת־בנה ואת־בת־
בתה לא תקח לגלות ערותה שארה הנה זמה
הוא: ואשה אל־אחתה לא תקח לצרר לגלות יח
ערותה עליה בחייה: ואל־אשה בנדת טמאתה יט
לא תקרב לגלות ערותה: ואל־אשת עמיתך כ
לא־תתן שכבתך לזרע לטמאה־בה: ומזרעך כא
לא־תתן להעביר למלך ולא תחלל את־שם
אלהיך אני יהוה: ואת־זכר לא תשכב משכבי כב
אשה תועבה הוא: ובכל־בהמה לא־תתן כג
שכבתך לטמאה־בה ואשה לא־תעמד לפני
בהמה לרבעה תבל הוא: אל־תטמאו בכל־ כד
אלה כי בכל־אלה נטמאו הגוים אשר־אני
משלח מפניכם: ותטמא הארץ ואפקד עונה כה

מצווה קצו
איסור גילוי ערוות אחות מן האב, והיא בת אשת אביו

מצווה קצז
איסור גילוי ערוות אחות האב

מצווה קצח
איסור גילוי ערוות אחות האם

מצווה קצט
איסור גילוי ערוות אחי האב

מצווה ר
איסור גילוי ערוות אשת אחי האב

מצווה רא
איסור גילוי ערוות אשת הבן

מצווה רב
איסור גילוי ערוות אשת האח

מצווה רג
איסור גילוי ערוות אישה ובתה

מצווה רד
איסור גילוי ערוות אישה ובת בנה

מצווה רה
איסור גילוי ערוות אישה ובת בתה

מצווה רו
איסור גילוי ערוות שתי אחיות בחייהן

מצווה רז
איסור גילוי ערוות אישה נידה

מצווה רח
איסור נתינת הבנים למולך

שביעי / רביעי /

מצווה רט
איסור משכב זכר

מצווה רי
איסור לזכר לשכב עם בהמה

מצווה ריא
איסור לנקבה במשכב בהמה

יח אחרי מות

כו עָלֶיהָ וַתָּקִא הָאָרֶץ אֶת־יֹשְׁבֶיהָ: וּשְׁמַרְתֶּם
אַתֶּם אֶת־חֻקֹּתַי וְאֶת־מִשְׁפָּטַי וְלֹא תַעֲשׂוּ מִכֹּל
הַתּוֹעֵבֹת הָאֵלֶּה הָאֶזְרָח וְהַגֵּר הַגָּר בְּתוֹכְכֶם:
כז כִּי אֶת־כָּל־הַתּוֹעֵבֹת הָאֵל עָשׂוּ אַנְשֵׁי־הָאָרֶץ

יב אֲבוּךְ דִּילִידָא מִן אֲבוּךְ, אֲחָתָךְ הִיא, לָא תְגַלֵּי עֶרְיְתַהּ: עֶרְיַת אֲחָת אֲבוּךְ לָא תְגַלֵּי, קָרִיבַת
יג יד אֲבוּךְ הִיא: עֶרְיַת אֲחָת אִמָּךְ לָא תְגַלֵּי, אֲרֵי קָרִיבַת אִמָּךְ הִיא: עֶרְיַת אַחְבּוּךְ לָא תְגַלֵּי,
טו לְאִתְּתֵיהּ לָא תִקְרַב, אִתַּת אַחְבּוּךְ הִיא: עֶרְיַת כַּלְּתָךְ לָא תְגַלֵּי, אִתַּת בְּרָךְ הִיא, לָא תְגַלֵּי
טז יז עֶרְיְתַהּ: עֶרְיַת אִתַּת אֲחוּךְ לָא תְגַלֵּי, עֶרְיְתָא דַּאֲחוּךְ הִיא: עֶרְיַת אִתְּתָא, וּבְרַתַּהּ לָא תְגַלֵּי,
יח יָת בַּת בְּרַהּ וְיָת בַּת בְּרַתַּהּ, לָא תִסַּב לְגַלָּאָה עֶרְיְתַהּ, קָרִיבָן אִנִּין עֵיצַת חֲטִין הִיא: וְאִתְּתָא
יט עִם אֲחָתַהּ לָא תִסַּב, לְאַעָקָא לַהּ, לְגַלָּאָה עֶרְיְתַהּ, עֲלַהּ בְּחַיַּהָא: וּלְאִתְּתָא בְּרִיחוּק סְאוֹבְתַהּ,
כ כא לָא תִקְרַב, לְגַלָּאָה עֶרְיְתַהּ: וּבְאִתַּת חַבְרָךְ, לָא תִתֵּין שְׁכָבְתָּךְ לְזַרְעָא, לְאִסְתַּאָבָא בַהּ: וּמִזַּרְעָךְ
כב לָא תִתֵּין לְאַעְבָּרָא לְמֹלֶךְ, וְלָא תַחֵיל, יָת שְׁמָא דֶּאֱלָהָךְ אֲנָא יְיָ: וְיָת דְּכוּרָא, לָא תִשְׁכּוּב
כג מִשְׁכְּבֵי אִתָּא, תּוֹעֵיבָא הִיא: וּבְכָל בְּעִירָא, לָא תִתֵּין שְׁכָבְתָּךְ לְאִסְתַּאָבָא בַהּ, וְאִתְּתָא, לָא
כד תְקוּם, קֳדָם בְּעִירָא, לְמִשְׁלַט בַּהּ תִּבְלָא הוּא: לָא תִסְתָּאֲבוּן בְּכָל אִלֵּין, אֲרֵי בְכָל אִלֵּין
כה אִסְתָּאֲבוּ עַמְמַיָּא, דַּאֲנָא מַגְלֵי מִן קֳדָמֵיכוֹן: וְאִסְתָּאֲבַת אַרְעָא, וְאַסְעָרִית חוֹבַהּ עֲלַהּ, וְרוֹקִינַת
כו אַרְעָא יָת יָתְבַהָא: וְתִטְּרוּן אַתּוּן, יָת קְיָמַי וְיָת דִּינַי, וְלָא תַעְבְּדוּן, מִכֹּל תּוֹעֵיבָתָא הָאִלֵּין,
כז יַצִּיבַיָּא, וְגִיּוֹרַיָּא דְּיִתְגַּיְּרוּן בֵּינֵיכוֹן: אֲרֵי יָת כָּל תּוֹעֵיבָתָא הָאִלֵּין, עֲבַדוּ אֱנָשֵׁי אַרְעָא

בַּת בִּנְךָ. קַל וָחֹמֶר לְבִתְּךָ, אֶלָּא לְפִי שֶׁאֵין מַזְהִירִין מִן הַדִּין, לְמָדוּהָ מִגְּזֵרָה שָׁוָה בְּמַסֶּכֶת יְבָמוֹת (דף ג ע"א):

יא) עֶרְוַת בַּת אֵשֶׁת אָבִיךָ. לִמֵּד שֶׁאֵינוֹ חַיָּב עַל אֲחוֹתוֹ מִשִּׁפְחָה וְנָכְרִית, לְכָךְ נֶאֱמַר: "בַּת אֵשֶׁת אָבִיךָ", בִּרְאוּיָה לְקִדּוּשִׁין:

יד) עֶרְוַת אֲחִי אָבִיךָ לֹא תְגַלֵּה. וּמַה הִיא עֶרְוָתוֹ? "אֶל אִשְׁתּוֹ לֹא תִקְרָב":

טו) אֵשֶׁת בִּנְךָ הוּא. לֹא אָמַרְתִּי אֶלָּא בְּשֶׁיֵּשׁ לְבִנְךָ אִישׁוּת בָּהּ, פְּרָט לַאֲנוּסָה וְשִׁפְחָה וְנָכְרִית:

יז) עֶרְוַת אִשָּׁה וּבִתָּהּ. לֹא אָסַר הַכָּתוּב אֶלָּא עַל יְדֵי נִשּׂוּאֵי הָרִאשׁוֹנָה, לְכָךְ נֶאֱמַר: "לֹא תִקַּח", לְשׁוֹן קִיחָה. וְכֵן לְעִנְיַן הָעֹנֶשׁ: "אֲשֶׁר יִקַּח אֶת אִשָּׁה וְאֶת אִמָּהּ" (להלן כ, יד), לְשׁוֹן קִיחָה, אֲבָל אָנַס אִשָּׁה, מֻתָּר לִשָּׂא בִּתָּהּ: שַׁאֲרָה הֵנָּה. קְרוֹבוֹת זוֹ לָזוֹ: זִמָּה. עֵצָה, כְּתַרְגּוּמוֹ: "עֵצַת חֲטָאִין", שֶׁיִּצְרְךָ יוֹעֶצְךָ לַחֲטֹא:

יח) אֶל אֲחֹתָהּ. שְׁתֵּיהֶן כְּאַחַת: לִצְרֹר. לְשׁוֹן צָרָה, לַעֲשׂוֹת אֶת זוֹ צָרָה לָזוֹ: בְּחַיֶּיהָ. לִמֶּדְךָ שֶׁאִם גֵּרְשָׁהּ, לֹא יִשָּׂא אֶת אֲחוֹתָהּ כָּל זְמַן שֶׁהִיא בַּחַיִּים:

כא) לַמֹּלֶךְ. עֲבוֹדָה זָרָה הִיא שֶׁשְּׁמָהּ 'מֹלֶךְ', וְזוֹ הִיא עֲבוֹדָתָהּ, שֶׁמּוֹסֵר בְּנוֹ לַכְּמָרִים, וְעוֹשִׂין שְׁתֵּי מְדוּרוֹת גְּדוֹלוֹת, וּמַעֲבִירִין אֶת הַבֵּן בְּרַגְלָיו בֵּין שְׁתֵּי מְדוּרוֹת הָאֵשׁ: לֹא תִתֵּן. זוֹ הִיא מְסִירָתוֹ לַכְּמָרִים: לְהַעֲבִיר לַמֹּלֶךְ. זוֹ הַעֲבָרַת הָאֵשׁ:

כג) תֶּבֶל הוּא. לְשׁוֹן קֹדֶשׁ וְעֶרְוָה וְנִאוּף, וְכֵן: "וְאַפִּי עַל תַּבְלִיתָם" (ישעיה י, כה). דָּבָר אַחֵר, "תֶּבֶל הוּא" – לְשׁוֹן בְּלִילָה וְעִרְבּוּב, זֶרַע אָדָם וְזֶרַע בְּהֵמָה:

אחרי מות

מפטיר
אֲשֶׁר לִפְנֵיכֶם וַתִּטְמָא הָאָרֶץ׃ וְלֹא־תָקִיא כח
הָאָרֶץ אֶתְכֶם בְּטַמַּאֲכֶם אֹתָהּ כַּאֲשֶׁר קָאָה
אֶת־הַגּוֹי אֲשֶׁר לִפְנֵיכֶם׃ כִּי כָּל־אֲשֶׁר יַעֲשֶׂה כט
מִכֹּל הַתּוֹעֵבֹת הָאֵלֶּה וְנִכְרְתוּ הַנְּפָשׁוֹת הָעֹשֹׂת
מִקֶּרֶב עַמָּם׃ וּשְׁמַרְתֶּם אֶת־מִשְׁמַרְתִּי לְבִלְתִּי ל
עֲשׂוֹת מֵחֻקּוֹת הַתּוֹעֵבֹת אֲשֶׁר נַעֲשׂוּ לִפְנֵיכֶם
וְלֹא תִטַּמְּאוּ בָּהֶם אֲנִי יְהוָה אֱלֹהֵיכֶם׃

הפטרת אחרי מות

כאשר אחרי מות וקדשים מחוברות קוראים את הפטרת קדשים. בשבת הגדול קוראים את ההפטרה בעמ׳ 1295.

השבר הגדול של סוף מלכות יהודה, שבו נעלמו לראשונה בהיסטוריה כל הסמלים של עם ישראל (המקדש, ירושלים, מלכות בית דוד), והסבל האישי של חורבן וגלות, עוררו בעוצמה את השאלה ״למה זה קרה?״ יחזקאל, שגלה עם החרש והמסגר, מכין אותם להתמודדות עם שאלה זו. בין השאר הוא סוקר את העיוותים הקשים שאפיינו את התנהלות העם בין אדם לחברו ובין אדם למקום. ריקבון זה שחוללנו לעצמנו הוא שורש סבלנו. הבנת הסיבות לאסון מרככות את המרירות ומאפשרות התמודדות ותיקון — והם הפתח לישועה העתידית.

יחזקאל
כב א ב וַיְהִי דְבַר־יְהוָה אֵלַי לֵאמֹר׃ וְאַתָּה בֶן־אָדָם הֲתִשְׁפֹּט אֶת־עִיר
ג הַדָּמִים וְהוֹדַעְתָּהּ אֵת כָּל־תּוֹעֲבוֹתֶיהָ׃ וְאָמַרְתָּ כֹּה אָמַר אֲדֹנָי יֱהֹוִה עִיר
ד שֹׁפֶכֶת דָּם בְּתוֹכָהּ לָבוֹא עִתָּהּ וְעָשְׂתָה גִלּוּלִים עָלֶיהָ לְטָמְאָה׃ בְּדָמֵךְ
אֲשֶׁר־שָׁפַכְתְּ אָשַׁמְתְּ וּבְגִלּוּלַיִךְ אֲשֶׁר־עָשִׂית טָמֵאת וַתַּקְרִיבִי יָמַיִךְ וַתָּבוֹא
ה עַד־שְׁנוֹתָיִךְ עַל־כֵּן נְתַתִּיךְ חֶרְפָּה לַגּוֹיִם וְקַלָּסָה לְכָל־הָאֲרָצוֹת׃ הַקְּרֹבוֹת
ו וְהָרְחֹקוֹת מִמֵּךְ יִתְקַלְּסוּ־בָךְ טְמֵאַת הַשֵּׁם רַבַּת הַמְּהוּמָה׃ הִנֵּה נְשִׂיאֵי
ז יִשְׂרָאֵל אִישׁ לִזְרֹעוֹ הָיוּ בָךְ לְמַעַן שְׁפָךְ־דָּם׃ אָב וָאֵם הֵקַלּוּ בָךְ לַגֵּר
ח עָשׂוּ בַעֹשֶׁק בְּתוֹכֵךְ יָתוֹם וְאַלְמָנָה הוֹנוּ בָךְ׃ קָדָשַׁי בָּזִית וְאֶת־שַׁבְּתֹתַי

כח דִּקְדָמֵיכוֹן, וְאִסְתְּאַבַת אַרְעָא: וְלָא תְרוֹקֵין אַרְעָא יָתְכוֹן, בְּסַאוֹבֵיכוֹן יָתַהּ, כְּמָא דְּרוֹקֵינַת,
כט יָת עַמְמַיָּא דִּקְדָמֵיכוֹן: אֲרֵי כָּל דְּיַעֲבֵיד, מִכֹּל תּוֹעֵיבָתָא הָאִלֵּין, וְיִשְׁתֵּיצְיָן, נַפְשָׁתָא דְּיַעְבְּדָן
ל מִגּוֹ עַמְּהוֹן: וְתִטְּרוּן יָת מַטְּרַת מֵימְרִי, בְּדִיל דְּלָא לְמֶעֱבַד, מִנִּמּוֹסֵי תּוֹעֵיבָתָא דְּאִתְעֲבִידָא קֳדָמֵיכוֹן, וְלָא תִסְתָּאֲבוּן בְּהוֹן, אֲנָא יי אֱלָהֲכוֹן:

כח) **וְלֹא תָקִיא הָאָרֶץ אֶתְכֶם.** מָשָׁל לְבֶן מֶלֶךְ שֶׁהֶאֱכִילוּהוּ דָּבָר מָאוּס, שֶׁאֵין עוֹמֵד בְּמֵעָיו אֶלָּא מְקִיאוֹ, כָּךְ אֶרֶץ יִשְׂרָאֵל אֵינָהּ מְקַיֶּמֶת עוֹבְרֵי עֲבֵרָה. וְתַרְגּוּמוֹ: 'וְלָא תְרוֹקֵין', לְשׁוֹן רִקּוּן, מְרִיקָה עַצְמָהּ מֵהֶם:

כט) **הַנְּפָשׁוֹת הָעֹשֹׂת.** הַזָּכָר וְהַנְּקֵבָה בְּמַשְׁמָע:

ל) **וּשְׁמַרְתֶּם אֶת מִשְׁמַרְתִּי.** לְהַזְהִיר בֵּית דִּין עַל כָּךְ: **וְלֹא תִטַּמְּאוּ בָּהֶם אֲנִי ה' אֱלֹהֵיכֶם.** הָא אִם תִּטַּמְּאוּ אֵינִי אֱלֹהֵיכֶם וְאַתֶּם נִפְסָלִים מֵאַחֲרַי, וּמָה הֲנָאָה יֵשׁ לִי בָּכֶם וְאַתֶּם מִתְחַיְּבִים כְּלָיָה, לְכָךְ נֶאֱמַר: "אֲנִי ה' אֱלֹהֵיכֶם":

ט חִלָּלְתְּ: אַנְשֵׁי רָכִיל הָיוּ בָךְ לְמַעַן שְׁפָךְ־דָּם וְאֶל־הֶהָרִים אָכְלוּ בָךְ זִמָּה
יא עָשׂוּ בְתוֹכֵךְ: עֶרְוַת־אָב גִּלָּה־בָךְ טְמֵאַת הַנִּדָּה עִנּוּ־בָךְ: וְאִישׁ ׀ אֶת־
אֵשֶׁת רֵעֵהוּ עָשָׂה תּוֹעֵבָה וְאִישׁ אֶת־כַּלָּתוֹ טִמֵּא בְזִמָּה וְאִישׁ אֶת־אֲחֹתוֹ
יב בַת־אָבִיו עִנָּה־בָךְ: שֹׁחַד לָקְחוּ־בָךְ לְמַעַן שְׁפָךְ־דָּם נֶשֶׁךְ וְתַרְבִּית לָקַחַתְּ
יג וַתְּבַצְּעִי רֵעַיִךְ בַּעֹשֶׁק וְאֹתִי שָׁכַחַתְּ נְאֻם אֲדֹנָי יֱהוִה: וְהִנֵּה הִכֵּיתִי כַפִּי
יד אֶל־בִּצְעֵךְ אֲשֶׁר עָשִׂית וְעַל־דָּמֵךְ אֲשֶׁר הָיוּ בְּתוֹכֵךְ: הֲיַעֲמֹד לִבֵּךְ אִם־
תֶּחֱזַקְנָה יָדַיִךְ לַיָּמִים אֲשֶׁר אֲנִי עֹשֶׂה אוֹתָךְ אֲנִי יְהוָה דִּבַּרְתִּי וְעָשִׂיתִי:
טו טז וַהֲפִיצוֹתִי אוֹתָךְ בַּגּוֹיִם וְזֵרִיתִיךְ בָּאֲרָצוֹת וַהֲתִמֹּתִי טֻמְאָתֵךְ מִמֵּךְ: וְנִחַלְתְּ
בָּךְ לְעֵינֵי גוֹיִם וְיָדַעַתְּ כִּי־אֲנִי יְהוָה:

פרשת קדשים

קדשים

טו וַיְדַבֵּר יְהוָה אֶל־מֹשֶׁה לֵּאמֹר: דַּבֵּר אֶל־כָּל־ א ב יט
עֲדַת בְּנֵי־יִשְׂרָאֵל וְאָמַרְתָּ אֲלֵהֶם קְדֹשִׁים
תִּהְיוּ כִּי קָדוֹשׁ אֲנִי יְהוָה אֱלֹהֵיכֶם: אִישׁ אִמּוֹ ג
וְאָבִיו תִּירָאוּ וְאֶת־שַׁבְּתֹתַי תִּשְׁמֹרוּ אֲנִי יְהוָה
אֱלֹהֵיכֶם: אַל־תִּפְנוּ אֶל־הָאֱלִילִם וֵאלֹהֵי ד
מַסֵּכָה לֹא תַעֲשׂוּ לָכֶם אֲנִי יְהוָה אֱלֹהֵיכֶם: וְכִי ה
תִזְבְּחוּ זֶבַח שְׁלָמִים לַיהוָה לִרְצֹנְכֶם תִּזְבָּחֻהוּ:
בְּיוֹם זִבְחֲכֶם יֵאָכֵל וּמִמָּחֳרָת וְהַנּוֹתָר עַד־ ו
יוֹם הַשְּׁלִישִׁי בָּאֵשׁ יִשָּׂרֵף: וְאִם הֵאָכֹל יֵאָכֵל ז
בַּיּוֹם הַשְּׁלִישִׁי פִּגּוּל הוּא לֹא יֵרָצֶה: וְאֹכְלָיו ח
עֲוֺנוֹ יִשָּׂא כִּי־אֶת־קֹדֶשׁ יְהוָה חִלֵּל וְנִכְרְתָה
הַנֶּפֶשׁ הַהִוא מֵעַמֶּיהָ: וּבְקֻצְרְכֶם אֶת־קְצִיר ט
אַרְצְכֶם לֹא תְכַלֶּה פְּאַת שָׂדְךָ לִקְצֹר וְלֶקֶט
קְצִירְךָ לֹא תְלַקֵּט: וְכַרְמְךָ לֹא תְעוֹלֵל וּפֶרֶט י

מצווה ריב
מצוות מורא אב ואם

מצווה ריג
איסור פנייה
לעבודה זרה

מצווה ריד
איסור עשיית פסל

מצווה רטו
איסור אכילת נותר

מצווה רטז
מצוות הנחת
פאה בשדה

מצווה ריז
איסור קצירת
פאת השדה

מצווה ריט, רכא, רכג
איסור לקיחת לקט
איסור לקיטת עוללות
איסור לקיחת פרט הכרם

ב| **דַּבֵּר אֶל כָּל עֲדַת בְּנֵי יִשְׂרָאֵל.** מְלַמֵּד שֶׁנֶּאֶמְרָה פָּרָשָׁה זוֹ בְּהַקְהֵל, מִפְּנֵי שֶׁרֹב גּוּפֵי תוֹרָה תְּלוּיִין בָּהּ: **קְדֹשִׁים תִּהְיוּ.** הֱווּ פְרוּשִׁים מִן הָעֲרָיוֹת וּמִן הָעֲבֵרָה, שֶׁכָּל מָקוֹם שֶׁאַתָּה מוֹצֵא גֶּדֶר עֶרְוָה אַתָּה מוֹצֵא קְדֻשָּׁה: "אִשָּׁה זֹנָה וַחֲלָלָה" וְגוֹ', "אֲנִי ה' מְקַדִּשְׁכֶם" (ויקרא כא, ז-ח); "וְלֹא יְחַלֵּל זַרְעוֹ... אֲנִי ה' מְקַדְּשׁוֹ" (שם פסוק טו); "קְדֹשִׁים יִהְיוּ", "אִשָּׁה זֹנָה וַחֲלָלָה" וְגוֹ' (שם פסוקים ו-ז):

ג| **אִישׁ אִמּוֹ וְאָבִיו תִּירָאוּ.** כָּל אֶחָד מִכֶּם תִּירְאוּ אָבִיו וְאִמּוֹ, זֶהוּ פְּשׁוּטוֹ. וּמִדְרָשׁוֹ, אֵין לִי אֶלָּא אִישׁ, אִשָּׁה מִנַּיִן? כְּשֶׁהוּא אוֹמֵר: "תִּירָאוּ" הֲרֵי כָּאן שְׁנַיִם. אִם כֵּן לָמָּה נֶאֱמַר "אִישׁ"? שֶׁהָאִישׁ סִפֵּק

יט א ב וּמַלֵּיל יְיָ עִם מֹשֶׁה לְמֵימַר: מַלֵּיל, עִם כָּל כְּנִשְׁתָּא דִבְנֵי יִשְׂרָאֵל, וְתֵימַר לְהוֹן קַדִּישִׁין תְּהוֹן,
ג אֲרֵי קַדִּישׁ, אֲנָא יְיָ אֱלָהֲכוֹן: גְּבַר מִן אִמֵּיהּ וּמִן אֲבוּהִי תְּהוֹן דָּחֲלִין, וְיָת יוֹמֵי שַׁבַּיָּא דִילִי
ד תִּטְּרוּן, אֲנָא יְיָ אֱלָהֲכוֹן: לָא תִתְפְּנוּן בָּתַר טַעֲוָן, וְדַחֲלָן דְּמַתְּכָא, לָא תַעְבְּדוּן לְכוֹן, אֲנָא
ה ו יְיָ אֱלָהֲכוֹן: וַאֲרֵי תִכְּסוּן נִכְסַת קֻדְשִׁין קֳדָם יְיָ, לְרַעֲוָא לְכוֹן תִּכְּסֻנֵּיהּ: בְּיוֹמָא דְיִתְנְכֵיס,
ז יִתְאֲכִיל וּבְיוֹמָא דְבָתְרוֹהִי, וּדְיִשְׁתְּאַר עַד יוֹמָא תְּלִיתָאָה, בְּנוּרָא יִתּוֹקַד: וְאִם, אִתְאֲכָלָא
ח יִתְאֲכִיל בְּיוֹמָא תְּלִיתָאָה, מְרַחַק הוּא לָא יְהֵי לְרַעֲוָא: וּדְיֵיכְלִנֵּיהּ חוֹבֵיהּ יְקַבֵּיל, אֲרֵי יָת
ט קֻדְשָׁא דַּייָ אַחֵיל, וְיִשְׁתֵּיצֵי, אֱנָשָׁא הַהוּא מֵעַמֵּיהּ: וּבְמִחְצַדְכוֹן יָת חֲצָדָא דְאַרְעֲכוֹן, לָא
י תְשֵׁיצֵי, פָּתָא דְחַקְלָךְ לְמִחְצַד, וּלְקָטָא דְחַצָּדָךְ לָא תְלַקֵּיט: וְכַרְמָךְ לָא תְעַלֵּיל, וְנִתְרָא

בְּיָדוֹ לַעֲשׂוֹת, אֲבָל אִשָּׁה – רְשׁוּת אֲחֵרִים עָלֶיהָ: **אִמּוֹ וְאָבִיו תִּירָאוּ.** כָּאן הִקְדִּים אֵם לְאָב, לְפִי שֶׁגָּלוּי לְפָנָיו שֶׁהַבֵּן יָרֵא אֶת אָבִיו יוֹתֵר מֵאִמּוֹ, וּבִכְבוּד הִקְדִּים אָב לְאֵם, לְפִי שֶׁגָּלוּי לְפָנָיו שֶׁהַבֵּן מְכַבֵּד אֶת אִמּוֹ יוֹתֵר מֵאָבִיו, מִפְּנֵי שֶׁמְּשַׁדַּלְתּוֹ בִּדְבָרִים: **וְאֶת שַׁבְּתֹתַי תִּשְׁמֹרוּ.** סָמַךְ שְׁמִירַת שַׁבָּת לְמוֹרָא אָב, לוֹמַר, אַף עַל פִּי שֶׁהִזְהַרְתִּיךָ עַל מוֹרָא אָב, אִם יֹאמַר לְךָ חַלֵּל אֶת הַשַּׁבָּת, אַל תִּשְׁמַע לוֹ, וְכֵן בִּשְׁאָר כָּל הַמִּצְוֹת: **אֲנִי ה׳ אֱלֹהֵיכֶם.** אַתָּה וְאָבִיךָ חַיָּבִים בִּכְבוֹדִי, לְפִיכָךְ לֹא תִשְׁמַע לוֹ לְבַטֵּל אֶת דְּבָרַי. אֵיזֶהוּ מוֹרָא? לֹא יֵשֵׁב בִּמְקוֹמוֹ וְלֹא יְדַבֵּר בִּמְקוֹמוֹ וְלֹא יִסְתֹּר אֶת דְּבָרָיו. וְאֵיזֶהוּ כָּבוֹד? מַאֲכִיל וּמַשְׁקֶה, מַלְבִּישׁ וּמַנְעִיל, מַכְנִיס וּמוֹצִיא:

ד **אַל תִּפְנוּ אֶל הָאֱלִילִם.** לְעָבְדָם. "אֱלִילִים" לְשׁוֹן 'אַל', כְּלֹא הוּא חָשׁוּב: **וֵאלֹהֵי מַסֵּכָה.** תְּחִלָּתָן אֱלִילִים הֵם, וְאִם אַתָּה פּוֹנֶה אַחֲרֵיהֶם סוֹפְךָ לַעֲשׂוֹתָן אֱלוֹהוֹת: **לֹא תַעֲשׂוּ לָכֶם.** לֹא תַעֲשׂוּ לַאֲחֵרִים וְלֹא אֲחֵרִים לָכֶם, וְאִם תֹּאמַר לֹא תַעֲשׂוּ לְעַצְמְכֶם אֲבָל אֲחֵרִים עוֹשִׂין לָכֶם, הֲרֵי כְּבָר נֶאֱמַר: "לֹא יִהְיֶה לְךָ" (שמות כ, ג), לֹא שֶׁלְּךָ וְלֹא שֶׁל אֲחֵרִים:

ה **וְכִי תִזְבְּחוּ וְגוֹ׳.** לֹא נֶאֶמְרָה פָּרָשָׁה זוֹ אֶלָּא לְלַמֵּד שֶׁלֹּא תְהֵא זְבִיחָתָן אֶלָּא עַל מְנָת לְהֵאָכֵל בְּתוֹךְ הַזְּמַן הַזֶּה, שֶׁאִם לִקְבֹּעַ לָהֶם זְמַן אֲכִילָה, הֲרֵי כְּבָר נֶאֱמַר: "וְאִם נֶדֶר אוֹ נְדָבָה זֶבַח קָרְבָּנוֹ" וְגוֹ׳ (לעיל ז, טז): **לִרְצֹנְכֶם תִּזְבָּחֻהוּ.** תְּחִלַּת זְבִיחָתוֹ תְהֵא עַל מְנָת נַחַת רוּחַ שֶׁיְּהֵא לָכֶם לְרָצוֹן, שֶׁאִם תַּחְשְׁבוּ עָלָיו מַחְשֶׁבֶת פְּסוּל לֹא יֵרָצֶה עֲלֵיכֶם לְפָנַי: **לִרְצֹנְכֶם.** אפיימינ"ט, זֶהוּ לְפִי פְּשׁוּטוֹ. וְרַבּוֹתֵינוּ לָמְדוּ מִכָּאן לְמִתְעַסֵּק בְּקָדָשִׁים שֶׁפָּסוּל, שֶׁצָּרִיךְ שֶׁיִּתְכַּוֵּן לִשְׁחֹט:

ו **בְּיוֹם זִבְחֲכֶם יֵאָכֵל.** כְּשֶׁתִּזְבָּחוּהוּ, תִּשְׁחָטוּהוּ עַל מְנָת זְמַן זֶה שֶׁקָּבַעְתִּי לָכֶם כְּבָר:

ז **וְאִם הֵאָכֹל יֵאָכֵל וְגוֹ׳.** אִם אֵינוֹ עִנְיָן לְחוּץ לִזְמַנּוֹ, שֶׁהֲרֵי כְּבָר נֶאֱמַר: "וְאִם הֵאָכֹל יֵאָכֵל מִבְּשַׂר זֶבַח שְׁלָמָיו" וְגוֹ׳ (לעיל ז, יח), תְּנֵהוּ עִנְיָן לְחוּץ לִמְקוֹמוֹ. יָכוֹל יִהְיוּ חַיָּבִים כָּרֵת עַל אֲכִילָתוֹ? תַּלְמוּד לוֹמַר: "וְהַנֶּפֶשׁ הָאֹכֶלֶת מִמֶּנּוּ עֲוֹנָהּ תִּשָּׂא" (לעיל ז, יח), מִמֶּנּוּ וְלֹא מֵחֲבֵרוֹ, יָצָא הַנִּשְׁחָט בְּמַחְשֶׁבֶת חוּץ לִמְקוֹמוֹ: **פִּגּוּל.** מְתֹעָב, כְּמוֹ: "וּמְרַק פִּגֻּלִים כְּלֵיהֶם" (ישעיה סה, ד):

ח **וְאֹכְלָיו עֲוֹנוֹ יִשָּׂא.** בְּנוֹתָר גָּמוּר הַכָּתוּב מְדַבֵּר, וְאֵינוֹ עָנוּשׁ כָּרֵת עַל הַנִּשְׁחָט חוּץ לִמְקוֹמוֹ, שֶׁכְּבָר מִעֲטוֹ הַכָּתוּב, וְזֶה בְּנוֹתָר גָּמוּר מְדַבֵּר. וּבְמַסֶּכֶת כְּרֵתוֹת (דף ה ע"א) לְמָדוּהוּ מִגְּזֵרָה שָׁוָה:

ט **לֹא תְכַלֶּה פְּאַת שָׂדְךָ.** שֶׁיַּנִּיחַ פֵּאָה בְּסוֹף שָׂדֵהוּ: **וְלֶקֶט קְצִירְךָ.** שִׁבֳּלִים הַנּוֹשְׁרִים בִּשְׁעַת קְצִירָה אַחַת אוֹ שְׁתַּיִם, אֲבָל שָׁלֹשׁ אֵינָן לֶקֶט (פאה ו, ה):

י **לֹא תְעוֹלֵל.** לֹא תִטֹּל עוֹלֵלוֹת שֶׁבָּהּ, וְהֵן נִכָּרוֹת. אֵיזֶהוּ עוֹלֵלוֹת? כָּל שֶׁאֵין לָהּ לֹא כָתֵף וְלֹא נָטֵף: **וּפֶרֶט כַּרְמְךָ.** גַּרְגְּרֵי עֲנָבִים הַנּוֹשְׁרִים בִּשְׁעַת

כַּרְמְךָ֙ לֹ֣א תְעוֹלֵ֔ל וּפֶ֥רֶט כַּרְמְךָ֖ לֹ֣א תְלַקֵּ֑ט לֶעָנִ֤י וְלַגֵּר֙ תַּעֲזֹ֣ב אֹתָ֔ם
אֲנִ֖י יְהוָ֥ה אֱלֹהֵיכֶֽם׃ · לֹ֖א תִּגְנֹ֑בוּ וְלֹֽא־ יא
תְכַחֲשׁ֥וּ וְלֹֽא־תְשַׁקְּר֖וּ אִ֥ישׁ בַּעֲמִיתֽוֹ׃ וְלֹֽא־ יב
תִשָּׁבְע֥וּ בִשְׁמִ֖י לַשָּׁ֑קֶר וְחִלַּלְתָּ֛ אֶת־שֵׁ֥ם
אֱלֹהֶ֖יךָ אֲנִ֥י יְהוָֽה׃ לֹֽא־תַעֲשֹׁ֥ק אֶת־רֵעֲךָ֖ יג
וְלֹ֣א תִגְזֹ֑ל לֹֽא־תָלִ֞ין פְּעֻלַּ֥ת שָׂכִ֛יר אִתְּךָ֖ עַד־
בֹּֽקֶר׃ לֹא־תְקַלֵּ֣ל חֵרֵ֔שׁ וְלִפְנֵ֣י עִוֵּ֔ר לֹ֥א יד
תִתֵּ֖ן מִכְשֹׁ֑ל וְיָרֵ֥אתָ מֵּאֱלֹהֶ֖יךָ אֲנִ֥י יְהוָֽה׃ ·
לֹא־תַעֲשׂ֥וּ עָ֙וֶל֙ בַּמִּשְׁפָּ֔ט לֹא־תִשָּׂ֣א פְנֵי־ טו
דָ֗ל וְלֹ֤א תֶהְדַּר֙ פְּנֵ֣י גָד֔וֹל בְּצֶ֖דֶק תִּשְׁפֹּ֥ט
עֲמִיתֶֽךָ׃ לֹא־תֵלֵ֤ךְ רָכִיל֙ בְּעַמֶּ֔יךָ לֹ֥א תַעֲמֹ֖ד טז
עַל־דַּ֣ם רֵעֶ֑ךָ אֲנִ֖י יְהוָֽה׃ לֹֽא־תִשְׂנָ֥א אֶת־ יז
אָחִ֖יךָ בִּלְבָבֶ֑ךָ הוֹכֵ֤חַ תּוֹכִ֙יחַ֙ אֶת־עֲמִיתֶ֔ךָ

מצווה ריח, רכ, רכב
מצוות הותרת לקט
מצוות הנחת עוללות בכרם
מצוות הנחת פרט הכרם

מצווה רכד-רכו
איסור גנבת ממון
איסור כפירת ממון
איסור שבועה בכפירת ממון

מצווה רכז
איסור שבועת שקר

מצווה רכח
איסור עושק

מצווה רכט-רל
איסור גזלה
איסור הלנת שכר

מצווה רלא-רלב
איסור קללת אדם מישראל
איסור הכשלת אדם

שני
/ חמישי /

מצווה רלג-רלד
איסור על דיין לעשות עוול במשפט
איסור לשאת פני גדול בדין

מצווה רלה
חובת השופט לשפוט בצדק

מצווה רלו-רלז
איסור רכילות
איסור הפקרת חיי הזולת

מצווה רלח
איסור שנאת אדם מישראל בלבב

מצווה רלט-רמ
מצוות תוכחה
איסור הלבנת פנים

קדושים

בְּעִירָהּ: **אֲנִי ה' אֱלֹהֵיכֶם.** דַּיָּן לִפָּרַע, וְאֵינִי גּוֹבֶה מִכֶּם אֶלָּא נְפָשׁוֹת, שֶׁנֶּאֱמַר: "אַל תִּגְזָל דָּל" וְגוֹ' "כִּי ה' יָרִיב רִיבָם" וְגוֹ' (משלי כב, כב-כג):

יא] **לֹא תִּגְנֹבוּ.** אַזְהָרָה לְגוֹנֵב מָמוֹן, אֲבָל "לֹא תִגְנֹב" שֶׁבַּעֲשֶׂרֶת הַדִּבְּרוֹת אַזְהָרָה לְגוֹנֵב נְפָשׁוֹת, דָּבָר הַלָּמֵד מֵעִנְיָנוֹ, דָּבָר שֶׁחַיָּבִין עָלָיו מִיתַת בֵּית דִּין: **וְלֹא תְכַחֲשׁוּ.** לְפִי שֶׁנֶּאֱמַר: "וְכִחֶשׁ בָּהּ" – מְשַׁלֵּם קֶרֶן וָחֹמֶשׁ (לעיל ה, כב-כד), לָמַדְנוּ עֹנֶשׁ, אַזְהָרָה מִנַּיִן? תַּלְמוּד לוֹמַר: "וְלֹא תְכַחֲשׁוּ": **וְלֹא תְשַׁקְּרוּ.** לְפִי שֶׁנֶּאֱמַר: "וְנִשְׁבַּע עַל שָׁקֶר" – יְשַׁלֵּם קֶרֶן וָחֹמֶשׁ (לעיל ה, כב-כד), לָמַדְנוּ עֹנֶשׁ, אַזְהָרָה מִנַּיִן? תַּלְמוּד לוֹמַר "וְלֹא תְשַׁקְּרוּ": **לֹא תִּגְנֹבוּ וְלֹא תְכַחֲשׁוּ וְלֹא תְשַׁקְּרוּ... וְלֹא תִשָּׁבְעוּ.** אִם גָּנַבְתָּ סוֹפְךָ לְכַחֵשׁ, סוֹפְךָ לְשַׁקֵּר, סוֹפְךָ לְהִשָּׁבַע לַשָּׁקֶר:

יב] **וְלֹא תִשָּׁבְעוּ בִשְׁמִי.** לָמָּה נֶאֱמַר? לְפִי שֶׁנֶּאֱמַר: "לֹא תִשָּׂא אֶת שֵׁם ה' אֱלֹהֶיךָ לַשָּׁוְא" (שמות כ, ז), יָכוֹל לֹא יְהֵא חַיָּב אֶלָּא עַל שֵׁם הַמְיֻחָד, מִנַּיִן לְרַבּוֹת כָּל הַכִּנּוּיִין? תַּלְמוּד לוֹמַר: "וְלֹא תִשָּׁבְעוּ בִשְׁמִי לַשָּׁקֶר", כָּל שֵׁם שֶׁיֵּשׁ לִי:

יג] **לֹא תַעֲשֹׁק.** זֶה הַכּוֹבֵשׁ שְׂכַר שָׂכִיר: **לֹא תָלִין.** לְשׁוֹן נְקֵבָה, מוּסָב עַל הַפְּעֻלָּה: **עַד בֹּקֶר.** בִּשְׂכִיר יוֹם הַכָּתוּב מְדַבֵּר, שֶׁיְּצִיאָתוֹ מִשֶּׁשָּׁקְעָה הַחַמָּה,

יא דִּכַרְמָךְ לָא תְלַקֵּיט, לַעֲנִיֵּי וּלְגִיּוֹרֵי תִּשְׁבּוֹק יָתְהוֹן, אֲנָא יי אֱלָהֲכוֹן: לָא תִּגְנְבוּן, וְלָא תְכַדְּבוּן
יב וְלָא תְשַׁקְּרוּן אֱנָשׁ בְּחַבְרֵיהּ: וְלָא תִשְׁתַּבְעוּן בִּשְׁמִי לְשִׁקְרָא, וְתַחֵיל, יָת שְׁמָא דֶּאֱלָהָךְ אֲנָא יי:
יג יד לָא תַעְשׁוֹק יָת חַבְרָךְ וְלָא תֵינוֹס, לָא תְבִית, אַגְרָא דַאֲגִירָא, לְוָתָךְ עַד צַפְרָא: לָא תְלוּט דְּלָא
טו שָׁמַע, וּקְדָם דְּלָא חָזֵי, לָא תְשִׁים תַּקְלָא, וְתִדְחַל מֵאֱלָהָךְ אֲנָא יי: לָא תַעְבְּדוּן שְׁקַר בְּדִין, לָא
טז תִסַּב אַפֵּי מִסְכֵּינָא, וְלָא תְהַדַּר אַפֵּי רַבָּא, בִּקְשׁוֹטָא תְּדִינֵיהּ לְחַבְרָךְ: לָא תֵיכוֹל קֻרְצִין בְּעַמָּךְ,
יז לָא תְקוּם עַל דְּמָא דְחַבְרָךְ, אֲנָא יי: לָא תִסְנֵי יָת אֲחוּךְ בְּלִבָּךְ, אוֹכָחָא תוֹכַח יָת חַבְרָךְ, וְלָא

לְפִיכָךְ זְמַן גְּבוּי שְׂכָרוֹ כָּל הַלַּיְלָה. וּבְמָקוֹם אַחֵר הוּא אוֹמֵר: "וְלֹא תָבוֹא עָלָיו הַשֶּׁמֶשׁ" (דברים כד, טו), מְדַבֵּר בִּשְׂכִיר לַיְלָה, שֶׁהַשְׁלָמַת פְּעֻלָּתוֹ מִשֶּׁיַּעֲלֶה עַמּוּד הַשַּׁחַר, לְפִיכָךְ זְמַן גְּבוּי שְׂכָרוֹ כָּל הַיּוֹם, לְפִי שֶׁנָּתְנָה תּוֹרָה זְמַן לְבַעַל הַבַּיִת עוֹנָה לְבַקֵּשׁ מָעוֹת:

יד] **לֹא תְקַלֵּל חֵרֵשׁ.** אֵין לִי אֶלָּא חֵרֵשׁ, מִנַּיִן לְרַבּוֹת כָּל אָדָם? תַּלְמוּד לוֹמַר: "בְּעַמְּךָ לֹא תָאֹר" (שמות כב, כז). אִם כֵּן, לָמָּה נֶאֱמַר "חֵרֵשׁ"? מַה חֵרֵשׁ מְיֻחָד שֶׁהוּא בַּחַיִּים, אַף כָּל שֶׁהוּא בַּחַיִּים, יָצָא הַמֵּת שֶׁאֵינוֹ בַּחַיִּים: **וְלִפְנֵי עִוֵּר לֹא תִתֵּן מִכְשֹׁל.** לִפְנֵי הַסּוּמָא בַּדָּבָר לֹא תִתֵּן עֵצָה שֶׁאֵינָהּ הוֹגֶנֶת לוֹ, אַל תֹּאמַר מְכֹר שָׂדְךָ וְקַח לְךָ חֲמוֹר, וְאַתָּה עוֹקֵף עָלָיו וְנוֹטְלָהּ הֵימֶנּוּ: **וְיָרֵאתָ מֵּאֱלֹהֶיךָ.** לְפִי שֶׁהַדָּבָר הַזֶּה אֵינוֹ מָסוּר לַבְּרִיּוֹת לֵידַע אִם דַּעְתּוֹ שֶׁל זֶה לְטוֹבָה אוֹ לְרָעָה, וְיָכוֹל לְהִשָּׁמֵט וְלוֹמַר: לְטוֹבָה נִתְכַּוַּנְתִּי, לְפִיכָךְ נֶאֱמַר בּוֹ: "וְיָרֵאתָ מֵּאֱלֹהֶיךָ", הַמַּכִּיר מַחְשְׁבוֹתֶיךָ. וְכֵן כָּל דָּבָר הַמָּסוּר לְלִבּוֹ שֶׁל אָדָם הָעוֹשֵׂהוּ, וְאֵין שְׁאָר הַבְּרִיּוֹת מַכִּירוֹת בּוֹ, נֶאֱמַר בּוֹ: "וְיָרֵאתָ מֵּאֱלֹהֶיךָ":

טו] **לֹא תַעֲשׂוּ עָוֶל בַּמִּשְׁפָּט.** מְלַמֵּד שֶׁהַדַּיָּן הַמְקַלְקֵל אֶת הַדִּין קָרוּי עַוָּל, שָׂנוּי וּמְשֻׁקָּץ, חֵרֶם וְתוֹעֵבָה, שֶׁהָעָוֶל קָרוּי תּוֹעֵבָה, שֶׁנֶּאֱמַר: "כִּי תוֹעֲבַת ה' וְגוֹ' כֹּל עֹשֵׂה עָוֶל" (דברים כה, טז), וְהַתּוֹעֵבָה קְרוּיָה שֶׁקֶץ וְחֵרֶם, שֶׁנֶּאֱמַר: "וְלֹא תָבִיא תוֹעֵבָה אֶל בֵּיתֶךָ וְהָיִיתָ חֵרֶם כָּמֹהוּ שַׁקֵּץ תְּשַׁקְּצֶנּוּ" וְגוֹ' (שם ז, כו): **לֹא תִשָּׂא פְנֵי דָל.** שֶׁלֹּא תֹּאמַר, עָנִי הוּא זֶה וְהֶעָשִׁיר חַיָּב לְפַרְנְסוֹ, אֲזַכֶּנּוּ בַּדִּין וְנִמְצָא מִתְפַּרְנֵס בִּנְקִיּוּת: **וְלֹא תֶהְדַּר פְּנֵי גָדוֹל.** שֶׁלֹּא תֹּאמַר, עָשִׁיר הוּא זֶה, בֶּן גְּדוֹלִים הוּא זֶה, הֵיאַךְ אֲבַיְּשֶׁנּוּ וְאֶרְאֶה בְּבָשְׁתּוֹ? עֹנֶשׁ יֵשׁ בַּדָּבָר! לְכָךְ נֶאֱמַר: "וְלֹא תֶהְדַּר פְּנֵי גָדוֹל": **בְּצֶדֶק תִּשְׁפֹּט עֲמִיתֶךָ.** כְּמַשְׁמָעוֹ. דָּבָר אַחֵר, הֱוֵי דָן אֶת חֲבֵרְךָ לְכַף זְכוּת:

טז] **לֹא תֵלֵךְ רָכִיל.** אֲנִי אוֹמֵר עַל שֵׁם שֶׁכָּל מְשַׁלְּחֵי מְדָנִים וּמְסַפְּרֵי לָשׁוֹן הָרָע הוֹלְכִים בְּבָתֵּי רֵעֵיהֶם לְרַגֵּל מַה יִּרְאוּ רָע אוֹ מַה יִּשְׁמְעוּ רָע לְסַפֵּר בַּשּׁוּק, נִקְרָאִים הוֹלְכֵי רָכִיל, הוֹלְכֵי רְגִילָה, אשפיימנ"ט בלע"ז. וּרְאָיָה לִדְבָרַי, שֶׁלֹּא מָצִינוּ רְכִילוּת שֶׁאֵין כָּתוּב בִּלְשׁוֹן הֲלִיכָה, "לֹא תֵלֵךְ רָכִיל", "הֹלְכֵי רָכִיל נְחֹשֶׁת וּבַרְזֶל" (ירמיה ו, כח). וּשְׁאָר לָשׁוֹן הָרָע אֵין כָּתוּב בּוֹ הֲלִיכָה, "מְלָשְׁנִי בַסֵּתֶר רֵעֵהוּ" (תהלים קא, ה), "לָשׁוֹן רְמִיָּה" (שם קכ, ב-ג), "לָשׁוֹן מְדַבֶּרֶת גְּדֹלוֹת" (שם יב, ד). לְכָךְ אֲנִי אוֹמֵר שֶׁהַלָּשׁוֹן "רָכִיל" לְשׁוֹן הוֹלֵךְ וּמְרַגֵּל, שֶׁהַכָּ"ף נֶחְלֶפֶת בְּגִימֶ"ל, שֶׁכָּל הָאוֹתִיּוֹת שֶׁמּוֹצָאֵיהֶן מִמָּקוֹם אֶחָד מִתְחַלְּפוֹת זוֹ בָּזוֹ: בֵּי"ת בְּפֵ"א, וְגִימֶ"ל בְּכָ"ף, וְקוּ"ף בְּכָ"ף, וְנוּ"ן בְּלָמֶ"ד, וְזַיִ"ן בְּצַדִ"י. וְכֵן: "וַיְרַגֵּל בְּעַבְדְּךָ" (שמואל ב' יט, כח), רִגֵּל בְּמִרְמָה לוֹמַר עָלַי רָעָה, וְכֵן: "לֹא רָגַל עַל לְשֹׁנוֹ" (תהלים טו, ג), וְכֵן רוֹכֵל, הַסּוֹחֵר וּמְרַגֵּל אַחַר כָּל סְחוֹרָה, וְכָל הַמּוֹכֵר בְּשָׂמִים לְהִתְקַשֵּׁט בָּהֶם הַנָּשִׁים, עַל שֵׁם שֶׁמְּחַזֵּר תָּמִיד בַּעֲיָרוֹת נִקְרָא רוֹכֵל, לְשׁוֹן רוֹגֵל. וְתַרְגּוּמוֹ: "לָא תֵיכוֹל קוּרְצִין", כְּמוֹ "וַאֲכַלוּ קַרְצֵיהוֹן דִּי יְהוּדָיֵא" (דניאל ג, ח), "אֲכַל בֵּיהּ קֻרְצָא בֵּי מַלְכָּא" (ברכות נח ע"א), נִרְאֶה בְּעֵינַי שֶׁהָיָה מִשְׁפָּטָם לֶאֱכֹל בְּבֵית הַמְקַבֵּל דְּבָרֵיהֶם שׁוּם הַלְעָטָה, וְהוּא גְּמַר חִזּוּק שֶׁדְּבָרָיו מְקֻיָּמִים וּמַעֲמִידִם עַל הָאֱמֶת, וְאוֹתָהּ הַלְעָטָה נִקְרֵאת 'אֲכִילַת קוּרְצִין', לְשׁוֹן: "קֹרֵץ בְּעֵינָו" (משלי ו, יג), שֶׁכֵּן דֶּרֶךְ כָּל הוֹלְכֵי רָכִיל לִקְרֹץ בְּעֵינֵיהֶם וְלִרְמֹז דִּבְרֵי רְכִילוּתָן, שֶׁלֹּא יָבִינוּ שְׁאָר הַשּׁוֹמְעִים: **לֹא תַעֲמֹד עַל דַּם רֵעֶךָ.** לִרְאוֹת בְּמִיתָתוֹ וְאַתָּה יָכוֹל לְהַצִּילוֹ, כְּגוֹן טוֹבֵעַ בַּנָּהָר וְחַיָּה אוֹ לִסְטִים בָּאִים עָלָיו: **אֲנִי ה'.** נֶאֱמָן לְשַׁלֵּם שָׂכָר, וְנֶאֱמָן לְפָּרַע:

יח וְלֹא־תִשָּׂא עָלָיו חֵטְא: לֹא־תִקֹּם וְלֹא־תִטֹּר
אֶת־בְּנֵי עַמֶּךָ וְאָהַבְתָּ לְרֵעֲךָ כָּמוֹךָ אֲנִי יְהוָה:
יט ★ אֶת־חֻקֹּתַי תִּשְׁמֹרוּ בְּהֶמְתְּךָ לֹא־תַרְבִּיעַ
כִּלְאַיִם שָׂדְךָ לֹא־תִזְרַע כִּלְאָיִם וּבֶגֶד כִּלְאַיִם
כ שַׁעַטְנֵז לֹא יַעֲלֶה עָלֶיךָ: וְאִישׁ כִּי־יִשְׁכַּב אֶת־
אִשָּׁה שִׁכְבַת־זֶרַע וְהִוא שִׁפְחָה נֶחֱרֶפֶת לְאִישׁ
וְהָפְדֵּה לֹא נִפְדָּתָה אוֹ חֻפְשָׁה לֹא נִתַּן־לָהּ
כא בִּקֹּרֶת תִּהְיֶה לֹא יוּמְתוּ כִּי־לֹא חֻפָּשָׁה: וְהֵבִיא
אֶת־אֲשָׁמוֹ לַיהוָה אֶל־פֶּתַח אֹהֶל מוֹעֵד אֵיל
כב אָשָׁם: וְכִפֶּר עָלָיו הַכֹּהֵן בְּאֵיל הָאָשָׁם לִפְנֵי
יְהוָה עַל־חַטָּאתוֹ אֲשֶׁר חָטָא וְנִסְלַח לוֹ
מֵחַטָּאתוֹ אֲשֶׁר חָטָא:

שלישי
כג טז וְכִי־תָבֹאוּ אֶל־הָאָרֶץ וּנְטַעְתֶּם כָּל־עֵץ מַאֲכָל
וַעֲרַלְתֶּם עָרְלָתוֹ אֶת־פִּרְיוֹ שָׁלֹשׁ שָׁנִים יִהְיֶה
כד לָכֶם עֲרֵלִים לֹא יֵאָכֵל: וּבַשָּׁנָה הָרְבִיעִת
כה יִהְיֶה כָּל־פִּרְיוֹ קֹדֶשׁ הִלּוּלִים לַיהוָה: וּבַשָּׁנָה
הַחֲמִישִׁת תֹּאכְלוּ אֶת־פִּרְיוֹ לְהוֹסִיף לָכֶם
כו ★ תְּבוּאָתוֹ אֲנִי יְהוָה אֱלֹהֵיכֶם: לֹא תֹאכְלוּ עַל־

מצווה רמא
איסור נקימה

מצווה רמב
איסור נטירה

מצווה רמג
מצוות אהבת ישראל

מצווה רמד
איסור כלאי בהמה

מצווה רמה
איסור כלאי זרעים

מצווה רמו
איסור אכילת ערלה

מצווה רמז
מצוות נטע רבעי

מצווה רמח
איסור אכילה ושתייה כדרך זולל וסובא

קדושים

יז) וְלֹא תִשָּׂא עָלָיו חֵטְא. לֹא תַלְבִּין אֶת פָּנָיו בָּרַבִּים:
יח) לֹא תִקֹּם. אָמַר לוֹ: הַשְׁאִילֵנִי מַגָּלְךָ, אָמַר לוֹ: לָאו. לְמָחָר אָמַר לוֹ: הַשְׁאִילֵנִי קַרְדֻּמְּךָ,

קדשים יט

יח תְקַבֵּיל עַל דִּילֵיהּ חוֹבָא: לָא תִקּוֹם וְלָא תִטַּר דְּבָבוּ לִבְנֵי עַמָּךְ, וְתִרְחֲמֵיהּ לְחַבְרָךְ כְּוָתָךְ,
יט אֲנָא יְיָ: יָת קְיָמַי תִּטְּרוּן, בְּעִירָךְ לָא תַרְבֵּיב עִרוּבִין, חַקְלָךְ לָא תִזְרַע עִרוּבִין, וּלְבוּשׁ עִרוּבִין
כ שַׁעַטְנְזָא, לָא יִסַּק עֲלָךְ: גְּבַר, אֲרֵי יִשְׁכּוֹב יָת אִתְּתָא שְׁכָבַת זַרְעָא, וְהִיא אַמְהָא אֲחִידָא לִגְבַר, וְאִתְפְּרָקָא לָא אִתְפְּרִיקַת בְּכַסְפָּא, אוֹ חֵירוּתָא לָא אִתְיְהֵיבַת לַהּ בִּשְׁטָר, בִּקַּרְתָּא תְהֵי בַהּ,
כא לָא יְמוּתוּן אֲרֵי לָא אִתְחָרָרַת: וְיַיְתֵי יָת אֲשָׁמֵיהּ לִקֳדָם יְיָ, לִתְרַע מַשְׁכַּן זִמְנָא, דְּכַר לַאֲשָׁמָא:
כב וִיכַפֵּר עֲלוֹהִי כַּהֲנָא, בְּדִכְרָא דַּאֲשָׁמָא קֳדָם יְיָ, עַל חוֹבָתֵיהּ דְּחָב, וְיִשְׁתְּבֵיק לֵיהּ, מֵחוֹבָתֵיהּ
כג דְּחָב: וַאֲרֵי תֵיעֲלוּן לְאַרְעָא, וְתִצְּבוּן כָּל אִילָן דְּמֵיכַל, וּתְרַחֲקוּן רַחָקָא יָת אִבֵּיהּ, תְּלָת שְׁנִין
כד יְהֵי לְכוֹן, מְרַחָק לְאִבָּדָא לָא יִתְאֲכִיל: וּבְשַׁתָּא רְבִיעֵיתָא, יְהֵי כָּל אִבֵּיהּ, קֹדֶשׁ תּוּשְׁבְּחָן קֳדָם יְיָ:
כה וּבְשַׁתָּא חֲמִישֵׁיתָא, תֵּיכְלוּן יָת אִבֵּיהּ, לְאוֹסָפָא לְכוֹן עֲלַלְתֵּיהּ, אֲנָא יְיָ אֱלָהֲכוֹן: לָא תֵיכְלוּן עַל

אָמַר לוֹ: אֵינִי מַאֲמִינְךָ כְּדֶרֶךְ שֶׁלֹּא הֶאֱמַנְתַּנִי, זוֹ הִיא נְקִימָה. וְאֵיזוֹ הִיא נְטִירָה? אָמַר לוֹ: הַשְׁאִילֵנִי קַרְדֻּמְּךָ, אָמַר לוֹ: לָאו. לְמָחָר אָמַר הַשְׁאִילֵנִי מַגָּלְךָ, אָמַר לוֹ: הֵא לְךָ, וְאֵינִי כְּמוֹתְךָ שֶׁלֹּא הִשְׁאַלְתַּנִי, זוֹ הִיא נְטִירָה, שֶׁנּוֹטֵר הָאֵיבָה בְּלִבּוֹ, אַף עַל פִּי שֶׁאֵינוֹ נוֹקֵם. **וְאָהַבְתָּ לְרֵעֲךָ כָּמוֹךָ.** אָמַר רַבִּי עֲקִיבָא: זֶה כְּלָל גָּדוֹל בַּתּוֹרָה:

(יט) **אֶת חֻקֹּתַי תִּשְׁמֹרוּ.** וְאֵלוּ הֵן: "בְּהֶמְתְּךָ לֹא תַרְבִּיעַ כִּלְאַיִם" וְגוֹ'. חֻקִּים אֵלּוּ גְּזֵרַת מֶלֶךְ, שֶׁאֵין טַעַם לַדָּבָר. **וּבֶגֶד כִּלְאַיִם וְגוֹ'.** לָמָּה נֶאֱמַר? לְפִי שֶׁנֶּאֱמַר: "לֹא תִלְבַּשׁ שַׁעַטְנֵז צֶמֶר וּפִשְׁתִּים יַחְדָּו" (דברים כב, יא), יָכוֹל לֹא יִלְבַּשׁ גִּזֵּי צֶמֶר וַאֲנִיצֵי פִשְׁתָּן? תַּלְמוּד לוֹמַר: "בֶּגֶד", מִנַּיִן לְרַבּוֹת הַלְּבָדִין? תַּלְמוּד לוֹמַר: "שַׁעַטְנֵז", דָּבָר שֶׁהוּא שׁוּעַ טָווּי וְנוּז. וְאוֹמֵר אֲנִי: "נוּז" לְשׁוֹן דָּבָר הַנִּמְלָל וְשָׁזוּר זֶה עִם זֶה לְחַבְּרוֹ, מישט"יר בְּלַעַ"ז, כְּמוֹ "חֵזֶן לְנַאֲחֵי דְּחֵית כְּהוֹן" (מועד קטן יב ע"ב), שֶׁאָנוּ מְפָרְשִׁין לְשׁוֹן כָּמוּשׁ, פיילשטיר"א. וּלְשׁוֹן "שַׁעַטְנֵז" פֵּרַשׁ מְנַחֵם, מַחְבֶּרֶת צֶמֶר וּפִשְׁתִּים:

(כ) **נֶחֱרֶפֶת לְאִישׁ.** מְיֹעֶדֶת וּמְיֻחֶדֶת לְאִישׁ, וְאֵינִי יוֹדֵעַ לוֹ דִּמְיוֹן בַּמִּקְרָא. וּבְשִׁפְחָה כְנַעֲנִית שֶׁחֶצְיָהּ שִׁפְחָה וְחֶצְיָהּ בַּת חוֹרִין הַמְּאֹרֶסֶת לְעֶבֶד עִבְרִי שֶׁמֻּתָּר בְּשִׁפְחָה הַכָּתוּב מְדַבֵּר: **וְהָפְדֵּה לֹא נִפְדָּתָה.** פְּדוּיָה וְאֵינָהּ פְּדוּיָה, וּסְתָם פִּדְיוֹן בְּכֶסֶף. **אוֹ חֻפְשָׁה.** בִּשְׁטָר: **בִּקֹּרֶת תִּהְיֶה.** הִיא לוֹקָה וְלֹא הוּא. יֵשׁ עַל בֵּית דִּין לְבַקֵּר אֶת הַדָּבָר שֶׁלֹּא לְחַיְּבָהּ מִיתָה, "כִּי לֹא חֻפָּשָׁה" וְאֵין קִדּוּשֶׁיהָ קִדּוּשִׁין גְּמוּרִין. וְרַבּוֹתֵינוּ לָמְדוּ מִכָּאן, שֶׁמִּי שֶׁהוּא בְּמַלְקוּת – תְּהֵא בִּקְרִיאָה, שֶׁהַדַּיָּנִים הַמַּלְקִין

קוֹרִין עַל הַלּוֹקֶה: "אִם לֹא תִשְׁמֹר לַעֲשׂוֹת וְגוֹ' וְהִפְלָא ה' אֶת מַכֹּתְךָ" וְגוֹ' (דברים כח נח-נט). **כִּי לֹא חֻפָּשָׁה.** לְפִיכָךְ אֵין חַיָּב עָלֶיהָ מִיתָה, שֶׁאֵין קִדּוּשֶׁיהָ קִדּוּשִׁין, הָא אִם חֻפְּשָׁה קִדּוּשֶׁיהָ קִדּוּשִׁין, וְחַיָּב מִיתָה:

(כב) **וְנִסְלַח לוֹ מֵחַטָּאתוֹ אֲשֶׁר חָטָא.** לְרַבּוֹת אֶת הַמֵּזִיד כַּשּׁוֹגֵג:

(כג) **וַעֲרַלְתֶּם עָרְלָתוֹ. וַעֲרַלְתֶּם עָרְלָתוֹ.** יְהֵא חָטוּם וְנִסְתַּם מֵהֲנָאוֹת מִמֶּנּוּ: **שָׁלֹשׁ שָׁנִים יִהְיֶה לָכֶם עֲרֵלִים.** מֵאֵימָתַי מוֹנֶה לוֹ? מִשְּׁעַת נְטִיעָתוֹ. יָכוֹל אִם הִצְנִיעוֹ לְאַחַר שָׁלֹשׁ שָׁנִים יְהֵא מֻתָּר? תַּלְמוּד לוֹמַר: "יִהְיֶה", בַּהֲוָיָתוֹ יְהֵא:

(כד) **יִהְיֶה כָּל פִּרְיוֹ קֹדֶשׁ.** כְּמַעֲשֵׂר שֵׁנִי שֶׁכָּתוּב בּוֹ: "וְכָל מַעְשַׂר הָאָרֶץ וְגוֹ' קֹדֶשׁ לַה'" (ויקרא כז, ל), מָה מַעֲשֵׂר שֵׁנִי אֵינוֹ נֶאֱכָל חוּץ לְחוֹמַת יְרוּשָׁלַיִם אֶלָּא בְּפִדְיוֹן, אַף זֶה כֵּן, וְדָבָר זֶה "הִלּוּלִים לַה'" הוּא, שֶׁנּוֹשְׂאוֹ שָׁם לְשַׁבֵּחַ וּלְהַלֵּל לַשָּׁמָיִם:

(כה) **לְהוֹסִיף לָכֶם תְּבוּאָתוֹ.** הַמִּצְוָה הַזֹּאת שֶׁתִּשְׁמְרוּ תִּהְיֶה "לְהוֹסִיף לָכֶם תְּבוּאָתוֹ", שֶׁבִּשְׂכָרָהּ אֲנִי מְבָרֵךְ לָכֶם פֵּרוֹת הַנְּטִיעוֹת. הָיָה רַבִּי עֲקִיבָא אוֹמֵר: דִּבְּרָה תוֹרָה כְּנֶגֶד יֵצֶר הָרַע, שֶׁלֹּא יֹאמַר אָדָם, הֲרֵי אַרְבַּע שָׁנִים אֲנִי מִצְטַעֵר בּוֹ חִנָּם, לְפִיכָךְ נֶאֱמַר: "לְהוֹסִיף לָכֶם תְּבוּאָתוֹ": **אֲנִי ה'.** אֲנִי ה' הַמַּבְטִיחַ עַל כָּךְ, וְנֶאֱמָן לִשְׁמֹר הַבְטָחָתִי:

(כו) **לֹא תֹאכְלוּ עַל הַדָּם.** לְהַרְבֵּה פָּנִים נִדְרָשׁ בְּסַנְהֶדְרִין (דף סג ע"א). אַזְהָרָה שֶׁלֹּא יֹאכַל מִבְּשַׂר קָדָשִׁים לִפְנֵי זְרִיקַת דָּמִים, וְאַזְהָרָה לָאוֹכֵל מִבֶּהֱמַת חֻלִּין טֶרֶם שֶׁתֵּצֵא נַפְשָׁהּ, וְעוֹד הַרְבֵּה:

ויקרא

	יט
מצוות רמט-רנ איסור ניחוש האיסור לעונן	הַדָּם לֹא תְנַחֲשׁוּ וְלֹא תְעוֹנֵנוּ: לֹא תַקִּפוּ פְּאַת כז
מצוות רנא-רנב איסור הקפת פאת הראש איסור השחתת פאת הזקן	רֹאשְׁכֶם וְלֹא תַשְׁחִית אֵת פְּאַת זְקָנֶךָ: וְשֶׂרֶט כח
מצווה רנג איסור כתובת קעקע	לָנֶפֶשׁ לֹא תִתְּנוּ בִּבְשַׂרְכֶם וּכְתֹבֶת קַעֲקַע לֹא
	תִתְּנוּ בָּכֶם אֲנִי יְהוָה: אַל־תְּחַלֵּל אֶת־בִּתְּךָ כט
	לְהַזְנוֹתָהּ וְלֹא־תִזְנֶה הָאָרֶץ וּמָלְאָה הָאָרֶץ
מצווה רנד מצוות מורא המקדש	זִמָּה: אֶת־שַׁבְּתֹתַי תִּשְׁמֹרוּ וּמִקְדָּשִׁי תִּירָאוּ ל
מצווה רנה איסור עשיית מעשה אוב מצווה רנו איסור עשיית מעשה ידעוני	אֲנִי יְהוָה: אַל־תִּפְנוּ אֶל־הָאֹבֹת וְאֶל־הַיִּדְּעֹנִים לא
	אַל־תְּבַקְשׁוּ לְטָמְאָה בָהֶם אֲנִי יְהוָה אֱלֹהֵיכֶם:
מצווה רנז מצוות כיבוד חכמים וזקנים	מִפְּנֵי שֵׂיבָה תָּקוּם וְהָדַרְתָּ פְּנֵי זָקֵן וְיָרֵאתָ לב
רביעי / ששי /	מֵאֱלֹהֶיךָ אֲנִי יְהוָה: וְכִי־יָגוּר אִתְּךָ לג
	גֵּר בְּאַרְצְכֶם לֹא תוֹנוּ אֹתוֹ: כְּאֶזְרָח מִכֶּם יִהְיֶה לד
	לָכֶם הַגֵּר ׀ הַגָּר אִתְּכֶם וְאָהַבְתָּ לוֹ כָּמוֹךָ כִּי־
	גֵרִים הֱיִיתֶם בְּאֶרֶץ מִצְרָיִם אֲנִי יְהוָה אֱלֹהֵיכֶם:
מצווה רנח איסור הונאה במידות	לֹא־תַעֲשׂוּ עָוֶל בַּמִּשְׁפָּט בַּמִּדָּה בַּמִּשְׁקָל לה
מצווה רנט מצוות תיקון מידות מדויקות	וּבַמְּשׂוּרָה: מֹאזְנֵי צֶדֶק אַבְנֵי־צֶדֶק אֵיפַת צֶדֶק לו
	וְהִין צֶדֶק יִהְיֶה לָכֶם אֲנִי יְהוָה אֱלֹהֵיכֶם אֲשֶׁר־
	הוֹצֵאתִי אֶתְכֶם מֵאֶרֶץ מִצְרָיִם: וּשְׁמַרְתֶּם אֶת־ לז

לֹא תְנַחֲשׁוּ. כְּגוֹן אֵלּוּ הַמְנַחֲשִׁין בַּחֻלְדָּה וּבְעוֹפוֹת, פִּתּוֹ נָפְלָה מִפִּיו, צְבִי הִפְסִיקוֹ בַּדֶּרֶךְ: **וְלֹא תְעוֹנֵנוּ.** לְשׁוֹן עוֹנוֹת וְשָׁעוֹת, שֶׁאוֹמֵר, יוֹם פְּלוֹנִי יָפֶה לְהַתְחִיל מְלָאכָה, שָׁעָה פְּלוֹנִית קָשָׁה לָצֵאת:

כז) **לֹא תַקִּפוּ פְּאַת רֹאשְׁכֶם.** זֶה הַמַּשְׁוֶה צְדָעָיו לַאֲחוֹרֵי אָזְנוֹ וּלְפַדַּחְתּוֹ, וְנִמְצָא הֶקֵּף רֹאשׁוֹ עָגֹל סָבִיב, שֶׁעַל אֲחוֹרֵי אָזְנָיו עִקְּרֵי שְׂעָרוֹ לְמַעְלָה מִצְּדָעָיו הַרְבֵּה: **פְּאַת זְקָנֶךָ.** סוֹף הַזָּקָן וּגְבוּלָיו,

יט קדשים

כז כח דְּמָא, לָא תְנַחֲשׁוּן וְלָא תְעָנוּן: לָא תַקְּפוּן, פָּתָא דְּרֵישְׁכוֹן, וְלָא תְחַבֵּיל, יָת פָּתָא דְּדִקְנָךְ: וְחִבּוּל
כט עַל מִית, לָא תִתְּנוּן בִּבְסַרְכוֹן, וְרֻשְׁמִין חֲרִיתִין, לָא תִתְּנוּן בְּכוֹן, אֲנָא יְיָ: לָא תַחֵיל יָת בְּרַתָּךְ
ל לְאַטְעָיוּתַהּ, וְלָא תִטְעֵי אַרְעָא, וְתִתְמְלֵי אַרְעָא עֵיצַת חֲטִין: יָת יוֹמֵי שַׁבַּיָּא דִּילִי תִּטְּרוּן, וּלְבֵית
לא מַקְדְּשִׁי תְּהוֹן דָּחֲלִין, אֲנָא יְיָ: לָא תִתְפְּנוּן בָּתַר בִּדִּין וּזְכוּרוּ, לָא תִתְבְּעוּן לְאִסְתַּאָבָא בְּהוֹן,
לב אֲנָא יְיָ אֱלָהֲכוֹן: מִן קֳדָם דְּסָבַר בְּאוֹרָיְתָא תְּקוּם, וְתֶהְדַּר אַפֵּי סָבָא, וְתִדְחַל מֵאֱלָהָךְ אֲנָא יְיָ:
לג לד וַאֲרֵי יִתְגַּיַּר עִמְּכוֹן, גִּיּוֹרָא בְּאַרְעֲכוֹן, לָא תוֹנוֹן יָתֵיהּ: כְּיַצִּיבָא מִנְּכוֹן יְהֵי לְכוֹן, גִּיּוֹרָא דְּיִתְגַּיַּר
לה עִמְּכוֹן, וְתִרְחַם לֵיהּ כְּוָתָךְ, אֲרֵי דַיָּרִין הֲוֵיתוּן בְּאַרְעָא דְּמִצְרָיִם, אֲנָא יְיָ אֱלָהֲכוֹן: לָא תַעְבְּדוּן
לו שְׁקַר בְּדִין, בִּמְשַׁחְתָּא, בְּמַתְקָלָא וּבִמְכִילְתָּא: מוֹזְנָון דִּקְשׁוֹט מַתְקָלִין דִּקְשׁוֹט, מְכִילָן דִּקְשׁוֹט,
לז וְהִינִין דִּקְשׁוֹט יְהוֹן לְכוֹן, אֲנָא יְיָ אֱלָהֲכוֹן, דְּאַפֵּיקִית יָתְכוֹן מֵאַרְעָא דְּמִצְרָיִם: וְתִטְּרוּן יָת

וְהֵן חָמֵשׁ: שְׁתַּיִם בְּכָל לֶחִי וָלֶחִי לְמַעְלָה אֵצֶל הָרֹאשׁ, שֶׁהוּא רָחָב וְיֵשׁ בּוֹ שְׁתֵּי פֵּאוֹת, וְאַחַת לְמַטָּה בְּסַנְטֵרוֹ, מְקוֹם חִבּוּר שְׁנֵי הַלְּחָיַיִם יַחַד:

כח] **וְשֶׂרֶט לָנֶפֶשׁ.** כֵּן דַּרְכָּן שֶׁל אֱמוֹרִיִּים לִהְיוֹת מְשָׂרְטִין בְּשָׂרָם כְּשֶׁמֵּת לָהֶם מֵת: **וּכְתֹבֶת קַעֲקַע.** כְּתָב הַמָּחוּקֶה וְשָׁקוּעַ שֶׁאֵינוֹ נִמְחָק לְעוֹלָם, שֶׁמְּקַעְקְעוֹ בְּמַחַט וְהוּא מַשְׁחִיר לְעוֹלָם: **קַעֲקַע.** לְשׁוֹן "וְהוֹקַע אוֹתָם" (במדבר כה, ד), "וְהוֹקַעֲנוּם" (שמואל ב' כא, ו), תּוֹחֲבִין עֵץ בָּאָרֶץ וְתוֹלִין אוֹתָם עֲלֵיהֶם וְנִמְצְאוּ מְחֻקִּין וּתְחוּבִין בַּקַּרְקַע, פורפוינ"ט בְּלַעַ"ז:

כט] **אַל תְּחַלֵּל אֶת בִּתְּךָ לְהַזְנוֹתָהּ.** בְּמוֹסֵר בִּתּוֹ פְּנוּיָה לְבִיאָה שֶׁלֹּא לְשֵׁם קִדּוּשִׁין: **וְלֹא תִזְנֶה הָאָרֶץ.** אִם אַתָּה עוֹשֶׂה כֵּן, הָאָרֶץ מְזַנָּה אֶת פֵּרוֹתֶיהָ לַעֲשׂוֹתָן בְּמָקוֹם אַחֵר וְלֹא בְּאַרְצְכֶם, וְכֵן הוּא אוֹמֵר "וַיִּמָּנְעוּ רְבִבִים" וְגוֹ' (ירמיה ג, ג):

ל] **וּמִקְדָּשִׁי תִּירָאוּ.** לֹא יִכָּנֵס לוֹ בְּמַקְלוֹ וּבְמִנְעָלוֹ וּבַאֲפֻנְדָּתוֹ וּבְאָבָק שֶׁעַל רַגְלָיו. וְאַף עַל פִּי שֶׁאֲנִי מַזְהִירְכֶם עַל הַמִּקְדָּשׁ, "אֶת שַׁבְּתֹתַי תִּשְׁמֹרוּ", אֵין בִּנְיַן בֵּית הַמִּקְדָּשׁ דּוֹחֶה שַׁבָּת:

לא] **אַל תִּפְנוּ אֶל הָאֹבֹת.** אַזְהָרָה לְבַעַל אוֹב וְיִדְּעוֹנִי. בַּעַל אוֹב זֶה פִּיתוֹם הַמְדַבֵּר מִשֶּׁחְיוֹ, וְיִדְּעוֹנִי – הַמַּכְנִיס עֶצֶם חַיָּה שֶׁשְּׁמָהּ 'יַדּוּעַ' לְתוֹךְ פִּיו וְהָעֶצֶם מְדַבֵּר: **אַל תְּבַקְשׁוּ.** לִהְיוֹת עֲסוּקִים בָּם, שֶׁאִם תַּעַסְקוּ בָּם אַתֶּם מִטַּמְּאִין לְפָנַי וַאֲנִי מְתַעֵב אֶתְכֶם: **אֲנִי ה' אֱלֹהֵיכֶם.** דְּעוּ אֶת מִי אַתֶּם מַחֲלִיפִין בְּמִי:

לב] **מִפְּנֵי שֵׂיבָה תָּקוּם.** יָכוֹל זָקֵן אַשְׁמַאי? תַּלְמוּד לוֹמַר: "זָקֵן", אֵין זָקֵן אֶלָּא שֶׁקָּנָה חָכְמָה:

וְהָדַרְתָּ פְּנֵי זָקֵן. אֵיזֶהוּ הִדּוּר? לֹא יֵשֵׁב בִּמְקוֹמוֹ וְלֹא יְדַבֵּר בִּמְקוֹמוֹ וְלֹא יִסְתֹּר אֶת דְּבָרָיו. יָכוֹל יַעֲצִים עֵינָיו כְּמִי שֶׁלֹּא רָאָהוּ? לְכָךְ נֶאֱמַר: "וְיָרֵאתָ מֵאֱלֹהֶיךָ", שֶׁהֲרֵי דָּבָר זֶה מָסוּר לְלִבּוֹ שֶׁל עוֹשֵׂהוּ, שֶׁאֵין מַכִּיר בּוֹ אֶלָּא הוּא, וְכָל דָּבָר הַמָּסוּר לַלֵּב נֶאֱמַר בּוֹ: "וְיָרֵאתָ מֵאֱלֹהֶיךָ":

לג] **לֹא תוֹנוּ.** אוֹנָאַת דְּבָרִים, לֹא תֹאמַר לוֹ, אֶמֶשׁ הָיִיתָ עוֹבֵד עֲבוֹדָה זָרָה וְעַכְשָׁיו אַתָּה בָּא לִלְמֹד תּוֹרָה שֶׁנִּתְּנָה מִפִּי הַגְּבוּרָה:

לד] **כִּי גֵרִים הֱיִיתֶם.** מוּם שֶׁבְּךָ אַל תֹּאמַר לַחֲבֵרְךָ: **אֲנִי ה' אֱלֹהֵיכֶם.** אֱלֹהֶיךָ וֵאלֹהָיו אָנִי:

לה] **לֹא תַעֲשׂוּ עָוֶל בַּמִּשְׁפָּט.** אִם לַדִּין, הֲרֵי כְּבָר נֶאֱמַר: "לֹא תַעֲשׂוּ עָוֶל בַּמִּשְׁפָּט" (לעיל פסוק טו), וּמַהוּ "מִשְׁפָּט" הַשָּׁנוּי כָּאן? הוּא הַמִּדָּה וְהַמִּשְׁקָל וְהַמְּשׂוּרָה, מְלַמֵּד שֶׁהַמּוֹדֵד נִקְרָא דַּיָּן, שֶׁאִם שִׁקֵּר בַּמִּדָּה הֲרֵי הוּא כִּמְקַלְקֵל אֶת הַדִּין, וְקָרוּי עַוָּל שָׂנוּי וּמְשֻׁקָּץ חֵרֶם וְתוֹעֵבָה, וְגוֹרֵם לַחֲמִשָּׁה דְּבָרִים הָאֲמוּרִים בַּדַּיָּן: מְטַמֵּא אֶת הָאָרֶץ, וּמְחַלֵּל אֶת הַשֵּׁם, וּמְסַלֵּק אֶת הַשְּׁכִינָה, וּמַפִּיל אֶת יִשְׂרָאֵל בַּחֶרֶב, וּמַגְלֶה אוֹתָם מֵאַרְצָם: **בַּמִּדָּה.** זוֹ מִדַּת הָאָרֶץ: **בַּמִּשְׁקָל.** כְּמַשְׁמָעוֹ: **וּבַמְּשׂוּרָה.** הִיא מִדַּת הַלַּח וְהַיָּבֵשׁ:

לו] **אַבְנֵי צֶדֶק.** הֵם הַמִּשְׁקוֹלוֹת שֶׁשּׁוֹקְלִין כְּנֶגְדָּן: **אֵיפָה.** הִיא מִדַּת הַיָּבֵשׁ: **הִין.** זוֹ הִיא מִדַּת הַלַּח: **אֲשֶׁר הוֹצֵאתִי אֶתְכֶם.** עַל מְנָת כֵּן. דָּבָר אַחֵר, אֲנִי הִבְחַנְתִּי בְּמִצְרַיִם בֵּין טִפָּה שֶׁל בְּכוֹר לְטִפָּה שֶׁאֵינָהּ שֶׁל בְּכוֹר, וַאֲנִי הַנֶּאֱמָן לְפָּרַע מִמִּי שֶׁטּוֹמֵן מִשְׁקְלוֹתָיו בַּמֶּלַח לְהוֹנוֹת אֶת הַבְּרִיּוֹת שֶׁאֵין מַכִּירִים בָּהֶם:

קדשים

כָּל־חֻקֹּתַי֙ וְאֶת־כָּל־מִשְׁפָּטַ֔י וַעֲשִׂיתֶ֖ם אֹתָ֑ם
אֲנִ֖י יְהוָֽה׃
חמישי כ א ב וַיְדַבֵּ֥ר יְהוָ֖ה אֶל־מֹשֶׁ֥ה לֵּאמֹֽר׃ וְאֶל־בְּנֵ֣י
יִשְׂרָאֵל֮ תֹּאמַר֒ אִ֣ישׁ אִ֡ישׁ מִבְּנֵ֣י יִשְׂרָאֵ֡ל וּמִן־
הַגֵּ֣ר ׀ הַגָּ֣ר בְּיִשְׂרָאֵ֗ל אֲשֶׁ֨ר יִתֵּ֧ן מִזַּרְע֛וֹ לַמֹּ֖לֶךְ
ג מ֣וֹת יוּמָ֑ת עַ֥ם הָאָ֖רֶץ יִרְגְּמֻ֥הוּ בָאָֽבֶן׃ וַאֲנִ֞י אֶתֵּ֤ן
אֶת־פָּנַי֙ בָּאִ֣ישׁ הַה֔וּא וְהִכְרַתִּ֥י אֹת֖וֹ מִקֶּ֣רֶב עַמּ֑וֹ
כִּ֤י מִזַּרְעוֹ֙ נָתַ֣ן לַמֹּ֔לֶךְ לְמַ֗עַן טַמֵּא֙ אֶת־מִקְדָּשִׁ֔י
ד וּלְחַלֵּ֖ל אֶת־שֵׁ֥ם קָדְשִֽׁי׃ וְאִ֨ם הַעְלֵ֤ם יַעְלִ֨ימוּ֙ עַ֣ם
הָאָ֔רֶץ אֶת־עֵֽינֵיהֶם֙ מִן־הָאִ֣ישׁ הַה֔וּא בְּתִתּ֥וֹ
ה מִזַּרְע֖וֹ לַמֹּ֑לֶךְ לְבִלְתִּ֖י הָמִ֥ית אֹתֽוֹ׃ וְשַׂמְתִּ֨י אֲנִ֧י
אֶת־פָּנַ֛י בָּאִ֥ישׁ הַה֖וּא וּבְמִשְׁפַּחְתּ֑וֹ וְהִכְרַתִּ֨י
אֹת֜וֹ וְאֵ֣ת ׀ כָּל־הַזֹּנִ֣ים אַחֲרָ֗יו לִזְנ֛וֹת אַחֲרֵ֥י
ו הַמֹּ֖לֶךְ מִקֶּ֥רֶב עַמָּֽם׃ וְהַנֶּ֗פֶשׁ אֲשֶׁ֨ר תִּפְנֶ֤ה אֶל־
הָאֹבֹת֙ וְאֶל־הַיִּדְּעֹנִ֔ים לִזְנֹ֖ת אַחֲרֵיהֶ֑ם וְנָתַתִּ֤י
אֶת־פָּנַי֙ בַּנֶּ֣פֶשׁ הַהִ֔וא וְהִכְרַתִּ֥י אֹת֖וֹ מִקֶּ֥רֶב
ז עַמּֽוֹ׃ וְהִ֨תְקַדִּשְׁתֶּ֔ם וִהְיִיתֶ֖ם קְדֹשִׁ֑ים כִּ֛י אֲנִ֥י
ששי / שביעי / ח יְהוָ֖ה אֱלֹהֵיכֶֽם׃ וּשְׁמַרְתֶּם֙ אֶת־חֻקֹּתַ֔י וַעֲשִׂיתֶ֖ם
מצווה רס איסור קללת אב ואם ט אֹתָ֑ם אֲנִ֥י יְהוָ֖ה מְקַדִּשְׁכֶֽם׃ כִּֽי־אִ֣ישׁ אִ֗ישׁ אֲשֶׁ֨ר
יְקַלֵּ֧ל אֶת־אָבִ֛יו וְאֶת־אִמּ֖וֹ מ֣וֹת יוּמָ֑ת אָבִ֧יו
י וְאִמּ֛וֹ קִלֵּ֖ל דָּמָ֥יו בּֽוֹ׃ וְאִ֗ישׁ אֲשֶׁ֤ר יִנְאַף֙ אֶת־

אֵשֶׁת אִישׁ אֲשֶׁר יִנְאַף אֶת־אֵשֶׁת רֵעֵהוּ מוֹת־
יא יוּמַת הַנֹּאֵף וְהַנֹּאָפֶת: וְאִישׁ אֲשֶׁר יִשְׁכַּב אֶת־

כ א ב כָּל קְיָמַי וְיָת כָּל דִּינַי, וְתַעְבְּדוּן יָתְהוֹן, אֲנָא יי: וּמַלֵּיל יי עִם מֹשֶׁה לְמֵימַר: וְעִם בְּנֵי יִשְׂרָאֵל
תֵּימַר, גְּבַר גְּבַר מִבְּנֵי יִשְׂרָאֵל, וּמִן גִּיּוֹרַיָּא דְּיִתְגַּיְּרוּן בְּיִשְׂרָאֵל, דְּיִתֵּין מִזַּרְעֵיהּ, לְמֹלֶךְ אִתְקְטָלָא
ג יִתְקְטִיל, עַמָּא בֵּית יִשְׂרָאֵל יִרְגְּמֻנֵּיהּ בְּאַבְנָא: וַאֲנָא, אֶתֵּין יָת רֻגְזִי בְּגַבְרָא הַהוּא, וַאֲשֵׁיצֵי יָתֵיהּ
מִגּוֹ עַמֵּיהּ, אֲרֵי מִזַּרְעֵיהּ יְהַב לְמֹלֶךְ, בְּדִיל, לְסַאָבָא יָת מַקְדְּשִׁי, וּלְאַחָלָא יָת שְׁמָא דְקֻדְשִׁי:
ד וְאִם, מִכְבַּשׁ יִכְבְּשׁוּן עַמָּא בֵּית יִשְׂרָאֵל, יָת עֵינֵיהוֹן מִן גַּבְרָא הַהוּא, בְּדִיהַב מִזַּרְעֵיהּ לְמֹלֶךְ,
ה בְּדִיל דְּלָא לְמִקְטַל יָתֵיהּ: וַאֲשַׁוֵּי אֲנָא יָת רֻגְזִי, בְּגַבְרָא הַהוּא וּבְסַעֲדוֹהִי, וַאֲשֵׁיצֵי יָתֵיהּ, וְיָת
ו כָּל דְּטָעַן בָּתְרוֹהִי, לְמִטְעֵי, בָּתַר מֹלֶךְ מִגּוֹ עַמְּהוֹן: וֶאֱנָשׁ, דְּיִתְפְּנֵי בָּתַר בִּדִּין וּזְכוּרוּ, לְמִטְעֵי
ז בָּתְרֵיהוֹן, וְאֶתֵּין יָת רֻגְזִי בַּאֲנָשָׁא הַהוּא, וַאֲשֵׁיצֵי יָתֵיהּ מִגּוֹ עַמֵּיהּ: וְתִתְקַדְּשׁוּן, וּתְהוֹן קַדִּישִׁין,
ח ט אֲרֵי, אֲנָא יי אֱלָהֲכוֹן: וְתִטְּרוּן יָת קְיָמַי, וְתַעְבְּדוּן יָתְהוֹן, אֲנָא יי מְקַדִּשְׁכוֹן: אֲרֵי גְּבַר גְּבַר,
י דִּילוּט יָת אֲבוּהִי, וְיָת אִמֵּיהּ אִתְקְטָלָא יִתְקְטִיל, אֲבוּהִי וְאִמֵּיהּ, לַט קְטָלָא חַיָּב: וּגְבַר, דִּיגוּף
יא יָת אִתַּת גְּבַר, דִּיגוּף יָת אִתַּת חַבְרֵיהּ, אִתְקְטָלָא יִתְקְטִיל גַּיָּפָא וְגַיַּפְתָּא: וּגְבַר, דְּיִשְׁכּוֹב יָת

פרק כ

ב) וְאֶל בְּנֵי יִשְׂרָאֵל תֹּאמַר. עֳנָשִׁין עַל הָאַזְהָרוֹת: מוֹת יוּמָת. בְּבֵית דִּין. וְאִם אֵין כֹּחַ בְּבֵית דִּין, "עַם הָאָרֶץ" מְסַיְּעִין אוֹתָן: עַם הָאָרֶץ. שֶׁבִּגְינוֹ נִבְרֵאת הָאָרֶץ, שֶׁעֲתִידִין לִירַשׁ אֶת הָאָרֶץ עַל יְדֵי מִצְוֹת הַלָּלוּ:

ג) אֶתֵּן אֶת פָּנַי. פְּנַאי שֶׁלִּי, פּוֹנֶה אֲנִי מִכָּל עֲסָקַי וְעוֹסֵק בּוֹ: בָּאִישׁ. וְלֹא בַּצִּבּוּר, שֶׁאֵין כָּל הַצִּבּוּר נִכְרָתִין: כִּי מִזַּרְעוֹ נָתַן לַמֹּלֶךְ. לְפִי שֶׁנֶּאֱמַר: "מַעֲבִיר בְּנוֹ וּבִתּוֹ בָּאֵשׁ" (דברים יח, י), בֶּן בְּנוֹ וּבֶן בִּתּוֹ מִנַּיִן? תַּלְמוּד לוֹמַר: "כִּי מִזַּרְעוֹ נָתַן לַמֹּלֶךְ". זֶרַע פָּסוּל מִנַּיִן? תַּלְמוּד לוֹמַר: "בְּתִתּוֹ מִזַּרְעוֹ לַמֹּלֶךְ" (להלן פסוק ד): לְמַעַן טַמֵּא אֶת מִקְדָּשִׁי. אֶת כְּנֶסֶת יִשְׂרָאֵל שֶׁהִיא מְקֻדֶּשֶׁת לִי, כִּלְשׁוֹן: "וְלֹא יְחַלֵּל אֶת מִקְדָּשַׁי" (להלן כא, כג):

ד) וְאִם הַעְלֵם יַעְלִימוּ. אִם הֶעֱלִימוּ בְּדָבָר אֶחָד סוֹף שֶׁיַּעֲלִימוּ בִּדְבָרִים הַרְבֵּה, אִם הֶעֱלִימוּ סַנְהֶדְרֵי קְטַנָּה סוֹף שֶׁיַּעֲלִימוּ סַנְהֶדְרֵי גְּדוֹלָה:

ה) וּבְמִשְׁפַּחְתּוֹ. אָמַר רַבִּי שִׁמְעוֹן: וְכִי מִשְׁפָּחָה מֶה חָטְאָה? אֶלָּא לְלַמֶּדְךָ שֶׁאֵין לְךָ מִשְׁפָּחָה שֶׁיֵּשׁ בָּהּ מוֹכֵס שֶׁאֵין כֻּלָּם מוֹכְסִין, שֶׁכֻּלָּן מְחַפִּין עָלָיו: וְהִכְרַתִּי אֹתוֹ. לָמָּה נֶאֱמַר? לְפִי שֶׁנֶּאֱמַר: "וּבְמִשְׁפַּחְתּוֹ", יָכוֹל יִהְיוּ כָּל הַמִּשְׁפָּחָה בְּהִכָּרֵת? תַּלְמוּד לוֹמַר: "אֹתוֹ", אוֹתוֹ בְּהִכָּרֵת וְלֹא כָּל הַמִּשְׁפָּחָה בְּהִכָּרֵת אֶלָּא בְּיִסּוּרִין: לִזְנוֹת אַחֲרֵי הַמֹּלֶךְ. לְרַבּוֹת שְׁאָר עֲבוֹדָה זָרָה שֶׁעֲבָדָהּ בְּכָךְ, וַאֲפִלּוּ אֵין זוֹ עֲבוֹדָתָהּ:

ז) וְהִתְקַדִּשְׁתֶּם. זוֹ פְּרִישׁוּת עֲבוֹדָה זָרָה:

ט) אָבִיו וְאִמּוֹ קִלֵּל. לְרַבּוֹת לְאַחַר מִיתָה: דָּמָיו בּוֹ. זוֹ סְקִילָה, וְכֵן כָּל מָקוֹם שֶׁנֶּאֱמַר: "דְּמֵיהֶם בָּם". וְלָמַדְנוּ מֵאוֹב וְיִדְּעוֹנִי שֶׁנֶּאֱמַר בָּהֶם: "בָּאֶבֶן יִרְגְּמוּ אֹתָם דְּמֵיהֶם בָּם" (להלן פסוק כז). וּפְשׁוּטוֹ שֶׁל מִקְרָא, כְּמוֹ: "דָּמוֹ בְרֹאשׁוֹ" (יהושע ב, יט), אֵין נֶעֱנָשׁ עַל מִיתָתוֹ אֶלָּא הוּא, שֶׁהוּא גָּרַם לְעַצְמוֹ שֶׁיֵּהָרֵג:

י) וְאִישׁ. פְּרָט לְקָטָן: אֲשֶׁר יִנְאַף אֶת אֵשֶׁת אִישׁ. פְּרָט לְאֵשֶׁת קָטָן, לָמַדְנוּ שֶׁאֵין לְקָטָן קִדּוּשִׁין. וְעַל אֵיזוֹ אֵשֶׁת אִישׁ חִיַּבְתִּי לְךָ? "אֲשֶׁר יִנְאַף אֶת אֵשֶׁת רֵעֵהוּ", פְּרָט לְאֵשֶׁת גּוֹי, לָמַדְנוּ שֶׁאֵין קִדּוּשִׁין לְגוֹי: מוֹת יוּמַת הַנֹּאֵף וְהַנֹּאָפֶת. כָּל מִיתָה הָאֲמוּרָה בַּתּוֹרָה סְתָם אֵינָהּ אֶלָּא חֶנֶק:

אֵשֶׁת אָבִיו עֶרְוַת אָבִיו גִּלָּה מוֹת־יוּמְתוּ שְׁנֵיהֶם
דְּמֵיהֶם בָּם׃ וְאִישׁ אֲשֶׁר יִשְׁכַּב אֶת־כַּלָּתוֹ מוֹת יב
יוּמְתוּ שְׁנֵיהֶם תֶּבֶל עָשׂוּ דְּמֵיהֶם בָּם׃ וְאִישׁ אֲשֶׁר יג
יִשְׁכַּב אֶת־זָכָר מִשְׁכְּבֵי אִשָּׁה תּוֹעֵבָה עָשׂוּ שְׁנֵיהֶם
מוֹת יוּמָתוּ דְּמֵיהֶם בָּם׃ וְאִישׁ אֲשֶׁר יִקַּח אֶת־אִשָּׁה יד
וְאֶת־אִמָּהּ זִמָּה הִוא בָּאֵשׁ יִשְׂרְפוּ אֹתוֹ וְאֶתְהֶן
וְלֹא־תִהְיֶה זִמָּה בְּתוֹכְכֶם׃ וְאִישׁ אֲשֶׁר יִתֵּן שְׁכָבְתּוֹ טו
בִּבְהֵמָה מוֹת יוּמָת וְאֶת־הַבְּהֵמָה תַּהֲרֹגוּ׃ וְאִשָּׁה טז
אֲשֶׁר תִּקְרַב אֶל־כָּל־בְּהֵמָה לְרִבְעָה אֹתָהּ וְהָרַגְתָּ
אֶת־הָאִשָּׁה וְאֶת־הַבְּהֵמָה מוֹת יוּמָתוּ דְּמֵיהֶם בָּם׃
וְאִישׁ אֲשֶׁר־יִקַּח אֶת־אֲחֹתוֹ בַּת־אָבִיו אוֹ בַת־ יז
אִמּוֹ וְרָאָה אֶת־עֶרְוָתָהּ וְהִיא תִרְאֶה אֶת־עֶרְוָתוֹ
חֶסֶד הוּא וְנִכְרְתוּ לְעֵינֵי בְּנֵי עַמָּם עֶרְוַת אֲחֹתוֹ
גִּלָּה עֲוֺנוֹ יִשָּׂא׃ וְאִישׁ אֲשֶׁר־יִשְׁכַּב אֶת־אִשָּׁה דָּוָה יח
וְגִלָּה אֶת־עֶרְוָתָהּ אֶת־מְקֹרָהּ הֶעֱרָה וְהִוא גִּלְּתָה
אֶת־מְקוֹר דָּמֶיהָ וְנִכְרְתוּ שְׁנֵיהֶם מִקֶּרֶב עַמָּם׃
וְעֶרְוַת אֲחוֹת אִמְּךָ וַאֲחוֹת אָבִיךָ לֹא תְגַלֵּה כִּי יט
אֶת־שְׁאֵרוֹ הֶעֱרָה עֲוֺנָם יִשָּׂאוּ׃ וְאִישׁ אֲשֶׁר יִשְׁכַּב כ
אֶת־דֹּדָתוֹ עֶרְוַת דֹּדוֹ גִּלָּה חֶטְאָם יִשָּׂאוּ עֲרִירִים
יָמֻתוּ׃ וְאִישׁ אֲשֶׁר יִקַּח אֶת־אֵשֶׁת אָחִיו נִדָּה הִוא כא

מצווה רסא
מצוות שרפת הנידונים לשרפה

יב אִתַּת אֲבוּהִי, עֶרְיְתָא דַּאֲבוּהִי גַּלִּי, אִתְקְטָלָא יִתְקַטְלוּן תַּרְוֵיהוֹן קְטָלָא חַיָּבִין: וּגְבַר, דְּיִשְׁכּוּב
יג יָת כַּלְּתֵיהּ, אִתְקְטָלָא יִתְקַטְלוּן תַּרְוֵיהוֹן, תִּבְלָא עֲבַדוּ קְטָלָא חַיָּבִין: וּגְבַר, דְּיִשְׁכּוּב יָת
יד דְּכוּרָא מִשְׁכְּבֵי אִתָּא, תּוֹעֵיבָא עֲבַדוּ תַּרְוֵיהוֹן, אִתְקְטָלָא יִתְקַטְלוּן קְטָלָא חַיָּבִין: וּגְבַר,
דְּיִסַּב יָת אִתְּתָא, וְיָת אִמַּהּ עֵיצַת חֲטִין הִיא, בְּנוּרָא, יוֹקְדוּן יָתֵיהּ וְיָתְהוֹן, וְלָא תְהֵי עֵיצַת
טו חֲטִין בֵּינֵיכוֹן: וּגְבַר, דְּיִתֵּין שְׁכָבְתֵּיהּ, בִּבְעִירָא אִתְקְטָלָא יִתְקְטִיל, וְיָת בְּעִירָא תִּקְטְלוּן:
טז וְאִתְּתָא, דְּתִתְקְרַב לְוָת כָּל בְּעִירָא לְמִשְׁלַט בַּהּ, וְתִקְטוֹל יָת אִתְּתָא וְיָת בְּעִירָא, אִתְקְטָלָא
יז יִתְקַטְלוּן קְטָלָא חַיָּבִין: וּגְבַר דְּיִסַּב יָת אֲחָתֵיהּ, בַּת אֲבוּהִי אוֹ בַת אִמֵּיהּ, וְיִחְזֵי יָת עֶרְיְתַהּ,
וְהִיא תִחְזֵי יָת עֶרְיְתֵיהּ קְלָנָא הוּא, וְיִשְׁתֵּיצוֹן, לְעֵינֵי בְּנֵי עַמְּהוֹן, עֶרְיְתָא דַּאֲחָתֵיהּ, גַּלִּי
יח חוֹבֵיהּ יְקַבֵּיל: וּגְבַר, דְּיִשְׁכּוּב יָת אִתָּא סְאוֹבְתָא, וִיגַלֵּי יָת עֶרְיְתַהּ יָת קְלָנַהּ גַּלִּי, וְהִיא, תְּגַלֵּי
יט יָת סוֹאֲבַת דְּמַהָא, וְיִשְׁתֵּיצוֹן תַּרְוֵיהוֹן מִגּוֹ עַמְּהוֹן: וְעֶרְיַת אֲחָת אִמָּךְ, וַאֲחָת אֲבוּךְ לָא
כ תְגַלֵּי, אֲרֵי יָת קָרִיבְתֵּיהּ, גַּלִּי חוֹבְהוֹן יְקַבְּלוּן: וּגְבַר, דְּיִשְׁכּוּב יָת אִתַּת אַחְבּוּהִי, עֶרְיְתָא
כא דְּאַחְבּוּהִי גַּלִּי, חוֹבְהוֹן יְקַבְּלוּן דְּלָא וְלַד יְמוּתוּן: וּגְבַר, דְּיִסַּב, יָת אִתַּת אֲחוּהִי מְרַחֲקָא הִיא,

יב) **תֶּבֶל עָשׂוּ.** גְּנַאי. לָשׁוֹן אַחֵר, מְבַלְבְּלִין זֶרַע הָאָב בְּזֶרַע הַבֵּן:

יג) **מִשְׁכְּבֵי אִשָּׁה.** מַכְנִיס כְּמִכְחוֹל בִּשְׁפוֹפֶרֶת:

יד) **יִשְׂרְפוּ אֹתוֹ וְאֶתְהֶן.** אִי אַתָּה יָכוֹל לוֹמַר אִשְׁתּוֹ הָרִאשׁוֹנָה יִשְׂרְפוּ, שֶׁהֲרֵי נְשָׂאָהּ בְּהֶתֵּר וְלֹא נֶאֶסְרָה עָלָיו, אֶלָּא "אִשָּׁה וְאִמָּהּ" הַכְּתוּבִין כָּאן שְׁתֵּיהֶן לְאִסּוּר, שֶׁנָּשָׂא חֲמוֹתוֹ וְאִמָּהּ. וְיֵשׁ מֵרַבּוֹתֵינוּ שֶׁאוֹמְרִים, אֵין כָּאן אֶלָּא חֲמוֹתוֹ, וּמַהוּ "אֶתְהֶן"? אֶת אַחַת מֵהֶן, וְלָשׁוֹן יְוָנִי הוּא: 'הֵן' – אַחַת:

טו) **וְאֶת הַבְּהֵמָה תַּהֲרֹגוּ.** אִם אָדָם חָטָא, בְּהֵמָה מֶה חָטְאָה? אֶלָּא מִפְּנֵי שֶׁבָּאָה לָאָדָם תַּקָּלָה עַל יָדָהּ לְפִיכָךְ אָמַר הַכָּתוּב תִּסָּקֵל, קַל וָחֹמֶר לְאָדָם שֶׁיּוֹדֵעַ לְהַבְחִין בֵּין טוֹב לְרָע וְגוֹרֵם רָעָה לַחֲבֵרוֹ לַעֲבֹר עֲבֵרָה. כַּיּוֹצֵא בַּדָּבָר אַתָּה אוֹמֵר: "אַבֵּד תְּאַבְּדוּן אֶת כָּל הַמְּקֹמוֹת" (דברים יב, ב), הֲרֵי דְּבָרִים קַל וָחֹמֶר: וּמָה אִילָנוֹת שֶׁאֵינָן רוֹאִין וְאֵינָן שׁוֹמְעִין, עַל שֶׁבָּאת תַּקָּלָה עַל יָדָם אָמְרָה תוֹרָה הַשְׁחֵת שָׂרֵף וְכַלֵּה, הַמַּטֶּה אֶת חֲבֵרוֹ מִדֶּרֶךְ חַיִּים לְדַרְכֵי מִיתָה עַל אַחַת כַּמָּה וְכַמָּה:

יז) **חֶסֶד הוּא.** לָשׁוֹן אֲרַמִּי "חֶרְפָּה" (בראשית לד, יד) – 'חִסּוּדָא'. וּמִדְרָשׁוֹ: אִם תֹּאמַר, קַיִן נָשָׂא אֲחוֹתוֹ! חֶסֶד עָשָׂה הַמָּקוֹם לִבְנוֹת עוֹלָמוֹ מִמֶּנּוּ, שֶׁנֶּאֱמַר: "עוֹלָם חֶסֶד יִבָּנֶה" (תהלים פט, ג):

יח) **הֶעֱרָה.** גִּלָּה, וְכֵן כָּל לְשׁוֹן 'עֶרְוָה' גִּלּוּי הוּא, וְהַוָּי"ו יוֹרֶדֶת בַּתֵּבָה לְשֵׁם דָּבָר, כְּמוֹ 'זַעֲוָה' (דברים כח, כה) מִגִּזְרַת "וְלֹא קָם וְלֹא זָע" (אסתר ה, ט), וְכֵן 'אַחֲוָה' (זכריה יא, יד) מִגִּזְרַת 'אָח'. וְהַעֲרָאָה זוֹ נֶחְלְקוּ בָהּ רַבּוֹתֵינוּ: יֵשׁ אוֹמְרִים זוֹ נְשִׁיקַת שַׁמָּשׁ, וְיֵשׁ אוֹמְרִים זוֹ הַכְנָסַת עֲטָרָה:

יט) **וְעֶרְוַת אֲחוֹת אִמְּךָ.** שָׁנָה הַכָּתוּב בְּאַזְהָרָתָן, לוֹמַר שֶׁהֻזְהַר עֲלֵיהֶן בֵּין עַל אֲחוֹת אָבִיו וְאִמּוֹ מִן הָאָב בֵּין עַל אַחְיוֹתֵיהֶן מִן הָאֵם, אֲבָל עַל עֶרְוַת אֵשֶׁת אֲחִי אָבִיו לֹא הֻזְהַר אֶלָּא עַל אֵשֶׁת אֲחִי אָבִיו מִן הָאָב:

כ) **אֲשֶׁר יִשְׁכַּב אֶת דֹּדָתוֹ.** הַמִּקְרָא הַזֶּה בָּא לְלַמֵּד עַל כָּרֵת הָאָמוּר לְמַעְלָה, שֶׁהוּא בְּעֹנֶשׁ הֲלִיכַת עֲרִירִי: **עֲרִירִים.** כְּתַרְגּוּמוֹ, בְּלֹא וָלָד, וְדוֹמֶה לוֹ "וְאָנֹכִי הוֹלֵךְ עֲרִירִי" (בראשית טו, ב). יֵשׁ לוֹ בָּנִים – קוֹבְרָן, אֵין לוֹ בָּנִים – מֵת בְּלֹא בָנִים. לְכָךְ שִׁנָּה בִּשְׁנֵי מִקְרָאוֹת אֵלּוּ, "עֲרִירִים יָמֻתוּ" "עֲרִירִים יִהְיוּ" (להלן פסוק כא), "עֲרִירִים יָמֻתוּ" – אִם יִהְיוּ לוֹ בִּשְׁעַת עֲבֵרָה לֹא יִהְיוּ לוֹ כְּשֶׁיָּמוּת לְפִי שֶׁקּוֹבְרָן בְּחַיָּיו, "עֲרִירִים יִהְיוּ" – שֶׁאִם אֵין לוֹ בִּשְׁעַת עֲבֵרָה יִהְיֶה כָּל יָמָיו כְּמוֹ שֶׁהוּא עַכְשָׁיו:

כא) **נִדָּה הִוא.** הַשְּׁכִיבָה הַזֹּאת מְנֻדָּה הִיא וּמְאוּסָה. וְרַבּוֹתֵינוּ דָּרְשׁוּ, לֶאֱסֹר הָעֲרָאָה בָּהּ כְּנִדָּה שֶׁהָעֲרָאָה מְפֹרֶשֶׁת בָּהּ: "אֶת מְקֹרָהּ הֶעֱרָה" (לעיל פסוק יח):

ויקרא כ

עֶרְוַ֥ת אָחִ֖יו גִּלָּ֑ה עֲרִירִ֖ים יִהְיֽוּ׃ וּשְׁמַרְתֶּ֤ם אֶת־ כב
כָּל־חֻקֹּתַי֙ וְאֶת־כָּל־מִשְׁפָּטַ֔י וַעֲשִׂיתֶ֖ם אֹתָ֑ם וְלֹֽא־
תָקִ֤יא אֶתְכֶם֙ הָאָ֔רֶץ אֲשֶׁ֨ר אֲנִ֜י מֵבִ֥יא אֶתְכֶ֛ם
שביעי שָׁ֖מָּה לָשֶׁ֥בֶת בָּֽהּ׃ וְלֹ֤א תֵֽלְכוּ֙ בְּחֻקֹּ֣ת הַגּ֔וֹי אֲשֶׁר־ כג
אֲנִ֥י מְשַׁלֵּ֖חַ מִפְּנֵיכֶ֑ם כִּ֚י אֶת־כָּל־אֵ֣לֶּה עָשׂ֔וּ וָאָקֻ֖ץ
בָּֽם׃ וָאֹמַ֣ר לָכֶ֗ם אַתֶּם֮ תִּֽירְשׁ֣וּ אֶת־אַדְמָתָם֒ כד
וַאֲנִ֞י אֶתְּנֶ֤נָּה לָכֶם֙ לָרֶ֣שֶׁת אֹתָ֔הּ אֶ֛רֶץ זָבַ֥ת חָלָ֖ב
וּדְבָ֑שׁ אֲנִ֗י יְהוָה֙ אֱלֹ֣הֵיכֶ֔ם אֲשֶׁר־הִבְדַּ֥לְתִּי אֶתְכֶ֖ם
מפטיר מִן־הָעַמִּֽים׃ וְהִבְדַּלְתֶּ֞ם בֵּֽין־הַבְּהֵמָ֤ה הַטְּהֹרָה֙ כה
לַטְּמֵאָ֔ה וּבֵין־הָע֥וֹף הַטָּמֵ֖א לַטָּהֹ֑ר וְלֹֽא־תְשַׁקְּצ֨וּ
אֶת־נַפְשֹֽׁתֵיכֶ֜ם בַּבְּהֵמָ֣ה וּבָע֗וֹף וּבְכֹל֙ אֲשֶׁ֣ר
תִּרְמֹ֣שׂ הָֽאֲדָמָ֔ה אֲשֶׁר־הִבְדַּ֥לְתִּי לָכֶ֖ם לְטַמֵּֽא׃
וִהְיִ֤יתֶם לִי֙ קְדֹשִׁ֔ים כִּ֥י קָד֖וֹשׁ אֲנִ֣י יְהוָ֑ה וָאַבְדִּ֥ל כו
אֶתְכֶ֛ם מִן־הָֽעַמִּ֖ים לִהְי֥וֹת לִֽי׃ וְאִ֣ישׁ אֽוֹ־אִשָּׁ֗ה כז

מצווה רסב
איסור הליכה בחוקות הגויים

כִּֽי־יִהְיֶ֨ה בָהֶ֥ם א֛וֹב א֥וֹ יִדְּעֹנִ֖י מ֣וֹת יוּמָ֑תוּ בָּאֶ֛בֶן יִרְגְּמ֥וּ אֹתָ֖ם דְּמֵיהֶ֥ם בָּֽם׃

כב עֶרְיְתָא דַּאֲחוּהִי, גַּלִּי דְּלָא וְלַד יְהוֹן: וְתִטְּרוּן יָת כָּל קְיָמַי וְיָת כָּל דִּינַי, וְתַעְבְּדוּן יָתְהוֹן, וְלָא
כג תְרוֹקֵין יָתְכוֹן אַרְעָא, דַּאֲנָא, מַעֵיל יָתְכוֹן, לְתַמָּן לְמִתַּב בַּהּ: וְלָא תְהָכוּן בְּנִמּוֹסֵי עַמְמַיָּא,
כד דַּאֲנָא מַגְלֵי מִן קֳדָמֵיכוֹן, אֲרֵי יָת כָּל אִלֵּין עֲבַדוּ, וְרַחֵיק מֵימְרִי יָתְהוֹן: וַאֲמַרִית לְכוֹן, אַתּוּן
תֵּירְתוּן יָת אַרְעֲהוֹן, וַאֲנָא, אֶתְּנִנַּהּ לְכוֹן לְמֵירַת יָתַהּ, אֲרַע, עָבְדָא חֲלַב וּדְבַשׁ, אֲנָא יי אֱלָהֲכוֹן,
כה דְּאַפְרֵישִׁית יָתְכוֹן מִן עַמְמַיָּא: וְתַפְרְשׁוּן, בֵּין בְּעִירָא דָּכְיָא לִמְסָאֲבָא, וּבֵין עוֹפָא מְסָאֲבָא
לְדָכְיָא, וְלָא תְשַׁקְצוּן יָת נַפְשָׁתְכוֹן בִּבְעִירָא וּבְעוֹפָא, וּבְכָל דְּתַרְחֵישׁ אַרְעָא, דְּאַפְרֵישִׁית
כו לְכוֹן לְסָאָבָא: וּתְהוֹן קֳדָמַי קַדִּישִׁין, אֲרֵי קַדִּישׁ אֲנָא יי, וְאַפְרֵישִׁית יָתְכוֹן, מִן עַמְמַיָּא לְמִהְוֵי
כז פָלְחִין קֳדָמָי: וּגְבַר אוֹ אִתָּא, אֲרֵי יְהֵי בְהוֹן בִּדִּין, אוֹ זְכוּרוּ אִתְקְטָלָא יִתְקַטְלוּן, בְּאַבְנָא, יִרְגְּמוּן
יָתְהוֹן קַטְלָא חַיָּבִין:

כג | וָאָקֻץ. לְשׁוֹן מִאוּס, כְּמוֹ: "קַצְתִּי בְחַיַּי" (בראשית כז, מו), כְּאָדָם שֶׁהוּא קָץ בִּמְזוֹנוֹ:

כה | וְהִבְדַּלְתֶּם בֵּין הַבְּהֵמָה הַטְּהֹרָה לַטְּמֵאָה. אֵין צָרִיךְ לוֹמַר בֵּין פָּרָה לַחֲמוֹר, שֶׁהֲרֵי מֻבְדָּלִין וְנִכָּרִין הֵם, אֶלָּא בֵּין טְהוֹרָה לְךָ לִטְמֵאָה לְךָ, בֵּין שֶׁנִּשְׁחַט רֻבּוֹ שֶׁל סִימָן לְנִשְׁחַט חֶצְיוֹ. וְכַמָּה בֵּין רֻבּוֹ לְחֶצְיוֹ? מְלֹא שַׂעֲרָה: אֲשֶׁר הִבְדַּלְתִּי לָכֶם לְטַמֵּא. לֶאֱסֹר:

כו | וָאַבְדִּל אֶתְכֶם מִן הָעַמִּים לִהְיוֹת לִי. אִם אַתֶּם מֻבְדָּלִים מֵהֶם הֲרֵי אַתֶּם שֶׁלִּי, וְאִם לָאו הֲרֵי אַתֶּם שֶׁל נְבוּכַדְנֶצַּר וַחֲבֵרָיו. רַבִּי אֶלְעָזָר בֶּן עֲזַרְיָה אוֹמֵר, מִנַּיִן שֶׁלֹּא יֹאמַר אָדָם: נַפְשִׁי קָצָה בִּבְשַׂר חֲזִיר, אִי אֶפְשִׁי לִלְבֹּשׁ כִּלְאַיִם, אֲבָל יֹאמַר: אֶפְשִׁי, וּמָה אֶעֱשֶׂה וְאָבִי שֶׁבַּשָּׁמַיִם גָּזַר עָלַי? – תַּלְמוּד לוֹמַר: "וָאַבְדִּל אֶתְכֶם מִן הָעַמִּים לִהְיוֹת לִי", שֶׁתְּהֵא הַבְדָּלַתְכֶם מֵהֶם לִשְׁמִי, פּוֹרֵשׁ מִן הָעֲבֵרָה וּמְקַבֵּל עָלָיו עֹל מַלְכוּת שָׁמַיִם:

כז | כִּי יִהְיֶה בָהֶם אוֹב וְגוֹ'. כָּאן נֶאֱמַר בָּהֶם מִיתָה, וּלְמַעְלָה (לעיל פסוק ו) כָּרֵת! – עֵדִים וְהַתְרָאָה בִּסְקִילָה, מֵזִיד בְּלֹא הַתְרָאָה בְּהִכָּרֵת, וְשִׁגְגָתָם חַטָּאת. וְכֵן בְּכָל חַיָּבֵי מִיתוֹת שֶׁנֶּאֱמַר בָּהֶם כָּרֵת:

הפטרת קדשים

הפטרה לפרשת קדשים גם כאשר אחרי מות וקדשים מחוברות. בראש חודש אייר קוראים את המפטיר מספר במדבר כח, ט-טו, ואת ההפטרה בעמ׳ 1284.

(ואת ההפטרה בעמ׳ 1284)

עמוס פעל במלכות ישראל בתקופת שיא של מלכויות ישראל ויהודה – ימי עוזיהו מלך יהודה וירבעם בן יואש מלך ישראל. שניהם מלכו עשרות שנים. יציבות זו הייתה חלק מסוד ההצלחה: הם זכו לממלכות רחבות וחזקות, והשפע החומרי גם הוא הפך להיות ממאפייניהן. עמוס מזהיר את ישראל מתסמונת חברת שפע היוצרת עיוותים חברתיים־כלכליים ופוגעת אנשות בשכבות חלשות. חברה כזו גוזרת כליה על עצמה. הבחירה בעם ישראל והבאתו לארץ ישראל אינה ׳תעודת ביטוח׳ להמשך אחיזתו בארץ. מעשיו והתנהלותו המוסרית בהתאם לצו ה׳ בתורה ובדברי הנביאים הם התנאי לכך. ההפטרה, שהיא גם הנבואה האחרונה בספר עמוס, מסתיימת בנימה של תקווה והבטחה לגאולה שלמה.

עמוס לאשכנזים

הֲלוֹא כִבְנֵי כֻשִׁיִּים אַתֶּם לִי בְּנֵי יִשְׂרָאֵל נְאֻם־יְהוָה הֲלוֹא אֶת־יִשְׂרָאֵל ז ט
הֶעֱלֵיתִי מֵאֶרֶץ מִצְרַיִם וּפְלִשְׁתִּיִּים מִכַּפְתּוֹר וַאֲרָם מִקִּיר׃ הִנֵּה עֵינֵי ׀ אֲדֹנָי ח
יֱהוִה בַּמַּמְלָכָה הַחַטָּאָה וְהִשְׁמַדְתִּי אֹתָהּ מֵעַל פְּנֵי הָאֲדָמָה אֶפֶס כִּי לֹא
הַשְׁמֵיד אַשְׁמִיד אֶת־בֵּית יַעֲקֹב נְאֻם־יְהוָה׃ כִּי־הִנֵּה אָנֹכִי מְצַוֶּה וַהֲנִעוֹתִי ט
בְכָל־הַגּוֹיִם אֶת־בֵּית יִשְׂרָאֵל כַּאֲשֶׁר יִנּוֹעַ בַּכְּבָרָה וְלֹא־יִפּוֹל צְרוֹר אָרֶץ׃
בַּחֶרֶב יָמוּתוּ כֹּל חַטָּאֵי עַמִּי הָאֹמְרִים לֹא־תַגִּישׁ וְתַקְדִּים בַּעֲדֵינוּ הָרָעָה׃ י
בַּיּוֹם הַהוּא אָקִים אֶת־סֻכַּת דָּוִיד הַנֹּפֶלֶת וְגָדַרְתִּי אֶת־פִּרְצֵיהֶן וַהֲרִסֹתָיו יא
אָקִים וּבְנִיתִיהָ כִּימֵי עוֹלָם׃ לְמַעַן יִירְשׁוּ אֶת־שְׁאֵרִית אֱדוֹם וְכָל־הַגּוֹיִם יב
אֲשֶׁר־נִקְרָא שְׁמִי עֲלֵיהֶם נְאֻם־יְהוָה עֹשֶׂה זֹּאת׃ הִנֵּה יָמִים יג
בָּאִים נְאֻם־יְהוָה וְנִגַּשׁ חוֹרֵשׁ בַּקֹּצֵר וְדֹרֵךְ עֲנָבִים בְּמֹשֵׁךְ הַזָּרַע וְהִטִּיפוּ
הֶהָרִים עָסִיס וְכָל־הַגְּבָעוֹת תִּתְמוֹגַגְנָה׃ וְשַׁבְתִּי אֶת־שְׁבוּת עַמִּי יִשְׂרָאֵל יד
וּבָנוּ עָרִים נְשַׁמּוֹת וְיָשָׁבוּ וְנָטְעוּ כְרָמִים וְשָׁתוּ אֶת־יֵינָם וְעָשׂוּ גַנּוֹת וְאָכְלוּ
אֶת־פְּרִיהֶם׃ וּנְטַעְתִּים עַל־אַדְמָתָם וְלֹא יִנָּתְשׁוּ עוֹד מֵעַל אַדְמָתָם אֲשֶׁר טו
נָתַתִּי לָהֶם אָמַר יְהוָה אֱלֹהֶיךָ׃

זקני העם בגלות יהויכין התאספו בביתו של יחזקאל שבבבל ארבע שנים לפני חורבן המקדש כדי להבין את ההתרחשויות על פי הנבואה. בתשובה הנביא סוקר את מערכת היחסים בין ה׳ לישראל משעבוד מצרים ועד הצפוי לקרות בשנים הבאות. הנביא מזכיר דוגמאות מן העבר, שבהן התחייבו ישראל כליה, וה׳ נהג במידת הרחמים כדי שלא יתחלל שמו בגויים. בסיומה של נבואה זו מנסח הנביא את החוקיות ההיסטורית הייחודית לקשר בין ה׳ לישראל: יהיה אשר יהיה, אין אפשרות לנתק בין ה׳ לעמו. אם יפרו את הברית – ייענשו, אבל לעולם לא ייעלמו מן העולם ולעולם לא יצליחו להיאחז בארץ זרה. חוקיות זו הופכת את הגאולה להכרחית.

לספרדים ולתימנים יחזקאל

הספרדים מתחילים כאן

וַיְהִי ׀ בַּשָּׁנָה הַשְּׁבִיעִית בַּחֲמִשִׁי בֶּעָשׂוֹר לַחֹדֶשׁ בָּאוּ אֲנָשִׁים מִזִּקְנֵי יִשְׂרָאֵל א כ
לִדְרֹשׁ אֶת־יְהוָה וַיֵּשְׁבוּ לְפָנָי׃ *וַיְהִי דְבַר־יְהוָה אֵלַי לֵאמֹר׃ בֶּן־ ב ג
אָדָם דַּבֵּר אֶת־זִקְנֵי יִשְׂרָאֵל וְאָמַרְתָּ אֲלֵהֶם כֹּה אָמַר אֲדֹנָי יֱהוִה הֲלִדְרֹשׁ
אֹתִי אַתֶּם בָּאִים חַי־אָנִי אִם־אִדָּרֵשׁ לָכֶם נְאֻם אֲדֹנָי יֱהוִה׃ הֲתִשְׁפֹּט אֹתָם ד

קדשים

ה הֲתִשְׁפֹּט בֶּן־אָדָם אֶת־תּוֹעֲבֹת אֲבוֹתָם הוֹדִיעֵם: וְאָמַרְתָּ אֲלֵיהֶם כֹּה־אָמַר אֲדֹנָי יְהוִֹה בְּיוֹם בָּחֳרִי בְיִשְׂרָאֵל וָאֶשָּׂא יָדִי לְזֶרַע בֵּית יַעֲקֹב וָאִוָּדַע

ו לָהֶם בְּאֶרֶץ מִצְרָיִם וָאֶשָּׂא יָדִי לָהֶם לֵאמֹר אֲנִי יְהוָֹה אֱלֹהֵיכֶם: בַּיּוֹם הַהוּא נָשָׂאתִי יָדִי לָהֶם לְהוֹצִיאָם מֵאֶרֶץ מִצְרָיִם אֶל־אֶרֶץ אֲשֶׁר־תַּרְתִּי

ז לָהֶם זָבַת חָלָב וּדְבַשׁ צְבִי הִיא לְכָל־הָאֲרָצוֹת: וָאֹמַר אֲלֵהֶם אִישׁ שִׁקּוּצֵי עֵינָיו הַשְׁלִיכוּ וּבְגִלּוּלֵי מִצְרַיִם אַל־תִּטַּמָּאוּ אֲנִי יְהוָֹה אֱלֹהֵיכֶם: וַיַּמְרוּ־בִי

ח וְלֹא אָבוּ לִשְׁמֹעַ אֵלַי אִישׁ אֶת־שִׁקּוּצֵי עֵינֵיהֶם לֹא הִשְׁלִיכוּ וְאֶת־גִּלּוּלֵי מִצְרַיִם לֹא עָזָבוּ וָאֹמַר לִשְׁפֹּךְ חֲמָתִי עֲלֵיהֶם לְכַלּוֹת אַפִּי בָּהֶם בְּתוֹךְ אֶרֶץ

ט מִצְרָיִם: וָאַעַשׂ לְמַעַן שְׁמִי לְבִלְתִּי הֵחֵל לְעֵינֵי הַגּוֹיִם אֲשֶׁר־הֵמָּה בְתוֹכָם

י אֲשֶׁר נוֹדַעְתִּי אֲלֵיהֶם לְעֵינֵיהֶם לְהוֹצִיאָם מֵאֶרֶץ מִצְרָיִם: וָאוֹצִיאֵם מֵאֶרֶץ

יא מִצְרַיִם וָאֲבִאֵם אֶל־הַמִּדְבָּר: וָאֶתֵּן לָהֶם אֶת־חֻקּוֹתַי וְאֶת־מִשְׁפָּטַי הוֹדַעְתִּי

יב אוֹתָם אֲשֶׁר יַעֲשֶׂה אוֹתָם הָאָדָם וָחַי בָּהֶם: וְגַם אֶת־שַׁבְּתוֹתַי נָתַתִּי לָהֶם

יג לִהְיוֹת לְאוֹת בֵּינִי וּבֵינֵיהֶם לָדַעַת כִּי אֲנִי יְהוָֹה מְקַדְּשָׁם: וַיַּמְרוּ־בִי בֵית־יִשְׂרָאֵל בַּמִּדְבָּר בְּחֻקּוֹתַי לֹא־הָלָכוּ וְאֶת־מִשְׁפָּטַי מָאָסוּ אֲשֶׁר יַעֲשֶׂה אֹתָם הָאָדָם וָחַי בָּהֶם וְאֶת־שַׁבְּתֹתַי חִלְּלוּ מְאֹד וָאֹמַר לִשְׁפֹּךְ חֲמָתִי עֲלֵיהֶם

יד בַּמִּדְבָּר לְכַלּוֹתָם: וָאֶעֱשֶׂה לְמַעַן שְׁמִי לְבִלְתִּי הֵחֵל לְעֵינֵי הַגּוֹיִם אֲשֶׁר

טו הוֹצֵאתִים לְעֵינֵיהֶם: וְגַם־אֲנִי נָשָׂאתִי יָדִי לָהֶם בַּמִּדְבָּר לְבִלְתִּי הָבִיא אוֹתָם אֶל־הָאָרֶץ אֲשֶׁר־נָתַתִּי זָבַת חָלָב וּדְבַשׁ צְבִי הִיא לְכָל־הָאֲרָצוֹת:*

טז יַעַן בְּמִשְׁפָּטַי מָאָסוּ וְאֶת־חֻקּוֹתַי לֹא־הָלְכוּ בָהֶם וְאֶת־שַׁבְּתוֹתַי חִלֵּלוּ

יז כִּי אַחֲרֵי גִלּוּלֵיהֶם לִבָּם הֹלֵךְ: וַתָּחָס עֵינִי עֲלֵיהֶם מִשַּׁחֲתָם וְלֹא־עָשִׂיתִי

יח אוֹתָם כָּלָה בַּמִּדְבָּר: וָאֹמַר אֶל־בְּנֵיהֶם בַּמִּדְבָּר בְּחוּקֵּי אֲבוֹתֵיכֶם אַל־

יט תֵּלֵכוּ וְאֶת־מִשְׁפְּטֵיהֶם אַל־תִּשְׁמֹרוּ וּבְגִלּוּלֵיהֶם אַל־תִּטַּמָּאוּ: אֲנִי יְהוָֹה

כ אֱלֹהֵיכֶם בְּחֻקּוֹתַי לֵכוּ וְאֶת־מִשְׁפָּטַי שִׁמְרוּ וַעֲשׂוּ אוֹתָם: וְאֶת־שַׁבְּתוֹתַי קַדֵּשׁוּ וְהָיוּ לְאוֹת בֵּינִי וּבֵינֵיכֶם לָדַעַת כִּי אֲנִי יְהוָֹה אֱלֹהֵיכֶם:

התימנים מסיימים כאן

פרשת אמר

אמר

יז וַיֹּאמֶר יְהוָה אֶל־מֹשֶׁה אֱמֹר אֶל־הַכֹּהֲנִים בְּנֵי א כא
אַהֲרֹן וְאָמַרְתָּ אֲלֵהֶם לְנֶפֶשׁ לֹא־יִטַּמָּא בְּעַמָּיו׃

מצווה רסג
איסור על כהן הדיוט להיטמא למת

כִּי אִם־לִשְׁאֵרוֹ הַקָּרֹב אֵלָיו לְאִמּוֹ וּלְאָבִיו וְלִבְנוֹ ב
וּלְבִתּוֹ וּלְאָחִיו׃ וְלַאֲחֹתוֹ הַבְּתוּלָה הַקְּרוֹבָה ג
אֵלָיו אֲשֶׁר לֹא־הָיְתָה לְאִישׁ לָהּ יִטַּמָּא׃ לֹא ד

מצווה רסד
מצוות הכהן להיטמא לקרוביו

יִקְרְחוּ יִטַּמָּא בַּעַל בְּעַמָּיו לְהֵחַלּוֹ׃ לֹא־יקרחה קָרְחָה ה
בְּרֹאשָׁם וּפְאַת זְקָנָם לֹא יְגַלֵּחוּ וּבִבְשָׂרָם לֹא
יִשְׂרְטוּ שָׂרָטֶת׃ קְדֹשִׁים יִהְיוּ לֵאלֹהֵיהֶם וְלֹא ו

מצווה רסה
איסור לכהן טבול יום לעבוד בקודש

יְחַלְּלוּ שֵׁם אֱלֹהֵיהֶם כִּי אֶת־אִשֵּׁי יְהוָה לֶחֶם
אֱלֹהֵיהֶם הֵם מַקְרִיבִם וְהָיוּ קֹדֶשׁ׃ • אִשָּׁה זֹנָה ז

מצווה רסו - רסט
איסור לכהן לשאת זונה
איסור לכהן לשאת חללה
איסור לכהן לשאת גרושה
מצוות קידוש זרע אהרן

וַחֲלָלָה לֹא יִקָּחוּ וְאִשָּׁה גְּרוּשָׁה מֵאִישָׁהּ לֹא
יִקָּחוּ כִּי־קָדֹשׁ הוּא לֵאלֹהָיו׃ וְקִדַּשְׁתּוֹ כִּי־אֶת־ ח
לֶחֶם אֱלֹהֶיךָ הוּא מַקְרִיב קָדֹשׁ יִהְיֶה־לָּךְ כִּי
קָדוֹשׁ אֲנִי יְהוָה מְקַדִּשְׁכֶם׃ וּבַת אִישׁ כֹּהֵן כִּי ט
תֵחֵל לִזְנוֹת אֶת־אָבִיהָ הִיא מְחַלֶּלֶת בָּאֵשׁ
תִּשָּׂרֵף׃ וְהַכֹּהֵן הַגָּדוֹל מֵאֶחָיו אֲשֶׁר־ י

אמר

א) אֱמֹר אֶל הַכֹּהֲנִים. "אֱמֹר" "וְאָמַרְתָּ", לְהַזְהִיר גְּדוֹלִים עַל הַקְּטַנִּים: בְּנֵי אַהֲרֹן. יָכוֹל חֲלָלִים? תַּלְמוּד לוֹמַר: "הַכֹּהֲנִים": בְּנֵי אַהֲרֹן. אַף בַּעֲלֵי מוּמִין בְּמַשְׁמָע: בְּנֵי אַהֲרֹן. וְלֹא בְּנוֹת אַהֲרֹן:

כא א וַאֲמַר יי לְמֹשֶׁה, אֵימַר לְכָהֲנַיָּא בְּנֵי אַהֲרֹן, וְתֵימַר לְהוֹן, עַל מִית לָא יִסְתְּאַב בְּעַמֵּיהּ:
ב ג אֱלָהֵין לְקָרִיבֵיהּ, דְּקָרִיב לֵיהּ, לְאִמֵּיהּ וּלְאֲבוּהִי, וְלִבְרֵיהּ וְלִבְרַתֵּיהּ וּלְאֲחוּהִי: וְלַאֲחָתֵיהּ
ד בְּתוּלְתָּא דִּקְרִיבָא לֵיהּ, דְּלָא הֲוָת לִגְבַר, לַהּ יִסְתְּאַב: לָא יִסְתְּאַב בְּרַבָּא בְּעַמֵּיהּ,
ה לְאַחָלוּתֵיהּ: לָא יִמְרְטוּן מְרַט בְּרֵישְׁהוֹן, וּפָתָא דְּדִקְנְהוֹן לָא יְגַלְּחוּן, וּבִבְסַרְהוֹן, לָא יְחַבְּלוּן
ו חִבּוּל: קַדִּישִׁין יְהוֹן קֳדָם אֱלָהֲהוֹן, וְלָא יַחֲלוּן, שְׁמָא דֶּאֱלָהֲהוֹן, אֲרֵי יָת קֻרְבָּנַיָּא דַּיי, קֻרְבַּן
ז אֱלָהֲהוֹן, אִנּוּן מְקָרְבִין וִיהוֹן קַדִּישִׁין: אִתְּתָא מַטְעִיָא וּמַחֲלָא לָא יִסְּבוּן, וְאִתְּתָא,
ח דְּמִתָּרְכָא מִבַּעְלַהּ לָא יִסְּבוּן, אֲרֵי קַדִּישׁ הוּא קֳדָם אֱלָהֵיהּ: וּתְקַדְּשִׁנֵּיהּ, אֲרֵי יָת קֻרְבַּן
ט אֱלָהָךְ הוּא מְקָרֵיב, קַדִּישׁ יְהֵי לָךְ, אֲרֵי קַדִּישׁ, אֲנָא יי מְקַדִּשְׁכוֹן: וּבַת גְּבַר כָּהִין, אֲרֵי
י תִתַּחַל לְמִטְעֵי, מְקַדְּשַׁת אֲבוּהָא הִיא מִתַּחֲלָא, בְּנוּרָא תִּתּוֹקַד: וְכָהֲנָא דְּיִתְרַבָּא מֵאֲחוּהִי,

לֹא יִטַּמָּא בְּעַמָּיו. בְּעוֹד שֶׁהַמֵּת בְּתוֹךְ עַמָּיו, יָצָא מֵת מִצְוָה:

ב| כִּי אִם לִשְׁאֵרוֹ. אֵין "שְׁאֵרוֹ" אֶלָּא אִשְׁתּוֹ:

ג| הַקְּרוֹבָה. לְרַבּוֹת אֶת הָאֲרוּסָה: אֲשֶׁר לֹא הָיְתָה לְאִישׁ. לְמִשְׁכָּב: לָהּ יִטַּמָּא. מִצְוָה:

ד| לֹא יִטַּמָּא בַּעַל בְּעַמָּיו לְהֵחַלּוֹ. לֹא יִטַּמָּא לְאִשְׁתּוֹ פְּסוּלָה שֶׁהוּא מְחֻלָּל בָּהּ בְּעוֹדָהּ עִמּוֹ, וְכֵן פְּשׁוּטוֹ שֶׁל מִקְרָא: "לֹא יִטַּמָּא בַּעַל" בִּשְׁאֵרוֹ בְּעוֹד שֶׁהִיא בְּתוֹךְ עַמָּיו, שֶׁיֵּשׁ לָהּ קוֹבְרִין שֶׁאֵינָהּ מֵת מִצְוָה. וּבְאֵיזֶה שְׁאֵר אָמַרְתִּי? בְּאוֹתוֹ שֶׁהִיא "לְהֵחַלּוֹ", לְהִתְחַלֵּל הוּא מִכְּהֻנָּתוֹ:

ה| לֹא יִקְרְחָה קָרְחָה. עַל מֵת. וַהֲלֹא אַף יִשְׂרָאֵל הֻזְהֲרוּ עַל כָּךְ? אֶלָּא לְפִי שֶׁנֶּאֱמַר בְּיִשְׂרָאֵל: "בֵּין עֵינֵיכֶם" (דברים יד, א), יָכוֹל לֹא יְהֵא חַיָּב עַל כָּל הָרֹאשׁ? תַּלְמוּד לוֹמַר: "בְּרֹאשָׁם". וְיִלְמְדוּ יִשְׂרָאֵל מִכֹּהֲנִים בִּגְזֵרָה שָׁוָה: נֶאֱמַר כָּאן "קָרְחָה" וְנֶאֱמַר לְהַלָּן בְּיִשְׂרָאֵל "קָרְחָה" (שם), מַה כָּאן כָּל הָרֹאשׁ אַף לְהַלָּן כָּל הָרֹאשׁ בְּמַשְׁמָע, כָּל מָקוֹם שֶׁיִּקְרַח בָּרֹאשׁ. וּמַה לְהַלָּן עַל מֵת, אַף כָּאן עַל מֵת: וּפְאַת זְקָנָם לֹא יְגַלֵּחוּ. לְפִי שֶׁנֶּאֱמַר בְּיִשְׂרָאֵל: "וְלֹא תַשְׁחִית" (לעיל יט, כז), יָכוֹל לִקְטוֹ בְּמַלְקֵט וּרְהִיטְנִי יְהֵא חַיָּב? לְכָךְ נֶאֱמַר: "לֹא יְגַלֵּחוּ", שֶׁאֵינוֹ חַיָּב אֶלָּא עַל דָּבָר הַקָּרוּי גִּלּוּחַ וְיֵשׁ בּוֹ הַשְׁחָתָה, וְזֶהוּ תַּעַר: וּבִבְשָׂרָם לֹא יִשְׂרְטוּ שָׂרָטֶת. לְפִי שֶׁנֶּאֱמַר בְּיִשְׂרָאֵל: "וְשֶׂרֶט לָנֶפֶשׁ לֹא תִתְּנוּ" (לעיל יט, כח), יָכוֹל שָׂרַט חָמֵשׁ שְׂרִיטוֹת לֹא יְהֵא חַיָּב אֶלָּא אַחַת? תַּלְמוּד לוֹמַר: "לֹא יִשְׂרְטוּ שָׂרָטֶת", לְחַיֵּב עַל כָּל שְׂרִיטָה וּשְׂרִיטָה, שֶׁתֵּבָה זוֹ יְתֵרָה הִיא לִדְרֹשׁ, שֶׁהָיָה לוֹ לִכְתֹּב "לֹא יִשְׂרְטוּ" וַאֲנִי יוֹדֵעַ שֶׁהִיא "שָׂרָטֶת":

ו| קְדֹשִׁים יִהְיוּ. עַל כָּרְחָם יַקְדִּישׁוּם בֵּית דִּין בְּכָךְ:

ז| זֹנָה. שֶׁנִּבְעֲלָה בְּעִילַת יִשְׂרָאֵל הָאָסוּר לָהּ, כְּגוֹן חַיָּבֵי כָרֵתוֹת אוֹ נָתִין אוֹ מַמְזֵר: חֲלָלָה. שֶׁנּוֹלְדָה מִן הַפְּסוּלִים שֶׁבַּכְּהֻנָּה, כְּגוֹן בַּת אַלְמָנָה מִכֹּהֵן גָּדוֹל אוֹ בַּת גְּרוּשָׁה מִכֹּהֵן הֶדְיוֹט, וְכֵן שֶׁנִּתְחַלְּלָה מִן הַכְּהֻנָּה עַל יְדֵי בִּיאַת אֶחָד מִן הַפְּסוּלִים לַכְּהֻנָּה:

ח| וְקִדַּשְׁתּוֹ. עַל כָּרְחוֹ, שֶׁאִם לֹא רָצָה לְגָרֵשׁ הַלְקֵהוּ וְיַסְּרֵהוּ עַד שֶׁיְּגָרֵשׁ: קָדֹשׁ יִהְיֶה לָּךְ. נְהֹג בּוֹ קְדֻשָּׁה לִפְתֹּחַ רִאשׁוֹן בְּכָל דָּבָר וּלְבָרֵךְ רִאשׁוֹן בִּסְעוּדָה:

ט| כִּי תֵחֵל לִזְנוֹת. כְּשֶׁתִּתְחַלֵּל עַל יְדֵי זְנוּת, שֶׁהָיְתָה בָּהּ זִיקַת בַּעַל וְזָנְתָה אוֹ מִן הָאֵרוּסִין אוֹ מִן הַנִּשּׂוּאִין. וְרַבּוֹתֵינוּ נֶחְלְקוּ בַּדָּבָר, וְהַכֹּל מוֹדִים שֶׁלֹּא דִּבֵּר הַכָּתוּב בִּפְנוּיָה: אֶת אָבִיהָ הִיא מְחַלֶּלֶת. חִלְּלָה וּבִזְּתָה אֶת כְּבוֹדוֹ, שֶׁאוֹמְרִים עָלָיו: אָרוּר שֶׁזּוֹ יָלַד, אָרוּר שֶׁזּוֹ גִּדֵּל:

יוּצַ֨ק עַל־רֹאשׁ֜וֹ ׀ שֶׁ֣מֶן הַמִּשְׁחָ֗ה וּמִלֵּ֣א אֶת־
יָד֔וֹ לִלְבֹּ֖שׁ אֶת־הַבְּגָדִ֑ים אֶת־רֹאשׁוֹ֙ לֹ֣א יִפְרָ֔ע
וּבְגָדָ֖יו לֹ֥א יִפְרֹֽם׃ וְעַ֛ל כָּל־נַפְשֹׁ֥ת מֵ֖ת לֹ֣א יָבֹ֑א יא
לְאָבִ֥יו וּלְאִמּ֖וֹ לֹ֥א יִטַּמָּֽא׃ וּמִן־הַמִּקְדָּשׁ֙ לֹ֣א יב
יֵצֵ֔א וְלֹ֣א יְחַלֵּ֔ל אֵ֖ת מִקְדַּ֣שׁ אֱלֹהָ֑יו כִּ֡י נֵ֠זֶר שֶׁ֣מֶן
מִשְׁחַ֧ת אֱלֹהָ֛יו עָלָ֖יו אֲנִ֥י יְהוָֽה׃ וְה֕וּא אִשָּׁ֥ה יג
בִבְתוּלֶ֖יהָ יִקָּֽח׃ אַלְמָנָ֤ה וּגְרוּשָׁה֙ וַחֲלָלָ֣ה זֹנָ֔ה יד
אֶת־אֵ֖לֶּה לֹ֣א יִקָּ֑ח כִּ֛י אִם־בְּתוּלָ֥ה מֵעַמָּ֖יו יִקַּ֥ח
אִשָּֽׁה׃ וְלֹֽא־יְחַלֵּ֥ל זַרְע֖וֹ בְּעַמָּ֑יו כִּ֛י אֲנִ֥י יְהוָ֖ה טו
שני מְקַדְּשֽׁוֹ׃ וַיְדַבֵּ֥ר יְהוָ֖ה אֶל־מֹשֶׁ֥ה טז
לֵּאמֹֽר׃ דַּבֵּ֥ר אֶֽל־אַהֲרֹ֖ן לֵאמֹ֑ר אִ֣ישׁ מִֽזַּרְעֲךָ֞ יז
לְדֹרֹתָ֗ם אֲשֶׁ֨ר יִהְיֶ֥ה בוֹ֙ מ֔וּם לֹ֣א יִקְרַ֔ב לְהַקְרִ֖יב
לֶ֥חֶם אֱלֹהָֽיו׃ כִּ֥י כָל־אִ֛ישׁ אֲשֶׁר־בּ֥וֹ מ֖וּם לֹ֣א יח
יִקְרָ֑ב אִ֤ישׁ עִוֵּר֙ א֣וֹ פִסֵּ֔חַ א֥וֹ חָרֻ֖ם א֥וֹ שָׂרֽוּעַ׃ א֣וֹ יט
אִ֔ישׁ אֲשֶׁר־יִהְיֶ֥ה ב֖וֹ שֶׁ֣בֶר רָ֑גֶל א֖וֹ שֶׁ֥בֶר יָֽד׃ אֽוֹ־ כ
גִבֵּ֣ן אוֹ־דַ֔ק א֖וֹ תְּבַלֻּ֣ל בְּעֵינ֑וֹ א֤וֹ גָרָב֙ א֣וֹ יַלֶּ֔פֶת
א֖וֹ מְר֥וֹחַ אָֽשֶׁךְ׃ כָּל־אִ֞ישׁ אֲשֶׁר־בּ֣וֹ מ֗וּם מִזֶּ֙רַע֙ כא
אַהֲרֹ֣ן הַכֹּהֵ֔ן לֹ֣א יִגַּ֔שׁ לְהַקְרִ֖יב אֶת־אִשֵּׁ֣י יְהוָ֑ה
מ֣וּם בּ֔וֹ אֵ֚ת לֶ֣חֶם אֱלֹהָ֔יו לֹ֥א יִגַּ֖שׁ לְהַקְרִֽיב׃
לֶ֣חֶם אֱלֹהָ֔יו מִקָּדְשֵׁ֖י הַקֳּדָשִׁ֑ים וּמִן־הַקֳּדָשִׁ֖ים כב

מצווה רע
איסור כניסת כהן גדול לאוהל המת

מצווה רעא
איסור לכהן גדול להיטמא בכל טומאת מת

מצווה רעב
מצווה לכהן גדול לשאת בתולה

מצווה רעג
איסור לכהן גדול לשאת אלמנה

מצווה רעד
איסור לכהן גדול לבוא על אלמנה

מצווה רעה
איסור לכהן בעל מום לעבוד במקדש

מצווה רעו
איסור לכהן בעל מום עובר לעבוד במקדש

דִּיתְרַק עַל רֵישֵׁיהּ מִשְׁחָא דִּרְבוּתָא וְדִיקָרֵיב יָת קֻרְבָּנֵיהּ, לְמִלְבַּשׁ יָת לְבוּשַׁיָּא, יָת רֵישֵׁיהּ
יא לָא יְרַבֵּי פֵרוּעַ, וּלְבוּשׁוֹהִי לָא יְבַזַּע: וְעַל, כָּל נַפְשַׁת מִיתָא לָא יֵיעוֹל, לַאֲבוּהִי וּלְאִמֵּיהּ לָא
יב יִסְתָּאַב: וּמִן מַקְדְּשָׁא לָא יִפּוֹק, וְלָא יַחֵיל, יָת מַקְדְּשָׁא דֶּאֱלָהֵיהּ, אֲרֵי, כְּלִיל, מְשַׁח רְבוּתָא
יג יד דֶּאֱלָהֵיהּ, עֲלוֹהִי אֲנָא יְיָ: וְהוּא, אִתְּתָא בִּבְתוּלַהָא יִסַּב: אַרְמְלָא וּמְתָרְכָא וַחֲלִילָא
טו מַטְעִיָא, יָת אִלֵּין לָא יִסַּב, אֱלָהֵין, בְּתוּלְתָא מֵעַמֵּיהּ יִסַּב אִתְּתָא: וְלָא יַחֵיל זַרְעֵיהּ בְּעַמֵּיהּ,
טז יז אֲרֵי, אֲנָא יְיָ מְקַדְּשֵׁיהּ: וּמַלֵּיל יְיָ עִם מֹשֶׁה לְמֵימַר: מַלֵּיל עִם אַהֲרֹן לְמֵימַר, גְּבַר מִבְּנָךְ
יח לְדָרֵיהוֹן, דִּיהֵי בֵיהּ מוּמָא, לָא יִקְרַב, לְקָרָבָא קֻרְבָּנָא קֳדָם אֱלָהֵיהּ: אֲרֵי כָּל גְּבַר, דְּבֵיהּ
יט מוּמָא לָא יִקְרַב, גְּבַר עֲוִיר אוֹ חֲגִיר, אוֹ חֲרִים אוֹ סְרִיעַ: אוֹ גְּבַר, דִּיהֵי בֵיהּ תְּבַר רִגְלָא, אוֹ
כ כא תְּבַר יְדָא: אוֹ גְבִין אוֹ דְקָא, אוֹ חִלִּיז בְּעֵינוֹהִי, אוֹ גַרְבָן אוֹ חֲזָזָן, אוֹ מְרִיס פַּחְדִּין: כָּל גְּבַר
דְּבֵיהּ מוּמָא, מִזַּרְעָא דְּאַהֲרֹן כָּהֲנָא, לָא יִקְרַב, לְקָרָבָא יָת קֻרְבָּנַיָּא דַייָ, מוּמָא בֵיהּ, יָת
כב קֻרְבַּן אֱלָהֵיהּ, לָא יִקְרַב לְקָרָבָא: קֻרְבַּן אֱלָהֵיהּ, מִקּוּדְשֵׁי קֻדְשַׁיָּא, וּמִן קֻדְשַׁיָּא

י) **לֹא יִפְרָע.** לֹא יְגַדֵּל פֶּרַע עַל אֵבֶל, וְאֵיזֶהוּ גִּדּוּל פֶּרַע? יוֹתֵר מִשְּׁלֹשִׁים יוֹם:

יא) **וְעַל כָּל נַפְשֹׁת מֵת.** בְּאֹהֶל הַמֵּת: **נַפְשֹׁת מֵת.** לְהָבִיא רְבִיעִית דָּם מִן הַמֵּת שֶׁמְּטַמֵּא בְּאֹהֶל: **לְאָבִיו וּלְאִמּוֹ לֹא יִטַּמָּא.** לֹא בָּא אֶלָּא לְהַתִּיר לוֹ מֵת מִצְוָה:

יב) **וּמִן הַמִּקְדָּשׁ לֹא יֵצֵא.** אֵינוֹ הוֹלֵךְ אַחַר הַמִּטָּה. וְעוֹד, מִכָּאן לָמְדוּ רַבּוֹתֵינוּ שֶׁכֹּהֵן גָּדוֹל מַקְרִיב אוֹנֵן, וְכֵן מַשְׁמָעוֹ: אַף אִם מֵתוּ אָבִיו וְאִמּוֹ אֵינוֹ צָרִיךְ לָצֵאת מִן הַמִּקְדָּשׁ, אֶלָּא עוֹבֵד עֲבוֹדָה: **וְלֹא יְחַלֵּל אֵת מִקְדַּשׁ.** שֶׁאֵינוֹ מְחַלֵּל בְּכָךְ אֶת הָעֲבוֹדָה, שֶׁהִתִּיר לוֹ הַכָּתוּב, הָא כֹּהֵן הֶדְיוֹט שֶׁעָבַד אוֹנֵן, חִלֵּל:

יד) **וַחֲלָלָה.** שֶׁנּוֹלְדָה מִפְּסוּלֵי כְּהֻנָּה:

טו) **וְלֹא יְחַלֵּל זַרְעוֹ.** הָא אִם נָשָׂא אַחַת מִן הַפְּסוּלוֹת, זַרְעוֹ הֵימֶנָּה חָלָל מִדִּין קְדֻשַּׁת כְּהֻנָּה:

יז) **לֶחֶם אֱלֹהָיו.** מַאֲכַל אֱלֹהָיו. כָּל סְעוּדָה קְרוּיָה לֶחֶם, כְּמוֹ: "עֲבַד לְחֶם רַב" (דניאל ה, א):

יח) **כִּי כָל אִישׁ אֲשֶׁר בּוֹ מוּם לֹא יִקְרָב.** אֵינוֹ דִּין שֶׁיִּקְרַב, כְּמוֹ: "הַקְרִיבֵהוּ נָא לְפֶחָתֶךָ" (מלאכי א, ח): **חָרֻם.** שֶׁחָטְמוֹ שָׁקוּעַ בֵּין שְׁתֵּי הָעֵינַיִם, שֶׁכּוֹחֵל שְׁתֵּי עֵינָיו כְּאַחַת: **שָׂרוּעַ.** שֶׁאֶחָד מֵאֵבָרָיו גָּדוֹל מֵחֲבֵרוֹ, עֵינוֹ אַחַת גְּדוֹלָה וְעֵינוֹ אַחַת קְטַנָּה, אוֹ שׁוֹקוֹ אַחַת אֲרֻכָּה מֵחֲבֶרְתָּהּ:

כ) **אוֹ גִבֵּן.** שורצילו"ש בְּלַעַז, שֶׁגַּבֵּי עֵינָיו שְׂעָרָן אָרֹךְ וְשׁוֹכֵב: **אוֹ דַק.** שֶׁיֵּשׁ לוֹ בְּעֵינָיו דֹּק שֶׁקּוֹרִין טייל"א, כְּמוֹ "הַנּוֹטֶה כַדֹּק" (ישעיה מ, כב): **אוֹ תְבַלֻּל.** דָּבָר הַמְבַלְבֵּל אֶת הָעַיִן, כְּגוֹן חוּט לָבָן הַנִּמְשָׁךְ מִן הַלָּבָן וּפוֹסֵק בַּסִּירָא, שֶׁהוּא עֹגֶל הַמַּקִּיף אֶת הַשָּׁחוֹר שֶׁקּוֹרִים פרוניל"א, וְהַחוּט הַזֶּה פּוֹסֵק אֶת הָעֹגֶל וְנִכְנָס בַּשָּׁחוֹר. וְתַרְגּוּם "תְּבַלֻּל": "חִלִּיז", לְשׁוֹן חִלָּזוֹן, שֶׁהוּא דּוֹמֶה לְתוֹלַעַת – אוֹתוֹ הַחוּט, וְכֵן כִּנּוּהוּ חַכְמֵי יִשְׂרָאֵל בְּמוּמֵי הַבְּכוֹר, חִלָּזוֹן נָחָשׁ עֵנָב: **גָרָב אוֹ יַלֶּפֶת.** מִינֵי שְׁחִין הֵם. "גָּרָב" זוֹ הַחֶרֶס, שְׁחִין הַיָּבֵשׁ מִבִּפְנִים וּמִבַּחוּץ. "יַלֶּפֶת" הִיא חֲזָזִית הַמִּצְרִית, וְלָמָּה נִקְרֵאת "יַלֶּפֶת"? שֶׁמְּלַפֶּפֶת וְהוֹלֶכֶת עַד יוֹם הַמִּיתָה, וְהוּא לַח מִבַּחוּץ וְיָבֵשׁ מִבִּפְנִים. וּבְמָקוֹם אַחֵר קוֹרֵא לְגָרָב שְׁחִין הַלַּח מִבַּחוּץ וְיָבֵשׁ מִבִּפְנִים, שֶׁנֶּאֱמַר: "וּבַגָּרָב וּבֶחָרֶס" (דברים כח, כז), כְּשֶׁסָּמַךְ גָּרָב אֵצֶל חֶרֶס קוֹרֵא לְיַלֶּפֶת "גָּרָב", וּכְשֶׁהוּא סָמוּךְ אֵצֶל יַלֶּפֶת קוֹרֵא לְחֶרֶס "גָּרָב", כָּךְ מְפֹרָשׁ בִּבְכוֹרוֹת (דף מא ע"א): **מְרוֹחַ אָשֶׁךְ.** לְפִי הַתַּרְגּוּם "מְרִיס פַּחְדִּין", שֶׁפַּחְדָּיו מְרֻסָּסִין, שֶׁבֵּיצִים שֶׁלּוֹ כְּתוּתִין. "פַּחְדִּין" כְּמוֹ: "גִּידֵי פַחֲדָו יְשֹׂרָגוּ" (איוב מ, יז):

כא) **כָּל אִישׁ אֲשֶׁר בּוֹ מוּם.** לְרַבּוֹת שְׁאָר מוּמִין: **מוּם בּוֹ.** בְּעוֹד מוּמוֹ בּוֹ פָּסוּל, הָא אִם עָבַר מוּמוֹ – כָּשֵׁר: **לֶחֶם אֱלֹהָיו.** כָּל מַאֲכָל קָרוּי לֶחֶם:

כב) **מִקָּדְשֵׁי הַקֳּדָשִׁים.** אֵלּוּ קָדְשֵׁי הַקֳּדָשִׁים: וּמִן

ויקרא

יֹאכֵ֑ל אַ֣ךְ אֶל־הַפָּרֹ֜כֶת לֹ֣א יָבֹ֗א וְאֶל־הַמִּזְבֵּ֛חַ כג
לֹ֥א יִגַּ֖שׁ כִּֽי־מ֣וּם בּ֑וֹ וְלֹ֤א יְחַלֵּל֙ אֶת־מִקְדָּשַׁ֔י כִּ֛י
אֲנִ֥י יְהוָ֖ה מְקַדְּשָֽׁם: וַיְדַבֵּ֣ר מֹשֶׁ֔ה אֶֽל־אַהֲרֹ֖ן כד
וְאֶל־בָּנָ֑יו וְאֶֽל־כָּל־בְּנֵ֖י יִשְׂרָאֵֽל:

וַיְדַבֵּ֥ר יְהוָ֖ה אֶל־מֹשֶׁ֥ה לֵּאמֹֽר: דַּבֵּ֣ר אֶֽל־אַהֲרֹ֣ן כב א ב
וְאֶל־בָּנָ֗יו וְיִנָּֽזְרוּ֙ מִקָּדְשֵׁ֣י בְנֵֽי־יִשְׂרָאֵ֔ל וְלֹ֥א יְחַלְּל֖וּ
אֶת־שֵׁ֣ם קָדְשִׁ֑י אֲשֶׁ֨ר הֵ֧ם מַקְדִּשִׁ֛ים לִ֖י אֲנִ֥י יְהוָֽה:
אֱמֹ֣ר אֲלֵהֶ֗ם לְדֹרֹ֨תֵיכֶ֜ם כָּל־אִ֣ישׁ ׀ אֲשֶׁר־יִקְרַ֣ב ג
מִכָּל־זַרְעֲכֶ֗ם אֶל־הַקֳּדָשִׁים֙ אֲשֶׁ֨ר יַקְדִּ֤ישׁוּ בְנֵֽי־
יִשְׂרָאֵל֙ לַֽיהוָ֔ה וְטֻמְאָת֖וֹ עָלָ֑יו וְנִכְרְתָ֞ה הַנֶּ֧פֶשׁ
הַהִ֛וא מִלְּפָנַ֖י אֲנִ֥י יְהוָֽה: אִ֣ישׁ אִ֞ישׁ מִזֶּ֣רַע אַהֲרֹ֗ן ד
וְה֤וּא צָר֙וּעַ֙ א֣וֹ זָ֔ב בַּקֳּדָשִׁים֙ לֹ֣א יֹאכַ֔ל עַ֖ד אֲשֶׁ֣ר
יִטְהָ֑ר וְהַנֹּגֵ֙עַ֙ בְּכָל־טְמֵא־נֶ֔פֶשׁ א֣וֹ אִ֔ישׁ אֲשֶׁר־
תֵּצֵ֥א מִמֶּ֖נּוּ שִׁכְבַת־זָֽרַע: א֣וֹ־אִישׁ֙ אֲשֶׁ֣ר יִגַּ֔ע ה
בְּכָל־שֶׁ֖רֶץ אֲשֶׁ֣ר יִטְמָא־ל֑וֹ א֤וֹ בְאָדָם֙ אֲשֶׁ֣ר
יִטְמָא־ל֔וֹ לְכֹ֖ל טֻמְאָתֽוֹ: נֶ֚פֶשׁ אֲשֶׁ֣ר תִּגַּע־בּ֔וֹ ו
וְטָמְאָ֖ה עַד־הָעָ֑רֶב וְלֹ֤א יֹאכַל֙ מִן־הַקֳּדָשִׁ֔ים
כִּ֛י אִם־רָחַ֥ץ בְּשָׂר֖וֹ בַּמָּֽיִם: וּבָ֥א הַשֶּׁ֖מֶשׁ וְטָהֵ֑ר ז
וְאַחַר֙ יֹאכַ֣ל מִן־הַקֳּדָשִׁ֔ים כִּ֥י לַחְמ֖וֹ הֽוּא: נְבֵלָ֨ה ח
וּטְרֵפָ֤ה לֹ֤א יֹאכַל֙ לְטָמְאָה־בָ֔הּ אֲנִ֖י יְהוָֽה:

מצווה רעח
איסור לכהן טמא
לעבוד במקדש

מצווה רעט
איסור לכהן טמא
לאכול תרומה

כב אמר

כג] יָכוֹל: בְּרַם לְפָרֻכְתָּא לָא יֵיעוֹל, וּלְמַדְבְּחָא, לָא יִקְרַב אֲרֵי מוּמָא בֵיהּ, וְלָא יַחֵיל יָת מַקְדְּשַׁי,

כב א] אֲרֵי, אֲנָא יְיָ מְקַדְּשְׁהוֹן. וּמַלֵּיל מֹשֶׁה, עִם אַהֲרֹן וְעִם בְּנוֹהִי, וְעִם כָּל בְּנֵי יִשְׂרָאֵל: וּמַלֵּיל יְיָ עִם
ב] מֹשֶׁה לְמֵימַר: מַלֵּיל עִם אַהֲרֹן וְעִם בְּנוֹהִי, וְיִפְרְשׁוּן מִקֻּדְשַׁיָּא דִּבְנֵי יִשְׂרָאֵל, וְלָא יַחֲלוּן יָת
ג] שְׁמָא דְּקֻדְשִׁי, דְּאִנּוּן מַקְדְּשִׁין, קֳדָמַי אֲנָא יְיָ: אֵימַר לְהוֹן, לְדָרֵיכוֹן, כָּל גְּבַר דְּיִקְרַב מִכָּל
זַרְעֲכוֹן, לְקֻדְשַׁיָּא דִּיקָרְבוּן בְּנֵי יִשְׂרָאֵל קֳדָם יְיָ, וּסְאוֹבְתֵיהּ עֲלוֹהִי, וְיִשְׁתֵּיצֵי, אֲנָשָׁא הַהוּא,
ד] מִן קֳדָמַי אֲנָא יְיָ: גְּבַר גְּבַר מִזַּרְעָא דְּאַהֲרֹן, וְהוּא סַגִּיר אוֹ דָּאִיב, בְּקֻדְשַׁיָּא לָא יֵיכוֹל, עַד דְּיִדְכֵּי,
ה] וּדְיִקְרַב בְּכָל טְמֵי נַפְשָׁא, אוֹ גְבַר, דְּתִפּוֹק מִנֵּיהּ שִׁכְבַת זַרְעָא: אוֹ גְבַר דְּיִקְרַב, בְּכָל רִחֲשָׁא
ו] דְיִסְתָּאַב לֵיהּ, אוֹ בֶאֱנָשָׁא דְיִסְתָּאַב לֵיהּ, לְכָל סְאוֹבְתֵיהּ: אֱנָשׁ דְּיִקְרַב בֵּיהּ, וִיהֵי מְסָאָב עַד
ז] רַמְשָׁא, וְלָא יֵיכוֹל מִן קֻדְשַׁיָּא, אֱלָהֵין, אָסְחֵי בִסְרֵיהּ בְּמַיָּא: וּבְמֵיעַל שִׁמְשָׁא וְיִדְכֵּי, וּבָתַר כֵּן
ח] יֵיכוֹל מִן קֻדְשַׁיָּא, אֲרֵי לַחְמֵיהּ הוּא: נְבֵילָא וּתְבִירָא, לָא יֵיכוֹל לְאִסְתָּאָבָא בַהּ, אֲנָא יְיָ:

הַקֳּדָשִׁים יֹאכֵל. חֻלּוּ קָדָשִׁים קַלִּים. וְחָם נֶאֱמְרוּ קָדְשֵׁי הַקֳּדָשִׁים לָמָּה נֶאֱמַר קָדָשִׁים קַלִּים? חָם לֹא נֶאֱמַר הָיִיתִי אוֹמֵר, בְּקָדְשֵׁי הַקֳּדָשִׁים יֹאכַל בַּעַל מוּם, שֶׁמָּצִינוּ שֶׁהֻתְּרוּ לְזָר, שֶׁאָכַל מֹשֶׁה בְּשַׂר הַמִּלּוּאִים, אֲבָל בְּחָזֶה וְשׁוֹק שֶׁל קָדָשִׁים קַלִּים לֹא יֹאכַל, שֶׁלֹּא מָצִינוּ זָר חוֹלֵק בָּהֶן, לְכָךְ נֶאֱמְרוּ קָדָשִׁים קַלִּים. כָּךְ מְפֹרָשׁ בִּזְבָחִים (דף קא ע"ב):

כג] אַךְ אֶל הַפָּרֹכֶת. לְהַזּוֹת שֶׁבַע הַזָּאוֹת שֶׁעַל הַפָּרֹכֶת: וְאֶל הַמִּזְבֵּחַ. הַחִיצוֹן, וְשְׁנֵיהֶם הֻזְכְּרוּ לְפַתָּח, וּמְבֹאָר בְּתוֹרַת כֹּהֲנִים (פרק ג, י): וְלֹא יְחַלֵּל אֶת מִקְדָּשָׁי. שֶׁאִם עָבַד, עֲבוֹדָתוֹ מְחֻלֶּלֶת לִפָּסֵל:

כד] וַיְדַבֵּר מֹשֶׁה. הַמִּצְוָה הַזֹּאת: אֶל אַהֲרֹן וְגוֹ' וְאֶל כָּל בְּנֵי יִשְׂרָאֵל. לְהַזְהִיר בֵּית דִּין עַל הַכֹּהֲנִים:

פרק כב

ב] וְיִנָּזְרוּ. אֵין נְזִירָה אֶלָּא פְרִישָׁה, וְכֵן הוּא אוֹמֵר "וַיִּנָּזֵר מֵאַחֲרָי" (יחזקאל יד, ז), "נָזֹרוּ אָחוֹר" (ישעיהו א, ד): יִפָּרְשׁוּ מִן הַקֳּדָשִׁים בִּימֵי טֻמְאָתָן: וְיִנָּזְרוּ מִקָּדְשֵׁי בְנֵי יִשְׂרָאֵל, אֲשֶׁר הֵם מַקְדִּשִׁים לִי, וְלֹא יְחַלְּלוּ אֶת שֵׁם קָדְשִׁי. סָרֵס הַמִּקְרָא וְדָרְשֵׁהוּ: אֲשֶׁר הֵם מַקְדִּשִׁים לִי. לְרַבּוֹת קָדְשֵׁי כֹהֲנִים עַצְמָן:

ג] כָּל אִישׁ אֲשֶׁר יִקְרַב. אֵין קְרִיבָה זוֹ אֶלָא אֲכִילָה, וְכֵן מָצִינוּ שֶׁנֶּאֶמְרָה אַזְהָרַת אֲכִילַת קָדָשִׁים בִּטֻמְאָה בִּלְשׁוֹן נְגִיעָה: "בְּכָל קֹדֶשׁ לֹא תִגָּע" (ויקרא יב, ד) אַזְהָרָה לָאוֹכֵל, וּלְמוּדָה רַבּוֹתֵינוּ מִגְּזֵרָה שָׁוָה. וְאִי אֶפְשָׁר לוֹמַר שֶׁחַיָּב עַל הַנְּגִיעָה, שֶׁהֲרֵי נֶאֱמַר כָּרֵת עַל הָאֲכִילָה בְּצַו אֶת אַהֲרֹן, שְׁתֵּי כְרִיתוֹת זוֹ אֵצֶל זוֹ (לעיל ז, כ-כא), וְחָם עַל

הַנְּגִיעָה חַיָּב, לֹא הִנִּיחוּ לְחַיְּבוֹ עַל הָאֲכִילָה. וְכֵן נִדְרַשׁ בְּתוֹרַת כֹּהֲנִים (פרשתא ז, ו): וְכִי יֵשׁ נוֹגֵעַ חַיָּב? אִם כֵּן מַה תַּלְמוּד לוֹמַר: "יִקְרַב"? מִשֶּׁיֻּכְשַׁר לִקְרַב, שֶׁאֵין חַיָּבִין עָלָיו מִשּׁוּם טֻמְאָה חָלָה אִם כֵּן קָרְבוּ מַתִּירָיו. וְאִם תֹּאמַר, שָׁלֹשׁ כְּרִיתוֹת בְּטֻמְאַת כֹּהֲנִים לָמָּה? כְּבָר נִדְרְשׁוּ (דף ז ע"א), אַחַת לִכְלָל וְאַחַת לִפְרָט וְכוּ': וְטֻמְאָתוֹ עָלָיו. וְטֻמְאַת הַחָדָשׁ עָלָיו. יָכוֹל בַּבָּשָׂר הַכָּתוּב מְדַבֵּר, וְטֻמְאָתוֹ שֶׁל בָּשָׂר עָלָיו, וּבְטָהוֹר שֶׁאָכַל אֶת הַטָּמֵא הַכָּתוּב מְדַבֵּר? עַל כָּרְחֲךָ מַשְׁמָעוֹ אַתָּה לָמֵד, בְּמִי שֶׁטֻּמְאָתוֹ פּוֹרַחַת מִמֶּנּוּ הַכָּתוּב מְדַבֵּר, וְזֶהוּ הָאָדָם שֶׁיֵּשׁ לוֹ טָהֳרָה בִּטְבִילָה: וְנִכְרְתָה וְגוֹ'. יָכוֹל מִצַּד זֶה לְצַד זֶה, יִכָּרֵת מִמְּקוֹמוֹ וְיִתְיַשֵּׁב בְּמָקוֹם אַחֵר? תַּלְמוּד לוֹמַר: "אֲנִי ה'", בְּכָל מָקוֹם אֲנִי:

ד] בְּכָל טְמֵא נֶפֶשׁ. בְּמִי שֶׁנִּטְמָא בְּמֵת:

ה] בְּכָל שֶׁרֶץ אֲשֶׁר יִטְמָא לוֹ. בְּשִׁעוּר הָרָאוּי לְטַמֵּא, בְּכָעֲדָשָׁה: אוֹ בְאָדָם. בְּמֵת: אֲשֶׁר יִטְמָא לוֹ. כְּשִׁעוּרוֹ לְטַמֵּא, וְזֶה כַּזַּיִת: לְכָל טֻמְאָתוֹ. לְרַבּוֹת נוֹגֵעַ בְּזָב וְזָבָה נִדָּה וְיוֹלֶדֶת:

ו] נֶפֶשׁ אֲשֶׁר תִּגַּע בּוֹ. בְּאֶחָד מִן הַטְּמֵאִים הַלָּלוּ:

ז] וְאַחַר יֹאכַל מִן הַקֳּדָשִׁים. נִדְרָשׁ בִּיבָמוֹת (דף עד ע"ב): בִּתְרוּמָה, שֶׁמֻּתָּר לְאָכְלָהּ בָּעֶרֶב הַשֶּׁמֶשׁ: וְלֹא כָּל הַקֳּדָשִׁים:

ח] נְבֵלָה וּטְרֵפָה לֹא יֹאכַל לְטָמְאָה בָהּ. לְעִנְיַן הַטֻּמְאָה הִזְהִיר כָּאן, שֶׁאִם אָכַל נִבְלַת עוֹף טָהוֹר שֶׁאֵין לָהּ טֻמְאַת מַגָּע וּמַשָּׂא אֶלָּא טֻמְאַת אֲכִילָה

ויקרא

כב

ט וְשָׁמְר֣וּ אֶת־מִשְׁמַרְתִּ֗י וְלֹֽא־יִשְׂא֤וּ עָלָיו֙ חֵ֔טְא
וּמֵ֥תוּ ב֖וֹ כִּ֣י יְחַלְּלֻ֑הוּ אֲנִ֥י יְהוָ֖ה מְקַדְּשָֽׁם: י וְכָל־
זָ֖ר לֹא־יֹ֣אכַל קֹ֑דֶשׁ תּוֹשַׁ֥ב כֹּהֵ֛ן וְשָׂכִ֖יר לֹא־
יֹ֥אכַל קֹֽדֶשׁ: יא וְכֹהֵ֗ן כִּֽי־יִקְנֶ֥ה נֶ֙פֶשׁ֙ קִנְיַ֣ן כַּסְפּ֔וֹ
ה֖וּא יֹ֣אכַל בּ֑וֹ וִילִ֣יד בֵּית֔וֹ הֵ֖ם יֹאכְל֥וּ בְלַחְמֽוֹ:
יב וּבַת־כֹּהֵ֔ן כִּ֥י תִהְיֶ֖ה לְאִ֣ישׁ זָ֑ר הִ֕וא בִּתְרוּמַ֥ת
הַקֳּדָשִׁ֖ים לֹ֥א תֹאכֵֽל: יג וּבַת־כֹּהֵן֩ כִּ֨י תִהְיֶ֜ה
אַלְמָנָ֣ה וּגְרוּשָׁ֗ה וְזֶרַע֮ אֵ֣ין לָהּ֒ וְשָׁבָ֞ה אֶל־
בֵּ֤ית אָבִ֙יהָ֙ כִּנְעוּרֶ֔יהָ מִלֶּ֥חֶם אָבִ֖יהָ תֹּאכֵ֑ל
וְכָל־זָ֖ר לֹא־יֹ֥אכַל בּֽוֹ: יד וְאִ֕ישׁ כִּֽי־יֹאכַ֥ל קֹ֖דֶשׁ
בִּשְׁגָגָ֑ה וְיָסַ֤ף חֲמִֽשִׁיתוֹ֙ עָלָ֔יו וְנָתַ֥ן לַכֹּהֵ֖ן אֶת־
הַקֹּֽדֶשׁ: טו וְלֹ֣א יְחַלְּל֔וּ אֶת־קָדְשֵׁ֖י בְּנֵ֣י יִשְׂרָאֵ֑ל
אֵ֥ת אֲשֶׁר־יָרִ֖ימוּ לַיהוָֽה: טז וְהִשִּׂ֤יאוּ אוֹתָם֙ עֲוֹ֣ן
אַשְׁמָ֔ה בְּאָכְלָ֖ם אֶת־קָדְשֵׁיהֶ֑ם כִּ֛י אֲנִ֥י יְהוָ֖ה
מְקַדְּשָֽׁם:

מצוות רפ-רפב
איסור לזר
לאכול תרומה

איסור לתושב של כהן גדול
ולשכירו לאכול תרומה

איסור לערל
לאכול תרומה

מצווה רפג
איסור לחללה
לאכול מן הקודש

מצווה רפד
איסור אכילת טבל

שלישי יז וַיְדַבֵּ֥ר יְהוָ֖ה אֶל־מֹשֶׁ֥ה לֵּאמֹֽר: יח דַּבֵּ֨ר אֶֽל־
אַהֲרֹ֜ן וְאֶל־בָּנָ֗יו וְאֶל֙ כָּל־בְּנֵ֣י יִשְׂרָאֵ֔ל וְאָמַרְתָּ֖
אֲלֵהֶ֑ם אִ֣ישׁ אִישׁ֩ מִבֵּ֨ית יִשְׂרָאֵ֜ל וּמִן־הַגֵּ֣ר
בְּיִשְׂרָאֵ֗ל אֲשֶׁ֨ר יַקְרִ֧יב קָרְבָּנ֛וֹ לְכָל־נִדְרֵיהֶם֙
וּלְכָל־נִדְבוֹתָ֔ם אֲשֶׁר־יַקְרִ֥יבוּ לַיהוָ֖ה לְעֹלָֽה:

יט לִרְצֹנְכֶם תָּמִים זָכָר בַּבָּקָר בַּכְּשָׂבִים וּבָעִזִּים:
כ כֹּל אֲשֶׁר־בּוֹ מוּם לֹא תַקְרִיבוּ כִּי־לֹא לְרָצוֹן

מצווה רפה
איסור הקדשת
בעלי מומים לקרבן

ט וְיִטְּרוּן יָת מַטְּרַת מֵימְרִי, וְלָא יְקַבְּלוּן עֲלוֹהִי חוֹבָא, וִימוּתוּן בֵּיהּ אֲרֵי יַחַלְנֵיהּ, אֲנָא יְיָ
יא מְקַדִּשְׁהוֹן: וְכָל חִילוֹנַי לָא יֵיכוֹל קֻדְשָׁא, תּוֹתָבָא דְכַהֲנָא, וַאֲגִירָא לָא יֵיכוֹל קֻדְשָׁא: וְכָהֵין,
יב אֲרֵי יִקְנֵי נְפַשׁ קִנְיַן כַּסְפֵּיהּ, הוּא יֵיכוֹל בֵּיהּ, וִילִידֵי בֵיתֵיהּ, אִנּוּן יֵיכְלוּן בְּלַחְמֵיהּ: וּבַת כָּהֵין,
יג אֲרֵי תְהֵי לִגְבַר חִילוֹנַי, הִיא, בְּאַפְרָשׁוּת קֻדְשַׁיָּא לָא תֵיכוֹל: וּבַת כָּהֵין אֲרֵי תְהֵי אַרְמְלָא
וּמִתָּרְכָא, וּבַר לֵית לַהּ, וּתְתוּב, לְבֵית אֲבוּהָא כְּרַבְיוּתַהּ, מִלַּחְמָא דַאֲבוּהָא תֵּיכוֹל, וְכָל חִילוֹנַי
יד לָא יֵיכוֹל בֵּיהּ: וּגְבַר, אֲרֵי יֵיכוֹל קֻדְשָׁא בְשָׁלוּ, וְיוֹסֵיף חֻמְשֵׁיהּ עֲלוֹהִי, וְיִתֵּין לְכַהֲנָא יָת קֻדְשָׁא:
טו טז וְלָא יַחֲלוּן, יָת קֻדְשַׁיָּא דִּבְנֵי יִשְׂרָאֵל, יָת דְּיַפְרְשׁוּן קֳדָם יְיָ: וִיקַבְּלוּן עֲלֵיהוֹן עֲוָיָן וְחוֹבִין,
יז יח בְּמֵיכַלְהוֹן בְּסַאֲבָא יָת קֻדְשֵׁיהוֹן, אֲרֵי, אֲנָא יְיָ מְקַדִּשְׁהוֹן: וּמַלֵּיל יְיָ עִם מֹשֶׁה לְמֵימַר: מַלֵּיל
עִם אַהֲרֹן וְעִם בְּנוֹהִי, וְעִם כָּל בְּנֵי יִשְׂרָאֵל, וְתֵימַר לְהוֹן, גְּבַר גְּבַר מִבֵּית יִשְׂרָאֵל וּמִן גִּיּוֹרַיָּא
יט בְּיִשְׂרָאֵל, דִּיקָרֵיב קֻרְבָּנֵיהּ לְכָל נִדְרֵיהוֹן וּלְכָל נִדְבָתְהוֹן, דִּיקָרְבוּן קֳדָם יְיָ לַעֲלָתָא: לְרַעֲוָא
כ לְכוֹן, שְׁלִים דְּכַר, בְּתוֹרַיָּא, בְּאִמְּרַיָּא וּבְעִזַּיָּא: כֹּל, דְּבֵיהּ מוּמָא לָא תְקָרְבוּן, אֲרֵי לָא לְרַעֲוָא

בְּבֵית הַבְּלִיעָה, אָסוּר לֶאֱכֹל בַּקֳּדָשִׁים. וְצָרִיךְ לוֹמַר: "וּטְרֵפָה" – מִי שֶׁיֵּשׁ בְּמִינוֹ טְרֵפָה, יָצָא נִבְלַת עוֹף טָמֵא שֶׁאֵין בְּמִינוֹ טְרֵפָה:

ט | וְשָׁמְרוּ אֶת מִשְׁמַרְתִּי. מִלֶּאֱכֹל תְּרוּמָה בְּטֻמְאַת הַגּוּף: וּמֵתוּ בוֹ. לָמַדְנוּ שֶׁהִיא מִיתָה בִּידֵי שָׁמַיִם:

י | לֹא יֹאכַל קֹדֶשׁ. בִּתְרוּמָה הַכָּתוּב מְדַבֵּר, שֶׁכָּל הָעִנְיָן דִּבֶּר בָּהּ: תּוֹשַׁב כֹּהֵן וְשָׂכִיר. תּוֹשָׁבוֹ שֶׁל כֹּהֵן וּשְׂכִירוֹ, לְפִיכָךְ "תּוֹשַׁב" זֶה נָקוּד פַּתָּח, לְפִי שֶׁהוּא דָּבוּק. וְאֵיזֶהוּ תּוֹשָׁב? זֶה נִרְצָע שֶׁהוּא קָנוּי לוֹ עַד הַיּוֹבֵל; וְאֵיזֶהוּ שָׂכִיר? זֶה קָנוּי קִנְיַן שָׁנִים שֶׁיּוֹצֵא בְּשֵׁשׁ, בָּא הַכָּתוּב וְלִמֶּדְךָ כָּאן שֶׁאֵין גּוּפוֹ קָנוּי לַאֲדוֹנָיו לֶאֱכֹל בִּתְרוּמָתוֹ:

יא | וְכֹהֵן כִּי יִקְנֶה נֶפֶשׁ. עֶבֶד כְּנַעֲנִי שֶׁקָּנוּי לְגוּפוֹ: וִילִיד בֵּיתוֹ. אֵלּוּ בְּנֵי הַשְּׁפָחוֹת. וְאֵשֶׁת כֹּהֵן אוֹכֶלֶת בִּתְרוּמָה מִן הַמִּקְרָא הַזֶּה, שֶׁאַף הִיא קִנְיַן כַּסְפּוֹ, וְעוֹד לָמֵד מִמִּקְרָא אַחֵר: "כָּל טָהוֹר בְּבֵיתְךָ" וְגוֹ' (במדבר יח, יא), בְּסִפְרֵי (קרח קיז):

יב | לְאִישׁ זָר. לְלֵוִי וְיִשְׂרָאֵל:

יג | אַלְמָנָה וּגְרוּשָׁה. מִן הָאִישׁ הַזָּר: וְזֶרַע אֵין לָהּ. מִמֶּנּוּ: וְשָׁבָה. הָא אִם יֵשׁ לָהּ זֶרַע מִמֶּנּוּ, אֲסוּרָה בִּתְרוּמָה כָּל זְמַן שֶׁהַזֶּרַע קַיָּם: וְכָל זָר לֹא יֹאכַל בּוֹ. לֹא בָּא אֶלָּא לְהוֹצִיא אֶת הָאוֹנֵן שֶׁמֻּתָּר בִּתְרוּמָה, זָרוּת אָמַרְתִּי לְךָ וְלֹא אֲנִינוּת:

יד | כִּי יֹאכַל קֹדֶשׁ. תְּרוּמָה: וְנָתַן לַכֹּהֵן אֶת הַקֹּדֶשׁ. דָּבָר הָרָאוּי לִהְיוֹת קֹדֶשׁ, שֶׁאֵינוֹ פּוֹרֵעַ לוֹ מָעוֹת אֶלָּא פֵּרוֹת שֶׁל חֻלִּין, וְהֵן נַעֲשִׂין תְּרוּמָה:

טו | וְלֹא יְחַלְּלוּ וְגוֹ'. לְהַאֲכִילָם לְזָרִים:

טז | וְהִשִּׂיאוּ אוֹתָם. אֶת עַצְמָם יַטְעִינוּ עָוֹן, "בְּאָכְלָם אֶת קָדְשֵׁיהֶם" שֶׁהֻבְדְּלוּ לְשֵׁם תְּרוּמָה וְקָדְשׁוּ, וְנֶאֶסְרוּ עֲלֵיהֶן: וְהִשִּׂיאוּ אוֹתָם. זֶה אֶחָד מִשְּׁלֹשָׁה אֵתִים שֶׁהָיָה רַבִּי יִשְׁמָעֵאל דּוֹרֵשׁ בַּתּוֹרָה שֶׁמְּדַבְּרִים בְּאָדָם עַצְמוֹ, וְכֵן: "בְּיוֹם מְלֹאת יְמֵי נִזְרוֹ יָבִיא אֹתוֹ" (במדבר ו, יג) – הוּא יָבִיא אֶת עַצְמוֹ, וְכֵן: "וַיִּקְבֹּר אֹתוֹ בַגַּי" (דברים לד, ו) – הוּא קָבַר אֶת עַצְמוֹ. כָּךְ נִדְרָשׁ בְּסִפְרֵי (נשא לב):

יח | נִדְרֵיהֶם. הֲרֵי עָלַי: נִדְבוֹתָם. הֲרֵי זוֹ:

יט | לִרְצֹנְכֶם. הָבִיאוּ דָּבָר הָרָאוּי לְרַצּוֹת אֶתְכֶם

כא יִהְיֶה לָכֶם׃ וְאִישׁ כִּי־יַקְרִיב זֶבַח־שְׁלָמִים לַיהוָה
לְפַלֵּא־נֶדֶר אוֹ לִנְדָבָה בַּבָּקָר אוֹ בַצֹּאן תָּמִים
כב יִהְיֶה לְרָצוֹן כָּל־מוּם לֹא יִהְיֶה־בּוֹ׃ עַוֶּרֶת אוֹ
שָׁבוּר אוֹ־חָרוּץ אוֹ־יַבֶּלֶת אוֹ גָרָב אוֹ יַלֶּפֶת
לֹא־תַקְרִיבוּ אֵלֶּה לַיהוָה וְאִשֶּׁה לֹא־תִתְּנוּ
כג מֵהֶם עַל־הַמִּזְבֵּחַ לַיהוָה׃ וְשׁוֹר וָשֶׂה שָׂרוּעַ
וְקָלוּט נְדָבָה תַּעֲשֶׂה אֹתוֹ וּלְנֵדֶר לֹא יֵרָצֶה׃
כד וּמָעוּךְ וְכָתוּת וְנָתוּק וְכָרוּת לֹא תַקְרִיבוּ לַיהוָה
כה וּבְאַרְצְכֶם לֹא תַעֲשׂוּ׃ וּמִיַּד בֶּן־נֵכָר לֹא תַקְרִיבוּ
אֶת־לֶחֶם אֱלֹהֵיכֶם מִכָּל־אֵלֶּה כִּי מָשְׁחָתָם בָּהֶם
כו מוּם בָּם לֹא יֵרָצוּ לָכֶם׃ וַיְדַבֵּר יְהוָה
כז אֶל־מֹשֶׁה לֵּאמֹר׃ שׁוֹר אוֹ־כֶשֶׂב אוֹ־עֵז כִּי יִוָּלֵד
וְהָיָה שִׁבְעַת יָמִים תַּחַת אִמּוֹ וּמִיּוֹם הַשְּׁמִינִי
כח וָהָלְאָה יֵרָצֶה לְקָרְבַּן אִשֶּׁה לַיהוָה׃ וְשׁוֹר אוֹ־
כט שֶׂה אֹתוֹ וְאֶת־בְּנוֹ לֹא תִשְׁחֲטוּ בְּיוֹם אֶחָד׃ וְכִי־
תִזְבְּחוּ זֶבַח־תּוֹדָה לַיהוָה לִרְצֹנְכֶם תִּזְבָּחוּ׃
ל בַּיּוֹם הַהוּא יֵאָכֵל לֹא־תוֹתִירוּ מִמֶּנּוּ עַד־בֹּקֶר
לא אֲנִי יְהוָה׃ וּשְׁמַרְתֶּם מִצְוֹתַי וַעֲשִׂיתֶם אֹתָם אֲנִי

מצווה רפו
מצווה להביא קרבנות תמימים

מצווה רפז
איסור הטלת מום בקודשים

מצווה רפח
איסור זריקת דם של בעל מום על המזבח

מצווה רפט
איסור שחיטת בעל מום לשם קרבן

מצווה רצ
איסור הקטרת אימורי בעלי מומים

מצווה רצא
איסור סירוס

מצווה רצב
איסור הקרבת בעל מום מיד הנכרי

מצווה רצג
מצוות הקרבת קרבן מבן שמונה ימים ומעלה בלבד

מצווה רצד
איסור שחיטת אם ובנה ביום אחד

לְפָנַי שֶׁיְּהֵא לָכֶם לְרָצוֹן, אַפַּיְימֶנְ"ט בְּלַעַז. וְאֵיזֶהוּ הָרָאוּי לְרָצוֹן? "תָּמִים זָכָר בַּבָּקָר בַּכְּשָׂבִים וּבָעִזִּים". אֲבָל בְּעוֹלַת הָעוֹף אֵין צָרִיךְ תַּמּוּת וְזַכְרוּת, וְאֵינוֹ נִפְסָל בְּמוּם אֶלָּא בְּחִסָּרוֹן אֵבֶר:

כא) לְפַלֵּא נֶדֶר. לְהַפְרִישׁ בְּדִבּוּרוֹ:

כב) עַוֶּרֶת. שֵׁם דָּבָר שֶׁל מוּם עִוָּרוֹן בִּלְשׁוֹן נְקֵבָה, שֶׁלֹּא יְהֵא בּוֹ מוּם שֶׁל עַוֶּרֶת: אוֹ שָׁבוּר. לֹא יִהְיֶה: חָרוּץ. רִיס שֶׁל עַיִן שֶׁנִּסְדַּק אוֹ שֶׁנִּפְגַּם, וְכֵן

כא יהי לכון: וגבר, ארי יקריב נכסת קודשיא קדם יי, לפרשא נדרא או לנדבתא, בתורי או
כב בענא, שלים יהי לרעוא, כל מומא לא יהי ביה: עויר או תביר או פסיק או יבלן, או
גרבן או חזזן, לא תקרבון אלין קדם יי, וקורבנא, לא תתנון מנהון, על מדבחא קדם יי:
כג כד ותור ואמר יתיר וחסיר, נדבתא תעביד יתיה, ולנדרא לא יתרעי: ודמריס ודרסיס ודשליף
כה ודגזיר, לא תקרבון קדם יי, ובארעכון לא תעבדון: ומיד בר עממין, לא תקרבון, ית קורבן
כו אלהכון מכל אלין, ארי חבלהון בהון מומא בהון, לא לרעוא יהון לכון: ומליל יי עם
כז משה למימר: תור או אמר או עז ארי יתיליד, ויהי, שבעא יומין בתר אמיה, ומיומא
כח תמינאה ולהלאה, יתרעי, לקרבא קורבנא קדם יי: ותורתא או סיתא, לה ולברה, לא
כט ל תכסון ביומא חד: ואארי תכסון נכסת תודתא קדם יי, לרעוא לכון תכסון: ביומא ההוא
לא יתאכיל, לא תשארון מניה עד צפרא, אנא יי: ותטרון פקודי, ותעבדון יתהון, אנא

שפתו שנסדקה או נפגמה: יבלת. ורוא"ה בלעז: גרב. מין חזזית, וכן "ילפת". ולשון "ילפת" כמו "וילפת שמשון" (שופטים טז, כט), שאחוזה בו עד יום מיתה, שאין לה רפואה: לא תקריבו. שלש פעמים (פסוקים כ, כב, כד), להזהיר על הקדשתן ועל שחיטתן ועל זריקת דמן: ואשה לא תתנו. אזהרת הקטרתן:

כג| שרוע. איבר גדול מחברו: וקלוט. פרסותיו קלוטות: נדבה תעשה אתו. לבדק הבית: ולנדר. למזבח: לא ירצה. אי זה הקדש בא לרצות? הוי אומר זה הקדש המזבח:

כד| ומעוך וכתות ונתוק וכרות. בביצים או בגיד: מעוך. ביציו מעוכין ביד: כתות. כתושים יותר ממעוך: נתוק. תלושין ביד עד שנפסקו חוטים שתלויים בהן, אבל נתונים הם בתוך הכיס, והכיס לא נתלש: וכרות. כרותין בכלי ועודן בכיס, שלא יהא כמחסר איבר: ומעוך. תרגום "ודימריס" זהו לשונו בארמית, לשון כתישה: וכתות. תרגומו "ודירסיס", כמו "הבית הגדול רסיסים" (עמוס ו, יא), בקיעות דקות, וכן "קנה המרסס" (שבת פ ע"ב) כתוש כתיתין: ובארצכם לא תעשו. דבר זה, לסרס שום בהמה וחיה ואפלו טמאה, לכך נאמר: "בארצכם", לרבות כל אשר בארצכם; שאי אפשר לומר לא נצטוו על הסרוס אלא בארץ, שהרי סרוס חובת הגוף הוא, וכל חובת הגוף נוהגת בין בארץ בין בחוצה לארץ:

כה| ומיד בן נכר. גוי שהביא קרבן ביד כהן להקריבו לשמים, לא תקריבו לו בעל מום, ואף על פי שלא נאסרו בעלי מומים לקרבן בני נח אלא אם כן מחסרי איבר, זאת נוהגת בבמה שבשדות, אבל על המזבח שבמשכן לא תקריבו; אבל תמימה תקבלו מהם, לכך נאמר למעלה: "איש איש" (פסוק יח), לרבות את הגוים, שנודרים נדרים ונדבות כישראל: משחתם. אבולהון: לא ירצו לכם. לכפר עליכם:

כז| כי יולד. פרט ליוצא דפן:

כח| אתו ואת בנו. נוהג בנקבה, שאסור לשחוט האם והבן או הבת, ואינו נוהג בזכרים, ומתר לשחוט האב והבן: אתו ואת בנו. אף בנו ואותו במשמע:

כט| לרצנכם תזבחו. תחלת זביחתכם הזהרו שתהא לרצון לכם. ומהו הרצון? "ביום ההוא יאכל" (להלן פסוק ל), לא בא להזהיר אלא שתהא שחיטה על מנת כן, אל תשחטוהו על מנת לאכלו למחר, שאם תחשבו בו מחשבת פסול לא יהא לכם לרצון. דבר אחר "לרצנכם", לדעתכם, מכאן למתעסק שפסול בשחיטת קדשים. ואף על פי שפרט באוכלים לשני ימים, חזר ופרט באוכלין ליום אחד, שתהא זביחתן על מנת לאכלן בזמנן:

ל| ביום ההוא יאכל. לא בא להזהיר אלא שתהא שחיטה על מנת כן, שאם לקבע לה זמן אכילה, כבר כתוב: "ובשר זבח תודת שלמיו" וגו' (לעיל ז, טו): אני ה'. דע מי גזר על הדבר ואל יקל בעיניך:

לא| ושמרתם. זו המשנה: ועשיתם. זה המעשה:

אמר

מצווה רצה
איסור חילול השם

מצווה רצו
מצוות קידוש השם

יְהוָה׃ וְלֹא תְחַלְּלוּ אֶת־שֵׁם קָדְשִׁי וְנִקְדַּשְׁתִּי לב
בְּתוֹךְ בְּנֵי יִשְׂרָאֵל אֲנִי יְהוָה מְקַדִּשְׁכֶם׃
הַמּוֹצִיא אֶתְכֶם מֵאֶרֶץ מִצְרַיִם לִהְיוֹת לָכֶם לג
לֵאלֹהִים אֲנִי יְהוָה׃

רביעי

וַיְדַבֵּר יְהוָה אֶל־מֹשֶׁה לֵּאמֹר׃ דַּבֵּר אֶל־ כג א ב
בְּנֵי יִשְׂרָאֵל וְאָמַרְתָּ אֲלֵהֶם מוֹעֲדֵי יְהוָה
אֲשֶׁר־תִּקְרְאוּ אֹתָם מִקְרָאֵי קֹדֶשׁ אֵלֶּה הֵם
מוֹעֲדָי׃ שֵׁשֶׁת יָמִים תֵּעָשֶׂה מְלָאכָה וּבַיּוֹם ג
הַשְּׁבִיעִי שַׁבַּת שַׁבָּתוֹן מִקְרָא־קֹדֶשׁ כָּל־
מְלָאכָה לֹא תַעֲשׂוּ שַׁבָּת הִוא לַיהוָה בְּכֹל
מוֹשְׁבֹתֵיכֶם׃
אֵלֶּה מוֹעֲדֵי יְהוָה מִקְרָאֵי קֹדֶשׁ אֲשֶׁר־ ד
תִּקְרְאוּ אֹתָם בְּמוֹעֲדָם׃ בַּחֹדֶשׁ הָרִאשׁוֹן ה
בְּאַרְבָּעָה עָשָׂר לַחֹדֶשׁ בֵּין הָעַרְבָּיִם פֶּסַח
לַיהוָה׃ וּבַחֲמִשָּׁה עָשָׂר יוֹם לַחֹדֶשׁ הַזֶּה חַג ו
הַמַּצּוֹת לַיהוָה שִׁבְעַת יָמִים מַצּוֹת תֹּאכֵלוּ׃
בַּיּוֹם הָרִאשׁוֹן מִקְרָא־קֹדֶשׁ יִהְיֶה לָכֶם כָּל־ ז
מְלֶאכֶת עֲבֹדָה לֹא תַעֲשׂוּ׃ וְהִקְרַבְתֶּם אִשֶּׁה ח
לַיהוָה שִׁבְעַת יָמִים בַּיּוֹם הַשְּׁבִיעִי מִקְרָא־
קֹדֶשׁ כָּל־מְלֶאכֶת עֲבֹדָה לֹא תַעֲשׂוּ׃
וַיְדַבֵּר יְהוָה אֶל־מֹשֶׁה לֵּאמֹר׃ דַּבֵּר אֶל־בְּנֵי ט י

מצווה רצז
מצוות שביתה ביום
הראשון של פסח

מצווה רצח
איסור מלאכה ביום
הראשון של פסח

מצווה רצט
מצוות הקרבת קרבן
מוסף בכל יום בפסח

מצווה ש
מצוות שביתה
בשביעי של פסח

מצווה שא
איסור מלאכה
בשביעי של פסח

מצווה שב
מצוות קרבן העומר

יִשְׂרָאֵל וְאָמַרְתָּ אֲלֵהֶם כִּי־תָבֹאוּ אֶל־הָאָרֶץ
אֲשֶׁר אֲנִי נֹתֵן לָכֶם וּקְצַרְתֶּם אֶת־קְצִירָהּ
וַהֲבֵאתֶם אֶת־עֹמֶר רֵאשִׁית קְצִירְכֶם אֶל־

לב לג יי: וְלָא תַחֲלוּן יָת שְׁמָא דְקֻדְשִׁי, וְאֶתְקַדַּשׁ, בְּגוֹ בְּנֵי יִשְׂרָאֵל, אֲנָא יי מְקַדִּשְׁכוֹן: דְּאַפֵּיק
כג א ב יָתְכוֹן מֵאַרְעָא דְמִצְרַיִם, לְמִהְוֵי לְכוֹן לֶאֱלָהּ, אֲנָא יי: וּמַלֵּיל יי עִם מֹשֶׁה לְמֵימַר: מַלֵּיל,
עִם בְּנֵי יִשְׂרָאֵל וְתֵימַר לְהוֹן, מוֹעֲדַיָּא דַיי, דִּתְעָרְעוּן יָתְהוֹן מְעָרְעֵי קַדִּישׁ, אִלֵּין אִנּוּן מוֹעֲדָי:
ג שִׁתָּא יוֹמִין תִּתְעֲבֵיד עֲבִידְתָּא, וּבְיוֹמָא שְׁבִיעָאָה, שַׁבָּא שַׁבְּתָא מְעָרַע קַדִּישׁ, כָּל עֲבִידָא
ד לָא תַעְבְּדוּן, שַׁבְּתָא הִיא קֳדָם יי, בְּכָל מוֹתְבָנֵיכוֹן: אִלֵּין מוֹעֲדַיָּא דַיי, מְעָרְעֵי קַדִּישׁ,
ה דִּתְעָרְעוּן יָתְהוֹן בִּזְמַנֵּיהוֹן: בְּיַרְחָא קַדְמָאָה, בְּאַרְבְּעַת עַסְרָא, לְיַרְחָא בֵּין שִׁמְשַׁיָּא, פִּסְחָא
ו קֳדָם יי: וּבַחֲמֵישַׁת עַסְרָא יוֹמָא לְיַרְחָא הָדֵין, חַגָּא דְפַטִּירַיָּא קֳדָם יי, שִׁבְעָא יוֹמִין פַּטִּירָא
ז ח תֵּיכְלוּן: בְּיוֹמָא קַדְמָאָה, מְעָרַע קַדִּישׁ יְהֵי לְכוֹן, כָּל עֲבִידַת פָּלְחָן לָא תַעְבְּדוּן: וּתְקָרְבוּן
קֻרְבָּנָא, קֳדָם יי שִׁבְעָא יוֹמִין, בְּיוֹמָא שְׁבִיעָאָה מְעָרַע קַדִּישׁ, כָּל עֲבִידַת פָּלְחָן לָא
ט תַעְבְּדוּן: וּמַלֵּיל יי עִם מֹשֶׁה לְמֵימַר: מַלֵּיל, עִם בְּנֵי יִשְׂרָאֵל וְתֵימַר לְהוֹן, אֲרֵי תֵיעֲלוּן
לְאַרְעָא, דַּאֲנָא יָהֵיב לְכוֹן, וְתַחְצְדוּן יָת חֲצָדַהּ, וְתַיְתוּן יָת עוֹמֶר, רֵישׁ חֲצָדְכוֹן לְוָת

לב| וְלֹא תְחַלְּלוּ. לַעֲבֹר עַל דְּבָרַי מְזִידִין. מִמַּשְׁמָע שֶׁנֶּאֱמַר: "וְלֹא תְחַלְּלוּ אֶת שֵׁם קָדְשִׁי", מַה תַּלְמוּד לוֹמַר: "וְנִקְדַּשְׁתִּי"? מְסֹר עַצְמְךָ וְקַדֵּשׁ שְׁמִי. יָכוֹל בְּיָחִיד? תַּלְמוּד לוֹמַר: "בְּתוֹךְ בְּנֵי יִשְׂרָאֵל". וּכְשֶׁהוּא מוֹסֵר עַצְמוֹ יִמְסֹר עַצְמוֹ עַל מְנָת לָמוּת, שֶׁכָּל הַמּוֹסֵר עַצְמוֹ עַל מְנָת הַנֵּס אֵין עוֹשִׂין לוֹ נֵס, שֶׁכֵּן מָצִינוּ בַּחֲנַנְיָה מִישָׁאֵל וַעֲזַרְיָה שֶׁלֹּא מָסְרוּ עַצְמָן עַל מְנָת הַנֵּס, שֶׁנֶּאֱמַר: "וְהֵן לָא, יְדִיעַ לֶהֱוֵא לָךְ מַלְכָּא" וְגוֹ' (דניאל ג, יח), מַצִּיל וְלֹא מַצִּיל, "יְדִיעַ לֶהֱוֵא לָךְ" וְגוֹ':

לג| הַמּוֹצִיא אֶתְכֶם. עַל מְנָת כֵּן: אֲנִי ה'. נֶאֱמָן לְשַׁלֵּם שָׂכָר:

פרק כג

ב| דַּבֵּר אֶל בְּנֵי יִשְׂרָאֵל וְגוֹ' מוֹעֲדֵי ה'. עֲשֵׂה מוֹעֲדוֹת שֶׁיִּהְיוּ יִשְׂרָאֵל מְלֻמָּדִין בָּהֶם, שֶׁמְּעַבְּרִים אֶת הַשָּׁנָה עַל גָּלֻיּוֹת שֶׁנֶּעֶקְרוּ מִמְּקוֹמָן לַעֲלוֹת לָרֶגֶל וַעֲדַיִן לֹא הִגִּיעוּ לִירוּשָׁלַיִם:

ג| שֵׁשֶׁת יָמִים. מָה עִנְיַן שַׁבָּת אֵצֶל מוֹעֲדוֹת, לְלַמֶּדְךָ שֶׁכָּל הַמְחַלֵּל אֶת הַמּוֹעֲדוֹת מַעֲלִין עָלָיו כְּאִלּוּ חִלֵּל אֶת הַשַּׁבָּתוֹת, וְכָל הַמְקַיֵּם אֶת הַמּוֹעֲדוֹת מַעֲלִין עָלָיו כְּאִלּוּ קִיֵּם אֶת הַשַּׁבָּתוֹת:

ד| אֵלֶּה מוֹעֲדֵי ה'. לְמַעְלָה מְדַבֵּר בְּעִבּוּר שָׁנָה, וְכָאן מְדַבֵּר בְּקִדּוּשׁ הַחֹדֶשׁ:

ה| בֵּין הָעַרְבָּיִם. מִשֵּׁשׁ שָׁעוֹת וּלְמַעְלָה: פֶּסַח לַה'. הַקְרָבַת קָרְבָּן שֶׁשְּׁמוֹ פֶּסַח:

ח| וְהִקְרַבְתֶּם אִשֶּׁה וְגוֹ'. הֵם הַמּוּסָפִין הָאֲמוּרִים בְּפָרָשַׁת פִּינְחָס. וְלָמָּה נֶאֶמְרוּ כָּאן? לוֹמַר לְךָ שֶׁאֵין הַמּוּסָפִין מְעַכְּבִין זֶה אֶת זֶה: "וְהִקְרַבְתֶּם אִשֶּׁה לַה'" – מִכָּל מָקוֹם, אִם אֵין פָּרִים הָבֵא אֵילִים, וְאִם אֵין פָּרִים וְאֵילִים הָבֵא כְּבָשִׂים: שִׁבְעַת יָמִים. כָּל מָקוֹם שֶׁנֶּאֱמַר 'שִׁבְעַת' שֵׁם דָּבָר הוּא, שָׁבוּעַ שֶׁל יָמִים, סטיינ"א בְּלַעַז. וְכֵן כָּל לְשׁוֹן שְׁמֹנַת, שֵׁשֶׁת, חֲמֵשֶׁת, שְׁלֹשֶׁת: מְלֶאכֶת עֲבֹדָה. אֲפִלּוּ מְלָאכוֹת הַחֲשׁוּבוֹת לָכֶם עֲבוֹדָה וָצֹרֶךְ, שֶׁיֵּשׁ חֶסְרוֹן כִּיס בְּבַטָּלָה שֶׁלָּהֶן, כְּגוֹן דָּבָר הָאָבֵד. כָּךְ הֲבַנְתִּי מִתּוֹרַת כֹּהֲנִים (פרשתא יב, ח), דְּקָתָנֵי: יָכוֹל אַף חֻלּוֹ שֶׁל מוֹעֵד יְהֵא אָסוּר בִּמְלֶאכֶת עֲבוֹדָה? וְכוּ':

י| רֵאשִׁית קְצִירְכֶם. שֶׁתְּהֵא רִאשׁוֹנָה לַקָּצִיר:

יא הַכֹּהֵן׃ וְהֵנִיף אֶת־הָעֹמֶר לִפְנֵי יְהוָה לִרְצֹנְכֶם
יב מִמָּחֳרַת הַשַּׁבָּת יְנִיפֶנּוּ הַכֹּהֵן׃ וַעֲשִׂיתֶם בְּיוֹם
הֲנִיפְכֶם אֶת־הָעֹמֶר כֶּבֶשׂ תָּמִים בֶּן־שְׁנָתוֹ
יג לְעֹלָה לַיהוָה׃ וּמִנְחָתוֹ שְׁנֵי עֶשְׂרֹנִים סֹלֶת
בְּלוּלָה בַשֶּׁמֶן אִשֶּׁה לַיהוָה רֵיחַ נִיחֹחַ וְנִסְכֹּה
יד יַיִן רְבִיעִת הַהִין׃ וְלֶחֶם וְקָלִי וְכַרְמֶל לֹא
תֹאכְלוּ עַד־עֶצֶם הַיּוֹם הַזֶּה עַד הֲבִיאֲכֶם אֶת־
קָרְבַּן אֱלֹהֵיכֶם חֻקַּת עוֹלָם לְדֹרֹתֵיכֶם בְּכֹל
טו מֹשְׁבֹתֵיכֶם׃ וּסְפַרְתֶּם לָכֶם מִמָּחֳרַת יט
הַשַּׁבָּת מִיּוֹם הֲבִיאֲכֶם אֶת־עֹמֶר הַתְּנוּפָה שֶׁבַע
טז שַׁבָּתוֹת תְּמִימֹת תִּהְיֶינָה׃ עַד מִמָּחֳרַת הַשַּׁבָּת
הַשְּׁבִיעִת תִּסְפְּרוּ חֲמִשִּׁים יוֹם וְהִקְרַבְתֶּם
יז מִנְחָה חֲדָשָׁה לַיהוָה׃ מִמּוֹשְׁבֹתֵיכֶם תָּבִיאוּ ׀
לֶחֶם תְּנוּפָה שְׁתַּיִם שְׁנֵי עֶשְׂרֹנִים סֹלֶת תִּהְיֶינָה
יח חָמֵץ תֵּאָפֶינָה בִּכּוּרִים לַיהוָה׃ וְהִקְרַבְתֶּם עַל־
הַלֶּחֶם שִׁבְעַת כְּבָשִׂים תְּמִימִם בְּנֵי שָׁנָה וּפַר
בֶּן־בָּקָר אֶחָד וְאֵילִם שְׁנָיִם יִהְיוּ עֹלָה לַיהוָה
וּמִנְחָתָם וְנִסְכֵּיהֶם אִשֵּׁה רֵיחַ־נִיחֹחַ לַיהוָה׃
יט וַעֲשִׂיתֶם שְׂעִיר־עִזִּים אֶחָד לְחַטָּאת וּשְׁנֵי
כ כְבָשִׂים בְּנֵי שָׁנָה לְזֶבַח שְׁלָמִים׃ וְהֵנִיף הַכֹּהֵן ׀
אֹתָם עַל לֶחֶם הַבִּכֻּרִים תְּנוּפָה לִפְנֵי יְהוָה עַל־

מצווה שג
איסור אכילה מתבואה חדשה

מצווה שד
איסור אכילת קלי מתבואה חדשה

מצווה שה
איסור אכילת כרמל מתבואה חדשה

מצווה שו
מצוות ספירת העומר

מצווה שז
מצוות הקרבת מנחה חדשה בשבועות

יא יב כָּהֲנָא: וִירִים יָת עֻמְרָא, קֳדָם יי לְרַעֲוָא לְכוֹן, מִבָּתַר יוֹמָא טָבָא, יְרִימִנֵּיהּ כָּהֲנָא: וְתַעְבְּדוּן,
יג בְּיוֹם אֲרָמוּתְכוֹן יָת עֻמְרָא, אִמַּר שְׁלִים בַּר שַׁתֵּיהּ, לַעֲלָתָא קֳדָם יי: וּמִנְחָתֵיהּ תְּרֵין עֶסְרוֹנִין,
סֻלְתָּא דְּפִילָא בִּמְשַׁח, קֻרְבָּנָא קֳדָם יי לְאִתְקַבָּלָא בְּרַעֲוָא, וְנִסְכֵּיהּ חַמְרָא רַבְעוּת הִינָא:
יד וּלְחֵים וּקְלֵי וּפֵירוּכָן לָא תֵיכְלוּן, עַד כְּרַן יוֹמָא הָדֵין, עַד אַיְתוֹאֵיכוֹן, יָת קֻרְבָּנָא דֶּאֱלָהֲכוֹן,
טו קְיָם עָלַם לְדָרֵיכוֹן, בְּכֹל מוֹתְבָנֵיכוֹן: וְתִמְנוֹן לְכוֹן מִבָּתַר יוֹמָא טָבָא, מִיּוֹם אַיְתוֹאֵיכוֹן, יָת
טז עֻמְרָא דַּאֲרָמוּתָא, שְׁבַע שָׁבוּעַן שַׁלְמָן יְהוֹיָן: עַד מִבָּתַר שָׁבוּעֲתָא שְׁבִיעֵיתָא, תִּמְנוֹן חַמְשִׁין
יז יוֹמִין, וּתְקָרְבוּן, מִנְחָתָא חֲדַתָּא קֳדָם יי: מִמּוֹתְבָנֵיכוֹן, תַּיְתוֹן לְחֵים אֲרָמוּתָא, תַּרְתֵּין גְּרִיצָן
יח תְּרֵין עֶסְרוֹנִין, סֻלְתָּא יְהוֹיָן, חֲמִיעַ יִתְאַפְיָן, בִּכּוּרִין קֳדָם יי: וּתְקָרְבוּן עַל לַחְמָא, שִׁבְעָא
אִמְּרִין שַׁלְמִין בְּנֵי שְׁנָא, וְתוֹר בַּר תּוֹרֵי, חַד וְדִכְרִין תְּרֵין, יְהוֹן עֲלָתָא קֳדָם יי, וּמִנְחָתְהוֹן
יט וְנִסְכֵּיהוֹן, קֻרְבַּן דְּמִתְקַבַּל בְּרַעֲוָא קֳדָם יי: וְתַעְבְּדוּן, צְפִיר בַּר עִזִּין חַד לְחַטָּתָא, וּתְרֵין אִמְּרִין,
כ בְּנֵי שְׁנָא לְנִכְסַת קֻדְשַׁיָּא: וִירִים כָּהֲנָא יָתְהוֹן, עַל לַחְמָא דְּבִכּוּרַיָּא אֲרָמָא קֳדָם יי, עַל

עֹמֶר. עֲשִׂירִית הָאֵיפָה, כָּךְ הָיָה שְׁמָהּ, כְּמוֹ: "וַיָּמֹדּוּ בָעֹמֶר" (שמות טז, יח):

יא| וְהֵנִיף. כָּל תְּנוּפָה מוֹלִיךְ וּמֵבִיא מַעֲלֶה וּמוֹרִיד, מוֹלִיךְ וּמֵבִיא לַעֲצֹר רוּחוֹת רָעוֹת, מַעֲלֶה וּמוֹרִיד לַעֲצֹר טְלָלִים רָעִים: לִרְצֹנְכֶם. אִם תַּקְרִיבוּ כַּמִּשְׁפָּט הַזֶּה יִהְיֶה לְרָצוֹן לָכֶם: מִמָּחֳרַת הַשַּׁבָּת. מִמָּחֳרַת יוֹם טוֹב הָרִאשׁוֹן שֶׁל פֶּסַח, שֶׁאִם אַתָּה אוֹמֵר שַׁבַּת בְּרֵאשִׁית, אֵי אַתָּה יוֹדֵעַ אֵיזֶהוּ:

יב| וַעֲשִׂיתֶם... כֶּבֶשׂ. חוֹבָה לָעֹמֶר הוּא בָּא:

יג| וּמִנְחָתוֹ. מִנְחַת נְסָכָיו: שְׁנֵי עֶשְׂרֹנִים. כְּפוּלָה הָיְתָה: וְנִסְכֹּה יַיִן רְבִיעִת הַהִין. אַף עַל פִּי שֶׁמִּנְחָתוֹ כְּפוּלָה, אֵין נְסָכָיו כְּפוּלִים:

יד| וְקָלִי. קֶמַח עָשׂוּי מִכַּרְמֶל רַךְ שֶׁמְּיַבְּשִׁין אוֹתוֹ בַּתַּנּוּר: וְכַרְמֶל. הֵן קְלָיוֹת שֶׁקּוֹרִין גרנייד"ש: בְּכֹל מֹשְׁבֹתֵיכֶם. נֶחְלְקוּ בּוֹ חַכְמֵי יִשְׂרָאֵל, יֵשׁ שֶׁלָּמְדוּ מִכָּאן שֶׁהֶחָדָשׁ נוֹהֵג בְּחוּצָה לָאָרֶץ, וְיֵשׁ אוֹמְרִים, לֹא בָא אֶלָּא לְלַמֵּד שֶׁלֹּא נִצְטַוּוּ עַל הֶחָדָשׁ אֶלָּא לְאַחַר יְרֻשָּׁה וִישִׁיבָה מִשֶּׁכְּבָשׁוּ וְחִלְּקוּ:

טו| מִמָּחֳרַת הַשַּׁבָּת. מִמָּחֳרַת יוֹם טוֹב: תְּמִימֹת תִּהְיֶינָה. מְלַמֵּד שֶׁמַּתְחִיל וּמוֹנֶה מִבָּעֶרֶב, שֶׁאִם לֹא כֵן אֵינָן תְּמִימוֹת:

טז| הַשַּׁבָּת הַשְּׁבִיעִת. כְּתַרְגּוּמוֹ: "שָׁבוּעֲתָא שְׁבִיעֵתָא": עַד מִמָּחֳרַת הַשַּׁבָּת הַשְּׁבִיעִת תִּסְפְּרוּ. וְלֹא עַד בִּכְלָל, וְהֵן אַרְבָּעִים וְתִשְׁעָה יוֹם: חֲמִשִּׁים יוֹם וְהִקְרַבְתֶּם מִנְחָה חֲדָשָׁה לַה'. בְּיוֹם הַחֲמִשִּׁים תַּקְרִיבוּהָ. וְאוֹמֵר אֲנִי, זֶהוּ מִדְרָשׁוֹ, אֲבָל פְּשׁוּטוֹ: "עַד מִמָּחֳרַת הַשַּׁבָּת הַשְּׁבִיעִת שֶׁהוּא יוֹם חֲמִשִּׁים תִּסְפְּרוּ", וּמִקְרָא מְסֹרָס הוּא: מִנְחָה חֲדָשָׁה. הִיא הַמִּנְחָה הָרִאשׁוֹנָה שֶׁהוּבְאָה מִן הֶחָדָשׁ. וְאִם תֹּאמַר, הֲרֵי קָרְבָה מִנְחַת הָעֹמֶר? אֵינָהּ כִּשְׁאָר כָּל הַמְּנָחוֹת, שֶׁהִיא בָּאָה מִן הַשְּׂעוֹרִים:

יז| מִמּוֹשְׁבֹתֵיכֶם. וְלֹא מִחוּצָה לָאָרֶץ: לֶחֶם תְּנוּפָה. לֶחֶם תְּרוּמָה הַמּוּרָם לְשֵׁם גָּבוֹהַּ, וְזוֹ הִיא הַמִּנְחָה הַחֲדָשָׁה הָאֲמוּרָה לְמַעְלָה: בִּכּוּרִים. רִאשׁוֹנָה לְכָל הַמְּנָחוֹת, אַף לְמִנְחַת קְנָאוֹת הַבָּאָה מִן הַשְּׂעוֹרִים, לֹא תִּקְרַב מִן הֶחָדָשׁ קֹדֶם לִשְׁתֵּי הַלֶּחֶם:

יח| עַל הַלֶּחֶם. בִּגְלַל הַלֶּחֶם, חוֹבָה לַלֶּחֶם: וּמִנְחָתָם וְנִסְכֵּיהֶם. כְּמִשְׁפַּט מִנְחָה וּנְסָכִים הַמְפֹרָשִׁים בְּכָל בְּהֵמָה בְּפָרָשַׁת נְסָכִים (במדבר טו, ח-טז): שְׁלֹשָׁה עֶשְׂרֹנִים לַפָּר וּשְׁנֵי עֶשְׂרֹנִים לָאַיִל וְעִשָּׂרוֹן לַכֶּבֶשׂ – זוֹ הִיא הַמִּנְחָה. וְהַנְּסָכִים: חֲצִי הַהִין לַפָּר וּשְׁלִישִׁית הַהִין לָאַיִל וּרְבִיעִת הַהִין לַכֶּבֶשׂ:

יט| וַעֲשִׂיתֶם שְׂעִיר עִזִּים. יָכוֹל שִׁבְעַת הַכְּבָשִׂים וְהַשָּׂעִיר הָאֲמוּרִים כָּאן הֵם שִׁבְעַת הַכְּבָשִׂים וְהַשָּׂעִיר הָאֲמוּרִים בְּחֻמַּשׁ הַפְּקוּדִים (שם כח, כז, ל)? כְּשֶׁאַתָּה מַגִּיעַ אֵצֶל פָּרִים וְאֵילִים אֵינָן הֵם, אֱמֹר מֵעַתָּה, אֵלּוּ לְעַצְמָן וְאֵלּוּ לְעַצְמָן, אֵלּוּ קָרְבוּ בִּגְלַל הַלֶּחֶם וְאֵלּוּ לַמּוּסָפִין:

כ| וְהֵנִיף הַכֹּהֵן אֹתָם... תְּנוּפָה. מְלַמֵּד שֶׁטְּעוּנִין

אמר

ויקרא

כא שְׁנֵי כְבָשִׂים קֹדֶשׁ יִהְיוּ לַיהוָה לַכֹּהֵן: וּקְרָאתֶם בְּעֶצֶם ׀ הַיּוֹם הַזֶּה מִקְרָא־קֹדֶשׁ יִהְיֶה לָכֶם כָּל־מְלֶאכֶת עֲבֹדָה לֹא תַעֲשׂוּ חֻקַּת עוֹלָם בְּכָל־
כב מוֹשְׁבֹתֵיכֶם לְדֹרֹתֵיכֶם: וּבְקֻצְרְכֶם אֶת־קְצִיר אַרְצְכֶם לֹא־תְכַלֶּה פְּאַת שָׂדְךָ בְּקֻצְרֶךָ וְלֶקֶט קְצִירְךָ לֹא תְלַקֵּט לֶעָנִי וְלַגֵּר תַּעֲזֹב אֹתָם אֲנִי יְהוָה אֱלֹהֵיכֶם:

חמישי
כג וַיְדַבֵּר יְהוָה אֶל־מֹשֶׁה לֵּאמֹר: דַּבֵּר אֶל־בְּנֵי
כד יִשְׂרָאֵל לֵאמֹר בַּחֹדֶשׁ הַשְּׁבִיעִי בְּאֶחָד לַחֹדֶשׁ יִהְיֶה לָכֶם שַׁבָּתוֹן זִכְרוֹן תְּרוּעָה מִקְרָא־קֹדֶשׁ:
כה כָּל־מְלֶאכֶת עֲבֹדָה לֹא תַעֲשׂוּ וְהִקְרַבְתֶּם אִשֶּׁה לַיהוָה:
כו וַיְדַבֵּר יְהוָה אֶל־מֹשֶׁה
כז לֵּאמֹר: אַךְ בֶּעָשׂוֹר לַחֹדֶשׁ הַשְּׁבִיעִי הַזֶּה יוֹם הַכִּפֻּרִים הוּא מִקְרָא־קֹדֶשׁ יִהְיֶה לָכֶם וְעִנִּיתֶם אֶת־נַפְשֹׁתֵיכֶם וְהִקְרַבְתֶּם אִשֶּׁה לַיהוָה: וְכָל־
כח מְלָאכָה לֹא תַעֲשׂוּ בְּעֶצֶם הַיּוֹם הַזֶּה כִּי יוֹם כִּפֻּרִים הוּא לְכַפֵּר עֲלֵיכֶם לִפְנֵי יְהוָה אֱלֹהֵיכֶם:
כט כִּי כָל־הַנֶּפֶשׁ אֲשֶׁר לֹא־תְעֻנֶּה בְּעֶצֶם הַיּוֹם הַזֶּה
ל וְנִכְרְתָה מֵעַמֶּיהָ: וְכָל־הַנֶּפֶשׁ אֲשֶׁר תַּעֲשֶׂה כָּל־מְלָאכָה בְּעֶצֶם הַיּוֹם הַזֶּה וְהַאֲבַדְתִּי אֶת־הַנֶּפֶשׁ הַהִוא מִקֶּרֶב עַמָּהּ: כָּל־מְלָאכָה לֹא
לא

מצווה שט
איסור מלאכה בשבועות

מצווה שי
מצוות שביתה
בראש השנה

מצווה שיא-שיב
איסור מלאכה
בראש השנה
מצוות הקרבת
מוסף בראש השנה

מצווה שיג-שטו
מצוות תענית
ביום הכיפורים
מצוות הקרבת מוסף
ביום הכיפורים
איסור מלאכה
ביום הכיפורים

מצווה שטז
איסור אכילה ושתייה
ביום הכיפורים

תַּעֲשׂוּ חֻקַּת עוֹלָם לְדֹרֹתֵיכֶם בְּכֹל מֹשְׁבֹתֵיכֶם:
לב שַׁבַּת שַׁבָּתוֹן הוּא לָכֶם וְעִנִּיתֶם אֶת־נַפְשֹׁתֵיכֶם
בְּתִשְׁעָה לַחֹדֶשׁ בָּעֶרֶב מֵעֶרֶב עַד־עֶרֶב תִּשְׁבְּתוּ
שַׁבַּתְּכֶם:

מצווה שיז
מצוות שביתה ממלאכה ביום הכיפורים

כא תְּרֵין אִמְּרִין, קֻדְשָׁא, יְהוֹן קֳדָם יי לְכָהֲנָא: וּתְעָרְעוּן, בִּכְרַן יוֹמָא הָדֵין, מְעָרַע קַדִּישׁ יְהֵי
כב לְכוֹן, כָּל עֲבִידַת פֻּלְחַן לָא תַעְבְּדוּן, קְיָם עָלַם, בְּכָל מוֹתְבָנֵיכוֹן לְדָרֵיכוֹן: וּבְמִחְצַדְכוֹן יָת
חֲצָדָא דַאֲרַעְכוֹן, לָא תְשֵׁיצֵי, פָּתָא דְחַקְלָךְ בְּחֶצָדָךְ, וּלְקָטָא דְחֶצָדָךְ לָא תְלַקֵּיט, לְעַנְיֵי
כג כד וּלְגִיּוֹרֵי תִּשְׁבּוֹק יָתְהוֹן, אֲנָא יי אֱלָהֲכוֹן: וּמַלֵּיל יי עִם מֹשֶׁה לְמֵימַר: מַלֵּיל, עִם בְּנֵי יִשְׂרָאֵל
כה לְמֵימַר, בְּיַרְחָא שְׁבִיעָאָה בְּחַד לְיַרְחָא, יְהֵי לְכוֹן נְיָחָא, דְּכְרַן יַבָּבָא מְעָרַע קַדִּישׁ: כָּל
כו כז עֲבִידַת פֻּלְחַן לָא תַעְבְּדוּן, וּתְקָרְבוּן קֻרְבָּנָא קֳדָם יי: וּמַלֵּיל יי עִם מֹשֶׁה לְמֵימַר: בְּרַם,
בְּעַסְרָא לְיַרְחָא שְׁבִיעָאָה הָדֵין יוֹמָא דְּכִפּוּרַיָּא הוּא, מְעָרַע קַדִּישׁ יְהֵי לְכוֹן, וּתְעַנּוֹן יָת
כח נַפְשָׁתְכוֹן, וּתְקָרְבוּן קֻרְבָּנָא קֳדָם יי: וְכָל עֲבִידָא לָא תַעְבְּדוּן, בִּכְרַן יוֹמָא הָדֵין, אֲרֵי יוֹמָא
כט דְּכִפּוּרַיָּא הוּא, לְכַפָּרָא עֲלֵיכוֹן, קֳדָם יי אֱלָהֲכוֹן: אֲרֵי כָּל אֱנָשׁ דְּלָא יִתְעַנֵּי, בִּכְרַן יוֹמָא הָדֵין,
ל וְיִשְׁתֵּיצֵי מֵעַמֵּיהּ: וְכָל אֱנָשׁ, דְּיַעֲבֵיד כָּל עֲבִידָא, בִּכְרַן יוֹמָא הָדֵין, וְאוֹבֵיד, יָת אֱנָשָׁא הַהוּא
לא לב מִגּוֹ עַמֵּיהּ: כָּל עֲבִידָא לָא תַעְבְּדוּן, קְיָם עָלַם לְדָרֵיכוֹן, בְּכָל מוֹתְבָנֵיכוֹן: שְׁבָא שַׁבָּתָא הוּא
לְכוֹן, וּתְעַנּוֹן יָת נַפְשָׁתְכוֹן, בְּתִשְׁעָא לְיַרְחָא בְּרַמְשָׁא, מֵרַמְשָׁא עַד רַמְשָׁא, תְּנוּחוּן נְיָחֲכוֹן:

תְּנוּפָה חַיִּים. יָכוֹל כֻּלָּם? תַּלְמוּד לוֹמַר: "עַל שְׁנֵי כְּבָשִׂים". קֹדֶשׁ יִהְיוּ. לְפִי שֶׁשַּׁלְמֵי יָחִיד קָדָשִׁים קַלִּים, הֻזְקַק לוֹמַר בְּשַׁלְמֵי צִבּוּר שֶׁהֵם קָדְשֵׁי קָדָשִׁים:

כב| וּבְקֻצְרְכֶם. חָזַר וְשָׁנָה לַעֲבֹר עֲלֵיהֶם בִּשְׁנֵי לָאוִין. אָמַר רַבִּי אַבְדִּימִי בְּרַבִּי יוֹסֵף, מָה רָאָה הַכָּתוּב לִתְּנָהּ בְּאֶמְצַע הָרְגָלִים, פֶּסַח וַעֲצֶרֶת מִכָּאן וְרֹאשׁ הַשָּׁנָה וְיוֹם הַכִּפּוּרִים מִכָּאן? לְלַמֶּדְךָ שֶׁכָּל הַנּוֹתֵן לֶקֶט שִׁכְחָה וּפֵאָה לֶעָנִי כָּרָאוּי, מַעֲלִין עָלָיו כְּאִלּוּ בָּנָה בֵּית הַמִּקְדָּשׁ וְהִקְרִיב עָלָיו קָרְבְּנוֹתָיו בְּתוֹכוֹ: תַּעֲזֹב. הַנַּח לִפְנֵיהֶם וְהֵם יְלַקְּטוּ, וְאֵין לְךָ לְסַיֵּעַ לְאֶחָד מֵהֶם: אֲנִי ה' אֱלֹהֵיכֶם. נֶאֱמָן לְשַׁלֵּם שָׂכָר:

כד| זִכְרוֹן תְּרוּעָה. זִכְרוֹן פְּסוּקֵי זִכְרוֹנוֹת וּפְסוּקֵי שׁוֹפָרוֹת, לִזְכֹּר לָכֶם עֲקֵדַת יִצְחָק שֶׁקָּרַב תַּחְתָּיו אַיִל:

כה| וְהִקְרַבְתֶּם אִשֶּׁה. הַמּוּסָפִים הָאֲמוּרִין בְּחוּמַשׁ הַפְּקֻדִים (במדבר כט, א-ו):

כז| אַךְ. כָּל אַכִין וְרַקִּין שֶׁבַּתּוֹרָה מִעוּטִין, מְכַפֵּר הוּא לַשָּׁבִין וְאֵינוֹ מְכַפֵּר עַל שֶׁאֵינָם שָׁבִין:

ל| וְהַאֲבַדְתִּי. לְפִי שֶׁהוּא אוֹמֵר כָּרֵת בְּכָל מָקוֹם וְאֵינִי יוֹדֵעַ מַה הוּא, כְּשֶׁהוּא אוֹמֵר: "וְהַאֲבַדְתִּי", לִמֵּד עַל הַכָּרֵת שֶׁאֵינוֹ אֶלָּא אֲבַדָן:

לא| כָּל מְלָאכָה וְגוֹ'. לַעֲבֹר עָלָיו בְּלָאוִין הַרְבֵּה, אוֹ לְהַזְהִיר עַל מְלֶאכֶת לַיְלָה כִּמְלֶאכֶת יוֹם: "מִקְרָא קֹדֶשׁ" (לעיל פסוק כז) – קַדְּשֵׁהוּ בִּכְסוּת נְקִיָּה וּבִתְפִלָּה, וְכָל שְׁאָר יָמִים טוֹבִים – בְּמַאֲכָל וּבְמִשְׁתֶּה וּבִכְסוּת נְקִיָּה וּבִתְפִלָּה:

ששי

לג לד וַיְדַבֵּר יְהוָה אֶל־מֹשֶׁה לֵּאמֹר: דַּבֵּר אֶל־
בְּנֵי יִשְׂרָאֵל לֵאמֹר בַּחֲמִשָּׁה עָשָׂר יוֹם לַחֹדֶשׁ
הַשְּׁבִיעִי הַזֶּה חַג הַסֻּכּוֹת שִׁבְעַת יָמִים לַיהוָה:
לה בַּיּוֹם הָרִאשׁוֹן מִקְרָא־קֹדֶשׁ כָּל־מְלֶאכֶת עֲבֹדָה
לו לֹא תַעֲשׂוּ: שִׁבְעַת יָמִים תַּקְרִיבוּ אִשֶּׁה לַיהוָה
בַּיּוֹם הַשְּׁמִינִי מִקְרָא־קֹדֶשׁ יִהְיֶה לָכֶם וְהִקְרַבְתֶּם
אִשֶּׁה לַיהוָה עֲצֶרֶת הִוא כָּל־מְלֶאכֶת עֲבֹדָה לֹא
לז תַעֲשׂוּ: אֵלֶּה מוֹעֲדֵי יְהוָה אֲשֶׁר־תִּקְרְאוּ אֹתָם
מִקְרָאֵי קֹדֶשׁ לְהַקְרִיב אִשֶּׁה לַיהוָה עֹלָה וּמִנְחָה
לח זֶבַח וּנְסָכִים דְּבַר־יוֹם בְּיוֹמוֹ: מִלְּבַד שַׁבְּתֹת יְהוָה
וּמִלְּבַד מַתְּנוֹתֵיכֶם וּמִלְּבַד כָּל־נִדְרֵיכֶם וּמִלְּבַד
לט כָּל־נִדְבֹתֵיכֶם אֲשֶׁר תִּתְּנוּ לַיהוָה: אַךְ בַּחֲמִשָּׁה
עָשָׂר יוֹם לַחֹדֶשׁ הַשְּׁבִיעִי בְּאָסְפְּכֶם אֶת־תְּבוּאַת
הָאָרֶץ תָּחֹגּוּ אֶת־חַג־יְהוָה שִׁבְעַת יָמִים בַּיּוֹם
מ הָרִאשׁוֹן שַׁבָּתוֹן וּבַיּוֹם הַשְּׁמִינִי שַׁבָּתוֹן: וּלְקַחְתֶּם
לָכֶם בַּיּוֹם הָרִאשׁוֹן פְּרִי עֵץ הָדָר כַּפֹּת תְּמָרִים
וַעֲנַף עֵץ־עָבֹת וְעַרְבֵי־נָחַל וּשְׂמַחְתֶּם לִפְנֵי יְהוָה
מא אֱלֹהֵיכֶם שִׁבְעַת יָמִים: וְחַגֹּתֶם אֹתוֹ חַג לַיהוָה
שִׁבְעַת יָמִים בַּשָּׁנָה חֻקַּת עוֹלָם לְדֹרֹתֵיכֶם בַּחֹדֶשׁ
מב הַשְּׁבִיעִי תָּחֹגּוּ אֹתוֹ: בַּסֻּכֹּת תֵּשְׁבוּ שִׁבְעַת יָמִים
מג כָּל־הָאֶזְרָח בְּיִשְׂרָאֵל יֵשְׁבוּ בַּסֻּכֹּת: לְמַעַן יֵדְעוּ

מצווה שיח-שיט
מצוות שביתה ממלאכה ביום הראשון של סוכות
איסור מלאכה ביום הראשון של סוכות

מצווה שכ-שכג
מצוות הקרבת מוסף בכל יום בסוכות
מצוות שביתה ממלאכה בשמיני עצרת
מצוות הקרבת מוסף בשמיני עצרת
איסור מלאכה בשמיני עצרת

מצווה שכד
מצוות נטילת לולב

מצווה שכה
מצוות הישיבה בסוכה

דֹרֹתֵיכֶם כִּי בַסֻּכּוֹת הוֹשַׁבְתִּי אֶת־בְּנֵי יִשְׂרָאֵל
בְּהוֹצִיאִי אוֹתָם מֵאֶרֶץ מִצְרָיִם אֲנִי יהוה
מד # אֱלֹהֵיכֶם: וַיְדַבֵּר מֹשֶׁה אֶת־מֹעֲדֵי יהוה אֶל־
בְּנֵי יִשְׂרָאֵל:

לג לד וּמַלֵּיל יי עִם מֹשֶׁה לְמֵימַר: מַלֵּיל, עִם בְּנֵי יִשְׂרָאֵל לְמֵימַר, בַּחֲמֵישַׁת עַסְרָא יוֹמָא, לְיַרְחָא
לה שְׁבִיעָאָה הָדֵין, חַגָּא דִמְטַלַּיָּא, שִׁבְעָא יוֹמִין קֳדָם יי: בְּיוֹמָא קַדְמָאָה מְעָרַע קַדִּישׁ, כָּל עֲבִידַת
לו פֻּלְחָן לָא תַעְבְּדוּן: שִׁבְעָא יוֹמִין, תְּקָרְבוּן קֻרְבָּנָא קֳדָם יי, בְּיוֹמָא תְּמִינָאָה, מְעָרַע קַדִּישׁ יְהֵי
לז לְכוֹן, וּתְקָרְבוּן קֻרְבָּנָא קֳדָם יי כְּנִישִׁין תְּהוֹן, כָּל עֲבִידַת פֻּלְחָן לָא תַעְבְּדוּן: אִלֵּין מוֹעֲדַיָּא דַיי,
דִּתְעָרְעוּן יָתְהוֹן מְעָרְעֵי קַדִּישׁ, לְקָרָבָא קֻרְבָּנָא קֳדָם יי, עֲלָתָא וּמִנְחָתָא, נִכְסַת קֻדְשִׁין וְנִסּוּכִין
לח פִּתְגָם יוֹם בְּיוֹמֵיהּ: בַּר מִשַּׁבַּיָּא דַיי, וּבַר מִמַּתְּנָתְכוֹן, וּבַר מִכָּל נִדְרֵיכוֹן וּבַר מִכָּל נִדְבַתְכוֹן,
לט דְּתִתְּנוּן קֳדָם יי: בְּרַם, בַּחֲמֵישַׁת עַסְרָא יוֹמָא לְיַרְחָא שְׁבִיעָאָה, בְּמִכְנַשְׁכוֹן יָת עֲלַלְתָּא
דְאַרְעָא, תֵּיחֲגוּן יָת חַגָּא קֳדָם יי שִׁבְעָא יוֹמִין, בְּיוֹמָא קַדְמָאָה נְיָחָא, וּבְיוֹמָא תְּמִינָאָה נְיָחָא:
מ וְתִסְּבוּן לְכוֹן בְּיוֹמָא קַדְמָאָה, פֵּירֵי אִילָנָא אֶתְרוֹגִין לוּלַבִּין, וַהֲדַסִּין וְעַרְבִין דְּנַחַל, וְתִחְדּוּן, קֳדָם
מא יי אֱלָהֲכוֹן שִׁבְעָא יוֹמִין: וְתֵיחֲגוּן יָתֵיהּ חַגָּא קֳדָם יי, שִׁבְעָא יוֹמִין בְּשַׁתָּא, קְיָם עָלַם לְדָרֵיכוֹן,
מב בְּיַרְחָא שְׁבִיעָאָה תֵּיחֲגוּן יָתֵיהּ: בִּמְטַלַּיָּא תֵּתְבוּן שִׁבְעָא יוֹמִין, כָּל יַצִּיבַיָּא בְּיִשְׂרָאֵל, יִתְבוּן
מג בִּמְטַלַּיָּא: בְּדִיל דְּיִדְּעוּן דָּרֵיכוֹן, אֲרֵי בִּמְטַלַּת עֲנָנֵי, אוֹתֵיבִית יָת בְּנֵי יִשְׂרָאֵל, בְּאַפָּקוּתִי יָתְהוֹן
מד מֵאַרְעָא דְמִצְרָיִם, אֲנָא יי אֱלָהֲכוֹן: וּמַלֵּיל מֹשֶׁה, יָת סְדַר מוֹעֲדַיָּא דַיי, וְאַלֵּיפִנּוּן לִבְנֵי יִשְׂרָאֵל:

לו| עֲצֶרֶת הִוא. עָצַרְתִּי אֶתְכֶם אֶצְלִי, כְּמֶלֶךְ שֶׁזִּמֵּן אֶת בָּנָיו לִסְעוּדָה לְכָךְ וְכָךְ יָמִים, כֵּיוָן שֶׁהִגִּיעַ זְמַנָּן לִפָּטֵר אָמַר: בָּנַי בְּבַקָּשָׁה מִכֶּם, עַכְּבוּ עִמִּי עוֹד יוֹם אֶחָד, קָשָׁה עָלַי פְּרִישַׁתְכֶם: כָּל מְלֶאכֶת עֲבֹדָה. אֲפִלּוּ מְלָאכָה שֶׁהִיא עֲבוֹדָה לָכֶם, שֶׁאִם לֹא תַעֲשׂוּהָ יֵשׁ חֶסְרוֹן כִּיס בַּדָּבָר: לֹא תַעֲשׂוּ. יָכוֹל אַף חֻלּוֹ שֶׁל מוֹעֵד יְהֵא אָסוּר בִּמְלֶאכֶת עֲבוֹדָה? תַּלְמוּד לוֹמַר: "הִוא":

לז| עֹלָה וּמִנְחָה. מִנְחַת נְסָכִים הַקְּרֵבָה עִם הָעוֹלָה: דְּבַר יוֹם בְּיוֹמוֹ. חֹק הַקָּצוּב בְּחוּמַשׁ הַפְּקוּדִים (במדבר כח-כט): דְּבַר יוֹם בְּיוֹמוֹ. הָא אִם עָבַר יוֹמוֹ בָּטֵל קָרְבָּנוֹ:

לט| אַךְ בַּחֲמִשָּׁה עָשָׂר יוֹם... תָּחֹגּוּ. קָרְבַּן שְׁלָמִים לַחֲגִיגָה. יָכוֹל תִּדְחֶה אֶת הַשַּׁבָּת? תַּלְמוּד לוֹמַר "אַךְ", הוּא חִיל וְיֵשׁ לָהּ תַּשְׁלוּמִין כָּל שִׁבְעָה: בְּאָסְפְּכֶם אֶת תְּבוּאַת הָאָרֶץ. שֶׁיְּהֵא חֹדֶשׁ שְׁבִיעִי זֶה בָּא בִּזְמַן אֲסִיפָה, מִכָּאן שֶׁנִּצְטַוּוּ לְעַבֵּר אֶת הַשָּׁנִים, שֶׁאִם אֵין הָעִבּוּר, פְּעָמִים שֶׁהוּא בְּאֶמְצַע הַקַּיִץ אוֹ הַחֹרֶף: תָּחֹגּוּ. שַׁלְמֵי חֲגִיגָה: שִׁבְעַת יָמִים. אִם לֹא הֵבִיא בָּזֶה יָבִיא בָּזֶה. יָכוֹל יְהֵא מְבִיאָן כָּל שִׁבְעָה? תַּלְמוּד לוֹמַר: "וְחַגֹּתֶם אֹתוֹ", יוֹם אֶחָד בַּמַּשְׁמָע וְלֹא יוֹתֵר. וְלָמָּה נֶאֱמַר שִׁבְעָה? לְתַשְׁלוּמִין:

מ| פְּרִי עֵץ הָדָר. עֵץ שֶׁטַּעַם עֵצוֹ וּפִרְיוֹ שָׁוֶה: הָדָר. הַדָּר בְּאִילָנוֹ מִשָּׁנָה לְשָׁנָה, וְזֶהוּ אֶתְרוֹג: כַּפֹּת תְּמָרִים. חָסֵר וָי"ו, לְמֵד שֶׁאֵינָהּ אֶלָּא אַחַת: וַעֲנַף עֵץ עָבֹת. שֶׁעֲנָפָיו קְלוּעִים כַּעֲבוֹתוֹת וְכַחֲבָלִים, וְזֶהוּ הֲדַס הֶעָשׂוּי כְּמִין קְלִיעָה:

מב| הָאֶזְרָח. זֶה אֶזְרָח: בְּיִשְׂרָאֵל. לְרַבּוֹת אֶת הַגֵּרִים:

מג| כִּי בַסֻּכּוֹת הוֹשַׁבְתִּי. עַנְנֵי כָבוֹד:

אמר

שביעי כד א ב וַיְדַבֵּר יְהוָה אֶל־מֹשֶׁה לֵּאמֹר׃ צַו אֶת־בְּנֵי
יִשְׂרָאֵל וְיִקְחוּ אֵלֶיךָ שֶׁמֶן זַיִת זָךְ כָּתִית לַמָּאוֹר
ג לְהַעֲלֹת נֵר תָּמִיד׃ מִחוּץ לְפָרֹכֶת הָעֵדֻת
בְּאֹהֶל מוֹעֵד יַעֲרֹךְ אֹתוֹ אַהֲרֹן מֵעֶרֶב עַד־בֹּקֶר
ד לִפְנֵי יְהוָה תָּמִיד חֻקַּת עוֹלָם לְדֹרֹתֵיכֶם׃ עַל
הַמְּנֹרָה הַטְּהֹרָה יַעֲרֹךְ אֶת־הַנֵּרוֹת לִפְנֵי יְהוָה
תָּמִיד׃

* ה וְלָקַחְתָּ סֹלֶת וְאָפִיתָ אֹתָהּ שְׁתֵּים עֶשְׂרֵה
חַלּוֹת שְׁנֵי עֶשְׂרֹנִים יִהְיֶה הַחַלָּה הָאֶחָת׃
ו וְשַׂמְתָּ אוֹתָם שְׁתַּיִם מַעֲרָכוֹת שֵׁשׁ הַמַּעֲרָכֶת
ז עַל הַשֻּׁלְחָן הַטָּהֹר לִפְנֵי יְהוָה׃ וְנָתַתָּ עַל־
הַמַּעֲרֶכֶת לְבֹנָה זַכָּה וְהָיְתָה לַלֶּחֶם לְאַזְכָּרָה
ח אִשֶּׁה לַיהוָה׃ בְּיוֹם הַשַּׁבָּת בְּיוֹם הַשַּׁבָּת
יַעַרְכֶנּוּ לִפְנֵי יְהוָה תָּמִיד מֵאֵת בְּנֵי־יִשְׂרָאֵל
ט בְּרִית עוֹלָם׃ וְהָיְתָה לְאַהֲרֹן וּלְבָנָיו וַאֲכָלֻהוּ
בְּמָקוֹם קָדֹשׁ כִּי קֹדֶשׁ קָדָשִׁים הוּא לוֹ מֵאִשֵּׁי
* י יְהוָה חָק־עוֹלָם׃ וַיֵּצֵא בֶּן־אִשָּׁה
יִשְׂרְאֵלִית וְהוּא בֶּן־אִישׁ מִצְרִי בְּתוֹךְ בְּנֵי
יִשְׂרָאֵל וַיִּנָּצוּ בַּמַּחֲנֶה בֶּן הַיִּשְׂרְאֵלִית וְאִישׁ
יא הַיִּשְׂרְאֵלִי׃ וַיִּקֹּב בֶּן־הָאִשָּׁה הַיִּשְׂרְאֵלִית אֶת־

כד א ב וּמַלֵּיל יי עִם משֶׁה לְמֵימַר: פַּקֵּיד יָת בְּנֵי יִשְׂרָאֵל, וְיִסְּבוּן לָךְ, מְשַׁח זֵיתָא דָּכְיָא, כָּתִישָׁא
ג לְאַנְהָרָא, לְאַדְלָקָא בּוֹצִינַיָּא תְּדִירָא: מִבָּרָא לְפָרֻכְתָּא דְּסָהֲדוּתָא בְּמַשְׁכַּן זִמְנָא, יַסְדַּר
ד יָתֵיהּ אַהֲרֹן, מֵרַמְשָׁא עַד צַפְרָא, קֳדָם יי תְּדִירָא, קְיָם עָלַם לְדָרֵיכוֹן: עַל מְנָרְתָּא דָּכִיתָא,
ה יַסְדַּר יָת בּוֹצִינַיָּא, קֳדָם יי תְּדִירָא: וְתִסַּב סֻלְתָּא, וְתֵיפֵי יָתַהּ, תַּרְתָּא עַסְרֵי גְּרִיצָן, תְּרֵין
ו עֶסְרוֹנִין, תְּהֵי הָוְיָא גְּרִיצְתָּא חֲדָא: וּתְשַׁוֵּי יָתְהוֹן, תַּרְתֵּין סִדְרִין שִׁית סִדְרָא, עַל, פָּתוּרָא
ז דָּכְיָא קֳדָם יי: וְתִתֵּין עַל סִדְרָא לְבוֹנְתָא דָּכִיתָא, וּתְהֵי לְלַחְמָא לְאַדְכָּרָא, קֻרְבָּנָא קֳדָם יי:
ח ט בְּיוֹמָא דְשַׁבְּתָא בְּיוֹמָא דְשַׁבְּתָא, יַסְדְּרִנֵּיהּ, קֳדָם יי תְּדִירָא, מִן בְּנֵי יִשְׂרָאֵל קְיָם עָלָם: וּתְהֵי
לְאַהֲרֹן וְלִבְנוֹהִי, וְיֵיכְלֻנֵּיהּ בַּאֲתַר קַדִּישׁ, אֲרֵי, קֹדֶשׁ קֻדְשִׁין הוּא לֵיהּ, מִקֻּרְבָּנַיָּא דַּיי קְיָם
י עָלָם: וּנְפַק בַּר אִתְּתָא בַּת יִשְׂרָאֵל, וְהוּא בַּר גְּבַר מִצְרַאי, בְּגוֹ בְּנֵי יִשְׂרָאֵל, וְאִתְנַצִּיאוּ
יא בְּמַשְׁרִיתָא, בַּר אִתְּתָא בַּת יִשְׂרָאֵל, וְגַבְרָא בַּר יִשְׂרָאֵל: וּפָרֵישׁ, בַּר אִתְּתָא בַּת יִשְׂרָאֵל יָת

פרק כד

ב] **צַו אֶת בְּנֵי יִשְׂרָאֵל.** זוֹ פָּרָשַׁת מִצְוַת הַנֵּרוֹת. וּפָרָשַׁת 'וְאַתָּה תְּצַוֶּה' (שמות כז, כ) לֹא נֶאֶמְרָה אֶלָּא עַל סֵדֶר מְלֶאכֶת הַמִּשְׁכָּן לְפָרֵשׁ צֹרֶךְ הַמְּנוֹרָה, וְכֵן מַשְׁמָע: וְאַתָּה סוֹפְךָ לְצַוּוֹת אֶת בְּנֵי יִשְׂרָאֵל עַל כָּךְ: **שֶׁמֶן זַיִת זָךְ.** שְׁלֹשָׁה שְׁמָנִים יוֹצְאִים מִן הַזַּיִת, הָרִאשׁוֹן קָרוּי זָךְ, וְהֵן מְפֹרָשִׁין בִּמְנָחוֹת (דף פו ע"א) וּבְתוֹרַת כֹּהֲנִים (פרשתא יג, א): **תָּמִיד.** מִלַּיְלָה לְלַיְלָה, כְּמוֹ: "עֹלַת תָּמִיד" (במדבר כח, ו) שֶׁאֵינָהּ אֶלָּא מִיּוֹם לְיוֹם:

ג] **לְפָרֹכֶת הָעֵדֻת.** שֶׁלִּפְנֵי הָאָרוֹן שֶׁהוּא קָרוּי עֵדוּת. וְרַבּוֹתֵינוּ דָּרְשׁוּ עַל נֵר מַעֲרָבִי, שֶׁהוּא עֵדוּת לְכָל בָּאֵי עוֹלָם שֶׁהַשְּׁכִינָה שׁוֹרָה בְּיִשְׂרָאֵל, שֶׁנּוֹתֵן בָּהּ שֶׁמֶן כְּמִדַּת חַבְרוֹתֶיהָ, וּמִמֶּנָּה הָיָה מַתְחִיל וּבָהּ הָיָה מְסַיֵּם: **יַעֲרֹךְ אֹתוֹ אַהֲרֹן מֵעֶרֶב עַד בֹּקֶר.** יַעֲרֹךְ אוֹתוֹ עֲרִיכָה הָרְאוּיָה לְמִדַּת כָּל הַלַּיְלָה, וְשִׁעֲרוּ חֲכָמִים חֲצִי לֹג לְכָל נֵר וָנֵר, וְהֵן כְּדַאי אַף לְלֵילֵי תְקוּפַת טֵבֵת, וּמִדָּה זוֹ הִקְבִּיעָה לָהֶם:

ד] **הַמְּנֹרָה הַטְּהֹרָה.** שֶׁהִיא זָהָב טָהוֹר. דָּבָר אַחֵר, עַל טָהֳרָהּ שֶׁל מְנוֹרָה, שֶׁמְּטַהֲרָהּ וּמְדַשְּׁנָהּ תְּחִלָּה מִן הָאֵפֶר:

ו] **שֵׁשׁ הַמַּעֲרָכֶת.** שֵׁשׁ חַלּוֹת הַמַּעֲרֶכֶת הָאֶחָת: **הַשֻּׁלְחָן הַטָּהֹר.** שֶׁל זָהָב טָהוֹר. דָּבָר אַחֵר, עַל טָהֳרוֹ שֶׁל שֻׁלְחָן, שֶׁלֹּא יְהוּ הַסְּנִיפִין מַגְבִּיהִין אֶת הַלֶּחֶם מֵעַל גַּבֵּי הַשֻּׁלְחָן:

ז] **וְנָתַתָּ עַל הַמַּעֲרֶכֶת.** עַל כָּל אַחַת מִשְּׁתֵּי הַמַּעֲרָכוֹת; הֲרֵי שְׁנֵי בָּזִיכֵי לְבוֹנָה, מְלֹא קֹמֶץ לְכָל אַחַת: **וְהָיְתָה.** הַלְּבוֹנָה הַזֹּאת: **לַלֶּחֶם לְאַזְכָּרָה.** שֶׁאֵין מִן הַלֶּחֶם לַגָּבוֹהַּ כְּלוּם, אֶלָּא הַלְּבוֹנָה נִקְטֶרֶת כְּשֶׁמְּסַלְּקִין אוֹתוֹ בְּכָל שַׁבָּת וְשַׁבָּת, וְהִיא לְזִכָּרוֹן לַלֶּחֶם, שֶׁעַל יָדָהּ הוּא נִזְכָּר לְמַעְלָה, כַּקֹּמֶץ שֶׁהוּא אַזְכָּרָה לַמִּנְחָה:

ט] **וְהָיְתָה.** הַמִּנְחָה הַזֹּאת, שֶׁכָּל דָּבָר הַבָּא מִן הַתְּבוּאָה בִּכְלַל מִנְחָה הוּא: **וַאֲכָלֻהוּ.** מוּסָב עַל הַלֶּחֶם שֶׁהוּא לְשׁוֹן זָכָר:

י] **וַיֵּצֵא בֶּן אִשָּׁה יִשְׂרְאֵלִית.** מֵהֵיכָן יָצָא? רַבִּי לֵוִי אוֹמֵר: מֵעוֹלָמוֹ יָצָא. רַבִּי בֶּרֶכְיָה אוֹמֵר: מִפָּרָשָׁה שֶׁלְּמַעְלָה יָצָא, לִגְלֵג וְאָמַר: "בְּיוֹם הַשַּׁבָּת יַעַרְכֶנּוּ" (לעיל פסוק ח), דֶּרֶךְ הַמֶּלֶךְ לֶאֱכֹל פַּת חַמָּה בְּכָל יוֹם, שֶׁמָּא פַּת צוֹנֶנֶת שֶׁל תִּשְׁעָה יָמִים? בִּתְמִיהָ. וּמַתְנִיתָא אָמְרָה: מִבֵּית דִּינוֹ שֶׁל משֶׁה יָצָא מְחֻיָּב. בָּא לִטַּע אָהֳלוֹ בְּתוֹךְ מַחֲנֵה דָן, אָמְרוּ לוֹ, מַה טִּיבְךָ לְכָאן? אָמַר לָהֶם: מִבְּנֵי דָן אֲנִי. אָמְרוּ לוֹ: "אִישׁ עַל דִּגְלוֹ בְאֹתֹת לְבֵית אֲבֹתָם" כְּתִיב (במדבר ב, ב), נִכְנַס לְבֵית דִּינוֹ שֶׁל משֶׁה וְיָצָא מְחֻיָּב, עָמַד וְגִדֵּף: **בֶּן אִישׁ מִצְרִי.** הוּא הַמִּצְרִי שֶׁהָרַג משֶׁה: **בְּתוֹךְ בְּנֵי יִשְׂרָאֵל.** מְלַמֵּד שֶׁנִּתְגַּיֵּר: **וַיִּנָּצוּ בַּמַּחֲנֶה.** עַל עִסְקֵי הַמַּחֲנֶה: **וְאִישׁ הַיִּשְׂרְאֵלִי.** זֶה שֶׁכְּנֶגְדּוֹ, שֶׁמִּחָה בּוֹ מִטַּע אָהֳלוֹ:

יא] **וַיִּקֹּב.** כְּתַרְגּוּמוֹ: "וּפָרֵשׁ", שֶׁנָּקַב שֵׁם הַמְיֻחָד וְגִדֵּף, וְהוּא שֵׁם הַמְּפֹרָשׁ שֶׁשָּׁמַע מִסִּינַי: **וְשֵׁם**

הַשֵּׁם וַיְקַלֵּל וַיָּבִיאוּ אֹתוֹ אֶל־מֹשֶׁה וְשֵׁם אִמּוֹ
שְׁלֹמִית בַּת־דִּבְרִי לְמַטֵּה־דָן׃ וַיַּנִּיחֻהוּ בַּמִּשְׁמָר יב
לִפְרֹשׁ לָהֶם עַל־פִּי יְהוָה׃
וַיְדַבֵּר יְהוָה אֶל־מֹשֶׁה לֵּאמֹר׃ הוֹצֵא אֶת־ יג יד
הַמְקַלֵּל אֶל־מִחוּץ לַמַּחֲנֶה וְסָמְכוּ כָל־הַשֹּׁמְעִים
אֶת־יְדֵיהֶם עַל־רֹאשׁוֹ וְרָגְמוּ אֹתוֹ כָּל־הָעֵדָה׃
וְאֶל־בְּנֵי יִשְׂרָאֵל תְּדַבֵּר לֵאמֹר אִישׁ אִישׁ כִּי־ טו
יְקַלֵּל אֱלֹהָיו וְנָשָׂא חֶטְאוֹ׃ וְנֹקֵב שֵׁם־יְהוָה מוֹת טז
יוּמָת רָגוֹם יִרְגְּמוּ־בוֹ כָּל־הָעֵדָה כַּגֵּר כָּאֶזְרָח
בְּנָקְבוֹ־שֵׁם יוּמָת׃ וְאִישׁ כִּי יַכֶּה כָּל־נֶפֶשׁ אָדָם יז
מוֹת יוּמָת׃ וּמַכֵּה נֶפֶשׁ־בְּהֵמָה יְשַׁלְּמֶנָּה נֶפֶשׁ יח
תַּחַת נָפֶשׁ׃ וְאִישׁ כִּי־יִתֵּן מוּם בַּעֲמִיתוֹ כַּאֲשֶׁר יט
עָשָׂה כֵּן יֵעָשֶׂה לּוֹ׃ שֶׁבֶר תַּחַת שֶׁבֶר עַיִן תַּחַת כ
עַיִן שֵׁן תַּחַת שֵׁן כַּאֲשֶׁר יִתֵּן מוּם בָּאָדָם כֵּן יִנָּתֶן
מפטיר בּוֹ׃ וּמַכֵּה בְהֵמָה יְשַׁלְּמֶנָּה וּמַכֵּה אָדָם יוּמָת׃ כא
מִשְׁפַּט אֶחָד יִהְיֶה לָכֶם כַּגֵּר כָּאֶזְרָח יִהְיֶה כִּי אֲנִי כב
יְהוָה אֱלֹהֵיכֶם׃ וַיְדַבֵּר מֹשֶׁה אֶל־בְּנֵי יִשְׂרָאֵל כג
וַיּוֹצִיאוּ אֶת־הַמְקַלֵּל אֶל־מִחוּץ לַמַּחֲנֶה וַיִּרְגְּמוּ
אֹתוֹ אָבֶן וּבְנֵי־יִשְׂרָאֵל עָשׂוּ כַּאֲשֶׁר צִוָּה יְהוָה
אֶת־מֹשֶׁה׃

שְׁמָא וְאַרְגֵּיז, וְאֵיתִיאוּ יָתֵיהּ לְוָת מֹשֶׁה, וְשׁוּם אִמֵּיהּ, שְׁלוֹמִית בַּת דִּבְרִי לְשִׁבְטָא דְּדָן:
יב יג וְאַסְרוּהִי בְּבֵית מַטְּרָא, עַד דְּיִתְפָּרַשׁ לְהוֹן עַל גְּזֵירַת מֵימְרָא דַּייָ: וּמַלֵּיל יְיָ עִם מֹשֶׁה
יד לְמֵימַר: אַפֵּיק יָת דְּאַרְגֵּיז, לְמִבָּרָא לְמַשְׁרִיתָא, וְיִסְמְכוּן כָּל דִּשְׁמַעוּ, יָת יְדֵיהוֹן עַל רֵישֵׁיהּ,
טו וְיִרְגְּמוּן יָתֵיהּ כָּל כְּנִשְׁתָּא: וְעִם בְּנֵי יִשְׂרָאֵל תְּמַלֵּיל לְמֵימַר, גְּבַר גְּבַר, אֲרֵי יַרְגֵּיז קֳדָם אֱלָהֵיהּ
טז וִיקַבֵּיל חוֹבֵיהּ: וְדִיפָרֵישׁ שְׁמָא דַּייָ אִתְקְטָלָא יִתְקְטִיל, מִרְגָּם יִרְגְּמוּן בֵּיהּ כָּל כְּנִשְׁתָּא, גִּיּוֹרָא
יז כְּיַצִּיבָא, בְּפָרָשׁוּתֵיהּ שְׁמָא יִתְקְטִיל: וּגְבַר, אֲרֵי יִקְטוֹל כָּל נַפְשָׁא דַּאֲנָשָׁא, אִתְקְטָלָא
יח יט יִתְקְטִיל: וּדְיִקְטוֹל נְפַשׁ בְּעִירָא יְשַׁלְּמִנַּהּ, נַפְשָׁא חֲלָף נַפְשָׁא: וּגְבַר, אֲרֵי יִתֵּין מוּמָא בְּחַבְרֵיהּ,
כ כְּמָא דַּעֲבַד, כֵּן יִתְעֲבֵיד לֵיהּ: תְּבָרָא חֲלָף תְּבָרָא, עֵינָא חֲלָף עֵינָא, שִׁנָּא חֲלָף שִׁנָּא, כְּמָא
כא דִּיהַב מוּמָא בַּאֲנָשָׁא, כֵּן יִתְיְהֵיב בֵּיהּ: וּדְיִקְטוֹל בְּעִירָא יְשַׁלְּמִנַּהּ, וּדְיִקְטוֹל אֲנָשָׁא יִתְקְטִיל:
כב כג דִּינָא חַד יְהֵי לְכוֹן, גִּיּוֹרָא כְּיַצִּיבָא יְהֵי, אֲרֵי, אֲנָא יְיָ אֱלָהֲכוֹן: וּמַלֵּיל מֹשֶׁה עִם בְּנֵי יִשְׂרָאֵל,
וְאַפִּיקוּ יָת דְּאַרְגֵּיז, לְמִבָּרָא לְמַשְׁרִיתָא, וּרְגַמוּ יָתֵיהּ אַבְנָא, וּבְנֵי יִשְׂרָאֵל עֲבַדוּ, כְּמָא דְּפַקֵּיד
יְיָ יָת מֹשֶׁה:

אִמּוֹ שְׁלֹמִית בַּת דִּבְרִי. שִׁבְחָן שֶׁל יִשְׂרָאֵל שֶׁפִּרְסְמָהּ הַכָּתוּב לָזוֹ, לוֹמַר שֶׁהִיא לְבַדָּהּ הָיְתָה זוֹנָה: שְׁלֹמִית. דַּהֲוַת פַּטְפְּטָה, שְׁלָם עֲלָךְ, שְׁלָם עֲלַךְ, שְׁלָם עֲלֵיכוֹן, מְפַטְפֶּטֶת בִּדְבָרִים, שׁוֹאֶלֶת בִּשְׁלוֹם הַכֹּל: בַּת דִּבְרִי. דַּבְּרָנִית הָיְתָה, מְדַבֶּרֶת עִם כָּל אָדָם, לְפִיכָךְ קִלְקְלָה: לְמַטֵּה דָן. מַגִּיד שֶׁהָרָשָׁע גּוֹרֵם גְּנַאי לוֹ, גְּנַאי לְאָבִיו, גְּנַאי לְשִׁבְטוֹ. כַּיּוֹצֵא בּוֹ: "אָהֳלִיאָב בֶּן אֲחִיסָמָךְ לְמַטֵּה דָן" (שמות לא, ו), שֶׁבַח לוֹ, שֶׁבַח לְאָבִיו, שֶׁבַח לְשִׁבְטוֹ:

יב) וַיַּנִּיחֻהוּ. לְבַדּוֹ, וְלֹא הִנִּיחוּ מְקוֹשֵׁשׁ עִמּוֹ, שֶׁשְּׁנֵיהֶם הָיוּ בְּפֶרֶק אֶחָד; וְיוֹדְעִים הָיוּ שֶׁהַמְקוֹשֵׁשׁ בְּמִיתָה, אֲבָל לֹא פֹרַשׁ לָהֶם בְּאֵיזוֹ מִיתָה, לְכָךְ נֶאֱמַר: "כִּי לֹא פֹרַשׁ מַה יֵּעָשֶׂה לוֹ" (במדבר טו, לד), אֲבָל בַּמְקַלֵּל הוּא אוֹמֵר "לִפְרֹשׁ לָהֶם", שֶׁלֹּא הָיוּ יוֹדְעִים אִם חַיָּב מִיתָה אִם לָאו:

יד) הַשֹּׁמְעִים. אֵלּוּ הָעֵדִים: כָּל. לְהָבִיא אֶת הַדַּיָּנִים: אֶת יְדֵיהֶם. אוֹמְרִים לוֹ, דָּמְךָ בְּרֹאשְׁךָ, וְאֵין אָנוּ נֶעֱנָשִׁים בְּמִיתָתְךָ שֶׁאַתָּה גָּרַמְתָּ לָךְ: כָּל הָעֵדָה. בְּמַעֲמַד כָּל הָעֵדָה, מִכָּאן שֶׁשְּׁלוּחוֹ שֶׁל אָדָם כְּמוֹתוֹ:

טו) וְנָשָׂא חֶטְאוֹ. בְּכָרֵת, כְּשֶׁאֵין הַתְרָאָה:

טז) וְנֹקֵב שֵׁם. אֵינוֹ חַיָּב עַד שֶׁיְּפָרֵשׁ אֶת הַשֵּׁם, וְלֹא הַמְקַלֵּל בְּכִנּוּי: וְנֹקֵב. לְשׁוֹן קְלָלָה, כְּמוֹ: "מָה אֶקֹּב" (במדבר כג, ח):

יז) וְאִישׁ כִּי יַכֶּה. לְפִי שֶׁנֶּאֱמַר: "מַכֵּה אִישׁ" וְגוֹ' (שמות כא, יב), אֵין לִי אֶלָּא שֶׁהָרַג אֶת הָאִישׁ, אִשָּׁה וְקָטָן מִנַּיִן? תַּלְמוּד לוֹמַר: "כָּל נֶפֶשׁ אָדָם":

כ) כֵּן יִנָּתֶן בּוֹ. פֵּרְשׁוּ רַבּוֹתֵינוּ שֶׁאֵינוֹ נְתִינַת מוּם מַמָּשׁ, אֶלָּא תַּשְׁלוּמֵי מָמוֹן – שָׁמִין אוֹתוֹ כְּעֶבֶד, לְכָךְ כָּתוּב בּוֹ לְשׁוֹן נְתִינָה, דָּבָר הַנָּתוּן מִיָּד לְיָד:

כא) וּמַכֵּה בְהֵמָה יְשַׁלְּמֶנָּה. לְמַעְלָה דִּבֶּר בְּהוֹרֵג בְּהֵמָה, וְכָאן דִּבֶּר בְּעוֹשֶׂה בָהּ חַבּוּרָה: וּמַכֵּה אָדָם יוּמָת. אֲפִלּוּ לֹא הֲרָגוֹ אֶלָּא עָשָׂה בוֹ חַבּוּרָה, שֶׁלֹּא נֶאֱמַר כָּאן 'נֶפֶשׁ'. וּבְמַכֵּה אָבִיו וְאִמּוֹ דִּבֶּר הַכָּתוּב, וּבָא לְהַקִּישׁוֹ לְמַכֵּה בְהֵמָה, מַה מַּכֵּה בְהֵמָה מֵחַיִּים, אַף מַכֵּה אָבִיו מֵחַיִּים, פְּרָט לְמַכֶּה לְאַחַר מִיתָה, לְפִי שֶׁמָּצִינוּ שֶׁהַמְקַלְּלוֹ לְאַחַר מִיתָה חַיָּב, הֻצְרַךְ לוֹמַר בְּמַכֶּה שֶׁפָּטוּר. וּמַה בִּבְהֵמָה בַּחֲבָלָה, שֶׁאִם אֵין חֲבָלָה אֵין תַּשְׁלוּמִין, אַף מַכֵּה אָבִיו אֵינוֹ חַיָּב עַד שֶׁיַּעֲשֶׂה בוֹ חַבּוּרָה:

כב) אֲנִי ה' אֱלֹהֵיכֶם. אֱלֹהֵי כֻּלְּכֶם, כְּשֵׁם שֶׁאֲנִי מְיַחֵד שְׁמִי עֲלֵיכֶם, כָּךְ אֲנִי מְיַחֲדוֹ עַל הַגֵּרִים:

כג) וּבְנֵי יִשְׂרָאֵל עָשׂוּ. כָּל הַמִּצְוָה הָאֲמוּרָה בִּסְקִילָה בְּמָקוֹם אַחֵר: דְּחִיָּה, רְגִימָה וּתְלִיָּה:

הפטרת אמר

בסיור נבואי־וירטואלי של יחזקאל בירושלים העתידית, ארבע־עשרה שנה לאחר החורבן, מחזק הנביא את הגולים שהגאולה בוא תבוא. ההפטרה פותחת במילים "והכהנים הלויים". ההקשר שבו מופיע הביטוי בספר דברים מגלה שהוא קשור לאחד מתפקידי שבט לוי:

"יורו משפטיך ליעקב" (דברים לג, י) — הוראת התורה והמצוות לעם.

על העם, שבשליחותו ולמענו פועל שבט לוי, מוטלת החובה לדאוג למזונם של שבט לוי באמצעות מערכת מתנות כהונה ולוייה. התשלום לעושים במלאכה בא ישירות מן העם. למערכת השלטונית, למלוכה, אין יד ורגל בקביעת התכנים הנלמדים ולא בתשלום משכורתם. "הכהנים הלויים" הם רשות נפרדת, רשות חינוך בלתי תלויה, המנותקת מהשפעתה של הרשות המבצעת.

יחזקאל

מד טו וְהַכֹּהֲנִים הַלְוִיִּם בְּנֵי צָדוֹק אֲשֶׁר שָׁמְרוּ אֶת־מִשְׁמֶרֶת מִקְדָּשִׁי בִּתְעוֹת בְּנֵי־
יִשְׂרָאֵל מֵעָלַי הֵמָּה יִקְרְבוּ אֵלַי לְשָׁרְתֵנִי וְעָמְדוּ לְפָנַי לְהַקְרִיב לִי חֵלֶב וָדָם
טז נְאֻם אֲדֹנָי יֱהוִה: הֵמָּה יָבֹאוּ אֶל־מִקְדָּשִׁי וְהֵמָּה יִקְרְבוּ אֶל־שֻׁלְחָנִי לְשָׁרְתֵנִי
יז וְשָׁמְרוּ אֶת־מִשְׁמַרְתִּי: וְהָיָה בְּבוֹאָם אֶל־שַׁעֲרֵי הֶחָצֵר הַפְּנִימִית בִּגְדֵי
פִשְׁתִּים יִלְבָּשׁוּ וְלֹא־יַעֲלֶה עֲלֵיהֶם צֶמֶר בְּשָׁרְתָם בְּשַׁעֲרֵי הֶחָצֵר הַפְּנִימִית
יח וָבָיְתָה: פַּאֲרֵי פִשְׁתִּים יִהְיוּ עַל־רֹאשָׁם וּמִכְנְסֵי פִשְׁתִּים יִהְיוּ עַל־מָתְנֵיהֶם
יט לֹא יַחְגְּרוּ בַּיָּזַע: וּבְצֵאתָם אֶל־הֶחָצֵר הַחִיצוֹנָה אֶל־הֶחָצֵר הַחִיצוֹנָה
אֶל־הָעָם יִפְשְׁטוּ אֶת־בִּגְדֵיהֶם אֲשֶׁר־הֵמָּה מְשָׁרְתִם בָּם וְהִנִּיחוּ אוֹתָם
בְּלִשְׁכֹת הַקֹּדֶשׁ וְלָבְשׁוּ בְּגָדִים אֲחֵרִים וְלֹא־יְקַדְּשׁוּ אֶת־הָעָם בְּבִגְדֵיהֶם:
כ כא וְרֹאשָׁם לֹא יְגַלֵּחוּ וּפֶרַע לֹא יְשַׁלֵּחוּ כָּסוֹם יִכְסְמוּ אֶת־רָאשֵׁיהֶם: וְיַיִן לֹא־
כב יִשְׁתּוּ כָּל־כֹּהֵן בְּבוֹאָם אֶל־הֶחָצֵר הַפְּנִימִית: וְאַלְמָנָה וּגְרוּשָׁה לֹא־יִקְחוּ
לָהֶם לְנָשִׁים כִּי אִם־בְּתוּלֹת מִזֶּרַע בֵּית יִשְׂרָאֵל וְהָאַלְמָנָה אֲשֶׁר־תִּהְיֶה
כג אַלְמָנָה מִכֹּהֵן יִקָּחוּ: וְאֶת־עַמִּי יוֹרוּ בֵּין קֹדֶשׁ לְחֹל וּבֵין־טָמֵא לְטָהוֹר
כד יוֹדִעֻם: וְעַל־רִיב הֵמָּה יַעַמְדוּ לשפט בְּמִשְׁפָּטַי ושפטהו וְאֶת־תּוֹרֹתַי לְמִשְׁפָּט יִשְׁפְּטֻהוּ
כה וְאֶת־חֻקֹּתַי בְּכָל־מוֹעֲדַי יִשְׁמֹרוּ וְאֶת־שַׁבְּתוֹתַי יְקַדֵּשׁוּ: וְאֶל־מֵת אָדָם
לֹא יָבוֹא לְטָמְאָה כִּי אִם־לְאָב וּלְאֵם וּלְבֵן וּלְבַת לְאָח וּלְאָחוֹת אֲשֶׁר־
כו כז לֹא־הָיְתָה לְאִישׁ יִטַּמָּאוּ: וְאַחֲרֵי טָהֳרָתוֹ שִׁבְעַת יָמִים יִסְפְּרוּ־לוֹ: וּבְיוֹם
בֹּאוֹ אֶל־הַקֹּדֶשׁ אֶל־הֶחָצֵר הַפְּנִימִית לְשָׁרֵת בַּקֹּדֶשׁ יַקְרִיב חַטָּאתוֹ נְאֻם
כח אֲדֹנָי יֱהוִה: וְהָיְתָה לָהֶם לְנַחֲלָה אֲנִי נַחֲלָתָם וַאֲחֻזָּה לֹא־תִתְּנוּ לָהֶם
כט בְּיִשְׂרָאֵל אֲנִי אֲחֻזָּתָם: הַמִּנְחָה וְהַחַטָּאת וְהָאָשָׁם הֵמָּה יֹאכְלוּם וְכָל־
ל חֵרֶם בְּיִשְׂרָאֵל לָהֶם יִהְיֶה: וְרֵאשִׁית כָּל־בִּכּוּרֵי כֹל וְכָל־תְּרוּמַת כֹּל מִכֹּל
תְּרוּמוֹתֵיכֶם לַכֹּהֲנִים יִהְיֶה וְרֵאשִׁית עֲרִסוֹתֵיכֶם תִּתְּנוּ לַכֹּהֵן לְהָנִיחַ בְּרָכָה
לא אֶל־בֵּיתֶךָ: כָּל־נְבֵלָה וּטְרֵפָה מִן־הָעוֹף וּמִן־הַבְּהֵמָה לֹא יֹאכְלוּ הַכֹּהֲנִים:

פרשת בהר סיני

בהר סיני

כה א ב וַיְדַבֵּר יהוה אֶל־מֹשֶׁה בְּהַר סִינַי לֵאמֹר: דַּבֵּר
אֶל־בְּנֵי יִשְׂרָאֵל וְאָמַרְתָּ אֲלֵהֶם כִּי תָבֹאוּ אֶל־
הָאָרֶץ אֲשֶׁר אֲנִי נֹתֵן לָכֶם וְשָׁבְתָה הָאָרֶץ שַׁבָּת
ג לַיהוה: שֵׁשׁ שָׁנִים תִּזְרַע שָׂדֶךָ וְשֵׁשׁ שָׁנִים
ד תִּזְמֹר כַּרְמֶךָ וְאָסַפְתָּ אֶת־תְּבוּאָתָהּ: וּבַשָּׁנָה
הַשְּׁבִיעִת שַׁבַּת שַׁבָּתוֹן יִהְיֶה לָאָרֶץ שַׁבָּת
ה לַיהוה שָׂדְךָ לֹא תִזְרָע וְכַרְמְךָ לֹא תִזְמֹר: אֵת
סְפִיחַ קְצִירְךָ לֹא תִקְצוֹר וְאֶת־עִנְּבֵי נְזִירֶךָ לֹא
ו תִבְצֹר שְׁנַת שַׁבָּתוֹן יִהְיֶה לָאָרֶץ: וְהָיְתָה שַׁבַּת
הָאָרֶץ לָכֶם לְאָכְלָה לְךָ וּלְעַבְדְּךָ וְלַאֲמָתֶךָ
ז וְלִשְׂכִירְךָ וּלְתוֹשָׁבְךָ הַגָּרִים עִמָּךְ: וְלִבְהֶמְתְּךָ
וְלַחַיָּה אֲשֶׁר בְּאַרְצֶךָ תִּהְיֶה כָל־תְּבוּאָתָהּ
ח לֶאֱכֹל: וְסָפַרְתָּ לְךָ שֶׁבַע שַׁבְּתֹת
שָׁנִים שֶׁבַע שָׁנִים שֶׁבַע פְּעָמִים וְהָיוּ לְךָ יְמֵי שֶׁבַע
ט שַׁבְּתֹת הַשָּׁנִים תֵּשַׁע וְאַרְבָּעִים שָׁנָה: וְהַעֲבַרְתָּ
שׁוֹפַר תְּרוּעָה בַּחֹדֶשׁ הַשְּׁבִעִי בֶּעָשׂוֹר לַחֹדֶשׁ
בְּיוֹם הַכִּפֻּרִים תַּעֲבִירוּ שׁוֹפָר בְּכָל־אַרְצְכֶם:

מצווה שכו
איסור עבודת האדמה בשמיטה

מצווה שכז
איסור עבודה באילנות בשמיטה

מצווה שכח
איסור קצירת ספיחים בשמיטה

מצווה שכט
איסור איסוף פירות האילן בשמיטה כדרך שאוספים אותם בשאר שנים

מצווה של
מצוות ספירת שבע שמיטות

מצווה שלא
מצוות תקיעת שופר ביובל

א) **בְּהַר סִינַי.** מָה עִנְיַן שְׁמִטָּה אֵצֶל הַר סִינַי? וַהֲלֹא כָּל הַמִּצְוֹת נֶאֶמְרוּ מִסִּינַי? אֶלָּא מַה שְּׁמִטָּה נֶאֶמְרוּ כְּלָלוֹתֶיהָ וּפְרָטוֹתֶיהָ וְדִקְדּוּקֶיהָ מִסִּינַי, אַף כֻּלָּן נֶאֶמְרוּ כְּלָלוֹתֵיהֶן וְדִקְדּוּקֵיהֶן

כה א ב **וּמַלֵּיל יְיָ עִם מֹשֶׁה, בְּטוּרָא דְסִינַי לְמֵימַר: מַלֵּיל, עִם בְּנֵי יִשְׂרָאֵל וְתֵימַר לְהוֹן, אֲרֵי**
ג **תֵיעֲלוּן לְאַרְעָא, דַּאֲנָא יָהֵיב לְכוֹן, וְתַשְׁמֵיט אַרְעָא, שְׁמִטְתָא קֳדָם יְיָ: שֵׁית שְׁנִין תִּזְרַע**
ד **חַקְלָךְ, וְשֵׁית שְׁנִין תִּכְסַח כַּרְמָךְ, וְתִכְנוֹשׁ יָת עֲלַלְתַהּ: וּבְשַׁתָּא שְׁבִיעֵיתָא, נְיָח שְׁמִטְתָא**
ה **יְהֵי לְאַרְעָא, דְּתַשְׁמֵיט קֳדָם יְיָ, חַקְלָךְ לָא תִזְרַע, וְכַרְמָךְ לָא תִכְסַח: יָת כְּתֵי חֲצָדָךְ**
ו **לָא תִחְצוֹד, וְיָת עִנְּבֵי שִׁבְקָךְ לָא תִקְטוֹף, שְׁנַת שְׁמִטְתָא יְהֵי לְאַרְעָא: וּתְהֵי, שְׁמִטַּת**
ז **אַרְעָא לְכוֹן לְמֵיכַל, לָךְ וּלְעַבְדָּךְ וּלְאַמְתָךְ, וְלַאֲגִירָךְ וּלְתוֹתָבָךְ, דְּדָיְרִין עִמָּךְ: וְלִבְעִירָךְ,**
ח **וּלְחַיְתָא דִּבְאַרְעָךְ, תְּהֵי כָל עֲלַלְתַהּ לְמֵיכַל: וְתִמְנֵי לָךְ, שְׁבַע שְׁמִטָּן דִּשְׁנִין, שְׁבַע שְׁנִין**
ט **שְׁבַע זִמְנִין, וִיהוֹן לָךְ, יוֹמֵי שְׁבַע שְׁמִטָּן דִּשְׁנִין, אַרְבְּעִין וּתְשַׁע שְׁנִין: וְתַעֲבַר, שׁוֹפַר יַבָּבָא**
בְּיַרְחָא שְׁבִיעָאָה, בְּעַסְרָא לְיַרְחָא, בְּיוֹמָא דְכִפּוּרַיָּא, תַּעְבְּרוּן שׁוֹפָרָא בְּכָל אַרְעֲכוֹן:

מִסִּינַי. כָּךְ שְׁנוּיָה בְּתוֹרַת כֹּהֲנִים (פרשתא א, א). וְנִרְאֶה לִי שֶׁכָּךְ פֵּרוּשָׁהּ, לְפִי שֶׁלֹּא מָצִינוּ שְׁמִטַּת קַרְקָעוֹת שֶׁנִּשְׁנֵית בְּעַרְבוֹת מוֹאָב בְּמִשְׁנֵה תוֹרָה, לָמַדְנוּ שֶׁכְּלָלוֹתֶיהָ וּפְרָטוֹתֶיהָ כֻּלָּן נֶאֶמְרוּ מִסִּינַי, וּבָא הַכָּתוּב וְלִמֵּד כָּאן עַל כָּל דִּבּוּר שֶׁנִּדְבַּר לְמֹשֶׁה שֶׁמִּסִּינַי הָיוּ כֻּלָּם כְּלָלוֹתֵיהֶן וְדִקְדּוּקֵיהֶן, וְחָזְרוּ וְנִשְׁנוּ בְּעַרְבוֹת מוֹאָב:

ב] **שַׁבָּת לַה'.** לְשֵׁם ה', כְּשֵׁם שֶׁנֶּאֱמַר בְּשַׁבַּת בְּרֵאשִׁית:

ד] **יִהְיֶה לָאָרֶץ.** לַשָּׂדוֹת וְלַכְּרָמִים: **לֹא תִזְמֹר.** שֶׁקּוֹצְצִין זְמוֹרוֹתֶיהָ, וְתַרְגּוּמוֹ: "לָא תִכְסַח", וְדוֹמֶה לוֹ: "קוֹצִים כְּסוּחִים" (ישעיה לג, יב), "שְׂרֻפָה בָאֵשׁ כְּסוּחָה" (תהלים פ, יז):

ה] **אֵת סְפִיחַ קְצִירְךָ.** אֲפִלּוּ לֹא זְרַעְתָּהּ וְהִיא צָמְחָה מִן הַזֶּרַע שֶׁנָּפַל בָּהּ בְּעֵת הַקָּצִיר, הוּא קָרוּי 'סָפִיחַ': **לֹא תִקְצוֹר.** לִהְיוֹת מַחֲזִיק בּוֹ כִּשְׁאָר קָצִיר, אֶלָּא הֶפְקֵר יִהְיֶה לַכֹּל: **נְזִירֶךָ.** שֶׁהִנַּזַּרְתָּ וְהִפְרַשְׁתָּ בְּנֵי אָדָם מֵהֶם וְלֹא הִפְקַרְתָּם: **לֹא תִבְצֹר.** אוֹתָם אֵינְךָ בוֹצֵר, אֶלָּא מִן הַמֻּפְקָר:

ו] **וְהָיְתָה שַׁבַּת הָאָרֶץ וְגוֹ'.** אַף עַל פִּי שֶׁאֲסַרְתִּים עָלֶיךָ, לֹא בַּאֲכִילָה וְלֹא בַהֲנָאָה אֲסַרְתִּים, אֶלָּא שֶׁלֹּא תִנְהֹג בָּהֶם כְּבַעַל הַבַּיִת, אֶלָּא הַכֹּל יִהְיוּ שָׁוִים בָּהּ, אַתָּה וּשְׂכִירְךָ וְתוֹשָׁבְךָ: **שַׁבַּת הָאָרֶץ לָכֶם לְאָכְלָה.** מִן הַשָּׁבוּת אַתָּה אוֹכֵל, וְאִי אַתָּה אוֹכֵל מִן הַשָּׁמוּר: **לְךָ וּלְעַבְדְּךָ וְלַאֲמָתֶךָ.** לְפִי שֶׁנֶּאֱמַר: "וְאָכְלוּ אֶבְיֹנֵי עַמֶּךָ" (שמות כג, יא), יָכוֹל יִהְיוּ אֲסוּרִים בַּאֲכִילָה לַעֲשִׁירִים? תַּלְמוּד לוֹמַר: "לְךָ וּלְעַבְדְּךָ וְלַאֲמָתֶךָ", הֲרֵי בְּעָלִים וַעֲבָדִים וּשְׁפָחוֹת אֲמוּרִים כָּאן: **וְלִשְׂכִירְךָ וּלְתוֹשָׁבְךָ.** אַף הַגּוֹיִם:

ז] **וְלִבְהֶמְתְּךָ וְלַחַיָּה.** אִם חַיָּה אוֹכֶלֶת, בְּהֵמָה לֹא כָּל שֶׁכֵּן, שֶׁמְּזוֹנוֹתֶיהָ עָלֶיךָ, מַה תַּלְמוּד לוֹמַר: "וְלִבְהֶמְתְּךָ"? מַקִּישׁ בְּהֵמָה לְחַיָּה, כָּל זְמַן שֶׁחַיָּה אוֹכֶלֶת מִן הַשָּׂדֶה הַאֲכֵל לִבְהֶמְתְּךָ מִן הַבַּיִת, כָּלָה לַחַיָּה מִן הַשָּׂדֶה, כַּלֵּה לִבְהֶמְתְּךָ מִן הַבַּיִת:

ח] **שַׁבְּתֹת שָׁנִים.** שְׁמִטּוֹת שָׁנִים. יָכוֹל יַעֲשֶׂה שֶׁבַע שָׁנִים רְצוּפוֹת שְׁמִטָּה וְיַעֲשֶׂה יוֹבֵל אַחֲרֵיהֶם? תַּלְמוּד לוֹמַר: "שֶׁבַע שָׁנִים שֶׁבַע פְּעָמִים", הֱוֵי אוֹמֵר כָּל שְׁמִטָּה וּשְׁמִטָּה בִּזְמַנָּהּ: **וְהָיוּ לְךָ יְמֵי שֶׁבַע וְגוֹ'.** מַגִּיד לְךָ שֶׁאַף עַל פִּי שֶׁלֹּא עָשִׂיתָ שְׁמִטּוֹת, עֲשֵׂה יוֹבֵל לְסוֹף אַרְבָּעִים וְתֵשַׁע שָׁנִים. וּפְשׁוּטוֹ שֶׁל מִקְרָא: וְעָלוּ לְךָ חֶשְׁבּוֹן שְׁנוֹת הַשְּׁמִטּוֹת לְמִסְפַּר אַרְבָּעִים וְתֵשַׁע שָׁנִים:

ט] **וְהַעֲבַרְתָּ.** לְשׁוֹן "וַיַּעֲבִירוּ קוֹל בַּמַּחֲנֶה" (שמות לו, ו), לְשׁוֹן הַכְרָזָה: **בְּיוֹם הַכִּפֻּרִים... בְּכָל אַרְצְכֶם.** מִמַּשְׁמַע שֶׁנֶּאֱמַר "בְּיוֹם הַכִּפֻּרִים" אֵינִי יוֹדֵעַ שֶׁהוּא בֶּעָשׂוֹר לַחֹדֶשׁ? אִם כֵּן לָמָּה נֶאֱמַר "בֶּעָשׂוֹר לַחֹדֶשׁ"? אֶלָּא לוֹמַר לְךָ, תְּקִיעַת עָשׂוֹר לַחֹדֶשׁ דּוֹחָה שַׁבָּת בְּכָל אַרְצְכֶם, וְאֵין תְּקִיעַת רֹאשׁ הַשָּׁנָה דּוֹחָה שַׁבָּת בְּכָל אַרְצְכֶם, אֶלָּא בְּבֵית דִּין בִּלְבַד:

מצוה שלב
מצוות קידוש שנת היובל

י וְקִדַּשְׁתֶּם אֵת שְׁנַת הַחֲמִשִּׁים שָׁנָה וּקְרָאתֶם
דְּרוֹר בָּאָרֶץ לְכָל־יֹשְׁבֶיהָ יוֹבֵל הִוא תִּהְיֶה לָכֶם
וְשַׁבְתֶּם אִישׁ אֶל־אֲחֻזָּתוֹ וְאִישׁ אֶל־מִשְׁפַּחְתּוֹ
יא תָּשֻׁבוּ: יוֹבֵל הִוא שְׁנַת הַחֲמִשִּׁים שָׁנָה תִּהְיֶה
לָכֶם לֹא תִזְרָעוּ וְלֹא תִקְצְרוּ אֶת־סְפִיחֶיהָ וְלֹא
יב תִבְצְרוּ אֶת־נְזִרֶיהָ: כִּי יוֹבֵל הִוא קֹדֶשׁ תִּהְיֶה
יג לָכֶם מִן־הַשָּׂדֶה תֹּאכְלוּ אֶת־תְּבוּאָתָהּ: בִּשְׁנַת
יד הַיּוֹבֵל הַזֹּאת תָּשֻׁבוּ אִישׁ אֶל־אֲחֻזָּתוֹ: וְכִי־
תִמְכְּרוּ מִמְכָּר לַעֲמִיתֶךָ אוֹ קָנֹה מִיַּד עֲמִיתֶךָ
טו אַל־תּוֹנוּ אִישׁ אֶת־אָחִיו: בְּמִסְפַּר שָׁנִים אַחַר
הַיּוֹבֵל תִּקְנֶה מֵאֵת עֲמִיתֶךָ בְּמִסְפַּר שְׁנֵי־
טז תְבוּאֹת יִמְכָּר־לָךְ: לְפִי ׀ רֹב הַשָּׁנִים תַּרְבֶּה
מִקְנָתוֹ וּלְפִי מְעֹט הַשָּׁנִים תַּמְעִיט מִקְנָתוֹ
יז כִּי מִסְפַּר תְּבוּאֹת הוּא מֹכֵר לָךְ: וְלֹא תוֹנוּ
אִישׁ אֶת־עֲמִיתוֹ וְיָרֵאתָ מֵאֱלֹהֶיךָ כִּי אֲנִי יְהוָה
יח אֱלֹהֵיכֶם: וַעֲשִׂיתֶם אֶת־חֻקֹּתַי וְאֶת־מִשְׁפָּטַי
תִּשְׁמְרוּ וַעֲשִׂיתֶם אֹתָם וִישַׁבְתֶּם עַל־הָאָרֶץ

מצוה שלג-שלה
איסור עבודת האדמה ביובל
איסור קצירת ספיחים ביובל
איסור איסוף פירות האילן ביובל כדרך שאוספים אותם בשאר שנים

שני כ

מצוה שלו-שלז
מצוות עשיית דין בין לוקח ומוכר
איסור אונאת ממון

מצוה שלח
איסור אונאת דברים

בהר סיני

י וְקִדַּשְׁתֶּם. בִּכְנִיסָתָהּ מְקַדְּשִׁין אוֹתָהּ בְּבֵית דִּין, וְאוֹמְרִים 'מְקֻדֶּשֶׁת הַשָּׁנָה': וּקְרָאתֶם דְּרוֹר. לַעֲבָדִים, בֵּין נִרְצָע בֵּין שֶׁלֹּא כָּלוּ לוֹ שֵׁשׁ שָׁנִים מִשֶּׁנִּמְכַּר. אָמַר רַבִּי יְהוּדָה: מַהוּ לְשׁוֹן 'דְּרוֹר'? כִּמְדַיֵּר בֵּי דַיְּרָא וְכוּ', שֶׁדָּר בְּכָל מָקוֹם שֶׁהוּא רוֹצֶה, וְאֵינוֹ בִּרְשׁוּת אֲחֵרִים: יוֹבֵל הִוא. שָׁנָה זֹאת מֻבְדֶּלֶת מִשְּׁאָר שָׁנִים בִּנְקִיבַת שֵׁם לָהּ לְבַדָּהּ, וּמַה שְּׁמָהּ? 'יוֹבֵל' שְׁמָהּ, עַל שֵׁם תְּקִיעַת שׁוֹפָר: וְשַׁבְתֶּם אִישׁ

י וּתְקַדְּשׁוּן, יָת שְׁנַת חַמְשִׁין שְׁנִין, וְתִקְרוֹן חֵירוּתָא, בְּאַרְעָא לְכָל יָתְבַהָא, יוֹבֵילָא הִיא
יא תְּהֵי לְכוֹן, וּתְתוּבוּן, גְּבַר לְאַחְסָנְתֵיהּ, וּגְבַר לְזַרְעִיתֵיהּ תְּתוּבוּן: יוֹבֵילָא הִיא, שְׁנַת,
חַמְשִׁין שְׁנִין תְּהֵי לְכוֹן, לָא תִזְרְעוּן, וְלָא תִחְצְדוּן יָת כַּתָהָא, וְלָא תִקְטְפוּן יָת שְׁבְקַהָא:
יב יג אֲרֵי יוֹבֵילָא הִיא, קֻדְשָׁא תְּהֵי לְכוֹן, מִן חַקְלָא, תֵּיכְלוּן יָת עֲלַלְתַּהּ: בְּשַׁתָּא דְּיוֹבֵילָא
יד הָדָא, תְּתוּבוּן, גְּבַר לְאַחְסָנְתֵיהּ: וַאֲרֵי תְזַבְּנִין זְבִינִין לְחַבְרָךְ, אוֹ תִזְבּוֹן מִיַּד חַבְרָךְ, לָא
טו תוֹנוּן גְּבַר יָת אֲחוּהִי: בְּמִנְיַן שְׁנַיָּא בָּתַר יוֹבֵילָא, תִּזְבּוֹן מִן חַבְרָךְ, בְּמִנְיַן שְׁנֵי עֲלַלְתָּא
טז יְזַבֵּין לָךְ: לְפוּם סַגִּיוּת שְׁנַיָּא, תַּסְגֵּי זְבִינוֹהִי, וּלְפוּם זְעֵירוּת שְׁנַיָּא, תַּזְעַר זְבִינוֹהִי, אֲרֵי
יז מִנְיַן עֲלַלְתָּא, הוּא מְזַבֵּין לָךְ: וְלָא תוֹנוּן גְּבַר יָת חַבְרֵיהּ, וְתִדְחַל מֵאֱלָהָךְ, אֲרֵי, אֲנָא
יח יְיָ אֱלָהֲכוֹן: וְתַעְבְּדוּן יָת קְיָמַי, וְיָת דִּינַי תִּטְּרוּן וְתַעְבְּדוּן יָתְהוֹן, וְתִתְּבוּן עַל אַרְעָא

אֶל אֲחֻזָּתוֹ. שֶׁהַשָּׂדוֹת חוֹזְרוֹת לְבַעֲלֵיהֶן: וְאִישׁ אֶל מִשְׁפַּחְתּוֹ תָּשֻׁבוּ. לְרַבּוֹת אֶת הַנִּרְצָע:

יא] יוֹבֵל הִוא שְׁנַת הַחֲמִשִּׁים שָׁנָה. מַה תַּלְמוּד לוֹמַר? לְפִי שֶׁנֶּאֱמַר: "וְקִדַּשְׁתֶּם" וְגוֹ', כִּדְאִיתָא בְּרֹאשׁ הַשָּׁנָה (דף ח ע"ב) וּבְתוֹרַת כֹּהֲנִים (פרק ג, א): אֶת נְזִרֶיהָ. אֶת הָעֲנָבִים הַמְּשֻׁמָּרִים, אֲבָל בּוֹצֵר אַתָּה מִן הַמֻּפְקָרִים, כְּשֵׁם שֶׁנֶּאֱמַר בַּשְּׁבִיעִית כָּךְ נֶאֱמַר בַּיּוֹבֵל. נִמְצְאוּ שְׁתֵּי שָׁנִים קְדוֹשׁוֹת סְמוּכוֹת זוֹ לָזוֹ, שְׁנַת אַרְבָּעִים וָתֵשַׁע שְׁמִטָּה וּשְׁנַת הַחֲמִשִּׁים יוֹבֵל:

יב] קֹדֶשׁ תִּהְיֶה לָכֶם. תּוֹפֶסֶת דָּמֶיהָ כְּהֶקְדֵּשׁ. יָכוֹל תֵּצֵא הִיא לְחֻלִּין? תַּלְמוּד לוֹמַר: "תִּהְיֶה", בַּהֲוָיָתָהּ תְּהֵא: מִן הַשָּׂדֶה תֹּאכְלוּ. עַל יְדֵי הַשָּׂדֶה אַתָּה אוֹכֵל מִן הַבַּיִת, שֶׁאִם כָּלָה לַחַיָּה מִן הַשָּׂדֶה צָרִיךְ אַתָּה לְבַעֵר מִן הַבַּיִת, כְּשֵׁם שֶׁנֶּאֱמַר בַּשְּׁבִיעִית כָּךְ נֶאֱמַר בַּיּוֹבֵל:

יג] תָּשֻׁבוּ אִישׁ אֶל אֲחֻזָּתוֹ. וַהֲרֵי כְּבָר נֶאֱמַר: "וְשַׁבְתֶּם אִישׁ אֶל אֲחֻזָּתוֹ" (לעיל פסוק י)? אֶלָּא לְרַבּוֹת הַמּוֹכֵר שָׂדֵהוּ וְעָמַד בְּנוֹ וּגְאָלָהּ, שֶׁחוֹזֶרֶת לְאָבִיו בַּיּוֹבֵל:

יד] וְכִי תִמְכְּרוּ וְגוֹ'. לְפִי פְּשׁוּטוֹ, כְּמַשְׁמָעוֹ. וְעוֹד יֵשׁ דְּרָשָׁה: מִנַּיִן כְּשֶׁאַתָּה מוֹכֵר, מְכֹר לְיִשְׂרָאֵל חֲבֵרְךָ? תַּלְמוּד לוֹמַר: "וְכִי תִמְכְּרוּ מִמְכָּר – לַעֲמִיתֶךָ" מְכֹר. וּמִנַּיִן שֶׁאִם בָּאתָ לִקְנוֹת, קְנֵה מִיִּשְׂרָאֵל חֲבֵרְךָ? תַּלְמוּד לוֹמַר: "אוֹ קָנֹה – מִיַּד עֲמִיתֶךָ": אַל תּוֹנוּ. זוֹ אוֹנָאַת מָמוֹן:

טו] בְּמִסְפַּר שָׁנִים אַחַר הַיּוֹבֵל תִּקְנֶה. זֶהוּ פְּשׁוּטוֹ לְיַשֵּׁב הַמִּקְרָא עַל אָפְנָיו, עַל הָאוֹנָאָה בָּא לְהַזְהִיר: כְּשֶׁתִּמְכֹּר אוֹ תִקְנֶה קַרְקַע דְּעוּ כַּמָּה שָׁנִים יֵשׁ עַד הַיּוֹבֵל, וּלְפִי הַשָּׁנִים וּתְבוּאוֹת הַשָּׂדֶה שֶׁהִיא רְאוּיָה לַעֲשׂוֹת יִמְכֹּר הַמּוֹכֵר וְיִקְנֶה הַקּוֹנֶה, שֶׁהֲרֵי סוֹפוֹ לְהַחֲזִירָהּ לוֹ בִּשְׁנַת הַיּוֹבֵל. וְאִם יֵשׁ שָׁנִים מוּעָטוֹת וְזֶה מוֹכְרָהּ בְּדָמִים יְקָרִים – הֲרֵי נִתְאַנָּה לוֹקֵחַ, וְאִם יֵשׁ שָׁנִים מְרֻבּוֹת וְאָכַל מִמֶּנָּה תְּבוּאוֹת הַרְבֵּה – הֲרֵי נִתְאַנָּה מוֹכֵר; לְפִיכָךְ צָרִיךְ לִקְנוֹתָהּ לְפִי הַזְּמַן. וְזֶהוּ שֶׁנֶּאֱמַר: "בְּמִסְפַּר שְׁנֵי תְבוּאֹת יִמְכָּר לָךְ" – לְפִי מִנְיַן שְׁנֵי הַתְּבוּאוֹת שֶׁתְּהֵא עוֹמֶדֶת בְּיַד הַלּוֹקֵחַ תִּמְכֹּר לוֹ. וְרַבּוֹתֵינוּ דָּרְשׁוּ מִכָּאן שֶׁהַמּוֹכֵר שָׂדֵהוּ אֵינוֹ רַשַּׁאי לִגְאֹל פָּחוֹת מִשְּׁתֵּי שָׁנִים, שֶׁתַּעֲמֹד שְׁתֵּי שָׁנִים בְּיַד הַלּוֹקֵחַ מִיּוֹם לְיוֹם, וַאֲפִלּוּ יֵשׁ שָׁלֹשׁ תְּבוּאוֹת בְּאוֹתָן שְׁתֵּי שָׁנִים, כְּגוֹן שֶׁמְּכָרָהּ לוֹ בְּקָמוֹתֶיהָ. וּ'שְׁנֵי' אֵינוֹ יוֹצֵא מִפְּשׁוּטוֹ, כְּלוֹמַר, מִסְפַּר שָׁנִים שֶׁל תְּבוּאוֹת וְלֹא שֶׁל שִׁדָּפוֹן, וּמִעוּט 'שָׁנִים' שְׁתַּיִם:

טז] תַּרְבֶּה מִקְנָתוֹ. תִּמְכְּרֶנָּה בְּיֹקֶר: תַּמְעִיט מִקְנָתוֹ. תַּמְעִיט בְּדָמֶיהָ:

יז] וְלֹא תוֹנוּ אִישׁ אֶת עֲמִיתוֹ. כָּאן הִזְהִיר עַל אוֹנָאַת דְּבָרִים, שֶׁלֹּא יַקְנִיט אִישׁ אֶת חֲבֵרוֹ וְלֹא יַשִּׂיאֶנּוּ עֵצָה שֶׁאֵינָהּ הוֹגֶנֶת לוֹ לְפִי דַּרְכּוֹ וַהֲנָאָתוֹ שֶׁל יוֹעֵץ. וְאִם תֹּאמַר, מִי יוֹדֵעַ אִם נִתְכַּוַּנְתִּי לְרָעָה? לְכָךְ נֶאֱמַר: "וְיָרֵאתָ מֵאֱלֹהֶיךָ", הַיּוֹדֵעַ מַחְשָׁבוֹת הוּא יוֹדֵעַ. כָּל דָּבָר הַמָּסוּר לַלֵּב, שֶׁאֵין מַכִּיר אֶלָּא מִי שֶׁהַמַּחֲשָׁבָה בְּלִבּוֹ, נֶאֱמַר בּוֹ "וְיָרֵאתָ מֵאֱלֹהֶיךָ":

יח] וִישַׁבְתֶּם עַל הָאָרֶץ לָבֶטַח. שֶׁבַּעֲוֹן שְׁמִטָּה יִשְׂרָאֵל גּוֹלִים, שֶׁנֶּאֱמַר: "אָז תִּרְצֶה הָאָרֶץ אֶת שַׁבְּתֹתֶיהָ... וְהִרְצָת אֶת שַׁבְּתֹתֶיהָ" (ויקרא כו, לד), וְשִׁבְעִים שָׁנָה שֶׁל גָּלוּת בָּבֶל כְּנֶגֶד שִׁבְעִים שְׁמִטּוֹת שֶׁבִּטְּלוּ הָיוּ (דברי הימים ב' לו, כא):

ויקרא

שלישי / שני /

לָבֶֽטַח: וְנָתְנָ֤ה הָאָ֙רֶץ֙ פִּרְיָ֔הּ וַאֲכַלְתֶּ֖ם לָשֹׂ֑בַע יט
וִֽישַׁבְתֶּ֥ם לָבֶ֖טַח עָלֶֽיהָ: וְכִ֣י תֹאמְר֔וּ מַה־נֹּאכַ֖ל כ
בַּשָּׁנָ֣ה הַשְּׁבִיעִ֑ת הֵ֚ן לֹ֣א נִזְרָ֔ע וְלֹ֥א נֶאֱסֹ֖ף אֶת־
תְּבוּאָתֵֽנוּ: וְצִוִּ֤יתִי אֶת־בִּרְכָתִי֙ לָכֶ֔ם בַּשָּׁנָ֖ה כא
הַשִּׁשִּׁ֑ית וְעָשָׂת֙ אֶת־הַתְּבוּאָ֔ה לִשְׁלֹ֖שׁ הַשָּׁנִֽים:
וּזְרַעְתֶּ֗ם אֵ֚ת הַשָּׁנָ֣ה הַשְּׁמִינִ֔ת וַאֲכַלְתֶּ֖ם מִן־ כב
הַתְּבוּאָ֣ה יָשָׁ֑ן עַ֣ד | הַשָּׁנָ֣ה הַתְּשִׁיעִ֗ת עַד־בּוֹא֙

מצוה שלט
איסור מכירת שדה
בארץ ישראל לצמיתות

תְּבוּאָתָ֔הּ תֹּאכְל֖וּ יָשָֽׁן: וְהָאָ֗רֶץ לֹ֤א תִמָּכֵר֙ כג
לִצְמִתֻ֔ת כִּי־לִ֖י הָאָ֑רֶץ כִּֽי־גֵרִ֧ים וְתוֹשָׁבִ֛ים

מצוה שם
מצוות השבת
הקרקע לבעליו ביובל

אַתֶּ֖ם עִמָּדִֽי: וּבְכֹ֖ל אֶ֣רֶץ אֲחֻזַּתְכֶ֑ם גְּאֻלָּ֖ה כד

רביעי

תִּתְּנ֥וּ לָאָֽרֶץ: כִּֽי־יָמ֣וּךְ אָחִ֔יךָ וּמָכַ֖ר כה
מֵאֲחֻזָּת֑וֹ וּבָ֤א גֹֽאֲלוֹ֙ הַקָּרֹ֣ב אֵלָ֔יו וְגָאַ֕ל אֵ֖ת
מִמְכַּ֥ר אָחִֽיו: וְאִ֕ישׁ כִּ֛י לֹ֥א יִֽהְיֶה־לּ֖וֹ גֹּאֵ֑ל וְהִשִּׂ֣יגָה כו
יָד֔וֹ וּמָצָ֖א כְּדֵ֥י גְאֻלָּתֽוֹ: וְחִשַּׁב֙ אֶת־שְׁנֵ֣י מִמְכָּר֔וֹ כז
וְהֵשִׁיב֙ אֶת־הָ֣עֹדֵ֔ף לָאִ֖ישׁ אֲשֶׁ֣ר מָֽכַר־ל֑וֹ וְשָׁ֖ב
לַאֲחֻזָּתֽוֹ: וְאִ֨ם לֹֽא־מָֽצְאָ֜ה יָד֗וֹ דֵּי֮ הָשִׁ֣יב לוֹ֒ וְהָיָ֣ה כח
מִמְכָּר֗וֹ בְּיַד֙ הַקֹּנֶ֣ה אֹת֔וֹ עַ֖ד שְׁנַ֣ת הַיּוֹבֵ֑ל וְיָצָא֙

חמישי / שלישי /

בַּיֹּבֵ֔ל וְשָׁ֖ב לַאֲחֻזָּתֽוֹ: וְאִ֕ישׁ כִּֽי־יִמְכֹּ֧ר כט

מצוה שמא
דין פדיון בתי
ערי חומה

בֵּית־מוֹשַׁב֙ עִ֣יר חוֹמָ֔ה וְהָיְתָה֙ גְּאֻלָּת֔וֹ עַד־תֹּ֖ם
שְׁנַ֣ת מִמְכָּר֑וֹ יָמִ֖ים תִּהְיֶ֥ה גְאֻלָּתֽוֹ: וְאִ֣ם לֹֽא־ ל
יִגָּאֵ֗ל עַד־מְלֹ֧את לוֹ֙ שָׁנָ֣ה תְמִימָ֔ה וְקָ֣ם הַבַּ֡יִת

יט כ לְרֻחְצָן: וְתִתֵּין אַרְעָא אִבַּהּ, וְתֵיכְלוּן לְמִסְבַּע, וְתִתְּבוּן לְרֻחְצָן עֲלַהּ: וַאֲרֵי תֵימְרוּן, מָא נֵיכוּל
כא בְּשַׁתָּא שְׁבִיעֵיתָא, הָא לָא נִזְרַע, וְלָא נִכְנוֹשׁ יָת עֲלַלְתַּנָא: וַאֲפַקֵּיד יָת בִּרְכְתִי לְכוֹן, בְּשַׁתָּא
כב שְׁתִיתֵיתָא, וְתַעֲבֵיד יָת עֲלַלְתָּא, לִתְלָת שְׁנִין: וְתִזְרְעוּן, יָת שַׁתָּא תְּמִינֵיתָא, וְתֵיכְלוּן מִן
כג עֲלַלְתָּא עַתִּיקָא, עַד שַׁתָּא תְּשִׁיעֵיתָא, עַד מֵיעַל עֲלַלְתַּהּ, תֵּיכְלוּן עַתִּיקָא: וְאַרְעָא, לָא תִזְדַּבַּן
כד לַחְלוּטִין, אֲרֵי דִילִי אַרְעָא, אֲרֵי דַיָּרִין וְתוֹתָבִין, אַתּוּן קֳדָמָי: וּבְכָל אֲרַע אַחְסָנַתְכוֹן, פֻּרְקָנָא
כה תִּתְּנוּן לְאַרְעָא: אֲרֵי יִתְמַסְכַּן אֲחוּךְ, וְיַזַבֵּין מֵאַחְסָנְתֵיהּ, וְיֵיתֵי פָרִיקֵיהּ דְּקָרִיב לֵיהּ, וְיִפְרוֹק, יָת
כו כז זְבִינֵי אֲחוּהִי: וּגְבַר, אֲרֵי, לָא יְהֵי לֵיהּ פָּרִיק, וְתַדְבֵּיק יְדֵיהּ, וְיַשְׁכַּח כְּמִסַּת פֻּרְקָנֵיהּ: וִיחַשֵּׁיב יָת
כח שְׁנֵי זְבִינוֹהִי, וְיָתִיב יָת מוֹתָרָא, לִגְבַר דְּזַבִּין לֵיהּ, וִיתוּב לְאַחְסָנְתֵיהּ: וְאִם לָא אַשְׁכַּחַת יְדֵיהּ,
כְּמִסַּת דְּיָתִיב לֵיהּ, וִיהֵי זְבִינוֹהִי, בִּיַד דִּזְבַן יָתֵיהּ, עַד שַׁתָּא דְיוֹבֵילָא, וְיִפּוֹק בְּיוֹבֵילָא, וִיתוּב
כט לְאַחְסָנְתֵיהּ: וּגְבַר, אֲרֵי יְזַבֵּין בֵּית מוֹתַב קַרְתָּא מַקְּפָא שׁוּר, וִיהֵי פֻּרְקָנֵיהּ, עַד מִשְׁלַם שַׁתָּא
ל דִּזְבִינוֹהִי, עִדָּן בְּעִדָּן יְהֵי פֻּרְקָנֵיהּ: וְאִם לָא יִתְפְּרֵיק, עַד מִשְׁלַם לֵיהּ שַׁתָּא שַׁלְמְתָא, וִיקוּם, בֵּיתָא

יט| **וְנָתְנָה הָאָרֶץ וְגוֹ׳ וִישַׁבְתֶּם לָבֶטַח עָלֶיהָ.** שֶׁלֹּא תִדְאֲגוּ מִשְּׁנַת בַּצֹּרֶת: **וַאֲכַלְתֶּם לָשֹׂבַע.** אַף בְּתוֹךְ הַמֵּעַיִם תְּהֵא בוֹ בְּרָכָה:

כ| **וְלֹא נֶאֱסֹף.** אֶל הַבַּיִת: **אֶת תְּבוּאָתֵנוּ.** כְּגוֹן יַיִן וּפֵרוֹת הָאִילָן וּסְפִיחִין הַבָּאִים מֵאֲלֵיהֶם:

כא| **לִשְׁלֹשׁ הַשָּׁנִים.** לִקְצָת הַשִּׁשִּׁית, מִנִּיסָן וְעַד רֹאשׁ הַשָּׁנָה, וְלַשְּׁבִיעִית וְלַשְּׁמִינִית, שֶׁיִּזְרְעוּ בַּשְּׁמִינִית בְּמַרְחֶשְׁוָן וְיִקְצְרוּ בְּנִיסָן:

כב| **עַד הַשָּׁנָה הַתְּשִׁיעִת.** עַד חַג הַסֻּכּוֹת שֶׁל תְּשִׁיעִית, שֶׁהוּא עֵת בּוֹא תְּבוּאָתָהּ שֶׁל שְׁמִינִית לְתוֹךְ הַבַּיִת, שֶׁכָּל יְמוֹת הַקַּיִץ הָיוּ בַּשָּׂדֶה בַּגְּרָנוֹת, וּבְתִשְׁרֵי הוּא עֵת הָאָסִיף לַבַּיִת. וּפְעָמִים שֶׁהָיְתָה צְרִיכָה לַעֲשׂוֹת לְאַרְבַּע שָׁנִים, בַּשִּׁשִּׁית שֶׁלִּפְנֵי הַשְּׁמִטָּה הַשְּׁבִיעִית, שֶׁהֵן בְּטֵלִין מֵעֲבוֹדַת קַרְקַע שְׁתֵּי שָׁנִים רְצוּפוֹת, הַשְּׁבִיעִית וְהַיּוֹבֵל, וּמִקְרָא זֶה נֶאֱמַר בִּשְׁאָר הַשְּׁמִטּוֹת כֻּלָּן:

כג| **וְהָאָרֶץ לֹא תִמָּכֵר.** לִתֵּן לָאו עַל חֲזָרַת שָׂדוֹת לַבְּעָלִים בַּיּוֹבֵל, שֶׁלֹּא יְהֵא הַלּוֹקֵחַ כּוֹבְשָׁהּ: **לִצְמִתֻת.** לִפְסִיקָה, לִמְכִירָה פְּסוּקָה עוֹלָמִית: **כִּי לִי הָאָרֶץ.** אַל תֵּרַע עֵינְךָ בָהּ, שֶׁאֵינָהּ שֶׁלְּךָ:

כד| **וּבְכֹל אֶרֶץ אֲחֻזַּתְכֶם.** לְרַבּוֹת בָּתִּים וְעֶבֶד עִבְרִי, וְדָבָר זֶה מְפֹרָשׁ בְּקִדּוּשִׁין בְּפֶרֶק רִאשׁוֹן (דף כא ע״א). וּלְפִי פְשׁוּטוֹ סָמוּךְ לַפָּרָשָׁה שֶׁלְּאַחֲרָיו, שֶׁהַמּוֹכֵר אֲחֻזָּתוֹ רַשַּׁאי לִגְאָלָהּ לְאַחַר שְׁתֵּי שָׁנִים, אוֹ הוּא אוֹ קְרוֹבוֹ, וְאֵין הַלּוֹקֵחַ יָכוֹל לְעַכֵּב:

כה| **כִּי יָמוּךְ אָחִיךָ וּמָכַר.** מְלַמֵּד שֶׁאֵין אָדָם רַשַּׁאי לִמְכֹּר שָׂדֵהוּ אֶלָּא מֵחֲמַת דֹּחַק עֹנִי: **מֵאֲחֻזָּתוֹ.** וְלֹא כֻלָּהּ, לִמֵּד דֶּרֶךְ אֶרֶץ שֶׁיְּשַׁיֵּר שָׂדֶה לְעַצְמוֹ: **וְגָאַל אֵת מִמְכַּר אָחִיו.** וְאֵין הַלּוֹקֵחַ יָכוֹל לְעַכֵּב:

כו| **וְאִישׁ כִּי לֹא יִהְיֶה לּוֹ גֹּאֵל.** וְכִי יֵשׁ לְךָ אָדָם בְּיִשְׂרָאֵל שֶׁאֵין לוֹ גּוֹאֲלִים? אֶלָּא גּוֹאֵל שֶׁיּוּכַל לִגְאֹל מִמְכָּרוֹ:

כז| **וְחִשַּׁב אֶת שְׁנֵי מִמְכָּרוֹ.** כַּמָּה שָׁנִים הָיוּ עַד הַיּוֹבֵל? כָּךְ וְכָךְ; וּבְכַמָּה מְכַרְתִּיהָ לְךָ? בְּכָךְ וְכָךְ; עָתִיד הָיִיתָ לְהַחֲזִירָהּ בַּיּוֹבֵל, נִמְצֵאתָ קוֹנֶה מִסְפַּר הַתְּבוּאוֹת כְּפִי חֶשְׁבּוֹן שֶׁל כָּל שָׁנָה, אָכַלְתָּ אוֹתָהּ שָׁלֹשׁ שָׁנִים אוֹ אַרְבַּע, הוֹצֵא אֶת דְּמֵיהֶן מִן הַחֶשְׁבּוֹן וְטֹל אֶת הַשְּׁאָר; וְזֶהוּ: ״וְהֵשִׁיב אֶת הָעֹדֵף״ בִּדְמֵי הַמִּקָּח עַל הָאֲכִילָה שֶׁאֲכָלָהּ, וְיִתְּנֵם לַלּוֹקֵחַ: **לָאִישׁ אֲשֶׁר מָכַר לוֹ.** הַמּוֹכֵר הַזֶּה שֶׁבָּא לְגָאֳלָהּ:

כח| **דֵּי הָשִׁיב לוֹ.** מִכָּאן שֶׁאֵינוֹ גּוֹאֵל לַחֲצָאִין: **עַד שְׁנַת הַיּוֹבֵל.** שֶׁלֹּא יִכָּנֵס לְתוֹךְ אוֹתָהּ שָׁנָה כְּלוּם, שֶׁהַיּוֹבֵל מְשַׁמֵּט בִּתְחִלָּתוֹ:

כט| **בֵּית מוֹשַׁב עִיר חוֹמָה.** בַּיִת בְּתוֹךְ עִיר הַמֻּקֶּפֶת חוֹמָה מִימוֹת יְהוֹשֻׁעַ בִּן נוּן: **וְהָיְתָה גְּאֻלָּתוֹ.** לְפִי שֶׁנֶּאֱמַר בְּשָׂדֶה שֶׁיָּכוֹל לְגָאֳלָהּ מִשְּׁתֵּי שָׁנִים וְאֵילַךְ כָּל זְמַן שֶׁיִּרְצֶה, וּבְתוֹךְ שְׁתֵּי שָׁנִים הָרִאשׁוֹנִים אֵינוֹ יָכוֹל לְגָאֳלָהּ, הֻצְרַךְ לְפָרֵשׁ בָּזֶה שֶׁהוּא חִלּוּף, שֶׁאִם רָצָה לִגְאֹל בְּשָׁנָה רִאשׁוֹנָה גּוֹאֲלָהּ, וּלְאַחַר מִכָּאן אֵינוֹ גּוֹאֲלָהּ: **וְהָיְתָה גְּאֻלָּתוֹ.** שֶׁל בַּיִת: **יָמִים.** יְמֵי שָׁנָה שְׁלֵמָה קְרוּיִים ׳יָמִים׳, וְכֵן: ״תֵּשֵׁב הַנַּעֲרָ אִתָּנוּ יָמִים״ (בראשית כד, נה):

לוֹ אֲשֶׁר־בָּעִיר אֲשֶׁר־לא חֹמָה לַצְּמִיתֻת לַקֹּנֶה
אֹתוֹ לְדֹרֹתָיו לֹא יֵצֵא בַּיֹּבֵל: וּבָתֵּי הַחֲצֵרִים לא
אֲשֶׁר אֵין־לָהֶם חֹמָה סָבִיב עַל־שְׂדֵה הָאָרֶץ
יֵחָשֵׁב גְּאֻלָּה תִּהְיֶה־לּוֹ וּבַיֹּבֵל יֵצֵא: וְעָרֵי לב
הַלְוִיִּם בָּתֵּי עָרֵי אֲחֻזָּתָם גְּאֻלַּת עוֹלָם תִּהְיֶה
לַלְוִיִּם: וַאֲשֶׁר יִגְאַל מִן־הַלְוִיִּם וְיָצָא מִמְכַּר־ לג
בַּיִת וְעִיר אֲחֻזָּתוֹ בַּיֹּבֵל כִּי בָתֵּי עָרֵי הַלְוִיִּם
הִוא אֲחֻזָּתָם בְּתוֹךְ בְּנֵי יִשְׂרָאֵל: וּשְׂדֵה לד
מִגְרַשׁ עָרֵיהֶם לֹא יִמָּכֵר כִּי־אֲחֻזַּת עוֹלָם
★ כא הוּא לָהֶם: וְכִי־יָמוּךְ אָחִיךָ לה
וּמָטָה יָדוֹ עִמָּךְ וְהֶחֱזַקְתָּ בּוֹ גֵּר וְתוֹשָׁב וָחַי
עִמָּךְ: אַל־תִּקַּח מֵאִתּוֹ נֶשֶׁךְ וְתַרְבִּית וְיָרֵאתָ לו
מֵאֱלֹהֶיךָ וְחֵי אָחִיךָ עִמָּךְ: אֶת־כַּסְפְּךָ לֹא־ לז
תִתֵּן לוֹ בְּנֶשֶׁךְ וּבְמַרְבִּית לֹא־תִתֵּן אָכְלֶךָ: אֲנִי לח
יהוה אֱלֹהֵיכֶם אֲשֶׁר־הוֹצֵאתִי אֶתְכֶם מֵאֶרֶץ
מִצְרַיִם לָתֵת לָכֶם אֶת־אֶרֶץ כְּנַעַן לִהְיוֹת לָכֶם
ששי / רביעי / לֵאלֹהִים: וְכִי־יָמוּךְ אָחִיךָ לט
עִמָּךְ וְנִמְכַּר־לָךְ לֹא־תַעֲבֹד בּוֹ עֲבֹדַת עָבֶד:

מצווה שמב
איסור לשנות מגרשי ערי הלוויים ושדותיהם

מצווה שמג
איסור הלוואה בריבית

מצווה שמד
איסור להעביד עבד עברי בעבודה שיש בה ביזיון

ל] וְקָם הַבַּיִת... לַצְּמִיתֻת. יָצָא מִכֹּחוֹ שֶׁל מוֹכֵר וְעוֹמֵד בְּכֹחוֹ שֶׁל קוֹנֶה. לֹא יֵצֵא בַּיֹּבֵל. אָמַר רַב סַפְרָא: אִם פָּגַע בּוֹ יוֹבֵל בְּתוֹךְ שְׁנָתוֹ, לֹא יָצָא.

לא] וּבָתֵּי הַחֲצֵרִים. כְּתַרְגּוּמוֹ: "פַּצְחַיָּא", עֲיָרוֹת פְּתוּחוֹת מִבְּלִי חוֹמָה, וְיֵשׁ הַרְבֵּה בְּסֵפֶר יְהוֹשֻׁעַ (פרקים יג-יט) "הֶעָרִים וְחַצְרֵיהֶם", "בְּחַצְרֵיהֶם"

לא דבקרתא דליה שורא, לחלוטין, לדזבן יתיה לדרוהי, לא יפוק ביובילא: ובתי פצחיא,
דלית להון שור מקף סחור סחור, על חקל ארעא יתחשבון, פרקנא תהי להון, וביובילא
לב לג יפקון: וקרוי ליואי, בתי קרוי אחסנתהון, פרקן עלם תהי לליואי: ודיפרוק מן ליואי, ויפקון
זביני ביתא, וקרוי אחסנתיה ביובילא, ארי בתי קרוי ליואי, אנין אחסנתהון, בגו בני
לד לה ישראל: וחקל, רוח קרויהון לא יזדבן, ארי אחסנת עלם, הוא להון: וארי יתמסכן אחוך,
לו ותמוט ידיה עמך, ותתקיף ביה, ידור ויתותב, ויחי עמך: לא תסב מניה חיבליא ורביתא,
לז ותדחל מאלהך, ויחי אחוך עמך: ית כספך, לא תתין ליה בחיבליא, וברביתא לא תתין
לח מיכלך: אנא, יי אלהכון, דאפיקית יתכון מארעא דמצרים, למתן לכון ית ארעא דכנען,
לט למהוי לכון לאלה: וארי יתמסכן אחוך, עמך ויזדבן לך, לא תפלח ביה פלחן עבדין:

ובטירתם" (בראשית כה, טז): **על שדה הארץ יחשב.** הרי הן כשדות שנגאלים עד היובל, ויוצאין ביובל לבעלים אם לא נגאלו: **גאלה תהיה לו.** מיד, אם ירצה, ובזה יפה כחו מכח שדות, שהשדות אין נגאלות עד שתי שנים: **וביבל יצא.** בחנם:

לב) **וערי הלוים.** ארבעים ושמונה עיר שנתנו להם: **גאלת עולם.** גואל מיד אפלו לפני שתי שנים, אם מכרו שדה משדותיהם הנתונות להם באלפים אמה סביבות הערים, או אם מכרו בית בעיר חומה, גואלין לעולם ואינו חלוט לסוף שנה:

לג) **ואשר יגאל מן הלוים.** ואם יקנה בית או עיר מהם, ויצא ביובל אותו ממכר של בית או של עיר וישוב ללוי שמכרו, ולא יהיה חלוט כשאר בתי ערי חומה של ישראל; ו'גאלה' זו לשון מכירה. דבר אחר, לפי שנאמר: "גאלת עולם תהיה ללוים" (לעיל פסוק לב), יכול לא דבר הכתוב אלא בלוקח ישראל שקנה בית בערי הלוים, אבל לוי שקנה מלוי יהיה חלוט? תלמוד לומר: "ואשר יגאל מן הלוים", אף הגואל מיד לוי גואל גאלת עולם. "ויצא ממכר בית" – הרי זו מצוה אחרת: ואם לא גאלה יוצאה ביובל, ואינו נחלט לסוף שנה כבית של ישראל: **כי בתי ערי הלוים הוא אחזתם.** לא היו להם נחלת שדות וכרמים אלא ערים לשבת ומגרשיהם, לפיכך הם להם במקום שדות ויש להם גאלה כשדות, כדי שלא תפקע נחלתם מהם:

לד) **ושדה מגרש עריהם לא ימכר.** מכר גזבר, שאם הקדיש בן לוי את שדהו ולא גאלה ומכרה גזבר, אינה יוצאה לכהנים ביובל, כמו שנאמר בישראל: "ואם מכר את השדה לאיש אחר לא יגאל עוד" (ויקרא כז, כ), אבל בן לוי גואל לעולם:

לה) **והחזקת בו.** אל תניחהו שירד ויפל ויהיה קשה להקימו, אלא חזקהו משעת מוטת היד. למה זה דומה? למשאוי שעל החמור – עודהו על החמור, אחד תופס בו ומעמידו; נפל לארץ, חמשה אין מעמידין אותו: **גר ותושב.** אף אם הוא גר או תושב. ואיזהו תושב? כל שקבל עליו שלא לעבד עבודה זרה ואוכל נבלות:

לו) **נשך ותרבית.** חד שוינהו רבנן, ולעבר עליו בשני לאוין: **ויראת מאלהיך.** לפי שדעתו של אדם נמשכת אחר הרבית וקשה לפרש הימנו, ומורה לעצמו התר בשביל מעותיו שהיו בטלות אצלו, הצרך לומר "ויראת מאלהיך". או התולה מעותיו בגוי כדי להלוותם לישראל ברבית, הרי זה דבר המסור ללבו של אדם ומחשבתו, לכך הצרך לומר "ויראת מאלהיך":

לח) **אשר הוצאתי וגו'.** והבחנתי בין בכור לשאינו בכור, אף אני יודע ונפרע מן המלוה מעות לישראל ברבית ואומר של גוי הם. דבר אחר: "אשר הוצאתי אתכם מארץ מצרים", על מנת שתקבלו עליכם מצותי ואפלו הן כבדות עליכם: **לתת לכם את ארץ כנען.** בשכר שתקבלו מצותי: **להיות לכם לאלהים.** שכל הדר בארץ ישראל אני לו לאלהים, וכל היוצא ממנה כעובד עבודה זרה:

לט) **עבדת עבד.** עבודה של גנאי שיהא נכר בה כעבד, שלא יוליך כליו אחריו לבית המרחץ, ולא ינעל לו מנעליו:

מ כְּשָׂכִיר כְּתוֹשָׁב יִהְיֶה עִמָּךְ עַד־שְׁנַת הַיֹּבֵל
מא יַעֲבֹד עִמָּךְ: וְיָצָא מֵעִמָּךְ הוּא וּבָנָיו עִמּוֹ וְשָׁב
מב אֶל־מִשְׁפַּחְתּוֹ וְאֶל־אֲחֻזַּת אֲבֹתָיו יָשׁוּב: כִּי־
עֲבָדַי הֵם אֲשֶׁר־הוֹצֵאתִי אֹתָם מֵאֶרֶץ מִצְרָיִם
מג לֹא יִמָּכְרוּ מִמְכֶּרֶת עָבֶד: לֹא־תִרְדֶּה בוֹ בְּפָרֶךְ

מצוה שמה
איסור מכירת עבד עברי בשוק העבדים

מד וְיָרֵאתָ מֵאֱלֹהֶיךָ: וְעַבְדְּךָ וַאֲמָתְךָ אֲשֶׁר יִהְיוּ־לָךְ

מצוה שמו
איסור להעביד עבד עברי בעבודת פרך

מֵאֵת הַגּוֹיִם אֲשֶׁר סְבִיבֹתֵיכֶם מֵהֶם תִּקְנוּ עֶבֶד
מה וְאָמָה: וְגַם מִבְּנֵי הַתּוֹשָׁבִים הַגָּרִים עִמָּכֶם מֵהֶם
תִּקְנוּ וּמִמִּשְׁפַּחְתָּם אֲשֶׁר עִמָּכֶם אֲשֶׁר הוֹלִידוּ
מו בְּאַרְצְכֶם וְהָיוּ לָכֶם לַאֲחֻזָּה: וְהִתְנַחַלְתֶּם אֹתָם
לִבְנֵיכֶם אַחֲרֵיכֶם לָרֶשֶׁת אֲחֻזָּה לְעֹלָם בָּהֶם

מצוה שמז
דין עבודת עבד כנעני לעולם

תַּעֲבֹדוּ וּבְאַחֵיכֶם בְּנֵי־יִשְׂרָאֵל אִישׁ בְּאָחִיו
מז לֹא־תִרְדֶּה בוֹ בְּפָרֶךְ: וְכִי תַשִּׂיג יַד

שביעי

גֵּר וְתוֹשָׁב עִמָּךְ וּמָךְ אָחִיךָ עִמּוֹ וְנִמְכַּר לְגֵר
מח תּוֹשָׁב עִמָּךְ אוֹ לְעֵקֶר מִשְׁפַּחַת גֵּר: אַחֲרֵי
נִמְכַּר גְּאֻלָּה תִּהְיֶה־לּוֹ אֶחָד מֵאֶחָיו יִגְאָלֶנּוּ:
מט אוֹ־דֹדוֹ אוֹ בֶן־דֹּדוֹ יִגְאָלֶנּוּ אוֹ־מִשְּׁאֵר בְּשָׂרוֹ
מִמִּשְׁפַּחְתּוֹ יִגְאָלֶנּוּ אוֹ־הִשִּׂיגָה יָדוֹ וְנִגְאָל:
נ ★ וְחִשַּׁב עִם־קֹנֵהוּ מִשְּׁנַת הִמָּכְרוֹ לוֹ עַד שְׁנַת
הַיֹּבֵל וְהָיָה כֶּסֶף מִמְכָּרוֹ בְּמִסְפַּר שָׁנִים כִּימֵי

כה בהר סיני

מ מא כַּאֲגִירָא כְּתוֹתָבָא יְהֵי עִמָּךְ, עַד שַׁתָּא דְּיוֹבֵילָא יִפְלַח עִמָּךְ: וְיִפּוֹק מֵעִמָּךְ, הוּא וּבְנוֹהִי
מב עִמֵּיהּ, וִיתוּב לְזַרְעִיתֵיהּ, וּלְאַחְסָנַת אֲבָהָתוֹהִי יְתוּב: אֲרֵי עַבְדַּי אִנּוּן, דְּאַפֵּיקִית יָתְהוֹן
מג מד מֵאַרְעָא דְּמִצְרָיִם, לָא יִזְדַּבְּנוּן זְבוּן עַבְדִּין: לָא תִפְלַח בֵּיהּ בְּקַשְׁיוּ, וְתִדְחַל מֵאֱלָהָךְ: וְעַבְדָּךְ
מה וְאַמְתָךְ דִּיהוֹן לָךְ, מִן עַמְמַיָּא, דִּבְסַחְרָנֵיכוֹן, מִנְּהוֹן תִּקְנוֹן עַבְדִּין וְאַמְהָן: וְאַף, מִבְּנֵי תוֹתָבַיָּא
עַרְלַיָּא, דְּדָיְרִין עִמְּכוֹן מִנְּהוֹן תִּקְנוֹן, וּמִזַּרְעִיתְהוֹן דְּעִמְּכוֹן, דְּאִתְיְלִדוּ בְּאַרְעֲכוֹן, וִיהוֹן
מו לְכוֹן לְאַחְסָנָא: וְתַחְסְנוּן יָתְהוֹן, לִבְנֵיכוֹן בָּתְרֵיכוֹן לְיָרְתַת אַחְסָנָא, לְעָלַם בְּהוֹן תִּפְלְחוּן,
מז וּבַאֲחֵיכוֹן בְּנֵי יִשְׂרָאֵל גְּבַר בַּאֲחוּהִי, לָא תִפְלַח בֵּיהּ בְּקַשְׁיוּ: וַאֲרֵי תַדְבֵּיק, יַד עֲרַל וְתוֹתָב
דְּעִמָּךְ, וְיִתְמַסְכַּן אֲחוּךְ עִמֵּיהּ, וְיִזְדַּבַּן, לַעֲרַל תּוֹתָב דְּעִמָּךְ, אוֹ לַאֲרַמַּאי מִזַּרְעִית גִּיּוֹרָא:
מח מט בָּתַר דְּאִזְדַּבַּן, פֻּרְקָנָא תְּהֵי לֵיהּ, חַד מֵאֲחוֹהִי יִפְרְקִנֵּיהּ: אוֹ אַחְבּוּהִי, אוֹ בַר אַחְבּוּהִי
נ יִפְרְקִנֵּיהּ, אוֹ מִקָּרִיב בִּסְרֵיהּ, מִזַּרְעִיתֵיהּ יִפְרְקִנֵּיהּ, אוֹ דְּתַדְבֵּיק יְדֵיהּ וְיִתְפְּרִיק: וִיחַשֵּׁיב עִם
זָבְנֵיהּ, מִשַּׁתָּא דְּאִזְדַּבַּן לֵיהּ, עַד שַׁתָּא דְּיוֹבֵילָא, וִיהֵי, כְּסַף זְבִינוֹהִי בְּמִנְיַן שְׁנַיָּא, כְּיוֹמֵי

מ| **כְּשָׂכִיר כְּתוֹשָׁב.** עֲבוֹדַת קַרְקַע וּמְלֶאכֶת אֻמָּנוּת, כְּשְׁאָר שְׂכִירִים הִתְנַהֵג בּוֹ: **עַד שְׁנַת הַיֹּבֵל.** אִם פָּגַע בּוֹ יוֹבֵל לִפְנֵי שֵׁשׁ שָׁנִים, הַיּוֹבֵל מוֹצִיאוֹ:

מא| **הוּא וּבָנָיו עִמּוֹ.** אָמַר רַבִּי שִׁמְעוֹן: אִם הוּא נִמְכַּר, בָּנָיו מִי מְכָרָן? אֶלָּא מִכָּאן שֶׁרַבּוֹ חַיָּב בִּמְזוֹנוֹת בָּנָיו: **וְאֶל אֲחֻזַּת אֲבֹתָיו.** אֶל כְּבוֹד אֲבוֹתָיו, וְאֵין לְזַלְזְלוֹ בְּכָךְ: **אֲחֻזַּת.** חֶזְקַת:

מב| **כִּי עֲבָדַי הֵם.** שְׁטָרִי קוֹדֵם: **לֹא יִמָּכְרוּ מִמְכֶּרֶת עָבֶד.** בְּהַכְרָזָה: 'כָּאן יֵשׁ עֶבֶד לִמְכֹּר', וְלֹא יַעֲמִידֶנּוּ עַל אֶבֶן הַלֶּקַח:

מג| **לֹא תִרְדֶּה בוֹ בְּפָרֶךְ.** מְלָאכָה שֶׁלֹּא לְצֹרֶךְ כְּדֵי לְעַנּוֹתוֹ, אַל תֹּאמַר לוֹ: 'הָחֵם לִי אֶת הַכּוֹס הַזֶּה' וְהוּא אֵינוֹ צָרִיךְ, 'עֲדֹר תַּחַת הַגֶּפֶן עַד שֶׁאָבוֹא'. שֶׁמָּא תֹּאמַר: אֵין מַכִּיר בַּדָּבָר אִם לְצֹרֶךְ אִם לָאו, וְאוֹמֵר אֲנִי לוֹ שֶׁהוּא לְצֹרֶךְ – הֲרֵי הַדָּבָר הַזֶּה מָסוּר לַלֵּב, לְכָךְ נֶאֱמַר "וְיָרֵאתָ":

מד| **וְעַבְדְּךָ וַאֲמָתְךָ אֲשֶׁר יִהְיוּ לָךְ.** אִם תֹּאמַר, אִם כֵּן בַּמָּה אֶשְׁתַּמֵּשׁ? בַּעֲבָדַי אֵינִי מוֹשֵׁל, בָּאֻמּוֹת אֵינִי נוֹחֵל, שֶׁהֲרֵי הִזְהַרְתַּנִי: "לֹא תְחַיֶּה כָּל נְשָׁמָה" (דברים כ, טז), אֶלָּא מִי יְשַׁמְּשֵׁנִי?: **מֵאֵת הַגּוֹיִם.** הֵם יִהְיוּ לְךָ לַעֲבָדִים: **אֲשֶׁר סְבִיבֹתֵיכֶם.** וְלֹא שֶׁבְּתוֹךְ גְּבוּל אַרְצְכֶם, שֶׁהֲרֵי בָּהֶם אָמַרְתִּי: "לֹא תְחַיֶּה כָּל נְשָׁמָה":

מה| **וְגַם מִבְּנֵי הַתּוֹשָׁבִים.** שֶׁבָּאוּ מִסְּבִיבוֹתֵיכֶם לִשָּׂא נָשִׁים בְּאַרְצְכֶם וְיָלְדוּ לָהֶם, הַבֵּן הוֹלֵךְ אַחַר הָאָב וְאֵינוֹ בִּכְלָל "לֹא תְחַיֶּה", אֶלָּא אַתָּה מֻתָּר לִקְנוֹתוֹ כְּעֶבֶד: **מֵהֶם תִּקְנוּ.** אוֹתָם תִּקְנוּ:

מו| **וְהִתְנַחַלְתֶּם אֹתָם לִבְנֵיכֶם.** הַחֲזִיקוּ בָהֶם לְנַחֲלָה לְצֹרֶךְ בְּנֵיכֶם אַחֲרֵיכֶם. וְלֹא יִתָּכֵן לְפָרֵשׁ 'הַנְחִילוּם לִבְנֵיכֶם', שֶׁאִם כֵּן הָיָה לוֹ לִכְתֹּב 'וְהִנְחַלְתֶּם אוֹתָם לִבְנֵיכֶם': **וְהִתְנַחַלְתֶּם.** כְּמוֹ 'וְהִתְחַזַּקְתֶּם' (במדבר יג, כ): **אִישׁ בְּאָחִיו.** לְהָבִיא נָשִׂיא בְּעַמָּיו וּמֶלֶךְ בִּמְשָׁרְתָיו שֶׁלֹּא לִרְדּוֹת בְּפָרֶךְ:

מז| **יַד גֵּר וְתוֹשָׁב.** גֵּר וְהוּא תּוֹשָׁב, כְּתַרְגּוּמוֹ: "עֲרַל וְתוֹתָב", וְסוֹפוֹ מוֹכִיחַ: "וְנִמְכַּר לְגֵר תּוֹשָׁב": **וְכִי תַשִּׂיג יַד גֵּר וְתוֹשָׁב עִמָּךְ.** מִי גָּרַם לוֹ שֶׁיַּעֲשִׁיר? דִּבּוּקוֹ עִמָּךְ: **וּמָךְ אָחִיךָ עִמּוֹ.** מִי גָּרַם לוֹ שֶׁיָּמוּךְ? דִּבּוּקוֹ עִמּוֹ, עַל יְדֵי שֶׁלָּמַד מִמַּעֲשָׂיו: **מִשְׁפַּחַת גֵּר.** זֶה הַגּוֹי. כְּשֶׁהוּא אוֹמֵר 'לְעֵקֶר', זֶה הַנִּמְכָּר לַעֲבוֹדָה זָרָה עַצְמָהּ לִהְיוֹת לָהּ שַׁמָּשׁ, וְלֹא לֶאֱלָהוּת אֶלָּא לַחְטֹב עֵצִים וְלִשְׁאֹב מַיִם:

מח| **גְּאֻלָּה תִּהְיֶה לּוֹ.** מִיָּד, אַל תַּנִּיחֵהוּ שֶׁיִּטָּמַע:

נ| **עַד שְׁנַת הַיֹּבֵל.** שֶׁהֲרֵי כָּל עַצְמוֹ לֹא קְנָאוֹ אֶלָּא לְעָבְדוֹ עַד הַיּוֹבֵל, שֶׁהֲרֵי בַּיּוֹבֵל יֵצֵא, כְּמוֹ שֶׁנֶּאֱמַר לְמַטָּה: "וְיָצָא בִּשְׁנַת הַיֹּבֵל" (להלן פסוק נד). וּבְגוֹי שֶׁתַּחַת יָדְךָ הַכָּתוּב מְדַבֵּר, וְאַף עַל פִּי כֵן לֹא תָבֹא עָלָיו בַּעֲקִיפִין, מִפְּנֵי חִלּוּל הַשֵּׁם, אֶלָּא כְּשֶׁבָּא לִגָּאֵל, יְדַקְדֵּק בַּחֶשְׁבּוֹן, לְפִי הַמַּגִּיעַ בְּכָל שָׁנָה וְשָׁנָה יְנַכֶּה לוֹ הַגּוֹי מִן דָּמָיו – אִם הָיוּ עֶשְׂרִים שָׁנָה מִשֶּׁנִּמְכַּר עַד הַיּוֹבֵל וּקְנָאוֹ בְּעֶשְׂרִים מָנֶה, נִמְצָא שֶׁקָּנָה הַגּוֹי עֲבוֹדַת שָׁנָה בְּמָנֶה, וְאִם

בהר סיני

נא שְׂכִיר יִהְיֶה עִמּוֹ: אִם־עוֹד רַבּוֹת בַּשָּׁנִים
נב לְפִיהֶן יָשִׁיב גְּאֻלָּתוֹ מִכֶּסֶף מִקְנָתוֹ: וְאִם־
מְעַט נִשְׁאַר בַּשָּׁנִים עַד־שְׁנַת הַיֹּבֵל וְחִשַּׁב־
נג לוֹ כְּפִי שָׁנָיו יָשִׁיב אֶת־גְּאֻלָּתוֹ: כִּשְׂכִיר שָׁנָה
בְּשָׁנָה יִהְיֶה עִמּוֹ לֹא־יִרְדֶּנּוּ בְּפֶרֶךְ לְעֵינֶיךָ:

מצווה שמח
איסור להניח לגוי לרדות בעבדו העברי

נד וְאִם־לֹא יִגָּאֵל בְּאֵלֶּה וְיָצָא בִּשְׁנַת הַיֹּבֵל הוּא
נה וּבָנָיו עִמּוֹ: כִּי־לִי בְנֵי־יִשְׂרָאֵל עֲבָדִים עֲבָדַי

מפטיר

הֵם אֲשֶׁר־הוֹצֵאתִי אוֹתָם מֵאֶרֶץ מִצְרָיִם
כו א אֲנִי יְהוָה אֱלֹהֵיכֶם: לֹא־תַעֲשׂוּ לָכֶם אֱלִילִם
וּפֶסֶל וּמַצֵּבָה לֹא־תָקִימוּ לָכֶם וְאֶבֶן מַשְׂכִּית

מצווה שמט
איסור השתחוויה על אבן משכית

לֹא תִתְּנוּ בְּאַרְצְכֶם לְהִשְׁתַּחֲוֹת עָלֶיהָ כִּי אֲנִי
ב יְהוָה אֱלֹהֵיכֶם: אֶת־שַׁבְּתֹתַי תִּשְׁמֹרוּ וּמִקְדָּשִׁי
תִּירָאוּ אֲנִי יְהוָה:

כו		בהר סיני

נא נב אֲגִירָא יְהֵי עִמֵּיהּ: אִם עוֹד סַגְיוּת בִּשְׁנַיָּא, לְפוּמְהוֹן יָתֵיב פֻּרְקָנֵיהּ, מִכְּסַף זְבִינוֹהִי: וְאִם זְעֵיר,
נג אִשְׁתְּאַר בִּשְׁנַיָּא, עַד שַׁתָּא דְיוֹבֵילָא וִיחַשֵּׁיב לֵיהּ, כְּפוּם שְׁנוֹהִי, יָתֵיב יָת פֻּרְקָנֵיהּ: כַּאֲגִיר
נד שְׁנָא, בִּשְׁנָא יְהֵי עִמֵּיהּ, לָא יִפְלַח בֵּיהּ בְּקַשְׁיוּ לְעֵינָךְ: וְאִם לָא יִתְפְּרֵיק בְּאִלֵּין, וְיִפּוֹק בְּשַׁתָּא
נה דְיוֹבֵילָא, הוּא וּבְנוֹהִי עִמֵּיהּ: אֲרֵי דִילִי בְּנֵי יִשְׂרָאֵל עַבְדִין, עַבְדַי אִנּוּן, דְּאַפֵּיקִית יָתְהוֹן
כו א מֵאַרְעָא דְמִצְרָיִם, אֲנָא יְיָ אֱלָהֲכוֹן: לָא תַעְבְּדוּן לְכוֹן טָעֲוָן, וְצֵילַם וְקָמָא לָא תְקִימוּן לְכוֹן,
ב וְאֶבֶן סִגְדָּא, לָא תִתְּנוּן בְּאַרְעֲכוֹן, לְמִסְגַּד עֲלַהּ, אֲרֵי, אֲנָא יְיָ אֱלָהֲכוֹן: יָת יוֹמֵי שַׁבַּיָּא דִילִי
תִּטְּרוּן, וּלְבֵית מַקְדְּשִׁי תְּהוֹן דָּחֲלִין, אֲנָא יְיָ:

שֶׁהָיָה זֶה אֶצְלוֹ חָמֵשׁ שָׁנִים וּבָא לִגָּאֵל יְנַכֶּה לוֹ חֲמֵשֶׁת מָנִים וְיִתֵּן לוֹ הָעֶבֶד חֲמִשָּׁה עָשָׂר מָנִים, וְזֶהוּ: "וְהָיָה כֶּסֶף מִמְכָּרוֹ בְּמִסְפַּר שָׁנִים": כִּימֵי שָׂכִיר יִהְיֶה עִמּוֹ. חֶשְׁבּוֹן הַמַּגִּיעַ לְכָל שָׁנָה וְשָׁנָה יֵחָשֵׁב כְּאִלּוּ נִשְׂכַּר עִמּוֹ כָּל שָׁנָה בְּמָנֶה וִינַכֶּה לוֹ:

נא) אִם עוֹד רַבּוֹת בַּשָּׁנִים. עַד הַיּוֹבֵל: לְפִיהֶן וְגוֹ'. הַכֹּל כְּמוֹ שֶׁפֵּרַשְׁתִּי:

נג) לֹא יִרְדֶּנּוּ בְּפֶרֶךְ לְעֵינֶיךָ. כְּלוֹמַר, וְאַתָּה רוֹאֶה:

נד) וְאִם לֹא יִגָּאֵל בְּאֵלֶּה. בְּאֵלֶּה הוּא נִגְאָל, וְאֵינוֹ נִגְאָל בְּשֵׁשׁ:

נה) כִּי לִי בְנֵי יִשְׂרָאֵל עֲבָדִים. שְׁטָרִי קוֹדֵם: אֲנִי ה' אֱלֹהֵיכֶם. כָּל הַמְשַׁעְבְּדָן מִלְּמַטָּה כְּאִלּוּ מְשַׁעְבֵּד מִלְמַעְלָה:

פרק כו

א) לֹא תַעֲשׂוּ לָכֶם אֱלִילִם. כְּנֶגֶד זֶה הַנִּמְכָּר לְגוֹי, שֶׁלֹּא יֹאמַר: הוֹאִיל וְרַבִּי מְגַלֶּה עֲרָיוֹת אַף אֲנִי כְּמוֹתוֹ, הוֹאִיל וְרַבִּי עוֹבֵד עֲבוֹדָה זָרָה אַף אֲנִי כְּמוֹתוֹ, הוֹאִיל וְרַבִּי מְחַלֵּל שַׁבָּת אַף אֲנִי כְּמוֹתוֹ, לְכָךְ נֶאֶמְרוּ מִקְרָאוֹת הַלָּלוּ. וְאַף הַפָּרָשִׁיּוֹת הַלָּלוּ נֶאֶמְרוּ עַל הַסֵּדֶר: בַּתְּחִלָּה הִזְהִיר עַל הַשְּׁבִיעִית, וְאִם חָמַד מָמוֹן וְנֶחְשַׁד עַל הַשְּׁבִיעִית סוֹפוֹ לִמְכֹּר מִטַּלְטְלָיו, לְכָךְ סָמַךְ לָהּ: "וְכִי תִמְכְּרוּ מִמְכָּר" (לעיל כה, יד). לֹא חָזַר בּוֹ, סוֹף מוֹכֵר אֲחֻזָּתוֹ. לֹא חָזַר בּוֹ, סוֹף מוֹכֵר אֶת בֵּיתוֹ. לֹא חָזַר בּוֹ, סוֹף לוֶֹה בְּרִבִּית. כָּל אֵלּוּ הָאַחֲרוֹנוֹת קָשׁוֹת מִן הָרִאשׁוֹנוֹת. לֹא חָזַר בּוֹ, סוֹף מוֹכֵר אֶת עַצְמוֹ. לֹא חָזַר בּוֹ, לֹא דַיּוֹ לְיִשְׂרָאֵל אֶלָּא אֲפִלּוּ לְגוֹי: וְאֶבֶן מַשְׂכִּית. לְשׁוֹן כִּסּוּי, כְּמוֹ: "וְשַׂכֹּתִי כַפִּי" (שמות לג, כב), שֶׁמְּכַסִּין הַקַּרְקַע בִּרְצְפַּת אֲבָנִים: לְהִשְׁתַּחֲוֹת עָלֶיהָ. אֲפִלּוּ לַשָּׁמַיִם, לְפִי שֶׁהִשְׁתַּחֲוָאָה בְּפִשּׁוּט יָדַיִם וְרַגְלַיִם הִיא, וְאָסְרָה תּוֹרָה לַעֲשׂוֹת כֵּן חוּץ מִן הַמִּקְדָּשׁ:

ב) אֲנִי ה'. נֶאֱמָן לְשַׁלֵּם שָׂכָר:

בהר סיני

הפטרת בהר סיני

כאשר בהר סיני ובחקתי מחוברות קוראים את הפטרת בחקתי.

כמה חודשים לפני חורבן ירושלים, בעיצומו של המצור הבבלי, שהה ירמיהו בכלא. צדקיהו כלא אותו כי חזר על נבואת החורבן, שלא נעמה לאוזניו של המלך. בתנאים אלה קיבל ירמיהו צו נבואי לרכוש שדה מבן דודו, שיגיע אליו לכלא. אף שהשקעה הכספית ברכישה הייתה חסרת כל היגיון, ירמיהו מילא אחר הצו האלוהי. טקס זה נערך לפי כל הכללים. בתום הטקס פנה הנביא לה' וביקש הסבר למעשה התמוה. תשובת ה' הבהירה שהחורבן הוא ענישה הפיכה. המעשה הסמלי של קניית השדה בערב החורבן בא להמחיש רעיון זה. מעשי קניין קרקעות מבטאים שגרת חיי עם מלאים ותוססים, שישובו להרי ישראל ולעריה.

ירמיה לאשכנזים ולספרדים

לב ו ז וַיֹּ֖אמֶר יִרְמְיָ֑הוּ הָיָ֥ה דְבַר־יְהוָ֖ה אֵלַ֥י לֵאמֹֽר׃ הִנֵּ֣ה חֲֽנַמְאֵ֗ל בֶּן־שַׁלֻּם֙ דֹּֽדְךָ֔
בָּ֥א אֵלֶ֖יךָ לֵאמֹ֑ר קְנֵ֣ה לְךָ֗ אֶת־שָׂדִי֙ אֲשֶׁ֣ר בַּעֲנָת֔וֹת כִּ֥י לְךָ֛ מִשְׁפַּ֥ט הַגְּאֻלָּ֖ה
ח לִקְנֽוֹת׃ וַיָּבֹ֣א אֵ֠לַי חֲנַמְאֵ֨ל בֶּן־דֹּדִ֜י כִּדְבַ֣ר יְהוָה֮ אֶל־חֲצַ֣ר הַמַּטָּרָה֒ וַיֹּ֣אמֶר
אֵלַ֡י קְנֵה֩ נָ֨א אֶת־שָׂדִ֜י אֲשֶׁר־בַּעֲנָת֗וֹת אֲשֶׁר֙ ׀ בְּאֶ֣רֶץ בִּנְיָמִ֔ין כִּֽי־לְךָ֞ מִשְׁפַּ֧ט
ט הַיְרֻשָּׁ֛ה וּלְךָ֥ הַגְּאֻלָּ֖ה קְנֵה־לָ֑ךְ וָאֵדַ֕ע כִּ֥י דְבַר־יְהוָ֖ה הֽוּא׃ וָאֶקְנֶה֙ אֶת־
הַשָּׂדֶ֔ה מֵאֵ֥ת חֲנַמְאֵ֖ל בֶּן־דֹּדִ֑י אֲשֶׁ֣ר בַּעֲנָת֑וֹת וָאֶשְׁקֲלָה־לּוֹ֙ אֶת־הַכֶּ֔סֶף
י שִׁבְעָ֣ה שְׁקָלִ֔ים וַעֲשָׂרָ֖ה הַכָּֽסֶף׃ וָאֶכְתֹּ֤ב בַּסֵּ֙פֶר֙ וָֽאֶחְתֹּ֔ם וָאָעֵ֖ד עֵדִ֑ים וָאֶשְׁקֹ֥ל
יא הַכֶּ֖סֶף בְּמֹאזְנָֽיִם׃ וָאֶקַּ֖ח אֶת־סֵ֣פֶר הַמִּקְנָ֑ה אֶת־הֶחָת֛וּם הַמִּצְוָ֥ה וְהַחֻקִּ֖ים
יב וְאֶת־הַגָּלֽוּי׃ וָאֶתֵּ֞ן אֶת־הַסֵּ֣פֶר הַמִּקְנָ֗ה אֶל־בָּר֣וּךְ בֶּן־נֵרִיָּה֮ בֶּן־מַחְסֵיָה֒ לְעֵינֵ֗י
חֲנַמְאֵ֣ל דֹּדִ֔י וּלְעֵינֵי֙ הָֽעֵדִ֔ים הַכֹּתְבִ֖ים בְּסֵ֣פֶר הַמִּקְנָ֑ה לְעֵינֵי֙ כָּל־הַיְּהוּדִ֔ים
יג יד הַיֹּשְׁבִ֖ים בַּחֲצַ֥ר הַמַּטָּרָֽה׃ וָאֲצַוֶּה֙ אֶת־בָּר֔וּךְ לְעֵינֵיהֶ֖ם לֵאמֹֽר׃ כֹּה־אָמַ֞ר
יְהוָ֨ה צְבָא֜וֹת אֱלֹהֵ֣י יִשְׂרָאֵ֗ל לָק֣וֹחַ אֶת־הַסְּפָרִ֣ים הָאֵ֡לֶּה אֵת֩ סֵ֨פֶר הַמִּקְנָ֜ה
הַזֶּ֗ה וְאֵ֨ת הֶחָת֜וּם וְאֵ֨ת סֵ֤פֶר הַגָּלוּי֙ הַזֶּ֔ה וּנְתַתָּ֖ם בִּכְלִי־חָ֑רֶשׂ לְמַ֥עַן יַעַמְד֖וּ
טו יָמִ֥ים רַבִּֽים׃ כִּ֥י כֹ֛ה אָמַ֥ר יְהוָ֥ה צְבָא֖וֹת אֱלֹהֵ֣י יִשְׂרָאֵ֑ל ע֣וֹד יִקָּנ֥וּ בָתִּ֛ים
טז וְשָׂד֥וֹת וּכְרָמִ֖ים בָּאָ֥רֶץ הַזֹּֽאת׃ וָאֶתְפַּלֵּ֖ל אֶל־יְהוָ֑ה אַחֲרֵ֣י תִתִּ֗י
יז אֶת־סֵ֣פֶר הַמִּקְנָ֔ה אֶל־בָּר֥וּךְ בֶּן־נֵרִיָּ֖ה לֵאמֹֽר׃ אֲהָהּ֮ אֲדֹנָ֣י יֱהוִה֒ הִנֵּ֣ה ׀
אַתָּ֣ה עָשִׂ֗יתָ אֶת־הַשָּׁמַ֙יִם֙ וְאֶת־הָאָ֔רֶץ בְּכֹֽחֲךָ֙ הַגָּד֔וֹל וּבִֽזְרֹעֲךָ֖ הַנְּטוּיָ֑ה
יח לֹֽא־יִפָּלֵ֥א מִמְּךָ֖ כָּל־דָּבָֽר׃ עֹ֤שֶׂה חֶ֙סֶד֙ לַאֲלָפִ֔ים וּמְשַׁלֵּם֙ עֲוֺ֣ן אָב֔וֹת אֶל־חֵ֥יק
יט בְּנֵיהֶ֖ם אַחֲרֵיהֶ֑ם הָאֵ֤ל הַגָּדוֹל֙ הַגִּבּ֔וֹר יְהוָ֥ה צְבָא֖וֹת שְׁמֽוֹ׃ גְּדֹל֙ הָעֵצָ֔ה וְרַ֖ב
הָעֲלִילִיָּ֑ה אֲשֶׁר־עֵינֶ֣יךָ פְקֻח֗וֹת עַל־כָּל־דַּרְכֵי֙ בְּנֵ֣י אָדָ֔ם לָתֵ֤ת לְאִישׁ֙ כִּדְרָכָ֔יו
כ וְכִפְרִ֖י מַעֲלָלָֽיו׃ אֲשֶׁר־שַׂ֜מְתָּ אֹת֨וֹת וּמֹפְתִ֤ים בְּאֶֽרֶץ־מִצְרַ֙יִם֙ עַד־הַיּ֣וֹם הַזֶּ֔ה
כא וּבְיִשְׂרָאֵ֖ל וּבָאָדָ֑ם וַתַּעֲשֶׂה־לְּךָ֥ שֵׁ֖ם כַּיּ֥וֹם הַזֶּֽה׃ וַתֹּצֵ֥א אֶת־עַמְּךָ֛ אֶת־יִשְׂרָאֵ֖ל
מֵאֶ֣רֶץ מִצְרָ֑יִם בְּאֹת֣וֹת וּבְמוֹפְתִ֗ים וּבְיָ֤ד חֲזָקָה֙ וּבְאֶזְר֣וֹעַ נְטוּיָ֔ה וּבְמוֹרָ֖א
כב גָּדֽוֹל׃ וַתִּתֵּ֤ן לָהֶם֙ אֶת־הָאָ֣רֶץ הַזֹּ֔את אֲשֶׁר־נִשְׁבַּ֥עְתָּ לַאֲבוֹתָ֖ם לָתֵ֣ת לָהֶ֑ם

כג אֶרֶץ זָבַת חָלָב וּדְבָשׁ׃ וַיָּבֹאוּ וַיִּרְשׁוּ אֹתָהּ וְלֹא־שָׁמְעוּ בְקוֹלֶךָ וּבתרותך וּבְתוֹרָתְךָ
לֹא־הָלָכוּ אֵת כָּל־אֲשֶׁר צִוִּיתָה לָהֶם לַעֲשׂוֹת לֹא עָשׂוּ וַתַּקְרֵא אֹתָם אֵת
כד כָּל־הָרָעָה הַזֹּאת׃ הִנֵּה הַסֹּלְלוֹת בָּאוּ הָעִיר לְלָכְדָהּ וְהָעִיר נִתְּנָה בְּיַד
הַכַּשְׂדִּים הַנִּלְחָמִים עָלֶיהָ מִפְּנֵי הַחֶרֶב וְהָרָעָב וְהַדָּבֶר וַאֲשֶׁר דִּבַּרְתָּ הָיָה
כה וְהִנְּךָ רֹאֶה׃ וְאַתָּה אָמַרְתָּ אֵלַי אֲדֹנָי יֱהֹוִה קְנֵה־לְךָ הַשָּׂדֶה בַּכֶּסֶף וְהָעֵד
כו עֵדִים וְהָעִיר נִתְּנָה בְּיַד הַכַּשְׂדִּים׃ וַיְהִי דְּבַר־יְהוָה אֶל־יִרְמְיָהוּ
כז לֵאמֹר׃ הִנֵּה אֲנִי יְהוָה אֱלֹהֵי כָּל־בָּשָׂר הֲמִמֶּנִּי יִפָּלֵא כָּל־דָּבָר׃

ירמיהו התנבא כארבעים שנה באחרית מלכות יהודה.

נראה שהנבואה שבהפטרה הושמעה בימיו של יאשיהו. יאשיהו פעל לתיקון העיוותים בממלכה, וירמיהו סייע לו. על כף המאזניים שתי אפשרויות: האם העם יתקן את דרכו? שמא העבודה הזרה תכריע, והעם יגלה והארץ תיחרב? מכיוון שירמיהו סייע ליאשיהו, לא זכה ירמיהו ליחס טוב מהעם ומצא חיזוק בקרבה לה׳.

המילה 'ארץ' מופיעה בהפטרתנו בארבע משמעויות: כדור הארץ, מסגרת מדינית־לאומית, בית גידול לצומח ומקום נרמס ושפל.

וזו תמצית ההפטרה: עם ישראל נמצא בארץ (ישראל) וכל עמי (כדור) הארץ אמורים ללמוד ממנו כיצד להתנהל עלי ארץ. אם עם ישראל אינו מתנהל כראוי, הארץ (ישראל) הופכת ל"ארץ מלחה", הוא יוצא לגלות, לארץ אויב, ויורד לארץ, לשפל.

ירמיה לתימנים

טז יט יְהוָה עֻזִּי וּמָעֻזִּי וּמְנוּסִי בְּיוֹם צָרָה אֵלֶיךָ גּוֹיִם יָבֹאוּ מֵאַפְסֵי־אָרֶץ וְיֹאמְרוּ
כ אַךְ־שֶׁקֶר נָחֲלוּ אֲבוֹתֵינוּ הֶבֶל וְאֵין־בָּם מוֹעִיל׃ הֲיַעֲשֶׂה־לּוֹ אָדָם אֱלֹהִים
כא וְהֵמָּה לֹא אֱלֹהִים׃ לָכֵן הִנְנִי מוֹדִיעָם בַּפַּעַם הַזֹּאת אוֹדִיעֵם אֶת־יָדִי
יז א וְאֶת־גְּבוּרָתִי וְיָדְעוּ כִּי־שְׁמִי יְהוָה׃ חַטַּאת יְהוּדָה כְּתוּבָה בְּעֵט
ב בַּרְזֶל בְּצִפֹּרֶן שָׁמִיר חֲרוּשָׁה עַל־לוּחַ לִבָּם וּלְקַרְנוֹת מִזְבְּחוֹתֵיכֶם׃ כִּזְכֹּר
ג בְּנֵיהֶם מִזְבְּחוֹתָם וַאֲשֵׁרֵיהֶם עַל־עֵץ רַעֲנָן עַל גְּבָעוֹת הַגְּבֹהוֹת׃ הֲרָרִי
בַּשָּׂדֶה חֵילְךָ כָל־אוֹצְרוֹתֶיךָ לָבַז אֶתֵּן בָּמֹתֶיךָ בְּחַטָּאת בְּכָל־גְּבוּלֶיךָ׃
ד וְשָׁמַטְתָּה וּבְךָ מִנַּחֲלָתְךָ אֲשֶׁר נָתַתִּי לָךְ וְהַעֲבַדְתִּיךָ אֶת־אֹיְבֶיךָ בָּאָרֶץ
ה אֲשֶׁר לֹא־יָדָעְתָּ כִּי־אֵשׁ קְדַחְתֶּם בְּאַפִּי עַד־עוֹלָם תּוּקָד׃ כֹּה ׀
אָמַר יְהוָה אָרוּר הַגֶּבֶר אֲשֶׁר יִבְטַח בָּאָדָם וְשָׂם בָּשָׂר זְרֹעוֹ וּמִן־יְהוָה
ו יָסוּר לִבּוֹ׃ וְהָיָה כְּעַרְעָר בָּעֲרָבָה וְלֹא יִרְאֶה כִּי־יָבוֹא טוֹב וְשָׁכַן חֲרֵרִים
ז בַּמִּדְבָּר אֶרֶץ מְלֵחָה וְלֹא תֵשֵׁב׃ בָּרוּךְ הַגֶּבֶר אֲשֶׁר יִבְטַח בַּיהוָה
ח וְהָיָה יְהוָה מִבְטַחוֹ׃ וְהָיָה כְּעֵץ ׀ שָׁתוּל עַל־מַיִם וְעַל־יוּבַל יְשַׁלַּח שָׁרָשָׁיו
וְלֹא יִרְאֶ כִּי־יָבֹא חֹם וְהָיָה עָלֵהוּ רַעֲנָן וּבִשְׁנַת בַּצֹּרֶת לֹא יִדְאָג וְלֹא יָמִישׁ
ט מֵעֲשׂוֹת פֶּרִי׃ עָקֹב הַלֵּב מִכֹּל וְאָנֻשׁ הוּא מִי יֵדָעֶנּוּ׃ אֲנִי יְהוָה חֹקֵר לֵב בֹּחֵן

כְּלָיוֹת וְלָתֵת לְאִישׁ כִּדְרָכָו כִּפְרִי מַעֲלָלָיו: קֹרֵא דָגַר וְלֹא יָלָד יא
עֹשֶׂה עֹשֶׁר וְלֹא בְמִשְׁפָּט בַּחֲצִי יָמָו יַעַזְבֶנּוּ וּבְאַחֲרִיתוֹ יִהְיֶה נָבָל: כִּסֵּא יב
כָבוֹד מָרוֹם מֵרִאשׁוֹן מְקוֹם מִקְדָּשֵׁנוּ: מִקְוֵה יִשְׂרָאֵל יְהוָה כָּל־עֹזְבֶיךָ יֵבֹשׁוּ יג
וְסוּרַי יסורי בָּאָרֶץ יִכָּתֵבוּ כִּי עָזְבוּ מְקוֹר מַיִם־חַיִּים אֶת־יְהוָה: רְפָאֵנִי יד
יְהוָה וְאֵרָפֵא הוֹשִׁיעֵנִי וְאִוָּשֵׁעָה כִּי תְהִלָּתִי אָתָּה:

פרשת בחקתי

בחקתי

כב אִם־בְּחֻקֹּתַי תֵּלֵכוּ וְאֶת־מִצְוֺתַי תִּשְׁמְרוּ וַעֲשִׂיתֶם ג כו
אֹתָם׃ וְנָתַתִּי גִשְׁמֵיכֶם בְּעִתָּם וְנָתְנָה הָאָרֶץ ד
יְבוּלָהּ וְעֵץ הַשָּׂדֶה יִתֵּן פִּרְיוֹ׃ וְהִשִּׂיג לָכֶם דַּיִשׁ ה
אֶת־בָּצִיר וּבָצִיר יַשִּׂיג אֶת־זָרַע וַאֲכַלְתֶּם לַחְמְכֶם
לָשֹׂבַע וִישַׁבְתֶּם לָבֶטַח בְּאַרְצְכֶם׃ ◂ וְנָתַתִּי שָׁלוֹם ו שני
בָּאָרֶץ וּשְׁכַבְתֶּם וְאֵין מַחֲרִיד וְהִשְׁבַּתִּי חַיָּה רָעָה
מִן־הָאָרֶץ וְחֶרֶב לֹא־תַעֲבֹר בְּאַרְצְכֶם׃ וּרְדַפְתֶּם ז
אֶת־אֹיְבֵיכֶם וְנָפְלוּ לִפְנֵיכֶם לֶחָרֶב׃ וְרָדְפוּ מִכֶּם ח
חֲמִשָּׁה מֵאָה וּמֵאָה מִכֶּם רְבָבָה יִרְדֹּפוּ וְנָפְלוּ
אֹיְבֵיכֶם לִפְנֵיכֶם לֶחָרֶב׃ וּפָנִיתִי אֲלֵיכֶם וְהִפְרֵיתִי ט
אֶתְכֶם וְהִרְבֵּיתִי אֶתְכֶם וַהֲקִימֹתִי אֶת־בְּרִיתִי
אִתְּכֶם׃ ◂ וַאֲכַלְתֶּם יָשָׁן נוֹשָׁן וְיָשָׁן מִפְּנֵי חָדָשׁ י שלישי / חמישי
תּוֹצִיאוּ׃ וְנָתַתִּי מִשְׁכָּנִי בְּתוֹכְכֶם וְלֹא־תִגְעַל יא
נַפְשִׁי אֶתְכֶם׃ וְהִתְהַלַּכְתִּי בְּתוֹכְכֶם וְהָיִיתִי לָכֶם יב

ג **אִם בְּחֻקֹּתַי תֵּלֵכוּ.** יָכוֹל זֶה קִיּוּם הַמִּצְוֹת? כְּשֶׁהוּא אוֹמֵר: "וְאֶת מִצְוֹתַי תִּשְׁמְרוּ" הֲרֵי קִיּוּם הַמִּצְוֹת אָמוּר, הָא מָה אֲנִי מְקַיֵּם: "אִם בְּחֻקֹּתַי תֵּלֵכוּ"? שֶׁתִּהְיוּ עֲמֵלִים בַּתּוֹרָה: **וְאֶת מִצְוֹתַי תִּשְׁמְרוּ.** הֱווּ עֲמֵלִים בַּתּוֹרָה עַל מְנָת לִשְׁמֹר וּלְקַיֵּם, כְּמוֹ שֶׁנֶּאֱמַר: "וּלְמַדְתֶּם אֹתָם וּשְׁמַרְתֶּם לַעֲשֹׂתָם" (דברים ה, א):

ד **בְּעִתָּם.** בְּשָׁעָה שֶׁאֵין דֶּרֶךְ בְּנֵי אָדָם לָצֵאת, כְּגוֹן בְּלֵילֵי שַׁבָּתוֹת: **וְעֵץ הַשָּׂדֶה.** הֵן אִילָנֵי סְרָק, וַעֲתִידִין לַעֲשׂוֹת פֵּרוֹת:

ד אִם בִּקְיָמַי תְּהָכוּן, וְיָת פִּקּוֹדַי תִּטְּרוּן, וְתַעְבְּדוּן יָתְהוֹן: וְאֶתֵּין מִטְרֵיכוֹן בְּעִדָּנְהוֹן, וְתִתֵּין אַרְעָא
ה עֲלַלְתַּהּ, וְאִילָן חַקְלָא יִתֵּין אִבֵּיהּ: וִיעָרַע לְכוֹן דְּיָשָׁא לִקְטָפָא, וּקְטָפָא יְעָרַע לְאַפּוֹקֵי בַּר זַרְעָא,
ו וְתֵיכְלוּן לַחְמְכוֹן לְמִסְבַּע, וְתִתְּבוּן לְרָחְצָן בְּאַרְעֲכוֹן: וְאֶתֵּין שְׁלָמָא בְּאַרְעָא, וְתִשְׁרוֹן וְלֵית
ז דְּמַנִּיד, וַאֲבַטֵּיל, חַיְתָא בִּישְׁתָא מִן אַרְעָא, וּדְקָטְלִין בְּחַרְבָּא לָא יֵעֲדוּן בְּאַרְעֲכוֹן: וְתִרְדְּפוּן יָת
ח בַּעֲלֵי דְבָבֵיכוֹן, וְיִפְּלוּן קֳדָמֵיכוֹן לְחַרְבָּא: וְיִרְדְּפוּן מִנְּכוֹן חַמְשָׁא לְמָאָה, וּמְאָה מִנְּכוֹן לְרִבּוּתָא
ט יְעָרְקוּן, וְיִפְּלוּן בַּעֲלֵי דְבָבֵיכוֹן, קֳדָמֵיכוֹן לְחַרְבָּא: וְאֶתְפְּנֵי בְּמֵימְרִי לְאֵיטָבָא לְכוֹן, וְאַפֵּישׁ יָתְכוֹן,
י וְאַסְגֵּי יָתְכוֹן, וַאֲקִים יָת קְיָמִי עִמְּכוֹן: וְתֵיכְלוּן עַתִּיקָא דְּעַתִּיקָא, וְעַתִּיקָא, מִן קֳדָם חֲדַתָּא תְּפַנּוּן:
יא וְאֶתֵּין מַשְׁכְּנִי בֵּינֵיכוֹן, וְלָא יְרַחֵיק מֵימְרִי יָתְכוֹן: וְאַשְׁרֵי שְׁכִינְתִּי בֵּינֵיכוֹן, וְאֶהֱוֵי לְכוֹן

ה| וְהִשִּׂיג לָכֶם דַּיִשׁ אֶת בָּצִיר. שֶׁיְּהֵא הַדַּיִשׁ מְרֻבֶּה וְאַתֶּם עֲסוּקִים בּוֹ עַד הַבָּצִיר, וּבַבָּצִיר תַּעַסְקוּ עַד שְׁעַת הַזֶּרַע: וַאֲכַלְתֶּם לַחְמְכֶם לָשֹׂבַע. אוֹכֵל קִמְעָא וְהוּא מִתְבָּרֵךְ בְּמֵעָיו:

ו| וְנָתַתִּי שָׁלוֹם. שֶׁמָּא תֹּאמְרוּ: הֲרֵי מַאֲכָל וַהֲרֵי מִשְׁתֶּה, אִם אֵין שָׁלוֹם אֵין כְּלוּם! תַּלְמוּד לוֹמַר אַחַר כָּל זֹאת: "וְנָתַתִּי שָׁלוֹם בָּאָרֶץ", מִכָּאן שֶׁהַשָּׁלוֹם שָׁקוּל כְּנֶגֶד הַכֹּל, וְכֵן הוּא אוֹמֵר: "עֹשֶׂה שָׁלוֹם וּבוֹרֵא אֶת הַכֹּל" (על פי ישעיה מה, ז): וְחֶרֶב לֹא תַעֲבֹר בְּאַרְצְכֶם. אֵין צָרִיךְ לוֹמַר שֶׁלֹּא יָבוֹאוּ לַמִּלְחָמָה, אֶלָּא אֲפִלּוּ לַעֲבֹר דֶּרֶךְ אַרְצְכֶם מִמְּדִינָה לִמְדִינָה:

ז| לִפְנֵיכֶם לֶחָרֶב. אִישׁ בְּחֶרֶב רֵעֵהוּ:

ח| וְרָדְפוּ מִכֶּם. מִן הַחַלָּשִׁים שֶׁבָּכֶם וְלֹא מִן הַגִּבּוֹרִים שֶׁבָּכֶם: חֲמִשָּׁה מֵאָה וּמֵאָה מִכֶּם רְבָבָה. וְכִי כָּךְ הוּא הַחֶשְׁבּוֹן? וַהֲלֹא לֹא הָיָה צָרִיךְ לוֹמַר אֶלָּא 'וּמֵאָה מִכֶּם שְׁנֵי אֲלָפִים יִרְדֹּפוּ'! אֶלָּא אֵינוֹ דוֹמֶה מוּעָטִין הָעוֹשִׂין אֶת הַתּוֹרָה לִמְרֻבִּין הָעוֹשִׂין אֶת הַתּוֹרָה: וְנָפְלוּ אֹיְבֵיכֶם וְגוֹ'. שֶׁיִּהְיוּ נוֹפְלִין לִפְנֵיכֶם שֶׁלֹּא כְּדֶרֶךְ הָאָרֶץ:

ט| וּפָנִיתִי אֲלֵיכֶם. אֶפְנֶה מִכָּל עֲסָקַי לְשַׁלֵּם שְׂכַרְכֶם. מָשָׁל לְמָה הַדָּבָר דּוֹמֶה? לְמֶלֶךְ שֶׁשָּׂכַר פּוֹעֲלִים וְכוּ' [הרבה, והיה שָׁם פּוֹעֵל אֶחָד וְעָשָׂה עִמּוֹ מְלָאכָה יָמִים הַרְבֵּה. נִכְנְסוּ הַפּוֹעֲלִים לִטּוֹל שְׂכָרָם וְנִכְנַס אוֹתוֹ הַפּוֹעֵל עִמָּהֶם. אָמַר לוֹ הַמֶּלֶךְ לְאוֹתוֹ הַפּוֹעֵל: בְּנִי, אֶפְנֶה לְךָ, הָרֹבִים הַלָּלוּ שֶׁעָשׂוּ עִמִּי מְלָאכָה מוּעֶטֶת וַאֲנִי נוֹתֵן לָהֶם שָׂכָר מוּעָט, אֲבָל אַתָּה – חֶשְׁבּוֹן רַב אֲנִי עָתִיד לַחֲשֹׁב עִמָּךְ], כַּדְּאִיתָא בְּתוֹרַת כֹּהֲנִים (ויק"ר פרק ל, ה): וְהִפְרֵיתִי אֶתְכֶם. בִּפְרִיָּה וּרְבִיָּה: וַהֲקִימֹתִי אֶת בְּרִיתִי אִתְּכֶם. בְּרִית חֲדָשָׁה, לֹא כַּבְּרִית הָרִאשׁוֹנָה שֶׁעֲבַרְתֶּם אוֹתָהּ אֶלָּא בְּרִית חֲדָשָׁה שֶׁלֹּא תּוּפַר, שֶׁנֶּאֱמַר: "וְכָרַתִּי אֶת בֵּית יִשְׂרָאֵל וְאֶת בֵּית יְהוּדָה בְּרִית חֲדָשָׁה... לֹא כַבְּרִית וְגוֹ'" (ירמיה לא, ל-לא):

י| וַאֲכַלְתֶּם יָשָׁן נוֹשָׁן. הַפֵּרוֹת יִהְיוּ מִשְׁתַּמְּרִין וְטוֹבִים לְהִתְיַשֵּׁן, שֶׁיְּהֵא יָשָׁן הַנּוֹשָׁן שֶׁל שָׁלֹשׁ שָׁנִים יָפֶה לֶאֱכֹל מִשֶּׁל אֶשְׁתָּקַד: וְיָשָׁן מִפְּנֵי חָדָשׁ תּוֹצִיאוּ. שֶׁיִּהְיוּ הַגְּרָנוֹת מְלֵאוֹת חָדָשׁ וְהָאוֹצָרוֹת מְלֵאוֹת יָשָׁן, וּצְרִיכִים אַתֶּם לְפַנּוֹת הָאוֹצָרוֹת לְמָקוֹם אַחֵר לָתֵת הֶחָדָשׁ לְתוֹכָן:

יא| וְנָתַתִּי מִשְׁכָּנִי. זֶה בֵּית הַמִּקְדָּשׁ: וְלֹא תִגְעַל נַפְשִׁי. אֵין רוּחִי קָצָה בָּכֶם. כָּל 'גְּעִילָה' לְשׁוֹן פְּלִיטַת דָּבָר הַבָּלוּעַ בְּדָבָר, כְּמוֹ: "כִּי שָׁם נִגְעַל מָגֵן גִּבּוֹרִים" (שמואל ב' א, כא), לֹא קִבֵּל הַמְּשִׁיחָה, שֶׁמּוֹשְׁחִין מָגֵן שֶׁל עוֹר בְּחֵלֶב מְבֻשָּׁל כְּדֵי לְהַחֲלִיק מֵעָלָיו מַכַּת חֵץ אוֹ חֲנִית, שֶׁלֹּא יִקֹּב הָעוֹר:

יב| וְהִתְהַלַּכְתִּי בְּתוֹכְכֶם. אֲטַיֵּל עִמָּכֶם בְּגַן עֵדֶן כְּאֶחָד מִכֶּם וְלֹא תִּהְיוּ מִזְדַּעְזְעִים מִמֶּנִּי. יָכוֹל לֹא תִּירְאוּ מִמֶּנִּי? תַּלְמוּד לוֹמַר: "וְהָיִיתִי לָכֶם לֵאלֹהִים":

ויקרא כו

יג לֵֽאלֹהִ֑ים וְאַתֶּ֖ם תִּהְיוּ־לִ֥י לְעָֽם׃ אֲנִ֞י יהו֣ה אֱלֹֽהֵיכֶ֗ם אֲשֶׁ֨ר הוֹצֵ֤אתִי אֶתְכֶם֙ מֵאֶ֣רֶץ מִצְרַ֔יִם מִֽהְיֹ֥ת לָהֶ֖ם עֲבָדִ֑ים וָאֶשְׁבֹּר֙ מֹטֹ֣ת עֻלְּכֶ֔ם וָאוֹלֵ֥ךְ אֶתְכֶ֖ם קֽוֹמְמִיּֽוּת׃

יד וְאִם־לֹ֥א תִשְׁמְע֖וּ לִ֑י וְלֹ֣א תַעֲשׂ֔וּ אֵ֥ת כׇּל־הַמִּצְוֺ֖ת הָאֵֽלֶּה׃ טו וְאִם־בְּחֻקֹּתַ֣י תִּמְאָ֔סוּ וְאִ֥ם אֶת־מִשְׁפָּטַ֖י תִּגְעַ֣ל נַפְשְׁכֶ֑ם לְבִלְתִּ֤י עֲשׂוֹת֙ אֶת־כׇּל־מִצְוֺתַ֔י לְהַפְרְכֶ֖ם אֶת־בְּרִיתִֽי׃ טז אַף־אֲנִ֞י אֶעֱשֶׂה־זֹּ֣את לָכֶ֗ם וְהִפְקַדְתִּ֨י עֲלֵיכֶ֤ם בֶּֽהָלָה֙ אֶת־הַשַּׁחֶ֣פֶת וְאֶת־הַקַּדַּ֔חַת מְכַלּ֥וֹת עֵינַ֖יִם וּמְדִיבֹ֣ת נָ֑פֶשׁ וּזְרַעְתֶּ֤ם לָרִיק֙ זַרְעֲכֶ֔ם וַאֲכָלֻ֖הוּ אֹיְבֵיכֶֽם׃ יז וְנָתַתִּ֤י פָנַי֙ בָּכֶ֔ם וְנִגַּפְתֶּ֖ם לִפְנֵ֣י אֹיְבֵיכֶ֑ם וְרָד֤וּ בָכֶם֙ שֹֽׂנְאֵיכֶ֔ם וְנַסְתֶּ֖ם וְאֵין־רֹדֵ֥ף אֶתְכֶֽם׃ יח וְאִ֨ם־עַד־אֵ֔לֶּה לֹ֥א תִשְׁמְע֖וּ לִ֑י וְיָסַפְתִּי֙ לְיַסְּרָ֣ה אֶתְכֶ֔ם שֶׁ֖בַע עַל־חַטֹּאתֵיכֶֽם׃

יג] אֲנִי ה' אֱלֹהֵיכֶם. כְּדַאי אֲנִי שֶׁתַּאֲמִינוּ בִּי שֶׁאֲנִי יָכוֹל לַעֲשׂוֹת כׇּל אֵלֶּה, שֶׁהֲרֵי "הוֹצֵאתִי אֶתְכֶם מֵאֶרֶץ מִצְרַיִם" וְעָשִׂיתִי לָכֶם נִסִּים גְּדוֹלִים: **מֹטֹת.** כְּמִין יָתֵד בִּשְׁנֵי רָאשֵׁי הָעֹל הַמְעַכְּבִים הַמּוֹסֵרָה שֶׁלֹּא תֵצֵא מֵרֹאשׁ הַשּׁוֹר וְיַתִּיר הַקֶּשֶׁר, כְּמוֹ: "עֲשֵׂה לְךָ מוֹסֵרוֹת וּמֹטוֹת" (ירמיה כ, ב), קביליי"א בְּלַעַז: **קוֹמְמִיּוּת.** בְּקוֹמָה זְקוּפָה:

יד] וְאִם לֹא תִשְׁמְעוּ לִי. לִהְיוֹת עֲמֵלִים בַּתּוֹרָה וְלָדַעַת מִדְרַשׁ חֲכָמִים. יָכוֹל לְקִיּוּם הַמִּצְוֹת? כְּשֶׁהוּא אוֹמֵר: "וְלֹא תַעֲשׂוּ וְגוֹ'" הֲרֵי קִיּוּם מִצְוֹת אָמוּר, הָא מָה אֲנִי מְקַיֵּם: "וְאִם לֹא תִשְׁמְעוּ לִי"? לִהְיוֹת עֲמֵלִים בַּתּוֹרָה. וּמַה תַּלְמוּד לוֹמַר: "לִי"? אֵין "לִי" אֶלָּא זֶה הַמַּכִּיר אֶת רִבּוֹנוֹ וּמִתְכַּוֵּן לִמְרֹד בּוֹ, וְכֵן בְּנִמְרֹד: "גִּבֹּר צַיִד לִפְנֵי ה'" (בראשית י, ט), שֶׁמַּכִּירוֹ וּמִתְכַּוֵּן לִמְרֹד בּוֹ, וְכֵן בְּאַנְשֵׁי סְדוֹם: "רָעִים וְחַטָּאִים לַה' מְאֹד" (שם יג, יג), מַכִּירִים אֶת רִבּוֹנָם וּמִתְכַּוְּנִים לִמְרֹד בּוֹ: **וְלֹא תַעֲשׂוּ.** מִשֶּׁלֹּא תִלְמְדוּ לֹא תַעֲשׂוּ, הֲרֵי שְׁתֵּי עֲבֵרוֹת:

טו] וְאִם בְּחֻקֹּתַי תִּמְאָסוּ. מוֹאֵס בַּאֲחֵרִים הָעוֹשִׂים: **מִשְׁפָּטַי תִּגְעַל נַפְשְׁכֶם.** שׂוֹנֵא הַחֲכָמִים: **לְבִלְתִּי עֲשׂוֹת.** מוֹנֵעַ אֶת אֲחֵרִים מֵעֲשׂוֹת: **אֶת כׇּל מִצְוֺתַי.** כּוֹפֵר שֶׁלֹּא צִוִּיתִים, לְכָךְ נֶאֱמַר: "אֶת כׇּל מִצְוֺתַי"

בחקתי

יג לֶאֱלָהּ, וְאַתּוּן תְּהוֹן קֳדָמַי לְעַם: אֲנָא יְיָ אֱלָהֲכוֹן, דְּאַפֵּיקִית יָתְכוֹן מֵאַרְעָא דְמִצְרַיִם, מִלְמֶהֱוֵי
יד לְהוֹן עַבְדִּין, וְתַבָּרִית נִיר עַמְמַיָּא מִנְּכוֹן, וְדַבָּרִית יָתְכוֹן בְּחֵירוּתָא: וְאִם לָא תְקַבְּלוּן לְמֵימְרִי,
טו וְלָא תַעְבְּדוּן, יָת כָּל פִּקּוּדַיָּא הָאִלֵּין: וְאִם בִּקְיָמַי תִּקְצוּן, וְאִם יָת דִּינַי תְּרַחֵיק נַפְשְׁכוֹן, בְּדִיל
טז דְּלָא לְמֶעְבַּד יָת כָּל פִּקּוּדַי, לְאַשְׁנָיוּתְכוֹן יָת קְיָמִי: אַף אֲנָא אַעְבֵּיד דָּא לְכוֹן, וְאַסְעַר עֲלֵיכוֹן בֵּהֲלְתָא שַׁחֶפְתָא וְקַדַּחְתָּא, מַחְשְׁכָן עַיְנִין וּמַפְחָן נְפָשׁ, וְתִזְרְעוּן לְרֵיקָנוּ זַרְעֲכוֹן, וְיֵכְלֻנֵּהּ בַּעֲלֵי
יז דְבָבֵיכוֹן: וְאֶתֵּן רֻגְזִי בְכוֹן, וְתִתָּבְרוּן קֳדָם בַּעֲלֵי דְבָבֵיכוֹן, וְיִרְדּוּן בְּכוֹן סָנְאֵיכוֹן, וְתֶעְרְקוּן וְלֵית
יח דְּרָדֵיף יָתְכוֹן: וְאִם עַד אִלֵּין, לָא תְקַבְּלוּן לְמֵימְרִי, וְאוֹסִיף לְמַרְדֵּי יָתְכוֹן, שְׁבַע עַל חוֹבֵיכוֹן:

וְלֹא נֶאֱמַר 'אֶת כָּל הַמִּצְוֹת': לְהַפְרְכֶם אֶת בְּרִיתִי. כּוֹפֵר בָּעִקָּר. הֲרֵי שֶׁבַע עֲבֵרוֹת, הָרִאשׁוֹנָה גּוֹרֶרֶת הַשְּׁנִיָּה וְכֵן עַד הַשְּׁבִיעִית, וְאֵלּוּ הֵן: לֹא לָמַד, וְלֹא עָשָׂה, מוֹאֵס בַּאֲחֵרִים הָעוֹשִׂים, שׂוֹנֵא אֶת הַחֲכָמִים, מוֹנֵעַ אֶת הָאֲחֵרִים מֵעֲשׂוֹת, כּוֹפֵר בַּמִּצְוֹת, כּוֹפֵר בָּעִקָּר:

טז וְהִפְקַדְתִּי עֲלֵיכֶם. וְצִוִּיתִי עֲלֵיכֶם: שַׁחֶפֶת. חֹלִי שֶׁמְּשַׁחֵף אֶת הַבָּשָׂר, אנפולי"ש בְּלַעַז, דּוֹמֶה לְנָפוּחַ שֶׁהוּקַלָּה נְפִיחָתוֹ, וּמַרְאִית פָּנָיו זְעוּפָה: קַדַּחַת. חֹלִי שֶׁמַּקְדִּיחַ אֶת הַגּוּף וּמְחַמְּמוֹ וּמַבְעִירוֹ, כְּמוֹ: "כִּי אֵשׁ קָדְחָה בְאַפִּי" (דברים לב, כב): מְכַלּוֹת עֵינַיִם וּמְדִיבֹת נָפֶשׁ. הָעֵינַיִם צוֹפוֹת וְכָלוֹת לִרְאוֹת שֶׁיָּקֵל וְיֵרָפֵא, וְסוֹף שֶׁלֹּא יֵרָפֵא וְיִדְאֲבוּ הַנְּפָשׁוֹת שֶׁל מִשְׁפַּחְתּוֹ בְּמוֹתוֹ. כָּל תַּאֲוָה שֶׁאֵינָהּ בָּאָה וְתוֹחֶלֶת מְמֻשָּׁכָה קְרוּיָה 'כִּלְיוֹן עֵינַיִם': וּזְרַעְתֶּם לָרִיק. תִּזְרְעוּ וְלֹא תִצְמַח, וְאִם תִּצְמַח "וַאֲכָלֻהוּ אֹיְבֵיכֶם":

יז וְנָתַתִּי פָנַי בָּכֶם. פְּנַאי שֶׁלִּי, פּוֹנֶה אֲנִי מִכָּל עֲסָקַי לְהָרַע לָכֶם: וְרָדוּ בָכֶם שֹׂנְאֵיכֶם. כְּמַשְׁמָעוֹ, יִשְׁלְטוּ בָכֶם:

אַגָּדַת תּוֹרַת כֹּהֲנִים מְפָרְשָׁה זוֹ: אַף אֲנִי אֶעֱשֶׂה זֹּאת. אֵינִי מְדַבֵּר אֶלָּא בְּאַף, וְכֵן: "וְהָלַכְתִּי אַף אֲנִי עִמָּכֶם בְּקֶרִי" (להלן פסוק כד): וְהִפְקַדְתִּי עֲלֵיכֶם. שֶׁיִּהְיוּ הַמַּכּוֹת פּוֹקְדוֹת אֶתְכֶם מִזּוֹ לָזוֹ, עַד שֶׁהָרִאשׁוֹנָה פְּקוּדָה אֶצְלְכֶם אָבִיא אַחֶרֶת וְאֲסַמְּכֶנָּה לָהּ: בֶּהָלָה. מַכָּה הַמַּבְהֶלֶת אֶת הַבְּרִיּוֹת, וְאֵי זוֹ? זוֹ מַכַּת מוֹתָן: אֶת הַשַּׁחֶפֶת. יֵשׁ לְךָ אָדָם שֶׁהוּא חוֹלֶה וּמֻטָּל בְּמִטָּה אֲבָל בְּשָׂרוֹ שָׁמוּר עָלָיו, תַּלְמוּד לוֹמַר: "שַׁחֶפֶת", שֶׁהוּא נִשְׁחָף. אוֹ עִתִּים שֶׁהוּא נִשְׁחָף אֲבָל נוֹחַ וְאֵינוֹ מַקְדִּיחַ, תַּלְמוּד לוֹמַר: "וְאֶת הַקַּדַּחַת", מְלַמֵּד שֶׁהוּא מַקְדִּיחַ. אוֹ עִתִּים שֶׁהוּא מַקְדִּיחַ וְסָבוּר הוּא

בְּעַצְמוֹ שֶׁיִּחְיֶה, תַּלְמוּד לוֹמַר: "מְכַלּוֹת עֵינָיִם". הוּא אֵינוֹ סָבוּר בְּעַצְמוֹ שֶׁיִּחְיֶה אֲבָל אֲחֵרִים סְבוּרִים שֶׁיִּחְיֶה, תַּלְמוּד לוֹמַר: "וּמְדִיבֹת נָפֶשׁ" (לעיל פסוק טז): וּזְרַעְתֶּם לָרִיק זַרְעֲכֶם. זוֹרְעָהּ וְאֵינָהּ מַצְמַחַת, וּמֵעַתָּה מָה אוֹיְבֵיכֶם בָּאִים וְאוֹכְלִים? וּמַה תַּלְמוּד לוֹמַר "וַאֲכָלֻהוּ אֹיְבֵיכֶם"? הָא כֵּיצַד? זוֹרְעָהּ שָׁנָה רִאשׁוֹנָה וְאֵינָהּ מַצְמַחַת, שָׁנָה שְׁנִיָּה מַצְמַחַת, וְאוֹיְבִים בָּאִים וּמוֹצְאִים תְּבוּאָה לִימֵי הַמָּצוֹר, וְשֶׁבִּפְנִים מֵתִים בְּרָעָב שֶׁלֹּא לִקְּטוּ תְּבוּאָה אֶשְׁתָּקַד. דָּבָר אַחֵר: "וּזְרַעְתֶּם לָרִיק זַרְעֲכֶם", כְּנֶגֶד הַבָּנִים וְהַבָּנוֹת הַכָּתוּב מְדַבֵּר, שֶׁאַתָּה עָמֵל בָּהֶם וּמְגַדְּלָן וְהַחֵטְא בָּא וּמְכַלֶּה אוֹתָם, שֶׁנֶּאֱמַר: "אֲשֶׁר טִפַּחְתִּי וְרִבִּיתִי אֹיְבִי כִלָּם" (איכה ב, כב): וְנָתַתִּי פָנַי בָּכֶם. כְּמוֹ שֶׁנֶּאֱמַר בַּטּוֹבָה: "וּפָנִיתִי אֲלֵיכֶם", כָּךְ נֶאֱמַר בָּרָעָה: "וְנָתַתִּי פָנַי". מָשְׁלוּ מָשָׁל, לְמָלֶךְ שֶׁאָמַר לַעֲבָדָיו: פּוֹנֶה אֲנִי מִכָּל עֲסָקַי וְעוֹסֵק אֲנִי עִמָּכֶם לְרָעָה: וְנִגַּפְתֶּם לִפְנֵי אֹיְבֵיכֶם. שֶׁיְּהֵא הַמָּוֶת הוֹרֵג אֶתְכֶם מִבִּפְנִים וּבַעֲלֵי דְבָבֵיכֶם מַקִּיפִין אֶתְכֶם מִבַּחוּץ: וְרָדוּ בָכֶם שֹׂנְאֵיכֶם. שֶׁאֵינִי מַעֲמִיד שׂוֹנְאִים אֶלָּא מִכֶּם וּבָכֶם, שֶׁבְּשָׁעָה שֶׁאֻמּוֹת הָעוֹלָם עוֹמְדִים עַל יִשְׂרָאֵל אֵינָם מְבַקְשִׁים אֶלָּא מַה שֶׁבַּגָּלוּי, שֶׁנֶּאֱמַר: "וְהָיָה אִם זָרַע יִשְׂרָאֵל וְעָלָה מִדְיָן וַעֲמָלֵק וּבְנֵי קֶדֶם וְגוֹ' וַיַּחֲנוּ עֲלֵיהֶם וַיַּשְׁחִיתוּ אֶת יְבוּל הָאָרֶץ" (שופטים ו, ג-ד), אֲבָל בְּשָׁעָה שֶׁאַעֲמִיד עֲלֵיכֶם מִכֶּם וּבָכֶם, הֵם מְחַפְּשִׂים אַחַר הַמַּטְמוֹנִיּוֹת שֶׁלָּכֶם, וְכֵן הוּא אוֹמֵר: "וַאֲשֶׁר אָכְלוּ שְׁאֵר עַמִּי וְגוֹ'" (מיכה ג, ג): וְנַסְתֶּם. מִפְּנֵי אֵימָה: וְאֵין רֹדֵף אֶתְכֶם. מִבְּלִי כֹחַ:

יח וְאִם עַד אֵלֶּה. וְאִם בְּעוֹד אֵלֶּה לֹא תִשְׁמְעוּ: וְיָסַפְתִּי. עוֹד יִסּוּרִין אֲחֵרִים: שֶׁבַע עַל חַטֹּאתֵיכֶם. שֶׁבַע פֻּרְעָנֻיּוֹת עַל שֶׁבַע עֲבֵרוֹת הָאֲמוּרוֹת לְמַעְלָה:

וְשָׁבַרְתִּי אֶת־גְּאוֹן עֻזְּכֶם וְנָתַתִּי אֶת־שְׁמֵיכֶם יט
כַּבַּרְזֶל וְאֶת־אַרְצְכֶם כַּנְּחֻשָׁה: וְתַם לָרִיק כ
כֹּחֲכֶם וְלֹא־תִתֵּן אַרְצְכֶם אֶת־יְבוּלָהּ וְעֵץ
הָאָרֶץ לֹא יִתֵּן פִּרְיוֹ: וְאִם־תֵּלְכוּ עִמִּי קֶרִי וְלֹא כא
תֹאבוּ לִשְׁמֹעַ לִי וְיָסַפְתִּי עֲלֵיכֶם מַכָּה שֶׁבַע
כְּחַטֹּאתֵיכֶם: וְהִשְׁלַחְתִּי בָכֶם אֶת־חַיַּת הַשָּׂדֶה כב
וְשִׁכְּלָה אֶתְכֶם וְהִכְרִיתָה אֶת־בְּהֶמְתְּכֶם
וְהִמְעִיטָה אֶתְכֶם וְנָשַׁמּוּ דַּרְכֵיכֶם: וְאִם־בְּאֵלֶּה כג
לֹא תִוָּסְרוּ לִי וַהֲלַכְתֶּם עִמִּי קֶרִי: וְהָלַכְתִּי אַף־ כד
אֲנִי עִמָּכֶם בְּקֶרִי וְהִכֵּיתִי אֶתְכֶם גַּם־אָנִי שֶׁבַע
עַל־חַטֹּאתֵיכֶם: וְהֵבֵאתִי עֲלֵיכֶם חֶרֶב נֹקֶמֶת כה
נְקַם־בְּרִית וְנֶאֱסַפְתֶּם אֶל־עָרֵיכֶם וְשִׁלַּחְתִּי
דֶבֶר בְּתוֹכְכֶם וְנִתַּתֶּם בְּיַד־אוֹיֵב: בְּשִׁבְרִי לָכֶם כו
מַטֵּה־לֶחֶם וְאָפוּ עֶשֶׂר נָשִׁים לַחְמְכֶם בְּתַנּוּר
אֶחָד וְהֵשִׁיבוּ לַחְמְכֶם בַּמִּשְׁקָל וַאֲכַלְתֶּם וְלֹא
תִשְׂבָּעוּ: וְאִם־בְּזֹאת לֹא תִשְׁמְעוּ לִי כז
וַהֲלַכְתֶּם עִמִּי בְּקֶרִי: וְהָלַכְתִּי עִמָּכֶם בַּחֲמַת־ כח

יט | **וְשָׁבַרְתִּי אֶת גְּאוֹן עֻזְּכֶם.** זֶה בֵּית הַמִּקְדָּשׁ, וְכֵן הוּא אוֹמֵר: "הִנְנִי מְחַלֵּל אֶת מִקְדָּשִׁי גְּאוֹן עֻזְּכֶם" (יחזקאל כד, כא): **וְנָתַתִּי אֶת שְׁמֵיכֶם כַּבַּרְזֶל וְאֶת אַרְצְכֶם כַּנְּחֻשָׁה.** זוֹ קָשָׁה מִשֶּׁל מֹשֶׁה, שֶׁשָּׁם הוּא אוֹמֵר: "וְהָיוּ שָׁמֶיךָ אֲשֶׁר עַל רֹאשְׁךָ נְחֹשֶׁת" וְגוֹ' (דברים כח, כג), שֶׁיִּהְיוּ הַשָּׁמַיִם מַזִּיעִין כְּדֶרֶךְ שֶׁהַנְּחֹשֶׁת מַזַּעַת, וְהָאָרֶץ אֵינָהּ מַזַּעַת כְּדֶרֶךְ שֶׁאֵין הַבַּרְזֶל מַזִּיעַ וְהִיא מְשַׁמֶּרֶת פֵּרוֹתֶיהָ; אֲבָל כָּאן הַשָּׁמַיִם לֹא יִהְיוּ מַזִּיעִין כְּדֶרֶךְ שֶׁאֵין הַבַּרְזֶל מַזִּיעַ וִיהֵא חֹרֶב בָּעוֹלָם, וְהָאָרֶץ תְּהֵא

בחוקותי

יט וְאֶתְבַּר יָת יְקָר תָּקְפְכוֹן, וְאֶתֵּין יָת שְׁמַיָּא דַּעֲלָוֵיכוֹן תַּקִּיפִין כְּבַרְזְלָא מִלְּאַחָתָא מִטְרָא,
כ וְאַרְעָא דִּתְחוֹתֵיכוֹן חֲסִינָא כִּנְחָשָׁא מִלְּמֶעְבַּד פֵּירִין: וִיסוּף לְרֵיקָנוּ חֵילְכוֹן, וְלָא תִתֵּין אַרְעֲכוֹן
כא יָת עֲלַלְתַהּ, וְאִילַן אַרְעָא, לָא יִתֵּין אִבֵּיהּ: וְאִם תְּהָכוּן קֳדָמַי בְּקַשְׁיוּ, וְלָא תֵיבוֹן לְקַבָּלָא
כב לְמֵימְרִי, וְאוֹסֵיף לְאֵיתָאָה עֲלֵיכוֹן מַחָא, שְׁבַע כְּחוֹבֵיכוֹן: וַאֲגָרֵי בְכוֹן, יָת חֵיוַת בָּרָא וּתְתַכֵּיל
כג יָתְכוֹן, וּתְשֵׁיצֵי יָת בְּעִירְכוֹן, וְתַזְעַר יָתְכוֹן, וְיִצְדְּיָן אוֹרְחָתְכוֹן: וְאִם בְּאִלֵּין, לָא תִתְרְדוּן לְמֵימְרִי,
כד וּתְהָכוּן קֳדָמַי בְּקַשְׁיוּ: וַאֲהָךְ אַף אֲנָא, עִמְּכוֹן בְּקַשְׁיוּ, וְאַלְקֵי יָתְכוֹן אַף אֲנָא, שְׁבַע עַל
כה חוֹבֵיכוֹן: וְאַיְתֵי עֲלֵיכוֹן דְּקָטְלִין בְּחַרְבָּא, וְיִתְפַּרְעוּן מִנְּכוֹן פֻּרְעָנוּתָא עַל דַּעֲבַרְתּוּן עַל אוֹרָיְתָא,
כו וְתִתְכַּנְשׁוּן לְקִרְוֵיכוֹן, וַאֲגָרֵי מוֹתָנָא בֵּינֵיכוֹן, וְתִתְמַסְרוּן בְּיַד סָנְאָה: בִּדְאֶתְבַּר לְכוֹן סְעֵיד
מֵיכְלָא, וְיֵיפְיָן, עֲסַר נְשִׁין לַחְמְכוֹן בְּתַנּוּרָא חַד, וִיתִיבוּן לַחְמְכוֹן בְּמַתְקְלָא, וְתֵיכְלוּן וְלָא
כז כח תִסְבְּעוּן: וְאִם בְּדָא, לָא תְקַבְּלוּן לְמֵימְרִי, וּתְהָכוּן קֳדָמַי בְּקַשְׁיוּ: וַאֲהָךְ עִמְּכוֹן בִּתְקוֹף

מַזִּיעָה כְּדֶרֶךְ שֶׁהַנְּחֹשֶׁת מַזִּיעָה וְהִיא מְאַבֶּדֶת פֵּרוֹתֶיהָ:

כ) **וְתַם לָרִיק כֹּחֲכֶם.** הֲרֵי אָדָם שֶׁלֹּא עָמַל, שֶׁלֹּא חָרַשׁ, שֶׁלֹּא זָרַע, שֶׁלֹּא נִכֵּשׁ, שֶׁלֹּא כִּסַּח, שֶׁלֹּא עָדַר, וּבִשְׁעַת הַקָּצִיר בָּא שִׁדָּפוֹן וּמַלְקֶה אוֹתוֹ, אֵין בְּכָךְ כְּלוּם. אֲבָל אָדָם שֶׁעָמַל וְחָרַשׁ וְזָרַע וְנִכֵּשׁ וְכִסַּח וְעָדַר, וּבָא שִׁדָּפוֹן וּמַלְקֶה אוֹתוֹ, הֲרֵי שִׁנָּיו שֶׁל זֶה קֵהוֹת: **וְלֹא תִתֵּן אַרְצְכֶם אֶת יְבוּלָהּ.** אַף מַה שֶּׁאַתָּה מוֹבִיל לָהּ בִּשְׁעַת הַזֶּרַע: **וְעֵץ הָאָרֶץ.** אֲפִלּוּ מִן הָאָרֶץ יְהֵא לָקוּי, שֶׁלֹּא יַחֲנִיט פֵּרוֹתָיו בִּשְׁעַת הַחֲנָטָה: **לֹא יִתֵּן.** מוּסָב לְמַעְלָה וּלְמַטָּה, אַעֵץ וְאַפְּרִי: **לֹא יִתֵּן פִּרְיוֹ.** כְּשֶׁהוּא מַפְרֶה, מַשִּׁיר פֵּרוֹתָיו – הֲרֵי שְׁתֵּי קְלָלוֹת, וְיֵשׁ כָּאן שֶׁבַע פֻּרְעָנֻיּוֹת:

כא) **וְאִם תֵּלְכוּ עִמִּי קֶרִי.** רַבּוֹתֵינוּ אָמְרוּ: עֲרַאי, בְּמִקְרֶה, שֶׁאֵינוֹ אֶלָּא לִפְרָקִים, כֵּן תֵּלְכוּ עֲרַאי בַּמִּצְוֹת. וּמְנַחֵם פֵּרֵשׁ: לְשׁוֹן מְנִיעָה, וְכֵן "הֹקַר רַגְלְךָ" (משלי כה, יז), וְכֵן "יְקַר רוּחַ" (משלי יז, כז); וְקָרוֹב לָשׁוֹן זֶה לְתַרְגּוּמוֹ שֶׁל אוּנְקְלוֹס, לְשׁוֹן קֹשִׁי, שֶׁמַּקְשִׁים לִבָּם לְמָנַע מֵהִתְקָרֵב אֵלַי: **שֶׁבַע כְּחַטֹּאתֵיכֶם.** שֶׁבַע פֻּרְעָנֻיּוֹת אֲחֵרוֹת בְּמִסְפַּר שֶׁבַע, כְּחַטֹּאתֵיכֶם:

כב) **וְהִשְׁלַחְתִּי.** לְשׁוֹן גֵּרוּי: **וְשִׁכְּלָה אֶתְכֶם.** אֵין לִי אֶלָּא חַיָּה מְשַׁכֶּלֶת שֶׁדַּרְכָּהּ בְּכָךְ, בְּהֵמָה שֶׁאֵין דַּרְכָּהּ בְּכָךְ מִנַּיִן? תַּלְמוּד לוֹמַר: "וְשֶׁן בְּהֵמֹת אֲשַׁלַּח בָּם" (דברים לב, כד), הֲרֵי שְׁתַּיִם. וּמִנַּיִן שֶׁתְּהֵא מְמִיתָה בִּנְשִׁיכָתָהּ? תַּלְמוּד לוֹמַר: "עִם חֲמַת זֹחֲלֵי עָפָר" (שם), מָה אֵלּוּ נוֹשְׁכִין וּמְמִיתִין, אַף אֵלּוּ נוֹשְׁכִין וּמְמִיתִין, כְּבָר הָיוּ שְׁנַיִם בְּאֶרֶץ יִשְׂרָאֵל, חֲמוֹר נוֹשֵׁךְ וּמֵמִית, עָרוֹד נוֹשֵׁךְ וּמֵמִית: **וְשִׁכְּלָה אֶתְכֶם.** אֵלּוּ הַקְּטַנִּים: **וְהִכְרִיתָה אֶת בְּהֶמְתְּכֶם.** מִבַּחוּץ: **וְהִמְעִיטָה אֶתְכֶם.** מִבִּפְנִים: **וְנָשַׁמּוּ דַּרְכֵיכֶם.** שְׁבִילִים גְּדוֹלִים וּשְׁבִילִים קְטַנִּים. הֲרֵי שֶׁבַע פֻּרְעָנֻיּוֹת: שֶׁן בְּהֵמָה, וְשֶׁן חַיָּה, חֲמַת זוֹחֲלֵי עָפָר, וְשִׁכְּלָה, וְהִכְרִיתָה, וְהִמְעִיטָה, וְנָשַׁמּוּ:

כג) **לֹא תִוָּסְרוּ לִי.** לָשׁוּב אֵלַי:

כה) **נֹקֶמֶת נְקַם בְּרִית.** וְיֵשׁ נָקָם שֶׁאֵינוֹ בַּבְּרִית כְּדֶרֶךְ שְׁאָר נְקָמוֹת, וְזֶהוּ סִמּוּי עֵינָיו שֶׁל צִדְקִיָּהוּ (מלכים ב' כה, ז). דָּבָר אַחֵר: "נְקַם בְּרִית", נִקְמַת בְּרִיתִי אֲשֶׁר עֲבַרְתֶּם. כָּל הֲבָאַת חֶרֶב שֶׁבַּמִּקְרָא הִיא מִלְחֶמֶת חֵילוֹת אוֹיְבִים: **וְנֶאֱסַפְתֶּם.** מִן הַחוּץ אֶל תּוֹךְ הֶעָרִים מִפְּנֵי הַמָּצוֹר: **וְשִׁלַּחְתִּי דֶבֶר בְּתוֹכְכֶם.** וְעַל יְדֵי הַדֶּבֶר "וְנִתַּתֶּם בְּיַד" הָאוֹיְבִים הַצָּרִים עֲלֵיכֶם, לְפִי שֶׁאֵין מְלִינִים אֶת הַמֵּת בִּירוּשָׁלַיִם, וּכְשֶׁהֵם מוֹצִיאִים אֶת הַמֵּת לְקָבְרוֹ נִתָּנִין בְּיַד אוֹיֵב:

כו) **מַטֵּה לֶחֶם.** לְשׁוֹן מִשְׁעָן, כְּמוֹ "מַטֵּה עֹז" (ירמיה מח, יז): **בְּשִׁבְרִי לָכֶם מַטֵּה לֶחֶם.** אֶשְׁבֹּר לָכֶם כָּל מִסְעַד אֹכֶל, וְהֵם חֹלִי רָעָב: **וְאָפוּ עֶשֶׂר נָשִׁים לַחְמְכֶם בְּתַנּוּר אֶחָד.** מֵחֹסֶר עֵצִים: **וְהֵשִׁיבוּ לַחְמְכֶם בַּמִּשְׁקָל.** שֶׁתְּהֵא הַתְּבוּאָה נִרְקֶבֶת וְנַעֲשֵׂית פַּת נְפוּלָה וּמִשְׁתַּבֶּרֶת בַּתַּנּוּר, וְהֵן יוֹשְׁבוֹת וְשׁוֹקְלוֹת אֶת הַשְּׁבָרִים לְחַלְּקָם בֵּינֵיהֶם: **וַאֲכַלְתֶּם וְלֹא תִשְׂבָּעוּ.** זוֹהִי מְאֵרָה בְּתוֹךְ הַמֵּעַיִם בַּלֶּחֶם. הֲרֵי שֶׁבַע פֻּרְעָנֻיּוֹת: חֶרֶב, מָצוֹר, דֶּבֶר, שֶׁבֶר מַטֵּה לֶחֶם, חֹסֶר עֵצִים, פַּת נְפוּלָה, מְאֵרָה בַּמֵּעַיִם. "וְנִתַּתֶּם" אֵינָהּ מִן הַמִּנְיָן, הִיא הַחֶרֶב:

ויקרא כו

קֶ֔רִי וְיִסַּרְתִּ֤י אֶתְכֶם֙ אַף־אָ֔נִי שֶׁ֖בַע עַל־חַטֹּאתֵיכֶֽם:
כט וַאֲכַלְתֶּ֖ם בְּשַׂ֣ר בְּנֵיכֶ֑ם וּבְשַׂ֥ר בְּנֹתֵיכֶ֖ם תֹּאכֵֽלוּ:
ל וְהִשְׁמַדְתִּ֞י אֶת־בָּמֹֽתֵיכֶ֗ם וְהִכְרַתִּי֙ אֶת־חַמָּ֣נֵיכֶ֔ם וְנָֽתַתִּי֙ אֶת־פִּגְרֵיכֶ֔ם עַל־פִּגְרֵ֖י גִּלּֽוּלֵיכֶ֑ם וְגָעֲלָ֥ה נַפְשִׁ֖י אֶתְכֶֽם:
לא וְנָתַתִּ֤י אֶת־עָֽרֵיכֶם֙ חָרְבָּ֔ה וַהֲשִׁמּוֹתִ֖י אֶת־מִקְדְּשֵׁיכֶ֑ם וְלֹ֣א אָרִ֔יחַ בְּרֵ֖יחַ נִיחֹֽחֲכֶֽם:
לב וַהֲשִׁמֹּתִ֥י אֲנִ֖י אֶת־הָאָ֑רֶץ וְשָֽׁמְמ֤וּ עָלֶ֙יהָ֙ אֹֽיְבֵיכֶ֔ם הַיֹּֽשְׁבִ֖ים בָּֽהּ:
לג וְאֶתְכֶם֙ אֱזָרֶ֣ה בַגּוֹיִ֔ם וַהֲרִיקֹתִ֥י אַחֲרֵיכֶ֖ם חָ֑רֶב וְהָיְתָ֤ה אַרְצְכֶם֙ שְׁמָמָ֔ה וְעָרֵיכֶ֖ם יִהְי֥וּ חָרְבָּֽה:
לד אָ֣ז תִּרְצֶ֤ה הָאָ֙רֶץ֙ אֶת־שַׁבְּתֹתֶ֔יהָ כֹּ֖ל יְמֵ֣י הׇשַּׁמָּ֑ה וְאַתֶּ֖ם בְּאֶ֣רֶץ אֹֽיְבֵיכֶ֑ם אָ֚ז תִּשְׁבַּ֣ת הָאָ֔רֶץ וְהִרְצָ֖ת אֶת־שַׁבְּתֹתֶֽיהָ:
לה כׇּל־יְמֵ֥י הׇשַּׁמָּ֖ה תִּשְׁבֹּ֑ת אֵ֣ת אֲשֶׁ֧ר לֹֽא־שָׁבְתָ֛ה בְּשַׁבְּתֹֽתֵיכֶ֖ם בְּשִׁבְתְּכֶ֥ם עָלֶֽיהָ:
לו וְהַנִּשְׁאָרִ֣ים בָּכֶ֔ם וְהֵבֵ֤אתִי מֹ֙רֶךְ֙ בִּלְבָבָ֔ם בְּאַרְצֹ֖ת אֹֽיְבֵיהֶ֑ם וְרָדַ֣ף אֹתָ֗ם ק֚וֹל עָלֶ֣ה נִדָּ֔ף וְנָס֧וּ מְנֻֽסַת־חֶ֛רֶב וְנָפְל֖וּ

לו) בָּמֹתֵיכֶם. מִגְדָּלִים וּבִירָנִיּוֹת: חַמָּנֵיכֶם. מִין עֲבוֹדָה זָרָה שֶׁמַּעֲמִידִין עַל הַגַּגּוֹת, וְעַל שֵׁם שֶׁמַּעֲמִידִין בַּחַמָּה קְרוּיִין 'חַמָּנִים': וְנָתַתִּי אֶת פִּגְרֵיכֶם. תְּפוּחֵי רָעָב הָיוּ, וּמוֹצִיאִים יִרְאָתָם מֵחֵיקָם וּמְנַשְּׁקִים אוֹתָהּ, וְכָרֵסוֹ נִבְקַעַת וְנוֹפֵל עָלֶיהָ: וְגָעֲלָה נַפְשִׁי אֶתְכֶם. זֶה סִלּוּק שְׁכִינָה:
לא) וְנָתַתִּי אֶת עָרֵיכֶם חׇרְבָּה. יָכוֹל מֵאָדָם? כְּשֶׁהוּא אוֹמֵר: "וַהֲשִׁמֹּתִי אֲנִי אֶת הָאָרֶץ" (להלן פסוק

לב) הֲרֵי אָדָם אָמוּר, הָא מָה אֲנִי מְקַיֵּים "חׇרְבָּה"? מֵעוֹבֵר וָשָׁב: וַהֲשִׁמּוֹתִי אֶת מִקְדְּשֵׁיכֶם. יָכוֹל מִן הַקָּרְבָּנוֹת? כְּשֶׁהוּא אוֹמֵר: "וְלֹא אָרִיחַ" הֲרֵי קָרְבָּנוֹת אֲמוּרִים, הָא מָה אֲנִי מְקַיֵּים "וַהֲשִׁמּוֹתִי אֶת מִקְדְּשֵׁיכֶם"? מִן הַגְּדוּדִיּוֹת – שַׁיָּרוֹת שֶׁל יִשְׂרָאֵל שֶׁהָיוּ מִתְקַדְּשׁוֹת וְנוֹעָדוֹת לָבֹא שָׁם: הֲרֵי שֶׁבַע פֻּרְעָנֻיּוֹת: אֲכִילַת בְּשַׂר בָּנִים וּבָנוֹת, וְהַשְׁמָדַת בָּמוֹת, הֲרֵי שְׁתַּיִם. כְּרִיתַת חַמָּנִים אֵין

בחקתי

כט רְגַז, וְאֶרְדֵּי יָתְכוֹן אַף אֲנָא, שְׁבַע עַל חוֹבֵיכוֹן: וְתֵיכְלוֹן בְּסַר בְּנֵיכוֹן, וּבְסַר בְּנָתְכוֹן תֵּיכְלוּן:
ל וֶאֱשֵׁיצֵי יָת בָּמָתְכוֹן, וַאֲקַצֵּץ יָת חֲנִסְנְסֵיכוֹן, וְאֶתֵּן יָת פִּגְרֵיכוֹן, עַל פְּגוּר טָעֲוָתְכוֹן, וִירַחֵיק
לא מֵימְרִי יָתְכוֹן: וְאֶתֵּן יָת קִרְוֵיכוֹן חָרְבָּא, וַאֲצַדֵּי יָת מַקְדְּשֵׁיכוֹן, וְלָא אֲקַבֵּיל בְּרַעֲוָא, קֻרְבַּן
לב כְּנִשָּׁתְכוֹן: וַאֲצַדֵּי אֲנָא יָת אַרְעָא, וְיִצְדּוֹן עֲלַהּ בַּעֲלֵי דְבָבֵיכוֹן, דְּיָתְבִין בַּהּ: וְיָתְכוֹן אֲבַדַּר
בֵּינֵי עַמְמַיָּא, וַאֲגָרֵי בַתְרֵיכוֹן דְּקָטְלִין בְּחַרְבָּא, וּתְהֵי אַרְעֲכוֹן צָדְיָא, וְקִרְוֵיכוֹן יְהֶוְיָן חָרְבָּא:
לד בְּכֵן תְּרַעֵי אַרְעָא יָת שְׁמִטַּהָא, כָּל יוֹמִין דְּצָדְיָאת, וְאַתּוּן בְּאֲרַע בַּעֲלֵי דְבָבֵיכוֹן, בְּכֵן תַּשְׁמֵיט
לה אַרְעָא, וּתְרַעֵי יָת שְׁמִטַּהָא: כָּל יוֹמִין דְּצָדְיָאת תַּשְׁמֵיט, יָת דְּלָא שְׁמַטַת, בִּשְׁמִטֵּיכוֹן כַּד
לו הֲוֵיתוּן יָתְבִין עֲלַהּ: וּדְיִשְׁתָּאֲרוּן בְּכוֹן, וְאָעֵיל תְּבָרָא בְּלִבְּהוֹן, בְּאַרְעָתָא דְסָנְאֵיהוֹן, וְיִרְדּוֹף
יָתְהוֹן, קָל טַרְפָא דְּשָׁקִיף, וְיִעְרְקוּן מֵעֲרָק כַּד מִן קֳדָם דְּקָטְלִין בְּחַרְבָּא, וְיִפְּלוּן וְלֵית

כָּאן פֻּרְעָנוּת, חֶלְאָה עַל יְדֵי הַשְׁמָדַת הַבִּירָנִיּוֹת יִפְּלוּ הַחַמָּנִים שֶׁבְּרָאשֵׁי הַגַּגּוֹת וִיכַלְּדוּ. "וְנָתַתִּי אֶת פִּגְרֵיכֶם" וְגוֹ', הֲרֵי שָׁלֹשׁ. סִלּוּק שְׁכִינָה, "אַרְבַּע. חֻרְבַּן עָרִים, שִׁמְמוֹן מִקְדָּשׁ מִן הַגְּדוֹלוֹת, "וְלֹא אָרִיחַ" קָרְבָּנוֹת, הֲרֵי שֶׁבַע:

לב **וַהֲשִׁמֹּתִי אֲנִי אֶת הָאָרֶץ**. זוֹ מִדָּה טוֹבָה לְיִשְׂרָאֵל, שֶׁלֹּא יִמְצְאוּ הָאוֹיְבִים נַחַת רוּחַ בְּאַרְצָם, שֶׁתְּהֵא שׁוֹמֵמָה מִיּוֹשְׁבֶיהָ:

לג **וְאֶתְכֶם אֱזָרֶה בַגּוֹיִם**. זוֹ מִדָּה קָשָׁה, שֶׁבְּשָׁעָה שֶׁבְּנֵי מְדִינָה גּוֹלִים לְמָקוֹם אֶחָד רוֹאִים זֶה אֶת זֶה וּמִתְנַחֲמִין, וְיִשְׂרָאֵל נָזְרוּ כִּבְמִזְרֶה, כְּאָדָם הַזּוֹרֶה שְׂעוֹרִים בְּנָפָה וְאֵין אַחַת מֵהֶן דְּבוּקָה בַּחֲבֶרְתָּהּ: **וַהֲרִיקֹתִי**. כְּשֶׁשּׁוֹלֵף הַחֶרֶב מִתְרוֹקֵן הַנָּדָן. **וּמִדְרָשׁוֹ**: חֶרֶב הַנִּשְׁמֶטֶת אַחֲרֵיכֶם אֵינָהּ חוֹזֶרֶת מַהֵר, כְּאָדָם שֶׁמֵּרִיק אֶת הַמַּיִם וְאֵין סוֹפָן לַחֲזֹר: **וְהָיְתָה אַרְצְכֶם שְׁמָמָה**. שֶׁלֹּא תְמַהֲרוּ לָשׁוּב לְתוֹכָהּ, וּמִתּוֹךְ כָּךְ "עָרֵיכֶם יִהְיוּ חָרְבָּה" - נִרְאוֹת לָכֶם חֲרֵבוֹת, שֶׁבְּשָׁעָה שֶׁאָדָם גּוֹלֶה מִבֵּיתוֹ וּמִכַּרְמוֹ וּמֵעִירוֹ וְסוֹפוֹ לַחֲזוֹר, כְּאִלּוּ אֵין כַּרְמוֹ וּבֵיתוֹ חֲרֵבִים. כָּךְ שְׁנוּיָה בְּתוֹרַת כֹּהֲנִים (פרק ו, א):

לד **אָז תִּרְצֶה**. תְּפַיֵּס אֶת כַּעַס הַמָּקוֹם שֶׁכָּעַס עַל שְׁמִטּוֹתֶיהָ: **וְהִרְצָת**. לַמֶּלֶךְ אֶת שַׁבְּתוֹתֶיהָ:

לה **אֵת אֲשֶׁר לֹא שָׁבְתָה**. שִׁבְעִים שָׁנָה שֶׁל גָּלוּת בָּבֶל הֵן הָיוּ כְּנֶגֶד שִׁבְעִים שְׁנוֹת הַשְּׁמִטָּה וְיוֹבֵל שֶׁהָיוּ בַּשָּׁנִים שֶׁהִכְעִיסוּ יִשְׂרָאֵל בְּאַרְצָם לִפְנֵי הַמָּקוֹם, אַרְבַּע מֵאוֹת וּשְׁלֹשִׁים וְשֵׁשׁ שָׁנָה. שָׁלֹשׁ מֵאוֹת וְתִשְׁעִים הָיוּ שְׁנֵי עֲוֹנָם מִשֶּׁנִּכְנְסוּ לָאָרֶץ עַד שֶׁגָּלוּ עֲשֶׂרֶת הַשְּׁבָטִים, וּבְנֵי יְהוּדָה הִכְעִיסוּ לְפָנָיו אַרְבָּעִים שָׁנָה מִשֶּׁגָּלוּ עֲשֶׂרֶת הַשְּׁבָטִים עַד

חֻרְבוֹת יְרוּשָׁלַיִם. הוּא שֶׁנֶּאֱמַר בִּיחֶזְקֵאל: "וְאַתָּה שְׁכַב עַל צִדְּךָ הַשְּׂמָאלִי וְגוֹ' וְכִלִּיתָ אֶת אֵלֶּה וְשָׁכַבְתָּ עַל צִדְּךָ הַיְמָנִי שֵׁנִית, וְנָשָׂאתָ אֶת עֲוֹן בֵּית יְהוּדָה אַרְבָּעִים יוֹם" (יחזקאל ד, ד-ו), וּנְבוּאָה זוֹ נֶאֶמְרָה לִיחֶזְקֵאל בַּשָּׁנָה הַחֲמִישִׁית לְגָלוּת הַמֶּלֶךְ יְהוֹיָכִין (שם א, ב). וְעוֹד עָשׂוּ שֵׁשׁ שָׁנִים עַד גָּלוּת צִדְקִיָּהוּ, הֲרֵי אַרְבָּעִים. וְאִם תֹּאמַר שְׁנוֹת מְנַשֶּׁה חֲמִשִּׁים וְחָמֵשׁ הָיוּ (מלכים ב כא, א)! מְנַשֶּׁה עָשָׂה תְשׁוּבָה שְׁלֹשִׁים וְשָׁלֹשׁ שָׁנָה, וְכָל שְׁנוֹת רִשְׁעוֹ עֶשְׂרִים וּשְׁתַּיִם, כְּמוֹ שֶׁשָּׁנִינוּ בְּאַגָּדַת "חֵלֶק" (סנהדרין קג ע"א), וְשֶׁל אָמוֹן שְׁתַּיִם (מלכים ב כא, יט) וְאַחַת עֶשְׂרֵה לִיהוֹיָקִים (שם כג, לו), וּכְנֶגְדָּן לְצִדְקִיָּהוּ (שם כד, יח). צֵא וַחֲשֹׁב לְאַרְבַּע מֵאוֹת וּשְׁלֹשִׁים וְשֵׁשׁ שָׁנָה שְׁמִטִּין וְיוֹבְלוֹת שֶׁבָּהֶם, וְהֵם שֵׁשׁ עֶשְׂרֵה לְמֵאָה, אַרְבַּע עֶשְׂרֵה שְׁמִטִּין וּשְׁנֵי יוֹבְלוֹת, הֲרֵי לְאַרְבַּע מֵאוֹת שָׁנָה שִׁשִּׁים וְאַרְבַּע, לְשְׁלֹשִׁים וְשֵׁשׁ שָׁנָה חָמֵשׁ שְׁמִטּוֹת, הֲרֵי שִׁבְעִים חָסֵר אַחַת, וְעוֹד שָׁנָה יְתֵרָה שֶׁנִּכְנְסָה בַּשְּׁמִטָּה הַמַּשְׁלֶמֶת לְשִׁבְעִים, וַעֲלֵיהֶם נִגְזַר שִׁבְעִים שָׁנָה שְׁלֵמִים. וְכֵן הוּא אוֹמֵר: "עַד רָצְתָה הָאָרֶץ אֶת שַׁבְּתוֹתֶיהָ... לְמַלֹּאות שִׁבְעִים שָׁנָה" (דברי הימים ב לו, כא):

לו **וְהֵבֵאתִי מֹרֶךְ**. פַּחַד וְרֹךְ לֵבָב, מ"ם שֶׁל "מֹרֶךְ" יְסוֹד נוֹפֵל הוּא, כְּמוֹ מ"ם שֶׁל "מוֹעֵד" וְשֶׁל "מוֹקֵשׁ": **וְנָסוּ מְנֻסַת חָרֶב**. כְּאִלּוּ רוֹדְפִים הוֹרְגִים אוֹתָם: **עָלֶה נִדָּף**. שֶׁהָרוּחַ דּוֹחֲפוֹ וּמַכֵּהוּ עַל עָלֶה אַחֵר וּמְקַשְׁקְשׁוֹ וּמוֹצִיא קוֹל, וְכֵן תַּרְגּוּמוֹ: "קָל טַרְפָא דְשָׁקִיף", לְשׁוֹן חֲבָטָה, "שְׁדוּפֹת קָדִים" (בראשית מא) 'שְׁקִיפָן קִדּוּם', וְהוּא לְשׁוֹן מַשְׁקוֹף מְקוֹם חֲבָטַת הַדֶּלֶת, וְכֵן תַּרְגּוּמוֹ שֶׁל "חַבּוּרָה" (שמות כא, כה) 'מַשְׁקוֹפֵי':

לז וְאֵ֥ין רֹדֵֽף׃ וְכָשְׁל֧וּ אִישׁ־בְּאָחִ֛יו כְּמִפְּנֵי־חֶ֖רֶב
וְרֹדֵ֣ף אָ֑יִן וְלֹא־תִהְיֶ֤ה לָכֶם֙ תְּקוּמָ֔ה לִפְנֵ֖י
לח אֹיְבֵיכֶֽם׃ וַאֲבַדְתֶּ֖ם בַּגּוֹיִ֑ם וְאָכְלָ֣ה אֶתְכֶ֔ם
לט אֶ֖רֶץ אֹיְבֵיכֶֽם׃ וְהַנִּשְׁאָרִ֣ים בָּכֶ֗ם יִמַּ֙קּוּ֙ בַּעֲוֺנָ֔ם
בְּאַרְצֹ֖ת אֹיְבֵיכֶ֑ם וְאַ֛ף בַּעֲוֺנֹ֥ת אֲבֹתָ֖ם אִתָּ֥ם
מ יִמָּֽקּוּ׃ וְהִתְוַדּ֤וּ אֶת־עֲוֺנָם֙ וְאֶת־עֲוֺ֣ן אֲבֹתָ֔ם
בְּמַעֲלָ֖ם אֲשֶׁ֣ר מָעֲלוּ־בִ֑י וְאַ֕ף אֲשֶׁר־הָלְכ֥וּ עִמִּ֖י
מא בְּקֶֽרִי׃ אַף־אֲנִ֗י אֵלֵ֤ךְ עִמָּם֙ בְּקֶ֔רִי וְהֵבֵאתִ֣י
אֹתָ֔ם בְּאֶ֖רֶץ אֹיְבֵיהֶ֑ם אוֹ־אָ֣ז יִכָּנַ֗ע לְבָבָם֙
מב הֶֽעָרֵ֔ל וְאָ֖ז יִרְצ֥וּ אֶת־עֲוֺנָֽם׃ וְזָכַרְתִּ֖י אֶת־
בְּרִיתִ֣י יַעֲק֑וֹב וְאַף֩ אֶת־בְּרִיתִ֨י יִצְחָ֜ק וְאַ֨ף
אֶת־בְּרִיתִ֧י אַבְרָהָ֛ם אֶזְכֹּ֖ר וְהָאָ֥רֶץ אֶזְכֹּֽר׃
מג וְהָאָ֩רֶץ֩ תֵּעָזֵ֨ב מֵהֶ֜ם וְתִ֣רֶץ אֶת־שַׁבְּתֹתֶ֗יהָ
בָּהְשַׁמָּה֙ מֵהֶ֔ם וְהֵ֖ם יִרְצ֣וּ אֶת־עֲוֺנָ֑ם יַ֣עַן וּבְיַ֔עַן
בְּמִשְׁפָּטַ֣י מָאָ֔סוּ וְאֶת־חֻקֹּתַ֖י גָּעֲלָ֥ה נַפְשָֽׁם׃
מד וְאַף־גַּם־זֹ֠את בִּֽהְיוֹתָ֞ם בְּאֶ֣רֶץ אֹיְבֵיהֶ֗ם לֹֽא־
מְאַסְתִּ֤ים וְלֹֽא־גְעַלְתִּים֙ לְכַלֹּתָ֔ם לְהָפֵ֥ר בְּרִיתִ֖י
מה אִתָּ֑ם כִּ֛י אֲנִ֥י יְהוָ֖ה אֱלֹהֵיהֶֽם׃ וְזָכַרְתִּ֥י לָהֶ֖ם
בְּרִ֣ית רִאשֹׁנִ֑ים אֲשֶׁ֣ר הוֹצֵֽאתִי־אֹתָם֩ מֵאֶ֨רֶץ
מִצְרַ֜יִם לְעֵינֵ֣י הַגּוֹיִ֗ם לִהְי֥וֹת לָהֶ֛ם לֵאלֹהִ֖ים
מו אֲנִ֥י יְהוָֽה׃ אֵ֠לֶּה הַֽחֻקִּ֣ים וְהַמִּשְׁפָּטִים֮ וְהַתּוֹרֹת֒

אֲשֶׁר נָתַן יהוֹה בֵּינוֹ וּבֵין בְּנֵי יִשְׂרָאֵל בְּהַר סִינַי בְּיַד־מֹשֶׁה׃

לז דְּרָדֵיף: וְיִתַּקְלוּן גְּבַר בַּאֲחוּהִי, כַּד מִן קֳדָם דְּקָטְלִין בְּחַרְבָּא וְרָדֵיף לָית, וְלָא תְהֵי לְכוֹן תְּקוּמָה,
לח לט קֳדָם בַּעֲלֵי דְּבָבֵיכוֹן: וְתֵיבְדוּן בֵּינֵי עַמְמַיָּא, וּתְגַמַּר יָתְכוֹן, אֲרַע בַּעֲלֵי דְּבָבֵיכוֹן: וּדְיִשְׁתְּאֲרוּן
בְּכוֹן, יִתְמְסוּן בְּחוֹבֵיהוֹן, בְּאַרְעָתָא דְּסָנְאֵיכוֹן, וְאַף, בְּחוֹבֵי אֲבָהָתְהוֹן בִּישַׁיָּא דַּאֲחִידִין בִּידֵיהוֹן
מ יִתְמְסוּן: וִיוַדּוּן יָת חוֹבֵיהוֹן וְיָת חוֹבֵי אֲבָהָתְהוֹן, בְּשִׁקְרֵיהוֹן דְּשַׁקַּרוּ בְּמֵימְרִי, וְאַף, דְּהַלִּיכוּ קֳדָמַי
מא בְּקַשְׁיוּ: אַף אֲנָא, אֲהָךְ עִמְּהוֹן בְּקַשְׁיוּ, וְאַעֵיל יָתְהוֹן, בַּאֲרַע בַּעֲלֵי דְּבָבֵיהוֹן, אוֹ בְכֵן יִתְּבַר,
מב לִבְּהוֹן טַפְשָׁא, וּבְכֵן יִרְעוֹן יָת חוֹבֵיהוֹן: וּדְכִרְנָא יָת קְיָמִי דְּעִם יַעֲקֹב, וְאַף יָת קְיָמִי דְּעִם יִצְחָק,
מג וְאַף יָת קְיָמִי דְּעִם אַבְרָהָם, אֲנָא דְּכִיר וְאַרְעָא אֲנָא דְּכִיר: וְאַרְעָא תִּתְרְטֵישׁ מִנְּהוֹן וְתִרְעֵי יָת
שְׁמִטַּהָא, בִּדְצַדְיָאַת מִנְּהוֹן, וְאִנּוּן יִרְעוֹן יָת חוֹבֵיהוֹן, לְוָטִין חֲלָף בִּרְכָן אַיְתִי עֲלֵיהוֹן דִּבְדִינַי קַצוּ,
מד וְיָת קְיָמַי רַחֵיקַת נַפְשְׁהוֹן: וְאַף בְּרַם דָּא, בְּמִהְוֵיהוֹן בַּאֲרַע בַּעֲלֵי דְּבָבֵיהוֹן, לָא אַרְטֵישִׁנּוּן וְלָא
מה אַרְחֵיקִנּוּן לְשֵׁיצָיוּתְהוֹן, לְאַשְׁנָאָה קְיָמִי עִמְּהוֹן, אֲרֵי, אֲנָא יְיָ אֱלָהֲהוֹן: וּדְכִרְנָא לְהוֹן קְיָם
מו קַדְמָאֵי, דְּאַפֵּיקִית יָתְהוֹן מֵאַרְעָא דְּמִצְרַיִם לְעֵינֵי עַמְמַיָּא, לְמֶהְוֵי לְהוֹן, לֶאֱלָהּ אֲנָא יְיָ: אִלֵּין,
קְיָמַיָּא וְדִינַיָּא וְאוֹרָיְתָא, דִּיהַב יְיָ, בֵּין מֵימְרֵיהּ, וּבֵין בְּנֵי יִשְׂרָאֵל, בְּטוּרָא דְסִינַי בִּידָא דְמֹשֶׁה:

לז| וְכָשְׁלוּ אִישׁ בְּאָחִיו. כְּשֶׁיִּרְצוּ לָנוּס יִכָּשְׁלוּ זֶה בָּזֶה, כִּי יִבָּהֲלוּ לָרוּץ: כְּמִפְּנֵי חֶרֶב. כְּאִלּוּ בּוֹרְחִים מִלִּפְנֵי הוֹרְגִים, שֶׁיְּהֵא בִּלְבָבָם פַּחַד, וְכָל שָׁעָה סְבוּרִים שֶׁאָדָם רוֹדְפָם. וּמִדְרָשׁוֹ: "וְכָשְׁלוּ אִישׁ בְּאָחִיו", זֶה נִכְשָׁל בַּעֲוֹנוֹ שֶׁל זֶה, שֶׁכָּל יִשְׂרָאֵל עֲרֵבִין זֶה לָזֶה:

לח| וַאֲבַדְתֶּם בַּגּוֹיִם. כְּשֶׁתִּהְיוּ פְּזוּרִים תִּהְיוּ אֲבוּדִים זֶה מִזֶּה: וְאָכְלָה אֶתְכֶם. אֵלּוּ הַמֵּתִים בַּגּוֹלָה:

לט| בַּעֲוֹנֹת אֲבֹתָם אִתָּם. כְּשֶׁאוֹחֲזִים מַעֲשֵׂה אֲבוֹתֵיהֶם בִּידֵיהֶם: יִמָּקּוּ. לְשׁוֹן הֲמַסָּה, כְּמוֹ 'יִמַּסּוּ', וְכָמוֹהוּ "תִּמַּקְנָה בְּחֹרֵיהֶן" (זכריה יד, יב), "נָמַקּוּ חַבּוּרֹתָי" (תהלים לח, ו):

מא| וְהֵבֵאתִי אֹתָם. אֲנִי בְּעַצְמִי אֲבִיאֵם, זוֹ מִדָּה טוֹבָה לְיִשְׂרָאֵל, שֶׁלֹּא יִהְיוּ אוֹמְרִים, הוֹאִיל וְגָלִינוּ בֵּין הָאֻמּוֹת נַעֲשֶׂה כְּמַעֲשֵׂיהֶם, אֲנִי אֵינִי מַנִּיחָם, אֶלָּא מַעֲמִיד אֲנִי אֶת נְבִיאַי וּמַחֲזִירָן לְתַחַת כְּנָפַי, שֶׁנֶּאֱמַר: "וְהָעֹלָה עַל רוּחֲכֶם הָיוֹ לֹא תִהְיֶה וְגוֹ', חַי אָנִי וְגוֹ' אִם לֹא בְּיָד חֲזָקָה" וְגוֹ' (יחזקאל כ, לב-לג): אוֹ אָז יִכָּנַע. כְּמוֹ "אוֹ נוֹדַע כִּי שׁוֹר נַגָּח הוּא" (שמות כא, לו), אִם אָז יִכָּנַע. לָשׁוֹן אַחֵר: אוּלַי, שֶׁמָּא "אָז יִכָּנַע לְבָבָם" וְגוֹ': וְאָז יִרְצוּ אֶת עֲוֹנָם. יְכַפְּרוּ עַל עֲוֹנָם בְּיִסּוּרֵיהֶם:

מב| וְזָכַרְתִּי אֶת בְּרִיתִי יַעֲקוֹב. בַּחֲמִשָּׁה מְקוֹמוֹת נִכְתָּב מָלֵא, וְאֵלִיָּהוּ חָסֵר בַּחֲמִשָּׁה מְקוֹמוֹת - יַעֲקֹב נָטַל אוֹת מִשְּׁמוֹ שֶׁל אֵלִיָּהוּ עֵרָבוֹן שֶׁיָּבוֹא וִיבַשֵּׂר גְּאֻלַּת בָּנָיו: וְזָכַרְתִּי אֶת בְּרִיתִי יַעֲקוֹב. לָמָּה נִמְנוּ אֲחוֹרַנִּית? כְּלוֹמַר כְּדַי הוּא יַעֲקֹב הַקָּטָן לְכָךְ, וְאִם אֵינוֹ כְּדַי הֲרֵי יִצְחָק עִמּוֹ, וְאִם אֵינָן כְּדָאִין הֲרֵי אַבְרָהָם כְּדַי. וְלָמָּה לֹא נֶאֶמְרָה 'זְכִירָה' בְּיִצְחָק? אֶלָּא אֶפְרוֹ שֶׁל יִצְחָק נִרְאֶה לְפָנַי צָבוּר וּמֻנָּח עַל הַמִּזְבֵּחַ:

מג| יַעַן וּבְיַעַן. גְּמוּל וּבִגְמוּל אֲשֶׁר בְּמִשְׁפָּטַי מָאָסוּ:

מד| וְאַף גַּם זֹאת. וַאֲפִלּוּ אֲנִי עוֹשֶׂה עִמָּהֶם זֹאת הַפֻּרְעָנוּת אֲשֶׁר אָמַרְתִּי, בִּהְיוֹתָם בְּאֶרֶץ אֹיְבֵיהֶם לֹא אֶמְאָסֵם לְכַלֹּתָם וּלְהָפֵר בְּרִיתִי אֲשֶׁר אִתָּם:

מה| בְּרִית רִאשֹׁנִים. שֶׁל שְׁבָטִים:

מו| וְהַתּוֹרֹת. אַחַת בִּכְתָב וְאַחַת בְּעַל פֶּה, מַגִּיד שֶׁכֻּלָּם נִתְּנוּ לְמֹשֶׁה בְּסִינַי:

רביעי / ששי /

כז א ב כג וַיְדַבֵּר יְהוָה אֶל־מֹשֶׁה לֵּאמֹר: דַּבֵּר אֶל־בְּנֵי
יִשְׂרָאֵל וְאָמַרְתָּ אֲלֵהֶם אִישׁ כִּי יַפְלִא נֶדֶר בְּעֶרְכְּךָ
ג נְפָשֹׁת לַיהוָה: וְהָיָה עֶרְכְּךָ הַזָּכָר מִבֶּן עֶשְׂרִים
שָׁנָה וְעַד בֶּן־שִׁשִּׁים שָׁנָה וְהָיָה עֶרְכְּךָ חֲמִשִּׁים
ד שֶׁקֶל כֶּסֶף בְּשֶׁקֶל הַקֹּדֶשׁ: וְאִם־נְקֵבָה הִוא וְהָיָה
ה עֶרְכְּךָ שְׁלֹשִׁים שָׁקֶל: וְאִם מִבֶּן־חָמֵשׁ שָׁנִים
וְעַד בֶּן־עֶשְׂרִים שָׁנָה וְהָיָה עֶרְכְּךָ הַזָּכָר עֶשְׂרִים
ו שְׁקָלִים וְלַנְּקֵבָה עֲשֶׂרֶת שְׁקָלִים: וְאִם מִבֶּן־
חֹדֶשׁ וְעַד בֶּן־חָמֵשׁ שָׁנִים וְהָיָה עֶרְכְּךָ הַזָּכָר
חֲמִשָּׁה שְׁקָלִים כָּסֶף וְלַנְּקֵבָה עֶרְכְּךָ שְׁלֹשֶׁת
ז שְׁקָלִים כָּסֶף: וְאִם מִבֶּן־שִׁשִּׁים שָׁנָה וָמַעְלָה
אִם־זָכָר וְהָיָה עֶרְכְּךָ חֲמִשָּׁה עָשָׂר שָׁקֶל וְלַנְּקֵבָה
ח עֲשָׂרָה שְׁקָלִים: וְאִם־מָךְ הוּא מֵעֶרְכֶּךָ וְהֶעֱמִידוֹ
לִפְנֵי הַכֹּהֵן וְהֶעֱרִיךְ אֹתוֹ הַכֹּהֵן עַל־פִּי אֲשֶׁר
ט תַּשִּׂיג יַד הַנֹּדֵר יַעֲרִיכֶנּוּ הַכֹּהֵן: וְאִם־
בְּהֵמָה אֲשֶׁר יַקְרִיבוּ מִמֶּנָּה קָרְבָּן לַיהוָה כֹּל ס
י אֲשֶׁר יִתֵּן מִמֶּנּוּ לַיהוָה יִהְיֶה־קֹּדֶשׁ: לֹא יַחֲלִיפֶנּוּ
וְלֹא־יָמִיר אֹתוֹ טוֹב בְּרָע אוֹ־רַע בְּטוֹב וְאִם־
הָמֵר יָמִיר בְּהֵמָה בִּבְהֵמָה וְהָיָה־הוּא וּתְמוּרָתוֹ
יא יִהְיֶה־קֹּדֶשׁ: וְאִם כָּל־בְּהֵמָה טְמֵאָה אֲשֶׁר
לֹא־יַקְרִיבוּ מִמֶּנָּה קָרְבָּן לַיהוָה וְהֶעֱמִיד אֶת־

מצווה שנ
חובת המעריך אדם לתת את ערכו

מצווה שנא
איסור המרת קודשים

מצווה שנב
מצוות היות תמורת הקודש — קודש

מצווה שנג
חובת המעריך בהמה לתת את ערכה

כז בחקתי

יב הַבְּהֵמָה לִפְנֵי הַכֹּהֵן׃ וְהֶעֱרִיךְ הַכֹּהֵן אֹתָהּ
יג בֵּין טוֹב וּבֵין רָע כְּעֶרְכְּךָ הַכֹּהֵן כֵּן יִהְיֶה׃ וְאִם־

כז א ב וּמַלֵּיל יי עִם מֹשֶׁה לְמֵימַר: מַלֵּיל, עִם בְּנֵי יִשְׂרָאֵל וְתֵימַר לְהוֹן, גְּבַר, אֲרֵי יַפְרֵישׁ נְדַר, בְּפֻרְסַן
ג נַפְשָׁתָא קֳדָם יי: וִיהֵי פֻּרְסָנֵיהּ דִּדְכוּרָא, מִבַּר עֶסְרִין שְׁנִין, וְעַד בַּר שִׁתִּין שְׁנִין, וִיהֵי פֻּרְסָנֵיהּ,
ד ה חַמְשִׁין, סִלְעִין דִּכְסַף בְּסִלְעֵי קֻדְשָׁא: וְאִם נֻקְבְּתָא הִיא, וִיהֵי פֻּרְסָנַהּ תְּלָתִין סִלְעִין: וְאִם
מִבַּר חֲמֵשׁ שְׁנִין, וְעַד בַּר עֶסְרִין שְׁנִין, וִיהֵי פֻּרְסָנֵיהּ, דִּדְכוּרָא עֶסְרִין סִלְעִין, וּלְנֻקְבְּתָא עֲסַר
ו סִלְעִין: וְאִם מִבַּר יַרְחָא, וְעַד בַּר חֲמֵשׁ שְׁנִין, וִיהֵי פֻּרְסָנֵיהּ דִּדְכוּרָא, חֲמֵשׁ סִלְעִין דִּכְסַף,
ז וּלְנֻקְבְּתָא פֻּרְסָנַהּ, תְּלָת סִלְעִין דִּכְסַף: וְאִם, מִבַּר שִׁתִּין שְׁנִין וּלְעֵילָּא אִם דְּכוּרָא, וִיהֵי
ח פֻּרְסָנֵיהּ, חֲמֵשׁ עֲסַר סִלְעִין, וּלְנֻקְבְּתָא עֲסַר סִלְעִין: וְאִם מִסְכֵּין הוּא מִפֻּרְסָנֵיהּ, וִיקִימִנֵּיהּ
ט קֳדָם כַּהֲנָא, וְיִפְרוֹס יָתֵיהּ כַּהֲנָא, עַל פּוּם, דְּתַדְבֵּיק יַד נָדְרָא, יְפָרְסִנֵּיהּ כַּהֲנָא: וְאִם בְּעִירָא,
י דִּיקָרְבוּן מִנַּהּ, קֻרְבָּנָא קֳדָם יי, כָּל דְּיִתֵּין מִנֵּיהּ, קֳדָם יי יְהֵי קֻדְשָׁא: לָא יַחְלְפִנֵּיהּ, וְלָא יַעְבַּר
יָתֵיהּ, טָב בְּבִישׁ אוֹ בִּישׁ בְּטָב, וְאִם חַלָּפָא יְחַלֵּיף בְּעִירָא בִּבְעִירָא, וִיהֵי הוּא וְחִלּוּפֵיהּ
יא יְהֵי קֻדְשָׁא: וְאִם כָּל בְּעִירָא מְסָאֲבָא, דְּלָא יְקָרְבוּן מִנַּהּ, קֻרְבָּנָא קֳדָם יי, וִיקִים יָת בְּעִירָא
יב יג קֳדָם כַּהֲנָא: וְיִפְרוֹס כַּהֲנָא יָתַהּ, בֵּין טָב וּבֵין בִּישׁ, כְּפֻרְסַן כַּהֲנָא כֵּן יְהֵי: וְאִם מִפְרָק

פרק כז

ב| **כִּי יַפְלִא.** יַפְרִישׁ בְּפִיו: **בְּעֶרְכְּךָ נְפָשֹׁת.** לִתֵּן עֵרֶךְ נַפְשׁוֹ, לוֹמַר עֵרֶךְ דָּבָר שֶׁנַּפְשׁוֹ תְּלוּיָה בּוֹ עָלַי:

ג| **וְהָיָה עֶרְכְּךָ וגו׳.** אֵין ׳עֵרֶךְ׳ זֶה לְשׁוֹן דָּמִים, אֶלָּא בֵּין שֶׁהוּא יָקָר בֵּין שֶׁהוּא זוֹל, כְּפִי שָׁנָיו הוּא הָעֵרֶךְ הַקָּצוּב עָלָיו בְּפָרָשָׁה זוֹ: **עֶרְכְּךָ.** כְּמוֹ ׳עֵרֶךְ׳, וְכֵפֶל הַכָּפִי״ן לֹא יָדַעְתִּי מֵאֵיזֶה לָשׁוֹן הוּא:

ה| **וְאִם מִבֶּן חָמֵשׁ שָׁנִים.** לֹא שֶׁיְּהֵא הַנּוֹדֵר קָטָן, שֶׁאֵין בְּדִבְרֵי קָטָן כְּלוּם, אֶלָּא גָּדוֹל שֶׁאָמַר: ׳עֵרֶךְ קָטָן זֶה שֶׁהוּא בֶּן חָמֵשׁ שָׁנִים, עָלַי׳:

ז| **וְאִם מִבֶּן שִׁשִּׁים שָׁנָה וגו׳.** כְּשֶׁמַּגִּיעַ לִימֵי הַזִּקְנָה הָאִשָּׁה קְרוֹבָה לְהֵחָשֵׁב כְּאִישׁ, לְפִיכָךְ הָאִישׁ פּוֹחֵת בְּהִזְדַּקְנוֹ יוֹתֵר מִשְּׁלִישׁ בְּעֶרְכּוֹ וְהָאִשָּׁה אֵינָהּ פּוֹחֶתֶת אֶלָּא שְׁלִישׁ בְּעֶרְכָּהּ, דְּאָמְרֵי אֱנָשֵׁי: סָבָא בְּבֵיתָא פָּחָא בְּבֵיתָא, סַבְתָּא בְּבֵיתָא סִימָא בְּבֵיתָא וְסִימָנָא טָבָא בְּבֵיתָא:

ח| **וְאִם מָךְ הוּא.** שֶׁאֵין יָדוֹ מַשֶּׂגֶת לִתֵּן הָעֵרֶךְ הַזֶּה: **עַל פִּי אֲשֶׁר תַּשִּׂיג.** לְפִי מַה שֶּׁיֵּשׁ לוֹ יְסַדְּרֶנּוּ, וְיַשְׁאִיר לוֹ כְּדֵי חַיָּיו, מִטָּה כַּר וָכֶסֶת וּכְלֵי אֻמָּנוּת, אִם הָיָה חַמָּר מַשְׁאִיר לוֹ חֲמוֹרוֹ:

ט| **כֹּל אֲשֶׁר יִתֵּן מִמֶּנּוּ.** אָמַר: ׳רַגְלָהּ שֶׁל זוֹ עוֹלָה׳, דְּבָרָיו קַיָּמִין, וְתִמָּכֵר לִצְרִיכֵי עוֹלָה, וְדָמֶיהָ חֻלִּין חוּץ מִדְּמֵי אוֹתוֹ הָאֵבָר:

י| **טוֹב בְּרָע.** תָּם בְּבַעַל מוּם: **אוֹ רַע בְּטוֹב.** וְכָל שֶׁכֵּן טוֹב בְּטוֹב וְרַע בְּרָע:

יא| **וְאִם כָּל בְּהֵמָה טְמֵאָה.** בְּבַעֲלַת מוּם הַכָּתוּב מְדַבֵּר שֶׁהִיא טְמֵאָה לְהַקְרָבָה, וְלִמֶּדְךָ הַכָּתוּב שֶׁאֵין קָדָשִׁים תְּמִימִים יוֹצְאִין לְחֻלִּין בְּפִדְיוֹן, אֶלָּא אִם כֵּן הוּמְמוּ:

יב| **כְּעֶרְכְּךָ הַכֹּהֵן כֵּן יִהְיֶה.** לִשְׁאָר כָּל אָדָם הַבָּא לִקְנוֹתָהּ מִיַּד הֶקְדֵּשׁ:

יג| **וְאִם גָּאֹל יִגְאָלֶנָּה.** בַּבְּעָלִים הֶחְמִיר הַכָּתוּב לְהוֹסִיף חֹמֶשׁ, וְכֵן בְּמַקְדִּישׁ בַּיִת, וְכֵן בְּמַקְדִּישׁ אֶת הַשָּׂדֶה, וְכֵן בְּפִדְיוֹן מַעֲשֵׂר שֵׁנִי, הַבְּעָלִים מוֹסִיפִין חֹמֶשׁ וְלֹא שְׁאָר כָּל אָדָם:

בחקתי

יד גְּאַל יִגְאָלֶנָּה וְיָסַף חֲמִישִׁתוֹ עַל־עֶרְכֶּךָ׃ וְאִישׁ
כִּי־יַקְדִּשׁ אֶת־בֵּיתוֹ קֹדֶשׁ לַיהוָה וְהֶעֱרִיכוֹ
הַכֹּהֵן בֵּין טוֹב וּבֵין רָע כַּאֲשֶׁר יַעֲרִיךְ אֹתוֹ
טו הַכֹּהֵן כֵּן יָקוּם׃ וְאִם־הַמַּקְדִּישׁ יִגְאַל אֶת־בֵּיתוֹ
טז וְיָסַף חֲמִישִׁית כֶּסֶף־עֶרְכְּךָ עָלָיו וְהָיָה לוֹ׃ וְאִם ׀
מִשְּׂדֵה אֲחֻזָּתוֹ יַקְדִּישׁ אִישׁ לַיהוָה וְהָיָה עֶרְכְּךָ
לְפִי זַרְעוֹ זֶרַע חֹמֶר שְׂעֹרִים בַּחֲמִשִּׁים שֶׁקֶל
יז כָּסֶף׃ אִם־מִשְּׁנַת הַיֹּבֵל יַקְדִּישׁ שָׂדֵהוּ כְּעֶרְכְּךָ
יח יָקוּם׃ וְאִם־אַחַר הַיֹּבֵל יַקְדִּישׁ שָׂדֵהוּ וְחִשַּׁב־
לוֹ הַכֹּהֵן אֶת־הַכֶּסֶף עַל־פִּי הַשָּׁנִים הַנּוֹתָרֹת
★ יט עַד שְׁנַת הַיֹּבֵל וְנִגְרַע מֵעֶרְכֶּךָ׃ וְאִם־גָּאֹל יִגְאַל
אֶת־הַשָּׂדֶה הַמַּקְדִּישׁ אֹתוֹ וְיָסַף חֲמִשִׁית כֶּסֶף־
כ עֶרְכְּךָ עָלָיו וְקָם לוֹ׃ וְאִם־לֹא יִגְאַל אֶת־הַשָּׂדֶה
וְאִם־מָכַר אֶת־הַשָּׂדֶה לְאִישׁ אַחֵר לֹא־יִגָּאֵל
כא עוֹד׃ וְהָיָה הַשָּׂדֶה בְּצֵאתוֹ בַיֹּבֵל קֹדֶשׁ לַיהוָה
כב כִּשְׂדֵה הַחֵרֶם לַכֹּהֵן תִּהְיֶה אֲחֻזָּתוֹ׃ וְאִם אֶת־
שְׂדֵה מִקְנָתוֹ אֲשֶׁר לֹא מִשְּׂדֵה אֲחֻזָּתוֹ יַקְדִּישׁ
כג לַיהוָה׃ וְחִשַּׁב־לוֹ הַכֹּהֵן אֵת מִכְסַת הָעֶרְכְּךָ
עַד שְׁנַת הַיֹּבֵל וְנָתַן אֶת־הָעֶרְכְּךָ בַּיּוֹם הַהוּא
כד קֹדֶשׁ לַיהוָה׃ בִּשְׁנַת הַיּוֹבֵל יָשׁוּב הַשָּׂדֶה
לַאֲשֶׁר קָנָהוּ מֵאִתּוֹ לַאֲשֶׁר־לוֹ אֲחֻזַּת הָאָרֶץ׃

מצווה שנד
חובת המקדיש בית ורוצה לפדותו, לתת את ערכו בתוספת חומש

חמישי / שביעי /

מצווה שנה
חובת המקדיש שדה ורוצה לפדותו, לתת את ערכה

ששי

יד	יִפְרְקִנַּהּ, וְיוֹסֵיף חֲמִשָׁיה עַל פַּרְסָנֵיהּ: וּגְבַר, אֲרֵי יַקְדֵּישׁ יָת בֵּיתֵיהּ קֻדְשָׁא קֳדָם יְיָ, וִיפַרְסְנֵיהּ
טו	כַּהֲנָא, בֵּין טָב וּבֵין בִּישׁ, כְּמָא דִּיפָרוֹס יָתֵיהּ, כַּהֲנָא כֵּן יְקוּם: וְאִם דְּאַקְדֵּישׁ, יִפְרוֹק יָת בֵּיתֵיהּ,
טז	וְיוֹסֵיף, חוּמַשׁ כְּסַף פַּרְסָנֵיהּ, עֲלוֹהִי וִיהֵי לֵיהּ: וְאִם מֵחֲקַל אַחְסַנְתֵיהּ, יַקְדֵּישׁ גְּבַר קֳדָם יְיָ, וִיהֵי
יז	פַּרְסָנֵיהּ לְפוּם זַרְעֵיהּ, בַּר זְרַע כּוֹר סְעוֹרִין, בַּחֲמִשִּׁין סִלְעִין דִּכְסַף: אִם מִשַּׁתָּא דְּיוֹבִילָא יַקְדֵּישׁ
יח	חַקְלֵיהּ, כְּפַרְסָנֵיהּ יְקוּם: וְאִם בָּתַר יוֹבִילָא יַקְדֵּישׁ חַקְלֵיהּ, וִיחַשֵּׁיב לֵיהּ כַּהֲנָא יָת כַּסְפָּא, עַל
יט	פּוּם שְׁנַיָּא דְּאִשְׁתָּאֲרָא, עַד שַׁתָּא דְּיוֹבִילָא, וְיִתְמְנַע מִפַּרְסָנֵיהּ: וְאִם מִפְרַק יִפְרוֹק יָת חַקְלָא,
כ	דְּאַקְדֵּישׁ יָתֵיהּ, וְיוֹסֵיף, חוּמַשׁ כְּסַף פַּרְסָנֵיהּ, עֲלוֹהִי וִיקוּם לֵיהּ: וְאִם לָא יִפְרוֹק יָת חַקְלָא, וְאִם
כא	זַבֵּין יָת חַקְלָא לִגְבַר אָחֳרָן, לָא יִתְפְּרֵיק עוֹד: וִיהֵי חַקְלָא בְּמִפְּקֵיהּ בְּיוֹבִילָא, קֻדְשָׁא קֳדָם יְיָ
כב	כַּחֲקַל חֶרְמָא, לְכַהֲנָא תְּהֵי אַחְסַנְתֵיהּ: וְאִם יָת חֲקַל זְבִינוֹהִי, דְּלָא מֵחֲקַל אַחְסַנְתֵיהּ, יַקְדֵּישׁ
כג	קֳדָם יְיָ: וִיחַשֵּׁיב לֵיהּ כַּהֲנָא, יָת סְכוּם פַּרְסָנֵיהּ, עַד שַׁתָּא דְּיוֹבִילָא, וְיִתֵּין יָת פַּרְסָנֵיהּ בְּיוֹמָא הַהוּא,
כד	קֻדְשָׁא קֳדָם יְיָ: בְּשַׁתָּא דְּיוֹבִילָא יְתוּב חַקְלָא, לִדְזַבְּנֵיהּ מִנֵּיהּ, לְדִדִילֵיהּ אַחְסָנַת אַרְעָא:

טז) **וְהָיָה עֶרְכְּךָ לְפִי זַרְעוֹ.** וְלֹא כְּפִי שָׁוְיָהּ; אַחַת שָׂדֶה טוֹבָה וְאַחַת שָׂדֶה רָעָה פִּדְיוֹן הֶקְדֵּשָׁהּ שָׁוֶה, בֵּית כּוֹר שְׂעוֹרִים בַּחֲמִשִּׁים שְׁקָלִים, כָּךְ גְּזֵרַת הַכָּתוּב; וְהוּא שֶׁבָּא לְגָאֳלָהּ בִּתְחִלַּת הַיּוֹבֵל, וְאִם בָּא לְגָאֳלָהּ בְּאֶמְצָעוֹ נוֹתֵן לְפִי הַחֶשְׁבּוֹן, סֶלַע וּפֻנְדְּיוֹן לְשָׁנָה, לְפִי שֶׁאֵינָהּ הֶקְדֵּשׁ אֶלָּא לְמִנְיַן שְׁנוֹת הַיּוֹבֵל, שֶׁאִם נִגְאֲלָה הֲרֵי טוֹב, וְאִם לָאו — הַגִּזְבָּר מוֹכְרָהּ בַּדָּמִים הַלָּלוּ לְאַחֵר וְעוֹמֶדֶת בְּיַד הַלּוֹקֵחַ עַד הַיּוֹבֵל כִּשְׁאָר כָּל הַשָּׂדוֹת הַמְּכוּרוֹת, וּכְשֶׁהִיא יוֹצְאָה מִיָּדוֹ חוֹזֶרֶת לַכֹּהֲנִים שֶׁל אוֹתוֹ מִשְׁמָר שֶׁהַיּוֹבֵל פּוֹגֵעַ בּוֹ, וּמִתְחַלֶּקֶת בֵּינֵיהֶם. זֶהוּ הַמִּשְׁפָּט הָאָמוּר בְּמַקְדִּישׁ שָׂדֶה. וְעַכְשָׁיו אֲפָרְשֶׁנּוּ עַל סֵדֶר הַמִּקְרָאוֹת:

יז) **אִם מִשְּׁנַת הַיֹּבֵל יַקְדִּישׁ וְגוֹ'.** אִם מִשֶּׁעָבְרָה שְׁנַת הַיּוֹבֵל מִיַּד הִקְדִּישָׁהּ, וּבָא זֶה לְגָאֳלָהּ מִיָּד: **כְּעֶרְכְּךָ יָקוּם.** כָּעֵרֶךְ הַזֶּה הָאָמוּר יִהְיֶה, חֲמִשִּׁים כֶּסֶף יִתֵּן:

יח) **וְאִם אַחַר הַיֹּבֵל יַקְדִּישׁ.** וְכֵן אִם הִקְדִּישָׁהּ מִשְּׁנַת הַיּוֹבֵל וְנִשְׁתַּהֵית בְּיַד גִּזְבָּר, וּבָא זֶה לְגָאֳלָהּ אַחַר הַיּוֹבֵל: **וְחִשַּׁב לוֹ הַכֹּהֵן אֶת הַכֶּסֶף עַל פִּי הַשָּׁנִים הַנּוֹתָרֹת.** כְּפִי חֶשְׁבּוֹן. כֵּיצַד? הֲרֵי קָצַב דָּמֶיהָ שֶׁל אַרְבָּעִים וָתֵשַׁע שָׁנָה חֲמִשִּׁים שֶׁקֶל, הֲרֵי שֶׁקֶל לְכָל שָׁנָה וְשֶׁקֶל יָתֵר עַל כֻּלָּן, וְהַשֶּׁקֶל — אַרְבָּעִים וּשְׁמוֹנָה פֻּנְדְּיוֹנִין, הֲרֵי סֶלַע וּפֻנְדְּיוֹן לְשָׁנָה, אֶלָּא שֶׁחָסֵר פֻּנְדְּיוֹן אֶחָד לְכֻלָּן, וְאָמְרוּ רַבּוֹתֵינוּ שֶׁאוֹתוֹ פֻּנְדְּיוֹן קָלְבּוֹן לִפְרוֹטְרוֹט, וְהַבָּא לִגְאֹל יִתֵּן סֶלַע וּפֻנְדְּיוֹן לְכָל שָׁנָה לַשָּׁנִים הָעֲתִידוֹת עַד שְׁנַת הַיּוֹבֵל. **וְנִגְרַע**

מֵעֶרְכֶּךָ. מִנְיַן הַשָּׁנִים שֶׁמִּשְּׁנַת הַיּוֹבֵל עַד שְׁנַת הַפִּדְיוֹן:

יט) **וְאִם גָּאֹל יִגְאַל... הַמַּקְדִּישׁ אֹתוֹ.** יוֹסִיף חֹמֶשׁ עַל הַקִּצְבָה הַזֹּאת:

כ) **וְאִם לֹא יִגְאַל אֶת הַשָּׂדֶה.** הַמַּקְדִּישׁ: **וְאִם מָכַר.** הַגִּזְבָּר: **אֶת הַשָּׂדֶה לְאִישׁ אַחֵר לֹא יִגְאַל עוֹד.** לָשׁוּב לְיַד הַמַּקְדִּישׁ:

כא) **וְהָיָה הַשָּׂדֶה בְּצֵאתוֹ בַיֹּבֵל.** מִיַּד הַלּוֹקֵחַ מִן הַגִּזְבָּר, כְּדֶרֶךְ שְׁאָר שְׂדוֹת הַיּוֹצְאוֹת מִיַּד לוֹקְחֵיהֶם בַּיּוֹבֵל: **קֹדֶשׁ לַה'.** לֹא שֶׁיָּשׁוּב לְהֶקְדֵּשׁ בֶּדֶק הַבַּיִת לְיַד הַגִּזְבָּר, אֶלָּא "כִּשְׂדֵה הַחֵרֶם" הַנָּתוּן לַכֹּהֲנִים, שֶׁנֶּאֱמַר "כָּל חֵרֶם בְּיִשְׂרָאֵל לְךָ יִהְיֶה" (במדבר יח, יד), אַף זוֹ תִּתְחַלֵּק לַכֹּהֲנִים שֶׁל אוֹתוֹ מִשְׁמָר שֶׁיּוֹם הַכִּפּוּרִים שֶׁל יוֹבֵל פּוֹגֵעַ בּוֹ:

כב) **וְאִם אֶת שְׂדֵה מִקְנָתוֹ וְגוֹ'.** חִלּוּק יֵשׁ בֵּין שָׂדֶה מִקְנָה לִשְׂדֵה אֲחֻזָּה, שֶׁשְּׂדֵה מִקְנָה לֹא תִּתְחַלֵּק לַכֹּהֲנִים בַּיּוֹבֵל, לְפִי שֶׁאֵינוֹ יָכוֹל לְהַקְדִּישָׁהּ אֶלָּא עַד הַיּוֹבֵל, שֶׁהֲרֵי בַּיּוֹבֵל הָיְתָה עֲתִידָה לָצֵאת מִיָּדוֹ וְלָשׁוּב לַבְּעָלִים, לְפִיכָךְ אִם בָּא זֶה לְגָאֳלָהּ, יִגְאַל בַּדָּמִים הַלָּלוּ הַקְּצוּבִים לִשְׂדֵה אֲחֻזָּה. וְאִם לֹא יִגְאַל וְיִמְכְּרֶנָּה הַגִּזְבָּר לְאַחֵר, אוֹ אִם יִגְאַל הוּא, "בִּשְׁנַת הַיּוֹבֵל יָשׁוּב הַשָּׂדֶה לַאֲשֶׁר קָנָהוּ מֵאִתּוֹ" (להלן פסוק כד), אוֹתוֹ שֶׁהִקְדִּישָׁהּ. וּפֶן תֹּאמַר: "לַאֲשֶׁר קָנָהוּ", לְכָךְ הַלּוֹקֵחַ הַזֶּה הָאַחֲרוֹן "מֵאִתּוֹ", וְזֶהוּ הַגִּזְבָּר, לְכָךְ הֻצְרַךְ לוֹמַר: "לַאֲשֶׁר לוֹ אֲחֻזַּת הָאָרֶץ" (סה) מִירֻשַּׁת אָבוֹת, וְזֶהוּ בְּעָלִים הָרִאשׁוֹנִים שֶׁמְּכָרוּהָ לַמַּקְדִּישׁ:

ויקרא כז

וְכָל־עֶרְכְּךָ יִהְיֶה בְּשֶׁקֶל הַקֹּדֶשׁ עֶשְׂרִים גֵּרָה יִהְיֶה הַשָּׁקֶל: אַךְ־בְּכוֹר אֲשֶׁר־יְבֻכַּר לַיהֹוָה בִּבְהֵמָה לֹא־יַקְדִּישׁ אִישׁ אֹתוֹ אִם־שׁוֹר אִם־שֶׂה לַיהֹוָה הוּא: וְאִם בַּבְּהֵמָה הַטְּמֵאָה וּפָדָה בְעֶרְכֶּךָ וְיָסַף חֲמִשִׁתוֹ עָלָיו וְאִם־לֹא יִגָּאֵל וְנִמְכַּר בְּעֶרְכֶּךָ: אַךְ כָּל־חֵרֶם אֲשֶׁר יַחֲרִם אִישׁ לַיהֹוָה מִכָּל־אֲשֶׁר־לוֹ מֵאָדָם וּבְהֵמָה וּמִשְּׂדֵה אֲחֻזָּתוֹ לֹא יִמָּכֵר וְלֹא יִגָּאֵל כָּל־חֵרֶם קֹדֶשׁ־קָדָשִׁים הוּא לַיהֹוָה: כָּל־חֵרֶם אֲשֶׁר יָחֳרַם מִן־הָאָדָם לֹא יִפָּדֶה מוֹת יוּמָת: וְכָל־מַעְשַׂר הָאָרֶץ מִזֶּרַע הָאָרֶץ מִפְּרִי הָעֵץ לַיהֹוָה הוּא קֹדֶשׁ לַיהֹוָה: וְאִם־גָּאֹל יִגְאַל אִישׁ מִמַּעַשְׂרוֹ חֲמִשִׁיתוֹ יֹסֵף עָלָיו: וְכָל־מַעְשַׂר בָּקָר וָצֹאן כֹּל אֲשֶׁר־יַעֲבֹר תַּחַת הַשָּׁבֶט הָעֲשִׂירִי יִהְיֶה־קֹּדֶשׁ לַיהֹוָה: לֹא יְבַקֵּר בֵּין־טוֹב לָרַע וְלֹא יְמִירֶנּוּ וְאִם־הָמֵר יְמִירֶנּוּ וְהָיָה־הוּא וּתְמוּרָתוֹ יִהְיֶה־קֹּדֶשׁ לֹא יִגָּאֵל: אֵלֶּה הַמִּצְוֺת אֲשֶׁר צִוָּה יְהֹוָה אֶת־מֹשֶׁה אֶל־בְּנֵי יִשְׂרָאֵל בְּהַר סִינָי: חזק

מצווה שנו
איסור לשנות את ייעוד הקרבנות

מצווה שנז
חובת המחרים נכסיו לתתם לכהנים

מצווה שנח
איסור מכירת קרקע שהוחרמה

שביעי

מצווה שנט
איסור גאולת שדה החרם

מפטיר

מצווה שס
מצוות מעשר בהמה

מצווה שסא
איסור מכירת מעשר בהמה

כה] וְכָל עֶרְכְּךָ יִהְיֶה בְּשֶׁקֶל הַקֹּדֶשׁ. כָּל עֶרֶךְ שֶׁכָּתוּב בּוֹ 'שְׁקָלִים' יִהְיֶה בְּשֶׁקֶל הַקֹּדֶשׁ: עֶשְׂרִים גֵּרָה. עֶשְׂרִים מָעוֹת, כָּךְ הָיוּ מִתְּחִלָּה, וּלְאַחַר מִכָּאן הוֹסִיפוּ שְׁתוּת, וְאָמְרוּ רַבּוֹתֵינוּ: שֵׁם מָעָה כֶּסֶף דִּינָר, עֶשְׂרִים וְאַרְבַּע מָעוֹת לַסֶּלַע:

בחקתי

כו וְכָל פֻּרְקָנֵיהּ, יְהֵי בְּסִלְעֵי קֻדְשָׁא, עֶשְׂרִין מָעִין יְהֵי סִלְעָא: בְּרַם בּוּכְרָא, דְּיִתְבְּכַר קֳדָם יְיָ בִּבְעִירָא,
כז לָא יַקְדֵּישׁ גְּבַר יָתֵיהּ, אִם תּוֹר אִם אִמָּר, דַּייָ הוּא: וְאִם בִּבְעִירָא מְסָאָבָא וְיִפְרוֹק בְּפֻרְסָנֵיהּ,
כח וְיוֹסֵיף חֻמְשֵׁיהּ עֲלוֹהִי, וְאִם לָא יִתְפְּרִיק וְיִזְדַּבַּן בְּפֻרְסָנֵיהּ: בְּרַם כָּל חֶרְמָא, דְּיַחֲרֵים גְּבַר קֳדָם
יְיָ מִכָּל דִּילֵיהּ, מֵאֲנָשָׁא וּבְעִירָא וּמֵחֲקַל אַחְסַנְתֵּיהּ, לָא יִזְדַּבַּן וְלָא יִתְפְּרִיק, כָּל חֶרְמָא, קֹדֶשׁ
כט קֻדְשִׁין הוּא קֳדָם יְיָ: כָּל חֶרְמָא, דְּיִתַּחְרַם, מִן אֲנָשָׁא לָא יִתְפְּרִיק, אִתְקְטָלָא יִתְקְטִיל: וְכָל מַעְסַר
לא אַרְעָא, מִזַּרְעָא דְאַרְעָא מִפֵּירֵי אִילָנָא, דַּייָ הוּא, קֻדְשָׁא קֳדָם יְיָ: וְאִם מִפְרַק יִפְרוֹק גְּבַר
לב מִמַּעְסְרֵיהּ, חֻמְשֵׁיהּ יוֹסֵיף עֲלוֹהִי: וְכָל מַעְסַר תּוֹרִין וְעָן, כֹּל דְּיֵעְבַּר תְּחוֹת חוּטְרָא, עֲסִירָאָה, יְהֵי
לג קֻדְשָׁא קֳדָם יְיָ: לָא יְבַקַּר, בֵּין טָב לְבִישׁ וְלָא יַחְלְפִנֵּיהּ, וְאִם חַלָּפָא יַחְלְפִנֵּיהּ, וִיהֵי הוּא וְחִלּוּפֵיהּ,
לד יְהֵי קֻדְשָׁא לָא יִתְפְּרִיק: אִלֵּין פִּקּוּדַיָּא, דְּפַקִּיד יְיָ, יָת מֹשֶׁה לְוָת בְּנֵי יִשְׂרָאֵל, בְּטוּרָא דְסִינַי:

כו **לֹא יַקְדִּישׁ אִישׁ אֹתוֹ.** לְשֵׁם קָרְבָּן אַחֵר, לְפִי שֶׁאֵינוֹ שֶׁלּוֹ:

כז **וְאִם בַּבְּהֵמָה הַטְּמֵאָה וְגוֹ'.** אֵין הַמִּקְרָא הַזֶּה מוּסָב עַל הַבְּכוֹר, שֶׁאֵין לוֹמַר בִּבְכוֹר בְּהֵמָה טְמֵאָה "וּפָדָה בְעֶרְכֶּךָ", וַחֲמוֹר אֵין זֶה, שֶׁהֲרֵי אֵין פִּדְיוֹן פֶּטֶר חֲמוֹר אֶלָּא טָלֶה, וְהוּא מַתָּנָה לַכֹּהֵן וְאֵינוֹ לְהֶקְדֵּשׁ; אֶלָּא הַכָּתוּב מוּסָב עַל הַהֶקְדֵּשׁ, שֶׁהַפָּרָשָׁה שֶׁל מַעְלָה דִּבֵּר בְּפִדְיוֹן בְּהֵמָה טְהוֹרָה שֶׁהוּמְּמָה, וְכָאן דִּבֵּר בְּמַקְדִּישׁ בְּהֵמָה טְמֵאָה לְבֶדֶק הַבַּיִת: **וּפָדָה בְעֶרְכֶּךָ.** כְּפִי מַה שֶּׁיַּעֲרִיכֶנָּה הַכֹּהֵן: **וְאִם לֹא יִגָּאֵל.** עַל יְדֵי בְעָלִים: **וְנִמְכַּר בְּעֶרְכֶּךָ.** לַאֲחֵרִים:

כח **אַךְ כָּל חֵרֶם וְגוֹ'.** נֶחְלְקוּ רַבּוֹתֵינוּ בַּדָּבָר: יֵשׁ אוֹמְרִים סְתָם חֲרָמִים לְהֶקְדֵּשׁ, וּמָה אֲנִי מְקַיֵּם: "כָּל חֵרֶם בְּיִשְׂרָאֵל לְךָ יִהְיֶה" (במדבר יח, יד)? בְּחֶרְמֵי כֹהֲנִים, שֶׁפֵּרַשׁ וְאָמַר: 'הֲרֵי זֶה חֵרֶם לַכֹּהֵן'; וְיֵשׁ שֶׁאָמְרוּ סְתָם חֲרָמִים לַכֹּהֲנִים: לְדִבְרֵי הָאוֹמֵר סְתָם חֲרָמִים לַכֹּהֲנִים, מִפְּנֵי מַה נֶּאֱמַר מִקְרָא זֶה? בִּסְתָם חֲרָמִים, וְהָאוֹמֵר סְתָם חֲרָמִים לְבֶדֶק הַבַּיִת, מִפְּנֵי מָה נֶּאֱמַר מִקְרָא זֶה בְּחֶרְמֵי כֹהֲנִים, שֶׁהַכֹּל מוֹדִים שֶׁחֶרְמֵי כֹהֲנִים אֵין לָהֶם פִּדְיוֹן עַד שֶׁיָּבֹאוּ לְיַד כֹּהֵן, וַחֲרָמֵי גָבוֹהַּ נִפְדִּים: **כָּל חֵרֶם קֹדֶשׁ קָדָשִׁים הוּא.** הָאוֹמֵר סְתָם חֲרָמִים לְבֶדֶק הַבַּיִת מֵבִיא רְאָיָה מִכָּאן, וְהָאוֹמֵר סְתָם חֲרָמִים לַכֹּהֲנִים, מְפָרֵשׁ: "כָּל חֵרֶם קֹדֶשׁ קָדָשִׁים הוּא לַה'" – לְלַמֵּד שֶׁחֶרְמֵי כֹהֲנִים חָלִים עַל קָדְשֵׁי קָדָשִׁים וְעַל קָדָשִׁים קַלִּים, וְנוֹתֵן לַכֹּהֵן, כְּמוֹ שֶׁשָּׁנִינוּ בְּמַסֶּכֶת עֲרָכִין (דף כח):

ערכך: אִם נֶדֶר נוֹתֵן דָּמֶיהָ, וְאִם נְדָבָה נוֹתֵן אֶת

טוּבָתָהּ: מֵאָדָם. כְּגוֹן שֶׁהֶחֱרִים עֲבָדָיו וְשִׁפְחוֹתָיו הַכְּנַעֲנִים:

כט **כָּל חֵרֶם אֲשֶׁר יָחֳרַם וְגוֹ'.** הַיּוֹצֵא לֵהָרֵג וְאָמַר אֶחָד: "עֶרְכּוֹ עָלַי", לֹא אָמַר כְּלוּם: **מוֹת יוּמָת.** הֲרֵי הוֹלֵךְ לָמוּת, לְפִיכָךְ "לֹא יִפָּדֶה", אֵין לוֹ דָּמִים וְלֹא עֵרֶךְ:

ל **וְכָל מַעְשַׂר הָאָרֶץ.** בְּמַעֲשֵׂר שֵׁנִי הַכָּתוּב מְדַבֵּר: **מִזֶּרַע הָאָרֶץ.** דָּגָן: **מִפְּרִי הָעֵץ.** תִּירוֹשׁ וְיִצְהָר: **לַה' הוּא.** קְנָאוֹ הַשֵּׁם, וּמִשֻּׁלְחָנוֹ צִוָּה לְךָ לַעֲלוֹת וְלֶאֱכֹל בִּירוּשָׁלַיִם, כְּמוֹ שֶׁנֶּאֱמַר: "וְאָכַלְתָּ לִפְנֵי ה' אֱלֹהֶיךָ... מַעְשַׂר דְּגָנְךָ תִּירֹשְׁךָ" וְגוֹ' (דברים יד, כג):

לא **מִמַּעַשְׂרוֹ.** וְלֹא מִמַּעְשַׂר חֲבֵרוֹ; הַפּוֹדֶה מַעַשְׂרוֹ שֶׁל חֲבֵרוֹ אֵין חוֹמֶשׁ מוֹסִיף חֹמֶשׁ. וּמַה הִיא גְאֻלָּתוֹ? כְּדֵי לְהַתִּירוֹ בַּאֲכִילָה בְּכָל מָקוֹם, וְהַמָּעוֹת יַעֲלֶה וְיֹאכַל בִּירוּשָׁלַיִם, כְּמוֹ שֶׁכָּתוּב: "וְנָתַתָּה בַּכָּסֶף" וְגוֹ' (שם פסוק כה):

לב **תַּחַת הַשָּׁבֶט.** כְּשֶׁבָּא לְעַשְּׂרָן מוֹצִיאָן בַּפֶּתַח זֶה אַחַר זֶה, וְהָעֲשִׂירִי מַכֶּה בְּשֵׁבֶט צָבוּעַ בְּסִיקְרָא, לִהְיוֹת נִכָּר שֶׁהוּא מַעֲשֵׂר, כֵּן עוֹשֶׂה לִטְלָאִים וְלַעֲגָלִים שֶׁל כָּל שָׁנָה וְשָׁנָה: **יִהְיֶה קֹדֶשׁ.** לִקְרַב לַמִּזְבֵּחַ דָּמוֹ וְאֵמוּרָיו, וְהַבָּשָׂר נֶאֱכָל לַבְּעָלִים, שֶׁהֲרֵי לֹא נִמְנָה עִם שְׁאָר מַתְּנוֹת כְּהֻנָּה, וְלֹא מָצִינוּ שֶׁיְּהֵא נִתָּן לַכֹּהֲנִים:

לג **לֹא יְבַקֵּר וְגוֹ'.** לְפִי שֶׁנֶּאֱמַר: "וְכֹל מִבְחַר נִדְרֵיכֶם" (דברים יב, יא), יָכוֹל יְהֵא בּוֹרֵר וּמוֹצִיא אֶת הַיָּפָה? תַּלְמוּד לוֹמַר: "לֹא יְבַקֵּר בֵּין טוֹב לָרַע", בֵּין תָּם בֵּין בַּעַל מוּם חָלָה עָלָיו קְדֻשָּׁה. וְלֹא שֶׁיִּקְרַב בַּעַל מוּם, אֶלָּא יֵאָכֵל בְּתוֹרַת מַעֲשֵׂר, וְאָסוּר לְגָזֵז וְלֵעָבֵד:

הפטרת בחקתי

הפטרה לפרשת בחקתי גם כאשר בהר סיני ובחקתי מחוברות.

ירמיהו התנבא כארבעים שנה באחרית מלכות יהודה.

נראה שהנבואה שבהפטרה הושמעה בימיו של יאשיהו. יאשיהו פעל לתיקון העיוותים בממלכה, וירמיהו סייע לו. על כף המאזניים שתי אפשרויות: האם העם יתקן את דרכו? שמא העבודה הזרה תכריע, והעם יגלה והארץ תיחרב? מכיוון שירמיהו סייע ליאשיהו, לא זכה ירמיהו ליחס טוב מהעם ומצא חיזוק בקרבה לה'.

המילה 'ארץ' מופיעה בהפטרתנו בארבע משמעויות: כדור הארץ, מסגרת מדינית־לאומית, בית גידול לצומח ומקום נרמס ושפל.

וזו תמצית ההפטרה: עם ישראל נמצא בארץ (ישראל) וכל עמי (כדור) הארץ אמורים ללמוד ממנו כיצד להתנהל עלי ארץ. אם עם ישראל אינו מתנהל כראוי, הארץ (ישראל) הופכת ל"ארץ מלחה", הוא יוצא לגלות, לארץ אויב, ויורד לארץ, לשפל.

ירמיה לאשכנזים ולספרדים

טז יט יְהֹוָה עֻזִּי וּמָעֻזִּי וּמְנוּסִי בְּיוֹם צָרָה אֵלֶיךָ גּוֹיִם יָבֹאוּ מֵאַפְסֵי־אֶרֶץ וְיֹאמְרוּ
כ אַךְ־שֶׁקֶר נָחֲלוּ אֲבוֹתֵינוּ הֶבֶל וְאֵין־בָּם מוֹעִיל: הֲיַעֲשֶׂה־לּוֹ אָדָם אֱלֹהִים
כא וְהֵמָּה לֹא אֱלֹהִים: לָכֵן הִנְנִי מוֹדִיעָם בַּפַּעַם הַזֹּאת אוֹדִיעֵם אֶת־יָדִי וְאֶת־
יז א גְּבוּרָתִי וְיָדְעוּ כִּי־שְׁמִי יְהֹוָה: חַטַּאת יְהוּדָה כְּתוּבָה בְּעֵט בַּרְזֶל
ב בְּצִפֹּרֶן שָׁמִיר חֲרוּשָׁה עַל־לוּחַ לִבָּם וּלְקַרְנוֹת מִזְבְּחוֹתֵיכֶם: כִּזְכֹּר בְּנֵיהֶם
ג מִזְבְּחוֹתָם וַאֲשֵׁרֵיהֶם עַל־עֵץ רַעֲנָן עַל גְּבָעוֹת הַגְּבֹהוֹת: הֲרָרִי בַּשָּׂדֶה
ד חֵילְךָ כָל־אוֹצְרוֹתֶיךָ לָבַז אֶתֵּן בָּמֹתֶיךָ בְּחַטָּאת בְּכָל־גְּבוּלֶיךָ: וְשָׁמַטְתָּה
וּבְךָ מִנַּחֲלָתְךָ אֲשֶׁר נָתַתִּי לָךְ וְהַעֲבַדְתִּיךָ אֶת־אֹיְבֶיךָ בָּאָרֶץ אֲשֶׁר לֹא־
ה יָדָעְתָּ כִּי־אֵשׁ קְדַחְתֶּם בְּאַפִּי עַד־עוֹלָם תּוּקָד: כֹּה | אָמַר יְהֹוָה
אָרוּר הַגֶּבֶר אֲשֶׁר יִבְטַח בָּאָדָם וְשָׂם בָּשָׂר זְרֹעוֹ וּמִן־יְהֹוָה יָסוּר לִבּוֹ:
ו וְהָיָה כְּעַרְעָר בָּעֲרָבָה וְלֹא יִרְאֶה כִּי־יָבוֹא טוֹב וְשָׁכַן חֲרֵרִים בַּמִּדְבָּר אֶרֶץ
ז מְלֵחָה וְלֹא תֵשֵׁב: בָּרוּךְ הַגֶּבֶר אֲשֶׁר יִבְטַח בַּיהֹוָה וְהָיָה יְהֹוָה
ח מִבְטַחוֹ: וְהָיָה כְּעֵץ | שָׁתוּל עַל־מַיִם וְעַל־יוּבַל יְשַׁלַּח שָׁרָשָׁיו וְלֹא יִרְאֶ
כִּי־יָבֹא חֹם וְהָיָה עָלֵהוּ רַעֲנָן וּבִשְׁנַת בַּצֹּרֶת לֹא יִדְאָג וְלֹא יָמִישׁ מֵעֲשׂוֹת
ט י פֶּרִי: עָקֹב הַלֵּב מִכֹּל וְאָנֻשׁ הוּא מִי יֵדָעֶנּוּ: אֲנִי יְהֹוָה חֹקֵר לֵב בֹּחֵן כְּלָיוֹת
יא וְלָתֵת לְאִישׁ כִּדְרָכָו כִּפְרִי מַעֲלָלָיו: קֹרֵא דָגַר וְלֹא יָלָד עֹשֶׂה
יב עֹשֶׁר וְלֹא בְמִשְׁפָּט בַּחֲצִי יָמָו יַעַזְבֶנּוּ וּבְאַחֲרִיתוֹ יִהְיֶה נָבָל: כִּסֵּא כָבוֹד
יג מָרוֹם מֵרִאשׁוֹן מְקוֹם מִקְדָּשֵׁנוּ: מִקְוֵה יִשְׂרָאֵל יְהֹוָה כָּל־עֹזְבֶיךָ יֵבֹשׁוּ יסורי וְסוּרַי
יד בָּאָרֶץ יִכָּתֵבוּ כִּי עָזְבוּ מְקוֹר מַיִם־חַיִּים אֶת־יְהֹוָה: רְפָאֵנִי יְהֹוָה
וְאֵרָפֵא הוֹשִׁיעֵנִי וְאִוָּשֵׁעָה כִּי תְהִלָּתִי אָתָּה:

לאחר הבשורה על חורבן ממלכת יהודה ובית המקדש, בשנה השתים־עשרה לגלות יהויכין, מתחיל יחזקאל בנבואות הנחמה. אל העם שליווה אותו בגלות יהויכין, מצטרפים גולים מאסון חורבן הבית ומלכות בית דוד. בשלב זה מופנה המבט אל העתיד — שיבת ציון בעוד כיובל. יצירת מציאות מתוקנת מחייבת תיקון הטעויות מהעבר. אחת הסיבות שהביאו לחורבן הייתה המנהיגות המושחתת, שדאגה לעצמה במקום לעם. היא לקחה לעצמה את מיטב המשאבים שהיו לעם בארצו, במקום להשתמש בהם כדי להיטיב עם העם. הנביא מתאר שני דגמים של שלטון: אחד הרואה בעצמו ובטובתו יעד לפעילותו (עבר), ושני הרואה בטובת העם את יעדו (עתיד). בתיקון העיוותים מצוי השורש לגאולה.

יחזקאל לתימנים

לד א ב וַיְהִי דְבַר־יְהוָה אֵלַי לֵאמֹר: בֶּן־אָדָם הִנָּבֵא עַל־רוֹעֵי יִשְׂרָאֵל הִנָּבֵא
וְאָמַרְתָּ אֲלֵיהֶם לָרֹעִים כֹּה־אָמַר | אֲדֹנָי יֱהוִה הוֹי רֹעֵי יִשְׂרָאֵל אֲשֶׁר הָיוּ
ג רֹעִים אוֹתָם הֲלוֹא הַצֹּאן יִרְעוּ הָרֹעִים: אֶת־הַחֵלֶב תֹּאכֵלוּ וְאֶת־הַצֶּמֶר
ד תִּלְבָּשׁוּ הַבְּרִיאָה תִּזְבָּחוּ הַצֹּאן לֹא תִרְעוּ: אֶת־הַנַּחְלוֹת לֹא חִזַּקְתֶּם
וְאֶת־הַחוֹלָה לֹא־רִפֵּאתֶם וְלַנִּשְׁבֶּרֶת לֹא חֲבַשְׁתֶּם וְאֶת־הַנִּדַּחַת לֹא
הֲשֵׁבֹתֶם וְאֶת־הָאֹבֶדֶת לֹא בִקַּשְׁתֶּם וּבְחָזְקָה רְדִיתֶם אֹתָם וּבְפָרֶךְ:
ה וַתְּפוּצֶינָה מִבְּלִי רֹעֶה וַתִּהְיֶינָה לְאָכְלָה לְכָל־חַיַּת הַשָּׂדֶה וַתְּפוּצֶינָה:
ו יִשְׁגּוּ צֹאנִי בְּכָל־הֶהָרִים וְעַל כָּל־גִּבְעָה רָמָה וְעַל כָּל־פְּנֵי הָאָרֶץ נָפֹצוּ
ז ח צֹאנִי וְאֵין דּוֹרֵשׁ וְאֵין מְבַקֵּשׁ: לָכֵן רֹעִים שִׁמְעוּ אֶת־דְּבַר יְהוָה: חַי־אָנִי
נְאֻם | אֲדֹנָי יֱהוִה אִם־לֹא יַעַן הֱיוֹת־צֹאנִי | לָבַז וַתִּהְיֶינָה צֹאנִי לְאָכְלָה
לְכָל־חַיַּת הַשָּׂדֶה מֵאֵין רֹעֶה וְלֹא־דָרְשׁוּ רֹעַי אֶת־צֹאנִי וַיִּרְעוּ הָרֹעִים אוֹתָם
ט י וְאֶת־צֹאנִי לֹא רָעוּ: לָכֵן הָרֹעִים שִׁמְעוּ דְּבַר־יְהוָה: כֹּה־אָמַר
אֲדֹנָי יֱהוִה הִנְנִי אֶל־הָרֹעִים וְדָרַשְׁתִּי אֶת־צֹאנִי מִיָּדָם וְהִשְׁבַּתִּים מֵרְעוֹת
צֹאן וְלֹא־יִרְעוּ עוֹד הָרֹעִים אוֹתָם וְהִצַּלְתִּי צֹאנִי מִפִּיהֶם וְלֹא־תִהְיֶיןָ לָהֶם
יא לְאָכְלָה: כִּי כֹּה אָמַר אֲדֹנָי יֱהוִה הִנְנִי־אָנִי וְדָרַשְׁתִּי אֶת־צֹאנִי
יב וּבִקַּרְתִּים: כְּבַקָּרַת רֹעֶה עֶדְרוֹ בְּיוֹם־הֱיוֹתוֹ בְתוֹךְ־צֹאנוֹ נִפְרָשׁוֹת כֵּן אֲבַקֵּר
אֶת־צֹאנִי וְהִצַּלְתִּי אֶתְהֶם מִכָּל־הַמְּקוֹמֹת אֲשֶׁר נָפֹצוּ שָׁם בְּיוֹם עָנָן וַעֲרָפֶל:
יג וְהוֹצֵאתִים מִן־הָעַמִּים וְקִבַּצְתִּים מִן־הָאֲרָצוֹת וַהֲבִיאוֹתִים אֶל־אַדְמָתָם
יד וּרְעִיתִים אֶל־הָרֵי יִשְׂרָאֵל בָּאֲפִיקִים וּבְכֹל מוֹשְׁבֵי הָאָרֶץ: בְּמִרְעֶה־טּוֹב
אֶרְעֶה אֹתָם וּבְהָרֵי מְרוֹם־יִשְׂרָאֵל יִהְיֶה נְוֵהֶם שָׁם תִּרְבַּצְנָה בְּנָוֶה טּוֹב
טו וּמִרְעֶה שָׁמֵן תִּרְעֶינָה אֶל־הָרֵי יִשְׂרָאֵל: אֲנִי אֶרְעֶה צֹאנִי וַאֲנִי אַרְבִּיצֵם
טז נְאֻם אֲדֹנָי יֱהוִה: אֶת־הָאֹבֶדֶת אֲבַקֵּשׁ וְאֶת־הַנִּדַּחַת אָשִׁיב וְלַנִּשְׁבֶּרֶת
אֶחֱבֹשׁ וְאֶת־הַחוֹלָה אֲחַזֵּק וְאֶת־הַשְּׁמֵנָה וְאֶת־הַחֲזָקָה אַשְׁמִיד אֶרְעֶנָּה
יז בְמִשְׁפָּט: וְאַתֵּנָה צֹאנִי כֹּה אָמַר אֲדֹנָי יֱהוִה הִנְנִי שֹׁפֵט בֵּין־שֶׂה לָשֶׂה

ויקרא

לָאֵילִים וְלָעַתּוּדִים: הַמְעַט מִכֶּם הַמִּרְעֶה הַטּוֹב תִּרְעוּ וְיֶתֶר מִרְעֵיכֶם יח
תִּרְמְסוּ בְּרַגְלֵיכֶם וּמִשְׁקַע־מַיִם תִּשְׁתּוּ וְאֵת הַנּוֹתָרִים בְּרַגְלֵיכֶם תִּרְפֹּשׂוּן:
וְצֹאנִי מִרְמַס רַגְלֵיכֶם תִּרְעֶינָה וּמִרְפַּשׂ רַגְלֵיכֶם תִּשְׁתֶּינָה: לָכֵן יט
כֹּה אָמַר אֲדֹנָי יְהֹוִה אֲלֵיהֶם הִנְנִי־אָנִי וְשָׁפַטְתִּי בֵּין־שֶׂה בְרִיָּה וּבֵין שֶׂה
רָזָה: יַעַן בְּצַד וּבְכָתֵף תֶּהְדֹּפוּ וּבְקַרְנֵיכֶם תְּנַגְּחוּ כָּל־הַנַּחְלוֹת עַד אֲשֶׁר כא
הֲפִיצוֹתֶם אוֹתָנָה אֶל־הַחוּצָה: וְהוֹשַׁעְתִּי לְצֹאנִי וְלֹא־תִהְיֶינָה עוֹד לָבַז כב
וְשָׁפַטְתִּי בֵּין שֶׂה לָשֶׂה: וַהֲקִמֹתִי עֲלֵיהֶם רֹעֶה אֶחָד וְרָעָה אֶתְהֶן אֵת כג
עַבְדִּי דָוִד הוּא יִרְעֶה אֹתָם וְהוּא יִהְיֶה לָהֶן לְרֹעֶה: וַאֲנִי יְהֹוָה אֶהְיֶה כד
לָהֶם לֵאלֹהִים וְעַבְדִּי דָוִד נָשִׂיא בְּתוֹכָם אֲנִי יְהֹוָה דִּבַּרְתִּי: וְכָרַתִּי לָהֶם כה
בְּרִית שָׁלוֹם וְהִשְׁבַּתִּי חַיָּה־רָעָה מִן־הָאָרֶץ וְיָשְׁבוּ בַמִּדְבָּר לָבֶטַח וְיָשְׁנוּ
בַּיְּעָרִים: וְנָתַתִּי אוֹתָם וּסְבִיבוֹת גִּבְעָתִי בְּרָכָה וְהוֹרַדְתִּי הַגֶּשֶׁם בְּעִתּוֹ כו
גִשְׁמֵי בְרָכָה יִהְיוּ: וְנָתַן עֵץ הַשָּׂדֶה אֶת־פִּרְיוֹ וְהָאָרֶץ תִּתֵּן יְבוּלָהּ וְהָיוּ כז
עַל־אַדְמָתָם לָבֶטַח וְיָדְעוּ כִּי־אֲנִי יְהֹוָה בְּשִׁבְרִי אֶת־מֹטוֹת עֻלָּם וְהִצַּלְתִּים
מִיַּד הָעֹבְדִים בָּהֶם:

במדבר

פרשת במדבר

במדבר

במדבר

א וַיְדַבֵּ֨ר יְהוָ֧ה אֶל־מֹשֶׁ֛ה בְּמִדְבַּ֥ר סִינַ֖י בְּאֹ֣הֶל מוֹעֵ֑ד בְּאֶחָד֩ לַחֹ֨דֶשׁ הַשֵּׁנִ֜י בַּשָּׁנָ֣ה הַשֵּׁנִ֗ית לְצֵאתָ֛ם מֵאֶ֥רֶץ מִצְרַ֖יִם לֵאמֹֽר: ב שְׂא֗וּ אֶת־רֹאשׁ֙ כָּל־עֲדַ֣ת בְּנֵֽי־יִשְׂרָאֵ֔ל לְמִשְׁפְּחֹתָ֖ם לְבֵ֣ית אֲבֹתָ֑ם בְּמִסְפַּ֣ר שֵׁמ֔וֹת כָּל־זָכָ֖ר לְגֻלְגְּלֹתָֽם: ג מִבֶּ֨ן עֶשְׂרִ֤ים שָׁנָה֙ וָמַ֔עְלָה כָּל־יֹצֵ֥א צָבָ֖א בְּיִשְׂרָאֵ֑ל תִּפְקְד֥וּ אֹתָ֛ם לְצִבְאֹתָ֖ם אַתָּ֥ה וְאַהֲרֹֽן: ד וְאִתְּכֶ֣ם יִהְי֔וּ אִ֥ישׁ אִ֖ישׁ לַמַּטֶּ֑ה אִ֛ישׁ רֹ֥אשׁ לְבֵית־אֲבֹתָ֖יו הֽוּא: ה וְאֵ֙לֶּה֙ שְׁמ֣וֹת הָֽאֲנָשִׁ֔ים אֲשֶׁ֥ר יַֽעַמְד֖וּ אִתְּכֶ֑ם לִרְאוּבֵ֕ן אֱלִיצ֖וּר בֶּן־שְׁדֵיאֽוּר: ו לְשִׁמְע֕וֹן שְׁלֻמִיאֵ֖ל בֶּן־צוּרִֽישַׁדָּֽי: ז לִֽיהוּדָ֕ה נַחְשׁ֖וֹן בֶּן־עַמִּינָדָֽב: ח לְיִ֨שָּׂשכָ֔ר נְתַנְאֵ֖ל בֶּן־צוּעָֽר: ט לִזְבוּלֻ֕ן אֱלִיאָ֖ב בֶּן־חֵלֹֽן: י לִבְנֵ֣י יוֹסֵ֔ף לְאֶפְרַ֕יִם אֱלִישָׁמָ֖ע בֶּן־עַמִּיה֑וּד לִמְנַשֶּׁ֕ה גַּמְלִיאֵ֖ל בֶּן־פְּדָהצֽוּר: יא לְבִ֨נְיָמִ֔ן אֲבִידָ֖ן בֶּן־גִּדְעֹנִֽי: יב לְדָ֕ן אֲחִיעֶ֖זֶר בֶּן־עַמִּֽישַׁדָּֽי: יג לְאָשֵׁ֕ר פַּגְעִיאֵ֖ל בֶּן־עָכְרָֽן: יד לְגָ֕ד אֶלְיָסָ֖ף בֶּן־דְּעוּאֵֽל: טו לְנַ֨פְתָּלִ֔י אֲחִירַ֖ע בֶּן־עֵינָֽן: טז אֵ֚לֶּה קְרוּאֵ֣י קְרִיאֵ֣י הָעֵדָ֔ה נְשִׂיאֵ֖י מַטּ֣וֹת אֲבוֹתָ֑ם רָאשֵׁ֛י אַלְפֵ֥י יִשְׂרָאֵ֖ל הֵֽם: יז וַיִּקַּ֥ח מֹשֶׁ֖ה וְאַהֲרֹ֑ן

אֶת הָאֲנָשִׁים הָאֵלֶּה אֲשֶׁר נִקְּבוּ בְּשֵׁמוֹת:
יח וְאֵת כָּל־הָעֵדָה הִקְהִילוּ בְּאֶחָד לַחֹדֶשׁ הַשֵּׁנִי
וַיִּתְיַלְדוּ עַל־מִשְׁפְּחֹתָם לְבֵית אֲבֹתָם בְּמִסְפַּר
שֵׁמוֹת מִבֶּן עֶשְׂרִים שָׁנָה וָמַעְלָה לְגֻלְגְּלֹתָם:

א א וּמַלֵּיל יְיָ עִם מֹשֶׁה, בְּמַדְבְּרָא דְסִינַי בְּמַשְׁכַּן זִמְנָא, בְּחַד לְיַרְחָא תִּנְיָנָא בְּשַׁתָּא תִּנְיֵיתָא,
ב לְמִפַּקְהוֹן, מֵאַרְעָא דְמִצְרַיִם לְמֵימַר: קַבִּילוּ, יָת חֻשְׁבַּן כָּל כְּנִשְׁתָּא דִבְנֵי יִשְׂרָאֵל, לְזַרְעֲיָתְהוֹן
ג לְבֵית אֲבָהָתְהוֹן, בְּמִנְיַן שְׁמָהָן, כָּל דְּכוּרָא לְגֻלְגְּלָתְהוֹן: מִבַּר עֶסְרִין שְׁנִין וּלְעֵילָּא, כָּל נָפֵיק
ד חֵילָא בְּיִשְׂרָאֵל, תִּמְנוֹן יָתְהוֹן, לְחֵילֵיהוֹן אַתְּ וְאַהֲרֹן: וְעִמְּכוֹן יְהוֹן, גְּבַר גַּבְרָא לְשִׁבְטָא,
ה גְּבַר, רֵישׁ לְבֵית אֲבָהָתוֹהִי הוּא: וְאִלֵּין שְׁמָהָת גֻּבְרַיָּא, דִּיקוּמוּן עִמְּכוֹן, לִרְאוּבֵן, אֱלִיצוּר
ו ז ח בַּר שְׁדֵיאוּר: לְשִׁמְעוֹן, שְׁלוּמִיאֵל בַּר צוּרִישַׁדָּי: לִיהוּדָה, נַחְשׁוֹן בַּר עַמִּינָדָב: לְיִשָּׂשכָר,
ט י נְתַנְאֵל בַּר צוּעָר: לִזְבוּלוּן, אֱלִיאָב בַּר חֵלוֹן: לִבְנֵי יוֹסֵף, לְאֶפְרַיִם, אֱלִישָׁמָע בַּר עַמִּיהוּד,
יא יב יג לִמְנַשֶּׁה, גַּמְלִיאֵל בַּר פְּדָהצוּר: לְבִנְיָמִין, אֲבִידָן בַּר גִּדְעוֹנִי: לְדָן, אֲחִיעֶזֶר בַּר עַמִּישַׁדָּי: לְאָשֵׁר,
יד טו טז פַּגְעִיאֵל בַּר עָכְרָן: לְגָד, אֶלְיָסָף בַּר דְּעוּאֵל: לְנַפְתָּלִי, אֲחִירַע בַּר עֵינָן: אִלֵּין מְעָרְעֵי כְּנִשְׁתָּא,
יז רַבְרְבֵי שִׁבְטֵי אֲבָהָתְהוֹן, רֵישֵׁי, אַלְפַיָּא דְיִשְׂרָאֵל אִנּוּן: וּדְבַר מֹשֶׁה וְאַהֲרֹן, יָת גֻּבְרַיָּא
יח הָאִלֵּין, דְּאִתְפָּרַשׁוּ בִּשְׁמָהָן: וְיָת כָּל כְּנִשְׁתָּא כְּנַשׁוּ, בְּחַד לְיַרְחָא תִּנְיָנָא, וְאִתְיַחַסוּ עַל
זַרְעֲיָתְהוֹן לְבֵית אֲבָהָתְהוֹן, בְּמִנְיַן שְׁמָהָן, מִבַּר עֶסְרִין שְׁנִין, וּלְעֵילָּא לְגֻלְגְּלָתְהוֹן:

פרק א

א| בְּמִדְבַּר סִינַי בְּאֶחָד לַחֹדֶשׁ. מִתּוֹךְ חִבָּתָן לְפָנָיו מוֹנֶה אוֹתָם כָּל שָׁעָה. כְּשֶׁיָּצְאוּ מִמִּצְרַיִם מְנָאָן (שמות יב, לז), וּכְשֶׁנָּפְלוּ בָּעֵגֶל מְנָאָן לֵידַע הַנּוֹתָרִים. וּכְשֶׁבָּא לְהַשְׁרוֹת שְׁכִינָתוֹ עֲלֵיהֶם מְנָאָם. בְּאֶחָד בְּנִיסָן הוּקַם הַמִּשְׁכָּן וּבְאֶחָד בְּאִיָּר מְנָאָם:

ב| לְמִשְׁפְּחֹתָם. דַּע מִנְיַן כָּל שֵׁבֶט וָשֵׁבֶט: לְבֵית אֲבֹתָם. מִי שֶׁאָבִיו מִשֵּׁבֶט אֶחָד וְאִמּוֹ מִשֵּׁבֶט אַחֵר יִחוּס עַל שֵׁבֶט אָבִיו: לְגֻלְגְּלֹתָם. עַל יְדֵי שְׁקָלִים, בֶּקַע לַגֻּלְגֹּלֶת:

ג| כָּל יֹצֵא צָבָא. מַגִּיד שֶׁאֵין יוֹצֵא בַּצָּבָא פָּחוֹת מִבֶּן עֶשְׂרִים:

ד| וְאִתְּכֶם יִהְיוּ. כְּשֶׁתִּפְקְדוּ אוֹתָם יִהְיוּ עִמָּכֶם נְשִׂיא כָּל שֵׁבֶט וָשֵׁבֶט:

טז| אֵלֶּה קְרוּאֵי הָעֵדָה. הַנִּקְרָאִים לְכָל דְּבַר חֲשִׁיבוּת שֶׁבָּעֵדָה:

יז| אֵת הָאֲנָשִׁים הָאֵלֶּה. אֵת שְׁנֵים עָשָׂר נְשִׂיאִים הַלָּלוּ: אֲשֶׁר נִקְּבוּ. לוֹ כָּאן בְּשֵׁמוֹת:

יח| וַיִּתְיַלְדוּ עַל מִשְׁפְּחֹתָם. הֵבִיאוּ סִפְרֵי יִחוּסֵיהֶם וְעֵדֵי חֶזְקַת לֵידָתָם, כָּל אֶחָד וְאֶחָד לְהִתְיַחֵס עַל הַשֵּׁבֶט:

במדבר

יט כַּאֲשֶׁ֛ר צִוָּ֥ה יְהוָ֖ה אֶת־מֹשֶׁ֑ה וַֽיִּפְקְדֵ֖ם בְּמִדְבַּ֥ר סִינָֽי: ׀ שני וַיִּהְי֤וּ בְנֵֽי־רְאוּבֵן֙ בְּכֹ֣ר יִשְׂרָאֵ֔ל תּוֹלְדֹתָ֥ם לְמִשְׁפְּחֹתָ֖ם לְבֵ֣ית אֲבֹתָ֑ם בְּמִסְפַּ֤ר שֵׁמוֹת֙ לְגֻלְגְּלֹתָ֔ם כָּל־זָכָ֗ר מִבֶּ֨ן עֶשְׂרִ֤ים שָׁנָה֙ וָמַ֔עְלָה כֹּ֖ל יֹצֵ֥א צָבָֽא: כא פְּקֻדֵיהֶ֖ם לְמַטֵּ֣ה רְאוּבֵ֑ן שִׁשָּׁ֧ה וְאַרְבָּעִ֛ים אֶ֖לֶף וַחֲמֵ֥שׁ מֵאֽוֹת:

כב לִבְנֵ֣י שִׁמְע֔וֹן תּוֹלְדֹתָ֥ם לְמִשְׁפְּחֹתָ֖ם לְבֵ֣ית אֲבֹתָ֑ם פְּקֻדָ֗יו בְּמִסְפַּ֤ר שֵׁמוֹת֙ לְגֻלְגְּלֹתָ֔ם כָּל־זָכָ֗ר מִבֶּ֨ן עֶשְׂרִ֤ים שָׁנָה֙ וָמַ֔עְלָה כֹּ֖ל יֹצֵ֥א צָבָֽא: כג פְּקֻדֵיהֶ֖ם לְמַטֵּ֣ה שִׁמְע֑וֹן תִּשְׁעָ֧ה וַחֲמִשִּׁ֛ים אֶ֖לֶף וּשְׁלֹ֥שׁ מֵאֽוֹת:

כד לִבְנֵ֣י גָ֔ד תּוֹלְדֹתָ֥ם לְמִשְׁפְּחֹתָ֖ם לְבֵ֣ית אֲבֹתָ֑ם בְּמִסְפַּ֣ר שֵׁמ֗וֹת מִבֶּ֨ן עֶשְׂרִ֤ים שָׁנָה֙ וָמַ֔עְלָה כֹּ֖ל יֹצֵ֥א צָבָֽא: כה פְּקֻדֵיהֶ֖ם לְמַטֵּ֣ה גָ֑ד חֲמִשָּׁ֤ה וְאַרְבָּעִים֙ אֶ֔לֶף וְשֵׁ֥שׁ מֵא֖וֹת וַחֲמִשִּֽׁים:

כו לִבְנֵ֣י יְהוּדָ֔ה תּוֹלְדֹתָ֥ם לְמִשְׁפְּחֹתָ֖ם לְבֵ֣ית אֲבֹתָ֑ם בְּמִסְפַּ֣ר שֵׁמֹ֗ת מִבֶּ֨ן עֶשְׂרִ֤ים שָׁנָה֙ וָמַ֔עְלָה כֹּ֖ל יֹצֵ֥א צָבָֽא: כז פְּקֻדֵיהֶ֖ם לְמַטֵּ֣ה יְהוּדָ֑ה אַרְבָּעָ֧ה וְשִׁבְעִ֛ים אֶ֖לֶף וְשֵׁ֥שׁ מֵאֽוֹת:

כח לִבְנֵ֣י יִשָּׂשכָ֔ר תּוֹלְדֹתָ֥ם לְמִשְׁפְּחֹתָ֖ם לְבֵ֣ית אֲבֹתָ֑ם בְּמִסְפַּ֣ר שֵׁמֹ֗ת מִבֶּ֨ן עֶשְׂרִ֤ים שָׁנָה֙ וָמַ֔עְלָה כֹּ֖ל יֹצֵ֥א

כט צָבָא: פְּקֻדֵיהֶם לְמַטֵּה יִשָּׂשכָר אַרְבָּעָה וַחֲמִשִּׁים
אֶלֶף וְאַרְבַּע מֵאוֹת:
ל לִבְנֵי זְבוּלֻן תּוֹלְדֹתָם לְמִשְׁפְּחֹתָם לְבֵית אֲבֹתָם
בְּמִסְפַּר שֵׁמֹת מִבֶּן עֶשְׂרִים שָׁנָה וָמַעְלָה כֹּל יֹצֵא
לא צָבָא: פְּקֻדֵיהֶם לְמַטֵּה זְבוּלֻן שִׁבְעָה וַחֲמִשִּׁים
אֶלֶף וְאַרְבַּע מֵאוֹת:
לב לִבְנֵי יוֹסֵף לִבְנֵי אֶפְרַיִם תּוֹלְדֹתָם לְמִשְׁפְּחֹתָם
לְבֵית אֲבֹתָם בְּמִסְפַּר שֵׁמֹת מִבֶּן עֶשְׂרִים שָׁנָה
לג וָמַעְלָה כֹּל יֹצֵא צָבָא: פְּקֻדֵיהֶם לְמַטֵּה אֶפְרָיִם
אַרְבָּעִים אֶלֶף וַחֲמֵשׁ מֵאוֹת:
לד לִבְנֵי מְנַשֶּׁה תּוֹלְדֹתָם לְמִשְׁפְּחֹתָם לְבֵית אֲבֹתָם

יט כ כְּמָא דְּפַקֵּיד יְיָ יָת מֹשֶׁה, וּמְנָנוּן בְּמַדְבְּרָא דְסִינָי: וַהֲווֹ בְנֵי רְאוּבֵן בֻּכְרָא דְיִשְׂרָאֵל, תּוֹלְדָתְהוֹן
לְזַרְעֲיָתְהוֹן לְבֵית אֲבָהָתְהוֹן, בְּמִנְיַן שְׁמָהָן לְגֻלְגְּלָתְהוֹן, כָּל דְּכוּרָא, מִבַּר עֶסְרִין שְׁנִין וּלְעֵילָא,
כא כב כָּל נָפֵיק חֵילָא: מִנְיָנֵיהוֹן לְשִׁבְטָא דִרְאוּבֵן, אַרְבְּעִין וְשִׁתָּא אַלְפִין וַחֲמֵשׁ מְאָה: לִבְנֵי שִׁמְעוֹן,
תּוֹלְדָתְהוֹן לְזַרְעֲיָתְהוֹן לְבֵית אֲבָהָתְהוֹן, מִנְיָנוֹהִי, בְּמִנְיַן שְׁמָהָן לְגֻלְגְּלָתְהוֹן, כָּל דְּכוּרָא, מִבַּר
כג עֶסְרִין שְׁנִין וּלְעֵילָא, כָּל נָפֵיק חֵילָא: מִנְיָנֵיהוֹן לְשִׁבְטָא דְשִׁמְעוֹן, חַמְשִׁין וְתִשְׁעָא אַלְפִין וּתְלָת
כד מְאָה: לִבְנֵי גָד, תּוֹלְדָתְהוֹן לְזַרְעֲיָתְהוֹן לְבֵית אֲבָהָתְהוֹן, בְּמִנְיַן שְׁמָהָן, מִבַּר עֶסְרִין שְׁנִין וּלְעֵילָא,
כה כו כָּל נָפֵיק חֵילָא: מִנְיָנֵיהוֹן לְשִׁבְטָא דְגָד, אַרְבְּעִין וְחַמְשָׁא אַלְפִין, וְשֵׁית מְאָה וְחַמְשִׁין: לִבְנֵי
יְהוּדָה, תּוֹלְדָתְהוֹן לְזַרְעֲיָתְהוֹן לְבֵית אֲבָהָתְהוֹן, בְּמִנְיַן שְׁמָהָן, מִבַּר עֶסְרִין שְׁנִין וּלְעֵילָא, כָּל
כז כח נָפֵיק חֵילָא: מִנְיָנֵיהוֹן לְשִׁבְטָא דִיהוּדָה, שִׁבְעִין וְאַרְבְּעָא אַלְפִין וְשֵׁית מְאָה: לִבְנֵי יִשָּׂשכָר,
תּוֹלְדָתְהוֹן לְזַרְעֲיָתְהוֹן לְבֵית אֲבָהָתְהוֹן, בְּמִנְיַן שְׁמָהָן, מִבַּר עֶסְרִין שְׁנִין וּלְעֵילָא, כָּל נָפֵיק חֵילָא:
כט ל מִנְיָנֵיהוֹן לְשִׁבְטָא דְיִשָּׂשכָר, חַמְשִׁין וְאַרְבְּעָא אַלְפִין וְאַרְבַּע מְאָה: לִבְנֵי זְבוּלוּן, תּוֹלְדָתְהוֹן
לא לְזַרְעֲיָתְהוֹן לְבֵית אֲבָהָתְהוֹן, בְּמִנְיַן שְׁמָהָן, מִבַּר עֶסְרִין שְׁנִין וּלְעֵילָא, כָּל נָפֵיק חֵילָא: מִנְיָנֵיהוֹן
לב לְשִׁבְטָא דִזְבוּלוּן, חַמְשִׁין וְשִׁבְעָא אַלְפִין וְאַרְבַּע מְאָה: לִבְנֵי יוֹסֵף לִבְנֵי אֶפְרַיִם, תּוֹלְדָתְהוֹן
לג לְזַרְעֲיָתְהוֹן לְבֵית אֲבָהָתְהוֹן, בְּמִנְיַן שְׁמָהָן, מִבַּר עֶסְרִין שְׁנִין וּלְעֵילָא, כָּל נָפֵיק חֵילָא: מִנְיָנֵיהוֹן
לד לְשִׁבְטָא דְאֶפְרַיִם, אַרְבְּעִין אַלְפִין וַחֲמֵשׁ מְאָה: לִבְנֵי מְנַשֶּׁה, תּוֹלְדָתְהוֹן לְזַרְעֲיָתְהוֹן לְבֵית

בְּמִסְפַּ֣ר שֵׁמ֗וֹת מִבֶּ֨ן עֶשְׂרִ֤ים שָׁנָה֙ וָמַ֔עְלָה כֹּ֖ל יֹצֵ֥א
לה צָבָֽא׃ פְּקֻדֵיהֶ֖ם לְמַטֵּ֣ה מְנַשֶּׁ֑ה שְׁנַ֧יִם וּשְׁלֹשִׁ֛ים אֶ֖לֶף
וּמָאתָֽיִם׃
לו לִבְנֵ֣י בִנְיָמִ֔ן תּוֹלְדֹתָ֥ם לְמִשְׁפְּחֹתָ֖ם לְבֵ֣ית אֲבֹתָ֑ם
בְּמִסְפַּ֣ר שֵׁמֹ֗ת מִבֶּ֨ן עֶשְׂרִ֤ים שָׁנָה֙ וָמַ֔עְלָה כֹּ֖ל יֹצֵ֥א
לז צָבָֽא׃ פְּקֻדֵיהֶ֖ם לְמַטֵּ֣ה בִנְיָמִ֑ן חֲמִשָּׁ֧ה וּשְׁלֹשִׁ֛ים
אֶ֖לֶף וְאַרְבַּ֥ע מֵאֽוֹת׃
לח לִבְנֵ֣י דָ֔ן תּוֹלְדֹתָ֥ם לְמִשְׁפְּחֹתָ֖ם לְבֵ֣ית אֲבֹתָ֑ם
בְּמִסְפַּ֣ר שֵׁמֹ֗ת מִבֶּ֨ן עֶשְׂרִ֤ים שָׁנָה֙ וָמַ֔עְלָה כֹּ֖ל יֹצֵ֥א
לט צָבָֽא׃ פְּקֻדֵיהֶ֖ם לְמַטֵּ֣ה דָ֑ן שְׁנַ֤יִם וְשִׁשִּׁים֙ אֶ֔לֶף וּשְׁבַ֖ע
מֵאֽוֹת׃
מ לִבְנֵ֣י אָשֵׁ֔ר תּוֹלְדֹתָ֥ם לְמִשְׁפְּחֹתָ֖ם לְבֵ֣ית אֲבֹתָ֑ם
בְּמִסְפַּ֣ר שֵׁמֹ֗ת מִבֶּ֨ן עֶשְׂרִ֤ים שָׁנָה֙ וָמַ֔עְלָה כֹּ֖ל יֹצֵ֥א
מא צָבָֽא׃ פְּקֻדֵיהֶ֖ם לְמַטֵּ֣ה אָשֵׁ֑ר אֶחָ֧ד וְאַרְבָּעִ֛ים אֶ֖לֶף
וַחֲמֵ֥שׁ מֵאֽוֹת׃
מב בְּנֵ֣י נַפְתָּלִ֔י תּוֹלְדֹתָ֥ם לְמִשְׁפְּחֹתָ֖ם לְבֵ֣ית אֲבֹתָ֑ם
בְּמִסְפַּ֣ר שֵׁמֹ֗ת מִבֶּ֨ן עֶשְׂרִ֤ים שָׁנָה֙ וָמַ֔עְלָה כֹּ֖ל יֹצֵ֥א
מג צָבָֽא׃ פְּקֻדֵיהֶ֖ם לְמַטֵּ֣ה נַפְתָּלִ֑י שְׁלֹשָׁ֧ה וַחֲמִשִּׁ֛ים
אֶ֖לֶף וְאַרְבַּ֥ע מֵאֽוֹת׃
מד אֵ֣לֶּה הַפְּקֻדִ֡ים אֲשֶׁר֩ פָּקַ֨ד מֹשֶׁ֤ה וְאַהֲרֹן֙ וּנְשִׂיאֵ֣י

במדבר

יִשְׂרָאֵ֔ל שְׁנֵ֥ים עָשָׂ֖ר אִ֑ישׁ אִישׁ־אֶחָ֥ד לְבֵית־אֲבֹתָ֖יו הָיֽוּ: וַיִּֽהְי֛וּ כָּל־פְּקוּדֵ֥י בְנֵי־יִשְׂרָאֵ֖ל לְבֵ֣ית אֲבֹתָ֑ם מִבֶּ֨ן עֶשְׂרִ֤ים שָׁנָה֙ וָמַ֔עְלָה כָּל־יֹצֵ֥א צָבָ֖א בְּיִשְׂרָאֵֽל: וַיִּֽהְיוּ֙ כָּל־הַפְּקֻדִ֔ים שֵׁשׁ־מֵא֥וֹת אֶ֖לֶף וּשְׁלֹ֣שֶׁת אֲלָפִ֑ים וַחֲמֵ֥שׁ מֵא֖וֹת וַחֲמִשִּֽׁים: וְהַלְוִיִּ֖ם לְמַטֵּ֣ה אֲבֹתָ֑ם לֹ֥א הָתְפָּקְד֖וּ בְּתוֹכָֽם:

וַיְדַבֵּ֥ר יְהֹוָ֖ה אֶל־מֹשֶׁ֥ה לֵּאמֹֽר: אַ֣ךְ אֶת־מַטֵּ֤ה לֵוִי֙ לֹ֣א תִפְקֹ֔ד וְאֶת־רֹאשָׁ֖ם לֹ֣א תִשָּׂ֑א בְּת֖וֹךְ

לה אֲבָהָתְהוֹן, בְּמִנְיַן שְׁמָהָן, מִבַּר עֶסְרִין שְׁנִין וּלְעֵלָּא, כָּל נָפֵיק חֵילָא: מִנְיָנֵיהוֹן לְשִׁבְטָא דִמְנַשֶּׁה,
לו תְּלָתִין וּתְרֵין אַלְפִין וּמָאתָן: לִבְנֵי בִנְיָמִן, תּוֹלְדָתְהוֹן לְזַרְעֲיָתְהוֹן לְבֵית אֲבָהָתְהוֹן, בְּמִנְיַן שְׁמָהָן,
לז מִבַּר עֶסְרִין שְׁנִין וּלְעֵלָּא, כָּל נָפֵיק חֵילָא: מִנְיָנֵיהוֹן לְשִׁבְטָא דְבִנְיָמִן, תְּלָתִין וְחַמְשָׁא
לח אַלְפִין וְאַרְבַּע מְאָה: לִבְנֵי דָן, תּוֹלְדָתְהוֹן לְזַרְעֲיָתְהוֹן לְבֵית אֲבָהָתְהוֹן, בְּמִנְיַן שְׁמָהָן, מִבַּר עֶסְרִין
לט שְׁנִין וּלְעֵלָּא, כָּל נָפֵיק חֵילָא: מִנְיָנֵיהוֹן לְשִׁבְטָא דְדָן, שִׁתִּין וּתְרֵין אַלְפִין וּשְׁבַע מְאָה: לִבְנֵי
מ אָשֵׁר, תּוֹלְדָתְהוֹן לְזַרְעֲיָתְהוֹן לְבֵית אֲבָהָתְהוֹן, בְּמִנְיַן שְׁמָהָן, מִבַּר עֶסְרִין שְׁנִין וּלְעֵלָּא, כָּל נָפֵיק
מא חֵילָא: מִנְיָנֵיהוֹן לְשִׁבְטָא דְאָשֵׁר, אַרְבְּעִין וְחַד אַלְפִין וַחֲמֵשׁ מְאָה: בְּנֵי נַפְתָּלִי, תּוֹלְדָתְהוֹן
מב לְזַרְעֲיָתְהוֹן לְבֵית אֲבָהָתְהוֹן, בְּמִנְיַן שְׁמָהָן, מִבַּר עֶסְרִין שְׁנִין וּלְעֵלָּא, כָּל נָפֵיק חֵילָא: מִנְיָנֵיהוֹן
מג לְשִׁבְטָא דְנַפְתָּלִי, חַמְשִׁין וּתְלָתָא אַלְפִין וְאַרְבַּע מְאָה: אִלֵּין מִנְיָנַיָּא, דִּמְנָא מֹשֶׁה וְאַהֲרֹן וְרַבְרְבֵי
מד יִשְׂרָאֵל, תְּרֵי עֲסַר גֻּבְרִין, גַּבְרָא חַד לְבֵית אֲבָהָתוֹהִי הֲוֹו: וַהֲווֹ, כָּל מִנְיָנֵי בְּנֵי יִשְׂרָאֵל לְבֵית
מה אֲבָהָתְהוֹן, מִבַּר עֶסְרִין שְׁנִין וּלְעֵלָּא, כָּל נָפֵיק חֵילָא בְּיִשְׂרָאֵל: וַהֲווֹ כָּל מִנְיָנַיָּא, שִׁית מְאָה
מו וּתְלָתָא אַלְפִין, וַחֲמֵשׁ מְאָה וְחַמְשִׁין: וְלֵיוָאֵי לְשִׁבְטָא דַאֲבָהָתְהוֹן, לָא אִתְמְנִיאוּ בֵּינֵיהוֹן:
מז וּמַלִּיל יְיָ עִם מֹשֶׁה לְמֵימַר: בְּרַם יָת שִׁבְטָא דְלֵוִי לָא תִמְנֵי, וְיָת חֻשְׁבַּנְהוֹן לָא תְקַבֵּיל, בְּגוֹ
מח

מט **אַךְ אֶת מַטֵּה לֵוִי לֹא תִפְקֹד.** כְּדַאי הוּא לִגְיוֹן שֶׁל מֶלֶךְ לִהְיוֹת נִמְנֶה לְבַדּוֹ. דָּבָר אַחֵר, צָפָה הַקָּדוֹשׁ בָּרוּךְ הוּא שֶׁעֲתִידָה לַעֲמֹד גְּזֵרָה עַל כָּל הַנִּמְנִין מִבֶּן עֶשְׂרִים שָׁנָה וָמַעְלָה שֶׁיָּמוּתוּ בַּמִּדְבָּר, אָמַר, אַל יִהְיוּ אֵלּוּ בַּכְּלָל, לְפִי שֶׁהֵם שֶׁלִּי, שֶׁלֹּא טָעוּ בָּעֵגֶל.

בְּנֵי יִשְׂרָאֵל׃ וְאַתָּה הַפְקֵד אֶת־הַלְוִיִּם עַל־ נ
מִשְׁכַּן הָעֵדֻת וְעַל כָּל־כֵּלָיו וְעַל כָּל־אֲשֶׁר־לוֹ
הֵמָּה יִשְׂאוּ אֶת־הַמִּשְׁכָּן וְאֶת־כָּל־כֵּלָיו וְהֵם
יְשָׁרְתֻהוּ וְסָבִיב לַמִּשְׁכָּן יַחֲנוּ׃ וּבִנְסֹעַ הַמִּשְׁכָּן נא
יוֹרִידוּ אֹתוֹ הַלְוִיִּם וּבַחֲנֹת הַמִּשְׁכָּן יָקִימוּ אֹתוֹ
הַלְוִיִּם וְהַזָּר הַקָּרֵב יוּמָת׃ וְחָנוּ בְּנֵי יִשְׂרָאֵל אִישׁ נב
עַל־מַחֲנֵהוּ וְאִישׁ עַל־דִּגְלוֹ לְצִבְאֹתָם׃ וְהַלְוִיִּם נג
יַחֲנוּ סָבִיב לְמִשְׁכַּן הָעֵדֻת וְלֹא־יִהְיֶה קֶצֶף עַל־
עֲדַת בְּנֵי יִשְׂרָאֵל וְשָׁמְרוּ הַלְוִיִּם אֶת־מִשְׁמֶרֶת
מִשְׁכַּן הָעֵדוּת׃ וַיַּעֲשׂוּ בְּנֵי יִשְׂרָאֵל כְּכֹל אֲשֶׁר צִוָּה נד
יְהוָה אֶת־מֹשֶׁה כֵּן עָשׂוּ׃
שלישי ב וַיְדַבֵּר יְהוָה אֶל־מֹשֶׁה וְאֶל־אַהֲרֹן לֵאמֹר׃ אִישׁ א ב ב
עַל־דִּגְלוֹ בְאֹתֹת לְבֵית אֲבֹתָם יַחֲנוּ בְּנֵי יִשְׂרָאֵל
מִנֶּגֶד סָבִיב לְאֹהֶל־מוֹעֵד יַחֲנוּ׃ וְהַחֹנִים קֵדְמָה ג
מִזְרָחָה דֶּגֶל מַחֲנֵה יְהוּדָה לְצִבְאֹתָם וְנָשִׂיא לִבְנֵי
יְהוּדָה נַחְשׁוֹן בֶּן־עַמִּינָדָב׃ וּצְבָאוֹ וּפְקֻדֵיהֶם ד
אַרְבָּעָה וְשִׁבְעִים אֶלֶף וְשֵׁשׁ מֵאוֹת׃ וְהַחֹנִים ה
עָלָיו מַטֵּה יִשָּׂשכָר וְנָשִׂיא לִבְנֵי יִשָּׂשכָר נְתַנְאֵל
בֶּן־צוּעָר׃ וּצְבָאוֹ וּפְקֻדָיו אַרְבָּעָה וַחֲמִשִּׁים אֶלֶף ו
וְאַרְבַּע מֵאוֹת׃ מַטֵּה זְבוּלֻן וְנָשִׂיא לִבְנֵי זְבוּלֻן ז
אֱלִיאָב בֶּן־חֵלֹן׃ וּצְבָאוֹ וּפְקֻדָיו שִׁבְעָה וַחֲמִשִּׁים ח

במדבר
ב

ט אֶ֤לֶף וְאַרְבַּע־מֵאוֹת׃ כָּל־הַפְּקֻדִ֞ים לְמַחֲנֵ֣ה יְהוּדָ֗ה
מְאַ֨ת אֶ֜לֶף וּשְׁמֹנִ֥ים אֶ֛לֶף וְשֵֽׁשֶׁת־אֲלָפִ֥ים וְאַרְבַּע־
י מֵא֖וֹת לְצִבְאֹתָ֑ם רִאשֹׁנָ֖ה יִסָּֽעוּ׃ דֶּ֣גֶל

נ בְּנֵי יִשְׂרָאֵל: וְאַתְּ, מַנִּי יָת לֵיוָאֵי עַל מַשְׁכְּנָא דְּסַהֲדוּתָא, וְעַל כָּל מָנוֹהִי וְעַל כָּל דְּלֵיהּ, אִנּוּן,
נא יִטְּלוּן יָת מַשְׁכְּנָא וְיָת כָּל מָנוֹהִי, וְאִנּוּן יְשַׁמְּשֻׁנֵּיהּ, וּסְחוֹר סְחוֹר לְמַשְׁכְּנָא יִשְׁרוֹן: וּבְמִטַּל
מַשְׁכְּנָא, יְפָרְקוּן יָתֵיהּ לֵיוָאֵי, וּבְמִשְׁרֵי מַשְׁכְּנָא, יְקִימוּן יָתֵיהּ לֵיוָאֵי, וְחִילוֹנַי דְּיִקְרַב יִתְקְטִיל:
נב נג וְיִשְׁרוֹן בְּנֵי יִשְׂרָאֵל, גְּבַר עַל מַשְׁרוֹהִי, וּגְבַר עַל טִקְסֵיהּ לְחֵילֵיהוֹן: וְלֵיוָאֵי, יִשְׁרוֹן סְחוֹר סְחוֹר
לְמַשְׁכְּנָא דְּסַהֲדוּתָא, וְלָא יְהֵי רֻגְזָא, עַל כְּנִשְׁתָּא דִּבְנֵי יִשְׂרָאֵל, וְיִטְּרוּן לֵיוָאֵי, יָת מַטְּרַת
ב נד א מַשְׁכְּנָא דְּסַהֲדוּתָא: וַעֲבַדוּ בְּנֵי יִשְׂרָאֵל, כְּכֹל, דְּפַקֵּיד יְיָ, יָת מֹשֶׁה כֵּן עֲבַדוּ: וּמַלֵּיל יְיָ, עִם
ב מֹשֶׁה וּלְאַהֲרֹן לְמֵימַר: גְּבַר עַל טִקְסֵיהּ בְּאָתְוָן לְבֵית אֲבָהָתְהוֹן, יִשְׁרוֹן בְּנֵי יִשְׂרָאֵל, מְקָבֵיל,
ג סְחוֹר סְחוֹר לְמַשְׁכַּן זִמְנָא יִשְׁרוֹן: וְדִשְׁרַן קִדּוּמָא מַדִּנְחָא, טֵיקֶס, מַשְׁרִית יְהוּדָה לְחֵילֵיהוֹן,
ד וְרַבָּא לִבְנֵי יְהוּדָה, נַחְשׁוֹן בַּר עַמִּינָדָב: וְחֵילֵיהּ וּמִנְיָנֵיהוֹן, שִׁבְעִין וְאַרְבְּעָא אַלְפִין וְשִׁית
ה ו מְאָה: וְדִשְׁרַן סְמִיכִין עֲלוֹהִי שִׁבְטָא דְּיִשָּׂשכָר, וְרַבָּא לִבְנֵי יִשָּׂשכָר, נְתַנְאֵל בַּר צוּעָר: וְחֵילֵיהּ
ז וּמִנְיָנוֹהִי, חַמְשִׁין וְאַרְבְּעָא אַלְפִין וְאַרְבַּע מְאָה: שִׁבְטָא דִּזְבוּלוּן, וְרַבָּא לִבְנֵי זְבוּלוּן, אֱלִיאָב
ח ט בַּר חֵלוֹן: וְחֵילֵיהּ וּמִנְיָנוֹהִי, חַמְשִׁין וְשִׁבְעָא אַלְפִין וְאַרְבַּע מְאָה: כָּל מִנְיָנַיָּא לְמַשְׁרִית
י יְהוּדָה, מְאָה וּתְמָנַן, וְשִׁתָּא אַלְפִין וְאַרְבַּע מְאָה לְחֵילֵיהוֹן, בְּקַדְמֵיתָא נָטְלִין: טֵיקֶס

נ) **וְאַתָּה הַפְקֵד אֶת הַלְוִיִּם.** כְּתַרְגּוּמוֹ "מַנִּי", לְשׁוֹן מִנּוּי שְׂרָרָה עַל דָּבָר שֶׁהוּא מְמֻנֶּה עָלָיו, כְּמוֹ "וְיַפְקֵד הַמֶּלֶךְ פְּקִידִים" (אסתר ב, ג):

נא) **יוֹרִידוּ אֹתוֹ.** כְּתַרְגּוּמוֹ: "יְפָרְקוּן", כְּשֶׁבָּאִין לִסַּע בַּמִּדְבָּר מִמַּסָּע לְמַסָּע הָיוּ מְפָרְקִין אוֹתוֹ מֵהֲקָמָתוֹ, וְנוֹשְׂאִין אוֹתוֹ עַד מְקוֹם אֲשֶׁר יִשְׁכֹּן שָׁם הֶעָנָן וְיַחֲנוּ שָׁם, וּמְקִימִין אוֹתוֹ: **וְהַזָּר הַקָּרֵב.** לַעֲבוֹדָתָם זוֹ: **יוּמָת.** בִּידֵי שָׁמַיִם:

נב) **וְאִישׁ עַל דִּגְלוֹ.** כְּמוֹ שֶׁהַדְּגָלִים סְדוּרִים בְּסֵפֶר זֶה, שְׁלֹשָׁה שְׁבָטִים לְכָל דֶּגֶל:

נג) **וְלֹא יִהְיֶה קֶצֶף.** אִם תַּעֲשׂוּ כְּמִצְוָתִי לֹא יִהְיֶה קֶצֶף, וְאִם לָאו, שֶׁיִּכָּנְסוּ זָרִים בַּעֲבוֹדָתָם זוֹ, יִהְיֶה קֶצֶף, כְּמוֹ שֶׁמָּצִינוּ בְּמַעֲשֵׂה קֹרַח: "כִּי יָצָא הַקֶּצֶף וְגוֹ'" (להלן יז, יא):

פרק ב

ב) **בְּאֹתֹת.** כָּל דֶּגֶל יִהְיֶה לוֹ אוֹת, מַפָּה צְבוּעָה תְּלוּיָה בּוֹ, צִבְעוֹ שֶׁל זֶה לֹא כְּצִבְעוֹ שֶׁל זֶה, צֶבַע כָּל אֶחָד כְּגוֹן אַבְנוֹ הַקְּבוּעָה בַּחֹשֶׁן, וּמִתּוֹךְ כָּךְ יַכִּיר כָּל אֶחָד אֶת דִּגְלוֹ. דָּבָר אַחֵר, "בְּאֹתֹת לְבֵית אֲבֹתָם", בָּאוֹת שֶׁמָּסַר לָהֶם יַעֲקֹב אֲבִיהֶם כְּשֶׁנְּשָׂאוּהוּ מִמִּצְרַיִם, שֶׁנֶּאֱמַר: "וַיַּעֲשׂוּ בָנָיו לוֹ כֵּן כַּאֲשֶׁר צִוָּם" (בראשית נ, יב) – יְהוּדָה וְיִשָּׂשכָר וּזְבוּלֻן יִשָּׂאוּהוּ מִן הַמִּזְרָח, וּרְאוּבֵן וְשִׁמְעוֹן וְגָד מִן הַדָּרוֹם וְכוּ', כִּדְאִיתָא בְּתַנְחוּמָא בְּפָרָשָׁה זוֹ (יב): **מִנֶּגֶד.** מֵרָחוֹק מִיל, כְּמוֹ שֶׁנֶּאֱמַר בִּיהוֹשֻׁעַ: "אַךְ רָחוֹק יִהְיֶה בֵּינֵיכֶם וּבֵינָו כְּאַלְפַּיִם אַמָּה" (יהושע ג, ד), שֶׁיּוּכְלוּ לָבֹא בְּשַׁבָּת. מֹשֶׁה וְאַהֲרֹן וּבָנָיו וְהַלְוִיִּם חוֹנִים בְּסָמוּךְ לוֹ:

ג) **קֵדְמָה.** לִפְנִים הַקְּרוּיִים 'קֶדֶם', וְאֵיזוֹ? זוֹ רוּחַ מִזְרָחִית, וְהַמַּעֲרָב קָרוּי אָחוֹר:

ט) **רִאשֹׁנָה יִסָּעוּ.** כְּשֶׁרוֹאִין הֶעָנָן מִסְתַּלֵּק, תּוֹקְעִין הַכֹּהֲנִים בַּחֲצוֹצְרוֹת וְנוֹסֵעַ מַחֲנֵה יְהוּדָה תְּחִלָּה; וּכְשֶׁהוֹלְכִין – הוֹלְכִין כְּדֶרֶךְ חֲנִיָּתָן, הַלְוִיִּם וְהָעֲגָלוֹת בָּאֶמְצַע, דֶּגֶל יְהוּדָה בַּמִּזְרָח, וְשֶׁל רְאוּבֵן בַּדָּרוֹם, וְשֶׁל אֶפְרַיִם בַּמַּעֲרָב, וְשֶׁל דָּן בַּצָּפוֹן:

מַחֲנֵ֨ה רְאוּבֵ֥ן תֵּימָ֛נָה לְצִבְאֹתָ֑ם וְנָשִׂיא֙ לִבְנֵ֣י
רְאוּבֵ֔ן אֱלִיצ֖וּר בֶּן־שְׁדֵיאֽוּר׃ וּצְבָא֖וֹ וּפְקֻדָ֑יו יא
שִׁשָּׁ֧ה וְאַרְבָּעִ֛ים אֶ֖לֶף וַחֲמֵ֥שׁ מֵאֽוֹת׃ וְהַחוֹנִ֥ם יב
עָלָ֖יו מַטֵּ֣ה שִׁמְע֑וֹן וְנָשִׂיא֙ לִבְנֵ֣י שִׁמְע֔וֹן שְֽׁלֻמִיאֵ֖ל
בֶּן־צוּרִֽישַׁדָּֽי׃ וּצְבָא֖וֹ וּפְקֻדֵיהֶ֑ם תִּשְׁעָ֧ה וַחֲמִשִּׁ֛ים יג
אֶ֖לֶף וּשְׁלֹ֥שׁ מֵאֽוֹת׃ וּמַטֵּ֖ה גָּ֑ד וְנָשִׂיא֙ לִבְנֵ֣י גָ֔ד יד
אֶלְיָסָ֖ף בֶּן־רְעוּאֵֽל׃ וּצְבָא֖וֹ וּפְקֻדֵיהֶ֑ם חֲמִשָּׁ֤ה טו
וְאַרְבָּעִים֙ אֶ֔לֶף וְשֵׁ֥שׁ מֵא֖וֹת וַחֲמִשִּֽׁים׃ כָּֽל־ טז
הַפְּקֻדִ֞ים לְמַחֲנֵ֣ה רְאוּבֵ֗ן מְאַ֨ת אֶ֜לֶף וְאֶחָ֨ד
וַחֲמִשִּׁ֥ים אֶ֛לֶף וְאַרְבַּע־מֵא֥וֹת וַחֲמִשִּׁ֖ים לְצִבְאֹתָ֑ם
וּשְׁנִיִּ֖ם יִסָּֽעוּ׃ וְנָסַ֧ע אֹֽהֶל־מוֹעֵ֛ד מַחֲנֵ֥ה יז
הַלְוִיִּ֖ם בְּת֣וֹךְ הַמַּחֲנֹ֑ת כַּאֲשֶׁ֤ר יַחֲנוּ֙ כֵּ֣ן יִסָּ֔עוּ אִ֥ישׁ
עַל־יָד֖וֹ לְדִגְלֵיהֶֽם׃ דֶּ֣גֶל מַחֲנֵ֥ה אֶפְרַ֛יִם יח
לְצִבְאֹתָ֖ם יָ֑מָּה וְנָשִׂיא֙ לִבְנֵ֣י אֶפְרַ֔יִם אֱלִישָׁמָ֖ע בֶּן־
עַמִּיהֽוּד׃ וּצְבָא֖וֹ וּפְקֻדֵיהֶ֑ם אַרְבָּעִ֥ים אֶ֖לֶף וַחֲמֵ֥שׁ יט
מֵאֽוֹת׃ וְעָלָ֖יו מַטֵּ֣ה מְנַשֶּׁ֑ה וְנָשִׂיא֙ לִבְנֵ֣י מְנַשֶּׁ֔ה כ
גַּמְלִיאֵ֖ל בֶּן־פְּדָהצֽוּר׃ וּצְבָא֖וֹ וּפְקֻדֵיהֶ֑ם שְׁנַ֧יִם כא
וּשְׁלֹשִׁ֛ים אֶ֖לֶף וּמָאתָֽיִם׃ וּמַטֵּ֖ה בִּנְיָמִ֑ן וְנָשִׂיא֙ לִבְנֵ֣י כב
בִנְיָמִ֔ן אֲבִידָ֖ן בֶּן־גִּדְעֹנִֽי׃ וּצְבָא֖וֹ וּפְקֻדֵיהֶ֑ם חֲמִשָּׁ֧ה כג
וּשְׁלֹשִׁ֛ים אֶ֖לֶף וְאַרְבַּ֥ע מֵאֽוֹת׃ כָּל־הַפְּקֻדִ֞ים כד

לְמַחֲנֵה אֶפְרַיִם מְאַת אֶלֶף וּשְׁמֹנַת־אֲלָפִים וּמֵאָה
כה לְצִבְאֹתָם וּשְׁלִשִׁים יִסָּעוּ׃ דֶּגֶל מַחֲנֵה
דָן צָפֹנָה לְצִבְאֹתָם וְנָשִׂיא לִבְנֵי דָן אֲחִיעֶזֶר בֶּן־
כו עַמִּישַׁדָּי׃ וּצְבָאוֹ וּפְקֻדֵיהֶם שְׁנַיִם וְשִׁשִּׁים אֶלֶף
כז וּשְׁבַע מֵאוֹת׃ וְהַחֹנִים עָלָיו מַטֵּה אָשֵׁר וְנָשִׂיא
כח לִבְנֵי אָשֵׁר פַּגְעִיאֵל בֶּן־עָכְרָן׃ וּצְבָאוֹ וּפְקֻדֵיהֶם
כט אֶחָד וְאַרְבָּעִים אֶלֶף וַחֲמֵשׁ מֵאוֹת׃ וּמַטֵּה נַפְתָּלִי

יא מַשְׁרִית רְאוּבֵן, דָּרוֹמָא לְחֵילֵיהוֹן, וְרַבָּא לִבְנֵי רְאוּבֵן, אֱלִיצוּר בַּר שְׁדֵיאוּר: וְחֵילֵיהּ וּמִנְיָנוֹהִי,
יב אַרְבְּעִין וְשִׁתָּא אַלְפִין וַחֲמֵשׁ מְאָה: וְדִשְׁרַן סְמִיכִין עֲלוֹהִי שִׁבְטָא דְשִׁמְעוֹן, וְרַבָּא לִבְנֵי שִׁמְעוֹן,
יג יד שְׁלוּמִיאֵל בַּר צוּרִישַׁדָּי: וְחֵילֵיהּ וּמִנְיָנֵיהוֹן, חַמְשִׁין וְתִשְׁעָא אַלְפִין וּתְלָת מְאָה: וְשִׁבְטָא דְגָד,
טו וְרַבָּא לִבְנֵי גָד, אֶלְיָסָף בַּר רְעוּאֵל: וְחֵילֵיהּ וּמִנְיָנֵיהוֹן, אַרְבְּעִין וְחַמְשָׁא אַלְפִין, וְשֵׁית מְאָה
טז וְחַמְשִׁין: כָּל מִנְיָנַיָּא לְמַשְׁרִית רְאוּבֵן, מְאָה וְחַמְשִׁין וְחַד אַלְפִין, וְאַרְבַּע מְאָה וְחַמְשִׁין לְחֵילֵיהוֹן,
יז בְּתִנְיֵיתָא נָטְלִין: וְנָטֵיל מַשְׁכַּן זִמְנָא, מַשְׁרִית לֵיוָאֵי בְּגוֹ מַשְׁרְיָתָא, כְּמָא דְשָׁרַן כֵּן נָטְלִין, גְּבַר
יח עַל אַתְרֵיהּ לְטִקְסֵיהוֹן: טֵיקַס מַשְׁרִית אֶפְרַיִם, לְחֵילֵיהוֹן מַעְרְבָא, וְרַבָּא לִבְנֵי אֶפְרַיִם, אֱלִישָׁמָע
יט כ בַּר עַמִּיהוּד: וְחֵילֵיהּ וּמִנְיָנֵיהוֹן, אַרְבְּעִין אַלְפִין וַחֲמֵשׁ מְאָה: וְדִסְמִיכִין עֲלוֹהִי שִׁבְטָא דִמְנַשֶּׁה,
כא כב וְרַבָּא לִבְנֵי מְנַשֶּׁה, גַּמְלִיאֵל בַּר פְּדָהצוּר: וְחֵילֵיהּ וּמִנְיָנֵיהוֹן, תְּלָתִין וּתְרֵין אַלְפִין וּמָאתָן: וְשִׁבְטָא
כג דְבִנְיָמִין, וְרַבָּא לִבְנֵי בִנְיָמִין, אֲבִידָן בַּר גִּדְעוֹנִי: וְחֵילֵיהּ וּמִנְיָנֵיהוֹן, תְּלָתִין וְחַמְשָׁא אַלְפִין וְאַרְבַּע
כד מְאָה: כָּל מִנְיָנַיָּא לְמַשְׁרִית אֶפְרַיִם, מְאָה וּתְמָנְיָא אַלְפִין וּמְאָה לְחֵילֵיהוֹן, בִּתְלִיתֵיתָא נָטְלִין:
כה כו טֵיקַס מַשְׁרִית דָּן, צִפּוּנָא לְחֵילֵיהוֹן, וְרַבָּא לִבְנֵי דָן, אֲחִיעֶזֶר בַּר עַמִּישַׁדָּי: וְחֵילֵיהּ וּמִנְיָנֵיהוֹן,
כז שִׁתִּין וּתְרֵין אַלְפִין וּשְׁבַע מְאָה: וְדִשְׁרַן סְמִיכִין עֲלוֹהִי שִׁבְטָא דְאָשֵׁר, וְרַבָּא לִבְנֵי אָשֵׁר,
כח כט פַּגְעִיאֵל בַּר עָכְרָן: וְחֵילֵיהּ וּמִנְיָנֵיהוֹן, אַרְבְּעִין וְחַד אַלְפִין וַחֲמֵשׁ מְאָה: וְשִׁבְטָא דְנַפְתָּלִי,

יז וְנָסַע אֹהֶל מוֹעֵד. לְאַחַר שְׁנֵי דְּגָלִים הַלָּלוּ: כַּאֲשֶׁר יַחֲנוּ כֵּן יִסָּעוּ. כְּמוֹ שֶׁפֵּרַשְׁתִּי, הֲלִיכָתָן כַּחֲנִיָּתָן, כָּל דֶּגֶל מְהַלֵּךְ לָרוּחַ הַקָּבוּעַ לוֹ: עַל יָדוֹ. עַל מְקוֹמוֹ, וְאֵין לְשׁוֹן 'יָד' זָז מִמַּשְׁמָעוֹ, רוּחַ שֶׁל צִדּוֹ קָרוּי "עַל יָדוֹ", הַסְּמוּכָה לוֹ לְכָל הוֹשָׁטַת יָדוֹ, אנשו"ן איש"ח בְּלַעַז:

כ וְעָלָיו. כְּתַרְגּוּמוֹ: "וְדִסְמִיכִין עֲלוֹהִי":

ל וְנָשִׂיא֙ לִבְנֵ֣י נַפְתָּלִ֔י אֲחִירַ֖ע בֶּן־עֵינָֽן׃ וּצְבָא֖וֹ
וּפְקֻדֵיהֶ֑ם שְׁלֹשָׁ֧ה וַחֲמִשִּׁ֛ים אֶ֖לֶף וְאַרְבַּ֥ע מֵאֽוֹת׃
לא כָּל־הַפְּקֻדִים֙ לְמַחֲנֵ֣ה דָ֔ן מְאַ֥ת אֶ֛לֶף וְשִׁבְעָ֥ה
וַחֲמִשִּׁ֖ים אֶ֣לֶף וְשֵׁ֣שׁ מֵא֑וֹת לָאַחֲרֹנָ֥ה יִסְע֖וּ
לְדִגְלֵיהֶֽם׃
לב אֵ֛לֶּה פְּקוּדֵ֥י בְנֵֽי־יִשְׂרָאֵ֖ל לְבֵ֣ית אֲבֹתָ֑ם כָּל־
פְּקוּדֵ֤י הַמַּחֲנֹת֙ לְצִבְאֹתָ֔ם שֵׁשׁ־מֵא֥וֹת אֶ֙לֶף֙
לג וּשְׁלֹ֣שֶׁת אֲלָפִ֔ים וַחֲמֵ֥שׁ מֵא֖וֹת וַחֲמִשִּֽׁים׃ וְהַ֨לְוִיִּ֔ם
לֹ֣א הָתְפָּקְד֔וּ בְּת֖וֹךְ בְּנֵ֣י יִשְׂרָאֵ֑ל כַּאֲשֶׁ֛ר צִוָּ֥ה
לד יְהוָ֖ה אֶת־מֹשֶֽׁה׃ וַֽיַּעֲשׂ֖וּ בְּנֵ֣י יִשְׂרָאֵ֑ל כְּ֠כֹל אֲשֶׁר־
צִוָּ֨ה יְהוָ֜ה אֶת־מֹשֶׁ֗ה כֵּֽן־חָנ֤וּ לְדִגְלֵיהֶם֙ וְכֵ֣ן נָסָ֔עוּ
אִ֥ישׁ לְמִשְׁפְּחֹתָ֖יו עַל־בֵּ֥ית אֲבֹתָֽיו׃
רביעי ג א וְאֵ֛לֶּה תּוֹלְדֹ֥ת אַהֲרֹ֖ן וּמֹשֶׁ֑ה בְּי֗וֹם דִּבֶּ֧ר יְהוָ֛ה
ב אֶת־מֹשֶׁ֖ה בְּהַ֥ר סִינָֽי׃ וְאֵ֛לֶּה שְׁמ֥וֹת בְּנֵֽי־אַהֲרֹ֖ן
ג הַבְּכֹ֣ר ׀ נָדָ֑ב וַאֲבִיה֕וּא אֶלְעָזָ֖ר וְאִיתָמָֽר׃ אֵ֗לֶּה
שְׁמוֹת֙ בְּנֵ֣י אַהֲרֹ֔ן הַכֹּהֲנִ֖ים הַמְּשֻׁחִ֑ים אֲשֶׁר־
ד מִלֵּ֥א יָדָ֖ם לְכַהֵֽן׃ וַיָּ֣מָת נָדָ֣ב וַאֲבִיה֣וּא לִפְנֵ֣י
יְהוָ֡ה בְּהַקְרִבָ֣ם אֵשׁ֩ זָרָ֨ה לִפְנֵ֤י יְהוָה֙ בְּמִדְבַּ֣ר
סִינַ֔י וּבָנִ֖ים לֹא־הָי֣וּ לָהֶ֑ם וַיְכַהֵ֤ן אֶלְעָזָר֙ וְאִ֣יתָמָ֔ר
עַל־פְּנֵ֖י אַהֲרֹ֥ן אֲבִיהֶֽם׃

ה וַיְדַבֵּר יְהוָה אֶל־מֹשֶׁה לֵּאמֹר: הַקְרֵב אֶת־מַטֵּה
לֵוִי וְהַעֲמַדְתָּ אֹתוֹ לִפְנֵי אַהֲרֹן הַכֹּהֵן וְשֵׁרְתוּ
ו אֹתוֹ: וְשָׁמְרוּ אֶת־מִשְׁמַרְתּוֹ וְאֶת־מִשְׁמֶרֶת
ז כָּל־הָעֵדָה לִפְנֵי אֹהֶל מוֹעֵד לַעֲבֹד אֶת־עֲבֹדַת
ח הַמִּשְׁכָּן: וְשָׁמְרוּ אֶת־כָּל־כְּלֵי אֹהֶל מוֹעֵד וְאֶת־

ל וְרַבָּא לִבְנֵי נַפְתָּלִי, אֲחִירַע בַּר עֵינָן: וְחֵילֵיהּ וּמִנְיָנֵיהוֹן, חַמְשִׁין וּתְלָתָא אַלְפִין וְאַרְבַּע מְאָה:
לא כָּל מִנְיָנַיָּא לְמַשְׁרִית דָּן, מְאָה וְחַמְשִׁין, וְשַׁבְעָא אַלְפִין וְשֵׁית מְאָה, בְּבָתְרֵיתָא נָטְלִין
לב לְטִקְסֵיהוֹן: אִלֵּין, מִנְיָנֵי בְנֵי יִשְׂרָאֵל לְבֵית אֲבָהָתְהוֹן, כָּל מִנְיָנֵי מַשְׁרְיָתָא לְחֵילֵיהוֹן, שֵׁית
לג מְאָה וּתְלָתָא אַלְפִין, וַחֲמֵשׁ מְאָה וְחַמְשִׁין: וְלֵיוָאֵי, לָא אִתְמְנִיאוּ, בְּגוֹ בְּנֵי יִשְׂרָאֵל, כְּמָא
לד דְּפַקֵּיד יי יָת מֹשֶׁה: וַעֲבַדוּ בְּנֵי יִשְׂרָאֵל, כְּכֹל, דְּפַקֵּיד יי יָת מֹשֶׁה, כֵּן שָׁרַן לְטִקְסֵיהוֹן וְכֵן
ג א נָטְלִין, גְּבַר לְזַרְעִיתֵיהּ עַל בֵּית אֲבָהָתוֹהִי: וְאִלֵּין, תּוֹלְדָת אַהֲרֹן וּמֹשֶׁה, בְּיוֹמָא, דְּמַלֵּיל יי,
ב עִם מֹשֶׁה בְּטוּרָא דְסִינָי: וְאִלֵּין, שְׁמָהָת בְּנֵי אַהֲרֹן בְּכְרָא נָדָב, וַאֲבִיהוּא, אֶלְעָזָר וְאִיתָמָר:
ג ד אִלֵּין, שְׁמָהָת בְּנֵי אַהֲרֹן, כָּהֲנַיָּא דְּאִתְרַבִּיאוּ, דְּאִתְקָרַב קֻרְבָּנְהוֹן לְשַׁמָּשָׁא: וּמִית נָדָב
וַאֲבִיהוּא קֳדָם יי, בְּקָרוֹבֵיהוֹן אִישָׁתָא נֻכְרֵיתָא, קֳדָם יי בְּמַדְבְּרָא דְסִינַי, וּבְנִין לָא הֲווֹ לְהוֹן,
ה ו וְשַׁמֵּישׁ אֶלְעָזָר וְאִיתָמָר, עַל אַפֵּי אַהֲרֹן אֲבוּהוֹן: וּמַלֵּיל יי עִם מֹשֶׁה לְמֵימַר: קָרֵיב יָת שִׁבְטָא
ז דְּלֵוִי, וּתְקִים יָתֵיהּ, קֳדָם אַהֲרֹן כָּהֲנָא, וִישַׁמְּשׁוּן יָתֵיהּ: וְיִטְּרוּן יָת מַטְּרְתֵיהּ, וְיָת מַטְּרַת כָּל
ח כְּנִשְׁתָּא, קֳדָם מַשְׁכַּן זִמְנָא, לְמִפְלַח יָת פֻּלְחַן מַשְׁכְּנָא: וְיִטְּרוּן, יָת כָּל מָנֵי מַשְׁכַּן זִמְנָא, וְיָת

פרק ג

א| **וְאֵלֶּה תּוֹלְדֹת אַהֲרֹן וּמֹשֶׁה.** וְאֵינוֹ מַזְכִּיר אֶלָּא בְּנֵי אַהֲרֹן, וְנִקְרְאוּ תּוֹלְדוֹת מֹשֶׁה, לְפִי שֶׁלִּמְּדָן תּוֹרָה, מְלַמֵּד שֶׁכָּל הַמְלַמֵּד אֶת בֶּן חֲבֵרוֹ תּוֹרָה מַעֲלֶה עָלָיו הַכָּתוּב כְּאִלּוּ יְלָדוֹ: **בְּיוֹם דִּבֶּר ה' אֶת מֹשֶׁה.** נַעֲשׂוּ אֵלּוּ הַתּוֹלָדוֹת שֶׁלּוֹ, שֶׁלִּמְּדָן מַה שֶּׁלָּמַד מִפִּי הַגְּבוּרָה:

ד| **עַל פְּנֵי אַהֲרֹן.** בְּחַיָּיו:

ו| **וְשֵׁרְתוּ אֹתוֹ.** וּמַהוּ הַשֵּׁרוּת? "וְשָׁמְרוּ אֶת מִשְׁמַרְתּוֹ". לְפִי שֶׁשְּׁמִירַת הַמִּקְדָּשׁ עָלָיו שֶׁלֹּא יִקְרַב זָר, כְּמוֹ שֶׁנֶּאֱמַר: "אַתָּה וּבָנֶיךָ וּבֵית אָבִיךָ אִתָּךְ תִּשְׂאוּ אֶת עֲוֹן הַמִּקְדָּשׁ" (להלן יח, א), וְהַלְוִיִּם הַלָּלוּ מְסַיְּעִין אוֹתָם, זוֹ הִיא הַשֵּׁרוּת:

ז| **וְשָׁמְרוּ אֶת מִשְׁמַרְתּוֹ.** כָּל מִנּוּי שֶׁהָאָדָם מְמֻנֶּה עָלָיו וּמֻטָּל עָלָיו לַעֲשׂוֹתוֹ קָרוּי 'מִשְׁמֶרֶת' בְּכָל הַמִּקְרָא וּבִלְשׁוֹן מִשְׁנָה, כְּמוֹ שֶׁאָמְרוּ בְּבִגְתָן וָתֶרֶשׁ: "וַהֲלֹא אֵין מִשְׁמַרְתִּי וּמִשְׁמַרְתְּךָ שָׁוָה", וְכֵן מִשְׁמְרוֹת כְּהֻנָּה וּלְוִיָּה:

במדבר

ג

מִשְׁמֶ֙רֶת֙ בְּנֵ֣י יִשְׂרָאֵ֔ל לַעֲבֹ֖ד אֶת־עֲבֹדַ֥ת הַמִּשְׁכָּֽן׃
ט וְנָתַתָּה֙ אֶת־הַלְוִיִּ֔ם לְאַהֲרֹ֖ן וּלְבָנָ֑יו נְתוּנִ֨ם נְתוּנִ֥ם הֵ֙מָּה֙ ל֔וֹ מֵאֵ֖ת בְּנֵ֥י יִשְׂרָאֵֽל׃ י וְאֶת־אַהֲרֹ֤ן וְאֶת־בָּנָיו֙ תִּפְקֹ֔ד וְשָׁמְר֖וּ אֶת־כְּהֻנָּתָ֑ם וְהַזָּ֥ר הַקָּרֵ֖ב יוּמָֽת׃

יא וַיְדַבֵּ֥ר יְהוָ֖ה אֶל־מֹשֶׁ֥ה לֵּאמֹֽר׃ יב וַאֲנִ֞י הִנֵּ֧ה לָקַ֣חְתִּי אֶת־הַלְוִיִּ֗ם מִתּוֹךְ֙ בְּנֵ֣י יִשְׂרָאֵ֔ל תַּ֧חַת כָּל־בְּכ֛וֹר פֶּ֥טֶר רֶ֖חֶם מִבְּנֵ֣י יִשְׂרָאֵ֑ל וְהָ֥יוּ לִ֖י הַלְוִיִּֽם׃ יג כִּ֣י לִי֮ כָּל־בְּכוֹר֒ בְּיוֹם֩ הַכֹּתִ֨י כָל־בְּכ֜וֹר בְּאֶ֣רֶץ מִצְרַ֗יִם הִקְדַּ֨שְׁתִּי לִ֤י כָל־בְּכוֹר֙ בְּיִשְׂרָאֵ֔ל מֵאָדָ֖ם עַד־בְּהֵמָ֑ה לִ֥י יִהְי֖וּ אֲנִ֥י יְהוָֽה׃

חמישי

יד וַיְדַבֵּ֤ר יְהוָה֙ אֶל־מֹשֶׁ֔ה בְּמִדְבַּ֥ר סִינַ֖י לֵאמֹֽר׃ טו פְּקֹד֙ אֶת־בְּנֵ֣י לֵוִ֔י לְבֵ֥ית אֲבֹתָ֖ם לְמִשְׁפְּחֹתָ֑ם כָּל־זָכָ֛ר מִבֶּן־חֹ֥דֶשׁ וָמַ֖עְלָה תִּפְקְדֵֽם׃ טז וַיִּפְקֹ֥ד אֹתָ֛ם מֹשֶׁ֖ה עַל־פִּ֣י יְהוָ֑ה כַּאֲשֶׁ֖ר צֻוָּֽה׃ יז וַיִּֽהְיוּ־אֵ֥לֶּה בְנֵֽי־לֵוִ֖י בִּשְׁמֹתָ֑ם גֵּרְשׁ֕וֹן וּקְהָ֖ת וּמְרָרִֽי׃ יח וְאֵ֛לֶּה שְׁמ֥וֹת בְּנֵֽי־גֵרְשׁ֖וֹן לְמִשְׁפְּחֹתָ֑ם לִבְנִ֖י וְשִׁמְעִֽי׃ יט וּבְנֵ֥י קְהָ֖ת לְמִשְׁפְּחֹתָ֑ם עַמְרָ֣ם וְיִצְהָ֔ר חֶבְר֖וֹן וְעֻזִּיאֵֽל׃ כ וּבְנֵ֧י מְרָרִ֛י לְמִשְׁפְּחֹתָ֖ם מַחְלִ֣י וּמוּשִׁ֑י אֵ֥לֶּה הֵ֛ם מִשְׁפְּחֹ֥ת הַלֵּוִ֖י לְבֵ֥ית אֲבֹתָֽם׃ כא לְגֵ֣רְשׁ֔וֹן מִשְׁפַּ֙חַת֙ הַלִּבְנִ֔י וּמִשְׁפַּ֖חַת הַשִּׁמְעִ֑י אֵ֣לֶּה הֵ֔ם מִשְׁפְּחֹ֖ת

כב הַגֵּרְשֻׁנִּי: פְּקֻדֵיהֶם בְּמִסְפַּר כָּל־זָכָר מִבֶּן־
חֹדֶשׁ וָמָעְלָה פְּקֻדֵיהֶם שִׁבְעַת אֲלָפִים וַחֲמֵשׁ
כג מֵאוֹת: מִשְׁפְּחֹת הַגֵּרְשֻׁנִּי אַחֲרֵי הַמִּשְׁכָּן

ט מַטְרַת בְּנֵי יִשְׂרָאֵל, לְמִפְלַח יָת פֻּלְחַן מַשְׁכְּנָא: וְתִתֵּין יָת לֵיוָאֵי, לְאַהֲרֹן וְלִבְנוֹהִי, מְסִירִין
י יְהִיבִין אִנּוּן לֵיהּ, מִן בְּנֵי יִשְׂרָאֵל: וְיָת אַהֲרֹן וְיָת בְּנוֹהִי תְּמַנֵּי, וְיִטְרוּן יָת כְּהֻנַּתְהוֹן, וְחִילוֹנַי
יא יב דְּיִקְרַב יִתְקְטִיל: וּמַלֵּיל יְיָ עִם מֹשֶׁה לְמֵימַר: וַאֲנָא הָא קָרֵיבִית יָת לֵיוָאֵי, מִגּוֹ בְּנֵי יִשְׂרָאֵל,
יג חֲלָף כָּל בֻּכְרָא, פְּתַח וַלְדָּא מִבְּנֵי יִשְׂרָאֵל, וִיהוֹן מְשַׁמְּשִׁין קֳדָמַי לֵיוָאֵי: אֲרֵי דִילִי כָּל בֻּכְרָא,
בְּיוֹמָא דִּקְטַלִית כָּל בֻּכְרָא בְּאַרְעָא דְמִצְרַיִם, אַקְדֵּישִׁית קֳדָמַי כָּל בֻּכְרָא בְּיִשְׂרָאֵל,
יד טו מֵאֱנָשָׁא עַד בְּעִירָא, דִּילִי יְהוֹן אֲנָא יְיָ: וּמַלֵּיל יְיָ עִם מֹשֶׁה, בְּמַדְבְּרָא דְסִינַי לְמֵימַר: מְנִי יָת
טז בְּנֵי לֵוִי, לְבֵית אֲבָהָתְהוֹן לְזַרְעִיָתְהוֹן, כָּל דְּכוּרָא, מִבַּר יַרְחָא וּלְעֵילָא תִּמְנִינוּן: וּמְנָא יָתְהוֹן,
יז מֹשֶׁה עַל מֵימְרָא דַיְיָ, כְּמָא דְאִתְפַּקַּד: וַהֲווֹ אִלֵּין בְּנֵי לֵוִי בִּשְׁמָהָתְהוֹן, גֵּרְשׁוֹן, וּקְהָת וּמְרָרִי:
יח יט וְאִלֵּין, שְׁמָהַת בְּנֵי גֵרְשׁוֹן לְזַרְעִיָתְהוֹן, לִבְנִי וְשִׁמְעִי: וּבְנֵי קְהָת לְזַרְעִיָתְהוֹן, עַמְרָם וְיִצְהָר,
כ חֶבְרוֹן וְעֻזִּיאֵל: וּבְנֵי מְרָרִי, לְזַרְעִיָתְהוֹן מַחְלִי וּמוּשִׁי, אִלֵּין אִנּוּן, זַרְעִיַת לֵוִי לְבֵית אֲבָהָתְהוֹן:
כא כב לְגֵרְשׁוֹן, זַרְעִית לִבְנִי, וְזַרְעִית שִׁמְעִי, אִלֵּין אִנּוּן, זַרְעֲיָת גֵּרְשׁוֹן: מִנְיָנֵיהוֹן בְּמִנְיַן כָּל דְּכוּרָא,
כג מִבַּר יַרְחָא וּלְעֵילָא, מִנְיָנֵיהוֹן, שִׁבְעָא אַלְפִין וַחֲמֵשׁ מְאָה: זַרְעֲיָת גֵּרְשׁוֹן, אֲחוֹרֵי מַשְׁכְּנָא,

ח| **וְאֶת מִשְׁמֶרֶת בְּנֵי יִשְׂרָאֵל.** שֶׁכֻּלָּן הָיוּ זְקוּקִין לְצָרְכֵי הַמִּקְדָּשׁ, אֶלָּא שֶׁהַלְוִיִּם בָּאִים תַּחְתֵּיהֶם בִּשְׁלִיחוּתָם, לְפִיכָךְ לוֹקְחִים מֵהֶם הַמַּעַשְׂרוֹת בִּשְׂכָרָן, שֶׁנֶּאֱמַר: "כִּי שָׂכָר הוּא לָכֶם חֵלֶף עֲבֹדַתְכֶם" (להלן יח, לא):

ט| **נְתוּנִם הֵמָּה לוֹ.** לְעֶזְרָה: **מֵאֵת בְּנֵי יִשְׂרָאֵל.** כְּמוֹ 'מִתּוֹךְ בְּנֵי יִשְׂרָאֵל', כְּלוֹמַר מֵאַחַר כָּל הָעֵדָה נִבְדְּלוּ לְכָךְ בִּגְזֵרַת הַמָּקוֹם וְהוּא נְתָנָם לוֹ, שֶׁנֶּאֱמַר: "וָאֶתְּנָה אֶת הַלְוִיִּם נְתֻנִים" וְגוֹ' (להלן ח, יט):

י| **וְאֶת אַהֲרֹן וְאֶת בָּנָיו תִּפְקֹד.** לְשׁוֹן פְּקִידוּת, וְאֵינוֹ לְשׁוֹן מִנְיָן: **וְשָׁמְרוּ אֶת כְּהֻנָּתָם.** קַבָּלַת דָּמִים וּזְרִיקָה וְהַקְטָרָה וַעֲבוֹדוֹת הַמְּסוּרוֹת לַכֹּהֲנִים:

יב| **וַאֲנִי הִנֵּה לָקַחְתִּי.** וַאֲנִי מֵהֵיכָן זָכִיתִי בָּהֶן "מִתּוֹךְ בְּנֵי יִשְׂרָאֵל", שֶׁיִּהְיוּ יִשְׂרָאֵל שׂוֹכְרִין אוֹתָן לְשֵׁרוּת שֶׁלִּי? עַל יְדֵי הַבְּכוֹרוֹת זָכִיתִי בָהֶם וּלְקַחְתִּים תְּמוּרָתָם. לְפִי שֶׁהָיְתָה הָעֲבוֹדָה בַּבְּכוֹרוֹת, וּכְשֶׁחָטְאוּ בָּעֵגֶל נִפְסְלוּ, וְהַלְוִיִּם שֶׁלֹּא עָבְדוּ עֲבוֹדָה זָרָה נִבְחֲרוּ תַּחְתֵּיהֶם:

טו| **מִבֶּן חֹדֶשׁ וָמַעְלָה.** מִשֶּׁיָּצָא מִכְּלַל נְפָלִים הוּא נִמְנֶה לִקָּרֵא שׁוֹמֵר מִשְׁמֶרֶת הַקֹּדֶשׁ. אָמַר רַבִּי יְהוּדָה בְּרַבִּי שָׁלוֹם: לָמוּד הוּא אוֹתוֹ הַשֵּׁבֶט לִהְיוֹת נִמְנֶה מִן הַבֶּטֶן, שֶׁנֶּאֱמַר: "אֲשֶׁר יָלְדָה אֹתָהּ לְלֵוִי בְּמִצְרָיִם" (להלן כו, נט), עִם כְּנִיסָתָהּ בְּפֶתַח מִצְרַיִם יָלְדָה אוֹתָהּ וְנִמְנֵית בְּשִׁבְעִים נֶפֶשׁ, שֶׁכְּשֶׁאַתָּה מוֹנֶה חֶשְׁבּוֹנָם לֹא תִמְצָאֵם אֶלָּא שִׁבְעִים חָסֵר אַחַת, וְהִיא הִשְׁלִימָה אֶת הַמִּנְיָן:

טז| **עַל פִּי ה'.** אָמַר מֹשֶׁה לִפְנֵי הַקָּדוֹשׁ בָּרוּךְ הוּא: הֵיאַךְ אֲנִי נִכְנָס לְתוֹךְ אָהֳלֵיהֶם לָדַעַת מִנְיַן יוֹנְקֵיהֶם? אָמַר לוֹ הַקָּדוֹשׁ בָּרוּךְ הוּא: עֲשֵׂה אַתָּה שֶׁלְּךָ וַאֲנִי אֶעֱשֶׂה שֶׁלִּי. הָלַךְ מֹשֶׁה וְעָמַד עַל פֶּתַח הָאֹהֶל, וְהַשְּׁכִינָה מְקַדֶּמֶת לְפָנָיו, וּבַת קוֹל יוֹצֵאת מִן הָאֹהֶל וְאוֹמֶרֶת: כָּךְ וְכָךְ תִּינוֹקוֹת יֵשׁ בְּאֹהֶל זֶה; לְכָךְ נֶאֱמַר: "עַל פִּי ה'":

כא| **לְגֵרְשׁוֹן מִשְׁפַּחַת הַלִּבְנִי.** כְּלוֹמַר, לְגֵרְשׁוֹן הָיוּ הַפְּקוּדִים מִשְׁפַּחַת הַלִּבְנִי וּמִשְׁפַּחַת הַשִּׁמְעִי, פְּקוּדֵיהֶם כָּךְ וְכָךְ:

יַחֲנ֥וּ יָֽמָּה׃ וּנְשִׂ֥יא בֵֽית־אָ֖ב לַגֵּרְשֻׁנִּ֑י אֶלְיָסָ֖ף בֶּן־לָאֵֽל׃ וּמִשְׁמֶ֤רֶת בְּנֵֽי־גֵרְשׁוֹן֙ בְּאֹ֣הֶל מוֹעֵ֔ד הַמִּשְׁכָּ֖ן וְהָאֹ֑הֶל מִכְסֵ֕הוּ וּמָסַ֕ךְ פֶּ֖תַח אֹ֥הֶל מוֹעֵֽד׃ וְקַלְעֵ֣י הֶֽחָצֵ֗ר וְאֶת־מָסַךְ֙ פֶּ֣תַח הֶֽחָצֵ֔ר אֲשֶׁ֧ר עַל־הַמִּשְׁכָּ֛ן וְעַל־הַמִּזְבֵּ֖חַ סָבִ֑יב וְאֵת֙ מֵֽיתָרָ֔יו לְכֹ֖ל עֲבֹדָתֽוֹ׃ וְלִקְהָ֕ת מִשְׁפַּ֨חַת הָֽעַמְרָמִ֜י וּמִשְׁפַּ֣חַת הַיִּצְהָרִ֗י וּמִשְׁפַּ֤חַת הַֽחֶבְרֹנִי֙ וּמִשְׁפַּ֣חַת הָֽעָזִּֽיאֵלִ֔י אֵ֥לֶּה הֵ֖ם מִשְׁפְּחֹ֥ת הַקְּהָתִֽי׃ בְּמִסְפַּר֙ כָּל־זָכָ֔ר מִבֶּן־חֹ֖דֶשׁ וָמָ֑עְלָה שְׁמֹנַ֤ת אֲלָפִים֙ וְשֵׁ֣שׁ מֵא֔וֹת שֹׁמְרֵ֖י מִשְׁמֶ֥רֶת הַקֹּֽדֶשׁ׃ מִשְׁפְּחֹ֥ת בְּנֵי־קְהָ֖ת יַחֲנ֑וּ עַ֛ל יֶ֥רֶךְ הַמִּשְׁכָּ֖ן תֵּימָֽנָה׃ וּנְשִׂ֤יא בֵֽית־אָב֙ לְמִשְׁפְּחֹ֣ת הַקְּהָתִ֔י אֱלִיצָפָ֖ן בֶּן־עֻזִּיאֵֽל׃ וּמִשְׁמַרְתָּ֗ם הָֽאָרֹ֤ן וְהַשֻּׁלְחָן֙ וְהַמְּנֹרָ֣ה וְהַֽמִּזְבְּחֹ֔ת וּכְלֵ֣י הַקֹּ֔דֶשׁ אֲשֶׁ֥ר יְשָֽׁרְת֖וּ בָּהֶ֑ם וְהַ֨מָּסָ֔ךְ וְכֹ֖ל עֲבֹדָתֽוֹ׃ וּנְשִׂיא֙ נְשִׂיאֵ֣י הַלֵּוִ֔י אֶלְעָזָ֖ר בֶּן־אַהֲרֹ֣ן הַכֹּהֵ֑ן פְּקֻדַּ֕ת שֹׁמְרֵ֖י מִשְׁמֶ֥רֶת הַקֹּֽדֶשׁ׃ לִמְרָרִ֕י מִשְׁפַּ֨חַת֙ הַמַּחְלִ֔י וּמִשְׁפַּ֖חַת הַמּוּשִׁ֑י אֵ֥לֶּה הֵ֖ם מִשְׁפְּחֹ֥ת מְרָרִֽי׃ וּפְקֻֽדֵיהֶם֙ בְּמִסְפַּ֣ר כָּל־זָכָ֔ר מִבֶּן־חֹ֖דֶשׁ וָמָ֑עְלָה שֵׁ֥שֶׁת אֲלָפִ֖ים וּמָאתָֽיִם׃ וּנְשִׂ֤יא בֵֽית־אָב֙ לְמִשְׁפְּחֹ֣ת מְרָרִ֔י צֽוּרִיאֵ֖ל בֶּן־אֲבִיחָ֑יִל עַ֣ל יֶ֧רֶךְ הַמִּשְׁכָּ֛ן יַחֲנ֖וּ צָפֹֽנָה׃ וּפְקֻדַּ֣ת מִשְׁמֶ֗רֶת

בְּנֵי מְרָרִי קַרְשֵׁי הַמִּשְׁכָּן וּבְרִיחָיו וְעַמֻּדָיו
לז וַאֲדָנָיו וְכׇל־כֵּלָיו וְכֹל עֲבֹדָתוֹ׃ וְעַמֻּדֵי הֶחָצֵר
לח סָבִיב וְאַדְנֵיהֶם וִיתֵדֹתָם וּמֵיתְרֵיהֶם׃ וְהַחֹנִים
לִפְנֵי הַמִּשְׁכָּן קֵדְמָה לִפְנֵי אֹהֶל־מוֹעֵד ׀ מִזְרָחָה
מֹשֶׁה ׀ וְאַהֲרֹן וּבָנָיו שֹׁמְרִים מִשְׁמֶרֶת הַמִּקְדָּשׁ

כד כה יִשְׁרוֹן מַעְרְבָא: וְרַב בֵּית בָּא לְבֵית גֵּרְשׁוֹן, אֶלְיָסָף בַּר לָאֵל: וּמַטְּרַת בְּנֵי גֵרְשׁוֹן בְּמַשְׁכַּן זִמְנָא,
כו מַשְׁכְּנָא וּפְרָסָא, חוֹפָאֵיהּ, וּפְרָסָא, דִּתְרַע מַשְׁכַּן זִמְנָא: וּסְרָדֵי דָּרְתָא, וְיָת פְּרָסָא דִּתְרַע דָּרְתָא,
כז דְּעַל מַשְׁכְּנָא, וְעַל מַדְבְּחָא סְחוֹר סְחוֹר, וְיָת אֲטוּנוֹהִי, לְכָל פָּלְחָנֵיהּ: וְלִקְהָת, זַרְעִית עַמְרָם
כח וְזַרְעִית יִצְהָר, וְזַרְעִית חֶבְרוֹן, וְזַרְעִית עֻזִּיאֵל, אִלֵּין אִנּוּן זַרְעִית קְהָת: בְּמִנְיַן כָּל דְּכוּרָא, מִבַּר
כט יַרְחָא וּלְעֵילָא, תְּמָנְיָא אַלְפִין וְשֵׁית מְאָה, נָטְרֵי מַטַּרְתָּא דְּקֻדְשָׁא: זַרְעִית בְּנֵי קְהָת יִשְׁרוֹן, עַל
ל לא שִׁדָּא דְּמַשְׁכְּנָא דָּרוֹמָא: וְרַב בֵּית בָּא לְזַרְעִית קְהָת, אֱלִיצָפָן בַּר עֻזִּיאֵל: וּמַטַּרְתְּהוֹן, אֲרוֹנָא
לב וּפָתוּרָא וּמְנָרְתָא וּמַדְבְּחַיָּא, וּמָנֵי קֻדְשָׁא, דִּישַׁמְּשׁוּן בְּהוֹן, וּפְרָסָא, וְכָל פָּלְחָנֵיהּ: וְאַמַּרְכְּלָא
דִּמְמַנָּא עַל רַבְרְבֵי לֵיוָאֵי, אֶלְעָזָר בַּר אַהֲרֹן כָּהֲנָא, מִתְּחוֹת יְדוֹהִי מְמַנַּן, נָטְרֵי מַטַּרְתָּא דְּקֻדְשָׁא:
לג לד לִמְרָרִי, זַרְעִית מַחְלִי, וְזַרְעִית מוּשִׁי, אִלֵּין אִנּוּן זַרְעִית מְרָרִי: וּמִנְיָנֵיהוֹן בְּמִנְיַן כָּל דְּכוּרָא, מִבַּר
לה יַרְחָא וּלְעֵילָא, שִׁתָּא אַלְפִין וּמָאתַן: וְרַב בֵּית בָּא לְזַרְעִית מְרָרִי, צוּרִיאֵל בַּר אֲבִיחָיִל, עַל שִׁדָּא
לו דְּמַשְׁכְּנָא, יִשְׁרוֹן צִפּוּנָא: וּדְמָסִיר לְמַטַּר לִבְנֵי מְרָרִי, דַּפֵּי מַשְׁכְּנָא, וְעָבְרוֹהִי וְעַמּוּדוֹהִי וְסָמְכוֹהִי,
לז לח וְכָל מָנוֹהִי, וְכָל פָּלְחָנֵיהּ: וְעַמּוּדֵי דָּרְתָא, סְחוֹר סְחוֹר וְסָמְכֵיהוֹן, וְסִכֵּיהוֹן וַאֲטוּנֵיהוֹן: וְדִשְׁרַן
קֳדָם מַשְׁכְּנָא, קִדּוּמָא קֳדָם מַשְׁכַּן זִמְנָא מַדִּנְחָא, מֹשֶׁה וְאַהֲרֹן וּבְנוֹהִי, נָטְרֵי מַטְּרַת מַקְדְּשָׁא,

כה| הַמִּשְׁכָּן. יְרִיעוֹת הַתַּחְתּוֹנוֹת: וְהָאֹהֶל. יְרִיעוֹת עִזִּים הָעֲשׂוּיוֹת לְגַג: מִכְסֵהוּ. עוֹרוֹת אֵילִים וּתְחָשִׁים: וּמָסַךְ פֶּתַח. הוּא הַוִּילוֹן:

כו| וְאֵת מֵיתָרָיו. שֶׁל מִשְׁכָּן וְהָאֹהֶל, וְלֹא שֶׁל חָצֵר:

כט| מִשְׁפְּחֹת בְּנֵי קְהָת יַחֲנוּ... תֵּימָנָה. וּסְמוּכִין לָהֶם דֶּגֶל רְאוּבֵן הַחוֹנִים תֵּימָנָה, אוֹי לָרָשָׁע וְאוֹי לִשְׁכֵנוֹ, לְכָךְ לָקוּ מֵהֶם דָּתָן וַאֲבִירָם וּמָאתַיִם וַחֲמִשִּׁים אִישׁ עִם קֹרַח וַעֲדָתוֹ, שֶׁנִּמְשְׁכוּ עִמָּהֶם בְּמַחְלָקְתָּם:

לא| וְהַמָּסָךְ. הִיא הַפָּרֹכֶת, שֶׁאַף הִיא קְרוּיָה "פָּרֹכֶת הַמָּסָךְ" (להלן ד, ה):

לב| וּנְשִׂיא נְשִׂיאֵי הַלֵּוִי. מְמֻנֶּה עַל כֻּלָּם, וְעַל מָה הִיא נְשִׂיאוּתוֹ? "פְּקֻדַּת שֹׁמְרֵי מִשְׁמֶרֶת", עַל יָדוֹ הִיא פְּקֻדַּת כֻּלָּם:

לח| מֹשֶׁה וְאַהֲרֹן וּבָנָיו. וּסְמוּכִין לָהֶם דֶּגֶל מַחֲנֵה יְהוּדָה וְהַחוֹנִים עָלָיו יִשָּׂשכָר וּזְבוּלֻן, טוֹב לַצַּדִּיק טוֹב לִשְׁכֵנוֹ, לְפִי שֶׁהָיוּ שְׁכֵנָיו שֶׁל מֹשֶׁה שֶׁהָיָה עוֹסֵק בַּתּוֹרָה, נַעֲשׂוּ גְּדוֹלִים בַּתּוֹרָה, שֶׁנֶּאֱמַר: "יְהוּדָה מְחֹקְקִי" (תהלים ס, ט), "וּמִבְּנֵי יִשָּׂשכָר יוֹדְעֵי בִינָה" וְגוֹ' (דברי הימים א' יב, לג) מָאתַיִם רָאשֵׁי

לְמִשְׁמֶרֶת בְּנֵי יִשְׂרָאֵל וְהַזָּר הַקָּרֵב יוּמָת׃ כָּל־ לט
פְּקוּדֵי הַלְוִיִּם אֲשֶׁר פָּקַד מֹשֶׁה וְאַהֲרֹן עַל־פִּי
יְהוָה לְמִשְׁפְּחֹתָם כָּל־זָכָר מִבֶּן־חֹדֶשׁ וָמַעְלָה
ששי שְׁנַיִם וְעֶשְׂרִים אָלֶף׃ וַיֹּאמֶר יְהוָה מ
אֶל־מֹשֶׁה פְּקֹד כָּל־בְּכֹר זָכָר לִבְנֵי יִשְׂרָאֵל
מִבֶּן־חֹדֶשׁ וָמָעְלָה וְשָׂא אֵת מִסְפַּר שְׁמֹתָם׃
וְלָקַחְתָּ אֶת־הַלְוִיִּם לִי אֲנִי יְהוָה תַּחַת כָּל־בְּכֹר מא
בִּבְנֵי יִשְׂרָאֵל וְאֵת בֶּהֱמַת הַלְוִיִּם תַּחַת כָּל־
בְּכוֹר בְּבֶהֱמַת בְּנֵי יִשְׂרָאֵל׃ וַיִּפְקֹד מֹשֶׁה כַּאֲשֶׁר מב
צִוָּה יְהוָה אֹתוֹ אֶת־כָּל־בְּכוֹר בִּבְנֵי יִשְׂרָאֵל׃
וַיְהִי כָל־בְּכוֹר זָכָר בְּמִסְפַּר שֵׁמֹת מִבֶּן־חֹדֶשׁ מג
וָמַעְלָה לִפְקֻדֵיהֶם שְׁנַיִם וְעֶשְׂרִים אֶלֶף שְׁלֹשָׁה
וְשִׁבְעִים וּמָאתָיִם׃

★ וַיְדַבֵּר יְהוָה אֶל־מֹשֶׁה לֵּאמֹר׃ קַח אֶת־הַלְוִיִּם מד מה
תַּחַת כָּל־בְּכוֹר בִּבְנֵי יִשְׂרָאֵל וְאֶת־בֶּהֱמַת הַלְוִיִּם
תַּחַת בְּהֶמְתָּם וְהָיוּ־לִי הַלְוִיִּם אֲנִי יְהוָה׃ וְאֵת מו
פְּדוּיֵי הַשְּׁלֹשָׁה וְהַשִּׁבְעִים וְהַמָּאתָיִם הָעֹדְפִים
עַל־הַלְוִיִּם מִבְּכוֹר בְּנֵי יִשְׂרָאֵל׃ וְלָקַחְתָּ חֲמֵשֶׁת מז
חֲמֵשֶׁת שְׁקָלִים לַגֻּלְגֹּלֶת בְּשֶׁקֶל הַקֹּדֶשׁ תִּקָּח
עֶשְׂרִים גֵּרָה הַשָּׁקֶל׃ וְנָתַתָּה הַכֶּסֶף לְאַהֲרֹן מח
וּלְבָנָיו פְּדוּיֵי הָעֹדְפִים בָּהֶם׃ וַיִּקַּח מֹשֶׁה אֵת מט

כֶּסֶף הַפִּדְיוֹם מֵאֵת הָעֹדְפִים עַל פְּדוּיֵי הַלְוִיִּם:
נ מֵאֵת בְּכוֹר בְּנֵי יִשְׂרָאֵל לָקַח אֶת־הַכָּסֶף
חֲמִשָּׁה וְשִׁשִּׁים וּשְׁלֹשׁ מֵאוֹת וָאֶלֶף בְּשֶׁקֶל

לט לְמַטְּרַת בְּנֵי יִשְׂרָאֵל, וְחִילוֹנַי דְּיִקְרַב יִתְקְטִיל: כָּל מִנְיָנֵי לֵיוָאֵי, דִּמְנָא מֹשֶׁה וְאַהֲרֹן, עַל
מ מֵימְרָא דַּיְיָ לְזַרְעִיָּתְהוֹן, כָּל דְּכוּרָא מִבַּר יַרְחָא וּלְעֵילָא, עַסְרִין וּתְרֵין אַלְפִין: וַאֲמַר יְיָ לְמֹשֶׁה,
מְנִי כָּל בְּכוֹרַיָּא דְּכוּרַיָּא לִבְנֵי יִשְׂרָאֵל, מִבַּר יַרְחָא וּלְעֵילָא, וְקַבֵּיל, יָת חֻשְׁבַּן שְׁמָהָתְהוֹן:
מא וּתְקָרֵיב יָת לֵיוָאֵי קֳדָמַי אֲנָא יְיָ, חֲלָף כָּל בֻּכְרָא בִּבְנֵי יִשְׂרָאֵל, וְיָת בְּעִירָא דְּלֵיוָאֵי, חֲלָף כָּל
מב בֻּכְרָא, בִּבְעִירָא דִּבְנֵי יִשְׂרָאֵל: וּמְנָא מֹשֶׁה, כְּמָא דְּפַקֵּיד יְיָ יָתֵיהּ, יָת כָּל בֻּכְרָא בִּבְנֵי יִשְׂרָאֵל:
מג וַהֲווֹ כָּל בְּכוֹרַיָּא דְּכוּרַיָּא, בְּמִנְיַן שְׁמָהָן, מִבַּר יַרְחָא וּלְעֵילָא לְמִנְיָנֵיהוֹן, עַסְרִין וּתְרֵין אַלְפִין,
מד מה מָאתַן וְשִׁבְעִין וּתְלָתָא: וּמַלֵּיל יְיָ עִם מֹשֶׁה לְמֵימַר: קָרֵיב יָת לֵיוָאֵי, חֲלָף כָּל בֻּכְרָא בִּבְנֵי
מו יִשְׂרָאֵל, וְיָת בְּעִירָא דְּלֵיוָאֵי חֲלָף בְּעִירְהוֹן, וִיהוֹן מְשַׁמְּשִׁין קֳדָמַי לֵיוָאֵי אֲנָא יְיָ: וְיָת פֻּרְקַן
מז מָאתַן, וְשִׁבְעִין וּתְלָתָא, דְּיַתִּירִין עַל לֵיוָאֵי, מִבְּכוֹרַיָּא דִּבְנֵי יִשְׂרָאֵל: וְתִסַּב, חֲמֵשׁ חֲמֵשׁ,
מח סִלְעִין לְגֻלְגַּלְתָּא, בְּסִלְעֵי קֻדְשָׁא תִּסַּב, עַסְרִין מָעִין סִלְעָא: וְתִתֵּין כַּסְפָּא, לְאַהֲרֹן וְלִבְנוֹהִי,
מט נ פֻּרְקַן, דְּיַתִּירִין דִּבְהוֹן: וּנְסֵיב מֹשֶׁה, יָת כְּסַף פֻּרְקָנְהוֹן, מִן דְּיַתִּירִין, עַל פְּרִיקֵי לֵיוָאֵי: מִן
בְּכוֹרַיָּא, דִּבְנֵי יִשְׂרָאֵל נְסֵיב יָת כַּסְפָּא, אֶלֶף וּתְלָת מְאָה, וְשִׁתִּין וַחֲמֵשׁ, סִלְעִין בְּסִלְעֵי

סַנְהֶדְרָאוֹת, "וּמִזְּבוּלֻן מֹשְׁכִים בְּשֵׁבֶט סֹפֵר" (שופטים ה, יד):

לט| **אֲשֶׁר פָּקַד מֹשֶׁה וְאַהֲרֹן.** נָקוּד עַל וְאַהֲרֹן, לוֹמַר שֶׁלֹּא הָיָה בְּמִנְיַן הַלְוִיִּם: **שְׁנַיִם וְעֶשְׂרִים אָלֶף.** וּבִפְרָטָן אַתָּה מוֹצֵא שְׁלֹשׁ מֵאוֹת יְתֵרִים: בְּנֵי גֵרְשׁוֹן שִׁבְעַת אֲלָפִים וַחֲמֵשׁ מֵאוֹת, בְּנֵי קְהָת שְׁמֹנַת אֲלָפִים וְשֵׁשׁ מֵאוֹת, בְּנֵי מְרָרִי שֵׁשֶׁת אֲלָפִים וּמָאתָיִם! וְלָמָּה לֹא כְּלָלָן עִם הַשְּׁאָר וְיִפְדּוּ אֶת הַבְּכוֹרוֹת, וְלֹא יִהְיוּ זְקוּקִים הַשְּׁלֹשָׁה וְשִׁבְעִים וּמָאתַיִם בְּכוֹרוֹת הָעוֹדְפִים עַל הַמִּנְיָן לְפִדְיוֹן? אָמְרוּ רַבּוֹתֵינוּ בְּמַסֶּכֶת בְּכוֹרוֹת (דף ה ע"א): אוֹתָן שְׁלֹשׁ מֵאוֹת לְוִיִּם בְּכוֹרוֹת הָיוּ, וְדַיָּם שֶׁיַּפְקִיעוּ עַצְמָם מִן הַפִּדְיוֹן:

מ| **פְּקֹד כָּל בְּכֹר זָכָר וְגוֹ' מִבֶּן חֹדֶשׁ וָמָעְלָה.** מִשֶּׁיָּצָא מִכְּלַל סְפֵק נְפָלִים:

מה| **וְאֶת בֶּהֱמַת הַלְוִיִּם וְגוֹ'.** לֹא פָּדוּ בַּהֲמוֹת הַלְוִיִּם אֶת בְּכוֹרֵי בְּהֵמָה טְהוֹרָה שֶׁל יִשְׂרָאֵל, אֶלָּא אֶת פִּטְרֵי חֲמוֹרֵיהֶם, וְשֶׂה אֶחָד שֶׁל בֶּן לֵוִי פָּטַר כַּמָּה פִּטְרֵי חֲמוֹרִים שֶׁל יִשְׂרָאֵל. תֵּדַע, שֶׁהֲרֵי מָנָה הָעוֹדְפִים בָּאָדָם וְלֹא מָנָה הָעוֹדְפִים בַּבְּהֵמָה:

מו-מז| **וְאֵת פְּדוּיֵי הַשְּׁלֹשָׁה וְגוֹ'.** וְאֶת הַבְּכוֹרוֹת הַצְּרִיכִין לְהִפָּדוֹת בָּהֶם, אֵלּוּ שְׁלֹשָׁה וְשִׁבְעִים וּמָאתַיִם הָעוֹדְפִים בָּהֶם יְתֵרִים עַל הַלְוִיִּם, מֵהֶם תִּקַּח חֲמֵשֶׁת שְׁקָלִים לַגֻּלְגֹּלֶת. כָּךְ הָיְתָה מְכִירָתוֹ שֶׁל יוֹסֵף, עֶשְׂרִים כֶּסֶף, שֶׁהָיָה בְּכוֹרָהּ שֶׁל רָחֵל:

מט| **הָעֹדְפִים עַל פְּדוּיֵי הַלְוִיִּם.** עַל אוֹתָן שֶׁפָּדוּ הַלְוִיִּם בְּגוּפָן:

נ| **חֲמִשָּׁה וְשִׁשִּׁים וּשְׁלֹשׁ מֵאוֹת וָאֶלֶף.** כָּךְ סְכוּם הַחֶשְׁבּוֹן: חֲמֵשֶׁת שְׁקָלִים לַגֻּלְגֹּלֶת, לְמָאתַיִם בְּכוֹרוֹת – אֶלֶף שֶׁקֶל, לְשִׁבְעִים בְּכוֹרוֹת – שְׁלֹשׁ מֵאוֹת וַחֲמִשִּׁים שֶׁקֶל, לִשְׁלֹשָׁה בְּכוֹרוֹת – חֲמִשָּׁה עָשָׂר שֶׁקֶל. אָמַר: כֵּיצַד אֶעֱשֶׂה? בְּכוֹר שֶׁאֹמַר לוֹ: תֵּן חֲמֵשֶׁת שְׁקָלִים! יֹאמַר לִי: אֲנִי מִפְּדוּיֵי הַלְוִיִּם.

הַקֹּֽדֶשׁ׃ וַיִּתֵּ֨ן מֹשֶׁ֜ה אֶת־כֶּ֧סֶף הַפְּדֻיִ֛ם לְאַהֲרֹ֖ן נא
וּלְבָנָ֑יו עַל־פִּ֣י יְהוָ֔ה כַּאֲשֶׁ֛ר צִוָּ֥ה יְהוָ֖ה אֶת־
מֹשֶֽׁה׃

שביעי וַיְדַבֵּ֣ר יְהוָ֔ה אֶל־מֹשֶׁ֥ה וְאֶֽל־אַהֲרֹ֖ן לֵאמֹֽר׃ נָשֹׂ֗א א ב ד
אֶת־רֹאשׁ֙ בְּנֵ֣י קְהָ֔ת מִתּ֖וֹךְ בְּנֵ֣י לֵוִ֑י לְמִשְׁפְּחֹתָ֖ם
לְבֵ֥ית אֲבֹתָֽם׃ מִבֶּ֨ן שְׁלֹשִׁ֤ים שָׁנָה֙ וָמַ֔עְלָה ג
וְעַ֖ד בֶּן־חֲמִשִּׁ֣ים שָׁנָ֑ה כָּל־בָּא֙ לַצָּבָ֔א לַעֲשׂ֥וֹת
מְלָאכָ֖ה בְּאֹ֥הֶל מוֹעֵֽד׃ זֹ֛את עֲבֹדַ֥ת בְּנֵֽי־קְהָ֖ת ד
בְּאֹ֣הֶל מוֹעֵ֑ד קֹ֖דֶשׁ הַקֳּדָשִֽׁים׃ וּבָ֨א אַהֲרֹ֤ן ה
וּבָנָיו֙ בִּנְסֹ֣עַ הַֽמַּחֲנֶ֔ה וְהוֹרִ֕דוּ אֵ֖ת פָּרֹ֣כֶת הַמָּסָ֑ךְ
וְכִ֨סּוּ־בָ֔הּ אֵ֖ת אֲרֹ֥ן הָעֵדֻֽת׃ וְנָתְנ֣וּ עָלָ֗יו כְּסוּי֙ ו
ע֣וֹר תַּ֔חַשׁ וּפָרְשׂ֧וּ בֶֽגֶד־כְּלִ֛יל תְּכֵ֖לֶת מִלְמָ֑עְלָה
וְשָׂמ֖וּ בַּדָּֽיו׃ וְעַ֣ל ׀ שֻׁלְחַ֣ן הַפָּנִ֗ים יִפְרְשׂוּ֮ בֶּ֣גֶד ז
תְּכֵלֶת֒ וְנָתְנ֣וּ עָ֠לָיו אֶת־הַקְּעָרֹ֤ת וְאֶת־הַכַּפֹּת֙
וְאֶת־הַֽמְּנַקִּיֹּ֔ת וְאֵ֖ת קְשׂ֣וֹת הַנָּ֑סֶךְ וְלֶ֥חֶם הַתָּמִ֖יד
עָלָ֥יו יִהְיֶֽה׃ וּפָרְשׂ֣וּ עֲלֵיהֶ֗ם בֶּ֚גֶד תּוֹלַ֣עַת שָׁנִ֔י ח
וְכִסּ֣וּ אֹת֔וֹ בְּמִכְסֵ֖ה ע֣וֹר תָּ֑חַשׁ וְשָׂמ֖וּ אֶת־בַּדָּֽיו׃
וְלָקְח֣וּ ׀ בֶּ֣גֶד תְּכֵ֗לֶת וְכִסּ֞וּ אֶת־מְנֹרַ֤ת הַמָּאוֹר֙ ט
וְאֶת־נֵרֹתֶ֔יהָ וְאֶת־מַלְקָחֶ֖יהָ וְאֶת־מַחְתֹּתֶ֑יהָ
וְאֵת֙ כָּל־כְּלֵ֣י שַׁמְנָ֔הּ אֲשֶׁ֥ר יְשָֽׁרְתוּ־לָ֖הּ בָּהֶֽם׃

י וְנָתְנ֣וּ אֹתָהּ֙ וְאֶת־כָּל־כֵּלֶ֔יהָ אֶל־מִכְסֵ֖ה ע֣וֹר
יא תָּ֑חַשׁ וְנָתְנ֖וּ עַל־הַמּֽוֹט׃ וְעַ֣ל ׀ מִזְבַּ֣ח הַזָּהָ֗ב
יִפְרְשׂוּ֙ בֶּ֣גֶד תְּכֵ֔לֶת וְכִסּ֣וּ אֹת֔וֹ בְּמִכְסֵ֖ה ע֣וֹר

נא קֻדְשָׁא: וִיהַב מֹשֶׁה, יָת כְּסַף פְּרִיקַיָּא, לְאַהֲרֹן וְלִבְנוֹהִי עַל מֵימְרָא דַּייָ, כְּמָא דְּפַקֵּיד יְיָ יָת
ד א ב מֹשֶׁה: וּמַלֵּיל יְיָ, עִם מֹשֶׁה וּלְאַהֲרֹן לְמֵימַר: קַבִּילוּ, יָת חֻשְׁבַּן בְּנֵי קְהָת, מִגּוֹ בְּנֵי לֵוִי,
ג לְזַרְעֲיָתְהוֹן לְבֵית אֲבָהָתְהוֹן: מִבַּר תְּלָתִין שְׁנִין וּלְעֵילָא, וְעַד בַּר חַמְשִׁין שְׁנִין, כָּל דְּאָתֵי
ד לְחֵילָא, לְמֶעְבַּד עֲבִידְתָּא בְּמַשְׁכַּן זִמְנָא: דֵּין, פֻּלְחַן בְּנֵי קְהָת בְּמַשְׁכַּן זִמְנָא, קוֹדֶשׁ קֻדְשַׁיָּא:
ה וְיֵיעוֹל אַהֲרֹן וּבְנוֹהִי בְּמִטַּל מַשְׁרִיתָא, וִיפָרְקוּן, יָת פָּרֻכְתָּא דִּפְרָסָא, וִיכַסּוֹן בַּהּ, יָת אֲרוֹנָא
ו דְּסָהֲדוּתָא: וְיִתְּנוּן עֲלוֹהִי, חוֹפָאָה דִּמְשַׁךְ סָסְגוֹנָא, וְיִפְרְסוּן לְבוּשׁ גְּמִיר, תַּכְלָא מִלְּעֵילָא,
ז וִישַׁוּוֹן אֲרִיחוֹהִי: וְעַל פָּתוֹרָא דִּלְחֵים אַפַּיָּא, יִפְרְסוּן לְבוּשׁ תַּכְלָא, וְיִתְּנוּן עֲלוֹהִי, יָת מְגִסַּיָּא
ח וְיָת בָּזִכַּיָּא וְיָת מְכִילָתָא, וְיָת קָסְוָת נִסּוּכָא, וְלַחְמָא תְּדִירָא עֲלוֹהִי יְהֵי: וְיִפְרְסוּן עֲלֵיהוֹן,
ט לְבוּשׁ צְבַע זְהוֹרִי, וִיכַסּוֹן יָתֵיהּ, בְּחוֹפָאָה דִּמְשַׁךְ סָסְגוֹנָא, וִישַׁוּוֹן יָת אֲרִיחוֹהִי: וְיִסְּבוּן לְבוּשׁ
תַּכְלָא, וִיכַסּוֹן, יָת מְנָרְתָא דְּאַנְהוֹרֵי וְיָת בּוֹצִינַהָא, וְיָת צֵיבְתַהָא וְיָת מַחְתְּיָתַהָא, וְיָת כָּל
י מָנֵי שִׁמּוּשַׁהּ, דִּישַׁמְּשׁוּן לַהּ בְּהוֹן: וְיִתְּנוּן יָתַהּ וְיָת כָּל מָנַהָא, לְחוֹפָאָה דִּמְשַׁךְ סָסְגוֹנָא, וְיִתְּנוּן
יא עַל אֲרִיחָא: וְעַל מַדְבְּחָא דְּדַהֲבָא, יִפְרְסוּן לְבוּשׁ תַּכְלָא, וִיכַסּוֹן יָתֵיהּ, בְּחוֹפָאָה דִּמְשַׁךְ

מֶה עָשָׂה? הֵבִיא שְׁנֵים וְעֶשְׂרִים אֶלֶף פִּתְקִין וְכָתַב עֲלֵיהֶם 'בֶּן לֵוִי', וּמָאתַיִם וְשִׁבְעִים וּשְׁלֹשָׁה פִּתְקִין כָּתַב עֲלֵיהֶן 'חֲמֵשֶׁת שְׁקָלִים'. בְּלָלָן וּנְתָנָן בְּקַלְפִּי. אָמַר לָהֶם: בּוֹאוּ וּטְלוּ פִּתְקֵיכֶם לְפִי הַגּוֹרָל:

פרק ד

ב| נָשֹׂא אֶת רֹאשׁ וְגוֹ'. מְנֵה מֵהֶם אֶת הָרְאוּיִין לַעֲבוֹדַת מַשָּׂא, וְהֵם מִבֶּן שְׁלֹשִׁים וְעַד בֶּן חֲמִשִּׁים שָׁנָה, וְהַפָּחוּת מִשְּׁלֹשִׁים לֹא נִתְמַלֵּא כֹּחוֹ, מִכָּאן אָמְרוּ: "בֶּן שְׁלֹשִׁים לַכֹּחַ" (אבות ה, כא), וְהַיּוֹתֵר עַל בֶּן חֲמִשִּׁים כֹּחוֹ מַכְחִישׁ מֵעַתָּה:

ד| קֹדֶשׁ הַקֳּדָשִׁים. הַמְקֻדָּשׁ שֶׁבְּכֻלָּן, הָאָרוֹן וְהַשֻּׁלְחָן וְהַמְּנוֹרָה וְהַמִּזְבְּחוֹת וְהַפָּרֹכֶת וּכְלֵי שָׁרֵת:

ה| וּבָא אַהֲרֹן וּבָנָיו וְגוֹ'. יַכְנִיסוּ כָּל כְּלִי וּכְלִי לְנַרְתִּיקוֹ הַמְפֹרָשׁ לוֹ בְּפָרָשָׁה זוֹ, וְלֹא יִצְטָרְכוּ הַלְוִיִּם בְּנֵי קְהָת אֶלָּא לָשֵׂאת: בִּנְסֹעַ הַמַּחֲנֶה. כְּשֶׁהֶעָנָן מִסְתַּלֵּק, הֵן יוֹדְעִין שֶׁיִּסְעוּ:

ז| קְעָרוֹת וְכַפּוֹת וּקְשָׂוֹת וּמְנַקִּיּוֹת. כְּבָר פֵּרַשְׁתִּים בִּמְלֶאכֶת הַמִּשְׁכָּן (שמות כה, כט): הַנָּסֶךְ. הַכִּסּוּי, לְשׁוֹן מָסָךְ, כְּדִכְתִיב: "אֲשֶׁר יֻסַּךְ בָּהֵן" (שם):

ט| מַלְקָחֶיהָ. כְּמִין צְבָת שֶׁמּוֹשֵׁךְ בָּהּ אֶת הַפְּתִילָה לְכָל צַד שֶׁיִּרְצֶה: מַחְתֹּתֶיהָ. כְּמִין כַּף קְטַנָּה וְשׁוּלֶיהָ פְּשׁוּטִין וְלֹא סְגַלְגַּלִּים וְאֵין לָהּ מְחִצָּה לְפָנֶיהָ אֶלָּא מִצִּדֶּיהָ, וְחוֹתֶה בָּהּ אֶת דֶּשֶׁן הַנֵּרוֹת כְּשֶׁמֵּטִיבָן: נֵרֹתֶיהָ. לוציי"ש בְּלַעַז, שֶׁנּוֹתְנִים בָּהֶן הַשֶּׁמֶן וְהַפְּתִילוֹת:

י| אֶל מִכְסֵה עוֹר תָּחַשׁ. כְּמִין מַרְצוּף:

יב תַּ֑חַשׁ וְשָׂמ֖וּ אֶת־בַּדָּֽיו׃ וְלָקְח֞וּ אֶת־כָּל־כְּלֵ֣י
הַשָּׁרֵ֗ת אֲשֶׁ֤ר יְשָׁרְתוּ־בָם֙ בַּקֹּ֔דֶשׁ וְנָתְנוּ֙ אֶל־
בֶּ֣גֶד תְּכֵ֔לֶת וְכִסּ֣וּ אוֹתָ֔ם בְּמִכְסֵ֖ה ע֣וֹר תָּ֑חַשׁ
יג וְנָתְנ֖וּ עַל־הַמּֽוֹט׃ וְדִשְּׁנ֖וּ אֶת־הַמִּזְבֵּ֑חַ וּפָֽרְשׂ֣וּ
יד עָלָ֔יו בֶּ֖גֶד אַרְגָּמָֽן׃ וְנָתְנ֣וּ עָ֠לָיו אֶֽת־כָּל־כֵּלָ֞יו
אֲשֶׁ֨ר יְשָׁרְת֥וּ עָלָ֛יו בָּהֶ֖ם אֶת־הַמַּחְתֹּ֑ת אֶת־
הַמִּזְלָגֹ֤ת וְאֶת־הַיָּעִים֙ וְאֶת־הַמִּזְרָקֹ֔ת כֹּ֖ל
כְּלֵ֣י הַמִּזְבֵּ֑חַ וּפָֽרְשׂ֣וּ עָ֠לָיו כְּס֣וּי ע֥וֹר תַּ֛חַשׁ
טו וְשָׂמ֖וּ בַדָּֽיו׃ וְכִלָּ֣ה אַֽהֲרֹן־וּ֠בָנָיו לְכַסֹּ֨ת אֶת־
הַקֹּ֜דֶשׁ וְאֶֽת־כָּל־כְּלֵ֣י הַקֹּ֗דֶשׁ בִּנְסֹ֣עַ הַֽמַּחֲנֶה֒
וְאַֽחֲרֵי־כֵ֗ן יָבֹ֤אוּ בְנֵֽי־קְהָת֙ לָשֵׂ֔את וְלֹֽא־יִגְּע֥וּ
אֶל־הַקֹּ֖דֶשׁ וָמֵ֑תוּ אֵ֛לֶּה מַשָּׂ֥א בְנֵֽי־קְהָ֖ת
טז בְּאֹ֥הֶל מוֹעֵֽד׃ וּפְקֻדַּ֞ת אֶלְעָזָ֣ר ׀ בֶּן־אַהֲרֹ֣ן
הַכֹּהֵ֗ן שֶׁ֤מֶן הַמָּאוֹר֙ וּקְטֹ֣רֶת הַסַּמִּ֔ים וּמִנְחַ֥ת
הַתָּמִ֖יד וְשֶׁ֣מֶן הַמִּשְׁחָ֑ה פְּקֻדַּ֗ת כָּל־הַמִּשְׁכָּן֙
וְכָל־אֲשֶׁר־בּ֔וֹ בְּקֹ֖דֶשׁ וּבְכֵלָֽיו׃
★ מפטיר יז ד וַיְדַבֵּ֣ר יְהוָ֔ה אֶל־מֹשֶׁ֥ה וְאֶֽל־אַהֲרֹ֖ן לֵאמֹֽר׃
יח אַל־תַּכְרִ֕יתוּ אֶת־שֵׁ֖בֶט מִשְׁפְּחֹ֣ת הַקְּהָתִ֑י
יט מִתּ֖וֹךְ הַלְוִיִּֽם׃ וְזֹ֣את ׀ עֲשׂ֣וּ לָהֶ֗ם וְחָיוּ֙ וְלֹ֣א
יָמֻ֔תוּ בְּגִשְׁתָּ֖ם אֶת־קֹ֣דֶשׁ הַקֳּדָשִׁ֑ים אַהֲרֹ֤ן

וּבָנָיו יָבֹאוּ וְשָׂמוּ אוֹתָם אִישׁ אִישׁ עַל־עֲבֹדָתוֹ
כ וְאֶל־מַשָּׂאוֹ: וְלֹא־יָבֹאוּ לִרְאוֹת כְּבַלַּע אֶת־
הַקֹּדֶשׁ וָמֵתוּ:

יב סָסְגוֹנָא, וְיִשַּׁוּוֹן יָת אֲרִיחוֹהִי: וְיִסְּבוּן יָת כָּל מָנֵי שִׁמּוּשָׁא דִּישַׁמְּשׁוּן בְּהוֹן בְּקֻדְשָׁא, וְיִתְּנוּן
יג לִלְבוּשׁ תַּכְלָא, וִיכַסּוּן יָתְהוֹן, בְּחוּפָאָה דִּמְשַׁךְ סָסְגוֹנָא, וְיִתְּנוּן עַל אֲרִיחָא: וְיִסְפּוֹן יָת קִטְמָא
יד דְּמַדְבְּחָא, וְיִפְרְסוּן עֲלוֹהִי, לְבוּשׁ אַרְגְּוָן: וְיִתְּנוּן עֲלוֹהִי, יָת כָּל מָנוֹהִי דִּישַׁמְּשׁוּן עֲלוֹהִי בְּהוֹן,
יָת מַחְתְּיָתָא יָת צִנּוֹרְיָתָא וְיָת מַגְרוֹפְיָתָא וְיָת מִזְרְקַיָּא, כָּל מָנֵי מַדְבְּחָא, וְיִפְרְסוּן עֲלוֹהִי,
טו חוּפָאָה, דִּמְשַׁךְ סָסְגוֹנָא וִישַׁוּוֹן אֲרִיחוֹהִי: וִישֵׁיצֵי אַהֲרֹן וּבְנוֹהִי, לְכַסָּאָה יָת קֻדְשָׁא, וְיָת כָּל
מָנֵי קֻדְשָׁא בְּמִטַּל מַשְׁרִיתָא, וּבָתַר כֵּן, יֵיעֲלוּן בְּנֵי קְהָת לְמִטַּל, וְלָא יִקְרְבוּן לְקֻדְשָׁא וְלָא
טז יְמוּתוּן, אִלֵּין, מַטּוּל בְּנֵי קְהָת בְּמַשְׁכַּן זִמְנָא: וּדְמַסִּיר, לְאֶלְעָזָר בַּר אַהֲרֹן כָּהֲנָא, מִשְׁחָא
דְּאַנְהָרוּתָא וּקְטֹרֶת בֻּסְמַיָּא, וּמִנְחָתָא תְּדִירָא וּמִשְׁחָא דִּרְבוּתָא, מַסְּרַת, כָּל מַשְׁכְּנָא וְכָל
יז יח דְּבֵיהּ, בְּקֻדְשָׁא וּבְמָנוֹהִי: וּמַלֵּיל יְיָ, עִם מֹשֶׁה וּלְאַהֲרֹן לְמֵימַר: לָא תְשֵׁיצוּן, יָת שִׁבְטָא זַרְעִית
יט קְהָת, מִגּוֹ לֵיוָאֵי: וְדָא עֲבִידוּ לְהוֹן, וְיֵיחוֹן וְלָא יְמוּתוּן, בְּמִקְרַבְהוֹן לְקֹדֶשׁ קֻדְשַׁיָּא, אַהֲרֹן
כ וּבְנוֹהִי יֵיעֲלוּן, וִימַנּוּן יָתְהוֹן, גְּבַר גְּבַר, עַל פֻּלְחָנֵיהּ וּלְמַטּוּלֵיהּ: וְלָא יֵיעֲלוּן לְמִחְזֵי, כַּד מְכַסַּן
יָת מָנֵי קֻדְשָׁא וְלָא יְמוּתוּן:

יב) **אֶת כָּל כְּלֵי הַשָּׁרֵת אֲשֶׁר יְשָׁרְתוּ בָם בַּקֹּדֶשׁ.** בְּתוֹךְ הַמִּשְׁכָּן שֶׁהוּא קֹדֶשׁ, וְהֵן כְּלֵי הַקְּטֹרֶת שֶׁמְּשָׁרְתִין בָּהֶם בַּמִּזְבֵּחַ הַפְּנִימִי:

יג) **וְדִשְּׁנוּ אֶת הַמִּזְבֵּחַ.** מִזְבַּח הַנְּחֹשֶׁת: **וְדִשְּׁנוּ.** יִטְּלוּ אֶת הַדֶּשֶׁן מֵעָלָיו: **וּפָרְשׂוּ עָלָיו בֶּגֶד אַרְגָּמָן.** וְאֵשׁ שֶׁיָּרְדָה מִן הַשָּׁמַיִם רְבוּצָה תַּחַת הַבֶּגֶד כַּאֲרִי בִּשְׁעַת הַמַּסָּעוֹת, וְאֵינָהּ שׂוֹרַפְתּוֹ, שֶׁהָיוּ כּוֹפִין עָלֶיהָ פְּסַכְתֵּר שֶׁל נְחֹשֶׁת:

יד) **מַחְתֹּת.** שֶׁבָּהֶן חוֹתִים גֶּחָלִים לִתְרוּמַת הַדֶּשֶׁן. עֲשׂוּיָה כְּמִין מַחֲבַת שֶׁאֵין לָהּ אֶלָּא שָׁלֹשׁ מְחִצּוֹת, וּמִלְּפָנֶיהָ שׂוֹאֶבֶת אֶת הַגֶּחָלִים: **מִזְלָגֹת.** צִנּוֹרוֹת שֶׁל נְחֹשֶׁת שֶׁבָּהֶן מַכִּין בָּאֵיבָרִים שֶׁעַל הַמִּזְבֵּחַ לְהַפְּכָן כְּדֵי שֶׁיִּתְעַכְּלוּ יָפֶה וּמַהֵר: **יָעִים.** הֵם מַגְרֵפוֹת, וּבְלַעַ״ז וודי״ל, וְהֵן שֶׁל נְחֹשֶׁת, וּבָהֶן מְכַבְּדִין אֶת הַדֶּשֶׁן מֵעַל הַמִּזְבֵּחַ:

טו) **לְכַסֹּת אֶת הַקֹּדֶשׁ.** הָאָרוֹן וְהַמִּזְבֵּחַ: **וְאֶת כָּל כְּלֵי הַקֹּדֶשׁ.** הַמְּנוֹרָה וּכְלֵי שָׁרֵת: **וָמֵתוּ.** שֶׁאִם יִגְּעוּ חַיָּבִין מִיתָה בִּידֵי שָׁמַיִם:

טז) **וּפְקֻדַּת אֶלְעָזָר.** שֶׁהוּא מְמֻנֶּה עֲלֵיהֶם לָשֵׂאת אוֹתָם, שֶׁמֶן וּקְטֹרֶת וְשֶׁמֶן הַמִּשְׁחָה וּמִנְחַת הַתָּמִיד, עָלָיו מֻטָּל לְצַוּוֹת וּלְזָרֵז וּלְהַקְרִיב בְּעֵת חֲנִיָּתָן: **פְּקֻדַּת כָּל הַמִּשְׁכָּן.** וְעוֹד הָיָה מְמֻנֶּה עַל מַשָּׂא בְּנֵי קְהָת, לְצַוּוֹת אִישׁ אִישׁ עַל עֲבוֹדָתוֹ וְעַל מַשָּׂאוֹ, וְהוּא הַמִּשְׁכָּן וְכָל אֲשֶׁר בּוֹ, כָּל הַסְּדוּרִים לְמַעְלָה בְּפָרָשָׁה זוֹ. אֲבָל מַשָּׂא בְּנֵי גֵרְשׁוֹן וּמְרָרִי, שֶׁאֵינָן מִקֹּדֶשׁ הַקֳּדָשִׁים, עַל פִּי אִיתָמָר הָיָה, כְּמוֹ שֶׁכָּתוּב בְּפָרָשַׁת 'נָשֹׂא' (להלן ד, כח; לג):

יח) **אַל תַּכְרִיתוּ.** אַל תִּגְרְמוּ לָהֶם שֶׁיָּמוּתוּ:

כ) **וְלֹא יָבֹאוּ לִרְאוֹת כְּבַלַּע אֶת הַקֹּדֶשׁ.** לְתוֹךְ נַרְתִּיק שֶׁלּוֹ, כְּמוֹ שֶׁפֵּרַשְׁתִּי לְמַעְלָה בְּפָרָשָׁה זוֹ (פסוק ה), וּפָרְשׂוּ עָלָיו בֶּגֶד פְּלוֹנִי וְכִסּוּ אוֹתוֹ בְּמִכְסֶה פְלוֹנִי, וּבִלּוּעַ שֶׁלּוֹ הוּא כִּסּוּיוֹ:

הפטרת במדבר

בערב ראש חודש סיון קוראים את ההפטרה בעמ' 1285.

הנביא הושע מלווה בנבואותיו את מלכות ישראל מימי השיא של ירבעם בן יואש עד החורבן בימי הושע בן אלה – אחרון מלכי ישראל.

היחסים בין עם ישראל וה' מתוארים כיחסים בין איש ואישה. בתחילה היחסים היו טובים, כמו בימי השיא בפתיחת נבואות הושע. בהמשך בגדה הרעיה בבעלה ופנתה אל זרים, עמים אחרים ואלוהיהם. בגידה זו הביאה עליה אסון, וכל מאהביה העמידו פני אוהב ולא הושיעוה, כפי שהיה בחורבן. למרות כל זאת, ה' חוזר ומשיב את רעייתו אליו, מחדש את הברית עמה ומיטיב לה כבימים ראשונים.

הושע

ב א וְהָיָה מִסְפַּר בְּנֵי־יִשְׂרָאֵל כְּחוֹל הַיָּם אֲשֶׁר לֹא־יִמַּד וְלֹא יִסָּפֵר וְהָיָה
ב בִּמְקוֹם אֲשֶׁר־יֵאָמֵר לָהֶם לֹא־עַמִּי אַתֶּם יֵאָמֵר לָהֶם בְּנֵי אֵל־חָי׃ וְנִקְבְּצוּ
בְּנֵי־יְהוּדָה וּבְנֵי־יִשְׂרָאֵל יַחְדָּו וְשָׂמוּ לָהֶם רֹאשׁ אֶחָד וְעָלוּ מִן־הָאָרֶץ
ג ד כִּי גָדוֹל יוֹם יִזְרְעֶאל׃ אִמְרוּ לַאֲחֵיכֶם עַמִּי וְלַאֲחוֹתֵיכֶם רֻחָמָה׃ רִיבוּ
בְאִמְּכֶם רִיבוּ כִּי־הִיא לֹא אִשְׁתִּי וְאָנֹכִי לֹא אִישָׁהּ וְתָסֵר זְנוּנֶיהָ מִפָּנֶיהָ
ה וְנַאֲפוּפֶיהָ מִבֵּין שָׁדֶיהָ׃ פֶּן־אַפְשִׁיטֶנָּה עֲרֻמָּה וְהִצַּגְתִּיהָ כְּיוֹם הִוָּלְדָהּ
ו וְשַׂמְתִּיהָ כַמִּדְבָּר וְשַׁתִּהָ כְּאֶרֶץ צִיָּה וַהֲמִתִּיהָ בַּצָּמָא׃ וְאֶת־בָּנֶיהָ לֹא
ז אֲרַחֵם כִּי־בְנֵי זְנוּנִים הֵמָּה׃ כִּי זָנְתָה אִמָּם הֹבִישָׁה הוֹרָתָם כִּי אָמְרָה
אֵלְכָה אַחֲרֵי מְאַהֲבַי נֹתְנֵי לַחְמִי וּמֵימַי צַמְרִי וּפִשְׁתִּי שַׁמְנִי וְשִׁקּוּיָי׃
ח לָכֵן הִנְנִי־שָׂךְ אֶת־דַּרְכֵּךְ בַּסִּירִים וְגָדַרְתִּי אֶת־גְּדֵרָהּ וּנְתִיבוֹתֶיהָ לֹא
ט תִמְצָא׃ וְרִדְּפָה אֶת־מְאַהֲבֶיהָ וְלֹא־תַשִּׂיג אֹתָם וּבִקְשָׁתַם וְלֹא תִמְצָא
י וְאָמְרָה אֵלְכָה וְאָשׁוּבָה אֶל־אִישִׁי הָרִאשׁוֹן כִּי טוֹב לִי אָז מֵעָתָּה׃ וְהִיא
לֹא יָדְעָה כִּי אָנֹכִי נָתַתִּי לָהּ הַדָּגָן וְהַתִּירוֹשׁ וְהַיִּצְהָר וְכֶסֶף הִרְבֵּיתִי לָהּ
יא וְזָהָב עָשׂוּ לַבָּעַל׃ לָכֵן אָשׁוּב וְלָקַחְתִּי דְגָנִי בְּעִתּוֹ וְתִירוֹשִׁי בְּמוֹעֲדוֹ
יב וְהִצַּלְתִּי צַמְרִי וּפִשְׁתִּי לְכַסּוֹת אֶת־עֶרְוָתָהּ׃ וְעַתָּה אֲגַלֶּה אֶת־נַבְלֻתָהּ
יג לְעֵינֵי מְאַהֲבֶיהָ וְאִישׁ לֹא־יַצִּילֶנָּה מִיָּדִי׃ וְהִשְׁבַּתִּי כָּל־מְשׂוֹשָׂהּ חַגָּהּ
יד חָדְשָׁהּ וְשַׁבַּתָּהּ וְכֹל מוֹעֲדָהּ׃ וַהֲשִׁמֹּתִי גַּפְנָהּ וּתְאֵנָתָהּ אֲשֶׁר אָמְרָה
אֶתְנָה הֵמָּה לִי אֲשֶׁר נָתְנוּ־לִי מְאַהֲבָי וְשַׂמְתִּים לְיַעַר וַאֲכָלָתַם חַיַּת
טו הַשָּׂדֶה׃ וּפָקַדְתִּי עָלֶיהָ אֶת־יְמֵי הַבְּעָלִים אֲשֶׁר תַּקְטִיר לָהֶם וַתַּעַד נִזְמָהּ
טז וְחֶלְיָתָהּ וַתֵּלֶךְ אַחֲרֵי מְאַהֲבֶיהָ וְאֹתִי שָׁכְחָה נְאֻם־יְהוָה׃ לָכֵן
יז הִנֵּה אָנֹכִי מְפַתֶּיהָ וְהֹלַכְתִּיהָ הַמִּדְבָּר וְדִבַּרְתִּי עַל־לִבָּהּ׃ וְנָתַתִּי לָהּ אֶת־
כְּרָמֶיהָ מִשָּׁם וְאֶת־עֵמֶק עָכוֹר לְפֶתַח תִּקְוָה וְעָנְתָה שָּׁמָּה כִּימֵי נְעוּרֶיהָ
יח וּכְיוֹם עֲלוֹתָהּ מֵאֶרֶץ־מִצְרָיִם׃ וְהָיָה בַיּוֹם־הַהוּא נְאֻם־יְהוָה

במדבר

יט תִּקְרְאִ֣י אִישִׁ֔י וְלֹֽא־תִקְרְאִי־לִ֥י ע֖וֹד בַּעְלִֽי׃ וַהֲסִרֹתִ֛י אֶת־שְׁמ֥וֹת הַבְּעָלִ֖ים
כ מִפִּ֑יהָ וְלֹֽא־יִזָּכְר֥וּ ע֖וֹד בִּשְׁמָֽם׃ וְכָרַתִּ֨י לָהֶ֤ם בְּרִית֙ בַּיּ֣וֹם הַה֔וּא עִם־חַיַּ֣ת
הַשָּׂדֶ֗ה וְעִם־ע֣וֹף הַשָּׁמַ֔יִם וְרֶ֖מֶשׂ הָאֲדָמָ֑ה וְקֶ֨שֶׁת וְחֶ֤רֶב וּמִלְחָמָה֙ אֶשְׁבּ֣וֹר
כא מִן־הָאָ֔רֶץ וְהִשְׁכַּבְתִּ֖ים לָבֶֽטַח׃ וְאֵרַשְׂתִּ֥יךְ לִ֖י לְעוֹלָ֑ם וְאֵרַשְׂתִּ֥יךְ לִי֙ בְּצֶ֣דֶק
כב וּבְמִשְׁפָּ֔ט וּבְחֶ֖סֶד וּֽבְרַחֲמִֽים׃ וְאֵרַשְׂתִּ֥יךְ לִ֖י בֶּאֱמוּנָ֑ה וְיָדַ֖עַתְּ אֶת־יְהוָֽה׃

פרשת נשא

נשא

ד כא כב וַיְדַבֵּר יְהוָה אֶל־מֹשֶׁה לֵּאמֹר׃ נָשֹׂא אֶת־רֹאשׁ
בְּנֵי גֵרְשׁוֹן גַּם־הֵם לְבֵית אֲבֹתָם לְמִשְׁפְּחֹתָם׃
כג מִבֶּן שְׁלֹשִׁים שָׁנָה וָמַעְלָה עַד בֶּן־חֲמִשִּׁים שָׁנָה
תִּפְקֹד אוֹתָם כָּל־הַבָּא לִצְבֹא צָבָא לַעֲבֹד
כד עֲבֹדָה בְּאֹהֶל מוֹעֵד׃ זֹאת עֲבֹדַת מִשְׁפְּחֹת
כה הַגֵּרְשֻׁנִּי לַעֲבֹד וּלְמַשָּׂא׃ וְנָשְׂאוּ אֶת־יְרִיעֹת
הַמִּשְׁכָּן וְאֶת־אֹהֶל מוֹעֵד מִכְסֵהוּ וּמִכְסֵה
הַתַּחַשׁ אֲשֶׁר־עָלָיו מִלְמָעְלָה וְאֶת־מָסַךְ פֶּתַח
כו אֹהֶל מוֹעֵד׃ וְאֵת קַלְעֵי הֶחָצֵר וְאֶת־מָסַךְ ׀
פֶּתַח ׀ שַׁעַר הֶחָצֵר אֲשֶׁר עַל־הַמִּשְׁכָּן וְעַל־
הַמִּזְבֵּחַ סָבִיב וְאֵת מֵיתְרֵיהֶם וְאֶת־כָּל־כְּלֵי
עֲבֹדָתָם וְאֵת כָּל־אֲשֶׁר יֵעָשֶׂה לָהֶם וְעָבָדוּ׃
כז עַל־פִּי אַהֲרֹן וּבָנָיו תִּהְיֶה כָּל־עֲבֹדַת בְּנֵי
הַגֵּרְשֻׁנִּי לְכָל־מַשָּׂאָם וּלְכֹל עֲבֹדָתָם וּפְקַדְתֶּם
כח עֲלֵהֶם בְּמִשְׁמֶרֶת אֵת כָּל־מַשָּׂאָם׃ זֹאת עֲבֹדַת
מִשְׁפְּחֹת בְּנֵי הַגֵּרְשֻׁנִּי בְּאֹהֶל מוֹעֵד וּמִשְׁמַרְתָּם
כט בְּיַד אִיתָמָר בֶּן־אַהֲרֹן הַכֹּהֵן׃ בְּנֵי
מְרָרִי לְמִשְׁפְּחֹתָם לְבֵית־אֲבֹתָם תִּפְקֹד אֹתָם׃

ל מִבֶּן שְׁלֹשִׁים שָׁנָה וָמַעְלָה וְעַד בֶּן־חֲמִשִּׁים שָׁנָה
תִּפְקְדֵם כָּל־הַבָּא לַצָּבָא לַעֲבֹד אֶת־עֲבֹדַת אֹהֶל
לא מוֹעֵד: וְזֹאת מִשְׁמֶרֶת מַשָּׂאָם לְכָל־עֲבֹדָתָם בְּאֹהֶל
מוֹעֵד קַרְשֵׁי הַמִּשְׁכָּן וּבְרִיחָיו וְעַמּוּדָיו וַאֲדָנָיו:
לב וְעַמּוּדֵי הֶחָצֵר סָבִיב וְאַדְנֵיהֶם וִיתֵדֹתָם וּמֵיתְרֵיהֶם

כא כב וּמַלֵּיל יְיָ עִם מֹשֶׁה לְמֵימַר: קַבֵּיל, יָת חֻשְׁבַּן, בְּנֵי גֵרְשׁוֹן אַף אִנּוּן, לְבֵית אֲבָהָתְהוֹן
כג לְזַרְעֲיָתְהוֹן: מִבַּר תְּלָתִין שְׁנִין וּלְעֵילָא, עַד, בַּר חַמְשִׁין שְׁנִין תִּמְנֵי יָתְהוֹן, כָּל דְּאָתֵי לְחַיָּלָא
כד כה חֵילָא, לְמִפְלַח פָּלְחָנָא בְּמַשְׁכַּן זִמְנָא: דֵּין פָּלְחַן, זַרְעִיַּת גֵּרְשׁוֹן, לְמִפְלַח וּלְמִטַּל: וְיִטְּלוּן, יָת
יְרִיעָת מַשְׁכְּנָא וְיָת מַשְׁכַּן זִמְנָא, חוּפָאֵיהּ, וְחוּפָאָה, דְּסַסְגּוֹנָא דַּעֲלוֹהִי מִלְּעֵילָא, וְיָת פְּרָסָא,
כו דִּתְרַע מַשְׁכַּן זִמְנָא: וְיָת סְרָדֵי דָּרְתָא, וְיָת פְּרָסָא דְּמַעֲלָנָא דִּתְרַע דָּרְתָא, דְּעַל מַשְׁכְּנָא וְעַל
מַדְבְּחָא סְחוֹר סְחוֹר, וְיָת אֲטוּנֵיהוֹן, וְיָת כָּל מָנֵי פָּלְחָנְהוֹן, וְיָת כָּל דְּיִתְמְסַר, לְהוֹן וְיִפְלְחוּן:
כז עַל מֵימַר אַהֲרֹן וּבְנוֹהִי תְּהֵי, כָּל פָּלְחַן בְּנֵי גֵּרְשׁוֹן, לְכָל מַטּוּלְהוֹן, וּלְכָל פָּלְחָנְהוֹן, וּתְמַנּוּן
כח עֲלֵיהוֹן בְּמַטְּרָא, יָת כָּל מַטּוּלְהוֹן: דֵּין פָּלְחַן, זַרְעִיַּת, בְּנֵי גֵּרְשׁוֹן בְּמַשְׁכַּן זִמְנָא, וּמַטַּרְתְּהוֹן,
כט בִּידָא דְּאִיתָמָר, בַּר אַהֲרֹן כָּהֲנָא: בְּנֵי מְרָרִי, לְזַרְעֲיָתְהוֹן לְבֵית אֲבָהָתְהוֹן תִּמְנֵי יָתְהוֹן:
ל מִבַּר תְּלָתִין שְׁנִין וּלְעֵילָא, וְעַד, בַּר חַמְשִׁין שְׁנִין תִּמְנִינּוּן, כָּל דְּאָתֵי לְחֵילָא, לְמִפְלַח, יָת
לא פָּלְחַן מַשְׁכַּן זִמְנָא: וְדָא מַטְּרַת מַטּוּלְהוֹן, לְכָל פָּלְחָנְהוֹן בְּמַשְׁכַּן זִמְנָא, דַּפֵּי מַשְׁכְּנָא,
לב וְעַבְּרוֹהִי וְעַמּוּדוֹהִי וְסָמְכוֹהִי: וְעַמּוּדֵי דָּרְתָא סְחוֹר וְסָמְכֵיהוֹן, וְסִכֵּיהוֹן וַאֲטוּנֵיהוֹן,

כב) נָשֹׂא אֶת רֹאשׁ בְּנֵי גֵרְשׁוֹן גַּם הֵם. כְּמוֹ שֶׁצִּוִּיתִיךָ עַל בְּנֵי קְהָת, לִרְאוֹת כַּמָּה יֵשׁ שֶׁהִגִּיעוּ לִכְלַל עֲבוֹדָה:

כה) אֶת יְרִיעֹת הַמִּשְׁכָּן. עֶשֶׂר תַּחְתּוֹנוֹת: וְאֶת אֹהֶל מוֹעֵד. יְרִיעוֹת עִזִּים הָעֲשׂוּיוֹת לְאֹהֶל עָלָיו: מִכְסֵהוּ. עוֹרוֹת אֵילִים מְאָדָּמִים: מָסַךְ פֶּתַח. וִילוֹן הַמִּזְרָחִי:

כו) אֲשֶׁר עַל הַמִּשְׁכָּן. כְּלוֹמַר: הַקְּלָעִים וְהַמָּסָךְ שֶׁל חָצֵר, הַסּוֹכְכִים וּמְגִנִּים עַל הַמִּשְׁכָּן וְעַל מִזְבַּח הַנְּחֹשֶׁת סָבִיב: וְאֵת כָּל אֲשֶׁר יֵעָשֶׂה לָהֶם. כְּתַרְגּוּמוֹ: "וְיָת כָּל דְּיִתְמְסַר לְהוֹן", לִבְנֵי גֵרְשׁוֹן:

כז) עַל פִּי אַהֲרֹן וּבָנָיו. וְאֵי זֶה מֵהַבָּנִים מְמֻנֶּה עֲלֵיהֶם? "בְּיַד אִיתָמָר בֶּן אַהֲרֹן הַכֹּהֵן" (להלן פסוק כח):

לב) וִיתֵדֹתָם וּמֵיתְרֵיהֶם. שֶׁל עַמּוּדִים, שֶׁהֲרֵי

לְכָל־כֵּלֵיהֶ֖ם וּלְכֹ֣ל עֲבֹדָתָ֑ם וּבְשֵׁמֹ֣ת תִּפְקְד֔וּ אֶת־
כְּלֵ֖י מִשְׁמֶ֥רֶת מַשָּׂאָֽם: זֹ֣את עֲבֹדַ֗ת מִשְׁפְּחֹת֙ בְּנֵ֣י
מְרָרִ֔י לְכָל־עֲבֹדָתָ֖ם בְּאֹ֣הֶל מוֹעֵ֑ד בְּיַד֙ אִֽיתָמָ֔ר
בֶּֽן־אַהֲרֹ֖ן הַכֹּהֵֽן: וַיִּפְקֹ֨ד מֹשֶׁ֧ה וְאַהֲרֹ֛ן וּנְשִׂיאֵ֥י
הָעֵדָ֖ה אֶת־בְּנֵ֣י הַקְּהָתִ֑י לְמִשְׁפְּחֹתָ֖ם וּלְבֵ֥ית
אֲבֹתָֽם: מִבֶּ֨ן שְׁלֹשִׁ֤ים שָׁנָה֙ וָמַ֔עְלָה וְעַ֖ד בֶּן־
חֲמִשִּׁ֣ים שָׁנָ֑ה כָּל־הַבָּא֙ לַצָּבָ֔א לַעֲבֹדָ֖ה בְּאֹ֥הֶל
מוֹעֵֽד: וַיִּהְי֥וּ פְקֻדֵיהֶ֖ם לְמִשְׁפְּחֹתָ֑ם אַלְפַּ֕יִם שְׁבַ֥ע
מֵא֖וֹת וַחֲמִשִּֽׁים: אֵ֣לֶּה פְקוּדֵ֣י מִשְׁפְּחֹת֙ הַקְּהָתִ֔י
כָּל־הָֽעֹבֵ֖ד בְּאֹ֣הֶל מוֹעֵ֑ד אֲשֶׁ֨ר פָּקַ֥ד מֹשֶׁ֛ה וְאַהֲרֹ֖ן
עַל־פִּ֥י יְהוָ֖ה בְּיַד־מֹשֶֽׁה: וּפְקוּדֵ֕י
בְּנֵ֣י גֵרְשׁ֑וֹן לְמִשְׁפְּחוֹתָ֖ם וּלְבֵ֥ית אֲבֹתָֽם: מִבֶּ֨ן
שְׁלֹשִׁ֤ים שָׁנָה֙ וָמַ֔עְלָה וְעַ֖ד בֶּן־חֲמִשִּׁ֣ים שָׁנָ֑ה
כָּל־הַבָּא֙ לַצָּבָ֔א לַעֲבֹדָ֖ה בְּאֹ֣הֶל מוֹעֵֽד: וַיִּהְי֥וּ
פְקֻדֵיהֶ֖ם לְמִשְׁפְּחֹתָ֑ם לְבֵ֣ית אֲבֹתָ֑ם אַלְפַּ֕יִם
וְשֵׁ֥שׁ מֵא֖וֹת וּשְׁלֹשִֽׁים: אֵ֣לֶּה פְקוּדֵ֞י מִשְׁפְּחֹת֙
בְּנֵ֣י גֵרְשׁ֔וֹן כָּל־הָעֹבֵ֖ד בְּאֹ֣הֶל מוֹעֵ֑ד אֲשֶׁ֨ר פָּקַ֥ד
מֹשֶׁ֧ה וְאַהֲרֹ֖ן עַל־פִּ֥י יְהוָֽה: וּפְקוּדֵ֕י מִשְׁפְּחֹת֙ בְּנֵ֣י
מְרָרִ֔י לְמִשְׁפְּחֹתָ֖ם לְבֵ֥ית אֲבֹתָֽם: מִבֶּ֨ן שְׁלֹשִׁ֤ים
שָׁנָה֙ וָמַ֔עְלָה וְעַ֖ד בֶּן־חֲמִשִּׁ֣ים שָׁנָ֑ה כָּל־הַבָּא֙
לַצָּבָ֔א לַעֲבֹדָ֖ה בְּאֹ֣הֶל מוֹעֵֽד: וַיִּהְי֥וּ פְקֻדֵיהֶ֖ם

נשא

מה לְמִשְׁפְּחֹתָ֔ם שְׁלֹ֥שֶׁת אֲלָפִ֖ים וּמָאתָֽיִם: אֵ֣לֶּה
פְקוּדֵ֞י מִשְׁפְּחֹ֣ת בְּנֵ֣י מְרָרִ֗י אֲשֶׁ֨ר פָּקַ֥ד מֹשֶׁ֛ה
מו וְאַהֲרֹ֖ן עַל־פִּ֥י יְהֹוָ֖ה בְּיַד־מֹשֶֽׁה: כׇּל־הַפְּקֻדִ֡ים
אֲשֶׁר֩ פָּקַ֨ד מֹשֶׁ֧ה וְאַהֲרֹ֛ן וּנְשִׂיאֵ֥י יִשְׂרָאֵ֖ל אֶת־
הַלְוִיִּ֑ם לְמִשְׁפְּחֹתָ֖ם וּלְבֵ֥ית אֲבֹתָֽם: מִבֶּ֨ן שְׁלֹשִׁ֤ים
שָׁנָה֙ וָמַ֔עְלָה וְעַ֖ד בֶּן־חֲמִשִּׁ֣ים שָׁנָ֑ה כׇּל־הַבָּ֗א
לַעֲבֹ֨ד עֲבֹדַ֧ת עֲבֹדָ֛ה וַעֲבֹדַ֥ת מַשָּׂ֖א בְּאֹ֥הֶל
מח מוֹעֵֽד: וַיִּהְי֖וּ פְקֻדֵיהֶ֑ם שְׁמֹנַ֥ת אֲלָפִ֖ים וַחֲמֵ֥שׁ

לג לְכָל מָנֵיהוֹן, וּלְכָל פׇּלְחָנְהוֹן, וּבְשִׁמְהָן תִּמְנוּן, יָת מָנֵי מַטְּרַת מַטּוּלְהוֹן: דֵּין פּוּלְחַן, זַרְעִית בְּנֵי מְרָרִי,
לד לְכׇל פׇּלְחָנְהוֹן בְּמַשְׁכַּן זִמְנָא, בִּידָא דְּאִיתָמָר, בַּר אַהֲרֹן כַּהֲנָא: וּמְנָא מֹשֶׁה וְאַהֲרֹן, וְרַבְרְבֵי
לה כְנִשְׁתָּא יָת בְּנֵי קְהָת, לְזַרְעִיָתְהוֹן וּלְבֵית אֲבָהָתְהוֹן: מִבַּר תְּלָתִין שְׁנִין וּלְעֵילָא, וְעַד בַּר חַמְשִׁין
לו שְׁנִין, כׇּל דְּאָתֵי לְחֵילָא, לְפׇלְחָנָא בְּמַשְׁכַּן זִמְנָא: וַהֲווֹ מִנְיָנֵיהוֹן לְזַרְעִיָתְהוֹן, תְּרֵין אַלְפִין, שְׁבַע
לז מְאָה וְחַמְשִׁין: אִלֵּין מִנְיָנֵי זַרְעִית קְהָת, כׇּל דְּפָלַח בְּמַשְׁכַּן זִמְנָא, דִּמְנָא מֹשֶׁה וְאַהֲרֹן, עַל מֵימְרָא
לח דַיְיָ בִּידָא דְמֹשֶׁה: וּמִנְיָנֵי בְּנֵי גֵרְשׁוֹן, לְזַרְעִיָתְהוֹן וּלְבֵית אֲבָהָתְהוֹן: מִבַּר תְּלָתִין שְׁנִין וּלְעֵילָא,
לט וְעַד בַּר חַמְשִׁין שְׁנִין, כׇּל דְּאָתֵי לְחֵילָא, לְפׇלְחָנָא בְּמַשְׁכַּן זִמְנָא: וַהֲווֹ מִנְיָנֵיהוֹן, לְזַרְעִיָתְהוֹן לְבֵית
מ אֲבָהָתְהוֹן, תְּרֵין אַלְפִין, וְשִׁית מְאָה וּתְלָתִין: אִלֵּין מִנְיָנֵי, זַרְעִית בְּנֵי גֵרְשׁוֹן, כׇּל דְּפָלַח בְּמַשְׁכַּן
מא זִמְנָא, דִּמְנָא מֹשֶׁה, וְאַהֲרֹן עַל מֵימְרָא דַיְיָ: וּמִנְיָנֵי, זַרְעִית בְּנֵי מְרָרִי, לְזַרְעִיָתְהוֹן לְבֵית אֲבָהָתְהוֹן:
מב מִבַּר תְּלָתִין שְׁנִין וּלְעֵילָא, וְעַד בַּר חַמְשִׁין שְׁנִין, כׇּל דְּאָתֵי לְחֵילָא, לְפׇלְחָנָא בְּמַשְׁכַּן זִמְנָא: וַהֲווֹ
מג מִנְיָנֵיהוֹן לְזַרְעִיָתְהוֹן, תְּלָתָא אַלְפִין וּמָאתָן: אִלֵּין מִנְיָנֵי, זַרְעִית בְּנֵי מְרָרִי, דִּמְנָא מֹשֶׁה וְאַהֲרֹן,
מד עַל מֵימְרָא דַיְיָ בִּידָא דְמֹשֶׁה: כׇּל מִנְיָנַיָּא, דִּמְנָא מֹשֶׁה וְאַהֲרֹן, וְרַבְרְבֵי יִשְׂרָאֵל יָת לֵיוָאֵי,
מה לְזַרְעִיָתְהוֹן וּלְבֵית אֲבָהָתְהוֹן: מִבַּר תְּלָתִין שְׁנִין וּלְעֵילָא, וְעַד בַּר חַמְשִׁין שְׁנִין, כׇּל דְּאָתֵי,
מו לְמִפְלַח פׇּלְחַן פׇּלְחָנָא, וּפׇלְחַן מַטּוּל בְּמַשְׁכַּן זִמְנָא: וַהֲווֹ מִנְיָנֵיהוֹן, תְּמָנְיָא אַלְפִין, וַחֲמֵשׁ

יְתֵדוֹת וּמֵיתְרֵי הַקְּלָעִים בְּמַשָּׂא בְּנֵי גֵרְשׁוֹן
הָיוּ, וִיתֵדוֹת וּמֵיתָרִים הָיוּ לַיְרִיעוֹת וְלַקְּלָעִים
מִלְּמַטָּה שֶׁלֹּא תַגְבִּיהֵם הָרוּחַ, וִיתֵדוֹת וּמֵיתָרִים
הָיוּ לָעַמּוּדִים סָבִיב לִתְלוֹת בָּהֶם הַקְּלָעִים
בִּשְׂפָתָם הָעֶלְיוֹנָה בִּכְלוֹנָסוֹת וְקוּנְטֵסִין, כְּמוֹ

שֶׁשָּׁנוּיָה בִּמְלֶאכֶת הַמִּשְׁכָּן (בברייתא דמלאכת המשכן פרק ה):
מז עֲבֹדַת עֲבֹדָה. הוּא הַשִּׁיר בִּמְצִלְתַּיִם וְכִנּוֹרוֹת, שֶׁהִיא עֲבוֹדָה לַעֲבוֹדָה אַחֶרֶת: וַעֲבֹדַת מַשָּׂא. כְּמַשְׁמָעוֹ:

במדבר

מֵאֹ֖ות וּשְׁמֹנִ֑ים: עַל־פִּ֨י יְהוָ֜ה פָּקַ֤ד אֹותָם֙ בְּיַד־ מט
מֹשֶׁ֔ה אִ֥ישׁ אִ֛ישׁ עַל־עֲבֹדָתֹ֖ו וְעַל־מַשָּׂאֹ֑ו וּפְקֻדָ֕יו
אֲשֶׁר־צִוָּ֥ה יְהוָ֖ה אֶת־מֹשֶֽׁה:

שלישי
מצוה שסב
מצוות שילוח טמאים
מחוץ למחנה השכינה

וַיְדַבֵּ֥ר יְהוָ֖ה אֶל־מֹשֶׁ֥ה לֵּאמֹֽר: צַ֚ו אֶת־בְּנֵ֣י יִשְׂרָאֵ֔ל ה
וִֽישַׁלְּחוּ֙ מִן־הַֽמַּחֲנֶ֔ה כָּל־צָר֖וּעַ וְכָל־זָ֑ב וְכֹ֖ל טָמֵ֥א
לָנָֽפֶשׁ: מִזָּכָ֤ר עַד־נְקֵבָה֙ תְּשַׁלֵּ֔חוּ אֶל־מִח֥וּץ ב
לַֽמַּחֲנֶ֖ה תְּשַׁלְּח֑וּם וְלֹ֤א יְטַמְּאוּ֙ אֶת־מַ֣חֲנֵיהֶ֔ם

מצוה שסג
איסור כניסת
טמא למקדש

אֲשֶׁ֥ר אֲנִ֖י שֹׁכֵ֥ן בְּתֹוכָֽם: וַיַּֽעֲשׂוּ־כֵן֙ בְּנֵ֣י יִשְׂרָאֵ֔ל ד
וַיְשַׁלְּח֣וּ אֹותָ֔ם אֶל־מִח֖וּץ לַֽמַּחֲנֶ֑ה כַּאֲשֶׁ֨ר דִּבֶּ֤ר
יְהוָה֙ אֶל־מֹשֶׁ֔ה כֵּ֥ן עָשׂ֖וּ בְּנֵ֥י יִשְׂרָאֵֽל:

וַיְדַבֵּ֥ר יְהוָ֖ה אֶל־מֹשֶׁ֥ה לֵּאמֹֽר: דַּבֵּר֘ אֶל־בְּנֵ֣י ה

מצוה שסד
מצוות וידוי

יִשְׂרָאֵל֒ אִ֣ישׁ אֹֽו־אִשָּׁ֗ה כִּ֤י יַעֲשׂוּ֙ מִכָּל־חַטֹּ֣את
הָֽאָדָ֔ם לִמְעֹ֥ל מַ֖עַל בַּֽיהוָ֑ה וְאָֽשְׁמָ֖ה הַנֶּ֥פֶשׁ הַהִֽוא:
וְהִתְוַדּ֗וּ אֶֽת־חַטָּאתָם֮ אֲשֶׁ֣ר עָשׂוּ֒ וְהֵשִׁ֤יב אֶת־ ז
אֲשָׁמֹו֙ בְּרֹאשֹׁ֔ו וַחֲמִישִׁתֹ֖ו יֹסֵ֣ף עָלָ֑יו וְנָתַ֕ן לַאֲשֶׁ֖ר
אָשַׁ֥ם לֹֽו: וְאִם־אֵ֨ין לָאִ֜ישׁ גֹּאֵ֗ל לְהָשִׁ֤יב הָאָשָׁם֙ ח
אֵלָ֔יו הָאָשָׁ֛ם הַמּוּשָׁ֥ב לַיהוָ֖ה לַכֹּהֵ֑ן מִלְּבַ֕ד אֵ֚יל
הַכִּפֻּרִ֔ים אֲשֶׁ֥ר יְכַפֶּר־בֹּ֖ו עָלָֽיו: וְכָל־תְּרוּמָ֞ה לְכָל־ ט
קָדְשֵׁ֧י בְנֵֽי־יִשְׂרָאֵ֛ל אֲשֶׁר־יַקְרִ֥יבוּ לַכֹּהֵ֖ן לֹ֥ו יִהְיֶֽה:
וְאִ֥ישׁ אֶת־קֳדָשָׁ֖יו לֹ֣ו יִהְי֑וּ אִ֛ישׁ אֲשֶׁר־יִתֵּ֥ן לַכֹּהֵ֖ן י
לֹ֥ו יִהְיֶֽה:

נשא

מט מָאָה וּתְמָנַן: עַל מֵימְרָא דַיְיָ, מְנָא יָתְהוֹן בִּידָא דְמֹשֶׁה, גְּבַר גְּבַר, עַל פָּלְחָנֵיהּ וְעַל
ה א מַטוּלֵיהּ, וּמְנִינוֹהִי, דְּפַקִּיד יְיָ יָת מֹשֶׁה: וּמַלִּיל יְיָ עִם מֹשֶׁה לְמֵימָר: פַּקֵּיד יָת בְּנֵי יִשְׂרָאֵל,
ג וִישַׁלְּחוּן מִן מַשְׁרִיתָא, כָּל דִּסְגִיר וְכָל דְּדָאִיב, וְכָל דִּמְסָאָב לִטְמֵי נַפְשָׁא: מִדְּכַר עַד נֻקְבָא
תְּשַׁלְּחוּן, לְמִבְּרָא לְמַשְׁרִיתָא תְּשַׁלְּחִנּוּנוּן, וְלָא יְסָאֲבוּן יָת מַשְׁרְיָתְהוֹן, דִּשְׁכִנְתִּי שָׁרְיָא
ד בֵּינֵיהוֹן: וַעֲבַדוּ כֵן בְּנֵי יִשְׂרָאֵל, וְשַׁלָּחוּ יָתְהוֹן, לְמִבָּרָא לְמַשְׁרִיתָא, כְּמָא דְמַלִּיל יְיָ עִם
ה מֹשֶׁה, כֵּן עֲבַדוּ בְּנֵי יִשְׂרָאֵל: וּמַלִּיל יְיָ עִם מֹשֶׁה לְמֵימָר: מַלֵּיל עִם בְּנֵי יִשְׂרָאֵל, גְּבַר אוֹ
ז אִתְּתָא, אֲרֵי יַעְבְּדוּן מִכָּל חוֹבֵי אֲנָשָׁא, לְשַׁקָּרָא שְׁקַר קֳדָם יְיָ, וְיֵחוֹב אֱנָשָׁא הַהוּא: וְיוֹדּוּן,
יָת חוֹבֵיהוֹן דַּעֲבָדוּ, וְיָתֵיב יָת חוֹבְתֵיהּ בְּרֵישֵׁיהּ, וְחֻמְשֵׁיהּ יוֹסֵיף עֲלוֹהִי, וְיִתֵּן, לִדְחָיֵיב
ח לֵיהּ: וְאִם לֵית לְגַבְרָא פָּרִיק, לַאֲתָבָא חוֹבְתָא לֵיהּ, חוֹבְתָא, דְּמִתָּבָא קֳדָם יְיָ לְכַהֲנָא, בַּר
ט מִדְּכַר כִּפּוּרַיָּא, דִּיכַפַּר בֵּיהּ עֲלוֹהִי: וְכָל אַפְרָשׁוּתָא, לְכָל קֻדְשַׁיָּא דִּבְנֵי יִשְׂרָאֵל, דִּיקָרְבוּן
י לְכַהֲנָא דִּילֵיהּ יְהֵי: וּגְבַר יָת מַעְסַר קֻדְשׁוֹהִי דִּילֵיהּ יְהֵי, גְּבַר, דְּיִתֵּן לְכַהֲנָא דִּילֵיהּ יְהֵי:

מט וּפְקֻדָיו אֲשֶׁר צִוָּה ה' אֶת מֹשֶׁה. וְאוֹתָן הַפְּקוּדִים הָיוּ בַּמַּעֲלֶה מִבֶּן שְׁלֹשִׁים שָׁנָה וְעַד בֶּן חֲמִשִּׁים:

פרק ה

ב צַו אֶת בְּנֵי יִשְׂרָאֵל וְגוֹ'. פָּרָשָׁה זוֹ נֶאֶמְרָה בַּיּוֹם שֶׁהוּקַם הַמִּשְׁכָּן, וּשְׁמוֹנָה פָּרָשִׁיּוֹת נֶאֶמְרוּ בּוֹ בַיּוֹם, כִּדְאִיתָא בְּמַסֶּכֶת גִּטִּין בְּפֶרֶק הַנִּזָּקִין (דף ס ע"א). **וִישַׁלְּחוּ מִן הַמַּחֲנֶה.** שָׁלֹשׁ מַחֲנוֹת הָיוּ שָׁם בִּשְׁעַת חֲנִיָּתָן: תּוֹךְ הַקְּלָעִים הִיא מַחֲנֵה שְׁכִינָה, חֲנִיַּת הַלְּוִיִּם סָבִיב כְּמוֹ שֶׁמְּפֹרָשׁ בְּפָרָשַׁת בְּמִדְבַּר סִינַי (לעיל ח, נ), הִיא מַחֲנֵה לְוִיָּה, וּמִשָּׁם וְעַד סוֹף מַחֲנֵה הַדְּגָלִים לְכָל אַרְבַּע הָרוּחוֹת הִיא מַחֲנֵה יִשְׂרָאֵל. הַצָּרוּעַ נִשְׁתַּלַּח חוּץ לְכֻלָּם, הַזָּב מֻתָּר בְּמַחֲנֵה יִשְׂרָאֵל וּמְשֻׁלָּח מִן הַשְּׁתַּיִם, וְטָמֵא לָנֶפֶשׁ מֻתָּר אַף בְּשֶׁל לְוִיָּה וְאֵינוֹ מְשֻׁלָּח אֶלָּא מִשֶּׁל שְׁכִינָה. וְכָל זֶה דָּרְשׁוּ רַבּוֹתֵינוּ מִן הַמִּקְרָאוֹת בְּמַסֶּכֶת פְּסָחִים (דף סז ע"א). **טָמֵא לָנָפֶשׁ.** לְטֻמֵּי נַפְשָׁא דַאֲנָשָׁא, אוֹמֵר אֲנִי שֶׁהוּא לְשׁוֹן עַצְמוֹת אָדָם בִּלְשׁוֹן אֲרַמִּי. וְהַרְבֵּה יֵשׁ בִּבְרֵאשִׁית רַבָּה: "אַדְרִיָּנוּס שְׁחִיק טַמְיָא", שְׁחִיק עֲצָמוֹת:

ו לִמְעוֹל מַעַל בַּה'. הֲרֵי חָזַר וְכָתַב כָּאן פָּרָשַׁת גּוֹזֵל וְנִשְׁבָּע עַל שֶׁקֶר, הִיא הָאֲמוּרָה בְּפָרָשַׁת וַיִּקְרָא: "וּמָעֲלָה מַעַל בַּה' וְכִחֵשׁ בַּעֲמִיתוֹ וְגוֹ'" (ויקרא ה, כא), וְנִשְׁנֵית כָּאן בִּשְׁבִיל שְׁנֵי דְּבָרִים שֶׁנִּתְחַדְּשׁוּ בָּהּ: הָאֶחָד – שֶׁכָּתַב "וְהִתְוַדּוּ" (לְהַלָּן פסוק ז), לִמֵּד שֶׁאֵינוֹ חַיָּב חֹמֶשׁ וְאָשָׁם עַל פִּי עֵדִים עַד שֶׁיּוֹדֶה בַּדָּבָר; וְהַשֵּׁנִי – שֶׁפֵּרַשׁ עַל גֶּזֶל הַגֵּר שֶׁהוּא נִתָּן לַכֹּהֲנִים:

ז אֶת אֲשָׁמוֹ בְּרֹאשׁוֹ. הוּא הַקֶּרֶן שֶׁנִּשְׁבַּע עָלָיו: **לַאֲשֶׁר אָשַׁם לוֹ.** לְמִי שֶׁנִּתְחַיֵּב לוֹ:

ח וְאִם אֵין לָאִישׁ גֹּאֵל. שֶׁמֵּת הַתּוֹבֵעַ שֶׁהִשְׁבִּיעוֹ וְאֵין לוֹ יוֹרְשִׁים: **לְהָשִׁיב הָאָשָׁם אֵלָיו.** כְּשֶׁנִּמְלַךְ זֶה לְהִתְוַדּוֹת עַל עֲוֹנוֹ. וְאָמְרוּ רַבּוֹתֵינוּ: וְכִי יֵשׁ לְךָ אָדָם בְּיִשְׂרָאֵל שֶׁאֵין לוֹ גּוֹאֲלִים, אוֹ בֵן אוֹ בַת אוֹ אָח אוֹ שְׁאָר בְּשַׂר הַקָּרוֹב מִמִּשְׁפַּחַת אָבִיו לְמַעְלָה עַד יַעֲקֹב? אֶלָּא זֶה הַגֵּר שֶׁמֵּת וְאֵין לוֹ יוֹרְשִׁים: **הָאָשָׁם הַמּוּשָׁב.** זֶה הַקֶּרֶן וְהַחֹמֶשׁ: **לַה'. לַכֹּהֵן.** קְנָאוֹ הַשֵּׁם וּנְתָנוֹ לַכֹּהֵן שֶׁבְּאוֹתוֹ מִשְׁמָר: **מִלְּבַד אֵיל הַכִּפֻּרִים.** הָאָמוּר בְּוַיִּקְרָא (ה, כה) שֶׁהוּא צָרִיךְ לְהָבִיא:

ט וְכָל תְּרוּמָה וְגוֹ'. אָמַר רַבִּי יִשְׁמָעֵאל: וְכִי תְרוּמָה מַקְרִיבִין לַכֹּהֵן? וַהֲלֹא הוּא הַמְחַזֵּר אַחֲרֶיהָ לְבֵית הַגֳּרָנוֹת, וּמַה תַּלְמוּד לוֹמַר: "אֲשֶׁר יַקְרִיבוּ לַכֹּהֵן"? אֵלּוּ הַבִּכּוּרִים, שֶׁנֶּאֱמַר בָּהֶם: "תָּבִיא בֵּית ה' אֱלֹהֶיךָ" (שמות כג, יט), וְאֵינִי יוֹדֵעַ מַה יֵּעָשֶׂה בָהֶם, תַּלְמוּד לוֹמַר: "לַכֹּהֵן לוֹ יִהְיֶה", בָּא הַכָּתוּב וְלִמֵּד עַל הַבִּכּוּרִים שֶׁיִּהְיוּ נִתָּנִין לַכֹּהֵן:

י וְאִישׁ אֶת קֳדָשָׁיו לוֹ יִהְיוּ. לְפִי שֶׁנֶּאֶמְרוּ מַתְּנוֹת כְּהֻנָּה וּלְוִיָּה, יָכוֹל יָבוֹאוּ וְיִטְּלוּם בִּזְרוֹעַ? תַּלְמוּד לוֹמַר: "וְאִישׁ אֶת קֳדָשָׁיו לוֹ יִהְיוּ", מַגִּיד שֶׁטּוֹבַת הֲנָאָתָן לַבְּעָלִים. וְעוֹד מִדְרָשִׁים הַרְבֵּה דָּרְשׁוּ בוֹ בְּסִפְרֵי (ז). וּמִדְרַשׁ אַגָּדָה: "וְאִישׁ אֶת קֳדָשָׁיו לוֹ יִהְיוּ", מִי שֶׁמְּעַכֵּב מַעְשְׂרוֹתָיו וְאֵינוֹ נוֹתֵן, לוֹ יִהְיוּ הַמַּעַשְׂרוֹת, סוֹף שֶׁאֵין שָׂדֵהוּ עוֹשָׂה אֶלָּא אֶחָד מֵעֲשָׂרָה שֶׁהָיְתָה לְמוּדָה לַעֲשׂוֹת. "אִישׁ אֲשֶׁר יִתֵּן לַכֹּהֵן" מַתְּנוֹת הָרְאוּיוֹת לוֹ, "לוֹ יִהְיֶה" מָמוֹן הַרְבֵּה:

במדבר

רביעי

יב וַיְדַבֵּ֥ר יְהוָ֖ה אֶל־מֹשֶׁ֥ה לֵּאמֹֽר: דַּבֵּר֙ אֶל־בְּנֵ֣י יִשְׂרָאֵ֔ל וְאָמַרְתָּ֖ אֲלֵהֶ֑ם אִ֥ישׁ אִישׁ֙ כִּֽי־תִשְׂטֶ֣ה אִשְׁתּ֔וֹ וּמָעֲלָ֥ה ב֖וֹ מָֽעַל:
יג וְשָׁכַ֨ב אִ֣ישׁ אֹתָהּ֮ שִׁכְבַת־זֶ֒רַע֒ וְנֶעְלַם֙ מֵעֵינֵ֣י אִישָׁ֔הּ וְנִסְתְּרָ֖ה וְהִ֣יא נִטְמָ֑אָה וְעֵד֙ אֵ֣ין בָּ֔הּ וְהִ֖וא לֹ֥א נִתְפָּֽשָׂה:
יד וְעָבַ֨ר עָלָ֧יו רֽוּחַ־קִנְאָ֛ה וְקִנֵּ֥א אֶת־אִשְׁתּ֖וֹ וְהִ֣וא נִטְמָ֑אָה אוֹ־עָבַ֨ר עָלָ֤יו רֽוּחַ־קִנְאָה֙ וְקִנֵּ֣א אֶת־אִשְׁתּ֔וֹ וְהִ֖יא לֹ֥א נִטְמָֽאָה:
טו וְהֵבִ֨יא הָאִ֣ישׁ אֶת־אִשְׁתּוֹ֮ אֶל־הַכֹּהֵן֒ וְהֵבִ֤יא אֶת־קָרְבָּנָהּ֙ עָלֶ֔יהָ עֲשִׂירִ֥ת הָאֵיפָ֖ה קֶ֣מַח שְׂעֹרִ֑ים לֹֽא־יִצֹ֨ק עָלָ֜יו שֶׁ֗מֶן וְלֹֽא־יִתֵּ֤ן עָלָיו֙ לְבֹנָ֔ה כִּֽי־מִנְחַ֤ת קְנָאֹת֙ ה֔וּא מִנְחַ֥ת זִכָּר֖וֹן מַזְכֶּ֥רֶת עָוֹֽן:
טז וְהִקְרִ֥יב אֹתָ֖הּ הַכֹּהֵ֑ן וְהֶֽעֱמִדָ֖הּ לִפְנֵ֥י יְהוָֽה:
יז וְלָקַ֧ח הַכֹּהֵ֛ן מַ֥יִם קְדֹשִׁ֖ים בִּכְלִי־חָ֑רֶשׂ וּמִן־הֶֽעָפָ֗ר אֲשֶׁ֤ר יִֽהְיֶה֙ בְּקַרְקַ֣ע הַמִּשְׁכָּ֔ן יִקַּ֥ח הַכֹּהֵ֖ן וְנָתַ֥ן אֶל־הַמָּֽיִם:
יח וְהֶעֱמִ֨יד הַכֹּהֵ֣ן אֶֽת־הָאִשָּׁה֮ לִפְנֵ֣י יְהוָה֒ וּפָרַע֙ אֶת־רֹ֣אשׁ הָֽאִשָּׁ֔ה וְנָתַ֣ן עַל־כַּפֶּ֗יהָ אֵ֚ת מִנְחַ֣ת הַזִּכָּר֔וֹן מִנְחַ֥ת קְנָאֹ֖ת הִ֑וא וּבְיַ֤ד הַכֹּהֵן֙ יִהְי֔וּ מֵ֥י הַמָּרִ֖ים הַמְאָֽרֲרִֽים:
יט וְהִשְׁבִּ֨יעַ אֹתָ֜הּ הַכֹּהֵ֗ן וְאָמַ֤ר אֶל־הָֽאִשָּׁה֙ אִם־לֹ֨א שָׁכַ֥ב אִישׁ֙ אֹתָ֔ךְ

מצווה שסה
מצוות הבאת סוטה אל הכהן

מצווה שסו
איסור נתינת שמן בקרבן הסוטה

מצווה שסז
איסור לשים לבונה בקרבן הסוטה

יא יב וּמַלֵּיל יי עִם משֶׁה לְמֵימַר: מַלֵּיל עִם בְּנֵי יִשְׂרָאֵל, וְתֵימַר לְהוֹן, גְּבַר גְּבַר אֲרֵי תִסְטֵי אִתְּתֵיהּ,
יג וּתְשַׁקַּר בֵּיהּ שְׁקָר: וְיִשְׁכּוּב גְּבַר יָתַהּ שִׁכְבַת זַרְעָא, וִיהֵי מְכַסָּא מֵעֵינֵי בַּעְלַהּ, וּמִטַּמְּרָא
יד וְהִיא מְסָאֲבָא, וְסָהִיד לֵית בַּהּ, וְהִיא לָא אִתְאֲחָדַת: וְיִעְבַּר עֲלוֹהִי רוּחַ קִנְאָה, וִיקַנֵּי יָת
טו אִתְּתֵיהּ וְהִיא מְסָאֲבָא, אוֹ עֲבַר עֲלוֹהִי רוּחַ קִנְאָה וְקַנֵּי יָת אִתְּתֵיהּ, וְהִיא לָא מְסָאֲבָא: וְיַיְתֵי
גַּבְרָא יָת אִתְּתֵיהּ לְוָת כָּהֲנָא, וְיַיְתֵי יָת קֻרְבָּנַהּ עֲלַהּ, חַד מִן עַסְרָא בִּתְלָת סְאִין קְמַח סְעָרִין,
לָא יְרִיק עֲלוֹהִי מִשְׁחָא, וְלָא יִתֵּין עֲלוֹהִי לְבוֹנְתָא, אֲרֵי מִנְחַת קִנְאָתָא הוּא, מִנְחַת דָּכְרָנָא
טז יז מַדְכְּרַת חוֹבִין: וִיקָרֵיב יָתַהּ כָּהֲנָא, וִיקִימִנַּהּ קֳדָם יי: וְיִסַּב כָּהֲנָא, מֵי כִיּוֹר בְּמָן דַּחֲסַף, וּמִן
יח עַפְרָא, דִּיהֵי בְּאֵיסוֹדֵי מַשְׁכְּנָא, יִסַּב כָּהֲנָא וְיִתֵּין לְמַיָּא: וִיקִים כָּהֲנָא יָת אִתְּתָא קֳדָם יי, וְיִפְרַע
יָת רֵישָׁא דְאִתְּתָא, וְיִתֵּין עַל יְדַהָא, יָת מִנְחַת דָּכְרָנָא, מִנְחַת קִנְאָתָא הִיא, וּבִידָא דְכָהֲנָא
יט יְהוֹן, מַיָּא מָרִירַיָּא מְלָטְטַיָּא: וְיוֹמֵי יָתַהּ כָּהֲנָא, וְיֵימַר לְאִתְּתָא אִם לָא שְׁכֵיב גְּבַר יָתִיךְ,

יב) **אִישׁ אִישׁ כִּי תִשְׂטֶה אִשְׁתּוֹ.** מַה כָּתוּב לְמַעְלָה מִן הָעִנְיָן? "וְאִישׁ אֶת קֳדָשָׁיו לוֹ יִהְיוּ" (לעיל פסוק י), אִם אַתָּה מְעַכֵּב מַתְּנוֹת הַכֹּהֵן, חַיֶּיךָ שֶׁתִּצְטָרֵךְ לָבֹא אֶצְלוֹ לְהָבִיא לוֹ אֶת הַסּוֹטָה: **כִּי תִשְׂטֶה.** תֵּט מִדַּרְכֵי צְנִיעוּת וְתֵחָשֵׁד בְּעֵינָיו, כְּמוֹ: "שְׂטֵה מֵעָלָיו וַעֲבֹר" (משלי ד, טו), "אַל יֵשְׂטְ אֶל דְּרָכֶיהָ לִבֶּךָ" (שם ז, כה): **וּמָעֲלָה בוֹ מָעַל.** וּמַהוּ הַמַּעַל? "וְשָׁכַב אִישׁ אֹתָהּ":

יג) **וְנֶעְלַם מֵעֵינֵי אִישָׁהּ.** הָא אִם הָיָה רוֹאֶה וּמְעַמְעֵם, אֵין הַמַּיִם בּוֹדְקִין אוֹתָהּ: **וְנִסְתְּרָה.** שִׁעוּר שֶׁתֵּרָאֶה לְטֻמְאַת בִּיאָה: **וְעֵד אֵין בָּהּ.** הָא אִם יֵשׁ בָּהּ אֲפִלּוּ עֵד אֶחָד שֶׁאָמַר 'נִטְמֵאת', לֹא הָיְתָה שׁוֹתָה: **וְעֵד אֵין בָּהּ.** בַּטֻּמְאָה, אֲבָל יֵשׁ עֵדִים לַסְּתִירָה: **נִתְפָּשָׂה.** נֶאֶנְסָה, כְּמוֹ: "וּתְפָשָׂהּ וְשָׁכַב עִמָּהּ" (דברים כב, כח):

יד) **וְעָבַר עָלָיו.** קֹדֶם לַסְּתִירָה: **רוּחַ קִנְאָה וְקִנֵּא.** פֵּרְשׁוּ רַבּוֹתֵינוּ לְשׁוֹן הַתְרָאָה, שֶׁמַּתְרֶה בָּהּ: 'אַל תִּסָּתְרִי עִם אִישׁ פְּלוֹנִי': **וְהוּא נִטְמָאָה אוֹ עָבַר עָלָיו וְגוֹ'.** כְּלוֹמַר, הוּא הִתְרָה בָּהּ וְעָבְרָה עַל הַתְרָאָתוֹ, וְאֵין יָדוּעַ אִם נִטְמְאָה אִם לָאו:

טו) **קֶמַח.** שֶׁלֹּא יְהֵא מִסֹּלֶת: **שְׂעֹרִים.** וְלֹא חִטִּים, הִיא עָשְׂתָה מַעֲשֵׂה בְהֵמָה וְקָרְבָּנָהּ מַאֲכַל בְּהֵמָה: **לֹא יִצֹק עָלָיו שֶׁמֶן.** שֶׁלֹּא יְהֵא קָרְבָּנָהּ מְהֻדָּר, שֶׁהַשֶּׁמֶן קָרוּי 'אוֹר' וְהִיא עָשְׂתָה בַּחֹשֶׁךְ: **וְלֹא יִתֵּן עָלָיו לְבֹנָה.** שֶׁהָאִמָּהוֹת נִקְרָאוֹת לְבוֹנָה, שֶׁנֶּאֱמַר: "אֶל גִּבְעַת הַלְּבוֹנָה" (שיר השירים ד, ו), וְהִיא פֵּרְשָׁה מִדַּרְכֵיהֶן: **כִּי מִנְחַת קְנָאֹת הוּא.** הַקֶּמַח הַזֶּה, 'קֶמַח' לְשׁוֹן זָכָר: **מִנְחַת קְנָאֹת.** מְעוֹרֶרֶת עָלֶיהָ שְׁתֵּי קְנָאוֹת, קִנְאַת הַמָּקוֹם וְקִנְאַת הַבַּעַל:

יז) **מַיִם קְדֹשִׁים.** שֶׁקִּדְּשׁוּ בַּכִּיּוֹר. לְפִי שֶׁנַּעֲשָׂה הַכִּיּוֹר מִנְּחֹשֶׁת מַרְאוֹת הַצּוֹבְאוֹת, וְזוֹ פֵּרְשָׁה מִדַּרְכֵיהֶן, שֶׁהָיוּ נִבְעָלוֹת לְבַעֲלֵיהֶן בְּמִצְרַיִם תַּחַת הַתַּפּוּחַ וְזוֹ קִלְקְלָה לְאַחֵר, תִּבָּדֵק בּוֹ: **בִּכְלִי חָרֶשׂ.** הִיא הִשְׁקְתָה אֶת הַנּוֹאֵף יַיִן מְשֻׁבָּח בְּכוֹסוֹת מְשֻׁבָּחִים, לְפִיכָךְ תִּשְׁתֶּה מַיִם הַמָּרִים בִּמְקֻדָּה בְּזוּיָה שֶׁל חֶרֶס:

יח) **וְהֶעֱמִיד הַכֹּהֵן וְגוֹ'.** וַהֲלֹא כְּבָר נֶאֱמַר: "וְהֶעֱמִדָהּ לִפְנֵי ה'" (לעיל פסוק טז)? אֶלָּא מַסִּיעִין הָיוּ אוֹתָהּ מִמָּקוֹם לְמָקוֹם, כְּדֵי לְיַגְּעָהּ וְתִטָּרֵף דַּעְתָּהּ וְתוֹדֶה: **וּפָרַע.** סוֹתֵר אֶת קְלִיעַת שְׂעָרָהּ כְּדֵי לְבַזּוֹתָהּ, מִכָּאן לִבְנוֹת יִשְׂרָאֵל שֶׁגִּלּוּי הָרֹאשׁ גְּנַאי לָהֶן: **לִפְנֵי ה'.** בְּשַׁעַר נִיקָנוֹר, הוּא שַׁעַר הָעֲזָרָה הַמִּזְרָחִי, דֶּרֶךְ כָּל הַנִּכְנָסִים: **וְנָתַן עַל כַּפֶּיהָ.** לְיַגְּעָהּ, אוּלַי תִּטָּרֵף דַּעְתָּהּ וְתוֹדֶה, וְלֹא יִמָּחֶה שֵׁם הַמְיֻחָד עַל הַמַּיִם: **הַמָּרִים.** עַל שֵׁם סוֹפָן, שֶׁהֵם מָרִים לָהּ: **הַמְאָרְרִים.** הַמְחַסְּרִים אוֹתָהּ מִן הָעוֹלָם, לְשׁוֹן "סִלּוֹן מַמְאִיר" (יחזקאל כח, כד). וְלֹא יִתָּכֵן לְפָרֵשׁ מַיִם אֲרוּרִים שֶׁהֲרֵי קְדוֹשִׁים הֵן, וְלֹא 'אֲרוּרִים' כָּתַב הַכָּתוּב אֶלָּא "מְאָרְרִים" אֶת אֲחֵרִים. וְאַף אוּנְקְלוֹס לֹא תִרְגֵּם 'לִיטַיָּא' אֶלָּא "מְלָטְטַיָּא", שֶׁמַּרְאוֹת קְלָלָה בְּגוּפָהּ שֶׁל זוֹ:

יט) **וְהִשְׁבִּיעַ וְגוֹ'.** וּמַה הִיא הַשְּׁבוּעָה? "אִם לֹא שָׁכַב הִנָּקִי", הָא אִם שָׁכַב – חִנָּקִי, שֶׁמִּכְּלַל לָאו

וְאִם־לֹ֨א שָׂטִ֜ית טֻמְאָ֗ה תַּ֤חַת אִישֵׁךְ֙ הִנָּקִ֔י מִמֵּ֛י הַמָּרִ֥ים הַֽמְאָרֲרִ֖ים הָאֵֽלֶּה: וְאַ֗תְּ כִּ֥י שָׂטִ֛ית תַּ֥חַת אִישֵׁ֖ךְ וְכִ֣י נִטְמֵ֑את וַיִּתֵּ֨ן אִ֥ישׁ בָּךְ֙ אֶת־שְׁכָבְתּ֔וֹ מִֽבַּלְעֲדֵ֖י אִישֵֽׁךְ: וְהִשְׁבִּ֨יעַ הַכֹּהֵ֥ן אֶת־הָֽאִשָּׁה֙ בִּשְׁבֻעַ֣ת הָֽאָלָ֔ה וְאָמַ֤ר הַכֹּהֵן֙ לָֽאִשָּׁ֔ה יִתֵּ֨ן יְהוָ֥ה אוֹתָ֛ךְ לְאָלָ֥ה וְלִשְׁבֻעָ֖ה בְּת֣וֹךְ עַמֵּ֑ךְ בְּתֵ֨ת יְהוָ֤ה אֶת־יְרֵכֵךְ֙ נֹפֶ֔לֶת וְאֶת־בִּטְנֵ֖ךְ צָבָֽה: וּבָ֠אוּ הַמַּ֨יִם הַמְאָרֲרִ֤ים הָאֵ֨לֶּה֙ בְּֽמֵעַ֔יִךְ לַצְבּ֥וֹת בֶּ֖טֶן וְלַנְפִּ֣ל יָרֵ֑ךְ וְאָמְרָ֥ה הָאִשָּׁ֖ה אָמֵ֥ן ׀ אָמֵֽן: וְ֠כָתַב אֶת־הָאָלֹ֥ת הָאֵ֛לֶּה הַכֹּהֵ֖ן בַּסֵּ֑פֶר וּמָחָ֖ה אֶל־מֵ֥י הַמָּרִֽים: וְהִשְׁקָה֙ אֶת־הָ֣אִשָּׁ֔ה אֶת־מֵ֥י הַמָּרִ֖ים הַמְאָֽרֲרִ֑ים וּבָ֥אוּ בָ֛הּ הַמַּ֥יִם הַֽמְאָרֲרִ֖ים לְמָרִֽים: וְלָקַ֨ח הַכֹּהֵ֜ן מִיַּ֣ד הָֽאִשָּׁ֗ה אֵ֚ת מִנְחַ֣ת הַקְּנָאֹ֔ת וְהֵנִ֥יף אֶת־הַמִּנְחָ֖ה לִפְנֵ֣י יְהוָ֑ה וְהִקְרִ֥יב אֹתָ֖הּ אֶל־הַמִּזְבֵּֽחַ: וְקָמַ֨ץ הַכֹּהֵ֤ן מִן־הַמִּנְחָה֙ אֶת־אַזְכָּ֣רָתָ֔הּ וְהִקְטִ֖יר הַמִּזְבֵּ֑חָה וְאַחַ֛ר יַשְׁקֶ֥ה אֶת־הָֽאִשָּׁ֖ה אֶת־הַמָּֽיִם: וְהִשְׁקָ֣הּ אֶת־הַמַּ֗יִם וְהָיְתָ֣ה אִֽם־נִטְמְאָה֮ וַתִּמְעֹ֣ל מַ֣עַל בְּאִישָׁהּ֒ וּבָ֨אוּ בָ֜הּ הַמַּ֤יִם הַמְאָֽרֲרִים֙ לְמָרִ֔ים וְצָבְתָ֣ה בִטְנָ֔הּ וְנָפְלָ֖ה יְרֵכָ֑הּ וְהָיְתָ֧ה הָאִשָּׁ֛ה לְאָלָ֖ה בְּקֶ֥רֶב עַמָּֽהּ: וְאִם־לֹ֤א נִטְמְאָה֙ הָֽאִשָּׁ֔ה וּטְהֹרָ֖ה

וְאִם לָא סְטֵית, לְאִסְתַּאָבָא בַּר מִבַּעְלִיךְ, הֲוַאי זַכָּאָה, מִמַּיָּא, מְרִירַיָּא מְלַטְטַיָּא הָאִלֵּין:
כ וְאַתְּ, אֲרֵי סְטֵית, בַּר מִבַּעְלִיךְ וַאֲרֵי אִסְתָּאַבְתְּ, וִיהַב גְּבַר בִּיךְ יָת שְׁכָבְתֵּיהּ, בָּר מִבַּעְלִיךְ:
כא וְיוֹמֵי כָּהֲנָא יָת אִתְּתָא בְּמוֹמָתָא דִּלְוָטָא, וְיֵימַר כָּהֲנָא לְאִתְּתָא, יִתֵּין יְיָ יָתִיךְ, לִלְוָט וּלְמוֹמֵי
כב בְּגוֹ עַמִּיךְ, בִּדְיִתֵּין יְיָ יָת יַרְכִּיךְ מַסְיָא, וְיָת מְעַכִי נְפִיחִין: וְיֵיעֲלוּן, מַיָּא מְלַטְטַיָּא הָאִלֵּין
כג בִּמְעַכִי, לְאַפָּחָא מְעִין וּלְאַמְסָאָה יַרְכִּךְ, וְתֵימַר אִתְּתָא אָמֵן אָמֵן: וְיִכְתּוֹב, יָת לְוָטַיָּא
כד הָאִלֵּין, כָּהֲנָא בְּסִפְרָא, וְיִמְחוֹק לְמַיָּא מְרִירַיָּא: וְיַשְׁקֵי יָת אִתְּתָא, יָת מַיָּא מְרִירַיָּא
כה מְלַטְטַיָּא, וְיֵיעֲלוּן בַּהּ, מַיָּא מְלַטְטַיָּא לִלְוָט: וְיִסַּב כָּהֲנָא מִידָא דְּאִתְּתָא, יָת מִנְחַת
כו קִנְאָתָא, וִירִים יָת מִנְחָתָא קֳדָם יְיָ, וִיקָרֵיב יָתַהּ לְמַדְבְּחָא: וְיִקְמוֹץ כָּהֲנָא מִן מִנְחָתָא יָת
כז אַדְכָּרְתַהּ, וְיַסֵּיק לְמַדְבְּחָא, וּבָתַר כֵּן, יַשְׁקֵי יָת אִתְּתָא יָת מַיָּא: וְיַשְׁקֵינַהּ יָת מַיָּא, וּתְהֵי
אִם אִסְתָּאַבַת וְשַׁקַּרַת שְׁקַר בְּבַעְלַהּ, וְיֵיעֲלוּן בַּהּ, מַיָּא מְלַטְטַיָּא לִלְוָט, וְיִפְּחוּן מְעַהָא,
כח וְתִתְמְסֵי יַרְכַּהּ, וּתְהֵי אִתְּתָא, לִלְוָטָא בְּגוֹ עַמַּהּ: וְאִם לָא אִסְתָּאַבַת אִתְּתָא, וְדַכְיָא

אַתָּה שׁוֹמֵעַ הֵן, אֶלָּא שֶׁמִּצְוָה לִפְתֹּחַ בְּדִינֵי נְפָשׁוֹת תְּחִלָּה לִזְכוּת:

כ) **וְאַתְּ כִּי שָׂטִית.** "כִּי" מְשַׁמֵּשׁ בִּלְשׁוֹן 'אִם':

כא) **בִּשְׁבֻעַת הָאָלָה.** שְׁבוּעָה שֶׁל קְלָלָה: **יִתֵּן ה' אוֹתָךְ לְאָלָה וגו'.** שֶׁיִּהְיוּ הַכֹּל מְקַלְּלִין בִּיךְ: יְבוֹאֲךְ כְּדֶרֶךְ שֶׁבָּא לִפְלוֹנִית: **וְלִשְׁבֻעָה.** שֶׁיִּהְיוּ הַכֹּל נִשְׁבָּעִין בִּיךְ, אִם לֹא יֶאֱרַע לִי כְּדֶרֶךְ שֶׁאֵרַע לִפְלוֹנִית, וְכֵן הוּא אוֹמֵר: "וְהִנַּחְתֶּם שִׁמְכֶם לִשְׁבוּעָה לִבְחִירַי" (ישעיהו סה, טו), שֶׁהַצַּדִּיקִים נִשְׁבָּעִים בְּפֻרְעָנוּתָן שֶׁל רְשָׁעִים. וְכֵן לְעִנְיַן הַבְּרָכָה: "וְנִבְרְכוּ" וגו' (בראשית יב, ג), "בְּךָ יְבָרֵךְ יִשְׂרָאֵל לֵאמֹר" (שם מח, כ): **אֶת יְרֵכֵךְ.** בַּקְּלָלָה הִקְדִּים יָרֵךְ לַבֶּטֶן, לְפִי שֶׁבָּהּ הִתְחִילָה בָּעֲבֵרָה תְּחִלָּה: **צָבָה.** כְּתַרְגּוּמוֹ, נְפוּחָה:

כב) **לַצְבּוֹת בֶּטֶן.** כְּמוֹ לְהַצְבּוֹת בֶּטֶן, זֶהוּ שִׁמּוּשׁ פַּתָּח שֶׁהַלָּמֶ"ד נְקוּדָה בּוֹ. וְכֵן "לַנְחֹתָם הַדֶּרֶךְ" (שמות יג, כא), "לַרְאֹתְכֶם בַּדֶּרֶךְ אֲשֶׁר תֵּלְכוּ בָהּ" (דברים א, לג), וְכֵן "לַנְפִּל יָרֵךְ" לְהַנְפִּיל יָרֵךְ, שֶׁהַמַּיִם מַצְבִּים אֶת הַבֶּטֶן וּמַפִּילִים אֶת הַיָּרֵךְ: **לַצְבּוֹת בֶּטֶן וְלַנְפִּל יָרֵךְ.** בִּטְנוֹ וִירֵכוֹ שֶׁל בּוֹעֵל. אוֹ אֵינוֹ אֶלָּא שֶׁל נִבְעֶלֶת? כְּשֶׁהוּא אוֹמֵר: "אֶת יְרֵכֵךְ נֹפֶלֶת וְאֶת בִּטְנֵךְ צָבָה" (לעיל פסוק כא), הֲרֵי שֶׁל נִבְעֶלֶת אָמוּר: **אָמֵן אָמֵן.** קַבָּלַת שְׁבוּעָה, אָמֵן אִם מֵאִישׁ זֶה אָמֵן אִם מֵאִישׁ אַחֵר, אָמֵן עַל הָאָלָה אָמֵן עַל הַשְּׁבוּעָה:

כד) **וְהִשְׁקָה אֶת הָאִשָּׁה.** אֵין זֶה סֵדֶר הַמַּעֲשֶׂה, שֶׁהֲרֵי בַּתְּחִלָּה מַקְרִיב מִנְחָתָהּ; אֶלָּא הַכָּתוּב מְבַשְּׂרָךְ שֶׁכְּשֶׁיַּשְׁקֶנָּה יָבוֹאוּ בָהּ לְמָרִים. לְפִי שֶׁנֶּאֱמַר בֶּטֶן וְיָרֵךְ, מִנַּיִן לִשְׁאָר כָּל הַגּוּף? תַּלְמוּד לוֹמַר: "וּבָאוּ בָהּ", בְּכֻלָּהּ. אִם כֵּן מַה תַּלְמוּד לוֹמַר בֶּטֶן וְיָרֵךְ? לְפִי שֶׁהֵן הִתְחִילוּ בָּעֲבֵרָה תְּחִלָּה, לְפִיכָךְ הִתְחִיל מֵהֶם הַפֻּרְעָנוּת: **לְמָרִים.** לִהְיוֹת לָהּ רָעִים וּמָרִים:

כה) **וְהֵנִיף.** מוֹלִיךְ וּמֵבִיא מַעֲלֶה וּמוֹרִיד, וְאַף הִיא מְנִיפָה עִמּוֹ, שֶׁיָּדָהּ לְמַעְלָה מִיָּדוֹ שֶׁל כֹּהֵן: **וְהִקְרִיב אֹתָהּ.** זוֹ הִיא הַגָּשָׁתָהּ בְּקֶרֶן דְּרוֹמִית מַעֲרָבִית שֶׁל מִזְבֵּחַ קֹדֶם קְמִיצָה, כִּשְׁאָר מְנָחוֹת:

כו) **אַזְכָּרָתָהּ.** הוּא הַקֹּמֶץ, שֶׁעַל יְדֵי הַקְטָרָתוֹ הַמִּנְחָה בָּאָה לְזִכָּרוֹן לַגָּבוֹהַּ:

כז) **וְהִשְׁקָהּ אֶת הַמַּיִם.** לְרַבּוֹת שֶׁאִם אָמְרָה 'אֵינִי שׁוֹתָה' לְאַחַר שֶׁנִּמְחֲקָה הַמְּגִלָּה, מְעַרְעֲרִין אוֹתָהּ וּמַשְׁקִין אוֹתָהּ בְּעַל כָּרְחָהּ, אֶלָּא אִם כֵּן אָמְרָה 'טְמֵאָה אֲנִי': **וְצָבְתָה בִטְנָהּ וגו'.** אַף עַל פִּי שֶׁבַּקְּלָלָה הִזְכִּיר יָרֵךְ תְּחִלָּה, הַמַּיִם אֵינָן בּוֹדְקִין אֶלָּא כְּדֶרֶךְ כְּנִיסָתָן בָּהּ: **וְהָיְתָה הָאִשָּׁה לְאָלָה.** כְּמוֹ שֶׁפֵּרַשְׁתִּי, שֶׁיִּהְיוּ הַכֹּל אָלִין בָּהּ: **בְּקֶרֶב עַמָּהּ.** הֶפְרֵשׁ יֵשׁ בֵּין אָדָם הַמִּתְנַוֵּל בְּמָקוֹם שֶׁנִּכָּר לְאָדָם הַמִּתְנַוֵּל בְּמָקוֹם שֶׁאֵינוֹ נִכָּר:

כח) **וְאִם לֹא נִטְמְאָה הָאִשָּׁה.** בִּסְתִירָה זוֹ: **וּטְהֹרָה הִוא.** מִמָּקוֹם אַחֵר: **וְנִקָּתָה.** מִמַּיִם

נשא

הִוא וְנִקְּתָה וְנִזְרְעָה זָרַע: זֹאת תּוֹרַת הַקְּנָאֹת כט
אֲשֶׁר תִּשְׂטֶה אִשָּׁה תַּחַת אִישָׁהּ וְנִטְמָאָה:
אוֹ אִישׁ אֲשֶׁר תַּעֲבֹר עָלָיו רוּחַ קִנְאָה וְקִנֵּא ל
אֶת־אִשְׁתּוֹ וְהֶעֱמִיד אֶת־הָאִשָּׁה לִפְנֵי יהוה
וְעָשָׂה לָהּ הַכֹּהֵן אֵת כָּל־הַתּוֹרָה הַזֹּאת:
וְנִקָּה הָאִישׁ מֵעָוֹן וְהָאִשָּׁה הַהִוא תִּשָּׂא אֶת־ לא
עֲוֹנָהּ:

וַיְדַבֵּר יהוה אֶל־מֹשֶׁה לֵּאמֹר: דַּבֵּר אֶל־ ו א ב
בְּנֵי יִשְׂרָאֵל וְאָמַרְתָּ אֲלֵהֶם אִישׁ אוֹ־אִשָּׁה
כִּי יַפְלִא לִנְדֹּר נֶדֶר נָזִיר לְהַזִּיר לַיהוה: מִיַּיִן ג
וְשֵׁכָר יַזִּיר חֹמֶץ יַיִן וְחֹמֶץ שֵׁכָר לֹא יִשְׁתֶּה
וְכָל־מִשְׁרַת עֲנָבִים לֹא יִשְׁתֶּה וַעֲנָבִים לַחִים
וִיבֵשִׁים לֹא יֹאכֵל: כֹּל יְמֵי נִזְרוֹ מִכֹּל אֲשֶׁר ד
יֵעָשֶׂה מִגֶּפֶן הַיַּיִן מֵחַרְצַנִּים וְעַד־זָג לֹא יֹאכֵל:
כָּל־יְמֵי נֶדֶר נִזְרוֹ תַּעַר לֹא־יַעֲבֹר עַל־רֹאשׁוֹ ה
עַד־מְלֹאת הַיָּמִם אֲשֶׁר־יַזִּיר לַיהוה קָדֹשׁ
יִהְיֶה גַּדֵּל פֶּרַע שְׂעַר רֹאשׁוֹ: כָּל־יְמֵי הַזִּרוֹ ו
לַיהוה עַל־נֶפֶשׁ מֵת לֹא יָבֹא: לְאָבִיו וּלְאִמּוֹ ז
לְאָחִיו וּלְאַחֹתוֹ לֹא־יִטַּמָּא לָהֶם בְּמֹתָם כִּי
נֵזֶר אֱלֹהָיו עַל־רֹאשׁוֹ: כֹּל יְמֵי נִזְרוֹ קָדֹשׁ הוּא ח
לַיהוה: וְכִי־יָמוּת מֵת עָלָיו בְּפֶתַע פִּתְאֹם ט

מצווה שסח
איסור על הנזיר
לשתות יין ושכר

מצווה שסט-שע
איסור על הנזיר
לאכול ענבים לחים
איסור על הנזיר
לאכול צימוקים

מצווה שעא-שעב
איסור על הנזיר
לאכול גרעיני הענבים
איסור על הנזיר
לאכול קליפת הענבים

מצווה שעד
איסור על הנזיר
לגלח שערו
חובת הנזיר
לגדל שערו

מצווה שעה-שעו
איסור על נזיר להיכנס
לאוהל המת
איסור על
הנזיר להיטמא

מצווה שעז
מצווה על הנזיר לגלח
שערו ולהביא קרבנות

וְטִמֵּא רֹאשׁ נִזְרוֹ וְגִלַּח רֹאשׁוֹ בְּיוֹם טָהֳרָתוֹ
י בַּיּוֹם הַשְּׁבִיעִי יְגַלְּחֶנּוּ: וּבַיּוֹם הַשְּׁמִינִי יָבִא

כט היא, ותפוק זכאה ותעדי עדוי: דא אוריתא דקנאתא, דתסטי אתתא, בר מבעלה
ל ותסתאב: או גבר, דתעבר עלוהי, רוח קנאה ויקני ית אתתיה, ויקים ית אתתא קדם
לא יי, ויעביד לה כהנא, ית כל אוריתא הדא: ויהי זכא גברא מחובין, ואתתא ההיא,
ו א ב תקביל ית חובה: ומליל יי עם משה למימר: מליל עם בני ישראל, ותימר להון, גבר או
ג אתא, ארי יפריש למדר נדר נזירו, למזר קדם יי: מחמר חדת ועתיק יזר, חל דחמר חדת,
וחל דחמר עתיק לא ישתי, וכל מתרות ענבין לא ישתי, וענבין, רטיבין ויבישין לא
ד ייכול: כל יומי נזריה, מכל דיתעביד מגפנא דחמרא, מפרצנין, ועד עצורין לא ייכול:
ה כל יומי נדר נזריה, מספר לא יעבר על רישיה, עד משלם יומיא, דנזיר קדם יי קדיש יהי,
ו ז רבי פירוע סער רישיה: כל יומין דנזיר קדם יי, על נפשת מיתא לא ייעול: לאבוהי
ולאמיה, לאחוהי ולאחתיה, לא יסתאב להון במותהון, ארי, נזרא דאלהיה על רישיה:
ח ט כל יומי נזריה, קדיש הוא קדם יי: וארי ימות מיתא עלוהי בתכיף שלו, ויסאיב ריש
י נזריה, ויגלח רישיה ביומא דדכותיה, ביומא שביעאה יגלחניה: וביומא תמינאה, ייתי

המאררים, ולא עוד אלא "ונזרעה זרע", אם היתה יולדת בצער תלד בריוח, אם היתה יולדת שחורים יולדת לבנים:

ל **או איש.** כמו "או נודע" (שמות כא, לו), כלומר, אם איש קנאי הוא, לכך "והעמיד את האשה":

לא **ונקה האיש מעון.** אם בדקוה המים, אל ידאג לומר 'חבתי במיתתה', נקי הוא מן העונש. דבר אחר, משישקנה תהא אשתו כהיתר ונקה מעון, שהסוטה אסורה לבעלה:

פרק ו

ב **כי יפליא.** "יפריש". למה נסמכה פרשת נזיר לפרשת סוטה? לומר לך שכל הרואה סוטה בקלקולה יזיר עצמו מן היין שהוא מביא לידי ניאוף: **נדר נזיר.** אין נזירה בכל מקום אלא פרישה, אף כאן שפורש מן היין: **להזיר לה'.** להבדיל עצמו מן היין לשם שמים:

ג **מיין ושכר.** כתרגומו: "מחמר חדת ועתיק", שהיין משכר כשהוא ישן: **וכל משרת.** לשון נבועה במים או בכל משקה, ובלשון משנה יש הרבה: "אין שורין דיו וסממנים" (שבת יז ע"ב), "נזיר ששרה פתו ביין" (נזיר לז ע"א):

ד **חרצנים.** הם הגרעינין: **זג.** הם קליפות שמבחוץ, שהחרצנים בתוכן כענבל בזוג:

ה **קדש יהיה.** השער שלו, לגדל הפרע של שער ראשו: **פרע שער.** נקוד פתח לפי שהוא דבוק ל"שער ראשו", פרע של שער. ופירושו של "פרע" גדול של שער. וכן "את ראשו לא יפרע" (ויקרא כא, י), ואין קרוי פרע פחות משלשים יום:

ח **כל ימי נזרו קדש הוא.** זו קדושת הגוף מלטמא למתים:

ט **פתע.** זה אונס: **פתאם.** זה שוגג. ויש אומרים: "פתע פתאם" דבר אחד הוא, מקרה של פתאם: **וכי ימות מת עליו.** באהל שהוא בו: **ביום טהרתו.** ביום הזאתו. או אינו אלא בשמיני שהוא טהור לגמרי? תלמוד לומר: "ביום השביעי". אי שביעי, יכול אפילו לא הזה? תלמוד לומר: "ביום טהרתו":

י **וביום השמיני יבא שתי תרים.** להוציא את השביעי. או אינו אלא להוציא את התשיעי? קבע זמן לקרבן וקבע זמן למקריבין, מה קרבן הכשיר שמיני ומשמיני והלאה, אף מקריבין שמיני ומשמיני והלאה:

שְׁתֵּ֥י תֹרִ֖ים א֥וֹ שְׁנֵ֖י בְּנֵ֣י יוֹנָ֑ה אֶל־הַכֹּהֵ֔ן אֶל־
פֶּ֖תַח אֹ֥הֶל מוֹעֵֽד׃ וְעָשָׂ֣ה הַכֹּהֵ֗ן אֶחָ֤ד לְחַטָּאת֙ יא
וְאֶחָ֣ד לְעֹלָ֔ה וְכִפֶּ֣ר עָלָ֔יו מֵאֲשֶׁ֥ר חָטָ֖א עַל־
הַנָּ֑פֶשׁ וְקִדַּ֥שׁ אֶת־רֹאשׁ֖וֹ בַּיּ֥וֹם הַהֽוּא׃ וְהִזִּ֤יר יב
לַֽיהוָה֙ אֶת־יְמֵ֣י נִזְר֔וֹ וְהֵבִ֛יא כֶּ֥בֶשׂ בֶּן־שְׁנָת֖וֹ
לְאָשָׁ֑ם וְהַיָּמִ֤ים הָרִֽאשֹׁנִים֙ יִפְּל֔וּ כִּ֥י טָמֵ֖א נִזְרֽוֹ׃
וְזֹ֥את תּוֹרַ֖ת הַנָּזִ֑יר בְּי֗וֹם מְלֹאת֙ יְמֵ֣י נִזְר֔וֹ יָבִ֣יא יג
אֹת֔וֹ אֶל־פֶּ֖תַח אֹ֥הֶל מוֹעֵֽד׃ וְהִקְרִ֣יב אֶת־ יד
קָרְבָּנ֣וֹ לַיהוָ֡ה כֶּבֶשׂ֩ בֶּן־שְׁנָת֨וֹ תָמִ֤ים אֶחָד֙
לְעֹלָ֔ה וְכַבְשָׂ֨ה אַחַ֧ת בַּת־שְׁנָתָ֛הּ תְּמִימָ֖ה
לְחַטָּ֑את וְאַֽיִל־אֶחָ֥ד תָּמִ֖ים לִשְׁלָמִֽים׃ וְסַ֣ל טו
מַצּ֗וֹת סֹ֤לֶת חַלֹּת֙ בְּלוּלֹ֣ת בַּשֶּׁ֔מֶן וּרְקִיקֵ֥י מַצּ֖וֹת
מְשֻׁחִ֣ים בַּשָּׁ֑מֶן וּמִנְחָתָ֖ם וְנִסְכֵּיהֶֽם׃ וְהִקְרִ֥יב טז
הַכֹּהֵ֖ן לִפְנֵ֣י יְהוָ֑ה וְעָשָׂ֥ה אֶת־חַטָּאת֖וֹ וְאֶת־
עֹלָתֽוֹ׃ וְאֶת־הָ֠אַיִל יַעֲשֶׂ֞ה זֶ֤בַח שְׁלָמִים֙ לַֽיהוָ֔ה יז
עַ֖ל סַ֣ל הַמַּצּ֑וֹת וְעָשָׂה֙ הַכֹּהֵ֔ן אֶת־מִנְחָת֖וֹ וְאֶת־
נִסְכּֽוֹ׃ וְגִלַּ֣ח הַנָּזִ֗יר פֶּ֛תַח אֹ֥הֶל מוֹעֵ֖ד אֶת־רֹ֣אשׁ יח
נִזְר֑וֹ וְלָקַ֗ח אֶת־שְׂעַר֙ רֹ֣אשׁ נִזְר֔וֹ וְנָתַן֙ עַל־הָאֵ֔שׁ
אֲשֶׁר־תַּ֖חַת זֶ֥בַח הַשְּׁלָמִֽים׃ וְלָקַ֨ח הַכֹּהֵ֜ן אֶת־ יט
הַזְּרֹ֣עַ בְּשֵׁלָ֘ה מִן־הָאַיִל֒ וְחַלַּ֨ת מַצָּ֤ה אַחַת֙ מִן־

הַסַּ֔ל וּרְקִ֥יק מַצָּ֖ה אֶחָ֑ד וְנָתַן֙ עַל־כַּפֵּ֣י הַנָּזִ֔יר
כ אַחַ֖ר הִֽתְגַּלְּח֥וֹ אֶת־נִזְרֽוֹ׃ וְהֵנִיף֩ אוֹתָ֨ם הַכֹּהֵ֥ן ׀
תְּנוּפָ֮ה לִפְנֵ֣י יהוה֒ קֹ֤דֶשׁ הוּא֙ לַכֹּהֵ֔ן עַ֚ל חֲזֵ֣ה

יא תַּרְתֵּין שַׁפְנִינִין, אוֹ תְּרֵין בְּנֵי יוֹנָה, לְוָת כַּהֲנָא, לִתְרַע מַשְׁכַּן זִמְנָא: וְיַעְבֵּיד כַּהֲנָא, חַד לְחַטָּתָא
יב וְחַד לַעֲלָתָא, וִיכַפַּר עֲלוֹהִי, מִדְּחָב עַל מִיתָא, וִיקַדֵּישׁ יָת רֵישֵׁיהּ בְּיוֹמָא הַהוּא: וְיַזַּר קֳדָם יי
יָת יוֹמֵי נִזְרֵיהּ, וְיַיְתֵי, אִמַּר בַּר שַׁתֵּיהּ לַאֲשָׁמָא, וְיוֹמַיָּא קַדְמָאֵי יִבְטְלוּן, אֲרֵי אִסְתְּאַב נִזְרֵיהּ:
יג יד וְדָא אוֹרָיְתָא דִּנְזִירָא, בְּיוֹם, מִשְׁלַם יוֹמֵי נִזְרֵיהּ, יַיְתֵי יָתֵיהּ, לִתְרַע מַשְׁכַּן זִמְנָא: וִיקָרֵיב יָת
קֻרְבָּנֵיהּ קֳדָם יי, אִמַּר בַּר שַׁתֵּיהּ שְׁלִים חַד לַעֲלָתָא, וְאִמַּרְתָּא חֲדָא בַּת שַׁתַּהּ, שַׁלְמְתָא
טו לְחַטָּתָא, וּדְכַר חַד שְׁלִים לְנִכְסַת קֻדְשַׁיָּא: וְסַל פַּטִּיר, סוֹלֶת גְּרִיצָן דְּפִילָן בִּמְשַׁח, וְאֶסְפּוֹגִין
טז פַּטִּירִין דִּמְשִׁיחִין בִּמְשַׁח, וּמִנְחָתְהוֹן וְנִסְכֵּיהוֹן: וִיקָרֵיב כַּהֲנָא קֳדָם יי, וְיַעְבֵּיד יָת חַטָּתֵיהּ וְיָת
יז עֲלָתֵיהּ: וְיָת דִּכְרָא, יַעְבֵּיד נִכְסַת קֻדְשַׁיָּא קֳדָם יי, עַל סַלָּא דְּפַטִּירַיָּא, וְיַעְבֵּיד כַּהֲנָא, יָת
יח מִנְחָתֵיהּ וְיָת נִסְכֵּיהּ: וִיגַלַּח נְזִירָא, בִּתְרַע, מַשְׁכַּן זִמְנָא יָת רֵישׁ נִזְרֵיהּ, וְיִסַּב, יָת סְעַר רֵישׁ
יט נִזְרֵיהּ, וְיִתֵּין עַל אִישָּׁתָא, דִּתְחוֹת דּוּדָא דְּנִכְסַת קֻדְשַׁיָּא: וְיִסַּב כַּהֲנָא, יָת דְּרָעָא בְּשֵׁילָא
מִן דִּכְרָא, וּגְרִיצְתָא פַּטִּירְתָא חֲדָא מִן סַלָּא, וְאֶסְפּוֹג פַּטִּיר חַד, וְיִתֵּין עַל יְדֵי נְזִירָא, בָּתַר
כ דִּיגַלַּח יָת נִזְרֵיהּ: וִירִים יָתְהוֹן כַּהֲנָא אֲרָמָא קֳדָם יי, קֻדְשָׁא הוּא לְכַהֲנָא, עַל חַדְיָא

יא] מֵאֲשֶׁר חָטָא עַל הַנָּפֶשׁ. שֶׁלֹּא נִזְהַר מִטֻּמְאַת הַמֵּת. רַבִּי אֶלְעָזָר הַקַּפָּר אוֹמֵר: שֶׁצִּעֵר עַצְמוֹ מִן הַיַּיִן: וְקִדַּשׁ אֶת רֹאשׁוֹ. לַחֲזֹר וּלְהַתְחִיל מִנְיַן נְזִירוּתוֹ:

יב] וְהִזִּיר לַה׳ אֶת יְמֵי נִזְרוֹ. יַחֲזֹר וְיִמְנֶה נְזִירוּתוֹ כְּבַתְּחִלָּה: וְהַיָּמִים הָרִאשֹׁנִים יִפְּלוּ. לֹא יַעֲלוּ מִן הַמִּנְיָן:

יג] יָבִיא אֹתוֹ. יָבִיא אֶת עַצְמוֹ, וְזֶה אֶחָד מִשְּׁלֹשָׁה אֶתִּים שֶׁהָיָה רַבִּי יִשְׁמָעֵאל דּוֹרֵשׁ כֵּן. כַּיּוֹצֵא בוֹ: "וְהִשִּׂיאוּ אוֹתָם עֲוֹן אַשְׁמָה" (ויקרא כב, טז), אֶת עַצְמָם; כַּיּוֹצֵא בוֹ: "וַיִּקְבֹּר אֹתוֹ בַגַּי" (דברים לד, ו), הוּא קָבַר אֶת עַצְמוֹ:

טו] וּמִנְחָתָם וְנִסְכֵּיהֶם. שֶׁל עוֹלָה וּשְׁלָמִים, לְפִי שֶׁהָיוּ בִּכְלָל וְיָצְאוּ לִדּוֹן בְּדָבָר חָדָשׁ שֶׁיִּטָּעֲנוּ לֶחֶם, הֶחֱזִירָן לִכְלָלָן שֶׁיִּטָּעֲנוּ נְסָכִים כְּדִין עוֹלָה וּשְׁלָמִים: חַלֹּת בְּלוּלֹת וּרְקִיקֵי מַצּוֹת. עֶשֶׂר מִכָּל מִין:

יז] זֶבַח שְׁלָמִים לַה׳ עַל סַל הַמַּצּוֹת. יִשְׁחַט אֶת הַשְּׁלָמִים עַל מְנָת לְקַדֵּשׁ אֶת הַלֶּחֶם: אֶת מִנְחָתוֹ וְאֶת נִסְכּוֹ. שֶׁל אַיִל:

יח] וְגִלַּח הַנָּזִיר פֶּתַח אֹהֶל מוֹעֵד. יָכוֹל יְגַלַּח בָּעֲזָרָה? הֲרֵי זֶה דֶּרֶךְ בִּזָּיוֹן! אֶלָּא "וְגִלַּח הַנָּזִיר" לְאַחַר שְׁחִיטַת הַשְּׁלָמִים שֶׁכָּתוּב בָּהֶן: "וּשְׁחָטוֹ פֶּתַח אֹהֶל מוֹעֵד" (ויקרא ג, ב): אֲשֶׁר תַּחַת זֶבַח הַשְּׁלָמִים. תַּחַת הַדּוּד שֶׁהוּא מְבַשְּׁלָן בּוֹ, לְפִי שֶׁשַּׁלְמֵי נָזִיר הָיוּ מִתְבַּשְּׁלִין בָּעֲזָרָה, שֶׁצָּרִיךְ לִטֹּל הַכֹּהֵן הַזְּרוֹעַ אַחַר שֶׁנִּתְבַּשְּׁלָה וּלְהָנִיף לִפְנֵי ה׳:

יט] הַזְּרֹעַ בְּשֵׁלָה. לְאַחַר שֶׁנִּתְבַּשְּׁלָה:

כ] קֹדֶשׁ הוּא לַכֹּהֵן. הַחַלָּה וְהָרָקִיק וְהַזְּרוֹעַ תְּרוּמָה הֵן לַכֹּהֵן: עַל חֲזֵה הַתְּנוּפָה. מִלְּבַד חָזֶה וָשׁוֹק הָרְאוּיִים לוֹ מִכָּל שְׁלָמִים, מוּסָף עַל שַׁלְמֵי נָזִיר הַזְּרוֹעַ הַזֶּה. לְפִי שֶׁהָיוּ שַׁלְמֵי נָזִיר בִּכְלָל וְיָצְאוּ לִדּוֹן בַּדָּבָר הֶחָדָשׁ לְהַפְרָשַׁת זְרוֹעַ, הֻצְרַךְ לְהַחֲזִירָן לִכְלָלָן לִדּוֹן אַף בְּחָזֶה וָשׁוֹק:

הַתְּנוּפָה וְעַל שׁוֹק הַתְּרוּמָה וְאַחַר יִשְׁתֶּה הַנָּזִיר
יָיִן׃ זֹאת תּוֹרַת הַנָּזִיר אֲשֶׁר יִדֹּר קָרְבָּנוֹ לַיהוה כא
עַל־נִזְרוֹ מִלְּבַד אֲשֶׁר־תַּשִּׂיג יָדוֹ כְּפִי נִדְרוֹ אֲשֶׁר
יִדֹּר כֵּן יַעֲשֶׂה עַל תּוֹרַת נִזְרוֹ׃

ו וַיְדַבֵּר יהוה אֶל־מֹשֶׁה לֵּאמֹר׃ דַּבֵּר אֶל־ כב כג
מצווה שעה / מצוות ברכת כהנים
אַהֲרֹן וְאֶל־בָּנָיו לֵאמֹר כֹּה תְבָרְכוּ אֶת־בְּנֵי
יִשְׂרָאֵל אָמוֹר לָהֶם׃ יְבָרֶכְךָ יהוה כד
וְיִשְׁמְרֶךָ׃ יָאֵר יהוה ׀ פָּנָיו אֵלֶיךָ כה
וִיחֻנֶּךָּ׃ יִשָּׂא יהוה ׀ פָּנָיו אֵלֶיךָ וְיָשֵׂם כו
לְךָ שָׁלוֹם׃ וְשָׂמוּ אֶת־שְׁמִי עַל־ כז
חמישי
בְּנֵי יִשְׂרָאֵל וַאֲנִי אֲבָרְכֵם׃ וַיְהִי ז א
בְּיוֹם כַּלּוֹת מֹשֶׁה לְהָקִים אֶת־הַמִּשְׁכָּן וַיִּמְשַׁח
אֹתוֹ וַיְקַדֵּשׁ אֹתוֹ וְאֶת־כָּל־כֵּלָיו וְאֶת־הַמִּזְבֵּחַ
וְאֶת־כָּל־כֵּלָיו וַיִּמְשָׁחֵם וַיְקַדֵּשׁ אֹתָם׃ וַיַּקְרִיבוּ ב
נְשִׂיאֵי יִשְׂרָאֵל רָאשֵׁי בֵּית אֲבֹתָם הֵם נְשִׂיאֵי
הַמַּטֹּת הֵם הָעֹמְדִים עַל־הַפְּקֻדִים׃ וַיָּבִיאוּ ג
אֶת־קָרְבָּנָם לִפְנֵי יהוה שֵׁשׁ־עֶגְלֹת צָב וּשְׁנֵי־
עָשָׂר בָּקָר עֲגָלָה עַל־שְׁנֵי הַנְּשִׂאִים וְשׁוֹר
לְאֶחָד וַיַּקְרִיבוּ אוֹתָם לִפְנֵי הַמִּשְׁכָּן׃ וַיֹּאמֶר ד
יהוה אֶל־מֹשֶׁה לֵּאמֹר׃ קַח מֵאִתָּם וְהָיוּ לַעֲבֹד ה

כא דַּאֲרָמוּתָא, וְעַל שָׁקָא דְּאַפְרָשׁוּתָא, וּבָתַר כֵּן, יִשְׁתֵּי נְזִירָא חַמְרָא: דָּא אוֹרָיְתָא דִּנְזִירָא
דְּיִדַּר, קֻרְבָּנֵיהּ קֳדָם יי עַל נִזְרֵיהּ, בָּר מִדְּתַדְבֵּיק יְדֵיהּ, כְּפוּם נִדְרֵיהּ דְּיִדַּר, כֵּן יַעֲבֵיד, עַל
כב כג אוֹרָיְתָא דִּנְזִרֵיהּ: וּמַלֵּיל יי עִם מֹשֶׁה לְמֵימַר: מַלֵּיל עִם אַהֲרֹן וְעִם בְּנוֹהִי לְמֵימַר, כְּדֵין
כד כה תְּבָרְכוּן יָת בְּנֵי יִשְׂרָאֵל, כַּד תֵּימְרוּן לְהוֹן: יְבָרְכִנָּךְ יי וְיִטְּרִנָּךְ: יַנְהַר יי שְׁכִינְתֵיהּ לְוָתָךְ,
כו כז וִירַחֵים עֲלָךְ: יְקַבֵּיל יי שְׁכִינְתֵיהּ לְוָתָךְ, וִישַׁוֵּי לָךְ שְׁלָם: וִישַׁווֹן יָת בִּרְכַּת שְׁמִי עַל בְּנֵי
ז א יִשְׂרָאֵל, וַאֲנָא אֲבָרֵיכִנּוּן: וַהֲוָה, בְּיוֹמָא דְּשֵׁיצִי מֹשֶׁה לַאֲקָמָא יָת מַשְׁכְּנָא, וְרַבִּי יָתֵיהּ,
ב וְקַדֵּישׁ יָתֵיהּ וְיָת כָּל מָנוֹהִי, וְיָת מַדְבְּחָא וְיָת כָּל מָנוֹהִי, וְרַבִּינוּן וְקַדֵּישׁ יָתְהוֹן: וְקָרִיבוּ רַבְרְבֵי
ג יִשְׂרָאֵל, רֵישֵׁי בֵּית אֲבָהָתְהוֹן, אִנּוּן רַבְרְבֵי שִׁבְטַיָּא, אִנּוּן דְּקָיְמִין עַל מִנְיָנַיָּא: וְאֵיתִיאוּ יָת
קֻרְבָּנְהוֹן לִקְדָם יי, שִׁית עֶגְלָן כַּד מְחַפְּיָן וּתְרֵי עֲסַר תּוֹרִין, עֲגַלְתָּא, עַל תְּרֵין רַבְרְבַיָּא וְתוֹרָא
ד ה לְחַד, וְקָרִיבוּ יָתְהוֹן לִקְדָם מַשְׁכְּנָא: וַאֲמַר יי לְמֹשֶׁה לְמֵימַר: קַבֵּיל מִנְּהוֹן, וִיהוֹן, לְמִפְלַח,

כא] **מִלְּבַד אֲשֶׁר תַּשִּׂיג יָדוֹ.** שֶׁאִם אָמַר: 'הֲרֵינִי נָזִיר עַל מְנָת לְגַלֵּחַ עַל מֵאָה עוֹלוֹת וְעַל מֵאָה שְׁלָמִים' – "כְּפִי נִדְרוֹ אֲשֶׁר יִדֹּר כֵּן יַעֲשֶׂה" מוּסָף "עַל תּוֹרַת נִזְרוֹ", עַל תּוֹרַת הַנָּזִיר מוֹסִיף וְלֹא יְחַסֵּר, שֶׁאִם אָמַר: 'הֲרֵינִי נָזִיר חָמֵשׁ נְזִירוֹת עַל מְנָת לְגַלֵּחַ עַל שָׁלֹשׁ בְּהֵמוֹת הַלָּלוּ', אֵין אֲנִי קוֹרֵא בּוֹ 'כַּאֲשֶׁר יִדֹּר כֵּן יַעֲשֶׂה':

כג] **אָמוֹר לָהֶם.** כְּמוֹ 'זָכוֹר', 'שָׁמוֹר', בְּלַעַז דִּישַׂנ"ט: **אָמוֹר לָהֶם.** שֶׁיִּהְיוּ כֻּלָּם שׁוֹמְעִים: **אָמוֹר.** מָלֵא, לֹא תְּבָרְכֵם בְּחִפָּזוֹן וּבֶהָלוּת אֶלָּא בְּכַוָּנָה וּבְלֵב שָׁלֵם:

כד] **יְבָרֶכְךָ.** שֶׁיִּתְבָּרְכוּ נְכָסֶיךָ: **וְיִשְׁמְרֶךָ.** שֶׁלֹּא יָבוֹאוּ עָלֶיךָ שׁוֹדְדִים לִטֹּל מָמוֹנְךָ, שֶׁהַנּוֹתֵן מַתָּנָה לְעַבְדּוֹ אֵינוֹ יָכוֹל לְשָׁמְרוֹ מִכָּל אָדָם, וְכֵיוָן שֶׁבָּאִים לִסְטִים עָלָיו וְנוֹטְלִין אוֹתָהּ מִמֶּנּוּ, מָה הֲנָאָה יֵשׁ לוֹ בְּמַתָּנָה זוֹ; אֲבָל הַקָּדוֹשׁ בָּרוּךְ הוּא, הוּא הַנּוֹתֵן הוּא הַשּׁוֹמֵר. וְהַרְבֵּה מִדְרָשִׁים דָּרְשׁוּ בּוֹ בְּסִפְרֵי (מ):

כה] **יָאֵר ה' פָּנָיו אֵלֶיךָ.** יַרְאֶה לְךָ פָּנִים שׂוֹחֲקוֹת, פָּנִים צְהֻבּוֹת: **וִיחֻנֶּךָּ.** יִתֵּן לְךָ חֵן:

כו] **יִשָּׂא ה' פָּנָיו אֵלֶיךָ.** יִכְבֹּשׁ כַּעֲסוֹ:

כז] **וְשָׂמוּ אֶת שְׁמִי.** יְבָרְכוּם בְּשֵׁם הַמְפֹרָשׁ: **וַאֲנִי אֲבָרְכֵם.** לְיִשְׂרָאֵל, וְאַסְכִּים עִם הַכֹּהֲנִים. דָּבָר אַחֵר, "וַאֲנִי אֲבָרְכֵם" לַכֹּהֲנִים:

פרק ז

א] **וַיְהִי בְּיוֹם כַּלּוֹת מֹשֶׁה.** 'כַּלַּת' כְּתִיב, יוֹם הֲקָמַת הַמִּשְׁכָּן הָיוּ יִשְׂרָאֵל כְּכַלָּה הַנִּכְנֶסֶת לַחֻפָּה: **כַּלּוֹת** מֹשֶׁה. בְּצַלְאֵל וְאָהֳלִיאָב וְכָל חֲכַם לֵב עָשׂוּ אֶת הַמִּשְׁכָּן וּתְלָאוֹ הַכָּתוּב בְּמֹשֶׁה, לְפִי שֶׁמָּסַר נַפְשׁוֹ עָלָיו לִרְאוֹת תַּבְנִית כָּל דָּבָר וְדָבָר כְּמוֹ שֶׁהֶרְאָהוּ בָּהָר, לְהוֹרוֹת לְעוֹשֵׂי הַמְּלָאכָה, וְלֹא טָעָה בְּתַבְנִית אַחַת. וְכֵן מָצִינוּ בְּדָוִד, לְפִי שֶׁמָּסַר נַפְשׁוֹ עַל בִּנְיַן בֵּית הַמִּקְדָּשׁ, שֶׁנֶּאֱמַר: "זְכוֹר ה' לְדָוִד אֵת כָּל עֻנּוֹתוֹ אֲשֶׁר נִשְׁבַּע לַה'" וְגוֹ' (תהלים קלב, א-ב), לְפִיכָךְ נִקְרָא עַל שְׁמוֹ, שֶׁנֶּאֱמַר: "רְאֵה בֵיתְךָ דָּוִד" (מלכים א' יב, טז): **בְּיוֹם כַּלּוֹת מֹשֶׁה לְהָקִים.** וְלֹא נֶאֱמַר: 'בְּיוֹם הָקִים', מְלַמֵּד שֶׁכָּל שִׁבְעַת יְמֵי הַמִּלּוּאִים הָיָה מֹשֶׁה מַעֲמִידוֹ וּמְפָרְקוֹ, וּבְאוֹתוֹ הַיּוֹם הֶעֱמִידוֹ וְלֹא פֵּרְקוֹ, לְכָךְ נֶאֱמַר: "בְּיוֹם כַּלּוֹת מֹשֶׁה לְהָקִים", אוֹתוֹ הַיּוֹם כָּלוּ הֲקָמוֹתָיו, וְרֹאשׁ חֹדֶשׁ נִיסָן הָיָה. בַּשֵּׁנִי – נִשְׂרְפָה הַפָּרָה, בַּשְּׁלִישִׁי – הִזּוּ הַזָּיָה רִאשׁוֹנָה, וּבַשְּׁבִיעִי – גִּלְּחוּ:

ב] **הֵם נְשִׂיאֵי הַמַּטֹּת.** שֶׁהָיוּ שׁוֹטְרִים עֲלֵיהֶם בְּמִצְרַיִם וְהָיוּ מֻכִּים עֲלֵיהֶם, שֶׁנֶּאֱמַר: "וַיֻּכּוּ שֹׁטְרֵי בְּנֵי יִשְׂרָאֵל" וְגוֹ' (שמות ה, יד): **הֵם הָעֹמְדִים עַל הַפְּקֻדִים.** שֶׁעָמְדוּ עִם מֹשֶׁה וְאַהֲרֹן כְּשֶׁמָּנוּ אֶת יִשְׂרָאֵל, שֶׁנֶּאֱמַר: "וְאִתְּכֶם יִהְיוּ" וְגוֹ' (לעיל א, ד):

ג] **שֵׁשׁ עֶגְלֹת צָב.** אֵין "צָב" אֶלָּא מְחֻפִּים, וְכֵן: "בַּצַּבִּים וּבַפְּרָדִים" (ישעיה סו, כ), עֲגָלוֹת מְכֻסּוֹת קְרוּיוֹת 'צַבִּים': **וַיַּקְרִיבוּ אוֹתָם לִפְנֵי הַמִּשְׁכָּן.** שֶׁלֹּא קִבֵּל מֹשֶׁה מִיָּדָם עַד שֶׁנֶּאֱמַר לוֹ מִפִּי הַמָּקוֹם. אָמַר רַבִּי נָתָן: מָה רָאוּ הַנְּשִׂיאִים לְהִתְנַדֵּב כָּאן בַּתְּחִלָּה וּבִמְלֶאכֶת הַמִּשְׁכָּן לֹא הִתְנַדְּבוּ תְּחִלָּה? אֶלָּא כָּךְ אָמְרוּ הַנְּשִׂיאִים: יִתְנַדְּבוּ

אֶת־עֲבֹדַת אֹהֶל מוֹעֵד וְנָתַתָּה אוֹתָם אֶל־
ו הַלְוִיִּם אִישׁ כְּפִי עֲבֹדָתוֹ: וַיִּקַּח מֹשֶׁה אֶת־
הָעֲגָלֹת וְאֶת־הַבָּקָר וַיִּתֵּן אוֹתָם אֶל־הַלְוִיִּם:
ז אֵת ׀ שְׁתֵּי הָעֲגָלוֹת וְאֵת אַרְבַּעַת הַבָּקָר
ח נָתַן לִבְנֵי גֵרְשׁוֹן כְּפִי עֲבֹדָתָם: וְאֵת ׀ אַרְבַּע
הָעֲגָלֹת וְאֵת שְׁמֹנַת הַבָּקָר נָתַן לִבְנֵי מְרָרִי
כְּפִי עֲבֹדָתָם בְּיַד אִיתָמָר בֶּן־אַהֲרֹן הַכֹּהֵן:
ט וְלִבְנֵי קְהָת לֹא נָתָן כִּי־עֲבֹדַת הַקֹּדֶשׁ עֲלֵהֶם
י בַּכָּתֵף יִשָּׂאוּ: וַיַּקְרִיבוּ הַנְּשִׂאִים אֵת חֲנֻכַּת
הַמִּזְבֵּחַ בְּיוֹם הִמָּשַׁח אֹתוֹ וַיַּקְרִיבוּ הַנְּשִׂיאִם
יא אֶת־קָרְבָּנָם לִפְנֵי הַמִּזְבֵּחַ: וַיֹּאמֶר יְהוָה אֶל־
מֹשֶׁה נָשִׂיא אֶחָד לַיּוֹם נָשִׂיא אֶחָד לַיּוֹם יַקְרִיבוּ
יב אֶת־קָרְבָּנָם לַחֲנֻכַּת הַמִּזְבֵּחַ: וַיְהִי ★
הַמַּקְרִיב בַּיּוֹם הָרִאשׁוֹן אֶת־קָרְבָּנוֹ נַחְשׁוֹן
יג בֶּן־עַמִּינָדָב לְמַטֵּה יְהוּדָה: וְקָרְבָּנוֹ קַעֲרַת־
כֶּסֶף אַחַת שְׁלֹשִׁים וּמֵאָה מִשְׁקָלָהּ מִזְרָק אֶחָד
כֶּסֶף שִׁבְעִים שֶׁקֶל בְּשֶׁקֶל הַקֹּדֶשׁ שְׁנֵיהֶם ׀
יד מְלֵאִים סֹלֶת בְּלוּלָה בַשֶּׁמֶן לְמִנְחָה: כַּף אַחַת
טו עֲשָׂרָה זָהָב מְלֵאָה קְטֹרֶת: פַּר אֶחָד בֶּן־
בָּקָר אַיִל אֶחָד כֶּבֶשׂ־אֶחָד בֶּן־שְׁנָתוֹ לְעֹלָה:
טז יז שְׂעִיר־עִזִּים אֶחָד לְחַטָּאת: וּלְזֶבַח הַשְּׁלָמִים

מצווה שעט
מצוות נשיאת
הארון בכתף

בָּקָר שְׁנַיִם אֵילִם חֲמִשָּׁה עַתּוּדִים חֲמִשָּׁה כְּבָשִׂים בְּנֵי־שָׁנָה חֲמִשָּׁה זֶה קָרְבַּן נַחְשׁוֹן בֶּן־עַמִּינָדָב׃

ו יָת פָּלְחַן מַשְׁכַּן זִמְנָא, וְתִתֵּין יָתְהוֹן לְלֵיוָאֵי, גְּבַר כְּמִסַּת פָּלְחָנֵיהּ: וּנְסֵיב מֹשֶׁה, יָת עֶגְלָתָא
ז וְיָת תּוֹרֵי, וִיהַב יָתְהוֹן לְלֵיוָאֵי: יָת תַּרְתֵּין עֶגְלָן, וְיָת אַרְבְּעָא תוֹרִין, יְהַב לִבְנֵי גֵרְשׁוֹן, כְּמִסַּת
ח פָּלְחָנְהוֹן: וְיָת אַרְבַּע עֶגְלָן, וְיָת תְּמָנְיָא תוֹרִין, יְהַב לִבְנֵי מְרָרִי, כְּמִסַּת פָּלְחָנְהוֹן, בִּידָא
ט דְּאִיתָמָר, בַּר אַהֲרֹן כָּהֲנָא: וְלִבְנֵי קְהָת לָא יְהַב, אֲרֵי פָּלְחַן קֻדְשָׁא עֲלֵיהוֹן, בְּכַתְפָּא נָטְלִין:
י וְקָרִיבוּ רַבְרְבַיָּא, יָת חֲנֻכַּת מַדְבְּחָא, בְּיוֹמָא דְּרַבִּיאוּ יָתֵיהּ, וְקָרִיבוּ רַבְרְבַיָּא, יָת קֻרְבָּנְהוֹן
יא לִקְדָם מַדְבְּחָא: וַאֲמַר יי לְמֹשֶׁה, רַבָּא חַד לְיוֹמָא, רַבָּא חַד לְיוֹמָא, יְקָרְבוּן יָת קֻרְבָּנְהוֹן,
יב לַחֲנֻכַּת מַדְבְּחָא: וַהֲוָה, דִּמְקָרֵיב, בְּיוֹמָא קַדְמָאָה יָת קֻרְבָּנֵיהּ, נַחְשׁוֹן בַּר עַמִּינָדָב לְשִׁבְטָא
יג דִּיהוּדָה: וְקֻרְבָּנֵיהּ מְגִסְתָּא דִּכְסַף חֲדָא, מְאָה וּתְלָתִין סִלְעִין הֲוֵי מַתְקָלַהּ, מִזְרְקָא חַד דִּכְסַף,
יד מַתְקָלֵיהּ שִׁבְעִין סִלְעִין בְּסִלְעֵי קֻדְשָׁא, תַּרְוֵיהוֹן מְלַן, סֻלְתָּא, דְּפִילָא בִמְשַׁח לְמִנְחָתָא: בָּזִכָּא
טו חֲדָא, מַתְקָלַהּ עֲסַר סִלְעִין הִיא דִּדְהַב מַלְיָא קְטֹרֶת בֻּסְמַיָּא: תּוֹר חַד בַּר תּוֹרֵי, דְּכַר חַד,
טז יז אִמַּר חַד בַּר שַׁתֵּיהּ לַעֲלָתָא: צְפִיר בַּר עִזִּין חַד לְחַטָּתָא: וּלְנִכְסַת קֻדְשַׁיָּא תּוֹרֵי תְּרֵין,
דִּכְרֵי חַמְשָׁא גְּדֵי חַמְשָׁא, אִמְּרִין בְּנֵי שְׁנָא חַמְשָׁא, דֵּין, קֻרְבָּנָא דְּנַחְשׁוֹן בַּר עַמִּינָדָב:

עִבּוּר מַה שֶׁיִּתְנַדְּבוּ וּמַה שֶּׁמְּחַסְּרִין אָנוּ מַשְׁלִימִין; כֵּיוָן שֶׁרָאוּ שֶׁהִשְׁלִימוּ צִבּוּר אֶת הַכֹּל, שֶׁנֶּאֱמַר: "וְהַמְּלָאכָה הָיְתָה דַיָּם" (שמות לו, ז), אָמְרוּ: מֵעַתָּה מַה לָּנוּ לַעֲשׂוֹת? הֵבִיאוּ אַבְנֵי הַשֹּׁהַם וְהַמִּלּוּאִים לָאֵפוֹד וְלַחֹשֶׁן (שם לה, כז), לְכָךְ הִתְנַדְּבוּ כָּאן תְּחִלָּה:

ז| כְּפִי עֲבֹדָתָם. שֶׁהָיָה מַשָּׂא בְּנֵי גֵרְשׁוֹן קַל מִשֶּׁל מְרָרִי שֶׁהָיוּ נוֹשְׂאִים הַקְּרָשִׁים וְהָעַמּוּדִים וְהָאֲדָנִים:

ט| כִּי עֲבֹדַת הַקֹּדֶשׁ עֲלֵהֶם. מַשָּׂא דְּבַר הַקְּדֻשָּׁה, "הָאָרֹן וְהַשֻּׁלְחָן" וְגוֹ' (לעיל ג, לא), לְפִיכָךְ "בַּכָּתֵף יִשָּׂאוּ":

י| וַיַּקְרִיבוּ הַנְּשִׂאִים אֵת חֲנֻכַּת הַמִּזְבֵּחַ. לְאַחַר שֶׁהִתְנַדְּבוּ הָעֲגָלוֹת וְהַבָּקָר לָשֵׂאת הַמִּשְׁכָּן, נְשָׂאָם לִבָּם לְהִתְנַדֵּב קָרְבְּנוֹת הַמִּזְבֵּחַ לְחָנְכוֹ: וַיַּקְרִיבוּ הַנְּשִׂיאִם אֶת קָרְבָּנָם לִפְנֵי הַמִּזְבֵּחַ. כִּי לֹא קִבֵּל מֹשֶׁה מִיָּדָם עַד שֶׁנֶּאֱמַר לוֹ מִפִּי הַגְּבוּרָה:

יא| יַקְרִיבוּ אֶת קָרְבָּנָם לַחֲנֻכַּת הַמִּזְבֵּחַ. וַעֲדַיִן לֹא הָיָה יוֹדֵעַ מֹשֶׁה הֵיאַךְ יַקְרִיבוּ, אִם כְּסֵדֶר תּוֹלְדוֹתָם אִם כְּסֵדֶר הַמַּסָּעוֹת, עַד שֶׁנֶּאֱמַר לוֹ מִפִּי הַקָּדוֹשׁ בָּרוּךְ הוּא: יַקְרִיבוּ לַמַּסָּעוֹת אִישׁ יוֹמוֹ:

יב| בַּיּוֹם הָרִאשׁוֹן. אוֹתוֹ הַיּוֹם נָטַל עֶשֶׂר עֲטָרוֹת, רִאשׁוֹן לְמַעֲשֵׂה בְרֵאשִׁית, רִאשׁוֹן לַנְּשִׂיאִים וְכוּ', כִּדְאִיתָא בְּסֵדֶר עוֹלָם (פרק ז): לְמַטֵּה יְהוּדָה. יִחֲסוֹ הַכָּתוּב עַל שִׁבְטוֹ, וְלֹא שֶׁגָּבָה מִשִּׁבְטוֹ וְהִקְרִיב. אוֹ אֵינוֹ אוֹמֵר "לְמַטֵּה יְהוּדָה" אֶלָּא שֶׁגָּבָה מִשִּׁבְטוֹ וְהֵבִיא? תַּלְמוּד לוֹמַר: "זֶה קָרְבַּן נַחְשׁוֹן" (להלן פסוק יז), מִשֶּׁלּוֹ הֵבִיא:

יג| שְׁנֵיהֶם מְלֵאִים סֹלֶת. לְמִנְחַת נְדָבָה:

יד| עֲשָׂרָה זָהָב. כְּתַרְגּוּמוֹ, מִשְׁקַל עֶשֶׂר שִׁקְלֵי הַקֹּדֶשׁ הָיָה בָהּ: מְלֵאָה קְטֹרֶת. לֹא מָצִינוּ קְטֹרֶת לְיָחִיד וְלֹא עַל מִזְבַּח הַחִיצוֹן אֶלָּא זוֹ בִּלְבַד, וְהוֹרָאַת שָׁעָה הָיְתָה:

טו| פַּר אֶחָד. מְיֻחָד שֶׁבְּעֶדְרוֹ:

טז| שְׂעִיר עִזִּים אֶחָד לְחַטָּאת. לְכַפֵּר עַל קֶבֶר הַתְּהוֹם, טֻמְאַת סָפֵק:

יח בַּיּוֹם֙ הַשֵּׁנִ֔י הִקְרִ֖יב נְתַנְאֵ֣ל בֶּן־צוּעָ֑ר נְשִׂ֖יא
יט יִשָּׂשכָֽר׃ הִקְרִ֨ב אֶת־קָרְבָּנ֜וֹ קַעֲרַת־כֶּ֣סֶף
אַחַ֗ת שְׁלֹשִׁ֣ים וּמֵאָה֮ מִשְׁקָלָהּ֒ מִזְרָ֤ק אֶחָד֙
כֶּ֔סֶף שִׁבְעִ֥ים שֶׁ֖קֶל בְּשֶׁ֣קֶל הַקֹּ֑דֶשׁ שְׁנֵיהֶ֣ם ׀
כ מְלֵאִ֗ים סֹ֛לֶת בְּלוּלָ֥ה בַשֶּׁ֖מֶן לְמִנְחָֽה׃ כַּ֥ף אַחַ֛ת
כא עֲשָׂרָ֥ה זָהָ֖ב מְלֵאָ֥ה קְטֹֽרֶת׃ פַּ֣ר אֶחָ֞ד בֶּן־
בָּקָ֗ר אַ֧יִל אֶחָ֛ד כֶּֽבֶשׂ־אֶחָ֥ד בֶּן־שְׁנָת֖וֹ לְעֹלָֽה׃
כב כג שְׂעִיר־עִזִּ֥ים אֶחָ֖ד לְחַטָּֽאת׃ וּלְזֶ֣בַח הַשְּׁלָמִים֮
בָּקָ֣ר שְׁנַ֒יִם֒ אֵילִ֤ם חֲמִשָּׁה֙ עַתֻּדִ֣ים חֲמִשָּׁ֔ה
כְּבָשִׂ֥ים בְּנֵי־שָׁנָ֖ה חֲמִשָּׁ֑ה זֶ֛ה קָרְבַּ֥ן נְתַנְאֵ֖ל
בֶּן־צוּעָֽר׃
כד בַּיּוֹם֙ הַשְּׁלִישִׁ֔י נָשִׂ֖יא לִבְנֵ֣י זְבוּלֻ֑ן אֱלִיאָ֖ב בֶּן־
כה חֵלֹֽן׃ קָרְבָּנ֞וֹ קַעֲרַת־כֶּ֣סֶף אַחַ֗ת שְׁלֹשִׁ֣ים וּמֵאָה֮
מִשְׁקָלָהּ֒ מִזְרָ֤ק אֶחָד֙ כֶּ֔סֶף שִׁבְעִ֥ים שֶׁ֖קֶל
בְּשֶׁ֣קֶל הַקֹּ֑דֶשׁ שְׁנֵיהֶ֣ם ׀ מְלֵאִ֗ים סֹ֛לֶת בְּלוּלָ֥ה
כו בַשֶּׁ֖מֶן לְמִנְחָֽה׃ כַּ֥ף אַחַ֛ת עֲשָׂרָ֥ה זָהָ֖ב מְלֵאָ֥ה
כז קְטֹֽרֶת׃ פַּ֣ר אֶחָ֞ד בֶּן־בָּקָ֗ר אַ֧יִל אֶחָ֛ד כֶּֽבֶשׂ־
כח אֶחָ֥ד בֶּן־שְׁנָת֖וֹ לְעֹלָֽה׃ שְׂעִיר־עִזִּ֥ים אֶחָ֖ד
כט לְחַטָּֽאת׃ וּלְזֶ֣בַח הַשְּׁלָמִים֮ בָּקָ֣ר שְׁנַ֒יִם֒ אֵילִ֤ם
חֲמִשָּׁה֙ עַתֻּדִ֣ים חֲמִשָּׁ֔ה כְּבָשִׂ֥ים בְּנֵי־שָׁנָ֖ה
חֲמִשָּׁ֑ה זֶ֛ה קָרְבַּ֥ן אֱלִיאָ֖ב בֶּן־חֵלֹֽן׃

נשא

יט ביומא תניינא, קריב נתנאל בר צוער, רב שבטא דישׂשכר: קריב ית קורבניה מגסתא דכסף חדא, מאה ותלתין סלעין הוי מתקלה, מזרקא חד דכספא, מתקליה שבעין סלעין בסלעי קדשא, תרויהון מלן, סלתא, דפילא במשח למנחתא: בזכא חדא, מתקלה עשר
כ סלעין היא דדהב מליא קטורת בסמיא: תור חד בר תורי, דכר חד, אמר חד בר שתיה
כא לעלתא: צפיר בר עזין חד לחטתא: ולנכסת קדשיא תורי תרין, דכרי חמשא גדי חמשא,
כב אמרין בני שנא חמשא, דין, קורבנא דנתנאל בר צוער: ביומא תליתאה, רבא לבני זבולון,
כג
כד אליאב בר חלון: קורבניה מגסתא דכסף חדא, מאה ותלתין סלעין הוי מתקלה, מזרקא חד דכספא, מתקליה שבעין סלעין בסלעי קדשא, תרויהון מלן, סלתא, דפילא במשח
כה למנחתא: בזכא חדא, מתקלה עשר סלעין היא דדהב מליא קטורת בסמיא: תור חד
כו בר תורי, דכר חד, אמר חד בר שתיה לעלתא: צפיר בר עזין חד לחטתא: ולנכסת קדשיא
כז תורי תרין, דכרי חמשא גדי חמשא, אמרין בני שנא חמשא, דין, קורבנא דאליאב בר חלון:

יח-יט הִקְרִיב נְתַנְאֵל בֶּן צוּעָר, הִקְרַב אֶת קָרְבָּנוֹ. מַה תַּלְמוּד לוֹמַר: "הִקְרִיב" בְּשִׁבְטוֹ שֶׁל יִשָּׂשכָר מַה שֶּׁלֹּא נֶאֱמַר בְּכָל הַשְּׁבָטִים? לְפִי שֶׁבָּא רְאוּבֵן וְעִרְעֵר וְאָמַר: דַּיִּי שֶׁקְּדָמַנִי יְהוּדָה אָחִי, אַקְרִיב אֲנִי אַחֲרָיו. אָמַר לוֹ מֹשֶׁה: מִפִּי הַגְּבוּרָה נֶאֱמַר לִי שֶׁיַּקְרִיבוּ כְּסֵדֶר מַסָּעָן לְדִגְלֵיהֶם, לָכֵךְ אָמַר: "הַקְרֵב אֶת קָרְבָּנוֹ" וְהוּא חָסֵר יוּ"ד, שֶׁהוּא מַשְׁמַע 'הַקְרֵב' לְשׁוֹן צִוּוּי, שֶׁמִּפִּי הַגְּבוּרָה נִצְטַוָּה 'הַקְרֵב'. וּמַהוּ "הִקְרִיב הִקְרִיב" שְׁנֵי פְעָמִים? שֶׁבִּשְׁבִיל שְׁנֵי דְבָרִים זָכָה לְהַקְרִיב שֵׁנִי לַשְּׁבָטִים: אַחַת – שֶׁהָיוּ יוֹדְעִים בַּתּוֹרָה, שֶׁנֶּאֱמַר: "וּמִבְּנֵי יִשָּׂשכָר יוֹדְעֵי בִינָה לָעִתִּים" (דברי הימים א' יב, לג), וְאַחַת – שֶׁהֵם נָתְנוּ עֵצָה לַנְּשִׂיאִים לְהִתְנַדֵּב קָרְבָּנוֹת הַלָּלוּ.

וּבִיסוֹדוֹ שֶׁל רַבִּי מֹשֶׁה הַדַּרְשָׁן מָצָאתִי: אָמַר רַבִּי פִּנְחָס בֶּן יָאִיר: נְתַנְאֵל בֶּן צוּעָר הַשִּׂיאָן עֵצָה זוֹ. קַעֲרַת כֶּסֶף. מִנְיַן אוֹתִיּוֹתָיו בְּגִימַטְרִיָּא תתק"ל, כְּנֶגֶד שְׁנוֹתָיו שֶׁל אָדָם הָרִאשׁוֹן. שְׁלֹשִׁים וּמֵאָה מִשְׁקָלָהּ. עַל שֵׁם שֶׁכְּשֶׁהֶעֱמִיד תּוֹלָדוֹת לְקִיּוּם הָעוֹלָם בֶּן מֵאָה וּשְׁלֹשִׁים שָׁנָה הָיָה, שֶׁנֶּאֱמַר: "וַיְחִי אָדָם שְׁלֹשִׁים וּמְאַת שָׁנָה וַיּוֹלֶד בִּדְמוּתוֹ" וְגוֹ' (בראשית ה, ג). מִזְרָק אֶחָד כֶּסֶף. בְּגִימַטְרִיָּא תק"כ, עַל שֵׁם נֹחַ שֶׁהֶעֱמִיד תּוֹלָדוֹת בֶּן ת"ק שָׁנָה, וְעַל שֵׁם עֶשְׂרִים שָׁנָה שֶׁנִּגְזְרָה גְּזֵרַת הַמַּבּוּל קֹדֶם תּוֹלְדוֹתָיו, כְּמוֹ שֶׁפֵּרַשְׁתִּי אֵצֶל "וְהָיוּ יָמָיו מֵאָה וְעֶשְׂרִים שָׁנָה" (לעיל ו, ג). לְפִיכָךְ נֶאֱמַר: "מִזְרָק אֶחָד כֶּסֶף" וְלֹא נֶאֱמַר 'מִזְרָק כֶּסֶף אֶחָד' כְּמוֹ שֶׁנֶּאֱמַר בַּקְּעָרָה, לוֹמַר שֶׁאַף אוֹתִיּוֹת

שֶׁל 'אֶחָד' מִצְטָרְפוֹת לַמִּנְיָן. שִׁבְעִים שֶׁקֶל. כְּנֶגֶד שִׁבְעִים אֻמּוֹת שֶׁיָּצְאוּ מִבָּנָיו: כַּף אַחַת. כְּנֶגֶד הַתּוֹרָה שֶׁנִּתְּנָה מִיָּדוֹ שֶׁל הַקָּדוֹשׁ בָּרוּךְ הוּא: עֲשָׂרָה זָהָב. כְּנֶגֶד עֲשֶׂרֶת הַדִּבְּרוֹת: מְלֵאָה קְטֹרֶת. גִּימַטְרִיָּא שֶׁל קְטֹרֶת תרי"ג מִצְוֹת, וּבִלְבַד שֶׁתַּחֲלִיף קוּ"ף בְּדָלֶ"ת עַל יְדֵי א"ת ב"ש ג"ר ד"ק: פַּר אֶחָד. כְּנֶגֶד אַבְרָהָם, שֶׁנֶּאֱמַר בּוֹ: "וַיִּקַּח בֶּן בָּקָר" (בראשית יח, ז): אַיִל אֶחָד. כְּנֶגֶד יִצְחָק, "וַיִּקַּח אֶת הָאַיִל" וְגוֹ' (שם כב, יג): כֶּבֶשׂ אֶחָד. כְּנֶגֶד יַעֲקֹב: "וְהַכְּשָׂבִים הִפְרִיד יַעֲקֹב" (שם ל, מ): שְׂעִיר עִזִּים. לְכַפֵּר עַל מְכִירַת יוֹסֵף, שֶׁנֶּאֱמַר בּוֹ: "וַיִּשְׁחֲטוּ שְׂעִיר עִזִּים" (שם לז, לא): וּלְזֶבַח הַשְּׁלָמִים בָּקָר שְׁנַיִם. כְּנֶגֶד מֹשֶׁה וְאַהֲרֹן שֶׁנָּתְנוּ שָׁלוֹם בֵּין יִשְׂרָאֵל לַאֲבִיהֶם שֶׁבַּשָּׁמַיִם: אֵילִם עַתּוּדִים כְּבָשִׂים. שְׁלֹשָׁה מִינִים, כְּנֶגֶד כֹּהֲנִים וּלְוִיִּם וְיִשְׂרְאֵלִים, וּכְנֶגֶד תּוֹרָה נְבִיאִים וּכְתוּבִים. שָׁלֹשׁ חֲמִשִּׁיּוֹת, כְּנֶגֶד חֲמִשָּׁה חֻמָּשִׁין, וַחֲמֵשֶׁת הַדִּבְּרוֹת הַכְּתוּבִין עַל לוּחַ אֶחָד, וַחֲמִשָּׁה הַכְּתוּבִין עַל הַשֵּׁנִי. עַד כַּאן מִיסוֹדוֹ שֶׁל רַבִּי מֹשֶׁה הַדַּרְשָׁן:

כד בַּיּוֹם הַשְּׁלִישִׁי נָשִׂיא וְגוֹ'. בַּיּוֹם הַשְּׁלִישִׁי הָיָה הַנָּשִׂיא הַמַּקְרִיב לִבְנֵי זְבוּלֻן, וְכֵן כֻּלָּם. אֲבָל בִּנְתַנְאֵל שֶׁנֶּאֱמַר בּוֹ: "הַקְרֵב נְתַנְאֵל" (לעיל פסוק יח) נוֹפֵל אַחֲרָיו הַלָּשׁוֹן לוֹמַר: "נָשִׂיא יִשָּׂשכָר", לְפִי שֶׁכְּבָר הִזְכִּיר שְׁמוֹ וְהַקְרָבָתוֹ, וּבִשְׁאָר שֶׁלֹּא נֶאֱמַר בָּהֶן 'הַקְרֵב' נוֹפֵל עֲלֵיהֶם לָשׁוֹן זֶה: 'נָשִׂיא לִבְנֵי פְלוֹנִי', אוֹתוֹ הַיּוֹם הָיָה הַנָּשִׂיא הַמַּקְרִיב לְשֵׁבֶט פְּלוֹנִי:

ל בַּיּוֹם֙ הָֽרְבִיעִ֔י נָשִׂ֖יא לִבְנֵ֣י רְאוּבֵ֑ן אֱלִיצ֖וּר בֶּן־
לא שְׁדֵיאֽוּר׃ קָרְבָּנ֞וֹ קַֽעֲרַת־כֶּ֣סֶף אַחַ֗ת שְׁלֹשִׁ֣ים
וּמֵאָה֮ מִשְׁקָלָהּ֒ מִזְרָ֤ק אֶחָד֙ כֶּ֔סֶף שִׁבְעִ֥ים שֶׁ֖קֶל
בְּשֶׁ֣קֶל הַקֹּ֑דֶשׁ שְׁנֵיהֶ֣ם ׀ מְלֵאִ֗ים סֹ֛לֶת בְּלוּלָ֥ה
לב בַשֶּׁ֖מֶן לְמִנְחָֽה׃ כַּ֥ף אַחַ֛ת עֲשָׂרָ֥ה זָהָ֖ב מְלֵאָ֥ה
לג קְטֹֽרֶת׃ פַּ֣ר אֶחָ֞ד בֶּן־בָּקָ֗ר אַ֧יִל אֶחָ֛ד כֶּֽבֶשׂ־אֶחָ֥ד
לד בֶּן־שְׁנָת֖וֹ לְעֹלָֽה׃ שְׂעִיר־עִזִּ֥ים אֶחָ֖ד לְחַטָּֽאת׃
לה וּלְזֶ֣בַח הַשְּׁלָמִים֮ בָּקָ֣ר שְׁנַ֒יִם֒ אֵילִ֤ם חֲמִשָּׁה֙
עַתֻּדִ֣ים חֲמִשָּׁ֔ה כְּבָשִׂ֥ים בְּנֵֽי־שָׁנָ֖ה חֲמִשָּׁ֑ה זֶ֛ה
קָרְבַּ֥ן אֱלִיצ֖וּר בֶּן־שְׁדֵיאֽוּר׃
לו בַּיּוֹם֙ הַֽחֲמִישִׁ֔י נָשִׂ֖יא לִבְנֵ֣י שִׁמְע֑וֹן שְׁלֻֽמִיאֵ֖ל בֶּן־
לז צוּרִֽישַׁדָּֽי׃ קָרְבָּנ֞וֹ קַֽעֲרַת־כֶּ֣סֶף אַחַ֗ת שְׁלֹשִׁ֣ים
וּמֵאָה֮ מִשְׁקָלָהּ֒ מִזְרָ֤ק אֶחָד֙ כֶּ֔סֶף שִׁבְעִ֥ים שֶׁ֖קֶל
בְּשֶׁ֣קֶל הַקֹּ֑דֶשׁ שְׁנֵיהֶ֣ם ׀ מְלֵאִ֗ים סֹ֛לֶת בְּלוּלָ֥ה
לח בַשֶּׁ֖מֶן לְמִנְחָֽה׃ כַּ֥ף אַחַ֛ת עֲשָׂרָ֥ה זָהָ֖ב מְלֵאָ֥ה
לט קְטֹֽרֶת׃ פַּ֣ר אֶחָ֞ד בֶּן־בָּקָ֗ר אַ֧יִל אֶחָ֛ד כֶּֽבֶשׂ־אֶחָ֥ד
מ בֶּן־שְׁנָת֖וֹ לְעֹלָֽה׃ שְׂעִיר־עִזִּ֥ים אֶחָ֖ד לְחַטָּֽאת׃
מא וּלְזֶ֣בַח הַשְּׁלָמִים֮ בָּקָ֣ר שְׁנַ֒יִם֒ אֵילִ֤ם חֲמִשָּׁה֙
עַתֻּדִ֣ים חֲמִשָּׁ֔ה כְּבָשִׂ֥ים בְּנֵֽי־שָׁנָ֖ה חֲמִשָּׁ֑ה זֶ֛ה
קָרְבַּ֥ן שְׁלֻמִיאֵ֖ל בֶּן־צוּרִֽישַׁדָּֽי׃

מב בַּיּוֹם֙ הַשִּׁשִּׁ֔י נָשִׂ֖יא לִבְנֵ֣י גָ֑ד אֶלְיָסָ֖ף בֶּן־דְּעוּאֵֽל׃ ששי
מג קָרְבָּנ֞וֹ קַעֲרַת־כֶּ֣סֶף אַחַ֗ת שְׁלֹשִׁ֣ים וּמֵאָה֮
מִשְׁקָלָהּ֒ מִזְרָ֤ק אֶחָד֙ כֶּ֔סֶף שִׁבְעִ֥ים שֶׁ֖קֶל בְּשֶׁ֣קֶל
הַקֹּ֑דֶשׁ שְׁנֵיהֶ֣ם ׀ מְלֵאִ֗ים סֹ֛לֶת בְּלוּלָ֥ה בַשֶּׁ֖מֶן
מד לְמִנְחָֽה׃ כַּ֥ף אַחַ֛ת עֲשָׂרָ֥ה זָהָ֖ב מְלֵאָ֥ה קְטֹֽרֶת׃
מה פַּ֣ר אֶחָ֞ד בֶּן־בָּקָ֗ר אַ֧יִל אֶחָ֛ד כֶּֽבֶשׂ־אֶחָ֥ד בֶּן־
מו שְׁנָת֖וֹ לְעֹלָֽה׃ שְׂעִיר־עִזִּ֥ים אֶחָ֖ד לְחַטָּֽאת׃
מז וּלְזֶ֣בַח הַשְּׁלָמִים֮ בָּקָ֣ר שְׁנַ֒יִם֒ אֵילִ֤ם חֲמִשָּׁה֙
עַתֻּדִ֣ים חֲמִשָּׁ֔ה כְּבָשִׂ֥ים בְּנֵֽי־שָׁנָ֖ה חֲמִשָּׁ֑ה זֶ֛ה
קָרְבַּ֥ן אֶלְיָסָ֖ף בֶּן־דְּעוּאֵֽל׃

ל לא בְּיוֹמָא רְבִיעָאָה, רַבָּא לִבְנֵי רְאוּבֵן, אֱלִיצוּר בַּר שְׁדֵיאוּר: קֻרְבָּנֵיהּ מְגִסְתָּא דִּכְסַף חֲדָא, מְאָה
וּתְלָתִין סִלְעִין הֲוֵי מַתְקָלַהּ, מִזְרְקָא חַד דִּכְסַפָּא, מַתְקָלֵיהּ שִׁבְעִין סִלְעִין בְּסִלְעֵי קֻדְשָׁא,
לב תַּרְוֵיהוֹן מְלַן, סֻלְתָּא, דְּפִילָא בִמְשַׁח לְמִנְחָתָא: בָּזִכָּא חֲדָא, מַתְקָלַהּ עֲסַר סִלְעִין הִיא דִּדְהַב
לג לד מַלְיָא קְטוֹרֶת בֻּסְמַיָּא: תּוֹר חַד בַּר תּוֹרֵי, דְּכַר חַד, אִמַּר חַד בַּר שַׁתֵּיהּ לַעֲלָתָא: צְפִיר בַּר עִזִּין
לה חַד לְחַטָּתָא: וּלְנִכְסַת קֻדְשַׁיָּא תּוֹרֵי תְּרֵין, דִּכְרֵי חַמְשָׁא גַּדְיֵי חַמְשָׁא, אִמְּרִין בְּנֵי שְׁנָא חַמְשָׁא,
לו דֵּין, קֻרְבַּנָא דֶּאֱלִיצוּר בַּר שְׁדֵיאוּר: בְּיוֹמָא חֲמִישָׁאָה, רַבָּא לִבְנֵי שִׁמְעוֹן, שְׁלוּמִיאֵל בַּר צוּרִישַׁדָּי:
לז קֻרְבָּנֵיהּ מְגִסְתָּא דִּכְסַף חֲדָא, מְאָה וּתְלָתִין סִלְעִין הֲוֵי מַתְקָלַהּ, מִזְרְקָא חַד דִּכְסַפָּא, מַתְקָלֵיהּ
לח שִׁבְעִין סִלְעִין בְּסִלְעֵי קֻדְשָׁא, תַּרְוֵיהוֹן מְלַן, סֻלְתָּא, דְּפִילָא בִמְשַׁח לְמִנְחָתָא: בָּזִכָּא חֲדָא,
לט מַתְקָלַהּ עֲסַר סִלְעִין הִיא דִּדְהַב מַלְיָא קְטוֹרֶת בֻּסְמַיָּא: תּוֹר חַד בַּר תּוֹרֵי, דְּכַר חַד, אִמַּר חַד
מ מא בַּר שַׁתֵּיהּ לַעֲלָתָא: צְפִיר בַּר עִזִּין חַד לְחַטָּתָא: וּלְנִכְסַת קֻדְשַׁיָּא תּוֹרֵי תְּרֵין, דִּכְרֵי חַמְשָׁא גַּדְיֵי
מב חַמְשָׁא, אִמְּרִין בְּנֵי שְׁנָא חַמְשָׁא, דֵּין, קֻרְבַּנָא דִּשְׁלוּמִיאֵל בַּר צוּרִישַׁדָּי: בְּיוֹמָא שְׁתִיתָאָה, רַבָּא
מג לִבְנֵי גָד, אֶלְיָסָף בַּר דְּעוּאֵל: קֻרְבָּנֵיהּ מְגִסְתָּא דִּכְסַף חֲדָא, מְאָה וּתְלָתִין סִלְעִין הֲוֵי מַתְקָלַהּ,
מִזְרְקָא חַד דִּכְסַפָּא, מַתְקָלֵיהּ שִׁבְעִין סִלְעִין בְּסִלְעֵי קֻדְשָׁא, תַּרְוֵיהוֹן מְלַן, סֻלְתָּא, דְּפִילָא
מד מה בִמְשַׁח לְמִנְחָתָא: בָּזִכָּא חֲדָא, מַתְקָלַהּ עֲסַר סִלְעִין הִיא דִּדְהַב מַלְיָא קְטוֹרֶת בֻּסְמַיָּא: תּוֹר
מו מז חַד בַּר תּוֹרֵי, דְּכַר חַד, אִמַּר חַד בַּר שַׁתֵּיהּ לַעֲלָתָא: צְפִיר בַּר עִזִּין חַד לְחַטָּתָא: וּלְנִכְסַת קֻדְשַׁיָּא
תּוֹרֵי תְּרֵין, דִּכְרֵי חַמְשָׁא גַּדְיֵי חַמְשָׁא, אִמְּרִין בְּנֵי שְׁנָא חַמְשָׁא, דֵּין, קֻרְבַּנָא דֶּאֱלְיָסָף בַּר דְּעוּאֵל:

ז בַּיּוֹם הַשְּׁבִיעִי נָשִׂיא לִבְנֵי אֶפְרָיִם אֱלִישָׁמָע בֶּן־ מח
עַמִּיהוּד׃ קָרְבָּנוֹ קַעֲרַת־כֶּסֶף אַחַת שְׁלֹשִׁים מט
וּמֵאָה מִשְׁקָלָהּ מִזְרָק אֶחָד כֶּסֶף שִׁבְעִים שֶׁקֶל
בְּשֶׁקֶל הַקֹּדֶשׁ שְׁנֵיהֶם ׀ מְלֵאִים סֹלֶת בְּלוּלָה
בַשֶּׁמֶן לְמִנְחָה׃ כַּף אַחַת עֲשָׂרָה זָהָב מְלֵאָה נ
קְטֹרֶת׃ פַּר אֶחָד בֶּן־בָּקָר אַיִל אֶחָד כֶּבֶשׂ־אֶחָד נא
בֶּן־שְׁנָתוֹ לְעֹלָה׃ שְׂעִיר־עִזִּים אֶחָד לְחַטָּאת׃ נב
וּלְזֶבַח הַשְּׁלָמִים בָּקָר שְׁנַיִם אֵילִם חֲמִשָּׁה נג
עַתֻּדִים חֲמִשָּׁה כְּבָשִׂים בְּנֵי־שָׁנָה חֲמִשָּׁה זֶה
קָרְבַּן אֱלִישָׁמָע בֶּן־עַמִּיהוּד׃
בַּיּוֹם הַשְּׁמִינִי נָשִׂיא לִבְנֵי מְנַשֶּׁה גַּמְלִיאֵל בֶּן־ נד
פְּדָהצוּר׃ קָרְבָּנוֹ קַעֲרַת־כֶּסֶף אַחַת שְׁלֹשִׁים נה
וּמֵאָה מִשְׁקָלָהּ מִזְרָק אֶחָד כֶּסֶף שִׁבְעִים שֶׁקֶל
בְּשֶׁקֶל הַקֹּדֶשׁ שְׁנֵיהֶם ׀ מְלֵאִים סֹלֶת בְּלוּלָה
בַשֶּׁמֶן לְמִנְחָה׃ כַּף אַחַת עֲשָׂרָה זָהָב מְלֵאָה נו
קְטֹרֶת׃ פַּר אֶחָד בֶּן־בָּקָר אַיִל אֶחָד כֶּבֶשׂ־אֶחָד נז
בֶּן־שְׁנָתוֹ לְעֹלָה׃ שְׂעִיר־עִזִּים אֶחָד לְחַטָּאת׃ נח
וּלְזֶבַח הַשְּׁלָמִים בָּקָר שְׁנַיִם אֵילִם חֲמִשָּׁה נט
עַתֻּדִים חֲמִשָּׁה כְּבָשִׂים בְּנֵי־שָׁנָה חֲמִשָּׁה זֶה
קָרְבַּן גַּמְלִיאֵל בֶּן־פְּדָהצוּר׃

ס בַּיּוֹם הַתְּשִׁיעִי נָשִׂיא לִבְנֵי בִנְיָמִן אֲבִידָן בֶּן־
סא גִּדְעֹנִי׃ קָרְבָּנוֹ קַעֲרַת־כֶּסֶף אַחַת שְׁלֹשִׁים וּמֵאָה
מִשְׁקָלָהּ מִזְרָק אֶחָד כֶּסֶף שִׁבְעִים שֶׁקֶל בְּשֶׁקֶל
הַקֹּדֶשׁ שְׁנֵיהֶם ׀ מְלֵאִים סֹלֶת בְּלוּלָה בַשֶּׁמֶן
סב לְמִנְחָה׃ כַּף אַחַת עֲשָׂרָה זָהָב מְלֵאָה קְטֹרֶת׃
סג פַּר אֶחָד בֶּן־בָּקָר אַיִל אֶחָד כֶּבֶשׂ־אֶחָד בֶּן־
סד שְׁנָתוֹ לְעֹלָה׃ שְׂעִיר־עִזִּים אֶחָד לְחַטָּאת׃
סה וּלְזֶבַח הַשְּׁלָמִים בָּקָר שְׁנַיִם אֵילִם חֲמִשָּׁה
עַתֻּדִים חֲמִשָּׁה כְּבָשִׂים בְּנֵי־שָׁנָה חֲמִשָּׁה זֶה
קָרְבַּן אֲבִידָן בֶּן־גִּדְעֹנִי׃

מח מט בְּיוֹמָא שְׁבִיעָאָה, רַבָּא לִבְנֵי אֶפְרָיִם, אֱלִישָׁמָע בַּר עַמִּיהוּד: קֻרְבָּנֵיהּ מַגְּסְתָא דִּכְסַף חֲדָא, מְאָה
וּתְלָתִין סִלְעִין הֲוֵי מַתְקָלַהּ, מִזְרְקָא חַד דִּכְסַף, מַתְקְלֵיהּ שִׁבְעִין סִלְעִין בְּסִלְעֵי קֻדְשָׁא,
נ תַּרְוֵיהוֹן מְלַן, סֻלְתָּא, דְּפִילָא בִּמְשַׁח לְמִנְחָתָא: בָּזְכָא חֲדָא, מַתְקְלַהּ עֲסַר סִלְעִין הִיא דִּדְהַב
נא נב מַלְיָא קְטֹרֶת בֻּסְמַיָּא: תּוֹר חַד בַּר תּוֹרֵי, דְּכַר חַד, אִמַּר חַד בַּר שַׁתֵּיהּ לַעֲלָתָא: צְפִיר בַּר עִזִּין
נג חַד לְחַטָּתָא: וּלְנִכְסַת קֻדְשַׁיָּא תּוֹרֵי תְּרֵין, דִּכְרֵי חַמְשָׁא גַּדְיֵי חַמְשָׁא, אִמְּרִין בְּנֵי שְׁנָא חַמְשָׁא,
נד דֵּין, קֻרְבָּנָא דֶּאֱלִישָׁמָע בַּר עַמִּיהוּד: בְּיוֹמָא תְּמִינָאָה, רַבָּא לִבְנֵי מְנַשֶּׁה, גַּמְלִיאֵל בַּר פְּדָהצוּר:
נה קֻרְבָּנֵיהּ מַגְּסְתָא דִּכְסַף חֲדָא, מְאָה וּתְלָתִין סִלְעִין הֲוֵי מַתְקָלַהּ, מִזְרְקָא חַד דִּכְסַף, מַתְקְלֵיהּ
נו שִׁבְעִין סִלְעִין בְּסִלְעֵי קֻדְשָׁא, תַּרְוֵיהוֹן מְלַן, סֻלְתָּא, דְּפִילָא בִּמְשַׁח לְמִנְחָתָא: בָּזְכָא חֲדָא,
נז מַתְקְלַהּ עֲסַר סִלְעִין הִיא דִּדְהַב מַלְיָא קְטֹרֶת בֻּסְמַיָּא: תּוֹר חַד בַּר תּוֹרֵי, דְּכַר חַד, אִמַּר חַד
נח נט בַּר שַׁתֵּיהּ לַעֲלָתָא: צְפִיר בַּר עִזִּין חַד לְחַטָּתָא: וּלְנִכְסַת קֻדְשַׁיָּא תּוֹרֵי תְּרֵין, דִּכְרֵי חַמְשָׁא גַּדְיֵי
ס חַמְשָׁא, אִמְּרִין בְּנֵי שְׁנָא חַמְשָׁא, דֵּין, קֻרְבָּנָא דְּגַמְלִיאֵל בַּר פְּדָהצוּר: בְּיוֹמָא תְּשִׁיעָאָה, רַבָּא
סא לִבְנֵי בִנְיָמִין, אֲבִידָן בַּר גִּדְעוֹנִי: קֻרְבָּנֵיהּ מַגְּסְתָא דִּכְסַף חֲדָא, מְאָה וּתְלָתִין סִלְעִין הֲוֵי מַתְקָלַהּ,
מִזְרְקָא חַד דִּכְסַף, מַתְקְלֵיהּ שִׁבְעִין סִלְעִין בְּסִלְעֵי קֻדְשָׁא, תַּרְוֵיהוֹן מְלַן, סֻלְתָּא, דְּפִילָא
סב סג בִּמְשַׁח לְמִנְחָתָא: בָּזְכָא חֲדָא, מַתְקְלַהּ עֲסַר סִלְעִין הִיא דִּדְהַב מַלְיָא קְטֹרֶת בֻּסְמַיָּא: תּוֹר
סד סה חַד בַּר תּוֹרֵי, דְּכַר חַד, אִמַּר חַד בַּר שַׁתֵּיהּ לַעֲלָתָא: צְפִיר בַּר עִזִּין חַד לְחַטָּתָא: וּלְנִכְסַת קֻדְשַׁיָּא
תּוֹרֵי תְּרֵין, דִּכְרֵי חַמְשָׁא גַּדְיֵי חַמְשָׁא, אִמְּרִין בְּנֵי שְׁנָא חַמְשָׁא, דֵּין, קֻרְבָּנָא דַּאֲבִידָן בַּר גִּדְעוֹנִי:

נשא

סו בַּיּוֹם֙ הָעֲשִׂירִ֔י נָשִׂ֖יא לִבְנֵ֣י דָ֑ן אֲחִיעֶ֖זֶר בֶּן־
סז עַמִּישַׁדָּֽי׃ קָרְבָּנ֞וֹ קַֽעֲרַת־כֶּ֣סֶף אַחַ֗ת שְׁלֹשִׁ֣ים
וּמֵאָה֮ מִשְׁקָלָהּ֒ מִזְרָ֤ק אֶחָד֙ כֶּ֔סֶף שִׁבְעִ֥ים שֶׁ֖קֶל
בְּשֶׁ֣קֶל הַקֹּ֑דֶשׁ שְׁנֵיהֶ֣ם ׀ מְלֵאִ֗ים סֹ֛לֶת בְּלוּלָ֥ה
סח בַשֶּׁ֖מֶן לְמִנְחָֽה׃ כַּ֥ף אַחַ֛ת עֲשָׂרָ֥ה זָהָ֖ב מְלֵאָ֥ה
סט קְטֹֽרֶת׃ פַּ֣ר אֶחָ֞ד בֶּן־בָּקָ֗ר אַ֧יִל אֶחָ֛ד כֶּֽבֶשׂ־אֶחָ֥ד
ע בֶּן־שְׁנָת֖וֹ לְעֹלָֽה׃ שְׂעִיר־עִזִּ֥ים אֶחָ֖ד לְחַטָּֽאת׃
עא וּלְזֶ֣בַח הַשְּׁלָמִים֮ בָּקָ֣ר שְׁנַ֒יִם֒ אֵילִ֤ם חֲמִשָּׁה֙
עַתֻּדִ֣ים חֲמִשָּׁ֔ה כְּבָשִׂ֥ים בְּנֵֽי־שָׁנָ֖ה חֲמִשָּׁ֑ה זֶ֛ה
קָרְבַּ֥ן אֲחִיעֶ֖זֶר בֶּן־עַמִּישַׁדָּֽי׃

עב בְּיוֹם֙ עַשְׁתֵּ֣י עָשָׂ֣ר י֔וֹם נָשִׂ֖יא לִבְנֵ֣י אָשֵׁ֑ר פַּגְעִיאֵ֖ל שביעי
עג בֶּן־עָכְרָֽן׃ קָרְבָּנ֞וֹ קַֽעֲרַת־כֶּ֣סֶף אַחַ֗ת שְׁלֹשִׁ֣ים
וּמֵאָה֮ מִשְׁקָלָהּ֒ מִזְרָ֤ק אֶחָד֙ כֶּ֔סֶף שִׁבְעִ֥ים שֶׁ֖קֶל
בְּשֶׁ֣קֶל הַקֹּ֑דֶשׁ שְׁנֵיהֶ֣ם ׀ מְלֵאִ֗ים סֹ֛לֶת בְּלוּלָ֥ה
עד בַשֶּׁ֖מֶן לְמִנְחָֽה׃ כַּ֥ף אַחַ֛ת עֲשָׂרָ֥ה זָהָ֖ב מְלֵאָ֥ה
עה קְטֹֽרֶת׃ פַּ֣ר אֶחָ֞ד בֶּן־בָּקָ֗ר אַ֧יִל אֶחָ֛ד כֶּֽבֶשׂ־אֶחָ֥ד
עו בֶּן־שְׁנָת֖וֹ לְעֹלָֽה׃ שְׂעִיר־עִזִּ֥ים אֶחָ֖ד לְחַטָּֽאת׃
עז וּלְזֶ֣בַח הַשְּׁלָמִים֮ בָּקָ֣ר שְׁנַ֒יִם֒ אֵילִ֤ם חֲמִשָּׁה֙
עַתֻּדִ֣ים חֲמִשָּׁ֔ה כְּבָשִׂ֥ים בְּנֵֽי־שָׁנָ֖ה חֲמִשָּׁ֑ה זֶ֛ה
קָרְבַּ֥ן פַּגְעִיאֵ֖ל בֶּן־עָכְרָֽן׃

עח בְּיוֹם֙ שְׁנֵ֥ים עָשָׂ֛ר י֖וֹם נָשִׂ֣יא לִבְנֵ֣י נַפְתָּלִ֑י אֲחִירַ֖ע
עט בֶּן־עֵינָֽן׃ קׇרְבָּנ֞וֹ קַעֲרַת־כֶּ֣סֶף אַחַ֗ת שְׁלֹשִׁ֣ים
וּמֵאָה֮ מִשְׁקָלָהּ֒ מִזְרָ֤ק אֶחָד֙ כֶּ֔סֶף שִׁבְעִ֥ים שֶׁ֖קֶל
בְּשֶׁ֣קֶל הַקֹּ֑דֶשׁ שְׁנֵיהֶ֣ם ׀ מְלֵאִ֗ים סֹ֛לֶת בְּלוּלָ֥ה
פ בַשֶּׁ֖מֶן לְמִנְחָֽה׃ כַּ֥ף אַחַ֛ת עֲשָׂרָ֥ה זָהָ֖ב מְלֵאָ֥ה
פא קְטֹֽרֶת׃ פַּ֣ר אֶחָ֞ד בֶּן־בָּקָ֗ר אַ֧יִל אֶחָ֛ד כֶּֽבֶשׂ־אֶחָ֥ד
פב בֶּן־שְׁנָת֖וֹ לְעֹלָֽה׃ שְׂעִיר־עִזִּ֥ים אֶחָ֖ד לְחַטָּֽאת׃
פג וּלְזֶ֣בַח הַשְּׁלָמִים֮ בָּקָ֣ר שְׁנַ֒יִם֒ אֵילִ֤ם חֲמִשָּׁה֙
עַתֻּדִ֣ים חֲמִשָּׁ֔ה כְּבָשִׂ֥ים בְּנֵי־שָׁנָ֖ה חֲמִשָּׁ֑ה זֶ֛ה
קׇרְבַּ֥ן אֲחִירַ֖ע בֶּן־עֵינָֽן׃

סו סז בְּיוֹמָא עֲסִירָאָה, רַבָּא לִבְנֵי דָן, אֲחִיעֶזֶר בַּר עַמִּישַׁדָּי: קֻרְבָּנֵיהּ מְגִסְתָּא דִּכְסַף חֲדָא, מְאָה
וּתְלָתִין סִלְעִין הֲוֵי מַתְקָלַהּ, מִזְרְקָא חַד דִּכְסַף, מַתְקָלֵיהּ שַׁבְעִין סִלְעִין בְּסִלְעֵי קֻדְשָׁא,
סח תַּרְוֵיהוֹן מְלַן, סֻלְתָּא, דְּפִילָא בִמְשַׁח לְמִנְחָתָא: בָּזְכָא חֲדָא, מַתְקָלַהּ עֲסַר סִלְעִין הִיא דִּדְהַב
סט ע מַלְיָא קְטוֹרֶת בֻּסְמַיָּא: תּוֹר חַד בַּר תּוֹרֵי, דְּכַר חַד, אִמַּר חַד בַּר שַׁתֵּיהּ לַעֲלָתָא: צְפִיר בַּר עִזִּין
עא חַד לְחַטָּתָא: וּלְנִכְסַת קֻדְשַׁיָּא תּוֹרֵי תְרֵין, דִּכְרֵי חַמְשָׁא גַּדְיֵי חַמְשָׁא, אִמְּרִין בְּנֵי שְׁנָא חַמְשָׁא,
עב דֵּין, קֻרְבָּנָא דַּאֲחִיעֶזֶר בַּר עַמִּישַׁדָּי: בְּיוֹם חַד עֲסַר יוֹמִין, רַבָּא לִבְנֵי אָשֵׁר, פַּגְעִיאֵל בַּר עָכְרָן:
עג קֻרְבָּנֵיהּ מְגִסְתָּא דִּכְסַף חֲדָא, מְאָה וּתְלָתִין סִלְעִין הֲוֵי מַתְקָלַהּ, מִזְרְקָא חַד דִּכְסַף, מַתְקָלֵיהּ
עד שַׁבְעִין סִלְעִין בְּסִלְעֵי קֻדְשָׁא, תַּרְוֵיהוֹן מְלַן, סֻלְתָּא, דְּפִילָא בִמְשַׁח לְמִנְחָתָא: בָּזְכָא חֲדָא,
עה מַתְקָלַהּ עֲסַר סִלְעִין הִיא דִּדְהַב מַלְיָא קְטוֹרֶת בֻּסְמַיָּא: תּוֹר חַד בַּר תּוֹרֵי, דְּכַר חַד, אִמַּר חַד
עו עז בַּר שַׁתֵּיהּ לַעֲלָתָא: צְפִיר בַּר עִזִּין חַד לְחַטָּתָא: וּלְנִכְסַת קֻדְשַׁיָּא תּוֹרֵי תְרֵין, דִּכְרֵי חַמְשָׁא גַּדְיֵי
עח חַמְשָׁא, אִמְּרִין בְּנֵי שְׁנָא חַמְשָׁא, דֵּין, קֻרְבָּנָא דְּפַגְעִיאֵל בַּר עָכְרָן: בְּיוֹם תְּרֵי עֲסַר יוֹמִין, רַבָּא
עט לִבְנֵי נַפְתָּלִי, אֲחִירַע בַּר עֵינָן: קֻרְבָּנֵיהּ מְגִסְתָּא דִּכְסַף חֲדָא, מְאָה וּתְלָתִין סִלְעִין הֲוֵי מַתְקָלַהּ,
מִזְרְקָא חַד דִּכְסַף, מַתְקָלֵיהּ שַׁבְעִין סִלְעִין בְּסִלְעֵי קֻדְשָׁא, תַּרְוֵיהוֹן מְלַן, סֻלְתָּא, דְּפִילָא
פ פא בִמְשַׁח לְמִנְחָתָא: בָּזְכָא חֲדָא, מַתְקָלַהּ עֲסַר סִלְעִין הִיא דִּדְהַב מַלְיָא קְטוֹרֶת בֻּסְמַיָּא: תּוֹר
פב פג חַד בַּר תּוֹרֵי, דְּכַר חַד, אִמַּר חַד בַּר שַׁתֵּיהּ לַעֲלָתָא: צְפִיר בַּר עִזִּין חַד לְחַטָּתָא: וּלְנִכְסַת קֻדְשַׁיָּא
תּוֹרֵי תְרֵין, דִּכְרֵי חַמְשָׁא גַּדְיֵי חַמְשָׁא, אִמְּרִין בְּנֵי שְׁנָא חַמְשָׁא, דֵּין, קֻרְבָּנָא דַּאֲחִירַע בַּר עֵינָן:

* זֹ֣את ׀ חֲנֻכַּ֣ת הַמִּזְבֵּ֗חַ בְּיוֹם֙ הִמָּשַׁ֣ח אֹת֔וֹ מֵאֵ֖ת פד
נְשִׂיאֵ֣י יִשְׂרָאֵ֑ל קַעֲרֹ֨ת כֶּ֜סֶף שְׁתֵּ֣ים עֶשְׂרֵ֗ה מִֽזְרְקֵי־
כֶ֨סֶף֙ שְׁנֵ֣ים עָשָׂ֔ר כַּפּ֥וֹת זָהָ֖ב שְׁתֵּ֥ים עֶשְׂרֵֽה:
שְׁלֹשִׁ֣ים וּמֵאָ֗ה הַקְּעָרָ֤ה הָֽאַחַת֙ כֶּ֔סֶף וְשִׁבְעִ֖ים פה
הַמִּזְרָ֣ק הָאֶחָ֑ד כֹּ֚ל כֶּ֣סֶף הַכֵּלִ֔ים אַלְפַּ֥יִם וְאַרְבַּע־
מֵא֖וֹת בְּשֶׁ֥קֶל הַקֹּֽדֶשׁ: כַּפּוֹת֩ זָהָ֨ב שְׁתֵּֽים־עֶשְׂרֵ֜ה פו
מְלֵאֹ֣ת קְטֹ֗רֶת עֲשָׂרָ֧ה עֲשָׂרָ֛ה הַכַּ֖ף בְּשֶׁ֣קֶל
מפטיר הַקֹּ֑דֶשׁ כָּל־זְהַ֥ב הַכַּפּ֖וֹת עֶשְׂרִ֥ים וּמֵאָֽה: כָּל־ פז
הַבָּקָ֨ר לָעֹלָ֜ה שְׁנֵ֧ים עָשָׂ֣ר פָּרִ֗ים אֵילִ֤ם שְׁנֵים־עָשָׂר֙
כְּבָשִׂ֧ים בְּנֵֽי־שָׁנָ֛ה שְׁנֵ֥ים עָשָׂ֖ר וּמִנְחָתָ֑ם וּשְׂעִירֵ֥י
עִזִּ֛ים שְׁנֵ֥ים עָשָׂ֖ר לְחַטָּֽאת: וְכֹ֞ל בְּקַ֣ר ׀ זֶ֣בַח פח
הַשְּׁלָמִ֗ים עֶשְׂרִ֤ים וְאַרְבָּעָה֙ פָּרִ֔ים אֵילִ֤ם שִׁשִּׁים֙
עַתֻּדִ֣ים שִׁשִּׁ֔ים כְּבָשִׂ֥ים בְּנֵֽי־שָׁנָ֖ה שִׁשִּׁ֑ים זֹ֚את
חֲנֻכַּ֣ת הַמִּזְבֵּ֔חַ אַחֲרֵ֖י הִמָּשַׁ֥ח אֹתֽוֹ: וּבְבֹ֨א מֹשֶׁ֜ה פט
אֶל־אֹ֣הֶל מוֹעֵד֮ לְדַבֵּ֣ר אִתּוֹ֒ וַיִּשְׁמַ֨ע אֶת־הַקּ֜וֹל
מִדַּבֵּ֣ר אֵלָ֗יו מֵעַ֤ל הַכַּפֹּ֙רֶת֙ אֲשֶׁר֙ עַל־אֲרֹ֣ן הָעֵדֻ֔ת
מִבֵּ֖ין שְׁנֵ֣י הַכְּרֻבִ֑ים וַיְדַבֵּ֖ר אֵלָֽיו:

נשא

פד. דָּא חֲנֻכַּת מַדְבְּחָא, בְּיוֹמָא דְּרַבִּיאוּ יָתֵיהּ, מִן רַבְרְבֵי יִשְׂרָאֵל, מְגִסֵּי כַסְפָּא תַּרְתָּא עֶסְרֵי, מִזְרְקֵי

פה. כַסְפָּא תְּרֵי עֲסַר, בָּזְכֵי דְּדַהֲבָא תַּרְתָּא עֶסְרֵי: מְאָה וּתְלָתִין סִלְעִין הֲוֵי מַתְקְלָהּ, דְּמַגִּסְתָּא חֲדָא דְכַסְפָּא, וְשִׁבְעִין דְּמִזְרְקָא חַד, כָּל כְּסַף מָנַיָּא, תְּרֵין אַלְפִין וְאַרְבַּע מְאָה בְּסִלְעֵי קֻדְשָׁא:

פו. בָּזְכֵי דְּדַהֲבָא תַּרְתָּא עֶסְרֵי מָלְיָן קְטֹרֶת בֻּסְמַיָּא, מַתְקַל עֲסַר סִלְעִין הֲוֵי מַתְקְלָהּ, דְּבָזְכָּא בְּסִלְעֵי קֻדְשָׁא, כָּל דְּהַב בָּזְכַיָּא מְאָה וְעֶסְרִין: כָּל תּוֹרֵי לַעֲלָתָא תְּרֵי עֲסַר תּוֹרִין, דִּכְרִין תְּרֵי

פז. עֲסַר אִמְּרִין בְּנֵי שְׁנָא, תְּרֵי עֲסַר וּמִנְחָתְהוֹן, וּצְפִירֵי בְּנֵי עִזֵּי, תְּרֵי עֲסַר לְחַטָּתָא: וְכָל תּוֹרֵי

פח. לְנִכְסַת קֻדְשַׁיָּא, עֶסְרִין וְאַרְבְּעָא תוֹרִין, דִּכְרִין שִׁתִּין גְּדֵי שִׁתִּין, אִמְּרִין בְּנֵי שְׁנָא שִׁתִּין, דָּא

פט. חֲנֻכַּת מַדְבְּחָא, בָּתַר דְּרַבִּיאוּ יָתֵיהּ: וְכַד עָלִיל מֹשֶׁה, לְמַשְׁכַּן זִמְנָא לְמַלָּלָא עִמֵּיהּ, וְשָׁמַע יָת קָלָא דְּמִתְמַלַּל עִמֵּיהּ, מֵעִלָּוֵי כַּפָּרְתָּא דְּעַל אֲרוֹנָא דְסָהֲדוּתָא, מִבֵּין תְּרֵין כְּרוּבַיָּא, וּמִתְמַלַּל עִמֵּיהּ:

פד] **בְּיוֹם הִמָּשַׁח אֹתוֹ.** בּוֹ בַּיּוֹם שֶׁנִּמְשַׁח הִקְרִיב, וּמָה אֲנִי מְקַיֵּם "אַחֲרֵי הִמָּשַׁח" (להלן פסוק פח)? שֶׁנִּמְשַׁח תְּחִלָּה וְאַחַר כָּךְ הִקְרִיב. אוֹ: "אַחֲרֵי הִמָּשַׁח" לְאַחַר זְמַן, וְלֹא בָא לְלַמֵּד "בְּיוֹם הִמָּשַׁח" אֶלָּא לוֹמַר שֶׁנִּמְשַׁח בַּיּוֹם? כְּשֶׁהוּא אוֹמֵר: "בְּיוֹם מָשְׁחוֹ אֹתָם" (ויקרא ז, לו), לָמַדְנוּ שֶׁנִּמְשַׁח בַּיּוֹם, וּמַה תַּלְמוּד לוֹמַר: "בְּיוֹם הִמָּשַׁח אֹתוֹ"? בַּיּוֹם שֶׁנִּמְשַׁח הִקְרִיב: **קַעֲרֹת כֶּסֶף שְׁתֵּים עֶשְׂרֵה.** הֵם הֵם שֶׁהִתְנַדְּבוּ, וְלֹא אֵרַע בָּהֶם פְּסוּל:

פה] **שְׁלֹשִׁים וּמֵאָה הַקְּעָרָה הָאֶחָת וְגוֹ'.** מַה תַּלְמוּד לוֹמַר? לְפִי שֶׁנֶּאֱמַר: "שְׁלֹשִׁים וּמֵאָה מִשְׁקָלָהּ", וְלֹא פֵּרַשׁ בְּאֵי זוֹ שֶׁקֶל, לְכָךְ חָזַר וּשְׁנָאָהּ כָּאן וְכָלַל בְּכֻלָּן: "כָּל כֶּסֶף הַכֵּלִים... בְּשֶׁקֶל הַקֹּדֶשׁ": **כָּל כֶּסֶף הַכֵּלִים וְגוֹ'.** לִמֶּדְךָ שֶׁהָיוּ כְּלֵי הַמִּקְדָּשׁ מְכֻוָּנִים בְּמִשְׁקָלָן, שׁוֹקְלָן אֶחָד אֶחָד וְשׁוֹקְלָן כֻּלָּן כְּאֶחָד, לֹא רִבָּה וְלֹא מִעֵט:

פו] **כַּפּוֹת זָהָב שְׁתֵּים עֶשְׂרֵה.** לָמָּה נֶאֱמַר? לְפִי שֶׁנֶּאֱמַר: "כַּף אַחַת עֲשָׂרָה זָהָב", הִיא שֶׁל זָהָב וּמִשְׁקָלָהּ עֲשָׂרָה שְׁקָלִים שֶׁל כֶּסֶף, אוֹ אֵינוֹ

אֶלָּא כַּף אַחַת שֶׁל כֶּסֶף וּמִשְׁקָלָהּ עֲשָׂרָה שִׁקְלֵי זָהָב - וְשִׁקְלֵי זָהָב אֵין מִשְׁקָלָם שָׁוֶה לְשֶׁל כֶּסֶף? תַּלְמוּד לוֹמַר: "כַּפּוֹת זָהָב", שֶׁל זָהָב הָיוּ:

פט] **וּבְבֹא מֹשֶׁה.** שְׁנֵי כְתוּבִים הַמַּכְחִישִׁים זֶה אֶת זֶה, בָּא שְׁלִישִׁי וְהִכְרִיעַ בֵּינֵיהֶם. כָּתוּב אֶחָד אוֹמֵר: "וַיְדַבֵּר ה' אֵלָיו מֵאֹהֶל מוֹעֵד" (ויקרא א, א), וְהוּא חוּץ לַפָּרֹכֶת, וְכָתוּב אֶחָד אוֹמֵר: "וְדִבַּרְתִּי אִתְּךָ מֵעַל הַכַּפֹּרֶת" (שמות כה, כב), בָּא זֶה וְהִכְרִיעַ בֵּינֵיהֶם: מֹשֶׁה בָּא אֶל אֹהֶל מוֹעֵד, וְשָׁם שׁוֹמֵעַ אֶת הַקּוֹל הַבָּא מֵעַל הַכַּפֹּרֶת מִבֵּין שְׁנֵי הַכְּרוּבִים, הַקּוֹל יוֹצֵא מִן הַשָּׁמַיִם לְבֵין שְׁנֵי הַכְּרוּבִים, וּמִשָּׁם יוֹצֵא לְאֹהֶל מוֹעֵד: **מִדַּבֵּר.** כְּמוֹ 'מִתְדַּבֵּר', כְּבוֹדוֹ שֶׁל מַעְלָה לוֹמַר כֵּן, מְדַבֵּר בֵּינוֹ לְבֵין עַצְמוֹ, וּמֹשֶׁה שׁוֹמֵעַ מֵאֵלָיו: **וַיְדַבֵּר אֵלָיו.** לְמַעֵט אֶת אַהֲרֹן מִן הַדִּבְּרוֹת: **וַיִּשְׁמַע אֶת הַקּוֹל.** יָכוֹל קוֹל נָמוּךְ? תַּלְמוּד לוֹמַר: "אֶת הַקּוֹל", הוּא הַקּוֹל שֶׁנִּדְבַּר עִמּוֹ בְּסִינַי, וּכְשֶׁמַּגִּיעַ לַפֶּתַח הָיָה נִפְסָק, וְלֹא הָיָה יוֹצֵא חוּץ לָאֹהֶל:

הפטרת נשא

ההפטרה מתארת את הרקע להולדת שמשון בתקופת השופטים. אמו הייתה עקרה ובאותה תקופה היה העם משועבד לפלישתים. הכל השתנה כשהופיע מלאך ה' לפני הוריו של שמשון. הוא ביושר להם על הילד שעתיד להיוולד להם ושעתיד להושיע את ישראל מיד פלישתים. לשמשון ניתן כוח על-טבעי שסייע לו להכות באויב. אדם שהתברך בכוח רב חייב לנהוג זהירות יתרה כדי להשתמש בו כראוי. על כן גם בהריונו של שמשון היה על אמו לנהוג זהירות וטוהרה, בטוהרה זו נצטווה שמשון לנהוג כל ימיו. רק כך היה יכול לזכור את מקור הכוח ומטרתו. כאשר סולקה הטוהרה (שערו), סולק הכוח. סוף דבר – טוהרה היא הדרך לקדש כוחות גוף ונפש ואינה יעד בפני עצמו.

שופטים יג ב וַיְהִי אִישׁ אֶחָד מִצָּרְעָה מִמִּשְׁפַּחַת הַדָּנִי וּשְׁמוֹ מָנוֹחַ וְאִשְׁתּוֹ עֲקָרָה וְלֹא יָלָדָה: ג וַיֵּרָא מַלְאַךְ־יְהֹוָה אֶל־הָאִשָּׁה וַיֹּאמֶר אֵלֶיהָ הִנֵּה־נָא אַתְּ־עֲקָרָה וְלֹא יָלַדְתְּ וְהָרִית וְיָלַדְתְּ בֵּן: ד וְעַתָּה הִשָּׁמְרִי נָא וְאַל־תִּשְׁתִּי יַיִן וְשֵׁכָר וְאַל־תֹּאכְלִי כָּל־טָמֵא: ה כִּי הִנָּךְ הָרָה וְיֹלַדְתְּ בֵּן וּמוֹרָה לֹא־יַעֲלֶה עַל־רֹאשׁוֹ כִּי־נְזִיר אֱלֹהִים יִהְיֶה הַנַּעַר מִן־הַבָּטֶן וְהוּא יָחֵל לְהוֹשִׁיעַ אֶת־יִשְׂרָאֵל מִיַּד פְּלִשְׁתִּים: ו וַתָּבֹא הָאִשָּׁה וַתֹּאמֶר לְאִישָׁהּ לֵאמֹר אִישׁ הָאֱלֹהִים בָּא אֵלַי וּמַרְאֵהוּ כְּמַרְאֵה מַלְאַךְ הָאֱלֹהִים נוֹרָא מְאֹד וְלֹא שְׁאִלְתִּיהוּ אֵי־מִזֶּה הוּא וְאֶת־שְׁמוֹ לֹא־הִגִּיד לִי: ז וַיֹּאמֶר לִי הִנָּךְ הָרָה וְיֹלַדְתְּ בֵּן וְעַתָּה אַל־תִּשְׁתִּי יַיִן וְשֵׁכָר וְאַל־תֹּאכְלִי כָּל־טֻמְאָה כִּי־נְזִיר אֱלֹהִים יִהְיֶה הַנַּעַר מִן־הַבֶּטֶן עַד־יוֹם מוֹתוֹ: ח וַיֶּעְתַּר מָנוֹחַ אֶל־יְהֹוָה וַיֹּאמַר בִּי אֲדוֹנָי אִישׁ הָאֱלֹהִים אֲשֶׁר שָׁלַחְתָּ יָבוֹא־נָא עוֹד אֵלֵינוּ וְיוֹרֵנוּ מַה־נַּעֲשֶׂה לַנַּעַר הַיּוּלָּד: ט וַיִּשְׁמַע הָאֱלֹהִים בְּקוֹל מָנוֹחַ וַיָּבֹא מַלְאַךְ הָאֱלֹהִים עוֹד אֶל־הָאִשָּׁה וְהִיא יוֹשֶׁבֶת בַּשָּׂדֶה וּמָנוֹחַ אִישָׁהּ אֵין עִמָּהּ: י וַתְּמַהֵר הָאִשָּׁה וַתָּרָץ וַתַּגֵּד לְאִישָׁהּ וַתֹּאמֶר אֵלָיו הִנֵּה נִרְאָה אֵלַי הָאִישׁ אֲשֶׁר־בָּא בַיּוֹם אֵלָי: יא וַיָּקָם וַיֵּלֶךְ מָנוֹחַ אַחֲרֵי אִשְׁתּוֹ וַיָּבֹא אֶל־הָאִישׁ וַיֹּאמֶר לוֹ הַאַתָּה הָאִישׁ אֲשֶׁר־דִּבַּרְתָּ אֶל־הָאִשָּׁה וַיֹּאמֶר אָנִי: יב וַיֹּאמֶר מָנוֹחַ עַתָּה יָבֹא דְבָרֶיךָ מַה־יִּהְיֶה מִשְׁפַּט־הַנַּעַר וּמַעֲשֵׂהוּ: יג וַיֹּאמֶר מַלְאַךְ יְהֹוָה אֶל־מָנוֹחַ מִכֹּל אֲשֶׁר־אָמַרְתִּי אֶל־הָאִשָּׁה תִּשָּׁמֵר: יד מִכֹּל אֲשֶׁר־יֵצֵא מִגֶּפֶן הַיַּיִן לֹא תֹאכַל וְיַיִן וְשֵׁכָר אַל־תֵּשְׁתְּ וְכָל־טֻמְאָה אַל־תֹּאכַל כֹּל אֲשֶׁר־צִוִּיתִיהָ תִּשְׁמֹר: טו וַיֹּאמֶר מָנוֹחַ אֶל־מַלְאַךְ יְהֹוָה נַעְצְרָה־נָּא אוֹתָךְ וְנַעֲשֶׂה לְפָנֶיךָ גְּדִי עִזִּים: טז וַיֹּאמֶר מַלְאַךְ יְהֹוָה אֶל־מָנוֹחַ אִם־תַּעְצְרֵנִי לֹא־אֹכַל בְּלַחְמֶךָ וְאִם־תַּעֲשֶׂה עֹלָה לַיהֹוָה תַּעֲלֶנָּה כִּי לֹא־יָדַע מָנוֹחַ כִּי־מַלְאַךְ יְהֹוָה הוּא: יז וַיֹּאמֶר מָנוֹחַ אֶל־מַלְאַךְ יְהֹוָה מִי שְׁמֶךָ כִּי־יָבֹא דבריך [דְבָרְךָ] וְכִבַּדְנוּךָ: יח וַיֹּאמֶר לוֹ מַלְאַךְ יְהֹוָה לָמָּה זֶּה תִּשְׁאַל לִשְׁמִי וְהוּא־פֶלִאי: יט וַיִּקַּח מָנוֹחַ אֶת־גְּדִי הָעִזִּים וְאֶת־הַמִּנְחָה וַיַּעַל עַל־

נשא

כ הַצּוּר לַיהוָה וּמַפְלִא לַעֲשׂוֹת וּמָנוֹחַ וְאִשְׁתּוֹ רֹאִים: וַיְהִי בַעֲלוֹת הַלַּהַב מֵעַל הַמִּזְבֵּחַ הַשָּׁמַיְמָה וַיַּעַל מַלְאַךְ־יְהוָה בְּלַהַב הַמִּזְבֵּחַ וּמָנוֹחַ וְאִשְׁתּוֹ
כא רֹאִים וַיִּפְּלוּ עַל־פְּנֵיהֶם אָרְצָה: וְלֹא־יָסַף עוֹד מַלְאַךְ יְהוָה לְהֵרָאֹה
כב אֶל־מָנוֹחַ וְאֶל־אִשְׁתּוֹ אָז יָדַע מָנוֹחַ כִּי־מַלְאַךְ יְהוָה הוּא: וַיֹּאמֶר מָנוֹחַ
כג אֶל־אִשְׁתּוֹ מוֹת נָמוּת כִּי אֱלֹהִים רָאִינוּ: וַתֹּאמֶר לוֹ אִשְׁתּוֹ לוּ חָפֵץ יְהוָה לַהֲמִיתֵנוּ לֹא־לָקַח מִיָּדֵנוּ עֹלָה וּמִנְחָה וְלֹא הֶרְאָנוּ אֶת־כָּל־אֵלֶּה
כד וְכָעֵת לֹא הִשְׁמִיעָנוּ כָּזֹאת: וַתֵּלֶד הָאִשָּׁה בֵּן וַתִּקְרָא אֶת־שְׁמוֹ שִׁמְשׁוֹן
כה וַיִּגְדַּל הַנַּעַר וַיְבָרְכֵהוּ יְהוָה:* וַתָּחֶל רוּחַ יְהוָה לְפַעֲמוֹ בְּמַחֲנֵה־דָן בֵּין צָרְעָה וּבֵין אֶשְׁתָּאֹל:

התימנים
מסיימים כאן

פרשת
בהעלתך

בהעלתך

ח וַיְדַבֵּ֥ר יְהֹוָ֖ה אֶל־מֹשֶׁ֥ה לֵּאמֹֽר: דַּבֵּר֙ אֶֽל־אַהֲרֹ֔ן וְאָמַרְתָּ֖ אֵלָ֑יו בְּהַעֲלֹֽתְךָ֙ אֶת־הַנֵּרֹ֔ת אֶל־מוּל֙ פְּנֵ֣י הַמְּנוֹרָ֔ה יָאִ֖ירוּ שִׁבְעַ֥ת הַנֵּרֽוֹת: וַיַּ֤עַשׂ כֵּן֙ אַהֲרֹ֔ן אֶל־מוּל֙ פְּנֵ֣י הַמְּנוֹרָ֔ה הֶעֱלָ֖ה נֵרֹתֶ֑יהָ כַּֽאֲשֶׁ֛ר צִוָּ֥ה יְהֹוָ֖ה אֶת־מֹשֶֽׁה: וְזֶ֨ה מַעֲשֵׂ֤ה הַמְּנֹרָה֙ מִקְשָׁ֣ה זָהָ֔ב עַד־יְרֵכָ֥הּ עַד־פִּרְחָ֖הּ מִקְשָׁ֣ה הִ֑וא כַּמַּרְאֶ֗ה אֲשֶׁ֨ר הֶרְאָ֤ה יְהֹוָה֙ אֶת־מֹשֶׁ֔ה כֵּ֥ן עָשָׂ֖ה אֶת־הַמְּנֹרָֽה:

וַיְדַבֵּ֥ר יְהֹוָ֖ה אֶל־מֹשֶׁ֥ה לֵּאמֹֽר: קַ֚ח אֶת־הַלְוִיִּ֔ם מִתּ֖וֹךְ בְּנֵ֣י יִשְׂרָאֵ֑ל וְטִהַרְתָּ֖ אֹתָֽם: וְכֹֽה־תַעֲשֶׂ֤ה לָהֶם֙ לְטַֽהֲרָ֔ם הַזֵּ֧ה עֲלֵיהֶ֛ם מֵ֥י חַטָּ֖את וְהֶעֱבִ֤ירוּ תַ֨עַר֙ עַל־כָּל־בְּשָׂרָ֔ם וְכִבְּס֥וּ בִגְדֵיהֶ֖ם וְהִטֶּהָֽרוּ: וְלָֽקְחוּ֙ פַּ֣ר בֶּן־בָּקָ֔ר וּמִנְחָת֔וֹ סֹ֖לֶת בְּלוּלָ֣ה בַשָּׁ֑מֶן וּפַר־שֵׁנִ֥י בֶן־בָּקָ֖ר תִּקַּ֥ח לְחַטָּֽאת: וְהִקְרַבְתָּ֙ אֶת־הַלְוִיִּ֔ם לִפְנֵ֖י אֹ֣הֶל מוֹעֵ֑ד וְהִ֨קְהַלְתָּ֔ אֶֽת־כָּל־עֲדַ֖ת בְּנֵ֥י יִשְׂרָאֵֽל: וְהִקְרַבְתָּ֥ אֶת־הַלְוִיִּ֖ם לִפְנֵ֣י יְהֹוָ֑ה

פרק ח

ב) **בְּהַעֲלֹתְךָ.** לָמָּה נִסְמְכָה פָּרָשַׁת הַמְּנוֹרָה לְפָרָשַׁת הַנְּשִׂיאִים? לְפִי שֶׁכְּשֶׁרָאָה אַהֲרֹן חֲנֻכַּת הַנְּשִׂיאִים חָלְשָׁה דַעְתּוֹ, שֶׁלֹּא הָיָה עִמָּהֶם בַּחֲנֻכָּה לֹא הוּא וְלֹא שִׁבְטוֹ, אָמַר לוֹ הַקָּדוֹשׁ בָּרוּךְ הוּא: חַיֶּיךָ, שֶׁלְּךָ גְּדוֹלָה מִשֶּׁלָּהֶם, שֶׁאַתָּה מַדְלִיק

ח א וּמַלֵּיל יי עִם מֹשֶׁה לְמֵימַר: מַלֵּיל עִם אַהֲרֹן, וְתֵימַר לֵיהּ, בְּאַדְלָקוּתָךְ יָת בּוֹצִינַיָּא, לָקֳבֵיל
ג אַפֵּי מְנָרְתָא, יְהוֹן מְנָהֲרִין שִׁבְעָא בוֹצִינַיָּא: וַעֲבַד כֵּן אַהֲרֹן, לָקֳבֵיל אַפֵּי מְנָרְתָא, אַדְלֵיק
ד בּוֹצִינָהָא, כְּמָא דְפַקֵּיד יי יָת מֹשֶׁה: וְדֵין עוֹבַד מְנָרְתָא נְגִידָא דְהַב, עַד שִׁדַּהּ עַד שׁוֹשַׁנַּהּ
ה נְגִידָא הִיא, כְּחֶזְוָא, דְּאַחֲזִי יי יָת מֹשֶׁה, כֵּן עֲבַד יָת מְנָרְתָא: וּמַלֵּיל יי עִם מֹשֶׁה לְמֵימַר: קָרֵיב
ו יָת לֵיוָאֵי, מִגּוֹ בְּנֵי יִשְׂרָאֵל, וּתְדַכֵּי יָתְהוֹן: וּכְדֵין תַּעֲבֵיד לְהוֹן לְדַכּוֹאֵיהוֹן, אַדֵּי עֲלֵיהוֹן
ח מַיָּא דְחַטָּאתָא, וְיַעְבְּרוּן מַסְפַּר עַל כָּל בִּסְרְהוֹן, וִיחַוְּרוּן לְבוּשֵׁיהוֹן וְיִדְכּוּן: וְיִסְּבוּן תּוֹר בַּר
ט תּוֹרֵי, וּמִנְחָתֵיהּ, סֻלְתָּא דְפִילָא בִמְשַׁח, וְתוֹר תִּנְיָן בַּר תּוֹרֵי תִּסַּב לְחַטָּאתָא: וּתְקָרֵיב יָת
י לֵיוָאֵי, לָקֳדָם מַשְׁכַּן זִמְנָא, וְתִכְנוֹשׁ, יָת כָּל כְּנִשְׁתָּא דִּבְנֵי יִשְׂרָאֵל: וּתְקָרֵיב יָת לֵיוָאֵי קֳדָם יי,

וּמֵיטִיב אֶת הַנֵּרוֹת: בְּהַעֲלֹתְךָ. עַל שֵׁם שֶׁהַלַּהַב עוֹלֶה כָּתוּב בְּהַדְלָקָתָן לְשׁוֹן עֲלִיָּה, שֶׁצָּרִיךְ לְהַדְלִיק עַד שֶׁתְּהֵא שַׁלְהֶבֶת עוֹלָה מֵאֵלֶיהָ. וְעוֹד דָּרְשׁוּ רַבּוֹתֵינוּ מִכָּאן שֶׁמַּעֲלָה הָיְתָה לִפְנֵי הַמְּנוֹרָה שֶׁעָלֶיהָ הַכֹּהֵן עוֹמֵד וּמֵיטִיב: אֶל מוּל פְּנֵי הַמְּנוֹרָה. אֶל מוּל נֵר הָאֶמְצָעִי, שֶׁאֵינוֹ בַּקָּנִים אֶלָּא בַּגּוּף שֶׁל מְנוֹרָה: יָאִירוּ שִׁבְעַת הַנֵּרוֹת. שִׁשָּׁה שֶׁעַל שֵׁשֶׁת הַקָּנִים, שְׁלֹשָׁה הַמִּזְרָחִיִּים פּוֹנִים לְמוּל הָאֶמְצָעִי הַפְּתִילוֹת שֶׁבָּהֶן, וְכֵן שְׁלֹשָׁה הַמַּעֲרָבִיִּים רָאשֵׁי הַפְּתִילוֹת לְמוּל הָאֶמְצָעִי. וְלָמָּה? כְּדֵי שֶׁלֹּא יֹאמְרוּ: לְאוֹרָה הוּא צָרִיךְ:

ג וַיַּעַשׂ כֵּן אַהֲרֹן. לְהַגִּיד שִׁבְחוֹ שֶׁל אַהֲרֹן שֶׁלֹּא שִׁנָּה:

ד וְזֶה מַעֲשֵׂה הַמְּנֹרָה. שֶׁהֶרְאָהוּ הַקָּדוֹשׁ בָּרוּךְ הוּא בָּאֶצְבַּע לְפִי שֶׁנִּתְקַשָּׁה בָּהּ, לְכָךְ נֶאֱמַר: "וְזֶה": מִקְשָׁה. בַּטדי"ץ בְּלַעַז, לְשׁוֹן: "דָּא לְדָא נָקְשָׁן" (דניאל ה, ו). עֲשֶׁת שֶׁל כִּכַּר זָהָב הָיְתָה, וּמַקִּישׁ בְּקֻרְנָס וְחוֹתֵךְ בְּכַשִּׁיל לְפַשֵּׁט אֵיבָרֶיהָ כְּתִקּוּנָהּ, וְלֹא נַעֲשֵׂית אֵיבָרִים אֵיבָרִים עַל יְדֵי חִבּוּר: עַד יְרֵכָהּ עַד פִּרְחָהּ. יְרֵכָהּ הִיא הַשִּׁדָּה שֶׁעַל הָרַגְלַיִם, חָלוּל, כְּדֶרֶךְ מְנוֹרוֹת כֶּסֶף שֶׁלִּפְנֵי הַשָּׂרִים: עַד יְרֵכָהּ עַד פִּרְחָהּ. כְּלוֹמַר גּוּפָהּ שֶׁל מְנוֹרָה כֻּלָּהּ, וְכָל הַתָּלוּי בָּהּ: עַד יְרֵכָהּ. שֶׁהוּא אֵיבָר גָּדוֹל: עַד פִּרְחָהּ. שֶׁהוּא מַעֲשֵׂה דַק שֶׁבָּהּ, הַכֹּל "מִקְשָׁה". וְדֶרֶךְ "עַד" לְשַׁמֵּשׁ בְּלָשׁוֹן זֶה, כְּמוֹ:

"מִגָּדִישׁ וְעַד קָמָה וְעַד כֶּרֶם זָיִת" (שופטים טו, ה): כַּמַּרְאֶה אֲשֶׁר הֶרְאָה וְגוֹ'. כַּתַּבְנִית אֲשֶׁר הֶרְאָהוּ בָּהָר, כְּמוֹ שֶׁנֶּאֱמַר: "וּרְאֵה וַעֲשֵׂה בְּתַבְנִיתָם" וְגוֹ' (שמות כה, מ): כֵּן עָשָׂה אֶת הַמְּנֹרָה. מִי שֶׁעֲשָׂאָהּ. וּמִדְרַשׁ אַגָּדָה: עַל יְדֵי הַקָּדוֹשׁ בָּרוּךְ הוּא נַעֲשֵׂית מֵאֵלֶיהָ:

ו קַח אֶת הַלְוִיִּם. קִחֵם בִּדְבָרִים: 'אַשְׁרֵיכֶם שֶׁתִּזְכּוּ לִהְיוֹת שַׁמָּשִׁים לַמָּקוֹם':

ז הַזֵּה עֲלֵיהֶם מֵי חַטָּאת. שֶׁל אֵפֶר הַפָּרָה, מִפְּנֵי טְמֵאֵי מֵתִים שֶׁבָּהֶם: וְהֶעֱבִירוּ תַעַר. מָצָאתִי בְּדִבְרֵי רַבִּי מֹשֶׁה הַדַּרְשָׁן, לְפִי שֶׁנִּתְּנוּ כַּפָּרָה עַל הַבְּכוֹרוֹת שֶׁעָבְדוּ עֲבוֹדָה זָרָה, וְהִיא קְרוּיָה 'זִבְחֵי מֵתִים' (תהלים קו, כח), וְהַמְּצֹרָע קָרוּי 'מֵת' (להלן יב, יב), הִזְקִיקָם תִּגְלַחַת כִּמְצֹרָעִים:

ח וְלָקְחוּ פַּר בֶּן בָּקָר. וְהוּא עוֹלָה, כְּמוֹ שֶׁכָּתוּב: "וַעֲשֵׂה אֶת הָאֶחָד... עֹלָה" (להלן פסוק יב), וְהוּא קָרְבַּן צִבּוּר בַּעֲבוֹדָה זָרָה (להלן טו, כד): וּפַר שֵׁנִי. מַה תַּלְמוּד לוֹמַר "שֵׁנִי"? לוֹמַר לְךָ, מַה עוֹלָה לֹא נֶאֱכֶלֶת אַף חַטָּאת לֹא נֶאֱכֶלֶת, וְכָזוֹ יֵשׁ סֶמֶךְ לְדִבְרֵי בַעֲלֵי הַכָּהֲנִים (חובה פרק ג, ז). וְחוֹמֶר אֲנִי שֶׁהוֹרָאַת שָׁעָה הָיְתָה, שֶׁשָּׂעִיר הָיָה לָהֶם לְהָבִיא לְחַטַּאת עֲבוֹדָה זָרָה עִם פַּר הָעוֹלָה:

ט וְהִקְהַלְתָּ אֶת כָּל עֲדַת. לְפִי שֶׁהַלְוִיִּם נְתוּנִים קָרְבַּן כַּפָּרָה תַּחְתֵּיהֶם, יָבוֹאוּ וְיַעַמְדוּ עַל קָרְבָּנָם וְיִסְמְכוּ אֶת יְדֵיהֶם עֲלֵיהֶם:

וְסָמְכ֧וּ בְנֵֽי־יִשְׂרָאֵ֛ל אֶת־יְדֵיהֶ֖ם עַל־הַלְוִיִּֽם:
יא וְהֵנִיף֩ אַהֲרֹ֨ן אֶת־הַלְוִיִּ֤ם תְּנוּפָה֙ לִפְנֵ֣י יְהֹוָ֔ה מֵאֵ֖ת בְּנֵ֣י יִשְׂרָאֵ֑ל וְהָי֕וּ לַעֲבֹ֖ד אֶת־עֲבֹדַ֥ת יְהֹוָֽה:
יב וְהַלְוִיִּם֙ יִסְמְכ֣וּ אֶת־יְדֵיהֶ֔ם עַ֖ל רֹ֣אשׁ הַפָּרִ֑ים וַ֠עֲשֵׂ֠ה אֶת־הָאֶחָ֨ד חַטָּ֜את וְאֶת־הָאֶחָ֤ד עֹלָה֙ לַֽיהֹוָ֔ה לְכַפֵּ֖ר עַל־הַלְוִיִּֽם:
יג וְהַֽעֲמַדְתָּ֙ אֶת־הַלְוִיִּ֔ם לִפְנֵ֥י אַהֲרֹ֖ן וְלִפְנֵ֣י בָנָ֑יו וְהֵנַפְתָּ֥ אֹתָ֛ם תְּנוּפָ֖ה לַֽיהֹוָֽה:
יד וְהִבְדַּלְתָּ֙ אֶת־הַלְוִיִּ֔ם מִתּ֖וֹךְ בְּנֵ֣י יִשְׂרָאֵ֑ל וְהָ֥יוּ לִ֖י הַלְוִיִּֽם:
שני טו וְאַֽחֲרֵי־כֵן֙ יָבֹ֣אוּ הַלְוִיִּ֔ם לַעֲבֹ֖ד אֶת־אֹ֣הֶל מוֹעֵ֑ד וְטִֽהַרְתָּ֣ אֹתָ֔ם וְהֵנַפְתָּ֥ אֹתָ֖ם תְּנוּפָֽה:
טז כִּי֩ נְתֻנִ֨ים נְתֻנִ֥ים הֵ֨מָּה֙ לִ֔י מִתּ֖וֹךְ בְּנֵ֣י יִשְׂרָאֵ֑ל תַּחַת֩ פִּטְרַ֨ת כָּל־רֶ֜חֶם בְּכ֥וֹר כֹּל֙ מִבְּנֵ֣י יִשְׂרָאֵ֔ל לָקַ֥חְתִּי אֹתָ֖ם לִֽי:
יז כִּ֣י לִ֤י כָל־בְּכוֹר֙ בִּבְנֵ֣י יִשְׂרָאֵ֔ל בָּאָדָ֖ם וּבַבְּהֵמָ֑ה בְּי֗וֹם הַכֹּתִ֤י כָל־בְּכוֹר֙ בְּאֶ֣רֶץ מִצְרַ֔יִם הִקְדַּ֥שְׁתִּי אֹתָ֖ם לִֽי:
יח וָאֶקַּח֙ אֶת־הַלְוִיִּ֔ם תַּ֥חַת כָּל־בְּכ֖וֹר בִּבְנֵ֥י יִשְׂרָאֵֽל:
יט וָאֶתְּנָ֨ה אֶת־הַלְוִיִּ֜ם נְתֻנִ֣ים ׀ לְאַהֲרֹ֣ן וּלְבָנָ֗יו מִתּוֹךְ֙ בְּנֵ֣י יִשְׂרָאֵ֔ל לַעֲבֹ֞ד אֶת־עֲבֹדַ֤ת בְּנֵֽי־יִשְׂרָאֵל֙ בְּאֹ֣הֶל מוֹעֵ֔ד וּלְכַפֵּ֖ר עַל־בְּנֵ֣י יִשְׂרָאֵ֑ל וְלֹ֨א יִהְיֶ֜ה בִּבְנֵ֤י יִשְׂרָאֵל֙ נֶ֔גֶף בְּגֶ֥שֶׁת בְּנֵֽי־יִשְׂרָאֵ֖ל אֶל־הַקֹּֽדֶשׁ:
כ וַיַּ֨עַשׂ מֹשֶׁ֧ה וְאַהֲרֹ֛ן וְכָל־עֲדַ֥ת בְּנֵי־יִשְׂרָאֵ֖ל לַלְוִיִּ֑ם

כְּכֹל אֲשֶׁר־צִוָּה יְהוָה אֶת־מֹשֶׁה לַלְוִיִּם כֵּן־עָשׂוּ
כא לָהֶם בְּנֵי יִשְׂרָאֵל: וַיִּתְחַטְּאוּ הַלְוִיִּם וַיְכַבְּסוּ
בִּגְדֵיהֶם וַיָּנֶף אַהֲרֹן אֹתָם תְּנוּפָה לִפְנֵי יְהוָה
כב וַיְכַפֵּר עֲלֵיהֶם אַהֲרֹן לְטַהֲרָם: וְאַחֲרֵי־כֵן בָּאוּ
הַלְוִיִּם לַעֲבֹד אֶת־עֲבֹדָתָם בְּאֹהֶל מוֹעֵד לִפְנֵי

יא וְיִסְמְכוּן בְּנֵי יִשְׂרָאֵל, יָת יְדֵיהוֹן עַל לֵיוָאֵי: וִירִים אַהֲרֹן יָת לֵיוָאֵי אֲרָמָא קֳדָם יְיָ, מִן בְּנֵי
יב יִשְׂרָאֵל, וִיהוֹן, לְמִפְלַח יָת פֻּלְחָנָא דַיְיָ: וְלֵיוָאֵי יִסְמְכוּן יָת יְדֵיהוֹן, עַל רֵישׁ תּוֹרַיָּא, וַעֲבֵיד,
יג יָת חַד חַטָּתָא, וְיָת חַד עֲלָתָא קֳדָם יְיָ, לְכַפָּרָא עַל לֵיוָאֵי: וּתְקִים יָת לֵיוָאֵי, קֳדָם אַהֲרֹן
יד וְקֳדָם בְּנוֹהִי, וּתְרִים יָתְהוֹן, אֲרָמָא קֳדָם יְיָ: וְתַפְרֵישׁ יָת לֵיוָאֵי, מִגּוֹ בְּנֵי יִשְׂרָאֵל, וִיהוֹן
טו מְשַׁמְּשִׁין קֳדָמַי לֵיוָאֵי: וּבָתַר כֵּן יֵיעֲלוּן לֵיוָאֵי, לְמִפְלַח יָת מַשְׁכַּן זִמְנָא, וּתְדַכֵּי יָתְהוֹן, וּתְרִים
טז יָתְהוֹן אֲרָמָא: אֲרֵי אַפְרָשָׁא מְפָרְשִׁין אִנּוּן קֳדָמַי, מִגּוֹ בְּנֵי יִשְׂרָאֵל, חֲלָף פָּתַח כָּל וַלְדָּא,
יז בֻּכְרָא כוּלָּא מִבְּנֵי יִשְׂרָאֵל, קָרֵיבִית יָתְהוֹן קֳדָמָי: אֲרֵי דִילִי כָּל בֻּכְרָא בִּבְנֵי יִשְׂרָאֵל,
בַּאֲנָשָׁא וּבִבְעִירָא, בְּיוֹמָא, דִּקְטָלִית כָּל בֻּכְרָא בְּאַרְעָא דְמִצְרַיִם, אַקְדֵּישִׁית יָתְהוֹן קֳדָמָי:
יח יט וְקָרֵיבִית יָת לֵיוָאֵי, חֲלָף כָּל בֻּכְרָא בִּבְנֵי יִשְׂרָאֵל: וִיהַבִית יָת לֵיוָאֵי, מְסִירִין לְאַהֲרֹן
וְלִבְנוֹהִי, מִגּוֹ בְּנֵי יִשְׂרָאֵל, לְמִפְלַח, יָת פֻּלְחַן בְּנֵי יִשְׂרָאֵל בְּמַשְׁכַּן זִמְנָא, וּלְכַפָּרָא עַל בְּנֵי
כ יִשְׂרָאֵל, וְלָא יְהֵי, בִּבְנֵי יִשְׂרָאֵל מוֹתָא, בְּמִקְרַב בְּנֵי יִשְׂרָאֵל לְקֻדְשָׁא: וַעֲבַד מֹשֶׁה וְאַהֲרֹן,
וְכָל כְּנִשְׁתָּא דִבְנֵי יִשְׂרָאֵל לְלֵיוָאֵי, כְּכֹל, דְּפַקֵּיד יְיָ יָת מֹשֶׁה לְלֵיוָאֵי, כֵּן עֲבַדוּ לְהוֹן בְּנֵי
כא יִשְׂרָאֵל: וְאִדַּכִּיאוּ לֵיוָאֵי, וְחַוַּרוּ לְבוּשֵׁיהוֹן, וַאֲרֵים אַהֲרֹן יָתְהוֹן, אֲרָמָא קֳדָם יְיָ, וְכַפַּר
כב עֲלֵיהוֹן, אַהֲרֹן לְדַכּוֹאֵיהוֹן: וּבָתַר כֵּן עָאלוּ לֵיוָאֵי, לְמִפְלַח יָת פֻּלְחָנְהוֹן בְּמַשְׁכַּן זִמְנָא, קֳדָם

יא **וְהֵנִיף אַהֲרֹן אֶת הַלְוִיִּם תְּנוּפָה.** כְּדֶרֶךְ שֶׁאָשָׁם מְצֹרָע טָעוּן תְּנוּפָה חַי (ויקרא יד, יב). שָׁלֹשׁ תְּנוּפוֹת נֶאֶמְרוּ בְּפָרָשָׁה זוֹ: הָרִאשׁוֹנָה לִבְנֵי קְהָת, לְכָךְ נֶאֱמַר בָּם: "וְהָיוּ לַעֲבֹד אֶת עֲבֹדַת ה'", לְפִי שֶׁעֲבוֹדַת קֹדֶשׁ הַקֳּדָשִׁים עֲלֵיהֶם, "הָאָרֹן וְהַשֻּׁלְחָן" וְגוֹ' (לעיל ג, לא); הַשְּׁנִיָּה לִבְנֵי גֵּרְשׁוֹן, לְכָךְ נֶאֱמַר בָּם: "תְּנוּפָה לַה'" (להלן פסוק יג), שֶׁאַף עֲלֵיהֶם הָיְתָה עֲבוֹדַת הַקֹּדֶשׁ – יְרִיעוֹת וּקְרָסִים הַנִּרְאִים בְּבֵית קֹדֶשׁ הַקֳּדָשִׁים; וְהַשְּׁלִישִׁית לִבְנֵי מְרָרִי (להלן פסוק טו):

טז **נְתֻנִים נְתֻנִים.** נְתוּנִים לְמַשָּׂא, נְתוּנִים לְשִׁיר: **פִּטְרַת.** פְּתִיחַת:

יז **כִּי לִי כָל בְּכוֹר.** שֶׁלִּי הָיוּ הַבְּכוֹרוֹת בְּקַו הַדִּין, שֶׁהֵגַנְתִּי עֲלֵיהֶם בֵּין בְּכוֹרֵי מִצְרַיִם וְלָקַחְתִּי אוֹתָם לִי, עַד שֶׁטָּעוּ בָּעֵגֶל, וְעַכְשָׁיו: "וָאֶקַּח אֶת הַלְוִיִּם" וְגוֹ' (להלן פסוק יח):

יט **וָאֶתְּנָה וְגוֹ'.** חֲמִשָּׁה פְּעָמִים נֶאֱמַר 'בְּנֵי יִשְׂרָאֵל' בְּמִקְרָא זֶה, לְהוֹדִיעַ חִבָּתָן שֶׁתּוֹכֵף אַזְכָּרוֹתֵיהֶן בְּמִקְרָא אֶחָד כְּמִנְיַן חֲמִשָּׁה חֻמְשֵׁי תוֹרָה, כָּךְ רָאִיתִי בִּבְרֵאשִׁית רַבָּה (ג, ה): **וְלֹא יִהְיֶה בִּבְנֵי יִשְׂרָאֵל נֶגֶף.** שֶׁלֹּא יִצְטָרְכוּ לָגֶשֶׁת אֶל הַקֹּדֶשׁ, שֶׁאִם יִגְּשׁוּ יִהְיֶה נֶגֶף:

כ **וַיַּעַשׂ מֹשֶׁה וְאַהֲרֹן וְכָל עֲדַת וְגוֹ'.** מֹשֶׁה הֶעֱמִידָן, וְאַהֲרֹן הֵנִיף, וְיִשְׂרָאֵל סָמְכוּ אֶת יְדֵיהֶם:

אַהֲרֹן וְלִפְנֵי בָנָיו כַּאֲשֶׁר צִוָּה יְהוָה אֶת־מֹשֶׁה
עַל־הַלְוִיִּם כֵּן עָשׂוּ לָהֶם׃ וַיְדַבֵּר כג
יְהוָה אֶל־מֹשֶׁה לֵּאמֹר׃ זֹאת אֲשֶׁר לַלְוִיִּם מִבֶּן כד
חָמֵשׁ וְעֶשְׂרִים שָׁנָה וָמַעְלָה יָבוֹא לִצְבֹא צָבָא
בַּעֲבֹדַת אֹהֶל מוֹעֵד׃ וּמִבֶּן חֲמִשִּׁים שָׁנָה יָשׁוּב כה
מִצְּבָא הָעֲבֹדָה וְלֹא יַעֲבֹד עוֹד׃ וְשֵׁרֵת אֶת־ כו
אֶחָיו בְּאֹהֶל מוֹעֵד לִשְׁמֹר מִשְׁמֶרֶת וַעֲבֹדָה לֹא
יַעֲבֹד כָּכָה תַּעֲשֶׂה לַלְוִיִּם בְּמִשְׁמְרֹתָם׃
שלישי וַיְדַבֵּר יְהוָה אֶל־מֹשֶׁה בְמִדְבַּר־סִינַי בַּשָּׁנָה א ט
הַשֵּׁנִית לְצֵאתָם מֵאֶרֶץ מִצְרַיִם בַּחֹדֶשׁ הָרִאשׁוֹן
לֵאמֹר׃ וְיַעֲשׂוּ בְנֵי־יִשְׂרָאֵל אֶת־הַפָּסַח בְּמוֹעֲדוֹ׃ ב
בְּאַרְבָּעָה עָשָׂר־יוֹם בַּחֹדֶשׁ הַזֶּה בֵּין הָעַרְבַּיִם ג
תַּעֲשׂוּ אֹתוֹ בְּמֹעֲדוֹ כְּכָל־חֻקֹּתָיו וּכְכָל־מִשְׁפָּטָיו
תַּעֲשׂוּ אֹתוֹ׃ וַיְדַבֵּר מֹשֶׁה אֶל־בְּנֵי יִשְׂרָאֵל ד
לַעֲשֹׂת הַפָּסַח׃ וַיַּעֲשׂוּ אֶת־הַפֶּסַח בָּרִאשׁוֹן ה
בְּאַרְבָּעָה עָשָׂר יוֹם לַחֹדֶשׁ בֵּין הָעַרְבַּיִם בְּמִדְבַּר
סִינָי כְּכֹל אֲשֶׁר צִוָּה יְהוָה אֶת־מֹשֶׁה כֵּן עָשׂוּ בְּנֵי
יִשְׂרָאֵל׃ וַיְהִי אֲנָשִׁים אֲשֶׁר הָיוּ טְמֵאִים לְנֶפֶשׁ ו
אָדָם וְלֹא־יָכְלוּ לַעֲשֹׂת־הַפֶּסַח בַּיּוֹם הַהוּא
וַיִּקְרְבוּ לִפְנֵי מֹשֶׁה וְלִפְנֵי אַהֲרֹן בַּיּוֹם הַהוּא׃

ט בהעלתך

ז וַיֹּאמְרוּ הָאֲנָשִׁים הָהֵמָּה אֵלָיו אֲנַחְנוּ טְמֵאִים
לְנֶפֶשׁ אָדָם לָמָּה נִגָּרַע לְבִלְתִּי הַקְרִיב אֶת־

כג אַהֲרֹן וּקְדָם בְּנוֹהִי, כְּמָא דְּפַקֵּיד יי יָת מֹשֶׁה עַל לֵיוָאֵי, כֵּן עֲבַדוּ לְהוֹן: וּמַלֵּיל יי עִם מֹשֶׁה לְמֵימַר:
כד כה דָּא דִּלְלֵיוָאֵי, מִבַּר עַסְרִין וַחֲמֵשׁ שְׁנִין וּלְעֵילָא, יֵיתֵי לְחַיָּלָא חֵילָא, בְּפָלְחַן מַשְׁכַּן זִמְנָא: וּמִבַּר
כו חַמְשִׁין שְׁנִין, יְתוּב מֵחֵיל פָּלְחָנָא, וְלָא יִפְלַח עוֹד: וִישַׁמֵּישׁ עִם אֲחוֹהִי, בְּמַשְׁכַּן זִמְנָא לְמִטַּר
ט א מַטְּרָא, וּפָלְחָנָא לָא יִפְלַח, כְּדֵין, תַּעֲבֵיד לְלֵיוָאֵי בְּמַטְּרָתְהוֹן: וּמַלֵּיל יי עִם מֹשֶׁה בְּמַדְבְּרָא
ב דְּסִינַי, בְּשַׁתָּא תִּנְיֵיתָא, לְמִפַּקְהוֹן מֵאַרְעָא דְּמִצְרַיִם, בְּיַרְחָא קַדְמָאָה לְמֵימַר: וְיַעְבְּדוּן בְּנֵי
ג יִשְׂרָאֵל, יָת פִּסְחָא בִּזְמְנֵיהּ: בְּאַרְבְּעַת עַסְרָא יוֹמָא, בְּיַרְחָא הָדֵין, בֵּין שִׁמְשַׁיָּא, תַּעְבְּדוּן יָתֵיהּ
ד בִּזְמְנֵיהּ, כְּכָל גְּזֵירָתֵיהּ וּכְכָל דַּחֲזֵי לֵיהּ תַּעְבְּדוּן יָתֵיהּ: וּמַלֵּיל מֹשֶׁה, עִם בְּנֵי יִשְׂרָאֵל לְמֶעְבַּד
ה פִּסְחָא: וַעֲבַדוּ יָת פִּסְחָא, בְּנִיסָן, בְּאַרְבְּעַת עַסְרָא יוֹמָא לְיַרְחָא, בֵּין שִׁמְשַׁיָּא בְּמַדְבְּרָא דְּסִינַי,
ו כְּכֹל, דְּפַקֵּיד יי יָת מֹשֶׁה, כֵּן עֲבַדוּ בְּנֵי יִשְׂרָאֵל: וַהֲווֹ גֻּבְרַיָּא, דַּהֲווֹ מְסָאֲבִין לִטְמֵי נַפְשָׁא דַּאֲנָשָׁא,
ז וְלָא יְכִילוּ לְמֶעְבַּד פִּסְחָא בְּיוֹמָא הַהוּא, וּקְרִיבוּ, קֳדָם מֹשֶׁה, וּקְדָם אַהֲרֹן בְּיוֹמָא הַהוּא: וַאֲמַרוּ,
גֻּבְרַיָּא הָאִנּוּן לֵיהּ, אֲנַחְנָא מְסָאֲבִין לִטְמֵי נַפְשָׁא דַּאֲנָשָׁא, לְמָא נִתְמְנַע, בְּדִיל דְּלָא לְקָרָבָא,

כב) **כַּאֲשֶׁר צִוָּה ה' וְגוֹ' כֵּן עָשׂוּ.** לְהַגִּיד שֶׁבַח הָעוֹשִׂין וְהַנַּעֲשָׂה בָּהֶן, שֶׁאֶחָד מֵהֶם לֹא עִכֵּב:

כד) **זֹאת אֲשֶׁר לַלְוִיִּם.** שָׁנִים פּוֹסְלִים בָּהֶם, וְאֵין הַמּוּמִין פּוֹסְלִים בָּהֶם: **מִבֶּן חָמֵשׁ וְעֶשְׂרִים.** וּבְמָקוֹם אַחֵר אוֹמֵר: "מִבֶּן שְׁלֹשִׁים שָׁנָה" (לעיל ד, ג), הָא כֵּיצַד? מִבֶּן עֶשְׂרִים וְחָמֵשׁ בָּא לִלְמֹד הִלְכוֹת עֲבוֹדָה וְלוֹמֵד חָמֵשׁ שָׁנִים, וּבֶן שְׁלֹשִׁים עוֹבֵד. מִכָּאן לְתַלְמִיד שֶׁלֹּא רָאָה סִימָן יָפֶה בְּמִשְׁנָתוֹ בְּחָמֵשׁ שָׁנִים, שׁוּב אֵינוֹ רוֹאֶה:

כה) **וְלֹא יַעֲבֹד עוֹד.** עֲבוֹדַת מַשָּׂא בַּכָּתֵף, אֲבָל חוֹזֵר הוּא לִנְעִילַת שְׁעָרִים וְלָשִׁיר וְלִטְעֹן עֲגָלוֹת, וְזֶהוּ: "וְשֵׁרֵת אֶת אֶחָיו" (להלן פסוק כו), "עִם אֲחוֹהִי", כְּתַרְגּוּמוֹ:

כו) **לִשְׁמֹר מִשְׁמֶרֶת.** לַחֲנוֹת סָבִיב לָאֹהֶל וּלְהָקִים וּלְהוֹרִיד בִּשְׁעַת הַמַּסָּעוֹת:

פרק ט

א) **בַּחֹדֶשׁ הָרִאשׁוֹן.** פָּרָשָׁה שֶׁבְּרֹאשׁ הַסֵּפֶר לֹא נֶאֶמְרָה עַד אִיָּר, לָמַדְתָּ שֶׁאֵין סֵדֶר מֻקְדָּם וּמְאֻחָר בַּתּוֹרָה. וְלָמָּה לֹא פָּתַח בָּזוֹ? מִפְּנֵי שֶׁהוּא גְּנוּתָן שֶׁל יִשְׂרָאֵל, שֶׁכָּל אַרְבָּעִים שָׁנָה שֶׁהָיוּ יִשְׂרָאֵל בַּמִּדְבָּר לֹא הִקְרִיבוּ אֶלָּא פֶּסַח זֶה בִּלְבַד:

ב) **בְּמוֹעֲדוֹ.** אַף בְּשַׁבָּת, אַף בְּטֻמְאָה:

ג) **כְּכָל חֻקֹּתָיו.** אֵלּוּ מִצְוֹת שֶׁבְּגוּפוֹ: "שֶׂה תָמִים זָכָר בֶּן שָׁנָה" (שמות יב, ה): **וּכְכָל מִשְׁפָּטָיו.** אֵלּוּ מִצְוֹת שֶׁעַל גּוּפוֹ מִמָּקוֹם אַחֵר: לְשִׁבְעַת יָמִים לְמַצָּה וּלְבִעוּר חָמֵץ:

ד) **וַיְדַבֵּר מֹשֶׁה וְגוֹ'.** מַה תַּלְמוּד לוֹמַר? וַהֲלֹא כְּבָר נֶאֱמַר: "וַיְדַבֵּר מֹשֶׁה אֶת מֹעֲדֵי ה'" (ויקרא כג, מד)? אֶלָּא כְּשֶׁשָּׁמַע פָּרָשַׁת מוֹעֲדִים מִסִּינַי אֲמָרָהּ לָהֶם, וְחָזַר וְהִזְהִירָם בִּשְׁעַת מַעֲשֶׂה:

ו) **לִפְנֵי מֹשֶׁה וְלִפְנֵי אַהֲרֹן.** כְּשֶׁשְּׁנֵיהֶם יוֹשְׁבִין בְּבֵית הַמִּדְרָשׁ בָּאוּ וּשְׁאָלוּם. וְלֹא יִתָּכֵן לוֹמַר זֶה אַחַר זֶה, שֶׁאִם מֹשֶׁה לֹא הָיָה יוֹדֵעַ, אַהֲרֹן מִנַּיִן לוֹ?:

ז) **לָמָּה נִגָּרַע.** אָמַר לָהֶם: אֵין קָדָשִׁים קְרֵבִים בְּטֻמְאָה. אָמְרוּ לוֹ: יִזָּרֵק הַדָּם עָלֵינוּ בְּכֹהֲנִים

במדבר

ח קָרְבַּן יהוה בְּמֹעֲדוֹ בְּתוֹךְ בְּנֵי יִשְׂרָאֵל: וַיֹּאמֶר אֲלֵהֶם מֹשֶׁה עִמְדוּ וְאֶשְׁמְעָה מַה־יְצַוֶּה יהוה לָכֶם:

ט וַיְדַבֵּר יהוה אֶל־מֹשֶׁה לֵּאמֹר: דַּבֵּר אֶל־בְּנֵי יִשְׂרָאֵל לֵאמֹר אִישׁ אִישׁ כִּי־יִהְיֶה טָמֵא ׀ לָנֶפֶשׁ אוֹ בְדֶרֶךְ רְחֹקָה לָכֶם אוֹ לְדֹרֹתֵיכֶם וְעָשָׂה פֶסַח לַיהוה: בַּחֹדֶשׁ הַשֵּׁנִי בְּאַרְבָּעָה עָשָׂר יוֹם בֵּין יא הָעַרְבַּיִם יַעֲשׂוּ אֹתוֹ עַל־מַצּוֹת וּמְרֹרִים יֹאכְלֻהוּ: לֹא־יַשְׁאִירוּ מִמֶּנּוּ עַד־בֹּקֶר וְעֶצֶם לֹא יִשְׁבְּרוּ־בוֹ יב כְּכָל־חֻקַּת הַפֶּסַח יַעֲשׂוּ אֹתוֹ: וְהָאִישׁ אֲשֶׁר־הוּא יג טָהוֹר וּבְדֶרֶךְ לֹא־הָיָה וְחָדַל לַעֲשׂוֹת הַפֶּסַח וְנִכְרְתָה הַנֶּפֶשׁ הַהִוא מֵעַמֶּיהָ כִּי ׀ קָרְבַּן יהוה לֹא הִקְרִיב בְּמֹעֲדוֹ חֶטְאוֹ יִשָּׂא הָאִישׁ הַהוּא: וְכִי־ יד יָגוּר אִתְּכֶם גֵּר וְעָשָׂה פֶסַח לַיהוה כְּחֻקַּת הַפֶּסַח וּכְמִשְׁפָּטוֹ כֵּן יַעֲשֶׂה חֻקָּה אַחַת יִהְיֶה לָכֶם וְלַגֵּר וּלְאֶזְרַח הָאָרֶץ:

רביעי וּבְיוֹם הָקִים אֶת־ טו הַמִּשְׁכָּן כִּסָּה הֶעָנָן אֶת־הַמִּשְׁכָּן לְאֹהֶל הָעֵדֻת וּבָעֶרֶב יִהְיֶה עַל־הַמִּשְׁכָּן כְּמַרְאֵה־אֵשׁ עַד־ בֹּקֶר: כֵּן יִהְיֶה תָמִיד הֶעָנָן יְכַסֶּנּוּ וּמַרְאֵה־אֵשׁ טז לָיְלָה: וּלְפִי הֵעָלוֹת הֶעָנָן מֵעַל הָאֹהֶל וְאַחֲרֵי יז כֵן יִסְעוּ בְּנֵי יִשְׂרָאֵל וּבִמְקוֹם אֲשֶׁר יִשְׁכָּן־שָׁם

מצווה שפ
מצוות פסח שני

מצווה שפא
מצווה לאכול פסח שני
על מצות ומרורים

מצווה שפב-שפג
איסור להותיר בשר
פסח שני עד הבוקר

איסור שבירת עצמות
פסח שני

יח הֶעָנָן שָׁם יַחֲנוּ בְּנֵי יִשְׂרָאֵל: עַל־פִּי יְהוָה יִסְעוּ
בְּנֵי יִשְׂרָאֵל וְעַל־פִּי יְהוָה יַחֲנוּ כָּל־יְמֵי אֲשֶׁר

ח יָת קֻרְבָּנָא דַּייָ בִּזְמְנֵיהּ, בְּגוֹ בְּנֵי יִשְׂרָאֵל: וַאֲמַר לְהוֹן מֹשֶׁה, אוֹרִיכוּ עַד דְּאֶשְׁמַע, מָא
ט י דְּאִתְפַּקַּד מִן קֳדָם יי עַל דִּילְכוֹן: וּמַלֵּיל יי עִם מֹשֶׁה לְמֵימַר: מַלֵּיל, עִם בְּנֵי יִשְׂרָאֵל לְמֵימַר,
גְּבַר גְּבַר אֲרֵי יְהֵי מְסָאַב לִטְמֵי נַפְשָׁא דַּאֲנָשָׁא, אוֹ בְּאוֹרַח רַחִיקָא לְכוֹן, אוֹ לְדָרֵיכוֹן,
יא וְיַעֲבֵיד פִּסְחָא קֳדָם יי: בְּיַרְחָא תִּנְיָנָא, בְּאַרְבְּעַת עַסְרָא יוֹמָא, בֵּין שִׁמְשַׁיָּא יַעְבְּדוּן יָתֵיהּ,
יב עַל פַּטִּיר וּמְרָרִין יֵיכְלֻנֵּיהּ: לָא יַשְׁאֲרוּן מִנֵּיהּ עַד צַפְרָא, וְגַרְמָא לָא יְתַבְּרוּן בֵּיהּ, כְּכָל גְּזֵירַת
יג פִּסְחָא יַעְבְּדוּן יָתֵיהּ: וְגַבְרָא דְּהוּא דְּכֵי וּבְאוֹרַח לָא הֲוָה, וְיִתְמְנַע מִלְּמֶעֱבַד פִּסְחָא,
וְיִשְׁתֵּיצֵי, אֲנָשָׁא הַהוּא מֵעַמֵּיהּ, אֲרֵי קֻרְבָּנָא דַּייָ, לָא קָרֵיב בִּזְמְנֵיהּ, חוֹבֵיהּ יְקַבֵּיל גַּבְרָא
יד הַהוּא: וַאֲרֵי יִתְגַּיַּר עִמְּכוֹן גִּיּוֹרָא, וְיַעֲבֵיד פִּסְחָא קֳדָם יי, כִּגְזֵירַת פִּסְחָא, וּכְדַחְזֵי לֵיהּ כֵּן
טו יַעֲבֵיד, קְיָמָא חַד יְהֵי לְכוֹן, וּלְגִיּוֹרַיָּא וּלְיַצִּיבַיָּא דְּאַרְעָא: וּבְיוֹמָא דְּאִתָּקַם מַשְׁכְּנָא, חֲפָא
עֲנָנָא יָת מַשְׁכְּנָא, לְמַשְׁכְּנָא דְּסַהֲדוּתָא, וּבְרַמְשָׁא, הֲוֵי עַל מַשְׁכְּנָא, כְּחֵיזוּ אִישָׁתָא עַד
טז יז צַפְרָא: כֵּן הֲוֵי תְּדִירָא, עֲנָנָא חָפֵי לֵיהּ, וְחֵיזוּ אִישָׁתָא בְּלֵילְיָא: וּלְפוּם, אִסְתַּלָּקוּת
עֲנָנָא מֵעִלָּוֵי מַשְׁכְּנָא, וּבָתַר כֵּן, נָטְלִין בְּנֵי יִשְׂרָאֵל, וּבְאַתְרָא, דְּשָׁרֵי תַמָּן עֲנָנָא, תַּמָּן
יח שָׁרַן בְּנֵי יִשְׂרָאֵל: עַל מֵימְרָא דַּייָ, נָטְלִין בְּנֵי יִשְׂרָאֵל, וְעַל מֵימְרָא דַּייָ שָׁרַן, כָּל יוֹמִין,

טְהוֹרִים וְיֵאָכֵל הַבָּשָׂר לִטְהוֹרִים, אָמַר לָהֶם: "עִמְדוּ וְאֶשְׁמְעָה" (להלן פסוק ח), כְּתַלְמִיד הַמֻּבְטָח לִשְׁמֹעַ מִפִּי רַבּוֹ. אַשְׁרֵי יְלוּד אִשָּׁה שֶׁכָּךְ מֻבְטָח, שֶׁכָּל זְמַן שֶׁהָיָה רוֹצֶה הָיָה מְדַבֵּר עִם הַשְּׁכִינָה. וּרְאוּיָה הָיְתָה פָּרָשָׁה זוֹ לְהֵאָמֵר עַל יְדֵי מֹשֶׁה כִּשְׁאָר כָּל הַתּוֹרָה כֻּלָּהּ, אֶלָּא שֶׁזָּכוּ אֵלּוּ שֶׁתֵּאָמֵר עַל יְדֵיהֶן, שֶׁמְּגַלְגְּלִין זְכוּת עַל יְדֵי זַכַּאי:

י | אוֹ בְדֶרֶךְ רְחֹקָה. נָקוּד עָלָיו, לוֹמַר לֹא שֶׁרְחוֹקָה וַדַּאי, אֶלָּא שֶׁהָיָה חוּץ לְאַסְקֻפַּת הָעֲזָרָה כָּל זְמַן שְׁחִיטָה. פֶּסַח שֵׁנִי – מַצָּה וְחָמֵץ עִמּוֹ בַּבַּיִת, וְאֵין שָׁם יוֹם טוֹב, וְאֵין אִסּוּר חָמֵץ אֶלָּא עִמּוֹ בַּאֲכִילָתוֹ:

יד | וְכִי יָגוּר אִתְּכֶם גֵּר וְעָשָׂה פֶסַח. יָכוֹל כָּל הַמִּתְגַּיֵּר יַעֲשֶׂה פֶּסַח מִיָּד? תַּלְמוּד לוֹמַר: "חֻקָּה אַחַת" וְגוֹ', אֶלָּא כָּךְ מַשְׁמָעוֹ: "וְכִי יָגוּר אִתְּכֶם גֵּר" וּבָא עֵת לַעֲשׂוֹת פֶּסַח עִם חֲבֵרָיו, כַּחֻקָּה וְכַמִּשְׁפָּט יַעֲשֶׂה:

טו | הַמִּשְׁכָּן לְאֹהֶל הָעֵדֻת. הַמִּשְׁכָּן הֶעָשׂוּי לִהְיוֹת אֹהֶל לַלּוּחוֹת הָעֵדוּת: יִהְיֶה עַל הַמִּשְׁכָּן. כְּמוֹ 'הֹוֶה עַל הַמִּשְׁכָּן', וְכֵן לְשׁוֹן כָּל הַפָּרָשָׁה:

יז | הֵעָלוֹת הֶעָנָן. כְּתַרְגּוּמוֹ: "אִסְתַּלָּקוּת", וְכֵן: "וְנַעֲלָה הֶעָנָן" (להלן פסוק כא). וְלֹא יִתָּכֵן לִכְתֹּב: 'וּלְפִי עֲלוֹת הֶעָנָן וְעָלָה הֶעָנָן', שֶׁאֵין זֶה לְשׁוֹן סִלּוּק אֶלָּא נִמּוּחַ וַעֲלִיָּה, כְּמוֹ: "הִנֵּה עָב קְטַנָּה כְּכַף אִישׁ עֹלָה מִיָּם" (מלכים א' יח, מד):

יח | עַל פִּי ה' יִסְעוּ. שָׁנִינוּ בִּמְלֶאכֶת הַמִּשְׁכָּן (בברייתא דמלאכת המשכן פי"ג): כֵּיוָן שֶׁהָיוּ יִשְׂרָאֵל נוֹסְעִים, הָיָה עַמּוּד הֶעָנָן מִתְקַפֵּל וְנִמְשָׁךְ עַל גַּבֵּי בְּנֵי יְהוּדָה כְּמִין קוֹרָה, תָּקְעוּ וְהֵרִיעוּ וְתָקְעוּ, וְלֹא הָיָה מְהַלֵּךְ עַד שֶׁמֹּשֶׁה אוֹמֵר: "קוּמָה ה'" (להלן י, לה), וְנָסַע דֶּגֶל מַחֲנֵה יְהוּדָה. זוֹ בְּסִפְרֵי (פד): וְעַל פִּי ה' יַחֲנוּ. כֵּיוָן שֶׁהָיוּ יִשְׂרָאֵל חוֹנִים, עַמּוּד הֶעָנָן מִתַּמֵּר וְעוֹלֶה וְנִמְשָׁךְ עַל גַּבֵּי בְּנֵי יְהוּדָה כְּמִין סֻכָּה, וְלֹא הָיָה נִפְרָשׂ עַד שֶׁמֹּשֶׁה אוֹמֵר: "שׁוּבָה ה' רִבְבוֹת אַלְפֵי יִשְׂרָאֵל" (להלן י, לו), הֱוֵי אוֹמֵר: עַל פִּי ה' וּבְיַד מֹשֶׁה (ראה להלן פסוק כג):

יט יִשְׁכֹּן הֶעָנָן עַל־הַמִּשְׁכָּן יַחֲנוּ: וּבְהַאֲרִיךְ הֶעָנָן
עַל־הַמִּשְׁכָּן יָמִים רַבִּים וְשָׁמְרוּ בְנֵי־יִשְׂרָאֵל אֶת־
כ מִשְׁמֶרֶת יְהוָה וְלֹא יִסָּעוּ: וְיֵשׁ אֲשֶׁר יִהְיֶה הֶעָנָן
יָמִים מִסְפָּר עַל־הַמִּשְׁכָּן עַל־פִּי יְהוָה יַחֲנוּ וְעַל־פִּי
כא יְהוָה יִסָּעוּ: וְיֵשׁ אֲשֶׁר יִהְיֶה הֶעָנָן מֵעֶרֶב עַד־בֹּקֶר
וְנַעֲלָה הֶעָנָן בַּבֹּקֶר וְנָסָעוּ אוֹ יוֹמָם וָלַיְלָה וְנַעֲלָה
כב הֶעָנָן וְנָסָעוּ: אוֹ־יֹמַיִם אוֹ־חֹדֶשׁ אוֹ־יָמִים בְּהַאֲרִיךְ
הֶעָנָן עַל־הַמִּשְׁכָּן לִשְׁכֹּן עָלָיו יַחֲנוּ בְנֵי־יִשְׂרָאֵל
כג וְלֹא יִסָּעוּ וּבְהֵעָלֹתוֹ יִסָּעוּ: עַל־פִּי יְהוָה יַחֲנוּ וְעַל־
פִּי יְהוָה יִסָּעוּ אֶת־מִשְׁמֶרֶת יְהוָה שָׁמָרוּ עַל־פִּי
יְהוָה בְּיַד־מֹשֶׁה:

★ ט י א ב וַיְדַבֵּר יְהוָה אֶל־מֹשֶׁה לֵּאמֹר: עֲשֵׂה לְךָ שְׁתֵּי
חֲצוֹצְרֹת כֶּסֶף מִקְשָׁה תַּעֲשֶׂה אֹתָם וְהָיוּ לְךָ
ג לְמִקְרָא הָעֵדָה וּלְמַסַּע אֶת־הַמַּחֲנוֹת: וְתָקְעוּ
בָּהֵן וְנוֹעֲדוּ אֵלֶיךָ כָּל־הָעֵדָה אֶל־פֶּתַח אֹהֶל
ד מוֹעֵד: וְאִם־בְּאַחַת יִתְקָעוּ וְנוֹעֲדוּ אֵלֶיךָ הַנְּשִׂיאִים
ה רָאשֵׁי אַלְפֵי יִשְׂרָאֵל: וּתְקַעְתֶּם תְּרוּעָה וְנָסְעוּ
ו הַמַּחֲנוֹת הַחֹנִים קֵדְמָה: וּתְקַעְתֶּם תְּרוּעָה שֵׁנִית
וְנָסְעוּ הַמַּחֲנוֹת הַחֹנִים תֵּימָנָה תְּרוּעָה יִתְקְעוּ
ז לְמַסְעֵיהֶם: וּבְהַקְהִיל אֶת־הַקָּהָל תִּתְקְעוּ וְלֹא
ח תָרִיעוּ: וּבְנֵי אַהֲרֹן הַכֹּהֲנִים יִתְקְעוּ בַּחֲצֹצְרוֹת

בהעלתך

בהעלתך י

מצוה שפד
מצוות תקיעה בחצוצרות, במקדש ובמלחמה

ט וְהָי֨וּ לָכֶ֛ם לְחֻקַּ֥ת עוֹלָ֖ם לְדֹרֹֽתֵיכֶֽם׃ וְכִֽי־
תָבֹ֨אוּ מִלְחָמָ֜ה בְּאַרְצְכֶ֗ם עַל־הַצַּר֙ הַצֹּרֵ֣ר

יט דְּשָׁרֵי עֲנָנָא, עַל מַשְׁכְּנָא שָׁרַן: וּבְאוֹרָכוּת עֲנָנָא, עַל מַשְׁכְּנָא יוֹמִין סַגִּיאִין, וְיִטְּרוּן בְּנֵי
כ יִשְׂרָאֵל, יָת מַטְּרַת מֵימְרָא דַּייָ וְלָא נָטְלִין: וְאִית, דַּהֲוֵי עֲנָנָא, יוֹמִין דְּמִנְיָן עַל מַשְׁכְּנָא, עַל
כא מֵימְרָא דַּייָ שָׁרַן, וְעַל מֵימְרָא דַּייָ נָטְלִין: וְאִית, דַּהֲוֵי עֲנָנָא מֵרַמְשָׁא עַד צַפְרָא, וּמִסְתַּלַּק
כב עֲנָנָא, בְּצַפְרָא וְנָטְלִין, אוֹ יֵימָם וְלֵילֵי, וּמִסְתַּלַּק עֲנָנָא וְנָטְלִין: אוֹ תְרֵין יוֹמִין אוֹ יַרְחָא אוֹ
עִדָּן בְּעִדָּן, בְּאוֹרָכוּת עֲנָנָא עַל מַשְׁכְּנָא לְמִשְׁרֵי עֲלוֹהִי, שָׁרַן בְּנֵי יִשְׂרָאֵל וְלָא נָטְלִין,
כג וּבְאִסְתַּלָּקוּתֵיהּ נָטְלִין: עַל מֵימְרָא דַּייָ שָׁרַן, וְעַל מֵימְרָא דַּייָ נָטְלִין, יָת מַטְּרַת מֵימְרָא דַּייָ
י א ב נָטְרִין, עַל מֵימְרָא דַּייָ בִּידָא דְמֹשֶׁה: וּמַלֵּיל יְיָ עִם מֹשֶׁה לְמֵימָר: עֲבֵיד לָךְ, תַּרְתֵּין חֲצוֹצְרָן
ג דִּכְסַף, נְגִיד תַּעְבֵּיד יָתְהוֹן, וִיהוֹן לָךְ לְעָרָעָא כְּנִשְׁתָּא, וּלְאַטָּלָא יָת מַשְׁרְיָתָא: וְיִתְקְעוּן
ד בְּהוֹן, וְיִזְדַּמְנוּן לְוָתָךְ כָּל כְּנִשְׁתָּא, לִתְרַע מַשְׁכַּן זִמְנָא: וְאִם בַּחֲדָא יִתְקְעוּן, וְיִזְדַּמְנוּן לְוָתָךְ
ה רַבְרְבַיָּא, רֵישֵׁי אַלְפַיָּא דְיִשְׂרָאֵל: וְתִתְקְעוּן יַבָּבְתָא, וְיִטְּלוּן מַשְׁרְיָתָא, דְּשָׁרַן קִדּוּמָא:
ו וְתִתְקְעוּן יַבָּבְתָא תִּנְיָנוּת, וְיִטְּלוּן מַשְׁרְיָתָא, דְּשָׁרַן דָּרוֹמָא, יַבָּבְתָא יִתְקְעוּן לְמַטְּלָנֵיהוֹן:
ז ח וּבְמִכְנַשׁ יָת קְהָלָא, תִּתְקְעוּן וְלָא תְיַבְּבוּן: וּבְנֵי אַהֲרֹן כָּהֲנַיָּא, יִתְקְעוּן בַּחֲצוֹצְרָתָא, וִיהוֹן
ט לְכוֹן, לִקְיָם עָלַם לְדָרֵיכוֹן: וַאֲרֵי תֵיעֲלוּן לְאַגָּחָא קְרָבָא בְּאַרְעֲכוֹן, עַל מְעִיקֵי דִּמְעִיקִין

כ] **וְיֵשׁ.** כְּלוֹמַר, וּפְעָמִים: **יָמִים מִסְפָּר.** יָמִים מוּעָטִים:

כב] **אוֹ יָמִים.** שָׁנָה, כְּמוֹ: "יָמִים תִּהְיֶה גְאֻלָּתוֹ" (ויקרא כה, כט):

פרק י

ב] **לְמִקְרָא הָעֵדָה.** כְּשֶׁתִּרְצֶה לְדַבֵּר עִם הַסַּנְהֶדְרִין וּשְׁאָר הָעָם וְתִקְרָאֵם לֶאֱסֹף אֵלֶיךָ, תִּקְרָאֵם עַל יְדֵי חֲצוֹצְרוֹת: **וּלְמַסַּע אֶת הַמַּחֲנוֹת.** בִּשְׁעַת סִלּוּק מַסָּעוֹת תִּתְקְעוּ בָּהֶם לְסִימָן. נִמְצֵאתָ אַתָּה אוֹמֵר, עַל פִּי שְׁלֹשָׁה הָיוּ נוֹסְעִים: עַל פִּי הַקָּדוֹשׁ בָּרוּךְ הוּא וְעַל פִּי מֹשֶׁה וְעַל פִּי חֲצוֹצְרוֹת: **מִקְשָׁה.** מִן הָעֶשֶׁת תֵּעָשֶׂה בְּהַקָּשַׁת הַקֻּרְנָס:

ג] **וְתָקְעוּ בָּהֵן.** בִּשְׁתֵּיהֶן, וְהוּא סִימָן לְמִקְרָא הָעֵדָה, שֶׁנֶּאֱמַר: "וְנוֹעֲדוּ אֵלֶיךָ כָּל הָעֵדָה אֶל פֶּתַח אֹהֶל מוֹעֵד":

ד] **וְאִם בְּאַחַת יִתְקָעוּ.** הוּא סִימָן לְמִקְרָא הַנְּשִׂיאִים, שֶׁנֶּאֱמַר: "וְנוֹעֲדוּ אֵלֶיךָ הַנְּשִׂיאִים", וְאַף הֵן יְעִידָתָן אֶל פֶּתַח אֹהֶל מוֹעֵד, וּמִגְּזֵרָה שָׁוָה הוּא בָּא בְּסִפְרֵי (עג):

ה] **וּתְקַעְתֶּם תְּרוּעָה.** סִימָן מַסַּע הַמַּחֲנוֹת: תְּקִיעָה תְּרוּעָה וּתְקִיעָה, כָּךְ הוּא נִדְרָשׁ בְּסִפְרֵי מִן הַמִּקְרָאוֹת הַיְּתֵרִים (סס):

ז] **וּבְהַקְהִיל אֶת הַקָּהָל וְגוֹ'.** לְפִי שֶׁהוּא אוֹמֵר: "וְהָיוּ לְךָ לְמִקְרָא הָעֵדָה וּלְמַסַּע אֶת הַמַּחֲנוֹת" (לעיל פסוק ב), מַה מִּקְרָא הָעֵדָה תּוֹקֵעַ בִּשְׁנֵי כֹּהֲנִים וּבִשְׁתֵּיהֶן, שֶׁנֶּאֱמַר: "וְתָקְעוּ בָּהֵן" וְגוֹ' (לעיל פסוק ג), אַף מַסַּע הַמַּחֲנוֹת בִּשְׁתֵּיהֶם. יָכוֹל מַה מַּסַּע הַמַּחֲנוֹת תּוֹקֵעַ וּמֵרִיעַ וְתוֹקֵעַ, אַף מִקְרָא הָעֵדָה תּוֹקֵעַ וּמֵרִיעַ וְתוֹקֵעַ, וּמֵעַתָּה אֵין חִלּוּק בֵּין מִקְרָא הָעֵדָה לְמַסַּע אֶת הַמַּחֲנוֹת? תַּלְמוּד לוֹמַר: "וּבְהַקְהִיל אֶת הַקָּהָל" וְגוֹ', לוֹמַר שֶׁאֵין תְּרוּעָה לְמִקְרָא הָעֵדָה, וְהוּא הַדִּין לַנְּשִׂיאִים. הֲרֵי סִימָן לִשְׁלָשְׁתָּם: מִקְרָא הָעֵדָה בִּשְׁתַּיִם, וְשֶׁל נְשִׂיאִים בְּאַחַת, וְזוֹ וָזוֹ אֵין בָּהֶם תְּרוּעָה, וּמַסַּע הַמַּחֲנוֹת בִּשְׁתַּיִם עַל יְדֵי תְרוּעָה וּתְקִיעָה:

ח] **וּבְנֵי אַהֲרֹן יִתְקְעוּ.** בַּמִּקְרָאוֹת וּבַמַּסָּעוֹת הַלָּלוּ:

במדבר

אֶתְכֶ֔ם וַהֲרֵעֹתֶ֖ם בַּחֲצֹצְרֹ֑ת וְנִזְכַּרְתֶּ֗ם לִפְנֵ֤י
יְהֹוָה֙ אֱלֹ֣הֵיכֶ֔ם וְנוֹשַׁעְתֶּ֖ם מֵאֹיְבֵיכֶֽם: וּבְי֨וֹם י
שִׂמְחַתְכֶ֥ם וּֽבְמוֹעֲדֵיכֶם֮ וּבְרָאשֵׁ֣י חׇדְשֵׁכֶם֒
וּתְקַעְתֶּ֣ם בַּחֲצֹֽצְרֹ֗ת עַ֚ל עֹלֹ֣תֵיכֶ֔ם וְעַ֖ל זִבְחֵ֣י
שַׁלְמֵיכֶ֑ם וְהָי֨וּ לָכֶ֤ם לְזִכָּרוֹן֙ לִפְנֵ֣י אֱלֹֽהֵיכֶ֔ם אֲנִ֖י
יְהֹוָ֥ה אֱלֹהֵיכֶֽם:

חמישי וַיְהִ֞י בַּשָּׁנָ֧ה הַשֵּׁנִ֛ית בַּחֹ֥דֶשׁ הַשֵּׁנִ֖י בְּעֶשְׂרִ֣ים יא
בַּחֹ֑דֶשׁ נַעֲלָה֙ הֶֽעָנָ֔ן מֵעַ֖ל מִשְׁכַּ֥ן הָעֵדֻֽת: וַיִּסְע֧וּ יב
בְנֵֽי־יִשְׂרָאֵ֛ל לְמַסְעֵיהֶ֖ם מִמִּדְבַּ֣ר סִינָ֑י וַיִּשְׁכֹּ֥ן
הֶעָנָ֖ן בְּמִדְבַּ֥ר פָּארָֽן: וַיִּסְע֖וּ בָּרִאשֹׁנָ֑ה עַל־ יג
פִּ֥י יְהֹוָ֖ה בְּיַד־מֹשֶֽׁה: וַיִּסַּ֞ע דֶּ֣גֶל מַחֲנֵ֧ה בְנֵֽי־ יד
יְהוּדָ֛ה בָּרִאשֹׁנָ֖ה לְצִבְאֹתָ֑ם וְעַל־צְבָא֔וֹ נַחְשׁ֖וֹן
בֶּן־עַמִּֽינָדָֽב: וְעַ֨ל־צְבָ֔א מַטֵּ֖ה בְּנֵ֣י יִשָּׂשכָ֑ר טו
נְתַנְאֵ֖ל בֶּן־צוּעָֽר: וְעַ֨ל־צְבָ֔א מַטֵּ֖ה בְּנֵ֣י זְבוּלֻ֑ן טז
אֱלִיאָ֖ב בֶּן־חֵלֹֽן: וְהוּרַ֖ד הַמִּשְׁכָּ֑ן וְנָסְע֤וּ בְנֵֽי־ יז
גֵרְשׁוֹן֙ וּבְנֵ֣י מְרָרִ֔י נֹשְׂאֵ֖י הַמִּשְׁכָּֽן: וְנָסַ֗ע דֶּ֛גֶל יח
מַחֲנֵ֥ה רְאוּבֵ֖ן לְצִבְאֹתָ֑ם וְעַ֨ל־צְבָא֔וֹ אֱלִיצ֖וּר
בֶּן־שְׁדֵיאֽוּר: וְעַ֨ל־צְבָ֔א מַטֵּ֖ה בְּנֵ֣י שִׁמְע֑וֹן יט
שְׁלֻמִיאֵ֖ל בֶּן־צוּרִֽישַׁדָּֽי: וְעַל־צְבָ֖א מַטֵּ֣ה בְנֵי־ כ
גָ֑ד אֶלְיָסָ֖ף בֶּן־דְּעוּאֵֽל: וְנָסְעוּ֙ הַקְּהָתִ֔ים נֹשְׂאֵ֖י כא
הַמִּקְדָּ֑שׁ וְהֵקִ֥ימוּ אֶת־הַמִּשְׁכָּ֖ן עַד־בֹּאָֽם: וְנָסַ֞ע כב

דֶּגֶל מַחֲנֵה בְנֵי־אֶפְרַיִם לְצִבְאֹתָם וְעַל־צְבָאוֹ
כג אֱלִישָׁמָע בֶּן־עַמִּיהוּד׃ וְעַל־צְבָא מַטֵּה בְּנֵי
כד מְנַשֶּׁה גַּמְלִיאֵל בֶּן־פְּדָהצוּר׃ וְעַל־צְבָא מַטֵּה

לְכוֹן, וּתְיַבְּבוּן בַּחֲצוֹצְרָתָא, וְיֵיעוֹל דִּכְרָנְכוֹן לְטָבָא, קֳדָם יי אֱלָהֲכוֹן, וְתִתְפָּרְקוּן מִסָּנְאֵיכוֹן:
י וּבְיוֹם חֶדְוַתְכוֹן וּבְמוֹעֲדֵיכוֹן וּבְרֵישֵׁי יַרְחֵיכוֹן, וְתִתְקְעוּן בַּחֲצוֹצְרָתָא, עַל עֲלָוָתְכוֹן, וְעַל נִכְסַת
יא קֻדְשֵׁיכוֹן, וִיהוֹן לְכוֹן לְדָכְרָנָא קֳדָם אֱלָהֲכוֹן, אֲנָא יי אֱלָהֲכוֹן: וַהֲוָה, בְּשַׁתָּא תִנְיֵיתָא, בְּיַרְחָא
יב תִנְיָנָא בְּעֶסְרִין בְּיַרְחָא, אִסְתַּלַּק עֲנָנָא, מֵעִלָּוֵי מַשְׁכְּנָא דְסָהֲדוּתָא: וּנְטַלוּ בְנֵי יִשְׂרָאֵל,
יג לְמַטְלָנֵיהוֹן מִמַּדְבְּרָא דְסִינָי, וּשְׁרָא עֲנָנָא בְּמַדְבְּרָא דְפָארָן: וּנְטַלוּ בְּקַדְמֵיתָא, עַל מֵימְרָא דַיי
יד בִּידָא דְמֹשֶׁה: וּנְטַל, טִיקַס מַשְׁרִית בְּנֵי יְהוּדָה, בְּקַדְמֵיתָא לְחֵילֵיהוֹן, וְעַל חֵילֵיהּ, נַחְשׁוֹן בַּר
טו טז עַמִּינָדָב: וְעַל חֵילָא, דְשִׁבְטָא דִבְנֵי יִשָּׂשכָר, נְתַנְאֵל בַּר צוּעָר: וְעַל חֵילָא, דְשִׁבְטָא דִבְנֵי זְבוּלוּן,
יז יח אֱלִיאָב בַּר חֵלוֹן: וּמִתְפָּרַק מַשְׁכְּנָא, וְנָטְלִין בְּנֵי גֵרְשׁוֹן וּבְנֵי מְרָרִי, נָטְלֵי מַשְׁכְּנָא: וּנְטַל, טִיקַס,
יט מַשְׁרִית רְאוּבֵן לְחֵילֵיהוֹן, וְעַל חֵילֵיהּ, אֱלִיצוּר בַּר שְׁדֵיאוּר: וְעַל חֵילָא, דְשִׁבְטָא דִבְנֵי שִׁמְעוֹן,
כ כא שְׁלוּמִיאֵל בַּר צוּרִישַׁדָּי: וְעַל חֵילָא דְשִׁבְטָא דִבְנֵי גָד, אֶלְיָסָף בַּר דְּעוּאֵל: וְנָטְלִין בְּנֵי קְהָת, נָטְלֵי
כב מַקְדְּשָׁא, וּמְקִימִין יָת מַשְׁכְּנָא עַד מֵיתֵיהוֹן: וּנְטַל, טִיקַס, מַשְׁרִית בְּנֵי אֶפְרַיִם לְחֵילֵיהוֹן, וְעַל
כג כד חֵילֵיהּ, אֱלִישָׁמָע בַּר עַמִּיהוּד: וְעַל חֵילָא, דְשִׁבְטָא דִבְנֵי מְנַשֶּׁה, גַּמְלִיאֵל בַּר פְּדָהצוּר: וְעַל חֵילָא,

י | **עַל עֹלֹתֵיכֶם.** בְּקָרְבַּן צִבּוּר הַכָּתוּב מְדַבֵּר: **אֲנִי ה' אֱלֹהֵיכֶם.** מִכָּאן לָמַדְנוּ מַלְכִיּוֹת עִם זִכְרוֹנוֹת וְשׁוֹפָרוֹת, שֶׁנֶּאֱמַר: "וּתְקַעְתֶּם" – הֲרֵי שׁוֹפָרוֹת, "לְזִכָּרוֹן" – הֲרֵי זִכְרוֹנוֹת, "אֲנִי ה' אֱלֹהֵיכֶם" – זוֹ מַלְכִיּוֹת וְכוּ':

יא | **בַּחֹדֶשׁ הַשֵּׁנִי.** נִמְצֵאתָ אַתָּה אוֹמֵר, שְׁנֵים עָשָׂר חֹדֶשׁ חָסֵר עֲשָׂרָה יָמִים עָשׂוּ בְּחוֹרֵב, שֶׁהֲרֵי בְּרֹאשׁ חֹדֶשׁ סִיוָן חָנוּ שָׁם (שמות יט, א) וְלֹא נָסְעוּ עַד עֶשְׂרִים בְּאִיָּר לַשָּׁנָה הַבָּאָה:

יב | **לְמַסְעֵיהֶם.** כְּמִשְׁפָּט הַמְפֹרָשׁ לְמַסַּע דִּגְלֵיהֶם מִי רִאשׁוֹן וּמִי אַחֲרוֹן: **בְּמִדְבַּר פָּארָן.** קִבְרוֹת הַתַּאֲוָה בְּמִדְבַּר פָּארָן הָיָה, וְשָׁם חָנוּ מִמַּסָּע זֶה:

יז | **וְהוּרַד הַמִּשְׁכָּן.** כֵּיוָן שֶׁנּוֹסֵעַ דֶּגֶל יְהוּדָה, נִכְנְסוּ אַהֲרֹן וּבָנָיו וּפֵרְקוּ אֶת הַפָּרֹכֶת וְכִסּוּ בָהּ אֶת הָאָרוֹן, שֶׁנֶּאֱמַר: "וּבָא אַהֲרֹן וּבָנָיו בִּנְסֹעַ הַמַּחֲנֶה" (לעיל ד, ה), וּבְנֵי גֵרְשׁוֹן וּבְנֵי מְרָרִי פּוֹרְקִין הַמִּשְׁכָּן וְטוֹעֲנִין אוֹתוֹ בַּעֲגָלוֹת, וְהָאָרוֹן וּכְלֵי הַקֹּדֶשׁ שֶׁל מַשָּׂא בְּנֵי קְהָת עוֹמְדִים מְכֻסִּין וּנְתוּנִין עַל הַמּוֹטוֹת, עַד שֶׁנָּסַע דֶּגֶל מַחֲנֵה רְאוּבֵן, וְאַחַר כָּךְ "וְנָסְעוּ הַקְּהָתִים" (להלן פסוק כא):

כא | **נֹשְׂאֵי הַמִּקְדָּשׁ.** נוֹשְׂאֵי דְּבָרִים הַמְקֻדָּשִׁים: **וְהֵקִימוּ אֶת הַמִּשְׁכָּן.** בְּנֵי גֵרְשׁוֹן וּבְנֵי מְרָרִי, שֶׁהָיוּ קוֹדְמִים לָהֶם מַסַּע שְׁנֵי דְגָלִים, הָיוּ מְקִימִין אֶת הַמִּשְׁכָּן כְּשֶׁהָיָה הֶעָנָן שׁוֹכֵן, וְסִימַן הַחֲנִיָּה נִרְאֶה בְּדֶגֶל מַחֲנֵה יְהוּדָה וְהֵם חוֹנִים, וַעֲדַיִן בְּנֵי קְהָת בָּאִים מֵאַחֲרֵיהֶם עִם שְׁנֵי דְגָלִים הָאַחֲרוֹנִים, הָיוּ בְּנֵי גֵרְשׁוֹן וּבְנֵי מְרָרִי מְקִימִין אֶת הַמִּשְׁכָּן, וּכְשֶׁבָּאִים בְּנֵי קְהָת מוֹצְאִים אוֹתוֹ עַל מְכוֹנוֹ, וּמַכְנִיסִין בּוֹ הָאָרוֹן וְהַשֻּׁלְחָן וְהַמְּנוֹרָה וְהַמִּזְבְּחוֹת. וְזֶהוּ מַשְׁמָעוּת הַמִּקְרָא: "וְהֵקִימוּ" מְקִימֵי הַמִּשְׁכָּן אוֹתוֹ, "עַד" – טֶרֶם "בֹּאָם" שֶׁל בְּנֵי קְהָת:

כה בְּנֵי בִנְיָמִן אֲבִידָן בֶּן־גִּדְעוֹנִי: וְנָסַע דֶּגֶל מַחֲנֵה
בְנֵי־דָן מְאַסֵּף לְכָל־הַמַּחֲנֹת לְצִבְאֹתָם וְעַל־
כו צְבָאוֹ אֲחִיעֶזֶר בֶּן־עַמִּישַׁדָּי: וְעַל־צְבָא מַטֵּה
כז בְּנֵי אָשֵׁר פַּגְעִיאֵל בֶּן־עָכְרָן: וְעַל־צְבָא מַטֵּה
כח בְּנֵי נַפְתָּלִי אֲחִירַע בֶּן־עֵינָן: אֵלֶּה מַסְעֵי בְנֵי־
כט יִשְׂרָאֵל לְצִבְאֹתָם וַיִּסָּעוּ: וַיֹּאמֶר *
מֹשֶׁה לְחֹבָב בֶּן־רְעוּאֵל הַמִּדְיָנִי חֹתֵן מֹשֶׁה
נֹסְעִים ׀ אֲנַחְנוּ אֶל־הַמָּקוֹם אֲשֶׁר אָמַר יְהוָה
אֹתוֹ אֶתֵּן לָכֶם לְכָה אִתָּנוּ וְהֵטַבְנוּ לָךְ כִּי־
ל יְהוָה דִּבֶּר־טוֹב עַל־יִשְׂרָאֵל: וַיֹּאמֶר אֵלָיו
לֹא אֵלֵךְ כִּי אִם־אֶל־אַרְצִי וְאֶל־מוֹלַדְתִּי
לא אֵלֵךְ: וַיֹּאמֶר אַל־נָא תַּעֲזֹב אֹתָנוּ כִּי ׀ עַל־
כֵּן יָדַעְתָּ חֲנֹתֵנוּ בַּמִּדְבָּר וְהָיִיתָ לָּנוּ לְעֵינָיִם:
לב וְהָיָה כִּי־תֵלֵךְ עִמָּנוּ וְהָיָה ׀ הַטּוֹב הַהוּא אֲשֶׁר
לג יֵיטִיב יְהוָה עִמָּנוּ וְהֵטַבְנוּ לָךְ: וַיִּסְעוּ מֵהַר
יְהוָה דֶּרֶךְ שְׁלֹשֶׁת יָמִים וַאֲרוֹן בְּרִית־יְהוָה
נֹסֵעַ לִפְנֵיהֶם דֶּרֶךְ שְׁלֹשֶׁת יָמִים לָתוּר לָהֶם
לד מְנוּחָה: וַעֲנַן יְהוָה עֲלֵיהֶם יוֹמָם בְּנָסְעָם מִן־
לה ששי הַמַּחֲנֶה: ׆ וַיְהִי בִּנְסֹעַ הָאָרֹן וַיֹּאמֶר

כה] מְאַסֵּף לְכָל הַמַּחֲנֹת. תַּלְמוּד יְרוּשַׁלְמִי (עירובין ה, ח), לְפִי שֶׁהָיָה שִׁבְטוֹ שֶׁל דָּן מְרֻבֶּה בְּאֻכְלוּסִין הָיָה נוֹסֵעַ בָּאַחֲרוֹנָה, וְכָל מִי שֶׁהָיָה מְאַבֵּד דָּבָר הָיָה מַחֲזִירוֹ לוֹ. חָתִיךְ כְּמַאן דַּחֲמַר כְּתֵבָה הָווּ

כה דְּשִׁבְטָא דִּבְנֵי בִנְיָמִין, אֲבִידָן בַּר גִּדְעוֹנִי: וְנָטֵיל, טֵיקַס מַשְׁרִית בְּנֵי דָן, מְכַנֵּישׁ לְכָל מַשְׁרְיָתָא
כו לְחֵילֵיהוֹן, וְעַל חֵילֵיהּ, אֲחִיעֶזֶר בַּר עַמִּישַׁדָּי: וְעַל חֵילָא, דְּשִׁבְטָא דִּבְנֵי אָשֵׁר, פַּגְעִיאֵל בַּר עָכְרָן:
כז כח וְעַל חֵילָא, דְּשִׁבְטָא דִּבְנֵי נַפְתָּלִי, אֲחִירַע בַּר עֵינָן: אִלֵּין, מַטְּלָנֵי בְנֵי יִשְׂרָאֵל לְחֵילֵיהוֹן, וּנְטַלוּ:
כט וַאֲמַר מֹשֶׁה, לְחוֹבָב, בַּר רְעוּאֵל מִדְיָנָאָה חֲמוּהִי דְּמֹשֶׁה, נָטְלִין אֲנַחְנָא, לְאַתְרָא דַּאֲמַר יְיָ,
ל יָתֵיהּ אֶתֵּין לְכוֹן, אֵיתָא עִמַּנָא וְנוֹטֵיב לָךְ, אֲרֵי יְיָ מַלֵּיל לְאֵיתָאָה טָבְתָא עַל יִשְׂרָאֵל: וַאֲמַר לֵיהּ
לא לָא אֵיזֵיל, אֱלָהֵין לְאַרְעִי, וּלְיַלָּדוּתִי אֵיזֵיל: וַאֲמַר, לָא כְעַן תִּשְׁבּוֹק יָתָנָא, אֲרֵי עַל כֵּן יְדַעְתָּא,
לב כַּד הֲוֵינָא שָׁרַן בְּמַדְבְּרָא, וּגְבוּרָן דְּאִתְעֲבִידָא לַנָא חֲזֵיתָא בְעֵינָךְ: וִיהֵי אֲרֵי תֵיזֵיל עִמַּנָא, וִיהֵי
לג טָבָא הַהוּא, דְּיוֹטֵיב יְיָ, עִמַּנָא וְנוֹטֵיב לָךְ: וּנְטַלוּ מִטּוּרָא דְּאִתְגְּלִי עֲלוֹהִי יְקָרָא דַּייָ, מַהֲלַךְ תְּלָתָא
יוֹמִין, וַאֲרוֹן קְיָמָא דַּייָ נָטֵיל קֳדָמֵיהוֹן, מַהֲלַךְ תְּלָתָא יוֹמִין, לְאַתְקָנָא לְהוֹן אֲתַר בֵּית מַשְׁרֵי:
לד לה וַעֲנַן יְקָרָא דַּייָ, מַטַּל עֲלֵיהוֹן בִּימָמָא, בְּמַטַּלְהוֹן מִן מַשְׁרִיתָא: וַהֲוָה, בְּמִטַּל אֲרוֹנָא וַאֲמַר

מְהַלְּכִין, וּמַפִּיק לֵיהּ מִן "כַּאֲשֶׁר יַחֲנוּ כֵּן יִסָּעוּ" (לעיל ב, יז), וְאִית דְּאָמְרֵי: כְּקוֹרָה הָיוּ מְהַלְּכִין, וּמַפִּיק לֵיהּ מִן "מְאַסֵּף לְכָל הַמַּחֲנֹת":

כח| אֵלֶּה מַסְעֵי. זֶה סֵדֶר מַסְעֵיהֶם: וַיִּסָּעוּ. בַּיּוֹם הַהוּא נָסְעוּ:

כט| חֹבָב. הוּא יִתְרוֹ, שֶׁנֶּאֱמַר: "מִבְּנֵי חֹבָב חֹתֵן מֹשֶׁה" (שופטים ד, יא), וּמַה תַּלְמוּד לוֹמַר: "וַתָּבֹאנָה אֶל רְעוּאֵל אֲבִיהֶן" (שמות ב, יח)? מְלַמֵּד שֶׁהַתִּינוֹקוֹת קוֹרִין לַאֲבִי אֲבִיהֶן 'אַבָּא'. וְשֵׁמוֹת הַרְבֵּה הָיוּ לוֹ: יִתְרוֹ – עַל שֵׁם שֶׁיִּתֵּר פָּרָשָׁה אַחַת בַּתּוֹרָה, חוֹבָב – עַל שֶׁחִבֵּב אֶת הַתּוֹרָה וְכוּ': נֹסְעִים אֲנַחְנוּ אֶל הַמָּקוֹם. מִיָּד עַד שְׁלֹשָׁה יָמִים אָנוּ נִכְנָסִין לָאָרֶץ, שֶׁבְּמַסָּע זֶה הָרִאשׁוֹן נָסְעוּ עַל מְנָת לְהִכָּנֵס לְאֶרֶץ יִשְׂרָאֵל, אֶלָּא שֶׁחָטְאוּ בְּמִתְאוֹנְנִים. וּמִפְּנֵי מָה שִׁתֵּף מֹשֶׁה עַצְמוֹ עִמָּהֶם? שֶׁעֲדַיִן לֹא נִגְזְרָה גְּזֵרָה עָלָיו וּכְסָבוּר שֶׁהוּא נִכְנָס:

ל| אֶל אַרְצִי וְאֶל מוֹלַדְתִּי. אִם בִּשְׁבִיל נְכָסַי אִם בִּשְׁבִיל מִשְׁפַּחְתִּי:

לא| אַל נָא תַּעֲזֹב. אֵין 'נָא' אֶלָּא לְשׁוֹן בַּקָּשָׁה, שֶׁלֹּא יֹאמְרוּ לֹא נִתְגַּיֵּר יִתְרוֹ מֵחִבָּה, סָבוּר הָיָה שֶׁיֵּשׁ לַגֵּרִים חֵלֶק בָּאָרֶץ, עַכְשָׁיו שֶׁרָאָה שֶׁאֵין לָהֶם חֵלֶק הִנִּיחָם וְהָלַךְ לוֹ: כִּי עַל כֵּן יָדַעְתָּ חֲנֹתֵנוּ בַּמִּדְבָּר. כִּי נָאֶה לְךָ לַעֲשׂוֹת זֹאת, עַל אֲשֶׁר יָדַעְתָּ חֲנוֹתֵנוּ בַּמִּדְבָּר וְרָאִיתָ נִסִּים וּגְבוּרוֹת שֶׁנַּעֲשׂוּ לָנוּ: כִּי עַל כֵּן יָדַעְתָּ. כְּמוֹ: 'עַל אֲשֶׁר יָדַעְתָּ', כְּמוֹ: "כִּי עַל כֵּן לֹא נְתַתִּיהָ לְשֵׁלָה בְנִי" (בראשית לח, כו), "כִּי עַל כֵּן בָּאוּ" (שם יט, ח), "כִּי עַל כֵּן רָאִיתִי פָנֶיךָ" (שם לג, י): וְהָיִיתָ לָּנוּ לְעֵינָיִם. לְשׁוֹן עָבָר, כְּתַרְגּוּמוֹ. דָּבָר אַחֵר לְשׁוֹן עָתִיד, כָּל דָּבָר וְדָבָר שֶׁיִּתְעַלֵּם מֵעֵינֵינוּ תִּהְיֶה מֵאִיר עֵינֵינוּ. דָּבָר אַחֵר, שֶׁתְּהֵא חָבִיב עָלֵינוּ כְּגַלְגַּל עֵינֵינוּ, שֶׁנֶּאֱמַר: "וַאֲהַבְתֶּם אֶת הַגֵּר" (דברים י, יט):

לב| וְהָיָה הַטּוֹב הַהוּא וְגוֹ'. מַה טּוֹבָה הֵיטִיבוּ לוֹ? אָמְרוּ, כְּשֶׁהָיוּ יִשְׂרָאֵל מְחַלְּקִין אֶת הָאָרֶץ הָיָה דִּשְׁנָהּ שֶׁל יְרִיחוֹ חֲמֵשׁ מֵאוֹת אַמָּה עַל חֲמֵשׁ מֵאוֹת אַמָּה, וְהִנִּיחוּהוּ מִלְּחַלֵּק. אָמְרוּ, מִי שֶׁיִּבָּנֶה בֵּית הַמִּקְדָּשׁ בְּחֶלְקוֹ הוּא יִטְּלֶנּוּ, וּבֵין כָּךְ וּבֵין כָּךְ נְתָנוּהוּ לִבְנֵי יִתְרוֹ לְיוֹנָדָב בֶּן רֵכָב:

לג| דֶּרֶךְ שְׁלֹשֶׁת יָמִים. מַהֲלַךְ שְׁלֹשֶׁת יָמִים הָלְכוּ בַּיּוֹם אֶחָד, שֶׁהָיָה הַקָּדוֹשׁ בָּרוּךְ הוּא חָפֵץ לְהַכְנִיסָם לָאָרֶץ מִיָּד: וַאֲרוֹן בְּרִית ה' נֹסֵעַ לִפְנֵיהֶם דֶּרֶךְ שְׁלֹשֶׁת יָמִים. זֶה הָאָרוֹן הַיּוֹצֵא עִמָּהֶם לַמִּלְחָמָה וּבוֹ שִׁבְרֵי לוּחוֹת מֻנָּחִים, וּמַקְדִּים לִפְנֵיהֶם דֶּרֶךְ שְׁלֹשֶׁת יָמִים לְתַקֵּן לָהֶם מְקוֹם חֲנִיָּה:

לד| וַעֲנַן ה' עֲלֵיהֶם יוֹמָם. שִׁבְעָה עֲנָנִים כְּתוּבִים בְּמַסְעֵיהֶם, אַרְבָּעָה מֵאַרְבַּע רוּחוֹת, וְאֶחָד לְמַעְלָה וְאֶחָד לְמַטָּה, וְאֶחָד לִפְנֵיהֶם, מַנְמִיךְ אֶת הַגָּבוֹהַּ וּמַגְבִּיהַּ אֶת הַנָּמוּךְ וְהוֹרֵג נְחָשִׁים וְעַקְרַבִּים:

לה| וַיְהִי בִּנְסֹעַ הָאָרֹן. עָשָׂה לוֹ סִימָנִיּוֹת מִלְּפָנָיו וּמִלְּאַחֲרָיו לוֹמַר שֶׁאֵין זֶה מְקוֹמוֹ; וְלָמָּה נִכְתַּב כָּאן? כְּדֵי לְהַפְסִיק בֵּין פֻּרְעָנוּת לְפֻרְעָנוּת וְכוּ', כִּדְאִיתָא בְּ'כָל כִּתְבֵי הַקֹּדֶשׁ' (שבת קטו ע"ב – קטז ע"א): קוּמָה ה'. לְפִי שֶׁהָיָה מַקְדִּים לִפְנֵיהֶם מַהֲלַךְ

מֹשֶׁה קוּמָה | יְהוָה וְיָפֻצוּ אֹיְבֶיךָ וְיָנֻסוּ מְשַׂנְאֶיךָ
מִפָּנֶיךָ: וּבְנֻחֹה יֹאמַר שׁוּבָה יְהוָה רִבְבוֹת אַלְפֵי לו
יִשְׂרָאֵל: ׆

יא א וַיְהִי הָעָם כְּמִתְאֹנְנִים רַע בְּאָזְנֵי יְהוָה וַיִּשְׁמַע
יְהוָה וַיִּחַר אַפּוֹ וַתִּבְעַר־בָּם אֵשׁ יְהוָה וַתֹּאכַל
בִּקְצֵה הַמַּחֲנֶה: וַיִּצְעַק הָעָם אֶל־מֹשֶׁה וַיִּתְפַּלֵּל ב
מֹשֶׁה אֶל־יְהוָה וַתִּשְׁקַע הָאֵשׁ: וַיִּקְרָא שֵׁם־ ג
הַמָּקוֹם הַהוּא תַּבְעֵרָה כִּי־בָעֲרָה בָם אֵשׁ יְהוָה:
וְהָאסַפְסֻף אֲשֶׁר בְּקִרְבּוֹ הִתְאַוּוּ תַּאֲוָה וַיָּשֻׁבוּ ד
וַיִּבְכּוּ גַּם בְּנֵי יִשְׂרָאֵל וַיֹּאמְרוּ מִי יַאֲכִלֵנוּ בָּשָׂר:
זָכַרְנוּ אֶת־הַדָּגָה אֲשֶׁר־נֹאכַל בְּמִצְרַיִם חִנָּם אֵת ה
הַקִּשֻּׁאִים וְאֵת הָאֲבַטִּחִים וְאֶת־הֶחָצִיר וְאֶת־
הַבְּצָלִים וְאֶת־הַשּׁוּמִים: וְעַתָּה נַפְשֵׁנוּ יְבֵשָׁה אֵין ו
כֹּל בִּלְתִּי אֶל־הַמָּן עֵינֵינוּ: וְהַמָּן כִּזְרַע־גַּד הוּא ז
וְעֵינוֹ כְּעֵין הַבְּדֹלַח: שָׁטוּ הָעָם וְלָקְטוּ וְטָחֲנוּ ח
בָרֵחַיִם אוֹ דָכוּ בַּמְּדֹכָה וּבִשְּׁלוּ בַּפָּרוּר וְעָשׂוּ אֹתוֹ

שְׁלֹשֶׁת יָמִים, הָיָה מֹשֶׁה אוֹמֵר: עֲמֹד וְהַמְתֵּן לָנוּ וְאַל תִּתְרַחֵק יוֹתֵר. בְּמִדְרַשׁ תַּנְחוּמָא בְּוַיַּקְהֵל (ז): **וְיָפֻצוּ אֹיְבֶיךָ.** הַמְכֻנָּסִין: **וְיָנֻסוּ מְשַׂנְאֶיךָ.** אֵלּוּ הָרוֹדְפִים: **מְשַׂנְאֶיךָ.** אֵלּוּ שׂוֹנְאֵי יִשְׂרָאֵל, שֶׁכָּל הַשּׂוֹנֵא אֶת יִשְׂרָאֵל שׂוֹנֵא אֶת מִי שֶׁאָמַר וְהָיָה הָעוֹלָם, שֶׁנֶּאֱמַר: "וּמְשַׂנְאֶיךָ נָשְׂאוּ רֹאשׁ" (תהלים פג, ג), וּמִי הֵם? "עַל עַמְּךָ יַעֲרִימוּ סוֹד" (שם ד):

לו **שׁוּבָה ה'.** מְנַחֵם תִּרְגְּמוֹ לְשׁוֹן מַרְגּוֹעַ, וְכֵן: "בְּשׁוּבָה וָנַחַת תִּוָּשֵׁעוּן" (ישעיה ל, טו): **רִבְבוֹת אַלְפֵי יִשְׂרָאֵל.** מַגִּיד שֶׁאֵין הַשְּׁכִינָה שׁוֹרָה בְּיִשְׂרָאֵל פְּחוּתִים מִשְּׁנֵי אֲלָפִים וּשְׁתֵּי רְבָבוֹת:

יא בהעלתך

לו משה, אתגלי יי, ויתבדרון סנאך, ויערקון בעלי דבבך מן קדמך: ובמשרוהי אמר, תוב יי
יא א שרי ביקרך, בגו רבות אלפיא דישראל: והוה עמא כד מסתקפין, ביש קדם יי, ושמיע קדם
ב יי ותקיף רגזיה, ודליקת בהון אישתא מן קדם יי, ושיציאת בסיפי משריתא: וצוח עמא על
ג משה, וצלי משה קדם יי, ואשתקעת אישתא: וקרא, שמיה דאתרא ההוא דליקתא, ארי
ד דליקת בהון אישתא מן קדם יי: ועירברבין דביניהון, שאילו שאילתא, ותבו ובכו, אף
ה בני ישראל, ואמרו, מאן יוכילננא בסרא: דכירין אנחנא ית נוניא, דהוינא אכלין במצרים
ו מגן, ית בוציניא, וית אבטיחיא, וכרתי ובצלי ותומי: וכען, נפשנא תאיבא לית כל מדעם,
ז ח אלהין למנא עיננא: ומנא, כבר זרע גדא הוא, וחזויה כחיזו בדלחא: שיטין עמא ולקטין
דצבי טחין ברחיא, ודצבי דאיך במדוכתא, ומבשלין ליה בקדרא, ועבדין יתיה

פרק יא

א) **ויהי העם כמתאננים.** אין 'העם' אלא רשעים, וכן הוא אומר: "מה אעשה לעם הזה" (שמות יז, ד). ואומר: "העם הזה הרע" (ירמיה יג, י). וכשהם כשרים קרואים 'עמי', שנאמר: "שלח עמי" (שמות ח, טז), "עמי מה עשיתי לך" (מיכה ו, ג): **כמתאננים.** אין 'מתאוננים' אלא לשון עלילה, מבקשים עלילה היאך לפרוש מאחרי המקום, וכן הוא אומר בשמשון: "כי תאנה הוא מבקש" (שופטים יד, ד): **רע באזני ה'.** תואנה שהיא רעה באזני ה', שמתכוונים שתבוא באזניו ויקניט. אמרו: אוי לנו, כמה לבטנו בדרך הזה, שלשה ימים שלא נחנו מענוי הדרך: **ויחר אפו.** אני הייתי מתכוין לטובתכם שתכנסו לארץ מיד: **בקצה המחנה.** במוקצין שבהם לשפלות, אלו ערב רב. רבי שמעון בן מנסיא אומר: בקצינים שבהם ובגדולים:

ב) **ויצעק העם אל משה.** משל למלך בשר ודם שכעס על בנו, והלך הבן אצל אוהבו של אביו ואמר לו: צא ובקש עלי מאבא: **ותשקע האש.** שקעה במקומה בארץ, שאלו חזרה לאחת הרוחות היתה מקפלת והולכת כל אותו הרוח:

ד) **והאספסף.** אלו ערב רב שנאספו עליהם בצאתם ממצרים: **וישבו.** גם בני ישראל ויבכו עמהם: **מי יאכלנו בשר.** וכי לא היה להם בשר? והלא כבר נאמר: "וגם ערב רב עלה אתם וצאן ובקר" וגו' (שמות יב, לח), ואם תאמר אכלום, והלא בכניסתם לארץ נאמר: "ומקנה רב היה לבני ראובן" וגו' (להלן לב, א), אלא שמבקשים עלילה:

ה) **אשר נאכל במצרים חנם.** אם תאמר שמצרים נותנים להם דגים חנם, והלא כבר נאמר: "ותבן לא ינתן לכם" (שמות ה, יח), אם תבן לא היו נותנים להם חנם, דגים היו נותנין להם חנם?! ומהו אומר: "חנם"? חנם מן המצות: **את הקשאים.** אמר רבי שמעון: מפני מה המן משתנה לכל דבר חוץ מאלו? מפני שהן קשים למיניקות; אומרים לאשה: אל תאכלי שום ובצל, מפני התינוק. משל למלך כו' [בשר ודם שמסר בנו לפידגוג, והיה יושב ומפקדו ואומר לו, הנראה שלא יאכל מאכל רע ולא ישתה משקה רע. ובכל כך היה הבן ההוא מתרעם על אביו לומר, לא מפני שאוהבני, אלא מפני שאי אפשר לו שאוכל], כדאיתא בספרי (פז): **הקשאים.** הם קוקומבר"ש בלעז: **אבטחים.** בודיק"ש: **החציר.** כרישין, פוריל"ש, ותרגומו: "ית בוציניא" וכו':

ו) **אל המן עינינו.** מן בשחר, מן בערב:

ז) **והמן כזרע גד.** מי שאמר זה לא אמר זה. ישראל אומרים: "בלתי אל המן עינינו", והקדוש ברוך הוא הכתיב בתורה: "והמן כזרע גד" וגו', כלומר, ראו באי עולם על מה מתלוננים בני, והמן כך וכך הוא חשוב: **כזרע גד.** עגול כגדא, זרע קוליינדר"ו: **בדלח.** שם אבן טובה, קריסט"ל:

ח) **שטו.** אין 'שיט' אלא לשון טיול, אישבנ"ייר, בלא עמל: **וטחנו ברחים וגו'.** לא ירד ברחים ולא בקדרה ולא במדוכה, אלא משתנה היה טעמו לנטחנין ולנדוכין ולמבשלין: **בפרור.**

במדבר יא

ט עֻגֽוֹת וְהָיָ֣ה טַעְמ֔וֹ כְּטַ֖עַם לְשַׁ֥ד הַשָּֽׁמֶן: וּבְרֶ֧דֶת
י הַטַּ֛ל עַל־הַֽמַּחֲנֶ֖ה לָ֑יְלָה יֵרֵ֥ד הַמָּ֖ן עָלָֽיו: וַיִּשְׁמַ֨ע
מֹשֶׁ֜ה אֶת־הָעָ֗ם בֹּכֶה֙ לְמִשְׁפְּחֹתָ֔יו אִ֖ישׁ לְפֶ֣תַח
אָהֳל֑וֹ וַיִּֽחַר־אַ֤ף יְהֹוָה֙ מְאֹ֔ד וּבְעֵינֵ֥י מֹשֶׁ֖ה רָֽע:
יא וַיֹּ֨אמֶר מֹשֶׁ֜ה אֶל־יְהֹוָ֗ה לָמָ֤ה הֲרֵעֹ֙תָ֙ לְעַבְדֶּ֔ךָ
וְלָ֛מָּה לֹא־מָצָ֥תִי חֵ֖ן בְּעֵינֶ֑יךָ לָשׂ֗וּם אֶת־מַשָּׂ֛א
יב כָּל־הָעָ֥ם הַזֶּ֖ה עָלָֽי: הֶאָנֹכִ֣י הָרִ֗יתִי אֵ֚ת כָּל־
הָעָ֣ם הַזֶּ֔ה אִם־אָנֹכִ֖י יְלִדְתִּ֑יהוּ כִּֽי־תֹאמַ֨ר אֵלַ֜י
שָׂאֵ֣הוּ בְחֵיקֶ֗ךָ כַּאֲשֶׁ֨ר יִשָּׂ֤א הָאֹמֵן֙ אֶת־הַיֹּנֵ֔ק
יג עַ֚ל הָֽאֲדָמָ֔ה אֲשֶׁ֥ר נִשְׁבַּ֖עְתָּ לַאֲבֹתָֽיו: מֵאַ֤יִן לִי֙
בָּשָׂ֔ר לָתֵ֖ת לְכָל־הָעָ֣ם הַזֶּ֑ה כִּֽי־יִבְכּ֤וּ עָלַי֙ לֵאמֹ֔ר
יד תְּנָה־לָּ֥נוּ בָשָׂ֖ר וְנֹאכֵֽלָה: לֹֽא־אוּכַ֤ל אָנֹכִי֙ לְבַדִּ֔י
לָשֵׂ֖את אֶת־כָּל־הָעָ֣ם הַזֶּ֑ה כִּ֥י כָבֵ֖ד מִמֶּֽנִּי: וְאִם־
טו כָּ֣כָה | אַ֣תְּ עֹ֣שֶׂה לִּ֗י הָרְגֵ֤נִי נָא֙ הָרֹ֔ג אִם־מָצָ֥אתִי
חֵ֖ן בְּעֵינֶ֑יךָ וְאַל־אֶרְאֶ֖ה בְּרָעָתִֽי:
טז וַיֹּ֨אמֶר יְהֹוָ֜ה אֶל־מֹשֶׁ֗ה אֶסְפָה־לִּ֞י שִׁבְעִ֣ים
אִישׁ֮ מִזִּקְנֵ֣י יִשְׂרָאֵל֒ אֲשֶׁ֣ר יָדַ֔עְתָּ כִּי־הֵ֛ם זִקְנֵ֥י
הָעָ֖ם וְשֹׁטְרָ֑יו וְלָקַחְתָּ֤ אֹתָם֙ אֶל־אֹ֣הֶל מוֹעֵ֔ד
יז וְהִֽתְיַצְּב֥וּ שָׁ֖ם עִמָּֽךְ: וְיָרַדְתִּ֗י וְדִבַּרְתִּ֣י עִמְּךָ֮ שָׁם֒

קְדֵרָה: לְשַׁד הַשָּׁמֶן. לִחְלוּחַ שֶׁל שֶׁמֶן, כָּךְ פֵּרְשׁוֹ
דוּנַשׁ. וְדוֹמֶה לוֹ: "נֶהְפַּךְ לְשַׁדִּי בְּחַרְבֹנֵי קָיִץ" (תהלים
לב, ד), וְהַלָּמֶ"ד יְסוֹד, נֶהְפַּךְ לִחְלוּחִי בְּחַרְבוֹנֵי קַיִץ.
וְרַבּוֹתֵינוּ פֵּרְשׁוּהוּ לְשׁוֹן שָׁדַיִם, אַךְ אֵין עִנְיַן שָׁדַיִם

יא בהעלתך

ט גְּרִיצָן, וַהֲוֵי טַעֲמֵיהּ, כִּטְעֵים דְּלִישׁ בְּמִשְׁחָא: וְכַד נָחֵית טַלָּא, עַל מַשְׁרִיתָא בְּלֵילְיָא, נָחֵית
י מַנָּא עֲלוֹהִי: וּשְׁמַע מֹשֶׁה יָת עַמָּא, בָּכַן לְזַרְעִיָתְהוֹן, גְּבַר בִּתְרַע מַשְׁכְּנֵיהּ, וּתְקֵיף רְגְזָא
יא דַּייָ לַחֲדָא, וּבְעֵינֵי מֹשֶׁה בִּישׁ: וַאֲמַר מֹשֶׁה קֳדָם יְיָ, לְמָא אַבְאֵישְׁתָּא לְעַבְדָּךְ, וּלְמָא לָא
יב אַשְׁכַּחִית רַחֲמִין קֳדָמָךְ, לְשַׁוָּאָה, יָת מַטּוֹל, כָּל עַמָּא הָדֵין עֲלָי: הַאַב אֲנָא, לְכָל עַמָּא הָדֵין,
אִם בְּנַי אִנּוּן, דַּאֲמַרְתְּ לִי סוֹבַרְהִי בְּתָקְפָךְ, כְּמָא דִּמְסוֹבַר תֻּרְבְּיָנָא יָת יָנְקָא, עַל אַרְעָא,
יג דְּקַיֵּימְתָּא לַאֲבָהָתוֹהִי: מְנָן לִי בִּסְרָא, לְמִתַּן לְכָל עַמָּא הָדֵין, אֲרֵי בָכַן עֲלַי לְמֵימַר, הַב לָנָא
יד טו בִּסְרָא וְנֵיכוּל: לֵית אֲנָא יָכֵיל בִּלְחוֹדַי, לְסוֹבָרָא יָת כָּל עַמָּא הָדֵין, אֲרֵי יַקִּיר מִנִּי: וְאִם
טז כְּדֵין אַתְּ עָבֵיד לִי, קְטוֹלְנִי כְּעַן מִקְטָל, אִם אַשְׁכַּחִית רַחֲמִין קֳדָמָךְ, וְלָא אֶחֱזֵי בְּבִשְׁתִּי: וַאֲמַר
יְיָ לְמֹשֶׁה, כְּנוֹשׁ קֳדָמַי, שַׁבְעִין גֻּבְרָא מִסָּבֵי יִשְׂרָאֵל, דִּידַעְתָּא, אֲרֵי אִנּוּן, סָבֵי עַמָּא
יז וְסָרְכוֹהִי, וּתְדַבַּר יָתְהוֹן לְמַשְׁכַּן זִמְנָא, וְיִתְעַתְּדוּן תַּמָּן עִמָּךְ: וְאֶתְגְּלֵי, וַאֲמַלֵּיל עִמָּךְ תַּמָּן,

אֵצֶל שֶׁמֶן. וְאִי אֶפְשָׁר לוֹמַר "לְשַׁד הַשָּׁמֶן" לְשׁוֹן "וַיִּשְׁמַן יְשֻׁרוּן" (דברים לב, טו), שֶׁאִם כֵּן הָיָה הַמֵּ"ם נָקוּד קָמָץ קָטָן (צירי) וְטַעְמוֹ לְמַטָּה תַּחַת הַמֵּ"ם, עַכְשָׁיו שֶׁהַמֵּ"ם נָקוּד פַּתָּח קָטָן (סגול) וְהַטַּעַם תַּחַת הַשִּׁי"ן, לְשׁוֹן שֶׁמֶן הוּא, וְהַשִּׁי"ן הַנְּקוּדָה בְּקָמָץ גָּדוֹל וְאֵינָהּ נְקוּדָה בְּפַתָּח קָטָן מִפְּנֵי שֶׁהוּא סוֹף פָּסוּק. דָּבָר אַחֵר, "לְשַׁד" לְשׁוֹן נוֹטָרִיקוֹן לִישׁ שֶׁמֶן דְּבַשׁ, כְּעִסָּה הַנִּלּוֹשָׁה בְּשֶׁמֶן וּקְטוּפָה בִּדְבַשׁ. וְתַרְגּוּם שֶׁל אוּנְקְלוֹס דְּמִתַרְגֵּם: "דְּלִישׁ בְּמִשְׁחָא" נוֹטֶה לְפִתְרוֹנוֹ שֶׁל דּוּנַשׁ, שֶׁהָעִסָּה הַנִּלּוֹשָׁה בְּשֶׁמֶן לַחְלוּחִית שֶׁמֶן יֵשׁ בָּהּ:

י| **בֹּכֶה לְמִשְׁפְּחֹתָיו.** מִשְׁפָּחוֹת מִשְׁפָּחוֹת נֶאֱסָפִים וּבוֹכִים, לְפַרְסֵם תַּרְעֻמְתָּן בְּגָלוּי. וְרַבּוֹתֵינוּ אָמְרוּ: "לְמִשְׁפְּחֹתָיו", עַל עִסְקֵי מִשְׁפָּחוֹת, עַל עֲרָיוֹת הַנֶּאֱסָרוֹת לָהֶם:

יב| **כִּי תֹאמַר אֵלַי.** שֶׁאַתָּה אוֹמֵר אֵלַי: שָׂאֵהוּ בְחֵיקֶךָ, וְהֵיכָן אָמַר לוֹ כֵן? "לֵךְ נְחֵה אֶת הָעָם" (שמות לב, לד), וְאוֹמֵר: "וַיְצַוֵּם אֶל בְּנֵי יִשְׂרָאֵל" (שם ו, יג), עַל מְנָת שֶׁיִּהְיוּ סוֹקְלִים אֶתְכֶם וּמְחָרְפִין אֶתְכֶם: **עַל הָאֲדָמָה אֲשֶׁר נִשְׁבַּעְתָּ לַאֲבֹתָיו.** אַתָּה אוֹמֵר לִי לְשָׂאתָם בְּחֵיקִי:

טו| **וְאִם כָּכָה אַתְּ עֹשֶׂה לִּי.** תָּשַׁשׁ כֹּחוֹ שֶׁל מֹשֶׁה כִּנְקֵבָה כְּשֶׁהֶרְאָהוּ הַקָּדוֹשׁ בָּרוּךְ הוּא הַפֻּרְעָנוּת שֶׁהוּא עָתִיד לְהָבִיא עֲלֵיהֶם עַל זֹאת, אָמַר לְפָנָיו: אִם כֵּן, הָרְגֵנִי תְּחִלָּה: **וְאַל אֶרְאֶה בְּרָעָתִי.** 'בְּרָעָתָם' הָיָה לוֹ לִכְתֹּב, אֶלָּא שֶׁכִּנָּה הַכָּתוּב, וְזֶה אֶחָד מִתִּקּוּנֵי סוֹפְרִים בַּתּוֹרָה לְכִנּוּי וּלְתִקּוּן לָשׁוֹן:

טז| **אֶסְפָה לִּי.** הֲרֵי תְּשׁוּבָה לִתְלוּנָתְךָ שֶׁאָמַרְתָּ: "לֹא אוּכַל אָנֹכִי לְבַדִּי" (לעיל פסוק יד). וְהַזְּקֵנִים הָרִאשׁוֹנִים הֵיכָן הָיוּ? וַהֲלֹא אַף בְּמִצְרַיִם יָשְׁבוּ עִמָּהֶם, שֶׁנֶּאֱמַר: "לֵךְ וְאָסַפְתָּ אֶת זִקְנֵי יִשְׂרָאֵל" (שמות ג, טז), אֶלָּא בְּאֵשׁ תַּבְעֵרָה מֵתוּ. וּרְאוּיִים הָיוּ לְכָךְ מִסִּינַי, דִּכְתִיב: "וַיֶּחֱזוּ אֶת הָאֱלֹהִים" (שמות כד, יא), שֶׁנָּהֲגוּ קַלּוּת רֹאשׁ כְּנוֹשֵׁךְ פִּתּוֹ וּמְדַבֵּר בִּפְנֵי הַמֶּלֶךְ, וְזֶהוּ: "וַיֹּאכְלוּ וַיִּשְׁתּוּ" (שם), וְלֹא רָצָה הַקָּדוֹשׁ בָּרוּךְ הוּא לִתֵּן אֲבֵלוּת בְּמַתַּן תּוֹרָה, וּפָרַע לָהֶם כָּאן: **אֲשֶׁר יָדַעְתָּ כִּי הֵם וְגוֹ'.** אוֹתָן שֶׁאַתָּה מַכִּיר שֶׁנִּתְמַנּוּ עֲלֵיהֶם שׁוֹטְרִים בְּמִצְרַיִם בַּעֲבוֹדַת פֶּרֶךְ, וְהָיוּ מְרַחֲמִים עֲלֵיהֶם וּמֻכִּים עַל יָדָם, שֶׁנֶּאֱמַר: "וַיֻּכּוּ שֹׁטְרֵי בְּנֵי יִשְׂרָאֵל" (שמות ה, יד), עַתָּה יִתְמַנּוּ בִּגְדֻלָּתָן, כְּדֶרֶךְ שֶׁנִּצְטַעֲרוּ בְּצָרָתָן: **וְלָקַחְתָּ אֹתָם.** קָחֵם בִּדְבָרִים, אַשְׁרֵיכֶם שֶׁנִּתְמַנֵּיתֶם פַּרְנָסִים עַל בָּנָיו שֶׁל מָקוֹם: **וְהִתְיַצְּבוּ שָׁם עִמָּךְ.** כְּדֵי שֶׁיִּרְאוּ יִשְׂרָאֵל וְיִנְהֲגוּ בָהֶם גְּדֻלָּה וְכָבוֹד, וְיֹאמְרוּ: חֲבִיבִין אֵלּוּ שֶׁנִּכְנְסוּ עִם מֹשֶׁה לִשְׁמוֹעַ דִּבּוּר מִפִּי הַקָּדוֹשׁ בָּרוּךְ הוּא:

יז| **וְיָרַדְתִּי.** זוֹ אַחַת מֵעֶשֶׂר יְרִידוֹת הַכְּתוּבוֹת בַּתּוֹרָה: **וְדִבַּרְתִּי עִמְּךָ.** וְלֹא עִמָּהֶם: **וְאָצַלְתִּי.** כְּתַרְגּוּמוֹ: "וַאֲרַבֵּי", כְּמוֹ: "וְאֶל אֲצִילֵי בְּנֵי יִשְׂרָאֵל" (שמות כד, יא): **וְשַׂמְתִּי עֲלֵיהֶם.** לְמָה מֹשֶׁה דּוֹמֶה בְּאוֹתָהּ שָׁעָה? לְנֵר שֶׁמֻּנָּח עַל גַּבֵּי מְנוֹרָה, וְהַכֹּל מַדְלִיקִין הֵימֶנּוּ וְאֵין אוֹרוֹ חָסֵר כְּלוּם: **וְנָשְׂאוּ אִתְּךָ.** הַתְנֵה עִמָּהֶם, עַל מְנָת שֶׁיְּקַבְּלוּ עֲלֵיהֶם טֹרַח בָּנַי, שֶׁהֵם טַרְחָנִים וְסַרְבָנִים: **וְלֹא תִשָּׂא אַתָּה לְבַדֶּךָ.** הֲרֵי תְּשׁוּבָה לְמַה שֶּׁאָמַרְתָּ "לֹא אוּכַל אָנֹכִי לְבַדִּי" (לעיל פסוק יד):

וְאָצַלְתִּ֗י מִן־הָר֛וּחַ אֲשֶׁ֥ר עָלֶ֖יךָ וְשַׂמְתִּ֣י עֲלֵיהֶ֑ם
וְנָשְׂא֤וּ אִתְּךָ֙ בְּמַשָּׂ֣א הָעָ֔ם וְלֹֽא־תִשָּׂ֥א אַתָּ֖ה
יח לְבַדֶּֽךָ׃ וְאֶל־הָעָ֨ם תֹּאמַ֜ר הִתְקַדְּשׁ֣וּ לְמָחָר֮
וַאֲכַלְתֶּ֣ם בָּשָׂר֒ כִּ֡י בְּכִיתֶם֩ בְּאָזְנֵ֨י יְהוָ֜ה לֵאמֹ֗ר מִ֤י
יַאֲכִלֵ֙נוּ֙ בָּשָׂ֔ר כִּי־ט֥וֹב לָ֖נוּ בְּמִצְרָ֑יִם וְנָתַ֨ן יְהוָ֥ה
יט לָכֶ֛ם בָּשָׂ֖ר וַאֲכַלְתֶּֽם׃ לֹ֣א י֥וֹם אֶחָ֛ד תֹּאכְל֖וּן וְלֹ֣א
יוֹמָ֑יִם וְלֹ֣א ׀ חֲמִשָּׁ֣ה יָמִ֗ים וְלֹא֙ עֲשָׂרָ֣ה יָמִ֔ים וְלֹ֖א
כ עֶשְׂרִ֥ים יֽוֹם׃ עַ֣ד ׀ חֹ֣דֶשׁ יָמִ֗ים עַ֤ד אֲשֶׁר־יֵצֵא֙
מֵֽאַפְּכֶ֔ם וְהָיָ֥ה לָכֶ֖ם לְזָרָ֑א יַ֗עַן כִּֽי־מְאַסְתֶּ֤ם אֶת־
יְהוָה֙ אֲשֶׁ֣ר בְּקִרְבְּכֶ֔ם וַתִּבְכּ֤וּ לְפָנָיו֙ לֵאמֹ֔ר לָ֥מָּה
כא זֶּ֖ה יָצָ֥אנוּ מִמִּצְרָֽיִם׃ וַיֹּאמֶר֮ מֹשֶׁה֒ שֵׁשׁ־מֵא֥וֹת
אֶ֙לֶף֙ רַגְלִ֔י הָעָ֕ם אֲשֶׁ֥ר אָנֹכִ֖י בְּקִרְבּ֑וֹ וְאַתָּ֣ה
אָמַ֗רְתָּ בָּשָׂר֙ אֶתֵּ֣ן לָהֶ֔ם וְאָכְל֖וּ חֹ֥דֶשׁ יָמִֽים׃
כב הֲצֹ֧אן וּבָקָ֛ר יִשָּׁחֵ֥ט לָהֶ֖ם וּמָצָ֣א לָהֶ֑ם אִ֣ם אֶת־
כָּל־דְּגֵ֥י הַיָּ֛ם יֵאָסֵ֥ף לָהֶ֖ם וּמָצָ֥א לָהֶֽם׃
יא כג וַיֹּ֤אמֶר יְהוָה֙ אֶל־מֹשֶׁ֔ה הֲיַ֥ד יְהוָ֖ה תִּקְצָ֑ר עַתָּ֥ה
כד תִרְאֶ֛ה הֲיִקְרְךָ֥ דְבָרִ֖י אִם־לֹֽא׃ וַיֵּצֵ֣א מֹשֶׁ֗ה וַיְדַבֵּר֙
אֶל־הָעָ֔ם אֵ֖ת דִּבְרֵ֣י יְהוָ֑ה וַיֶּאֱסֹ֞ף שִׁבְעִ֥ים אִישׁ֙
כה מִזִּקְנֵ֣י הָעָ֔ם וַיַּעֲמֵ֥ד אֹתָ֖ם סְבִיבֹ֥ת הָאֹֽהֶל׃ וַיֵּ֨רֶד
יְהוָ֥ה ׀ בֶּעָנָן֮ וַיְדַבֵּ֣ר אֵלָיו֒ וַיָּ֗אצֶל מִן־הָר֙וּחַ֙ אֲשֶׁ֣ר

וְאַרְבֵּי, מִן רוּחָא דַּעֲלָךְ וַאֲשַׁוֵּי עֲלֵיהוֹן, וִיסוֹבְרוּן עִמָּךְ בְּמַטוּל עַמָּא, וְלָא תְסוֹבַר אַתְּ בִּלְחוֹדָךְ:
יח וּלְעַמָּא תֵּימַר, אִזְדַּמַּנוּ לִמְחַר וְתֵיכְלוּן בִּסְרָא, אֲרֵי, בְּכֵיתוּן קֳדָם יי לְמֵימַר, מַאן יוֹכְלִנַּנָא
יט בִּסְרָא, אֲרֵי טָב לַנָא בְּמִצְרָיִם, וְיִתֵּין יי לְכוֹן, בִּסְרָא וְתֵיכְלוּן: לָא יוֹמָא חַד, תֵּיכְלוּן וְלָא תְּרֵין
כ יוֹמִין, וְלָא חַמְשָׁא יוֹמִין, וְלָא עַסְרָא יוֹמִין, וְלָא עֶסְרִין יוֹם: עַד יְרַח יוֹמִין, עַד דְּתִקוּצוּן בֵּיהּ, וִיהֵי
לְכוֹן לְתַקְלָא, חֲלָף, דְּקַצְתּוּן בְּמֵימְרָא דַּיי דִּשְׁכִינְתֵּיהּ שָׁרְיָא בֵּינֵיכוֹן, וּבְכֵיתוּן קֳדָמוֹהִי לְמֵימַר,
כא לְמָא דְנָן נְפַקְנָא מִמִּצְרָיִם: וַאֲמַר מֹשֶׁה, שֵׁית מְאָה אַלְפִין גַּבְרָא רַגְלָאָה, עַמָּא, דַּאֲנָא בֵּינֵיהוֹן,
כב וְאַתְּ אֲמַרְתְּ, בִּסְרָא אֶתֵּין לְהוֹן, וְיֵיכְלוּן יְרַח יוֹמִין: הַעָן וְתוֹרִין, יִתְנַכְסוּן לְהוֹן הַיִסְפְּקוּן לְהוֹן, אִם
כג יָת כָּל נוּנֵי יַמָּא, יִתְכַּנְשׁוּן לְהוֹן הַיִסְפְּקוּן לְהוֹן: וַאֲמַר יי לְמֹשֶׁה, הֲמֵימְרָא דַּיי מִתְעַכַּב, כְּעַן תִּחְזֵי,
כד הַיְעָרְעִנָּךְ פִּתְגָּמִי אִם לָא: וּנְפַק מֹשֶׁה, וּמַלֵּיל עִם עַמָּא, יָת פִּתְגָּמַיָּא דַּיי, וּכְנַשׁ, שַׁבְעִין גַּבְרָא
כה מִסָּבֵי עַמָּא, וַאֲקֵים יָתְהוֹן סְחוֹר סְחוֹר לְמַשְׁכְּנָא: וְאִתְגְּלִי יי בַּעֲנָנָא וּמַלֵּיל עִמֵּיהּ, וְרַבִּי, מִן רוּחָא

יח| **הִתְקַדְּשׁוּ.** הַזְמִינוּ עַצְמְכֶם לְפֻרְעָנוּת, וְכֵן הוּא אוֹמֵר: "וְהַקְדִּשֵׁם לְיוֹם הֲרֵגָה" (ירמיה יב, ג):

כ| **עַד חֹדֶשׁ יָמִים.** זוֹ בַּכְּשֵׁרִים שֶׁמִּתְמַהְּנִין עַל מִטּוֹתֵיהֶן וְאַחַר כָּךְ נִשְׁמָתָן יוֹצְאָה; וּבָרְשָׁעִים הוּא אוֹמֵר "הַבָּשָׂר עוֹדֶנּוּ בֵּין שִׁנֵּיהֶם" (להלן פסוק לג), כָּךְ הִיא שְׁנוּיָה בְּסִפְרֵי (עג). אֲבָל בַּמְּכִילְתָּא (ויסע פי"ד) שְׁנוּיָה חִלּוּף: הָרְשָׁעִים אוֹכְלִין וּמִצְטַעֲרִין שְׁלֹשִׁים יוֹם, וְהַכְּשֵׁרִים – "הַבָּשָׂר עוֹדֶנּוּ בֵּין שִׁנֵּיהֶם": **עַד אֲשֶׁר יֵצֵא מֵאַפְּכֶם.** כְּתַרְגּוּמוֹ: "דִּתְקוּצוּן בֵּיהּ", יְהֵא דּוֹמֶה לָכֶם כְּאִלּוּ אֲכַלְתֶּם מִמֶּנּוּ יוֹתֵר מִדַּאי עַד שֶׁיּוֹצֵא וְנִגְעָל לַחוּץ דֶּרֶךְ הָאַף: **וְהָיָה לָכֶם לְזָרָא.** שֶׁתִּהְיוּ מְרַחֲקִין אוֹתוֹ יוֹתֵר מִמַּה שֶּׁקֵּרַבְתֶּם. וּבְדִבְרֵי רַבִּי מֹשֶׁה הַדַּרְשָׁן רָאִיתִי, שֶׁיֵּשׁ לָשׁוֹן שֶׁקּוֹרִין לַחֶרֶב 'זָרָא': **אֶת ה' אֲשֶׁר בְּקִרְבְּכֶם.** אִם לֹא שֶׁנָּטַעְתִּי שְׁכִינָתִי בֵּינֵיכֶם, לֹא גָּבַהּ לְבַבְכֶם לִכָּנֵס לְכָל הַדְּבָרִים הַלָּלוּ:

כא| **שֵׁשׁ מֵאוֹת אֶלֶף רַגְלִי.** לֹא חָשׁ לִמְנוֹת אֶת הַפְּרָט, שְׁלֹשֶׁת אֲלָפִים הַיְתֵרִים (לעיל א, מו). וְרַבִּי מֹשֶׁה הַדַּרְשָׁן פֵּרֵשׁ, שֶׁלֹּא בָּכוּ אֶלָּא אוֹתָן שֶׁיָּצְאוּ מִמִּצְרַיִם:

כב-כג| **הֲצֹאן וּבָקָר יִשָּׁחֵט.** זֶה אֶחָד מֵאַרְבָּעָה דְּבָרִים שֶׁהָיָה רַבִּי עֲקִיבָא דּוֹרֵשׁ וְאֵין רַבִּי שִׁמְעוֹן דּוֹרֵשׁ כְּמוֹתוֹ. רַבִּי עֲקִיבָא אוֹמֵר: "שֵׁשׁ מֵאוֹת אֶלֶף רַגְלִי, וְאַתָּה אָמַרְתָּ בָּשָׂר אֶתֵּן לָהֶם וְאָכְלוּ חֹדֶשׁ יָמִים, הֲצֹאן וּבָקָר" וְגוֹ', הַכֹּל כְּמַשְׁמָעוֹ, מִי מַסְפִּיק לָהֶם? כָּעִנְיָן שֶׁנֶּאֱמַר: "וּמָצָא כְּדֵי גְאֻלָּתוֹ" (ויקרא כה, כו). וְאֵיזוֹ קָשָׁה, זוֹ אוֹ "שִׁמְעוּ נָא הַמֹּרִים" (להלן כ, י)? אֶלָּא לְפִי שֶׁלֹּא אָמַר בָּרַבִּים, חִסֵּךְ לוֹ הַכָּתוּב וְלֹא נִפְרַע מִמֶּנּוּ, וְזוֹ שֶׁל מְרִיבָה הָיְתָה בְּגָלוּי, לְפִיכָךְ לֹא חִסֵּךְ לוֹ הַכָּתוּב. רַבִּי שִׁמְעוֹן אוֹמֵר: חַס וְשָׁלוֹם, לֹא עָלְתָה עַל דַּעְתּוֹ שֶׁל אוֹתוֹ צַדִּיק כָּךְ! מִי שֶׁכָּתוּב בּוֹ: "בְּכָל בֵּיתִי נֶאֱמָן הוּא" (להלן יב, ז) יֹאמַר: 'אֵין הַמָּקוֹם מַסְפִּיק לָנוּ'?! אֶלָּא, כָּךְ אָמַר: "שֵׁשׁ מֵאוֹת אֶלֶף רַגְלִי וְגוֹ', וְאַתָּה אָמַרְתָּ בָּשָׂר אֶתֵּן" לְחֹדֶשׁ יָמִים, וְאַחַר כָּךְ תַּהֲרֹג אֻמָּה גְּדוֹלָה כָּזוֹ, "הֲצֹאן וּבָקָר יִשָּׁחֵט לָהֶם" כְּדֵי שֶׁיֵּהָרְגוּ וּתְהֵא אֲכִילָה זוֹ מַסְפַּקְתָּן עַד עוֹלָם? וְכִי שִׁבְחֲךָ הוּא זֶה? אוֹמְרִים לוֹ לַחֲמוֹר: טֹל כֹּר שְׂעוֹרִים וְנַחְתֹּךְ רֹאשְׁךָ? הֱשִׁיבוֹ הַקָּדוֹשׁ בָּרוּךְ הוּא: וְאִם לֹא אֶתֵּן, יֹאמְרוּ שֶׁקָּצְרָה יָדִי, הֲטוֹב בְּעֵינֶיךָ שֶׁיַּד ה' תִּקְצַר בְּעֵינֵיהֶם? יֹאבְדוּ הֵם וּמֵאָה כַּיּוֹצֵא בָּהֶם וְאַל תְּהִי יָדִי קְצָרָה לִפְנֵיהֶם אֲפִלּוּ שָׁעָה אַחַת, "עַתָּה תִרְאֶה הֲיִקְרְךָ דְבָרִי". רַבָּן גַּמְלִיאֵל בְּנוֹ שֶׁל רַבִּי יְהוּדָה הַנָּשִׂיא אוֹמֵר: אִי אֶפְשָׁר לַעֲמֹד עַל הַטָּפֵל, מֵאַחַר שֶׁאֵינָן מְבַקְּשִׁים אֶלָּא עֲלִילָה לֹא תַסְפִּיק לָהֶם, סוֹפָן לָדוּן אַחֲרֶיךָ, אִם אַתָּה נוֹתֵן לָהֶם בְּשַׂר בְּהֵמָה גַּסָּה, יֹאמְרוּ: דַּקָּה בִּקַּשְׁנוּ, וְאִם אַתָּה נוֹתֵן לָהֶם דַּקָּה, יֹאמְרוּ: גַּסָּה בִּקַּשְׁנוּ, חַיָּה וָעוֹף בִּקַּשְׁנוּ, דָּגִים וַחֲגָבִים בִּקַּשְׁנוּ. אָמַר לוֹ: אִם כֵּן יֹאמְרוּ שֶׁקָּצְרָה יָדִי. אָמַר לְפָנָיו: הֲרֵינִי הוֹלֵךְ וּמְפַיְּסָן. אָמַר לוֹ: "עַתָּה תִרְאֶה הֲיִקְרְךָ דְבָרִי", שֶׁלֹּא יִשְׁמְעוּ לָךְ. הָלַךְ מֹשֶׁה לְפַיְּסָן, אָמַר לָהֶם: "הֲיַד ה' תִּקְצָר", "הֵן הִכָּה צוּר וַיָּזוּבוּ מַיִם

עָלָ֑יו וַיִּתֵּ֗ן עַל־שִׁבְעִ֥ים אִישׁ֙ הַזְּקֵנִ֔ים וַיְהִ֣י כְּנ֣וֹחַ
עֲלֵיהֶ֤ם הָר֙וּחַ֙ וַיִּֽתְנַבְּא֔וּ וְלֹ֖א יָסָֽפוּ: וַיִּשָּׁאֲר֣וּ כו
שְׁנֵֽי־אֲנָשִׁ֣ים ׀ בַּֽמַּחֲנֶ֡ה שֵׁ֣ם הָאֶחָ֣ד ׀ אֶלְדָּ֡ד
וְשֵׁם֩ הַשֵּׁנִ֨י מֵידָ֜ד וַתָּ֧נַח עֲלֵיהֶ֣ם הָר֗וּחַ וְהֵ֙מָּה֙
בַּכְּתֻבִ֔ים וְלֹ֥א יָצְא֖וּ הָאֹ֑הֱלָה וַיִּֽתְנַבְּא֖וּ בַּֽמַּחֲנֶֽה:
וַיָּ֣רָץ הַנַּ֔עַר וַיַּגֵּ֥ד לְמֹשֶׁ֖ה וַיֹּאמַ֑ר אֶלְדָּ֣ד וּמֵידָ֔ד כז
מִֽתְנַבְּאִ֖ים בַּֽמַּחֲנֶֽה: וַיַּ֜עַן יְהוֹשֻׁ֣עַ בִּן־נ֗וּן מְשָׁרֵ֥ת כח
מֹשֶׁ֛ה מִבְּחֻרָ֖יו וַיֹּאמַ֑ר אֲדֹנִ֥י מֹשֶׁ֖ה כְּלָאֵֽם:
וַיֹּ֤אמֶר לוֹ֙ מֹשֶׁ֔ה הַֽמְקַנֵּ֥א אַתָּ֖ה לִ֑י וּמִ֨י יִתֵּ֜ן כט
כָּל־עַ֤ם יְהוָה֙ נְבִיאִ֔ים כִּֽי־יִתֵּ֧ן יְהוָ֛ה אֶת־רוּח֖וֹ
עֲלֵיהֶֽם: וַיֵּאָסֵ֥ף מֹשֶׁ֖ה אֶל־הַֽמַּחֲנֶ֑ה ה֖וּא וְזִקְנֵ֥י ל ‏שביעי
יִשְׂרָאֵֽל: וְר֜וּחַ נָסַ֣ע ׀ מֵאֵ֣ת יְהוָ֗ה וַיָּ֣גָז שַׂלְוִים֮ לא
מִן־הַיָּם֒ וַיִּטֹּ֨שׁ עַל־הַֽמַּחֲנֶ֜ה כְּדֶ֧רֶךְ י֣וֹם כֹּ֗ה
וּכְדֶ֤רֶךְ יוֹם֙ כֹּ֔ה סְבִיב֖וֹת הַֽמַּחֲנֶ֑ה וּכְאַמָּתַ֖יִם
עַל־פְּנֵ֥י הָאָֽרֶץ: וַיָּ֣קָם הָעָ֡ם כָּל־הַיּוֹם֩ הַה֨וּא לב
וְכָל־הַלַּ֜יְלָה וְכֹ֣ל ׀ י֣וֹם הַֽמָּחֳרָ֗ת וַיַּֽאַסְפוּ֙ אֶת־
הַשְּׂלָ֔ו הַמַּמְעִ֕יט אָסַ֖ף עֲשָׂרָ֣ה חֳמָרִ֑ים וַיִּשְׁטְח֤וּ
לָהֶם֙ שָׁט֔וֹחַ סְבִיב֖וֹת הַֽמַּחֲנֶֽה: הַבָּשָׂ֗ר עוֹדֶ֙נּוּ֙ לג
בֵּ֣ין שִׁנֵּיהֶ֔ם טֶ֖רֶם יִכָּרֵ֑ת וְאַ֤ף יְהוָה֙ חָרָ֣ה בָעָ֔ם
וַיַּ֤ךְ יְהוָה֙ בָּעָ֔ם מַכָּ֖ה רַבָּ֥ה מְאֹֽד: וַיִּקְרָ֛א אֶת־ לד
שֵֽׁם־הַמָּק֥וֹם הַה֖וּא קִבְר֣וֹת הַֽתַּאֲוָ֑ה כִּי־שָׁם֙

בהעלתך
יא

דַעֲלוֹהִי, וִיהַב, עַל שַׁבְעִין גֻּבְרָא סָבַיָּא, וַהֲוָה, כַּד שְׁרָת עֲלֵיהוֹן רוּחַ נְבוּאָה, וּמִתְנַבַּן וְלָא
כו פָּסְקִין: וְאִשְׁתְּאַרוּ תְּרֵין גֻּבְרִין בְּמַשְׁרִיתָא, שׁוּם חַד אֶלְדָּד, וְשׁוּם תִּנְיָנָא מֵידָד וּשְׁרָת
כז עֲלֵיהוֹן רוּחַ נְבוּאָה, וְאִנּוּן בִּכְתִיבַיָּא, וְלָא נְפַקוּ לְמַשְׁכְּנָא, וְאִתְנַבִּיאוּ בְּמַשְׁרִיתָא: וּרְהַט
כח עוּלֵימָא, וְחַוִּי לְמשֶׁה וַאֲמַר, אֶלְדָּד וּמֵידָד, מִתְנַבַּן בְּמַשְׁרִיתָא: וַאֲתֵיב יְהוֹשֻׁעַ בַּר נוּן,
כט מְשֻׁמְשָׁנֵיהּ דְּמשֶׁה, מֵעוּלֵימוֹהִי וַאֲמַר, רִבּוֹנִי משֶׁה אַסְרִנּוּן: וַאֲמַר לֵיהּ משֶׁה, הֲקַנְאֵתִי אַתְּ
מְקַנֵּי, רְעֵינָא פוֹן, דִּיהוֹן כָּל עַמֵּיהּ דַּייָ נְבִיִּין, אֲרֵי יִתֵּין יְיָ, יָת רוּחַ נְבוּאָתֵיהּ עֲלֵיהוֹן:
ל לא וְאִתְכְּנֵישׁ משֶׁה לְמַשְׁרִיתָא, הוּא וְסָבֵי יִשְׂרָאֵל: וְרוּחָא, נְטַל מִן קֳדָם יְיָ, וְאַפְרַח שְׂלָו מִן
יַמָּא, וּרְמָא עַל מַשְׁרִיתָא כְּמַהֲלַךְ יוֹמָא לְכָא, וּכְמַהֲלַךְ יוֹמָא לְכָא, סְחוֹר סְחוֹר לְמַשְׁרִיתָא,
לב וּכְרוּם תַּרְתֵּין אַמִּין עַל אַפֵּי אַרְעָא: וְקָם עַמָּא, כָּל יוֹמָא הַהוּא וְכָל לֵילְיָא, וְכָל יוֹמָא
דְּבָתְרוֹהִי, וּכְנַשׁוּ יָת שְׂלָו, דְּאַזְעַר, כְּנַשׁ עַסְרָא דְּגוֹרִין, וּשְׁטַחוּ לְהוֹן מִשְׁטְחִין, סְחוֹר סְחוֹר
לג לְמַשְׁרִיתָא: בִּסְרָא, עַד כְּעַן בֵּין שִׁנֵּיהוֹן, עַד לָא פְסַק, וְרֻגְזָא דַּייָ תְּקֵיף בְּעַמָּא, וּקְטַל יְיָ
לד בְּעַמָּא, קְטוֹל סַגִּי לַחֲדָא: וּקְרָא, יָת שְׁמֵיהּ דְּאַתְרָא הַהוּא קִבְרֵי דְּמִשְׁאֲלֵי, אֲרֵי תַמָּן

וְגוֹ׳ הֲגַם לֶחֶם יוּכַל תֵּת״ (תהלים עח, כ). אָמְרוּ: פְּשָׁרָה הִיא זוֹ, אֵין בּוֹ כֹּחַ לְמַלֹּאת שְׁאֵלָתֵנוּ, וְזֶהוּ שֶׁנֶּאֱמַר: ״וַיֵּצֵא מֹשֶׁה וַיְדַבֵּר אֶל הָעָם״ (להלן פסוק כד), כֵּיוָן שֶׁלֹּא שָׁמְעוּ לוֹ, ״וַיֶּאֱסֹף שִׁבְעִים אִישׁ״ וְגוֹ׳ (שם):

כה| **וְלֹא יָסָפוּ.** לֹא נִתְנַבְּאוּ אֶלָּא אוֹתוֹ הַיּוֹם לְבַדּוֹ, כָּךְ מְפֹרָשׁ בְּסִפְרֵי (עה), וְאוּנְקְלוֹס תִּרְגֵּם: ״וְלָא פָסְקִין״, שֶׁלֹּא פָסְקָה נְבוּאָה מֵהֶם:

כו| **וַיִּשָּׁאֲרוּ שְׁנֵי אֲנָשִׁים.** מֵאוֹתָן שֶׁנִּבְחֲרוּ, אָמְרוּ: אֵין אָנוּ כְּדַאי לִגְדֻלָּה זוֹ: **וְהֵמָּה בַּכְּתֻבִים.** בַּמְבֹרָרִים שֶׁבָּהֶם לְסַנְהֶדְרִין. וְנִכְתְּבוּ כֻלָּם נְקוּבִים בְּשֵׁמוֹת וְעַל יְדֵי גוֹרָל, לְפִי שֶׁהַחֶשְׁבּוֹן עוֹלֶה לִשְׁנֵים עָשָׂר שְׁבָטִים שִׁשָּׁה שִׁשָּׁה לְכָל שֵׁבֶט וָשֵׁבֶט, חוּץ מִשְּׁנֵי שְׁבָטִים שֶׁאֵין מַגִּיעַ אֲלֵיהֶם אֶלָּא חֲמִשָּׁה חֲמִשָּׁה. אָמַר מֹשֶׁה: אֵין שֵׁבֶט שׁוֹמֵעַ לִי לִפְחֹת מִשִּׁבְטוֹ זָקֵן אֶחָד. מֶה עָשָׂה? נָטַל שִׁבְעִים וּשְׁנַיִם פְּתָקִין וְכָתַב עַל שִׁבְעִים ׳זָקֵן׳ וְעַל שְׁנַיִם ׳חָלָק׳, וּבֵרֵר מִכָּל שֵׁבֶט וָשֵׁבֶט שִׁשָּׁה, וְהָיוּ שִׁבְעִים וּשְׁנַיִם. אָמַר לָהֶם: טְלוּ פִּתְקֵיכֶם מִתּוֹךְ קַלְפֵּי. מִי שֶׁעָלָה בְּיָדוֹ ׳זָקֵן׳ נִתְקַדֵּשׁ; מִי שֶׁעָלָה בְּיָדוֹ חָלָק, אָמַר לוֹ: הַמָּקוֹם לֹא חָפֵץ בְּךָ:

כז| **וַיָּרָץ הַנַּעַר.** יֵשׁ אוֹמְרִים: גֵּרְשׁוֹם בֶּן מֹשֶׁה הָיָה:

כח| **כְּלָאֵם.** הַטֵּל עֲלֵיהֶם צָרְכֵי צִבּוּר וְהֵם כָּלִים מֵאֲלֵיהֶם. דָּבָר אַחֵר, תְּנֵם אֶל בֵּית הַכֶּלֶא, לְפִי שֶׁהָיוּ מִתְנַבְּאִים: מֹשֶׁה מֵת וִיהוֹשֻׁעַ מַכְנִיס אֶת יִשְׂרָאֵל לָאָרֶץ:

כט| **הַמְקַנֵּא אַתָּה לִי.** ״הֲקִנְאֲתִי אַתְּ מְקַנֵּא״: **לִי.** כְּמוֹ בִּשְׁבִילִי. כָּל לְשׁוֹן קִנְאָה, אָדָם הַנּוֹתֵן לֵב עַל הַדָּבָר אוֹ לִנְקֹם אוֹ לַעֲזֹר, אנפרנמ״ט בְּלַעַז, אוֹחֵז בַּעֲבִי הַמַּשָּׂא:

ל| **וַיֵּאָסֵף מֹשֶׁה.** מִפֶּתַח אֹהֶל מוֹעֵד: **אֶל הַמַּחֲנֶה.** נִכְנְסוּ אִישׁ לְאָהֳלוֹ: **וַיֵּאָסֵף.** לְשׁוֹן כְּנִיסָה אֶל הַבַּיִת, כְּמוֹ: ״וַאֲסַפְתּוֹ אֶל תּוֹךְ בֵּיתֶךָ״ (דברים כב, ב), וְאָב לְכֻלָּם: ״יִצְבֹּר וְלֹא יֵדַע מִי אֹסְפָם״ (תהלים לט, ז). מְלַמֵּד שֶׁלֹּא הֵבִיא עֲלֵיהֶם פֻּרְעָנוּת עַד שֶׁנִּכְנְסוּ הַצַּדִּיקִים אִישׁ לְאָהֳלוֹ:

לא| **וַיָּגָז.** וַיַּפְרִיחַ, וְכֵן: ״כִּי גָז חִישׁ״ (תהלים צ, י), ״וְכֵן נָגוֹזּוּ וְעָבָר״ (נחום א, יב): **וַיִּטֹּשׁ.** וַיִּפְשֹׁט, כְּמוֹ ״וְהִנֵּה נְטֻשִׁים עַל פְּנֵי כָל הָאָרֶץ״ (שמואל א׳ ל, טז), ״וּנְטַשְׁתִּיךָ הַמִּדְבָּרָה״ (יחזקאל כט, ה): **וּכְאַמָּתַיִם.** פּוֹרְחוֹת בְּגֹבַהּ עַד שֶׁהֵן כְּנֶגֶד לִבּוֹ שֶׁל אָדָם, כְּדֵי שֶׁלֹּא יְהֵא טֹרַח בַּאֲסִיפָתָן לֹא לְהַגְבִּיהַּ וְלֹא לִשְׁחוֹת:

לב| **הַמַּמְעִיט.** מִי שֶׁאָסַף פָּחוֹת מִכֻּלָּם, הָעֲצֵלִים וְהַחִגְּרִים, ״אָסַף עֲשָׂרָה חֳמָרִים״: **וַיִּשְׁטְחוּ.** עָשׂוּ אוֹתָן מִשְׁטִיחִין מִשְׁטִיחִין:

לג| **טֶרֶם יִכָּרֵת.** כְּתַרְגּוּמוֹ: ״עַד לָא פְסַק״. דָּבָר אַחֵר, אֵינוֹ מַסְפִּיק לְפָסְקוֹ בְּשִׁנָּיו עַד שֶׁנִּשְׁמָתוֹ יוֹצְאָה:

במדבר

יא

קָבְר֣וּ אֶת־הָעָ֔ם הַמִּתְאַוִּֽים: מִקִּבְר֧וֹת הַֽתַּאֲוָ֛ה
נָסְע֥וּ הָעָ֖ם חֲצֵר֑וֹת וַיִּֽהְי֖וּ בַּחֲצֵרֽוֹת:

יב וַתְּדַבֵּ֨ר מִרְיָ֤ם וְאַֽהֲרֹן֙ בְּמֹשֶׁ֔ה עַל־אֹד֛וֹת הָֽאִשָּׁ֥ה
הַכֻּשִׁ֖ית אֲשֶׁ֣ר לָקָ֑ח כִּֽי־אִשָּׁ֥ה כֻשִׁ֖ית לָקָֽח: וַיֹּֽאמְר֗וּ
הֲרַ֤ק אַךְ־בְּמֹשֶׁה֙ דִּבֶּ֣ר יְהֹוָ֔ה הֲלֹ֖א גַּם־בָּ֣נוּ דִבֵּ֑ר
וַיִּשְׁמַ֖ע יְהֹוָֽה: וְהָאִ֥ישׁ מֹשֶׁ֖ה עָנָ֣ו מְאֹ֑ד מִכֹּל֙ הָֽאָדָ֔ם
אֲשֶׁ֖ר עַל־פְּנֵ֥י הָֽאֲדָמָֽה: וַיֹּ֨אמֶר יְהֹוָ֜ה
פִּתְאֹ֗ם אֶל־מֹשֶׁ֤ה וְאֶֽל־אַֽהֲרֹן֙ וְאֶל־מִרְיָ֔ם צְא֥וּ
שְׁלָשְׁתְּכֶ֖ם אֶל־אֹ֣הֶל מוֹעֵ֑ד וַיֵּֽצְא֖וּ שְׁלָשְׁתָּֽם: וַיֵּ֤רֶד
יְהֹוָה֙ בְּעַמּ֣וּד עָנָ֔ן וַיַּֽעֲמֹ֖ד פֶּ֣תַח הָאֹ֑הֶל וַיִּקְרָא֙ אַֽהֲרֹ֣ן
וּמִרְיָ֔ם וַיֵּֽצְא֖וּ שְׁנֵיהֶֽם: וַיֹּ֖אמֶר שִׁמְעוּ־נָ֣א דְבָרָ֑י
אִם־יִֽהְיֶה֙ נְבִ֣יאֲכֶ֔ם יְהֹוָ֗ה בַּמַּרְאָה֙ אֵלָ֣יו אֶתְוַדָּ֔ע
בַּֽחֲל֖וֹם אֲדַבֶּר־בּֽוֹ: לֹא־כֵ֖ן עַבְדִּ֣י מֹשֶׁ֑ה בְּכָל־בֵּיתִ֖י
נֶֽאֱמָ֥ן הֽוּא: פֶּ֣ה אֶל־פֶּ֞ה אֲדַבֶּר־בּ֗וֹ וּמַרְאֶה֙ וְלֹ֣א
בְחִידֹ֔ת וּתְמֻנַ֥ת יְהֹוָ֖ה יַבִּ֑יט וּמַדּ֨וּעַ֙ לֹ֣א יְרֵאתֶ֔ם
לְדַבֵּ֖ר בְּעַבְדִּ֣י בְמֹשֶֽׁה: וַיִּֽחַר־אַ֧ף יְהֹוָ֛ה בָּ֖ם וַיֵּלַֽךְ:

פרק יב

א] **וַתְּדַבֵּר.** אֵין דִּבּוּר בְּכָל מָקוֹם אֶלָּא לְשׁוֹן קָשָׁה, וְכֵן הוּא אוֹמֵר: "דִּבֶּר הָאִישׁ אֲדֹנֵי הָאָרֶץ אִתָּנוּ קָשׁוֹת" (בראשית מב, ל), וְאֵין אֲמִירָה בְּכָל מָקוֹם אֶלָּא לְשׁוֹן תַּחֲנוּנִים, וְכֵן הוּא אוֹמֵר: "וַיֹּאמֶר אַל נָא אַחַי תָּרֵעוּ" (בראשית יט, ז), "וַיֹּאמֶר שִׁמְעוּ נָא

דְבָרָי" (להלן פסוק ו), כָּל "נָא" לְשׁוֹן בַּקָּשָׁה: **וַתְּדַבֵּר מִרְיָם וְאַהֲרֹן.** הִיא פָּתְחָה בַּדִּבּוּר תְּחִלָּה, לְפִיכָךְ הִקְדִּימָהּ הַכָּתוּב. וּמִנַּיִן הָיְתָה יוֹדַעַת מִרְיָם שֶׁפֵּרַשׁ מֹשֶׁה מִן הָאִשָּׁה? רַבִּי נָתָן אוֹמֵר: מִרְיָם הָיְתָה בְּצַד צִפּוֹרָה בְּשָׁעָה שֶׁנֶּאֱמַר לְמֹשֶׁה: "אֶלְדָּד וּמֵידָד מִתְנַבְּאִים בַּמַּחֲנֶה" (לעיל יא, כז), כֵּיוָן שֶׁשָּׁמְעָה צִפּוֹרָה

יב לה א קְבַרוּ, יָת עַמָּא דְּשַׁאִילוּ: מִקִּבְרֵי דִּמְשַׁאֲלֵי, נְטַלוּ עַמָּא לַחֲצֵרוֹת, וַהֲווֹ בַּחֲצֵרוֹת: וּמַלֵּילַת
מִרְיָם וְאַהֲרֹן בְּמֹשֶׁה, עַל עֵיסַק, אִתְּתָא שַׁפִּירְתָּא דִּנְסֵיב, אֲרֵי אִתְּתָא שַׁפִּירְתָּא דִּנְסֵיב
ב ג רַחֵיק: וַאֲמַרוּ, הֲלְחוֹד בְּרַם עִם מֹשֶׁה מַלֵּיל יְיָ, הֲלָא אַף עִמַּנָא מַלֵּיל, וּשְׁמִיעַ קֳדָם יְיָ: וְגַבְרָא
ד מֹשֶׁה עִנְוְתָן לַחֲדָא, מִכָּל אֱנָשָׁא, דְּעַל אַפֵּי אַרְעָא: וַאֲמַר יְיָ בִּתְכֵּיף, לְמֹשֶׁה וּלְאַהֲרֹן וּלְמִרְיָם,
ה פּוּקוּ תְּלָתֵיכוֹן לְמַשְׁכַּן זִמְנָא, וּנְפַקוּ תְּלָתֵיהוֹן: וְאִתְגְּלִי יְיָ בְּעַמּוּדָא דַּעֲנָנָא, וְקָם בִּתְרַע
ו מַשְׁכְּנָא, וּקְרָא אַהֲרֹן וּמִרְיָם, וּנְפַקוּ תַּרְוֵיהוֹן: וַאֲמַר שְׁמַעוּ כְעַן פִּתְגָמָי, אִם יְהוֹן לְכוֹן נְבִיִּין,
ז אֲנָא יְיָ, בְּחֶזְוָין אֲנָא מִתְגְּלֵי לְהוֹן, בְּחֶלְמִין אֲנָא מְמַלֵּיל עִמְּהוֹן: לָא כֵן עַבְדִּי מֹשֶׁה, בְּכָל
ח עַמִּי מְהֵימָן הוּא: מַמְלַל עִם מַמְלַל מַלֵּילְנָא עִמֵּיהּ, בְּחֵיזוּ וְלָא בְחֶדְוָן, וּדְמוּת יְקָרָא דַּיְיָ
ט מִסְתַּכַּל, וּמָדֵין לָא דְחֵילְתּוּן, לְמַלָּלָא בְּעַבְדִּי בְּמֹשֶׁה: וּתְקֵיף רָגְזָא דַּיְיָ, בְּהוֹן וְאִסְתַּלַּק:

אָמְרָה: אוֹי לִנְשׁוֹתֵיהֶן שֶׁל אֵלּוּ אִם הֵם נִזְקָקִים לִנְבוּאָה, שֶׁיִּהְיוּ פּוֹרְשִׁין מִנְּשׁוֹתֵיהֶן כְּדֶרֶךְ שֶׁפֵּרַשׁ בַּעְלִי מִמֶּנִּי. וּמִשָּׁם יָדְעָה מִרְיָם וְהִגִּידָה לְאַהֲרֹן. וּמַה מִּרְיָם שֶׁלֹּא נִתְכַּוְּנָה לִגְנוּתוֹ, כָּךְ נֶעֶנְשָׁה, קַל וָחֹמֶר לִמְסַפֵּר בִּגְנוּתוֹ שֶׁל חֲבֵרוֹ: **הָאִשָּׁה הַכֻּשִׁית.** מַגִּיד שֶׁהַכֹּל מוֹדִים בְּיָפְיָהּ, כְּשֵׁם שֶׁהַכֹּל מוֹדִים בְּשַׁחֲרוּתוֹ שֶׁל כּוּשִׁי. **כּוּשִׁית.** בְּגִימַטְרִיָּא 'יְפַת מַרְאֶה': **עַל אֹדוֹת הָאִשָּׁה.** עַל אוֹדוֹת גֵּרוּשֶׁיהָ: **כִּי אִשָּׁה כֻשִׁית לָקָח.** מַה תַּלְמוּד לוֹמַר? אֶלָּא יֵשׁ לָךְ אִשָּׁה נָאָה בְּיָפְיָהּ וְאֵינָהּ נָאָה בְּמַעֲשֶׂיהָ, בְּמַעֲשֶׂיהָ וְלֹא בְּיָפְיָהּ, אֲבָל זֹאת נָאָה בַּכֹּל: **הָאִשָּׁה הַכֻּשִׁית.** עַל שֵׁם נוֹיָהּ נִקְרֵאת 'כּוּשִׁית', כְּאָדָם הַקּוֹרֵא אֶת בְּנוֹ נָאֶה 'כּוּשִׁי' כְּדֵי שֶׁלֹּא תִּשְׁלֹט בּוֹ עַיִן רָעָה: **כִּי אִשָּׁה כֻשִׁית לָקָח.** וְעַתָּה גֵּרְשָׁהּ:

ב| **הֲרַק אַךְ בְּמֹשֶׁה.** עִמּוֹ לְבַדּוֹ "דִּבֶּר ה'": **הֲלֹא גַּם בָּנוּ דִבֵּר.** וְלֹא פֵּרַשְׁנוּ מִדֶּרֶךְ אֶרֶץ:

ג| **עָנָו.** שָׁפָל וְסַבְלָן:

ד| **פִּתְאֹם.** נִגְלָה עֲלֵיהֶם פִּתְאוֹם וְהֵם טְמֵאִים בְּדֶרֶךְ אֶרֶץ, וְהָיוּ צוֹעֲקִים: מַיִם מַיִם, לְהוֹדִיעָם שֶׁיָּפֶה עָשָׂה מֹשֶׁה שֶׁפֵּרַשׁ מִן הָאִשָּׁה, מֵאַחַר שֶׁנִּגְלֵית עָלָיו שְׁכִינָה תָּדִיר, וְאֵין עֵת קְבוּעָה לַדִּבּוּר: **צְאוּ שְׁלָשְׁתְּכֶם.** מַגִּיד שֶׁשְּׁלָשְׁתָּן נִקְרְאוּ בְּדִבּוּר אֶחָד, מַה שֶּׁאִי אֶפְשָׁר לַפֶּה לוֹמַר וְלָאֹזֶן לִשְׁמֹעַ:

ה| **בְּעַמּוּד עָנָן.** יָצָא יְחִידִי, שֶׁלֹּא כְּמִדַּת בָּשָׂר וָדָם; מֶלֶךְ בָּשָׂר וָדָם כְּשֶׁיּוֹצֵא לַמִּלְחָמָה יוֹצֵא בְּאֻכְלוּסִין וּכְשֶׁיּוֹצֵא לְשָׁלוֹם יוֹצֵא בְּמֻעָטִין, וּמִדַּת הַקָּדוֹשׁ בָּרוּךְ הוּא יוֹצֵא לַמִּלְחָמָה יְחִידִי, שֶׁנֶּאֱמַר: "ה' אִישׁ מִלְחָמָה" (שמות טו, ג), וְיוֹצֵא לְשָׁלוֹם בְּאֻכְלוּסִין, שֶׁנֶּאֱמַר: "רֶכֶב אֱלֹהִים רִבֹּתַיִם אַלְפֵי שִׁנְאָן" (תהלים סח, יח): **וַיִּקְרָא אַהֲרֹן וּמִרְיָם.** שֶׁיִּהְיוּ נִמְשָׁכִין וְיוֹצְאִין מִן הֶחָצֵר לִקְרַאת הַדִּבּוּר: **וַיֵּצְאוּ שְׁנֵיהֶם.** וּמִפְּנֵי מָה מְשָׁכָן וְהִפְרִידָן מִמֹּשֶׁה, לְפִי שֶׁאוֹמְרִים מִקְצָת שִׁבְחוֹ שֶׁל אָדָם בְּפָנָיו וְכֻלּוֹ שֶׁלֹּא בְּפָנָיו. וְכֵן מָצִינוּ בְּנֹחַ, שֶׁלֹּא בְּפָנָיו נֶאֱמַר: "אִישׁ צַדִּיק תָּמִים" (בראשית ו, ט), וּבְפָנָיו נֶאֱמַר: "כִּי אֹתְךָ רָאִיתִי צַדִּיק לְפָנַי" (שם ז, א). דָּבָר אַחֵר, שֶׁלֹּא יִשְׁמַע בִּנְזִיפָתוֹ שֶׁל אַהֲרֹן:

ו| **שִׁמְעוּ נָא דְבָרָי.** אֵין 'נָא' אֶלָּא לְשׁוֹן בַּקָּשָׁה: **אִם יִהְיֶה נְבִיאֲכֶם.** אִם יִהְיוּ לָכֶם נְבִיאִים: **ה' בַּמַּרְאָה אֵלָיו אֶתְוַדָּע.** שְׁכִינַת שְׁמִי אֵין נִגְלֵית עָלָיו בְּאַסְפַּקְלַרְיָא הַמְּאִירָה, אֶלָּא בַּחֲלוֹם וְחִזָּיוֹן:

ח| **פֶּה אֶל פֶּה.** אָמַרְתִּי לוֹ לִפְרֹשׁ מִן הָאִשָּׁה. וְהֵיכָן אָמַרְתִּי לוֹ? בְּסִינַי: "לֵךְ אֱמֹר לָהֶם שׁוּבוּ לָכֶם לְאָהֳלֵיכֶם וְאַתָּה פֹּה עֲמֹד עִמָּדִי" (דברים ה, כז-כח): **וּמַרְאֶה וְלֹא בְחִידֹת.** 'וּמַרְאֶה' זֶה מַרְאֵה דִבּוּר, שֶׁאֲנִי מְפָרֵשׁ לוֹ דִּבּוּרִי בְּמַרְאִית פָּנִים שֶׁבּוֹ וְאֵינִי סוֹתְמוֹ לוֹ בְּחִידוֹת, כָּעִנְיָן שֶׁנֶּאֱמַר לִיחֶזְקֵאל: "חוּד חִידָה" וְגוֹ' (יחזקאל יז, ב). יָכוֹל מַרְאֵה שְׁכִינָה? תַּלְמוּד לוֹמַר: "לֹא תוּכַל לִרְאֹת אֶת פָּנָי" (שמות לג, כ): **וּתְמֻנַת ה' יַבִּיט.** זֶה מַרְאֵה אֲחוֹרַיִם, כָּעִנְיָן שֶׁנֶּאֱמַר: "וְרָאִיתָ אֶת אֲחֹרָי" (שמות לג, כג): **בְּעַבְדִּי בְמֹשֶׁה.** אֵינוֹ אוֹמֵר 'בְּעַבְדִּי מֹשֶׁה' אֶלָּא "בְּעַבְדִּי בְּמֹשֶׁה", בְּעַבְדִּי אַף עַל פִּי שֶׁאֵינוֹ מֹשֶׁה, בְּמֹשֶׁה אֲפִלּוּ אֵינוֹ עַבְדִּי, כְּדַאי הֱיִיתֶם לִירֹא מִפָּנָיו, וְכָל שֶׁכֵּן שֶׁהוּא עַבְדִּי, וְעֶבֶד מֶלֶךְ – מֶלֶךְ, וְהָיָה לָכֶם לוֹמַר: אֵין הַמֶּלֶךְ אוֹהֲבוֹ חִנָּם. וְאִם תֹּאמְרוּ: אֵינִי מַכִּיר בְּמַעֲשָׂיו – זוֹ קָשָׁה מִן הָרִאשׁוֹנָה:

ט| **וַיִּחַר אַף ה' בָּם וַיֵּלַךְ.** מֵאַחַר שֶׁהוֹדִיעָם

י וְהֶעָנָן סָר מֵעַל הָאֹהֶל וְהִנֵּה מִרְיָם מְצֹרַעַת
כַּשָּׁלֶג וַיִּפֶן אַהֲרֹן אֶל־מִרְיָם וְהִנֵּה מְצֹרָעַת׃
יא וַיֹּאמֶר אַהֲרֹן אֶל־מֹשֶׁה בִּי אֲדֹנִי אַל־נָא תָשֵׁת
יב עָלֵינוּ חַטָּאת אֲשֶׁר נוֹאַלְנוּ וַאֲשֶׁר חָטָאנוּ׃ אַל־
נָא תְהִי כַּמֵּת אֲשֶׁר בְּצֵאתוֹ מֵרֶחֶם אִמּוֹ וַיֵּאָכֵל
יג חֲצִי בְשָׂרוֹ׃ וַיִּצְעַק מֹשֶׁה אֶל־יְהוָה לֵאמֹר אֵל
נָא רְפָא נָא לָהּ׃

מפטיר יד וַיֹּאמֶר יְהוָה אֶל־מֹשֶׁה וְאָבִיהָ יָרֹק יָרַק בְּפָנֶיהָ
הֲלֹא תִכָּלֵם שִׁבְעַת יָמִים תִּסָּגֵר שִׁבְעַת יָמִים
טו מִחוּץ לַמַּחֲנֶה וְאַחַר תֵּאָסֵף׃ וַתִּסָּגֵר מִרְיָם
מִחוּץ לַמַּחֲנֶה שִׁבְעַת יָמִים וְהָעָם לֹא נָסַע עַד
טז הֵאָסֵף מִרְיָם׃ וְאַחַר נָסְעוּ הָעָם מֵחֲצֵרוֹת וַיַּחֲנוּ
בְּמִדְבַּר פָּארָן׃

סִרְחוֹנָם גָּזַר עֲלֵיהֶם נִדּוּי, קַל וָחֹמֶר לְבָשָׂר וָדָם, שֶׁלֹּא יִכְעֹס עַל חֲבֵרוֹ עַד שֶׁיּוֹדִיעֶנּוּ סִרְחוֹנוֹ:

י וְהֶעָנָן סָר. וְאַחַר כָּךְ "וְהִנֵּה מִרְיָם מְצֹרַעַת כַּשָּׁלֶג", מָשָׁל לְמֶלֶךְ שֶׁאָמַר לַפֵּדָגוֹג: רְדֵה חֶת בְּנִי, אֲבָל לֹא תִרְדֶּנּוּ עַד שֶׁאֵלֵךְ מֵאֶצְלְךָ, שֶׁרַחֲמַי עָלָיו:

יא נוֹאַלְנוּ. כְּתַרְגּוּמוֹ, לְשׁוֹן אֱוִיל:

יב אַל נָא תְהִי. אֲחוֹתֵנוּ זוֹ: כַּמֵּת. שֶׁהַמְּצֹרָע

י וַעֲנָנָא, אִסְתַּלַּק מֵעִלָּוֵי מַשְׁכְּנָא, וְהָא מִרְיָם חֲוָרָא כְּתַלְגָּא, וְאִתְפְּנִי אַהֲרֹן, לְוָת מִרְיָם וְהָא
יא סְגִירָא: וַאֲמַר אַהֲרֹן לְמֹשֶׁה, בְּבָעוּ רִבּוֹנִי, לָא כְעַן תְּשַׁוֵּי עֲלַנָא חוֹבָא, דְּאִטְפַּשְׁנָא וְדִסְרַחְנָא:
יב לָא כְעַן תִּתְרַחַק דָּא מִבֵּינַנָא, אֲרֵי אֲחָתַנָא הִיא, צַלִּי כְעַן, עַל בִּסְרָא מִיתָא הָדֵין דְּבַהּ וְיִתַּסֵי:
יג יד וְצַלִּי מֹשֶׁה, קֳדָם יי לְמֵימַר, אֱלָהָא, בְּבָעוּ, אַסִּי כְעַן יָתַהּ: וַאֲמַר יי לְמֹשֶׁה, וְאִלּוּ אֲבוּהָא
מִנְזַף נְזַף בַּהּ, הֲלָא תִתְכְּלֵים שִׁבְעָא יוֹמִין, תִּסְתְּגַר, שִׁבְעָא יוֹמִין מִבָּרָא לְמַשְׁרִיתָא, וּבָתַר
טו כֵּן תִּתְכְּנֵישׁ: וְאִסְתְּגַרַת מִרְיָם, מִבָּרָא לְמַשְׁרִיתָא שִׁבְעָא יוֹמִין, וְעַמָּא לָא נְטַל, עַד
טז דְּאִתְכְּנֵישַׁת מִרְיָם: וּבָתַר כֵּן, נְטַלוּ עַמָּא מֵחֲצֵרוֹת, וּשְׁרוֹ בְּמַדְבְּרָא דְּפָארָן:

חָשׁוּב כַּמֵּת, מַה מֵּת מְטַמֵּא בְּבִיאָה אַף מְצֹרָע מְטַמֵּא בְּבִיאָה: **אֲשֶׁר בְּצֵאתוֹ מֵרֶחֶם אִמּוֹ.** 'אִמֵּנוּ' הָיָה לוֹ לוֹמַר, אֶלָּא שֶׁכִּנָּה הַכָּתוּב. וְכֵן 'חֲצִי בְּשָׂרֵנוּ' הָיָה לוֹ לוֹמַר, אֶלָּא שֶׁכִּנָּה הַכָּתוּב. מֵאַחַר שֶׁיָּצָאת מֵרֶחֶם אִמֵּנוּ, הִיא לָנוּ כְּאִלּוּ נֶאֱכַל חֲצִי בְּשָׂרֵנוּ, כָּעִנְיָן שֶׁנֶּאֱמַר: "כִּי אָחִינוּ בְשָׂרֵנוּ הוּא" (בראשית לז, כז). וּלְפִי מַשְׁמָעוֹ, אַף הוּא נִרְאֶה כֵּן, אֵין רָאוּי לְאָח לְהַנִּיחַ אֶת אֲחוֹתוֹ לִהְיוֹת כַּמֵּת: **אֲשֶׁר בְּצֵאתוֹ.** מֵאַחַר שֶׁיָּצָא זֶה מֵרֶחֶם אִמּוֹ שֶׁל זֶה שֶׁיֵּשׁ כֹּחַ בְּיָדוֹ לַעֲזֹר וְאֵינוֹ עוֹזְרוֹ, הֲרֵי נֶאֱכַל חֲצִי בְּשָׂרוֹ, שֶׁאָחִיו בְּשָׂרוֹ הוּא. דָּבָר אַחֵר, "אַל נָא תְהִי כַּמֵּת" – אִם אֵינְךָ רוֹפְאָהּ בִּתְפִלָּה, מִי מַסְגִּירָהּ אוֹ מִי מְטַהֲרָהּ? אֲנִי אִי אֶפְשָׁר לִרְאוֹתָהּ, שֶׁאֲנִי קָרוֹב וְאֵין קָרוֹב רוֹאֶה אֶת הַנְּגָעִים, וְכֹהֵן אַחֵר אֵין בָּעוֹלָם. וְזֶהוּ "אֲשֶׁר בְּצֵאתוֹ מֵרֶחֶם אִמּוֹ":

יג| **אֵל נָא רְפָא נָא לָהּ.** בָּא הַכָּתוּב לְלַמֶּדְךָ דֶּרֶךְ אֶרֶץ, שֶׁהַשּׁוֹאֵל דָּבָר מֵחֲבֵרוֹ צָרִיךְ לוֹמַר שְׁנַיִם אוֹ שְׁלֹשָׁה דִּבְרֵי תַּחֲנוּנִים, וְאַחַר כָּךְ יְבַקֵּשׁ שְׁאֵלוֹתָיו: **לֵאמֹר.** מַה תַּלְמוּד לוֹמַר? אָמַר לוֹ: הֲשִׁיבֵנִי אִם אַתָּה מְרַפֵּא אוֹתָהּ אִם לָאו, עַד שֶׁהֱשִׁיבוֹ: "וְאָבִיהָ יָרֹק יָרַק" וְגוֹ'. רַבִּי אֶלְעָזָר בֶּן עֲזַרְיָה אוֹמֵר: בְּאַרְבָּעָה מְקוֹמוֹת בִּקֵּשׁ מֹשֶׁה מִלִּפְנֵי הַקָּדוֹשׁ בָּרוּךְ הוּא לַהֲשִׁיבוֹ אִם יַעֲשֶׂה שְׁאֵלוֹתָיו אִם לָאו. כַּיּוֹצֵא בוֹ: "וַיְדַבֵּר מֹשֶׁה לִפְנֵי ה' לֵאמֹר" וְגוֹ' (שמות ו, יב), מַה תַּלְמוּד לוֹמַר: "לֵאמֹר"? הֲשִׁיבֵנִי אִם גּוֹאֲלָם אַתָּה אִם לָאו, עַד שֶׁהֱשִׁיבוֹ: "עַתָּה תִרְאֶה" וְגוֹ' (שם פסוק א). כַּיּוֹצֵא בוֹ: "וַיְדַבֵּר מֹשֶׁה אֶל ה' לֵאמֹר יִפְקֹד ה' אֱלֹהֵי הָרוּחֹת לְכָל בָּשָׂר" (להלן כז, טו-טז), הֱשִׁיבוֹ: "קַח לְךָ" (שם פסוק יח). כַּיּוֹצֵא בוֹ: "וָאֶתְחַנַּן אֶל ה' בָּעֵת הַהִוא לֵאמֹר" (דברים ג, כג), הֱשִׁיבוֹ: "רַב לָךְ" (שם פסוק כו): **רְפָא נָא לָהּ.** מִפְּנֵי מָה לֹא הֶאֱרִיךְ מֹשֶׁה בִּתְפִלָּה? שֶׁלֹּא יִהְיוּ יִשְׂרָאֵל אוֹמְרִים, אֲחוֹתוֹ עוֹמֶדֶת בְּצָרָה וְהוּא עוֹמֵד וּמַרְבֶּה בִּתְפִלָּה:

יד| **וְאָבִיהָ יָרֹק יָרַק בְּפָנֶיהָ.** וְאִם אָבִיהָ הֶרְאָה לָהּ פָּנִים זוֹעֲפוֹת "הֲלֹא תִכָּלֵם שִׁבְעַת יָמִים", קַל וָחֹמֶר לַשְּׁכִינָה אַרְבָּעָה עָשָׂר יוֹם, אֶלָּא דַּיּוֹ לַבָּא מִן הַדִּין לִהְיוֹת כַּנִּדּוֹן, לְפִיכָךְ אַף בִּנְזִיפָתִי "תִּסָּגֵר שִׁבְעַת יָמִים": **וְאַחַר תֵּאָסֵף.** אוֹמֵר אֲנִי, כָּל הָאֲסִיפוֹת הָאֲמוּרוֹת בִּמְצֹרָעִים, עַל שֵׁם שֶׁהוּא מְשֻׁלָּח מִחוּץ לַמַּחֲנֶה וּכְשֶׁהוּא נִרְפָּא נֶאֱסָף אֶל הַמַּחֲנֶה, לְכָךְ כָּתוּב בּוֹ אֲסִיפָה, לְשׁוֹן הַכְנָסָה:

טו| **וְהָעָם לֹא נָסַע.** זֶה הַכָּבוֹד חָלַק לָהּ הַמָּקוֹם בִּשְׁבִיל שָׁעָה אַחַת שֶׁנִּתְעַכְּבָה לְמֹשֶׁה כְּשֶׁהֻשְׁלַךְ לַיְאוֹר, שֶׁנֶּאֱמַר: "וַתֵּתַצַּב אֲחֹתוֹ מֵרָחֹק" וְגוֹ' (שמות ב, ד):

הפטרת בהעלתך

הנביא זכריה פעל בירושלים בשנה השנייה לשלטונו של דריוש מלך פרס. הוא חיזק את ידי שבי ציון לחדש את בניית בית המקדש השני והפעם גם לסיים אותה. את הבנייה, שעמדה במרכזה של הצהרת כורש, הקפיא השלטון הפרסי לאחר הנחת אבן הפינה, עקב התנגדות אויבי ישראל, שכני פחוות יהודה. ההתערבות הנמרצת של זכריה בשם ה׳ יצקה עוז בעשייה של שבי ציון. הנביא הציג את האתגר הגדול של גאולה שלמה העומדת בפתח, והשתמש לשם כך גם בחזון על מנורת זהב. המנורה – מקור האור, הייתה לסמל יהודי מובהק, והיא המחברת בין מנורת המשכן ומנורות מקדש שלמה למנורה של בית שני, שעל בניינו שקדו זכריה ושבי הגולה.

זכריה

ב יד טו רָנִּי וְשִׂמְחִי בַּת־צִיּוֹן כִּי הִנְנִי־בָא וְשָׁכַנְתִּי בְתוֹכֵךְ נְאֻם־יהוה: וְנִלְווּ
גּוֹיִם רַבִּים אֶל־יהוה בַּיּוֹם הַהוּא וְהָיוּ לִי לְעָם וְשָׁכַנְתִּי בְתוֹכֵךְ וְיָדַעַתְּ
טז כִּי־יהוה צְבָאוֹת שְׁלָחַנִי אֵלָיִךְ: וְנָחַל יהוה אֶת־יְהוּדָה חֶלְקוֹ עַל
יז אַדְמַת הַקֹּדֶשׁ וּבָחַר עוֹד בִּירוּשָׁלִָם: הַס כָּל־בָּשָׂר מִפְּנֵי יהוה כִּי נֵעוֹר
ג א מִמְּעוֹן קָדְשׁוֹ: וַיַּרְאֵנִי אֶת־יְהוֹשֻׁעַ הַכֹּהֵן הַגָּדוֹל עֹמֵד לִפְנֵי
ב מַלְאַךְ יהוה וְהַשָּׂטָן עֹמֵד עַל־יְמִינוֹ לְשִׂטְנוֹ: וַיֹּאמֶר יהוה אֶל־הַשָּׂטָן
יִגְעַר יהוה בְּךָ הַשָּׂטָן וְיִגְעַר יהוה בְּךָ הַבֹּחֵר בִּירוּשָׁלִָם הֲלוֹא זֶה אוּד
ג מֻצָּל מֵאֵשׁ: וִיהוֹשֻׁעַ הָיָה לָבֻשׁ בְּגָדִים צוֹאִים וְעֹמֵד לִפְנֵי הַמַּלְאָךְ:
ד וַיַּעַן וַיֹּאמֶר אֶל־הָעֹמְדִים לְפָנָיו לֵאמֹר הָסִירוּ הַבְּגָדִים הַצֹּאִים מֵעָלָיו
וַיֹּאמֶר אֵלָיו רְאֵה הֶעֱבַרְתִּי מֵעָלֶיךָ עֲוֺנֶךָ וְהַלְבֵּשׁ אֹתְךָ מַחֲלָצוֹת:
ה וָאֹמַר יָשִׂימוּ צָנִיף טָהוֹר עַל־רֹאשׁוֹ וַיָּשִׂימוּ הַצָּנִיף הַטָּהוֹר עַל־רֹאשׁוֹ
ו וַיַּלְבִּשֻׁהוּ בְּגָדִים וּמַלְאַךְ יהוה עֹמֵד: וַיָּעַד מַלְאַךְ יהוה בִּיהוֹשֻׁעַ
ז לֵאמֹר: כֹּה־אָמַר יהוה צְבָאוֹת אִם־בִּדְרָכַי תֵּלֵךְ וְאִם אֶת־מִשְׁמַרְתִּי
תִשְׁמֹר וְגַם־אַתָּה תָּדִין אֶת־בֵּיתִי וְגַם תִּשְׁמֹר אֶת־חֲצֵרָי וְנָתַתִּי לְךָ
ח מַהְלְכִים בֵּין הָעֹמְדִים הָאֵלֶּה: שְׁמַע־נָא יְהוֹשֻׁעַ ׀ הַכֹּהֵן הַגָּדוֹל אַתָּה
וְרֵעֶיךָ הַיֹּשְׁבִים לְפָנֶיךָ כִּי־אַנְשֵׁי מוֹפֵת הֵמָּה כִּי־הִנְנִי מֵבִיא אֶת־עַבְדִּי
ט צֶמַח: כִּי ׀ הִנֵּה הָאֶבֶן אֲשֶׁר נָתַתִּי לִפְנֵי יְהוֹשֻׁעַ עַל־אֶבֶן אַחַת שִׁבְעָה
עֵינָיִם הִנְנִי מְפַתֵּחַ פִּתֻּחָהּ נְאֻם יהוה צְבָאוֹת וּמַשְׁתִּי אֶת־עֲוֺן הָאָרֶץ־
י הַהִיא בְּיוֹם אֶחָד: בַּיּוֹם הַהוּא נְאֻם יהוה צְבָאוֹת תִּקְרְאוּ אִישׁ לְרֵעֵהוּ
ד א אֶל־תַּחַת גֶּפֶן וְאֶל־תַּחַת תְּאֵנָה: וַיָּשָׁב הַמַּלְאָךְ הַדֹּבֵר בִּי
ב וַיְעִירֵנִי כְּאִישׁ אֲשֶׁר־יֵעוֹר מִשְּׁנָתוֹ: וַיֹּאמֶר אֵלַי מָה אַתָּה רֹאֶה ויאמר (וָאֹמַר)
רָאִיתִי וְהִנֵּה מְנוֹרַת זָהָב כֻּלָּהּ וְגֻלָּהּ עַל־רֹאשָׁהּ וְשִׁבְעָה נֵרֹתֶיהָ עָלֶיהָ
ג שִׁבְעָה וְשִׁבְעָה מוּצָקוֹת לַנֵּרוֹת אֲשֶׁר עַל־רֹאשָׁהּ: וּשְׁנַיִם זֵיתִים עָלֶיהָ
ד אֶחָד מִימִין הַגֻּלָּה וְאֶחָד עַל־שְׂמֹאלָהּ: וָאַעַן וָאֹמַר אֶל־הַמַּלְאָךְ הַדֹּבֵר
ה בִּי לֵאמֹר מָה־אֵלֶּה אֲדֹנִי: וַיַּעַן הַמַּלְאָךְ הַדֹּבֵר בִּי וַיֹּאמֶר אֵלַי הֲלוֹא יָדַעְתָּ

ו מָה־הֵמָּה אֵלֶּה וָאֹמַר לֹא אֲדֹנִי׃ וַיַּעַן וַיֹּאמֶר אֵלַי לֵאמֹר זֶה דְּבַר־יְהוָה
אֶל־זְרֻבָּבֶל לֵאמֹר לֹא בְחַיִל וְלֹא בְכֹחַ כִּי אִם־בְּרוּחִי אָמַר יְהוָה צְבָאוֹת׃
ז מִי־אַתָּה הַר־הַגָּדוֹל לִפְנֵי זְרֻבָּבֶל לְמִישֹׁר וְהוֹצִיא אֶת־הָאֶבֶן הָרֹאשָׁה
ח ט תְּשֻׁאוֹת חֵן ׀ חֵן לָהּ׃ *וַיְהִי דְבַר־יְהוָה אֵלַי לֵאמֹר׃ יְדֵי זְרֻבָּבֶל
יִסְּדוּ הַבַּיִת הַזֶּה וְיָדָיו תְּבַצַּעְנָה וְיָדַעְתָּ כִּי־יְהוָה צְבָאוֹת שְׁלָחַנִי אֲלֵיכֶם׃

התימנים מוסיפים

בהעלתך

פרשת שלח

שלח

וַיְדַבֵּר יְהוָה אֶל־מֹשֶׁה לֵּאמֹר: שְׁלַח־לְךָ אֲנָשִׁים יג א ב
וְיָתֻרוּ אֶת־אֶרֶץ כְּנַעַן אֲשֶׁר־אֲנִי נֹתֵן לִבְנֵי
יִשְׂרָאֵל אִישׁ אֶחָד אִישׁ אֶחָד לְמַטֵּה אֲבֹתָיו
תִּשְׁלָחוּ כֹּל נָשִׂיא בָהֶם: וַיִּשְׁלַח אֹתָם מֹשֶׁה ג
מִמִּדְבַּר פָּארָן עַל־פִּי יְהוָה כֻּלָּם אֲנָשִׁים רָאשֵׁי
בְנֵי־יִשְׂרָאֵל הֵמָּה: וְאֵלֶּה שְׁמוֹתָם לְמַטֵּה ד
רְאוּבֵן שַׁמּוּעַ בֶּן־זַכּוּר: לְמַטֵּה שִׁמְעוֹן שָׁפָט ה
בֶּן־חוֹרִי: לְמַטֵּה יְהוּדָה כָּלֵב בֶּן־יְפֻנֶּה: לְמַטֵּה ו ז
יִשָּׂשכָר יִגְאָל בֶּן־יוֹסֵף: לְמַטֵּה אֶפְרָיִם הוֹשֵׁעַ ח
בִּן־נוּן: לְמַטֵּה בִנְיָמִן פַּלְטִי בֶּן־רָפוּא: לְמַטֵּה ט י
זְבוּלֻן גַּדִּיאֵל בֶּן־סוֹדִי: לְמַטֵּה יוֹסֵף לְמַטֵּה יא
מְנַשֶּׁה גַּדִּי בֶּן־סוּסִי: לְמַטֵּה דָן עַמִּיאֵל בֶּן־ יב
גְּמַלִּי: לְמַטֵּה אָשֵׁר סְתוּר בֶּן־מִיכָאֵל: לְמַטֵּה יג יד
נַפְתָּלִי נַחְבִּי בֶּן־וָפְסִי: לְמַטֵּה גָד גְּאוּאֵל בֶּן־ טו
מָכִי: אֵלֶּה שְׁמוֹת הָאֲנָשִׁים אֲשֶׁר־שָׁלַח מֹשֶׁה טז
לָתוּר אֶת־הָאָרֶץ וַיִּקְרָא מֹשֶׁה לְהוֹשֵׁעַ בִּן־נוּן
יְהוֹשֻׁעַ: וַיִּשְׁלַח אֹתָם מֹשֶׁה לָתוּר אֶת־אֶרֶץ יז
כְּנָעַן וַיֹּאמֶר אֲלֵהֶם עֲלוּ זֶה בַּנֶּגֶב וַעֲלִיתֶם אֶת־

יח הָהָר׃ וּרְאִיתֶם אֶת־הָאָרֶץ מַה־הִוא וְאֶת־הָעָם
הַיֹּשֵׁב עָלֶיהָ הֶחָזָק הוּא הֲרָפֶה הַמְעַט הוּא אִם־
יט רָב׃ וּמָה הָאָרֶץ אֲשֶׁר־הוּא יֹשֵׁב בָּהּ הֲטוֹבָה

יג א ב וּמַלֵּיל יי עִם מֹשֶׁה לְמֵימַר׃ שְׁלַח לָךְ גֻּבְרִין, וִיאַלְּלוּן יָת אַרְעָא דִּכְנַעַן, דַּאֲנָא יָהֵיב לִבְנֵי יִשְׂרָאֵל,
ג גֻּבְרָא חַד גֻּבְרָא חַד, לְשִׁבְטָא דַּאֲבָהָתוֹהִי תִּשְׁלְחוּן, כֹּל רַבָּא דִּבְהוֹן׃ וּשְׁלַח יָתְהוֹן מֹשֶׁה,
ד מִמַּדְבְּרָא דְּפָארָן עַל מֵימְרָא דַּיי, כֻּלְּהוֹן גֻּבְרִין, רֵישֵׁי בְּנֵי יִשְׂרָאֵל אִנּוּן׃ וְאִלֵּין שְׁמָהַתְהוֹן,
ה ו לְשִׁבְטָא דִּרְאוּבֵן, שַׁמּוּעַ בַּר זַכּוּר׃ לְשִׁבְטָא דְּשִׁמְעוֹן, שָׁפָט בַּר חוֹרִי׃ לְשִׁבְטָא דִּיהוּדָה, כָּלֵב
ז ח ט בַּר יְפֻנֶּה׃ לְשִׁבְטָא דְּיִשָּׂשכָר, יִגְאָל בַּר יוֹסֵף׃ לְשִׁבְטָא דְּאֶפְרָיִם הוֹשֵׁעַ בַּר נוּן׃ לְשִׁבְטָא דְּבִנְיָמִין,
י יא פַּלְטִי בַּר רָפוּא׃ לְשִׁבְטָא דִּזְבוּלוּן, גַּדִּיאֵל בַּר סוֹדִי׃ לְשִׁבְטָא דְּיוֹסֵף לְשִׁבְטָא דִּמְנַשֶּׁה, גַּדִּי בַּר
יב יג יד סוּסִי׃ לְשִׁבְטָא דְּדָן, עַמִּיאֵל בַּר גְּמַלִּי׃ לְשִׁבְטָא דְּאָשֵׁר, סְתוּר בַּר מִיכָאֵל׃ לְשִׁבְטָא דְּנַפְתָּלִי,
טו טז נַחְבִּי בַּר וָפְסִי׃ לְשִׁבְטָא דְּגָד, גְּאוּאֵל בַּר מָכִי׃ אִלֵּין שְׁמָהָת גֻּבְרַיָּא, דִּשְׁלַח מֹשֶׁה לְאַלָּלָא יָת
יז אַרְעָא, וּקְרָא מֹשֶׁה, לְהוֹשֵׁעַ בַּר נוּן יְהוֹשֻׁעַ׃ וּשְׁלַח יָתְהוֹן מֹשֶׁה, לְאַלָּלָא יָת אַרְעָא דִּכְנָעַן,
יח וַאֲמַר לְהוֹן, סַקוּ דָא בְּדָרוֹמָא, וְתִסְּקוּן לְטוּרָא׃ וְתֶחֱזוּן יָת אַרְעָא מָא הִיא, וְיָת עַמָּא דְּיָתֵיב
יט עֲלַהּ, הֲתַקִּיף הוּא אִם חַלָּשׁ, הַזְעֵיר הוּא אִם סַגִּי׃ וּמָא אַרְעָא, דְּהוּא יָתֵיב בַּהּ, הֲטָבָא

פרק יג

ב] שְׁלַח לְךָ אֲנָשִׁים. לָמָּה נִסְמְכָה פָּרָשַׁת מְרַגְּלִים לְפָרָשַׁת מִרְיָם? לְפִי שֶׁלָּקְתָה עַל עִסְקֵי דִבָּה שֶׁדִּבְּרָה בְּאָחִיהָ, וּרְשָׁעִים הַלָּלוּ רָאוּ וְלֹא לָקְחוּ מוּסָר: שְׁלַח לְךָ. לְדַעְתְּךָ, אֲנִי אֵינִי מְצַוֶּה לְךָ, אִם תִּרְצֶה שְׁלַח. לְפִי שֶׁבָּאוּ יִשְׂרָאֵל וְאָמְרוּ: "נִשְׁלְחָה אֲנָשִׁים לְפָנֵינוּ" (דברים א, כב), כְּמָה שֶׁנֶּאֱמַר: "וַתִּקְרְבוּן אֵלַי כֻּלְּכֶם" וְגוֹ' (שם), וּמֹשֶׁה נִמְלַךְ בַּשְּׁכִינָה, אָמַר: אֲנִי אָמַרְתִּי לָהֶם שֶׁהִיא טוֹבָה, שֶׁנֶּאֱמַר: "אַעֲלֶה אֶתְכֶם מֵעֳנִי מִצְרַיִם" וְגוֹ' (שמות ג, יז), חַיֵּיהֶם שֶׁאֲנִי נוֹתֵן לָהֶם מָקוֹם לִטְעוֹת בְּדִבְרֵי הַמְרַגְּלִים, לְמַעַן לֹא יִירָשׁוּהָ:

ג] עַל פִּי ה'. בִּרְשׁוּתוֹ, שֶׁלֹּא עִכֵּב עַל יָדוֹ: כֻּלָּם אֲנָשִׁים. כָּל 'אֲנָשִׁים' שֶׁבַּמִּקְרָא לְשׁוֹן חֲשִׁיבוּת, וְאוֹתָהּ שָׁעָה כְּשֵׁרִים הָיוּ:

טז] וַיִּקְרָא מֹשֶׁה לְהוֹשֵׁעַ וְגוֹ'. נִתְפַּלֵּל עָלָיו: יָהּ יוֹשִׁיעֲךָ מֵעֲצַת מְרַגְּלִים:

יז] עֲלוּ זֶה בַּנֶּגֶב. הוּא הָיָה הַפְּסֹלֶת שֶׁל אֶרֶץ יִשְׂרָאֵל, שֶׁכֵּן דֶּרֶךְ הַתַּגָּרִים, מַרְאִים אֶת הַפְּסֹלֶת תְּחִלָּה וְאַחַר כָּךְ מַרְאִים אֶת הַשֶּׁבַח:

יח] אֶת הָאָרֶץ מַה הִוא. יֵשׁ אֶרֶץ מְגַדֶּלֶת גִּבּוֹרִים וְיֵשׁ אֶרֶץ מְגַדֶּלֶת חַלָּשִׁים, יֵשׁ מְגַדֶּלֶת אֻכְלוּסִין וְיֵשׁ מְמַעֶטֶת אֻכְלוּסִין: הֶחָזָק הוּא הֲרָפֶה. סִימָן מָסַר לָהֶם, אִם בִּפְרָזִים יוֹשְׁבִין – חֲזָקִים הֵם, שֶׁסּוֹמְכִין עַל גְּבוּרָתָם, וְאִם בְּעָרִים בְּצוּרוֹת הֵם יוֹשְׁבִין – חַלָּשִׁים הֵם:

במדבר יג

הִוא אִם־רָעָה וּמָה הֶעָרִים אֲשֶׁר־הוּא יוֹשֵׁב בָּהֵנָּה
הַבְּמַחֲנִים אִם בְּמִבְצָרִים׃ וּמָה הָאָרֶץ הַשְּׁמֵנָה כ
הִוא אִם־רָזָה הֲיֵשׁ־בָּהּ עֵץ אִם־אַיִן וְהִתְחַזַּקְתֶּם
וּלְקַחְתֶּם מִפְּרִי הָאָרֶץ וְהַיָּמִים יְמֵי בִּכּוּרֵי עֲנָבִים׃ ▸
שני וַיַּעֲלוּ וַיָּתֻרוּ אֶת־הָאָרֶץ מִמִּדְבַּר־צִן עַד־רְחֹב לְבֹא כא
חֲמָת׃ וַיַּעֲלוּ בַנֶּגֶב וַיָּבֹא עַד־חֶבְרוֹן וְשָׁם אֲחִימַן כב
שֵׁשַׁי וְתַלְמַי יְלִידֵי הָעֲנָק וְחֶבְרוֹן שֶׁבַע שָׁנִים
נִבְנְתָה לִפְנֵי צֹעַן מִצְרָיִם׃ וַיָּבֹאוּ עַד־נַחַל אֶשְׁכֹּל כג
וַיִּכְרְתוּ מִשָּׁם זְמוֹרָה וְאֶשְׁכּוֹל עֲנָבִים אֶחָד וַיִּשָּׂאֻהוּ
בַמּוֹט בִּשְׁנָיִם וּמִן־הָרִמֹּנִים וּמִן־הַתְּאֵנִים׃ לַמָּקוֹם כד
הַהוּא קָרָא נַחַל אֶשְׁכּוֹל עַל אֹדוֹת הָאֶשְׁכּוֹל
אֲשֶׁר־כָּרְתוּ מִשָּׁם בְּנֵי יִשְׂרָאֵל׃ וַיָּשֻׁבוּ מִתּוּר כה
הָאָרֶץ מִקֵּץ אַרְבָּעִים יוֹם׃ וַיֵּלְכוּ וַיָּבֹאוּ אֶל־מֹשֶׁה כו
וְאֶל־אַהֲרֹן וְאֶל־כָּל־עֲדַת בְּנֵי־יִשְׂרָאֵל אֶל־מִדְבַּר
פָּארָן קָדֵשָׁה וַיָּשִׁיבוּ אֹתָם דָּבָר וְאֶת־כָּל־הָעֵדָה
וַיַּרְאוּם אֶת־פְּרִי הָאָרֶץ׃ וַיְסַפְּרוּ־לוֹ וַיֹּאמְרוּ בָּאנוּ כז
אֶל־הָאָרֶץ אֲשֶׁר שְׁלַחְתָּנוּ וְגַם זָבַת חָלָב וּדְבַשׁ

שלח

יט] הַבְּמַחֲנִים. תַּרְגּוּמוֹ: "הַבִּפְצִחִין", כְּרַכִּין פְּצוּחִין וּפְתוּחִין מֵאֵין חוֹמָה: הֲטוֹבָה הִוא. בְּמַעְיָנוֹת וּתְהוֹמוֹת טוֹבִים וּבְרִיאִים:

כ] הֲיֵשׁ בָּהּ עֵץ. אִם יֵשׁ בָּהֶם אָדָם כָּשֵׁר שֶׁיָּגֵן עֲלֵיהֶם בִּזְכוּתוֹ: בִּכּוּרֵי עֲנָבִים. יָמִים שֶׁהָעֲנָבִים מִתְבַּשְּׁלִין בְּבִכּוּר:

כ הִיא אִם בִּישָׁא, וּמָא קִרְוַיָּא, דְּהוּא יָתֵיב בְּהוֹן, הַבִּפְצִחִין אִם בִּכְרַכִּין: וּמָא אַרְעָא,
הֲעַתִּירָא הִיא אִם מִסְכֵּינָא, הַאִית בַּהּ אִילָנִין אִם לָא, וְתִתַּקְּפוּן, וְתִסְּבוּן מֵאִבָּא דְּאַרְעָא,
כא וְיוֹמַיָּא, יוֹמֵי בִּכּוּרֵי עִנְבִין: וּסְלִיקוּ וְאַלִּילוּ יָת אַרְעָא, מִמַּדְבְּרָא דְצִין עַד רְחוֹב לְמֵטֵי חֲמָת:
כב וּסְלִיקוּ בִדְרוֹמָא וַאֲתָא עַד חֶבְרוֹן, וְתַמָּן אֲחִימַן שֵׁשַׁי וְתַלְמַי, בְּנֵי גִבָּרָא, וְחֶבְרוֹן, שְׁבַע
כג שְׁנִין אִתְבְּנִיאַת, קֳדָם טָנֵיס דְּמִצְרָיִם: וַאֲתוֹ עַד נַחְלָא דְאֶתְכָּלָא, וְקָצוּ מִתַּמָּן עוֹבַרְתָּא
כד וְאֶתְכָּל דְּעִנְבִין חַד, וְנַטְלוּהִי בַּאֲרִיחָא בִתְרֵין, וּמִן רִמּוֹנַיָּא וּמִן תֵּינַיָּא: לְאַתְרָא הַהוּא, קְרָא
כה נַחְלָא דְאֶתְכָּלָא, עַל עֵיסַק אֶתְכָּלָא, דְּקָצוּ מִתַּמָּן בְּנֵי יִשְׂרָאֵל: וְתָבוּ מִלְּאַלָּלָא אַרְעָא,
כו מִסּוֹף אַרְבְּעִין יוֹמִין: וַאֲזַלוּ, וַאֲתוֹ לְוָת מֹשֶׁה וּלְוָת אַהֲרֹן, וּלְוָת כָּל כְּנִשְׁתָּא דִבְנֵי יִשְׂרָאֵל,
לְמַדְבְּרָא דְפָארָן לְרְקָם, וַאֲתִיבוּ יָתְהוֹן פִּתְגָּמָא וְיָת כָּל כְּנִשְׁתָּא, וְאַחְזִיאוּנוּן יָת אִבָּא
כז דְאַרְעָא: וְאִשְׁתַּעִיאוּ לֵיהּ וַאֲמַרוּ, אֲתֵינָא, לְאַרְעָא דִּשְׁלַחְתַּנָא, וְאַף, עָבְדָא חֲלָב וּדְבַשׁ,

כא| **מִמִּדְבַּר צִן עַד רְחֹב לְבֹא חֲמָת.** הָלְכוּ בִגְבוּלֶיהָ בָּאֹרֶךְ וּבָרֹחַב כְּמִין 'גַּאם', הָלְכוּ רוּחַ גְּבוּל דְּרוֹמִית מִמִּקְצוֹעַ מִזְרָח עַד מִקְצוֹעַ מַעֲרָב, כְּמוֹ שֶׁצִּוָּה מֹשֶׁה: "עֲלוּ זֶה בַּנֶּגֶב" (לעיל פסוק יז) דֶּרֶךְ גְּבוּל דְּרוֹמִית מִזְרָחִית, עַד הַיָּם, שֶׁהַיָּם הוּא גְּבוּל מַעֲרָבִי, וּמִשָּׁם חָזְרוּ וְהָלְכוּ כָּל גְּבוּל מַעֲרָבִי עַל שְׂפַת הַיָּם עַד לְבֹא חֲמָת, שֶׁהוּא אֵצֶל הֹר הָהָר בְּמִקְצוֹעַ מַעֲרָבִית צְפוֹנִית, כְּמוֹ שֶׁמְּפֹרָשׁ בִּגְבוּלוֹת הָאָרֶץ בְּפָרָשַׁת אֵלֶּה מַסְעֵי (להלן לד, ז):

כב| **וַיָּבֹא עַד חֶבְרוֹן.** כָּלֵב לְבַדּוֹ הָלַךְ שָׁם, וְנִשְׁתַּטֵּחַ עַל קִבְרֵי אָבוֹת שֶׁלֹּא יְהֵא נִסָּת לַחֲבֵרָיו לִהְיוֹת בַּעֲצָתָם, וְכֵן הוּא אוֹמֵר: "וְלוֹ אֶתֵּן אֶת הָאָרֶץ אֲשֶׁר דָּרַךְ בָּהּ" (דברים א, לו), וּכְתִיב: "וַיִּתְּנוּ לְכָלֵב אֶת חֶבְרוֹן" (שופטים א, כ): **שֶׁבַע שָׁנִים נִבְנְתָה.** אֶפְשָׁר שֶׁבָּנָה חָם אֶת חֶבְרוֹן לִכְנַעַן בְּנוֹ הַקָּטָן קֹדֶם שֶׁיִּבְנֶה אֶת צֹעַן לְמִצְרַיִם בְּנוֹ הַגָּדוֹל? אֶלָּא שֶׁהָיְתָה מְבֻנָּה בְּכָל טוּב עַל אֶחָד מִשִּׁבְעָה בְּצֹעַן, וּבָא לְהוֹדִיעֲךָ שִׁבְחָהּ שֶׁל אֶרֶץ יִשְׂרָאֵל, שֶׁאֵין לְךָ טְרָשִׁין בְּאֶרֶץ יִשְׂרָאֵל יוֹתֵר מֵחֶבְרוֹן, לְפִיכָךְ הִקְצוּהָ לִקְבוּרוֹת מֵתִים, וְאֵין לְךָ מְעֻלָּה בְּכָל הָאֲרָצוֹת כְּמִצְרַיִם, שֶׁנֶּאֱמַר: "כְּגַן ה' כְּאֶרֶץ מִצְרַיִם" (בראשית יג, י), וְצֹעַן הִיא הַמְעֻלָּה שֶׁבְּאֶרֶץ מִצְרַיִם, שֶׁשָּׁם מוֹשַׁב הַמְּלָכִים, שֶׁנֶּאֱמַר: "כִּי הָיוּ בְצֹעַן שָׂרָיו" (ישעיה ל, ד), וְהָיְתָה חֶבְרוֹן טוֹבָה מִמֶּנָּה שִׁבְעָה חֲלָקִים:

כג| **זְמוֹרָה.** שׁוֹכַת גֶּפֶן, וְאֶשְׁכּוֹל שֶׁל עֲנָבִים תָּלוּי בָּהּ: **וַיִּשָּׂאֻהוּ בַמּוֹט בִּשְׁנָיִם.** מִמַּשְׁמַע שֶׁנֶּאֱמַר: "וַיִּשָּׂאֻהוּ בַמּוֹט", אֵינִי יוֹדֵעַ שֶׁהוּא בִּשְׁנַיִם? מַה תַּלְמוּד לוֹמַר "בִּשְׁנָיִם"? בִּשְׁנֵי מוֹטוֹת. הָא כֵּיצַד? שְׁמוֹנָה נָטְלוּ אֶשְׁכּוֹל, אֶחָד נָטַל תְּאֵנָה וְאֶחָד רִמּוֹן. יְהוֹשֻׁעַ וְכָלֵב לֹא נָטְלוּ כְלוּם, לְפִי שֶׁכָּל עַצְמָם לְהוֹצִיא דִבָּה נִתְכַּוְּנוּ: כְּשֵׁם שֶׁפִּרְיָהּ מְשֻׁנֶּה כָּךְ עַמָּהּ מְשֻׁנֶּה. וְאִם חָפֵץ אַתָּה לֵידַע כַּמָּה מַשּׂאוֹי אֶחָד מֵהֶם, צֵא וּלְמַד מֵאֲבָנִים שֶׁהֵקִימוּ בַגִּלְגָּל, הֵרִימוּ לָהֶם אִישׁ אֶבֶן אַחַת מִן הַיַּרְדֵּן עַל שִׁכְמוֹ וֶהֱקִימוּהָ בַגִּלְגָּל, וּשְׁקָלוּם רַבּוֹתֵינוּ מִשְׁקַל כָּל אַחַת אַרְבָּעִים סְאָה, וּגְמִירֵי, טוּנָא דְּמִדְלֵי אֱנָשׁ עַל כַּתְפֵּיהּ אֵינוֹ אֶלָּא שְׁלִישׁ מַשּׂאוֹי בְּמַשּׂאוֹי שֶׁמְּסַיְּעִין אוֹתוֹ לַהֲרִים:

כה| **וַיָּשֻׁבוּ מִתּוּר הָאָרֶץ מִקֵּץ אַרְבָּעִים יוֹם.** וַהֲלֹא אַרְבַּע מֵאוֹת פַּרְסָה עַל אַרְבַּע מֵאוֹת פַּרְסָה הִיא, וּמַהֲלַךְ אָדָם בֵּינוֹנִי עֲשָׂרָה פַּרְסָאוֹת לְיוֹם, הֲרֵי מַהֲלַךְ אַרְבָּעִים יוֹם מִן הַמִּזְרָח לַמַּעֲרָב, וְהֵם הָלְכוּ אָרְכָּהּ וְרָחְבָּהּ! אֶלָּא שֶׁגָּלוּי לִפְנֵי הַקָּדוֹשׁ בָּרוּךְ הוּא שֶׁיִּגְזֹר עֲלֵיהֶם יוֹם לַשָּׁנָה, קִצֵּר לִפְנֵיהֶם אֶת הַדֶּרֶךְ:

כו| **וַיֵּלְכוּ וַיָּבֹאוּ.** מַהוּ "וַיֵּלְכוּ", לְהַקִּישׁ הֲלִיכָתָן לְבִיאָתָן, מַה בִּיאָתָן בְּעֵצָה רָעָה, אַף הֲלִיכָתָן בְּעֵצָה רָעָה: **וַיָּשִׁיבוּ אֹתָם דָּבָר.** אֶת מֹשֶׁה וְאֶת אַהֲרֹן:

כז| **זָבַת חָלָב וּדְבַשׁ.** כָּל דְּבַר שֶׁקֶר שֶׁאֵין אוֹמְרִים בּוֹ קְצָת אֱמֶת בִּתְחִלָּתוֹ, אֵין מִתְקַיֵּם בְּסוֹפוֹ:

כח הוּא וְזֶה־פִּרְיָהּ: אֶפֶס כִּי־עַז הָעָם הַיֹּשֵׁב בָּאָרֶץ
וְהֶעָרִים בְּצֻרוֹת גְּדֹלֹת מְאֹד וְגַם־יְלִדֵי הָעֲנָק
כט רָאִינוּ שָׁם: עֲמָלֵק יוֹשֵׁב בְּאֶרֶץ הַנֶּגֶב וְהַחִתִּי
וְהַיְבוּסִי וְהָאֱמֹרִי יוֹשֵׁב בָּהָר וְהַכְּנַעֲנִי יֹשֵׁב
ל עַל־הַיָּם וְעַל יַד הַיַּרְדֵּן: וַיַּהַס כָּלֵב אֶת־הָעָם
אֶל־מֹשֶׁה וַיֹּאמֶר עָלֹה נַעֲלֶה וְיָרַשְׁנוּ אֹתָהּ כִּי־
לא יָכוֹל נוּכַל לָהּ: וְהָאֲנָשִׁים אֲשֶׁר עָלוּ עִמּוֹ אָמְרוּ
לֹא נוּכַל לַעֲלוֹת אֶל־הָעָם כִּי־חָזָק הוּא מִמֶּנּוּ:
לב וַיֹּצִיאוּ דִּבַּת הָאָרֶץ אֲשֶׁר תָּרוּ אֹתָהּ אֶל־בְּנֵי
יִשְׂרָאֵל לֵאמֹר הָאָרֶץ אֲשֶׁר עָבַרְנוּ בָהּ לָתוּר
אֹתָהּ אֶרֶץ אֹכֶלֶת יוֹשְׁבֶיהָ הִוא וְכָל־הָעָם
לג אֲשֶׁר־רָאִינוּ בְתוֹכָהּ אַנְשֵׁי מִדּוֹת: וְשָׁם רָאִינוּ
אֶת־הַנְּפִילִים בְּנֵי עֲנָק מִן־הַנְּפִלִים וַנְּהִי בְעֵינֵינוּ
יד א כַחֲגָבִים וְכֵן הָיִינוּ בְּעֵינֵיהֶם: וַתִּשָּׂא כָּל־הָעֵדָה
ב וַיִּתְּנוּ אֶת־קוֹלָם וַיִּבְכּוּ הָעָם בַּלַּיְלָה הַהוּא: וַיִּלֹּנוּ
עַל־מֹשֶׁה וְעַל־אַהֲרֹן כֹּל בְּנֵי יִשְׂרָאֵל וַיֹּאמְרוּ
אֲלֵהֶם כָּל־הָעֵדָה לוּ־מַתְנוּ בְּאֶרֶץ מִצְרַיִם
ג אוֹ בַּמִּדְבָּר הַזֶּה לוּ־מָתְנוּ: וְלָמָה יְהוָֹה מֵבִיא
אֹתָנוּ אֶל־הָאָרֶץ הַזֹּאת לִנְפֹּל בַּחֶרֶב נָשֵׁינוּ
וְטַפֵּנוּ יִהְיוּ לָבַז הֲלוֹא טוֹב לָנוּ שׁוּב מִצְרָיְמָה:
ד וַיֹּאמְרוּ אִישׁ אֶל־אָחִיו נִתְּנָה רֹאשׁ וְנָשׁוּבָה

ה מִצְרָֽיְמָה׃ וַיִּפֹּ֥ל מֹשֶׁ֛ה וְאַהֲרֹ֖ן עַל־פְּנֵיהֶ֑ם לִפְנֵ֕י
ו כָּל־קְהַ֖ל עֲדַ֥ת בְּנֵ֖י יִשְׂרָאֵֽל׃ וִיהוֹשֻׁ֣עַ בִּן־נ֗וּן
וְכָלֵב֙ בֶּן־יְפֻנֶּ֔ה מִן־הַתָּרִ֖ים אֶת־הָאָ֑רֶץ קָֽרְע֖וּ

כח הִיא וְדִין אִבַּהּ: לְחוֹד אֲרֵי תַקִּיף עַמָּא, דְּיָתֵיב בְּאַרְעָא, וְקִרְוַיָּא, כְּרִיכָן רַבְרְבָן לַחְדָּא, וְאַף
כט בְּנֵי גִבָּרָא חֲזֵינָא תַמָּן: עֲמַלְקָאָה יָתֵיב בַּאֲרַע דָּרוֹמָא, וְחִתָּאָה, וִיבוּסָאָה וֶאֱמוֹרָאָה יָתֵיב
ל בְּטוּרָא, וּכְנַעֲנָאָה יָתֵיב עַל יַמָּא, וְעַל כֵּיף יַרְדְּנָא: וְאַצֵּית כָּלֵב, יָת עַמָּא לְמֹשֶׁה, וַאֲמַר,
לא מִסַּק נִסַּק וְנֵירַת יָתַהּ, אֲרֵי מִכָּל נִכּוֹל לַהּ: וְגֻבְרַיָּא, דִּסְלִיקוּ עִמֵּיהּ אֲמַרוּ, לָא נִכּוֹל לְמִסַּק
לב לְוָת עַמָּא, אֲרֵי תַקִּיף הוּא מִנַּנָא: וְאַפִּיקוּ שׁוּם בִּישׁ, עַל אַרְעָא דְּאַלִּילוּ יָתַהּ, לְוָת בְּנֵי
יִשְׂרָאֵל לְמֵימַר, אַרְעָא, דַּעֲבַרְנָא בַהּ לְאַלָּלָא יָתַהּ, אֲרַע מְקַטְלָא יָתְבָהָא הִיא, וְכָל עַמָּא,
לג דַּחֲזֵינָא בְגַוַּהּ אֱנָשִׁין דְּמִשְׁחָן: וְתַמָּן חֲזֵינָא, יָת גִּבָּרַיָּא, בְּנֵי עֲנָק מִן גִּבָּרַיָּא, וַהֲוֵינָא בְעֵינֵי
יד א נַפְשַׁנָא כְּקַמְצִין, וְכֵן הֲוֵינָא בְּעֵינֵיהוֹן: וַאֲרֵימַת כָּל כְּנִשְׁתָּא, וִיהַבוּ יָת קָלְהוֹן, וּבְכוֹ עַמָּא
ב בְּלֵילְיָא הַהוּא: וְאִתְרָעַמוּ עַל מֹשֶׁה וְעַל אַהֲרֹן, כָּל בְּנֵי יִשְׂרָאֵל, וַאֲמַרוּ לְהוֹן כָּל כְּנִשְׁתָּא,
ג לְוַי דְּמִיתְנָא בְּאַרְעָא דְמִצְרַיִם, אוֹ, בְּמַדְבְּרָא הָדֵין לְוַי דְּמִיתְנָא: וּלְמָא יְיָ, מַעֵיל יָתַנָא,
לְאַרְעָא הָדָא לְמִפַּל בְּחַרְבָּא, נְשַׁנָא וְטַפְלַנָא יְהוֹן לְבִזָּא, הֲלָא טָב לַנָא דִנְתוּב לְמִצְרָיִם:
ד ה וַאֲמַרוּ גְּבַר לַאֲחוּהִי, נְמַנֵּי רֵישָׁא וּנְתוּב לְמִצְרָיִם: וּנְפַל מֹשֶׁה, וְאַהֲרֹן עַל אַפֵּיהוֹן, קֳדָם, כָּל
ו קְהָלָא כְּנִשְׁתָּא דִּבְנֵי יִשְׂרָאֵל: וִיהוֹשֻׁעַ בַּר נוּן, וְכָלֵב בַּר יְפֻנֶּה, מִן מְאַלְּלֵי אַרְעָא, בַּזַּעוּ

כח| **בְּצֻרוֹת.** לְשׁוֹן חֹזֶק, וְתַרְגּוּמוֹ: "כְּרִיכָן", לְשׁוֹן בִּירָנִיּוֹת עֲגֻלּוֹת, וּבִלְשׁוֹן אֲרַמִּי 'כְּרִיךְ' – עָגֹל:

כט| **עֲמָלֵק יוֹשֵׁב וְגוֹ'.** לְפִי שֶׁנִּכְווּ בַּעֲמָלֵק כְּבָר, הִזְכִּירוּהוּ מְרַגְּלִים כְּדֵי לְיָרְאָם: **וְעַל יַד הַיַּרְדֵּן.** 'יַד' כְּמַשְׁמָעוֹ, אֵצֶל הַיַּרְדֵּן, וְלֹא תוּכְלוּ לַעֲבֹר:

ל| **וַיַּהַס כָּלֵב.** הִשְׁתִּיק אֶת כֻּלָּם: **אֶל מֹשֶׁה.** לִשְׁמֹעַ מַה שֶּׁיְּדַבֵּר בְּמֹשֶׁה, צָוַח וְאָמַר: וְכִי זוֹ בִּלְבַד עָשָׂה לָנוּ בֶּן עַמְרָם? הַשּׁוֹמֵעַ הָיָה סָבוּר שֶׁבָּא לְסַפֵּר בִּגְנוּתוֹ, וּמִתּוֹךְ שֶׁהָיָה בְלִבָּם עַל מֹשֶׁה בִּשְׁבִיל דִּבְרֵי הַמְרַגְּלִים שָׁתְקוּ כֻּלָּם לִשְׁמֹעַ גְּנוּתוֹ. אָמַר: וַהֲלֹא קָרַע לָנוּ אֶת הַיָּם, וְהוֹרִיד לָנוּ אֶת הַמָּן, וְהֵגִיז לָנוּ אֶת הַשְּׂלָו: **עָלֹה נַעֲלֶה.** אֲפִלּוּ בַּשָּׁמַיִם, וְהוּא אוֹמֵר: עֲשׂוּ סֻלָּמוֹת וַעֲלוּ שָׁם! נַצְלִיחַ בְּכָל דְּבָרָיו: **וַיַּהַס.** לְשׁוֹן שְׁתִיקָה, וְכֵן: "הַס כָּל בָּשָׂר" (זכריה ב, יז), "הַס כִּי לֹא לְהַזְכִּיר" (עמוס ו, י), כֵּן דֶּרֶךְ בְּנֵי אָדָם, הָרוֹצֶה לְשַׁתֵּק אֲגֻדַּת אֲנָשִׁים אוֹמֵר ש"ט:

לא| **חָזָק הוּא מִמֶּנּוּ.** כִּבְיָכוֹל כְּלַפֵּי מַעְלָה אָמְרוּ:

לב| **אֹכֶלֶת יוֹשְׁבֶיהָ.** בְּכָל מָקוֹם שֶׁעָבַרְנוּ מְצָאנוּם קוֹבְרֵי מֵתִים, וְהַקָּדוֹשׁ בָּרוּךְ הוּא עָשָׂה לְטוֹבָה כְּדֵי לְטָרְדָם בְּאֶבְלָם וְלֹא יִתְּנוּ לֵב לָאֵלּוּ: **אַנְשֵׁי מִדּוֹת.** גְּדוֹלִים וּגְבוֹהִים וְצָרִיךְ לָתֵת לָהֶם מִדָּה, כְּגוֹן גָּלְיָת: "גָּבְהוֹ שֵׁשׁ אַמּוֹת וָזָרֶת" (שמואל א' יז, ד), וְכֵן: "אִישׁ מָדוֹן" (שמואל ב' כא, כ), "אִישׁ מִדָּה" (דברי הימים א' יא, כג):

לג| **הַנְּפִילִים.** עֲנָקִים, מִבְּנֵי שַׁמְחֲזַאי וַעֲזָאֵל שֶׁנָּפְלוּ מִן הַשָּׁמַיִם בִּימֵי דוֹר אֱנוֹשׁ: **וְכֵן הָיִינוּ בְּעֵינֵיהֶם.** שָׁמַעְנוּ אוֹמְרִים זֶה לָזֶה: נְמָלִים יֵשׁ בַּכְּרָמִים כַּאֲנָשִׁים: **עֲנָק.** שֶׁמַּעֲנִיקִים חַמָּה בְּקוֹמָתָן:

פרק יד

ב| **לוּ מַתְנוּ.** הַלְוַאי וּמַתְנוּ:

ד| **נִתְּנָה רֹאשׁ.** כְּתַרְגּוּמוֹ: "נְמַנֵּי רֵישָׁא", נָשִׂים עָלֵינוּ מֶלֶךְ. וְרַבּוֹתֵינוּ פֵּרְשׁוּ, לְשׁוֹן עֲבוֹדָה זָרָה:

במדבר יד

בִּגְדֵיהֶֽם: וַיֹּאמְר֕וּ אֶל־כָּל־עֲדַ֥ת בְּנֵֽי־יִשְׂרָאֵ֖ל ז
לֵאמֹ֑ר הָאָ֗רֶץ אֲשֶׁ֨ר עָבַ֤רְנוּ בָהּ֙ לָת֣וּר אֹתָ֔הּ
טוֹבָ֥ה הָאָ֖רֶץ מְאֹ֥ד מְאֹֽד: אִם־חָפֵ֥ץ בָּ֙נוּ֙ יְהֹוָ֔ה ח
וְהֵבִ֤יא אֹתָ֙נוּ֙ אֶל־הָאָ֣רֶץ הַזֹּ֔את וּנְתָנָ֖הּ לָ֑נוּ
אֶ֕רֶץ אֲשֶׁר־הִ֛וא זָבַ֥ת חָלָ֖ב וּדְבָֽשׁ: אַ֣ךְ בַּֽיהֹוָה֮ ט
אַל־תִּמְרֹדוּ֒ וְאַתֶּ֗ם אַל־תִּֽירְאוּ֙ אֶת־עַ֣ם הָאָ֔רֶץ
כִּ֥י לַחְמֵ֖נוּ הֵ֑ם סָ֣ר צִלָּ֧ם מֵעֲלֵיהֶ֛ם וַיהֹוָ֥ה אִתָּ֖נוּ
אַל־תִּירָאֻֽם: וַיֹּֽאמְרוּ֙ כָּל־הָ֣עֵדָ֔ה לִרְגּ֥וֹם אֹתָ֖ם י
בָּאֲבָנִ֑ים וּכְב֣וֹד יְהֹוָ֗ה נִרְאָה֙ בְּאֹ֣הֶל מוֹעֵ֔ד אֶֽל־
כָּל־בְּנֵ֖י יִשְׂרָאֵֽל:

יג וַיֹּ֤אמֶר יְהֹוָה֙ אֶל־מֹשֶׁ֔ה עַד־אָ֥נָה יְנַאֲצֻ֖נִי הָעָ֣ם יא
הַזֶּ֑ה וְעַד־אָ֙נָה֙ לֹא־יַאֲמִ֣ינוּ בִ֔י בְּכֹל֙ הָֽאֹת֔וֹת
אֲשֶׁ֥ר עָשִׂ֖יתִי בְּקִרְבּֽוֹ: אַכֶּ֥נּוּ בַדֶּ֖בֶר וְאוֹרִשֶׁ֑נּוּ יב
וְאֶֽעֱשֶׂה֙ אֹֽתְךָ֔ לְגֽוֹי־גָּד֥וֹל וְעָצ֖וּם מִמֶּֽנּוּ: וַיֹּ֥אמֶר יג
מֹשֶׁ֖ה אֶל־יְהֹוָ֑ה וְשָׁמְע֣וּ מִצְרַ֔יִם כִּֽי־הֶעֱלִ֧יתָ
בְכֹחֲךָ֛ אֶת־הָעָ֥ם הַזֶּ֖ה מִקִּרְבּֽוֹ: וְאָמְר֗וּ אֶל־ יד
יוֹשֵׁב֮ הָאָ֣רֶץ הַזֹּאת֒ שָֽׁמְע֔וּ כִּֽי־אַתָּ֥ה יְהֹוָ֖ה
בְּקֶ֣רֶב הָעָ֣ם הַזֶּ֑ה אֲשֶׁר־עַ֨יִן בְּעַ֜יִן נִרְאָ֣ה ׀ אַתָּ֣ה
יְהֹוָ֗ה וַעֲנָֽנְךָ֙ עֹמֵ֣ד עֲלֵהֶ֔ם וּבְעַמֻּ֣ד עָנָ֗ן אַתָּ֞ה
הֹלֵ֤ךְ לִפְנֵיהֶם֙ יוֹמָ֔ם וּבְעַמּ֥וּד אֵ֖שׁ לָֽיְלָה:
וְהֵמַתָּ֛ה אֶת־הָעָ֥ם הַזֶּ֖ה כְּאִ֣ישׁ אֶחָ֑ד וְאָמְרוּ֙ טו

טז הַגּוֹיִם֙ אֲשֶׁר־שָׁמְע֥וּ אֶת־שִׁמְעֲךָ֖ לֵאמֹֽר׃ מִבִּלְתִּ֞י
יְכֹ֣לֶת יְהוָ֗ה לְהָבִיא֙ אֶת־הָעָ֣ם הַזֶּ֔ה אֶל־הָאָ֖רֶץ
יז אֲשֶׁר־נִשְׁבַּ֣ע לָהֶ֑ם וַיִּשְׁחָטֵ֖ם בַּמִּדְבָּֽר׃ וְעַתָּ֕ה

ז לְבוּשֵׁיהוֹן: וַאֲמַרוּ, לְכָל כְּנִשְׁתָּא דִּבְנֵי יִשְׂרָאֵל לְמֵימַר, אַרְעָא, דַּעֲבַרְנָא בַהּ לְאַלָּלָא יָתַהּ,
ח טָבָא אַרְעָא לַחֲדָא לַחֲדָא: אִם רַעֲוָא בְנָא קֳדָם יְיָ, וְיַעֵיל יָתָנָא לְאַרְעָא הָדָא, וְיִתְּנַהּ
ט לָנָא, אַרְעָא, דְּהִיא, עָבְדָא חֲלַב וּדְבָשׁ: בְּרַם בְּמֵימְרָא דַּייָ לָא תִמְרְדוּן, וְאַתּוּן, לָא
תִדְחֲלוּן מִן עַמָּא דְּאַרְעָא, אֲרֵי בִידַנָא מְסִירִין אִנּוּן, עֲדָא תָּקְפְּהוֹן מִנְּהוֹן, וּמֵימְרָא דַּייָ
י בְּסַעֲדָנָא לָא תִדְחֲלוּן מִנְּהוֹן: וַאֲמַרוּ כָּל כְּנִשְׁתָּא, לְמִרְגַּם יָתְהוֹן בְּאַבְנַיָּא, וִיקָרָא דַּייָ,
יא אִתְגְּלִי בְּמַשְׁכַּן זִמְנָא, לְכָל בְּנֵי יִשְׂרָאֵל: וַאֲמַר יְיָ לְמֹשֶׁה, עַד אִמַּתִּי יְהוֹן מַרְגְּזִין קֳדָמַי עַמָּא
יב הָדֵין, וְעַד אִמַּתִּי לָא יְהֵימְנוּן בְּמֵימְרִי, בְּכָל אָתַיָּא, דַּעֲבַדִית בֵּינֵיהוֹן: אֶמְחֵינוּן בְּמוֹתָא
יג וַאֲשֵׁיצֵינוּן, וְאַעֲבֵיד יָתָךְ, לְעַם רַב וְתַקִּיף מִנְּהוֹן: וַאֲמַר מֹשֶׁה קֳדָם יְיָ, וְיִשְׁמְעוּן מִצְרָאֵי,
יד אֲרֵי אַסֵּיקְתָּא בְחֵילָךְ, יָת עַמָּא הָדֵין מִבֵּינֵיהוֹן: וְיֵימְרוּן, לְיָתֵיב אַרְעָא הָדָא, דִּשְׁמַעוּ אֲרֵי
אַתְּ יְיָ, שְׁכִינְתָךְ שַׁרְיָא בְּגוֹ עַמָּא הָדֵין, דִּבְעֵינֵיהוֹן חֲזַן שְׁכִינַת יְקָרָךְ יְיָ, וַעֲנָנָךְ מַטֵּל
עֲלָוֵיהוֹן, וּבְעַמּוּדָא דַּעֲנָנָא, אַתְּ מְדַבַּר קֳדָמֵיהוֹן בִּימָמָא, וּבְעַמּוּדָא דְּאִישָׁתָא בְּלֵילְיָא:
טו וּתְקַטֵּיל, יָת עַמָּא הָדֵין כִּגְבַרָא חַד, וְיֵימְרוּן עַמְמַיָּא, דִּשְׁמַעוּ יָת שֵׁימַע גְּבוּרְתָךְ לְמֵימַר:
טז מִדְּלֵית יְכֻלָּא קֳדָם יְיָ, לְאַעָלָא יָת עַמָּא הָדֵין, לְאַרְעָא דְּקַיֵּים לְהוֹן, וְקַטֵּילִנּוּן בְּמַדְבְּרָא:

ט| **אַל תִּמְרֹדוּ.** וְשׁוּב "וְאַתֶּם אַל תִּירְאוּ": **כִּי לַחְמֵנוּ הֵם.** נֹאכְלֵם כַּלֶּחֶם: **סָר צִלָּם.** מָגִנָּם וְחָזְקָם, כְּשֵׁרִים שֶׁבָּהֶם מֵתוּ, אִיּוֹב שֶׁהָיָה מֵגֵן עֲלֵיהֶם. דָּבָר אַחֵר, צִלּוֹ שֶׁל הַמָּקוֹם סָר מֵעֲלֵיהֶם:

י| **לִרְגּוֹם אֹתָם.** אֶת יְהוֹשֻׁעַ וְכָלֵב: **וּכְבוֹד ה׳.** הֶעָנָן יָרַד שָׁם:

יא| **עַד אָנָה.** עַד הֵיכָן: **יְנַאֲצֻנִי.** יַרְגִּיזוּנִי: **בְּכֹל הָאֹתוֹת.** בִּשְׁבִיל כָּל הַנִּסִּים שֶׁעָשִׂיתִי לָהֶם הָיָה לָהֶם לְהַאֲמִין שֶׁהַיְכֹלֶת בְּיָדִי לְקַיֵּם הַבְטָחָתִי:

יב| **וְאוֹרִשֶׁנּוּ.** כְּתַרְגּוּמוֹ, תֵּרוּכִין. וְאִם תֹּאמַר: מָה אֶעֱשֶׂה לִשְׁבוּעַת אָבוֹת? "וְאֶעֱשֶׂה אֹתְךָ לְגוֹי גָּדוֹל", שֶׁאַתָּה מִזַּרְעָם:

יג-יד| **וְשָׁמְעוּ מִצְרַיִם.** וְשָׁמְעוּ אֶת אֲשֶׁר תַּהַרְגֵם: **כִּי הֶעֱלִיתָ.** 'כִּי' מְשַׁמֵּשׁ בִּלְשׁוֹן 'אֲשֶׁר'. וְהֵם רָאוּ אֶת אֲשֶׁר הֶעֱלִיתָ בְּכֹחֲךָ הַגָּדוֹל אוֹתָם מִקִּרְבָּם, וּכְשֶׁיִּשְׁמְעוּ שֶׁאַתָּה הוֹרְגָם, לֹא יֹאמְרוּ שֶׁחָטְאוּ לְךָ, אֶלָּא יֹאמְרוּ שֶׁכְּנֶגְדָּם יָכֹלְתָּ לְהִלָּחֵם אֲבָל כְּנֶגֶד יוֹשְׁבֵי הָאָרֶץ לֹא יָכֹלְתָּ לְהִלָּחֵם, וְזוֹ הִיא: **וְאָמְרוּ אֶל יוֹשֵׁב הָאָרֶץ הַזֹּאת.** כְּמוֹ 'עַל יוֹשֵׁב הָאָרֶץ הַזֹּאת'. וּמַה יֹּאמְרוּ עֲלֵיהֶם? מַה שֶּׁאָמוּר בְּסוֹף הָעִנְיָן: "מִבִּלְתִּי יְכֹלֶת ה׳" (להלן פסוק טז), בִּשְׁבִיל שֶׁ"שָּׁמְעוּ כִּי אַתָּה ה׳" שׁוֹכֵן בְּקִרְבָּם וְעַיִן בְּעַיִן אַתָּה נִרְאֶה לָהֶם, וְהַכֹּל בְּדֶרֶךְ חִבָּה, וְלֹא הִכִּירוּ בְּךָ שֶׁנִּתְּקָה אַהֲבָתְךָ מֵהֶם עַד הֵנָּה:

טו| **וְהֵמַתָּה אֶת הָעָם הַזֶּה כְּאִישׁ אֶחָד.** פִּתְאֹם, וּמִתּוֹךְ כָּךְ: "וְאָמְרוּ הַגּוֹיִם אֲשֶׁר שָׁמְעוּ אֶת שִׁמְעֲךָ" וְגוֹ׳:

טז| **מִבִּלְתִּי יְכֹלֶת וְגוֹ׳.** לְפִי שֶׁיּוֹשְׁבֵי הָאָרֶץ חֲזָקִים וְגִבּוֹרִים, וְאֵינוֹ דּוֹמֶה פַּרְעֹה לִשְׁלֹשִׁים וְאֶחָד מְלָכִים, זֹאת יֹאמְרוּ עַל יוֹשְׁבֵי הָאָרֶץ הַזֹּאת: "מִבִּלְתִּי יְכֹלֶת", מִתּוֹךְ שֶׁלֹּא הָיָה יְכֹלֶת בְּיָדוֹ לַהֲבִיאָם, שְׁחָטָם: **יְכֹלֶת.** שֵׁם דָּבָר הוּא:

במדבר יד

יח יִגְדַּל־נָא כֹּחַ אֲדֹנָי כַּאֲשֶׁר דִּבַּרְתָּ לֵאמֹר: יְהֹוָה אֶרֶךְ אַפַּיִם וְרַב־חֶסֶד נֹשֵׂא עָוֺן וָפָשַׁע וְנַקֵּה לֹא יְנַקֶּה פֹּקֵד עֲוֺן אָבוֹת עַל־בָּנִים עַל־שִׁלֵּשִׁים וְעַל־רִבֵּעִים: יט סְלַח־נָא לַעֲוֺן הָעָם הַזֶּה כְּגֹדֶל חַסְדֶּךָ וְכַאֲשֶׁר נָשָׂאתָה לָעָם הַזֶּה מִמִּצְרַיִם וְעַד־הֵנָּה: כ וַיֹּאמֶר יְהֹוָה סָלַחְתִּי כִּדְבָרֶךָ: כא וְאוּלָם חַי־אָנִי וְיִמָּלֵא כְבוֹד־יְהֹוָה אֶת־כָּל־הָאָרֶץ: כב כִּי כָל־הָאֲנָשִׁים הָרֹאִים אֶת־כְּבֹדִי וְאֶת־אֹתֹתַי אֲשֶׁר־עָשִׂיתִי בְמִצְרַיִם וּבַמִּדְבָּר וַיְנַסּוּ אֹתִי זֶה עֶשֶׂר פְּעָמִים וְלֹא שָׁמְעוּ בְּקוֹלִי: כג אִם־יִרְאוּ אֶת־הָאָרֶץ אֲשֶׁר נִשְׁבַּעְתִּי לַאֲבֹתָם וְכָל־מְנַאֲצַי לֹא יִרְאוּהָ: כד וְעַבְדִּי כָלֵב עֵקֶב הָיְתָה רוּחַ אַחֶרֶת עִמּוֹ וַיְמַלֵּא אַחֲרָי וַהֲבִיאֹתִיו אֶל־הָאָרֶץ אֲשֶׁר־בָּא שָׁמָּה וְזַרְעוֹ יוֹרִשֶׁנָּה: כה וְהָעֲמָלֵקִי וְהַכְּנַעֲנִי יוֹשֵׁב בָּעֵמֶק מָחָר פְּנוּ וּסְעוּ לָכֶם הַמִּדְבָּר דֶּרֶךְ יַם־סוּף:

רביעי וַיְדַבֵּר יְהֹוָה אֶל־מֹשֶׁה וְאֶל־אַהֲרֹן לֵאמֹר: כו עַד־מָתַי לָעֵדָה הָרָעָה הַזֹּאת אֲשֶׁר הֵמָּה מַלִּינִים עָלַי אֶת־תְּלֻנּוֹת בְּנֵי יִשְׂרָאֵל אֲשֶׁר הֵמָּה מַלִּינִים עָלַי שָׁמָעְתִּי: כח אֱמֹר אֲלֵהֶם חַי־אָנִי נְאֻם־יְהֹוָה

יז יח וּכְעַן, סַגֵּי כְעַן חֵילָא קֳדָמָךְ יְיָ, כְּמָא דְמַלֵּילְתָּא לְמֵימַר: יְיָ, מַרְחֵיק רְגַז וּמַסְגֵּי לְמֶעְבַּד טָבְוָן,
שָׁבֵיק לַעֲוָיָן וְלִמְרוֹד, סָלַח לִדְתָיְבִין לְאוֹרָיְתֵיהּ וּלְדְלָא תָיְבִין לָא מְזַכֵּי, מַסְעַר, חוֹבֵי אֲבָהָן
יט עַל בְּנִין מָרָדִין, עַל דָּר תְּלִיתַאי וְעַל דָּר רְבִיעָי: שְׁבוֹק כְּעַן, לְחוֹבֵי, עַמָּא הָדֵין כִּסְגֵיאוּת
כ כא טָבְוָתָךְ, וּכְמָא דִשְׁבַקְתָּא לְעַמָּא הָדֵין, מִמִּצְרַיִם וְעַד כְּעַן: וַאֲמַר יְיָ, שְׁבַקִית כְּפִתְגָמָךְ: וּבְרַם
כב קַיָּם אֲנָא, וּמַלְיָא יְקָרָא דַייָ יָת כָּל אַרְעָא: אֲרֵי כָל גֻּבְרַיָּא, דַחֲזוֹ יָת יְקָרִי וְיָת אָתְוָתַי, דַעֲבַדִית
כג בְּמִצְרַיִם וּבְמַדְבְּרָא, וְנַסִּיאוּ קֳדָמַי, דְּנָן עֲסַר זִמְנִין, וְלָא קַבִּילוּ לְמֵימְרִי: אִם יֶחֱזוֹן יָת אַרְעָא,
כד דְקַיֵּימִית לַאֲבָהָתְהוֹן, וְכָל דְאַרְגִּיזוּ קֳדָמַי לָא יֶחֱזוּנַהּ: וְעַבְדִּי כָלֵב, חֲלָף דַּהֲוָת, רוּחַ אָחֳרִי
כה עִמֵּיהּ, וְאַשְׁלֵים בָּתַר דַּחַלְתִּי, וְאַעֵילְנֵיהּ, לְאַרְעָא דְעָאל לְתַמָּן, וּבְנוֹהִי יְתָרְכִנַּהּ: וַעֲמָלְקָאָה
כו וּכְנַעֲנָאָה יָתֵיב בְּמֵישְׁרָא, מְחַר, אִתְפְּנוֹ וְטוּלוּ לְכוֹן, לְמַדְבְּרָא אוֹרַח יַמָּא דְסוּף: וּמַלֵּיל
כז יְיָ, עִם מֹשֶׁה וּלְאַהֲרֹן לְמֵימַר: עַד אֵמָתַי, לִכְנִשְׁתָּא בִשְׁתָּא הָדָא, דְּאִנּוּן מִתְרָעֲמִין עֲלָי,
כח יָת תֻּרְעֲמַת בְּנֵי יִשְׂרָאֵל, דְּאִנּוּן מִתְרָעֲמִין, עֲלַי שְׁמִיעַ קֳדָמָי: אֵימַר לְהוֹן, קַיָּם אֲנָא אֲמַר יְיָ,

יז-יח **כַּאֲשֶׁר דִּבַּרְתָּ לֵאמֹר.** וּמַהוּ הַדִּבּוּר? **ה' אֶרֶךְ אַפַּיִם.** לַצַּדִּיקִים וְלָרְשָׁעִים. כְּשֶׁעָלָה מֹשֶׁה לַמָּרוֹם מְצָאוֹ מֹשֶׁה לְהַקָּדוֹשׁ בָּרוּךְ הוּא שֶׁהָיָה יוֹשֵׁב וְכוֹתֵב: "ה' אֶרֶךְ אַפַּיִם", אָמַר לוֹ: לַצַּדִּיקִים? אָמַר לוֹ הַקָּדוֹשׁ בָּרוּךְ הוּא: אַף לָרְשָׁעִים. אָמַר לוֹ: רְשָׁעִים יֹאבֵדוּ. אָמַר לוֹ הַקָּדוֹשׁ בָּרוּךְ הוּא: חַיֶּיךָ שֶׁתִּצְטָרֵךְ לַדָּבָר. כְּשֶׁחָטְאוּ יִשְׂרָאֵל בָּעֵגֶל וּבַמְרַגְּלִים הִתְפַּלֵּל מֹשֶׁה לְפָנָיו בְּ'אֶרֶךְ אַפַּיִם', אָמַר לוֹ הַקָּדוֹשׁ בָּרוּךְ הוּא: וַהֲלֹא אָמַרְתָּ לִי 'לַצַּדִּיקִים'! אָמַר לוֹ: וַהֲלֹא אַתָּה אָמַרְתָּ לִי 'אַף לָרְשָׁעִים': **יִגְדַּל נָא כֹּחַ אֲדֹנָי.** לַעֲשׂוֹת דִּבּוּרְךָ: **וְנַקֵּה.** לַשָּׁבִים: **לֹא יְנַקֶּה.** לְשֶׁאֵינָן שָׁבִים:

כ **כִּדְבָרֶךָ.** בִּשְׁבִיל מַה שֶּׁאָמַרְתָּ, פֶּן יֹאמְרוּ: "מִבִּלְתִּי יְכֹלֶת ה'" (לעיל פסוק טז):

כא-כג **וְאוּלָם.** כְּמוֹ 'אֲבָל', זֹאת אֶעֱשֶׂה לָהֶם: **חַי אָנִי.** לְשׁוֹן שְׁבוּעָה, כְּשֵׁם שֶׁאֲנִי חַי וּכְבוֹדִי יִמָּלֵא אֶת כָּל הָאָרֶץ, כָּךְ אֲקַיֵּם לָהֶם, "כִּי כָל הָאֲנָשִׁים הָרֹאִים וְגוֹ' אִם יִרְאוּ אֶת הָאָרֶץ"; הֲרֵי זֶה מִקְרָא מְסֹרָס: חַי אָנִי כִּי כָל הָאֲנָשִׁים אִם יִרְאוּ אֶת הָאָרֶץ, וּכְבוֹדִי יִמָּלֵא אֶת כָּל הָאָרֶץ, שֶׁלֹּא יִתְחַלֵּל שְׁמִי בַּמַּגֵּפָה הַזֹּאת לֵאמֹר: 'מִבִּלְתִּי יְכֹלֶת ה'' לַהֲבִיאָם, שֶׁלֹּא אֲמִיתֵם פִּתְאֹם כְּאִישׁ אֶחָד, אֶלָּא בְּאִחוּר אַרְבָּעִים שָׁנָה מְעַט מְעַט:

כב **וַיְנַסּוּ.** כְּמַשְׁמָעוֹ: **זֶה עֶשֶׂר פְּעָמִים.** שְׁנַיִם בַּיָּם וּשְׁנַיִם בַּמָּן וּשְׁנַיִם בַּשְּׂלָו וְכוּ', כִּדְאִיתָא בְּמַסֶּכֶת עֲרָכִין (דף טו ע"א – טו ע"ב):

כג **אִם יִרְאוּ.** לֹא יִרְאוּ:

כד **רוּחַ אַחֶרֶת.** שְׁתֵּי רוּחוֹת, אַחַת בַּפֶּה וְאַחַת בַּלֵּב. לַמְרַגְּלִים אָמַר: אֲנִי עִמָּכֶם בָּעֵצָה, וּבְלִבּוֹ הָיָה לוֹמַר הָאֱמֶת, וְעַל יְדֵי כֵן הָיָה בּוֹ כֹּחַ לְהַשְׁתִּיקָם, כְּמוֹ שֶׁנֶּאֱמַר: "וַיַּהַס כָּלֵב" (לעיל יג, ל), שֶׁהָיוּ סְבוּרִים שֶׁיֹּאמַר כְּמוֹתָם. זֶהוּ שֶׁנֶּאֱמַר בְּסֵפֶר יְהוֹשֻׁעַ: "וָאָשֵׁב אוֹתוֹ דָּבָר כַּאֲשֶׁר עִם לְבָבִי" (יהושע יד, ז), וְלֹא כַּאֲשֶׁר עִם פִּי: **וַיְמַלֵּא אַחֲרָי.** וַיְמַלֵּא אֶת לִבּוֹ אַחֲרַי, וְזֶה מִקְרָא קָצָר: **אֲשֶׁר בָּא שָׁמָּה.** חֶבְרוֹן תִּנָּתֵן לוֹ: **יוֹרִשֶׁנָּה.** כְּתַרְגּוּמוֹ: "יְתָרְכִנַּהּ", יוֹרִישׁוּ אֶת הָעֲנָקִים וְאֶת הָעָם אֲשֶׁר בָּהּ, וְאֵין לְתַרְגְּמוֹ 'יֵרְתִנַּהּ' אֶלָּא בִּמְקוֹם 'יִירָשֶׁנָּה':

כה **וְהָעֲמָלֵקִי וְגוֹ'.** אִם תֵּלְכוּ שָׁם יַהַרְגוּ אֶתְכֶם, מֵאַחַר שֶׁאֵינִי עִמָּכֶם: **מָחָר פְּנוּ.** לַאֲחוֹרֵיכֶם, "וּסְעוּ לָכֶם" וְגוֹ':

כז **לָעֵדָה הָרָעָה וְגוֹ'.** אֵלּוּ הַמְרַגְּלִים, מִכָּאן לְ'עֵדָה' שֶׁהִיא עֲשָׂרָה: **אֲשֶׁר הֵמָּה מַלִּינִים.** אֶת יִשְׂרָאֵל "עָלָי": **אֶת תְּלֻנּוֹת בְּנֵי יִשְׂרָאֵל אֲשֶׁר הֵמָּה.** הַמְרַגְּלִים, "מַלִּינִים" אוֹתָם "עָלַי, שָׁמָעְתִּי":

כח **חַי אָנִי.** לְשׁוֹן שְׁבוּעָה, אִם לֹא כֵן אֶעֱשֶׂה – כִּבְיָכוֹל אֵינִי חַי: **כַּאֲשֶׁר דִּבַּרְתֶּם.** שֶׁבִּקַּשְׁתֶּם מִמֶּנִּי: "אוֹ בַּמִּדְבָּר הַזֶּה לוּ מָתְנוּ" (לעיל פסוק ב):

אִם־לֹא כַּאֲשֶׁר דִּבַּרְתֶּם בְּאָזְנָי כֵּן אֶעֱשֶׂה
לָכֶם׃ בַּמִּדְבָּר הַזֶּה יִפְּלוּ פִגְרֵיכֶם וְכָל־פְּקֻדֵיכֶם כט
לְכָל־מִסְפַּרְכֶם מִבֶּן עֶשְׂרִים שָׁנָה וָמָעְלָה
אֲשֶׁר הֲלִינֹתֶם עָלָי׃ אִם־אַתֶּם תָּבֹאוּ אֶל־ ל
הָאָרֶץ אֲשֶׁר נָשָׂאתִי אֶת־יָדִי לְשַׁכֵּן אֶתְכֶם
בָּהּ כִּי אִם־כָּלֵב בֶּן־יְפֻנֶּה וִיהוֹשֻׁעַ בִּן־נוּן׃
וְטַפְּכֶם אֲשֶׁר אֲמַרְתֶּם לָבַז יִהְיֶה וְהֵבֵיאתִי לא
אֹתָם וְיָדְעוּ אֶת־הָאָרֶץ אֲשֶׁר מְאַסְתֶּם בָּהּ׃
וּפִגְרֵיכֶם אַתֶּם יִפְּלוּ בַּמִּדְבָּר הַזֶּה׃ וּבְנֵיכֶם לב לג
יִהְיוּ רֹעִים בַּמִּדְבָּר אַרְבָּעִים שָׁנָה וְנָשְׂאוּ אֶת־
זְנוּתֵיכֶם עַד־תֹּם פִּגְרֵיכֶם בַּמִּדְבָּר׃ בְּמִסְפַּר לד
הַיָּמִים אֲשֶׁר־תַּרְתֶּם אֶת־הָאָרֶץ אַרְבָּעִים יוֹם
יוֹם לַשָּׁנָה יוֹם לַשָּׁנָה תִּשְׂאוּ אֶת־עֲוֺנֹתֵיכֶם
אַרְבָּעִים שָׁנָה וִידַעְתֶּם אֶת־תְּנוּאָתִי׃ אֲנִי לה
יְהוָה דִּבַּרְתִּי אִם־לֹא ׀ זֹאת אֶעֱשֶׂה לְכָל־
הָעֵדָה הָרָעָה הַזֹּאת הַנּוֹעָדִים עָלָי בַּמִּדְבָּר
הַזֶּה יִתַּמּוּ וְשָׁם יָמֻתוּ׃ וְהָאֲנָשִׁים אֲשֶׁר־שָׁלַח לו
וַיַּלִּינוּ מֹשֶׁה לָתוּר אֶת־הָאָרֶץ וַיָּשֻׁבוּ וילונו עָלָיו
אֶת־כָּל־הָעֵדָה לְהוֹצִיא דִבָּה עַל־הָאָרֶץ׃
וַיָּמֻתוּ הָאֲנָשִׁים מוֹצִאֵי דִבַּת־הָאָרֶץ רָעָה לז
בַּמַּגֵּפָה לִפְנֵי יְהוָה׃ וִיהוֹשֻׁעַ בִּן־נוּן וְכָלֵב בֶּן־ לח

יְפֻנֶּה חָיוּ מִן־הָאֲנָשִׁים הָהֵם הַהֹלְכִים לָתוּר
לט אֶת־הָאָרֶץ: וַיְדַבֵּר מֹשֶׁה אֶת־הַדְּבָרִים הָאֵלֶּה

כט אִם לָא, כְּמָא דְּמַלֵּילְתּוּן קֳדָמַי, כֵּן אַעֲבֵיד לְכוֹן: בְּמַדְבְּרָא הָדֵין, יִפְּלוּן פִּגְרֵיכוֹן, וְכָל מִנְיָנְכוֹן
ל לְכָל חֻשְׁבָּנְכוֹן, מִבַּר, עֶסְרִין שְׁנִין וּלְעֵילָא, דְּאִתְרָעֵמְתּוּן עֲלָי: אִם אַתּוּן תֵּיעֲלוּן לְאַרְעָא,
לא דְּקַיֵּימִית בְּמֵימְרִי, לְאַשְׁרָאָה יָתְכוֹן בַּהּ, אֱלָהֵין כָּלֵב בַּר יְפֻנֶּה, וִיהוֹשֻׁעַ בַּר נוּן: וְטַפְלְכוֹן,
לב דַּאֲמַרְתּוּן לְבִזָּא יְהוֹן, וְאַעֵיל יָתְהוֹן, וְיִדְּעוּן יָת אַרְעָא, דְּקַצְתּוּן בַּהּ: וּפִגְרֵיכוֹן דִּילְכוֹן, יִפְּלוּן
לג בְּמַדְבְּרָא הָדֵין: וּבְנֵיכוֹן, יְהוֹן מְאַחֲרִין בְּמַדְבְּרָא אַרְבְּעִין שְׁנִין, וִיקַבְּלוּן יָת חוֹבֵיכוֹן, עַד דִּיסוּפוּן
לד פִּגְרֵיכוֹן בְּמַדְבְּרָא: בְּמִנְיַן יוֹמַיָּא, דְּאַלֵּילְתּוּן יָת אַרְעָא אַרְבְּעִין יוֹמִין, יוֹמָא לְשַׁתָּא יוֹמָא לְשַׁתָּא,
לה תְּקַבְּלוּן יָת חוֹבֵיכוֹן, אַרְבְּעִין שְׁנִין, וְתִדְּעוּן יָת דְּאִתְרָעֵמְתּוּן עֲלָי: אֲנָא יְיָ גְּזָרִית בְּמֵימְרִי, אִם
לָא דָא אַעֲבֵיד, לְכָל כְּנִשְׁתָּא בִּשְׁתָּא הָדָא, דְּאִזְדַּמַּנוּ עֲלָי, בְּמַדְבְּרָא הָדֵין, יְסוּפוּן וְתַמָּן יְמוּתוּן:
לו וְגֻבְרַיָּא, דִּשְׁלַח מֹשֶׁה לְאַלָּלָא יָת אַרְעָא, וְתָבוּ, וְאַרְעִימוּ עֲלוֹהִי יָת כָּל כְּנִשְׁתָּא, לְאַפָּקָא שׁוּם
לז לח בִּישׁ עַל אַרְעָא: וּמִיתוּ גֻּבְרַיָּא, דְּאַפִּיקוּ שׁוּם בִּישׁ עַל אַרְעָא, בְּמוֹתָנָא קֳדָם יְיָ: וִיהוֹשֻׁעַ בַּר נוּן,
לט וְכָלֵב בַּר יְפֻנֶּה, אִתְקַיַּמוּ מִן גֻּבְרַיָּא הָאִנּוּן, דַּאֲזַלוּ לְאַלָּלָא יָת אַרְעָא: וּמַלֵּיל מֹשֶׁה יָת פִּתְגָּמַיָּא

כט | **וְכָל פְּקֻדֵיכֶם לְכָל מִסְפַּרְכֶם.** כָּל הַנִּמְנֶה לְכָל מִסְפָּר שֶׁאַתֶּם נִמְנִין בּוֹ, כְּגוֹן לָצֵאת וְלָבֹא לַצָּבָא וְלָתֵת שְׁקָלִים, כָּל הַמְנוּיִים לְכָל אוֹתָן מִסְפָּרוֹת יָמוּתוּ, וְאֵלּוּ הֵן: "מִבֶּן עֶשְׂרִים שָׁנָה" וְגוֹ' – לְהוֹצִיא שִׁבְטוֹ שֶׁל לֵוִי שֶׁאֵין פְּקוּדֵיהֶם מִבֶּן עֶשְׂרִים:

לב | **וּפִגְרֵיכֶם אַתֶּם.** כְּתַרְגּוּמוֹ, לְפִי שֶׁדִּבֵּר עַל הַבָּנִים לְהַכְנִיסָם לָאָרֶץ וּבִקֵּשׁ לוֹמַר: 'וְאַתֶּם תָּמוּתוּ', נוֹפֵל לָשׁוֹן זֶה כָּאן לוֹמַר "אַתֶּם":

לג | **אַרְבָּעִים שָׁנָה.** לֹא מֵת אֶחָד מֵהֶם פָּחוֹת מִבֶּן שִׁשִּׁים, לְכָךְ נִגְזַר אַרְבָּעִים, כְּדֵי שֶׁיִּהְיוּ אוֹתָם שֶׁל בְּנֵי עֶשְׂרִים מַגִּיעִין לִכְלַל שִׁשִּׁים. וְשָׁנָה רִאשׁוֹנָה הָיְתָה בַּכְּלָל, וְאַף עַל פִּי שֶׁקָּדְמָה לְשִׁלּוּחַ הַמְרַגְּלִים, לְפִי שֶׁמִּשֶּׁעָשׂוּ אֶת הָעֵגֶל עָלְתָה גְּזֵרָה זוֹ בְּמַחֲשָׁבָה, אֶלָּא שֶׁהִמְתִּין לָהֶם עַד שֶׁתִּתְמַלֵּא סְאָתָם, וְזֶהוּ שֶׁנֶּאֱמַר: "וּבְיוֹם פָּקְדִי", בַּמְרַגְּלִים, "וּפָקַדְתִּי עֲלֵהֶם חַטָּאתָם" (שמות לב, לד), וְאַף כָּאן נֶאֱמַר: "תִּשְׂאוּ אֶת עֲוֹנֹתֵיכֶם", שְׁתֵּי עֲוֹנוֹת, שֶׁל עֵגֶל וְשֶׁל תְּלוּנָה, וְחִשֵּׁב לָהֶם בְּמִנְיַן חַיֵּיהֶם מִקְצָת שָׁנָה כְּכֻלָּהּ, וּכְשֶׁנִּכְנְסוּ לִשְׁנַת שִׁשִּׁים מֵתוּ אוֹתָם שֶׁל בְּנֵי עֶשְׂרִים: **וְנָשְׂאוּ אֶת זְנוּתֵיכֶם.** כְּתַרְגּוּמוֹ, יְקַבְּלוּ אֶת חַטֹּאתְכֶם:

לד | **אֶת תְּנוּאָתִי.** שֶׁהֲנִיאוֹתֶם אֶת לְבַבְכֶם מֵאַחֲרַי. 'תְּנוּאָה' לְשׁוֹן הֲסָרָה, כְּמוֹ: "כִּי הֵנִיא אָבִיהָ אֹתָהּ" (להלן ל, ו):

לו | **וַיָּשֻׁבוּ וַיַּלִּינוּ עָלָיו.** וּכְשֶׁשָּׁבוּ מִתּוּר הָאָרֶץ הִרְעִימוּ עָלָיו אֶת כָּל הָעֵדָה בְּהוֹצָאַת דִּבָּה, אוֹתָן הָאֲנָשִׁים "וַיָּמֻתוּ" (להלן פסוק לז). כָּל הוֹצָאַת דִּבָּה לְשׁוֹן חִנּוּךְ דְּבָרִים, שֶׁמַּלְקִיאִים לְשׁוֹנָם לְאָדָם לְדַבֵּר בּוֹ, כְּמוֹ: "דּוֹבֵב שִׂפְתֵי יְשֵׁנִים" (שיר השירים ז, י), וְיֶשְׁנָהּ לְטוֹבָה וְיֶשְׁנָהּ לְרָעָה, לְכָךְ נֶאֱמַר כָּאן: "מוֹצִאֵי דִבַּת הָאָרֶץ רָעָה" (להלן פסוק לז), שֶׁיֵּשׁ דִּבָּה שֶׁהִיא טוֹבָה: **דִּבָּה.** פרלדי"ץ בְּלַעַז:

לז | **בַּמַּגֵּפָה לִפְנֵי ה'.** בְּאוֹתָהּ מִיתָה הָהֲגוּנָה לָהֶם, מִדָּה כְּנֶגֶד מִדָּה. הֵם חָטְאוּ בַּלָּשׁוֹן, וְנִשְׁתַּרְבֵּב לְשׁוֹנָם עַד טַבּוּרָם, וְתוֹלָעִים יוֹצְאִים מִלְּשׁוֹנָם וּבָאִין לְתוֹךְ טַבּוּרָם, לְכָךְ נֶאֱמַר: "בַּמַּגֵּפָה" וְלֹא 'בְּמַגֵּפָה', וְזֶהוּ "לִפְנֵי ה'", בְּאוֹתָהּ הָרְאוּיָה לָהֶם עַל פִּי מִדּוֹתָיו שֶׁל הַקָּדוֹשׁ בָּרוּךְ הוּא שֶׁהוּא מוֹדֵד מִדָּה כְּנֶגֶד מִדָּה:

לח | **וִיהוֹשֻׁעַ וְכָלֵב חָיוּ וְגוֹ'.** מַה תַּלְמוּד לוֹמַר: "חָיוּ מִן הָאֲנָשִׁים הָהֵם"? אֶלָּא מְלַמֵּד שֶׁנָּטְלוּ חֶלְקָם שֶׁל מְרַגְּלִים בָּאָרֶץ וְקָמוּ תַּחְתֵּיהֶם לְחַיִּים:

אֶל־כָּל־בְּנֵי יִשְׂרָאֵל וַיִּתְאַבְּלוּ הָעָם מְאֹד:
מ וַיַּשְׁכִּמוּ בַבֹּקֶר וַיַּעֲלוּ אֶל־רֹאשׁ־הָהָר לֵאמֹר הִנֶּנּוּ וְעָלִינוּ אֶל־הַמָּקוֹם אֲשֶׁר־אָמַר יְהוָה כִּי חָטָאנוּ:
מא וַיֹּאמֶר מֹשֶׁה לָמָּה זֶּה אַתֶּם עֹבְרִים אֶת־פִּי יְהוָה וְהִוא לֹא תִצְלָח:
מב אַל־תַּעֲלוּ כִּי אֵין יְהוָה בְּקִרְבְּכֶם וְלֹא תִּנָּגְפוּ לִפְנֵי אֹיְבֵיכֶם:
מג כִּי הָעֲמָלֵקִי וְהַכְּנַעֲנִי שָׁם לִפְנֵיכֶם וּנְפַלְתֶּם בֶּחָרֶב כִּי־עַל־כֵּן שַׁבְתֶּם מֵאַחֲרֵי יְהוָה וְלֹא־יִהְיֶה יְהוָה עִמָּכֶם:
מד וַיַּעְפִּלוּ לַעֲלוֹת אֶל־רֹאשׁ הָהָר וַאֲרוֹן בְּרִית־יְהוָה וּמֹשֶׁה לֹא־מָשׁוּ מִקֶּרֶב הַמַּחֲנֶה:
מה וַיֵּרֶד הָעֲמָלֵקִי וְהַכְּנַעֲנִי הַיֹּשֵׁב בָּהָר הַהוּא וַיַּכּוּם וַיַּכְּתוּם עַד־הַחָרְמָה:

יד וַיְדַבֵּר יְהוָה אֶל־מֹשֶׁה לֵּאמֹר: ב דַּבֵּר אֶל־בְּנֵי יִשְׂרָאֵל וְאָמַרְתָּ אֲלֵהֶם כִּי תָבֹאוּ אֶל־אֶרֶץ מוֹשְׁבֹתֵיכֶם אֲשֶׁר אֲנִי נֹתֵן לָכֶם: ג וַעֲשִׂיתֶם אִשֶּׁה לַיהוָה עֹלָה אוֹ־זֶבַח לְפַלֵּא־נֶדֶר אוֹ בִנְדָבָה אוֹ בְּמֹעֲדֵיכֶם לַעֲשׂוֹת רֵיחַ נִיחֹחַ לַיהוָה מִן־הַבָּקָר אוֹ מִן־הַצֹּאן: ד וְהִקְרִיב הַמַּקְרִיב קָרְבָּנוֹ לַיהוָה מִנְחָה סֹלֶת עִשָּׂרוֹן בָּלוּל בִּרְבִעִית הַהִין שָׁמֶן: ה וְיַיִן לַנֶּסֶךְ רְבִיעִית הַהִין תַּעֲשֶׂה עַל־הָעֹלָה אוֹ לַזָּבַח לַכֶּבֶשׂ הָאֶחָד: ו אוֹ לָאַיִל תַּעֲשֶׂה מִנְחָה

סֹלֶת שְׁנֵי עֶשְׂרֹנִים בְּלוּלָה בַשֶּׁמֶן שְׁלִשִׁית
הַהִין: וְיַיִן לַנֶּסֶךְ שְׁלִשִׁית הַהִין תַּקְרִיב רֵיחַ־
נִיחֹחַ לַיהוָֹה: וְכִי־תַעֲשֶׂה בֶן־בָּקָר עֹלָה אוֹ־

הָאִלֵּין, לְכָל בְּנֵי יִשְׂרָאֵל, וְאִתְאֲבִלוּ עַמָּא לַחֲדָא: וְאַקְדִּימוּ בְּצַפְרָא, וּסְלִיקוּ לְרֵישׁ טוּרָא
לְמֵימַר, הָאֲנַחְנָא סָלְקִין, לְאַתְרָא, דַּאֲמַר יְיָ אֲרֵי חַבְנָא: וַאֲמַר מֹשֶׁה, לְמָא דְנַן, אַתּוּן עָבְרִין
עַל גְּזֵירַת מֵימְרָא דַיְיָ, וְהִיא לָא תַצְלַח: לָא תִסְּקוּן, אֲרֵי, לֵית שְׁכִינְתָּא דַיְיָ בֵּינֵיכוֹן, וְלָא תִתַּבְרוּן,
קֳדָם בַּעֲלֵי דְבָבֵיכוֹן: אֲרֵי עֲמָלְקָאָה וּכְנַעֲנָאָה תַּמָּן קֳדָמֵיכוֹן, וְתִפְּלוּן בְּחַרְבָּא, אֲרֵי עַל כֵּן
תַּבְתּוּן מִבָּתַר פּוּלְחָנָא דַיְיָ, וְלָא יְהֵי מֵימְרָא דַיְיָ בְּסַעֲדְכוֹן: וְאַרְשָׁעוּ, לְמִסַּק לְרֵישׁ טוּרָא, וַאֲרוֹן
קְיָמָא דַיְיָ וּמֹשֶׁה, לָא עֲדוֹ מִגּוֹ מַשְׁרִיתָא: וּנְחַת עֲמָלְקָאָה וּכְנַעֲנָאָה, דְּיָתֵיב בְּטוּרָא הַהוּא,
וּמְחוֹנוּן וְטָרְדוּנוּן עַד חָרְמָה: וּמַלִּיל יְיָ עִם מֹשֶׁה לְמֵימָר: מַלֵּיל עִם בְּנֵי יִשְׂרָאֵל, וְתֵימַר לְהוֹן,
אֲרֵי תֵעֲלוּן, לְאַרְעָא מוֹתְבָנֵיכוֹן, דַּאֲנָא יָהֵיב לְכוֹן: וְתַעְבְּדוּן קוּרְבָּנָא קֳדָם יְיָ עֲלָתָא אוֹ נִכְסַת
קוּדְשַׁיָּא, לְפָרָשָׁא נִדְרָא אוֹ בִנְדַבְתָּא, אוֹ בְּמוֹעֲדֵיכוֹן, לְמֶעְבַּד, לְאִתְקַבָּלָא בְרַעֲוָא קֳדָם יְיָ, מִן
תּוֹרֵי אוֹ מִן עָנָא: וִיקָרֵיב, דִּמְקָרֵיב קוּרְבָּנֵיהּ קֳדָם יְיָ, מִנְחָתָא סֻלְתָּא עֶשְׂרוֹנָא, דְּפִיל, בְּרַבְעוּת
הִינָא מִשְׁחָא: וְחַמְרָא לְנִסְכָּא רַבְעוּת הִינָא, תַּעְבֵּיד עַל עֲלָתָא אוֹ לְנִכְסַת קוּדְשַׁיָּא, לְאִמְּרָא
חַד: אוֹ לְדִכְרָא תַּעְבֵּיד מִנְחָתָא, סֻלְתָּא תְּרֵין עֶשְׂרוֹנִין, דְּפִילָא בְמִשְׁחָא תַלְתּוּת הִינָא: וְחַמְרָא
לְנִסְכָּא תַלְתּוּת הִינָא, תְּקָרֵיב לְאִתְקַבָּלָא בְרַעֲוָא קֳדָם יְיָ: וַאֲרֵי תַעְבֵּיד בַּר תּוֹרֵי עֲלָתָא אוֹ

מ) **אֶל רֹאשׁ הָהָר.** הִיא הַדֶּרֶךְ הָעוֹלָה לְאֶרֶץ יִשְׂרָאֵל: **הִנֶּנּוּ וְעָלִינוּ אֶל הַמָּקוֹם.** לְאֶרֶץ יִשְׂרָאֵל: **אֲשֶׁר אָמַר ה'.** לָתֶת לָנוּ, שָׁם נַעֲלֶה: **כִּי חָטָאנוּ.** עַל אֲשֶׁר אָמַרְנוּ: "הֲלוֹא טוֹב לָנוּ שׁוּב מִצְרַיְמָה" (לעיל פסוק ג):

מא) **וְהוּא לֹא תִצְלָח.** זוֹ שֶׁאַתֶּם עוֹשִׂים לֹא תִצְלָח:

מג) **כִּי עַל כֵּן שַׁבְתֶּם.** כְּלוֹמַר, כִּי זֹאת תָּבֹא לָכֶם עַל אֲשֶׁר שַׁבְתֶּם וְגוֹ':

מד) **וַיַּעְפִּלוּ.** לְשׁוֹן חֹזֶק, וְכֵן: "הִנֵּה עֻפְּלָה" (חבקוק ב, ד), אינגרי"ש בְּלַעַז, לְשׁוֹן עַזּוּת, וְכֵן: "עֹפֶל בַּת צִיּוֹן" (מיכה ד, ח), "עֹפֶל וָבַחַן" (ישעיה לב, יד). וּמִדְרַשׁ תַּנְחוּמָא מְפָרְשׁוֹ לְשׁוֹן אֹפֶל, הָלְכוּ חֲשֵׁכִים שֶׁלֹּא בִרְשׁוּת:

מה) **וַיַּכְּתוּם.** כְּמוֹ: "וָאֶכֹּת אֹתוֹ טָחוֹן" (דברים ט):

כז) **מַכָּה אַחַר מַכָּה: עַד הַחָרְמָה.** שֵׁם הַמָּקוֹם נִקְרָא עַל שֵׁם הַמְּאֹרָע:

פרק טו

ב) **כִּי תָבֹאוּ.** בִּשֵּׂר לָהֶם שֶׁיִּכָּנְסוּ לָאָרֶץ:

ג) **וַעֲשִׂיתֶם אִשֶּׁה.** אֵין זֶה צִוּוּי, אֶלָּא כְּשֶׁתָּבוֹאוּ שָׁם וְתַעֲלֶה עַל לְבַבְכֶם לַעֲשׂוֹת אִשֶּׁה לַה': **רֵיחַ נִיחֹחַ.** נַחַת רוּחַ לְפָנַי: **לְפַלֵּא נֶדֶר אוֹ בִנְדָבָה.** אוֹ שֶׁתַּעֲשׂוּהוּ הָאִשֶּׁה בִּשְׁבִיל חוֹבַת מוֹעֲדֵיכֶם, שֶׁחִיַּבְתִּי אֶתְכֶם לַעֲשׂוֹת בַּמּוֹעֵד:

ד) **וְהִקְרִיב הַמַּקְרִיב.** תַּקְרִיבוּ נְסָכִים וּמִנְחָה לְכָל בְּהֵמָה. הַמִּנְחָה כָּלִיל וְהַשֶּׁמֶן נִבְלָל בְּתוֹכָהּ, וְהַיַּיִן לַסְּפָלִים, כְּמוֹ שֶׁשָּׁנִינוּ בְּמַסֶּכֶת סֻכָּה (דף מ"ח ע"ב):

ה) **לַכֶּבֶשׂ הָאֶחָד.** עַל כָּל הָאָמוּר לְמַעְלָה הוּא מוּסָב, עַל הַמִּנְחָה וְעַל הַשֶּׁמֶן וְעַל הַיַּיִן:

ו) **אוֹ לָאַיִל.** וְאִם אַיִל הוּא. וְרַבּוֹתֵינוּ דָּרְשׁוּ: "אוֹ" לְרַבּוֹת אֶת הַפַּלְגָּס לְנִסְכֵּי אַיִל:

טו

שלח

ט זָ֑בַח לְפַלֵּא־נֶ֛דֶר אֽוֹ־שְׁלָמִ֖ים לַיהוָֽה׃ וְהִקְרִ֤יב
עַל־בֶּן־הַבָּקָר֙ מִנְחָ֔ה סֹ֖לֶת שְׁלֹשָׁ֣ה עֶשְׂרֹנִ֑ים
י בָּל֥וּל בַּשֶּׁ֖מֶן חֲצִ֥י הַהִֽין׃ וְיַ֛יִן תַּקְרִ֥יב לַנֶּ֖סֶךְ חֲצִ֣י
יא הַהִ֑ין אִשֵּׁ֥ה רֵֽיחַ־נִיחֹ֖חַ לַיהוָֽה׃ כָּ֣כָה יֵעָשֶׂ֗ה לַשּׁוֹר֙
הָֽאֶחָ֔ד א֖וֹ לָאַ֣יִל הָאֶחָ֑ד אֽוֹ־לַשֶּׂ֥ה בַכְּבָשִׂ֖ים
יב א֥וֹ בָעִזִּֽים׃ כַּמִּסְפָּ֖ר אֲשֶׁ֣ר תַּעֲשׂ֑וּ כָּ֛כָה תַּעֲשׂ֥וּ
יג לָאֶחָ֖ד כְּמִסְפָּרָֽם׃ כָּל־הָאֶזְרָ֥ח יַעֲשֶׂה־כָּ֖כָה אֶת־
יד אֵ֑לֶּה לְהַקְרִ֛יב אִשֵּׁ֥ה רֵֽיחַ־נִיחֹ֖חַ לַיהוָֽה׃ וְכִֽי־
יָג֨וּר אִתְּכֶ֜ם גֵּ֗ר א֤וֹ אֲשֶׁר־בְּתֽוֹכְכֶם֙ לְדֹרֹ֣תֵיכֶ֔ם
וְעָשָׂ֛ה אִשֵּׁ֥ה רֵֽיחַ־נִיחֹ֖חַ לַיהוָ֑ה כַּאֲשֶׁ֥ר תַּעֲשׂ֖וּ כֵּ֥ן
טו יַעֲשֶֽׂה׃ הַקָּהָ֕ל חֻקָּ֥ה אַחַ֛ת לָכֶ֖ם וְלַגֵּ֣ר הַגָּ֑ר חֻקַּ֤ת
עוֹלָם֙ לְדֹרֹ֣תֵיכֶ֔ם כָּכֶ֛ם כַּגֵּ֥ר יִהְיֶ֖ה לִפְנֵ֥י יְהוָֽה׃
טז תּוֹרָ֥ה אַחַ֛ת וּמִשְׁפָּ֥ט אֶחָ֖ד יִהְיֶ֣ה לָכֶ֑ם וְלַגֵּ֖ר הַגָּ֥ר
אִתְּכֶֽם׃

ששי
יז יח וַיְדַבֵּ֥ר יְהוָ֖ה אֶל־מֹשֶׁ֥ה לֵּאמֹֽר׃ דַּבֵּר֙ אֶל־בְּנֵ֣י
יִשְׂרָאֵ֔ל וְאָמַרְתָּ֖ אֲלֵהֶ֑ם בְּבֹֽאֲכֶם֙ אֶל־הָאָ֔רֶץ
יט אֲשֶׁ֥ר אֲנִ֛י מֵבִ֥יא אֶתְכֶ֖ם שָֽׁמָּה׃ וְהָיָ֕ה בַּאֲכָלְכֶ֖ם

מצווה שפה
מצוות הפרשת חלה

כ מִלֶּ֣חֶם הָאָ֑רֶץ תָּרִ֥ימוּ תְרוּמָ֖ה לַיהוָֽה׃ רֵאשִׁית֙
עֲרִסֹ֣תֵכֶ֔ם חַלָּ֖ה תָּרִ֣ימוּ תְרוּמָ֑ה כִּתְרוּמַ֣ת גֹּ֔רֶן
כא כֵּ֖ן תָּרִ֥ימוּ אֹתָֽהּ׃ מֵרֵאשִׁית֙ עֲרִסֹ֣תֵיכֶ֔ם תִּתְּנ֥וּ
כב לַיהוָ֖ה תְּרוּמָ֑ה לְדֹרֹ֖תֵיכֶֽם׃ ★ וְכִ֣י תִשְׁגּ֔וּ

שלח

ט נִכְסַת קֻדְשַׁיָּא, לְפָרָשָׁא נִדְרָא אוֹ נִכְסַת קֻדְשַׁיָּא קֳדָם יְיָ: וִיקָרֵיב עַל בַּר תּוֹרֵי מִנְחָתָא, סֻלְתָּא
י תְּלָתָא עֶסְרוֹנִין, דְּפִיל בִּמְשַׁח פַּלְגּוּת הִינָא: וַחֲמָרָא, תְּקָרֵיב לְנִסְכָּא פַּלְגּוּת הִינָא, לְאִתְקַבָּלָא
יא בְרַעֲוָא קֳדָם יְיָ: כְּדֵין יִתְעֲבֵיד, לְתוֹרָא חַד, אוֹ לְדִכְרָא חַד, אוֹ לְאִמַּר בְּאִמְּרַיָּא אוֹ בְעִזַּיָּא:
יב יג כְּמִנְיָן דְּתַעְבְּדוּן, כְּדֵין, תַּעְבְּדוּן לְחַד כְּמִנְיָנְהוֹן: כָּל יַצִּיבָא יַעֲבֵיד כְּדֵין יָת אִלֵּין, לְקָרָבָא,
יד קֻרְבַּן דְּמִתְקַבַּל בְּרַעֲוָא קֳדָם יְיָ: וַאֲרֵי יִתְגַּיַּר עִמְּכוֹן גִּיּוֹרָא, אוֹ דְּבֵינֵיכוֹן לְדָרֵיכוֹן, וְיַעֲבֵיד, קֻרְבַּן
טו דְּמִתְקַבַּל בְּרַעֲוָא קֳדָם יְיָ, כְּמָא דְּתַעְבְּדוּן כֵּן יַעֲבֵיד: קְהָלָא, קְיָמָא חַד, לְכוֹן וּלְגִיּוֹרַיָּא
טז דְּיִתְגַּיְּרוּן, קְיָם עָלַם לְדָרֵיכוֹן, כְּוָתְכוֹן, גִּיּוֹרָא יְהֵי קֳדָם יְיָ: אוֹרָיְתָא חֲדָא, וְדִינָא חַד יְהֵי לְכוֹן,
יז יח וּלְגִיּוֹרַיָּא דְּיִתְגַּיְּרוּן עִמְּכוֹן: וּמַלֵּיל יְיָ עִם מֹשֶׁה לְמֵימַר: מַלֵּיל עִם בְּנֵי יִשְׂרָאֵל, וְתֵימַר לְהוֹן,
יט בְּמֵיעַלְכוֹן לְאַרְעָא, דַּאֲנָא, מַעֵיל יָתְכוֹן לְתַמָּן: וִיהֵי, בְּמֵיכַלְכוֹן מִלַּחְמָא דְּאַרְעָא, תַּפְרְשׁוּן
כ אַפְרָשׁוּתָא קֳדָם יְיָ: רֵישׁ אָצְוָתְכוֹן, חַלְּתָא תַּפְרְשׁוּן אַפְרָשׁוּתָא, כְּמָא דְּמַפְרְשִׁין מִן אִדְּרָא,
כא כב כֵּן תַּפְרְשׁוּן יָתַהּ: מֵרֵישׁ אָצְוָתְכוֹן, תִּתְּנוּן קֳדָם יְיָ אַפְרָשׁוּתָא, לְדָרֵיכוֹן: וַאֲרֵי תִשְׁתְּלוּן,

י] **אִשֵּׁה רֵיחַ.** אֵינוֹ מוּסָב אֶלָּא עַל הַמִּנְחָה וְהַשֶּׁמֶן, אֲבָל הַיַּיִן אֵינוֹ אִשֶּׁה, שֶׁאֵינוֹ נִתָּן עַל הָאֵשׁ:

יא] **אוֹ לַשֶּׂה.** בֵּין שֶׁהוּא בַּכְּבָשִׂים בֵּין שֶׁהוּא בָּעִזִּים. 'כֶּבֶשׂ' וָ'שֶׂה' קְרוּיִם בְּתוֹךְ שְׁנָתָם, 'אַיִל' בֶּן שְׁלֹשָׁה עָשָׂר חֹדֶשׁ וְיוֹם אֶחָד:

יב] **כַּמִּסְפָּר אֲשֶׁר תַּעֲשׂוּ.** כְּמִסְפַּר הַבְּהֵמוֹת אֲשֶׁר תַּקְרִיבוּ לְקָרְבָּן, כָּכָה תַּעֲשׂוּ נְסָכִים לְכָל אֶחָד מֵהֶם, כְּמִסְפָּרָם שֶׁל בְּהֵמוֹת מִסְפָּרָם שֶׁל נְסָכִים:

טו] **כָּכֶם כַּגֵּר.** כְּמוֹתְכֶם כֵּן גֵּר, וְכֵן דֶּרֶךְ לָשׁוֹן עִבְרִית: "כְּגַן ה' כְּאֶרֶץ מִצְרַיִם" (בראשית יג, י) כֵּן אֶרֶץ מִצְרַיִם, "כָּמוֹנִי כָמוֹךָ כְּעַמִּי כְעַמֶּךָ" (מלכים א' כב, ד):

יח] **בְּבֹאֲכֶם אֶל הָאָרֶץ.** מְשֻׁנָּה בִּיאָה זוֹ מִכָּל בִּיאוֹת שֶׁבַּתּוֹרָה, שֶׁבְּכֻלָּן נֶאֱמַר: "כִּי תָבֹא" "כִּי תָבֹאוּ", לְפִיכָךְ כֻּלָּן לְמֵדוֹת זוֹ מִזּוֹ, וְכֵיוָן שֶׁפָּרַט לְךָ הַכָּתוּב בְּאַחַת מֵהֶן שֶׁאֵינָהּ אֶלָּא לְאַחַר יְרֻשָּׁה וִישִׁיבָה, אַף כֻּלָּן כֵּן. אֲבָל זוֹ נֶאֱמַר בָּהּ: "בְּבֹאֲכֶם", מִשֶּׁנִּכְנְסוּ בָהּ וְאָכְלוּ מִלַּחְמָהּ נִתְחַיְּבוּ בַּחַלָּה:

כ] **רֵאשִׁית עֲרִסֹתֵכֶם.** כְּשֶׁתָּלוּשׁוּ כְּדֵי עֲרִיסוֹתֵיכֶם שֶׁאַתֶּם רְגִילִין לָלוּשׁ בַּמִּדְבָּר, וְכַמָּה הִיא? "וַיָּמֹדּוּ בָעֹמֶר" (שמות טז, יח), "עֹמֶר לַגֻּלְגֹּלֶת" (שם פסוק טז), תָּרִימוּ מֵרֵאשִׁיתָהּ, כְּלוֹמַר, קֹדֶם שֶׁתֹּאכְלוּ מִמֶּנָּה, רֵאשִׁית חֶלְקָהּ חַלָּה אַחַת מִמֶּנָּה "תָּרִימוּ תְרוּמָה" לְשֵׁם ה': חַלָּה. טורטי"ל בְּלַעַז: כִּתְרוּמַת גֹּרֶן. שֶׁלֹּא נֶאֱמַר בָּהּ שִׁעוּר, וְלֹא כִּתְרוּמַת מַעֲשֵׂר שֶׁנֶּאֱמַר בָּהּ שִׁעוּר. אֲבָל חֲכָמִים נָתְנוּ שִׁעוּר, לְבַעַל הַבַּיִת אֶחָד מֵעֶשְׂרִים וְאַרְבָּעָה, וְלַנַּחְתּוֹם אֶחָד מֵאַרְבָּעִים וּשְׁמוֹנָה:

כא] **מֵרֵאשִׁית עֲרִסֹתֵיכֶם.** לָמָּה נֶאֱמַר? לְפִי שֶׁנֶּאֱמַר: "רֵאשִׁית עֲרִסֹתֵכֶם" (לעיל פסוק כ), שׁוֹמֵעַ אֲנִי רִאשׁוֹנָה שֶׁבָּעִסּוֹת? תַּלְמוּד לוֹמַר: "מֵרֵאשִׁית", מִקְצָתָהּ וְלֹא כֻלָּהּ: תִּתְּנוּ לַה' תְּרוּמָה. לְפִי שֶׁלֹּא שָׁמַעְנוּ שִׁעוּר לַחַלָּה נֶאֱמַר: "תִּתְּנוּ", שֶׁיְּהֵא בָהּ כְּדֵי נְתִינָה:

כב] **וְכִי תִשְׁגּוּ וְלֹא תַעֲשׂוּ.** עֲבוֹדָה זָרָה הָיְתָה בִּכְלַל כָּל הַמִּצְוֹת שֶׁהַצִּבּוּר מְבִיאִין עָלֶיהָ פַּר, וַהֲרֵי הַכָּתוּב מוֹצִיאָהּ כָּאן מִכְּלָלָהּ לָדוּן בְּפַר לְעוֹלָה וְשָׂעִיר לְחַטָּאת: וְכִי תִשְׁגּוּ וגו'. בַּעֲבוֹדָה זָרָה הַכָּתוּב מְדַבֵּר, אוֹ אֵינוֹ אֶלָּא בְּאַחַת מִכָּל הַמִּצְוֹת? תַּלְמוּד לוֹמַר: "אֵת כָּל הַמִּצְוֹת הָאֵלֶּה", מִצְוָה אַחַת שֶׁהִיא כְּכָל הַמִּצְוֹת. מַה הָעוֹבֵר עַל כָּל הַמִּצְוֹת פּוֹרֵק עֹל וּמֵפֵר בְּרִית וּמְגַלֶּה פָנִים, אַף מִצְוָה זוֹ פּוֹרֵק בָּהּ עֹל וּמֵפֵר בְּרִית וּמְגַלֶּה פָנִים, וְאֵיזוֹ זוֹ? זוֹ עֲבוֹדָה זָרָה: **אֲשֶׁר דִּבֶּר ה' אֶל מֹשֶׁה.** "אָנֹכִי" וְ"לֹא יִהְיֶה לְךָ" מִפִּי הַגְּבוּרָה שְׁמַעְנוּם. "אַחַת דִּבֶּר אֱלֹהִים שְׁתַּיִם זוּ שָׁמָעְתִּי" (תהלים סב, יב):

וְלֹא תַעֲשׂוּ אֵת כָּל־הַמִּצְוֹת הָאֵלֶּה אֲשֶׁר־
כג דִּבֶּר יְהוָה אֶל־מֹשֶׁה׃ אֵת כָּל־אֲשֶׁר צִוָּה יְהוָה
אֲלֵיכֶם בְּיַד־מֹשֶׁה מִן־הַיּוֹם אֲשֶׁר צִוָּה יְהוָה
כד וָהָלְאָה לְדֹרֹתֵיכֶם׃ וְהָיָה אִם מֵעֵינֵי הָעֵדָה
נֶעֶשְׂתָה לִשְׁגָגָה וְעָשׂוּ כָל־הָעֵדָה פַּר בֶּן־בָּקָר
אֶחָד לְעֹלָה לְרֵיחַ נִיחֹחַ לַיהוָה וּמִנְחָתוֹ וְנִסְכּוֹ
כה כַּמִּשְׁפָּט וּשְׂעִיר־עִזִּים אֶחָד לְחַטָּת׃ וְכִפֶּר הַכֹּהֵן
עַל־כָּל־עֲדַת בְּנֵי יִשְׂרָאֵל וְנִסְלַח לָהֶם כִּי־שְׁגָגָה
הִוא וְהֵם הֵבִיאוּ אֶת־קָרְבָּנָם אִשֶּׁה לַיהוָה
כו וְחַטָּאתָם לִפְנֵי יְהוָה עַל־שִׁגְגָתָם׃ וְנִסְלַח לְכָל־
עֲדַת בְּנֵי יִשְׂרָאֵל וְלַגֵּר הַגָּר בְּתוֹכָם כִּי לְכָל־הָעָם
כז בִּשְׁגָגָה׃ וְאִם־נֶפֶשׁ אַחַת תֶּחֱטָא שביעי
בִשְׁגָגָה וְהִקְרִיבָה עֵז בַּת־שְׁנָתָהּ לְחַטָּאת׃
כח וְכִפֶּר הַכֹּהֵן עַל־הַנֶּפֶשׁ הַשֹּׁגֶגֶת בְּחֶטְאָה בִשְׁגָגָה
כט לִפְנֵי יְהוָה לְכַפֵּר עָלָיו וְנִסְלַח לוֹ׃ הָאֶזְרָח בִּבְנֵי
יִשְׂרָאֵל וְלַגֵּר הַגָּר בְּתוֹכָם תּוֹרָה אַחַת יִהְיֶה
ל לָכֶם לָעֹשֶׂה בִּשְׁגָגָה׃ וְהַנֶּפֶשׁ אֲשֶׁר־תַּעֲשֶׂה
בְּיָד רָמָה מִן־הָאֶזְרָח וּמִן־הַגֵּר אֶת־יְהוָה הוּא
לא מְגַדֵּף וְנִכְרְתָה הַנֶּפֶשׁ הַהִוא מִקֶּרֶב עַמָּהּ׃ כִּי
דְבַר־יְהוָה בָּזָה וְאֶת־מִצְוָתוֹ הֵפַר הִכָּרֵת
תִּכָּרֵת הַנֶּפֶשׁ הַהִוא עֲוֺנָהּ בָהּ׃

לב וַיִּהְיוּ בְנֵי־יִשְׂרָאֵל בַּמִּדְבָּר וַיִּמְצְאוּ אִישׁ
מְקֹשֵׁשׁ עֵצִים בְּיוֹם הַשַּׁבָּת: וַיַּקְרִיבוּ אֹתוֹ
לג הַמֹּצְאִים אֹתוֹ מְקֹשֵׁשׁ עֵצִים אֶל־מֹשֶׁה וְאֶל־
אַהֲרֹן וְאֶל כָּל־הָעֵדָה: וַיַּנִּיחוּ אֹתוֹ בַּמִּשְׁמָר
לד

כג וְלָא תַעְבְּדוּן, יָת כָּל פִּקּוּדַיָּא הָאִלֵּין, דְּמַלֵּיל יְיָ עִם מֹשֶׁה: יָת כָּל דְּפַקֵּיד יְיָ, לְכוֹן בִּידָא דְמֹשֶׁה,
כד מִן יוֹמָא, דְּפַקֵּיד יְיָ, וּלְהָלְאָה לְדָרֵיכוֹן: וִיהֵי, אִם מֵעֵינֵי כְנִשְׁתָּא אִתְעֲבִידַת לִשְׁלוּ, וְיַעְבְּדוּן
כָּל כְּנִשְׁתָּא, תּוֹר בַּר תּוֹרֵי חַד לַעֲלָתָא, לְאִתְקַבָּלָא בְרַעֲוָא קֳדָם יְיָ, וּמִנְחָתֵיהּ וְנִסְכֵּיהּ כִּדְחָזֵי,
כה וּצְפִיר בַּר עִזִּין חַד לְחַטָּתָא: וִיכַפַּר כַּהֲנָא, עַל כָּל כְּנִשְׁתָּא, דִּבְנֵי יִשְׂרָאֵל וְיִשְׁתְּבֵיק לְהוֹן, אֲרֵי
שָׁלוּתָא הִיא, וְאִנּוּן אַיְתִיאוּ יָת קֻרְבָּנְהוֹן קֻרְבָּנָא קֳדָם יְיָ, וְחוֹבַתְהוֹן קֳדָם יְיָ עַל שָׁלוּתְהוֹן:
כו וְיִשְׁתְּבֵיק, לְכָל כְּנִשְׁתָּא דִבְנֵי יִשְׂרָאֵל, וּלְגִיּוֹרַיָּא דְּיִתְגַּיְּרוּן בֵּינֵיהוֹן, אֲרֵי לְכָל עַמָּא בְּשָׁלוּתָא:
כז וְאִם אֱנָשׁ חַד יְחוּב בְּשָׁלוּ, וִיקָרֵיב, עִזָּא בַת שַׁתַּהּ לְחַטָּתָא: וִיכַפַּר כַּהֲנָא, עַל אֱנָשׁ דְּאִשְׁתְּלִי,
כח בְּמֵיחֲבֵיהּ בְּשָׁלוּ קֳדָם יְיָ, לְכַפָּרָא עֲלוֹהִי וְיִשְׁתְּבֵיק לֵיהּ: יַצִּיבָא בִּבְנֵי יִשְׂרָאֵל, וּלְגִיּוֹרַיָּא
כט דְּיִתְגַּיְּרוּן בֵּינֵיהוֹן, אוֹרָיְתָא חֲדָא יְהֵי לְכוֹן, לְדַעֲבֵיד בְּשָׁלוּ: וֶאֱנָשׁ, דְּיַעֲבֵיד בְּרֵישׁ גְּלֵי, מִן
ל יַצִּיבָא וּמִן גִּיּוֹרַיָּא, קֳדָם יְיָ הוּא מַרְגֵּיז, וְיִשְׁתֵּיצֵי, אֲנָשָׁא הַהוּא מִגּוֹ עַמֵּיהּ: אֲרֵי עַל פִּתְגָּמָא
לא דַּייָ בְּסַר, וְיָת פִּקּוּדוֹהִי אַשְׁנִי, אִשְׁתֵּיצָאָה יִשְׁתֵּיצֵי, אֲנָשָׁא הַהוּא חוֹבֵיהּ בֵּיהּ: וַהֲווֹ בְּנֵי יִשְׂרָאֵל
לב בְּמַדְבְּרָא, וְאַשְׁכַּחוּ, גַּבְרָא, כַּד מְגַבֵּיב אָעִין בְּיוֹמָא דְשַׁבְּתָא: וְקָרִיבוּ יָתֵיהּ, דְּאַשְׁכַּחוּ יָתֵיהּ כַּד
לג מְגַבֵּיב אָעִין, לְוָת מֹשֶׁה וּלְוָת אַהֲרֹן, וּלְוָת כָּל כְּנִשְׁתָּא: וְאַצְנָעוּ יָתֵיהּ בְּבֵית מַטְּרָא,
לד

כג אֵת כָּל אֲשֶׁר צִוָּה וְגוֹ'. מַגִּיד שֶׁכָּל הַמּוֹדֶה בַּעֲבוֹדָה זָרָה כְּכוֹפֵר בְּכָל הַתּוֹרָה כֻּלָּהּ וּבְכָל מַה שֶּׁנִּתְנַבְּאוּ הַנְּבִיאִים, שֶׁנֶּאֱמַר: "מִן הַיּוֹם אֲשֶׁר צִוָּה ה' וָהָלְאָה":

כד אִם מֵעֵינֵי הָעֵדָה נֶעֶשְׂתָה לִשְׁגָגָה. אִם מֵעֵינֵי הָעֵדָה נֶעֶשְׂתָה עֲבֵרָה זוֹ עַל יְדֵי שׁוֹגֵג, כְּגוֹן שֶׁשָּׁגְגוּ וְהוֹרוּ עַל אַחַת מִן הָעֲבוֹדוֹת שֶׁהִיא מֻתֶּרֶת לַעֲבֹד עֲבוֹדָה זָרָה בְּכָךְ: לְחַטָּת. חָסֵר אָלֶ"ף, שֶׁאֵינוֹ כִּשְׁאָר חַטָּאוֹת, שֶׁכָּל חַטָּאוֹת שֶׁבַּתּוֹרָה הַבָּאוֹת עִם עוֹלָה, הַחַטָּאת קוֹדֶמֶת לָעוֹלָה, שֶׁנֶּאֱמַר: "וְאֶת הַשֵּׁנִי יַעֲשֶׂה עֹלָה" (ויקרא ה, י), וְזוֹ עוֹלָה קוֹדֶמֶת לְחַטָּאת:

כה הֵבִיאוּ אֶת קָרְבָּנָם אִשֶּׁה לַה'. זֶה הָאָמוּר בַּפָּרָשָׁה, הוּא פַּר הָעוֹלָה, שֶׁנֶּאֱמַר: "אִשֵּׁה לַה'": וְחַטָּאתָם. זֶה הַשָּׂעִיר:

כו תֶּחֱטָא בִשְׁגָגָה. בַּעֲבוֹדָה זָרָה. עֵז בַּת שְׁנָתָהּ. שְׁאָר עֲבֵרוֹת יָחִיד מֵבִיא כִשְׂבָּה אוֹ שְׂעִירָה, וְכָן קָבַע לָהּ שְׂעִירָה:

ל בְּיָד רָמָה. בְּמֵזִיד: מְגַדֵּף. מְחָרֵף, כְּמוֹ: "וְהָיְתָה חֶרְפָּה וּגְדוּפָה" (יחזקאל ה, טו), "אֲשֶׁר גִּדְּפוּ נַעֲרֵי מֶלֶךְ אַשּׁוּר" (ישעיה לז, ו). וְעוֹד דָּרְשׁוּ רַבּוֹתֵינוּ, מִכָּאן לַמְבָרֵךְ אֶת הַשֵּׁם שֶׁהוּא בְּכָרֵת:

לא דְּבַר ה'. אַזְהָרַת עֲבוֹדָה זָרָה מִפִּי הַגְּבוּרָה, וְהַשְּׁאָר מִפִּי מֹשֶׁה: עֲוֹנָה בָהּ. בִּזְמַן שֶׁעֲוֹנָהּ בָּהּ, שֶׁלֹּא עָשָׂה תְשׁוּבָה:

לב וַיִּהְיוּ בְנֵי יִשְׂרָאֵל בַּמִּדְבָּר וַיִּמְצְאוּ. בִּגְנוּתָן שֶׁל יִשְׂרָאֵל דִּבֶּר הַכָּתוּב, שֶׁלֹּא שָׁמְרוּ אֶלָּא שַׁבָּת רִאשׁוֹנָה, וּבַשְּׁנִיָּה בָּא זֶה וְחִלְּלָהּ:

לג הַמֹּצְאִים אֹתוֹ מְקֹשֵׁשׁ. שֶׁהִתְרוּ בוֹ, וְלֹא הִנִּיחַ מִלְּקוֹשֵׁשׁ אַף מִשֶּׁמְּצָאוּהוּ וְהִתְרוּ בוֹ:

כִּי לֹא פֹרַשׁ מַה־יֵּעָשֶׂה לוֹ׃ וַיֹּאמֶר לה
יְהוָה אֶל־מֹשֶׁה מוֹת יוּמַת הָאִישׁ רָגוֹם אֹתוֹ
בָאֲבָנִים כָּל־הָעֵדָה מִחוּץ לַמַּחֲנֶה׃ וַיֹּצִיאוּ לו
אֹתוֹ כָּל־הָעֵדָה אֶל־מִחוּץ לַמַּחֲנֶה וַיִּרְגְּמוּ
אֹתוֹ בָּאֲבָנִים וַיָּמֹת כַּאֲשֶׁר צִוָּה יְהוָה אֶת־
מֹשֶׁה׃

מפטיר
וַיֹּאמֶר יְהוָה אֶל־מֹשֶׁה לֵּאמֹר׃ דַּבֵּר אֶל־ לז לח
מצווה שפו
מצוות ציצית
בְּנֵי יִשְׂרָאֵל וְאָמַרְתָּ אֲלֵהֶם וְעָשׂוּ לָהֶם
צִיצִת עַל־כַּנְפֵי בִגְדֵיהֶם לְדֹרֹתָם וְנָתְנוּ
עַל־צִיצִת הַכָּנָף פְּתִיל תְּכֵלֶת׃ וְהָיָה לָכֶם לט
לְצִיצִת וּרְאִיתֶם אֹתוֹ וּזְכַרְתֶּם אֶת־כָּל־
מצווה שפז
איסור לתור אחר הלב והעיניים
מִצְוֺת יְהוָה וַעֲשִׂיתֶם אֹתָם וְלֹא תָתֻרוּ
אַחֲרֵי לְבַבְכֶם וְאַחֲרֵי עֵינֵיכֶם אֲשֶׁר־אַתֶּם
זֹנִים אַחֲרֵיהֶם׃ לְמַעַן תִּזְכְּרוּ וַעֲשִׂיתֶם אֶת־ מ
כָּל־מִצְוֺתָי וִהְיִיתֶם קְדֹשִׁים לֵאלֹהֵיכֶם׃ אֲנִי מא
יְהוָה אֱלֹהֵיכֶם אֲשֶׁר הוֹצֵאתִי אֶתְכֶם מֵאֶרֶץ
מִצְרַיִם לִהְיוֹת לָכֶם לֵאלֹהִים אֲנִי יְהוָה
אֱלֹהֵיכֶם׃

שלח

לה אֲרֵי לָא אִתְפָּרַשׁ לְהוֹן, מָא דְיַעְבְּדוּן לֵיהּ: וַאֲמַר יְיָ לְמֹשֶׁה, אִתְקְטָלָא יִתְקְטִיל גַּבְרָא, רְגוֹמוּ
לו יָתֵיהּ בְּאַבְנַיָּא כָּל כְּנִשְׁתָּא, מִבָּרָא לְמַשְׁרִיתָא: וְאַפִּיקוּ יָתֵיהּ כָּל כְּנִשְׁתָּא, לְמִבָּרָא לְמַשְׁרִיתָא,
לז וּרְגָמוּ יָתֵיהּ, בְּאַבְנַיָּא וּמִית, כְּמָא דְּפַקִּיד יְיָ יָת מֹשֶׁה: וַאֲמַר יְיָ לְמֹשֶׁה לְמֵימָר: מַלֵּיל, עִם בְּנֵי
לח יִשְׂרָאֵל וְתֵימַר לְהוֹן, וְיַעְבְּדוּן לְהוֹן כְּרוּסְפְּדִין, עַל כַּנְפֵי כְסוּתְהוֹן לְדָרֵיהוֹן, וְיִתְּנוּן, עַל כְּרוּסְפַּד
לט כַּנְפָא חוּטָא דִּתְכֶלְתָּא: וִיהֵי לְכוֹן לִכְרוּסְפְּדִין, וְתִחְזוֹן יָתֵיהּ, וְתִדְכְּרוּן יָת כָּל פִּקּוּדַיָּא דַּיָּי,
וְתַעְבְּדוּן יָתְהוֹן, וְלָא תִטְעוֹן, בָּתַר הִרְהוּר לִבְּכוֹן וּבָתַר חֵיזוּ עֵינֵיכוֹן, דְּאַתּוּן טָעַן בָּתְרֵיהוֹן:
מא בְּדִיל דְּתִדְכְּרוּן, וְתַעְבְּדוּן יָת כָּל פִּקּוּדָי, וּתְהוֹן קַדִּישִׁין קֳדָם אֱלָהֲכוֹן: אֲנָא יְיָ אֱלָהֲכוֹן,
דְּאַפֵּיקִית יָתְכוֹן מֵאַרְעָא דְמִצְרַיִם, לְמֶהֱוֵי לְכוֹן לֶאֱלָהּ, אֲנָא יְיָ אֱלָהֲכוֹן:

לד כִּי לֹא פֹרַשׁ מַה יֵּעָשֶׂה לוֹ. לֹא הָיוּ יוֹדְעִים בְּאֵיזוֹ מִיתָה יָמוּת, אֲבָל יוֹדְעִים הָיוּ שֶׁהַמְחַלֵּל שַׁבָּת בְּמִיתָה:

לה רָגוֹם. עָשֵׂה, פייש"ט בְּלַעַז, וְכֵן: "הָלוֹךְ" אלנ"ט, וְכֵן: "זָכוֹר" (שמות כ, ח) וְ"שָׁמוֹר" (דברים ה, יב):

וַיֹּצִיאוּ אֹתוֹ. מִכַּאן שֶׁבֵּית הַסְּקִילָה חוּץ וְרָחוֹק מִבֵּית דִּין:

לח וְעָשׂוּ לָהֶם צִיצִת. עַל שֵׁם הַפְּתִילִים הַתְּלוּיִים בָּהּ, כְּמוֹ: "וַיִּקָּחֵנִי בְּצִיצִת רֹאשִׁי" (יחזקאל ח, ג). דָּבָר אַחֵר, "צִיצִת" עַל שֵׁם "וּרְאִיתֶם אֹתוֹ", כְּמוֹ "מֵצִיץ מִן הַחֲרַכִּים" (שיר השירים ב, ט): **תְּכֵלֶת.** צֶבַע יָרֹק שֶׁל חִלָּזוֹן:

לט וּזְכַרְתֶּם אֶת כָּל מִצְוֹת ה'. שֶׁמִּנְיַן גִּימַטְרִיָּא שֶׁל צִיצִית שֵׁשׁ מֵאוֹת, וּשְׁמוֹנָה חוּטִים וַחֲמִשָּׁה קְשָׁרִים הֲרֵי תרי"ג: **וְלֹא תָתוּרוּ אַחֲרֵי לְבַבְכֶם.** כְּמוֹ "מִתּוּר הָאָרֶץ" (לעיל יג, כה), הַלֵּב וְהָעֵינַיִם הֵם מְרַגְּלִים לַגּוּף, מְסַרְסְרִים לוֹ אֶת הָעֲבֵרוֹת, הָעַיִן רוֹאָה וְהַלֵּב חוֹמֵד וְהַגּוּף עוֹשֶׂה אֶת הָעֲבֵרוֹת:

מא אֲנִי ה'. נֶאֱמָן לְשַׁלֵּם שָׂכָר: **אֱלֹהֵיכֶם.** נֶאֱמָן לִפָּרַע: **אֲשֶׁר הוֹצֵאתִי אֶתְכֶם.** עַל מְנָת כֵּן פָּדִיתִי אֶתְכֶם שֶׁתְּקַבְּלוּ עֲלֵיכֶם גְּזֵרוֹתַי: **אֲנִי ה' אֱלֹהֵיכֶם.** עוֹד לָמָּה נֶאֱמַר? כְּדֵי שֶׁלֹּא יֹאמְרוּ יִשְׂרָאֵל: מִפְּנֵי מָה אָמַר הַמָּקוֹם, לֹא שֶׁנַּעֲשֶׂה וְנִטֹּל שָׂכָר? אָנוּ לֹא עוֹשִׂים וְלֹא נוֹטְלִים שָׂכָר! עַל כָּרְחֲכֶם אֲנִי

מַלְכְּכֶם, וְכֵן הוּא אוֹמֵר: "אִם לֹא בְּיָד חֲזָקָה... אֶמְלוֹךְ עֲלֵיכֶם" (יחזקאל כ, לג). דָּבָר אַחֵר, לָמָּה נֶאֱמַר יְצִיאַת מִצְרַיִם? אֲנִי הוּא שֶׁהִבְחַנְתִּי בְּמִצְרַיִם בֵּין טִפָּה שֶׁל בְּכוֹר לְשֶׁאֵינָהּ שֶׁל בְּכוֹר, אֲנִי הוּא עָתִיד לְהַבְחִין וּלְהִפָּרַע מִן הַתּוֹלֶה קָלָא אִילָן בְּבִגְדוֹ וְאוֹמֵר: תְּכֵלֶת הִיא.

וּמִיסוֹדוֹ שֶׁל רַבִּי מֹשֶׁה הַדַּרְשָׁן הֶעְתַּקְתִּי: לָמָּה נִסְמְכָה פָּרָשַׁת מְקוֹשֵׁשׁ לְפָרָשַׁת עֲבוֹדָה זָרָה? לוֹמַר שֶׁהַמְחַלֵּל אֶת הַשַּׁבָּת כְּעוֹבֵד עֲבוֹדָה זָרָה, שֶׁאַף הִיא שְׁקוּלָה כְּכָל הַמִּצְוֹת. וְכֵן הוּא אוֹמֵר בְּעֶזְרָא: "וְעַל הַר סִינַי יָרַדְתָּ... וַתִּתֵּן לְעַמְּךָ תּוֹרָה וּמִצְוֹת, וְאֶת שַׁבַּת קָדְשְׁךָ הוֹדַעְתָּ לָהֶם" (נחמיה ט, יג-יד). וְאַף פָּרָשַׁת צִיצִית לְכָךְ נִסְמְכָה לְאֵלוּ, לְפִי שֶׁאַף הִיא שְׁקוּלָה כְּנֶגֶד כָּל הַמִּצְוֹת, שֶׁנֶּאֱמַר: **"וַעֲשִׂיתֶם אֶת כָּל מִצְוֹתָי"** (לעיל פסוק מ): **עַל כַּנְפֵי בִגְדֵיהֶם.** כְּנֶגֶד "וָאֶשָּׂא אֶתְכֶם עַל כַּנְפֵי נְשָׁרִים" (שמות יט, ד). עַל אַרְבַּע כְּנָפוֹת, וְלֹא בַעֲלַת שָׁלֹשׁ וְלֹא בַעֲלַת חָמֵשׁ, כְּנֶגֶד אַרְבַּע לְשׁוֹנוֹת שֶׁל גְּאֻלָּה שֶׁנֶּאֶמְרוּ בְּמִצְרַיִם: "וְהוֹצֵאתִי", "וְהִצַּלְתִּי", "וְגָאַלְתִּי", "וְלָקַחְתִּי" (שמות ו, ו-ז): **פְּתִיל תְּכֵלֶת.** עַל שֵׁם שִׁכּוּל בְּכוֹרוֹת, תַּרְגּוּמוֹ שֶׁל שִׁכּוּל: 'תִּכְלָא'. וּמַכָּתָם הָיְתָה בַּלַּיְלָה, וְכֵן צֶבַע הַתְּכֵלֶת דּוֹמֶה לָרָקִיעַ הַמַּשְׁחִיר לְעֵת עֶרֶב. וּשְׁמוֹנָה חוּטִים שֶׁבָּהּ, כְּנֶגֶד שְׁמוֹנָה יָמִים שֶׁשָּׁהוּ יִשְׂרָאֵל מִשֶּׁיָּצְאוּ מִמִּצְרַיִם עַד שֶׁאָמְרוּ שִׁירָה עַל הַיָּם:

הפטרת שלח

אירועי ההפטרה התרחשו בז׳-ט׳ בניסן בשנה הארבעים ליציאת מצרים, בתום ימי האבל על משה. העם נמצא בערבות מואב על ירדן יריחו. צו ה׳ ליהושע להיערך לחציית הירדן נעשה בשלושה מסלולים מקבילים: העם נערך למסע; החלוצים משבטי עבר הירדן עוברים לחזית; יהושע שולח שני מרגלים ללמוד את מרחב יריחו. המסלול השלישי מתואר בהפטרה.

איסוף המודיעין צריך להתנהל בדרך זו: המשגר צריך להיות הדרג המדיני־צבאי (יהושע) ואליו, ורק אליו, יש להשיב את המידע. יש לשלוח אנשים מקצועיים בחשאיות מוחלטת (חרש).

מרגלי יהושע יצאו בראייה מקצועית־עניינית, וגם כאשר שליחותם הסתבכה, הם סיימו את המשימה בדבקות במטרה.

יהושע

ב א וַיִּשְׁלַח יְהוֹשֻׁעַ בִּן־נוּן מִן־הַשִּׁטִּים שְׁנַיִם אֲנָשִׁים מְרַגְּלִים חֶרֶשׁ לֵאמֹר
לְכוּ רְאוּ אֶת־הָאָרֶץ וְאֶת־יְרִיחוֹ וַיֵּלְכוּ וַיָּבֹאוּ בֵּית אִשָּׁה זוֹנָה וּשְׁמָהּ
ב רָחָב וַיִּשְׁכְּבוּ־שָׁמָּה: וַיֵּאָמַר לְמֶלֶךְ יְרִיחוֹ לֵאמֹר הִנֵּה אֲנָשִׁים בָּאוּ הֵנָּה
ג הַלַּיְלָה מִבְּנֵי יִשְׂרָאֵל לַחְפֹּר אֶת־הָאָרֶץ: וַיִּשְׁלַח מֶלֶךְ יְרִיחוֹ אֶל־רָחָב
לֵאמֹר הוֹצִיאִי הָאֲנָשִׁים הַבָּאִים אֵלַיִךְ אֲשֶׁר־בָּאוּ לְבֵיתֵךְ כִּי לַחְפֹּר אֶת־
ד כָּל־הָאָרֶץ בָּאוּ: וַתִּקַּח הָאִשָּׁה אֶת־שְׁנֵי הָאֲנָשִׁים וַתִּצְפְּנוֹ וַתֹּאמֶר כֵּן
ה בָּאוּ אֵלַי הָאֲנָשִׁים וְלֹא יָדַעְתִּי מֵאַיִן הֵמָּה: וַיְהִי הַשַּׁעַר לִסְגּוֹר בַּחֹשֶׁךְ
וְהָאֲנָשִׁים יָצָאוּ לֹא יָדַעְתִּי אָנָה הָלְכוּ הָאֲנָשִׁים רִדְפוּ מַהֵר אַחֲרֵיהֶם
ו כִּי תַשִּׂיגוּם: וְהִיא הֶעֱלָתַם הַגָּגָה וַתִּטְמְנֵם בְּפִשְׁתֵּי הָעֵץ הָעֲרֻכוֹת לָהּ
ז עַל־הַגָּג: וְהָאֲנָשִׁים רָדְפוּ אַחֲרֵיהֶם דֶּרֶךְ הַיַּרְדֵּן עַל הַמַּעְבְּרוֹת וְהַשַּׁעַר
ח סָגָרוּ אַחֲרֵי כַּאֲשֶׁר יָצְאוּ הָרֹדְפִים אַחֲרֵיהֶם: וְהֵמָּה טֶרֶם יִשְׁכָּבוּן וְהִיא
ט עָלְתָה עֲלֵיהֶם עַל־הַגָּג: וַתֹּאמֶר אֶל־הָאֲנָשִׁים יָדַעְתִּי כִּי־נָתַן יְהוָה לָכֶם
אֶת־הָאָרֶץ וְכִי־נָפְלָה אֵימַתְכֶם עָלֵינוּ וְכִי נָמֹגוּ כָּל־יֹשְׁבֵי הָאָרֶץ מִפְּנֵיכֶם:
י כִּי שָׁמַעְנוּ אֵת אֲשֶׁר־הוֹבִישׁ יְהוָה אֶת־מֵי יַם־סוּף מִפְּנֵיכֶם בְּצֵאתְכֶם
מִמִּצְרָיִם וַאֲשֶׁר עֲשִׂיתֶם לִשְׁנֵי מַלְכֵי הָאֱמֹרִי אֲשֶׁר בְּעֵבֶר הַיַּרְדֵּן לְסִיחֹן
יא וּלְעוֹג אֲשֶׁר הַחֲרַמְתֶּם אוֹתָם: וַנִּשְׁמַע וַיִּמַּס לְבָבֵנוּ וְלֹא־קָמָה עוֹד רוּחַ
בְּאִישׁ מִפְּנֵיכֶם כִּי יְהוָה אֱלֹהֵיכֶם הוּא אֱלֹהִים בַּשָּׁמַיִם מִמַּעַל וְעַל־הָאָרֶץ
יב מִתָּחַת: וְעַתָּה הִשָּׁבְעוּ־נָא לִי בַּיהוָה כִּי־עָשִׂיתִי עִמָּכֶם חָסֶד וַעֲשִׂיתֶם
יג גַּם־אַתֶּם עִם־בֵּית אָבִי חֶסֶד וּנְתַתֶּם לִי אוֹת אֱמֶת: וְהַחֲיִתֶם אֶת־אָבִי
וְאֶת־אִמִּי וְאֶת־אַחַי וְאֶת־אחותי וְאֵת כָּל־אֲשֶׁר לָהֶם וְהִצַּלְתֶּם אֶת־ אַחְיוֹתַי
יד נַפְשֹׁתֵינוּ מִמָּוֶת: וַיֹּאמְרוּ לָהּ הָאֲנָשִׁים נַפְשֵׁנוּ תַחְתֵּיכֶם לָמוּת אִם לֹא
תַגִּידוּ אֶת־דְּבָרֵנוּ זֶה וְהָיָה בְּתֵת־יְהוָה לָנוּ אֶת־הָאָרֶץ וְעָשִׂינוּ עִמָּךְ חֶסֶד
טו וֶאֱמֶת: וַתּוֹרִדֵם בַּחֶבֶל בְּעַד הַחַלּוֹן כִּי בֵיתָהּ בְּקִיר הַחוֹמָה וּבַחוֹמָה

טז הִיא יוֹשָׁבֶת׃ וַתֹּאמֶר לָהֶם הָהָרָה לֵּכוּ פֶּן־יִפְגְּעוּ בָכֶם הָרֹדְפִים וְנַחְבֵּתֶם
יז שָׁמָּה שְׁלֹשֶׁת יָמִים עַד שׁוֹב הָרֹדְפִים וְאַחַר תֵּלְכוּ לְדַרְכְּכֶם׃ וַיֹּאמְרוּ
יח אֵלֶיהָ הָאֲנָשִׁים נְקִיִּם אֲנַחְנוּ מִשְּׁבֻעָתֵךְ הַזֶּה אֲשֶׁר הִשְׁבַּעְתָּנוּ׃ הִנֵּה אֲנַחְנוּ
בָאִים בָּאָרֶץ אֶת־תִּקְוַת חוּט הַשָּׁנִי הַזֶּה תִּקְשְׁרִי בַּחַלּוֹן אֲשֶׁר הוֹרַדְתֵּנוּ
בוֹ וְאֶת־אָבִיךְ וְאֶת־אִמֵּךְ וְאֶת־אַחַיִךְ וְאֵת כָּל־בֵּית אָבִיךְ תַּאַסְפִי אֵלַיִךְ
יט הַבָּיְתָה׃ וְהָיָה כֹּל אֲשֶׁר־יֵצֵא מִדַּלְתֵי בֵיתֵךְ ׀ הַחוּצָה דָּמוֹ בְרֹאשׁוֹ וַאֲנַחְנוּ
כ נְקִיִּם וְכֹל אֲשֶׁר יִהְיֶה אִתָּךְ בַּבַּיִת דָּמוֹ בְרֹאשֵׁנוּ אִם־יָד תִּהְיֶה־בּוֹ׃ וְאִם־
כא תַּגִּידִי אֶת־דְּבָרֵנוּ זֶה וְהָיִינוּ נְקִיִּם מִשְּׁבֻעָתֵךְ אֲשֶׁר הִשְׁבַּעְתָּנוּ׃ וַתֹּאמֶר
כב כְּדִבְרֵיכֶם כֶּן־הוּא וַתְּשַׁלְּחֵם וַיֵּלֵכוּ וַתִּקְשֹׁר אֶת־תִּקְוַת הַשָּׁנִי בַּחַלּוֹן׃ וַיֵּלְכוּ
וַיָּבֹאוּ הָהָרָה וַיֵּשְׁבוּ שָׁם שְׁלֹשֶׁת יָמִים עַד־שָׁבוּ הָרֹדְפִים וַיְבַקְשׁוּ הָרֹדְפִים
כג בְּכָל־הַדֶּרֶךְ וְלֹא מָצָאוּ׃ וַיָּשֻׁבוּ שְׁנֵי הָאֲנָשִׁים וַיֵּרְדוּ מֵהָהָר וַיַּעַבְרוּ וַיָּבֹאוּ
כד אֶל־יְהוֹשֻׁעַ בִּן־נוּן וַיְסַפְּרוּ־לוֹ אֵת כָּל־הַמֹּצְאוֹת אוֹתָם׃ וַיֹּאמְרוּ אֶל־יְהוֹשֻׁעַ
כִּי־נָתַן יְהוָה בְּיָדֵנוּ אֶת־כָּל־הָאָרֶץ וְגַם־נָמֹגוּ כָּל־יֹשְׁבֵי הָאָרֶץ מִפָּנֵינוּ׃

שלח

פרשת קרח

קרח

טו וַיִּקַּ֣ח קֹ֔רַח בֶּן־יִצְהָ֥ר בֶּן־קְהָ֖ת בֶּן־לֵוִ֑י וְדָתָ֨ן וַאֲבִירָ֜ם בְּנֵ֧י אֱלִיאָ֛ב וְא֥וֹן בֶּן־פֶּ֖לֶת בְּנֵ֥י רְאוּבֵֽן: ב וַיָּקֻ֨מוּ֙ לִפְנֵ֣י מֹשֶׁ֔ה וַאֲנָשִׁ֥ים מִבְּנֵֽי־יִשְׂרָאֵ֖ל חֲמִשִּׁ֣ים וּמָאתָ֑יִם נְשִׂיאֵ֥י עֵדָ֛ה קְרִאֵ֥י מוֹעֵ֖ד אַנְשֵׁי־שֵֽׁם: ג וַיִּקָּהֲל֞וּ עַל־מֹשֶׁ֣ה וְעַֽל־אַהֲרֹ֗ן וַיֹּאמְר֣וּ אֲלֵהֶם֮ רַב־לָכֶם֒ כִּ֤י כָל־הָֽעֵדָה֙ כֻּלָּ֣ם קְדֹשִׁ֔ים וּבְתוֹכָ֖ם יְהוָ֑ה וּמַדּ֥וּעַ תִּֽתְנַשְּׂא֖וּ עַל־קְהַ֥ל יְהוָֽה: ד וַיִּשְׁמַ֣ע מֹשֶׁ֔ה וַיִּפֹּ֖ל עַל־פָּנָֽיו: ה וַיְדַבֵּ֨ר אֶל־קֹ֜רַח וְאֶֽל־כָּל־עֲדָתוֹ֮ לֵאמֹר֒ בֹּ֠קֶר וְיֹדַ֨ע יְהוָ֧ה אֶת־אֲשֶׁר־ל֛וֹ וְאֶת־הַקָּד֖וֹשׁ וְהִקְרִ֣יב אֵלָ֑יו וְאֵ֛ת אֲשֶׁ֥ר יִבְחַר־בּ֖וֹ יַקְרִ֥יב אֵלָֽיו: ו זֹ֖את עֲשׂ֑וּ קְחוּ־לָכֶ֣ם מַחְתּ֔וֹת קֹ֖רַח וְכָל־

פרק טז

א) **וַיִּקַּח קֹרַח.** פָּרָשָׁה זוֹ יָפֶה נִדְרֶשֶׁת בְּמִדְרַשׁ רַבִּי תַּנְחוּמָא: **וַיִּקַּח קֹרַח.** לָקַח אֶת עַצְמוֹ לְצַד אֶחָד לִהְיוֹת נֶחְלָק מִתּוֹךְ הָעֵדָה לְעוֹרֵר עַל הַכְּהֻנָּה, וְזֶהוּ שֶׁתִּרְגֵּם אוּנְקְלוֹס: "וְאִתְפְּלֵג", נֶחְלַק מִשְּׁאָר הָעֵדָה לְהַחֲזִיק בְּמַחֲלֹקֶת. וְכֵן: "מַה יִּקָּחֲךָ לִבֶּךָ" (איוב טו, יב), לוֹקֵחַ אוֹתְךָ לְהַפְלִיגְךָ מִשְּׁאָר בְּנֵי אָדָם. דָּבָר אַחֵר, **וַיִּקַּח קֹרַח**, מָשַׁךְ רָאשֵׁי סַנְהֶדְרָאוֹת שֶׁבָּהֶם בִּדְבָרִים, כְּמוֹ שֶׁנֶּאֱמַר: "קַח אֶת אַהֲרֹן" (ויקרא ח, ב), "קְחוּ עִמָּכֶם דְּבָרִים" (הושע יד, ג). **בֶּן יִצְהָר בֶּן קְהָת בֶּן לֵוִי.** וְלֹא הִזְכִּיר "בֶּן יַעֲקֹב", שֶׁבִּקֵּשׁ רַחֲמִים עַל עַצְמוֹ שֶׁלֹּא יִזָּכֵר שְׁמוֹ עַל מַחְלֻקְתָּם, שֶׁנֶּאֱמַר: "בִּקְהָלָם אַל תֵּחַד כְּבֹדִי" (בראשית מט, ו).

וְהֵיכָן נִזְכַּר שְׁמוֹ עַל קֹרַח? בְּהִתְיַחֲסָם עַל הַדּוּכָן בְּדִבְרֵי הַיָּמִים, שֶׁנֶּאֱמַר: "בֶּן אֶבְיָסָף בֶּן קֹרַח בֶּן יִצְהָר בֶּן קְהָת בֶּן לֵוִי בֶּן יִשְׂרָאֵל" (דברי הימים א' ו, כב-כג). **וְדָתָן וַאֲבִירָם.** בִּשְׁבִיל שֶׁהָיָה שֵׁבֶט רְאוּבֵן שָׁרוּי בַּחֲנִיָּתָם תֵּימָנָה, שָׁכֵן לִקְהָת וּבָנָיו הַחוֹנִים תֵּימָנָה, נִשְׁתַּתְּפוּ עִם קֹרַח בְּמַחְלָקְתּוֹ, אוֹי לָרָשָׁע אוֹי לִשְׁכֵנוֹ. וּמָה רָאָה קֹרַח לַחֲלֹק עִם מֹשֶׁה? נִתְקַנֵּא עַל נְשִׂיאוּתוֹ שֶׁל אֱלִיצָפָן בֶּן עֻזִּיאֵל, שֶׁמִּנָּהוּ מֹשֶׁה נָשִׂיא עַל בְּנֵי קְהָת עַל פִּי הַדִּבּוּר. אָמַר קֹרַח: "אַחֵי אַבָּא אַרְבָּעָה הָיוּ, שֶׁנֶּאֱמַר: "וּבְנֵי קְהָת וְגוֹ' " (שמות ו, יח), עַמְרָם הַבְּכוֹר נָטְלוּ שְׁנֵי בָּנָיו גְּדֻלָּה, אֶחָד מֶלֶךְ וְאֶחָד כֹּהֵן גָּדוֹל, מִי רָאוּי לִטֹּל אֶת הַשְּׁנִיָּה? לֹא אֲנִי, שֶׁאֲנִי בֶּן יִצְהָר שֶׁהוּא שֵׁנִי לְעַמְרָם? וְהוּא

טז א וְאִתְפְּלֵיג קֹרַח, בַּר יִצְהָר בַּר קְהָת בַּר לֵוִי, וְדָתָן וַאֲבִירָם, בְּנֵי אֱלִיאָב, וְאוֹן בַּר פֶּלֶת בְּנֵי רְאוּבֵן:
ב וְקָמוּ לְאַפֵּי מֹשֶׁה, וְגֻבְרַיָּא מִבְּנֵי יִשְׂרָאֵל מָאתַן וְחַמְשִׁין, רַבְרְבֵי כְנִשְׁתָּא, מְעָרְעֵי זְמַן אֱנָשִׁין
ג דִּשְׁמָא: וְאִתְכְּנִישׁוּ עַל מֹשֶׁה וְעַל אַהֲרֹן, וַאֲמַרוּ לְהוֹן סַגִּי לְכוֹן, אֲרֵי כָל כְּנִשְׁתָּא כֻּלְּהוֹן קַדִּישִׁין,
ד וּבֵינֵיהוֹן שָׁרְיָא שְׁכִינְתָּא דַיְיָ, וּמָדֵין אַתּוּן מִתְרַבְרְבִין עַל קְהָלָא דַיְיָ: וּשְׁמַע מֹשֶׁה, וּנְפַל עַל
ה אַפּוֹהִי: וּמַלֵּיל עִם קֹרַח, וְעִם כָּל כְּנִשְׁתֵּיהּ לְמֵימַר, בְּצַפְרָא, וִיהוֹדַע יְיָ יָת דְּכָשַׁר לֵיהּ, וְיָת דְּקַדִּישׁ
ו וִיקָרֵיב לִקְדָמוֹהִי, וְיָת, דְּיִתְרְעֵי בֵיהּ יְקָרֵיב לְשִׁמּוּשֵׁיהּ: דָּא עֲבִידוּ, סַבוּ לְכוֹן מַחְתְּיָן, קֹרַח וְכָל

מִנָּה נָשִׂיא אֶת בֶּן אָחִיו הַקָּטָן מִכֻּלָּם! הֲרֵינִי חוֹלֵק עָלָיו וּמְבַטֵּל אֶת דְּבָרָיו. מֶה עָשָׂה? עָמַד וְכָנַס מָאתַיִם וַחֲמִשִּׁים רָאשֵׁי סַנְהֶדְרָאוֹת, רֻבָּן מִשֵּׁבֶט רְאוּבֵן שְׁכֵנָיו, וְהֵם אֱלִיצוּר בֶּן שְׁדֵיאוּר וַחֲבֵרָיו וְכַיּוֹצֵא בּוֹ, שֶׁנֶּאֱמַר: "נְשִׂיאֵי עֵדָה קְרִאֵי מוֹעֵד" (להלן פסוק ב), וּלְהַלָּן הוּא אוֹמֵר: "אֵלֶּה קְרוּאֵי הָעֵדָה" (לעיל א, טז), וְהִלְבִּישָׁן טַלִּיתוֹת שֶׁכֻּלָּן תְּכֵלֶת, בָּאוּ וְעָמְדוּ לִפְנֵי מֹשֶׁה, אָמְרוּ לוֹ: טַלִּית שֶׁכֻּלָּהּ שֶׁל תְּכֵלֶת חַיֶּבֶת בְּצִיצִית אוֹ פְּטוּרָה? אָמַר לָהֶם: חַיֶּבֶת. הִתְחִילוּ לְשַׂחֵק עָלָיו: אֶפְשָׁר טַלִּית שֶׁל מִין אַחֵר, חוּט אֶחָד שֶׁל תְּכֵלֶת פּוֹטְרָהּ, זוֹ שֶׁכֻּלָּהּ תְּכֵלֶת לֹא תִּפְטֹר אֶת עַצְמָהּ?!: **בְּנֵי רְאוּבֵן.** דָּתָן וַאֲבִירָם וְאוֹן בֶּן פֶּלֶת:

ג] **רַב לָכֶם.** הַרְבֵּה יוֹתֵר מִדַּאי לְקַחְתֶּם לְעַצְמְכֶם גְּדֻלָּה: **כֻּלָּם קְדֹשִׁים.** כֻּלָּם שָׁמְעוּ דְּבָרִים בְּסִינַי מִפִּי הַגְּבוּרָה: **וּמַדּוּעַ תִּתְנַשְּׂאוּ.** אִם לָקַחְתָּ אַתָּה מַלְכוּת, לֹא הָיָה לְךָ לִבְרֵר לְאָחִיךָ כְּהֻנָּה. לֹא אַתֶּם לְבַדְּכֶם שְׁמַעְתֶּם בְּסִינַי: "אָנֹכִי ה' אֱלֹהֶיךָ", כָּל הָעֵדָה שָׁמְעוּ:

ד] **וַיִּפֹּל עַל פָּנָיו.** מִפְּנֵי הַמַּחֲלֹקֶת, שֶׁכְּבָר זֶה בְּיָדָם סָרְחוֹן רְבִיעִי. [חָטְאוּ בָּעֵגֶל, "וַיְחַל מֹשֶׁה" (שמות לב, יא); בַּמִּתְאוֹנְנִים, "וַיִּתְפַּלֵּל מֹשֶׁה" (לעיל יא, ב); בַּמְרַגְּלִים, "וַיֹּאמֶר מֹשֶׁה אֶל ה' וְשָׁמְעוּ מִצְרַיִם" (לעיל יד, יג). בְּמַחֲלָקְתּוֹ שֶׁל קֹרַח נִתְרַשְּׁלוּ יָדָיו]. מָשָׁל לְבֶן מֶלֶךְ שֶׁסָּרַח עַל אָבִיו, וּפִיֵּס עָלָיו אוֹהֲבוֹ פַּעַם וּשְׁתַּיִם וְשָׁלֹשׁ, כְּשֶׁסָּרַח רְבִיעִית נִתְרַשְּׁלוּ יְדֵי הָאוֹהֵב הַהוּא, אָמַר: עַד מָתַי אַטְרִיחַ עַל הַמֶּלֶךְ? שֶׁמָּא לֹא יְקַבֵּל עוֹד מִמֶּנִּי:

ה] **בֹּקֶר וְיֹדַע וְגוֹ'.** עַתָּה עֵת שִׁכְרוּת הוּא לָנוּ וְלֹא נָכוֹן לְהֵרָאוֹת לְפָנָיו. וְהוּא הָיָה מִתְכַּוֵּן לִדְחוֹתָם, שֶׁמָּא יַחְזְרוּ בָּהֶם: **בֹּקֶר וְיֹדַע ה' אֶת אֲשֶׁר לוֹ.** לַעֲבוֹדַת לְוִיָּה: **וְאֶת הַקָּדוֹשׁ.** לִכְהֻנָּה: **וְהִקְרִיב.** אוֹתָם "אֵלָיו":

ו-ז] [תוספת מאיגרת רבינו שמעיה: **זֹאת עֲשׂוּ קְחוּ לָכֶם מַחְתּוֹת.** מָה רָאָה לוֹמַר לָהֶם כָּךְ? אָמַר לָהֶם: בְּדַרְכֵי הַגּוֹיִם יֵשׁ נִמּוּסִים הַרְבֵּה וּכְמָרִים הַרְבֵּה, וְאֵין כֻּלָּם מִתְקַבְּצִים בְּבַיִת אֶחָד. אָנוּ אֵין לָנוּ אֶלָּא ה' אֶחָד, אָרוֹן אֶחָד וְתוֹרָה אַחַת וּמִזְבֵּחַ אֶחָד וְכֹהֵן גָּדוֹל אֶחָד, וְאַתֶּם חֲמִשִּׁים וּמָאתַיִם אִישׁ מְבַקְשִׁים כְּהֻנָּה גְּדוֹלָה? אַף אֲנִי רוֹצֶה בְּכָךְ. הֵא לָכֶם תַּשְׁמִישׁ חָבִיב מִכֹּל, הִיא הַקְּטֹרֶת הַחֲבִיבָה מִכָּל הַקָּרְבָּנוֹת, וְסַם הַמָּוֶת נָתוּן בְּתוֹכוֹ שֶׁבּוֹ נִשְׂרְפוּ נָדָב וַאֲבִיהוּא, לְפִיכָךְ הִתְרָה בָּהֶם: "וְהָיָה הָאִישׁ אֲשֶׁר יִבְחַר ה' הוּא הַקָּדוֹשׁ" (להלן פסוק ז), כְּבָר הוּא בִּקְדֻשָּׁתוֹ, וְכִי אֵין אָנוּ יוֹדְעִים שֶׁמִּי שֶׁיִּבָּחֵר הוּא הַקָּדוֹשׁ? אֶלָּא אָמַר לָהֶם מֹשֶׁה: הֲרֵינִי אוֹמֵר לָכֶם, שֶׁלֹּא תִּתְחַיְּבוּ: מִי שֶׁיִּבָּחֵר בּוֹ יֵצֵא חַי וְכֻלְּכֶם אוֹבְדִים: **רַב לָכֶם בְּנֵי לֵוִי.** דָּבָר גָּדוֹל אָמַרְתִּי לָכֶם. וְלֹא טִפְּשִׁים הָיוּ שֶׁכָּךְ הִתְרָה בָּהֶם וְקִבְּלוּ עֲלֵיהֶם לִקְרַב, אֶלָּא הֵם חָטְאוּ עַל נַפְשׁוֹתָם, שֶׁנֶּאֱמַר: "אֵת מַחְתּוֹת הַחַטָּאִים הָאֵלֶּה בְּנַפְשֹׁתָם" (להלן יז, ג). וְקֹרַח שֶׁפִּקֵּחַ הָיָה, מָה רָאָה לִשְׁטוּת זוֹ? עֵינוֹ הִטְעַתּוּ, רָאָה שַׁלְשֶׁלֶת גְּדוֹלָה יוֹצְאָה מִמֶּנּוּ – שְׁמוּאֵל שֶׁשָּׁקוּל כְּנֶגֶד מֹשֶׁה וְאַהֲרֹן, אָמַר: בִּשְׁבִילוֹ אֲנִי נִמְלָט; וְעֶשְׂרִים וְאַרְבַּע מִשְׁמָרוֹת עוֹמְדוֹת לִבְנֵי בָנָיו כֻּלָּם מִתְנַבְּאִים בְּרוּחַ הַקֹּדֶשׁ, שֶׁנֶּאֱמַר: "כָּל

ז עֲדָתֽוֹ׃ וּתְנ֣וּ־בָהֵ֣ן ׀ אֵ֡שׁ וְשִׂימוּ֩ עֲלֵיהֶ֨ן ׀ קְטֹ֜רֶת
לִפְנֵ֤י יְהוָה֙ מָחָ֔ר וְהָיָ֗ה הָאִ֛ישׁ אֲשֶׁר־יִבְחַ֥ר יְהוָ֖ה
ח ה֣וּא הַקָּד֑וֹשׁ רַב־לָכֶ֖ם בְּנֵ֥י לֵוִֽי׃ וַיֹּ֥אמֶר מֹשֶׁ֖ה
ט אֶל־קֹ֑רַח שִׁמְעוּ־נָ֖א בְּנֵ֥י לֵוִֽי׃ הַמְעַ֣ט מִכֶּ֗ם כִּֽי־
הִבְדִּיל֩ אֱלֹהֵ֨י יִשְׂרָאֵ֤ל אֶתְכֶם֙ מֵעֲדַ֣ת יִשְׂרָאֵ֔ל
לְהַקְרִ֥יב אֶתְכֶ֖ם אֵלָ֑יו לַעֲבֹ֗ד אֶת־עֲבֹדַת֙ מִשְׁכַּ֣ן
י יְהוָ֔ה וְלַעֲמֹ֛ד לִפְנֵ֥י הָעֵדָ֖ה לְשָׁרְתָֽם׃ וַיַּקְרֵב֙ אֹֽתְךָ֔
וְאֶת־כָּל־אַחֶ֥יךָ בְנֵֽי־לֵוִ֖י אִתָּ֑ךְ וּבִקַּשְׁתֶּ֖ם גַּם־
יא כְּהֻנָּֽה׃ לָכֵ֗ן אַתָּה֙ וְכָל־עֲדָ֣תְךָ֔ הַנֹּעָדִ֖ים עַל־יְהוָ֑ה
יב וְאַהֲרֹ֣ן מַה־ה֔וּא כִּ֥י תלונו עָלָֽיו׃ וַיִּשְׁלַ֣ח מֹשֶׁ֔ה תַּלִּ֖ינוּ
לִקְרֹ֛א לְדָתָ֥ן וְלַאֲבִירָ֖ם בְּנֵ֣י אֱלִיאָ֑ב וַיֹּאמְר֖וּ לֹ֥א
יג נַעֲלֶֽה׃ הַמְעַ֗ט כִּ֤י הֶֽעֱלִיתָ֙נוּ֙ מֵאֶ֨רֶץ זָבַ֤ת חָלָב֙
וּדְבַ֔שׁ לַהֲמִיתֵ֖נוּ בַּמִּדְבָּ֑ר כִּֽי־תִשְׂתָּרֵ֥ר עָלֵ֖ינוּ גַּם־
יד הִשְׂתָּרֵֽר׃ אַ֡ף לֹ֣א אֶל־אֶ֩רֶץ֩ זָבַ֨ת חָלָ֤ב וּדְבַשׁ֙ שני
הֲבִ֣יאֹתָ֔נוּ וַתִּ֨תֶּן־לָ֔נוּ נַחֲלַ֖ת שָׂדֶ֣ה וָכָ֑רֶם הַעֵינֵ֞י
טו הָאֲנָשִׁ֥ים הָהֵ֛ם תְּנַקֵּ֖ר לֹ֥א נַעֲלֶֽה׃ וַיִּ֤חַר לְמֹשֶׁה֙
מְאֹ֔ד וַיֹּ֙אמֶר֙ אֶל־יְהוָ֔ה אַל־תֵּ֖פֶן אֶל־מִנְחָתָ֑ם
לֹ֠א חֲמ֨וֹר אֶחָ֤ד מֵהֶם֙ נָשָׂ֔אתִי וְלֹ֥א הֲרֵעֹ֖תִי
טז אֶת־אַחַ֥ד מֵהֶֽם׃ וַיֹּ֤אמֶר מֹשֶׁה֙ אֶל־קֹ֔רַח אַתָּה֙
וְכָל־עֲדָ֣תְךָ֔ הֱי֖וּ לִפְנֵ֣י יְהוָ֑ה אַתָּ֥ה וָהֵ֛ם וְאַהֲרֹ֖ן
יז מָחָֽר׃ וּקְח֣וּ ׀ אִ֣ישׁ מַחְתָּת֗וֹ וּנְתַתֶּ֤ם עֲלֵיהֶם֙

ז כְּנִשְׁתֵּיהּ: וְהַבוּ בְהוֹן אִישָׁתָא, וְשַׁווֹ עֲלֵיהוֹן קְטוֹרֶת בֻּסְמִין, קֳדָם יי מְחַר, וִיהֵי, גֻּבְרָא,
ח ט דְּיִתְרְעֵי יי הוּא קַדִּישׁ, סַגִּי לְכוֹן בְּנֵי לֵוִי: וַאֲמַר מֹשֶׁה לְקֹרַח, שְׁמַעוּ כְעַן בְּנֵי לֵוִי: הַזְעֵיר
לְכוֹן, אֲרֵי אַפְרֵישׁ אֱלָהָא דְיִשְׂרָאֵל יָתְכוֹן מִכְּנִשְׁתָּא דְיִשְׂרָאֵל, לְקָרָבָא יָתְכוֹן לִקְדָמוֹהִי,
י לְמִפְלַח, יָת פָּלְחַן מַשְׁכְּנָא דַיי, וּלְמֵקָם, קֳדָם כְּנִשְׁתָּא לְשַׁמָּשׁוּתְהוֹן: וְקָרֵיב יָתָךְ, וְיָת כָּל
יא אַחָךְ בְּנֵי לֵוִי עִמָּךְ, וּבָעַן אַתּוּן אַף כְּהֻנְּתָא רַבְּתָא: בְּכֵן, אַתְּ וְכָל כְּנִשְׁתָּךְ, דְּאִזְדַּמַּנְתּוּן עַל
יב יי, וְאַהֲרֹן מָא הוּא, אֲרֵי מִתְרָעֲמִתּוּן עֲלוֹהִי: וּשְׁלַח מֹשֶׁה, לְמִקְרֵי, לְדָתָן וְלַאֲבִירָם בְּנֵי
יג אֱלִיאָב, וַאֲמַרוּ לָא נִסַּק: הַזְעֵיר, אֲרֵי אַסֵּיקְתַּנָא מֵאֲרַע עָבְדָא חֲלָב וּדְבַשׁ, לְקַטָּלוּתַנָא
יד בְּמַדְבְּרָא, אֲרֵי אִתְרָבְרַבְתְּ עֲלַנָא אַף אִתְרַבְרָבָא: בְּרַם, לָא לַאֲרַע עָבְדָא חֲלָב וּדְבַשׁ
אַעֵילְתַּנָא, וִיהַבְתְּ לַנָא, אַחְסָנַת חַקְלִין וְכַרְמִין, הַעֵינֵי, גֻּבְרַיָּא הָאִנּוּן, תְּשַׁלַּח לְעַוָּרָא לָא
טו נִסַּק: וּתְקֵיף לְמֹשֶׁה לַחְדָּא, וַאֲמַר קֳדָם יי, לָא תְקַבֵּיל בְּרַעֲוָא קֻרְבָּנְהוֹן, לָא, חֲמָרָא דְחַד
טז מִנְּהוֹן שַׁחֲרִית, וְלָא אַבְאֵישִׁית לְחַד מִנְּהוֹן: וַאֲמַר מֹשֶׁה לְקֹרַח, אַתְּ וְכָל כְּנִשְׁתָּךְ, הֲווֹ
יז זְמִינִין לִקְדָם יי, אַתְּ וְאִנּוּן, וְאַהֲרֹן מְחַר: וְסַבוּ גְּבַר מַחְתִּיתֵיהּ, וְתִתְּנוּן עֲלֵיהוֹן קְטוֹרֶת בֻּסְמִין,

אֵלֶּה בָּנִים לְהֵימָן" (דברי הימים א' כה, ה), אָמַר: אֶפְשָׁר כָּל הַגְּדֻלָּה הַזֹּאת עֲתִידָה לַעֲמֹד מִמֶּנִּי וַאֲנִי אֶדֹּם? לְכָךְ נִשְׁתַּתֵּף לָבֹא לְאוֹתָהּ חֲזָקָה, שֶׁשָּׁמַע מִפִּי מֹשֶׁה שֶׁכֻּלָּם אוֹבְדִים וְאֶחָד נִמְלָט – "אֲשֶׁר יִבְחַר ה' הוּא הַקָּדוֹשׁ", טָעָה וְתָלָה בְעַצְמוֹ. וְלֹא רָאָה יָפֶה, לְפִי שֶׁבָּנָיו עָשׂוּ תְשׁוּבָה, וּמֹשֶׁה הָיָה רוֹאֶה. תַּנְחוּמָא (ה):] מַחְתּוֹת. כֵּלִים שֶׁחוֹתִין בָּהֶם גֶּחָלִים וְיֵשׁ לָהֶם בֵּית יָד: רַב לָכֶם. דָּבָר גָּדוֹל נְטַלְתֶּם בְּעַצְמְכֶם, לַחֲלֹק עַל הַקָּדוֹשׁ בָּרוּךְ הוּא:

ח] וַיֹּאמֶר מֹשֶׁה אֶל קֹרַח שִׁמְעוּ נָא בְּנֵי לֵוִי. הִתְחִיל לְדַבֵּר עִמּוֹ דְּבָרִים רַכִּים, כֵּיוָן שֶׁרָאָהוּ קְשֵׁה עֹרֶף, אָמַר: עַד שֶׁלֹּא יִשְׁתַּתְּפוּ שְׁאָר הַשְּׁבָטִים וְיֹאבְדוּ עִמּוֹ אֲדַבֵּר גַּם אֶל כֻּלָּם. הִתְחִיל לְזָרֵז בָּהֶם: "שִׁמְעוּ נָא בְּנֵי לֵוִי":

ט] וְלַעֲמֹד לִפְנֵי הָעֵדָה. לָשִׁיר עַל הַדּוּכָן:

י] וַיַּקְרֵב אֹתְךָ. לְאוֹתוֹ שֵׁרוּת שֶׁהִרְחִיק מִמֶּנּוּ שְׁאָר עֲדַת יִשְׂרָאֵל:

יא] לָכֵן. בִּשְׁבִיל כָּךְ, "אַתָּה וְכָל עֲדָתְךָ הַנֹּעָדִים" אִתְּךָ "עַל ה'", כִּי בִּשְׁלִיחוּתוֹ עָשִׂיתִי לָתֵת כְּהֻנָּה לְאַהֲרֹן, וְלֹא לָנוּ הוּא הַמַּחֲלֹקֶת הַזֶּה:

יב] וַיִּשְׁלַח מֹשֶׁה וְגוֹ'. מִכָּאן שֶׁאֵין מַחֲזִיקִין בְּמַחֲלֹקֶת, שֶׁהָיָה מֹשֶׁה מְחַזֵּר אַחֲרֵיהֶם לְהַשְׁלִימָם בְּדִבְרֵי שָׁלוֹם: לֹא נַעֲלֶה. פִּיהֶם הִכְשִׁילָם, שֶׁאֵין לָהֶם אֶלָּא יְרִידָה:

יד] וַתִּתֶּן לָנוּ. הַדָּבָר מוּסָב עַל 'לֹא' הָאָמוּר לְמַעְלָה, כְּלוֹמַר: לֹא הֲבִיאוֹתָנוּ וְלֹא נָתַתָּ לָנוּ נַחֲלַת שָׂדֶה וָכֶרֶם. אָמַרְתָּ לָנוּ: אַעֲלֶה אֶתְכֶם מֵעֳנִי מִצְרַיִם אֶל אֶרֶץ טוֹבָה וְגוֹ' (שמות ג, ח; יז), מִשָּׁם הוֹצֵאתָנוּ, וְלֹא אֶל אֶרֶץ זָבַת חָלָב וּדְבַשׁ הֲבִיאוֹתָנוּ, אֶלָּא גָזַרְתָּ עָלֵינוּ לַהֲמִיתֵנוּ בַּמִּדְבָּר, שֶׁאָמַרְתָּ לָנוּ: "בַּמִּדְבָּר הַזֶּה יִפְּלוּ פִגְרֵיכֶם" (לעיל יד, כט): הַעֵינֵי הָאֲנָשִׁים הָהֵם תְּנַקֵּר וְגוֹ'. אֲפִלּוּ אַתָּה שׁוֹלֵחַ לְנַקֵּר אֶת עֵינֵינוּ אִם לֹא נַעֲלֶה אֵלֶיךָ, לֹא נַעֲלֶה: הָאֲנָשִׁים הָהֵם. כְּאָדָם הַתּוֹלֶה קִלְלָתוֹ בַּחֲבֵרוֹ:

טו] אַל תֵּפֶן אֶל מִנְחָתָם. לְפִי פְשׁוּטוֹ, הַקְּטֹרֶת שֶׁהֵם מַקְרִיבִין לְפָנֶיךָ מָחָר אַל תֵּפֶן אֲלֵיהֶם. וְהַמִּדְרָשׁ אוֹמֵר: יוֹדֵעַ אֲנִי שֶׁיֵּשׁ לָהֶם חֵלֶק בִּתְמִידֵי צִבּוּר, אַף חֶלְקָם לֹא יְקֻבַּל לְפָנֶיךָ לְרָצוֹן, תַּנִּיחֶנּוּ הָאֵשׁ וְלֹא תֹאכְלֶנּוּ: לֹא חֲמוֹר אֶחָד מֵהֶם נָשָׂאתִי. לֹא חֲמוֹרוֹ שֶׁל אֶחָד מֵהֶם נָטַלְתִּי. אֲפִלּוּ כְּשֶׁהָלַכְתִּי מִמִּדְיָן לְמִצְרַיִם וְהִרְכַּבְתִּי אֶת אִשְׁתִּי וְאֶת בָּנַי עַל הַחֲמוֹר, וְהָיָה לִי לִטֹּל אוֹתוֹ הַחֲמוֹר מִשֶּׁלָּהֶם, לֹא נָטַלְתִּי אֶלָּא מִשֶּׁלִּי. "שַׁחֲרִית", לְשׁוֹן אֲרַמִּי, כָּךְ נִקְרֵאת אַנְגַּרְיָא שֶׁל מֶלֶךְ 'שַׁחְוָר':

טז] וָהֵם. עֲדָתְךָ:

במדבר טז

קְטֹ֔רֶת וְהִקְרַבְתֶּ֞ם לִפְנֵ֤י יְהֹוָה֙ אִ֣ישׁ מַחְתָּת֔וֹ
חֲמִשִּׁ֥ים וּמָאתַ֖יִם מַחְתֹּ֑ת וְאַתָּ֥ה וְאַהֲרֹ֖ן אִ֥ישׁ
מַחְתָּתֽוֹ: וַיִּקְח֞וּ אִ֣ישׁ מַחְתָּת֗וֹ וַיִּתְּנ֤וּ עֲלֵיהֶם֙ יח
אֵ֔שׁ וַיָּשִׂ֥ימוּ עֲלֵיהֶ֖ם קְטֹ֑רֶת וַֽיַּעַמְד֗וּ פֶּ֛תַח אֹ֥הֶל
מוֹעֵ֖ד וּמֹשֶׁ֥ה וְאַהֲרֹֽן: וַיַּקְהֵ֨ל עֲלֵיהֶ֥ם קֹ֨רַח֙ יט
אֶת־כָּל־הָ֣עֵדָ֔ה אֶל־פֶּ֖תַח אֹ֣הֶל מוֹעֵ֑ד וַיֵּרָ֥א
כְבוֹד־יְהֹוָ֖ה אֶל־כָּל־הָעֵדָֽה: שלישי   וַיְדַבֵּ֣ר כ
יְהֹוָ֔ה אֶל־מֹשֶׁ֥ה וְאֶֽל־אַהֲרֹ֖ן לֵאמֹֽר: הִבָּ֣דְל֔וּ כא
מִתּ֖וֹךְ הָעֵדָ֣ה הַזֹּ֑את וַאֲכַלֶּ֥ה אֹתָ֖ם כְּרָֽגַע:
וַיִּפְּל֤וּ עַל־פְּנֵיהֶם֙ וַיֹּ֣אמְר֔וּ אֵ֕ל אֱלֹהֵ֥י הָרוּחֹ֖ת כב
לְכָל־בָּשָׂ֑ר הָאִ֤ישׁ אֶחָד֙ יֶחֱטָ֔א וְעַ֥ל כָּל־הָעֵדָ֖ה
תִּקְצֹֽף: וַיְדַבֵּ֥ר יְהֹוָ֖ה אֶל־מֹשֶׁ֥ה כג
לֵּאמֹֽר: דַּבֵּ֥ר אֶל־הָעֵדָ֖ה לֵאמֹ֑ר הֵֽעָלוּ֙ מִסָּבִ֔יב כד
לְמִשְׁכַּן־קֹ֖רַח דָּתָ֥ן וַאֲבִירָֽם: וַיָּ֣קׇם מֹשֶׁ֔ה וַיֵּ֖לֶךְ כה
אֶל־דָּתָ֣ן וַאֲבִירָ֑ם וַיֵּלְכ֥וּ אַחֲרָ֖יו זִקְנֵ֥י יִשְׂרָאֵֽל:
וַיְדַבֵּ֨ר אֶל־הָעֵדָ֜ה לֵאמֹ֗ר ס֣וּרוּ נָ֡א מֵעַל֩ אָהֳלֵ֨י כו
הָאֲנָשִׁ֤ים הָֽרְשָׁעִים֙ הָאֵ֔לֶּה וְאַֽל־תִּגְּע֖וּ בְּכָל־
אֲשֶׁ֣ר לָהֶ֑ם פֶּן־תִּסָּפ֖וּ בְּכָל־חַטֹּאתָֽם: וַיֵּעָל֗וּ כז
מֵעַ֧ל מִשְׁכַּן־קֹ֛רַח דָּתָ֥ן וַאֲבִירָ֖ם מִסָּבִ֑יב וְדָתָ֨ן
וַאֲבִירָ֜ם יָצְא֣וּ נִצָּבִ֗ים פֶּ֚תַח אָהֳלֵיהֶ֔ם וּנְשֵׁיהֶ֥ם
וּבְנֵיהֶ֖ם וְטַפָּֽם: וַיֹּ֘אמֶר֮ מֹשֶׁה֒ בְּזֹאת֙ תֵּֽדְע֔וּן כח

כִּי־יְהוָה שְׁלָחַנִי לַעֲשׂוֹת אֵת כָּל־הַמַּעֲשִׂים

כט הָאֵלֶּה כִּי־לֹא מִלִּבִּי׃ אִם־כְּמוֹת כָּל־הָאָדָם

יְמֻתוּן אֵלֶּה וּפְקֻדַּת כָּל־הָאָדָם יִפָּקֵד עֲלֵיהֶם

ל לֹא יְהוָה שְׁלָחָנִי׃ וְאִם־בְּרִיאָה יִבְרָא יְהוָה

יח ותקרבון, קדם יי גבר מחתיתיה, מאתן וחמשין מחתין, ואת ואהרן גבר מחתיתיה: ונסיבו
גבר מחתיתיה, ויהבו עליהון אישתא, ושויאו עליהון קטורת בסמין, וקמו, בתרע, משכן
יט זמנא ומשה ואהרן: ואכניש עליהון קרח ית כל כנשתא, לתרע משכן זמנא, ואתגלי יקרא
כ כא דיי לכל כנשתא: ומליל יי, עם משה ולאהרן למימר: אתפרשו, מגו כנשתא הדא, ואשיצי
כב יתהון כשעא: ונפלו על אפיהון ואמרו, אל, אלה רוחיא לכל בסרא, גברא חד יחוב, ועל כל
כג כד כנשתא יהי רגזא: ומליל יי עם משה למימר: מליל עם כנשתא למימר, אסתלקו מסחור סחור,
כה למשכנא דקרח דתן ואבירם: וקם משה, ואזל לות דתן ואבירם, ואזלו בתרוהי סבי ישראל:
כו ומליל עם כנשתא למימר, זורו כען, מעלוי משכני גבריא חיביא האלין, ולא תקרבון בכל
כז דילהון, דלמא תלקון בכל חוביהון: ואסתלקו, מעלוי משכנא דקרח, דתן ואבירם מסחור
כח סחור, ודתן ואבירם נפקו קימין, בתרע משכניהון, ונשיהון ובניהון וטפלהון: ואמר משה,
כט בדא תדעון, ארי יי שלחני, למעבד, ית כל עובדיא האלין, ארי לא מרעותי: אם כמותא דכל
ל אנשא ימותון אלין, וסעורא דכל אנשא, יסתער עליהון, לא יי שלחני: ואם בריאה יברי יי,

יז) וְהִקְרַבְתֶּם... אִישׁ מַחְתָּתוֹ. הַחֲמִשִּׁים וּמָאתַיִם אִישׁ שֶׁבָּכֶם:

יט) וַיַּקְהֵל עֲלֵיהֶם קֹרַח. בְּדִבְרֵי לֵיצָנוּת. כָּל הַלַּיְלָה הַהוּא הָלַךְ אֵצֶל הַשְּׁבָטִים וּפִתָּה אוֹתָם: כִּסְבוּרִין אַתֶּם שֶׁעָלַי לְבַדִּי אֲנִי מַקְפִּיד? אֵינִי מַקְפִּיד אֶלָּא בִּשְׁבִיל כֻּלְּכֶם, אֵלּוּ בָּאִין וְנוֹטְלִין כָּל הַגְּדֻלּוֹת, לוֹ הַמַּלְכוּת וּלְאָחִיו הַכְּהֻנָּה! עַד שֶׁנִּתְפַּתּוּ כֻּלָּם: וַיֵּרָא כְבוֹד ה׳. בָּא בְּעַמּוּד עָנָן:

כב) אֵל אֱלֹהֵי הָרוּחֹת. יוֹדֵעַ מַחֲשָׁבוֹת. אֵין מִדָּתְךָ כְּמִדַּת בָּשָׂר וָדָם, מֶלֶךְ בָּשָׂר וָדָם שֶׁסָּרְחָה עָלָיו מִקְצָת מְדִינָה אֵינוֹ יוֹדֵעַ מִי הַחוֹטֵא, לְפִיכָךְ כְּשֶׁהוּא כּוֹעֵס נִפְרָע מִכֻּלָּם. אֲבָל אַתָּה, לְפָנֶיךָ גְּלוּיוֹת כָּל הַמַּחֲשָׁבוֹת וְיוֹדֵעַ אַתָּה מִי הַחוֹטֵא: הָאִישׁ אֶחָד. הוּא הַחוֹטֵא וְאַתָּה ״עַל כָּל הָעֵדָה תִּקְצֹף״? אָמַר הַקָּדוֹשׁ בָּרוּךְ הוּא: יָפֶה אֲמַרְתֶּם, אֲנִי יוֹדֵעַ וּמוֹדִיעַ מִי חָטָא וּמִי לֹא חָטָא:

כד) הֵעָלוּ וְגוֹ׳. כְּתַרְגּוּמוֹ, ״אִסְתַּלַּקוּ״ מִסְּבִיבוֹת מִשְׁכַּן קֹרַח:

כה) וַיָּקָם מֹשֶׁה. כִּסְבוּר שֶׁיִּשְׂאוּ לוֹ פָּנִים וְלֹא עָשׂוּ:

כז) יָצְאוּ נִצָּבִים. בְּקוֹמָה זְקוּפָה לְחָרֵף וּלְגַדֵּף, כְּמוֹ: ״וַיִּתְיַצֵּב אַרְבָּעִים יוֹם״ דְּגָלְיָת (שמואל א׳ יז, טז): וּנְשֵׁיהֶם וּבְנֵיהֶם וְטַפָּם. בֹּא וּרְאֵה כַּמָּה קָשָׁה הַמַּחְלֹקֶת, שֶׁהֲרֵי בֵּית דִּין שֶׁל מַטָּה אֵין עוֹנְשִׁין אֶלָּא עַד שֶׁיָּבִיא שְׁתֵּי שְׂעָרוֹת, וּבֵית דִּין שֶׁל מַעְלָה עַד עֶשְׂרִים שָׁנָה, וְכָאן אָבְדוּ אַף יוֹנְקֵי שָׁדַיִם:

כח) לַעֲשׂוֹת אֵת כָּל הַמַּעֲשִׂים הָאֵלֶּה. שֶׁעָשִׂיתִי עַל פִּי הַדִּבּוּר, לָתֵת לְאַהֲרֹן כְּהֻנָּה גְּדוֹלָה, וּבָנָיו סְגָנֵי כְּהֻנָּה, וֶאֱלִיצָפָן נְשִׂיא הַקְּהָתִי:

כט) לֹא ה׳ שְׁלָחָנִי. אֶלָּא אֲנִי עָשִׂיתִי הַכֹּל מִדַּעְתִּי, וּבְדִין הוּא חוֹלֵק עָלַי:

ל) וְאִם בְּרִיאָה. חֲדָשָׁה: יִבְרָא ה׳. לְהָמִית אוֹתָם בְּמִיתָה שֶׁלֹּא מֵת בָּהּ אָדָם עַד הֵנָּה, וּמַה הִיא

במדבר טז

וּפָצְתָ֤ה הָֽאֲדָמָה֙ אֶת־פִּ֔יהָ וּבָלְעָ֥ה אֹתָ֖ם וְאֶת־כָּל־אֲשֶׁ֣ר לָהֶ֑ם וְיָרְד֥וּ חַיִּ֖ים שְׁאֹ֑לָה וִֽידַעְתֶּ֕ם כִּ֧י נִֽאֲצ֛וּ הָאֲנָשִׁ֥ים הָאֵ֖לֶּה אֶת־יְהוָֽה: וַיְהִי֙ לא
כְּכַלֹּת֔וֹ לְדַבֵּ֕ר אֵ֥ת כָּל־הַדְּבָרִ֖ים הָאֵ֑לֶּה וַתִּבָּקַ֥ע
הָאֲדָמָ֖ה אֲשֶׁ֥ר תַּחְתֵּיהֶֽם: וַתִּפְתַּ֤ח הָאָ֙רֶץ֙ לב
אֶת־פִּ֔יהָ וַתִּבְלַ֥ע אֹתָ֖ם וְאֶת־בָּתֵּיהֶ֑ם וְאֵ֤ת
כָּל־הָֽאָדָם֙ אֲשֶׁ֣ר לְקֹ֔רַח וְאֵ֖ת כָּל־הָרְכֽוּשׁ:
וַיֵּרְד֣וּ הֵ֗ם וְכָל־אֲשֶׁ֥ר לָהֶ֛ם חַיִּ֖ים שְׁאֹ֑לָה וַתְּכַ֤ס לג
עֲלֵיהֶם֙ הָאָ֔רֶץ וַיֹּאבְד֖וּ מִתּ֥וֹךְ הַקָּהָֽל: וְכָל־ לד
יִשְׂרָאֵ֗ל אֲשֶׁ֛ר סְבִיבֹתֵיהֶ֖ם נָ֣סוּ לְקֹלָ֑ם כִּ֣י אָֽמְר֔וּ
פֶּן־תִּבְלָעֵ֖נוּ הָאָֽרֶץ: וְאֵ֥שׁ יָצְאָ֖ה מֵאֵ֣ת יְהוָ֑ה לה
וַתֹּ֗אכַל אֵ֣ת הַחֲמִשִּׁ֤ים וּמָאתַ֙יִם֙ אִ֔ישׁ מַקְרִיבֵ֖י
הַקְּטֹֽרֶת: וַיְדַבֵּ֥ר יְהוָ֖ה אֶל־מֹשֶׁ֥ה יז א
לֵּאמֹֽר: אֱמֹ֨ר אֶל־אֶלְעָזָ֜ר בֶּן־אַהֲרֹ֣ן הַכֹּהֵ֗ן ב
וְיָרֵ֤ם אֶת־הַמַּחְתֹּת֙ מִבֵּ֣ין הַשְּׂרֵפָ֔ה וְאֶת־הָאֵ֖שׁ
זְרֵה־הָ֑לְאָה כִּ֥י קָדֵֽשׁוּ: אֵ֡ת מַחְתּוֹת֩ הַֽחַטָּאִ֨ים ג
הָאֵ֜לֶּה בְּנַפְשֹׁתָ֗ם וְעָשׂ֨וּ אֹתָ֜ם רִקֻּעֵ֤י פַחִים֙
צִפּ֣וּי לַמִּזְבֵּ֔חַ כִּֽי־הִקְרִיבֻ֥ם לִפְנֵֽי־יְהוָ֖ה וַיִּקְדָּ֑שׁוּ
וְיִֽהְי֥וּ לְא֖וֹת לִבְנֵ֥י יִשְׂרָאֵֽל: וַיִּקַּ֞ח אֶלְעָזָ֣ר ד
הַכֹּהֵ֗ן אֵ֚ת מַחְתּ֣וֹת הַנְּחֹ֔שֶׁת אֲשֶׁ֥ר הִקְרִ֖יבוּ
הַשְּׂרֻפִ֑ים וַֽיְרַקְּע֖וּם צִפּ֣וּי לַמִּזְבֵּֽחַ: זִכָּר֞וֹן לִבְנֵ֣י ה

יִשְׂרָאֵל לְמַעַן אֲשֶׁר לֹא־יִקְרַב אִישׁ זָר אֲשֶׁר
לֹא מִזֶּרַע אַהֲרֹן הוּא לְהַקְטִיר קְטֹרֶת לִפְנֵי
יהוה וְלֹא־יִהְיֶה כְקֹרַח וְכַעֲדָתוֹ כַּאֲשֶׁר דִּבֶּר
יהוה בְּיַד־מֹשֶׁה לוֹ׃

וְתִפְתַּח אַרְעָא יָת פֻּמַּהּ וְתִבְלַע יָתְהוֹן וְיָת כָּל דִּילְהוֹן, וְיֵחֲתוּן כַּד חַיִּין לִשְׁאוֹל, וְתִדְּעוּן, אֲרֵי
לא אַרְגִּיזוּ, גֻּבְרַיָּא הָאִלֵּין קֳדָם יְיָ: וַהֲוָה כַּד שֵׁיצִי, לְמַלָּלָא, יָת כָּל פִּתְגָּמַיָּא הָאִלֵּין, וְאִתְבְּזַעַת
לב אַרְעָא דִּתְחוֹתֵיהוֹן: וּפְתַחַת אַרְעָא יָת פֻּמַּהּ, וּבְלַעַת יָתְהוֹן וְיָת אֱנָשׁ בָּתֵּיהוֹן, וְיָת כָּל אֱנָשָׁא
לג דִּלְקֹרַח, וְיָת כָּל קִנְיָנָא: וּנְחַתוּ, אִנּוּן וְכָל דִּילְהוֹן, כַּד חַיִּין לִשְׁאוֹל, וַחֲפַת עֲלֵיהוֹן אַרְעָא, וַאֲבַדוּ
לד מִגּוֹ קְהָלָא: וְכָל יִשְׂרָאֵל, דִּבְסַחְרָנֵיהוֹן עֲרַקוּ לְקָלְהוֹן, אֲרֵי אֲמַרוּ, דִּלְמָא תִבְלְעִנַּנָא אַרְעָא:
לה / יז א וְאִישָׁתָא נְפַקַת מִן קֳדָם יְיָ, וַאֲכַלַת, יָת מָאתַן וְחַמְשִׁין גֻּבְרָא, מְקָרְבֵי קְטֹרֶת בֻּסְמַיָּא: וּמַלִּיל
ב יְיָ עִם מֹשֶׁה לְמֵימַר: אֵימַר לְאֶלְעָזָר בַּר אַהֲרֹן כָּהֲנָא, וְיַפְרֵישׁ יָת מַחְתְּיָתָא מִבֵּין יְקִידַיָּא, וְיָת
ג אִישָׁתָא יַרְחֵיק לְהַלָּאָה, אֲרֵי אִתְקַדַּשָׁא: יָת, מַחְתְּיָת חַיָּבַיָּא הָאִלֵּין דְּאִתְחַיַּבוּ בְּנַפְשָׁתְהוֹן,
וְיַעְבְּדוּן יָתְהוֹן, טַסִּין רְדִידִין חוֹפָאָה לְמַדְבְּחָא, אֲרֵי קָרִיבוּנִין קֳדָם יְיָ וְאִתְקַדַּשָׁא, וִיהוֹן לְאָת
ד לִבְנֵי יִשְׂרָאֵל: וּנְסֵיב אֶלְעָזָר כָּהֲנָא, יָת מַחְתְּיָת נְחָשָׁא, דְּקָרִיבוּ יְקִידַיָּא, וְרַדִּידוּנִין חוֹפָאָה
ה לְמַדְבְּחָא: דָּכְרָנָא לִבְנֵי יִשְׂרָאֵל, בְּדִיל, דְּלָא יִקְרַב גְּבַר חִילוֹנַי, דְּלָא מִזַּרְעָא דְּאַהֲרֹן הוּא,
לְאַסָּקָא קְטֹרֶת בֻּסְמִין קֳדָם יְיָ, וְלָא יְהֵי כְקֹרַח וְכִכְנִשְׁתֵּיהּ, כְּמָא דְּמַלֵּיל יְיָ, בִּידָא דְמֹשֶׁה לֵיהּ:

הַבְּרִיאָה? "וּפָצְתָה הָאֲדָמָה אֶת פִּיהָ" וְתִבְלָעֵם, אָז "וִידַעְתֶּם כִּי נִאֲצוּ" הֵם, וַאֲנִי מִפִּי הַגְּבוּרָה אֲמַרְתִּי. וְרַבּוֹתֵינוּ פֵּרְשׁוּ: "אִם בְּרִיאָה" – פֶּה לָאָרֶץ מִשֵּׁשֶׁת יְמֵי בְרֵאשִׁית, מוּטָב, וְאִם לָאו – "יִבְרָא ה'":

לד] נָסוּ לְקֹלָם. בִּשְׁבִיל הַקּוֹל הַיּוֹצֵא עַל בְּלִיעָתָן:

פרק יז

ב] וְאֶת הָאֵשׁ. שֶׁבְּתוֹךְ הַמַּחְתּוֹת: זְרֵה הָלְאָה. לָאָרֶץ מֵעַל הַמַּחְתּוֹת: כִּי קָדֵשׁוּ. הַמַּחְתּוֹת, וַאֲסוּרִין בַּהֲנָאָה, שֶׁהֲרֵי עֲשָׂאוּם כְּלֵי שָׁרֵת:

ג] הַחַטָּאִים הָאֵלֶּה בְּנַפְשֹׁתָם. שֶׁנַּעֲשׂוּ פוֹשְׁעִים בְּנַפְשׁוֹתָם, שֶׁנֶּחְלְקוּ עַל הַקָּדוֹשׁ בָּרוּךְ הוּא: רִקֻּעֵי. רְדוּדִין: פַּחִים. טַסִּים מְרֻדָּדִין, טינבי"ש בְּלַעַז: צִפּוּי לַמִּזְבֵּחַ. לַמִּזְבַּח הַנְּחֹשֶׁת: וְיִהְיוּ לְאוֹת. לְזִכָּרוֹן, שֶׁיֹּאמְרוּ: אֵלּוּ הָיוּ מֵאוֹתָן שֶׁנֶּחְלְקוּ עַל הַכְּהֻנָּה וְנִשְׂרְפוּ:

ד] וַיְרַקְּעוּם. אשטינדרי"ט בְּלַעַז:

ה] וְלֹא יִהְיֶה כְקֹרַח. כְּדֵי שֶׁלֹּא יִהְיֶה כְּקֹרַח: כַּאֲשֶׁר דִּבֶּר ה' בְּיַד מֹשֶׁה לוֹ. כְּמוֹ 'עָלָיו', עַל אַהֲרֹן דִּבֶּר אֶל מֹשֶׁה שֶׁיִּהְיֶה הוּא וּבָנָיו כֹּהֲנִים, לְפִיכָךְ "לֹא יִקְרַב אִישׁ זָר אֲשֶׁר לֹא מִזֶּרַע אַהֲרֹן" וְגוֹ'. וְכֵן כָּל 'לִי' וְ'לוֹ' וְ'לָהֶם' הַסְּמוּכִים אֵצֶל דִּבּוּר, פִּתְרוֹנָם כְּמוֹ 'עַל'. וּמִדְרָשׁוֹ, עַל קֹרַח. וּמַהוּ "בְּיַד מֹשֶׁה" וְלֹא כָּתַב 'אֶל מֹשֶׁה'? רֶמֶז לַחוֹלְקִים עַל הַכְּהֻנָּה שֶׁלּוֹקִין בְּצָרַעַת כְּמוֹ שֶׁלָּקָה מֹשֶׁה בְּיָדוֹ, שֶׁנֶּאֱמַר: "וַיּוֹצִאָהּ וְהִנֵּה יָדוֹ מְצֹרַעַת כַּשָּׁלֶג" (שמות ד, ו), וְעַל כֵּן לָקָה עֻזִּיָּהוּ בְּצָרַעַת (דברי הימים ב' כו, טז-כ):

במדבר יז

ו וַיִּלֹּנוּ כָּל־עֲדַת בְּנֵי־יִשְׂרָאֵל מִמָּחֳרָת עַל־מֹשֶׁה וְעַל־אַהֲרֹן לֵאמֹר אַתֶּם הֲמִתֶּם אֶת־עַם יְהוָה: ז וַיְהִי בְּהִקָּהֵל הָעֵדָה עַל־מֹשֶׁה וְעַל־אַהֲרֹן וַיִּפְנוּ אֶל־אֹהֶל מוֹעֵד וְהִנֵּה כִסָּהוּ הֶעָנָן וַיֵּרָא כְּבוֹד יְהוָה: ח וַיָּבֹא מֹשֶׁה וְאַהֲרֹן אֶל־פְּנֵי אֹהֶל מוֹעֵד:

רביעי

ט וַיְדַבֵּר יְהוָה אֶל־מֹשֶׁה לֵּאמֹר: י הֵרֹמּוּ מִתּוֹךְ הָעֵדָה הַזֹּאת וַאֲכַלֶּה אֹתָם כְּרָגַע וַיִּפְּלוּ עַל־פְּנֵיהֶם: יא וַיֹּאמֶר מֹשֶׁה אֶל־אַהֲרֹן קַח אֶת־הַמַּחְתָּה וְתֶן־עָלֶיהָ אֵשׁ מֵעַל הַמִּזְבֵּחַ וְשִׂים קְטֹרֶת וְהוֹלֵךְ מְהֵרָה אֶל־הָעֵדָה וְכַפֵּר עֲלֵיהֶם כִּי־יָצָא הַקֶּצֶף מִלִּפְנֵי יְהוָה הֵחֵל הַנָּגֶף: יב וַיִּקַּח אַהֲרֹן כַּאֲשֶׁר ׀ דִּבֶּר מֹשֶׁה וַיָּרָץ אֶל־תּוֹךְ הַקָּהָל וְהִנֵּה הֵחֵל הַנֶּגֶף בָּעָם וַיִּתֵּן אֶת־הַקְּטֹרֶת וַיְכַפֵּר עַל־הָעָם: יג וַיַּעֲמֹד בֵּין־הַמֵּתִים וּבֵין הַחַיִּים וַתֵּעָצַר הַמַּגֵּפָה: יד וַיִּהְיוּ הַמֵּתִים בַּמַּגֵּפָה אַרְבָּעָה עָשָׂר אֶלֶף וּשְׁבַע מֵאוֹת מִלְּבַד הַמֵּתִים עַל־דְּבַר־קֹרַח: טו וַיָּשָׁב אַהֲרֹן אֶל־מֹשֶׁה אֶל־פֶּתַח אֹהֶל מוֹעֵד וְהַמַּגֵּפָה נֶעֱצָרָה:

חמישי

טז וַיְדַבֵּר יְהוָה אֶל־מֹשֶׁה לֵּאמֹר: דַּבֵּר ׀ אֶל־בְּנֵי יִשְׂרָאֵל וְקַח מֵאִתָּם מַטֶּה מַטֶּה לְבֵית אָב

קרח

מֵאֵת כָּל־נְשִׂיאֵהֶם֩ לְבֵ֨ית אֲבֹתָ֜ם שְׁנֵ֧ים עָשָׂ֣ר
יח מַטּ֗וֹת אִ֣ישׁ אֶת־שְׁמוֹ֙ תִּכְתֹּ֣ב עַל־מַטֵּ֔הוּ וְאֵת֙
שֵׁ֣ם אַהֲרֹ֔ן תִּכְתֹּ֖ב עַל־מַטֵּ֣ה לֵוִ֑י כִּ֚י מַטֶּ֣ה אֶחָ֔ד
יט לְרֹ֖אשׁ בֵּ֥ית אֲבוֹתָֽם: וְהִנַּחְתָּ֖ם בְּאֹ֣הֶל מוֹעֵ֑ד
כ לִפְנֵי֙ הָֽעֵד֔וּת אֲשֶׁ֛ר אִוָּעֵ֥ד לָכֶ֖ם שָֽׁמָּה: וְהָיָ֗ה
הָאִ֛ישׁ אֲשֶׁ֥ר אֶבְחַר־בּ֖וֹ מַטֵּ֣הוּ יִפְרָ֑ח וַהֲשִׁכֹּתִ֣י

א וְאִתְרָעַמוּ, כָּל כְּנִשְׁתָּא דִּבְנֵי יִשְׂרָאֵל מִיּוֹמָא דְּבַתְרוֹהִי, עַל מֹשֶׁה וְעַל אַהֲרֹן לְמֵימַר, אַתּוּן
ב גְּרַמְתּוּן דְּמִית עַמָּא דַיָי: וַהֲוָה, בְּאִתְכַּנָּשׁוּת כְּנִשְׁתָּא עַל מֹשֶׁה וְעַל אַהֲרֹן, וְאִתְפְּנִיאוּ לְמַשְׁכַּן
ג זִמְנָא, וְהָא חֲפָהִי עֲנָנָא, וְאִתְגְּלִי יְקָרָא דַיָי: וְעָאל מֹשֶׁה וְאַהֲרֹן, לָקֳדָם מַשְׁכַּן זִמְנָא: וּמַלִּיל יְיָ
י עִם מֹשֶׁה לְמֵימָר: אִתְפָּרָשׁוּ, מִגּוֹ כְּנִשְׁתָּא הָדָא, וַאֲשֵׁיצֵי יָתְהוֹן כְּשָׁעָא, וּנְפָלוּ עַל אַפֵּיהוֹן: וַאֲמַר
יא מֹשֶׁה לְאַהֲרֹן, סַב יָת מַחְתִּיתָא, וְהַב עֲלַהּ אִישָׁתָא, מֵעִלָּוֵי מַדְבְּחָא וְשַׁוֵּי קְטֹרֶת בֻּסְמִין, וְאוֹבֵיל
יב בִּפְרִיעַ, לִכְנִשְׁתָּא וְכַפַּר עֲלֵיהוֹן, אֲרֵי נְפַק רוּגְזָא, מִן קֳדָם יְיָ שָׁרִי מוֹתָנָא: וּנְסֵיב אַהֲרֹן, כְּמָא דְּמַלִּיל
מֹשֶׁה, וּרְהַט לְגוֹ קְהָלָא, וְהָא, שָׁרִי מוֹתָנָא בְּעַמָּא, וִיהַב יָת קְטֹרֶת בֻּסְמַיָּא, וְכַפַּר עַל עַמָּא:
יג וְקָם בֵּין מִיתַיָּא וּבֵין חַיַּיָּא, וְאִתְכְּלִי מוֹתָנָא: וַהֲווֹ, דְּמִיתוּ בְמוֹתָנָא, אַרְבְּעַת עֲשַׂר אַלְפִין וּשְׁבַע
יד מְאָה, בַּר מִדְּמִיתוּ עַל פְּלֻגְתָּא דְקֹרַח: וְתָב אַהֲרֹן לְוָת מֹשֶׁה, לִתְרַע מַשְׁכַּן זִמְנָא, וּמוֹתָנָא
טו אִתְכְּלִי: וּמַלִּיל יְיָ עִם מֹשֶׁה לְמֵימָר: מַלֵּיל עִם בְּנֵי יִשְׂרָאֵל, וְסַב מִנְּהוֹן, חֻטְרָא חֻטְרָא לְבֵית אַבָּא,
טז מִן כָּל רַבְרְבָנֵיהוֹן לְבֵית אֲבָהָתְהוֹן, תְּרֵי עֲסַר חֻטְרִין, גְּבַר יָת שְׁמֵהּ, תִּכְתּוֹב עַל חֻטְרֵהּ: וְיָת
יז שְׁמָא דְּאַהֲרֹן, תִּכְתּוֹב עַל חֻטְרָא דְלֵוִי, אֲרֵי חֻטְרָא חַד, לְרֵישׁ בֵּית אֲבָהָתְהוֹן: וְתַצְנְעִנּוּן בְּמַשְׁכַּן
יח זִמְנָא, קֳדָם סָהֲדוּתָא, דַּאֲזַמֵּין מֵימְרִי לְכוֹן תַּמָּן: וִיהֵי, גַּבְרָא, דְּאִתְרְעֵי בֵיהּ חֻטְרֵהּ יַנְעֵי,

יא] וְכַפֵּר עֲלֵיהֶם. רָז זֶה מָסַר לוֹ מַלְאַךְ הַמָּוֶת
כְּשֶׁעָלָה לָרָקִיעַ, שֶׁהַקְּטֹרֶת עוֹצֵר הַמַּגֵּפָה,
כִּדְאִיתָא בְּמַסֶּכֶת שַׁבָּת (דף פט ע"א):

יג] וַיַּעֲמֹד בֵּין הַמֵּתִים וְגוֹ'. אָחַז אֶת הַמַּלְאָךְ
וְהֶעֱמִידוֹ עַל כָּרְחוֹ. אָמַר לוֹ הַמַּלְאָךְ: הַנַּח לִי
לַעֲשׂוֹת שְׁלִיחוּתִי. אָמַר לוֹ: מֹשֶׁה צִוַּנִי לְעַכֵּב
עַל יָדְךָ. אָמַר לוֹ: אֲנִי שְׁלוּחוֹ שֶׁל מָקוֹם וְאַתָּה
שְׁלוּחוֹ שֶׁל מֹשֶׁה. אָמַר לוֹ: אֵין מֹשֶׁה אוֹמֵר
כְּלוּם מִלִּבּוֹ אֶלָּא מִפִּי הַגְּבוּרָה, אִם אֵין אַתָּה
מַאֲמִין, הֲרֵי הַקָּדוֹשׁ בָּרוּךְ הוּא וּמֹשֶׁה אֶל פֶּתַח
אֹהֶל מוֹעֵד, בֹּא עִמִּי וּשְׁאָל. וְזֶהוּ שֶׁנֶּאֱמַר: "וַיָּשָׁב

אַהֲרֹן אֶל מֹשֶׁה" (להלן פסוק טו). דָּבָר אַחֵר, לָמָּה
בַּקְּטֹרֶת? לְפִי שֶׁהָיוּ יִשְׂרָאֵל מְלִיזִים וּמְרַנְּנִים
אַחַר הַקְּטֹרֶת לוֹמַר: סַם הַמָּוֶת הוּא, עַל יָדוֹ
מֵתוּ נָדָב וַאֲבִיהוּא, עַל יָדוֹ נִשְׂרְפוּ חֲמִשִּׁים
וּמָאתַיִם אִישׁ. אָמַר הַקָּדוֹשׁ בָּרוּךְ הוּא: תִּרְאוּ
שֶׁעוֹצֵר מַגֵּפָה הוּא, וְהַחֵטְא הוּא הַמֵּמִית:

יח] כִּי מַטֶּה אֶחָד. אַף עַל פִּי שֶׁחֲלַקְתִּים לִשְׁתֵּי
מִשְׁפָּחוֹת, מִשְׁפַּחַת כְּהֻנָּה לְבַד וּלְוִיָּה לְבַד, מִכָּל
מָקוֹם שֵׁבֶט אֶחָד הוּא:

כ] וַהֲשִׁכֹּתִי. כְּמוֹ: "וַיִּשֹׁכּוּ הַמָּיִם" (בראשית ח, א),
"וַחֲמַת הַמֶּלֶךְ שָׁכָכָה" (אסתר ז, י):

מֵעָלַ֔י אֶת־תְּלֻנּוֹת֙ בְּנֵ֣י יִשְׂרָאֵ֔ל אֲשֶׁ֛ר הֵ֥ם מַלִּינִ֖ם עֲלֵיכֶֽם: כא וַיְדַבֵּ֨ר מֹשֶׁ֜ה אֶל־בְּנֵ֣י יִשְׂרָאֵ֗ל וַיִּתְּנ֣וּ אֵלָ֣יו ׀ כָּֽל־נְשִֽׂיאֵיהֶ֡ם מַטֶּה֩ לְנָשִׂ֨יא אֶחָ֜ד מַטֶּ֨ה לְנָשִׂ֤יא אֶחָד֙ לְבֵ֣ית אֲבֹתָ֔ם שְׁנֵ֥ים עָשָׂ֖ר מַטּ֑וֹת וּמַטֵּ֥ה אַהֲרֹ֖ן בְּת֥וֹךְ מַטּוֹתָֽם: כב וַיַּנַּ֥ח מֹשֶׁ֛ה אֶת־הַמַּטֹּ֖ת לִפְנֵ֣י יְהֹוָ֑ה בְּאֹ֖הֶל הָעֵדֻֽת: כג וַיְהִ֣י מִֽמָּחֳרָ֗ת וַיָּבֹ֤א מֹשֶׁה֙ אֶל־אֹ֣הֶל הָעֵד֔וּת וְהִנֵּ֛ה פָּרַ֥ח מַטֵּֽה־אַהֲרֹ֖ן לְבֵ֣ית לֵוִ֑י וַיֹּ֤צֵֽא פֶ֙רַח֙ וַיָּ֣צֵ֥ץ צִ֔יץ וַיִּגְמֹ֖ל שְׁקֵדִֽים: כד וַיֹּצֵ֨א מֹשֶׁ֤ה אֶת־כָּל־הַמַּטֹּת֙ מִלִּפְנֵ֣י יְהֹוָ֔ה אֶֽל־כָּל־בְּנֵ֖י יִשְׂרָאֵ֑ל וַיִּרְא֥וּ וַיִּקְח֖וּ אִ֥ישׁ מַטֵּֽהוּ:

ששי כה וַיֹּ֨אמֶר יְהֹוָ֜ה אֶל־מֹשֶׁ֗ה הָשֵׁ֞ב אֶת־מַטֵּ֤ה אַהֲרֹן֙ לִפְנֵ֣י הָעֵד֔וּת לְמִשְׁמֶ֥רֶת לְא֖וֹת לִבְנֵי־מֶ֑רִי וּתְכַ֧ל תְּלוּנֹּתָ֛ם מֵעָלַ֖י וְלֹ֥א יָמֻֽתוּ: כו וַיַּ֖עַשׂ מֹשֶׁ֑ה כַּאֲשֶׁ֨ר צִוָּ֧ה יְהֹוָ֛ה אֹת֖וֹ כֵּ֥ן עָשָֽׂה:

כז וַיֹּֽאמְרוּ֙ בְּנֵ֣י יִשְׂרָאֵ֔ל אֶל־מֹשֶׁ֖ה לֵאמֹ֑ר הֵ֥ן גָּוַ֛עְנוּ אָבַ֖דְנוּ כֻּלָּ֥נוּ אָבָֽדְנוּ: כח כֹּ֣ל הַקָּרֵ֧ב ׀ הַקָּרֵ֛ב אֶל־מִשְׁכַּ֥ן יְהֹוָ֖ה יָמ֑וּת הַאִ֥ם תַּ֖מְנוּ לִגְוֺֽעַ: יח א וַיֹּ֤אמֶר יְהֹוָה֙ אֶֽל־אַהֲרֹ֔ן אַתָּ֣ה וּבָנֶ֤יךָ וּבֵית־אָבִ֙יךָ֙ אִתָּ֔ךְ תִּשְׂא֖וּ אֶת־עֲוֺ֣ן הַמִּקְדָּ֑שׁ וְאַתָּה֙ וּבָנֶ֣יךָ אִתָּ֔ךְ תִּשְׂא֖וּ אֶת־עֲוֺ֥ן כְּהֻנַּתְכֶֽם: ב וְגַ֣ם אֶת־אַחֶ֩יךָ֩ מַטֵּ֨ה

לֵוִ֛י שֵׁ֥בֶט אָבִ֖יךָ הַקְרֵ֣ב אִתָּ֑ךְ וְיִלָּו֥וּ עָלֶ֖יךָ וִישָׁרְת֑וּךָ וְאַתָּה֙ וּבָנֶ֣יךָ אִתָּ֔ךְ לִפְנֵ֖י אֹ֥הֶל הָעֵדֻֽת׃

כא וַאֲנִיחַ מִן קֳדָמַי, יָת תֻּרְעֲמַת בְּנֵי יִשְׂרָאֵל, דְּאִנּוּן מִתְרַעֲמִין עֲלֵיכוֹן: וּמַלֵּיל מֹשֶׁה עִם בְּנֵי יִשְׂרָאֵל,
וִיהַבוּ לֵיהּ כָּל רַבְרְבָנֵיהוֹן, חֻטְרָא לְרַבָּא חַד, חֻטְרָא לְרַבָּא חַד לְבֵית אֲבָהָתְהוֹן, תְּרֵי עֲסַר
כב חֻטְרִין, וְחֻטְרָא דְּאַהֲרֹן בְּגוֹ חֻטְרֵיהוֹן: וַאֲצְנַע מֹשֶׁה, יָת חֻטְרַיָּא קֳדָם יְיָ, בְּמַשְׁכְּנָא דְּסָהֲדוּתָא:
כג וַהֲוָה בְּיוֹמָא דְּבָתְרוֹהִי, וְעָאל מֹשֶׁה לְמַשְׁכְּנָא דְּסָהֲדוּתָא, וְהָא, יְעָא חֻטְרָא דְּאַהֲרֹן לְבֵית לֵוִי,
כד וְאַפֵּיק לַבְלְבִין וַאֲנֵיץ נֵץ, וְכַפֵּית שִׁגְדִּין: וְאַפֵּיק מֹשֶׁה יָת כָּל חֻטְרַיָּא מִן קֳדָם יְיָ, לְכָל בְּנֵי
כה יִשְׂרָאֵל, וְאִשְׁתְּמוֹדַעוּ וּנְסִיבוּ גְּבַר חֻטְרֵיהּ: וַאֲמַר יְיָ לְמֹשֶׁה, אֲתֵיב, יָת חֻטְרָא דְּאַהֲרֹן לִקְדָם
כו סָהֲדוּתָא, לְמַטְּרָא לְאָת לְעַמָּא סָרְבָנָא, וִיסוּפוּן תֻּרְעֲמָתְהוֹן, מִן קֳדָמַי וְלָא יְמוּתוּן: וַעֲבַד
כז מֹשֶׁה, כְּמָא דְּפַקֵּיד יְיָ, יָתֵיהּ כֵּן עֲבַד: וַאֲמַרוּ בְּנֵי יִשְׂרָאֵל, לְמֹשֶׁה לְמֵימַר, הָא מִנַּנָא קְטִילַת
כח חַרְבָּא, הָא מִנַּנָא בְּלַעַת אַרְעָא, הָא מִנַּנָא מִיתוּ בְּמוֹתָנָא: כָּל דְּקָרֵיב מִקְרַב, לְמַשְׁכְּנָא דַּייָ
יח א מָאִית, הָא אֲנַחְנָא סָיְפִין לִמְמָת: וַאֲמַר יְיָ לְאַהֲרֹן, אַתְּ, וּבְנָךְ וּבֵית אֲבוּךְ עִמָּךְ, תְּקַבְּלוּן עַל
ב חוֹבֵי מַקְדְּשָׁא, וְאַתְּ וּבְנָךְ עִמָּךְ, תְּקַבְּלוּן עַל חוֹבֵי כְּהֻנַּתְכוֹן: וְאַף יָת אֲחָךְ שִׁבְטָא דְּלֵוִי, שִׁבְטָא
דַּאֲבוּךְ קָרֵיב לְוָתָךְ, וְיִתּוֹסְפוּן עֲלָךְ וִישַׁמְּשֻׁנָּךְ, וְאַתְּ וּבְנָךְ עִמָּךְ, קֳדָם מַשְׁכְּנָא דְּסָהֲדוּתָא:

כא) **בְּתוֹךְ מַטּוֹתָם.** הִנִּיחוֹ בָּאֶמְצַע, שֶׁלֹּא יֹאמְרוּ: מִפְּנֵי שֶׁהִנִּיחוֹ בְּצַד שְׁכִינָה פָּרַח:

כג) **וַיֹּצֵא פֶרַח.** כְּמַשְׁמָעוֹ: **צִיץ.** הוּא חֲנָטַת הַפְּרִי כְּשֶׁהַפֶּרַח נוֹפֵל: **וַיִּגְמֹל שְׁקֵדִים.** כְּשֶׁהֻכַּר הַפְּרִי הֻכַּר שֶׁהֵן שְׁקֵדִים, לְשׁוֹן: "וַיִּגְדַּל הַיֶּלֶד וַיִּגָּמַל" (בראשית כא, ח), וְלָשׁוֹן זֶה מָצוּי בְּפֵרוֹת הָאִילָן, כְּמוֹ: "וּבֹסֶר גֹּמֵל יִהְיֶה נִצָּה" (ישעיה יח, ה). וְלָמָּה שְׁקֵדִים? הוּא הַפְּרִי הַמְמַהֵר לְהַפְרִיחַ מִכָּל הַפֵּרוֹת; אַף הַמְעוֹרֵר עַל הַכְּהֻנָּה פֻּרְעָנוּתוֹ מְמַהֶרֶת לָבֹא, כְּמוֹ שֶׁמָּצִינוּ בְּעֻזִּיָּהוּ: "וְהַצָּרַעַת זָרְחָה בְמִצְחוֹ" (דברי הימים ב' כו, יט). וְתַרְגּוּמוֹ: "וְכַפֵּית שִׁגְדִּין", כְּמִין אֶשְׁכּוֹל שְׁקֵדִים יַחַד כְּפוּתִים זֶה עַל זֶה:

כה) **וּתְכַל תְּלוּנֹּתָם.** כְּמוֹ 'וְתִכְלֶה תְּלוּנָּתָם', לְשׁוֹן שֵׁם מִפְעָל יָחִיד לִנְקֵבָה כְּמוֹ מורמורדי"ץ בְּלַעַז: **לְמִשְׁמֶרֶת לְאוֹת.** לְזִכָּרוֹן שֶׁבָּחַרְתִּי בְּאַהֲרֹן לְכֹהֵן, וְלֹא יַלִּינוּ עוֹד עַל הַכְּהֻנָּה:

כח) **כֹּל הַקָּרֵב הַקָּרֵב וְגוֹ'.** אֵין אָנוּ יְכוֹלִין לִהְיוֹת זְהִירִין בְּכָךְ, כֻּלָּנוּ רַשָּׁאִין לְהִכָּנֵס לַחֲצַר אֹהֶל מוֹעֵד, וְאֶחָד שֶׁיַּקְרִיב עַצְמוֹ יוֹתֵר מֵחֲבֵרָיו וְיִכָּנֵס לְתוֹךְ אֹהֶל מוֹעֵד יָמוּת: **הַאִם תַּמְנוּ לִגְוֹעַ.** שֶׁמָּא הֻפְקַרְנוּ לְמִיתָה?!:

פרק יח

א) **וַיֹּאמֶר ה' אֶל אַהֲרֹן.** לְמֹשֶׁה אָמַר שֶׁיֹּאמַר לְאַהֲרֹן, לְהַזְהִירוֹ עַל תַּקָּנַת יִשְׂרָאֵל שֶׁלֹּא יִכָּנְסוּ לַמִּקְדָּשׁ: **אַתָּה וּבָנֶיךָ וּבֵית אָבִיךָ.** הֵם בְּנֵי קְהָת אֲבִי עַמְרָם: **תִּשְׂאוּ אֶת עֲוֹן הַמִּקְדָּשׁ.** עֲלֵיכֶם אֲנִי מַטִּיל עֹנֶשׁ הַזָּרִים שֶׁיֶּחֶטְאוּ בְּעִסְקֵי הַדְּבָרִים הַמְקֻדָּשִׁים הַמְסוּרִים לָכֶם, הוּא הָאֹהֶל וְהָאָרוֹן וְהַשֻּׁלְחָן וּכְלֵי הַקֹּדֶשׁ, אַתֶּם תֵּשְׁבוּ וְתַזְהִירוּ עַל כָּל זָר הַבָּא לִגַּע: **וְאַתָּה וּבָנֶיךָ.** הַכֹּהֲנִים: **תִּשְׂאוּ אֶת עֲוֹן כְּהֻנַּתְכֶם.** שֶׁאֵינָהּ מְסוּרָה לַלְוִיִּם, וְתַזְהִירוּ הַלְוִיִּם הַשּׁוֹגְגִים שֶׁלֹּא יִגְּעוּ אֲלֵיכֶם בַּעֲבוֹדַתְכֶם:

ב) **וְגַם אֶת אַחֶיךָ.** בְּנֵי גֵרְשׁוֹן וּבְנֵי מְרָרִי: **וְיִלָּווּ.** וְיִתְחַבְּרוּ אֲלֵיכֶם, לְהַזְהִיר גַּם אֶת הַזָּרִים מִלִּקְרַב אֲלֵיהֶם: **וִישָׁרְתוּךָ.** בִּשְׁמִירַת הַשְּׁעָרִים וּלְמַנּוֹת מֵהֶם גִּזְבָּרִין וַאֲמַרְכָּלִין:

מצווה שפט
האיסור על הכהנים לעבוד את עבודת הלוויים ולהפך

מצווה שפח
מצוות שמירת המקדש

מצווה שצ
איסור עבודת זר במקדש

מצווה שצא
איסור השבתת השמירה על המקדש

ג וְשָׁמְרוּ מִשְׁמַרְתְּךָ וּמִשְׁמֶרֶת כָּל־הָאֹהֶל אַךְ
אֶל־כְּלֵי הַקֹּדֶשׁ וְאֶל־הַמִּזְבֵּחַ לֹא יִקְרָבוּ וְלֹא־
ד יָמֻתוּ גַם־הֵם גַּם־אַתֶּם׃ וְנִלְווּ עָלֶיךָ וְשָׁמְרוּ
אֶת־מִשְׁמֶרֶת אֹהֶל מוֹעֵד לְכֹל עֲבֹדַת הָאֹהֶל
ה וְזָר לֹא־יִקְרַב אֲלֵיכֶם׃ וּשְׁמַרְתֶּם אֵת מִשְׁמֶרֶת
הַקֹּדֶשׁ וְאֵת מִשְׁמֶרֶת הַמִּזְבֵּחַ וְלֹא־יִהְיֶה עוֹד
ו קֶצֶף עַל־בְּנֵי יִשְׂרָאֵל׃ וַאֲנִי הִנֵּה לָקַחְתִּי אֶת־
אֲחֵיכֶם הַלְוִיִּם מִתּוֹךְ בְּנֵי יִשְׂרָאֵל לָכֶם מַתָּנָה
נְתֻנִים לַיהוָה לַעֲבֹד אֶת־עֲבֹדַת אֹהֶל מוֹעֵד׃
ז וְאַתָּה וּבָנֶיךָ אִתְּךָ תִּשְׁמְרוּ אֶת־כְּהֻנַּתְכֶם לְכָל־
דְּבַר הַמִּזְבֵּחַ וּלְמִבֵּית לַפָּרֹכֶת וַעֲבַדְתֶּם עֲבֹדַת
מַתָּנָה אֶתֵּן אֶת־כְּהֻנַּתְכֶם וְהַזָּר הַקָּרֵב יוּמָת׃
ח וַיְדַבֵּר יְהוָה אֶל־אַהֲרֹן וַאֲנִי הִנֵּה נָתַתִּי לְךָ אֶת־
מִשְׁמֶרֶת תְּרוּמֹתָי לְכָל־קָדְשֵׁי בְנֵי־יִשְׂרָאֵל לְךָ
ט נְתַתִּים לְמָשְׁחָה וּלְבָנֶיךָ לְחָק־עוֹלָם׃ זֶה יִהְיֶה
לְךָ מִקֹּדֶשׁ הַקֳּדָשִׁים מִן־הָאֵשׁ כָּל־קָרְבָּנָם לְכָל־
מִנְחָתָם וּלְכָל־חַטָּאתָם וּלְכָל־אֲשָׁמָם אֲשֶׁר
י יָשִׁיבוּ לִי קֹדֶשׁ קָדָשִׁים לְךָ הוּא וּלְבָנֶיךָ׃ בְּקֹדֶשׁ
הַקֳּדָשִׁים תֹּאכְלֶנּוּ כָּל־זָכָר יֹאכַל אֹתוֹ קֹדֶשׁ יִהְיֶה־
יא לָּךְ׃ וְזֶה־לְּךָ תְּרוּמַת מַתָּנָם לְכָל־תְּנוּפֹת בְּנֵי ★
יִשְׂרָאֵל לְךָ נְתַתִּים וּלְבָנֶיךָ וְלִבְנֹתֶיךָ אִתְּךָ לְחָק־

קרח יח

יב עוֹלָם כָּל־טָהוֹר בְּבֵיתְךָ יֹאכַל אֹתוֹ: כֹּל חֵלֶב יִצְהָר וְכָל־חֵלֶב תִּירוֹשׁ וְדָגָן רֵאשִׁיתָם אֲשֶׁר־
יג יִתְּנוּ לַיהוָה לְךָ נְתַתִּים: בִּכּוּרֵי כָּל־אֲשֶׁר

ג וְיִטְּרוּן מַטְרָתָךְ, וּמַטְרַת כָּל מַשְׁכְּנָא, בְּרַם לְמָנֵי קֻדְשָׁא וּלְמַדְבְּחָא לָא יִקְרְבוּן, וְלָא יְמוּתוּן אַף
ד אִנּוּן אַף אַתּוּן: וְיִתּוֹסְפוּן עֲלָךְ, וְיִטְּרוּן, יָת מַטְרַת מַשְׁכַּן זִמְנָא, לְכָל פֻּלְחַן מַשְׁכְּנָא, וְחִלּוֹנַי לָא
ה יִקְרַב לְוָתְכוֹן: וְתִטְּרוּן, יָת מַטְרַת קֻדְשָׁא, וְיָת מַטְרַת מַדְבְּחָא, וְלָא יְהֵי עוֹד, רֻגְזָא עַל בְּנֵי יִשְׂרָאֵל:
ו וַאֲנָא, הָא קָרִיבִית יָת אֲחֵיכוֹן לֵיוָאֵי, מִגּוֹ בְּנֵי יִשְׂרָאֵל, לְכוֹן, מַתְּנָא יְהִיבִין קֳדָם יְיָ, לְמִפְלַח,
ז יָת פֻּלְחַן מַשְׁכַּן זִמְנָא: וְאַתְּ וּבְנָךְ עִמָּךְ, תִּטְּרוּן יָת כְּהֻנַּתְכוֹן, לְכָל פִּתְגָם מַדְבְּחָא, וּלְמִגָּיו
ח לְפָרֻכְתָּא וְתִפְלְחוּן, פֻּלְחַן מַתְּנָא, אֶתֵּין יָת כְּהֻנַּתְכוֹן, וְחִלּוֹנַי דְּיִקְרַב יִתְקְטִיל: וּמַלִּיל יְיָ עִם
אַהֲרֹן, וַאֲנָא הָא יְהָבִית לָךְ, יָת מַטְרַת אַפְרָשׁוּתַי, לְכָל קֻדְשַׁיָּא דִּבְנֵי יִשְׂרָאֵל, לָךְ יְהַבְתִּנּוּן לְרְבוּ,
ט וְלִבְנָךְ לִקְיָם עָלָם: דֵּין יְהֵי לָךְ, מִקֹּדֶשׁ קֻדְשַׁיָּא מוֹתַר מִן אִישָּׁתָא, כָּל קֻרְבָּנְהוֹן, לְכָל מִנְחָתְהוֹן,
י וּלְכָל חֲטָוָתְהוֹן, וּלְכָל אֲשָׁמְהוֹן דִּיתִיבוּן קֳדָמַי, קֹדֶשׁ קֻדְשִׁין דִּילָךְ, הוּא וְלִבְנָךְ: בְּקֹדֶשׁ קֻדְשִׁין
יא תֵּיכְלֻנֵּהּ, כָּל דְּכוּרָא יֵיכוֹל יָתֵהּ, קֻדְשָׁא יְהֵי לָךְ: וְדֵין לָךְ אַפְרָשׁוּת מַתְּנָתְהוֹן, לְכָל אֲרָמוּת בְּנֵי
יִשְׂרָאֵל, לָךְ יְהַבְתִּנּוּן, וְלִבְנָךְ וְלִבְנָתָךְ, עִמָּךְ לִקְיָם עָלָם, כָּל דִּדְכֵי בְּבֵיתָךְ, יֵיכוֹל יָתֵהּ:
יב כֹּל טוּב מְשַׁח, וְכָל טוּב חֲמַר וַעֲבוּר, רֵישֵׁיתְהוֹן, דְּיִתְּנוּן קֳדָם יְיָ לָךְ יְהַבְתִּנּוּן: בִּכּוּרֵי, כָּל

ד] וְזָר לֹא יִקְרַב אֲלֵיכֶם. אֶתְכֶם אֲנִי מַזְהִיר עַל כָּךְ:

ה] וְלֹא יִהְיֶה עוֹד קֶצֶף. כְּמוֹ שֶׁהָיָה כְּבָר, שֶׁנֶּאֱמַר: "כִּי יָצָא הַקֶּצֶף" (לעיל יז, יא):

ו] לָכֶם מַתָּנָה נְתֻנִים. יָכוֹל לַעֲבוֹדַתְכֶם שֶׁל הֶדְיוֹט? תַּלְמוּד לוֹמַר: "לַה'", כְּמוֹ שֶׁמְּפֹרָשׁ לְמַעְלָה, לִשְׁמֹר מִשְׁמֶרֶת גִּזְבָּרִין וַאֲמַרְכָּלִין:

ז] עֲבֹדַת מַתָּנָה. בְּמַתָּנָה נְתַתִּיהָ לָכֶם:

ח] וַאֲנִי הִנֵּה נָתַתִּי לְךָ. בְּשִׂמְחָה. לְשׁוֹן שִׂמְחָה הוּא זֶה, כְּמוֹ: "הִנֵּה הוּא יֹצֵא לִקְרָאתֶךָ וְרָאֲךָ וְשָׂמַח בְּלִבּוֹ" (שמות ד, יד): מָשָׁל לְמֶלֶךְ שֶׁנָּתַן שָׂדֶה לְאוֹהֲבוֹ וְלֹא כָתַב וְלֹא חָתַם וְלֹא הֶעֱלָה בְּעַרְכָּאִין. בָּא אֶחָד וְעִרְעֵר עַל הַשָּׂדֶה, אָמַר לוֹ הַמֶּלֶךְ: כָּל מִי שֶׁיִּרְצֶה יָבֹא וִיעַרְעֵר לְנֶגְדְּךָ, הֲרֵינִי כּוֹתֵב וְחוֹתֵם לְךָ וּמַעֲלֶה בְּעַרְכָּאִין. אַף כָּאן, לְפִי שֶׁבָּא קֹרַח וְעִרְעֵר כְּנֶגֶד אַהֲרֹן עַל הַכְּהֻנָּה, וְנָתַן לוֹ עֶשְׂרִים וְאַרְבַּע מַתָּנוֹת מַתְּנוֹת כְּהֻנָּה בִּבְרִית מֶלַח עוֹלָם, וּלְכָךְ נִסְמְכָה פָּרָשָׁה זוֹ לְכָאן: מִשְׁמֶרֶת תְּרוּמֹתָי. שֶׁאַתָּה צָרִיךְ לְשָׁמְרָן בְּטָהֳרָה: לְמָשְׁחָה. לִגְדֻלָּה:

ט] מִן הָאֵשׁ. לְאַחַר הַקְטָרַת הָאִשִּׁים: כָּל קָרְבָּנָם. כְּגוֹן זִבְחֵי שַׁלְמֵי צִבּוּר: מִנְחָתָם חַטָּאתָם וַאֲשָׁמָם. כְּמַשְׁמָעוֹ: אֲשֶׁר יָשִׁיבוּ לִי. זֶה גֶּזֶל הַגֵּר:

י] בְּקֹדֶשׁ הַקֳּדָשִׁים תֹּאכֲלֶנּוּ וְגוֹ'. לִמֵּד עַל קָדְשֵׁי קָדָשִׁים שֶׁאֵין נֶאֱכָלִין אֶלָּא בָּעֲזָרָה וּלְזִכְרֵי כְהֻנָּה:

יא] תְּרוּמַת מַתָּנָם. הַמּוּרָם מִן הַתּוֹדָה וּמֵהַשְּׁלָמִים וּמֵאֵיל נָזִיר: לְכָל תְּנוּפֹת. שֶׁהֲרֵי אֵלּוּ טְעוּנִין תְּנוּפָה: כָּל טָהוֹר. וְלֹא טְמֵאִים. דָּבָר אַחֵר, "כָּל טָהוֹר" לְרַבּוֹת אִשְׁתּוֹ:

יב] רֵאשִׁיתָם. הִיא תְּרוּמָה גְּדוֹלָה:

במדבר יח

בְּאַרְצָם אֲשֶׁר־יָבִיאוּ לַיהוָה לְךָ יִהְיֶה כָּל־טָהוֹר בְּבֵיתְךָ יֹאכְלֶנּוּ: יד כָּל־חֵרֶם בְּיִשְׂרָאֵל לְךָ יִהְיֶה: טו כָּל־פֶּטֶר רֶחֶם לְכָל־בָּשָׂר אֲשֶׁר־יַקְרִיבוּ לַיהוָה בָּאָדָם וּבַבְּהֵמָה יִהְיֶה־לָּךְ אַךְ ׀ פָּדֹה תִפְדֶּה אֵת בְּכוֹר הָאָדָם וְאֵת בְּכוֹר־הַבְּהֵמָה הַטְּמֵאָה תִּפְדֶּה: טז וּפְדוּיָו מִבֶּן־חֹדֶשׁ תִּפְדֶּה בְּעֶרְכְּךָ כֶּסֶף חֲמֵשֶׁת שְׁקָלִים בְּשֶׁקֶל הַקֹּדֶשׁ עֶשְׂרִים גֵּרָה הוּא: יז אַךְ בְּכוֹר־שׁוֹר אוֹ־בְכוֹר כֶּשֶׂב אוֹ־בְכוֹר עֵז לֹא תִפְדֶּה קֹדֶשׁ הֵם אֶת־דָּמָם תִּזְרֹק עַל־הַמִּזְבֵּחַ וְאֶת־חֶלְבָּם תַּקְטִיר אִשֶּׁה לְרֵיחַ נִיחֹחַ לַיהוָה: יח וּבְשָׂרָם יִהְיֶה־לָּךְ כַּחֲזֵה הַתְּנוּפָה וּכְשׁוֹק הַיָּמִין לְךָ יִהְיֶה: יט כֹּל ׀ תְּרוּמֹת הַקֳּדָשִׁים אֲשֶׁר יָרִימוּ בְנֵי־יִשְׂרָאֵל לַיהוָה נָתַתִּי לְךָ וּלְבָנֶיךָ וְלִבְנֹתֶיךָ אִתְּךָ לְחָק־עוֹלָם בְּרִית מֶלַח עוֹלָם הִוא לִפְנֵי יְהוָה לְךָ וּלְזַרְעֲךָ אִתָּךְ: כ וַיֹּאמֶר יְהוָה אֶל־אַהֲרֹן בְּאַרְצָם לֹא תִנְחָל וְחֵלֶק לֹא־יִהְיֶה לְךָ בְּתוֹכָם אֲנִי חֶלְקְךָ וְנַחֲלָתְךָ בְּתוֹךְ בְּנֵי יִשְׂרָאֵל: שביעי כא וְלִבְנֵי לֵוִי הִנֵּה נָתַתִּי כָּל־מַעֲשֵׂר בְּיִשְׂרָאֵל לְנַחֲלָה חֵלֶף עֲבֹדָתָם אֲשֶׁר־הֵם עֹבְדִים אֶת־עֲבֹדַת אֹהֶל מוֹעֵד: כב וְלֹא־יִקְרְבוּ עוֹד בְּנֵי יִשְׂרָאֵל אֶל־אֹהֶל מוֹעֵד לָשֵׂאת חֵטְא

מצווה שצב
מצוות פדיון בכור אדם

מצווה שצג
איסור פדיון בכור בהמה טהורה

מצווה שצד
מצוות עבודת
הלוויים במקדש

כג לָמֽוּת׃ וְעָבַ֨ד הַלֵּוִ֜י ה֗וּא אֶת־עֲבֹדַת֙ אֹ֣הֶל מוֹעֵ֔ד
וְהֵ֖ם יִשְׂא֣וּ עֲוֺנָ֑ם חֻקַּ֤ת עוֹלָם֙ לְדֹרֹ֣תֵיכֶ֔ם וּבְתוֹךְ֙

מצווה שצה
מצוות מעשר ראשון

כד בְּנֵ֣י יִשְׂרָאֵ֔ל לֹ֥א יִנְחֲל֖וּ נַחֲלָֽה׃ כִּ֞י אֶת־מַעְשַׂ֣ר
בְּנֵֽי־יִשְׂרָאֵ֗ל אֲשֶׁ֨ר יָרִ֤ימוּ לַֽיהוָה֙ תְּרוּמָ֔ה נָתַ֥תִּי
לַלְוִיִּ֖ם לְנַחֲלָ֑ה עַל־כֵּן֙ אָמַ֣רְתִּי לָהֶ֔ם בְּתוֹךְ֙ בְּנֵ֣י
יִשְׂרָאֵ֔ל לֹ֥א יִנְחֲל֖וּ נַחֲלָֽה׃

יד דְּבַאֲרַעְהוֹן, דְּיַיְתוֹן קֳדָם יי דִּילָךְ יְהֵי, כָּל דְּיִדְכֵּי בְּבֵיתָךְ יֵיכְלִנֵּיהּ: כָּל חֶרְמָא בְּיִשְׂרָאֵל דִּילָךְ
טו יְהֵי: כָּל פָּתַח וַלְדָּא, לְכָל בִּסְרָא, דִּיקָרְבוּן קֳדָם יי, בַּאֲנָשָׁא וּבִבְעִירָא יְהֵי לָךְ, בְּרַם מִפְרַק
טז תִּפְרוֹק, יָת בֻּכְרָא דַּאֲנָשָׁא, וְיָת, בֻּכְרָא דִּבְעִירָא מְסָאֲבָא תִּפְרוֹק: וּפֻרְקָנֵיהּ מִבַּר יַרְחָא תִּפְרוֹק,
יז בְּפֻרְסָנֵיהּ, כְּסַף, חֲמֵשׁ סִלְעִין בְּסִלְעֵי קֻדְשָׁא, עֶסְרִין מָעִין הוּא: בְּרַם בֻּכְרָא דְּתוֹרָא, אוֹ בֻּכְרָא
דְּאִמְּרָא, אוֹ בֻּכְרָא דְּעִזָּא, לָא תִפְרוֹק קֻדְשָׁא אִנּוּן, יָת דַּמְהוֹן, תִּזְרוֹק עַל מַדְבְּחָא וְיָת תַּרְבְּהוֹן
יח תַּסֵּיק, קֻרְבַּן לְאִתְקַבָּלָא בְּרַעֲוָא קֳדָם יי: וּבִסְרְהוֹן יְהֵי לָךְ, כְּחֶדְיָא דַּאֲרָמוּתָא, וּכְשָׁקָא דְּיַמִּינָא
יט דִּילָךְ יְהֵי: כָּל אַפְרָשׁוּת קֻדְשַׁיָּא, דְּיַפְרְשׁוּן בְּנֵי יִשְׂרָאֵל קֳדָם יי, יְהַבִית לָךְ, וְלִבְנָךְ וְלִבְנָתָךְ,
כ עִמָּךְ לִקְיָם עָלַם, קְיָם מְלַח עָלְמָא הִיא קֳדָם יי, לָךְ וְלִבְנָךְ עִמָּךְ: וַאֲמַר יי לְאַהֲרֹן, בְּאַרְעֲהוֹן
לָא תַחְסֵין, וְחוּלָק, לָא יְהֵי לָךְ בֵּינֵיהוֹן, מַתְּנָן דִּיהַבִית לָךְ אִנִּין חוּלָקָךְ וְאַחְסַנְתָּךְ, בְּגוֹ בְּנֵי
כא יִשְׂרָאֵל: וְלִבְנֵי לֵוִי, הָא יְהַבִית, כָּל מַעַסְרָא בְּיִשְׂרָאֵל לְאַחְסָנָא, חֲלַף פָּלְחָנְהוֹן דְּאִנּוּן פָּלְחִין,
כב יָת פָּלְחַן מַשְׁכַּן זִמְנָא: וְלָא יִקְרְבוּן עוֹד, בְּנֵי יִשְׂרָאֵל לְמַשְׁכַּן זִמְנָא, לְקַבָּלָא חוֹבָא לִמְמָת:
כג וְיִפְלְחוּן לֵיוָאֵי אִנּוּן, יָת פָּלְחַן מַשְׁכַּן זִמְנָא, וְאִנּוּן יְקַבְּלוּן חוֹבֵיהוֹן, קְיָם עָלַם לְדָרֵיכוֹן, וּבְגוֹ בְּנֵי
כד יִשְׂרָאֵל, לָא יַחְסְנוּן אַחְסָנָא: אֲרֵי יָת מַעַסְרָא דִּבְנֵי יִשְׂרָאֵל, דְּיַפְרְשׁוּן קֳדָם יי אַפְרָשׁוּתָא,
יְהַבִית לְלֵיוָאֵי לְאַחְסָנָא, עַל כֵּן אֲמַרִית לְהוֹן, בְּגוֹ בְּנֵי יִשְׂרָאֵל, לָא יַחְסְנוּן אַחְסָנָא:

יח) **כַּחֲזֵה הַתְּנוּפָה וּכְשׁוֹק הַיָּמִין.** שֶׁל שְׁלָמִים, שֶׁנֶּאֱכָלִים לַכֹּהֲנִים וְלִנְשֵׁיהֶם לִבְנֵיהֶם וּלְעַבְדֵיהֶם לִשְׁנֵי יָמִים וְלַיְלָה אֶחָד, אַף הַבְּכוֹר נֶאֱכָל לִשְׁנֵי יָמִים וְלַיְלָה אֶחָד: **לְךָ יִהְיֶה.** בָּא רַבִּי עֲקִיבָא וְלִמֵּד: הוֹסִיף לְךָ הַכָּתוּב הֲוָיָה אַחֶרֶת, שֶׁלֹּא תֹאמַר, כְּחָזֶה וָשׁוֹק שֶׁל תּוֹדָה שֶׁאֵינוֹ נֶאֱכָל אֶלָּא לְיוֹם וָלַיְלָה:

יט) **כֹּל תְּרוּמֹת הַקֳּדָשִׁים.** מֵחִבָּתָהּ שֶׁל פָּרָשָׁה זוֹ, כְּלָלָהּ בַּתְּחִלָּה וּכְלָלָהּ בַּסּוֹף וּפָרַט בָּאֶמְצַע: **בְּרִית מֶלַח עוֹלָם.** כָּרַת בְּרִית עִם אַהֲרֹן בְּדָבָר הַבָּרִיא וּמִתְקַיֵּם וּמַבְרִיא אֶת אֲחֵרִים: **בְּרִית מֶלַח.** כַּבְּרִית הַכְּרוּתָה לַמֶּלַח, שֶׁאֵינוֹ מַסְרִיחַ לְעוֹלָם:

כ) **וְחֵלֶק לֹא יִהְיֶה לְךָ בְּתוֹכָם.** אַף בַּבִּזָּה:

כג) **וְהֵם.** הַלְוִיִּם, "יִשְׂאוּ עֲוֹנָם" שֶׁל יִשְׂרָאֵל, שֶׁעֲלֵיהֶם לְהַזְהִיר הַזָּרִים מִגֶּשֶׁת אֲלֵיהֶם:

כד) **אֲשֶׁר יָרִימוּ לַה' תְּרוּמָה.** הַכָּתוּב קְרָאוֹ 'תְּרוּמָה' עַד שֶׁיַּפְרִישׁ מִמֶּנּוּ תְּרוּמַת מַעֲשֵׂר:

במדבר
יח

מצווה שצו
מצוות תרומת מעשר

כה יז וַיְדַבֵּ֥ר יְהוָ֖ה אֶל־מֹשֶׁ֥ה לֵּאמֹֽר: וְאֶל־הַלְוִיִּ֣ם תְּדַבֵּר֮ וְאָמַרְתָּ֣ אֲלֵהֶם֒ כִּֽי־תִ֠קְחוּ מֵאֵ֨ת בְּנֵֽי־יִשְׂרָאֵ֜ל אֶת־הַֽמַּעֲשֵׂ֗ר אֲשֶׁ֨ר נָתַ֧תִּי לָכֶ֛ם מֵאִתָּ֖ם בְּנַחֲלַתְכֶ֑ם וַהֲרֵמֹתֶ֤ם מִמֶּ֙נּוּ֙ תְּרוּמַ֣ת יְהוָ֔ה מַעֲשֵׂ֖ר מִן־הַֽמַּעֲשֵֽׂר: כז וְנֶחְשַׁ֥ב לָכֶ֖ם תְּרוּמַתְכֶ֑ם כַּדָּגָן֙ מִן־הַגֹּ֔רֶן וְכַֽמְלֵאָ֖ה מִן־הַיָּֽקֶב: כח כֵּ֣ן תָּרִ֤ימוּ גַם־אַתֶּם֙ תְּרוּמַ֣ת יְהוָ֔ה מִכֹּל֙ מַעְשְׂרֹ֣תֵיכֶ֔ם אֲשֶׁ֣ר תִּקְח֔וּ מֵאֵ֖ת בְּנֵ֣י יִשְׂרָאֵ֑ל וּנְתַתֶּ֤ם מִמֶּ֙נּוּ֙ אֶת־תְּרוּמַ֣ת יְהוָ֔ה לְאַהֲרֹ֖ן הַכֹּהֵֽן: כט מִכֹּל֙ מַתְּנֹ֣תֵיכֶ֔ם תָּרִ֕ימוּ אֵ֖ת כָּל־תְּרוּמַ֣ת יְהוָ֑ה מִכָּ֨ל־חֶלְבּ֔וֹ אֶֽת־מִקְדְּשׁ֖וֹ מִמֶּֽנּוּ:

מפטיר

ל וְאָמַרְתָּ֖ אֲלֵהֶ֑ם בַּהֲרִֽימְכֶ֤ם אֶת־חֶלְבּוֹ֙ מִמֶּ֔נּוּ וְנֶחְשַׁב֙ לַלְוִיִּ֔ם כִּתְבוּאַ֥ת גֹּ֖רֶן וְכִתְבוּאַ֥ת יָֽקֶב: לא וַאֲכַלְתֶּ֤ם אֹתוֹ֙ בְּכָל־מָק֔וֹם אַתֶּ֖ם וּבֵיתְכֶ֑ם כִּֽי־שָׂכָ֥ר הוּא֙ לָכֶ֔ם חֵ֖לֶף עֲבֹדַתְכֶ֥ם בְּאֹ֥הֶל מוֹעֵֽד: לב וְלֹֽא־תִשְׂא֤וּ עָלָיו֙ חֵ֔טְא בַּהֲרִֽימְכֶ֥ם אֶת־חֶלְבּ֖וֹ מִמֶּ֑נּוּ

וְאֶת־קָדְשֵׁי בְנֵי־יִשְׂרָאֵל לֹא תְחַלְּלוּ וְלֹא תָמוּתוּ:

כו וּמַלֵּיל יְיָ עִם מֹשֶׁה לְמֵימָר: וְעִם לֵיוָאֵי תְּמַלֵּיל וְתֵימַר לְהוֹן, אֲרֵי תִסְּבוּן מִן בְּנֵי יִשְׂרָאֵל יָת מַעְסְרָא, דִּיהָבִית לְכוֹן, מִנְּהוֹן בְּאַחְסַנְתְּכוֹן, וְתַפְרְשׁוּן מִנֵּיהּ אַפְרָשׁוּתָא קֳדָם יְיָ, מַעְסְרָא מִן מַעְסְרָא: וְיִתְחַשַּׁב לְכוֹן אַפְרָשׁוּתְכוֹן, כַּעֲבוּרָא מִן אִדְּרָא, וְכִמְלָאֲתָא מִן מַעְצַרְתָּא: כח כֵּן תַּפְרְשׁוּן אַף אַתּוּן אַפְרָשׁוּתָא קֳדָם יְיָ, מִכָּל מַעְסְרֵיכוֹן, דְּתִסְּבוּן, מִן בְּנֵי יִשְׂרָאֵל, וְתִתְּנוּן מִנֵּיהּ יָת אַפְרָשׁוּתָא קֳדָם יְיָ, לְאַהֲרֹן כַּהֲנָא: כט מִכֹּל מַתְּנָתְכוֹן, תַּפְרְשׁוּן, יָת כָּל אַפְרָשׁוּתָא קֳדָם יְיָ, מִכָּל שַׁפְרֵיהּ, יָת קַדְשֵׁיהּ מִנֵּיהּ: ל וְתֵימַר לְהוֹן, בְּאַפְרָשׁוּתְכוֹן יָת שַׁפְרֵיהּ מִנֵּיהּ, וְיִתְחַשַּׁב לא לְלֵיוָאֵי, כַּעֲלַלַּת אִדְּרָא וּכְעֲלַלַּת מַעְצַרְתָּא: וְתֵיכְלוּן יָתֵיהּ בְּכָל אֲתַר, אַתּוּן וֶאֱנַשׁ בָּתֵּיכוֹן, לב אֲרֵי אַגְרָא הוּא לְכוֹן, חֲלָף פֻּלְחָנְכוֹן בְּמַשְׁכַּן זִמְנָא: וְלָא תְקַבְּלוּן עֲלוֹהִי חוֹבָא, בְּאַפְרָשׁוּתְכוֹן יָת שַׁפְרֵיהּ מִנֵּיהּ, וְיָת קֻדְשַׁיָּא דִבְנֵי יִשְׂרָאֵל, לָא תַחֲלוּן וְלָא תְמוּתוּן:

רש"י

כז) וְנֶחְשַׁב לָכֶם תְּרוּמַתְכֶם כַּדָּגָן מִן הַגֹּרֶן. תְּרוּמַת מַעֲשֵׂר שֶׁלָּכֶם אֲסוּרָה לְזָרִים וְלִטְמֵאִים, וְחַיָּבִין עָלֶיהָ מִיתָה וְחֹמֶשׁ, כִּתְרוּמָה גְדוֹלָה שֶׁנִּקְרֵאת רֵאשִׁית דָּגָן מִן הַגֹּרֶן: וְכִמְלֵאָה מִן הַיָּקֶב. כִּתְרוּמַת תִּירוֹשׁ וְיִצְהָר הַנִּטֶּלֶת מִן הַיְקָבִים: מְלֵאָה. לְשׁוֹן בִּשּׁוּל תְּבוּאָה שֶׁנִּתְמַלֵּאת: יָקֶב. הוּא הַבּוֹר שֶׁלִּפְנֵי הַגַּת שֶׁהַיַּיִן יוֹרֵד לְתוֹכוֹ. וְכָל לְשׁוֹן "יֶקֶב" חֲפִירַת קַרְקַע הוּא, וְכֵן: "יִקְבֵי הַמֶּלֶךְ" (זכריה י, א), הוּא יָם אוֹקְיָנוֹס, חֲפִירָה שֶׁחָפַר מַלְכּוֹ שֶׁל עוֹלָם:

כח) כֵּן תָּרִימוּ גַם אַתֶּם. כְּמוֹ שֶׁיִּשְׂרָאֵל מְרִימִים מִגָּרְנָם וּמִיִּקְבֵיהֶם תָּרִימוּ אַתֶּם מִמַּעֲשֵׂר שֶׁלָּכֶם, כִּי הוּא נַחֲלַתְכֶם:

כט) מִכֹּל מַתְּנֹתֵיכֶם תָּרִימוּ אֵת כָּל תְּרוּמַת ה'. בִּתְרוּמָה גְדוֹלָה הַכָּתוּב מְדַבֵּר, שֶׁאִם הִקְדִּים לֵוִי אֶת הַכֹּהֵן בַּכְּרִי וְקִבֵּל מַעְשְׂרוֹתָיו קֹדֶם שֶׁיִּטֹּל כֹּהֵן תְּרוּמָה גְדוֹלָה מִן הַכְּרִי, צָרִיךְ לְהַפְרִישׁ הַלֵּוִי מִן הַמַּעֲשֵׂר תְּחִלָּה אֶחָד מֵחֲמִשִּׁים לִתְרוּמָה גְדוֹלָה, וְיַחֲזֹר וְיַפְרִישׁ תְּרוּמַת מַעֲשֵׂר:

ל) בַּהֲרִימְכֶם אֶת חֶלְבּוֹ מִמֶּנּוּ. לְאַחַר שֶׁתָּרִימוּ תְּרוּמַת מַעֲשֵׂר מִמֶּנּוּ, "וְנֶחְשַׁב" הַמּוֹתָר "לַלְוִיִּם" חֻלִּין גְּמוּרִין, שֶׁלֹּא תֹאמַר: הוֹאִיל וְקִרְאוֹ הַכָּתוּב "תְּרוּמָה", שֶׁנֶּאֱמַר: "כִּי אֶת מַעְשַׂר בְּנֵי יִשְׂרָאֵל אֲשֶׁר יָרִימוּ לַה' תְּרוּמָה" (לעיל פסוק כד), יָכוֹל יְהֵא כֻלּוֹ אָסוּר? תַּלְמוּד לוֹמַר: "וְנֶחְשַׁב לַלְוִיִּם כִּתְבוּאַת גֹּרֶן", מַה שֶׁל יִשְׂרָאֵל חֻלִּין, אַף שֶׁל לֵוִי חֻלִּין:

לא) בְּכָל מָקוֹם. אֲפִלּוּ בְּבֵית הַקְּבָרוֹת:

לב) וְלֹא תִשְׂאוּ עָלָיו חֵטְא וְגוֹ'. הָא אִם תָּרִימוּ, תִּשְׂאוּ חֵטְא: וְלֹא תָמוּתוּ. הָא אִם תְּחַלְּלוּ, תָּמוּתוּ:

הפטרת קרח

בראש חודש תמוז קוראים את המפטיר להלן כח, ט-טו, ואת ההפטרה בעמ׳ 1284.

שמואל ייסד את המלוכה בישראל לאחר תקופה של כשלוש מאות וחמישים שנה בהנהגת השופטים. על מימוש המלוכה התנהל דיון בין שמואל לעם.

בהעמדת מלך גלומים יתרונות וסכנות. את הטוב ראו נציגי העם, אבל הסכנות היו ברורות פחות, ועל זה העמידם שמואל. ההפטרה היא החלק האחרון בדיון המתפתח, ולאחריו מעביר שמואל את ההנהגה המדינית-צבאית לשאול. שמואל בנאום הסיכום שלו התייחס למוסד המלוכה – שלטון מקנה מעמד וכוח, ויש שכרון כוח המסכן את בעל התפקיד ואת העם הכפוף לו. שמואל עמד מול העם ושאל: "את שור מי לקחתי, וחמור מי לקחתי". מנהיג צריך בסיום תפקידו לעמוד לפני הציבור ולהכריז: במהלך כהונתי לא עשיתי דבר מתוך נגיעה אישית ולא לקחתי לעצמי דבר. הכול עשיתי לשם שמים ולטובת הציבור.

שמואל א׳

יא יד וַיֹּאמֶר שְׁמוּאֵל אֶל־הָעָם לְכוּ וְנֵלְכָה הַגִּלְגָּל וּנְחַדֵּשׁ שָׁם הַמְּלוּכָה: טו וַיֵּלְכוּ
כׇל־הָעָם הַגִּלְגָּל וַיַּמְלִכוּ שָׁם אֶת־שָׁאוּל לִפְנֵי יהוה בַּגִּלְגָּל וַיִּזְבְּחוּ־שָׁם
זְבָחִים שְׁלָמִים לִפְנֵי יהוה וַיִּשְׂמַח שָׁם שָׁאוּל וְכׇל־אַנְשֵׁי יִשְׂרָאֵל עַד־
יב א מְאֹד: וַיֹּאמֶר שְׁמוּאֵל אֶל־כׇּל־יִשְׂרָאֵל הִנֵּה שָׁמַעְתִּי בְקֹלְכֶם
ב לְכֹל אֲשֶׁר־אֲמַרְתֶּם לִי וָאַמְלִיךְ עֲלֵיכֶם מֶלֶךְ: וְעַתָּה הִנֵּה הַמֶּלֶךְ | מִתְהַלֵּךְ
לִפְנֵיכֶם וַאֲנִי זָקַנְתִּי וָשַׂבְתִּי וּבָנַי הִנָּם אִתְּכֶם וַאֲנִי הִתְהַלַּכְתִּי לִפְנֵיכֶם מִנְּעֻרַי
ג עַד־הַיּוֹם הַזֶּה: הִנְנִי עֲנוּ בִי נֶגֶד יהוה וְנֶגֶד מְשִׁיחוֹ אֶת־שׁוֹר | מִי לָקַחְתִּי
וַחֲמוֹר מִי לָקַחְתִּי וְאֶת־מִי עָשַׁקְתִּי אֶת־מִי רַצּוֹתִי וּמִיַּד־מִי לָקַחְתִּי כֹפֶר
ד וְאַעְלִים עֵינַי בּוֹ וְאָשִׁיב לָכֶם: וַיֹּאמְרוּ לֹא עֲשַׁקְתָּנוּ וְלֹא רַצּוֹתָנוּ וְלֹא־
ה לָקַחְתָּ מִיַּד־אִישׁ מְאוּמָה: וַיֹּאמֶר אֲלֵיהֶם עֵד יהוה בָּכֶם וְעֵד מְשִׁיחוֹ
ו הַיּוֹם הַזֶּה כִּי לֹא מְצָאתֶם בְּיָדִי מְאוּמָה וַיֹּאמֶר עֵד: וַיֹּאמֶר
שְׁמוּאֵל אֶל־הָעָם יהוה אֲשֶׁר עָשָׂה אֶת־מֹשֶׁה וְאֶת־אַהֲרֹן וַאֲשֶׁר הֶעֱלָה
ז אֶת־אֲבוֹתֵיכֶם מֵאֶרֶץ מִצְרָיִם: וְעַתָּה הִתְיַצְּבוּ וְאִשָּׁפְטָה אִתְּכֶם לִפְנֵי יהוה
ח אֵת כׇּל־צִדְקוֹת יהוה אֲשֶׁר־עָשָׂה אִתְּכֶם וְאֶת־אֲבוֹתֵיכֶם: כַּאֲשֶׁר־בָּא יַעֲקֹב
מִצְרָיִם וַיִּזְעֲקוּ אֲבֹתֵיכֶם אֶל־יהוה וַיִּשְׁלַח יהוה אֶת־מֹשֶׁה וְאֶת־אַהֲרֹן
ט וַיּוֹצִיאוּ אֶת־אֲבֹתֵיכֶם מִמִּצְרַיִם וַיֹּשִׁבוּם בַּמָּקוֹם הַזֶּה: וַיִּשְׁכְּחוּ אֶת־יהוה
אֱלֹהֵיהֶם וַיִּמְכֹּר אֹתָם בְּיַד סִיסְרָא שַׂר־צְבָא חָצוֹר וּבְיַד־פְּלִשְׁתִּים וּבְיַד
י מֶלֶךְ מוֹאָב וַיִּלָּחֲמוּ בָּם: וַיִּזְעֲקוּ אֶל־יהוה ויאמר חָטָאנוּ כִּי עָזַבְנוּ אֶת־
יהוה וַנַּעֲבֹד אֶת־הַבְּעָלִים וְאֶת־הָעַשְׁתָּרוֹת וְעַתָּה הַצִּילֵנוּ מִיַּד אֹיְבֵינוּ
יא וְנַעַבְדֶךָּ: וַיִּשְׁלַח יהוה אֶת־יְרֻבַּעַל וְאֶת־בְּדָן וְאֶת־יִפְתָּח וְאֶת־שְׁמוּאֵל וַיַּצֵּל
יב אֶתְכֶם מִיַּד אֹיְבֵיכֶם מִסָּבִיב וַתֵּשְׁבוּ בֶּטַח: וַתִּרְאוּ כִּי נָחָשׁ מֶלֶךְ בְּנֵי־עַמּוֹן
בָּא עֲלֵיכֶם וַתֹּאמְרוּ לִי לֹא כִּי־מֶלֶךְ יִמְלֹךְ עָלֵינוּ וַיהוה אֱלֹהֵיכֶם מַלְכְּכֶם:
יג וְעַתָּה הִנֵּה הַמֶּלֶךְ אֲשֶׁר בְּחַרְתֶּם אֲשֶׁר שְׁאֶלְתֶּם וְהִנֵּה נָתַן יהוה עֲלֵיכֶם

קרח

יד מֶ֑לֶךְ אִם־תִּֽירְא֣וּ אֶת־יְהֹוָ֗ה וַעֲבַדְתֶּ֤ם אֹתוֹ֙ וּשְׁמַעְתֶּ֣ם בְּקֹל֔וֹ וְלֹ֥א תַמְר֖וּ אֶת־פִּ֣י יְהֹוָ֑ה וִֽהְיִתֶ֣ם גַּם־אַתֶּ֗ם וְגַם־הַמֶּ֙לֶךְ֙ אֲשֶׁ֣ר מָלַ֣ךְ עֲלֵיכֶ֔ם אַחַ֖ר יְהֹוָ֥ה
טו אֱלֹהֵיכֶֽם׃ וְאִם־לֹ֤א תִשְׁמְעוּ֙ בְּק֣וֹל יְהֹוָ֔ה וּמְרִיתֶ֖ם אֶת־פִּ֣י יְהֹוָ֑ה וְהָיְתָ֧ה יַד־
טז יְהֹוָ֛ה בָּכֶ֖ם וּבַאֲבֹתֵיכֶֽם׃ גַּם־עַתָּה֙ הִתְיַצְּב֣וּ וּרְא֔וּ אֶת־הַדָּבָ֥ר הַגָּד֖וֹל הַזֶּ֑ה
יז אֲשֶׁ֥ר יְהֹוָ֖ה עֹשֶׂ֥ה לְעֵינֵיכֶֽם׃ הֲל֤וֹא קְצִיר־חִטִּים֙ הַיּ֔וֹם אֶקְרָא֙ אֶל־יְהֹוָ֔ה וְיִתֵּ֥ן קֹל֖וֹת וּמָטָ֑ר וּדְע֣וּ וּרְא֗וּ כִּֽי־רָעַתְכֶ֤ם רַבָּה֙ אֲשֶׁ֤ר עֲשִׂיתֶם֙ בְּעֵינֵ֣י יְהֹוָ֔ה
יח לִשְׁא֥וֹל לָכֶ֖ם מֶֽלֶךְ׃ וַיִּקְרָ֤א שְׁמוּאֵל֙ אֶל־יְהֹוָ֔ה וַיִּתֵּ֧ן יְהֹוָ֛ה קֹלֹ֥ת
יט וּמָטָ֖ר בַּיּ֣וֹם הַה֑וּא וַיִּירָ֨א כׇל־הָעָ֥ם מְאֹ֛ד אֶת־יְהֹוָ֖ה וְאֶת־שְׁמוּאֵֽל׃ וַיֹּאמְר֨וּ כׇל־הָעָ֜ם אֶל־שְׁמוּאֵ֗ל הִתְפַּלֵּ֧ל בְּעַד־עֲבָדֶ֛יךָ אֶל־יְהֹוָ֥ה אֱלֹהֶ֖יךָ וְאַל־נָמ֑וּת
כ כִּֽי־יָסַ֤פְנוּ עַל־כׇּל־חַטֹּאתֵ֙ינוּ֙ רָעָ֔ה לִשְׁאֹ֥ל לָ֖נוּ מֶֽלֶךְ׃ וַיֹּ֨אמֶר שְׁמוּאֵ֤ל אֶל־הָעָם֙ אַל־תִּירָ֔אוּ אַתֶּ֣ם עֲשִׂיתֶ֔ם אֵ֥ת כׇּל־הָרָעָ֖ה הַזֹּ֑את אַ֗ךְ
כא אַל־תָּס֙וּרוּ֙ מֵאַחֲרֵ֣י יְהֹוָ֔ה וַעֲבַדְתֶּ֥ם אֶת־יְהֹוָ֖ה בְּכׇל־לְבַבְכֶֽם׃ וְלֹ֖א תָּס֑וּרוּ
כב כִּ֣י ׀ אַחֲרֵ֣י הַתֹּ֗הוּ אֲשֶׁ֧ר לֹא־יוֹעִ֛ילוּ וְלֹ֥א יַצִּ֖ילוּ כִּי־תֹ֥הוּ הֵֽמָּה׃ כִּ֠י לֹֽא־יִטֹּ֤שׁ יְהֹוָה֙ אֶת־עַמּ֔וֹ בַּעֲב֖וּר שְׁמ֣וֹ הַגָּד֑וֹל כִּ֚י הוֹאִ֣יל יְהֹוָ֔ה לַעֲשׂ֥וֹת אֶתְכֶ֛ם ל֖וֹ לְעָֽם׃

פרשת חקת

חקת

יט א ב וַיְדַבֵּ֣ר יְהֹוָ֔ה אֶל־מֹשֶׁ֥ה וְאֶֽל־אַהֲרֹ֖ן לֵאמֹֽר׃ זֹ֚את
חֻקַּ֣ת הַתּוֹרָ֔ה אֲשֶׁר־צִוָּ֥ה יְהֹוָ֖ה לֵאמֹ֑ר דַּבֵּ֣ר ׀ אֶל־
בְּנֵ֣י יִשְׂרָאֵ֗ל וְיִקְח֣וּ אֵלֶ֡יךָ פָרָה֩ אֲדֻמָּ֨ה תְּמִימָ֜ה
אֲשֶׁ֤ר אֵין־בָּהּ֙ מ֔וּם אֲשֶׁ֛ר לֹא־עָלָ֥ה עָלֶ֖יהָ עֹֽל׃
ג וּנְתַתֶּ֣ם אֹתָ֔הּ אֶל־אֶלְעָזָ֖ר הַכֹּהֵ֑ן וְהוֹצִ֤יא אֹתָהּ֙
ד אֶל־מִח֣וּץ לַֽמַּחֲנֶ֔ה וְשָׁחַ֥ט אֹתָ֖הּ לְפָנָֽיו׃ וְלָקַ֞ח
אֶלְעָזָ֧ר הַכֹּהֵ֛ן מִדָּמָ֖הּ בְּאֶצְבָּע֑וֹ וְהִזָּ֞ה אֶל־נֹ֨כַח
ה פְּנֵ֧י אֹֽהֶל־מוֹעֵ֛ד מִדָּמָ֖הּ שֶׁ֥בַע פְּעָמִֽים׃ וְשָׂרַ֥ף
אֶת־הַפָּרָ֖ה לְעֵינָ֑יו אֶת־עֹרָ֤הּ וְאֶת־בְּשָׂרָהּ֙ וְאֶת־
ו דָּמָ֔הּ עַל־פִּרְשָׁ֖הּ יִשְׂרֹֽף׃ וְלָקַ֣ח הַכֹּהֵ֗ן עֵ֥ץ אֶ֛רֶז
וְאֵז֖וֹב וּשְׁנִ֣י תוֹלָ֑עַת וְהִשְׁלִ֕יךְ אֶל־תּ֖וֹךְ שְׂרֵפַ֥ת
ז הַפָּרָֽה׃ וְכִבֶּ֨ס בְּגָדָ֜יו הַכֹּהֵ֗ן וְרָחַ֤ץ בְּשָׂרוֹ֙ בַּמַּ֔יִם
וְאַחַ֖ר יָבֹ֣א אֶל־הַֽמַּחֲנֶ֑ה וְטָמֵ֥א הַכֹּהֵ֖ן עַד־הָעָֽרֶב׃
ח וְהַשֹּׂרֵ֣ף אֹתָ֔הּ יְכַבֵּ֤ס בְּגָדָיו֙ בַּמַּ֔יִם וְרָחַ֥ץ בְּשָׂר֖וֹ
ט בַּמָּ֑יִם וְטָמֵ֖א עַד־הָעָֽרֶב׃ וְאָסַ֣ף ׀ אִ֣ישׁ טָה֗וֹר
אֵ֚ת אֵ֣פֶר הַפָּרָ֔ה וְהִנִּ֛יחַ מִח֥וּץ לַֽמַּחֲנֶ֖ה בְּמָק֣וֹם
טָה֑וֹר וְהָיְתָה֩ לַעֲדַ֨ת בְּנֵֽי־יִשְׂרָאֵ֧ל לְמִשְׁמֶ֛רֶת
י לְמֵ֥י נִדָּ֖ה חַטָּ֥את הִֽוא׃ וְכִבֶּ֨ס הָאֹסֵ֜ף אֶת־אֵ֗פֶר

מצווה שצז
מצוות שרפת
פרה אדומה

הַפָּרָה אֶת־בְּגָדָיו וְטָמֵא עַד־הָעָרֶב וְהָיְתָה לִבְנֵי
יא יִשְׂרָאֵל וְלַגֵּר הַגָּר בְּתוֹכָם לְחֻקַּת עוֹלָם: הַנֹּגֵעַ

יט א ב וּמַלֵּיל יְיָ, עִם מֹשֶׁה וּלְאַהֲרֹן לְמֵימַר: דָּא גְּזֵירַת אוֹרָיְתָא, דְּפַקֵּיד יְיָ לְמֵימַר, מַלֵּיל עִם בְּנֵי
יִשְׂרָאֵל, וְיִסְּבוּן לָךְ תּוֹרְתָא סִמּוּקְתָא שַׁלְמְתָא, דְּלֵית בַּהּ מוּמָא, דְּלָא סְלֵיק עֲלַהּ נִירָא:
ג ד וְתִתְּנוּן יָתַהּ, לְאֶלְעָזָר כָּהֲנָא, וְיַפֵּיק יָתַהּ לְמִבָּרָא לְמַשְׁרִיתָא, וְיִכּוֹס יָתַהּ קֳדָמוֹהִי: וְיִסַּב,
ה אֶלְעָזָר כָּהֲנָא, מִדְּמַהּ בְּאֶצְבְּעֵיהּ, וְיַדֵּי, לָקֳבֵיל אַפֵּי מַשְׁכַּן זִמְנָא, מִדְּמַהּ שְׁבַע זִמְנִין: וְיוֹקֵיד
ו יָת תּוֹרְתָא לְעֵינוֹהִי, יָת מַשְׁכַּהּ וְיָת בִּסְרַהּ וְיָת דְּמַהּ, עַל אֻכְלַהּ יוֹקֵיד: וְיִסַּב כָּהֲנָא, אָעָא
ז דְּאַרְזָא, וְאֵיזוֹבָא וּצְבַע זְהוֹרִי, וְיִרְמֵי, לְגוֹ יְקֵידַת תּוֹרְתָא: וִיצַבַּע לְבוּשׁוֹהִי כָּהֲנָא, וְיַסְחֵי
ח בִּסְרֵיהּ בְּמַיָּא, וּבָתַר כֵּן יֵיעוֹל לְמַשְׁרִיתָא, וִיהֵי מְסָאַב כָּהֲנָא עַד רַמְשָׁא: וּדְמוֹקֵיד יָתַהּ,
ט יְצַבַּע לְבוּשׁוֹהִי בְּמַיָּא, וְיַסְחֵי בִּסְרֵיהּ בְּמַיָּא, וִיהֵי מְסָאַב עַד רַמְשָׁא: וְיִכְנוֹשׁ גְּבַר דְּכֵי, יָת
קִטְמָא דְּתוֹרְתָא, וְיַצְנַע, מִבָּרָא לְמַשְׁרִיתָא בַּאֲתַר דְּכֵי, וּתְהֵי, לִכְנִשְׁתָּא דִּבְנֵי יִשְׂרָאֵל
י לְמַטְּרָא, לְמֵי אַדָּיוּתָא חַטָּתָא הִיא: וִיצַבַּע, דְּכָנֵישׁ יָת קִטְמָא דְּתוֹרְתָא יָת לְבוּשׁוֹהִי, וִיהֵי
יא מְסָאַב עַד רַמְשָׁא, וּתְהֵי לִבְנֵי יִשְׂרָאֵל, וּלְגִיּוֹרַיָּא, דְּיִתְגַּיְּרוּן בֵּינֵיהוֹן לִקְיָם עָלַם: דְּיִקְרַב

פרק יט

ב| זֹאת חֻקַּת הַתּוֹרָה. לְפִי שֶׁהַשָּׂטָן וְאֻמּוֹת הָעוֹלָם מוֹנִין אֶת יִשְׂרָאֵל, לוֹמַר: מָה הַמִּצְוָה הַזֹּאת וּמַה טַּעַם יֵשׁ בָּהּ? לְפִיכָךְ כָּתַב בָּהּ 'חֻקָּה' – גְּזֵרָה הִיא מִלְּפָנַי, אֵין לְךָ רְשׁוּת לְהַרְהֵר אַחֲרֶיהָ: וְיִקְחוּ אֵלֶיךָ. לְעוֹלָם הִיא נִקְרֵאת עַל שִׁמְךָ, פָּרָה שֶׁעָשָׂה מֹשֶׁה בַּמִּדְבָּר: אֲדֻמָּה תְּמִימָה. שֶׁתְּהֵא תְּמִימָה בַּאֲדַמְדְּמוּת, שֶׁאִם הָיוּ בָהּ שְׁתֵּי שְׂעָרוֹת שְׁחוֹרוֹת פְּסוּלָה:

ג| אֶלְעָזָר. מִצְוָתָהּ בַּסְּגָן: אֶל מִחוּץ לַמַּחֲנֶה. חוּץ לְשָׁלֹשׁ מַחֲנוֹת: וְשָׁחַט אֹתָהּ לְפָנָיו. זָר שׁוֹחֵט וְאֶלְעָזָר רוֹאֶה:

ד| אֶל נֹכַח פְּנֵי אֹהֶל מוֹעֵד. עוֹמֵד בְּמִזְרָחָהּ שֶׁל יְרוּשָׁלַיִם וּמִתְכַּוֵּן וְרוֹאֶה פִּתְחוֹ שֶׁל הֵיכָל בִּשְׁעַת הַזָּאַת הַדָּם:

ז| אֶל הַמַּחֲנֶה. לְמַחֲנֵה שְׁכִינָה, שֶׁאֵין טָמֵא מְשֻׁלָּח חוּץ לִשְׁתֵּי מַחֲנוֹת אֶלָּא זָב וּבַעַל קֶרִי וּמְצֹרָע: וְטָמֵא הַכֹּהֵן עַד הָעָרֶב. סָרְסֵהוּ וְדָרְשֵׁהוּ: וְטָמֵא עַד הָעֶרֶב וְאַחַר יָבֹא אֶל הַמַּחֲנֶה:

ט| וְהִנִּיחַ מִחוּץ לַמַּחֲנֶה. לִשְׁלֹשָׁה חֲלָקִים מְחַלְּקָהּ: אֶחָד נִתָּן בְּהַר הַמִּשְׁחָה, וְאֶחָד מִתְחַלֵּק לְכָל הַמִּשְׁמָרוֹת, וְאֶחָד נִתָּן בַּחֵיל. זֶה שֶׁל מִשְׁמָרוֹת הָיָה חוּץ לָעֲזָרָה, לִטֹּל מִמֶּנּוּ בְּנֵי הָעֲיָרוֹת וְכָל הַצְּרִיכִין לְהִטַּהֵר. וְזֶה שֶׁבְּהַר הַמִּשְׁחָה כֹּהֲנִים גְּדוֹלִים לְפָרוֹת אֲחֵרוֹת מְקַדְּשִׁין הֵימֶנָּה. וְזֶה שֶׁבַּחֵיל נָתוּן לְמִשְׁמֶרֶת מִגְּזֵרַת הַכָּתוּב, שֶׁנֶּאֱמַר: "וְהָיְתָה לַעֲדַת בְּנֵי יִשְׂרָאֵל לְמִשְׁמֶרֶת": לְמֵי נִדָּה. לְמֵי הַזָּיָה, כְּמוֹ: "וַיַּדּוּ אֶבֶן בִּי" (איכה ג, נג), "לְיַדּוֹת אֶת קַרְנוֹת הַגּוֹיִם" (זכריה ב, ד), לְשׁוֹן זְרִיקָה: חַטָּאת הִוא. לְשׁוֹן חִטּוּי כִּפְשׁוּטוֹ. וּלְפִי הִלְכוֹתָיו קְרָאָהּ הַכָּתוּב 'חַטָּאת', לוֹמַר שֶׁהִיא כְּקָדָשִׁים לֵאָסֵר בַּהֲנָאָה:

בְּמֵ֖ת לְכָל־נֶ֣פֶשׁ אָדָ֑ם וְטָמֵ֖א שִׁבְעַ֥ת יָמִֽים׃
יב הֽוּא יִתְחַטָּא־ב֞וֹ בַּיּ֧וֹם הַשְּׁלִישִׁ֛י וּבַיּ֥וֹם הַשְּׁבִיעִ֖י
יִטְהָ֑ר וְאִם־לֹ֨א יִתְחַטָּ֜א בַּיּ֧וֹם הַשְּׁלִישִׁ֛י וּבַיּ֥וֹם
יג הַשְּׁבִיעִ֖י לֹ֥א יִטְהָֽר׃ כָּל־הַנֹּגֵ֡עַ בְּמֵ֣ת בְּנֶ֣פֶשׁ
הָֽאָדָם֩ אֲשֶׁר־יָמ֜וּת וְלֹ֣א יִתְחַטָּ֗א אֶת־מִשְׁכַּ֤ן
יְהוָה֙ טִמֵּ֔א וְנִכְרְתָ֛ה הַנֶּ֥פֶשׁ הַהִ֖וא מִיִּשְׂרָאֵ֑ל כִּ֣י
מֵ֨י נִדָּ֜ה לֹא־זֹרַ֤ק עָלָיו֙ טָמֵ֣א יִהְיֶ֔ה ע֖וֹד טֻמְאָת֥וֹ
יד בֽוֹ׃ זֹ֚את הַתּוֹרָ֔ה אָדָ֖ם כִּֽי־יָמ֣וּת בְּאֹ֑הֶל כָּל־
מצווה שצח
דיני טומאת מת
הַבָּ֤א אֶל־הָאֹ֙הֶל֙ וְכָל־אֲשֶׁ֣ר בָּאֹ֔הֶל יִטְמָ֖א
טו שִׁבְעַ֥ת יָמִֽים׃ וְכֹל֙ כְּלִ֣י פָת֔וּחַ אֲשֶׁ֛ר אֵין־צָמִ֥יד
טז פָּתִ֖יל עָלָ֑יו טָמֵ֖א הֽוּא׃ וְכֹ֨ל אֲשֶׁר־יִגַּ֜ע עַל־פְּנֵ֣י
הַשָּׂדֶ֗ה בַּחֲלַל־חֶ֙רֶב֙ א֣וֹ בְמֵ֔ת אֽוֹ־בְעֶ֥צֶם אָדָ֖ם
יז א֣וֹ בְקָ֑בֶר יִטְמָ֖א שִׁבְעַ֥ת יָמִֽים׃ וְלָֽקְחוּ֙ לַטָּמֵ֔א
מֵעֲפַ֖ר שְׂרֵפַ֣ת הַחַטָּ֑את וְנָתַ֥ן עָלָ֛יו מַ֥יִם חַיִּ֖ים
יח אֶל־כֶּֽלִי׃ וְלָקַ֨ח אֵז֜וֹב וְטָבַ֣ל בַּמַּ֘יִם֮ אִ֣ישׁ טָהוֹר֒
שני
וְהִזָּ֤ה עַל־הָאֹ֙הֶל֙ וְעַל־כָּל־הַכֵּלִ֔ים וְעַל־הַנְּפָשׁ֖וֹת
אֲשֶׁ֣ר הָֽיוּ־שָׁ֑ם וְעַל־הַנֹּגֵ֗עַ בַּעֶ֙צֶם֙ א֣וֹ בֶֽחָלָ֔ל א֥וֹ
יט בַמֵּ֖ת א֥וֹ בַקָּֽבֶר׃ וְהִזָּ֤ה הַטָּהֹר֙ עַל־הַטָּמֵ֔א בַּיּ֥וֹם
מצווה שצט
דין טהרה וטומאה במי אפר פרה אדומה
הַשְּׁלִישִׁ֖י וּבַיּ֣וֹם הַשְּׁבִיעִ֑י וְחִטְּאוֹ֙ בַּיּ֣וֹם הַשְּׁבִיעִ֔י
כ וְכִבֶּ֧ס בְּגָדָ֛יו וְרָחַ֥ץ בַּמַּ֖יִם וְטָהֵ֥ר בָּעָֽרֶב׃ וְאִ֤ישׁ
אֲשֶׁר־יִטְמָא֙ וְלֹ֣א יִתְחַטָּ֔א וְנִכְרְתָ֛ה הַנֶּ֥פֶשׁ

חקת

הַהוּא מִתּוֹךְ הַקָּהָל כִּי אֶת־מִקְדַּשׁ יְהוָה טִמֵּא
כא מֵי נִדָּה לֹא־זֹרַק עָלָיו טָמֵא הוּא: וְהָיְתָה לָהֶם
לְחֻקַּת עוֹלָם וּמַזֵּה מֵי־הַנִּדָּה יְכַבֵּס בְּגָדָיו וְהַנֹּגֵעַ

יב בְּמִיתָא לְכָל נַפְשָׁא דַּאֲנָשָׁא, וִיהֵי מְסָאַב שִׁבְעָא יוֹמִין: הוּא יַדֵּי עֲלוֹהִי, בְּיוֹמָא תְלִיתָאָה,
וּבְיוֹמָא שְׁבִיעָאָה יִדְכֵּי, וְאִם לָא יַדֵּי עֲלוֹהִי, בְּיוֹמָא תְלִיתָאָה, וּבְיוֹמָא שְׁבִיעָאָה לָא יִדְכֵּי:
יג כָּל דְּיִקְרַב, בְּמִיתָא בְּנַפְשָׁא דַּאֲנָשָׁא דִּימוּת וְלָא יַדֵּי עֲלוֹהִי, יָת מַשְׁכְּנָא דַּיְיָ סָאֵיב,
וְיִשְׁתֵּיצֵי, אֲנָשָׁא הַהוּא מִיִּשְׂרָאֵל, אֲרֵי מֵי אַדָּיוּתָא, לָא אִזְדְּרִיקוּ עֲלוֹהִי מְסָאַב יְהֵי, עוֹד
סָאוֹבְתֵיהּ בֵּיהּ: יד דָּא אוֹרָיְתָא, אֱנָשׁ אֲרֵי יְמוּת בְּמַשְׁכְּנָא, כָּל דְּעָלֵיל לְמַשְׁכְּנָא וְכָל
דִּבְמַשְׁכְּנָא, יְהֵי מְסָאַב שִׁבְעָא יוֹמִין: טו וְכָל מָן דַּחֲסַף פְּתִיחַ, דְּלֵית מְגוּפַת שִׁיעַ מַקָּף עֲלוֹהִי,
מְסָאַב הוּא: טז וְכָל דְּיִקְרַב עַל אַפֵּי חַקְלָא, בִּקְטִיל חַרְבָּא אוֹ בְמִיתָא, אוֹ בְגַרְמָא דַאֲנָשָׁא
אוֹ בְקִבְרָא, יְהֵי מְסָאַב שִׁבְעָא יוֹמִין: יז וְיִסְּבוּן לִדְמְסָאַב, מֵעֲפַר יְקֵדַת חַטָּאתָא, וְיִתֵּן
עֲלוֹהִי, מֵי מַבּוּעַ לְמָן: יח וְיִסַּב אֵיזוֹבָא, וְיִטְבּוֹל בְּמַיָּא גְּבַר דְּכֵי, וְיַדֵּי עַל מַשְׁכְּנָא וְעַל כָּל
מָנָא, וְעַל נַפְשָׁתָא דַּהֲווֹ תַמָּן, וְעַל דְּיִקְרַב, בְּגַרְמָא אוֹ בִקְטִילָא, אוֹ בְמִיתָא אוֹ בְקִבְרָא:
יט וְיַדֵּי דַּכְיָא עַל מְסָאֲבָא, בְּיוֹמָא תְלִיתָאָה וּבְיוֹמָא שְׁבִיעָאָה, וִידַכִּינֵיהּ בְּיוֹמָא שְׁבִיעָאָה,
וִיצַבַּע לְבוּשׁוֹהִי, וְיִסְחֵי בְמַיָּא וְיִדְכֵּי בְרַמְשָׁא: כ וּגְבַר דִּיִסְתָּאַב וְלָא יַדֵּי עֲלוֹהִי, וְיִשְׁתֵּיצֵי,
אֲנָשָׁא הַהוּא מִגּוֹ קְהָלָא, אֲרֵי יָת מַקְדְּשָׁא דַּיְיָ סָאֵיב, מֵי אַדָּיוּתָא, לָא אִזְדְּרִיקוּ עֲלוֹהִי
כא מְסָאַב הוּא: וּתְהֵי לְהוֹן לִקְיָם עָלָם, וּדְמַדֵּי מֵי אַדָּיוּתָא יְצַבַּע לְבוּשׁוֹהִי, וּדְיִקְרַב

יב] **הוּא יִתְחַטָּא בּוֹ**. בְּאֵפֶר הַפָּרָה:

יג] **בְּמֵת בְּנֶפֶשׁ**. וְאֵיזֶה מֵת? שֶׁל "נֶפֶשׁ הָאָדָם", לְהוֹצִיא נֶפֶשׁ בְּהֵמָה שֶׁאֵין טֻמְאָתָהּ צְרִיכָה הַזָּאָה. דָּבָר אַחֵר, "בְּנֶפֶשׁ" זוֹ רְבִיעִית דָּם: **אֶת מִשְׁכַּן ה' טִמֵּא**. אִם נִכְנַס לָעֲזָרָה, אֲפִלּוּ בִּטְבִילָה, בְּלֹא הַזָּאַת שְׁלִישִׁי וּשְׁבִיעִי: **עוֹד טֻמְאָתוֹ בוֹ**. אַף עַל פִּי שֶׁטָּבַל:

יד] **כָּל הַבָּא אֶל הָאֹהֶל**. בְּעוֹד שֶׁהַמֵּת בְּתוֹכוֹ:

טו] **וְכָל כְּלִי פָתוּחַ**. בִּכְלִי חֶרֶס הַכָּתוּב מְדַבֵּר, שֶׁאֵין מְקַבֵּל טֻמְאָה מִגַּבּוֹ אֶלָּא מִתּוֹכוֹ, לְפִיכָךְ אִם אֵין מְגוּפַת צְמִידָתוֹ פְּתוּלָה עָלָיו יָפֶה בְּחִבּוּר "טָמֵא הוּא", הָא אִם יֵשׁ צָמִיד פָּתִיל עָלָיו - טָהוֹר: **פָּתִיל**. לְשׁוֹן מְחֻבָּר בִּלְשׁוֹן עֲרָבִי, וְכֵן: "נַפְתּוּלֵי אֱלֹהִים נִפְתַּלְתִּי" (בראשית ל, ח), נִתְחַבַּרְתִּי עִם אֲחוֹתִי:

טז] **עַל פְּנֵי הַשָּׂדֶה**. רַבּוֹתֵינוּ דָּרְשׁוּ לְרַבּוֹת גּוֹלֵל וְדוֹפֵק. וּפְשׁוּטוֹ: "עַל פְּנֵי הַשָּׂדֶה", שֶׁאֵין שָׁם אֹהֶל, מְטַמֵּא הַמֵּת שָׁם בִּנְגִיעָה:

יט] **וְחִטְּאוֹ בַּיּוֹם הַשְּׁבִיעִי**. הוּא גְּמַר טָהֳרָתוֹ:

כ] **וְאִישׁ אֲשֶׁר יִטְמָא וְגוֹ'**. אִם נֶאֱמַר "מִקְדָּשׁ" לָמָּה נֶאֱמַר "מִשְׁכָּן" (לעיל פסוק יג)? כוּ' כִּדְאִיתָא בִּשְׁבוּעוֹת (דף טז ע״ב):

כא] **וּמַזֵּה מֵי הַנִּדָּה**. רַבּוֹתֵינוּ אָמְרוּ שֶׁהַמַּזֶּה טָהוֹר, וְזֶה בָּא לְלַמֵּד שֶׁהַנּוֹשֵׂא מֵי חַטָּאת טָמֵא טֻמְאָה חֲמוּרָה לְטַמֵּא בְּגָדִים שֶׁעָלָיו, מַה שֶּׁאֵין כֵּן בְּנוֹגֵעַ. וְזֶה שֶׁהוֹצִיא בִּלְשׁוֹן "מַזֶּה", לוֹמַר לְךָ שֶׁאֵינָן מְטַמְּאִין עַד שֶׁיְּהֵא בָּהֶן שִׁעוּר הַזָּאָה: **וְהַנֹּגֵעַ... יִטְמָא**. וְאֵין טָעוּן כִּבּוּס בְּגָדִים:

כב בְּמֵי הַנִּדָּה יִטְמָא עַד־הָעָרֶב׃ וְכֹל אֲשֶׁר־יִגַּע־
בּוֹ הַטָּמֵא יִטְמָא וְהַנֶּפֶשׁ הַנֹּגַעַת תִּטְמָא עַד־
הָעָרֶב׃

כ א וַיָּבֹאוּ בְנֵי־יִשְׂרָאֵל כָּל־הָעֵדָה מִדְבַּר־צִן בַּחֹדֶשׁ
הָרִאשׁוֹן וַיֵּשֶׁב הָעָם בְּקָדֵשׁ וַתָּמָת שָׁם מִרְיָם
ב וַתִּקָּבֵר שָׁם׃ וְלֹא־הָיָה מַיִם לָעֵדָה וַיִּקָּהֲלוּ עַל־
ג מֹשֶׁה וְעַל־אַהֲרֹן׃ וַיָּרֶב הָעָם עִם־מֹשֶׁה וַיֹּאמְרוּ
ד לֵאמֹר וְלוּ גָוַעְנוּ בִּגְוַע אַחֵינוּ לִפְנֵי יְהוָה׃ וְלָמָה
הֲבֵאתֶם אֶת־קְהַל יְהוָה אֶל־הַמִּדְבָּר הַזֶּה
ה לָמוּת שָׁם אֲנַחְנוּ וּבְעִירֵנוּ׃ וְלָמָה הֶעֱלִיתֻנוּ
מִמִּצְרַיִם לְהָבִיא אֹתָנוּ אֶל־הַמָּקוֹם הָרָע הַזֶּה
לֹא ׀ מְקוֹם זֶרַע וּתְאֵנָה וְגֶפֶן וְרִמּוֹן וּמַיִם אַיִן
ו לִשְׁתּוֹת׃ וַיָּבֹא מֹשֶׁה וְאַהֲרֹן מִפְּנֵי הַקָּהָל אֶל־
פֶּתַח אֹהֶל מוֹעֵד וַיִּפְּלוּ עַל־פְּנֵיהֶם וַיֵּרָא כְבוֹד־
יְהוָה אֲלֵיהֶם׃

ז ח וַיְדַבֵּר יְהוָה אֶל־מֹשֶׁה לֵּאמֹר׃ קַח אֶת־הַמַּטֶּה שלישי /שני/
וְהַקְהֵל אֶת־הָעֵדָה אַתָּה וְאַהֲרֹן אָחִיךָ וְדִבַּרְתֶּם
אֶל־הַסֶּלַע לְעֵינֵיהֶם וְנָתַן מֵימָיו וְהוֹצֵאתָ לָהֶם
מַיִם מִן־הַסֶּלַע וְהִשְׁקִיתָ אֶת־הָעֵדָה וְאֶת־
ט בְּעִירָם׃ וַיִּקַּח מֹשֶׁה אֶת־הַמַּטֶּה מִלִּפְנֵי יְהוָה
י כַּאֲשֶׁר צִוָּהוּ׃ וַיַּקְהִלוּ מֹשֶׁה וְאַהֲרֹן אֶת־הַקָּהָל

חקת

כב בְּמֵי אַדָּיוּתָא, יְהֵי מְסָאַב עַד רַמְשָׁא: וְכֹל, דְּיִקְרַב בֵּיהּ מְסָאֲבָא יְהֵי מְסָאָב, וֶאֱנָשׁ דְּיִקְרַב
כ א בֵּיהּ יְהֵי מְסָאַב עַד רַמְשָׁא: וַאֲתוֹ בְנֵי יִשְׂרָאֵל, כָּל כְּנִשְׁתָּא לְמַדְבְּרָא דְצִין בְּיַרְחָא
ב קַדְמָאָה, וִיתֵיב עַמָּא בִּרְקָם, וּמִיתַת תַּמָּן מִרְיָם, וְאִתְקְבַרַת תַּמָּן: וְלָא הֲוָה מַיָּא לִכְנִשְׁתָּא,
ג וְאִתְכְּנִישׁוּ, עַל מֹשֶׁה וְעַל אַהֲרֹן: וּנְצָא עַמָּא עִם מֹשֶׁה, וַאֲמָרוּ לְמֵימַר, לְוֵי דְמִיתְנָא,
ד בְּמוֹתָא דַאֲחָנָא קֳדָם יְיָ: וּלְמָא אֵיתִיתוּן יָת קְהָלָא דַּייָ, לְמַדְבְּרָא הָדֵין, לִמְמַת תַּמָּן,
ה אֲנַחְנָא וּבְעִירָנָא: וּלְמָא אַסֵּיקְתּוּנָא מִמִּצְרַיִם, לְאַיְתָאָה יָתָנָא, לְאַתְרָא בִּישָׁא הָדֵין, לָא
ו אֲתַר כָּשַׁר לְבֵית זְרַע, וְאַף לָא תֵינִין וְגוּפְנִין וְרִמּוֹנִין, וּמַיָּא לֵית לְמִשְׁתֵּי: וְעָאל מֹשֶׁה וְאַהֲרֹן
ז מִן קֳדָם קְהָלָא, לִתְרַע מַשְׁכַּן זִמְנָא, וּנְפַלוּ עַל אַפֵּיהוֹן, וְאִתְגְּלִי יְקָרָא דַייָ לְהוֹן: וּמַלִּיל יְיָ
ח עִם מֹשֶׁה לְמֵימַר: סַב יָת חֻטְרָא, וְתִכְנוֹשׁ יָת כְּנִשְׁתָּא אַתְּ וְאַהֲרֹן אֲחוּךְ, וּתְמַלְּלוּן עִם
כֵּיפָא, לְעֵינֵיהוֹן וְיִתֵּן מוֹהִי, וְתַפֵּיק לְהוֹן מַיָּא מִן כֵּיפָא, וְתַשְׁקֵי יָת כְּנִשְׁתָּא וְיָת בְּעִירְהוֹן:
ט וּנְסֵיב מֹשֶׁה, יָת חֻטְרָא מִן קֳדָם יְיָ, כְּמָא דְפַקְּדֵיהּ: וּכְנַשׁוּ, מֹשֶׁה וְאַהֲרֹן, יָת קְהָלָא

כב וְכֹל אֲשֶׁר יִגַּע בּוֹ הַטָּמֵא. הַזֶּה שֶׁנִּטְמָא בַּמֵּת, **וְהַנֶּפֶשׁ הַנֹּגַעַת.** בּוֹ בַּטָּמֵא מֵת יִטְמָא, תִּטְמָא עַד הָעָרֶב. כָּאן לָמַדְנוּ שֶׁהַמֵּת אֲבִי אֲבוֹת הַטֻּמְאָה, וְהַנּוֹגֵעַ בּוֹ אַב הַטֻּמְאָה וּמְטַמֵּא אָדָם. זֶהוּ פֵּרוּשָׁהּ לְפִי מַשְׁמָעָהּ וְהִלְכוֹתֶיהָ:

וּמִדְרַשׁ אַגָּדָה הֶעְתַּקְתִּי מִיסוֹדוֹ שֶׁל רַבִּי מֹשֶׁה הַדַּרְשָׁן. וְזֶה הוּא:

ב וְיִקְחוּ אֵלֶיךָ. מִשֶּׁלָּהֶם. כְּשֵׁם שֶׁהֵם פֵּרְקוּ נִזְמֵי הַזָּהָב לָעֵגֶל מִשֶּׁלָּהֶם, כָּךְ יָבִיאוּ זוֹ לַכַּפָּרָה מִשֶּׁלָּהֶם: **פָּרָה אֲדֻמָּה.** מָשָׁל לְבֶן שִׁפְחָה שֶׁטִּנֵּף פַּלְטִין שֶׁל מֶלֶךְ. אָמְרוּ: תָּבֹא אִמּוֹ וּתְקַנַּח הַצּוֹאָה; כָּךְ תָּבֹא פָּרָה וּתְכַפֵּר עַל הָעֵגֶל: **אֲדֻמָּה.** עַל שֵׁם: ״אִם יַאְדִּימוּ כַתּוֹלָע״ (ישעיה א, יח), שֶׁהַחֵטְא קָרוּי אָדוֹם: **תְּמִימָה.** עַל שֵׁם יִשְׂרָאֵל שֶׁהָיוּ תְּמִימִים וְנַעֲשׂוּ בּוֹ בַּעֲלֵי מוּמִין, תָּבֹא זוֹ וּתְכַפֵּר עֲלֵיהֶם וְיַחְזְרוּ לִתְמִימוּתָם: **לֹא עָלָה עָלֶיהָ עֹל.** כְּשֵׁם שֶׁפָּרְקוּ מֵעֲלֵיהֶם עֹל שָׁמַיִם:

ג אֶל אֶלְעָזָר הַכֹּהֵן. כְּשֵׁם שֶׁנִּקְהֲלוּ עַל אַהֲרֹן, שֶׁהוּא כֹּהֵן, לַעֲשׂוֹת הָעֵגֶל. וּלְפִי שֶׁאַהֲרֹן עָשָׂה אֶת הָעֵגֶל לֹא נַעֲשֵׂית עֲבוֹדָה זוֹ עַל יָדוֹ, שֶׁאֵין קַטֵּגוֹר נַעֲשֶׂה סַנֵּגוֹר:

ד וְשָׂרַף אֶת הַפָּרָה. כְּשֵׁם שֶׁנִּשְׂרַף הָעֵגֶל:

ו עֵץ אֶרֶז וְאֵזוֹב וּשְׁנִי תוֹלָעַת. שְׁלֹשָׁה מִינִין הַלָּלוּ כְּנֶגֶד שְׁלֹשֶׁת אַלְפֵי אִישׁ שֶׁנָּפְלוּ בָּעֵגֶל. וְאֶרֶז הוּא הַגָּבוֹהַּ מִכָּל הָאִילָנוֹת, וְאֵזוֹב נָמוּךְ מִכֻּלָּם, סִימָן שֶׁהַגָּבוֹהַּ שֶׁנִּתְגָּאָה וְחָטָא יַשְׁפִּיל אֶת עַצְמוֹ כְּאֵזוֹב וְתוֹלַעַת וְיִתְכַּפֵּר לוֹ:

ט לְמִשְׁמֶרֶת. כְּמוֹ שֶׁפֶּשַׁע הָעֵגֶל שָׁמוּר לְדוֹרוֹת לְפֻרְעָנוּת, וְאֵין לְךָ פְּקֻדָּה שֶׁאֵין בָּהּ מִפְּקֻדַּת הָעֵגֶל, שֶׁנֶּאֱמַר: ״וּבְיוֹם פָּקְדִי וּפָקַדְתִּי״ וְגוֹ׳ (שמות לב, לד). וּכְשֵׁם שֶׁהָעֵגֶל מְטַמֵּא כָּל הָעוֹסְקִין בּוֹ, כָּךְ פָּרָה מְטַמְּאָה כָּל הָעוֹסְקִין בָּהּ, וּכְשֵׁם שֶׁנִּטְהֲרוּ בְּאֶפְרוֹ, שֶׁנֶּאֱמַר: ״וַיִּזֶר עַל פְּנֵי הַמַּיִם״ וְגוֹ׳ (שמות לב, כ), כָּךְ: ״וְלָקְחוּ לַטָּמֵא מֵעֲפַר שְׂרֵפַת הַחַטָּאת״ וְגוֹ׳ (להלן פסוק יז):

פרק כ

א כָּל הָעֵדָה. עֵדָה הַשְּׁלֵמָה, שֶׁכְּבָר מֵתוּ מֵתֵי מִדְבָּר וְאֵלּוּ פֵּרְשׁוּ לַחַיִּים: **וַתָּמָת שָׁם מִרְיָם.** לָמָּה נִסְמְכָה מִיתַת מִרְיָם לְפָרָשַׁת פָּרָה אֲדֻמָּה? לוֹמַר לְךָ, מַה קָּרְבָּנוֹת מְכַפְּרִין, אַף מִיתַת צַדִּיקִים מְכַפֶּרֶת: **וַתָּמָת שָׁם מִרְיָם.** אַף הִיא בִּנְשִׁיקָה מֵתָה, וּמִפְּנֵי מָה לֹא נֶאֱמַר בָּהּ: ״עַל פִּי ה׳״? שֶׁאֵינוֹ דֶּרֶךְ כָּבוֹד שֶׁל מַעְלָה. וּבְאַהֲרֹן נֶאֱמַר: ״עַל פִּי ה׳״ בְּאַלֶּה מַסְעֵי (להלן לג, לח):

ב וְלֹא הָיָה מַיִם לָעֵדָה. מִכָּאן שֶׁכָּל אַרְבָּעִים שָׁנָה הָיָה לָהֶם הַבְּאֵר בִּזְכוּת מִרְיָם:

ג וְלוּ גָוַעְנוּ. הַלְוַאי שֶׁגָּוַעְנוּ: בִּגְוַע אַחֵינוּ. בְּמִיתַת אַחֵינוּ בַּדֶּבֶר, לָמֵד שֶׁמִּיתַת צָמָא מְגֻנָּה מִמֶּנָּה: **בִּגְוַע.** שֵׁם דָּבָר הוּא, כְּמוֹ: ״בִּמְיתַת אַחֵינוּ״. וְלֹא יִתָּכֵן לְפָרְשׁוֹ כְּשֶׁמֵּתוּ אַחֵינוּ, שֶׁאִם כֵּן הָיָה לוֹ לְהִנָּקֵד ״בִּגְוֹעַ״:

ח וְאֶת בְּעִירָם. מִכָּאן שֶׁחָס הַקָּדוֹשׁ בָּרוּךְ הוּא עַל מָמוֹנָם שֶׁל יִשְׂרָאֵל:

י וַיַּקְהִלוּ וְגוֹ׳. זֶה אֶחָד מִן הַמְּקוֹמוֹת שֶׁהֶחֱזִיק

אֶל־פְּנֵי הַסָּלַע וַיֹּאמֶר לָהֶם שִׁמְעוּ־נָא הַמֹּרִים
הֲמִן־הַסֶּלַע הַזֶּה נוֹצִיא לָכֶם מָיִם׃ וַיָּרֶם מֹשֶׁה יא
אֶת־יָדוֹ וַיַּךְ אֶת־הַסֶּלַע בְּמַטֵּהוּ פַּעֲמָיִם וַיֵּצְאוּ מַיִם
רַבִּים וַתֵּשְׁתְּ הָעֵדָה וּבְעִירָם׃ וַיֹּאמֶר יב
יְהוָה אֶל־מֹשֶׁה וְאֶל־אַהֲרֹן יַעַן לֹא־הֶאֱמַנְתֶּם
בִּי לְהַקְדִּישֵׁנִי לְעֵינֵי בְּנֵי יִשְׂרָאֵל לָכֵן לֹא תָבִיאוּ
אֶת־הַקָּהָל הַזֶּה אֶל־הָאָרֶץ אֲשֶׁר־נָתַתִּי לָהֶם׃
הֵמָּה מֵי מְרִיבָה אֲשֶׁר־רָבוּ בְנֵי־יִשְׂרָאֵל אֶת־ יג
רביעי יח יְהוָה וַיִּקָּדֵשׁ בָּם׃ וַיִּשְׁלַח מֹשֶׁה יד
מַלְאָכִים מִקָּדֵשׁ אֶל־מֶלֶךְ אֱדוֹם כֹּה אָמַר אָחִיךָ
יִשְׂרָאֵל אַתָּה יָדַעְתָּ אֵת כָּל־הַתְּלָאָה אֲשֶׁר
מְצָאָתְנוּ׃ וַיֵּרְדוּ אֲבֹתֵינוּ מִצְרַיְמָה וַנֵּשֶׁב בְּמִצְרַיִם טו
יָמִים רַבִּים וַיָּרֵעוּ לָנוּ מִצְרַיִם וְלַאֲבֹתֵינוּ׃ וַנִּצְעַק טז
אֶל־יְהוָה וַיִּשְׁמַע קֹלֵנוּ וַיִּשְׁלַח מַלְאָךְ וַיֹּצִאֵנוּ
מִמִּצְרָיִם וְהִנֵּה אֲנַחְנוּ בְקָדֵשׁ עִיר קְצֵה גְבוּלֶךָ׃
נַעְבְּרָה־נָּא בְאַרְצֶךָ לֹא נַעֲבֹר בְּשָׂדֶה וּבְכֶרֶם יז
וְלֹא נִשְׁתֶּה מֵי בְאֵר דֶּרֶךְ הַמֶּלֶךְ נֵלֵךְ לֹא נִטֶּה
יָמִין וּשְׂמֹאול עַד אֲשֶׁר־נַעֲבֹר גְּבֻלֶךָ׃ וַיֹּאמֶר אֵלָיו יח
אֱדוֹם לֹא תַעֲבֹר בִּי פֶּן־בַּחֶרֶב אֵצֵא לִקְרָאתֶךָ׃

מְעַט חֵית הַמְּרֻבָּה: הֲמִן הַסֶּלַע הַזֶּה נוֹצִיא. לְפִי שֶׁלֹּא הָיוּ מַכִּירִין אוֹתוֹ, לְפִי שֶׁהָלַךְ הַסֶּלַע וְיָשַׁב לוֹ בֵּין הַסְּלָעִים כְּשֶׁנִּסְתַּלֵּק הַבְּאֵר, וְהָיוּ יִשְׂרָאֵל אוֹמְרִים לָהֶם: מַה לָּכֶם, מֵאֵיזֶה סֶלַע תּוֹצִיאוּ לָנוּ

חקת

יא לְקֳדָם כֵּיפָא, וַאֲמַר לְהוֹן, שְׁמַעוּ כְעַן סָרְבָנַיָּא, הֲמִן כֵּיפָא הָדֵין, נַפֵּיק לְכוֹן מַיָּא: וַאֲרֵים מֹשֶׁה יָת יְדֵיהּ, וּמְחָא יָת כֵּיפָא, בְּחֻטְרֵיהּ תַּרְתֵּין זִמְנִין, וּנְפַקוּ מַיָּא סַגִּיאֵי, וּשְׁתִיאַת כְּנִשְׁתָּא וּבְעִירְהוֹן:

יב וַאֲמַר יְיָ לְמֹשֶׁה וּלְאַהֲרֹן, חֲלַף דְּלָא הֵימַנְתּוּן בְּמֵימְרִי, לְקַדָּשׁוּתִי, לְעֵינֵי בְּנֵי יִשְׂרָאֵל, בְּכֵן, לָא תַעֲלוּן יָת קְהָלָא הָדֵין, לְאַרְעָא דִיהַבִית לְהוֹן: אִנּוּן מֵי מַצּוּתָא, דִּנְצוֹ בְנֵי יִשְׂרָאֵל קֳדָם יְיָ, וְאִתְקַדַּשׁ בְּהוֹן:

יד וּשְׁלַח מֹשֶׁה אִזְגַּדִּין, מֵרְקָם לְוָת מַלְכָּא דֶּאֱדוֹם, כִּדְנָן אֲמַר אֲחוּךְ יִשְׂרָאֵל, אַתְּ יָדַעַתְּ, יָת כָּל עָקְתָא דְּאַשְׁכַּחְתַּנָא: וּנְחָתוּ אֲבָהָתָנָא לְמִצְרַיִם, וִיתֵיבְנָא בְמִצְרַיִם יוֹמִין סַגִּיאִין,

טו וְאַבְאִישׁוּ לָנָא, מִצְרָאֵי וְלַאֲבָהָתָנָא: וְצַלֵּינָא קֳדָם יְיָ וְקַבֵּיל צְלוֹתָנָא, וּשְׁלַח מַלְאֲכָא, וְאַפְּקַנָא מִמִּצְרַיִם, וְהָא אֲנַחְנָא בִרְקָם, קַרְתָּא דִּבְסְטַר תְּחוּמָךְ: נְעִבַּר כְּעַן בְּאַרְעָךְ, לָא נְעִבַּר בַּחֲקַל וּבְכַרְמָא, וְלָא נִשְׁתֵּי מֵי גוּב, בְּאוֹרַח מַלְכָּא נֵיזֵיל, לָא נִסְטֵי לְיַמִּינָא וְלִסְמָאלָא, עַד דִּנְעִבַּר תְּחוּמָךְ:

יח וַאֲמַר לֵיהּ אֱדוֹמָאָה, לָא תְעִבַּר בִּתְחוּמִי, דִּלְמָא בִּדְקָטְלִין בְּחַרְבָּא אֶפּוֹק לְקַדָּמוּתָךְ:

מַיִם? לְכָךְ אָמַר לָהֶם: "הַמּוֹרִים, סַרְבָנִים, לְשׁוֹן יְוָנִי שׁוֹטִים, מוֹרִים אֶת מוֹרֵיהֶם, "הֲמִן הַסֶּלַע הַזֶּה" שֶׁלֹּא נִצְטַוִּינוּ עָלָיו, "נוֹצִיא לָכֶם מָיִם"?:

יא **פַּעֲמָיִם.** לְפִי שֶׁבָּרִאשׁוֹנָה לֹא הוֹצִיא אֶלָּא טִפִּין, לְפִי שֶׁלֹּא צִוָּה הַמָּקוֹם לְהַכּוֹתוֹ, אֶלָּא "וְדִבַּרְתֶּם אֶל הַסֶּלַע", וְהֵמָּה דִּבְּרוּ אֶל סֶלַע אַחֵר וְלֹא הוֹצִיא, אָמְרוּ: שֶׁמָּא צָרִיךְ לְהַכּוֹתוֹ כְּבָרִאשׁוֹנָה, שֶׁנֶּאֱמַר: "וְהִכִּיתָ בַצּוּר" (שמות יז, ו), וְנִזְדַּמֵּן לָהֶם אוֹתוֹ סֶלַע וְהִכָּהוּ:

יב **לְהַקְדִּישֵׁנִי.** שֶׁאִלּוּ דִּבַּרְתֶּם אֶל הַסֶּלַע וְהוֹצִיא, הָיִיתִי מְקֻדָּשׁ לְעֵינֵי הָעֵדָה, וְאוֹמְרִים: מָה סֶלַע זֶה, שֶׁאֵינוֹ מְדַבֵּר וְאֵינוֹ שׁוֹמֵעַ וְאֵינוֹ צָרִיךְ לְפַרְנָסָה, מְקַיֵּם דִּבּוּרוֹ שֶׁל מָקוֹם, קַל וָחֹמֶר אָנוּ: לָכֵן לֹא תָבִיאוּ. בִּשְׁבוּעָה, נִשְׁבַּע בִּקְפִיצָה, שֶׁלֹּא יַרְבּוּ בִּתְפִלָּה עַל כָּךְ: יַעַן לֹא הֶאֱמַנְתֶּם בִּי. גִּלָּה הַכָּתוּב שֶׁאִלּוּלֵי חֵטְא זֶה בִּלְבַד הָיוּ נִכְנָסִין לָאָרֶץ, כְּדֵי שֶׁלֹּא יֹאמְרוּ עֲלֵיהֶם: כַּעֲוֹן שְׁאָר דּוֹר הַמִּדְבָּר שֶׁנִּגְזַר עֲלֵיהֶם שֶׁלֹּא יִכָּנְסוּ לָאָרֶץ, כָּךְ הָיָה עֲוֹן מֹשֶׁה וְאַהֲרֹן. וַהֲלֹא "הֲצֹאן וּבָקָר יִשָּׁחֵט" (במדבר יא, כב) קָשָׁה מִזּוֹ? אֶלָּא לְפִי שֶׁבַּסֵּתֶר חִסֵּךְ עָלָיו הַכָּתוּב, וְכָאן שֶׁבְּמַעֲמַד כָּל יִשְׂרָאֵל לֹא חִסֵּךְ עָלָיו הַכָּתוּב, מִפְּנֵי קִדּוּשׁ הַשֵּׁם:

יג **הֵמָּה מֵי מְרִיבָה.** הֵם הַנִּזְכָּרִים בְּמָקוֹם אַחֵר, אֶת אֵלּוּ רָאוּ אִצְטַגְנִינֵי פַרְעֹה שֶׁמּוֹשִׁיעָן שֶׁל יִשְׂרָאֵל לוֹקֶה בַּמַּיִם, לְכָךְ גָּזְרוּ: "כָּל הַבֵּן הַיִּלּוֹד הַיְאֹרָה תַּשְׁלִיכֻהוּ" (שמות א, כב): **וַיִּקָּדֵשׁ בָּם.** שֶׁמֵּתוּ מֹשֶׁה וְאַהֲרֹן עַל יָדָם, שֶׁכְּשֶׁהַקָּדוֹשׁ בָּרוּךְ הוּא עוֹשֶׂה דִּין בִּמְקֻדָּשָׁיו הוּא יָרְאוּי וּמִתְקַדֵּשׁ עַל הַבְּרִיּוֹת, וְכֵן הוּא אוֹמֵר: "נוֹרָא אֱלֹהִים מִמִּקְדָּשֶׁיךָ" (תהלים סח, לו), וְכֵן הוּא חוֹמֵר: "בִּקְרֹבַי אֶקָּדֵשׁ" (ויקרא י, ג):

יד **אָחִיךָ יִשְׂרָאֵל.** מָה רָאָה לְהַזְכִּיר כָּאן אַחֲוָה? אֶלָּא אָמַר לוֹ: אַחִים אֲנַחְנוּ בְּנֵי אַבְרָהָם, שֶׁנֶּאֱמַר לוֹ: "כִּי גֵר יִהְיֶה זַרְעֲךָ" (בראשית טו, יג), וְעַל שְׁנֵיהֶם הָיָה אוֹתוֹ הַחוֹב לְפָרְעוֹ: **אַתָּה יָדַעְתָּ אֵת כָּל הַתְּלָאָה.** לְפִיכָךְ פֵּרַשׁ אֲבִיכֶם מֵעַל אָבִינוּ, שֶׁנֶּאֱמַר: "וַיֵּלֶךְ אֶל אֶרֶץ מִפְּנֵי יַעֲקֹב אָחִיו" (שם לו, ו), מִפְּנֵי הַשְּׁטָר חוֹב הַמֻּטָּל עֲלֵיהֶם, וְהִטִּילוֹ עַל יַעֲקֹב:

טו **וַיָּרֵעוּ לָנוּ.** סָבַלְנוּ צָרוֹת רַבּוֹת: **וְלַאֲבוֹתֵינוּ.** מִכָּאן שֶׁהָאָבוֹת מִצְטַעֲרִים בַּקֶּבֶר כְּשֶׁפֻּרְעָנוּת בָּאָה עַל יִשְׂרָאֵל:

טז **וַיִּשְׁמַע קֹלֵנוּ.** בַּבְּרָכָה שֶׁבֵּרְכָנוּ אָבִינוּ: "הַקּוֹל קוֹל יַעֲקֹב" (בראשית כז, כב), שֶׁאָנוּ צוֹעֲקִים וְנַעֲנִים: **מַלְאָךְ.** זֶה מֹשֶׁה, מִכָּאן שֶׁהַנְּבִיאִים קְרוּיִין מַלְאָכִים, וְאוֹמֵר: "וַיִּהְיוּ מַלְעִבִים בְּמַלְאֲכֵי הָאֱלֹהִים" (דברי הימים ב' לו, טז):

יז **נַעְבְּרָה נָּא בְאַרְצֶךָ.** אֵין לְךָ לְעוֹרֵר עַל הַיְרֻשָּׁה שֶׁל אֶרֶץ יִשְׂרָאֵל, כְּשֵׁם שֶׁלֹּא שִׁלַּמְתָּ פְּרָעוֹן הַחוֹב, עֲשֵׂה לָנוּ עֵזֶר מְעַט לַעֲבֹר דֶּרֶךְ אַרְצֶךָ: **וְלֹא נִשְׁתֶּה מֵי בְאֵר.** מֵי בוֹרוֹת הָיָה צָרִיךְ לוֹמַר, אֶלָּא כָּךְ אָמַר מֹשֶׁה: אַף עַל פִּי שֶׁיֵּשׁ בְּיָדֵינוּ מָן לֶאֱכֹל וּבְאֵר לִשְׁתּוֹת, לֹא נִשְׁתֶּה מִמֶּנּוּ, אֶלָּא נִקְנֶה מִכֶּם אֹכֶל וּמַיִם לַהֲנָאַתְכֶם. מִכָּאן לְאַכְסְנַאי שֶׁאַף עַל פִּי שֶׁיֵּשׁ בְּיָדוֹ לֶאֱכֹל יִקְנֶה מִן הַחֶנְוָנִי, כְּדֵי לַהֲנוֹת אֶת אַכְסַנְיָו: **דֶּרֶךְ הַמֶּלֶךְ נֵלֵךְ וְגוֹ'.** אָנוּ חוֹסְמִים אֶת בְּהֶמְתֵּנוּ וְלֹא יִטּוּ לְכָאן וּלְכָאן לֶאֱכֹל:

יח **פֶּן בַּחֶרֶב אֵצֵא לִקְרָאתֶךָ.** אַתֶּם מִתְגָּאִים בַּקּוֹל

יט וַיֹּאמְר֨וּ אֵלָ֜יו בְּנֵֽי־יִשְׂרָאֵל֮ בַּֽמְסִלָּ֣ה נַעֲלֶה֒ וְאִם־
מֵימֶ֤יךָ נִשְׁתֶּה֙ אֲנִ֣י וּמִקְנַ֔י וְנָתַתִּ֖י מִכְרָ֑ם רַ֥ק
כ אֵין־דָּבָ֖ר בְּרַגְלַ֥י אֶעֱבֹֽרָה׃ וַיֹּ֖אמֶר לֹ֣א תַעֲבֹ֑ר
וַיֵּצֵ֤א אֱדוֹם֙ לִקְרָאת֔וֹ בְּעַ֥ם כָּבֵ֖ד וּבְיָ֥ד חֲזָקָֽה׃
כא וַיְמָאֵ֣ן ׀ אֱד֗וֹם נְתֹן֙ אֶת־יִשְׂרָאֵ֔ל עֲבֹ֖ר בִּגְבֻל֑וֹ
וַיֵּ֥ט יִשְׂרָאֵ֖ל מֵעָלָֽיו׃ (פ)
כב וַיִּסְע֖וּ מִקָּדֵ֑שׁ וַיָּבֹ֧אוּ בְנֵֽי־יִשְׂרָאֵ֛ל כָּל־הָעֵדָ֖ה חמישי /שלישי/
כג הֹ֥ר הָהָֽר׃ וַיֹּ֧אמֶר יְהוָ֛ה אֶל־מֹשֶׁ֥ה וְאֶֽל־אַהֲרֹ֖ן
כד בְּהֹ֣ר הָהָ֑ר עַל־גְּב֥וּל אֶֽרֶץ־אֱד֖וֹם לֵאמֹֽר׃ יֵאָסֵ֤ף
אַהֲרֹן֙ אֶל־עַמָּ֔יו כִּ֣י לֹ֤א יָבֹא֙ אֶל־הָאָ֔רֶץ אֲשֶׁ֥ר
נָתַ֖תִּי לִבְנֵ֣י יִשְׂרָאֵ֑ל עַ֛ל אֲשֶׁר־מְרִיתֶ֥ם אֶת־
כה פִּ֖י לְמֵ֥י מְרִיבָֽה׃ קַ֚ח אֶת־אַהֲרֹ֔ן וְאֶת־אֶלְעָזָ֖ר
כו בְּנ֑וֹ וְהַ֥עַל אֹתָ֖ם הֹ֥ר הָהָֽר׃ וְהַפְשֵׁ֤ט אֶֽת־אַהֲרֹן֙
אֶת־בְּגָדָ֔יו וְהִלְבַּשְׁתָּ֖ם אֶת־אֶלְעָזָ֣ר בְּנ֑וֹ וְאַהֲרֹ֥ן
כז יֵאָסֵ֖ף וּמֵ֥ת שָֽׁם׃ וַיַּ֣עַשׂ מֹשֶׁ֔ה כַּאֲשֶׁ֖ר צִוָּ֣ה
יְהוָ֑ה וַֽיַּעֲלוּ֙ אֶל־הֹ֣ר הָהָ֔ר לְעֵינֵ֖י כָּל־הָעֵדָֽה׃
כח וַיַּפְשֵׁ֨ט מֹשֶׁ֜ה אֶֽת־אַהֲרֹ֗ן אֶת־בְּגָדָיו֮ וַיַּלְבֵּ֣שׁ
אֹתָם֮ אֶת־אֶלְעָזָ֣ר בְּנוֹ֒ וַיָּ֧מָת אַהֲרֹ֛ן שָׁ֖ם בְּרֹ֣אשׁ
כט הָהָ֑ר וַיֵּ֧רֶד מֹשֶׁ֛ה וְאֶלְעָזָ֖ר מִן־הָהָֽר׃ וַיִּרְאוּ֙ כָּל־
הָ֣עֵדָ֔ה כִּ֥י גָוַ֖ע אַהֲרֹ֑ן וַיִּבְכּ֤וּ אֶת־אַהֲרֹן֙ שְׁלֹשִׁ֣ים
י֔וֹם כֹּ֖ל בֵּ֥ית יִשְׂרָאֵֽל׃ כא א וַיִּשְׁמַ֞ע

יט וַאֲמַרוּ לֵיהּ בְּנֵי יִשְׂרָאֵל בְּאוֹרַח כְּבִישָׁא נִסַּק, וְאִם מַיָּךְ נִשְׁתֵּי אֲנָא וּבְעִירַי, וְאֶתֵּין דְּמֵיהוֹן,
כ לְחוֹד לֵית פִּתְגָם בִּישׁ בְּרַגְלַי אֶעְבַּר: וַאֲמַר לָא תִעְבַּר, וּנְפַק אֱדוֹמָאָה לְקַדָּמוּתֵיהּ, בְּחֵיל
כא רַב וּבְיַד תַּקִּיפָא: וְסָרֵיב אֱדוֹמָאָה, לָא שְׁבַק יָת יִשְׂרָאֵל, לְמִעְבַּר בִּתְחוּמֵיהּ, וּסְטָא
כב כג יִשְׂרָאֵל מִלְּוָתֵיהּ: וּנְטַלוּ מֵרְקַם, וַאֲתוֹ בְּנֵי יִשְׂרָאֵל, כָּל כְּנִשְׁתָּא לְהוֹר טוּרָא: וַאֲמַר יְיָ, לְמשֶׁה
כד וּלְאַהֲרֹן בְּהוֹר טוּרָא, עַל תְּחוּם אַרְעָא דֶאֱדוֹם לְמֵימַר: יִתְכְּנֵישׁ אַהֲרֹן לְעַמֵּיהּ, אֲרֵי לָא
כה יֵיעוּל לְאַרְעָא, דִּיהַבִית לִבְנֵי יִשְׂרָאֵל, עַל, דְּסָרֵיבְתּוּן עַל מֵימְרִי לְמֵי מַצּוּתָא: דְּבַר יָת
כו אַהֲרֹן, וְיָת אֶלְעָזָר בְּרֵיהּ, וְתַסֵּיק יָתְהוֹן לְהוֹר טוּרָא: וְתַשְׁלַח יָת אַהֲרֹן יָת לְבוּשׁוֹהִי,
כז וְתַלְבֵּישִׁנּוּן יָת אֶלְעָזָר בְּרֵיהּ, וְאַהֲרֹן יִתְכְּנֵישׁ וִימוּת תַּמָּן: וַעֲבַד משֶׁה, כְּמָא דְּפַקֵּיד יְיָ,
כח וּסְלִיקוּ לְהוֹר טוּרָא, לְעֵינֵי כָּל כְּנִשְׁתָּא: וְאַשְׁלַח משֶׁה יָת אַהֲרֹן יָת לְבוּשׁוֹהִי, וְאַלְבֵּישׁ
יָתְהוֹן יָת אֶלְעָזָר בְּרֵיהּ, וּמִית אַהֲרֹן, תַּמָּן בְּרֵישׁ טוּרָא, וּנְחַת משֶׁה, וְאֶלְעָזָר מִן טוּרָא:
כט כא א וַחֲזוֹ כָּל כְּנִשְׁתָּא, אֲרֵי מִית אַהֲרֹן, וּבְכוֹ יָת אַהֲרֹן תְּלָתִין יוֹמִין, כָּל בֵּית יִשְׂרָאֵל: וּשְׁמַע,

שֶׁהוֹרִישְׁכֶם אֲבִיכֶם, וְאוֹמְרִים: "וַנִּצְעַק אֶל ה' וַיִּשְׁמַע קֹלֵנוּ" (לעיל פסוק טז), וַאֲנִי אָצֵא עֲלֵיכֶם בְּמַה שֶּׁהוֹרִישַׁנִי אָבִי: "וְעַל חַרְבְּךָ תִחְיֶה" (בראשית כז, מ):

יט| **רַק אֵין דָּבָר.** אֵין שׁוּם דָּבָר מַזִּיקְךָ:

כ| **וּבְיָד חֲזָקָה.** בְּהַבְטָחַת זְקֵנֵנוּ: "וְהַיָּדַיִם יְדֵי עֵשָׂו" (בראשית כז, כב):

כב| **כָּל הָעֵדָה.** כֻּלָּם שְׁלֵמִים וְעוֹמְדִים לִיכָּנֵס לָאָרֶץ, שֶׁלֹּא הָיָה בָהֶן אֶחָד מֵאוֹתָם שֶׁנִּגְזְרָה גְזֵרָה עֲלֵיהֶם, שֶׁכְּבָר כָּלוּ מֵתֵי מִדְבָּר, וְאֵלּוּ מֵאוֹתָן שֶׁכָּתוּב בָּהֶן: "חַיִּים כֻּלְּכֶם הַיּוֹם" (דברים ד, ד): **הֹר הָהָר.** הַר עַל גַּבֵּי הַר, כְּתַפּוּחַ קָטָן עַל גַּבֵּי תַפּוּחַ גָּדוֹל. וְאַף עַל פִּי שֶׁהֶעָנָן הוֹלֵךְ לִפְנֵיהֶם וּמַשְׁוֶה אֶת הֶהָרִים, שְׁלֹשָׁה נִשְׁאֲרוּ בָהֶן: הַר סִינַי לַתּוֹרָה, הֹר הָהָר לִקְבוּרַת אַהֲרֹן, וְהַר נְבוֹ לִקְבוּרַת משֶׁה:

כג| **עַל גְּבוּל אֶרֶץ אֱדוֹם.** מַגִּיד שֶׁמִּפְּנֵי שֶׁנִּתְחַבְּרוּ כָאן לְהִתְקָרֵב לְעֵשָׂו הָרָשָׁע נִפְרְצוּ מַעֲשֵׂיהֶם וְחָסְרוּ הַצַּדִּיק הַזֶּה:

כה| **קַח אֶת אַהֲרֹן.** בִּדְבָרִים שֶׁל נִחוּמִים, אֱמֹר לוֹ: אַשְׁרֶיךָ שֶׁתִּרְאֶה כִתְרְךָ נָתוּן לִבְנְךָ, מַה שֶּׁאֵין אֲנִי זַכַּאי לְכָךְ:

כו| **אֶת בְּגָדָיו.** בִּגְדֵי כְהֻנָּה גְדוֹלָה הַלְבִּישֵׁהוּ וְהַפְשִׁיטֵם מֵעָלָיו לְתִתָּם עַל בְּנוֹ בְּפָנָיו. אָמַר לוֹ: הִכָּנֵס לַמְּעָרָה, וְנִכְנַס. רָאָה מִטָּה מֻצַּעַת וְנֵר דָּלוּק. אָמַר לוֹ: עֲלֵה לַמִּטָּה, וְעָלָה. פְּשֹׁט יָדֶיךָ, וּפָשַׁט. קְמֹץ פִּיךָ, וְקָמַץ. עֲצֹם עֵינֶיךָ, וְעָצַם. מִיָּד

חָמַד משֶׁה לְאוֹתָהּ מִיתָה. וְזֶהוּ שֶׁנֶּאֱמַר לוֹ: "כַּאֲשֶׁר מֵת אַהֲרֹן אָחִיךָ" (דברים לב, נ), מִיתָה שֶׁנִּתְאַוִּיתָ לָהּ:

כז| **וַיַּעַשׂ משֶׁה.** אַף עַל פִּי שֶׁהַדָּבָר קָשֶׁה לוֹ, לֹא עִכֵּב:

כט| **וַיִּרְאוּ כָּל הָעֵדָה וְגוֹ'.** כְּשֶׁרָאוּ משֶׁה וְאֶלְעָזָר יוֹרְדִים וְאַהֲרֹן לֹא יָרַד, אָמְרוּ: הֵיכָן הוּא אַהֲרֹן? אָמַר לָהֶם: מֵת. אָמְרוּ: אֶפְשָׁר מִי שֶׁעָמַד כְּנֶגֶד הַמַּלְאָךְ וְעָצַר אֶת הַמַּגֵּפָה (במדבר יז, יג) יִשְׁלֹט בּוֹ מַלְאַךְ הַמָּוֶת?! מִיָּד בִּקֵּשׁ משֶׁה רַחֲמִים וְהֶרְאוּהוּ מַלְאֲכֵי הַשָּׁרֵת לָהֶם מֻטָּל בַּמִּטָּה, רָאוּ וְהֶאֱמִינוּ: **כֹּל בֵּית יִשְׂרָאֵל.** הָאֲנָשִׁים וְהַנָּשִׁים, לְפִי שֶׁהָיָה אַהֲרֹן רוֹדֵף שָׁלוֹם וּמַטִּיל אַהֲבָה בֵּין בַּעֲלֵי מְרִיבָה וּבֵין אִישׁ לְאִשְׁתּוֹ: **כִּי גָוַע.** אוֹמֵר אֲנִי שֶׁהַמְתַרְגֵּם: 'דְּהָא מִית' טוֹעֶה הוּא, אֶלָּא אִם כֵּן מְתַרְגֵּם: 'וַיִּרְאוּ' – 'וְאִתְחֲזִיאוּ', שֶׁלֹּא אָמְרוּ רַבּוֹתֵינוּ זִכְרוֹנָם לִבְרָכָה 'כִּי' זֶה מְשַׁמֵּשׁ בִּלְשׁוֹן 'דְּהָא', אֶלָּא עַל מִדְרָשׁ שֶׁנִּסְתַּלְּקוּ עַנְנֵי כָבוֹד, וְכִדְאָמַר רַבִּי אַבָּהוּ: אַל תִּקְרֵי 'וַיִּרְאוּ' אֶלָּא 'וַיֵּרָאוּ', וְעַל לָשׁוֹן זֶה נוֹפֵל לָשׁוֹן 'דְּהָא', לְפִי שֶׁהִיא נְתִינַת טַעַם לְמָה שֶּׁלְּמַעְלָה הֵימֶנּוּ: לָמָּה וַיֵּרָאוּ? לְפִי שֶׁהֲרֵי מֵת אַהֲרֹן. אֲבָל עַל תַּרְגּוּם: "וַחֲזוֹ כָּל כְּנִשְׁתָּא" אֵין לְשׁוֹן 'דְּהָא' נוֹפֵל, אֶלָּא לְשׁוֹן 'אֲשֶׁר', שֶׁהוּא מִגִּזְרַת שִׁמּוּשׁ 'אִי', שֶׁמָּצִינוּ 'אִם' מְשַׁמֵּשׁ בִּלְשׁוֹן 'אֲשֶׁר', כְּמוֹ: "וְאִם מַדּוּעַ לֹא תִקְצַר רוּחִי" (איוב כא, ד), וְהַרְבֵּה מְפֹרָשִׁים מִזֶּה הַלָּשׁוֹן: "אִם חֲרוּצִים יָמָיו" (שם יד, ה):

פרק כא

א| **וַיִּשְׁמַע הַכְּנַעֲנִי.** שָׁמַע שֶׁמֵּת אַהֲרֹן וְנִסְתַּלְּקוּ

הַכְּנַעֲנִי מֶלֶךְ־עֲרָד יֹשֵׁב הַנֶּגֶב כִּי בָּא יִשְׂרָאֵל
דֶּרֶךְ הָאֲתָרִים וַיִּלָּחֶם בְּיִשְׂרָאֵל וַיִּשְׁבְּ ׀ מִמֶּנּוּ
ב שֶׁבִי: וַיִּדַּר יִשְׂרָאֵל נֶדֶר לַיהוָה וַיֹּאמַר אִם־
נָתֹן תִּתֵּן אֶת־הָעָם הַזֶּה בְּיָדִי וְהַחֲרַמְתִּי אֶת־
ג עָרֵיהֶם: וַיִּשְׁמַע יְהוָה בְּקוֹל יִשְׂרָאֵל וַיִּתֵּן אֶת־
הַכְּנַעֲנִי וַיַּחֲרֵם אֶתְהֶם וְאֶת־עָרֵיהֶם וַיִּקְרָא
שֵׁם־הַמָּקוֹם חָרְמָה:
ד וַיִּסְעוּ מֵהֹר הָהָר דֶּרֶךְ יַם־סוּף לִסְבֹב אֶת־אֶרֶץ
ה אֱדוֹם וַתִּקְצַר נֶפֶשׁ־הָעָם בַּדָּרֶךְ: וַיְדַבֵּר הָעָם
בֵּאלֹהִים וּבְמֹשֶׁה לָמָה הֶעֱלִיתֻנוּ מִמִּצְרַיִם
לָמוּת בַּמִּדְבָּר כִּי אֵין לֶחֶם וְאֵין מַיִם וְנַפְשֵׁנוּ
ו קָצָה בַּלֶּחֶם הַקְּלֹקֵל: וַיְשַׁלַּח יְהוָה בָּעָם אֵת
הַנְּחָשִׁים הַשְּׂרָפִים וַיְנַשְּׁכוּ אֶת־הָעָם וַיָּמָת
ז עַם־רָב מִיִּשְׂרָאֵל: וַיָּבֹא הָעָם אֶל־מֹשֶׁה
וַיֹּאמְרוּ חָטָאנוּ כִּי־דִבַּרְנוּ בַיהוָה וָבָךְ הִתְפַּלֵּל
אֶל־יְהוָה וְיָסֵר מֵעָלֵינוּ אֶת־הַנָּחָשׁ וַיִּתְפַּלֵּל
ח מֹשֶׁה בְּעַד הָעָם: וַיֹּאמֶר יְהוָה אֶל־מֹשֶׁה עֲשֵׂה
לְךָ שָׂרָף וְשִׂים אֹתוֹ עַל־נֵס וְהָיָה כָּל־הַנָּשׁוּךְ

עַנְנֵי כָבוֹד כוּ׳, כִּדְאִיתָא בְּרֹאשׁ הַשָּׁנָה (דף ג ע״א). וַעֲמָלֵק מֵעוֹלָם רְצוּעַת מַרְדּוּת לְיִשְׂרָאֵל, מְזֻמָּן בְּכָל עֵת לְפֻרְעָנוּת: **יֹשֵׁב הַנֶּגֶב.** זֶה עֲמָלֵק, שֶׁנֶּאֱמַר: ״עֲמָלֵק יוֹשֵׁב בְּאֶרֶץ הַנֶּגֶב״ (לעיל יג, כט) וְשִׁנָּה אֶת לְשׁוֹנוֹ לְדַבֵּר בִּלְשׁוֹן כְּנַעַן, כְּדֵי שֶׁיִּהְיוּ יִשְׂרָאֵל מִתְפַּלְּלִים לְהַקָּדוֹשׁ בָּרוּךְ הוּא לָתֵת כְּנַעֲנִים בְּיָדָם, וְהֵם אֵינָן כְּנַעֲנִים. רָאוּ יִשְׂרָאֵל לְבוּשֵׁיהֶם כִּלְבוּשֵׁי עֲמָלֵקִים וּלְשׁוֹנָם לְשׁוֹן כְּנַעַן,

כְּנַעֲנָאָה מַלְכָּא דַעֲרָד יָתֵיב דָּרוֹמָא, אֲרֵי אֲתָא יִשְׂרָאֵל, אוֹרַח מְאַלְלַיָּא, וַאֲגִיחַ קְרָבָא בְּיִשְׂרָאֵל,
ב וּשְׁבָא מִנֵּיהּ שִׁבְיָא: וְקַיֵּים יִשְׂרָאֵל קְיָם, קֳדָם יי וַאֲמַר, אִם מִמְסַר תִּמְסַר, יָת עַמָּא הָדֵין בִּידִי,
ג וְאַגַמַּר יָת קִרְוֵיהוֹן: וְקַבֵּיל יי צְלוֹתֵיהּ דְּיִשְׂרָאֵל, וּמְסַר יָת כְּנַעֲנָאָה, וְגַמַּר יָתְהוֹן וְיָת קִרְוֵיהוֹן,
ד וּקְרָא שְׁמֵיהּ דְּאַתְרָא חָרְמָה: וּנְטַלוּ, מֵהוֹר טוּרָא אוֹרַח יַמָּא דְסוּף, לְאַקָּפָא יָת אַרְעָא דֶאֱדוֹם,
ה וַעֲקַת נַפְשָׁא דְעַמָּא בְּאוֹרְחָא: וְאִתְרַעַם עַמָּא, קֳדָם יי וְעִם מֹשֶׁה נְצוֹ, לְמָא אַסֵּיקְתּוּנָא
מִמִּצְרַיִם, לִמְמַת בְּמַדְבְּרָא, אֲרֵי לֵית לַחְמָא וְלֵית מַיָּא, וְנַפְשַׁנָא עֲקַת, בְּמַנָּא הָדֵין דְּמֵיכְלֵיהּ
ו ז קַלִּיל: וְגָרֵי יי בְּעַמָּא, יָת חִיוָן קָלַן, וְנַכִּיתוּ יָת עַמָּא, וּמִית עַם סַגִּי מִיִּשְׂרָאֵל: וַאֲתָא עַמָּא לְוָת
מֹשֶׁה וַאֲמַרוּ חַבְנָא, אֲרֵי אִתְרָעַמְנָא קֳדָם יי וְעִמָּךְ נְצֵינָא, צַלִּי קֳדָם יי, וְיַעְדֵּי מִנָּנָא יָת חִוְיָא,
ח וְצַלִּי מֹשֶׁה עַל עַמָּא: וַאֲמַר יי לְמֹשֶׁה, עֲבֵיד לָךְ קַלְיָא, וְשַׁו יָתֵיהּ עַל אָת, וִיהֵי כָּל דְּיִתְנְכֵית,

אָמְרוּ: נִתְפַּלֵּל סְתָם, שֶׁנֶּאֱמַר: "אִם נָתֹן תִּתֵּן אֶת הָעָם הַזֶּה בְּיָדִי" (להלן פסוק ב): **דֶּרֶךְ הָאֲתָרִים.** דֶּרֶךְ הַנֶּגֶב שֶׁהָלְכוּ בָּהּ מְרַגְּלִים, שֶׁנֶּאֱמַר: "וַיַּעֲלוּ בַנֶּגֶב" (לעיל יג, כב). דָּבָר אַחֵר, "דֶּרֶךְ הָאֲתָרִים", דֶּרֶךְ הַתַּיָּר הַגָּדוֹל הַנּוֹסֵעַ לִפְנֵיהֶם, שֶׁנֶּאֱמַר: "דֶּרֶךְ שְׁלֹשֶׁת יָמִים לָתוּר לָהֶם מְנוּחָה" (לעיל י, לג): **וַיִּשְׁבְּ מִמֶּנּוּ שֶׁבִי.** אֵינָהּ אֶלָּא שִׁפְחָה אַחַת:

ב| **וְהַחֲרַמְתִּי.** אַקְדִּישׁ שְׁלָלָם לַגָּבוֹהַּ:

ג| **וַיַּחֲרֵם אֶתְהֶם.** בַּהֲרִיגָה: **וְאֶת עָרֵיהֶם.** חֶרְמֵי גָבוֹהַּ:

ד| **דֶּרֶךְ יַם סוּף.** כֵּיוָן שֶׁמֵּת אַהֲרֹן וּבָאת עֲלֵיהֶם מִלְחָמָה זוֹ, חָזְרוּ לַאֲחוֹרֵיהֶם דֶּרֶךְ יַם סוּף, הוּא הַדֶּרֶךְ שֶׁחָזְרוּ לָהֶם כְּשֶׁנִּגְזְרָה עֲלֵיהֶם גְּזֵרַת מְרַגְּלִים, שֶׁנֶּאֱמַר: "וּסְעוּ הַמִּדְבָּרָה דֶּרֶךְ יַם סוּף" (דברים א, מ). וְכָאן חָזְרוּ לַאֲחוֹרֵיהֶם שֶׁבַע מַסָּעוֹת, שֶׁנֶּאֱמַר: "וּבְנֵי יִשְׂרָאֵל נָסְעוּ מִבְּאֵרֹת בְּנֵי יַעֲקָן מוֹסֵרָה שָׁם מֵת אַהֲרֹן" (שם י, ו), וְכִי בְּמוֹסֵרָה מֵת? וַהֲלֹא בְּהֹר הָהָר מֵת! אֶלָּא שָׁם חָזְרוּ וְהִתְאַבְּלוּ עָלָיו וְהִסְפִּידוּהוּ כְּאִלּוּ הוּא בִּפְנֵיהֶם. וְצֵא וּבְדֹק בַּמַּסָּעוֹת וְתִמְצָאֵם שֶׁבַע מַסָּעוֹת מִן מוֹסֵרָה עַד הֹר הָהָר: **לִסְבֹב אֶת אֶרֶץ אֱדוֹם.** שֶׁלֹּא נְתָנָם לַעֲבֹר בְּאַרְצוֹ: **וַתִּקְצַר נֶפֶשׁ הָעָם בַּדָּרֶךְ.** בְּטֹרַח הַדֶּרֶךְ שֶׁהֻקְשָׁה לָהֶם, אָמְרוּ: עַכְשָׁיו הָיִינוּ קְרוֹבִים לִכָּנֵס לָאָרֶץ וְאָנוּ חוֹזְרִים לַאֲחוֹרֵינוּ, כָּךְ חָזְרוּ אֲבוֹתֵינוּ וְנִשְׁתַּהוּ שְׁלֹשִׁים וּשְׁמוֹנֶה שָׁנָה עַד הַיּוֹם, לְפִיכָךְ קָצְרָה נַפְשָׁם בְּעִנּוּי הַדֶּרֶךְ. וּבִלְשׁוֹן לַעַז אנקרוטלו"ר. וְלֹא יִתָּכֵן לוֹמַר "וַתִּקְצַר נֶפֶשׁ הָעָם בַּדָּרֶךְ" בִּהְיוֹתָם בַּדֶּרֶךְ וְלֹא פֵּרֵשׁ בּוֹ בַּמֶּה קָצְרָה, שֶׁכָּל מָקוֹם שֶׁתִּמְצָא קֹצֶר נֶפֶשׁ בַּמִּקְרָא מְפֹרָשׁ שָׁם בַּמֶּה קָצְרָה, כְּגוֹן: "וַתִּקְצַר נַפְשִׁי בָּהֶם" (זכריה יא, ח), וּכְגוֹן: "וַתִּקְצַר נַפְשׁוֹ בַּעֲמַל יִשְׂרָאֵל" (שופטים י, טז), וְכָל דָּבָר הַקָּשֶׁה עַל אָדָם נוֹפֵל בּוֹ לְשׁוֹן קֹצֶר נֶפֶשׁ, כְּאָדָם שֶׁהַטֹּרַח בָּא עָלָיו וְאֵין דַּעְתּוֹ רְחָבָה לְקַבֵּל אוֹתוֹ הַדָּבָר, וְאֵין לוֹ מָקוֹם בְּתוֹךְ לִבּוֹ לָגוּר שָׁם אוֹתוֹ הַצַּעַר, וּבְדָבָר הַמַּטְרִיחַ נוֹפֵל לְשׁוֹן גֹּדֶל, שֶׁגָּדוֹל הוּא וְכָבֵד עַל הָאָדָם, כְּגוֹן: "וְגַם נַפְשָׁם בָּחֲלָה בִי" (זכריה שם), גָּדְלָה עָלַי, "וְיִגְאֶה כַּשַּׁחַל תְּצוּדֵנִי" (איוב י, טז). כְּלָלוֹ שֶׁל פֵּרוּשׁ: כָּל לְשׁוֹן קֹצֶר נֶפֶשׁ בְּדָבָר, לְשׁוֹן 'שֶׁאֵין יָכוֹל לְסָבְלוֹ' הוּא, שֶׁאֵין הַדַּעַת סוֹבַלְתּוֹ:

ה| **בֵּאלֹהִים וּבְמֹשֶׁה.** הִשְׁווּ עֶבֶד לְקוֹנוֹ: **לָמָה הֶעֱלִיתֻנוּ.** שְׁנֵיהֶם שָׁוִים: **וְנַפְשֵׁנוּ קָצָה.** אַף זֶה לְשׁוֹן קֹצֶר נֶפֶשׁ וּמֵאוּס: **בַּלֶּחֶם הַקְּלֹקֵל.** לְפִי שֶׁהַמָּן נִבְלָע בָּאֵיבָרִים קְרָאוּהוּ 'קְלֹקֵל', אָמְרוּ: עָתִיד הַמָּן הַזֶּה שֶׁיִּתְפַּח בְּמֵעֵינוּ, כְּלוּם יֵשׁ יְלוּד אִשָּׁה שֶׁמַּכְנִיס וְאֵינוֹ מוֹצִיא?

ו| **אֵת הַנְּחָשִׁים הַשְּׂרָפִים.** שֶׁשּׂוֹרְפִים אֶת הָאָדָם בְּאֶרֶס שִׁנֵּיהֶם: **וַיְנַשְּׁכוּ אֶת הָעָם.** יָבֹא נָחָשׁ שֶׁלָּקָה עַל הוֹצָאַת דִּבָּה וְיִפָּרַע מִמּוֹצִיאֵי דִבָּה, יָבֹא נָחָשׁ שֶׁכָּל הַמִּינִין נִטְעָמִין לוֹ טַעַם אֶחָד וְיִפָּרַע מִכְּפוּיֵי טוֹבָה שֶׁדָּבָר אֶחָד מִשְׁתַּנֶּה לָהֶם לְכַמָּה טְעָמִים:

ז| **וַיִּתְפַּלֵּל מֹשֶׁה.** מִכָּאן לְמִי שֶׁמְּבַקְשִׁים מִמֶּנּוּ מְחִילָה שֶׁלֹּא יְהֵא אַכְזָרִי מִלִּמְחֹל:

ח| **עַל נֵס.** עַל כְּלוֹנָס שֶׁקּוֹרִין פירק"א בְּלַעַז, וְכֵן: "וְכַנֵּס עַל הַגִּבְעָה" (ישעיה ל, יז), "אָרִים נִסִּי" (שם מט, כב), "שְׂאוּ נֵס" (שם יג, ב), וּלְפִי שֶׁהוּא גָּבוֹהַּ לְאוֹת וְלִרְאִיָּה קוֹרְאוֹ 'נֵס': **כָּל הַנָּשׁוּךְ.** אֲפִלּוּ כֶּלֶב אוֹ

ט וְרָאָה אֹתוֹ וָחָי׃ וַיַּעַשׂ מֹשֶׁה נְחַשׁ נְחֹשֶׁת וַיְשִׂמֵהוּ
עַל־הַנֵּס וְהָיָה אִם־נָשַׁךְ הַנָּחָשׁ אֶת־אִישׁ וְהִבִּיט
ששי י אֶל־נְחַשׁ הַנְּחֹשֶׁת וָחָי׃ וַיִּסְעוּ בְּנֵי יִשְׂרָאֵל וַיַּחֲנוּ
יא בְּאֹבֹת׃ וַיִּסְעוּ מֵאֹבֹת וַיַּחֲנוּ בְּעִיֵּי הָעֲבָרִים בַּמִּדְבָּר
יב אֲשֶׁר עַל־פְּנֵי מוֹאָב מִמִּזְרַח הַשָּׁמֶשׁ׃ מִשָּׁם נָסָעוּ
יג וַיַּחֲנוּ בְּנַחַל זָרֶד׃ מִשָּׁם נָסָעוּ וַיַּחֲנוּ מֵעֵבֶר אַרְנוֹן
אֲשֶׁר בַּמִּדְבָּר הַיֹּצֵא מִגְּבֻל הָאֱמֹרִי כִּי אַרְנוֹן גְּבוּל
יד מוֹאָב בֵּין מוֹאָב וּבֵין הָאֱמֹרִי׃ עַל־כֵּן יֵאָמַר בְּסֵפֶר
מִלְחֲמֹת יְהוָה אֶת־וָהֵב בְּסוּפָה וְאֶת־הַנְּחָלִים
טו אַרְנוֹן׃ וְאֶשֶׁד הַנְּחָלִים אֲשֶׁר נָטָה לְשֶׁבֶת עָר וְנִשְׁעַן
טז לִגְבוּל מוֹאָב׃ וּמִשָּׁם בְּאֵרָה הִוא הַבְּאֵר אֲשֶׁר
אָמַר יְהוָה לְמֹשֶׁה אֱסֹף אֶת־הָעָם וְאֶתְּנָה לָהֶם
יז ★ מָיִם׃ אָז יָשִׁיר יִשְׂרָאֵל אֶת־הַשִּׁירָה
יח הַזֹּאת עֲלִי בְאֵר עֱנוּ־לָהּ׃ בְּאֵר חֲפָרוּהָ שָׂרִים
כָּרוּהָ נְדִיבֵי הָעָם בִּמְחֹקֵק בְּמִשְׁעֲנֹתָם וּמִמִּדְבָּר

חקת

חֲמוֹר נְשָׁכוֹ הָיָה נִזּוֹק וּמִתְנַוְנֶה וְהוֹלֵךְ, אֶלָּא שֶׁנְּשִׁיכַת הַנָּחָשׁ מְמַהֶרֶת לְהָמִית, לְכָךְ נֶאֱמַר כָּאן: "וְרָאָה אֹתוֹ" רְאִיָּה בְּעָלְמָא, וּבִנְשִׁיכַת הַנָּחָשׁ נֶאֱמַר: "וְהִבִּיט", "וְהָיָה אִם נָשַׁךְ הַנָּחָשׁ אֶת אִישׁ וְהִבִּיט" וְגוֹ' (להלן פסוק ט), שֶׁלֹּא הָיָה מְמַהֵר נְשׁוּךְ הַנָּחָשׁ לְהִתְרַפְּאוֹת אֶלָּא אִם כֵּן מַבִּיט בּוֹ בְּכַוָּנָה. וְאָמְרוּ רַבּוֹתֵינוּ: וְכִי נָחָשׁ מֵמִית אוֹ מְחַיֶּה? אֶלָּא בִּזְמַן שֶׁהָיוּ יִשְׂרָאֵל מִסְתַּכְּלִין כְּלַפֵּי מַעְלָה וּמְשַׁעְבְּדִין אֶת לִבָּם לַאֲבִיהֶם שֶׁבַּשָּׁמַיִם הָיוּ מִתְרַפְּאִים, וְאִם לָאו הָיוּ נִמּוֹקִים:

ט) נְחַשׁ נְחֹשֶׁת. לֹא נֶאֱמַר לוֹ לַעֲשׂוֹתוֹ שֶׁל נְחֹשֶׁת, אֶלָּא אָמַר מֹשֶׁה: הַקָּדוֹשׁ בָּרוּךְ הוּא קוֹרְאוֹ נָחָשׁ וַאֲנִי אֶעֱשֶׂנּוּ שֶׁל נְחֹשֶׁת, לָשׁוֹן נוֹפֵל עַל לָשׁוֹן:

יא) בְּעִיֵּי הָעֲבָרִים. לֹא יָדַעְתִּי לָמָּה נִקְרָא שְׁמָם עִיִּים, וְ'עִי' לָשׁוֹן חֻרְבָּה הוּא, דָּבָר הַטָּאוּט בְּמַטְאֲטֵא, וְהָעַיִ"ן בּוֹ יְסוֹד לְבַדָּהּ, וְהוּא מִלְּשׁוֹן "יָעִים" (לעיל ד, יד), "וְיָעָה בָרָד" (ישעיה כח, יז): הָעֲבָרִים. דֶּרֶךְ מַעֲבַר הָעוֹבְרִים שָׁם אֶת הַר נְבוֹ אֶל אֶרֶץ כְּנַעַן, שֶׁהוּא מַפְסִיק בֵּין אֶרֶץ מוֹאָב

ט וְיֶחֱזֵי יָתֵיהּ וְיִתְקַיָּם: וַעֲבַד מֹשֶׁה חִוְיָא דִּנְחָשָׁא, וְשַׁוְיֵהּ עַל אָת, וַהֲוֵי, כַּד נָכֵית חִוְיָא יָת
י יא גֻּבְרָא, וּמִסְתַּכַּל, בְּחִוְיָא דִּנְחָשָׁא וּמִתְקַיָּם: וּנְטַלוּ בְּנֵי יִשְׂרָאֵל, וּשְׁרוֹ בְּאוֹבוֹת: וּנְטַלוּ
יב מֵאוֹבוֹת, וּשְׁרוֹ בִּמְגָזַת עִבְרָאֵי, בְּמַדְבְּרָא דְּעַל אַפֵּי מוֹאָב, מִמַּדְנַח שִׁמְשָׁא: מִתַּמָּן נְטַלוּ,
יג וּשְׁרוֹ בְּנַחְלָא דְזָרֶד: מִתַּמָּן נְטַלוּ, וּשְׁרוֹ, מֵעִבְרָא דְאַרְנוֹן דִּבְמַדְבְּרָא, דְּנָפֵיק מִתְּחוּם
יד אֱמוֹרָאָה, אֲרֵי אַרְנוֹן תְּחוּם מוֹאָב, בֵּין מוֹאָב וּבֵין אֱמוֹרָאָה: עַל כֵּן יִתְאֲמַר, בְּסִפְרָא קְרָבִין
טו עֲבַד יי עַל יַמָּא דְסוּף, וּגְבוּרָן עַל נַחֲלֵי אַרְנוֹן: וְשָׁפוֹךְ נַחְלַיָּא, דִּמְדַבְּרִין לְקָבֵיל לְחָיַת,
טז וּמִסְתְּמִיךְ לִתְחוּם מוֹאָב: וּמִתַּמָּן אִתְיְהִיבַת לְהוֹן בֵּירָא, הִיא בֵּירָא, דַּאֲמַר יי לְמֹשֶׁה,
יז כְּנוֹשׁ יָת עַמָּא, וְאֶתֵּין לְהוֹן מַיָּא: בְּכֵן שַׁבַּח יִשְׂרָאֵל, יָת תֻּשְׁבַּחְתָּא הָדָא, סַקִי בֵירָא שַׁבַּחוּ
יח לַהּ: בֵּירָא דְּחַפְרוּהָא רַבְרְבַיָּא, כְּרוֹהָא רֵישֵׁי עַמָּא, סָפְרַיָּא בְּחֻטְרֵיהוֹן, וּמִמַּדְבְּרָא

לְאֶרֶץ הָאֱמֹרִי: עַל פְּנֵי מוֹאָב מִמִּזְרַח הַשָּׁמֶשׁ. בְּמִזְרָחָהּ שֶׁל אֶרֶץ מוֹאָב:

יג **מִגְּבֻל הָאֱמֹרִי.** תְּחוּם סוֹף מֵצַר שֶׁלָּהֶם, וְכֵן "גְּבוּל מוֹאָב", לְשׁוֹן קָצֶה וָסוֹף: **מֵעֵבֶר אַרְנוֹן.** הִקִּיפוּ אֶרֶץ מוֹאָב כָּל דְּרוֹמָהּ וּמִזְרָחָהּ, עַד שֶׁבָּאוּ מֵעֵבֶר הַשֵּׁנִי לְאַרְנוֹן בְּתוֹךְ אֶרֶץ הָאֱמֹרִי, בִּצְפוֹנָהּ שֶׁל אֶרֶץ מוֹאָב: **הַיֹּצֵא מִגְּבֻל הָאֱמֹרִי.** רְצוּעָה יוֹצְאָה מִגְּבוּל הָאֱמֹרִי וְהִיא שֶׁל אֱמוֹרִיִּים, וְנִכְנֶסֶת לִגְבוּל מוֹאָב עַד אַרְנוֹן שֶׁהוּא גְּבוּל מוֹאָב, וְשָׁם חָנוּ יִשְׂרָאֵל וְלֹא בָּאוּ לִגְבוּל מוֹאָב, "כִּי אַרְנוֹן גְּבוּל מוֹאָב", וְהֵם לֹא נָתְנוּ לָהֶם רְשׁוּת לַעֲבֹר בְּאַרְצָם. וְאַף עַל פִּי שֶׁלֹּא פֵּרְשָׁהּ מֹשֶׁה, פֵּרְשָׁהּ יִפְתָּח, כְּמוֹ שֶׁאָמַר יִפְתָּח: "וְגַם אֶל מֶלֶךְ מוֹאָב שָׁלַח וְלֹא אָבָה" (שופטים יא, יז), וּמֹשֶׁה רְמָזָהּ: "כַּאֲשֶׁר עָשׂוּ לִי בְּנֵי עֵשָׂו הַיֹּשְׁבִים בְּשֵׂעִיר וְהַמּוֹאָבִים הַיֹּשְׁבִים בְּעָר" (דברים ב, כט), מָה אֵלּוּ לֹא נְתָנוּם לַעֲבֹר בְּתוֹךְ אַרְצָם אֶלָּא הִקִּיפוּם סָבִיב, אַף מוֹאָב כֵּן:

יד-טו **עַל כֵּן.** עַל חֲנִיָּה זוֹ וְנִסִּים שֶׁנַּעֲשׂוּ בָּהּ "יֵאָמַר בְּסֵפֶר מִלְחֲמֹת ה'", כְּשֶׁמְּסַפְּרִים נִסִּים שֶׁנַּעֲשׂוּ לַאֲבוֹתֵינוּ, יְסַפְּרוּ: "אֶת וָהֵב" וְגוֹ': **אֶת וָהֵב.** כְּמוֹ 'אֶת יָהֵב', כְּמוֹ שֶׁאוֹמְרִים מִן 'יעד' 'וָעַד', כֵּן יֵאָמֵר מִן 'יָהֵב' 'וָהֵב', וְהַוָּי"ו יְסוֹד הוּא, כְּלוֹמַר אֶת אֲשֶׁר יָהַב לָהֶם וְהִרְבָּה נִסִּים בְּיַם סוּף: **וְאֶת הַנְּחָלִים אַרְנוֹן.** כְּשֵׁם שֶׁמְּסַפְּרִים בְּנִסֵּי יַם סוּף, כָּךְ יֵשׁ לְסַפֵּר בְּנִסֵּי נַחֲלֵי אַרְנוֹן, שֶׁאַף כָּאן נַעֲשׂוּ נִסִּים גְּדוֹלִים, וּמָה הֵם הַנִּסִּים? **וְאֶשֶׁד הַנְּחָלִים.** תַּרְגּוּם שֶׁל שֶׁפֶךְ – 'אֶשֶׁד', שֶׁפֶךְ הַנְּחָלִים, שֶׁנִּשְׁפַּךְ שָׁם דַּם אֱמוֹרִיִּים שֶׁהָיוּ נֶחְבָּאִים שָׁם; לְפִי שֶׁהָיוּ הֶהָרִים גְּבוֹהִים וְהַנַּחַל עָמֹק וְקָצָר וְהֶהָרִים סְמוּכִים זֶה לָזֶה, אָדָם עוֹמֵד עַל הָהָר מִזֶּה וּמְדַבֵּר עִם חֲבֵרוֹ בָּהָר מִזֶּה, וְהַדֶּרֶךְ עוֹבֵר בְּתוֹךְ הַנַּחַל, אָמְרוּ אֱמוֹרִיִּים: כְּשֶׁיִּכָּנְסוּ יִשְׂרָאֵל לְתוֹךְ הַנַּחַל לַעֲבֹר, נֵצֵא מִן הַמְּעָרוֹת שֶׁבֶּהָרִים שֶׁלְּמַעְלָה מֵהֶם וְנַהַרְגֵם בְּחִצִּים וְאַבְנֵי בַלִּיסְטְרָאוֹת, וְהָיוּ אוֹתָן הַנְּקָעִים בָּהָר שֶׁל צַד מוֹאָב, וּבָהָר שֶׁל צַד אֱמוֹרִיִּים הָיוּ כְּנֶגֶד אוֹתָן נְקָעִים כְּמִין קְרָנוֹת וְשָׁדַיִם בּוֹלְטִין לַחוּץ, כֵּיוָן שֶׁבָּאוּ יִשְׂרָאֵל לַעֲבֹר, נִזְדַּעְזַע הָהָר שֶׁל אֶרֶץ יִשְׂרָאֵל כְּשִׁפְחָה הַיּוֹצֵאת לְהַקְבִּיל פְּנֵי גְּבִרְתָּהּ, וְנִתְקָרֵב לְצַד הַר שֶׁל מוֹאָב, וְנִכְנְסוּ אוֹתָן הַשָּׁדַיִם לְתוֹךְ אוֹתָן נְקָעִים וַהֲרָגוּם, וְזֶהוּ: "אֲשֶׁר נָטָה לְשֶׁבֶת עָר", שֶׁהָהָר נָטָה מִמְּקוֹמוֹ וְנִתְקָרֵב לְצַד מוֹאָב וְנִדְבַּק בּוֹ, וְזֶהוּ: "וְנִשְׁעַן לִגְבוּל מוֹאָב":

טז **וּמִשָּׁם בְּאֵרָה.** מִשָּׁם בָּא הָאֶשֶׁד אֶל הַבְּאֵר. כֵּיצַד? אָמַר הַקָּדוֹשׁ בָּרוּךְ הוּא, מִי מוֹדִיעַ לְבָנַי הַנִּסִּים הַלָּלוּ? הַמָּשָׁל אוֹמֵר: נָתַתָּ פַּת לְתִינוֹק, הוֹדַע לְאִמּוֹ. לְאַחַר שֶׁעָבְרוּ חָזְרוּ הֶהָרִים לִמְקוֹמָם, וְהַבְּאֵר יָרְדָה לְתוֹךְ הַנַּחַל וְהֶעֶלְתָה מִשָּׁם דַּם הַהֲרוּגִים וּזְרוֹעוֹת וְאֵיבָרִים וּמוֹלִיכָתָן סְבִיב הַמַּחֲנֶה, וְיִשְׂרָאֵל רָאוּ וְאָמְרוּ שִׁירָה:

יז **עֲלִי בְאֵר.** מִתּוֹךְ הַנַּחַל וְהַעֲלִי מָה שֶׁאַתְּ מַעֲלָה. וּמִנַּיִן שֶׁהַבְּאֵר הוֹדִיעָה לָהֶם? שֶׁנֶּאֱמַר: "וּמִשָּׁם בְּאֵרָה", וְכִי מִשָּׁם הָיְתָה? וַהֲלֹא מִתְּחִלַּת אַרְבָּעִים שָׁנָה הָיְתָה עִמָּהֶם! אֶלָּא שֶׁיָּרְדָה לְפַרְסֵם אֶת הַנִּסִּים. וְכֵן "אָז יָשִׁיר", הַשִּׁירָה הַזֹּאת נֶאֶמְרָה בְּסוֹף אַרְבָּעִים, וְהַבְּאֵר נִתְּנָה לָהֶם מִתְּחִלַּת אַרְבָּעִים, מָה רָאָה לִכְתֹּב כָּאן? אֶלָּא הָעִנְיָן הַזֶּה נִדְרָשׁ לְמַעְלָה הֵימֶנּוּ:

יח-כ **בְּאֵר חֲפָרוּהָ.** זֹאת הִיא הַבְּאֵר אֲשֶׁר "חֲפָרוּהָ שָׂרִים", מֹשֶׁה וְאַהֲרֹן: **בְּמִשְׁעֲנֹתָם.** בְּמַטֶּה: **וּמִמִּדְבָּר.** נִתְּנָה לָהֶם: **וּמִמַּתָּנָה נַחֲלִיאֵל.**

יט מַתָּנָה: וּמִמַּתָּנָה נַחֲלִיאֵל וּמִנַּחֲלִיאֵל בָּמוֹת:
כ וּמִבָּמוֹת הַגַּיְא אֲשֶׁר בִּשְׂדֵה מוֹאָב רֹאשׁ
הַפִּסְגָּה וְנִשְׁקָפָה עַל־פְּנֵי הַיְשִׁימֹן:
כא שביעי /רביעי/ וַיִּשְׁלַח יִשְׂרָאֵל מַלְאָכִים אֶל־סִיחֹן מֶלֶךְ־הָאֱמֹרִי
כב לֵאמֹר: אֶעְבְּרָה בְאַרְצֶךָ לֹא נִטֶּה בְּשָׂדֶה וּבְכֶרֶם
לֹא נִשְׁתֶּה מֵי בְאֵר בְּדֶרֶךְ הַמֶּלֶךְ נֵלֵךְ עַד אֲשֶׁר־
כג נַעֲבֹר גְּבֻלֶךָ: וְלֹא־נָתַן סִיחֹן אֶת־יִשְׂרָאֵל עֲבֹר
בִּגְבֻלוֹ וַיֶּאֱסֹף סִיחֹן אֶת־כָּל־עַמּוֹ וַיֵּצֵא לִקְרַאת
יִשְׂרָאֵל הַמִּדְבָּרָה וַיָּבֹא יָהְצָה וַיִּלָּחֶם בְּיִשְׂרָאֵל:
כד וַיַּכֵּהוּ יִשְׂרָאֵל לְפִי־חָרֶב וַיִּירַשׁ אֶת־אַרְצוֹ
מֵאַרְנֹן עַד־יַבֹּק עַד־בְּנֵי עַמּוֹן כִּי עַז גְּבוּל בְּנֵי
כה עַמּוֹן: וַיִּקַּח יִשְׂרָאֵל אֵת כָּל־הֶעָרִים הָאֵלֶּה
וַיֵּשֶׁב יִשְׂרָאֵל בְּכָל־עָרֵי הָאֱמֹרִי בְּחֶשְׁבּוֹן וּבְכָל־
כו בְּנֹתֶיהָ: כִּי חֶשְׁבּוֹן עִיר סִיחֹן מֶלֶךְ הָאֱמֹרִי
הִוא וְהוּא נִלְחַם בְּמֶלֶךְ מוֹאָב הָרִאשׁוֹן וַיִּקַּח
כז אֶת־כָּל־אַרְצוֹ מִיָּדוֹ עַד־אַרְנֹן: עַל־כֵּן יֹאמְרוּ
הַמֹּשְׁלִים בֹּאוּ חֶשְׁבּוֹן תִּבָּנֶה וְתִכּוֹנֵן עִיר סִיחוֹן:

כְּתַרְגּוּמוֹ: וּמִבָּמוֹת הַגַּיְא אֲשֶׁר בִּשְׂדֵה מוֹאָב. כִּי שָׁם מֵת מֹשֶׁה וְשָׁם בָּטְלָה הַבְּאֵר. דָּבָר אַחֵר, כָּרוּהָ נְדִיבֵי הָעָם. כָּל נָשִׂיא וְנָשִׂיא כְּשֶׁהָיוּ חוֹנִים נוֹטֵל מַקְלוֹ וּמוֹשֵׁךְ אֵצֶל דִּגְלוֹ וּמַחֲנֵהוּ, וּמֵי הַבְּאֵר נִמְשָׁכִין דֶּרֶךְ אוֹתוֹ סִימָן וּבָאִין לִפְנֵי חֲנִיַּת כָּל שֵׁבֶט וָשֵׁבֶט: בִּמְחֹקֵק. עַל פִּי מֹשֶׁה שֶׁנִּקְרָא

יט אִתְיְהֵיבַת לְהוֹן: וּמִדְּאִתְיְהֵיבַת לְהוֹן נָחֲתָא עִמְּהוֹן לְנַחֲלַיָּא, וּמִנַּחֲלַיָּא סָלְקָא עִמְּהוֹן
כ לְרָמְתָא: וּמֵרָמְתָא, לְחֵלַיָּא דִּבְחַקְלֵי מוֹאָב, רֵישׁ רָמְתָא, וּמִסְתַּכְיָא עַל אַפֵּי בֵּית יְשִׁימוֹן:
כא כב וּשְׁלַח יִשְׂרָאֵל אִזְגַּדִּין, לְוָת סִיחוֹן מַלְכָּא אֱמוֹרָאָה לְמֵימַר: אֶעְבַּר בְּאַרְעָךְ, לָא נִסְטֵי בַּחֲקַל
כג וּבִכְרַם, לָא נִשְׁתֵּי מֵי גוֹב, בְּאוֹרַח מַלְכָּא נֵיזֵיל, עַד דְּנִעְבַּר תְּחוּמָךְ: וְלָא שְׁבַק סִיחוֹן יָת יִשְׂרָאֵל
לְמִעְבַּר בִּתְחוּמֵיהּ, וּכְנַשׁ סִיחוֹן יָת כָּל עַמֵּיהּ, וּנְפַק, לְקַדָּמוּת יִשְׂרָאֵל לְמַדְבְּרָא, וַאֲתָא לְיָהָץ,
כד וַאֲגִיחַ קְרָבָא בְּיִשְׂרָאֵל: וּמְחָהִי יִשְׂרָאֵל לְפִתְגַם דְּחָרֶב, וִירִיתוּ יָת אַרְעֵיהּ מֵאַרְנוֹנָא, עַד
כה יֻבְקָא עַד בְּנֵי עַמּוֹן, אֲרֵי תַקִּיף, תְּחוּמָא דִּבְנֵי עַמּוֹן: וּכְבַשׁ יִשְׂרָאֵל, יָת כָּל קִרְוַיָּא הָאִלֵּין,
כו וִיתֵיב יִשְׂרָאֵל בְּכָל קִרְוֵי אֱמוֹרָאָה, בְּחֶשְׁבּוֹן וּבְכָל כַּפְרָנָהָא: אֲרֵי חֶשְׁבּוֹן, קַרְתָּא, דְּסִיחוֹן,
מַלְכָּא אֱמוֹרָאָה הִיא, וְהוּא אֲגִיחַ קְרָבָא, בְּמַלְכָּא דְּמוֹאָב קַדְמָאָה, וּנְסֵיב יָת כָּל אַרְעֵיהּ,
כז מִנֵּיהּ עַד אַרְנוֹן: עַל כֵּן, יֵימְרוּן מַתְלַיָּא עוּלוּ לְחֶשְׁבּוֹן, תִּתְבְּנֵי וְתִשְׁתַּכְלַל קַרְתָּא דְּסִיחוֹן:

מְחוֹקֵק, שֶׁנֶּאֱמַר: "כִּי שָׁם חֶלְקַת מְחֹקֵק סָפוּן" (דברים לג, כא). וְלָמָּה לֹא נִזְכַּר מֹשֶׁה בְּשִׁירָה זוֹ? לְפִי שֶׁלָּקָה עַל יְדֵי הַבְּאֵר. וְכֵיוָן שֶׁלֹּא נִזְכַּר שְׁמוֹ שֶׁל מֹשֶׁה לֹא נִזְכַּר שְׁמוֹ שֶׁל הַקָּדוֹשׁ בָּרוּךְ הוּא. מָשָׁל לְמֶלֶךְ שֶׁהָיוּ מְזַמְּנִין אוֹתוֹ לִסְעוּדָה, אָמַר: אִם אוֹהֲבִי שָׁם אֲנִי שָׁם, וְאִם לָאו אֵינִי הוֹלֵךְ: רֹאשׁ הַפִּסְגָּה. כְּתַרְגּוּמוֹ: "רֵישׁ רָמְתָא": פִּסְגָּה. לְשׁוֹן גֹּבַהּ, וְכֵן "פַּסְּגוּ אַרְמְנוֹתֶיהָ" (תהלים מח, יד), הַגְבִּיהוּ אַרְמְנוֹתֶיהָ: וְנִשְׁקָפָה. אוֹתָהּ הַפִּסְגָּה, עַל פְּנֵי הַמָּקוֹם שֶׁשְּׁמוֹ "יְשִׁימֹן", וְהוּא לְשׁוֹן מִדְבָּר שֶׁהוּא שָׁמֵם. דָּבָר אַחֵר, "וְנִשְׁקָפָה" הַבְּאֵר "עַל פְּנֵי הַיְשִׁימֹן", שֶׁנִּגְנְזָה בְּיַמָּהּ שֶׁל טְבֶרְיָא, וְהָעוֹמֵד עַל הַיְשִׁימוֹן מַבִּיט וְרוֹאֶה כְּמִין כְּבָרָה בַּיָּם וְהִיא הַבְּאֵר. כָּךְ דָּרַשׁ רַבִּי תַּנְחוּמָא (כא):

כא| וַיִּשְׁלַח יִשְׂרָאֵל מַלְאָכִים. וּבְמָקוֹם אַחֵר תּוֹלֶה הַשְּׁלִיחוּת בְּמֹשֶׁה, שֶׁנֶּאֱמַר: "וָאֶשְׁלַח מַלְאָכִים מִמִּדְבַּר קְדֵמוֹת" (דברים ב, כו), וְכֵן: "וַיִּשְׁלַח מֹשֶׁה מַלְאָכִים מִקָּדֵשׁ אֶל מֶלֶךְ אֱדוֹם" (לעיל כ, יד), וּבְיִפְתָּח הוּא אוֹמֵר: "וַיִּשְׁלַח יִשְׂרָאֵל מַלְאָכִים אֶל מֶלֶךְ אֱדוֹם" וְגוֹ' (שופטים יא, יז); הַכְּתוּבִים הַלָּלוּ צְרִיכִים זֶה לָזֶה, זֶה נוֹעֵל וְזֶה פּוֹתֵחַ, שֶׁמֹּשֶׁה הוּא יִשְׂרָאֵל וְיִשְׂרָאֵל הֵם מֹשֶׁה, לוֹמַר לְךָ שֶׁנְּשִׂיא הַדּוֹר הוּא כְּכָל הַדּוֹר, כִּי הַנָּשִׂיא הוּא הַכֹּל:

כב| אֶעְבְּרָה בְאַרְצֶךָ. אַף עַל פִּי שֶׁלֹּא נִצְטַוּוּ לִפְתֹּחַ לָהֶם בְּשָׁלוֹם בִּקְּשׁוּ מֵהֶם שָׁלוֹם:

כג| וְלֹא נָתַן סִיחֹן וְגוֹ'. לְפִי שֶׁכָּל מַלְכֵי כְנַעַן הָיוּ מַעֲלִין לוֹ מַס, שֶׁהָיָה שׁוֹמְרָם שֶׁלֹּא יַעַבְרוּ עֲלֵיהֶם גְּיָסוֹת, כֵּיוָן שֶׁאָמְרוּ לוֹ יִשְׂרָאֵל: "אֶעְבְּרָה בְאַרְצֶךָ", אָמַר לָהֶם: כָּל עַצְמִי אֵינִי יוֹשֵׁב כָּאן אֶלָּא לְשָׁמְרָם מִפְּנֵיכֶם, וְאַתֶּם אוֹמְרִים כָּךְ?!: וַיֵּצֵא לִקְרַאת יִשְׂרָאֵל. אִלּוּ הָיְתָה חֶשְׁבּוֹן מְלֵאָה יַתּוּשִׁין אֵין כָּל בְּרִיָּה יְכוֹלָה לְכָבְשָׁהּ, וְאִם הָיָה סִיחוֹן בִּכְפָר חַלָּשׁ אֵין כָּל אָדָם יָכוֹל לְכָבְשׁוֹ, וְכָל שֶׁכֵּן שֶׁהָיָה בְּחֶשְׁבּוֹן. אָמַר הַקָּדוֹשׁ בָּרוּךְ הוּא: מָה אֲנִי מַטְרִיחַ עַל בָּנַי כָּל זֹאת לָצוּר עַל כָּל עִיר וָעִיר, נָתַן בְּלֵב כָּל אַנְשֵׁי הַמִּלְחָמָה לָצֵאת מִן הָעֲיָרוֹת, וְנִתְקַבְּצוּ כֻּלָּם לְמָקוֹם אֶחָד, וְשָׁם נָפְלוּ, וּמִשָּׁם הָלְכוּ יִשְׂרָאֵל אֶל הֶעָרִים וְאֵין עוֹמֵד לְנֶגְדָּם, כִּי אֵין שָׁם אִישׁ אֶלָּא נָשִׁים וָטָף:

כד| כִּי עַז. וּמַהוּ חָזְקוֹ? הַתְרָאָתוֹ שֶׁל הַקָּדוֹשׁ בָּרוּךְ הוּא שֶׁאָמַר לָהֶם: "אַל תְּצֻרֵם" וְגוֹ' (דברים ב, יט):

כה| בְּנֹתֶיהָ. כְּפָרִים הַסְּמוּכִים לָהּ:

כו| וְהוּא נִלְחַם וְגוֹ'. לָמָּה הֻצְרַךְ לִכָּתֵב? לְפִי שֶׁנֶּאֱמַר: "אַל תָּצַר אֶת מוֹאָב" (דברים ב, ט), וְחֶשְׁבּוֹן מִשֶּׁל מוֹאָב הָיְתָה, כָּתַב לָנוּ שֶׁסִּיחוֹן לְקָחָהּ מֵהֶם וְעַל יָדוֹ טָהֲרָה לְיִשְׂרָאֵל: מִיָּדוֹ. מֵרְשׁוּתוֹ:

כז| עַל כֵּן. עַל אוֹתָהּ מִלְחָמָה שֶׁנִּלְחַם סִיחוֹן בְּמוֹאָב: יֹאמְרוּ הַמֹּשְׁלִים. בִּלְעָם, שֶׁנֶּאֱמַר בּוֹ: "וַיִּשָּׂא מְשָׁלוֹ" (להלן כג, ז): הַמֹּשְׁלִים. בִּלְעָם וּבְעוֹר, וְהֵם אָמְרוּ: "בֹּאוּ חֶשְׁבּוֹן", שֶׁלֹּא הָיָה סִיחוֹן יָכוֹל לְכָבְשָׁהּ וְהָלַךְ וְשָׂכַר אֶת בִּלְעָם לְקַלְּלוֹ, וְזֶהוּ שֶׁאָמַר לוֹ בָּלָק: "כִּי יָדַעְתִּי אֵת אֲשֶׁר תְּבָרֵךְ מְבֹרָךְ" וְגוֹ' (להלן כב, ו): תִּבָּנֶה וְתִכּוֹנֵן. חֶשְׁבּוֹן בְּשֵׁם סִיחוֹן לִהְיוֹת עִירוֹ:

כח כִּי־אֵשׁ יָצְאָה מֵחֶשְׁבּוֹן לֶהָבָה מִקִּרְיַת סִיחֹן
כט אָכְלָה עָר מוֹאָב בַּעֲלֵי בָּמוֹת אַרְנֹן׃ אוֹי־לְךָ
מוֹאָב אָבַדְתָּ עַם־כְּמוֹשׁ נָתַן בָּנָיו פְּלֵיטִם
ל וּבְנֹתָיו בַּשְּׁבִית לְמֶלֶךְ אֱמֹרִי סִיחוֹן׃ וַנִּירָם
אָבַד חֶשְׁבּוֹן עַד־דִּיבֹן וַנַּשִּׁים עַד־נֹפַח אֲשֶׁר
לא עַד־מֵידְבָא׃ וַיֵּשֶׁב יִשְׂרָאֵל בְּאֶרֶץ הָאֱמֹרִי׃ ★
לב וַיִּשְׁלַח מֹשֶׁה לְרַגֵּל אֶת־יַעְזֵר וַיִּלְכְּדוּ בְּנֹתֶיהָ
לג ויירש אֶת־הָאֱמֹרִי אֲשֶׁר־שָׁם׃ וַיִּפְנוּ וַיַּעֲלוּ וַיּוֹרֶשׁ
דֶּרֶךְ הַבָּשָׁן וַיֵּצֵא עוֹג מֶלֶךְ־הַבָּשָׁן לִקְרָאתָם
לד הוּא וְכָל־עַמּוֹ לַמִּלְחָמָה אֶדְרֶעִי׃ וַיֹּאמֶר מפטיר
יְהוָה אֶל־מֹשֶׁה אַל־תִּירָא אֹתוֹ כִּי בְיָדְךָ
נָתַתִּי אֹתוֹ וְאֶת־כָּל־עַמּוֹ וְאֶת־אַרְצוֹ וְעָשִׂיתָ
לּוֹ כַּאֲשֶׁר עָשִׂיתָ לְסִיחֹן מֶלֶךְ הָאֱמֹרִי אֲשֶׁר
לה יוֹשֵׁב בְּחֶשְׁבּוֹן׃ וַיַּכּוּ אֹתוֹ וְאֶת־בָּנָיו וְאֶת־
כָּל־עַמּוֹ עַד־בִּלְתִּי הִשְׁאִיר־לוֹ שָׂרִיד וַיִּירְשׁוּ
כב א אֶת־אַרְצוֹ׃ וַיִּסְעוּ בְּנֵי יִשְׂרָאֵל וַיַּחֲנוּ בְּעַרְבוֹת
מוֹאָב מֵעֵבֶר לְיַרְדֵּן יְרֵחוֹ׃

כח אֲרֵי קְדוֹם תַּקִּיף כְּאִישָׁא נְפַק מֵחֶשְׁבּוֹן, עָבְדֵי קְרָבָא כְּשַׁלְהָבִיתָא מִקַּרְתָּא דְּסִיחוֹן, קַטִּילוּ
כט עַמָּא דְּשָׁרוֹ בִּלְחַיַת מוֹאָב, כֻּמְרַיָּא דְּפָלְחִין בֵּית דַּחְלַת רָמָתָא דְּאַרְנוֹן: וָי לְכוֹן מוֹאֲבָאֵי,
אֲבַדְתּוּן עַמָּא דְּפָלְחִין לִכְמוֹשׁ, מְסַר בְּנוֹהִי צִירִין וּבְנָתֵיהּ בְּשִׁבְיָא, לְמַלְכָּא אֱמוֹרָאָה סִיחוֹן:
ל לא פְּסַקַת מַלְכוּ מֵחֶשְׁבּוֹן עֲדָא שָׁלְטָן מִדִּיבוֹן, וְצַדִּיאוּ עַד נוֹפַח, דִּסְמִיךְ עַד מֵידְבָא: וִיתֵיב
לב יִשְׂרָאֵל, בַּאֲרַע אֱמוֹרָאָה: וּשְׁלַח מֹשֶׁה לְאַלָּלָא יָת יַעְזֵר, וּכְבַשׁוּ כַּפְרָנַהָא, וְתָרֵיךְ יָת אֱמוֹרָאָה
לג דְּתַמָּן: וְאִתְפְּנִיאוּ וּסְלִיקוּ, לְאוֹרַח מַתְנָן, וּנְפַק עוֹג מַלְכָּא דְּמַתְנַן לְקַדָּמוּתְהוֹן, הוּא וְכָל עַמֵּיהּ,
לד לְאַגָּחָא קְרָבָא לְאֶדְרֶעִי: וַאֲמַר יְיָ לְמֹשֶׁה לָא תִדְחַל מִנֵּיהּ, אֲרֵי בִידָךְ, מְסַרִית יָתֵיהּ, וְיָת כָּל
עַמֵּיהּ וְיָת אַרְעֵיהּ, וְתַעֲבֵיד לֵיהּ, כְּמָא דַעֲבַדְתָּא, לְסִיחוֹן מַלְכָּא אֱמוֹרָאָה, דְּיָתֵיב בְּחֶשְׁבּוֹן:
כב לה א וּמְחוֹ יָתֵיהּ וְיָת בְּנוֹהִי וְיָת כָּל עַמֵּיהּ, עַד דְּלָא אִשְׁתְּאַר לֵיהּ מְשֵׁיזֵיב, וִירִיתוּ יָת אַרְעֵיהּ: וּנְטַלוּ
בְּנֵי יִשְׂרָאֵל, וּשְׁרוֹ בְּמֵישְׁרַיָּא דְּמוֹאָב, מֵעִבְרָא לְיַרְדְּנָא דִּירִיחוֹ:

כח) **כִּי אֵשׁ יָצְאָה מֵחֶשְׁבּוֹן.** מִשֶּׁכְּבָשָׁהּ סִיחוֹן: **אָכְלָה עָר מוֹאָב.** שֵׁם אוֹתָהּ הַמְּדִינָה קָרוּי 'עָר' בִּלְשׁוֹן עִבְרִי וּ'לְחַיַת' בִּלְשׁוֹן אֲרַמִּי: **עָר מוֹאָב.** עָר שֶׁל מוֹאָב:

כט) **אוֹי לְךָ מוֹאָב.** שֶׁקִּלְּלוּ אֶת מוֹאָב שֶׁיִּמָּסְרוּ בְּיָדוֹ: **כְּמוֹשׁ.** שֵׁם אֱלֹהֵי מוֹאָב (שופטים יא, כד): **נָתַן.** הַנּוֹתֵן אֶת בָּנָיו שֶׁל מוֹאָב: **פְּלֵיטִם.** נָסִים וּפְלֵטִים מֵחֶרֶב, וְאֶת בְּנֹתָיו בַּשְּׁבִית וְגוֹ':

ל) **וַנִּירָם אָבַד.** מַלְכוּת שֶׁלָּהֶם: **אָבַד חֶשְׁבּוֹן עַד דִּיבֹן.** מַלְכוּת וְעֹל שֶׁהָיָה לְמוֹאָב בְּחֶשְׁבּוֹן אָבַד מִשָּׁם, וְכֵן "עַד דִּיבֹן", תַּרְגּוּם שֶׁל 'סָר' – 'עֲדָא', כְּלוֹמַר סָר נִיר מִדִּיבֹן. 'נִיר' לְשׁוֹן מַלְכוּת וְעֹל מֶמְשֶׁלֶת אִישׁ, כְּמוֹ: "לְמַעַן הֱיוֹת נִיר לְדָוִיד עַבְדִּי" (מלכים א' יא, לו): **וַנַּשִּׁים.** שִׁי"ן דְּגוּשָׁה, לְשׁוֹן שְׁמָמָה. כָּךְ יֹאמְרוּ הַמּוֹשְׁלִים: "וַנַּשִּׁים" אוֹתָם "עַד נֹפַח", הֲשִׁמּוֹנוּם עַד נֹפַח:

לב) **וַיִּשְׁלַח מֹשֶׁה לְרַגֵּל אֶת יַעְזֵר וְגוֹ'.** הַמְרַגְּלִים לְכָדוּהָ, אָמְרוּ: לֹא נַעֲשֶׂה כָּרִאשׁוֹנִים, בְּטוּחִים אָנוּ בְּכֹחַ תְּפִלָּתוֹ שֶׁל מֹשֶׁה לְהִלָּחֵם:

לד) **אַל תִּירָא אֹתוֹ.** שֶׁהָיָה מֹשֶׁה יָרֵא לְהִלָּחֵם, שֶׁמָּא תַּעֲמֹד לוֹ זְכוּתוֹ שֶׁל אַבְרָהָם, שֶׁנֶּאֱמַר: "וַיָּבֹא הַפָּלִיט" (בראשית יד, יג), הוּא עוֹג שֶׁפָּלַט מִן הָרְפָאִים שֶׁהִכּוּ כְּדָרְלָעֹמֶר וַחֲבֵרָיו בְּעַשְׁתְּרוֹת קַרְנַיִם, שֶׁנֶּאֱמַר: "רַק עוֹג מֶלֶךְ הַבָּשָׁן נִשְׁאַר מִיֶּתֶר הָרְפָאִים" (דברים ג, יא):

לה) **וַיַּכּוּ אֹתוֹ.** מֹשֶׁה הֲרָגוֹ, כִּדְאִיתָא בִּבְרָכוֹת בְּ'הָרוֹאֶה' (דף נד ע"ב): עֲקַר טוּרָא בַּר תְּלָתָא פַּרְסֵי וְכוּ':

הפטרת חקת

בראש חודש תמוז קוראים את המפטיר, להלן כח, ט-טו, ואת ההפטרה בעמ' 1284.

בחלקה האחרון של תקופת השופטים סבלו שבטי עבר הירדן המזרחי מבני עמון. בהעדר שלטון מרכזי חיפשו השבטים מנהיג בעל רקע צבאי שיוכל להנהיגם. ליפתח היה ניסיון כזה, ולאחר משא ומתן הוא מונה למנהיג השבטים. הוא פתח בדו־שיח נמרץ עם מלך בני עמון כדי להגיע להסכמה בלא מלחמה. בטיעונים שהעלה באו לידי ביטוי בקיאותו בתולדות העם ועמידה על זכויותיהם של שבטי ישראל בגלעד, שבעבר הירדן המזרחי. כל זאת אף על פי שגורש מביתו עקב סכסוך משפחתי. כאשר כל המאמצים לסיום העימות בדו־שיח נכשלו, הוביל יפתח את שבטי הגלעד למלחמת מגע והיכה את בני עמון.

שופטים

וְיִפְתָּח הַגִּלְעָדִי הָיָה גִּבּוֹר חַיִל וְהוּא בֶּן־אִשָּׁה זוֹנָה וַיּוֹלֶד גִּלְעָד אֶת־ א יא
יִפְתָּח: וַתֵּלֶד אֵשֶׁת־גִּלְעָד לוֹ בָּנִים וַיִּגְדְּלוּ בְנֵי־הָאִשָּׁה וַיְגָרְשׁוּ אֶת־יִפְתָּח ב
וַיֹּאמְרוּ לוֹ לֹא־תִנְחַל בְּבֵית־אָבִינוּ כִּי בֶּן־אִשָּׁה אַחֶרֶת אָתָּה: וַיִּבְרַח ג
יִפְתָּח מִפְּנֵי אֶחָיו וַיֵּשֶׁב בְּאֶרֶץ טוֹב וַיִּתְלַקְּטוּ אֶל־יִפְתָּח אֲנָשִׁים רֵיקִים
וַיֵּצְאוּ עִמּוֹ: וַיְהִי מִיָּמִים וַיִּלָּחֲמוּ בְנֵי־עַמּוֹן עִם־יִשְׂרָאֵל: וַיְהִי ד ה
כַּאֲשֶׁר־נִלְחֲמוּ בְנֵי־עַמּוֹן עִם־יִשְׂרָאֵל וַיֵּלְכוּ זִקְנֵי גִלְעָד לָקַחַת אֶת־יִפְתָּח
מֵאֶרֶץ טוֹב: וַיֹּאמְרוּ לְיִפְתָּח לְכָה וְהָיִיתָה לָּנוּ לְקָצִין וְנִלָּחֲמָה בִּבְנֵי עַמּוֹן: ו
וַיֹּאמֶר יִפְתָּח לְזִקְנֵי גִלְעָד הֲלֹא אַתֶּם שְׂנֵאתֶם אוֹתִי וַתְּגָרְשׁוּנִי מִבֵּית אָבִי ז
וּמַדּוּעַ בָּאתֶם אֵלַי עַתָּה כַּאֲשֶׁר צַר לָכֶם: וַיֹּאמְרוּ זִקְנֵי גִלְעָד אֶל־יִפְתָּח ח
לָכֵן עַתָּה שַׁבְנוּ אֵלֶיךָ וְהָלַכְתָּ עִמָּנוּ וְנִלְחַמְתָּ בִּבְנֵי עַמּוֹן וְהָיִיתָ לָּנוּ לְרֹאשׁ
לְכֹל יֹשְׁבֵי גִלְעָד: וַיֹּאמֶר יִפְתָּח אֶל־זִקְנֵי גִלְעָד אִם־מְשִׁיבִים אַתֶּם אוֹתִי ט
לְהִלָּחֵם בִּבְנֵי עַמּוֹן וְנָתַן יהוה אוֹתָם לְפָנָי אָנֹכִי אֶהְיֶה לָכֶם לְרֹאשׁ: וַיֹּאמְרוּ י
זִקְנֵי־גִלְעָד אֶל־יִפְתָּח יהוה יִהְיֶה שֹׁמֵעַ בֵּינוֹתֵינוּ אִם־לֹא כִדְבָרְךָ כֵּן נַעֲשֶׂה:
וַיֵּלֶךְ יִפְתָּח עִם־זִקְנֵי גִלְעָד וַיָּשִׂימוּ הָעָם אוֹתוֹ עֲלֵיהֶם לְרֹאשׁ וּלְקָצִין יא
וַיְדַבֵּר יִפְתָּח אֶת־כָּל־דְּבָרָיו לִפְנֵי יהוה בַּמִּצְפָּה: וַיִּשְׁלַח יִפְתָּח יב
מַלְאָכִים אֶל־מֶלֶךְ בְּנֵי־עַמּוֹן לֵאמֹר מַה־לִּי וָלָךְ כִּי־בָאתָ אֵלַי לְהִלָּחֵם
בְּאַרְצִי: וַיֹּאמֶר מֶלֶךְ בְּנֵי־עַמּוֹן אֶל־מַלְאֲכֵי יִפְתָּח כִּי־לָקַח יִשְׂרָאֵל אֶת־ יג
אַרְצִי בַּעֲלוֹתוֹ מִמִּצְרַיִם מֵאַרְנוֹן וְעַד־הַיַּבֹּק וְעַד־הַיַּרְדֵּן וְעַתָּה הָשִׁיבָה
אֶתְהֶן בְּשָׁלוֹם: וַיּוֹסֶף עוֹד יִפְתָּח וַיִּשְׁלַח מַלְאָכִים אֶל־מֶלֶךְ בְּנֵי עַמּוֹן: יד
וַיֹּאמֶר לוֹ כֹּה אָמַר יִפְתָּח לֹא־לָקַח יִשְׂרָאֵל אֶת־אֶרֶץ מוֹאָב וְאֶת־אֶרֶץ טו
בְּנֵי עַמּוֹן: כִּי בַּעֲלוֹתָם מִמִּצְרָיִם וַיֵּלֶךְ יִשְׂרָאֵל בַּמִּדְבָּר עַד־יַם־סוּף וַיָּבֹא טז
קָדֵשָׁה: וַיִּשְׁלַח יִשְׂרָאֵל מַלְאָכִים ׀ אֶל־מֶלֶךְ אֱדוֹם לֵאמֹר אֶעְבְּרָה־נָּא יז
בְאַרְצֶךָ וְלֹא שָׁמַע מֶלֶךְ אֱדוֹם וְגַם אֶל־מֶלֶךְ מוֹאָב שָׁלַח וְלֹא אָבָה וַיֵּשֶׁב
יִשְׂרָאֵל בְּקָדֵשׁ: וַיֵּלֶךְ בַּמִּדְבָּר וַיָּסָב אֶת־אֶרֶץ אֱדוֹם וְאֶת־אֶרֶץ מוֹאָב וַיָּבֹא יח

חקת

מִמִּזְרַח־שֶׁ֫מֶשׁ לְאֶ֣רֶץ מוֹאָ֑ב וַֽיַּחֲנ֖וּן בְּעֵ֣בֶר אַרְנ֑וֹן וְלֹא־בָ֙אוּ֙ בִּגְב֣וּל מוֹאָ֔ב כִּ֥י
יט אַרְנ֖וֹן גְּב֥וּל מוֹאָֽב: וַיִּשְׁלַ֤ח יִשְׂרָאֵל֙ מַלְאָכִ֔ים אֶל־סִיח֥וֹן מֶֽלֶךְ־הָאֱמֹרִ֖י מֶ֣לֶךְ
כ חֶשְׁבּ֑וֹן וַיֹּ֤אמֶר לוֹ֙ יִשְׂרָאֵ֔ל נַעְבְּרָה־נָּ֥א בְאַרְצְךָ֖ עַד־מְקוֹמִֽי: וְלֹא־הֶאֱמִ֨ין
סִיח֤וֹן אֶת־יִשְׂרָאֵל֙ עֲבֹ֣ר בִּגְבֻל֔וֹ וַיֶּאֱסֹ֤ף סִיחוֹן֙ אֶת־כָּל־עַמּ֔וֹ וַיַּחֲנ֖וּ בְּיָ֑הְצָה
כא וַיִּלָּ֖חֶם עִם־יִשְׂרָאֵֽל: וַ֠יִּתֵּן יְהֹוָ֨ה אֱלֹהֵֽי־יִשְׂרָאֵ֜ל אֶת־סִיח֧וֹן וְאֶת־כָּל־עַמּ֛וֹ
בְּיַ֥ד יִשְׂרָאֵ֖ל וַיַּכּ֑וּם וַיִּירַשׁ֙ יִשְׂרָאֵ֔ל אֵ֚ת כָּל־אֶ֣רֶץ הָאֱמֹרִ֔י יוֹשֵׁ֖ב הָאָ֥רֶץ הַהִֽיא:
כב וַיִּ֣ירְשׁ֔וּ אֵ֛ת כָּל־גְּב֥וּל הָאֱמֹרִ֖י מֵֽאַרְנוֹן֙ וְעַד־הַיַּבֹּ֔ק וּמִן־הַמִּדְבָּ֖ר וְעַד־הַיַּרְדֵּֽן:
כג וְעַתָּ֞ה יְהֹוָ֣ה ׀ אֱלֹהֵ֣י יִשְׂרָאֵ֗ל הוֹרִישׁ֙ אֶת־הָ֣אֱמֹרִ֔י מִפְּנֵ֖י עַמּ֣וֹ יִשְׂרָאֵ֑ל וְאַתָּ֖ה
כד תִּירָשֶֽׁנּוּ: הֲלֹ֞א אֵ֣ת אֲשֶׁ֧ר יוֹרִֽישְׁךָ֛ כְּמ֥וֹשׁ אֱלֹהֶ֖יךָ אוֹת֥וֹ תִירָ֑שׁ וְאֵת֩ כָּל־
אֲשֶׁ֨ר הוֹרִ֜ישׁ יְהֹוָ֧ה אֱלֹהֵ֛ינוּ מִפָּנֵ֖ינוּ אוֹת֥וֹ נִירָֽשׁ: וְעַתָּ֗ה הֲט֥וֹב טוֹב֙ אַתָּ֔ה
מִבָּלָ֥ק בֶּן־צִפּ֖וֹר מֶ֣לֶךְ מוֹאָ֑ב הֲר֥וֹב רָב֙ עִם־יִשְׂרָאֵ֔ל אִם־נִלְחֹ֥ם נִלְחַ֖ם בָּֽם:
כו בְּשֶׁ֣בֶת יִ֠שְׂרָאֵ֠ל בְּחֶשְׁבּ֨וֹן וּבִבְנוֹתֶ֜יהָ וּבְעַרְע֣וֹר וּבִבְנוֹתֶ֗יהָ וּבְכָל־הֶֽעָרִים֙
אֲשֶׁר֙ עַל־יְדֵ֣י אַרְנ֔וֹן שְׁלֹ֥שׁ מֵא֖וֹת שָׁנָ֑ה וּמַדּ֥וּעַ לֹֽא־הִצַּלְתֶּ֖ם בָּעֵ֥ת הַהִֽיא:
כז וְאָֽנֹכִי֙ לֹֽא־חָטָ֣אתִי לָ֔ךְ וְאַתָּ֞ה עֹשֶׂ֥ה אִתִּ֛י רָעָ֖ה לְהִלָּ֣חֶם בִּ֑י יִשְׁפֹּ֨ט יְהֹוָ֤ה
כח הַשֹּׁפֵט֙ הַיּ֔וֹם בֵּ֚ין בְּנֵ֣י יִשְׂרָאֵ֔ל וּבֵ֖ין בְּנֵ֣י עַמּֽוֹן: וְלֹ֣א שָׁמַ֔ע מֶ֖לֶךְ בְּנֵ֣י עַמּ֑וֹן
כט אֶל־דִּבְרֵ֣י יִפְתָּ֔ח אֲשֶׁ֥ר שָׁלַ֖ח אֵלָֽיו: וַתְּהִ֤י עַל־יִפְתָּח֙ ר֣וּחַ יְהֹוָ֔ה
וַיַּעֲבֹ֥ר אֶת־הַגִּלְעָ֖ד וְאֶת־מְנַשֶּׁ֑ה וַֽיַּעֲבֹר֙ אֶת־מִצְפֵּ֣ה גִלְעָ֔ד וּמִמִּצְפֵּ֥ה גִלְעָ֖ד
ל עָבַ֖ר בְּנֵ֥י עַמּֽוֹן: וַיִּדַּ֨ר יִפְתָּ֥ח נֶ֛דֶר לַֽיהֹוָ֖ה וַיֹּאמַ֑ר אִם־נָת֥וֹן תִּתֵּ֛ן אֶת־בְּנֵ֥י
לא עַמּ֖וֹן בְּיָדִֽי: וְהָיָ֣ה הַיּוֹצֵ֗א אֲשֶׁ֨ר יֵצֵ֜א מִדַּלְתֵ֤י בֵיתִי֙ לִקְרָאתִ֔י בְּשׁוּבִ֥י בְשָׁל֖וֹם
מִבְּנֵ֣י עַמּ֑וֹן וְהָיָה֙ לַֽיהֹוָ֔ה וְהַעֲלִיתִ֖הוּ עוֹלָֽה:
לב וַיַּעֲבֹ֥ר יִפְתָּ֛ח אֶל־בְּנֵ֥י עַמּ֖וֹן לְהִלָּ֣חֶם בָּ֑ם וַֽיִּתְּנֵ֥ם יְהֹוָ֖ה בְּיָדֽוֹ: וַיַּכֵּ֡ם מֵעֲרוֹעֵר֩
וְעַד־בֹּאֲךָ֨ מִנִּ֜ית עֶשְׂרִ֣ים עִ֗יר וְעַד֙ אָבֵ֣ל כְּרָמִ֔ים מַכָּ֖ה גְּדוֹלָ֣ה מְאֹ֑ד וַיִּכָּֽנְעוּ֙
לד בְּנֵ֣י עַמּ֔וֹן מִפְּנֵ֖י בְּנֵ֥י יִשְׂרָאֵֽל: *וַיָּבֹ֨א יִפְתָּ֤ח הַמִּצְפָּה֙ אֶל־בֵּית֔וֹ
וְהִנֵּ֤ה בִתּוֹ֙ יֹצֵ֣את לִקְרָאת֔וֹ בְּתֻפִּ֖ים וּבִמְחֹל֑וֹת וְרַק֙ הִ֣יא יְחִידָ֔ה אֵֽין־ל֥וֹ
לה מִמֶּ֖נּוּ בֵּ֣ן אוֹ־בַֽת: וַיְהִי֩ כִרְאוֹת֨וֹ אוֹתָ֜הּ וַיִּקְרַ֣ע אֶת־בְּגָדָ֗יו וַיֹּ֙אמֶר֙ אֲהָ֣הּ בִּתִּ֔י
הַכְרֵ֥עַ הִכְרַעְתִּ֖נִי וְאַ֣תְּ הָיִ֣יתְ בְּעֹכְרָ֑י וְאָנֹכִ֗י פָּצִ֤יתִי פִי֙ אֶל־יְהֹוָ֔ה וְלֹ֥א אוּכַ֖ל
לו לָשֽׁוּב: וַתֹּ֣אמֶר אֵלָ֗יו אָבִי֙ פָּצִ֤יתָה אֶת־פִּ֙יךָ֙ אֶל־יְהֹוָ֔ה עֲשֵׂ֣ה לִ֔י כַּאֲשֶׁ֖ר יָצָ֣א
מִפִּ֑יךָ אַחֲרֵ֡י אֲשֶׁ֣ר עָשָׂה֩ לְךָ֨ יְהֹוָ֤ה נְקָמוֹת֙ מֵאֹ֣יְבֶ֔יךָ מִבְּנֵ֖י עַמּֽוֹן: וַתֹּ֙אמֶר֙
אֶל־אָבִ֔יהָ יֵעָ֥שֶׂה לִּ֖י הַדָּבָ֣ר הַזֶּ֑ה הַרְפֵּ֨ה מִמֶּ֜נִּי שְׁנַ֣יִם חֳדָשִׁ֗ים וְאֵלְכָה֙ וְיָרַדְתִּ֣י
לח עַל־הֶֽהָרִ֔ים וְאֶבְכֶּה֙ עַל־בְּתוּלַ֔י אָנֹכִ֖י וְרֵעוֹתָֽי: וַיֹּ֣אמֶר לֵ֔כִי וַיִּשְׁלַ֥ח אוֹתָ֖הּ וְרֵעוֹתַ֑י

התימנים
מוסיפים

שְׁנֵ֣י חֳדָשִׁ֔ים וַתֵּ֤לֶךְ הִיא֙ וְרֵ֣עוֹתֶ֔יהָ וַתֵּ֥בְךְּ עַל־בְּתוּלֶ֖יהָ עַל־הֶהָרִֽים׃ וַיְהִ֞י לט
מִקֵּ֣ץ ׀ שְׁנַ֣יִם חֳדָשִׁ֗ים וַתָּ֙שָׁב֙ אֶל־אָבִ֔יהָ וַיַּ֣עַשׂ לָ֔הּ אֶת־נִדְר֖וֹ אֲשֶׁ֣ר נָדָ֑ר
וְהִיא֙ לֹא־יָדְעָ֣ה אִ֔ישׁ וַתְּהִי־חֹ֖ק בְּיִשְׂרָאֵֽל׃ מִיָּמִ֣ים ׀ יָמִ֗ימָה תֵּלַ֙כְנָה֙ בְּנ֣וֹת מ
יִשְׂרָאֵ֔ל לְתַנּ֕וֹת לְבַת־יִפְתָּ֖ח הַגִּלְעָדִ֑י אַרְבַּ֥עַת יָמִ֖ים בַּשָּׁנָֽה׃

פרשת בלק

בלק

יט וַיַּרְא בָּלָק בֶּן־צִפּוֹר אֵת כָּל־אֲשֶׁר־עָשָׂה יִשְׂרָאֵל ב כב
לָאֱמֹרִי׃ וַיָּגָר מוֹאָב מִפְּנֵי הָעָם מְאֹד כִּי רַב־הוּא ג
וַיָּקָץ מוֹאָב מִפְּנֵי בְּנֵי יִשְׂרָאֵל׃ וַיֹּאמֶר מוֹאָב אֶל־ ד
זִקְנֵי מִדְיָן עַתָּה יְלַחֲכוּ הַקָּהָל אֶת־כָּל־סְבִיבֹתֵינוּ
כִּלְחֹךְ הַשּׁוֹר אֵת יֶרֶק הַשָּׂדֶה וּבָלָק בֶּן־צִפּוֹר
מֶלֶךְ לְמוֹאָב בָּעֵת הַהִוא׃ · וַיִּשְׁלַח מַלְאָכִים ה
אֶל־בִּלְעָם בֶּן־בְּעוֹר פְּתוֹרָה אֲשֶׁר עַל־הַנָּהָר
אֶרֶץ בְּנֵי־עַמּוֹ לִקְרֹא־לוֹ לֵאמֹר הִנֵּה עַם יָצָא
מִמִּצְרַיִם הִנֵּה כִסָּה אֶת־עֵין הָאָרֶץ וְהוּא יֹשֵׁב
מִמֻּלִי׃ וְעַתָּה לְכָה־נָּא אָרָה־לִּי אֶת־הָעָם הַזֶּה ו
כִּי־עָצוּם הוּא מִמֶּנִּי אוּלַי אוּכַל נַכֶּה־בּוֹ וַאֲגָרְשֶׁנּוּ
מִן־הָאָרֶץ כִּי יָדַעְתִּי אֵת אֲשֶׁר־תְּבָרֵךְ מְבֹרָךְ
וַאֲשֶׁר תָּאֹר יוּאָר׃ וַיֵּלְכוּ זִקְנֵי מוֹאָב וְזִקְנֵי מִדְיָן ז
וּקְסָמִים בְּיָדָם וַיָּבֹאוּ אֶל־בִּלְעָם וַיְדַבְּרוּ אֵלָיו
דִּבְרֵי בָלָק׃ · וַיֹּאמֶר אֲלֵיהֶם לִינוּ פֹה הַלַּיְלָה ח
וַהֲשִׁבֹתִי אֶתְכֶם דָּבָר כַּאֲשֶׁר יְדַבֵּר יְהוָה אֵלָי

בלק

פרק כב

ב) וַיַּרְא בָלָק בֶּן צִפּוֹר אֵת כָּל אֲשֶׁר עָשָׂה יִשְׂרָאֵל לָאֱמֹרִי. אָמַר: אֵלּוּ שְׁנֵי מְלָכִים שֶׁהָיִינוּ בְּטוּחִים עֲלֵיהֶם לֹא עָמְדוּ בִּפְנֵיהֶם, אָנוּ עַל אַחַת כַּמָּה וְכַמָּה, לְפִיכָךְ: "וַיָּגָר מוֹאָב".

ג וַחֲזָא בָּלָק בַּר צִפּוֹר, יָת, כָּל דַּעֲבַד יִשְׂרָאֵל לֶאֱמוֹרָאָה: וּדְחֵיל מוֹאֲבָאָה, מִן קֳדָם עַמָּא,
ד לַחֲדָא אֲרֵי סַגִּי הוּא, וְעָקַת לְמוֹאֲבָאֵי, מִן קֳדָם בְּנֵי יִשְׂרָאֵל: וַאֲמַר מוֹאָב לְסָבֵי מִדְיָן, כְּעַן,
יְשֵׁיצוֹן קְהָלָא יָת כָּל סַחְרָנַנָא, כְּמָא דִמְלַחֵיךְ תּוֹרָא, יָת יָרוֹקָא דְחַקְלָא, וּבָלָק בַּר צִפּוֹר,
ה מַלְכָּא לְמוֹאָב בְּעִדָּנָא הַהוּא: וּשְׁלַח אִזְגַּדִּין לְוָת בִּלְעָם בַּר בְּעוֹר, לִפְתוֹר, אֲרַם דְּעַל פְּרָת,
אֲרַע בְּנֵי עַמֵּיהּ לְמִקְרֵי לֵיהּ, לְמֵימַר, הָא, עַמָּא נְפַק מִמִּצְרַיִם הָא חֲפָא יָת עֵין שִׁמְשָׁא
ו דְּאַרְעָא, וְהוּא שָׁרֵי מִלְּקִבְלִי: וּכְעַן אֵיתָא כְעַן לוּט לִי יָת עַמָּא הָדֵין, אֲרֵי תַקִּיף הוּא מִנִּי,
מָאִם אִכּוֹל לְאַגָּחָא בֵיהּ קְרָב, וַאֲתָרְכִנֵּיהּ מִן אַרְעָא, אֲרֵי יְדַעְנָא, יָת דִּתְבָרֵיךְ מְבָרַךְ,
ז וְדִתְלוּט לִיט: וַאֲזַלוּ, סָבֵי מוֹאָב וְסָבֵי מִדְיָן, וְקִסְמַיָּא בִידֵיהוֹן, וַאֲתוֹ לְוָת בִּלְעָם, וּמַלִּילוּ עִמֵּיהּ
ח פִּתְגָמֵי בָלָק: וַאֲמַר לְהוֹן, בִּיתוּ הָכָא בְּלֵילְיָא, וַאֲתֵיב יָתְכוֹן פִּתְגָמָא, כְּמָא דִימַלֵּיל יי עִמִּי,

ג] **וַיָּגָר.** לְשׁוֹן מוֹרָא, כְּמוֹ: "גּוּרוּ לָכֶם" (איוב יט, כט): **וַיָּקָץ מוֹאָב.** קָצוּ בְּחַיֵּיהֶם:

ד] **אֶל זִקְנֵי מִדְיָן.** וַהֲלֹא מֵעוֹלָם הָיוּ שׂוֹנְאִים זֶה אֶת זֶה, שֶׁנֶּאֱמַר: "הַמַּכֶּה אֶת מִדְיָן בִּשְׂדֵה מוֹאָב" (בראשית לו, לה), שֶׁבָּאוּ מִדְיָן עַל מוֹאָב לַמִּלְחָמָה! אֶלָּא מִיִּרְאָתָן שֶׁל יִשְׂרָאֵל עָשׂוּ שָׁלוֹם בֵּינֵיהֶם. וּמָה רָאָה מוֹאָב לִטֹּל עֵצָה מִמִּדְיָן? כֵּיוָן שֶׁרָאוּ אֶת יִשְׂרָאֵל נוֹצְחִים שֶׁלֹּא כְּמִנְהַג הָעוֹלָם, אָמְרוּ: מַנְהִיגָם שֶׁל אֵלּוּ בְּמִדְיָן נִתְגַּדֵּל, נִשְׁאַל מֵהֶם מַה מִּדָּתוֹ. אָמְרוּ לָהֶם: אֵין כֹּחוֹ אֶלָּא בְּפִיו. אָמְרוּ: אַף אָנוּ נָבוֹא עֲלֵיהֶם בְּאָדָם שֶׁכֹּחוֹ בְּפִיו: **כִּלְחֹךְ הַשּׁוֹר.** כָּל מַה שֶּׁהַשּׁוֹר מְלַחֵךְ אֵין בּוֹ בְּרָכָה: **בָּעֵת הַהִוא.** לֹא הָיָה רָאוּי לְמַלְכוּת, מִנְּסִיכֵי מִדְיָן הָיָה, וְכֵיוָן שֶׁמֵּת סִיחוֹן מִנּוּהוּ עֲלֵיהֶם לְצֹרֶךְ שָׁעָה:

ה] **פְּתוֹרָה.** כַּשֻּׁלְחָנִי הַזֶּה שֶׁהַכֹּל מְרִיצִין לוֹ מָעוֹת, כָּךְ כָּל הַמְּלָכִים מְרִיצִין לוֹ אִגְּרוֹתֵיהֶם. וּלְפִי פְּשׁוּטוֹ שֶׁל מִקְרָא כָּךְ שֵׁם הַמָּקוֹם: **אֶרֶץ בְּנֵי עַמּוֹ.** שֶׁל בָּלָק. מִשָּׁם הָיָה, וְזֶה הָיָה מִתְנַבֵּא וְאוֹמֵר לוֹ: עָתִיד אַתָּה לִמְלֹךְ. וְאִם תֹּאמַר: מִפְּנֵי מָה הִשְׁרָה הַקָּדוֹשׁ בָּרוּךְ הוּא שְׁכִינָתוֹ עַל גּוֹי רָשָׁע? כְּדֵי שֶׁלֹּא יִהְיֶה פִּתְחוֹן פֶּה לָאֻמּוֹת לוֹמַר: אִלּוּ הָיוּ לָנוּ נְבִיאִים חָזַרְנוּ לְמוּטָב. הֶעֱמִיד לָהֶם נְבִיאִים, וְהֵם פָּרְצוּ גֶּדֶר הָעוֹלָם, שֶׁבַּתְּחִלָּה הָיוּ גְּדוּרִים בַּעֲרָיוֹת, וְזֶה נָתַן לָהֶם עֵצָה לְהַפְקִיר עַצְמָן לִזְנוּת: לִקְרֹא לוֹ. הַקְּרִיאָה הָיְתָה שֶׁלּוֹ וּלַהֲנָאָתוֹ, שֶׁהָיָה פּוֹסֵק לוֹ מָמוֹן הַרְבֵּה: **עַם יָצָא מִמִּצְרַיִם.** וְאִם תֹּאמַר: מַה מַּזִּיקְךָ? **הִנֵּה כִסָּה אֶת עֵין הָאָרֶץ.** סִיחוֹן וְעוֹג שֶׁהָיוּ שׁוֹמְרִים אוֹתָנוּ, עָמְדוּ עֲלֵיהֶם וַהֲרָגוּם: **וְהוּא יֹשֵׁב מִמֻּלִי.** חָסֵר כְּתִיב, קְרוֹבִים הֵם לְהַכְרִיתֵנִי, כְּמוֹ: "כִּי אֲמִילַם" (תהלים קיח, י):

ו] **נַכֶּה בּוֹ.** אֲנִי וְעַמִּי נַכֶּה בָּהֶם. דָּבָר אַחֵר, לְשׁוֹן מִשְׁנָה הוּא: "מְנַכֶּה לוֹ מִן הַדָּמִים" (חולין קלב ע"א), לְחַסֵּר מֵהֶם מְעַט: **כִּי יָדַעְתִּי וְגוֹ'.** עַל יְדֵי מִלְחֶמֶת סִיחוֹן שֶׁעֲזַרְתּוֹ לְהַכּוֹת אֶת מוֹאָב:

ז] **וּקְסָמִים בְּיָדָם.** כָּל מִינֵי קְסָמִים, שֶׁלֹּא יֹאמַר: אֵין כְּלֵי תַשְׁמִישִׁי עִמִּי. דָּבָר אַחֵר, קֶסֶם זֶה נָטְלוּ בְּיָדָם זִקְנֵי מִדְיָן, אָמְרוּ: אִם יָבֹא עִמָּנוּ בַּפַּעַם הַזֹּאת יֵשׁ בּוֹ מַמָּשׁ, וְאִם יִדְחֵנוּ אֵין בּוֹ תּוֹעֶלֶת. לְפִיכָךְ כְּשֶׁאָמַר לָהֶם: "לִינוּ פֹה הַלַּיְלָה" (להלן פסוק ח) אָמְרוּ: אֵין בּוֹ תִּקְוָה, הִנִּיחוּהוּ וְהָלְכוּ לָהֶם, שֶׁנֶּאֱמַר: "וַיֵּשְׁבוּ שָׂרֵי מוֹאָב עִם בִּלְעָם" (שם), אֲבָל זִקְנֵי מִדְיָן הָלְכוּ לָהֶם:

ח] **לִינוּ פֹה הַלַּיְלָה.** אֵין רוּחַ הַקֹּדֶשׁ שׁוֹרָה עָלָיו אֶלָּא בַּלַּיְלָה, וְכֵן לְכָל נְבִיאֵי אֻמּוֹת הָעוֹלָם, וְכֵן לָבָן בַּחֲלוֹם הַלַּיְלָה, שֶׁנֶּאֱמַר: "וַיָּבֹא אֱלֹהִים אֶל לָבָן הָאֲרַמִּי בַּחֲלֹם הַלָּיְלָה" (בראשית לא, כד), כְּאָדָם הַהוֹלֵךְ אֵצֶל פִּילַגְשׁוֹ בְּהֵחָבֵא: **כַּאֲשֶׁר יְדַבֵּר ה' אֵלָי.** אִם יַמְלִיכֵנִי לָלֶכֶת עִם בְּנֵי אָדָם כְּמוֹתְכֶם

ט וַיֵּשְׁבוּ שָׂרֵי־מוֹאָב עִם־בִּלְעָם׃ וַיָּבֹא אֱלֹהִים
אֶל־בִּלְעָם וַיֹּאמֶר מִי הָאֲנָשִׁים הָאֵלֶּה עִמָּךְ׃
י וַיֹּאמֶר בִּלְעָם אֶל־הָאֱלֹהִים בָּלָק בֶּן־צִפֹּר מֶלֶךְ
יא מוֹאָב שָׁלַח אֵלָי׃ הִנֵּה הָעָם הַיֹּצֵא מִמִּצְרַיִם
וַיְכַס אֶת־עֵין הָאָרֶץ עַתָּה לְכָה קָבָה־לִּי אֹתוֹ
יב אוּלַי אוּכַל לְהִלָּחֶם בּוֹ וְגֵרַשְׁתִּיו׃ וַיֹּאמֶר אֱלֹהִים
אֶל־בִּלְעָם לֹא תֵלֵךְ עִמָּהֶם לֹא תָאֹר אֶת־הָעָם
יג כִּי בָרוּךְ הוּא׃ וַיָּקָם בִּלְעָם בַּבֹּקֶר וַיֹּאמֶר אֶל־ שני /חמישי/
שָׂרֵי בָלָק לְכוּ אֶל־אַרְצְכֶם כִּי מֵאֵן יְהוָה לְתִתִּי
יד לַהֲלֹךְ עִמָּכֶם׃ וַיָּקוּמוּ שָׂרֵי מוֹאָב וַיָּבֹאוּ אֶל־
טו בָּלָק וַיֹּאמְרוּ מֵאֵן בִּלְעָם הֲלֹךְ עִמָּנוּ׃ וַיֹּסֶף עוֹד
טז בָּלָק שְׁלֹחַ שָׂרִים רַבִּים וְנִכְבָּדִים מֵאֵלֶּה׃ וַיָּבֹאוּ
אֶל־בִּלְעָם וַיֹּאמְרוּ לוֹ כֹּה אָמַר בָּלָק בֶּן־צִפּוֹר
יז אַל־נָא תִמָּנַע מֵהֲלֹךְ אֵלָי׃ כִּי־כַבֵּד אֲכַבֶּדְךָ
מְאֹד וְכֹל אֲשֶׁר־תֹּאמַר אֵלַי אֶעֱשֶׂה וּלְכָה־נָּא
יח קָבָה לִּי אֵת הָעָם הַזֶּה׃ וַיַּעַן בִּלְעָם וַיֹּאמֶר אֶל־
עַבְדֵי בָלָק אִם־יִתֶּן־לִי בָלָק מְלֹא בֵיתוֹ כֶּסֶף
וְזָהָב לֹא אוּכַל לַעֲבֹר אֶת־פִּי יְהוָה אֱלֹהָי
יט לַעֲשׂוֹת קְטַנָּה אוֹ גְדוֹלָה׃ וְעַתָּה שְׁבוּ נָא בָזֶה
גַּם־אַתֶּם הַלָּיְלָה וְאֵדְעָה מַה־יֹּסֵף יְהוָה דַּבֵּר
כ עִמִּי׃ וַיָּבֹא אֱלֹהִים ׀ אֶל־בִּלְעָם לַיְלָה וַיֹּאמֶר לוֹ

אִם־לִקְרֹא לְךָ֙ בָּ֣אוּ הָאֲנָשִׁ֔ים ק֖וּם לֵ֣ךְ אִתָּ֑ם וְאַ֗ךְ
אֶת־הַדָּבָ֛ר אֲשֶׁר־אֲדַבֵּ֥ר אֵלֶ֖יךָ אֹת֥וֹ תַעֲשֶֽׂה:

ט וְאוֹרִיכוּ רַבְרְבֵי מוֹאָב עִם בִּלְעָם: וַאֲתָא מֵימַר מִן קֳדָם יְיָ לְוָת בִּלְעָם, וַאֲמַר, מַאן גֻּבְרַיָּא
י יא הָאִלֵּין דְּעִמָּךְ: וַאֲמַר בִּלְעָם קֳדָם יְיָ, בָּלָק בַּר צִפּוֹר, מַלְכָּא דְּמוֹאָב שְׁלַח לְוָתִי: הָא עַמָּא
דִּנְפַק מִמִּצְרַיִם, וַחֲפָא יָת עֵין שִׁמְשָׁא דְּאַרְעָא, כְּעַן, אֵיתָא לוּט לִי יָתֵיהּ, מָאִם אִכּוֹל,
יב לְאַגָּחָא בֵיהּ קְרָב וַאֲתָרְכִנֵּיהּ: וַאֲמַר יְיָ לְבִלְעָם, לָא תֵיזֵיל עִמְּהוֹן, לָא תְלוּט יָת עַמָּא, אֲרֵי
יג בְרִיךְ הוּא: וְקָם בִּלְעָם בְּצַפְרָא, וַאֲמַר לְרַבְרְבֵי בָלָק, אִיזִילוּ לְאַרְעֲכוֹן, אֲרֵי רַעֲוָא קֳדָם יְיָ,
יד דְּלָא לְמִשְׁבְּקִי לְמֵיזַל עִמְּכוֹן: וְקָמוּ רַבְרְבֵי מוֹאָב, וַאֲתוֹ לְוָת בָּלָק, וַאֲמַרוּ, סָרֵיב בִּלְעָם לְמֵיתֵי
טו טז עִמַּנָא: וְאוֹסֵיף עוֹד בָּלָק, שְׁלַח רַבְרְבִין, סַגִּיאִין וְיַקִּירִין מֵאִלֵּין: וַאֲתוֹ לְוָת בִּלְעָם, וַאֲמַרוּ
יז לֵיהּ, כִּדְנַן אֲמַר בָּלָק בַּר צִפּוֹר, לָא כְעַן תִּתְמְנַע מִלְּמֵיתֵי לְוָתִי: אֲרֵי יַקָּרָא אֲיַקְּרִנָּךְ לַחֲדָא,
יח וְכֹל, דְּתֵימַר לִי אַעֲבֵיד, וְאִיתָא כְעַן לוּט לִי, יָת עַמָּא הָדֵין: וַאֲתֵיב בִּלְעָם, וַאֲמַר לְעַבְדֵי
בָלָק, אִם יִתֵּין לִי בָלָק, מְלֵי בֵיתֵיהּ כְּסַף וּדְהַב, לֵית לִי רְשׁוּ, לְמִעְבַּר עַל גְּזֵירַת מֵימְרָא דַּייָ
יט אֱלָהִי, לְמֶעְבַּד זְעֵירְתָא אוֹ רַבְּתָא: וּכְעַן, אוֹרִיכוּ כְעַן הָכָא, אַף אַתּוּן בְּלֵילְיָא, וְאֵדַּע, מָא
כ יוֹסֵיף יְיָ לְמַלָּלָא עִמִּי: וַאֲתָא מֵימַר מִן קֳדָם יְיָ לְוָת בִּלְעָם בְּלֵילְיָא, וַאֲמַר לֵיהּ, אִם לְמִקְרֵי
לָךְ אֲתוֹ גֻּבְרַיָּא, קוּם אִיזֵיל עִמְּהוֹן, וּבְרַם, יָת פִּתְגָּמָא, דַּאֲמַלֵּיל עִמָּךְ יָתֵיהּ תַּעֲבֵיד:

אֵלֵךְ עִמָּכֶם, שֶׁמָּא אֵין כְּבוֹדוֹ לִתְּנִי לַהֲלֹךְ אֶלָּא עִם שָׂרִים גְּדוֹלִים: וַיֵּשְׁבוּ. לְשׁוֹן עַכָּבָה:

ט] מִי הָאֲנָשִׁים הָאֵלֶּה עִמָּךְ. לְהַטְעוֹתוֹ בָּא, אָמַר: פְּעָמִים שֶׁאֵין הַכֹּל גָּלוּי לְפָנָיו, אֵין דַּעְתּוֹ שָׁוָה עָלָיו, אַף אֲנִי אֶרְאֶה עֵת שֶׁאוּכַל לְקַלֵּל וְלֹא יָבִין:

י] בָּלָק בֶּן צִפֹּר מֶלֶךְ מוֹאָב. אַף עַל פִּי שֶׁאֵינִי חָשׁוּב בְּעֵינֶיךָ, חָשׁוּב אֲנִי בְּעֵינֵי הַמְּלָכִים:

יא] קָבָה לִּי. זוֹ קָשָׁה מֵ"אָרָה לִּי", שֶׁהוּא נוֹקֵב וּמְפָרֵשׁ: וַאֲגָרְשֶׁנּוּ. מִן הָעוֹלָם, וּבָלָק לֹא אָמַר אֶלָּא "וַאֲגָרְשֶׁנּוּ מִן הָאָרֶץ" (לעיל פסוק ו), אֵינִי מְבַקֵּשׁ אֶלָּא לְהַסִּיעָם מֵעָלַי, וּבִלְעָם הָיָה שׂוֹנְאָם יוֹתֵר מִבָּלָק:

יב] לֹא תֵלֵךְ עִמָּהֶם. אָמַר לוֹ: אִם כֵּן אֲקַלְּלֵם בִּמְקוֹמִי. אָמַר לוֹ: "לֹא תָאֹר אֶת הָעָם". אָמַר לוֹ: אִם כֵּן אֲבָרְכֵם. אָמַר לוֹ: אֵינָם צְרִיכִים לְבִרְכָתְךָ "כִּי בָרוּךְ הוּא". מָשָׁל אוֹמְרִים לַצִּרְעָה: לֹא מִדֻּבְשֵׁךְ וְלֹא מֵעֻקְצֵךְ:

יג] לַהֲלֹךְ עִמָּכֶם. אֶלָּא עִם שָׂרִים גְּדוֹלִים מִכֶּם. לָמַדְנוּ שֶׁרוּחוֹ גְּבוֹהָה, וְלֹא רָצָה לְגַלּוֹת שֶׁהוּא בִּרְשׁוּתוֹ שֶׁל מָקוֹם אֶלָּא בִּלְשׁוֹן גַּסּוּת, לְפִיכָךְ "וַיֹּסֶף עוֹד בָּלָק" (להלן פסוק טו):

יז] כִּי כַבֵּד אֲכַבֶּדְךָ מְאֹד. יוֹתֵר מִמַּה שֶּׁהָיִיתָ נוֹטֵל לְשֶׁעָבַר אֲנִי נוֹתֵן לְךָ:

יח] מְלֹא בֵיתוֹ כֶּסֶף וְזָהָב. לָמַדְנוּ שֶׁנַּפְשׁוֹ רְחָבָה וּמְחַמֵּד מָמוֹן אֲחֵרִים. אָמַר: רָאוּי לוֹ לִתֵּן לִי כָּל כֶּסֶף וְזָהָב שֶׁלּוֹ, שֶׁהֲרֵי צָרִיךְ לִשְׂכֹּר חֲיָלוֹת רַבּוֹת, סָפֵק נוֹצֵחַ סָפֵק אֵינוֹ נוֹצֵחַ, וַאֲנִי וַדַּאי נוֹצֵחַ: לֹא אוּכַל לַעֲבֹר. עַל כָּרְחוֹ גִּלָּה שֶׁהוּא בִּרְשׁוּת אֲחֵרִים, וְנִתְנַבֵּא כָּאן שֶׁאֵינוֹ יָכוֹל לְבַטֵּל הַבְּרָכוֹת שֶׁנִּתְבָּרְכוּ הָאָבוֹת מִפִּי הַשְּׁכִינָה:

יט] גַּם אַתֶּם. פִּיו הִכְשִׁילוֹ, "גַּם אַתֶּם" סוֹפְכֶם לֵילֵךְ בְּפַחֵי נֶפֶשׁ כָּרִאשׁוֹנִים: מַה יֹּסֵף. לֹא יְשַׁנֶּה דְּבָרָיו מִבְּרָכָה לִקְלָלָה, הַלְוַאי שֶׁלֹּא יוֹסִיף לְבָרֵךְ. כָּאן נִתְנַבֵּא שֶׁעָתִיד לְהוֹסִיף לָהֶם בְּרָכוֹת עַל יָדוֹ:

כ] אִם לִקְרֹא לְךָ. אִם הַקְּרִיאָה שֶׁלְּךָ וְסָבוּר אַתָּה לִטֹּל עָלֶיהָ שָׂכָר, "קוּם לֵךְ אִתָּם": וְאַךְ. עַל כָּרְחֲךָ

שלישי
כא וַיָּ֤קָם בִּלְעָם֙ בַּבֹּ֔קֶר וַֽיַּחֲבֹ֖שׁ אֶת־אֲתֹנ֑וֹ וַיֵּ֖לֶךְ עִם־שָׂרֵ֥י מוֹאָֽב: כב וַיִּֽחַר־אַ֣ף אֱלֹהִים֮ כִּֽי־הוֹלֵ֣ךְ הוּא֒ וַיִּתְיַצֵּ֞ב מַלְאַ֧ךְ יְהוָ֛ה בַּדֶּ֖רֶךְ לְשָׂטָ֣ן ל֑וֹ וְהוּא֙ רֹכֵ֣ב עַל־אֲתֹנ֔וֹ וּשְׁנֵ֥י נְעָרָ֖יו עִמּֽוֹ: כג וַתֵּ֣רֶא הָאָתוֹן֩ אֶת־מַלְאַ֨ךְ יְהוָ֜ה נִצָּ֣ב בַּדֶּ֗רֶךְ וְחַרְבּ֤וֹ שְׁלוּפָה֙ בְּיָד֔וֹ וַתֵּ֤ט הָֽאָתוֹן֙ מִן־הַדֶּ֔רֶךְ וַתֵּ֖לֶךְ בַּשָּׂדֶ֑ה וַיַּ֤ךְ בִּלְעָם֙ אֶת־הָ֣אָת֔וֹן לְהַטֹּתָ֖הּ הַדָּֽרֶךְ: כד וַֽיַּעֲמֹד֙ מַלְאַ֣ךְ יְהוָ֔ה בְּמִשְׁע֖וֹל הַכְּרָמִ֑ים גָּדֵ֥ר מִזֶּ֖ה וְגָדֵ֥ר מִזֶּֽה: כה וַתֵּ֨רֶא הָאָת֜וֹן אֶת־מַלְאַ֣ךְ יְהוָ֗ה וַתִּלָּחֵץ֙ אֶל־הַקִּ֔יר וַתִּלְחַ֛ץ אֶת־רֶ֥גֶל בִּלְעָ֖ם אֶל־הַקִּ֑יר וַיֹּ֖סֶף לְהַכֹּתָֽהּ: כו וַיּ֥וֹסֶף מַלְאַךְ־יְהוָ֖ה עֲב֑וֹר וַֽיַּעֲמֹד֙ בְּמָק֣וֹם צָ֔ר אֲשֶׁ֛ר אֵֽין־דֶּ֥רֶךְ לִנְט֖וֹת יָמִ֥ין וּשְׂמֹֽאול: כז וַתֵּ֤רֶא הָֽאָתוֹן֙ אֶת־מַלְאַ֣ךְ יְהוָ֔ה וַתִּרְבַּ֖ץ תַּ֣חַת בִּלְעָ֑ם וַיִּֽחַר־אַ֣ף בִּלְעָ֔ם וַיַּ֥ךְ אֶת־הָאָת֖וֹן בַּמַּקֵּֽל: כח וַיִּפְתַּ֥ח יְהוָ֖ה אֶת־פִּ֣י הָאָת֑וֹן וַתֹּ֤אמֶר לְבִלְעָם֙ מֶה־עָשִׂ֣יתִי לְךָ֔ כִּ֣י הִכִּיתָ֔נִי זֶ֖ה שָׁלֹ֥שׁ רְגָלִֽים: כט וַיֹּ֤אמֶר בִּלְעָם֙ לָֽאָת֔וֹן כִּ֥י הִתְעַלַּ֖לְתְּ בִּ֑י ל֤וּ יֶשׁ־חֶ֙רֶב֙ בְּיָדִ֔י כִּ֥י עַתָּ֖ה הֲרַגְתִּֽיךְ: ל וַתֹּ֨אמֶר הָאָת֜וֹן אֶל־בִּלְעָ֗ם הֲלוֹא֩ אָנֹכִ֨י אֲתֹֽנְךָ֜ אֲשֶׁר־רָכַ֣בְתָּ עָלַ֗י מֵעֽוֹדְךָ֙ עַד־הַיּ֣וֹם הַזֶּ֔ה הַֽהַסְכֵּ֣ן הִסְכַּ֔נְתִּי לַעֲשׂ֥וֹת לְךָ֖ כֹּ֑ה

כא כב וְקָם בִּלְעָם בְּצַפְרָא, וְזָרֵיז יָת אֲתָנֵיהּ, וַאֲזַל עִם רַבְרְבֵי מוֹאָב: וּתְקֵיף רֻגְזָא דַּייָ אֲרֵי אָזֵיל הוּא,
וְאִתְעַתַּד, מַלְאֲכָא דַּייָ, בְּאוֹרְחָא לְשָׂטָן לֵיהּ, וְהוּא רָכֵיב עַל אֲתָנֵיהּ, וּתְרֵין עוּלֵימוֹהִי עִמֵּיהּ:
כג וַחֲזָת אֲתָנָא יָת מַלְאֲכָא דַּייָ מְעַתַּד בְּאוֹרְחָא, וְחַרְבֵּיהּ שְׁלִיפָא בִּידֵיהּ, וּסְטַת אֲתָנָא מִן
כד אוֹרְחָא, וַאֲזָלַת בְּחַקְלָא, וּמְחָא בִלְעָם יָת אֲתָנָא, לְאַסְטָיוּתַהּ לְאוֹרְחָא: וְקָם מַלְאֲכָא דַּייָ,
כה בִּשְׁבִיל כַּרְמַיָּא, אֲתַר דְּגָדֵירָא מִכָּא וְגָדֵירָא מִכָּא: וַחֲזָת אֲתָנָא יָת מַלְאֲכָא דַּייָ, וְאִדְחֵיקַת
כו עִם כָּתְלָא, וּדְחַקַת, יָת רִגְלָא דְּבִלְעָם לְכָתְלָא, וְאוֹסֵיף לְמִמְחַהּ: וְאוֹסֵיף מַלְאֲכָא דַּייָ עֲבַר,
כז וְקָם בַּאֲתַר עָק, דְּלֵית אוֹרַח לְמִסְטֵי לְיַמִּינָא וְלִסְמָאלָא: וַחֲזָת אֲתָנָא יָת מַלְאֲכָא דַּייָ, וּרְבַעַת
כח תְּחוֹת בִּלְעָם, וּתְקֵיף רֻגְזָא דְּבִלְעָם, וּמְחָא יָת אֲתָנָא בְּחֻטְרָא: וּפְתַח יְיָ יָת פֻּמָּא דַּאֲתָנָא,
כט וַאֲמָרַת לְבִלְעָם מָא עֲבָדִית לָךְ, אֲרֵי מְחֵיתַנִי, דְּנַן תְּלָת זִמְנִין: וַאֲמַר בִּלְעָם לַאֲתָנָא, אֲרֵי
ל חַיֵּיכְתְּ בִּי, אִלּוּ פוֹן אִית חַרְבָּא בִּידִי, אֲרֵי כְעַן קְטַלְתִּיךְ: וַאֲמָרַת אֲתָנָא לְבִלְעָם, הֲלָא אֲנָא
אֲתָנָךְ דִּרְכֵיבְתְּ עֲלַי, מִדְּאִיתָךְ עַד יוֹמָא הָדֵין, הֲמֵילָף אֲלֵיפְנָא, לְמֶעְבַּד לָךְ כְּדֵין, וַאֲמַר

"אֶת הַדָּבָר אֲשֶׁר אֲדַבֵּר אֵלֶיךָ אֹתוֹ תַעֲשֶׂה", וְאַף עַל פִּי כֵן: "וַיֵּלֶךְ בִּלְעָם", אָמַר: שֶׁמָּא אֲפַתֶּנּוּ וְיִתְרַצֶּה:

כא) **וַיַּחֲבֹשׁ אֶת אֲתֹנוֹ.** מִכָּאן שֶׁהַשִּׂנְאָה מְקַלְקֶלֶת אֶת הַשּׁוּרָה, שֶׁחָבַשׁ הוּא בְּעַצְמוֹ. אָמַר הַקָּדוֹשׁ בָּרוּךְ הוּא: רָשָׁע, כְּבָר קְדָמְךָ אַבְרָהָם אֲבִיהֶם, שֶׁנֶּאֱמַר: "וַיַּשְׁכֵּם אַבְרָהָם בַּבֹּקֶר וַיַּחֲבֹשׁ אֶת חֲמֹרוֹ" (בראשית כב, ג): **עִם שָׂרֵי מוֹאָב.** לִבּוֹ כְּלִבָּם שָׁוֶה:

כב) **כִּי הוֹלֵךְ הוּא.** רָאָה שֶׁהַדָּבָר רַע בְּעֵינֵי הַמָּקוֹם וְנִתְאַוָּה לֵילֵךְ: **לְשָׂטָן לוֹ.** מַלְאָךְ שֶׁל רַחֲמִים הָיָה, וְהָיָה רוֹצֶה לְמָנְעוֹ מִלַּחֲטֹא, שֶׁלֹּא יֶחֱטָא וְיֹאבַד: **וּשְׁנֵי נְעָרָיו עִמּוֹ.** מִכָּאן לְאָדָם חָשׁוּב הַיּוֹצֵא לַדֶּרֶךְ יוֹלִיךְ עִמּוֹ שְׁנֵי אֲנָשִׁים לְשַׁמְּשׁוֹ, וְחוֹזְרִים וּמְשַׁמְּשִׁים זֶה אֶת זֶה:

כג) **וַתֵּרֶא הָאָתוֹן.** וְהוּא לֹא רָאָה, שֶׁנָּתַן הַקָּדוֹשׁ בָּרוּךְ הוּא רְשׁוּת לַבְּהֵמָה לִרְאוֹת יוֹתֵר מִן הָאָדָם, שֶׁמִּתּוֹךְ שֶׁיֵּשׁ בּוֹ דַּעַת תִּטָּרֵף דַּעְתּוֹ כְּשֶׁיִּרְאֶה מַזִּיקִין: **וְחַרְבּוֹ שְׁלוּפָה בְּיָדוֹ.** אָמַר: רָשָׁע זֶה הִנִּיחַ כְּלֵי אֻמָּנוּתוֹ, שֶׁכְּלֵי זֵינָן שֶׁל אֻמּוֹת הָעוֹלָם בַּחֶרֶב, וְהוּא בָּא עֲלֵיהֶם בְּפִיו שֶׁהוּא אֻמָּנוּת שֶׁלָּהֶם, אַף אֲנִי אֶתְפֹּשׂ אֶת שֶׁלּוֹ וְאָבֹא עָלָיו בְּאֻמָּנוּתוֹ, וְכֵן הָיָה סוֹפוֹ: "וְאֶת בִּלְעָם בֶּן בְּעוֹר הָרְגוּ בֶּחָרֶב" (להלן לא, ח):

כד) **בְּמִשְׁעוֹל.** כְּתַרְגּוּמוֹ: "בִּשְׁבִיל", וְכֵן: "אִם יִשְׂפֹּק עֲפַר שֹׁמְרוֹן לִשְׁעָלִים" (מלכים א' כ, י), עָפָר הַנִּדְבָּק בְּכַפּוֹת הָרַגְלַיִם בְּהִלּוּכָן. וְכֵן: "מִי מָדַד בְּשָׁעֳלוֹ מַיִם" (ישעיה מ, יב), בְּרַגְלָיו וּבְהִלּוּכוֹ: **גָּדֵר מִזֶּה וְגָדֵר מִזֶּה.** סְתָם 'גָּדֵר' שֶׁל אֲבָנִים הוּא:

כה) **וַתִּלָּחֵץ.** הִיא עַצְמָהּ: **וַתִּלְחַץ.** אֶת אֲחֵרִים, אֶת רֶגֶל בִּלְעָם:

כו) **וַיּוֹסֶף מַלְאַךְ ה' עֲבוֹר.** לַעֲבֹר עוֹד לְפָנָיו לָהָלְאָה לִהְיוֹת לְפָנָיו בְּמָקוֹם אַחֵר, כְּמוֹ: "וְהוּא עָבַר לִפְנֵיהֶם" (בראשית לג, ג). וּמִדְרַשׁ אַגָּדָה יֵשׁ בְּתַנְחוּמָא, מָה רָאָה לַעֲמֹד בִּשְׁלֹשָׁה מְקוֹמוֹת? סִימָנֵי אָבוֹת הֶרְאָהוּ:

כח) **זֶה שָׁלֹשׁ רְגָלִים.** רָמַז לוֹ, אַתָּה מְבַקֵּשׁ לַעֲקֹר אֻמָּה הַחוֹגֶגֶת שָׁלֹשׁ רְגָלִים בַּשָּׁנָה:

כט) **הִתְעַלַּלְתָּ.** כְּתַרְגּוּמוֹ, לְשׁוֹן גְּנַאי וּבִזָּיוֹן: **לוּ יֶשׁ חֶרֶב בְּיָדִי.** גְּנוּת גְּדוֹלָה הָיָה לוֹ דָּבָר זֶה בְּעֵינֵי הַשָּׂרִים, זֶה הוֹלֵךְ לַהֲרֹג אֻמָּה שְׁלֵמָה בְּפִיו, וּלְאָתוֹן זוֹ צָרִיךְ לִכְלֵי זַיִן:

ל) **הַהַסְכֵּן הִסְכַּנְתִּי.** כְּתַרְגּוּמוֹ, וְכֵן: "הַלְאֵל יִסְכָּן גָּבֶר" (איוב כב, ב). וְרַבּוֹתֵינוּ דָּרְשׁוּ מִקְרָא זֶה בַּתַּלְמוּד: אָמְרוּ לֵיהּ: מַאי טַעְמָא לָא רְכַבְתְּ אַסּוּסְיָא? אָמַר לְהוֹן: בִּרְטִיבָא שְׁדָאִי לֵיהּ כוּ', כִּדְאִיתָא בְּמַסֶּכֶת עֲבוֹדָה זָרָה (דף ד ע"ב):

לא וַיֹּ֥אמֶר לֹֽא׃ וַיְגַ֣ל יְהוָה֮ אֶת־עֵינֵ֣י בִלְעָם֒ וַיַּ֞רְא
אֶת־מַלְאַ֤ךְ יְהוָה֙ נִצָּ֣ב בַּדֶּ֔רֶךְ וְחַרְבּ֥וֹ שְׁלֻפָ֖ה
לב בְּיָד֑וֹ וַיִּקֹּ֥ד וַיִּשְׁתַּ֖חוּ לְאַפָּֽיו׃ וַיֹּ֤אמֶר אֵלָיו֙
מַלְאַ֣ךְ יְהוָ֔ה עַל־מָ֗ה הִכִּ֙יתָ֙ אֶת־אֲתֹ֣נְךָ֔ זֶ֖ה
שָׁל֣וֹשׁ רְגָלִ֑ים הִנֵּ֤ה אָנֹכִי֙ יָצָ֣אתִי לְשָׂטָ֔ן כִּֽי־
לג יָרַ֥ט הַדֶּ֖רֶךְ לְנֶגְדִּֽי׃ וַתִּרְאַ֙נִי֙ הָֽאָת֔וֹן וַתֵּ֣ט לְפָנַ֔י
זֶ֖ה שָׁלֹ֣שׁ רְגָלִ֑ים אוּלַי֙ נָטְתָ֣ה מִפָּנַ֔י כִּ֣י עַתָּ֔ה
לד גַּם־אֹתְכָ֥ה הָרַ֖גְתִּי וְאוֹתָ֥הּ הֶחֱיֵֽיתִי׃ וַיֹּ֨אמֶר
בִּלְעָ֜ם אֶל־מַלְאַ֤ךְ יְהוָה֙ חָטָ֔אתִי כִּ֚י לֹ֣א
יָדַ֔עְתִּי כִּ֥י אַתָּ֛ה נִצָּ֥ב לִקְרָאתִ֖י בַּדָּ֑רֶךְ וְעַתָּ֛ה
לה אִם־רַ֥ע בְּעֵינֶ֖יךָ אָשׁ֥וּבָה לִּֽי׃ וַיֹּאמֶר֩ מַלְאַ֨ךְ
יְהוָ֜ה אֶל־בִּלְעָ֗ם לֵ֚ךְ עִם־הָ֣אֲנָשִׁ֔ים וְאֶ֗פֶס
אֶת־הַדָּבָ֛ר אֲשֶׁר־אֲדַבֵּ֥ר אֵלֶ֖יךָ אֹת֣וֹ תְדַבֵּ֑ר
לו וַיֵּ֥לֶךְ בִּלְעָ֖ם עִם־שָׂרֵ֥י בָלָֽק׃ וַיִּשְׁמַ֥ע בָּלָ֖ק כִּי־
בָ֣א בִלְעָ֑ם וַיֵּצֵ֨א לִקְרָאת֜וֹ אֶל־עִ֣יר מוֹאָ֗ב
אֲשֶׁר֙ עַל־גְּב֣וּל אַרְנֹ֔ן אֲשֶׁ֖ר בִּקְצֵ֥ה הַגְּבֽוּל׃
לז וַיֹּאמֶר֩ בָּלָ֨ק אֶל־בִּלְעָ֜ם הֲלֹ֨א שָׁלֹ֧חַ שָׁלַ֣חְתִּי
אֵלֶ֙יךָ֙ לִקְרֹא־לָ֔ךְ לָ֥מָּה לֹא־הָלַ֖כְתָּ אֵלָ֑י
לח הַאֻמְנָ֔ם לֹ֥א אוּכַ֖ל כַּבְּדֶֽךָ׃ וַיֹּ֨אמֶר בִּלְעָ֜ם אֶל־
בָּלָ֗ק הִנֵּה־בָ֙אתִי֙ אֵלֶ֔יךָ עַתָּ֕ה הֲיָכֹ֥ל אוּכַ֖ל

דַּבֵּר מְאוּמָה הַדָּבָר אֲשֶׁר יָשִׂים אֱלֹהִים בְּפִי
לט אֹתוֹ אֲדַבֵּר: וַיֵּלֶךְ בִּלְעָם עִם־בָּלָק וַיָּבֹאוּ

רביעי
/ששי/

לא לָא: וּגְלָא יְיָ יָת עֵינֵי בִלְעָם, וַחֲזָא, יָת מַלְאֲכָא דַייָ מְעַתַּד בְּאוֹרְחָא, וְחַרְבֵּיהּ שְׁלִיפָא בִּידֵיהּ,
לב וּכְרַע וּסְגִיד לְאַפּוֹהִי: וַאֲמַר לֵיהּ מַלְאֲכָא דַייָ, עַל מָא, מְחֵיתָא יָת אֲתָנָךְ, דְּנָן תְּלָת זִמְנִין, הָא
לג אֲנָא נְפַקִית לְשָׂטָן, אֲרֵי גְלֵי קֳדָמַי דְּאַתְּ רָעֵי לְמֵיזַל בְּאוֹרְחָא לְקִבְלִי: וַחֲזַתְנִי אֲתָנָא, וּסְטָת
מִן קֳדָמַי, דְּנָן תְּלָת זִמְנִין, אִלּוּ פוֹן לָא סְטָת מִן קֳדָמַי, אֲרֵי כְעַן, אַף יָתָךְ קְטָלִית וְיָתַהּ קַיֵּימִית:
לד וַאֲמַר בִּלְעָם, לְמַלְאֲכָא דַייָ חֲבִית, אֲרֵי לָא יְדַעִית, אֲרֵי אַתְּ, מְעַתַּד לְקַדָּמוּתִי בְּאוֹרְחָא,
לה וּכְעַן, אִם בִּישׁ בְּעֵינָךְ אֲתוּב לִי: וַאֲמַר מַלְאֲכָא דַייָ לְבִלְעָם, אִיזֵיל עִם גֻּבְרַיָּא, וּבְרַם, יָת
לו פִּתְגָמָא, דַּאֲמַלֵּיל עִמָּךְ יָתֵיהּ תְּמַלֵּיל, וַאֲזַל בִּלְעָם עִם רַבְרְבֵי בָלָק: וּשְׁמַע בָּלָק אֲרֵי אֲתָא
לז בִלְעָם, וּנְפַק לְקַדָּמוּתֵיהּ לְקַרְתָּא דְמוֹאָב, דְּעַל תְּחוּם אַרְנוֹן, דְּבִסְטַר תְּחוּמָא: וַאֲמַר בָּלָק
לְבִלְעָם, הֲלָא מִשְׁלָח שְׁלַחִית לְוָתָךְ לְמִקְרֵי לָךְ, לְמָא לָא אֲתֵיתָא לְוָתִי, הַבְקֻשְׁטָא הֲוֵיתָא
לח אָמַר, לֵית אֲנָא יָכֵיל לְיַקָּרוּתָךְ: וַאֲמַר בִּלְעָם לְבָלָק, הָא אֲתֵיתִי לְוָתָךְ, כְּעַן, הֲמֵיכַל יָכֵילְנָא
לט לְמַלָּלָא מִדַּעַם, פִּתְגָמָא, דִּישַׁוֵּי יְיָ, בְּפֻמִּי יָתֵיהּ אֲמַלֵּיל: וַאֲזַל בִּלְעָם עִם בָּלָק, וְאַעֲלֵיהּ

לב) **כִּי יָרַט הַדֶּרֶךְ לְנֶגְדִּי.** רַבּוֹתֵינוּ חַכְמֵי הַמִּשְׁנָה דְּרָשׁוּהוּ נוֹטָרִיקוֹן: יָרְאָה, רָאֲתָה, נָטְתָה, בִּשְׁבִיל שֶׁהַדֶּרֶךְ לְנֶגְדִּי, כְּלוֹמַר לְקִנְאָתִי וּלְהַקְנִיטֵנִי. וּלְפִי מַשְׁמָעוֹ, כִּי חָרַד הַדֶּרֶךְ לְנֶגְדִּי, לְשׁוֹן רֶטֶט, כִּי רָאִיתִי בַּעַל הַדֶּרֶךְ שֶׁחָרַד וּמִהֵר הַדֶּרֶךְ שֶׁהוּא לְכַעֲסִי וּלְהַמְרוֹתִי, וּמִקְרָא קָצָר הוּא, כְּמוֹ: "וַתְּכַל דָּוִד" (שמואל ב׳ יג, לט) שֶׁרוֹצֶה לוֹמַר: וַתְּכַל נֶפֶשׁ דָּוִד. לָשׁוֹן אַחֵר, 'יָרַט' לְשׁוֹן רָצוֹן, וְכֵן: "וְעַל יְדֵי רְשָׁעִים יִרְטֵנִי" (איוב טז, יא), מְפַיֵּס וּמְנַחֵם אוֹתִי עַל יְדֵי רְשָׁעִים, שֶׁאֵינָן אֶלָּא מַקְנִיטִים:

לג) **אוּלַי נָטְתָה.** כְּמוֹ לוּלֵא, פְּעָמִים שֶׁ'אוּלַי' מְשַׁמֵּשׁ בִּלְשׁוֹן לוּלֵא: **גַּם אֹתְכָה הָרַגְתִּי.** הֲרֵי זֶה מִקְרָא מְסֹרָס, וְהוּא כְּמוֹ: 'גַּם הָרַגְתִּי אוֹתְךָ'. כְּלוֹמַר, לֹא הָעַכָּבָה בִּלְבַד קָרַאתְךָ עַל יָדִי, כִּי גַּם הַהֲרִיגָה: **וְאוֹתָהּ הֶחֱיֵיתִי.** וְעַתָּה מִפְּנֵי שֶׁדִּבְּרָה וְהוֹכִיחַתְךָ, וְלֹא יָכֹלְתָּ לַעֲמֹד בְּתוֹכַחְתָּהּ, כְּמוֹ שֶׁכָּתוּב: "וַיֹּאמֶר לֹא" (לעיל פסוק ל) – הֲרַגְתִּיהָ, שֶׁלֹּא יֹאמְרוּ: זוֹ הִיא שֶׁסִּלְּקָה אֶת בִּלְעָם בְּתוֹכַחְתָּהּ וְלֹא יָכֹל לְהָשִׁיב, שֶׁחָס הַמָּקוֹם עַל כְּבוֹד הַבְּרִיּוֹת. וְכֵן: "וְאֶת הַבְּהֵמָה תַּהֲרֹגוּ" (ויקרא כ, טו), וְכֵן: "וְהָרַגְתָּ אֶת הָאִשָּׁה וְאֶת הַבְּהֵמָה" (שם פסוק טז):

לד) **כִּי לֹא יָדַעְתִּי.** גַּם זֶה גְּנוּתוֹ, וְעַל כָּרְחוֹ הוֹדָה, שֶׁהוּא הָיָה מִשְׁתַּבֵּחַ שֶׁיּוֹדֵעַ דַּעַת עֶלְיוֹן, וּפִיו הֵעִיד: "לֹא יָדַעְתִּי": **אִם רַע בְּעֵינֶיךָ אָשׁוּבָה לִּי.** לְהַתְרִיס נֶגֶד הַמָּקוֹם הִיא תְּשׁוּבָה זוֹ. אָמַר לוֹ: הוּא בְּעַצְמוֹ צִוַּנִי לָלֶכֶת וְאַתָּה מַלְאָךְ מְבַטֵּל אֶת דְּבָרָיו, לָמוּד הוּא בְּכָךְ שֶׁאוֹמֵר דָּבָר וּמַלְאָךְ מַחֲזִירוֹ, אָמַר לְאַבְרָהָם: "קַח נָא אֶת בִּנְךָ" וְגוֹ׳ (בראשית כב, ב) וְעַל יְדֵי מַלְאָךְ בִּטֵּל אֶת דְּבָרוֹ, אַף אֲנִי אִם רַע בְּעֵינֶיךָ צָרִיךְ אֲנִי לָשׁוּב:

לה) **לֵךְ עִם הָאֲנָשִׁים.** בְּדֶרֶךְ שֶׁאָדָם רוֹצֶה לֵילֵךְ בָּהּ מוֹלִיכִין אוֹתוֹ: **לֵךְ עִם הָאֲנָשִׁים.** כִּי חֶלְקְךָ עִמָּהֶם וְסוֹפְךָ לֵאָבֵד מִן הָעוֹלָם: **וְאֶפֶס.** עַל כָּרְחֲךָ, "אֶת הַדָּבָר אֲשֶׁר אֲדַבֵּר" וְגוֹ׳: **עִם שָׂרֵי בָלָק.** שָׂמֵחַ לְקַלְּלָם כְּמוֹתָם:

לו) **וַיִּשְׁמַע בָּלָק.** שָׁלַח שְׁלוּחִים לְבַשְּׂרוֹ: **אֶל עִיר מוֹאָב.** אֶל מֶטְרוֹפּוֹלִין שֶׁלּוֹ, עִיר הַחֲשׁוּבָה שֶׁלּוֹ, לוֹמַר: רְאֵה מָה אֵלּוּ מְבַקְשִׁים לַעֲקֹר:

לז) **הַאֻמְנָם לֹא אוּכַל כַּבְּדֶךָ.** נִתְנַבֵּא שֶׁסּוֹפוֹ לָצֵאת מֵעִמּוֹ בְּקָלוֹן:

במדבר כב

מ קִרְיַת חֻצֽוֹת: וַיִּזְבַּ֨ח בָּלָ֜ק בָּקָ֣ר וָצֹ֑אן וַיְשַׁלַּ֣ח
מא לְבִלְעָ֔ם וְלַשָּׂרִ֖ים אֲשֶׁ֥ר אִתּֽוֹ: וַיְהִ֣י בַבֹּ֔קֶר וַיִּקַּ֤ח
בָּלָק֙ אֶת־בִּלְעָ֔ם וַֽיַּעֲלֵ֖הוּ בָּמ֣וֹת בָּ֑עַל וַיַּ֥רְא מִשָּׁ֖ם
כג א קְצֵ֥ה הָעָֽם: וַיֹּ֤אמֶר בִּלְעָם֙ אֶל־בָּלָ֔ק בְּנֵה־לִ֥י בָזֶ֖ה
שִׁבְעָ֣ה מִזְבְּחֹ֑ת וְהָכֵ֥ן לִי֙ בָּזֶ֔ה שִׁבְעָ֥ה פָרִ֖ים
ב וְשִׁבְעָ֥ה אֵילִֽים: וַיַּ֣עַשׂ בָּלָ֔ק כַּאֲשֶׁ֖ר דִּבֶּ֣ר בִּלְעָ֑ם
ג וַיַּ֨עַל בָּלָ֧ק וּבִלְעָ֛ם פָּ֥ר וָאַ֖יִל בַּמִּזְבֵּֽחַ: וַיֹּ֨אמֶר
בִּלְעָ֜ם לְבָלָ֗ק הִתְיַצֵּב֙ עַל־עֹ֣לָתֶ֔ךָ וְאֵֽלְכָ֔ה אוּלַ֞י
יִקָּרֵ֤ה יְהוָה֙ לִקְרָאתִ֔י וּדְבַ֥ר מַה־יַּרְאֵ֖נִי וְהִגַּ֣דְתִּי
ד לָ֑ךְ וַיֵּ֖לֶךְ שֶֽׁפִי: וַיִּקָּ֥ר אֱלֹהִ֖ים אֶל־בִּלְעָ֑ם וַיֹּ֣אמֶר
אֵלָ֗יו אֶת־שִׁבְעַ֤ת הַֽמִּזְבְּחֹת֙ עָרַ֔כְתִּי וָאַ֛עַל פָּ֥ר
ה וָאַ֖יִל בַּמִּזְבֵּֽחַ: וַיָּ֧שֶׂם יְהוָ֛ה דָּבָ֖ר בְּפִ֣י בִלְעָ֑ם
ו וַיֹּ֛אמֶר שׁ֥וּב אֶל־בָּלָ֖ק וְכֹ֥ה תְדַבֵּֽר: וַיָּ֣שָׁב אֵלָ֔יו
וְהִנֵּ֥ה נִצָּ֖ב עַל־עֹלָת֑וֹ ה֖וּא וְכָל־שָׂרֵ֥י מוֹאָֽב:
ז וַיִּשָּׂ֥א מְשָׁל֖וֹ וַיֹּאמַ֑ר מִן־אֲ֠רָם יַנְחֵ֨נִי בָלָ֤ק מֶֽלֶךְ־
מוֹאָב֙ מֵֽהַרְרֵי־קֶ֔דֶם לְכָה֙ אָֽרָה־לִּ֣י יַעֲקֹ֔ב וּלְכָ֖ה
ח זֹעֲמָ֥ה יִשְׂרָאֵֽל: מָ֣ה אֶקֹּ֔ב לֹ֥א קַבֹּ֖ה אֵ֑ל וּמָ֣ה
ט אֶזְעֹ֔ם לֹ֥א זָעַ֖ם יְהוָֽה: כִּֽי־מֵרֹ֤אשׁ צֻרִים֙ אֶרְאֶ֔נּוּ
וּמִגְּבָע֖וֹת אֲשׁוּרֶ֑נּוּ הֶן־עָם֙ לְבָדָ֣ד יִשְׁכֹּ֔ן וּבַגּוֹיִ֖ם

לט] קִרְיַת חֻצוֹת. עִיר מְלֵאָה שְׁוָקִים אֲנָשִׁים נָשִׁים
וָטַף בְּחוּצוֹתֶיהָ, לוֹמַר: רְאֵה וְרַחֵם שֶׁלֹּא יַעַקְרוּ אֵלּוּ:
מ] בָּקָר וָצֹאן. דָּבָר מוּעָט, בָּקָר אֶחָד וְצֹאן
אֶחָד בִּלְבָד:

מ / מא לִקְרִיַת מְחוֹזוֹהִי: וּנְכַס בָּלָק תּוֹרִין וְעָן, וְשַׁלַּח לְבִלְעָם, וּלְרַבְרְבַיָּא דְּעִמֵּיהּ: וַהֲוָה בְצַפְרָא,
כג א וּדְבַר בָּלָק יָת בִּלְעָם, וְאַסְּקֵיהּ לְרָמַת דַּחַלְתֵּיהּ, וַחֲזָא מִתַּמָּן קְצָת מִן עַמָּא: וַאֲמַר בִּלְעָם
ב לְבָלָק, בְּנֵי לִי הָכָא שִׁבְעָא מַדְבְּחִין, וְאַתְקֵין לִי הָכָא, שִׁבְעָא תוֹרִין וְשִׁבְעָא דִכְרִין: וַעֲבַד
ג בָּלָק, כְּמָא דְּמַלֵּיל בִּלְעָם, וְאַסֵּיק בָּלָק וּבִלְעָם, תּוֹר וּדְכַר עַל כָּל מַדְבְּחָא: וַאֲמַר בִּלְעָם לְבָלָק,
אִתְעַתַּד עַל עֲלָתָךְ, וַאֲהָךְ, מָאִם, יְעָרַע מֵימַר מִן קֳדָם יי לְקַדָּמוּתִי, וּפִתְגָּמָא דִּיחַזֵּינַנִי וַאֲחַוֵּי
ד לָךְ, וַאֲזַל יְחִידָי: וְעָרַע מֵימַר מִן קֳדָם יי בְּבִלְעָם, וַאֲמַר קֳדָמוֹהִי, יָת שִׁבְעָא מַדְבְּחִין סַדָּרִית,
ה וְאַסֵּיקִית, תּוֹר וּדְכַר עַל כָּל מַדְבְּחָא: וְשַׁוִּי יי, פִּתְגָּמָא בְּפֻמָּא דְּבִלְעָם, וַאֲמַר, תּוּב לְוָת בָּלָק
ו / ז וּכְדֵין תְּמַלֵּיל: וְתָב לְוָתֵיהּ, וְהָא מְעַתַּד עַל עֲלָתֵיהּ, הוּא וְכָל רַבְרְבֵי מוֹאָב: וּנְטַל מַתְלֵיהּ
וַאֲמַר, מִן אֲרָם, דַּבְּרַנִי בָּלָק מַלְכָּא דְמוֹאָב מִטּוּרֵי מַדִּנְחָא, אֵיתָא לוּט לִי יַעֲקֹב, וְאֵיתָא
ח / ט תָּרֵיךְ לִי יִשְׂרָאֵל: מָא אֱלוּטֵיהּ, דְּלָא לָטְיֵהּ אֵל, וּמָא אֲתָרֵיךְ, דְּלָא תָרְכֵיהּ יי: אֲרֵי מֵרֵישׁ
טוּרַיָּא חֲזֵיתֵיהּ, וּמֵרָמָתָא סְכֵיתֵיהּ, הָא עַמָּא בִלְחוֹדֵיהוֹן עֲתִידִין דְּיַחְסְנוּן עָלְמָא, וּבְעַמְמַיָּא

מא| **בָּמוֹת בָּעַל.** כְּתַרְגּוּמוֹ: "לְרָמַת דַּחַלְתֵּיהּ", שֵׁם עֲבוֹדָה זָרָה:

פרק כג

ג| **אוּלַי יִקָּרֶה ה' לִקְרָאתִי.** אֵינוֹ רָגִיל לְדַבֵּר עִמִּי בַּיּוֹם: **וַיֵּלֶךְ שֶׁפִי.** כְּתַרְגּוּמוֹ: "יְחִידָי", לְשׁוֹן שְׁפִי וָשֶׁקֶט, שֶׁאֵין עִמּוֹ אֶלָּא שְׁתִיקָה:

ד| **וַיִּקָּר.** לְשׁוֹן עֲרַאי, לְשׁוֹן גְּנַאי, לְשׁוֹן טֻמְאַת קֶרִי, כְּלוֹמַר בְּקֹשִׁי וּבְבִזָּיוֹן, וְלֹא הָיָה נִגְלֶה עָלָיו בַּיּוֹם אֶלָּא בִּשְׁבִיל לְהַרְאוֹת חִבָּתָן שֶׁל יִשְׂרָאֵל: **אֶת שִׁבְעַת הַמִּזְבְּחֹת.** 'שִׁבְעָה מִזְבְּחוֹת עָרַכְתִּי' אֵין כְּתִיב כָּאן אֶלָּא "אֶת שִׁבְעַת הַמִּזְבְּחֹת", אָמַר לְפָנָיו: אֲבוֹתֵיהֶם שֶׁל אֵלּוּ בָּנוּ לְפָנֶיךָ שִׁבְעָה מִזְבְּחוֹת, וַאֲנִי עָרַכְתִּי כְּנֶגֶד כֻּלָּן. אַבְרָהָם בָּנָה אַרְבָּעָה: "וַיִּבֶן שָׁם מִזְבֵּחַ לַה' הַנִּרְאֶה אֵלָיו" (בראשית יב, ז), "וַיַּעְתֵּק מִשָּׁם הָהָרָה" וְגוֹ' (שם פסוק ח), "וַיֶּאֱהַל אַבְרָם" וְגוֹ' (שם יג, יח), וְאֶחָד בְּהַר הַמּוֹרִיָּה (שם כב, ט); וְיִצְחָק בָּנָה אֶחָד, "וַיִּבֶן שָׁם מִזְבֵּחַ וְגוֹ' וַיִּכְרוּ שָׁם עַבְדֵי יִצְחָק בְּאֵר" (שם כו, כה). וְיַעֲקֹב בָּנָה שְׁנַיִם: אֶחָד בִּשְׁכֶם (שם לג, כ) וְאֶחָד בְּבֵית אֵל (שם לה, ז): **וָאַעַל פָּר וָאַיִל בַּמִּזְבֵּחַ.** וְאַבְרָהָם לֹא הֶעֱלָה אֶלָּא אַיִל אֶחָד:

ז| **אָרָה לִּי יַעֲקֹב וּלְכָה זֹעֲמָה יִשְׂרָאֵל.** בִּשְׁנֵי שְׁמוֹתֵיהֶם אָמַר לוֹ לְקַלְּלָם, שֶׁמָּא אֶחָד מֵהֶם אֵינוֹ מֻבְהָק:

ח| **מָה אֶקֹּב לֹא קַבֹּה אֵל.** כְּשֶׁהָיוּ רְאוּיִים לְהִתְקַלֵּל לֹא נִתְקַלְּלוּ, כְּשֶׁהִזְכִּיר אֲבִיהֶם אֶת עֲוֹנָם: "כִּי בְאַפָּם הָרְגוּ אִישׁ" (בראשית מט, ו), לֹא קִלֵּל אֶלָּא אַפָּם, שֶׁנֶּאֱמַר: "אָרוּר אַפָּם" (שם פסוק ז), כְּשֶׁנִּכְנַס אֲבִיהֶם בְּמִרְמָה אֵצֶל אָבִיו הָיָה רָאוּי לְהִתְקַלֵּל; מַה נֶּאֱמַר שָׁם – "גַּם בָּרוּךְ יִהְיֶה" (שם כז, לג). בַּמְבָרְכִים נֶאֱמַר: "אֵלֶּה יַעַמְדוּ לְבָרֵךְ אֶת הָעָם" (דברים כז, יב), בַּמְקַלְּלִים לֹא נֶאֱמַר: 'וְאֵלֶּה יַעַמְדוּ לְקַלֵּל אֶת הָעָם', אֶלָּא "וְאֵלֶּה יַעַמְדוּ עַל הַקְּלָלָה" (שם פסוק יג), לֹא רָצָה לְהַזְכִּיר עֲלֵיהֶם שֵׁם קְלָלָה: **לֹא זָעַם ה'.** אֲנִי אֵין כֹּחִי אֶלָּא שֶׁאֲנִי יוֹדֵעַ לְכַוֵּן הַשָּׁעָה שֶׁהַקָּדוֹשׁ בָּרוּךְ הוּא כּוֹעֵס בָּהּ, וְהוּא לֹא כָעַס כָּל הַיָּמִים הַלָּלוּ שֶׁבָּאתִי אֵלֶיךָ, וְזֶהוּ שֶׁנֶּאֱמַר: "עַמִּי זְכָר נָא מַה יָּעַץ וְגוֹ' וּמֶה עָנָה אֹתוֹ בִּלְעָם וְגוֹ' לְמַעַן דַּעַת צִדְקוֹת ה'" (מיכה ו, ה):

ט| **כִּי מֵרֹאשׁ צֻרִים אֶרְאֶנּוּ.** אֲנִי מִסְתַּכֵּל בְּרֵאשִׁיתָם וּבִתְחִלַּת שָׁרְשֵׁיהֶם, וַאֲנִי רוֹאֶה אוֹתָם מְיֻסָּדִים וַחֲזָקִים כְּצוּרִים וּגְבָעוֹת הַלָּלוּ, עַל יְדֵי אָבוֹת וְאִמָּהוֹת: **הֶן עָם לְבָדָד יִשְׁכֹּן.** הוּא אֲשֶׁר זָכוּ לוֹ אֲבוֹתָיו לִשְׁכֹּן בָּדָד, כְּתַרְגּוּמוֹ: **וּבַגּוֹיִם לֹא יִתְחַשָּׁב.** כְּתַרְגּוּמוֹ, לֹא יְהִיוּ נַעֲשִׂין כָּלָה עִם שְׁאָר הָאֻמּוֹת, שֶׁנֶּאֱמַר: "כִּי אֶעֱשֶׂה כָלָה בְּכָל הַגּוֹיִם" וְגוֹ' (ירמיה ל, יא), אֵינָן נִמְנִין עִם הַשְּׁאָר. דָּבָר אַחֵר, כְּשֶׁהֵן שְׂמֵחִין אֵין אֻמָּה שְׂמֵחָה עִמָּהֶם, שֶׁנֶּאֱמַר: "ה' בָּדָד יַנְחֶנּוּ" (דברים לב, יב). וּכְשֶׁהָאֻמּוֹת בְּטוֹבָה הֵם אוֹכְלִין עִם כָּל אֶחָד וְאֶחָד וְאֵין עוֹלֶה לָהֶם מִן הַחֶשְׁבּוֹן, וְזֶהוּ: "וּבַגּוֹיִם לֹא יִתְחַשָּׁב":

בלק

כ לֹא יִתְחַשָּׁב: מִי מָנָה עֲפַר יַעֲקֹב וּמִסְפָּר אֶת־ י
רֹבַע יִשְׂרָאֵל תָּמֹת נַפְשִׁי מוֹת יְשָׁרִים וּתְהִי
אַחֲרִיתִי כָּמֹהוּ: וַיֹּאמֶר בָּלָק אֶל־בִּלְעָם מֶה יא
עָשִׂיתָ לִי לָקֹב אֹיְבַי לְקַחְתִּיךָ וְהִנֵּה בֵּרַכְתָּ
בָרֵךְ: וַיַּעַן וַיֹּאמַר הֲלֹא אֵת אֲשֶׁר יָשִׂים יהוה יב
חמישי בְּפִי אֹתוֹ אֶשְׁמֹר לְדַבֵּר: וַיֹּאמֶר אֵלָיו בָּלָק לְךָ־ יג
נָּא אִתִּי אֶל־מָקוֹם אַחֵר אֲשֶׁר תִּרְאֶנּוּ מִשָּׁם
אֶפֶס קָצֵהוּ תִרְאֶה וְכֻלּוֹ לֹא תִרְאֶה וְקָבְנוֹ־לִי
מִשָּׁם: וַיִּקָּחֵהוּ שְׂדֵה צֹפִים אֶל־רֹאשׁ הַפִּסְגָּה יד
וַיִּבֶן שִׁבְעָה מִזְבְּחֹת וַיַּעַל פַּר וָאַיִל בַּמִּזְבֵּחַ:
וַיֹּאמֶר אֶל־בָּלָק הִתְיַצֵּב כֹּה עַל־עֹלָתֶךָ וְאָנֹכִי טו
אִקָּרֶה כֹּה: וַיִּקָּר יהוה אֶל־בִּלְעָם וַיָּשֶׂם דָּבָר טז
בְּפִיו וַיֹּאמֶר שׁוּב אֶל־בָּלָק וְכֹה תְדַבֵּר: וַיָּבֹא יז
אֵלָיו וְהִנּוֹ נִצָּב עַל־עֹלָתוֹ וְשָׂרֵי מוֹאָב אִתּוֹ
וַיֹּאמֶר לוֹ בָּלָק מַה־דִּבֶּר יהוה: וַיִּשָּׂא מְשָׁלוֹ יח
וַיֹּאמַר קוּם בָּלָק וּשְׁמָע הַאֲזִינָה עָדַי בְּנוֹ צִפֹּר:
לֹא אִישׁ אֵל וִיכַזֵּב וּבֶן־אָדָם וְיִתְנֶחָם הַהוּא יט
אָמַר וְלֹא יַעֲשֶׂה וְדִבֶּר וְלֹא יְקִימֶנָּה: הִנֵּה בָרֵךְ כ
לָקָחְתִּי וּבֵרֵךְ וְלֹא אֲשִׁיבֶנָּה: לֹא־הִבִּיט אָוֶן כא

בלק

י מִי מָנָה עֲפַר יַעֲקֹב וְגוֹ׳. כְּתַרְגּוּמוֹ: "דַּעְדְּקַיָּא דְּבֵית יַעֲקֹב כו׳ מֵאַרְבַּע מַשִּׁרְיָתָא" מֵאַרְבָּעָה דְּגָלִים. דָּבָר אַחֵר, "עֲפַר יַעֲקֹב", אֵין חֶשְׁבּוֹן בַּמִּצְוֹת שֶׁהֵם מְקַיְּמִין בֶּעָפָר: "לֹא תַחֲרֹשׁ בְּשׁוֹר

י לָא יִתְדָּנוּן גְּמִירָא: מַאן יְכוֹל לְמִמְנֵי דַּעְדְּקַיָּא דְּבֵית יַעֲקֹב, דַּאֲמִיר עֲלֵיהוֹן יִסְגּוֹן
כְּעַפְרָא דְאַרְעָא, אוֹ חֲדָא מֵאַרְבַּע מַשְׁרְיָתָא דְיִשְׂרָאֵל, תְּמוּת נַפְשִׁי מוֹתָא דְקַשִּׁיטוֹהִי,
יא וִיהֵי סוֹפִי כְּוָתְהוֹן: וַאֲמַר בָּלָק לְבִלְעָם, מָא עֲבַדְתְּ לִי, לְמִלַּט סָנְאַי דְּבַרְתָּךְ, וְהָא בָרְכָא
יב יג מְבָרֵיכַתְּ לְהוֹן: וַאֲתֵיב וַאֲמַר, הֲלָא, יָת דִּישַׁוֵּי יְיָ בְּפֻמִּי, יָתֵיהּ אֶטַּר לְמַלָּלָא: וַאֲמַר לֵיהּ
בָּלָק, אֵיתָא כְעַן עִמִּי, לַאֲתַר אָחֳרָן דְּתִתַחְזְיֵנֵיהּ מִתַּמָּן, לְחוּד קְצָתֵיהּ תִּחֱזֵי, וְכֻלֵּיהּ לָא
יד תִחֱזֵי, וּתְלוּטֵיהּ לִי מִתַּמָּן: וְדַבְרֵיהּ לַחֲקַל סָכוּתָא, לְרֵישׁ רָמְתָא, וּבְנָא שִׁבְעָא מַדְבְּחִין,
טו וְאַסֵּיק, תּוֹר וּדְכַר עַל כָּל מַדְבַּח: וַאֲמַר לְבָלָק, אִתְעַתַּד הָכָא עַל עֲלָתָךְ, וַאֲנָא אֶתְמְטֵי
טז עַד כָּא: וְעָרַע מֵימַר מִן קֳדָם יְיָ בְּבִלְעָם, וְשַׁוִּי פִתְגָּמָא בְּפֻמֵּיהּ, וַאֲמַר, תּוּב לְוָת בָּלָק
יז וּכְדֵין תְּמַלֵּיל: וַאֲתָא לְוָתֵיהּ, וְהָא מְעַתַּד עַל עֲלָתֵיהּ, וְרַבְרְבֵי מוֹאָב עִמֵּיהּ, וַאֲמַר לֵיהּ
יח יט בָּלָק, מָא מַלֵּיל יְיָ: וּנְטַל מַתְלֵיהּ וַאֲמַר, קוּם בָּלָק וּשְׁמַע, אַצֵּית לְמֵימְרִי בַּר צִפּוֹר: לָא
כְמִלֵּי בְנֵי אֱנָשָׁא מֵימַר אֱלָהָא, בְּנֵי אֱנָשָׁא אָמְרִין וּמְכַדְּבִין, וְאַף לָא כְעוֹבָדֵי בְנֵי בִסְרָא
כ דְּאִנּוּן גָּזְרִין לְמֶעְבַּד תָּיְבִין וּמִתְמַלְכִין, הוּא אָמַר וְעָבֵיד, וְכָל מֵימְרֵיהּ מִתְקַיַּם: הָא בִרְכָן
כא קַבֵּילִית אֲבָרְכִנֵּיהּ לְיִשְׂרָאֵל, וְלָא אֲתִיב בִּרְכְתִי מִנְּהוֹן: אִסְתַּכַּלִית וְלֵית פָּלְחֵי גִלּוּלִין

וּבַחֲמֹר״ (דברים כב, י), ״לֹא תִזְרַע כִּלְאָיִם״ (ויקרא יט, יט), אֵפֶר פָּרָה (לעיל יט, ט) וַעֲפַר סוֹטָה (לעיל ה, יז) וְכַיּוֹצֵא בָּהֶם: **וּמִסְפָּר אֶת רֹבַע יִשְׂרָאֵל.** רְבִיעוֹתֵיהֶן, זֶרַע הַיּוֹצֵא מִן הַתַּשְׁמִישׁ שֶׁלָּהֶם: **תָּמֹת נַפְשִׁי מוֹת יְשָׁרִים.** שֶׁבָּהֶם:

יג] **וְקָבְנוֹ לִי.** לְשׁוֹן צִוּוּי, קַלְלֵהוּ לִי:

יד] **שְׂדֵה צֹפִים.** מָקוֹם גָּבוֹהַ הָיָה, שֶׁשָּׁם הַצּוֹפֶה עוֹמֵד לִשְׁמֹר אִם יָבֹא חַיִל עַל הָעִיר: **רֹאשׁ הַפִּסְגָּה.** בִּלְעָם לֹא הָיָה קוֹסֵם כְּבָלָק, רָאָה בָלָק שֶׁעֲתִידָה פִּרְצָה לְהִפָּרֵץ בְּיִשְׂרָאֵל מִשָּׁם, שֶׁשָּׁם מֵת מֹשֶׁה, כַּסָּבוּר שֶׁשָּׁם תָּחוּל עֲלֵיהֶם הַקְּלָלָה וְזוֹ הִיא הַפִּרְצָה שֶׁאֲנִי רוֹאֶה:

טו] **אִקָּרֶה כֹּה.** מֵאֵת הַקָּדוֹשׁ בָּרוּךְ הוּא. 'אִקָּרֶה' לְשׁוֹן אֶתְפַּעֵל:

טז] **וַיָּשֶׂם דָּבָר בְּפִיו.** וּמָה הִיא הַשִּׂימָה הַזֹּאת, וּמֶה חָסֵר הַמִּקְרָא בְּאָמְרוֹ: ״שׁוּב אֶל בָּלָק וְכֹה תְדַבֵּר״? אֶלָּא כְּשֶׁהָיָה שׁוֹמֵעַ שֶׁאֵינוֹ נִרְשֶׁה לְקַלֵּל, אָמַר: מָה אֲנִי חוֹזֵר אֵצֶל בָּלָק לְצַעֲרוֹ, וְנָתַן לוֹ הַקָּדוֹשׁ בָּרוּךְ הוּא רֶסֶן וְחַכָּה בְּפִיו כְּאָדָם הַפּוֹקֵס בְּהֵמָה בְּחַכָּה לְהוֹלִיכָהּ אֶל אֲשֶׁר יִרְצֶה, אָמַר לוֹ: עַל כָּרְחֲךָ תָּשׁוּב אֶל בָּלָק:

יז] **וְשָׂרֵי מוֹאָב אִתּוֹ.** וּלְמַעְלָה הוּא אוֹמֵר: ״וְכָל שָׂרֵי מוֹאָב״ (לעיל פסוק ו), כֵּיוָן שֶׁרָאוּ שֶׁאֵין בּוֹ תִּקְוָה הָלְכוּ לָהֶם מִקְצָתָם, וְלֹא נִשְׁאֲרוּ אֶלָּא מִקְצָתָם:

מַה דִּבֶּר ה׳. לְשׁוֹן צְחוֹק הוּא זֶה, כְּלוֹמַר אֵינְךָ בִּרְשׁוּתְךָ:

יח] **קוּם בָּלָק.** כֵּיוָן שֶׁרָאָהוּ מְצַחֵק בּוֹ, נִתְכַּוֵּן לְצַעֲרוֹ: עֲמֹד עַל רַגְלֶיךָ, אֵינְךָ רַשַּׁאי לֵישֵׁב וַאֲנִי שָׁלוּחַ אֵלֶיךָ בִּשְׁלִיחוּתוֹ שֶׁל מָקוֹם: **בְּנוֹ צִפֹּר.** לְשׁוֹן מִקְרָא הוּא כֵּן, כְּמוֹ: ״חַיְתוֹ יָעַר״ (תהלים נ, י), ״וְחַיְתוֹ אֶרֶץ״ (בראשית א, כד), ״לְמַעְיְנוֹ מָיִם״ (תהלים קיד, ח):

יט] **לֹא אִישׁ אֵל וגו׳.** כְּבָר נִשְׁבַּע לָהֶם לַהֲבִיאָם וּלְהוֹרִישָׁם אֶרֶץ שִׁבְעָה עֲמָמִים, וְאַתָּה סָבוּר לַהֲמִיתָם בַּמִּדְבָּר?: **הַהוּא אָמַר וגו׳.** בִּלְשׁוֹן תְּמִיהָ, וְתַרְגּוּמוֹ: ״תָּיְבִין וּמִתְמַלְכִין״, חוֹזְרִים וְנִמְלָכִין לַחֲזֹר בָּהֶם:

כ] **הִנֵּה בָרֵךְ לָקָחְתִּי.** אַתָּה שׁוֹאֲלֵנִי: ״מַה דִּבֶּר ה׳״ (לעיל פסוק יז), קִבַּלְתִּי מִמֶּנּוּ לְבָרֵךְ אוֹתָם: **וּבֵרֵךְ וְלֹא אֲשִׁיבֶנָּה.** הוּא בֵּרַךְ אוֹתָם, וַאֲנִי לֹא אָשִׁיב אֶת בִּרְכָתוֹ: **וּבֵרֵךְ.** כְּמוֹ 'וּבֵרַךְ' וְכֵן הוּא גִּזְרַת רֵי״שׁ, כְּמוֹ: ״אוֹיֵב חֵרֵף״ (תהלים עד, יח) כְּמוֹ 'חֵרַף', וְכֵן: ״וּבֹצֵעַ בֵּרֵךְ״ (שם י, ג), הַמְהַלֵּל וּמְבָרֵךְ אֶת הַגּוֹזֵל וְאוֹמֵר לוֹ: אַל תִּירָא כִּי לֹא תֵעָנֵשׁ, שָׁלוֹם יִהְיֶה לְךָ, מַרְגִּיז הוּא לְהַקָּדוֹשׁ בָּרוּךְ הוּא. וְאֵין לוֹמַר 'בֵּרֵךְ' שֵׁם דָּבָר, שֶׁאִם כֵּן הָיָה נָקוּד בְּפַתָּח קָטָן (סגול) וְטַעְמוֹ לְמַעְלָה, אֲבָל לְפִי שֶׁהוּא לְשׁוֹן פִּעֵל, הוּא נָקוּד קָמָץ קָטָן (צירי) וְטַעְמוֹ לְמַטָּה:

כא] **לֹא הִבִּיט אָוֶן וגו׳.** כְּתַרְגּוּמוֹ. דָּבָר אַחֵר,

במדבר כג

בְּיַעֲקֹב וְלֹא־רָאָה עָמָל בְּיִשְׂרָאֵל יְהוָה אֱלֹהָיו
עִמּוֹ וּתְרוּעַת מֶלֶךְ בּוֹ: אֵל מוֹצִיאָם מִמִּצְרָיִם כב
כְּתוֹעֲפֹת רְאֵם לוֹ: כִּי לֹא־נַחַשׁ בְּיַעֲקֹב וְלֹא־ כג
קֶסֶם בְּיִשְׂרָאֵל כָּעֵת יֵאָמֵר לְיַעֲקֹב וּלְיִשְׂרָאֵל
מַה־פָּעַל אֵל: הֶן־עָם כְּלָבִיא יָקוּם וְכַאֲרִי כד
יִתְנַשָּׂא לֹא יִשְׁכַּב עַד־יֹאכַל טֶרֶף וְדַם־חֲלָלִים
יִשְׁתֶּה: וַיֹּאמֶר בָּלָק אֶל־בִּלְעָם גַּם־קֹב לֹא כה
תִקֳּבֶנּוּ גַּם־בָּרֵךְ לֹא תְבָרֲכֶנּוּ: וַיַּעַן בִּלְעָם וַיֹּאמֶר כו
אֶל־בָּלָק הֲלֹא דִּבַּרְתִּי אֵלֶיךָ לֵאמֹר כֹּל אֲשֶׁר־
יְדַבֵּר יְהוָה אֹתוֹ אֶעֱשֶׂה: וַיֹּאמֶר בָּלָק אֶל־בִּלְעָם כז
לְכָה־נָּא אֶקָּחֲךָ אֶל־מָקוֹם אַחֵר אוּלַי יִישַׁר
בְּעֵינֵי הָאֱלֹהִים וְקַבֹּתוֹ לִי מִשָּׁם: וַיִּקַּח בָּלָק אֶת־ כח
בִּלְעָם רֹאשׁ הַפְּעוֹר הַנִּשְׁקָף עַל־פְּנֵי הַיְשִׁימֹן:
וַיֹּאמֶר בִּלְעָם אֶל־בָּלָק בְּנֵה־לִי בָזֶה שִׁבְעָה כט
מִזְבְּחֹת וְהָכֵן לִי בָּזֶה שִׁבְעָה פָרִים וְשִׁבְעָה
אֵילִם: וַיַּעַשׂ בָּלָק כַּאֲשֶׁר אָמַר בִּלְעָם וַיַּעַל פָּר ל
וָאַיִל בַּמִּזְבֵּחַ: וַיַּרְא בִּלְעָם כִּי טוֹב בְּעֵינֵי יְהוָה כד א

שׁשׁי
/שׁביעי/

אַחֲרֵי פְשׁוּטוֹ הוּא נִדְרָשׁ מִדְרַשׁ נָאֶה: "לֹא הִבִּיט"
הַקָּדוֹשׁ בָּרוּךְ הוּא אָוֶן הוּא שֶׁבְּיַעֲקֹב, שֶׁכְּשֶׁהֵן עוֹבְרִין
עַל דְּבָרָיו, אֵינוֹ מְדַקְדֵּק אַחֲרֵיהֶם לְהִתְבּוֹנֵן
בְּאוֹנִיּוֹת שֶׁלָּהֶם וּבַעֲמָלָן שֶׁהֵן עוֹבְרִין עַל דָּתוֹ:
עָמָל. לְשׁוֹן עֲבֵרָה, כְּמוֹ: "הָרֹה עָמָל" (איוב טו,

לה), "כִּי אַתָּה עָמָל וָכַעַס תַּבִּיט" (תהלים י, יד),
לְפִי שֶׁהָעֲבֵרָה הִיא עָמָל לִפְנֵי הַמָּקוֹם: ה'
אֱלֹהָיו עִמּוֹ. אֲפִלּוּ מַכְעִיסִין וּמַמְרִים לְפָנָיו
אֵינוֹ זָז מִתּוֹכָן: וּתְרוּעַת מֶלֶךְ בּוֹ. לְשׁוֹן חִבָּה
וְרֵעוּת, כְּמוֹ: "רֵעֶה דָוִד" (שמואל ב טו, לז), "אֹהֵב דָּוִד"

בלק

בְּדָבֵית יַעֲקֹב, וְאַף לָא עֲבַדִי לֵיאוּת שְׁקַר בְּיִשְׂרָאֵל, מֵימְרָא דַּיְיָ אֱלָהֲהוֹן בְּסַעְדְּהוֹן, וּשְׁכִינַת מַלְכְּהוֹן בֵּינֵיהוֹן: אֵל דְּאַפֵּיקִנּוּן מִמִּצְרַיִם, תָּקְפָּא וְרוּמָא דִּילֵיהּ: אֲרֵי לָא נַחֲשַׁיָּא צָבַן דְּיֵיטַב לְדָבֵית יַעֲקֹב, וְאַף לָא קַסְמַיָּא רְעַן בִּרְבוּת בֵּית יִשְׂרָאֵל, כְּעִדָּן, יִתְאֲמַר לְיַעֲקֹב וּלְיִשְׂרָאֵל, מָא עֲבַד אֱלָהָא: הָא עַמָּא כְּלֵיתָא שָׁרֵי, וּכְאַרְיָא יִתְנַטַּל, לָא יִשְׁרֵי בְּאַרְעֵיהּ עַד דְּיִקְטוֹל קְטוֹל וְנִכְסֵי עַמְמַיָּא יֵירָת: וַאֲמַר בָּלָק לְבִלְעָם, אַף מְלָט לָא תְלוֹטִנּוּן, אַף בָּרָכָא לָא תְבָרֵיכִנּוּן: וַאֲתִיב בִּלְעָם, וַאֲמַר לְבָלָק, הֲלָא, מַלֵּלִית עִמָּךְ לְמֵימַר, כֹּל, דִּימַלֵּיל יְיָ יָתֵיהּ אֶעְבֵּיד: וַאֲמַר בָּלָק לְבִלְעָם, אִיתָא כְעַן אֲדַבְּרִנָּךְ, לַאֲתַר אָחֳרָן, מָאִם תְּהֵי רַעֲוָא מִן קֳדָם יְיָ, וּתְלוּטֵיהּ לִי מִתַּמָּן: וּדְבַר בָּלָק יָת בִּלְעָם, רֵישׁ רָמָתָא, דְּמִסְתַּכְּיָא עַל אַפֵּי בֵּית יְשִׁימוֹן: וַאֲמַר בִּלְעָם לְבָלָק, בְּנִי לִי הָכָא שִׁבְעָא מַדְבְּחִין, וְאַתְקֵין לִי הָכָא, שִׁבְעָא תּוֹרִין וְשִׁבְעָא דִּכְרִין: וַעֲבַד בָּלָק, כְּמָא דַאֲמַר בִּלְעָם, וְאַסֵּיק, תּוֹר וּדְכַר עַל כָּל מַדְבַּח: וַחֲזָא בִלְעָם, אֲרֵי תָקֵין, קֳדָם יְיָ

"וַיִּתְּנֵהוּ לְמֶרְעֵהוּ" (שופטים טו, ו), וְכֵן תַּרְגֵּם אוּנְקְלוֹס: "וּשְׁכִינַת מַלְכְּהוֹן בֵּינֵיהוֹן":

כב) אֵל מוֹצִיאָם מִמִּצְרָיִם. אַתָּה אָמַרְתָּ: "הִנֵּה עַם יָצָא מִמִּצְרַיִם" (לעיל כב, ה), לֹא יָצָא מֵעַצְמוֹ אֶלָּא הָאֱלֹהִים הוֹצִיאָם: **כְּתוֹעֲפוֹת רְאֵם לוֹ.** כְּתֹקֶף רוּם וְגֹבַהּ שֶׁלּוֹ, וְכֵן: "וְכֶסֶף תּוֹעָפוֹת" (איוב כב, כה), לְשׁוֹן מָעוֹז הֵמָּה. וְאוֹמֵר אֲנִי שֶׁהוּא לְשׁוֹן: "וְעוֹף יְעוֹפֵף" (בראשית א, כ), הַמְעוֹפֵף בְּרוּם וְגֹבַהּ, וְתֹקֶף רַב הוּא זֶה, "וְתוֹעֲפֹת רְאֵם", עֲפִיפַת גֹּבַהּ. דָּבָר אַחֵר, "תּוֹעֲפוֹת רְאֵם", תֹּקֶף רְאֵמִים, וְאָמְרוּ רַבּוֹתֵינוּ: אֵלּוּ הַשֵּׁדִים:

כג) כִּי לֹא נַחַשׁ בְּיַעֲקֹב. כִּי רְאוּיִים הֵם לִבְרָכָה, שֶׁאֵין בָּהֶם מְנַחֲשִׁים וְקוֹסְמִים: **כָּעֵת יֵאָמֵר לְיַעֲקֹב וְגוֹ'.** עוֹד עָתִיד לִהְיוֹת עֵת כָּעֵת הַזֹּאת אֲשֶׁר תִּגָּלֶה חִבָּתָן לְעֵין כֹּל, שֶׁהֵן יוֹשְׁבִין לְפָנָיו וְלוֹמְדִים תּוֹרָה מִפִּיו וּמְחִצָּתָן לִפְנִים מִמַּלְאֲכֵי הַשָּׁרֵת, וְהֵם יִשְׁאֲלוּ לָהֶם: "מַה פָּעַל אֵל", וְזֶהוּ שֶׁנֶּאֱמַר: "וְהָיָה עֵינֶיךָ רֹאוֹת אֶת מוֹרֶיךָ" (ישעיה ל, כ). דָּבָר אַחֵר, "יֵאָמֵר לְיַעֲקֹב" אֵינוֹ לְשׁוֹן עָתִיד אֶלָּא לְשׁוֹן הֹוֶה, אֵינָן צְרִיכִין לִמְנַחֵשׁ וְקוֹסֵם, כִּי בְּכָל עֵת שֶׁצָּרִיךְ לְהֵאָמֵר לְיַעֲקֹב וּלְיִשְׂרָאֵל מַה פָּעַל הַקָּדוֹשׁ בָּרוּךְ הוּא וּמַה גְּזֵרוֹתָיו בַּמָּרוֹם, אֵינָן מְנַחֲשִׁים וְקוֹסְמִים, אֶלָּא נֶאֱמַר לָהֶם עַל פִּי נְבִיאֵיהֶם מַה הִיא גְּזֵרַת הַמָּקוֹם, אוֹ אוּרִים וְתֻמִּים מַגִּידִים לָהֶם. וְאוּנְקְלוֹס לֹא תִרְגֵּם כֵּן:

כד) הֶן עָם כְּלָבִיא יָקוּם וְגוֹ'. כְּשֶׁהֵן עוֹמְדִין מִשְּׁנָתָן שַׁחֲרִית הֵן מִתְגַּבְּרִין כְּלָבִיא וְכַאֲרִי לַחֲטוֹף אֶת הַמִּצְוֹת, לִלְבֹּשׁ טַלִּית, לִקְרוֹת אֶת שְׁמַע וּלְהָנִיחַ תְּפִלִּין: **לֹא יִשְׁכַּב.** בַּלַּיְלָה עַל מִטָּתוֹ עַד שֶׁהוּא אוֹכֵל וּמְחַבֵּל כָּל מַזִּיק הַבָּא לְטָרְפוֹ. כֵּיצַד? קוֹרֵא אֶת שְׁמַע עַל מִטָּתוֹ וּמַפְקִיד רוּחוֹ בְּיַד הַמָּקוֹם. בָּא מַחֲנֶה וְגַיִס לְהַזִּיקָם, הַקָּדוֹשׁ בָּרוּךְ הוּא שׁוֹמְרָם וְנִלְחָם מִלְחֲמוֹתֵיהֶם וּמַפִּילָם חֲלָלִים. דָּבָר אַחֵר, "הֶן עַם כְּלָבִיא יָקוּם" וְגוֹ', כְּתַרְגּוּמוֹ: וְדַם חֲלָלִים יִשְׁתֶּה. נִתְנַבֵּא שֶׁאֵין מֹשֶׁה מֵת עַד שֶׁיַּפִּיל מַלְכֵי מִדְיָן חֲלָלִים וְיֵהָרֵג הוּא עִמָּהֶם, שֶׁנֶּאֱמַר: "וְאֶת בִּלְעָם בֶּן בְּעוֹר הַקּוֹסֵם הָרְגוּ בְנֵי יִשְׂרָאֵל בַּחֶרֶב אֶל חַלְלֵיהֶם" (יהושע יג, כב):

כה) גַּם קֹב לֹא תִקֳּבֶנּוּ. "גַּם" רִאשׁוֹן מוּסָף עַל "גַּם" הַשֵּׁנִי וְ"גַּם" שֵׁנִי עַל "גַּם" רִאשׁוֹן, וְכֵן: "גַּם לִי גַּם לָךְ לֹא יִהְיֶה" (מלכים א' ג, כו), וְכֵן: "גַּם בָּחוּר גַּם בְּתוּלָה" (דברים לב, כה):

כז) וְקַבֹּתוֹ לִי. אֵין זֶה לְשׁוֹן צִוּוּי כְּמוֹ "וְקָבְנוּ" (לעיל פסוק יג), אֶלָּא לְשׁוֹן עָתִיד, אוּלַי יִישַׁר בְּעֵינָיו וְתִקֳּבֶנּוּ לִי מִשָּׁם. מַלְדִּיׁ"שׁ לוֹ"י בְּלַעַז:

כח) רֹאשׁ הַפְּעוֹר. קוֹסֵם גָּדוֹל הָיָה בָּלָק, וְרָאָה שֶׁהֵן עֲתִידִין לִלְקוֹת עַל יְדֵי פְעוֹר, וְלֹא הָיָה יוֹדֵעַ בַּמֶּה. אָמַר: שֶׁמָּא הַקְּלָלָה תָחוּל עֲלֵיהֶם מִשָּׁם. וְכֵן כָּל הַחוֹזִים בַּכּוֹכָבִים רוֹאִים וְאֵין יוֹדְעִין מָה רוֹאִים:

פרק כד

א) וַיַּרְא בִּלְעָם כִּי טוֹב וְגוֹ'. אָמַר: אֵינִי צָרִיךְ לִבְדֹּק עוֹד בְּהַקָּדוֹשׁ בָּרוּךְ הוּא, כִּי לֹא יַחְפֹּץ

לְבָרֵךְ אֶת־יִשְׂרָאֵל וְלֹא־הָלַךְ כְּפַעַם־בְּפַעַם
לִקְרַאת נְחָשִׁים וַיָּשֶׁת אֶל־הַמִּדְבָּר פָּנָיו׃ וַיִּשָּׂא ב
בִלְעָם אֶת־עֵינָיו וַיַּרְא אֶת־יִשְׂרָאֵל שֹׁכֵן לִשְׁבָטָיו
* וַתְּהִי עָלָיו רוּחַ אֱלֹהִים׃ וַיִּשָּׂא מְשָׁלוֹ וַיֹּאמַר ג
נְאֻם בִּלְעָם בְּנוֹ בְעֹר וּנְאֻם הַגֶּבֶר שְׁתֻם הָעָיִן׃
נְאֻם שֹׁמֵעַ אִמְרֵי־אֵל אֲשֶׁר מַחֲזֵה שַׁדַּי יֶחֱזֶה נֹפֵל ד
וּגְלוּי עֵינָיִם׃ מַה־טֹּבוּ אֹהָלֶיךָ יַעֲקֹב מִשְׁכְּנֹתֶיךָ ה
יִשְׂרָאֵל׃ כִּנְחָלִים נִטָּיוּ כְּגַנֹּת עֲלֵי נָהָר כַּאֲהָלִים ו
נָטַע יְהוָה כַּאֲרָזִים עֲלֵי־מָיִם׃ יִזַּל־מַיִם מִדָּלְיָו ז
וְזַרְעוֹ בְּמַיִם רַבִּים וְיָרֹם מֵאֲגַג מַלְכּוֹ וְתִנַּשֵּׂא
* מַלְכֻתוֹ׃ אֵל מוֹצִיאוֹ מִמִּצְרַיִם כְּתוֹעֲפֹת רְאֵם לוֹ ח
יֹאכַל גּוֹיִם צָרָיו וְעַצְמֹתֵיהֶם יְגָרֵם וְחִצָּיו יִמְחָץ׃
כָּרַע שָׁכַב כַּאֲרִי וּכְלָבִיא מִי יְקִימֶנּוּ מְבָרְכֶיךָ ט

בלק

לְקַלְּלָם: **וְלֹא הָלַךְ כְּפַעַם בְּפַעַם.** כַּאֲשֶׁר עָשָׂה שְׁתֵּי פְעָמִים: **לִקְרַאת נְחָשִׁים.** לְנַחֵשׁ אוּלַי יִקָּרֶה ה׳ לִקְרָאתוֹ כִּרְצוֹנוֹ. אָמַר: רוֹצֶה וְלֹא רוֹצֶה לְקַלְּלָם, אַזְכִּיר עֲוֹנוֹתֵיהֶם, וְהַקְּלָלָה עַל הַזְכָּרַת עֲוֹנוֹתֵיהֶם תָּחוּל: **וַיָּשֶׁת אֶל הַמִּדְבָּר פָּנָיו.** כְּתַרְגּוּמוֹ:

ב] **וַיִּשָּׂא בִלְעָם אֶת עֵינָיו.** בִּקֵּשׁ לְהַכְנִיס בָּהֶם עַיִן רָעָה. וַהֲרֵי יֵשׁ לְךָ שָׁלֹשׁ מִדּוֹתָיו: עַיִן רָעָה, וְרוּחַ גְּבוֹהָה וְנֶפֶשׁ רְחָבָה הָאֲמוּרִים לְמַעְלָה: **שֹׁכֵן לִשְׁבָטָיו.** רָאָה כָּל שֵׁבֶט וָשֵׁבֶט שׁוֹכֵן לְעַצְמוֹ וְאֵינָן מְעֹרָבִין, רָאָה שֶׁאֵין פִּתְחֵיהֶם מְכֻוָּנִין זֶה כְּנֶגֶד זֶה, שֶׁלֹּא יָצִיץ לְתוֹךְ אֹהֶל חֲבֵרוֹ: **וַתְּהִי עָלָיו רוּחַ אֱלֹהִים.** עָלָה בְלִבּוֹ שֶׁלֹּא יְקַלְּלֵם:

ג] **בְּנוֹ בְעֹר.** כְּמוֹ: ״לְמַעְיְנוֹ מָיִם״ (תהלים קיד, ח). וּמִדְרַשׁ אַגָּדָה, שְׁנֵיהֶם הָיוּ גְדוֹלִים מֵאֲבוֹתֵיהֶם: בָּלָק ״בְּנוֹ צִפּוֹר״ (לעיל כג, יח), אָבִיו בְּנוֹ הוּא בְּמַלְכוּת, וּבִלְעָם גָּדוֹל מֵאָבִיו בִּנְבִיאוּת, מָנֶה בֶּן פְּרָס הָיָה: **שְׁתֻם הָעָיִן.** עֵינוֹ נְקוּרָה וּמוּצֵאת לַחוּץ וְחוֹר שֶׁלָּהּ נִרְאֶה פָּתוּחַ. וּלְשׁוֹן מִשְׁנָה הוּא: ״כְּדֵי שֶׁיִּשְׁתֹּם וְיִסְתֹּם וְיִגֹּב״ (עבודה זרה סט ע״א). וְרַבּוֹתֵינוּ אָמְרוּ: לְפִי שֶׁאָמַר: ״וּמִסְפָּר אֶת רֹבַע יִשְׂרָאֵל״ (לעיל כג, י) שֶׁהַקָּדוֹשׁ בָּרוּךְ הוּא יוֹשֵׁב וּמוֹנֶה רְבִיעוֹתֵיהֶן שֶׁל

ב לְבָרָכָא יָת יִשְׂרָאֵל, וְלָא הֲלִיךְ כִּזְמַן בִּזְמַן אֱלָהִין לְקַדָּמוּת נַחְשַׁיָּא, וְשַׁוִּי לְמַדְבְּרָא אַפּוֹהִי: וּזְקַף
ג בִּלְעָם יָת עֵינוֹהִי, וַחֲזָא יָת יִשְׂרָאֵל, שָׁרַן לְשִׁבְטֵיהוֹן, וּשְׁרַת עֲלוֹהִי רוּחַ נְבוּאָה מִן קֳדָם יי: וּנְטַל
ד מַתְלֵיהּ וַאֲמַר, אֵימַר בִּלְעָם בַּר בְּעוֹר, וְאֵימַר גַּבְרָא דִּשְׁפִיר חָזֵי: אֵימַר, דִּשְׁמַע מֵימַר מִן קֳדָם
ה אֵל, דְּחֵיזוּ מִן קֳדָם שַׁדַּי חָזֵי, שָׁכֵיב וּמִתְגְּלֵי לֵיהּ: מָא טָבָא אַרְעָךְ יַעֲקֹב, בֵּית מִשְׁרָךְ יִשְׂרָאֵל:
ו כְּנַחְלִין דְּמִדַּבְּרִין, כְּגִנַּת שַׁקְיָא דְּעַל פְּרָת, כְּבֻסְמַיָּא דִּנְצַב יי, כְּאַרְזִין דִּנְצִיבִין עַל מַיָּא: יִסְגֵּי
ז מַלְכָּא דְּיִתְרַבָּא מִבְּנוֹהִי, וְיִשְׁלוֹט בְּעַמְמִין סַגִּיאִין, וְיִתַּקַּף מֵאֲגַג מַלְכֵּיהּ, וְתִנַּטַּל מַלְכוּתֵיהּ: אֵל
ח דְּאַפֵּיקִנּוּן מִמִּצְרַיִם, תֻּקְפָא וְרוּמָא דִּילֵיהּ, יֵיכְלוּן בֵּית יִשְׂרָאֵל נִכְסֵי עַמְמַיָּא סָנְאֵיהוֹן, וּבְבִזַּת
ט מַלְכֵיהוֹן יִתְפַּנְּקוּן וְאַרְעָתְהוֹן יַחְסְנוּן: יְנוּחַ יִשְׁרֵי בִּתְקוֹף כְּאַרְיָא, וּכְלֵיתָא וְלֵית דִּיקִימִנֵּיהּ,

יִשְׂרָאֵל מָתַי תָּבוֹא טִפָּה שֶׁנּוֹלָד הַצַּדִּיק מִמֶּנָּה, אָמַר בְּלִבּוֹ, מִי שֶׁהוּא קָדוֹשׁ וּמְשָׁרְתָיו קְדוֹשִׁים יִסְתַּכֵּל בִּדְבָרִים הַלָּלוּ, וְעַל דָּבָר זֶה נִסְמֵית עֵינוֹ שֶׁל בִּלְעָם. וְיֵשׁ מְפָרְשִׁים "שְׁתֻם הָעָיִן" פְּתוּחַ הָעַיִן, כְּמוֹ שֶׁתִּרְגֵּם אוּנְקְלוֹס, וְעַל שֶׁאָמַר "שְׁתֻם הָעַיִן" וְלֹא אָמַר "שְׁתֻם הָעֵינַיִם" לָמַדְנוּ שֶׁסּוּמָא בְּאַחַת מֵעֵינָיו הָיָה:

ד| **נֹפֵל וּגְלוּי עֵינָיִם.** פְּשׁוּטוֹ כְּתַרְגּוּמוֹ, שֶׁאֵין נִרְאֶה עָלָיו אֶלָּא בַּלַּיְלָה כְּשֶׁהוּא שׁוֹכֵב. וּמִדְרָשׁוֹ: כְּשֶׁהָיָה נִגְלֶה עָלָיו לֹא הָיָה בּוֹ כֹּחַ לַעֲמֹד עַל רַגְלָיו וְנוֹפֵל עַל פָּנָיו, לְפִי שֶׁהָיָה עָרֵל, וּמָאוּס לִהְיוֹת נִגְלֶה עָלָיו בְּקוֹמָה זְקוּפָה לְפָנָיו:

ה| **מַה טֹּבוּ אֹהָלֶיךָ.** עַל שֶׁרָאָה פִּתְחֵיהֶם שֶׁאֵינָן מְכֻוָּנִין זֶה מוּל זֶה: **מִשְׁכְּנֹתֶיךָ.** חֲנִיּוֹתֶיךָ, כְּתַרְגּוּמוֹ. דָּבָר אַחֵר, "מַה טֹּבוּ אֹהָלֶיךָ", מַה טֹּבוּ אֹהֶל שִׁילֹה וּבֵית עוֹלָמִים בְּיִשּׁוּבָן, שֶׁמַּקְרִיבִין בָּהֶן קָרְבָּנוֹת לְכַפֵּר עֲלֵיכֶם: **מִשְׁכְּנֹתֶיךָ.** אַף כְּשֶׁהֵן חֲרֵבִין, לְפִי שֶׁהֵן מַשְׁכּוֹן עֲלֵיהֶן וְחֻרְבָּנָן כַּפָּרָה עַל הַנְּפָשׁוֹת, שֶׁנֶּאֱמַר: "כִּלָּה ה' אֶת חֲמָתוֹ" (איכה ד, יא), וּבַמֶּה כִּלָּה? "וַיַּצֶּת אֵשׁ בְּצִיּוֹן":

ו| **כִּנְחָלִים נִטָּיוּ.** שֶׁנֶּאֶרְכוּ וְנִמְשְׁכוּ לִנְטוֹת לְמֵרָחוֹק. אָמְרוּ רַבּוֹתֵינוּ: מִבִּרְכוֹתָיו שֶׁל אוֹתוֹ רָשָׁע אָנוּ לְמֵדִים מֶה הָיָה בְּלִבּוֹ לְקַלְּלָם כְּשֶׁאָמַר לְהָשִׁית אֶל הַמִּדְבָּר פָּנָיו, וּכְשֶׁהָפַךְ הַמָּקוֹם אֶת פִּיו בֵּרְכָם מֵעֵין אוֹתָם קְלָלוֹת שֶׁבִּקֵּשׁ לוֹמַר כּוּ', כִּדְאִיתָא בְּ'חֵלֶק' (סנהדרין קה ע"ב): **כַּאֲהָלִים.** כְּתַרְגּוּמוֹ, לְשׁוֹן "מֹר וַאֲהָלוֹת" (תהלים מה, ט): **נָטַע ה'.** כְּגַן עֵדֶן. לָשׁוֹן אַחֵר, "כַּאֲהָלִים נָטַע ה'", כַּשָּׁמַיִם הַמְּתוּחִין כָּאֹהֶל, שֶׁנֶּאֱמַר: "וַיִּמְתָּחֵם כָּאֹהֶל לָשָׁבֶת" (ישעיה מ, כב): **נָטַע ה'.** לְשׁוֹן נְטִיעָה מָצִינוּ בְּאֹהָלִים, שֶׁנֶּאֱמַר: "וְיִטַּע אָהֳלֵי אַפַּדְנוֹ" (דניאל יא, מה):

ז| **מִדָּלְיָו.** מִבְּאֵרוֹתָיו, וּפֵרוּשׁוֹ כְּתַרְגּוּמוֹ: **וְזַרְעוֹ בְּמַיִם רַבִּים.** לְשׁוֹן הַצְלָחָה הוּא זֶה, כַּזֶּרַע הַזָּרוּעַ עַל פְּנֵי הַמַּיִם: **וְיָרֹם מֵאֲגַג מַלְכּוֹ.** מֶלֶךְ רִאשׁוֹן שֶׁלָּהֶם יִכְבֹּשׁ אֶת אֲגַג מֶלֶךְ עֲמָלֵק: **וְתִנַּשֵּׂא מַלְכֻתוֹ.** שֶׁל יַעֲקֹב יוֹתֵר וְיוֹתֵר, שֶׁיָּבֹא אַחֲרָיו דָּוִד וּשְׁלֹמֹה:

ח| **אֵל מוֹצִיאוֹ מִמִּצְרַיִם.** מִי גּוֹרֵם לָהֶם הַגְּדֻלָּה הַזֹּאת? אֵל הַמּוֹצִיאָם מִמִּצְרַיִם, בְּתֹקֶף וְרוּם שֶׁלּוֹ "יֹאכַל" אֶת הַגּוֹיִם שֶׁהֵם "צָרָיו": **וְעַצְמֹתֵיהֶם.** שֶׁל צָרִים: **יְגָרֵם.** מְנַחֵם פָּתַר בּוֹ לְשׁוֹן שְׁבִירָה, וְכֵן: "לֹא גָרְמוּ לַבֹּקֶר" (צפניה ג, ג), וְכֵן: "וְאֶת חֲרָשֶׂיהָ תְּגָרֵמִי" (יחזקאל כג, לד). וַאֲנִי אוֹמֵר, לְשׁוֹן עֶצֶם הוּא, שֶׁמְּגָרֵר הַבָּשָׂר בְּשִׁנָּיו מִסָּבִיב וְהַמֹּחַ שֶׁבִּפְנִים, וּמַעֲמִיד הָעֶצֶם עַל עַרְמִימוּתוֹ: **וְחִצָּיו יִמְחָץ.** אוּנְקְלוֹס תִּרְגֵּם "חִצָּיו" שֶׁל צָרִים, חֶלְקָה שֶׁלָּהֶם, כְּמוֹ: "בַּעֲלֵי חִצִּים" (בראשית מט, כג), מָרֵי פַלְגוּתָא – לְשׁוֹן חֲלֻקָּה וַחֲצִיָּה. וְכֵן "יִמְחָץ" לְשׁוֹן "וּמָחֲצָה וְחָלְפָה רַקָּתוֹ" (שופטים ה, כו), שֶׁיֶּחֱצוּ אֶת אַרְצָם. וְיֵשׁ לִפְתֹּר לְשׁוֹן חִצִּים מַמָּשׁ, "חִצָּיו" שֶׁל הַקָּדוֹשׁ בָּרוּךְ הוּא יִמְחַץ בְּדָמָם שֶׁל צָרִים, יִטְבֹּל וְיִצְטַבַּע בְּדָמָם, כְּמוֹ: "לְמַעַן תִּמְחַץ רַגְלְךָ בְּדָם" (תהלים סח, כד), וְאֵינוֹ זָז מִלְּשׁוֹן מַכָּה, כְּמוֹ "מָחַצְתִּי" (דברים לב, לט), שֶׁהַצָּבוּעַ בְּדָם נִרְאֶה כְּאִלּוּ מָחוּץ וְנָגוּעַ:

ט| **כָּרַע שָׁכַב כַּאֲרִי.** כְּתַרְגּוּמוֹ, יִתְיַשְּׁבוּ בְּאַרְצָם בְּכֹחַ וּבִגְבוּרָה:

בָּרוּךְ וְאֹרְרֶיךָ אָרוּר: וַיִּחַר־אַף בָּלָק אֶל־בִּלְעָם י
וַיִּסְפֹּק אֶת־כַּפָּיו וַיֹּאמֶר בָּלָק אֶל־בִּלְעָם לָקֹב
אֹיְבַי קְרָאתִיךָ וְהִנֵּה בֵּרַכְתָּ בָרֵךְ זֶה שָׁלֹשׁ פְּעָמִים:
וְעַתָּה בְּרַח־לְךָ אֶל־מְקוֹמֶךָ אָמַרְתִּי כַּבֵּד אֲכַבֶּדְךָ יא
וְהִנֵּה מְנָעֲךָ יְהוָה מִכָּבוֹד: וַיֹּאמֶר בִּלְעָם אֶל־בָּלָק יב
הֲלֹא גַּם אֶל־מַלְאָכֶיךָ אֲשֶׁר־שָׁלַחְתָּ אֵלַי דִּבַּרְתִּי
לֵאמֹר: אִם־יִתֶּן־לִי בָלָק מְלֹא בֵיתוֹ כֶּסֶף וְזָהָב לֹא יג
אוּכַל לַעֲבֹר אֶת־פִּי יְהוָה לַעֲשׂוֹת טוֹבָה אוֹ רָעָה
שביעי מִלִּבִּי אֲשֶׁר־יְדַבֵּר יְהוָה אֹתוֹ אֲדַבֵּר: וְעַתָּה הִנְנִי יד
הוֹלֵךְ לְעַמִּי לְכָה אִיעָצְךָ אֲשֶׁר יַעֲשֶׂה הָעָם הַזֶּה
לְעַמְּךָ בְּאַחֲרִית הַיָּמִים: וַיִּשָּׂא מְשָׁלוֹ וַיֹּאמַר נְאֻם טו
בִּלְעָם בְּנוֹ בְעֹר וּנְאֻם הַגֶּבֶר שְׁתֻם הָעָיִן: נְאֻם טז
שֹׁמֵעַ אִמְרֵי־אֵל וְיֹדֵעַ דַּעַת עֶלְיוֹן מַחֲזֵה שַׁדַּי
יֶחֱזֶה נֹפֵל וּגְלוּי עֵינָיִם: אֶרְאֶנּוּ וְלֹא עַתָּה אֲשׁוּרֶנּוּ יז
וְלֹא קָרוֹב דָּרַךְ כּוֹכָב מִיַּעֲקֹב וְקָם שֵׁבֶט מִיִּשְׂרָאֵל
וּמָחַץ פַּאֲתֵי מוֹאָב וְקַרְקַר כָּל־בְּנֵי־שֵׁת: וְהָיָה יח
אֱדוֹם יְרֵשָׁה וְהָיָה יְרֵשָׁה שֵׂעִיר אֹיְבָיו וְיִשְׂרָאֵל
עֹשֶׂה חָיִל: וְיֵרְדְּ מִיַּעֲקֹב וְהֶאֱבִיד שָׂרִיד מֵעִיר: יט
וַיַּרְא אֶת־עֲמָלֵק וַיִּשָּׂא מְשָׁלוֹ וַיֹּאמַר רֵאשִׁית גּוֹיִם כ
עֲמָלֵק וְאַחֲרִיתוֹ עֲדֵי אֹבֵד: וַיַּרְא אֶת־הַקֵּינִי וַיִּשָּׂא כא

י בְּרִיכָךְ יְהוֹן בְּרִיכִין, וְלִיטָךְ יְהוֹן לִיטִין: וּתְקֵיף רָגְזָא דְּבָלָק בְּבִלְעָם, וּשְׁקַפִנּוּן לִידוֹהִי, וַאֲמַר
יא בָּלָק לְבִלְעָם, לְמִלַּט סָנְאַי קְרֵיתָךְ, וְהָא בָּרָכָא מְבָרֵיכְתְּ לְהוֹן, דְּנָן תְּלָת זִמְנִין: וּכְעַן אִיזֵיל
יב לָךְ לְאַתְרָךְ, אֲמָרִית יַקָּרָא אֲיַקְּרִנָּךְ, וְהָא, מַנְעָךְ יי מִן יְקָר: וַאֲמַר בִּלְעָם לְבָלָק, הֲלָא, אַף
יג עִם אִזְגַּדָּךְ, דִּשְׁלַחְתָּא לְוָתִי מַלֵּילִית לְמֵימַר: אִם יִתֵּין לִי בָלָק, מְלֵי בֵיתֵיהּ כְּסַף וּדְהַב, לֵית
לִי רְשׁוּ, לְמֶעְבַּר עַל גְּזֵירַת מֵימְרָא דַּיי, לְמֶעְבַּד טָבְתָא, אוֹ בִשְׁתָּא מֵרְעוּתִי, דִּימַלֵּיל יי
יד יָתֵיהּ אֲמַלֵּיל: וּכְעַן, הָאֲנָא אָזֵיל לְעַמִּי, אֵיתָא אֶמְלְכִנָּךְ מָא דְתַעֲבֵיד, וַאֲחַוֵּי לָךְ, מָא
טו דְּיַעֲבֵיד, עַמָּא הָדֵין, לְעַמָּךְ בְּסוֹף יוֹמַיָּא: וּנְטַל מַתְלֵיהּ וַאֲמַר, אֵימַר בִּלְעָם בַּר בְּעוֹר,
טז וְאֵימַר גֻּבְרָא דִּשְׁפִיר חָזֵי: אֵימַר, דִּשְׁמַע מֵימַר מִן קֳדָם אֵל, וְיָדַע מַדַּע מִן קֳדָם עִלָּאָה,
יז חֵיזוּ מִן קֳדָם שַׁדַּי חָזֵי, שָׁכֵיב וּמִתְגְּלֵי לֵיהּ: חֲזֵיתֵיהּ וְלָא כְעַן, סְכֵיתֵיהּ וְלָא אִיתוֹהִי קָרִיב,
כַּד יְקוּם מַלְכָּא מִיַּעֲקֹב, וְיִתְרַבָּא מְשִׁיחָא מִיִּשְׂרָאֵל, וְיִקְטֵיל רַבְרְבֵי מוֹאָב, וְיִשְׁלוֹט בְּכָל
יח בְּנֵי אֱנָשָׁא: וִיהֵי אֱדוֹם יְרֻתָּא, וִיהֵי יְרֻתָּא, שֵׂעִיר לְבַעֲלֵי דְבָבוֹהִי, וְיִשְׂרָאֵל יַצְלַח בְּנִכְסִין:
יט כ וְיֵיחוֹת חַד מִדְּבֵית יַעֲקֹב, וְיוֹבֵיד מְשֵׁיזֵיב מִקִּרְיַת עַמְמַיָּא: וַחֲזָא יָת עֲמָלְקָאָה, וּנְטַל מַתְלֵיהּ
כא וַאֲמַר, רֵישׁ קְרָבַיָּא דְיִשְׂרָאֵל הֲוָה עֲמָלֵק, וְסוֹפֵיהּ לְעָלְמָא יֵיבַד: וַחֲזָא יָת שַׁלְמָאָה, וּנְטַל

י) **וַיְסַפֵּק**. הִכָּה זוֹ עַל זוֹ:

יג) **לַעֲבֹר אֶת פִּי ה'**. כָּאן לֹא נֶאֱמַר 'אֱלֹהָי', כְּמוֹ שֶׁאָמַר בָּרִאשׁוֹנָה, לְפִי שֶׁיָּדַע שֶׁנִּבְאַשׁ בְּהַקָּדוֹשׁ בָּרוּךְ הוּא וְנִטְרַד:

יד) **הוֹלֵךְ לְעַמִּי**. מֵעַתָּה הֲרֵינִי כִּשְׁאָר עַמִּי, שֶׁנִּסְתַּלֵּק הַקָּדוֹשׁ בָּרוּךְ הוּא מֵעָלָיו: **לְכָה אִיעָצְךָ**. מַה לְּךָ לַעֲשׂוֹת, וּמַה הִיא הָעֵצָה? אֱלֹהֵיהֶם שֶׁל אֵלּוּ שׂוֹנֵא זִמָּה הוּא כו', כִּדְאִיתָא בְּ'חֵלֶק' (סנהדרין קו ע"א). תֵּדַע שֶׁבִּלְעָם הִשִּׂיא עֵצָה זוֹ לְהַכְשִׁילָם בְּזִמָּה, שֶׁהֲרֵי נֶאֱמַר: "הֵן הֵנָּה הָיוּ לִבְנֵי יִשְׂרָאֵל בִּדְבַר בִּלְעָם" (להלן לא, טז): **אֲשֶׁר יַעֲשֶׂה הָעָם הַזֶּה לְעַמְּךָ**. מִקְרָא קָצָר הוּא זֶה, אִיעָצְךָ לְהַכְשִׁילָם, וְאֹמַר לְךָ מַה שֶּׁהֵן עֲתִידִין לְהָרַע לְמוֹאָב בְּאַחֲרִית הַיָּמִים: "וּמָחַץ פַּאֲתֵי מוֹאָב" (להלן פסוק יז). הַתַּרְגּוּם מְפָרֵשׁ קֹצֶר הָעִבְרִי:

טז) **וְיֹדֵעַ דַּעַת עֶלְיוֹן**. לְכַוֵּן הַשָּׁעָה שֶׁכּוֹעֵס בָּהּ:

יז) **אֶרְאֶנּוּ**. רוֹאֶה אֲנִי שִׁבְחוֹ שֶׁל יַעֲקֹב וּגְדֻלָּתוֹ, אַךְ לֹא עַתָּה הוּא אֶלָּא לְאַחַר זְמַן: **דָּרַךְ כּוֹכָב מִיַּעֲקֹב**. כְּתַרְגּוּמוֹ, לְשׁוֹן: "דָּרַךְ קַשְׁתּוֹ" (איכה ב, ד), שֶׁהַכּוֹכָב עוֹבֵר כְּחֵץ, וּבְלַעַז דישטינ"ט, כְּלוֹמַר יָקוּם מַזָּל: **וְקָם שֵׁבֶט**. מֶלֶךְ רוֹדֶה וּמוֹשֵׁל: **וּמָחַץ פַּאֲתֵי מוֹאָב**. זֶה דָּוִד, שֶׁנֶּאֱמַר בּוֹ: "הַשְׁכֵּב אוֹתָם אַרְצָה וַיְמַדֵּד שְׁנֵי חֲבָלִים לְהָמִית" וְגוֹ' (שמואל ב' ח, ב): **וְקַרְקַר**. לְשׁוֹן כּוֹרֶה, כְּמוֹ: "אֲנִי קַרְתִּי" (מלכים ב' יט, כד), "מַקֶּבֶת בּוֹר נֻקַּרְתֶּם" (ישעיה נא, א), "יִקְּרוּהָ עֹרְבֵי נַחַל" (משלי ל, יז), פוריי"ר בְּלַעַז: **כָּל בְּנֵי שֵׁת**. כָּל הָאֻמּוֹת, שֶׁכֻּלָּם יָצְאוּ מִן שֵׁת בְּנוֹ שֶׁל אָדָם הָרִאשׁוֹן:

יח) **וְהָיָה יְרֵשָׁה שֵׂעִיר אֹיְבָיו**. לְאוֹיְבָיו יִשְׂרָאֵל:

יט) **וְיֵרְדְּ מִיַּעֲקֹב**. וְעוֹד יִהְיֶה מוֹשֵׁל אַחֵר מִיַּעֲקֹב: **וְהֶאֱבִיד שָׂרִיד מֵעִיר**. הַחֲשׁוּבָה שֶׁל אֱדוֹם, הִיא רוֹמִי. וְעַל מֶלֶךְ הַמָּשִׁיחַ אוֹמֵר כֵּן, שֶׁנֶּאֱמַר בּוֹ: "וְיֵרְדְּ מִיָּם עַד יָם" (תהלים עב, ח), "וְלֹא יִהְיֶה שָׂרִיד לְבֵית עֵשָׂו" (עובדיה א, יח):

כ) **וַיַּרְא אֶת עֲמָלֵק**. נִסְתַּכֵּל בְּפֻרְעָנוּתוֹ שֶׁל עֲמָלֵק: **רֵאשִׁית גּוֹיִם עֲמָלֵק**. הוּא קָדַם אֶת כֻּלָּם לְהִלָּחֵם בְּיִשְׂרָאֵל, וְכָךְ תִּרְגֵּם אוּנְקְלוֹס, "וְאַחֲרִיתוֹ" לֵאָבֵד בְּיָדָם, שֶׁנֶּאֱמַר: "תִּמְחֶה אֶת זֵכֶר עֲמָלֵק" (דברים כה, יט):

כא) **וַיַּרְא אֶת הַקֵּינִי**. לְפִי שֶׁהָיָה קֵינִי תָּקוּעַ אֵצֶל עֲמָלֵק, כָּעִנְיָן שֶׁנֶּאֱמַר: "וַיֹּאמֶר שָׁאוּל אֶל הַקֵּינִי" וְגוֹ' (שמואל א' טו, ו), הִזְכִּירוֹ אַחַר עֲמָלֵק. נִסְתַּכֵּל בִּגְדֻלָּתָם שֶׁל בְּנֵי יִתְרוֹ שֶׁנֶּאֱמַר בָּהֶם: "תִּרְעָתִים שִׁמְעָתִים שׂוּכָתִים" (דברי הימים א' ב, נה): **אֵיתָן מוֹשָׁבֶךָ**.

במדבר
כד

מְשָׁל֑וֹ וַיֹּאמַ֗ר אֵיתָן֙ מֽוֹשָׁבֶ֔ךָ וְשִׂ֥ים בַּסֶּ֖לַע קִנֶּֽךָ׃
כִּ֥י אִם־יִהְיֶ֖ה לְבָ֣עֵֽר קָ֑יִן עַד־מָ֖ה אַשּׁ֥וּר תִּשְׁבֶּֽךָּ׃ כב
וַיִּשָּׂ֥א מְשָׁל֖וֹ וַיֹּאמַ֑ר א֕וֹי מִ֥י יִחְיֶ֖ה מִשֻּׂמ֥וֹ אֵֽל׃ וְצִים֙ כג כד
מִיַּ֣ד כִּתִּ֔ים וְעִנּ֥וּ אַשּׁ֖וּר וְעִנּוּ־עֵ֑בֶר וְגַם־ה֖וּא עֲדֵ֥י
אֹבֵֽד׃ וַיָּ֣קָם בִּלְעָ֔ם וַיֵּ֖לֶךְ וַיָּ֣שָׁב לִמְקֹמ֑וֹ וְגַ֥ם־בָּלָ֖ק כה
הָלַ֥ךְ לְדַרְכּֽוֹ׃

כא וַיֵּ֥שֶׁב יִשְׂרָאֵ֖ל בַּשִּׁטִּ֑ים וַיָּ֣חֶל הָעָ֔ם לִזְנ֖וֹת אֶל־בְּנ֥וֹת א כה
מוֹאָֽב׃ וַתִּקְרֶ֣אןָ לָעָ֔ם לְזִבְחֵ֖י אֱלֹהֵיהֶ֑ן וַיֹּ֣אכַל הָעָ֔ם ב
וַיִּֽשְׁתַּחֲו֖וּ לֵאלֹהֵיהֶֽן׃ וַיִּצָּ֥מֶד יִשְׂרָאֵ֖ל לְבַ֣עַל פְּע֑וֹר ג
וַיִּֽחַר־אַ֥ף יְהוָ֖ה בְּיִשְׂרָאֵֽל׃ וַיֹּ֨אמֶר יְהוָ֜ה אֶל־מֹשֶׁ֗ה ד
קַ֚ח אֶת־כָּל־רָאשֵׁ֣י הָעָ֔ם וְהוֹקַ֥ע אוֹתָ֛ם לַיהוָ֖ה נֶ֣גֶד
הַשָּׁ֑מֶשׁ וְיָשֹׁ֛ב חֲר֥וֹן אַף־יְהוָ֖ה מִיִּשְׂרָאֵֽל׃ וַיֹּ֤אמֶר ה
מֹשֶׁה֙ אֶל־שֹׁפְטֵ֣י יִשְׂרָאֵ֔ל הִרְגוּ֙ אִ֣ישׁ אֲנָשָׁ֔יו
הַֽנִּצְמָדִ֖ים לְבַ֥עַל פְּעֽוֹר׃ וְהִנֵּ֡ה אִישׁ֩ מִבְּנֵ֨י יִשְׂרָאֵ֜ל ו
בָּ֗א וַיַּקְרֵ֤ב אֶל־אֶחָיו֙ אֶת־הַמִּדְיָנִ֔ית לְעֵינֵ֣י מֹשֶׁ֔ה
וּלְעֵינֵ֖י כָּל־עֲדַ֣ת בְּנֵֽי־יִשְׂרָאֵ֑ל וְהֵ֣מָּה בֹכִ֔ים פֶּ֖תַח
מפטיר אֹ֥הֶל מוֹעֵֽד׃ וַיַּ֗רְא פִּֽינְחָס֙ בֶּן־אֶלְעָזָ֔ר בֶּן־אַהֲרֹ֖ן ז
הַכֹּהֵ֑ן וַיָּ֙קָם֙ מִתּ֣וֹךְ הָעֵדָ֔ה וַיִּקַּ֥ח רֹ֖מַח בְּיָדֽוֹ׃ וַיָּבֹ֩א ח

בלק

תְּמֵהַּ אֲנִי מֵהֵיכָן זָכִיתָ לְכָךְ, הֲלֹא אַתָּה עִמִּי הָיִיתָ בַּעֲצַת "הָבָה נִתְחַכְּמָה לוֹ" (שמות א, י), וְעַתָּה נִתְיַשַּׁבְתָּ בְּאֵיתָן וּמָעוֹז שֶׁל יִשְׂרָאֵל:

כב] **כִּי אִם יִהְיֶה לְבָעֵר קַיִן וְגוֹ'.** אַחֲרֶיךָ שֶׁנִּתְקַעְתָּ לְתֹקֶף זֶה, שֶׁאֵינְךָ נִטְרָד עוֹד מִן הָעוֹלָם, כִּי אַף אִם אַתָּה עָתִיד לִגְלוֹת עִם עֲשֶׂרֶת הַשְּׁבָטִים

בלק

כב מַתְלֵיהּ וַאֲמַר, תַּקִּיף בֵּית מוֹתְבָךְ, וְשַׁוִּי בְּכֵרָךְ תַּקִּיף מְדוֹרָךְ: אֲרֵי אִם יְהֵי לְשֵׁיצָאָה
כג שָׁלְמָאָה, עַד מָא אַתּוּרָאָה יִשְׁבִּנָּךְ: וּנְטַל מַתְלֵיהּ וַאֲמַר, וָי לְחַיָּבַיָּא דְּיֵיחוֹן, כַּד יַעֲבֵיד
כד אֱלָהָא יָת אִלֵּין: וְסִיעָן יִצְטָרְחָן מֵרוֹמָאֵי, וִיעַנּוֹן לְאַתּוּר וִישַׁעְבְּדוּן לְעֵבֶר פְּרָת, וְאַף אִנּוּן
כה לְעָלְמָא יֵיבְדוּן: וְקָם בִּלְעָם, וַאֲזַל וְתָב לְאַתְרֵיהּ, וְאַף בָּלָק אֲזַל לְאוֹרְחֵיהּ: וִיתֵיב יִשְׂרָאֵל
ב בְּשִׁטִּין, וְשָׁרֵי עַמָּא, לְמִטְעֵי בָּתַר בְּנָת מוֹאָב: וּקְרָאָה לְעַמָּא, לְדִבְחֵי טָעֲוָתְהוֹן, וַאֲכַל
ג עַמָּא, וּסְגִידוּ לְטָעֲוָתְהוֹן: וְאִתְחַבַּר יִשְׂרָאֵל לְבַעְלָא פְּעוֹר, וּתְקִיף רֻגְזָא דַּיָי בְּיִשְׂרָאֵל:
ד וַאֲמַר יְיָ לְמֹשֶׁה, דְּבַר יָת כָּל רֵישֵׁי עַמָּא, וְדוּן וּקְטוֹל דְּחַיָּב קְטוֹל, קֳדָם יְיָ לָקֳבֵיל שִׁמְשָׁא,
ה וִיתוּב, תְּקוֹף רֻגְזָא דַּיָי מִיִּשְׂרָאֵל: וַאֲמַר מֹשֶׁה, לְדַיָּנֵי יִשְׂרָאֵל, קְטוּלוּ גְּבַר גֻּבְרוֹהִי,
ו דְּאִתְחַבַּרוּ לְבַעְלָא פְּעוֹר: וְהָא, גַּבְרָא מִבְּנֵי יִשְׂרָאֵל אֲתָא, וְקָרִיב לְוַת אֲחוֹהִי יָת
מִדְיָנֵיתָא, לְעֵינֵי מֹשֶׁה, וּלְעֵינֵי כָּל כְּנִשְׁתָּא דִּבְנֵי יִשְׂרָאֵל, וְאִנּוּן בָּכַן, בִּתְרַע מַשְׁכַּן זִמְנָא:
ז וַחֲזָא, פִּינְחָס בַּר אֶלְעָזָר, בַּר אַהֲרֹן כָּהֲנָא, וְקָם מִגּוֹ כְּנִשְׁתָּא, וּנְסֵיב רָמְחָא בִּידֵיהּ: וְעָאל

וְתִהְיֶה לְבַעַר מִמָּקוֹם שֶׁנִּתְיַשַּׁבְתְּ שָׁם, מַה בְּכָךְ?
עַד מָה אַשּׁוּר תִּשְׁבֶּךָ. עַד הֵיכָן הוּא מַגְלֶה
אוֹתְךָ, שֶׁמָּא לַחֲלַח וְחָבוֹר, אֵין זֶה טֵרוּד מִן
הָעוֹלָם, אֶלָּא טִלְטוּל מִמָּקוֹם לְמָקוֹם, וְתָשׁוּב
עִם שְׁאָר הַגָּלֻיּוֹת:

כג-כד **וַיִּשָּׂא מְשָׁלוֹ וְגוֹ'**. כֵּיוָן שֶׁהִזְכִּיר אֶת שְׁבִי
אַשּׁוּר, אָמַר, אוֹי מִי יִחְיֶה מִשֻּׂמוֹ אֵל. מִי יָכוֹל
לְהַחֲיוֹת אֶת עַצְמוֹ מִשּׁוּמוֹ אֶת אֵלֶּה, שֶׁלֹּא יָשִׂים
עָלָיו הַגּוֹזֵר אֶת אֵלֶּה, שֶׁיַּעֲמֹד סַנְחֵרִיב וִיבַלְבֵּל
אֶת כָּל הָאֻמּוֹת. וְעוֹד יָבוֹאוּ "צִים מִיַּד כִּתִּים"
וְיַעַבְרוּ כִּתִּיִּים שֶׁהֵן רוֹמִיִּים בְּבִירָנִיּוֹת גְּדוֹלוֹת עַל
אַשּׁוּר: **וְעִנּוּ עֵבֶר**. וְעִנּוּ אוֹתָם שֶׁבְּעֵבֶר הַנָּהָר: **וְגַם
הוּא עֲדֵי אֹבֵד**. וְכֵן פֵּרֵשׁ דָּנִיֵּאל. "עַד דִּי קְטִילַת
חֵיוְתָא וְהוּבַד גִּשְׁמַהּ" (דניאל ז, יא): **וְצִים**. סְפִינוֹת
גְּדוֹלוֹת, כְּדִכְתִיב: "וְצִי אַדִּיר" (ישעיה לג, כא), תַּרְגּוּמוֹ
"וּבוּרְנֵי רַבְתָא":

פרק כה

א] **בַּשִּׁטִּים**. כָּךְ שְׁמָהּ: **לִזְנוֹת אֶל בְּנוֹת מוֹאָב**.
עַל יְדֵי עֲצַת בִּלְעָם, כְּדְאִיתָא בְּחֵלֶק (סנהדרין
קו ע"א):

ב] **וַיִּשְׁתַּחֲווּ לֵאלֹהֵיהֶן**. כְּשֶׁתָּקַף יִצְרוֹ עָלָיו
וְאוֹמֵר לָהּ: הִשָּׁמְעִי לִי! וְהִיא מוֹצִיאָה לוֹ דְּמוּת
פְּעוֹר מֵחֵיקָהּ וְאוֹמֶרֶת לוֹ הִשְׁתַּחֲוֵה לָזֶה:

ג] **פְּעוֹר**. עַל שֵׁם שֶׁפּוֹעֲרִין לְפָנָיו פִּי הַטַּבַּעַת
וּמוֹצִיאִין רְעִי, וְזוֹ הִיא עֲבוֹדָתוֹ: **וַיִּחַר אַף ה'
בְּיִשְׂרָאֵל**. שָׁלַח בָּם מַגֵּפָה:

ד] **קַח אֶת כָּל רָאשֵׁי הָעָם**. לִשְׁפֹּט אֶת הָעוֹבְדִים
לִפְעוֹר: **וְהוֹקַע אוֹתָם**. אֶת הָעוֹבְדִים: **וְהוֹקַע**
הִיא תְּלִיָּה, כְּמוֹ שֶׁמָּצִינוּ בִּבְנֵי שָׁאוּל. "וְהוֹקַעֲנוּם
לַה'" (שמואל ב כא, ו), וְשָׁם תְּלִיָּה מְפֹרֶשֶׁת, עֲבוֹדָה
זָרָה בִּסְקִילָה, וְכָל הַנִּסְקָלִין נִתְלִין: **נֶגֶד הַשָּׁמֶשׁ**.
לְעֵין כֹּל. וּמִדְרַשׁ אַגָּדָה: הַשֶּׁמֶשׁ מוֹדִיעַ אֶת
הַחוֹטְאִים, הֶעָנָן נִקְפָּל מִכְּנֶגְדּוֹ וְהַחַמָּה זוֹרַחַת
עָלָיו:

ה] **הִרְגוּ אִישׁ אֲנָשָׁיו**. כָּל אֶחָד וְאֶחָד מִדַּיָּנֵי יִשְׂרָאֵל
הָיָה הוֹרֵג שְׁנַיִם, וְדַיָּנֵי יִשְׂרָאֵל שְׁבַעַת רִבּוֹא וּשְׁמוֹנַת
אֲלָפִים, כִּדְאִיתָא בְּסַנְהֶדְרִין (דף יח ע"א):

ו] **וְהִנֵּה אִישׁ וְגוֹ'**. נִתְקַבְּצוּ שִׁבְטוֹ שֶׁל שִׁמְעוֹן אֵצֶל
זִמְרִי שֶׁהָיָה נָשִׂיא שֶׁלָּהֶם, אָמְרוּ לוֹ: אָנוּ נִדּוֹנִין
בְּמִיתָה וְאַתָּה יוֹשֵׁב, וְכוּ', כִּדְאִיתָא בְּ"אֵלּוּ הֵן
הַנִּשְׂרָפִין" (סנהדרין פב ע"א): **אֶת הַמִּדְיָנִית**. כָּזְבִּי בַּת
צוּר: **לְעֵינֵי מֹשֶׁה**. אָמַר לוֹ: מֹשֶׁה, זוֹ אֲסוּרָה
אוֹ מֻתֶּרֶת? אִם תֹּאמַר אֲסוּרָה, בַּת יִתְרוֹ מִי
הִתִּירָהּ לְךָ, וְכוּ', כִּדְאִיתָא הָתָם: **וְהֵמָּה בֹכִים**.
נִתְעַלְּמָה מִמֶּנּוּ הֲלָכָה, גָּעוּ כֻּלָּם בִּבְכִיָּה. בָּעֵגֶל
עָמַד מֹשֶׁה כְּנֶגֶד שִׁשִּׁים רִבּוֹא, שֶׁנֶּאֱמַר: "וָיִּטְחַן
עַד אֲשֶׁר דָּק" וְגוֹ' (שמות לב, כ), וְכָאן רָפוּ יָדָיו?
אֶלָּא כְּדֵי שֶׁיָּבוֹא פִּינְחָס וְיִטּוֹל אֶת הָרָאוּי לוֹ:

ז] **וַיַּרְא פִּינְחָס**. רָאָה מַעֲשֶׂה וְנִזְכַּר הֲלָכָה, אָמַר
לוֹ לְמֹשֶׁה: מְקֻבְּלַנִי מִמְּךָ: הַבּוֹעֵל אֲרַמִּית קַנָּאִין
פּוֹגְעִין בּוֹ. אָמַר לוֹ: קַרְיָנָא דְּאִגַּרְתָּא אִיהוּ לֶהֱוֵי
פַּרְוַנְקָא. מִיָּד – "וַיִּקַּח רֹמַח בְּיָדוֹ" וְגוֹ':

אַחַר אִישׁ־יִשְׂרָאֵל אֶל־הַקֻּבָּה וַיִּדְקֹר אֶת־
שְׁנֵיהֶם אֵת אִישׁ יִשְׂרָאֵל וְאֶת־הָאִשָּׁה אֶל־
קֳבָתָהּ וַתֵּעָצַר הַמַּגֵּפָה מֵעַל בְּנֵי יִשְׂרָאֵל: וַיִּהְיוּ ט
הַמֵּתִים בַּמַּגֵּפָה אַרְבָּעָה וְעֶשְׂרִים אָלֶף:

הפטרת בלק

מיכה הנביא פעל ביהודה במקביל לישעיהו רבו, בתקופת עלייתה של המעצמה האשורית וחורבן מלכות ישראל. העימות עם המעצמה חידד שאלות מהותיות ביחס לייחודו של עם ישראל ודרך עבודת ה' הראויה. העובדה שאשור החריבה את מלכות ישראל והגלתה את שנותר בה, ואילו מלכות יהודה שרדה מתקפה זו – הייתה לפלא.

בהפטרה משמיע הנביא דברי חיזוק, ולעומת זאת מחדד את ההבדל בין אמצעים למטרה בעבודת ה'. הוא חוזר על תפקידו המרכזי של עם ישראל – לבטא את הדרך הרצויה בעבודת ה'. העמדת עבודת הקרבנות במרכז בהתעלמות מעשיית משפט ואהבת חסד, הופכת את האמצעי למטרה, והאדם עובד את עצמו ואת רעיונותיו במקום את א־להיו.

מיכה
וְהָיָה ׀ שְׁאֵרִית יַעֲקֹב בְּקֶרֶב עַמִּים רַבִּים כְּטַל מֵאֵת יהוה כִּרְבִיבִים ה ו
עֲלֵי־עֵשֶׂב אֲשֶׁר לֹא־יְקַוֶּה לְאִישׁ וְלֹא יְיַחֵל לִבְנֵי אָדָם: וְהָיָה שְׁאֵרִית ז
יַעֲקֹב בַּגּוֹיִם בְּקֶרֶב עַמִּים רַבִּים כְּאַרְיֵה בְּבַהֲמוֹת יַעַר כִּכְפִיר בְּעֶדְרֵי־
צֹאן אֲשֶׁר אִם עָבַר וְרָמַס וְטָרַף וְאֵין מַצִּיל: תָּרֹם יָדְךָ עַל־צָרֶיךָ וְכָל־ ח
אֹיְבֶיךָ יִכָּרֵתוּ: וְהָיָה בַיּוֹם־הַהוּא נְאֻם־יהוה וְהִכְרַתִּי סוּסֶיךָ ט
מִקִּרְבֶּךָ וְהַאֲבַדְתִּי מַרְכְּבֹתֶיךָ: וְהִכְרַתִּי עָרֵי אַרְצֶךָ וְהָרַסְתִּי כָּל־מִבְצָרֶיךָ: י
וְהִכְרַתִּי כְשָׁפִים מִיָּדֶךָ וּמְעוֹנְנִים לֹא יִהְיוּ־לָךְ: וְהִכְרַתִּי פְסִילֶיךָ וּמַצֵּבוֹתֶיךָ יא יב
מִקִּרְבֶּךָ וְלֹא־תִשְׁתַּחֲוֶה עוֹד לְמַעֲשֵׂה יָדֶיךָ: וְנָתַשְׁתִּי אֲשֵׁירֶיךָ מִקִּרְבֶּךָ יג
וְהִשְׁמַדְתִּי עָרֶיךָ: וְעָשִׂיתִי בְּאַף וּבְחֵמָה נָקָם אֶת־הַגּוֹיִם אֲשֶׁר לֹא יד
שָׁמֵעוּ: שִׁמְעוּ־נָא אֵת אֲשֶׁר־יהוה אֹמֵר קוּם רִיב אֶת־הֶהָרִים ו א
וְתִשְׁמַעְנָה הַגְּבָעוֹת קוֹלֶךָ: שִׁמְעוּ הָרִים אֶת־רִיב יהוה וְהָאֵתָנִים מֹסְדֵי ב
אָרֶץ כִּי רִיב לַיהוה עִם־עַמּוֹ וְעִם־יִשְׂרָאֵל יִתְוַכָּח: עַמִּי מֶה־עָשִׂיתִי לְךָ ג
וּמָה הֶלְאֵתִיךָ עֲנֵה בִי: כִּי הֶעֱלִתִיךָ מֵאֶרֶץ מִצְרַיִם וּמִבֵּית עֲבָדִים פְּדִיתִיךָ ד
וָאֶשְׁלַח לְפָנֶיךָ אֶת־מֹשֶׁה אַהֲרֹן וּמִרְיָם: עַמִּי זְכָר־נָא מַה־יָּעַץ בָּלָק מֶלֶךְ ה
מוֹאָב וּמֶה־עָנָה אֹתוֹ בִּלְעָם בֶּן־בְּעוֹר מִן־הַשִּׁטִּים עַד־הַגִּלְגָּל לְמַעַן דַּעַת

בלק

בָּתַר גֻּבְרָא בַּר יִשְׂרָאֵל לְקֻבְתָא, וּבְזַע יָת תַּרְוֵיהוֹן, יָת גֻּבְרָא בַּר יִשְׂרָאֵל, וְיָת אִתְּתָא
ט בִּמְעַהָא, וְאִתְכְּלִי מוֹתָנָא, מֵעַל בְּנֵי יִשְׂרָאֵל: וַהֲווֹ, דְּמִיתוּ בְּמוֹתָנָא, עֶשְׂרִין וְאַרְבְּעָא אַלְפִין:

ח] אֶל הַקֻּבָּה. אֶל הָאֹהֶל. אֶל קֳבָתָהּ. כְּמוֹ: | הֲרָגָם, וְהִרְפָּה נִסִּים נַעֲשׂוּ לוֹ וְכוּ', כִּדְאִיתָא
"וְהַלְּחָיַיִם וְהַקֵּבָה" (דברים יח, ג), כִּוֵּן בְּתוֹךְ זַכְרוּת | הָתָם (סנהדרין פב ע"ב):
שֶׁל זִמְרִי וְנַקְבוּת שֶׁלָּהּ, וְרָאוּ כֻלָּם שֶׁלֹּא לְחִנָּם

ו צִדְקוֹת יְהוָה: בַּמָּה אֲקַדֵּם יְהוָה אִכַּף לֵאלֹהֵי מָרוֹם הַאֲקַדְּמֶנּוּ בְעוֹלוֹת
ז בַּעֲגָלִים בְּנֵי שָׁנָה: הֲיִרְצֶה יְהוָה בְּאַלְפֵי אֵילִים בְּרִבְבוֹת נַחֲלֵי־שָׁמֶן הַאֶתֵּן
ח בְּכוֹרִי פִּשְׁעִי פְּרִי בִטְנִי חַטַּאת נַפְשִׁי: הִגִּיד לְךָ אָדָם מַה־טּוֹב וּמָה־יְהוָה
דּוֹרֵשׁ מִמְּךָ כִּי אִם־עֲשׂוֹת מִשְׁפָּט וְאַהֲבַת חֶסֶד וְהַצְנֵעַ לֶכֶת עִם־אֱלֹהֶיךָ:

פרשת
פינחס

פינחס

כב וַיְדַבֵּר יְהוָה אֶל־מֹשֶׁה לֵּאמֹר׃ פִּינְחָס בֶּן־ יא כה
אֶלְעָזָר בֶּן־אַהֲרֹן הַכֹּהֵן הֵשִׁיב אֶת־חֲמָתִי
מֵעַל בְּנֵי־יִשְׂרָאֵל בְּקַנְאוֹ אֶת־קִנְאָתִי בְּתוֹכָם
וְלֹא־כִלִּיתִי אֶת־בְּנֵי־יִשְׂרָאֵל בְּקִנְאָתִי׃ לָכֵן יב
אֱמֹר הִנְנִי נֹתֵן לוֹ אֶת־בְּרִיתִי שָׁלוֹם׃ וְהָיְתָה יג
לּוֹ וּלְזַרְעוֹ אַחֲרָיו בְּרִית כְּהֻנַּת עוֹלָם תַּחַת
אֲשֶׁר קִנֵּא לֵאלֹהָיו וַיְכַפֵּר עַל־בְּנֵי יִשְׂרָאֵל׃
וְשֵׁם אִישׁ יִשְׂרָאֵל הַמֻּכֶּה אֲשֶׁר הֻכָּה אֶת־ יד
הַמִּדְיָנִית זִמְרִי בֶּן־סָלוּא נְשִׂיא בֵית־אָב
לַשִּׁמְעֹנִי׃ וְשֵׁם הָאִשָּׁה הַמֻּכָּה הַמִּדְיָנִית טו
כָּזְבִּי בַת־צוּר רֹאשׁ אֻמּוֹת בֵּית־אָב בְּמִדְיָן
הוּא׃
וַיְדַבֵּר יְהוָה אֶל־מֹשֶׁה לֵּאמֹר׃ צָרוֹר אֶת־ טז יז
הַמִּדְיָנִים וְהִכִּיתֶם אוֹתָם׃ כִּי־צֹרְרִים הֵם יח
לָכֶם בְּנִכְלֵיהֶם אֲשֶׁר־נִכְּלוּ לָכֶם עַל־דְּבַר
פְּעוֹר וְעַל־דְּבַר כָּזְבִּי בַת־נְשִׂיא מִדְיָן אֲחֹתָם
הַמֻּכָּה בְיוֹם־הַמַּגֵּפָה עַל־דְּבַר פְּעוֹר׃ וַיְהִי א כו
אַחֲרֵי הַמַּגֵּפָה

פינחס

כה יא וּמַלֵּיל יי עִם מֹשֶׁה לְמֵימַר: פִּינְחָס בַּר אֶלְעָזָר בַּר אַהֲרֹן כָּהֲנָא, אֲתֵיב יָת חֵמְתִּי מֵעַל בְּנֵי
יב יִשְׂרָאֵל, בְּדִקַנִּי יָת קִנְאֲתִי בֵּינֵיהוֹן, וְלָא שֵׁיצִיתִי יָת בְּנֵי יִשְׂרָאֵל בְּקִנְאֲתִי: בְּכֵן אֵימַר, הָאֲנָא
יג גָּזַר לֵיהּ, יָת קְיָמִי שְׁלָם: וּתְהֵי לֵיהּ וְלִבְנוֹהִי בָּתְרוֹהִי, קְיָם כְּהֻנַּת עָלַם, חֲלָף, דְּקַנִּי קֳדָם
יד אֱלָהֵיהּ, וְכַפַּר עַל בְּנֵי יִשְׂרָאֵל: וְשׁוּם גֻּבְרָא בַּר יִשְׂרָאֵל קְטִילָא, דְּאִתְקְטִיל עִם מִדְיָנֵיתָא,
טו זִמְרִי בַּר סָלוּא, רַב בֵּית בָּא לְבֵית שִׁמְעוֹן: וְשׁוּם אִתְּתָא דְּאִתְקְטֵילַת, מִדְיָנֵיתָא כָּזְבִּי בַּת
טז יז צוּר, רֵישׁ אֻמֵּי, בֵּית אַבָּא, בְּמִדְיָן הוּא: וּמַלֵּיל יי עִם מֹשֶׁה לְמֵימַר: אַעֵיק לְמִדְיָנָאֵי, וּתְקַטֵּיל
יח יָתְהוֹן: אֲרֵי מְעִיקִין אִנּוּן לְכוֹן, בְּנִכְלֵיהוֹן, דְּנַכִּילוּ לְכוֹן עַל עֵיסַק פְּעוֹר, וְעַל עֵיסַק, כָּזְבִּי בַּת
כו א רַבָּא דְּמִדְיָן אֲחָתְהוֹן, דְּאִתְקְטֵילַת בְּיוֹמָא דְּמוֹתָנָא עַל עֵיסַק פְּעוֹר: וַהֲוָה בָּתַר מוֹתָנָא,

יא| **פִּינְחָס בֶּן אֶלְעָזָר בֶּן אַהֲרֹן הַכֹּהֵן.** לְפִי שֶׁהָיוּ הַשְּׁבָטִים מְבַזִּים אוֹתוֹ, הַרְאִיתֶם בֶּן פּוּטִי זֶה שֶׁפִּטֵּם אֲבִי אִמּוֹ עֲגָלִים לַעֲבוֹדָה זָרָה וְהָרַג נְשִׂיא שֵׁבֶט מִיִּשְׂרָאֵל, לְפִיכָךְ בָּא הַכָּתוּב וְיִחֲסוֹ אַחַר אַהֲרֹן: **בְּקַנְאוֹ אֶת קִנְאָתִי.** בְּנָקְמוֹ אֶת נִקְמָתִי, בְּקָנְפּוֹ אֶת הַקֶּצֶף שֶׁהָיָה לִי לִקְצֹף. כָּל לְשׁוֹן 'קִנְאָה' הוּא הַמִּתְחָרֶה לִנְקֹם נִקְמַת דָּבָר, אנפרנמנ"ט בְּלַעַז:

יב| **אֶת בְּרִיתִי שָׁלוֹם.** שֶׁתְּהֵא לוֹ לִבְרִית שָׁלוֹם, כְּאָדָם הַמַּחֲזִיק טוֹבָה וְחַנּוּת לְמִי שֶׁעוֹשֶׂה עִמּוֹ טוֹבָה, אַף כָּאן פֵּרֵשׁ לוֹ הַקָּדוֹשׁ בָּרוּךְ הוּא שְׁלוֹמוֹתָיו:

יג| **וְהָיְתָה לּוֹ.** בְּרִיתִי זֹאת: **בְּרִית כְּהֻנַּת עוֹלָם.** שֶׁאַף עַל פִּי שֶׁכְּבָר נִתְּנָה כְּהֻנָּה לְזַרְעוֹ שֶׁל אַהֲרֹן, לֹא נִתְּנָה אֶלָּא לְאַהֲרֹן וּלְבָנָיו שֶׁנִּמְשְׁחוּ עִמּוֹ וּלְתוֹלְדוֹתֵיהֶם שֶׁיּוֹלִידוּ אַחַר הִמָּשְׁחָתָן, אֲבָל פִּינְחָס שֶׁנּוֹלַד קֹדֶם לָכֵן וְלֹא נִמְשַׁח, לֹא בָּא לִכְלַל כְּהֻנָּה עַד כָּאן. וְכֵן שָׁנִינוּ בִּזְבָחִים: לֹא נִתְכַּהֵן פִּינְחָס עַד שֶׁהֲרָגוֹ לְזִמְרִי (זבחים קא ע"ב): **לֵאלֹהָיו.** בִּשְׁבִיל אֱלֹהָיו, כְּמוֹ: "הַמְקַנֵּא אַתָּה לִי" (לעיל יא, כט), "קִנֵּאתִי לְצִיּוֹן" (זכריה ח, ב), בִּשְׁבִיל צִיּוֹן:

יד| **וְשֵׁם אִישׁ יִשְׂרָאֵל וְגוֹ'.** בִּמְקוֹם שֶׁיִּחֵס אֶת הַצַּדִּיק לְשֶׁבַח, יִחֵס אֶת הָרָשָׁע לִגְנַאי: **נְשִׂיא בֵית אָב לַשִּׁמְעֹנִי.** לְאֶחָד מֵחֲמֵשֶׁת בָּתֵּי אָבוֹת שֶׁהָיוּ לְשֵׁבֶט שִׁמְעוֹן. דָּבָר אַחֵר, לְהוֹדִיעַ שִׁבְחוֹ שֶׁל פִּינְחָס, שֶׁאַף עַל פִּי שֶׁזֶּה הָיָה נָשִׂיא, לֹא מָנַע אֶת עַצְמוֹ מִלְּקַנֵּא לְחִלּוּל הַשֵּׁם, לְכָךְ הוֹדִיעֲךָ הַכָּתוּב מִי הוּא הַמֻּכֶּה:

טו| **וְשֵׁם הָאִשָּׁה הַמֻּכָּה וְגוֹ'.** לְהוֹדִיעֲךָ שִׂנְאָתָן שֶׁל מִדְיָנִים, שֶׁהִפְקִירוּ בַּת מֶלֶךְ לִזְנוּת כְּדֵי לְהַחְטִיא אֶת יִשְׂרָאֵל: **רֹאשׁ אֻמּוֹת.** אֶחָד מֵחֲמֵשֶׁת מַלְכֵי מִדְיָן: "אֶת אֱוִי וְאֶת רֶקֶם וְאֶת צוּר" וְגוֹ' (להלן לא, ח), וְהוּא הָיָה חָשׁוּב מִכֻּלָּם, שֶׁנֶּאֱמַר: "רֹאשׁ אֻמּוֹת", וּלְפִי שֶׁנָּהַג בִּזָּיוֹן בְּעַצְמוֹ לְהַפְקִיר בִּתּוֹ מְנָאוֹ שְׁלִישִׁי: **בֵּית אָב.** חֲמִשָּׁה בָּתֵּי אָבוֹת הָיוּ לְמִדְיָן: "עֵיפָה וָעֵפֶר וַחֲנֹךְ וַאֲבִידָע וְאֶלְדָּעָה" (בראשית כה, ד), וְזֶה הָיָה מֶלֶךְ לְאֶחָד מֵהֶם:

יז| **צָרוֹר.** כְּמוֹ: 'זָכוֹר', 'שָׁמוֹר', לְשׁוֹן הֹוֶה, עֲלֵיכֶם לְאַיֵּב אוֹתָם:

יח| **כִּי צֹרְרִים הֵם לָכֶם וְגוֹ' עַל דְּבַר פְּעוֹר.** שֶׁהִפְקִירוּ בְּנוֹתֵיהֶם לִזְנוּת כְּדֵי לְהַטְעוֹתְכֶם אַחַר פְּעוֹר. וְאֶת מוֹאָב לֹא צִוָּה לְהַשְׁמִיד, מִפְּנֵי רוּת שֶׁהָיְתָה עֲתִידָה לָצֵאת מֵהֶם, כִּדְאָמְרִינַן בְּבָבָא קַמָּא (דף לח ע"ב):

פרק כו

א| **וַיְהִי אַחֲרֵי הַמַּגֵּפָה וְגוֹ'.** מָשָׁל לְרוֹעֶה שֶׁנִּכְנְסוּ זְאֵבִים לְתוֹךְ עֶדְרוֹ וְהָרְגוּ בָּהֶן, וְהוּא מוֹנֶה אוֹתָן לֵידַע מִנְיַן הַנּוֹתָרוֹת. דָּבָר אַחֵר, כְּשֶׁיָּצְאוּ מִמִּצְרַיִם וְנִמְסְרוּ לְמֹשֶׁה, נִמְסְרוּ לוֹ בְּמִנְיָן, עַכְשָׁיו שֶׁקָּרַב לָמוּת וּלְהַחֲזִיר צֹאנוֹ, מַחֲזִירָם בְּמִנְיָן:

במדבר
כו

וַיֹּאמֶר יהוה אֶל־מֹשֶׁה וְאֶל אֶלְעָזָר בֶּן־אַהֲרֹן
הַכֹּהֵן לֵאמֹר: שְׂאוּ אֶת־רֹאשׁ | כָּל־עֲדַת בְּנֵי־ ב
יִשְׂרָאֵל מִבֶּן עֶשְׂרִים שָׁנָה וָמַעְלָה לְבֵית אֲבֹתָם
כָּל־יֹצֵא צָבָא בְּיִשְׂרָאֵל: וַיְדַבֵּר מֹשֶׁה וְאֶלְעָזָר ג
הַכֹּהֵן אֹתָם בְּעַרְבֹת מוֹאָב עַל־יַרְדֵּן יְרֵחוֹ
לֵאמֹר: מִבֶּן עֶשְׂרִים שָׁנָה וָמָעְלָה כַּאֲשֶׁר צִוָּה ד
יהוה אֶת־מֹשֶׁה וּבְנֵי יִשְׂרָאֵל הַיֹּצְאִים מֵאֶרֶץ
מִצְרָיִם: ◦ רְאוּבֵן בְּכוֹר יִשְׂרָאֵל בְּנֵי רְאוּבֵן חֲנוֹךְ ה שני
מִשְׁפַּחַת הַחֲנֹכִי לְפַלּוּא מִשְׁפַּחַת הַפַּלֻּאִי:
לְחֶצְרֹן מִשְׁפַּחַת הַחֶצְרוֹנִי לְכַרְמִי מִשְׁפַּחַת ו
הַכַּרְמִי: אֵלֶּה מִשְׁפְּחֹת הָרֻאוּבֵנִי וַיִּהְיוּ פְקֻדֵיהֶם ז
שְׁלֹשָׁה וְאַרְבָּעִים אֶלֶף וּשְׁבַע מֵאוֹת וּשְׁלֹשִׁים:
וּבְנֵי פַלּוּא אֱלִיאָב: וּבְנֵי אֱלִיאָב נְמוּאֵל וְדָתָן ח ט
קְרִיאֵי וַאֲבִירָם הוּא־דָתָן וַאֲבִירָם קרואי הָעֵדָה אֲשֶׁר
הִצּוּ עַל־מֹשֶׁה וְעַל־אַהֲרֹן בַּעֲדַת־קֹרַח בְּהַצֹּתָם
עַל־יהוה: וַתִּפְתַּח הָאָרֶץ אֶת־פִּיהָ וַתִּבְלַע י
אֹתָם וְאֶת־קֹרַח בְּמוֹת הָעֵדָה בַּאֲכֹל הָאֵשׁ אֵת
חֲמִשִּׁים וּמָאתַיִם אִישׁ וַיִּהְיוּ לְנֵס: וּבְנֵי־קֹרַח לֹא־ יא
מֵתוּ: בְּנֵי שִׁמְעוֹן לְמִשְׁפְּחֹתָם לִנְמוּאֵל יב
מִשְׁפַּחַת הַנְּמוּאֵלִי לְיָמִין מִשְׁפַּחַת הַיָּמִינִי לְיָכִין
מִשְׁפַּחַת הַיָּכִינִי: לְזֶרַח מִשְׁפַּחַת הַזַּרְחִי לְשָׁאוּל יג

פינחס

ב וַאֲמַר יְיָ לְמֹשֶׁה, וּלְאֶלְעָזָר, בַּר אַהֲרֹן כַּהֲנָא לְמֵימָר: קַבִּילוּ, יָת חֻשְׁבַּן כָּל כְּנִשְׁתָּא דִבְנֵי
ג יִשְׂרָאֵל, מִבַּר עַסְרִין שְׁנִין, וּלְעֵילָּא לְבֵית אֲבָהָתְהוֹן, כָּל נָפֵיק חֵילָא בְּיִשְׂרָאֵל: וּמַלֵּיל מֹשֶׁה,
ד וְאֶלְעָזָר כַּהֲנָא, עִמְּהוֹן לְמֵימָר: מִבַּר
ה עַסְרִין שְׁנִין וּלְעֵילָּא, כְּמָא דְפַקֵּיד יְיָ יָת מֹשֶׁה וּבְנֵי יִשְׂרָאֵל, דִּנְפַקוּ מֵאַרְעָא דְמִצְרָיִם: רְאוּבֵן
ו בּוּכְרָא דְיִשְׂרָאֵל, בְּנֵי רְאוּבֵן, חֲנוֹךְ זַרְעִית חֲנוֹךְ, לְפַלּוּא, זַרְעִית פַּלּוּא: לְחֶצְרוֹן, זַרְעִית
ז חֶצְרוֹן, לְכַרְמִי, זַרְעִית כַּרְמִי: אִלֵּין זַרְעִית רְאוּבֵן, וַהֲווֹ מִנְיָנֵיהוֹן, אַרְבְּעִין וּתְלָתָא אַלְפִין,
ח וּשְׁבַע מְאָה וּתְלָתִין: וּבְנֵי פַלּוּא אֱלִיאָב: וּבְנֵי אֱלִיאָב, נְמוּאֵל וְדָתָן וַאֲבִירָם, הוּא דָתָן
ט וַאֲבִירָם מְעָרְעֵי כְנִשְׁתָּא, דְּאִתְכְּנָשׁוּ, עַל מֹשֶׁה וְעַל אַהֲרֹן בִּכְנִשְׁתָּא דְקֹרַח, בְּאִתְכְּנוּשֵׁיהוֹן
י עַל יְיָ: וּפְתַחַת אַרְעָא יָת פֻּמַּהּ, וּבְלַעַת יָתְהוֹן, וְיָת קֹרַח בְּמוֹתָא דִכְנִשְׁתָּא, כַּד אֲכַלַת
יא אֶשָּׁתָא, יָת מָאתַן וְחַמְשִׁין גֻּבְרָא, וַהֲווֹ לְאָת: וּבְנֵי קֹרַח לָא מִיתוּ: בְּנֵי שִׁמְעוֹן לְזַרְעֲיָתְהוֹן,
יב לִנְמוּאֵל, זַרְעִית נְמוּאֵל, לְיָמִין, זַרְעִית יָמִין, לְיָכִין, זַרְעִית יָכִין: לְזֶרַח, זַרְעִית זֶרַח, לְשָׁאוּל,

ב) לְבֵית אֲבֹתָם. עַל שֵׁבֶט הָאָב יִתְיַחֲסוּ וְלֹא אַחַר הָאֵם:

ג) וַיְדַבֵּר מֹשֶׁה וְאֶלְעָזָר הַכֹּהֵן אֹתָם. דִּבְּרוּ עִמָּם עַל זֹאת, שֶׁצִּוָּה הַמָּקוֹם לִמְנוֹתָם: לֵאמֹר. אָמְרוּ לָהֶם צְרִיכִים אַתֶּם לְהִמָּנוֹת:

ד) מִבֶּן עֶשְׂרִים שָׁנָה וָמַעְלָה כַּאֲשֶׁר צִוָּה וְגוֹ'. שֶׁיְּהֵא מִנְיָנָם מִבֶּן עֶשְׂרִים שָׁנָה וָמַעְלָה, שֶׁנֶּאֱמַר: "כָּל הָעֹבֵר עַל הַפְּקֻדִים" וְגוֹ' (שמות ל, יג):

ה) מִשְׁפַּחַת הַחֲנֹכִי. לְפִי שֶׁהָיוּ הָאֻמּוֹת מְבַזִּין אוֹתָם וְאוֹמְרִים, מָה אֵלּוּ מִתְיַחֲסִין עַל שִׁבְטֵיהֶם? סְבוּרִין הֵם שֶׁלֹּא שָׁלְטוּ הַמִּצְרִים בְּאִמּוֹתֵיהֶם? אִם בְּגוּפָם הָיוּ מוֹשְׁלִים קַל וָחֹמֶר בִּנְשׁוֹתֵיהֶם! לְפִיכָךְ הֵטִיל הַקָּדוֹשׁ בָּרוּךְ הוּא שְׁמוֹ עֲלֵיהֶם, ה"א מִצַּד זֶה וְיוֹ"ד מִצַּד זֶה, לוֹמַר, מֵעִיד אֲנִי עֲלֵיהֶם שֶׁהֵם בְּנֵי אֲבוֹתֵיהֶם. וְזֶה הוּא שֶׁמְּפֹרָשׁ עַל יְדֵי דָוִד: "שִׁבְטֵי יָהּ עֵדוּת לְיִשְׂרָאֵל" (תהלים קכב, ד). הַשֵּׁם הַזֶּה מֵעִיד עֲלֵיהֶם לְשִׁבְטֵיהֶם. לְפִיכָךְ בְּכֻלָּם כְּתִיב: "הַחֲנֹכִי", "הַפַּלֻּאִי", אֲבָל בְּיִמְנָה" (להלן פסוק מד) לֹא הֻצְרַךְ לוֹמַר "מִשְׁפַּחַת הַיִּמְנִי, לְפִי שֶׁהַשֵּׁם קָבוּעַ בּוֹ, יוּ"ד בָּרֹאשׁ וְה"א בַּסּוֹף:

ט) אֲשֶׁר הִצּוּ. אֶת יִשְׂרָאֵל "עַל מֹשֶׁה": בְּהַצֹּתָם. אֶת הָעָם "עַל ה'": הִצּוּ. הִשִּׂיאוּ אֶת יִשְׂרָאֵל לָרִיב עַל מֹשֶׁה", לְשׁוֹן הִפְעִילוּ:

י) וַיִּהְיוּ לְנֵס. לְזִכָּרוֹן, לְמַעַן אֲשֶׁר לֹא יִקְרַב אִישׁ זָר לַחֲלֹק עוֹד עַל הַכְּהֻנָּה:

יא) וּבְנֵי קֹרַח לֹא מֵתוּ. הֵם הָיוּ בָעֵצָה תְּחִלָּה, וּבִשְׁעַת הַמַּחֲלֹקֶת הִרְהֲרוּ תְּשׁוּבָה בְּלִבָּם, לְפִיכָךְ נִתְבַּצֵּר לָהֶם מָקוֹם גָּבוֹהַּ בַּגֵּיהִנֹּם וְיָשְׁבוּ שָׁם:

יג) לְזֶרַח. הוּא צֹהַר, לְשׁוֹן צֹהַר (בראשית מו, י), אֲבָל מִשְׁפַּחַת אֹהַד בְּטֵלָה, וְכֵן חֲמֵשׁ מִשֵּׁבֶט בִּנְיָמִין, שֶׁהֲרֵי בַּעֲשָׂרָה בָנִים יָרַד לְמִצְרַיִם (בראשית מו, כא), וְכָאן לֹא מָנָה אֶלָּא חֲמִשָּׁה, וְכֵן אֶצְבּוֹן לְגָד, הֲרֵי שֶׁבַע מִשְׁפָּחוֹת. וּמָצָאתִי בְּתַלְמוּד יְרוּשַׁלְמִי (סוטה פ"ז ה"ד), שֶׁכְּשֶׁמֵּת אַהֲרֹן נִסְתַּלְּקוּ עַנְנֵי כָבוֹד וּבָאוּ הַכְּנַעֲנִים לְהִלָּחֵם בְּיִשְׂרָאֵל, וְנָתְנוּ לֵב לַחֲזוֹר לְמִצְרַיִם, וְחָזְרוּ לַאֲחוֹרֵיהֶם שְׁמוֹנֶה מַסָּעוֹת מֵהֹר הָהָר לְמוֹסֵרָה, שֶׁנֶּאֱמַר: "וּבְנֵי יִשְׂרָאֵל נָסְעוּ מִבְּאֵרֹת בְּנֵי יַעֲקָן מוֹסֵרָה, שָׁם מֵת אַהֲרֹן" (דברים י, ו). וַהֲלֹא בְּהֹר הָהָר מֵת, וּמִמּוֹסֵרָה עַד הֹר הָהָר שְׁמוֹנֶה מַסָּעוֹת יֵשׁ לְמַפְרֵעַ? אֶלָּא שֶׁחָזְרוּ לַאֲחוֹרֵיהֶם, וְרָדְפוּ בְּנֵי לֵוִי אַחֲרֵיהֶם לְהַחֲזִירָם, וְהָרְגוּ מֵהֶם שֶׁבַע מִשְׁפָּחוֹת, וּמִבְּנֵי לֵוִי נָפְלוּ אַרְבַּע מִשְׁפָּחוֹת: מִשְׁפַּחַת שִׁמְעִי, וְעֻזִּיאֵלִי, וּמִבְּנֵי יִצְהָר לֹא נִמְנוּ כָּאן אֶלָּא מִשְׁפַּחַת הַקָּרְחִי, וְהָרְבִיעִית לֹא יָדַעְתִּי מַה הִיא. וְדִבְרֵי תַנְחוּמָא דָּרַשׁ שֶׁמֵּתוּ בְּמַגֵּפָה בִּדְבַר בִּלְעָם (מדרש תנחומא). אֲבָל לְפִי הַחִסָּרוֹן שֶׁחָסֵר מִשֵּׁבֶט שִׁמְעוֹן בְּמִנְיָן זֶה מִמִּנְיָנוֹ הָרִאשׁוֹן שֶׁבְּמִדְבַּר סִינַי, נִרְאֶה שֶׁכָּל עֶשְׂרִים וְאַרְבָּעָה אֶלֶף נָפְלוּ מִשִּׁבְטוֹ שֶׁל שִׁמְעוֹן:

יד מִשְׁפַּ֣חַת הַשָּׁא֑וּלִ֑י: אֵ֖לֶּה מִשְׁפְּחֹ֣ת הַשִּׁמְעֹנִ֑י
שְׁנַ֧יִם וְעֶשְׂרִ֛ים אֶ֖לֶף וּמָאתָֽיִם: טו בְּנֵ֣י
גָ֖ד לְמִשְׁפְּחֹתָ֑ם לִצְפ֗וֹן מִשְׁפַּ֙חַת֙ הַצְּפוֹנִ֔י לְחַגִּ֕י
טז מִשְׁפַּ֖חַת הַֽחַגִּ֑י לְשׁוּנִ֕י מִשְׁפַּ֖חַת הַשּׁוּנִֽי: לְאָזְנִ֕י
יז מִשְׁפַּ֖חַת הָאָזְנִ֑י לְעֵרִ֕י מִשְׁפַּ֖חַת הָעֵרִֽי: לַאֲר֕וֹד
מִשְׁפַּ֖חַת הָאֲרוֹדִ֑י לְאַ֨רְאֵלִ֔י מִשְׁפַּ֖חַת הָאַרְאֵלִֽי:
יח אֵ֛לֶּה מִשְׁפְּחֹ֥ת בְּנֵי־גָ֖ד לִפְקֻדֵיהֶ֑ם אַרְבָּעִ֥ים אֶ֖לֶף
וַחֲמֵ֥שׁ מֵאֽוֹת: יט בְּנֵ֥י יְהוּדָ֖ה עֵ֣ר וְאוֹנָ֑ן
כ וַיָּ֥מׇת עֵ֛ר וְאוֹנָ֖ן בְּאֶ֣רֶץ כְּנָ֑עַן: וַיִּהְי֣וּ בְנֵי־יְהוּדָה֮
לְמִשְׁפְּחֹתָם֒ לְשֵׁלָ֗ה מִשְׁפַּ֙חַת֙ הַשֵּׁ֣לָנִ֔י לְפֶ֕רֶץ
מִשְׁפַּ֖חַת הַפַּרְצִ֑י לְזֶ֕רַח מִשְׁפַּ֖חַת הַזַּרְחִֽי: כא וַיִּהְי֣וּ בְנֵי־
פֶ֔רֶץ לְחֶצְרֹ֕ן מִשְׁפַּ֖חַת הַֽחֶצְרֹנִ֑י לְחָמ֕וּל מִשְׁפַּ֖חַת
הֶחָמוּלִֽי: כב אֵ֛לֶּה מִשְׁפְּחֹ֥ת יְהוּדָ֖ה לִפְקֻדֵיהֶ֑ם שִׁשָּׁ֧ה
וְשִׁבְעִ֛ים אֶ֖לֶף וַחֲמֵ֥שׁ מֵאֽוֹת: כג בְּנֵ֣י
יִשָּׂשכָר֮ לְמִשְׁפְּחֹתָם֒ תּוֹלָ֕ע מִשְׁפַּ֖חַת הַתּוֹלָעִ֑י
לְפֻוָּ֕ה מִשְׁפַּ֖חַת הַפּוּנִֽי: כד לְיָשׁ֕וּב מִשְׁפַּ֖חַת הַיָּשׁוּבִ֑י
לְשִׁמְרֹ֕ן מִשְׁפַּ֖חַת הַשִּׁמְרֹנִֽי: כה אֵ֛לֶּה מִשְׁפְּחֹ֥ת
יִשָּׂשכָ֖ר לִפְקֻדֵיהֶ֑ם אַרְבָּעָ֧ה וְשִׁשִּׁ֛ים אֶ֖לֶף וּשְׁלֹ֥שׁ
מֵאֽוֹת: כו בְּנֵ֥י זְבוּלֻ֖ן לְמִשְׁפְּחֹתָ֑ם
לְסֶ֗רֶד מִשְׁפַּ֙חַת֙ הַסַּרְדִּ֔י לְאֵל֕וֹן מִשְׁפַּ֖חַת הָאֵלֹנִ֑י
לְיַ֨חְלְאֵ֔ל מִשְׁפַּ֖חַת הַיַּחְלְאֵלִֽי: כז אֵ֛לֶּה מִשְׁפְּחֹ֥ת

פינחס כו

הַזְּבוּלֹנִי לִפְקֻדֵיהֶם שִׁשִּׁים אֶלֶף וַחֲמֵשׁ
מֵאוֹת: בְּנֵי יוֹסֵף לְמִשְׁפְּחֹתָם
מְנַשֶּׁה וְאֶפְרָיִם: בְּנֵי מְנַשֶּׁה לְמָכִיר מִשְׁפַּחַת
הַמָּכִירִי וּמָכִיר הוֹלִיד אֶת־גִּלְעָד לְגִלְעָד
מִשְׁפַּחַת הַגִּלְעָדִי: אֵלֶּה בְּנֵי גִלְעָד אִיעֶזֶר
מִשְׁפַּחַת הָאִיעֶזְרִי לְחֵלֶק מִשְׁפַּחַת הַחֶלְקִי:

כח

כט

ל

זַרְעִית שָׁאוּל: אִלֵּין זַרְעִית שִׁמְעוֹן, עֶשְׂרִין וּתְרֵין אַלְפִין וּמָאתָן: בְּנֵי גָד לְזַרְעֲיָתְהוֹן, זַרְעִית צְפוֹן, לְחַגִּי, זַרְעִית חַגִּי, לְשׁוּנִי, זַרְעִית שׁוּנִי: לְאָזְנִי, זַרְעִית אָזְנִי, לְעֵרִי, זַרְעִית עֵרִי: לַאֲרוֹד, זַרְעִית אֲרוֹד, לְאַרְאֵלִי, זַרְעִית אַרְאֵלִי: אִלֵּין, זַרְעִית בְּנֵי גָד לְמִנְיָנֵיהוֹן, אַרְבְּעִין אַלְפִין וַחֲמֵשׁ מְאָה: בְּנֵי יְהוּדָה עֵר וְאוֹנָן, וּמִית עֵר וְאוֹנָן, בְּאַרְעָא דִכְנָעַן: וַהֲווֹ בְנֵי יְהוּדָה לְזַרְעֲיָתְהוֹן, לְשֵׁלָה, זַרְעִית שֵׁלָה, לְפֶרֶץ, זַרְעִית פֶּרֶץ, לְזֶרַח, זַרְעִית זֶרַח: וַהֲווֹ בְנֵי פֶרֶץ, לְחֶצְרוֹן, זַרְעִית חֶצְרוֹן, לְחָמוּל, זַרְעִית חָמוּל: אִלֵּין, זַרְעִית יְהוּדָה לְמִנְיָנֵיהוֹן, שַׁבְעִין וְשִׁתָּא אַלְפִין וַחֲמֵשׁ מְאָה: בְּנֵי יִשָּׂשכָר לְזַרְעֲיָתְהוֹן, תּוֹלָע, זַרְעִית תּוֹלָע, לְפֻוָּה, זַרְעִית פֻּוָּה: לְיָשׁוּב, זַרְעִית יָשׁוּב, לְשִׁמְרוֹן, זַרְעִית שִׁמְרוֹן: אִלֵּין, זַרְעִית יִשָּׂשכָר לְמִנְיָנֵיהוֹן, שִׁתִּין וְאַרְבְּעָא אַלְפִין וּתְלַת מְאָה: בְּנֵי זְבוּלוּן לְזַרְעֲיָתְהוֹן, לְסֶרֶד, זַרְעִית סֶרֶד, לְאֵלוֹן, זַרְעִית אֵלוֹן, לְיַחְלְאֵל, זַרְעִית יַחְלְאֵל: אִלֵּין, זַרְעִית זְבוּלוּן לְמִנְיָנֵיהוֹן, שִׁתִּין אַלְפִין וַחֲמֵשׁ מְאָה: בְּנֵי יוֹסֵף לְזַרְעֲיָתְהוֹן, מְנַשֶּׁה וְאֶפְרָיִם: בְּנֵי מְנַשֶּׁה, לְמָכִיר, זַרְעִית מָכִיר, וּמָכִיר אוֹלִיד יָת גִּלְעָד, לְגִלְעָד, זַרְעִית גִּלְעָד: אִלֵּין בְּנֵי גִלְעָד: אִיעֶזֶר, זַרְעִית אִיעֶזֶר, לְחֵלֶק, זַרְעִית חֵלֶק:

לְאָזְנִי. אוֹמֵר אֲנִי שֶׁזּוֹ מִשְׁפַּחַת אֶצְבּוֹן, וְאֵינִי יוֹדֵעַ לָמָּה לֹא נִקְרֵאת מִשְׁפַּחְתּוֹ עַל שְׁמוֹ:

כד לְיָשׁוּב. הוּא יוֹב הָאָמוּר בְּיוֹרְדֵי מִצְרַיִם, כִּי כָל הַמִּשְׁפָּחוֹת נִקְרְאוּ עַל שֵׁם יוֹרְדֵי מִצְרַיִם, וְהַנּוֹלָדִין מִשָּׁם וָהָלְאָה לֹא נִקְרְאוּ הַמִּשְׁפָּחוֹת עַל שְׁמָם, חוּץ מִמִּשְׁפְּחוֹת אֶפְרַיִם וּמְנַשֶּׁה שֶׁנּוֹלְדוּ כֻּלָּם בְּמִצְרַיִם, וְאַרְדְּ וְנַעֲמָן בְּנֵי בֶלַע בֶּן בִּנְיָמִין. וּמָצָאתִי בִּיסוֹדוֹ שֶׁל רַבִּי מֹשֶׁה הַדַּרְשָׁן, שֶׁיָּרְדָה אִמָּן לְמִצְרַיִם כְּשֶׁהָיְתָה מְעֻבֶּרֶת מֵהֶם, לְכָךְ נֶחְלְקוּ לְמִשְׁפָּחוֹת, כְּחֶצְרוֹן וְחָמוּל שֶׁהָיוּ בְנֵי פֶרֶץ לִיהוּדָה, וְחֶבֶר וּמַלְכִּיאֵל שֶׁהָיוּ בְנֵי בְנֵי

שֶׁל אָשֵׁר. וְאִם אַגָּדָה הִיא הֲרֵי טוֹב, וְאִם לָאו אוֹמֵר אֲנִי שֶׁהָיוּ לְבֶלַע בְּנֵי בָנִים הַרְבֵּה, וּמִשְּׁנַיִם הַלָּלוּ אַרְדְּ וְנַעֲמָן יָצְאָה מִכָּל אֶחָד מִשְׁפָּחָה רַבָּה, וְנִקְרְאוּ תוֹלְדוֹת הַשְּׁאָר הַבָּנִים עַל שֵׁם בֶּלַע, וְתוֹלְדוֹת הַשְּׁנַיִם הַלָּלוּ נִקְרְאוּ עַל שְׁמָם. וְכֵן אֲנִי אוֹמֵר בִּבְנֵי מָכִיר שֶׁנֶּחְלְקוּ לִשְׁתֵּי מִשְׁפָּחוֹת, אַחַת נִקְרֵאת עַל שְׁמוֹ וְאַחַת נִקְרֵאת עַל שֵׁם גִּלְעָד בְּנוֹ. חָמֵשׁ מִשְׁפָּחוֹת חָסְרוּ מִבְּנָיו שֶׁל בִּנְיָמִין, כָּאן נִתְקַיְּמָה מִקְצָת נְבוּאַת אִמּוֹ שֶׁקְּרָאַתּוּ "בֶּן אוֹנִי" (בראשית לה, יח), בֶּן אֲנִינוּתִי, וּבְפִילֶגֶשׁ בַּגִּבְעָה נִתְקַיְּמָה כֻּלָּהּ. זוֹ מָצָאתִי בִּיסוֹדוֹ שֶׁל רַבִּי מֹשֶׁה הַדַּרְשָׁן:

במדבר כו

לא וְאַשְׂרִיאֵ֕ל מִשְׁפַּ֖חַת הָאַשְׂרִֽאֵלִ֑י וְשֶׁ֕כֶם מִשְׁפַּ֖חַת הַשִּׁכְמִֽי׃
לב וּשְׁמִידָ֕ע מִשְׁפַּ֖חַת הַשְּׁמִידָעִ֑י וְחֵ֕פֶר מִשְׁפַּ֖חַת הַחֶפְרִֽי׃
לג וּצְלָפְחָ֣ד בֶּן־חֵ֗פֶר לֹא־הָ֥יוּ ל֛וֹ בָּנִ֖ים כִּ֣י אִם־בָּנ֑וֹת וְשֵׁם֙ בְּנ֣וֹת צְלָפְחָ֔ד מַחְלָ֣ה וְנֹעָ֔ה חָגְלָ֥ה מִלְכָּ֖ה וְתִרְצָֽה׃
לד אֵ֖לֶּה מִשְׁפְּחֹ֣ת מְנַשֶּׁ֑ה וּפְקֻ֣דֵיהֶ֔ם שְׁנַ֧יִם וַחֲמִשִּׁ֛ים אֶ֖לֶף וּשְׁבַ֥ע מֵאֽוֹת׃
לה אֵ֣לֶּה בְנֵי־אֶפְרַיִם֮ לְמִשְׁפְּחֹתָם֒ לְשׁוּתֶ֗לַח מִשְׁפַּ֙חַת֙ הַשֻּׁ֣תַלְחִ֔י לְבֶ֕כֶר מִשְׁפַּ֖חַת הַבַּכְרִ֑י לְתַ֕חַן מִשְׁפַּ֖חַת הַתַּחֲנִֽי׃
לו וְאֵ֖לֶּה בְּנֵ֣י שׁוּתָ֑לַח לְעֵרָ֕ן מִשְׁפַּ֖חַת הָעֵרָנִֽי׃
לז אֵ֣לֶּה מִשְׁפְּחֹ֤ת בְּנֵי־אֶפְרַ֙יִם֙ לִפְקֻ֣דֵיהֶ֔ם שְׁנַ֧יִם וּשְׁלֹשִׁ֛ים אֶ֖לֶף וַחֲמֵ֣שׁ מֵא֑וֹת אֵ֥לֶּה בְנֵי־יוֹסֵ֖ף לְמִשְׁפְּחֹתָֽם׃
לח בְּנֵ֣י בִנְיָמִן֮ לְמִשְׁפְּחֹתָם֒ לְבֶ֗לַע מִשְׁפַּ֙חַת֙ הַבַּלְעִ֔י לְאַשְׁבֵּ֕ל מִשְׁפַּ֖חַת הָאַשְׁבֵּלִ֑י לַאֲחִירָ֕ם מִשְׁפַּ֖חַת הָאֲחִירָמִֽי׃
לט לִשְׁפוּפָ֕ם מִשְׁפַּ֖חַת הַשּׁוּפָמִ֑י לְחוּפָ֕ם מִשְׁפַּ֖חַת הַחוּפָמִֽי׃
מ וַיִּהְי֥וּ בְנֵי־בֶ֖לַע אַ֣רְדְּ וְנַעֲמָ֑ן מִשְׁפַּ֙חַת֙ הָֽאַרְדִּ֔י לְנַֽעֲמָ֕ן מִשְׁפַּ֖חַת הַֽנַּעֲמִֽי׃
מא אֵ֥לֶּה בְנֵֽי־בִנְיָמִ֖ן לְמִשְׁפְּחֹתָ֑ם וּפְקֻ֣דֵיהֶ֔ם חֲמִשָּׁ֧ה וְאַרְבָּעִ֛ים אֶ֖לֶף וְשֵׁ֥שׁ מֵאֽוֹת׃
מב אֵ֤לֶּה בְנֵי־דָן֙ לְמִשְׁפְּחֹתָ֔ם לְשׁוּחָ֕ם מִשְׁפַּ֖חַת הַשּׁוּחָמִ֑י אֵ֛לֶּה מִשְׁפְּחֹ֥ת דָּ֖ן לְמִשְׁפְּחֹתָֽם׃
מג כׇּל־מִשְׁפְּחֹ֥ת הַשּׁוּחָמִ֖י לִפְקֻדֵיהֶ֑ם

מד אַרְבָּעָה וְשִׁשִּׁים אֶלֶף וְאַרְבַּע מֵאוֹת: בְּנֵי
אָשֵׁר לְמִשְׁפְּחֹתָם לְיִמְנָה מִשְׁפַּחַת הַיִּמְנָה לְיִשְׁוִי
מה מִשְׁפַּחַת הַיִּשְׁוִי לִבְרִיעָה מִשְׁפַּחַת הַבְּרִיעִי:
לִבְנֵי בְרִיעָה לְחֶבֶר מִשְׁפַּחַת הַחֶבְרִי לְמַלְכִּיאֵל
מו מז מִשְׁפַּחַת הַמַּלְכִּיאֵלִי: וְשֵׁם בַּת־אָשֵׁר שָׂרַח: אֵלֶּה
מִשְׁפְּחֹת בְּנֵי־אָשֵׁר לִפְקֻדֵיהֶם שְׁלֹשָׁה וַחֲמִשִּׁים

לא לב וְאַשְׂרִיאֵל, זַרְעִית אַשְׂרִיאֵל, וְשֶׁכֶם, זַרְעִית שֶׁכֶם: וּשְׁמִידָע, זַרְעִית שְׁמִידָע, וְחֵפֶר, זַרְעִית חֵפֶר:
לג וּצְלָפְחָד בַּר חֵפֶר, לָא הֲווֹ לֵיהּ, בְּנִין אֱלָהֵין בְּנָן, וְשׁוּם בְּנַת צְלָפְחָד, מַחְלָה וְנוֹעָה, חָגְלָה מִלְכָּה
לד לה וְתִרְצָה: אִלֵּין זַרְעִיַת מְנַשֶּׁה, וּמִנְיָנֵיהוֹן, חַמְשִׁין וּתְרֵין אַלְפִין וּשְׁבַע מְאָה: אִלֵּין בְּנֵי אֶפְרַיִם
לו לְזַרְעֲיָתְהוֹן, לְשׁוּתֶלַח, זַרְעִית שׁוּתַלְחִי, לְבֶכֶר, זַרְעִית בֶּכֶר, לְתַחַן, זַרְעִית תַּחַן: וְאִלֵּין בְּנֵי שׁוּתָלַח,
לז לְעֵרָן, זַרְעִית עֵרָן: אִלֵּין זַרְעֲיַת בְּנֵי אֶפְרַיִם לְמִנְיָנֵיהוֹן, תְּלָתִין וּתְרֵין אַלְפִין וַחֲמֵשׁ מְאָה, אִלֵּין בְּנֵי
לח יוֹסֵף לְזַרְעֲיָתְהוֹן: בְּנֵי בִנְיָמִין לְזַרְעֲיָתְהוֹן, לְבֶלַע, זַרְעִית בֶּלַע, לְאַשְׁבֵּל, זַרְעִית אַשְׁבֵּל, לַאֲחִירָם,
לט מ זַרְעִית אֲחִירָם: לִשְׁפוּפָם, זַרְעִית שְׁפוּפָם, לְחוּפָם, זַרְעִית חוּפָם: וַהֲווֹ בְנֵי בֶלַע אַרְדְּ וְנַעֲמָן, זַרְעִית
מא אַרְדְּ, לְנַעֲמָן, זַרְעִית נַעֲמָן: אִלֵּין בְּנֵי בִנְיָמִין לְזַרְעֲיָתְהוֹן, וּמִנְיָנֵיהוֹן, אַרְבְּעִין וַחֲמְשָׁא אַלְפִין וְשֵׁית
מב מג מְאָה: אִלֵּין בְּנֵי דָן לְזַרְעֲיָתְהוֹן, לְשׁוּחָם, זַרְעִית שׁוּחָם, אִלֵּין, זַרְעֲיַת דָּן לְזַרְעֲיָתְהוֹן: כָּל זַרְעֲיַת
מד שׁוּחָם לְמִנְיָנֵיהוֹן, שִׁתִּין וְאַרְבְּעָא אַלְפִין וְאַרְבַּע מְאָה: בְּנֵי אָשֵׁר לְזַרְעֲיָתְהוֹן, לְיִמְנָה, זַרְעִית
מה יִמְנָה, לְיִשְׁוִי, זַרְעִית יִשְׁוִי, לִבְרִיעָה, זַרְעִית בְּרִיעָה: לִבְנֵי בְרִיעָה, לְחֶבֶר, זַרְעִית חֶבֶר, לְמַלְכִּיאֵל,
מו מז זַרְעִית מַלְכִּיאֵל: וְשׁוּם בַּת אָשֵׁר שָׂרַח: אִלֵּין, זַרְעֲיַת בְּנֵי אָשֵׁר לְמִנְיָנֵיהוֹן, חַמְשִׁין וּתְלָתָא

לו| וְאֵלֶּה בְּנֵי שׁוּתֶלַח וְגוֹ׳. אַחַר בְּנֵי שׁוּתֶלַח נִקְרְאוּ תּוֹלְדוֹתֵיהֶם עַל שֵׁם שׁוּתֶלַח, וּמֵעֵרָן יָצְתָה מִשְׁפָּחָה רַבָּה וְנִקְרֵאת עַל שְׁמוֹ, וְנֶחְשְׁבוּ בְּנֵי שׁוּתֶלַח לִשְׁתֵּי מִשְׁפָּחוֹת. צֵא וַחֲשֹׁב, וְתִמְצָא בְּפָרָשָׁה זוֹ חֲמִשִּׁים וְשֶׁבַע מִשְׁפָּחוֹת וּמִבְּנֵי לֵוִי שְׁמוֹנֶה, הֲרֵי שִׁשִּׁים וְחָמֵשׁ, וְזֶהוּ שֶׁנֶּאֱמַר: "כִּי אַתֶּם הַמְעַט" וְגוֹ׳ (דברים ז, ז), הֵ"א מְעַט, חָמֵשׁ אַתֶּם חֲסֵרִים מִמִּשְׁפְּחוֹת כָּל הָעַמִּים שֶׁהֵן שִׁבְעִים. אַךְ זֶה הֵבַנְתִּי מִיסוֹדוֹ שֶׁל רַבִּי מֹשֶׁה הַדַּרְשָׁן, אַךְ הֶעֱרַכְתִּי לִפְחֹת וּלְהוֹסִיף בִּדְבָרָיו:

לח| לַאֲחִירָם. הוּא אֵחִי שֶׁיָּרַד לְמִצְרַיִם (בראשית מו, כא), וּלְפִי שֶׁנִּקְרָא עַל שֵׁם יוֹסֵף שֶׁהָיָה אָחִיו וְרָם מִמֶּנּוּ נִקְרָא אֲחִירָם:

לט| לִשְׁפוּפָם. הוּא מֻפִּים (בראשית שם), עַל שֵׁם שֶׁהָיָה יוֹסֵף שָׁפוּף בֵּין הָאֻמּוֹת:

מב| לְשׁוּחָם. הוּא חֻשִׁים (שם כג):

מו| וְשֵׁם בַּת אָשֵׁר שָׂרַח. לְפִי שֶׁהָיְתָה קַיֶּמֶת בַּחַיִּים מְנָאָהּ כָּאן:

פינחס

במדבר

בְּנֵי נַפְתָּלִי֙ אֶ֥לֶף וְאַרְבַּ֖ע מֵא֑וֹת: מח
לְמִשְׁפְּחֹתָ֔ם לְיַ֨חְצְאֵ֔ל מִשְׁפַּ֖חַת הַיַּחְצְאֵלִ֑י
לְגוּנִ֕י מִשְׁפַּ֖חַת הַגּוּנִֽי: לְיֵ֕צֶר מִשְׁפַּ֖חַת הַיִּצְרִ֑י מט
לְשִׁלֵּ֕ם מִשְׁפַּ֖חַת הַשִּׁלֵּמִֽי: אֵ֛לֶּה מִשְׁפְּחֹ֥ת נַפְתָּלִ֖י נ
לְמִשְׁפְּחֹתָ֑ם וּפְקֻ֣דֵיהֶ֔ם חֲמִשָּׁ֧ה וְאַרְבָּעִ֛ים אֶ֖לֶף
וְאַרְבַּ֥ע מֵאֽוֹת: אֵ֗לֶּה פְּקוּדֵי֙ בְּנֵ֣י יִשְׂרָאֵ֔ל שֵׁשׁ־ נא
מֵא֥וֹת אֶ֖לֶף וָאָ֑לֶף שְׁבַ֥ע מֵא֖וֹת וּשְׁלֹשִֽׁים:

שלישי כג וַיְדַבֵּ֥ר יְהֹוָ֖ה אֶל־מֹשֶׁ֥ה לֵּאמֹֽר: לָאֵ֗לֶּה תֵּחָלֵ֥ק נב
הָאָ֛רֶץ בְּנַחֲלָ֖ה בְּמִסְפַּ֥ר שֵׁמֽוֹת: לָרַ֗ב תַּרְבֶּה֙ נד
נַחֲלָת֔וֹ וְלַמְעַ֕ט תַּמְעִ֖יט נַחֲלָת֑וֹ אִ֗ישׁ לְפִ֤י פְקֻדָיו֙
יֻתַּ֖ן נַחֲלָתֽוֹ: אַךְ־בְּגוֹרָ֕ל יֵחָלֵ֖ק אֶת־הָאָ֑רֶץ לִשְׁמ֥וֹת נה
מַטּוֹת־אֲבֹתָ֖ם יִנְחָֽלוּ: עַל־פִּי֙ הַגּוֹרָ֔ל תֵּחָלֵ֖ק נו
נַחֲלָת֑וֹ בֵּ֥ין רַ֖ב לִמְעָֽט: וְאֵ֨לֶּה פְקוּדֵ֣י נז
הַלֵּוִי֮ לְמִשְׁפְּחֹתָם֒ לְגֵרְשׁ֗וֹן מִשְׁפַּ֨חַת֙ הַגֵּ֣רְשֻׁנִּ֔י
לִקְהָ֕ת מִשְׁפַּ֖חַת הַקְּהָתִ֑י לִמְרָרִ֕י מִשְׁפַּ֖חַת
הַמְּרָרִֽי: אֵ֣לֶּה ׀ מִשְׁפְּחֹ֣ת לֵוִ֗י מִשְׁפַּ֨חַת הַלִּבְנִ֜י נח
מִשְׁפַּ֣חַת הַחֶבְרֹנִ֗י מִשְׁפַּ֤חַת הַמַּחְלִי֙ מִשְׁפַּ֣חַת
הַמּוּשִׁ֔י מִשְׁפַּ֖חַת הַקָּרְחִ֑י וּקְהָ֖ת הוֹלִ֥ד אֶת־
עַמְרָֽם: וְשֵׁ֣ם ׀ אֵ֣שֶׁת עַמְרָ֗ם יוֹכֶ֨בֶד֙ בַּת־לֵוִ֔י אֲשֶׁ֨ר נט
יָלְדָ֥ה אֹתָ֛הּ לְלֵוִ֖י בְּמִצְרָ֑יִם וַתֵּ֣לֶד לְעַמְרָ֗ם אֶת־
אַֽהֲרֹן֙ וְאֶת־מֹשֶׁ֔ה וְאֵ֖ת מִרְיָ֣ם אֲחֹתָֽם: וַיִּוָּלֵ֣ד ס

פינחס

לְאַהֲרֹן אֶת־נָדָב וְאֶת־אֲבִיהוּא אֶת־אֶלְעָזָר
וְאֶת־אִיתָמָר: וַיָּמָת נָדָב וַאֲבִיהוּא בְּהַקְרִיבָם

מט אַלְפִין וְאַרְבַּע מְאָה: בְּנֵי נַפְתָּלִי לְזַרְעִיתְהוֹן, לְיַחְצְאֵל, זַרְעִית יַחְצְאֵל, לְגוּנִי, זַרְעִית גּוּנִי: לְיֵצֶר,
נ זַרְעִית יֵצֶר, לְשִׁלֵּם, זַרְעִית שִׁלֵּם: אִלֵּין, זַרְעִית נַפְתָּלִי לְזַרְעִיתְהוֹן, וּמִנְיָנֵיהוֹן, אַרְבְּעִין וְחַמְשָׁא
נא אַלְפִין וְאַרְבַּע מְאָה: אִלֵּין, מִנְיָנֵי בְּנֵי יִשְׂרָאֵל, שִׁית מְאָה וְחַד אַלְפִין, שְׁבַע מְאָה וּתְלָתִין:
נב וּמַלֵּיל יְיָ עִם מֹשֶׁה לְמֵימָר: לְאִלֵּין, תִּתְפְּלֵיג אַרְעָא, בְּאַחְסָנָא בְּמִנְיַן שְׁמָהָן: לְסַגִּיאֵי, תַּסְגֵּי
נה אַחְסָנַתְהוֹן, וְלִזְעֵירֵי, תַּזְעֵיר אַחְסָנַתְהוֹן, גְּבַר לְפוּם מִנְיָנוֹהִי, תִּתְיְהֵיב אַחְסָנְתֵּיהּ: בְּרַם
נו בְּעַדְבָא, תִּתְפְּלֵיג אַרְעָא, לִשְׁמָהָת שִׁבְטֵי אֲבָהָתְהוֹן יַחְסְנוּן: עַל פּוּם עַדְבָא, תִּתְפְּלֵיג
נז אַחְסָנַתְהוֹן, בֵּין סַגִּיאֵי לִזְעֵירֵי: וְאִלֵּין מִנְיָנֵי לֵיוָאֵי לְזַרְעִיתְהוֹן, לְגֵרְשׁוֹן, זַרְעִית גֵּרְשׁוֹן, לִקְהָת,
נח זַרְעִית קְהָת, לִמְרָרִי, זַרְעִית מְרָרִי: אִלֵּין זַרְעִית לֵוִי, זַרְעִית לִבְנִי, זַרְעִית חֶבְרוֹן זַרְעִית מַחְלִי
נט זַרְעִית מוּשִׁי, זַרְעִית קֹרַח, וּקְהָת אוֹלֵיד יָת עַמְרָם: וְשׁוּם אִתַּת עַמְרָם, יוֹכֶבֶד בַּת לֵוִי, דִּילֵידַת
ס יָתַהּ, לְלֵוִי בְּמִצְרָיִם, וִילֵידַת לְעַמְרָם, יָת אַהֲרֹן וְיָת מֹשֶׁה, וְיָת מִרְיָם אֲחָתְהוֹן: וְאִתְיְלִיד
סא לְאַהֲרֹן, יָת נָדָב וְיָת אֲבִיהוּא, יָת אֶלְעָזָר וְיָת אִיתָמָר: וּמִית נָדָב וַאֲבִיהוּא, בְּקָרוֹבֵיהוֹן

נג לָאֵלֶּה תֵּחָלֵק הָאָרֶץ. וְלֹא לְפָחוּתִים מִבֶּן
עֶשְׂרִים, אַף עַל פִּי שֶׁבָּאוּ לִכְלָל עֶשְׂרִים בְּטֶרֶם
חִלּוּק הָאָרֶץ, שֶׁהֲרֵי שֶׁבַע שָׁנִים כָּבְשׁוּ וְשֶׁבַע
חִלְּקוּ, לֹא נָטְלוּ חֵלֶק בָּאָרֶץ אֶלָּא אֵלּוּ שֵׁשׁ מֵאוֹת
אֶלֶף וָאָלֶף, וְאִם הָיוּ לְאֶחָד מֵהֶם שִׁשָּׁה בָנִים,
לֹא נָטְלוּ אֶלָּא חֵלֶק אֲבִיהֶם לְבַדּוֹ:

נד לָרַב תַּרְבֶּה נַחֲלָתוֹ. לְשֵׁבֶט שֶׁהָיָה מְרֻבֶּה
בְּאֻכְלוּסִין נָתְנוּ חֵלֶק רַב. וְאַף עַל פִּי שֶׁלֹּא הָיוּ
הַחֲלָקִים שָׁוִים, שֶׁהֲרֵי הַכֹּל לְפִי רִבּוּי הַשֵּׁבֶט
חִלְּקוּ הַחֲלָקִים, לֹא עָשׂוּ אֶלָּא עַל יְדֵי גוֹרָל,
וְהַגּוֹרָל הָיָה עַל פִּי רוּחַ הַקֹּדֶשׁ, כְּמוֹ שֶׁמְּפֹרָשׁ
בְּבָבָא בַתְרָא (דף קכב ע"א): אֶלְעָזָר הַכֹּהֵן הָיָה מְלֻבָּשׁ
בְּאוּרִים וְתֻמִּים וְאוֹמֵר בְּרוּחַ הַקֹּדֶשׁ: אִם שֵׁבֶט
פְּלוֹנִי עוֹלֶה, תְּחוּם פְּלוֹנִי עוֹלֶה עִמּוֹ. וְהַשְּׁבָטִים
הָיוּ כְּתוּבִים בִּשְׁנֵים עָשָׂר פְּתָקִין וּשְׁנֵים עָשָׂר
גְּבוּלִין בִּשְׁנֵים עָשָׂר פְּתָקִין, וּבְלָלוּם בַּקַּלְפִּי,
וְהַנָּשִׂיא מַכְנִיס יָדוֹ לְתוֹכָהּ וְנוֹטֵל שְׁנֵי פְתָקִין,
עוֹלֶה בְיָדוֹ פְּתָק שֶׁל שֵׁם שִׁבְטוֹ וּפְתָק שֶׁל גְּבוּל
הַמְפֹרָשׁ לוֹ, וְהַגּוֹרָל עַצְמוֹ הָיָה צוֹוֵחַ וְאוֹמֵר: אֲנִי
הַגּוֹרָל עָלִיתִי לִגְבוּל פְּלוֹנִי לְשֵׁבֶט פְּלוֹנִי, שֶׁנֶּאֱמַר:
"עַל פִּי הַגּוֹרָל". וְלֹא נִתְחַלְּקָה הָאָרֶץ בְּמִדָּה,
לְפִי שֶׁיֵּשׁ גְּבוּל מְשֻׁבָּח מֵחֲבֵרוֹ, אֶלָּא בְּשׁוּמָא: בֵּית
כּוֹר רַע כְּנֶגֶד בֵּית סְאָה טוֹב, הַכֹּל לְפִי הַדָּמִים:

נה לִשְׁמוֹת מַטּוֹת אֲבֹתָם. אֵלּוּ יוֹצְאֵי מִצְרַיִם.
שִׁנָּה הַכָּתוּב נַחֲלָה זוֹ מִכָּל הַנְּחָלוֹת שֶׁבַּתּוֹרָה,
שֶׁכָּל הַנְּחָלוֹת, הַחַיִּים יוֹרְשִׁים אֶת הַמֵּתִים, וְכָאן
מֵתִים יוֹרְשִׁים אֶת הַחַיִּים. כֵּיצַד? שְׁנֵי אַחִים
מִיּוֹצְאֵי מִצְרַיִם שֶׁהָיוּ לָהֶם בָּנִים בְּבָאֵי הָאָרֶץ,
לָזֶה אֶחָד וְלָזֶה שְׁלֹשָׁה, הָאֶחָד נָטַל חֵלֶק אֶחָד,
וְהַשְּׁלֹשָׁה נָטְלוּ שְׁלֹשָׁה, שֶׁנֶּאֱמַר: "לָאֵלֶּה תֵּחָלֵק
הָאָרֶץ", חָזְרָה נַחֲלָתָן אֵצֶל אֲבִי אֲבִיהֶן וְחִלְּקוּ
הַכֹּל בְּשָׁוֶה, וְזֶהוּ שֶׁנֶּאֱמַר: "לִשְׁמוֹת מַטּוֹת אֲבֹתָם
יִנְחָלוּ", שֶׁאַחַר שֶׁנָּטְלוּ הַבָּנִים חִלְּקוּם לְפִי הָאָבוֹת
שֶׁיָּצְאוּ מִמִּצְרַיִם. וְאִלּוּ מִתְּחִלָּה חִלְּקוּהָ לְמִנְיַן
יוֹצְאֵי מִצְרַיִם, לֹא הָיוּ נוֹטְלִין אֵלּוּ הָאַרְבָּעָה
אֶלָּא שְׁנֵי חֲלָקִים, עַכְשָׁיו נָטְלוּ אַרְבָּעָה חֲלָקִים:

נו עַל פִּי הַגּוֹרָל. הַגּוֹרָל הָיָה מְדַבֵּר כְּמוֹ שֶׁפֵּרַשְׁתִּי
לְמַעְלָה, מַגִּיד שֶׁנִּתְחַלְּקָה בְּרוּחַ הַקֹּדֶשׁ, וְכֵן הוּא
אוֹמֵר: "וַיִּתְּנוּ לְכָלֵב אֶת חֶבְרוֹן (עַל פִּי ה')
[כַּאֲשֶׁר דִּבֶּר מֹשֶׁה]" (שופטים א, כ), וְאוֹמֵר: "עַל פִּי
ה' נָתְנוּ לוֹ אֶת הָעִיר אֲשֶׁר שָׁאָל" (יהושע יט, נ):
מַטּוֹת אֲבֹתָם. יָצְאוּ גֵרִים וַעֲבָדִים:

נח אֵלֶּה מִשְׁפְּחֹת לֵוִי. חָסֵר כָּאן מִשְׁפְּחוֹת
הַשִּׁמְעִי וְהָעֻזִּיאֵלִי וּקְצָת מִן הַיִּצְהָרִי:

נט אֲשֶׁר יָלְדָה אֹתָהּ לְלֵוִי בְּמִצְרָיִם. אִשְׁתּוֹ יְלָדַתָּה

אֵשׁ־זָרָה לִפְנֵי יְהוָה׃ וַיִּהְיוּ פְקֻדֵיהֶם שְׁלֹשָׁה סב
וְעֶשְׂרִים אֶלֶף כָּל־זָכָר מִבֶּן־חֹדֶשׁ וָמָעְלָה
כִּי ׀ לֹא הָתְפָּקְדוּ בְּתוֹךְ בְּנֵי יִשְׂרָאֵל כִּי לֹא־נִתַּן
לָהֶם נַחֲלָה בְּתוֹךְ בְּנֵי יִשְׂרָאֵל׃ אֵלֶּה פְּקוּדֵי סג
מֹשֶׁה וְאֶלְעָזָר הַכֹּהֵן אֲשֶׁר פָּקְדוּ אֶת־בְּנֵי
יִשְׂרָאֵל בְּעַרְבֹת מוֹאָב עַל יַרְדֵּן יְרֵחוֹ׃ וּבְאֵלֶּה סד
לֹא־הָיָה אִישׁ מִפְּקוּדֵי מֹשֶׁה וְאַהֲרֹן הַכֹּהֵן
אֲשֶׁר פָּקְדוּ אֶת־בְּנֵי יִשְׂרָאֵל בְּמִדְבַּר סִינָי׃ כִּי־ סה
אָמַר יְהוָה לָהֶם מוֹת יָמֻתוּ בַּמִּדְבָּר וְלֹא־נוֹתַר
מֵהֶם אִישׁ כִּי אִם־כָּלֵב בֶּן־יְפֻנֶּה וִיהוֹשֻׁעַ בִּן־
נוּן׃ וַתִּקְרַבְנָה בְּנוֹת צְלָפְחָד בֶּן־ כז א
חֵפֶר בֶּן־גִּלְעָד בֶּן־מָכִיר בֶּן־מְנַשֶּׁה לְמִשְׁפְּחֹת
מְנַשֶּׁה בֶן־יוֹסֵף וְאֵלֶּה שְׁמוֹת בְּנֹתָיו מַחְלָה נֹעָה
וְחָגְלָה וּמִלְכָּה וְתִרְצָה׃ וַתַּעֲמֹדְנָה לִפְנֵי מֹשֶׁה ב
וְלִפְנֵי אֶלְעָזָר הַכֹּהֵן וְלִפְנֵי הַנְּשִׂיאִם וְכָל־הָעֵדָה
פֶּתַח אֹהֶל־מוֹעֵד לֵאמֹר׃ אָבִינוּ מֵת בַּמִּדְבָּר ג
וְהוּא לֹא־הָיָה בְּתוֹךְ הָעֵדָה הַנּוֹעָדִים עַל־
יְהוָה בַּעֲדַת־קֹרַח כִּי־בְחֶטְאוֹ מֵת וּבָנִים לֹא־
הָיוּ לוֹ׃ לָמָּה יִגָּרַע שֵׁם־אָבִינוּ מִתּוֹךְ מִשְׁפַּחְתּוֹ ד
כִּי אֵין לוֹ בֵּן תְּנָה־לָּנוּ אֲחֻזָּה בְּתוֹךְ אֲחֵי אָבִינוּ׃
וַיַּקְרֵב מֹשֶׁה אֶת־מִשְׁפָּטָן לִפְנֵי יְהוָה׃ ה

פינחס

סב אִשְׁתָּא נְכְרִיתָא קֳדָם יְיָ: וַהֲווֹ מִמְנְיָנֵיהוֹן, עַסְרִין וּתְלָתָא אַלְפִין, כָּל דְּכוּרָא מִבַּר יַרְחָא וּלְעֵילָא, אֲרֵי לָא אִתְמְנִיאוּ, אֲרֵי, לָא אִתְיְהִיבַת לְהוֹן אַחְסָנָא, בְּגוֹ בְּנֵי
סג יִשְׂרָאֵל: אִלֵּין מִנְיָנֵי מֹשֶׁה, וְאֶלְעָזָר כַּהֲנָא, דִּמְנוֹ, יָת בְּנֵי יִשְׂרָאֵל בְּמֵישְׁרַיָּא דְּמוֹאָב, עַל
סד יַרְדְּנָא דִּירֵחוֹ: וּבְאִלֵּין לָא הֲוָה גְּבַר, מִמִּנְיָנֵי מֹשֶׁה, וְאַהֲרֹן כַּהֲנָא, דִּמְנוֹ, יָת בְּנֵי יִשְׂרָאֵל
סה בְּמַדְבְּרָא דְּסִינָי: אֲרֵי אֲמַר יְיָ לְהוֹן, מְמָת יְמוּתוּן בְּמַדְבְּרָא, וְלָא אִשְׁתְּאַר מִנְּהוֹן אֱנָשׁ,
כז א אֱלָהֵין כָּלֵב בַּר יְפֻנֶּה, וִיהוֹשֻׁעַ בַּר נוּן: וּקְרִיבָא בְּנַת צְלָפְחָד, בַּר חֵפֶר בַּר גִּלְעָד בַּר מָכִיר בַּר מְנַשֶּׁה, לְזַרְעִית מְנַשֶּׁה בַּר יוֹסֵף, וְאִלֵּין שְׁמָהָת בְּנָתֵיהּ, מַחְלָה נֹעָה, וְחָגְלָה וּמִלְכָּה
ב וְתִרְצָה: וְקָמָא קֳדָם מֹשֶׁה, וְקָדָם אֶלְעָזָר כַּהֲנָא, וְקֳדָם רַבְרְבַיָּא וְכָל כְּנִשְׁתָּא, בִּתְרַע מַשְׁכַּן
ג זִמְנָא לְמֵימַר: אֲבוּנָא מִית בְּמַדְבְּרָא, וְהוּא לָא הֲוָה בְּגוֹ כְּנִשְׁתָּא, דְּאִזְדַּמְּנוּ, עַל יְיָ בִּכְנִשְׁתָּא
ד דְּקֹרַח, אֲרֵי בְּחוֹבֵיהּ מִית, וּבְנִין לָא הֲווֹ לֵיהּ: לְמָא יִתְמְנַע שְׁמָא דַּאֲבוּנָא מִגּוֹ זַרְעִיתֵיהּ,
ה אֲרֵי, לֵית לֵיהּ בַּר, הַב לָנָא אַחְסָנָא, בְּגוֹ אֲחֵי אֲבוּנָא: וְקָרִיב מֹשֶׁה, יָת דִּינְהוֹן לִקֳדָם יְיָ:

בְּמַעֲרָבִים וְאֵין הוֹלָדָה בְּמַעֲרָבִים, כְּשֶׁנִּכְנְסוּ לְתוֹךְ הַחוּמָה יְלָדַתָּה, וְהָיָה הַשְׁלָמָהּ מִנְיָן שִׁבְעִים, שֶׁהֲרֵי בְּפֶרָטָן אִי אַתָּה מוֹצֵא אֶלָּא שִׁשִּׁים וָתֵשַׁע:

סב) **כִּי לֹא הִתְפָּקְדוּ בְּתוֹךְ בְּנֵי יִשְׂרָאֵל.** לִהְיוֹת נִמְנִין בְּנֵי עֶשְׂרִים שָׁנָה, מַה טַּעַם? "כִּי לֹא נִתַּן לָהֶם נַחֲלָה", וְהַנִּמְנִין מִבֶּן עֶשְׂרִים שָׁנָה הָיוּ בְּנֵי נַחֲלָה, שֶׁנֶּאֱמַר: "אִישׁ לְפִי פְקֻדָיו יֻתַּן נַחֲלָתוֹ" (לעיל פסוק נד):

סד) **וּבְאֵלֶּה לֹא הָיָה אִישׁ וְגוֹ'.** אֲבָל עַל הַנָּשִׁים לֹא נִגְזְרָה גְּזֵרַת הַמְרַגְּלִים, לְפִי שֶׁהֵן הָיוּ מְחַבְּבוֹת אֶת הָאָרֶץ, הָאֲנָשִׁים אוֹמְרִים: "נִתְּנָה רֹאשׁ וְנָשׁוּבָה מִצְרַיְמָה" (לעיל יד, ד), וְהַנָּשִׁים אוֹמְרוֹת: "תְּנָה לָּנוּ אֲחֻזָּה" (להלן כז, ד), לְכָךְ נִסְמְכָה פָּרָשַׁת בְּנוֹת צְלָפְחָד לְכָאן:

פרק כז

א) **לְמִשְׁפַּחַת מְנַשֶּׁה בֶן יוֹסֵף.** לָמָּה נֶאֱמַר? וַהֲלֹא כְּבָר נֶאֱמַר: "בֶּן מְנַשֶּׁה", אֶלָּא לוֹמַר לְךָ יוֹסֵף חִבֵּב אֶת הָאָרֶץ, שֶׁנֶּאֱמַר: "וְהַעֲלִתֶם אֶת עַצְמֹתַי וְגוֹ'" (בראשית נ, כה), וּבְנוֹתָיו חִבְּבוּ אֶת הָאָרֶץ, שֶׁנֶּאֱמַר: "תְּנָה לָּנוּ אֲחֻזָּה" (להלן פסוק ד). וּלְלַמֶּדְךָ שֶׁהָיוּ כֻּלָּם צַדִּיקִים, שֶׁכָּל מִי שֶׁמַּעֲשָׂיו וּמַעֲשֵׂה אֲבוֹתָיו סְתוּמִים וּפֵרֵט לְךָ הַכָּתוּב בְּאֶחָד מֵהֶם לְיַחֲסוֹ לְשֶׁבַח, הֲרֵי זֶה צַדִּיק בֶּן צַדִּיק, וְחִסְּוֹ יִחֲסוֹ לִגְנַאי, כְּגוֹן: "בָּא יִשְׁמָעֵאל בֶּן נְתַנְיָה בֶּן אֱלִישָׁמָע" (מלכים ב' כה, כה), בְּיָדוּעַ שֶׁכָּל הַנִּזְכָּרִים עִמּוֹ רְשָׁעִים הָיוּ: מַחְלָה נֹעָה וְגוֹ'.

וּלְהַלָּן (לב, יח) הוּא אוֹמֵר: "וַתִּהְיֶינָה מַחְלָה תִרְצָה", מַגִּיד שֶׁכֻּלָּן שְׁקוּלוֹת זוֹ כְּזוֹ, לְפִיכָךְ שִׁנָּה אֶת סִדְרָן:

ב) **לִפְנֵי מֹשֶׁה וְלִפְנֵי אֶלְעָזָר.** מַגִּיד שֶׁלֹּא עָמְדוּ לִפְנֵיהֶם אֶלָּא בִּשְׁנַת הָאַרְבָּעִים אַחַר שֶׁמֵּת אַהֲרֹן. וְאַחַר כָּךְ: "לִפְנֵי מֹשֶׁה", אֶפְשָׁר אִם מֹשֶׁה לֹא יָדַע אֶלְעָזָר יוֹדֵעַ? אֶלָּא סָרֵס הַמִּקְרָא וְדָרְשֵׁהוּ, דִּבְרֵי רַבִּי יֹאשִׁיָּה. אַבָּא חָנָן מִשּׁוּם רַבִּי אֶלְעָזָר אוֹמֵר: בְּבֵית הַמִּדְרָשׁ הָיוּ יוֹשְׁבִים, וְעָמְדוּ לִפְנֵי כֻּלָּם:

ג) **וְהוּא לֹא הָיָה וְגוֹ'.** לְפִי שֶׁהָיוּ בָּאוֹת לוֹמַר "בְּחֶטְאוֹ מֵת", נִזְקְקוּ לוֹמַר: לֹא בַחֵטְא מִתְלוֹנְנִים וְלֹא בַעֲדַת קֹרַח שֶׁהִצּוּ עַל הַקָּדוֹשׁ בָּרוּךְ הוּא, הָיָה, אֶלָּא בְחֶטְאוֹ לְבַדּוֹ מֵת וְלֹא הֶחֱטִיא אֶת אֲחֵרִים עִמּוֹ. רַבִּי עֲקִיבָא אוֹמֵר: מְקוֹשֵׁשׁ עֵצִים הָיָה, וְרַבִּי שִׁמְעוֹן אוֹמֵר: מִן הַמַּעְפִּילִים הָיָה:

ד) **לָמָּה יִגָּרַע שֵׁם אָבִינוּ.** אָנוּ בִּמְקוֹם בֵּן עוֹמְדוֹת, וְאִם אֵין הַנְּקֵבוֹת חֲשׁוּבוֹת זֶרַע תִּתְיַבֵּם אִמֵּנוּ לְיָבָם: **כִּי אֵין לוֹ בֵּן.** הָא אִם הָיָה לוֹ בֵּן לֹא הָיוּ תּוֹבְעוֹת כְּלוּם, מַגִּיד שֶׁחַכְמָנִיּוֹת הָיוּ:

ה) **וַיַּקְרֵב מֹשֶׁה אֶת מִשְׁפָּטָן.** נִתְעַלְּמָה הֲלָכָה מִמֶּנּוּ. וְכָאן נִפְרַע עַל שֶׁנָּטַל עֲטָרָה לוֹמַר: "וְהַדָּבָר אֲשֶׁר יִקְשֶׁה מִכֶּם תַּקְרִבוּן אֵלַי" (דברים א, יז). דָּבָר אַחֵר, רְאוּיָה הָיְתָה פָּרָשָׁה זוֹ לְהִכָּתֵב עַל יְדֵי מֹשֶׁה, אֶלָּא שֶׁזָּכוּ בְּנוֹת צְלָפְחָד וְנִכְתְּבָה עַל יָדָן:

ז רביעי וַיֹּאמֶר יְהוָה אֶל־מֹשֶׁה לֵּאמֹר׃ כֵּן בְּנוֹת צְלׇפְחָד
דֹּבְרֹת נָתֹן תִּתֵּן לָהֶם אֲחֻזַּת נַחֲלָה בְּתוֹךְ אֲחֵי
ח אֲבִיהֶם וְהַעֲבַרְתָּ אֶת־נַחֲלַת אֲבִיהֶן לָהֶן׃ וְאֶל־
בְּנֵי יִשְׂרָאֵל תְּדַבֵּר לֵאמֹר אִישׁ כִּי־יָמוּת וּבֵן מצווה ת דיני נחלות
ט אֵין לוֹ וְהַעֲבַרְתֶּם אֶת־נַחֲלָתוֹ לְבִתּוֹ׃ וְאִם־אֵין
י לוֹ בַּת וּנְתַתֶּם אֶת־נַחֲלָתוֹ לְאֶחָיו׃ וְאִם־אֵין לוֹ
יא אַחִים וּנְתַתֶּם אֶת־נַחֲלָתוֹ לַאֲחֵי אָבִיו׃ וְאִם־
אֵין אַחִים לְאָבִיו וּנְתַתֶּם אֶת־נַחֲלָתוֹ לִשְׁאֵרוֹ
הַקָּרֹב אֵלָיו מִמִּשְׁפַּחְתּוֹ וְיָרַשׁ אֹתָהּ וְהָיְתָה לִבְנֵי
יִשְׂרָאֵל לְחֻקַּת מִשְׁפָּט כַּאֲשֶׁר צִוָּה יְהוָה אֶת־
מֹשֶׁה׃

יב וַיֹּאמֶר יְהוָה אֶל־מֹשֶׁה עֲלֵה אֶל־הַר הָעֲבָרִים
הַזֶּה וּרְאֵה אֶת־הָאָרֶץ אֲשֶׁר נָתַתִּי לִבְנֵי יִשְׂרָאֵל׃
יג וְרָאִיתָה אֹתָהּ וְנֶאֱסַפְתָּ אֶל־עַמֶּיךָ גַּם־אָתָּה כַּאֲשֶׁר
יד נֶאֱסַף אַהֲרֹן אָחִיךָ׃ כַּאֲשֶׁר מְרִיתֶם פִּי בְּמִדְבַּר־צִן
בִּמְרִיבַת הָעֵדָה לְהַקְדִּישֵׁנִי בַמַּיִם לְעֵינֵיהֶם הֵם
טו מֵי מְרִיבַת קָדֵשׁ מִדְבַּר־צִן׃ וַיְדַבֵּר כד
טז מֹשֶׁה אֶל־יְהוָה לֵאמֹר׃ יִפְקֹד יְהוָה אֱלֹהֵי הָרוּחֹת

פינחס

ז כֵּן בְּנוֹת צְלׇפְחָד דֹּבְרֹת. כְּתַרְגּוּמוֹ: "יָאוּת". כָּךְ כְּתוּבָה פָּרָשָׁה זוֹ לְפָנַי בַּמָּרוֹם, מַגִּיד שֶׁרָאֲתָה עֵינָן מַה שֶּׁלֹּא רָאֲתָה עֵינוֹ שֶׁל מֹשֶׁה: כֵּן בְּנוֹת צְלׇפְחָד דֹּבְרֹת. יָפֶה תָּבְעוּ, אַשְׁרֵי אָדָם שֶׁהַקָּדוֹשׁ בָּרוּךְ

כז פינחס

ז וַאֲמַר יי לְמֹשֶׁה לְמֵימַר: יָאוּת, בְּנָת צְלָפְחָד מְמַלְּלָן, מִתַּן תִּתֵּין לְהוֹן אֲחֻדַּת אַחְסָנָא, בְּגוֹ
ח אֲחֵי אֲבוּהוֹן, וְתַעְבַּר, יָת אַחְסָנַת אֲבוּהוֹן לְהוֹן: וְעִם בְּנֵי יִשְׂרָאֵל תְּמַלֵּיל לְמֵימַר, גְּבַר אֲרֵי
ט יְמוּת, וּבַר לֵית לֵיהּ, וְתַעְבְּרוּן יָת אַחְסָנְתֵּיהּ לִבְרַתֵּיהּ: וְאִם לֵית לֵיהּ בְּרַתָּא, וְתִתְּנוּן יָת
י יא אַחְסָנְתֵּיהּ לַאֲחוֹהִי: וְאִם לֵית לֵיהּ אַחִין, וְתִתְּנוּן יָת אַחְסָנְתֵּיהּ לַאֲחֵי אֲבוּהִי: וְאִם לֵית אַחִין
לַאֲבוּהִי, וְתִתְּנוּן יָת אַחְסָנְתֵּיהּ, לְקָרִיבֵיהּ, דְּקָרִיב לֵיהּ, מִזַּרְעִיתֵיהּ וְיֵירַת יָתַהּ, וּתְהֵי, לִבְנֵי
יב יִשְׂרָאֵל לִגְזֵירַת דִּין, כְּמָא דְּפַקֵּיד יי יָת מֹשֶׁה: וַאֲמַר יי לְמֹשֶׁה, סַק, לְטוּרָא דְּעִבְרָאֵי הָדֵין,
יג וַחֲזִי יָת אַרְעָא, דִּיהָבִית לִבְנֵי יִשְׂרָאֵל: וְתִחְזֵי יָתַהּ, וְתִתְכְּנֵישׁ לְעַמָּךְ אַף אַתְּ, כְּמָא דְּאִתְכְּנֵישׁ
יד אַהֲרֹן אֲחוּךְ: כְּמָא דְּסָרֵיבְתּוּן עַל מֵימְרִי בְּמַדְבְּרָא דְּצִין, בְּמַצּוּת כְּנִשְׁתָּא, לְקַדָּשׁוּתִי בְּמַיָּא
טו טז לְעֵינֵיהוֹן, אִנּוּן, מֵי מַצּוּת רְקַם מַדְבְּרָא דְצִין: וּמַלֵּיל מֹשֶׁה, קֳדָם יי לְמֵימַר: יְמַנֵּי יי, אֱלָהּ רוּחַיָּא

הוּא מוֹדֶה לִדְבָרָיו: **נָתֹן תִּתֵּן.** שְׁנֵי חֲלָקִים, חֵלֶק אֲבִיהֶן שֶׁהָיָה מִיּוֹצְאֵי מִצְרַיִם, וְחֶלְקוֹ עִם אֶחָיו בְּנִכְסֵי חֵפֶר: **וְהַעֲבַרְתָּ.** לְשׁוֹן עֶבְרָה הוּא, בְּמִי שֶׁאֵינוֹ מַנִּיחַ בֵּן לְיָרְשׁוֹ. דָּבָר אַחֵר, עַל שֵׁם שֶׁהַבַּת מַעֲבֶרֶת נַחֲלָה מִשֵּׁבֶט לְשֵׁבֶט, שֶׁבְּנָהּ וּבַעְלָהּ יוֹרְשִׁין אוֹתָהּ, שֶׁ"לֹּא תִסֹּב נַחֲלָה" (להלן לו, ז) לֹא נִצְטַוָּה אֶלָּא לְאוֹתוֹ הַדּוֹר בִּלְבַד, וְכֵן: "וְהַעֲבַרְתֶּם אֶת נַחֲלָתוֹ לְבִתּוֹ" (להלן פסוק ח), בְּכֻלָּן הוּא אוֹמֵר: "וּנְתַתֶּם" (להלן פסוקים ט-יא) וּבְבַת הוּא אוֹמֵר: "וְהַעֲבַרְתֶּם":

יא **לִשְׁאֵרוֹ הַקָּרֹב אֵלָיו מִמִּשְׁפַּחְתּוֹ.** וְאֵין מִשְׁפָּחָה קְרוּיָה אֶלָּא מִשְׁפַּחַת הָאָב:

יב **עֲלֵה אֶל הַר הָעֲבָרִים.** לָמָּה נִסְמְכָה לְכָאן? כֵּיוָן שֶׁאָמַר הַקָּדוֹשׁ בָּרוּךְ הוּא: "נָתֹן תִּתֵּן לָהֶם" (לעיל פסוק ז), אָמַר: אוֹתִי צִוָּה הַמָּקוֹם לְהַנְחִיל, שֶׁמָּא הֻתְּרָה הַגְּזֵרָה וְאֶכָּנֵס לָאָרֶץ, אָמַר לוֹ הַקָּדוֹשׁ בָּרוּךְ הוּא: גְּזֵרָתִי בִּמְקוֹמָהּ עוֹמֶדֶת. דָּבָר אַחֵר, כֵּיוָן שֶׁנִּכְנַס מֹשֶׁה לְנַחֲלַת בְּנֵי גָד וּבְנֵי רְאוּבֵן, שָׂמַח וְאָמַר: כִּמְדֻמֶּה שֶׁהֻתַּר לִי נִדְרִי. מָשָׁל לְמֶלֶךְ שֶׁגָּזַר עַל בְּנוֹ שֶׁלֹּא יִכָּנֵס לְפֶתַח פָּלָטִין שֶׁלּוֹ, נִכְנַס לַשַּׁעַר וְהוּא אַחֲרָיו, לֶחָצֵר וְהוּא אַחֲרָיו, לַטְרַקְלִין וְהוּא אַחֲרָיו, כֵּיוָן שֶׁבָּא לְהִכָּנֵס לַקִּיטוֹן אָמַר לוֹ: בְּנִי, מִכָּאן וָאֵילַךְ אַתָּה אָסוּר לִכָּנֵס:

יג **כַּאֲשֶׁר נֶאֱסַף אַהֲרֹן אָחִיךָ.** מִכָּאן שֶׁנִּתְאַוָּה מֹשֶׁה לְמִיתָתוֹ שֶׁל אַהֲרֹן. דָּבָר אַחֵר, אֵין אַתָּה טוֹב מִמֶּנּוּ. "עַל אֲשֶׁר לֹא קִדַּשְׁתֶּם" (דברים לב, נא), הָא אִם קִדַּשְׁתֶּם אוֹתִי עֲדַיִן לֹא הִגִּיעַ זְמַנְּכֶם לְהִפָּטֵר מִן הָעוֹלָם. בְּכָל מָקוֹם שֶׁכָּתַב מִיתָתָם כָּתַב סִרְחוֹנָם, לְפִי שֶׁנִּגְזְרָה גְּזֵרָה עַל דּוֹר הַמִּדְבָּר לָמוּת בַּמִּדְבָּר בַּעֲוֹן שֶׁלֹּא הֶאֱמִינוּ, לְכָךְ בִּקֵּשׁ מֹשֶׁה שֶׁיִּכָּתֵב סִרְחוֹנוֹ, שֶׁלֹּא יֹאמְרוּ: אַף הוּא מִן הַמַּמְרִים הָיָה. מָשָׁל לִשְׁתֵּי נָשִׁים שֶׁלּוֹקוֹת בְּבֵית דִּין, אַחַת קִלְקְלָה וְאַחַת אָכְלָה פַּגֵּי שְׁבִיעִית וְכוּ' [אמרה להן אותה שאכלה פגי שביעית: בבקשה מכם, הודיעו על מה היא לוקה, שלא יאמרו על מה שזו לוקה זו לוקה. הביאו פגי שביעית ותלו בצווארה, והיו מכריזין לפניה ואומרין: על עסקי שביעית היא לוקה] (יומא פו ע"ב), אַף כָּאן בְּכָל מָקוֹם שֶׁהִזְכִּיר מִיתָתָן הִזְכִּיר סִרְחוֹנָן, לְהוֹדִיעַ שֶׁלֹּא הָיְתָה בָּהֶם אֶלָּא זוֹ בִּלְבַד:

יד **הֵם מֵי מְרִיבַת קָדֵשׁ.** הֵם לְבַדָּם, אֵין בָּהֶם עָוֹן אַחֵר. דָּבָר אַחֵר, הֵם שֶׁהִמְרוּ בְּמָרָה, הֵם הָיוּ שֶׁהִמְרוּ בְּיַם סוּף, הֵם עַצְמָם שֶׁהִמְרוּ בְּמִדְבַּר צִן:

טו **וַיְדַבֵּר מֹשֶׁה אֶל ה' וְגוֹ'.** לְהוֹדִיעַ שִׁבְחָן שֶׁל צַדִּיקִים, שֶׁכְּשֶׁנִּפְטָרִים מִן הָעוֹלָם מַנִּיחִין צָרְכָּן וְעוֹסְקִין בְּצָרְכֵי צִבּוּר: **לֵאמֹר.** אָמַר לוֹ: הֲשִׁיבֵנִי אִם אַתָּה מְמַנֶּה לָהֶם פַּרְנָס אִם לָאו:

טז **יִפְקֹד ה'.** כֵּיוָן שֶׁשָּׁמַע מֹשֶׁה שֶׁאָמַר לוֹ הַמָּקוֹם: תֵּן נַחֲלַת צְלָפְחָד לִבְנוֹתָיו, אָמַר: הִגִּיעַ שָׁעָה שֶׁאֶתְבַּע צְרָכַי שֶׁיִּירְשׁוּ בָּנַי אֶת גְּדֻלָּתִי. אָמַר לוֹ הַקָּדוֹשׁ בָּרוּךְ הוּא: לֹא כָךְ עָלְתָה בְּמַחֲשָׁבָה לְפָנַי, כְּדַאי הוּא יְהוֹשֻׁעַ לִטֹּל שְׂכַר שִׁמּוּשׁוֹ, שֶׁלֹּא מָשׁ מִתּוֹךְ הָאֹהֶל. וְזֶהוּ שֶׁאָמַר שְׁלֹמֹה: "נֹצֵר תְּאֵנָה יֹאכַל פִּרְיָהּ" (משלי כז, יח): **אֱלֹהֵי הָרוּחֹת.** לָמָּה נֶאֱמַר? אָמַר לְפָנָיו: רִבּוֹנוֹ שֶׁל עוֹלָם, גָּלוּי לְפָנֶיךָ דַּעְתּוֹ שֶׁל כָּל אֶחָד וְאֶחָד וְאֵינָן דּוֹמִין זֶה לָזֶה, מַנֵּה עֲלֵיהֶם מַנְהִיג שֶׁיְּהֵא סוֹבֵל כָּל אֶחָד וְאֶחָד לְפִי דַּעְתּוֹ:

פינחס

במדבר

יז לְכָל־בָּשָׂ֑ר אִ֖ישׁ עַל־הָעֵדָֽה׃ אֲשֶׁר־יֵצֵ֣א לִפְנֵיהֶ֗ם וַאֲשֶׁ֤ר יָבֹא֙ לִפְנֵיהֶ֔ם וַאֲשֶׁ֥ר יוֹצִיאֵ֖ם וַאֲשֶׁ֣ר יְבִיאֵ֑ם וְלֹ֤א תִהְיֶה֙ עֲדַ֣ת יְהֹוָ֔ה כַּצֹּ֕אן אֲשֶׁ֥ר אֵין־לָהֶ֖ם רֹעֶֽה׃ יח וַיֹּ֨אמֶר יְהֹוָ֜ה אֶל־מֹשֶׁ֗ה קַח־לְךָ֙ אֶת־יְהוֹשֻׁ֣עַ בִּן־נ֔וּן אִ֖ישׁ אֲשֶׁר־ר֣וּחַ בּ֑וֹ וְסָמַכְתָּ֥ אֶת־יָדְךָ֖ עָלָֽיו׃ יט וְהַֽעֲמַדְתָּ֣ אֹת֗וֹ לִפְנֵי֙ אֶלְעָזָ֣ר הַכֹּהֵ֔ן וְלִפְנֵ֖י כׇּל־הָעֵדָ֑ה וְצִוִּיתָ֥ה אֹת֖וֹ לְעֵינֵיהֶֽם׃ כ וְנָתַתָּ֥ה מֵהֽוֹדְךָ֖ עָלָ֑יו לְמַ֣עַן יִשְׁמְע֔וּ כׇּל־עֲדַ֖ת בְּנֵ֥י יִשְׂרָאֵֽל׃ כא וְלִפְנֵ֨י אֶלְעָזָ֤ר הַכֹּהֵן֙ יַעֲמֹ֔ד וְשָׁ֥אַל ל֛וֹ בְּמִשְׁפַּ֥ט הָאוּרִ֖ים לִפְנֵ֣י יְהֹוָ֑ה עַל־פִּ֨יו יֵצְא֜וּ וְעַל־פִּ֣יו יָבֹ֗אוּ ה֛וּא וְכׇל־בְּנֵי־יִשְׂרָאֵ֥ל אִתּ֖וֹ וְכׇל־הָעֵדָֽה׃ כב וַיַּ֣עַשׂ מֹשֶׁ֔ה כַּאֲשֶׁ֛ר צִוָּ֥ה יְהֹוָ֖ה אֹת֑וֹ וַיִּקַּ֣ח אֶת־יְהוֹשֻׁ֗עַ וַיַּֽעֲמִדֵ֙הוּ֙ לִפְנֵי֙ אֶלְעָזָ֣ר הַכֹּהֵ֔ן וְלִפְנֵ֖י כׇּל־הָעֵדָֽה׃ כג וַיִּסְמֹ֧ךְ אֶת־יָדָ֛יו עָלָ֖יו וַיְצַוֵּ֑הוּ כַּאֲשֶׁ֛ר דִּבֶּ֥ר יְהֹוָ֖ה בְּיַד־מֹשֶֽׁה׃

חמישי כח וַיְדַבֵּ֥ר יְהֹוָ֖ה אֶל־מֹשֶׁ֥ה לֵּאמֹֽר׃ צַ֚ו אֶת־בְּנֵ֣י יִשְׂרָאֵ֔ל וְאָמַרְתָּ֖ אֲלֵהֶ֑ם אֶת־קׇרְבָּנִ֨י לַחְמִ֜י לְאִשַּׁ֗י רֵ֚יחַ נִֽיחֹחִ֔י תִּשְׁמְר֕וּ לְהַקְרִ֥יב לִ֖י בְּמוֹעֲדֽוֹ׃ ג וְאָמַרְתָּ֣ לָהֶ֔ם זֶ֚ה הָֽאִשֶּׁ֔ה אֲשֶׁ֥ר תַּקְרִ֖יבוּ לַיהֹוָ֑ה כְּבָשִׂ֨ים בְּנֵֽי־שָׁנָ֧ה תְמִימִ֛ם שְׁנַ֥יִם לַיּ֖וֹם עֹלָ֥ה תָמִֽיד׃ ד אֶת־

פינחס

מצווה תא
מצוות הקרבת
תמידים בכל יום

פינחס כח

יז לְכָל בִּסְרָא, גַּבְרָא עַל כְּנִשְׁתָּא: דְּיִפּוֹק קֳדָמֵיהוֹן, וּדְיֵיעוֹל קֳדָמֵיהוֹן, וּדְיַפֵּיקִנּוּן וּדְיַעֵילִנּוּן, וְלָא
יח תְהֵי כְּנִשְׁתָּא דַיְיָ, כְּעָנָא, דְּלֵית לְהוֹן רָעֵי: וַאֲמַר יְיָ לְמֹשֶׁה, דְּבַר לָךְ יָת יְהוֹשֻׁעַ בַּר נוּן, גְּבַר דְּרוּחַ
יט נְבוּאָה בֵיהּ, וְתִסְמוֹךְ יָת יְדָךְ עֲלוֹהִי: וּתְקִים יָתֵיהּ, קֳדָם אֶלְעָזָר כַּהֲנָא, וּקֳדָם כָּל כְּנִשְׁתָּא,
כ וּתְפַקֵּיד יָתֵיהּ לְעֵינֵיהוֹן: וְתִתֵּן מִזִּיוָךְ עֲלוֹהִי, בְּדִיל דִּיקַבְּלוּן מִנֵּיהּ, כָּל כְּנִשְׁתָּא דִּבְנֵי יִשְׂרָאֵל:
כא וּקֳדָם אֶלְעָזָר כַּהֲנָא יְקוּם, וְיִשְׁאַל לֵיהּ, בְּדִין אוּרַיָּא קֳדָם יְיָ, עַל מֵימְרֵיהּ יְהוֹן נָפְקִין וְעַל מֵימְרֵיהּ
כב יְהוֹן עָאלִין, הוּא, וְכָל בְּנֵי יִשְׂרָאֵל עִמֵּיהּ וְכָל כְּנִשְׁתָּא: וַעֲבַד מֹשֶׁה, כְּמָא דְפַקֵּיד יְיָ יָתֵיהּ, וּדְבַר
כג יָת יְהוֹשֻׁעַ, וַאֲקֵימֵיהּ קֳדָם אֶלְעָזָר כַּהֲנָא, וּקֳדָם כָּל כְּנִשְׁתָּא: וּסְמַךְ יָת יְדוֹהִי, עֲלוֹהִי וּפַקְּדֵיהּ,
כח א כְּמָא דְמַלֵּיל יְיָ בִּידָא דְמֹשֶׁה: וּמַלֵּיל יְיָ עִם מֹשֶׁה לְמֵימַר: פַּקֵּיד יָת בְּנֵי יִשְׂרָאֵל, וְתֵימַר לְהוֹן,
ג יָת קֻרְבָּנִי לְחֵים סִדּוּר לְקֻרְבָּנִי, לְאִתְקַבָּלָא בְרַעֲוָא, תִּטְּרוּן, לְקָרָבָא קֳדָמַי בְּזִמְנֵיהּ: וְתֵימַר לְהוֹן,
ד דֵּין קֻרְבָּנָא, דִּתְקָרְבוּן קֳדָם יְיָ, אִמְּרִין בְּנֵי שְׁנָא שַׁלְמִין, תְּרֵין לְיוֹמָא עֲלָתָא תְּדִירָא: יָת אִמְּרָא

יז **אֲשֶׁר יֵצֵא לִפְנֵיהֶם.** לֹא כְּדֶרֶךְ מַלְכֵי הָאֻמּוֹת שֶׁיּוֹשְׁבִים בְּבָתֵּיהֶם וּמְשַׁלְּחִין אֶת חֵילוֹתֵיהֶם לַמִּלְחָמָה, אֶלָּא כְּמוֹ שֶׁעָשִׂיתִי אֲנִי, שֶׁנִּלְחַמְתִּי בְּסִיחוֹן וְעוֹג, שֶׁנֶּאֱמַר: "אַל תִּירָא אוֹתוֹ" (במדבר כא, לד), וּכְדֶרֶךְ שֶׁעָשָׂה יְהוֹשֻׁעַ, שֶׁנֶּאֱמַר: "וַיֵּלֶךְ יְהוֹשֻׁעַ אֵלָיו וַיֹּאמֶר לוֹ הֲלָנוּ אָתָּה" (יהושע ה, יג), וְכֵן בְּדָוִד הוּא אוֹמֵר: "כִּי הוּא יוֹצֵא וָבָא לִפְנֵיהֶם" (שמואל א' יח, טז). **אֲשֶׁר יוֹצִיאֵם.** בִּזְכוּיוֹתָיו. **וַאֲשֶׁר יְבִיאֵם.** בִּזְכוּיוֹתָיו. דָּבָר אַחֵר, "וַאֲשֶׁר יְבִיאֵם", שֶׁלֹּא תַעֲשֶׂה לוֹ כְּדֶרֶךְ שֶׁאַתָּה עוֹשֶׂה לִי, שֶׁאֵינִי מַכְנִיסָן לָאָרֶץ:

יח **קַח לְךָ.** קָחֶנּוּ בִּדְבָרִים, אַשְׁרֶיךָ שֶׁזָּכִיתָ לְהַנְהִיג בָּנָיו שֶׁל מָקוֹם: **לְךָ.** אֶת שֶׁבָּדוּק לְךָ, אֶת זֶה אַתָּה מַכִּיר: **אֲשֶׁר רוּחַ בּוֹ.** כַּאֲשֶׁר שָׁאַלְתָּ, שֶׁיּוּכַל לַהֲלֹךְ כְּנֶגֶד רוּחוֹ שֶׁל כָּל אֶחָד וְאֶחָד: **וְסָמַכְתָּ אֶת יָדְךָ עָלָיו.** תֵּן לוֹ מְתֻרְגְּמָן שֶׁיִּדְרֹשׁ בְּחַיֶּיךָ, שֶׁלֹּא יֹאמְרוּ עָלָיו: לֹא הָיָה לוֹ לְהָרִים רֹאשׁ בִּימֵי מֹשֶׁה:

יט **וְצִוִּיתָה אֹתוֹ. עַל יִשְׂרָאֵל.** דַּע שֶׁטַּרְחָנִין הֵם, סַרְבָּנִים הֵם, עַל מְנָת שֶׁתְּקַבֵּל עָלֶיךָ:

כ **וְנָתַתָּה מֵהוֹדְךָ עָלָיו.** זֶה קֵרוּן עוֹר פָּנִים: **מֵהוֹדְךָ.** וְלֹא כָּל הוֹדְךָ, נִמְצֵינוּ לְמֵדִין, פְּנֵי מֹשֶׁה כַּחַמָּה, פְּנֵי יְהוֹשֻׁעַ כַּלְּבָנָה: **לְמַעַן יִשְׁמְעוּ כָּל עֲדַת בְּנֵי יִשְׂרָאֵל.** שֶׁיִּהְיוּ נוֹהֲגִין בּוֹ כָּבוֹד וְיִרְאָה כְּדֶרֶךְ שֶׁנּוֹהֲגִין בְּךָ:

כא **וְלִפְנֵי אֶלְעָזָר הַכֹּהֵן יַעֲמֹד.** הֲרֵי שְׁאֵלָתְךָ שֶׁשָּׁאַלְתָּ, שֶׁאֵין הַכָּבוֹד הַזֶּה זָז מִבֵּית אָבִיךָ, שֶׁאַף

יְהוֹשֻׁעַ יְהֵא צָרִיךְ לְאֶלְעָזָר: **וְשָׁאַל לוֹ.** כְּשֶׁיִּצְטָרֵךְ לָצֵאת לַמִּלְחָמָה: **עַל פִּיו.** שֶׁל אֶלְעָזָר: **וְכָל הָעֵדָה.** סַנְהֶדְרִין:

כב **וַיִּקַּח אֶת יְהוֹשֻׁעַ.** לְקָחוֹ בִּדְבָרִים, וְהוֹדִיעוֹ מַתַּן שְׂכַר פַּרְנְסֵי יִשְׂרָאֵל לָעוֹלָם הַבָּא:

כג **וַיִּסְמֹךְ אֶת יָדָיו.** בְּעַיִן יָפָה, יוֹתֵר וְיוֹתֵר מִמַּה שֶּׁנִּצְטַוָּה, שֶׁהַקָּדוֹשׁ בָּרוּךְ הוּא אָמַר לוֹ: "וְסָמַכְתָּ אֶת יָדְךָ" (לעיל פסוק יח) וְהוּא עָשָׂה בִּשְׁתֵּי יָדָיו, וַעֲשָׂאוֹ כִּכְלִי מָלֵא וְגָדוּשׁ וּמִלְּאוֹ חָכְמָתוֹ בְּעַיִן יָפָה: **כַּאֲשֶׁר דִּבֶּר ה'.** אַף לְעִנְיַן הַהוֹד, נָתַן מֵהוֹדוֹ עָלָיו:

פרק כח

ב **צַו אֶת בְּנֵי יִשְׂרָאֵל.** מַה אָמוּר לְמַעְלָה? "יִפְקֹד ה'" (לעיל ס, טז), אָמַר לוֹ הַקָּדוֹשׁ בָּרוּךְ הוּא: עַד שֶׁאַתָּה מְצַוֵּנִי עַל בָּנַי, צַוֵּה אֶת בָּנַי עָלַי. מָשָׁל לְבַת מֶלֶךְ שֶׁהָיְתָה נִפְטֶרֶת מִן הָעוֹלָם וְהָיְתָה מְפַקֶּדֶת לְבַעְלָהּ עַל בָּנֶיהָ וְכוּ' [אָמְרָה לוֹ: בְּבַקָּשָׁה מִמְּךָ הִזָּהֵר לִי בְּבָנַי. אָמַר לָהּ: עַד שֶׁאַתְּ מְפַקְּדֵנִי עַל בָּנַי פַּקְּדִי אֶת בָּנַי עָלַי, שֶׁלֹּא יִמְרְדוּ בִי וְשֶׁלֹּא יִנְהֲגוּ בִי מִנְהַג בִּזָּיוֹן], כִּדְאִיתָא בְּסִפְרֵי (קמג): **קָרְבָּנִי.** זֶה הַדָּם: **לַחְמִי.** אֵלּוּ אֵמוּרִין, וְכֵן הוּא אוֹמֵר: "וְהִקְטִירָם הַכֹּהֵן הַמִּזְבֵּחָה לֶחֶם אִשֶּׁה" (ויקרא ג, טז): **לְאִשַּׁי.** הַנִּתָּנִין לְאִשֵּׁי מִזְבְּחִי: **תִּשְׁמְרוּ.** שֶׁיִּהְיוּ כֹּהֲנִים וּלְוִיִּם וְיִשְׂרְאֵלִים עוֹמְדִין עַל גַּבָּיו, מִכָּאן לָמְדוּ וְתִקְּנוּ מַעֲמָדוֹת: **בְּמוֹעֲדוֹ.** בְּכָל יוֹם הוּא מוֹעֵד הַתְּמִידִים:

ג **וְאָמַרְתָּ לָהֶם. אַזְהָרָה לְבֵית דִּין:** **שְׁנַיִם לַיּוֹם.**

הַכֶּ֤בֶשׂ אֶחָד֙ תַּעֲשֶׂ֣ה בַבֹּ֔קֶר וְאֵת֙ הַכֶּ֣בֶשׂ הַשֵּׁנִ֔י
ה תַּעֲשֶׂ֖ה בֵּ֥ין הָעַרְבָּֽיִם׃ וַעֲשִׂירִ֧ית הָאֵיפָ֛ה סֹ֖לֶת
לְמִנְחָ֑ה בְּלוּלָ֛ה בְּשֶׁ֥מֶן כָּתִ֖ית רְבִיעִ֥ת הַהִֽין׃
ו עֹלַ֖ת תָּמִ֑יד הָעֲשֻׂיָה֙ בְּהַ֣ר סִינַ֔י לְרֵ֣יחַ נִיחֹ֔חַ אִשֶּׁ֖ה
ז לַיהוָֽה׃ וְנִסְכּוֹ֙ רְבִיעִ֣ת הַהִ֔ין לַכֶּ֖בֶשׂ הָאֶחָ֑ד בַּקֹּ֗דֶשׁ
ח הַסֵּ֛ךְ נֶ֥סֶךְ שֵׁכָ֖ר לַיהוָֽה׃ וְאֵת֙ הַכֶּ֣בֶשׂ הַשֵּׁנִ֔י תַּעֲשֶׂ֖ה
בֵּ֣ין הָעַרְבָּ֑יִם כְּמִנְחַ֨ת הַבֹּ֤קֶר וּכְנִסְכּוֹ֙ תַּעֲשֶׂ֔ה אִשֵּׁ֛ה
רֵ֥יחַ נִיחֹ֖חַ לַיהוָֽה׃

מצווה תב
מצוות הקרבת
מוסף של שבת

ט וּבְיוֹם֙ הַשַּׁבָּ֔ת שְׁנֵֽי־כְבָשִׂ֥ים בְּנֵֽי־שָׁנָ֖ה תְּמִימִ֑ם וּשְׁנֵ֣י
י עֶשְׂרֹנִ֗ים סֹ֧לֶת מִנְחָ֛ה בְּלוּלָ֥ה בַשֶּׁ֖מֶן וְנִסְכּֽוֹ׃ עֹלַ֥ת
שַׁבַּ֖ת בְּשַׁבַּתּ֑וֹ עַל־עֹלַ֥ת הַתָּמִ֖יד וְנִסְכָּֽהּ׃

מצווה תג
מצוות הקרבת
מוסף של ראש חודש

יא וּבְרָאשֵׁי֙ חָדְשֵׁיכֶ֔ם תַּקְרִ֥יבוּ עֹלָ֖ה לַיהוָ֑ה פָּרִ֨ים
בְּנֵֽי־בָקָ֤ר שְׁנַ֙יִם֙ וְאַ֣יִל אֶחָ֔ד כְּבָשִׂ֧ים בְּנֵי־שָׁנָ֛ה
יב שִׁבְעָ֖ה תְּמִימִֽם׃ וּשְׁלֹשָׁ֣ה עֶשְׂרֹנִ֗ים סֹ֤לֶת מִנְחָה֙
בְּלוּלָ֣ה בַשֶּׁ֔מֶן לַפָּ֖ר הָאֶחָ֑ד וּשְׁנֵ֣י עֶשְׂרֹנִ֗ים סֹ֤לֶת
יג מִנְחָה֙ בְּלוּלָ֣ה בַשֶּׁ֔מֶן לָאַ֖יִל הָאֶחָֽד׃ וְעִשָּׂרֹ֣ן
עִשָּׂר֗וֹן סֹ֤לֶת מִנְחָה֙ בְּלוּלָ֣ה בַשֶּׁ֔מֶן לַכֶּ֖בֶשׂ הָאֶחָ֑ד
יד עֹלָה֙ רֵ֣יחַ נִיחֹ֔חַ אִשֶּׁ֖ה לַיהוָֽה׃ וְנִסְכֵּיהֶ֗ם חֲצִ֣י הַהִין֩
יִהְיֶ֨ה לַפָּ֜ר וּשְׁלִישִׁ֧ת הַהִ֣ין לָאַ֗יִל וּרְבִיעִ֥ת הַהִ֛ין
לַכֶּ֖בֶשׂ יָ֑יִן זֹ֣את עֹלַ֥ת חֹ֙דֶשׁ֙ בְּחָדְשׁ֔וֹ לְחָדְשֵׁ֖י הַשָּׁנָֽה׃
טו וּשְׂעִ֨יר עִזִּ֥ים אֶחָ֛ד לְחַטָּ֖את לַיהוָ֑ה עַל־עֹלַ֧ת

פינחס

טז הַתָּמִ֖יד יֵעָשֶׂ֥ה וְנִסְכּֽוֹ׃ ששי וּבַחֹ֣דֶשׁ הָֽרִאשׁ֗וֹן בְּאַרְבָּעָ֥ה עָשָׂ֛ר י֖וֹם לַחֹ֑דֶשׁ פֶּ֖סַח

ה חַד תַּעֲבֵיד בְּצַפְרָא, וְיָת אִמְּרָא תִּנְיָנָא, תַּעֲבֵיד בֵּין שִׁמְשַׁיָּא: וְחַד מִן עַסְרָא בִּתְלָת סְאִין,
ו סֻלְתָּא לְמִנְחָתָא, דְּפִילָא, בִּמְשַׁח כְּתִישָׁא רַבְעוּת הִינָא: עֲלַת תְּדִירָא, דְּאִתְעֲבֵידַת בְּטוּרָא
ז דְּסִינַי, לְאִתְקַבָּלָא בְרַעֲוָא, קֻרְבָּנָא קֳדָם יְיָ: וְנִסְכֵּיהּ רַבְעוּת הִינָא, לְאִמְּרָא חַד, בְּקֻדְשָׁא,
ח יִתְנְסֵךְ, נְסוּךְ דַּחֲמַר עַתִּיק קֳדָם יְיָ: וְיָת אִמְּרָא תִּנְיָנָא, תַּעֲבֵיד בֵּין שִׁמְשַׁיָּא, כְּמִנְחַת צַפְרָא
ט וּכְנִסְכֵּיהּ תַּעֲבֵיד, קֻרְבַּן דְּמִתְקַבַּל בְּרַעֲוָא קֳדָם יְיָ: וּבְיוֹמָא דְשַׁבְּתָא, תְּרֵין אִמְּרִין בְּנֵי שְׁנָא
י שַׁלְמִין, וּתְרֵין עֶסְרוֹנִין, סֻלְתָּא מִנְחָתָא, דְּפִילָא בִּמְשַׁח וְנִסְכֵּיהּ: עֲלַת שַׁבָּא תִּתְעֲבֵיד בְּשַׁבָּא,
יא עַל עֲלַת תְּדִירָא וְנִסְכַּהּ: וּבְרֵישֵׁי יַרְחֵיכוֹן, תְּקָרְבוּן עֲלָתָא קֳדָם יְיָ, תּוֹרֵי בְּנֵי תוֹרֵי תְּרֵין וּדְכַר
יב חַד, אִמְּרִין בְּנֵי שְׁנָא, שִׁבְעָא שַׁלְמִין: וּתְלָתָא עֶסְרוֹנִין, סֻלְתָּא מִנְחָתָא דְּפִילָא בִּמְשַׁח, לְתוֹרָא
יג חַד, וּתְרֵין עֶסְרוֹנִין, סֻלְתָּא מִנְחָתָא דְּפִילָא בִּמְשַׁח, לְדִכְרָא חַד: וְעֶסְרוֹנָא עֶסְרוֹנָא, סֻלְתָּא
יד מִנְחָתָא דְּפִילָא בִּמְשַׁח, לְאִמְּרָא חַד, עֲלָתָא לְאִתְקַבָּלָא בְרַעֲוָא, קֻרְבָּנָא קֳדָם יְיָ: וְנִסְכֵּיהוֹן,
פַּלְגוּת הִינָא יְהֵי לְתוֹרָא וּתְלָתוּת הִינָא לְדִכְרָא, וְרַבְעוּת הִינָא, לְאִמְּרָא חַמְרָא, דָּא עֲלַת רֵישׁ
טו יַרְחָא בְּאִתְחַדָּתוּתֵיהּ, כֵּן לְכָל רֵישֵׁי יַרְחֵי שַׁתָּא: וּצְפִיר בַּר עִזִּין חַד, לְחַטָּאתָא קֳדָם יְיָ, עַל עֲלַת
טז תְּדִירָא, יִתְעֲבֵיד וְנִסְכֵּיהּ: וּבְיַרְחָא קַדְמָאָה, בְּאַרְבְּעַת עַסְרָא, יוֹמָא לְיַרְחָא, פִּסְחָא

כִּפְשׁוּטוֹ. וְעִקָּרוֹ בָּא לְלַמֵּד שֶׁיִּהְיוּ נִשְׁחָטִין כְּנֶגֶד הַיּוֹם, תָּמִיד שֶׁל שַׁחַר בַּמַּעֲרָב וְשֶׁל בֵּין הָעַרְבַּיִם בַּמִּזְרָח שֶׁל טַבָּעוֹת:

ד **אֶת הַכֶּבֶשׂ אֶחָד.** אַף עַל פִּי שֶׁכְּבָר נֶאֱמַר בְּפָרָשַׁת וְאַתָּה תְּצַוֶּה: "וְזֶה אֲשֶׁר תַּעֲשֶׂה" וְגוֹ' (שמות כט, לח-לט), הִיא הָיְתָה אַזְהָרָה לִימֵי הַמִּלּוּאִים, וְכָאן צִוָּה לְדוֹרוֹת:

ה **סֹלֶת לְמִנְחָה.** מִנְחַת נְסָכִים:

ו **הָעֲשֻׂיָה בְּהַר סִינַי.** כְּאוֹתָן שֶׁנַּעֲשׂוּ בִּימֵי הַמִּלּוּאִים. דָּבָר אַחֵר, "הָעֲשֻׂיָה בְּהַר סִינַי", מַקִּישׁ עוֹלַת תָּמִיד לְעוֹלַת הַר סִינַי, אוֹתָהּ שֶׁקָּרְבָה לִפְנֵי מַתַּן תּוֹרָה שֶׁכָּתוּב בָּהּ: "וַיָּשֶׂם בָּאַגָּנֹת" (שמות כד, ו), מְלַמֵּד שֶׁטְּעוּנָה כְּלִי:

ז **וְנִסְכּוֹ.** יַיִן: **בַּקֹּדֶשׁ הַסֵּךְ.** עַל הַמִּזְבֵּחַ יִתְנַסְּכוּ: **נֶסֶךְ שֵׁכָר.** יַיִן הַמְשַׁכֵּר, פְּרָט לְיַיִן מִגִּתּוֹ:

ח **רֵיחַ נִיחֹחַ.** נַחַת רוּחַ לְפָנַי שֶׁאָמַרְתִּי וְנַעֲשָׂה רְצוֹנִי:

י **עֹלַת שַׁבַּת בְּשַׁבַּתּוֹ.** וְלֹא עוֹלַת שַׁבָּת בְּשַׁבָּת אַחֶרֶת, הֲרֵי שֶׁלֹּא הִקְרִיב בְּשַׁבָּת זוֹ, שׁוֹמֵעַ אֲנִי יַקְרִיב שְׁתַּיִם לַשַּׁבָּת הַבָּאָה? תַּלְמוּד לוֹמַר: "בְּשַׁבַּתּוֹ", מַגִּיד שֶׁאִם עָבַר יוֹמוֹ בָּטֵל קָרְבָּנוֹ: **עַל עֹלַת הַתָּמִיד.** אֵלּוּ מוּסָפִין, לְבַד אוֹתָן שְׁנֵי כְּבָשִׂים שֶׁל עוֹלַת הַתָּמִיד. וּמַגִּיד שֶׁאֵין קְרֵבִין אֶלָּא בֵּין שְׁנֵי הַתְּמִידִין, וְכֵן בְּכָל הַמּוּסָפִין נֶאֱמַר: "עַל עוֹלַת הַתָּמִיד" לְתַלְמוּד זֶה:

יב **וּשְׁלֹשָׁה עֶשְׂרֹנִים.** כְּמִשְׁפַּט נִסְכֵּי פָר, שֶׁכֵּן הֵן קְצוּבִין בְּפָרָשַׁת נְסָכִים (לעיל טו, ח-י):

יד **זֹאת עֹלַת חֹדֶשׁ בְּחָדְשׁוֹ.** שֶׁאִם עָבַר יוֹמוֹ בָּטֵל קָרְבָּנוֹ וְשׁוּב אֵין לוֹ תַּשְׁלוּמִין:

טו **וּשְׂעִיר עִזִּים וְגוֹ'.** כָּל שְׂעִירֵי הַמּוּסָפִין בָּאִין לְכַפֵּר עַל טֻמְאַת מִקְדָּשׁ וְקָדָשָׁיו, הַכֹּל כְּמוֹ שֶׁמְּפֹרָשׁ בְּמַסֶּכֶת שְׁבוּעוֹת (דף ב ע"א-ע"ב). וְנִשְׁתַּנָּה שְׂעִיר רֹאשׁ חֹדֶשׁ שֶׁנֶּאֱמַר בּוֹ: "לַה'", לְלַמֶּדְךָ שֶׁמְּכַפֵּר עַל שֶׁאֵין בּוֹ יְדִיעָה לֹא בַּתְּחִלָּה וְלֹא בַּסּוֹף, שֶׁאֵין מַכִּיר בַּחֵטְא אֶלָּא הַקָּדוֹשׁ בָּרוּךְ

יז לַיהוָה׃ וּבַחֲמִשָּׁה עָשָׂר יוֹם לַחֹדֶשׁ הַזֶּה חָג
יח שִׁבְעַת יָמִים מַצּוֹת יֵאָכֵל׃ בַּיּוֹם הָרִאשׁוֹן
מִקְרָא־קֹדֶשׁ כָּל־מְלֶאכֶת עֲבֹדָה לֹא תַעֲשׂוּ׃
יט וְהִקְרַבְתֶּם אִשֶּׁה עֹלָה לַיהוָה פָּרִים בְּנֵי־בָקָר
שְׁנַיִם וְאַיִל אֶחָד וְשִׁבְעָה כְבָשִׂים בְּנֵי שָׁנָה
כ תְּמִימִם יִהְיוּ לָכֶם׃ וּמִנְחָתָם סֹלֶת בְּלוּלָה
בַשָּׁמֶן שְׁלֹשָׁה עֶשְׂרֹנִים לַפָּר וּשְׁנֵי עֶשְׂרֹנִים
כא לָאַיִל תַּעֲשׂוּ׃ עִשָּׂרוֹן עִשָּׂרוֹן תַּעֲשֶׂה לַכֶּבֶשׂ
כב הָאֶחָד לְשִׁבְעַת הַכְּבָשִׂים׃ וּשְׂעִיר חַטָּאת
כג אֶחָד לְכַפֵּר עֲלֵיכֶם׃ מִלְּבַד עֹלַת הַבֹּקֶר אֲשֶׁר
כד לְעֹלַת הַתָּמִיד תַּעֲשׂוּ אֶת־אֵלֶּה׃ כָּאֵלֶּה תַּעֲשׂוּ
לַיּוֹם שִׁבְעַת יָמִים לֶחֶם אִשֵּׁה רֵיחַ־נִיחֹחַ
כה לַיהוָה עַל־עוֹלַת הַתָּמִיד יֵעָשֶׂה וְנִסְכּוֹ׃ וּבַיּוֹם
הַשְּׁבִיעִי מִקְרָא־קֹדֶשׁ יִהְיֶה לָכֶם כָּל־מְלֶאכֶת
כו עֲבֹדָה לֹא תַעֲשׂוּ׃ כה וּבְיוֹם הַבִּכּוּרִים

מצווה תד
מצוות הקרבת מוסף בשבועות

בְּהַקְרִיבְכֶם מִנְחָה חֲדָשָׁה לַיהוָה בְּשָׁבֻעֹתֵיכֶם
מִקְרָא־קֹדֶשׁ יִהְיֶה לָכֶם כָּל־מְלֶאכֶת עֲבֹדָה
כז לֹא תַעֲשׂוּ׃ וְהִקְרַבְתֶּם עוֹלָה לְרֵיחַ נִיחֹחַ לַיהוָה
פָּרִים בְּנֵי־בָקָר שְׁנַיִם אַיִל אֶחָד שִׁבְעָה כְבָשִׂים
כח בְּנֵי שָׁנָה׃ וּמִנְחָתָם סֹלֶת בְּלוּלָה בַּשָּׁמֶן

שְׁלֹשָׁה עֶשְׂרֹנִים לַפָּר הָאֶחָד שְׁנֵי עֶשְׂרֹנִים
כט לָאַיִל הָאֶחָד׃ עִשָּׂרוֹן עִשָּׂרוֹן לַכֶּבֶשׂ הָאֶחָד
ל לְשִׁבְעַת הַכְּבָשִׂים׃ שְׂעִיר עִזִּים אֶחָד לְכַפֵּר
לא עֲלֵיכֶם׃ מִלְּבַד עֹלַת הַתָּמִיד וּמִנְחָתוֹ תַּעֲשׂוּ
תְּמִימִם יִהְיוּ־לָכֶם וְנִסְכֵּיהֶם׃

יז קֳדָם יְיָ: וּבַחֲמֵישַׁת עַסְרָא יוֹמָא, לְיַרְחָא הָדֵין חַגָּא, שִׁבְעָא יוֹמִין, פַּטִּירָא יִתְאֲכִיל:
יח יט בְּיוֹמָא קַדְמָאָה מְעָרַע קַדִּישׁ, כָּל עֲבִידַת פָּלְחַן לָא תַעְבְּדוּן: וּתְקָרְבוּן קֻרְבָּנָא עֲלָתָא קֳדָם
כ יְיָ, תּוֹרֵי בְּנֵי תוֹרֵי, תְּרֵין וּדְכַר חַד, וְשִׁבְעָא אִמְּרִין בְּנֵי שְׁנָא, שַׁלְמִין יְהוֹן לְכוֹן: וּמִנְחָתְהוֹן,
כא סֻלְתָּא דְּפִילָא בִמְשַׁח, תְּלָתָא עֶסְרוֹנִין לְתוֹרָא, וּתְרֵין עֶסְרוֹנִין, לְדִכְרָא תַּעְבְּדוּן: עֶסְרוֹנָא
כב עֶסְרוֹנָא תַּעֲבֵיד, לְאִמְּרָא חַד, כֵּן לְשִׁבְעָא אִמְּרִין: וּצְפִירָא דְחַטָּתָא חַד, לְכַפָּרָא עֲלֵיכוֹן:
כג כד בָּר מֵעֲלַת צַפְרָא, דְּהִיא עֲלַת תְּדִירָא, תַּעְבְּדוּן יָת אִלֵּין: כְּאִלֵּין, תַּעְבְּדוּן לְיוֹמָא שִׁבְעָא
כה יוֹמִין, לְחֵים, קֻרְבַּן דְּמִתְקַבַּל בְּרַעֲוָא קֳדָם יְיָ, עַל עֲלַת תְּדִירָא, יִתְעֲבֵיד וְנִסְכֵּיהּ: וּבְיוֹמָא
כו שְׁבִיעָאָה, מְעָרַע קַדִּישׁ יְהֵי לְכוֹן, כָּל עֲבִידַת פָּלְחַן לָא תַעְבְּדוּן: וּבְיוֹמָא דְבִכּוּרַיָּא,
בְּקָרוֹבֵיכוֹן, מִנְחָתָא חֲדַתָּא קֳדָם יְיָ, בַּעֲצַרְתְּכוֹן, מְעָרַע קַדִּישׁ יְהֵי לְכוֹן, כָּל עֲבִידַת פָּלְחַן
כז לָא תַעְבְּדוּן: וּתְקָרְבוּן עֲלָתָא, לְאִתְקַבָּלָא בְרַעֲוָא קֳדָם יְיָ, תּוֹרֵי בְּנֵי תוֹרֵי, תְּרֵין דְּכַר חַד,
כח שִׁבְעָא אִמְּרִין בְּנֵי שְׁנָא: וּמִנְחָתְהוֹן, סֻלְתָּא דְּפִילָא בִמְשַׁח, תְּלָתָא עֶסְרוֹנִין לְתוֹרָא חַד,
כט ל תְּרֵין עֶסְרוֹנִין, לְדִכְרָא חַד: עֶסְרוֹנָא עֶסְרוֹנָא, לְאִמְּרָא חַד, כֵּן לְשִׁבְעָא אִמְּרִין: צְפִיר בַּר עִזִּין
לא חַד, לְכַפָּרָא עֲלֵיכוֹן: בָּר מֵעֲלַת תְּדִירָא, וּמִנְחָתֵיהּ תַּעְבְּדוּן, שַׁלְמִין יְהוֹן לְכוֹן וְנִסְכֵּיהוֹן:

הוּא בִּלְבַד, וְאַחַר הַשְּׂעִירִין לְמֵדִין מִמֶּנּוּ. וּמִדְרָשׁוֹ בָּאַגָּדָה: אָמַר הַקָּדוֹשׁ בָּרוּךְ הוּא: הָבִיאוּ כַּפָּרָה עָלַי עַל שֶׁמִּעַטְתִּי אֶת הַיָּרֵחַ: **עַל עֹלַת הַתָּמִיד** יֵעָשֶׂה. כָּל הַקָּרְבָּן הַזֶּה: **וְנִסְכּוֹ.** אֵין 'וְנִסְכּוֹ' מוּסָב עַל הַשָּׂעִיר, שֶׁאֵין נְסָכִים לְחַטָּאת:

יח| **כָּל מְלֶאכֶת עֲבֹדָה.** אֲפִלּוּ מְלָאכָה הַצְּרִיכָה לָכֶם, כְּגוֹן דָּבָר הָאָבֵד הַמֻּתָּר בְּחֻלּוֹ שֶׁל מוֹעֵד, אֲסוּרָה בְּיוֹם טוֹב:

יט| **פָּרִים.** כְּנֶגֶד אַבְרָהָם, שֶׁנֶּאֱמַר: "וְאֶל הַבָּקָר רָץ אַבְרָהָם" (בראשית יח, ז): **אֵילִים.** כְּנֶגֶד אֵילוֹ שֶׁל יִצְחָק (שם כב, יג): **כְּבָשִׂים.** כְּנֶגֶד יַעֲקֹב, שֶׁנֶּאֱמַר: "וְהַכְּשָׂבִים הִפְרִיד יַעֲקֹב" (שם ל, מ). בִּיסוֹדוֹ שֶׁל רַבִּי מֹשֶׁה הַדַּרְשָׁן רָאִיתִי זֹאת:

כד| **כָּאֵלֶּה תַּעֲשׂוּ לַיּוֹם.** שֶׁלֹּא יִהְיוּ פּוֹחֲתִין וְהוֹלְכִין כְּפָרֵי הֶחָג:

כו| **וּבְיוֹם הַבִּכּוּרִים.** חַג הַשָּׁבוּעוֹת קָרוּי: "בִּכּוּרֵי קְצִיר חִטִּים" (שמות לד, כב), עַל שֵׁם שְׁתֵּי הַלֶּחֶם שֶׁהֵם רִאשׁוֹנִים לְמִנְחַת חִטִּים הַבָּאָה מִן הֶחָדָשׁ:

לא| **תְּמִימִם יִהְיוּ לָכֶם וְנִסְכֵּיהֶם.** אַף הַנְּסָכִים יִהְיוּ תְּמִימִים, לָמְדוּ רַבּוֹתֵינוּ מִכָּאן שֶׁהַיַּיִן שֶׁהֶעֱלָה קְמָחִין פָּסוּל לִנְסָכִים:

במדבר

מצווה תה
מצוות שופר
בראש השנה

א וּבַחֹ֨דֶשׁ הַשְּׁבִיעִ֜י בְּאֶחָ֣ד לַחֹ֗דֶשׁ מִֽקְרָא־קֹ֨דֶשׁ֙ יִהְיֶ֣ה לָכֶ֔ם כָּל־מְלֶ֥אכֶת עֲבֹדָ֖ה לֹ֣א תַעֲשׂ֑וּ ב י֥וֹם תְּרוּעָ֖ה יִהְיֶ֥ה לָכֶֽם: וַעֲשִׂיתֶ֨ם עֹלָ֜ה לְרֵ֤יחַ נִיחֹ֨חַ֙ לַֽיהֹוָ֔ה פַּ֧ר בֶּן־בָּקָ֛ר אֶחָ֖ד אַ֣יִל אֶחָ֑ד ג כְּבָשִׂ֧ים בְּנֵֽי־שָׁנָ֛ה שִׁבְעָ֖ה תְּמִימִֽם: וּמִ֨נְחָתָ֔ם סֹ֖לֶת בְּלוּלָ֣ה בַשָּׁ֑מֶן שְׁלֹשָׁ֤ה עֶשְׂרֹנִים֙ לַפָּ֔ר שְׁנֵ֥י עֶשְׂרֹנִ֖ים לָאָֽיִל: ד וְעִשָּׂר֣וֹן אֶחָ֔ד לַכֶּ֖בֶשׂ הָאֶחָ֑ד לְשִׁבְעַ֖ת הַכְּבָשִֽׂים: ה וּשְׂעִיר־עִזִּ֥ים אֶחָ֖ד חַטָּ֑את לְכַפֵּ֖ר עֲלֵיכֶֽם: ו מִלְּבַד֩ עֹלַ֨ת הַחֹ֜דֶשׁ וּמִנְחָתָ֗הּ וְעֹלַ֤ת הַתָּמִיד֙ וּמִנְחָתָ֔הּ וְנִסְכֵּיהֶ֖ם כְּמִשְׁפָּטָ֑ם לְרֵ֣יחַ נִיחֹ֔חַ אִשֶּׁ֖ה לַיהֹוָֽה:

ז וּבֶעָשׂ֩וֹר֩ לַחֹ֨דֶשׁ הַשְּׁבִיעִ֜י הַזֶּ֗ה מִֽקְרָא־קֹ֨דֶשׁ֙ יִהְיֶ֣ה לָכֶ֔ם וְעִנִּיתֶ֖ם אֶת־נַפְשֹֽׁתֵיכֶ֑ם כָּל־מְלָאכָ֖ה לֹ֥א תַעֲשֽׂוּ: ח וְהִקְרַבְתֶּ֨ם עֹלָ֤ה לַֽיהֹוָה֙ רֵ֣יחַ נִיחֹ֔חַ פַּ֧ר בֶּן־בָּקָ֛ר אֶחָ֖ד אַ֣יִל אֶחָ֑ד כְּבָשִׂ֤ים בְּנֵֽי־שָׁנָה֙ שִׁבְעָ֔ה תְּמִימִ֖ם יִהְי֥וּ לָכֶֽם: ט וּמִ֨נְחָתָ֔ם סֹ֖לֶת בְּלוּלָ֣ה בַשָּׁ֑מֶן שְׁלֹשָׁ֤ה עֶשְׂרֹנִים֙ לַפָּ֔ר שְׁנֵי֙ עֶשְׂרֹנִ֔ים לָאַ֖יִל הָאֶחָֽד: י עִשָּׂרוֹן֙ עִשָּׂר֔וֹן לַכֶּ֖בֶשׂ הָאֶחָ֑ד לְשִׁבְעַ֖ת הַכְּבָשִֽׂים: יא שְׂעִיר־עִזִּ֥ים אֶחָ֖ד חַטָּ֑את מִלְּבַ֞ד חַטַּ֤את הַכִּפֻּרִים֙ וְעֹלַ֣ת הַתָּמִ֔יד וּמִנְחָתָ֖הּ וְנִסְכֵּיהֶֽם:

שביעי יב וּבַחֲמִשָּׁה֩ עָשָׂ֨ר י֜וֹם לַחֹ֣דֶשׁ

פינחס

הַשְּׁבִיעִ֕י מִקְרָא־קֹ֖דֶשׁ יִהְיֶ֣ה לָכֶ֑ם כָּל־מְלֶ֥אכֶת עֲבֹדָ֖ה לֹ֣א תַעֲשׂ֑וּ וְחַגֹּתֶ֥ם חַ֛ג לַיהוָ֖ה שִׁבְעַ֥ת יָמִֽים: יג וְהִקְרַבְתֶּ֨ם עֹלָ֜ה אִשֵּׁ֨ה רֵ֤יחַ נִיחֹ֙חַ֙ לַֽיהוָ֔ה פָּרִ֧ים בְּנֵי־בָקָ֛ר שְׁלֹשָׁ֥ה עָשָׂ֖ר אֵילִ֣ם שְׁנָ֑יִם כְּבָשִׂ֧ים בְּנֵֽי־שָׁנָ֛ה אַרְבָּעָ֥ה עָשָׂ֖ר תְּמִימִ֥ם יִהְיֽוּ: יד וּמִנְחָתָ֔ם סֹ֖לֶת בְּלוּלָ֣ה בַשָּׁ֑מֶן שְׁלֹשָׁ֨ה עֶשְׂרֹנִ֜ים

כט א וּבְיַרְחָא שְׁבִיעָאָה בְּחַד לְיַרְחָא, מְעָרַע קַדִּישׁ יְהֵי לְכוֹן, כָּל עֲבִידַת פֻּלְחַן לָא תַעְבְּדוּן, יוֹם
ב יַבָּבָא יְהֵי לְכוֹן: וְתַעְבְּדוּן עֲלָתָא, לְאִתְקַבָּלָא בְרַעֲוָא קֳדָם יְיָ, תּוֹר בַּר תּוֹרֵי, חַד דְּכַר חַד,
ג אִמְּרִין בְּנֵי שְׁנָא, שִׁבְעָא שַׁלְמִין: וּמִנְחָתְהוֹן, סֻלְתָּא דְפִילָא בִמְשַׁח, תְּלָתָא עֶשְׂרוֹנִין לְתוֹרָא,
ד תְּרֵין עֶשְׂרוֹנִין לְדִכְרָא: וְעֶשְׂרוֹנָא חַד, לְאִמְּרָא חַד, כֵּן לְשַׁבְעָא אִמְּרִין: וּצְפִיר בַּר עִזִּין חַד
ה חַטָּאתָא, לְכַפָּרָא עֲלֵיכוֹן: בַּר מֵעֲלַת יַרְחָא וּמִנְחָתַהּ, וַעֲלַת תְּדִירָא וּמִנְחָתַהּ, וְנִסְכֵּיהוֹן כִּדְחָזֵי
ו לְהוֹן, לְאִתְקַבָּלָא בְרַעֲוָא, קֻרְבָּנָא קֳדָם יְיָ: וּבְעַסְרָא לְיַרְחָא שְׁבִיעָאָה הָדֵין, מְעָרַע קַדִּישׁ
ז יְהֵי לְכוֹן, וּתְעַנּוּן יָת נַפְשָׁתְכוֹן, כָּל עֲבִידָא לָא תַעְבְּדוּן: וּתְקָרְבוּן עֲלָתָא קֳדָם יְיָ לְאִתְקַבָּלָא
ח בְרַעֲוָא, תּוֹר בַּר תּוֹרֵי, חַד דְּכַר חַד, אִמְּרִין בְּנֵי שְׁנָא שַׁבְעָא, שַׁלְמִין יְהוֹן לְכוֹן: וּמִנְחָתְהוֹן,
ט סֻלְתָּא דְפִילָא בִמְשַׁח, תְּלָתָא עֶשְׂרוֹנִין לְתוֹרָא, תְּרֵין עֶשְׂרוֹנִין, לְדִכְרָא חָד: עֶשְׂרוֹנָא
י עֶשְׂרוֹנָא, לְאִמְּרָא חָד, כֵּן לְשַׁבְעָא אִמְּרִין: צְפִיר בַּר עִזִּין חַד חַטָּאתָא, בַּר, מֵחַטָּאת כִּפּוּרַיָּא
יא וַעֲלַת תְּדִירָא, וּמִנְחָתַהּ וְנִסְכֵּיהוֹן: וּבַחֲמֵשַׁת עַסְרָא יוֹמָא לְיַרְחָא שְׁבִיעָאָה, מְעָרַע קַדִּישׁ
יב יְהֵי לְכוֹן, כָּל עֲבִידַת פֻּלְחַן לָא תַעְבְּדוּן, וְתֵיחֲגוּן חַגָּא, קֳדָם יְיָ שַׁבְעָא יוֹמִין: וּתְקָרְבוּן
יג עֲלָתָא, קֻרְבָּן דְּמִתְקַבַּל בְּרַעֲוָא קֳדָם יְיָ, תּוֹרֵי בְנֵי תוֹרֵי, תְּלַת עֲסַר דִּכְרִין תְּרֵין, אִמְּרִין
יד בְּנֵי שְׁנָא, אַרְבְּעַת עֲסַר שַׁלְמִין יְהוֹן: וּמִנְחָתְהוֹן, סֻלְתָּא דְפִילָא בִמְשַׁח, תְּלָתָא עֶשְׂרוֹנִין

פרק כט

(ו) מִלְּבַד עֹלַת הַחֹדֶשׁ. מוּסְפֵי רֹאשׁ חֹדֶשׁ שֶׁהוּא בְּיוֹם רֹאשׁ הַשָּׁנָה:

(יא) מִלְּבַד חַטַּאת הַכִּפֻּרִים. שָׂעִיר הַנַּעֲשֶׂה בִּפְנִים הָאָמוּר בְּאַחֲרֵי מוֹת (ויקרא טז, ט, טו), שֶׁגַּם הוּא חַטָּאת: **וְעֹלַת הַתָּמִיד.** וּמִלְּבַד עוֹלַת הַתָּמִיד תַּעֲשׂוּ עוֹלוֹת הַלָּלוּ: **וְנִסְכֵּיהֶם.** מוּסָב עַל הַמּוּסָפִין הַכְּתוּבִין וְעַל "תַּעֲשׂוּ", וְהוּא לְשׁוֹן

עִוּוּי, מִלְּבַד עוֹלַת הַתָּמִיד וּמִנְחָתָהּ תַּעֲשׂוּ אֶת אֵלֶּה וְנִסְכֵּיהֶם. וְכֵן כָּל "וְנִסְכֵּיהֶם" הָאֲמוּרִים בְּכָל הַמּוֹעֲדוֹת, חוּץ מִשֶּׁל קָרְבְּנוֹת הֶחָג, שֶׁכָּל 'וְנִסְכָּה', 'וְנִסְכֵּיהֶם', 'וּנְסָכֶיהָ' שֶׁבָּהֶם מוּסָבִים עַל הַתָּמִיד וְאֵינָן לְשׁוֹן צִוּוּי, שֶׁהֲרֵי נִסְכֵּיהֶם שֶׁל מוּסָפִין כְּתוּבִין לְעַצְמָן בְּכָל יוֹם וָיוֹם:

לַפָּ֣ר הָֽאֶחָ֗ד לִשְׁלֹשָׁ֥ה עָשָׂ֖ר פָּרִ֑ים שְׁנֵ֤י עֶשְׂרֹנִים֙
לָאַ֣יִל הָֽאֶחָ֔ד לִשְׁנֵ֖י הָאֵילִֽם׃ וְעִשָּׂרוֹן֙ עִשָּׂר֔וֹן טו
לַכֶּ֖בֶשׂ הָֽאֶחָ֑ד לְאַרְבָּעָ֥ה עָשָׂ֖ר כְּבָשִֽׂים׃ וּשְׂעִיר־ טז
עִזִּ֥ים אֶחָ֖ד חַטָּ֑את מִלְּבַד֙ עֹלַ֣ת הַתָּמִ֔יד מִנְחָתָ֖הּ
וְנִסְכָּֽהּ׃ וּבַיּ֣וֹם הַשֵּׁנִ֗י פָּרִ֧ים בְּנֵי־בָקָ֛ר יז
שְׁנֵ֥ים עָשָׂ֖ר אֵילִ֣ם שְׁנָ֑יִם כְּבָשִׂ֧ים בְּנֵי־שָׁנָ֛ה
אַרְבָּעָ֥ה עָשָׂ֖ר תְּמִימִֽם׃ וּמִנְחָתָ֣ם וְנִסְכֵּיהֶ֡ם יח
לַ֠פָּרִים לָאֵילִ֧ם וְלַכְּבָשִׂ֛ים בְּמִסְפָּרָ֖ם כַּמִּשְׁפָּֽט׃
וּשְׂעִיר־עִזִּ֥ים אֶחָ֖ד חַטָּ֑את מִלְּבַד֙ עֹלַ֣ת הַתָּמִ֔יד יט
וּמִנְחָתָ֖הּ וְנִסְכֵּיהֶֽם׃ וּבַיּ֧וֹם הַשְּׁלִישִׁ֛י כ
פָּרִ֥ים עַשְׁתֵּי־עָשָׂ֖ר אֵילִ֣ם שְׁנָ֑יִם כְּבָשִׂ֧ים בְּנֵֽי־
שָׁנָ֛ה אַרְבָּעָ֥ה עָשָׂ֖ר תְּמִימִֽם׃ וּמִנְחָתָ֣ם וְנִסְכֵּיהֶ֡ם כא
לַ֠פָּרִים לָאֵילִ֧ם וְלַכְּבָשִׂ֛ים בְּמִסְפָּרָ֖ם כַּמִּשְׁפָּֽט׃
וּשְׂעִ֥יר חַטָּ֖את אֶחָ֑ד מִלְּבַד֙ עֹלַ֣ת הַתָּמִ֔יד כב
וּמִנְחָתָ֖הּ וְנִסְכָּֽהּ׃ וּבַיּ֧וֹם הָרְבִיעִ֛י כג
פָּרִ֥ים עֲשָׂרָ֖ה אֵילִ֣ם שְׁנָ֑יִם כְּבָשִׂ֧ים בְּנֵי־שָׁנָ֛ה
אַרְבָּעָ֥ה עָשָׂ֖ר תְּמִימִֽם׃ מִנְחָתָ֣ם וְנִסְכֵּיהֶ֡ם כד
לַ֠פָּרִים לָאֵילִ֧ם וְלַכְּבָשִׂ֛ים בְּמִסְפָּרָ֖ם כַּמִּשְׁפָּֽט׃
וּשְׂעִיר־עִזִּ֥ים אֶחָ֖ד חַטָּ֑את מִלְּבַד֙ עֹלַ֣ת הַתָּמִ֔יד כה
מִנְחָתָ֖הּ וְנִסְכָּֽהּ׃ וּבַיּ֧וֹם הַחֲמִישִׁ֛י כו
פָּרִ֥ים תִּשְׁעָ֖ה אֵילִ֣ם שְׁנָ֑יִם כְּבָשִׂ֧ים בְּנֵי־שָׁנָ֛ה

כט   פינחס

כז אַרְבָּעָה עָשָׂר תְּמִימִם: וּמִנְחָתָם וְנִסְכֵּיהֶם
לַפָּרִים לָאֵילִם וְלַכְּבָשִׂים בְּמִסְפָּרָם כַּמִּשְׁפָּט:
כח וּשְׂעִיר חַטָּאת אֶחָד מִלְּבַד עֹלַת הַתָּמִיד
כט וּמִנְחָתָהּ וְנִסְכָּהּ: וּבַיּוֹם הַשִּׁשִּׁי פָּרִים
שְׁמֹנָה אֵילִם שְׁנַיִם כְּבָשִׂים בְּנֵי־שָׁנָה אַרְבָּעָה
ל עָשָׂר תְּמִימִם: וּמִנְחָתָם וְנִסְכֵּיהֶם לַפָּרִים
לא לָאֵילִם וְלַכְּבָשִׂים בְּמִסְפָּרָם כַּמִּשְׁפָּט: וּשְׂעִיר

טו לְתוֹרָא חַד, לִתְלָת עֲסַר תּוֹרִין, תְּרֵין עֶשְׂרוֹנִין לְדִכְרָא חַד, לִתְרֵין דִּכְרִין: וְעֶסְרוֹנָא עֶסְרוֹנָא,
טז לְאִמְּרָא חַד, כֵּן לְאַרְבְּעַת עֲסַר אִמְּרִין: וּצְפִיר בַּר עִזִּין חַד חַטָּאתָא, בַּר מֵעֲלַת תְּדִירָא, מִנְחָתַהּ
יז וְנִסְכַּהּ: וּבְיוֹמָא תִּנְיָנָא, תּוֹרֵי בְנֵי תוֹרֵי, תְּרֵי עֲסַר דִּכְרִין תְּרֵין, אִמְּרִין בְּנֵי שְׁנָא, אַרְבְּעַת עֲסַר
יח שַׁלְמִין: וּמִנְחָתְהוֹן וְנִסְכֵּיהוֹן, לְתוֹרֵי, לְדִכְרֵי וּלְאִמְּרֵי, בְּמִנְיָנֵיהוֹן כְּדַחֲזֵי: וּצְפִיר בַּר עִזִּין חַד
כ חַטָּאתָא, בַּר מֵעֲלַת תְּדִירָא, וּמִנְחָתַהּ וְנִסְכֵּיהוֹן: וּבְיוֹמָא תְּלִיתָאָה, תּוֹרֵי חַד עֲסַר דִּכְרִין תְּרֵין,
כא אִמְּרִין בְּנֵי שְׁנָא, אַרְבְּעַת עֲסַר שַׁלְמִין: וּמִנְחָתְהוֹן וְנִסְכֵּיהוֹן, לְתוֹרֵי, לְדִכְרֵי וּלְאִמְּרֵי, בְּמִנְיָנֵיהוֹן
כב כְּדַחֲזֵי: וּצְפִירָא דְּחַטָּאתָא חַד, בַּר מֵעֲלַת תְּדִירָא, וּמִנְחָתַהּ וְנִסְכַּהּ: וּבְיוֹמָא רְבִיעָאָה, תּוֹרֵי
כד עַסְרָא דִּכְרִין תְּרֵין, אִמְּרִין בְּנֵי שְׁנָא, אַרְבְּעַת עֲסַר שַׁלְמִין: מִנְחָתְהוֹן וְנִסְכֵּיהוֹן, לְתוֹרֵי, לְדִכְרֵי
כה וּלְאִמְּרֵי, בְּמִנְיָנֵיהוֹן כְּדַחֲזֵי: וּצְפִיר בַּר עִזִּין חַד חַטָּאתָא, בַּר מֵעֲלַת תְּדִירָא, מִנְחָתַהּ וְנִסְכַּהּ:
כו וּבְיוֹמָא חֲמִישָׁאָה, תּוֹרֵי תִּשְׁעָא דִּכְרִין תְּרֵין, אִמְּרִין בְּנֵי שְׁנָא, אַרְבְּעַת עֲסַר שַׁלְמִין: וּמִנְחָתְהוֹן
כח וְנִסְכֵּיהוֹן, לְתוֹרֵי, לְדִכְרֵי וּלְאִמְּרֵי, בְּמִנְיָנֵיהוֹן כְּדַחֲזֵי: וּצְפִירָא דְּחַטָּאתָא חַד, בַּר מֵעֲלַת תְּדִירָא,
כט וּמִנְחָתַהּ וְנִסְכַּהּ: וּבְיוֹמָא שְׁתִיתָאָה, תּוֹרֵי תַּמְנְיָא דִּכְרִין תְּרֵין, אִמְּרִין בְּנֵי שְׁנָא, אַרְבְּעַת
לא עֲסַר שַׁלְמִין: וּמִנְחָתְהוֹן וְנִסְכֵּיהוֹן, לְתוֹרֵי, לְדִכְרֵי וּלְאִמְּרֵי, בְּמִנְיָנֵיהוֹן כְּדַחֲזֵי: וּצְפִירָא

יח] וּמִנְחָתָם וְנִסְכֵּיהֶם לַפָּרִים. פָּרֵי הֶחָג שִׁבְעִים הֵם, כְּנֶגֶד שִׁבְעִים אֻמּוֹת, שֶׁמִּתְמַעֲטִים וְהוֹלְכִים, סִימָן כְּלָיָה הוּא לָהֶם, וּבִימֵי הַמִּקְדָּשׁ הָיוּ מְגִנִּים עֲלֵיהֶם מִן הַיִּסּוּרִין, וְהַכְּבָשִׂים כְּנֶגֶד יִשְׂרָאֵל שֶׁנִּקְרְאוּ: "שֶׂה פְזוּרָה" (ירמיה נ, יז), וְהֵם קְבוּעִים, וּמִנְיָנָם תִּשְׁעִים וּשְׁמוֹנָה, לְכַלּוֹת מֵהֶם תִּשְׁעִים וּשְׁמוֹנָה קְלָלוֹת שֶׁבְּמִשְׁנֵה תּוֹרָה. בַּשֵּׁנִי נֶאֱמַר: "וְנִסְכֵּיהֶם" (להלן פסוק יט) עַל שְׁנֵי תְמִידֵי הַיּוֹם, וְלֹא שִׁנָּה הַלָּשׁוֹן אֶלָּא לִדְרֹשׁ, כְּמוֹ שֶׁאָמְרוּ רַבּוֹתֵינוּ זִכְרוֹנָם לִבְרָכָה: בַּשֵּׁנִי "וְנִסְכֵּיהֶם", בַּשִּׁשִּׁי "וּנְסָכֶיהָ" (להלן פסוק לא), בַּשְּׁבִיעִי "כְּמִשְׁפָּטָם" (להלן פסוק לג), מ״ם יו״ד מ״ם, הֲרֵי כָּאן 'מַיִם', רֶמֶז לְנִסּוּךְ הַמַּיִם מִן הַתּוֹרָה בֶּחָג:

חַטָּאת אֶחָד מִלְּבַד עֹלַת הַתָּמִיד מִנְחָתָהּ
וְנִסְכָּהּ: וּבַיּוֹם הַשְּׁבִיעִי פָּרִים לב
שִׁבְעָה אֵילִם שְׁנַיִם כְּבָשִׂים בְּנֵי־שָׁנָה אַרְבָּעָה
עָשָׂר תְּמִימִם: וּמִנְחָתָם וְנִסְכֵּהֶם לַפָּרִים לג
לָאֵילִם וְלַכְּבָשִׂים בְּמִסְפָּרָם כַּמִּשְׁפָּט:
וּשְׂעִיר חַטָּאת אֶחָד מִלְּבַד עֹלַת הַתָּמִיד לד
מִנְחָתָהּ וְנִסְכָּהּ: מפטיר בַּיּוֹם הַשְּׁמִינִי לה
עֲצֶרֶת תִּהְיֶה לָכֶם כָּל־מְלֶאכֶת עֲבֹדָה לֹא
תַעֲשׂוּ: וְהִקְרַבְתֶּם עֹלָה אִשֵּׁה רֵיחַ נִיחֹחַ לו
לַיהוָה פַּר אֶחָד אַיִל אֶחָד כְּבָשִׂים בְּנֵי־שָׁנָה
שִׁבְעָה תְּמִימִם: מִנְחָתָם וְנִסְכֵּיהֶם לַפָּר לז
לָאַיִל וְלַכְּבָשִׂים בְּמִסְפָּרָם כַּמִּשְׁפָּט: וּשְׂעִיר לח
חַטָּאת אֶחָד מִלְּבַד עֹלַת הַתָּמִיד וּמִנְחָתָהּ
וְנִסְכָּהּ: אֵלֶּה תַּעֲשׂוּ לַיהוָה בְּמוֹעֲדֵיכֶם לְבַד לט
מִנִּדְרֵיכֶם וְנִדְבֹתֵיכֶם לְעֹלֹתֵיכֶם וּלְמִנְחֹתֵיכֶם
וּלְנִסְכֵּיכֶם וּלְשַׁלְמֵיכֶם: וַיֹּאמֶר מֹשֶׁה אֶל־ א ל

פינחס

בְּנֵי יִשְׂרָאֵל כְּכֹל אֲשֶׁר־צִוָּה יְהוָה אֶת־מֹשֶׁה:

לב דְּחַטָּתָא חַד, בַּר מַעֲלַת תְּדִירָא, מִנְחָתַהּ וְנִסְכַּהּ: וּבְיוֹמָא שְׁבִיעָאָה, תּוֹרֵי שִׁבְעָא דִכְרִין לג תְּרֵין, אִמְּרִין בְּנֵי שְׁנָא, אַרְבָּעַת עֲסַר שַׁלְמִין: וּמִנְחָתְהוֹן וְנִסְכֵּיהוֹן, לְתוֹרֵי, לְדִכְרֵי וּלְאִמְּרֵי, לד בְּמִנְיָנְהוֹן כִּדְחָזֵי לְהוֹן: וּצְפִירָא דְחַטָּתָא חַד, בַּר מַעֲלַת תְּדִירָא, מִנְחָתַהּ וְנִסְכַּהּ: בְּיוֹמָא לה תְמִינָאָה, כְּנִישִׁין תְּהוֹן לְכוֹן, כָּל עֲבִידַת פֻּלְחָן לָא תַעְבְּדוּן: וּתְקָרְבוּן עֲלָתָא, קֻרְבַּן דְּמִתְקַבַּל לו בְּרַעֲוָא קֳדָם יְיָ, תּוֹר חַד דְּכַר חַד, אִמְּרִין בְּנֵי שְׁנָא, שִׁבְעָא שַׁלְמִין: מִנְחָתְהוֹן וְנִסְכֵּיהוֹן, לְתוֹרָא לז לְדִכְרָא וּלְאִמְּרֵי, בְּמִנְיָנְהוֹן כִּדְחָזֵי: וּצְפִירָא דְחַטָּתָא חַד, בַּר מַעֲלַת תְּדִירָא, וּמִנְחָתַהּ וְנִסְכַּהּ: לח אִלֵּין, תַּעְבְּדוּן קֳדָם יְיָ בְּמוֹעֲדֵיכוֹן, בַּר מִנִּדְרֵיכוֹן וְנִדְבָתְכוֹן, לַעֲלָוָתְכוֹן וּלְמִנְחָוָתְכוֹן, וְלְנִסְכֵּיכוֹן ל א וּלְנִכְסַת קוּדְשֵׁיכוֹן: וַאֲמַר מֹשֶׁה לִבְנֵי יִשְׂרָאֵל, כְּכֹל, דְּפַקִּיד יְיָ יָת מֹשֶׁה:

לה] **עֲצֶרֶת תִּהְיֶה לָכֶם.** עֲצוּרִים בַּעֲשִׂיַּת מְלָאכָה. דָּבָר אַחֵר, "עֲצֶרֶת", עִצְרוּ מִלָּצֵאת, מְלַמֵּד שֶׁטָּעוּן לִינָה. וּמִדְרָשׁוֹ בָּאַגָּדָה: לְפִי שֶׁכָּל יְמוֹת הָרֶגֶל הִקְרִיבוּ כְּנֶגֶד שִׁבְעִים אֻמּוֹת, וּבָאִין לָלֶכֶת, אָמַר לָהֶם הַמָּקוֹם: בְּבַקָּשָׁה מִכֶּם עֲשׂוּ לִי סְעוּדָה קְטַנָּה, כְּדֵי שֶׁאֵהָנֶה מִכֶּם:

לו] **פַּר אֶחָד אַיִל אֶחָד.** אֵלּוּ כְּנֶגֶד יִשְׂרָאֵל, הִתְעַכְּבוּ לִי מְעַט עוֹד, וּלְשׁוֹן חִבָּה הוּא זֶה, כְּבָנִים הַנִּפְטָרִים מֵאֲבִיהֶם וְהוּא אוֹמֵר לָהֶם: קָשָׁה עָלַי פְּרֵדַתְכֶם, עַכְּבוּ עוֹד יוֹם אֶחָד. מָשָׁל לְמֶלֶךְ שֶׁעָשָׂה סְעוּדָה וְכוּ׳, כִּדְאִיתָא בְּמַסֶּכֶת סֻכָּה (דף נה ע״ב) [מָשָׁל לְמֶלֶךְ בָּשָׂר וָדָם שֶׁאָמַר לַעֲבָדָיו: עֲשׂוּ לִי סְעוּדָה גְּדוֹלָה. לְיוֹם אַחֲרוֹן אָמַר לְאוֹהֲבוֹ: עֲשֵׂה לִי סְעוּדָה קְטַנָּה, כְּדֵי שֶׁאֵהָנֶה מִמְּךָ]. וּבְמִדְרַשׁ רַבִּי תַּנְחוּמָא (ז) לְמַדָה תּוֹרָה דֶּרֶךְ אֶרֶץ, שֶׁמִּי שֶׁיֵּשׁ לוֹ אַכְסְנַאי, יוֹם רִאשׁוֹן

יַאֲכִילֵנוּ פְּטוּמוֹת, לְמָחָר יַאֲכִילֵנוּ דָּגִים, לְמָחָר יַאֲכִילֵנוּ בְּשַׂר בְּהֵמָה, לְמָחָר מַאֲכִילוֹ קִטְנִיּוֹת, לְמָחָר מַאֲכִילוֹ יָרָק, פּוֹחֵת וְהוֹלֵךְ כְּפָרֵי הֶחָג:

לט] **אֵלֶּה תַּעֲשׂוּ לַה' בְּמוֹעֲדֵיכֶם.** דָּבָר הַקָּבוּעַ לְחוֹבָה: **לְבַד מִנִּדְרֵיכֶם.** אִם בָּאתֶם לִדֹּר קָרְבָּנוֹת בָּרֶגֶל, מִצְוָה הִיא בְּיֶדְכֶם, אוֹ נְדָרִים אוֹ נְדָבוֹת שֶׁנְּדַרְתֶּם כָּל הַשָּׁנָה הַקְרִיבוּם בָּרֶגֶל, שֶׁמָּא יִקְשֶׁה לוֹ לַחֲזוֹר וְלַעֲלוֹת לִירוּשָׁלַיִם וּלְהַקְרִיב נְדָרָיו, וְנִמְצָא עוֹבֵר בְּבַל תְּאַחֵר:

פרק ל

א] **וַיֹּאמֶר מֹשֶׁה אֶל בְּנֵי יִשְׂרָאֵל.** לְהַפְסִיק הָעִנְיָן, דִּבְרֵי רַבִּי יִשְׁמָעֵאל. לְפִי שֶׁעַד כָּאן דְּבָרָיו שֶׁל מָקוֹם וּפָרָשַׁת נְדָרִים מַתְחֶלֶת בְּדִבּוּרוֹ שֶׁל מֹשֶׁה, הֻצְרַךְ לְהַפְסִיק תְּחִלָּה וְלוֹמַר שֶׁחָזַר מֹשֶׁה וַאֲמָרָהּ פָּרָשָׁה זוֹ לְיִשְׂרָאֵל, שֶׁאִם לֹא כֵן יֵשׁ בְּמַשְׁמָע שֶׁלֹּא אָמַר לָהֶם זוֹ, אֶלָּא בְּפָרָשַׁת נְדָרִים הִתְחִיל דְּבָרָיו:

הפטרת פינחס

הפטרה לשבת פרשת פינחס שלפני י״ז בתמוז. אם היא חלה אחרי כן, קוראים את ההפטרה בעמ׳ 1018.

בשמוע איזבל על מעמד הכרמל, שבו קיבל העם את עמדת אליהו ושלל את הבעל ועובדיו, יצאה למלחמה באליהו. אליהו גילה שלמרות תוצאות העימות הוא נותר לבדו אל מול איזבל. מאוכזב ומיואש יצא להר סיני למפגש עם א־להים, ושם ביקש לסיים את שליחותו. ה׳ סבר שהענישה בשתי שנות בצורת מוצתה והציע לו לשנות את דרכו. אש מן השמים יכולה לגרום להתעוררות מרשימה ומידית, אבל יעילותה קצרה. רק תהליך המתבצע ב״קול דממה דקה״ יכול לחולל שינוי משמעותי ופנימי לטווח ארוך.

אליהו לא היה מוכן לשנות את הדרך שהלך בה, ולשאלת ה׳ ״מה לך פה אליהו?״ הוא חזר על אותה תשובה כמו בתחילת הדיון. ה׳ הורה לו למשוח את אלישע לנביא תחתיו.

מלכים א׳

יח מו וְיַד־יְהוָה הָיְתָה אֶל־אֵלִיָּהוּ וַיְשַׁנֵּס מָתְנָיו וַיָּרָץ לִפְנֵי אַחְאָב עַד־בֹּאֲכָה
יט א יִזְרְעֶאלָה׃ וַיַּגֵּד אַחְאָב לְאִיזֶבֶל אֵת כָּל־אֲשֶׁר עָשָׂה אֵלִיָּהוּ וְאֵת כָּל־
ב אֲשֶׁר הָרַג אֶת־כָּל־הַנְּבִיאִים בֶּחָרֶב׃ וַתִּשְׁלַח אִיזֶבֶל מַלְאָךְ אֶל־אֵלִיָּהוּ
לֵאמֹר כֹּה־יַעֲשׂוּן אֱלֹהִים וְכֹה יוֹסִפוּן כִּי־כָעֵת מָחָר אָשִׂים אֶת־נַפְשְׁךָ
ג כְּנֶפֶשׁ אַחַד מֵהֶם׃ וַיַּרְא וַיָּקָם וַיֵּלֶךְ אֶל־נַפְשׁוֹ וַיָּבֹא בְּאֵר שֶׁבַע אֲשֶׁר
ד לִיהוּדָה וַיַּנַּח אֶת־נַעֲרוֹ שָׁם׃ וְהוּא־הָלַךְ בַּמִּדְבָּר דֶּרֶךְ יוֹם וַיָּבֹא וַיֵּשֶׁב
תַּחַת רֹתֶם אחת וַיִּשְׁאַל אֶת־נַפְשׁוֹ לָמוּת וַיֹּאמֶר ׀ רַב עַתָּה יְהוָה קַח (אֶחָד)
ה נַפְשִׁי כִּי־לֹא־טוֹב אָנֹכִי מֵאֲבֹתָי׃ וַיִּשְׁכַּב וַיִּישַׁן תַּחַת רֹתֶם אֶחָד וְהִנֵּה־זֶה
ו מַלְאָךְ נֹגֵעַ בּוֹ וַיֹּאמֶר לוֹ קוּם אֱכוֹל׃ וַיַּבֵּט וְהִנֵּה מְרַאֲשֹׁתָיו עֻגַת רְצָפִים
ז וְצַפַּחַת מָיִם וַיֹּאכַל וַיֵּשְׁתְּ וַיָּשָׁב וַיִּשְׁכָּב׃ וַיָּשָׁב מַלְאַךְ יְהוָה ׀ שֵׁנִית וַיִּגַּע־
ח בּוֹ וַיֹּאמֶר קוּם אֱכֹל כִּי רַב מִמְּךָ הַדָּרֶךְ׃ וַיָּקָם וַיֹּאכַל וַיִּשְׁתֶּה וַיֵּלֶךְ בְּכֹחַ ׀
הָאֲכִילָה הַהִיא אַרְבָּעִים יוֹם וְאַרְבָּעִים לַיְלָה עַד הַר הָאֱלֹהִים חֹרֵב׃
ט וַיָּבֹא־שָׁם אֶל־הַמְּעָרָה וַיָּלֶן שָׁם וְהִנֵּה דְבַר־יְהוָה אֵלָיו וַיֹּאמֶר לוֹ מַה־לְּךָ
י פֹה אֵלִיָּהוּ׃ וַיֹּאמֶר קַנֹּא קִנֵּאתִי לַיהוָה ׀ אֱלֹהֵי צְבָאוֹת כִּי־עָזְבוּ בְרִיתְךָ
בְּנֵי יִשְׂרָאֵל אֶת־מִזְבְּחֹתֶיךָ הָרָסוּ וְאֶת־נְבִיאֶיךָ הָרְגוּ בֶחָרֶב וָאִוָּתֵר אֲנִי
יא לְבַדִּי וַיְבַקְשׁוּ אֶת־נַפְשִׁי לְקַחְתָּהּ׃ וַיֹּאמֶר צֵא וְעָמַדְתָּ בָהָר לִפְנֵי יְהוָה
וְהִנֵּה יְהוָה עֹבֵר וְרוּחַ גְּדוֹלָה וְחָזָק מְפָרֵק הָרִים וּמְשַׁבֵּר סְלָעִים לִפְנֵי
יב יְהוָה לֹא בָרוּחַ יְהוָה וְאַחַר הָרוּחַ רַעַשׁ לֹא בָרַעַשׁ יְהוָה׃ וְאַחַר הָרַעַשׁ
יג אֵשׁ לֹא בָאֵשׁ יְהוָה וְאַחַר הָאֵשׁ קוֹל דְּמָמָה דַקָּה׃ וַיְהִי ׀ כִּשְׁמֹעַ אֵלִיָּהוּ
וַיָּלֶט פָּנָיו בְּאַדַּרְתּוֹ וַיֵּצֵא וַיַּעֲמֹד פֶּתַח הַמְּעָרָה וְהִנֵּה אֵלָיו קוֹל וַיֹּאמֶר
יד מַה־לְּךָ פֹה אֵלִיָּהוּ׃ וַיֹּאמֶר קַנֹּא קִנֵּאתִי לַיהוָה ׀ אֱלֹהֵי צְבָאוֹת כִּי־עָזְבוּ
בְרִיתְךָ בְּנֵי יִשְׂרָאֵל אֶת־מִזְבְּחֹתֶיךָ הָרָסוּ וְאֶת־נְבִיאֶיךָ הָרְגוּ בֶחָרֶב וָאִוָּתֵר
טו אֲנִי לְבַדִּי וַיְבַקְשׁוּ אֶת־נַפְשִׁי לְקַחְתָּהּ׃ וַיֹּאמֶר יְהוָה אֵלָיו לֵךְ

פינחס

שׁ֗וּב לְדַרְכְּךָ֛ מִדְבַּ֖רָה דַמָּ֑שֶׂק וּבָ֗אתָ וּמָשַׁחְתָּ֧ אֶת־חֲזָאֵ֛ל לְמֶ֖לֶךְ עַל־אֲרָֽם:
טז וְאֵת֙ יֵה֣וּא בֶן־נִמְשִׁ֔י תִּמְשַׁ֥ח לְמֶ֖לֶךְ עַל־יִשְׂרָאֵ֑ל וְאֶת־אֱלִישָׁ֤ע בֶּן־שָׁפָט֙ מֵאָבֵ֣ל מְחוֹלָ֔ה תִּמְשַׁ֥ח לְנָבִ֖יא תַּחְתֶּֽיךָ: וְהָיָ֗ה הַנִּמְלָ֛ט מֵחֶ֥רֶב חֲזָאֵ֖ל יָמִ֥ית
יח יֵה֑וּא וְהַנִּמְלָ֛ט מֵחֶ֥רֶב יֵה֖וּא יָמִ֥ית אֱלִישָֽׁע: וְהִשְׁאַרְתִּ֥י בְיִשְׂרָאֵ֖ל שִׁבְעַ֣ת אֲלָפִ֑ים כָּל־הַבִּרְכַּ֗יִם אֲשֶׁ֤ר לֹֽא־כָֽרְעוּ֙ לַבַּ֔עַל וְכָ֨ל־הַפֶּ֔ה אֲשֶׁ֥ר לֹֽא־נָשַׁ֖ק לֽוֹ:
יט וַיֵּ֣לֶךְ מִ֠שָּׁם וַיִּמְצָ֞א אֶת־אֱלִישָׁ֤ע בֶּן־שָׁפָט֙ וְה֣וּא חֹרֵ֔שׁ שְׁנֵים־עָשָׂ֤ר צְמָדִים֙ לְפָנָ֔יו וְה֖וּא בִּשְׁנֵ֣ים הֶֽעָשָׂ֑ר וַיַּעֲבֹ֤ר אֵלִיָּ֨הוּ֙ אֵלָ֔יו וַיַּשְׁלֵ֥ךְ אַדַּרְתּ֖וֹ אֵלָֽיו:
כ וַיַּעֲזֹ֣ב אֶת־הַבָּקָ֗ר וַיָּ֨רָץ֙ אַחֲרֵ֣י אֵלִיָּ֔הוּ וַיֹּ֗אמֶר אֶשְּׁקָה־נָּא֙ לְאָבִ֣י וּלְאִמִּ֔י
כא וְאֵלְכָ֖ה אַחֲרֶ֑יךָ וַיֹּ֤אמֶר לוֹ֙ לֵ֣ךְ שׁ֔וּב כִּ֥י מֶה־עָשִׂ֖יתִי לָֽךְ: וַיָּ֨שָׁב מֵאַחֲרָ֜יו וַיִּקַּ֣ח אֶת־צֶ֧מֶד הַבָּקָ֣ר וַיִּזְבָּחֵ֗הוּ וּבִכְלִ֤י הַבָּקָר֙ בִּשְּׁלָ֣ם הַבָּשָׂ֔ר וַיִּתֵּ֥ן לָעָ֖ם וַיֹּאכֵ֑לוּ וַיָּ֗קָם וַיֵּ֛לֶךְ אַחֲרֵ֥י אֵלִיָּ֖הוּ וַיְשָׁרְתֵֽהוּ:

פרשת מטות

מטות

כו וַיְדַבֵּ֤ר מֹשֶׁה֙ אֶל־רָאשֵׁ֣י הַמַּטּ֔וֹת לִבְנֵ֥י יִשְׂרָאֵ֖ל ב ל
לֵאמֹ֑ר זֶ֣ה הַדָּבָ֔ר אֲשֶׁ֖ר צִוָּ֥ה יְהֹוָֽה: ג אִישׁ֩ כִּֽי־יִדֹּ֨ר
נֶ֜דֶר לַֽיהֹוָ֗ה אֽוֹ־הִשָּׁ֤בַע שְׁבֻעָה֙ לֶאְסֹ֤ר אִסָּר֙ עַל־
נַפְשׁ֔וֹ לֹ֥א יַחֵ֖ל דְּבָר֑וֹ כְּכָל־הַיֹּצֵ֥א מִפִּ֖יו יַעֲשֶֽׂה:
ד וְאִשָּׁ֕ה כִּֽי־תִדֹּ֥ר נֶ֖דֶר לַֽיהֹוָ֑ה וְאָסְרָ֥ה אִסָּ֛ר
בְּבֵ֥ית אָבִ֖יהָ בִּנְעֻרֶֽיהָ: ה וְשָׁמַ֨ע אָבִ֜יהָ אֶת־נִדְרָ֗הּ
וֶֽאֱסָרָהּ֙ אֲשֶׁ֣ר אָֽסְרָ֣ה עַל־נַפְשָׁ֔הּ וְהֶֽחֱרִ֥ישׁ לָ֖הּ
אָבִ֑יהָ וְקָ֨מוּ֙ כָּל־נְדָרֶ֔יהָ וְכָל־אִסָּ֛ר אֲשֶׁר־אָֽסְרָ֥ה
עַל־נַפְשָׁ֖הּ יָקֽוּם: ו וְאִם־הֵנִ֨יא אָבִ֣יהָ אֹתָהּ֮ בְּי֣וֹם
שָׁמְעוֹ֒ כָּל־נְדָרֶ֗יהָ וֶֽאֱסָרֶ֛יהָ אֲשֶׁר־אָֽסְרָ֥ה עַל־
נַפְשָׁ֖הּ לֹ֣א יָק֑וּם וַֽיהֹוָה֙ יִֽסְלַח־לָ֔הּ כִּֽי־הֵנִ֥יא אָבִ֖יהָ
אֹתָֽהּ: ז וְאִם־הָי֤וֹ תִֽהְיֶה֙ לְאִ֔ישׁ וּנְדָרֶ֖יהָ עָלֶ֑יהָ
א֚וֹ מִבְטָ֣א שְׂפָתֶ֔יהָ אֲשֶׁ֥ר אָֽסְרָ֖ה עַל־נַפְשָֽׁהּ:
ח וְשָׁמַ֨ע אִישָׁ֜הּ בְּי֤וֹם שָׁמְעוֹ֙ וְהֶֽחֱרִ֣ישׁ לָ֔הּ וְקָ֨מוּ
נְדָרֶ֔יהָ וֶאֱסָרֶ֛הָ אֲשֶׁר־אָסְרָ֥ה עַל־נַפְשָׁ֖הּ יָקֻֽמוּ:

מצווה תו
דיני הפרת נדרים

מצווה תו
איסור על האדם
שלא לקיים נדרו

ב) **רָאשֵׁי הַמַּטּוֹת.** חָלַק כָּבוֹד לַנְּשִׂיאִים לְלַמְּדָם תְּחִלָּה, וְאַחַר כָּךְ לְכָל בְּנֵי יִשְׂרָאֵל. וּמִנַּיִן שֶׁאַף שְׁאָר הַדִּבְּרוֹת כֵּן? תַּלְמוּד לוֹמַר: "וַיֵּשְׁבוּ אֵלָיו אַהֲרֹן וְכָל הַנְּשִׂיאִים בָּעֵדָה וַיְדַבֵּר מֹשֶׁה אֲלֵיהֶם, וְאַחֲרֵי כֵן נִגְּשׁוּ כָּל בְּנֵי יִשְׂרָאֵל" (שמות לד, לא-לב). וּמָה רָאָה לְאָמְרָהּ כָּאן? לִמֵּד שֶׁהֲפָרַת נְדָרִים

1000

ב וּמַלֵּיל מֹשֶׁה עִם רֵישֵׁי שִׁבְטַיָּא, לִבְנֵי יִשְׂרָאֵל לְמֵימַר, דֵּין פִּתְגָּמָא, דְּפַקֵּיד יְיָ: גְּבַר אֲרֵי יִדַּר נְדַר קֳדָם יְיָ, אוֹ יְקַיֵּים קְיָם לְמֵיסַר אִסָּר עַל נַפְשֵׁיהּ, לָא יְבַטֵּיל פִּתְגָּמֵיהּ, כְּכָל דְּיִפּוֹק מִפּוּמֵּיהּ יַעֲבֵיד:

ג וְאִתְּתָא, אֲרֵי תִדַּר נְדַר קֳדָם יְיָ, וְתֵיסַר אִסָּר, בְּבֵית אֲבוּהָא בִּרְבִיּוּתַהּ: וְיִשְׁמַע אֲבוּהָא יָת נִדְרַהּ, וֶאֱסָרַהּ דַּאֲסָרַת עַל נַפְשַׁהּ, וְיִשְׁתּוֹק לַהּ אֲבוּהָא, וִיקוּמוּן כָּל נִדְרָהָא, וְכָל

ד אִסָּרֵי, דַּאֲסָרַת עַל נַפְשַׁהּ יְקוּמוּן: וְאִם אַעֲדִי אֲבוּהָא יָתְהוֹן בְּיוֹמָא דְּשָׁמַע, כָּל נִדְרָהָא, וֶאֱסָרָהָא, דַּאֲסָרַת עַל נַפְשַׁהּ לָא יְקוּמוּן, וּמִן קֳדָם יְיָ יִשְׁתְּבֵיק לַהּ, אֲרֵי אַעֲדִי אֲבוּהָא יָתְהוֹן:

ה וְאִם מֶהֱוָה תְּהֱוֵי לִגְבַר, וְנִדְרָהָא עֲלַהּ, אוֹ פֵרוּשׁ סִפְוָתַהָא, דַּאֲסָרַת עַל נַפְשַׁהּ: וְיִשְׁמַע בַּעֲלַהּ, בְּיוֹמָא דְשָׁמַע וְיִשְׁתּוֹק לַהּ, וִיקוּמוּן נִדְרָהָא, וֶאֱסָרָהָא, דַּאֲסָרַת עַל נַפְשַׁהּ יְקוּמוּן:

בְּיָחִיד מִמֶּנָּה, וְאִם אֵין יָחִיד מִמְנֶּה מֵמַר בִּשְׁלֹשָׁה הֶדְיוֹטוֹת. אוֹ יָכוֹל שֶׁלֹּא אָמַר מֹשֶׁה אֶת פָּרָשָׁה זוֹ חֲלָק לַנְּשִׂיאִים בִּלְבַד? נֶאֱמַר כָּאן: "זֶה הַדָּבָר", וְנֶאֱמַר בִּשְׁחוּטֵי חוּץ: "זֶה הַדָּבָר" (ויקרא יז, ב) מַה לְּהַלָּן נֶאֶמְרָה לְאַהֲרֹן וּלְבָנָיו וּלְכָל בְּנֵי יִשְׂרָאֵל, שֶׁנֶּאֱמַר: "דַּבֵּר אֶל אַהֲרֹן" וְגוֹ' (שם), אַף זוֹ נֶאֶמְרָה לְכֻלָּן: זֶה הַדָּבָר. מֹשֶׁה נִתְנַבֵּא בְּ"כֹה אָמַר ה' כַּחֲצֹת הַלַּיְלָה" (שמות יא, ד), וְהַנְּבִיאִים נִתְנַבְּאוּ בְּ"כֹה אָמַר ה'", מוּסָף עֲלֵיהֶם מֹשֶׁה, שֶׁנִּתְנַבֵּא בִּלְשׁוֹן "זֶה הַדָּבָר". דָּבָר אַחֵר, "זֶה הַדָּבָר" מֵעוּט הוּא, לוֹמַר שֶׁהֻתְּכַשׁ בִּלְשׁוֹן הֲפָרָה וּבַעַל בִּלְשׁוֹן הֲפָרָה, כִּלְשׁוֹן הַכָּתוּב כָּאן, וְאִם חִלְּפוּ אֵין מְיֻפָּר וְאֵין מוּפָר:

ג נֶדֶר. הָחוֹמֵר: הֲרֵי עָלַי קוּנָם שֶׁלֹּא אֹכַל אוֹ שֶׁלֹּא אֶעֱשֶׂה דָּבָר פְּלוֹנִי. יָכוֹל אֲפִלּוּ נִשְׁבַּע שֶׁיֹּאכַל נְבֵלוֹת אֲנִי קוֹרֵא עָלָיו: "כְּכָל הַיֹּצֵא מִפִּיו יַעֲשֶׂה"? תַּלְמוּד לוֹמַר: "לֶאְסֹר אִסָּר", לֶאְסֹר אֶת הַמֻּתָּר וְלֹא לְהַתִּיר אֶת הָאָסוּר: לֹא יַחֵל דְּבָרוֹ. כְּמוֹ: לֹא יְחַלֵּל דְּבָרוֹ, לֹא יַעֲשֶׂה דְּבָרָיו חֻלִּין:

ד בְּבֵית אָבִיהָ. בִּרְשׁוּת אָבִיהָ, וַאֲפִלּוּ אֵינָהּ בְּבֵיתוֹ: בִּנְעֻרֶיהָ. וְלֹא קְטַנָּה וְלֹא בּוֹגֶרֶת, שֶׁהַקְּטַנָּה אֵין נִדְרָהּ נֶדֶר, וְהַבּוֹגֶרֶת אֵינָהּ בִּרְשׁוּתוֹ שֶׁל אָבִיהָ לְהָפֵר נְדָרֶיהָ. וְאֵי זוֹ הִיא קְטַנָּה? אָמְרוּ רַבּוֹתֵינוּ: בַּת אַחַת עֶשְׂרֵה שָׁנָה וְיוֹם אֶחָד נְדָרֶיהָ נִבְדָּקִין, אִם יָדְעָה לְשֵׁם מִי נָדְרָה וּלְשֵׁם מִי הִקְדִּישָׁה, נִדְרָהּ נֶדֶר. בַּת שְׁתֵּים עֶשְׂרֵה שָׁנָה וְיוֹם אֶחָד אֵינָהּ צְרִיכָה לְבָדֵק:

ו וְאִם הֵנִיא אָבִיהָ אֹתָהּ. אִם מָנַע אוֹתָהּ מִן הַנֶּדֶר, כְּלוֹמַר שֶׁהֵפֵר לָהּ. הֲנָאָה זוֹ אֵינִי יוֹדֵעַ מַה הִיא, כְּשֶׁהוּא אוֹמֵר: "וְאִם בְּיוֹם שְׁמֹעַ אִישָׁהּ יָנִיא אוֹתָהּ וְהֵפַר" (להלן פסוק ט), הֱוֵי אוֹמֵר הֲנָאָה זוֹ הֲפָרָה. וּפְשׁוּטוֹ, לְשׁוֹן מְנִיעָה וַהֲסָרָה, וְכֵן: "וְלָמָּה תְנִיאוּן" (להלן לב, ז), וְכֵן: "שֶׁמֶן רֹאשׁ אַל יָנִי לְרֹאשִׁי" (תהלים קמא, ה), וְכֵן: "וַיֹּדַעְתֶּם אֶת תְּנוּאָתִי" (לעיל יד, לד), אֶת אֲשֶׁר סַרְתֶּם מֵעָלַי: וַה' יִסְלַח לָהּ. בַּמֶּה הַכָּתוּב מְדַבֵּר? בְּאִשָּׁה שֶׁנָּדְרָה בְּנָזִיר וְשָׁמַע בַּעֲלָהּ וְהֵפֵר לָהּ וְהִיא לֹא יָדְעָה, וְעוֹבֶרֶת עַל נִדְרָהּ וְשׁוֹתָה יַיִן וּמִטַּמְּאָה לַמֵּתִים, זוֹ הִיא שֶׁצְּרִיכָה סְלִיחָה וְאַף עַל פִּי שֶׁהוּא מוּפָר. וְאִם הַמּוּפָרִין צְרִיכִין סְלִיחָה, קַל וָחֹמֶר לְשֶׁאֵינָן מוּפָרִין:

ז וְאִם הָיוֹ תִהְיֶה לְאִישׁ. זוֹ אֲרוּסָה, אוֹ אֵינוֹ אֶלָּא נְשׂוּאָה? כְּשֶׁהוּא אוֹמֵר: "וְאִם בֵּית אִישָׁהּ נָדָרָה" (להלן פסוק יא), הֲרֵי נְשׂוּאָה אָמוּר, וְכָאן בַּאֲרוּסָה, וּבָא לַחֲלֹק בָּהּ, שֶׁאָבִיהָ וּבַעֲלָהּ מְפִירִין נְדָרֶיהָ. הֵפֵר הָאָב וְלֹא הֵפֵר הַבַּעַל, אוֹ הֵפֵר הַבַּעַל וְלֹא הֵפֵר הָאָב, הֲרֵי זֶה אֵינוֹ מוּפָר, וְאֵין צָרִיךְ לוֹמַר אִם קִיֵּים אֶחָד מֵהֶם: וּנְדָרֶיהָ עָלֶיהָ. שֶׁנְּדָרָה בְּבֵית אָבִיהָ וְלֹא שָׁמַע בָּהֶן אָבִיהָ, וְלֹא הוּפְרוּ וְלֹא הוּקְמוּ:

ח וְשָׁמַע אִישָׁהּ וְגוֹ'. הֲרֵי לְךָ שֶׁאִם קִיֵּם הַבַּעַל שֶׁהוּא קַיָּם:

וְאִם בְּיוֹם שְׁמֹעַ אִישָׁהּ יָנִיא אוֹתָהּ וְהֵפֵר ט
אֶת־נִדְרָהּ אֲשֶׁר עָלֶיהָ וְאֵת מִבְטָא שְׂפָתֶיהָ
אֲשֶׁר אָסְרָה עַל־נַפְשָׁהּ וַיהוָה יִסְלַח־לָהּ׃
וְנֵדֶר אַלְמָנָה וּגְרוּשָׁה כֹּל אֲשֶׁר־אָסְרָה עַל־ י
נַפְשָׁהּ יָקוּם עָלֶיהָ׃ וְאִם־בֵּית אִישָׁהּ נָדָרָה יא
אוֹ־אָסְרָה אִסָּר עַל־נַפְשָׁהּ בִּשְׁבֻעָה׃ וְשָׁמַע יב
אִישָׁהּ וְהֶחֱרִשׁ לָהּ לֹא הֵנִיא אֹתָהּ וְקָמוּ כָּל־
נְדָרֶיהָ וְכָל־אִסָּר אֲשֶׁר־אָסְרָה עַל־נַפְשָׁהּ
יָקוּם׃ וְאִם־הָפֵר יָפֵר אֹתָם ׀ אִישָׁהּ בְּיוֹם יג
שָׁמְעוֹ כָּל־מוֹצָא שְׂפָתֶיהָ לִנְדָרֶיהָ וּלְאִסַּר
נַפְשָׁהּ לֹא יָקוּם אִישָׁהּ הֲפֵרָם וַיהוָה יִסְלַח־
לָהּ׃ כָּל־נֵדֶר וְכָל־שְׁבֻעַת אִסָּר לְעַנֹּת נָפֶשׁ יד
אִישָׁהּ יְקִימֶנּוּ וְאִישָׁהּ יְפֵרֶנּוּ׃ וְאִם־הַחֲרֵשׁ טו
יַחֲרִישׁ לָהּ אִישָׁהּ מִיּוֹם אֶל־יוֹם וְהֵקִים אֶת־
כָּל־נְדָרֶיהָ אוֹ אֶת־כָּל־אֱסָרֶיהָ אֲשֶׁר עָלֶיהָ
הֵקִים אֹתָם כִּי־הֶחֱרִשׁ לָהּ בְּיוֹם שָׁמְעוֹ׃ וְאִם־ טז
הָפֵר יָפֵר אֹתָם אַחֲרֵי שָׁמְעוֹ וְנָשָׂא אֶת־עֲוֺנָהּ׃
אֵלֶּה הַחֻקִּים אֲשֶׁר צִוָּה יְהוָה אֶת־מֹשֶׁה בֵּין יז
אִישׁ לְאִשְׁתּוֹ בֵּין־אָב לְבִתּוֹ בִּנְעֻרֶיהָ בֵּית
אָבִיהָ׃

לא א ב וַיְדַבֵּר יְהוָה אֶל־מֹשֶׁה לֵּאמֹר: נְקֹם נִקְמַת כז שני
בְּנֵי יִשְׂרָאֵל מֵאֵת הַמִּדְיָנִים אַחַר תֵּאָסֵף אֶל־
ג עַמֶּיךָ: וַיְדַבֵּר מֹשֶׁה אֶל־הָעָם לֵאמֹר הֵחָלְצוּ

ט וְאִם, בְּיוֹמָא דִשְׁמַע בַּעְלַהּ אַעְדִּי יָתְהוֹן, וּבַטֵּיל, יָת נִדְרַהּ דַּעֲלַהּ, וְיָת פֵּירוּשׁ סִפְוָתַהָא,
י דַּאֲסָרַת עַל נַפְשַׁהּ, וּמִן קֳדָם יי יִשְׁתְּבֵיק לַהּ: וּנְדַר אַרְמְלָא וּמְתָרְכָא, כֹּל, דַּאֲסָרַת עַל נַפְשַׁהּ
יא יב קַיָּם עֲלַהּ: וְאִם בֵּית בַּעְלַהּ נְדָרַת, אוֹ אֲסָרַת אֱסָר, עַל נַפְשַׁהּ בְּקִיּוּם: וְיִשְׁמַע בַּעְלַהּ וְיִשְׁתּוֹק
יג לַהּ, לָא אַעְדִּי יָתְהוֹן, וִיקוּמוּן כָּל נִדְרַהָא, וְכָל אֱסָרֵי, דַּאֲסָרַת עַל נַפְשַׁהּ יְקוּמוּן: וְאִם בַּטָּלָא
יְבַטֵּיל יָתְהוֹן בַּעְלַהּ בְּיוֹמָא דִשְׁמַע, כָּל אַפָּקוּת סִפְוָתַהָא לְנִדְרַהָא, וּלְאֱסָר נַפְשַׁהּ לָא יְקוּמוּן,
יד בַּעְלַהּ בַּטֵּילִנּוּן, וּמִן קֳדָם יי יִשְׁתְּבֵיק לַהּ: כָּל נְדַר, וְכָל קְיוֹמַת אֱסָר לְסַגָּפָא נְפַשׁ, בַּעְלַהּ
טו יְקַיְּמִנּוּן וּבַעְלַהּ יְבַטֵּילִנּוּן: וְאִם מִשְׁתַּק יִשְׁתּוֹק לַהּ בַּעְלַהּ מִיּוֹם לְיוֹם, וִיקַיֵּים יָת כָּל נִדְרַהָא,
טז אוֹ יָת כָּל אֱסָרַהָא דַּעֲלַהּ, קַיֵּים יָתְהוֹן, אֲרֵי שְׁתֵיק לַהּ בְּיוֹמָא דִשְׁמַע: וְאִם בַּטָּלָא יְבַטֵּיל,
יז יָתְהוֹן בָּתַר דִּשְׁמַע, וִיקַבֵּיל יָת חוֹבַהּ: אִלֵּין קְיָמַיָּא, דְּפַקֵּיד יי יָת מֹשֶׁה, בֵּין גְּבַר לְאִתְּתֵיהּ,
לא א ב בֵּין אַבָּא לִבְרַתֵּיהּ, בִּרְבִיוּתַהּ בֵּית אֲבוּהָא: וּמַלֵּיל יי עִם מֹשֶׁה לְמֵימַר: אִתְפְּרַע, פֻּרְעָנוּת
ג בְּנֵי יִשְׂרָאֵל, מִן מִדְיָנָאֵי, בָּתַר כֵּן תִּתְכְּנֵישׁ לְעַמָּךְ: וּמַלֵּיל מֹשֶׁה עִם עַמָּא לְמֵימַר, זָרִיזוּ

ט] **וְהֵפֵר אֶת נִדְרָהּ אֲשֶׁר עָלֶיהָ.** יָכוֹל אֲפִלּוּ לֹא הֵפֵר הָאָב? תַּלְמוּד לוֹמַר: "בִּנְעֻרֶיהָ בֵּית אָבִיהָ" (להלן פסוק יז), כָּל שֶׁבִּנְעוּרֶיהָ בִּרְשׁוּת אָבִיהָ הִיא:

י] **אֲשֶׁר אָסְרָה עַל נַפְשָׁהּ יָקוּם עָלֶיהָ.** לְפִי שֶׁאֵינָהּ לֹא בִּרְשׁוּת אָב וְלֹא בִּרְשׁוּת בַּעַל, וּבְאַלְמָנָה מִן הַנִּשּׂוּאִין הַכָּתוּב מְדַבֵּר, אֲבָל אַלְמָנָה מִן הָאֵרוּסִין, מֵת הַבַּעַל, נִתְרוֹקְנָה וְחָזְרָה לִרְשׁוּת לָאָב:

יא] **וְאִם בֵּית אִישָׁהּ נָדָרָה.** בִּנְשׂוּאָה הַכָּתוּב מְדַבֵּר:

יד] **כָּל נֵדֶר וְכָל שְׁבֻעַת אִסָּר וְגוֹ'.** לְפִי שֶׁאָמַר שֶׁהַבַּעַל מֵפֵר, יָכוֹל כָּל נְדָרִים בְּמַשְׁמָע? תַּלְמוּד לוֹמַר: "לְעַנֹּת נָפֶשׁ", אֵינוֹ מֵפֵר אֶלָּא נִדְרֵי עִנּוּי נֶפֶשׁ בִּלְבַד, וְהֵם מְפֹרָשִׁים בְּמַסֶּכֶת נְדָרִים (דף עט ע"א ואילך):

טו] **מִיּוֹם אֶל יוֹם.** שֶׁלֹּא תֹּאמַר מֵעֵת לְעֵת, לְכָךְ נֶאֱמַר: "מִיּוֹם אֶל יוֹם", לְלַמֶּדְךָ שֶׁאֵין מֵפֵר אֶלָּא עַד שֶׁתֶּחְשַׁךְ:

טז] **אַחֲרֵי שָׁמְעוֹ.** אַחֲרֵי שֶׁשָּׁמַע וְקִיֵּם, שֶׁאָמַר: אֶפְשִׁי בוֹ, וְחָזַר וְהֵפֵר לָהּ, אֲפִלּוּ בוֹ בַּיּוֹם: **וְנָשָׂא אֶת עֲוֹנָהּ.** הוּא מִכְנָס תַּחְתֶּיהָ. לָמַדְנוּ מִכָּאן שֶׁהַגּוֹרֵם תַּקָּלָה לַחֲבֵרוֹ הוּא נִכְנָס תַּחְתָּיו לְכָל עֳנָשִׁין:

פרק לא

ב] **מֵאֵת הַמִּדְיָנִים.** וְלֹא מֵאֵת הַמּוֹאָבִים, שֶׁהַמּוֹאָבִים נִכְנְסוּ לַדָּבָר מֵחֲמַת יִרְאָה, שֶׁהָיוּ יְרֵאִים מֵהֶם שֶׁיִּהְיוּ שׁוֹלְלִים אוֹתָם, שֶׁלֹּא נֶאֱמַר אֶלָּא "אַל תִּתְגָּר בָּם מִלְחָמָה" (דברים ב, ט), אֲבָל מִדְיָנִים נִתְעַבְּרוּ עַל רִיב לֹא לָהֶם. דָּבָר אַחֵר, מִפְּנֵי שְׁתֵּי פְרִידוֹת טוֹבוֹת שֶׁיֵּשׁ לִי לְהוֹצִיא מֵהֶם, רוּת הַמּוֹאֲבִיָּה וְנַעֲמָה הָעַמּוֹנִית:

ג] **וַיְדַבֵּר מֹשֶׁה וְגוֹ'.** אַף עַל פִּי שֶׁשָּׁמַע שֶׁמִּיתָתוֹ תְּלוּיָה בַדָּבָר, עָשָׂה בְשִׂמְחָה וְלֹא אֵחַר: **הֵחָלְצוּ.** כְּתַרְגּוּמוֹ, לְשׁוֹן חֲלוּצֵי צָבָא, מְזֻיָּנִים: **אֲנָשִׁים.**

מֵאִתְּכֶ֛ם אֲנָשִׁ֖ים לַצָּבָ֑א וְיִֽהְיוּ֙ עַל־מִדְיָ֔ן לָתֵ֥ת
נִקְמַת־יְהוָ֖ה בְּמִדְיָֽן׃ אֶ֚לֶף לַמַּטֶּ֔ה אֶ֖לֶף לַמַּטֶּ֑ה ד
לְכֹל֙ מַטּ֣וֹת יִשְׂרָאֵ֔ל תִּשְׁלְח֖וּ לַצָּבָֽא׃ וַיִּמָּֽסְרוּ֙ ה
מֵאַלְפֵ֣י יִשְׂרָאֵ֔ל אֶ֖לֶף לַמַּטֶּ֑ה שְׁנֵים־עָשָׂ֥ר אֶ֖לֶף
חֲלוּצֵ֥י צָבָֽא׃ וַיִּשְׁלַ֨ח אֹתָ֥ם מֹשֶׁ֛ה אֶ֥לֶף לַמַּטֶּ֖ה ו
לַצָּבָ֑א אֹ֠תָם וְאֶת־פִּֽינְחָ֨ס בֶּן־אֶלְעָזָ֤ר הַכֹּהֵן֙
לַצָּבָ֔א וּכְלֵ֥י הַקֹּ֛דֶשׁ וַחֲצֹצְר֥וֹת הַתְּרוּעָ֖ה בְּיָדֽוֹ׃
וַיִּצְבְּאוּ֙ עַל־מִדְיָ֔ן כַּאֲשֶׁ֛ר צִוָּ֥ה יְהוָ֖ה אֶת־מֹשֶׁ֑ה ז
וַיַּהַרְג֖וּ כָּל־זָכָֽר׃ וְאֶת־מַלְכֵ֨י מִדְיָ֜ן הָרְג֣וּ עַל־ ח
חַלְלֵיהֶ֗ם אֶת־אֱוִ֤י וְאֶת־רֶ֙קֶם֙ וְאֶת־צ֤וּר וְאֶת־
חוּר֙ וְאֶת־רֶ֔בַע חֲמֵ֖שֶׁת מַלְכֵ֣י מִדְיָ֑ן וְאֵת֙ בִּלְעָ֣ם
בֶּן־בְּע֔וֹר הָרְג֖וּ בֶּחָֽרֶב׃ וַיִּשְׁבּ֧וּ בְנֵי־יִשְׂרָאֵ֛ל ט
אֶת־נְשֵׁ֥י מִדְיָ֖ן וְאֶת־טַפָּ֑ם וְאֵ֨ת כָּל־בְּהֶמְתָּ֧ם
וְאֶת־כָּל־מִקְנֵהֶ֛ם וְאֶת־כָּל־חֵילָ֖ם בָּזָֽזוּ׃ וְאֵ֤ת י
כָּל־עָרֵיהֶם֙ בְּמ֣וֹשְׁבֹתָ֔ם וְאֵ֖ת כָּל־טִֽירֹתָ֑ם
שָׂרְפ֖וּ בָּאֵֽשׁ׃ וַיִּקְחוּ֙ אֶת־כָּל־הַשָּׁלָ֔ל וְאֵ֖ת כָּל־ יא
הַמַּלְק֑וֹחַ בָּאָדָ֖ם וּבַבְּהֵמָֽה׃ וַיָּבִ֡אוּ אֶל־מֹשֶׁה֩ יב
וְאֶל־אֶלְעָזָ֨ר הַכֹּהֵ֜ן וְאֶל־עֲדַ֣ת בְּנֵי־יִשְׂרָאֵ֗ל
אֶת־הַשְּׁבִ֛י וְאֶת־הַמַּלְק֥וֹחַ וְאֶת־הַשָּׁלָ֖ל אֶל־
הַֽמַּחֲנֶ֑ה אֶל־עַֽרְבֹ֣ת מוֹאָ֔ב אֲשֶׁ֖ר עַל־יַרְדֵּ֥ן

ד מִנְּכוֹן, גֻּבְרִין לְחֵילָא, וִיהוֹן עַל מִדְיָן, לְמִתַּן פֻּרְעֲנוּת דִּין עַמֵּיהּ דַּייָ בְּמִדְיָן: אַלְפָּא לְשִׁבְטָא, אַלְפָּא
ה לְשִׁבְטָא, לְכֹל שִׁבְטַיָּא דְּיִשְׂרָאֵל, תִּשְׁלְחוּן לְחֵילָא: וְאִתְבְּחַרוּ מֵאַלְפַיָּא דְּיִשְׂרָאֵל, אַלְפָּא
ו לְשִׁבְטָא, תְּרֵי עֲסַר אַלְפִין מְזָרְזֵי חֵילָא: וּשְׁלַח יָתְהוֹן מֹשֶׁה, אַלְפָּא לְשִׁבְטָא לְחֵילָא, יָתְהוֹן, וְיָת
ז פִּינְחָס, בַּר אֶלְעָזָר כָּהֲנָא לְחֵילָא, וּמָנֵי קֻדְשָׁא, וַחֲצוֹצְרָת יַבָּבְתָא בִּידֵיהּ: וְאִתְחַיַּלוּ עַל מִדְיָן,
ח כְּמָא דְּפַקֵּיד יְיָ יָת מֹשֶׁה, וּקְטַלוּ כָּל דְּכוּרָא: וְיָת מַלְכֵי מִדְיָן קְטַלוּ עַל קְטִילֵיהוֹן, יָת אֱוִי וְיָת
ט רֶקֶם וְיָת צוּר וְיָת חוּר וְיָת רֶבַע, חַמְשָׁא מַלְכֵי מִדְיָן, וְיָת בִּלְעָם בַּר בְּעוֹר, קְטַלוּ בְחַרְבָּא: וּשְׁבוֹ
בְּנֵי יִשְׂרָאֵל, יָת נְשֵׁי מִדְיָן וְיָת טַפְלְהוֹן, וְיָת כָּל בְּעִירְהוֹן וְיָת כָּל גֵּיתֵיהוֹן, וְיָת כָּל נִכְסֵיהוֹן בַּזּוּ:
יא וְיָת כָּל קִרְוֵיהוֹן בְּמוֹתְבָנֵיהוֹן, וְיָת כָּל בֵּית סִגְדַּתְהוֹן, אוֹקִידוּ בְּנוּרָא: וּשְׁבוֹ יָת כָּל עֲדָאָה, וְיָת
יב כָּל דְּבַרְתָּא, בַּאֲנָשָׁא וּבִבְעִירָא: וְאַיְתִיאוּ, לְוָת מֹשֶׁה וּלְוָת אֶלְעָזָר כָּהֲנָא וּלְוָת כְּנִשְׁתָּא דִּבְנֵי
יִשְׂרָאֵל, יָת שִׁבְיָא וְיָת דְּבַרְתָּא, וְיָת עֲדָאָה לְמַשְׁרִיתָא, לְמֵישְׁרַיָּא דְּמוֹאָב, דְּעַל יַרְדְּנָא

צַדִּיקִים, וְכֵן: "בְּחַר לָנוּ אֲנָשִׁים" (שמות יז, ט), וְכֵן: "אֲנָשִׁים חֲכָמִים וּנְבֹנִים" (דברים א, יג): **נִקְמַת ה'.** שֶׁהָעוֹמֵד כְּנֶגֶד יִשְׂרָאֵל כְּאִלּוּ עוֹמֵד כְּנֶגֶד הַקָּדוֹשׁ בָּרוּךְ הוּא:

ד] **לְכֹל מַטּוֹת יִשְׂרָאֵל.** לְרַבּוֹת שֵׁבֶט לֵוִי:

ה] **וַיִּמָּסְרוּ.** לְהוֹדִיעֲךָ שִׁבְחָן שֶׁל רוֹעֵי יִשְׂרָאֵל, כַּמָּה הֵם חֲבִיבִים עַל יִשְׂרָאֵל. עַד שֶׁלֹּא שָׁמְעוּ בְּמִיתָתוֹ, מַה הוּא אוֹמֵר? "עוֹד מְעַט וּסְקָלֻנִי" (שמות יז, ד), וּמִשֶּׁשָּׁמְעוּ שֶׁמִּיתַת מֹשֶׁה תְּלוּיָה בְּנִקְמַת מִדְיָן, לֹא רָצוּ לָלֶכֶת עַד שֶׁנִּמְסְרוּ עַל כָּרְחָן:

ו] **אֹתָם וְאֶת פִּינְחָס.** מַגִּיד שֶׁהָיָה פִּינְחָס שָׁקוּל כְּנֶגֶד כֻּלָּם. וּמִפְּנֵי מָה הָלַךְ פִּינְחָס וְלֹא הָלַךְ אֶלְעָזָר? אָמַר הַקָּדוֹשׁ בָּרוּךְ הוּא: מִי שֶׁהִתְחִיל בַּמִּצְוָה, שֶׁהָרַג כָּזְבִּי בַּת צוּר, יִגְמֹר. דָּבָר אַחֵר, שֶׁהָלַךְ לִנְקֹם נִקְמַת יוֹסֵף אֲבִי אִמּוֹ, שֶׁנֶּאֱמַר: "וְהַמְּדָנִים מָכְרוּ אֹתוֹ" (בראשית לז, לו). וּמִנַּיִן שֶׁהָיְתָה אִמּוֹ שֶׁל פִּינְחָס מִשֶּׁל יוֹסֵף? שֶׁנֶּאֱמַר: "מִבְּנוֹת פּוּטִיאֵל" (שמות ו, כה), מִזֶּרַע יִתְרוֹ שֶׁפִּטֵּם עֲגָלִים לַעֲבוֹדָה זָרָה, וּמִזֶּרַע יוֹסֵף שֶׁפִּטְפֵּט בְּיִצְרוֹ. דָּבָר אַחֵר, שֶׁהָיָה מְשׁוּחַ מִלְחָמָה: **וּכְלֵי הַקֹּדֶשׁ.** זֶה הָאָרוֹן וְהַצִּיץ, שֶׁהָיָה בִּלְעָם עִמָּהֶם וּמַפְרִיחַ מַלְכֵי מִדְיָן בִּכְשָׁפִים, וְהוּא עַצְמוֹ פּוֹרֵחַ עִמָּהֶם; הֶרְאָה לָהֶם אֶת הַצִּיץ שֶׁהַשֵּׁם חָקוּק בּוֹ, וְהֵם נוֹפְלִים, לְכָךְ נֶאֱמַר: "עַל חַלְלֵיהֶם" (להלן פסוק ח) בְּמַלְכֵי מִדְיָן, שֶׁנּוֹפְלִים עַל הַחֲלָלִים מִן הָאֲוִיר. וְכֵן בְּבִלְעָם כְּתִיב: "אֶל חַלְלֵיהֶם" בְּסֵפֶר יְהוֹשֻׁעַ (יג, כב): **בְּיָדוֹ.** בִּרְשׁוּתוֹ, וְכֵן: "וַיִּקַּח אֶת כָּל אַרְצוֹ מִיָּדוֹ" (במדבר כא, כו):

ח] **חֲמֵשֶׁת מַלְכֵי מִדְיָן.** וְכִי אֵינִי רוֹאֶה שֶׁחֲמִשָּׁה מָנָה הַכָּתוּב? לָמָּה הֻזְקַק לוֹמַר 'חֲמֵשֶׁת'? אֶלָּא לְלַמֶּדְךָ שֶׁשָּׁווּ כֻלָּם בָּעֵצָה וְהֻשְׁווּ כֻלָּם בַּפֻּרְעָנוּת. בִּלְעָם הָלַךְ שָׁם לִטֹּל שְׂכַר עֶשְׂרִים וְאַרְבָּעָה אֶלֶף שֶׁהִפִּיל מִיִּשְׂרָאֵל בַּעֲצָתוֹ, וְיָצָא מִמִּדְיָן לִקְרַאת יִשְׂרָאֵל וּמַשִּׂיאָן עֵצָה רָעָה, אָמַר לָהֶם: אִם כְּשֶׁהֱיִיתֶם שִׁשִּׁים רִבּוֹא לֹא יְכָלְתֶּם לָהֶם, עַתָּה בִּשְׁנֵים עָשָׂר אֶלֶף אַתֶּם בָּאִים לְהִלָּחֵם? נָתְנוּ לוֹ שְׂכָרוֹ מְשֻׁלָּם וְלֹא קִפְּחוּהוּ: **בֶּחָרֶב.** הוּא בָּא עַל יִשְׂרָאֵל וְהֶחֱלִיף אֻמָּנוּתוֹ בְּאֻמָּנוּתָם, שֶׁאֵין נוֹשָׁעִים אֶלָּא בְּפִיהֶם עַל יְדֵי תְּפִלָּה וּבַקָּשָׁה, וּבָא הוּא וְתָפַשׂ אֻמָּנוּתָם לְקַלְּלָם בְּפִיו, אַף הֵם בָּאוּ עָלָיו וְהֶחֱלִיפוּ אֻמָּנוּתָם בְּאֻמָּנוּת הָאֻמּוֹת שֶׁבָּאִין בַּחֶרֶב, שֶׁנֶּאֱמַר: "וְעַל חַרְבְּךָ תִחְיֶה" (בראשית כז, מ):

י] **טִירֹתָם.** מְקוֹם פַּלְטֵרִין שֶׁלָּהֶם, שֶׁהוּא לְשׁוֹן מוֹשַׁב כְּמָרִים יוֹדְעֵי חֻקֵּיהֶם. דָּבָר אַחֵר, לְשׁוֹן מוֹשַׁב שָׂרֵיהֶם, כְּמוֹ שֶׁמְּתֻרְגָּם "סַרְנֵי פְלִשְׁתִּים" (יהושע יג, ג) – "טוּרְנֵי פְלִשְׁתָּאֵי":

יא] **וַיִּקְחוּ אֶת כָּל הַשָּׁלָל וְגוֹ'.** מַגִּיד שֶׁהָיוּ כְּשֵׁרִים וְצַדִּיקִים, וְלֹא נֶחְשְׁדוּ עַל הַגָּזֵל לִשְׁלֹחַ יָד בַּבִּזָּה שֶׁלֹּא בִרְשׁוּת, שֶׁנֶּאֱמַר: "אֶת כָּל הַשָּׁלָל" וְגוֹ', וַעֲלֵיהֶם מְפֹרָשׁ בַּקַּבָּלָה: "שִׁנַּיִךְ כְּעֵדֶר הָרְחֵלִים" וְגוֹ' (שיר השירים ו, ו), אַף אַנְשֵׁי הַמִּלְחָמָה שֶׁבָּךְ כֻּלָּם צַדִּיקִים:

מטות

שלישי /שני/

יִרְחֽוּ׃ וַיֵּ֨צְא֜וּ מֹשֶׁ֨ה וְאֶלְעָזָ֧ר הַכֹּהֵ֛ן יג
וְכָל־נְשִׂיאֵ֥י הָעֵדָ֖ה לִקְרָאתָ֑ם אֶל־מִח֖וּץ לַֽמַּחֲנֶֽה׃
וַיִּקְצֹ֣ף מֹשֶׁ֔ה עַ֖ל פְּקוּדֵ֣י הֶחָ֑יִל שָׂרֵ֤י הָאֲלָפִים֙ יד
וְשָׂרֵ֣י הַמֵּא֔וֹת הַבָּאִ֖ים מִצְּבָ֥א הַמִּלְחָמָֽה׃ וַיֹּ֥אמֶר טו
אֲלֵיהֶ֖ם מֹשֶׁ֑ה הַֽחִיִּיתֶ֖ם כָּל־נְקֵבָֽה׃ הֵ֣ן הֵ֜נָּה הָי֨וּ טז
לִבְנֵ֤י יִשְׂרָאֵל֙ בִּדְבַ֣ר בִּלְעָ֔ם לִמְסָר־מַ֥עַל בַּיהוָ֖ה
עַל־דְּבַ֣ר פְּע֑וֹר וַתְּהִ֥י הַמַּגֵּפָ֖ה בַּעֲדַ֥ת יְהוָֽה׃ וְעַתָּ֕ה יז
הִרְג֥וּ כָל־זָכָ֖ר בַּטָּ֑ף וְכָל־אִשָּׁ֗ה יֹדַ֥עַת אִ֛ישׁ לְמִשְׁכַּ֥ב
זָכָ֖ר הֲרֹֽגוּ׃ וְכֹל֙ הַטַּ֣ף בַּנָּשִׁ֔ים אֲשֶׁ֥ר לֹא־יָדְע֖וּ מִשְׁכַּ֣ב יח
זָכָ֑ר הַחֲי֖וּ לָכֶֽם׃ וְאַתֶּ֗ם חֲנ֛וּ מִח֥וּץ לַֽמַּחֲנֶ֖ה שִׁבְעַ֣ת יט
יָמִ֑ים כֹּל֩ הֹרֵ֨ג נֶ֜פֶשׁ וְכֹ֣ל ׀ נֹגֵ֣עַ בֶּֽחָלָ֗ל תִּֽתְחַטְּא֞וּ
בַּיּ֤וֹם הַשְּׁלִישִׁי֙ וּבַיּ֣וֹם הַשְּׁבִיעִ֔י אַתֶּ֖ם וּשְׁבִיכֶֽם׃ וְכָל־ כ
בֶּ֛גֶד וְכָל־כְּלִי־ע֖וֹר וְכָל־מַעֲשֵׂ֥ה עִזִּ֛ים וְכָל־כְּלִי־עֵ֖ץ
תִּתְחַטָּֽאוּ׃ וַיֹּ֨אמֶר אֶלְעָזָ֤ר הַכֹּהֵן֙ אֶל־ כא
אַנְשֵׁ֣י הַצָּבָ֔א הַבָּאִ֖ים לַמִּלְחָמָ֑ה זֹ֚את חֻקַּ֣ת הַתּוֹרָ֔ה
אֲשֶׁר־צִוָּ֥ה יְהוָ֖ה אֶת־מֹשֶֽׁה׃ אַ֥ךְ אֶת־הַזָּהָ֖ב וְאֶת־ כב
הַכָּ֑סֶף אֶת־הַנְּחֹ֙שֶׁת֙ אֶת־הַבַּרְזֶ֔ל אֶת־הַבְּדִ֖יל וְאֶת־
הָעֹפָֽרֶת׃ כָּל־דָּבָ֞ר אֲשֶׁר־יָבֹ֣א בָאֵ֗שׁ תַּעֲבִ֤ירוּ בָאֵשׁ֙ כג

מטות

שָׁלָל. הֵן מִטַּלְטְלִין שֶׁל מַלְבּוּשׁ וְתַכְשִׁיטִין: "בַּז" הוּא בִּזַּת מִטַּלְטְלִין שֶׁאֵינָם תַּכְשִׁיטִין: מַלְקוֹחַ. אָדָם וּבְהֵמָה. וּבִמְקוֹם שֶׁכָּתוּב 'שְׁבִי' אֵצֶל 'מַלְקוֹחַ', 'שְׁבִי' בָּאָדָם וּ'מַלְקוֹחַ' בַּבְּהֵמָה:

יג דיריחו: ונפקו, משה ואלעזר כהנא, וכל רברבי כנשתא לקדמותהון, למברא למשריתא:
יד טו ורגיז משה, על דממנן על חילא, רבני אלפי ורבני מאותא, דאתו מחיל קרבא: ואמר להון
טז משה, הקיימתון כל נקבא: הא אנין, הואה לבני ישראל בעיצת בלעם, לשקרא שקר
יז קדם יי על עיסק פעור, והות מחתא בכנשתא דיי: וכען, קטולו כל דכורא בטפלא, וכל
יח אתתא, דידעת גבר, למשכבי דכורא קטולו: וכל טפלא בנשיא, דלא ידעא משכבי
יט דכורא, קיימו לכון: ואתון, שרו, מברא למשריתא שבעא יומין, כל דקטל נפשא, וכל
כ דקרב בקטילא, תדון עלוהי, ביומא תליתאה וביומא שביעאה, אתון ושביכון: וכל לבוש
כא וכל מן דמשך, וכל עובד דמעזי וכל מן דאע, תדון עלוהי: ואמר אלעזר כהנא לגברי
כב חילא, דאתו לקרבא, דא גזירת אוריתא, דפקיד יי ית משה: ברם ית דהבא וית כספא,
כג ית נחשא ית ברזלא, ית עבצא וית אברא: כל מדעם דמתעל בנורא, תעברניה בנורא

יג| **ויצאו משה ואלעזר הכהן.** לפי שראו את נערי ישראל יוצאים לחטוף מן הבזה:

יד| **ויקצף משה על פקודי החיל.** ממנים על החיל, ללמדך שכל סרחון הדור תלוי בגדולים, שיש כח בידם למחות:

טז| **הן הנה.** מגיד שהיו מכירים אותן, זו היא שנכשל פלוני בה: **בדבר בלעם.** אמר להם: אפלו אתם מכניסים כל המונות שבעולם אין אתם יכולים להם, שמא מרבים אתם מן המצרים שהיו שש מאות רכב בחור (שמות יד, ז)? בואו ואשיאכם עצה: אלהיהם של אלו שונא זמה הוא וכו׳, כדאיתא ב׳חלק׳ (סנהדרין קו ע״א) ובספרי (קנז):

יז| **וכל אשה ידעת איש.** ראויה להבעל, אף על פי שלא נבעלה, ולפני הציץ העבירום, והראויה להבעל פניה מוריקות: **הרגו.** למה חזר ואמר? להפסיק הענין, דברי רבי ישמעאל, שאם אני קורא: "הרגו כל זכר בטף וכל אשה ידעת איש... וכל הטף בנשים" וגו׳, איני יודע אם להרג עם הזכרים או להחיות עם הטף, לכך נאמר: "הרגו":

יט| **מחוץ למחנה.** שלא יכנסו לעזרה: **כל הרג נפש.** רבי מאיר אומר: בהורג בדבר המקבל טמאה הכתוב מדבר, ולמדך הכתוב, שהכלי מטמא אדם בחבורי המת, כאלו נוגע במת עצמו. או אפלו זרק בו חץ והרגו? תלמוד לומר: "וכל נגע בחלל", הקיש הורג לנוגע, מה נוגע על ידי חבורו, אף הורג על ידי חבורו: **תתחטאו.** במי נדה, כדין שאר טמאי מתים, שאף לדברי האומר קברי גוים אינם מטמאין באהל, שנאמר: "ואתן צאני צאן מרעיתי אדם אתם" (יחזקאל לד, לא), מודה הוא שהגוים מטמאין במגע ובמשא, שלא נאמר 'אדם' אלא אצל טמאת אהלות, שנאמר: "אדם כי ימות באהל" (לעיל יט, יד): **אתם ושביכם.** לא שהגוים מקבלין טמאה וצריכין הזאה, אלא מה אתם בני ברית, אף שביכם כשיבואו לברית ויטמאו צריכין הזאה:

כ| **וכל מעשה עזים.** להביא כלי הקרנים והטלפים והעצמות:

כא| **ויאמר אלעזר הכהן וגו׳.** לפי שבא משה לכלל כעס בא לכלל טעות, שנתעלמו ממנו הלכות געולי גוים. וכן אתה מוצא בשמיני למלואים, שנאמר: "ויקצף על אלעזר ועל איתמר" (ויקרא י, טז), בא לכלל כעס, בא לכלל טעות. וכן ב׳שמעו נא המרים׳ – "ויך את הסלע" (לעיל כ, יא), על ידי הכעס טעה: **אשר צוה ה׳ וגו׳.** תלה ההוראה ברבו:

כב| **אך את הזהב וגו׳.** אף על פי שלא הזהיר לכם משה אלא על הלכות טמאה, עוד יש להזהיר לכם על הלכות געול, ו׳אך׳ לשון מעוט, כלומר ממעטין אתם מלהשתמש בכלים, אפלו לאחר טהרתן מטמאת המת, עד שיטהרו מבליעת אסור נבלות. ורבותינו אמרו: "אך את הזהב", לומר, שצריך להעביר חלדה שלו קדם שיגעילנו, וזהו לשון 'אך', שלא יהא שם חלדה, אך המתכת יהיה כמות שהוא:

כג| **כל דבר אשר יבא באש.** לבשל בו כלום:

מטות

וְטָהֵר אַךְ בְּמֵי נִדָּה יִתְחַטָּא וְכֹל אֲשֶׁר לֹא־
כד יָבֹא בָּאֵשׁ תַּעֲבִירוּ בַמָּיִם׃ וְכִבַּסְתֶּם בִּגְדֵיכֶם
בַּיּוֹם הַשְּׁבִיעִי וּטְהַרְתֶּם וְאַחַר תָּבֹאוּ אֶל־
כה הַמַּחֲנֶה׃ כח וַיֹּאמֶר יְהוָה אֶל־מֹשֶׁה רביעי
כו לֵּאמֹר׃ שָׂא אֵת רֹאשׁ מַלְקוֹחַ הַשְּׁבִי בָּאָדָם
וּבַבְּהֵמָה אַתָּה וְאֶלְעָזָר הַכֹּהֵן וְרָאשֵׁי אֲבוֹת
כז הָעֵדָה׃ וְחָצִיתָ אֶת־הַמַּלְקוֹחַ בֵּין תֹּפְשֵׂי
הַמִּלְחָמָה הַיֹּצְאִים לַצָּבָא וּבֵין כָּל־הָעֵדָה׃
כח וַהֲרֵמֹתָ מֶכֶס לַיהוָה מֵאֵת אַנְשֵׁי הַמִּלְחָמָה
הַיֹּצְאִים לַצָּבָא אֶחָד נֶפֶשׁ מֵחֲמֵשׁ הַמֵּאוֹת
מִן־הָאָדָם וּמִן־הַבָּקָר וּמִן־הַחֲמֹרִים וּמִן־
כט הַצֹּאן׃ מִמַּחֲצִיתָם תִּקָּחוּ וְנָתַתָּה לְאֶלְעָזָר
ל הַכֹּהֵן תְּרוּמַת יְהוָה׃ וּמִמַּחֲצִת בְּנֵי־יִשְׂרָאֵל
תִּקַּח ׀ אֶחָד ׀ אָחֻז מִן־הַחֲמִשִּׁים מִן־הָאָדָם
מִן־הַבָּקָר מִן־הַחֲמֹרִים וּמִן־הַצֹּאן מִכָּל־
הַבְּהֵמָה וְנָתַתָּה אֹתָם לַלְוִיִּם שֹׁמְרֵי מִשְׁמֶרֶת
לא מִשְׁכַּן יְהוָה׃ וַיַּעַשׂ מֹשֶׁה וְאֶלְעָזָר הַכֹּהֵן כַּאֲשֶׁר
לב צִוָּה יְהוָה אֶת־מֹשֶׁה׃ וַיְהִי הַמַּלְקוֹחַ יֶתֶר הַבָּז
אֲשֶׁר בָּזְזוּ עַם הַצָּבָא צֹאן שֵׁשׁ־מֵאוֹת אֶלֶף
לג וְשִׁבְעִים אֶלֶף וַחֲמֵשֶׁת אֲלָפִים׃ וּבָקָר שְׁנַיִם

לד לה וְשִׁבְעִים אָלֶף׃ וַחֲמֹרִים אֶחָד וְשִׁשִּׁים אָלֶף׃ וְנֶפֶשׁ
אָדָם מִן־הַנָּשִׁים אֲשֶׁר לֹא־יָדְעוּ מִשְׁכַּב זָכָר כָּל־
לו נֶפֶשׁ שְׁנַיִם וּשְׁלֹשִׁים אָלֶף׃ וַתְּהִי הַמֶּחֱצָה חֵלֶק
הַיֹּצְאִים בַּצָּבָא מִסְפַּר הַצֹּאן שְׁלֹשׁ־מֵאוֹת אֶלֶף
וּשְׁלֹשִׁים אֶלֶף וְשִׁבְעַת אֲלָפִים וַחֲמֵשׁ מֵאוֹת׃
לז וַיְהִי הַמֶּכֶס לַיהוָה מִן־הַצֹּאן שֵׁשׁ מֵאוֹת חָמֵשׁ

כד וְיִדְכֵּי, בְּרַם, בְּמֵי אַדָּיוּתָא יִתַּדֵּי, וְכֹל דְּלָא מִתָּעֵל, בְּנוּרָא תַּעַבְרִנֵּיהּ בְּמַיָּא׃ וּתְחַוְּרוּן
כה לְבוּשֵׁיכוֹן, בְּיוֹמָא שְׁבִיעָאָה וְתִדְכּוֹן, וּבָתַר כֵּן תֵּיעֲלוּן לְמַשְׁרִיתָא׃ וַאֲמַר יְיָ לְמֹשֶׁה לְמֵימָר׃
כו קַבֵּיל, יָת חֻשְׁבַּן דְּבָרַת שִׁבְיָא, בֶּאֱנָשָׁא וּבִבְעִירָא, אַתְּ וְאֶלְעָזָר כָּהֲנָא, וְרֵישֵׁי אֲבָהָת
כז כְּנִשְׁתָּא׃ וְתַפְלֵיג יָת דִּבְרַתָא, בֵּין גֻּבְרֵי מְגִיחֵי קְרָבָא, דִּנְפַקוּ לְחֵילָא, וּבֵין כָּל כְּנִשְׁתָּא׃
כח וְתַפְרֵישׁ נְסִיבָא קֳדָם יְיָ, מִן גֻּבְרֵי מְגִיחֵי קְרָבָא דִּנְפַקוּ לְחֵילָא, חֲדָא נַפְשָׁא, מֵחֲמֵשׁ מְאָה,
כט מִן אֱנָשָׁא וּמִן תּוֹרֵי, וּמִן חֲמָרֵי וּמִן עָנָא׃ מִפַּלְגּוּתְהוֹן תִּסְּבוּן, וְתִתֵּין, לְאֶלְעָזָר כָּהֲנָא
ל אַפְרָשׁוּתָא קֳדָם יְיָ׃ וּמִפַּלְגּוּת בְּנֵי יִשְׂרָאֵל, תִּסַּב חַד דְּאִתְּחַד מִן חַמְשִׁין, מִן אֱנָשָׁא מִן תּוֹרֵי,
לא מִן חֲמָרֵי וּמִן עָנָא מִכָּל בְּעִירָא, וְתִתֵּין יָתְהוֹן לְלֵיוָאֵי, נָטְרֵי, מַטְּרַת מַשְׁכְּנָא דַּייָ׃ וַעֲבַד מֹשֶׁה,
לב וְאֶלְעָזָר כָּהֲנָא, כְּמָא דְּפַקֵּיד יְיָ יָת מֹשֶׁה׃ וַהֲוָת דִּבְרַתָא, שְׁאָר בִּזָּא, דְּבַזּוּ עַמָּא דִּנְפַקוּ
לג לד לְחֵילָא, עָנָא, שֵׁית מְאָה וְשִׁבְעִין וַחֲמִשָּׁא אַלְפִין׃ וְתוֹרֵי, שִׁבְעִין וּתְרֵין אַלְפִין׃ וַחֲמָרֵי, שִׁתִּין
לה וְחַד אַלְפִין׃ וְנַפְשָׁא דֶּאֱנָשָׁא, מִן נְשַׁיָּא, דְּלָא יְדַעָא מִשְׁכְּבֵי דְּכוּרָא, כָּל נַפְשָׁתָא,
לו תְּלָתִין וּתְרֵין אַלְפִין׃ וַהֲוָת פַּלְגּוּתָא, חוּלָק, גֻּבְרַיָּא דִּנְפַקוּ לְחֵילָא, מִנְיַן עָנָא, תְּלָת מְאָה
לז וּתְלָתִין, וְשִׁבְעָא אַלְפִין וַחֲמֵשׁ מְאָה׃ וַהֲוָה, נְסִיבָא קֳדָם יְיָ מִן עָנָא, שֵׁית מְאָה וְשִׁבְעִין

תַּעֲבִירוּ בָאֵשׁ. כְּדֶרֶךְ תַּשְׁמִישׁוֹ הַגְעָלָתוֹ, מִי שֶׁתַּשְׁמִישׁוֹ עַל יְדֵי חַמִּין יַגְעִילֶנּוּ בְּחַמִּין, וּמִי שֶׁתַּשְׁמִישׁוֹ עַל יְדֵי צָלִי, כְּגוֹן הַשַּׁפּוּד וְהָאַסְכָּלָה, יְלַבְּנֶנּוּ בָּאוּר: **אַךְ בְּמֵי נִדָּה יִתְחַטָּא.** לְפִי פְּשׁוּטוֹ, חִטּוּי זֶה לְטַהֲרוֹ מִטֻּמְאַת מֵת; אָמַר לָהֶם: צְרִיכִין הַכֵּלִים גִּעוּל לְטַהֲרָם מִן הָאִסּוּר וְחִטּוּי לְטַהֲרָן מִן הַטֻּמְאָה. וְרַבּוֹתֵינוּ דָּרְשׁוּ מִכָּאן שֶׁאַף לְהַכְשִׁירָן מִן הָאִסּוּר הִטְעִין טְבִילָה לִכְלֵי מַתָּכוֹת, וּ"מֵי נִדָּה" הַכְּתוּבִין כָּאן דָּרְשׁוּ: מַיִם הָרְאוּיִם לִטְבֹּל בָּהֶם נִדָּה, וְכַמָּה הֵם? אַרְבָּעִים סְאָה:

כד **אֶל הַמַּחֲנֶה.** לְמַחֲנֵה שְׁכִינָה, שֶׁאֵין טְמֵא מֵת טָעוּן שִׁלּוּחַ מִמַּחֲנֵה לְוִיָּה וּמִמַּחֲנֵה יִשְׂרָאֵל:

כו **שָׂא אֵת רֹאשׁ.** קַח אֶת חֶשְׁבּוֹן:

כז **וְחָצִיתָ אֶת הַמַּלְקוֹחַ בֵּין תֹּפְשֵׂי הַמִּלְחָמָה וְגוֹ׳.** חֶצְיוֹ לָאֵלּוּ וְחֶצְיוֹ לָאֵלּוּ:

לב **וַיְהִי הַמַּלְקוֹחַ יֶתֶר הַבַּז.** לְפִי שֶׁלֹּא נִצְטַוּוּ לְהָרִים מֶכֶס מִן הַמִּטַּלְטְלִין אֶלָּא מִן הַמַּלְקוֹחַ, כָּתַב אֶת הַלָּשׁוֹן הַזֶּה: "וַיְהִי הַמַּלְקוֹחַ" שֶׁבָּא לִכְלַל חֲלֻקָּה וְלִכְלַל מֶכֶס, שֶׁהָיָה עוֹדֵף עַל בַּז

מטות

לח וְשִׁבְעִים: וְהַבָּקָר שִׁשָּׁה וּשְׁלֹשִׁים אָלֶף וּמִכְסָם
לט לַיהוָה שְׁנַיִם וְשִׁבְעִים: וַחֲמֹרִים שְׁלֹשִׁים אֶלֶף
וַחֲמֵשׁ מֵאוֹת וּמִכְסָם לַיהוָה אֶחָד וְשִׁשִּׁים:
מ וְנֶפֶשׁ אָדָם שִׁשָּׁה עָשָׂר אָלֶף וּמִכְסָם לַיהוָה
מא שְׁנַיִם וּשְׁלֹשִׁים נָפֶשׁ: וַיִּתֵּן מֹשֶׁה אֶת־מֶכֶס
תְּרוּמַת יְהוָה לְאֶלְעָזָר הַכֹּהֵן כַּאֲשֶׁר צִוָּה
מב יְהוָה אֶת־מֹשֶׁה: וּמִמַּחֲצִית בְּנֵי יִשְׂרָאֵל (חמישי)
אֲשֶׁר חָצָה מֹשֶׁה מִן־הָאֲנָשִׁים הַצֹּבְאִים:
מג וַתְּהִי מֶחֱצַת הָעֵדָה מִן־הַצֹּאן שְׁלֹשׁ־מֵאוֹת
אֶלֶף וּשְׁלֹשִׁים אֶלֶף שִׁבְעַת אֲלָפִים וַחֲמֵשׁ
מד מה מֵאוֹת: וּבָקָר שִׁשָּׁה וּשְׁלֹשִׁים אָלֶף: וַחֲמֹרִים
מו שְׁלֹשִׁים אֶלֶף וַחֲמֵשׁ מֵאוֹת: וְנֶפֶשׁ אָדָם
מז שִׁשָּׁה עָשָׂר אָלֶף: וַיִּקַּח מֹשֶׁה מִמַּחֲצִת בְּנֵי־
יִשְׂרָאֵל אֶת־הָאָחֻז אֶחָד מִן־הַחֲמִשִּׁים מִן־
הָאָדָם וּמִן־הַבְּהֵמָה וַיִּתֵּן אֹתָם לַלְוִיִּם שֹׁמְרֵי
מִשְׁמֶרֶת מִשְׁכַּן יְהוָה כַּאֲשֶׁר צִוָּה יְהוָה אֶת־
מח מֹשֶׁה: וַיִּקְרְבוּ אֶל־מֹשֶׁה הַפְּקֻדִים אֲשֶׁר
לְאַלְפֵי הַצָּבָא שָׂרֵי הָאֲלָפִים וְשָׂרֵי הַמֵּאוֹת:
מט וַיֹּאמְרוּ אֶל־מֹשֶׁה עֲבָדֶיךָ נָשְׂאוּ אֶת־רֹאשׁ
אַנְשֵׁי הַמִּלְחָמָה אֲשֶׁר בְּיָדֵנוּ וְלֹא־נִפְקַד

מִמֶּ֖נּוּ אִֽישׁ׃ וַנַּקְרֵ֞ב אֶת־קׇרְבַּ֣ן יְהֹוָ֗ה אִישׁ֩ אֲשֶׁ֨ר מָצָ֤א כְלִֽי־זָהָב֙ אֶצְעָדָ֣ה וְצָמִ֔יד טַבַּ֖עַת עָגִ֣יל וְכוּמָ֑ז לְכַפֵּ֥ר עַל־נַפְשֹׁתֵ֖ינוּ לִפְנֵ֥י יְהֹוָֽה׃ וַיִּקַּ֨ח מֹשֶׁ֜ה וְאֶלְעָזָ֤ר הַכֹּהֵן֙ אֶת־הַזָּהָ֣ב מֵֽאִתָּ֔ם כֹּ֖ל כְּלִ֥י מַעֲשֶֽׂה׃ וַיְהִ֣י ׀ כׇּל־זְהַ֣ב הַתְּרוּמָ֗ה אֲשֶׁ֤ר הֵרִ֙ימוּ֙ לַֽיהֹוָ֔ה שִׁשָּׁ֨ה עָשָׂ֥ר אֶ֛לֶף שְׁבַע־מֵא֥וֹת וַחֲמִשִּׁ֖ים

וַחֲמֵשׁ: וְתוֹרֵי, תְּלָתִין וּשְׁתָּא אַלְפִין, וּנְסֵיבְהוֹן קֳדָם יְיָ שַׁבְעִין וּתְרֵין: וַחֲמָרֵי, תְּלָתִין אַלְפִין וַחֲמֵשׁ מְאָה, וּנְסֵיבְהוֹן קֳדָם יְיָ שִׁתִּין וְחָד: וְנַפְשָׁא דֶאֱנָשָׁא, שִׁתַּת עֲסַר אַלְפִין, וּנְסֵיבְהוֹן קֳדָם יְיָ תְּלָתִין וּתְרֵין נַפְשָׁן: וִיהַב מֹשֶׁה, יָת נְסֵיב אַפְרָשׁוּתָא קֳדָם יְיָ, לְאֶלְעָזָר כַּהֲנָא, כְּמָא דְפַקִּיד יְיָ יָת מֹשֶׁה: וּמִפַּלְגוּת בְּנֵי יִשְׂרָאֵל, דְּפָלַג מֹשֶׁה, מִן גֻּבְרַיָּא דְּנָפְקוּ לְחֵילָא: וַהֲוַת, פַּלְגוּת כְּנִשְׁתָּא מִן עָנָא, תְּלַת מְאָה וּתְלָתִין, וְשִׁבְעָא אַלְפִין וַחֲמֵשׁ מְאָה: וְתוֹרֵי, תְּלָתִין וּשְׁתָּא אַלְפִין: וַחֲמָרֵי, תְּלָתִין אַלְפִין וַחֲמֵשׁ מְאָה: וְנַפְשָׁא דֶאֱנָשָׁא, שִׁתַּת עֲסַר אַלְפִין: וּנְסֵיב מֹשֶׁה מִפַּלְגוּת בְּנֵי יִשְׂרָאֵל, יָת דְּאִתָּחַד חַד מִן חַמְשִׁין, מִן אֲנָשָׁא וּמִן בְּעִירָא, וִיהַב יָתְהוֹן לְלֵוָאֵי, נָטְרֵי מַטְּרַת מַשְׁכְּנָא דַיָי, כְּמָא דְפַקִּיד יְיָ יָת מֹשֶׁה: וּקְרִיבוּ לְוָת מֹשֶׁה, דִּמְמַנָּן עַל אַלְפֵי חֵילָא, רַבָּנֵי אַלְפֵי וְרַבָּנֵי מָאֲוָתָא: וַאֲמָרוּ לְמֹשֶׁה, עַבְדָּךְ קַבִּילוּ, יָת חֻשְׁבַּן, גֻּבְרֵי מַגִּיחֵי קְרָבָא דְעִמָּנָא, וְלָא שְׁגָא מִנָּנָא אֱנָשׁ: וְקָרֵיבְנָא יָת קֻרְבָּנָא דַיָי, גְּבַר דְּאַשְׁכַּח מָן דִּדְהַב שֵׁירִין וְשִׁבִּין, עִזְקָן קַדָּשִׁין וּמָחוֹךְ, לְכַפָּרָא עַל נַפְשָׁתַנָא קֳדָם יְיָ: וּנְסֵיב מֹשֶׁה, וְאֶלְעָזָר כַּהֲנָא, יָת דַּהֲבָא מִנְּהוֹן, כֹּל מָן דְּעוּבָדָא: וַהֲוָה כָּל דְּהַב אַפְרָשׁוּתָא, דְּאַפְרִישׁוּ קֳדָם יְיָ, שִׁתַּת עֲסַר אַלְפִין, שְׁבַע מְאָה וְחַמְשִׁין

הַמְטֻלְטָלִין "אֲשֶׁר בְּזִזּוּ עִם הָעֲנָב" אִישׁ לוֹ וְלֹא בָּא לִכְלַל חֲלֻקָּה, מִסְפַּר הַטּוֹאֲנִים וְגוֹ׳:

מב] וּמִמַּחֲצִית בְּנֵי יִשְׂרָאֵל אֲשֶׁר חָצָה מֹשֶׁה. לָעֵדָה, וְהוֹצִיאָהּ לָהֶם "מִן הָאֲנָשִׁים הַצֹּבְאִים":

מג-מז] וַתְּהִי מֶחֱצַת הָעֵדָה. כָּךְ וְכָךְ, "וַיִּקַּח מֹשֶׁה" וְגוֹ׳:

מח] הַפְּקֻדִים. הַמְמֻנִּים:

מט] וְלֹא נִפְקַד. לֹא נֶחְסַר. וְתַרְגּוּמוֹ: "וְלָא שְׁגָא",

אַף הוּא בִּלְשׁוֹן חֶסְרוֹנִי חֶסְרוֹן, כְּמוֹ: "חָנֻכַּי אֲחוּטֶנָּה" (בראשית לא, לט), תַּרְגּוּמוֹ: "דַּהֲוַת שָׁגְיָא מִמִּנְיָנָא", וְכֵן: "כִּי יִפָּקֵד מוֹשָׁבֶךָ" (שמואל א׳ כ, יח), יֶחָסַר מְקוֹם מוֹשָׁבֶךָ, אִישׁ הָרָגִיל לֵישֵׁב שָׁם. וְכֵן "וַיִּפָּקֵד מְקוֹם דָּוִד" (שם פסוק כה), נֶחְסַר מְקוֹמוֹ וְאֵין אִישׁ יוֹשֵׁב שָׁם:

נ] אֶצְעָדָה. אֵלּוּ צְמִידִים שֶׁל רֶגֶל: וְצָמִיד. שֶׁל יָד: עָגִיל. נִזְמֵי אֹזֶן: וְכוּמָז. דְּפוּס שֶׁל בֵּית הָרֶחֶם, לְכַפֵּר עַל הִרְהוּר הַלֵּב שֶׁל בְּנוֹת מִדְיָן:

שֶׁ֗קֶל מֵאֵת֙ שָׂרֵ֣י הָאֲלָפִ֔ים וּמֵאֵ֖ת שָׂרֵ֥י הַמֵּאֽוֹת׃
אַנְשֵׁי֙ הַצָּבָ֔א בָּזְז֖וּ אִ֥ישׁ לֽוֹ׃ וַיִּקַּ֨ח מֹשֶׁ֜ה וְאֶלְעָזָ֤ר
הַכֹּהֵן֙ אֶת־הַזָּהָ֔ב מֵאֵ֛ת שָׂרֵ֥י הָאֲלָפִ֖ים וְהַמֵּא֑וֹת
וַיָּבִ֤אוּ אֹתוֹ֙ אֶל־אֹ֣הֶל מוֹעֵ֔ד זִכָּר֥וֹן לִבְנֵֽי־יִשְׂרָאֵ֖ל
לִפְנֵ֥י יְהוָֽה׃

ששי
/שלישי/

כט וּמִקְנֶ֣ה ׀ רַ֗ב הָיָ֞ה לִבְנֵ֧י רְאוּבֵ֛ן וְלִבְנֵי־גָ֖ד עָצ֣וּם
מְאֹ֑ד וַיִּרְא֞וּ אֶת־אֶ֤רֶץ יַעְזֵר֙ וְאֶת־אֶ֣רֶץ גִּלְעָ֔ד
וְהִנֵּ֥ה הַמָּק֖וֹם מְק֥וֹם מִקְנֶֽה׃ וַיָּבֹ֥אוּ בְנֵי־גָ֖ד
וּבְנֵ֣י רְאוּבֵ֑ן וַיֹּאמְר֤וּ אֶל־מֹשֶׁה֙ וְאֶל־אֶלְעָזָ֣ר
הַכֹּהֵ֔ן וְאֶל־נְשִׂיאֵ֥י הָעֵדָ֖ה לֵאמֹֽר׃ עֲטָר֤וֹת
וְדִיבֹן֙ וְיַעְזֵ֣ר וְנִמְרָ֔ה וְחֶשְׁבּ֖וֹן וְאֶלְעָלֵ֑ה וּשְׂבָ֥ם
וּנְב֖וֹ וּבְעֹֽן׃ הָאָ֗רֶץ אֲשֶׁ֨ר הִכָּ֤ה יְהוָה֙ לִפְנֵי֙
עֲדַ֣ת יִשְׂרָאֵ֔ל אֶ֥רֶץ מִקְנֶ֖ה הִ֑וא וְלַעֲבָדֶ֖יךָ
מִקְנֶֽה׃ וַיֹּאמְר֗וּ אִם־מָצָ֤אנוּ חֵן֙
בְּעֵינֶ֔יךָ יֻתַּ֞ן אֶת־הָאָ֧רֶץ הַזֹּ֛את לַעֲבָדֶ֖יךָ לַאֲחֻזָּ֑ה
אַל־תַּעֲבִרֵ֖נוּ אֶת־הַיַּרְדֵּֽן׃ וַיֹּ֣אמֶר מֹשֶׁ֔ה לִבְנֵי־גָ֖ד
וְלִבְנֵ֣י רְאוּבֵ֑ן הַאַֽחֵיכֶ֗ם יָבֹ֙אוּ֙ לַמִּלְחָמָ֔ה וְאַתֶּ֖ם
תֵּ֥שְׁבוּ פֹֽה׃ וְלָ֣מָּה תְנִיא֔וּן אֶת־לֵ֖ב בְּנֵ֣י יִשְׂרָאֵ֑ל
מֵֽעֲבֹר֙ אֶל־הָאָ֔רֶץ אֲשֶׁר־נָתַ֥ן לָהֶ֖ם יְהוָֽה׃ כֹּ֤ה
עָשׂוּ֙ אֲבֹ֣תֵיכֶ֔ם בְּשָׁלְחִ֥י אֹתָ֛ם מִקָּדֵ֥שׁ בַּרְנֵ֖עַ

ט לִרְא֖וֹת אֶת־הָאָ֑רֶץ׃ וַיַּעֲל֞וּ עַד־נַ֣חַל אֶשְׁכּ֗וֹל
וַיִּרְאוּ֙ אֶת־הָאָ֔רֶץ וַיָּנִ֕יאוּ אֶת־לֵ֖ב בְּנֵ֣י יִשְׂרָאֵ֑ל
לְבִלְתִּי־בֹא֙ אֶל־הָאָ֔רֶץ אֲשֶׁר־נָתַ֥ן לָהֶ֖ם
י יְהוָֽה׃ וַיִּֽחַר־אַ֥ף יְהוָ֖ה בַּיּ֣וֹם הַה֑וּא וַיִּשָּׁבַ֖ע
יא לֵאמֹֽר׃ אִם־יִרְא֨וּ הָאֲנָשִׁ֜ים הָעֹלִ֣ים מִמִּצְרַ֗יִם
מִבֶּ֨ן עֶשְׂרִ֤ים שָׁנָה֙ וָמַ֔עְלָה אֵ֚ת הָאֲדָמָ֔ה אֲשֶׁ֥ר
נִשְׁבַּ֛עְתִּי לְאַבְרָהָ֥ם לְיִצְחָ֖ק וּֽלְיַעֲקֹ֑ב כִּ֥י לֹֽא־

נג נד סִלְעִין, מִן רַבָּנֵי אַלְפֵי, וּמִן רַבָּנֵי מָאוָתָא: גֻּבְרִין דְּחֵילָא, בַּזּוּ גְּבַר לְנַפְשֵׁיהּ: וּנְסֵיב מֹשֶׁה, וְאֶלְעָזָר
כָּהֲנָא יָת דַּהֲבָא, מִן רַבָּנֵי אַלְפֵי וּמָאוָתָא, וְאֵיתִיאוּ יָתֵיהּ לְמַשְׁכַּן זִמְנָא, דָּכְרָנָא לִבְנֵי יִשְׂרָאֵל
לב א קֳדָם יְיָ: וּבְעִיר סַגִּי, הֲוָה, לִבְנֵי רְאוּבֵן, וְלִבְנֵי גָד תַּקִּיף לַחֲדָא, וַחֲזוֹ, יָת אֲרַע יַעְזֵר וְיָת אֲרַע גִּלְעָד,
ב וְהָא אַתְרָא אֲתַר כְּשַׁר לְבֵית בְּעִיר: וַאֲתוֹ בְנֵי גָד וּבְנֵי רְאוּבֵן, וַאֲמַרוּ לְמֹשֶׁה וּלְאֶלְעָזָר כָּהֲנָא,
ג וּלְרַבְרְבֵי כְּנִשְׁתָּא לְמֵימַר: עֲטָרוֹת וְדִיבוֹן וְיַעְזֵר וְנִמְרָה, וְחֶשְׁבּוֹן וְאֶלְעָלֵה, וּשְׂבָם וּנְבוֹ וּבְעוֹן:
ד אַרְעָא, דִּמְחָא יְיָ יָת יָתְבַהָא קֳדָם כְּנִשְׁתָּא דְיִשְׂרָאֵל, אֲרַע כָּשְׁרָא לְבֵית בְּעִיר הִיא, וּלְעַבְדָּךְ
ה אִית בְּעִיר: וַאֲמַרוּ, אִם אַשְׁכַּחְנָא רַחֲמִין בְּעֵינָךְ, תִּתְיְהֵיב, אַרְעָא הָדָא, לְעַבְדָּךְ לְאַחְסָנָא, לָא
ו תַּעְבְּרִנַּנָא יָת יַרְדְּנָא: וַאֲמַר מֹשֶׁה, לִבְנֵי גָד וְלִבְנֵי רְאוּבֵן, הַאֲחֵיכוֹן, יֵיתוֹן לְאָגָחָא קְרָבָא, וְאַתּוּן
ז ח תִּתְּבוּן הָכָא: וּלְמָא תוֹנוּן, יָת לִבָּא דִּבְנֵי יִשְׂרָאֵל, מִלְּמִעְבַּר לְאַרְעָא, דִּיהַב לְהוֹן יְיָ: כְּדֵין
ט עֲבַדוּ אֲבָהָתְכוֹן, כַּד שְׁלַחִית יָתְהוֹן, מֵרְקַם גֵּיאָה לְמֶחֱזֵי יָת אַרְעָא: וּסְלִיקוּ עַד נַחְלָא
דְּאַתְכָּלָא, וַחֲזוֹ יָת אַרְעָא, וְאוֹנִיאוּ, יָת לִבָּא דִּבְנֵי יִשְׂרָאֵל, בְּדִיל דְּלָא לְמֵיעַל לְאַרְעָא,
י יא דִּיהַב לְהוֹן יְיָ: וּתְקֵיף רֻגְזָא דַּיְיָ בְּיוֹמָא הַהוּא, וְקַיֵּים לְמֵימַר: אִם יֶחֱזוֹן גֻּבְרַיָּא דִּסְלִיקוּ
מִמִּצְרַיִם, מִבַּר עֶסְרִין שְׁנִין וּלְעֵילָא, יָת אַרְעָא, דְּקַיֵּימִית, לְאַבְרָהָם לְיִצְחָק וּלְיַעֲקֹב, אֲרֵי לָא

פרק לב

ג עֲטָרוֹת וְדִיבֹן וְגוֹ׳. מֵאֶרֶץ סִיחוֹן וְעוֹג הָיוּ:

ו הַאַחֵיכֶם. לְשׁוֹן תְּמִיהָה הוּא:

ז וְלָמָּה תְנִיאוּן. תָּסִירוּ וְתַמְנִיעוּ לִבְּכֶם "מֵעֲבֹר", שֶׁיִּהְיוּ סְבוּרִים שֶׁאַתֶּם יְרֵאִים לַעֲבֹר מִפְּנֵי הַמִּלְחָמָה וְחֹזֶק הֶעָרִים וְהָעָם:

ח מִקָּדֵשׁ בַּרְנֵעַ. כָּךְ שְׁמָהּ, וּשְׁתֵּי קָדֵשׁ הָיוּ:

במדבר

יב מִלְא֖וּ אַחֲרָ֑י בִּלְתִּ֞י כָּלֵ֣ב בֶּן־יְפֻנֶּ֗ה הַקְּנִזִּי֙ וִיהוֹשֻׁ֣עַ
יג בִּן־נ֔וּן כִּ֥י מִלְא֖וּ אַחֲרֵ֥י יְהוָֽה׃ וַיִּֽחַר־אַ֤ף יְהוָה֙
בְּיִשְׂרָאֵ֔ל וַיְנִעֵם֙ בַּמִּדְבָּ֔ר אַרְבָּעִ֖ים שָׁנָ֑ה עַד־
יד תֹּם֙ כָּל־הַדּ֔וֹר הָעֹשֶׂ֥ה הָרַ֖ע בְּעֵינֵ֥י יְהוָֽה׃ וְהִנֵּ֣ה
קַמְתֶּ֗ם תַּ֙חַת֙ אֲבֹ֣תֵיכֶ֔ם תַּרְבּ֖וּת אֲנָשִׁ֣ים חַטָּאִ֑ים
לִסְפּ֣וֹת ע֗וֹד עַ֛ל חֲר֥וֹן אַף־יְהוָ֖ה אֶל־יִשְׂרָאֵֽל׃
טו כִּ֤י תְשׁוּבֻן֙ מֵֽאַחֲרָ֔יו וְיָסַ֣ף ע֔וֹד לְהַנִּיח֖וֹ בַּמִּדְבָּ֑ר
טז וְשִֽׁחַתֶּ֖ם לְכָל־הָעָ֥ם הַזֶּֽה׃ וַיִּגְּשׁ֤וּ אֵלָיו֙
וַיֹּ֣אמְר֔וּ גִּדְרֹ֥ת צֹ֛אן נִבְנֶ֥ה לְמִקְנֵ֖נוּ פֹּ֑ה וְעָרִ֖ים
יז לְטַפֵּֽנוּ׃ וַאֲנַ֜חְנוּ נֵחָלֵ֣ץ חֻשִׁ֗ים לִפְנֵי֙ בְּנֵ֣י יִשְׂרָאֵ֔ל
עַ֛ד אֲשֶׁ֥ר אִם־הֲבִֽיאֹנֻ֖ם אֶל־מְקוֹמָ֑ם וְיָשַׁ֤ב טַפֵּ֙נוּ֙
בְּעָרֵ֣י הַמִּבְצָ֔ר מִפְּנֵ֖י יֹשְׁבֵ֥י הָאָֽרֶץ׃ לֹ֥א נָשׁ֖וּב אֶל־
יח בָּתֵּ֑ינוּ עַ֗ד הִתְנַחֵל֙ בְּנֵ֣י יִשְׂרָאֵ֔ל אִ֖ישׁ נַחֲלָתֽוֹ׃ כִּ֣י
יט לֹ֤א נִנְחַל֙ אִתָּ֔ם מֵעֵ֥בֶר לַיַּרְדֵּ֖ן וָהָ֑לְאָה כִּ֣י בָ֣אָה
נַחֲלָתֵ֣נוּ אֵלֵ֔ינוּ מֵעֵ֥בֶר הַיַּרְדֵּ֖ן מִזְרָֽחָה׃

שביעי
/רביעי/
כ וַיֹּ֤אמֶר אֲלֵיהֶם֙ מֹשֶׁ֔ה אִֽם־תַּעֲשׂ֖וּן אֶת־הַדָּבָ֣ר
הַזֶּ֑ה אִם־תֵּחָ֥לְצ֛וּ לִפְנֵ֥י יְהוָ֖ה לַמִּלְחָמָֽה׃ וְעָבַ֨ר
כא לָכֶ֧ם כָּל־חָל֛וּץ אֶת־הַיַּרְדֵּ֖ן לִפְנֵ֣י יְהוָ֑ה עַ֧ד הוֹרִישׁ֛וֹ
כב אֶת־אֹיְבָ֖יו מִפָּנָֽיו׃ וְנִכְבְּשָׁ֨ה הָאָ֜רֶץ לִפְנֵ֣י יְהוָ֗ה
וְאַחַ֣ר תָּשֻׁ֔בוּ וִהְיִיתֶ֧ם נְקִיִּ֛ם מֵיְהוָ֖ה וּמִיִּשְׂרָאֵ֑ל
וְ֠הָיְתָה הָאָ֨רֶץ הַזֹּ֥את לָכֶ֛ם לַאֲחֻזָּ֖ה לִפְנֵ֥י יְהוָֽה׃

מטות

כג וְאִם־לֹא תַעֲשׂוּן כֵּן הִנֵּה חֲטָאתֶם לַיהוָה וּדְעוּ
כד חַטַּאתְכֶם אֲשֶׁר תִּמְצָא אֶתְכֶם: בְּנוּ־לָכֶם עָרִים
לְטַפְּכֶם וּגְדֵרֹת לְצֹנַאֲכֶם וְהַיֹּצֵא מִפִּיכֶם תַּעֲשׂוּ:

יב אַשְׁלִימוּ בָּתַר דַּחַלְתִּי: אֶלָּהֵין, כָּלֵב בַּר יְפֻנֶּה קְנִזָּאָה, וִיהוֹשֻׁעַ בַּר נוּן, אֲרֵי אַשְׁלִימוּ בָּתַר
יג דַּחַלְתָּא דַּיְיָ: וּתְקֵיף רוּגְזָא דַּיְיָ בְּיִשְׂרָאֵל, וְאַחֲרִנּוּן בְּמַדְבְּרָא, אַרְבְּעִין שְׁנִין, עַד דְּסָף כָּל דָּרָא,
יד דַּעֲבַד דְּבִישׁ קֳדָם יְיָ: וְהָא קַמְתּוּן, בָּתַר אֲבָהָתְכוֹן, תַּלְמִידֵי גֻּבְרַיָּא חַיָּבַיָּא, לְאוֹסָפָא עוֹד, עַל,
טו תְּקוֹף רוּגְזָא דַּיְיָ עַל יִשְׂרָאֵל: אֲרֵי תְּתוּבוּן מִבָּתַר דַּחַלְתֵּיהּ, וְיוֹסֵיף עוֹד, לְאַחֲרוּתְהוֹן בְּמַדְבְּרָא,
טז וּתְחַבְּלוּן לְכָל עַמָּא הָדֵין: וּקְרִיבוּ לְוָתֵיהּ וַאֲמַרוּ, חַטְרִין דְּעָן, נִבְנֵי לִבְעִירָנָא הָכָא, וְקִרְוִין
יז לְטַפְלָנָא: וַאֲנַחְנָא נְזָרֵז מְבָעִין קֳדָם בְּנֵי יִשְׂרָאֵל, עַד דְּנָעֵילִנּוּן לְאַתְרְהוֹן, וְיָתֵיב טַפְלָנָא בְּקִרְוִין
יח כְּרִיכָן, מִן קֳדָם יָתְבֵי אַרְעָא: לָא נְתוּב לְבָתַּנָא, עַד דְּיַחְסְנוּן בְּנֵי יִשְׂרָאֵל, גְּבַר אַחֲסַנְתֵּיהּ: אֲרֵי
יט לָא נַחְסֵין עִמְּהוֹן, מֵעִבְרָא לְיַרְדְּנָא וּלְהָלְאָה, אֲרֵי קַבֵּילָנָא אַחֲסַנְתָּנָא לָנָא, מֵעִבְרָא לְיַרְדְּנָא
כ מַדִּינְחָא: וַאֲמַר לְהוֹן מֹשֶׁה, אִם תַּעְבְּדוּן יָת פִּתְגָמָא הָדֵין, אִם תִּזְדָּרְזוּן, קֳדָם עַמָּא דַּיְיָ לִקְרָבָא:
כא וְיִעְבַּר לְכוֹן כָּל דִּמְזָרֵז, יָת יַרְדְּנָא קֳדָם עַמָּא דַּיְיָ, עַד דִּיתָרֵיךְ, יָת בַּעֲלֵי דְּבָבוֹהִי מִן קֳדָמוֹהִי:
כב וְתִתְכְּבֵישׁ אַרְעָא, קֳדָם עַמָּא דַּיְיָ וּבָתַר כֵּן תְּתוּבוּן, וּתְהוֹן זַכָּאִין, קֳדָם יְיָ וּמִיִּשְׂרָאֵל, וּתְהֵי,
כג אַרְעָא הָדָא לְכוֹן, לְאַחְסָנָא קֳדָם יְיָ: וְאִם לָא תַעְבְּדוּן כֵּן, הָא חַבְתּוּן קֳדָם יְיָ, וְדַעוּ חוֹבַתְכוֹן
כד דְּתִשְׁכַּח יָתְכוֹן: בְּנוֹ לְכוֹן קִרְוִין לְטַפְלְכוֹן, וְחַטְרִין לְעָנְכוֹן, וּדְיִפּוֹק מִפֻּמְּכוֹן תַּעְבְּדוּן:

יב הַקְּנִזִּי. חוֹרְגוֹ שֶׁל קְנַז הָיָה, וְיָלְדָה לוֹ אִמּוֹ שֶׁל כָּלֵב אֶת עָתְנִיאֵל:

יג וַיְנִעֵם. וַיְטַלְטְלֵם, מִן "נָע וָנָד" (בראשית ד, יב):

יד לִסְפּוֹת. כְּמוֹ: "סְפוּ שָׁנָה עַל שָׁנָה" (ישעיה כט, א), "עֹלוֹתֵיכֶם סְפוּ" וְגוֹ' (ירמיה ז, כא), לְשׁוֹן תּוֹסֶפֶת:

טז נִבְנֶה לְמִקְנֵנוּ פֹּה. חָסִים הָיוּ עַל מָמוֹנָם יוֹתֵר מִבְּנֵיהֶם וּבְנוֹתֵיהֶם, שֶׁהִקְדִּימוּ מִקְנֵיהֶם לְטַפָּם. אָמַר לָהֶם מֹשֶׁה: לֹא כֵן, עֲשׂוּ הָעִקָּר עִקָּר וְהַטָּפֵל טָפֵל, בְּנוּ לָכֶם תְּחִלָּה עָרִים לְטַפְּכֶם וְאַחַר כָּךְ גְּדֵרוֹת לְצֹאנְכֶם (להלן פסוק כד):

יז וַאֲנַחְנוּ נֵחָלֵץ חֻשִׁים. מְזֹרָזִין. כְּמוֹ: "מַהֵר שָׁלָל חָשׁ בַּז" (ישעיה ח, ג), "יְמַהֵר יָחִישָׁה" (שם ה, יט). **[לִפְנֵי בְּנֵי יִשְׂרָאֵל].** בְּרָאשֵׁי גְּיָסוֹת, מִתּוֹךְ שֶׁגִּבּוֹרִים הָיוּ, שֶׁכֵּן נֶאֱמַר בְּגָד: "וְטָרַף זְרוֹעַ אַף קָדְקֹד" (דברים לג, כ). וְאַף מֹשֶׁה חָזַר וּפֵרַשׁ לָהֶם בְּאֵלֶּה הַדְּבָרִים: "וָאֲצַו אֶתְכֶם בָּעֵת הַהִוא וְגוֹ'

חֲלוּצִים תַּעַבְרוּ לִפְנֵי אֲחֵיכֶם בְּנֵי יִשְׂרָאֵל כָּל בְּנֵי חָיִל" (דברים ג, יח), וּבִירִיחוֹ כְּתִיב: "וְהֶחָלוּץ הֹלֵךְ לִפְנֵיהֶם" (יהושע ו, ט), זֶה רְאוּבֵן וְגָד שֶׁקִּיְּמוּ תְּנָאָם: – תּוֹסֶפֶת מֵרַבֵּנוּ שְׁמַעְיָה שֶׁהֵעִיד: "עוֹנִי רַבִּי לְהַגִּיהַּ] וְיָשֹׁב טַפֵּנוּ." פְּעוֹדֵנוּ חֲלָל חַיִּים בְּעָרֵי הַמִּבְצָר. שְׁמוֹנֶה עֶשְׂרֵה עַכְשָׁיו:

טו מֵעֵבֶר לַיַּרְדֵּן וְגוֹ'. בְּעֵבֶר הַמַּעֲרָבִי. כִּי בָאָה נַחֲלָתֵנוּ. כְּבָר קִבַּלְנוּהָ בְּעֵבֶר הַמִּזְרָחִי:

כד לְצֹנַאֲכֶם. תֵּבָה זוֹ מִגִּזְרַת "צֹנֶה וַאֲלָפִים כֻּלָּם" (תהלים ח, ח), שֶׁאֵין בּוֹ חָלָ"ף מַפְסִיק בֵּין נוּ"ן לַדָּלֶ"ת, וְחָלָ"ף שָׁבָא כָּאן אַחַר הַנּוּ"ן, בִּמְקוֹם ה"א שֶׁל "צֹנֶה" הוּא. מִיסוֹדוֹ שֶׁל רַבִּי מֹשֶׁה הַדַּרְשָׁן: **וְהַיֹּצֵא מִפִּיכֶם תַּעֲשׂוּ.** לַגָּבוֹהַּ, שֶׁקִּבַּלְתֶּם עֲלֵיכֶם לַעֲבֹר לַמִּלְחָמָה עַד כִּבּוּשׁ וְחִלּוּק, שֶׁמֹּשֶׁה לֹא בִּקֵּשׁ מֵהֶם אֶלָּא "וְנִכְבְּשָׁה... וְאַחַר תָּשֻׁבוּ" (לעיל פסוק כב), וְהֵם קִבְּלוּ עֲלֵיהֶם "עַד הִתְנַחֵל" (לעיל פסוק יח), הֲרֵי הוֹסִיפוּ לְהִתְעַכֵּב שֶׁבַע שֶׁחִלְּקוּ, וְכֵן עָשׂוּ:

כה וַיֹּאמֶר בְּנֵי־גָד וּבְנֵי רְאוּבֵן אֶל־מֹשֶׁה לֵּאמֹר
כו עֲבָדֶיךָ יַעֲשׂוּ כַּאֲשֶׁר אֲדֹנִי מְצַוֶּה: טַפֵּנוּ נָשֵׁינוּ מִקְנֵנוּ וְכָל־בְּהֶמְתֵּנוּ יִהְיוּ־שָׁם בְּעָרֵי הַגִּלְעָד:
כז וַעֲבָדֶיךָ יַעַבְרוּ כָּל־חֲלוּץ צָבָא לִפְנֵי יְהוָה לַמִּלְחָמָה כַּאֲשֶׁר אֲדֹנִי דֹּבֵר:
כח וַיְצַו לָהֶם מֹשֶׁה אֵת אֶלְעָזָר הַכֹּהֵן וְאֵת יְהוֹשֻׁעַ בִּן־נוּן וְאֶת־רָאשֵׁי אֲבוֹת הַמַּטּוֹת לִבְנֵי יִשְׂרָאֵל:
כט וַיֹּאמֶר מֹשֶׁה אֲלֵהֶם אִם־יַעַבְרוּ בְנֵי־גָד וּבְנֵי־רְאוּבֵן ׀ אִתְּכֶם אֶת־הַיַּרְדֵּן כָּל־חָלוּץ לַמִּלְחָמָה לִפְנֵי יְהוָה וְנִכְבְּשָׁה הָאָרֶץ לִפְנֵיכֶם וּנְתַתֶּם לָהֶם אֶת־אֶרֶץ הַגִּלְעָד לַאֲחֻזָּה:
ל וְאִם־לֹא יַעַבְרוּ חֲלוּצִים אִתְּכֶם וְנֹאחֲזוּ בְתֹכְכֶם בְּאֶרֶץ כְּנָעַן:
לא וַיַּעֲנוּ בְנֵי־גָד וּבְנֵי רְאוּבֵן לֵאמֹר אֵת אֲשֶׁר דִּבֶּר יְהוָה אֶל־עֲבָדֶיךָ כֵּן נַעֲשֶׂה:
לב נַחְנוּ נַעֲבֹר חֲלוּצִים לִפְנֵי יְהוָה אֶרֶץ כְּנָעַן וְאִתָּנוּ אֲחֻזַּת נַחֲלָתֵנוּ מֵעֵבֶר לַיַּרְדֵּן:
לג וַיִּתֵּן לָהֶם ׀ מֹשֶׁה לִבְנֵי־גָד וְלִבְנֵי רְאוּבֵן וְלַחֲצִי ׀ שֵׁבֶט ׀ מְנַשֶּׁה בֶן־יוֹסֵף אֶת־מַמְלֶכֶת סִיחֹן מֶלֶךְ הָאֱמֹרִי וְאֶת־מַמְלֶכֶת עוֹג מֶלֶךְ הַבָּשָׁן הָאָרֶץ לְעָרֶיהָ בִּגְבֻלֹת עָרֵי הָאָרֶץ סָבִיב:
לד וַיִּבְנוּ בְנֵי־גָד אֶת־דִּיבֹן וְאֶת־עֲטָרֹת וְאֵת עֲרֹעֵר:
לה וְאֶת־עַטְרֹת שׁוֹפָן וְאֶת־

לו יעזר ויגבהה: ואת־בית נמרה ואת־בית הרן
לז ערי מבצר וגדרת צאן: ובני ראובן בנו את־
לח חשבון ואת־אלעלא ואת קריתים: ואת־נבו
ואת־בעל מעון מוסבת שם ואת־שבמה
ויקראו בשמת את־שמות הערים אשר בנו:
לט וילכו בני מכיר בן־מנשה גלעדה וילכדה

כה כו ואמר בני גד ובני ראובן, למשה למימר, עבדך יעבדון, כמא דרבוני מפקיד: טפלנא
כז נשנא, גיתנא וכל בעירנא, יהון תמן בקרוי גלעד: ועבדך יעברון, כל מזרז חילא, קדם
כח עמא דיי לקרבא, כמא דרבוני ממליל: ופקיד להון משה, ית אלעזר כהנא, וית יהושע
כט בר נון, וית רישי, אבהת שבטיא לבני ישראל: ואמר משה להון, אם יעברון בני גד ובני
ראובן עמכון, ית ירדנא, כל דמזרז לקרבא קדם עמא דיי, ותתכביש ארעא קדמיכון,
ל ותתנון להון, ית ארע גלעד לאחסנא: ואם לא יעברון, מזרזין עמכון, ויחסנון ביניכון
לא לב בארעא דכנען: ואתיבו בני גד, ובני ראובן למימר, ית דמליל יי, לעבדך כן נעביד: נחנא
נעבר מזרזין, קדם עמא דיי לארעא דכנען, ועמנא אחדת אחסנתנא, מעברא לירדנא:
לג ויהב להון משה, לבני גד ולבני ראובן, ולפלגות שבטא דמנשה בר יוסף, ית מלכותיה
דסיחון מלכא אמוראה, וית מלכותיה, דעוג מלכא דמתנן, ארעא, לקרוהא בתחומין,
לד לה קרוי ארעא סחור סחור: ובנו בני גד, ית דיבון וית עטרות, וית ערוער: וית עטרות שופן,
לו לז וית יעזר ורמתא: וית בית נמרה וית בית הרן, קרוין כריכן וחטרין דען: ובני ראובן בנו,
לח ית חשבון וית אלעלא, וית קריתים: וית נבו, וית בעל מעון, מקפן שמהן וית שבמה,
לט וקרו בשמהן, ית שמהת קרויא דבנו: ואזלו, בני מכיר בר מנשה, לגלעד וכבשוהא,

כה) ויאמר בני גד. כלם כאיש אחד:

כח) ויצו להם. כמו 'עליהם', ועל תנאם מנה אלעזר ויהושע, כמו: "ה' ילחם לכם" (שמות יד, יד):

לב) ואתנו אחזת נחלתנו. כלומר, בידינו וברשותנו תהי אחזת נחלתנו מעבר הזה:

לו) ערי מבצר וגדרת צאן. זה סוף פסוק מוסב על תחלת הענין, "ויבנו בני גד" את הערים הללו להיות "ערי מבצר וגדרת צאן":

לח) ואת נבו ואת בעל מעון מוסבת שם. נבו ובעל מעון שמות עבודה זרה הם, והיו האמוריים קורים עריהם על שם עבודה זרה שלהם, ובני ראובן הסבו את שמם לשמות אחרים, וזהו: "מוסבת שם", נבו ובעל מעון מוסבות לשם אחר: ואת שבמה. בנו שבמה, והיא שבם האמורה למעלה (פסוק ג):

במדבר

מפטיר וַיּ֗וֹרֶשׁ אֶת־הָאֱמֹרִ֖י אֲשֶׁר־בָּֽהּ׃ וַיִּתֵּ֤ן מֹשֶׁה֙ מ
אֶת־הַגִּלְעָ֔ד לְמָכִ֖יר בֶּן־מְנַשֶּׁ֑ה וַיֵּ֖שֶׁב בָּֽהּ׃
וְיָאִ֤יר בֶּן־מְנַשֶּׁה֙ הָלַ֔ךְ וַיִּלְכֹּ֖ד אֶת־חַוֺּתֵיהֶ֑ם מא
וַיִּקְרָ֥א אֶתְהֶ֖ן חַוֺּ֥ת יָאִֽיר׃ וְנֹ֣בַח הָלַ֔ךְ וַיִּלְכֹּ֥ד מב
אֶת־קְנָ֖ת וְאֶת־בְּנֹתֶ֑יהָ וַיִּקְרָ֧א לָ֦הּ נֹ֖בַח
בִּשְׁמֽוֹ׃

הפטרת מטות

הפטרה לשבת הראשונה שאחרי י״ז בתמוז

נבואת ההקדשה של ירמיהו, שפעל בימי מלכי יהודה האחרונים עד לחורבן בית ראשון וקצת לאחריו, ממחישה את הקושי הגדול שבשליחות הנבואית. שליחותו של ירמיהו הייתה קשה במיוחד, בהיותו הנביא הראשון והיחיד שליווה את החורבן במקום התרחשותו. הקושי היה כפול: מצד אחד היה שליח של המצווה להעביר נבואות חורבן לעם, מצד אחר אהב את העם והיה צריך להוכיח אותו ביד קשה. לא בכדי נחוצה לו הבטחת ה׳ היחודית בראשית הדרך, ״ואתה תאזר מתניך ודברת אליהם את כל אשר אנכי אצוך, אל תחת מפניהם... ואני הנה נתתיך היום לעיר מבצר ולעמוד ברזל... ונלחמו אליך ולא יוכלו לך״. ניסיונות ההתחמקות של ירמיהו מהשליחות הנבואית הם שיקוף של הקושי הזה.

ירמיה דִּבְרֵ֥י יִרְמְיָ֖הוּ בֶּן־חִלְקִיָּ֑הוּ מִן־הַכֹּֽהֲנִים֙ אֲשֶׁ֣ר בַּֽעֲנָת֔וֹת בְּאֶ֖רֶץ א
בִּנְיָמִֽן׃ אֲשֶׁ֨ר הָיָ֤ה דְבַר־יְהוָה֙ אֵלָ֔יו בִּימֵ֛י יֹֽאשִׁיָּ֥הוּ בֶן־אָמ֖וֹן מֶ֣לֶךְ ב
יְהוּדָ֑ה בִּשְׁלֹשׁ־עֶשְׂרֵ֥ה שָׁנָ֖ה לְמָלְכֽוֹ׃ וַיְהִ֗י בִּימֵ֨י יְהֽוֹיָקִ֤ים בֶּן־יֹֽאשִׁיָּ֨הוּ ג
מֶ֣לֶךְ יְהוּדָ֔ה עַד־תֹּם֙ עַשְׁתֵּ֣י־עֶשְׂרֵ֣ה שָׁנָ֔ה לְצִדְקִיָּ֥הוּ בֶן־יֹאשִׁיָּ֖הוּ
מֶ֣לֶךְ יְהוּדָ֑ה עַד־גְּל֥וֹת יְרֽוּשָׁלַ֖םִ בַּחֹ֥דֶשׁ הַֽחֲמִישִֽׁי׃ וַיְהִ֥י ד

אצרך דְבַר־יְהוָ֖ה אֵלַ֥י לֵאמֹֽר׃ בְּטֶ֨רֶם אֶצָּרְךָ֤ בַבֶּ֨טֶן֙ יְדַעְתִּ֔יךָ וּבְטֶ֛רֶם תֵּצֵ֥א ה
מֵרֶ֖חֶם הִקְדַּשְׁתִּ֑יךָ נָבִ֥יא לַגּוֹיִ֖ם נְתַתִּֽיךָ׃ וָֽאֹמַ֗ר אֲהָהּ֙ אֲדֹנָ֣י יְהוִ֔ה ו
הִנֵּ֥ה לֹֽא־יָדַ֖עְתִּי דַּבֵּ֑ר כִּי־נַ֖עַר אָנֹֽכִי׃ וַיֹּ֤אמֶר יְהוָה֙ אֵלַ֔י אַל־תֹּאמַ֖ר ז
נַ֣עַר אָנֹ֑כִי כִּ֠י עַֽל־כָּל־אֲשֶׁ֤ר אֶֽשְׁלָֽחֲךָ֙ תֵּלֵ֔ךְ וְאֵ֛ת כָּל־אֲשֶׁ֥ר אֲצַוְּךָ֖
תְּדַבֵּֽר׃ אַל־תִּירָ֖א מִפְּנֵיהֶ֑ם כִּֽי־אִתְּךָ֥ אֲנִ֛י לְהַצִּלֶ֖ךָ נְאֻם־יְהוָֽה׃ ח
וַיִּשְׁלַ֤ח יְהוָה֙ אֶת־יָד֔וֹ וַיַּגַּ֖ע עַל־פִּ֑י וַיֹּ֤אמֶר יְהוָה֙ אֵלַ֔י הִנֵּ֛ה נָתַ֥תִּי דְבָרַ֖י ט
בְּפִֽיךָ׃ רְאֵ֞ה הִפְקַדְתִּ֣יךָ ׀ הַיּ֣וֹם הַזֶּ֗ה עַל־הַגּוֹיִם֙ וְעַל־הַמַּמְלָכ֔וֹת י

לב מטות

מ מא וְתָרֵיךְ יָת אֱמוֹרָאָה דְּבַהּ: וִיהַב מֹשֶׁה יָת גִּלְעָד, לְמָכִיר בַּר מְנַשֶּׁה, וִיתֵיב בַּהּ: וְיָאִיר בַּר מְנַשֶּׁה
מב אֲזַל, וּכְבַשׁ יָת כַּפְרָנֵיהוֹן, וּקְרָא יָתְהוֹן כַּפְרָנֵי יָאִיר: וְנֹבַח אֲזַל, וּכְבַשׁ יָת קְנָת וְיָת כַּפְרָנָהָא,
וּקְרָא לַהּ נֹבַח בִּשְׁמֵיהּ:

לט| וַיּוֹרֶשׁ. כְּתַרְגּוּמוֹ: "וְתָרֵיךְ", שֶׁתֵּיבַת 'רִישׁ' מְשַׁמֶּשֶׁת שְׁתֵּי מַחְלָקוֹת: לְשׁוֹן יְרֻשָּׁה וּלְשׁוֹן הוֹרָשָׁה, שֶׁהוּא טֵרוּד וְתֵרוּךְ:

מא| חַוֹּתֵיהֶם. "כַּפְרָנֵיהוֹן": וַיִּקְרָא אֶתְהֶן חַוֹּת יָאִיר. לְפִי שֶׁלֹּא הָיוּ לוֹ בָּנִים קְרָאָם בִּשְׁמוֹ לְזִכָּרוֹן:

מב| וַיִּקְרָא לָהּ נֹבַח. "לָה" אֵינוֹ מַפִּיק הֵ"א, וְרָאִיתִי בִּיסוֹדוֹ שֶׁל רַבִּי מֹשֶׁה, לְפִי שֶׁלֹּא נִתְקַיֵּם לָהּ שֵׁם זֶה לְפִיכָךְ הוּא רָפֶה, שֶׁמַּשְׁמָעוּת מִדְרָשׁוֹ כְּמוֹ 'לֹא'. וּתְמֵהַנִי, מַה יִּדְרֹשׁ בִּשְׁתֵּי תֵּבוֹת הַדּוֹמִין לָהּ, "וַיֹּאמֶר לָהּ בֹעַז" (רות ב, יד), "לִבְנוֹת לָה בַיִת" (זכריה ה, יא):

יא לִנְתוֹשׁ וְלִנְתוֹץ וּלְהַאֲבִיד וְלַהֲרוֹס לִבְנוֹת וְלִנְטוֹעַ׃ וַיְהִי
דְבַר־יהוה אֵלַי לֵאמֹר מָה־אַתָּה רֹאֶה יִרְמְיָהוּ וָאֹמַר מַקֵּל שָׁקֵד
יב אֲנִי רֹאֶה׃ וַיֹּאמֶר יהוה אֵלַי הֵיטַבְתָּ לִרְאוֹת כִּי־שֹׁקֵד אֲנִי עַל־
יג דְּבָרִי לַעֲשֹׂתוֹ׃ וַיְהִי דְבַר־יהוה ׀ אֵלַי שֵׁנִית לֵאמֹר מָה
יד אַתָּה רֹאֶה וָאֹמַר סִיר נָפוּחַ אֲנִי רֹאֶה וּפָנָיו מִפְּנֵי צָפוֹנָה׃ וַיֹּאמֶר
טו יהוה אֵלָי מִצָּפוֹן תִּפָּתַח הָרָעָה עַל כָּל־יֹשְׁבֵי הָאָרֶץ׃ כִּי ׀ הִנְנִי
קֹרֵא לְכָל־מִשְׁפְּחוֹת מַמְלְכוֹת צָפוֹנָה נְאֻם־יהוה וּבָאוּ וְנָתְנוּ
אִישׁ כִּסְאוֹ פֶּתַח ׀ שַׁעֲרֵי יְרוּשָׁלִַם וְעַל כָּל־חוֹמֹתֶיהָ סָבִיב וְעַל
טז כָּל־עָרֵי יְהוּדָה׃ וְדִבַּרְתִּי מִשְׁפָּטַי אוֹתָם עַל כָּל־רָעָתָם אֲשֶׁר
יז עֲזָבוּנִי וַיְקַטְּרוּ לֵאלֹהִים אֲחֵרִים וַיִּשְׁתַּחֲווּ לְמַעֲשֵׂי יְדֵיהֶם׃ וְאַתָּה
תֶּאְזֹר מָתְנֶיךָ וְקַמְתָּ וְדִבַּרְתָּ אֲלֵיהֶם אֵת כָּל־אֲשֶׁר אָנֹכִי אֲצַוֶּךָּ
יח אַל־תֵּחַת מִפְּנֵיהֶם פֶּן־אֲחִתְּךָ לִפְנֵיהֶם׃ וַאֲנִי הִנֵּה נְתַתִּיךָ הַיּוֹם
לְעִיר מִבְצָר וּלְעַמּוּד בַּרְזֶל וּלְחֹמוֹת נְחֹשֶׁת עַל־כָּל־הָאָרֶץ לְמַלְכֵי
יט יְהוּדָה לְשָׂרֶיהָ לְכֹהֲנֶיהָ וּלְעַם הָאָרֶץ׃ וְנִלְחֲמוּ אֵלֶיךָ וְלֹא־יוּכְלוּ
ב א לָךְ כִּי־אִתְּךָ אֲנִי נְאֻם־יהוה לְהַצִּילֶךָ׃ וַיְהִי דְבַר־יהוה
ב אֵלַי לֵאמֹר׃ הָלֹךְ וְקָרָאתָ בְאָזְנֵי יְרוּשָׁלִַם לֵאמֹר כֹּה אָמַר יהוה
זָכַרְתִּי לָךְ חֶסֶד נְעוּרַיִךְ אַהֲבַת כְּלוּלֹתָיִךְ לֶכְתֵּךְ אַחֲרַי בַּמִּדְבָּר
ג בְּאֶרֶץ לֹא זְרוּעָה׃ קֹדֶשׁ יִשְׂרָאֵל לַיהוה רֵאשִׁית תְּבוּאָתֹה כָּל־
אֹכְלָיו יֶאְשָׁמוּ רָעָה תָּבֹא אֲלֵיהֶם נְאֻם־יהוה׃

מטות

פרשת מסעי

מסעי

לג א אֵ֣לֶּה מַסְעֵ֣י בְנֵֽי־יִשְׂרָאֵ֗ל אֲשֶׁ֥ר יָצְא֛וּ מֵאֶ֥רֶץ מִצְרַ֖יִם לְצִבְאֹתָ֑ם בְּיַד־מֹשֶׁ֥ה וְאַהֲרֹֽן: ב וַיִּכְתֹּ֨ב מֹשֶׁ֜ה אֶת־מוֹצָאֵיהֶ֛ם לְמַסְעֵיהֶ֖ם עַל־פִּ֣י יְהֹוָ֑ה וְאֵ֥לֶּה מַסְעֵיהֶ֖ם לְמוֹצָאֵיהֶֽם: ג וַיִּסְע֤וּ מֵֽרַעְמְסֵס֙ בַּחֹ֣דֶשׁ הָֽרִאשׁ֔וֹן בַּחֲמִשָּׁ֥ה עָשָׂ֛ר י֖וֹם לַחֹ֣דֶשׁ הָרִאשׁ֑וֹן מִֽמָּחֳרַ֣ת הַפֶּ֗סַח יָצְא֤וּ בְנֵֽי־יִשְׂרָאֵל֙ בְּיָ֣ד רָמָ֔ה לְעֵינֵ֖י כָּל־מִצְרָֽיִם: ד וּמִצְרַ֣יִם מְקַבְּרִ֗ים אֵת֩ אֲשֶׁ֨ר הִכָּ֧ה יְהֹוָ֛ה בָּהֶ֖ם כָּל־בְּכ֑וֹר וּבֵאלֹ֣הֵיהֶ֔ם עָשָׂ֥ה יְהֹוָ֖ה שְׁפָטִֽים: ה וַיִּסְע֥וּ בְנֵֽי־יִשְׂרָאֵ֖ל מֵֽרַעְמְסֵ֑ס וַֽיַּחֲנ֖וּ בְּסֻכֹּֽת: ו וַיִּסְע֖וּ מִסֻּכֹּ֑ת וַיַּחֲנ֣וּ בְאֵתָ֔ם אֲשֶׁ֖ר בִּקְצֵ֥ה הַמִּדְבָּֽר: ז וַיִּסְעוּ֙ מֵֽאֵתָ֔ם וַיָּ֨שָׁב֙ עַל־פִּ֣י הַחִירֹ֔ת אֲשֶׁ֥ר עַל־פְּנֵ֖י בַּ֣עַל צְפ֑וֹן וַֽיַּחֲנ֖וּ לִפְנֵ֥י מִגְדֹּֽל: ח וַיִּסְעוּ֙ מִפְּנֵ֣י הַֽחִירֹ֔ת וַיַּֽעַבְר֥וּ בְתוֹךְ־הַיָּ֖ם הַמִּדְבָּ֑רָה וַיֵּ֨לְכ֜וּ דֶּ֣רֶךְ שְׁלֹ֤שֶׁת יָמִים֙ בְּמִדְבַּ֣ר אֵתָ֔ם וַֽיַּחֲנ֖וּ בְּמָרָֽה: ט וַיִּסְעוּ֙ מִמָּרָ֔ה וַיָּבֹ֖אוּ אֵילִ֑מָה וּ֠בְאֵילִ֠ם שְׁתֵּ֣ים עֶשְׂרֵ֞ה עֵינֹ֥ת מַ֛יִם וְשִׁבְעִ֥ים תְּמָרִ֖ים וַיַּֽחֲנוּ־שָֽׁם: שני י וַיִּסְע֖וּ מֵֽאֵילִ֑ם וַֽיַּחֲנ֖וּ עַל־יַם־סֽוּף: יא וַיִּסְע֖וּ מִיַּם־ס֑וּף וַֽיַּחֲנ֖וּ בְּמִדְבַּר־סִֽין: יב וַיִּסְע֖וּ מִמִּדְבַּר־סִ֑ין וַֽיַּחֲנ֖וּ

יד בְּדָפְקָה: וַיִּסְעוּ מִדָּפְקָה וַיַּחֲנוּ בְּאָלוּשׁ: וַיִּסְעוּ
מֵאָלוּשׁ וַיַּחֲנוּ בִּרְפִידִם וְלֹא־הָיָה שָׁם מַיִם לָעָם
טו לִשְׁתּוֹת: וַיִּסְעוּ מֵרְפִידִם וַיַּחֲנוּ בְּמִדְבַּר סִינָי:

לג א אִלֵּין מַטְלָנֵי בְּנֵי יִשְׂרָאֵל, דִּנְפַקוּ, מֵאַרְעָא דְמִצְרַיִם לְחֵילֵיהוֹן, בִּידָא דְמֹשֶׁה וְאַהֲרֹן: וּכְתַב
ב מֹשֶׁה, יָת מַפְּקָנֵיהוֹן, לְמַטְלָנֵיהוֹן עַל מֵימְרָא דַיְיָ, וְאִלֵּין מַטְלָנֵיהוֹן לְמַפְּקָנֵיהוֹן: וּנְטָלוּ מֵרַעַמְסֵס
ג בְּיַרְחָא קַדְמָאָה, בְּחַמְשַׁת עַסְרָא, יוֹמָא לְיַרְחָא קַדְמָאָה, מִבָּתַר פִּסְחָא, נְפַקוּ בְנֵי יִשְׂרָאֵל
ד בְּרֵישׁ גְּלֵי, לְעֵינֵי כָּל מִצְרָאֵי: וּמִצְרָאֵי מְקַבְּרִין, יָת דִּקְטַל יְיָ, בְּהוֹן כָּל בּוּכְרָא, וּבְטַעֲוָתְהוֹן, עֲבַד
ה יְיָ דִּינִין: וּנְטָלוּ בְּנֵי יִשְׂרָאֵל מֵרַעַמְסֵס, וּשְׁרוֹ בְּסֻכּוֹת: וּנְטָלוּ מִסֻּכּוֹת, וּשְׁרוֹ בְאֵיתָם, דִּבְסְטַר
ו מַדְבְּרָא: וּנְטָלוּ מֵאֵיתָם, וְתָב עַל פּוּם חִירָתָא, דִּקֳדָם בְּעֵיל צְפוֹן, וּשְׁרוֹ קֳדָם מִגְדּוֹל: וּנְטָלוּ
ז מִן קֳדָם חִירָתָא, וַעֲבַרוּ בְגוֹ יַמָּא בְּמַדְבְּרָא, וַאֲזָלוּ, מַהֲלַךְ תְּלָתָא יוֹמִין בְּמַדְבְּרָא דְאֵיתָם,
ח וּשְׁרוֹ בְּמָרָה: וּנְטָלוּ מִמָּרָה, וַאֲתוֹ לְאֵילִים, וּבְאֵילִים, תְּרֵי עֲסַר, מַבּוּעִין דְּמַיִין, וְשַׁבְעִין דִּקְלִין
ט וּשְׁרוֹ תַמָּן: וּנְטָלוּ מֵאֵילִים, וּשְׁרוֹ עַל יַמָּא דְסוּף: וּנְטָלוּ מִיַּמָּא דְסוּף, וּשְׁרוֹ בְּמַדְבְּרָא דְסִין:
י-יא וּנְטָלוּ מִמַּדְבְּרָא דְסִין, וּשְׁרוֹ בְּדָפְקָה: וּנְטָלוּ מִדָּפְקָה, וּשְׁרוֹ בְּאָלוּשׁ: וּנְטָלוּ מֵאָלוּשׁ, וּשְׁרוֹ
טו בִּרְפִידִים, וְלָא הֲוָה תַמָּן מַיָּא, לְעַמָּא לְמִשְׁתֵּי: וּנְטָלוּ מֵרְפִידִים, וּשְׁרוֹ בְּמַדְבְּרָא דְסִינָי:

פרק לג

א **אֵלֶּה מַסְעֵי.** לָמָּה נִכְתְּבוּ הַמַּסָּעוֹת הַלָּלוּ? לְהוֹדִיעַ חֲסָדָיו שֶׁל מָקוֹם, שֶׁאַף עַל פִּי שֶׁגָּזַר עֲלֵיהֶם לְטַלְטְלָם וְלַהֲנִיעָם בַּמִּדְבָּר, לֹא תֹּאמַר שֶׁהָיוּ נָעִים וּמְטֻלְטָלִים מִמַּסָּע לְמַסָּע כָּל אַרְבָּעִים שָׁנָה וְלֹא הָיְתָה לָהֶם מְנוּחָה, שֶׁהֲרֵי אֵין כָּאן אֶלָּא אַרְבָּעִים וּשְׁתַּיִם מַסָּעוֹת, צֵא מֵהֶם אַרְבַּע עֶשְׂרֵה שֶׁכֻּלָּם הָיוּ בְּשָׁנָה רִאשׁוֹנָה קֹדֶם גְּזֵרָה, מִשֶּׁנָּסְעוּ מֵרַעְמְסֵס עַד שֶׁבָּאוּ לְרִתְמָה, שֶׁמִּשָּׁם נִשְׁתַּלְּחוּ הַמְרַגְּלִים, שֶׁנֶּאֱמַר: "וְאַחַר נָסְעוּ הָעָם מֵחֲצֵרוֹת וְגוֹ'" (לעיל יב, טז), "שְׁלַח לְךָ אֲנָשִׁים"

וְגוֹ' (שם יג, ב), וְכָאן הוּא אוֹמֵר: "וַיִּסְעוּ מֵחֲצֵרוֹת וַיַּחֲנוּ בְּרִתְמָה" (להלן פסוק יח), לָמַדְתָּ שֶׁהִיא בְּמִדְבַּר פָּארָן, וְעוֹד הוֹצֵא מִשָּׁם שְׁמוֹנֶה מַסָּעוֹת, שֶׁהָיוּ לְאַחַר מִיתַת אַהֲרֹן, מֵהֹר הָהָר עַד עַרְבוֹת מוֹאָב, בִּשְׁנַת הָאַרְבָּעִים, נִמְצָא שֶׁכָּל שְׁמוֹנֶה וּשְׁלֹשִׁים שָׁנָה לֹא נָסְעוּ אֶלָּא עֶשְׂרִים מַסָּעוֹת. זֶה מִיסוֹדוֹ שֶׁל רַבִּי מֹשֶׁה. וְרַבִּי תַּנְחוּמָא דָּרַשׁ בּוֹ דְּרָשָׁה אַחֶרֶת: מָשָׁל לְמֶלֶךְ שֶׁהָיָה בְּנוֹ חוֹלֶה וְהוֹלִיכוֹ לְמָקוֹם רָחוֹק לְרַפְּאוֹתוֹ. כֵּיוָן שֶׁהָיוּ חוֹזְרִין, הִתְחִיל חָבִיב מוֹנֶה כָּל הַמַּסָּעוֹת. אָמַר לוֹ: כָּאן יָשַׁנּוּ, כָּאן הוּקַרְנוּ, כָּאן חָשַׁשְׁתָּ אֶת רֹאשְׁךָ וְכוּ' (תנחומא ג).

במדבר

וַיִּסְע֖וּ מִמִּדְבַּ֣ר סִינָ֑י וַֽיַּחֲנ֖וּ בְּקִבְרֹ֥ת הַֽתַּאֲוָֽה: טז
וַיִּסְעוּ֙ מִקִּבְרֹ֣ת הַֽתַּאֲוָ֔ה וַֽיַּחֲנ֖וּ בַּחֲצֵרֹֽת: וַיִּסְע֖וּ יז
מֵחֲצֵרֹ֑ת וַֽיַּחֲנ֖וּ בְּרִתְמָֽה: וַיִּסְע֖וּ מֵרִתְמָ֑ה וַֽיַּחֲנ֖וּ יח
בְּרִמֹּ֥ן פָּֽרֶץ: וַיִּסְע֖וּ מֵרִמֹּ֣ן פָּ֑רֶץ וַֽיַּחֲנ֖וּ בְּלִבְנָֽה: כ
וַיִּסְע֖וּ מִלִּבְנָ֑ה וַֽיַּחֲנ֖וּ בְּרִסָּֽה: וַיִּסְע֖וּ מֵרִסָּ֑ה וַֽיַּחֲנ֖וּ כא
בִּקְהֵלָֽתָה: וַיִּסְע֖וּ מִקְּהֵלָ֑תָה וַֽיַּחֲנ֖וּ בְּהַר־שָֽׁפֶר: כב
וַיִּסְע֖וּ מֵֽהַר־שָׁ֑פֶר וַֽיַּחֲנ֖וּ בַּחֲרָדָֽה: וַיִּסְע֖וּ מֵחֲרָדָ֑ה כג
וַֽיַּחֲנ֖וּ בְּמַקְהֵלֹֽת: וַיִּסְע֖וּ מִמַּקְהֵלֹ֑ת וַֽיַּחֲנ֖וּ כד
בְּתָֽחַת: וַיִּסְע֖וּ מִתָּ֑חַת וַֽיַּחֲנ֖וּ בְּתָֽרַח: וַיִּסְע֖וּ כה
מִתָּ֑רַח וַֽיַּחֲנ֖וּ בְּמִתְקָֽה: וַיִּסְע֖וּ מִמִּתְקָ֑ה וַֽיַּחֲנ֖וּ כו
בְּחַשְׁמֹנָֽה: וַיִּסְע֖וּ מֵחַשְׁמֹנָ֑ה וַֽיַּחֲנ֖וּ בְּמֹסֵרֽוֹת: ל
וַיִּסְע֖וּ מִמֹּסֵר֑וֹת וַֽיַּחֲנ֖וּ בִּבְנֵ֥י יַעֲקָֽן: וַיִּסְע֖וּ לא
מִבְּנֵ֣י יַעֲקָ֑ן וַֽיַּחֲנ֖וּ בְּחֹ֥ר הַגִּדְגָּֽד: וַיִּסְע֖וּ מֵחֹ֣ר לב
הַגִּדְגָּ֑ד וַֽיַּחֲנ֖וּ בְּיָטְבָֽתָה: וַיִּסְע֖וּ מִיָּטְבָ֑תָה וַֽיַּחֲנ֖וּ לג
בְּעַבְרֹנָֽה: וַיִּסְע֖וּ מֵעַבְרֹנָ֑ה וַֽיַּחֲנ֖וּ בְּעֶצְי֥וֹן גָּֽבֶר: לד
וַיִּסְע֖וּ מֵעֶצְי֣וֹן גָּ֑בֶר וַֽיַּחֲנ֥וּ בְמִדְבַּר־צִ֖ן הִ֥וא קָדֵֽשׁ: לה
וַיִּסְע֖וּ מִקָּדֵ֑שׁ וַֽיַּחֲנוּ֙ בְּהֹ֣ר הָהָ֔ר בִּקְצֵ֖ה אֶ֥רֶץ לו
אֱדֽוֹם: וַיַּ֩עַל֩ אַהֲרֹ֨ן הַכֹּהֵ֜ן אֶל־הֹ֥ר הָהָ֛ר עַל־פִּ֥י לז
יְהֹוָ֖ה וַיָּ֣מָת שָׁ֑ם בִּשְׁנַ֣ת הָֽאַרְבָּעִ֗ים לְצֵ֛את בְּנֵֽי־
יִשְׂרָאֵל֙ מֵאֶ֣רֶץ מִצְרַ֔יִם בַּחֹ֥דֶשׁ הַחֲמִישִׁ֖י בְּאֶחָ֥ד

לט לַחֹֽדֶשׁ׃ וְאַהֲרֹ֔ן בֶּן־שָׁלֹ֧שׁ וְעֶשְׂרִ֛ים וּמְאַ֖ת שָׁנָ֑ה
מ בְּמֹת֖וֹ בְּהֹ֥ר הָהָֽר׃ וַיִּשְׁמַ֗ע הַֽכְּנַעֲנִי֙
מֶ֣לֶךְ עֲרָ֔ד וְהֽוּא־יֹשֵׁ֥ב בַּנֶּ֖גֶב בְּאֶ֣רֶץ כְּנָ֑עַן בְּבֹ֖א
מא בְּנֵ֥י יִשְׂרָאֵֽל׃ וַיִּסְע֖וּ מֵהֹ֣ר הָהָ֑ר וַֽיַּחֲנ֖וּ בְּצַלְמֹנָֽה׃
מב מג וַיִּסְע֖וּ מִצַּלְמֹנָ֑ה וַֽיַּחֲנ֖וּ בְּפוּנֹֽן׃ וַיִּסְע֖וּ מִפּוּנֹ֑ן וַֽיַּחֲנ֖וּ
מד בְּאֹבֹֽת׃ וַיִּסְע֖וּ מֵאֹבֹ֑ת וַיַּחֲנ֛וּ בְּעִיֵּ֥י הָעֲבָרִ֖ים
מה בִּגְב֥וּל מוֹאָֽב׃ וַיִּסְע֖וּ מֵעִיִּ֑ים וַֽיַּחֲנ֖וּ בְּדִיבֹ֥ן גָּֽד׃

טז יז יח וּנְטַלוּ מִמַּדְבְּרָא דְסִינָי, וּשְׁרוֹ בְּקִבְרֵי דִמְשַׁאֲלֵי: וּנְטַלוּ מִקִּבְרֵי דִמְשַׁאֲלֵי, וּשְׁרוֹ בַּחֲצֵרוֹת: וּנְטַלוּ
יט כ מֵחֲצֵרוֹת, וּשְׁרוֹ בְּרִתְמָה: וּנְטַלוּ מֵרִתְמָה, וּשְׁרוֹ בְּרִמּוֹן פָּרֶץ: וּנְטַלוּ מֵרִמּוֹן פָּרֶץ, וּשְׁרוֹ בְּלִבְנָה:
כא כב כג וּנְטַלוּ מִלִּבְנָה, וּשְׁרוֹ בְּרִסָּה: וּנְטַלוּ מֵרִסָּה, וּשְׁרוֹ בִּקְהֵלָתָה: וּנְטַלוּ מִקְּהֵלָתָה, וּשְׁרוֹ בְּטוּרָא
כד כה כו דְשָׁפֶר: וּנְטַלוּ מִטּוּרָא דְשָׁפֶר, וּשְׁרוֹ בַּחֲרָדָה: וּנְטַלוּ מֵחֲרָדָה, וּשְׁרוֹ בְּמַקְהֵלוֹת: וּנְטַלוּ
כז כח כט מִמַּקְהֵלוֹת, וּשְׁרוֹ בְּתָחַת: וּנְטַלוּ מִתָּחַת, וּשְׁרוֹ בְּתָרַח: וּנְטַלוּ מִתָּרַח, וּשְׁרוֹ בְּמִתְקָה: וּנְטַלוּ
ל לא מִמִּתְקָה, וּשְׁרוֹ בְּחַשְׁמוֹנָה: וּנְטַלוּ מֵחַשְׁמוֹנָה, וּשְׁרוֹ בְּמוֹסֵרוֹת: וּנְטַלוּ מִמּוֹסֵרוֹת, וּשְׁרוֹ בִּבְנֵי
לב לג לד יַעֲקָן: וּנְטַלוּ מִבְּנֵי יַעֲקָן, וּשְׁרוֹ בְּחוֹר גִּדְגָּד: וּנְטַלוּ מֵחוֹר גִּדְגָּד, וּשְׁרוֹ בְּיָטְבָתָה: וּנְטַלוּ מִיָּטְבָתָה,
לה לו וּשְׁרוֹ בְּעַבְרוֹנָה: וּנְטַלוּ מֵעַבְרוֹנָה, וּשְׁרוֹ בְּעֶצְיוֹן גָּבֶר: וּנְטַלוּ מֵעֶצְיוֹן גָּבֶר, וּשְׁרוֹ בְּמַדְבְּרָא דְצִין
לז לח הִיא רְקַם: וּנְטַלוּ מֵרְקַם, וּשְׁרוֹ בְּהוֹר טוּרָא, בִּסְיָפֵי אַרְעָא דֶאֱדוֹם: וּסְלֵיק אַהֲרֹן כָּהֲנָא, לְהוֹר
טוּרָא, עַל מֵימְרָא דַיְיָ וּמִית תַּמָּן, בִּשְׁנַת אַרְבְּעִין, לְמִפַּק בְּנֵי יִשְׂרָאֵל מֵאַרְעָא דְמִצְרַיִם,
לט בְּיַרְחָא חֲמִישָׁאָה בְּחַד לְיַרְחָא: וְאַהֲרֹן, בַּר מְאָה וְעֶסְרִין וּתְלָת שְׁנִין, כַּד מִית בְּהוֹר טוּרָא:
מ מא וּשְׁמַע, כְּנַעֲנָאָה מַלְכָּא דַעֲרָד, וְהוּא יָתֵיב בְּדָרוֹמָא בְּאַרְעָא דִכְנָעַן, בְּמֵיתֵי בְּנֵי יִשְׂרָאֵל: וּנְטַלוּ
מב מג מֵהוֹר טוּרָא, וּשְׁרוֹ בְּצַלְמוֹנָה: וּנְטַלוּ מִצַּלְמוֹנָה, וּשְׁרוֹ בְּפוּנוֹן: וּנְטַלוּ מִפּוּנוֹן, וּשְׁרוֹ בְּאוֹבוֹת:
מד מה וּנְטַלוּ מֵאוֹבוֹת, וּשְׁרוֹ, בִּמְגָזַת עִבְרָאֵי בִּתְחוּם מוֹאָב: וּנְטַלוּ מִמְּגָזָתָא, וּשְׁרוֹ בְּדִיבוֹן גָּד:

יח| וַיַּחֲנוּ בְּרִתְמָה. עַל שֵׁם לָשׁוֹן הָרָע שֶׁל מְרַגְּלִים, שֶׁנֶּאֱמַר: "מַה יִּתֵּן לְךָ וּמַה יֹּסִיף לָךְ לָשׁוֹן רְמִיָּה, חִצֵּי גִבּוֹר שְׁנוּנִים עִם גַּחֲלֵי רְתָמִים" (תהלים קכ, ג-ד):

לח| עַל פִּי ה'. מְלַמֵּד שֶׁמֵּת בִּנְשִׁיקָה:

מ| וַיִּשְׁמַע הַכְּנַעֲנִי. לְלַמֶּדְךָ שֶׁמִּיתַת אַהֲרֹן הִיא הַשְּׁמוּעָה, שֶׁנִּסְתַּלְּקוּ עַנְנֵי כָבוֹד, וּכְסָבוּר שֶׁנִּתְּנָה רְשׁוּת לְהִלָּחֵם בְּיִשְׂרָאֵל, לְפִיכָךְ חָזַר וּכְתָבָהּ:

מד| בְּעִיֵּי הָעֲבָרִים. לְשׁוֹן חֳרָבוֹת וְגַלִּים, כְּמוֹ: "לְעִי הַשָּׂדֶה" (מיכה א, ו), "שָׂמוּ אֶת יְרוּשָׁלַם לְעִיִּים" (תהלים עט, א):

מסעי

מו מז וַיִּסְעוּ מִדִּיבֹן גָּד וַיַּחֲנוּ בְּעַלְמֹן דִּבְלָתָיְמָה: וַיִּסְעוּ
מֵעַלְמֹן דִּבְלָתָיְמָה וַיַּחֲנוּ בְּהָרֵי הָעֲבָרִים לִפְנֵי
מח נְבוֹ: וַיִּסְעוּ מֵהָרֵי הָעֲבָרִים וַיַּחֲנוּ בְּעַרְבֹת מוֹאָב
מט עַל יַרְדֵּן יְרֵחוֹ: וַיַּחֲנוּ עַל־הַיַּרְדֵּן מִבֵּית הַיְשִׁמֹת
נ עַד אָבֵל הַשִּׁטִּים בְּעַרְבֹת מוֹאָב: וַיְדַבֵּר שלישי/חמישי/
יְהוָה אֶל־מֹשֶׁה בְּעַרְבֹת מוֹאָב עַל־יַרְדֵּן יְרֵחוֹ
נא לֵאמֹר: דַּבֵּר אֶל־בְּנֵי יִשְׂרָאֵל וְאָמַרְתָּ אֲלֵהֶם
כִּי אַתֶּם עֹבְרִים אֶת־הַיַּרְדֵּן אֶל־אֶרֶץ כְּנָעַן:
נב וְהוֹרַשְׁתֶּם אֶת־כָּל־יֹשְׁבֵי הָאָרֶץ מִפְּנֵיכֶם
וְאִבַּדְתֶּם אֵת כָּל־מַשְׂכִּיֹּתָם וְאֵת כָּל־צַלְמֵי
מַסֵּכֹתָם תְּאַבֵּדוּ וְאֵת כָּל־בָּמוֹתָם תַּשְׁמִידוּ:
נג וְהוֹרַשְׁתֶּם אֶת־הָאָרֶץ וִישַׁבְתֶּם־בָּהּ כִּי לָכֶם
נד נָתַתִּי אֶת־הָאָרֶץ לָרֶשֶׁת אֹתָהּ: וְהִתְנַחַלְתֶּם
אֶת־הָאָרֶץ בְּגוֹרָל לְמִשְׁפְּחֹתֵיכֶם לָרַב תַּרְבּוּ
אֶת־נַחֲלָתוֹ וְלַמְעַט תַּמְעִיט אֶת־נַחֲלָתוֹ אֶל
אֲשֶׁר־יֵצֵא לוֹ שָׁמָּה הַגּוֹרָל לוֹ יִהְיֶה לְמַטּוֹת
נה אֲבֹתֵיכֶם תִּתְנֶחָלוּ: וְאִם־לֹא תוֹרִישׁוּ אֶת־יֹשְׁבֵי
הָאָרֶץ מִפְּנֵיכֶם וְהָיָה אֲשֶׁר תּוֹתִירוּ מֵהֶם לְשִׂכִּים
בְּעֵינֵיכֶם וְלִצְנִינִם בְּצִדֵּיכֶם וְצָרְרוּ אֶתְכֶם עַל־
נו הָאָרֶץ אֲשֶׁר אַתֶּם יֹשְׁבִים בָּהּ: וְהָיָה כַּאֲשֶׁר
דִּמִּיתִי לַעֲשׂוֹת לָהֶם אֶעֱשֶׂה לָכֶם:

מסעי

לד א וַיְדַבֵּר יְהֹוָה אֶל־מֹשֶׁה לֵּאמֹר: צַו אֶת־בְּנֵי יִשְׂרָאֵל וְאָמַרְתָּ אֲלֵהֶם כִּי־אַתֶּם בָּאִים אֶל־

מז וּנְטָלוּ מִדִּיבוֹן גָּד, וּשְׁרוֹ בְּעַלְמוֹן דְּבִלָתָיְמָה: וּנְטָלוּ מֵעַלְמוֹן דְּבִלָתַיְמָה, וּשְׁרוֹ, בְּטוּרָא
מח דְּעִבְרָאֵי קֳדָם נְבוֹ: וּנְטָלוּ מִטּוּרָא דְעִבְרָאֵי, וּשְׁרוֹ בְּמֵישְׁרַיָּא דְמוֹאָב, עַל יַרְדְּנָא דִירִיחוֹ:
מט וּשְׁרוֹ עַל יַרְדְּנָא מִבֵּית יְשִׁימוֹת, עַד מֵישַׁר שִׁטִּין, בְּמֵישְׁרַיָּא דְמוֹאָב: וּמַלִּיל יְיָ, עִם מֹשֶׁה
נ בְּמֵישְׁרַיָּא דְמוֹאָב, עַל יַרְדְּנָא דִירִיחוֹ לְמֵימָר: מַלֵּיל עִם בְּנֵי יִשְׂרָאֵל, וְתֵימַר לְהוֹן, אֲרֵי
נא אַתּוּן, עָבְרִין יָת יַרְדְּנָא לְאַרְעָא דִכְנָעַן: וּתְתָרְכוּן, יָת כָּל יָתְבֵי אַרְעָא מִן קֳדָמֵיכוֹן, וּתְאַבְּדוּן,
נב יָת כָּל בֵּית סִגְדַּתְהוֹן, וְיָת כָּל צַלְמֵי מַתְּכַתְהוֹן תְּאַבְּדוּן, וְיָת כָּל בָּמָתְהוֹן תְּשֵׁיצוּן: וּתְתָרְכוּן
נג יָת יָתְבֵי אַרְעָא וְתִתְּבוּן בַּהּ, אֲרֵי לְכוֹן, יְהָבִית יָת אַרְעָא לְמֵירַת יָתַהּ: וְתַחְסְנוּן יָת אַרְעָא
נד בְּעַדְבָא לְזַרְעֲיָתְכוֹן, לְסַגִּיאֵי, תַּסְגּוֹן יָת אַחֲסַנְתְּהוֹן וְלִזְעִירֵי תַּזְעֲרוּן יָת אַחֲסַנְתְּהוֹן, לְדִיפּוֹק
נה לֵיהּ תַּמָּן, עַדְבָא דִילֵיהּ יְהֵי, לְשִׁבְטֵי אֲבָהָתְכוֹן תַּחְסְנוּן: וְאִם לָא תְּתָרְכוּן, יָת יָתְבֵי
אַרְעָא מִן קֳדָמֵיכוֹן, וִיהֵי דְּתַשְׁאֲרוּן מִנְּהוֹן, לְסִיעָן נָטְלִין זֵין לְקַבָּלְכוֹן, וּלְמַשִּׁרְיָן מַקְּפַנְכוֹן,
נו וִיעִיקוּן לְכוֹן, עַל אַרְעָא, דְּאַתּוּן יָתְבִין בַּהּ: וִיהֵי, כְּמָא דַחֲשֵׁיבִית, לְמֶעְבַּד לְהוֹן אֲעַבֵּיד
לד א לְכוֹן: וּמַלִּיל יְיָ עִם מֹשֶׁה לְמֵימָר: פַּקֵּיד, יָת בְּנֵי יִשְׂרָאֵל, וְתֵימַר לְהוֹן, אֲרֵי אַתּוּן עָאלִין

מט **מִבֵּית הַיְשִׁמֹת עַד אָבֵל הַשִּׁטִּים.** כָּאן לִמֶּדְךָ שִׁעוּר מַחֲנֵה יִשְׂרָאֵל שְׁנֵים עָשָׂר מִיל, דְּאָמַר רַבָּה בַּר בַּר חָנָה: לְדִידִי חֲזִי לִי הַהוּא אַתְרָא וְכוּ׳: **אָבֵל הַשִּׁטִּים.** מִישׁוֹר שֶׁל שִׁטִּים "אָבֵל" שְׁמוֹ:

נא-נב **כִּי אַתֶּם עֹבְרִים אֶת הַיַּרְדֵּן וְגוֹ׳ וְהוֹרַשְׁתֶּם וְגוֹ׳.** וַהֲלֹא כַּמָּה פְעָמִים הֻזְהֲרוּ עַל כָּךְ! אֶלָּא כָּךְ אָמַר לָהֶם מֹשֶׁה: כְּשֶׁאַתֶּם עוֹבְרִים בַּיַּרְדֵּן בַּיַּבָּשָׁה, עַל מְנָת כֵּן תַּעַבְרוּ, וְאִם לָאו, מַיִם בָּאִים וְשׁוֹטְפִין אֶתְכֶם. וְכֵן מָצִינוּ שֶׁאָמַר לָהֶם יְהוֹשֻׁעַ עוֹדָם בַּיַּרְדֵּן (יהושע ד, י): בְּמַסֶּכֶת סוֹטָה (לד ע"א) וּבְתוֹסֶפְתָּא דְסוֹטָה (ח, ה):

נב **וְהוֹרַשְׁתֶּם. וְגֵרַשְׁתֶּם: מַשְׂכִּיֹתָם. כְּתַרְגּוּמוֹ: "בֵּית סִגְדַּתְהוֹן", עַל שֵׁם שֶׁהָיוּ מְסַכְּכִין אֶת הַקַּרְקַע בְּרִצְפַת אֲבָנִים שֶׁל שַׁיִשׁ לְהִשְׁתַּחֲווֹת עֲלֵיהֶם בְּפִשּׁוּט יָדַיִם וְרַגְלַיִם, כִּדְכְתִיב: "וְאֶבֶן מַשְׂכִּית... לְהִשְׁתַּחֲווֹת עָלֶיהָ" (ויקרא כו, א): מַסֵּכֹתָם. כְּתַרְגּוּמוֹ: "מַתְּכַתְהוֹן":

נג **וְהוֹרַשְׁתֶּם אֶת הָאָרֶץ. וְהוֹרַשְׁתֶּם אוֹתָהּ מִיּוֹשְׁבֶיהָ, וְאָז "וִישַׁבְתֶּם בָּהּ" – תּוּכְלוּ לְהִתְקַיֵּם בָּהּ, וְאִם לָאו – לֹא תּוּכְלוּ לְהִתְקַיֵּם בָּהּ:

נד **אֶל אֲשֶׁר יֵצֵא לוֹ שָׁמָּה.** מִקְרָא קָצָר הוּא זֶה, אֶל מָקוֹם אֲשֶׁר יֵצֵא לוֹ שָׁמָּה הַגּוֹרָל לוֹ יִהְיֶה: **לְמַטּוֹת אֲבֹתֵיכֶם.** לְפִי חֶשְׁבּוֹן יוֹצְאֵי מִצְרַיִם. דָּבָר אַחֵר, בִּשְׁנֵים עָשָׂר גְּבוּלִין כְּמִנְיַן הַשְּׁבָטִים:

נה **וְהָיָה אֲשֶׁר תּוֹתִירוּ מֵהֶם. יִהְיוּ לָכֶם לְרָעָה: לְשִׂכִּים בְּעֵינֵיכֶם. לִיתֵדוֹת הַמְנַקְּרוֹת עֵינֵיכֶם. תַּרְגּוּם שֶׁל יְתֵדוֹת: "סִכַּיָּא": וְלִצְנִינִם. פּוֹתְרִים בּוֹ הַפּוֹתְרִים לְשׁוֹן מְסוּכַת קוֹצִים הַסּוֹכֶכֶת אֶתְכֶם, לִגְדֹּר וְלִכְלֹא אֶתְכֶם מֵאֵין יוֹצֵא וָבָא: וְצָרֲרוּ אֶתְכֶם. כְּתַרְגּוּמוֹ:

פרק לד

ב **זֹאת הָאָרֶץ אֲשֶׁר תִּפֹּל לָכֶם וְגוֹ׳.** לְפִי שֶׁהַרְבֵּה מִצְוֹת נוֹהֲגוֹת בָּאָרֶץ וְאֵין נוֹהֲגוֹת בְּחוּצָה לָאָרֶץ, הֻצְרַךְ לִכְתֹּב מִצְרָעֵי גְבוּלֵי רוּחוֹתֶיהָ סָבִיב, לוֹמַר לָךְ, מִן הַגְּבוּלִים הַלָּלוּ וְלִפְנִים הַמִּצְוֹת נוֹהֲגוֹת: **תִּפֹּל לָכֶם.** עַל שֵׁם שֶׁנֶּחְלְקָה בְּגוֹרָל נִקְרֵאת חֲלֻקָּה לְשׁוֹן נְפִילָה. וּמִדְרַשׁ אַגָּדָה אוֹמֵר: עַל יְדֵי שֶׁהִפִּיל הַקָּדוֹשׁ בָּרוּךְ הוּא שָׂרֵיהֶם שֶׁל שִׁבְעָה אֻמּוֹת מִן הַשָּׁמַיִם וּכְפָתָן לִפְנֵי מֹשֶׁה, אָמַר לוֹ: רְאֵה אֵין בָּהֶם עוֹד כֹּחַ:

הָאָ֖רֶץ כְּנָ֑עַן זֹ֣את הָאָ֗רֶץ אֲשֶׁ֨ר תִּפֹּ֤ל לָכֶם֙ בְּנַ֣חֲלָ֔ה אֶ֥רֶץ כְּנַ֖עַן לִגְבֻלֹתֶֽיהָ: וְהָיָ֨ה לָכֶ֧ם פְּאַת־ ג
נֶ֛גֶב מִמִּדְבַּר־צִ֖ן עַל־יְדֵ֣י אֱד֑וֹם וְהָיָ֤ה לָכֶם֙ גְּב֣וּל
נֶ֔גֶב מִקְצֵ֥ה יָם־הַמֶּ֖לַח קֵֽדְמָה: וְנָסַ֣ב לָכֶם֩ ד
וְהָיָ֨ה הַגְּב֜וּל מִנֶּ֗גֶב לְמַעֲלֵ֤ה עַקְרַבִּים֙ וְעָ֣בַר צִ֔נָה וְהָיָה֙
תּֽוֹצְאֹתָ֔יו מִנֶּ֖גֶב לְקָדֵ֣שׁ בַּרְנֵ֑עַ וְיָצָ֥א חֲצַר־אַדָּ֖ר
וְעָבַ֥ר עַצְמֹֽנָה: וְנָסַ֧ב הַגְּב֛וּל מֵעַצְמ֖וֹן נַ֣חְלָה ה
מִצְרָ֑יִם וְהָי֥וּ תוֹצְאֹתָ֖יו הַיָּֽמָּה: וּגְב֣וּל יָ֔ם וְהָיָ֥ה ו
לָכֶ֛ם הַיָּ֥ם הַגָּד֖וֹל וּגְב֑וּל זֶה־יִּֽהְיֶ֥ה לָכֶ֖ם גְּב֥וּל יָֽם:
וְזֶה־יִּֽהְיֶ֥ה לָכֶ֖ם גְּב֣וּל צָפ֑וֹן מִן־הַיָּם֙ הַגָּדֹ֔ל תְּתָא֥וּ
לָכֶ֖ם הֹ֥ר הָהָֽר: מֵהֹ֣ר הָהָ֔ר תְּתָא֖וּ לְבֹ֣א חֲמָ֑ת ח
וְהָי֛וּ תּוֹצְאֹ֥ת הַגְּבֻ֖ל צְדָֽדָה: וְיָצָ֤א הַגְּבֻל֙ זִפְרֹ֔נָה ט
וְהָי֥וּ תוֹצְאֹתָ֖יו חֲצַ֣ר עֵינָ֑ן זֶה־יִּֽהְיֶ֥ה לָכֶ֖ם גְּב֥וּל

ג) וְהָיָה לָכֶם פְּאַת נֶגֶב. רוּחַ דְּרוֹמִית אֲשֶׁר מִן הַמִּזְרָח לַמַּעֲרָב: מִמִּדְבַּר צִן. אֲשֶׁר אֵצֶל אֱדוֹם, מַתְחִיל מִקְצוֹעַ דְּרוֹמִית מִזְרָחִית שֶׁל אֶרֶץ תֵּשַׁע הַמַּטּוֹת. כֵּיצַד? שָׁלשׁ אֲרָצוֹת יוֹשְׁבוֹת בִּדְרוֹמָהּ שֶׁל אֶרֶץ יִשְׂרָאֵל זוֹ אֵצֶל זוֹ: קְצָת אֶרֶץ מִצְרַיִם, וְאֶרֶץ אֱדוֹם כֻּלָּהּ, וְאֶרֶץ מוֹאָב כֻּלָּהּ. אֶרֶץ מִצְרַיִם בְּמִקְצוֹעַ דְּרוֹמִית מַעֲרָבִית, שֶׁנֶּאֱמַר בְּפָרָשָׁה זוֹ: "מֵעַצְמוֹן נַחְלָה מִצְרַיִם וְהָיוּ תוֹצְאֹתָיו הַיָּמָּה" (להלן פסוק ה), וְנַחַל מִצְרַיִם הָיָה מְהַלֵּךְ עַל פְּנֵי כָּל אֶרֶץ מִצְרַיִם, שֶׁנֶּאֱמַר: "מִן הַשִּׁיחוֹר אֲשֶׁר עַל פְּנֵי מִצְרַיִם" (יהושע יג, ג), וּמַפְסִיק בֵּין אֶרֶץ מִצְרַיִם לְאֶרֶץ יִשְׂרָאֵל. וְאֶרֶץ אֱדוֹם אֶצְלָהּ

לְצַד הַמִּזְרָח, וְאֶרֶץ מוֹאָב אֵצֶל אֶרֶץ אֱדוֹם, בְּסוֹף הַדָּרוֹם לַמִּזְרָח. וּכְשֶׁיָּצְאוּ יִשְׂרָאֵל מִמִּצְרַיִם, אִם רָצָה הַמָּקוֹם לְקָרֵב אֶת כְּנִיסָתָם לָאָרֶץ, הָיָה מַעֲבִירָם אֶת הַנִּילוֹס לְצַד צָפוֹן וּבָאִין לְאֶרֶץ יִשְׂרָאֵל, וְלֹא עָשָׂה כֵן, וְזֶהוּ שֶׁנֶּאֱמַר: "וְלֹא נָחָם אֱלֹהִים דֶּרֶךְ אֶרֶץ פְּלִשְׁתִּים" (שמות יג, יז) שֶׁהֵם יוֹשְׁבִים עַל הַיָּם בְּמַעֲרָבָהּ שֶׁל אֶרֶץ כְּנַעַן, כְּעִנְיָן שֶׁנֶּאֱמַר בַּפְּלִשְׁתִּים: "יֹשְׁבֵי חֶבֶל הַיָּם גּוֹי כְּרֵתִים" (צפניה ב, ה), וְלֹא נָחָם אוֹתוֹ הַדֶּרֶךְ, אֶלָּא הֱסִבָּן וְהוֹצִיאָם דֶּרֶךְ דְּרוֹמָה אֶל הַמִּדְבָּר, וְהוּא שֶׁקְּרָאוֹ יְחֶזְקֵאל "מִדְבַּר הָעַמִּים" (יחזקאל כ, לה) לְפִי שֶׁהָיוּ כַּמָּה אֻמּוֹת יוֹשְׁבִים בְּצִדּוֹ. וְהוֹלִיכָן אֵצֶל

מסעי

ג לְאַרְעָא דִכְנַעַן, דָּא אַרְעָא, דְּתִתְפְּלֵיג לְכוֹן בְּאַחְסָנָא, אַרְעָא דִכְנַעַן לִתְחוּמָהָא: וִיהֵי
לְכוֹן רוּחַ דָּרוֹמָא, מִמַּדְבְּרָא דְצִין עַל תְּחוּמֵי אֱדוֹם, וִיהֵי לְכוֹן תְּחוּם דָּרוֹמָא, מִסְּיָפֵי
ד יַמָּא דְמִלְחָא קַדּוּמָא: וְיַסְחַר לְכוֹן תְּחוּמָא מִדָּרוֹמָא, לְמַסְקָנָא דְעַקְרַבִּין וְיַעְבַּר לְצִין,
ה וִיהוֹן מַפְּקָנוֹהִי, מִדָּרוֹמָא לִרְקַם גֵּיאָה, וְיִפּוֹק לַחֲצַר אַדָּר וְיַעְבַּר לְעַצְמוֹן: וְיַסְחַר
ו תְּחוּמָא, מֵעַצְמוֹן לְנַחֲלָא דְמִצְרַיִם, וִיהוֹן מַפְּקָנוֹהִי לְיַמָּא: וּתְחוּם מַעַרְבָא, וִיהֵי לְכוֹן,
ז יַמָּא רַבָּא וּתְחוּמֵיהּ, דֵּין יְהֵי לְכוֹן תְּחוּם מַעַרְבָא: וְדֵין יְהֵי לְכוֹן תְּחוּם צִפּוּנָא, מִן יַמָּא
ח רַבָּא, תְּכַוְּנוּן לְכוֹן לְהוֹר טוּרָא: מֵהוֹר טוּרָא, תְּכַוְּנוּן לִמְטֵי חֲמָת, וִיהוֹן מַפְּקָנוֹהִי
ט דִתְחוּמָא לִצְדָד: וְיִפּוֹק תְּחוּמָא לִזְפְרוֹן, וִיהוֹן מַפְּקָנוֹהִי לַחֲצַר עֵינָן, דֵּין יְהֵי לְכוֹן תְּחוּם

הַמַּעֲרָב כְּלַפֵּי מִזְרָח תָּמִיד, עַד שֶׁבָּאוּ לִדְרוֹמָהּ שֶׁל אֶרֶץ אֱדוֹם, וּבִקְּשׁוּ מִמֶּלֶךְ אֱדוֹם שֶׁיַּנִּיחֵם לַעֲבֹר דֶּרֶךְ אַרְצוֹ וּלְהִכָּנֵס לָאָרֶץ דֶּרֶךְ רָחְבָּהּ, וְלֹא רָצָה, וְהֻצְרְכוּ לִסְבֹּב אֶת כָּל דְּרוֹמָהּ שֶׁל אֱדוֹם עַד בּוֹאָם לִדְרוֹמָהּ שֶׁל אֶרֶץ מוֹאָב, שֶׁנֶּאֱמַר: "וְגַם אֶל מֶלֶךְ מוֹאָב שָׁלַח וְלֹא אָבָה" (שופטים י״א, י״ז), וְהָלְכוּ כָּל דְּרוֹמָהּ שֶׁל מוֹאָב עַד סוֹפָהּ, וּמִשָּׁם הָפְכוּ פְנֵיהֶם לַצָּפוֹן עַד שֶׁסָּבְבוּ כָּל מֵצַר מִזְרָחִי שֶׁלָּהּ לְרָחְבָּהּ, וּכְשֶׁכִּלּוּהוּ אֶת מִזְרָחָהּ מָצְאוּ אֶת אֶרֶץ סִיחוֹן וְעוֹג שֶׁהָיוּ יוֹשְׁבִין בְּמִזְרָחָהּ שֶׁל אֶרֶץ כְּנַעַן, וְהַיַּרְדֵּן מַפְסִיק בֵּינֵיהֶם, וְזֶה שֶׁנֶּאֱמַר בְּיִפְתָּח: "וַיֵּלֶךְ בַּמִּדְבָּר וַיָּסָב אֶת אֶרֶץ אֱדוֹם וְאֶת אֶרֶץ מוֹאָב וַיָּבֹא מִמִּזְרַח שֶׁמֶשׁ לְאֶרֶץ מוֹאָב" (שם פסוק יח), וְכָבְשׁוּ אֶת אֶרֶץ סִיחוֹן וְעוֹג שֶׁהָיְתָה בִּצְפוֹנָהּ שֶׁל אֶרֶץ מוֹאָב, וְקָרְבוּ עַד הַיַּרְדֵּן, וְהוּא כְּנֶגֶד מִקְצוֹעַ צְפוֹנִית מַעֲרָבִית שֶׁל אֶרֶץ מוֹאָב. נִמְצָא שֶׁאֶרֶץ כְּנַעַן שֶׁבְּעֵבֶר הַיַּרְדֵּן לַמַּעֲרָב, הָיָה מִקְצוֹעַ דְּרוֹמִית מִזְרָחִית שֶׁלָּהּ אֵצֶל אֱדוֹם:

ד וְנָסַב לָכֶם הַגְּבוּל מִנֶּגֶב לְמַעֲלֵה עַקְרַבִּים. כָּל מָקוֹם שֶׁנֶּאֱמַר: 'וְנָסַב' אוֹ 'וְיָצָא', מְלַמֵּד שֶׁלֹּא הָיָה הַמֵּצַר שָׁוֶה, אֶלָּא הוֹלֵךְ וְיוֹצֵא לַחוּץ, יוֹצֵא הַמֵּצַר וְעוֹקֵם לְצַד צְפוֹנוֹ שֶׁל עוֹלָם בַּאֲלַכְסוֹן לַמַּעֲרָב, וְעוֹבֵר הַמֵּצַר בִּדְרוֹמָהּ שֶׁל מַעֲלֵה עַקְרַבִּים, נִמְצָא מַעֲלֵה עַקְרַבִּים לִפְנִים מִן הַמֵּצַר: וְעָבַר צִנָה. אֵל צִן, כְּמוֹ: 'מִצְרַיְמָה'. וְהָיוּ תוֹצְאוֹתָיו. קְצוֹתָיו, בִּדְרוֹמָהּ שֶׁל קָדֵשׁ בַּרְנֵעַ: וְיָצָא חֲצַר אַדָּר. מִתְפַּשֵּׁט הַמֵּצַר וּמַרְחִיב לְצַד צָפוֹן, וְנִמְשָׁךְ עוֹד בַּאֲלַכְסוֹן לַמַּעֲרָב, וּבָא לוֹ לַחֲצַר אַדָּר וּמִשָּׁם לְעַצְמוֹן וּמִשָּׁם לְנַחַל מִצְרָיִם. וּלְשׁוֹן 'וְנָסַב' הָאָמוּר כָּאן, לְפִי שֶׁכָּתַב: "יָצָא חֲצַר אַדָּר", שֶׁהִתְחִיל לְהַרְחִיב מִשֶּׁעָבַר אֶת קָדֵשׁ

בַּרְנֵעַ, וְרֹחַב אוֹתָהּ רְצוּעָה שֶׁבָּלְטָה לְצַד צָפוֹן הָיְתָה מִקְדֵּשׁ עַד עַצְמוֹן, וּמִשָּׁם וְהָלְאָה נִתְקַצֵּר הַמֵּצַר וְנָסַב לְצַד הַדָּרוֹם וּבָא לוֹ לְנַחַל מִצְרַיִם, וּמִשָּׁם לְצַד הַמַּעֲרָב אֶל הַיָּם הַגָּדוֹל, שֶׁהוּא מֵצַר מַעֲרָבָהּ שֶׁל כָּל אֶרֶץ יִשְׂרָאֵל, נִמְצָא שֶׁנַּחַל מִצְרַיִם בְּמִקְצוֹעַ מַעֲרָבִית דְּרוֹמִית:

ה וְהָיוּ תוֹצְאוֹתָיו הַיָּמָּה. אֵל מֵצַר הַמַּעֲרָב, שֶׁאֵין עוֹד גְּבוּל נֶגֶב מַאֲרִיךְ לְצַד הַמַּעֲרָב מִשָּׁם וָהָלְאָה:

ו וּגְבוּל יָם. וּמֵצַר מַעֲרָבִי מַהוּ? וְהָיָה לָכֶם הַיָּם הַגָּדוֹל. לִמֵּצַר: וּגְבוּל. הַנִּסִּין שֶׁבְּתוֹךְ הַיָּם אַף הֵם מִן הַגְּבוּל, וְהֵם אִיִּים שֶׁקּוֹרִין אישל״ש:

ז וּגְבוּל צָפוֹן. מֵצַר צָפוֹן: מִן הַיָּם הַגָּדוֹל תְּתָאוּ לָכֶם הֹר הָהָר. שֶׁהוּא בְּמִקְצוֹעַ צְפוֹנִית מַעֲרָבִית, וְרֹאשׁוֹ מַשְׁפִּיעַ וְנִכְנָס לְתוֹךְ הַיָּם, וְיֵשׁ מֵרֹחַב הַיָּם לְפָנִים הֵימֶנּוּ וְחוּצָה הֵימֶנּוּ: תְּתָאוּ. תְּשַׁפְּעוּ לָכֶם לִנְטוֹת מִמַּעֲרָב לַצָּפוֹן אֶל הֹר הָהָר: תְּתָאוּ. לְשׁוֹן סִפָּה, כְּמוֹ: "אֵל תָּא הָרָצִים" (דברי הימים ב׳ י״ב, י״א), "וְתָאֵי הַשַּׁעַר" (יחזקאל מ׳, י׳), הַיָּצִיעַ שֶׁקּוֹרִין אפינדי״ץ, שֶׁהוּא מוּשָׁב וּמִשְׁפָּע:

ח מֵהֹר הָהָר. תָּסֹבּוּ וְתֵלְכוּ אֶל מֵצַר הַצָּפוֹן לְצַד הַמִּזְרָח, וְתִפְגְּעוּ בִּ"לְבֹא חֲמָת", זוֹ אַנְטוֹכְיָא: תּוֹצְאֹת הַגְּבֻל. סוֹפֵי הַגְּבוּל. כָּל מָקוֹם שֶׁנֶּאֱמַר 'תּוֹצְאוֹת הַגְּבוּל', אוֹ הַמֵּצַר כָּלֶה שָׁם לְגַמְרֵי וְאֵינוֹ עוֹבֵר לְהָלַן כְּלָל, אוֹ מִשָּׁם מִתְפַּשֵּׁט וּמַרְחִיב וְיוֹצֵא לַאֲחוֹרָיו לְהִמָּשֵׁךְ לְהָלָן בַּאֲלַכְסוֹן יוֹתֵר מִן הָרֹחַב הָרִאשׁוֹן, וּלְעִנְיַן רֹחַב הַמִּדָּה הָרִאשׁוֹנָה קְרָאוֹ 'תוֹצָאוֹת', שֶׁשָּׁם כָּלְתָה אוֹתָהּ מִדָּה:

ט-יב וְהָיוּ תוֹצְאֹתָיו חֲצַר עֵינָן. הוּא הָיָה סוֹף הַמֵּצַר הַצְּפוֹנִי, וְנִמְצָא חֲצַר עֵינָן בְּמִקְצוֹעַ צְפוֹנִית מִזְרָחִית, וּמִשָּׁם "וְהִתְאַוִּיתֶם לָכֶם" אֶל מֵצַר

צָפֽוֹן: וְהִתְאַוִּיתֶ֤ם לָכֶם֙ לִגְב֣וּל קֵ֔דְמָה מֵחֲצַ֥ר עֵינָ֖ן ׃ יּ
שְׁפָ֑מָה: וְיָרַ֨ד הַגְּבֻ֧ל מִשְּׁפָ֛ם הָרִבְלָ֖ה מִקֶּ֣דֶם לָעָ֑יִן יא
וְיָרַ֣ד הַגְּבֻ֔ל וּמָחָ֛ה עַל־כֶּ֥תֶף יָם־כִּנֶּ֖רֶת קֵֽדְמָה:
וְיָרַ֤ד הַגְּבוּל֙ הַיַּרְדֵּ֔נָה וְהָי֥וּ תוֹצְאֹתָ֖יו יָ֣ם הַמֶּ֑לַח יב
זֹ֠את תִּהְיֶ֨ה לָכֶ֥ם הָאָ֛רֶץ לִגְבֻלֹתֶ֖יהָ סָבִֽיב: וַיְצַ֣ו יג
מֹשֶׁ֔ה אֶת־בְּנֵ֥י יִשְׂרָאֵ֖ל לֵאמֹ֑ר זֹ֣את הָאָ֗רֶץ אֲשֶׁ֨ר
תִּתְנַחֲל֤וּ אֹתָהּ֙ בְּגוֹרָ֔ל אֲשֶׁר֙ צִוָּ֣ה יְהֹוָ֔ה לָתֵ֖ת
לְתִשְׁעַ֣ת הַמַּטּ֑וֹת וַחֲצִ֖י הַמַּטֶּֽה: כִּ֣י לָקְח֞וּ מַטֵּ֨ה יד
בְנֵ֤י הָראוּבֵנִי֙ לְבֵ֣ית אֲבֹתָ֔ם וּמַטֵּ֥ה בְנֵֽי־הַגָּדִ֖י
לְבֵ֣ית אֲבֹתָ֑ם וַחֲצִי֙ מַטֵּ֣ה מְנַשֶּׁ֔ה לָקְח֖וּ נַחֲלָתָֽם:
שְׁנֵ֥י הַמַּטּ֖וֹת וַחֲצִ֣י הַמַּטֶּ֑ה לָקְח֣וּ נַחֲלָתָ֔ם מֵעֵ֛בֶר טו
לְיַרְדֵּ֥ן יְרֵח֖וֹ קֵ֥דְמָה מִזְרָֽחָה:

רביעי
/ששי/

וַיְדַבֵּ֥ר יְהֹוָ֖ה אֶל־מֹשֶׁ֥ה לֵּאמֹֽר: אֵ֚לֶּה שְׁמ֣וֹת טז
הָֽאֲנָשִׁ֔ים אֲשֶׁר־יִנְחֲל֥וּ לָכֶ֖ם אֶת־הָאָ֑רֶץ אֶלְעָזָר֙ יז
הַכֹּהֵ֔ן וִיהוֹשֻׁ֖עַ בִּן־נֽוּן: וְנָשִׂ֥יא אֶחָ֛ד נָשִׂ֥יא אֶחָ֖ד יח
מִמַּטֶּ֣ה תִּקְח֑וּ לִנְחֹ֖ל אֶת־הָאָֽרֶץ: וְאֵ֖לֶּה שְׁמ֣וֹת יט
הָאֲנָשִׁ֑ים לְמַטֵּ֣ה יְהוּדָ֔ה כָּלֵ֖ב בֶּן־יְפֻנֶּֽה: וּלְמַטֵּה֙ כ
בְּנֵ֣י שִׁמְע֔וֹן שְׁמוּאֵ֖ל בֶּן־עַמִּיהֽוּד: לְמַטֵּ֣ה בִנְיָמִ֔ן כא
אֱלִידָ֖ד בֶּן־כִּסְלֽוֹן: וּלְמַטֵּ֥ה בְנֵי־דָ֖ן נָשִׂ֣יא בֻּקִּ֥י כב
בֶּן־יָגְלִֽי: לִבְנֵ֣י יוֹסֵ֔ף לְמַטֵּ֥ה בְנֵֽי־מְנַשֶּׁ֖ה נָשִׂ֣יא כג

כד חַנִּיאֵל בֶּן־אֵפֹד: וּלְמַטֵּה בְנֵי־אֶפְרַיִם נָשִׂיא

כה קְמוּאֵל בֶּן־שִׁפְטָן: וּלְמַטֵּה בְנֵי־זְבוּלֻן נָשִׂיא

כו אֱלִיצָפָן בֶּן־פַּרְנָךְ: וּלְמַטֵּה בְנֵי־יִשָּׂשכָר נָשִׂיא

יא צִפּוּנָא: וּתְכַוְּנוּן לְכוֹן לִתְחוּם קִדּוּמָא, מֵחֲצַר עֵינָן לְשְׁפָם: וְיֵיחוֹת תְּחוּמָא מִשְּׁפָם, לְרִבְלָה
יב מִמַּדְנַח לְעָיִן, וְיֵיחוֹת תְּחוּמָא, וְיִמְטֵי, עַל כֵּיף יָם גְּנֵיסַר קִדּוּמָא: וְיֵיחוֹת תְּחוּמָא לְיַרְדְּנָא, וִיהוֹן
יג מַפְּקָנוֹהִי לְיַמָּא דְמִלְחָא, דָּא תְּהֵי לְכוֹן אַרְעָא, לִתְחוּמַהָא סְחוֹר סְחוֹר: וּפַקֵּיד מֹשֶׁה, יָת בְּנֵי
יִשְׂרָאֵל לְמֵימַר, דָּא אַרְעָא, דְּתַחְסְנוּן יָתַהּ בְּעַדְבָא, דְּפַקֵּיד יי, לְמִתַּן, לְתִשְׁעַת שִׁבְטִין וּפַלְגוּת
יד שִׁבְטָא: אֲרֵי קַבִּילוּ, שִׁבְטָא דִּבְנֵי רְאוּבֵן לְבֵית אֲבָהָתְהוֹן, וְשִׁבְטָא דִּבְנֵי גָד לְבֵית אֲבָהָתְהוֹן,
טו וּפַלְגוּת שִׁבְטָא דִּמְנַשֶּׁה, קַבִּילוּ אַחְסַנְתְּהוֹן: תְּרֵין שִׁבְטִין וּפַלְגוּת שִׁבְטָא, קַבִּילוּ אַחְסַנְתְּהוֹן,
טז יז מֵעִבְרָא, לְיַרְדְּנָא דִירִיחוֹ קִדּוּמָא מַדִּנְחָא: וּמַלֵּיל יי עִם מֹשֶׁה לְמֵימַר: אִלֵּין שְׁמָהָת גֻּבְרַיָּא,
יח דְּיַחְסְנוּן לְכוֹן יָת אַרְעָא, אֶלְעָזָר כָּהֲנָא, וִיהוֹשֻׁעַ בַּר נוּן: וְרַבָּא חַד, רַבָּא חַד מִשִּׁבְטָא, תְּדַבְּרוּן
יט כ לְאַחְסָנָא יָת אַרְעָא: וְאִלֵּין שְׁמָהָת גֻּבְרַיָּא, לְשִׁבְטָא דִיהוּדָה, כָּלֵב בַּר יְפֻנֶּה: וּלְשִׁבְטָא דִּבְנֵי
כא כב שִׁמְעוֹן, שְׁמוּאֵל בַּר עַמִּיהוּד: לְשִׁבְטָא דְּבִנְיָמִין, אֱלִידָד בַּר כִּסְלוֹן: וּלְשִׁבְטָא דִּבְנֵי דָן רַבָּא, בֻּקִּי
כג כד בַּר יָגְלִי: לִבְנֵי יוֹסֵף, לְשִׁבְטָא דִּבְנֵי מְנַשֶּׁה רַבָּא, חַנִּיאֵל בַּר אֵפוֹד: וּלְשִׁבְטָא דִּבְנֵי אֶפְרַיִם רַבָּא,
כה כו קְמוּאֵל בַּר שִׁפְטָן: וּלְשִׁבְטָא דִּבְנֵי זְבוּלוּן רַבָּא, אֱלִיצָפָן בַּר פַּרְנָךְ: וּלְשִׁבְטָא דִּבְנֵי יִשָּׂשכָר רַבָּא,

הַמִּזְרָחִי: וְהִתְאַוִּיתֶם. לְשׁוֹן הֲסִבָּה וּנְטִיָּה, כְּמוֹ: "תְּתָאוּ": שְׁפָמָה. בַּמֶּצֶר הַמִּזְרָחִי, וּמִשָּׁם הָרִבְלָה: מִקֶּדֶם לָעָיִן. שֵׁם מָקוֹם, וְהַמֶּצֶר הוֹלֵךְ בְּמִזְרָחוֹ, נִמְצָא הָעַיִן לִפְנִים מִן הַמֶּצֶר, וּמֵאֶרֶץ יִשְׂרָאֵל הוּא: וְיָרַד הַגְּבֻל. כָּל שֶׁהַגְּבוּל הוֹלֵךְ מִצָּפוֹן לְדָרוֹם, הוּא יוֹרֵד וְהוֹלֵךְ: וּמָחָה עַל כֶּתֶף יָם כִּנֶּרֶת קֵדְמָה. שֶׁיְּהֵא יָם כִּנֶּרֶת תּוֹךְ לַגְּבוּל בַּמַּעֲרָב, וְהַגְּבוּל בְּמִזְרַח יָם כִּנֶּרֶת, וּמִשָּׁם יָרַד אֶל הַיַּרְדֵּן, וְהַיַּרְדֵּן מוֹשֵׁךְ וּבָא מִן הַצָּפוֹן לַדָּרוֹם בַּאֲלַכְסוֹן, נוֹטֶה לְצַד מִזְרָח, וּמִתְקָרֵב לְצַד אֶרֶץ כְּנַעַן כְּנֶגֶד יָם כִּנֶּרֶת, וּמוֹשֵׁךְ לְצַד מִזְרָחָהּ שֶׁל אֶרֶץ יִשְׂרָאֵל כְּנֶגֶד יָם כִּנֶּרֶת, עַד שֶׁנּוֹפֵל בְּיָם הַמֶּלַח, וּמִשָּׁם כָּלֶה הַגְּבוּל בְּתוֹצְאוֹתָיו אֶל יָם הַמֶּלַח, שֶׁמִּמֶּנּוּ הִתְחַלְתָּ מֶצֶר מִקְצוֹעַ דְּרוֹמִית מִזְרָחִית, הֲרֵי סִבַּבְתָּ אוֹתָהּ לְאַרְבַּע רוּחוֹתֶיהָ:

טו קֵדְמָה מִזְרָחָה. אֶל פְּנֵי הָעוֹלָם שֶׁהֵם בַּמִּזְרָח, שֶׁרוּחַ מִזְרָחִית קְרוּיָה פָּנִים וּמַעֲרָבִית קְרוּיָה אָחוֹר, לְפִיכָךְ דָּרוֹם לַיָּמִין וְצָפוֹן לַשְּׂמֹאל:

יז אֲשֶׁר יִנְחֲלוּ לָכֶם. בִּשְׁבִילְכֶם, כָּל נָשִׂיא וְנָשִׂיא אַפּוֹטְרוֹפּוֹס לְשִׁבְטוֹ, וּמְחַלֵּק נַחֲלַת הַשֵּׁבֶט לְמִשְׁפָּחוֹת וְלִגְבָרִים, וּבוֹרֵר לְכָל אֶחָד וְאֶחָד חֵלֶק הָגוּן, וּמַה שֶּׁהֵם עוֹשִׂים יִהְיֶה עָשׂוּי כְּאִלּוּ עֲשָׂאוּם שְׁלוּחִים. וְלֹא יִתָּכֵן לְפָרֵשׁ 'לָכֶם' זֶה כְּכָל 'לָכֶם' שֶׁבַּמִּקְרָא, שֶׁאִם כֵּן הָיָה לוֹ לִכְתֹּב: 'יַנְחִילוּ לָכֶם', "יִנְחֲלוּ" מַשְׁמָע שֶׁהֵם נוֹחֲלִים לָכֶם בִּשְׁבִילְכֶם וּבִמְקוֹמְכֶם, כְּמוֹ: "ה' יִלָּחֵם לָכֶם" (שמות יד, יד):

יח לִנְחֹל אֶת הָאָרֶץ. שֶׁיְּהֵא נוֹחֵל וְחוֹלֵק אוֹתָהּ בִּמְקוֹמְכֶם:

במדבר

פַּלְטִיאֵ֖ל בֶּן־עַזָּֽן: וּלְמַטֵּ֥ה בְנֵי־אָשֵׁ֖ר נָשִׂ֑יא כז
אֲחִיה֖וּד בֶּן־שְׁלֹמִֽי: וּלְמַטֵּ֥ה בְנֵי־נַפְתָּלִ֖י נָשִׂ֑יא כח
פְּדַהְאֵ֖ל בֶּן־עַמִּיהֽוּד: אֵ֕לֶּה אֲשֶׁ֖ר צִוָּ֣ה יְהוָ֑ה כט
לְנַחֵ֥ל אֶת־בְּנֵֽי־יִשְׂרָאֵ֖ל בְּאֶ֥רֶץ כְּנָֽעַן:

חמישי וַיְדַבֵּ֧ר יְהוָ֛ה אֶל־מֹשֶׁ֖ה בְּעַֽרְבֹ֣ת מוֹאָ֑ב עַל־ א לה
יַרְדֵּ֥ן יְרֵח֖וֹ לֵאמֹֽר: צַו֮ אֶת־בְּנֵ֣י יִשְׂרָאֵל֒ וְנָתְנ֣וּ ב
לַלְוִיִּ֗ם מִֽנַּחֲלַ֛ת אֲחֻזָּתָ֖ם עָרִ֣ים לָשָׁ֑בֶת וּמִגְרָ֗שׁ
לֶעָרִים֙ סְבִיבֹ֣תֵיהֶ֔ם תִּתְּנ֖וּ לַלְוִיִּֽם: וְהָי֧וּ הֶֽעָרִ֛ים ג
לָהֶ֖ם לָשָׁ֑בֶת וּמִגְרְשֵׁיהֶ֗ם יִהְי֤וּ לִבְהֶמְתָּם֙
וְלִרְכֻשָׁ֔ם וּלְכֹ֖ל חַיָּתָֽם: וּמִגְרְשֵׁי֙ הֶֽעָרִ֔ים אֲשֶׁ֥ר ד
תִּתְּנ֖וּ לַלְוִיִּ֑ם מִקִּ֤יר הָעִיר֙ וָח֔וּצָה אֶ֥לֶף אַמָּ֖ה
סָבִֽיב: וּמַדֹּתֶ֞ם מִח֣וּץ לָעִ֗יר אֶת־פְּאַת־קֵ֣דְמָה ה
אַלְפַּ֣יִם בָּאַמָּ֡ה וְאֶת־פְּאַת־נֶגֶב֩ אַלְפַּ֨יִם בָּאַמָּ֜ה
וְאֶת־פְּאַת־יָ֣ם ׀ אַלְפַּ֣יִם בָּאַמָּ֗ה וְאֵ֨ת פְּאַ֥ת צָפ֛וֹן
אַלְפַּ֥יִם בָּאַמָּ֖ה וְהָעִ֣יר בַּתָּ֑וֶךְ זֶ֚ה יִהְיֶ֣ה לָהֶ֔ם
מִגְרְשֵׁ֖י הֶעָרִֽים: וְאֵ֣ת הֶעָרִ֗ים אֲשֶׁ֤ר תִּתְּנוּ֙ ו
לַלְוִיִּ֔ם אֵ֚ת שֵׁשׁ־עָרֵ֣י הַמִּקְלָ֔ט אֲשֶׁ֣ר תִּתְּנ֔וּ
לָנֻ֥ס שָׁ֖מָּה הָרֹצֵ֑חַ וַעֲלֵיהֶ֣ם תִּתְּנ֔וּ אַרְבָּעִ֖ים
וּשְׁתַּ֥יִם עִֽיר: כָּל־הֶעָרִ֗ים אֲשֶׁ֤ר תִּתְּנוּ֙ לַלְוִיִּ֔ם ז
אַרְבָּעִ֥ים וּשְׁמֹנֶ֖ה עִ֑יר אֶתְהֶ֖ן וְאֶת־מִגְרְשֵׁיהֶֽן:

מצוה תח
מצוה לתת
ערים ללווים

ח וְהֶעָרִים אֲשֶׁר תִּתְּנוּ מֵאֲחֻזַּת בְּנֵי־יִשְׂרָאֵל מֵאֵת
הָרַב תַּרְבּוּ וּמֵאֵת הַמְעַט תַּמְעִיטוּ אִישׁ כְּפִי
נַחֲלָתוֹ אֲשֶׁר יִנְחָלוּ יִתֵּן מֵעָרָיו לַלְוִיִּם:
ט וַיְדַבֵּר יְהוָה אֶל־מֹשֶׁה לֵּאמֹר: דַּבֵּר אֶל־בְּנֵי לב ששי /שביעי/
יִשְׂרָאֵל וְאָמַרְתָּ אֲלֵהֶם כִּי אַתֶּם עֹבְרִים אֶת־
יא הַיַּרְדֵּן אַרְצָה כְּנָעַן: וְהִקְרִיתֶם לָכֶם עָרִים

כז כח פַּלְטִיאֵל בַּר עַזָּן: וּלְשִׁבְטָא דִּבְנֵי אָשֵׁר רַבָּא, אֲחִיהוּד בַּר שְׁלוֹמִי: וּלְשִׁבְטָא דִּבְנֵי נַפְתָּלִי רַבָּא,
כט לה א פְּדַהְאֵל בַּר עַמִּיהוּד: אִלֵּין, דְּפַקֵּיד יְיָ, לְאַחְסָנָא יָת בְּנֵי יִשְׂרָאֵל בְּאַרְעָא דִּכְנָעַן: וּמַלֵּיל יְיָ,
ב עִם מֹשֶׁה בְּמֵישְׁרַיָּא דְּמוֹאָב, עַל יַרְדְּנָא דִּירִיחוֹ לְמֵימַר: פַּקֵּיד יָת בְּנֵי יִשְׂרָאֵל, וְיִתְּנוּן לְלֵיוָאֵי,
ג מֵאַחְסָנַת, אֲחֻדַּתְהוֹן קִרְוִין לְמִתַּב, וְרֵוַח, לְקִרְוַיָּא סַחְרָנֵיהוֹן, תִּתְּנוּן לְלֵיוָאֵי: וִיהוֹן קִרְוַיָּא,
ד לְהוֹן לְמִתַּב, וְרַוְחֵיהוֹן, יְהוֹן לִבְעִירְהוֹן וּלְקִנְיָנְהוֹן, וּלְכָל חֵיוַתְהוֹן: וְרַוְחֵי קִרְוַיָּא, דְּתִתְּנוּן
ה לְלֵיוָאֵי, מִכּוֹתֶל קַרְתָּא וּלְבָרָא, אֶלֶף אַמִּין סְחוֹר סְחוֹר: וְתִמְשְׁחוּן מִבָּרָא לְקַרְתָּא, יָת רוּחַ
קִדּוּמָא תְּרֵין אַלְפִין אַמִּין, וְיָת רוּחַ דָּרוֹמָא תְּרֵין אַלְפִין אַמִּין, וְיָת רוּחַ מַעְרְבָא תְּרֵין אַלְפִין
ו אַמִּין, וְיָת רוּחַ צִפּוּנָא, תְּרֵין אַלְפִין אַמִּין וְקַרְתָּא בְּמִצִּיעַ, דֵּין יְהֵי לְהוֹן, רַוְחֵי קִרְוַיָּא: וְיָת
קִרְוַיָּא, דְּתִתְּנוּן לְלֵיוָאֵי, יָת שֵׁית קִרְוֵי שֵׁיזָבוּתָא, דְּתִתְּנוּן, לְמֵעְרַק לְתַמָּן קָטוֹלָא, וַעֲלֵיהוֹן
ז תִּתְּנוּן, אַרְבְּעִין וְתַרְתֵּין קִרְוִין: כָּל קִרְוַיָּא, דְּתִתְּנוּן לְלֵיוָאֵי, אַרְבְּעִין וְתַמְנֵי קִרְוִין, יָתְהוֹן וְיָת
ח רַוְחֵיהוֹן: וְקִרְוַיָּא, דְּתִתְּנוּן מֵאֲחֻדַּת בְּנֵי יִשְׂרָאֵל, מִן סַגִּיאֵי תַּסְגּוֹן, וּמִן זְעִירֵי תַּזְעֲרוּן, גְּבַר,
ט כְּפוּם אַחְסָנְתֵיהּ דְּיַחְסְנוּן, יִתֵּין מִקִּרְווֹהִי לְלֵיוָאֵי: וּמַלֵּיל יְיָ עִם מֹשֶׁה לְמֵימַר: מַלֵּיל עִם בְּנֵי
יא יִשְׂרָאֵל, וְתֵימַר לְהוֹן, אֲרֵי אַתּוּן, עָבְרִין יָת יַרְדְּנָא לְאַרְעָא דִּכְנָעַן: וּתְזַמְּנוּן לְכוֹן קִרְוִין,

כט) **לְנַחֵל אֶת בְּנֵי יִשְׂרָאֵל.** שֶׁהֵם יַנְחִילוּ אוֹתָהּ לָהֶם לְמַחְלְקוֹתֶיהָ:

פרק לה

ב) **וּמִגְרָשׁ.** רֶוַח מָקוֹם חָלָק חוּץ לָעִיר סָבִיב לִהְיוֹת לְנוֹי לָעִיר, וְאֵין רַשָּׁאִין לִבְנוֹת שָׁם בַּיִת וְלֹא לִנְטֹעַ כֶּרֶם וְלֹא לִזְרֹעַ זְרִיעָה:

ג) **וּלְכֹל חַיָּתָם.** לְכָל צָרְכֵיהֶם:

ד) **אֶלֶף אַמָּה סָבִיב.** וְאַחֲרָיו הוּא אוֹמֵר: "אַלְפַּיִם בָּאַמָּה" (פסוק ה), הָא כֵּיצַד? אַלְפַּיִם הוּא נוֹתֵן לָהֶם סָבִיב, וּמֵהֶם אֶלֶף הַפְּנִימִיִּים לְמִגְרָשׁ וְהַחִיצוֹנִים לְשָׂדוֹת וּכְרָמִים:

יא) **וְהִקְרִיתֶם.** אֵין הַקְרָיָה אֶלָּא לְשׁוֹן הַזְמָנָה, וְכֵן הוּא אוֹמֵר: "כִּי הִקְרָה ה' אֱלֹהֶיךָ לְפָנָי" (בראשית כז, כ):

במדבר

עָרֵ֤י מִקְלָט֙ תִּֽהְיֶ֣ינָה לָכֶ֔ם וְנָ֥ס שָׁ֖מָּה רֹצֵ֑חַ מַכֵּה־נֶ֖פֶשׁ בִּשְׁגָגָֽה: יב וְהָי֨וּ לָכֶ֧ם הֶעָרִ֛ים לְמִקְלָ֖ט מִגֹּאֵ֑ל וְלֹ֤א יָמוּת֙ הָרֹצֵ֔חַ עַד־עָמְד֛וֹ לִפְנֵ֥י הָעֵדָ֖ה לַמִּשְׁפָּֽט: יג וְהֶעָרִ֖ים אֲשֶׁ֣ר תִּתֵּ֑נוּ שֵׁשׁ־עָרֵ֥י מִקְלָ֖ט תִּֽהְיֶ֥ינָה לָכֶֽם: יד אֵ֣ת ׀ שְׁלֹ֣שׁ הֶעָרִ֗ים תִּתְּנוּ֙ מֵעֵ֣בֶר לַיַּרְדֵּ֔ן וְאֵת֙ שְׁלֹ֣שׁ הֶֽעָרִ֔ים תִּתְּנ֖וּ בְּאֶ֣רֶץ כְּנָ֑עַן עָרֵ֥י מִקְלָ֖ט תִּֽהְיֶֽינָה: טו לִבְנֵ֣י יִשְׂרָאֵ֗ל וְלַגֵּ֤ר וְלַתּוֹשָׁב֙ בְּתוֹכָ֔ם תִּהְיֶ֛ינָה שֵׁשׁ־הֶעָרִ֥ים הָאֵ֖לֶּה לְמִקְלָ֑ט לָנ֣וּס שָׁ֔מָּה כָּל־מַכֵּה־נֶ֖פֶשׁ בִּשְׁגָגָֽה: טז וְאִם־בִּכְלִ֨י בַרְזֶ֧ל ׀ הִכָּ֛הוּ וַיָּמֹ֖ת רֹצֵ֣חַֽ ה֑וּא מ֥וֹת יוּמַ֖ת הָרֹצֵֽחַ: יז וְאִ֡ם בְּאֶ֣בֶן יָד֩ אֲשֶׁר־יָמ֨וּת בָּ֥הּ הִכָּ֛הוּ וַיָּמֹ֖ת רֹצֵ֣חַֽ ה֑וּא מ֥וֹת יוּמַ֖ת הָרֹצֵֽחַ: יח א֡וֹ בִּכְלִ֣י עֵץ֩ יָ֨ד אֲשֶׁר־יָמ֥וּת בּ֛וֹ הִכָּ֖הוּ וַיָּמֹ֑ת רֹצֵ֣חַֽ ה֔וּא מ֥וֹת יוּמַ֖ת הָרֹצֵֽחַ: יט גֹּאֵ֣ל הַדָּ֔ם ה֥וּא יָמִ֖ית אֶת־הָרֹצֵ֑חַ בְּפִגְעוֹ־ב֖וֹ ה֥וּא יְמִיתֶֽנּוּ: כ וְאִם־בְּשִׂנְאָ֖ה יֶהְדָּפֶ֑נּוּ אֽוֹ־הִשְׁלִ֥יךְ עָלָ֛יו בִּצְדִיָּ֖ה וַיָּמֹֽת: כא א֣וֹ בְאֵיבָ֞ה הִכָּ֤הוּ בְיָדוֹ֙ וַיָּמֹ֔ת מֽוֹת־יוּמַ֥ת הַמַּכֶּ֖ה רֹצֵ֣חַֽ ה֑וּא גֹּאֵ֣ל הַדָּ֗ם יָמִ֛ית אֶת־הָרֹצֵ֖חַ בְּפִגְעוֹ־בֽוֹ: כב וְאִם־בְּפֶ֥תַע בְּלֹא־אֵיבָ֖ה הֲדָפ֑וֹ אוֹ־הִשְׁלִ֥יךְ עָלָ֛יו כָּל־כְּלִ֖י בְּלֹ֥א צְדִיָּֽה: כג א֣וֹ בְכָל־

מצווה תט
איסור הריגה לפני
העמדה לדין

אֶבֶן אֲשֶׁר־יָמוּת בָּהּ בְּלֹא רְאוֹת וַיַּפֵּל עָלָיו וַיָּמֹת וְהוּא לֹא־אוֹיֵב לוֹ וְלֹא מְבַקֵּשׁ רָעָתוֹ:

יב קִרְוֵי שֵׁיזָבוּתָא יְהוֹיָן לְכוֹן, וְיֵעְרוֹק לְתַמָּן קָטוֹלָא, דִּיִקְטוֹל נַפְשָׁא בְשָׁלוּ: וִיהוֹן לְכוֹן
יג קִרְוַיָּא, לְשֵׁיזָבָא מִגָּאֵיל דְּמָא, וְלָא יְמוּת קָטוֹלָא, עַד דִּיקוּם, קֳדָם כְּנִשְׁתָּא לְדִינָא: וְקִרְוַיָּא
יד דְּתִתְּנוּן, שֵׁית קִרְוֵי שֵׁיזָבוּתָא יְהוֹיָן לְכוֹן: יָת תְּלָת קִרְוַיָּא, תִּתְּנוּן מֵעִבְרָא לְיַרְדְּנָא, וְיָת תְּלָת
טו קִרְוַיָּא, תִּתְּנוּן בְּאַרְעָא דִּכְנָעַן, קִרְוֵי שֵׁיזָבוּתָא יְהוֹיָן: לִבְנֵי יִשְׂרָאֵל, וּלְגִיּוֹרַיָּא וּלְתוֹתָבַיָּא
טז דְּבֵינֵיהוֹן, יְהוֹיָן, שֵׁית קִרְוַיָּא הָאִלֵּין לְשֵׁיזָבָא, לְמֵעֲרַק לְתַמָּן, כָּל דְּיִקְטוֹל נַפְשָׁא בְשָׁלוּ: וְאִם
יז בְּמָן דְּבַרְזֶל מַחְהִי, וְקַטְלֵיהּ קָטוֹלָא הוּא, אִתְקְטָלָא יִתְקְטִיל קָטוֹלָא: וְאִם, בְּאַבְנָא דְּמִתְנַסְבָא
יח בְּיַד דְּהִיא כְמִסַּת דִּימוּת בַּהּ מַחְהִי, וְקַטְלֵיהּ קָטוֹלָא הוּא, אִתְקְטָלָא יִתְקְטִיל קָטוֹלָא: אוֹ,
בְּמָן דְּאָע דְּמִתְנְסֵיב בְּיַד דְּהוּא כְמִסַּת דִּימוּת בֵּיהּ מַחְהִי, וְקַטְלֵיהּ קָטוֹלָא הוּא, אִתְקְטָלָא
יט יִתְקְטִיל קָטוֹלָא: גָּאֵיל דְּמָא, הוּא יִקְטוֹל יָת קָטוֹלָא, כַּד אִתְחַיַּב לֵיהּ מִן דִּינָא הוּא יִקְטְלִנֵּיהּ:
כ כא וְאִם בְּסִנְאָה דְּחָהִי, אוֹ רְמָא עֲלוֹהִי, בְּכַמְנָא וְקַטְלֵיהּ: אוֹ בִּדְבָבוּ, מַחְהִי בִּידֵיהּ וְקַטְלֵיהּ,
כב אִתְקְטָלָא יִתְקְטִיל מַחְיָא קָטוֹלָא הוּא, גָּאֵיל דְּמָא, יִקְטוֹל, יָת קָטוֹלָא כַּד אִתְחַיַּב לֵיהּ: וְאִם
כג בְּתַכֵּיף בְּלָא דְבָבוּ דְּחָהִי, אוֹ רְמָא עֲלוֹהִי, כָּל מָן בְּלָא כְמַן לֵיהּ: אוֹ בְּכָל אַבְנָא, דְּהִיא כְמִסַּת
דִּימוּת בַּהּ בְּלָא חָזֵי, וּרְמָא עֲלוֹהִי וְקַטְלֵיהּ, וְהוּא לָא סָנֵי לֵיהּ, וְלָא תָבַע בִּשְׁתֵּיהּ:

יב **מִגֹּאֵל.** מִפְּנֵי גּוֹאֵל הַדָּם שֶׁהוּא קָרוֹב לַנִּרְצָח:

יג **שֵׁשׁ עָרֵי מִקְלָט.** מַגִּיד שֶׁאַף עַל פִּי שֶׁהִבְדִּיל מֹשֶׁה בְּחַיָּיו שָׁלֹשׁ עָרִים בְּעֵבֶר הַיַּרְדֵּן, לֹא הָיוּ קוֹלְטוֹת עַד שֶׁנִּבְחֲרוּ שָׁלֹשׁ שֶׁנָּתַן יְהוֹשֻׁעַ בְּאֶרֶץ כְּנַעַן:

יד **אֵת שְׁלֹשׁ הֶעָרִים וְגוֹ׳.** אַף עַל פִּי שֶׁבְּאֶרֶץ כְּנַעַן תִּשְׁעָה שְׁבָטִים וְכָאן אֵינָן אֶלָּא שְׁנַיִם, הִשְׁוָה מִנְיַן עָרֵי מִקְלָט שֶׁלָּהֶם, מִשּׁוּם דִּבְגִלְעָד נְפִישֵׁי רוֹצְחִים, דִּכְתִיב: "גִּלְעָד קִרְיַת פֹּעֲלֵי אָוֶן עֲקֻבָּה מִדָּם" (הושע ו, ח):

טז **וְאִם בִּכְלִי בַרְזֶל הִכָּהוּ.** אֵין זֶה מְדַבֵּר בְּהוֹרֵג בְּשׁוֹגֵג אֶלָּא בְּהוֹרֵג בְּמֵזִיד, וּבָא לְלַמֵּד שֶׁהַהוֹרֵג בְּכָל דָּבָר צָרִיךְ שֶׁיְּהֵא בּוֹ שִׁעוּר כְּדֵי לְהָמִית, שֶׁנֶּאֱמַר בְּכֻלָּם: "אֲשֶׁר יָמוּת בּוֹ", כְּדְמְתַרְגְּמִינָן: "דְּהִיא כְּמִסַּת דִּימוּת בַּהּ", חוּץ מִן הַבַּרְזֶל, שֶׁגָּלוּי וְיָדוּעַ לִפְנֵי הַקָּדוֹשׁ בָּרוּךְ הוּא שֶׁהַבַּרְזֶל מֵמִית בְּכָל שֶׁהוּא, אֲפִלּוּ מַחַט, לְפִיכָךְ לֹא נָתְנָה בּוֹ תּוֹרָה שִׁעוּר לִכְתֹּב בּוֹ: 'אֲשֶׁר יָמוּת בּוֹ'. וְאִם תֹּאמַר בְּהוֹרֵג בְּשׁוֹגֵג הַכָּתוּב מְדַבֵּר, הֲרֵי הוּא אוֹמֵר לְמַטָּה: "אוֹ בְכָל אֶבֶן אֲשֶׁר יָמוּת בָּהּ בְּלֹא רְאוֹת" וְגוֹ׳ (להלן פסוק כג), לִמֵּד עַל הָאֲמוּרִים לְמַעְלָה שֶׁבְּהוֹרֵג בְּמֵזִיד הַכָּתוּב מְדַבֵּר:

יז **בְּאֶבֶן יָד.** שֶׁיֵּשׁ בָּהּ מְלֹא יָד: **אֲשֶׁר יָמוּת בָּהּ.** שֶׁיֵּשׁ בָּהּ שִׁעוּר לְהָמִית, כְּתַרְגּוּמוֹ. לְפִי שֶׁנֶּאֱמַר: "וְהִכָּה אִישׁ אֶת רֵעֵהוּ בְּאֶבֶן" (שמות כא, יח) וְלֹא נָתַן בָּהּ שִׁעוּר, יָכוֹל כָּל שֶׁהוּא? לְכָךְ נֶאֱמַר: "אֲשֶׁר יָמוּת בָּהּ":

יח **אוֹ בִּכְלִי עֵץ יָד.** לְפִי שֶׁנֶּאֱמַר: "וְכִי יַכֶּה אִישׁ אֶת עַבְדּוֹ אוֹ אֶת אֲמָתוֹ בַּשֵּׁבֶט" (שם פסוק כ), יָכוֹל כָּל שֶׁהוּא? לְכָךְ נֶאֱמַר בְּעֵץ: "אֲשֶׁר יָמוּת בּוֹ", שֶׁיְּהֵא בּוֹ כְּדֵי לְהָמִית:

יט **בְּפִגְעוֹ בוֹ.** אֲפִלּוּ בְּתוֹךְ עָרֵי מִקְלָט:

כ **בִּצְדִיָּה.** כְּתַרְגּוּמוֹ: "בְּכַמְנָא", בְּמַאֲרָב:

כב **בְּפֶתַע.** בְּאֹנֶס, וְתַרְגּוּמוֹ: "בִּתְכֵיף", שֶׁהָיָה סָמוּךְ לוֹ, וְלֹא הָיָה לוֹ שָׁהוּת לְהִזָּהֵר עָלָיו:

כג **אוֹ בְכָל אֶבֶן אֲשֶׁר יָמוּת בָּהּ.** הִכָּהוּ: בְּלֹא

במדבר

לה

כד וְשָׁפְטוּ הָעֵדָה בֵּין הַמַּכֶּה וּבֵין גֹּאֵל הַדָּם
כה עַל הַמִּשְׁפָּטִים הָאֵלֶּה: וְהִצִּילוּ הָעֵדָה אֶת־
הָרֹצֵחַ מִיַּד גֹּאֵל הַדָּם וְהֵשִׁיבוּ אֹתוֹ הָעֵדָה
אֶל־עִיר מִקְלָטוֹ אֲשֶׁר־נָס שָׁמָּה וְיָשַׁב בָּהּ
עַד־מוֹת הַכֹּהֵן הַגָּדֹל אֲשֶׁר־מָשַׁח אֹתוֹ
כו בְּשֶׁמֶן הַקֹּדֶשׁ: וְאִם־יָצֹא יֵצֵא הָרֹצֵחַ אֶת־
גְּבוּל עִיר מִקְלָטוֹ אֲשֶׁר יָנוּס שָׁמָּה: וּמָצָא
כז אֹתוֹ גֹּאֵל הַדָּם מִחוּץ לִגְבוּל עִיר מִקְלָטוֹ
וְרָצַח גֹּאֵל הַדָּם אֶת־הָרֹצֵחַ אֵין לוֹ דָּם: כִּי
כח בְעִיר מִקְלָטוֹ יֵשֵׁב עַד־מוֹת הַכֹּהֵן הַגָּדֹל
וְאַחֲרֵי־מוֹת הַכֹּהֵן הַגָּדֹל יָשׁוּב הָרֹצֵחַ
אֶל־אֶרֶץ אֲחֻזָּתוֹ: וְהָיוּ אֵלֶּה לָכֶם לְחֻקַּת כט
מִשְׁפָּט לְדֹרֹתֵיכֶם בְּכֹל מוֹשְׁבֹתֵיכֶם: כָּל־ ל
מַכֵּה־נֶפֶשׁ לְפִי עֵדִים יִרְצַח אֶת־הָרֹצֵחַ וְעֵד
אֶחָד לֹא־יַעֲנֶה בְנֶפֶשׁ לָמוּת: וְלֹא־תִקְחוּ לא
כֹפֶר לְנֶפֶשׁ רֹצֵחַ אֲשֶׁר־הוּא רָשָׁע לָמוּת
כִּי־מוֹת יוּמָת: וְלֹא־תִקְחוּ כֹפֶר לָנוּס אֶל־ לב
עִיר מִקְלָטוֹ לָשׁוּב לָשֶׁבֶת בָּאָרֶץ עַד־מוֹת
הַכֹּהֵן: וְלֹא־תַחֲנִיפוּ אֶת־הָאָרֶץ אֲשֶׁר אַתֶּם לג
בָּהּ כִּי הַדָּם הוּא יַחֲנִיף אֶת־הָאָרֶץ וְלָאָרֶץ

מצווה תי
מצוות הגליית רוצח
בשגגה לעיר מקלט

מצווה תיא
איסור על עד בדיני
נפשות לדון ולטעון

מצווה תיב
איסור לקיחת כופר
מרוצח כתחליף להמתתו

מצווה תיג
איסור לקיחת כופר כתחליף
לגלות בעיר מקלט

לֹא־יְכֻפַּר לַדָּם אֲשֶׁר שֻׁפַּךְ־בָּהּ כִּי־אִם בְּדַם
לד שֹׁפְכוֹ׃ וְלֹא תְטַמֵּא אֶת־הָאָרֶץ אֲשֶׁר אַתֶּם

כד כה וִידִינוּן כְּנִשְׁתָּא, בֵּין מָחְיָא, וּבֵין גָּאֵיל דְּמָא, עַל דִּינַיָּא הָאִלֵּין: וִישֵׁיזְבוּן כְּנִשְׁתָּא יָת קָטוֹלָא,
מִיַּד גָּאֵיל דְּמָא, וִיתִיבוּן יָתֵיהּ כְּנִשְׁתָּא, לְקִרְיַת שֵׁיזָבוּתֵיהּ דַּעֲרַק לְתַמָּן, וְיִתֵּיב בַּהּ, עַד דִּימוּת
כו כָּהֲנָא רַבָּא, דְּרַבִּי יָתֵיהּ בִּמְשַׁח קֻדְשָׁא: וְאִם מִפַּק יִפּוֹק קָטוֹלָא, יָת תְּחוּם קִרְיַת שֵׁיזָבוּתֵיהּ,
כז דִּיעְרוֹק לְתַמָּן: וְיַשְׁכַּח יָתֵיהּ גָּאֵיל דְּמָא, מִבָּרָא, לִתְחוּם קִרְיַת שֵׁיזָבוּתֵיהּ, וְיִקְטוֹל, גָּאֵיל
כח דְּמָא יָת קָטוֹלָא, לֵית לֵיהּ דַּם: אֲרֵי בְּקִרְיַת שֵׁיזָבוּתֵיהּ יִתֵּיב, עַד דִּימוּת כָּהֲנָא רַבָּא, וּבָתַר
כט דִּימוּת כָּהֲנָא רַבָּא, יְתוּב קָטוֹלָא, לַאֲרַע אַחְסָנְתֵיהּ: וִיהוֹן אִלֵּין לְכוֹן, לִגְזֵירַת דִּין לְדָרֵיכוֹן,
ל בְּכֹל מוֹתְבָנֵיכוֹן: כָּל דְּיִקְטוֹל נַפְשָׁא, לְפוּם סָהֲדִין, יִקְטוֹל יָת קָטוֹלָא, וְסָהִיד חַד, לָא יַסְהֵיד
לא בֶּאֱנָשׁ לְמִקְטַל: וְלָא תְקַבְּלוּן מָמוֹן עַל אֱנָשׁ קָטוֹל, דְּהוּא חַיָּב לִמְמָת, אֲרֵי אִתְקְטָלָא
לב יִתְקְטִיל: וְלָא תְקַבְּלוּן מָמוֹן, לְמֵעֲרַק לְקִרְיַת שֵׁיזָבוּתֵיהּ, לְמִתַּב לְמִתַּב בְּאַרְעָא, עַד דִּימוּת
לג כָּהֲנָא: וְלָא תְחַיְּבוּן יָת אַרְעָא, דְּאַתּוּן בַּהּ, אֲרֵי דְּמָא, הוּא מְחַיֵּיב יָת אַרְעָא, וּלְאַרְעָא לָא
לד מִתְכַּפַּר, עַל דַּם זַכַּאי דְּאִתְאֲשַׁד בַּהּ, אֱלָהֵין בְּדַם אָשְׁדֵיהּ: וְלָא תְסָאֲבוּן יָת אַרְעָא, דְּאַתּוּן

רְאוּת. שֶׁלֹּא רָאָהוּ: וַיַּפֵּל עָלָיו. מִכָּאן אָמְרוּ, הַהוֹרֵג דֶּרֶךְ יְרִידָה – גּוֹלֶה, דֶּרֶךְ עֲלִיָּה – אֵינוֹ גּוֹלֶה:

כה| עַד מוֹת הַכֹּהֵן הַגָּדֹל. שֶׁהוּא בָּא לְהַשְׁרוֹת שְׁכִינָה בְּיִשְׂרָאֵל וּלְהַאֲרִיךְ יְמֵיהֶם, וְהָרוֹצֵחַ בָּא לְסַלֵּק אֶת הַשְּׁכִינָה מִיִּשְׂרָאֵל וּמְקַצֵּר אֶת יְמֵי הַחַיִּים, אֵינוֹ כְּדַאי שֶׁיְּהֵא לִפְנֵי כֹּהֵן גָּדוֹל. דָּבָר אַחֵר, לְפִי שֶׁהָיָה לוֹ לְכֹהֵן גָּדוֹל לְהִתְפַּלֵּל שֶׁלֹּא תֶאֱרַע תַּקָּלָה זוֹ לְיִשְׂרָאֵל בְּחַיָּיו: אֲשֶׁר מָשַׁח אֹתוֹ בְּשֶׁמֶן הַקֹּדֶשׁ. לְפִי פְּשׁוּטוֹ, מִן הַמִּקְרָאוֹת הַקְּצָרִים הוּא שֶׁלֹּא פֵּרַשׁ מִי מְשָׁחוֹ, אֶלָּא כְּמוֹ: אֲשֶׁר מְשָׁחוֹ הַמּוֹשֵׁחַ אוֹתוֹ בְּשֶׁמֶן הַקֹּדֶשׁ. וְרַבּוֹתֵינוּ דְּרָשׁוּהוּ בְּמַסֶּכֶת מַכּוֹת (דף יא ע״ב) לִרְאָיַת דָּבָר, לְלַמֵּד שֶׁאִם עַד שֶׁלֹּא נִגְמַר דִּינוֹ מֵת הַכֹּהֵן הַגָּדוֹל וּמִנּוּ אַחֵר תַּחְתָּיו, וּלְאַחַר מִכָּאן נִגְמַר דִּינוֹ, חוֹזֵר בְּמִיתָתוֹ שֶׁל שֵׁנִי, שֶׁנֶּאֱמַר: ״אֲשֶׁר מָשַׁח אֹתוֹ״, וְכִי הוּא מְשָׁחוֹ לְכֹהֵן, אוֹ הַכֹּהֵן מָשַׁח אוֹתוֹ? אֶלָּא לְהָבִיא אֶת הַנִּמְשָׁח בְּיָמָיו שֶׁמַּחֲזִירוֹ בְּמִיתָתוֹ:

כז| אֵין לוֹ דָּם. הֲרֵי הוּא כְּהוֹרֵג אֶת הַמֵּת, שֶׁאֵין לוֹ דָּם:

כט| בְּכֹל מוֹשְׁבֹתֵיכֶם. לִמֵּד שֶׁתְּהֵא סַנְהֶדְרִין נוֹהֶגֶת בְּחוּצָה לָאָרֶץ כָּל זְמַן שֶׁנּוֹהֶגֶת בְּאֶרֶץ יִשְׂרָאֵל:

ל| כָּל מַכֵּה נֶפֶשׁ וְגוֹ׳. הַבָּא לְהָרְגוֹ עַל שֶׁהִכָּה אֶת הַנֶּפֶשׁ: לְפִי עֵדִים יִרְצַח. שֶׁיָּעִידוּ שֶׁבְּמֵזִיד וּבְהַתְרָאָה הֲרָגוֹ:

לא| וְלֹא תִקְחוּ כֹפֶר. לֹא יִפָּטֵר בְּמָמוֹן:

לב| וְלֹא תִקְחוּ כֹפֶר לָנוּס אֶל עִיר מִקְלָטוֹ. לְמִי שֶׁנָּס אֶל עִיר מִקְלָט, שֶׁהָרַג בְּשׁוֹגֵג, אֵינוֹ נִפְטָר מִגָּלוּת בְּמָמוֹן לִתֵּן כֹּפֶר ״לָשׁוּב לָשֶׁבֶת בָּאָרֶץ״ בְּטֶרֶם יָמוּת הַכֹּהֵן: לָנוּס. כְּמוֹ ׳לַנָּס׳, כְּמוֹ: ״שׁוּבֵי מִלְחָמָה״ (מיכה ב, ח), שֶׁשָּׁבוּ מִן הַמִּלְחָמָה, ״נוּגֵי מִמּוֹעֵד״ (צפניה ג, יח), ״כִּי מְלִים הָיוּ״ (יהושע ה, ה), כַּאֲשֶׁר תֹּאמַר ׳שׁוּב׳ עַל מִי שֶׁשָּׁב כְּבָר, וּ׳מוּל׳ עַל שֶׁמָּל כְּבָר, כֵּן תֹּאמַר ׳לָנוּס׳ עַל מִי שֶׁנָּס כְּבָר, וְקוֹרְהוּ ׳נוּס׳ – מֻבְרָח. וְאִם תֹּאמַר ׳לָנוּס׳ – לִבְרֹחַ, וְתִפָרְשֵׁהוּ: לֹא תִקְחוּ כֹפֶר לְמִי שֶׁיֵּשׁ לוֹ לִבְרֹחַ לְפָטְרוֹ מִן הַגָּלוּת, לֹא יָדַעְתִּי הֵיאַךְ יֹאמַר: ״לָשׁוּב לָשֶׁבֶת בָּאָרֶץ״, הֲרֵי עֲדַיִן לֹא נָס, וּמֵהֵיכָן יָשׁוּב?:

לג| וְלֹא תַחֲנִיפוּ. וְלֹא תַרְשִׁיעוּ, כְּתַרְגּוּמוֹ: ״וְלָא תְחַיְּבוּן״:

יֹשְׁבִים בָּהּ אֲשֶׁר אֲנִי שֹׁכֵן בְּתוֹכָהּ כִּי אֲנִי יְהוָֹה
שֹׁכֵן בְּתוֹךְ בְּנֵי יִשְׂרָאֵל׃
לו א וַיִּקְרְבוּ רָאשֵׁי הָאָבוֹת לְמִשְׁפַּחַת בְּנֵי־גִלְעָד שביעי
בֶּן־מָכִיר בֶּן־מְנַשֶּׁה מִמִּשְׁפְּחֹת בְּנֵי יוֹסֵף וַיְדַבְּרוּ
לִפְנֵי מֹשֶׁה וְלִפְנֵי הַנְּשִׂאִים רָאשֵׁי אָבוֹת לִבְנֵי
ב יִשְׂרָאֵל׃ וַיֹּאמְרוּ אֶת־אֲדֹנִי צִוָּה יְהוָֹה לָתֵת
אֶת־הָאָרֶץ בְּנַחֲלָה בְּגוֹרָל לִבְנֵי יִשְׂרָאֵל וַאדֹנִי
צֻוָּה בַיהוָֹה לָתֵת אֶת־נַחֲלַת צְלָפְחָד אָחִינוּ
ג לִבְנֹתָיו׃ וְהָיוּ לְאֶחָד מִבְּנֵי שִׁבְטֵי בְנֵי־יִשְׂרָאֵל
לְנָשִׁים וְנִגְרְעָה נַחֲלָתָן מִנַּחֲלַת אֲבֹתֵינוּ וְנוֹסַף
עַל נַחֲלַת הַמַּטֶּה אֲשֶׁר תִּהְיֶינָה לָהֶם וּמִגֹּרַל
ד נַחֲלָתֵנוּ יִגָּרֵעַ׃ וְאִם־יִהְיֶה הַיֹּבֵל לִבְנֵי יִשְׂרָאֵל
וְנוֹסְפָה נַחֲלָתָן עַל נַחֲלַת הַמַּטֶּה אֲשֶׁר תִּהְיֶינָה
ה לָהֶם וּמִנַּחֲלַת מַטֵּה אֲבֹתֵינוּ יִגָּרַע נַחֲלָתָן׃ וַיְצַו
מֹשֶׁה אֶת־בְּנֵי יִשְׂרָאֵל עַל־פִּי יְהוָֹה לֵאמֹר כֵּן
ו מַטֵּה בְנֵי־יוֹסֵף דֹּבְרִים׃ זֶה הַדָּבָר אֲשֶׁר־צִוָּה
יְהוָֹה לִבְנוֹת צְלָפְחָד לֵאמֹר לַטּוֹב בְּעֵינֵיהֶם
תִּהְיֶינָה לְנָשִׁים אַךְ לְמִשְׁפַּחַת מַטֵּה אֲבִיהֶם
ז תִּהְיֶינָה לְנָשִׁים׃ וְלֹא־תִסֹּב נַחֲלָה לִבְנֵי יִשְׂרָאֵל
מִמַּטֶּה אֶל־מַטֶּה כִּי אִישׁ בְּנַחֲלַת מַטֵּה אֲבֹתָיו

ח יִדְבְּקוּ בְּנֵי יִשְׂרָאֵל׃ וְכָל־בַּת יֹרֶשֶׁת נַחֲלָה
מִמַּטּוֹת בְּנֵי יִשְׂרָאֵל לְאֶחָד מִמִּשְׁפַּחַת מַטֵּה
אָבִיהָ תִּהְיֶה לְאִשָּׁה לְמַעַן יִירְשׁוּ בְּנֵי יִשְׂרָאֵל
ט אִישׁ נַחֲלַת אֲבֹתָיו׃ וְלֹא־תִסֹּב נַחֲלָה מִמַּטֶּה
לְמַטֶּה אַחֵר כִּי־אִישׁ בְּנַחֲלָתוֹ יִדְבְּקוּ מַטּוֹת

יָתְבִין בַּהּ, דִּשְׁכִינְתִּי שָׁרְיָא בְּגַוַּהּ, אֲרֵי אֲנָא יי, שְׁכִינְתִּי שָׁרְיָא, בְּגוֹ בְּנֵי יִשְׂרָאֵל׃
לו א וּקְרִיבוּ רֵישֵׁי אֲבָהָתָא, לְזַרְעִית בְּנֵי גִלְעָד בַּר מָכִיר בַּר מְנַשֶּׁה, מִזַּרְעִיַת בְּנֵי יוֹסֵף, וּמַלִּילוּ,
ב קֳדָם מֹשֶׁה וּקְדָם רַבְרְבַיָּא, רֵישֵׁי אֲבָהָתָא לִבְנֵי יִשְׂרָאֵל׃ וַאֲמַרוּ, יָת רִבּוֹנִי פַּקֵּיד יי, לְמִתַּן יָת
אַרְעָא בְּאַחְסָנָא, בְּעַדְבָא לִבְנֵי יִשְׂרָאֵל, וְרִבּוֹנִי אִתְפַּקַּד בְּמֵימְרָא דַּיי, לְמִתַּן, יָת אַחְסָנַת,
ג צְלָפְחָד אֲחוּנָא לִבְנָתֵיהּ׃ וִיהוֹיָן, לְחַד, מִבְּנֵי שִׁבְטֵי בְנֵי יִשְׂרָאֵל לִנְשִׁין, וְתִתְמְנַע אַחְסָנַתְהוֹן
מֵאַחְסָנַת אֲבָהָתַנָא, וְתִתּוֹסַף, עַל אַחְסָנַת שִׁבְטָא, דִּיהוֹיָן לְהוֹן, וּמֵעֲדַב אַחְסָנְתַנָא יִתְמְנַע׃
ד וְאִם יְהֵי יוֹבֵילָא לִבְנֵי יִשְׂרָאֵל, וְתִתּוֹסַף אַחְסָנַתְהוֹן, עַל אַחְסָנַת שִׁבְטָא, דִּיהוֹיָן לְהוֹן,
ה וּמֵאַחְסָנַת שִׁבְטָא דַּאֲבָהָתַנָא, תִּתְמְנַע אַחְסָנַתְהוֹן׃ וּפַקֵּיד מֹשֶׁה יָת בְּנֵי יִשְׂרָאֵל, עַל
ו מֵימְרָא דַּיי לְמֵימַר, יָאוּת, שִׁבְטָא דִּבְנֵי יוֹסֵף מְמַלְּלִין׃ דֵּין פִּתְגָּמָא דְּפַקֵּיד יי, לִבְנָת צְלָפְחָד
ז לְמֵימַר, לִדְתָקֵין בְּעֵינֵיהוֹן יְהוֹיָן לִנְשִׁין, בְּרַם, לְזַרְעִית, שִׁבְטָא דַּאֲבוּהוֹן יְהוֹיָן לִנְשִׁין׃ וְלָא
תִסְחַר אַחְסָנָא לִבְנֵי יִשְׂרָאֵל, מִשִּׁבְטָא לְשִׁבְטָא, אֲרֵי גְּבַר, בְּאַחְסָנַת שִׁבְטָא דַּאֲבָהָתוֹהִי,
ח יִדְבְּקוּן בְּנֵי יִשְׂרָאֵל׃ וְכָל בְּרַתָּא יָרְתַת אַחְסָנָא, מִשִּׁבְטַיָּא דִּבְנֵי יִשְׂרָאֵל, לְחַד, מִזַּרְעִית,
ט שִׁבְטָא דַּאֲבוּהָא תְּהֵי לְאִתּוּ, בְּדִיל, דְּיֵירְתוּן בְּנֵי יִשְׂרָאֵל, גְּבַר אַחְסָנַת אֲבָהָתוֹהִי׃ וְלָא
תִסְחַר אַחְסָנָא, מִשִּׁבְטָא לְשִׁבְטָא אָחֳרָנָא, אֲרֵי גְּבַר בְּאַחְסָנְתֵיהּ, יִדְבְּקוּן, שִׁבְטַיָּא

לד] אֲשֶׁר אֲנִי שֹׁכֵן בְּתוֹכָהּ. שֶׁלֹּא תַּשְׁכִּינוּ אוֹתִי בְּטֻמְאָתָהּ׃ כִּי אֲנִי ה׳ שֹׁכֵן בְּתוֹךְ בְּנֵי יִשְׂרָאֵל. אַף בִּזְמַן שֶׁהֵם טְמֵאִים, שְׁכִינָה בֵּינֵיהֶם׃

פרק לו

ג] וְנוֹסַף עַל נַחֲלַת הַמַּטֶּה. שֶׁהֲרֵי בְּנָהּ יוֹרְשָׁהּ, וְהַבֵּן מִתְיַחֵס עַל שֵׁבֶט אָבִיו׃

ד] וְאִם יִהְיֶה הַיֹּבֵל. מִכָּאן הָיָה רַבִּי יְהוּדָה אוֹמֵר: עָתִיד הַיּוֹבֵל שֶׁיִּפָּסֵק׃ וְאִם יִהְיֶה הַיֹּבֵל. כְּלוֹמַר, אֵין זוֹ מְכִירָה שֶׁחוֹזֶרֶת בַּיּוֹבֵל, שֶׁהַיְרֻשָּׁה אֵינָהּ חוֹזֶרֶת, וַאֲפִלּוּ אִם יִהְיֶה הַיּוֹבֵל לֹא תַחְזֹר הַנַּחֲלָה לְשִׁבְטוֹ, וְנִמְצָא שֶׁנּוֹסְפָה ״עַל נַחֲלַת הַמַּטֶּה אֲשֶׁר תִּהְיֶינָה לָהֶם״׃

ח] וְכָל בַּת יֹרֶשֶׁת נַחֲלָה. שֶׁלֹּא הָיָה בֵּן לְאָבִיהָ׃

בְּנֵי יִשְׂרָאֵל׃ כַּאֲשֶׁר צִוָּה יְהוָה אֶת־מֹשֶׁה י
מפטיר כֵּן עָשׂוּ בְּנוֹת צְלָפְחָד׃ וַתִּהְיֶינָה מַחְלָה יא
תִרְצָה וְחָגְלָה וּמִלְכָּה וְנֹעָה בְּנוֹת צְלָפְחָד
לִבְנֵי דֹדֵיהֶן לְנָשִׁים׃ מִמִּשְׁפְּחֹת בְּנֵי־מְנַשֶּׁה יב
בֶן־יוֹסֵף הָיוּ לְנָשִׁים וַתְּהִי נַחֲלָתָן עַל־מַטֵּה
מִשְׁפַּחַת אֲבִיהֶן׃ אֵלֶּה הַמִּצְוֹת וְהַמִּשְׁפָּטִים יג

הפטרת מסעי

הפטורה לשבת פרשת מסעי גם כשמטות ומסעי מחוברות, ואפילו כשחל בה ראש חודש אב.

נבואת ירמיהו הראשונה בימי יאשיהו עוסקת בשני נושאים: א. עזיבת האלילות ושיבה לה׳; ב. הסתלקות ממעורבות יתר בזירה הבין־לאומית, כי חבירה לממלכה חזקה תביא להשפעה אלילית ולשעבוד מדיני. להמחשת דבריו משתמש ירמיהו בדימויים מעולם המים. ״מים חיים״ הוא כינוי למי מעיין צלולים, קרים, המגלים ״חיות״ בתנועתם, בזרימתם הרוגעת (דימוי לדבר ה׳ המחיה). המחזיק במים חיים אל יתפתה למקורות חלופיים. בדרך זו יאבד את הטוב שבידו וימצא עצמו במציאות מסוכנת: ייוותר בלי מים בהחזיקו בבור סדוק (דימוי לדעות אליליות נפסדות), או שיישטף בזרם הנהר כאשר יתכופף להרוות את צימאונו (דימוי לשטף ההשפעה של המעצמות בבל (נהרות פרת וחידקל) ומצרים (נילוס)). מי שמאבד את עצמיותו, כלומר, עצמאותו, הופך להיות חסר משמעות. מי שהוא נספח־נסרח הופך לטפיל.

ירמיה שִׁמְעוּ דְבַר־יְהוָה בֵּית יַעֲקֹב וְכָל־מִשְׁפְּחוֹת בֵּית יִשְׂרָאֵל׃ כֹּה ׀ אָמַר ב ד ה
יְהוָה מַה־מָּצְאוּ אֲבוֹתֵיכֶם בִּי עָוֶל כִּי רָחֲקוּ מֵעָלָי וַיֵּלְכוּ אַחֲרֵי הַהֶבֶל
וַיֶּהְבָּלוּ׃ וְלֹא אָמְרוּ אַיֵּה יְהוָה הַמַּעֲלֶה אֹתָנוּ מֵאֶרֶץ מִצְרָיִם הַמּוֹלִיךְ ו
אֹתָנוּ בַּמִּדְבָּר בְּאֶרֶץ עֲרָבָה וְשׁוּחָה בְּאֶרֶץ צִיָּה וְצַלְמָוֶת בְּאֶרֶץ לֹא־
עָבַר בָּהּ אִישׁ וְלֹא־יָשַׁב אָדָם שָׁם׃ וָאָבִיא אֶתְכֶם אֶל־אֶרֶץ הַכַּרְמֶל ז
לֶאֱכֹל פִּרְיָהּ וְטוּבָהּ וַתָּבֹאוּ וַתְּטַמְּאוּ אֶת־אַרְצִי וְנַחֲלָתִי שַׂמְתֶּם
לְתוֹעֵבָה׃ הַכֹּהֲנִים לֹא אָמְרוּ אַיֵּה יְהוָה וְתֹפְשֵׂי הַתּוֹרָה לֹא יְדָעוּנִי ח
וְהָרֹעִים פָּשְׁעוּ בִי וְהַנְּבִיאִים נִבְּאוּ בַבַּעַל וְאַחֲרֵי לֹא־יוֹעִלוּ הָלָכוּ׃ לָכֵן ט
עֹד אָרִיב אִתְּכֶם נְאֻם־יְהוָה וְאֶת־בְּנֵי בְנֵיכֶם אָרִיב׃ כִּי עִבְרוּ אִיֵּי כִתִּיִּים י
וּרְאוּ וְקֵדָר שִׁלְחוּ וְהִתְבּוֹנְנוּ מְאֹד וּרְאוּ הֵן הָיְתָה כָּזֹאת׃ הַהֵימִיר יא
גּוֹי אֱלֹהִים וְהֵמָּה לֹא אֱלֹהִים וְעַמִּי הֵמִיר כְּבוֹדוֹ בְּלוֹא יוֹעִיל׃ שֹׁמּוּ יב
שָׁמַיִם עַל־זֹאת וְשַׂעֲרוּ חָרְבוּ מְאֹד נְאֻם־יְהוָה׃ כִּי־שְׁתַּיִם רָעוֹת עָשָׂה יג

אֲשֶׁר צִוָּה יְהוָה בְּיַד־מֹשֶׁה אֶל־בְּנֵי יִשְׂרָאֵל
בְּעַרְבֹת מוֹאָב עַל יַרְדֵּן יְרֵחוֹ: חזק

יא דִבְנֵי יִשְׂרָאֵל: כְּמָא דְּפַקֵּיד יי יָת מֹשֶׁה, כֵּן עֲבַדָא בְּנָת צְלָפְחָד: וַהֲוָאָה מַחְלָה תִרְצָה, וְחָגְלָה
יב וּמִלְכָּה, וְנוֹעָה בְּנָת צְלָפְחָד, לִבְנֵי אֲחֵי אֲבוּהוֹן לִנְשִׁין: מִזַּרְעִית, בְּנֵי מְנַשֶּׁה בַר יוֹסֵף הֲוָאָה
יג לִנְשִׁין, וַהֲוָת אַחְסָנַתְהוֹן, עַל שִׁבְטָא זַרְעִית אֲבוּהוֹן: אִלֵּין פִּקּוֹדַיָּא וְדִינַיָּא, דְּפַקֵּיד יי, בִּידָא
דְמֹשֶׁה לְוָת בְּנֵי יִשְׂרָאֵל, בְּמֵישְׁרַיָּא דְמוֹאָב, עַל יַרְדְּנָא דִירִיחוֹ:

יא מַחְלָה תִרְצָה וְגוֹ׳. כָּאן מְנָאָן לְפִי גְּדֻלָּתָן זוֹ מִזּוֹ בְּשָׁנִים, וְנִשְּׂאוּ כְּסֵדֶר תּוֹלְדוֹתָן, וּבְכָל הַמִּקְרָא מְנָאָן לְפִי חָכְמָתָן, וּמַגִּיד שֶׁשְּׁקוּלוֹת זוֹ כְּזוֹ:

עַמִּי אֹתִי עָזְבוּ מְקוֹר | מַיִם חַיִּים לַחְצֹב לָהֶם בֹּארוֹת בֹּארֹת נִשְׁבָּרִים
יד אֲשֶׁר לֹא־יָכִלוּ הַמָּיִם: הַעֶבֶד יִשְׂרָאֵל אִם־יְלִיד בַּיִת הוּא מַדּוּעַ הָיָה
טו לָבַז: עָלָיו יִשְׁאֲגוּ כְפִרִים נָתְנוּ קוֹלָם וַיָּשִׁיתוּ אַרְצוֹ לְשַׁמָּה עָרָיו נצתה נִצְּתוּ
טז יז מִבְּלִי יֹשֵׁב: גַּם־בְּנֵי־נֹף ותחפנס יִרְעוּךְ קָדְקֹד: הֲלוֹא־זֹאת תַּעֲשֶׂה־לָּךְ וְתַחְפַּנְחֵס
יח עָזְבֵךְ אֶת־יְהוָה אֱלֹהַיִךְ בְּעֵת מוֹלִכֵךְ בַּדָּרֶךְ: וְעַתָּה מַה־לָּךְ לְדֶרֶךְ
מִצְרַיִם לִשְׁתּוֹת מֵי שִׁחוֹר וּמַה־לָּךְ לְדֶרֶךְ אַשּׁוּר לִשְׁתּוֹת מֵי נָהָר:
יט תְּיַסְּרֵךְ רָעָתֵךְ וּמְשֻׁבוֹתַיִךְ תּוֹכִחֻךְ וּדְעִי וּרְאִי כִּי־רַע וָמָר עָזְבֵךְ אֶת־
כ יְהוָה אֱלֹהָיִךְ וְלֹא פַחְדָּתִי אֵלַיִךְ נְאֻם־אֲדֹנָי יְהוִה צְבָאוֹת: כִּי מֵעוֹלָם
שָׁבַרְתִּי עֻלֵּךְ נִתַּקְתִּי מוֹסְרוֹתַיִךְ וַתֹּאמְרִי לֹא אעבוד כִּי עַל־כָּל־גִּבְעָה אֶעֱבוֹר
כא גְּבֹהָה וְתַחַת כָּל־עֵץ רַעֲנָן אַתְּ צֹעָה זֹנָה: וְאָנֹכִי נְטַעְתִּיךְ שֹׂרֵק כֻּלֹּה
כב זֶרַע אֱמֶת וְאֵיךְ נֶהְפַּכְתְּ לִי סוּרֵי הַגֶּפֶן נָכְרִיָּה: כִּי אִם־תְּכַבְּסִי בַּנֶּתֶר
כג וְתַרְבִּי־לָךְ בֹּרִית נִכְתָּם עֲוֹנֵךְ לְפָנַי נְאֻם אֲדֹנָי יְהוִה: אֵיךְ תֹּאמְרִי לֹא
נִטְמֵאתִי אַחֲרֵי הַבְּעָלִים לֹא הָלַכְתִּי רְאִי דַרְכֵּךְ בַּגַּיְא דְּעִי מֶה עָשִׂית
כד בִּכְרָה קַלָּה מְשָׂרֶכֶת דְּרָכֶיהָ: פֶּרֶה | לִמֻּד מִדְבָּר בְּאַוַּת נפשו שָׁאֲפָה נַפְשָׁהּ
רוּחַ תַּאֲנָתָהּ מִי יְשִׁיבֶנָּה כָּל־מְבַקְשֶׁיהָ לֹא יִיעָפוּ בְּחָדְשָׁהּ יִמְצָאוּנְהָ:
כה מִנְעִי רַגְלֵךְ מִיָּחֵף וגורנך מִצִּמְאָה וַתֹּאמְרִי נוֹאָשׁ לוֹא כִּי־אָהַבְתִּי וּגְרוֹנֵךְ
כו זָרִים וְאַחֲרֵיהֶם אֵלֵךְ: כְּבֹשֶׁת גַּנָּב כִּי יִמָּצֵא כֵּן הֹבִישׁוּ בֵּית יִשְׂרָאֵל
כז הֵמָּה מַלְכֵיהֶם שָׂרֵיהֶם וְכֹהֲנֵיהֶם וּנְבִיאֵיהֶם: אֹמְרִים לָעֵץ אָבִי אַתָּה
וְלָאֶבֶן אַתְּ ילדתני כִּי־פָנוּ אֵלַי עֹרֶף וְלֹא פָנִים וּבְעֵת רָעָתָם יֹאמְרוּ יְלִדְתָּנוּ

מסעי

במדבר

קוּמָה וְהוֹשִׁיעֵנוּ: וְאַיֵּה אֱלֹהֶיךָ אֲשֶׁר עָשִׂיתָ לָּךְ יָקוּמוּ אִם־יוֹשִׁיעוּךָ בְּעֵת כח
רָעָתֶךָ כִּי מִסְפַּר עָרֶיךָ הָיוּ אֱלֹהֶיךָ יְהוּדָה:

האשכנזים מוסיפים

הֲלוֹא מֵעַתָּה קָרָאתִי לִי אָבִי אַלּוּף נְעֻרַי אָתָּה: ד ג
קְרָאת

הספרדים מוסיפים

אִם־תָּשׁוּב יִשְׂרָאֵל ׀ נְאֻם־יְהוָה אֵלַי תָּשׁוּב וְאִם־תָּסִיר שִׁקּוּצֶיךָ מִפָּנַי א ד
וְלֹא תָנוּד: וְנִשְׁבַּעְתָּ חַי־יְהוָה בֶּאֱמֶת בְּמִשְׁפָּט וּבִצְדָקָה וְהִתְבָּרְכוּ בוֹ ב
גּוֹיִם וּבוֹ יִתְהַלָּלוּ:

בדברי התוכחה שמשמיע ישעיהו בשם ה', בולטים שני קווי מחשבה: אכזבה מהתנהלות העם לעומת ההשקעה הרבה של ה' בו, והבהרה שאין ה' חפץ בעבודת הקודש במקדש כאשר בו־זמנית מתנהלים חיים מלאי עוולה. החורבן באזורים שונים בארץ היה אמור לגרום לחשיבה מחודשת על ההתנהלות המעוותת, אבל המציאות המרה לא בלמה את הרוע. הנביא קרא לתיקון ולתשובה, שאם לא כן הריסוק המלא יגיע.

ישעיה לתימנים

חֲזוֹן יְשַׁעְיָהוּ בֶן־אָמוֹץ אֲשֶׁר חָזָה עַל־יְהוּדָה וִירוּשָׁלָ͏ִם בִּימֵי עֻזִּיָּהוּ א א
יוֹתָם אָחָז יְחִזְקִיָּהוּ מַלְכֵי יְהוּדָה: שִׁמְעוּ שָׁמַיִם וְהַאֲזִינִי אֶרֶץ כִּי יְהוָה ב
דִּבֵּר בָּנִים גִּדַּלְתִּי וְרוֹמַמְתִּי וְהֵם פָּשְׁעוּ בִי: יָדַע שׁוֹר קֹנֵהוּ וַחֲמוֹר אֵבוּס ג
בְּעָלָיו יִשְׂרָאֵל לֹא יָדַע עַמִּי לֹא הִתְבּוֹנָן: הוֹי ׀ גּוֹי חֹטֵא עַם כֶּבֶד עָוֺן ד
זֶרַע מְרֵעִים בָּנִים מַשְׁחִיתִים עָזְבוּ אֶת־יְהוָה נִאֲצוּ אֶת־קְדוֹשׁ יִשְׂרָאֵל ה
נָזֹרוּ אָחוֹר: עַל מֶה תֻכּוּ עוֹד תּוֹסִיפוּ סָרָה כָּל־רֹאשׁ לָחֳלִי וְכָל־לֵבָב דַּוָּי: ו
מִכַּף־רֶגֶל וְעַד־רֹאשׁ אֵין־בּוֹ מְתֹם פֶּצַע וְחַבּוּרָה וּמַכָּה טְרִיָּה לֹא־זֹרוּ וְלֹא
חֻבָּשׁוּ וְלֹא רֻכְּכָה בַּשָּׁמֶן: אַרְצְכֶם שְׁמָמָה עָרֵיכֶם שְׂרֻפוֹת אֵשׁ אַדְמַתְכֶם ז
לְנֶגְדְּכֶם זָרִים אֹכְלִים אֹתָהּ וּשְׁמָמָה כְּמַהְפֵּכַת זָרִים: וְנוֹתְרָה בַת־צִיּוֹן ח
כְּסֻכָּה בְכָרֶם כִּמְלוּנָה בְמִקְשָׁה כְּעִיר נְצוּרָה: לוּלֵי יְהוָה צְבָאוֹת הוֹתִיר ט
לָנוּ שָׂרִיד כִּמְעָט כִּסְדֹם הָיִינוּ לַעֲמֹרָה דָּמִינוּ: שִׁמְעוּ דְבַר־יְהוָה י
קְצִינֵי סְדֹם הַאֲזִינוּ תּוֹרַת אֱלֹהֵינוּ עַם עֲמֹרָה: לָמָּה לִּי רֹב־זִבְחֵיכֶם יֹאמַר יא
יְהוָה שָׂבַעְתִּי עֹלוֹת אֵילִים וְחֵלֶב מְרִיאִים וְדַם פָּרִים וּכְבָשִׂים וְעַתּוּדִים יב
לֹא חָפָצְתִּי: כִּי תָבֹאוּ לֵרָאוֹת פָּנָי מִי־בִקֵּשׁ זֹאת מִיֶּדְכֶם רְמֹס חֲצֵרָי: לֹא יג
תוֹסִיפוּ הָבִיא מִנְחַת־שָׁוְא קְטֹרֶת תּוֹעֵבָה הִיא לִי חֹדֶשׁ וְשַׁבָּת קְרֹא מִקְרָא
לֹא־אוּכַל אָוֶן וַעֲצָרָה: חָדְשֵׁיכֶם וּמוֹעֲדֵיכֶם שָׂנְאָה נַפְשִׁי הָיוּ עָלַי לָטֹרַח יד
נִלְאֵיתִי נְשֹׂא: וּבְפָרִשְׂכֶם כַּפֵּיכֶם אַעְלִים עֵינַי מִכֶּם גַּם כִּי־תַרְבּוּ תְפִלָּה אֵינֶנִּי טו
שֹׁמֵעַ יְדֵיכֶם דָּמִים מָלֵאוּ: רַחֲצוּ הִזַּכּוּ הָסִירוּ רֹעַ מַעַלְלֵיכֶם מִנֶּגֶד עֵינָי טז
חִדְלוּ הָרֵעַ: לִמְדוּ הֵיטֵב דִּרְשׁוּ מִשְׁפָּט אַשְּׁרוּ חָמוֹץ שִׁפְטוּ יָתוֹם רִיבוּ יז
אַלְמָנָה: לְכוּ־נָא וְנִוָּכְחָה יֹאמַר יְהוָה אִם־יִהְיוּ חֲטָאֵיכֶם כַּשָּׁנִים יח
כַּשֶּׁלֶג יַלְבִּינוּ אִם־יַאְדִּימוּ כַתּוֹלָע כַּצֶּמֶר יִהְיוּ: אִם־תֹּאבוּ וּשְׁמַעְתֶּם טוּב יט
הָאָרֶץ תֹּאכֵלוּ: וְאִם־תְּמָאֲנוּ וּמְרִיתֶם חֶרֶב תְּאֻכְּלוּ כִּי פִּי יְהוָה דִּבֵּר: כ

דברים

פרשת דברים

דברים

א אֵ֣לֶּה הַדְּבָרִ֗ים אֲשֶׁ֨ר דִּבֶּ֤ר מֹשֶׁה֙ אֶל־כָּל־יִשְׂרָאֵ֔ל בְּעֵ֖בֶר הַיַּרְדֵּ֑ן בַּמִּדְבָּ֡ר בָּֽעֲרָבָה֩ מ֨וֹל ס֜וּף בֵּֽין־פָּארָ֧ן וּבֵֽין־תֹּ֛פֶל וְלָבָ֥ן וַחֲצֵרֹ֖ת וְדִ֥י זָהָֽב: ב אַחַ֨ד עָשָׂ֥ר יוֹם֙ מֵֽחֹרֵ֔ב דֶּ֖רֶךְ הַר־שֵׂעִ֑יר עַ֖ד קָדֵ֥שׁ בַּרְנֵֽעַ: ג וַיְהִי֙ בְּאַרְבָּעִ֣ים שָׁנָ֔ה בְּעַשְׁתֵּֽי־עָשָׂ֥ר חֹ֖דֶשׁ בְּאֶחָ֣ד לַחֹ֑דֶשׁ דִּבֶּ֤ר מֹשֶׁה֙ אֶל־בְּנֵ֣י יִשְׂרָאֵ֔ל כְּ֠כֹל אֲשֶׁ֨ר צִוָּ֧ה יְהוָ֛ה אֹת֖וֹ אֲלֵהֶֽם: ד אַחֲרֵ֣י הַכֹּת֗וֹ אֵ֚ת סִיחֹן֙ מֶ֣לֶךְ הָֽאֱמֹרִ֔י אֲשֶׁ֥ר יוֹשֵׁ֖ב בְּחֶשְׁבּ֑וֹן וְאֵ֗ת ע֚וֹג מֶ֣לֶךְ הַבָּשָׁ֔ן אֲשֶׁר־יוֹשֵׁ֥ב בְּעַשְׁתָּרֹ֖ת בְּאֶדְרֶֽעִי: ה בְּעֵ֥בֶר הַיַּרְדֵּ֖ן בְּאֶ֣רֶץ מוֹאָ֑ב הוֹאִ֣יל מֹשֶׁ֔ה בֵּאֵ֛ר אֶת־הַתּוֹרָ֥ה הַזֹּ֖את לֵאמֹֽר: ו יְהוָ֧ה אֱלֹהֵ֛ינוּ דִּבֶּ֥ר

פרק א

א) **אֵלֶּה הַדְּבָרִים.** לְפִי שֶׁהֵן דִּבְרֵי תּוֹכָחוֹת, וּמָנָה כָּאן כָּל הַמְּקוֹמוֹת שֶׁהִכְעִיסוּ לִפְנֵי הַמָּקוֹם בָּהֶן, לְפִיכָךְ סָתַם אֶת הַדְּבָרִים וְהִזְכִּירָם בְּרֶמֶז, מִפְּנֵי כְּבוֹדָן שֶׁל יִשְׂרָאֵל: **אֶל כָּל יִשְׂרָאֵל.** אִלּוּ הוֹכִיחַ מִקְצָתָן, הָיוּ אֵלּוּ שֶׁבַּשּׁוּק אוֹמְרִים, אַתֶּם הֱיִיתֶם שׁוֹמְעִים מִבֶּן עַמְרָם וְלֹא הֲשִׁיבוֹתֶם דָּבָר, מִכָּךְ וְכָךְ, אִלּוּ הָיִינוּ שָׁם הָיִינוּ מְשִׁיבִין אוֹתוֹ; לְכָךְ כִּנְּסָם כֻּלָּם וְאָמַר לָהֶם: הֲרֵי כֻלְּכֶם כָּאן, כָּל מִי שֶׁיֵּשׁ לוֹ תְּשׁוּבָה יָשִׁיב: **בַּמִּדְבָּר.** לֹא בַּמִּדְבָּר הָיוּ אֶלָּא בְּעַרְבוֹת מוֹאָב, וּמַהוּ "בַּמִּדְבָּר"? אֶלָּא בִּשְׁבִיל מַה שֶּׁהִכְעִיסוּהוּ בַּמִּדְבָּר, שֶׁאָמְרוּ: "מִי יִתֵּן מוּתֵנוּ" וְגוֹ' (שמות ט"ז, ג'): **בָּעֲרָבָה.** בִּשְׁבִיל הָעֲרָבָה, שֶׁחָטְאוּ בְּבַעַל פְּעוֹר בַּשִּׁטִּים בְּעַרְבוֹת מוֹאָב: **מוֹל סוּף.** עַל מַה שֶּׁהִמְרוּ בְיַם סוּף, בְּבוֹאָם לְיַם סוּף, שֶׁאָמְרוּ: "הֲמִבְּלִי אֵין קְבָרִים בְּמִצְרַיִם" (שמות י"ד, י"א), וְכֵן בְּנָסְעָם מִתּוֹךְ הַיָּם, שֶׁנֶּאֱמַר: "וַיַּמְרוּ עַל יָם בְּיַם סוּף" (תהלים ק"ו, ז'), כִּדְאִיתָא בְּעַרָכִין (דף ט"ו): **בֵּין פָּארָן וּבֵין תֹּפֶל וְלָבָן.** אָמַר רַבִּי יוֹחָנָן, חָזַרְנוּ עַל כָּל הַמִּקְרָא וְלֹא מָצִינוּ מָקוֹם שֶׁשְּׁמוֹ תֹּפֶל וְלָבָן, אֶלָּא הוֹכִיחָן עַל הַדְּבָרִים שֶׁתָּפְלוּ עַל הַמָּן שֶׁהוּא לָבָן, שֶׁאָמְרוּ: "וְנַפְשֵׁנוּ קָצָה בַּלֶּחֶם

א א אִלֵּין פִּתְגָּמַיָּא, דְּמַלֵּיל מֹשֶׁה עִם כָּל יִשְׂרָאֵל, בְּעִבְרָא דְיַרְדְּנָא, אוֹכַח יָתְהוֹן עַל דְּחָבוּ בְמַדְבְּרָא, וְעַל דְּאַרְגִּיזוּ בְּמֵישְׁרָא לָקֳבֵיל יַם סוּף, בְּפָארָן אִתַּפָּלוּ עַל מַנָּא, וּבַחֲצֵרוֹת
ב אַרְגִּיזוּ עַל בִּסְרָא וְעַל דַּעֲבָדוּ עֵיגֶל דִּדְהַב: מַהֲלַךְ חַד עֲסַר יוֹמִין מֵחוֹרֵב, אוֹרַח טוּרָא
ג דְשֵׂעִיר, עַד רְקַם גֵּיאָה: וַהֲוָה בְּאַרְבְּעִין שְׁנִין, בְּחַד עֲסַר יַרְחִין בְּחַד לְיַרְחָא, מַלֵּיל מֹשֶׁה
ד עִם בְּנֵי יִשְׂרָאֵל, כְּכֹל, דְּפַקִּיד יְיָ יָתֵיהּ לְוָתְהוֹן: בָּתַר דִּמְחָא, יָת סִיחוֹן מַלְכָּא אֱמוֹרָאָה,
ה דְּיָתֵיב בְּחֶשְׁבּוֹן, וְיָת, עוֹג מַלְכָּא דְמַתְנָן, דְּיָתֵיב בְּעַשְׁתָּרוֹת בְּאֶדְרֶעִי: בְּעִבְרָא דְיַרְדְּנָא
ו בְּאַרְעָא דְמוֹאָב, שָׁרֵי מֹשֶׁה, פָּרֵישׁ, יָת אֻלְפַן אוֹרַיְתָא הָדָא לְמֵימַר: יְיָ אֱלָהֲנָא, מַלֵּיל

הַקִּלְקָל" (במדבר כה, ה). וְעַל מַה שֶּׁעָשׂוּ בַּמִּדְבָּר פָּחֲדוּ עַל יְדֵי הַמְרַגְּלִים: וַחֲצֵרוֹת. בְּמַחֲלָקְתּוֹ שֶׁל קֹרַח. דָּבָר אַחֵר, אָמַר לָהֶם: הָיָה לָכֶם לִלְמֹד מִמַּה שֶּׁעָשִׂיתִי לְמִרְיָם בַּחֲצֵרוֹת בִּשְׁבִיל לָשׁוֹן הָרָע, וְאַתֶּם נִדְבַּרְתֶּם בַּמָּקוֹם: וְדִי זָהָב. הוֹכִיחָן עַל הָעֵגֶל שֶׁעָשׂוּ בִּשְׁבִיל רֹב זָהָב שֶׁהָיָה לָהֶם, שֶׁנֶּאֱמַר: "וְכֶסֶף הִרְבֵּיתִי לָהּ וְזָהָב עָשׂוּ לַבָּעַל" (הושע ב, י):

ב) אַחַד עָשָׂר יוֹם מֵחֹרֵב. אָמַר לָהֶם מֹשֶׁה: רְאוּ מַה שֶׁגְּרַמְתֶּם, אֵין לָכֶם דֶּרֶךְ קְצָרָה מֵחוֹרֵב לְקָדֵשׁ בַּרְנֵעַ כְּדֶרֶךְ הַר שֵׂעִיר, וְאַף הִיא מַהֲלַךְ חַד עֲסַר יוֹם וְאַתֶּם הֲלַכְתֶּם אוֹתָהּ בִּשְׁלֹשָׁה יָמִים, שֶׁהֲרֵי בְּעֶשְׂרִים בְּאִיָּיר נָסְעוּ מֵחוֹרֵב, שֶׁנֶּאֱמַר: "וַיְהִי בַּשָּׁנָה הַשֵּׁנִית בַּחֹדֶשׁ הַשֵּׁנִי בְּעֶשְׂרִים בַּחֹדֶשׁ" וְגוֹ' (במדבר י, יא), וּבְעֶשְׂרִים וְתִשְׁעָה בְּסִיוָן שָׁלְחוּ אֶת הַמְרַגְּלִים מִקָּדֵשׁ בַּרְנֵעַ, צֵא מֵהֶם שְׁלֹשִׁים יוֹם שֶׁעָשׂוּ בְקִבְרוֹת הַתַּאֲוָה שֶׁאָכְלוּ הַבָּשָׂר חֹדֶשׁ יָמִים, וְשִׁבְעָה יָמִים שֶׁעָשׂוּ בַּחֲצֵרוֹת לְהַסְגֵּר שֶׁל מִרְיָם, נִמְצָא בִּשְׁלֹשָׁה יָמִים הָלְכוּ כָּל אוֹתוֹ הַדֶּרֶךְ, וְכָל כָּךְ הָיְתָה הַשְּׁכִינָה מִתְלַבֶּטֶת בִּשְׁבִילְכֶם לְמַהֵר בִּיאַתְכֶם לָאָרֶץ דֶּרֶךְ הַר שֵׂעִיר, וּבִשְׁבִיל שֶׁקִּלְקַלְתֶּם הֵסֵב אֶתְכֶם סְבִיבוֹת הַר שֵׂעִיר אַרְבָּעִים שָׁנָה:

ג) וַיְהִי בְּאַרְבָּעִים שָׁנָה בְּעַשְׁתֵּי עָשָׂר חֹדֶשׁ בְּאֶחָד לַחֹדֶשׁ. מְלַמֵּד שֶׁלֹּא הוֹכִיחָן אֶלָּא סָמוּךְ לְמִיתָה. מִמִּי לָמַד? מִיַּעֲקֹב, שֶׁלֹּא הוֹכִיחַ אֶת בָּנָיו אֶלָּא סָמוּךְ לְמִיתָה. אָמַר: רְאוּבֵן בְּנִי, אֲנִי אוֹמֵר לְךָ מִפְּנֵי מָה לֹא הוֹכַחְתִּיךָ כָּל הַשָּׁנִים הַלָּלוּ, כְּדֵי שֶׁלֹּא תַנִּיחֵנִי וְתֵלֵךְ וְתִדְבַּק בְּעֵשָׂו אָחִי. וּמִפְּנֵי אַרְבָּעָה דְבָרִים אֵין מוֹכִיחִין אֶת הָאָדָם

חֶלְאָ סָמוּךְ לַמִּיתָה: כְּדֵי שֶׁלֹּא יְהֵא מוֹכִיחוֹ וְחוֹזֵר וּמוֹכִיחוֹ, וְשֶׁלֹּא יְהֵא חֲבֵרוֹ רוֹאֵהוּ וּמִתְבַּיֵּשׁ מִמֶּנּוּ וְכוּ', כִּדְאִיתָא בְּסִפְרֵי (ב). וְכֵן יְהוֹשֻׁעַ לֹא הוֹכִיחַ אֶת יִשְׂרָאֵל אֶלָּא סָמוּךְ לְמִיתָה. וְכֵן שְׁמוּאֵל, שֶׁנֶּאֱמַר: "הִנְנִי עֲנוּ בִי" (שמואל א' יב, ג). וְכֵן דָּוִד אֶת שְׁלֹמֹה בְּנוֹ:

ד) אַחֲרֵי הַכֹּתוֹ. אָמַר מֹשֶׁה: אִם אֲנִי מוֹכִיחָם קֹדֶם שֶׁיִּכָּנְסוּ לִקְצָת הָאָרֶץ, יֹאמְרוּ: מַה לָּזֶה עָלֵינוּ, מַה הֵיטִיב לָנוּ, אֵינוֹ בָא אֶלָּא לְקַנְתֵּר וְלִמְצֹא עִלָּה, שֶׁאֵין בּוֹ כֹחַ לְהַכְנִיסֵנוּ לָאָרֶץ, לְפִיכָךְ הִמְתִּין עַד שֶׁהִפִּיל סִיחוֹן וְעוֹג לִפְנֵיהֶם וְהוֹרִישָׁם אֶת אַרְצָם, וְאַחַר כָּךְ הוֹכִיחָם: סִיחֹן... אֲשֶׁר יוֹשֵׁב בְּחֶשְׁבּוֹן. אִלּוּ לֹא הָיָה סִיחוֹן קָשֶׁה וְהָיָה שָׁרוּי בְּחֶשְׁבּוֹן, הָיָה קָשֶׁה, שֶׁהַמְּדִינָה קָשָׁה. וְאִלּוּ הָיְתָה עִיר אַחֶרֶת וְסִיחוֹן שָׁרוּי בְּתוֹכָהּ, הָיָה קָשֶׁה, שֶׁהַמֶּלֶךְ קָשֶׁה. עַל אַחַת כַּמָּה וְכַמָּה שֶׁהַמֶּלֶךְ קָשֶׁה וְהַמְּדִינָה קָשָׁה: אֲשֶׁר יוֹשֵׁב בְּעַשְׁתָּרֹת. הַמֶּלֶךְ קָשֶׁה וְהַמְּדִינָה קָשָׁה: עַשְׁתָּרֹת. הוּא לְשׁוֹן צוּקִין וְקֹשִׁי, כְּמוֹ: "עַשְׁתְּרֹת קַרְנַיִם" (בראשית יד, ה), וְעַשְׁתָּרֹת זֶה הוּא עַשְׁתְּרֹת קַרְנַיִם שֶׁהָיוּ שָׁם רְפָאִים שֶׁהִכָּה אַמְרָפֶל, שֶׁנֶּאֱמַר: "וַיַּכּוּ אֶת רְפָאִים בְּעַשְׁתְּרֹת קַרְנָיִם" (שם), וְעוֹג נִמְלַט מֵהֶם, וְהוּא שֶׁנֶּאֱמַר: "וַיָּבֹא הַפָּלִיט" (שם פסוק יג), וְאוֹמֵר: "כִּי רַק עוֹג מֶלֶךְ הַבָּשָׁן נִשְׁאַר מִיֶּתֶר הָרְפָאִים" (להלן ג, יא): בְּאֶדְרֶעִי. שֵׁם הַמַּלְכוּת:

ה) הוֹאִיל. הִתְחִיל, כְּמוֹ: "הִנֵּה נָא הוֹאַלְתִּי" (בראשית יח, כז): בֵּאֵר אֶת הַתּוֹרָה. בְּשִׁבְעִים לָשׁוֹן פֵּרְשָׁהּ לָהֶם:

אֵלֵינוּ בְּחֹרֵב לֵאמֹר רַב־לָכֶם שֶׁבֶת בָּהָר הַזֶּה׃
פְּנוּ ׀ וּסְעוּ לָכֶם וּבֹאוּ הַר הָאֱמֹרִי וְאֶל־כָּל־ ז
שְׁכֵנָיו בָּעֲרָבָה בָהָר וּבַשְּׁפֵלָה וּבַנֶּגֶב וּבְחוֹף
הַיָּם אֶרֶץ הַכְּנַעֲנִי וְהַלְּבָנוֹן עַד־הַנָּהָר הַגָּדֹל
נְהַר־פְּרָת׃ רְאֵה נָתַתִּי לִפְנֵיכֶם אֶת־הָאָרֶץ ח
בֹּאוּ וּרְשׁוּ אֶת־הָאָרֶץ אֲשֶׁר נִשְׁבַּע יְהוָה
לַאֲבֹתֵיכֶם לְאַבְרָהָם לְיִצְחָק וּלְיַעֲקֹב לָתֵת
לָהֶם וּלְזַרְעָם אַחֲרֵיהֶם׃ וָאֹמַר אֲלֵכֶם בָּעֵת ט
הַהִוא לֵאמֹר לֹא־אוּכַל לְבַדִּי שְׂאֵת אֶתְכֶם׃
יְהוָה אֱלֹהֵיכֶם הִרְבָּה אֶתְכֶם וְהִנְּכֶם הַיּוֹם י
כְּכוֹכְבֵי הַשָּׁמַיִם לָרֹב׃ יְהוָה אֱלֹהֵי אֲבוֹתֵכֶם יא שני
יֹסֵף עֲלֵיכֶם כָּכֶם אֶלֶף פְּעָמִים וִיבָרֵךְ אֶתְכֶם
כַּאֲשֶׁר דִּבֶּר לָכֶם׃ אֵיכָה אֶשָּׂא לְבַדִּי טָרְחֲכֶם יב
וּמַשַּׂאֲכֶם וְרִיבְכֶם׃ הָבוּ לָכֶם אֲנָשִׁים חֲכָמִים יג
וּנְבֹנִים וִידֻעִים לְשִׁבְטֵיכֶם וַאֲשִׂימֵם בְּרָאשֵׁיכֶם׃

ו) רַב לָכֶם שֶׁבֶת. כִּפְשׁוּטוֹ. וְיֵשׁ מִדְרָשׁ אַגָּדָה: הַרְבֵּה גְדֻלָּה לָכֶם וְשָׂכָר עַל יְשִׁיבַתְכֶם בָּהָר הַזֶּה, עֲשִׂיתֶם מִשְׁכָּן מְנוֹרָה וְכֵלִים, קִבַּלְתֶּם תּוֹרָה, מִנִּיתֶם לָכֶם סַנְהֶדְרִין שָׂרֵי אֲלָפִים וְשָׂרֵי מֵאוֹת:

ז) פְּנוּ וּסְעוּ לָכֶם. זוֹ דֶּרֶךְ עֲרָד וְחָרְמָה: וּבֹאוּ הַר הָאֱמֹרִי. כְּמַשְׁמָעוֹ: וְאֶל כָּל שְׁכֵנָיו. עַמּוֹן וּמוֹאָב וְהַר שֵׂעִיר: בָּעֲרָבָה. זֶה מִישׁוֹר שֶׁל יַעַר: בָּהָר. זֶה הַר הַמֶּלֶךְ: וּבַשְּׁפֵלָה. זוֹ שְׁפֵלַת דָּרוֹם: וּבַנֶּגֶב וּבְחוֹף הַיָּם. אַשְׁקְלוֹן וְעַזָּה וְקֵסָרִי וְכוּ', כִּדְאִיתָא בְּסִפְרֵי (ו): עַד הַנָּהָר הַגָּדֹל. מִפְּנֵי שֶׁנִּזְכַּר עִם אֶרֶץ יִשְׂרָאֵל קוֹרְאֵהוּ גָּדוֹל, מְשַׁל הֶדְיוֹט אוֹמֵר: עֶבֶד מֶלֶךְ מֶלֶךְ, הִדָּבֵק לְשַׁחוּר וְיִשְׁתַּחֲווּ לְךָ, קְרַב לְגַבֵּי דְהִינָא וְאִידְהַן:

ח) רְאֵה נָתַתִּי. בְּעֵינֵיכֶם אַתֶּם רוֹאִים, אֵינִי אוֹמֵר לָכֶם מֵאֹמֶד וּמִשְּׁמוּעָה: בֹּאוּ וּרְשׁוּ. אֵין מְעַרְעֵר בַּדָּבָר וְאֵינְכֶם צְרִיכִים לְמִלְחָמָה, אִלּוּ לֹא שָׁלְחוּ מְרַגְּלִים לֹא הָיוּ צְרִיכִים לִכְלֵי זַיִן: לַאֲבֹתֵיכֶם.

ז עִמַּנָא בְּחוֹרֵב לְמֵימַר, סַגִּי לְכוֹן דִּיתֵיבְתּוּן בְּטוּרָא הָדֵין: אִתְפְּנוֹ וְטוּלוּ לְכוֹן, וְעוּלוּ לְטוּרָא
דֶּאֱמוֹרָאָה וּלְכָל מְגִירוֹהִי, בְּמֵישְׁרָא בְּטוּרָא, וּבְשְׁפֵילְתָּא וּבְדָרוֹמָא וּבִסְפַר יַמָּא, אֲרַע כְּנַעֲנָאָה
ח וְלִבְנָן, עַד נַהֲרָא רַבָּא נַהֲרָא פְרָת: חֲזוֹ, דִּיהַבִית קֳדָמֵיכוֹן יָת אַרְעָא, עוּלוּ וְאַחְסִינוּ יָת אַרְעָא,
ט דְּקַיֵּים יְיָ, לַאֲבָהָתְכוֹן, לְאַבְרָהָם לְיִצְחָק וּלְיַעֲקֹב לְמִתַּן לְהוֹן, וְלִבְנֵיהוֹן בָּתְרֵיהוֹן: וַאֲמַרִית
י לְכוֹן, בְּעִדָּנָא הַהוּא לְמֵימַר, לֵית אֲנָא יָכֵיל בִּלְחוֹדַי לְסוֹבָרָא יָתְכוֹן: יְיָ אֱלָהֲכוֹן אַסְגִּי יָתְכוֹן,
יא וְהָא אִיתֵיכוֹן יוֹמָא דֵין, כְּכוֹכְבֵי שְׁמַיָּא לְסַגֵּי: יְיָ אֱלָהָא דַּאֲבָהָתְכוֹן, יוֹסֵיף עֲלֵיכוֹן, כְּוָתְכוֹן
יב אֲלַף זִמְנִין, וִיבָרֵיךְ יָתְכוֹן, כְּמָא דְּמַלֵּיל לְכוֹן: אֵיכְדֵין אֲסוֹבַר בִּלְחוֹדַי, טָרְחֵיכוֹן וְעִסְקֵיכוֹן
יג וְדִינְכוֹן: הַבוּ לְכוֹן, גֻּבְרִין חַכִּימִין וְסָכְלְתָנִין, וּמַדְעַן לְשִׁבְטֵיכוֹן, וַאֲמַנֵּינוּן רֵישִׁין עֲלֵיכוֹן:

לָמָּה הִזְכִּיר שׁוּב "לְאַבְרָהָם לְיִצְחָק וּלְיַעֲקֹב"? אֶלָּא אַבְרָהָם כְּדַאי לְעַצְמוֹ, יִצְחָק כְּדַאי לְעַצְמוֹ, יַעֲקֹב כְּדַאי לְעַצְמוֹ:

ט| **וָאֹמַר אֲלֵכֶם בָּעֵת הַהִוא לֵאמֹר.** מַהוּ 'לֵאמֹר'? אָמַר לָהֶם מֹשֶׁה: לֹא מֵעַצְמִי אֲנִי אוֹמֵר לָכֶם אֶלָּא מִפִּי הַקָּדוֹשׁ בָּרוּךְ הוּא: **לֹא אוּכַל לְבַדִּי וְגוֹ'.** אֶפְשָׁר שֶׁלֹּא הָיָה מֹשֶׁה יָכוֹל לָדוּן אֶת יִשְׂרָאֵל? אָדָם שֶׁהוֹצִיאָם מִמִּצְרַיִם, וְקָרַע לָהֶם אֶת הַיָּם, וְהוֹרִיד אֶת הַמָּן, וְהֵגִיז אֶת הַשְּׂלָו, לֹא הָיָה יָכוֹל לְדוּנָם? אֶלָּא כָּךְ אָמַר לָהֶם: "ה' אֱלֹהֵיכֶם הִרְבָּה אֶתְכֶם" (להלן פסוק י) – הִגְדִּיל וְהֵרִים אֶתְכֶם עַל דַּיָּנֵיכֶם, נָטַל אֶת הָעֹנֶשׁ מִכֶּם וּנְתָנוֹ עַל הַדַּיָּנִים. וְכֵן אָמַר שְׁלֹמֹה: "כִּי מִי יוּכַל לִשְׁפֹּט אֶת עַמְּךָ הַכָּבֵד הַזֶּה" (מלכים א' ג, ט), אֶפְשָׁר מִי שֶׁכָּתוּב בּוֹ: "וַיֶּחְכַּם מִכָּל הָאָדָם" (שם ה, יא) אוֹמֵר: "מִי יוּכַל לִשְׁפֹּט"? אֶלָּא כָּךְ אָמַר שְׁלֹמֹה: אֵין דַּיָּנֵי אֻמָּה זוֹ כְּדַיָּנֵי שְׁאָר הָאֻמּוֹת, שֶׁאִם דָּן וְהוֹרֵג וּמַכֶּה וְחוֹנֵק וּמַטֶּה אֶת דִּינוֹ וְגוֹזֵל אֵין בְּכָךְ כְּלוּם, אֲנִי אִם חִיַּבְתִּי מָמוֹן שֶׁלֹּא כַּדִּין, נְפָשׁוֹת אֲנִי נִתְבָּע, שֶׁנֶּאֱמַר: "וְקָבַע אֶת קֹבְעֵיהֶם נָפֶשׁ" (משלי כב, כג):

י| **וְהִנְּכֶם הַיּוֹם כְּכוֹכְבֵי הַשָּׁמַיִם.** וְכִי כְּכוֹכְבֵי הַשָּׁמַיִם הָיוּ בְּאוֹתוֹ הַיּוֹם? וַהֲלֹא לֹא הָיוּ אֶלָּא שִׁשִּׁים רִבּוֹא, מַהוּ "וְהִנְּכֶם הַיּוֹם"? הִנְּכֶם מְשׁוּלִים כַּיּוֹם, קַיָּמִים לְעוֹלָם כַּחַמָּה וְכַלְּבָנָה וְכַכּוֹכָבִים:

יא| **יֹסֵף עֲלֵיכֶם כָּכֶם אֶלֶף פְּעָמִים.** מַהוּ שׁוּב "וִיבָרֵךְ אֶתְכֶם כַּאֲשֶׁר דִּבֶּר לָכֶם"? אֶלָּא אָמְרוּ לוֹ: מֹשֶׁה, אַתָּה נוֹתֵן קִצְבָה לְבִרְכוֹתֵינוּ, כְּבָר הִבְטִיחַ הַקָּדוֹשׁ בָּרוּךְ הוּא אֶת אַבְרָהָם: "אֲשֶׁר אִם יוּכַל אִישׁ לִמְנוֹת" וְגוֹ' (בראשית יג, טז). אָמַר לָהֶם: זוֹ מִשֶּׁלִּי הִיא, אֲבָל הוּא "יְבָרֵךְ אֶתְכֶם כַּאֲשֶׁר דִּבֶּר לָכֶם":

יב| **אֵיכָה אֶשָּׂא לְבַדִּי.** אִם אֹמַר לְקַבֵּל שָׂכָר, לֹא אוּכַל, זוֹ הִיא שֶׁאָמַרְתִּי לָכֶם: לֹא מֵעַצְמִי אֲנִי אוֹמֵר לָכֶם אֶלָּא מִפִּי הַקָּדוֹשׁ בָּרוּךְ הוּא: **טָרְחֲכֶם.** מְלַמֵּד שֶׁהָיוּ יִשְׂרָאֵל טַרְחָנִין, הָיָה אֶחָד מֵהֶם רוֹאֶה אֶת בַּעַל דִּינוֹ נוֹצֵחַ בַּדִּין, אוֹמֵר: יֵשׁ לִי עֵדִים לְהָבִיא, יֵשׁ לִי רְאָיוֹת לְהָבִיא, מוֹסִיף אֲנִי עֲלֵיכֶם דַּיָּנִין: **וּמַשַּׂאֲכֶם.** מְלַמֵּד שֶׁהָיוּ אֶפִּיקוֹרְסִין. הִקְדִּים מֹשֶׁה לָצֵאת, אָמְרוּ: מָה רָאָה בֶּן עַמְרָם לָצֵאת? שֶׁמָּא אֵינוֹ שָׁפוּי בְּתוֹךְ בֵּיתוֹ. אִחֵר לָצֵאת, אָמְרוּ: מָה רָאָה בֶּן עַמְרָם שֶׁלֹּא לָצֵאת? מָה אַתֶּם סְבוּרִים, יוֹשֵׁב וְיוֹעֵץ עֲלֵיכֶם עֵצוֹת רָעוֹת וְחוֹשֵׁב עֲלֵיכֶם מַחֲשָׁבוֹת: **וְרִיבְכֶם.** מְלַמֵּד שֶׁהָיוּ רוֹגְנִים:

יג| **הָבוּ לָכֶם.** הַזְמִינוּ עַצְמְכֶם לַדָּבָר: **אֲנָשִׁים.** וְכִי תַעֲלֶה עַל דַּעְתְּךָ נָשִׁים? מַה תַּלְמוּד לוֹמַר: אֲנָשִׁים? צַדִּיקִים, חֲכָמִים, כְּסוּפִים: **וּנְבֹנִים.** מְבִינִים דָּבָר מִתּוֹךְ דָּבָר. זֶהוּ שֶׁשָּׁאַל אַרְיוֹס אֶת רַבִּי יוֹסֵי: מַה בֵּין חֲכָמִים לִנְבוֹנִים? חָכָם דּוֹמֶה לְשֻׁלְחָנִי עָשִׁיר, כְּשֶׁמְּבִיאִין לוֹ דִּינָרִין לִרְאוֹת רוֹאֶה, וּכְשֶׁאֵין מְבִיאִין לוֹ יוֹשֵׁב וְתוֹהֵא. נָבוֹן דּוֹמֶה לְשֻׁלְחָנִי תַּגָּר, כְּשֶׁמְּבִיאִין לוֹ מָעוֹת לִרְאוֹת רוֹאֶה, וּכְשֶׁאֵין מְבִיאִין לוֹ הוּא מְחַזֵּר וּמֵבִיא מִשֶּׁלּוֹ: **וִידֻעִים לְשִׁבְטֵיכֶם.** שֶׁהֵם נִכָּרִים לָכֶם, שֶׁאִם בָּא לְפָנַי מְעֻטָּף בְּטַלִּיתוֹ אֵינִי יוֹדֵעַ מִי הוּא וּמֵאֵיזֶה שֵׁבֶט הוּא וְאִם הָגוּן הוּא, אֲבָל אַתֶּם מַכִּירִין בּוֹ, שֶׁאַתֶּם גִּדַּלְתֶּם אוֹתוֹ, לְכָךְ נֶאֱמַר: "וִידֻעִים לְשִׁבְטֵיכֶם": **בְּרָאשֵׁיכֶם.** רָאשִׁים וּמְכֻבָּדִים עֲלֵיכֶם, שֶׁתִּהְיוּ נוֹהֲגִין בָּהֶם כָּבוֹד וְיִרְאָה: **וַאֲשִׂמֵם.** חָסֵר יוּ"ד, לָמֵד שֶׁאַשְׁמוֹתֵיהֶם שֶׁל יִשְׂרָאֵל תְּלוּיוֹת בְּרָאשֵׁי דַּיָּנֵיהֶם, שֶׁהָיָה לָהֶם לִמְחוֹת וּלְכַוֵּן אוֹתָם לַדֶּרֶךְ הַיְשָׁרָה:

יד וַתַּעֲנוּ אֹתִי וַתֹּאמְרוּ טוֹב־הַדָּבָר אֲשֶׁר־דִּבַּרְתָּ
טו לַעֲשׂוֹת׃ וָאֶקַּח אֶת־רָאשֵׁי שִׁבְטֵיכֶם אֲנָשִׁים
חֲכָמִים וִידֻעִים וָאֶתֵּן אוֹתָם רָאשִׁים עֲלֵיכֶם שָׂרֵי
אֲלָפִים וְשָׂרֵי מֵאוֹת וְשָׂרֵי חֲמִשִּׁים וְשָׂרֵי עֲשָׂרֹת
טז וְשֹׁטְרִים לְשִׁבְטֵיכֶם׃ וָאֲצַוֶּה אֶת־שֹׁפְטֵיכֶם בָּעֵת
הַהִוא לֵאמֹר שָׁמֹעַ בֵּין־אֲחֵיכֶם וּשְׁפַטְתֶּם צֶדֶק
יז בֵּין־אִישׁ וּבֵין־אָחִיו וּבֵין גֵּרוֹ׃ לֹא־תַכִּירוּ פָנִים
בַּמִּשְׁפָּט כַּקָּטֹן כַּגָּדֹל תִּשְׁמָעוּן לֹא תָגוּרוּ מִפְּנֵי־
אִישׁ כִּי הַמִּשְׁפָּט לֵאלֹהִים הוּא וְהַדָּבָר אֲשֶׁר
יח יִקְשֶׁה מִכֶּם תַּקְרִבוּן אֵלַי וּשְׁמַעְתִּיו׃ וָאֲצַוֶּה
אֶתְכֶם בָּעֵת הַהִוא אֵת כָּל־הַדְּבָרִים אֲשֶׁר
יט תַּעֲשׂוּן׃ וַנִּסַּע מֵחֹרֵב וַנֵּלֶךְ אֵת כָּל־הַמִּדְבָּר
הַגָּדוֹל וְהַנּוֹרָא הַהוּא אֲשֶׁר רְאִיתֶם דֶּרֶךְ הַר
הָאֱמֹרִי כַּאֲשֶׁר צִוָּה יְהוָה אֱלֹהֵינוּ אֹתָנוּ וַנָּבֹא
כ עַד קָדֵשׁ בַּרְנֵעַ׃ וָאֹמַר אֲלֵכֶם בָּאתֶם עַד־הַר
כא הָאֱמֹרִי אֲשֶׁר־יְהוָה אֱלֹהֵינוּ נֹתֵן לָנוּ׃ רְאֵה נָתַן
יְהוָה אֱלֹהֶיךָ לְפָנֶיךָ אֶת־הָאָרֶץ עֲלֵה רֵשׁ כַּאֲשֶׁר
דִּבֶּר יְהוָה אֱלֹהֵי אֲבֹתֶיךָ לָךְ אַל־תִּירָא וְאַל־

מצווה תיד
איסור מינוי דיין שאינו בקי בדיני התורה

מצווה תטו
איסור לדיין שיירא בדין מכל אדם

יד וַתַּעֲנוּ אֹתִי וְגוֹ׳. חֲלַטְתֶּם אֶת הַדָּבָר לַהֲנָאַתְכֶם, הָיָה לָכֶם לְהָשִׁיב: רַבֵּנוּ מֹשֶׁה, מִמִּי נָאֶה לִלְמֹד, מִמְּךָ אוֹ מִתַּלְמִידְךָ? לֹא מִמְּךָ שֶׁנִּצְטַעַרְתָּ עָלֶיהָ? אֶלָּא יָדַעְתִּי מַחְשְׁבוֹתֵיכֶם, הֱיִיתֶם אוֹמְרִים: עַכְשָׁיו

יד טו וְאָתֵיבְתּוּן יָתִי, וַאֲמַרְתּוּן, תָּקִין פִּתְגָמָא דְּמַלֵּילְתָּא לְמֶעְבַּד: וּדְבָרִית יָת רֵישֵׁי שִׁבְטֵיכוֹן,
גֻּבְרִין חַכִּימִין וּמַדְעָן, וּמַנֵּיתִי יָתְהוֹן, רֵישִׁין עֲלֵיכוֹן, רַבָּנֵי אַלְפֵי וְרַבָּנֵי מָאוָתָא, וְרַבָּנֵי חַמְשִׁין
טז וְרַבָּנֵי עֲסוֹרְיָתָא, וְסָרְכִין לְשִׁבְטֵיכוֹן: וּפַקֵּידִית יָת דַּיָּנֵיכוֹן, בְּעִדָּנָא הַהוּא לְמֵימַר, שְׁמַעוּ
יז בֵּין אֲחֵיכוֹן וּתְדִינוּן קֻשְׁטָא, בֵּין גֻּבְרָא וּבֵין אֲחוּהִי וּבֵין גִּיּוֹרֵיהּ: לָא תִשְׁתְּמוֹדְעוּן אַפֵּי
בְּדִינָא, מִלֵּי זְעֵירָא כְּרַבָּא תִּשְׁמְעוּן, לָא תִדְחֲלוּן מִן קֳדָם גֻּבְרָא, אֲרֵי דִינָא דַּייָ הוּא,
יח וּפִתְגָמָא דְּיִקְשֵׁי מִנְּכוֹן, תְּקָרְבוּן לְוָתִי וְאֶשְׁמְעִנֵּיהּ: וּפַקֵּידִית יָתְכוֹן בְּעִדָּנָא הַהוּא, יָת כָּל
יט פִּתְגָמַיָּא דְּתַעְבְּדוּן: וּנְטַלְנָא מֵחוֹרֵב, וְהַלֵּיכְנָא, יָת כָּל מַדְבְּרָא רַבָּא וּדְחִילָא הַהוּא
דַּחֲזֵיתוּן, אוֹרַח טוּרָא דֶּאֱמוֹרָאָה, כְּמָא דְּפַקֵּיד, יְיָ אֱלָהָנָא יָתָנָא, וַאֲתֵינָא, עַד רְקַם גֵּיאָה:
כ כא וַאֲמַרִית לְכוֹן, אֲתֵיתוּן עַד טוּרָא דֶּאֱמוֹרָאָה, דַּייָ אֱלָהָנָא יָהֵיב לַנָא: חֲזִי, דִּיהַב יְיָ אֱלָהָךְ,
קֳדָמָךְ יָת אַרְעָא, סַק אַחְסִין, כְּמָא דְּמַלֵּיל יְיָ, אֱלָהָא דַּאֲבָהָתָךְ לָךְ, לָא תִדְחַל וְלָא

יִתְמַנּוּ עָלֵינוּ דַּיָּנִין הַרְבֵּה, אִם אֵין מַכִּירֵנוּ, אָנוּ מְבִיאִין לוֹ דּוֹרוֹן וְהוּא נוֹשֵׂא לָנוּ פָּנִים: לַעֲשׂוֹת. אִם הָיִיתִי מִתְעַצֵּל, אַתֶּם אוֹמְרִים עֲשֵׂה מְהֵרָה:

טו) **וָאֶקַּח אֶת רָאשֵׁי שִׁבְטֵיכֶם.** מְשַׁכְתִּים בִּדְבָרִים: אַשְׁרֵיכֶם, עַל מִי בָּאתֶם לְהִתְמַנּוֹת, עַל בְּנֵי אַבְרָהָם יִצְחָק וְיַעֲקֹב, עַל בְּנֵי אָדָם שֶׁנִּקְרְאוּ אַחִים וְרֵעִים, חֵלֶק וְנַחֲלָה, וְכָל לְשׁוֹן חִבָּה: **אֲנָשִׁים חֲכָמִים וִידֻעִים.** אֲבָל נְבוֹנִים לֹא מָצָאתִי. זוֹ אַחַת מִשֶּׁבַע מִדּוֹת שֶׁאָמַר יִתְרוֹ לְמֹשֶׁה, וְלֹא מָצָא אֶלָּא שָׁלֹשׁ: אֲנָשִׁים צַדִּיקִים, חֲכָמִים וִידֻעִים: **רָאשִׁים עֲלֵיכֶם.** שֶׁתִּנְהֲגוּ בָּהֶם כָּבוֹד, רָאשִׁים בְּמִקָּח, רָאשִׁים בְּמִמְכָּר, רָאשִׁים בְּמַשָּׂא וּמַתָּן, נִכְנָס אַחֲרוֹן וְיוֹצֵא רִאשׁוֹן: **שָׂרֵי אֲלָפִים.** אֶחָד מְמֻנֶּה עַל אֶלֶף: **שָׂרֵי מֵאוֹת.** אֶחָד מְמֻנֶּה עַל מֵאָה: **וְשֹׁטְרִים.** מִנִּיתִי עֲלֵיכֶם "לְשִׁבְטֵיכֶם", אֵלּוּ הַכּוֹפְתִין וְהַמַּכִּין בִּרְצוּעָה עַל פִּי הַדַּיָּנִין:

טז) **וָאֲצַוֶּה אֶת שֹׁפְטֵיכֶם.** אָמַרְתִּי לָהֶם: הֱווּ מְתוּנִים בַּדִּין, אִם בָּא דִּין לְפָנֶיךָ פַּעַם אַחַת וּשְׁתַּיִם וְשָׁלֹשׁ, אַל תֹּאמַר: כְּבָר בָּא דִּין זֶה לְפָנַי פְּעָמִים הַרְבֵּה, אֶלָּא הֱיוּ נוֹשְׂאִים וְנוֹתְנִים בּוֹ: **בָּעֵת הַהִוא.** מִשֶּׁמִּנִּיתִים אָמַרְתִּי לָהֶם: אֵין עַכְשָׁיו כְּלְשֶׁעָבַר, לְשֶׁעָבַר הֱיִיתֶם בִּרְשׁוּת עַצְמְכֶם, עַכְשָׁיו הֲרֵי אַתֶּם מְשֻׁעְבָּדִים לַצִּבּוּר: **שָׁמֹעַ.** לְשׁוֹן הֹוֶה, אודנ"ט בְּלַעַז, כְּמוֹ 'זָכוֹר' וְ'שָׁמוֹר': **וּבֵין גֵּרוֹ.** זֶה בַּעַל דִּינוֹ שֶׁאוֹגֵר עָלָיו דְּבָרִים. דָּבָר אַחֵר, "וּבֵין גֵּרוֹ", אַף עַל עִסְקֵי דִּירָה, בֵּין חֲלֻקַּת אַחִים, אֲפִלּוּ בֵּין תַּנּוּר לְכִירַיִם:

יז) **לֹא תַכִּירוּ פָנִים בַּמִּשְׁפָּט.** זֶה הַמְמֻנֶּה לְהוֹשִׁיב הַדַּיָּנִים, שֶׁלֹּא יֹאמַר: אִישׁ פְּלוֹנִי נָאֶה אוֹ גִּבּוֹר, אוֹשִׁיבֶנּוּ דַּיָּן, אִישׁ פְּלוֹנִי קְרוֹבִי, אוֹשִׁיבֶנּוּ דַּיָּן בָּעִיר, וְהוּא אֵינוֹ בָּקִי בְּדִינִין, נִמְצָא מְחַיֵּב אֶת הַזַּכַּאי וּמְזַכֶּה אֶת הַחַיָּב, מַעֲלֶה אֲנִי עַל מִי שֶׁמִּנָּהוּ כְּאִלּוּ הִכִּיר פָּנִים בַּדִּין: **כַּקָּטֹן כַּגָּדֹל תִּשְׁמָעוּן.** שֶׁיְּהֵא חָבִיב עָלֶיךָ דִּין שֶׁל פְּרוּטָה כְּדִין שֶׁל מֵאָה מָנֶה, שֶׁאִם קָדַם וּבָא לְפָנֶיךָ לֹא תְּסַלְּקֶנּוּ לָאַחֲרוֹנָה. דָּבָר אַחֵר, "כַּקָּטֹן כַּגָּדֹל תִּשְׁמָעוּן", כְּתַרְגּוּמוֹ, שֶׁלֹּא תֹּאמַר: זֶה עָנִי הוּא וַחֲבֵרוֹ עָשִׁיר וּמִצְוָה לְפַרְנְסוֹ, אֲזַכֶּה אֶת הֶעָנִי וְנִמְצָא מִתְפַּרְנֵס בִּנְקִיּוּת. דָּבָר אַחֵר, שֶׁלֹּא תֹּאמַר: הֵיאַךְ אֲנִי פּוֹגֵם בִּכְבוֹדוֹ שֶׁל עָשִׁיר זֶה בִּשְׁבִיל דִּינָר, אֲזַכֶּנּוּ עַכְשָׁיו, וּכְשֶׁיֵּצֵא לַחוּץ, אֹמַר לוֹ: תֵּן לוֹ, שֶׁאַתָּה חַיָּב לוֹ: **לֹא תָגוּרוּ מִפְּנֵי אִישׁ.** לֹא תִירְאוּ. דָּבָר אַחֵר, "לֹא תָגוּרוּ", לֹא תַכְנִיס דְּבָרֶיךָ מִפְּנֵי אִישׁ, לְשׁוֹן: "אֹגֵר בַּקַּיִץ" (משלי י, ה): **כִּי הַמִּשְׁפָּט לֵאלֹהִים הוּא.** מַה שֶּׁאַתָּה נוֹטֵל מִזֶּה שֶׁלֹּא כַּדִּין אַתָּה מַזְקִיקֵנִי לְהַחֲזִיר לוֹ, נִמְצָא שֶׁהִטִּיתָ עָלַי הַמִּשְׁפָּט: **תַּקְרִבוּן אֵלָי.** עַל דָּבָר זֶה נִסְתַּלֵּק מִמֶּנּוּ מִשְׁפַּט בְּנוֹת צְלָפְחָד. וְכֵן שְׁמוּאֵל אָמַר לְשָׁאוּל: "אָנֹכִי הָרֹאֶה" (שמואל א' ט, יט), אָמַר לוֹ הַקָּדוֹשׁ בָּרוּךְ הוּא: חַיֶּיךָ שֶׁאֲנִי מוֹדִיעֲךָ שֶׁאֵין אַתָּה רוֹאֶה. וְאֵימָתַי הוֹדִיעוֹ? כְּשֶׁבָּא לִמְשֹׁחַ אֶת דָּוִד: "וַיַּרְא אֶת אֱלִיאָב וַיֹּאמֶר אַךְ נֶגֶד ה' מְשִׁיחוֹ" (שמואל א' טז, ו), אָמַר לוֹ הַקָּדוֹשׁ בָּרוּךְ הוּא: וְלֹא אָמַרְתָּ: "אָנֹכִי הָרֹאֶה"? "אַל תַּבֵּט אֶל מַרְאֵהוּ" (שם פסוק ז):

יח) **אֵת כָּל הַדְּבָרִים אֲשֶׁר תַּעֲשׂוּן.** אֵלּוּ עֲשֶׂרֶת הַדְּבָרִים שֶׁבֵּין דִּינֵי מָמוֹנוֹת לְדִינֵי נְפָשׁוֹת:

יט) **הַמִּדְבָּר הַגָּדוֹל וְהַנּוֹרָא.** שֶׁהָיוּ בּוֹ נְחָשִׁים כְּקוֹרוֹת וְעַקְרַבִּים כִּקְשָׁתוֹת:

דברים

שלישי

כב תֵּחָת: וַתִּקְרְב֣וּן אֵלַי֮ כֻּלְּכֶם֒ וַתֹּאמְר֗וּ נִשְׁלְחָ֤ה אֲנָשִׁים֙ לְפָנֵ֔ינוּ וְיַחְפְּרוּ־לָ֖נוּ אֶת־הָאָ֑רֶץ וְיָשִׁ֤בוּ אֹתָ֙נוּ֙ דָּבָ֔ר אֶת־הַדֶּ֙רֶךְ֙ אֲשֶׁ֣ר נַעֲלֶה־בָּ֔הּ וְאֵת֙ כג הֶֽעָרִ֔ים אֲשֶׁ֥ר נָבֹ֖א אֲלֵיהֶֽן: וַיִּיטַ֥ב בְּעֵינַ֖י הַדָּבָ֑ר וָאֶקַּ֤ח מִכֶּם֙ שְׁנֵ֣ים עָשָׂ֣ר אֲנָשִׁ֔ים אִ֥ישׁ אֶחָ֖ד כד לַשָּֽׁבֶט: וַיִּפְנוּ֙ וַיַּעֲל֣וּ הָהָ֔רָה וַיָּבֹ֖אוּ עַד־נַ֣חַל כה אֶשְׁכֹּ֑ל וַיְרַגְּל֖וּ אֹתָֽהּ: וַיִּקְח֤וּ בְיָדָם֙ מִפְּרִ֣י הָאָ֔רֶץ וַיּוֹרִ֖דוּ אֵלֵ֑ינוּ וַיָּשִׁ֨בוּ אֹתָ֤נוּ דָבָר֙ וַיֹּ֣אמְר֔וּ טוֹבָ֣ה כו הָאָ֔רֶץ אֲשֶׁר־יְהוָ֥ה אֱלֹהֵ֖ינוּ נֹתֵ֥ן לָֽנוּ: וְלֹ֥א אֲבִיתֶ֖ם לַעֲלֹ֑ת וַתַּמְר֕וּ אֶת־פִּ֖י יְהוָ֥ה אֱלֹהֵיכֶֽם: כז וַתֵּרָגְנ֤וּ בְאָהֳלֵיכֶם֙ וַתֹּ֣אמְר֔וּ בְּשִׂנְאַ֤ת יְהוָה֙ אֹתָ֔נוּ הוֹצִיאָ֖נוּ מֵאֶ֣רֶץ מִצְרָ֑יִם לָתֵ֥ת אֹתָ֛נוּ בְּיַ֥ד כח הָאֱמֹרִ֖י לְהַשְׁמִידֵֽנוּ: אָנָ֣ה ׀ אֲנַ֣חְנוּ עֹלִ֗ים אַחֵ֩ינוּ֩ הֵמַ֨סּוּ אֶת־לְבָבֵ֜נוּ לֵאמֹ֗ר עַ֣ם גָּד֤וֹל וָרָם֙ מִמֶּ֔נּוּ עָרִ֛ים גְּדֹלֹ֥ת וּבְצוּרֹ֖ת בַּשָּׁמָ֑יִם וְגַם־בְּנֵ֥י עֲנָקִ֖ים כט רָאִ֥ינוּ שָֽׁם: וָאֹמַ֖ר אֲלֵכֶ֑ם לֹא־תַעַרְצ֥וּן וְלֹֽא־ ל תִֽירְא֖וּן מֵהֶֽם: יְהוָ֤ה אֱלֹֽהֵיכֶם֙ הַהֹלֵ֣ךְ לִפְנֵיכֶ֔ם ה֖וּא יִלָּחֵ֣ם לָכֶ֑ם כְּ֠כֹל אֲשֶׁ֨ר עָשָׂ֧ה אִתְּכֶ֛ם לא בְּמִצְרַ֖יִם לְעֵינֵיכֶֽם: וּבַמִּדְבָּר֙ אֲשֶׁ֣ר רָאִ֔יתָ אֲשֶׁ֤ר נְשָׂאֲךָ֙ יְהוָ֣ה אֱלֹהֶ֔יךָ כַּאֲשֶׁ֥ר יִשָּׂא־אִ֖ישׁ אֶת־בְּנ֑וֹ בְּכָל־הַדֶּ֙רֶךְ֙ אֲשֶׁ֣ר הֲלַכְתֶּ֔ם עַד־בֹּאֲכֶ֖ם עַד־

דברים א

כב תִּתְבַר: וּקְרֵיבְתּוּן לְוָתִי כֻּלְּכוֹן, וַאֲמַרְתּוּן, נִשְׁלַח גֻּבְרִין קֳדָמָנָא, וִיאַלְּלוּן לָנָא יָת אַרְעָא,
כג וִיתִיבוּן יָתָנָא פִּתְגָּמָא, יָת אוֹרְחָא דְּנִסַּק בַּהּ, וְיָת קִרְוַיָּא, דְּנֵיעוֹל לְהוֹן: וּשְׁפַר בְּעֵינַי פִּתְגָּמָא,
כד וּדְבָרִית מִנְּכוֹן תְּרֵי עֲסַר גֻּבְרִין, גַּבְרָא חַד לְשִׁבְטָא: וְאִתְפְּנִיאוּ וּסְלִיקוּ לְטוּרָא, וַאֲתוֹ עַד
כה נַחֲלָא דְּאֶתְכְּלָא, וְאַלִּילוּ יָתַהּ: וּנְסִיבוּ בִּידֵיהוֹן מֵאִבָּא דְּאַרְעָא, וַאֲחִיתוּ לָנָא, וַאֲתִיבוּ יָתָנָא
כו פִּתְגָּמָא וַאֲמַרוּ, טָבָא אַרְעָא, דַּיְיָ אֱלָהָנָא יָהֵב לָנָא: וְלָא אֲבֵיתוּן לְמִסַּק, וְסָרֵיבְתּוּן, עַל
כז מֵימְרָא דַּיְיָ אֱלָהֲכוֹן: וְאִתְרָעַמְתּוּן בְּמַשְׁכְּנֵיכוֹן וַאֲמַרְתּוּן, בִּדְסָנֵי יְיָ יָתָנָא, אַפְּקָנָא מֵאַרְעָא
כח דְּמִצְרַיִם, לְמִמְסַר יָתָנָא, בִּידָא דֶּאֱמוֹרָאָה לְשֵׁיצָיוּתָנָא: לְאָן אֲנַחְנָא סָלְקִין, אֲחָנָא תְּבַרוּ
יָת לִבָּנָא לְמֵימַר, עַם רַב וְתַקִּיף מִנָּנָא, קִרְוִין, רַבְרְבָן וּכְרִיכָן עַד צֵית שְׁמַיָּא, וְאַף בְּנֵי גִּבָּרַיָּא
כט חֲזֵינָא תַמָּן: וַאֲמָרִית לְכוֹן, לָא תִתַּבְרוּן וְלָא תִדְחֲלוּן מִנְּהוֹן: יְיָ אֱלָהֲכוֹן דִּמְדַבַּר קֳדָמֵיכוֹן,
לא מֵימְרֵיהּ יְגִיחַ לְכוֹן, כְּכֹל, דַּעֲבַד עִמְּכוֹן, בְּמִצְרַיִם, לְעֵינֵיכוֹן: וּבְמַדְבְּרָא דַּחֲזֵיתָא, דְּסוֹבָרָךְ
יְיָ אֱלָהָךְ, כְּמָא דִמְסוֹבַר גַּבְרָא יָת בְּרֵיהּ, בְּכָל אוֹרְחָא דַּהֲלֶכְתּוּן, עַד מֵיתֵיכוֹן עַד

כב] וַתִּקְרְבוּן אֵלַי כֻּלְּכֶם. בְּעִרְבּוּבְיָא, וּלְהַלָּן הוּא אוֹמֵר: "וַתִּקְרְבוּן אֵלַי כָּל רָאשֵׁי שִׁבְטֵיכֶם וְזִקְנֵיכֶם, וַתֹּאמְרוּ הֵן הֶרְאָנוּ" וְגוֹ' (להלן ה, כ-כג), אוֹתָהּ קְרִיבָה הָיְתָה הוֹגֶנֶת, יְלָדִים מְכַבְּדִים אֶת הַזְּקֵנִים וּשְׁלָחוּם לִפְנֵיהֶם, וּזְקֵנִים מְכַבְּדִים אֶת הָרָאשִׁים לָלֶכֶת לִפְנֵיהֶם, אֲבָל כָּאן: "וַתִּקְרְבוּן אֵלַי כֻּלְּכֶם", בְּעִרְבּוּבְיָא, יְלָדִים דּוֹחֲפִין אֶת הַזְּקֵנִים וּזְקֵנִים דּוֹחֲפִין אֶת הָרָאשִׁים: וַיֵּשְׁבוּ אֹתָנוּ דָבָר. פְּחוּתֵיהֶם לְשׁוֹן הֵם מְדַבְּרִים: אֶת הַדֶּרֶךְ אֲשֶׁר נַעֲלֶה בָּהּ. אֵין דֶּרֶךְ שֶׁאֵין בָּהּ עַקְמִימוּת: וְאֵת הֶעָרִים אֲשֶׁר נָבֹא אֲלֵיהֶן. תְּחִלָּה לִכְבֹּשׁ:

כג] וַיִּיטַב בְּעֵינַי הַדָּבָר. בְּעֵינַי וְלֹא בְּעֵינֵי הַמָּקוֹם. וְאִם בְּעֵינֵי מֹשֶׁה הָיָה טוֹב, לָמָּה אֲמָרָהּ בַּתּוֹכָחוֹת? מָשָׁל לְאָדָם שֶׁאוֹמֵר לַחֲבֵרוֹ: מְכֹר לִי חֲמוֹרְךָ זֶה, אָמַר לוֹ: הֵן. נוֹתְנוֹ אַתָּה לִי לְנִסָּיוֹן? אָמַר לוֹ: הֵן. בֶּהָרִים וּבַגְּבָעוֹת? אָמַר לוֹ: הֵן. כֵּיוָן שֶׁרָאָה שֶׁאֵין מְעַכְּבוֹ כְלוּם, אָמַר הַלּוֹקֵחַ בְּלִבּוֹ: בָּטוּחַ הוּא זֶה שֶׁלֹּא יִמְצָא בּוֹ מוּם, מִיָּד אָמַר לוֹ: טֹל מְעוֹתֶיךָ וְאֵינִי מְנַסֵּהוּ מֵעַתָּה. אַף אֲנִי הוֹדֵיתִי לְדִבְרֵיכֶם, שֶׁמָּא תַחְזְרוּ בָכֶם כְּשֶׁתִּרְאוּ שֶׁאֵינִי מְעַכֵּב, וְאַתֶּם לֹא חֲזַרְתֶּם בָּכֶם: וָאֶקַּח מִכֶּם. מִן הַבְּרוּרִים שֶׁבָּכֶם, מִן הַמְסֻלָּתִים שֶׁבָּכֶם: שְׁנֵים עָשָׂר אֲנָשִׁים אִישׁ אֶחָד לַשָּׁבֶט. מַגִּיד שֶׁלֹּא הָיָה שֵׁבֶט לֵוִי עִמָּהֶם:

כד] עַד נַחַל אֶשְׁכֹּל. מַגִּיד שֶׁנִּקְרָא עַל שֵׁם סוֹפוֹ: וַיְרַגְּלוּ אֹתָהּ. מְלַמֵּד שֶׁהָלְכוּ בָהּ אַרְבָּעָה אוּמָנִין שְׁתִי וָעֵרֶב:

כה] וַיּוֹרִדוּ אֵלֵינוּ. מַגִּיד שֶׁאֶרֶץ יִשְׂרָאֵל גְּבוֹהָה מִכָּל הָאֲרָצוֹת: וַיֹּאמְרוּ טוֹבָה הָאָרֶץ. מִי הֵם שֶׁאָמְרוּ טוֹבָתָהּ? יְהוֹשֻׁעַ וְכָלֵב:

כו] וַתַּמְרוּ. לְשׁוֹן הַתְרָסָה, הִתְרַסְתֶּם כְּנֶגֶד מַאֲמָרוֹ:

כז] וַתֵּרָגְנוּ. לְשׁוֹן הָרָע, וְכֵן: "דִּבְרֵי נִרְגָּן" (משלי יח, ח), אָדָם הַמּוֹצִיא דִבָּה: בְּשִׂנְאַת ה' אֹתָנוּ. וְהוּא הָיָה אוֹהֵב אֶתְכֶם, אֲבָל אַתֶּם שׂוֹנְאִים אוֹתוֹ. מְשַׁל הֶדְיוֹט אוֹמֵר: מָה דִּבְלִבָּךְ עַל רָחֲמָךְ, מָה דְּבִלְבֵּיהּ עֲלָךְ: בְּשִׂנְאַת ה' אֹתָנוּ הוֹצִיאָנוּ מֵאֶרֶץ מִצְרָיִם. הוֹצָאָתוֹ לְשִׂנְאָה הָיְתָה. מָשָׁל לְמֶלֶךְ בָּשָׂר וָדָם שֶׁהָיוּ לוֹ שְׁנֵי בָנִים וְיֵשׁ לוֹ שְׁתֵּי שָׂדוֹת, אַחַת שֶׁל שַׁקְיָא וְאַחַת שֶׁל בַּעַל, לְמִי שֶׁהוּא אוֹהֵב נוֹתֵן שֶׁל שַׁקְיָא וּלְמִי שֶׁהוּא שׂוֹנֵא נוֹתֵן לוֹ שֶׁל בַּעַל. אֶרֶץ מִצְרַיִם שֶׁל שַׁקְיָא הִיא, שֶׁנִּילוּס עוֹלֶה וּמַשְׁקֶה אוֹתָהּ, וְאֶרֶץ כְּנַעַן שֶׁל בַּעַל, וְהוֹצִיאָנוּ מִמִּצְרַיִם לָתֵת לָנוּ אֶת אֶרֶץ כְּנָעַן:

כח] עָרִים גְּדֹלֹת וּבְצוּרֹת בַּשָּׁמָיִם. דִּבְּרוּ הַכְּתוּבִים לְשׁוֹן הֲבַאי:

כט] לֹא תַעַרְצוּן. לְשׁוֹן שְׁבִירָה כְּתַרְגּוּמוֹ, וְדוֹמֶה לוֹ: "בַּעֲרוּץ נְחָלִים" (איוב ל, ו), לְשֹׁבֶר הַנְּחָלִים:

ל] יִלָּחֵם לָכֶם. בִּשְׁבִילְכֶם:

לא] וּבַמִּדְבָּר אֲשֶׁר רָאִיתָ. מוּסָב עַל מִקְרָא שֶׁלְּמַעְלָה הֵימֶנּוּ: "כְּכֹל אֲשֶׁר עָשָׂה אִתְּכֶם בְּמִצְרַיִם" וְעָשָׂה אַף בַּמִּדְבָּר, "אֲשֶׁר רָאִיתָ אֲשֶׁר נְשָׂאֲךָ" וְגוֹ': כַּאֲשֶׁר יִשָּׂא אִישׁ אֶת בְּנוֹ. כְּמוֹ שֶׁפֵּרַשְׁתִּי אֵצֶל "וַיִּסַּע מַלְאַךְ הָאֱלֹהִים הַהֹלֵךְ

דברים א

הַמָּק֣וֹם הַזֶּ֑ה וּבַדָּבָ֣ר הַזֶּ֔ה אֵֽינְכֶם֙ מַאֲמִינִ֔ם לב
בַּיהֹוָ֖ה אֱלֹהֵיכֶֽם: הַהֹלֵ֨ךְ לִפְנֵיכֶ֜ם בַּדֶּ֗רֶךְ לָת֥וּר לג
לָכֶ֛ם מָק֖וֹם לַֽחֲנֹֽתְכֶ֑ם בָּאֵ֣שׁ ׀ לַ֗יְלָה לַרְאֹֽתְכֶם֙
בַּדֶּ֙רֶךְ֙ אֲשֶׁ֣ר תֵּֽלְכוּ־בָ֔הּ וּבֶעָנָ֖ן יוֹמָֽם: וַיִּשְׁמַ֥ע לד
יְהֹוָ֖ה אֶת־ק֣וֹל דִּבְרֵיכֶ֑ם וַיִּקְצֹ֥ף וַיִּשָּׁבַ֖ע לֵאמֹֽר:
אִם־יִרְאֶ֥ה אִישׁ֙ בָּאֲנָשִׁ֣ים הָאֵ֔לֶּה הַדּ֥וֹר הָרָ֖ע לה
הַזֶּ֑ה אֵ֚ת הָאָ֣רֶץ הַטּוֹבָ֔ה אֲשֶׁ֣ר נִשְׁבַּ֔עְתִּי לָתֵ֖ת
לַאֲבֹתֵיכֶֽם: זֽוּלָתִ֞י כָּלֵ֣ב בֶּן־יְפֻנֶּ֗ה ה֚וּא יִרְאֶ֔נָּה לו
וְלֽוֹ־אֶתֵּ֧ן אֶת־הָאָ֛רֶץ אֲשֶׁ֥ר דָּֽרַךְ־בָּ֖הּ וּלְבָנָ֑יו יַ֕עַן
אֲשֶׁ֥ר מִלֵּ֖א אַחֲרֵ֥י יְהֹוָֽה: גַּם־בִּי֙ הִתְאַנַּ֣ף יְהֹוָ֔ה לז
בִּגְלַלְכֶ֖ם לֵאמֹ֑ר גַּם־אַתָּ֖ה לֹא־תָבֹ֥א שָֽׁם:
יְהוֹשֻׁ֤עַ בִּן־נוּן֙ הָעֹמֵ֣ד לְפָנֶ֔יךָ ה֖וּא יָ֣בֹא שָׁ֑מָּה לח
אֹת֣וֹ חַזֵּ֔ק כִּי־ה֖וּא יַנְחִלֶ֥נָּה אֶת־יִשְׂרָאֵֽל: וְטַפְּכֶם֩ לט
אֲשֶׁ֨ר אֲמַרְתֶּ֜ם לָבַ֣ז יִֽהְיֶ֗ה וּבְנֵיכֶ֠ם אֲשֶׁ֨ר לֹא־
יָדְע֤וּ הַיּוֹם֙ ט֣וֹב וָרָ֔ע הֵ֖מָּה יָבֹ֣אוּ שָׁ֑מָּה וְלָהֶ֣ם
אֶתְּנֶ֔נָּה וְהֵ֖ם יִֽירָשֽׁוּהָ: וְאַתֶּ֖ם פְּנ֣וּ לָכֶ֑ם וּסְע֣וּ מ
הַמִּדְבָּ֖רָה דֶּ֥רֶךְ יַם־סֽוּף: וַתַּעֲנ֣וּ ׀ וַתֹּאמְר֣וּ אֵלַ֗י מא
חָטָ֘אנוּ֘ לַֽיהֹוָה֒ אֲנַ֤חְנוּ נַעֲלֶה֙ וְנִלְחַ֔מְנוּ כְּכֹ֥ל
אֲשֶׁר־צִוָּ֖נוּ יְהֹוָ֣ה אֱלֹהֵ֑ינוּ וַֽתַּחְגְּר֗וּ אִישׁ֙ אֶת־כְּלֵ֣י
מִלְחַמְתּ֔וֹ וַתָּהִ֖ינוּ לַעֲלֹ֥ת הָהָֽרָה: וַיֹּ֨אמֶר יְהֹוָ֜ה מב
אֵלַ֗י אֱמֹ֤ר לָהֶם֙ לֹ֤א תַֽעֲלוּ֙ וְלֹא־תִלָּ֣חֲמ֔וּ כִּ֥י אֵינֶ֖נִּי

רביעי

מג בְּקִרְבְּכֶם וְלֹא תִּנָּגְפוּ לִפְנֵי אֹיְבֵיכֶם: וָאֲדַבֵּר
אֲלֵיכֶם וְלֹא שְׁמַעְתֶּם וַתַּמְרוּ אֶת־פִּי יְהוָה וַתָּזִדוּ
מד וַתַּעֲלוּ הָהָרָה: וַיֵּצֵא הָאֱמֹרִי הַיֹּשֵׁב בָּהָר הַהוּא

לב לג אַתְרָא הָדֵין: וּבְפִתְגָמָא הָדֵין, לֵיתֵיכוֹן מְהֵימְנִין, בְּמֵימְרָא דַייָ אֱלָהֲכוֹן: דִּמְדַבַּר קֳדָמֵיכוֹן
בְּאוֹרְחָא, לְאַתְקָנָא לְכוֹן, אֲתַר בֵּית מִשְׁרֵי לְאַשְׁרָיוּתְכוֹן, בְּעַמּוּדָא דְאִישָׁתָא בְּלֵילְיָא,
לד לְאַחְזָיוּתְכוֹן בְּאוֹרְחָא דִּתְהָכוּן בַּהּ, וּבְעַמּוּדָא דַעֲנָנָא בִּימָמָא: וּשְׁמִיעַ קֳדָם יְיָ יָת קָל
לה פִּתְגָמֵיכוֹן, וּרְגִיז וְקַיֵּים לְמֵימַר: אִם יֶחֱזֵי גְּבַר בְּגֻבְרַיָּא הָאִלֵּין, דָּרָא בִישָׁא הָדֵין, יָת אַרְעָא
לו טָבְתָא, דְּקַיֵּימִית, לְמִתַּן לַאֲבָהָתְכוֹן: אֱלָהֵין, כָּלֵב בַּר יְפֻנֶּה הוּא יֶחֱזֵינַהּ, וְלֵיהּ אֶתֵּין יָת
לז אַרְעָא, דִּדְרַךְ בַּהּ וְלִבְנוֹהִי, חֲלָף, דְּאַשְׁלֵים בָּתַר דַּחַלְתָּא דַייָ: אַף עֲלַי הֲוָה רְגַז מִן קֳדָם
לח יְיָ, בְּדִילְכוֹן לְמֵימַר, אַף אַתְּ לָא תֵיעוֹל לְתַמָּן: יְהוֹשֻׁעַ בַּר נוּן דְּקָאֵים קֳדָמָךְ, הוּא יֵיעוֹל
לט לְתַמָּן, יָתֵיהּ תַּקֵּיף, אֲרֵי הוּא יַחְסְנִנַּהּ לְיִשְׂרָאֵל: וְטַפְלְכוֹן דַּאֲמַרְתּוּן לְבִזָּא יְהוֹן, וּבְנֵיכוֹן,
מ דְּלָא יְדַעוּ יוֹמָא דֵין טָב וּבִישׁ, אִנּוּן יֵיעֲלוּן לְתַמָּן, וּלְהוֹן אֶתְּנִנַּהּ, וְאִנּוּן יֵרְתֻנַּהּ: וְאַתּוּן
מא אִתְפְּנוּ לְכוֹן, וְטוּלוּ לְמַדְבְּרָא אוֹרַח יַמָּא דְסוּף: וַאֲתֵיבְתּוּן וַאֲמַרְתּוּן לִי, חַבְנָא קֳדָם יְיָ,
אֲנַחְנָא נִסַּק וְנַגִּיחַ קְרָב, כְּכֹל דְּפַקְדָנָא יְיָ אֱלָהַנָא, וְזָרֵיזְתּוּן, גְּבַר יָת מָנֵי קְרָבֵיהּ, וְשָׁרֵיתוּן
מב לְמִסַּק לְטוּרָא: וַאֲמַר יְיָ לִי, אֵימַר לְהוֹן לָא תִסְּקוּן וְלָא תַגִּיחוּן קְרָב, אֲרֵי לֵית שְׁכִינְתִּי
מג בֵּינֵיכוֹן, וְלָא תִתַּבְרוּן, קֳדָם בַּעֲלֵי דְבָבֵיכוֹן: וּמַלֵּילִית עִמְּכוֹן וְלָא קַבֵּילְתּוּן, וְסָרֵיבְתּוּן עַל
מד מֵימְרָא דַייָ, וְאַרְשַׁעְתּוּן וּסְלֵיקְתּוּן לְטוּרָא: וּנְפַק אֱמוֹרָאָה, דְּיָתֵיב בְּטוּרָא הַהוּא

לִפְנֵי מַחֲנֵה יִשְׂרָאֵל" וְגוֹ' (שמות יד, יט-כ), מָשָׁל לִמְהַלֵּךְ בַּדֶּרֶךְ וּבְנוֹ לְפָנָיו, בָּאוּ לִסְטִים לִשְׁבּוֹתוֹ וְכוּ' [נטלו מלפניו נתנו לאחריו. בא זאב מאחריו, נתנו לפניו. באו לסטים לפניו וזאבים מאחריו, נתנו על זרועו ונלחם בהם. כך: "ואנכי תרגלתי לאפרים קָחָם על זרועתיו" (הושע יא, ג)]:

לב) וּבַדָּבָר הַזֶּה. שֶׁהוּא מַבְטִיחֲכֶם לַהֲבִיאֲכֶם אֶל הָאָרֶץ, "אֵינְכֶם מַאֲמִינִם" בּוֹ:

לג) לַרְאֹתְכֶם. כְּמוֹ 'לְהַרְאוֹתְכֶם', וְכֵן: "לַנְחֹתָם הַדֶּרֶךְ" (שמות יג, כא), וְכֵן: "לַשְׁמִעַ בְּקוֹל תּוֹדָה" (תהלים כו, ז), וְכֵן: "לָלֶכֶת לַגִּיד בְּיִזְרְעֶאל" (מלכים ב' ט, טו ועיין רש"י שם):

לו) אֲשֶׁר דָּרַךְ בָּהּ. חֶבְרוֹן, שֶׁנֶּאֱמַר: "וַיָּבֹא עַד חֶבְרוֹן" (במדבר יג, כב):

לז) הִתְאַנַּף. נִתְמַלֵּא רֹגֶז:

מ) פְּנוּ לָכֶם. אָמַרְתִּי לְהַעֲבִיר אֶתְכֶם דֶּרֶךְ רֹחַב אֶרֶץ אֱדוֹם לְצַד צָפוֹן לִכָּנֵס לָאָרֶץ, קִלְקַלְתֶּם וּגְרַמְתֶּם לָכֶם עִכּוּב: פְּנוּ לָכֶם. לַאֲחוֹרֵיכֶם, וְתֵלְכוּ בַּמִּדְבָּר לְצַד יַם סוּף, שֶׁהַמִּדְבָּר שֶׁהָיוּ הוֹלְכִים בּוֹ לִדְרוֹמָהּ שֶׁל הַר שֵׂעִיר הָיָה, מַפְסִיק בֵּין יַם סוּף לְהַר שֵׂעִיר, עַתָּה הִמָּשְׁכוּ לְצַד הַיָּם וְתִסַּבְּבוּ אֶת הַר שֵׂעִיר כָּל דְּרוֹמוֹ מִן הַמַּעֲרָב לַמִּזְרָח:

מא) וַתָּהִינוּ. לְשׁוֹן: "הִנֶּנּוּ וְעָלִינוּ אֶל הַמָּקוֹם" (במדבר יד, מ), זֶה הַלָּשׁוֹן שֶׁאֲמַרְתֶּם, לְשׁוֹן הֵן, כְּלוֹמַר נִזְדַּמַּנְתֶּם:

מב) לֹא תַעֲלוּ. לֹא עֲלִיָּה תְּהֵא לָכֶם אֶלָּא יְרִידָה:

לִקְרַאתְכֶ֔ם וַיִּרְדְּפ֣וּ אֶתְכֶ֔ם כַּאֲשֶׁ֥ר תַּעֲשֶׂ֖ינָה
הַדְּבֹרִ֑ים וַיַּכְּת֥וּ אֶתְכֶ֛ם בְּשֵׂעִ֖יר עַד־חׇרְמָֽה׃ וַתָּשֻׁ֥בוּ מה
וַתִּבְכּ֖וּ לִפְנֵ֣י יְהֹוָ֑ה וְלֹא־שָׁמַ֤ע יְהֹוָה֙ בְּקֹ֣לְכֶ֔ם וְלֹ֥א
הֶאֱזִ֖ין אֲלֵיכֶֽם׃ וַתֵּשְׁב֥וּ בְקָדֵ֖שׁ יָמִ֣ים רַבִּ֑ים כַּיָּמִ֖ים מו
אֲשֶׁ֥ר יְשַׁבְתֶּֽם׃ וַנֵּ֜פֶן וַנִּסַּ֤ע הַמִּדְבָּ֙רָה֙ דֶּ֣רֶךְ יַם־ס֔וּף א ב
כַּאֲשֶׁ֛ר דִּבֶּ֥ר יְהֹוָ֖ה אֵלָ֑י וַנָּ֥סׇב אֶת־הַר־שֵׂעִ֖יר יָמִ֥ים
חמישי ב רַבִּֽים׃ וַיֹּ֥אמֶר יְהֹוָ֖ה אֵלַ֥י לֵאמֹֽר׃ ב
רַב־לָכֶ֕ם סֹ֖ב אֶת־הָהָ֣ר הַזֶּ֑ה פְּנ֥וּ לָכֶ֖ם צָפֹֽנָה׃ וְאֶת־ ג ד
הָעָם֮ צַ֣ו לֵאמֹר֒ אַתֶּ֣ם עֹֽבְרִ֗ים בִּגְבוּל֙ אֲחֵיכֶ֣ם בְּנֵי־
עֵשָׂ֔ו הַיֹּשְׁבִ֖ים בְּשֵׂעִ֑יר וְיִֽירְא֣וּ מִכֶּ֔ם וְנִשְׁמַרְתֶּ֖ם
מְאֹֽד׃ אַל־תִּתְגָּר֣וּ בָ֔ם כִּ֠י לֹֽא־אֶתֵּ֤ן לָכֶם֙ מֵֽאַרְצָ֔ם ה
עַ֖ד מִדְרַ֣ךְ כַּף־רָ֑גֶל כִּֽי־יְרֻשָּׁ֣ה לְעֵשָׂ֔ו נָתַ֖תִּי אֶת־הַ֥ר
שֵׂעִֽיר׃ אֹ֣כֶל תִּשְׁבְּר֧וּ מֵאִתָּ֛ם בַּכֶּ֖סֶף וַאֲכַלְתֶּ֑ם וְגַם־ ו
מַ֜יִם תִּכְר֧וּ מֵאִתָּ֛ם בַּכֶּ֖סֶף וּשְׁתִיתֶֽם׃ כִּי֩ יְהֹוָ֨ה אֱלֹהֶ֜יךָ ז
בֵּֽרַכְךָ֗ בְּכֹל֙ מַעֲשֵׂ֣ה יָדֶ֔ךָ יָדַ֣ע לֶכְתְּךָ֔ אֶת־הַמִּדְבָּ֥ר
הַגָּדֹ֖ל הַזֶּ֑ה זֶ֣ה ׀ אַרְבָּעִ֣ים שָׁנָ֗ה יְהֹוָ֤ה אֱלֹהֶ֙יךָ֙ עִמָּ֔ךְ
לֹ֥א חָסַ֖רְתָּ דָּבָֽר׃ וַנַּעֲבֹ֞ר מֵאֵ֧ת אַחֵ֣ינוּ בְנֵי־עֵשָׂ֗ו ח
הַיֹּֽשְׁבִים֙ בְּשֵׂעִ֔יר מִדֶּ֙רֶךְ֙ הָֽעֲרָבָ֔ה מֵאֵילַ֖ת וּמֵעֶצְיֹ֣ן
גָּ֑בֶר וַנֵּ֙פֶן֙ וַֽנַּעֲבֹ֔ר דֶּ֖רֶךְ מִדְבַּ֥ר מוֹאָֽב׃
וַיֹּ֨אמֶר יְהֹוָ֜ה אֵלַ֗י אַל־תָּ֙צַר֙ אֶת־מוֹאָ֔ב וְאַל־תִּתְגָּ֥ר ט
בָּ֖ם מִלְחָמָ֑ה כִּ֠י לֹֽא־אֶתֵּ֨ן לְךָ֤ מֵֽאַרְצוֹ֙ יְרֻשָּׁ֔ה כִּ֣י לִבְנֵי־

דברים ב

מה לְקַדְמוּתְכוֹן, וּרְדָפוּ יָתְכוֹן, כְּמָא דְנָתְזָן דִּבְרִיָּתָא, וּטְרָדוּ יָתְכוֹן, בְּשֵׂעִיר עַד חָרְמָה: וְתַבְתּוּן
מו וּבְכֵיתוּן קֳדָם יְיָ, וְלָא קַבֵּיל יְיָ צְלוֹתְכוֹן, וְלָא אַצֵּית לְמֵילֵיכוֹן: וִיתֵיבְתּוּן בִּרְקֵם יוֹמִין סַגִּיאִין,
ב א כְּיוֹמַיָּא דִּיתֵיבְתּוּן: וְאִתְפְּנִינָא, וּנְטַלְנָא לְמַדְבְּרָא אוֹרַח יַמָּא דְסוּף, כְּמָא דְמַלֵּיל יְיָ עִמִּי,
ב וְאַקֵּיפְנָא יָת טוּרָא דְשֵׂעִיר יוֹמִין סַגִּיאִין: וַאֲמַר יְיָ לִי לְמֵימָר: סַגִּי לְכוֹן, דְּאַקֵּיפְתּוּן יָת טוּרָא הָדֵין,
ג אִתְפְּנוֹ לְכוֹן לְצִפּוּנָא: וְיָת עַמָּא פַּקֵּיד לְמֵימָר, אַתּוּן עָבְרִין, בִּתְחוּם אֲחֵיכוֹן בְּנֵי עֵשָׂו, דְּיָתְבִין
ד בְּשֵׂעִיר, וְיִדְחֲלוּן מִנְּכוֹן, וְתִסְתַּמְּרוּן לַחֲדָא: לָא תִתְגָּרוֹן בְּהוֹן, אֲרֵי, לָא אֶתֵּין לְכוֹן מֵאַרְעֲהוֹן, עַד
ה מִדְרַךְ פַּרְסַת רְגָל, אֲרֵי יְרֻתָּא לְעֵשָׂו, יְהַבִית יָת טוּרָא דְשֵׂעִיר: עֲבוּרָא תִזְבְּנוּן מִנְּהוֹן, בְּכַסְפָּא
ו וְתֵיכְלוּן, וְאַף מַיָּא, תִּזְבְּנוּן מִנְּהוֹן, בְּכַסְפָּא וְתִשְׁתּוּן: אֲרֵי יְיָ אֱלָהָךְ בָּרְכָךְ, בְּכֹל עוֹבָדֵי יְדָךְ, סוֹפֵיק
ז לָךְ צוֹרְכָךְ בִּמְהָכָךְ, יָת מַדְבְּרָא רַבָּא הָדֵין, דְּנָן אַרְבְּעִין שְׁנִין, מֵימְרָא דַּייָ אֱלָהָךְ בְּסַעְדָּךְ,
ח לָא חֲסַרְתָּא מִדָּעַם: וַעֲבַרְנָא מִלְּוָת אֲחָנָא בְּנֵי עֵשָׂו, דְּיָתְבִין בְּשֵׂעִיר, מֵאוֹרַח מֵישְׁרָא,
ט מֵאֵילַת וּמֵעֶצְיוֹן גֶּבֶר, וְאִתְפְּנִינָא וַעֲבַרְנָא, אוֹרַח מַדְבְּרָא דְמוֹאָב: וַאֲמַר יְיָ לִי, לָא תְצוּר עַל
מוֹאֲבָאֵי, וְלָא תִתְגָּרֵי לְמֶעֱבַּד עִמְּהוֹן קְרָב, אֲרֵי, לָא אֶתֵּין לָךְ מֵאַרְעֲהוֹן יְרֻתָּא, אֲרֵי לִבְנֵי

מד) **כַּאֲשֶׁר תַּעֲשֶׂינָה הַדְּבֹרִים.** מַה הַדְּבוֹרָה הַזֹּאת כְּשֶׁהִיא מַכָּה אֶת הָאָדָם מִיָּד מֵתָה, אַף הֵם כְּשֶׁהָיוּ נוֹגְעִים בָּכֶם מִיָּד מֵתִים:

מה) **וְלֹא שָׁמַע ה' בְּקֹלְכֶם.** כִּבְיָכוֹל עֲשִׂיתֶם מִדַּת רַחֲמָיו כְּאִלּוּ אַכְזָרִי:

מו) **וַתֵּשְׁבוּ בְקָדֵשׁ יָמִים רַבִּים.** תֵּשַׁע עֶשְׂרֵה שָׁנָה, שֶׁנֶּאֱמַר: "כַּיָּמִים אֲשֶׁר יְשַׁבְתֶּם" בִּשְׁאָר הַמַּסָּעוֹת, וְהֵם הָיוּ שְׁלֹשִׁים וּשְׁמוֹנֶה שָׁנָה, תֵּשַׁע עֶשְׂרֵה מֵהֶם עָשׂוּ בְקָדֵשׁ וּתְשַׁע עֶשְׂרֵה שָׁנָה הוֹלְכִים וּמְטֹרָפִים וְחָזְרוּ לְקָדֵשׁ, כְּמוֹ שֶׁנֶּאֱמַר: "וַיְנִעֵם בַּמִּדְבָּר" (במדבר לב, יג). כָּךְ מָצָאתִי בְּסֵדֶר עוֹלָם (פרק ח):

פרק ב

א) **וַנֵּסַע הַמִּדְבָּרָה.** אִלּוּ לֹא חָטְאוּ הָיוּ עוֹבְרִים דֶּרֶךְ הַר שֵׂעִיר לִכָּנֵס לָאָרֶץ מִדְּרוֹמוֹ לִצְפוֹנוֹ, וּבִשְׁבִיל שֶׁקִּלְקְלוּ הָפְנוּ לְצַד הַמִּדְבָּר שֶׁהוּא בֵּין יַם סוּף לִדְרוֹמוֹ שֶׁל הַר שֵׂעִיר, וְהָלְכוּ אֵצֶל דְּרוֹמוֹ מִן הַמַּעֲרָב לַמִּזְרָח דֶּרֶךְ יְצִיאָתָן מִמִּצְרַיִם שֶׁהוּא בְּמִקְצוֹעַ דְּרוֹמִית מַעֲרָבִית, מִשָּׁם הָיוּ הוֹלְכִים לְצַד הַמִּזְרָח: **וַנָּסָב אֶת הַר שֵׂעִיר.** כָּל דְּרוֹמוֹ עַד אֶרֶץ מוֹאָב:

ג) **פְּנוּ לָכֶם צָפֹנָה.** סֹבּוּ לָכֶם לְרוּחַ מִזְרָחִית מִן הַדָּרוֹם לַצָּפוֹן פְּנֵיכֶם לַצָּפוֹן, נִמְצְאוּ הוֹלְכִים אֶת רוּחַ מִזְרָחִית, וְזֶהוּ שֶׁנֶּאֱמַר: "וַיָּבֹא מִמִּזְרַח שֶׁמֶשׁ לְאֶרֶץ מוֹאָב" (שופטים יא, יח):

ד) **וְנִשְׁמַרְתֶּם מְאֹד.** וּמַהוּ הַשְּׁמִירָה? "אַל תִּתְגָּרוּ בָם" (להלן פסוק ה):

ה) **עַד מִדְרַךְ כַּף רָגֶל.** (אֲפִלּוּ כְּדֵי מִדְרַךְ כַּף רֶגֶל, [כְּלוֹמַר אֲפִלּוּ דְרִיסַת הָרֶגֶל אֵינִי מַרְשֶׁה לָכֶם לַעֲבֹר בְּאַרְצָם שֶׁלֹּא בִּרְשׁוּת – רַבֵּנוּ שְׁמַעְיָה הֵעִיד: "רַבִּי עֹוָה לְהַגִּיהַּ"]. וּמִדְרַשׁ אַגָּדָה, עַד שֶׁיָּבוֹא יוֹם דְּרִיסַת כַּף רֶגֶל עַל הַר הַזֵּיתִים, שֶׁנֶּאֱמַר: "וְעָמְדוּ רַגְלָיו וְגוֹ'" (זכריה יד, ד) **יְרֻשָּׁה לְעֵשָׂו.** מֵאַבְרָהָם, עֲשָׂרָה עֲמָמִים נָתַתִּי לוֹ, שִׁבְעָה לָכֶם, וְקֵינִי וּקְנִזִּי וְקַדְמוֹנִי הֵן עַמּוֹן וּמוֹאָב וְשֵׂעִיר, אַחַת מֵהֶם לְעֵשָׂו, וְהַשְּׁנַיִם לִבְנֵי לוֹט, בִּשְׂכַר שֶׁהָלַךְ אִתּוֹ לְמִצְרַיִם וְשָׁתַק עַל מַה שֶּׁהָיָה אוֹמֵר עַל אִשְׁתּוֹ 'אֲחוֹתִי הִיא', לְפִיכָךְ עֲשָׂאוֹ כִּבְנוֹ:

ו) **תִּכְרוּ.** לְשׁוֹן מִקָּח, וְכֵן: "אֲשֶׁר כָּרִיתִי לִי" (בראשית נ, ה), שֶׁכֵּן בִּכְרַכֵּי הַיָּם קוֹרִין לִמְכִירָה כִּירָה:

ז) **כִּי ה' אֱלֹהֶיךָ בֵּרַכְךָ.** לְפִיכָךְ לֹא תִכְפּוּ אֶת טוֹבָתוֹ לְהַרְאוֹת כְּאִלּוּ אַתֶּם עֲנִיִּים, אֶלָּא הַרְאוּ עַצְמְכֶם עֲשִׁירִים:

ח) **וַנֵּפֶן וַנַּעֲבֹר.** לְצַד צָפוֹן, הָפַכְנוּ פָּנִים לַהֲלֹךְ רוּחַ מִזְרָחִית:

ט) **וְאַל תִּתְגָּר בָּם.** לֹא אָסַר לָהֶם עַל מוֹאָב מִלְחָמָה, אֲבָל מְיָרְאִים הָיוּ אוֹתָם וְנִרְאִים לָהֶם כְּשֶׁהֵם מְזֻיָּנִים, לְפִיכָךְ כְּתִיב: "וַיָּגָר מוֹאָב מִפְּנֵי הָעָם" (במדבר כב, ג), שֶׁהָיוּ שׁוֹלְלִים וּבוֹזְזִים אוֹתָם. אֲבָל בִּבְנֵי עַמּוֹן נֶאֱמַר: "וְאַל תִּתְגָּר בָּם" (להלן פסוק יט), שׁוּם גֵּרוּי, בִּשְׂכַר צְנִיעוּת אִמָּם שֶׁלֹּא פִרְסְמָה עַל אָבִיהָ כְּמוֹ שֶׁעָשְׂתָה הַבְּכִירָה שֶׁקָּרְאָה שֵׁם בְּנָהּ מוֹאָב: **עָד.** שֵׁם הַמְּדִינָה:

י לוֹט נָתַתִּי אֶת־עָר יְרֻשָּׁה׃ הָאֵמִים לְפָנִים יָשְׁבוּ
יא בָהּ עַם גָּדוֹל וְרַב וָרָם כַּעֲנָקִים׃ רְפָאִים יֵחָשְׁבוּ
אַף־הֵם כַּעֲנָקִים וְהַמֹּאָבִים יִקְרְאוּ לָהֶם אֵמִים׃
יב וּבְשֵׂעִיר יָשְׁבוּ הַחֹרִים לְפָנִים וּבְנֵי עֵשָׂו יִירָשׁוּם
וַיַּשְׁמִידוּם מִפְּנֵיהֶם וַיֵּשְׁבוּ תַּחְתָּם כַּאֲשֶׁר עָשָׂה
יִשְׂרָאֵל לְאֶרֶץ יְרֻשָּׁתוֹ אֲשֶׁר־נָתַן יְהוָה לָהֶם׃
יג * עַתָּה קֻמוּ וְעִבְרוּ לָכֶם אֶת־נַחַל זָרֶד וַנַּעֲבֹר
יד אֶת־נַחַל זָרֶד׃ וְהַיָּמִים אֲשֶׁר־הָלַכְנוּ ׀ מִקָּדֵשׁ
בַּרְנֵעַ עַד אֲשֶׁר־עָבַרְנוּ אֶת־נַחַל זֶרֶד שְׁלֹשִׁים
וּשְׁמֹנֶה שָׁנָה עַד־תֹּם כָּל־הַדּוֹר אַנְשֵׁי הַמִּלְחָמָה
טו מִקֶּרֶב הַמַּחֲנֶה כַּאֲשֶׁר נִשְׁבַּע יְהוָה לָהֶם׃ וְגַם
יַד־יְהוָה הָיְתָה בָּם לְהֻמָּם מִקֶּרֶב הַמַּחֲנֶה עַד
טז תֻּמָּם׃ וַיְהִי כַאֲשֶׁר־תַּמּוּ כָּל־אַנְשֵׁי הַמִּלְחָמָה
יז לָמוּת מִקֶּרֶב הָעָם׃ וַיְדַבֵּר יְהוָה
יח אֵלַי לֵאמֹר׃ אַתָּה עֹבֵר הַיּוֹם אֶת־גְּבוּל מוֹאָב
יט אֶת־עָר׃ וְקָרַבְתָּ מוּל בְּנֵי עַמּוֹן אַל־תְּצֻרֵם
וְאַל־תִּתְגָּר בָּם כִּי לֹא־אֶתֵּן מֵאֶרֶץ בְּנֵי־עַמּוֹן
כ לְךָ יְרֻשָּׁה כִּי לִבְנֵי־לוֹט נְתַתִּיהָ יְרֻשָּׁה׃ אֶרֶץ־
רְפָאִים תֵּחָשֵׁב אַף־הִוא רְפָאִים יָשְׁבוּ־בָהּ
כא לְפָנִים וְהָעַמֹּנִים יִקְרְאוּ לָהֶם זַמְזֻמִּים׃ עַם גָּדוֹל
וְרַב וָרָם כַּעֲנָקִים וַיַּשְׁמִידֵם יְהוָה מִפְּנֵיהֶם

כב וַיִּירָשֻׁם וַיֵּשְׁבוּ תַחְתָּם: כַּאֲשֶׁר עָשָׂה לִבְנֵי
עֵשָׂו הַיֹּשְׁבִים בְּשֵׂעִיר אֲשֶׁר הִשְׁמִיד אֶת־
הַחֹרִי מִפְּנֵיהֶם וַיִּירָשֻׁם וַיֵּשְׁבוּ תַחְתָּם עַד

י לוֹט, יְהַבִית יָת לְחָיַת יְרֻתָּא: אֵימְתָנֵי מִלְקַדְמִין יְתִיבוּ בַהּ, עַם רַב וְסַגִּי, וְתַקִּיף כְּגִבָּרַיָּא:
יא יב גִּבָּרַיָּא, מִתְחַשְׁבִין אַף אִנּוּן כְּגִבָּרַיָּא, וּמוֹאֲבָאֵי, קָרַן לְהוֹן אֵימְתָנֵי: וּבְשֵׂעִיר, יְתִיבוּ חוֹרָאֵי
מִלְקַדְמִין, וּבְנֵי עֵשָׂו תָּרִיכוּנוּן, וְשֵׁיצִיאוּנוּן מִן קֳדָמֵיהוֹן, וִיתִיבוּ בְּאַתְרְהוֹן, כְּמָא דַעֲבַד
יג יִשְׂרָאֵל, לַאֲרַע יְרֻתְּתֵיהּ, דִּיהַב יְיָ לְהוֹן: כְּעַן, קוּמוּ, וְעִיבָרוּ לְכוֹן יָת נַחְלָא דְזָרֶד, וַעֲבַרְנָא
יד יָת נַחְלָא דְזָרֶד: וְיוֹמַיָּא, דְּהַלֵּיכְנָא מֵרְקַם גֵּיאָה, עַד דַּעֲבַרְנָא יָת נַחְלָא דְזָרֶד, תְּלָתִין וְתַמְנֵי
טו שְׁנִין, עַד דְּסָף כָּל דָּרָא, גֻּבְרֵי מְגִיחֵי קְרָבָא מִגּוֹ מַשְׁרִיתָא, כְּמָא דְקַיֵּים יְיָ לְהוֹן: וְאַף מַחָא
טז מִן קֳדָם יְיָ הֲוָת בְּהוֹן, לְשֵׁיצָיוּתְהוֹן מִגּוֹ מַשְׁרִיתָא, עַד דִּשְׁלִימוּ: וַהֲוָה כַּד שְׁלִימוּ, כָּל גֻּבְרֵי
יז יח מְגִיחֵי קְרָבָא, לִמְמָת מִגּוֹ עַמָּא: וּמַלֵּיל יְיָ עִמִּי לְמֵימַר: אַתְּ עָבַר יוֹמָא דֵין, יָת תְּחוּם מוֹאָב
יט יָת לְחָיַת: וְתִתְקָרַב, לָקֳבֵיל בְּנֵי עַמּוֹן, לָא תְצוּר עֲלֵיהוֹן וְלָא תִתְגָּרֵי לְמֶעֱבַד עִמְּהוֹן קְרָב,
כ אֲרֵי לָא אֶתֵּין, מֵאֲרַע בְּנֵי עַמּוֹן לָךְ יְרֻתָּא, אֲרֵי לִבְנֵי לוֹט יְהַבְתַּהּ יְרֻתָּא: אֲרַע גִּבָּרַיָּא
כא מִתְחַשְׁבָא אַף הִיא, גִּבָּרִין יְתִיבוּ בַהּ מִלְקַדְמִין, וְעַמּוֹנָאֵי, קָרַן לְהוֹן חֶשְׁבָּנֵי: עַם רַב וְסַגִּי,
כב וְתַקִּיף כְּגִבָּרַיָּא, וְשֵׁיצִינוּן יְיָ מִן קֳדָמֵיהוֹן, וְתָרִיכוּנוּן וִיתִיבוּ בְּאַתְרְהוֹן: כְּמָא דַעֲבַד לִבְנֵי
עֵשָׂו, דְּיָתְבִין בְּשֵׂעִיר, דְּשֵׁיצִי יָת חוֹרָאֵי מִן קֳדָמֵיהוֹן, וְתָרִיכוּנוּן וִיתִיבוּ בְּאַתְרְהוֹן, עַד

י | **הָאֵמִים לְפָנִים וגו׳.** אַתָּה סָבוּר שֶׁזּוֹ אֶרֶץ רְפָאִים שֶׁנָּתַתִּי לוֹ לְאַבְרָהָם (בראשית טו, כ), לְפִי שֶׁהָאֵמִים שֶׁהֵם רְפָאִים יָשְׁבוּ בָהּ לְפָנִים, אֲבָל לֹא זוֹ הִיא, כִּי אוֹתָן רְפָאִים הוֹרַשְׁתִּי מִפְּנֵי בְנֵי לוֹט וְהוֹשַׁבְתִּים תַּחְתָּם:

יא-יב | **רְפָאִים יֵחָשְׁבוּ וגו׳.** רְפָאִים הָיוּ נֶחְשָׁבִין אוֹתָם אֵמִים, כָּעֲנָקִים הַנִּקְרָאִים רְפָאִים, עַל שֵׁם שֶׁכָּל הָרוֹאֶה אוֹתָם יָדָיו מִתְרַפּוֹת: **אֵמִים.** עַל שֵׁם שֶׁאֵימָתָם מֻטֶּלֶת עַל הַבְּרִיּוֹת. וְכֵן: "וּבְשֵׂעִיר יָשְׁבוּ הַחֹרִים" וּנְתַתִּים לִבְנֵי עֵשָׂו: **יִירָשׁוּם.** לְשׁוֹן הֹוֶה, כְּלוֹמַר נָתַתִּי בָהֶם כֹּחַ שֶׁיִּהְיוּ מוֹרִישִׁים אוֹתָם וְהוֹלְכִים:

טו | **הָיְתָה בָּם.** לְמַהֵר וּלְהָמֵם בְּתוֹךְ אַרְבָּעִים שָׁנָה, שֶׁלֹּא יִגְרְמוּ לִבְנֵיהֶם עוֹד לְהִתְעַכֵּב בַּמִּדְבָּר:

טז-יז | **וַיְהִי כַאֲשֶׁר תַּמּוּ וגו׳ וַיְדַבֵּר ה׳ אֵלַי וגו׳.** אֲבָל מִשִּׁלּוּחַ הַמְרַגְּלִים עַד כָּאן לֹא נֶאֱמַר 'וַיְדַבֵּר' בְּפָרָשָׁה זוֹ אֶלָּא 'וַיֹּאמֶר', לְלַמֶּדְךָ שֶׁכָּל שְׁלֹשִׁים וּשְׁמֹנֶה שָׁנָה שֶׁהָיוּ יִשְׂרָאֵל נְזוּפִים, לֹא נִתְיַחֵד עִמּוֹ הַדִּבּוּר בִּלְשׁוֹן חִבָּה פָּנִים אֶל פָּנִים וְיִשּׁוּב, לְלַמֶּדְךָ שֶׁאֵין הַשְּׁכִינָה שׁוֹרָה עַל הַנְּבִיאִים אֶלָּא בִּשְׁבִיל יִשְׂרָאֵל: **אַנְשֵׁי הַמִּלְחָמָה.** מִבֶּן עֶשְׂרִים שָׁנָה הַיּוֹצְאִים בַּצָּבָא:

יח-יט | **אַתָּה עֹבֵר הַיּוֹם אֶת גְּבוּל מוֹאָב.** אֶל 'מוּל בְּנֵי עַמּוֹן', מִכָּאן שֶׁאֶרֶץ עַמּוֹן לְצַד צָפוֹן:

כ | **אֶרֶץ רְפָאִים תֵּחָשֵׁב.** אֶרֶץ רְפָאִים נֶחְשֶׁבֶת אַף הִיא לְפִי שֶׁהָרְפָאִים יָשְׁבוּ בָהּ לְפָנִים, אֲבָל לֹא זוֹ הִיא שֶׁנָּתַתִּי לְאַבְרָהָם:

כג הַיּ֖וֹם הַזֶּֽה׃ וְהָֽעַוִּ֛ים הַיֹּשְׁבִ֥ים בַּחֲצֵרִ֖ים עַד־עַזָּ֑ה
כַּפְתֹּרִים֙ הַיֹּצְאִ֣ים מִכַּפְתֹּ֔ר הִשְׁמִידֻ֖ם וַיֵּשְׁב֥וּ
כד * תַחְתָּֽם׃ ק֣וּמוּ סְּע֗וּ וְעִבְרוּ֮ אֶת־נַ֣חַל אַרְנֹן֒ רְאֵ֨ה
נָתַ֜תִּי בְיָדְךָ֗ אֶת־סִיחֹ֨ן מֶֽלֶךְ־חֶשְׁבּ֧וֹן הָאֱמֹרִ֛י
כה וְאֶת־אַרְצ֖וֹ הָחֵ֣ל רָ֑שׁ וְהִתְגָּ֥ר בּ֖וֹ מִלְחָמָֽה׃ הַיּ֣וֹם
הַזֶּ֗ה אָחֵל֙ תֵּ֤ת פַּחְדְּךָ֙ וְיִרְאָ֣תְךָ֔ עַל־פְּנֵי֙ הָֽעַמִּ֔ים
תַּ֖חַת כָּל־הַשָּׁמָ֑יִם אֲשֶׁר֙ יִשְׁמְעוּן֙ שִׁמְעֲךָ֔ וְרָגְז֥וּ
כו וְחָל֖וּ מִפָּנֶֽיךָ׃ וָֽאֶשְׁלַ֤ח מַלְאָכִים֙ מִמִּדְבַּ֣ר קְדֵמ֔וֹת
אֶל־סִיח֖וֹן מֶ֣לֶךְ חֶשְׁבּ֑וֹן דִּבְרֵ֥י שָׁל֖וֹם לֵאמֹֽר׃
כז אֶעְבְּרָ֣ה בְאַרְצֶ֔ךָ בַּדֶּ֥רֶךְ בַּדֶּ֖רֶךְ אֵלֵ֑ךְ לֹ֥א אָס֖וּר
כח יָמִ֥ין וּשְׂמֽאוֹל׃ אֹ֣כֶל בַּכֶּ֤סֶף תַּשְׁבִּרֵ֙נִי֙ וְאָכַ֔לְתִּי
וּמַ֛יִם בַּכֶּ֥סֶף תִּתֶּן־לִ֖י וְשָׁתִ֑יתִי רַ֖ק אֶעְבְּרָ֥ה בְרַגְלָֽי׃
כט כַּאֲשֶׁ֨ר עָֽשׂוּ־לִ֜י בְּנֵ֣י עֵשָׂ֗ו הַיֹּֽשְׁבִים֙ בְּשֵׂעִ֔יר
וְהַמּ֣וֹאָבִ֔ים הַיֹּשְׁבִ֖ים בְּעָ֑ר עַ֤ד אֲשֶֽׁר־אֶעֱבֹר֙ אֶת־
הַיַּרְדֵּ֔ן אֶל־הָאָ֕רֶץ אֲשֶׁר־יהו֥ה אֱלֹהֵ֖ינוּ נֹתֵ֥ן לָֽנוּ׃
ל וְלֹ֣א אָבָ֗ה סִיחֹן֙ מֶ֣לֶךְ חֶשְׁבּ֔וֹן הַעֲבִרֵ֖נוּ בּ֑וֹ כִּֽי־
הִקְשָׁה֩ יהו֨ה אֱלֹהֶ֜יךָ אֶת־רוּח֗וֹ וְאִמֵּץ֙ אֶת־לְבָב֔וֹ
לא ששי ג לְמַ֛עַן תִּתּ֥וֹ בְיָדְךָ֖ כַּיּ֥וֹם הַזֶּֽה׃ וַיֹּ֤אמֶר
יהוה֙ אֵלַ֔י רְאֵ֗ה הַחִלֹּ֙תִי֙ תֵּ֣ת לְפָנֶ֔יךָ אֶת־סִיחֹ֖ן
לב וְאֶת־אַרְצ֑וֹ הָחֵ֣ל רָ֔שׁ לָרֶ֖שֶׁת אֶת־אַרְצֽוֹ׃ וַיֵּצֵ֨א
סִיחֹ֜ן לִקְרָאתֵ֗נוּ ה֛וּא וְכָל־עַמּ֖וֹ לַמִּלְחָמָ֥ה יָֽהְצָה׃

לג וַיִּתְּנֵ֛הוּ יְהֹוָ֥ה אֱלֹהֵ֖ינוּ לְפָנֵ֑ינוּ וַנַּ֥ךְ אֹת֛וֹ וְאֶת־בָּנָ֖ו
לד וְאֶת־כָּל־עַמּֽוֹ׃ וַנִּלְכֹּ֤ד אֶת־כָּל־עָרָיו֙ בָּעֵ֣ת הַהִ֔וא
וַֽנַּחֲרֵם֙ אֶת־כָּל־עִ֣יר מְתִ֔ם וְהַנָּשִׁ֖ים וְהַטָּ֑ף לֹ֥א

כג יוֹמָא הָדֵין: וְעַוָּאֵי, דְּיָתְבִין בִּרְפִיחַ עַד עַזָּה, קַפְּטְקָאֵי דִּנְפַקוּ מִקַּפְּטְקִיָא, שֵׁיצִיאוּנוּן וִיתִיבוּ
כד בְּאַתְרְהוֹן: קוּמוּ טוּלוּ, וְעִיבַרוּ יָת נַחְלָא דְאַרְנוֹן, חֲזִי דִּמְסָרִית בִּידָךְ, יָת סִיחוֹן מַלְכָּא
כה דְּחֶשְׁבּוֹן אֱמוֹרָאָה, וְיָת אַרְעֵיהּ שָׁרִי לְתָרְכוּתֵיהּ, וְתִתְגָּרֵי לְמֶעְבַּד עִמְּהוֹן קְרָב: יוֹמָא הָדֵין,
אֲשָׁרֵי לְמִתַּן זִיעְתָּךְ וְדַחַלְתָּךְ, עַל אַפֵּי עַמְמַיָּא, דִּתְחוֹת כָּל שְׁמַיָּא, דִּישְׁמְעוּן שִׁמְעָךְ,
כו וִיזוּעוּן וְיִתַּבְרוּן מִן קֳדָמָךְ: וּשְׁלַחִית אִזְגַּדִּין מִמַּדְבְּרָא קְדֵמוֹת, לְוָת סִיחוֹן מַלְכָּא דְחֶשְׁבּוֹן,
כז פִּתְגָּמֵי שְׁלָמָא לְמֵימַר: אֶעְבַּר בְּאַרְעָךְ, בְּאוֹרְחָא בְאוֹרְחָא אֵיזֵיל, לָא אֶסְטֵי לְיַמִּינָא
כח וְלִסְמָאלָא: עֲבוּרָא בְּכַסְפָּא תְזַבֵּין לִי וְאֵיכוֹל, וּמַיָּא, בְּכַסְפָּא תִּתֵּין לִי וְאֶשְׁתֵּי, לְחוֹד
כט אֶעְבַּר בְּרַגְלָי: כְּמָא דַעֲבַדוּ לִי בְּנֵי עֵשָׂו, דְּיָתְבִין בְּשֵׂעִיר, וּמוֹאֲבָאֵי, דְּיָתְבִין בִּלְחָיַת, עַד
ל דְּאֶעְבַּר יָת יַרְדְּנָא, לְאַרְעָא, דַּיְיָ אֱלָהַנָא יָהֵיב לַנָא: וְלָא אֲבָא, סִיחוֹן מַלְכָּא דְחֶשְׁבּוֹן,
לְמִשְׁבְּקַנָא לְמִעְבַּר בִּתְחוּמֵיהּ, אֲרֵי אַקְשִׁי יְיָ אֱלָהָךְ יָת רוּחֵיהּ, וְתַקִּיף יָת לִבֵּיהּ, בְּדִיל,
לא לְמִמְסְרֵיהּ בִּידָךְ כְּיוֹמָא הָדֵין: וַאֲמַר יְיָ לִי, חֲזִי, דְּשָׁרִיתִי לְמִמְסַר קֳדָמָךְ, יָת סִיחוֹן וְיָת
לב אַרְעֵיהּ, שָׁרִי לְתָרְכוּתֵיהּ, לְמֵירַת יָת אַרְעֵיהּ: וּנְפַק סִיחוֹן לְקַדָּמוּתַנָא, הוּא וְכָל עַמֵּיהּ,
לג לְאַגָּחָא קְרָבָא לְיָהַץ: וּמַסְרֵיהּ, יְיָ אֱלָהַנָא קֳדָמַנָא, וּמְחֵינָא יָתֵיהּ, וְיָת בְּנוֹהִי וְיָת כָּל עַמֵּיהּ:
לד וּכְבַשְׁנָא יָת כָּל קִרְווֹהִי בְּעִדָּנָא הַהוּא, וְגַמַּרְנָא יָת כָּל קִרְוַיָּא גֻּבְרַיָּא, וּנְשַׁיָּא וְטַפְלָא, לָא

כג) וְהָעַוִּים הַיֹּשְׁבִים בַּחֲצֵרִים וְגוֹ'. עַוִּים מִפְּלִשְׁתִּים הֵם, שֶׁעִמָּהֶם הֵם נֶחְשָׁבִים בְּסֵפֶר יְהוֹשֻׁעַ, שֶׁנֶּאֱמַר: "חֲמֵשֶׁת סַרְנֵי פְלִשְׁתִּים הָעַזָּתִי וְהָאַשְׁדּוֹדִי הָאֶשְׁקְלוֹנִי הַגִּתִּי וְהָעֶקְרוֹנִי וְהָעַוִּים" (יהושע יג, ג), וּמִפְּנֵי הַשְּׁבוּעָה שֶׁנִּשְׁבַּע אַבְרָהָם לַאֲבִימֶלֶךְ לֹא יָכְלוּ יִשְׂרָאֵל לְהוֹצִיא אַרְצָם מִיָּדָם, וְהֵבֵאתִי עֲלֵיהֶם כַּפְתּוֹרִים וְהִשְׁמִידוּם וַיֵּשְׁבוּ תַחְתָּם, וְעַכְשָׁיו אַתֶּם מֻתָּרִים לְקַחְתָּהּ מִיָּדָם:

כה) תַּחַת כָּל הַשָּׁמָיִם. לִמֵּד שֶׁעָמְדָה חַמָּה לְמֹשֶׁה בְּיוֹם מִלְחֶמֶת עוֹג, וְנוֹדַע הַדָּבָר תַּחַת כָּל הַשָּׁמָיִם:

כו) מִמִּדְבַּר קְדֵמוֹת. אַף עַל פִּי שֶׁלֹּא צִוַּנִי הַמָּקוֹם לִקְרֹא לְסִיחוֹן לְשָׁלוֹם, לָמַדְתִּי מִמִּדְבַּר סִינַי, מִן הַתּוֹרָה שֶׁקָּדְמָה לָעוֹלָם, כְּשֶׁבָּא הַקָּדוֹשׁ בָּרוּךְ הוּא לִתְּנָהּ לְיִשְׂרָאֵל חִזֵּר אוֹתָהּ עַל עֵשָׂו וְיִשְׁמָעֵאל, וְגָלוּי לְפָנָיו שֶׁלֹּא יְקַבְּלוּהָ וְאַף עַל פִּי כֵן פָּתַח לָהֶם בְּשָׁלוֹם, אַף אֲנִי קִדַּמְתִּי אֶת סִיחוֹן בְּדִבְרֵי שָׁלוֹם:

כט) כַּאֲשֶׁר עָשׂוּ לִי בְּנֵי עֵשָׂו. לֹא לְעִנְיַן לַעֲבֹר בְּאַרְצָם, אֶלָּא לְעִנְיַן מֶכֶר אֹכֶל וּמַיִם:

לב) וַיֵּצֵא סִיחֹן. לֹא שָׁלַח בִּשְׁבִיל עוֹג לַעֲזֹר לוֹ, לְלַמֶּדְךָ שֶׁלֹּא הָיוּ צְרִיכִים זֶה לָזֶה:

לג) וְאֶת בָּנָו. 'בְּנוֹ' כְּתִיב, שֶׁהָיָה לוֹ בֵּן גִּבּוֹר כְּמוֹתוֹ:

לד) מְתִם. אֲנָשִׁים. בְּבִזַּת סִיחוֹן נֶאֱמַר: "בָּזַזְנוּ לָנוּ" (להלן פסוק לה), לְשׁוֹן בִּזָּה, שֶׁהָיְתָה חֲבִיבָה עֲלֵיהֶם וּבוֹזְזִים אִישׁ לוֹ, וּכְשֶׁבָּאוּ לְבִזַּת עוֹג כְּבָר הָיוּ שְׂבֵעִים וּמְלֵאִים, וְהָיְתָה בְּזוּיָה בְּעֵינֵיהֶם וּמַקְרִיעִין וּמַשְׁלִיכִין בְּהֵמָה וּבְגָדִים, כִּי אִם כֶּסֶף וְזָהָב,

לה הִשְׁאַרְנוּ שָׂרִיד: רַק הַבְּהֵמָה בָּזַזְנוּ לָנוּ וּשְׁלַל
לו הֶעָרִים אֲשֶׁר לָכָדְנוּ: מֵעֲרֹעֵר אֲשֶׁר עַל־שְׂפַת־
נַחַל אַרְנֹן וְהָעִיר אֲשֶׁר בַּנַּחַל וְעַד־הַגִּלְעָד לֹא
הָיְתָה קִרְיָה אֲשֶׁר שָׂגְבָה מִמֶּנּוּ אֶת־הַכֹּל נָתַן
לז יְהוָה אֱלֹהֵינוּ לְפָנֵינוּ: רַק אֶל־אֶרֶץ בְּנֵי־עַמּוֹן
לֹא קָרָבְתָּ כָּל־יַד נַחַל יַבֹּק וְעָרֵי הָהָר וְכֹל
ג א אֲשֶׁר־צִוָּה יְהוָה אֱלֹהֵינוּ: וַנֵּפֶן וַנַּעַל דֶּרֶךְ הַבָּשָׁן
וַיֵּצֵא עוֹג מֶלֶךְ־הַבָּשָׁן לִקְרָאתֵנוּ הוּא וְכָל־עַמּוֹ
ב לַמִּלְחָמָה אֶדְרֶעִי: וַיֹּאמֶר יְהוָה אֵלַי אַל־תִּירָא
אֹתוֹ כִּי בְיָדְךָ נָתַתִּי אֹתוֹ וְאֶת־כָּל־עַמּוֹ וְאֶת־
אַרְצוֹ וְעָשִׂיתָ לּוֹ כַּאֲשֶׁר עָשִׂיתָ לְסִיחֹן מֶלֶךְ
ג הָאֱמֹרִי אֲשֶׁר יוֹשֵׁב בְּחֶשְׁבּוֹן: וַיִּתֵּן יְהוָה
אֱלֹהֵינוּ בְּיָדֵנוּ גַּם אֶת־עוֹג מֶלֶךְ־הַבָּשָׁן וְאֶת־
כָּל־עַמּוֹ וַנַּכֵּהוּ עַד־בִּלְתִּי הִשְׁאִיר־לוֹ שָׂרִיד:
ד וַנִּלְכֹּד אֶת־כָּל־עָרָיו בָּעֵת הַהִוא לֹא הָיְתָה
קִרְיָה אֲשֶׁר לֹא־לָקַחְנוּ מֵאִתָּם שִׁשִּׁים עִיר כָּל־
ה חֶבֶל אַרְגֹּב מַמְלֶכֶת עוֹג בַּבָּשָׁן: כָּל־אֵלֶּה
עָרִים בְּצֻרֹת חוֹמָה גְבֹהָה דְּלָתַיִם וּבְרִיחַ לְבַד
ו מֵעָרֵי הַפְּרָזִי הַרְבֵּה מְאֹד: וַנַּחֲרֵם אוֹתָם כַּאֲשֶׁר
עָשִׂינוּ לְסִיחֹן מֶלֶךְ חֶשְׁבּוֹן הַחֲרֵם כָּל־עִיר
ז מְתִם הַנָּשִׁים וְהַטָּף: וְכָל־הַבְּהֵמָה וּשְׁלַל

ח הֶעָרִים בַּזּוֹנוּ לָנוּ: וַנִּקַּח בָּעֵת הַהִוא אֶת־
הָאָרֶץ מִיַּד שְׁנֵי מַלְכֵי הָאֱמֹרִי אֲשֶׁר בְּעֵבֶר
ט הַיַּרְדֵּן מִנַּחַל אַרְנֹן עַד־הַר חֶרְמוֹן: צִידֹנִים

לה לו אַשְׁאַרְנָא מְשֵׁיזֵיב: לְחוֹד בְּעִירָא בַּזְנָא לַנָא, וַעֲדֵי קִרְוַיָּא דִּכְבַשְׁנָא: מֵעֲרוֹעֵר, דְּעַל כֵּיף
נַחְלָא דְּאַרְנוֹן, וְקַרְתָּא דִּבְנַחְלָא וְעַד גִּלְעָד, לָא הֲוָת קַרְתָּא, דִּתְקֵיפַת מִנַּנָא, יָת כּוֹלָּא,
לז מְסַר, יי אֱלָהַנָא קֳדָמָנָא: לְחוֹד, לַאֲרַע בְּנֵי עַמּוֹן לָא קְרֵיבְתָּא, כָּל כֵּיף, נְחַל יֻבְקָא וְקִרְוֵי
ג א טוּרָא, וְכָל דְּפַקֵּיד יי אֱלָהַנָא: וְאִתְפְּנֵינָא וּסְלֵיקְנָא, לְאוֹרַח מַתְנַן, וּנְפַק עוֹג מַלְכָּא דְּמַתְנַן
ב לְקַדָּמוּתַנָא, הוּא וְכָל עַמֵּיהּ, לְאַגָּחָא קְרָבָא לְאֶדְרֶעִי: וַאֲמַר יי לִי לָא תִדְחַל מִנֵּיהּ, אֲרֵי
בִידָךְ, מְסַרִית יָתֵיהּ, וְיָת כָּל עַמֵּיהּ וְיָת אַרְעֵיהּ, וְתַעֲבֵיד לֵיהּ, כְּמָא דַּעֲבַדְתָּא, לְסִיחוֹן מַלְכָּא
ג אֱמוֹרָאָה, דְּיָתֵיב בְּחֶשְׁבּוֹן: וּמְסַר יי אֱלָהַנָא בִּידַנָא, אַף, יָת עוֹג מַלְכָּא דְּמַתְנַן וְיָת כָּל עַמֵּיהּ,
ד וּמְחֵינָהִי, עַד דְּלָא אִשְׁתְּאַר לֵיהּ מְשֵׁיזֵיב: וּכְבַשְׁנָא יָת כָּל קִרְווֹהִי בְּעִדָּנָא הַהוּא, לָא הֲוָת
ה קַרְתָּא, דְּלָא נְסֵיבְנָא מִנְּהוֹן, שִׁתִּין קִרְוִין כָּל בֵּית פֶּלֶךְ טְרָכוֹנָא, מַלְכוּתֵיהּ דְּעוֹג בְּמַתְנַן: כָּל
אִלֵּין, קִרְוִין כְּרִיכָן, מַקְּפָן שׁוּר רָם דִּילְהוֹן דָּשִׁין וְעַבְרִין, בָּר, מִקִּרְוֵי פַּצְחַיָּא דְּסַגִּיאָן לַחֲדָא:
ו וְגַמַּרְנָא יָתְהוֹן, כְּמָא דַּעֲבַדְנָא, לְסִיחוֹן מַלְכָּא דְּחֶשְׁבּוֹן, גַּמַּרְנָא יָת כָּל קִרְוַיָּא גֻּבְרַיָּא, נְשַׁיָּא
ז ח וְטַפְלָא: וְכָל בְּעִירָא, וַעֲדֵי קִרְוַיָּא בַּזְנָא לַנָא: וּכְבַשְׁנָא, בְּעִדָּנָא הַהוּא יָת אַרְעָא, מִיַּד, תְּרֵין
ט מַלְכֵי אֱמוֹרָאָה, דִּבְעִבְרָא דְּיַרְדְּנָא, מִנַּחְלָא דְּאַרְנוֹן עַד טוּרָא דְּחֶרְמוֹן: צִידוֹנָאֵי,

לְכָךְ נֶאֱמַר: "בַּזּוֹנוּ לָנוּ" (להלן ג, ז), לְשׁוֹן בִּזָּיוֹן. כָּךְ נִדְרָשׁ בְּסִפְרֵי בְּפָרָשַׁת 'וַיֵּשֶׁב יִשְׂרָאֵל בַּשִּׁטִּים' (ספרי במדבר קלא):

לז) כָּל יַד נַחַל יַבֹּק. כָּל אֵצֶל נַחַל יַבֹּק: וְכֹל אֲשֶׁר צִוָּה ה' אֱלֹהֵינוּ. שֶׁלֹּא לִכְבֹּשׁ, הִנַּחְנוּ:

פרק ג

א) וַנֵּפֶן וַנַּעַל. כָּל לְצַד צָפוֹן עֲלִיָּה הִיא:

ב) אַל תִּירָא אֹתוֹ. וּבְסִיחוֹן לֹא הֻצְרַךְ לוֹמַר 'אַל תִּירָא אֹתוֹ', אֶלָּא מִתְיָרֵא הָיָה מֹשֶׁה שֶׁלֹּא תַעֲמֹד לוֹ זְכוּת שֶׁשִּׁמֵּשׁ לְאַבְרָהָם, שֶׁנֶּאֱמַר: "וַיָּבֹא הַפָּלִיט" (בראשית יד, יג) וְהוּא עוֹג:

ד) חֶבֶל אַרְגֹּב. מְתַרְגְּמִינַן: "בֵּית פֶּלֶךְ טְרָכוֹנָא". וְרָאִיתִי תַּרְגּוּם יְרוּשַׁלְמִי בִּמְגִלַּת אֶסְתֵּר (א, ג) קוֹרֵא פַּלָּטִין - טְרַכּוֹנִין, לָמַדְתִּי "חֶבֶל אַרְגֹּב" - הַפַּרְכִיָּא שֶׁל הֵיכַל הַמֶּלֶךְ, כְּלוֹמַר שֶׁהַמַּלְכוּת נִקְרָא עַל שְׁמָהּ וְכֵן: "אֶת אַרְגֹּב" דִּמְלָכִים (ב' טו, כה), אֵצֶל הֵיכַל הַמֶּלֶךְ הֲרָגוֹ פֶּקַח לְ[פְקַחְיָה בֶּן] מְנַחֵם:

ה) מֵעָרֵי הַפְּרָזִי. פְּרוּזוֹת וּפְתוּחוֹת בְּלֹא חוֹמָה, וְכֵן: "פְּרָזוֹת תֵּשֵׁב יְרוּשָׁלַ‍ִם" (זכריה ב, ח):

ו) הַחֲרֵם. לְשׁוֹן הֹוֶה, הָלוֹךְ וְכַלּוֹת:

ח) מִיַּד. מֵרְשׁוּת:

ט) צִידֹנִים יִקְרְאוּ לְחֶרְמוֹן וְגוֹ'. וּבְמָקוֹם אַחֵר הוּא אוֹמֵר: "וְעַד הַר שִׂיאֹן הוּא חֶרְמוֹן" (להלן ד, מח), הֲרֵי לוֹ אַרְבָּעָה שֵׁמוֹת. לָמָּה הֻצְרְכוּ לִכָּתֵב? לְהַגִּיד שֶׁבַח אֶרֶץ יִשְׂרָאֵל, שֶׁהָיוּ אַרְבַּע מַלְכֻיּוֹת

יִקְרְא֥וּ לְחֶרְמ֖וֹן שִׂרְיֹ֑ן וְהָ֣אֱמֹרִ֔י יִקְרְאוּ־ל֖וֹ
י שְׂנִֽיר׃ כֹּ֣ל ׀ עָרֵ֣י הַמִּישֹׁ֗ר וְכָל־הַגִּלְעָד֙ וְכָל־
הַבָּשָׁ֔ן עַד־סַלְכָ֖ה וְאֶדְרֶ֑עִי עָרֵ֛י מַמְלֶ֥כֶת ע֖וֹג
יא בַּבָּשָֽׁן׃ כִּ֣י רַק־ע֞וֹג מֶ֣לֶךְ הַבָּשָׁ֗ן נִשְׁאַר֮ מִיֶּ֣תֶר
הָרְפָאִים֒ הִנֵּ֤ה עַרְשׂוֹ֙ עֶ֣רֶשׂ בַּרְזֶ֔ל הֲלֹ֣ה הִ֔וא
בְּרַבַּ֖ת בְּנֵ֣י עַמּ֑וֹן תֵּ֨שַׁע אַמּ֤וֹת אָרְכָּהּ֙ וְאַרְבַּ֣ע
יב אַמּ֥וֹת רָחְבָּ֖הּ בְּאַמַּת־אִֽישׁ׃ וְאֶת־הָאָ֧רֶץ
הַזֹּ֛את יָרַ֖שְׁנוּ בָּעֵ֣ת הַהִ֑וא מֵעֲרֹעֵ֞ר אֲשֶׁר־
עַל־נַ֣חַל אַרְנֹ֗ן וַחֲצִ֤י הַר־הַגִּלְעָד֙ וְעָרָ֔יו נָתַ֕תִּי
יג לָרֻאוּבֵנִ֖י וְלַגָּדִֽי׃ וְיֶ֨תֶר הַגִּלְעָ֤ד וְכָל־הַבָּשָׁן֙
מַמְלֶ֣כֶת ע֔וֹג נָתַ֕תִּי לַחֲצִ֖י שֵׁ֣בֶט הַֽמְנַשֶּׁ֑ה כֹּ֣ל
חֶ֤בֶל הָֽאַרְגֹּב֙ לְכָל־הַבָּשָׁ֔ן הַה֥וּא יִקָּרֵ֖א אֶ֥רֶץ
יד רְפָאִֽים׃ יָאִ֣יר בֶּן־מְנַשֶּׁ֗ה לָקַח֙ אֶת־כָּל־חֶ֣בֶל
אַרְגֹּ֔ב עַד־גְּב֥וּל הַגְּשׁוּרִ֖י וְהַמַּֽעֲכָתִ֑י וַיִּקְרָא֩
אֹתָ֨ם עַל־שְׁמ֤וֹ אֶת־הַבָּשָׁן֙ חַוֺּ֣ת יָאִ֔יר עַ֖ד
טו שביעי הַיּ֥וֹם הַזֶּֽה׃ וּלְמָכִ֖יר נָתַ֥תִּי אֶת־הַגִּלְעָֽד׃
טז וְלָרֻאוּבֵנִ֨י וְלַגָּדִ֜י נָתַ֣תִּי מִן־הַגִּלְעָד֙ וְעַד־נַ֣חַל
אַרְנֹ֔ן תּ֥וֹךְ הַנַּ֖חַל וּגְבֻ֑ל וְעַד֙ יַבֹּ֣ק הַנַּ֔חַל גְּב֖וּל
יז בְּנֵ֥י עַמּֽוֹן׃ וְהָעֲרָבָ֖ה וְהַיַּרְדֵּ֣ן וּגְבֻ֑ל מִכִּנֶּ֗רֶת
וְעַ֨ד יָ֤ם הָעֲרָבָה֙ יָ֣ם הַמֶּ֔לַח תַּ֖חַת אַשְׁדֹּ֥ת
יח הַפִּסְגָּ֖ה מִזְרָֽחָה׃ וָאֲצַ֣ו אֶתְכֶ֔ם בָּעֵ֥ת הַהִ֖וא

לֵאמֹר יְהוָה אֱלֹהֵיכֶם נָתַן לָכֶם אֶת־הָאָרֶץ
הַזֹּאת לְרִשְׁתָּהּ חֲלוּצִים תַּעַבְרוּ לִפְנֵי אֲחֵיכֶם
יט בְּנֵי־יִשְׂרָאֵל כָּל־בְּנֵי־חָיִל: רַק נְשֵׁיכֶם וְטַפְּכֶם
וּמִקְנֵכֶם יָדַעְתִּי כִּי־מִקְנֶה רַב לָכֶם יֵשְׁבוּ

י קְרַן לְחֶרְמוֹן שִׂרְיוֹן, וֶאֱמוֹרָאֵי, קָרַן לֵיהּ טוּר תַּלְגָּא: כֹּל קִרְוֵי מֵישְׁרָא, וְכָל גִּלְעָד וְכָל מַתְנַן, עַד
יא סַלְכָה וְאֶדְרֶעִי, קִרְוֵי, מַלְכוּתֵיהּ דְּעוֹג בְּמַתְנַן: אֲרֵי לְחוֹד עוֹג מַלְכָּא דְּמַתְנַן, אִשְׁתְּאַר מִשְּׁאָר
גִּבָּרַיָּא, הָא עַרְסֵיהּ עַרְסָא דְּבַרְזְלָא, הֲלָא הִיא, בְּרַבַּת בְּנֵי עַמּוֹן, תְּשַׁע אַמִּין אֻרְכַּהּ, וְאַרְבַּע
יב אַמִּין, פְּתָיַהּ בְּאַמַּת מְלַךְ: וְיָת אַרְעָא הָדָא, יְרִיתְנָא בְּעִדָּנָא הַהוּא, מֵעֲרוֹעֵר דְּעַל נַחְלָא
יג דְּאַרְנוֹן, וּפַלְגוּת טוּרָא דְּגִלְעָד וְקִרְווֹהִי, יְהַבִית, לְשִׁבְטָא רְאוּבֵן וּלְשִׁבְטָא גָד: וּשְׁאָר גִּלְעָד וְכָל
מַתְנַן מַלְכוּתֵיהּ דְּעוֹג, יְהַבִית, לְפַלְגוּת שִׁבְטָא דִּמְנַשֶּׁה, כָּל בֵּית פֶּלֶךְ טְרָכוֹנָא לְכָל מַתְנַן,
יד הַהוּא מִתְקְרֵי אֲרַע גִּבָּרַיָּא: יָאִיר בַּר מְנַשֶּׁה, נְסֵיב יָת כָּל בֵּית פֶּלֶךְ טְרָכוֹנָא, עַד תְּחוּם
טו גְּשׁוּרָאָה וַאֲפִיקוֹרוֹס, וּקְרָא יָתְהוֹן עַל שְׁמֵיהּ יָת מַתְנַן כַּפְרָנֵי יָאִיר, עַד יוֹמָא הָדֵין: וּלְמָכִיר
טז יְהַבִית יָת גִּלְעָד: וּלְשִׁבְטָא רְאוּבֵן וּלְשִׁבְטָא גָד, יְהַבִית מִן גִּלְעָד וְעַד נַחְלָא דְּאַרְנוֹן, גּוֹ נַחְלָא
יז וּתְחוּמֵיהּ, וְעַד יֻבְקָא דְּנַחְלָא, תְּחוּמָא דִּבְנֵי עַמּוֹן: וּמֵישְׁרָא וְיַרְדְּנָא וּתְחוּמֵיהּ, מִגְּנֵיסַר, וְעַד
יח יַמָּא דְּמֵישְׁרָא יַמָּא דְּמִלְחָא, תְּחוֹת, מַשְׁפַּךְ מֵרָמָתָא מַדִּנְחָא: וּפַקֵּידִית יָתְכוֹן, בְּעִדָּנָא הַהוּא
לְמֵימַר, יְיָ אֱלָהֲכוֹן, יָהֵיב לְכוֹן, יָת אַרְעָא הָדָא לְמֵירְתַהּ, מְזָרְזִין תִּעְבְּרוּן, קֳדָם, אֲחֵיכוֹן בְּנֵי
יט יִשְׂרָאֵל כָּל מְזָרְזֵי חֵילָא: לְחוֹד, נְשֵׁיכוֹן וְטַפְלְכוֹן וּגְיתֵיכוֹן, יְדַעְנָא, אֲרֵי בְעִיר סַגִּי לְכוֹן, יִתְּבוּן

מִתְפַּחֲדוֹת בְּכָךְ, זוֹ אוֹמֶרֶת עַל שְׁמִי יִקָּרֵא, וְזוֹ אוֹמֶרֶת עַל שְׁמִי יִקָּרֵא: שְׂנִיר. הוּא שֶׁלֶג בִּלְשׁוֹן אַשְׁכְּנַז וּבִלְשׁוֹן כְּנַעַן:

יא| מִיֶּתֶר הָרְפָאִים. שֶׁהָרְגוּ אַמְרָפֶל וַחֲבֵרָיו בְּעַשְׁתְּרוֹת קַרְנַיִם, וְהוּא פָּלַט מִן הַמִּלְחָמָה, שֶׁנֶּאֱמַר: "וַיָּבֹא הַפָּלִיט" (בראשית יד, יג), זֶהוּ עוֹג: בְּאַמַּת אִישׁ. בְּאַמַּת עוֹג:

יב| וְאֶת הָאָרֶץ הַזֹּאת. הָאֲמוּרָה לְמַעְלָה מִנַּחַל אַרְנֹן וְעַד הַר חֶרְמוֹן (לעיל פסוק ח), "יָרַשְׁנוּ בָּעֵת הַהִיא": מֵעֲרֹעֵר אֲשֶׁר עַל נַחַל אַרְנֹן. אֵינוֹ מְחֻבָּר לְרֹאשׁוֹ שֶׁל מִקְרָא אֶלָּא לְסוֹפוֹ, עַל "נָתַתִּי לָראוּבֵנִי וְלַגָּדִי", אֲבָל לְעִנְיַן יְרֻשָּׁה עַד הַר חֶרְמוֹן הָיָה:

יג| הַהוּא יִקָּרֵא אֶרֶץ רְפָאִים. הִיא אוֹתָהּ שֶׁנָּתַתִּי לְאַבְרָהָם:

טז| תּוֹךְ הַנַּחַל וּגְבֻל. כָּל הַנַּחַל וְעַד מֵעֵבֶר לִשְׂפָתוֹ, כְּלוֹמַר, עַד וְעַד בִּכְלָל, וְיוֹתֵר מִכָּאן:

יז| כִּנֶּרֶת. מֵעֵבֶר הַיַּרְדֵּן הַמַּעֲרָבִי הִיא, וְנַחֲלַת בְּנֵי גָד מֵעֵבֶר הַיַּרְדֵּן הַמִּזְרָחִי, וְנָפַל בְּגוֹרָלָם רֹחַב הַיַּרְדֵּן כְּנֶגְדָּם וְעוֹד מֵעֵבֶר לִשְׂפָתוֹ עַד כִּנֶּרֶת, וְזֶהוּ שֶׁנֶּאֱמַר: "וְהַיַּרְדֵּן וּגְבֻל", הַיַּרְדֵּן וּמֵעֵבֶר לוֹ:

יח| וָאֲצַו אֶתְכֶם. לִבְנֵי רְאוּבֵן וְגָד הָיָה מְדַבֵּר: לִפְנֵי אֲחֵיכֶם. הֵם הָיוּ הוֹלְכִים לִפְנֵי יִשְׂרָאֵל לַמִּלְחָמָה, לְפִי שֶׁהָיוּ גִּבּוֹרִים וְאוֹיְבִים נוֹפְלִים לִפְנֵיהֶם, שֶׁנֶּאֱמַר: "וְטָרַף זְרוֹעַ אַף קָדְקֹד" (דברים לג, כ):

מפטיר

כ בְּעָרֵיכֶם אֲשֶׁר נָתַתִּי לָכֶם׃ עַד אֲשֶׁר־יָנִיחַ
יְהוָה ׀ לַאֲחֵיכֶם כָּכֶם וְיָרְשׁוּ גַם־הֵם אֶת־
הָאָרֶץ אֲשֶׁר יְהוָה אֱלֹהֵיכֶם נֹתֵן לָהֶם בְּעֵבֶר
הַיַּרְדֵּן וְשַׁבְתֶּם אִישׁ לִירֻשָּׁתוֹ אֲשֶׁר נָתַתִּי
כא לָכֶם׃ וְאֶת־יְהוֹשׁוּעַ צִוֵּיתִי בָּעֵת הַהִוא לֵאמֹר
עֵינֶיךָ הָרֹאֹת אֵת כָּל־אֲשֶׁר עָשָׂה יְהוָה
אֱלֹהֵיכֶם לִשְׁנֵי הַמְּלָכִים הָאֵלֶּה כֵּן־יַעֲשֶׂה

הפטרת דברים

ישעיהו פעל ביהודה ובירושלים עשרות שנים בימי עוזיהו, יותם, אחז וחזקיהו. בתקופה זו ידעה יהודה תהפוכות רבות בתחום הרוחני, המדיני-צבאי והכלכלי-חברתי. ישעיהו מזכיר בהפטרה פעמיים את סדום. פעם אחת היא מסמלת את הענישה החמורה שנענשו בה ופעם שנייה את הרשעות הקיצונית שנהגו בה. למנהיגים יש תפקיד מרכזי בעיצוב האווירה הציבורית, לטוב ולרע. הנביא מתאר הנהגה מושחתת, המנצלת את עמדות הכוח שלה לטובת עצמה, ברמיסת השכבות החלשות. הרמאות מחלחלת מן ההנהגה לשווקים ולבתים. מוכרים מוצרים מזויפים כמקוריים וקריה נאמנה מלאה מרצחים. תיקון העיוותים יצלח רק אם המנהיגות המושחתת תוחלף במנהיגות ראויה. זה החזון שיש להציב בכל שנה בשבת "חזון".

ישעיה
האשכנזים והספרדים מתחילים כאן

א א חֲזוֹן יְשַׁעְיָהוּ בֶן־אָמוֹץ אֲשֶׁר חָזָה עַל־יְהוּדָה וִירוּשָׁלָ‍ִם בִּימֵי עֻזִּיָּהוּ
ב יוֹתָם אָחָז יְחִזְקִיָּהוּ מַלְכֵי יְהוּדָה׃ שִׁמְעוּ שָׁמַיִם וְהַאֲזִינִי אֶרֶץ כִּי יְהוָה
ג דִּבֵּר בָּנִים גִּדַּלְתִּי וְרוֹמַמְתִּי וְהֵם פָּשְׁעוּ בִי׃ יָדַע שׁוֹר קֹנֵהוּ וַחֲמוֹר
ד אֵבוּס בְּעָלָיו יִשְׂרָאֵל לֹא יָדַע עַמִּי לֹא הִתְבּוֹנָן׃ הוֹי ׀ גּוֹי חֹטֵא עַם
כֶּבֶד עָוֹן זֶרַע מְרֵעִים בָּנִים מַשְׁחִיתִים עָזְבוּ אֶת־יְהוָה נִאֲצוּ אֶת־
ה קְדוֹשׁ יִשְׂרָאֵל נָזֹרוּ אָחוֹר׃ עַל מֶה תֻכּוּ עוֹד תּוֹסִיפוּ סָרָה כָּל־רֹאשׁ
ו לָחֳלִי וְכָל־לֵבָב דַּוָּי׃ מִכַּף־רֶגֶל וְעַד־רֹאשׁ אֵין־בּוֹ מְתֹם פֶּצַע וְחַבּוּרָה
ז וּמַכָּה טְרִיָּה לֹא־זֹרוּ וְלֹא חֻבָּשׁוּ וְלֹא רֻכְּכָה בַּשָּׁמֶן׃ אַרְצְכֶם שְׁמָמָה
עָרֵיכֶם שְׂרֻפוֹת אֵשׁ אַדְמַתְכֶם לְנֶגְדְּכֶם זָרִים אֹכְלִים אֹתָהּ וּשְׁמָמָה
ח כְּמַהְפֵּכַת זָרִים׃ וְנוֹתְרָה בַת־צִיּוֹן כְּסֻכָּה בְכָרֶם כִּמְלוּנָה בְמִקְשָׁה
ט כְּעִיר נְצוּרָה׃ לוּלֵי יְהוָה צְבָאוֹת הוֹתִיר לָנוּ שָׂרִיד כִּמְעָט כִּסְדֹם הָיִינוּ

יְהוָה לְכָל־הַמַּמְלָכוֹת אֲשֶׁר אַתָּה עֹבֵר שָׁמָּה׃
כב לֹא תִּירָאוּם כִּי יְהוָה אֱלֹהֵיכֶם הוּא הַנִּלְחָם
לָכֶם׃

כ בִּקְרְוֵיכוֹן, דִּיהַבִית לְכוֹן׃ עַד, דִּינִיחַ יי לַאֲחֵיכוֹן כְּוָתְכוֹן, וְיֵירְתוּן אַף אִנּוּן, יָת אַרְעָא, דַּיי
כא אֱלָהֲכוֹן, יָהֵיב לְהוֹן בְּעִבְרָא דְיַרְדְּנָא, וּתְתוּבוּן, גְּבַר לִירֻתְּתֵיהּ, דִּיהַבִית לְכוֹן׃ וְיָת יְהוֹשֻׁעַ
פַּקֵּידִית, בְּעִדָּנָא הַהוּא לְמֵימַר, עֵינָךְ חֲזָאָה, יָת כָּל דַּעֲבַד, יי אֱלָהֲכוֹן לִתְרֵין מַלְכַיָּא הָאִלֵּין,
כב כֵּן יַעְבֵּיד יי לְכָל מַלְכְוָתָא, דְּאַתְּ עָבַר לְתַמָּן׃ לָא תִדְחֲלוּן מִנְּהוֹן, אֲרֵי יי אֱלָהֲכוֹן, מֵימְרֵיהּ
מְגִיחַ לְכוֹן׃

י לַעֲמֹרָה דָּמִינוּ׃ שִׁמְעוּ דְבַר־יְהוָה קְצִינֵי סְדֹם הַאֲזִינוּ
יא תּוֹרַת אֱלֹהֵינוּ עַם עֲמֹרָה׃ לָמָּה־לִּי רֹב־זִבְחֵיכֶם יֹאמַר יְהוָה שָׂבַעְתִּי
עֹלוֹת אֵילִים וְחֵלֶב מְרִיאִים וְדַם פָּרִים וּכְבָשִׂים וְעַתּוּדִים לֹא חָפָצְתִּי׃
יב יג כִּי תָבֹאוּ לֵרָאוֹת פָּנָי מִי־בִקֵּשׁ זֹאת מִיֶּדְכֶם רְמֹס חֲצֵרָי׃ לֹא תוֹסִיפוּ
הָבִיא מִנְחַת־שָׁוְא קְטֹרֶת תּוֹעֵבָה הִיא לִי חֹדֶשׁ וְשַׁבָּת קְרֹא מִקְרָא
יד לֹא־אוּכַל אָוֶן וַעֲצָרָה׃ חָדְשֵׁיכֶם וּמוֹעֲדֵיכֶם שָׂנְאָה נַפְשִׁי הָיוּ עָלַי
טו לָטֹרַח נִלְאֵיתִי נְשֹׂא׃ וּבְפָרִשְׂכֶם כַּפֵּיכֶם אַעְלִים עֵינַי מִכֶּם גַּם כִּי־
טז תַרְבּוּ תְפִלָּה אֵינֶנִּי שֹׁמֵעַ יְדֵיכֶם דָּמִים מָלֵאוּ׃ רַחֲצוּ הִזַּכּוּ הָסִירוּ רֹעַ
יז מַעַלְלֵיכֶם מִנֶּגֶד עֵינָי חִדְלוּ הָרֵעַ׃ לִמְדוּ הֵיטֵב דִּרְשׁוּ מִשְׁפָּט אַשְּׁרוּ
יח חָמוֹץ שִׁפְטוּ יָתוֹם רִיבוּ אַלְמָנָה׃ לְכוּ־נָא וְנִוָּכְחָה יֹאמַר
יְהוָה אִם־יִהְיוּ חֲטָאֵיכֶם כַּשָּׁנִים כַּשֶּׁלֶג יַלְבִּינוּ אִם־יַאְדִּימוּ כַתּוֹלָע
יט כ כַּצֶּמֶר יִהְיוּ׃ אִם־תֹּאבוּ וּשְׁמַעְתֶּם טוּב הָאָרֶץ תֹּאכֵלוּ׃ וְאִם־תְּמָאֲנוּ
כא וּמְרִיתֶם חֶרֶב תְּאֻכְּלוּ כִּי פִּי יְהוָה דִּבֵּר׃ *אֵיכָה הָיְתָה התימנים מתחילים כאן
לְזוֹנָה קִרְיָה נֶאֱמָנָה מְלֵאֲתִי מִשְׁפָּט צֶדֶק יָלִין בָּהּ וְעַתָּה מְרַצְּחִים׃
כב כג כַּסְפֵּךְ הָיָה לְסִיגִים סָבְאֵךְ מָהוּל בַּמָּיִם׃ שָׂרַיִךְ סוֹרְרִים וְחַבְרֵי גַּנָּבִים
כֻּלּוֹ אֹהֵב שֹׁחַד וְרֹדֵף שַׁלְמֹנִים יָתוֹם לֹא יִשְׁפֹּטוּ וְרִיב אַלְמָנָה לֹא־יָבוֹא

דברים

אֲלֵיהֶֽם: לָכֵ֗ן נְאֻ֤ם הָֽאָדוֹן֙ יְהוָ֣ה צְבָא֔וֹת אֲבִ֖יר יִשְׂרָאֵ֑ל כד
ה֤וֹי אֶנָּחֵם֙ מִצָּרַ֔י וְאִנָּקְמָ֖ה מֵאוֹיְבָֽי: וְאָשִׁ֤יבָה יָדִי֙ עָלַ֔יִךְ וְאֶצְרֹ֥ף כַּבֹּ֖ר סִיגָ֑יִךְ כה
וְאָסִ֖ירָה כָּל־בְּדִילָֽיִךְ: וְאָשִׁ֤יבָה שֹׁפְטַ֙יִךְ֙ כְּבָרִ֣אשֹׁנָ֔ה וְיֹעֲצַ֖יִךְ כְּבַתְּחִלָּ֑ה כו
אַחֲרֵי־כֵ֗ן יִקָּ֤רֵא לָךְ֙ עִ֣יר הַצֶּ֔דֶק קִרְיָ֖ה נֶאֱמָנָֽה: צִיּ֖וֹן בְּמִשְׁפָּ֣ט תִּפָּדֶ֑ה כז
וְשָׁבֶ֖יהָ בִּצְדָקָֽה:* וְשֶׁ֧בֶר פֹּשְׁעִ֛ים וְחַטָּאִ֖ים יַחְדָּ֑ו וְעֹזְבֵ֥י יְהוָ֖ה יִכְלֽוּ: כִּ֣י כח
יֵבֹ֔שׁוּ מֵאֵילִ֖ים אֲשֶׁ֣ר חֲמַדְתֶּ֑ם וְתַ֨חְפְּר֔וּ מֵהַגַּנּ֖וֹת אֲשֶׁ֥ר בְּחַרְתֶּֽם: כִּ֤י תִֽהְיוּ֙ כט
כְּאֵלָ֔ה נֹבֶ֖לֶת עָלֶ֑הָ וּֽכְגַנָּ֔ה אֲשֶׁר־מַ֖יִם אֵ֥ין לָֽהּ: וְהָיָ֤ה הֶחָסֹן֙ לִנְעֹ֔רֶת ל
וּפֹעֲל֖וֹ לְנִיצ֑וֹץ וּבָעֲר֧וּ שְׁנֵיהֶ֛ם יַחְדָּ֖ו וְאֵ֥ין מְכַבֶּֽה:

האשכנזים
והספרדים
מסיימים כאן

פרשת
ואתחנן

ואתחנן

כג וָאֶתְחַנַּ֖ן אֶל־יְהוָ֑ה בָּעֵ֥ת הַהִ֖וא לֵאמֹֽר: אֲדֹנָ֣י יֱהֹוִ֗ה אַתָּ֤ה הַֽחִלּ֙וֹתָ֙ לְהַרְא֣וֹת אֶֽת־עַבְדְּךָ֔ אֶ֨ת־גָּדְלְךָ֔ וְאֶת־יָדְךָ֖ הַחֲזָקָ֑ה אֲשֶׁ֤ר מִי־אֵל֙ בַּשָּׁמַ֣יִם וּבָאָ֔רֶץ אֲשֶׁר־יַעֲשֶׂ֥ה כְמַעֲשֶׂ֖יךָ וְכִגְבוּרֹתֶֽךָ:
כה אֶעְבְּרָה־נָּ֗א וְאֶרְאֶה֙ אֶת־הָאָ֣רֶץ הַטּוֹבָ֔ה אֲשֶׁ֖ר בְּעֵ֣בֶר הַיַּרְדֵּ֑ן הָהָ֥ר הַטּ֛וֹב הַזֶּ֖ה וְהַלְּבָנֹֽן:
כו וַיִּתְעַבֵּ֨ר יְהוָ֥ה בִּי֙ לְמַ֣עַנְכֶ֔ם וְלֹ֥א שָׁמַ֖ע אֵלָ֑י וַיֹּ֨אמֶר יְהוָ֤ה אֵלַי֙ רַב־לָ֔ךְ אַל־תּ֗וֹסֶף דַּבֵּ֥ר אֵלַ֛י ע֖וֹד בַּדָּבָ֥ר הַזֶּֽה:
כז עֲלֵ֣ה ׀ רֹ֣אשׁ הַפִּסְגָּ֗ה וְשָׂ֥א עֵינֶ֛יךָ יָ֧מָּה וְצָפֹ֛נָה וְתֵימָ֥נָה וּמִזְרָ֖חָה וּרְאֵ֣ה בְעֵינֶ֑יךָ כִּי־לֹ֥א תַעֲבֹ֖ר אֶת־הַיַּרְדֵּ֥ן הַזֶּֽה:
כח וְצַ֥ו אֶת־יְהוֹשֻׁ֖עַ וְחַזְּקֵ֣הוּ וְאַמְּצֵ֑הוּ כִּי־ה֣וּא יַעֲבֹ֗ר לִפְנֵי֙ הָעָ֣ם הַזֶּ֔ה וְהוּא֙ יַנְחִ֣יל אוֹתָ֔ם אֶת־הָאָ֖רֶץ אֲשֶׁ֥ר תִּרְאֶֽה:
כט וַנֵּ֣שֶׁב בַּגָּ֔יְא מ֖וּל בֵּ֥ית פְּעֽוֹר:

כג) **וָאֶתְחַנַּן.** אֵין חִנּוּן בְּכָל מָקוֹם אֶלָּא לְשׁוֹן מַתְּנַת חִנָּם. אַף עַל פִּי שֶׁיֵּשׁ לָהֶם לַצַּדִּיקִים לִתְלוֹת בְּמַעֲשֵׂיהֶם הַטּוֹבִים, אֵין מְבַקְשִׁים מֵאֵת הַמָּקוֹם אֶלָּא מַתְּנַת חִנָּם. דָּבָר אַחֵר, זֶה אֶחָד מֵעֲשָׂרָה לְשׁוֹנוֹת שֶׁנִּקְרֵאת תְּפִלָּה, כִּדְאִיתָא בְּסִפְרֵי (טו): **בָּעֵת הַהִוא.** לְאַחַר שֶׁכָּבַשְׁתִּי אֶרֶץ

ואתחנן

כג וְצַלֵּיתִי קֳדָם יְיָ, בְּעִדָּנָא הַהוּא לְמֵימַר: יְיָ אֱלֹהִים, אַתְּ שָׁרִיתָא לְאַחֲזָאָה יָת עַבְדָּךְ, יָת רְבוּתָךְ, וְיָת יְדָךְ תַּקִּיפְתָּא, דְּאַתְּ הוּא אֱלָהָא דִּשְׁכִינְתָּךְ בִּשְׁמַיָּא מִלְּעֵילָא וְשַׁלִּיט
כה בְּאַרְעָא, לֵית דְּיַעֲבֵיד כְּעוֹבָדָךְ וּכִגְבוּרְוָתָךְ: אֶעְבַּר כְּעַן, וְאֶחֱזֵי יָת אַרְעָא טָבְתָא,
כו דִּבְעִבְרָא דְיַרְדְּנָא, טוּרָא טָבָא, הָדֵין וּבֵית מַקְדְּשָׁא: וַהֲוָה רְגַז מִן קֳדָם יְיָ עֲלַי בְּדִילְכוֹן
כז וְלָא קַבֵּיל מִנִּי, וַאֲמַר יְיָ לִי סַגִּי לָךְ, לָא תוֹסֵיף, לְמַלָּלָא קֳדָמַי, עוֹד בְּפִתְגָמָא הָדֵין: סַק לְרֵישׁ רָמָתָא, וּזְקוֹף עֵינָךְ, לְמַעְרְבָא וּלְצִפּוּנָא, וּלְדָרוֹמָא וּלְמַדִינְחָא וַחֲזִי בְעֵינָךְ, אֲרֵי
כח לָא תִעְבַּר יָת יַרְדְּנָא הָדֵין: וּפַקֵּיד יָת יְהוֹשֻׁעַ וְתַקֵּיפְהִי וְאַלֵּימְהִי, אֲרֵי הוּא יְעִבַּר, קֳדָם
כט עַמָּא הָדֵין, וְהוּא יַחֲסֵין יָתְהוֹן, יָת אַרְעָא דְּתֶחֱזֵי: וִיתֵיבְנָא בְחֵילְתָא, לָקֳבֵיל בֵּית פְּעוֹר:

סִיחוֹן וְעוֹג, דְּמִיתֵי שָׁמַּעְתָּ הִתַּרְתָּ הַנֶּדֶר: לֵאמֹר. זֶה אֶחָד מִשְּׁלֹשָׁה מְקוֹמוֹת שֶׁאָמַר מֹשֶׁה לִפְנֵי הַמָּקוֹם: אֵינִי מַנִּיחֲךָ עַד שֶׁתּוֹדִיעֵנִי אִם תַּעֲשֶׂה שְׁאֵלָתִי אִם לָאו:

כד ה' אֱלֹהִים. רַחוּם בַּדִּין. אַתָּה הַחִלּוֹתָ לְהַרְאוֹת אֶת עַבְדְּךָ. פֶּתַח לִהְיוֹת עוֹמֵד וּמִתְפַּלֵּל אַף עַל פִּי שֶׁנִּגְזְרָה גְּזֵרָה. אָמַר לוֹ: מִמְּךָ לָמַדְתִּי, שֶׁאָמַרְתָּ לִי: "וְעַתָּה הַנִּיחָה לִי" (שמות לב, י), וְכִי תוֹפֵס הָיִיתִי בְּךָ? אֶלָּא לִפְתֹּחַ פֶּתַח, שֶׁבִּי הָיָה תָּלוּי לְהִתְפַּלֵּל עֲלֵיהֶם: אֶת גָּדְלְךָ. זוֹ מִדַּת טוּבְךָ, וְכֵן הוּא אוֹמֵר: "וְעַתָּה יִגְדַּל נָא כֹּחַ אֲדֹנָי" (במדבר יד, יז): וְאֶת יָדְךָ. זוֹ יְמִינְךָ שֶׁהִיא פְּשׁוּטָה לְכָל בָּאֵי עוֹלָם: הַחֲזָקָה. שֶׁאַתָּה כּוֹבֵשׁ בְּרַחֲמִים אֶת מִדַּת הַדִּין בְּחָזְקָה: אֲשֶׁר מִי אֵל וְגוֹ'. אֵינְךָ דּוֹמֶה לְמֶלֶךְ בָּשָׂר וָדָם, שֶׁיֵּשׁ לוֹ יוֹעֲצִין וְסַנְקַתֶּדְרִין הַמְעַכְּבִין בְּיָדוֹ כְּשֶׁרוֹצֶה לַעֲשׂוֹת חֶסֶד וְלַעֲבֹר עַל מִדּוֹתָיו, אַתָּה אֵין מִי יְמַחֶה בְּיָדְךָ אִם תִּמְחֹל לִי וּתְבַטֵּל גְּזֵרָתְךָ:

כה אֶעְבְּרָה נָּא. אֵין 'נָא' אֶלָּא לְשׁוֹן בַּקָּשָׁה: הָהָר הַטּוֹב הַזֶּה. זוֹ יְרוּשָׁלַיִם: וְהַלְּבָנוֹן. זֶה בֵּית הַמִּקְדָּשׁ:

כו וַיִּתְעַבֵּר ה'. נִתְמַלֵּא חֵמָה: לְמַעַנְכֶם. אַתֶּם גְּרַמְתֶּם לִי, וְכֵן הוּא אוֹמֵר: "וַיַּקְצִיפוּ עַל מֵי מְרִיבָה וַיֵּרַע לְמֹשֶׁה בַּעֲבוּרָם" (תהלים קו, לב): רַב לָךְ.

שֶׁלֹּא יֹאמְרוּ, הָרַב כַּמָּה קָשֶׁה וְהַתַּלְמִיד כַּמָּה סַרְבָן וּמַפְצִיר. דָּבָר אַחֵר, "רַב לָךְ", הַרְבֵּה מִזֶּה שָׁמוּר לָךְ, רַב טוּב הַצָּפוּן לָךְ:

כז וּרְאֵה בְעֵינֶיךָ. בִּקַּשְׁתָּ מִמֶּנִּי: "וְאֶרְאֶה אֶת הָאָרֶץ הַטּוֹבָה" (לעיל פסוק כה), אֲנִי מַרְאֶה לְךָ אֶת כֻּלָּהּ, שֶׁנֶּאֱמַר: "וַיַּרְאֵהוּ ה' אֶת כָּל הָאָרֶץ" (להלן לד, א):

כח וְצַו אֶת יְהוֹשֻׁעַ. עַל הַטְּרָחוֹת וְעַל הַמַּשָּׂאוֹת וְעַל הַמְּרִיבוֹת: וְחַזְּקֵהוּ וְאַמְּצֵהוּ. בִּדְבָרֶיךָ, שֶׁלֹּא יֵרַךְ לִבּוֹ לוֹמַר: כְּשֵׁם שֶׁנֶּעֱנַשׁ רַבִּי עֲלֵיהֶם כָּךְ סוֹפִי לֵעָנֵשׁ עֲלֵיהֶם, מַבְטִיחוֹ אֲנִי כִּי "הוּא יַעֲבֹר לִפְנֵיהֶם – יַנְחִילֵם: כִּי הוּא יַעֲבֹר. אִם יַעֲבֹר לִפְנֵיהֶם – יִנְחֲלוּ, וְאִם לָאו – לֹא יִנְחֲלוּ. וְכֵן אַתָּה מוֹצֵא כְּשֶׁשָּׁלַח מִן הָעָם אֶל הָעַי וְהוּא יָשַׁב, "וַיַּכּוּ מֵהֶם אַנְשֵׁי הָעַי" וְגוֹ' (יהושע ז, ה), וְכֵיוָן שֶׁנָּפַל עַל פָּנָיו, אָמַר לוֹ: "קֻם לָךְ" (שם פסוק י), "קֻם לָךְ" כְּתִיב, אַתָּה הוּא הָעוֹמֵד בִּמְקוֹמְךָ וּמְשַׁלֵּחַ אֶת בָּנַי לַמִּלְחָמָה, "לָמָּה זֶה אַתָּה נֹפֵל עַל פָּנֶיךָ", לֹא כָךְ אָמַרְתִּי לְמֹשֶׁה רַבְּךָ: אִם הוּא עוֹבֵר עוֹבְרִין וְאִם לָאו אֵין עוֹבְרִין?

כט וַנֵּשֶׁב בַּגָּיְא וְגוֹ'. וְנִצְמַדְתֶּם לַעֲבוֹדָה זָרָה, וְאַף עַל פִּי כֵן, "וְעַתָּה יִשְׂרָאֵל שְׁמַע אֶל הַחֻקִּים" (להלן ד, א), וְהַכֹּל מָחוּל לָךְ, וַאֲנִי לֹא זָכִיתִי לִמָּחֵל לִי:

ד א וְעַתָּ֣ה יִשְׂרָאֵ֗ל שְׁמַ֤ע אֶל־הַֽחֻקִּים֙ וְאֶל־
הַמִּשְׁפָּטִ֔ים אֲשֶׁ֛ר אָנֹכִ֥י מְלַמֵּ֛ד אֶתְכֶ֖ם לַעֲשׂ֑וֹת
לְמַ֣עַן תִּֽחְי֗וּ וּבָאתֶם֙ וִֽירִשְׁתֶּ֣ם אֶת־הָאָ֔רֶץ
אֲשֶׁ֧ר יְהוָ֛ה אֱלֹהֵ֥י אֲבֹתֵיכֶ֖ם נֹתֵ֥ן לָכֶֽם׃ ב לֹ֣א
תֹסִ֗פוּ עַל־הַדָּבָר֙ אֲשֶׁ֤ר אָנֹכִי֙ מְצַוֶּ֣ה אֶתְכֶ֔ם
וְלֹ֥א תִגְרְע֖וּ מִמֶּ֑נּוּ לִשְׁמֹ֗ר אֶת־מִצְוֺת֙ יְהוָ֣ה
אֱלֹהֵיכֶ֔ם אֲשֶׁ֥ר אָנֹכִ֖י מְצַוֶּ֥ה אֶתְכֶֽם׃ ג עֵֽינֵיכֶם֙
הָרֹא֔וֹת אֵ֛ת אֲשֶׁר־עָשָׂ֥ה יְהוָ֖ה בְּבַ֣עַל פְּע֑וֹר
כִּ֣י כָל־הָאִ֗ישׁ אֲשֶׁ֤ר הָלַךְ֙ אַחֲרֵ֣י בַֽעַל־פְּע֔וֹר
הִשְׁמִיד֛וֹ יְהוָ֥ה אֱלֹהֶ֖יךָ מִקִּרְבֶּֽךָ׃ ד וְאַתֶּם֙
הַדְּבֵקִ֔ים בַּיהוָ֖ה אֱלֹהֵיכֶ֑ם חַיִּ֥ים כֻּלְּכֶ֖ם הַיּֽוֹם׃
שני ה רְאֵ֣ה ׀ לִמַּ֣דְתִּי אֶתְכֶ֗ם חֻקִּים֙ וּמִשְׁפָּטִ֔ים
כַּאֲשֶׁ֥ר צִוַּ֖נִי יְהוָ֣ה אֱלֹהָ֑י לַעֲשׂ֣וֹת כֵּ֔ן בְּקֶ֣רֶב
הָאָ֔רֶץ אֲשֶׁ֥ר אַתֶּ֛ם בָּאִ֥ים שָׁ֖מָּה לְרִשְׁתָּֽהּ׃
ו וּשְׁמַרְתֶּם֮ וַעֲשִׂיתֶם֒ כִּ֣י ה֤וא חָכְמַתְכֶם֙
וּבִ֣ינַתְכֶ֔ם לְעֵינֵ֖י הָעַמִּ֑ים אֲשֶׁ֣ר יִשְׁמְע֗וּן אֵ֚ת
כָּל־הַחֻקִּ֣ים הָאֵ֔לֶּה וְאָמְר֗וּ רַ֚ק עַם־חָכָ֣ם וְנָב֔וֹן
הַגּ֥וֹי הַגָּד֖וֹל הַזֶּֽה׃ ז כִּ֚י מִי־ג֣וֹי גָּד֔וֹל אֲשֶׁר־ל֥וֹ
אֱלֹהִ֖ים קְרֹבִ֣ים אֵלָ֑יו כַּיהוָ֣ה אֱלֹהֵ֔ינוּ בְּכָל־
קָרְאֵ֖נוּ אֵלָֽיו׃ ח וּמִי֙ גּ֣וֹי גָּד֔וֹל אֲשֶׁר־ל֛וֹ חֻקִּ֥ים

וּמִשְׁפָּטִים צַדִּיקִם כְּכֹל הַתּוֹרָה הַזֹּאת אֲשֶׁר
ט אָנֹכִי נֹתֵן לִפְנֵיכֶם הַיּוֹם: רַק הִשָּׁמֶר לְךָ
וּשְׁמֹר נַפְשְׁךָ מְאֹד פֶּן־תִּשְׁכַּח אֶת־הַדְּבָרִים
אֲשֶׁר־רָאוּ עֵינֶיךָ וּפֶן־יָסוּרוּ מִלְּבָבְךָ כֹּל יְמֵי
י חַיֶּיךָ וְהוֹדַעְתָּם לְבָנֶיךָ וְלִבְנֵי בָנֶיךָ: יוֹם אֲשֶׁר
עָמַדְתָּ לִפְנֵי יְהוָה אֱלֹהֶיךָ בְּחֹרֵב בֶּאֱמֹר יְהוָה

ד א וּכְעַן יִשְׂרָאֵל, שְׁמַע לִקְיָמַיָּא וּלְדִינַיָּא, דַּאֲנָא, מַלֵּיף יָתְכוֹן לְמֶעֱבַד, בְּדִיל דְּתֵיחוֹן, וְתֵיעֲלוּן
ב וְתֵירְתוּן יָת אַרְעָא, דַּיְיָ, אֱלָהָא דַּאֲבָהָתְכוֹן יָהֵיב לְכוֹן: לָא תֵיסְפוּן, עַל פִּתְגָּמָא דַּאֲנָא מְפַקֵּיד
ג יָתְכוֹן, וְלָא תִמְנְעוּן מִנֵּיהּ, לְמִטַּר, יָת פִּקּוֹדַיָּא דַּיְיָ אֱלָהֲכוֹן, דַּאֲנָא מְפַקֵּיד יָתְכוֹן: עֵינֵיכוֹן חֲזָאָה,
יָת דַּעֲבַד יְיָ בְּפָלְחֵי בַעְלָא פְעוֹר, אֲרֵי כָל גֻּבְרָא, דְּהַלֵּיךְ בָּתַר בַּעְלָא פְעוֹר, שֵׁיצְיֵהּ, יְיָ אֱלָהָךְ
ד ה מִבֵּינָךְ: וְאַתּוּן דְּאַדְבֵּיקְתּוּן, בְּדַחַלְתָּא דַּיְיָ אֱלָהֲכוֹן, קַיָּמִין כֻּלְּכוֹן יוֹמָא דֵין: חֲזוֹ דְּאַלֵּיפִית יָתְכוֹן,
קְיָמִין וְדִינִין, כְּמָא דְּפַקְּדַנִי יְיָ אֱלָהִי, לְמֶעֱבַד כֵּן, בְּגוֹ אַרְעָא, דְּאַתּוּן, עָאלִין לְתַמָּן לְמֵירְתַהּ:
ו וְתִטְּרוּן וְתַעְבְּדוּן, אֲרֵי הִיא חָכְמַתְכוֹן וְסָכְלְתָנוּתְכוֹן, לְעֵינֵי עַמְמַיָּא, דִּישְׁמְעוּן, יָת כָּל קְיָמַיָּא
ז הָאִלֵּין, וְיֵימְרוּן, לְחוֹד עַם חַכִּים וְסָכְלְתָן, עַמָּא רַבָּא הָדֵין: אֲרֵי מַאן עַם רַב, דְּלֵיהּ אֱלָהּ קָרִיב
ח לֵיהּ לְקַבָּלָא צְלוֹתֵיהּ בְּעִדַּן עָקְתֵיהּ, כַּיְיָ אֱלָהַנָא, בְּכָל עִדָּן דַּאֲנַחְנָא מְצַלַּן קֳדָמוֹהִי: וּמַאן עַם
ט רַב, דְּלֵיהּ, קְיָמִין וְדִינִין קַשִּׁיטִין, כְּכָל אוֹרָיְתָא הָדָא, דַּאֲנָא, יָהֵיב קֳדָמֵיכוֹן יוֹמָא דֵין: לְחוֹד,
אִסְתְּמַר לָךְ וְטַר נַפְשָׁךְ לַחֲדָא, דִּלְמָא תִתְנְשֵׁי יָת פִּתְגָּמַיָּא דַּחֲזָאָה עֵינָךְ, וְדִלְמָא יִעְדּוֹן מִלִּבָּךְ,
י כָּל יוֹמֵי חַיָּךְ, וּתְהוֹדְעִנּוּן לִבְנָךְ וְלִבְנֵי בְנָךְ: יוֹמָא, דְּקַמְתָּא, קֳדָם יְיָ אֱלָהָךְ בְּחוֹרֵב, כַּד אֲמַר יְיָ

פרק ד

ב) לֹא תֹסִפוּ. כְּגוֹן חָמֵשׁ פָּרָשִׁיּוֹת בַּתְּפִלִּין, חֲמֵשֶׁת מִינִין בַּלּוּלָב וְחָמֵשׁ צִיצִיּוֹת, וְכֵן "לֹא תִגְרְעוּ":

ו) וּשְׁמַרְתֶּם. זוֹ מִשְׁנָה: וַעֲשִׂיתֶם. כְּמַשְׁמָעוֹ: כִּי הוּא חָכְמַתְכֶם וּבִינַתְכֶם וְגוֹ׳. בְּזֹאת תֵּחָשְׁבוּ חֲכָמִים וּנְבוֹנִים "לְעֵינֵי הָעַמִּים":

ח) חֻקִּים וּמִשְׁפָּטִים צַדִּיקִם. הֲגוּנִים וּמְקֻבָּלִים:

ט) רַק הִשָּׁמֶר לְךָ וְגוֹ׳ פֶּן תִּשְׁכַּח אֶת הַדְּבָרִים. אָז כְּשֶׁלֹּא תִּשְׁכְּחוּ אוֹתָם וְתַעֲשׂוּם עַל אֲמִתָּתָם, תֵּחָשְׁבוּ חֲכָמִים וּנְבוֹנִים, וְאִם תְּעַוְּתוּ אוֹתָם מִתּוֹךְ שִׁכְחָה, תֵּחָשְׁבוּ שׁוֹטִים:

י) יוֹם אֲשֶׁר עָמַדְתָּ. מוּסָב עַל מִקְרָא שֶׁלְּמַעְלָה מִמֶּנּוּ: אֲשֶׁר רָאוּ עֵינֶיךָ יוֹם אֲשֶׁר עָמַדְתָּ בְּחֹרֵב,

אֵלַי הַקְהֶל־לִי אֶת־הָעָם וְאַשְׁמִעֵם אֶת־דְּבָרָי
אֲשֶׁר יִלְמְדוּן לְיִרְאָה אֹתִי כָּל־הַיָּמִים אֲשֶׁר
הֵם חַיִּים עַל־הָאֲדָמָה וְאֶת־בְּנֵיהֶם יְלַמֵּדוּן׃
וַתִּקְרְבוּן וַתַּעַמְדוּן תַּחַת הָהָר וְהָהָר בֹּעֵר יא
בָּאֵשׁ עַד־לֵב הַשָּׁמַיִם חֹשֶׁךְ עָנָן וַעֲרָפֶל׃ וַיְדַבֵּר יב
יְהוָה אֲלֵיכֶם מִתּוֹךְ הָאֵשׁ קוֹל דְּבָרִים אַתֶּם
שֹׁמְעִים וּתְמוּנָה אֵינְכֶם רֹאִים זוּלָתִי קוֹל׃ וַיַּגֵּד יג
לָכֶם אֶת־בְּרִיתוֹ אֲשֶׁר צִוָּה אֶתְכֶם לַעֲשׂוֹת
עֲשֶׂרֶת הַדְּבָרִים וַיִּכְתְּבֵם עַל־שְׁנֵי לֻחוֹת
אֲבָנִים׃ וְאֹתִי צִוָּה יְהוָה בָּעֵת הַהִוא לְלַמֵּד יד
אֶתְכֶם חֻקִּים וּמִשְׁפָּטִים לַעֲשֹׂתְכֶם אֹתָם בָּאָרֶץ
אֲשֶׁר אַתֶּם עֹבְרִים שָׁמָּה לְרִשְׁתָּהּ׃ וְנִשְׁמַרְתֶּם טו
מְאֹד לְנַפְשֹׁתֵיכֶם כִּי לֹא רְאִיתֶם כָּל־תְּמוּנָה
בְּיוֹם דִּבֶּר יְהוָה אֲלֵיכֶם בְּחֹרֵב מִתּוֹךְ הָאֵשׁ׃
פֶּן־תַּשְׁחִתוּן וַעֲשִׂיתֶם לָכֶם פֶּסֶל תְּמוּנַת כָּל־ טז
סָמֶל תַּבְנִית זָכָר אוֹ נְקֵבָה׃ תַּבְנִית כָּל־בְּהֵמָה יז
אֲשֶׁר בָּאָרֶץ תַּבְנִית כָּל־צִפּוֹר כָּנָף אֲשֶׁר תָּעוּף
בַּשָּׁמָיִם׃ תַּבְנִית כָּל־רֹמֵשׂ בָּאֲדָמָה תַּבְנִית כָּל־ יח
דָּגָה אֲשֶׁר־בַּמַּיִם מִתַּחַת לָאָרֶץ׃ וּפֶן־תִּשָּׂא יט
עֵינֶיךָ הַשָּׁמַיְמָה וְרָאִיתָ אֶת־הַשֶּׁמֶשׁ וְאֶת־
הַיָּרֵחַ וְאֶת־הַכּוֹכָבִים כֹּל צְבָא הַשָּׁמַיִם וְנִדַּחְתָּ

ד ואתחנן

וְהִשְׁתַּחֲוִיתָ לָהֶם וַעֲבַדְתָּם אֲשֶׁר חָלַק יהוה אֱלֹהֶיךָ אֹתָם לְכֹל הָעַמִּים תַּחַת כָּל־הַשָּׁמָיִם: כ וְאֶתְכֶם לָקַח יהוה וַיּוֹצִא אֶתְכֶם מִכּוּר הַבַּרְזֶל מִמִּצְרָיִם לִהְיוֹת לוֹ לְעַם נַחֲלָה כַּיּוֹם הַזֶּה: כא וַיהוה הִתְאַנַּף־בִּי עַל־דִּבְרֵיכֶם וַיִּשָּׁבַע לְבִלְתִּי עָבְרִי אֶת־הַיַּרְדֵּן וּלְבִלְתִּי־בֹא אֶל־הָאָרֶץ

לִי, כְּנוֹשׁ קֳדָמַי יָת עַמָּא, וְאַשְׁמְעִנּוּן יָת פִּתְגָמָי, דְּיֵילְפוּן לְמִדְחַל קֳדָמַי, כָּל יוֹמַיָּא דְּאִנּוּן קַיָּמִין עַל אַרְעָא, וְיָת בְּנֵיהוֹן יַלְּפוּן: וּקְרֵיבְתּוּן וְקַמְתּוּן בְּשִׁפּוֹלֵי טוּרָא, וְטוּרָא, בָּעַר בְּאִישָׁתָא עַד צֵית שְׁמַיָּא, חֲשׁוֹכָא עֲנָנָא וַאֲמִטְּתָא: וּמַלֵּיל יְיָ, עִמְּכוֹן מִגּוֹ אִישָׁתָא, קָל פִּתְגָמִין אַתּוּן שָׁמְעִין, וּדְמוּ, לֵיתֵיכוֹן חָזָן אֱלָהֵין קָלָא: וְחַוִּי לְכוֹן יָת קְיָמֵיהּ, דְּפַקִּיד יָתְכוֹן לְמֶעְבַּד, עַסְרָא פִתְגָמִין, וּכְתַבְנּוּן, עַל תְּרֵין לוּחֵי אַבְנַיָּא: וְיָתִי, פַּקִּיד יְיָ בְּעִדָּנָא הַהוּא, לְאַלָּפָא יָתְכוֹן, קְיָמִין וְדִינִין, לְמֶעְבַּדְכוֹן יָתְהוֹן, בְּאַרְעָא, דְּאַתּוּן, עָבְרִין לְתַמָּן לְמֵירְתַהּ: וְתִסְתַּמְּרוּן לַחֲדָא לְנַפְשָׁתְכוֹן, אֲרֵי לָא חֲזֵיתוֹן כָּל דְּמוּ, בְּיוֹמָא, דְּמַלֵּיל יְיָ עִמְּכוֹן, בְּחוֹרֵב מִגּוֹ אִישָׁתָא: דִּלְמָא תְּחַבְּלוּן, וְתַעְבְּדוּן לְכוֹן צֵילַם דְּמוּת כָּל צוּרָא, דְּמוּת דְּכַר אוֹ נֻקְבָּא: דְּמוּת, כָּל בְּעִירָא דִּבְאַרְעָא, דְּמוּת כָּל צִפַּר גַּפָּא, דְּפָרַח בַּאֲוֵיר רְקִיעַ שְׁמַיָּא: דְּמוּת, כָּל רִחְשָׁא דִּבְאַרְעָא, דְּמוּת, כָּל נוּנֵי דְּבְמַיָּא מִלְּרַע לְאַרְעָא: וְדִלְמָא תְזוּף עֵינָךְ לִשְׁמַיָּא, וְתִחֲזֵי, יָת שִׁמְשָׁא וְיָת סִיהֲרָא, וְיָת כּוֹכְבַיָּא, כֹּל חֵילֵי שְׁמַיָּא, וְתִטְעֵי, וְתִסְגּוֹד לְהוֹן וְתִפְלְחִנּוּן, דְּזַמִּין, יְיָ אֱלָהָךְ יָתְהוֹן, לְכֹל עַמְמַיָּא, דִּתְחוֹת כָּל שְׁמַיָּא: וְיָתְכוֹן קָרִיב יְיָ לְדַחַלְתֵּיהּ, וְאַפֵּיק יָתְכוֹן, מִכּוּרָא דְּבַרְזְלָא מִמִּצְרָיִם, לְמֶהֱוֵי לֵיהּ, לְעַם אַחְסָנָא כְּיוֹמָא הָדֵין: וּמִן קֳדָם יְיָ הֲוָה רְגַז עֲלַי עַל פִּתְגָמֵיכוֹן, וְקַיִּים, בְּדִיל דְּלָא לְמֶעְבְּרִי יָת יַרְדְּנָא, וּבְדִיל דְּלָא לְמֵיעַל

אֲשֶׁר חָלַית אֵת הַקּוֹלוֹת וְאֵת הַלַּפִּידִים: יְלַמְּדוּן:

וְאֹתִי צִוָּה ה׳ בָּעֵת הַהִוא לְלַמֵּד אֶתְכֶם. תּוֹרָה שֶׁבְּעַל פֶּה:

טו סֶמֶל. צוּרָה:

יט וּפֶן תִּשָּׂא עֵינֶיךָ. לְהִסְתַּכֵּל בַּדָּבָר וְלָתֵת לֵב לִטְעוֹת אַחֲרֵיהֶם: אֲשֶׁר חָלַק ה׳. לְהָאִיר

לָהֶם. דָּבָר אַחֵר, לֶאֱלֹהוֹת, לֹא מְנָעָן מִלְטְעוֹת אַחֲרֵיהֶם, אֶלָּא הֶחֱלִיקָם בְּדִבְרֵי הֲבָלֵיהֶם לְטָרְדָם, וְכֵן הוּא אוֹמֵר: "כִּי הֶחֱלִיק אֵלָיו בְּעֵינָיו לִמְצֹא עֲוֹנוֹ לִשְׂנֹא" (תהלים לו, ג):

כ מִכּוּר. כּוּר הוּא כְּלִי שֶׁמְּזַקְּקִים בּוֹ אֶת הַזָּהָב:

כא הִתְאַנָּף. נִתְמַלֵּא רֹגֶז: עַל דִּבְרֵיכֶם. עַל אוֹדוֹתֵיכֶם, עַל עִסְקֵיכֶם:

דברים

כב הַטּוֹבָ֔ה אֲשֶׁ֧ר יְהוָ֛ה אֱלֹהֶ֖יךָ נֹתֵ֥ן לְךָ֖ נַחֲלָֽה: כִּ֣י אָנֹכִ֥י מֵת֙ בָּאָ֣רֶץ הַזֹּ֔את אֵינֶ֥נִּי עֹבֵ֖ר אֶת־הַיַּרְדֵּ֑ן וְאַתֶּם֙ עֹֽבְרִ֔ים וִֽירִשְׁתֶּ֕ם אֶת־הָאָ֥רֶץ הַטּוֹבָ֖ה הַזֹּֽאת:
כג הִשָּׁמְר֣וּ לָכֶ֔ם פֶּֽן־תִּשְׁכְּח֗וּ אֶת־בְּרִ֤ית יְהוָה֙ אֱלֹ֣הֵיכֶ֔ם אֲשֶׁ֥ר כָּרַ֖ת עִמָּכֶ֑ם וַעֲשִׂיתֶ֨ם לָכֶ֥ם פֶּ֨סֶל֙ תְּמ֣וּנַת כֹּ֔ל אֲשֶׁ֥ר צִוְּךָ֖ יְהוָ֥ה אֱלֹהֶֽיךָ:
כד כִּ֚י יְהוָ֣ה אֱלֹהֶ֔יךָ אֵ֥שׁ אֹכְלָ֖ה ה֑וּא אֵ֖ל קַנָּֽא:
כה כִּֽי־תוֹלִ֤יד בָּנִים֙ וּבְנֵ֣י בָנִ֔ים וְנוֹשַׁנְתֶּ֖ם בָּאָ֑רֶץ וְהִשְׁחַתֶּ֗ם וַעֲשִׂ֤יתֶם פֶּ֨סֶל֙ תְּמ֣וּנַת כֹּ֔ל וַעֲשִׂיתֶ֥ם הָרַ֛ע בְּעֵינֵֽי־יְהוָ֥ה אֱלֹהֶ֖יךָ לְהַכְעִיסֽוֹ:
כו הַעִידֹ֨תִי בָכֶ֜ם הַיּ֗וֹם אֶת־הַשָּׁמַ֨יִם֙ וְאֶת־הָאָ֔רֶץ כִּֽי־אָבֹ֣ד תֹּאבֵדוּן֮ מַהֵר֒ מֵעַ֣ל הָאָ֔רֶץ אֲשֶׁ֨ר אַתֶּ֜ם עֹבְרִ֧ים אֶת־הַיַּרְדֵּ֛ן שָׁ֖מָּה לְרִשְׁתָּ֑הּ לֹֽא־תַאֲרִיכֻ֤ן יָמִים֙ עָלֶ֔יהָ כִּ֥י הִשָּׁמֵ֖ד תִּשָּׁמֵדֽוּן:
כז וְהֵפִ֧יץ יְהוָ֛ה אֶתְכֶ֖ם בָּעַמִּ֑ים וְנִשְׁאַרְתֶּם֙ מְתֵ֣י מִסְפָּ֔ר בַּגּוֹיִ֕ם אֲשֶׁ֨ר יְנַהֵ֧ג יְהוָ֛ה אֶתְכֶ֖ם שָֽׁמָּה:
כח וַעֲבַדְתֶּם־שָׁ֣ם אֱלֹהִ֔ים מַעֲשֵׂ֖ה יְדֵ֣י אָדָ֑ם עֵ֣ץ וָאֶ֔בֶן אֲשֶׁ֤ר לֹֽא־יִרְאוּן֙ וְלֹ֣א יִשְׁמְע֔וּן וְלֹ֥א יֹֽאכְל֖וּן וְלֹ֥א יְרִיחֻֽן:
כט וּבִקַּשְׁתֶּ֥ם מִשָּׁ֛ם אֶת־יְהוָ֥ה אֱלֹהֶ֖יךָ וּמָצָ֑אתָ כִּ֣י תִדְרְשֶׁ֔נּוּ בְּכָל־לְבָבְךָ֖ וּבְכָל־נַפְשֶֽׁךָ:
ל בַּצַּ֣ר לְךָ֔ וּמְצָא֕וּךָ כֹּ֖ל הַדְּבָרִ֣ים הָאֵ֑לֶּה בְּאַחֲרִית֙ הַיָּמִ֔ים

לא וְשַׁבְתָּ֙ עַד־יְהוָ֣ה אֱלֹהֶ֔יךָ וְשָׁמַעְתָּ֖ בְּקֹלֽוֹ׃ כִּ֣י אֵ֤ל
רַחוּם֙ יְהוָ֣ה אֱלֹהֶ֔יךָ לֹ֥א יַרְפְּךָ֖ וְלֹ֣א יַשְׁחִיתֶ֑ךָ וְלֹ֤א
יִשְׁכַּח֙ אֶת־בְּרִ֣ית אֲבֹתֶ֔יךָ אֲשֶׁ֥ר נִשְׁבַּ֖ע לָהֶֽם׃
לב כִּ֣י שְׁאַל־נָ֠א לְיָמִ֨ים רִֽאשֹׁנִ֜ים אֲשֶׁר־הָי֣וּ לְפָנֶ֗יךָ

כב לְאַרְעָא טָבְתָא, דַּייָ אֱלָהָךְ, יָהֵיב לָךְ אַחְסָנָא: אֲרֵי אֲנָא מָאֵית בְּאַרְעָא הָדָא, לֵית אֲנָא עָבַר
כג יָת יַרְדְּנָא, וְאַתּוּן עָבְרִין, וְתֵירְתוּן, יָת אַרְעָא טָבְתָא הָדָא: אִסְתַּמַּרוּ לְכוֹן, דִּלְמָא תִתְנְשׁוּן יָת
כד קְיָמָא דַּייָ אֱלָהֲכוֹן, דִּגְזַר עִמְּכוֹן, וְתַעְבְּדוּן לְכוֹן צְלֵם דְּמוּת כּוֹלָא, דְּפַקְּדָךְ יְיָ אֱלָהָךְ: אֲרֵי יְיָ
כה אֱלָהָךְ, מֵימְרֵיהּ אֶשָּׁא אָכְלָא הוּא, אֵל קַנָּא: אֲרֵי תְוֹלְדוּן בְּנִין וּבְנֵי בְנִין, וְתִתְעַתְּקוּן בְּאַרְעָא,
וּתְחַבְּלוּן, וְתַעְבְּדוּן צְלֵם דְּמוּת כּוֹלָא, וְתַעְבְּדוּן דְּבִישׁ, קֳדָם יְיָ אֱלָהָךְ לְאַרְגָּזָא קֳדָמוֹהִי:
כו אַסְהֵידִית בְּכוֹן יוֹמָא דֵין יָת שְׁמַיָּא וְיָת אַרְעָא, אֲרֵי מֵיבַד תֵּיבְדוּן בִּפְרִיעַ, מֵעַל אַרְעָא, דְּאַתּוּן,
כז עָבְרִין יָת יַרְדְּנָא, לְתַמָּן לְמֵירְתַהּ, לָא תֵירְכוּן יוֹמִין עֲלַהּ, אֲרֵי אִשְׁתֵּיצָאָה תִּשְׁתֵּיצוּן: וִיבַדַּר יְיָ,
כח יָתְכוֹן בֵּינֵי עַמְמַיָּא, וְתִשְׁתַּאֲרוּן עַם דְּמִנְיָן, בְּעַמְמַיָּא, דִּידַבַּר יְיָ, יָתְכוֹן לְתַמָּן: וְתִפְלְחוּן תַּמָּן
לְעַמְמַיָּא פָּלְחֵי טָעֲוָתָא, עוֹבָד יְדֵי אֱנָשָׁא, אָעָא וְאַבְנָא, דְּלָא חָזַן וְלָא שָׁמְעִין, וְלָא אָכְלִין וְלָא
כט מְרִיחִין: וְתִתְבְּעוּן מִתַּמָּן, יָת דַּחַלְתָּא דַּייָ אֱלָהָךְ וְתַשְׁכַּח, אֲרֵי תִבְעֵי מִן קֳדָמוֹהִי, בְּכָל לִבָּךְ
ל וּבְכָל נַפְשָׁךְ: כַּד תֵּיעוֹק לָךְ, וְיַשְׁכְּחֻנָּךְ, כֹּל פִּתְגָּמַיָּא הָאִלֵּין, בְּסוֹף יוֹמַיָּא, וּתְתוּב לְדַחַלְתָּא
לא דַּייָ אֱלָהָךְ, וּתְקַבֵּיל לְמֵימְרֵיהּ: אֲרֵי אֱלָהָא רַחֲמָנָא יְיָ אֱלָהָךְ, לָא יִשְׁבְּקִנָּךְ וְלָא יְחַבְּלִנָּךְ,
לב וְלָא יִתְנְשֵׁי יָת קְיָמָא דַּאֲבָהָתָךְ, דְּקַיֵּים לְהוֹן: אֲרֵי שְׁאַל כְּעַן לְיוֹמַיָּא קַדְמָאֵי דַּהֲווֹ קֳדָמָךְ,

כב) **כִּי אָנֹכִי מֵת וְגוֹ׳ אֵינֶנִּי עֹבֵר.** מֵאַחַר שֶׁמֵּת מֵהֵיכָן יַעֲבֹר?! אֶלָּא אַף עַצְמוֹתַי אֵינָם עוֹבְרִים:

כג) **תְּמוּנַת כֹּל.** תְּמוּנַת כָּל דָּבָר: **אֲשֶׁר צִוְּךָ ה׳.** אֲשֶׁר צִוְּךָ שֶׁלֹּא לַעֲשׂוֹת:

כד) **אֵל קַנָּא.** מְקַנֵּא לִנְקֹם, אנפרנדר״א בְּלַעַז, מִתְחָרֶה עַל רָגְזוֹ לְהִפָּרַע מֵעוֹבְדֵי עֲבוֹדָה זָרָה:

כה) **וְנוֹשַׁנְתֶּם.** רָמַז לָהֶם שֶׁיִּגְלוּ מִמֶּנָּה לְסוֹף שְׁמוֹנֶה מֵאוֹת וַחֲמִשִּׁים וּשְׁתַּיִם שָׁנָה כְּמִנְיַן ׳וְנוֹשַׁנְתֶּם׳, וְהוּא הִקְדִּים וְהִגְלָם לְסוֹף שְׁמוֹנֶה מֵאוֹת וַחֲמִשִּׁים, וְהִקְדִּים שְׁתֵּי שָׁנִים לְ׳וְנוֹשַׁנְתֶּם׳, כְּדֵי שֶׁלֹּא יִתְקַיֵּם בָּהֶם: ״כִּי אָבֹד תֹּאבֵדוּן״ (להלן פסוק כו), וְזֶהוּ שֶׁנֶּאֱמַר: ״וַיִּשְׁקֹד ה׳ עַל הָרָעָה וַיְבִיאֶהָ עָלֵינוּ כִּי צַדִּיק ה׳ אֱלֹהֵינוּ״ (דניאל ט, יד), צְדָקָה עָשָׂה עִמָּנוּ שֶׁמִּהֵר לַהֲבִיאָהּ שְׁתֵּי שָׁנִים לִפְנֵי זְמַנָּהּ:

כו) **הַעִידֹתִי בָכֶם.** הִנְנִי מַזְמִינָם לִהְיוֹת עֵדִים שֶׁהִתְרֵיתִי בָּכֶם:

כח) **וַעֲבַדְתֶּם שָׁם אֱלֹהִים.** כְּתַרְגּוּמוֹ, מִשֶּׁאַתֶּם עוֹבְדִים לְעוֹבְדֵיהֶם כְּאִלּוּ אַתֶּם עוֹבְדִים לָהֶם:

לא) **לֹא יַרְפְּךָ.** מִלְּהַחֲזִיק בְּךָ בְּיָדָיו, וּלְשׁוֹן ״לֹא יַרְפְּךָ״ לְשׁוֹן לֹא יַפְעִיל הוּא, לֹא יִתֵּן לְךָ רִפְיוֹן, לֹא יַפְרִישׁ אוֹתְךָ מֵאֶצְלוֹ, וְכֵן: ״אֲחַזְתִּיו וְלֹא אַרְפֶּנּוּ״ (שיר השירים ג, ד), שֶׁלֹּא נָקוּד ׳אֶרְפֶּנּוּ׳. כָּל לְשׁוֹן רִפְיוֹן מוּסָב עַל לְשׁוֹן מַפְעִיל וּמִתְפַּעֵל, כְּמוֹ ״הַרְפֵּה לָהּ״ (מלכים ב׳ ד, כז), תֵּן לָהּ רִפְיוֹן, ״הֶרֶף מִמֶּנִּי״ (להלן ט, יד), הִתְרַפֵּה מִמֶּנִּי:

לב) **לְיָמִים רִאשֹׁנִים.** עַל יָמִים רִאשׁוֹנִים: וּלְמִקְצֵה

לְמִן־הַיּוֹם אֲשֶׁר בָּרָא אֱלֹהִים ׀ אָדָם עַל־הָאָרֶץ
וּלְמִקְצֵה הַשָּׁמַיִם וְעַד־קְצֵה הַשָּׁמָיִם הֲנִהְיָה
כַּדָּבָר הַגָּדוֹל הַזֶּה אוֹ הֲנִשְׁמַע כָּמֹהוּ׃ הֲשָׁמַע לג
עָם קוֹל אֱלֹהִים מְדַבֵּר מִתּוֹךְ־הָאֵשׁ כַּאֲשֶׁר־
שָׁמַעְתָּ אַתָּה וַיֶּחִי׃ אוֹ ׀ הֲנִסָּה אֱלֹהִים לָבוֹא לד
לָקַחַת לוֹ גוֹי מִקֶּרֶב גּוֹי בְּמַסֹּת בְּאֹתֹת
וּבְמוֹפְתִים וּבְמִלְחָמָה וּבְיָד חֲזָקָה וּבִזְרוֹעַ נְטוּיָה
וּבְמוֹרָאִים גְּדֹלִים כְּכֹל אֲשֶׁר־עָשָׂה לָכֶם יְהוָה
אֱלֹהֵיכֶם בְּמִצְרַיִם לְעֵינֶיךָ׃ אַתָּה הָרְאֵתָ לָדַעַת לה
כִּי יְהוָה הוּא הָאֱלֹהִים אֵין עוֹד מִלְּבַדּוֹ׃ מִן־ לו
הַשָּׁמַיִם הִשְׁמִיעֲךָ אֶת־קֹלוֹ לְיַסְּרֶךָּ וְעַל־הָאָרֶץ
הֶרְאֲךָ אֶת־אִשּׁוֹ הַגְּדוֹלָה וּדְבָרָיו שָׁמַעְתָּ מִתּוֹךְ
הָאֵשׁ׃ וְתַחַת כִּי אָהַב אֶת־אֲבֹתֶיךָ וַיִּבְחַר בְּזַרְעוֹ לז
אַחֲרָיו וַיּוֹצִאֲךָ בְּפָנָיו בְּכֹחוֹ הַגָּדֹל מִמִּצְרָיִם׃
לְהוֹרִישׁ גּוֹיִם גְּדֹלִים וַעֲצֻמִים מִמְּךָ מִפָּנֶיךָ לח
לַהֲבִיאֲךָ לָתֶת־לְךָ אֶת־אַרְצָם נַחֲלָה כַּיּוֹם הַזֶּה׃
וְיָדַעְתָּ הַיּוֹם וַהֲשֵׁבֹתָ אֶל־לְבָבֶךָ כִּי יְהוָה הוּא לט
הָאֱלֹהִים בַּשָּׁמַיִם מִמַּעַל וְעַל־הָאָרֶץ מִתָּחַת
אֵין עוֹד׃ וְשָׁמַרְתָּ אֶת־חֻקָּיו וְאֶת־מִצְוֺתָיו אֲשֶׁר מ
אָנֹכִי מְצַוְּךָ הַיּוֹם אֲשֶׁר יִיטַב לְךָ וּלְבָנֶיךָ אַחֲרֶיךָ

וּלְמַ֨עַן תַּאֲרִ֤יךְ יָמִים֙ עַל־הָ֣אֲדָמָ֔ה אֲשֶׁ֨ר יְהוָ֧ה אֱלֹהֶ֛יךָ נֹתֵ֥ן לְךָ֖ כָּל־הַיָּמִֽים׃

לְמִן יוֹמָא דִּבְרָא יְיָ אָדָם עַל אַרְעָא, וּלְמִסְּיָפֵי שְׁמַיָּא וְעַד סְיָפֵי שְׁמַיָּא, הַהֲוָה, כְּפִתְגָּמָא
לג רַבָּא הָדֵין, אוֹ הַאִשְׁתְּמַע דִּכְוָתֵיהּ: הַשְׁמַע עַמָּא קָל מֵימְרָא דַּייָ, מְמַלֵּיל מִגּוֹ אִשָּׁתָא,
לד כְּמָא דִּשְׁמַעְתָּא אַתְּ וְאִתְקַיַּם: אוֹ נִסִּין עֲבַד יְיָ, לְאִתְגְּלָאָה, לְמִפְרַק לֵיהּ עַם מִגּוֹ עַם,
בְּנִסִּין בְּאָתִין וּבְמוֹפְתִין וּבִקְרָבָא, וּבְיַד תַּקִּיפָא וּבִדְרָעָא מְרָמְמָא, וּבְחֶזְוָנִין רַבְרְבִין, כְּכֹל,
לה דַּעֲבַד לְכוֹן, יְיָ אֱלָהֲכוֹן, בְּמִצְרַיִם לְעֵינֵיכוֹן: אַתְּ אִתַּחְזִיתָא לְמִדַּע, אֲרֵי יְיָ הוּא אֱלֹהִים,
לו לֵית עוֹד בַּר מִנֵּיהּ: מִן שְׁמַיָּא, אַשְׁמְעָךְ יָת קָל מֵימְרֵיהּ לְאַלָּפוּתָךְ, וְעַל אַרְעָא, אַחְזְיָךְ
לז יָת אִישָּׁתֵיהּ רַבְּתָא, וּפִתְגָּמוֹהִי שְׁמַעְתָּא מִגּוֹ אִישָּׁתָא: וְחֳלָף, אֲרֵי רְחֵים יָת אֲבָהָתָךְ,
לח וְאִתְרְעִי בִּבְנֵיהוֹן בָּתְרֵיהוֹן, וְאַפְּקָךְ בְּמֵימְרֵיהּ, בְּחֵילֵיהּ רַבָּא מִמִּצְרָיִם: לְתָרָכָא, עַמְמִין,
רַבְרְבִין וְתַקִּיפִין, מִנָּךְ מִן קֳדָמָךְ, לְאַעָלוּתָךְ, לְמִתַּן לָךְ יָת אַרְעֲהוֹן, אַחְסָנָא כְּיוֹמָא הָדֵין:
לט וְתִדַּע יוֹמָא דֵין, וְתָתִיב לְלִבָּךְ, אֲרֵי יְיָ הוּא אֱלֹהִים, דִּשְׁכִינְתֵיהּ בִּשְׁמַיָּא מִלְּעֵילָא, וְשַׁלִּיט
מ עַל אַרְעָא מִלְּרַע, לֵית עוֹד: וְתִטַּר יָת קְיָמוֹהִי וְיָת פִּקּוֹדוֹהִי, דַּאֲנָא מְפַקֵּיד לָךְ יוֹמָא דֵין,
דְּיֵיטַב לָךְ, וְלִבְנָךְ בָּתְרָךְ, וּבְדִיל דְּתוֹרֵיךְ יוֹמִין עַל אַרְעָא, דַּייָ אֱלָהָךְ, יָהֵיב לָךְ כָּל יוֹמַיָּא:

הַשָּׁמָיִם. וְגַם שֶׁאַל לְכָל הַבְּרוּאִים אֲשֶׁר מִקָּצֶה אֶל קָצֶה, זֶהוּ פְּשׁוּטוֹ. וּמִדְרָשׁוֹ, מְלַמֵּד עַל קוֹמָתוֹ שֶׁל אָדָם שֶׁהָיְתָה מִן הָאָרֶץ עַד הַשָּׁמַיִם, וְהוּא הַשִּׁעוּר עַצְמוֹ אֲשֶׁר מִקָּצֶה אֶל קָצֶה: **הֲנִהְיָה כַּדָּבָר הַגָּדוֹל הַזֶּה.** מַהוּ הַדָּבָר הַגָּדוֹל? "הֲשָׁמַע עָם" וְגוֹ' (להלן פסוק לג):

לד) **אוֹ הֲנִסָּה אֱלֹהִים.** הֲכִי עָשָׂה נִסִּים שׁוּם אֱלוֹהַּ "לָבוֹא לָקַחַת לוֹ גוֹי" וְגוֹ', כָּל הֵהִ"ין הַלָּלוּ תְּמִיהוֹת הֵן, לְכָךְ נְקוּדוֹת הֵן בַּחֲטָף פַּתָּח: הֲנִהְיָה, הֲנִשְׁמַע, הֲשָׁמַע, הֲנִסָּה: **בְּמַסֹּת.** עַל יְדֵי נִסְיוֹנוֹת הוֹדִיעָם גְּבוּרוֹתָיו, כְּגוֹן: "הִתְפָּאֵר עָלַי" (שמות ח, ה) אִם תּוּכַל לַעֲשׂוֹת כֵּן, הֲרֵי זֶה נִסָּיוֹן: **בְּאֹתֹת.** בְּסִימָנִים לְהַאֲמִין שֶׁהוּא שְׁלוּחוֹ שֶׁל מָקוֹם, כְּגוֹן: "מַה זֶּה בְיָדֶךָ" (שם ד, ב): **וּבְמוֹפְתִים.** הֵם נִפְלָאוֹת, שֶׁהֵבִיא עֲלֵיהֶם מַכּוֹת מֻפְלָאוֹת: **וּבְמִלְחָמָה.** בַּיָּם, שֶׁנֶּאֱמַר: "כִּי ה' נִלְחָם לָהֶם" (שם יד, כה):

לה) **הָרְאֵתָ.** כְּתַרְגּוּמוֹ: "אִתַּחְזִיתָא", כְּשֶׁנָּתַן הַקָּדוֹשׁ בָּרוּךְ הוּא אֶת הַתּוֹרָה פָּתַח לָהֶם שִׁבְעָה רְקִיעִים וּכְשֵׁם שֶׁקָּרַע אֶת הָעֶלְיוֹנִים כָּךְ קָרַע אֶת הַתַּחְתּוֹנִים וְרָאוּ שֶׁהוּא יְחִידִי, לְכָךְ נֶאֱמַר: "אַתָּה הָרְאֵתָ לָדַעַת":

לז) **וְתַחַת כִּי אָהַב.** וְכָל זֶה תַּחַת אֲשֶׁר אָהַב: **וַיּוֹצִאֲךָ בְּפָנָיו.** כְּאָדָם הַמַּנְהִיג בְּנוֹ לְפָנָיו, שֶׁנֶּאֱמַר: "וַיִּסַּע מַלְאַךְ הָאֱלֹהִים הַהֹלֵךְ וְגוֹ' וַיֵּלֶךְ מֵאַחֲרֵיהֶם" (שמות יד, יט). דָּבָר אַחֵר, "וַיּוֹצִאֲךָ בְּפָנָיו", בִּפְנֵי אֲבוֹתָיו, כְּמָה שֶׁנֶּאֱמַר: "נֶגֶד אֲבוֹתָם עָשָׂה פֶלֶא" (תהלים עח, יב). וְאַל תִּתְמַהּ עַל שֶׁהִזְכִּירָם בִּלְשׁוֹן יָחִיד, שֶׁהֲרֵי כְּתָבָם בִּלְשׁוֹן יָחִיד, "וַיִּבְחַר בְּזַרְעוֹ אַחֲרָיו":

לח) **מִמְּךָ מִפָּנֶיךָ.** סָרְסֵהוּ וְדָרְשֵׁהוּ: לְהוֹרִישׁ מִפָּנֶיךָ גּוֹיִם גְּדֹלִים וַעֲצֻמִים מִמְּךָ: **כַּיּוֹם הַזֶּה.** כַּאֲשֶׁר אַתָּה רוֹאֶה הַיּוֹם:

שלישי מא אָ֣ז יַבְדִּ֤יל מֹשֶׁה֙ שָׁלֹ֣שׁ עָרִ֔ים בְּעֵ֖בֶר הַיַּרְדֵּ֑ן
מב מִזְרְחָ֖ה שָֽׁמֶשׁ: לָנֻ֨ס שָׁ֜מָּה רוֹצֵ֗חַ אֲשֶׁ֨ר יִרְצַ֤ח
אֶת־רֵעֵ֙הוּ֙ בִּבְלִי־דַ֔עַת וְה֛וּא לֹא־שֹׂנֵ֥א ל֖וֹ
מִתְּמֹ֣ל שִׁלְשֹׁ֑ם וְנָ֗ס אֶל־אַחַ֛ת מִן־הֶעָרִ֥ים
מג הָאֵ֖ל וָחָֽי: אֶת־בֶּ֧צֶר בַּמִּדְבָּ֛ר בְּאֶ֥רֶץ הַמִּישֹׁ֖ר
לָרֽאוּבֵנִ֑י וְאֶת־רָאמֹ֤ת בַּגִּלְעָד֙ לַגָּדִ֔י וְאֶת־
מד גּוֹלָ֥ן בַּבָּשָׁ֖ן לַֽמְנַשִּֽׁי: וְזֹ֖את הַתּוֹרָ֑ה אֲשֶׁר־שָׂ֣ם
מה מֹשֶׁ֔ה לִפְנֵ֖י בְּנֵ֥י יִשְׂרָאֵֽל: אֵ֚לֶּה הָֽעֵדֹ֔ת וְהַֽחֻקִּ֖ים
וְהַמִּשְׁפָּטִ֑ים אֲשֶׁ֨ר דִּבֶּ֤ר מֹשֶׁה֙ אֶל־בְּנֵ֣י יִשְׂרָאֵ֔ל
מו בְּצֵאתָ֖ם מִמִּצְרָֽיִם: בְּעֵ֨בֶר הַיַּרְדֵּ֜ן בַּגַּ֗יְא מ֣וּל
בֵּ֣ית פְּע֔וֹר בְּאֶ֗רֶץ סִיחֹן֙ מֶ֣לֶךְ הָֽאֱמֹרִ֔י אֲשֶׁ֥ר
יוֹשֵׁ֖ב בְּחֶשְׁבּ֑וֹן אֲשֶׁ֨ר הִכָּ֤ה מֹשֶׁה֙ וּבְנֵ֣י יִשְׂרָאֵ֔ל
מז בְּצֵאתָ֖ם מִמִּצְרָֽיִם: וַיִּֽירְשׁ֨וּ אֶת־אַרְצ֜וֹ וְאֶת־
אֶ֣רֶץ ׀ ע֣וֹג מֶֽלֶךְ־הַבָּשָׁ֗ן שְׁנֵי֙ מַלְכֵ֣י הָאֱמֹרִ֔י אֲשֶׁ֖ר
מח בְּעֵ֣בֶר הַיַּרְדֵּ֑ן מִזְרַ֖ח שָֽׁמֶשׁ: מֵעֲרֹעֵ֡ר אֲשֶׁר֩ עַל־
שְׂפַת־נַ֨חַל אַרְנֹ֜ן וְעַד־הַ֥ר שִׂיאֹ֖ן ה֥וּא חֶרְמֽוֹן:
מט וְכָל־הָ֨עֲרָבָ֜ה עֵ֤בֶר הַיַּרְדֵּן֙ מִזְרָ֔חָה וְעַ֖ד יָ֣ם
הָעֲרָבָ֑ה תַּ֖חַת אַשְׁדֹּ֥ת הַפִּסְגָּֽה:

רביעי א וַיִּקְרָ֣א מֹשֶׁה֮ אֶל־כָּל־יִשְׂרָאֵל֒ וַיֹּ֣אמֶר אֲלֵהֶ֔ם ה
שְׁמַ֤ע יִשְׂרָאֵל֙ אֶת־הַֽחֻקִּ֣ים וְאֶת־הַמִּשְׁפָּטִ֔ים

אֲשֶׁר אָנֹכִי דֹּבֵר בְּאָזְנֵיכֶם הַיּוֹם וּלְמַדְתֶּם אֹתָם
ב וּשְׁמַרְתֶּם לַעֲשֹׂתָם: יְהוָה אֱלֹהֵינוּ כָּרַת עִמָּנוּ בְּרִית
ג בְּחֹרֵב: לֹא אֶת־אֲבֹתֵינוּ כָּרַת יְהוָה אֶת־הַבְּרִית
הַזֹּאת כִּי אִתָּנוּ אֲנַחְנוּ אֵלֶּה פֹה הַיּוֹם כֻּלָּנוּ חַיִּים:
ד פָּנִים ׀ בְּפָנִים דִּבֶּר יְהוָה עִמָּכֶם בָּהָר מִתּוֹךְ הָאֵשׁ:

מא מב בְּכֵן אַפְרֵישׁ מֹשֶׁה תְּלָת קִרְוִין, בְּעִבְרָא דְיַרְדְּנָא, מַדְנַח שִׁמְשָׁא: לְמֵעָרַק לְתַמָּן קָטוֹלָא,
דְּיִקְטוֹל יָת חַבְרֵיהּ בְּלָא מַדְעֵיהּ, וְהוּא, לָא סָנֵי לֵיהּ מֵאִתְמָלֵי וּמִדְּקַמּוֹהִי, וְיֵעֲרוֹק, לַחֲדָא,
מג מִן קִרְוַיָּא הָאִלֵּין וְיִתְקַיַּם: יָת בֶּצֶר בְּמַדְבְּרָא, בַּאֲרַע מֵישְׁרָא לְשִׁבְטָא רְאוּבֵן, וְיָת רָמוֹת בְּגִלְעָד
מד לְשִׁבְטָא גָד, וְיָת גּוֹלָן בְּמַתְנַן לְשִׁבְטָא דִמְנַשֶּׁה: וְדָא אוֹרָיְתָא, דְּסַדַּר מֹשֶׁה, קֳדָם בְּנֵי יִשְׂרָאֵל:
מה מו אִלֵּין סָהֲדְוָתָא, וּקְיָמַיָּא וְדִינַיָּא, דְּמַלֵּיל מֹשֶׁה עִם בְּנֵי יִשְׂרָאֵל, בְּמִפַּקְהוֹן מִמִּצְרָיִם: בְּעִבְרָא
דְיַרְדְּנָא בְּחִלְּתָא, לָקֳבֵיל בֵּית פְּעוֹר, בַּאֲרַע, סִיחוֹן מַלְכָּא אֱמוֹרָאָה, דְּיָתֵיב בְּחֶשְׁבּוֹן, דִּמְחָא
מז מֹשֶׁה וּבְנֵי יִשְׂרָאֵל, בְּמִפַּקְהוֹן מִמִּצְרָיִם: וִירִיתוּ יָת אַרְעֵיהּ, וְיָת אֲרַע עוֹג מַלְכָּא דְמַתְנַן,
מח תְּרֵין מַלְכֵי אֱמוֹרָאָה, דִּבְעִבְרָא דְיַרְדְּנָא, מַדְנַח שִׁמְשָׁא: מֵעֲרוֹעֵר, דְּעַל כֵּיף נַחְלָא דְאַרְנוֹן,
מט וְעַד טוּרָא דְשִׂיאוֹן הוּא חֶרְמוֹן: וְכָל מֵישְׁרָא, עִבְרָא דְיַרְדְּנָא מַדִּנְחָא, וְעַד יַמָּא דְמֵישְׁרָא,
ה א תְּחוֹת מַשְׁפַּךְ מְרָמָתָא: וּקְרָא מֹשֶׁה לְכָל יִשְׂרָאֵל, וַאֲמַר לְהוֹן, שְׁמַע יִשְׂרָאֵל יָת קְיָמַיָּא
ב וְיָת דִּינַיָּא, דַּאֲנָא, מְמַלֵּיל קֳדָמֵיכוֹן יוֹמָא דֵין, וְתֵילְפוּן יָתְהוֹן, וְתִטְּרוּן לְמֶעֱבַדְהוֹן: יְיָ אֱלָהַנָא,
ג גְּזַר עִמַּנָא, קְיָם בְּחוֹרֵב: לָא עִם אֲבָהָתַנָא, גְּזַר יְיָ יָת קְיָמָא הָדֵין, אֱלָהֵין עִמַּנָא, אֲנַחְנָא
ד אִלֵּין כָּא, יוֹמָא דֵין כֻּלַּנָא קַיָּמִין: מְמַלַּל עִם מְמַלַּל, מַלֵּיל יְיָ עִמְּכוֹן, בְּטוּרָא מִגּוֹ אִישָּׁתָא:

מא) **אָז יַבְדִּיל.** נָתַן לֵב לִהְיוֹת חָרֵד לַדָּבָר שֶׁיַּבְדִּילֵם, וְאַף עַל פִּי שֶׁאֵינָן קוֹלְטוֹת עַד שֶׁיִּבָּדְלוּ אוֹתָן שֶׁבְּאֶרֶץ כְּנַעַן, אָמַר מֹשֶׁה: מִצְוָה שֶׁאֶפְשָׁר לְקַיְּמָהּ אֲקַיְּמֶנָּה: **בְּעֵבֶר הַיַּרְדֵּן מִזְרְחָה שָׁמֶשׁ.** בְּאוֹתוֹ עֵבֶר שֶׁבְּמִזְרָחוֹ שֶׁל יַרְדֵּן: **מִזְרְחָה שָׁמֶשׁ.** לְפִי שֶׁהוּא דָּבוּק נְקוּדָה רֵי"שׁ בַּחֲטָף, מִזְרַח שֶׁל שֶׁמֶשׁ, מְקוֹם זְרִיחַת הַשֶּׁמֶשׁ:

מד) **וְזֹאת הַתּוֹרָה.** זוֹ שֶׁהוּא עָתִיד לְסַדֵּר אַחַר פָּרָשָׁה זוֹ:

מה-מו) **אֵלֶּה הָעֵדֹת וְגוֹ' אֲשֶׁר דִּבֶּר.** הֵם הֵם אֲשֶׁר דִּבֵּר בְּצֵאתָם מִמִּצְרַיִם דִּבֵּר לָהֶם בְּעַרְבוֹת מוֹאָב אֲשֶׁר בְּעֵבֶר הַיַּרְדֵּן שֶׁהוּא בַּמִּזְרָח, שֶׁהָעֵבֶר הַשֵּׁנִי הָיָה בַּמַּעֲרָב: **בְּעֵבֶר הַיַּרְדֵּן.** חָזַר וְשָׁנָה לָהֶם:

פרק ה

ג) **לֹא אֶת אֲבֹתֵינוּ.** בִּלְבַד "כָּרַת ה'" וְגוֹ':

ד) **פָּנִים בְּפָנִים.** אָמַר רַבִּי בֶּרֶכְיָה: כָּךְ אָמַר מֹשֶׁה: אַל תֹּאמְרוּ אֲנִי מַטְעֶה אֶתְכֶם עַל לֹא דָּבָר כְּדֶרֶךְ שֶׁהַסַּרְסוּר עוֹשֶׂה בֵּין הַמּוֹכֵר לַלּוֹקֵחַ, הֲרֵי (הַלּוֹקֵחַ) [הַמּוֹכֵר] עַצְמוֹ מְדַבֵּר עִמָּכֶם:

אָנֹכִי עֹמֵד בֵּין־יְהוָה וּבֵינֵיכֶם בָּעֵת הַהִוא לְהַגִּיד ה
לָכֶם אֶת־דְּבַר יְהוָה כִּי יְרֵאתֶם מִפְּנֵי הָאֵשׁ
וְלֹא־עֲלִיתֶם בָּהָר לֵאמֹר׃ אָנֹכִי ו
יְהוָה אֱלֹהֶיךָ אֲשֶׁר הוֹצֵאתִיךָ מֵאֶרֶץ מִצְרַיִם
מִבֵּית עֲבָדִים׃ לֹא־יִהְיֶה לְךָ אֱלֹהִים אֲחֵרִים ז
עַל־פָּנָי׃ לֹא־תַעֲשֶׂה לְךָ פֶּסֶל כָּל־תְּמוּנָה אֲשֶׁר ח
בַּשָּׁמַיִם מִמַּעַל וַאֲשֶׁר בָּאָרֶץ מִתָּחַת וַאֲשֶׁר
בַּמַּיִם מִתַּחַת לָאָרֶץ׃ לֹא־תִשְׁתַּחֲוֶה לָהֶם ט
וְלֹא תָעָבְדֵם כִּי אָנֹכִי יְהוָה אֱלֹהֶיךָ אֵל קַנָּא
פֹּקֵד עֲוֺן אָבוֹת עַל־בָּנִים וְעַל־שִׁלֵּשִׁים וְעַל־
רִבֵּעִים לְשֹׂנְאָי׃ וְעֹשֶׂה חֶסֶד לַאֲלָפִים לְאֹהֲבַי י
מִצְוֹתָי וּלְשֹׁמְרֵי מצותו׃ לֹא תִשָּׂא אֶת־ יא
שֵׁם־יְהוָה אֱלֹהֶיךָ לַשָּׁוְא כִּי לֹא יְנַקֶּה יְהוָה אֵת
אֲשֶׁר־יִשָּׂא אֶת־שְׁמוֹ לַשָּׁוְא׃ שָׁמוֹר יב
אֶת־יוֹם הַשַּׁבָּת לְקַדְּשׁוֹ כַּאֲשֶׁר צִוְּךָ יְהוָה
אֱלֹהֶיךָ׃ שֵׁשֶׁת יָמִים תַּעֲבֹד וְעָשִׂיתָ כָּל־ יג
מְלַאכְתֶּךָ׃ וְיוֹם הַשְּׁבִיעִי שַׁבָּת לַיהוָה אֱלֹהֶיךָ יד
לֹא־תַעֲשֶׂה כָל־מְלָאכָה אַתָּה ׀ וּבִנְךָ־וּבִתֶּךָ
וְעַבְדְּךָ־וַאֲמָתֶךָ וְשׁוֹרְךָ וַחֲמֹרְךָ וְכָל־בְּהֶמְתֶּךָ
וְגֵרְךָ אֲשֶׁר בִּשְׁעָרֶיךָ לְמַעַן יָנוּחַ עַבְדְּךָ וַאֲמָתְךָ

טו כָּמוֹךָ׃ וְזָכַרְתָּ כִּי עֶבֶד הָיִיתָ בְּאֶרֶץ מִצְרַיִם
וַיֹּצִאֲךָ יְהוָה אֱלֹהֶיךָ מִשָּׁם בְּיָד חֲזָקָה וּבִזְרֹעַ
נְטוּיָה עַל־כֵּן צִוְּךָ יְהוָה אֱלֹהֶיךָ לַעֲשׂוֹת אֶת־יוֹם
טז הַשַּׁבָּת׃ כַּבֵּד אֶת־אָבִיךָ וְאֶת־אִמֶּךָ
כַּאֲשֶׁר צִוְּךָ יְהוָה אֱלֹהֶיךָ לְמַעַן ׀ יַאֲרִיכֻן יָמֶיךָ
וּלְמַעַן יִיטַב לָךְ עַל הָאֲדָמָה אֲשֶׁר־יְהוָה אֱלֹהֶיךָ

ה אֲנָא, הֲוֵיתִי קָאֵים בֵּין מֵימְרָא דַּיי וּבֵינֵיכוֹן בְּעִדָּנָא הַהוּא, לְחַוָּאָה לְכוֹן יָת פִּתְגָּמָא דַּיי, אֲרֵי
ו דְּחֵילְתּוּן מִן קֳדָם אִישָׁתָא, וְלָא סְלֵיקְתּוּן בְּטוּרָא לְמֵימַר: אֲנָא יי אֱלָהָךְ, דְּאַפֵּיקְתָּךְ, מֵאַרְעָא
ז ח דְּמִצְרַיִם מִבֵּית עַבְדּוּתָא: לָא יְהֵוֵי לָךְ אֱלָהּ אָחֳרָן בַּר מִנִּי: לָא תַעֲבֵיד לָךְ צֵילֶם כָּל דְּמוּ,
ט דְּבִשְׁמַיָּא מִלְּעֵילָא וְדִבְאַרְעָא מִלְּרַע, וְדִבְמַיָּא מִלְּרַע לְאַרְעָא: לָא תִסְגּוֹד לְהוֹן וְלָא תִפְלְחִנּוּן,
אֲרֵי אֲנָא, יי אֱלָהָךְ אֵל קַנָּא, מַסְעַר, חוֹבֵי אֲבָהָן עַל בְּנִין מָרָדִין, וְעַל דָּר תְּלִיתָאֵי וְעַל דָּר
י רְבִיעָאֵי לְסָנְאָי, כַּד מַשְׁלְמִין בְּנַיָּא לְמֶחְטֵי בָּתַר אֲבָהָתְהוֹן: וְעָבֵיד טֵיבוּ לְאַלְפֵי דָרִין, לְרָחֲמַי
יא וּלְנָטְרֵי פִקּוֹדָי: לָא תֵימֵי, בִּשְׁמָא דַּיי אֱלָהָךְ לְמַגָּנָא, אֲרֵי לָא יְזַכֵּי יי, יָת, דְּיֵימֵי בִשְׁמֵיהּ
יב יג לְשִׁקְרָא: טַר יָת יוֹמָא דְשַׁבְּתָא לְקַדָּשׁוּתֵיהּ, כְּמָא דְפַקְּדָךְ יי אֱלָהָךְ: שִׁתָּא יוֹמִין תִּפְלַח
יד וְתַעֲבֵיד כָּל עֲבִידְתָךְ: וְיוֹמָא שְׁבִיעָאָה, שַׁבְּתָא קֳדָם יי אֱלָהָךְ, לָא תַעֲבֵיד כָּל עֲבִידָא, אַתְּ
וּבְרָךְ וּבְרַתָּךְ וְעַבְדָּךְ וְאַמְתָךְ, וְתוֹרָךְ וּחֲמָרָךְ וְכָל בְּעִירָךְ, וְגִיּוֹרָךְ דִּבְקִרְוָךְ, בְּדִיל, דִּינוּחַ, עַבְדָּךְ
טו וְאַמְתָךְ כְּוָתָךְ: וְתִדְכַּר, אֲרֵי עַבְדָּא הֲוֵיתָא בְּאַרְעָא דְּמִצְרַיִם, וְאַפְּקָךְ יי אֱלָהָךְ מִתַּמָּן בְּיַד
טז תַּקִּיפָא וּבִדְרָע מְרָמַם, עַל כֵּן, פַּקְּדָךְ יי אֱלָהָךְ, לְמֶעְבַּד יָת יוֹמָא דְשַׁבְּתָא: יַקַּר יָת אֲבוּךְ וְיָת
אִמָּךְ, כְּמָא דְפַקְּדָךְ יי אֱלָהָךְ, בְּדִיל דְּיֵירְכוּן יוֹמָךְ, וּבְדִיל דְּיֵיטַב לָךְ, עַל אַרְעָא, דַּיי אֱלָהָךְ

ד-ה| לֵאמֹר. מוּסָב עַל "דִּבֶּר ה' עִמָּכֶם בָּהָר מִתּוֹךְ הָאֵשׁ" לֵאמֹר, וְ"אָנֹכִי עֹמֵד בֵּין ה' וּבֵינֵיכֶם":

ז| עַל פָּנָי. בְּכָל מָקוֹם אֲשֶׁר אֲנִי שָׁם, וְזֶהוּ כָּל הָעוֹלָם. דָּבָר אַחֵר, כָּל זְמַן שֶׁאֲנִי קַיָּם:

עֲשֶׂרֶת הַדִּבְּרוֹת כְּבָר פֵּרַשְׁתִּים.

יב| שָׁמוֹר. וּבָרִאשׁוֹנוֹת הוּא אוֹמֵר: "זָכוֹר" (שמות כ, ח), שְׁנֵיהֶם בְּדִבּוּר אֶחָד וּבְתֵבָה אַחַת נֶאֶמְרוּ וּבִשְׁמִיעָה אַחַת נִשְׁמְעוּ: כַּאֲשֶׁר צִוְּךָ. קֹדֶם מַתַּן תּוֹרָה, בְּמָרָה:

טו| וְזָכַרְתָּ כִּי עֶבֶד הָיִיתָ וְגוֹ'. עַל מְנָת כֵּן פְּדָאֲךָ, שֶׁתִּהְיֶה לוֹ עֶבֶד וְתִשְׁמֹר מִצְוֹתָיו:

טז| כַּאֲשֶׁר צִוְּךָ. אַף עַל כִּבּוּד אָב וָאֵם נִצְטַוּוּ בְּמָרָה, שֶׁנֶּאֱמַר: "שָׁם שָׂם לוֹ חֹק וּמִשְׁפָּט" (שמות טו, כה):

נֹתֵן לָךְ׃ לֹא תִּרְצָח וְלֹא יז
תִּנְאָף וְלֹא תִּגְנֹב וְלֹא־
תַעֲנֶה בְרֵעֲךָ עֵד שָׁוְא׃ וְלֹא תַחְמֹד יח

מצווה תטז
איסור להתאוות לממונו של אחד

אֵשֶׁת רֵעֶךָ וְלֹא תִתְאַוֶּה בֵּית רֵעֶךָ
שָׂדֵהוּ וְעַבְדּוֹ וַאֲמָתוֹ שׁוֹרוֹ וַחֲמֹרוֹ וְכֹל אֲשֶׁר

חמישי

לְרֵעֶךָ׃ אֶת־הַדְּבָרִים הָאֵלֶּה דִּבֶּר יט
יְהוָה אֶל־כָּל־קְהַלְכֶם בָּהָר מִתּוֹךְ הָאֵשׁ הֶעָנָן
וְהָעֲרָפֶל קוֹל גָּדוֹל וְלֹא יָסָף וַיִּכְתְּבֵם עַל־שְׁנֵי
לֻחֹת אֲבָנִים וַיִּתְּנֵם אֵלָי׃ וַיְהִי כְּשָׁמְעֲכֶם אֶת־ כ
הַקּוֹל מִתּוֹךְ הַחֹשֶׁךְ וְהָהָר בֹּעֵר בָּאֵשׁ וַתִּקְרְבוּן
אֵלַי כָּל־רָאשֵׁי שִׁבְטֵיכֶם וְזִקְנֵיכֶם׃ וַתֹּאמְרוּ כא
הֵן הֶרְאָנוּ יְהוָה אֱלֹהֵינוּ אֶת־כְּבֹדוֹ וְאֶת־גָּדְלוֹ
וְאֶת־קֹלוֹ שָׁמַעְנוּ מִתּוֹךְ הָאֵשׁ הַיּוֹם הַזֶּה רָאִינוּ
כִּי־יְדַבֵּר אֱלֹהִים אֶת־הָאָדָם וָחָי׃ וְעַתָּה לָמָּה כב
נָמוּת כִּי תֹאכְלֵנוּ הָאֵשׁ הַגְּדֹלָה הַזֹּאת אִם־
יֹסְפִים ׀ אֲנַחְנוּ לִשְׁמֹעַ אֶת־קוֹל יְהוָה אֱלֹהֵינוּ
עוֹד וָמָתְנוּ׃ כִּי מִי כָל־בָּשָׂר אֲשֶׁר שָׁמַע קוֹל כג
אֱלֹהִים חַיִּים מְדַבֵּר מִתּוֹךְ־הָאֵשׁ כָּמֹנוּ וַיֶּחִי׃
קְרַב אַתָּה וּשֲׁמָע אֵת כָּל־אֲשֶׁר יֹאמַר יְהוָה כד
אֱלֹהֵינוּ וְאַתְּ ׀ תְּדַבֵּר אֵלֵינוּ אֵת כָּל־אֲשֶׁר יְדַבֵּר
יְהוָה אֱלֹהֵינוּ אֵלֶיךָ וְשָׁמַעְנוּ וְעָשִׂינוּ׃ וַיִּשְׁמַע כה

יְהוָה אֶת־קוֹל דִּבְרֵיכֶם בְּדַבֶּרְכֶם אֵלָי וַיֹּאמֶר
יְהוָה אֵלַי שָׁמַעְתִּי אֶת־קוֹל דִּבְרֵי הָעָם הַזֶּה אֲשֶׁר
כו דִּבְּרוּ אֵלֶיךָ הֵיטִיבוּ כָּל־אֲשֶׁר דִּבֵּרוּ: מִי־יִתֵּן
וְהָיָה לְבָבָם זֶה לָהֶם לְיִרְאָה אֹתִי וְלִשְׁמֹר אֶת־
כָּל־מִצְוֹתַי כָּל־הַיָּמִים לְמַעַן יִיטַב לָהֶם וְלִבְנֵיהֶם
כז לְעֹלָם: לֵךְ אֱמֹר לָהֶם שׁוּבוּ לָכֶם לְאָהֳלֵיכֶם:

יז יָהֵיב לָךְ: לָא תִקְטוֹל נְפַשׁ, וְלָא תִגּוּף, וְלָא תִגְנוּב, וְלָא תַסְהֵיד בְּחַבְרָךְ סָהֲדוּתָא דְשִׁקְרָא:
יח וְלָא תַחְמֵיד אִתַּת חַבְרָךְ, וְלָא תִרוֹג בֵּית חַבְרָךְ, חַקְלֵיהּ, וְעַבְדֵּיהּ וְאַמְתֵּיהּ תּוֹרֵיהּ וּחְמָרֵיהּ,
יט וְכֹל דִּלְחַבְרָךְ: יָת פִּתְגָמַיָּא הָאִלֵּין, מַלֵּיל יְיָ עִם כָּל קְהַלְכוֹן בְּטוּרָא, מִגּוֹ אִישָׁתָא עֲנָנָא
כ וַאֲמִטְתָא, קָל רַב וְלָא פָסִיק, וּכְתַבְנוּן, עַל תְּרֵין לוּחֵי אַבְנַיָּא, וִיהַבְנוּן לִי: וַהֲוָה, בְּמִשְׁמַעְכוֹן
יָת קָלָא מִגּוֹ חֲשׁוֹכָא, וְטוּרָא בָּעַר בְּאִישָׁתָא, וּקְרֵיבְתּוּן לְוָתִי, כָּל רֵישֵׁי שִׁבְטֵיכוֹן וְסָבֵיכוֹן:
כא וַאֲמַרְתּוּן, הָא אַחְזְיַנָא, יְיָ אֱלָהַנָא יָת יְקָרֵיהּ וְיָת רְבוּתֵיהּ, וְיָת קָל מֵימְרֵיהּ שְׁמַעְנָא מִגּוֹ
כב אִישָׁתָא, יוֹמָא הָדֵין חֲזֵינָא, אֲרֵי מְמַלֵּיל יְיָ, עִם אֱנָשָׁא וּמִתְקַיַּם: וּכְעַן לְמָא נְמוּת, אֲרֵי
תֵיכְלִנַּנָא, אִישָׁתָא רַבְּתָא הָדָא, אִם מוֹסְפִין אֲנַחְנָא, לְמִשְׁמַע, יָת קָל מֵימְרָא דַייָ אֱלָהַנָא,
כג עוֹד מָיְתִין אֲנַחְנָא: אֲרֵי מַאן כָּל בִּסְרָא, דִּשְׁמַע קָל מֵימְרָא דַייָ קַיָּמָא, מְמַלֵּיל מִגּוֹ
כד אִישָׁתָא, כְּוָתַנָא וְאִתְקַיַּם: קְרַב אַתְּ וּשְׁמַע, יָת כָּל דְּיֵימַר יְיָ אֱלָהַנָא, וְאַתְּ תְּמַלֵּיל עִמַּנָא,
כה יָת כָּל דִּימַלֵּיל, יְיָ אֱלָהַנָא, עִמָּךְ וּנְקַבֵּיל וְנַעְבֵּיד: וּשְׁמִיעַ קֳדָם יְיָ יָת קָל פִּתְגָמֵיכוֹן,
בְּמַלָּלוּתְכוֹן עִמִּי, וַאֲמַר יְיָ לִי, שְׁמִיעַ קֳדָמַי, יָת קָל פִּתְגָמֵי, עַמָּא הָדֵין דְּמַלִּילוּ עִמָּךְ,
כו אַתְקִינוּ כָּל דְּמַלִּילוּ: לְוַי, דִּיהֵי לִבָּא הָדֵין לְהוֹן, לְמִדְחַל קֳדָמַי, וּלְמִטַּר יָת כָּל פִּקּוֹדַי כָּל
כז יוֹמַיָּא, בְּדִיל דְּיֵיטַב לְהוֹן, וְלִבְנֵיהוֹן לְעָלַם: אִיזֵיל אֵימַר לְהוֹן, תּוּבוּ לְכוֹן לְמַשְׁכְּנֵיכוֹן:

יז| וְלֹא תִנְאָף. אֵין לְשׁוֹן נִאוּף אֶלָּא בְּאֵשֶׁת אִישׁ:

יח| לֹא תִתְאַוֶּה. "לֹא תַחְמֹד", הֲרֵי הוּא לְשׁוֹן חֶמְדָּה, כְּמוֹ "נֶחְמָד לְמַרְאֶה" (בראשית ב, ט) דְּמִתַּרְגְּמִינַן: "דִּמְרַגַּג לְמֶחֱזֵי":

יט| וְלֹא יָסָף. מְתַרְגְּמִינַן "וְלָא פְסַק", כִּי קוֹלוֹ חָזָק וְקַיָּם לְעוֹלָם. דָּבָר אַחֵר, "וְלֹא יָסָף", לֹא הוֹסִיף לְהֵרָאוֹת בְּאוֹתוֹ פֻּמְבֵּי:

כד| וְאַתְּ תְּדַבֵּר אֵלֵינוּ. הִתַּשְׁתֶּם אֶת כֹּחִי כִּנְקֵבָה, שֶׁנִּצְטַעַרְתִּי עֲלֵיכֶם וְרִפִּיתֶם אֶת יָדִי, כִּי רָאִיתִי שֶׁאֵינְכֶם חֲרֵדִים לְהִתְקָרֵב אֵלָיו מֵאַהֲבָה. וְכִי לֹא הָיָה יָפֶה לָכֶם לִלְמֹד מִפִּי הַגְּבוּרָה וְלֹא לִלְמֹד מִמֶּנִּי?:

וְאַתָּה פֹּה עֲמֹד עִמָּדִי וַאֲדַבְּרָה אֵלֶיךָ אֵת כָּל־ כח
הַמִּצְוָה וְהַחֻקִּים וְהַמִּשְׁפָּטִים אֲשֶׁר תְּלַמְּדֵם
וְעָשׂוּ בָאָרֶץ אֲשֶׁר אָנֹכִי נֹתֵן לָהֶם לְרִשְׁתָּהּ׃
וּשְׁמַרְתֶּם לַעֲשׂוֹת כַּאֲשֶׁר צִוָּה יְהוָה אֱלֹהֵיכֶם כט
אֶתְכֶם לֹא תָסֻרוּ יָמִין וּשְׂמֹאל׃ בְּכָל־הַדֶּרֶךְ ל
אֲשֶׁר צִוָּה יְהוָה אֱלֹהֵיכֶם אֶתְכֶם תֵּלֵכוּ לְמַעַן
תִּחְיוּן וְטוֹב לָכֶם וְהַאֲרַכְתֶּם יָמִים בָּאָרֶץ אֲשֶׁר
תִּירָשׁוּן׃ וְזֹאת הַמִּצְוָה הַחֻקִּים וְהַמִּשְׁפָּטִים ו א
אֲשֶׁר צִוָּה יְהוָה אֱלֹהֵיכֶם לְלַמֵּד אֶתְכֶם לַעֲשׂוֹת
בָּאָרֶץ אֲשֶׁר אַתֶּם עֹבְרִים שָׁמָּה לְרִשְׁתָּהּ׃
לְמַעַן תִּירָא אֶת־יְהוָה אֱלֹהֶיךָ לִשְׁמֹר אֶת־ ב
כָּל־חֻקֹּתָיו וּמִצְוֹתָיו אֲשֶׁר אָנֹכִי מְצַוֶּךָ אַתָּה
וּבִנְךָ וּבֶן־בִּנְךָ כֹּל יְמֵי חַיֶּיךָ וּלְמַעַן יַאֲרִכֻן יָמֶיךָ׃
וְשָׁמַעְתָּ יִשְׂרָאֵל וְשָׁמַרְתָּ לַעֲשׂוֹת אֲשֶׁר יִיטַב ג
לְךָ וַאֲשֶׁר תִּרְבּוּן מְאֹד כַּאֲשֶׁר דִּבֶּר יְהוָה אֱלֹהֵי
אֲבֹתֶיךָ לָךְ אֶרֶץ זָבַת חָלָב וּדְבָשׁ׃

ששי
ו שְׁמַע יִשְׂרָאֵל יְהוָה אֱלֹהֵינוּ יְהוָה ׀ אֶחָד׃ ד

מצווה תיז מצוות אחדות ה'

וְאָהַבְתָּ אֵת יְהוָה אֱלֹהֶיךָ בְּכָל־לְבָבְךָ וּבְכָל־ ה

מצווה תיח מצוות אהבת ה'

נַפְשְׁךָ וּבְכָל־מְאֹדֶךָ׃ וְהָיוּ הַדְּבָרִים הָאֵלֶּה ו
אֲשֶׁר אָנֹכִי מְצַוְּךָ הַיּוֹם עַל־לְבָבֶךָ׃ וְשִׁנַּנְתָּם ז
לְבָנֶיךָ וְדִבַּרְתָּ בָּם בְּשִׁבְתְּךָ בְּבֵיתֶךָ וּבְלֶכְתְּךָ

מצווה תיט מצוות לימוד התורה והוראתה

מצווה תכ מצוות קריאת שמע פעמיים ביום

ח בַּדֶּ֔רֶךְ וּֽבְשָׁכְבְּךָ֖ וּבְקוּמֶֽךָ׃ וּקְשַׁרְתָּ֥ם לְא֖וֹת עַל־
ט יָדֶ֑ךָ וְהָי֥וּ לְטֹטָפֹ֖ת בֵּ֥ין עֵינֶֽיךָ׃ וּכְתַבְתָּ֛ם עַל־

מצווה תכא-תכב
מצוות הנחת תפילין של יד
מצוות הנחת תפילין של ראש
מצווה תכג
מצוות קביעת מזוזה

כח וְאַתְּ, הָכָא קוּם קֳדָמַי, וַאֲמַלֵּיל עִמָּךְ, יָת כָּל תַּפְקֵידְתָּא, וּקְיָמַיָּא וְדִינַיָּא דְּתַלֵּיפִנּוּן, וְיַעְבְּדוּן
כט בְּאַרְעָא, דַּאֲנָא, יָהֵיב לְהוֹן לְמֵירְתַהּ: וְתִטְּרוּן לְמֶעְבַּד, כְּמָא דְּפַקֵּיד, יְיָ אֱלָהֲכוֹן יָתְכוֹן, לָא
ל תִסְטוּן לְיַמִּינָא וְלִסְמָאלָא: בְּכָל אוֹרְחָא, דְּפַקֵּיד, יְיָ אֱלָהֲכוֹן, יָתְכוֹן תְּהָכוּן, בְּדִיל דְּתֵיחוֹן וְיֵיטַב
ו א לְכוֹן, וְתֵירְכוּן יוֹמִין, בְּאַרְעָא דְּתֵירְתוּן: וְדָא תַּפְקֵידְתָּא, קְיָמַיָּא וְדִינַיָּא, דְּפַקֵּיד, יְיָ אֱלָהֲכוֹן
ב לְאַלָּפָא יָתְכוֹן, לְמֶעְבַּד בְּאַרְעָא, דְּאַתּוּן, עָבְרִין לְתַמָּן לְמֵירְתַהּ: בְּדִיל דְּתִדְחַל קֳדָם יְיָ אֱלָהָךְ,
לְמִטַּר, יָת כָּל קְיָמוֹהִי וּפִקּוֹדוֹהִי דַּאֲנָא מְפַקֵּיד לָךְ, אַתְּ וּבְרָךְ וּבַר בְּרָךְ, כָּל יוֹמֵי חַיָּךְ, וּבְדִיל
ג דְּיֵירְכוּן יוֹמָךְ: וּתְקַבֵּיל יִשְׂרָאֵל וְתִטַּר לְמֶעְבַּד, דְּיֵיטַב לָךְ, וּדְתִסְגּוֹן לַחְדָּא, כְּמָא דְּמַלֵּיל יְיָ,
ד ה אֱלָהָא דַּאֲבָהָתָךְ לָךְ, אֲרַע, עָבְדָא חֲלַב וּדְבָשׁ: שְׁמַע יִשְׂרָאֵל, יְיָ אֱלָהַנָא יְיָ חַד: וְתִרְחַם,
ו יָת יְיָ אֱלָהָךְ, בְּכָל לִבָּךְ וּבְכָל נַפְשָׁךְ וּבְכָל נִכְסָךְ: וִיהוֹן פִּתְגָּמַיָּא הָאִלֵּין, דַּאֲנָא מְפַקֵּיד לָךְ,
ז יוֹמָא דֵין עַל לִבָּךְ: וּתְתַנֵּינוּן לִבְנָךְ, וּתְמַלֵּיל בְּהוֹן, בְּמִתְּבָךְ בְּבֵיתָךְ וּבְמֶהָכָךְ בְּאוֹרְחָא,
ח ט וּבְמִשְׁכְּבָךְ וּבְמִקְיְמָךְ: וְתִקְטְרִנּוּן לְאָת עַל יְדָךְ, וִיהוֹן לִתְפִלִּין בֵּין עֵינָךְ: וְתִכְתּוֹבִנּוּן עַל

פרק ו

ד] **ה' אֱלֹהֵינוּ ה' אֶחָד.** ה' שֶׁהוּא "אֱלֹהֵינוּ" עַתָּה וְלֹא אֱלֹהֵי הָאֻמּוֹת, הוּא עָתִיד לִהְיוֹת "ה' אֶחָד", שֶׁנֶּאֱמַר: "כִּי אָז אֶהְפֹּךְ אֶל עַמִּים שָׂפָה בְרוּרָה לִקְרֹא כֻלָּם בְּשֵׁם ה'" (צפניה ג, ט), וְנֶאֱמַר: "בַּיּוֹם הַהוּא יִהְיֶה ה' אֶחָד וּשְׁמוֹ אֶחָד" (זכריה יד, ט):

ה] **וְאָהַבְתָּ.** עֲשֵׂה דְבָרָיו מֵאַהֲבָה. אֵינוֹ דּוֹמֶה עוֹשֶׂה מֵאַהֲבָה לְעוֹשֶׂה מִיִּרְאָה. הָעוֹשֶׂה אֵצֶל רַבּוֹ מִיִּרְאָה כְּשֶׁהוּא מַטְרִיחַ עָלָיו מַנִּיחוֹ וְהוֹלֵךְ לוֹ: **בְּכָל לְבָבְךָ.** בִּשְׁנֵי יְצָרֶיךָ. דָּבָר אַחֵר, "בְּכָל לְבָבְךָ", שֶׁלֹּא יִהְיֶה לִבְּךָ חָלוּק עַל הַמָּקוֹם: **וּבְכָל נַפְשְׁךָ.** אֲפִלּוּ הוּא נוֹטֵל אֶת נַפְשְׁךָ: **וּבְכָל מְאֹדֶךָ.** בְּכָל מָמוֹנְךָ, יֵשׁ לְךָ אָדָם שֶׁמָּמוֹנוֹ חָבִיב עָלָיו מִגּוּפוֹ, לְכָךְ נֶאֱמַר: "בְּכָל מְאֹדֶךָ". דָּבָר אַחֵר, "וּבְכָל מְאֹדֶךָ", בְּכָל מִדָּה וּמִדָּה שֶׁמּוֹדֵד לְךָ, בֵּין בְּמִדָּה טוֹבָה בֵּין בְּמִדַּת פֻּרְעָנוּת, וְכֵן דָּוִד הוּא אוֹמֵר: "כּוֹס יְשׁוּעוֹת אֶשָּׂא וּבְשֵׁם ה' אֶקְרָא" (תהלים קטז, יג) "צָרָה וְיָגוֹן אֶמְצָא וּבְשֵׁם ה' אֶקְרָא" (שם פסוקים ג-ד):

ו] **וְהָיוּ הַדְּבָרִים.** מַהוּ הָאַהֲבָה? "וְהָיוּ הַדְּבָרִים הָאֵלֶּה", שֶׁמִּתּוֹךְ כָּךְ אַתָּה מַכִּיר בְּהַקָּדוֹשׁ בָּרוּךְ הוּא וּמִדַּבֵּק בִּדְרָכָיו: **אֲשֶׁר אָנֹכִי מְצַוְּךָ הַיּוֹם.** לֹא יִהְיוּ בְעֵינֶיךָ כִּדְיוֹטַגְמָא יְשָׁנָה שֶׁאֵין אָדָם סוֹפְנָהּ, אֶלָּא כַּחֲדָשָׁה שֶׁהַכֹּל רָצִין לִקְרָאתָהּ. 'דְּיוֹטַגְמָא' – מִצְוַת הַמֶּלֶךְ הַבָּאָה בְּמִכְתָּב:

ז] **וְשִׁנַּנְתָּם.** לְשׁוֹן חִדּוּד הוּא, שֶׁיִּהְיוּ מְחֻדָּדִים בְּפִיךָ, שֶׁאִם יִשְׁאָלְךָ אָדָם דָּבָר לֹא תְהֵא צָרִיךְ לְגַמְגֵּם בּוֹ, אֶלָּא אֱמֹר לוֹ מִיָּד: **לְבָנֶיךָ.** אֵלּוּ הַתַּלְמִידִים. מָצִינוּ בְּכָל מָקוֹם שֶׁהַתַּלְמִידִים קְרוּיִים בָּנִים, שֶׁנֶּאֱמַר: "בָּנִים אַתֶּם לַה' אֱלֹהֵיכֶם" (להלן יד, א), וְאוֹמֵר: "בְּנֵי הַנְּבִיאִים אֲשֶׁר בֵּית אֵל" (מלכים ב' ב, ג), וְכֵן בְּחִזְקִיָּהוּ שֶׁלִּמֵּד תּוֹרָה לְכָל יִשְׂרָאֵל וּקְרָאָם בָּנִים, שֶׁנֶּאֱמַר: "בָּנַי עַתָּה אַל תִּשָּׁלוּ" (דברי הימים ב' כט, יא). וּכְשֵׁם שֶׁהַתַּלְמִידִים קְרוּיִים בָּנִים, כָּךְ הָרַב קָרוּי אָב, שֶׁנֶּאֱמַר: "אָבִי אָבִי רֶכֶב יִשְׂרָאֵל" וְגוֹ' (מלכים ב' ב, יב): **וְדִבַּרְתָּ בָּם.** שֶׁלֹּא יְהֵא עִקַּר דִּבּוּרְךָ אֶלָּא בָּם, עֲשֵׂם עִקָּר וְאַל תַּעֲשֵׂם טָפֵל: **וּבְשָׁכְבְּךָ.** יָכוֹל אֲפִלּוּ שָׁכַב בַּחֲצִי הַיּוֹם? תַּלְמוּד לוֹמַר: "וּבְלֶכְתְּךָ בַדֶּרֶךְ", דֶּרֶךְ אֶרֶץ דִּבְּרָה תּוֹרָה, זְמַן שְׁכִיבָה וּזְמַן קִימָה:

ח] **וּקְשַׁרְתָּם לְאוֹת עַל יָדֶךָ.** אֵלּוּ תְּפִלִּין שֶׁבַּזְּרוֹעַ: **וְהָיוּ לְטֹטָפֹת בֵּין עֵינֶיךָ.** אֵלּוּ תְּפִלִּין שֶׁבָּרֹאשׁ. וְעַל שֵׁם מִנְיַן פָּרְשִׁיּוֹתֵיהֶם נִקְרְאוּ טוֹטָפֹת, 'טַט' בְּכַתְפֵּי שְׁתַּיִם, 'פַּת' בְּאַפְרִיקֵי שְׁתַּיִם:

★ מְזֻזוֹת בֵּיתֶךָ וּבִשְׁעָרֶיךָ׃ וְהָיָה כִּי־ י
יְבִיאֲךָ ׀ יְהוָה אֱלֹהֶיךָ אֶל־הָאָרֶץ אֲשֶׁר נִשְׁבַּע
לַאֲבֹתֶיךָ לְאַבְרָהָם לְיִצְחָק וּלְיַעֲקֹב לָתֶת לָךְ
עָרִים גְּדֹלֹת וְטֹבֹת אֲשֶׁר לֹא־בָנִיתָ׃ וּבָתִּים יא
מְלֵאִים כָּל־טוּב אֲשֶׁר לֹא־מִלֵּאתָ וּבֹרֹת
חֲצוּבִים אֲשֶׁר לֹא־חָצַבְתָּ כְּרָמִים וְזֵיתִים
אֲשֶׁר לֹא־נָטָעְתָּ וְאָכַלְתָּ וְשָׂבָעְתָּ׃ הִשָּׁמֶר לְךָ יב
פֶּן־תִּשְׁכַּח אֶת־יְהוָה אֲשֶׁר הוֹצִיאֲךָ מֵאֶרֶץ
מִצְרַיִם מִבֵּית עֲבָדִים׃ אֶת־יְהוָה אֱלֹהֶיךָ יג
תִּירָא וְאֹתוֹ תַעֲבֹד וּבִשְׁמוֹ תִּשָּׁבֵעַ׃ לֹא יד
תֵלְכוּן אַחֲרֵי אֱלֹהִים אֲחֵרִים מֵאֱלֹהֵי הָעַמִּים
אֲשֶׁר סְבִיבוֹתֵיכֶם׃ כִּי אֵל קַנָּא יְהוָה אֱלֹהֶיךָ טו
בְּקִרְבֶּךָ פֶּן־יֶחֱרֶה אַף־יְהוָה אֱלֹהֶיךָ בָּךְ
וְהִשְׁמִידְךָ מֵעַל פְּנֵי הָאֲדָמָה׃ לֹא טז

מצווה תכד
איסור דרישת מופת
מנביא אמת

תְנַסּוּ אֶת־יְהוָה אֱלֹהֵיכֶם כַּאֲשֶׁר נִסִּיתֶם
בַּמַּסָּה׃ שָׁמוֹר תִּשְׁמְרוּן אֶת־מִצְוֹת יְהוָה יז
אֱלֹהֵיכֶם וְעֵדֹתָיו וְחֻקָּיו אֲשֶׁר צִוָּךְ׃ וְעָשִׂיתָ יח
הַיָּשָׁר וְהַטּוֹב בְּעֵינֵי יְהוָה לְמַעַן יִיטַב לָךְ
וּבָאתָ וְיָרַשְׁתָּ אֶת־הָאָרֶץ הַטֹּבָה אֲשֶׁר־
נִשְׁבַּע יְהוָה לַאֲבֹתֶיךָ׃ לַהֲדֹף אֶת־כָּל־אֹיְבֶיךָ יט

ו ואתחנן

ואתחנן

כ מִפָּנֶיךָ כַּאֲשֶׁר דִּבֶּר יְהוָה: כִּי־ *
יִשְׁאָלְךָ בִנְךָ מָחָר לֵאמֹר מָה הָעֵדֹת וְהַחֻקִּים
וְהַמִּשְׁפָּטִים אֲשֶׁר צִוָּה יְהוָה אֱלֹהֵינוּ אֶתְכֶם:
כא וְאָמַרְתָּ לְבִנְךָ עֲבָדִים הָיִינוּ לְפַרְעֹה בְּמִצְרָיִם
כב וַיֹּצִיאֵנוּ יְהוָה מִמִּצְרַיִם בְּיָד חֲזָקָה: וַיִּתֵּן יְהוָה

י מְזוּזֵי, וְתִקְבְּעִנּוּן בְּסִפֵּי בֵיתָךְ וּבְתַרְעָךְ: וִיהֵי, אֲרֵי יַעֲלִנָּךְ יְיָ אֱלָהָךְ, לְאַרְעָא, דְּקַיֵּים
יא לַאֲבָהָתָךְ, לְאַבְרָהָם, לְיִצְחָק וּלְיַעֲקֹב לְמִתַּן לָךְ, קִרְוִין, רַבְרְבָן וְטָבָן דְּלָא בְנֵיתָא: וּבָתִּין,
מְלַן כָּל טוּב דְּלָא מְלֵיתָא, וְגֻבִּין פְּסִילָן דְּלָא פְסַלְתָּא, כַּרְמִין וְזֵיתִין דְּלָא נְצַבְתָּא, וְתֵיכוּל
יב וְתִסְבַּע: אִסְתְּמַר לָךְ, דִּלְמָא תִתְנְשֵׁי יָת דַּחַלְתָּא דַּייָ, דְּאַפְּקָךְ, מֵאַרְעָא דְּמִצְרַיִם מִבֵּית
יג יד עַבְדוּתָא: יָת יְיָ אֱלָהָךְ, תִּדְחַל וְקֳדָמוֹהִי תִּפְלַח, וּבִשְׁמֵיהּ תְּקַיֵּים: לָא תְהָכוּן, בָּתַר טָעֲוַת
טו עַמְמַיָּא, מִטָּעֲוַת עַמְמַיָּא, דִּבְסַחְרָנֵיכוֹן: אֲרֵי אֵל קַנָּא, יְיָ אֱלָהָךְ שְׁכִינְתֵיהּ בֵּינָךְ, דִּלְמָא
טז יִתְקַף, רֻגְזָא דַּייָ אֱלָהָךְ בָּךְ, וִישֵׁיצִינָךְ, מֵעַל אַפֵּי אַרְעָא: לָא תְנַסּוּן, קֳדָם יְיָ אֱלָהֲכוֹן,
יז כְּמָא דְנַסֵּיתוּן בְּנִסֵּיתָא: מִטַּר תִּטְּרוּן, יָת פִּקּוֹדַיָּא דַּייָ אֱלָהֲכוֹן, וְסָהֲדְוָתֵיהּ וּקְיָמוֹהִי
יח דְּפַקְּדָךְ: וְתַעֲבֵיד, דְּכָשַׁר וּדְתָקֵין קֳדָם יְיָ, בְּדִיל דְּיֵיטַב לָךְ, וְתֵיעוּל, וְתֵירַת יָת אַרְעָא
יט כ טָבְתָא, דְּקַיֵּים יְיָ לַאֲבָהָתָךְ: לְמִתְבַּר יָת כָּל בַּעֲלֵי דְבָבָךְ מִן קֳדָמָךְ, כְּמָא דְּמַלֵּיל יְיָ: אֲרֵי
יִשְׁאֲלִנָּךְ בְּרָךְ, מְחַר לְמֵימַר, מָא סָהֲדְוָתָא, וּקְיָמַיָּא וְדִינַיָּא, דְּפַקֵּיד, יְיָ אֱלָהַנָא יָתְכוֹן:
כא כב וְתֵימַר לִבְרָךְ, עַבְדִּין, הֲוֵינָא לְפַרְעֹה בְּמִצְרָיִם, וְאַפְּקַנָא יְיָ, מִמִּצְרַיִם בְּיַד תַּקִּיפָא: וִיהַב יְיָ,

ט| מְזֻזוֹת בֵּיתֶךָ. 'מְזוּזַת' כְּתִיב, שֶׁאֵין צָרִיךְ אֶלָּא אַחַת: וּבִשְׁעָרֶיךָ. לְרַבּוֹת שַׁעֲרֵי חֲצֵרוֹת וְשַׁעֲרֵי מְדִינוֹת וְשַׁעֲרֵי עֲיָרוֹת:

יא| חֲצוּבִים. לְפִי שֶׁהָיוּ מְקוֹם טְרָשִׁין וּסְלָעִים נוֹפֵל בּוֹ לְשׁוֹן חֲצִיבָה:

יב| מִבֵּית עֲבָדִים. כְּתַרְגּוּמוֹ: "מִבֵּית עַבְדוּתָא", מִמָּקוֹם שֶׁהֱיִיתֶם שָׁם עֲבָדִים:

יג| וּבִשְׁמוֹ תִּשָּׁבֵעַ. אִם יֵשׁ בְּךָ כָּל הַמִּדּוֹת הַלָּלוּ, שֶׁאַתָּה יָרֵא אֶת שְׁמוֹ וְעוֹבֵד אוֹתוֹ, אָז "בִּשְׁמוֹ תִּשָּׁבֵעַ", שֶׁמִּתּוֹךְ שֶׁאַתָּה יָרֵא אֶת שְׁמוֹ תְּהֵא זָהִיר בִּשְׁבוּעָתְךָ, וְאִם לָאו לֹא תִשָּׁבֵעַ:

יד| מֵאֱלֹהֵי הָעַמִּים אֲשֶׁר סְבִיבוֹתֵיכֶם. הוּא הַדִּין לָרְחוֹקִים, אֶלָּא לְפִי שֶׁאַתָּה רוֹאֶה אֶת סְבִיבוֹתֶיךָ תּוֹעִים אַחֲרֵיהֶם הֻצְרַךְ לְהַזְהִיר עֲלֵיהֶם בְּיוֹתֵר:

טז| בַּמַּסָּה. כְּשֶׁיָּצְאוּ מִמִּצְרַיִם שֶׁנִּסּוּהוּ בַּמַּיִם, שֶׁנֶּאֱמַר: "הֲיֵשׁ ה' בְּקִרְבֵּנוּ" (שמות יז, ז):

יח| הַיָּשָׁר וְהַטּוֹב. זוֹ פְּשָׁרָה לִפְנִים מִשּׁוּרַת הַדִּין:

יט| כַּאֲשֶׁר דִּבֵּר. וְהֵיכָן דִּבֵּר? "וְהַמֹּתִי אֶת כָּל הָעָם" וְגוֹ' (שמות כג, כז):

כ| כִּי יִשְׁאָלְךָ בִנְךָ מָחָר. יֵשׁ מָחָר שֶׁהוּא אַחַר זְמַן:

דברים

אֹתֹת וּמֹפְתִים גְּדֹלִים וְרָעִים ׀ בְּמִצְרַיִם בְּפַרְעֹה
וּבְכָל־בֵּיתוֹ לְעֵינֵינוּ: וְאוֹתָנוּ הוֹצִיא מִשָּׁם כג
לְמַעַן הָבִיא אֹתָנוּ לָתֶת לָנוּ אֶת־הָאָרֶץ אֲשֶׁר
נִשְׁבַּע לַאֲבֹתֵינוּ: וַיְצַוֵּנוּ יְהֹוָה לַעֲשׂוֹת אֶת־ כד
כָּל־הַחֻקִּים הָאֵלֶּה לְיִרְאָה אֶת־יְהֹוָה אֱלֹהֵינוּ
לְטוֹב לָנוּ כָּל־הַיָּמִים לְחַיֹּתֵנוּ כְּהַיּוֹם הַזֶּה:
וּצְדָקָה תִּהְיֶה־לָּנוּ כִּי־נִשְׁמֹר לַעֲשׂוֹת אֶת־ כה
כָּל־הַמִּצְוָה הַזֹּאת לִפְנֵי יְהֹוָה אֱלֹהֵינוּ כַּאֲשֶׁר
צִוָּנוּ:   שביעי   כִּי יְבִיאֲךָ יְהֹוָה אֱלֹהֶיךָ אֶל־ ז א
הָאָרֶץ אֲשֶׁר־אַתָּה בָא־שָׁמָּה לְרִשְׁתָּהּ וְנָשַׁל
גּוֹיִם־רַבִּים ׀ מִפָּנֶיךָ הַחִתִּי וְהַגִּרְגָּשִׁי וְהָאֱמֹרִי
וְהַכְּנַעֲנִי וְהַפְּרִזִּי וְהַחִוִּי וְהַיְבוּסִי שִׁבְעָה גוֹיִם
רַבִּים וַעֲצוּמִים מִמֶּךָּ: וּנְתָנָם יְהֹוָה אֱלֹהֶיךָ ב
לְפָנֶיךָ וְהִכִּיתָם הַחֲרֵם תַּחֲרִים אֹתָם לֹא־
תִכְרֹת לָהֶם בְּרִית וְלֹא תְחָנֵּם: וְלֹא תִתְחַתֵּן בָּם ג
בִּתְּךָ לֹא־תִתֵּן לִבְנוֹ וּבִתּוֹ לֹא־תִקַּח לִבְנֶךָ: כִּי־ ד
יָסִיר אֶת־בִּנְךָ מֵאַחֲרַי וְעָבְדוּ אֱלֹהִים אֲחֵרִים
וְחָרָה אַף־יְהֹוָה בָּכֶם וְהִשְׁמִידְךָ מַהֵר: כִּי־אִם־ ה
כֹּה תַעֲשׂוּ לָהֶם מִזְבְּחֹתֵיהֶם תִּתֹּצוּ וּמַצֵּבֹתָם
תְּשַׁבֵּרוּ וַאֲשֵׁירֵהֶם תְּגַדֵּעוּן וּפְסִילֵיהֶם תִּשְׂרְפוּן
בָּאֵשׁ: כִּי עַם קָדוֹשׁ אַתָּה לַיהֹוָה אֱלֹהֶיךָ בְּךָ ו

מצווה תכה-תכו
מצוות החרמת
שבעת עמי כנען
איסור לחון
עובדי עבודה זרה
ולרחם עליהם

מצווה תכז
איסור חיתון עם
גויים

בָּחַר ׀ יְהוָה אֱלֹהֶיךָ לִהְיוֹת לוֹ לְעַם סְגֻלָּה מִכֹּל
ז הָעַמִּים אֲשֶׁר עַל־פְּנֵי הָאֲדָמָה׃ לֹא מֵרֻבְּכֶם
מִכָּל־הָעַמִּים חָשַׁק יְהוָה בָּכֶם וַיִּבְחַר בָּכֶם כִּי־
ח אַתֶּם הַמְעַט מִכָּל־הָעַמִּים׃ כִּי מֵאַהֲבַת יְהוָה
אֶתְכֶם וּמִשָּׁמְרוֹ אֶת־הַשְּׁבֻעָה אֲשֶׁר נִשְׁבַּע

כג אָתִין וּמוֹפְתִין, רַבְרְבִין וּבִישִׁין בְּמִצְרַיִם, בְּפַרְעֹה וּבְכָל אֱנָשׁ בֵּיתֵיהּ לְעֵינַנָא: וְיָתַנָא אַפֵּיק
כד מִתַּמָּן, בְּדִיל לְאַעָלָא יָתַנָא, לְמִתַּן לַנָא יָת אַרְעָא, דְּקַיֵּים לַאֲבָהָתַנָא: וּפַקְדַנָא יְיָ, לְמֶעְבַּד יָת
כָּל קְיָמַיָּא הָאִלֵּין, לְמִדְחַל קֳדָם יְיָ אֱלָהַנָא, דְּיֵיטַב לַנָא כָּל יוֹמַיָּא, לְקַיָּמוּתַנָא כְּיוֹמָא
כה הָדֵין: וְזָכוּתָא תְּהֵי לַנָא, אֲרֵי נִטַּר לְמֶעְבַּד יָת כָּל תַּפְקֵידְתָּא הָדָא, קֳדָם, יְיָ אֱלָהַנָא כְּמָא
ז א דְּפַקְדַנָא: אֲרֵי יַעֲלִנָּךְ יְיָ אֱלָהָךְ, לְאַרְעָא, דְּאַתְּ עָלֵיל לְתַמָּן לְמֵירְתַהּ, וִיתָרֵיךְ עַמְמִין סַגִּיאִין מִן
קֳדָמָךְ, חִתָּאֵי וְגִרְגָּשָׁאֵי וֶאֱמוֹרָאֵי וּכְנַעֲנָאֵי וּפְרִזָּאֵי, וְחִוָּאֵי וִיבוּסָאֵי, שִׁבְעָא עַמְמִין, סַגִּיאִין
ב וְתַקִּיפִין מִנָּךְ: וְיִמְסְרִנּוּן, יְיָ אֱלָהָךְ, קֳדָמָךְ וְתִמְחֵינּוּן, גַּמָּרָא תְּגַמַּר יָתְהוֹן, לָא תִגְזַר לְהוֹן, קְיָם
ג ד וְלָא תְרַחֵים עֲלֵיהוֹן: וְלָא תִתְחַתַּן בְּהוֹן, בְּרַתָּךְ לָא תִתֵּין לִבְרֵיהּ, וּבְרַתֵּיהּ לָא תִסַּב לִבְרָךְ: אֲרֵי
יַטְעֵין יָת בְּרָךְ מִבָּתַר פָּלְחָנִי, וְיִפְלְחוּן לְטַעֲוַת עַמְמַיָּא, וְיִתְקַף רֻגְזָא דַּיְיָ בְּכוֹן, וִישֵׁיצִינָּךְ בִּפְרִיעַ:
ה אֲרֵי אִם כְּדֵין תַּעְבְּדוּן לְהוֹן, אֵיגוֹרֵיהוֹן תְּתָרְעוּן, וְקָמָתְהוֹן תְּתַבְּרוּן, וַאֲשֵׁירֵיהוֹן תְּקַצְּצוּן,
ו וְצַלְמֵיהוֹן תּוֹקְדוּן בְּנוּרָא: אֲרֵי עַם קַדִּישׁ אַתְּ, קֳדָם יְיָ אֱלָהָךְ, בָּךְ, אִתְרְעִי יְיָ אֱלָהָךְ, לְמִהְוֵי לֵיהּ
ז לְעַם חַבִּיב, מִכָּל עַמְמַיָּא, דְּעַל אַפֵּי אַרְעָא: לָא מִדְּסַגִּיאִין אַתּוּן מִכָּל עַמְמַיָּא, צְבִי יְיָ, בְּכוֹן
ח וְאִתְרְעִי בְּכוֹן, אֲרֵי אַתּוּן זְעֵירִין מִכָּל עַמְמַיָּא: אֲרֵי מִדְּרָחֵים יְיָ יָתְכוֹן, וּמִדְּנָטַר יָת קְיָמָא דְּקַיֵּים

פרק ז

א| וְנָשַׁל. לְשׁוֹן הַשְׁלָכָה וְהַתָּזָה, וְכֵן: "וְנָשַׁל הַבַּרְזֶל" (להלן יט, ה):

ב| וְלֹא תְחָנֵּם. לֹא תִתֵּן לָהֶם חֵן, אָסוּר לוֹ לָאָדָם לוֹמַר: כַּמָּה נָאֶה גּוֹי זֶה. דָּבָר אַחֵר, לֹא תִתֵּן לָהֶם חֲנִיָּה בָּאָרֶץ:

ד| כִּי יָסִיר אֶת בִּנְךָ מֵאַחֲרַי. בְּנוֹ שֶׁל גּוֹי כְּשֶׁיִּשָּׂא אֶת בִּתְּךָ, יָסִיר אֶת בִּנְךָ אֲשֶׁר תֵּלֵד לוֹ בִּתְּךָ מֵאַחֲרַי. לָמַדְנוּ שֶׁבֶּן בִּתְּךָ הַבָּא מִן הַגּוֹי קָרוּי בִּנְךָ, אֲבָל בֶּן בִּנְךָ הַבָּא מִן הַגּוֹיָה אֵינוֹ קָרוּי בִּנְךָ, שֶׁהֲרֵי לֹא נֶאֱמַר עַל בִּתּוֹ: לֹא תִקַּח, כִּי תָסִיר אֶת בִּנְךָ מֵאַחֲרַי:

ה| מִזְבְּחֹתֵיהֶם. שֶׁל בִּנְיָן: וּמַצֵּבֹתָם. אֶבֶן אַחַת: וַאֲשֵׁירֵהֶם. אִילָנוֹת שֶׁעוֹבְדִין אוֹתָן: וּפְסִילֵיהֶם. צְלָמִים:

ז| לֹא מֵרֻבְּכֶם. כִּפְשׁוּטוֹ. וּמִדְרָשׁוֹ, לְפִי שֶׁאֵין אַתֶּם מַגְדִּילִים עַצְמְכֶם כְּשֶׁאֲנִי מַשְׁפִּיעַ לָכֶם טוֹבָה, לְפִיכָךְ חָשַׁק בָּכֶם: כִּי אַתֶּם הַמְעַט. הַמְמַעֲטִים עַצְמְכֶם, כְּמוֹ: "וְאָנֹכִי עָפָר וָאֵפֶר" (בראשית יח, כז), "וְנַחְנוּ מָה" (שמות טז, ז); לֹא כִּנְבוּכַדְנֶאצַּר שֶׁאָמַר: "אֶדַּמֶּה לְעֶלְיוֹן" (ישעיה יד, יד), וְסַנְחֵרִיב שֶׁאָמַר: "מִי בְּכָל אֱלֹהֵי הָאֲרָצוֹת" (שם לו, כ), וְחִירָם שֶׁאָמַר: "אֵל אָנִי מוֹשַׁב אֱלֹהִים יָשַׁבְתִּי" (יחזקאל כח, ב): כִּי אַתֶּם הַמְעַט. הֲרֵי "כִּי" מְשַׁמֵּשׁ בִּלְשׁוֹן "דְּהָא":

ח| כִּי מֵאַהֲבַת ה'. הֲרֵי 'כִּי' מְשַׁמֵּשׁ בִּלְשׁוֹן 'אֶלָּא',

דברים ז

לַאֲבֹתֵיכֶם הוֹצִיא יְהוָה אֶתְכֶם בְּיָד חֲזָקָה וַיִּפְדְּךָ
מפטיר מִבֵּית עֲבָדִים מִיַּד פַּרְעֹה מֶלֶךְ־מִצְרָיִם: וְיָדַעְתָּ ט
כִּי־יְהוָה אֱלֹהֶיךָ הוּא הָאֱלֹהִים הָאֵל הַנֶּאֱמָן
שֹׁמֵר הַבְּרִית וְהַחֶסֶד לְאֹהֲבָיו וּלְשֹׁמְרֵי מִצְוֺתָו
לְאֶלֶף דּוֹר: וּמְשַׁלֵּם לְשֹׂנְאָיו אֶל־פָּנָיו לְהַאֲבִידוֹ י
לֹא יְאַחֵר לְשֹׂנְאוֹ אֶל־פָּנָיו יְשַׁלֶּם־לוֹ: וְשָׁמַרְתָּ יא
אֶת־הַמִּצְוָה וְאֶת־הַחֻקִּים וְאֶת־הַמִּשְׁפָּטִים אֲשֶׁר
אָנֹכִי מְצַוְּךָ הַיּוֹם לַעֲשׂוֹתָם:

הפטרת ואתחנן

הרעיון המרכזי בהפטרה הוא אפסות האדם לעומת נצחיות ה׳ ודברו. ניסיונות העמים להעמיד חלופה אלילית לאמת האלהית לא יצלחו. האדם ויצירותיו הם בני חלוף. ה׳, בורא העולם ומנהיגו, הוא שקובע את מהלך ההיסטוריה, כלומר, עם ישראל בגלות לא רק מפני שמעצמות בעלות אידאולוגיה אלילית הכניעו אותו, כביכול.

קריאת ה׳ לנחמת עמו וגאולתו היא אמת מוצקה, ואיש לא יוכל למנוע את מימושה. קריאת הנחמה הראשונה שהשמיע ישעיהו, אפשר שכוונתה הייתה לאירועי חורבן מלכות ישראל על ידי המעצמה האשורית, בשנה השישית לחזקיהו. אולם מקריאה זו עוברת כחוט השני בכל הגלויות תחושת הוודאות בגאולה, והיא מהדהדת בכל בתי הכנסת בקריאת ההפטרה בשבת שלאחר ט׳ באב.

ישעיה נַחֲמוּ נַחֲמוּ עַמִּי יֹאמַר אֱלֹהֵיכֶם: דַּבְּרוּ עַל־לֵב יְרוּשָׁלַםִ וְקִרְאוּ אֵלֶיהָ מ א ב
כִּי מָלְאָה צְבָאָהּ כִּי נִרְצָה עֲוֺנָהּ כִּי לָקְחָה מִיַּד יְהוָה כִּפְלַיִם בְּכָל־
חַטֹּאתֶיהָ: קוֹל קוֹרֵא בַּמִּדְבָּר פַּנּוּ דֶּרֶךְ יְהוָה יַשְּׁרוּ בָּעֲרָבָה ג
מְסִלָּה לֵאלֹהֵינוּ: כָּל־גֶּיא יִנָּשֵׂא וְכָל־הַר וְגִבְעָה יִשְׁפָּלוּ וְהָיָה הֶעָקֹב לְמִישׁוֹר ד
וְהָרְכָסִים לְבִקְעָה: וְנִגְלָה כְּבוֹד יְהוָה וְרָאוּ כָל־בָּשָׂר יַחְדָּו כִּי פִּי יְהוָה ה
דִּבֵּר: קוֹל אֹמֵר קְרָא וְאָמַר מָה אֶקְרָא כָּל־הַבָּשָׂר חָצִיר וְכָל־ ו
חַסְדּוֹ כְּצִיץ הַשָּׂדֶה: יָבֵשׁ חָצִיר נָבֵל צִיץ כִּי רוּחַ יְהוָה נָשְׁבָה בּוֹ אָכֵן חָצִיר ז
הָעָם: יָבֵשׁ חָצִיר נָבֵל צִיץ וּדְבַר אֱלֹהֵינוּ יָקוּם לְעוֹלָם: עַל הַר־ ח ט
גָּבֹהַּ עֲלִי־לָךְ מְבַשֶּׂרֶת צִיּוֹן הָרִימִי בַכֹּחַ קוֹלֵךְ מְבַשֶּׂרֶת יְרוּשָׁלָםִ הָרִימִי אַל־
תִּירָאִי אִמְרִי לְעָרֵי יְהוּדָה הִנֵּה אֱלֹהֵיכֶם: הִנֵּה אֲדֹנָי יְהוִה בְּחָזָק יָבוֹא וּזְרֹעוֹ י

לַאֲבָהָתְכוֹן, אַפֵּיק יְיָ יָתְכוֹן בְּיַד תַּקִּיפָא, וּפַרְקָךְ מִבֵּית עַבְדוּתָא, מִידָא דְּפַרְעֹה מַלְכָּא
ט דְּמִצְרָיִם: וְתִדַּע, אֲרֵי יְיָ אֱלָהָךְ הוּא אֱלֹהִים, אֱלָהָא מְהֵימְנָא, נָטַר קְיָמָא וְחִסְדָּא, לְרָחֲמוֹהִי,
י וּלְנָטְרֵי פִקּוֹדוֹהִי לְאֶלֶף דָּרִין: וּמְשַׁלֵּים לְסָנְאוֹהִי, טָבְוָן דְּאִנּוּן עָבְדִין קֳדָמוֹהִי בְּחַיֵּיהוֹן
לְאוֹבָדֵיהוֹן, לָא מְאַחַר עוֹבַד טָב לְסָנְאוֹהִי, טָבְוָן דְּאִנּוּן עָבְדִין קֳדָמוֹהִי בְּחַיֵּיהוֹן
יא מְשַׁלֵּים לְהוֹן: וְתִטַּר יָת תַּפְקֵידְתָּא וְיָת קְיָמַיָּא וְיָת דִּינַיָּא, דַּאֲנָא מְפַקֵּיד לָךְ, יוֹמָא דֵּין
לְמֶעְבְּדְהוֹן:

לֹא מֵרֻבְּכֶם חָשַׁק ה׳ בָּכֶם אֶלָּא מֵאַהֲבַת ה׳ אֶתְכֶם: וּמִשָּׁמְרוֹ אֶת הַשְּׁבֻעָה. מֵחֲמַת שָׁמְרוֹ אֶת הַשְּׁבוּעָה:

ט **לְאֶלֶף דּוֹר.** וּלְהַלָּן הוּא אוֹמֵר: "לַאֲלָפִים" (לעיל ה, י), כָּאן שֶׁהוּא סָמוּךְ אֵצֶל "לְשֹׁמְרֵי מִצְוֹתָיו" הוּא אוֹמֵר "לְאֶלֶף", וּלְהַלָּן שֶׁהוּא סָמוּךְ אֵצֶל "לְאֹהֲבַי" הוּא אוֹמֵר "לַאֲלָפִים": **לְאֹהֲבָיו.** אֵלּוּ הָעוֹשִׂין מֵאַהֲבָה: **וּלְשֹׁמְרֵי מִצְוֹתָיו.** אֵלּוּ הָעוֹשִׂין מִיִּרְאָה:

י **וּמְשַׁלֵּם לְשֹׂנְאָיו אֶל פָּנָיו.** בְּחַיָּיו מְשַׁלֵּם לוֹ גְּמוּלוֹ הַטּוֹב, כְּדֵי לְהַאֲבִידוֹ מִן הָעוֹלָם הַבָּא:

יא **הַיּוֹם לַעֲשׂוֹתָם.** וּלְמָחָר, לָעוֹלָם הַבָּא, לִטֹּל שְׂכָרָם:

יא מִשְׁלָה לוֹ הִנֵּה שְׂכָרוֹ אִתּוֹ וּפְעֻלָּתוֹ לְפָנָיו: כְּרֹעֶה עֶדְרוֹ יִרְעֶה בִּזְרֹעוֹ יְקַבֵּץ
יב טְלָאִים וּבְחֵיקוֹ יִשָּׂא עָלוֹת יְנַהֵל: מִי־מָדַד בְּשָׁעֳלוֹ מַיִם וְשָׁמַיִם
בַּזֶּרֶת תִּכֵּן וְכָל בַּשָּׁלִשׁ עֲפַר הָאָרֶץ וְשָׁקַל בַּפֶּלֶס הָרִים וּגְבָעוֹת בְּמֹאזְנָיִם:
יג יד מִי־תִכֵּן אֶת־רוּחַ יהוה וְאִישׁ עֲצָתוֹ יוֹדִיעֶנּוּ: אֶת־מִי נוֹעָץ וַיְבִינֵהוּ וַיְלַמְּדֵהוּ
טו בְּאֹרַח מִשְׁפָּט וַיְלַמְּדֵהוּ דַעַת וְדֶרֶךְ תְּבוּנוֹת יוֹדִיעֶנּוּ: הֵן גּוֹיִם כְּמַר מִדְּלִי
טז וּכְשַׁחַק מֹאזְנַיִם נֶחְשָׁבוּ הֵן אִיִּים כַּדַּק יִטּוֹל: וּלְבָנוֹן אֵין דֵּי בָּעֵר וְחַיָּתוֹ אֵין
יז דֵּי עוֹלָה: כָּל־הַגּוֹיִם כְּאַיִן נֶגְדּוֹ מֵאֶפֶס וָתֹהוּ נֶחְשְׁבוּ־לוֹ:
יח יט וְאֶל־מִי תְּדַמְּיוּן אֵל וּמַה־דְּמוּת תַּעַרְכוּ־לוֹ: הַפֶּסֶל נָסַךְ חָרָשׁ וְצֹרֵף בַּזָּהָב
כ יְרַקְּעֶנּוּ וּרְתֻקוֹת כֶּסֶף צוֹרֵף: הַמְסֻכָּן תְּרוּמָה עֵץ לֹא־יִרְקַב יִבְחָר חָרָשׁ
כא חָכָם יְבַקֶּשׁ־לוֹ לְהָכִין פֶּסֶל לֹא יִמּוֹט: הֲלוֹא תֵדְעוּ הֲלוֹא תִשְׁמָעוּ הֲלוֹא
כב הֻגַּד מֵרֹאשׁ לָכֶם הֲלוֹא הֲבִינֹתֶם מוֹסְדוֹת הָאָרֶץ: הַיֹּשֵׁב עַל־חוּג הָאָרֶץ
כג וְיֹשְׁבֶיהָ כַּחֲגָבִים הַנּוֹטֶה כַדֹּק שָׁמַיִם וַיִּמְתָּחֵם כָּאֹהֶל לָשָׁבֶת: הַנּוֹתֵן רוֹזְנִים
כד לְאָיִן שֹׁפְטֵי אֶרֶץ כַּתֹּהוּ עָשָׂה: אַף בַּל־נִטָּעוּ אַף בַּל־זֹרָעוּ אַף בַּל־שֹׁרֵשׁ
כה בָּאָרֶץ גִּזְעָם וְגַם נָשַׁף בָּהֶם וַיִּבָשׁוּ וּסְעָרָה כַּקַּשׁ תִּשָּׂאֵם: וְאֶל־
כו מִי תְדַמְּיוּנִי וְאֶשְׁוֶה יֹאמַר קָדוֹשׁ: שְׂאוּ־מָרוֹם עֵינֵיכֶם וּרְאוּ מִי־בָרָא אֵלֶּה

הַמּוֹצִיא בְמִסְפָּר צְבָאָם לְכֻלָּם בְּשֵׁם יִקְרָא מֵרֹב אוֹנִים וְאַמִּיץ כֹּחַ אִישׁ
לֹא נֶעְדָּר:* לָמָּה תֹאמַר יַעֲקֹב וּתְדַבֵּר יִשְׂרָאֵל נִסְתְּרָה דַרְכִּי כז
מֵיהוָֹה וּמֵאֱלֹהַי מִשְׁפָּטִי יַעֲבוֹר:

האשכנזים והספרדים מסיימים כאן

הָעֲנִיִּים וְהָאֶבְיוֹנִים מְבַקְשִׁים מַיִם וָאַיִן לְשׁוֹנָם בַּצָּמָא נָשָׁתָּה אֲנִי יְהוָֹה יז מא
אֶעֱנֵם אֱלֹהֵי יִשְׂרָאֵל לֹא אֶעֶזְבֵם:

פרשת עקב

עֵקֶב

יב וְהָיָ֣ה ׀ עֵ֣קֶב תִּשְׁמְע֗וּן אֵ֤ת הַמִּשְׁפָּטִים֙ הָאֵ֔לֶּה וּשְׁמַרְתֶּ֥ם וַעֲשִׂיתֶ֖ם אֹתָ֑ם וְשָׁמַר֩ יְהֹוָ֨ה אֱלֹהֶ֜יךָ לְךָ֗ אֶֽת־הַבְּרִית֙ וְאֶת־הַחֶ֔סֶד אֲשֶׁ֥ר נִשְׁבַּ֖ע לַאֲבֹתֶֽיךָ׃ יג וַאֲהֵ֣בְךָ֔ וּבֵרַכְךָ֖ וְהִרְבֶּ֑ךָ וּבֵרַ֣ךְ פְּרִֽי־בִטְנְךָ֣ וּפְרִֽי־אַדְמָתֶ֗ךָ דְּגָ֨נְךָ֜ וְתִֽירֹשְׁךָ֣ וְיִצְהָרֶ֗ךָ שְׁגַר־אֲלָפֶ֙יךָ֙ וְעַשְׁתְּרֹ֣ת צֹאנֶ֔ךָ עַ֚ל הָֽאֲדָמָ֔ה אֲשֶׁר־נִשְׁבַּ֥ע לַאֲבֹתֶ֖יךָ לָ֥תֶת לָֽךְ׃ יד בָּר֥וּךְ תִּֽהְיֶ֖ה מִכׇּל־הָעַמִּ֑ים לֹא־יִהְיֶ֥ה בְךָ֛ עָקָ֥ר וַעֲקָרָ֖ה וּבִבְהֶמְתֶּֽךָ׃ טו וְהֵסִ֧יר יְהֹוָ֛ה מִמְּךָ֖ כׇּל־חֹ֑לִי וְכׇל־מַדְוֵי֩ מִצְרַ֨יִם הָרָעִ֜ים אֲשֶׁ֣ר יָדַ֗עְתָּ לֹ֤א יְשִׂימָם֙ בָּ֔ךְ וּנְתָנָ֖ם בְּכׇל־שֹׂנְאֶֽיךָ׃ טז וְאָכַלְתָּ֣ אֶת־כׇּל־הָֽעַמִּ֗ים אֲשֶׁ֨ר יְהֹוָ֤ה אֱלֹהֶ֙יךָ֙ נֹתֵ֣ן לָ֔ךְ לֹא־תָחֹ֥ס עֵֽינְךָ֖ עֲלֵיהֶ֑ם וְלֹ֤א תַעֲבֹד֙ אֶת־אֱלֹ֣הֵיהֶ֔ם כִּֽי־מוֹקֵ֥שׁ ה֖וּא לָֽךְ׃ יז כִּ֤י תֹאמַר֙ בִּלְבָ֣בְךָ֔ רַבִּ֛ים הַגּוֹיִ֥ם הָאֵ֖לֶּה מִמֶּ֑נִּי אֵיכָ֥ה אוּכַ֖ל לְהוֹרִישָֽׁם׃ יח לֹ֥א תִירָ֖א מֵהֶ֑ם זָכֹ֣ר תִּזְכֹּ֗ר אֵ֤ת אֲשֶׁר־עָשָׂה֙ יְהֹוָ֣ה אֱלֹהֶ֔יךָ לְפַרְעֹ֖ה וּלְכׇל־מִצְרָֽיִם׃ יט הַמַּסֹּ֤ת הַגְּדֹלֹת֙ אֲשֶׁר־רָא֣וּ עֵינֶ֔יךָ וְהָאֹתֹ֥ת וְהַמֹּפְתִ֖ים וְהַיָּ֥ד

הַחֲזָקָה וְהַזְּרֹעַ הַנְּטוּיָה אֲשֶׁר הוֹצִאֲךָ יְהוָה
אֱלֹהֶיךָ כֵּן־יַעֲשֶׂה יְהוָה אֱלֹהֶיךָ לְכָל־הָעַמִּים
כ אֲשֶׁר־אַתָּה יָרֵא מִפְּנֵיהֶם: וְגַם אֶת־הַצִּרְעָה
יְשַׁלַּח יְהוָה אֱלֹהֶיךָ בָּם עַד־אֲבֹד הַנִּשְׁאָרִים

יב וִיהֵי חֲלָף דִּתְקַבְּלוּן, יָת דִּינַיָּא הָאִלֵּין, וְתִטְּרוּן וְתַעְבְּדוּן יָתְהוֹן, וְיִטַּר יְיָ אֱלָהָךְ לָךְ, יָת קְיָמָא
יג וְיָת חִסְדָּא, דְּקַיֵּים לַאֲבָהָתָךְ: וְיִרְחֲמִנָּךְ, וִיבָרְכִנָּךְ וְיַסְגֵּינָךְ, וִיבָרֵיךְ וַלְדָּא דִּמְעָךְ וְאִבָּא
דְּאַרְעָךְ, עֲבוּרָךְ וְחַמְרָךְ וּמִשְׁחָךְ, בַּקְרֵי תוֹרָךְ וְעֶדְרֵי עָנָךְ, עַל אַרְעָא, דְּקַיֵּים לַאֲבָהָתָךְ לְמִתַּן
יד טו לָךְ: בְּרִיךְ תְּהֵי מִכָּל עַמְמַיָּא, לָא יְהֵי בָךְ, עֲקַר וְעַקְרָא וּבִבְעִירָךְ: וְיַעְדֵּי יְיָ, מִנָּךְ כָּל מַרְעִין, וְכָל
טז מַכְתָּשֵׁי מִצְרַיִם בִּישַׁיָּא דִּידַעְתָּא, לָא יְשַׁוֵּינוּן בָּךְ, וְיִתְּנִנּוּן בְּכָל סָנְאָךְ: וּתְגַמַּר יָת כָּל עַמְמַיָּא,
דַּיְיָ אֱלָהָךְ יָהֵיב לָךְ, לָא תְחוּס עֵינָךְ עֲלֵיהוֹן, וְלָא תִפְלַח יָת טַעֲוָתְהוֹן, אֲרֵי לְתַקְלָא יְהוֹן לָךְ:
יז יח אֲרֵי תֵימַר בְּלִבָּךְ, סַגִּיאִין, עַמְמַיָּא הָאִלֵּין מִנִּי, אֵיכְדֵין אִכּוּל לְתָרָכוּתְהוֹן: לָא תִדְחַל מִנְּהוֹן,
יט אִדְּכָרָא תִדְכַּר, יָת דַּעֲבַד יְיָ אֱלָהָךְ, לְפַרְעֹה וּלְכָל מִצְרָאֵי: נִסִּין רַבְרְבָן דַּחֲזָאָה עֵינָךְ, וְאָתַיָּא
וּמוֹפְתַיָּא וִידָא תַקִּיפְתָּא וּדְרָעָא מְרָמְמָא, דְּאַפְּקָךְ יְיָ אֱלָהָךְ, כֵּן יַעֲבֵיד, יְיָ אֱלָהָךְ לְכָל עַמְמַיָּא,
כ דְּאַתְּ דָּחֵיל מִן קֳדָמֵיהוֹן: וְאַף יָת עָרְעִיתָא, יְגָרֵי, יְיָ אֱלָהָךְ בְּהוֹן, עַד דְּיֵיבְדוּן, דְּאִשְׁתְּאַרוּ,

יב| **וְהָיָה עֵקֶב תִּשְׁמְעוּן.** אִם הַמִּצְוֹת הַקַּלּוֹת שֶׁאָדָם דָּשׁ בַּעֲקֵבָיו תִּשְׁמְעוּן: **וְשָׁמַר ה׳ וְגוֹ׳.** יִשְׁמֹר לְךָ הַבְטָחָתוֹ:

יג| **שְׁגַר אֲלָפֶיךָ.** וַלְדֵי בְקָרְךָ שֶׁהַנְּקֵבָה מְשַׁגֶּרֶת מִמֵּעֶיהָ: **וְעַשְׁתְּרֹת צֹאנֶךָ.** מְנַחֵם פֵּרֵשׁ: "אַבִּירֵי בָשָׁן" (תהלים כב, יג) מִבְחַר הַצֹּאן, כְּמוֹ: 'עַשְׁתְּרֹת קַרְנַיִם', לְשׁוֹן חֹזֶק, וְאוּנְקְלוֹס תִּרְגֵּם: "וְעֶדְרֵי עָנָךְ", וְרַבּוֹתֵינוּ אָמְרוּ: לָמָּה נִקְרָא שְׁמָם 'עַשְׁתָּרוֹת'? שֶׁמְּעַשְּׁרוֹת אֶת בַּעֲלֵיהֶן:

יד| **עָקָר.** שֶׁאֵינוֹ מוֹלִיד:

יז-יח| **כִּי תֹאמַר בִּלְבָבְךָ.** עַל כָּרְחֲךָ לְשׁוֹן 'דִּלְמָא' הוּא, שֶׁמָּא תֹאמַר בִּלְבָבְךָ מִפְּנֵי שֶׁהֵם רַבִּים לֹא אוּכַל לְהוֹרִישָׁם, אַל תֹּאמַר כֵּן, "לֹא תִירָא מֵהֶם"! וְלֹא יִתָּכֵן לְפָרְשׁוֹ בְּאֶחָד מִשְּׁאָר לְשׁוֹנוֹת שֶׁל 'כִּי' שֶׁיִּפֹּל עָלָיו שׁוּב "לֹא תִירָא מֵהֶם":

יט| **הַמַּסֹּת.** נִסְיוֹנוֹת: **וְהָאֹתֹת.** כְּגוֹן: "וַיְהִי לְנָחָשׁ" (שמות ד, ג), "וְהָיוּ לְדָם בַּיַּבָּשֶׁת" (שם ט): **וְהַמֹּפְתִים.** הַמַּכּוֹת הַמֻּפְלָאוֹת: **וְהַיָּד הַחֲזָקָה.** זֶה הַדֶּבֶר: **וְהַזְּרֹעַ הַנְּטוּיָה.** זוֹ הַחֶרֶב שֶׁל מַכַּת בְּכוֹרוֹת:

כ| **הַצִּרְעָה.** מִין שֶׁרֶץ הָעוֹף, שֶׁהָיְתָה זוֹרֶקֶת בָּהֶם מָרָה וּמְסָרַסְתָּן וּמְסַמָּא אֶת עֵינֵיהֶם בְּכָל מָקוֹם שֶׁהָיוּ נִסְתָּרִים שָׁם:

וְהַנִּסְתָּרִים מִפָּנֶיךָ׃ לֹא תַעֲרֹץ מִפְּנֵיהֶם כִּי־ כא
יְהוָה אֱלֹהֶיךָ בְּקִרְבֶּךָ אֵל גָּדוֹל וְנוֹרָא׃ · וְנָשַׁל כב
יְהוָה אֱלֹהֶיךָ אֶת־הַגּוֹיִם הָאֵל מִפָּנֶיךָ מְעַט
מְעָט לֹא תוּכַל כַּלֹּתָם מַהֵר פֶּן־תִּרְבֶּה עָלֶיךָ
חַיַּת הַשָּׂדֶה׃ וּנְתָנָם יְהוָה אֱלֹהֶיךָ לְפָנֶיךָ וְהָמָם כג
מְהוּמָה גְדֹלָה עַד הִשָּׁמְדָם׃ וְנָתַן מַלְכֵיהֶם כד
בְּיָדֶךָ וְהַאֲבַדְתָּ אֶת־שְׁמָם מִתַּחַת הַשָּׁמָיִם
לֹא־יִתְיַצֵּב אִישׁ בְּפָנֶיךָ עַד הִשְׁמִדְךָ אֹתָם׃
פְּסִילֵי אֱלֹהֵיהֶם תִּשְׂרְפוּן בָּאֵשׁ לֹא־תַחְמֹד כה
כֶּסֶף וְזָהָב עֲלֵיהֶם וְלָקַחְתָּ לָךְ פֶּן תִּוָּקֵשׁ בּוֹ כִּי
תוֹעֲבַת יְהוָה אֱלֹהֶיךָ הוּא׃ וְלֹא־תָבִיא תוֹעֵבָה כו
אֶל־בֵּיתֶךָ וְהָיִיתָ חֵרֶם כָּמֹהוּ שַׁקֵּץ ׀ תְּשַׁקְּצֶנּוּ
וְתַעֵב ׀ תְּתַעֲבֶנּוּ כִּי־חֵרֶם הוּא׃
כָּל־הַמִּצְוָה אֲשֶׁר אָנֹכִי מְצַוְּךָ הַיּוֹם תִּשְׁמְרוּן א ח
לַעֲשׂוֹת לְמַעַן תִּחְיוּן וּרְבִיתֶם וּבָאתֶם וִירִשְׁתֶּם
אֶת־הָאָרֶץ אֲשֶׁר־נִשְׁבַּע יְהוָה לַאֲבֹתֵיכֶם׃
וְזָכַרְתָּ אֶת־כָּל־הַדֶּרֶךְ אֲשֶׁר הוֹלִיכְךָ יְהוָה ב
אֱלֹהֶיךָ זֶה אַרְבָּעִים שָׁנָה בַּמִּדְבָּר לְמַעַן עַנֹּתְךָ
לְנַסֹּתְךָ לָדַעַת אֶת־אֲשֶׁר בִּלְבָבְךָ הֲתִשְׁמֹר
מִצְוֺתָו אִם־לֹא׃ וַיְעַנְּךָ וַיַּרְעִבֶךָ וַיַּאֲכִלְךָ אֶת־ ג

מצווה תכח
איסור הנאה מקישוטי עבודה זרה

מצווה שסב
מצוות שילוח טמאים מחוץ למחנה השכינה

הַמָּן אֲשֶׁר לֹא־יָדַעְתָּ וְלֹא יָדְעוּן אֲבֹתֶיךָ
לְמַעַן הוֹדִיעֲךָ כִּי לֹא עַל־הַלֶּחֶם לְבַדּוֹ
יִחְיֶה הָאָדָם כִּי עַל־כָּל־מוֹצָא פִי־יְהוָה יִחְיֶה
ד הָאָדָם׃ ׀ שִׂמְלָתְךָ לֹא בָלְתָה מֵעָלֶיךָ וְרַגְלְךָ

כא וּדְאִטְּמַרוּ מִן קֳדָמָךְ: לָא תִתְּבַר מִן קֳדָמֵיהוֹן, אֲרֵי יי אֱלָהָךְ שְׁכִינְתֵיהּ בֵּינָךְ, אֱלָהָא רַבָּא
כב וּדְחִילָא: וִיתָרֵיךְ יי אֱלָהָךְ, יָת עַמְמַיָּא הָאִלֵּין, מִן קֳדָמָךְ זְעֵיר זְעֵיר, לָא תִכּוֹל לְשֵׁיצָיוּתְהוֹן
כג בִּפְרִיעַ, דִּלְמָא תִסְגֵּי עֲלָךְ חֵיוַת בָּרָא: וְיִמְסְרִנּוּן, יי אֱלָהָךְ קֳדָמָךְ, וִישַׁגֵּישִׁנּוּן שִׁגּוּשׁ רַב, עַד
כד דְּיִשְׁתֵּיצוּן: וְיִמְסַר מַלְכֵיהוֹן בִּידָךְ, וְתוֹבֵיד יָת שׁוּמְהוֹן, מִתְּחוֹת שְׁמַיָּא, לָא יִתְעַתַּד אֱנָשׁ קֳדָמָךְ,
כה עַד דְּתְשֵׁיצֵי יָתְהוֹן: צַלְמֵי טַעֲוָתְהוֹן תּוֹקְדוּן בְּנוּרָא, לָא תַחְמֵיד כַּסְפָּא וְדַהֲבָא דַּעֲלֵיהוֹן וְתִסַּב
כו לָךְ, דִּלְמָא תִתְּקֵיל בֵּיהּ, אֲרֵי מְרַחַק, קֳדָם יי אֱלָהָךְ הוּא: וְלָא תַעֵיל דִּמְרַחַק לְבֵיתָךְ, וּתְהֵי
ח א חֶרְמָא כְּוָתֵיהּ, שַׁקָּצָא תְשַׁקְּצִנֵּיהּ, וְרַחָקָא תְרַחֲקִנֵּיהּ אֲרֵי חֶרְמָא הוּא: כָּל תַּפְקֵידְתָּא, דַּאֲנָא
מְפַקֵּיד לָךְ, יוֹמָא דֵין תִּטְּרוּן לְמֶעְבַּד, בְּדִיל דְּתֵיחוֹן וְתִסְגּוֹן, וְתֵיעֲלוּן וְתֵירְתוּן יָת אַרְעָא, דְּקַיֵּים
ב יי לַאֲבָהָתְכוֹן: וְתִדְכַּר יָת כָּל אוֹרְחָא, דְּדַבְּרָךְ, יי אֱלָהָךְ, דְּנָן, אַרְבְּעִין שְׁנִין בְּמַדְבְּרָא, בְּדִיל
ג לְעַנָּיוּתָךְ לְנַסָּיוּתָךְ, לְמִדַּע, יָת דְּבְלִבָּךְ, הֲתִטַּר פִּקּוֹדוֹהִי אִם לָא: וְעַנְּיָךְ וְאַכְפְּנָךְ, וְאוֹכְלָךְ יָת מַנָּא
דְּלָא יְדַעְתָּא, וְלָא יְדַעוּ אֲבָהָתָךְ, בְּדִיל לְהוֹדָעוּתָךְ, אֲרֵי, לָא עַל לַחְמָא בִּלְחוֹדוֹהִי מִתְקַיַּם
ד אֲנָשָׁא, אֲרֵי, עַל כָּל אַפָּקוּת מֵימַר מִן קֳדָם יי חָיֵי אֲנָשָׁא: כְּסוּתָךְ, לָא בְלִיאַת מִנָּךְ, וּמְסָנָךְ

כב| פֶּן תִּרְבֶּה עָלֶיךָ חַיַּת הַשָּׂדֶה. וַהֲלֹא אִם עוֹשִׂין רְצוֹנוֹ שֶׁל מָקוֹם אֵין מִתְיָרְאִין מִן הַחַיָּה, שֶׁנֶּאֱמַר: "וְחַיַּת הַשָּׂדֶה הָשְׁלְמָה לָךְ" (איוב ה, כג)? אֶלָּא גָּלוּי הָיָה לְפָנָיו שֶׁעֲתִידִין לַחְטֹא:

כג| וְהָמָם. נָקוּד קָמַץ כֻּלּוֹ, לְפִי שֶׁאֵין מֵ"ם אַחֲרוֹנָה מִן הַיְסוֹד, וַהֲרֵי הוּא כְּמוֹ: 'וְהָם אוֹתָם', אֲבָל "וְהָמַם גִּלְגַּל עֶגְלָתוֹ" (ישעיה כח, כח) כֻּלּוֹ יְסוֹד, לְפִיכָךְ חֶצְיוֹ קָמַץ וְחֶצְיוֹ פַּתָּח, כִּשְׁאָר פֹּעַל שֶׁל שָׁלֹשׁ אוֹתִיּוֹת:

פרק ח

א| כָּל הַמִּצְוָה. כִּפְשׁוּטוֹ. וּמִדְרַשׁ אַגָּדָה, אִם הִתְחַלְתָּ בְּמִצְוָה, גְּמֹר אוֹתָהּ, שֶׁאֵינָהּ נִקְרֵאת אֶלָּא עַל שֵׁם הַגּוֹמְרָהּ, שֶׁנֶּאֱמַר: "וְאֶת עַצְמוֹת יוֹסֵף אֲשֶׁר הֶעֱלוּ בְנֵי יִשְׂרָאֵל מִמִּצְרַיִם קָבְרוּ בִשְׁכֶם" (יהושע כד, לב), וַהֲלֹא מֹשֶׁה לְבַדּוֹ נִתְעַסֵּק בָּהֶם לְהַעֲלוֹתָם (שמות יג, יט)? אֶלָּא לְפִי שֶׁלֹּא הִסְפִּיק לְגָמְרָהּ וּגְמָרוּהָ יִשְׂרָאֵל, נִקְרֵאת עַל שְׁמָם:

ב| הֲתִשְׁמֹר מִצְוֹתָו. שֶׁלֹּא תְנַסֵּהוּ וְלֹא תְהַרְהֵר אַחֲרָיו:

ד| שִׂמְלָתְךָ לֹא בָלְתָה. עֲנְנֵי כָבוֹד הָיוּ שָׁפִים בִּכְסוּתָם וּמְגַהֲצִים אוֹתָם כְּמִין כֵּלִים מְגֹהָצִים, וְאַף קְטַנֵּיהֶם כְּמוֹ שֶׁהָיוּ גְדֵלִים, הָיָה גָּדֵל לְבוּשָׁן עִמָּהֶם, כַּלְּבוּשׁ הַזֶּה שֶׁל חֹמֶט שֶׁגָּדֵל עִמּוֹ: לֹא בָצֵקָה. לֹא נָפְחָה כְּבָצֵק, כְּדֶרֶךְ הוֹלְכֵי יָחֵף שֶׁרַגְלֵיהֶם נְפוּחוֹת:

דברים

ח

ה לֹא בָצֵ֑קָה זֶ֖ה אַרְבָּעִ֣ים שָׁנָֽה׃ וְיָדַעְתָּ֖ עִם־לְבָבֶ֑ךָ כִּ֗י כַּאֲשֶׁ֨ר יְיַסֵּ֥ר אִישׁ֙ אֶת־בְּנ֔וֹ יְהוָ֥ה אֱלֹהֶ֖יךָ מְיַסְּרֶֽךָּ׃ ו וְשָׁ֣מַרְתָּ֔ אֶת־מִצְוֺ֖ת יְהוָ֣ה אֱלֹהֶ֑יךָ לָלֶ֥כֶת בִּדְרָכָ֖יו וּלְיִרְאָ֥ה אֹתֽוֹ׃ ז כִּ֚י יְהוָ֣ה אֱלֹהֶ֔יךָ מְבִֽיאֲךָ֖ אֶל־אֶ֣רֶץ טוֹבָ֑ה אֶ֚רֶץ נַ֣חֲלֵי מָ֔יִם עֲיָנֹת֙ וּתְהֹמֹ֔ת יֹצְאִ֥ים בַּבִּקְעָ֖ה וּבָהָֽר׃ ח אֶ֤רֶץ חִטָּה֙ וּשְׂעֹרָ֔ה וְגֶ֥פֶן וּתְאֵנָ֖ה וְרִמּ֑וֹן אֶֽרֶץ־זֵ֥ית שֶׁ֖מֶן וּדְבָֽשׁ׃ ט אֶ֗רֶץ אֲשֶׁ֨ר לֹ֤א בְמִסְכֵּנֻת֙ תֹּֽאכַל־בָּ֣הּ לֶ֔חֶם לֹֽא־תֶחְסַ֥ר כֹּ֖ל בָּ֑הּ אֶ֚רֶץ אֲשֶׁ֣ר אֲבָנֶ֣יהָ בַרְזֶ֔ל וּמֵהֲרָרֶ֖יהָ תַּחְצֹ֥ב נְחֹֽשֶׁת׃ י וְאָכַלְתָּ֖ וְשָׂבָ֑עְתָּ וּבֵֽרַכְתָּ֙ אֶת־יְהוָ֣ה אֱלֹהֶ֔יךָ עַל־הָאָ֥רֶץ הַטֹּבָ֖ה אֲשֶׁ֥ר נָֽתַן־לָֽךְ׃

שני יא הִשָּׁ֣מֶר לְךָ֔ פֶּן־תִּשְׁכַּ֖ח אֶת־יְהוָ֣ה אֱלֹהֶ֑יךָ לְבִלְתִּ֨י שְׁמֹ֤ר מִצְוֺתָיו֙ וּמִשְׁפָּטָ֣יו וְחֻקֹּתָ֔יו אֲשֶׁ֛ר אָנֹכִ֥י מְצַוְּךָ֖ הַיּֽוֹם׃ יב פֶּן־תֹּאכַ֖ל וְשָׂבָ֑עְתָּ וּבָתִּ֥ים טוֹבִ֛ים תִּבְנֶ֖ה וְיָשָֽׁבְתָּ׃ יג וּבְקָֽרְךָ֤ וְצֹֽאנְךָ֙ יִרְבְּיֻ֔ן וְכֶ֥סֶף וְזָהָ֖ב יִרְבֶּה־לָּ֑ךְ וְכֹ֥ל אֲשֶׁר־לְךָ֖ יִרְבֶּֽה׃ יד וְרָ֖ם לְבָבֶ֑ךָ וְשָֽׁכַחְתָּ֙ אֶת־יְהוָ֣ה אֱלֹהֶ֔יךָ הַמּוֹצִֽיאֲךָ֛ מֵאֶ֥רֶץ מִצְרַ֖יִם מִבֵּ֥ית עֲבָדִֽים׃ טו הַמּוֹלִֽיכֲךָ֙ בַּמִּדְבָּ֣ר ׀ הַגָּדֹ֣ל וְהַנּוֹרָ֗א נָחָ֤שׁ ׀ שָׂרָף֙ וְעַקְרָ֔ב וְצִמָּא֖וֹן אֲשֶׁ֣ר אֵֽין־מָ֑יִם הַמּוֹצִ֤יא לְךָ֙ מַ֔יִם מִצּ֖וּר הַֽחַלָּמִֽישׁ׃

מצווה תל
מצוות ברכת המזון

עקב ח

טז הַמַּאֲכִלְךָ מָן בַּמִּדְבָּר אֲשֶׁר לֹא־יָדְעוּן אֲבֹתֶיךָ לְמַעַן עַנֹּתְךָ וּלְמַעַן נַסֹּתֶךָ לְהֵיטִבְךָ בְּאַחֲרִיתֶךָ: יז וְאָמַרְתָּ בִּלְבָבֶךָ כֹּחִי וְעֹצֶם יָדִי עָשָׂה לִי אֶת־הַחַיִל הַזֶּה: יח וְזָכַרְתָּ אֶת־יְהֹוָה אֱלֹהֶיךָ כִּי הוּא הַנֹּתֵן לְךָ כֹּחַ לַעֲשׂוֹת חָיִל לְמַעַן הָקִים אֶת־בְּרִיתוֹ אֲשֶׁר־נִשְׁבַּע לַאֲבֹתֶיךָ כַּיּוֹם הַזֶּה: יט וְהָיָה אִם־שָׁכֹחַ תִּשְׁכַּח אֶת־יְהֹוָה אֱלֹהֶיךָ וְהָלַכְתָּ אַחֲרֵי אֱלֹהִים אֲחֵרִים וַעֲבַדְתָּם וְהִשְׁתַּחֲוִיתָ לָהֶם

ה לָא יְחֵיפוּ, דְּנָן אַרְבְּעִין שְׁנִין: וְתִדַּע עִם לִבָּךְ, אֲרֵי, כְּמָא דְּמַלֵּיף גַּבְרָא יָת בְּרֵיהּ, יְיָ אֱלָהָךְ מַלֵּיף לָךְ: וְתִטַּר, יָת פִּקּוּדַיָּא דַּייָ אֱלָהָךְ, לִמְהַךְ בְּאוֹרְחָן דְּתַקְנָן קֳדָמוֹהִי וּלְמִדְחַל יָתֵיהּ: ז אֲרֵי יְיָ אֱלָהָךְ, מַעֵיל לָךְ לְאַרְעָא טָבְתָא, אֲרַע נַגְדָּא נַחֲלִין דְּמַיִּין, מַבּוּעֵי עֵינָן וּתְהוֹמִין, נָפְקִין בְּבִקְעָן וּבְטוּרִין: ח אֲרַע חִטִּין וּסְעָרִין, וְגַפְנִין וְתֵינִין וְרִמּוֹנִין, אֲרַע דְּזֵיתָהָא עָבְדִין מִשְׁחָא וְהִיא עָבְדָא דְּבָשׁ: ט אֲרַע, דְּלָא בְמִסְכֵּנוּ תֵּיכוֹל בַּהּ לַחְמָא, לָא תְחַסַּר כָּל מִדָּעַם בַּהּ, אֲרַע דְּאַבְנָהָא בַרְזְלָא, וּמִטּוּרָהָא תְּפָסוּל נְחָשָׁא: י וְתֵיכוֹל וְתִשְׂבַּע, וּתְבָרֵיךְ יָת יְיָ אֱלָהָךְ, עַל אַרְעָא טָבְתָא דִּיהַב לָךְ: יא אִסְתְּמַר לָךְ, דִּלְמָא תִתְנְשֵׁי יָת דַּחַלְתָּא דַּייָ אֱלָהָךְ, בְּדִיל דְּלָא לְמִטַּר פִּקּוּדוֹהִי וְדִינוֹהִי וּקְיָמוֹהִי, דַּאֲנָא מְפַקֵּד לָךְ יוֹמָא דֵין: יב דִּלְמָא תֵּיכוֹל וְתִשְׂבַּע, וּבָתִּין שַׁפִּירִין, תִּבְנֵי וְתֵיתֵיב: יג וְתוֹרָךְ וְעָנָךְ יִסְגּוֹן, וְכַסְפָּא וְדַהֲבָא יִסְגֵּי לָךְ, וְכֹל דִּילָךְ יִסְגֵּי: יד וְיָרוּם לִבָּךְ: וְתִתְנְשֵׁי יָת דַּחַלְתָּא דַּייָ אֱלָהָךְ, דְּאַפְּקָךְ, מֵאַרְעָא דְמִצְרַיִם מִבֵּית עַבְדּוּתָא: טו דְּדַבְּרָךְ, בְּמַדְבְּרָא רַבָּא וּדְחִילָא, אֲתַר דְּחִיוָן קָלָן וְעַקְרַבִּין, וּבֵית צָהֲוָנָא אֲתַר דְּלֵית מַיָּא, דְּאַפֵּיק לָךְ מַיָּא, מִטִּנָּרָא תַקִּיפָא: טז דְּאוֹכְלָךְ מַנָּא בְמַדְבְּרָא, דְּלָא יְדַעוּ אֲבָהָתָךְ, בְּדִיל לְעַנָּיוּתָךְ, וּבְדִיל לְנַסָּיוּתָךְ, לְאוֹטָבָא לָךְ בְּסוֹפָךְ: יז וְתֵימַר בְּלִבָּךְ, חֵילִי וּתְקוֹף יְדִי, קְנָא לִי יָת נִכְסַיָּא הָאִלֵּין: יח וְתִדְכַּר יָת יְיָ אֱלָהָךְ, אֲרֵי הוּא, יָהֵיב לָךְ, עֵיצָה לְמִקְנֵי נִכְסִין, בְּדִיל לְקַיָּמָא יָת קְיָמֵיהּ, דְּקַיִּים לַאֲבָהָתָךְ כְּיוֹמָא הָדֵין: יט וִיהֵי, אִם אִתְנְשָׁאָה תִּתְנְשֵׁי יָת דַּחַלְתָּא דַּייָ אֱלָהָךְ, וּתְהָךְ, בָּתַר טָעֲוַת עַמְמַיָּא, וְתִפְלְחִנּוּן וְתִסְגּוֹד לְהוֹן,

ח] זֵית שֶׁמֶן. זֵיתִים הָעוֹשִׂים שֶׁמֶן:

הַעִדֹתִי בָכֶם הַיּוֹם כִּי אָבֹד תֹּאבֵדוּן׃ כַּגּוֹיִם כ
אֲשֶׁר יְהוָה מַאֲבִיד מִפְּנֵיכֶם כֵּן תֹּאבֵדוּן עֵקֶב
לֹא תִשְׁמְעוּן בְּקוֹל יְהוָה אֱלֹהֵיכֶם׃
ח שְׁמַע יִשְׂרָאֵל אַתָּה עֹבֵר הַיּוֹם אֶת־הַיַּרְדֵּן לָבֹא א ט
לָרֶשֶׁת גּוֹיִם גְּדֹלִים וַעֲצֻמִים מִמֶּךָּ עָרִים גְּדֹלֹת
וּבְצֻרֹת בַּשָּׁמָיִם׃ עַם־גָּדוֹל וָרָם בְּנֵי עֲנָקִים ב
אֲשֶׁר אַתָּה יָדַעְתָּ וְאַתָּה שָׁמַעְתָּ מִי יִתְיַצֵּב
לִפְנֵי בְּנֵי עֲנָק׃ וְיָדַעְתָּ הַיּוֹם כִּי יְהוָה אֱלֹהֶיךָ ג
הוּא־הָעֹבֵר לְפָנֶיךָ אֵשׁ אֹכְלָה הוּא יַשְׁמִידֵם
וְהוּא יַכְנִיעֵם לְפָנֶיךָ וְהוֹרַשְׁתָּם וְהַאֲבַדְתָּם מַהֵר
שלישי כַּאֲשֶׁר דִּבֶּר יְהוָה לָךְ׃ אַל־תֹּאמַר בִּלְבָבְךָ ד
בַּהֲדֹף יְהוָה אֱלֹהֶיךָ אֹתָם ׀ מִלְּפָנֶיךָ לֵאמֹר
בְּצִדְקָתִי הֱבִיאַנִי יְהוָה לָרֶשֶׁת אֶת־הָאָרֶץ
הַזֹּאת וּבְרִשְׁעַת הַגּוֹיִם הָאֵלֶּה יְהוָה מוֹרִישָׁם
מִפָּנֶיךָ׃ לֹא בְצִדְקָתְךָ וּבְיֹשֶׁר לְבָבְךָ אַתָּה בָא ה
לָרֶשֶׁת אֶת־אַרְצָם כִּי בְּרִשְׁעַת ׀ הַגּוֹיִם הָאֵלֶּה
יְהוָה אֱלֹהֶיךָ מוֹרִישָׁם מִפָּנֶיךָ וּלְמַעַן הָקִים אֶת־
הַדָּבָר אֲשֶׁר נִשְׁבַּע יְהוָה לַאֲבֹתֶיךָ לְאַבְרָהָם
לְיִצְחָק וּלְיַעֲקֹב׃ וְיָדַעְתָּ כִּי לֹא בְצִדְקָתְךָ יְהוָה ו
אֱלֹהֶיךָ נֹתֵן לְךָ אֶת־הָאָרֶץ הַטּוֹבָה הַזֹּאת
לְרִשְׁתָּהּ כִּי עַם־קְשֵׁה־עֹרֶף אָתָּה׃ זְכֹר אַל־

עקב

תִּשְׁכַּ֔ח אֵ֧ת אֲשֶׁר־הִקְצַ֛פְתָּ אֶת־יְהוָ֥ה אֱלֹהֶ֖יךָ
בַּמִּדְבָּ֑ר לְמִן־הַיּוֹם֩ אֲשֶׁר־יָצָ֨אתָ ׀ מֵאֶ֣רֶץ
מִצְרַ֗יִם עַד־בֹּֽאֲכֶם֙ עַד־הַמָּק֣וֹם הַזֶּ֔ה מַמְרִ֥ים
ח הֱיִיתֶ֖ם עִם־יְהוָֽה׃ וּבְחֹרֵ֥ב הִקְצַפְתֶּ֖ם אֶת־יְהוָ֑ה
ט וַיִּתְאַנַּ֧ף יְהוָ֛ה בָּכֶ֖ם לְהַשְׁמִ֥יד אֶתְכֶֽם׃ בַּעֲלֹתִ֣י
הָהָ֗רָה לָקַ֜חַת לוּחֹ֤ת הָֽאֲבָנִים֙ לוּחֹ֣ת הַבְּרִ֔ית
אֲשֶׁר־כָּרַ֥ת יְהוָ֖ה עִמָּכֶ֑ם וָאֵשֵׁ֣ב בָּהָ֗ר אַרְבָּעִ֥ים
יוֹם֙ וְאַרְבָּעִ֣ים לַ֔יְלָה לֶ֚חֶם לֹ֣א אָכַ֔לְתִּי וּמַ֖יִם

כ אַסְהֵידִית בְּכוֹן יוֹמָא דֵין, אֲרֵי מֵיבַד תֵּיבְדוּן: כְּעַמְמַיָּא, דַּיְיָ מוֹבֵיד מִן קֳדָמֵיכוֹן, כֵּן תֵּיבְדוּן, חֲלָף
ט א דְּלָא קַבֵּילְתּוּן, לְמֵימְרָא דַּיְיָ אֱלָהֲכוֹן: שְׁמַע יִשְׂרָאֵל, אַתְּ עָבַר יוֹמָא דֵין יָת יַרְדְּנָא, לְמֵיעַל לְמֵירַת
ב עַמְמִין, רַבְרְבִין וְתַקִּיפִין מִנָּךְ, קִרְוִין, רַבְרְבָן וּכְרִיכָן עַד צֵית שְׁמַיָּא: עַם רַב וְתַקִּיף בְּנֵי גִבָּרַיָּא, דְּאַתְּ
ג יְדַעְתָּא וְאַתְּ שְׁמַעְתָּא, מַאן יְכוֹל לְמֵקַם, קֳדָם בְּנֵי גִבָּרָא: וְתִדַּע יוֹמָא דֵין, אֲרֵי יְיָ אֱלָהָךְ, הוּא
עָבַר קֳדָמָךְ מֵימְרֵיהּ אִישָׁא אָכְלָא, הוּא יְשֵׁיצֵינוּן, וְהוּא יְתַבְּרִנּוּן קֳדָמָךְ, וּתְתָרֵיכִנּוּן וְתוֹבֵידִנּוּן
ד בִּפְרִיעַ, כְּמָא דְּמַלֵּיל יְיָ לָךְ: לָא תֵימַר בְּלִבָּךְ, בְּדִיתְבַּר יְיָ אֱלָהָךְ יָתְהוֹן מִן קֳדָמָךְ לְמֵימַר, בִּזְכוּתִי
ה אַעֲלַנִי יְיָ, לְמֵירַת יָת אַרְעָא הָדָא, וּבְחוֹבֵי עַמְמַיָּא הָאִלֵּין, יְיָ מְתָרֵיךְ לְהוֹן מִן קֳדָמָךְ: לָא בִזְכוּתָךְ,
וּבְקַשִּׁיטוּת לִבָּךְ, אַתְּ עָלֵיל לְמֵירַת יָת אַרְעֲהוֹן, אֲרֵי, בְּחוֹבֵי עַמְמַיָּא הָאִלֵּין, יְיָ אֱלָהָךְ מְתָרֵיךְ
לְהוֹן מִן קֳדָמָךְ, וּבְדִיל לְקַיָּמָא יָת פִּתְגָּמָא, דְּקַיֵּים יְיָ לַאֲבָהָתָךְ, לְאַבְרָהָם לְיִצְחָק וּלְיַעֲקֹב:
ו וְתִדַּע, אֲרֵי, לָא בִזְכוּתָךְ יְיָ אֱלָהָךְ, יָהֵיב לָךְ, יָת אַרְעָא טָבְתָא, הָדָא לְמֵירְתַהּ, אֲרֵי עַם קְשֵׁי
ז קְדָל אַתְּ: הֱוִי דְּכִיר לָא תִתְנְשֵׁי, יָת דְּאַרְגֵּיזְתָּא, קֳדָם יְיָ אֱלָהָךְ בְּמַדְבְּרָא, לְמִן יוֹמָא, דִּנְפַקְתָּא
ח מֵאַרְעָא דְּמִצְרַיִם, עַד מֵיתֵיכוֹן עַד אַתְרָא הָדֵין, מְסָרְבִין הֲוֵיתוֹן קֳדָם יְיָ: וּבְחוֹרֵב אַרְגֵּיזְתּוּן קֳדָם
ט יְיָ, וּתְקֵיף רֻגְזָא דַּיְיָ, בְּכוֹן לְשֵׁיצָאָה יָתְכוֹן: בְּמִסְקִי לְטוּרָא, לְמִסַּב, לוּחֵי אַבְנַיָּא לוּחֵי קְיָמָא,
דִּגְזַר יְיָ עִמְּכוֹן, וִיתֵיבִית בְּטוּרָא, אַרְבְּעִין יְמָמִין וְאַרְבְּעִין לֵילָוָן, לַחְמָא לָא אֲכָלִית, וּמַיָּא

פרק ט

א) גְּדֹלִים וַעֲצֻמִים מִמֶּךָּ. אַתָּה עָצוּם וְהֵם עֲצוּמִים מִמֶּךָּ:

ד) אַל תֹּאמַר בִּלְבָבְךָ. צִדְקָתִי וְרִשְׁעַת הַגּוֹיִם גָּרְמוּ:

ה) לֹא בְצִדְקָתְךָ וְגוֹ׳ אַתָּה בָא לָרֶשֶׁת וְגוֹ׳ כִּי בְּרִשְׁעַת הַגּוֹיִם. הֲרֵי ׳כִּי׳ מְשַׁמֵּשׁ בִּלְשׁוֹן ׳אֶלָּא׳:

ט) וָאֵשֵׁב בָּהָר. אֵין יְשִׁיבָה אֶלָּא לְשׁוֹן עַכָּבָה:

לֹא שָׁתִֽיתִי: וַיִּתֵּ֨ן יְהֹוָ֜ה אֵלַ֗י אֶת־שְׁנֵי֙ לוּחֹ֣ת הָֽאֲבָנִ֔ים כְּתֻבִ֖ים בְּאֶצְבַּ֣ע אֱלֹהִ֑ים וַֽעֲלֵיהֶ֗ם כְּכָל־הַדְּבָרִ֡ים אֲשֶׁ֣ר דִּבֶּר֩ יְהֹוָ֨ה עִמָּכֶ֥ם בָּהָ֛ר מִתּ֥וֹךְ הָאֵ֖שׁ בְּי֥וֹם הַקָּהָֽל: וַיְהִ֗י מִקֵּץ֙ אַרְבָּעִ֣ים י֔וֹם וְאַרְבָּעִ֖ים לָ֑יְלָה נָתַ֨ן יְהֹוָ֜ה אֵלַ֗י אֶת־שְׁנֵ֛י לֻחֹ֥ת הָֽאֲבָנִ֖ים לֻח֥וֹת הַבְּרִֽית: וַיֹּ֨אמֶר יְהֹוָ֜ה אֵלַ֗י ק֣וּם רֵ֤ד מַהֵר֙ מִזֶּ֔ה כִּ֚י שִׁחֵ֣ת עַמְּךָ֔ אֲשֶׁ֥ר הוֹצֵ֖אתָ מִמִּצְרָ֑יִם סָ֣רוּ מַהֵ֗ר מִן־הַדֶּ֨רֶךְ֙ אֲשֶׁ֣ר צִוִּיתִ֔ם עָשׂ֥וּ לָהֶ֖ם מַסֵּכָֽה: וַיֹּ֥אמֶר יְהֹוָ֖ה אֵלַ֣י לֵאמֹ֑ר רָאִ֨יתִי֙ אֶת־הָעָ֣ם הַזֶּ֔ה וְהִנֵּ֥ה עַם־קְשֵׁה־עֹ֖רֶף הֽוּא: הֶ֤רֶף מִמֶּ֨נִּי֙ וְאַשְׁמִידֵ֔ם וְאֶמְחֶ֣ה אֶת־שְׁמָ֔ם מִתַּ֖חַת הַשָּׁמָ֑יִם וְאֶֽעֱשֶׂה֙ אֽוֹתְךָ֔ לְגוֹי־עָצ֥וּם וָרָ֖ב מִמֶּֽנּוּ: וָאֵ֗פֶן וָֽאֵרֵד֙ מִן־הָהָ֔ר וְהָהָ֖ר בֹּעֵ֣ר בָּאֵ֑שׁ וּשְׁנֵי֙ לוּחֹ֣ת הַבְּרִ֔ית עַ֖ל שְׁתֵּ֥י יָדָֽי: וָאֵ֗רֶא וְהִנֵּ֤ה חֲטָאתֶם֙ לַֽיהֹוָ֣ה אֱלֹֽהֵיכֶ֔ם עֲשִׂיתֶ֣ם לָכֶ֔ם עֵ֖גֶל מַסֵּכָ֑ה סַרְתֶּ֣ם מַהֵ֔ר מִן־הַדֶּ֕רֶךְ אֲשֶׁר־צִוָּ֥ה יְהֹוָ֖ה אֶתְכֶֽם: וָֽאֶתְפֹּשׂ֙ בִּשְׁנֵ֣י הַלֻּחֹ֔ת וָֽאַשְׁלִכֵ֔ם מֵעַ֖ל שְׁתֵּ֣י יָדָ֑י וָֽאֲשַׁבְּרֵ֖ם לְעֵֽינֵיכֶֽם: וָֽאֶתְנַפַּל֩ לִפְנֵ֨י יְהֹוָ֜ה כָּרִֽאשֹׁנָ֗ה אַרְבָּעִ֥ים יוֹם֙ וְאַרְבָּעִ֣ים לַ֔יְלָה לֶ֚חֶם לֹ֣א אָכַ֔לְתִּי וּמַ֖יִם לֹ֥א

עקב

שָׁתִ֗יתִי עַ֤ל כָּל־חַטַּאתְכֶם֙ אֲשֶׁ֣ר חֲטָאתֶ֔ם
יט לַעֲשׂ֥וֹת הָרַ֛ע בְּעֵינֵ֥י יְהֹוָ֖ה לְהַכְעִיסֽוֹ: כִּ֣י יָגֹ֗רְתִּי
מִפְּנֵ֤י הָאַף֙ וְהַ֣חֵמָ֔ה אֲשֶׁ֨ר קָצַ֧ף יְהֹוָ֛ה עֲלֵיכֶ֖ם
לְהַשְׁמִ֣יד אֶתְכֶ֑ם וַיִּשְׁמַ֤ע יְהֹוָה֙ אֵלַ֔י גַּ֖ם בַּפַּ֥עַם
כ הַהִֽוא: וּֽבְאַהֲרֹ֗ן הִתְאַנַּ֧ף יְהֹוָ֛ה מְאֹ֖ד לְהַשְׁמִיד֑וֹ
כא וָֽאֶתְפַּלֵּ֛ל גַּם־בְּעַ֥ד אַהֲרֹ֖ן בָּעֵ֥ת הַהִֽוא: וְאֶת־

י לָא שָׁתִיתִי: וִיהַב יְיָ לִי, יָת תְּרֵין לוּחֵי אַבְנַיָּא, כְּתִיבִין בְּאֶצְבְּעָא דַּיְיָ, וַעֲלֵיהוֹן, כְּכָל פִּתְגָּמַיָּא,
יא דְּמַלִּיל יְיָ עִמְּכוֹן בְּטוּרָא, מִגּוֹ אִישָׁתָא בְּיוֹמָא דִקְהָלָא: וַהֲוָה, מִסּוֹף אַרְבְּעִין יְמָמִין, וְאַרְבְּעִין
יב לֵילָוָן, יְהַב יְיָ לִי, יָת תְּרֵין, לוּחֵי אַבְנַיָּא לוּחֵי קְיָמָא: וַאֲמַר יְיָ לִי, קוּם חוֹת בִּפְרִיעַ מִכָּא,
אֲרֵי חַבִּילוּ עַמָּךְ, דְּאַפֵּיקְתָּא מִמִּצְרָיִם, סְטוֹ בִּפְרִיעַ, מִן אוֹרְחָא דְפַקֵּידְתִּנּוּן, עֲבָדוּ לְהוֹן
יג מַתְּכָא: וַאֲמַר יְיָ לִי לְמֵימַר, גְּלֵי קֳדָמַי עַמָּא הָדֵין, וְהָא עַם קְשֵׁי קְדָל הוּא: אֲנַח בָּעוּתָךְ
יד מִן קֳדָמַי וְאֵישֵׁיצֵינּוּן, וְאַמְחֵי יָת שׁוֹמְהוֹן, מִתְּחוֹת שְׁמַיָּא, וְאַעְבֵּיד יָתָךְ, לְעַם תַּקִּיף וְסַגִּי
טו מִנְּהוֹן: וְאִתְפְּנִיתִי, וּנְחָתִית מִן טוּרָא, וְטוּרָא בָּעַר בְּאִישָׁתָא, וּתְרֵין לוּחֵי קְיָמָא, עַל תַּרְתֵּין
טז יְדָי: וַחֲזֵית, וְהָא חַבְתּוּן קֳדָם יְיָ אֱלָהֲכוֹן, עֲבַדְתּוּן לְכוֹן, עֵגֶל מַתְּכָא, סְטֵיתוּן בִּפְרִיעַ, מִן
יז אוֹרְחָא, דְּפַקֵּיד יְיָ יָתְכוֹן: וַאֲחַדִית בִּתְרֵין לוּחַיָּא, וּרְמֵיתִנּוּן, מֵעַל תַּרְתֵּין יְדָי, וְתַבַּרְתִּנּוּן לְעֵינֵיכוֹן:
יח וְאִשְׁתַּטָּחִית קֳדָם יְיָ כַּד בְּקַדְמֵיתָא, אַרְבְּעִין יְמָמִין, וְאַרְבְּעִין לֵילָוָן, לַחְמָא לָא אֲכָלִית, וּמַיָּא
יט לָא שָׁתִיתִי, עַל כָּל חוֹבַתְכוֹן דְּחַבְתּוּן, לְמֶעְבַּד דְּבִישׁ, קֳדָם יְיָ לְאַרְגָּזָא קֳדָמוֹהִי: אֲרֵי דְחֵילִית,
מִן קֳדָם רוּגְזָא וְחֵמְתָא, דִּרְגֵז יְיָ, עֲלֵיכוֹן לְשֵׁיצָאָה יָתְכוֹן, וְקַבֵּיל יְיָ צְלוֹתִי, אַף בְּזִמְנָא הַהוּא:
כ וְעַל אַהֲרֹן, הֲוָה רְגַז מִן קֳדָם יְיָ, לַחֲדָא לְשֵׁיצָיוּתֵיהּ, וְצַלֵּיתִי, אַף עַל אַהֲרֹן בְּעִדָּנָא הַהוּא: וְיָת

י לוּחֹת. 'לוּחֹת' כְּתִיב, שֶׁשְּׁתֵּיהֶן שָׁווֹת:

יח וָאֶתְנַפַּל לִפְנֵי ה' כָּרִאשֹׁנָה אַרְבָּעִים יוֹם. שֶׁנֶּאֱמַר: "וְעַתָּה אֶעֱלֶה אֶל ה' אוּלַי אֲכַפְּרָה" (שמות לב, ל), בְּאוֹתָהּ עֲלִיָּה נִתְעַכַּבְתִּי אַרְבָּעִים יוֹם, נִמְצְאוּ כָלִים בְּעֶשְׂרִים וּתְשִׁעָה בְּאָב, שֶׁהוּא עָלָה בְּשִׁמְנָה עָשָׂר בְּתַמּוּז. בּוֹ בַיּוֹם נִתְרַצָּה הַקָּדוֹשׁ בָּרוּךְ הוּא לְיִשְׂרָאֵל וְאָמַר לְמֹשֶׁה: "פְּסָל לְךָ שְׁנֵי לֻחֹת" (שם לד, א), עָשָׂה עוֹד אַרְבָּעִים יוֹם, נִמְצְאוּ כָלִים בְּיוֹם הַכִּפּוּרִים. בּוֹ בַיּוֹם נִתְרַצָּה

הַקָּדוֹשׁ בָּרוּךְ הוּא לְיִשְׂרָאֵל בְּשִׂמְחָה, וְאָמַר לוֹ לְמֹשֶׁה: "סָלַחְתִּי כִּדְבָרֶךָ" (במדבר יד, כ), לְכָךְ הֻקְבַּע לִמְחִילָה וְלִסְלִיחָה. וּמִנַּיִן שֶׁנִּתְרַצָּה בְּרָצוֹן שָׁלֵם? שֶׁנֶּאֱמַר בָּאַרְבָּעִים שֶׁל לוּחוֹת אַחֲרוֹנוֹת: "וְאָנֹכִי עָמַדְתִּי בָהָר כַּיָּמִים הָרִאשֹׁנִים" (להלן י, י), מָה הָרִאשׁוֹנִים בְּרָצוֹן אַף אַחֲרוֹנִים בְּרָצוֹן, אֱמֹר מֵעַתָּה אֶמְצָעִיִּים הָיוּ בְּכַעַס:

כ וּבְאַהֲרֹן הִתְאַנַּף ה'. לְפִי שֶׁשָּׁמַע לָכֶם: לְהַשְׁמִידוֹ. זֶה כִּלּוּי בָּנִים, וְכֵן הוּא אוֹמֵר:

חַטַּאתְכֶם אֲשֶׁר־עֲשִׂיתֶם אֶת־הָעֵגֶל לָקַחְתִּי
וָאֶשְׂרֹף אֹתוֹ ׀ בָּאֵשׁ וָאֶכֹּת אֹתוֹ טָחוֹן הֵיטֵב עַד
אֲשֶׁר־דַּק לְעָפָר וָאַשְׁלִךְ אֶת־עֲפָרוֹ אֶל־הַנַּחַל
הַיֹּרֵד מִן־הָהָר: וּבְתַבְעֵרָה וּבְמַסָּה וּבְקִבְרֹת כב
הַתַּאֲוָה מַקְצִפִים הֱיִיתֶם אֶת־יְהוָה: וּבִשְׁלֹחַ כג
יְהוָה אֶתְכֶם מִקָּדֵשׁ בַּרְנֵעַ לֵאמֹר עֲלוּ וּרְשׁוּ
אֶת־הָאָרֶץ אֲשֶׁר נָתַתִּי לָכֶם וַתַּמְרוּ אֶת־פִּי
יְהוָה אֱלֹהֵיכֶם וְלֹא הֶאֱמַנְתֶּם לוֹ וְלֹא שְׁמַעְתֶּם
בְּקֹלוֹ: מַמְרִים הֱיִיתֶם עִם־יְהוָה מִיּוֹם דַּעְתִּי כד
אֶתְכֶם: וָאֶתְנַפַּל לִפְנֵי יְהוָה אֵת־אַרְבָּעִים הַיּוֹם כה
וְאֶת־אַרְבָּעִים הַלַּיְלָה אֲשֶׁר הִתְנַפָּלְתִּי כִּי־אָמַר
יְהוָה לְהַשְׁמִיד אֶתְכֶם: וָאֶתְפַּלֵּל אֶל־יְהוָה כו
וָאֹמַר אֲדֹנָי יֱהוִה אַל־תַּשְׁחֵת עַמְּךָ וְנַחֲלָתְךָ
אֲשֶׁר פָּדִיתָ בְּגָדְלֶךָ אֲשֶׁר־הוֹצֵאתָ מִמִּצְרַיִם בְּיָד
חֲזָקָה: זְכֹר לַעֲבָדֶיךָ לְאַבְרָהָם לְיִצְחָק וּלְיַעֲקֹב כז
אַל־תֵּפֶן אֶל־קְשִׁי הָעָם הַזֶּה וְאֶל־רִשְׁעוֹ וְאֶל־
חַטָּאתוֹ: פֶּן־יֹאמְרוּ הָאָרֶץ אֲשֶׁר הוֹצֵאתָנוּ כח
מִשָּׁם מִבְּלִי יְכֹלֶת יְהוָה לַהֲבִיאָם אֶל־הָאָרֶץ
אֲשֶׁר־דִּבֶּר לָהֶם וּמִשִּׂנְאָתוֹ אוֹתָם הוֹצִיאָם
לַהֲמִתָם בַּמִּדְבָּר: וְהֵם עַמְּךָ וְנַחֲלָתֶךָ אֲשֶׁר כט
הוֹצֵאתָ בְּכֹחֲךָ הַגָּדֹל וּבִזְרֹעֲךָ הַנְּטוּיָה:

י א בָּעֵת הַהִוא אָמַר יְהוָה אֵלַי פְּסָל־לְךָ שְׁנֵי־ ט רביעי
לוּחֹת אֲבָנִים כָּרִאשֹׁנִים וַעֲלֵה אֵלַי הָהָרָה
ב וְעָשִׂיתָ לְּךָ אֲרוֹן עֵץ: וְאֶכְתֹּב עַל־הַלֻּחֹת אֶת־
הַדְּבָרִים אֲשֶׁר הָיוּ עַל־הַלֻּחֹת הָרִאשֹׁנִים אֲשֶׁר
ג שִׁבַּרְתָּ וְשַׂמְתָּם בָּאָרוֹן: וָאַעַשׂ אֲרוֹן עֲצֵי שִׁטִּים
וָאֶפְסֹל שְׁנֵי־לֻחֹת אֲבָנִים כָּרִאשֹׁנִים וָאַעַל

חובתכון דעבדתון ית עגלא, נסיבית ואוקידית יתיה בנורא, ושפית יתיה בשופינא יאות,
כב עד דהוה דקיק לעפרא, ורמית ית עפריה, לנחלא דנחית מן טורא: ובדליקתא ובנסיתא,
כג ובקברי דמשאלי, מרגזין הויתון קדם יי: וכד שלח יי יתכון, מרקם גיאה למימר, סקו
ואחסינו ית ארעא, דיהבית לכון, וסריבתון, על מימרא דיי אלהכון, ולא הימנתון ליה,
כד כה ולא קבילתון למימריה: מסרבין הויתון קדם יי, מיומא דידעית יתכון: ואשתטחית קדם
כו יי, ית ארבעין יממין, וית ארבעין לילון דאשתטחית, ארי אמר יי לשיצאה יתכון: וצליתי
קדם יי ואמרית, יי אלהים, לא תחביל עמך ואחסנתך, דפרקתא בתקפך, דאפיקתא
כז ממצרים ביד תקיפא: אדכר לעבדך, לאברהם ליצחק וליעקב, לא תתפני, לקשיות
כח עמא הדין, ולחוביהון ולחטאיהון: דלמא יימרון, דירי ארעא דאפיקתנא מתמן, מדלית
יכלא קדם יי, לאעלותהון, לארעא דמליל להון, ומדסני יתהון, אפיקנון לקטלותהון
כט י א במדברא: ואנון עמך ואחסנתך, דאפיקתא בחילך רבא, ובדרעך מרממא: בעדנא ההוא
אמר יי לי, פסל לך, תרין לוחי אבניא כקדמאי, וסק לקדמי לטורא, ותעביד לך ארונא
ב דאעא: ואכתוב על לוחיא, ית פתגמיא, דהוו, על לוחיא קדמאי דתברתא, ותשוינון
ג בארונא: ועבדית ארונא דאעי שטין, ופסלית, תרין לוחי אבניא כקדמאי, וסליקית

"ואשמיד פריו ממעל" (עמוס ב, ט): ואתפלל גם בעד אהרן. והועילה תפלתי לכפר מחצה, ומתו שנים ונשארו השנים:

כא) טחון. לשון הוה, כמו "הלוך וגדול" (שמואל ב' ה, י; דברי הימים א' יא, ט). מולא"נט בלעז:

כה) ואתנפל וגו'. אלו הן עצמן האמורים למעלה, וכפלן כאן לפי שכתוב כאן סדר תפלתו, שנאמר: "ה' אלהים אל תשחת עמך" וגו' (להלן פסוק כו):

פרק י

א) בעת ההוא. לסוף ארבעים יום נתרצה לי ואמר לי: "פסל לך" ואחר כך: "ועשית לך ארון", ואני עשיתי ארון תחלה, שכשאבא והלוחות בידי היכן אתנם. ולא זה הוא הארון שעשה בצלאל, שהרי משכן לא נתעסקו בו עד לאחר יום הכפורים, כי בירידתו מן ההר צוה להם על מלאכת המשכן, ובצלאל עשה משכן תחלה ואחר כך ארון וכלים, נמצא זה ארון אחר היה, וזהו שהיה יוצא עמהם למלחמה,

דברים

ד הָהָ֔רָה וּשְׁנֵ֥י הַלֻּחֹ֖ת בְּיָדִֽי: וַיִּכְתֹּ֣ב עַל־הַלֻּחֹ֗ת כַּמִּכְתָּ֣ב הָרִאשׁ֔וֹן אֵ֚ת עֲשֶׂ֣רֶת הַדְּבָרִ֔ים אֲשֶׁ֣ר דִּבֶּר֩ יְהֹוָ֨ה אֲלֵיכֶ֥ם בָּהָ֛ר מִתּ֥וֹךְ הָאֵ֖שׁ בְּי֣וֹם הַקָּהָ֑ל
ה וַיִּתְּנֵ֥ם יְהֹוָ֖ה אֵלָֽי: וָאֵ֗פֶן וָֽאֵרֵד֙ מִן־הָהָ֔ר וָֽאָשִׂם֙ אֶת־הַלֻּחֹ֔ת בָּאָר֖וֹן אֲשֶׁ֣ר עָשִׂ֑יתִי וַיִּ֣הְיוּ שָׁ֔ם כַּֽאֲשֶׁ֥ר צִוַּ֖נִי יְהֹוָֽה:
ו וּבְנֵ֣י יִשְׂרָאֵ֗ל נָסְע֛וּ מִבְּאֵרֹ֥ת בְּנֵי־יַֽעֲקָ֖ן מֽוֹסֵרָ֑ה שָׁ֣ם מֵ֤ת אַֽהֲרֹן֙ וַיִּקָּבֵ֣ר שָׁ֔ם וַיְכַהֵ֛ן אֶלְעָזָ֥ר בְּנ֖וֹ תַּחְתָּֽיו: מִשָּׁ֥ם נָסְע֖וּ הַגֻּדְגֹּ֑דָה
ז וּמִן־הַגֻּדְגֹּ֣דָה יָטְבָ֔תָה אֶ֖רֶץ נַֽחֲלֵי־מָֽיִם:
ח בָּעֵ֣ת הַהִ֗וא הִבְדִּ֤יל יְהֹוָה֙ אֶת־שֵׁ֣בֶט הַלֵּוִ֔י לָשֵׂ֖את אֶת־אֲר֣וֹן בְּרִית־יְהֹוָ֑ה לַֽעֲמֹד֩ לִפְנֵ֨י יְהֹוָ֤ה לְשָׁרְתוֹ֙ וּלְבָרֵ֣ךְ בִּשְׁמ֔וֹ עַ֖ד הַיּ֥וֹם הַזֶּֽה:
ט עַל־כֵּ֞ן לֹֽא־הָיָ֧ה לְלֵוִ֛י חֵ֥לֶק וְנַֽחֲלָ֖ה עִם־אֶחָ֑יו יְהֹוָה֙ ה֣וּא נַֽחֲלָת֔וֹ כַּֽאֲשֶׁ֥ר דִּבֶּ֛ר יְהֹוָ֥ה אֱלֹהֶ֖יךָ לֽוֹ:
י וְאָֽנֹכִ֞י עָמַ֣דְתִּי בָהָ֗ר כַּיָּמִים֙ הָרִ֣אשֹׁנִ֔ים אַרְבָּעִ֣ים י֔וֹם וְאַרְבָּעִ֖ים לָ֑יְלָה וַיִּשְׁמַ֨ע יְהֹוָ֜ה אֵלַ֗י גַּ֚ם בַּפַּ֣עַם הַהִ֔וא לֹֽא־אָבָ֥ה יְהֹוָ֖ה הַשְׁחִיתֶֽךָ:
יא וַיֹּ֤אמֶר יְהֹוָה֙ אֵלַ֔י ק֛וּם לֵ֥ךְ לְמַסַּ֖ע לִפְנֵ֣י הָעָ֑ם וְיָבֹ֨אוּ֙ וְיִֽירְשׁ֣וּ אֶת־הָאָ֔רֶץ אֲשֶׁר־נִשְׁבַּ֥עְתִּי לַֽאֲבֹתָ֖ם לָתֵ֥ת לָהֶֽם:

חמישי יב וְעַתָּה֙ יִשְׂרָאֵ֔ל מָ֚ה יְהֹוָ֣ה אֱלֹהֶ֔יךָ שֹׁאֵ֖ל מֵֽעִמָּ֑ךְ

ד לְטוּרָא, וּתְרֵין לוּחַיָּא בִּידִי: וּכְתַב עַל לוּחַיָּא כִּכְתָבָא קַדְמָאָה, יָת עַסְרָא פִתְגָּמִין, דְּמַלֵּיל
ה יי עִמְּכוֹן בְּטוּרָא, מִגּוֹ אִישָׁתָא בְּיוֹמָא דִקְהָלָא, וִיהַבִנּוּן יי לִי: וְאִתְפְּנֵיתִי, וּנְחָתִית מִן
ו טוּרָא, וְשַׁוֵּיתִי יָת לוּחַיָּא, בַּאֲרוֹנָא דַעֲבַדִית, וַהֲווֹ תַמָּן, כְּמָא דְפַקְּדַנִי יי: וּבְנֵי יִשְׂרָאֵל,
נְטַלוּ, מִבְּאֵרוֹת בְּנֵי יַעֲקָן לְמוֹסֵרָה, תַּמָּן מִית אַהֲרֹן וְאִתְקְבַר תַּמָּן, וְשַׁמֵּישׁ, אֶלְעָזָר בְּרֵיהּ
ז ח תְּחוֹתוֹהִי: מִתַּמָּן נְטַלוּ לְגֻדְגּוֹד, וּמִן גֻּדְגּוֹד לְיָטְבָת, אֲרַע נַגְדָא נַחְלִין דְּמַיִין: בְּעִדָּנָא
הַהוּא, אַפְרֵישׁ יי יָת שִׁבְטָא דְלֵוִי, לְמִטַּל יָת אֲרוֹן קְיָמָא דַיי, לִמְקָם קֳדָם יי לְשַׁמָּשׁוּתֵיהּ
ט וּלְבָרָכָא בִּשְׁמֵיהּ, עַד יוֹמָא הָדֵין: עַל כֵּן, לָא הֲוָה לְלֵוִי, חוּלָק וְאַחְסָנָא עִם אֲחוֹהִי, מַתְּנָן
י דִּיהַב לֵיהּ יי אִנּוּן אַחְסַנְתֵּיהּ, כְּמָא דְמַלֵּיל, יי אֱלָהָךְ לֵיהּ: וַאֲנָא הֲוֵיתִי קָאֵים בְּטוּרָא,
כְּיוֹמַיָּא קַדְמָאֵי, אַרְבְּעִין יְמָמִין, וְאַרְבְּעִין לֵילָוָן, וְקַבֵּיל יי צְלוֹתִי, אַף בְּזִמְנָא הַהוּא,
יא לָא אֲבָא יי לְחַבָּלוּתָךְ: וַאֲמַר יי לִי, קוּם, אִיזֵיל לְמִטּוּל קֳדָם עַמָּא, וְיֵיעֲלוּן וְיֵירְתוּן
יב יָת אַרְעָא, דְּקַיֵּימִית לַאֲבָהָתְהוֹן לְמִתַּן לְהוֹן: וּכְעַן יִשְׂרָאֵל, מָא יי אֱלָהָךְ, תָּבַע מִנָּךְ,

וְאוֹתוֹ שֶׁעָשָׂה בְּגַלְעֵד לֹא יָצָא לַמִּלְחָמָה אֶלָּא בִּימֵי עֵלִי, וְנֶעֶנְשׁוּ עָלָיו וְנִשְׁבָּה:

ו-ז| **וּבְנֵי יִשְׂרָאֵל נָסְעוּ מִבְּאֵרֹת בְּנֵי יַעֲקָן מוֹסֵרָה.** מָה עִנְיָן זֶה לְכָאן? וְעוֹד, וְכִי מִבְּאֵרוֹת בְּנֵי יַעֲקָן נָסְעוּ לְמוֹסֵרָה? וַהֲלֹא מִמּוֹסֵרָה בָּאוּ לִבְנֵי יַעֲקָן, שֶׁנֶּאֱמַר: "וַיִּסְעוּ מִמֹּסֵרוֹת" וְגוֹ' (במדבר לג, לא)! וְעוֹד, "שָׁם מֵת אַהֲרֹן" – וַהֲלֹא בְּהֹר הָהָר מֵת! צֵא וַחֲשֹׁב וְתִמְצָא שְׁמוֹנֶה מַסָּעוֹת מִמּוֹסֵרוֹת לְהֹר הָהָר! אֶלָּא אַף זוֹ מִן הַתּוֹכָחָה: וְעוֹד עֲשִׂיתֶם זֹאת, כְּשֶׁמֵּת אַהֲרֹן בְּהֹר הָהָר לְסוֹף אַרְבָּעִים שָׁנָה וְנִסְתַּלְּקוּ עַנְנֵי כָבוֹד, יְרֵאתֶם לָכֶם מִמִּלְחֶמֶת מֶלֶךְ עֲרָד וּנְתַתֶּם רֹאשׁ לַחְזֹר לְמִצְרַיִם, וַחֲזַרְתֶּם לַאֲחוֹרֵיכֶם שְׁמוֹנָה מַסָּעוֹת עַד בְּנֵי יַעֲקָן וּמִשָּׁם לְמוֹסֵרָה, שָׁם נִלְחֲמוּ בָכֶם בְּנֵי לֵוִי וְהָרְגוּ מִכֶּם וְאַתֶּם מֵהֶם, עַד שֶׁהֶחֱזִירוּ אֶתְכֶם בְּדֶרֶךְ חֲזָרַתְכֶם, וּמִשָּׁם חֲזַרְתֶּם "הַגֻּדְגֹּדָה" הוּא חֹר הַגִּדְגָּד, "וּמִן הַגֻּדְגֹּדָה יָטְבָתָה". וּבְמוֹסֵרָה עֲשִׂיתֶם אֵבֶל כָּבֵד עַל מִיתָתוֹ שֶׁל אַהֲרֹן שֶׁגָּרְמָה לָכֶם זֹאת, וְנִדְמָה לָכֶם כְּאִלּוּ מֵת שָׁם. וְסָמַךְ מֹשֶׁה תּוֹכָחָה זוֹ לִשְׁבִירַת הַלּוּחוֹת, לוֹמַר שֶׁקָּשָׁה מִיתָתָן שֶׁל צַדִּיקִים לִפְנֵי הַקָּדוֹשׁ בָּרוּךְ הוּא כְּיוֹם שֶׁנִּשְׁתַּבְּרוּ בּוֹ הַלּוּחוֹת, וּלְהוֹדִיעֲךָ שֶׁהִקְשָׁה לוֹ מַה שֶּׁנָּתְנוּ רֹאשׁ לִפְרֹשׁ מִמֶּנּוּ, כְּיוֹם שֶׁעָשׂוּ בּוֹ אֶת הָעֵגֶל:

ח| **בָּעֵת הַהִוא הִבְדִּיל ה' וְגוֹ'.** מוּסָב לָעִנְיָן הָרִאשׁוֹן, "בָּעֵת הַהִוא" בַּשָּׁנָה הָרִאשׁוֹנָה לְצֵאתְכֶם מִמִּצְרַיִם וּטְעִיתֶם בָּעֵגֶל וּבְנֵי לֵוִי לֹא טָעוּ, הִבְדִּילָם הַמָּקוֹם מִכֶּם. וְסָמַךְ מִקְרָא זֶה לַחֲזָרַת בְּנֵי יַעֲקָן, לוֹמַר שֶׁאַף בְּזוֹ לֹא טָעוּ בָהּ בְּנֵי לֵוִי אֶלָּא עָמְדוּ בֶּאֱמוּנָתָם: **לָשֵׂאת אֶת אֲרוֹן.** הַלְוִיִּם: **לַעֲמֹד... לְשָׁרְתוֹ וּלְבָרֵךְ בִּשְׁמוֹ.** הַכֹּהֲנִים, וְהוּא נְשִׂיאוּת כַּפַּיִם:

ט| **עַל כֵּן לֹא הָיָה לְלֵוִי חֵלֶק.** לְפִי שֶׁהֻבְדְּלוּ לַעֲבוֹדַת מִזְבֵּחַ וְאֵינָן פְּנוּיִין לַחֲרֹשׁ וְלִזְרֹעַ: **ה' הוּא נַחֲלָתוֹ.** נוֹטֵל פְּרָס מְזֻמָּן מִבֵּית הַמֶּלֶךְ:

י| **וְאָנֹכִי עָמַדְתִּי בָהָר.** לְקַבֵּל לוּחוֹת הָאַחֲרוֹנוֹת, וּלְפִי שֶׁלֹּא פֵּרַשׁ לְמַעְלָה כַּמָּה עָמַד בָּהָר בַּעֲלִיָּה אַחֲרוֹנָה זוֹ, חָזַר וְהִתְחִיל בָּהּ: **כַּיָּמִים הָרִאשֹׁנִים.** שֶׁל לוּחוֹת הָרִאשׁוֹנוֹת, מָה הֵם בְּרָצוֹן, אַף אֵלּוּ בְּרָצוֹן, אֲבָל הָאֶמְצָעִיִּים שֶׁעָמַדְתִּי שָׁם לְהִתְפַּלֵּל עֲלֵיכֶם הָיוּ בְכַעַס:

יא| **וַיֹּאמֶר ה' אֵלַי וְגוֹ'.** אַף עַל פִּי שֶׁסַּרְתֶּם מֵאַחֲרָיו וּטְעִיתֶם בָּעֵגֶל, אָמַר לִי: "לֵךְ נְחֵה אֶת הָעָם" (שמות לב, לד):

יב| **וְעַתָּה יִשְׂרָאֵל.** אַף עַל פִּי שֶׁעֲשִׂיתֶם כָּל זֹאת, עוֹדֶנּוּ רַחֲמָיו וְחִבָּתוֹ עֲלֵיכֶם, וּמִכָּל מַה שֶּׁחֲטָאתֶם לְפָנָיו אֵינוֹ שׁוֹאֵל מִכֶּם "כִּי אִם לְיִרְאָה" וְגוֹ'. וְרַבּוֹתֵינוּ דָּרְשׁוּ מִכָּאן: הַכֹּל בִּידֵי שָׁמַיִם חוּץ מִיִּרְאַת שָׁמַיִם:

כִּי אִם־לְיִרְאָה אֶת־יהוה אֱלֹהֶיךָ לָלֶכֶת בְּכָל־
דְּרָכָיו וּלְאַהֲבָה אֹתוֹ וְלַעֲבֹד אֶת־יהוה אֱלֹהֶיךָ
יג בְּכָל־לְבָבְךָ וּבְכָל־נַפְשֶׁךָ׃ לִשְׁמֹר אֶת־מִצְוֹת
יהוה וְאֶת־חֻקֹּתָיו אֲשֶׁר אָנֹכִי מְצַוְּךָ הַיּוֹם לְטוֹב
יד לָךְ׃ הֵן לַיהוה אֱלֹהֶיךָ הַשָּׁמַיִם וּשְׁמֵי הַשָּׁמָיִם
טו הָאָרֶץ וְכָל־אֲשֶׁר־בָּהּ׃ רַק בַּאֲבֹתֶיךָ חָשַׁק יהוה
לְאַהֲבָה אוֹתָם וַיִּבְחַר בְּזַרְעָם אַחֲרֵיהֶם בָּכֶם
טז מִכָּל־הָעַמִּים כַּיּוֹם הַזֶּה׃ וּמַלְתֶּם אֵת עָרְלַת
יז לְבַבְכֶם וְעָרְפְּכֶם לֹא תַקְשׁוּ עוֹד׃ כִּי יהוה
אֱלֹהֵיכֶם הוּא אֱלֹהֵי הָאֱלֹהִים וַאֲדֹנֵי הָאֲדֹנִים
הָאֵל הַגָּדֹל הַגִּבֹּר וְהַנּוֹרָא אֲשֶׁר לֹא־יִשָּׂא פָנִים
יח וְלֹא יִקַּח שֹׁחַד׃ עֹשֶׂה מִשְׁפַּט יָתוֹם וְאַלְמָנָה
יט וְאֹהֵב גֵּר לָתֶת לוֹ לֶחֶם וְשִׂמְלָה׃ וַאֲהַבְתֶּם אֶת־
כ הַגֵּר כִּי־גֵרִים הֱיִיתֶם בְּאֶרֶץ מִצְרָיִם׃ אֶת־יהוה
אֱלֹהֶיךָ תִּירָא אֹתוֹ תַעֲבֹד וּבוֹ תִדְבָּק וּבִשְׁמוֹ
כא תִּשָּׁבֵעַ׃ הוּא תְהִלָּתְךָ וְהוּא אֱלֹהֶיךָ אֲשֶׁר־עָשָׂה
אִתְּךָ אֶת־הַגְּדֹלֹת וְאֶת־הַנּוֹרָאֹת הָאֵלֶּה אֲשֶׁר
כב רָאוּ עֵינֶיךָ׃ בְּשִׁבְעִים נֶפֶשׁ יָרְדוּ אֲבֹתֶיךָ מִצְרָיְמָה
וְעַתָּה שָׂמְךָ יהוה אֱלֹהֶיךָ כְּכוֹכְבֵי הַשָּׁמַיִם לָרֹב׃
יא א וְאָהַבְתָּ אֵת יהוה אֱלֹהֶיךָ וְשָׁמַרְתָּ מִשְׁמַרְתּוֹ

מצווה תלא
מצוות אהבת הגרים

מצווה תלב-תלה
מצוות יראת ה׳

מצוות עבודת ה׳ בתפילה בכל יום

מצווה להידבק ביודעי התורה

מצוות שבועה בשם ה׳ בעת שיש צורך להישבע

ב וְחֻקֹּתָיו וּמִשְׁפָּטָיו וּמִצְוֺתָיו כָּל־הַיָּמִים׃ וִידַעְתֶּם
הַיּוֹם כִּי ׀ לֹא אֶת־בְּנֵיכֶם אֲשֶׁר לֹא־יָדְעוּ וַאֲשֶׁר
לֹא־רָאוּ אֶת־מוּסַר יְהוָה אֱלֹהֵיכֶם אֶת־גָּדְלוֹ
ג אֶת־יָדוֹ הַחֲזָקָה וּזְרֹעוֹ הַנְּטוּיָה׃ וְאֶת־אֹתֹתָיו

אֱלָהָין לְמִדְחַל, קֳדָם יי אֱלָהָךְ, לִמְהָךְ בְּכָל אוֹרְחָן דְּתָקְנָן קֳדָמוֹהִי וּלְמִרְחַם יָתֵיהּ, וּלְמִפְלַח
יג קֳדָם יי אֱלָהָךְ, בְּכָל לִבָּךְ וּבְכָל נַפְשָׁךְ: לְמִטַּר, יָת פִּקּוֹדַיָּא דַּיי וְיָת קְיָמוֹהִי, דַּאֲנָא מְפַקֵּיד
יד טו לָךְ יוֹמָא דֵּין, דְּיִיטַב לָךְ: הָא דַּיי אֱלָהָךְ, שְׁמַיָּא וּשְׁמֵי שְׁמַיָּא, אַרְעָא וְכָל דְּבַהּ: לְחוֹד
בַּאֲבָהָתָךְ, צְבִי יי לְמִרְחַם יָתְהוֹן, וְאִתְרְעִי בִּבְנֵיהוֹן בָּתְרֵיהוֹן, בְּכוֹן, מִכָּל עַמְמַיָּא כְּיוֹמָא
טז יז הָדֵין: וְתַעְדּוֹן, יָת טַפְשׁוּת לִבְּכוֹן, וְקְדָלְכוֹן, לָא תַקְשׁוֹן עוֹד: אֲרֵי יי אֱלָהֲכוֹן, הוּא אֱלָהּ
דַּיָּנִין, וּמָרֵי מַלְכִין, אֱלָהָא רַבָּא גִּבָּרָא וּדְחִילָא, דְּלֵית קֳדָמוֹהִי מַסַּב אַפִּין, וְאַף לָא לְקַבָּלָא
יח יט שׁוֹחֲדָא: עָבֵיד, דִּין יַתַּם וְאַרְמְלָא, וְרָחֵים גִּיּוֹרָא, לְמִתַּן לֵיהּ מְזוֹן וּכְסוּ: וְתִרְחֲמוּן יָת גִּיּוֹרָא,
כ אֲרֵי דַּיָּרִין הֲוֵיתוֹן בְּאַרְעָא דְּמִצְרָיִם: יָת יי אֱלָהָךְ, תִּדְחַל וּקְדָמוֹהִי תִּפְלַח, וּלְדַחְלְתֵיהּ
כא תִּתְקָרַב, וּבִשְׁמֵיהּ תְּקַיֵּים: הוּא תֻשְׁבַּחְתָּךְ וְהוּא אֱלָהָךְ, דַּעֲבַד עִמָּךְ, יָת רַבְרְבָתָא וְיָת
כב חֲסִינָתָא הָאִלֵּין, דַּחֲזָאָה עֵינָךְ: בְּשִׁבְעִין נַפְשָׁן, נְחַתוּ אֲבָהָתָךְ לְמִצְרָיִם, וּכְעַן, שַׁוְיָךְ יי
יא א אֱלָהָךְ, כְּכוֹכְבֵי שְׁמַיָּא לִסְגֵי: וְתִרְחַם, יָת יי אֱלָהָךְ, וְתִטַּר מַטְּרַת מֵימְרֵיהּ, וּקְיָמוֹהִי
ב וְדִינוֹהִי, וּפִקּוֹדוֹהִי כָּל יוֹמַיָּא: וְתִדְעוּן יוֹמָא דֵּין, אֲרֵי לָא יָת בְּנֵיכוֹן, דְּלָא יְדַעוּ וּדְלָא חֲזוֹ,
ג יָת אֻלְפָנָא דַּיי אֱלָהֲכוֹן, יָת רְבוּתֵיהּ, יָת יְדֵיהּ תַּקִּיפְתָּא, וּדְרָעֵיהּ מְרָמְמָא: וְיָת אָתְוָתֵיהּ

יג) לִשְׁמֹר אֶת מִצְוֹת ה'. וְאַף הִיא לֹא לְחִנָּם, אֶלָּא "לְטוֹב לָךְ", שֶׁתְּקַבְּלוּ שָׂכָר:

יד-טו) הֵן לַה' אֱלֹהֶיךָ. הַכֹּל, וְאַף עַל פִּי כֵן, "רַק בַּאֲבֹתֶיךָ חָשַׁק ה'" מִן הַכֹּל: בָּכֶם. כְּמוֹ שֶׁאַתֶּם רוֹאִים אֶתְכֶם חֲשׁוּקִים מִכָּל הָעַמִּים הַיּוֹם הַזֶּה:

טז) עָרְלַת לְבַבְכֶם. אֹטֶם לְבַבְכֶם וְכִסּוּיוֹ:

יז) וַאֲדֹנֵי הָאֲדֹנִים. לֹא יוּכַל שׁוּם אָדוֹן לְהַצִּיל אֶתְכֶם מִיָּדוֹ: לֹא יִשָּׂא פָנִים. אִם תִּפְרְקוּ עֻלּוֹ: וְלֹא יִקַּח שֹׁחַד. לְפַיְּסוֹ בְּמָמוֹן:

יח) עֹשֶׂה מִשְׁפַּט יָתוֹם וְאַלְמָנָה. הֲרֵי גְּבוּרָה, וְאֵצֶל גְּבוּרָתוֹ אַתָּה מוֹצֵא עַנְוְתָנוּתוֹ: וְאֹהֵב גֵּר לָתֶת לוֹ לֶחֶם וְשִׂמְלָה. וְדָבָר חָשׁוּב הוּא זֶה, שֶׁכָּל עַצְמוֹ שֶׁל יַעֲקֹב אָבִינוּ עַל זֶה נִתְפַּלֵּל: "וְנָתַן לִי לֶחֶם לֶאֱכֹל וּבֶגֶד לִלְבֹּשׁ" (בראשית כח, כ):

יט) כִּי גֵרִים הֱיִיתֶם. מוּם שֶׁבְּךָ אַל תֹּאמַר לַחֲבֵרְךָ:

כ) אֶת ה' אֱלֹהֶיךָ תִּירָא. וְתַעַבְדוֹ וְתִדְבַּק בּוֹ, וּלְאַחַר שֶׁיִּהְיוּ בְּךָ כָּל הַמִּדּוֹת הַלָּלוּ, אָז "בִּשְׁמוֹ תִּשָּׁבֵעַ":

פרק יא

ב) וִידַעְתֶּם הַיּוֹם. תְּנוּ לֵב לָדַעַת וּלְהָבִין וּלְקַבֵּל תּוֹכַחְתִּי: כִּי לֹא אֶת בְּנֵיכֶם. אֲנִי מְדַבֵּר עַכְשָׁיו, שֶׁיּוּכְלוּ לוֹמַר: אָנוּ לֹא יָדַעְנוּ וְלֹא רָאִינוּ בְּכָל זֶה:

וְאֶת־מַעֲשָׂיו אֲשֶׁר עָשָׂה בְּתוֹךְ מִצְרָיִם
לְפַרְעֹה מֶלֶךְ־מִצְרַיִם וּלְכָל־אַרְצוֹ׃ וַאֲשֶׁר ד
עָשָׂה לְחֵיל מִצְרַיִם לְסוּסָיו וּלְרִכְבּוֹ אֲשֶׁר
הֵצִיף אֶת־מֵי יַם־סוּף עַל־פְּנֵיהֶם בְּרָדְפָם
אַחֲרֵיכֶם וַיְאַבְּדֵם יְהוָה עַד הַיּוֹם הַזֶּה׃ וַאֲשֶׁר ה
עָשָׂה לָכֶם בַּמִּדְבָּר עַד־בֹּאֲכֶם עַד־הַמָּקוֹם
הַזֶּה׃ וַאֲשֶׁר עָשָׂה לְדָתָן וְלַאֲבִירָם בְּנֵי ו
אֱלִיאָב בֶּן־רְאוּבֵן אֲשֶׁר פָּצְתָה הָאָרֶץ אֶת־
פִּיהָ וַתִּבְלָעֵם וְאֶת־בָּתֵּיהֶם וְאֶת־אָהֳלֵיהֶם
וְאֵת כָּל־הַיְקוּם אֲשֶׁר בְּרַגְלֵיהֶם בְּקֶרֶב
כָּל־יִשְׂרָאֵל׃ כִּי עֵינֵיכֶם הָרֹאֹת אֶת כָּל־ ז
מַעֲשֵׂה יְהוָה הַגָּדֹל אֲשֶׁר עָשָׂה׃ וּשְׁמַרְתֶּם ח
אֶת־כָּל־הַמִּצְוָה אֲשֶׁר אָנֹכִי מְצַוְּךָ הַיּוֹם
לְמַעַן תֶּחֶזְקוּ וּבָאתֶם וִירִשְׁתֶּם אֶת־הָאָרֶץ
אֲשֶׁר אַתֶּם עֹבְרִים שָׁמָּה לְרִשְׁתָּהּ׃ וּלְמַעַן ט
תַּאֲרִיכוּ יָמִים עַל־הָאֲדָמָה אֲשֶׁר נִשְׁבַּע
יְהוָה לַאֲבֹתֵיכֶם לָתֵת לָהֶם וּלְזַרְעָם אֶרֶץ
ששי י זָבַת חָלָב וּדְבָשׁ׃   כִּי הָאָרֶץ אֲשֶׁר י
אַתָּה בָא־שָׁמָּה לְרִשְׁתָּהּ לֹא כְאֶרֶץ מִצְרַיִם
הִוא אֲשֶׁר יְצָאתֶם מִשָּׁם אֲשֶׁר תִּזְרַע אֶת־
זַרְעֲךָ וְהִשְׁקִיתָ בְרַגְלְךָ כְּגַן הַיָּרָק׃ וְהָאָרֶץ יא

אֲשֶׁר אַתֶּם עֹבְרִים שָׁמָּה לְרִשְׁתָּהּ אֶרֶץ הָרִים וּבְקָעֹת לִמְטַר הַשָּׁמַיִם תִּשְׁתֶּה־מָּיִם׃

ד וְיָת עוּבָדוֹהִי, דַּעֲבַד בְּגוֹ מִצְרָיִם, לְפַרְעֹה מַלְכָּא דְמִצְרַיִם וּלְכָל אַרְעֵיהּ: וְדַעֲבַד לְמַשְׁרִית מִצְרָאֵי
לְסוּסָוָתְהוֹן וְלִרְתִכֵּיהוֹן, דְּאַטֵּיף, יָת מֵי יַמָּא דְסוּף עַל אַפֵּיהוֹן, בְּמִרְדַּפְהוֹן בָּתְרֵיכוֹן, וְאַבֵּידִנּוּן
ה ו יְיָ, עַד יוֹמָא הָדֵין: וְדַעֲבַד לְכוֹן בְּמַדְבְּרָא, עַד מֵיתֵיכוֹן עַד אַתְרָא הָדֵין: וְדַעֲבַד לְדָתָן וְלַאֲבִירָם,
בְּנֵי אֱלִיאָב בַּר רְאוּבֵן, דִּפְתַחַת אַרְעָא יָת פֻּמַּהּ, וּבְלַעְתִנּוּן וְיָת אֱנָשׁ בָּתֵּיהוֹן וְיָת מַשְׁכְּנֵיהוֹן,
ז וְיָת כָּל יְקוּמָא דְּעִמְּהוֹן, בְּגוֹ כָּל יִשְׂרָאֵל: אֲרֵי עֵינֵיכוֹן חֲזָאָה, יָת כָּל עוּבָדָא דַּייָ רַבָּא, דַּעֲבַד:
ח וְתִטְּרוּן יָת כָּל תַּפְקֵידְתָּא, דַּאֲנָא מְפַקֵּיד לָךְ יוֹמָא דֵין, בְּדִיל דְּתִתַּקְּפוּן, וְתֵיעֲלוּן וְתֵירְתוּן יָת
ט אַרְעָא, דְּאַתּוּן, עָבְרִין לְתַמָּן לְמֵירְתַהּ: וּבְדִיל דְּתֵירְכוּן יוֹמִין עַל אַרְעָא, דְּקַיֵּים יְיָ לַאֲבָהָתְכוֹן,
י לְמִתַּן לְהוֹן וְלִבְנֵיהוֹן, אֲרַע, עָבְדָא חֲלַב וּדְבָשׁ: אֲרֵי אַרְעָא, דְּאַתְּ עָלֵיל לְתַמָּן לְמֵירְתַהּ,
לָא כְאַרְעָא דְמִצְרַיִם הִיא, דִּנְפַקְתּוּן מִתַּמָּן, דְּתִזְרַע יָת זַרְעָךְ, וּמַשְׁקֵית לַיהּ בְּרַגְלָךְ כְּגִנַּת
יא יַרְקָא: וְאַרְעָא, דְּאַתּוּן, עָבְרִין לְתַמָּן לְמֵירְתַהּ, אֲרַע טוּרִין וּבִקְעָן, לְמִטַּר שְׁמַיָּא שָׁתְיָא מַיָּא:

ו) **בְּקֶרֶב כָּל יִשְׂרָאֵל.** כָּל מָקוֹם שֶׁהָיָה אֶחָד מֵהֶם בּוֹרֵחַ, הָאָרֶץ נִבְקַעַת מִתַּחְתָּיו וּבוֹלַעְתּוֹ, אֵלּוּ דִּבְרֵי רַבִּי יְהוּדָה. אָמַר לוֹ רַבִּי נְחֶמְיָה: וַהֲלֹא כְּבָר נֶאֱמַר: "וַתִּפְתַּח הָאָרֶץ אֶת פִּיהָ" (במדבר טז, לב) וְלֹא 'פִּיּוֹתֶיהָ'? אָמַר לוֹ: וּמָה אֲנִי מְקַיֵּם "בְּקֶרֶב כָּל יִשְׂרָאֵל"? אָמַר לוֹ: שֶׁנַּעֲשֵׂית הָאָרֶץ מִדְרוֹן כְּמַשְׁפֵּךְ, וְכָל מָקוֹם שֶׁהָיָה אֶחָד מֵהֶם, הָיָה מִתְגַּלְגֵּל וּבָא עַד מְקוֹם הַבְּקִיעָה: **וְאֵת כָּל הַיְקוּם אֲשֶׁר בְּרַגְלֵיהֶם.** זֶה מָמוֹנוֹ שֶׁל אָדָם שֶׁמַּעֲמִידוֹ עַל רַגְלָיו:

ז) **כִּי עֵינֵיכֶם הָרֹאֹת.** מוּסָב עַל הַמִּקְרָא הָאָמוּר לְמַעְלָה (לעיל פסוק ב): "כִּי לֹא אֶת בְּנֵיכֶם אֲשֶׁר לֹא יָדְעוּ" וְגוֹ', כִּי אִם עִמָּכֶם, אֲשֶׁר "עֵינֵיכֶם הָרֹאֹת" וְגוֹ':

י) **לֹא כְאֶרֶץ מִצְרַיִם הוּא.** אֶלָּא טוֹבָה הֵימֶנָּה. וְנֶאֶמְרָה הַבְטָחָה זוֹ לְיִשְׂרָאֵל בִּיצִיאָתָם מִמִּצְרַיִם, שֶׁהָיוּ אוֹמְרִים, שֶׁמָּא לֹא נָבוֹא אֶל אֶרֶץ טוֹבָה וְיָפָה כָּזוֹ. יָכוֹל בִּגְנוּתָהּ הַכָּתוּב מְדַבֵּר, וְכָךְ אָמַר לָהֶם: לֹא כְּאֶרֶץ מִצְרַיִם הִיא אֶלָּא רָעָה הֵימֶנָּה? תַּלְמוּד לוֹמַר: "וְחֶבְרוֹן שֶׁבַע שָׁנִים נִבְנְתָה לִפְנֵי צֹעַן מִצְרָיִם" (במדבר יג, כב), אָדָם אֶחָד בְּנָאָן, חָם בָּנָה צֹעַן לְמִצְרַיִם בְּנוֹ וְחֶבְרוֹן לִכְנַעַן; דֶּרֶךְ אֶרֶץ אָדָם בּוֹנֶה אֶת הַנָּאֶה וְאַחַר כָּךְ בּוֹנֶה אֶת הַכָּעוּר, שֶׁפְּסָלְתּוֹ שֶׁל רִאשׁוֹן הוּא נוֹתֵן בַּשֵּׁנִי, וּבְכָל מָקוֹם הֶחָבִיב קוֹדֵם, הָא לָמַדְתָּ שֶׁחֶבְרוֹן יָפָה מִצֹּעַן. וּמִצְרַיִם מְשֻׁבַּחַת מִכָּל הָאֲרָצוֹת, שֶׁנֶּאֱמַר: "כְּגַן ה' כְּאֶרֶץ מִצְרַיִם" (בראשית יג, י), וְצֹעַן שֶׁבַח מִצְרַיִם הִיא, שֶׁהָיְתָה מְקוֹם מַלְכוּת, שֶׁכֵּן הוּא אוֹמֵר: "כִּי הָיוּ בְצֹעַן שָׂרָיו" (ישעיה ל, ד), וְחֶבְרוֹן פְּסָלְתָּהּ שֶׁל אֶרֶץ יִשְׂרָאֵל, לְכָךְ הֻקְצָה לִקְבוּרַת מֵתִים, וְאַף עַל פִּי כֵן הִיא יָפָה מִצֹּעַן. וּבִכְתֻבּוֹת (דף קיב ע"א) דָּרְשׁוּ בְּעִנְיָן אַחֵר: אֶפְשָׁר אָדָם בּוֹנֶה בַּיִת לִבְנוֹ הַקָּטָן וְאַחַר כָּךְ לִבְנוֹ הַגָּדוֹל? אֶלָּא שֶׁמְּבֻנָּה עַל אֶחָד מִשִּׁבְעָה בְּצֹעַן: **אֲשֶׁר יְצָאתֶם מִשָּׁם.** אֲפִלּוּ אֶרֶץ רַעְמְסֵס אֲשֶׁר יְשַׁבְתֶּם בָּהּ וְהִיא בְּמֵיטַב אֶרֶץ מִצְרַיִם, שֶׁנֶּאֱמַר: "בְּמֵיטַב הָאָרֶץ" וְגוֹ' (בראשית מז, יא), אַף הִיא אֵינָהּ כְּאֶרֶץ יִשְׂרָאֵל: **וְהִשְׁקִיתָ בְרַגְלְךָ.** אֶרֶץ מִצְרַיִם — הָיִיתָ צָרִיךְ לְהָבִיא מַיִם מִנִּילוּס בְּרַגְלְךָ וּלְהַשְׁקוֹתָהּ, וְצָרִיךְ אַתָּה לִנְדֹּד אֶת שְׁנָתְךָ וְלַעֲמֹל, וְהַנָּמוּךְ שׁוֹתֶה וְלֹא הַגָּבוֹהַּ, וְאַתָּה מַעֲלֶה הַמַּיִם מִן הַנָּמוּךְ לַגָּבוֹהַּ. אֲבָל זוֹ — "לִמְטַר הַשָּׁמַיִם תִּשְׁתֶּה מָּיִם" (להלן פסוק יא), אַתָּה יָשֵׁן עַל מִטָּתְךָ וְהַקָּדוֹשׁ בָּרוּךְ הוּא מַשְׁקֶה נָמוּךְ וְגָבוֹהַּ, גָּלוּי וְשֶׁאֵינוֹ גָּלוּי כְּאַחַת: **כְּגַן הַיָּרָק.** שֶׁאֵין דַּי לוֹ בִּגְשָׁמִים וּמַשְׁקִים אוֹתוֹ בָּרֶגֶל וּבַכָּתֵף:

יא) **אֶרֶץ הָרִים וּבְקָעֹת.** מְשֻׁבָּח הָהָר מִן הַמִּישׁוֹר,

יב אֶרֶץ אֲשֶׁר־יהוה אֱלֹהֶיךָ דֹּרֵשׁ אֹתָהּ תָּמִיד
עֵינֵי יהוה אֱלֹהֶיךָ בָּהּ מֵרֵשִׁית הַשָּׁנָה וְעַד
יג אַחֲרִית שָׁנָה׃ וְהָיָה אִם־שָׁמֹעַ *
תִּשְׁמְעוּ אֶל־מִצְוֺתַי אֲשֶׁר אָנֹכִי מְצַוֶּה אֶתְכֶם
הַיּוֹם לְאַהֲבָה אֶת־יהוה אֱלֹהֵיכֶם וּלְעָבְדוֹ
יד בְּכָל־לְבַבְכֶם וּבְכָל־נַפְשְׁכֶם׃ וְנָתַתִּי מְטַר־
אַרְצְכֶם בְּעִתּוֹ יוֹרֶה וּמַלְקוֹשׁ וְאָסַפְתָּ דְגָנֶךָ
טו וְתִירֹשְׁךָ וְיִצְהָרֶךָ׃ וְנָתַתִּי עֵשֶׂב בְּשָׂדְךָ
טז לִבְהֶמְתֶּךָ וְאָכַלְתָּ וְשָׂבָעְתָּ׃ הִשָּׁמְרוּ לָכֶם
פֶּן־יִפְתֶּה לְבַבְכֶם וְסַרְתֶּם וַעֲבַדְתֶּם אֱלֹהִים
יז אֲחֵרִים וְהִשְׁתַּחֲוִיתֶם לָהֶם׃ וְחָרָה אַף־יהוה
בָּכֶם וְעָצַר אֶת־הַשָּׁמַיִם וְלֹא־יִהְיֶה מָטָר
וְהָאֲדָמָה לֹא תִתֵּן אֶת־יְבוּלָהּ וַאֲבַדְתֶּם
מְהֵרָה מֵעַל הָאָרֶץ הַטֹּבָה אֲשֶׁר יהוה נֹתֵן
יח לָכֶם׃ וְשַׂמְתֶּם אֶת־דְּבָרַי אֵלֶּה עַל־לְבַבְכֶם

שֶׁהַמִּישׁוֹר בְּבֵית כּוֹר אַתָּה זוֹרֵעַ כּוֹר, אֲבָל הָהָר בֵּית כּוֹר מִמֶּנּוּ חֲמֵשֶׁת כּוֹרִין, אַרְבָּעָה מֵאַרְבָּעָה שִׁפּוּעָיו וְאֶחָד בְּרֹאשׁוֹ: וּבִקְעֹת. הֵן מִישׁוֹר:

יב) אֲשֶׁר ה׳ אֱלֹהֶיךָ דֹּרֵשׁ אֹתָהּ. וַהֲלֹא כָּל הָאֲרָצוֹת הוּא דוֹרֵשׁ, שֶׁנֶּאֱמַר: "לְהַמְטִיר עַל אֶרֶץ לֹא אִישׁ" (איוב לח, כו)! אֶלָּא כִּבְיָכוֹל אֵינוֹ דוֹרֵשׁ אֶלָּא אוֹתָהּ, וְעַל יְדֵי אוֹתָהּ דְּרִישָׁה שֶׁדּוֹרְשָׁהּ דּוֹרֵשׁ אֶת כָּל הָאֲרָצוֹת עִמָּהּ: תָּמִיד עֵינֵי ה׳ אֱלֹהֶיךָ בָּהּ. לִרְאוֹת מַה הִיא צְרִיכָה וּלְחַדֵּשׁ בָּהּ גְּזֵרוֹת, עִתִּים לְטוֹבָה וְעִתִּים לְרָעָה וְכוּ׳, כִּדְאִיתָא בְּרֹאשׁ הַשָּׁנָה (דף יז ע״ב): מֵרֵשִׁית הַשָּׁנָה. מֵרֹאשׁ הַשָּׁנָה נִדּוֹן מַה יְּהֵא בְּסוֹפָהּ:

יג) וְהָיָה אִם שָׁמֹעַ תִּשְׁמְעוּ. אִם תִּשְׁמַע בַּיָּשָׁן, תִּשְׁמַע בֶּחָדָשׁ, וְכֵן: "וְהָיָה אִם שָׁכֹחַ תִּשְׁכַּח" (לעיל ח, יט), אִם הִתְחַלְתָּ לִשְׁכֹּחַ סוֹפְךָ שֶׁתִּשְׁכַּח כֻּלָּהּ, כְּתִיב בַּמְּגִלָּה: אִם תַּעַזְבֵנִי יוֹם, יוֹמַיִם אֶעֶזְבֶךָּ (ראה ספרי מח): מְצַוֶּה אֶתְכֶם הַיּוֹם. שֶׁיִּהְיוּ עֲלֵיכֶם חֲדָשִׁים כְּאִלּוּ שְׁמַעְתֶּם בּוֹ בַּיּוֹם: לְאַהֲבָה אֶת

עקב

יב אַרְעָא, דַּיְיָ אֱלָהָךְ תָּבַע יָתַהּ, תְּדִירָא, עֵינֵי יְיָ אֱלָהָךְ בַּהּ, מֵרֵישָׁא דְשַׁתָּא, וְעַד סוֹפָה
יג דְשַׁתָּא: וִיהֵי, אִם קַבָּלָא תְקַבְּלוּן לְפִקּוֹדַי, דַּאֲנָא, מְפַקֵּיד יָתְכוֹן יוֹמָא דֵין, לְמִרְחַם, יָת יְיָ
יד אֱלָהֲכוֹן וּלְמִפְלַח קֳדָמוֹהִי, בְּכָל לִבְּכוֹן וּבְכָל נַפְשְׁכוֹן: וְאֶתֵּין מְטַר אַרְעֲכוֹן, בְּעִדָּנֵהּ בַּכִּיר
טו וְלַקִּישׁ, וְתִכְנוֹשׁ עֲבוּרָךְ, וְחַמְרָךְ וּמִשְׁחָךְ: וְאֶתֵּין, עִסְבָּא בְחַקְלָךְ לִבְעִירָךְ, וְתֵיכוּל וְתִסְבַּע:
טז אִסְתַּמַּרוּ לְכוֹן, דִּלְמָא יִטְעֵי לִבְּכוֹן, וְתִסְטוֹן, וְתִפְלְחוּן לְטַעֲוַת עַמְמַיָּא, וְתִסְגְּדוּן לְהוֹן:
יז וְיִתְקַף רָגְזָא דַּיְיָ בְּכוֹן, וְיֵיחוֹד יָת שְׁמַיָּא וְלָא יְהֵי מִטְרָא, וְאַרְעָא, לָא תִתֵּין יָת עֲלַלְתַּהּ,
יח וְתֵיבְדוּן בִּפְרִיעַ, מֵעַל אַרְעָא טָבְתָא, דַּיְיָ יָהֵיב לְכוֹן: וּתְשַׁוּוֹן יָת פִּתְגָמַי אִלֵּין, עַל לִבְּכוֹן

ה'. **שֶׁלֹּא תֹאמַר**: הֲרֵי אֲנִי לָמֵד בִּשְׁבִיל שֶׁאֶהְיֶה עָשִׁיר, בִּשְׁבִיל שֶׁאֶקָּרֵא רַב, בִּשְׁבִיל שֶׁאֲקַבֵּל שָׂכָר, אֶלָּא כָּל מַה שֶּׁתַּעֲשׂוּ עֲשׂוּ מֵאַהֲבָה, וְסוֹף הַכָּבוֹד לָבוֹא: **וּלְעָבְדוֹ בְּכָל לְבַבְכֶם**. עֲבוֹדָה שֶׁהִיא בַּלֵּב, וְזוֹ הִיא תְּפִלָּה, שֶׁהַתְּפִלָּה קְרוּיָה עֲבוֹדָה, שֶׁנֶּאֱמַר: "אֱלָהָךְ דִּי אַנְתְּ פָּלַח לֵהּ בִּתְדִירָא" (דניאל ו, יז), וְכִי יֵשׁ פֻּלְחָן בְּבָבֶל? אֶלָּא עַל שֶׁהָיָה מִתְפַּלֵּל, שֶׁנֶּאֱמַר: "וְכַוִּין פְּתִיחָן לֵהּ" וְגוֹ' (שם פסוק יא), וְכֵן בְּדָוִד הוּא אוֹמֵר: "תִּכּוֹן תְּפִלָּתִי קְטֹרֶת לְפָנֶיךָ" (תהלים קמא, ב). **בְּכָל לְבַבְכֶם וּבְכָל נַפְשְׁכֶם**. וַהֲלֹא כְּבָר הִזְהִיר: "בְּכָל לְבָבְךָ וּבְכָל נַפְשְׁךָ" (דברים ו, ה)? אֶלָּא, אַזְהָרָה לַיָּחִיד, אַזְהָרָה לַצִּבּוּר:

יד] **וְנָתַתִּי מְטַר אַרְצְכֶם**. עֲשִׂיתֶם מַה שֶּׁעֲלֵיכֶם, אַף אֲנִי אֶעֱשֶׂה מַה שֶּׁעָלַי: **בְּעִתּוֹ**. בַּלֵּילוֹת, שֶׁלֹּא יַטְרִיחוּ אֶתְכֶם. דָּבָר אַחֵר, "בְּעִתּוֹ", בְּלֵילֵי שַׁבָּתוֹת, שֶׁהַכֹּל מְצוּיִין בְּבָתֵּיהֶם: **יוֹרֶה**. הִיא רְבִיעָה הַנּוֹפֶלֶת לְאַחַר הַזְּרִיעָה, שֶׁמַּרְוָה אֶת הָאָרֶץ וְאֶת הַזְּרָעִים: **וּמַלְקוֹשׁ**. רְבִיעָה הַיּוֹרֶדֶת סָמוּךְ לַקָּצִיר, לְמַלֹּאת הַתְּבוּאָה בְּקַשֶּׁיהָ. וּלְשׁוֹן "מַלְקוֹשׁ" דָּבָר הַמְּאַחֵר, כְּדִמְתַרְגְּמִינָן: "וְהָיָה הָעֲטוּפִים לְלָבָן" - "לָקִישַׁיָּא" (בראשית ל, מב). דָּבָר אַחֵר, לְכָךְ נִקְרֵאת "מַלְקוֹשׁ", שֶׁיּוֹרֶדֶת עַל הַמְּלִילוֹת וְעַל הַקַּשִּׁין: **וְאָסַפְתָּ דְגָנֶךָ**. אַתָּה תְאַסְפֶנּוּ אֶל הַבַּיִת וְלֹא אוֹיְבֶיךָ, כָּעִנְיָן שֶׁנֶּאֱמַר: "אִם אֶתֵּן אֶת דְּגָנֵךְ עוֹד מַאֲכָל לְאֹיְבַיִךְ וְגוֹ' כִּי מְאַסְפָיו יֹאכְלֻהוּ" (ישעיה סב, ח-ט), וְלֹא כָּעִנְיָן שֶׁנֶּאֱמַר: "וְהָיָה אִם זָרַע יִשְׂרָאֵל וְעָלָה מִדְיָן וַעֲמָלֵק וּבְנֵי קֶדֶם" וְגוֹ' (שופטים ו, ג):

טו] **וְנָתַתִּי עֵשֶׂב בְּשָׂדְךָ**. שֶׁלֹּא תִצְטָרֵךְ לְהוֹלִיכָהּ לַמִּדְבָּרוֹת. דָּבָר אַחֵר, שֶׁתִּהְיֶה גּוֹזֵז תְּבוּאָתְךָ כָּל יְמוֹת הַגְּשָׁמִים וּמַשְׁלִיךְ לִפְנֵי בְהֶמְתְּךָ, וְאַתָּה מוֹנֵעַ יָדְךָ מִמֶּנָּה שְׁלֹשִׁים יוֹם קֹדֶם לַקָּצִיר וְהִיא

פּוֹחֶתֶת מִדְּגָנָהּ: **וְאָכַלְתָּ וְשָׂבָעְתָּ**. הֲרֵי זוֹ בְּרָכָה אַחֶרֶת, שֶׁתְּהֵא בְרָכָה מְצוּיָה בַּפַּת בְּתוֹךְ הַמֵּעַיִם:

טו-טז] **וְאָכַלְתָּ וְשָׂבָעְתָּ, הִשָּׁמְרוּ לָכֶם**. כֵּיוָן שֶׁתִּהְיוּ אוֹכְלִים וּשְׂבֵעִים, הִשָּׁמְרוּ לָכֶם שֶׁלֹּא תִבְעֲטוּ, שֶׁאֵין אָדָם מוֹרֵד בְּהַקָּדוֹשׁ בָּרוּךְ הוּא אֶלָּא מִתּוֹךְ שְׂבִיעָה, שֶׁנֶּאֱמַר: "פֶּן תֹּאכַל וְשָׂבָעְתָּ... וּבְקָרְךָ וְצֹאנְךָ יִרְבְּיֻן" (לעיל ח, יב-יג), מַה הוּא אוֹמֵר אַחֲרָיו? "וְרָם לְבָבֶךָ וְשָׁכַחְתָּ" (שם פסוק יד): **וְסַרְתֶּם**. לִפְרשׁ מִן הַתּוֹרָה, וּמִתּוֹךְ כָּךְ: "וַעֲבַדְתֶּם אֱלֹהִים אֲחֵרִים", שֶׁכֵּיוָן שֶׁאָדָם פּוֹרֵשׁ מִן הַתּוֹרָה, הוֹלֵךְ וּמִדַּבֵּק בַּעֲבוֹדָה זָרָה. וְכֵן דָּוִד הוּא אוֹמֵר: "כִּי גֵרְשׁוּנִי הַיּוֹם מֵהִסְתַּפֵּחַ בְּנַחֲלַת ה' לֵאמֹר לֵךְ עֲבֹד אֱלֹהִים אֲחֵרִים" (שמואל א' כו, יט), וּמִי אָמַר לוֹ כֵן? אֶלָּא כֵּיוָן שֶׁאֲנִי מְגֹרָשׁ מִלַּעֲסֹק בַּתּוֹרָה, הֲרֵינִי קָרוֹב לַעֲבֹד אֱלֹהִים אֲחֵרִים: **אֱלֹהִים אֲחֵרִים**. שֶׁהֵם אֲחֵרִים לְעוֹבְדֵיהֶם, צוֹעֵק אֵלָיו וְאֵינוֹ עוֹנֵהוּ, נִמְצָא עָשׂוּי לוֹ כְּנָכְרִי:

יז] **אֶת יְבוּלָהּ**. אַף מַה שֶּׁאַתָּה מוֹבִיל לָהּ, כָּעִנְיָן שֶׁנֶּאֱמַר: "זְרַעְתֶּם הַרְבֵּה וְהָבֵא מְעָט" (חגי א, ו): **וַאֲבַדְתֶּם מְהֵרָה**. עַל כָּל שְׁאָר הַיִּסּוּרִין, אַגְלֶה אֶתְכֶם מִן הָאֲדָמָה שֶׁגָּרְמָה לָכֶם לַחֲטוֹא. מָשָׁל לְמֶלֶךְ שֶׁשָּׁלַח בְּנוֹ לְבֵית הַמִּשְׁתֶּה וְהָיָה יוֹשֵׁב וּמַפְקִידוֹ: אַל תֹּאכַל יוֹתֵר מִצָּרְכְּךָ שֶׁתָּבוֹא נָקִי לְבֵיתְךָ, וְלֹא הִשְׁגִּיחַ הַבֵּן הַהוּא, אָכַל וְשָׁתָה יוֹתֵר מִצָּרְכּוֹ וְהֵקִיא וְטִנֵּף אֶת כָּל בְּנֵי הַמְּסִבָּה, נְטָלוּהוּ בְיָדָיו וּבְרַגְלָיו וּזְרָקוּהוּ אֲחוֹרֵי פָלָטְרִין: **מְהֵרָה**. אֵינִי נוֹתֵן לָכֶם אֲרָכָה, וְאִם תֹּאמְרוּ, וַהֲלֹא נִתְּנָה אֲרָכָה לְדוֹר הַמַּבּוּל, שֶׁנֶּאֱמַר: "וְהָיוּ יָמָיו מֵאָה וְעֶשְׂרִים שָׁנָה" (בראשית ו, ג)? דּוֹר הַמַּבּוּל לֹא הָיָה לָהֶם מִמִּי לִלְמֹד, וְאַתֶּם יֵשׁ לָכֶם מִמִּי לִלְמֹד:

יח] **וְשַׂמְתֶּם אֶת דְּבָרַי**. אַף לְאַחַר שֶׁתִּגְלוּ הֱיוּ מְצֻיָּנִים בַּמִּצְוֹת, הַנִּיחוּ תְפִלִּין עֲשׂוּ מְזוּזוֹת, כְּדֵי

וְעַל־נַפְשְׁכֶם וּקְשַׁרְתֶּם אֹתָם לְאוֹת עַל־
יֶדְכֶם וְהָיוּ לְטוֹטָפֹת בֵּין עֵינֵיכֶם׃ וְלִמַּדְתֶּם יט
אֹתָם אֶת־בְּנֵיכֶם לְדַבֵּר בָּם בְּשִׁבְתְּךָ בְּבֵיתֶךָ
וּבְלֶכְתְּךָ בַדֶּרֶךְ וּבְשָׁכְבְּךָ וּבְקוּמֶךָ׃ וּכְתַבְתָּם כ
עַל־מְזוּזוֹת בֵּיתֶךָ וּבִשְׁעָרֶיךָ׃ לְמַעַן יִרְבּוּ כא
יְמֵיכֶם וִימֵי בְנֵיכֶם עַל הָאֲדָמָה אֲשֶׁר נִשְׁבַּע
יְהוָה לַאֲבֹתֵיכֶם לָתֵת לָהֶם כִּימֵי הַשָּׁמַיִם
שביעי
מפטיר
עַל־הָאָרֶץ׃ כִּי אִם־ כב
שָׁמֹר תִּשְׁמְרוּן אֶת־כָּל־הַמִּצְוָה הַזֹּאת אֲשֶׁר
אָנֹכִי מְצַוֶּה אֶתְכֶם לַעֲשֹׂתָהּ לְאַהֲבָה אֶת־
יְהוָה אֱלֹהֵיכֶם לָלֶכֶת בְּכָל־דְּרָכָיו וּלְדָבְקָה־
בוֹ׃ וְהוֹרִישׁ יְהוָה אֶת־כָּל־הַגּוֹיִם הָאֵלֶּה כג
מִלִּפְנֵיכֶם וִירִשְׁתֶּם גּוֹיִם גְּדֹלִים וַעֲצֻמִים
מִכֶּם׃ כָּל־הַמָּקוֹם אֲשֶׁר תִּדְרֹךְ כַּף־רַגְלְכֶם כד
בּוֹ לָכֶם יִהְיֶה מִן־הַמִּדְבָּר וְהַלְּבָנוֹן מִן־
הַנָּהָר נְהַר־פְּרָת וְעַד הַיָּם הָאַחֲרוֹן יִהְיֶה
גְּבֻלְכֶם׃ לֹא־יִתְיַצֵּב אִישׁ בִּפְנֵיכֶם פַּחְדְּכֶם כה
וּמוֹרַאֲכֶם יִתֵּן ׀ יְהוָה אֱלֹהֵיכֶם עַל־פְּנֵי

כָּל־הָאָרֶץ אֲשֶׁר תִּדְרְכוּ־בָהּ כַּאֲשֶׁר דִּבֶּר לָכֶם׃

יט וְעַל נַפְשְׁכוֹן, וְתִקְטְרוּן יָתְהוֹן לְאָת עַל יֶדְכוֹן, וִיהוֹן לִתְפִלִּין בֵּין עֵינֵיכוֹן: וְתַלְּפוּן יָתְהוֹן, יָת
כ בְּנֵיכוֹן לְמַלָּלָא בְהוֹן, בְּמִתְּבָךְ בְּבֵיתָךְ וּבְמֵהָכָךְ בְּאוֹרְחָא, וּבְמִשְׁכְּבָךְ וּבְמֵקִימָךְ: וְתִכְתּוֹבִנּוּן
כא עַל מְזוּזְיָן, וְתִקְבְּעִנּוּן בְּסִפֵּי בֵּיתָךְ וּבְתַרְעָךְ: בְּדִיל דְּיִסְגּוֹן יוֹמֵיכוֹן וְיוֹמֵי בְנֵיכוֹן, עַל אַרְעָא,
כב דְּקַיֵּים יְיָ, לַאֲבָהָתְכוֹן לְמִתַּן לְהוֹן, כְּיוֹמֵי שְׁמַיָּא עַל אַרְעָא: אֲרֵי אִם מִטַּר תִּטְּרוּן יָת כָּל
תַּפְקֵידְתָּא הָדָא, דַּאֲנָא, מְפַקֵּיד יָתְכוֹן לְמֶעְבְּדַהּ, לְמִרְחַם, יָת יְיָ אֱלָהֲכוֹן, לִמְהָךְ בְּכָל אוֹרְחָן
כג דְּתַקְנָן קֳדָמוֹהִי וּלְאִתְקָרָבָא לְדַחַלְתֵּיהּ: וִיתָרֵיךְ יְיָ, יָת כָּל עַמְמַיָּא הָאִלֵּין מִן קֳדָמֵיכוֹן, וְתֵירְתוּן
כד עַמְמִין, רַבְרְבִין וְתַקִּיפִין מִנְּכוֹן: כָּל אַתְרָא, דְּתִדְרוֹךְ פַּרְסַת רַגְלְכוֹן, בֵּיהּ דִּילְכוֹן יְהֵי, מִן מַדְבְּרָא
כה וְלִבְנָן מִן נַהֲרָא נַהֲרָא פְרָת, וְעַד יַמָּא בַּתְרָאָה, יְהֵי תְּחוּמְכוֹן: לָא יִתְעַתַּד אֱנָשׁ קֳדָמֵיכוֹן,
דַּחַלְתְכוֹן וְאֵימַתְכוֹן, יִתֵּין יְיָ אֱלָהֲכוֹן, עַל אַפֵּי כָל אַרְעָא דְּתִדְרְכוּן בַּהּ, כְּמָא דְּמַלֵּיל לְכוֹן:

שֶׁלֹּא יִהְיוּ לָכֶם חֲדָשִׁים כְּשֶׁתַּחְזְרוּ, וְכֵן הוּא אוֹמֵר: "הַצִּיבִי לָךְ צִיֻּנִים" (ירמיה לא, כ):

יט-כא] **לְדַבֵּר בָּם.** מִשָּׁעָה שֶׁהַבֵּן יוֹדֵעַ לְדַבֵּר, לַמְּדֵהוּ "תּוֹרָה צִוָּה לָנוּ מֹשֶׁה" (להלן לג, ד), שֶׁיְּהֵא זֶה לִמּוּד דִּבּוּרוֹ. מִכָּאן אָמְרוּ: כְּשֶׁהַתִּינוֹק מַתְחִיל לְדַבֵּר, אָבִיו מֵשִׂיחַ עִמּוֹ בִּלְשׁוֹן הַקֹּדֶשׁ וּמְלַמְּדוֹ תּוֹרָה, וְאִם לֹא עָשָׂה כֵן הֲרֵי הוּא כְּאִלּוּ קוֹבְרוֹ, שֶׁנֶּאֱמַר: "וְלִמַּדְתֶּם אֹתָם אֶת בְּנֵיכֶם לְדַבֵּר בָּם וְגוֹ' לְמַעַן יִרְבּוּ יְמֵיכֶם וִימֵי בְנֵיכֶם" – אִם עֲשִׂיתֶם כֵּן יִרְבּוּ, וְאִם לָאו לֹא יִרְבּוּ, שֶׁדִּבְרֵי תוֹרָה נִדְרָשִׁין מִכְּלַל לָאו הֵן וּמִכְּלַל הֵן לָאו: **לָתֵת לָהֶם.** 'לָתֵת לָכֶם' אֵין כְּתִיב כָּאן, אֶלָּא "לָתֵת לָהֶם", מִכָּאן מָצִינוּ לְמֵדִים תְּחִיַּת הַמֵּתִים מִן הַתּוֹרָה:

כב] **שָׁמֹר תִּשְׁמְרוּן.** אַזְהָרַת שְׁמִירוֹת הַרְבֵּה, לְהִזָּהֵר בְּתַלְמוּדוֹ שֶׁלֹּא יִשְׁתַּכַּח: **לָלֶכֶת בְּכָל דְּרָכָיו.** הוּא רַחוּם וְאַתָּה תְּהֵא רַחוּם, הוּא גּוֹמֵל חֲסָדִים וְאַתָּה גּוֹמֵל חֲסָדִים: **וּלְדָבְקָה בוֹ.** אֶפְשָׁר לוֹמַר כֵּן, וַהֲלֹא "אֵשׁ אֹכְלָה הוּא" (לעיל ד, כד)? אֶלָּא הִדָּבֵק בַּתַּלְמִידִים וּבַחֲכָמִים, וּמַעֲלֶה אֲנִי עָלֶיךָ כְּאִלּוּ נִדְבַּקְתָּ בוֹ:

כג] **וְהוֹרִישׁ ה'.** עֲשִׂיתֶם מַה שֶּׁעֲלֵיכֶם, אַף אֲנִי אֶעֱשֶׂה מַה שֶּׁעָלַי: **וַעֲצֻמִים מִכֶּם.** אַתֶּם גִּבּוֹרִים וְהֵם גִּבּוֹרִים מִכֶּם, שֶׁאִם לֹא שֶׁיִּשְׂרָאֵל גִּבּוֹרִים, מַה הַשֶּׁבַח הַהוּא שֶׁמְּשַׁבֵּחַ אֶת הָאֱמוֹרִיִּים לוֹמַר: "וַעֲצֻמִים מִכֶּם"? אֶלָּא אַתֶּם גִּבּוֹרִים מִשְּׁאָר הָאֻמּוֹת, וְהֵם גִּבּוֹרִים מִכֶּם:

כה] **לֹא יִתְיַצֵּב אִישׁ וְגוֹ'.** אֵין לִי אֶלָּא אִישׁ, אֻמָּה וּמִשְׁפָּחָה וְאִשָּׁה בִּכְשָׁפֶיהָ מִנַּיִן? תַּלְמוּד לוֹמַר: "לֹא יִתְיַצֵּב", מִכָּל מָקוֹם. אִם כֵּן, מַה תַּלְמוּד לוֹמַר: "אִישׁ"? אֲפִלּוּ כְּעוֹג מֶלֶךְ הַבָּשָׁן: **פַּחְדְּכֶם וּמוֹרַאֲכֶם.** וַהֲלֹא פַּחַד הוּא מוֹרָא? אֶלָּא "פַּחְדְּכֶם" עַל הַקְּרוֹבִים "וּמוֹרַאֲכֶם" עַל הָרְחוֹקִים. 'פַּחַד' לְשׁוֹן בְּעִיתַת פִּתְאֹם, 'מוֹרָא' לְשׁוֹן דְּאָגָה מִיָּמִים רַבִּים: **כַּאֲשֶׁר דִּבֶּר לָכֶם.** וְהֵיכָן דִּבֶּר? "אֶת אֵימָתִי אֲשַׁלַּח לְפָנֶיךָ" וְגוֹ' (שמות כג, כז):

עקב

הפטרת עקב

שני נושאים עיקריים מובאים בהפטרה: קיבוץ הגלויות ובניין הארץ. בלי שיבת העם לארצו ובלי בניית התשתית בארץ שאליה ישובו הבנים, לא יוכלו מאפייני הגאולה האחרים להתפתח ולהתגלות. בימי ישעיהו גלו עשרת השבטים ומלכות שומרון חרבה. לאלה הייתה משמעות אקטואלית בשעת השמעת הנבואות. ביסוד תהליך הגאולה עומד הקשר המיוחד בין ה׳ לעמו, ולהמחשתו ישעיהו השתמש בהשוואה לקשרים שבין אישה לפרי בטנה ובין איש לאישה. קשרים אנושיים אלה טבעיים ועמוקים הם. הנביא מבטיח בשם ה׳, כי הקשר בינו לבן עם ישראל עמוק ויסודי יותר מקשרים בסיסיים אלה, והוא שיביא לקיבוץ הגלויות ובניין הארץ, למרות הגלות והחורבן שהיו בעת השמעת נבואת הנחמה.

ישעיה מט וַתֹּאמֶר צִיּוֹן עֲזָבַנִי יְהוָה וַאדֹנָי שְׁכֵחָנִי: הֲתִשְׁכַּח אִשָּׁה עוּלָהּ מֵרַחֵם
טז בֶּן־בִּטְנָהּ גַּם־אֵלֶּה תִשְׁכַּחְנָה וְאָנֹכִי לֹא אֶשְׁכָּחֵךְ: הֵן עַל־כַּפַּיִם חַקֹּתִיךְ
יז חוֹמֹתַיִךְ נֶגְדִּי תָּמִיד: מִהֲרוּ בָּנָיִךְ מְהָרְסַיִךְ וּמַחֲרִיבַיִךְ מִמֵּךְ יֵצֵאוּ:
יח שְׂאִי־סָבִיב עֵינַיִךְ וּרְאִי כֻּלָּם נִקְבְּצוּ בָאוּ־לָךְ חַי־אָנִי נְאֻם־יְהוָה כִּי
יט כֻלָּם כָּעֲדִי תִלְבָּשִׁי וּתְקַשְּׁרִים כַּכַּלָּה: כִּי חָרְבֹתַיִךְ וְשֹׁמְמֹתַיִךְ וְאֶרֶץ
הֲרִסֻתֵיךְ כִּי עַתָּה תֵּצְרִי מִיּוֹשֵׁב וְרָחֲקוּ מְבַלְּעָיִךְ: עוֹד יֹאמְרוּ בְאָזְנַיִךְ
כא בְּנֵי שִׁכֻּלָיִךְ צַר־לִי הַמָּקוֹם גְּשָׁה־לִי וְאֵשֵׁבָה: וְאָמַרְתְּ בִּלְבָבֵךְ מִי
יָלַד־לִי אֶת־אֵלֶּה וַאֲנִי שְׁכוּלָה וְגַלְמוּדָה גֹּלָה | וְסוּרָה וְאֵלֶּה מִי גִדֵּל
כב הֵן אֲנִי נִשְׁאַרְתִּי לְבַדִּי אֵלֶּה אֵיפֹה הֵם: כֹּה־אָמַר אֲדֹנָי
יְהוִה הִנֵּה אֶשָּׂא אֶל־גּוֹיִם יָדִי וְאֶל־עַמִּים אָרִים נִסִּי וְהֵבִיאוּ בָנַיִךְ
כג בְּחֹצֶן וּבְנֹתַיִךְ עַל־כָּתֵף תִּנָּשֶׂאנָה: וְהָיוּ מְלָכִים אֹמְנַיִךְ וְשָׂרוֹתֵיהֶם
מֵינִיקֹתַיִךְ אַפַּיִם אֶרֶץ יִשְׁתַּחֲווּ־לָךְ וַעֲפַר רַגְלַיִךְ יְלַחֵכוּ וְיָדַעַתְּ כִּי־אֲנִי
כד יְהוָה אֲשֶׁר לֹא־יֵבֹשׁוּ קֹוָי: הֲיֻקַּח מִגִּבּוֹר מַלְקוֹחַ וְאִם־שְׁבִי
כה צַדִּיק יִמָּלֵט: כִּי־כֹה | אָמַר יְהוָה גַּם־שְׁבִי גִבּוֹר יֻקָּח וּמַלְקוֹחַ עָרִיץ
יִמָּלֵט וְאֶת־יְרִיבֵךְ אָנֹכִי אָרִיב וְאֶת־בָּנַיִךְ אָנֹכִי אוֹשִׁיעַ: וְהַאֲכַלְתִּי
כו אֶת־מוֹנַיִךְ אֶת־בְּשָׂרָם וְכֶעָסִיס דָּמָם יִשְׁכָּרוּן וְיָדְעוּ כָל־בָּשָׂר כִּי אֲנִי
יְהוָה מוֹשִׁיעֵךְ וְגֹאֲלֵךְ אֲבִיר יַעֲקֹב: כֹּה | אָמַר יְהוָה אֵי נ א
זֶה סֵפֶר כְּרִיתוּת אִמְּכֶם אֲשֶׁר שִׁלַּחְתִּיהָ אוֹ מִי מִנּוֹשַׁי אֲשֶׁר־מָכַרְתִּי
אֶתְכֶם לוֹ הֵן בַּעֲוֹנֹתֵיכֶם נִמְכַּרְתֶּם וּבְפִשְׁעֵיכֶם שֻׁלְּחָה אִמְּכֶם: מַדּוּעַ ב
בָּאתִי וְאֵין אִישׁ קָרָאתִי וְאֵין עוֹנֶה הֲקָצוֹר קָצְרָה יָדִי מִפְּדוּת וְאִם־
אֵין־בִּי כֹחַ לְהַצִּיל הֵן בְּגַעֲרָתִי אַחֲרִיב יָם אָשִׂים נְהָרוֹת מִדְבָּר תִּבְאַשׁ
דְּגָתָם מֵאֵין מַיִם וְתָמֹת בַּצָּמָא: אַלְבִּישׁ שָׁמַיִם קַדְרוּת וְשַׂק אָשִׂים ג
כְּסוּתָם: אֲדֹנָי יְהוִה נָתַן לִי לְשׁוֹן לִמּוּדִים לָדַעַת לָעוּת ד

אֶת־יָעֵף דָּבָר יָעִיר ׀ בַּבֹּקֶר בַּבֹּקֶר יָעִיר לִי אֹזֶן לִשְׁמֹעַ כַּלִּמּוּדִים׃
ה ו אֲדֹנָי יֱהוִה פָּתַח־לִי אֹזֶן וְאָנֹכִי לֹא מָרִיתִי אָחוֹר לֹא נְסוּגֹתִי׃ גֵּוִי נָתַתִּי
ז לְמַכִּים וּלְחָיַי לְמֹרְטִים פָּנַי לֹא הִסְתַּרְתִּי מִכְּלִמּוֹת וָרֹק׃ וַאדֹנָי יֱהוִה
יַעֲזָר־לִי עַל־כֵּן לֹא נִכְלָמְתִּי עַל־כֵּן שַׂמְתִּי פָנַי כַּחַלָּמִישׁ וָאֵדַע כִּי־לֹא
ח אֵבוֹשׁ׃ קָרוֹב מַצְדִּיקִי מִי־יָרִיב אִתִּי נַעַמְדָה יָּחַד מִי־בַעַל מִשְׁפָּטִי
ט יִגַּשׁ אֵלָי׃ הֵן אֲדֹנָי יֱהוִה יַעֲזָר־לִי מִי־הוּא יַרְשִׁיעֵנִי הֵן כֻּלָּם כַּבֶּגֶד יִבְלוּ
י עָשׁ יֹאכְלֵם׃ מִי בָכֶם יְרֵא יְהוָה שֹׁמֵעַ בְּקוֹל עַבְדּוֹ אֲשֶׁר ׀
יא הָלַךְ חֲשֵׁכִים וְאֵין נֹגַהּ לוֹ יִבְטַח בְּשֵׁם יְהוָה וְיִשָּׁעֵן בֵּאלֹהָיו׃ הֵן כֻּלְּכֶם
קֹדְחֵי אֵשׁ מְאַזְּרֵי זִיקוֹת לְכוּ ׀ בְּאוּר אֶשְׁכֶם וּבְזִיקוֹת בִּעַרְתֶּם מִיָּדִי
נא א הָיְתָה־זֹּאת לָכֶם לְמַעֲצֵבָה תִּשְׁכָּבוּן׃ שִׁמְעוּ אֵלַי רֹדְפֵי
צֶדֶק מְבַקְשֵׁי יְהוָה הַבִּיטוּ אֶל־צוּר חֻצַּבְתֶּם וְאֶל־מַקֶּבֶת בּוֹר נֻקַּרְתֶּם׃
ב הַבִּיטוּ אֶל־אַבְרָהָם אֲבִיכֶם וְאֶל־שָׂרָה תְּחוֹלֶלְכֶם כִּי־אֶחָד קְרָאתִיו
ג וַאֲבָרְכֵהוּ וְאַרְבֵּהוּ׃ כִּי־נִחַם יְהוָה צִיּוֹן נִחַם כָּל־חָרְבֹתֶיהָ וַיָּשֶׂם מִדְבָּרָהּ
כְּעֵדֶן וְעַרְבָתָהּ כְּגַן־יְהוָה שָׂשׂוֹן וְשִׂמְחָה יִמָּצֵא בָהּ תּוֹדָה וְקוֹל זִמְרָה׃

פרשת ראה

ראה

כו רְאֵ֗ה אָנֹכִ֛י נֹתֵ֥ן לִפְנֵיכֶ֖ם הַיּ֑וֹם בְּרָכָ֖ה וּקְלָלָֽה:
כז אֶֽת־הַבְּרָכָ֑ה אֲשֶׁ֣ר תִּשְׁמְע֔וּ אֶל־מִצְוֺת֙ יְהוָ֣ה אֱלֹֽהֵיכֶ֔ם אֲשֶׁ֧ר אָנֹכִ֛י מְצַוֶּ֥ה אֶתְכֶ֖ם הַיּֽוֹם:
כח וְהַקְּלָלָ֗ה אִם־לֹ֤א תִשְׁמְעוּ֙ אֶל־מִצְוֺת֙ יְהוָ֣ה אֱלֹֽהֵיכֶ֔ם וְסַרְתֶּ֣ם מִן־הַדֶּ֔רֶךְ אֲשֶׁ֧ר אָנֹכִ֛י מְצַוֶּ֥ה אֶתְכֶ֖ם הַיּ֑וֹם לָלֶ֗כֶת אַחֲרֵ֛י אֱלֹהִ֥ים אֲחֵרִ֖ים אֲשֶׁ֥ר לֹֽא־יְדַעְתֶּֽם:
כט וְהָיָ֗ה כִּ֤י יְבִֽיאֲךָ֙ יְהוָ֣ה אֱלֹהֶ֔יךָ אֶל־הָאָ֕רֶץ אֲשֶׁר־אַתָּ֥ה בָא־שָׁ֖מָּה לְרִשְׁתָּ֑הּ וְנָתַתָּ֤ה אֶת־הַבְּרָכָה֙ עַל־הַ֣ר גְּרִזִ֔ים וְאֶת־הַקְּלָלָ֖ה עַל־הַ֥ר עֵיבָֽל:
ל הֲלֹא־הֵ֜מָּה בְּעֵ֣בֶר הַיַּרְדֵּ֗ן אַֽחֲרֵי֙ דֶּ֚רֶךְ מְב֣וֹא הַשֶּׁ֔מֶשׁ בְּאֶ֙רֶץ֙ הַֽכְּנַעֲנִ֔י הַיֹּשֵׁ֖ב בָּעֲרָבָ֑ה מ֚וּל הַגִּלְגָּ֔ל אֵ֖צֶל אֵלוֹנֵ֥י מֹרֶֽה:
לא כִּ֤י אַתֶּם֙ עֹבְרִ֣ים אֶת־הַיַּרְדֵּ֔ן לָבֹא֙ לָרֶ֣שֶׁת אֶת־הָאָ֔רֶץ אֲשֶׁר־יְהוָ֥ה אֱלֹהֵיכֶ֖ם נֹתֵ֣ן לָכֶ֑ם וִֽירִשְׁתֶּ֥ם אֹתָ֖הּ וִֽישַׁבְתֶּם־בָּֽהּ:
לב וּשְׁמַרְתֶּ֣ם לַעֲשׂ֔וֹת אֵ֥ת כָּל־הַֽחֻקִּ֖ים וְאֶת־הַמִּשְׁפָּטִ֑ים אֲשֶׁ֧ר אָנֹכִ֛י נֹתֵ֥ן לִפְנֵיכֶ֖ם הַיּֽוֹם:
יב א אֵ֠לֶּה הַֽחֻקִּ֣ים וְהַמִּשְׁפָּטִים֮ אֲשֶׁ֣ר תִּשְׁמְר֣וּן לַעֲשׂוֹת֒ בָּאָ֕רֶץ אֲשֶׁר֩ נָתַ֨ן יְהוָ֜ה אֱלֹהֵ֤י

אֲבֹתֶיךָ לְךָ לְרִשְׁתָּהּ כָּל־הַיָּמִים אֲשֶׁר־אַתֶּם
ב חַיִּים עַל־הָאֲדָמָה: אַבֵּד תְּאַבְּדוּן אֶת־כָּל־

מצווה תלו
חובת השמדת
עבודה זרה

כו כז חֲזוֹ, דַּאֲנָא, יָהֵיב קֳדָמֵיכוֹן יוֹמָא דֵין, בִּרְכָן וּלְוָטִין: יָת בִּרְכָן, אִם תְּקַבְּלוּן, לְפִקּוֹדַיָּא
כח דַּיי אֱלָהֲכוֹן, דַּאֲנָא, מְפַקֵּיד יָתְכוֹן יוֹמָא דֵין: וּלְוָטִין, אִם לָא תְקַבְּלוּן לְפִקּוֹדַיָּא דַּיי
אֱלָהֲכוֹן, וְתִסְטוֹן מִן אוֹרְחָא, דַּאֲנָא, מְפַקֵּיד יָתְכוֹן יוֹמָא דֵין, לִמְהָךְ, בָּתַר, טָעֲוַת עַמְמַיָּא
כט דְּלָא יְדַעְתּוּן: וִיהֵי, אֲרֵי יַעֲלִנָּךְ יי אֱלָהָךְ, לְאַרְעָא, דְּאַתְּ עָלֵיל לְתַמָּן לְמֵירְתַהּ, וְתִתֵּין יָת
ל מְבָרְכַיָּא עַל טוּרָא דִּגְרִיזִין, וְיָת מְלָטְטַיָּא עַל טוּרָא דְּעֵיבָל: הֲלָא אִנּוּן בְּעִבְרָא דְיַרְדְּנָא,
אֲחוֹרֵי אוֹרַח מַעֲלָנֵי שִׁמְשָׁא, בַּאֲרַע כְּנַעֲנָאָה, דְּיָתֵיב בְּמֵישְׁרָא, לָקֳבֵיל גִּלְגְּלָא, בִּסְטַר
לא מֵישְׁרֵי מוֹרֶה: אֲרֵי אַתּוּן עָבְרִין יָת יַרְדְּנָא, לְמֵיעַל לְמֵירַת יָת אַרְעָא, דַּיי אֱלָהֲכוֹן יָהֵיב
לב לְכוֹן, וְתֵירְתוּן יָתַהּ וְתִתְּבוּן בַּהּ: וְתִטְּרוּן לְמֶעְבַּד, יָת כָּל קְיָמַיָּא וְיָת דִּינַיָּא, דַּאֲנָא, יָהֵיב
יב א קֳדָמֵיכוֹן יוֹמָא דֵין: אִלֵּין, קְיָמַיָּא וְדִינַיָּא דְּתִטְּרוּן לְמֶעְבַּד, בְּאַרְעָא, דִּיהַב יי, אֱלָהָא
ב דַּאֲבָהָתָךְ, לָךְ לְמֵירְתַהּ, כָּל יוֹמַיָּא, דְּאַתּוּן קַיָּמִין עַל אַרְעָא: אַבָּדָא תְאַבְּדוּן, יָת כָּל

כו| **רְאֵה אָנֹכִי. בְּרָכָה וּקְלָלָה.** הָאֲמוּרוֹת בְּהַר גְּרִזִּים וּבְהַר עֵיבָל (להלן כז, טו-כו):

כז| **אֶת הַבְּרָכָה.** עַל מְנָת "אֲשֶׁר תִּשְׁמְעוּ":

כח| **מִן הַדֶּרֶךְ אֲשֶׁר אָנֹכִי מְצַוֶּה אֶתְכֶם הַיּוֹם לָלֶכֶת וְגוֹ'.** הָא לָמַדְתָּ שֶׁכָּל הָעוֹבֵד עֲבוֹדָה זָרָה הֲרֵי הוּא סָר מִכָּל הַדֶּרֶךְ שֶׁנִּצְטַוּוּ יִשְׂרָאֵל. מִכָּאן אָמְרוּ: כָּל הַמּוֹדֶה בַּעֲבוֹדָה זָרָה כְּכוֹפֵר בְּכָל הַתּוֹרָה כֻּלָּהּ:

כט| **וְנָתַתָּה אֶת הַבְּרָכָה.** כְּתַרְגּוּמוֹ: "יָת מְבָרְכַיָּא", אֶת הַמְבָרְכִים: **עַל הַר גְּרִזִּים.** כְּלַפֵּי הַר גְּרִזִּים הוֹפְכִים פְּנֵיהֶם וּפָתְחוּ בִּבְרָכָה: 'בָּרוּךְ הָאִישׁ אֲשֶׁר לֹא יַעֲשֶׂה פֶסֶל וּמַסֵּכָה' וְגוֹ', כָּל הָאֲרוּרִים שֶׁבַּפָּרָשָׁה אָמְרוּ תְּחִלָּה בִּלְשׁוֹן 'בָּרוּךְ', וְאַחַר כָּךְ הָפְכוּ פְּנֵיהֶם כְּלַפֵּי הַר עֵיבָל וּפָתְחוּ בִּקְלָלָה:

ל| **הֲלֹא הֵמָּה.** נָתַן בָּהֶם סִימָן: **אַחֲרֵי.** אַחַר הַעֲבָרַת הַיַּרְדֵּן הַרְבֵּה וָהָלְאָה לְמֵרָחוֹק, וְזֶהוּ לְשׁוֹן 'אַחֲרֵי'. כָּל מָקוֹם שֶׁנֶּאֱמַר 'אַחֲרֵי' מֻפְלָג הוּא: **דֶּרֶךְ מְבוֹא הַשֶּׁמֶשׁ.** לְהַלָּן מִן הַיַּרְדֵּן לְצַד מַעֲרָב. וְטַעַם הַמִּקְרָא מוֹכִיחַ שֶׁהֵם שְׁנֵי דְּבָרִים, שֶׁנִּנְקְדוּ בִּשְׁנֵי טְעָמִים, 'אַחֲרֵי' נָקוּד בְּפַשְׁטָא, וְ'דֶרֶךְ' נָקוּד בְּמַשְׁפֵּל וְהוּא דָּגוּשׁ, וְאִם הָיָה 'אַחֲרֵי דֶרֶךְ' דִּבּוּר אֶחָד, הָיָה נָקוּד 'אַחֲרֵי' בִּמְשָׁרֵת, בְּשׁוֹפָר הָפוּךְ, וְ'דֶרֶךְ' בְּפַשְׁטָא וְרָפֶה: **מוּל הַגִּלְגָּל.** רָחוֹק מִן הַגִּלְגָּל: **אֵלוֹנֵי מֹרֶה.** שְׁכֶם הוּא, שֶׁנֶּאֱמַר: "עַד מְקוֹם שְׁכֶם עַד אֵלוֹן מוֹרֶה" (בראשית יב, ו):

לא| **כִּי אַתֶּם עֹבְרִים אֶת הַיַּרְדֵּן וְגוֹ'.** נִסִּים שֶׁל יַרְדֵּן יִהְיוּ סִימָן בְּיֶדְכֶם שֶׁתָּבֹאוּ וְתִירְשׁוּ אֶת הָאָרֶץ:

פרק יב

ב| **אַבֵּד תְּאַבְּדוּן.** "אַבֵּד" וְאַחַר כָּךְ "תְּאַבְּדוּן",

הַמְּקֹמוֹת אֲשֶׁר עָבְדוּ־שָׁם הַגּוֹיִם אֲשֶׁר אַתֶּם
יֹרְשִׁים אֹתָם אֶת־אֱלֹהֵיהֶם עַל־הֶהָרִים הָרָמִים
וְעַל־הַגְּבָעוֹת וְתַחַת כָּל־עֵץ רַעֲנָן׃ וְנִתַּצְתֶּם ג
אֶת־מִזְבְּחֹתָם וְשִׁבַּרְתֶּם אֶת־מַצֵּבֹתָם וַאֲשֵׁרֵיהֶם
תִּשְׂרְפוּן בָּאֵשׁ וּפְסִילֵי אֱלֹהֵיהֶם תְּגַדֵּעוּן
וְאִבַּדְתֶּם אֶת־שְׁמָם מִן־הַמָּקוֹם הַהוּא׃ לֹא־ ד
תַעֲשׂוּן כֵּן לַיהוָה אֱלֹהֵיכֶם׃ כִּי אִם־אֶל־הַמָּקוֹם ה
אֲשֶׁר־יִבְחַר יְהוָה אֱלֹהֵיכֶם מִכָּל־שִׁבְטֵיכֶם
לָשׂוּם אֶת־שְׁמוֹ שָׁם לְשִׁכְנוֹ תִדְרְשׁוּ וּבָאתָ
שָׁמָּה׃ וַהֲבֵאתֶם שָׁמָּה עֹלֹתֵיכֶם וְזִבְחֵיכֶם ו
וְאֵת מַעְשְׂרֹתֵיכֶם וְאֵת תְּרוּמַת יֶדְכֶם וְנִדְרֵיכֶם
וְנִדְבֹתֵיכֶם וּבְכֹרֹת בְּקַרְכֶם וְצֹאנְכֶם׃ וַאֲכַלְתֶּם־ ז
שָׁם לִפְנֵי יְהוָה אֱלֹהֵיכֶם וּשְׂמַחְתֶּם בְּכֹל מִשְׁלַח
יֶדְכֶם אַתֶּם וּבָתֵּיכֶם אֲשֶׁר בֵּרַכְךָ יְהוָה אֱלֹהֶיךָ׃
לֹא תַעֲשׂוּן כְּכֹל אֲשֶׁר אֲנַחְנוּ עֹשִׂים פֹּה הַיּוֹם ח
אִישׁ כָּל־הַיָּשָׁר בְּעֵינָיו׃ כִּי לֹא־בָאתֶם עַד־עָתָּה ט
אֶל־הַמְּנוּחָה וְאֶל־הַנַּחֲלָה אֲשֶׁר־יְהוָה אֱלֹהֶיךָ
נֹתֵן לָךְ׃ וַעֲבַרְתֶּם אֶת־הַיַּרְדֵּן וִישַׁבְתֶּם בָּאָרֶץ י
אֲשֶׁר־יְהוָה אֱלֹהֵיכֶם מַנְחִיל אֶתְכֶם וְהֵנִיחַ לָכֶם
מִכָּל־אֹיְבֵיכֶם מִסָּבִיב וִישַׁבְתֶּם־בֶּטַח׃ וְהָיָה יא

מצווה תלז
איסור השחתת דברים שנקרא עליהם שם ה׳

מצווה תלח
מצוות הבאת נדרים ברגל הראשון

שני

רְאֵה

אַתְרַיָּא דִּפְלָחוּ תַמָּן עַמְמַיָּא, דְּאַתּוּן יָרְתִין יָתְהוֹן, יָת טָעֲוָתְהוֹן, עַל טוּרַיָּא רָמַיָּא וְעַל רָמָתָא, וּתְחוֹת כָּל אִילָן עֲבוּף: וּתְתָרְעוּן יָת אֵיגוֹרֵיהוֹן, וּתְתַבְּרוּן יָת קָמָתְהוֹן, וַאֲשֵׁירֵיהוֹן תּוֹקְדוּן בְּנוּרָא, וְצַלְמֵי טָעֲוָתְהוֹן תְּקַצְצוּן, וְתַבְּדוּן יָת שׁוּמְהוֹן, מִן אַתְרָא הַהוּא: לָא תַעְבְּדוּן כֵּן, קֳדָם יְיָ אֱלָהֲכוֹן: אֱלָהֵין, לְאַתְרָא, דְּיִתְרְעֵי יְיָ אֱלָהֲכוֹן מִכָּל שִׁבְטֵיכוֹן, לְאַשְׁרָאָה שְׁכִינְתֵּיהּ תַּמָּן, לְבֵית שְׁכִינְתֵּיהּ תִּתְבְּעוּן וְתֵיתוּן לְתַמָּן: וְתַיְתוּן לְתַמָּן, עֲלָוָתְכוֹן וְנִכְסַת קֻדְשֵׁיכוֹן, וְיָת מַעְשְׂרֵיכוֹן, וְיָת אַפְרָשׁוּת יְדֵיכוֹן, וְנִדְרֵיכוֹן וְנִדְבָתְכוֹן, וּבוּכְרֵי תוֹרֵיכוֹן וְעָנְכוֹן: וְתֵיכְלוּן תַּמָּן, קֳדָם יְיָ אֱלָהֲכוֹן, וְתֶחְדּוּן, בְּכָל אוֹשָׁטוּת יְדֵכוֹן, אַתּוּן וֶאֱנָשׁ בָּתֵּיכוֹן, דְּבָרְכָךְ יְיָ אֱלָהָךְ: לָא תַעְבְּדוּן, כְּכֹל, דַּאֲנַחְנָא עָבְדִין, כָּא יוֹמָא דֵין, גְּבַר כָּל דְּכָשַׁר בְּעֵינוֹהִי: אֲרֵי לָא אֲתֵיתוּן עַד כְּעַן, לְבֵית נְיָחָא וּלְאַחְסַנְתָּא, דַּיְיָ אֱלָהָךְ יָהֵב לָךְ: וְתַעְבְּרוּן יָת יַרְדְּנָא, וְתִתְּבוּן בְּאַרְעָא, דַּיְיָ אֱלָהֲכוֹן מַחְסֵין יָתְכוֹן, וְיָנִיחַ לְכוֹן מִכָּל בַּעֲלֵי דְבָבֵיכוֹן, מִסְחוֹר סְחוֹר וְתִתְּבוּן לְרָחֲצָן: וִיהֵי

מִכָּאן לַעוֹקֵר עֲבוֹדָה זָרָה שֶׁצָּרִיךְ לְשָׁרֵשׁ אַחֲרֶיהָ: אֶת כָּל הַמְּקֹמוֹת אֲשֶׁר עָבְדוּ שָׁם וְגוֹ'. וּמַה תְּאַבְּדוּן מֵהֶם? "אֶת אֱלֹהֵיהֶם" אֲשֶׁר "עַל הֶהָרִים":

ג) מִזְבֵּחַ. שֶׁל אֲבָנִים הַרְבֵּה: מַצֵּבָה. שֶׁל אֶבֶן אַחַת, וְהִיא "בִּימוּס" שֶׁשָּׁנִינוּ בַּמִּשְׁנָה: "אֶבֶן שֶׁחֲצָבָהּ מִתְּחִלָּתָהּ לַבִּימוּס" (עבודה זרה מז ע"ב): אֲשֵׁרָה. אִילָן הַנֶּעֱבָד: וְאִבַּדְתֶּם אֶת שְׁמָם. לְכַנּוֹת לָהֶם שֵׁם לִגְנַאי, בֵּית גַּלְיָא קוֹרִין לָהּ בֵּית כַּרְיָא, עֵין כֹּל - עֵין קוֹץ:

ד) לֹא תַעֲשׂוּן כֵּן. לְהַקְטִיר לַשָּׁמַיִם בְּכָל מָקוֹם, כִּי אִם בַּמָּקוֹם אֲשֶׁר יִבְחַר (להלן פסוק ה). דָּבָר אַחֵר, "וְנִתַּצְתֶּם אֶת מִזְבְּחֹתָם... וְאִבַּדְתֶּם אֶת שְׁמָם - לֹא תַעֲשׂוּן כֵּן", אַזְהָרָה לְמוֹחֵק אֶת הַשֵּׁם וְלִנְתוֹץ אֶבֶן מִן הַמִּזְבֵּחַ אוֹ מִן הָעֲזָרָה. אָמַר רַבִּי יִשְׁמָעֵאל: וְכִי תַעֲלֶה עַל דַּעְתְּךָ שֶׁיִּשְׂרָאֵל נוֹתְצִין אֶת הַמִּזְבְּחוֹת? אֶלָּא שֶׁלֹּא תַעֲשׂוּ כְּמַעֲשֵׂיהֶם, וְיִגְרְמוּ עֲוֹנוֹתֵיכֶם לְמִקְדַּשׁ אֲבוֹתֵיכֶם שֶׁיֶּחֱרַב:

ה) לְשִׁכְנוֹ תִדְרְשׁוּ. זֶה מִשְׁכַּן שִׁילֹה:

ו) וְזִבְחֵיכֶם. שְׁלָמִים שֶׁל חוֹבָה: מַעְשְׂרֹתֵיכֶם. מַעֲשֵׂר בְּהֵמָה וּמַעֲשֵׂר שֵׁנִי, לֶאֱכֹל לִפְנִים מִן הַחוֹמָה: תְּרוּמַת יֶדְכֶם. אֵלּוּ הַבִּכּוּרִים, שֶׁנֶּאֱמַר בָּהֶם: "וְלָקַח הַכֹּהֵן הַטֶּנֶא מִיָּדֶךָ" (להלן כו, ד): וּבְכֹרֹת בְּקַרְכֶם. לְתִתָּם לַכֹּהֵן וְיַקְרִיבֵם שָׁם:

ז) אֲשֶׁר בֵּרַכְךָ ה'. לְפִי הַבְּרָכָה הָבֵא:

ח) לֹא תַעֲשׂוּן כְּכֹל אֲשֶׁר אֲנַחְנוּ עֹשִׂים וְגוֹ'. מוּסָב לְמַעְלָה, עַל "כִּי אַתֶּם עֹבְרִים אֶת הַיַּרְדֵּן וְגוֹ'" (לעיל יא, לא), כְּשֶׁתַּעַבְרוּ אֶת הַיַּרְדֵּן מִיָּד מֻתָּרִים אַתֶּם לְהַקְרִיב בַּבָּמָה כָּל אַרְבַּע עֶשְׂרֵה שָׁנָה שֶׁל כִּבּוּשׁ וְחִלּוּק, וּבְבָמָה לֹא תַקְרִיבוּ כָּל מַה שֶּׁאַתֶּם מַקְרִיבִים פֹּה הַיּוֹם בַּמִּשְׁכָּן שֶׁהוּא עִמָּכֶם וְנִמְשַׁח, וְהוּא כָּשֵׁר לְהַקְרִיב בּוֹ חַטָּאוֹת וַאֲשָׁמוֹת, נְדָרִים וּנְדָבוֹת, אֲבָל בַּבָּמָה אֵין קָרֵב חֵלֶק הַנֶּדֶר וְהַנְּדָב, וְזֶהוּ "אִישׁ כָּל הַיָּשָׁר בְּעֵינָיו", נְדָרִים וּנְדָבוֹת שֶׁאַתֶּם מִתְנַדְּבִים עַל יְדֵי שֶׁיָּשָׁר בְּעֵינֵיכֶם לַהֲבִיאָם וְלֹא עַל יְדֵי חוֹבָה, אוֹתָם תַּקְרִיבוּ בַּבָּמָה:

ט) כִּי לֹא בָּאתֶם. כָּל אוֹתָן אַרְבַּע עֶשְׂרֵה שָׁנָה: עַד עָתָּה. כְּמוֹ עֲדַיִן: אֶל הַמְּנוּחָה. זוֹ שִׁילֹה: הַנַּחֲלָה. זוֹ יְרוּשָׁלַיִם:

יא) וַעֲבַרְתֶּם אֶת הַיַּרְדֵּן וִישַׁבְתֶּם בָּאָרֶץ. שֶׁתִּתְחַלְּקוּהָ וִיהֵא כָל אֶחָד מַכִּיר אֶת חֶלְקוֹ וְאֶת שִׁבְטוֹ: וְהֵנִיחַ לָכֶם. לְאַחַר כִּבּוּשׁ וְחִלּוּק, וּמְנוּחָה מִן "הַגּוֹיִם אֲשֶׁר הֵנִיחַ ה' לְנַסּוֹת בָּם אֶת יִשְׂרָאֵל" (שופטים ג, א), וְאֵין זוֹ אֶלָּא בִּימֵי דָוִד, אָז "וַיְהִי הַמָּקוֹם" וְגוֹ' - בְּנוּ לָכֶם בֵּית הַבְּחִירָה בִּירוּשָׁלַיִם. וְכֵן הוּא אוֹמֵר בְּדָוִד: "וַיְהִי כִּי יָשַׁב הַמֶּלֶךְ בְּבֵיתוֹ וַה' הֵנִיחַ לוֹ מִסָּבִיב מִכָּל אֹיְבָיו, וַיֹּאמֶר הַמֶּלֶךְ אֶל נָתָן הַנָּבִיא, רְאֵה נָא אָנֹכִי יוֹשֵׁב בְּבֵית אֲרָזִים וַאֲרוֹן הָאֱלֹהִים יֹשֵׁב בְּתוֹךְ הַיְרִיעָה" (שמואל ב' ז, א-ב):

דברים

יב

הַמָּק֗וֹם אֲשֶׁר־יִבְחַ֞ר יְהֹוָ֤ה אֱלֹֽהֵיכֶם֙ בּ֔וֹ לְשַׁכֵּ֥ן שְׁמ֖וֹ שָׁ֑ם שָׁ֣מָּה תָבִ֗יאוּ אֵ֤ת כׇּל־אֲשֶׁ֣ר אָנֹכִ֔י מְצַוֶּ֖ה אֶתְכֶ֑ם עוֹלֹתֵיכֶ֣ם וְזִבְחֵיכֶ֗ם מַעְשְׂרֹֽתֵיכֶם֙ וּתְרֻמַ֣ת יֶדְכֶ֔ם וְכֹל֙ מִבְחַ֣ר נִדְרֵיכֶ֔ם אֲשֶׁ֥ר תִּדְּר֖וּ לַֽיהֹוָֽה: יב וּשְׂמַחְתֶּ֗ם לִפְנֵי֙ יְהֹוָ֣ה אֱלֹֽהֵיכֶ֔ם אַתֶּ֗ם וּבְנֵיכֶם֙ וּבְנֹ֣תֵיכֶ֔ם וְעַבְדֵיכֶ֖ם וְאַמְהֹתֵיכֶ֑ם וְהַלֵּוִי֙ אֲשֶׁ֣ר בְּשַֽׁעֲרֵיכֶ֔ם כִּ֣י אֵ֥ין ל֛וֹ חֵ֥לֶק וְנַחֲלָ֖ה אִתְּכֶֽם: יג הִשָּׁ֣מֶר לְךָ֔ פֶּֽן־תַּעֲלֶ֖ה עֹלֹתֶ֑יךָ בְּכׇל־מָק֖וֹם אֲשֶׁ֥ר תִּרְאֶֽה: יד כִּ֣י אִם־בַּמָּק֞וֹם אֲשֶׁר־יִבְחַ֤ר יְהֹוָה֙ בְּאַחַ֣ד שְׁבָטֶ֔יךָ שָׁ֖ם תַּעֲלֶ֣ה עֹלֹתֶ֑יךָ וְשָׁ֣ם תַּעֲשֶׂ֔ה כֹּ֛ל אֲשֶׁ֥ר אָנֹכִ֖י מְצַוֶּֽךָּ: טו רַק֩ בְּכׇל־אַוַּ֨ת נַפְשְׁךָ֜ תִּזְבַּ֣ח ׀ וְאָכַלְתָּ֣ בָשָׂ֗ר כְּבִרְכַּ֨ת יְהֹוָ֧ה אֱלֹהֶ֛יךָ אֲשֶׁ֥ר נָֽתַן־לְךָ֖ בְּכׇל־שְׁעָרֶ֑יךָ הַטָּמֵ֤א וְהַטָּהוֹר֙ יֹאכְלֶ֔נּוּ כַּצְּבִ֖י וְכָאַיָּֽל: טז רַ֥ק הַדָּ֖ם לֹ֣א תֹאכֵ֑לוּ עַל־הָאָ֥רֶץ תִּשְׁפְּכֶ֖נּוּ כַּמָּֽיִם: יז לֹא־תוּכַ֞ל לֶאֱכֹ֣ל בִּשְׁעָרֶ֗יךָ מַעְשַׂ֤ר דְּגָֽנְךָ֙ וְתִירֹֽשְׁךָ֣ וְיִצְהָרֶ֔ךָ וּבְכֹרֹ֥ת בְּקָרְךָ֖ וְצֹאנֶ֑ךָ וְכׇל־נְדָרֶ֨יךָ֙ אֲשֶׁ֣ר תִּדֹּ֔ר וְנִדְבֹתֶ֖יךָ וּתְרוּמַ֥ת יָדֶֽךָ: יח כִּ֡י אִם־לִפְנֵי֩ יְהֹוָ֨ה אֱלֹהֶ֜יךָ תֹּאכְלֶ֗נּוּ בַּמָּקוֹם֙ אֲשֶׁ֨ר יִבְחַ֜ר יְהֹוָ֣ה אֱלֹהֶ֘יךָ֘ בּוֹ֒ אַתָּ֨ה וּבִנְךָ֤ וּבִתֶּ֙ךָ֙ וְעַבְדְּךָ֣ וַאֲמָתֶ֔ךָ וְהַלֵּוִ֖י אֲשֶׁ֥ר

ראה

אַתְרָא, דְּיִתְרְעֵי יְיָ אֱלָהֲכוֹן בֵּיהּ לְאַשְׁרָאָה שְׁכִינְתֵּיהּ תַּמָּן, לְתַמָּן תֵּיתוּן, יָת, כָּל דַּאֲנָא מְפַקֵּיד יָתְכוֹן, עֲלָוָתְכוֹן וְנִכְסַת קוּדְשֵׁיכוֹן, מַעְסְרֵיכוֹן וְאַפְרָשׁוּת יֶדְכוֹן, וְכָל שְׁפַר נִדְרֵיכוֹן, דְּתִדְּרוּן קֳדָם יְיָ: וְתֵחְדּוּן, קֳדָם יְיָ אֱלָהֲכוֹן, אַתּוּן, וּבְנֵיכוֹן וּבְנָתְכוֹן, וְעַבְדֵּיכוֹן וְאַמְהָתְכוֹן, וְלֵיוָאָה דִּבְקִרְוֵיכוֹן, אֲרֵי לֵית לֵיהּ, חוּלָק וְאַחְסָנָא עִמְּכוֹן: אִסְתְּמַר לָךְ, דִּלְמָא תַסֵּיק עֲלָוָתָךְ, בְּכָל אֲתַר דְּתִחְזֵי: אֱלָהֵין, בְּאַתְרָא, דְּיִתְרְעֵי יְיָ בַּחֲדָא מִן שִׁבְטָךְ, תַּמָּן תַּסֵּיק עֲלָוָתָךְ, וְתַמָּן תַּעְבֵּיד, כֹּל, דַּאֲנָא מְפַקֵּיד לָךְ: לְחוֹד בְּכָל רְעוּת נַפְשָׁךְ, תִּכּוֹס וְתֵיכוֹל בִּסְרָא, כְּבִרְכְּתָא דַּיְיָ אֱלָהָךְ, דִּיהַב לָךְ בְּכָל קִרְוָךְ, מְסָאֲבָא וְדַכְיָא יֵיכְלֻנֵּיהּ, כִּבְסַר טַבְיָא וְאַיְלָא: לְחוֹד דְּמָא לָא תֵיכְלוּן, עַל אַרְעָא תֵּישְׁדִנֵּיהּ כְּמַיָּא: לֵית לָךְ רְשׁוּ לְמֵיכַל בְּקִרְוָךְ, מַעְסַר עִבוּרָךְ וְחַמְרָךְ וּמִשְׁחָךְ, וּבְכוֹרֵי תוֹרָךְ וְעָנָךְ, וְכָל נִדְרָךְ דְּתִדַּר, וְנִדְבָתָךְ וְאַפְרָשׁוּת יְדָךְ: אֱלָהֵין, קֳדָם יְיָ אֱלָהָךְ תֵּיכְלִנֵּיהּ, בְּאַתְרָא דְּיִתְרְעֵי, יְיָ אֱלָהָךְ בֵּיהּ, אַתְּ וּבְרָךְ וּבְרַתָּךְ וְעַבְדָּךְ וְאַמְהָתָךְ, וְלֵיוָאָה

שָׁמָּה תָבִיאוּ וְגוֹ׳. לְמַעְלָה אָמוּר לְעִנְיַן עֲנָנָן שִׁילֹה, וְכָאן אָמוּר לְעִנְיַן יְרוּשָׁלַיִם, וּלְכָךְ חִלְּקָם הַכָּתוּב, לִתֵּן הֵיתֵר בֵּין זוֹ לָזוֹ, מִשֶּׁחָרְבָה שִׁילֹה וּבָאוּ לְנוֹב וְחָרְבָה נוֹב וּבָאוּ לְגִבְעוֹן, הָיוּ הַבָּמוֹת מֻתָּרוֹת, עַד שֶׁבָּאוּ לִירוּשָׁלַיִם: מִבְחַר נִדְרֵיכֶם. מְלַמֵּד שֶׁיְּהֵא מִן הַמֻּבְחָר:

יג) הִשָּׁמֶר לְךָ. לִתֵּן לֹא תַעֲשֶׂה עַל הַדָּבָר: בְּכָל מָקוֹם אֲשֶׁר תִּרְאֶה. אֲשֶׁר יַעֲלֶה בִּלְבָבְךָ, אֲבָל אַתָּה מַקְרִיב עַל פִּי נָבִיא, כְּגוֹן אֵלִיָּהוּ בְּהַר הַכַּרְמֶל:

יד) בְּאַחַד שְׁבָטֶיךָ. בְּחֶלְקוֹ שֶׁל בִּנְיָמִין, וּלְמַעְלָה (לעיל פסוק ה) הוּא אוֹמֵר: "מִכֹּל שִׁבְטֵיכֶם", הָא כֵיצַד? כְּשֶׁקָּנָה דָוִד אֶת הַגֹּרֶן מֵאֲרַוְנָה הַיְבוּסִי גָּבָה הַזָּהָב מִכָּל הַשְּׁבָטִים, וּמִכָּל מָקוֹם הַגֹּרֶן בְּחֶלְקוֹ שֶׁל בִּנְיָמִין הָיָה:

טו) רַק בְּכָל אַוַּת נַפְשְׁךָ. בַּמֶּה הַכָּתוּב מְדַבֵּר? אִם בְּבָשָׂר תַּאֲוָה לְהַתִּירָהּ לָהֶם בְּלֹא הַקְרָבַת אֲמוּרִים, הֲרֵי אָמוּר בְּמָקוֹם אַחֵר: "כִּי יַרְחִיב ה׳... אֶת גְּבוּלְךָ וְגוֹ׳ וְאָמַרְתָּ אֹכְלָה בָשָׂר וְגוֹ׳" (להלן פסוק כ), בַּמֶּה זֶה מְדַבֵּר? בְּקָדָשִׁים שֶׁנָּפַל בָּהֶם מוּם שֶׁיִּפָּדוּ וְיֵאָכְלוּ בְּכָל מָקוֹם, יָכוֹל יִפָּדוּ עַל מוּם עוֹבֵר? תַּלְמוּד לוֹמַר: "רַק": תִּזְבַּח וְאָכָלְתָּ. אֵין לְךָ בָּהֶם הֶיתֵּר גִּזָּה וְחָלָב, אֶלָּא אֲכִילָה עַל יְדֵי זְבִיחָה: הַטָּמֵא וְהַטָּהוֹר. לְפִי שֶׁבָּאוּ מִכֹּחַ קָדָשִׁים שֶׁנֶּאֱמַר בָּהֶם "וְהַבָּשָׂר אֲשֶׁר יִגַּע בְּכָל טָמֵא לֹא יֵאָכֵל" (ויקרא ז, יט),

הֻצְרַךְ לְהַתִּיר בּוֹ שֶׁטָּמֵא וְטָהוֹר אוֹכְלִים בִּקְעָרָה אַחַת: כַּצְּבִי וְכָאַיָּל. שֶׁאֵין קָרְבָּן בָּא מֵהֶם: כַּצְּבִי וְכָאַיָּל. לְפָטְרָן מִן הַזְּרוֹעַ וְהַלְּחָיַיִם וְהַקֵּבָה:

טז) רַק הַדָּם לֹא תֹאכֵלוּ. אַף עַל פִּי שֶׁאָמַרְתִּי שֶׁאֵין לְךָ בּוֹ זְרִיקַת דָּם בַּמִּזְבֵּחַ, לֹא תֹאכְלֶנּוּ: תִּשְׁפְּכֶנּוּ כַּמָּיִם. לוֹמַר לְךָ שֶׁאֵין צָרִיךְ כִּסּוּי. דָּבָר אַחֵר, הֲרֵי הוּא כַּמַּיִם לְהַכְשִׁיר אֶת הַזְּרָעִים:

יז) לֹא תוּכַל. בָּא הַכָּתוּב לִתֵּן לֹא תַעֲשֶׂה עַל הַדָּבָר: לֹא תוּכַל. רַבִּי יְהוֹשֻׁעַ בֶּן קָרְחָה אוֹמֵר: יָכוֹל אַתָּה אֲבָל אֵינְךָ רַשַּׁאי, כַּיּוֹצֵא בּוֹ: "וְאֶת הַיְבוּסִי יוֹשְׁבֵי יְרוּשָׁלִַם לֹא יָכְלוּ בְנֵי יְהוּדָה לְהוֹרִישָׁם" (יהושע טו, סג), יְכוֹלִים הָיוּ אֶלָּא שֶׁאֵינָן רַשָּׁאִין, לְפִי שֶׁכָּרַת לָהֶם אַבְרָהָם בְּרִית כְּשֶׁלָּקַח מֵהֶם מְעָרַת הַמַּכְפֵּלָה, וְלֹא יְבוּסִים הָיוּ אֶלָּא חִתִּיִּים הָיוּ, אֶלָּא עַל שֵׁם הָעִיר שֶׁשְּׁמָהּ יְבוּס. כָּךְ מְפֹרָשׁ בְּפִרְקֵי דְּרַבִּי אֱלִיעֶזֶר (פ׳ לו). וְהוּא שֶׁנֶּאֱמַר: "כִּי אִם הֱסִירְךָ הָעִוְרִים וְהַפִּסְחִים" (שמואל ב' ה, ו), צְלָמִים שֶׁכָּתְבוּ עֲלֵיהֶם אֶת הַשְּׁבוּעָה. וּבְכֹרֹת בְּקָרְךָ. אַזְהָרָה לַכֹּהֲנִים: וּתְרוּמַת יָדֶךָ. אֵלּוּ הַבִּכּוּרִים:

יח) לִפְנֵי ה׳. לִפְנִים מִן הַחוֹמָה: וְהַלֵּוִי אֲשֶׁר בִּשְׁעָרֶיךָ. אִם אֵין לְךָ לָתֵת לוֹ מֵחֶלְקוֹ, כְּגוֹן מַעֲשֵׂר רִאשׁוֹן, תֵּן לוֹ מַעֲשַׂר עָנִי, אֵין לְךָ מַעֲשַׂר עָנִי, הַזְמִינֵהוּ עַל שְׁלָמֶיךָ:

דברים
יב

בִּשְׁעָרֶ֔יךָ וְשָׂמַחְתָּ֗ לִפְנֵי֙ יְהוָ֣ה אֱלֹהֶ֔יךָ בְּכֹ֖ל

מִשְׁלַ֣ח יָדֶֽךָ: הִשָּׁ֣מֶר לְךָ֔ פֶּֽן־תַּעֲזֹ֖ב אֶת־הַלֵּוִ֑י יט

כָּל־יָמֶ֖יךָ עַל־אַדְמָתֶֽךָ: כִּֽי־יַרְחִיב֩ כ

יְהוָ֨ה אֱלֹהֶ֥יךָ אֶֽת־גְּבֻלְךָ֮ כַּאֲשֶׁ֣ר דִּבֶּר־לָךְ֒

וְאָמַרְתָּ֙ אֹכְלָ֣ה בָשָׂ֔ר כִּֽי־תְאַוֶּ֥ה נַפְשְׁךָ֖ לֶאֱכֹ֣ל

בָּשָׂ֑ר בְּכָל־אַוַּ֥ת נַפְשְׁךָ֖ תֹּאכַ֥ל בָּשָֽׂר: כִּֽי־יִרְחַ֨ק כא

מִמְּךָ֜ הַמָּק֗וֹם אֲשֶׁ֨ר יִבְחַ֜ר יְהוָ֣ה אֱלֹהֶיךָ֮ לָשׂ֣וּם

שְׁמ֣וֹ שָׁם֒ וְזָבַחְתָּ֞ מִבְּקָרְךָ֣ וּמִצֹּֽאנְךָ֗ אֲשֶׁ֨ר נָתַ֤ן

יְהוָה֙ לְךָ֔ כַּאֲשֶׁ֖ר צִוִּיתִ֑ךָ וְאָֽכַלְתָּ֙ בִּשְׁעָרֶ֔יךָ

בְּכֹ֖ל אַוַּ֥ת נַפְשֶֽׁךָ: אַ֗ךְ כַּאֲשֶׁ֨ר יֵאָכֵ֤ל אֶֽת־הַצְּבִי֙ כב

וְאֶת־הָ֣אַיָּ֔ל כֵּ֖ן תֹּאכְלֶ֑נּוּ הַטָּמֵא֙ וְהַטָּה֔וֹר יַחְדָּ֖ו

יֹאכְלֶֽנּוּ: רַ֣ק חֲזַ֗ק לְבִלְתִּי֙ אֲכֹ֣ל הַדָּ֔ם כִּ֥י הַדָּ֖ם כג

ה֣וּא הַנָּ֑פֶשׁ וְלֹא־תֹאכַ֥ל הַנֶּ֖פֶשׁ עִם־הַבָּשָֽׂר:

לֹ֖א תֹּאכְלֶ֑נּוּ עַל־הָאָ֥רֶץ תִּשְׁפְּכֶ֖נּוּ כַּמָּֽיִם: לֹ֣א כד

תֹאכְלֶ֑נּוּ לְמַ֨עַן יִיטַ֤ב לְךָ֙ וּלְבָנֶ֣יךָ אַחֲרֶ֔יךָ כִּֽי־

תַעֲשֶׂ֥ה הַיָּשָׁ֖ר בְּעֵינֵ֣י יְהוָֽה: רַ֧ק קָֽדָשֶׁ֛יךָ אֲשֶׁר־ כו

יִהְי֥וּ לְךָ֖ וּנְדָרֶ֑יךָ תִּשָּׂ֣א וּבָ֔אתָ אֶל־הַמָּק֖וֹם

אֲשֶׁר־יִבְחַ֥ר יְהוָֽה: וְעָשִׂ֤יתָ עֹלֹתֶ֙יךָ֙ הַבָּשָׂ֣ר כז

וְהַדָּ֔ם עַל־מִזְבַּ֖ח יְהוָ֣ה אֱלֹהֶ֑יךָ וְדַם־זְבָחֶ֗יךָ

יִשָּׁפֵךְ֙ עַל־מִזְבַּח֙ יְהוָ֣ה אֱלֹהֶ֔יךָ וְהַבָּשָׂ֖ר תֹּאכֵֽל:

שְׁמֹ֣ר וְשָׁמַעְתָּ֗ אֵ֚ת כָּל־הַדְּבָרִ֣ים הָאֵ֔לֶּה אֲשֶׁ֛ר כח

מצווה תנ
איסור לעזוב את הלוי
באמצעות מניעת מתנותיו

מצווה תנא
מצוות שחיטה

מצווה תנב
איסור אכילת אבר
מן החי

מצווה תנג
מצוות הבאת
קודשים למקדש

אָנֹכִי מְצַוֶּךָּ לְמַעַן יִיטַב לְךָ וּלְבָנֶיךָ אַחֲרֶיךָ עַד־עוֹלָם כִּי תַעֲשֶׂה הַטּוֹב וְהַיָּשָׁר בְּעֵינֵי

יט דִּבְקִרְוָךְ, וְתֶחְדֵּי, קֳדָם יי אֱלָהָךְ, בְּכָל אוֹשָׁטוּת יְדָךְ: אִסְתְּמַר לָךְ, דִּלְמָא תְּרַחֵיק יָת לֵיוָאָה,
כ כָּל יוֹמָךְ עַל אַרְעָךְ: אֲרֵי יַפְתֵּי יי אֱלָהָךְ יָת תְּחוּמָךְ כְּמָא דְּמַלֵּיל לָךְ, וְתֵימַר אֵיכוּל בִּסְרָא, אֲרֵי
כא תִתְרְעֵי נַפְשָׁךְ לְמֵיכַל בִּסְרָא, בְּכָל רְעוּת נַפְשָׁךְ תֵּיכוּל בִּסְרָא: אֲרֵי יִתְרַחַק מִנָּךְ אַתְרָא, דְּיִתְרְעֵי,
יי אֱלָהָךְ לְאַשְׁרָאָה שְׁכִינְתֵיהּ תַּמָּן, וְתִכּוֹס מִתּוֹרָךְ וּמֵעָנָךְ, דִּיהַב יי לָךְ, כְּמָא דְּפַקֵּידְתָּךְ, וְתֵיכוּל
כב בְּקִרְוָךְ, בְּכָל רְעוּת נַפְשָׁךְ: בְּרַם, כְּמָא דְּמִתְאֲכִיל בְּסַר טַבְיָא וְאַיְלָא, כֵּן תֵּיכְלִנֵּיהּ, מְסָאֲבָא
כג וְדַכְיָא, כַּחְדָא יֵיכְלִנֵּיהּ: לְחוֹד תְּקַף, בְּדִיל דְּלָא לְמֵיכַל דְּמָא, אֲרֵי דְּמָא הוּא נַפְשָׁא, וְלָא תֵיכוּל
כד כה נַפְשָׁא עִם בִּסְרָא: לָא תֵיכְלִנֵּיהּ, עַל אַרְעָא תֵּישְׁדְּנֵיהּ כְּמַיָּא: לָא תֵיכְלִנֵּיהּ, בְּדִיל דְּיִיטַב לָךְ
כו וְלִבְנָךְ בָּתְרָךְ, אֲרֵי תַעֲבֵיד דְּכָשַׁר קֳדָם יי: לְחוֹד מַעְסַר קֻדְשָׁךְ, דִּיהוֹן לָךְ וְנִדְרָךְ, תִּטּוֹל וְתֵיתֵי,
כז לְאַתְרָא דְּיִתְרְעֵי יי: וְתַעֲבֵיד עֲלָוָתָךְ בִּסְרָא וּדְמָא, עַל מַדְבְּחָא דַּיי אֱלָהָךְ, וְדַם נִכְסַת קֻדְשָׁךְ,
כח יִשְׁתְּפֵיךְ עַל מַדְבְּחָא דַּיי אֱלָהָךְ, וּבִסְרָא תֵּיכוּל: טַר וּתְקַבֵּיל, יָת כָּל פִּתְגָּמַיָּא הָאִלֵּין, דַּאֲנָא
מְפַקֵּיד לָךְ, בְּדִיל דְּיִיטַב לָךְ, וְלִבְנָךְ בָּתְרָךְ עַד עָלְמָא, אֲרֵי תַעֲבֵיד דְּתָקֵין וּדְכָשַׁר, קֳדָם

יט| **הִשָּׁמֶר לְךָ.** לִתֵּן לֹא תַעֲשֶׂה עַל הַדָּבָר: **עַל אַדְמָתֶךָ.** אֲבָל בַּגּוֹלָה אֵינְךָ מֻזְהָר עָלָיו יוֹתֵר מֵעֲנִיֵּי יִשְׂרָאֵל:

כ| **כִּי יַרְחִיב וְגוֹ'.** לִמְּדָה תוֹרָה דֶּרֶךְ אֶרֶץ, שֶׁלֹּא יִתְאַוֶּה אָדָם לֶאֱכֹל בָּשָׂר אֶלָּא מִתּוֹךְ רַחֲבַת יָדַיִם וָעֹשֶׁר: **בְּכָל אַוַּת נַפְשְׁךָ וְגוֹ'.** אֲבָל בַּמִּדְבָּר נֶאֱסַר לָהֶם בְּשַׂר חֻלִּין, אֶלָּא אִם כֵּן מַקְדִּישָׁהּ וּמַקְרִיבָהּ שְׁלָמִים:

כא| **כִּי יִרְחַק מִמְּךָ הַמָּקוֹם.** וְלֹא תוּכַל לָבוֹא וְלַעֲשׂוֹת שְׁלָמִים בְּכָל יוֹם, כְּמוֹ עַכְשָׁיו שֶׁהַמִּשְׁכָּן הוֹלֵךְ עִמָּכֶם: **וְזָבַחְתָּ... כַּאֲשֶׁר צִוִּיתִךָ.** לִמְּדָנוּ שֶׁיֵּשׁ צִוּוּי בִּזְבִיחָה הֵיאַךְ יִשְׁחֹט, וְהֵן הִלְכוֹת שְׁחִיטָה שֶׁנֶּאֶמְרוּ לְמֹשֶׁה בְּסִינַי:

כב| **אַךְ כַּאֲשֶׁר יֵאָכֵל אֶת הַצְּבִי וְגוֹ'.** אֵינְךָ מֻזְהָר לְאָכְלָן בְּטָהֳרָה. אִי מָה צְבִי וְאַיִל חֶלְבָּן מֻתָּר אַף חֻלִּין חֶלְבָּן מֻתָּר? תַּלְמוּד לוֹמַר: "אַךְ":

כג| **רַק חֲזַק לְבִלְתִּי אֲכֹל הַדָּם.** מִמַּה שֶּׁנֶּאֱמַר "חֲזַק" אַתָּה לָמֵד שֶׁהָיוּ שְׁטוּפִים בַּדָּם לְאָכְלוֹ, לְפִיכָךְ הֻצְרַךְ לוֹמַר "חֲזַק", דִּבְרֵי רַבִּי יְהוּדָה. רַבִּי שִׁמְעוֹן בֶּן עַזַּאי אוֹמֵר: לֹא בָּא הַכָּתוּב אֶלָּא לְהַזְהִירְךָ וּלְלַמֶּדְךָ עַד כַּמָּה אַתָּה צָרִיךְ לְהִתְחַזֵּק בַּמִּצְוֹת, אִם הַדָּם שֶׁהוּא קַל לְהִשָּׁמֵר מִמֶּנּוּ, שֶׁאֵין אָדָם מִתְאַוֶּה לוֹ, הֻצְרַךְ לְחַזֶּקְךָ בְּאַזְהָרָתוֹ, קַל וָחֹמֶר לִשְׁאָר מִצְוֹת: **וְלֹא תֹאכַל הַנֶּפֶשׁ עִם הַבָּשָׂר.** אַזְהָרָה לְאֵבֶר מִן הַחַי:

כד| **לֹא תֹּאכְלֶנּוּ.** אַזְהָרָה לְדַם הַתַּמְצִית:

כה| **לֹא תֹּאכְלֶנּוּ.** אַזְהָרָה לְדַם הָאֵבָרִים: **לְמַעַן יִיטַב לְךָ וְגוֹ'.** צֵא וּלְמַד מַתַּן שְׂכָרָן שֶׁל מִצְוֹת, אִם הַדָּם שֶׁנַּפְשׁוֹ שֶׁל אָדָם קָצָה מִמֶּנּוּ, הַפּוֹרֵשׁ מִמֶּנּוּ זוֹכֶה לוֹ וּלְבָנָיו אַחֲרָיו, קַל וָחֹמֶר לְגָזֵל וַעֲרָיוֹת שֶׁנַּפְשׁוֹ שֶׁל אָדָם מִתְאַוָּה לָהֶם:

כו| **רַק קָדָשֶׁיךָ.** אַף עַל פִּי שֶׁאַתָּה מֻתָּר לִשְׁחֹט חֻלִּין, לֹא הִתַּרְתִּי לְךָ לִשְׁחֹט אֶת הַקֳּדָשִׁים וּלְאָכְלָן בִּשְׁעָרֶיךָ בְּלֹא הַקְרָבָה, אֶלָּא הֲבִיאֵם לְבֵית הַבְּחִירָה:

כז| **וְעָשִׂיתָ עֹלֹתֶיךָ.** אִם עוֹלוֹת הֵן, תֵּן "הַבָּשָׂר וְהַדָּם" עַל גַּבֵּי הַמִּזְבֵּחַ, וְאִם זִבְחֵי שְׁלָמִים הֵם, "דַּם זְבָחֶיךָ יִשָּׁפֵךְ" עַל הַמִּזְבֵּחַ תְּחִלָּה, וְאַחַר כָּךְ "וְהַבָּשָׂר תֹּאכֵל". וְעוֹד דָּרְשׁוּ רַבּוֹתֵינוּ, "רַק קָדָשֶׁיךָ", שֶׁבָּא לְלַמֵּד עַל הַקֳּדָשִׁים שֶׁבְּחוּצָה לָאָרֶץ, וּלְלַמֵּד עַל הַתְּמוּרוֹת וְעַל וַלְדוֹת קָדָשִׁים שֶׁיַּקְרִיבוּ:

כח| **שְׁמֹר.** זוֹ מִשְׁנָה, שֶׁאַתָּה צָרִיךְ לְשָׁמְרָהּ בְּבִטְנְךָ

שלישי
יְהוָה אֱלֹהֶיךָ׃ כִּי־יַכְרִית יְהוָה כט
אֱלֹהֶיךָ אֶת־הַגּוֹיִם אֲשֶׁר אַתָּה בָא־שָׁמָּה
לָרֶשֶׁת אוֹתָם מִפָּנֶיךָ וְיָרַשְׁתָּ אֹתָם וְיָשַׁבְתָּ
בְּאַרְצָם׃ הִשָּׁמֶר לְךָ פֶּן־תִּנָּקֵשׁ אַחֲרֵיהֶם ל
אַחֲרֵי הִשָּׁמְדָם מִפָּנֶיךָ וּפֶן־תִּדְרֹשׁ לֵאלֹהֵיהֶם
לֵאמֹר אֵיכָה יַעַבְדוּ הַגּוֹיִם הָאֵלֶּה אֶת־
אֱלֹהֵיהֶם וְאֶעֱשֶׂה־כֵּן גַּם־אָנִי׃ לֹא־תַעֲשֶׂה לא
כֵן לַיהוָה אֱלֹהֶיךָ כִּי כָל־תּוֹעֲבַת יְהוָה אֲשֶׁר
שָׂנֵא עָשׂוּ לֵאלֹהֵיהֶם כִּי גַם אֶת־בְּנֵיהֶם
וְאֶת־בְּנֹתֵיהֶם יִשְׂרְפוּ בָאֵשׁ לֵאלֹהֵיהֶם׃ אֵת א יג
כָּל־הַדָּבָר אֲשֶׁר אָנֹכִי מְצַוֶּה אֶתְכֶם אֹתוֹ
תִשְׁמְרוּ לַעֲשׂוֹת לֹא־תֹסֵף עָלָיו וְלֹא תִגְרַע
מִמֶּנּוּ׃

מצווה תנד-תנה
איסור הוספה על המצוות ועל פירושן
איסור גריעה מן המצוות ומפירושן

כִּי־יָקוּם בְּקִרְבְּךָ נָבִיא אוֹ חֹלֵם חֲלוֹם וְנָתַן ב
אֵלֶיךָ אוֹת אוֹ מוֹפֵת׃ וּבָא הָאוֹת וְהַמּוֹפֵת ג
אֲשֶׁר־דִּבֶּר אֵלֶיךָ לֵאמֹר נֵלְכָה אַחֲרֵי אֱלֹהִים
אֲחֵרִים אֲשֶׁר לֹא־יְדַעְתָּם וְנָעָבְדֵם׃ לֹא ד
תִשְׁמַע אֶל־דִּבְרֵי הַנָּבִיא הַהוּא אוֹ אֶל־
חוֹלֵם הַחֲלוֹם הַהוּא כִּי מְנַסֶּה יְהוָה אֱלֹהֵיכֶם
אֶתְכֶם לָדַעַת הֲיִשְׁכֶם אֹהֲבִים אֶת־יְהוָה
אֱלֹהֵיכֶם בְּכָל־לְבַבְכֶם וּבְכָל־נַפְשְׁכֶם׃ אַחֲרֵי ה

מצווה תנו
איסור לשמוע למתנבא בשם עבודה זרה

יְהוָה אֱלֹהֵיכֶם תֵּלֵכוּ וְאֹתוֹ תִירָאוּ וְאֶת־מִצְוֹתָיו תִּשְׁמֹרוּ וּבְקֹלוֹ תִשְׁמָעוּ וְאֹתוֹ תַעֲבֹדוּ

כט יְיָ אֱלָהָךְ: אֲרֵי יְשֵׁיצֵי יְיָ אֱלָהָךְ יָת עַמְמַיָּא, דְּאַתְּ עָלֵיל לְתַמָּן, לְמֵירַת יָתְהוֹן מִן קֳדָמָךְ, וְתֵירַת
ל יָתְהוֹן, וְתֵיתֵיב בְּאַרְעֲהוֹן: אִסְתְּמַר לָךְ, דִּלְמָא תִתְּקֵיל בָּתְרֵיהוֹן, בָּתַר דְּיִשְׁתֵּיצוֹן מִן קֳדָמָךְ,
וְדִלְמָא תִתְבַּע לְטָעֲוָתְהוֹן לְמֵימַר, אֵיכְדֵין פָּלְחִין, עַמְמַיָּא הָאִלֵּין יָת טָעֲוָתְהוֹן, וְאַעֲבֵיד כֵּן אַף
לא אֲנָא: לָא תַעֲבֵיד כֵּן, קֳדָם יְיָ אֱלָהָךְ, אֲרֵי כָל דִּמְרַחַק קֳדָם יְיָ דְּסָנֵי, עָבְדִין לְטָעֲוָתְהוֹן, אֲרֵי אַף
יג א יָת בְּנֵיהוֹן וְיָת בְּנָתְהוֹן, מוֹקְדִין בְּנוּרָא לְטָעֲוָתְהוֹן: יָת כָּל פִּתְגָּמָא, דַּאֲנָא מְפַקֵּיד יָתְכוֹן, יָתֵיהּ
ב תִּטְּרוּן לְמֶעֱבַד, לָא תֵיסְפוּן עֲלוֹהִי, וְלָא תִמְנְעוּן מִנֵּיהּ: אֲרֵי יְקוּם בֵּינָךְ נְבִיָּא, אוֹ חָלֵים חֶלְמָא,
ג וְיִתֵּין לָךְ, אָת אוֹ מוֹפֵת: וְיֵיתֵי אָתָא וּמוֹפְתָא, דְּמַלֵּיל עִמָּךְ לְמֵימַר, נְהָךְ, בָּתַר טָעֲוָת עַמְמַיָּא,
ד דְּלָא יְדַעְתָּנִין וְנִפְלְחִנִּין: לָא תְקַבֵּיל, לְפִתְגָּמֵי נְבִיָּא הַהוּא, אוֹ, מִן חָלֵים חֶלְמָא הַהוּא, אֲרֵי
ה מְנַסֵּי, יְיָ אֱלָהֲכוֹן יָתְכוֹן, לְמִדַּע, הַאִיתֵיכוֹן רָחֲמִין יָת יְיָ אֱלָהֲכוֹן, בְּכָל לִבְּכוֹן וּבְכָל נַפְשְׁכוֹן: בָּתַר
פָּלְחָנָא דַּייָ אֱלָהֲכוֹן, תְּהָכוּן וְיָתֵיהּ תִּדְחֲלוּן, וְיָת פִּקּוֹדוֹהִי תִּטְּרוּן וּלְמֵימְרֵיהּ תְּקַבְּלוּן, וּקְדָמוֹהִי

שֶׁלֹּא תִשָּׁכַח, כְּעִנְיָן שֶׁנֶּאֱמַר: "כִּי נָעִים כִּי תִשְׁמְרֵם בְּבִטְנֶךָ" (משלי כב, יח), וְאִם שָׁנִיתָ, אֶפְשָׁר שֶׁתִּשְׁמַע וּתְקַיֵּם. הָא כָּל שֶׁאֵינוֹ בִּכְלַל מִשְׁנָה אֵינוֹ בִּכְלַל מַעֲשֶׂה: **אֵת כָּל הַדְּבָרִים.** שֶׁתְּהֵא חֲבִיבָה עָלֶיךָ מִצְוָה קַלָּה כְּמִצְוָה חֲמוּרָה: **הַטּוֹב.** בְּעֵינֵי הַשָּׁמַיִם: **וְהַיָּשָׁר.** בְּעֵינֵי אָדָם:

ל) **פֶּן תִּנָּקֵשׁ.** אוּנְקְלוֹס תִּרְגֵּם לְשׁוֹן מוֹקֵשׁ. וַאֲנִי אוֹמֵר שֶׁלֹּא חָשׁ לְדַקְדֵּק בַּלָּשׁוֹן, שֶׁלֹּא מָצִינוּ נוּ"ן בִּלְשׁוֹן יוֹקֵשׁ, וַאֲפִלּוּ לִיסוֹד הַנּוֹפֵל מִמֶּנּוּ. אֲבָל בִּלְשׁוֹן טֵרוּף וְקִשְׁקוּשׁ מָצִינוּ נוּ"ן: "וְאַרְכֻבָּתֵהּ דָּא לְדָא נָקְשָׁן" (דניאל ה, ו). וְאַף זֶה אֲנִי אוֹמֵר, "פֶּן תִּנָּקֵשׁ אַחֲרֵיהֶם", פֶּן תִּטָּרֵף אַחֲרֵיהֶם לִהְיוֹת כָּרוּךְ אַחַר מַעֲשֵׂיהֶם. וְכֵן: "יְנַקֵּשׁ נוֹשֶׁה לְכָל אֲשֶׁר לוֹ" (תהלים קט, יא), מְקַלֵּל אֶת הָרָשָׁע לִהְיוֹת עָלָיו נוֹשִׁים רַבִּים, וְיִהְיוּ מַחֲזִירִין וּמְתַנַּקְּשִׁין אַחַר מָמוֹנוֹ: **אַחֲרֵי הִשָּׁמְדָם מִפָּנֶיךָ.** אַחַר שֶׁתִּרְאֶה שֶׁאֲשְׁמִידֵם מִפָּנֶיךָ, יֵשׁ לְךָ לָתֵת לֵב מִפְּנֵי מָה נִשְׁמְדוּ אֵלּוּ? מִפְּנֵי מַעֲשִׂים מְקֻלְקָלִים שֶׁבִּידֵיהֶם. אַף אַתָּה לֹא תַעֲשֶׂה כָךְ, שֶׁלֹּא יָבוֹאוּ אֲחֵרִים וְיַשְׁמִידוּךָ: **אֵיכָה יַעַבְדוּ.** לְפִי שֶׁלֹּא עָנַשׁ עַל עֲבוֹדָה זָרָה אֶלָּא עַל זִבּוּחַ וְקִטּוּר וְנִסּוּךְ וְהִשְׁתַּחֲוָאָה, כְּמוֹ שֶׁכָּתוּב: "בִּלְתִּי לַה' לְבַדּוֹ" (שמות כב, יט) – דְּבָרִים הַנַּעֲשִׂים לַגָּבוֹהַּ, בָּא וְלִמֶּדְךָ כָּאן שֶׁאִם דַּרְכָּהּ שֶׁל עֲבוֹדָה זָרָה לְעָבְדָהּ בְּדָבָר אַחֵר, כְּגוֹן פּוֹעֵר לִפְעוֹר וְזוֹרֵק אֶבֶן לְמַרְקוּלִיס, זוֹ הִיא עֲבוֹדָתוֹ וְחַיָּב, אֲבָל זִבּוּחַ וְקִטּוּר וְנִסּוּךְ וְהִשְׁתַּחֲוָאָה אֲפִלּוּ שֶׁלֹּא כְּדַרְכָּהּ חַיָּב:

לא) **כִּי גַם אֶת בְּנֵיהֶם.** "גַּם" לְרַבּוֹת אֶת אֲבוֹתֵיהֶם וְאִמּוֹתֵיהֶם. אָמַר רַבִּי עֲקִיבָא: אֲנִי רָאִיתִי גּוֹי שֶׁכְּפָתוֹ לְאָבִיו לִפְנֵי כַלְבּוֹ וַאֲכָלוֹ:

פרק יג

א) **אֵת כָּל הַדָּבָר.** קַלָּה כַּחֲמוּרָה: **תִּשְׁמְרוּ לַעֲשׂוֹת.** לִתֵּן לֹא תַעֲשֶׂה עַל עֲשֵׂה הָאֲמוּרִים בַּפָּרָשָׁה, שֶׁכָּל 'הִשָּׁמֶר' לְשׁוֹן לֹא תַעֲשֶׂה הוּא, אֶלָּא שֶׁאֵין לוֹקִין עַל 'הִשָּׁמֶר' שֶׁל עֲשֵׂה: **לֹא תֹסֵף עָלָיו.** חָמֵשׁ טוֹטָפוֹת, חֲמִשָּׁה מִינִין בַּלּוּלָב, אַרְבַּע בְּרָכוֹת בְּבִרְכַּת כֹּהֲנִים:

ב) **וְנָתַן אֵלֶיךָ אוֹת.** בַּשָּׁמַיִם, כְּעִנְיָן שֶׁנֶּאֱמַר בְּגִדְעוֹן: "וְעָשִׂיתָ לִּי אוֹת" (שופטים ו, יז), וְאוֹמֵר: "יְהִי נָא חֹרֶב אֶל הַגִּזָּה" וְגוֹ' (שם פסוק לט): **אוֹ מוֹפֵת.** בָּאָרֶץ אַף עַל פִּי כֵן לֹא תִשְׁמַע לוֹ. וְאִם תֹּאמַר: מִפְּנֵי מָה נוֹתֵן לוֹ הַקָּדוֹשׁ בָּרוּךְ הוּא מֶמְשָׁלָה לַעֲשׂוֹת אוֹת? "כִּי מְנַסֶּה ה' אֱלֹהֵיכֶם אֶתְכֶם" (להלן פסוק ד):

ה) **וְאֶת מִצְוֹתָיו תִּשְׁמֹרוּ.** תּוֹרַת מֹשֶׁה: **וּבְקֹלוֹ**

ו וּבוֹ תִדְבָּקוּן׃ וְהַנָּבִיא הַהוּא אוֹ חֹלֵם הַחֲלוֹם
הַהוּא יוּמָת כִּי דִבֶּר־סָרָה עַל־יְהוָה אֱלֹהֵיכֶם
הַמּוֹצִיא אֶתְכֶם ׀ מֵאֶרֶץ מִצְרַיִם וְהַפֹּדְךָ
מִבֵּית עֲבָדִים לְהַדִּיחֲךָ מִן־הַדֶּרֶךְ אֲשֶׁר
צִוְּךָ יְהוָה אֱלֹהֶיךָ לָלֶכֶת בָּהּ וּבִעַרְתָּ הָרָע
ז מִקִּרְבֶּךָ׃ כִּי יְסִיתְךָ אָחִיךָ בֶן־אִמֶּךָ
אוֹ־בִנְךָ אוֹ־בִתְּךָ אוֹ ׀ אֵשֶׁת חֵיקֶךָ אוֹ רֵעֲךָ
אֲשֶׁר כְּנַפְשְׁךָ בַּסֵּתֶר לֵאמֹר נֵלְכָה וְנַעַבְדָה
אֱלֹהִים אֲחֵרִים אֲשֶׁר לֹא יָדַעְתָּ אַתָּה
ח וַאֲבֹתֶיךָ׃ מֵאֱלֹהֵי הָעַמִּים אֲשֶׁר סְבִיבֹתֵיכֶם
הַקְּרֹבִים אֵלֶיךָ אוֹ הָרְחֹקִים מִמֶּךָּ מִקְצֵה
ט הָאָרֶץ וְעַד־קְצֵה הָאָרֶץ׃ לֹא־תֹאבֶה לוֹ וְלֹא
תִשְׁמַע אֵלָיו וְלֹא־תָחוֹס עֵינְךָ עָלָיו וְלֹא־
י תַחְמֹל וְלֹא־תְכַסֶּה עָלָיו׃ כִּי הָרֹג תַּהַרְגֶנּוּ
יָדְךָ תִּהְיֶה־בּוֹ בָרִאשׁוֹנָה לַהֲמִיתוֹ וְיַד כָּל־
יא הָעָם בָּאַחֲרֹנָה׃ וּסְקַלְתּוֹ בָאֲבָנִים וָמֵת כִּי
בִקֵּשׁ לְהַדִּיחֲךָ מֵעַל יְהוָה אֱלֹהֶיךָ הַמּוֹצִיאֲךָ
יב מֵאֶרֶץ מִצְרַיִם מִבֵּית עֲבָדִים׃ וְכָל־יִשְׂרָאֵל
יִשְׁמְעוּ וְיִרָאוּן וְלֹא־יוֹסִפוּ לַעֲשׂוֹת כַּדָּבָר
יג הָרָע הַזֶּה בְּקִרְבֶּךָ׃ כִּי־תִשְׁמַע
בְּאַחַת עָרֶיךָ אֲשֶׁר יְהוָה אֱלֹהֶיךָ נֹתֵן לְךָ

מצווה תנז-תסא
איסור לאהוב את המסית

האיסור לוותר על השנאה למסית

איסור להציל את המסית

איסור ללמד זכות על המסית

איסור למנוע לימוד חובה על המסית

מצווה תסב
איסור הסתה לעבודה זרה

לָשֶׁ֣בֶת שָׁ֣ם לֵאמֹֽר׃
יד יָֽצְא֞וּ אֲנָשִׁ֤ים בְּנֵֽי־בְלִיַּ֨עַל֙ מִקִּרְבֶּ֔ךָ וַיַּדִּ֛יחוּ אֶת־יֹשְׁבֵ֥י עִירָ֖ם לֵאמֹ֑ר נֵֽלְכָ֗ה

ו תִּפְלְחוּן וּלְדַחְלְתֵיהּ תִּתְקָרְבוּן: וּנְבִיָּא הַהוּא, אוֹ חָלֵים חֶלְמָא הַהוּא יִתְקְטִיל, אֲרֵי מַלֵּיל סָטְיָא,
עַל יי אֱלָהֲכוֹן, דְּאַפֵּיק יָתְכוֹן מֵאַרְעָא דְמִצְרַיִם, וּדְפַרְקָךְ מִבֵּית עַבְדוּתָא, לְאַטְעָיוּתָךְ מִן
ז אוֹרְחָא, דְּפַקְּדָךְ, יי אֱלָהָךְ לִמְהָךְ בַּהּ, וּתְפַלֵּי עָבֵיד דְּבִישׁ מִבֵּינָךְ: אֲרֵי יִמַלְכִנָּךְ, אֲחוּךְ בַּר אִמָּךְ,
אוֹ בְרָךְ אוֹ בְרַתָּךְ, אוֹ אִתַּת קְיָמָךְ, אוֹ חַבְרָךְ, דִּכְנַפְשָׁךְ בְּסִתְרָא לְמֵימַר, נְהָךְ, וְנִפְלַח לְטָעֲוַת
ח עַמְמַיָּא, דְּלָא יְדַעְתָּא, אַתְּ וַאֲבָהָתָךְ: מִטָּעֲוַת עַמְמַיָּא, דִּבְסַחְרָנֵיכוֹן, דְּקָרִיבִין לָךְ, אוֹ דְּרַחִיקִין
ט מִנָּךְ, מִסְּיָפֵי אַרְעָא וְעַד סְיָפֵי אַרְעָא: לָא תֵיבֵי לֵיהּ, וְלָא תְקַבֵּיל מִנֵּיהּ, וְלָא תְחוּס עֵינָךְ עֲלוֹהִי,
י וְלָא תְרַחֵים וְלָא תְכַסֵּי עֲלוֹהִי: אֲרֵי מִקְטָל תִּקְטְלִנֵּיהּ, יְדָךְ, תְּהֵי בֵיהּ בְּקַדְמֵיתָא לְמִקְטְלֵיהּ,
יא וִידָא דְּכָל עַמָּא בְּבָתְרֵיתָא: וְתִרְגְּמִנֵּיהּ בְּאַבְנַיָּא וִימוּת, אֲרֵי בְעָא, לְאַטְעָיוּתָךְ מִדַּחְלְתָא דַּיי
יב אֱלָהָךְ, דְּאַפְּקָךְ, מֵאַרְעָא דְמִצְרַיִם מִבֵּית עַבְדוּתָא: וְכָל יִשְׂרָאֵל, יִשְׁמְעוּן וְיִדְחֲלוּן, וְלָא יֵיסְפוּן
יג לְמֶעְבַּד, כְּפִתְגָּמָא בִישָׁא, הָדֵין בֵּינָךְ: אֲרֵי תִשְׁמַע בְּחַדָא מִן קִרְוָךְ, דַּיי אֱלָהָךְ, יָהֵיב לָךְ, לְמִתַּב
יד תַּמָּן לְמֵימַר: נְפַקוּ, גֻּבְרִין בְּנֵי רִשְׁעָא מִבֵּינָךְ, וְאַטְעִיאוּ, יָת יָתְבֵי קַרְתְּהוֹן לְמֵימַר, נְהָךְ,

תִּשְׁמָעוּ. בְּקוֹל הַנְּבִיאִים: וְאֹתוֹ תַעֲבֹדוּ. בְּמִקְדָּשׁוֹ: וּבוֹ תִדְבָּקוּן. הִדָּבֵק בִּדְרָכָיו: גְּמוֹל חֲסָדִים, קְבֹר מֵתִים, בַּקֵּר חוֹלִים, כְּמוֹ שֶׁעָשָׂה הַקָּדוֹשׁ בָּרוּךְ הוּא:

ו| סָרָה. דָּבָר הַמּוּסָר מִן הָעוֹלָם, שֶׁלֹּא הָיָה וְלֹא נִבְרָא וְלֹא צִוִּיתִיו לְדַבֵּר כֵּן, דישטולוד"א בְּלַעַז: וְהַפֹּדְךָ מִבֵּית עֲבָדִים. אֲפִלּוּ אֵין לוֹ עָלֶיךָ אֶלָּא שֶׁפְּדָאֲךָ, דַּיּוֹ:

ז| כִּי יְסִיתְךָ. אֵין הֲסָתָה אֶלָּא גֵרוּי, שֶׁנֶּאֱמַר: "אִם ה' הֱסִיתְךָ בִי" (שמואל א' כו, יט), אמיטר"א בְּלַעַז, שֶׁמַּשִּׂיאוֹ לַעֲשׂוֹת כֵּן: אָחִיךָ. מֵאָב, אוֹ "בֶן אִמֶּךָ", מֵאֵם: חֵיקֶךָ. הַשּׁוֹכֶבֶת בְּחֵיקְךָ וּמְחַקָּה בָּךְ, אפיקייד"א בְּלַעַז, וְכֵן: "וּמֵחֵיק הָאָרֶץ" (יחזקאל מג, יד), מִיסוֹד הַתָּקוּעַ בָּאָרֶץ: אֲשֶׁר כְּנַפְשְׁךָ. זֶה אָבִיךָ. פֵּרַשׁ לְךָ הַכָּתוּב אֶת הַחֲבִיבִין לְךָ, קַל וָחֹמֶר לַאֲחֵרִים: בַּסֵּתֶר. דִּבֶּר הַכָּתוּב בַּהֹוֶה, שֶׁאֵין דִּבְרֵי מֵסִית אֶלָּא בַּסֵּתֶר, וְכֵן שְׁלֹמֹה הוּא אוֹמֵר: "בְּנֶשֶׁף בְּעֶרֶב יוֹם בְּאִישׁוֹן לַיְלָה וַאֲפֵלָה" (משלי ז, ט): אֲשֶׁר לֹא יָדַעְתָּ אַתָּה וַאֲבֹתֶיךָ. דָּבָר זֶה גְּנַאי גָּדוֹל הוּא לְךָ, שֶׁאַף הָאֻמּוֹת אֵין מַנִּיחִין מַה שֶּׁמָּסְרוּ לָהֶם אֲבוֹתֵיהֶם, וְזֶה אוֹמֵר לְךָ: עֲזֹב מַה שֶּׁמָּסְרוּ לְךָ אֲבוֹתֶיךָ:

ח| הַקְּרֹבִים אֵלֶיךָ אוֹ הָרְחֹקִים. לָמָּה פֵּרַט קְרוֹבִים וּרְחוֹקִים? אֶלָּא כָּךְ אָמַר הַכָּתוּב: מִטִּיבָן שֶׁל קְרוֹבִים אַתָּה לָמֵד טִיבָן שֶׁל רְחוֹקִים, כְּשֵׁם שֶׁאֵין מַמָּשׁ בַּקְּרוֹבִים כָּךְ אֵין מַמָּשׁ בָּרְחוֹקִים: מִקְצֵה הָאָרֶץ. זוֹ חַמָּה וּלְבָנָה וּצְבָא הַשָּׁמַיִם, שֶׁהֵן מְהַלְּכִין מִסּוֹף הָעוֹלָם וְעַד סוֹפוֹ:

ט| לֹא תֹאבֶה לוֹ. לֹא תְהֵא תָאֵב לוֹ, לֹא תֶאֱהָבֶנּוּ, לְפִי שֶׁנֶּאֱמַר: "וְאָהַבְתָּ לְרֵעֲךָ כָּמוֹךָ" (ויקרא יט, יח), אֶת זֶה לֹא תֶאֱהַב: וְלֹא תִשְׁמַע אֵלָיו. בְּהִתְחַנְּנוֹ עַל נַפְשׁוֹ לִמְחֹל לוֹ, לְפִי שֶׁנֶּאֱמַר: "עָזֹב תַּעֲזֹב עִמּוֹ" (שמות כג, ה), לָזֶה לֹא תַעֲזֹב: וְלֹא תָחוֹס עֵינְךָ עָלָיו. לְפִי שֶׁנֶּאֱמַר: "לֹא תַעֲמֹד עַל דַּם רֵעֶךָ" (ויקרא יט, טז), עַל זֶה לֹא תָחוֹס: וְלֹא תַחְמֹל. לֹא תְהַפֵּךְ בִּזְכוּתוֹ: וְלֹא תְכַסֶּה עָלָיו. אִם אַתָּה יוֹדֵעַ לוֹ חוֹבָה, אֵינְךָ רַשַּׁאי לִשְׁתֹּק:

י| כִּי הָרֹג תַּהַרְגֶנּוּ. אִם יָצָא מִבֵּית דִּין זַכַּאי הַחֲזִירֵהוּ לְחוֹבָה, יָצָא מִבֵּית דִּין חַיָּב אַל תַּחֲזִירֵהוּ לִזְכוּת: יָדְךָ תִּהְיֶה בּוֹ בָרִאשׁוֹנָה. מִצְוָה בְּיַד הַנִּסָּת לַהֲמִיתוֹ. לֹא מֵת בְּיָדוֹ – יָמוּת בְּיַד אֲחֵרִים, שֶׁנֶּאֱמַר: "וְיַד כָּל הָעָם" וְגוֹ':

יג-יד| לָשֶׁבֶת שָׁם. פְּרָט לִירוּשָׁלַיִם שֶׁלֹּא נִתְּנָה לְדִירָה: בְּנֵי בְלִיַּעַל. בְּלִי עֹל, שֶׁפָּרְקוּ עֻלּוֹ שֶׁל

וְנַעַבְדָה אֱלֹהִים אֲחֵרִים אֲשֶׁר לֹא־יְדַעְתֶּם׃
טו וְדָרַשְׁתָּ וְחָקַרְתָּ וְשָׁאַלְתָּ הֵיטֵב וְהִנֵּה אֱמֶת

מצווה תסג מצווה לחקור את העדים

נָכוֹן הַדָּבָר נֶעֶשְׂתָה הַתּוֹעֵבָה הַזֹּאת בְּקִרְבֶּךָ׃
טז הַכֵּה תַכֶּה אֶת־יֹשְׁבֵי הָעִיר הַהִוא לְפִי־חָרֶב
הַחֲרֵם אֹתָהּ וְאֶת־כָּל־אֲשֶׁר־בָּהּ וְאֶת־בְּהֶמְתָּהּ
יז לְפִי־חָרֶב׃ וְאֶת־כָּל־שְׁלָלָהּ תִּקְבֹּץ אֶל־תּוֹךְ
רְחֹבָהּ וְשָׂרַפְתָּ בָאֵשׁ אֶת־הָעִיר וְאֶת־כָּל־
שְׁלָלָהּ כָּלִיל לַיהוָה אֱלֹהֶיךָ וְהָיְתָה תֵּל עוֹלָם

מצווה תסד-תסה מצווה לשרוף את העיר הנידחת ולהרוג את אנשיה
איסור בניית עיר הנידחת

יח לֹא תִבָּנֶה עוֹד׃ וְלֹא־יִדְבַּק בְּיָדְךָ מְאוּמָה מִן־
הַחֵרֶם לְמַעַן יָשׁוּב יְהוָה מֵחֲרוֹן אַפּוֹ וְנָתַן־לְךָ
רַחֲמִים וְרִחַמְךָ וְהִרְבֶּךָ כַּאֲשֶׁר נִשְׁבַּע לַאֲבֹתֶיךָ׃

מצווה תסו איסור הנאה מממון עיר הנידחת

יט כִּי תִשְׁמַע בְּקוֹל יְהוָה אֱלֹהֶיךָ לִשְׁמֹר אֶת־
כָּל־מִצְוֺתָיו אֲשֶׁר אָנֹכִי מְצַוְּךָ הַיּוֹם לַעֲשׂוֹת
יד א הַיָּשָׁר בְּעֵינֵי יְהוָה אֱלֹהֶיךָ׃ יב בָּנִים רביעי
אַתֶּם לַיהוָה אֱלֹהֵיכֶם לֹא תִתְגֹּדְדוּ וְלֹא־

מצווה תסז-תסח איסור התגודדות
איסור עשיית קרחת על המת

ב תָשִׂימוּ קָרְחָה בֵּין עֵינֵיכֶם לָמֵת׃ כִּי עַם קָדוֹשׁ
אַתָּה לַיהוָה אֱלֹהֶיךָ וּבְךָ בָּחַר יְהוָה לִהְיוֹת
לוֹ לְעַם סְגֻלָּה מִכֹּל הָעַמִּים אֲשֶׁר עַל־פְּנֵי
ג הָאֲדָמָה׃ לֹא תֹאכַל כָּל־תּוֹעֵבָה׃

מצווה תסט איסור אכילת קודשים שנפסלו

ד זֹאת הַבְּהֵמָה אֲשֶׁר תֹּאכֵלוּ שׁוֹר שֵׂה כְשָׂבִים
ה וְשֵׂה עִזִּים׃ אַיָּל וּצְבִי וְיַחְמוּר וְאַקּוֹ וְדִישֹׁן וּתְאוֹ

ראה

וְזָמֶר: וְכָל־בְּהֵמָה מַפְרֶסֶת פַּרְסָה וְשֹׁסַעַת שֶׁסַע שְׁתֵּי פְרָסוֹת מַעֲלַת גֵּרָה בַּבְּהֵמָה

טו וְנִפְלָח, לְטָעֲוָת עַמְמַיָּא דְּלָא יָדְעִתּוּן: וְתִתְבַּע וְתִבְדֹּק, וְתִשְׁאַל יָאוּת, וְהָא קֻשְׁטָא כֵּיוָן
טז פִּתְגָמָא, אִתְעֲבִידַת, תּוֹעֵיבְתָּא הָדָא בֵינָךְ: מִמְחָא תִּמְחֵי, יָת יָתְבֵי, קַרְתָּא הַהִיא לְפִתְגַם
יז דְּחָרֶב, גְּמַר יָתַהּ וְיָת כָּל דְּבַהּ, וְיָת בְּעִירַהּ לְפִתְגַם דְּחָרֶב: וְיָת כָּל עֲדָאָהּ, תִּכְנוֹשׁ לְגוֹ פְּתָאַהּ,
וְתוֹקִיד בְּנוּרָא, יָת קַרְתָּא וְיָת כָּל עֲדָאָהּ גְּמִיר, קֳדָם יְיָ אֱלָהָךְ, וּתְהֵי תֵּל חָרוּב לְעָלָם, לָא תִתְבְּנֵי
יח עוֹד: וְלָא יִדְבַּק בִּידָךְ, מִדַּעַם מִן חֶרְמָא, בְּדִיל דִּיתוּב יְיָ מִתְּקוֹף רָגְזֵיהּ, וְיִתֵּן לָךְ רַחֲמִין וִירַחֵים
יט עֲלָךְ וְיַסְגֵּינָךְ, כְּמָא דְּקַיֵּים לַאֲבָהָתָךְ: אֲרֵי תְקַבֵּיל, לְמֵימְרָא דַּייָ אֱלָהָךְ, לְמִטַּר יָת כָּל פִּקּוֹדוֹהִי,
יד א דַּאֲנָא מְפַקְּדָךְ יוֹמָא דֵין, לְמֶעֱבַּד דְּכָשַׁר, קֳדָם יְיָ אֱלָהָךְ: בְּנִין אַתּוּן, קֳדָם יְיָ אֱלָהֲכוֹן, לָא
ב תִתְחַמְּמוּן, וְלָא תְשַׁוּוֹן מְרַט, בֵּין עֵינֵיכוֹן עַל מִית: אֲרֵי עַם קַדִּישׁ אַתְּ, קֳדָם יְיָ אֱלָהָךְ, וּבָךְ אִתְרְעֵי
ג יְיָ, לְמֶהֱוֵי לֵיהּ לְעַם חַבִּיב, מִכָּל עַמְמַיָּא, דְּעַל אַפֵּי אַרְעָא: לָא תֵיכוּל כָּל דִּמְרַחָק: דֵּין בְּעִירָא
ה דְּתֵיכְלוּן, תּוֹרִין, אִמְּרִין דְּרַחְלִין וּגְדֵי דְעִזִּין: אַיָּלָא וְטַבְיָא וְיַחְמוּרָא, וְיַעְלָא וְרֵימָא וְתַרְבָּלָא
ו וְדֵיצָא: וְכָל בְּעִירָא דְּסִדְקָא פַּרְסָתַהּ, וּמַטִּלְפָן טִלְפִין תַּרְתֵּין פַּרְסָתַהּ, מַסְּקָא פִּשְׁרָא בִּבְעִירָא,

מָקוֹם: אֲנָשִׁים. וְלֹא נָשִׁים: יֹשְׁבֵי עִירָם. וְלֹא יוֹשְׁבֵי עִיר אַחֶרֶת, מִכָּאן אָמְרוּ: אֵין נַעֲשֵׂית עִיר הַנִּדַּחַת עַד שֶׁיַּדִּיחוּהָ אֲנָשִׁים, וְעַד שֶׁיִּהְיוּ מַדִּיחֶיהָ מִתּוֹכָהּ:

טו וְדָרַשְׁתָּ וְחָקַרְתָּ וְשָׁאַלְתָּ הֵיטֵב. מִכָּאן לָמְדוּ שֶׁבַע חֲקִירוֹת מֵרִבּוּי הַמִּקְרָא. כָּאן יֵשׁ שָׁלֹשׁ: דְּרִישָׁה וַחֲקִירָה וְ"הֵיטֵב". "וְשָׁאַלְתָּ" אֵינוֹ מִן הַמִּנְיָן, וּמִמֶּנּוּ לָמְדוּ בְּדִיקוֹת. וּבְמָקוֹם אַחֵר הוּא אוֹמֵר: "וְדָרְשׁוּ הַשֹּׁפְטִים הֵיטֵב" (להלן יט, יח). וּבְמָקוֹם אַחֵר הוּא אוֹמֵר: "וְדָרַשְׁתָּ הֵיטֵב" (להלן יז, ד), וְלָמְדוּ "הֵיטֵב" "הֵיטֵב" לִגְזֵרָה שָׁוָה, לִתֵּן הָאָמוּר שֶׁל זֶה בָּזֶה:

טז הַכֵּה תַכֶּה. אִם אֵינְךָ יָכוֹל לַהֲמִיתָם בַּמִּיתָה הַכְּתוּבָה בָּהֶם, הֲמִיתֵם בְּאַחֶרֶת:

יז לַה׳ אֱלֹהֶיךָ. לִשְׁמוֹ וּבִשְׁבִילוֹ:

יח לְמַעַן יָשׁוּב ה׳ מֵחֲרוֹן אַפּוֹ. שֶׁכָּל זְמַן שֶׁעֲבוֹדָה זָרָה בָּעוֹלָם, חֲרוֹן אַף בָּעוֹלָם:

פרק יד

א לֹא תִתְגֹּדְדוּ. לֹא תִּתְּנוּ גְּדִידָה וְשֶׂרֶט בִּבְשַׂרְכֶם עַל מֵת כְּדֶרֶךְ שֶׁהָאֱמוֹרִיִּים עוֹשִׂין, לְפִי שֶׁאַתֶּם בָּנָיו שֶׁל מָקוֹם, וְאַתֶּם רְאוּיִין לִהְיוֹת נָאִים וְלֹא

גְּדוּדִים וּמְקֹרָחִים. אֲנָשִׁים. אֶצְל הַפְּדַחַת, וּבְמָקוֹם אַחֵר הוּא אוֹמֵר: "לֹא יִקְרְחוּ קָרְחָה בְּרֹאשָׁם" (ויקרא כא, ה), לַעֲשׂוֹת כָּל הָרֹאשׁ כְּבֵין הָעֵינַיִם:

ב כִּי עַם קָדוֹשׁ אַתָּה. קְדֻשַּׁת עַצְמְךָ מֵאֲבוֹתֶיךָ, וְעוֹד: "וּבְךָ בָּחַר ה׳":

ג כָּל תּוֹעֵבָה. כָּל שֶׁתִּעַבְתִּי לְךָ, כְּגוֹן צָרַם אֹזֶן בְּכוֹר כְּדֵי לְשָׁחֲטוֹ בַּמְּדִינָה, הֲרֵי דָבָר שֶׁתִּעַבְתִּי לְךָ: "כָּל מוּם לֹא יִהְיֶה בּוֹ" (ויקרא כב, כא), בָּא וְלִמֵּד כָּאן שֶׁלֹּא יִשְׁחֹט וְיֹאכַל עַל אוֹתוֹ הַמּוּם. בְּשַׂר בְּחָלָב, הֲרֵי דָבָר שֶׁתִּעַבְתִּי לְךָ, הִזְהִיר כָּאן עַל אֲכִילָתוֹ:

ד-ה זֹאת הַבְּהֵמָה... אַיָּל וּצְבִי וְיַחְמוּר. לָמַדְנוּ שֶׁהַחַיָּה בִּכְלַל בְּהֵמָה, וְלָמַדְנוּ שֶׁהַבְּהֵמָה וְחַיָּה טְמֵאָה מְרֻבָּה מִן הַטְּהוֹרָה, שֶׁבְּכָל מָקוֹם פּוֹרֵט אֶת הַמּוּעָט. וְאַקּוֹ. מְתַרְגֵּם: "יַעֲלָא", "יַעֲלֵי סֶלַע" הוּא אשטנבו״ק. וּתְאוֹ. "תּוּרְבָּלָא", שׁוֹר הַיַּעַר, "בָּאלָ״א" - יַעַר בִּלְשׁוֹן אֲרַמִּי:

ו מַפְרֶסֶת. סְדוּקָה, כְּתַרְגּוּמוֹ: פַּרְסָה. פלנט״א: וְשֹׁסַעַת. חֲלוּקָה בִּשְׁתֵּי צִפָּרְנַיִם, שֶׁיֵּשׁ סְדוּקָה

יד

ז אֹתָהּ תֹּאכֵלוּ: אַךְ אֶת־זֶה לֹא תֹאכְלוּ מִמַּעֲלֵי
הַגֵּרָה וּמִמַּפְרִיסֵי הַפַּרְסָה הַשְּׁסוּעָה אֶת־הַגָּמָל
וְאֶת־הָאַרְנֶבֶת וְאֶת־הַשָּׁפָן כִּי־מַעֲלֵה גֵרָה
הֵמָּה וּפַרְסָה לֹא הִפְרִיסוּ טְמֵאִים הֵם לָכֶם:
ח וְאֶת־הַחֲזִיר כִּי־מַפְרִיס פַּרְסָה הוּא וְלֹא גֵרָה
טָמֵא הוּא לָכֶם מִבְּשָׂרָם לֹא תֹאכֵלוּ וּבְנִבְלָתָם
ט לֹא תִגָּעוּ: אֶת־זֶה תֹּאכְלוּ מִכֹּל
אֲשֶׁר בַּמָּיִם כֹּל אֲשֶׁר־לוֹ סְנַפִּיר וְקַשְׂקֶשֶׂת
י תֹּאכֵלוּ: וְכֹל אֲשֶׁר אֵין־לוֹ סְנַפִּיר וְקַשְׂקֶשֶׂת לֹא
יא תֹאכֵלוּ טָמֵא הוּא לָכֶם: כָּל־צִפּוֹר

מצווה תע
מצוות בדיקת סימני העוף

יב טְהֹרָה תֹּאכֵלוּ: וְזֶה אֲשֶׁר לֹא־תֹאכְלוּ מֵהֶם
יג הַנֶּשֶׁר וְהַפֶּרֶס וְהָעָזְנִיָּה: וְהָרָאָה וְאֶת־הָאַיָּה
יד טו וְהַדַּיָּה לְמִינָהּ: וְאֵת כָּל־עֹרֵב לְמִינוֹ: וְאֵת בַּת
הַיַּעֲנָה וְאֶת־הַתַּחְמָס וְאֶת־הַשָּׁחַף וְאֶת־הַנֵּץ
טז לְמִינֵהוּ: אֶת־הַכּוֹס וְאֶת־הַיַּנְשׁוּף וְהַתִּנְשָׁמֶת:
יז יח וְהַקָּאָת וְאֶת־הָרָחָמָה וְאֶת־הַשָּׁלָךְ: וְהַחֲסִידָה
יט וְהָאֲנָפָה לְמִינָהּ וְהַדּוּכִיפַת וְהָעֲטַלֵּף: וְכֹל

מצווה תעא
איסור אכילת שרץ העוף

כ שֶׁרֶץ הָעוֹף טָמֵא הוּא לָכֶם לֹא יֵאָכֵלוּ: כָּל־
כא עוֹף טָהוֹר תֹּאכֵלוּ: לֹא־תֹאכְלוּ כָל־נְבֵלָה לַגֵּר

מצווה תעב
איסור אכילת נבלה

אֲשֶׁר־בִּשְׁעָרֶיךָ תִּתְּנֶנָּה וַאֲכָלָהּ אוֹ מָכֹר לְנָכְרִי

כִּ֣י עַ֤ם קָדוֹשׁ֙ אַתָּ֔ה לַיהוָ֖ה אֱלֹהֶ֑יךָ לֹא־תְבַשֵּׁ֥ל גְּדִ֖י בַּחֲלֵ֥ב אִמּֽוֹ׃

ז יָתַהּ תֵּיכְלוּן: בְּרַם יָת דֵּין, לָא תֵיכְלוּן מִמַּסְּקֵי פִשְׁרָא, וּמִסְּדִיקֵי פַּרְסְתָא מַטַּלְפֵי טִלְפַיָּא, יָת
גַּמְלָא, וְיָת אַרְנְבָא וְיָת טַבְזָא אֲרֵי מַסְּקֵי פִשְׁרָא אִנּוּן, וּפַרְסַתְהוֹן לָא סְדִיקָא, מְסָאֲבִין אִנּוּן
ח לְכוֹן: וְיָת חֲזִירָא, אֲרֵי סְדִיק פַּרְסְתָא הוּא וְלָא פָשַׁר, מְסָאַב הוּא לְכוֹן, מִבְּסַרְהוֹן לָא תֵיכְלוּן,
ט י וּבִנְבִילַתְהוֹן לָא תִקְרְבוּן: יָת דֵּין תֵּיכְלוּן, מִכֹּל דִּבְמַיָּא, כָּל דְּלֵיהּ, צִיצִין וְקַלְפִין תֵּיכְלוּן: וְכֹל
יא יב דְּלֵית לֵיהּ, צִיצִין וְקַלְפִין לָא תֵיכְלוּן, מְסָאַב הוּא לְכוֹן: כָּל צִפַּר דְּכֵי תֵּיכְלוּן: וְדֵין, דְּלָא תֵיכְלוּן
יג יד טו מִנְּהוֹן, נִשְׁרָא וְעָר וְעָזְיָא: וּבַת כַּנְפָא וְטָרְפִיתָא, וְדַיְתָא לִזְנַהּ: וְיָת כָּל עוֹרְבָא לִזְנֵיהּ: וְיָת בַּת
טז יז נַעֲמִיתָא, וְצִיצָא וְצִפַּר שַׁחְפָּא, וְנַצָּא לִזְנוֹהִי: וְקַדְיָא וְקִפּוּפָא וּבְוָתָא: וְקָתָא וִירַקְרֵיקָא
יח יט וְשָׁלֵינוּנָא: וְחַוָּרִיתָא, וְאִבּוּ לִזְנַהּ, וְנַגַּר טוּרָא וַעֲטַלֵּיפָא: וְכֹל רִחְשָׁא דְעוֹפָא, מְסָאַב הוּא לְכוֹן,
כ כא לָא יִתְאַכְלוּן: כָּל עוֹף דְּכֵי תֵּיכְלוּן: לָא תֵיכְלוּן כָּל נְבִילָא, לְתוֹתַב עָרֵל דִּבְקִרְוָךְ תִּתְּנִנַּהּ
וְיֵיכְלִנַּהּ, אוֹ תְזַבְּנִנַּהּ לְבַר עַמְמִין, אֲרֵי עַם קַדִּישׁ אַתְּ, קֳדָם יי אֱלָהָךְ, לָא תֵיכְלוּן בְּסַר בַּחֲלָב:

וְאֵינָהּ חֲלוּקָה בְּפַרְסוֹתֶיהָ – כְּגוֹן: וְהִיא טְמֵאָה: בַּבְּהֵמָה. מַשְׁמַע מַה שֶּׁנִּמְצָא בַּבְּהֵמָה אֱכֹל, מִכָּאן אָמְרוּ שֶׁהַשְּׁלִיל מֻתָּר בִּשְׁחִיטַת אִמּוֹ:

ז| הַשְּׁסוּעָה. בְּרִיָּה הִיא שֶׁיֵּשׁ לָהּ שְׁנֵי גַבִּין וּשְׁתֵּי שִׁדְרָאוֹת. אָמְרוּ רַבּוֹתֵינוּ: לָמָּה נִשְׁנוּ? בַּבְּהֵמָה מִפְּנֵי הַשְּׁסוּעָה וּבָעוֹפוֹת מִפְּנֵי הָרָאָה (להלן פסוק יג), שֶׁלֹּא נֶאֶמְרוּ בְּתוֹרַת כֹּהֲנִים:

ח| וּבְנִבְלָתָם לֹא תִגָּעוּ. רַבּוֹתֵינוּ פֵּרְשׁוּ: בָּרֶגֶל, שֶׁאָדָם חַיָּב לְטַהֵר אֶת עַצְמוֹ בָּרֶגֶל. יָכוֹל יְהִיוּ מֻזְהָרִים בְּכָל הַשָּׁנָה? תַּלְמוּד לוֹמַר: "אֱמֹר אֶל הַכֹּהֲנִים" וְגוֹ' (ויקרא כא, א), וּמַה טֻּמְאַת הַמֵּת חֲמוּרָה, כֹּהֲנִים מֻזְהָרִים וְאֵין יִשְׂרָאֵל מֻזְהָרִים, טֻמְאַת נְבֵלָה קַלָּה לֹא כָּל שֶׁכֵּן?

יא| כָּל צִפּוֹר טְהֹרָה תֹּאכֵלוּ. לְהַתִּיר מְשֻׁלַּחַת שֶׁבַּמְּצֹרָע:

יב| וְזֶה אֲשֶׁר לֹא תֹאכְלוּ. לֶאֱסֹר אֶת הַשְּׁחוּטָה:

יג| וְהָרָאָה וְאֶת הָאַיָּה וְגוֹ'. הִיא רָאָה, הִיא אַיָּה, הִיא דַּיָּה, וְלָמָּה נִקְרָא שְׁמָהּ 'רָאָה'? שֶׁרוֹאָה בְּיוֹתֵר. וְלָמָּה הִזְהִירְךָ בְּכָל שְׁמוֹתֶיהָ? שֶׁלֹּא לִתֵּן פִּתְחוֹן פֶּה לְבַעַל דִּין לַחְלֹק, שֶׁלֹּא יְהֵא הָאוֹסְרָהּ קוֹרֵא אוֹתָהּ 'רָאָה' וְהַבָּא לְהַתִּיר אוֹמֵר זוֹ 'דַּיָּה' שְׁמָהּ אוֹ 'אַיָּה' שְׁמָהּ, וְזוֹ לֹא אָסַר הַכָּתוּב. וּבָעוֹפוֹת פֵּרַט לְךָ הַטְּמֵאִים, לְלַמֶּדְךָ שֶׁעוֹפוֹת טְהוֹרִים מְרֻבִּים עַל הַטְּמֵאִים, לְפִיכָךְ פֵּרַט אֶת הַמּוּעָט:

טז| הַתִּנְשָׁמֶת. קלב"א סוריי"ן:

יז| שָׁלָךְ. הַשּׁוֹלֶה דָּגִים מִן הַיָּם:

יח| דּוּכִיפַת. הוּא תַּרְנְגוֹל הַבָּר, וּבְלַעַז הרופ"א וְכַרְבָּלְתּוֹ כְּפוּלָה:

יט| שֶׁרֶץ הָעוֹף. הֵם הַנְּמוּכִים הָרוֹחֲשִׁים עַל הָאָרֶץ, כְּגוֹן זְבוּבִים וּצְרָעִים וַחֲגָבִים טְמֵאִים, הֵם קְרוּיִים 'שֶׁרֶץ':

כ| כָּל עוֹף טָהוֹר תֹּאכֵלוּ. וְלֹא אֶת הַטָּמֵא, בָּא לִתֵּן עֲשֵׂה עַל לֹא תַעֲשֶׂה; וְכֵן בַּבְּהֵמָה: "אֹתָהּ תֹּאכֵלוּ" (לעיל פסוק ו) וְלֹא בְּהֵמָה טְמֵאָה; לָאו הַבָּא מִכְּלַל עֲשֵׂה עֲשֵׂה, לַעֲבֹר עֲלֵיהֶם בַּעֲשֵׂה וְלֹא תַעֲשֶׂה:

כא| לַגֵּר אֲשֶׁר בִּשְׁעָרֶיךָ. גֵּר תּוֹשָׁב שֶׁקִּבֵּל עָלָיו שֶׁלֹּא לַעֲבֹד עֲבוֹדָה זָרָה וְאוֹכֵל נְבֵלוֹת: כִּי עַם קָדוֹשׁ אַתָּה לַה'. קַדֵּשׁ אֶת עַצְמְךָ בַּמֻּתָּר לְךָ, דְּבָרִים הַמֻּתָּרִים וַאֲחֵרִים נוֹהֲגִים בָּהֶם אִסּוּר אַל תַּתִּירֵם בִּפְנֵיהֶם: לֹא תְבַשֵּׁל גְּדִי. שָׁלֹשׁ פְּעָמִים

דברים

יד

חמישי
מצווה תעג
מצוות הפרשת
מעשר שני

כב עַשֵּׂ֣ר תְּעַשֵּׂ֔ר אֵ֖ת כׇּל־תְּבוּאַ֣ת זַרְעֶ֑ךָ הַיֹּצֵ֥א
כג הַשָּׂדֶ֖ה שָׁנָ֥ה שָׁנָֽה׃ וְאָכַלְתָּ֞ לִפְנֵ֣י ׀ יְהֹוָ֣ה אֱלֹהֶ֗יךָ
בַּמָּק֣וֹם אֲשֶׁר־יִבְחַר֮ לְשַׁכֵּ֣ן שְׁמ֣וֹ שָׁם֒ מַעְשַׂ֤ר
דְּגָֽנְךָ֙ תִּֽירֹשְׁךָ֣ וְיִצְהָרֶ֔ךָ וּבְכֹרֹ֥ת בְּקָרְךָ֖ וְצֹאנֶ֑ךָ
לְמַ֣עַן תִּלְמַ֗ד לְיִרְאָ֛ה אֶת־יְהֹוָ֥ה אֱלֹהֶ֖יךָ כׇּל־
כד הַיָּמִֽים׃ וְכִֽי־יִרְבֶּ֨ה מִמְּךָ֜ הַדֶּ֗רֶךְ כִּ֣י לֹ֣א תוּכַל֮
שְׂאֵתוֹ֒ כִּֽי־יִרְחַ֤ק מִמְּךָ֙ הַמָּק֔וֹם אֲשֶׁ֣ר יִבְחַר֙
יְהֹוָ֣ה אֱלֹהֶ֔יךָ לָשׂ֥וּם שְׁמ֖וֹ שָׁ֑ם כִּ֥י יְבָרֶכְךָ֖
כה יְהֹוָ֥ה אֱלֹהֶֽיךָ׃ וְנָתַתָּ֖ה בַּכָּ֑סֶף וְצַרְתָּ֤ הַכֶּ֙סֶף֙
בְּיָ֣דְךָ֔ וְהָֽלַכְתָּ֙ אֶל־הַמָּק֔וֹם אֲשֶׁ֥ר יִבְחַ֛ר יְהֹוָ֥ה
כו אֱלֹהֶ֖יךָ בּֽוֹ׃ וְנָתַתָּ֣ה הַכֶּ֡סֶף בְּכֹל֩ אֲשֶׁר־תְּאַוֶּ֨ה
נַפְשְׁךָ֜ בַּבָּקָ֣ר וּבַצֹּ֗אן וּבַיַּ֙יִן֙ וּבַשֵּׁכָ֔ר וּבְכֹ֛ל
אֲשֶׁ֥ר תִּֽשְׁאָלְךָ֖ נַפְשֶׁ֑ךָ וְאָכַ֣לְתָּ שָּׁ֗ם לִפְנֵי֙ יְהֹוָ֣ה
אֱלֹהֶ֔יךָ וְשָׂמַחְתָּ֖ אַתָּ֥ה וּבֵיתֶֽךָ׃ וְהַלֵּוִ֥י אֲשֶׁר־
כז בִּשְׁעָרֶ֖יךָ לֹ֣א תַֽעַזְבֶ֑נּוּ כִּ֣י אֵ֥ין ל֛וֹ חֵ֥לֶק וְנַחֲלָ֖ה
עִמָּֽךְ׃

מצווה תעד
מצוות הפרשת
מעשר עני

כח מִקְצֵ֣ה ׀ שָׁלֹ֣שׁ שָׁנִ֗ים תּוֹצִיא֙
אֶת־כׇּל־מַעְשַׂר֙ תְּבוּאָ֣תְךָ֔ בַּשָּׁנָ֖ה הַהִ֑וא וְהִנַּחְתָּ֖
כט בִּשְׁעָרֶֽיךָ׃ וּבָ֣א הַלֵּוִ֡י כִּ֣י אֵֽין־לוֹ֩ חֵ֨לֶק וְנַחֲלָ֜ה
עִמָּ֗ךְ וְ֠הַגֵּ֠ר וְהַיָּת֤וֹם וְהָֽאַלְמָנָה֙ אֲשֶׁ֣ר בִּשְׁעָרֶ֔יךָ
וְאָכְל֖וּ וְשָׂבֵ֑עוּ לְמַ֤עַן יְבָרֶכְךָ֙ יְהֹוָ֣ה אֱלֹהֶ֔יךָ בְּכׇל־

טו א מעשה ידך אשר תעשה: מקץ ששי
ב שבע־שנים תעשה שמטה: וזה דבר השמטה

כב כג עסרא תעסר, ית כל עללת זרעך, דיפיק חקלא שנא שנא: ותיכול, קדם יי אלהך, באתרא
דיתרעי לאשראה שכינתיה תמן, מעסר עבורך חמרך ומשחך, ובכורי תורך וענך, בדיל
כד דתילף, למדחל, קדם יי אלהך כל יומיא: וארי יסגי מנך אורחא, ארי לא תכול למטליה, ארי
כה יתרחק מנך אתרא, דיתרעי יי אלהך, לאשראה שכינתיה תמן, ארי יברכנך יי אלהך: ותתין
כו בכספא, ותצור כספא בידך, ותהך לאתרא, דיתרעי, יי אלהך ביה: ותתין כספא, בכל
דתתרעי נפשך בתורי ובענא, ובחמר חדת ועתיק, ובכל, דתשאלנך נפשך, ותיכול תמן, קדם
כז יי אלהך, ותחדי את ואנש ביתך: וליואה דבקרוך לא תרחקניה, ארי לית ליה, חולק ואחסנא
כח כט עמך: מסוף תלת שנין, תפיק ית כל מעסר עללתך, בשתא ההיא, ותצנע בקרוך: וייתי ליואה,
ארי לית ליה חולק ואחסנא עמך, וגיורא, ויתמא וארמלתא דבקרוך, וייכלון ויסבעון, בדיל
טו א ב דיברכנך יי אלהך, בכל עובדי ידך דתעביד: מסוף שבע שנין תעביד שמטתא: ודין פתגם

(שמות כג, יט; שם לד, כו), פְּרָט לְחַיָּה וּלְעוֹפוֹת וְלִבְהֵמָה טְמֵאָה:

כא-כב] לֹא תְבַשֵּׁל גְּדִי. עַשֵּׂר תְּעַשֵּׂר. מָה עִנְיָן זֶה אֵצֶל זֶה? אָמַר לָהֶם הַקָּדוֹשׁ בָּרוּךְ הוּא לְיִשְׂרָאֵל: אַל תִּגְרְמוּ לִי לְבַשֵּׁל גְּדָיִים שֶׁל תְּבוּאָה עַד שֶׁהֵן בִּמְעֵי אִמּוֹתֵיהֶן, שֶׁאִם אֵין אַתֶּם מְעַשְּׂרִים מַעַשְׂרוֹת כָּרָאוּי, כְּשֶׁהוּא סָמוּךְ לְהִתְבַּשֵּׁל אֲנִי מוֹצִיא רוּחַ קָדִים וְהִיא מְשַׁדַּפְתָּן, שֶׁנֶּאֱמַר: "וּשְׁדֵפָה לִפְנֵי קָמָה" (מלכים ב' יט, כו), וְכֵן לְעִנְיַן בִּכּוּרִים: שָׁנָה שָׁנָה. מִכָּאן שֶׁאֵין מְעַשְּׂרִין מִן הֶחָדָשׁ עַל הַיָּשָׁן:

כג] וְאָכַלְתָּ וְגוֹ'. זֶה מַעֲשֵׂר שֵׁנִי, שֶׁכְּבָר לָמַדְנוּ לִתֵּן מַעֲשֵׂר אֶחָד לַלְוִיִּם, שֶׁנֶּאֱמַר: "כִּי תִקְחוּ מֵאֵת בְּנֵי יִשְׂרָאֵל" וְגוֹ' (במדבר יח, כו), וְנָתַן לָהֶם רְשׁוּת לְאָכְלוֹ בְּכָל מָקוֹם, שֶׁנֶּאֱמַר: "וַאֲכַלְתֶּם אֹתוֹ בְּכָל מָקוֹם" (שם פסוק לא), עַל כָּרְחֲךָ זֶה מַעֲשֵׂר אַחֵר הוּא:

כד] כִּי יְבָרֶכְךָ. שֶׁתְּהֵא הַתְּבוּאָה מְרֻבָּה לָשֵׂאת:

כו] בְּכֹל אֲשֶׁר תְּאַוֶּה נַפְשְׁךָ. כְּלָל: בַּבָּקָר וּבַצֹּאן וּבַיַּיִן וּבַשֵּׁכָר. פְּרָט: וּבְכֹל אֲשֶׁר תִּשְׁאָלְךָ נַפְשֶׁךָ. חָזַר וְכָלַל, מַה הַפְּרָט מְפֹרָשׁ וְלַד וַלָדוֹת הָאָרֶץ וְרָאוּי לְמַאֲכַל אָדָם וְכוּ':

כז] וְהַלֵּוִי... לֹא תַעַזְבֶנּוּ. מִלִּתֵּן לוֹ מַעֲשֵׂר רִאשׁוֹן: כִּי אֵין לוֹ חֵלֶק וְנַחֲלָה עִמָּךְ. יָצְאוּ לֶקֶט שִׁכְחָה וּפֵאָה וְהֶפְקֵר, שֶׁאַף הוּא יֵשׁ לוֹ חֵלֶק עִמְּךָ בָּהֶן כָּמוֹךָ, וְאֵינָן חַיָּבִין בְּמַעֲשֵׂר:

כח] מִקְצֵה שָׁלֹשׁ שָׁנִים. בָּא וְלִמֵּד שֶׁאִם הִשְׁהָה מַעַשְׂרוֹתָיו שֶׁל שָׁנָה רִאשׁוֹנָה וּשְׁנִיָּה לַשְּׁמִטָּה, שֶׁיְּבַעֲרֵם מִן הַבַּיִת בַּשְּׁלִישִׁית:

כט] וּבָא הַלֵּוִי. וְיִטֹּל מַעֲשֵׂר רִאשׁוֹן: וְהַגֵּר וְהַיָּתוֹם. וְיִטְּלוּ מַעֲשֵׂר שֵׁנִי, שֶׁהוּא שֶׁל עָנִי שֶׁל שָׁנָה זוֹ, וְלֹא תֹאכְלֶנּוּ אַתָּה בִּירוּשָׁלַיִם כְּדֶרֶךְ שֶׁנִּזְקַקְתָּ לֶאֱכֹל מַעֲשֵׂר שֵׁנִי שֶׁל שְׁתֵּי שָׁנִים: וְאָכְלוּ וְשָׂבֵעוּ. תֵּן לָהֶם כְּדֵי שָׂבְעָן, מִכָּאן אָמְרוּ: "אֵין פּוֹחֲתִין לֶעָנִי בַּגֹּרֶן" וְכוּ' (ספרי קי). וְאַתָּה הוֹלֵךְ לִירוּשָׁלַיִם בְּמַעֲשֵׂר שֶׁל שָׁנָה רִאשׁוֹנָה וּשְׁנִיָּה שֶׁהִשְׁהֵיתָ, וּמִתְוַדֶּה: "בִּעַרְתִּי הַקֹּדֶשׁ מִן הַבַּיִת" (להלן כו, יג) כְּמוֹ שֶׁמְּפֹרָשׁ בְּ'כִי תְכַלֶּה לַעְשֵׂר' (שם פסוק יב):

פרק טו

א] מִקֵּץ שֶׁבַע שָׁנִים. יָכוֹל שֶׁבַע שָׁנִים לְכָל מִלְוָה וּמִלְוָה? תַּלְמוּד לוֹמַר: "קָרְבָה שְׁנַת הַשֶּׁבַע" (להלן פסוק ט), וְאִם אַתָּה אוֹמֵר שֶׁבַע שָׁנִים לְכָל מִלְוָה

שָׁמוֹט כָּל־בַּעַל מַשֵּׁה יָדוֹ אֲשֶׁר יַשֶּׁה בְּרֵעֵהוּ
לֹא־יִגֹּשׂ אֶת־רֵעֵהוּ וְאֶת־אָחִיו כִּי־קָרָא
שְׁמִטָּה לַיהוָה: אֶת־הַנָּכְרִי תִּגֹּשׂ וַאֲשֶׁר ג
יִהְיֶה לְךָ אֶת־אָחִיךָ תַּשְׁמֵט יָדֶךָ: אֶפֶס כִּי לֹא ד
יִהְיֶה־בְּךָ אֶבְיוֹן כִּי־בָרֵךְ יְבָרֶכְךָ יְהוָה בָּאָרֶץ
אֲשֶׁר יְהוָה אֱלֹהֶיךָ נֹתֵן־לְךָ נַחֲלָה לְרִשְׁתָּהּ:
רַק אִם־שָׁמוֹעַ תִּשְׁמַע בְּקוֹל יְהוָה אֱלֹהֶיךָ ה
לִשְׁמֹר לַעֲשׂוֹת אֶת־כָּל־הַמִּצְוָה הַזֹּאת אֲשֶׁר
אָנֹכִי מְצַוְּךָ הַיּוֹם: כִּי־יְהוָה אֱלֹהֶיךָ בֵּרַכְךָ ו
כַּאֲשֶׁר דִּבֶּר־לָךְ וְהַעֲבַטְתָּ גּוֹיִם רַבִּים וְאַתָּה
לֹא תַעֲבֹט וּמָשַׁלְתָּ בְּגוֹיִם רַבִּים וּבְךָ לֹא
יג יִמְשֹׁלוּ: כִּי־יִהְיֶה בְךָ אֶבְיוֹן ז
מֵאַחַד אַחֶיךָ בְּאַחַד שְׁעָרֶיךָ בְּאַרְצְךָ אֲשֶׁר־
יְהוָה אֱלֹהֶיךָ נֹתֵן לָךְ לֹא תְאַמֵּץ אֶת־לְבָבְךָ
וְלֹא תִקְפֹּץ אֶת־יָדְךָ מֵאָחִיךָ הָאֶבְיוֹן: כִּי־ ח
פָתֹחַ תִּפְתַּח אֶת־יָדְךָ לוֹ וְהַעֲבֵט תַּעֲבִיטֶנּוּ
דֵּי מַחְסֹרוֹ אֲשֶׁר יֶחְסַר לוֹ: הִשָּׁמֶר לְךָ פֶּן־ ט
יִהְיֶה דָבָר עִם־לְבָבְךָ בְלִיַּעַל לֵאמֹר קָרְבָה
שְׁנַת־הַשֶּׁבַע שְׁנַת הַשְּׁמִטָּה וְרָעָה עֵינְךָ
בְּאָחִיךָ הָאֶבְיוֹן וְלֹא תִתֵּן לוֹ וְקָרָא עָלֶיךָ
אֶל־יְהוָה וְהָיָה בְךָ חֵטְא: נָתוֹן תִּתֵּן לוֹ י

מצווה תעה
איסור לתבוע חוב
שעברה עליו שביעית

מצווה תעו-תעז
לנגוש את הנכרי

מצווה להימנע
מתביעת חוב שעברה
עליו שביעית

מצווה תעח
איסור להימנע
מנתינת צדקה לעני

מצווה תעט
מצוות נתינת
צדקה לפי היכולת

מצווה תפ
איסור להימנע
מלהלוות לעני מפני
השמיטה

וְלֹא־יֵרַע לְבָבְךָ בְּתִתְּךָ לוֹ כִּי בִּגְלַל ׀ הַדָּבָר
הַזֶּה יְבָרֶכְךָ יְהוָה אֱלֹהֶיךָ בְּכָל־מַעֲשֶׂךָ וּבְכֹל

שְׁמִטְּתָא, דִּישַׁמֵּיט, כָּל גְּבַר מָרֵי רְשׁוּ, דְּיִרְשֵׁי בְּחַבְרֵיהּ, לָא יִתְבַּע מִן חַבְרֵיהּ וּמִן אֲחוּהִי, אֲרֵי
ג ד קְרָא שְׁמִטְּתָא קֳדָם יְיָ: מִן בַּר עַמְמִין תִּתְבַּע, וְדִיהֵי לָךְ, עִם אֲחוּךְ תַּשְׁמֵיט יְדָךְ: לְחוֹד, אֲרֵי,
לָא יְהֵי בָךְ מִסְכֵּינָא, אֲרֵי בָּרָכָא יְבָרְכִנָּךְ יְיָ, בְּאַרְעָא, דַּיְיָ אֱלָהָךְ, יָהֵיב לָךְ אַחְסָנָא לְמֵירְתַהּ:
ה לְחוֹד אִם קַבָּלָא תְקַבֵּיל, לְמֵימְרָא דַּיְיָ אֱלָהָךְ, לְמִטַּר לְמֶעְבַּד יָת כָּל תַּפְקֵידְתָּא הָדָא, דַּאֲנָא
ו מְפַקֵּיד לָךְ יוֹמָא דֵין: אֲרֵי יְיָ אֱלָהָךְ בָּרְכָךְ, כְּמָא דְּמַלֵּיל לָךְ, וְתוֹזֵיף לְעַמְמִין סַגִּיאִין, וְאַתְּ לָא
ז תְזִיף, וְתִשְׁלוֹט בְּעַמְמִין סַגִּיאִין, וּבָךְ לָא יִשְׁלְטוּן: אֲרֵי יְהֵי בָךְ מִסְכֵּינָא, חַד מֵאַחָךְ בַּחֲדָא מִן
קִרְוָךְ, בְּאַרְעָךְ, דַּיְיָ אֱלָהָךְ יָהֵיב לָךְ, לָא תְתַקֵּיף יָת לִבָּךְ, וְלָא תִקְפּוֹץ יָת יְדָךְ, מֵאֲחוּךְ מִסְכֵּינָא:
ח ט אֲרֵי מִפְתַּח תִּפְתַּח, יָת יְדָךְ לֵיהּ, וְאוֹזָפָא תוֹזְפִנֵּיהּ, כְּמִסַּת חֶסְרָנֵיהּ, דְּחַסִּיר לֵיהּ: אִסְתְּמַר לָךְ,
דִּלְמָא יְהֵי פִתְגָם עִם לִבָּךְ בְּרַשַׁע לְמֵימַר, קְרֵיבַת שַׁתָּא דִשְׁבִיעֵיתָא שַׁתָּא דִשְׁמִטְּתָא, וְתִבְאַשׁ
י עֵינָךְ, בַּאֲחוּךְ מִסְכֵּינָא, וְלָא תִתֵּין לֵיהּ, וְיִקְרֵי עֲלָךְ קֳדָם יְיָ, וִיהֵי בָךְ חוֹבָא: מִתַּן תִּתֵּין לֵיהּ,
וְלָא יִבְאַשׁ לִבָּךְ בְּמִתְּנָךְ לֵיהּ, אֲרֵי, בְּדִיל פִּתְגָמָא הָדֵין, יְבָרְכִנָּךְ יְיָ אֱלָהָךְ, בְּכָל עוֹבָדָךְ, וּבְכֹל

וּמַלְוֶה, לְהַלְוֹאת כָּל אֶחָד וְאֶחָד, הֵיאַךְ הָיָה קוֹרֵא? הָא לָמַדְתָּ שֶׁבַע שָׁנִים לְמִנְיַן הַשְּׁמִטִּים:

ב] **שָׁמוֹט כָּל בַּעַל מַשֵּׁה יָדוֹ.** שָׁמוֹט אֶת יָדוֹ שֶׁל כָּל בַּעַל מַשֶּׁה:

ד] **אֶפֶס כִּי לֹא יִהְיֶה בְּךָ אֶבְיוֹן.** וּלְהַלָּן הוּא אוֹמֵר: "כִּי לֹא יֶחְדַּל אֶבְיוֹן" (להלן פסוק יא)! אֶלָּא בִּזְמַן שֶׁאַתֶּם עוֹשִׂים רְצוֹנוֹ שֶׁל מָקוֹם, אֶבְיוֹנִים בַּאֲחֵרִים וְלֹא בָּכֶם, וּכְשֶׁאֵין אַתֶּם עוֹשִׂים רְצוֹנוֹ שֶׁל מָקוֹם אֶבְיוֹנִים בָּכֶם: **אֶבְיוֹן.** דַּל מֵעָנִי, וּלְשׁוֹן 'אֶבְיוֹן' שֶׁהוּא תָּאֵב לְכָל דָּבָר:

ה] **רַק אִם שָׁמוֹעַ תִּשְׁמַע.** אָז לֹא יִהְיֶה בְּךָ אֶבְיוֹן: **שָׁמוֹעַ תִּשְׁמַע.** שָׁמַע קִמְעָא, מַשְׁמִיעִין אוֹתוֹ הַרְבֵּה:

ו] **כַּאֲשֶׁר דִּבֶּר לָךְ.** וְהֵיכָן דִּבֶּר? "בָּרוּךְ אַתָּה בָּעִיר" (להלן כח, ג): **וְהַעֲבַטְתָּ גּוֹיִם.** יָכוֹל שֶׁתְּהֵא לֹוֶה מִזֶּה וּמַלְוֶה לָזֶה? תַּלְמוּד לוֹמַר: "וְאַתָּה לֹא תַעֲבֹט": **וּמָשַׁלְתָּ בְּגוֹיִם רַבִּים.** יָכוֹל גּוֹיִם אֲחֵרִים מוֹשְׁלִים עָלֶיךָ? תַּלְמוּד לוֹמַר: "וּבְךָ לֹא יִמְשֹׁלוּ":

ז] **כִּי יִהְיֶה בְךָ אֶבְיוֹן.** הַתָּאֵב תָּאֵב קוֹדֵם: **מֵאַחַד אַחֶיךָ.** אָחִיךָ מֵאָבִיךָ קוֹדֵם לְאָחִיךָ מֵאִמְּךָ: **שְׁעָרֶיךָ.** עֲנִיֵּי עִירְךָ קוֹדְמִים: **לֹא תְאַמֵּץ.** יֵשׁ לְךָ אָדָם שֶׁמִּצְטַעֵר אִם יִתֵּן אִם לֹא יִתֵּן, לְכָךְ נֶאֱמַר: "לֹא תְאַמֵּץ". יֵשׁ לְךָ אָדָם שֶׁפּוֹשֵׁט אֶת יָדוֹ וְקוֹפְצָהּ, לְכָךְ נֶאֱמַר: "וְלֹא תִקְפֹּץ": **מֵאָחִיךָ הָאֶבְיוֹן.** אִם לֹא תִּתֵּן לוֹ, סוֹפְךָ לִהְיוֹת אָחִיו שֶׁל אֶבְיוֹן:

ח] **פָּתֹחַ תִּפְתַּח.** אֲפִלּוּ כַּמָּה פְעָמִים: **כִּי פָתֹחַ תִּפְתַּח.** הֲרֵי 'כִּי' מְשַׁמֵּשׁ בִּלְשׁוֹן 'אֶלָּא': **וְהַעֲבֵט תַּעֲבִיטֶנּוּ.** אִם לֹא רָצָה בְּמַתָּנָה, תֵּן לוֹ בְּהַלְוָאָה: **דֵּי מַחְסֹרוֹ.** וְאִי אַתָּה מְצֻוֶּה לְעַשְּׁרוֹ: **אֲשֶׁר יֶחְסַר לוֹ.** אֲפִלּוּ סוּס לִרְכֹּב עָלָיו וְעֶבֶד לָרוּץ לְפָנָיו: **לוֹ.** זוֹ אִשָּׁה, וְכֵן הוּא אוֹמֵר: "אֶעֱשֶׂה לּוֹ עֵזֶר כְּנֶגְדּוֹ" (בראשית ב, יח):

ט] **וְקָרָא עָלֶיךָ.** יָכוֹל מִצְוָה? תַּלְמוּד לוֹמַר: "וְלֹא יִקְרָא" (להלן כד, טו): **וְהָיָה בְךָ חֵטְא.** מִכָּל מָקוֹם, אֲפִלּוּ לֹא יִקְרָא. אִם כֵּן לָמָּה נֶאֱמַר: "וְקָרָא עָלֶיךָ"? מְמַהֵר אֲנִי לִפָּרַע עַל יְדֵי הַקּוֹרֵא יוֹתֵר מִמִּי שֶׁאֵינוֹ קוֹרֵא:

י] **נָתוֹן תִּתֵּן לוֹ.** אֲפִלּוּ מֵאָה פְעָמִים: **לוֹ.** בֵּינוֹ וּבֵינְךָ: **כִּי בִּגְלַל הַדָּבָר.** אֲפִלּוּ אָמַרְתָּ לִתֵּן, אַתָּה נוֹטֵל שְׂכַר הָאֲמִירָה עִם שְׂכַר הַמַּעֲשֶׂה:

טו

יא מִשְׁלַח יָדֶךָ׃ כִּי לֹא־יֶחְדַּל אֶבְיוֹן מִקֶּרֶב הָאָרֶץ
עַל־כֵּן אָנֹכִי מְצַוְּךָ לֵאמֹר פָּתֹחַ תִּפְתַּח אֶת־יָדְךָ
יב לְאָחִיךָ לַעֲנִיֶּךָ וּלְאֶבְיֹנְךָ בְּאַרְצֶךָ׃ כִּי־
יִמָּכֵר לְךָ אָחִיךָ הָעִבְרִי אוֹ הָעִבְרִיָּה וַעֲבָדְךָ שֵׁשׁ
שָׁנִים וּבַשָּׁנָה הַשְּׁבִיעִת תְּשַׁלְּחֶנּוּ חָפְשִׁי מֵעִמָּךְ׃
יג וְכִי־תְשַׁלְּחֶנּוּ חָפְשִׁי מֵעִמָּךְ לֹא תְשַׁלְּחֶנּוּ רֵיקָם׃

מצווה תפא
איסור לשחרר עבד עברי בלי מתנות

יד הַעֲנֵיק תַּעֲנִיק לוֹ מִצֹּאנְךָ וּמִגָּרְנְךָ וּמִיִּקְבֶךָ אֲשֶׁר

מצווה תפב
מצווה להעניק מתנות לעבד עברי המשתחרר

טו בֵּרַכְךָ יְהוָה אֱלֹהֶיךָ תִּתֶּן־לוֹ׃ וְזָכַרְתָּ כִּי עֶבֶד
הָיִיתָ בְּאֶרֶץ מִצְרַיִם וַיִּפְדְּךָ יְהוָה אֱלֹהֶיךָ עַל־
טז כֵּן אָנֹכִי מְצַוְּךָ אֶת־הַדָּבָר הַזֶּה הַיּוֹם׃ וְהָיָה כִּי־
יֹאמַר אֵלֶיךָ לֹא אֵצֵא מֵעִמָּךְ כִּי אֲהֵבְךָ וְאֶת־
יז בֵּיתֶךָ כִּי־טוֹב לוֹ עִמָּךְ׃ וְלָקַחְתָּ אֶת־הַמַּרְצֵעַ
וְנָתַתָּה בְאָזְנוֹ וּבַדֶּלֶת וְהָיָה לְךָ עֶבֶד עוֹלָם וְאַף
יח לַאֲמָתְךָ תַּעֲשֶׂה־כֵּן׃ לֹא־יִקְשֶׁה בְעֵינֶךָ בְּשַׁלֵּחֲךָ
אֹתוֹ חָפְשִׁי מֵעִמָּךְ כִּי מִשְׁנֶה שְׂכַר שָׂכִיר עֲבָדְךָ
שֵׁשׁ שָׁנִים וּבֵרַכְךָ יְהוָה אֱלֹהֶיךָ בְּכֹל אֲשֶׁר
תַּעֲשֶׂה׃

שביעי

יט כָּל־הַבְּכוֹר אֲשֶׁר יִוָּלֵד בִּבְקָרְךָ וּבְצֹאנְךָ הַזָּכָר
תַּקְדִּישׁ לַיהוָה אֱלֹהֶיךָ לֹא תַעֲבֹד בִּבְכֹר שׁוֹרֶךָ
כ וְלֹא תָגֹז בְּכוֹר צֹאנֶךָ׃ לִפְנֵי יְהוָה אֱלֹהֶיךָ תֹּאכְלֶנּוּ

מצווה תפג-תפד
איסור עבודה בקודשים
איסור גזיזת קודשים

יא אוֹשָׁטוּת יְדָךְ: אֲרֵי, לָא יִפְסוּק מִסְכֵּינָא מִגּוֹ אַרְעָא, עַל כֵּן, אֲנָא מְפַקֵּיד לָךְ לְמֵימַר,
יב מִפְתַּח, תִּפְתַּח יָת יְדָךְ, לַאֲחוּךְ לְעַנְיָךְ, וּלְמִסְכֵּינָךְ בְּאַרְעָךְ: אֲרֵי יִזְדַּבַּן לָךְ אֲחוּךְ בַּר
יִשְׂרָאֵל, אוֹ בַּת יִשְׂרָאֵל, וְיִפְלְחִנָּךְ שֵׁית שְׁנִין, וּבְשַׁתָּא שְׁבִיעֵיתָא, תִּפְטְרִנֵּיהּ בַּר חוֹרִין
יג יד מֵעִמָּךְ: וַאֲרֵי תִפְטְרִנֵּיהּ בַּר חוֹרִין מֵעִמָּךְ, לָא תִפְטְרִנֵּיהּ רֵיקָן: אַפְרָשָׁא תַּפְרֵישׁ לֵיהּ, מֵעָנָךְ,
טו וּמֵאִדְּרָךְ וּמִמַּעֲצַרְתָּךְ, דְּבָרְכָךְ, יי אֱלָהָךְ תִּתֵּין לֵיהּ: וְתִדְכַּר, אֲרֵי עַבְדָּא הֲוֵיתָא בְּאַרְעָא
טז דְּמִצְרַיִם, וּפַרְקָךְ יי אֱלָהָךְ, עַל כֵּן, אֲנָא מְפַקֵּיד לָךְ, יָת פִּתְגָּמָא הָדֵין יוֹמָא דֵין: וִיהֵי אֲרֵי
יז יֵימַר לָךְ, לָא אֶפּוֹק מֵעִמָּךְ, אֲרֵי רָחֵמָךְ וְלֶאֱנָשׁ בֵּיתָךְ, אֲרֵי טָב לֵיהּ עִמָּךְ: וְתִסַּב יָת
יח מַרְצְעָא, וְתִתֵּין בְּאֻדְנֵיהּ וּבְדַשָּׁא, וִיהֵי לָךְ עֶבֶד פָּלַח לְעָלַם, וְאַף לְאַמְתָךְ תַּעֲבֵיד כֵּן: לָא
יִקְשֵׁי בְעֵינָךְ, בְּמִפְטְרָךְ יָתֵיהּ בַּר חוֹרִין מֵעִמָּךְ, אֲרֵי, עַל חַד תְּרֵין כַּאֲגַר אֲגִירָא, פַּלְחָךְ שֵׁית
יט שְׁנִין, וִיבָרְכִנָּךְ יי אֱלָהָךְ, בְּכֹל דְּתַעֲבֵיד: כָּל בֻּכְרָא, דְּיִתְיְלֵיד בְּתוֹרָךְ וּבְעָנָךְ דִּכְרִין, תַּקְדֵּישׁ
כ קֳדָם יי אֱלָהָךְ, לָא תִפְלַח בְּבֻכְרָא דְתוֹרָךְ, וְלָא תִגּוֹז בֻּכְרָא דְעָנָךְ: קֳדָם יי אֱלָהָךְ תֵּיכְלִנֵּיהּ

יא] **עַל כֵּן.** מִפְּנֵי כֵן: **לֵאמֹר.** עֵצָה לְטוֹבָתְךָ אֲנִי מַשִּׂיאֲךָ: **לְאָחִיךָ לַעֲנִיֶּךָ.** לְאֵי זֶה אָח? לֶעָנִי: **לַעֲנִיֶּךָ.** בְּיוּ"ד אֶחָד – לְשׁוֹן עָנִי אֶחָד הוּא, אֲבָל 'עֲנִיֶּיךָ' בִּשְׁנֵי יוּדִ"ין – שְׁנֵי עֲנִיִּים:

יב] **כִּי יִמָּכֵר לְךָ.** עַל יְדֵי אֲחֵרִים, בִּמְכָרוּהוּ בֵּית דִּין בִּגְנֵבָתוֹ הַכָּתוּב מְדַבֵּר. וַהֲרֵי כְּבָר נֶאֱמַר: "כִּי תִקְנֶה עֶבֶד עִבְרִי" (שמות כא, ב), וּבִמְכָרוּהוּ בֵּית דִּין הַכָּתוּב מְדַבֵּר? אֶלָּא מִפְּנֵי שְׁנֵי דְבָרִים שֶׁנִּתְחַדְּשׁוּ כָּאן: אֶחָד, שֶׁכָּתוּב "אוֹ הָעִבְרִיָּה" – אַף הִיא תֵּצֵא בְּשֵׁשׁ, וְלֹא שֶׁמְּכָרוּהָ בֵּית דִּין, שֶׁאֵין הָאִשָּׁה נִמְכֶּרֶת בִּגְנֵבָתָהּ, שֶׁנֶּאֱמַר "בִּגְנֵבָתוֹ" (שם כב, ב) וְלֹא 'בִּגְנֵבָתָהּ', אֶלָּא בִּקְטַנָּה שֶׁמְּכָרָהּ אָבִיהָ, וְלִמֵּד כָּאן שֶׁאִם יָצְאוּ שֵׁשׁ שָׁנִים קֹדֶם שֶׁתָּבִיא סִימָנִין – תֵּצֵא. וְעוֹד חִדֵּשׁ כָּאן: "הַעֲנֵיק תַּעֲנִיק":

יד] **הַעֲנֵיק תַּעֲנִיק.** לְשׁוֹן עֲדִי, בְּגַבַּהּ וּבְמַרְאִית הָעַיִן, דָּבָר שֶׁיְּהֵא נִכָּר שֶׁהֱטִיבוֹתָ לוֹ. וְיֵשׁ מְפָרְשִׁים לְשׁוֹן הַטְעָנָה עַל צַוָּארוֹ: **מִצֹּאנְךָ וּמִגָּרְנְךָ וּמִיִּקְבֶךָ.** יָכוֹל אֵין לִי אֶלָּא אֵלּוּ בִּלְבַד? תַּלְמוּד לוֹמַר: "אֲשֶׁר בֵּרַכְךָ", מִכָּל מַה שֶּׁבֵּרַכְךָ בּוֹרַאֲךָ. וְלָמָּה נֶאֶמְרוּ אֵלּוּ? מָה אֵלּוּ מְיֻחָדִים שֶׁהֵם בִּכְלַל בְּרָכָה, אַף כָּל שֶׁהוּא בִּכְלַל בְּרָכָה, יָצְאוּ פְּרָדוֹת. וְלָמְדוּ רַבּוֹתֵינוּ בְּמַסֶּכֶת קִדּוּשִׁין (דף יז ע"א) בִּגְזֵרָה שָׁוָה, כַּמָּה נוֹתֵן לוֹ מִכָּל מִין וָמִין:

טו] **וְזָכַרְתָּ כִּי עֶבֶד הָיִיתָ.** וְהֶעֱנַקְתִּי וְשָׁנִיתִי לְךָ מִבִּזַּת מִצְרַיִם וּבִזַּת הַיָּם, אַף אַתָּה הַעֲנֵק וּשְׁנֵה לוֹ:

יז] **עֶבֶד עוֹלָם.** יָכוֹל כְּמַשְׁמָעוֹ? תַּלְמוּד לוֹמַר: "וְשַׁבְתֶּם אִישׁ אֶל אֲחֻזָּתוֹ וְאִישׁ אֶל מִשְׁפַּחְתּוֹ תָּשֻׁבוּ" (ויקרא כה, י), הָא לָמַדְתָּ שֶׁאֵין זֶה אֶלָּא עוֹלָמוֹ שֶׁל יוֹבֵל: **וְאַף לַאֲמָתְךָ תַּעֲשֶׂה כֵּן.** הַעֲנֵק לָהּ. יָכוֹל אַף לִרְצִיעָה הִשְׁוָה הַכָּתוּב אוֹתָהּ? תַּלְמוּד לוֹמַר: "וְאִם אָמֹר יֹאמַר הָעֶבֶד" (שמות כא, ה), עֶבֶד נִרְצָע וְאֵין אָמָה נִרְצַעַת:

יח] **כִּי מִשְׁנֶה שְׂכַר שָׂכִיר.** מִכָּאן אָמְרוּ: עֶבֶד עִבְרִי עוֹבֵד בֵּין בַּיּוֹם וּבֵין בַּלַּיְלָה, וְזֶהוּ כִּפְלַיִם שֶׁבַּעֲבוֹדַת שְׂכִירֵי יוֹם. וּמַהוּ עֲבוֹדָתוֹ בַּלַּיְלָה? רַבּוֹ מוֹסֵר לוֹ שִׁפְחָה כְּנַעֲנִית וְהַוְּלָדוֹת לָאָדוֹן:

יט] **כָּל הַבְּכוֹר... תַּקְדִּישׁ.** וּבְמָקוֹם אַחֵר הוּא אוֹמֵר: "לֹא יַקְדִּישׁ אִישׁ אֹתוֹ" (ויקרא כז, כו)! אֵינוֹ מַקְדִּישׁוֹ לְקָרְבָּן אַחֵר, וְכָאן לִמֵּד שֶׁמִּצְוָה לוֹמַר: 'הֲרֵי אַתָּה קָדוֹשׁ לִבְכוֹרָה'. דָּבָר אַחֵר, אִי אֶפְשָׁר לוֹמַר "תַּקְדִּישׁ" שֶׁכְּבָר נֶאֱמַר "לֹא יַקְדִּישׁ", וְאִי אֶפְשָׁר לוֹמַר "לֹא יַקְדִּישׁ" שֶׁהֲרֵי כְּבָר נֶאֱמַר "תַּקְדִּישׁ", הָא כֵּיצַד? מַקְדִּישׁוֹ אַתָּה הֶקְדֵּשׁ עִלּוּי וְנוֹתֵן לַהֶקְדֵּשׁ כְּפִי טוֹבַת הֲנָאָה שֶׁבּוֹ: **לֹא תַעֲבֹד בִּבְכֹר שׁוֹרֶךָ וְלֹא תָגֹז וְגוֹ'.** אַף הַחִלּוּף לָמְדוּ רַבּוֹתֵינוּ שֶׁאָסוּר, אֶלָּא שֶׁדִּבֵּר הַכָּתוּב בַּהֹוֶה:

כ] **לִפְנֵי ה' אֱלֹהֶיךָ תֹאכְלֶנּוּ.** לַכֹּהֵן הוּא אוֹמֵר, שֶׁכְּבָר מָנִינוּ שֶׁהוּא מִמַּתְּנוֹת כְּהֻנָּה, אֶחָד תָּם וְאֶחָד בַּעַל מוּם, שֶׁנֶּאֱמַר: "וּבְשָׂרָם יִהְיֶה לָּךְ"

שָׁנָ֣ה בְשָׁנָ֔ה בַּמָּק֖וֹם אֲשֶׁר־יִבְחַ֣ר יְהוָ֑ה אַתָּ֖ה
כא וּבֵיתֶֽךָ׃ וְכִֽי־יִהְיֶ֨ה ב֜וֹ מ֗וּם פִּסֵּ֙חַ֙ א֣וֹ עִוֵּ֔ר כֹּ֖ל
כב מ֣וּם רָ֑ע לֹ֣א תִזְבָּחֶ֔נּוּ לַיהוָ֖ה אֱלֹהֶֽיךָ׃ בִּשְׁעָרֶ֖יךָ
תֹּאכְלֶ֑נּוּ הַטָּמֵ֤א וְהַטָּהוֹר֙ יַחְדָּ֔ו כַּצְּבִ֖י וְכָאַיָּֽל׃
כג רַ֥ק אֶת־דָּמ֖וֹ לֹ֣א תֹאכֵ֑ל עַל־הָאָ֥רֶץ תִּשְׁפְּכֶ֖נּוּ
כַּמָּֽיִם׃

טז א * שָׁמוֹר֙ אֶת־חֹ֣דֶשׁ הָֽאָבִ֔יב וְעָשִׂ֣יתָ פֶּ֔סַח לַיהוָ֖ה
אֱלֹהֶ֑יךָ כִּ֞י בְּחֹ֣דֶשׁ הָֽאָבִ֗יב הוֹצִ֨יאֲךָ֜ יְהוָ֧ה
ב אֱלֹהֶ֛יךָ מִמִּצְרַ֖יִם לָֽיְלָה׃ וְזָבַ֥חְתָּ פֶּ֛סַח לַיהוָ֥ה
אֱלֹהֶ֖יךָ צֹ֣אן וּבָקָ֑ר בַּמָּקוֹם֙ אֲשֶׁ֣ר יִבְחַ֣ר יְהוָ֔ה
ג לְשַׁכֵּ֥ן שְׁמ֖וֹ שָֽׁם׃ לֹא־תֹאכַ֤ל עָלָיו֙ חָמֵ֔ץ
שִׁבְעַ֥ת יָמִ֛ים תֹּֽאכַל־עָלָ֥יו מַצּ֖וֹת לֶ֣חֶם עֹ֑נִי
כִּ֣י בְחִפָּז֗וֹן יָצָ֙אתָ֙ מֵאֶ֣רֶץ מִצְרַ֔יִם לְמַ֣עַן תִּזְכֹּ֗ר
אֶת־י֤וֹם צֵֽאתְךָ֙ מֵאֶ֣רֶץ מִצְרַ֔יִם כֹּ֖ל יְמֵ֥י חַיֶּֽיךָ׃
ד וְלֹא־יֵרָאֶ֨ה לְךָ֥ שְׂאֹ֛ר בְּכָל־גְּבֻלְךָ֖ שִׁבְעַ֣ת יָמִ֑ים
וְלֹא־יָלִ֣ין מִן־הַבָּשָׂ֗ר אֲשֶׁ֨ר תִּזְבַּ֥ח בָּעֶ֛רֶב בַּיּ֥וֹם
ה הָרִאשׁ֖וֹן לַבֹּֽקֶר׃ לֹ֥א תוּכַ֖ל לִזְבֹּ֣חַ אֶת־הַפָּ֑סַח

מצווה תפה
איסור אכילת חמץ
בערב פסח אחר חצות

מצווה תפו
איסור להותיר קרבן חגיגה
עד היום השלישי

מצווה תפז
איסור הקרבת הפסח
בבמת יחיד

וְגוֹ׳ (במדבר יח, יח): **שָׁנָה בְשָׁנָה.** מִכָּאן שֶׁאֵין מְאַחֲרִין אוֹתוֹ יוֹתֵר עַל שְׁנָתוֹ. יָכוֹל יְהֵא פָּסוּל מִשֶּׁעָבְרָה שְׁנָתוֹ? כְּבָר הֻקַּשׁ לְמַעֲשֵׂר, שֶׁנֶּאֱמַר: "וְאָכַלְתָּ לִפְנֵי ה׳ אֱלֹהֶיךָ... מַעְשַׂר דְּגָנְךָ תִּירֹשְׁךָ וְיִצְהָרֶךָ וּבְכֹרֹת

כא שְׁנָא בִשְׁנָא, בְּאַתְרָא דְּיִתְרְעֵי יְיָ, אַתְּ וֶאֱנָשׁ בֵּיתָךְ: וַאֲרֵי יְהֵי בֵיהּ מוּמָא, חֲגִיר אוֹ עֲוִיר, כָּל
כב מוּם בִּישׁ, לָא תִכְּסִנֵּיהּ, קֳדָם יְיָ אֱלָהָךְ: בְּקִרְוָךְ תֵּיכְלִנֵּיהּ, מְסָאֲבָא וְדַכְיָא כַּחְדָא, כְּבִסַּר
טז כג א טַבְיָא וְאַיְלָא: לְחוֹד יָת דְּמֵיהּ לָא תֵיכוּל, עַל אַרְעָא תֵּישְׁדְנֵיהּ כְּמַיָּא: טַר יָת יַרְחָא דַאֲבִיבָא,
וְתַעֲבֵיד פִּסְחָא, קֳדָם יְיָ אֱלָהָךְ, אֲרֵי בְּיַרְחָא דַאֲבִיבָא, אַפְּקָךְ, יְיָ אֱלָהָךְ, מִמִּצְרַיִם וַעֲבַד לָךְ
ב נִסִּין בְּלֵילְיָא: וְתִכּוֹס פִּסְחָא, קֳדָם יְיָ אֱלָהָךְ מִן בְּנֵי עָנָא וְנִכְסַת קֻדְשַׁיָּא מִן תּוֹרֵי, בְּאַתְרָא
ג דְּיִתְרְעֵי יְיָ, לְאַשְׁרָאָה שְׁכִינְתֵיהּ תַּמָּן: לָא תֵיכוּל עֲלוֹהִי חֲמִיעַ, שִׁבְעָא יוֹמִין, תֵּיכוּל עֲלוֹהִי
פַּטִּירָא לְחֵים עַנְיֵי, אֲרֵי בִּבְהִילוּ, נְפַקְתָּא מֵאַרְעָא דְּמִצְרַיִם, בְּדִיל דְּתִדְכַּר, יָת יוֹם מִפְּקָךְ
ד מֵאַרְעָא דְּמִצְרַיִם, כָּל יוֹמֵי חַיָּךְ: וְלָא יִתַּחְזֵי לָךְ חֲמִיר, בְּכָל תְּחוּמָךְ שִׁבְעָא יוֹמִין, וְלָא
ה יְבִית מִן בִּסְרָא, דְּתִכּוֹס בְּרַמְשָׁא, בְּיוֹמָא קַדְמָאָה לְצַפְרָא: לֵית לָךְ רְשׁוּ לְמִכַּס יָת פִּסְחָא,

בְּקָרְךָ וְצֹאנֶךָ" (לעיל יד, כג), מַה מַּעֲשֵׂר שֵׁנִי אֵינוֹ נִפְסָל מִשָּׁנָה לַחֲבֶרְתָּהּ, אַף בְּכוֹר אֵינוֹ נִפְסָל, אֶלָּא שֶׁמִּצְוָה בְּתוֹךְ שְׁנָתוֹ: שָׁנָה בְשָׁנָה. אִם שְׁחָטוֹ בְּסוֹף שְׁנָתוֹ, אוֹכְלוֹ אוֹתוֹ הַיּוֹם וְיוֹם אֶחָד מִשָּׁנָה אַחֶרֶת, לִמֵּד שֶׁנֶּאֱכָל לִשְׁנֵי יָמִים וְלַיְלָה אֶחָד:

כא] **מוּם.** כְּלָל: **פִּסֵּחַ אוֹ עִוֵּר.** פְּרָט: **כֹּל מוּם רָע.** חָזַר וְכָלַל, מַה הַפְּרָט מְפֹרָשׁ מוּם הַגָּלוּי וְאֵינוֹ חוֹזֵר, אַף כָּל מוּם שֶׁבַּגָּלוּי וְאֵינוֹ חוֹזֵר:

כג] **רַק אֶת דָּמוֹ לֹא תֹאכֵל.** שֶׁלֹּא תֹאמַר: הוֹאִיל וְכֻלּוֹ הֻתַּר הַבָּא מִכְּלַל אִסּוּר הוּא, שֶׁהֲרֵי קָדוֹשׁ וְנִשְׁחָט בַּחוּץ בְּלֹא פִּדְיוֹן וְנֶאֱכָל, יָכוֹל יְהֵא אַף הַדָּם מֻתָּר? תַּלְמוּד לוֹמַר: "רַק אֶת דָּמוֹ לֹא תֹאכֵל":

פרק טז

א] **שָׁמוֹר אֶת חֹדֶשׁ הָאָבִיב.** מִקֹּדֶם בּוֹאוֹ שְׁמֹר שֶׁיְּהֵא רָאוּי לְאָבִיב, לְהַקְרִיב בּוֹ אֶת מִנְחַת הָעֹמֶר, וְאִם לָאו – עַבֵּר אֶת הַשָּׁנָה: **מִמִּצְרַיִם לָיְלָה.** וַהֲלֹא בַּיּוֹם יָצְאוּ, שֶׁנֶּאֱמַר: "מִמָּחֳרַת הַפֶּסַח יָצְאוּ בְנֵי יִשְׂרָאֵל" וְגוֹ' (במדבר לג, ג)? אֶלָּא לְפִי שֶׁבַּלַּיְלָה נָתַן לָהֶם פַּרְעֹה רְשׁוּת לָצֵאת, שֶׁנֶּאֱמַר: "וַיִּקְרָא לְמֹשֶׁה וּלְאַהֲרֹן לַיְלָה" וְגוֹ' (שמות יב, לא):

ב] **וְזָבַחְתָּ פֶּסַח לַה' אֱלֹהֶיךָ צֹאן.** שֶׁנֶּאֱמַר: "מִן הַכְּבָשִׂים וּמִן הָעִזִּים תִּקָּחוּ" (שמות יב, ה): **וּבָקָר.** תִּזְבַּח לַחֲגִיגָה, שֶׁאִם נִמְנוּ עַל הַפֶּסַח חֲבוּרָה מְרֻבָּה, מְבִיאִים עִמּוֹ חֲגִיגָה כְּדֵי שֶׁיְּהֵא נֶאֱכָל עַל הַשֹּׂבַע. וְעוֹד לָמְדוּ רַבּוֹתֵינוּ דְּבָרִים הַרְבֵּה מִפָּסוּק זֶה:

ג] **לֶחֶם עֹנִי.** לֶחֶם שֶׁמַּזְכִּיר אֶת הָעֹנִי שֶׁנִּתְעַנּוּ בְּמִצְרַיִם: **כִּי בְחִפָּזוֹן יָצָאתָ.** וְלֹא הִסְפִּיק בָּצֵק לְהַחֲמִיץ, וְזֶה יִהְיֶה לְךָ לְזִכָּרוֹן. וְחִפָּזוֹן לֹא שֶׁלְּךָ הָיָה אֶלָּא שֶׁל מִצְרַיִם, שֶׁכֵּן הוּא אוֹמֵר: "וַתֶּחֱזַק מִצְרַיִם עַל הָעָם" וְגוֹ' (שמות יב, לג): **לְמַעַן תִּזְכֹּר.** עַל יְדֵי אֲכִילַת הַפֶּסַח וְהַמַּצָּה "אֶת יוֹם צֵאתְךָ":

ד] **וְלֹא יָלִין מִן הַבָּשָׂר אֲשֶׁר תִּזְבַּח בָּעֶרֶב בַּיּוֹם הָרִאשׁוֹן לַבֹּקֶר.** אַזְהָרָה לַמּוֹתִיר בְּפֶסַח דּוֹרוֹת, לְפִי שֶׁלֹּא נֶאֱמַר אֶלָּא בְּפֶסַח מִצְרַיִם, וְיוֹם רִאשׁוֹן הָאָמוּר כָּאן הוּא אַרְבָּעָה עָשָׂר בְּנִיסָן, כְּמָה דְאַתְּ אָמַר: "אַךְ בַּיּוֹם הָרִאשׁוֹן תַּשְׁבִּיתוּ שְּׂאֹר מִבָּתֵּיכֶם" (שמות יב, טו). וּלְפִי שֶׁנִּסְתַּלֵּק הַכָּתוּב מֵעִנְיָנוֹ שֶׁל פֶּסַח וְהִתְחִיל לְדַבֵּר בְּחֻקּוֹת שִׁבְעַת יָמִים, כְּגוֹן: "שִׁבְעַת יָמִים תֹּאכַל עָלָיו מַצּוֹת", "וְלֹא יֵרָאֶה לְךָ שְׂאֹר בְּכָל גְּבֻלְךָ", הֻצְרַךְ לְפָרֵשׁ בְּאֵיזוֹ זְבִיחָה הוּא מַזְהִיר, שֶׁאִם כָּתַב: 'וְלֹא יָלִין מִן הַבָּשָׂר אֲשֶׁר תִּזְבַּח בָּעֶרֶב לַבֹּקֶר', הָיִיתִי אוֹמֵר, שְׁלָמִים הַנִּשְׁחָטִים כָּל שִׁבְעָה כֻּלָּן בְּבַל תּוֹתִירוּ וְאֵינָן נֶאֱכָלִין אֶלָּא לְיוֹם וָלַיְלָה, לְכָךְ כָּתַב: "בָּעֶרֶב בַּיּוֹם הָרִאשׁוֹן". דָּבָר אַחֵר, בַּחֲגִיגַת אַרְבָּעָה עָשָׂר הַכָּתוּב מְדַבֵּר, וְלִמֵּד עָלֶיהָ שֶׁנֶּאֱכֶלֶת לִשְׁנֵי יָמִים, וְ"הָרִאשׁוֹן" הָאָמוּר כָּאן – בְּיוֹם טוֹב הָרִאשׁוֹן הַכָּתוּב מְדַבֵּר, וְכֵן מַשְׁמָעוּת הַמִּקְרָא: בְּשַׂר חֲגִיגָה אֲשֶׁר תִּזְבַּח בָּעֶרֶב לֹא יָלִין בְּיוֹם טוֹב הָרִאשׁוֹן עַד בָּקְרוֹ שֶׁל שֵׁנִי, אֲבָל נֶאֱכֶלֶת הִיא בְּאַרְבָּעָה עָשָׂר וּבַחֲמִשָּׁה עָשָׂר. וְכָךְ הִיא שְׁנוּיָה בְּמַסֶּכֶת פְּסָחִים (דף עא ע"א – עא ע"ב):

בְּאַחַד שְׁעָרֶיךָ אֲשֶׁר־יְהוָה אֱלֹהֶיךָ נֹתֵן לָךְ׃
ו כִּי אִם־אֶל־הַמָּקוֹם אֲשֶׁר־יִבְחַר יְהוָה אֱלֹהֶיךָ
לְשַׁכֵּן שְׁמוֹ שָׁם תִּזְבַּח אֶת־הַפֶּסַח בָּעָרֶב כְּבוֹא
ז הַשֶּׁמֶשׁ מוֹעֵד צֵאתְךָ מִמִּצְרָיִם׃ וּבִשַּׁלְתָּ וְאָכַלְתָּ
בַּמָּקוֹם אֲשֶׁר יִבְחַר יְהוָה אֱלֹהֶיךָ בּוֹ וּפָנִיתָ
ח בַבֹּקֶר וְהָלַכְתָּ לְאֹהָלֶיךָ׃ שֵׁשֶׁת יָמִים תֹּאכַל
מַצּוֹת וּבַיּוֹם הַשְּׁבִיעִי עֲצֶרֶת לַיהוָה אֱלֹהֶיךָ לֹא
★ ט תַעֲשֶׂה מְלָאכָה׃ שִׁבְעָה
שָׁבֻעֹת תִּסְפָּר־לָךְ מֵהָחֵל חֶרְמֵשׁ בַּקָּמָה תָּחֵל
י לִסְפֹּר שִׁבְעָה שָׁבֻעוֹת׃ וְעָשִׂיתָ חַג שָׁבֻעוֹת לַיהוָה
אֱלֹהֶיךָ מִסַּת נִדְבַת יָדְךָ אֲשֶׁר תִּתֵּן כַּאֲשֶׁר יְבָרֶכְךָ
יא יְהוָה אֱלֹהֶיךָ׃ וְשָׂמַחְתָּ לִפְנֵי ׀ יְהוָה אֱלֹהֶיךָ אַתָּה
וּבִנְךָ וּבִתֶּךָ וְעַבְדְּךָ וַאֲמָתֶךָ וְהַלֵּוִי אֲשֶׁר בִּשְׁעָרֶיךָ
וְהַגֵּר וְהַיָּתוֹם וְהָאַלְמָנָה אֲשֶׁר בְּקִרְבֶּךָ בַּמָּקוֹם
יב אֲשֶׁר יִבְחַר יְהוָה אֱלֹהֶיךָ לְשַׁכֵּן שְׁמוֹ שָׁם׃ וְזָכַרְתָּ
כִּי־עֶבֶד הָיִיתָ בְּמִצְרָיִם וְשָׁמַרְתָּ וְעָשִׂיתָ אֶת־
הַחֻקִּים הָאֵלֶּה׃

מפטיר
יג חַג הַסֻּכֹּת תַּעֲשֶׂה לְךָ שִׁבְעַת יָמִים בְּאָסְפְּךָ

מצווה תפח
מצוות שמחה ברגלים
יד מִגָּרְנְךָ וּמִיִּקְבֶךָ׃ וְשָׂמַחְתָּ בְּחַגֶּךָ אַתָּה וּבִנְךָ וּבִתֶּךָ
וְעַבְדְּךָ וַאֲמָתֶךָ וְהַלֵּוִי וְהַגֵּר וְהַיָּתוֹם וְהָאַלְמָנָה

טו אֲשֶׁ֥ר בִּשְׁעָרֶֽיךָ׃ שִׁבְעַ֣ת יָמִ֗ים תָּחֹג֙ לַֽיהוָ֣ה
אֱלֹהֶ֔יךָ בַּמָּק֖וֹם אֲשֶׁר־יִבְחַ֣ר יְהוָ֑ה כִּ֣י יְבָרֶכְךָ֞

ו בַּחֲדָא מִן קִרְוָךְ, דַּיְיָ אֱלָהָךְ יָהֵיב לָךְ: אֱלָהֵין, בְּאַתְרָא, דְּיִתְרְעֵי יְיָ אֱלָהָךְ לְאַשְׁרָאָה שְׁכִינְתֵּיהּ,
ז תַּמָּן, תִּכּוֹס יָת פִּסְחָא בְּרַמְשָׁא, כְּמֵיעַל שִׁמְשָׁא, זְמַן מִפְּקָךְ מִמִּצְרָיִם: וּתְבַשֵּׁיל וְתֵיכוֹל,
ח בְּאַתְרָא, דְּיִתְרְעֵי, יְיָ אֱלָהָךְ בֵּיהּ, וְתִתְפְּנֵי בְּצַפְרָא, וּתְהָךְ לְמַשְׁכְּנָךְ: שִׁתָּא יוֹמִין תֵּיכוֹל פַּטִּירָא,
ט וּבְיוֹמָא שְׁבִיעָאָה, כְּנִישׁ קֳדָם יְיָ אֱלָהָךְ, לָא תַעֲבֵיד עֲבִידָא: שִׁבְעָא שָׁבוּעִין תִּמְנֵי לָךְ,
י מִשֵּׁירָיוּת מַגְּלָא בַּחֲצַד עֻמְרָא דַּאֲרָמוּתָא, תְּשָׁרֵי לְמִמְנֵי, שִׁבְעָא שָׁבוּעִין: וְתַעֲבֵיד, חַגָּא
יא דְּשָׁבוּעַיָּא קֳדָם יְיָ אֱלָהָךְ, מִסַּת, נִדְבַת יְדָךְ דְּתִתֵּין, כְּמָא דִּיבָרְכִנָּךְ יְיָ אֱלָהָךְ: וְתִחְדֵּי, קֳדָם יְיָ
אֱלָהָךְ, אַתְּ וּבְרָךְ וּבְרַתָּךְ וְעַבְדָּךְ וְאַמְתָךְ, וְלֵיוָאָה דִּבְקִרְוָךְ, וְגִיּוֹרָא, וְיַתְמָא וְאַרְמַלְתָּא דְּבֵינָךְ,
יב בְּאַתְרָא, דְּיִתְרְעֵי יְיָ אֱלָהָךְ, לְאַשְׁרָאָה שְׁכִינְתֵּיהּ תַּמָּן: וְתִדְכַּר, אֲרֵי עַבְדָּא הֲוֵיתָא בְּמִצְרָיִם,
יג וְתִטַּר וְתַעֲבֵיד, יָת קְיָמַיָּא הָאִלֵּין: חַגָּא דִּמְטַלַּיָּא, תַּעֲבֵיד לָךְ שִׁבְעָא יוֹמִין, בְּמִכְנְשָׁךְ, מֵאִדְּרָךְ
יד וּמִמַּעֲצַרְתָּךְ: וְתִחְדֵּי בְּחַגָּךְ, אַתְּ וּבְרָךְ וּבְרַתָּךְ וְעַבְדָּךְ וְאַמְתָךְ, וְלֵיוָאָה, וְגִיּוֹרָא, וְיַתְמָא
טו וְאַרְמַלְתָּא דִּבְקִרְוָךְ: שִׁבְעָא יוֹמִין, תֵּיחוֹג קֳדָם יְיָ אֱלָהָךְ, בְּאַתְרָא דְּיִתְרְעֵי יְיָ, אֲרֵי יְבָרְכִנָּךְ

ו) **בָּעֶרֶב כְּבוֹא הַשֶּׁמֶשׁ מוֹעֵד צֵאתְךָ מִמִּצְרָיִם.** הֲרֵי שְׁלֹשָׁה זְמַנִּים חֲלוּקִים: 'בָּעֶרֶב' מִשֵּׁשׁ שָׁעוֹת וּלְמַעְלָה זָבְחֵהוּ, וּ'כְבוֹא הַשֶּׁמֶשׁ' תֹּאכְלֵהוּ, וּ'מוֹעֵד צֵאתְךָ' אַתָּה שׂוֹרְפֵהוּ, כְּלוֹמַר נַעֲשָׂה נוֹתָר וְיֵצֵא לְבֵית הַשְּׂרֵפָה:

ז) **וּבִשַּׁלְתָּ.** זֶהוּ צְלִי אֵשׁ, שֶׁאַף הוּא קָרוּי בִּשּׁוּל: **וּפָנִיתָ בַבֹּקֶר.** לְבָקְרוֹ שֶׁל שֵׁנִי, מְלַמֵּד שֶׁטָּעוּן לִינָה לֵיל שֶׁל מוֹצָאֵי יוֹם טוֹב:

ח) **שֵׁשֶׁת יָמִים תֹּאכַל מַצּוֹת.** וּבְמָקוֹם אַחֵר הוּא אוֹמֵר: "שִׁבְעַת יָמִים" (שמות יב, טו)! שִׁבְעָה מִן הַיָּשָׁן וְשִׁשָּׁה מִן הֶחָדָשׁ. דָּבָר אַחֵר, לִמֵּד עַל אֲכִילַת מַצָּה בַּשְּׁבִיעִי שֶׁאֵינָהּ חוֹבָה, וּמִכָּאן אַתָּה לָמֵד לְשֵׁשֶׁת יָמִים, שֶׁהֲרֵי שְׁבִיעִי בִּכְלָל הָיָה וְיָצָא מִן הַכְּלָל לְלַמֵּד שֶׁאֵין אֲכִילַת מַצָּה בּוֹ חוֹבָה אֶלָּא רְשׁוּת, וְלֹא לְלַמֵּד עַל עַצְמוֹ יָצָא אֶלָּא לְלַמֵּד עַל הַכְּלָל כֻּלּוֹ יָצָא, מַה שְּׁבִיעִי רְשׁוּת אַף כֻּלָּם רְשׁוּת, חוּץ מִלַּיְלָה הָרִאשׁוֹן שֶׁהַכָּתוּב קְבָעוֹ חוֹבָה, שֶׁנֶּאֱמַר: "בָּעֶרֶב תֹּאכְלוּ מַצֹּת" (שמות יב, יח):

עֲצֶרֶת לַה' אֱלֹהֶיךָ. עֲצֹר עַצְמְךָ מִן הַמְּלָאכָה. דָּבָר אַחֵר, כְּנוּפְיָא שֶׁל מַאֲכָל וּמִשְׁתֶּה, לְשׁוֹן: "נַעְצְרָה נָּא אוֹתָךְ" (שופטים יג, טו):

ט) **מֵהָחֵל חֶרְמֵשׁ בַּקָּמָה.** מִשֶּׁנִּקְצַר הָעֹמֶר שֶׁהוּא רֵאשִׁית הַקָּצִיר:

י) **מִסַּת נִדְבַת יָדְךָ.** דֵּי נִדְבַת יָדְךָ, הַכֹּל לְפִי הַבְּרָכָה הָבֵא שַׁלְמֵי שִׂמְחָה וְקַדֵּשׁ קְרוּאִים לֶאֱכֹל:

יא) **וְהַלֵּוִי וְהַגֵּר וְהַיָּתוֹם וְהָאַלְמָנָה.** אַרְבָּעָה שֶׁלִּי כְּנֶגֶד אַרְבָּעָה שֶׁלְּךָ: "בִּנְךָ וּבִתֶּךָ וְעַבְדְּךָ וַאֲמָתֶךָ", אִם אַתָּה מְשַׂמֵּחַ אֶת שֶׁלִּי אֲנִי מְשַׂמֵּחַ אֶת שֶׁלְּךָ:

יב) **וְזָכַרְתָּ כִּי עֶבֶד הָיִיתָ וגו'.** עַל מְנָת כֵּן פְּדִיתִיךָ, שֶׁתִּשְׁמֹר וְתַעֲשֶׂה אֶת הַחֻקִּים הָאֵלֶּה:

יג) **בְּאָסְפְּךָ.** בִּזְמַן הָאָסִיף, שֶׁאַתָּה מַכְנִיס לַבַּיִת פֵּרוֹת הַקַּיִץ. דָּבָר אַחֵר, "בְּאָסְפְּךָ מִגָּרְנְךָ וּמִיִּקְבֶךָ", לִמֵּד שֶׁמְּסַכְּכִין אֶת הַסֻּכָּה בִּפְסֹלֶת גֹּרֶן וָיֶקֶב:

יְהוָה אֱלֹהֶיךָ בְּכָל־תְּבוּאָתְךָ וּבְכֹל מַעֲשֵׂה יָדֶיךָ
וְהָיִיתָ אַךְ שָׂמֵחַ: שָׁלוֹשׁ פְּעָמִים ׀ בַּשָּׁנָה יֵרָאֶה טז
כָל־זְכוּרְךָ אֶת־פְּנֵי ׀ יְהוָה אֱלֹהֶיךָ בַּמָּקוֹם אֲשֶׁר
יִבְחָר בְּחַג הַמַּצּוֹת וּבְחַג הַשָּׁבֻעוֹת וּבְחַג הַסֻּכּוֹת
וְלֹא יֵרָאֶה אֶת־פְּנֵי יְהוָה רֵיקָם: אִישׁ כְּמַתְּנַת יז
יָדוֹ כְּבִרְכַּת יְהוָה אֱלֹהֶיךָ אֲשֶׁר נָתַן־לָךְ:

מצווה תפט
מצווה להיראות בבית המקדש ברגלים

מצווה תצ
איסור עלייה לרגל בלא קרבן

ראה

הפטרת ראה

למנהג הספרדים קוראים הפטרה זו גם כשבשבת חל ערב ראש חודש אלול וגם כשחל בה ראש חודש אלול. ומוסיפים את הפסוק הראשון והאחרון של ההפטרות המיוחדות לימים אלה.

למנהג האשכנזים קוראים הפטרה זו גם כשבשבת חל ערב ראש חודש אלול, אך אם חל בה ראש חודש אלול קוראים את ההפטרה בעמ׳ 1284.

ולמנהג התימנים אם חל ראש חודש אלול בשבת זו קוראים את ההפטרה בעמ׳ 1284, ואם חל ערב ראש חודש אלול בשבת זו יש הקוראים הפטרה זו ויש הקוראים את ההפטרה בעמ׳ 1285.

לקשר בין עם ישראל לאומות העולם חלק נכבד בתנ״ך ובהיסטוריה. ייעודו של עם ישראל להביא את דבר ה׳ לאנושות, מעמיד אותו בחיכוכים מתמידים עם תרבויות שונות. אם עם ישראל יהיה נאמן לתורת ה׳ ויהיה דוגמה לעם החי חיים מתוקנים, מובטח לו שלא ייפגע בעימות הרוחני המתמשך עם תרבויות העולם. הצלחת עם ישראל בשליחותו לתקן עולם ולגלות את מלכות ה׳ לאנושות היא שלב עיקרי בבניין הגאולה.

ישעיה
עֲנִיָּה סֹעֲרָה לֹא נֻחָמָה הִנֵּה אָנֹכִי מַרְבִּיץ בַּפּוּךְ אֲבָנַיִךְ וִיסַדְתִּיךְ בַּסַּפִּירִים: יא נד
וְשַׂמְתִּי כַּדְכֹד שִׁמְשֹׁתַיִךְ וּשְׁעָרַיִךְ לְאַבְנֵי אֶקְדָּח וְכָל־גְּבוּלֵךְ לְאַבְנֵי־חֵפֶץ: יב
וְכָל־בָּנַיִךְ לִמּוּדֵי יְהוָה וְרַב שְׁלוֹם בָּנָיִךְ: בִּצְדָקָה תִּכּוֹנָנִי רַחֲקִי מֵעֹשֶׁק יג יד
כִּי־לֹא תִירָאִי וּמִמְּחִתָּה כִּי לֹא־תִקְרַב אֵלָיִךְ: הֵן גּוֹר יָגוּר אֶפֶס מֵאוֹתִי טו
הִנֵּה מִי־גָר אִתָּךְ עָלַיִךְ יִפּוֹל: הֵן אָנֹכִי בָּרָאתִי חָרָשׁ נֹפֵחַ בְּאֵשׁ פֶּחָם וּמוֹצִיא טז
כְלִי לְמַעֲשֵׂהוּ וְאָנֹכִי בָּרָאתִי מַשְׁחִית לְחַבֵּל: כָּל־כְּלִי יוּצַר עָלַיִךְ לֹא יִצְלָח יז
וְכָל־לָשׁוֹן תָּקוּם־אִתָּךְ לַמִּשְׁפָּט תַּרְשִׁיעִי זֹאת נַחֲלַת עַבְדֵי יְהוָה וְצִדְקָתָם
מֵאִתִּי נְאֻם־יְהוָה: הוֹי כָּל־צָמֵא לְכוּ לַמַּיִם וַאֲשֶׁר אֵין־לוֹ א נה
כֶּסֶף לְכוּ שִׁבְרוּ וֶאֱכֹלוּ וּלְכוּ שִׁבְרוּ בְּלוֹא־כֶסֶף וּבְלוֹא מְחִיר יַיִן וְחָלָב: לָמָּה ב
תִשְׁקְלוּ־כֶסֶף בְּלוֹא־לֶחֶם וִיגִיעֲכֶם בְּלוֹא לְשָׂבְעָה שִׁמְעוּ שָׁמוֹעַ אֵלַי וְאִכְלוּ־

טז יי אֱלָהָךְ, בְּכָל עֲלָלְתָךְ וּבְכָל עוֹבָדֵי יְדָךְ, וּתְהֵי בְּרַם חָדֵי: תְּלָת זִמְנִין בְּשַׁתָּא, יִתַּחְזוֹן כָּל
דְּכוּרָךְ, קֳדָם יי אֱלָהָךְ, בְּאַתְרָא דְיִתְרְעֵי, בְּחַגָּא דְפַטִּירַיָּא, וּבְחַגָּא דְשָׁבוּעַיָּא וּבְחַגָּא
יז דִּמְטַלַּיָּא, וְלָא יִתַּחְזוֹן, קֳדָם יי רֵיקָנִין: גְּבַר כְּמַתְּנַת יְדֵיהּ, כְּבִרְכְּתָא, דַּיי אֱלָהָךְ דִּיהַב לָךְ:

טו וְהָיִיתָ אַךְ שָׂמֵחַ. לְפִי פְשׁוּטוֹ אֵין זֶה לְשׁוֹן צִוּוּי אֶלָּא לְשׁוֹן הַבְטָחָה. וּלְפִי תַלְמוּדוֹ לָמְדוּ מִכָּאן לְרַבּוֹת לֵילֵי יוֹם טוֹב הָאַחֲרוֹן לְשִׂמְחָה:

טז וְלֹא יֵרָאֶה אֶת פְּנֵי ה׳ רֵיקָם. אֶלָּא הָבֵא עוֹלוֹת רְאִיָּה וְשַׁלְמֵי חֲגִיגָה:

יז אִישׁ כְּמַתְּנַת יָדוֹ. מִי שֶׁיֵּשׁ לוֹ אוֹכְלִין הַרְבֵּה וּנְכָסִים מְרֻבִּים יָבִיא עוֹלוֹת מְרֻבּוֹת וּשְׁלָמִים מְרֻבִּים:

ג טוֹב וְתִתְעַנַּג בַּדֶּשֶׁן נַפְשְׁכֶם: הַטּוּ אָזְנְכֶם וּלְכוּ אֵלַי שִׁמְעוּ וּתְחִי נַפְשְׁכֶם
ד וְאֶכְרְתָה לָכֶם בְּרִית עוֹלָם חַסְדֵי דָוִד הַנֶּאֱמָנִים: הֵן עֵד לְאוּמִּים נְתַתִּיו
ה נָגִיד וּמְצַוֵּה לְאֻמִּים: הֵן גּוֹי לֹא־תֵדַע תִּקְרָא וְגוֹי לֹא־יְדָעוּךָ אֵלֶיךָ יָרוּצוּ
לְמַעַן יְהוָה אֱלֹהֶיךָ וְלִקְדוֹשׁ יִשְׂרָאֵל כִּי פֵאֲרָךְ:

פרשת שפטים

שפטים

מצווה תצא
מצווה למנות
שופטים ושוטרים

יח טז שֹׁפְטִ֣ים וְשֹֽׁטְרִ֗ים תִּֽתֶּן־לְךָ֙ בְּכָל־שְׁעָרֶ֔יךָ אֲשֶׁ֨ר יְהוָ֧ה אֱלֹהֶ֛יךָ נֹתֵ֥ן לְךָ֖ לִשְׁבָטֶ֑יךָ וְשָׁפְט֥וּ אֶת־הָעָ֖ם מִשְׁפַּט־צֶֽדֶק׃ **יט** לֹא־תַטֶּ֣ה מִשְׁפָּ֔ט לֹ֥א תַכִּ֖יר פָּנִ֑ים וְלֹֽא־תִקַּ֣ח שֹׁ֔חַד כִּ֣י הַשֹּׁ֗חַד יְעַוֵּר֙ עֵינֵ֣י חֲכָמִ֔ים וִֽיסַלֵּ֖ף דִּבְרֵ֥י צַדִּיקִֽם׃ **כ** צֶ֥דֶק צֶ֖דֶק תִּרְדֹּ֑ף לְמַ֤עַן תִּֽחְיֶה֙ וְיָרַשְׁתָּ֣ אֶת־הָאָ֔רֶץ אֲשֶׁר־יְהוָ֥ה אֱלֹהֶ֖יךָ נֹתֵ֥ן לָֽךְ׃

מצווה תצב
איסור לנטוע
אילנות במקדש
ואצל המזבח

כא לֹֽא־תִטַּ֥ע לְךָ֛ אֲשֵׁרָ֖ה כָּל־עֵ֑ץ אֵ֗צֶל מִזְבַּ֛ח יְהוָ֥ה אֱלֹהֶ֖יךָ אֲשֶׁ֥ר תַּֽעֲשֶׂה־לָּֽךְ׃

מצווה תצג
איסור הקמת מצבה

כב וְלֹֽא־תָקִ֥ים לְךָ֖ מַצֵּבָ֑ה אֲשֶׁ֥ר שָׂנֵ֖א יְהוָ֥ה אֱלֹהֶֽיךָ׃

מצווה תצד
איסור הקרבת קרבן
בעל מום ואפילו
מום עובר

יז א לֹא־תִזְבַּח֩ לַיהוָ֨ה אֱלֹהֶ֜יךָ שׁ֣וֹר וָשֶׂ֗ה אֲשֶׁ֨ר יִהְיֶ֥ה בוֹ֙ מ֔וּם כֹּ֖ל דָּבָ֣ר רָ֑ע כִּ֧י תֽוֹעֲבַ֛ת יְהוָ֥ה אֱלֹהֶ֖יךָ הֽוּא׃ **ב** כִּֽי־יִמָּצֵ֤א בְקִרְבְּךָ֙ בְּאַחַ֣ד שְׁעָרֶ֔יךָ אֲשֶׁר־יְהוָ֥ה אֱלֹהֶ֖יךָ נֹתֵ֣ן לָ֑ךְ אִ֣ישׁ אוֹ־אִשָּׁ֗ה אֲשֶׁ֨ר יַעֲשֶׂ֧ה אֶת־הָרַ֛ע בְּעֵינֵ֥י יְהוָֽה־אֱלֹהֶ֖יךָ לַעֲבֹ֥ר בְּרִיתֽוֹ׃ **ג** וַיֵּ֗לֶךְ וַֽיַּעֲבֹד֙ אֱלֹהִ֣ים אֲחֵרִ֔ים וַיִּשְׁתַּ֖חוּ לָהֶ֑ם וְלַשֶּׁ֣מֶשׁ ׀ א֤וֹ לַיָּרֵ֙חַ֙ א֖וֹ

יח דַּיָּנִין וּפְרָעֲנִין, תְּמַנֵּי לָךְ בְּכָל קִרְוָךְ, דַּיי אֱלָהָךְ, יָהֵיב לָךְ לְשִׁבְטָךְ, וִידִינוּן יָת עַמָּא דִּין
יט דִּקְשׁוֹט: לָא תַצְלֵי דִּין, לָא תִשְׁתְּמוֹדַע אַפִּין, וְלָא תְקַבֵּיל שׁוֹחֲדָא, אֲרֵי שׁוֹחֲדָא, מְעַוַּר
כ עֵינֵי חַכִּימִין, וּמְקַלְקֵיל פִּתְגָּמִין תְּרִיצִין: קֻשְׁטָא קֻשְׁטָא תִּרְדּוֹף, בְּדִיל דְּתֵיחֵי וְתֵירַת יָת
כא אַרְעָא, דַּיי אֱלָהָךְ יָהֵיב לָךְ: לָא תִצּוֹב לָךְ, אֲשֵׁירַת כָּל אִילָן, בִּסְטַר, מַדְבְּחָא, דַּיי אֱלָהָךְ
כב יז א דְּתַעֲבֵיד לָךְ: וְלָא תְקִים לָךְ קָמָא, דְּרָחֵיק יי אֱלָהָךְ: לָא תִכּוֹס קֳדָם יי אֱלָהָךְ תּוֹר וְאִמַּר,
ב דִּיהֵי בֵיהּ מוּמָא, כָּל מִדַּעַם בִּישׁ, אֲרֵי מְרַחַק, קֳדָם יי אֱלָהָךְ הוּא: אֲרֵי יִשְׁתְּכַח בֵּינָךְ
בַּחֲדָא מִן קִרְוָךְ, דַּיי אֱלָהָךְ יָהֵיב לָךְ, גְּבַר אוֹ אִתְּתָא, דְּיַעֲבֵיד יָת דְּבִישׁ, קֳדָם יי אֱלָהָךְ
ג לְמִעְבַּר עַל קְיָמֵיהּ: וַאֲזַל, וּפְלַח לְטָעֲוָת עַמְמַיָּא, וּסְגֵיד לְהוֹן, וּלְשִׁמְשָׁא אוֹ לְסִיהֲרָא, אוֹ,

יח) **שֹׁפְטִים וְשֹׁטְרִים.** "שֹׁפְטִים" דַּיָּנִים הַפּוֹסְקִים אֶת הַדִּין, "וְשֹׁטְרִים" הָרוֹדִין אֶת הָעָם אַחַר מִצְוָתָם, שֶׁמַּכִּין וְכוֹפְתִין בְּמַקֵּל וּבִרְצוּעָה עַד שֶׁיְּקַבֵּל עָלָיו אֶת דִּין הַשּׁוֹפֵט: **בְּכָל שְׁעָרֶיךָ.** בְּכָל עִיר וָעִיר: **לִשְׁבָטֶיךָ.** מוּסָב עַל "תִּתֶּן לְךָ": שֹׁפְטִים וְשֹׁטְרִים תִּתֶּן לְךָ לִשְׁבָטֶיךָ בְּכָל שְׁעָרֶיךָ אֲשֶׁר ה׳ אֱלֹהֶיךָ נֹתֵן לְךָ: **לִשְׁבָטֶיךָ.** מְלַמֵּד שֶׁמּוֹשִׁיבִין דַּיָּנִין לְכָל שֵׁבֶט וָשֵׁבֶט וּבְכָל עִיר וָעִיר: **וְשָׁפְטוּ אֶת הָעָם וְגוֹ׳.** מַנֵּה דַּיָּנִין מֻמְחִים וְצַדִּיקִים לִשְׁפֹּט צֶדֶק:

יט) **לֹא תַטֶּה מִשְׁפָּט.** כְּמַשְׁמָעוֹ: **לֹא תַכִּיר פָּנִים.** אַף בִּשְׁעַת הַטְּעָנוֹת, שֶׁלֹּא יְהֵא רַךְ לָזֶה וְקָשֶׁה לָזֶה, אֶחָד עוֹמֵד וְאֶחָד יוֹשֵׁב, לְפִי שֶׁכְּשֶׁרוֹאֶה זֶה שֶׁהַדַּיָּן מְכַבֵּד אֶת חֲבֵרוֹ מִסְתַּתְּמִין טַעֲנוֹתָיו: **וְלֹא תִקַּח שֹׁחַד.** אֲפִלּוּ לִשְׁפֹּט צֶדֶק: **כִּי הַשֹּׁחַד יְעַוֵּר.** מִשֶּׁקִּבֵּל שֹׁחַד מִמֶּנּוּ, אִי אֶפְשָׁר שֶׁלֹּא יַטֶּה אֶת לִבּוֹ אֶצְלוֹ לַהֲפֹךְ בִּזְכוּתוֹ: **דִּבְרֵי צַדִּיקִם.** דְּבָרִים הַמְצֻדָּקִים, מִשְׁפְּטֵי אֱמֶת:

כ) **צֶדֶק צֶדֶק תִּרְדֹּף.** הֵלֵךְ אַחַר בֵּית דִּין יָפֶה: **לְמַעַן תִּחְיֶה וְיָרַשְׁתָּ.** כְּדַאי הוּא מִנּוּי הַדַּיָּנִין הַכְּשֵׁרִים לְהַחֲיוֹת אֶת יִשְׂרָאֵל וּלְהוֹשִׁיבָן עַל אַדְמָתָן:

כא) **לֹא תִטַּע לְךָ אֲשֵׁרָה.** לְחַיְּבוֹ עָלֶיהָ מִשְּׁעַת נְטִיעָתָהּ, וַאֲפִלּוּ לֹא עֲבָדָהּ עוֹבֵר בְּלֹא תַעֲשֶׂה עַל נְטִיעָתָהּ. וְ"לֹא תִטַּע לְךָ... כָּל עֵץ אֵצֶל מִזְבַּח" – אַזְהָרָה לְנוֹטֵעַ אִילָן וּלְבוֹנֶה בַּיִת בְּהַר הַבַּיִת:

כב) **וְלֹא תָקִים לְךָ מַצֵּבָה.** מַצֵּבָה, אֶבֶן אַחַת לְהַקְרִיב עָלֶיהָ, אֲפִלּוּ לַשָּׁמַיִם: **אֲשֶׁר שָׂנֵא.** מִזְבַּח אֲבָנִים וּמִזְבַּח אֲדָמָה צִוָּה לַעֲשׂוֹת, וְאֶת זוֹ שָׂנֵא, כִּי חֹק הָיְתָה לַכְּנַעֲנִים. וְאַף עַל פִּי שֶׁהָיְתָה אֲהוּבָה לוֹ בִּימֵי הָאָבוֹת, עַכְשָׁיו שְׂנֵאָהּ, מֵאַחַר שֶׁעֲשָׂאוּהָ אֵלּוּ חֹק לַעֲבוֹדָה זָרָה:

פרק יז

א) **לֹא תִזְבַּח וְגוֹ׳ כָּל דָּבָר רָע.** אַזְהָרָה לִמְפַגֵּל בְּקָדָשִׁים עַל יְדֵי דִּבּוּר רָע. וְעוֹד נִדְרְשׁוּ בוֹ שְׁאָר דְּרָשׁוֹת בִּשְׁחִיטַת קָדָשִׁים:

ב) **לַעֲבֹר בְּרִיתוֹ.** אֲשֶׁר כָּרַת ה׳ אִתְּכֶם שֶׁלֹּא לַעֲבֹד עֲבוֹדָה זָרָה:

דברים יז

לְכָל־צְבָ֣א הַשָּׁמַ֔יִם אֲשֶׁ֖ר לֹא־צִוִּֽיתִי: וְהֻגַּד־לְךָ֖ ד
וְשָׁמָ֑עְתָּ וְדָרַשְׁתָּ֣ הֵיטֵ֔ב וְהִנֵּ֤ה אֱמֶת֙ נָכ֣וֹן הַדָּבָ֔ר
נֶעֶשְׂתָ֛ה הַתּוֹעֵבָ֥ה הַזֹּ֖את בְּיִשְׂרָאֵֽל: וְהֽוֹצֵאתָ֣ ה
אֶת־הָאִ֣ישׁ הַה֗וּא א֚וֹ אֶת־הָאִשָּׁ֣ה הַהִ֔וא אֲשֶׁ֣ר
עָ֠שׂוּ אֶת־הַדָּבָ֨ר הָרָ֤ע הַזֶּה֙ אֶל־שְׁעָרֶ֔יךָ אֶת־
הָאִ֖ישׁ א֣וֹ אֶת־הָאִשָּׁ֑ה וּסְקַלְתָּ֥ם בָּאֲבָנִ֖ים וָמֵֽתוּ:
עַל־פִּ֣י ׀ שְׁנַ֣יִם עֵדִ֗ים א֛וֹ שְׁלֹשָׁ֥ה עֵדִ֖ים יוּמַ֣ת ו
הַמֵּ֑ת לֹ֣א יוּמַ֔ת עַל־פִּ֖י עֵ֥ד אֶחָֽד: יַ֣ד הָעֵדִ֞ים ז
תִּֽהְיֶה־בּ֤וֹ בָרִֽאשֹׁנָה֙ לַהֲמִית֔וֹ וְיַ֥ד כָּל־הָעָ֖ם
בָּאַחֲרֹנָ֑ה וּבִֽעַרְתָּ֥ הָרָ֖ע מִקִּרְבֶּֽךָ:
כִּ֣י יִפָּלֵא֩ מִמְּךָ֨ דָבָ֜ר לַמִּשְׁפָּ֗ט בֵּֽין־דָּ֨ם ׀ לְדָ֜ם בֵּֽין־ ח
דִּ֣ין לְדִ֗ין וּבֵ֥ין נֶ֨גַע֙ לָנֶ֔גַע דִּבְרֵ֥י רִיבֹ֖ת בִּשְׁעָרֶ֑יךָ
וְקַמְתָּ֣ וְעָלִ֔יתָ אֶל־הַ֨מָּק֔וֹם אֲשֶׁ֥ר יִבְחַ֛ר יְהוָ֥ה
אֱלֹהֶ֖יךָ בּֽוֹ: וּבָאתָ֗ אֶל־הַכֹּֽהֲנִים֙ הַלְוִיִּ֔ם וְאֶל־ ט
הַשֹּׁפֵ֔ט אֲשֶׁ֥ר יִהְיֶ֖ה בַּיָּמִ֣ים הָהֵ֑ם וְדָֽרַשְׁתָּ֙ וְהִגִּ֣ידוּ
לְךָ֔ אֵ֖ת דְּבַ֥ר הַמִּשְׁפָּֽט: וְעָשִׂ֗יתָ עַל־פִּ֤י הַדָּבָר֙ י
אֲשֶׁ֣ר יַגִּ֣ידֽוּ לְךָ֔ מִן־הַמָּק֣וֹם הַה֔וּא אֲשֶׁ֖ר יִבְחַ֣ר
יְהוָ֑ה וְשָׁמַרְתָּ֣ לַעֲשׂ֔וֹת כְּכֹ֖ל אֲשֶׁ֥ר יוֹרֽוּךָ: עַל־פִּ֨י יא
הַתּוֹרָ֜ה אֲשֶׁ֣ר יוֹר֗וּךָ וְעַל־הַמִּשְׁפָּ֛ט אֲשֶׁר־יֹאמְר֥וּ
לְךָ֖ תַּעֲשֶׂ֑ה לֹ֣א תָס֗וּר מִן־הַדָּבָ֛ר אֲשֶׁ֥ר יַגִּ֛ידֽוּ

מצווה תצה
מצווה לשמוע בקול
בית הדין

מצווה תצו
איסור לחלוק
על בעלי הקבלה

יב לְךָ֛ יָמִ֥ין וּשְׂמֹֽאל׃ וְהָאִ֞ישׁ אֲשֶׁר־יַעֲשֶׂ֣ה בְזָד֗וֹן
לְבִלְתִּ֨י שְׁמֹ֤עַ אֶל־הַכֹּהֵן֙ הָעֹמֵ֞ד לְשָׁ֤רֶת שָׁם֙
אֶת־יְהוָ֣ה אֱלֹהֶ֔יךָ א֖וֹ אֶל־הַשֹּׁפֵ֑ט וּמֵת֙ הָאִ֣ישׁ

ד לְכָל חֵילֵי שְׁמַיָּא דְּלָא פַקֵּידִית: וְיִתְחַוָּא לָךְ וְתִשְׁמַע, וְתִתְבַּע יָאוּת, וְהָא קְשְׁטָא כֵּיוָן
ה פִּתְגָּמָא, אִתְעֲבִידַת, תּוֹעֵיבְתָא הָדָא בְּיִשְׂרָאֵל: וְתַפֵּיק יָת גַּבְרָא הַהוּא, אוֹ יָת אִתְּתָא
הַהִיא, דַּעֲבַדוּ, יָת פִּתְגָּמָא בִּישָׁא הָדֵין לְקִרְוָךְ, יָת גַּבְרָא, אוֹ יָת אִתְּתָא, וְתִרְגְּמִנּוּן בְּאַבְנַיָּא
ו וִימוּתוּן: עַל מֵימַר תְּרֵין סָהֲדִין, אוֹ, תְּלָתָא סָהֲדִין יִתְקְטֵיל דְּחַיָּיב קְטוֹל, לָא יִתְקְטֵיל, עַל
ז מֵימַר סָהִיד חַד: יְדָא דְּסָהֲדַיָּא, תְּהֵי בֵיהּ בְּקַדְמֵיתָא לְמִקְטְלֵיהּ, וִידָא דְּכָל עַמָּא בְּבָתְרֵיתָא,
ח וּתְפַלֵּי עָבֵיד דְּבִישׁ מִבֵּינָךְ: אֲרֵי יִתְפָּרַשׁ מִנָּךְ פִּתְגָּמָא לְדִינָא, בֵּין דַּם לְדַם בֵּין דִּין לְדִין, וּבֵין
מַכְתָּשׁ סְגִירוּ לְמַכְתָּשׁ סְגִירוּ, פִּתְגָּמֵי פְלֻגַת דִּינָא בְּקִרְוָךְ, וּתְקוּם וְתִסַּק, לְאַתְרָא, דְּיִתְרְעֵי,
ט יי אֱלָהָךְ בֵּיהּ: וְתֵיתֵי, לְוָת כָּהֲנַיָּא לֵיוָאֵי, וּלְוָת דַּיָּנָא, דִּיהֵי בְּיוֹמַיָּא הָאִנּוּן, וְתִתְבַּע וִיחַוּוֹן
י לָךְ, יָת פִּתְגָּמָא דְּדִינָא: וְתַעֲבֵיד, עַל מֵימַר פִּתְגָּמָא דִּיחַוּוֹן לָךְ, מִן אַתְרָא הַהוּא, דְּיִתְרְעֵי
יא יי, וְתִטַּר לְמֶעְבַּד, כְּכֹל דְּיַלְּפֻנָּךְ: עַל מֵימַר אוֹרָיְתָא דְּיַלְּפֻנָּךְ, וְעַל דִּינָא, דְּיֵימְרוּן לָךְ תַּעֲבֵיד,
יב לָא תִסְטֵי, מִן פִּתְגָּמָא, דִּיחַוּוֹן לָךְ לְיַמִּינָא וְלִסְמָאלָא: וְגַבְרָא דְּיַעֲבֵיד בִּרְשַׁע, בְּדִיל דְּלָא
לְקַבָּלָא מִן כָּהֲנָא דְּקָאֵים, לְשַׁמָּשָׁא תַמָּן קֳדָם יי אֱלָהָךְ, אוֹ מִן דַּיָּנָא, וְיִתְקְטֵיל גַּבְרָא

ג] **אֲשֶׁר לֹא צִוִּיתִי.** לַעֲבֹד:

ד] **נָכוֹן.** מְכֻוָּן הָעֵדוּת:

ה] **וְהוֹצֵאתָ אֶת הָאִישׁ הַהוּא וְגוֹ' אֶל שְׁעָרֶיךָ.** הַמְתַרְגֵּם "אֶל שְׁעָרֶיךָ" – 'לִתְרַע בֵּית דִּינָךְ' טוֹעֶה, שֶׁכֵּן שָׁנִינוּ: "אֶל שְׁעָרֶיךָ" זֶה שַׁעַר שֶׁעָבַד בּוֹ, אוֹ אֵינוֹ אֶלָּא שַׁעַר שֶׁנִּדּוֹן בּוֹ? נֶאֱמַר "שְׁעָרֶיךָ" לְמַטָּה וְנֶאֱמַר "שְׁעָרֶיךָ" לְמַעְלָה (לעיל פסוק ב), מַה "שְׁעָרֶיךָ" הָאָמוּר לְמַעְלָה שַׁעַר שֶׁעָבַד בּוֹ, אַף "שְׁעָרֶיךָ" הָאָמוּר לְמַטָּה שַׁעַר שֶׁעָבַד בּוֹ. וְתַרְגּוּמוֹ: "לְקִרְוָךְ":

ו] **שְׁנַיִם עֵדִים אוֹ שְׁלֹשָׁה.** אִם מִתְקַיֶּמֶת עֵדוּת בִּשְׁנַיִם, לָמָּה פֵּרַט לְךָ שְׁלֹשָׁה? לְהַקִּישׁ שְׁלֹשָׁה לִשְׁנַיִם, מַה שְּׁנַיִם עֵדוּת אַחַת, אַף שְׁלֹשָׁה עֵדוּת אַחַת, וְאֵין נַעֲשִׂין זוֹמְמִין עַד שֶׁיּוּזָמּוּ כֻּלָּם:

ח] **כִּי יִפָּלֵא.** כָּל הַפְלָאָה לְשׁוֹן הַבְדָּלָה וּפְרִישָׁה, שֶׁהַדָּבָר נִבְדָּל וּמְכֻסֶּה מִמְּךָ: **בֵּין דָּם לְדָם.** בֵּין דָּם טָמֵא לְדָם טָהוֹר: **בֵּין דִּין לְדִין.** בֵּין דִּין זַכַּאי לְדִין חַיָּב: **וּבֵין נֶגַע לָנֶגַע.** בֵּין נֶגַע טָמֵא לְנֶגַע טָהוֹר: **דִּבְרֵי רִיבֹת.** שֶׁיִּהְיוּ חַכְמֵי הָעִיר חוֹלְקִים בַּדָּבָר, זֶה מְטַמֵּא וְזֶה מְטַהֵר, זֶה מְחַיֵּב וְזֶה מְזַכֶּה: **וְקַמְתָּ וְעָלִיתָ.** מְלַמֵּד שֶׁבֵּית הַמִּקְדָּשׁ גָּבוֹהַּ מִכָּל הַמְּקוֹמוֹת:

ט] **הַכֹּהֲנִים הַלְוִיִּם.** הַכֹּהֲנִים שֶׁיָּצְאוּ מִשֵּׁבֶט לֵוִי: **וְאֶל הַשֹּׁפֵט אֲשֶׁר יִהְיֶה בַּיָּמִים הָהֵם.** וַאֲפִלּוּ אֵינוֹ כִּשְׁאָר שׁוֹפְטִים שֶׁהָיוּ לְפָנָיו, אַתָּה צָרִיךְ לִשְׁמֹעַ לוֹ, אֵין לְךָ אֶלָּא שׁוֹפֵט שֶׁבְּיָמֶיךָ:

יא] **יָמִין וּשְׂמֹאל.** אֲפִלּוּ אוֹמֵר לְךָ עַל יָמִין שֶׁהוּא שְׂמֹאל וְעַל שְׂמֹאל שֶׁהוּא יָמִין, וְכָל שֶׁכֵּן שֶׁאוֹמֵר לְךָ עַל יָמִין יָמִין וְעַל שְׂמֹאל שְׂמֹאל:

שפטים

דברים יז

יג הַהוּא וּבִעַרְתָּ הָרָע מִיִּשְׂרָאֵל: וְכָל־הָעָם יִשְׁמְעוּ
שני טו וְיִרָאוּ וְלֹא יְזִידוּן עוֹד: ס כִּי־תָבֹא
אֶל־הָאָרֶץ אֲשֶׁר יְהֹוָה אֱלֹהֶיךָ נֹתֵן לָךְ וִירִשְׁתָּהּ
וְיָשַׁבְתָּה בָּהּ וְאָמַרְתָּ אָשִׂימָה עָלַי מֶלֶךְ כְּכָל־
טו הַגּוֹיִם אֲשֶׁר סְבִיבֹתָי: שׂוֹם תָּשִׂים עָלֶיךָ מֶלֶךְ
אֲשֶׁר יִבְחַר יְהֹוָה אֱלֹהֶיךָ בּוֹ מִקֶּרֶב אַחֶיךָ תָּשִׂים
עָלֶיךָ מֶלֶךְ לֹא תוּכַל לָתֵת עָלֶיךָ אִישׁ נָכְרִי
טז אֲשֶׁר לֹא־אָחִיךָ הוּא: רַק לֹא־יַרְבֶּה־לּוֹ סוּסִים
וְלֹא־יָשִׁיב אֶת־הָעָם מִצְרַיְמָה לְמַעַן הַרְבּוֹת
סוּס וַיהֹוָה אָמַר לָכֶם לֹא תֹסִפוּן לָשׁוּב בַּדֶּרֶךְ
יז הַזֶּה עוֹד: וְלֹא יַרְבֶּה־לּוֹ נָשִׁים וְלֹא יָסוּר לְבָבוֹ
יח וְכֶסֶף וְזָהָב לֹא יַרְבֶּה־לּוֹ מְאֹד: וְהָיָה כְשִׁבְתּוֹ
עַל כִּסֵּא מַמְלַכְתּוֹ וְכָתַב לוֹ אֶת־מִשְׁנֵה הַתּוֹרָה
הַזֹּאת עַל־סֵפֶר מִלִּפְנֵי הַכֹּהֲנִים הַלְוִיִּם: וְהָיְתָה
יט עִמּוֹ וְקָרָא בוֹ כָּל־יְמֵי חַיָּיו לְמַעַן יִלְמַד לְיִרְאָה
אֶת־יְהֹוָה אֱלֹהָיו לִשְׁמֹר אֶת־כָּל־דִּבְרֵי הַתּוֹרָה
הַזֹּאת וְאֶת־הַחֻקִּים הָאֵלֶּה לַעֲשֹׂתָם: לְבִלְתִּי כ
רוּם־לְבָבוֹ מֵאֶחָיו וּלְבִלְתִּי סוּר מִן־הַמִּצְוָה
יָמִין וּשְׂמֹאול לְמַעַן יַאֲרִיךְ יָמִים עַל־מַמְלַכְתּוֹ
שלישי הוּא וּבָנָיו בְּקֶרֶב יִשְׂרָאֵל: לֹא־יִהְיֶה יח א

מצווה תצו
מצוות מינוי מלך

מצווה תצח
איסור מינוי מלך נכרי

מצווה תצט
איסור למלך
להרבות לו סוסים

מצווה תק
איסור לשבת
בארץ מצרים

מצווה תקא-תקב
איסור למלך להרבות
לו נשים
איסור למלך להרבות
לו כסף וזהב

מצווה תקג
מצווה על המלך לכתוב
ספר תורה שני לעצמו

שפטים

יח

לַכֹּהֲנִ֨ים הַלְוִיִּ֜ם כָּל־שֵׁ֧בֶט לֵוִ֛י חֵ֥לֶק וְנַחֲלָ֖ה עִם־
יִשְׂרָאֵ֑ל אִשֵּׁ֧י יְהוָ֛ה וְנַחֲלָת֖וֹ יֹאכֵלֽוּן: וְנַחֲלָ֥ה לֹֽא־

מצוה תקד-תקה
איסור להעניק
נחלה לשבט לוי
איסור להעניק ללוי
משלל מלחמת
הכיבוש

יג הַהוּא, וּתְפַלֵּי עָבֵיד דְּבִישׁ מִיִּשְׂרָאֵל: וְכָל עַמָּא יִשְׁמְעוּן וְיִדְחֲלוּן, וְלָא יַרְשְׁעוּן עוֹד: אֲרֵי תֵיעוֹל לְאַרְעָא, דַּיָי אֱלָהָךְ יָהֵיב לָךְ, וְתֵירְתַהּ וְתֵיתֵיב בַּהּ, וְתֵימַר, אֲמַנֵּי עֲלַי מַלְכָּא, כְּכָל

טו עַמְמַיָא דְּבִסְחֲרָנִי: מַנָּאָה תְמַנֵּי עֲלָךְ מַלְכָּא, דְּיִתְרְעֵי יְיָ אֱלָהָךְ בֵּיהּ, מִגּוֹ אֲחָךְ, תְּמַנֵּי עֲלָךְ

טז מַלְכָּא, לֵית לָךְ רְשׁוּ, לְמַנָּאָה עֲלָךְ גְּבַר נָכְרָאֵי, דְּלָא אֲחוּךְ הוּא: לְחוֹד לָא יַסְגֵּי לֵיהּ סוּסָוָן, וְלָא יָתִיב יָת עַמָּא לְמִצְרַיִם, בְּדִיל לְאַסְגָּאָה סוּסָוָן, וַיָי אֲמַר לְכוֹן, לָא תוֹסְפוּן, לְמֵתַב,

יז בְּאוֹרְחָא הֲדָא עוֹד: וְלָא יַסְגֵּי לֵיהּ נְשִׁין, וְלָא יִטְעֵי לִבֵּיהּ, וְכַסְפָּא וְדַהֲבָא, לָא יַסְגֵּי לֵיהּ

יח לַחֲדָא: וִיהֵי כְּמִתְּבֵיהּ, עַל כֻּרְסֵי מַלְכוּתֵיהּ, וְיִכְתּוֹב לֵיהּ, יָת פַּתְשֶׁגֶן אוֹרָיְתָא הֲדָא עַל סִפְרָא,

יט מִן קֳדָם כָּהֲנַיָא לֵוָאֵי: וּתְהֵי עִמֵּיהּ, וְיִהֵי קָרֵי בֵיהּ כָּל יוֹמֵי חַיּוֹהִי, בְּדִיל דְּיֵילַף, לְמִדְחַל קֳדָם יְיָ אֱלָהֵיהּ, לְמִטַּר, יָת כָּל פִּתְגָמֵי, אוֹרָיְתָא הֲדָא, וְיָת קְיָמַיָּא הָאִלֵּין לְמֶעְבַּדְהוֹן:

כ בְּדִיל דְּלָא יְרָם לִבֵּיהּ מֵאֲחוֹהִי, וּבְדִיל, דְּלָא יִסְטֵי מִן תַּפְקֶדְתָּא לְיַמִּינָא וְלִסְמָאלָא,

יח א בְּדִיל דְּיוֹרִיךְ יוֹמִין עַל מַלְכוּתֵיהּ, הוּא וּבְנוֹהִי בְּגוֹ יִשְׂרָאֵל: לָא יְהֵי לְכָהֲנַיָא לֵוָאֵי, כָּל

ב שִׁבְטָא דְלֵוִי, חוּלָק וְאַחֲסָנָא עִם יִשְׂרָאֵל, קוּרְבָּנַיָא דַּיָי, וְאַחֲסָנְתֵיהּ יֵיכְלוּן: וְאַחֲסָנָא לָא

יג וְכָל הָעָם יִשְׁמָעוּ. מִכָּאן שֶׁמַּמְתִּינִין לוֹ עַד הָרֶגֶל וּמְמִיתִין אוֹתוֹ בָּרֶגֶל:

טז לֹא יַרְבֶּה לּוֹ סוּסִים. אֶלָּא כְּדֵי מֶרְכַּבְתּוֹ, שֶׁלֹּא יָשִׁיב אֶת הָעָם מִצְרַיְמָה, שֶׁהַסּוּסִים בָּאִים מִשָּׁם, כְּמָה שֶׁנֶּאֱמַר בִּשְׁלֹמֹה: "וַתַּעֲלֶה וַתֵּצֵא מֶרְכָּבָה מִמִּצְרַיִם בְּשֵׁשׁ מֵאוֹת כֶּסֶף וְסוּס בַּחֲמִשִּׁים וּמֵאָה" (מלכים א' י, כט):

יז וְלֹא יַרְבֶּה לּוֹ נָשִׁים. אֶלָּא שְׁמוֹנֶה עֶשְׂרֵה, שֶׁמָּצִינוּ שֶׁהָיוּ לוֹ לְדָוִד שֵׁשׁ נָשִׁים (שמואל ב' ג, ב-ה) וְנֶאֱמַר לוֹ: "וְאִם מְעָט וְאוֹסִפָה לְּךָ כָּהֵנָּה וְכָהֵנָּה" (ס ש יב, ח). וְכֶסֶף וְזָהָב לֹא יַרְבֶּה לוֹ מְאֹד. אֶלָּא כְּדֵי לִתֵּן לְאַפְסַנְיָא:

יח וְהָיָה כְשִׁבְתּוֹ. אִם עָשָׂה כֵן, כְּדַאי הוּא שֶׁתִּתְקַיֵּם מַלְכוּתוֹ: אֶת מִשְׁנֵה הַתּוֹרָה. שְׁתֵּי סִפְרֵי תוֹרוֹת, אַחַת שֶׁהִיא מֻנַּחַת בְּבֵית גְּנָזָיו וְאַחַת שֶׁנִּכְנֶסֶת וְיוֹצְאָה עִמּוֹ:

כ וּלְבִלְתִּי סוּר מִן הַמִּצְוָה. אֲפִלּוּ מִצְוָה קַלָּה שֶׁל נָבִיא: לְמַעַן יַאֲרִיךְ יָמִים. מִכְּלָל הֵן אַתָּה שׁוֹמֵעַ לָאו, וְכֵן מָצִינוּ בְּשָׁאוּל שֶׁאָמַר לוֹ שְׁמוּאֵל: "שִׁבְעַת יָמִים תּוֹחֵל עַד בּוֹאִי אֵלֶיךָ" לְהַעֲלוֹת עוֹלָה" (שמואל א' י, ח), וּכְתִיב: "וַיּוֹחֶל שִׁבְעַת יָמִים" (סם יג, ח), וְלֹא שָׁמַר הַבְטָחָתוֹ לִשְׁמוֹר כָּל הַיּוֹם, וְלֹא הִסְפִּיק לְהַעֲלוֹת הָעוֹלָה עַד שֶׁבָּא שְׁמוּאֵל וְאָמַר לוֹ: "נִסְכַּלְתָּ לֹא שָׁמַרְתָּ וְגוֹ' וְעַתָּה מַמְלַכְתְּךָ לֹא תָקוּם" (סם פסוקים יג-יד), הָא לָמַדְתָּ שֶׁבִּשְׁבִיל מִצְוָה קַלָּה שֶׁל נָבִיא נֶעֱנַשׁ. מַגִּיד שֶׁאִם בְּנוֹ הָגוּן לַמַּלְכוּת הוּא קוֹדֶם לְכָל אָדָם:

פרק יח

א-ב כָּל שֵׁבֶט לֵוִי. בֵּין תְּמִימִין בֵּין בַּעֲלֵי מוּמִין: חֵלֶק. בַּבִּזָּה: וְנַחֲלָה. בָּאָרֶץ: אִשֵּׁי ה'. קָדְשֵׁי הַמִּקְדָּשׁ: וְנַחֲלָתוֹ. אֵלּוּ קָדְשֵׁי הַגְּבוּל, תְּרוּמוֹת וּמַעַשְׂרוֹת, אֲבָל "נַחֲלָה" גְּמוּרָה "לֹא יִהְיֶה לּוֹ בְּקֶרֶב אֶחָיו". וּבְסִפְרֵי דָּרְשׁוּ: "וְנַחֲלָה לֹא יִהְיֶה לּוֹ, זוֹ נַחֲלַת שְׁאָר. בְּקֶרֶב אֶחָיו, זוֹ נַחֲלַת חֲמִשָּׁה":

יִהְיֶה־לּוֹ בְּקֶרֶב אֶחָיו יְהוָה הוּא נַחֲלָתוֹ כַּאֲשֶׁר
דִּבֶּר־לוֹ׃ וְזֶה יִהְיֶה מִשְׁפַּט ג
הַכֹּהֲנִים מֵאֵת הָעָם מֵאֵת זֹבְחֵי הַזֶּבַח אִם־שׁוֹר
אִם־שֶׂה וְנָתַן לַכֹּהֵן הַזְּרֹעַ וְהַלְּחָיַיִם וְהַקֵּבָה׃
רֵאשִׁית דְּגָנְךָ תִּירֹשְׁךָ וְיִצְהָרֶךָ וְרֵאשִׁית גֵּז ד
צֹאנְךָ תִּתֶּן־לּוֹ׃ כִּי בוֹ בָּחַר יְהוָה אֱלֹהֶיךָ מִכָּל־ ה
שְׁבָטֶיךָ לַעֲמֹד לְשָׁרֵת בְּשֵׁם־יְהוָה הוּא וּבָנָיו
רביעי כָּל־הַיָּמִים׃ וְכִי־יָבֹא הַלֵּוִי מֵאַחַד ו
שְׁעָרֶיךָ מִכָּל־יִשְׂרָאֵל אֲשֶׁר־הוּא גָּר שָׁם וּבָא
בְּכָל־אַוַּת נַפְשׁוֹ אֶל־הַמָּקוֹם אֲשֶׁר־יִבְחַר יְהוָה׃
וְשֵׁרֵת בְּשֵׁם יְהוָה אֱלֹהָיו כְּכָל־אֶחָיו הַלְוִיִּם ז
הָעֹמְדִים שָׁם לִפְנֵי יְהוָה׃ חֵלֶק כְּחֵלֶק יֹאכֵלוּ ח
★ לְבַד מִמְכָּרָיו עַל־הָאָבוֹת׃ כִּי אַתָּה ט
בָּא אֶל־הָאָרֶץ אֲשֶׁר־יְהוָה אֱלֹהֶיךָ נֹתֵן לָךְ
לֹא־תִלְמַד לַעֲשׂוֹת כְּתוֹעֲבֹת הַגּוֹיִם הָהֵם׃ לֹא־ י
יִמָּצֵא בְךָ מַעֲבִיר בְּנוֹ־וּבִתּוֹ בָּאֵשׁ קֹסֵם קְסָמִים
מְעוֹנֵן וּמְנַחֵשׁ וּמְכַשֵּׁף׃ וְחֹבֵר חָבֶר וְשֹׁאֵל אוֹב יא

מצווה תקו
מצווה לתת זרוע, לחיים וקיבה לכהן

מצווה תקז-תקח
מצוות הפרשת תרומה גדולה ונתינתה לכהן
מצוות נתינת ראשית הגז לכהן

מצווה תקט
מצווה על הכהנים לעבוד במשמרות במקדש

מצווה תקי-תקיא
איסור לעשות מעשה קוסם
איסור כישוף

מצווה תקיב-תקיג
איסור לחבור חבר
איסור לשאול בעל אוב

שפטים

ואיני יודע מה היא. ונראה לי שארץ כנען שמעבר הירדן ואילך נקראת ארץ חמשה עממים, ושל סיחון ועוג שני עממים, אמורי וכנעני, ונחלת שאר לרבות קיני וקנזי וקדמוני. וכן דורש בפרשת מתנות שנאמרו לאהרן: "על כן לא היה ללוי" וגו' (לעיל י, ט), להזהיר על קיני וקנזי וקדמוני: **כאשר דבר לו.** "בארצם לא תנחל וגו' אני חלקך" (במדבר יח, כ):

ג יְהֵי לֵיהּ בְּגוֹ אֲחוֹהִי, מַתְּנָן דִּיהַב לֵיהּ יי אִנּוּן אַחְסָנְתֵיהּ, כְּמָא דְּמַלֵּיל לֵיהּ: וְדֵין, יְהֵי דַּחֲזֵי
לְכָהֲנַיָּא מִן עַמָּא, מִן נָכְסֵי נִכְסְתָא אִם תּוֹר אִם אִמַּר, וְיִתֵּין לְכָהֲנָא, דְּרָעָא וְלוּעָא
ד ה וְקֵיבָתָא: רֵישׁ עֲבוּרָךְ חַמְרָךְ וּמִשְׁחָךְ, וְרֵישׁ, גִּזַּת עָנָךְ תַּפְרֵישׁ לֵיהּ: אֲרֵי בֵיהּ, אִתְרְעִי, יי
ו אֱלָהָךְ מִכָּל שִׁבְטָךְ, לִמְקָם לְשַׁמָּשָׁא בִּשְׁמָא דַּיי, הוּא וּבְנוֹהִי כָּל יוֹמַיָּא: וַאֲרֵי יֵיתֵי לֵיוָאָה,
מֵחֲדָא מִקִּרְוָךְ מִכָּל יִשְׂרָאֵל, דְּהוּא דָּר תַּמָּן, וְיֵיתֵי בְּכָל רְעוּת נַפְשֵׁיהּ, לְאַתְרָא דְּיִתְרְעֵי יי:
ז ח וִישַׁמֵּישׁ, בִּשְׁמָא דַּיי אֱלָהֵיהּ, כְּכָל אֲחוֹהִי לֵיוָאֵי, דִּמְשַׁמְּשִׁין תַּמָּן קֳדָם יי: חוּלָק כְּחוּלָק
ט יֵיכְלוּן, בָּר מִמַּטַּרְתָּא דְּיָתֵהּ שַׁבְתָּא דְּכֵין אַתְקִינוּ אֲבָהָתָא: אֲרֵי אַתְּ עָלֵיל לְאַרְעָא, דַּיי
י אֱלָהָךְ יָהֵיב לָךְ, לָא תֵילַף לְמֶעְבַּד, כְּתוֹעֲבָת עַמְמַיָּא הָאִנּוּן: לָא יִשְׁתְּכַח בָּךְ, מַעְבַּר בְּרֵיהּ
יא וּבְרַתֵּיהּ בְּנוּרָא, קָסֵים קִסְמִין, מְעָנֵין וּמְנַחֵישׁ וְחָרַשׁ: וְרָטֵין רְטַן, וְשָׁאֵיל בִּבְדִין

ג] מֵאֵת הָעָם. וְלֹא מֵאֵת הַכֹּהֲנִים: אִם שׁוֹר אִם שֶׂה. פְּרָט לְחַיָּה: הַזְּרֹעַ. מִן הַפֶּרֶק שֶׁל אַרְכֻּבָּה עַד כַּף שֶׁל יָד שֶׁקּוֹרִין אשפלדו"ן: וְהַלְּחָיַיִם. עִם הַלָּשׁוֹן. דּוֹרְשֵׁי רְשׁוּמוֹת הָיוּ אוֹמְרִים: 'זְרוֹעַ' תַּחַת יָד, שֶׁנֶּאֱמַר: "וַיִּקַּח רֹמַח בְּיָדוֹ" (במדבר כה, ז). 'לְחָיַיִם' תַּחַת תְּפִלָּה, שֶׁנֶּאֱמַר: "וַיַּעֲמֹד פִּינְחָס וַיְפַלֵּל" (תהלים קו, ל). 'וְהַקֵּבָה' תַּחַת "הָאִשָּׁה אֶל קֳבָתָהּ" (במדבר כה, ח):

ד] רֵאשִׁית דְּגָנְךָ. זוֹ תְּרוּמָה, וְלֹא פֵּרַשׁ בָּהּ שִׁעוּר, אֲבָל רַבּוֹתֵינוּ נָתְנוּ בָהּ שִׁעוּר: עַיִן יָפָה אֶחָד מֵאַרְבָּעִים, עַיִן רָעָה אֶחָד מִשִּׁשִּׁים, בֵּינוֹנִית אֶחָד מֵחֲמִשִּׁים. וְסָמְכוּ עַל הַמִּקְרָא שֶׁלֹּא לִפְחוֹת מֵאֶחָד מִשִּׁשִּׁים, שֶׁנֶּאֱמַר: "וְשִׁשִּׁיתֶם הָאֵיפָה מֵחֹמֶר הַשְּׂעֹרִים" (יחזקאל מה, יג), שִׁשִּׁית הָאֵיפָה חֲצִי סְאָה, כְּשֶׁאַתָּה נוֹתֵן חֲצִי סְאָה לְכוֹר, הֲרֵי אֶחָד מִשִּׁשִּׁים, שֶׁהַכּוֹר שְׁלֹשִׁים סְאִין: וְרֵאשִׁית גֵּז צֹאנְךָ. כְּשֶׁאַתָּה גּוֹזֵז צֹאנְךָ בְּכָל שָׁנָה תֵּן מִמֶּנָּה רֵאשִׁית לַכֹּהֵן, וְלֹא פֵּרַשׁ בָּהּ שִׁעוּר. וְרַבּוֹתֵינוּ נָתְנוּ בָהּ שִׁעוּר – אֶחָד מִשִּׁשִּׁים. וְכַמָּה צֹאן חַיָּבוֹת בְּרֵאשִׁית הַגֵּז? חָמֵשׁ רְחֵלוֹת, שֶׁנֶּאֱמַר: "וְחָמֵשׁ צֹאן עֲשׂוּיוֹת" (שמואל א' כה, יח):

ה] לַעֲמֹד לְשָׁרֵת. מִכָּאן שֶׁאֵין שֵׁרוּת אֶלָּא מְעוּמָד:

ו-ז] וְכִי יָבֹא הַלֵּוִי. יָכוֹל בְּבֶן לֵוִי וַדַּאי הַכָּתוּב מְדַבֵּר? תַּלְמוּד לוֹמַר: "וְשֵׁרֵת", יָצְאוּ לְוִיִּם שֶׁאֵין רְאוּיִין לְשֵׁרוּת: וּבָא בְּכָל אַוַּת נַפְשׁוֹ... וְשֵׁרֵת. לִמֵּד עַל הַכֹּהֵן שֶׁבָּא וּמַקְרִיב קָרְבְּנוֹת נִדְבָתוֹ אוֹ חוֹבָתוֹ, וַאֲפִלּוּ בְּמִשְׁמָר שֶׁאֵינוֹ שֶׁלּוֹ. דָּבָר אַחֵר, עוֹד לִמֵּד עַל הַכֹּהֲנִים הַבָּאִים לָרֶגֶל שֶׁמַּקְרִיבִין בַּמִּשְׁמָר וְעוֹבְדִין בַּקָּרְבָּנוֹת הַבָּאוֹת מֵחֲמַת הָרֶגֶל, כְּגוֹן מוּסְפֵי הָרֶגֶל, וְאַף עַל פִּי שֶׁאֵין הַמִּשְׁמָר שֶׁלָּהֶם:

ח] חֵלֶק כְּחֵלֶק יֹאכֵלוּ. מְלַמֵּד שֶׁחוֹלְקִין בָּעוֹרוֹת וּבִבְשַׂר שְׂעִירֵי חַטָּאוֹת. יָכוֹל אַף בִּדְבָרִים הַבָּאִים שֶׁלֹּא מֵחֲמַת הָרֶגֶל, כְּגוֹן תְּמִידִים וּמוּסְפֵי שַׁבָּת וּנְדָרִים וּנְדָבוֹת? תַּלְמוּד לוֹמַר: "לְבַד מִמְכָּרָיו עַל הָאָבוֹת", חוּץ מִמַּה שֶּׁמָּכְרוּ הָאָבוֹת, בִּימֵי דָּוִד וּשְׁמוּאֵל שֶׁנִּקְבְּעוּ הַמִּשְׁמָרוֹת וּמָכְרוּ זֶה לָזֶה, טֹל אַתָּה שַׁבַּתְּךָ וַאֲנִי אֶטֹּל שַׁבַּתִּי:

ט] לֹא תִלְמַד לַעֲשׂוֹת. אֲבָל אַתָּה לָמֵד לְהָבִין וּלְהוֹרוֹת, כְּלוֹמַר לְהָבִין מַעֲשֵׂיהֶם כַּמָּה הֵם מְקֻלְקָלִין וּלְהוֹרוֹת לְבָנֶיךָ לֹא תַעֲשֶׂה כָּךְ וְכָךְ, שֶׁזֶּה הוּא חֹק הַגּוֹיִם:

י] מַעֲבִיר בְּנוֹ וּבִתּוֹ בָּאֵשׁ. הִיא עֲבוֹדַת הַמֹּלֶךְ, עוֹשֶׂה מְדוּרוֹת אֵשׁ מִכָּאן וּמִכָּאן וּמַעֲבִירוֹ בֵּין שְׁתֵּיהֶם: קֹסֵם קְסָמִים. אֵיזֶהוּ קוֹסֵם? הָאוֹחֵז אֶת מַקְלוֹ וְאוֹמֵר: אִם אֵלֵךְ אִם לֹא אֵלֵךְ. וְכֵן הוּא אוֹמֵר: "עַמִּי בְּעֵצוֹ יִשְׁאָל וּמַקְלוֹ יַגִּיד לוֹ" (הושע ד, יב): מְעוֹנֵן. רַבִּי עֲקִיבָא אוֹמֵר: אֵלּוּ נוֹתְנֵי עוֹנוֹת שֶׁאוֹמְרִים: עוֹנָה פְּלוֹנִית יָפָה לְהַתְחִיל, וַחֲכָמִים אוֹמְרִים: אֵלּוּ אוֹחֲזֵי הָעֵינַיִם: מְנַחֵשׁ. פִּתּוֹ נָפְלָה מִפִּיו, צְבִי הִפְסִיקוֹ בַּדֶּרֶךְ, מַקְלוֹ נָפַל מִיָּדוֹ:

יא] וְחֹבֵר חָבֶר. שֶׁמְּצָרֵף נְחָשִׁים וְעַקְרַבִּים אוֹ שְׁאָר חַיּוֹת לְמָקוֹם אֶחָד: וְשֹׁאֵל אוֹב. זֶה מְכַשְּׁפוּת שֶׁשְּׁמוֹ פִּיתוֹם וּמְדַבֵּר מִשֶּׁחְיוֹ וּמַעֲלֶה אֶת הַמֵּת

דברים יח

מצווה תקיד-תקטו
איסור לשאול
ידעוני

איסור לדרוש
אל המתים

יב וְיִדְּעֹנִ֔י וְדֹרֵ֖שׁ אֶל־הַמֵּתִֽים: כִּֽי־תוֹעֲבַ֥ת יְהוָ֖ה כָּל־עֹ֣שֵׂה אֵ֑לֶּה וּבִגְלַל֙ הַתּוֹעֵבֹ֣ת הָאֵ֔לֶּה יְהוָ֥ה אֱלֹהֶ֖יךָ מוֹרִ֥ישׁ אוֹתָ֖ם מִפָּנֶֽיךָ: יג תָּמִ֣ים תִּֽהְיֶ֔ה עִ֖ם

חמישי

יְהוָ֥ה אֱלֹהֶֽיךָ: יד כִּ֣י ׀ הַגּוֹיִ֣ם הָאֵ֗לֶּה אֲשֶׁ֤ר אַתָּה֙ יוֹרֵ֣שׁ אוֹתָ֔ם אֶל־מְעֹנְנִ֥ים וְאֶל־קֹסְמִ֖ים יִשְׁמָ֑עוּ וְאַתָּ֕ה לֹ֣א כֵ֔ן נָ֥תַן לְךָ֖ יְהוָ֥ה אֱלֹהֶֽיךָ: טו נָבִ֨יא מִקִּרְבְּךָ֤ מֵאַחֶ֙יךָ֙ כָּמֹ֔נִי יָקִ֥ים לְךָ֖ יְהוָ֣ה אֱלֹהֶ֑יךָ

מצווה תקטז
מצווה לשמוע
לנביא אמת

אֵלָ֖יו תִּשְׁמָעֽוּן: טז כְּכֹ֨ל אֲשֶׁר־שָׁאַ֜לְתָּ מֵעִ֣ם יְהוָ֣ה אֱלֹהֶ֗יךָ בְּחֹרֵב֙ בְּי֣וֹם הַקָּהָ֣ל לֵאמֹ֔ר לֹ֣א אֹסֵ֗ף לִשְׁמֹ֙עַ֙ אֶת־ק֣וֹל יְהוָ֣ה אֱלֹהָ֔י וְאֶת־הָאֵ֨שׁ הַגְּדֹלָ֥ה הַזֹּ֛את לֹֽא־אֶרְאֶ֥ה ע֖וֹד וְלֹ֥א אָמֽוּת: יז וַיֹּ֥אמֶר יְהוָ֖ה אֵלָ֑י הֵיטִ֖יבוּ אֲשֶׁ֥ר דִּבֵּֽרוּ: יח נָבִ֨יא אָקִ֥ים לָהֶ֛ם מִקֶּ֥רֶב אֲחֵיהֶ֖ם כָּמ֑וֹךָ וְנָתַתִּ֤י דְבָרַי֙ בְּפִ֔יו וְדִבֶּ֣ר אֲלֵיהֶ֔ם אֵ֖ת כָּל־אֲשֶׁ֥ר אֲצַוֶּֽנּוּ: יט וְהָיָ֗ה הָאִישׁ֙ אֲשֶׁ֤ר לֹֽא־יִשְׁמַע֙ אֶל־דְּבָרַ֔י אֲשֶׁ֥ר יְדַבֵּ֖ר בִּשְׁמִ֑י אָנֹכִ֖י

מצווה תקיז
איסור להתנבא בשקר

מצווה תקיח
איסור להתנבא בשם
עבודה זרה

אֶדְרֹ֥שׁ מֵעִמּֽוֹ: כ אַ֣ךְ הַנָּבִ֡יא אֲשֶׁ֣ר יָזִיד֩ לְדַבֵּ֨ר דָּבָ֜ר בִּשְׁמִ֗י אֵ֣ת אֲשֶׁ֤ר לֹֽא־צִוִּיתִיו֙ לְדַבֵּ֔ר וַאֲשֶׁ֣ר יְדַבֵּ֔ר בְּשֵׁ֖ם אֱלֹהִ֣ים אֲחֵרִ֑ים וּמֵ֖ת הַנָּבִ֥יא הַהֽוּא: כא וְכִ֥י תֹאמַ֖ר בִּלְבָבֶ֑ךָ אֵיכָה֙ נֵדַ֣ע אֶת־הַדָּבָ֔ר אֲשֶׁ֥ר לֹֽא־דִבְּר֖וֹ יְהוָֽה: כב אֲשֶׁר֩ יְדַבֵּ֨ר הַנָּבִ֜יא בְּשֵׁ֣ם יְהוָ֗ה וְלֹֽא־יִהְיֶ֤ה הַדָּבָר֙ וְלֹ֣א יָב֔וֹא ה֣וּא

שופטים

הַדָּבָר אֲשֶׁר לֹא־דִבְּרוֹ יְהוָה בְּזָדוֹן דִּבְּרוֹ
יט א הַנָּבִיא לֹא תָגוּר מִמֶּנּוּ׃ כִּי־יַכְרִית

מצווה תקיט
איסור לפחד מהריגת
נביא השקר

יב וּבִזְכוּרוּ, וְתָבַע מִן מֵיתַיָּא: אֲרֵי מְרַחַק קֳדָם יְיָ כָּל עָבֵיד אִלֵּין, וּבְדִיל תּוֹעֵיבָתָא הָאִלֵּין, יְיָ אֱלָהָךְ,
יג יד מְתָרֵיךְ יָתְהוֹן מִן קֳדָמָךְ: שְׁלִים תְּהֵי, בְּדַחַלְתָּא דַּייָ אֱלָהָךְ: אֲרֵי עַמְמַיָּא הָאִלֵּין, דְּאַתְּ יָרֵית
טו יָתְהוֹן, מִן מְעַנְנַיָּא וּמִן קַסָּמַיָּא שָׁמְעִין, וְאַתְּ, לָא כֵן, יְהַב לָךְ יְיָ אֱלָהָךְ: נְבִיָּא מִבֵּינָךְ מֵאַחָךְ
טז כְּוָתִי, יְקִים לָךְ יְיָ אֱלָהָךְ, מִנֵּיהּ תְּקַבְּלוּן: כְּכֹל דִּשְׁאֵילְתָּא, מִן קֳדָם יְיָ אֱלָהָךְ בְּחוֹרֵב, בְּיוֹמָא
דִקְהָלָא לְמֵימַר, לָא אוֹסֵיף, לְמִשְׁמַע יָת קָל מֵימְרָא דַּייָ אֱלָהִי, וְיָת אִישָּׁתָא רַבְּתָא הָדָא, לָא
יז יח אֶחֱזֵי עוֹד וְלָא אֵמוּת: וַאֲמַר יְיָ לִי, אַתְקִינוּ דְּמַלִּילוּ: נְבִיָּא אֲקִים לְהוֹן, מִגּוֹ אֲחֵיהוֹן כְּוָתָךְ, וְאֶתֵּין
יט פִּתְגָּמֵי נְבוּאֲתִי בְּפֻמֵּיהּ, וִימַלֵּיל עִמְּהוֹן, יָת כָּל דַּאֲפַקְּדִנֵּיהּ: וִיהֵי, גַּבְרָא דְּלָא יְקַבֵּיל לְפִתְגָּמַי,
כ דִּימַלֵּיל בִּשְׁמִי, מֵימְרִי יִתְבַּע מִנֵּיהּ: בְּרַם נְבִיָּא, דִּירַשַּׁע לְמַלָּלָא פִּתְגָּמָא בִּשְׁמִי, יָת דְּלָא
כא פַקֵּידְתֵּיהּ לְמַלָּלָא, וְדִימַלֵּיל, בְּשׁוּם טָעֲוָת עַמְמַיָּא, וְיִתְקְטִיל נְבִיָּא הַהוּא: וַאֲרֵי תֵימַר בְּלִבָּךְ,
כב אֵיכְדֵין נְדַע יָת פִּתְגָּמָא, דְּלָא מַלְּלֵיהּ יְיָ: דִּימַלֵּיל נְבִיָּא בִּשְׁמָא דַּייָ, וְלָא יְהֵי פִתְגָּמָא וְלָא
יט א יִתְקַיַּם, הוּא פִּתְגָּמָא, דְּלָא מַלְּלֵיהּ יְיָ, בְּרַשַׁע מַלְּלֵיהּ נְבִיָּא, לָא תִדְחֲלוּן מִנֵּיהּ: אֲרֵי יְשֵׁיצֵי,

בְּבֵית הַשֶּׁחִי שֶׁלּוֹ: וְיִדְּעֹנִי. מַכְנִיס עֶצֶם חַיָּה שֶׁשְּׁמָהּ יַדּוּעַ לְתוֹךְ פִּיו, וּמְדַבֵּר הָעֶצֶם עַל יְדֵי מְכַשְּׁפוּת: וְדֹרֵשׁ אֶל הַמֵּתִים. כְּגוֹן הַמַּעֲלֶה בִּזְכוּרוֹ וְהַנִּשְׁאָל בְּגֻלְגֹּלֶת:

יב] כָּל עֹשֵׂה אֵלֶּה. 'עוֹשֵׂה כָּל אֵלֶּה' לֹא נֶאֱמַר, אֶלָּא "כָּל עֹשֵׂה אֵלֶּה", אֲפִלּוּ אַחַת מֵהֶן:

יג] תָּמִים תִּהְיֶה עִם ה' אֱלֹהֶיךָ. הִתְהַלֵּךְ עִמּוֹ בִּתְמִימוּת וּתְצַפֶּה לוֹ וְלֹא תַחְקֹר אַחַר הָעֲתִידוֹת, אֶלָּא כָּל מַה שֶּׁיָּבֹא עָלֶיךָ קַבֵּל בִּתְמִימוּת, וְאָז תִּהְיֶה עִמּוֹ וּלְחֶלְקוֹ:

יד] לֹא כֵן נָתַן לְךָ ה' אֱלֹהֶיךָ. לִשְׁמֹעַ אֶל מְעוֹנְנִים וְאֶל קוֹסְמִים, שֶׁהֲרֵי הִשְׁרָה שְׁכִינָה עַל הַנְּבִיאִים וְאוּרִים וְתֻמִּים:

טו] מִקִּרְבְּךָ מֵאַחֶיךָ כָּמֹנִי. כְּמוֹ שֶׁאֲנִי מִקִּרְבְּךָ מֵאַחֶיךָ יָקִים לְךָ תַּחְתַּי, וְכֵן מִנָּבִיא לְנָבִיא:

כ] אֲשֶׁר לֹא צִוִּיתִיו לְדַבֵּר. אֲבָל צִוִּיתִי לַחֲבֵרוֹ: וַאֲשֶׁר יְדַבֵּר בְּשֵׁם אֱלֹהִים אֲחֵרִים. אֲפִלּוּ כִּוֵּן אֶת הַהֲלָכָה לֶאֱסֹר אֶת הָאָסוּר וּלְהַתִּיר אֶת הַמֻּתָּר: וּמֵת. בְּחֶנֶק. שְׁלֹשָׁה מִיתָתָן בִּידֵי אָדָם: הַמִּתְנַבֵּא מַה שֶּׁלֹּא שָׁמַע, וּמַה שֶּׁלֹּא נֶאֱמַר לוֹ וְנֶאֱמַר לַחֲבֵרוֹ, וְהַמִּתְנַבֵּא בְּשֵׁם עֲבוֹדָה זָרָה. אֲבָל הַכּוֹבֵשׁ אֶת נְבוּאָתוֹ וְהָעוֹבֵר עַל דִּבְרֵי נָבִיא וְהָעוֹבֵר עַל דִּבְרֵי עַצְמוֹ, מִיתָתָן בִּידֵי שָׁמַיִם, שֶׁנֶּאֱמַר: "אָנֹכִי אֶדְרֹשׁ מֵעִמּוֹ" (לעיל פסוק יט):

כא] וְכִי תֹאמַר בִּלְבָבֶךָ. עֲתִידִין אַתֶּם לוֹמַר, כְּשֶׁיָּבֹא חֲנַנְיָה בֶּן עַזּוּר וּמִתְנַבֵּא: "הִנֵּה כְלֵי בֵית ה' מוּשָׁבִים מִבָּבֶלָה עַתָּה מְהֵרָה" (ירמיה כז, טז), וְיִרְמְיָהוּ עוֹמֵד וְצוֹוֵחַ עַל הָעַמּוּדִים וְעַל הַיָּם וְעַל יֶתֶר הַכֵּלִים שֶׁלֹּא גָּלוּ עִם יְכָנְיָה: "בָּבֶלָה יוּבָאוּ" (שם פסוק כב) עִם גָּלוּת צִדְקִיָּהוּ:

כב] אֲשֶׁר יְדַבֵּר הַנָּבִיא. וְאָמַר: דָּבָר זֶה עָתִיד לָבוֹא עֲלֵיכֶם, וְתִרְאוּ שֶׁלֹּא יָבוֹא, "הוּא הַדָּבָר אֲשֶׁר לֹא דִבְּרוֹ ה'" וַהֲרֹג אוֹתוֹ. וְאִם תֹּאמַר: זוֹ בְּמִתְנַבֵּא עַל הָעֲתִידוֹת, הֲרֵי שֶׁבָּא וְאָמַר עֲשׂוּ כָּךְ וְכָךְ וּמִפִּי הַקָּדוֹשׁ בָּרוּךְ הוּא אֲנִי אוֹמֵר – כְּבָר נִצְטַוּוּ שֶׁאִם בָּא לְהַדִּיחֲךָ מֵאַחַת מִכָּל הַמִּצְוֹת לֹא תִשְׁמַע לוֹ (דברים יג, ד), אֶלָּא אִם כֵּן מֻמְחֶה הוּא לְךָ שֶׁהוּא צַדִּיק גָּמוּר, כְּגוֹן אֵלִיָּהוּ בְּהַר הַכַּרְמֶל שֶׁהִקְרִיב בַּבָּמָה בִּשְׁעַת אִסּוּר הַבָּמוֹת כְּדֵי לִגְדֹּר אֶת יִשְׂרָאֵל, הַכֹּל לְפִי צֹרֶךְ שָׁעָה וּסְיָג הַפִּרְצָה, לְכָךְ נֶאֱמַר: "אֵלָיו תִּשְׁמָעוּן" (לעיל פסוק טו): לֹא תָגוּר מִמֶּנּוּ. לֹא תִמְנַע עַצְמְךָ מִלְּלַמֵּד עָלָיו חוֹבָה, וְלֹא תִירָא לֵעָנֵשׁ עָלָיו:

יְהוָ֤ה אֱלֹהֶ֙יךָ֙ אֶת־הַגּוֹיִ֔ם אֲשֶׁר֙ יְהוָ֣ה אֱלֹהֶ֔יךָ
נֹתֵ֥ן לְךָ֖ אֶת־אַרְצָ֑ם וִירִשְׁתָּ֕ם וְיָשַׁבְתָּ֥ בְעָרֵיהֶ֖ם
וּבְבָתֵּיהֶֽם׃ שָׁל֥וֹשׁ עָרִ֖ים תַּבְדִּ֣יל לָ֑ךְ בְּת֣וֹךְ ב

מצווה תקכ
מצווה להפריש
ערי מקלט

אַֽרְצְךָ֔ אֲשֶׁר֙ יְהוָ֣ה אֱלֹהֶ֔יךָ נֹתֵ֥ן לְךָ֖ לְרִשְׁתָּֽהּ׃
תָּכִ֣ין לְךָ֮ הַדֶּ֒רֶךְ֒ וְשִׁלַּשְׁתָּ֙ אֶת־גְּב֣וּל אַרְצְךָ֔ ג
אֲשֶׁ֥ר יַנְחִֽילְךָ֖ יְהוָ֣ה אֱלֹהֶ֑יךָ וְהָיָ֕ה לָנ֥וּס שָׁ֖מָּה
כָּל־רֹצֵֽחַ׃ וְזֶה֙ דְּבַ֣ר הָרֹצֵ֔חַ אֲשֶׁר־יָנ֥וּס שָׁ֖מָּה ד
וָחָ֑י אֲשֶׁ֨ר יַכֶּ֤ה אֶת־רֵעֵ֙הוּ֙ בִּבְלִי־דַ֔עַת וְה֛וּא
לֹא־שֹׂנֵ֥א ל֖וֹ מִתְּמֹ֥ל שִׁלְשֹֽׁם׃ וַאֲשֶׁ֨ר יָבֹ֣א אֶת־ ה
רֵעֵ֣הוּ בַיַּעַר֮ לַחְטֹ֣ב עֵצִים֒ וְנִדְּחָ֨ה יָד֤וֹ בַגַּרְזֶן֙
לִכְרֹ֣ת הָעֵ֔ץ וְנָשַׁ֤ל הַבַּרְזֶל֙ מִן־הָעֵ֔ץ וּמָצָ֥א
אֶת־רֵעֵ֖הוּ וָמֵ֑ת ה֗וּא יָנ֛וּס אֶל־אַחַ֥ת הֶעָרִֽים־
הָאֵ֖לֶּה וָחָֽי׃ פֶּן־יִרְדֹּף֩ גֹּאֵ֨ל הַדָּ֜ם אַחֲרֵ֣י הָרֹצֵ֗חַ ו
כִּ֣י יֵחַם֮ לְבָבוֹ֒ וְהִשִּׂיג֛וֹ כִּֽי־יִרְבֶּ֥ה הַדֶּ֖רֶךְ וְהִכָּ֣הוּ
נָ֑פֶשׁ וְלוֹ֙ אֵ֣ין מִשְׁפַּט־מָ֔וֶת כִּ֠י לֹ֣א־שֹׂנֵ֥א ה֛וּא ל֖וֹ
מִתְּמ֥וֹל שִׁלְשֽׁוֹם׃ עַל־כֵּ֛ן אָנֹכִ֥י מְצַוְּךָ֖ לֵאמֹ֑ר ז
שָׁלֹ֥שׁ עָרִ֖ים תַּבְדִּ֥יל לָֽךְ׃ וְאִם־יַרְחִ֞יב יְהוָ֤ה ח
אֱלֹהֶ֙יךָ֙ אֶת־גְּבֻ֣לְךָ֔ כַּאֲשֶׁ֥ר נִשְׁבַּ֖ע לַאֲבֹתֶ֑יךָ
וְנָ֤תַן לְךָ֙ אֶת־כָּל־הָאָ֔רֶץ אֲשֶׁ֥ר דִּבֶּ֖ר לָתֵ֥ת
לַאֲבֹתֶֽיךָ׃ כִּֽי־תִשְׁמֹר֩ אֶת־כָּל־הַמִּצְוָ֨ה הַזֹּ֜את ט

לַעֲשֹׂתָהּ אֲשֶׁר אָנֹכִי מְצַוְּךָ הַיּוֹם לְאַהֲבָה אֶת־
יְהוָה אֱלֹהֶיךָ וְלָלֶכֶת בִּדְרָכָיו כָּל־הַיָּמִים וְיָסַפְתָּ
י לְךָ עוֹד שָׁלֹשׁ עָרִים עַל הַשָּׁלֹשׁ הָאֵלֶּה: וְלֹא
יִשָּׁפֵךְ דָּם נָקִי בְּקֶרֶב אַרְצְךָ אֲשֶׁר יְהוָה אֱלֹהֶיךָ
נֹתֵן לְךָ נַחֲלָה וְהָיָה עָלֶיךָ דָּמִים:

יי אֱלָהָךְ יָת עַמְמַיָּא, דַּיי אֱלָהָךְ, יָהֵיב לָךְ יָת אַרְעֲהוֹן, וְתֵירְתִנּוּן, וְתִתֵּיב בְּקִרְוֵיהוֹן וּבְבָתֵּיהוֹן:
ב ג תְּלָת קִרְוִין תַּפְרֵישׁ לָךְ, בְּגוֹ אַרְעָךְ, דַּיי אֱלָהָךְ, יָהֵיב לָךְ לְמֵירְתַהּ: תַּתְקֵין לָךְ אוֹרְחָא,
ד וּתְתַלֵּית יָת תְּחוּם אַרְעָךְ, דְּיַחְסְנִנָּךְ יי אֱלָהָךְ, וִיהֵי, לְמִעְרַק לְתַמָּן כָּל קָטוֹל: וְדֵין פִּתְגָם
קָטוֹלָא, דְּיִעְרוֹק לְתַמָּן וְיִתְקַיַּם, דְּיִקְטוֹל יָת חַבְרֵיהּ בְּלָא מַדְּעֵיהּ, וְהוּא, לָא סָנֵי לֵיהּ מֵאֶתְמָלֵי
ה וּמִדְּקַמּוֹהִי: וּדְיֵיעוֹל עִם חַבְרֵיהּ בְּחֻרְשָׁא לְמִקַּץ אָעִין, וְתִתְמְרֵיג יְדֵיהּ בְּבַרְזְלָא לְמִקְצֵיהּ
אָעָא, וְיִשְׁתְּלֵיף בַּרְזְלָא מִן אָעָא, וְיַשְׁכַּח יָת חַבְרֵיהּ וִימוּת, הוּא, יִעְרוֹק, לַחֲדָא מִן קִרְוַיָּא
ו הָאִלֵּין וְיִתְקַיַּם: דִּלְמָא יִרְדּוֹף גָּאֵיל דְּמָא בָּתַר קָטוֹלָא, אֲרֵי יֵיחַם לִבֵּיהּ, וְיִדְבְּקִנֵּיהּ, אֲרֵי יִסְגֵּי
אוֹרְחָא וְיִקְטְלִנֵּיהּ נְפַשׁ, וְלֵיהּ לֵית חוֹבַת דִּין דִּקְטוֹל, אֲרֵי, לָא סָנֵי הוּא, לֵיהּ מֵאֶתְמָלֵי
ז ח וּמִדְּקַמּוֹהִי: עַל כֵּן, אֲנָא מְפַקֵּיד לָךְ לְמֵימַר, תְּלָת קִרְוִין תַּפְרֵישׁ לָךְ: וְאִם יַפְתֵּי, יי אֱלָהָךְ
ט יָת תְּחוּמָךְ, כְּמָא דְּקַיֵּים לַאֲבָהָתָךְ, וְיִתֵּין לָךְ יָת כָּל אַרְעָא, דְּמַלֵּיל לְמִתַּן לַאֲבָהָתָךְ: אֲרֵי
תִּטַּר יָת כָּל תַּפְקֵידְתָּא הָדָא לְמֶעְבְּדַהּ, דַּאֲנָא מְפַקֵּיד לָךְ יוֹמָא דֵין, לְמִרְחַם, יָת יי אֱלָהָךְ,
י וּלְמְהָךְ בְּאוֹרְחָן דְּתַקְנָן קֳדָמוֹהִי כָּל יוֹמַיָּא, וְתוֹסֵיף לָךְ עוֹד תְּלָת קִרְוִין, עַל תְּלָת אִלֵּין: וְלָא
יִשְׁתְּפֵיךְ דַּם זַכַּאי, בְּגוֹ אַרְעָךְ, דַּיי אֱלָהָךְ, יָהֵיב לָךְ אַחְסָנָא, וִיהֵי עֲלָךְ חוֹבַת דִּין דִּקְטוֹל:

פרק יט

ג| תָּכִין לְךָ הַדֶּרֶךְ. 'מִקְלָט' 'מִקְלָט' הָיָה כָּתוּב עַל פָּרָשַׁת דְּרָכִים: וְשִׁלַּשְׁתָּ אֶת גְּבוּל אַרְצְךָ. שֶׁיְּהֵא מִתְּחִלַּת הַגְּבוּל עַד הָעִיר הָרִאשׁוֹנָה שֶׁל עִיר מִקְלָט כְּשִׁעוּר מַהֲלָךְ שֶׁיֵּשׁ מִמֶּנָּה עַד הַשְּׁנִיָּה, וְכֵן מִשְּׁנִיָּה לַשְּׁלִישִׁית, וְכֵן מִן הַשְּׁלִישִׁית עַד הַגְּבוּל הַשֵּׁנִי שֶׁל אֶרֶץ יִשְׂרָאֵל:

ה| וְנִדְּחָה יָדוֹ. כְּשֶׁבָּא לְהַפִּיל הַגַּרְזֶן עַל הָעֵץ, וְתַרְגּוּמוֹ: "וְתִתְמְרֵיג יְדֵיהּ", לְשׁוֹן וְנִשְׁמְטָה יָדוֹ לְהַפִּיל מַכַּת הַגַּרְזֶן עַל הָעֵץ. "כִּי שָׁמְטוּ הַבָּקָר" (שמואל ב' ו, ו) תַּרְגֵּם יוֹנָתָן: "אֲרֵי מְרַגּוּהִי תּוֹרַיָּא": וְנָשַׁל הַבַּרְזֶל מִן הָעֵץ. יֵשׁ מֵרַבּוֹתֵינוּ אוֹמְרִים: נִשְׁמַט הַבַּרְזֶל מִקַּתּוֹ, וְיֵשׁ מֵהֶם אוֹמְרִים: שֶׁיַּשַּׁל הַבַּרְזֶל לַחֲתִיכָה מִן הָעֵץ הַמִּתְבַּקֵּעַ וְהִיא נִתְּזָה וְהָרְגָה:

ו| פֶּן יִרְדֹּף גֹּאֵל הַדָּם. לְכָךְ אֲנִי אוֹמֵר לְהָכִין לְךָ דֶּרֶךְ וְעָרֵי מִקְלָט רַבִּים:

ח| וְאִם יַרְחִיב. כַּאֲשֶׁר נִשְׁבַּע לָתֵת לְךָ אֶרֶץ קֵינִי וּקְנִזִּי וְקַדְמוֹנִי (בראשית טו, יט):

ט| וְיָסַפְתָּ לְךָ עוֹד שָׁלֹשׁ. הֲרֵי תֵּשַׁע: שָׁלֹשׁ שֶׁבְּעֵבֶר הַיַּרְדֵּן וְשָׁלֹשׁ שֶׁבְּאֶרֶץ כְּנַעַן וְשָׁלֹשׁ לֶעָתִיד לָבוֹא:

דברים יט

יא וְכִֽי־יִהְיֶ֥ה אִישׁ֙ שֹׂנֵ֣א לְרֵעֵ֔הוּ וְאָ֤רַב לוֹ֙ וְקָ֣ם עָלָ֔יו
וְהִכָּ֥הוּ נֶ֖פֶשׁ וָמֵ֑ת וְנָ֕ס אֶל־אַחַ֖ת הֶעָרִ֥ים הָאֵֽל׃
יב וְשָֽׁלְחוּ֙ זִקְנֵ֣י עִיר֔וֹ וְלָקְח֥וּ אֹת֖וֹ מִשָּׁ֑ם וְנָתְנ֣וּ אֹת֗וֹ
יג בְּיַ֛ד גֹּאֵ֥ל הַדָּ֖ם וָמֵֽת׃ לֹא־תָח֥וֹס עֵינְךָ֖ עָלָ֑יו וּבִעַרְתָּ֧
יד דַם־הַנָּקִ֛י מִיִּשְׂרָאֵ֖ל וְט֥וֹב לָֽךְ׃ לֹ֤א
תַסִּיג֙ גְּב֣וּל רֵֽעֲךָ֔ אֲשֶׁ֥ר גָּבְל֖וּ רִאשֹׁנִ֑ים בְּנַחֲלָֽתְךָ֙
אֲשֶׁ֣ר תִּנְחַ֔ל בָּאָ֕רֶץ אֲשֶׁר֙ יְהוָ֣ה אֱלֹהֶ֔יךָ נֹתֵ֥ן לְךָ֖
טו לְרִשְׁתָּֽהּ׃ לֹא־יָקוּם֩ עֵ֨ד אֶחָ֜ד בְּאִ֗ישׁ
לְכָל־עָוֺן֙ וּלְכָל־חַטָּ֔את בְּכָל־חֵ֖טְא אֲשֶׁ֣ר יֶחֱטָ֑א
עַל־פִּ֣י ׀ שְׁנֵ֣י עֵדִ֗ים א֛וֹ עַל־פִּ֥י שְׁלֹשָֽׁה־עֵדִ֖ים יָק֥וּם
טז דָּבָֽר׃ כִּֽי־יָק֥וּם עֵד־חָמָ֖ס בְּאִ֑ישׁ לַעֲנ֥וֹת בּ֖וֹ סָרָֽה׃
יז וְעָמְד֧וּ שְׁנֵֽי־הָאֲנָשִׁ֛ים אֲשֶׁר־לָהֶ֥ם הָרִ֖יב לִפְנֵ֣י
יְהוָ֑ה לִפְנֵ֤י הַכֹּֽהֲנִים֙ וְהַשֹּׁ֣פְטִ֔ים אֲשֶׁ֥ר יִהְי֖וּ בַּיָּמִ֥ים
יח הָהֵֽם׃ וְדָרְשׁ֥וּ הַשֹּׁפְטִ֖ים הֵיטֵ֑ב וְהִנֵּ֤ה עֵֽד־שֶׁ֙קֶר֙
יט הָעֵ֔ד שֶׁ֖קֶר עָנָ֥ה בְאָחִֽיו׃ וַעֲשִׂ֣יתֶם ל֔וֹ כַּאֲשֶׁ֥ר זָמַ֖ם
כ לַעֲשׂ֣וֹת לְאָחִ֑יו וּבִֽעַרְתָּ֥ הָרָ֖ע מִקִּרְבֶּֽךָ׃ וְהַנִּשְׁאָרִ֖ים
יִשְׁמְע֣וּ וְיִרָ֑אוּ וְלֹֽא־יֹסִ֨פוּ לַעֲשׂ֜וֹת ע֗וֹד כַּדָּבָ֥ר
כא הָרָ֛ע הַזֶּ֖ה בְּקִרְבֶּֽךָ׃ וְלֹ֥א תָח֖וֹס עֵינֶ֑ךָ נֶ֣פֶשׁ בְּנֶ֔פֶשׁ

מצווה תקכא
איסור לחוס על
רוצח וחובל

ששי

מצווה תקכב
איסור הסגת גבול

מצווה תקכג
איסור הכרעת דין
על פי עד אחד

מצווה תקכד
מצווה לעשות
לעד זומם
כאשר זמם

יא] וְכִי יִהְיֶה אִישׁ שֹׂנֵא לְרֵעֵהוּ. עַל יְדֵי שִׂנְאָתוֹ הוּא בָּא לִידֵי "וְאָרַב לוֹ", מִכָּאן אָמְרוּ: עָבַר אָדָם עַל מִצְוָה קַלָּה סוֹפוֹ לַעֲבֹר עַל מִצְוָה חֲמוּרָה; לְפִי שֶׁעָבַר עַל "לֹא תִשְׂנָא" (ויקרא יט, יז) סוֹפוֹ לָבֹא

יא וַאֲרֵי יְהֵי גְּבַר סָנֵי לְחַבְרֵיהּ, וְיִכְמוֹן לֵיהּ וִיקוּם עֲלוֹהִי, וְיִקְטְלִנֵּיהּ נְפַשׁ וִימוּת, וְיִעְרוֹק, לַחֲדָא
יב מִן קִרְוַיָּא הָאִלֵּין: וְיִשְׁלְחוּן סָבֵי קַרְתֵּיהּ, וְיִדְבְּרוּן יָתֵיהּ מִתַּמָּן, וְיִמְסְרוּן יָתֵיהּ, בִּיד, גָּאֵיל דְּמָא
יג יד וִימוּת: לָא תְחוּס עֵינָךְ עֲלוֹהִי, וּתְפַלֵּי אָשְׁדֵי דַם זַכַּאי, מִיִּשְׂרָאֵל וְיִיטַב לָךְ: לָא תְשַׁנֵּי תְּחוּמָא
טו דְּחַבְרָךְ, דְּתַחִימוּ קַדְמָאֵי, בְּאַחְסָנְתָךְ דְּתַחְסֵין, בְּאַרְעָא, דַּייָ אֱלָהָךְ, יָהֵיב לָךְ לְמֵירְתַהּ: לָא
יְקוּם סָהִיד חַד בִּגְבַר, לְכָל עֲוָיָן וּלְכָל חוֹבִין, בְּכָל חֵטְא דְּיֶחְטֵי, עַל מֵימַר תְּרֵין סָהֲדִין, אוֹ,
טז עַל מֵימַר תְּלָתָא סָהֲדִין יִתְקַיַּם פִּתְגָּמָא: אֲרֵי יְקוּם סָהִיד שְׁקַר בִּגְבַר, לְאַסְהָדָא בֵיהּ סָטְיָא:
יז וִיקוּמוּן תְּרֵין גֻּבְרַיָּא, דִּילְהוֹן דִּינָא קֳדָם יְיָ, קֳדָם כָּהֲנַיָּא וְדַיָּנַיָּא, דִּיהוֹן בְּיוֹמַיָּא הָאִנּוּן:
יח יט וְיִתְבְּעוּן דַּיָּנַיָּא יָאוּת, וְהָא סָהִיד שִׁקְרָא סָהֲדָא, שִׁקְרָא אַסְהֵיד בַּאֲחוּהִי: וְתַעְבְּדוּן לֵיהּ,
כ כְּמָא דְּחַשִּׁיב לְמֶעֱבַד לַאֲחוּהִי, וּתְפַלֵּי עָבֵיד דְּבִישׁ מִבֵּינָךְ: וּדְיִשְׁתַּאֲרוּן יִשְׁמְעוּן וְיִדְחֲלוּן,
כא וְלָא יֵיסְפוּן לְמֶעֱבַד עוֹד, כְּפִתְגָּמָא בִישָׁא, הָדֵין בֵּינָךְ: וְלָא תְחוּס עֵינָךְ, נַפְשָׁא חֲלָף נַפְשָׁא,

לִידֵי שְׁפִיכוּת דָּמִים, לְכָךְ נֶאֱמַר: "כִּי יִהְיֶה אִישׁ שֹׂנֵא לְרֵעֵהוּ" וְגוֹ', שֶׁהָיָה לוֹ לִכְתֹּב: 'וְכִי יָקוּם אִישׁ וְאָרַב לְרֵעֵהוּ וְהִכָּהוּ נָפֶשׁ':

יג| **לֹא תָחוֹס עֵינְךָ.** שֶׁלֹּא תֹאמַר: הָרִאשׁוֹן כְּבָר נֶהֱרַג, מָה אָנוּ הוֹרְגִים אֶת זֶה וְנִמְצְאוּ שְׁנֵי יִשְׂרְאֵלִים הֲרוּגִים?:

יד| **לֹא תַסִּיג גְּבוּל.** לְשׁוֹן: "נָסֹגוּ אָחוֹר" (ישעיה מב, יז; ירמיה לח, כב) כְּשֶׁמַּחֲזִיר סִימַן חֲלֻקַּת הַקַּרְקַע לְאָחוֹר לְתוֹךְ שְׂדֵה חֲבֵרוֹ לְמַעַן הַרְחִיב אֶת שֶׁלּוֹ. וַהֲלֹא כְּבָר נֶאֱמַר: "וְלֹא תִגְזֹל" (ויקרא יט, יג), מַה תַּלְמוּד לוֹמַר: "לֹא תַסִּיג"? לִמֵּד עַל הָעוֹקֵר תְּחוּם חֲבֵרוֹ שֶׁעוֹבֵר בִּשְׁנֵי לָאוִין. יָכוֹל אַף בְּחוּצָה לָאָרֶץ? תַּלְמוּד לוֹמַר: "בְּנַחֲלָתְךָ אֲשֶׁר תִּנְחַל" וְגוֹ', בְּאֶרֶץ יִשְׂרָאֵל עוֹבֵר בִּשְׁנֵי לָאוִין, בְּחוּצָה לָאָרֶץ אֵינוֹ עוֹבֵר אֶלָּא מִשּׁוּם "לֹא תִגְזֹל":

טו| **עֵד אֶחָד.** זֶה בָּנָה אָב, כָּל 'עֵד' שֶׁבַּתּוֹרָה שְׁנַיִם, אֶלָּא אִם כֵּן פֵּרַט לְךָ בּוֹ 'אֶחָד': **לְכָל עָוֹן וּלְכָל חַטָּאת.** לִהְיוֹת חֲבֵרוֹ נֶעֱנָשׁ עַל עֵדוּתוֹ, לֹא עֹנֶשׁ גּוּף וְלֹא עֹנֶשׁ מָמוֹן, אֲבָל קָם הוּא לִשְׁבוּעָה. אָמַר לַחֲבֵרוֹ: תֵּן לִי מָנֶה שֶׁהִלְוִיתִיךָ, אָמַר לוֹ: אֵין לְךָ בְּיָדִי כְּלוּם, וְעֵד אֶחָד מְעִידוֹ שֶׁיֵּשׁ לוֹ, חַיָּב לִשָּׁבַע לוֹ: **עַל פִּי שְׁנֵי עֵדִים.** וְלֹא שֶׁיִּכְתְּבוּ עֵדוּתָם בְּאִגֶּרֶת וְיִשְׁלְחוּ לְבֵית דִּין, וְלֹא שֶׁיַּעֲמֹד תֻּרְגְּמָן בֵּין הָעֵדִים וּבֵין הַדַּיָּנִים:

טז| **לַעֲנוֹת בּוֹ סָרָה.** דָּבָר שֶׁאֵינוֹ, שֶׁהוּסַר הָעֵד הַזֶּה מִכָּל הָעֵדוּת הַזֹּאת. כֵּיצַד? שֶׁאָמְרוּ לָהֶם: וַהֲלֹא עִמָּנוּ הֱיִיתֶם בְּאוֹתוֹ הַיּוֹם בְּמָקוֹם פְּלוֹנִי:

יז| **וְעָמְדוּ שְׁנֵי הָאֲנָשִׁים.** בְּעֵדִים הַכָּתוּב מְדַבֵּר, וְלִמֵּד שֶׁאֵין עֵדוּת בְּנָשִׁים, וְלִמֵּד שֶׁצְּרִיכִין לְהָעִיד עֵדוּתָן מְעוּמָד: **אֲשֶׁר לָהֶם הָרִיב.** אֵלּוּ בַּעֲלֵי הַדִּין: **לִפְנֵי ה'.** יְהֵא דּוֹמֶה לָהֶם כְּאִלּוּ עוֹמְדִין לִפְנֵי הַמָּקוֹם, שֶׁנֶּאֱמַר: "בְּקֶרֶב אֱלֹהִים יִשְׁפֹּט" (תהלים פב, א): **אֲשֶׁר יִהְיוּ בַּיָּמִים הָהֵם.** יִפְתָּח בְּדוֹרוֹ כִּשְׁמוּאֵל בְּדוֹרוֹ, צָרִיךְ אַתָּה לִנְהֹג בּוֹ כָּבוֹד:

יח| **וְהִנֵּה עֵד שֶׁקֶר.** כָּל מָקוֹם שֶׁנֶּאֱמַר 'עֵד' בִּשְׁנַיִם הַכָּתוּב מְדַבֵּר: **וְדָרְשׁוּ הַשֹּׁפְטִים הֵיטֵב.** עַל פִּי הַמְזִמִּים אוֹתָם וּבוֹדְקִים וְחוֹקְרִים אֶת הַבָּאִים לַהֲזִמָּם בִּדְרִישָׁה וּבַחֲקִירָה:

יט| **כַּאֲשֶׁר זָמַם.** וְלֹא כַּאֲשֶׁר עָשָׂה, מִכָּאן אָמְרוּ: הָרְגוּ – אֵין נֶהֱרָגִין: **לַעֲשׂוֹת לְאָחִיו.** מַה תַּלְמוּד לוֹמַר: "לְאָחִיו"? לִמֵּד עַל זוֹמְמֵי בַּת כֹּהֵן נְשׂוּאָה שֶׁאֵינָם בִּשְׂרֵפָה אֶלָּא כְּמִיתַת הַבּוֹעֵל שֶׁהוּא בְּחֶנֶק, שֶׁנֶּאֱמַר: "בָּאֵשׁ תִּשָּׂרֵף" (ויקרא כא, ט), הִיא וְלֹא בּוֹעֲלָהּ, לְכָךְ נֶאֱמַר כָּאן: "לְאָחִיו", כַּאֲשֶׁר זָמַם לַעֲשׂוֹת לְאָחִיו וְלֹא כַּאֲשֶׁר זָמַם לַעֲשׂוֹת לַאֲחוֹתוֹ. אֲבָל בְּכָל שְׁאָר מִיתוֹת הִשְׁוָה הַכָּתוּב אִשָּׁה לְאִישׁ, וְזוֹמְמֵי אִשָּׁה נֶהֱרָגִין כְּזוֹמְמֵי אִישׁ, כְּגוֹן שֶׁהֱעִידוּהָ שֶׁהָרְגָה אֶת הַנֶּפֶשׁ, שֶׁחִלְּלָה אֶת הַשַּׁבָּת – נֶהֱרָגִין בְּמִיתָתָהּ, שֶׁלֹּא מִעֵט כָּאן אֲחוֹתוֹ אֶלָּא בְּמָקוֹם שֶׁיֵּשׁ לְקַיֵּם בָּהֶן הֲזַמָּה בְּמִיתַת הַבּוֹעֵל:

כ| **יִשְׁמְעוּ וְיִרָאוּ.** מִכָּאן שֶׁצְּרִיכִין הַכְרָזָה: אִישׁ פְּלוֹנִי וּפְלוֹנִי נֶהֱרָגִין עַל שֶׁהוּזַמּוּ בְּבֵית דִּין:

כא עַיִן בְּעַיִן שֵׁן בְּשֵׁן יָד בְּיָד רֶגֶל בְּרָגֶל׃ כ א כִּֽי־
תֵצֵא לַמִּלְחָמָה עַל־אֹיְבֶךָ וְרָאִיתָ סוּס וָרֶכֶב
עַם רַב מִמְּךָ לֹא תִירָא מֵהֶם כִּֽי־יְהוָה אֱלֹהֶיךָ
ב עִמָּךְ הַמַּעַלְךָ מֵאֶרֶץ מִצְרָיִם׃ וְהָיָה כְּקָרָבְכֶם
אֶל־הַמִּלְחָמָה וְנִגַּשׁ הַכֹּהֵן וְדִבֶּר אֶל־הָעָם׃
ג וְאָמַר אֲלֵהֶם שְׁמַע יִשְׂרָאֵל אַתֶּם קְרֵבִים הַיּוֹם
לַמִּלְחָמָה עַל־אֹיְבֵיכֶם אַל־יֵרַךְ לְבַבְכֶם אַל־
ד תִּירְאוּ וְאַל־תַּחְפְּזוּ וְאַל־תַּעַרְצוּ מִפְּנֵיהֶם׃ כִּי
יְהוָה אֱלֹהֵיכֶם הַהֹלֵךְ עִמָּכֶם לְהִלָּחֵם לָכֶם עִם־
ה אֹיְבֵיכֶם לְהוֹשִׁיעַ אֶתְכֶם׃ וְדִבְּרוּ הַשֹּׁטְרִים אֶל־ ★
הָעָם לֵאמֹר מִֽי־הָאִישׁ אֲשֶׁר בָּנָה בַיִת־חָדָשׁ
וְלֹא חֲנָכוֹ יֵלֵךְ וְיָשֹׁב לְבֵיתוֹ פֶּן־יָמוּת בַּמִּלְחָמָה
ו וְאִישׁ אַחֵר יַחְנְכֶנּוּ׃ וּמִֽי־הָאִישׁ אֲשֶׁר נָטַע כֶּרֶם
וְלֹא חִלְּלוֹ יֵלֵךְ וְיָשֹׁב לְבֵיתוֹ פֶּן־יָמוּת בַּמִּלְחָמָה
ז וְאִישׁ אַחֵר יְחַלְּלֶנּוּ׃ וּמִֽי־הָאִישׁ אֲשֶׁר אֵרַשׂ אִשָּׁה
וְלֹא לְקָחָהּ יֵלֵךְ וְיָשֹׁב לְבֵיתוֹ פֶּן־יָמוּת בַּמִּלְחָמָה
ח וְאִישׁ אַחֵר יִקָּחֶנָּה׃ וְיָסְפוּ הַשֹּׁטְרִים לְדַבֵּר אֶל־
הָעָם וְאָמְרוּ מִֽי־הָאִישׁ הַיָּרֵא וְרַךְ הַלֵּבָב יֵלֵךְ

מצווה תקכו
מצווה למשוח כוהן ולמנותו לדבר אל העם במלחמה

מצווה תקכה
איסור לפחד במלחמה

שופטים

כא) עַיִן בְּעַיִן. מָמוֹן. וְכֵן: "שֵׁן בְּשֵׁן" וְגוֹ':
פרק כ
א) כִּי תֵצֵא לַמִּלְחָמָה. סָמַךְ הַכָּתוּב יְצִיאַת מִלְחָמָה לְכָאן, לוֹמַר לְךָ שֶׁאֵין מְחֻסַּר אֵבֶר יוֹצֵא לַמִּלְחָמָה. דָּבָר אַחֵר, לוֹמַר לְךָ, אִם עָשִׂיתָ מִשְׁפַּט צֶדֶק אַתָּה מֻבְטָח שֶׁאִם תֵּצֵא לַמִּלְחָמָה

כ שפטים

כ א עֵינָא חֲלָף עֵינָא שִׁנָּא חֲלָף שִׁנָּא, יְדָא חֲלָף יְדָא רִגְלָא חֲלָף רִגְלָא: אֲרֵי תִפּוֹק לְאָגָחָא
קְרָבָא עַל בַּעֲלֵי דְבָבָךְ, וְתִחְזֵי, סוּסָן וּרְתִכִּין עַם סַגִּי מִנָּךְ, לָא תִדְחַל מִנְּהוֹן, אֲרֵי יי אֱלָהָךְ
ב מֵימְרֵיהּ בְּסַעְדָּךְ, דְּאַסְּקָךְ מֵאַרְעָא דְמִצְרָיִם: וִיהֵי, כְּמִקְרַבְכוֹן לְאָגָחָא קְרָבָא, וְיִתְקָרַב
ג כָּהֲנָא וִימַלֵּיל עִם עַמָּא: וְיֵימַר לְהוֹן שְׁמַע יִשְׂרָאֵל, אַתּוּן מִתְקָרְבִין יוֹמָא דֵין, לְאָגָחָא
קְרָבָא עַל בַּעֲלֵי דְבָבֵיכוֹן, לָא יְזוּעַ לִבְּכוֹן, לָא תִדְחֲלוּן וְלָא תִתְבַּעְתוּן, וְלָא תִתַּבְרוּן מִן
ד קֳדָמֵיהוֹן: אֲרֵי יי אֱלָהֲכוֹן, דִּמְדַבַּר קֳדָמֵיכוֹן, לְאָגָחָא לְכוֹן קְרָב, עִם בַּעֲלֵי דְבָבֵיכוֹן לְמִפְרַק
ה יָתְכוֹן: וִימַלְּלוּן סָרְכַיָּא עִם עַמָּא לְמֵימַר, מַאן גֻּבְרָא, דִּבְנָא בֵיתָא חֲדַתָּא וְלָא חַנְכֵיהּ,
ו יְהָךְ וִיתוּב לְבֵיתֵיהּ, דִּלְמָא יִתְקְטִיל בִּקְרָבָא, וּגְבַר אָחֳרָן יְחַנְכִנֵּיהּ: וּמַאן גֻּבְרָא, דִּנְצַב
ז כַּרְמָא וְלָא אַחֲלֵיהּ, יְהָךְ וִיתוּב לְבֵיתֵיהּ, דִּלְמָא יִתְקְטִיל בִּקְרָבָא, וּגְבַר אָחֳרָן יְחַלְּנֵיהּ: וּמַאן
גֻּבְרָא, דַּאֲרַס אִתְּתָא וְלָא נַסְבַהּ, יְהָךְ וִיתוּב לְבֵיתֵיהּ, דִּלְמָא יִתְקְטִיל בִּקְרָבָא, וּגְבַר אָחֳרָן
ח יִסְּבִנַּהּ: וְיֵיסְפוּן סָרְכַיָּא לְמַלָּלָא עִם עַמָּא, וְיֵימְרוּן, מַאן גֻּבְרָא דְּדָחֵיל וּתְבִיר לִבָּא, יְהָךְ

אַתָּה נוֹטֵל, וְכֵן דָּוִד הוּא אוֹמֵר: "עָשִׂיתִי מִשְׁפָּט וָצֶדֶק בַּל תַּנִּיחֵנִי לְעֹשְׁקָי" (תהלים קיט, קכא): עַל אֹיְבֶךָ. יִהְיוּ בְּעֵינֶיךָ כְּאוֹיְבִים, אַל תְּרַחֵם עֲלֵיהֶם כִּי לֹא יְרַחֲמוּ עָלֶיךָ: סוּס וָרֶכֶב. בְּעֵינַי כֻּלָּם כְּסוּס אֶחָד, וְכֵן הוּא אוֹמֵר: "וְהִכִּיתָ אֶת מִדְיָן כְּאִישׁ אֶחָד" (שופטים ו, טז), וְכֵן הוּא אוֹמֵר: "כִּי בָא סוּס פַּרְעֹה" (שמות טו, יט): עַם רַב מִמְּךָ. בְּעֵינֶיךָ הוּא רַב אֲבָל בְּעֵינַי אֵינוֹ רַב:

ב] כְּקָרָבְכֶם אֶל הַמִּלְחָמָה. סָמוּךְ לְצֵאתְכֶם מִן הַסְּפָר, מִגְּבוּל אַרְצְכֶם: וְנִגַּשׁ הַכֹּהֵן. הַמָּשׁוּחַ לְכָךְ, וְהוּא הַנִּקְרָא 'מְשׁוּחַ מִלְחָמָה': וְדִבֶּר אֶל הָעָם. בִּלְשׁוֹן הַקֹּדֶשׁ:

ג] שְׁמַע יִשְׂרָאֵל. אֲפִלּוּ אֵין בָּכֶם זְכוּת אֶלָּא קְרִיאַת שְׁמַע בִּלְבַד, כְּדַאי אַתֶּם שֶׁיּוֹשִׁיעַ אֶתְכֶם: עַל אֹיְבֵיכֶם. אֵין אֵלּוּ אֲחֵיכֶם, שֶׁאִם תִּפְּלוּ בְּיָדָם אֵינָם מְרַחֲמִים עֲלֵיכֶם, אֵין זוֹ כְּמִלְחֶמֶת יְהוּדָה עִם יִשְׂרָאֵל, שֶׁנֶּאֱמַר: "וַיָּקֻמוּ הָאֲנָשִׁים אֲשֶׁר נִקְּבוּ בְשֵׁמוֹת וַיַּחֲזִיקוּ בַשִּׁבְיָה וְכָל מַעֲרֻמֵּיהֶם הִלְבִּישׁוּ מִן הַשָּׁלָל וַיַּלְבִּשׁוּם וַיַּנְעִלוּם וַיַּאֲכִלוּם וַיַּשְׁקוּם וַיְסֻכוּם וַיְנַהֲלוּם בַּחֲמֹרִים לְכָל כּוֹשֵׁל וַיְבִיאוּם יְרֵחוֹ עִיר הַתְּמָרִים אֵצֶל אֲחֵיהֶם וַיָּשׁוּבוּ שֹׁמְרוֹן" (דברי הימים ב׳ כח, טו), אֲבָל "עַל אוֹיְבֵיכֶם" אַתֶּם הוֹלְכִים, לְפִיכָךְ הִתְחַזְּקוּ לַמִּלְחָמָה: אַל יֵרַךְ לְבַבְכֶם אַל תִּירְאוּ וְאַל תַּחְפְּזוּ וְאַל תַּעַרְצוּ. אַרְבַּע אַזְהָרוֹת, כְּנֶגֶד אַרְבָּעָה דְּבָרִים שֶׁמַּלְכֵי הָאֻמּוֹת עוֹשִׂין: מַגִּיפִין בִּתְרִיסֵיהֶם כְּדֵי לְהַקִּישָׁן זֶה לָזֶה כְּדֵי לְהַשְׁמִיעַ קוֹל שֶׁיַּחְפְּזוּ אֵלּוּ שֶׁכְּנֶגְדָּן וְיָנוּסוּ, וְרוֹמְסִים בְּסוּסֵיהֶם וּמַצְהִילִין אוֹתָם לְהַשְׁמִיעַ קוֹל שַׁעֲטַת פַּרְסוֹת סוּסֵיהֶם, וְצוֹוְחִין בְּקוֹלָם, וְתוֹקְעִין בַּשּׁוֹפָרוֹת וּמִינֵי מַשְׁמִיעֵי קוֹל. "אַל יֵרַךְ לְבַבְכֶם", מִצַּהֲלַת סוּסִים. "אַל תִּירְאוּ", מֵהֲגָפַת הַתְּרִיסִין. "וְאַל תַּחְפְּזוּ", מִקּוֹל הַקְּרָנוֹת. "וְאַל תַּעַרְצוּ", מִקּוֹל הַצְּוָחָה:

ד] כִּי ה׳ אֱלֹהֵיכֶם וְגוֹ׳. הֵם בָּאִים בְּנִצְחוֹנוֹ שֶׁל בָּשָׂר וָדָם וְאַתֶּם בָּאִים בְּנִצְחוֹנוֹ שֶׁל מָקוֹם. פְּלִשְׁתִּים בָּאוּ בְּנִצְחוֹנוֹ שֶׁל גָּלְיָת, מֶה הָיָה סוֹפוֹ? נָפַל וְנָפְלוּ עִמּוֹ: הַהֹלֵךְ עִמָּכֶם. זֶה מַחֲנֵה הָאָרוֹן:

ה] וְלֹא חֲנָכוֹ. וְלֹא דָר בּוֹ. 'חִנּוּךְ' לְשׁוֹן הַתְחָלָה: וְאִישׁ אַחֵר יַחְנְכֶנּוּ. וְדָבָר שֶׁל עָגְמַת נֶפֶשׁ הוּא זֶה:

ו] וְלֹא חִלְּלוֹ. לֹא פְּדָאוֹ בַּשָּׁנָה הָרְבִיעִית, שֶׁהַפֵּרוֹת טְעוּנִין לְאָכְלָן בִּירוּשָׁלַיִם, אוֹ לְחַלְּלָן בְּדָמִים וְלֶאֱכֹל הַדָּמִים בִּירוּשָׁלַיִם:

ז-ח] וְיָסְפוּ הַשֹּׁטְרִים. לָמָּה נֶאֱמַר כָּאן "וְיָסְפוּ"? מוֹסִיפִין זֶה עַל דִּבְרֵי הַכֹּהֵן, כֹּהֵן מְדַבֵּר וּמַשְׁמִיעַ מִן "שְׁמַע יִשְׂרָאֵל" עַד "לְהוֹשִׁיעַ אֶתְכֶם", וּ"מִי הָאִישׁ" וְשֵׁנִי וּשְׁלִישִׁי כֹּהֵן מְדַבֵּר וְשׁוֹטֵר מַשְׁמִיעַ, וְזֶה שׁוֹטֵר מְדַבֵּר וְשׁוֹטֵר מַשְׁמִיעַ: הַיָּרֵא וְרַךְ הַלֵּבָב. רַבִּי עֲקִיבָא אוֹמֵר: כְּמַשְׁמָעוֹ, שֶׁאֵינוֹ יָכוֹל לַעֲמֹד בְּקִשְׁרֵי הַמִּלְחָמָה וְלִרְאוֹת חֶרֶב שְׁלוּפָה. רַבִּי יוֹסֵי הַגְּלִילִי אוֹמֵר: הַיָּרֵא מֵעֲבֵרוֹת שֶׁבְּיָדוֹ, וּלְכָךְ תָּלְתָה לוֹ תּוֹרָה לַחְזֹר עַל בַּיִת וְכֶרֶם וְאִשָּׁה, לְכַסּוֹת עַל הַחוֹזְרִים בִּשְׁבִיל עֲבֵרוֹת שֶׁבְּיָדָם, שֶׁלֹּא יָבִינוּ שֶׁהֵם בַּעֲלֵי עֲבֵרָה, וְהָרוֹאֵהוּ חוֹזֵר, אוֹמֵר: שֶׁמָּא בָּנָה בַיִת אוֹ נָטַע כֶּרֶם אוֹ

וְיָשֹׁב לְבֵיתוֹ וְלֹא יִמַּס אֶת־לְבַב אֶחָיו כִּלְבָבוֹ׃
ט וְהָיָה כְּכַלֹּת הַשֹּׁטְרִים לְדַבֵּר אֶל־הָעָם וּפָקְדוּ
י שָׂרֵי צְבָאוֹת בְּרֹאשׁ הָעָם׃ טז שביעי כִּי־
תִקְרַב אֶל־עִיר לְהִלָּחֵם עָלֶיהָ וְקָרָאתָ אֵלֶיהָ
יא לְשָׁלוֹם׃ וְהָיָה אִם־שָׁלוֹם תַּעַנְךָ וּפָתְחָה לָךְ
וְהָיָה כָּל־הָעָם הַנִּמְצָא־בָהּ יִהְיוּ לְךָ לָמַס
יב וַעֲבָדוּךָ׃ וְאִם־לֹא תַשְׁלִים עִמָּךְ וְעָשְׂתָה עִמְּךָ
יג מִלְחָמָה וְצַרְתָּ עָלֶיהָ׃ וּנְתָנָהּ יְהוָה אֱלֹהֶיךָ
יד בְּיָדֶךָ וְהִכִּיתָ אֶת־כָּל־זְכוּרָהּ לְפִי־חָרֶב׃ רַק
הַנָּשִׁים וְהַטַּף וְהַבְּהֵמָה וְכֹל אֲשֶׁר יִהְיֶה בָעִיר
כָּל־שְׁלָלָהּ תָּבֹז לָךְ וְאָכַלְתָּ אֶת־שְׁלַל אֹיְבֶיךָ
טו אֲשֶׁר נָתַן יְהוָה אֱלֹהֶיךָ לָךְ׃ כֵּן תַּעֲשֶׂה לְכָל־
הֶעָרִים הָרְחֹקֹת מִמְּךָ מְאֹד אֲשֶׁר לֹא־מֵעָרֵי
טז הַגּוֹיִם־הָאֵלֶּה הֵנָּה׃ רַק מֵעָרֵי הָעַמִּים הָאֵלֶּה
אֲשֶׁר יְהוָה אֱלֹהֶיךָ נֹתֵן לְךָ נַחֲלָה לֹא תְחַיֶּה
יז כָּל־נְשָׁמָה׃ כִּי־הַחֲרֵם תַּחֲרִימֵם הַחִתִּי וְהָאֱמֹרִי
הַכְּנַעֲנִי וְהַפְּרִזִּי הַחִוִּי וְהַיְבוּסִי כַּאֲשֶׁר צִוְּךָ יְהוָה
יח אֱלֹהֶיךָ׃ לְמַעַן אֲשֶׁר לֹא־יְלַמְּדוּ אֶתְכֶם לַעֲשׂוֹת
כְּכֹל תּוֹעֲבֹתָם אֲשֶׁר עָשׂוּ לֵאלֹהֵיהֶם וַחֲטָאתֶם
יט לַיהוָה אֱלֹהֵיכֶם׃ כִּי־תָצוּר
אֶל־עִיר יָמִים רַבִּים לְהִלָּחֵם עָלֶיהָ לְתָפְשָׂהּ

מצווה תקכו
מצוות קריאה לשלום במלחמה

מצווה תקכח
איסור להחיות נשמה משבעת העממים

מצווה תקכט
איסור השחתת
עצי מאכל

לֹא־תַשְׁחִית אֶת־עֵצָהּ לִנְדֹּחַ עָלָיו גַּרְזֶן כִּי מִמֶּנּוּ תֹאכֵל וְאֹתוֹ לֹא תִכְרֹת כִּי הָאָדָם עֵץ הַשָּׂדֶה

ט וִיתוּב לְבֵיתֵיהּ, וְלָא יִתְּבַר, יָת לִבָּא דַּאֲחוֹהִי כְּלִבֵּיהּ: וִיהֵי, כַּד יְשֵׁיצוֹן סָרְכַיָּא לְמַלָּלָא עִם
י עַמָּא, וִימַנּוֹן, רַבָּנֵי חֵילָא בְּרֵישׁ עַמָּא: אֲרֵי תִקְרַב לְקַרְתָּא, לְאַגָּחָא קְרָבָא עֲלַהּ, וְתִקְרֵי
יא לַהּ מִלִּין דִּשְׁלָם: וִיהֵי אִם שְׁלָם תַּעֲנִינָךְ, וְתִפְתַּח לָךְ, וִיהֵי כָּל עַמָּא דְּיִשְׁתְּכַח בַּהּ, יְהוֹן
יב לָךְ, מַסְּקֵי מִסִּין וְיִפְלְחֻנָּךְ: וְאִם לָא תַשְׁלֵים עִמָּךְ, וְתַעֲבֵיד עִמָּךְ קְרָב, וּתְצוּר עֲלַהּ:
יג יד וִימַסְרִנַּהּ, יְיָ אֱלָהָךְ בִּידָךְ, וְתִמְחֵי יָת כָּל דְּכוּרַהּ לְפִתְגָּם דְּחָרֶב: לְחוֹד נְשַׁיָּא, וְטַפְלָא
וּבְעִירָא, וְכָל דִּיהֵי בְקַרְתָּא, כָּל עֲדָאַהּ תִּבּוֹז לָךְ, וְתֵיכוֹל יָת עֲדֵי סָנְאָךְ, דִּיהַב, יְיָ אֱלָהָךְ
טו טז לָךְ: כֵּן תַּעֲבֵיד לְכָל קִרְוַיָּא, דְּרַחִיקִין מִנָּךְ לַחְדָא, דְּלָא מִקִּרְוֵי עַמְמַיָּא הָאִלֵּין אִנִּין: לְחוֹד,
יז מִקִּרְוֵי עַמְמַיָּא הָאִלֵּין, דַּייָ אֱלָהָךְ, יָהֵיב לָךְ אַחְסָנָא, לָא תְקַיֵּים כָּל נִשְׁמָא: אֲרֵי גַמָּרָא
יח תְגַמְּרִנּוּן, חִתָּאֵי וֶאֱמוֹרָאֵי כְּנַעֲנָאֵי וּפְרִזָּאֵי, חִוָּאֵי וִיבוּסָאֵי, כְּמָא דְּפַקְּדָךְ יְיָ אֱלָהָךְ: בְּדִיל,
דְּלָא יַלְּפוּן יָתְכוֹן לְמֶעֱבַד, כְּכָל תּוֹעֲבָתְהוֹן, דַּעֲבַדִין לְטָעֲוָתְהוֹן, וּתְחוּבוּן קֳדָם יְיָ אֱלָהֲכוֹן:
יט אֲרֵי תְצוּר עַל קַרְתָּא יוֹמִין סַגִּיאִין לְאַגָּחָא קְרָבָא עֲלַהּ לְמִכְבְּשַׁהּ, לָא תְחַבֵּיל יָת אִילָנַהּ
לְאָרָמָא עֲלוֹהִי בַּרְזְלָא, אֲרֵי מִנֵּיהּ תֵיכוֹל, וְיָתֵיהּ לָא תְקוּץ, אֲרֵי לָא כַאֲנָשָׁא אִילַן חַקְלָא,

אֵרַשׂ אִשָּׁה: **פֶּן יָמוּת בַּמִּלְחָמָה.** יָשׁוּב פֶּן יָמוּת, שֶׁאִם לֹא יִשְׁמַע לְדִבְרֵי הַכֹּהֵן כְּדַאי הוּא שֶׁיָּמוּת:

ט **שָׂרֵי צְבָאוֹת.** שֶׁמַּעֲמִידִין זַקָּפִין מִלִּפְנֵיהֶם וּמִלְּאַחֲרֵיהֶם וְכַשִּׁילִים שֶׁל בַּרְזֶל בִּידֵיהֶם, וְכָל מִי שֶׁרוֹצֶה לַחֲזֹר הָרְשׁוּת בְּיָדוֹ לְקַפֵּחַ אֶת שׁוֹקָיו. 'זַקָּפִין' – בְּנֵי אָדָם עוֹמְדִין בִּקְצֵה הַמַּעֲרָכָה לִזְקֹף אֶת הַנּוֹפְלִים וּלְחַזְּקָם בִּדְבָרִים, שׁוּבוּ אֶל הַמִּלְחָמָה וְלֹא תָנוּסוּ, שֶׁתְּחִלַּת נְפִילָה נִיסָה:

י **כִּי תִקְרַב אֶל עִיר.** בְּמִלְחֶמֶת הָרְשׁוּת הַכָּתוּב מְדַבֵּר, כְּמוֹ שֶׁמְּפֹרָשׁ בָּעִנְיָן: "כֵּן תַּעֲשֶׂה לְכָל הֶעָרִים הָרְחֹקֹת" וְגוֹ' (להלן פסוק טו):

יא **כָּל הָעָם הַנִּמְצָא בָהּ.** אֲפִלּוּ אַתָּה מוֹצֵא בָהּ מִשִּׁבְעָה עֲמָמִין שֶׁנִּצְטַוִּיתָ לְהַחֲרִימָם, אַתָּה רַשַּׁאי לְקַיְּמָם: **לָמַס וַעֲבָדוּךָ.** עַד שֶׁיְּקַבְּלוּ עֲלֵיהֶם מִסִּים וְשִׁעְבּוּד:

יב **וְאִם לֹא תַשְׁלִים עִמָּךְ וְעָשְׂתָה עִמְּךָ מִלְחָמָה.** הַכָּתוּב מְבַשֶּׂרְךָ שֶׁאִם לֹא תַשְׁלִים עִמָּךְ, סוֹפָהּ לְהִלָּחֵם בְּךָ אִם תַּנִּיחֶנָּה וְתֵלֵךְ: **וְצַרְתָּ עָלֶיהָ.**

אַף לְהַרְעִיבָהּ וּלְהַצְמִיאָהּ וְלַהֲמִיתָהּ מִיתַת תַּחֲלוּאִים:

יג **וּנְתָנָהּ ה' אֱלֹהֶיךָ בְּיָדֶךָ.** אִם עָשִׂיתָ כָּל הָאָמוּר בָּעִנְיָן, סוֹף שֶׁה' נוֹתְנָהּ בְּיָדֶךָ:

יד **וְהַטַּף.** אַף טַף שֶׁל זְכָרִים, וּמָה אֲנִי מְקַיֵּם: "וְהִכִּיתָ אֶת כָּל זְכוּרָהּ"? בַּגְּדוֹלִים:

יז **כַּאֲשֶׁר צִוְּךָ.** לְרַבּוֹת אֶת הַגִּרְגָּשִׁי:

יח **לְמַעַן אֲשֶׁר לֹא יְלַמְּדוּ.** הָא אִם עָשׂוּ תְשׁוּבָה וּמִתְגַּיְּרִין, אַתָּה רַשַּׁאי לְקַבְּלָם:

יט **יָמִים.** שְׁנַיִם: **רַבִּים.** שְׁלֹשָׁה. מִכָּאן אָמְרוּ: אֵין צָרִין עַל עֲיָרוֹת שֶׁל גּוֹיִם פָּחוֹת מִשְּׁלֹשָׁה יָמִים קֹדֶם לַשַּׁבָּת. וְלִמֵּד שֶׁפּוֹתֵחַ בְּשָׁלוֹם שְׁנַיִם אוֹ שְׁלֹשָׁה יָמִים, וְכֵן הוּא אוֹמֵר: "וַיֵּשֶׁב דָּוִד בְּצִקְלָג יָמִים שְׁנָיִם" (שמואל ב' א, א), וּבְמִלְחֶמֶת הָרְשׁוּת הַכָּתוּב מְדַבֵּר: **כִּי הָאָדָם עֵץ הַשָּׂדֶה.** הֲרֵי "כִּי" מְשַׁמֵּשׁ בִּלְשׁוֹן 'דִּלְמָא', שֶׁמָּא הָאָדָם עֵץ הַשָּׂדֶה לְהִכָּנֵס בְּתוֹךְ הַמָּצוֹר מִפָּנֶיךָ לְהִתְיַסֵּר בְּיִסּוּרֵי רָעָב וְצָמָא כְּאַנְשֵׁי הָעִיר? לָמָּה תַשְׁחִיתֶנּוּ?:

לָבֹא מִפָּנֶיךָ בַּמָּצוֹר׃ רַק עֵץ אֲשֶׁר־תֵּדַע כִּי כ
לֹא־עֵץ מַאֲכָל הוּא אֹתוֹ תַשְׁחִית וְכָרָתָּ
וּבָנִיתָ מָצוֹר עַל־הָעִיר אֲשֶׁר־הִוא עֹשָׂה עִמְּךָ
מִלְחָמָה עַד רִדְתָּהּ׃

מצווה תקל
מצוות עגלה ערופה

כִּי־יִמָּצֵא חָלָל בָּאֲדָמָה אֲשֶׁר יְהוָה אֱלֹהֶיךָ א כא
נֹתֵן לְךָ לְרִשְׁתָּהּ נֹפֵל בַּשָּׂדֶה לֹא נוֹדַע מִי
הִכָּהוּ׃ וְיָצְאוּ זְקֵנֶיךָ וְשֹׁפְטֶיךָ וּמָדְדוּ אֶל־ ב
הֶעָרִים אֲשֶׁר סְבִיבֹת הֶחָלָל׃ וְהָיָה הָעִיר ג
הַקְּרֹבָה אֶל־הֶחָלָל וְלָקְחוּ זִקְנֵי הָעִיר הַהִוא
עֶגְלַת בָּקָר אֲשֶׁר לֹא־עֻבַּד בָּהּ אֲשֶׁר לֹא־
מָשְׁכָה בְּעֹל׃ וְהוֹרִדוּ זִקְנֵי הָעִיר הַהִוא אֶת־ ד
הָעֶגְלָה אֶל־נַחַל אֵיתָן אֲשֶׁר לֹא־יֵעָבֵד בּוֹ
וְלֹא יִזָּרֵעַ וְעָרְפוּ־שָׁם אֶת־הָעֶגְלָה בַּנָּחַל׃

מצווה תקלא
איסור לעבוד
ולזרוע בקרקע שבה
נערפה העגלה

וְנִגְּשׁוּ הַכֹּהֲנִים בְּנֵי לֵוִי כִּי בָם בָּחַר יְהוָה ה
אֱלֹהֶיךָ לְשָׁרְתוֹ וּלְבָרֵךְ בְּשֵׁם יְהוָה וְעַל־
פִּיהֶם יִהְיֶה כָּל־רִיב וְכָל־נָגַע׃ וְכֹל זִקְנֵי הָעִיר ו
הַהִוא הַקְּרֹבִים אֶל־הֶחָלָל יִרְחֲצוּ אֶת־יְדֵיהֶם
מפטיר
עַל־הָעֶגְלָה הָעֲרוּפָה בַנָּחַל׃ וְעָנוּ וְאָמְרוּ ז
שָׁפְכוּ יָדֵינוּ לֹא שפכה אֶת־הַדָּם הַזֶּה וְעֵינֵינוּ לֹא

שופטים

ח רָאוּ: כַּפֵּר לְעַמְּךָ יִשְׂרָאֵל אֲשֶׁר־פָּדִיתָ יְהוָה
וְאַל־תִּתֵּן דָּם נָקִי בְּקֶרֶב עַמְּךָ יִשְׂרָאֵל וְנִכַּפֵּר
ט לָהֶם הַדָּם: וְאַתָּה תְּבַעֵר הַדָּם הַנָּקִי מִקִּרְבֶּךָ
כִּי־תַעֲשֶׂה הַיָּשָׁר בְּעֵינֵי יְהוָה:

כ לְמֵיעַל מִן קֳדָמָךְ בְּצִיָרָא: לְחוֹד אִילָן דְּתִדַּע, אֲרֵי לָא אִילָן דְּמֵיכַל הוּא, יָתֵיהּ תְּחַבֵּיל וְתִקּוֹץ,
כא א וְתִבְנֵי כַּרְקוֹמִין, עַל קַרְתָּא דְּהִיא עָבְדָא עִמָּךְ קְרָב, עַד דְּתִתְכַּבְּשַׁהּ: אֲרֵי יִשְׁתְּכַח קְטִילָא,
ב בְּאַרְעָא דַּייָ אֱלָהָךְ, יָהֵיב לָךְ לְמֵירְתַהּ, רְמֵי בְּחַקְלָא, לָא יְדִיעַ מַאן קַטְלֵיהּ: וְיִפְּקוּן סָבָךְ
ג וְדַיָּנָךְ, וְיִמְשְׁחוּן לְקִרְוַיָּא, דִּבְסַחֲרָנוּת קְטִילָא: וּתְהֵי קַרְתָּא, דְּקָרִיבָא לִקְטִילָא, וְיִסְּבוּן, סָבֵי
ד קַרְתָּא הַהִיא עֶגְלַת תּוֹרִין, דְּלָא אִתְפְּלַח בַּהּ, דְּלָא נְגַדַת בְּנִיר: וְיַחֲתוּן, סָבֵי קַרְתָּא הַהִיא
יָת עֶגְלְתָא לְנַחַל בְּיָר, דְּלָא יִתְפְּלַח בֵּיהּ וְלָא יִזְדְּרַע, וְיִקְפּוּן תַּמָּן יָת עֶגְלְתָא בְּנַחְלָא:
ה וְיִתְקָרְבוּן כָּהֲנַיָּא בְּנֵי לֵוִי, אֲרֵי בְהוֹן, אִתְרְעִי, יְיָ אֱלָהָךְ לְשַׁמָּשׁוּתֵיהּ, וּלְבָרָכָא בִּשְׁמָא דַּייָ,
ו וְעַל מֵימְרְהוֹן יְהֵי כָּל דִּין וְכָל מַכְתַּשׁ סְגִירוּ: וְכֹל, סָבֵי קַרְתָּא הַהִיא, דְּקָרִיבִין לִקְטִילָא, יַסְחוֹן
ז יָת יְדֵיהוֹן, עַל עֶגְלְתָא דִּנְקִיפָא בְנַחְלָא: וְיָתִיבוּן וְיֵימְרוּן, יְדָנָא, לָא אֲשַׁדָא יָת דְּמָא הָדֵין,
ח וְעֵינָנָא לָא חֲזָאָה: כָּהֲנַיָּא יֵימְרוּן כַּפַּר לְעַמָּךְ יִשְׂרָאֵל דִּפְרַקְתָּא יְיָ, וְלָא תִתֵּין חוֹבַת דַּם זַכַּאי,
ט בְּגוֹ עַמָּךְ יִשְׂרָאֵל, וְיִתְכַּפַּר לְהוֹן עַל דְּמָא: וְאַתְּ, תְּפַלֵּי, אָשְׁדֵי דַּם זַכַּאי מִבֵּינָךְ, אֲרֵי תַעֲבֵיד
דְּכָשַׁר קֳדָם יְיָ:

(כ) עַד רִדְתָּהּ. לְשׁוֹן רִדּוּי, שֶׁתְּהֵא כְּפוּפָה לְךָ:

פרק כא

(ב) וְיָצְאוּ זְקֵנֶיךָ. סַנְהֶדְרֵי גְּדוֹלָה: וּמָדְדוּ. מִמָּקוֹם שֶׁהֶחָלָל שׁוֹכֵב: אֶל הֶעָרִים אֲשֶׁר סְבִיבֹת הֶחָלָל. לְכָל צַד, לֵידַע אֵיזוֹ קְרוֹבָה:

(ד) אֶל נַחַל אֵיתָן. קָשֶׁה, שֶׁלֹּא נֶעֱבַד: וְעָרְפוּ. קוֹצֵץ עָרְפָּהּ בְּקוֹפִיץ. אָמַר הַקָּדוֹשׁ בָּרוּךְ הוּא: תָּבֹא עֶגְלָה בַּת שְׁנָתָהּ שֶׁלֹּא עָשְׂתָה פֵּרוֹת, וְתֵעָרֵף בְּמָקוֹם שֶׁאֵינוֹ עוֹשֶׂה פֵּרוֹת, לְכַפֵּר עַל הֲרִיגָתוֹ שֶׁל זֶה שֶׁלֹּא הִנִּיחוּהוּ לַעֲשׂוֹת פֵּרוֹת:

(ז) יָדֵינוּ לֹא שָׁפְכוּ. וְכִי עָלְתָה עַל לֵב שֶׁזִּקְנֵי בֵּית דִּין שׁוֹפְכֵי דָמִים הֵם? אֶלָּא לֹא רְאִינוּהוּ וּפְטַרְנוּהוּ בְּלֹא מְזוֹנוֹת וּבְלֹא לְוָיָה:

(ח) הַכֹּהֲנִים אוֹמְרִים: כַּפֵּר לְעַמְּךָ יִשְׂרָאֵל: וְנִכַּפֵּר לָהֶם הַדָּם. הַכָּתוּב מְבַשְּׂרָם, שֶׁמִּשֶּׁעָשׂוּ כֵּן יְכֻפַּר לָהֶם הֶעָוֹן:

(ט) וְאַתָּה תְּבַעֵר. מַגִּיד שֶׁאִם נִמְצָא הַהוֹרֵג אַחַר שֶׁנִּתְעָרְפָה הָעֶגְלָה, הֲרֵי זֶה יֵהָרֵג, וְהוּא "הַיָּשָׁר בְּעֵינֵי ה'":

הפטרת שפטים

בהפטרתנו חוזרת תופעת המילים הכפולות ארבע פעמים: "אנכי אנכי", "התעוררי התעוררי", "עורי עורי" ו"סורו סורו". ביטויים אלה באים להעצים את מעורבותו של העם בתהליך הגאולה. החורבן והגלות יצרו שבר עמוק. כדי לצאת ממנו יש צורך באמירה נחרצת של ה': "אנכי, אנכי הוא מנחמכם" – בעל היכולות הבלתי מוגבלות קורא לצאת מן הגלות. תחושת חוסר האונים מתחלפת בתחושה של שמחת הגאולה.

ישעיה

אָנֹכִי אָנֹכִי הוּא מְנַחֶמְכֶם מִי־אַתְּ וַתִּירְאִי מֵאֱנוֹשׁ יָמוּת וּמִבֶּן־אָדָם חָצִיר יב נא
יִנָּתֵן: וַתִּשְׁכַּח יהוה עֹשֶׂךָ נוֹטֶה שָׁמַיִם וְיֹסֵד אָרֶץ וַתְּפַחֵד תָּמִיד כָּל־הַיּוֹם יג
מִפְּנֵי חֲמַת הַמֵּצִיק כַּאֲשֶׁר כּוֹנֵן לְהַשְׁחִית וְאַיֵּה חֲמַת הַמֵּצִיק: מִהַר צֹעֶה יד
לְהִפָּתֵחַ וְלֹא־יָמוּת לַשַּׁחַת וְלֹא יֶחְסַר לַחְמוֹ: וְאָנֹכִי יהוה אֱלֹהֶיךָ רֹגַע טו
הַיָּם וַיֶּהֱמוּ גַּלָּיו יהוה צְבָאוֹת שְׁמוֹ: וָאָשִׂם דְּבָרַי בְּפִיךָ וּבְצֵל יָדִי כִּסִּיתִיךָ טז
לִנְטֹעַ שָׁמַיִם וְלִיסֹד אָרֶץ וְלֵאמֹר לְצִיּוֹן עַמִּי־אָתָּה: הִתְעוֹרְרִי יז
הִתְעוֹרְרִי קוּמִי יְרוּשָׁלִַם אֲשֶׁר שָׁתִית מִיַּד יהוה אֶת־כּוֹס חֲמָתוֹ אֶת־
קֻבַּעַת כּוֹס הַתַּרְעֵלָה שָׁתִית מָצִית: אֵין־מְנַהֵל לָהּ מִכָּל־בָּנִים יָלָדָה יח
וְאֵין מַחֲזִיק בְּיָדָהּ מִכָּל־בָּנִים גִּדֵּלָה: שְׁתַּיִם הֵנָּה קֹרְאֹתַיִךְ מִי יָנוּד לָךְ יט
הַשֹּׁד וְהַשֶּׁבֶר וְהָרָעָב וְהַחֶרֶב מִי אֲנַחֲמֵךְ: בָּנַיִךְ עֻלְּפוּ שָׁכְבוּ בְּרֹאשׁ כָּל־ כ
חוּצוֹת כְּתוֹא מִכְמָר הַמְלֵאִים חֲמַת־יהוה גַּעֲרַת אֱלֹהָיִךְ: לָכֵן שִׁמְעִי־נָא כא
זֹאת עֲנִיָּה וּשְׁכֻרַת וְלֹא מִיָּיִן: כֹּה־אָמַר אֲדֹנַיִךְ יהוה וֵאלֹהַיִךְ כב
יָרִיב עַמּוֹ הִנֵּה לָקַחְתִּי מִיָּדֵךְ אֶת־כּוֹס הַתַּרְעֵלָה אֶת־קֻבַּעַת כּוֹס חֲמָתִי
לֹא־תוֹסִיפִי לִשְׁתּוֹתָהּ עוֹד: וְשַׂמְתִּיהָ בְּיַד־מוֹגַיִךְ אֲשֶׁר־אָמְרוּ לְנַפְשֵׁךְ כג
שְׁחִי וְנַעֲבֹרָה וַתָּשִׂימִי כָאָרֶץ גֵּוֵךְ וְכַחוּץ לַעֹבְרִים: עוּרִי א נב
עוּרִי לִבְשִׁי עֻזֵּךְ צִיּוֹן לִבְשִׁי ׀ בִּגְדֵי תִפְאַרְתֵּךְ יְרוּשָׁלִַם עִיר הַקֹּדֶשׁ כִּי
לֹא יוֹסִיף יָבֹא־בָךְ עוֹד עָרֵל וְטָמֵא: הִתְנַעֲרִי מֵעָפָר קוּמִי שְּׁבִי יְרוּשָׁלִָם ב
הִתְפַּתְּחִי התפתחו מוֹסְרֵי צַוָּארֵךְ שְׁבִיָּה בַּת־צִיּוֹן: כִּי־כֹה אָמַר יהוה ג
חִנָּם נִמְכַּרְתֶּם וְלֹא בְכֶסֶף תִּגָּאֵלוּ: כִּי כֹה אָמַר אֲדֹנָי יֱהוִה ד
מִצְרַיִם יָרַד־עַמִּי בָרִאשֹׁנָה לָגוּר שָׁם וְאַשּׁוּר בְּאֶפֶס עֲשָׁקוֹ: וְעַתָּה מַה־ ה
לִּי־פֹה נְאֻם־יהוה כִּי־לֻקַּח עַמִּי חִנָּם מֹשְׁלָו יְהֵילִילוּ נְאֻם־יהוה וְתָמִיד
כָּל־הַיּוֹם שְׁמִי מִנֹּאָץ: לָכֵן יֵדַע עַמִּי שְׁמִי לָכֵן בַּיּוֹם הַהוּא כִּי־אֲנִי־הוּא ו
הַמְדַבֵּר הִנֵּנִי: מַה־נָּאווּ עַל־הֶהָרִים רַגְלֵי מְבַשֵּׂר מַשְׁמִיעַ ז
שָׁלוֹם מְבַשֵּׂר טוֹב מַשְׁמִיעַ יְשׁוּעָה אֹמֵר לְצִיּוֹן מָלַךְ אֱלֹהָיִךְ: קוֹל צֹפַיִךְ ח
נָשְׂאוּ קוֹל יַחְדָּו יְרַנֵּנוּ כִּי עַיִן בְּעַיִן יִרְאוּ בְּשׁוּב יהוה צִיּוֹן: פִּצְחוּ רַנְּנוּ ט
יַחְדָּו חָרְבוֹת יְרוּשָׁלִָם כִּי־נִחַם יהוה עַמּוֹ גָּאַל יְרוּשָׁלִָם: חָשַׂף יהוה י

שפטים

אֶת־זְרוֹעַ קָדְשׁוֹ לְעֵינֵי כָּל־הַגּוֹיִם וְרָאוּ כָּל־אַפְסֵי־אָרֶץ אֵת יְשׁוּעַת
יא אֱלֹהֵינוּ׃ סוּרוּ סוּרוּ צְאוּ מִשָּׁם טָמֵא אַל־תִּגָּעוּ צְאוּ מִתּוֹכָהּ
יב הִבָּרוּ נֹשְׂאֵי כְּלֵי יְהוָה׃ כִּי לֹא בְחִפָּזוֹן תֵּצֵאוּ וּבִמְנוּסָה לֹא תֵלֵכוּן כִּי־הֹלֵךְ
לִפְנֵיכֶם יְהוָה וּמְאַסִּפְכֶם אֱלֹהֵי יִשְׂרָאֵל׃

שפטים

פרשת כי תצא

כי תצא

כא י כִּי־תֵצֵא לַמִּלְחָמָה עַל־אֹיְבֶיךָ וּנְתָנוֹ יְהוָה
יא אֱלֹהֶיךָ בְּיָדֶךָ וְשָׁבִיתָ שִׁבְיוֹ׃ וְרָאִיתָ בַּשִּׁבְיָה
אֵשֶׁת יְפַת־תֹּאַר וְחָשַׁקְתָּ בָהּ וְלָקַחְתָּ לְךָ
יב לְאִשָּׁה׃ וַהֲבֵאתָהּ אֶל־תּוֹךְ בֵּיתֶךָ וְגִלְּחָה אֶת־
יג רֹאשָׁהּ וְעָשְׂתָה אֶת־צִפָּרְנֶיהָ׃ וְהֵסִירָה אֶת־
שִׂמְלַת שִׁבְיָהּ מֵעָלֶיהָ וְיָשְׁבָה בְּבֵיתֶךָ וּבָכְתָה
אֶת־אָבִיהָ וְאֶת־אִמָּהּ יֶרַח יָמִים וְאַחַר כֵּן
תָּבוֹא אֵלֶיהָ וּבְעַלְתָּהּ וְהָיְתָה לְךָ לְאִשָּׁה׃
יד וְהָיָה אִם־לֹא חָפַצְתָּ בָּהּ וְשִׁלַּחְתָּהּ לְנַפְשָׁהּ
וּמָכֹר לֹא־תִמְכְּרֶנָּה בַּכָּסֶף לֹא־תִתְעַמֵּר בָּהּ
טו תַּחַת אֲשֶׁר עִנִּיתָהּ׃ כִּי־תִהְיֶיןָ
לְאִישׁ שְׁתֵּי נָשִׁים הָאַחַת אֲהוּבָה וְהָאַחַת
שְׂנוּאָה וְיָלְדוּ־לוֹ בָנִים הָאֲהוּבָה וְהַשְּׂנוּאָה
טז וְהָיָה הַבֵּן הַבְּכֹר לַשְּׂנִיאָה׃ וְהָיָה בְּיוֹם הַנְחִילוֹ
אֶת־בָּנָיו אֵת אֲשֶׁר־יִהְיֶה לוֹ לֹא יוּכַל לְבַכֵּר
אֶת־בֶּן־הָאֲהוּבָה עַל־פְּנֵי בֶן־הַשְּׂנוּאָה הַבְּכֹר׃
יז כִּי אֶת־הַבְּכֹר בֶּן־הַשְּׂנוּאָה יַכִּיר לָתֶת לוֹ פִּי
שְׁנַיִם בְּכֹל אֲשֶׁר־יִמָּצֵא לוֹ כִּי־הוּא רֵאשִׁית

מצווה תקלב
דין יפת תואר

מצווה תקלג-תקלד
איסור למכור אשת יפת תואר
איסור להעביד אשת יפת תואר

יח אֹנ֖וֹ ל֥וֹ מִשְׁפַּ֥ט הַבְּכֹרָֽה׃ ס כִּֽי־יִהְיֶ֣ה
לְאִ֗ישׁ בֵּ֚ן סוֹרֵ֣ר וּמוֹרֶ֔ה אֵינֶ֣נּוּ שֹׁמֵ֔עַ בְּק֥וֹל אָבִ֖יו

י אֲרֵי תִפּוֹק לְאַגָּחָא קְרָבָא עַל בַּעֲלֵי דְבָבָךְ, וְיִמְסְרִנּוּן, יְיָ אֱלָהָךְ, בִּידָךְ וְתִשְׁבֵּי שִׁבְיְהוֹן:
יא יב וְתִחְזֵי בְּשִׁבְיָא, אִתְּתָא שַׁפִּירַת רֵיו, וְתִתְרְעֵי בַהּ, וְתִסְּבַהּ לָךְ לְאִתּוּ: וְתַעֲלִנַּהּ לְגוֹ בֵיתָךְ,
יג וּתְגַלַּח יָת רֵישַׁהּ, וּתְרַבֵּי יָת טֻפְרַהָא: וְתַעְדֵּי יָת כְּסוּת שִׁבְיַהּ מִנַּהּ, וְתֵיתֵיב בְּבֵיתָךְ, וְתִבְכֵּי,
יד יָת אֲבוּהָא וְיָת אִמַּהּ יְרַח יוֹמִין, וּבָתַר כֵּן, תֵּיעוֹל לְוָתַהּ וְתִבְעֲלִנַּהּ, וּתְהֵי לָךְ לְאִתּוּ: וִיהֵי
אִם לָא תִתְרְעֵי בַהּ, וְתִפְטְרִנַּהּ לְנַפְשַׁהּ, וְזַבָּנָא לָא תְזַבְּנִנַּהּ בְּכַסְפָּא, לָא תִתַּגַּר בַּהּ, חֲלָף
טו דְּעַנֵּיתַהּ: אֲרֵי יְהֶוְיָן לִגְבַר תַּרְתֵּין נְשִׁין, חֲדָא רְחוּמְתָא וַחֲדָא סְנוּאֲתָא, וִילִידָן לֵיהּ בְּנִין,
טז רְחוּמְתָא וּסְנוּאֲתָא, וִיהֵי, בְּרָא בֻכְרָא לִסְנִיאֲתָא: וִיהֵי, בְּיוֹמָא דְיַחְסֵין לִבְנוֹהִי, יָת דִּיהֵי
יז לֵיהּ, לֵית לֵיהּ רְשׁוּ, לְבַכָּרָא יָת בַּר רְחוּמְתָא, עַל אַפֵּי בַר סְנוּאֲתָא בֻּכְרָא: אֲרֵי יָת בֻּכְרָא
בַּר סְנוּאֲתָא יְפָרֵישׁ, לְמִתַּן לֵיהּ תְּרֵין חוּלָקִין, בְּכֹל דְּיִשְׁתְּכַח לֵיהּ, אֲרֵי הוּא רֵישׁ
יח תָּקְפֵיהּ, לֵיהּ חֲזֵיָא בְּכֵירוּתָא: אֲרֵי יְהֵי לִגְבַר, בַּר סָטֵי וּמָרוֹד, לֵיתוֹהִי מְקַבֵּיל, לְמֵימַר אֲבוּהִי

י | **כִּי תֵצֵא לַמִּלְחָמָה.** בְּמִלְחֶמֶת הָרְשׁוּת הַכָּתוּב מְדַבֵּר, שֶׁבְּמִלְחֶמֶת אֶרֶץ יִשְׂרָאֵל אֵין לוֹמַר "וְשָׁבִיתָ שִׁבְיוֹ", שֶׁהֲרֵי כְּבָר נֶאֱמַר: "לֹא תְחַיֶּה כָּל נְשָׁמָה" (לעיל כ, טז): **וְשָׁבִיתָ שִׁבְיוֹ.** לְרַבּוֹת כְּנַעֲנִים שֶׁבְּתוֹכָהּ, וְאַף עַל פִּי שֶׁהֵן מִשִּׁבְעָה אֻמּוֹת:

יא | **וְלָקַחְתָּ לְךָ לְאִשָּׁה.** לֹא דִבְּרָה תוֹרָה אֶלָּא כְּנֶגֶד יֵצֶר הָרָע, שֶׁאִם אֵין הַקָּדוֹשׁ בָּרוּךְ הוּא מַתִּירָהּ יִשָּׂאֶנָּה בְּאִסּוּר, אֲבָל אִם נְשָׂאָהּ סוֹפוֹ לִהְיוֹת שׂוֹנְאָהּ, שֶׁנֶּאֱמַר אַחֲרָיו: "כִּי תִהְיֶיןָ לְאִישׁ" וְגוֹ' (להלן פסוק טו), וְסוֹפוֹ לְהוֹלִיד מִמֶּנָּה בֵּן סוֹרֵר וּמוֹרֶה (להלן פסוק יח), לְכָךְ נִסְמְכוּ פָּרָשִׁיּוֹת הַלָּלוּ: **אֵשֶׁת.** אֲפִלּוּ אֵשֶׁת אִישׁ:

יב | **וְעָשְׂתָה אֶת צִפָּרְנֶיהָ.** תְּגַדֵּל כְּדֵי שֶׁתִּתְנַוֵּל:

יג | **וְהֵסִירָה אֶת שִׂמְלַת שִׁבְיָהּ.** לְפִי שֶׁהֵם נָאִים, שֶׁהַגּוֹיִם הָאֲרוּרִים בְּנוֹתֵיהֶם מִתְקַשְּׁטוֹת בַּמִּלְחָמָה בִּשְׁבִיל לְהַזְנוֹת אֲחֵרִים עִמָּהֶם: **וְיָשְׁבָה בְּבֵיתֶךָ.** בַּבַּיִת שֶׁמִּשְׁתַּמֵּשׁ בּוֹ. נִכְנָס וְנִתְקָל בָּהּ, יוֹצֵא וְנִתְקָל בָּהּ, רוֹאֶה בִּבְכִיָּתָהּ רוֹאֶה בְּנִוּוּלָהּ, כְּדֵי שֶׁתִּתְגַּנֶּה עָלָיו: **וּבָכְתָה אֶת אָבִיהָ.** כָּל כָּךְ לָמָּה? כְּדֵי שֶׁתְּהֵא בַּת יִשְׂרָאֵל שְׂמֵחָה וְזוֹ עֲצֵבָה, בַּת יִשְׂרָאֵל מִתְקַשֶּׁטֶת וְזוֹ מִתְנַוֶּלֶת:

יד | **וְהָיָה אִם לֹא חָפַצְתָּ בָּהּ.** הַכָּתוּב מְבַשֶּׂרְךָ שֶׁסּוֹפְךָ לְשׂנְאתָהּ: **לֹא תִתְעַמֵּר בָּהּ.** לֹא תִשְׁתַּמֵּשׁ בָּהּ, בִּלְשׁוֹן פַּרְסִי קוֹרִין לַעֲבְדוּת וְשִׁמּוּשׁ 'עִימְרָאָה'. מִיסוֹדוֹ שֶׁל רַבִּי מֹשֶׁה הַדַּרְשָׁן לָמַדְתִּי כֵּן:

יז | **פִּי שְׁנַיִם.** כְּנֶגֶד שְׁנֵי אַחִים: **בְּכֹל אֲשֶׁר יִמָּצֵא לוֹ.** מִכָּאן שֶׁאֵין הַבְּכוֹר נוֹטֵל פִּי שְׁנַיִם בָּרָאוּי לָבֹא לְאַחַר מִיתַת הָאָב כְּבַמֻּחְזָק:

יח | **סוֹרֵר.** סָר מִן הַדֶּרֶךְ: **וּמוֹרֶה.** מְסָרֵב בְּדִבְרֵי אָבִיו, לְשׁוֹן "מַמְרִים" (לעיל ט, ז): **וְיִסְּרוּ אֹתוֹ.** מַתְרִין בּוֹ בִּפְנֵי שְׁלֹשָׁה וּמַלְקִין אוֹתוֹ. בֵּן סוֹרֵר וּמוֹרֶה אֵינוֹ חַיָּב עַד שֶׁיִּגְנֹב וְיֹאכַל תַּרְטֵימַר בָּשָׂר וְיִשְׁתֶּה חֲצִי לֹג יַיִן, שֶׁנֶּאֱמַר: "זוֹלֵל וְסֹבֵא" (להלן פסוק כ), וְנֶאֱמַר: "אַל תְּהִי בְסֹבְאֵי יָיִן בְּזֹלְלֵי בָשָׂר לָמוֹ"

וּבְק֣וֹל אִמּ֑וֹ וְיִסְּר֣וּ אֹת֔וֹ וְלֹ֥א יִשְׁמַ֖ע אֲלֵיהֶֽם׃
יט וְתָ֥פְשׂוּ ב֖וֹ אָבִ֣יו וְאִמּ֑וֹ וְהוֹצִ֧יאוּ אֹת֛וֹ אֶל־זִקְנֵ֥י
כ עִיר֖וֹ וְאֶל־שַׁ֥עַר מְקֹמֽוֹ׃ וְאָמְר֞וּ אֶל־זִקְנֵ֣י עִיר֗וֹ
בְּנֵ֤נוּ זֶה֙ סוֹרֵ֣ר וּמֹרֶ֔ה אֵינֶ֥נּוּ שֹׁמֵ֖עַ בְּקֹלֵ֑נוּ זוֹלֵ֖ל
כא וְסֹבֵֽא׃ וּ֠רְגָמֻהוּ כָּל־אַנְשֵׁ֨י עִיר֤וֹ בָֽאֲבָנִים֙ וָמֵ֔ת
וּבִֽעַרְתָּ֥ הָרָ֖ע מִקִּרְבֶּ֑ךָ וְכָל־יִשְׂרָאֵ֖ל יִשְׁמְע֥וּ
כב וְיִרָֽאוּ׃ ▸ וְכִֽי־יִהְיֶ֣ה בְאִ֗ישׁ חֵ֛טְא שני
מִשְׁפַּט־מָ֖וֶת וְהוּמָ֑ת וְתָלִ֥יתָ אֹת֖וֹ עַל־עֵֽץ׃
כג לֹא־תָלִ֨ין נִבְלָת֜וֹ עַל־הָעֵ֗ץ כִּֽי־קָב֤וֹר תִּקְבְּרֶ֙נּוּ֙
בַּיּ֣וֹם הַה֔וּא כִּֽי־קִלְלַ֥ת אֱלֹהִ֖ים תָּל֑וּי וְלֹ֤א
תְטַמֵּא֙ אֶת־אַדְמָ֣תְךָ֔ אֲשֶׁר֙ יְהוָ֣ה אֱלֹהֶ֔יךָ
נֹתֵ֥ן לְךָ֖ נַחֲלָֽה׃
כב א לֹא־
תִרְאֶה֩ אֶת־שׁ֨וֹר אָחִ֜יךָ א֤וֹ אֶת־שֵׂיוֹ֙ נִדָּחִ֔ים
ב וְהִתְעַלַּמְתָּ֖ מֵהֶ֑ם הָשֵׁ֥ב תְּשִׁיבֵ֖ם לְאָחִֽיךָ׃ וְאִם־
לֹ֨א קָר֥וֹב אָחִ֛יךָ אֵלֶ֖יךָ וְלֹ֣א יְדַעְתּ֑וֹ וַאֲסַפְתּ֗וֹ
אֶל־תּ֣וֹךְ בֵּיתֶ֔ךָ וְהָיָ֣ה עִמְּךָ֗ עַ֣ד דְּרֹ֤שׁ אָחִ֙יךָ֙
ג אֹת֔וֹ וַהֲשֵׁבֹת֖וֹ לֽוֹ׃ וְכֵ֧ן תַּעֲשֶׂ֣ה לַחֲמֹר֗וֹ וְכֵ֣ן
תַּעֲשֶׂה֮ לְשִׂמְלָתוֹ֒ וְכֵ֣ן תַּעֲשֶׂ֗ה לְכָל־אֲבֵדַ֥ת
אָחִ֛יךָ אֲשֶׁר־תֹּאבַ֥ד מִמֶּ֖נּוּ וּמְצָאתָ֑הּ לֹ֥א תוּכַ֖ל
ד לְהִתְעַלֵּֽם׃ לֹא־תִרְאֶה֩ אֶת־חֲמ֨וֹר

מצווה תקלה
דין תליית המתחייב בתלייה

מצווה תקלו-תקלז
איסור הלנת גופת התלוי
קבורת המת ביום מיתתו

מצווה תקלח
מצוות השבת אבדה

מצווה תקלט
איסור העלמת עין מן האבדה

מצווה תקמ
איסור להניח לבהמה ליפול תחת משאה

כי תצא

אָחִ֜יךָ א֤וֹ שׁוֹרוֹ֙ נֹפְלִ֣ים בַּדֶּ֔רֶךְ וְהִתְעַלַּמְתָּ֖ מֵהֶ֑ם הָקֵ֥ם תָּקִ֖ים עִמּֽוֹ:

ה לֹא־יִהְיֶ֥ה כְלִי־גֶ֨בֶר֙

מצווה תקמא
מצוות טעינת משא
מצווה תקמב
איסור על אישה
ללבוש בגדי איש

יט וּלְמֵימַר אֲמַיָּה, וּמַלְפִין יָתַהּ, וְלָא מְקַבֵּל מִנְּהוֹן: וְיַחְדּוּן בֵּיהּ אֲבוּהִי וְאִמֵּיהּ, וְיַפְקוּן יָתַהּ,

כ לִקֳדָם סָבֵי קַרְתֵּיהּ וּלְתַרַע בֵּית דִּין אַתְרֵיהּ: וְיֵימְרוּן לְסָבֵי קַרְתֵּיהּ, בְּרַנָא דֵין סָטֵי וּמָרוֹד,

כא לֵיתוֹהִי מְקַבֵּיל לְמֵימְרַנָא, זָלֵיל בְּסַר וְסָבֵי חֲמָר: וְיִרְגְּמֻנֵּיהּ, כָּל אֲנָשֵׁי קַרְתֵּיהּ בְּאַבְנַיָּא וִימוּת,

כב וּתְפַלֵּי עָבֵיד דְּבִישׁ מִבֵּינָךְ, וְכָל יִשְׂרָאֵל יִשְׁמְעוּן וְיִדְחֲלוּן: וַאֲרֵי יְהֵי בִגְבַר, חוֹבַת, דִּין דִּקְטוֹל

כג וְיִתְקְטֵיל, וְתִצְלוֹב יָתֵיהּ עַל צְלִיבָא: לָא תָבִית נְבִילְתֵיהּ עַל צְלִיבָא, אֲרֵי מִקְבַּר תִּקְבְּרִנֵּיהּ בְּיוֹמָא הַהוּא, אֲרֵי עַל דְּחָב קֳדָם יְיָ אִצְטְלִיב, וְלָא תְסָאֵיב יָת אַרְעָךְ, דַּיְיָ אֱלָהָךְ, יָהֵיב לָךְ

כב א אַחְסָנָא: לָא תֶחֱזֵי יָת תּוֹרָא דַאֲחוּךְ, אוֹ יָת אִמְּרֵיהּ דְּטָעַן, וְתִכְבּוֹשׁ מִנְּהוֹן, אָתָבָא תְּתִיבִנּוּן

ב לַאֲחוּךְ: וְאִם לָא קָרִיב אֲחוּךְ, לְוָתָךְ וְלָא יְדַעְתְּ לֵיהּ, וְתִכְנְשִׁנֵּיהּ לְגוֹ בֵיתָךְ, וִיהֵי עִמָּךְ, עַד

ג דְּיִתְבַּע אֲחוּךְ יָתֵיהּ, וּתְתִיבִנֵּיהּ לֵיהּ: וְכֵן תַּעֲבֵיד לַחֲמָרֵיהּ, וְכֵן תַּעֲבֵיד לִכְסוּתֵיהּ, וְכֵן תַּעֲבֵיד,

ד לְכָל אֲבֵידְתָּא דַאֲחוּךְ, דְּתֵיבַד מִנֵּיהּ וְתַשְׁכְּחִנַּהּ, לֵית לָךְ רְשׁוּ לְכַסָּיוּתַהּ: לָא תֶחֱזֵי יָת חֲמָרָא

ה דַאֲחוּךְ, אוֹ תוֹרֵיהּ רְמַן בְּאוֹרְחָא, וְתִכְבּוֹשׁ מִנְּהוֹן, אָקָמָא תָקִים עִמֵּיהּ: לָא יְהֵי תִּקּוּן זֵין דִּגְבַר

(משלי כג, כ). וְכֵן סוֹקֵר וּמוֹרֶה עַל שֵׁם סוֹטוֹ, הִגִּיעָה תּוֹרָה לְסוֹף דַּעְתּוֹ. סוֹף שֶׁמְּכַלֶּה מָמוֹן אָבִיו וּמְבַקֵּשׁ לִמּוּדוֹ וְאֵינוֹ מוֹצֵא, וְעוֹמֵד בְּפָרָשַׁת דְּרָכִים וּמְלַסְטֵם אֶת הַבְּרִיּוֹת, אָמְרָה תּוֹרָה, יָמוּת זַכַּאי וְאַל יָמוּת חַיָּב:

כא) וְכָל יִשְׂרָאֵל יִשְׁמְעוּ וְיִרָאוּ. מִכַּאן שֶׁצָּרִיךְ הַכְרָזָה בְּבֵית דִּין: פְּלוֹנִי נִסְקָל עַל שֶׁהָיָה בֵּן סוֹרֵר וּמוֹרֶה:

כב) וְכִי יִהְיֶה בְאִישׁ חֵטְא מִשְׁפַּט מָוֶת. סְמִיכוּת הַפַּרְשִׁיּוֹת מַגִּיד שֶׁאִם חָסִים עָלָיו אָבִיו וְאִמּוֹ, סוֹף שֶׁיֵּצֵא לְתַרְבּוּת רָעָה וְיַעֲבֹד עֲבֵרוֹת וְיִתְחַיֵּב מִיתָה בְּבֵית דִּין: וְתָלִיתָ אֹתוֹ עַל עֵץ. רַבּוֹתֵינוּ אָמְרוּ: כָּל הַנִּסְקָלִין נִתְלִין, שֶׁנֶּאֱמַר: "כִּי קִלְלַת אֱלֹהִים תָּלוּי", וְהַמְבָרֵךְ ה' בִּסְקִילָה:

כג) כִּי קִלְלַת אֱלֹהִים תָּלוּי. זִלְזוּלוֹ שֶׁל מֶלֶךְ הוּא, שֶׁאָדָם עָשׂוּי בִּדְמוּת דְּיוֹקְנוֹ וְיִשְׂרָאֵל הֵם בָּנָיו. מָשָׁל לִשְׁנֵי אַחִים תְּאוֹמִים שֶׁהָיוּ דּוֹמִים זֶה לָזֶה, אֶחָד נַעֲשָׂה מֶלֶךְ וְאֶחָד נִתְפַּס לְלִסְטִיּוּת וְנִתְלָה, כָּל הָרוֹאֶה אוֹתוֹ אוֹמֵר: הַמֶּלֶךְ תָּלוּי. כָּל 'קְלָלָה'

שֶׁבַּמִּקְרָא לְשׁוֹן הָקֵל וְזִלּוּל, כְּמוֹ: "וְהוּא קִלְלַנִי קְלָלָה נִמְרֶצֶת" (מלכים א' ב, ח):

פרק כב

א) וְהִתְעַלַּמְתָּ. כּוֹבֵשׁ עַיִן כְּאִלּוּ אֵינוֹ רוֹאֵהוּ: לֹא תִרְאֶה... וְהִתְעַלַּמְתָּ. לֹא תִרְאֶה אוֹתוֹ שֶׁתִּתְעַלֵּם מִמֶּנּוּ, זֶה פְּשׁוּטוֹ. וְרַבּוֹתֵינוּ דָּרְשׁוּ: פְּעָמִים שֶׁאַתָּה מִתְעַלֵּם וְכוּ':

ב) עַד דְּרֹשׁ אָחִיךָ. וְכִי תַעֲלֶה עַל דַּעְתְּךָ שֶׁיִּתְּנֵהוּ לוֹ קֹדֶם שֶׁיִּדְרְשֵׁהוּ? אֶלָּא דָּרְשֵׁהוּ שֶׁלֹּא יְהֵא רַמַּאי: וַהֲשֵׁבֹתוֹ לוֹ. שֶׁתְּהֵא בּוֹ הֲשָׁבָה, שֶׁלֹּא יֹאכַל בְּבֵיתְךָ כְּדֵי דָּמָיו וְתִתְבָּעֵם מִמֶּנּוּ. מִכַּאן אָמְרוּ: כָּל דָּבָר שֶׁעוֹשֶׂה וְאוֹכֵל יַעֲשֶׂה וְיֹאכַל, וְשֶׁאֵינוֹ עוֹשֶׂה וְאוֹכֵל יִמָּכֵר:

ג) לֹא תוּכַל לְהִתְעַלֵּם. לִכְבֹּשׁ עֵינְךָ כְּאִלּוּ אֵינְךָ רוֹאֶה אוֹתוֹ:

ד) הָקֵם תָּקִים. זוֹ טְעִינָה, לְהַטְעִין מַשָּׂאוֹי שֶׁנָּפַל מֵעָלָיו: עִמּוֹ. עִם בְּעָלָיו, אֲבָל אִם הָלַךְ וְיָשַׁב לוֹ וְאָמַר לוֹ: הוֹאִיל וְעָלֶיךָ מִצְוָה, אִם רָצִיתָ לִטְעֹן טְעֹן, פָּטוּר:

ה) לֹא יִהְיֶה כְלִי גֶבֶר עַל אִשָּׁה. שֶׁתְּהֵא דּוֹמָה

עַל־אִשָּׁה וְלֹא־יִלְבַּשׁ גֶּבֶר שִׂמְלַת אִשָּׁה כִּי
תוֹעֲבַת יְהוָה אֱלֹהֶיךָ כׇּל־עֹשֵׂה אֵלֶּה׃
יז כִּי יִקָּרֵא קַן־צִפּוֹר ׀ לְפָנֶיךָ בַּדֶּרֶךְ בְּכׇל־עֵץ ׀ אוֹ ו
עַל־הָאָרֶץ אֶפְרֹחִים אוֹ בֵיצִים וְהָאֵם רֹבֶצֶת
עַל־הָאֶפְרֹחִים אוֹ עַל־הַבֵּיצִים לֹא־תִקַּח הָאֵם
עַל־הַבָּנִים׃ שַׁלֵּחַ תְּשַׁלַּח אֶת־הָאֵם וְאֶת־ ז
הַבָּנִים תִּקַּח־לָךְ לְמַעַן יִיטַב לָךְ וְהַאַרַכְתָּ
שלישי יָמִים׃ כִּי תִבְנֶה בַּיִת חָדָשׁ וְעָשִׂיתָ ח
מַעֲקֶה לְגַגֶּךָ וְלֹא־תָשִׂים דָּמִים בְּבֵיתֶךָ כִּי־יִפֹּל
הַנֹּפֵל מִמֶּנּוּ׃ לֹא־תִזְרַע כַּרְמְךָ כִּלְאָיִם פֶּן־ ט
תִּקְדַּשׁ הַמְלֵאָה הַזֶּרַע אֲשֶׁר תִּזְרָע וּתְבוּאַת
הַכָּרֶם׃ לֹא־תַחֲרֹשׁ בְּשׁוֹר־ י
וּבַחֲמֹר יַחְדָּו׃ לֹא תִלְבַּשׁ שַׁעַטְנֵז צֶמֶר וּפִשְׁתִּים יא
יַחְדָּו׃ גְּדִלִים תַּעֲשֶׂה־לָּךְ עַל־אַרְבַּע יב
כַּנְפוֹת כְּסוּתְךָ אֲשֶׁר תְּכַסֶּה־בָּהּ׃ כִּי־ יג
יִקַּח אִישׁ אִשָּׁה וּבָא אֵלֶיהָ וּשְׂנֵאָהּ׃ וְשָׂם לָהּ יד
עֲלִילֹת דְּבָרִים וְהוֹצִא עָלֶיהָ שֵׁם רָע וְאָמַר
אֶת־הָאִשָּׁה הַזֹּאת לָקַחְתִּי וָאֶקְרַב אֵלֶיהָ וְלֹא־
מָצָאתִי לָהּ בְּתוּלִים׃ וְלָקַח אֲבִי הַנַּעֲרָ וְאִמָּהּ טו
וְהוֹצִיאוּ אֶת־בְּתוּלֵי הַנַּעֲרָ אֶל־זִקְנֵי הָעִיר
הַשָּׁעְרָה׃ וְאָמַר אֲבִי הַנַּעֲרָ אֶל־הַזְּקֵנִים אֶת־ טז

מצווה תקמג
האיסור על איש
ללבוש בגדי אישה

מצווה תקמד
איסור לקחת
אם על הבנים

מצווה תקמה
מצוות שילוח הקן

מצווה תקמו
מצוות לעשות מעקה לגג

מצווה תקמז
איסור להניח מכשול

מצווה תקמח-תקמט
איסור זריעת
כלאיים בכרם
איסור לאכול
את כלאי הכרם

מצווה תקנ
איסור עשיית מלאכה בבהמה
טהורה ובבהמה טמאה

מצווה תקנא
איסור לבישת שעטנז

מצווה תקנב
מצוות נישואין
בכתובה וקידושין

יז בִּתִּי נָתַתִּי לָאִישׁ הַזֶּה לְאִשָּׁה וַיִּשְׂנָאֶהָ׃ וְהִנֵּה־
הוּא שָׂם עֲלִילֹת דְּבָרִים לֵאמֹר לֹא־מָצָאתִי

ו עַל אִתָּא, וְלָא יְתַקַּן גְּבַר בְּתִקּוּנֵי אִתְּתָא, אֲרֵי מְרַחַק, קֳדָם יְיָ אֱלָהָךְ כָּל עָבֵיד אִלֵּין: אֲרֵי תְעָרַע
קִנָּא דְּצִפְּרָא קֳדָמָךְ, בְּאוֹרְחָא, בְּכָל אִילָן אוֹ עַל אַרְעָא, אֶפְרוֹחִין אוֹ בֵיעִין, וְאִמָּא רְבִיעָא עַל
ז אֶפְרוֹחִין, אוֹ עַל בֵּיעִין, לָא תִסַּב אִמָּא עַל בְּנַיָּא: שַׁלָּחָא תְשַׁלַּח יָת אִמָּא, וְיָת בְּנַיָּא תִּסַּב לָךְ,
ח בְּדִיל דְּיֵיטַב לָךְ, וְתוֹרֵיךְ יוֹמִין: אֲרֵי תִבְנֵי בֵּיתָא חֲדַתָּא, וְתַעֲבֵיד תְּיָקָא לְאִגָּרָךְ, וְלָא תְשַׁוֵּי חוֹבַת
ט קְטוֹל בְּבֵיתָךְ, אֲרֵי יִפּוֹל דְּנָפֵיל מִנֵּיהּ: לָא תִזְרַע כַּרְמָךְ עֵירוּבִין, דִּלְמָא תִסְתָּאַב, דִּמְעַת זַרְעָךְ
י יא דְּתִזְרַע, וַעֲלַלַת כַּרְמָא: לָא תִרְדֵּי בְּתוֹרָא וּבַחֲמָרָא כַּחֲדָא: לָא תִלְבַּשׁ שַׁעַטְנֵיזָא, עֲמַר וְכִתָּן
יב יג מְחַבַּר כַּחֲדָא: כְּרוּסְפְּדִין תַּעֲבֵיד לָךְ, עַל אַרְבַּע, כַּנְפֵי כְסוּתָךְ דְּתִתְכַּסֵּי בַהּ: אֲרֵי יִסַּב גְּבַר אִתְּתָא,
יד וְיֵיעוֹל לְוָתַהּ וְיִסְנְיַנַּהּ: וִישַׁוֵּי לַהּ תַּסְקְפֵי מִלִּין, וְיַפֵּיק עֲלַהּ שׁוּם בִּישׁ, וְיֵימַר, יָת אִתְּתָא הָדָא
טו נְסֵיבִית, וְעָאלִית לְוָתַהּ, וְלָא אַשְׁכַּחִית לַהּ בְּתוּלִין: וְיִסַּב, אֲבוּהָא דְעוּלֵימְתָא וְאִמַּהּ, וְיַפְּקוּן,
טז יָת בְּתוּלֵי עוּלֵימְתָא, לִקְדָם סָבֵי קַרְתָּא וְלִתְרַע בֵּית דִּין אַתְרָא: וְיֵימַר, אֲבוּהָא דְעוּלֵימְתָא
יז לְסָבַיָּא, יָת בְּרַתִּי, יְהַבִית, לְגַבְרָא הָדֵין, לְאִתּוּ וּסְנַהּ: וְהָא הוּא, שַׁוִּי תַּסְקְפֵי מִלִּין לְמֵימַר, לָא

לְאִישׁ כְּדֵי שֶׁתֵּלֵךְ בֵּין הָאֲנָשִׁים, שֶׁאֵין זוֹ אֶלָּא לְשֵׁם נִאוּף: וְלֹא יִלְבַּשׁ גֶּבֶר שִׂמְלַת אִשָּׁה. לֵילֵךְ לֵישֵׁב בֵּין הַנָּשִׁים. דָּבָר אַחֵר, שֶׁלֹּא יָסִיר שְׂעַר הָעֶרְוָה וְשֵׂעָר שֶׁל בֵּית הַשֶּׁחִי: כִּי תוֹעֲבַת. לֹא אָסְרָה תוֹרָה אֶלָּא לְבוּשׁ הַמֵּבִיא לִידֵי תוֹעֵבָה:

ו| כִּי יִקָּרֵא. פְּרָט לִמְזֻמָּן: לֹא תִקַּח הָאֵם. בְּעוֹדָהּ עַל בָּנֶיהָ:

ז| לְמַעַן יִיטַב לָךְ וְגוֹ׳. אִם מִצְוָה קַלָּה שֶׁאֵין בָּהּ חֶסְרוֹן כִּיס אָמְרָה תוֹרָה: "לְמַעַן יִיטַב לָךְ וְהַאֲרַכְתָּ יָמִים", קַל וָחֹמֶר לְמַתַּן שְׂכָרָן שֶׁל מִצְוֹת חֲמוּרוֹת:

ח| כִּי תִבְנֶה בַּיִת חָדָשׁ. אִם קִיַּמְתָּ מִצְוַת שִׁלּוּחַ הַקֵּן, סוֹפְךָ לִבְנוֹת בַּיִת חָדָשׁ וּתְקַיֵּם מִצְוַת מַעֲקֶה, שֶׁמִּצְוָה גּוֹרֶרֶת מִצְוָה (אבות ד, ב), וְתַגִּיעַ לְכֶרֶם וְשָׂדֶה וְלִבְגָדִים נָאִים; לְכָךְ נִסְמְכוּ פָּרָשִׁיּוֹת הַלָּלוּ: מַעֲקֶה. גָּדֵר סָבִיב. וְאוּנְקְלוֹס תִּרְגֵּם: "תְּיָקָא", כְּגוֹן תִּיק שֶׁמְּשַׁמֵּר מַה שֶּׁבְּתוֹכוֹ: כִּי יִפֹּל הַנֹּפֵל. רָאוּי זֶה לִפֹּל, וְאַף עַל פִּי כֵן לֹא תִתְגַּלְגֵּל מִיתָתוֹ עַל יָדְךָ, שֶׁמְּגַלְגְּלִין חוֹבָה עַל יְדֵי חַיָּב:

ט| כִּלְאָיִם. חִטָּה וּשְׂעוֹרָה וְחַרְצָן בְּמַפֹּלֶת יָד: פֶּן תִּקְדַּשׁ. כְּתַרְגּוּמוֹ: "תִּסְתָּאַב", כָּל דָּבָר הַנִּתְעָב עַל הָאָדָם, בֵּין לְשֶׁבַח כְּגוֹן הֶקְדֵּשׁ, בֵּין לִגְנַאי כְּגוֹן אִסּוּר, נוֹפֵל בּוֹ לְשׁוֹן קִדּוּשׁ, כְּמוֹ: "אַל תִּגַּשׁ בִּי כִּי קְדַשְׁתִּיךָ" (ישעיה סה, ה):

י| לֹא תַחֲרֹשׁ בְּשׁוֹר וּבַחֲמֹר. הוּא הַדִּין לְכָל שְׁנֵי מִינִים שֶׁבָּעוֹלָם, וְהוּא הַדִּין לְהַנְהִיגָם יַחַד קְשׁוּרִים זוּגִים בְּהוֹלָכַת שׁוּם מַשָּׂא:

יא| שַׁעַטְנֵז. לְשׁוֹן עֵרוּב, וְרַבּוֹתֵינוּ דָּרְשׁוּ: שׁוּעַ טָווּי וְנוּז:

יב| גְּדִלִים תַּעֲשֶׂה לָּךְ. אַף מִן הַכִּלְאַיִם, לְכָךְ סְמָכָן הַכָּתוּב:

יג-יד| וּבָא אֵלֶיהָ וּשְׂנֵאָהּ. סוֹפוֹ: "וְשָׂם לָהּ עֲלִילֹת דְּבָרִים", עֲבֵרָה גּוֹרֶרֶת עֲבֵרָה (אבות ד, ב), עָבַר עַל "לֹא תִשְׂנָא" (ויקרא יט, יז), סוֹפוֹ לָבֹא לִידֵי לָשׁוֹן הָרָע: אֶת הָאִשָּׁה הַזֹּאת. מִכָּאן שֶׁאֵין אוֹמֵר דָּבָר אֶלָּא בִּפְנֵי בַּעַל דִּין:

טו| אֲבִי הַנַּעֲרָה וְאִמָּהּ. מִי שֶׁגִּדְּלוּ גִּדּוּלִים הָרָעִים יִתְבַּזּוּ עָלֶיהָ:

טז| וְאָמַר אֲבִי הַנַּעֲרָ. מְלַמֵּד שֶׁאֵין רְשׁוּת לָאִשָּׁה לְדַבֵּר בִּפְנֵי הָאִישׁ:

לְבִתְּךָ בְּתוּלִים וְאֵלֶּה בְּתוּלֵי בִתִּי וּפָרְשׂוּ הַשִּׂמְלָה
לִפְנֵי זִקְנֵי הָעִיר׃ וְלָקְחוּ זִקְנֵי הָעִיר־הַהִוא אֶת־ יח
הָאִישׁ וְיִסְּרוּ אֹתוֹ׃ וְעָנְשׁוּ אֹתוֹ מֵאָה כֶסֶף וְנָתְנוּ יט
לַאֲבִי הַנַּעֲרָה כִּי הוֹצִיא שֵׁם רָע עַל בְּתוּלַת
יִשְׂרָאֵל וְלוֹ־תִהְיֶה לְאִשָּׁה לֹא־יוּכַל לְשַׁלְּחָהּ כָּל־
יָמָיו׃ וְאִם־אֱמֶת הָיָה הַדָּבָר הַזֶּה לֹא־ כ
נִמְצְאוּ בְתוּלִים לַנַּעֲרָ׃ וְהוֹצִיאוּ אֶת־הַנַּעֲרָ אֶל־ כא
פֶּתַח בֵּית־אָבִיהָ וּסְקָלוּהָ אַנְשֵׁי עִירָהּ בָּאֲבָנִים
וָמֵתָה כִּי־עָשְׂתָה נְבָלָה בְּיִשְׂרָאֵל לִזְנוֹת בֵּית
אָבִיהָ וּבִעַרְתָּ הָרָע מִקִּרְבֶּךָ׃ כִּי־יִמָּצֵא כב
אִישׁ שֹׁכֵב ׀ עִם־אִשָּׁה בְעֻלַת־בַּעַל וּמֵתוּ גַּם־
שְׁנֵיהֶם הָאִישׁ הַשֹּׁכֵב עִם־הָאִשָּׁה וְהָאִשָּׁה וּבִעַרְתָּ
הָרָע מִיִּשְׂרָאֵל׃ כִּי יִהְיֶה נַעֲרָ כג
בְתוּלָה מְאֹרָשָׂה לְאִישׁ וּמְצָאָהּ אִישׁ בָּעִיר וְשָׁכַב
עִמָּהּ׃ וְהוֹצֵאתֶם אֶת־שְׁנֵיהֶם אֶל־שַׁעַר ׀ הָעִיר כד
הַהִוא וּסְקַלְתֶּם אֹתָם בָּאֲבָנִים וָמֵתוּ אֶת־הַנַּעֲרָ
עַל־דְּבַר אֲשֶׁר לֹא־צָעֲקָה בָעִיר וְאֶת־הָאִישׁ עַל־
דְּבַר אֲשֶׁר־עִנָּה אֶת־אֵשֶׁת רֵעֵהוּ וּבִעַרְתָּ הָרָע
מִקִּרְבֶּךָ׃ וְאִם־בַּשָּׂדֶה יִמְצָא הָאִישׁ כה
אֶת־הַנַּעֲרָ הַמְאֹרָשָׂה וְהֶחֱזִיק־בָּהּ הָאִישׁ וְשָׁכַב
עִמָּהּ וּמֵת הָאִישׁ אֲשֶׁר־שָׁכַב עִמָּהּ לְבַדּוֹ׃ וְלַנַּעֲרָ כו

מצווה תקנג-תקנד
מצווה למוציא שם רע להשאיר אשתו עמו
איסור למוציא שם רע לגרש אשתו

מצווה תקנה
דין סקילת המתחייב סקילה בבית דין

מצווה תקנו
איסור להעניש אנוס

לֹֽא־תַעֲשֶׂ֣ה דָבָ֔ר אֵ֥ין לַֽנַּעֲרָ֖ חֵ֣טְא מָ֑וֶת כִּ֡י כַּאֲשֶׁ֣ר
יָקוּם֩ אִ֨ישׁ עַל־רֵעֵ֜הוּ וּרְצָח֣וֹ נֶ֔פֶשׁ כֵּ֖ן הַדָּבָ֥ר הַזֶּֽה׃
כז כִּ֥י בַשָּׂדֶ֖ה מְצָאָ֑הּ צָעֲקָ֗ה הַֽנַּעֲרָ֙ הַמְאֹ֣רָשָׂ֔ה וְאֵ֥ין
כח מוֹשִׁ֖יעַ לָֽהּ׃ כִּֽי־יִמְצָ֣א אִ֗ישׁ נַעֲרָ֤

יח אַשְׁכַּחִית לִבְרַתָּךְ בְּתוּלִין, וְאִלֵּין בְּתוּלֵי בְרַתִּי, וְיִפְרְסוּן שׁוֹשִׁפָּא, קֳדָם סָבֵי קַרְתָּא: וְיִדְבְּרוּן,
יט סָבֵי קַרְתָּא הַהִיא יָת גַּבְרָא, וְיַלְקוּן יָתֵיהּ: וְיִגְבּוֹן מִנֵּיהּ מְאָה סִלְעִין דִּכְסַף, וְיִתְּנוּן לַאֲבוּהָא
דְעוּלֵימְתָּא, אֲרֵי אַפֵּיק שׁוּם בִּישׁ, עַל בְּתוּלְתָּא בַּת יִשְׂרָאֵל, וְלֵיהּ תְּהֵי לְאִתּוּ, לֵית לֵיהּ רְשׁוּ
כ כא לְמִפְטְרַהּ כָּל יוֹמוֹהִי: וְאִם קְשׁוֹטָא הֲוָה, פִּתְגָּמָא הָדֵין, לָא אִשְׁתְּכַחוּ בְּתוּלִין לְעוּלֵימְתָּא: וְיַפְּקוּן
יָת עוּלֵימְתָּא לִתְרַע בֵּית אֲבוּהָא, וְיִרְגְּמֻנַּהּ אֱנָשֵׁי קַרְתַּהּ בְּאַבְנַיָּא וּתְמוּת, אֲרֵי עֲבַדַת קְלָנָא
כב בְּיִשְׂרָאֵל, לְזַנָּאָה בֵּית אֲבוּהָא, וּתְפַלֵּי עָבֵיד דְּבִישׁ מִבֵּינָךְ: אֲרֵי יִשְׁתְּכַח גְּבַר, שָׁכֵיב עִם אִתְּתָא
אִתַּת גְּבַר, וְיִתְקַטְלוּן אַף תַּרְוֵיהוֹן, גַּבְרָא, דְּשָׁכֵיב עִם אִתְּתָא וְאִתְּתָא, וּתְפַלֵּי עָבֵיד דְּבִישׁ
כג מִיִּשְׂרָאֵל: אֲרֵי תְהֵי עוּלֵימְתָּא בְתוּלְתָּא, דִּמְאָרְסָא לִגְבַר, וְיַשְׁכְּחִנַּהּ גְּבַר, בְּקַרְתָּא וְיִשְׁכּוּב
כד עִמַּהּ: וְתַפְּקוּן יָת תַּרְוֵיהוֹן, לִתְרַע קַרְתָּא הַהִיא, וְתִרְגְּמוּן יָתְהוֹן בְּאַבְנַיָּא וִימוּתוּן, יָת עוּלֵימְתָּא,
עַל עֵיסַק דְּלָא צְוַחַת בְּקַרְתָּא, וְיָת גַּבְרָא, עַל עֵיסַק דְּעַנִּי יָת אִתַּת חַבְרֵיהּ, וּתְפַלֵּי עָבֵיד דְּבִישׁ
כה מִבֵּינָךְ: וְאִם בְּחַקְלָא יַשְׁכַּח גַּבְרָא, יָת עוּלֵימְתָּא דִּמְאָרְסָא, וְיִתְקֵיף בַּהּ גַּבְרָא וְיִשְׁכּוּב עִמַּהּ,
כו וְיִתְקְטִיל, גַּבְרָא, דִּשְׁכֵיב עִמַּהּ בִּלְחוֹדוֹהִי: וּלְעוּלֵימְתָּא לָא תַעֲבֵיד מִדָּעַם, לֵית לְעוּלֵימְתָּא
כז חוֹבַת דִּין דִּקְטוֹל, אֲרֵי, כְּמָא דִּיקוּם גַּבְרָא עַל חַבְרֵיהּ וְיִקְטְלִנֵּיהּ נְפַשׁ, כֵּן פִּתְגָּמָא הָדֵין: אֲרֵי
כח בְּחַקְלָא אַשְׁכְּחַהּ, צְוַחַת, עוּלֵימְתָּא דִּמְאָרְסָא, וְלֵית דְּפָרִיק לַהּ: אֲרֵי יַשְׁכַּח גְּבַר, עוּלֵימְתָּא

יז| **וּפָרְשׂוּ הַשִּׂמְלָה.** הֲרֵי זֶה מָשָׁל, מְחַוְּרִין הַדְּבָרִים כַּשִּׂמְלָה:

יח| **וְיִסְּרוּ אֹתוֹ.** מַלְקוּת:

כ| **וְאִם אֱמֶת הָיָה הַדָּבָר.** בְּעֵדִים וְהַתְרָאָה שֶׁזִּנְּתָה לְאַחַר אֵרוּסִין:

כא| **אֶל פֶּתַח בֵּית אָבִיהָ.** רְאוּ גִּדּוּלִים שֶׁגִּדַּלְתֶּם לִזְנוּת **בֵּית אָבִיהָ.** כְּמוֹ בְּבֵית אָבִיהָ: **אַנְשֵׁי עִירָהּ.** בְּמַעֲמַד כָּל אַנְשֵׁי עִירָהּ:

כב| **וּמֵתוּ גַּם שְׁנֵיהֶם.** לְהוֹצִיא מַעֲשֵׂה חִדּוּדִים שֶׁאֵין הָאִשָּׁה נֶהֱנֵית מֵהֶם: **גַּם.** לְרַבּוֹת הַבָּאִים מֵאַחֲרֵיהֶם. דָּבָר אַחֵר, "גַּם שְׁנֵיהֶם", לְרַבּוֹת אֶת הַוָּלָד, שֶׁאִם הָיְתָה מְעֻבֶּרֶת אֵין מַמְתִּינִין לָהּ עַד שֶׁתֵּלֵד:

כג| **וּמְצָאָהּ אִישׁ בָּעִיר.** לְפִיכָךְ "שָׁכַב עִמָּהּ", פִּרְצָה קוֹרְאָה לַגַּנָּב, הָא אִלּוּ יָשְׁבָה בְּבֵיתָהּ לֹא אֵרַע לָהּ:

כו| **כִּי כַּאֲשֶׁר יָקוּם וְגוֹ׳.** לְפִי פְשׁוּטוֹ זֶהוּ מַשְׁמָעוֹ: כִּי אֲנוּסָה הִיא וּבְחָזְקָה עָמַד עָלֶיהָ, כְּאָדָם הָעוֹמֵד עַל חֲבֵרוֹ לְהָרְגוֹ. וְרַבּוֹתֵינוּ דָּרְשׁוּ בּוֹ (פסחים כה ע״ב ועוד): הֲרֵי זֶה בָּא לְלַמֵּד וְנִמְצָא לָמֵד וְכוּ׳:

דברים

בְתוּלָה֙ אֲשֶׁ֣ר לֹא־אֹרָ֔שָׂה וּתְפָשָׂ֖הּ וְשָׁכַ֣ב עִמָּ֑הּ
וְנִמְצָֽאוּ׃ וְנָתַ֞ן הָאִ֨ישׁ הַשֹּׁכֵ֥ב עִמָּ֛הּ לַאֲבִ֥י הַֽנַּעֲרָ֖ חֲמִשִּׁ֣ים כָּ֑סֶף וְלֽוֹ־תִהְיֶ֣ה לְאִשָּׁ֗ה תַּ֚חַת אֲשֶׁ֣ר עִנָּ֔הּ לֹא־יוּכַ֥ל שַׁלְּחָ֖הּ כָּל־יָמָֽיו׃ לֹא־יִקַּ֥ח אִ֖ישׁ אֶת־אֵ֣שֶׁת אָבִ֑יו וְלֹ֥א יְגַלֶּ֖ה כְּנַ֥ף אָבִֽיו׃

מצוה תקנו
מצווה על האונס
לשאת אנוסתו ולתת
קנס לאביה

מצוה תקנח
איסור לאונס
לגרש אנוסתו

לֹֽא־יָבֹ֧א פְצֽוּעַ־דַּכָּ֛א וּכְר֥וּת שָׁפְכָ֖ה בִּקְהַ֥ל יְהוָֽה׃ לֹא־יָבֹ֥א מַמְזֵ֖ר בִּקְהַ֣ל יְהוָ֑ה גַּ֚ם דּ֣וֹר עֲשִׂירִ֔י לֹא־יָ֥בֹא ל֖וֹ בִּקְהַ֥ל יְהוָֽה׃ לֹֽא־יָבֹ֧א עַמּוֹנִ֛י וּמוֹאָבִ֖י בִּקְהַ֣ל יְהוָ֑ה גַּ֚ם דּ֣וֹר עֲשִׂירִ֔י לֹא־יָבֹ֥א לָהֶ֛ם בִּקְהַ֥ל יְהוָ֖ה עַד־עוֹלָֽם׃ עַל־דְּבַ֞ר אֲשֶׁ֨ר לֹא־קִדְּמ֤וּ אֶתְכֶם֙ בַּלֶּ֣חֶם וּבַמַּ֔יִם בַּדֶּ֖רֶךְ בְּצֵאתְכֶ֣ם מִמִּצְרָ֑יִם וַאֲשֶׁר֩ שָׂכַ֨ר עָלֶ֜יךָ אֶת־בִּלְעָ֣ם בֶּן־בְּע֗וֹר מִפְּת֛וֹר אֲרַ֥ם נַהֲרַ֖יִם לְקַֽלְלֶֽךָּ׃ וְלֹֽא־אָבָ֞ה יְהוָ֤ה אֱלֹהֶ֙יךָ֙ לִשְׁמֹ֣עַ אֶל־בִּלְעָ֔ם וַיַּהֲפֹךְ֩ יְהוָ֨ה אֱלֹהֶ֧יךָ לְּךָ֛ אֶת־הַקְּלָלָ֖ה לִבְרָכָ֑ה כִּ֥י אֲהֵֽבְךָ֖ יְהוָ֥ה אֱלֹהֶֽיךָ׃ לֹא־תִדְרֹ֥שׁ שְׁלֹמָ֖ם וְטֹבָתָ֑ם כָּל־יָמֶ֖יךָ לְעוֹלָֽם׃ לֹֽא־תְתַעֵ֣ב אֲדֹמִ֔י כִּ֥י אָחִ֖יךָ ה֑וּא לֹא־תְתַעֵ֣ב מִצְרִ֔י כִּי־גֵ֖ר הָיִ֥יתָ בְאַרְצֽוֹ׃ בָּנִ֥ים אֲשֶׁר־יִוָּלְד֛וּ לָהֶ֖ם דּ֣וֹר שְׁלִישִׁ֑י יָבֹ֥א לָהֶ֖ם בִּקְהַ֥ל יְהוָֽה׃ כִּֽי־תֵצֵ֥א

מצוה תקנט
איסור נישואי סריס
ובת ישראל

מצוה תקס
איסור נישואי ממזר
ובת ישראל

מצוה תקסא
איסור נישואי עמוני
ומואבי לבת ישראל

מצוה תקסב
איסור דרישת שלום
עמוני ומואבי במלחמה

רביעי

מצוה תקסג-תקסד
איסור להרחיק אדומי
החל מדור שלישי

איסור להרחיק מצרי
החל מדור שלישי

מַחֲנֶה עַל־אֹיְבֶיךָ וְנִשְׁמַרְתָּ מִכֹּל דָּבָר רָע׃

יא כִּי־יִהְיֶה בְךָ אִישׁ אֲשֶׁר לֹא־יִהְיֶה טָהוֹר

מצווה תקסה
איסור כניסת
טמא להר הבית

כט בְּתוּלְתָא דְּלָא מְאָרְסָא, וְיֶחְדִּנַּהּ וְיִשְׁכּוֹב עִמַּהּ, וְיִשְׁתַּכְחוּן: וְיִתֵּין, גַּבְרָא דִּשְׁכֵיב עִמַּהּ,
לַאֲבוּהָא דְּעוּלֵימְתָא חַמְשִׁין סִלְעִין דִּכְסַף, וְלֵיהּ תְּהֵי לְאִתּוּ, חֲלָף דְּעַנְּיַהּ, לֵית לֵיהּ רְשׁוּ
כג א ב לְמִפְטְרַהּ כָּל יוֹמוֹהִי: לָא יִסַּב גְּבַר יָת אִתַּת אֲבוּהִי, וְלָא יְגַלֵּי כַּנְפָא דַּאֲבוּהִי: לָא יִדְכֵּי
ג דִּפְסִיק וּדְמַחְבַּל, לְמֵיעַל בִּקְהָלָא דַּייָ: לָא יִדְכֵּי מַמְזֵירָא לְמֵיעַל בִּקְהָלָא דַּייָ, אַף דָּרָא
ד עֲסִירָאָה, לָא יִדְכֵּי לֵיהּ לְמֵיעַל בִּקְהָלָא דַּייָ: לָא יִדְכּוֹן עַמּוֹנָאֵי, וּמוֹאֲבָאֵי לְמֵיעַל בִּקְהָלָא
ה דַּייָ, אַף דָּרָא עֲסִירָאָה, לָא יִדְכֵּי לְהוֹן, לְמֵיעַל בִּקְהָלָא דַּייָ עַד עָלְמָא: עַל עֵיסַק, דְּלָא
עָרַעוּ יָתְכוֹן בְּלַחְמָא וּבְמַיָּא, בְּאוֹרְחָא בְּמִפַּקְכוֹן מִמִּצְרָיִם, וְדַאֲגַר עֲלָךְ יָת בִּלְעָם בַּר
ו בְּעוֹר, מִפְּתוֹר, אֲרַם דְּעַל פְּרָת לְלָטָטוּתָךְ: וְלָא אֲבָא, יְיָ אֱלָהָךְ לְקַבָּלָא מִן בִּלְעָם, וַהֲפַךְ
ז יְיָ אֱלָהָךְ לָךְ, יָת לְוָטִין לְבִרְכָן, אֲרֵי רַחֲמָךְ יְיָ אֱלָהָךְ: לָא תִתְבַּע שְׁלָמְהוֹן וְטָבַתְהוֹן, כָּל
ח יוֹמָךְ לְעָלַם: לָא תְרַחֵיק אֱדוֹמָאָה, אֲרֵי אֲחוּךְ הוּא, לָא תְרַחֵיק מִצְרָאָה, אֲרֵי דַּיָּר הֲוֵיתָא
ט י בְּאַרְעֵיהּ: בְּנִין, דְּיִתְיַלְּדוּן לְהוֹן דָּרָא תְּלִיתָאָה, יִדְכּוֹן לְהוֹן לְמֵיעַל בִּקְהָלָא דַּייָ: אֲרֵי תִפּוֹק
יא מַשְׁרִיתָא עַל בַּעֲלֵי דְּבָבָךְ, וְתִסְתְּמַר, מִכָּל מִדַּעַם בִּישׁ: אֲרֵי יְהֵי בָךְ גְּבַר, דְּלָא יְהֵי דְּכֵי

פרק כג

א] **לֹא יִקַּח.** אֵין לוֹ בָּהּ לִקּוּחִין, וְאֵין קִדּוּשִׁין תּוֹפְסִין בָּהּ: **וְלֹא יְגַלֶּה כְּנַף אָבִיו.** שׁוֹמֶרֶת יָבָם שֶׁל אָבִיו הָרְאוּיָה לְאָבִיו. וַהֲרֵי כְּבָר הֻזְהַר עָלֶיהָ מִשּׁוּם "עֶרְוַת אֲחִי אָבִיךָ" (ויקרא יח, יד)? אֶלָּא לַעֲבֹר עַל זוֹ בִּשְׁנֵי לָאוִין, וְלִסְמֹךְ לָהּ: "לֹא יָבֹא מַמְזֵר" (להלן פסוק ג), לְלַמֵּד שֶׁאֵין מַמְזֵר אֶלָּא מֵחַיָּבֵי כְּרֵתוֹת, וְקַל וָחֹמֶר מֵחַיָּבֵי מִיתוֹת בֵּית דִּין, שֶׁאֵין בַּעֲרָיוֹת מִיתַת בֵּית דִּין שֶׁאֵין בָּהּ כָּרֵת:

ב] **פְּצוּעַ דַּכָּה.** שֶׁנִּפְצְעוּ אוֹ שֶׁנִּדְכְּאוּ בֵּיצִים שֶׁלּוֹ: **וּכְרוּת שָׁפְכָה.** שֶׁנִּכְרַת הַגִּיד וְשׁוּב אֵינוֹ יוֹרֶה קִלּוּחַ זֶרַע, אֶלָּא שׁוֹפֵךְ וְשׁוֹתֵת וְאֵינוֹ מוֹלִיד:

ג] **לֹא יָבֹא מַמְזֵר בִּקְהַל ה'.** לֹא יִשָּׂא יִשְׂרְאֵלִית:

ד] **לֹא יָבֹא עַמּוֹנִי.** לֹא יִשָּׂא יִשְׂרְאֵלִית:

ה] **עַל דְּבַר.** עַל הָעֵצָה שֶׁיָּעֲצוּ אֶתְכֶם לְהַחֲטִיאֲכֶם כִּדְכְתִיב "בִּדְבַר בִּלְעָם" (במדבר לא, טז): **בַּדֶּרֶךְ.** כְּשֶׁהֱיִיתֶם בְּטֵרוּף:

ז] **לֹא תִדְרֹשׁ שְׁלֹמָם.** מִכְּלַל שֶׁנֶּאֱמַר: "עִמְּךָ יֵשֵׁב בְּקִרְבְּךָ" (להלן פסוק יז), יָכוֹל אַף זֶה כֵּן? תַּלְמוּד לוֹמַר: "לֹא תִדְרֹשׁ שְׁלֹמָם":

ח-ט] **לֹא תְתַעֵב אֲדֹמִי.** לְגַמְרֵי, וְאַף עַל פִּי שֶׁרָאוּי לְךָ לְתַעֲבוֹ, שֶׁיָּצָא בַּחֶרֶב לִקְרָאתְךָ: **לֹא תְתַעֵב מִצְרִי.** מִכֹּל וָכֹל, אַף עַל פִּי שֶׁזָּרְקוּ זְכוּרֵיכֶם לַיְאוֹר, מַה טַּעַם? שֶׁהָיוּ לָכֶם אַכְסַנְיָא בִּשְׁעַת הַדְּחָק, לְפִיכָךְ: **בָּנִים אֲשֶׁר יִוָּלְדוּ לָהֶם דּוֹר שְׁלִישִׁי וְגוֹ'.** וּשְׁאָר אֻמּוֹת מֻתָּרִין מִיָּד. הָא לָמַדְתָּ שֶׁהַמַּחֲטִיאוֹ לָאָדָם קָשֶׁה לוֹ מִן הַהוֹרְגוֹ, שֶׁהַהוֹרְגוֹ הוֹרְגוֹ בָּעוֹלָם הַזֶּה, וְהַמַּחֲטִיאוֹ מוֹצִיאוֹ מִן הָעוֹלָם הַזֶּה וּמִן הָעוֹלָם הַבָּא. לְפִיכָךְ אֱדוֹם שֶׁקִּדְּמָם בַּחֶרֶב לֹא נִתְעַב, וְכֵן מִצְרַיִם שֶׁטִּבְּעוּם, וְאֵלּוּ שֶׁהֶחֱטִיאוּם נִתְעֲבוּ:

י] **כִּי תֵצֵא מַחֲנֶה וְגוֹ' וְנִשְׁמַרְתָּ.** שֶׁהַשָּׂטָן מְקַטְרֵג בִּשְׁעַת הַסַּכָּנָה:

מִקְּרֵה־לָ֑יְלָה וְיָצָא֙ אֶל־מִח֣וּץ לַֽמַּחֲנֶ֔ה לֹ֥א
יָבֹ֖א אֶל־תּ֥וֹךְ הַֽמַּחֲנֶֽה׃ וְהָיָ֥ה לִפְנֽוֹת־עֶ֖רֶב יב
יִרְחַ֣ץ בַּמָּ֑יִם וּכְבֹ֣א הַשֶּׁ֔מֶשׁ יָבֹ֖א אֶל־תּ֥וֹךְ
הַֽמַּחֲנֶֽה׃ וְיָד֙ תִּהְיֶ֣ה לְךָ֔ מִח֖וּץ לַֽמַּחֲנֶ֑ה וְיָצָ֥אתָ יג
שָּׁ֖מָּה חֽוּץ׃ וְיָתֵ֛ד תִּהְיֶ֥ה לְךָ֖ עַל־אֲזֵנֶ֑ךָ וְהָיָה֙ יד
בְּשִׁבְתְּךָ֣ ח֔וּץ וְחָפַרְתָּ֣ה בָ֔הּ וְשַׁבְתָּ֖ וְכִסִּ֥יתָ אֶת־
צֵאָתֶֽךָ׃ כִּי֩ יְהוָ֨ה אֱלֹהֶ֜יךָ מִתְהַלֵּ֣ךְ ׀ בְּקֶ֣רֶב טו
מַחֲנֶ֗ךָ לְהַצִּֽילְךָ֙ וְלָתֵ֤ת אֹיְבֶ֙יךָ֙ לְפָנֶ֔יךָ וְהָיָ֥ה
מַחֲנֶ֖יךָ קָד֑וֹשׁ וְלֹֽא־יִרְאֶ֤ה בְךָ֙ עֶרְוַ֣ת דָּבָ֔ר וְשָׁ֖ב
מֵאַחֲרֶֽיךָ׃ לֹא־תַסְגִּ֥יר עֶ֖בֶד אֶל־ טז
אֲדֹנָ֑יו אֲשֶׁר־יִנָּצֵ֥ל אֵלֶ֖יךָ מֵעִ֥ם אֲדֹנָֽיו׃ עִמְּךָ֞ יז
יֵשֵׁ֣ב בְּקִרְבְּךָ֗ בַּמָּק֛וֹם אֲשֶׁר־יִבְחַ֛ר בְּאַחַ֥ד
שְׁעָרֶ֖יךָ בַּטּ֣וֹב ל֑וֹ לֹ֖א תּוֹנֶֽנּוּ׃ לֹא־ יח
תִהְיֶ֥ה קְדֵשָׁ֖ה מִבְּנ֣וֹת יִשְׂרָאֵ֑ל וְלֹֽא־יִהְיֶ֥ה קָדֵ֖שׁ
מִבְּנֵ֥י יִשְׂרָאֵֽל׃ לֹא־תָבִיא֩ אֶתְנַ֨ן זוֹנָ֜ה וּמְחִ֣יר יט
כֶּ֗לֶב בֵּ֛ית יְהוָ֥ה אֱלֹהֶ֖יךָ לְכָל־נֶ֑דֶר כִּ֧י תוֹעֲבַ֛ת
יְהוָ֥ה אֱלֹהֶ֖יךָ גַּם־שְׁנֵיהֶֽם׃ לֹא־ כ
תַשִּׁ֣יךְ לְאָחִ֔יךָ נֶ֥שֶׁךְ כֶּ֖סֶף נֶ֣שֶׁךְ אֹ֑כֶל נֶ֕שֶׁךְ כָּל־
דָּבָ֖ר אֲשֶׁ֥ר יִשָּֽׁךְ׃ לַנָּכְרִ֣י תַשִּׁ֔יךְ וּלְאָחִ֖יךָ לֹ֣א כא
תַשִּׁ֑יךְ לְמַ֨עַן יְבָרֶכְךָ֜ יְהוָ֣ה אֱלֹהֶ֗יךָ בְּכֹל֙ מִשְׁלַ֣ח

מצווה תקסו
מצווה להתקין מקום להתפנות בו מחוץ למחנה

מצווה תקסז
מצווה לשאת יתד במחנה

מצווה תקסח
איסור הסגרת עבד

מצווה תקסט
איסור להונות עבד שברח מחוץ לארץ לישראל

מצווה תקע
איסור בעילת אישה ללא כתובה וקידושין

מצווה תקעא
איסור הקרבת אתנן זונה ומחיר כלב

מצווה תקעב-תקעג
איסור תשלום ריבית
מצוות הלוואה לנכרי בריבית

יָדֶ֔ךָ עַל־הָאָ֕רֶץ אֲשֶׁר־אַתָּ֥ה בָא־שָׁ֖מָּה
כב לְרִשְׁתָּֽהּ׃ כִּֽי־תִדֹּ֥ר נֶ֙דֶר֙ יט ★

יב מִקְּרֵי לֵילְיָא, וְיִפּוֹק לְמִבָּרָא לְמַשְׁרִיתָא, לָא יֵיעוֹל לְגוֹ מַשְׁרִיתָא: וִיהֵי לְמִפְנֵי רַמְשָׁא יִסְחֵי
יג בְמַיָּא, וּכְמֵיעַל שִׁמְשָׁא, יֵיעוֹל לְגוֹ מַשְׁרִיתָא: וַאֲתַר מְתַקַּן יְהֵי לָךְ, מִבָּרָא לְמַשְׁרִיתָא, וְתִפּוֹק
יד תַּמָּן לְבָרָא: וְסִכְּתָא, תְּהֵי לָךְ עַל זֵינָךְ, וִיהֵי בְּמִתְּבָךְ בְּבָרָא, וְתַחְפַּר בַּהּ, וּתְתוּב וּתְכַסֵּי יָת
טו מַפַּקְתָּךְ: אֲרֵי יי אֱלָהָךְ, שְׁכִינְתֵיהּ מְהַלְּכָא בְּגוֹ מַשְׁרִיתָךְ, לְשֵׁיזָבוּתָךְ וּלְמִמְסַר סָנְאָךְ קֳדָמָךְ,
טז וּתְהֵי מַשְׁרִיתָךְ קַדִּישָׁא, וְלָא יִתַּחְזֵי בָּךְ עֲבֵירַת פִּתְגָם, וִיתוּב מֵימְרֵיהּ מִלְּאֵיטָבָא לָךְ: לָא
יז תִמְסַר עֶבֶד עַמְמִין לְיַד רִבּוֹנֵיהּ, דְּיִשְׁתֵּיזֵב לְוָתָךְ מִן קֳדָם רִבּוֹנֵיהּ: עִמָּךְ יְתֵיב בֵּינָךְ, בְּאַתְרָא
יח דְּיִתְרְעֵי, בַּחֲדָא מִן קִרְוָךְ בִּדְיֵיטַב לֵיהּ, לָא תּוֹנִינֵיהּ: לָא תְהֵי אִתְּתָא מִבְּנָת יִשְׂרָאֵל לִגְבַר
יט עֶבֶד, וְלָא יִסַּב גְּבַר מִבְּנֵי יִשְׂרָאֵל אִתְּתָא אֲמָה: לָא תַעֵיל אֲגַר זָנִיתָא וְחֻלְפַן כַּלְבָּא, לְבֵית
כ מַקְדְּשָׁא דַּיי אֱלָהָךְ לְכָל נְדַר, אֲרֵי מְרַחַק, קֳדָם יי אֱלָהָךְ אַף תַּרְוֵיהוֹן: לָא תְרַבֵּי לַאֲחוּךְ, רִבִּית
כא כְּסַף רִבִּית עֲבוּר, רִבִּית, כָּל מִדָּעַם דְּמִתְרַבֵּי: לְבַר עַמְמִין תְּרַבֵּי, וּלַאֲחוּךְ לָא תְרַבֵּי, בְּדִיל
כב דִּיבָרְכִנָּךְ יי אֱלָהָךְ, בְּכָל אוֹשָׁטוּת יְדָךְ, עַל אַרְעָא, דְּאַתְּ עָלֵיל לְתַמָּן לְמֵירְתַהּ: אֲרֵי תִדַּר נְדַר

יא| מִקְּרֵה לָיְלָה. דִּבֶּר הַכָּתוּב בַּהֹוֶה: וְיָצָא אֶל מִחוּץ לַמַּחֲנֶה. זוֹ מִצְוַת עֲשֵׂה: לֹא יָבֹא אֶל תּוֹךְ הַמַּחֲנֶה. זוֹ מִצְוַת לֹא תַעֲשֶׂה. וְאָסוּר לִכָּנֵס לְמַחֲנֵה לְוִיָּה וְכָל שֶׁכֵּן לְמַחֲנֶה שְׁכִינָה:

יב| וְהָיָה לִפְנוֹת עֶרֶב. סָמוּךְ לְהַעֲרֵב שִׁמְשׁוֹ יִטְבֹּל, שֶׁאֵינוֹ טָהוֹר בְּלֹא הַעֲרֵב הַשֶּׁמֶשׁ:

יג| וְיָד תִּהְיֶה לְךָ. כְּתַרְגּוּמוֹ, כְּמוֹ: "אִישׁ עַל יָדוֹ" (במדבר ב, יז): מִחוּץ לַמַּחֲנֶה. חוּץ לֶעָנָן:

יד| עַל אֲזֵנֶךָ. לְבַד מִשְּׁאָר כְּלֵי תַשְׁמִישְׁךָ: אֲזֵנֶךָ. כְּמוֹ כְּלֵי זַיִן: וְלֹא יִרְאֶה בְךָ. הַקָּדוֹשׁ בָּרוּךְ הוּא, "עֶרְוַת דָּבָר":

טז| לֹא תַסְגִּיר עֶבֶד. כְּתַרְגּוּמוֹ. דָּבָר אַחֵר, אֲפִלּוּ עֶבֶד כְּנַעֲנִי שֶׁל יִשְׂרָאֵל שֶׁבָּרַח מֵחוּצָה לָאָרֶץ לְאֶרֶץ יִשְׂרָאֵל:

יח| לֹא תִהְיֶה קְדֵשָׁה. מֻפְקֶרֶת, מְקֻדֶּשֶׁת וּמְזֻמֶּנֶת לִזְנוּת: וְלֹא יִהְיֶה קָדֵשׁ. מְזֻמָּן לְמִשְׁכַּב זָכוּר. וְאוּנְקְלוֹס תִּרְגֵּם: "לָא תְהֵי אִתְּתָא מִבְּנָת יִשְׂרָאֵל לִגְבַר עֶבֶד", שֶׁאַף זוֹ מֻפְקֶרֶת לִבְעִילַת זְנוּת הִיא, מֵאַחַר שֶׁאֵין קִדּוּשִׁין תּוֹפְסִין לוֹ בָּהּ, שֶׁהֲרֵי הֻקְּשׁוּ לַחֲמוֹר, שֶׁנֶּאֱמַר: "שְׁבוּ לָכֶם פֹּה עִם הַחֲמוֹר" (בראשית כב, ה), עַם הַדּוֹמֶה לַחֲמוֹר, "וְלָא יִסַּב גַּבְרָא מִבְּנֵי יִשְׂרָאֵל אִתְּתָא אָמָה", שֶׁאַף הוּא נַעֲשָׂה קָדֵשׁ עַל יָדָהּ, שֶׁכָּל בְּעִילוֹתָיו בְּעִילוֹת זְנוּת שֶׁאֵין קִדּוּשִׁין תּוֹפְסִין לוֹ בָּהּ:

יט| אֶתְנַן זוֹנָה. נָתַן לָהּ טָלֶה בְּאֶתְנַנָּהּ, פָּסוּל לְהַקְרָבָה: וּמְחִיר כֶּלֶב. הֶחֱלִיף שֶׂה בְּכֶלֶב: גַּם שְׁנֵיהֶם. לְרַבּוֹת שִׁנּוּיֵיהֶם, כְּגוֹן חִטִּים וַעֲשָׂאָן סֹלֶת:

כ| לֹא תַשִּׁיךְ. אַזְהָרָה לַלֹּוֶה שֶׁלֹּא יִתֵּן רִבִּית לַמַּלְוֶה. וְאַזְהָרָה לַמַּלְוֶה – "אֶת כַּסְפְּךָ לֹא תִתֵּן לוֹ בְּנֶשֶׁךְ" (ויקרא כה, לז):

כא| לַנָּכְרִי תַשִּׁיךְ. וְלֹא לְאָחִיךָ, לָאו הַבָּא מִכְּלַל עֲשֵׂה – עֲשֵׂה, לַעֲבֹר עָלָיו בִּשְׁנֵי לָאוִין וַעֲשֵׂה:

כג

מצווה תקעד
איסור לאחר בקיום נדרים ונדבות

לַיהוָה אֱלֹהֶיךָ לֹא תְאַחֵר לְשַׁלְּמוֹ כִּי־דָרֹשׁ
יִדְרְשֶׁנּוּ יְהוָה אֱלֹהֶיךָ מֵעִמָּךְ וְהָיָה בְךָ חֵטְא׃

מצווה תקעה
מצוות קיום נדר

וְכִי תֶחְדַּל לִנְדֹּר לֹא־יִהְיֶה בְךָ חֵטְא׃ מוֹצָא כג כד
שְׂפָתֶיךָ תִּשְׁמֹר וְעָשִׂיתָ כַּאֲשֶׁר נָדַרְתָּ לַיהוָה

חמישי

אֱלֹהֶיךָ נְדָבָה אֲשֶׁר דִּבַּרְתָּ בְּפִיךָ׃ כִּי כה

מצווה תקעו
מצווה להניח לשכיר לאכול מהמחובר לקרקע

תָבֹא בְּכֶרֶם רֵעֶךָ וְאָכַלְתָּ עֲנָבִים כְּנַפְשְׁךָ

מצווה תקעז
איסור על פועל לקחת יותר מכדי אכילתו

שָׂבְעֶךָ וְאֶל־כֶּלְיְךָ לֹא תִתֵּן׃ כִּי תָבֹא כו

מצווה תקעח
איסור על פועל לאכול בשעת מלאכה

בְּקָמַת רֵעֶךָ וְקָטַפְתָּ מְלִילֹת בְּיָדֶךָ וְחֶרְמֵשׁ לֹא
תָנִיף עַל קָמַת רֵעֶךָ׃ כִּי־יִקַּח אִישׁ א כד
אִשָּׁה וּבְעָלָהּ וְהָיָה אִם־לֹא תִמְצָא־חֵן בְּעֵינָיו

מצווה תקעט
דין גירושין בגט

כִּי־מָצָא בָהּ עֶרְוַת דָּבָר וְכָתַב לָהּ סֵפֶר כְּרִיתֻת
וְנָתַן בְּיָדָהּ וְשִׁלְּחָהּ מִבֵּיתוֹ׃ וְיָצְאָה מִבֵּיתוֹ ב
וְהָלְכָה וְהָיְתָה לְאִישׁ־אַחֵר׃ וּשְׂנֵאָהּ הָאִישׁ ג
הָאַחֲרוֹן וְכָתַב לָהּ סֵפֶר כְּרִיתֻת וְנָתַן בְּיָדָהּ
וְשִׁלְּחָהּ מִבֵּיתוֹ אוֹ כִי יָמוּת הָאִישׁ הָאַחֲרוֹן

מצווה תקפ
איסור החזרת גרושתו לאחר שנישאה

אֲשֶׁר־לְקָחָהּ לוֹ לְאִשָּׁה׃ לֹא־יוּכַל בַּעְלָהּ ד
הָרִאשׁוֹן אֲשֶׁר־שִׁלְּחָהּ לָשׁוּב לְקַחְתָּהּ לִהְיוֹת
לוֹ לְאִשָּׁה אַחֲרֵי אֲשֶׁר הֻטַּמָּאָה כִּי־תוֹעֵבָה
הִוא לִפְנֵי יְהוָה וְלֹא תַחֲטִיא אֶת־הָאָרֶץ אֲשֶׁר

ששי

יְהוָה אֱלֹהֶיךָ נֹתֵן לְךָ נַחֲלָה׃ כִּי־ ה

מצווה תקפא
איסור לחתן לצאת מביתו בשנה ראשונה

יִקַּח אִישׁ אִשָּׁה חֲדָשָׁה לֹא יֵצֵא בַּצָּבָא וְלֹא־

יַעֲבֹר עָלָיו לְכָל־דָּבָר נָקִי יִהְיֶה לְבֵיתוֹ שָׁנָה
ו אֶחָת וְשִׂמַּח אֶת־אִשְׁתּוֹ אֲשֶׁר־לָקָח: לֹא־יַחֲבֹל

מצווה תקפב
מצווה לחתן לשמח אשתו שנה ראשונה

מצווה תקפג
איסור לקחת כלי אוכל נפש כמשכון

קֳדָם יי אֱלָהָךְ, לָא תְאַחַר לְשַׁלָּמוּתֵיהּ, אֲרֵי מִתְבָּע יִתְבְּעִנֵּיהּ, יי אֱלָהָךְ מִנָּךְ, וִיהֵי בָךְ
כג כד חוֹבָא: וַאֲרֵי תִתְמְנַע מִלְּמִדַּר, לָא יְהֵי בָךְ חוֹבָא: אַפָּקוּת סִפְוָתָךְ תִּטַּר וְתַעְבֵּיד, כְּמָא
כה דִּנְדַרְתָּא, קֳדָם יי אֱלָהָךְ נְדַבְתָּא, דְּמַלֵּילְתָּא בְּפֻמָּךְ: אֲרֵי תִתַּגַּר בְּכַרְמָא דְּחַבְרָךְ, וְתֵיכוֹל
כו עִנְבִּין, כְּנַפְשָׁךְ סִבְעָךְ, וּלְמָנָךְ לָא תִתֵּין: אֲרֵי תִתַּגַּר בְּקָמְתָא דְּחַבְרָךְ, וְתִקְטוֹף דְּמַלְיָן
כד א בִּידָךְ, וּמַגְלָא לָא תְרִים, עַל קָמְתָא דְּחַבְרָךְ: אֲרֵי יִסַּב גְּבַר, אִתְּתָא וְיִבְעֲלִנַּהּ, וִיהֵי אִם
לָא תַשְׁכַּח רַחֲמִין בְּעֵינוֹהִי, אֲרֵי אַשְׁכַּח בַּהּ עֲבֵירַת פִּתְגָם, וְיִכְתּוֹב לַהּ, גֵּט פִּטּוּרִין וְיִתֵּין
ב ג בִּידַהּ, וְיִפְטְרִנַּהּ מִבֵּיתֵיהּ: וְתִפּוֹק מִבֵּיתֵיהּ, וּתְהָךְ וּתְהֵי לִגְבַר אָחֳרָן: וְיִסְנֵינַהּ גַּבְרָא
בָּתְרָאָה, וְיִכְתּוֹב לַהּ, גֵּט פִּטּוּרִין וְיִתֵּין בִּידַהּ, וְיִפְטְרִנַּהּ מִבֵּיתֵיהּ, אוֹ אֲרֵי יְמוּת גַּבְרָא
ד בָּתְרָאָה, דְּנַסְבַהּ לֵיהּ לְאִתּוּ: לֵית לֵיהּ רְשׁוּ לְבַעְלַהּ קַדְמָאָה דְּפַטְרַהּ, לְמִתָּב לְמִסְּבַהּ
לְמֶהֱוֵי לֵיהּ לְאִתּוּ, בָּתַר דְּאִסְתָּאֲבַת, אֲרֵי מְרַחֲקָא הִיא קֳדָם יי, וְלָא תְחַיֵּיב יָת אַרְעָא,
ה דַּיי אֱלָהָךְ, יָהֵיב לָךְ אַחְסָנָא: אֲרֵי יִסַּב גְּבַר אִתְּתָא חֲדַתָּא, לָא יִפּוֹק בְּחֵילָא, וְלָא יִעְבַּר
ו עֲלוֹהִי לְכָל פִּתְגָם, פְּנִי, יְהֵי לְבֵיתֵיהּ שַׁתָּא חֲדָא, וִיחַדֵּי יָת אִתְּתֵיהּ דִּנְסֵיב: לָא יִסַּב

כב) **לֹא תְאַחֵר לְשַׁלְּמוֹ.** שְׁלֹשָׁה רְגָלִים, וּלְמָדוּהוּ רַבּוֹתֵינוּ מִן הַמִּקְרָא:

כד) **מוֹצָא שְׂפָתֶיךָ תִּשְׁמֹר.** לִתֵּן עֲשֵׂה עַל לֹא תַעֲשֶׂה:

כה) **כִּי תָבֹא בְּכֶרֶם רֵעֶךָ.** בְּפוֹעֵל הַכָּתוּב מְדַבֵּר: **וְאֶל כֶּלְיְךָ לֹא תִתֵּן.** מִכָּאן שֶׁלֹּא דִבְּרָה תוֹרָה אֶלָּא בִּשְׁעַת הַבָּצִיר, בִּזְמַן שֶׁאַתָּה נוֹתֵן לְכֵלָיו שֶׁל בַּעַל הַבַּיִת, אֲבָל אִם בָּא לַעֲדֹר וּלְקַשְׁקֵשׁ אֵינוֹ אוֹכֵל: **כְּנַפְשְׁךָ.** כַּמָּה שֶׁתִּרְצֶה: **שָׂבְעֶךָ.** וְלֹא אֲכִילָה גַסָּה:

כו) **כִּי תָבֹא בְּקָמַת רֵעֶךָ.** אַף זוֹ בְּפוֹעֵל הַכָּתוּב מְדַבֵּר:

פרק כד

א) **כִּי מָצָא בָהּ עֶרְוַת דָּבָר.** מִצְוָה עָלָיו לְגָרְשָׁהּ שֶׁלֹּא תִמְצָא חֵן בְּעֵינָיו:

ב) **לְאִישׁ אַחֵר.** אֵין זֶה בֶּן זוּגוֹ שֶׁל רִאשׁוֹן, הוּא הוֹצִיא רְשָׁעָה מִתּוֹךְ בֵּיתוֹ וְזֶה הִכְנִיסָהּ:

ג) **וּשְׂנֵאָהּ הָאִישׁ הָאַחֲרוֹן.** הַכָּתוּב מְבַשְּׂרוֹ שֶׁסּוֹפוֹ לִשְׂנֹאתָהּ, וְאִם לָאו – קוֹבַרְתּוֹ, שֶׁנֶּאֱמַר: "אוֹ כִי יָמוּת":

ד) **אַחֲרֵי אֲשֶׁר הֻטַּמָּאָה.** לְרַבּוֹת סוֹטָה שֶׁנִּסְתְּרָה:

ה) **אִשָּׁה חֲדָשָׁה.** שֶׁהִיא חֲדָשָׁה לוֹ, וַאֲפִלּוּ אַלְמָנָה, פְּרָט לְמַחֲזִיר גְּרוּשָׁתוֹ: **וְלֹא יַעֲבֹר עָלָיו.** דְּבַר הַצָּבָא: **לְכָל דָּבָר.** שֶׁהוּא צֹרֶךְ הַצָּבָא, לֹא לְסַפֵּק מַיִם וּמָזוֹן וְלֹא לְתַקֵּן דְּרָכִים. אֲבָל הַחוֹזְרִים מֵעוֹרְכֵי הַמִּלְחָמָה עַל פִּי כֹהֵן, כְּגוֹן בָּנָה בַיִת וְלֹא חֲנָכוֹ אוֹ אֵרַשׂ אִשָּׁה וְלֹא לְקָחָהּ, מְסַפְּקִין מַיִם וּמָזוֹן וּמְתַקְּנִין אֶת הַדְּרָכִים: **יִהְיֶה לְבֵיתוֹ.** אַף בִּשְׁבִיל בֵּיתוֹ, אִם בָּנָה בַיִת וַחֲנָכוֹ וְאִם נָטַע כֶּרֶם וְחִלְּלוֹ, אֵינוֹ זָז מִבֵּיתוֹ בִּשְׁבִיל צָרְכֵי הַמִּלְחָמָה: **לְבֵיתוֹ.** זֶה בֵּיתוֹ: **יִהְיֶה.** לְרַבּוֹת אֶת כַּרְמוֹ: **וְשִׂמַּח.** יְשַׂמַּח אֶת אִשְׁתּוֹ, וְתַרְגּוּמוֹ: "וִיחַדֵּי יָת אִתְּתֵיהּ", וְהַמְתַרְגֵּם: 'וְיֶחְדֵּי עִם אִתְּתֵיהּ' טוֹעֶה הוּא, שֶׁאֵין זֶה תַּרְגּוּם שֶׁל 'וְשִׂמַּח' אֶלָּא שֶׁל 'וְשָׂמַח':

ז רֵחַ֖יִם וָרָ֑כֶב כִּי־נֶ֖פֶשׁ ה֥וּא חֹבֵֽל׃ כִּֽי־
יִמָּצֵ֣א אִ֗ישׁ גֹּנֵ֨ב נֶ֤פֶשׁ מֵאֶחָיו֙ מִבְּנֵ֣י יִשְׂרָאֵ֔ל
וְהִתְעַמֶּר־בּ֖וֹ וּמְכָר֑וֹ וּמֵת֙ הַגַּנָּ֣ב הַה֔וּא וּבִעַרְתָּ֥
ח הָרָ֖ע מִקִּרְבֶּֽךָ׃ הִשָּׁ֧מֶר בְּנֶֽגַע־הַצָּרַ֛עַת
לִשְׁמֹ֥ר מְאֹ֖ד וְלַעֲשׂ֑וֹת כְּכֹל֩ אֲשֶׁר־יוֹר֨וּ אֶתְכֶ֜ם
הַכֹּהֲנִ֧ים הַלְוִיִּ֛ם כַּאֲשֶׁ֥ר צִוִּיתִ֖ם תִּשְׁמְר֥וּ לַעֲשֽׂוֹת׃
ט זָכ֕וֹר אֵ֧ת אֲשֶׁר־עָשָׂ֛ה יְהוָ֥ה אֱלֹהֶ֖יךָ לְמִרְיָ֑ם
י בַּדֶּ֖רֶךְ בְּצֵאתְכֶ֥ם מִמִּצְרָֽיִם׃ כִּֽי־
תַשֶּׁ֥ה בְרֵעֲךָ֖ מַשַּׁ֣את מְא֑וּמָה לֹא־תָבֹ֥א אֶל־
יא בֵּית֖וֹ לַעֲבֹ֥ט עֲבֹטֽוֹ׃ בַּח֖וּץ תַּעֲמֹ֑ד וְהָאִ֗ישׁ אֲשֶׁ֤ר
אַתָּה֙ נֹשֶׁ֣ה ב֔וֹ יוֹצִ֥יא אֵלֶ֛יךָ אֶת־הַעֲב֖וֹט הַחֽוּצָה׃
יב יג וְאִם־אִ֥ישׁ עָנִ֖י ה֑וּא לֹ֥א תִשְׁכַּ֖ב בַּעֲבֹטֽוֹ׃ הָשֵׁב֩
תָּשִׁ֨יב ל֤וֹ אֶֽת־הַעֲבוֹט֙ כְּב֣וֹא הַשֶּׁ֔מֶשׁ וְשָׁכַ֥ב
בְּשַׂלְמָת֖וֹ וּבֵֽרֲכֶ֑ךָּ וּלְךָ֙ תִּהְיֶ֣ה צְדָקָ֔ה לִפְנֵ֖י יְהוָ֥ה
יד אֱלֹהֶֽיךָ׃ לֹא־תַעֲשֹׁ֥ק שָׂכִ֖יר עָנִ֣י
וְאֶבְי֑וֹן מֵֽאַחֶ֕יךָ א֧וֹ מִגֵּרְךָ֛ אֲשֶׁ֥ר בְּאַרְצְךָ֖ בִּשְׁעָרֶֽיךָ׃
טו בְּיוֹמוֹ֩ תִתֵּ֨ן שְׂכָר֜וֹ וְֽלֹא־תָב֧וֹא עָלָ֣יו הַשֶּׁ֗מֶשׁ כִּ֤י
עָנִי֙ ה֔וּא וְאֵלָ֕יו ה֥וּא נֹשֵׂ֖א אֶת־נַפְשׁ֑וֹ וְלֹֽא־יִקְרָ֤א
טז עָלֶ֙יךָ֙ אֶל־יְהוָ֔ה וְהָיָ֥ה בְךָ֖ חֵֽטְא׃ לֹא־
יוּמְת֤וּ אָבוֹת֙ עַל־בָּנִ֔ים וּבָנִ֖ים לֹא־יוּמְת֣וּ עַל־

מצווה תקפד
איסור תלישת סימני צרעת

מצווה תקפה
איסור למשכן בעל חוב שלא בבית דין

מצווה תקפו-תקפז
איסור להימנע מלהשיב משכון לבעליו העני
מצוות השבת המשכון לבעליו כשצריך לו

שביעי

מצווה תקפח
מצוות תשלום שכר שכיר ביומו

מצווה תקפט
איסור עדות קרובים

כי תצא

יז **אָב֤וֹת אִישׁ֙ בַּחֲטְא֣וֹ יוּמָ֔תוּ: לֹא־תַטֶּ֕ה מִשְׁפַּ֖ט גֵּ֣ר יָת֑וֹם וְלֹ֣א תַחֲבֹ֔ל בֶּ֖גֶד אַלְמָנָֽה:**

מצווה תקצ
איסור להטות משפט
גר ויתום

מצווה תקצא
איסור לקחת בגד
אלמנה כמשכון

ז מַשְׁכּוֹנָא רֵחַיָּא וְרַכְבַּיָּה, אֲרֵי בְהוֹן מִתְעֲבֵיד מָזוֹן לְכָל נְפַשׁ: אֲרֵי יִשְׁתְּכַח גְּבַר, גָּנֵיב נַפְשָׁא מֵאֲחוֹהִי מִבְּנֵי יִשְׂרָאֵל, וְיִתְגַּר בֵּיהּ וִיזַבְּנִנֵּהּ, וְיִתְקְטִיל גַּנָּבָא הַהוּא, וּתְפַלֵּי עָבֵיד דְּבִישׁ מִבֵּינָךְ:

ח אִסְתַּמַּר בְּמַכְתַּשׁ סְגִירוּ, לְמִטַּר לַחֲדָא וּלְמֶעְבַּד, כְּכֹל דִּילְפוּן יָתְכוֹן, כָּהֲנַיָּא לֵיוָאֵי, כְּמָא דְפַקֵּידְתִּנּוּן תִּטְּרוּן לְמֶעְבַּד: הֱוֵי דְכִיר, יָת דַּעֲבַד, יְיָ אֱלָהָךְ לְמִרְיָם, בְּאָרְחָא בְּמִפַּקְכוֹן מִמִּצְרָיִם:

יא אֲרֵי תַרְשֵׁי בְחַבְרָךְ רְשׁוּת מִדַּעַם, לָא תֵיעוֹל לְבֵיתֵיהּ לְמִסַּב מַשְׁכּוֹנֵיהּ: בְּבָרָא תְקוּם, וְגַבְרָא, דְּאַתְּ רָשֵׁי בֵיהּ, יַפֵּיק לָךְ, יָת מַשְׁכּוֹנָא לְבָרָא: וְאִם גְּבַר מִסְכֵּין הוּא, לָא תִשְׁכּוּב בְּמַשְׁכּוֹנֵיהּ:

יג אָתָבָא תָתִיב לֵיהּ יָת מַשְׁכּוֹנָא כְּמֵיעַל שִׁמְשָׁא, וְיִשְׁכּוּב בִּכְסוּתֵיהּ וִיבָרְכִנָּךְ, וְלָךְ תְּהֵי זְכוּ, קֳדָם יְיָ אֱלָהָךְ: לָא תַעֲשׁוֹק אֲגִירָא עַנְיָא וּמִסְכֵּינָא, מֵאֲחָךְ, אוֹ מִגִּיּוֹרָךְ, דְּבְאַרְעָךְ בְּקִרְוָךְ: בְּיוֹמֵיהּ תִּתֵּן אַגְרֵיהּ וְלָא תֵיעוֹל עֲלוֹהִי שִׁמְשָׁא, אֲרֵי עַנְיָא הוּא, וְלֵיהּ, הוּא מָסַר יָת נַפְשֵׁיהּ, וְלָא יִקְרֵי עֲלָךְ קֳדָם יְיָ, וִיהֵי בָךְ חוֹבָא: לָא יְמוּתוּן אֲבָהָן עַל פּוּם בְּנִין, וּבְנִין לָא יְמוּתוּן עַל פּוּם אֲבָהָן, אֱנָשׁ בְּחוֹבֵיהּ יְמוּתוּן: לָא תַצְלֵי, דִּין גִּיּוֹר יִתָּם, וְלָא תִסַּב מַשְׁכּוֹנָא, כְּסוּת אַרְמְלָא:

ו **רֵחַיִם.** הִיא הַתַּחְתּוֹנָה. **וָרָכֶב.** הִיא הָעֶלְיוֹנָה. **לֹא יַחֲבֹל.** אִם בָּא לְמַשְׁכְּנוֹ עַל חוֹבוֹ בְּבֵית דִּין, לֹא יְמַשְׁכְּנֶנּוּ בִּדְבָרִים שֶׁעוֹשִׂים בָּהֶן אֹכֶל נֶפֶשׁ:

ז **כִּי יִמָּצֵא.** בְּעֵדִים וְהַתְרָאָה, וְכֵן כָּל "יִמָּצֵא" שֶׁבַּתּוֹרָה. **וְהִתְעַמֶּר בּוֹ.** אֵינוֹ חַיָּב עַד שֶׁיִּשְׁתַּמֵּשׁ בּוֹ:

ח **הִשָּׁמֶר בְּנֶגַע הַצָּרַעַת.** שֶׁלֹּא תִתְלֹשׁ סִימָנֵי טֻמְאָה וְלֹא תָקֹץ אֶת הַבַּהֶרֶת: **כְּכֹל אֲשֶׁר יוֹרוּ אֶתְכֶם.** אִם לְהַסְגִּיר, אִם לְהַחְלִיט, אִם לְטַהֵר:

ט **זָכוֹר אֵת אֲשֶׁר עָשָׂה ה' אֱלֹהֶיךָ לְמִרְיָם.** אִם בָּאתָ לְהִזָּהֵר שֶׁלֹּא תִלְקֶה בְּצָרַעַת, אַל תְּסַפֵּר לָשׁוֹן הָרָע, זְכוֹר הֶעָשׂוּי לְמִרְיָם שֶׁדִּבְּרָה בְאָחִיהָ וְלָקְתָה בִנְגָעִים:

י **כִּי תַשֶּׁה בְרֵעֲךָ.** תָּחוּב בַּחֲבֵרְךָ. **מַשַּׁאת מְאוּמָה.** חוֹב שֶׁל כְּלוּם:

יב **לֹא תִשְׁכַּב בַּעֲבֹטוֹ.** לֹא תִשְׁכַּב וַעֲבוֹטוֹ אֶצְלֶךְ:

יג **כְּבוֹא הַשֶּׁמֶשׁ.** אִם כְּסוּת לַיְלָה הוּא, וְאִם כְּסוּת יוֹם הַחֲזִירֵהוּ בַבֹּקֶר, וּכְבָר כָּתוּב בְּוְאֵלֶּה הַמִּשְׁפָּטִים: "עַד בֹּא הַשֶּׁמֶשׁ תְּשִׁיבֶנּוּ לוֹ" (שמות כב, כה), כָּל הַיּוֹם תְּשִׁיבֶנּוּ לוֹ וּכְבֹא הַשֶּׁמֶשׁ תִּקָּחֶנּוּ: **וּבֵרֲכֶךָּ.** וְאִם אֵינוֹ מְבָרֶכְךָ, מִכָּל מָקוֹם "וּלְךָ תִּהְיֶה צְדָקָה":

יד **לֹא תַעֲשֹׁק שָׂכִיר.** וַהֲלֹא כְּבָר כָּתוּב? אֶלָּא לַעֲבֹר עַל הָאֶבְיוֹן בִּשְׁנֵי לָאוִין: לֹא תַעֲשֹׁק שָׂכִיר שֶׁהוּא עָנִי וְאֶבְיוֹן, וְעַל הֶעָשִׁיר כְּבָר הֻזְהַר: "לֹא תַעֲשֹׁק אֶת רֵעֲךָ" (ויקרא יט, יג). **אֶבְיוֹן.** הַתָּאֵב לְכָל דָּבָר: **גֵּרְךָ.** זֶה גֵּר צֶדֶק: **בִּשְׁעָרֶיךָ.** זֶה גֵּר תּוֹשָׁב הָאוֹכֵל נְבֵלוֹת: **אֲשֶׁר בְּאַרְצְךָ.** לְרַבּוֹת שְׂכַר בְּהֵמָה וְכֵלִים:

טו **וְאֵלָיו הוּא נֹשֵׂא אֶת נַפְשׁוֹ.** אֶל הַשָּׂכָר הַזֶּה הוּא נוֹשֵׂא אֶת נַפְשׁוֹ לָמוּת, עָלָה בַכֶּבֶשׁ וְנִתְלָה בָאִילָן: **וְהָיָה בְךָ חֵטְא.** מִכָּל מָקוֹם, אֶלָּא שֶׁמְּמַהֲרִין לִפָּרַע עַל יְדֵי הַקּוֹרֵא:

טז **לֹא יוּמְתוּ אָבוֹת עַל בָּנִים.** בְּעֵדוּת בָּנִים. וְאִם תֹּאמַר בַּעֲוֹן בָּנִים, כְּבָר נֶאֱמַר: "אִישׁ בְּחֶטְאוֹ יוּמָתוּ". אֲבָל מִי שֶׁאֵינוֹ אִישׁ מֵת בַּעֲוֹן אָבִיו, וְהַקְּטַנִּים מֵתִים בַּעֲוֹן אֲבוֹתָם בִּידֵי שָׁמַיִם:

יז **לֹא תַטֶּה מִשְׁפַּט גֵּר יָתוֹם.** וְעַל הֶעָשִׁיר כְּבָר

יח וְזָכַרְתָּ֗ כִּ֣י עֶ֤בֶד הָיִ֙יתָ֙ בְּמִצְרַ֔יִם וַֽיִּפְדְּךָ֛ יְהוָ֥ה
אֱלֹהֶ֖יךָ מִשָּׁ֑ם עַל־כֵּ֞ן אָנֹכִ֤י מְצַוְּךָ֙ לַעֲשׂ֔וֹת אֶת־
★ כ יט הַדָּבָ֖ר הַזֶּֽה׃ כִּ֣י תִקְצֹר֩ קְצִֽירְךָ֨
בְשָׂדֶ֜ךָ וְשָֽׁכַחְתָּ֧ עֹ֣מֶר בַּשָּׂדֶ֗ה לֹ֤א תָשׁוּב֙ לְקַחְתּ֔וֹ
לַגֵּ֛ר לַיָּת֥וֹם וְלָאַלְמָנָ֖ה יִהְיֶ֑ה לְמַ֤עַן יְבָרֶכְךָ֙ יְהוָ֣ה
כ אֱלֹהֶ֔יךָ בְּכֹ֖ל מַעֲשֵׂ֥ה יָדֶֽיךָ׃ כִּ֤י
תַחְבֹּט֙ זֵֽיתְךָ֔ לֹ֥א תְפָאֵ֖ר אַחֲרֶ֑יךָ לַגֵּ֛ר לַיָּת֥וֹם
כא וְלָאַלְמָנָ֖ה יִהְיֶֽה׃ כִּ֤י תִבְצֹר֙ כַּרְמְךָ֔ לֹ֥א תְעוֹלֵ֖ל
כב אַחֲרֶ֑יךָ לַגֵּ֛ר לַיָּת֥וֹם וְלָאַלְמָנָ֖ה יִהְיֶֽה׃ וְזָכַרְתָּ֕
כִּי־עֶ֥בֶד הָיִ֖יתָ בְּאֶ֣רֶץ מִצְרָ֑יִם עַל־כֵּ֞ן אָנֹכִ֤י
כה א מְצַוְּךָ֙ לַעֲשׂ֔וֹת אֶת־הַדָּבָ֖ר הַזֶּֽה׃ כִּֽי־
יִהְיֶ֥ה רִיב֙ בֵּ֣ין אֲנָשִׁ֔ים וְנִגְּשׁ֥וּ אֶל־הַמִּשְׁפָּ֖ט
וּשְׁפָט֑וּם וְהִצְדִּ֙יקוּ֙ אֶת־הַצַּדִּ֔יק וְהִרְשִׁ֖יעוּ אֶת־
ב הָרָשָֽׁע׃ וְהָיָ֛ה אִם־בִּ֥ן הַכּ֖וֹת הָרָשָׁ֑ע וְהִפִּיל֤וֹ
הַשֹּׁפֵט֙ וְהִכָּ֣הוּ לְפָנָ֔יו כְּדֵ֥י רִשְׁעָת֖וֹ בְּמִסְפָּֽר׃
ג אַרְבָּעִ֥ים יַכֶּ֖נּוּ לֹ֣א יֹסִ֑יף פֶּן־יֹסִ֨יף לְהַכֹּת֤וֹ עַל־
ד אֵ֙לֶּה֙ מַכָּ֣ה רַבָּ֔ה וְנִקְלָ֥ה אָחִ֖יךָ לְעֵינֶֽיךָ׃ לֹא־
ה תַחְסֹ֥ם שׁ֖וֹר בְּדִישֽׁוֹ׃ כִּֽי־יֵשְׁב֨וּ אַחִ֜ים
יַחְדָּ֗ו וּמֵ֨ת אַחַ֤ד מֵהֶם֙ וּבֵ֣ן אֵֽין־ל֔וֹ לֹא־תִהְיֶ֧ה

מצווה תקצב-תקצג
מצווה להניח שִׁכחה לעניים
איסור לשוב לקחת שִׁכחה

מצווה תקצד
מצווה לבית דין להלקות רשע

מצווה תקצה
איסור להוסיף מלקות

מצווה תקצו
איסור לחסום בהמה בשעת מלאכתה

מצווה תקצז
איסור ליבמה להינשא לאחֵר לפני החליצה

תצא

הִזְהִיר: "לֹא תַטֶּה מִשְׁפָּט" (לעיל טז, יט), וְשָׁנָה בֶּעָנִי לַעֲבֹר עָלָיו בִּשְׁנֵי לָאוִין, לְפִי שֶׁנָּקֵל לְהַטּוֹת מִשְׁפַּט עָנִי יוֹתֵר מִשֶּׁל עָשִׁיר, לְכָךְ הִזְהִיר וְשָׁנָה עָלָיו: וְלֹא תַחֲבֹל. שֶׁלֹּא בִּשְׁעַת הַלְוָאָה:

יח וְתִדְכַּר, אֲרֵי עַבְדָּא הֲוֵיתָא בְּמִצְרַיִם, וּפַרְקָךְ, יי אֱלָהָךְ מִתַּמָּן, עַל כֵּן, אֲנָא מְפַקֵּיד לָךְ
יט לְמֶעְבַּד, יָת פִּתְגָּמָא הָדֵין: אֲרֵי תַחְצוֹד חֲצָדָךְ בְּחַקְלָךְ וְתִתְנְשֵׁי עֻמְרָא בְּחַקְלָא, לָא תְתוּב
לְמִסְּבֵיהּ, לְגִיּוֹרָא, לְיִתְמָא וּלְאַרְמַלְתָּא יְהֵי, בְּדִיל דִּיבָרְכִנָּךְ יי אֱלָהָךְ, בְּכָל עוֹבָדֵי יְדָךְ:
כ
כא אֲרֵי תַחְבּוֹט זֵיתָךְ, לָא תְפַלֵּי בָּתְרָךְ, לְגִיּוֹרָא, לְיִתְמָא וּלְאַרְמַלְתָּא יְהֵי: אֲרֵי תִקְטוֹף כַּרְמָךְ,
כב לָא תְעַלֵּיל בָּתְרָךְ, לְגִיּוֹרָא, לְיִתְמָא וּלְאַרְמַלְתָּא יְהֵי: וְתִדְכַּר, אֲרֵי עַבְדָּא הֲוֵיתָא בְּאַרְעָא
כה א דְּמִצְרַיִם, עַל כֵּן, אֲנָא מְפַקֵּיד לָךְ לְמֶעְבַּד, יָת פִּתְגָּמָא הָדֵין: אֲרֵי יְהֵי דִין בֵּין גֻּבְרַיָּא,
ב וְיִתְקָרְבוּן לְדִינָא וִידִינוּנוּן, וִיזַכּוּן יָת זַכָּאָה, וִיחַיְּבוּן יָת חַיָּבָא: וִיהֵי, אִם בַּר חַיָּב לְאַלְקָאָה
ג חַיָּבָא, וְיִרְמֵינֵיהּ דַּיָּנָא וְיַלְקֵינֵיהּ קֳדָמוֹהִי, כְּמִסַּת חוֹבְתֵיהּ בְּמִנְיָן: אַרְבְּעִין יַלְקֵינֵיהּ
ד לָא יוֹסֵיף, דִּלְמָא יוֹסֵיף לְאַלְקָיוּתֵיהּ עַל אִלֵּין מַחָא רַבָּא, וְיֵיקַל אֲחוּךְ לְעֵינָךְ: לָא תֵיחוֹד
ה פּוּם תּוֹרָא בְּדְיָשֵׁיהּ: אֲרֵי יִתְבוּן אַחִין כַּחְדָא, וִימוּת חַד מִנְּהוֹן וּבַר לֵית לֵיהּ, לָא תְהֵי

יח) **וְזָכַרְתָּ.** עַל מְנָת כֵּן פְּדִיתִיךָ, לִשְׁמֹר חֻקּוֹתַי אֲפִלּוּ יֵשׁ חֶסְרוֹן כִּיס בַּדָּבָר:

יט) **וְשָׁכַחְתָּ עֹמֶר.** וְלֹא גָּדִישׁ, מִכָּאן אָמְרוּ: עֹמֶר שֶׁיֵּשׁ בּוֹ סָאתַיִם וּשְׁכָחוֹ אֵינוֹ שִׁכְחָה (פאה ו, ו): **בַּשָּׂדֶה.** לְרַבּוֹת שִׁכְחַת קָמָה שֶׁשָּׁכַח מִקְּצָתָהּ מִלִּקְצֹר: **לֹא תָשׁוּב לְקַחְתּוֹ.** מִכָּאן אָמְרוּ: שֶׁלְּאַחֲרָיו שִׁכְחָה, שֶׁלְּפָנָיו אֵינוֹ שִׁכְחָה, שֶׁאֵינוֹ בְּבַל תָּשׁוּב (פאה ו, ד): **לְמַעַן יְבָרֶכְךָ.** וְאַף עַל פִּי שֶׁבָּאת לְיָדוֹ שֶׁלֹּא בְּמִתְכַּוֵּן, קַל וָחֹמֶר לָעוֹשֶׂה בְּמִתְכַּוֵּן. אֱמֹר מֵעַתָּה, נָפְלָה סֶלַע מִיָּדוֹ וּמְצָאָהּ עָנִי וְנִתְפַּרְנֵס בָּהּ, הֲרֵי הוּא מִתְבָּרֵךְ עָלֶיהָ:

כ) **לֹא תְפַאֵר.** לֹא תִטֹּל תִּפְאַרְתּוֹ מִמֶּנּוּ, מִכָּאן שֶׁמַּנִּיחִין פֵּאָה לָאִילָן: **אַחֲרֶיךָ.** זוֹ שִׁכְחָה:

כא) **לֹא תְעוֹלֵל.** מָצָאתָ בָּהּ עוֹלֶלֶת, לֹא תִקָּחֶנָּה. וְאֵיזוֹ הִיא עוֹלֶלֶת? כָּל שֶׁאֵין לָהּ לֹא כָּתֵף וְלֹא נָטֵף. יֵשׁ לָהּ אֶחָד מֵהֶם, הֲרֵי הִיא לְבַעַל הַבַּיִת. וְרָאִיתִי בְּתַלְמוּד יְרוּשַׁלְמִי (פאה ז, ד): אֵי זוֹ הִיא כָּתֵף? פְּסִיגִין זֶה עַל גַּב זֶה. נָטֵף – אֵלּוּ הַתְּלוּיוֹת בַּשִּׁדְרָה וְיוֹרְדוֹת:

פרק כה

א) **כִּי יִהְיֶה רִיב.** סוֹפָם לִהְיוֹת נִגָּשִׁים אֶל הַמִּשְׁפָּט. אֱמֹר מֵעַתָּה, אֵין שָׁלוֹם יוֹצֵא מִתּוֹךְ מְרִיבָה; מִי גָּרַם לְלוֹט לִפְרֹשׁ מִן הַצַּדִּיק? הֱוֵי אוֹמֵר זוֹ מְרִיבָה: **וְהִרְשִׁיעוּ אֶת הָרָשָׁע.** יָכוֹל כָּל הַמִּתְחַיְּבִין בַּדִּין לוֹקִין? תַּלְמוּד לוֹמַר: "וְהָיָה אִם בִּן הַכּוֹת הָרָשָׁע" (להלן פסוק ב), פְּעָמִים לוֹקֶה וּפְעָמִים אֵינוֹ לוֹקֶה. וּמִי הוּא הַלּוֹקֶה? לְמֵד מִן הָעִנְיָן: "לֹא תַחְסֹם שׁוֹר בְּדִישׁוֹ" (להלן פסוק ד), לָאו שֶׁלֹּא נִתַּק לַעֲשֵׂה:

ב) **וְהִפִּילוֹ הַשֹּׁפֵט.** מְלַמֵּד שֶׁאֵין מַלְקִין אוֹתוֹ לֹא עוֹמֵד וְלֹא יוֹשֵׁב אֶלָּא מֻטֶּה: **לְפָנָיו כְּדֵי רִשְׁעָתוֹ.** וּלְאַחֲרָיו כְּדֵי שְׁתַּיִם, מִכָּאן אָמְרוּ: מַלְקִין אוֹתוֹ שְׁתֵּי יָדוֹת מִלְּאַחֲרָיו וּשְׁלִישׁ מִלְּפָנָיו: **בְּמִסְפָּר.** וְאֵינוֹ נָקוּד 'בַּמִּסְפָּר', לִמֵּד שֶׁהוּא דָּבוּק, לוֹמַר בְּמִסְפַּר אַרְבָּעִים וְלֹא אַרְבָּעִים שְׁלֵמִים, אֶלָּא מִנְיָן שֶׁהוּא סוֹכֵם וּמַשְׁלִים לְאַרְבָּעִים, וְהֵן אַרְבָּעִים חָסֵר אַחַת:

ג) **לֹא יֹסִיף.** מִכָּאן אַזְהָרָה לַמַּכֶּה אֶת חֲבֵרוֹ: **וְנִקְלָה אָחִיךָ.** כָּל הַיּוֹם קוֹרֵהוּ 'רָשָׁע', וּמִשֶּׁלָּקָה קוֹרֵהוּ 'אָחִיךָ':

ד) **לֹא תַחְסֹם שׁוֹר.** דִּבֶּר הַכָּתוּב בַּהֹוֶה, וְהוּא הַדִּין לְכָל בְּהֵמָה חַיָּה וָעוֹף וּלְכָל מְלָאכָה שֶׁהִיא בְּדָבָר מַאֲכָל. אִם כֵּן לָמָּה נֶאֱמַר "שׁוֹר"? לְהוֹצִיא אֶת הָאָדָם: **בְּדִישׁוֹ.** יָכוֹל יַחְסְמֶנּוּ מִבַּחוּץ? תַּלְמוּד לוֹמַר: "לֹא תַחְסֹם שׁוֹר", מִכָּל מָקוֹם. וְלָמָּה נֶאֱמַר 'דַּיִשׁ'? לוֹמַר לְךָ מַה 'דַּיִשׁ' מְיֻחָד, דָּבָר שֶׁלֹּא נִגְמְרָה מְלַאכְתּוֹ וְגִדּוּלוֹ מִן הָאָרֶץ, אַף כָּל כַּיּוֹצֵא בוֹ, יָצָא הַחוֹלֵב וְהַמְגַבֵּן וְהַמְחַבֵּץ שֶׁאֵין גִּדּוּלוֹ מִן הָאָרֶץ, יָצָא הַלָּשׁ וְהַמְקַטֵּף שֶׁנִּגְמְרָה מְלַאכְתּוֹ לְחַלָּה, יָצָא הַבּוֹדֵל בִּתְמָרִים וּבִגְרוֹגָרוֹת שֶׁנִּגְמְרָה מְלַאכְתָּן לְמַעֲשֵׂר:

ה) **כִּי יֵשְׁבוּ אַחִים יַחְדָּו.** שֶׁהָיְתָה לָהֶם יְשִׁיבָה אַחַת בָּעוֹלָם, פְּרָט לְאֵשֶׁת אָחִיו שֶׁלֹּא הָיָה בְּעוֹלָמוֹ: **יַחְדָּו.** הַמְיֻחָדִים בְּנַחֲלָה, פְּרָט לְאָחִיו מִן הָאֵם: **וּבֵן אֵין לוֹ.** עַיֵּן עָלָיו, בֵּן אוֹ בַּת אוֹ בֵּן הַבֵּן אוֹ בֵּן הַבַּת אוֹ בַּת הַבֵּן אוֹ בַּת הַבַּת:

כי תצא

מצווה תקצח
מצוות ייבום

אֵֽשֶׁת־הַמֵּ֛ת הַח֖וּצָה לְאִ֣ישׁ זָ֑ר יְבָמָהּ֙ יָבֹ֣א עָלֶ֔יהָ
וּלְקָחָ֥הּ ל֛וֹ לְאִשָּׁ֖ה וְיִבְּמָֽהּ׃ וְהָיָ֗ה הַבְּכוֹר֙ אֲשֶׁ֣ר ו
תֵּלֵ֔ד יָק֕וּם עַל־שֵׁ֥ם אָחִ֖יו הַמֵּ֑ת וְלֹֽא־יִמָּחֶ֥ה
שְׁמ֖וֹ מִיִּשְׂרָאֵֽל׃ וְאִם־לֹ֤א יַחְפֹּץ֙ הָאִ֔ישׁ לָקַ֖חַת ז
אֶת־יְבִמְתּ֑וֹ וְעָלְתָה֩ יְבִמְתּ֨וֹ הַשַּׁ֜עְרָה אֶל־
הַזְּקֵנִ֗ים וְאָֽמְרָה֙ מֵאֵ֨ן יְבָמִ֜י לְהָקִ֨ים לְאָחִ֥יו שֵׁם֙
בְּיִשְׂרָאֵ֔ל לֹ֥א אָבָ֖ה יַבְּמִֽי׃ וְקָֽרְאוּ־ל֥וֹ זִקְנֵֽי־עִיר֖וֹ ח
וְדִבְּר֣וּ אֵלָ֑יו וְעָמַ֣ד וְאָמַ֔ר לֹ֥א חָפַ֖צְתִּי לְקַחְתָּֽהּ׃

מצווה תקצט
מצוות חליצה

וְנִגְּשָׁ֨ה יְבִמְתּ֣וֹ אֵלָיו֮ לְעֵינֵ֣י הַזְּקֵנִים֒ וְחָלְצָ֤ה ט
נַעֲלוֹ֙ מֵעַ֣ל רַגְל֔וֹ וְיָרְקָ֖ה בְּפָנָ֑יו וְעָֽנְתָה֙ וְאָ֣מְרָ֔ה
כָּ֚כָה יֵעָשֶׂ֣ה לָאִ֔ישׁ אֲשֶׁ֥ר לֹא־יִבְנֶ֖ה אֶת־בֵּ֥ית
אָחִֽיו׃ וְנִקְרָ֥א שְׁמ֖וֹ בְּיִשְׂרָאֵ֑ל בֵּ֖ית חֲל֥וּץ י
הַנָּֽעַל׃ כִּֽי־יִנָּצ֨וּ אֲנָשִׁ֤ים יַחְדָּו֙ אִ֣ישׁ יא
וְאָחִ֔יו וְקָֽרְבָה֙ אֵ֣שֶׁת הָֽאֶחָ֔ד לְהַצִּ֥יל אֶת־אִישָׁ֖הּ
מִיַּ֣ד מַכֵּ֑הוּ וְשָׁלְחָ֣ה יָדָ֔הּ וְהֶחֱזִ֖יקָה בִּמְבֻשָֽׁיו׃

מצווה תר-תרא
מצווה להציל את הנרדף במחיר נפשו של הרודף
איסור לחוס על הרודף

וְקַצֹּתָ֖ה אֶת־כַּפָּ֑הּ לֹ֥א תָח֖וֹס עֵינֶֽךָ׃ לֹא־ יב יג

מצווה תרב
איסור להשהות מידות ומשקלות חסרות ברשותנו

יִהְיֶ֥ה לְךָ֛ בְּכִֽיסְךָ֖ אֶ֣בֶן וָאָ֑בֶן גְּדוֹלָ֖ה וּקְטַנָּֽה׃
לֹא־יִהְיֶ֥ה לְךָ֛ בְּבֵיתְךָ֖ אֵיפָ֣ה וְאֵיפָ֑ה גְּדוֹלָ֖ה יד
וּקְטַנָּֽה׃ אֶ֣בֶן שְׁלֵמָ֤ה וָצֶ֙דֶק֙ יִֽהְיֶה־לָּ֔ךְ אֵיפָ֧ה טו
שְׁלֵמָ֛ה וָצֶ֖דֶק יִֽהְיֶה־לָּ֑ךְ לְמַ֙עַן֙ יַאֲרִ֣יכוּ יָמֶ֔יךָ עַ֚ל

כי תצא

טז הָאֲדָמָה אֲשֶׁר־יְהֹוָה אֱלֹהֶיךָ נֹתֵן לָךְ: כִּי
תוֹעֲבַת יְהֹוָה אֱלֹהֶיךָ כָּל־עֹשֵׂה אֵלֶּה כֹּל
עֹשֵׂה עָוֶל:

ו אִתַּת מִיתָא, לְבָרָא לִגְבַר אָחֳרָן, יְבָמַהּ יֵיעוֹל עֲלַהּ, וְיִסְּבַהּ לֵיהּ, לְאִתּוּ וְיַבְּמִנַּהּ: וִיהֵי, בֻּכְרָא
ז דִּתְלִיד, יְקוּם, עַל שְׁמָא דַּאֲחוּהִי מִיתָא, וְלָא יִתְמְחֵי שְׁמֵיהּ מִיִּשְׂרָאֵל: וְאִם לָא יִצְבֵּי גֻּבְרָא,
לְמִסַּב יָת יְבִמְתֵּיהּ, וְתִסַּק יְבִמְתֵּיהּ לִתְרַע בֵּית דִּינָא לָקֳדָם סָבַיָּא, וְתֵימַר סָרֵיב יְבָמִי, לְאָקָמָא
ח לַאֲחוּהִי שְׁמָא בְּיִשְׂרָאֵל, לָא אֲבָא לְיַבָּמוּתִי: וְיִקְרוֹן לֵיהּ סָבֵי קַרְתֵּיהּ וִימַלְּלוּן עִמֵּיהּ, וִיקוּם
ט וְיֵימַר, לָא רְעֵינָא לְמִסְּבַהּ: וְתִתְקָרַב יְבִמְתֵּיהּ לְוָתֵיהּ לָקֳדָם סָבַיָּא, וְתִשְׁרֵי סֵינֵיהּ מֵעַל רַגְלֵיהּ,
י וְתִרוֹק בְּאַנְפּוֹהִי, וְתָתִיב וְתֵימַר, כְּדֵין יִתְעֲבֵיד לְגֻבְרָא, דְּלָא יִבְנֵי יָת בֵּיתָא דַּאֲחוּהִי: וְיִתְקְרֵי
יא שְׁמֵיהּ בְּיִשְׂרָאֵל, בֵּית שְׁרֵי סֵינָא: אֲרֵי יִנְצוּן גֻּבְרִין כַּחְדָא גְּבַר וַאֲחוּהִי, וְתִתְקָרַב אִתַּת חַד,
יב לְשֵׁיזָבָא יָת בַּעְלַהּ מִיַּד מָחוֹהִי, וְתוֹשֵׁיט יְדַהּ, וְתַתְקֵיף בְּבֵית בַּהְתְּתֵיהּ: וְתִקּוּץ יָת יְדַהּ, לָא
יג יד תְחוּס עֵינָךְ: לָא יְהֵי לָךְ, בְּכִיסָךְ מַתְקַל וּמַתְקַל, רַב וּזְעֵיר: לָא יְהֵי לָךְ, בְּבֵיתָךְ מְכִילָא וּמְכִילָא,
טו רַבְּתָא וּזְעֵירְתָא: מַתְקָלִין שַׁלְמִין דִּקְשׁוֹט יְהוֹן לָךְ, מְכִילָן שַׁלְמָן, דִּקְשׁוֹט יְהוֹן לָךְ, בְּדִיל דְּיֵירְכוּן
טז יוֹמָךְ, עַל אַרְעָא, דַּיְיָ אֱלָהָךְ יָהֵיב לָךְ: אֲרֵי מְרַחַק, קֳדָם יְיָ אֱלָהָךְ כָּל עָבֵיד אִלֵּין, כָּל עָבֵיד שְׁקַר:

ו| **וְהָיָה הַבְּכוֹר.** גְּדוֹל הָאַחִים הוּא יְיַבֵּם אוֹתָהּ: **אֲשֶׁר תֵּלֵד.** פְּרָט לְאַיְלוֹנִית שֶׁאֵינָהּ יוֹלֶדֶת: **יָקוּם עַל שֵׁם אָחִיו.** זֶה שֶׁיְּיַבֵּם אֶת אִשְׁתּוֹ יִטֹּל נַחֲלַת הַמֵּת בְּנִכְסֵי אָבִיו: **וְלֹא יִמָּחֶה שְׁמוֹ.** פְּרָט לְאֵשֶׁת סָרִיס שֶׁשְּׁמוֹ מָחוּי:

ז| **הַשַּׁעְרָה.** כְּתַרְגּוּמוֹ: "לִתְרַע בֵּית דִּינָא":

ח| **וְעָמַד.** בַּעֲמִידָה: **וְאָמַר.** בִּלְשׁוֹן הַקֹּדֶשׁ, וְאַף הִיא דְּבָרֶיהָ בִּלְשׁוֹן הַקֹּדֶשׁ:

ט| **וְיָרְקָה בְּפָנָיו.** עַל גַּבֵּי קַרְקַע: **אֲשֶׁר לֹא יִבְנֶה.** מִכָּאן לְמִי שֶׁחָלַץ שֶׁלֹּא יַחְזוֹר וִייַבֵּם, דְּלָא כְּתִיב 'אֲשֶׁר לֹא בָנָה' אֶלָּא "אֲשֶׁר לֹא יִבְנֶה", כֵּיוָן שֶׁלֹּא בָנָה שׁוּב לֹא יִבְנֶה:

י| **וְנִקְרָא שְׁמוֹ וְגוֹ'.** מִצְוָה עַל כָּל הָעוֹמְדִים שָׁם לוֹמַר: "חֲלוּץ הַנַּעַל":

יא| **כִּי יִנָּצוּ אֲנָשִׁים.** סוֹפָן לָבֹא לִידֵי מַכּוֹת, כְּמוֹ שֶׁנֶּאֱמַר: "מִיַּד מַכֵּהוּ", אֵין שָׁלוֹם יוֹצֵא מִתַּחַת יְדֵי מַצּוּת:

יב| **וְקַצֹּתָה אֶת כַּפָּהּ.** מָמוֹן דְּמֵי בָשְׁתּוֹ, הַכֹּל לְפִי הַמְבַיֵּשׁ וְהַמִּתְבַּיֵּשׁ. אוֹ אֵינוֹ אֶלָּא יָדָהּ מַמָּשׁ? נֶאֱמַר כָּאן "לֹא תָחוֹס", וְנֶאֱמַר לְהַלָּן בְּעֵדִים זוֹמְמִין "לֹא תָחוֹס" (לעיל יט, כא), מַה לְּהַלָּן מָמוֹן, אַף כָּאן מָמוֹן:

יג| **גְּדוֹלָה וּקְטַנָּה.** גְּדוֹלָה שֶׁמַּכְחֶשֶׁת אֶת הַקְּטַנָּה, שֶׁלֹּא יְהֵא נוֹטֵל בַּגְּדוֹלָה וּמַחְזִיר בַּקְּטַנָּה: **לֹא יִהְיֶה לְךָ.** אִם עָשִׂיתָ כֵּן, לֹא יִהְיֶה לְךָ כְּלוּם: **אֶבֶן וָאָבֶן.** מִשְׁקָלוֹת:

טו| **אֶבֶן שְׁלֵמָה וָצֶדֶק יִהְיֶה לָּךְ.** אִם עָשִׂיתָ כֵּן, יִהְיֶה לְךָ הַרְבֵּה:

מפטיר

מצווה תרג
מצוות זכירת עמלק

יז זָכוֹר אֵת אֲשֶׁר־עָשָׂה לְךָ עֲמָלֵק בַּדֶּרֶךְ
יח בְּצֵאתְכֶם מִמִּצְרָיִם: אֲשֶׁר קָרְךָ בַּדֶּרֶךְ
וַיְזַנֵּב בְּךָ כָּל־הַנֶּחֱשָׁלִים אַחֲרֶיךָ וְאַתָּה עָיֵף
יט וְיָגֵעַ וְלֹא יָרֵא אֱלֹהִים: וְהָיָה בְּהָנִיחַ יְהוָה
אֱלֹהֶיךָ ׀ לְךָ מִכָּל־אֹיְבֶיךָ מִסָּבִיב בָּאָרֶץ
אֲשֶׁר־יְהוָה אֱלֹהֶיךָ נֹתֵן לְךָ נַחֲלָה לְרִשְׁתָּהּ
תִּמְחֶה אֶת־זֵכֶר עֲמָלֵק מִתַּחַת הַשָּׁמָיִם לֹא
תִּשְׁכָּח:

מצווה תרד-תרה
מצווה למחות את זרע עמלק
איסור לשכוח את מעשה עמלק

הפטרת כי תצא

מנהג האשכנזים שאם לא קראו את ההפטרה לפרשת ראה (בגלל ראש חודש אלול), קוראים אותה אחרי ההפטרה הזאת.

המבול שהשיב את העולם לתוהו ובוהו בא בגלל עוולה ועושק. באופן דומה החורבן והגלות באו בגלל מאיסה בדבר ה׳. אך השבר והסבל אינם השגרה הטבעית, גם אם הם נמשכים זמן רב. יש צורך לכונן את הברית עם ה׳ על אדני עשיית צדקה וחסד, ואז מובטחים אנו על ברכה וישועה שישכיחו את הימים הקשים. במקום עזובה ועצבות יבואו רחמים גדולים וחסד עולם, כי חסד גורר חסד.

ישעיה

נד א רָנִּי עֲקָרָה לֹא יָלָדָה פִּצְחִי רִנָּה וְצַהֲלִי לֹא־חָלָה כִּי־רַבִּים בְּנֵי־
ב שׁוֹמֵמָה מִבְּנֵי בְעוּלָה אָמַר יְהוָה: הַרְחִיבִי ׀ מְקוֹם אָהֳלֵךְ וִירִיעוֹת
מִשְׁכְּנוֹתַיִךְ יַטּוּ אַל־תַּחְשֹׂכִי הַאֲרִיכִי מֵיתָרַיִךְ וִיתֵדֹתַיִךְ חַזֵּקִי:
ג כִּי־יָמִין וּשְׂמֹאול תִּפְרֹצִי וְזַרְעֵךְ גּוֹיִם יִירָשׁ וְעָרִים נְשַׁמּוֹת יוֹשִׁיבוּ:
ד אַל־תִּירְאִי כִּי־לֹא תֵבוֹשִׁי וְאַל־תִּכָּלְמִי כִּי לֹא תַחְפִּירִי כִּי בֹשֶׁת
ה עֲלוּמַיִךְ תִּשְׁכָּחִי וְחֶרְפַּת אַלְמְנוּתַיִךְ לֹא תִזְכְּרִי־עוֹד: כִּי בֹעֲלַיִךְ
עֹשַׂיִךְ יְהוָה צְבָאוֹת שְׁמוֹ וְגֹאֲלֵךְ קְדוֹשׁ יִשְׂרָאֵל אֱלֹהֵי כָל־הָאָרֶץ
ו יִקָּרֵא: כִּי־כְאִשָּׁה עֲזוּבָה וַעֲצוּבַת רוּחַ קְרָאָךְ יְהוָה וְאֵשֶׁת נְעוּרִים כִּי
ז תִמָּאֵס אָמַר אֱלֹהָיִךְ: בְּרֶגַע קָטֹן עֲזַבְתִּיךְ וּבְרַחֲמִים גְּדֹלִים אֲקַבְּצֵךְ:
ח בְּשֶׁצֶף קֶצֶף הִסְתַּרְתִּי פָנַי רֶגַע מִמֵּךְ וּבְחֶסֶד עוֹלָם רִחַמְתִּיךְ אָמַר

יז יח הֱוֵי דְּכִיר, יָת דַּעֲבַד לָךְ עֲמָלֵק, בְּאוֹרְחָא בְּמִפַּקְכוֹן מִמִּצְרָיִם: דְּעָרְעָךְ בְּאוֹרְחָא, וְקַטִּיל בָּךְ
יט כָּל דַּהֲווֹ מִתְאַחֲרִין בָּתְרָךְ, וְאַתְּ מְשַׁלְהֵי וְלָאֵי, וְלָא דָּחֵיל מִן קֳדָם יְיָ: וִיהֵי, כַּד יְנִיחַ יְיָ אֱלָהָךְ
לָךְ, מִכָּל בַּעֲלֵי דְּבָבָךְ מִסְּחוֹר סְחוֹר, בְּאַרְעָא דַּייָ אֱלָהָךְ, יָהֵיב לָךְ אַחְסָנָא לְמֵירְתַהּ, תִּמְחֵי
יָת דָּכְרָנֵיהּ דַּעֲמָלֵק, מִתְּחוֹת שְׁמַיָּא, לָא תִּתְנְשֵׁי׃

יז| **זָכוֹר אֵת אֲשֶׁר עָשָׂה לְךָ.** אִם שִׁקַּרְתָּ בְּמִדּוֹת וּבְמִשְׁקָלוֹת, הֱוֵי דּוֹאֵג מִגֵּרוּי הָאוֹיֵב, שֶׁנֶּאֱמַר: "מֹאזְנֵי מִרְמָה תּוֹעֲבַת ה'" וּכְתִיב בַּתְרֵיהּ: "בָּא זָדוֹן וַיָּבֹא קָלוֹן" (משלי יא, א-ב):

יח| **אֲשֶׁר קָרְךָ בַּדֶּרֶךְ.** לְשׁוֹן מִקְרֶה. דָּבָר אַחֵר, לְשׁוֹן קֶרִי וְטֻמְאָה, שֶׁהָיָה מְטַמְּאָן בְּמִשְׁכַּב זָכוּר. דָּבָר אַחֵר, לְשׁוֹן קֹר וָחֹם, צִנֶּנְךָ וְהִפְשִׁירְךָ מֵרְתִיחָתְךָ, שֶׁהָיוּ הָאֻמּוֹת יְרֵאִים לְהִלָּחֵם בָּכֶם, וּבָא זֶה וְהִתְחִיל וְהֶרְאָה מָקוֹם לַאֲחֵרִים. מָשָׁל לְאַמְבַּטִּי רוֹתַחַת שֶׁאֵין כָּל בְּרִיָּה יְכוֹלָה לֵירֵד בְּתוֹכָהּ, בָּא בֶּן בְּלִיַּעַל אֶחָד קָפַץ וְיָרַד לְתוֹכָהּ, אַף עַל פִּי שֶׁנִּכְוָה, הֵקֵרָה אוֹתָהּ בִּפְנֵי אֲחֵרִים: **וַיְזַנֵּב בְּךָ.** מַכַּת זָנָב, חוֹתֵךְ מִילוֹת וְזוֹרֵק כְּלַפֵּי מַעְלָה: **כָּל הַנֶּחֱשָׁלִים אַחֲרֶיךָ.** חַסְרֵי כֹּחַ מֵחֲמַת חֶטְאָם, שֶׁהָיָה הֶעָנָן פּוֹלְטָן: **וְאַתָּה עָיֵף וְיָגֵעַ.** 'עָיֵף' בַּצָּמָא, דִּכְתִיב: "וַיִּצְמָא שָׁם הָעָם לַמַּיִם" (שמות יז, ג), וּכְתִיב אַחֲרָיו: "וַיָּבֹא עֲמָלֵק" (שם פסוק ח): **וְיָגֵעַ.** בַּדֶּרֶךְ: **וְלֹא יָרֵא.** עֲמָלֵק, "אֱלֹהִים" מִלְּהָרַע לְךָ:

יט| **תִּמְחֶה אֶת זֵכֶר עֲמָלֵק.** "מֵאִישׁ עַד אִשָּׁה מֵעוֹלֵל וְעַד יוֹנֵק מִשּׁוֹר וְעַד שֶׂה" (שמואל א' טו, ג), שֶׁלֹּא יְהֵא שֵׁם עֲמָלֵק נִזְכָּר אֲפִלּוּ עַל הַבְּהֵמָה, לוֹמַר, בְּהֵמָה זוֹ מִשֶּׁל עֲמָלֵק הָיְתָה:

ט גֹּאֲלֵךְ יְהוָה׃ כִּי־מֵי נֹחַ זֹאת לִי אֲשֶׁר נִשְׁבַּעְתִּי מֵעֲבֹר
י מֵי־נֹחַ עוֹד עַל־הָאָרֶץ כֵּן נִשְׁבַּעְתִּי מִקְּצֹף עָלַיִךְ וּמִגְּעָר־בָּךְ׃ כִּי
הֶהָרִים יָמוּשׁוּ וְהַגְּבָעוֹת תְּמוּטֶינָה וְחַסְדִּי מֵאִתֵּךְ לֹא־יָמוּשׁ וּבְרִית
שְׁלוֹמִי לֹא תָמוּט אָמַר מְרַחֲמֵךְ יְהוָה׃

פרשת
כי תבוא

כי תבוא

כא וְהָיָה֙ כִּֽי־תָב֣וֹא אֶל־הָאָ֔רֶץ אֲשֶׁר֙ יְהֹוָ֣ה אֱלֹהֶ֔יךָ א כו
נֹתֵ֥ן לְךָ֖ נַחֲלָ֑ה וִֽירִשְׁתָּ֖הּ וְיָשַׁ֥בְתָּ בָּֽהּ׃ וְלָקַחְתָּ֞ ב
מֵרֵאשִׁ֣ית ׀ כָּל־פְּרִ֣י הָאֲדָמָ֗ה אֲשֶׁ֨ר תָּבִ֧יא
מֵֽאַרְצְךָ֛ אֲשֶׁ֨ר יְהֹוָ֧ה אֱלֹהֶ֛יךָ נֹתֵ֥ן לָ֖ךְ וְשַׂמְתָּ֣
בַטֶּ֑נֶא וְהָֽלַכְתָּ֙ אֶל־הַמָּק֔וֹם אֲשֶׁ֤ר יִבְחַר֙ יְהֹוָ֣ה
אֱלֹהֶ֔יךָ לְשַׁכֵּ֥ן שְׁמ֖וֹ שָֽׁם׃ וּבָאתָ֙ אֶל־הַכֹּהֵ֔ן ג
אֲשֶׁ֥ר יִהְיֶ֖ה בַּיָּמִ֣ים הָהֵ֑ם וְאָמַרְתָּ֣ אֵלָ֗יו הִגַּ֤דְתִּי
הַיּוֹם֙ לַיהֹוָ֣ה אֱלֹהֶ֔יךָ כִּי־בָ֙אתִי֙ אֶל־הָאָ֔רֶץ אֲשֶׁ֨ר
נִשְׁבַּ֧ע יְהֹוָ֛ה לַאֲבֹתֵ֖ינוּ לָ֥תֶת לָֽנוּ׃ וְלָקַ֥ח הַכֹּהֵ֛ן ד
הַטֶּ֖נֶא מִיָּדֶ֑ךָ וְהִנִּיח֕וֹ לִפְנֵ֕י מִזְבַּ֖ח יְהֹוָ֥ה אֱלֹהֶֽיךָ׃
וְעָנִ֨יתָ וְאָמַרְתָּ֜ לִפְנֵ֣י ׀ יְהֹוָ֣ה אֱלֹהֶ֗יךָ אֲרַמִּי֙ אֹבֵ֣ד ה
אָבִ֔י וַיֵּ֣רֶד מִצְרַ֔יְמָה וַיָּ֥גָר שָׁ֖ם בִּמְתֵ֣י מְעָ֑ט וַֽיְהִי־
שָׁ֕ם לְג֥וֹי גָּד֖וֹל עָצ֥וּם וָרָֽב׃ וַיָּרֵ֧עוּ אֹתָ֛נוּ הַמִּצְרִ֖ים ו
וַיְעַנּ֑וּנוּ וַיִּתְּנ֥וּ עָלֵ֖ינוּ עֲבֹדָ֥ה קָשָֽׁה׃ וַנִּצְעַ֕ק אֶל־ ז
יְהֹוָ֖ה אֱלֹהֵ֣י אֲבֹתֵ֑ינוּ וַיִּשְׁמַ֤ע יְהֹוָה֙ אֶת־קֹלֵ֔נוּ
וַיַּ֧רְא אֶת־עָנְיֵ֛נוּ וְאֶת־עֲמָלֵ֖נוּ וְאֶת־לַחֲצֵֽנוּ׃
וַיּוֹצִאֵ֤נוּ יְהֹוָה֙ מִמִּצְרַ֔יִם בְּיָ֤ד חֲזָקָה֙ וּבִזְרֹ֣עַ ח
נְטוּיָ֔ה וּבְמֹרָ֖א גָּדֹ֑ל וּבְאֹת֖וֹת וּבְמֹפְתִֽים׃ וַיְבִאֵ֖נוּ ט

מצווה תרו
מצוות מקרא ביכורים

אֶל־הַמָּקוֹם הַזֶּה וַיִּתֶּן־לָנוּ אֶת־הָאָרֶץ הַזֹּאת
י אֶרֶץ זָבַת חָלָב וּדְבָשׁ: וְעַתָּה הִנֵּה הֵבֵאתִי אֶת־

כו א ב וִיהֵי אֲרֵי תֵיעוֹל לְאַרְעָא, דַּייָ אֱלָהָךְ, יָהֵיב לָךְ אַחְסָנָא, וְתֵירְתַהּ וְתֵתֵּיב בַּהּ: וְתִסַּב, מֵרֵישׁ
כָּל אִבָּא דְּאַרְעָא, דְּתַעֵיל מֵאַרְעָךְ, דַּייָ אֱלָהָךְ, יָהֵיב לָךְ וּתְשַׁוֵּי בְּסַלָּא, וּתְהָךְ לְאַתְרָא,
ג דְּיִתְרְעֵי יי אֱלָהָךְ, לְאַשְׁרָאָה שְׁכִינְתֵיהּ תַּמָּן: וְתֵיתֵי לְוָת כָּהֲנָא, דִּיהֵי בְּיוֹמַיָּא הָאִנּוּן, וְתֵימַר
לֵיהּ, חַוֵּיתִי יוֹמָא דֵין קֳדָם יי אֱלָהָךְ, אֲרֵי עַאלִית לְאַרְעָא, דְּקַיֵּים יי, לַאֲבָהָתַנָא לְמִתַּן לַנָא:
ד ה וְיִסַּב כָּהֲנָא, סַלָּא מִן יְדָךְ, וְיַחֲתִנֵּיהּ, קֳדָם, מַדְבְּחָא דַּייָ אֱלָהָךְ: וְתָתֵיב וְתֵימַר, קֳדָם יי אֱלָהָךְ,
לָבָן אֲרַמָּאָה בְּעָא לְאַבָדָא יָת אַבָּא, וּנְחַת לְמִצְרַיִם, וְדָר תַּמָּן בְּעַם זְעֵיר, וַהֲוָה תַמָּן, לְעַם
ו ז רַב תַּקִּיף וְסַגִּי: וְאַבְאִישׁוּ לַנָא, מִצְרָאֵי וְעַנִּיוּנָא, וִיהַבוּ עֲלַנָא פָּלְחָנָא קַשְׁיָא: וְצַלִּינָא,
קֳדָם יי אֱלָהָא דַּאֲבָהָתַנָא, וְקַבֵּיל יי צְלוֹתַנָא, וּגְלֵי קֳדָמוֹהִי עַמְלַנָא, וְלֵיאוּתַנָא וְדָחֳקַנָא:
ח ט וְאַפְּקַנָא יי מִמִּצְרַיִם, בְּיַד תַּקִּיפָא וּבִדְרָע מְרָמַם, וּבְחֶזְוָנָא רַבָּא, וּבְאָתִין וּבְמוֹפְתִין: וְאַיְתִיַנָא
י לְאַתְרָא הָדֵין, וִיהַב לַנָא יָת אַרְעָא הָדָא, אֲרַע, עָבְדָא חֲלַב וּדְבָשׁ: וּכְעַן, הָא אֵיתֵיתִי יָת

פרק כו

א| וְהָיָה כִּי תָבוֹא. וִירִשְׁתָּהּ וְיָשַׁבְתָּ בָּהּ. מַגִּיד שֶׁלֹּא נִתְחַיְּבוּ בַּבִּכּוּרִים עַד שֶׁכָּבְשׁוּ אֶת הָאָרֶץ וְחִלְּקוּהָ:

ב| מֵרֵאשִׁית. וְלֹא כָּל רֵאשִׁית, שֶׁאֵין כָּל הַפֵּרוֹת חַיָּבִין בַּבִּכּוּרִים אֶלָּא שִׁבְעַת הַמִּינִין בִּלְבַד, נֶאֱמַר כָּאן "אֶרֶץ" וְנֶאֱמַר לְהַלָּן "אֶרֶץ חִטָּה וּשְׂעֹרָה" וְגוֹ' (לעיל ח, ח), מַה לְּהַלָּן מִשִּׁבְעַת הַמִּינִים שֶׁנִּשְׁתַּבְּחָה בָּהֶן אֶרֶץ יִשְׂרָאֵל, אַף כָּאן שֶׁבַח אֶרֶץ יִשְׂרָאֵל. "זֵית שֶׁמֶן", זַיִת אֲגוּרִי שֶׁשַּׁמְנוֹ אָגוּר בְּתוֹכוֹ. "וּדְבָשׁ", הוּא דְּבַשׁ תְּמָרִים: מֵרֵאשִׁית. אָדָם יוֹרֵד לְתוֹךְ שָׂדֵהוּ וְרוֹאֶה תְּאֵנָה שֶׁבִּכְּרָה, כּוֹרֵךְ עָלֶיהָ גֶּמִי לְסִימָן, וְאוֹמֵר: 'הֲרֵי זוֹ בִּכּוּרִים':

ג| אֲשֶׁר יִהְיֶה בַּיָּמִים הָהֵם. אֵין לְךָ אֶלָּא כֹּהֵן שֶׁבְּיָמֶיךָ, כְּמוֹ שֶׁהוּא: וְאָמַרְתָּ אֵלָיו. שֶׁאֵינְךָ כְּפוּי טוֹבָה: הִגַּדְתִּי הַיּוֹם. פַּעַם אַחַת בַּשָּׁנָה וְלֹא שְׁתֵּי פְעָמִים:

ד| וְלָקַח הַכֹּהֵן הַטֶּנֶא מִיָּדֶךָ. לְהָנִיף אוֹתוֹ, כֹּהֵן מַנִּיחַ יָדוֹ תַּחַת יַד הַבְּעָלִים וּמֵנִיף:

ה| וְעָנִיתָ. לְשׁוֹן הֲרָמַת קוֹל: אֲרַמִּי אֹבֵד אָבִי. מַזְכִּיר חַסְדֵי הַמָּקוֹם: "אֲרַמִּי אֹבֵד אָבִי", לָבָן בִּקֵּשׁ לַעֲקֹר אֶת הַכֹּל כְּשֶׁרָדַף אַחַר יַעֲקֹב, וּבִשְׁבִיל שֶׁחָשַׁב לַעֲשׂוֹת, חָשַׁב לוֹ הַמָּקוֹם כְּאִלּוּ עָשָׂה, שֶׁאֻמּוֹת הָעוֹלָם חוֹשֵׁב לָהֶם הַקָּדוֹשׁ בָּרוּךְ הוּא מַחֲשָׁבָה כְּמַעֲשֶׂה: וַיֵּרֶד מִצְרַיְמָה. וְעוֹד אֲחֵרִים בָּאוּ לְכַלּוֹתֵנוּ, שֶׁאַחֲרֵי זֹאת יָרַד יַעֲקֹב לְמִצְרַיִם: בִּמְתֵי מְעָט. בְּשִׁבְעִים נֶפֶשׁ:

ט| אֶל הַמָּקוֹם הַזֶּה. זֶה בֵּית הַמִּקְדָּשׁ: וַיִּתֶּן לָנוּ אֶת הָאָרֶץ. כְּמַשְׁמָעוֹ:

דברים
כו

רֵאשִׁית֙ פְּרִ֣י הָאֲדָמָ֔ה אֲשֶׁר־נָתַ֥תָּה לִּ֖י יְהוָ֑ה וְהִנַּחְתּ֗וֹ לִפְנֵי֙ יְהוָ֣ה אֱלֹהֶ֔יךָ וְהִשְׁתַּחֲוִ֔יתָ לִפְנֵ֖י יְהוָ֥ה אֱלֹהֶֽיךָ׃ וְשָׂמַחְתָּ֣ בְכָל־הַטּ֗וֹב אֲשֶׁ֧ר נָֽתַן־ יא לְךָ֛ יְהוָ֥ה אֱלֹהֶ֖יךָ וּלְבֵיתֶ֑ךָ אַתָּה֙ וְהַלֵּוִ֔י וְהַגֵּ֖ר אֲשֶׁ֥ר בְּקִרְבֶּֽךָ׃ ׃ כִּ֣י תְכַלֶּ֞ה לַ֠עְשֵׂר שני יב אֶת־כָּל־מַעְשַׂ֧ר תְּבוּאָתְךָ֛ בַּשָּׁנָ֥ה הַשְּׁלִישִׁ֖ת שְׁנַ֣ת הַֽמַּעֲשֵׂ֑ר וְנָתַתָּ֣ה לַלֵּוִ֗י לַגֵּר֙ לַיָּת֣וֹם וְלָֽאַלְמָנָ֔ה וְאָכְל֥וּ בִשְׁעָרֶ֖יךָ וְשָׂבֵֽעוּ׃ וְאָמַרְתָּ֡ יג לִפְנֵי֩ יְהוָ֨ה אֱלֹהֶ֜יךָ בִּעַ֧רְתִּי הַקֹּ֣דֶשׁ מִן־הַבַּ֗יִת וְגַ֨ם נְתַתִּ֤יו לַלֵּוִי֙ וְלַגֵּ֣ר לַיָּת֣וֹם וְלָֽאַלְמָנָ֔ה כְּכָל־ מִצְוָתְךָ֖ אֲשֶׁ֣ר צִוִּיתָ֑נִי לֹֽא־עָבַ֥רְתִּי מִמִּצְוֺתֶ֖יךָ וְלֹ֥א שָׁכָֽחְתִּי׃ לֹא־אָכַ֨לְתִּי בְאֹנִ֤י מִמֶּ֨נּוּ֙ וְלֹא־ יד בִעַ֤רְתִּי מִמֶּ֨נּוּ֙ בְּטָמֵ֔א וְלֹא־נָתַ֥תִּי מִמֶּ֖נּוּ לְמֵ֑ת שָׁמַ֗עְתִּי בְּקוֹל֙ יְהוָ֣ה אֱלֹהָ֔י עָשִׂ֕יתִי כְּכֹ֖ל אֲשֶׁ֥ר צִוִּיתָֽנִי׃ הַשְׁקִ֩יפָה֩ מִמְּע֨וֹן קָדְשְׁךָ֜ מִן־הַשָּׁמַ֗יִם טו וּבָרֵ֤ךְ אֶֽת־עַמְּךָ֙ אֶת־יִשְׂרָאֵ֔ל וְאֵת֙ הָֽאֲדָמָ֔ה אֲשֶׁ֥ר נָתַ֖תָּה לָ֑נוּ כַּאֲשֶׁ֥ר נִשְׁבַּ֖עְתָּ לַאֲבֹתֵ֑ינוּ

מצווה תרז
מצוות וידוי מעשר

מצווה תרח-תרי
איסור לאכול מעשר
שני באנינות

איסור אכילת מעשר
שני בטומאה

איסור להוציא
דמי מעשר שני אלא
באכילה ושתייה

רש"י

י) וְהִנַּחְתּוֹ. מַגִּיד שֶׁנּוֹטְלוֹ אַחַר הֲנָחַת הַכֹּהֵן, וְאוֹחֲזוֹ בְיָדוֹ כְּשֶׁהוּא קוֹרֵא, וְחוֹזֵר וּמֵנִיף:
יא) וְשָׂמַחְתָּ בְכָל הַטּוֹב. מִכָּאן אָמְרוּ: אֵין קוֹרִין מִקְרָא בִּכּוּרִים אֶלָּא בִּזְמַן שִׂמְחָה, מֵעֲצֶרֶת וְעַד הֶחָג, שֶׁאָדָם מְלַקֵּט תְּבוּאָתוֹ וּפֵרוֹתָיו וְיֵינוֹ וְשַׁמְנוֹ; אֲבָל מִן הֶחָג וָאֵילָךְ מֵבִיא וְאֵינוֹ קוֹרֵא: אַתָּה

יא רֵישׁ אִבָּא דְּאַרְעָא, דִּיהַבְתְּ לִי יי, וְתַחֲתִנֵּיהּ, קֳדָם יי אֱלָהָךְ, וְתִסְגּוֹד, קֳדָם יי אֱלָהָךְ: וְתִחְדֵּי
יב בְּכָל טָבְתָא, דִּיהַב לָךְ, יי אֱלָהָךְ וְלֶאֱנָשׁ בֵּיתָךְ, אַתְּ וְלֵיוָאָה, וְגִיּוֹרָא דְּבֵינָךְ: אֲרֵי תְשֵׁיצֵי, לְעַסָּרָא,
יָת כָּל מַעְסַר עֲלַלְתָּךְ, בְּשַׁתָּא תְלִיתֵיתָא שְׁנַת מַעְסְרָא, וְתִתֵּין לְלֵיוָאָה, לְגִיּוֹרָא לְיִתְמָא
יג וּלְאַרְמַלְתָּא, וְיֵיכְלוּן בְּקִרְוָךְ וְיִסְבְּעוּן: וְתֵימַר, קֳדָם יי אֱלָהָךְ פַּלֵּיתִי קוֹדֶשׁ מַעְסְרָא מִן בֵּיתָא,
וְאַף יְהַבְתֵּיהּ לְלֵיוָאָה וּלְגִיּוֹרָא לְיִתְמָא וּלְאַרְמַלְתָּא, כְּכָל תַּפְקֵידְתָּךְ דְּפַקֵּידְתָּנִי, לָא עֲבַרִית
יד מִפִּקּוֹדָךְ וְלָא אִתְנְשֵׁיתִי: לָא אֲכַלִית בְּאֶבְלִי מִנֵּיהּ, וְלָא חַלֵּיפִית מִנֵּיהּ בִּמְסָאַב, וְלָא יְהַבִית
טו מִנֵּיהּ לְמִית, קַבֵּילִית, לְמֵימְרָא דַּיי אֱלָהִי, עֲבַדִית, כְּכָל דְּפַקֵּידְתָּנִי: אִסְתְּכֵי מִמְּדוֹר קֻדְשָׁךְ מִן
שְׁמַיָּא, וּבָרֵיךְ יָת עַמָּךְ יָת יִשְׂרָאֵל, וְיָת אַרְעָא, דִּיהַבְתְּ לַנָא, כְּמָא דְּקַיֵּימְתָּא לַאֲבָהָתַנָא,

וְהַלֵּוִי. אַף הַלֵּוִי חַיָּב בַּבִּכּוּרִים אִם נָטְעוּ בְּתוֹךְ עָרֵיהֶם: וְהַגֵּר אֲשֶׁר בְּקִרְבֶּךָ. מֵבִיא וְאֵינוֹ קוֹרֵא, שֶׁאֵינוֹ יָכוֹל לוֹמַר "לַאֲבוֹתֵינוּ":

יב| כִּי תְכַלֶּה לַעְשֵׂר אֶת כָּל מַעְשַׂר תְּבוּאָתְךָ בַּשָּׁנָה הַשְּׁלִישִׁת. כְּשֶׁתִּגְמוֹר לְהַפְרִישׁ מַעֲשֵׂר שֶׁל שָׁנָה הַשְּׁלִישִׁית, קָבַע זְמַן הַבִּעוּר וְהַוִּדּוּי בְּעֶרֶב הַפֶּסַח שֶׁל שָׁנָה הָרְבִיעִית, שֶׁנֶּאֱמַר: "מִקְצֵה שָׁלֹשׁ שָׁנִים תּוֹצִיא" וְגוֹ' (לעיל יד, כח), נֶאֱמַר כָּאן: "מִקֵּץ" וְנֶאֱמַר לְהַלָּן: "מִקֵּץ שֶׁבַע שָׁנִים" (להלן לא, י) לְעִנְיַן הַקְהֵל, מַה לְּהַלָּן רֶגֶל, אַף כָּאן רֶגֶל. אִי מַה לְּהַלָּן חַג הַסֻּכּוֹת אַף כָּאן חַג הַסֻּכּוֹת? תַּלְמוּד לוֹמַר: "כִּי תְכַלֶּה לַעְשֵׂר" מַעַשְׂרוֹת שֶׁל שָׁנָה הַשְּׁלִישִׁית, רֶגֶל שֶׁהַמַּעַשְׂרוֹת כָּלִין בּוֹ וְזֶהוּ פֶּסַח, שֶׁהַרְבֵּה אִילָנוֹת יֵשׁ שֶׁנִּלְקָטִין אַחַר הַסֻּכּוֹת, נִמְצְאוּ מַעַשְׂרוֹת שֶׁל שְׁלִישִׁית כָּלִין בְּפֶסַח שֶׁל רְבִיעִית, וְכָל מִי שֶׁשִּׁהָה מַעַשְׂרוֹתָיו הִצְרִיכוֹ הַכָּתוּב לְבַעֲרוֹ מִן הַבַּיִת: שְׁנַת הַמַּעֲשֵׂר. שָׁנָה שֶׁאֵין נוֹהֵג בָּהּ אֶלָּא מַעֲשֵׂר אֶחָד מִשְּׁנֵי מַעַשְׂרוֹת שֶׁנָּהֲגוּ בִּשְׁתֵּי שָׁנִים שֶׁלְּפָנֶיהָ, שֶׁשָּׁנָה רִאשׁוֹנָה שֶׁל שְׁמִטָּה נוֹהֵג בָּהּ מַעֲשֵׂר רִאשׁוֹן, כְּמוֹ שֶׁנֶּאֱמַר: "כִּי תִקְחוּ מֵאֵת בְּנֵי יִשְׂרָאֵל אֶת הַמַּעֲשֵׂר" (במדבר יח, כו), וּמַעֲשֵׂר שֵׁנִי, שֶׁנֶּאֱמַר: "וְאָכַלְתָּ לִפְנֵי ה' אֱלֹהֶיךָ... מַעְשַׂר דְּגָנְךָ תִּירֹשְׁךָ וְיִצְהָרֶךָ" (לעיל יד, כג), הֲרֵי שְׁתֵּי מַעַשְׂרוֹת; וּבָא וְלִמֶּדְךָ כָּאן בַּשָּׁנָה הַשְּׁלִישִׁית, שֶׁאֵין נוֹהֵג מֵאוֹתָן שְׁתֵּי מַעַשְׂרוֹת אֶלָּא הָאֶחָד, וְאֵי זֶה? זֶה מַעֲשֵׂר רִאשׁוֹן, וְתַחַת מַעֲשֵׂר שֵׁנִי יִתֵּן מַעְשַׂר עָנִי, שֶׁנֶּאֱמַר כָּאן: "וְנָתַתָּה לַלֵּוִי" אֶת אֲשֶׁר לוֹ, הֲרֵי מַעֲשֵׂר רִאשׁוֹן, "לַגֵּר לַיָּתוֹם וְלָאַלְמָנָה" זֶה מַעְשַׂר עָנִי: וְאָכְלוּ בִשְׁעָרֶיךָ וְשָׂבֵעוּ. תֵּן לָהֶם כְּדֵי שָׂבְעָן. מִכָּאן אָמְרוּ: אֵין פּוֹחֲתִין לֶעָנִי בַּגֹּרֶן פָּחוֹת מֵחֲצִי קַב חִטִּים וְכוּ':

יג| וְאָמַרְתָּ לִפְנֵי ה' אֱלֹהֶיךָ. הִתְוַדֵּה שֶׁנָּתַתָּ מַעַשְׂרוֹתֶיךָ: בִּעַרְתִּי הַקֹּדֶשׁ מִן הַבַּיִת. זֶה מַעֲשֵׂר שֵׁנִי וְנֶטַע רְבָעִי, וְלִמֶּדְךָ שֶׁאִם שִׁהָה מַעַשְׂרוֹתָיו שֶׁל שְׁתֵּי שָׁנִים וְלֹא הֶעֱלָם לִירוּשָׁלַיִם, שֶׁצָּרִיךְ לְהַעֲלוֹתָם עַכְשָׁיו: וְגַם נְתַתִּיו לַלֵּוִי. זֶה מַעֲשֵׂר רִאשׁוֹן: וְגַם. לְרַבּוֹת תְּרוּמוֹת וּבִכּוּרִים: וְלַגֵּר לַיָּתוֹם וְלָאַלְמָנָה. זֶה מַעְשַׂר עָנִי: כְּכָל מִצְוָתְךָ. נְתַתִּים כְּסִדְרָן, לֹא הִקְדַּמְתִּי תְּרוּמָה לַבִּכּוּרִים וְלֹא מַעֲשֵׂר לַתְּרוּמָה וְלֹא שֵׁנִי לָרִאשׁוֹן, שֶׁהַתְּרוּמָה קְרוּיָה "רֵאשִׁית" (לעיל יח, ד), שֶׁהִיא רִאשׁוֹנָה מִשֶּׁנַּעֲשָׂה דָּגָן, וּכְתִיב: "מְלֵאָתְךָ וְדִמְעֲךָ לֹא תְאַחֵר" (שמות כב, כח), לֹא תְשַׁנֶּה אֶת הַסֵּדֶר: לֹא עָבַרְתִּי מִמִּצְוֹתֶיךָ. לֹא הִפְרַשְׁתִּי מִמִּין עַל שֶׁאֵינוֹ מִינוֹ, וּמִן הֶחָדָשׁ עַל הַיָּשָׁן: וְלֹא שָׁכָחְתִּי. מִלְּבָרֶכְךָ עַל הַפְרָשַׁת מַעַשְׂרוֹת:

יד| לֹא אָכַלְתִּי בְאֹנִי מִמֶּנּוּ. מִכָּאן שֶׁאָסוּר לְאוֹנֵן: וְלֹא בִעַרְתִּי מִמֶּנּוּ בְּטָמֵא. בֵּין שֶׁאֲנִי טָמֵא וְהוּא טָהוֹר בֵּין שֶׁאֲנִי טָהוֹר וְהוּא טָמֵא. וְהֵיכָן הֻזְהַר עַל כָּךְ? "לֹא תוּכַל לֶאֱכֹל בִּשְׁעָרֶיךָ" (לעיל יב, יז) – זוֹ אֲכִילַת טֻמְאָה, כְּמוֹ שֶׁנֶּאֱמַר בִּפְסוּלֵי הַמֻּקְדָּשִׁין: "בִּשְׁעָרֶיךָ תֹּאכְלֶנּוּ הַטָּמֵא וְהַטָּהוֹר" וְגוֹ' (לעיל טו, כב), אֲבָל זֶה לֹא תוּכַל לֶאֱכֹל דֶּרֶךְ אֲכִילַת שְׁעָרֶיךָ הָאָמוּר בְּמָקוֹם אַחֵר: וְלֹא נָתַתִּי מִמֶּנּוּ לְמֵת. לַעֲשׂוֹת לוֹ אָרוֹן וְתַכְרִיכִין: שָׁמַעְתִּי בְּקוֹל ה' אֱלֹהָי. הֲבֵאתִיו לְבֵית הַבְּחִירָה: עָשִׂיתִי כְּכֹל אֲשֶׁר צִוִּיתָנִי. שָׂמַחְתִּי וְשִׂמַּחְתִּי בּוֹ:

טו| הַשְׁקִיפָה מִמְּעוֹן קָדְשְׁךָ. עָשִׂינוּ מַה שֶּׁגָּזַרְתָּ עָלֵינוּ, עֲשֵׂה אַתָּה מַה שֶּׁעָלֶיךָ לַעֲשׂוֹת, שֶׁאָמַרְתָּ: "אִם בְּחֻקֹּתַי תֵּלֵכוּ... וְנָתַתִּי גִשְׁמֵיכֶם בְּעִתָּם" (ויקרא כו, ג-ד): אֲשֶׁר נָתַתָּה לָנוּ כַּאֲשֶׁר נִשְׁבַּעְתָּ לַאֲבֹתֵינוּ. לָתֵת לָנוּ וְקִיַּמְתָּ, "אֶרֶץ זָבַת חָלָב וּדְבָשׁ":

שלישי אֶרֶץ זָבַת חָלָב וּדְבָשׁ׃ ‏ הַיּוֹם הַזֶּה טז
יְהֹוָה אֱלֹהֶיךָ מְצַוְּךָ לַעֲשׂוֹת אֶת־הַחֻקִּים
הָאֵלֶּה וְאֶת־הַמִּשְׁפָּטִים וְשָׁמַרְתָּ וְעָשִׂיתָ
אוֹתָם בְּכָל־לְבָבְךָ וּבְכָל־נַפְשֶׁךָ׃ אֶת־יְהֹוָה יז
הֶאֱמַרְתָּ הַיּוֹם לִהְיוֹת לְךָ לֵאלֹהִים וְלָלֶכֶת
בִּדְרָכָיו וְלִשְׁמֹר חֻקָּיו וּמִצְוֺתָיו וּמִשְׁפָּטָיו
וְלִשְׁמֹעַ בְּקֹלוֹ׃ וַיהֹוָה הֶאֱמִירְךָ הַיּוֹם לִהְיוֹת יח
לוֹ לְעַם סְגֻלָּה כַּאֲשֶׁר דִּבֶּר־לָךְ וְלִשְׁמֹר כָּל־
מִצְוֺתָיו׃ וּלְתִתְּךָ עֶלְיוֹן עַל כָּל־הַגּוֹיִם אֲשֶׁר יט
עָשָׂה לִתְהִלָּה וּלְשֵׁם וּלְתִפְאָרֶת וְלִהְיֹתְךָ עַם־
קָדֹשׁ לַיהֹוָה אֱלֹהֶיךָ כַּאֲשֶׁר דִּבֵּר׃

רביעי וַיְצַו מֹשֶׁה וְזִקְנֵי יִשְׂרָאֵל אֶת־הָעָם לֵאמֹר כז א
שָׁמֹר אֶת־כָּל־הַמִּצְוָה אֲשֶׁר אָנֹכִי מְצַוֶּה
אֶתְכֶם הַיּוֹם׃ וְהָיָה בַּיּוֹם אֲשֶׁר תַּעַבְרוּ אֶת־ ב
הַיַּרְדֵּן אֶל־הָאָרֶץ אֲשֶׁר־יְהֹוָה אֱלֹהֶיךָ נֹתֵן לָךְ
וַהֲקֵמֹתָ לְךָ אֲבָנִים גְּדֹלוֹת וְשַׂדְתָּ אֹתָם בַּשִּׂיד׃
וְכָתַבְתָּ עֲלֵיהֶן אֶת־כָּל־דִּבְרֵי הַתּוֹרָה הַזֹּאת ג
בְּעָבְרֶךָ לְמַעַן אֲשֶׁר תָּבֹא אֶל־הָאָרֶץ אֲשֶׁר־
יְהֹוָה אֱלֹהֶיךָ ׀ נֹתֵן לְךָ אֶרֶץ זָבַת חָלָב וּדְבַשׁ
כַּאֲשֶׁר דִּבֶּר יְהֹוָה אֱלֹהֵי־אֲבֹתֶיךָ לָךְ׃ וְהָיָה ד
בְּעָבְרְכֶם אֶת־הַיַּרְדֵּן תָּקִימוּ אֶת־הָאֲבָנִים

הָאֵלֶּה אֲשֶׁר אָנֹכִי מְצַוֶּה אֶתְכֶם הַיּוֹם בְּהַר
ה עֵיבָל וְשַׂדְתָּ אוֹתָם בַּשִּׂיד: וּבָנִיתָ שָּׁם מִזְבֵּחַ
לַיהוָה אֱלֹהֶיךָ מִזְבַּח אֲבָנִים לֹא־תָנִיף עֲלֵיהֶם
ו בַּרְזֶל: אֲבָנִים שְׁלֵמוֹת תִּבְנֶה אֶת־מִזְבַּח יְהוָה
אֱלֹהֶיךָ וְהַעֲלִיתָ עָלָיו עוֹלֹת לַיהוָה אֱלֹהֶיךָ:
ז וְזָבַחְתָּ שְׁלָמִים וְאָכַלְתָּ שָּׁם וְשָׂמַחְתָּ לִפְנֵי יְהוָה

טז אֲרַע, עָבְדָא חֲלַב וּדְבָשׁ: יוֹמָא הָדֵין, יי אֱלָהָךְ, מְפַקֵּדָךְ לְמֶעְבַּד, יָת קְיָמַיָּא הָאִלֵּין וְיָת
יז דִּינַיָּא, וְתִטַּר וְתַעֲבֵיד יָתְהוֹן, בְּכָל לִבָּךְ וּבְכָל נַפְשָׁךְ: יָת יי חֲטַבְתְּ יוֹמָא דֵין, לְמֶהֱוֵי לָךְ לֶאֱלָהּ
יח וּלְמְהָךְ בְּאוֹרְחָן דְּתָקְנָן קֳדָמוֹהִי, וּלְמִטַּר קְיָמוֹהִי וּפִקּוֹדוֹהִי, וְדִינוֹהִי וּלְקַבָּלָא לְמֵימְרֵיהּ: וַיי
יט חַטְבָךְ יוֹמָא דֵין, לְמֶהֱוֵי לֵיהּ לְעַם חַבִּיב, כְּמָא דְמַלֵּיל לָךְ, וּלְמִטַּר כָּל פִּקּוֹדוֹהִי: וּלְמִתְּנָךְ
עִלַּאי, עַל כָּל עַמְמַיָּא דַעֲבַד, לְתֻשְׁבְּחָא וּלְשׁוּם וְלִרְבוּ, וּלְמֶהֱוָךְ עַם קַדִּישׁ, קֳדָם יי אֱלָהָךְ
כז א כְּמָא דְמַלֵּיל: וּפַקֵּיד מֹשֶׁה וְסָבֵי יִשְׂרָאֵל, יָת עַמָּא לְמֵימַר, טַרוּ יָת כָּל תַּפְקֵידְתָּא, דַּאֲנָא
ב מְפַקֵּיד יָתְכוֹן יוֹמָא דֵין: וִיהֵי, בְּיוֹמָא דְּתִעְבְּרוּן יָת יַרְדְּנָא, לְאַרְעָא, דַּיי אֱלָהָךְ יָהֵיב לָךְ,
ג וּתְקִים לָךְ אַבְנִין רַבְרְבָן, וּתְסוּד יָתְהוֹן בְּסִידָא: וְתִכְתּוֹב עֲלֵיהוֹן, יָת כָּל פִּתְגָמֵי, אוֹרָיְתָא
הָדָא בְּמִעְבְּרָךְ, בְּדִיל דְּתֵיעוֹל לְאַרְעָא, דַּיי אֱלָהָךְ יָהֵיב לָךְ, אֲרַע עָבְדָא חֲלַב וּדְבַשׁ, כְּמָא
ד דְמַלֵּיל, יי אֱלָהָא דַאֲבָהָתָךְ לָךְ: וִיהֵי בְּמִעְבַּרְכוֹן יָת יַרְדְּנָא, תְּקִימוּן יָת אַבְנַיָּא הָאִלֵּין,
ה דַּאֲנָא, מְפַקֵּיד יָתְכוֹן, יוֹמָא דֵין בְּטוּרָא דְעֵיבָל, וּתְסוּד יָתְהוֹן בְּסִידָא: וְתִבְנֵי תַמָּן מַדְבְּחָא,
ו קֳדָם יי אֱלָהָךְ, מַדְבַּח אַבְנִין, לָא תְרִים עֲלֵיהוֹן בַּרְזְלָא: אַבְנִין שַׁלְמָן תִּבְנֵי, יָת מַדְבְּחָא דַּיי
ז אֱלָהָךְ, וְתַסֵּיק עֲלוֹהִי עֲלָוָן, קֳדָם יי אֱלָהָךְ: וְתִכּוֹס נִכְסַת קֻדְשִׁין וְתֵיכוֹל תַּמָּן, וְתִחְדֵּי, קֳדָם יי

טז| הַיּוֹם הַזֶּה ה׳ אֱלֹהֶיךָ מְצַוְּךָ. בְּכָל יוֹם יִהְיוּ בְּעֵינֶיךָ חֲדָשִׁים כְּאִלּוּ בּוֹ בַּיּוֹם נִצְטַוֵּיתָ עֲלֵיהֶם: וְשָׁמַרְתָּ וְעָשִׂיתָ אוֹתָם. בַּת קוֹל מְבָרַכְתּוֹ: הֵבֵאתָ בִּכּוּרִים הַיּוֹם, תִּשְׁנֶה לַשָּׁנָה הַבָּאָה:

יז-יח| הֶאֱמַרְתָּ, הֶאֱמִירְךָ. אֵין לָהֶם עֵד בַּמִּקְרָא, וְלִי נִרְאֶה שֶׁהֵם לְשׁוֹן הַפְרָשָׁה וְהַבְדָּלָה, הִבְדַּלְתּוֹ מֵאֱלֹהֵי הַנֵּכָר ״לִהְיוֹת לְךָ לֵאלֹהִים״, וְהוּא הִפְרִישְׁךָ אֵלָיו מֵעַמֵּי הָאָרֶץ ״לִהְיוֹת לוֹ לְעַם סְגֻלָּה״) לְשׁוֹן תִּפְאֶרֶת, כְּמוֹ: ״יִתְאַמְּרוּ כָּל פֹּעֲלֵי אָוֶן״ (תהלים צד, ד):

יח| כַּאֲשֶׁר דִּבֶּר לָךְ. ״וִהְיִיתֶם לִי סְגֻלָּה״ (שמות יט, ה):

יט| וְלִהְיֹתְךָ עַם קָדֹשׁ וְגוֹ׳ כַּאֲשֶׁר דִּבֵּר. ״וִהְיִיתֶם לִי קְדֹשִׁים״ (ויקרא כ, כו):

פרק כז

א| שָׁמֹר אֶת כָּל הַמִּצְוָה. לְשׁוֹן הֹוֶה, גרדנ״ט בְּלַעַז:

ב| וַהֲקֵמֹתָ לְךָ. בַּיַּרְדֵּן, וְאַחַר כָּךְ תּוֹצִיאוּ מִשָּׁם אֲחֵרוֹת וְתִבְנוּ מֵהֶן מִזְבֵּחַ בְּהַר עֵיבָל. נִמְצֵאתָ אַתָּה אוֹמֵר, שְׁלֹשָׁה מִינֵי אֲבָנִים הָיוּ: שְׁתֵּים עֶשְׂרֵה בַּיַּרְדֵּן, וּכְנֶגְדָּן בַּגִּלְגָּל, וּכְנֶגְדָּן בְּהַר עֵיבָל, כִּדְאִיתָא בְּמַסֶּכֶת סוֹטָה (דף לה ע״ב):

ח אֱלֹהֶ֑יךָ׃ וְכָתַבְתָּ֣ עַל־הָאֲבָנִ֗ים אֶֽת־כָּל־דִּבְרֵ֛י
ט הַתּוֹרָ֥ה הַזֹּ֖את בַּאֵ֥ר הֵיטֵֽב׃ וַיְדַבֵּ֤ר
מֹשֶׁה֙ וְהַכֹּהֲנִ֣ים הַלְוִיִּ֔ם אֶל־כָּל־יִשְׂרָאֵ֖ל לֵאמֹ֑ר
הַסְכֵּ֤ת ׀ וּשְׁמַע֙ יִשְׂרָאֵ֔ל הַיּ֤וֹם הַזֶּה֙ נִהְיֵ֣יתָ לְעָ֔ם
י לַיהוָ֖ה אֱלֹהֶֽיךָ׃ וְשָׁ֣מַעְתָּ֔ בְּק֖וֹל יְהוָ֣ה אֱלֹהֶ֑יךָ
וְעָשִׂ֤יתָ אֶת־מִצְוֺתָו֙ וְאֶת־חֻקָּ֔יו אֲשֶׁ֛ר אָנֹכִ֥י מְצַוְּךָ֖
יא הַיּֽוֹם׃ וַיְצַ֤ו מֹשֶׁה֙ אֶת־הָעָ֔ם בַּיּ֥וֹם חמישי
יב הַה֖וּא לֵאמֹֽר׃ אֵ֠לֶּה יַעַמְד֞וּ לְבָרֵ֤ךְ אֶת־הָעָם֙
עַל־הַ֣ר גְּרִזִ֔ים בְּעָבְרְכֶ֖ם אֶת־הַיַּרְדֵּ֑ן שִׁמְעוֹן֙ וְלֵוִ֣י
יג וִיהוּדָ֔ה וְיִשָּׂשכָ֖ר וְיוֹסֵ֥ף וּבִנְיָמִֽן׃ וְאֵ֛לֶּה יַעַמְד֥וּ
עַל־הַקְּלָלָ֖ה בְּהַ֣ר עֵיבָ֑ל רְאוּבֵן֙ גָּ֣ד וְאָשֵׁ֔ר וּזְבוּלֻ֖ן
יד דָּ֥ן וְנַפְתָּלִֽי׃ וְעָנ֣וּ הַלְוִיִּ֗ם וְאָֽמְר֛וּ אֶל־כָּל־אִ֥ישׁ
טו יִשְׂרָאֵ֖ל ק֥וֹל רָֽם׃ אָר֣וּר הָאִ֡ישׁ
אֲשֶׁ֣ר יַעֲשֶׂה֩ פֶ֨סֶל וּמַסֵּכָ֜ה תּוֹעֲבַ֣ת יְהוָ֗ה מַעֲשֵׂ֛ה
יְדֵ֥י חָרָ֖שׁ וְשָׂ֣ם בַּסָּ֑תֶר וְעָנ֧וּ כָל־הָעָ֛ם וְאָמְר֖וּ
טז אָמֵֽן׃ אָר֕וּר מַקְלֶ֥ה אָבִ֖יו וְאִמּ֑וֹ וְאָמַ֥ר
יז כָּל־הָעָ֖ם אָמֵֽן׃ אָר֕וּר מַסִּ֖יג גְּב֣וּל רֵעֵ֑הוּ
יח וְאָמַ֥ר כָּל־הָעָ֖ם אָמֵֽן׃ אָר֕וּר מַשְׁגֶּ֥ה
יט עִוֵּ֖ר בַּדָּ֑רֶךְ וְאָמַ֥ר כָּל־הָעָ֖ם אָמֵֽן׃ אָר֗וּר
מַטֶּ֛ה מִשְׁפַּ֥ט גֵּר־יָת֖וֹם וְאַלְמָנָ֑ה וְאָמַ֥ר כָּל־הָעָ֖ם

כ אָמֵֽן׃ אָר֗וּר שֹׁכֵב֙ עִם־אֵ֣שֶׁת אָבִ֔יו כִּ֥י גִלָּ֖ה כְּנַ֣ף
כא אָבִ֑יו וְאָמַ֥ר כָּל־הָעָ֖ם אָמֵֽן׃ אָר֕וּר שֹׁכֵ֖ב
כב עִם־כָּל־בְּהֵמָ֑ה וְאָמַ֥ר כָּל־הָעָ֖ם אָמֵֽן׃ אָר֗וּר
שֹׁכֵב֙ עִם־אֲחֹת֔וֹ בַּת־אָבִ֖יו א֣וֹ בַת־אִמּ֑וֹ וְאָמַ֥ר כָּל־
כג הָעָ֖ם אָמֵֽן׃ אָר֕וּר שֹׁכֵ֖ב עִם־חֹֽתַנְתּ֑וֹ

ח ט אֱלָהָךְ: וְתִכְתּוֹב עַל אַבְנַיָּא, יָת כָּל פִּתְגָּמֵי, אוֹרָיְתָא הָדָא פָּרֵישׁ יָאוּת: וּמַלֵּיל מֹשֶׁה וְכָהֲנַיָּא
לֵיוָאֵי, עִם כָּל יִשְׂרָאֵל לְמֵימַר, אֲצֵית וּשְׁמַע יִשְׂרָאֵל, יוֹמָא הָדֵין הֲוֵיתָא לְעַם, קֳדָם יי אֱלָהָךְ:
י וּתְקַבֵּיל, לְמֵימְרָא דַּיי אֱלָהָךְ, וְתַעְבֵּיד יָת פִּקּוֹדוֹהִי וְיָת קְיָמוֹהִי, דַּאֲנָא מְפַקֵּיד לָךְ יוֹמָא דֵין:
יא יב וּפַקֵּיד מֹשֶׁה יָת עַמָּא, בְּיוֹמָא הַהוּא לְמֵימַר: אִלֵּין, יְקוּמוּן, לְבָרָכָא יָת עַמָּא עַל טוּרָא דִּגְרִיזִין,
יג בְּמִעְבַּרְכוֹן יָת יַרְדְּנָא, שִׁמְעוֹן וְלֵוִי וִיהוּדָה, וְיִשָּׂשכָר וְיוֹסֵף וּבִנְיָמִין: וְאִלֵּין, יְקוּמוּן עַל לְוָטַיָּא
יד בְּטוּרָא דְּעֵיבָל, רְאוּבֵן גָּד וְאָשֵׁר, וּזְבוּלוּן דָּן וְנַפְתָּלִי: וְיָתִיבוּן לֵיוָאֵי, וְיֵימְרוּן, לְכָל אֱנָשׁ יִשְׂרָאֵל
טו קָל רָם: לִיט גֻּבְרָא, דְּיַעְבֵּיד צֵילֶם וּמַתְּכָא מְרַחַק קֳדָם יי, עוֹבָד, יְדֵי אֻמָּנָא וִישַׁוֵּי בְּסִתְרָא,
טז יז וְיָתִיבוּן כָּל עַמָּא, וְיֵימְרוּן אָמֵן: לִיט, דִּמְקַלֵּי אֲבוּהִי וְאִמֵּיהּ, וְיֵימַר כָּל עַמָּא אָמֵן: לִיט, דִּישַׁנֵּי
יח יט תְּחוּמָא דְּחַבְרֵיהּ, וְיֵימַר כָּל עַמָּא אָמֵן: לִיט, דְּיַטְעֵי עַוִּירָא בְּאוֹרְחָא, וְיֵימַר כָּל עַמָּא אָמֵן: לִיט,
כ דְּיַצְלֵי, דִּין גִּיּוֹר יִיתַּם וְאַרְמְלָא, וְיֵימַר כָּל עַמָּא אָמֵן: לִיט, דְּיִשְׁכּוּב עִם אִתַּת אֲבוּהִי, אֲרֵי גַלִּי
כא כב כַּנְפָא דַּאֲבוּהִי, וְיֵימַר כָּל עַמָּא אָמֵן: לִיט, דְּיִשְׁכּוּב עִם כָּל בְּעִירָא, וְיֵימַר כָּל עַמָּא אָמֵן: לִיט,
כג דְּיִשְׁכּוּב עִם אֲחָתֵיהּ, בַּת אֲבוּהִי אוֹ בַת אִמֵּיהּ, וְיֵימַר כָּל עַמָּא אָמֵן: לִיט, דְּיִשְׁכּוּב עִם חֲמָתֵיהּ,

ח| בַּאֵר הֵיטֵב. בְּשִׁבְעִים לָשׁוֹן:

ט| הַסְכֵּת. כְּתַרְגּוּמוֹ: הַיּוֹם הַזֶּה נִהְיֵיתָ לְעָם. בְּכָל יוֹם יִהְיוּ בְעֵינֶיךָ כְּאִלּוּ הַיּוֹם בָּאתָ עִמּוֹ בַּבְּרִית:

יב| לְבָרֵךְ אֶת הָעָם. כִּדְאִיתָא בְּמַסֶּכֶת סוֹטָה (לב ע״ב): שִׁשָּׁה שְׁבָטִים עָלוּ לְרֹאשׁ הַר גְּרִזִּים וְשִׁשָּׁה לְרֹאשׁ הַר עֵיבָל, וְהַכֹּהֲנִים וְהַלְוִיִּם וְהָאָרוֹן לְמַטָּה בָּאֶמְצַע. הָפְכוּ לְוִיִּם פְּנֵיהֶם כְּלַפֵּי הַר גְּרִזִּים וּפָתְחוּ בַּבְּרָכָה: ׳בָּרוּךְ הָאִישׁ אֲשֶׁר לֹא יַעֲשֶׂה פֶסֶל וּמַסֵּכָה׳ וְגוֹ׳, וְאֵלּוּ וָאֵלּוּ עוֹנִין אָמֵן. חָזְרוּ וְהָפְכוּ פְּנֵיהֶם לְהַר עֵיבָל וּפָתְחוּ בַּקְּלָלָה, וְאוֹמְרִים: ״אָרוּר הָאִישׁ אֲשֶׁר יַעֲשֶׂה פֶסֶל״ וְגוֹ׳, וְכֵן כֻּלָּם עַד ״אָרוּר אֲשֶׁר לֹא יָקִים״:

טז| מַקְלֶה אָבִיו. מְזַלְזֵל, לְשׁוֹן: ״וְנִקְלָה אָחִיךָ״ (לעיל כה, ג):

יז| מַסִּיג גְּבוּל. מַחֲזִירוֹ לַאֲחוֹרָיו וְגוֹנֵב אֶת הַקַּרְקַע, לְשׁוֹן: ״וְהֻסַּג אָחוֹר״ (ישעיה נט, יד):

יח| מַשְׁגֶּה עִוֵּר. הַסּוּמָא בַּדָּבָר וּמַשִּׂיאוֹ עֵצָה רָעָה:

וְאָמַר כָּל־הָעָם אָמֵן׃ אָרוּר מַכֵּה רֵעֵהוּ כד
בַּסָּתֶר וְאָמַר כָּל־הָעָם אָמֵן׃ אָרוּר כה
לֹקֵחַ שֹׁחַד לְהַכּוֹת נֶפֶשׁ דַּם נָקִי וְאָמַר כָּל־הָעָם
אָמֵן׃ אָרוּר אֲשֶׁר לֹא־יָקִים אֶת־דִּבְרֵי כו
הַתּוֹרָה־הַזֹּאת לַעֲשׂוֹת אוֹתָם וְאָמַר כָּל־הָעָם
אָמֵן׃

כב וְהָיָה אִם־שָׁמוֹעַ תִּשְׁמַע בְּקוֹל יְהוָה אֱלֹהֶיךָ א כח
לִשְׁמֹר לַעֲשׂוֹת אֶת־כָּל־מִצְוֺתָיו אֲשֶׁר אָנֹכִי
מְצַוְּךָ הַיּוֹם וּנְתָנְךָ יְהוָה אֱלֹהֶיךָ עֶלְיוֹן עַל כָּל־גּוֹיֵי
הָאָרֶץ׃ וּבָאוּ עָלֶיךָ כָּל־הַבְּרָכוֹת הָאֵלֶּה וְהִשִּׂיגֻךָ ב
כִּי תִשְׁמַע בְּקוֹל יְהוָה אֱלֹהֶיךָ׃ בָּרוּךְ אַתָּה בָּעִיר ג
וּבָרוּךְ אַתָּה בַּשָּׂדֶה׃ בָּרוּךְ פְּרִי־בִטְנְךָ וּפְרִי ד
אַדְמָתְךָ וּפְרִי בְהֶמְתֶּךָ שְׁגַר אֲלָפֶיךָ וְעַשְׁתְּרוֹת
צֹאנֶךָ׃ בָּרוּךְ טַנְאֲךָ וּמִשְׁאַרְתֶּךָ׃ בָּרוּךְ אַתָּה ה ו
ששי בְּבֹאֶךָ וּבָרוּךְ אַתָּה בְּצֵאתֶךָ׃ יִתֵּן יְהוָה אֶת־ ז
אֹיְבֶיךָ הַקָּמִים עָלֶיךָ נִגָּפִים לְפָנֶיךָ בְּדֶרֶךְ אֶחָד
יֵצְאוּ אֵלֶיךָ וּבְשִׁבְעָה דְרָכִים יָנוּסוּ לְפָנֶיךָ׃ יְצַו ח
יְהוָה אִתְּךָ אֶת־הַבְּרָכָה בַּאֲסָמֶיךָ וּבְכֹל מִשְׁלַח
יָדֶךָ וּבֵרַכְךָ בָּאָרֶץ אֲשֶׁר־יְהוָה אֱלֹהֶיךָ נֹתֵן לָךְ׃
יְקִימְךָ יְהוָה לוֹ לְעַם קָדוֹשׁ כַּאֲשֶׁר נִשְׁבַּע־לָךְ כִּי ט

תִּשְׁמֹר אֶת־מִצְוֺת יְהוָה אֱלֹהֶיךָ וְהָלַכְתָּ בִּדְרָכָיו׃ מצווה תריא מצווה ללכת בדרכי ה׳
י וְרָאוּ כָּל־עַמֵּי הָאָרֶץ כִּי שֵׁם יְהוָה נִקְרָא עָלֶיךָ
יא וְיָרְאוּ מִמֶּךָּ׃ וְהוֹתִרְךָ יְהוָה לְטוֹבָה בִּפְרִי בִטְנְךָ
וּבִפְרִי בְהֶמְתְּךָ וּבִפְרִי אַדְמָתֶךָ עַל הָאֲדָמָה
יב אֲשֶׁר נִשְׁבַּע יְהוָה לַאֲבֹתֶיךָ לָתֶת לָךְ׃ יִפְתַּח ★

כד כה וְיֵימַר כָּל עַמָּא אָמֵן: לִיט, דְּיִמְחֵי חַבְרֵיהּ בִּסְתְרָא, וְיֵימַר כָּל עַמָּא אָמֵן: לִיט דִּיקַבֵּיל שׁוֹחְדָא,
כו לְמִקְטַל נְפַשׁ דַּם זַכַּאי, וְיֵימַר כָּל עַמָּא אָמֵן: לִיט, דְּלָא יְקַיֵּים, יָת פִּתְגָּמֵי אוֹרָיְתָא הָדָא לְמֶעֱבַד
כח א יָתְהוֹן, וְיֵימַר כָּל עַמָּא אָמֵן: וִיהֵי, אִם קַבָּלָא תְקַבֵּיל לְמֵימְרָא דַּייָ אֱלָהָךְ, לְמִטַּר לְמֶעֱבַד יָת
ב כָּל פִּקּוֹדוֹהִי, דַּאֲנָא מְפַקֵּיד לָךְ יוֹמָא דֵין, וְיִתְּנִנָּךְ, יְיָ אֱלָהָךְ עִלַּאי, עַל כָּל עַמְמֵי אַרְעָא: וְיֵיתוֹן
ג עֲלָךְ, כָּל בִּרְכָתָא הָאִלֵּין וְיִדְבְּקֻנָּךְ, אֲרֵי תְקַבֵּיל, לְמֵימְרָא דַּייָ אֱלָהָךְ: בְּרִיךְ אַתְּ בְּקַרְתָּא, וּבְרִיךְ
ד ה אַתְּ בְּחַקְלָא: בְּרִיךְ וַלְדָּא דִמְעָךְ, וְאִבָּא דְאַרְעָךְ וּוַלְדָּא דִבְעִירָךְ, בַּקְרֵי תוֹרָךְ וְעֶדְרֵי עָנָךְ: בְּרִיךְ
ו ז סַלָּךְ וְאָצְוָתָךְ: בְּרִיךְ אַתְּ בְּמֵיעֲלָךְ, וּבְרִיךְ אַתְּ בְּמִפְּקָךְ: יִתֵּין יְיָ יָת בַּעֲלֵי דְבָבָךְ דְּקָיְמִין עֲלָךְ,
ח תְּבִירִין קֳדָמָךְ, בְּאוֹרְחָא חֲדָא יִפְּקוּן לְוָתָךְ, וּבְשִׁבְעָא אוֹרְחָן יֶעְרְקוּן מִן קֳדָמָךְ: יְפַקֵּיד יְיָ לָךְ יָת
ט בִּרְכָן, בְּאוֹצָרָךְ, וּבְכֹל אוֹשָׁטוּת יְדָךְ, וִיבָרְכִנָּךְ, בְּאַרְעָא, דַּייָ אֱלָהָךְ יָהֵיב לָךְ: יְקִימִנָּךְ יְיָ קֳדָמוֹהִי
לְעַם קַדִּישׁ, כְּמָא דְקַיֵּים לָךְ, אֲרֵי תִטַּר, יָת פִּקּוֹדַיָּא דַּייָ אֱלָהָךְ, וּתְהָךְ בְּאוֹרְחָן דְּתָקְנָן קֳדָמוֹהִי:
י יא וְיִחְזוֹן כָּל עַמְמֵי אַרְעָא, אֲרֵי שְׁמָא דַּייָ אִתְקְרֵי עֲלָךְ, וְיִדְחֲלוּן מִנָּךְ: וְיוֹתְרִנָּךְ יְיָ לְטָבָא, בְּוַלְדָּא
יב דִּמְעָךְ, וּבְוַלְדָּא דִבְעִירָךְ וּבְאִבָּא דְאַרְעָךְ, עַל אַרְעָא, דְּקַיֵּים יְיָ, לַאֲבָהָתָךְ לְמִתַּן לָךְ: יִפְתַּח

כד| מַכֵּה רֵעֵהוּ בַּסָּתֶר. עַל לָשׁוֹן הָרָע הוּא אוֹמֵר. רָאִיתִי יְסוֹדוֹ שֶׁל רַבִּי מֹשֶׁה הַדַּרְשָׁן: אַחַד עָשָׂר אֲרוּרִים יֵשׁ כָּאן, כְּנֶגֶד אַחַד עָשָׂר שְׁבָטִים, וּכְנֶגֶד שִׁמְעוֹן לֹא כָתַב אָרוּר, לְפִי שֶׁלֹּא הָיָה בְּלִבּוֹ לְבָרְכוֹ לִפְנֵי מוֹתוֹ כְּשֶׁבֵּרַךְ שְׁאָר הַשְּׁבָטִים, לְכָךְ לֹא רָצָה לְקַלְּלוֹ:

כו| אֲשֶׁר לֹא יָקִים. כָּאן כָּלַל אֶת כָּל הַתּוֹרָה כֻּלָּהּ, וְקִבְּלוּהָ עֲלֵיהֶם בְּאָלָה וּבִשְׁבוּעָה:

פרק כח

ד| שְׁגַר אֲלָפֶיךָ. וַלְדוֹת בְּקָרְךָ שֶׁהַבְּהֵמָה מְשַׁגֶּרֶת מִמֵּעֶיהָ: וְעַשְׁתְּרוֹת צֹאנֶךָ. כְּתַרְגּוּמוֹ. וְרַבּוֹתֵינוּ אָמְרוּ: לָמָּה נִקְרָא שְׁמָן ׳עַשְׁתָּרוֹת׳? שֶׁמְּעַשְּׁרוֹת אֶת בַּעֲלֵיהֶן וּמַחֲזִיקוֹת אוֹתָן, כְּעַשְׁתָּרוֹת הַלָּלוּ שֶׁהֵן סְלָעִים חֲזָקִים:

ה| בָּרוּךְ טַנְאֲךָ. פֵּרוֹתֶיךָ. דָּבָר אַחֵר, ״טַנְאֲךָ״, דָּבָר לַח שֶׁאַתָּה מְסַנֵּן בִּסַלִּים: וּמִשְׁאַרְתֶּךָ. דָּבָר יָבֵשׁ שֶׁנִּשְׁאָר בַּכְּלִי וְאֵינוֹ זָב:

ו| בָּרוּךְ אַתָּה בְּבֹאֶךָ וּבָרוּךְ אַתָּה בְּצֵאתֶךָ. שֶׁתְּהֵא יְצִיאָתְךָ מִן הָעוֹלָם בְּלֹא חֵטְא כְּבִיאָתְךָ לָעוֹלָם:

ז| וּבְשִׁבְעָה דְרָכִים יָנוּסוּ לְפָנֶיךָ. כֵּן דֶּרֶךְ הַנִּבְהָלִים לִבְרֹחַ לִהְיוֹת מִתְפַּזְּרִין לְכָל צַד:

דברים

יְהוָ֨ה ׀ לְךָ֜ אֶת־אוֹצָר֣וֹ הַטּ֗וֹב אֶת־הַשָּׁמַ֙יִם֙ לָתֵ֤ת
מְטַֽר־אַרְצְךָ֙ בְּעִתּ֔וֹ וּלְבָרֵ֕ךְ אֵ֖ת כָּל־מַעֲשֵׂ֣ה יָדֶ֑ךָ
וְהִלְוִ֙יתָ֙ גּוֹיִ֣ם רַבִּ֔ים וְאַתָּ֖ה לֹ֥א תִלְוֶֽה: יג וּנְתָֽנְךָ֨
יְהוָ֤ה לְרֹאשׁ֙ וְלֹ֣א לְזָנָ֔ב וְהָיִ֙יתָ֙ רַ֣ק לְמַ֔עְלָה
וְלֹ֥א תִהְיֶ֖ה לְמָ֑טָּה כִּֽי־תִשְׁמַ֞ע אֶל־מִצְוֺ֣ת ׀
יְהוָ֣ה אֱלֹהֶ֗יךָ אֲשֶׁ֨ר אָנֹכִ֧י מְצַוְּךָ֛ הַיּ֖וֹם לִשְׁמֹ֥ר
וְלַעֲשֽׂוֹת: יד וְלֹ֣א תָס֗וּר מִכָּל־הַדְּבָרִים֙ אֲשֶׁ֣ר אָנֹכִ֜י
מְצַוֶּ֥ה אֶתְכֶ֛ם הַיּ֖וֹם יָמִ֣ין וּשְׂמֹ֑אול לָלֶ֗כֶת אַחֲרֵ֛י
אֱלֹהִ֥ים אֲחֵרִ֖ים לְעָבְדָֽם:

טו וְהָיָ֗ה אִם־לֹ֤א תִשְׁמַע֙ בְּקוֹל֙ יְהוָ֣ה אֱלֹהֶ֔יךָ
לִשְׁמֹ֤ר לַעֲשׂוֹת֙ אֶת־כָּל־מִצְוֺתָ֣יו וְחֻקֹּתָ֔יו אֲשֶׁ֛ר
אָנֹכִ֥י מְצַוְּךָ֖ הַיּ֑וֹם וּבָ֧אוּ עָלֶ֛יךָ כָּל־הַקְּלָל֥וֹת
הָאֵ֖לֶּה וְהִשִּׂיגֽוּךָ: טז אָר֥וּר אַתָּ֖ה בָּעִ֑יר וְאָר֥וּר
אַתָּ֖ה בַּשָּׂדֶֽה: יז אָר֥וּר טַנְאֲךָ֖ וּמִשְׁאַרְתֶּֽךָ: יח אָר֥וּר
פְּרִֽי־בִטְנְךָ֖ וּפְרִ֣י אַדְמָתֶ֑ךָ שְׁגַ֥ר אֲלָפֶ֖יךָ וְעַשְׁתְּרֹ֥ת
צֹאנֶֽךָ: יט אָר֥וּר אַתָּ֖ה בְּבֹאֶ֑ךָ וְאָר֥וּר אַתָּ֖ה
בְּצֵאתֶֽךָ: כ יְשַׁלַּ֣ח יְהוָ֣ה ׀ בְּךָ֡ אֶת־הַמְּאֵרָ֣ה אֶת־
הַמְּהוּמָה֩ וְאֶת־הַמִּגְעֶ֗רֶת בְּכָל־מִשְׁלַ֤ח יָֽדְךָ֙
אֲשֶׁ֣ר תַּעֲשֶׂ֔ה עַ֣ד הִשָּֽׁמֶדְךָ֗ וְעַד־אֲבָדְךָ֙ מַהֵ֔ר
מִפְּנֵ֛י רֹ֥עַ מַֽעֲלָלֶ֖יךָ אֲשֶׁ֥ר עֲזַבְתָּֽנִי: כא יַדְבֵּ֧ק יְהוָ֛ה

בְּךָ אֶת־הַדָּבֶר עַד כַּלֹּתוֹ אֹתְךָ מֵעַל הָאֲדָמָה
כב אֲשֶׁר־אַתָּה בָא־שָׁמָּה לְרִשְׁתָּהּ: יַכְּכָה יְהוָה
בַּשַּׁחֶפֶת וּבַקַּדַּחַת וּבַדַּלֶּקֶת וּבַחַרְחֻר וּבַחֶרֶב
כג וּבַשִּׁדָּפוֹן וּבַיֵּרָקוֹן וּרְדָפוּךָ עַד אָבְדֶךָ: וְהָיוּ
שָׁמֶיךָ אֲשֶׁר עַל־רֹאשְׁךָ נְחֹשֶׁת וְהָאָרֶץ אֲשֶׁר־

יי לָךְ, יָת אוֹצְרֵיהּ טָבָא יָת שְׁמַיָּא, לְמִתַּן מְטַר אַרְעָךְ בְּעִדָּנֵיהּ, וּלְבָרָכָא, יָת כָּל עוֹבָדֵי יְדָךְ,
יג וְתוֹזֵיף לְעַמְמִין סַגִּיאִין, וְאַתְּ לָא תְזִיף: וְיִתְּנִנָּךְ יי תַּקִּיף וְלָא חַלָּשׁ, וּתְהֵי בְּרַם לְעֵילָא, וְלָא תְהֵי
יד לְתַחְתָּא, אֲרֵי תְקַבֵּיל, לְפִקּוֹדַיָּא דַּיי אֱלָהָךְ, דַּאֲנָא מְפַקֵּדָךְ, יוֹמָא דֵין לְמִטַּר וּלְמֶעְבַּד: וְלָא
תִסְטוֹן, מִכָּל פִּתְגָמַיָּא דַּאֲנָא מְפַקֵּיד יָתְכוֹן, יוֹמָא דֵין לְיַמִּינָא וְלִסְמָאלָא, לִמְהָךְ, בָּתַר, טָעֲוָת
טו עַמְמַיָּא לְמִפְלְחָהוֹן: וִיהֵי, אִם לָא תְקַבֵּיל לְמֵימְרָא דַּיי אֱלָהָךְ, לְמִטַּר לְמֶעְבַּד יָת כָּל פִּקּוֹדוֹהִי
טז וּקְיָמוֹהִי, דַּאֲנָא מְפַקֵּיד לָךְ יוֹמָא דֵין, וְיֵיתוֹן עֲלָךְ, כָּל לְוָטַיָּא הָאִלֵּין וְיִדְבְּקֻנָּךְ: לִיט אַתְּ בְּקַרְתָּא,
יז יח וְלִיט אַתְּ בְּחַקְלָא: לִיט סַלָּךְ וְאָצְוָתָךְ: לִיט וַלְדָּא דִמְעָךְ וְאִבָּא דְאַרְעָךְ, בַּקְרֵי תוֹרָךְ וְעֶדְרֵי עָנָךְ:
יט כ לִיט אַתְּ בְּמֵיעֲלָךְ, וְלִיט אַתְּ בְּמִפְּקָךְ: יְגָרֵי יי בָּךְ, יָת מְאֵירְתָא יָת שִׁגְּשָׁיָּא וְיָת מַזּוֹפִיתָא, בְּכָל
אוֹשָׁטוּת יְדָךְ דְּתַעֲבֵיד, עַד דְּתִשְׁתֵּיצֵי וְעַד דְּתֵיבַד בִּפְרִיעַ, מִן קֳדָם, בִּישׁוּת עוֹבָדָךְ דִּשְׁבַקְתָּא
כא דַּחַלְתִּי: יַדְבֵּיק יי, בָּךְ יָת מוֹתָנָא, עַד דִּישֵׁיצֵי יָתָךְ, מֵעַל אַרְעָא, דְּאַתְּ עָלֵיל לְתַמָּן לְמֵירְתַהּ:
כב יִמְחֵינָךְ יי, בְּשַׁחֶפְתָּא וּבְקַדַּחְתָּא וּבְדַלֶּיקְתָּא, וּבְחַרְחוּרָא וּבְחַרְבָּא, וּבְשִׁדָּפָנָא וּבְיֵרָקָנָא,
כג וְיִרְדְּפֻנָּךְ עַד דְּתֵיבַד: וִיהוֹן שְׁמַיָּא, דְּעִלָּוֵי רֵישָׁךְ חֲסִינִין כִּנְחָשָׁא מִלְּאַחָתָא מִטְרָא, וְאַרְעָא

כ) הַמְּאֵרָה. חִסָּרוֹן, כְּמוֹ "צָרַעַת מַמְאֶרֶת" (ויקרא יג, נא): הַמְּהוּמָה. שִׁגּוּשׁ, קוֹל הֲבָרוֹת:

כב) בַּשַּׁחֶפֶת. שֶׁבְּשָׂרוֹ נִשְׁחָף וְנָפוּחַ: וּבַקַּדַּחַת. לָשׁוֹן: "כִּי אֵשׁ קָדְחָה בְאַפִּי" (להלן לב, כב), וְהוּא אֵשׁ שֶׁל חוֹלִים, מלוו"י בְּלַעַז, שֶׁהִיא חַמָּה מְאֹד: וּבַדַּלֶּקֶת. חַמָּה יוֹתֵר מִקַּדַּחַת, וּמִינֵי חֳלָאִים הֵם: וּבַחַרְחֻר. חֳלִי הַמְחַמְּמוֹ תּוֹךְ הַגּוּף וְצָמֵא תָּמִיד לַמַּיִם, וּבְלַעַז אישטרדימנ"ט, לָשׁוֹן: "וְעַצְמִי חָרָה מִנִּי חֹרֶב" (איוב ל, ל), "נָחַר מַפֻּחַ מֵאֵשׁ" (ירמיה ו, כט): וּבַחֶרֶב. יָבִיא עָלֶיךָ גְּיָסוֹת: וּבַשִּׁדָּפוֹן וּבַיֵּרָקוֹן. מַכַּת תְּבוּאָה שֶׁבַּשָּׂדוֹת: שִׁדָּפוֹן. רוּחַ קָדִים, הַשלי"ד בְּלַעַז: יֵרָקוֹן. יֹבֶשׁ, וּפְנֵי הַתְּבוּאָה מַכְסִיפִין וְנֶהְפָּכִין לְיֵרָקוֹן, קרו"א בְּלַעַז: עַד אָבְדֶךָ. תַּרְגּוּם: "עַד דְּתֵיבַד", כְּלוֹמַר עַד אֲבַד אוֹתְךָ, שֶׁתִּכְלֶה מֵאֵלֶיךָ:

כג) וְהָיוּ שָׁמֶיךָ אֲשֶׁר עַל רֹאשְׁךָ נְחֹשֶׁת. קְלָלוֹת הַלָּלוּ מֹשֶׁה מִפִּי עַצְמוֹ אֲמָרָן, וְשֶׁבְּתוֹרַת כֹּהֲנִים מִפִּי הַקָּדוֹשׁ בָּרוּךְ הוּא אֲמָרָן כְּמַשְׁמָעָן: "וְאִם לֹא תִשְׁמְעוּ לִי" (ויקרא כו, יד), "וְאִם תֵּלְכוּ עִמִּי קֶרִי" (שם פסוק כא), וְכָאן הוּא אוֹמֵר: "בְּקוֹל ה' אֱלֹהֶיךָ" (לעיל פסוק טו), "יַדְבֵּק ה' בְּךָ" (לעיל פסוק כא), "יַכְּכָה ה'" (לעיל פסוק כב). הֵקֵל מֹשֶׁה בִּקְלָלוֹתָיו

כי תבוא

תַּחְתֶּיךָ בַּרְזֶל׃ יִתֵּן יְהוָה אֶת־מְטַר אַרְצְךָ אָבָק כד
וְעָפָר מִן־הַשָּׁמַיִם יֵרֵד עָלֶיךָ עַד הִשָּׁמְדָךְ׃ יִתֶּנְךָ כה
יְהוָה ׀ נִגָּף לִפְנֵי אֹיְבֶיךָ בְּדֶרֶךְ אֶחָד תֵּצֵא אֵלָיו
וּבְשִׁבְעָה דְרָכִים תָּנוּס לְפָנָיו וְהָיִיתָ לְזַעֲוָה לְכֹל
מַמְלְכוֹת הָאָרֶץ׃ וְהָיְתָה נִבְלָתְךָ לְמַאֲכָל לְכָל־ כו
עוֹף הַשָּׁמַיִם וּלְבֶהֱמַת הָאָרֶץ וְאֵין מַחֲרִיד׃
וּבַטְּחוֹרִים יַכְּכָה יְהוָה בִּשְׁחִין מִצְרַיִם ובעפלים וּבַגָּרָב כז
וּבֶחָרֶס אֲשֶׁר לֹא־תוּכַל לְהֵרָפֵא׃ יַכְּכָה יְהוָה כח
בְּשִׁגָּעוֹן וּבְעִוָּרוֹן וּבְתִמְהוֹן לֵבָב׃ וְהָיִיתָ מְמַשֵּׁשׁ כט
בַּצָּהֳרַיִם כַּאֲשֶׁר יְמַשֵּׁשׁ הָעִוֵּר בָּאֲפֵלָה וְלֹא
תַצְלִיחַ אֶת־דְּרָכֶיךָ וְהָיִיתָ אַךְ עָשׁוּק וְגָזוּל כָּל־
הַיָּמִים וְאֵין מוֹשִׁיעַ׃ אִשָּׁה תְאָרֵשׂ וְאִישׁ אַחֵר ל
יִשְׁכָּבֶנָּה ישגלנה בַּיִת תִּבְנֶה וְלֹא־תֵשֵׁב בּוֹ כֶּרֶם תִּטַּע
וְלֹא תְחַלְּלֶנּוּ׃ שׁוֹרְךָ טָבוּחַ לְעֵינֶיךָ וְלֹא תֹאכַל לא
מִמֶּנּוּ חֲמֹרְךָ גָּזוּל מִלְּפָנֶיךָ וְלֹא יָשׁוּב לָךְ צֹאנְךָ
נְתֻנוֹת לְאֹיְבֶיךָ וְאֵין לְךָ מוֹשִׁיעַ׃ בָּנֶיךָ וּבְנֹתֶיךָ לב
נְתֻנִים לְעַם אַחֵר וְעֵינֶיךָ רֹאוֹת וְכָלוֹת אֲלֵיהֶם
כָּל־הַיּוֹם וְאֵין לְאֵל יָדֶךָ׃ פְּרִי אַדְמָתְךָ וְכָל־ לג
יְגִיעֲךָ יֹאכַל עַם אֲשֶׁר לֹא־יָדָעְתָּ וְהָיִיתָ רַק
עָשׁוּק וְרָצוּץ כָּל־הַיָּמִים׃ וְהָיִיתָ מְשֻׁגָּע מִמַּרְאֵה לד

כח כי תבוא

לה עֵינֶ֖יךָ אֲשֶׁ֥ר תִּרְאֶֽה׃ יַכְּכָ֨ה יְהוָ֜ה בִּשְׁחִ֣ין רָ֗ע
עַל־הַבִּרְכַּ֙יִם֙ וְעַל־הַשֹּׁקַ֔יִם אֲשֶׁ֥ר לֹא־תוּכַ֖ל

כג דִּתְחוֹתָךְ תַּקִּיפָא כְּבַרְזְלָא מִלְּמֶעְבַּד פֵּירִין: יִתֵּין יְיָ, יָת מְטַר אַרְעָךְ אַבְקָא וְעַפְרָא, מִן שְׁמַיָּא
כה יֵיחוֹת עֲלָךְ, עַד דִּתְשְׁתֵּיצֵי: יִתְּנִנָּךְ יְיָ תְּבִיר קֳדָם סָנְאָךְ, בְּאוֹרְחָא חֲדָא תִּפּוֹק לְוָתֵיהּ, וּבְשִׁבְעָא
כו אוֹרְחָן תְּעָרוֹק מִן קֳדָמוֹהִי, וּתְהֵי לְזִיעַ, לְכֹל מַלְכְוָת אַרְעָא: וּתְהֵי נְבִילְתָךְ מְשַׁגְּרָא לְמֵיכַל,
כז לְכָל עוֹפָא דִּשְׁמַיָּא וְלִבְעִירָא דְּאַרְעָא, וְלֵית דְּמָנִיד: יִמְחֵינָךְ יְיָ, בְּשִׁחְנָא דְּמִצְרָאֵי וּבִטְחוֹרִין,
כח וּבְגַרְבָּא וּבַחֲרַס יַבִּישׁ, דְּלָא תִכּוּל לְאִתַּסָּאָה: יִמְחֵינָךְ יְיָ, בְּטַפְשׁוּתָא וּבְסַמְיוּתָא, וּבְשַׁעֲמִימוּת
כט לִבָּא: וּתְהֵי מְמַשֵּׁישׁ בְּטֵיהֲרָא, כְּמָא דִּימַשֵּׁישׁ עַוִּירָא בְּקַבְלָא, וְלָא תַצְלַח יָת אוֹרְחָתָךְ,
ל וּתְהֵי, בְּרַם עֲשִׁיק וַאֲנִיס, כָּל יוֹמַיָּא וְלֵית דְּפָרִיק: אִתְּתָא תֵירוֹס, וּגְבַר אָחֳרָן יִשְׁכְּבִנַּהּ, בֵּיתָא
לא תִבְנֵי וְלָא תֵיתֵיב בֵּיהּ, כַּרְמָא תִצּוּב וְלָא תַחֲלְנֵיהּ: תּוֹרָךְ יְהֵי נְכִיס לְעֵינָךְ, וְלָא תֵיכוּל מִנֵּיהּ,
לב חֲמָרָךְ יְהֵי אֲנִיס מִן קֳדָמָךְ, וְלָא יְתוּב לָךְ, עָנָךְ מְסִירָן לְבַעֲלֵי דְבָבָךְ, וְלֵית לָךְ פָּרִיק: בְּנָךְ
לג וּבְנָתָךְ, מְסִירִין לְעַם אָחֳרָן וְעֵינָךְ חָזְיָן, וִיסוֹפָן בְּגַלָּלְהוֹן כָּל יוֹמָא, וְלֵית חֵילָא בִּידָךְ: אִבָּא
לד דְּאַרְעָךְ וְכָל לֵיאוּתָךְ, יֵיכוּל עַם דְּלָא יְדַעְתָּא, וּתְהֵי, בְּרַם, עֲשִׁיק וּרְעִיעַ כָּל יוֹמַיָּא: וּתְהֵי
לה מְשַׁתְּטֵי, מֵחֵיזוּ עֵינָךְ דִּתְהֵי חָזֵי: יִמְחֵינָךְ יְיָ בְּשִׁחְנָא בִּישָׁא, עַל רְכָבִין וְעַל שָׁקָן, דְּלָא תִכּוּל

לְאָמְרָן בִּלְשׁוֹן יָחִיד, וְגַם כֵּן בִּקְלָלָה זוֹ הֵקֵל, שֶׁבָּרִאשׁוֹנוֹת הוּא אוֹמֵר: "אֶת שְׁמֵיכֶם כַּבַּרְזֶל וְאֶת אַרְצְכֶם כַּנְּחֻשָׁה" (ויקרא כו, יט), שֶׁלֹּא יִהְיוּ הַשָּׁמַיִם מְזִיעִין כְּדֶרֶךְ שֶׁאֵין הַבַּרְזֶל מֵזִיעַ, וּמִתּוֹךְ כָּךְ יְהֵא חֹרֶב בָּעוֹלָם, וְהָאָרֶץ תְּהֵא מְזִיעָה כְּדֶרֶךְ שֶׁהַנְּחֹשֶׁת מֵזִיעַ, וְהִיא מַרְקֶבֶת פֵּרוֹתֶיהָ. וְכָאן הוּא אוֹמֵר: שָׁמֶיךָ נְחֹשֶׁת וְאַרְצְךָ בַּרְזֶל, שֶׁיִּהְיוּ שָׁמַיִם מְזִיעִין, אַף עַל פִּי שֶׁלֹּא יָרִיקוּ מָטָר, מִכָּל מָקוֹם לֹא יִהְיֶה חֹרֶב שֶׁל אֲבַדּוֹן בָּעוֹלָם, וְהָאָרֶץ לֹא תִּהְיֶה מְזִיעָה כְּדֶרֶךְ שֶׁאֵין הַבַּרְזֶל מֵזִיעַ, וְאֵין הַפֵּרוֹת מַרְקִיבִין. וּמִכָּל מָקוֹם קְלָלָה הִיא, בֵּין שֶׁהִיא כַּנְּחֹשֶׁת בֵּין שֶׁהִיא כַּבַּרְזֶל לֹא תוֹצִיא פֵּרוֹת, וְכֵן הַשָּׁמַיִם לֹא יָרִיקוּ מָטָר:

כד) מְטַר אַרְצְךָ אָבָק וְעָפָר. זִיקָא דְּבָתַר מִטְרָא, מָטָר יוֹרֵד וְלֹא כָּל צָרְכּוֹ וְאֵין בּוֹ כְּדֵי לְהַרְבִּיץ אֶת הֶעָפָר, וְהָרוּחַ בָּאָה וּמַעֲלָה אֶת הָאָבָק וּמְכַסֶּה אֶת עֵשֶׂב הַזְּרָעִים שֶׁהֵן לַחִים מִן הַמַּיִם וְנִדְבָּק בָּהֶם, וְנַעֲשֶׂה טִיט וּמִתְיַבֵּשׁ וּמַרְקִיבָן:

כה) לְזַעֲוָה. לְאֵימָה וּלְזִיעַ, שֶׁיָּזוּעוּ כָּל שׁוֹמְעֵי מַכּוֹתֶיךָ מִמְּךָ, וְיֹאמְרוּ: אוֹי לָנוּ שֶׁלֹּא יָבֹא עָלֵינוּ כְּדֶרֶךְ שֶׁבָּא עַל אֵלּוּ:

כז) בִּשְׁחִין מִצְרַיִם. רַע הָיָה מְאֹד, לַח מִבַּחוּץ וְיָבֵשׁ מִבִּפְנִים, כִּדְאִיתָא בִּבְכוֹרוֹת (דף מא ע"א): גָּרָב. שְׁחִין לַח: חָרֶס. שְׁחִין יָבֵשׁ כַּחֶרֶס:

כח) וּבְתִמְהוֹן לֵבָב. אֹטֶם הַלֵּב, אשטורדישו"ן בְּלַעַז:

כט) עָשׁוּק. בְּכָל מַעֲשֶׂיךָ יְהִי עִרְעֵר:

ל) יִשְׁגָּלֶנָּה. לְשׁוֹן שֵׁגַל, פִּילֶגֶשׁ, וְהַכָּתוּב כִּנָּהוּ לְשֶׁבַח "יִשְׁכָּבֶנָּה", וְתִקּוּן סוֹפְרִים הוּא זֶה: תְּחַלְּלֶנּוּ. בַּשָּׁנָה הָרְבִיעִית לֶאֱכֹל פִּרְיוֹ:

לב) וְכָלוֹת אֲלֵיהֶם. מְצַפּוֹת אֲלֵיהֶם שֶׁיָּשׁוּבוּ וְאֵינָם

כי תבוא

לו לְהֵרָפֵא מִכַּף רַגְלְךָ וְעַד קָדְקֳדֶךָ: יוֹלֵךְ יְהוָה
אֹתְךָ וְאֶת־מַלְכְּךָ אֲשֶׁר תָּקִים עָלֶיךָ אֶל־גּוֹי
אֲשֶׁר לֹא־יָדַעְתָּ אַתָּה וַאֲבֹתֶיךָ וְעָבַדְתָּ שָּׁם
לז אֱלֹהִים אֲחֵרִים עֵץ וָאָבֶן: וְהָיִיתָ לְשַׁמָּה לְמָשָׁל
וְלִשְׁנִינָה בְּכֹל הָעַמִּים אֲשֶׁר־יְנַהֶגְךָ יְהוָה שָׁמָּה:
לח זֶרַע רַב תּוֹצִיא הַשָּׂדֶה וּמְעַט תֶּאֱסֹף כִּי יַחְסְלֶנּוּ
לט הָאַרְבֶּה: כְּרָמִים תִּטַּע וְעָבָדְתָּ וְיַיִן לֹא־תִשְׁתֶּה
מ וְלֹא תֶאֱגֹר כִּי תֹאכְלֶנּוּ הַתֹּלָעַת: זֵיתִים יִהְיוּ לְךָ
מא בְּכָל־גְּבוּלֶךָ וְשֶׁמֶן לֹא תָסוּךְ כִּי יִשַּׁל זֵיתֶךָ: בָּנִים
מב וּבָנוֹת תּוֹלִיד וְלֹא־יִהְיוּ לָךְ כִּי יֵלְכוּ בַּשֶּׁבִי: כָּל־
מג עֵצְךָ וּפְרִי אַדְמָתֶךָ יְיָרֵשׁ הַצְּלָצַל: הַגֵּר אֲשֶׁר
בְּקִרְבְּךָ יַעֲלֶה עָלֶיךָ מַעְלָה מָּעְלָה וְאַתָּה תֵרֵד
מד מַטָּה מָּטָּה: הוּא יַלְוְךָ וְאַתָּה לֹא תַלְוֶנּוּ הוּא
מה יִהְיֶה לְרֹאשׁ וְאַתָּה תִּהְיֶה לְזָנָב: וּבָאוּ עָלֶיךָ
כָּל־הַקְּלָלוֹת הָאֵלֶּה וּרְדָפוּךָ וְהִשִּׂיגוּךָ עַד
הִשָּׁמְדָךְ כִּי־לֹא שָׁמַעְתָּ בְּקוֹל יְהוָה אֱלֹהֶיךָ
מו לִשְׁמֹר מִצְוֹתָיו וְחֻקֹּתָיו אֲשֶׁר צִוָּךְ: וְהָיוּ בְךָ
מז לְאוֹת וּלְמוֹפֵת וּבְזַרְעֲךָ עַד־עוֹלָם: תַּחַת אֲשֶׁר
לֹא־עָבַדְתָּ אֶת־יְהוָה אֱלֹהֶיךָ בְּשִׂמְחָה וּבְטוּב
מח לֵבָב מֵרֹב כֹּל: וְעָבַדְתָּ אֶת־אֹיְבֶיךָ אֲשֶׁר

יְשַׁלְּחֶנּוּ יהוה בָּךְ בְּרָעָב וּבְצָמָא וּבְעֵירֹם וּבְחֹסֶר
כֹּל וְנָתַן עֹל בַּרְזֶל עַל־צַוָּארֶךָ עַד הִשְׁמִידוֹ
מט אֹתָךְ׃ יִשָּׂא יהוה עָלֶיךָ גּוֹי מֵרָחֹק מִקְצֵה הָאָרֶץ
כַּאֲשֶׁר יִדְאֶה הַנָּשֶׁר גּוֹי אֲשֶׁר לֹא־תִשְׁמַע לְשֹׁנוֹ׃

לו לְאִתַּסָּאָה, מִפַּרְסַת רַגְלָךְ וְעַד מוֹחָךְ: יַגְלֵי יי יָתָךְ, וְיָת מַלְכָּךְ דִּתְקִים עֲלָךְ, לְעַם, דְּלָא
לז יְדַעְתָּא אַתְּ וַאֲבָהָתָךְ, וְתִפְלַח תַּמָּן, לְעַמְמַיָּא, פָּלְחֵי טַעֲוָתָא אָעָא וְאַבְנָא: וּתְהֵי לְצָדוּ,
לח לְמַתְלָא וּלְשׁוּעֵי, בְּכָל עַמְמַיָּא, דִּידַבְּרִנָּךְ יי לְתַמָּן: בַּר זְרַע סַגִּי תַּפֵּיק לְחַקְלָא, וּזְעֵיר תִּכְנוֹשׁ,
לט אֲרֵי יַחְסְלִנֵּיהּ גּוֹבָא: כַּרְמִין תִּצּוֹב וְתִפְלַח, וַחֲמַר לָא תִשְׁתֵּי וְלָא תִכְנוֹשׁ, אֲרֵי תֵיכְלִנֵּיהּ
מ מא תּוֹלַעְתָּא: זֵיתִין, יְהוֹן לָךְ בְּכָל תְּחוּמָךְ, וּמִשְׁחָא לָא תְסוּךְ, אֲרֵי יִתַּרְן זֵיתָךְ: בְּנִין וּבְנָן תּוֹלִיד,
מב מג וְלָא יְהוֹן לָךְ, אֲרֵי יְהָכוּן בְּשִׁבְיָא: כָּל אִילָנָךְ וְאִבָּא דְאַרְעָךְ, יַחְסְנִנֵּיהּ סַקָּאָה: תּוֹתַב עָרַל
מד דְּבֵינָךְ, יְהֵי סָלֵיק עֵיל מִנָּךְ לְעֵילָא לְעֵילָא, וְאַתְּ תְּהֵי נָחֵית לְתַחְתָּא לְתַחְתָּא: הוּא יוֹזְפִנָּךְ,
מה וְאַתְּ לָא תוֹזְפִנֵּיהּ, הוּא יְהֵי תַּקִּיף, וְאַתְּ תְּהֵי חַלָּשׁ: וְיֵיתוֹן עֲלָךְ כָּל לְוָטַיָּא הָאִלֵּין, וְיִרְדְּפֻנָּךְ
וְיִדְבְּקֻנָּךְ, עַד דְּתִשְׁתֵּיצֵי, אֲרֵי לָא קַבֵּילְתָּא, לְמֵימְרָא דַּיי אֱלָהָךְ, לְמִטַּר, פִּקּוֹדוֹהִי וּקְיָמוֹהִי
מו מז דְּפַקְּדָךְ: וִיהוֹן בָּךְ, לְאָתִין וּלְמוֹפְתִין, וּבִבְנָךְ עַד עָלְמָא: חֲלָף, דְּלָא פְלַחְתָּא קֳדָם יי אֱלָהָךְ,
מח בְּחֶדְוָא וּבְשַׁפִּירוּת לִבָּא, מִסְּגֵי כוֹלָא: וְתִפְלַח יָת בַּעֲלֵי דְבָבָךְ, דִּיגָרֵינוּן יי בָּךְ, בְּכַפְנָא
מט וּבְצַהוּתָא, וּבְעַרְטְלָיוּתָא וּבַחֲסִירוּת כּוֹלָא, וְיִתֵּין, נִיר דְּבַרְזֶל עַל צַוְּרָךְ, עַד דִּישֵׁיצֵי יָתָךְ: יַיְתֵי
יי עֲלָךְ עַם מֵרַחִיק מִסְּיָפֵי אַרְעָא, כְּמָא דְמִשְׁתְּדֵי נִשְׁרָא, עַמָּא, דְּלָא תִשְׁמַע לִישָּׁנֵיהּ׃

שָׁבִים. כָּל תּוֹלַעַת שֶׁהִיא בָּאָה קְרוּיָה כִּלְיוֹן עֵינַיִם:

לז] לְשַׁמָּה. אשטורדישו"ן, כָּל הָרוֹאֶה אוֹתְךָ יִשֹּׁם עָלֶיךָ: לְמָשָׁל. כְּשֶׁתָּבֹא מַכָּה רָעָה עַל אָדָם יֹאמְרוּ: זוֹ דוֹמָה לְמַכַּת פְּלוֹנִי: וְלִשְׁנִינָה. לְשׁוֹן "וְשִׁנַּנְתָּם" (לעיל ו, ז), יְדַבְּרוּ בְּךָ, וְכֵן תַּרְגּוּמוֹ: "וּלְשׁוֹעִי", לְשׁוֹן סִפּוּר, 'וְאִשְׁתָּעִי':

לח] יַחְסְלֶנּוּ. יְכַלֶּנּוּ, וְעַל שֵׁם כָּךְ נִקְרָא 'חָסִיל', שֶׁמְּכַלֶּה אֶת הַכֹּל:

מ] כִּי יִשַּׁל. יַשִּׁיר פֵּרוֹתָיו, לְשׁוֹן: "וְנָשַׁל הַבַּרְזֶל" (לעיל יט, ה):

מב] יְיָרֵשׁ הַצְּלָצַל. יַעֲשֶׂנּוּ הָאַרְבֶּה רָשׁ מִן הַפְּרִי: יְיָרֵשׁ. יַעֲנִי: הַצְּלָצַל. מִין אַרְבֶּה. וְאִי אֶפְשָׁר לְפָרֵשׁ 'יְיָרֵשׁ' לְשׁוֹן יְרֻשָּׁה, שֶׁאִם כֵּן הָיָה לוֹ לִכְתֹּב 'יִירַשׁ'; וְלֹא לְשׁוֹן הוֹרָשָׁה וְגֵרוּשִׁין, שֶׁאִם כֵּן הָיָה לוֹ לִכְתֹּב 'יוֹרִישׁ':

מז] מֵרֹב כֹּל. בְּעוֹד שֶׁהָיָה לְךָ כָּל טוּב:

מט] כַּאֲשֶׁר יִדְאֶה הַנָּשֶׁר. פִּתְאֹם, וְדֶרֶךְ מַצְלַחַת וְיֵקַלּוּ סוּסָיו: לֹא תִשְׁמַע לְשֹׁנוֹ. שֶׁלֹּא תַכִּיר לְשׁוֹנוֹ. וְכֵן: "תִּשְׁמַע חֲלוֹם לִפְתֹּר אֹתוֹ" (בראשית מא, טו), וְכֵן: "כִּי שֹׁמֵעַ יוֹסֵף" (שם מב, כג), אינטינדר"א בְּלַעַז:

כי תבוא

נ גּ֣וֹי עַ֣ז פָּנִ֑ים אֲשֶׁ֨ר לֹא־יִשָּׂ֤א פָנִים֙ לְזָקֵ֔ן וְנַ֖עַר לֹ֥א יָחֹֽן: וְ֠אָכַ֠ל פְּרִ֨י בְהֶמְתְּךָ֥ וּפְרִֽי־אַדְמָתְךָ֮ עַ֣ד הִשָּׁמְדָךְ֒ אֲשֶׁ֨ר לֹֽא־יַשְׁאִ֜יר לְךָ֗ דָּגָן֙ תִּיר֣וֹשׁ וְיִצְהָ֔ר שְׁגַ֥ר אֲלָפֶ֖יךָ וְעַשְׁתְּרֹ֣ת צֹאנֶ֑ךָ עַ֥ד הַאֲבִיד֖וֹ אֹתָֽךְ:
נב וְהֵצַ֨ר לְךָ֜ בְּכָל־שְׁעָרֶ֗יךָ עַ֣ד רֶ֤דֶת חֹמֹתֶ֨יךָ֙ הַגְּבֹהֹ֣ת וְהַבְּצֻר֔וֹת אֲשֶׁ֥ר אַתָּ֛ה בֹּטֵ֥חַ בָּהֵ֖ן בְּכָל־אַרְצֶ֑ךָ וְהֵצַ֤ר לְךָ֙ בְּכָל־שְׁעָרֶ֔יךָ בְּכָל־אַ֨רְצְךָ֔ אֲשֶׁ֥ר נָתַ֛ן יְהוָ֥ה אֱלֹהֶ֖יךָ לָֽךְ:
נג וְאָכַלְתָּ֣ פְרִֽי־בִטְנְךָ֗ בְּשַׂ֤ר בָּנֶ֨יךָ֙ וּבְנֹתֶ֔יךָ אֲשֶׁ֥ר נָֽתַן־לְךָ֖ יְהוָ֣ה אֱלֹהֶ֑יךָ בְּמָצוֹר֙ וּבְמָצ֔וֹק אֲשֶׁר־יָצִ֥יק לְךָ֖ אֹיְבֶֽךָ:
נד הָאִישׁ֙ הָרַ֣ךְ בְּךָ֔ וְהֶעָנֹ֖ג מְאֹ֑ד תֵּרַ֨ע עֵינ֤וֹ בְאָחִיו֙ וּבְאֵ֣שֶׁת חֵיק֔וֹ וּבְיֶ֥תֶר בָּנָ֖יו אֲשֶׁ֥ר יוֹתִֽיר:
נה מִתֵּ֣ת ׀ לְאַחַ֣ד מֵהֶ֗ם מִבְּשַׂ֤ר בָּנָיו֙ אֲשֶׁ֣ר יֹאכֵ֔ל מִבְּלִ֥י הִשְׁאִֽיר־ל֖וֹ כֹּ֑ל בְּמָצוֹר֙ וּבְמָצ֔וֹק אֲשֶׁ֨ר יָצִ֥יק לְךָ֛ אֹיִבְךָ֖ בְּכָל־שְׁעָרֶֽיךָ:
נו הָרַכָּ֨ה בְךָ֜ וְהָעֲנֻגָּ֗ה אֲשֶׁ֨ר לֹא־נִסְּתָ֤ה כַף־רַגְלָהּ֙ הַצֵּ֣ג עַל־הָאָ֔רֶץ מֵהִתְעַנֵּ֖ג וּמֵרֹ֑ךְ תֵּרַ֤ע עֵינָהּ֙ בְּאִ֣ישׁ חֵיקָ֔הּ וּבִבְנָ֖הּ וּבְבִתָּֽהּ:
נז וּֽבְשִׁלְיָתָ֞הּ הַיּוֹצֵ֣ת ׀ מִבֵּ֣ין רַגְלֶ֗יהָ וּבְבָנֶ֨יהָ֙ אֲשֶׁ֣ר תֵּלֵ֔ד כִּֽי־תֹאכְלֵ֥ם בְּחֹֽסֶר־כֹּ֖ל בַּסָּ֑תֶר בְּמָצוֹר֙ וּבְמָצ֔וֹק אֲשֶׁ֨ר יָצִ֥יק לְךָ֛ אֹיִבְךָ֖ בִּשְׁעָרֶֽיךָ:
נח אִם־לֹ֨א

כי תבוא

תִּשְׁמֹר לַעֲשׂוֹת אֶת־כָּל־דִּבְרֵי הַתּוֹרָה הַזֹּאת הַכְּתֻבִים בַּסֵּפֶר הַזֶּה לְיִרְאָה אֶת־הַשֵּׁם הַנִּכְבָּד וְהַנּוֹרָא הַזֶּה אֵת יְהֹוָה אֱלֹהֶיךָ: וְהִפְלָא יְהֹוָה אֶת־מַכֹּתְךָ וְאֵת מַכּוֹת זַרְעֶךָ מַכּוֹת גְּדֹלוֹת וְנֶאֱמָנוֹת וָחֳלָיִם רָעִים וְנֶאֱמָנִים: וְהֵשִׁיב בְּךָ אֵת כָּל־מַדְוֵה מִצְרַיִם אֲשֶׁר יָגֹרְתָּ מִפְּנֵיהֶם

נא עַם תַּקִּיף אַפִּין, דְּלָא נָסֵיב אַפֵּי סָבָא, וְעַל יָנְקָא לָא מְרַחֵים: וְיֵיכוֹל וַלְדָּא דִּבְעִירָךְ וְאִבָּא דְאַרְעָךְ עַד דְּתִשְׁתֵּיצֵי, דְּלָא יִשְׁאַר לָךְ, עֲבוּרָא חַמְרָא וּמִשְׁחָא, בַּקְרֵי תוֹרָךְ וְעֶדְרֵי עָנָךְ, עַד
נב דְיוֹבֵיד יָתָךְ: וִיעִיק לָךְ בְּכָל קִרְוָךְ, עַד דְּיִכְבֵּשׁ שׁוּרָךְ רָמַיָּא וּכְרִיכַיָּא, דְּאַתְּ רְחִיץ לְאִשְׁתֵּיזָבָא בְהוֹן בְּכָל אַרְעָךְ, וִיעִיק לָךְ בְּכָל קִרְוָךְ, בְּכָל אַרְעָךְ, דִּיהַב יְיָ אֱלָהָךְ לָךְ: וְתֵיכוֹל וַלְדָּא דִמְעָךְ,
נג בְּסַר בְּנָךְ וּבְנָתָךְ, דִּיהַב לָךְ יְיָ אֱלָהָךְ, בְּצִיָּרָא וּבְעָקְתָא, דִּיעִיק לָךְ סָנְאָךְ: גַּבְרָא דְרַכִּיךְ בָּךְ,
נד וְדִמְפַנַּק לַחֲדָא, תַּבְאֵישׁ עֵינֵיהּ בַּאֲחוּהִי וּבְאִתַּת קְיָמֵיהּ, וּבִשְׁאָר בְּנוֹהִי דְיִשְׁאַר: מִלְּמִתַּן לְחַד מִנְּהוֹן, מִבְּסַר בְּנוֹהִי דְּיֵיכוֹל, מִדְּלָא אִשְׁתְּאַר לֵיהּ כּוֹלָא, בְּצִיָּרָא וּבְעָקְתָא, דִּיעִיק לָךְ סָנְאָךְ
נה בְּכָל קִרְוָךְ: דְּרַכִּיכָא בָךְ וְדִמְפַנְּקָא, דְּלָא נַסִּיאַת פַּרְסַת רַגְלַהּ לְאַחָתָא עַל אַרְעָא, מִמְּפַנְּקוּ
נו וּמֵרַכִּיכוּ, תַּבְאֵישׁ עֵינַהּ בִּגְבַר קְיָמַהּ, וּבִבְרַהּ וּבִבְרַתַּהּ: וּבִזְעֵיר בְּנַהָּא, דְּיִפְּקוּן מִבֵּין רַגְלַהָא, וּבִבְנָהָא דִּתְלִיד, אֲרֵי תֵיכְלִנּוּן בְּחַסִּירוּת כּוֹלָא בְּסִתְרָא, בְּצִיָּרָא וּבְעָקְתָא, דִּיעִיק לָךְ סָנְאָךְ
נח בְּקִרְוָךְ: אִם לָא תִטַּר לְמֶעְבַּד, יָת כָּל פִּתְגָמֵי אוֹרַיְתָא הָדָא, דִּכְתִיבִין בְּסִפְרָא הָדֵין, לְמִדְחַל
נט יָת שְׁמָא, יַקִּירָא וּדְחִילָא הָדֵין, יָת יְיָ אֱלָהָךְ: וְיַפְרֵישׁ יְיָ יָת מַחָתָךְ, וְיָת מַחַת בְּנָךְ, מַחָן רַבְרְבָן
ס וּמְהֵימְנָן, וּמַכְתָּשִׁין בִּישִׁין וּמְהֵימְנִין: וִיתִיב בָּךְ, יָת כָּל מַכְתְּשֵׁי מִצְרַיִם, דִּדְחֵילְתָּא מִן

נב] עַד רֶדֶת חֹמֹתֶיךָ. לְשׁוֹן רִדּוּי וְכִבּוּשׁ:

נג] וְאָכַלְתָּ... בְּשַׂר בָּנֶיךָ... בְּמָצוֹר. מֵחֲמַת שֶׁיִּהְיוּ צָרִים עַל הָעִיר וְיִהְיֶה שָׁם "מָעוֹק", עָקַת רָעָבוֹן:

נד] הָרַךְ בְּךָ. הָרַחֲמָנִי וְרַךְ הַלֵּבָב עַל בָּנָיו, תֵּרַע עֵינוֹ בָּהֶם לְהַעֲלִים עֵינוֹ מֵהֶם, מִתֵּת לְאֶחָד מֵהֶם מִבְּשַׂר אֲחֵיהֶם אֲשֶׁר יֹאכֵל. וּבְיֶתֶר בָּנָיו אֲשֶׁר יוֹתִיר. מִן הַשְּׁחוּטִין שֶׁיִּשְׁחַט לְמַאֲכָלוֹ, תֵּהֵא עֵינוֹ רָעָה וְנֶאֱוָה בָּהֶם מִלִּתֵּן לָהֶם מִבְּשַׂר הַנִּשְׁחָטִין:

נו] תֵּרַע עֵינָהּ בְּאִישׁ חֵיקָהּ וּבִבְנָהּ וּבְבִתָּהּ. הַגְּדוֹלִים:

נו] וּבְשִׁלְיָתָהּ. בָּנֶיהָ הַקְּטַנִּים, בְּכֻלָּן תְּהֵא עֵינָהּ צָרָה כְּשֶׁתֹּאכַל אֶת הָאֶחָד מִלֵּתֵת לַאֲשֶׁר אֶצְלָהּ מִן הַבָּשָׂר: וּבְבָנֶיהָ אֲשֶׁר תֵּלֵד. תֵּרַע עֵינָהּ לְשָׁחֳטָם וּלְאָכְלָם בְּחֹסֶר כָּל בַּסֵּתֶר:

נט] וְהִפְלָא ה' אֶת מַכֹּתְךָ. מֻפְלָאוֹת וּמֻבְדָּלוֹת מִשְּׁאָר מַכּוֹת: וְנֶאֱמָנוֹת. לְיַסְּרָךְ לְקַיֵּם שְׁלִיחוּתָן:

ס] אֲשֶׁר יָגֹרְתָּ מִפְּנֵיהֶם. מִפְּנֵי הַמַּכּוֹת. כְּשֶׁהָיוּ יִשְׂרָאֵל רוֹאִים מַכּוֹת מְשֻׁנּוֹת הַבָּאוֹת עַל מִצְרַיִם, הָיוּ יְרֵאִים מֵהֶם שֶׁלֹּא יָבוֹאוּ גַם עֲלֵיהֶם. תֵּדַע, שֶׁכֵּן כָּתוּב: "אִם שָׁמוֹעַ תִּשְׁמַע וְגוֹ' כָּל הַמַּחֲלָה

וְדָבְק֖וּ בָּ֑ךְ: גַּ֤ם כָּל־חֳלִי֙ וְכָל־מַכָּ֔ה אֲשֶׁר֙ לֹ֣א סא
כָת֔וּב בְּסֵ֖פֶר הַתּוֹרָ֣ה הַזֹּ֑את יַעְלֵ֤ם יְהֹוָה֙ עָלֶ֔יךָ
עַ֖ד הִשָּׁמְדָֽךְ: וְנִשְׁאַרְתֶּם֙ בִּמְתֵ֣י מְעָ֔ט תַּ֚חַת סב
אֲשֶׁ֣ר הֱיִיתֶ֔ם כְּכוֹכְבֵ֥י הַשָּׁמַ֖יִם לָרֹ֑ב כִּי־לֹ֣א
שָׁמַ֔עְתָּ בְּק֖וֹל יְהֹוָ֥ה אֱלֹהֶֽיךָ: וְהָיָ֗ה כַּאֲשֶׁר־ סג
שָׂ֤שׂ יְהֹוָה֙ עֲלֵיכֶ֔ם לְהֵיטִ֥יב אֶתְכֶ֖ם וּלְהַרְבּ֣וֹת
אֶתְכֶ֑ם כֵּ֣ן יָשִׂ֤ישׂ יְהֹוָה֙ עֲלֵיכֶ֔ם לְהַאֲבִ֥יד אֶתְכֶ֖ם
וּלְהַשְׁמִ֣יד אֶתְכֶ֑ם וְנִסַּחְתֶּם֙ מֵעַ֣ל הָאֲדָמָ֔ה
אֲשֶׁר־אַתָּ֥ה בָא־שָׁ֖מָּה לְרִשְׁתָּֽהּ: וֶהֱפִֽיצְךָ֤ סד
יְהֹוָה֙ בְּכָל־הָ֣עַמִּ֔ים מִקְצֵ֥ה הָאָ֖רֶץ וְעַד־קְצֵ֣ה
הָאָ֑רֶץ וְעָבַ֨דְתָּ שָּׁ֜ם אֱלֹהִ֣ים אֲחֵרִ֗ים אֲשֶׁ֧ר לֹא־
יָדַ֛עְתָּ אַתָּ֥ה וַאֲבֹתֶ֖יךָ עֵ֥ץ וָאָֽבֶן: וּבַגּוֹיִ֤ם הָהֵם֙ סה
לֹ֣א תַרְגִּ֔יעַ וְלֹא־יִהְיֶ֥ה מָנ֖וֹחַ לְכַף־רַגְלֶ֑ךָ וְנָתַן֩
יְהֹוָ֨ה לְךָ֥ שָׁ֛ם לֵ֥ב רַגָּ֖ז וְכִלְי֥וֹן עֵינַ֖יִם וְדַאֲב֥וֹן
נָֽפֶשׁ: וְהָי֣וּ חַיֶּ֔יךָ תְּלֻאִ֥ים לְךָ֖ מִנֶּ֑גֶד וּפָֽחַדְתָּ֙ סו
לַ֣יְלָה וְיוֹמָ֔ם וְלֹ֥א תַאֲמִ֖ין בְּחַיֶּֽיךָ: בַּבֹּ֤קֶר סז
תֹּאמַר֙ מִֽי־יִתֵּ֣ן עֶ֔רֶב וּבָעֶ֥רֶב תֹּאמַ֖ר מִֽי־יִתֵּ֣ן
בֹּ֑קֶר מִפַּ֤חַד לְבָֽבְךָ֙ אֲשֶׁ֣ר תִּפְחָ֔ד וּמִמַּרְאֵ֥ה
עֵינֶ֖יךָ אֲשֶׁ֥ר תִּרְאֶֽה: וֶהֱשִֽׁיבְךָ֨ יְהֹוָ֥ה ׀ מִצְרַ֛יִם סח
בָּאֳנִיּ֖וֹת בַּדֶּ֨רֶךְ֙ אֲשֶׁ֣ר אָמַ֣רְתִּי לְךָ֔ לֹא־תֹסִ֥יף

עוֹד לִרְאֹתָהּ וְהִתְמַכַּרְתֶּם שָׁם לְאֹיְבֶיךָ לַעֲבָדִים
סט וְלִשְׁפָחוֹת וְאֵין קֹנֶה: אֵלֶּה דִבְרֵי
הַבְּרִית אֲשֶׁר־צִוָּה יְהוָה אֶת־מֹשֶׁה לִכְרֹת אֶת־

סא קֳדָמֵיהוֹן, וְיִדְבְּקוּן בָּךְ: אַף כָּל מְרַע וְכָל מַחָא, דְּלָא כְתִיבִין, בִּסְפַר אוֹרָיְתָא הָדָא, יַיְתֵינוּן יי
סב עֲלָךְ, עַד דְּתִשְׁתֵּיצֵי: וְתִשְׁתְּאֲרוּן בְּעַם זְעֵיר, חֲלָף דַּהֲוֵיתוֹן, כְּכוֹכְבֵי שְׁמַיָּא לִסְגֵי, אֲרֵי לָא
סג קַבֵּילְתָּא, לְמֵימְרָא דַּיי אֱלָהָךְ: וִיהֵי, כְּמָא דַּחֲדִי יי עֲלֵיכוֹן, לְאֵיטָבָא לְכוֹן וּלְאַסְגָּאָה יָתְכוֹן,
כֵּן יַחְדֵּי יי עֲלֵיכוֹן, לְאוֹבָדָא יָתְכוֹן וּלְשֵׁיצָאָה יָתְכוֹן, וְתִטַּלְטְלוּן מֵעַל אַרְעָא, דְּאַתְּ עָלֵיל לְתַמָּן
סד לְמֵירְתַהּ: וִיבַדְּרִנָּךְ יי בְּכָל עַמְמַיָּא, מִסְּיָפֵי אַרְעָא וְעַד סְיָפֵי אַרְעָא, וְתִפְלַח תַּמָּן לְעַמְמַיָּא
סה פָּלְחֵי טַעֲוָתָא, דְּלָא יְדַעְתָּא, אַתְּ וַאֲבָהָתָךְ אָעָא וְאַבְנָא: וּבְעַמְמַיָּא הָאִנּוּן לָא תְנוּחַ, וְלָא
סו יְהֵי מְנָח לְפַרְסַת רַגְלָךְ, וְיִתֵּין יי לָךְ תַּמָּן לֵב דָּחוֹל, וַחֲשׁוֹכוּת עַיְנִין וּמַפְּחָן נְפַשׁ: וִיהוֹן חַיָּךְ, תְּלַן
סז לָךְ מִקֳּבֵיל, וּתְהֵי תָוַהּ בְּלֵילְיָא וּבִימָמָא, וְלָא תְהֵימִין בְּחַיָּךְ: בְּצַפְרָא תֵּימַר מַאן יִתֵּין רַמְשָׁא,
סח וּבְרַמְשָׁא תֵּימַר מַאן יִתֵּין צַפְרָא, מִתְּוַהַת לִבָּךְ דִּתְהֵי תָוַהּ, וּמֵחֵיזוּ עֵינָךְ דִּתְהֵי חָזֵי: וִיתִיבִנָּךְ יי
לְמִצְרַיִם בִּסְפִינָן, בְּאוֹרְחָא דַּאֲמַרִית לָךְ, לָא תוֹסֵיף עוֹד לְמִחְזַהּ, וְתִזְדַּבְּנוּן תַּמָּן לְבַעֲלֵי
סט דְּבָבֵיכוֹן, לְעַבְדִּין וּלְאַמְהָן וְלֵית דְּקָנֵי: אִלֵּין פִּתְגָּמֵי קְיָמָא דְּפַקֵּיד יי יָת מֹשֶׁה, לְמִגְזַר, עִם

אֲשֶׁר שַׂמְתִּי בְמִצְרַיִם לֹא אָשִׂים עָלֶיךָ" (שמות טו, כו), אֵין מְיָרְאִין אֶת הָאָדָם אֶלָּא בְּדָבָר שֶׁהוּא יָגוֹר מִמֶּנּוּ:

סא| יַעְלֵם. לְשׁוֹן עֲלִיָּה:

סב| וְנִשְׁאַרְתֶּם בִּמְתֵי מְעַט תַּחַת וְגוֹ'. מוּעָטִין חִלּוּף מְרֻבִּין:

סג| כֵּן יָשִׂישׂ ה'. אֶת אוֹיְבֵיכֶם "עֲלֵיכֶם, לְהַאֲבִיד" וְגוֹ': וְנִסַּחְתֶּם. לְשׁוֹן עֲקִירָה, וְכֵן: "בֵּית גֵּאִים יִסַּח ה'" (משלי טו, כה):

סד| וְעָבַדְתָּ שָּׁם אֱלֹהִים אֲחֵרִים. כְּתַרְגּוּמוֹ, לֹא עֲבוֹדַת אֱלֹהוּת מַמָּשׁ, אֶלָּא מַעֲלִים מַס וְגֻלְגָּלִיּוֹת לְכָמְרֵי עֲבוֹדָה זָרָה:

סה| לֹא תַרְגִּיעַ. לֹא תָנוּחַ, כְּמוֹ: "וְזֹאת הַמַּרְגֵּעָה" (ישעיה כח, יב): לֵב רַגָּז. לֵב חָרֵד, כְּתַרְגּוּמוֹ: "דָּחֵיל", כְּמוֹ: "שְׁאוֹל מִתַּחַת רָגְזָה לְךָ" (שם יד, ט), "שָׁמְעוּ עַמִּים יִרְגָּזוּן" (שמות טו, יד), "מוֹסְדוֹת הַשָּׁמַיִם יִרְגָּזוּ" (שמואל ב' כב, ח): וְכִלְיוֹן עֵינַיִם. מְצַפֶּה לִישׁוּעָה וְלֹא תָבֹא:

סו| חַיֶּיךָ תְּלֻאִים לְךָ. עַל הַסָּפֵק. כָּל סָפֵק קָרוּי 'תָּלוּי', שֶׁמָּא אָמוּת הַיּוֹם בַּחֶרֶב הַבָּאָה עָלֵינוּ. וְרַבּוֹתֵינוּ דָּרְשׁוּ: זֶה הַלּוֹקֵחַ תְּבוּאָה מִן הַשּׁוּק: וְלֹא תַאֲמִין בְּחַיֶּיךָ. זֶה הַסּוֹמֵךְ עַל הַפַּלְטֵר:

סז| בַּבֹּקֶר תֹּאמַר מִי יִתֵּן. וְהָיָה עֶרֶב שֶׁל אֶמֶשׁ: וּבָעֶרֶב תֹּאמַר מִי יִתֵּן בֹּקֶר. שֶׁל שַׁחֲרִית, שֶׁהַצָּרוֹת מִתְחַזְּקוֹת תָּמִיד, וְכָל שָׁעָה מְרֻבָּה קִלְלָתָהּ מִשֶּׁלְּפָנֶיהָ:

סח| בָּאֳנִיּוֹת. בִּסְפִינוֹת בַּשִּׁבְיָה: וְהִתְמַכַּרְתֶּם שָׁם לְאֹיְבֶיךָ. אַתֶּם מְבַקְשִׁים לִהְיוֹת נִמְכָּרִים לָהֶם "לַעֲבָדִים": וְאֵין קֹנֶה. כִּי יִגְזְרוּ עָלֶיךָ הֶרֶג וְכִלָּיוֹן: וְהִתְמַכַּרְתֶּם. בְּלַעַז אישפורוונדרי"ן בו"ש. וְלֹא יִתָּכֵן לְפָרֵשׁ "וְהִתְמַכַּרְתֶּם" בִּלְשׁוֹן וְנִמְכַּרְתֶּם עַל יְדֵי מוֹכְרִים אֲחֵרִים:

סט| לִכְרֹת אֶת בְּנֵי יִשְׂרָאֵל. שֶׁיְּקַבְּלוּ עֲלֵיהֶם

בְּנֵי יִשְׂרָאֵל בְּאֶרֶץ מוֹאָב מִלְּבַד הַבְּרִית אֲשֶׁר־
כָּרַת אִתָּם בְּחֹרֵב׃
שביעי וַיִּקְרָא מֹשֶׁה אֶל־כָּל־יִשְׂרָאֵל וַיֹּאמֶר אֲלֵהֶם א כט
אַתֶּם רְאִיתֶם אֵת כָּל־אֲשֶׁר עָשָׂה יְהוָה לְעֵינֵיכֶם
בְּאֶרֶץ מִצְרַיִם לְפַרְעֹה וּלְכָל־עֲבָדָיו וּלְכָל־
אַרְצוֹ׃ הַמַּסּוֹת הַגְּדֹלֹת אֲשֶׁר רָאוּ עֵינֶיךָ הָאֹתֹת ב
וְהַמֹּפְתִים הַגְּדֹלִים הָהֵם׃ וְלֹא־נָתַן יְהוָה לָכֶם לֵב ג
לָדַעַת וְעֵינַיִם לִרְאוֹת וְאָזְנַיִם לִשְׁמֹעַ עַד הַיּוֹם
הַזֶּה׃ וָאוֹלֵךְ אֶתְכֶם אַרְבָּעִים שָׁנָה בַּמִּדְבָּר לֹא־ ד
בָלוּ שַׂלְמֹתֵיכֶם מֵעֲלֵיכֶם וְנַעַלְךָ לֹא־בָלְתָה מֵעַל
רַגְלֶךָ׃ לֶחֶם לֹא אֲכַלְתֶּם וְיַיִן וְשֵׁכָר לֹא שְׁתִיתֶם ה
★ מפטיר לְמַעַן תֵּדְעוּ כִּי אֲנִי יְהוָה אֱלֹהֵיכֶם׃ וַתָּבֹאוּ אֶל־ ו
הַמָּקוֹם הַזֶּה וַיֵּצֵא סִיחֹן מֶלֶךְ־חֶשְׁבּוֹן וְעוֹג מֶלֶךְ־
הַבָּשָׁן לִקְרָאתֵנוּ לַמִּלְחָמָה וַנַּכֵּם׃ וַנִּקַּח אֶת־ ז
אַרְצָם וַנִּתְּנָהּ לְנַחֲלָה לָרֻאוּבֵנִי וְלַגָּדִי וְלַחֲצִי
שֵׁבֶט הַמְנַשִּׁי׃ וּשְׁמַרְתֶּם אֶת־דִּבְרֵי הַבְּרִית ח

הַזֹּאת וַעֲשִׂיתֶם אֹתָם לְמַעַן תַּשְׂכִּילוּ אֵת כָּל־
אֲשֶׁר תַּעֲשׂוּן׃

כט א בְּנֵי יִשְׂרָאֵל בְּאַרְעָא דְמוֹאָב, בָּר מִקְיָמָא, דִּגְזַר עִמְּהוֹן בְּחוֹרֵב׃ וּקְרָא מֹשֶׁה, לְכָל יִשְׂרָאֵל
וַאֲמַר לְהוֹן, אַתּוּן חֲזֵיתוּן, יָת כָּל דַּעֲבַד יי לְעֵינֵיכוֹן בְּאַרְעָא דְמִצְרַיִם, לְפַרְעֹה וּלְכָל עַבְדּוֹהִי
ב ג וּלְכָל אַרְעֵיהּ׃ נִסִּין רַבְרְבָן, דַּחֲזָאָה עֵינָךְ, אָתַיָּא וּמוֹפְתַיָּא, רַבְרְבַיָּא הָאִנּוּן׃ וְלָא יְהַב יי לְכוֹן
ד לִבָּא לְמִדַּע, וְעַיְנִין לְמֶחֱזֵי וְאֻדְנִין לְמִשְׁמַע, עַד יוֹמָא הָדֵין׃ וְדַבָּרִית יָתְכוֹן, אַרְבְּעִין שְׁנִין
ה בְּמַדְבְּרָא, לָא בְלִיאַת כְּסוּתְכוֹן מִנְּכוֹן, וּמְסָנָךְ לָא עֲדוֹ מֵעַל רַגְלָךְ׃ לַחְמָא לָא אֲכַלְתּוּן, וַחֲמַר
ו חֲדַת וְעַתִּיק לָא שְׁתֵיתוּן, בְּדִיל דְּתִדְּעוּן, אֲרֵי, אֲנָא יי אֱלָהֲכוֹן׃ וַאֲתֵיתוּן לְאַתְרָא הָדֵין, וּנְפַק
ז סִיחוֹן מַלְכָּא דְחֶשְׁבּוֹן, וְעוֹג מַלְכָּא דְמַתְנַן לְקַדָּמוּתָנָא, לְאַגָּחָא קְרָבָא וּמְחֵינָנוּן׃ וּנְסֵיבְנָא
ח יָת אַרְעֲהוֹן, וִיהַבְנַהּ לְאַחְסָנָא, לְשֵׁיבֶט רְאוּבֵן וּלְשֵׁיבֶט גָּד, וּלְפַלְגוּת שִׁבְטָא דִמְנַשֶּׁה׃ וְתִטְּרוּן,
יָת פִּתְגָּמֵי קְיָמָא הָדָא, וְתַעְבְּדוּן יָתְהוֹן, בְּדִיל דְּתַצְלְחוּן, יָת כָּל דְּתַעְבְּדוּן׃

הַתּוֹרָה בְּאָלָה וּבִשְׁבוּעָה: מִלְּבַד הַבְּרִית. קְלָלוֹת שֶׁבְּתוֹרַת כֹּהֲנִים שֶׁנֶּאֶמְרוּ בְּסִינַי:

פרק כט

ג-ח| וְלֹא נָתַן ה' לָכֶם לֵב לָדַעַת. לְהַכִּיר אֶת חַסְדֵי הַקָּדוֹשׁ בָּרוּךְ הוּא וּלְדָבֵק בּוֹ: עַד הַיּוֹם הַזֶּה. שָׁמַעְתִּי שֶׁאוֹתוֹ הַיּוֹם שֶׁנָּתַן מֹשֶׁה סֵפֶר הַתּוֹרָה לִבְנֵי לֵוִי, כְּמוֹ שֶׁכָּתוּב: "וַיִּתְּנָהּ אֶל הַכֹּהֲנִים בְּנֵי לֵוִי" (להלן לא, ט), בָּאוּ כָּל יִשְׂרָאֵל לִפְנֵי מֹשֶׁה וְאָמְרוּ לוֹ: מֹשֶׁה רַבֵּנוּ, אַף אָנוּ עָמַדְנוּ בְּסִינַי וְנִתְּנָה לָנוּ, וּמָה אַתָּה מַשְׁלִיט אֶת בְּנֵי שִׁבְטְךָ עָלֶיהָ, וְיֹאמְרוּ לָנוּ יוֹם מָחָר, לֹא לָכֶם נִתְּנָה! וְשָׂמַח מֹשֶׁה עַל הַדָּבָר, וְעַל זֹאת אָמַר לָהֶם: "הַיּוֹם הַזֶּה נִהְיֵיתָ לְעָם" וְגוֹ' (לעיל כז, ט), הַיּוֹם הַזֶּה הֵבַנְתִּי שֶׁאַתֶּם דְּבֵקִים וַחֲפֵצִים בַּמָּקוֹם: וַתָּבֹאוּ אֶל הַמָּקוֹם הַזֶּה. עַתָּה אַתֶּם רוֹאִים עַצְמְכֶם בִּגְדֻלָּה וְכָבוֹד, אַל תִּבְעֲטוּ בַּמָּקוֹם וְאַל יָרוּם לְבַבְכֶם, "וּשְׁמַרְתֶּם אֶת דִּבְרֵי הַבְּרִית הַזֹּאת" וְגוֹ' (להלן פסוק ח). דָּבָר אַחֵר, "וְלֹא נָתַן ה' לָכֶם לֵב לָדַעַת", שֶׁאֵין אָדָם עוֹמֵד עַל סוֹף דַּעְתּוֹ שֶׁל רַבּוֹ וְחָכְמַת מִשְׁנָתוֹ עַד אַרְבָּעִים שָׁנָה, וּלְפִיכָךְ לֹא הִקְפִּיד עֲלֵיכֶם הַמָּקוֹם "עַד הַיּוֹם הַזֶּה", אֲבָל מִכָּאן וְאֵילָךְ יַקְפִּיד, וּלְפִיכָךְ: "וּשְׁמַרְתֶּם אֶת דִּבְרֵי הַבְּרִית הַזֹּאת" וְגוֹ':

כי תבוא

הפטרת כי תבוא

שתי המילים החותמות את ההפטרה "בְּעִתָּהּ אחישנה" מבטאות שני סגנונות בגאולה: האחת "אחישנה" – נעלית יותר, ולפיה, ה' יחיש את התהליך. והאחרת "בְּעִתָּהּ" – ולפיה, הכול יתנהל בקצב טבעי. שני הסגנונות קשורים גם לגאולת העולם. האם נכה להיות מרוממים, כדי שאור ה' שיתגלה בנו יקרין דרכנו לאומות כולן, או שהשפעתנו תהיה נמוכה, וממילא תהליך התיקון יימשך זמן רב יותר? הדגש במערכת היחסים עם האומות הוא בעשיית צדק. אומות העולם יכירו בעוול שגרמו לעם ישראל ויפצוהו. בעקבות הכרה זו, ייווצרו באומות אמות מידה של התנהלות מתוקנת, והן יכירו בייחודו של עם ישראל כעם ה'.

ישעיה

קוּמִי אוֹרִי כִּי בָא אוֹרֵךְ וּכְבוֹד יְהוָה עָלַיִךְ זָרָח׃ כִּי־הִנֵּה הַחֹשֶׁךְ ס א ב
יְכַסֶּה־אֶרֶץ וַעֲרָפֶל לְאֻמִּים וְעָלַיִךְ יִזְרַח יְהוָה וּכְבוֹדוֹ עָלַיִךְ
יֵרָאֶה׃ וְהָלְכוּ גוֹיִם לְאוֹרֵךְ וּמְלָכִים לְנֹגַהּ זַרְחֵךְ׃ שְׂאִי־סָבִיב ג ד
עֵינַיִךְ וּרְאִי כֻּלָּם נִקְבְּצוּ בָאוּ־לָךְ בָּנַיִךְ מֵרָחוֹק יָבֹאוּ וּבְנֹתַיִךְ
עַל־צַד תֵּאָמַנָה׃ אָז תִּרְאִי וְנָהַרְתְּ וּפָחַד וְרָחַב לְבָבֵךְ כִּי־יֵהָפֵךְ ה
עָלַיִךְ הֲמוֹן יָם חֵיל גּוֹיִם יָבֹאוּ לָךְ׃ שִׁפְעַת גְּמַלִּים תְּכַסֵּךְ בִּכְרֵי ו
מִדְיָן וְעֵיפָה כֻּלָּם מִשְּׁבָא יָבֹאוּ זָהָב וּלְבוֹנָה יִשָּׂאוּ וּתְהִלֹּת יְהוָה
יְבַשֵּׂרוּ׃ כָּל־צֹאן קֵדָר יִקָּבְצוּ לָךְ אֵילֵי נְבָיוֹת יְשָׁרְתוּנֶךְ יַעֲלוּ ז
עַל־רָצוֹן מִזְבְּחִי וּבֵית תִּפְאַרְתִּי אֲפָאֵר׃ מִי־אֵלֶּה כָּעָב תְּעוּפֶינָה ח
וְכַיּוֹנִים אֶל־אֲרֻבֹּתֵיהֶם׃ כִּי־לִי ׀ אִיִּים יְקַוּוּ וָאֳנִיּוֹת תַּרְשִׁישׁ ט
בָּרִאשֹׁנָה לְהָבִיא בָנַיִךְ מֵרָחוֹק כַּסְפָּם וּזְהָבָם אִתָּם לְשֵׁם יְהוָה
אֱלֹהַיִךְ וְלִקְדוֹשׁ יִשְׂרָאֵל כִּי פֵאֲרָךְ׃ וּבָנוּ בְנֵי־נֵכָר חֹמֹתַיִךְ י
וּמַלְכֵיהֶם יְשָׁרְתוּנֶךְ כִּי בְקִצְפִּי הִכִּיתִיךְ וּבִרְצוֹנִי רִחַמְתִּיךְ׃
וּפִתְּחוּ שְׁעָרַיִךְ תָּמִיד יוֹמָם וָלַיְלָה לֹא יִסָּגֵרוּ לְהָבִיא אֵלַיִךְ חֵיל יא
גּוֹיִם וּמַלְכֵיהֶם נְהוּגִים׃ כִּי־הַגּוֹי וְהַמַּמְלָכָה אֲשֶׁר לֹא־יַעַבְדוּךְ יב
יֹאבֵדוּ וְהַגּוֹיִם חָרֹב יֶחֱרָבוּ׃ כְּבוֹד הַלְּבָנוֹן אֵלַיִךְ יָבוֹא בְּרוֹשׁ יג
תִּדְהָר וּתְאַשּׁוּר יַחְדָּו לְפָאֵר מְקוֹם מִקְדָּשִׁי וּמְקוֹם רַגְלַי אֲכַבֵּד׃
וְהָלְכוּ אֵלַיִךְ שְׁחוֹחַ בְּנֵי מְעַנַּיִךְ וְהִשְׁתַּחֲווּ עַל־כַּפּוֹת רַגְלַיִךְ כָּל־ יד
מְנַאֲצָיִךְ וְקָרְאוּ לָךְ עִיר יְהוָה צִיּוֹן קְדוֹשׁ יִשְׂרָאֵל׃ תַּחַת הֱיוֹתֵךְ טו
עֲזוּבָה וּשְׂנוּאָה וְאֵין עוֹבֵר וְשַׂמְתִּיךְ לִגְאוֹן עוֹלָם מְשׂוֹשׂ דּוֹר
וָדוֹר׃ וְיָנַקְתְּ חֲלֵב גּוֹיִם וְשֹׁד מְלָכִים תִּינָקִי וְיָדַעַתְּ כִּי אֲנִי יְהוָה טז
מוֹשִׁיעֵךְ וְגֹאֲלֵךְ אֲבִיר יַעֲקֹב׃ תַּחַת הַנְּחֹשֶׁת אָבִיא זָהָב וְתַחַת יז
הַבַּרְזֶל אָבִיא כֶסֶף וְתַחַת הָעֵצִים נְחֹשֶׁת וְתַחַת הָאֲבָנִים בַּרְזֶל

יח וְשַׂמְתִּ֤י פְקֻדָּתֵךְ֙ שָׁל֔וֹם וְנֹגְשַׂ֖יִךְ צְדָקָֽה׃ לֹא־יִשָּׁמַ֨ע ע֤וֹד חָמָס֙
בְּאַרְצֵ֔ךְ שֹׁ֥ד וָשֶׁ֖בֶר בִּגְבוּלָ֑יִךְ וְקָרָ֤את יְשׁוּעָה֙ חוֹמֹתַ֔יִךְ וּשְׁעָרַ֖יִךְ
יט תְּהִלָּֽה׃ לֹא־יִֽהְיֶה־לָּ֨ךְ ע֤וֹד הַשֶּׁ֙מֶשׁ֙ לְא֣וֹר יוֹמָ֔ם וּלְנֹ֕גַהּ הַיָּרֵ֖חַ
לֹא־יָאִ֣יר לָ֑ךְ וְהָיָה־לָ֤ךְ יהוה֙ לְא֣וֹר עוֹלָ֔ם וֵאלֹהַ֖יִךְ לְתִפְאַרְתֵּֽךְ׃
כ לֹא־יָב֥וֹא עוֹד֙ שִׁמְשֵׁ֔ךְ וִירֵחֵ֖ךְ לֹ֣א יֵאָסֵ֑ף כִּ֣י יהוה֗ יִֽהְיֶה־לָּךְ֙ לְא֣וֹר
כא עוֹלָ֔ם וְשָׁלְמ֖וּ יְמֵ֥י אֶבְלֵֽךְ׃ וְעַמֵּךְ֙ כֻּלָּ֣ם צַדִּיקִ֔ים לְעוֹלָ֖ם יִ֣ירְשׁוּ
כב אָ֑רֶץ נֵ֧צֶר מטעו֛ מַעֲשֵׂ֥ה יָדַ֖י לְהִתְפָּאֵֽר׃ הַקָּטֹן֙ יִהְיֶ֣ה לָאֶ֔לֶף מַטָּעַ֛י
וְהַצָּעִ֖יר לְג֣וֹי עָצ֑וּם אֲנִ֥י יהוה֖ בְּעִתָּ֥הּ אֲחִישֶֽׁנָּה׃

פרשת נצבים

נִצָּבִים

כג אַתֶּם נִצָּבִים הַיּוֹם כֻּלְּכֶם לִפְנֵי יְהוָה אֱלֹהֵיכֶם ט כט
רָאשֵׁיכֶם שִׁבְטֵיכֶם זִקְנֵיכֶם וְשֹׁטְרֵיכֶם כֹּל אִישׁ
יִשְׂרָאֵל: טַפְּכֶם נְשֵׁיכֶם וְגֵרְךָ אֲשֶׁר בְּקֶרֶב י
מַחֲנֶיךָ מֵחֹטֵב עֵצֶיךָ עַד שֹׁאֵב מֵימֶיךָ: לְעָבְרְךָ יא
בִּבְרִית יְהוָה אֱלֹהֶיךָ וּבְאָלָתוֹ אֲשֶׁר יְהוָה
שני אֱלֹהֶיךָ כֹּרֵת עִמְּךָ הַיּוֹם: • לְמַעַן הָקִים־אֹתְךָ יב
הַיּוֹם ׀ לוֹ לְעָם וְהוּא יִהְיֶה־לְּךָ לֵאלֹהִים כַּאֲשֶׁר
דִּבֶּר־לָךְ וְכַאֲשֶׁר נִשְׁבַּע לַאֲבֹתֶיךָ לְאַבְרָהָם
לְיִצְחָק וּלְיַעֲקֹב: וְלֹא אִתְּכֶם לְבַדְּכֶם אָנֹכִי יג
כֹּרֵת אֶת־הַבְּרִית הַזֹּאת וְאֶת־הָאָלָה הַזֹּאת:
כִּי אֶת־אֲשֶׁר יֶשְׁנוֹ פֹּה עִמָּנוּ עֹמֵד הַיּוֹם לִפְנֵי יד
יְהוָה אֱלֹהֵינוּ וְאֵת אֲשֶׁר אֵינֶנּוּ פֹּה עִמָּנוּ הַיּוֹם:
שלישי • כִּי־אַתֶּם יְדַעְתֶּם אֵת אֲשֶׁר־יָשַׁבְנוּ בְּאֶרֶץ טו
מִצְרָיִם וְאֵת אֲשֶׁר־עָבַרְנוּ בְּקֶרֶב הַגּוֹיִם אֲשֶׁר
עֲבַרְתֶּם: וַתִּרְאוּ אֶת־שִׁקּוּצֵיהֶם וְאֵת גִּלֻּלֵיהֶם טז
עֵץ וָאֶבֶן כֶּסֶף וְזָהָב אֲשֶׁר עִמָּהֶם: פֶּן־יֵשׁ בָּכֶם יז

ט| **אַתֶּם נִצָּבִים הַיּוֹם.** מְלַמֵּד שֶׁכִּנְּסָם מֹשֶׁה לִפְנֵי הַקָּדוֹשׁ בָּרוּךְ הוּא בַּיּוֹם מוֹתוֹ לְהַכְנִיסָם בַּבְּרִית: **רָאשֵׁיכֶם שִׁבְטֵיכֶם.** רָאשֵׁיכֶם לְשִׁבְטֵיכֶם: **זִקְנֵיכֶם וְשֹׁטְרֵיכֶם.** הֶחָשׁוּב חָשׁוּב קוֹדֵם, וְאַחַר כָּךְ ״כֹּל אִישׁ יִשְׂרָאֵל״:

י| **מֵחֹטֵב עֵצֶיךָ.** מְלַמֵּד שֶׁבָּאוּ כְּנַעֲנִיִּים לְהִתְגַּיֵּר

ט אַתּוּן קָיְמִין יוֹמָא דֵין כֻּלְּכוֹן, קֳדָם יְיָ אֱלָהֲכוֹן, רֵישֵׁיכוֹן שִׁבְטֵיכוֹן, סָבֵיכוֹן וְסָרְכֵיכוֹן, כֹּל אֱנָשׁ
י יא יִשְׂרָאֵל: טַפְלְכוֹן נְשֵׁיכוֹן, וְגִיּוֹרָךְ, דִּבְגוֹ מַשְׁרִיתָךְ, מִלָּקֵיט אָעָךְ, עַד מָלֵי מַיָּךְ: לְאַעָלוּתָךְ, בִּקְיָמָא,
יב דַּייָ אֱלָהָךְ וּבְמוֹמָתֵיהּ, דַּייָ אֱלָהָךְ, גָּזַר עִמָּךְ יוֹמָא דֵין: בְּדִיל לְקַיָּמָא יָתָךְ יוֹמָא דֵין קֳדָמוֹהִי
לְעַם, וְהוּא יְהֵי לָךְ לֶאֱלָהּ, כְּמָא דְּמַלֵּיל לָךְ, וּכְמָא דְּקַיֵּים לַאֲבָהָתָךְ, לְאַבְרָהָם לְיִצְחָק
יג יד וּלְיַעֲקֹב: וְלָא עִמְּכוֹן בִּלְחוֹדֵיכוֹן, אֲנָא, גָּזַר יָת קְיָמָא הָדֵין, וְיָת מוֹמָתָא הָדָא: אֲרֵי יָת מַאן
דְּאִיתוֹהִי הָכָא, עִמַּנָא קָאֵים יוֹמָא דֵין, קֳדָם יְיָ אֱלָהַנָא, וְיָת מַאן דְּלֵיתוֹהִי, הָכָא עִמַּנָא יוֹמָא
טו דֵין: אֲרֵי אַתּוּן יְדַעְתּוּן, יָת דִּיתֵיבְנָא בְּאַרְעָא דְמִצְרָיִם, וְיָת דַּעֲבַרְנָא, בֵּינֵי עַמְמַיָּא דַּעֲבַרְתּוּן:
טז יז וַחֲזֵיתוּן יָת שִׁקּוּצֵיהוֹן, וְיָת טַעֲוָתְהוֹן, אָעָא וְאַבְנָא, כַּסְפָּא וְדַהֲבָא דְּעִמְּהוֹן: דִּלְמָא אִית בְּכוֹן,

בִּימֵי מֹשֶׁה כְּדֶרֶךְ שֶׁבָּאוּ גִבְעוֹנִים בִּימֵי יְהוֹשֻׁעַ, וְזֶהוּ הָאָמוּר בַּגִּבְעוֹנִים: "וַיַּעֲשׂוּ גַם הֵמָּה בְּעָרְמָה" (יהושע ט, ד), וּנְתָנָם מֹשֶׁה חוֹטְבֵי עֵצִים וְשׁוֹאֲבֵי מַיִם:

יא] **לְעָבְרְךָ בִּבְרִית.** דֶּרֶךְ הַעֲבָרָה; כָּךְ הָיוּ כּוֹרְתִים בְּרִית: עוֹשִׂין מְחִצָּה מִכָּאן וּמְחִצָּה מִכָּאן וְעוֹבְרִים בֵּינְתַיִם, כְּמוֹ שֶׁנֶּאֱמַר: "הָעֵגֶל אֲשֶׁר כָּרְתוּ לִשְׁנַיִם וַיַּעַבְרוּ בֵּין בְּתָרָיו" (ירמיה לד, יח): **לְעָבְרְךָ.** לִהְיוֹתְךָ עוֹבֵר בַּבְּרִית, וְלֹא יִתָּכֵן לְפָרְשׁוֹ 'לְהַעֲבִירְךָ', אֶלָּא כְּמוֹ: "לַעֲשֹׂתְכֶם אֹתָם" (לעיל ד, יד):

יב] **לְמַעַן הָקִים אֹתְךָ הַיּוֹם לוֹ לְעָם.** כָּל כָּךְ הוּא נִכְנָס לִטֹרַח לְמַעַן קַיֵּם אוֹתְךָ לְפָנָיו לְעָם: **וְהוּא יִהְיֶה לְּךָ לֵאלֹהִים.** לְפִי שֶׁ"דִּבֶּר לָךְ וְנִשְׁבַּע לַאֲבוֹתֶיךָ" שֶׁלֹּא לְהַחֲלִיף אֶת זַרְעָם בְּאֻמָּה אַחֶרֶת, לְכָךְ הוּא אוֹסֵר אֶתְכֶם בִּשְׁבוּעוֹת הַלָּלוּ שֶׁלֹּא תַקְנִיטוּהוּ, אַחַר שֶׁהוּא אֵינוֹ יָכוֹל לְהִבָּדֵל מִכֶּם. עַד כָּאן פֵּרַשְׁתִּי לְפִי פְּשׁוּטָהּ שֶׁל פָּרָשָׁה.

וּמִדְרַשׁ אַגָּדָה: לָמָּה נִסְמְכָה פָּרָשַׁת "אַתֶּם נִצָּבִים" לַקְּלָלוֹת? לְפִי שֶׁשָּׁמְעוּ יִשְׂרָאֵל מֵאָה קְלָלוֹת חָסֵר שְׁתַּיִם, חוּץ מֵאַרְבָּעִים וְתֵשַׁע שֶׁבְּתוֹרַת כֹּהֲנִים, הוֹרִיקוּ פְנֵיהֶם וְאָמְרוּ: מִי יוּכַל לַעֲמֹד בְּאֵלּוּ? הִתְחִיל מֹשֶׁה לְפַיְּסָם: "אַתֶּם נִצָּבִים הַיּוֹם", הַרְבֵּה הִכְעַסְתֶּם לַמָּקוֹם וְלֹא עָשָׂה אֶתְכֶם כְּלָיָה, וַהֲרֵי אַתֶּם קַיָּמִים לְפָנָיו "הַיּוֹם", כַּיּוֹם הַזֶּה שֶׁהוּא קַיָּם וְהוּא מַאֲפִיל וּמֵאִיר, כָּךְ הֵאִיר לָכֶם וְכָךְ עָתִיד לְהָאִיר לָכֶם, וְהַקְּלָלוֹת וְהַיִּסּוּרִין מְקַיְּמִין אֶתְכֶם וּמַעֲמִידִין אֶתְכֶם לְפָנָיו. וְאַף הַפָּרָשָׁה שֶׁלְּמַעְלָה מִזּוֹ פִּיּוּסִין הֵם: "אַתֶּם רְאִיתֶם אֵת כָּל אֲשֶׁר עָשָׂה" וְגוֹ' (לעיל פסוק א). דָּבָר אַחֵר, "אַתֶּם נִצָּבִים", לְפִי שֶׁהָיוּ יִשְׂרָאֵל יוֹצְאִין מִפַּרְנָס לְפַרְנָס, מִמֹּשֶׁה לִיהוֹשֻׁעַ, לְפִיכָךְ עָשָׂה אוֹתָם מַצָּבָה לְזָרְזָם, וְכֵן עָשָׂה יְהוֹשֻׁעַ (יהושע כד, א), וְכֵן שְׁמוּאֵל: "הִתְיַצְּבוּ וְאִשָּׁפְטָה אִתְּכֶם" (שמואל א' יב, ז), כְּשֶׁיָּצְאוּ מִיָּדוֹ וְנִכְנְסוּ לְיָדוֹ שֶׁל שָׁאוּל:

יד] **וְאֵת אֲשֶׁר אֵינֶנּוּ פֹּה.** וְאַף עִם דּוֹרוֹת הָעֲתִידִים לִהְיוֹת:

טו-יז] **כִּי אַתֶּם יְדַעְתֶּם וְגוֹ' וַתִּרְאוּ אֶת שִׁקּוּצֵיהֶם.** לְפִי שֶׁרְאִיתֶם הָאֻמּוֹת עוֹבְדֵי עֲבוֹדָה זָרָה, וְשֶׁמָּא הִשִּׂיא לֵב אֶחָד מִכֶּם אוֹתוֹ לָלֶכֶת אַחֲרֵיהֶם: **פֶּן יֵשׁ בָּכֶם וְגוֹ'.** לְפִיכָךְ אֲנִי צָרִיךְ לְהַשְׁבִּיעֲכֶם:

טז] **וַתִּרְאוּ אֶת שִׁקּוּצֵיהֶם.** עַל שֵׁם שֶׁהֵם מְאוּסִים כַּשְּׁקָצִים: **גִּלֻּלֵיהֶם.** מַסְרִיחִים וּמְאוּסִין כַּגָּלָל: **עֵץ וָאֶבֶן.** אוֹתָן שֶׁל עֵצִים וְשֶׁל אֲבָנִים רְאִיתֶם בַּגָּלוּי, לְפִי שֶׁאֵין הַגּוֹי יָרֵא שֶׁמָּא יִגָּנְבוּ, אֲבָל שֶׁל כֶּסֶף וְזָהָב, "עִמָּהֶם" בְּחַדְרֵי מַשְׂכִּיתָם הֵם, לְפִי שֶׁהֵם יְרֵאִים שֶׁמָּא יִגָּנְבוּ:

יז] **פֶּן יֵשׁ בָּכֶם.** שֶׁמָּא יֵשׁ בָּכֶם: **אֲשֶׁר לְבָבוֹ פֹנֶה הַיּוֹם.** מִלְּקַבֵּל עָלָיו הַבְּרִית: **שֹׁרֶשׁ פֹּרֶה רֹאשׁ וְלַעֲנָה.** שֹׁרֶשׁ מְגַדֵּל עֵשֶׂב מַר, כְּגִידִין שֶׁהֵם מָרִים, כְּלוֹמַר, מַפְרֶה וּמַרְבֶּה רֶשַׁע בְּקִרְבְּכֶם:

אִישׁ אוֹ־אִשָּׁה אוֹ מִשְׁפָּחָה אוֹ־שֵׁבֶט אֲשֶׁר
לְבָבוֹ פֹנֶה הַיּוֹם מֵעִם יְהוָה אֱלֹהֵינוּ לָלֶכֶת
לַעֲבֹד אֶת־אֱלֹהֵי הַגּוֹיִם הָהֵם פֶּן־יֵשׁ בָּכֶם
יח שֹׁרֶשׁ פֹּרֶה רֹאשׁ וְלַעֲנָה׃ וְהָיָה בְּשָׁמְעוֹ
אֶת־דִּבְרֵי הָאָלָה הַזֹּאת וְהִתְבָּרֵךְ בִּלְבָבוֹ
לֵאמֹר שָׁלוֹם יִהְיֶה־לִּי כִּי בִּשְׁרִרוּת לִבִּי
יט אֵלֵךְ לְמַעַן סְפוֹת הָרָוָה אֶת־הַצְּמֵאָה׃ לֹא־
יֹאבֶה יְהוָה סְלֹחַ לוֹ כִּי אָז יֶעְשַׁן אַף־יְהוָה
וְקִנְאָתוֹ בָּאִישׁ הַהוּא וְרָבְצָה בּוֹ כָּל־הָאָלָה
הַכְּתוּבָה בַּסֵּפֶר הַזֶּה וּמָחָה יְהוָה אֶת־שְׁמוֹ
כ מִתַּחַת הַשָּׁמָיִם׃ וְהִבְדִּילוֹ יְהוָה לְרָעָה מִכֹּל
שִׁבְטֵי יִשְׂרָאֵל כְּכֹל אָלוֹת הַבְּרִית הַכְּתוּבָה
כא בְּסֵפֶר הַתּוֹרָה הַזֶּה׃ וְאָמַר הַדּוֹר הָאַחֲרוֹן
בְּנֵיכֶם אֲשֶׁר יָקוּמוּ מֵאַחֲרֵיכֶם וְהַנָּכְרִי אֲשֶׁר
יָבֹא מֵאֶרֶץ רְחוֹקָה וְרָאוּ אֶת־מַכּוֹת הָאָרֶץ
הַהִוא וְאֶת־תַּחֲלֻאֶיהָ אֲשֶׁר־חִלָּה יְהוָה בָּהּ׃
כב גָּפְרִית וָמֶלַח שְׂרֵפָה כָל־אַרְצָהּ לֹא תִזָּרַע וְלֹא
תַצְמִחַ וְלֹא־יַעֲלֶה בָהּ כָּל־עֵשֶׂב כְּמַהְפֵּכַת
סְדֹם וַעֲמֹרָה אַדְמָה וצביים אֲשֶׁר הָפַךְ יְהוָה וּצְבוֹיִם
כג בְּאַפּוֹ וּבַחֲמָתוֹ׃ וְאָמְרוּ כָּל־הַגּוֹיִם עַל־מֶה

עָשָׂה יְהוָה כָּכָה לָאָרֶץ הַזֹּאת מֶה חֳרִי הָאַף
כה הַגָּדוֹל הַזֶּה: וְאָמְרוּ עַל אֲשֶׁר עָזְבוּ אֶת־בְּרִית

גְּבַר אוֹ אִתָּא אוֹ זַרְעִי אוֹ שִׁבְטָא, דְּלִבֵּיהּ פָּנֵי יוֹמָא דֵין מִדַּחְלְתָא דַּייָ אֱלָהַנָא, לִמְהָךְ לְמִפְלַח,
יח יָת טָעֲוָת עַמְמַיָּא הָאִנּוּן, דִּלְמָא אִית בְּכוֹן, גְּבַר, מְהַרְהֵיר חֲטִין אוֹ זָדוֹן: וִיהֵי, בְּמִשְׁמְעֵיהּ
יָת פִּתְגָּמֵי מוֹמָתָא הָדָא, וְיַחְשֵׁיב בְּלִבֵּיהּ לְמֵימַר שְׁלָמָא יְהֵי לִי, אֲרֵי, בְּהִרְהוּר לִבִּי אֲנָא
יט אָזֵיל, בְּדִיל, לְאוֹסָפָא לֵיהּ חֲטָאֵי שָׁלוּתָא עַל זְדָנוּתָא: לָא יֵיבֵי יְיָ לְמִשְׁבַּק לֵיהּ, אֲרֵי בְּכֵן,
יִתְקַף רֻגְזָא דַּייָ וְחִמְתֵיהּ בְּגֻבְרָא הַהוּא, וְיִדְבְּקוּן בֵּיהּ כָּל לְוָטַיָּא, דִּכְתִיבִין בְּסִפְרָא הָדֵין,
כ וְיִמְחֵי יְיָ יָת שְׁמֵיהּ, מִתְּחוֹת שְׁמַיָּא: וְיַפְרְשִׁנֵּיהּ יְיָ לְבִישָׁא, מִכָּל שִׁבְטַיָּא דְּיִשְׂרָאֵל, כְּכָל לְוָטֵי
כא קְיָמָא, דִּכְתִיבִין, בְּסִפַר אוֹרָיְתָא הָדֵין: וְיֵימַר דָּרָא בָתְרָאָה, בְּנֵיכוֹן דִּיקוּמוּן מִבָּתְרֵיכוֹן, וּבַר
עַמְמִין, דְּיֵיתֵי מֵאֲרַע רַחִיקָא, וְיִחְזוֹן, יָת מַחָתַהּ, דְּאַרְעָא הַהִיא וְיָת מַרְעֲהָא, דְּאַמְרַע יְיָ
כב בַּהּ: גָּפְרֵיתָא וּמִלְחָא תְּהֵי יְקֵדָא כָל אַרְעַהּ, לָא תִזְדְּרַע וְלָא תַצְמַח, וְלָא יִסַּק בַּהּ כָּל עִיסַב,
כג כַּהֲפֵיכְתָא, דִּסְדוֹם וַעֲמוֹרָה אַדְמָה וּצְבוֹיִם, דַּהֲפַךְ יְיָ, בְּרֻגְזֵיהּ וּבְחִמְתֵיהּ: וְיֵימְרוּן כָּל עַמְמַיָּא,
כד עַל מָא עֲבַד יְיָ, כְּדֵין לְאַרְעָא הָדָא, מָא תְּקוֹף, רֻגְזָא רַבָּא הָדֵין: וְיֵימְרוּן, עַל דִּשְׁבַקוּ, יָת קְיָמָא

יח| **וְהִתְבָּרֵךְ בִּלְבָבוֹ.** לְשׁוֹן בְּרָכָה, יַחְשֹׁב בְּלִבּוֹ בִּרְכַּת שָׁלוֹם לְעַצְמוֹ לֵאמֹר, לֹא יְבוֹאוּנִי קְלָלוֹת הַלָּלוּ, אַךְ "שָׁלוֹם יִהְיֶה לִּי": **וְהִתְבָּרֵךְ.** בינדיר"א ש"י בְּלַעַז, כְּמוֹ: "וְהִתְגַּלָּח" (ויקרא יג, לג), "וְהִתְפַּלֵּל" (מלכים א' ח, מב): **בִּשְׁרִרוּת לִבִּי אֵלֵךְ.** בְּמַרְאִית לִבִּי, כְּמוֹ "אֲשׁוּרֶנּוּ וְלֹא קָרוֹב" (במדבר כד, יז), כְּלוֹמַר, מַה שֶּׁלִּבִּי רוֹאֶה לַעֲשׂוֹת: **לְמַעַן סְפוֹת הָרָוָה.** לְמַעַן שֶׁאוֹסִיף לוֹ פֻּרְעָנוּת עַל מַה שֶּׁעָשָׂה עַד הֵנָּה בְּשׁוֹגֵג וְהָיִיתִי מַעֲבִיר עֲלֵיהֶם, וְגוֹרֵם עַתָּה שֶׁאֶצָּרְפֵם עִם הַמֵּזִיד וְאֶפָּרַע מִמֶּנּוּ הַכֹּל. וְכֵן תִּרְגֵּם אוּנְקְלוֹס: "בְּדִיל לְאוֹסָפָא לֵיהּ חֲטָאֵי שָׁלוּתָא עַל זְדָנוּתָא", שֶׁאוֹסִיף אֲנִי לוֹ הַשְּׁגָגוֹת עַל הַזְּדוֹנוֹת: **הָרָוָה.** שׁוֹגֵג, שֶׁהוּא עוֹשֶׂה כְּאָדָם שִׁכּוֹר, שֶׁלֹּא מִדַּעַת: **הַצְּמֵאָה.** שֶׁהוּא עוֹשֶׂה מִדַּעַת וּבְתַאֲוָה:

יט| **יֶעְשַׁן אַף ה'.** עַל יְדֵי כַּעַס, הַגּוּף מִתְחַמֵּם וְהֶעָשָׁן יוֹצֵא מִן הָאַף, וְכֵן: "עָלָה עָשָׁן בְּאַפּוֹ" (שמואל ב' כב, ט), וְאַף עַל פִּי שֶׁאֵין זוֹ לִפְנֵי הַמָּקוֹם, הַכָּתוּב מַשְׁמִיעַ אֶת הָאֹזֶן כְּדֶרֶךְ שֶׁהִיא רְגִילָה וִיכוֹלָה לִשְׁמֹעַ, כְּפִי דֶּרֶךְ הָאָרֶץ: **וְקִנְאָתוֹ.** לְשׁוֹן חֵמָה, אנפרטמינ"ט, אֲחִיזַת לְבִישַׁת נְקָמָה, וְאֵינוֹ מַעֲבִיר עַל הַמִּדָּה:

כ| **הַכְּתוּבָה בְּסֵפֶר הַתּוֹרָה הַזֶּה.** וּלְמַעְלָה הוּא אוֹמֵר: בְּסֵפֶר הַתּוֹרָה הַזֹּאת, גַּם כָּל חֳלִי וְכָל מַכָּה וְגוֹ' (לעיל כח, סא), "הַזֹּאת" לְשׁוֹן נְקֵבָה, מוּסָב עַל "הַתּוֹרָה", "הַזֶּה" לְשׁוֹן זָכָר, מוּסָב עַל הַסֵּפֶר, וְעַל יְדֵי פִּסּוּק הַטְּעָמִים הֵן נֶחְלָקִין לִשְׁתֵּי לְשׁוֹנוֹת. בְּפָרָשַׁת קְלָלוֹת הַטִּפְחָא נְתוּנָה תַּחַת "בְּסֵפֶר", וְ"הַתּוֹרָה הַזֹּאת" דְּבוּקִים זֶה לָזֶה, לְכָךְ אָמַר "הַזֹּאת", וְכָאן הַטִּפְחָא נְתוּנָה תַּחַת "הַתּוֹרָה", נִמְצָא "סֵפֶר הַתּוֹרָה" דְּבוּקִים זֶה לָזֶה, לְפִיכָךְ לְשׁוֹן זָכָר נוֹפֵל אַחֲרָיו, שֶׁהַלָּשׁוֹן נוֹפֵל עַל הַסֵּפֶר:

נצבים

יְהוָ֖ה אֱלֹהֵ֣י אֲבֹתָ֑ם אֲשֶׁר֙ כָּרַ֣ת עִמָּ֔ם בְּהוֹצִיא֥וֹ
כה אֹתָ֖ם מֵאֶ֥רֶץ מִצְרָֽיִם׃ וַיֵּלְכ֗וּ וַיַּֽעַבְדוּ֙ אֱלֹהִ֣ים
אֲחֵרִ֔ים וַיִּֽשְׁתַּחֲו֖וּ לָהֶ֑ם אֱלֹהִים֙ אֲשֶׁ֣ר לֹֽא־
כו יְדָע֔וּם וְלֹ֥א חָלַ֖ק לָהֶֽם׃ וַיִּֽחַר־אַ֥ף יְהוָ֖ה בָּאָ֣רֶץ
הַהִ֑וא לְהָבִ֤יא עָלֶ֙יהָ֙ אֶת־כָּל־הַקְּלָלָ֔ה הַכְּתוּבָ֖ה
כז בַּסֵּ֥פֶר הַזֶּֽה׃ וַיִּתְּשֵׁ֤ם יְהוָה֙ מֵעַ֣ל אַדְמָתָ֔ם בְּאַ֥ף
וּבְחֵמָ֖ה וּבְקֶ֣צֶף גָּד֑וֹל וַיַּשְׁלִכֵ֛ם אֶל־אֶ֥רֶץ אַחֶ֖רֶת
כח כַּיּ֥וֹם הַזֶּֽה׃ הַנִּ֨סְתָּרֹ֔ת לַיהוָ֖ה אֱלֹהֵ֑ינוּ וְהַנִּגְלֹ֞ת
לָ֣נוּ וּלְבָנֵ֗ינוּ עַד־עוֹלָ֑ם לַעֲשׂ֕וֹת אֶת־כָּל־דִּבְרֵ֖י
ל א הַתּוֹרָ֥ה הַזֹּֽאת׃ ▸ וְהָיָה֩ כִֽי־יָבֹ֨אוּ עָלֶ֜יךָ רביעי /שני/
כָּל־הַדְּבָרִ֣ים הָאֵ֗לֶּה הַבְּרָכָה֙ וְהַקְּלָלָ֔ה אֲשֶׁ֥ר
נָתַ֖תִּי לְפָנֶ֑יךָ וַהֲשֵׁבֹתָ֙ אֶל־לְבָבֶ֔ךָ בְּכָל־הַגּוֹיִ֕ם
ב אֲשֶׁ֧ר הִדִּיחֲךָ֛ יְהוָ֥ה אֱלֹהֶ֖יךָ שָֽׁמָּה׃ וְשַׁבְתָּ֞ עַד־
יְהוָ֤ה אֱלֹהֶ֙יךָ֙ וְשָׁמַעְתָּ֣ בְקֹל֔וֹ כְּכֹ֛ל אֲשֶׁר־אָנֹכִ֥י
מְצַוְּךָ֖ הַיּ֑וֹם אַתָּ֣ה וּבָנֶ֔יךָ בְּכָל־לְבָבְךָ֖ וּבְכָל־
ג נַפְשֶֽׁךָ׃ וְשָׁ֨ב יְהוָ֧ה אֱלֹהֶ֛יךָ אֶת־שְׁבוּתְךָ֖ וְרִחֲמֶ֑ךָ
וְשָׁ֗ב וְקִבֶּצְךָ֙ מִכָּל־הָ֣עַמִּ֔ים אֲשֶׁ֧ר הֱפִיצְךָ֛ יְהוָ֥ה
★ ד אֱלֹהֶ֖יךָ שָֽׁמָּה׃ אִם־יִהְיֶ֥ה נִֽדַּחֲךָ֖ בִּקְצֵ֣ה הַשָּׁמָ֑יִם
מִשָּׁם֙ יְקַבֶּצְךָ֙ יְהוָ֣ה אֱלֹהֶ֔יךָ וּמִשָּׁ֖ם יִקָּחֶֽךָ׃
ה וֶהֱבִֽיאֲךָ֞ יְהוָ֣ה אֱלֹהֶ֗יךָ אֶל־הָאָ֛רֶץ אֲשֶׁר־יָרְשׁ֥וּ

נצבים

אֲבֹתֶ֛יךָ וִֽירִשְׁתָּ֑הּ וְהֵיטִֽבְךָ֥ וְהִרְבְּךָ֖ מֵאֲבֹתֶֽיךָ׃
ו וּמָ֨ל יְהוָ֧ה אֱלֹהֶ֛יךָ אֶת־לְבָבְךָ֖ וְאֶת־לְבַ֣ב זַרְעֶ֑ךָ
לְאַהֲבָ֞ה אֶת־יְהוָ֧ה אֱלֹהֶ֛יךָ בְּכָל־לְבָבְךָ֖ וּבְכָל־

כה דַּיֵי אֱלָהָא דַּאֲבָהָתְהוֹן, דְּגָזַר עִמְּהוֹן, בְּאַפָּקוּתֵיהּ יָתְהוֹן מֵאַרְעָא דְמִצְרָיִם: וַאֲזַלוּ, וּפְלַחוּ לְטָעֲוָת
כו עַמְמַיָּא, וּסְגִידוּ לְהוֹן, דַּחֲלָן דְּלָא יָדְעוּנוּן, וְלָא אוֹטִיבָא לְהוֹן: וּתְקֵיף רוּגְזָא דַּיָי בְּאַרְעָא הַהִיא,
כז לְאֵיתָאָה עֲלַהּ יָת כָּל לְוָטַיָּא, דִּכְתִיבִין בְּסִפְרָא הָדֵין: וְטַלְטֵלִנּוּן יְיָ מֵעַל אַרְעֲהוֹן, בִּרְגַז וּבְחֵמָא
כח וּבִתְקוֹף רַב, וַאֲגְלִינוּן, לַאֲרַע אָחֳרִי כְּיוֹמָא הָדֵין: דְּמִטַּמְּרָן, קֳדָם יְיָ אֱלָהָנָא, וּדְגַלְיָן, לָנָא וְלִבְנָנָא
לא עַד עָלְמָא, לְמֶעְבַּד, יָת כָּל פִּתְגָּמֵי אוֹרַיְתָא הָדָא: וִיהֵי אֲרֵי יֵיתוּן עֲלָךְ כָּל פִּתְגָּמַיָּא הָאִלֵּין,
ב בִּרְכָן וּלְוָטִין, דִּיהַבִית קֳדָמָךְ, וּתְתִיב לְלִבָּךְ, בְּכָל עַמְמַיָּא, דְּאַגְלְיָךְ, יְיָ אֱלָהָךְ לְתַמָּן: וּתְתוּב,
לְדַחְלְתָא דַּיָי אֱלָהָךְ וּתְקַבֵּיל לְמֵימְרֵיהּ, כְּכֹל, דַּאֲנָא מְפַקֵּיד לָךְ יוֹמָא דֵין, אַתְּ וּבְנָךְ, בְּכָל
ג לִבָּךְ וּבְכָל נַפְשָׁךְ: וִיתִיב יְיָ אֱלָהָךְ, יָת שְׁבִי גָלוּתָךְ וִירַחֵם עֲלָךְ, וִיתוּב, וְיִכְנְשִׁנָּךְ מִכָּל עַמְמַיָּא,
דְּבַדְּרָךְ, יְיָ אֱלָהָךְ לְתַמָּן: אִם יְהוֹן גָּלְוָתָךְ בִּסְיָפֵי שְׁמַיָּא, מִתַּמָּן, יְכַנְּשִׁנָּךְ יְיָ אֱלָהָךְ, וּמִתַּמָּן
ה יְקָרְבִנָּךְ: וְיָעֵלִנָּךְ יְיָ אֱלָהָךְ, לְאַרְעָא, דִּירִיתוּ אֲבָהָתָךְ וְתֵירְתַהּ, וְיוֹטִיב לָךְ וְיַסְגִּינָךְ מֵאֲבָהָתָךְ:
ו וְיַעְדִּי יְיָ אֱלָהָךְ, יָת טַפְשׁוּת לִבָּךְ וְיָת טַפְשׁוּת לִבָּא דִבְנָךְ, לְמִרְחַם, יָת יְיָ אֱלָהָךְ, בְּכָל לִבָּךְ וּבְכָל

כה] **לֹא יְדָעוּם.** לֹא יָדְעוּ בָהֶם גְּבוּרַת אֱלֹהוּת.
וְלֹא חָלַק לָהֶם. לֹא נְתָנָם לְחֶלְקָם. וְאוּנְקְלוֹס
תִּרְגֵּם: "וְלָא אוֹטִיבָא לְהוֹן", לֹא הֵיטִיבוּ לָהֶם
שׁוּם טוֹבָה, וּלְשׁוֹן "לֹא חָלַק", אוֹתוֹ אֱלוֹהַּ שֶׁבָּחֲרוּ
לָהֶם לֹא חָלַק לָהֶם שׁוּם נַחֲלָה וְשׁוּם חֵלֶק:

כז] **וַיַּתִּשֵׁם ה׳.** כְּתַרְגּוּמוֹ "וְטַלְטֵלִנּוּן", וְכֵן: "הִנְנִי
נֹתְשָׁם מֵעַל אַדְמָתָם" (ירמיה יב, יד):

כח] **הַנִּסְתָּרֹת לַה׳ אֱלֹהֵינוּ.** וְאִם תֹּאמְרוּ, מַה
בְּיָדֵנוּ לַעֲשׂוֹת? אַתָּה מַעֲנִישׁ אֶת הָרַבִּים עַל
הִרְהוּרֵי הַיָּחִיד, שֶׁנֶּאֱמַר: "פֶּן יֵשׁ בָּכֶם אִישׁ
וְגוֹ'" (לעיל פסוק יז), וְאַחַר כָּךְ: "וְרָאוּ אֶת מַכּוֹת
הָאָרֶץ הַהִוא" (לעיל פסוק כא), וַהֲלֹא אֵין אָדָם יוֹדֵעַ
טְמוּנוֹתָיו שֶׁל חֲבֵרוֹ? אֵין אֲנִי מַעֲנִישׁ אֶתְכֶם עַל
הַנִּסְתָּרֹת, שֶׁהֵן "לַה׳ אֱלֹהֵינוּ", וְהוּא יִפָּרַע מֵאוֹתוֹ
יָחִיד, אֲבָל **הַנִּגְלֹת לָנוּ וּלְבָנֵינוּ** לְבַעֵר הָרַע

מִקִּרְבֵּנוּ, וְאִם לֹא נַעֲשֶׂה דִּין בָּהֶם יֵעָנְשׁוּ הָרַבִּים.
נָקוּד עַל "לָנוּ" וְעַל "לְבָנֵינוּ" וְעַל ע׳ שֶׁבְּ"עַד",
לִדְרֹשׁ שֶׁאַף עַל הַנִּגְלוֹת לֹא עָנַשׁ אֶת הָרַבִּים
עַד שֶׁעָבְרוּ אֶת הַיַּרְדֵּן, מִשֶּׁקִּבְּלוּ עֲלֵיהֶם אֶת
הַשְּׁבוּעָה בְּהַר גְּרִיזִים וּבְהַר עֵיבָל וְנַעֲשׂוּ עֲרֵבִים זֶה
לָזֶה:

פרק ל

ג] **וְשָׁב ה׳ אֱלֹהֶיךָ אֶת שְׁבוּתְךָ.** הָיָה לוֹ לִכְתֹּב:
"וְהֵשִׁיב אֶת שְׁבוּתְךָ", רַבּוֹתֵינוּ לָמְדוּ מִכַּאן כִּבְיָכוֹל
שֶׁהַשְּׁכִינָה שְׁרוּיָה עִם יִשְׂרָאֵל בְּצָרַת גָּלוּתָם,
וּכְשֶׁנִּגְאָלִין הִכְתִּיב גְּאֻלָּה לְעַצְמוֹ שֶׁהוּא יָשׁוּב
עִמָּהֶם. וְעוֹד יֵשׁ לוֹמַר שֶׁגָּדוֹל יוֹם קִבּוּץ גָּלֻיּוֹת
וּבְקֹשִׁי, כְּאִלּוּ הוּא עַצְמוֹ צָרִיךְ לִהְיוֹת אוֹחֵז בְּיָדָיו
מַמָּשׁ אִישׁ אִישׁ מִמְּקוֹמוֹ, כָּעִנְיָן שֶׁנֶּאֱמַר: "וְאַתֶּם
תְּלֻקְּטוּ לְאַחַד אֶחָד בְּנֵי יִשְׂרָאֵל" (ישעיה כז, יב), וְאַף

חמישי /שלישי/ נַפְשְׁךָ֖ לְמַ֥עַן חַיֶּֽיךָ׃ וְנָתַן֙ יְהֹוָ֣ה אֱלֹהֶ֔יךָ אֵ֥ת כׇּל־ ז
הָאָל֖וֹת הָאֵ֑לֶּה עַל־אֹיְבֶ֥יךָ וְעַל־שֹׂנְאֶ֖יךָ אֲשֶׁ֥ר
רְדָפֽוּךָ׃ וְאַתָּ֣ה תָשׁ֔וּב וְשָׁמַעְתָּ֖ בְּק֣וֹל יְהֹוָ֑ה ח
וְעָשִׂ֙יתָ֙ אֶת־כׇּל־מִצְוֺתָ֔יו אֲשֶׁ֛ר אָנֹכִ֥י מְצַוְּךָ֖
הַיּֽוֹם׃ וְהוֹתִ֩ירְךָ֩ יְהֹוָ֨ה אֱלֹהֶ֜יךָ בְּכֹ֣ל ׀ מַעֲשֵׂ֣ה יָדֶ֗ךָ ט
בִּפְרִ֨י בִטְנְךָ֜ וּבִפְרִ֧י בְהֶמְתְּךָ֛ וּבִפְרִ֥י אַדְמָתְךָ֖
לְטֹבָ֑ה כִּ֣י ׀ יָשׁ֣וּב יְהֹוָ֗ה לָשׂ֤וּשׂ עָלֶ֙יךָ֙ לְט֔וֹב
כַּאֲשֶׁר־שָׂ֖שׂ עַל־אֲבֹתֶֽיךָ׃ כִּ֣י תִשְׁמַ֗ע בְּקוֹל֙ יְהֹוָ֣ה י
אֱלֹהֶ֔יךָ לִשְׁמֹ֤ר מִצְוֺתָיו֙ וְחֻקֹּתָ֔יו הַכְּתוּבָ֕ה בְּסֵ֥פֶר
הַתּוֹרָ֖ה הַזֶּ֑ה כִּ֤י תָשׁוּב֙ אֶל־יְהֹוָ֣ה אֱלֹהֶ֔יךָ בְּכׇל־
ששי כד לְבָבְךָ֖ וּבְכׇל־נַפְשֶֽׁךָ׃ כִּ֚י הַמִּצְוָ֣ה יא
הַזֹּ֔את אֲשֶׁ֛ר אָנֹכִ֥י מְצַוְּךָ֖ הַיּ֑וֹם לֹֽא־נִפְלֵ֥את
הִוא֙ מִמְּךָ֔ וְלֹ֥א רְחֹקָ֖ה הִֽוא׃ לֹ֥א בַשָּׁמַ֖יִם הִ֑וא יב
לֵאמֹ֗ר מִ֣י יַעֲלֶה־לָּ֤נוּ הַשָּׁמַ֙יְמָה֙ וְיִקָּחֶ֣הָ לָּ֔נוּ
וְיַשְׁמִעֵ֥נוּ אֹתָ֖הּ וְנַעֲשֶֽׂנָּה׃ וְלֹֽא־מֵעֵ֥בֶר לַיָּ֖ם הִ֑וא יג
לֵאמֹ֗ר מִ֣י יַעֲבׇר־לָ֜נוּ אֶל־עֵ֤בֶר הַיָּם֙ וְיִקָּחֶ֣הָ לָּ֔נוּ
וְיַשְׁמִעֵ֥נוּ אֹתָ֖הּ וְנַעֲשֶֽׂנָּה׃ כִּֽי־קָר֥וֹב אֵלֶ֛יךָ הַדָּבָ֖ר יד
שביעי ומפטיר /רביעי/ מְאֹ֑ד בְּפִ֥יךָ וּבִֽלְבָבְךָ֖ לַעֲשֹׂתֽוֹ׃ רְאֵ֨ה טו
נָתַ֤תִּי לְפָנֶ֙יךָ֙ הַיּ֔וֹם אֶת־הַֽחַיִּ֖ים וְאֶת־הַטּ֑וֹב
וְאֶת־הַמָּ֖וֶת וְאֶת־הָרָֽע׃ אֲשֶׁ֨ר אָנֹכִ֜י מְצַוְּךָ֮ הַיּוֹם֒ טז

לְאַהֲבָה אֶת־יְהוָה אֱלֹהֶיךָ לָלֶכֶת בִּדְרָכָיו
וְלִשְׁמֹר מִצְוֺתָיו וְחֻקֹּתָיו וּמִשְׁפָּטָיו וְחָיִיתָ
וְרָבִיתָ וּבֵרַכְךָ יְהוָה אֱלֹהֶיךָ בָּאָרֶץ אֲשֶׁר־אַתָּה
יז בָא־שָׁמָּה לְרִשְׁתָּהּ: וְאִם־יִפְנֶה לְבָבְךָ וְלֹא
תִשְׁמָע וְנִדַּחְתָּ וְהִשְׁתַּחֲוִיתָ לֵאלֹהִים אֲחֵרִים

ז נַפְשָׁךְ בְּדִיל חַיָּךְ: וְיִתֵּין יי אֱלָהָךְ, יָת כָּל לְוָטַיָּא הָאִלֵּין, עַל בַּעֲלֵי דְבָבָךְ וְעַל סָנְאָךְ דְּרַדְפוּךְ:
ח וְאַתְּ תְּתוּב, וּתְקַבֵּיל לְמֵימְרָא דַיי, וְתַעֲבֵיד יָת כָּל פִּקּוֹדוֹהִי, דַּאֲנָא מְפַקֵּיד לָךְ יוֹמָא דֵין:
ט וְיוֹתְרִנָּךְ יי אֱלָהָךְ, בְּכֹל עוֹבָדֵי יְדָךְ, בִּוְלַדָּא דִמְעָךְ, וּבִוְלַדָּא דִבְעִירָךְ, וּבְאִבָּא דְאַרְעָךְ
י לְטָבָא, אֲרֵי יְתוּב יי, לְמִחְדֵּי עֲלָךְ לְטָב, כְּמָא דַחְדִי עַל אֲבָהָתָךְ: אֲרֵי תְקַבֵּיל, לְמֵימְרָא
דַיי אֱלָהָךְ, לְמִטַּר פִּקּוֹדוֹהִי וּקְיָמוֹהִי, דִּכְתִיבִין, בְּסִפַר אוֹרָיְתָא הָדֵין, אֲרֵי תְתוּב לְדַחְלְתָא
יא דַיי אֱלָהָךְ, בְּכָל לִבָּךְ וּבְכָל נַפְשָׁךְ: אֲרֵי תַפְקֵידְתָּא הָדָא, דַּאֲנָא מְפַקֵּיד לָךְ יוֹמָא דֵין, לָא
יב מְפָרְשָׁא הִיא מִנָּךְ, וְלָא רַחִיקָא הִיא: לָא בִשְׁמַיָּא הִיא, לְמֵימַר, מַאן יִסַּק לַנָא לִשְׁמַיָּא
יג וְיִסְּבַהּ לַנָא, וְיַשְׁמְעִנַּנָא יָתַהּ וְנַעְבְּדִנַּהּ: וְלָא מֵעִבְרָא לְיַמָּא הִיא, לְמֵימַר, מַאן יִעְבַּר לַנָא,
יד לְעִיבַר יַמָּא וְיִסְּבַהּ לַנָא, וְיַשְׁמְעִנַּנָא יָתַהּ וְנַעְבְּדִנַּהּ: אֲרֵי קָרִיב לְוָתָךְ, פִּתְגָּמָא לַחְדָא,
טו בְּפֻמָּךְ וּבְלִבָּךְ לְמֶעְבְּדֵיהּ: חֲזִי דִיהַבִית קֳדָמָךְ יוֹמָא דֵין, יָת חַיֵּי וְיָת טָבְתָא, וְיָת מוֹתָא וְיָת
טז בִּשְׁתָּא: דַּאֲנָא מְפַקֵּיד לָךְ יוֹמָא דֵין, לְמִרְחַם, יָת יי אֱלָהָךְ לִמְהָךְ בְּאוֹרְחָן דְּתָקְנָן קֳדָמוֹהִי,
וּלְמִטַּר, פִּקּוֹדוֹהִי וּקְיָמוֹהִי וְדִינוֹהִי, וְתֵיחֵי וְתִסְגֵּי, וִיבָרְכִנָּךְ יי אֱלָהָךְ, בְּאַרְעָא, דְּאַתְּ עָלֵיל
יז לְתַמָּן לְמֵירְתַהּ: וְאִם יִתְפְּנֵי לִבָּךְ וְלָא תְקַבֵּיל, וְתִטְעֵי, וְתִסְגּוֹד, לְטָעֲוָת עַמְמַיָּא וְתִפְלְחִנִּין:

בְּגָלֻיּוֹת אַחֵר הָאֻמּוֹת מָצִינוּ כֵּן: "וַהֲשִׁבֹתִי אֶת שְׁבוּת מִצְרַיִם" (יחזקאל כט, יד):

יא| לֹא נִפְלֵאת הִוא מִמְּךָ. לֹא מְכֻסָּה הִיא מִמְּךָ, כְּמוֹ שֶׁנֶּאֱמַר: "כִּי יִפָּלֵא" (לעיל יז, ח) – "אֲרֵי יִתְכַּסֵּי", "וַתֵּרֶד פְּלָאִים" (איכה א, ט) וַתֵּרֶד בְּמַטְמוֹנִיּוֹת, מְכֻסָּה חֲבוּשָׁה בְּטָמוֹן:

יב| לֹא בַשָּׁמַיִם הִוא. שֶׁאִלּוּ הָיְתָה בַּשָּׁמַיִם, הָיִיתָ צָרִיךְ לַעֲלוֹת אַחֲרֶיהָ וְלִלְמְדָהּ:

יד| כִּי קָרוֹב אֵלֶיךָ. הַתּוֹרָה נִתְּנָה לָכֶם בִּכְתָב וּבְעַל פֶּה:

טו| אֶת הַחַיִּים וְאֶת הַטּוֹב. זֶה תָּלוּי בָּזֶה, אִם תַּעֲשֶׂה טוֹב הֲרֵי לְךָ חַיִּים, וְאִם תַּעֲשֶׂה רָע הֲרֵי לְךָ הַמָּוֶת, וְהַכָּתוּב מְפָרֵשׁ וְהוֹלֵךְ הֵיאַךְ:

טז| אֲשֶׁר אָנֹכִי מְצַוְּךָ הַיּוֹם לְאַהֲבָה. הֲרֵי הַטּוֹב, וּבוֹ תָּלוּי "וְחָיִיתָ וְרָבִיתָ", הֲרֵי הַחַיִּים:

יז| וְאִם יִפְנֶה לְבָבְךָ. הֲרֵי הָרָע:

יח וַעֲבַדְתָּם׃ הִגַּדְתִּי לָכֶם הַיּוֹם כִּי אָבֹד תֹּאבֵדוּן
לֹא־תַאֲרִיכֻן יָמִים עַל־הָאֲדָמָה אֲשֶׁר אַתָּה
יט עֹבֵר אֶת־הַיַּרְדֵּן לָבוֹא שָׁמָּה לְרִשְׁתָּהּ׃ הַעִדֹתִי
בָכֶם הַיּוֹם אֶת־הַשָּׁמַיִם וְאֶת־הָאָרֶץ הַחַיִּים
וְהַמָּוֶת נָתַתִּי לְפָנֶיךָ הַבְּרָכָה וְהַקְּלָלָה וּבָחַרְתָּ
כ בַּחַיִּים לְמַעַן תִּחְיֶה אַתָּה וְזַרְעֶךָ׃ לְאַהֲבָה
אֶת־יהוה אֱלֹהֶיךָ לִשְׁמֹעַ בְּקֹלוֹ וּלְדָבְקָה־בוֹ
כִּי הוּא חַיֶּיךָ וְאֹרֶךְ יָמֶיךָ לָשֶׁבֶת עַל־הָאֲדָמָה
אֲשֶׁר נִשְׁבַּע יהוה לַאֲבֹתֶיךָ לְאַבְרָהָם לְיִצְחָק
וּלְיַעֲקֹב לָתֵת לָהֶם׃

הפטרת נצבים

הפטרה לפרשת נצבים גם כשנצבים וילך מחוברות.

מעת היותה של ירושלים בירת מלכות ישראל בימי דוד, הפכה ללב האומה ולמקום שאליו נושאים עיניים, כל העמים. היא הפכה גם למוקד מאבק על השליטה בה. תודעת החורבן החלה עם חורבן ירושלים. כל עוד הלב פועם – הגוף חי. עם דום לבה של ירושלים החלה הגלות הרשמית. בניינה מבטא את סיום הגלות, כי ירושלים איננה עוד מקום, אלא היא "המקום אשר יבחר ה'".

התימנים מתחילים כאן
ישעיה

סא ט וְנוֹדַע בַּגּוֹיִם זַרְעָם וְצֶאֱצָאֵיהֶם בְּתוֹךְ הָעַמִּים כָּל־רֹאֵיהֶם יַכִּירוּם כִּי
י הֵם זֶרַע בֵּרַךְ יהוה׃ *שׂוֹשׂ אָשִׂישׂ בַּיהוה תָּגֵל נַפְשִׁי בֵּאלֹהַי
כִּי הִלְבִּישַׁנִי בִּגְדֵי־יֶשַׁע מְעִיל צְדָקָה יְעָטָנִי כֶּחָתָן יְכַהֵן פְּאֵר וְכַכַּלָּה
יא תַּעְדֶּה כֵלֶיהָ׃ כִּי כָאָרֶץ תּוֹצִיא צִמְחָהּ וּכְגַנָּה זֵרוּעֶיהָ תַצְמִיחַ כֵּן ׀ אֲדֹנָי
סב א יֱהֹוִה יַצְמִיחַ צְדָקָה וּתְהִלָּה נֶגֶד כָּל־הַגּוֹיִם׃ לְמַעַן צִיּוֹן לֹא אֶחֱשֶׁה
וּלְמַעַן יְרוּשָׁלַםִ לֹא אֶשְׁקוֹט עַד־יֵצֵא כַנֹּגַהּ צִדְקָהּ וִישׁוּעָתָהּ כְּלַפִּיד
ב יִבְעָר׃ וְרָאוּ גוֹיִם צִדְקֵךְ וְכָל־מְלָכִים כְּבוֹדֵךְ וְקֹרָא לָךְ שֵׁם חָדָשׁ אֲשֶׁר
ג פִּי יהוה יִקֳּבֶנּוּ׃ וְהָיִית עֲטֶרֶת תִּפְאֶרֶת בְּיַד־יהוה וּצְנוֹף מְלוּכָה בְּכַף־

*האשכנזים והספרדים מתחילים כאן

וּצְנִיף

יח חֲוִיתִי לְכוֹן יוֹמָא דֵין, אֲרֵי מֵיבַד תֵּיבְדוּן, לָא תֵּירְכוּן יוֹמִין עַל אַרְעָא, דְּאַתְּ עָבַר יָת יַרְדְּנָא,
יט לְמֵיעַל לְתַמָּן לְמֵירְתַהּ: אַסְהֵידִית בְּכוֹן יוֹמָא דֵין יָת שְׁמַיָּא וְיָת אַרְעָא, חַיֵּי וּמוֹתָא יְהָבִית
כ קֳדָמָךְ, בִּרְכָן וּלְוָטִין, וְתִתְרְעֵי בְחַיֵּי, בְּדִיל דְּתֵיחֵי אַתְּ וּבְנָךְ: לְמִרְחַם יָת יְיָ אֱלָהָךְ, לְקַבָּלָא
לְמֵימְרֵיהּ וּלְאִתְקָרָבָא לְדַחְלְתֵיהּ, אֲרֵי הוּא חַיָּךְ וְאוֹרְכוּת יוֹמָךְ, לְמִתַּב עַל אַרְעָא, דְּקַיֵּים
יְיָ לַאֲבָהָתָךְ, לְאַבְרָהָם, לְיִצְחָק וּלְיַעֲקֹב לְמִתַּן לְהוֹן:

יח] **כִּי אָבֹד תֹּאבֵדוּן.** הֲרֵי הַמָּוֶת:

יט] **הַעִדֹתִי בָכֶם הַיּוֹם אֶת הַשָּׁמַיִם וְאֶת הָאָרֶץ.** שֶׁהֵם קַיָּמִים לְעוֹלָם, וְכַאֲשֶׁר תִּקְרֶה אֶתְכֶם הָרָעָה יִהְיוּ עֵדִים שֶׁאֲנִי הִתְרֵיתִי בָּכֶם בְּכָל זֹאת. דָּבָר אַחֵר, "הַעִדֹתִי בָכֶם הַיּוֹם אֶת הַשָּׁמַיִם" וְגוֹ', אָמַר לָהֶם הַקָּדוֹשׁ בָּרוּךְ הוּא לְיִשְׂרָאֵל: הִסְתַּכְּלוּ בַּשָּׁמַיִם שֶׁבָּרָאתִי לְשַׁמֵּשׁ אֶתְכֶם, שֶׁמָּא שִׁנּוּ אֶת מִדָּתָם? שֶׁמָּא לֹא עָלָה גַּלְגַּל חַמָּה מִן הַמִּזְרָח וְהֵאִיר לְכָל הָעוֹלָם, כְּעִנְיָן שֶׁנֶּאֱמַר: "וְזָרַח הַשֶּׁמֶשׁ וּבָא הַשָּׁמֶשׁ" (קהלת א, ה)? הִסְתַּכְּלוּ בָּאָרֶץ שֶׁבָּרָאתִי לְשַׁמֵּשׁ אֶתְכֶם, שֶׁמָּא שִׁנְּתָה מִדָּתָהּ? שֶׁמָּא זְרַעְתֶּם אוֹתָהּ וְלֹא צָמְחָה, אוֹ שֶׁמָּא זְרַעְתֶּם חִטִּים וְהֶעֶלְתָה שְׂעוֹרִים? וּמָה אֵלּוּ שֶׁנַּעֲשׂוּ לֹא לְשָׂכָר וְלֹא לְהֶפְסֵד, אִם זוֹכִין אֵין מְקַבְּלִין שָׂכָר וְאִם חוֹטְאִין אֵין מְקַבְּלִין פֻּרְעָנוּת – לֹא שִׁנּוּ אֶת מִדָּתָם, אַתֶּם שֶׁאִם זְכִיתֶם תְּקַבְּלוּ שָׂכָר וְאִם חֲטָאתֶם תְּקַבְּלוּ פֻּרְעָנוּת, עַל אַחַת כַּמָּה וְכַמָּה: **וּבָחַרְתָּ בַּחַיִּים.** אֲנִי מוֹרֶה לָכֶם שֶׁתִּבְחֲרוּ בְּחֵלֶק הַחַיִּים, כְּאָדָם הָאוֹמֵר לִבְנוֹ, בְּרֹר לְךָ חֵלֶק יָפֶה בְּנַחֲלָתִי, וּמַעֲמִידוֹ עַל חֵלֶק הַיָּפֶה וְאוֹמֵר לוֹ: אֶת זֶה בְּרֹר לְךָ. וְעַל זֶה נֶאֱמַר: "ה' מְנָת חֶלְקִי וְכוֹסִי אַתָּה תּוֹמִיךְ גּוֹרָלִי" (תהלים טז, ה), הִנַּחְתָּ יָדִי עַל גּוֹרָל הַטּוֹב, לוֹמַר, אֶת זֶה קַח לְךָ:

ד אֱלֹהָיִךְ: לֹא־יֵאָמֵר לָךְ עוֹד עֲזוּבָה וּלְאַרְצֵךְ לֹא־יֵאָמֵר עוֹד שְׁמָמָה כִּי
לָךְ יִקָּרֵא חֶפְצִי־בָהּ וּלְאַרְצֵךְ בְּעוּלָה כִּי־חָפֵץ יהוה בָּךְ וְאַרְצֵךְ תִּבָּעֵל:
ה כִּי־יִבְעַל בָּחוּר בְּתוּלָה יִבְעָלוּךְ בָּנָיִךְ וּמְשׂוֹשׂ חָתָן עַל־כַּלָּה יָשִׂישׂ עָלַיִךְ
ו אֱלֹהָיִךְ: עַל־חוֹמֹתַיִךְ יְרוּשָׁלִַם הִפְקַדְתִּי שֹׁמְרִים כָּל־הַיּוֹם וְכָל־הַלַּיְלָה
ז תָּמִיד לֹא יֶחֱשׁוּ הַמַּזְכִּרִים אֶת־יהוה אַל־דֳּמִי לָכֶם: וְאַל־תִּתְּנוּ דֳמִי לוֹ
ח עַד־יְכוֹנֵן וְעַד־יָשִׂים אֶת־יְרוּשָׁלִַם תְּהִלָּה בָּאָרֶץ: נִשְׁבַּע יהוה בִּימִינוֹ
וּבִזְרוֹעַ עֻזּוֹ אִם־אֶתֵּן אֶת־דְּגָנֵךְ עוֹד מַאֲכָל לְאֹיְבַיִךְ וְאִם־יִשְׁתּוּ בְנֵי־
ט נֵכָר תִּירוֹשֵׁךְ אֲשֶׁר יָגַעַתְּ בּוֹ: כִּי מְאַסְפָיו יֹאכְלֻהוּ וְהִלְלוּ אֶת־יהוה
י וּמְקַבְּצָיו יִשְׁתֻּהוּ בְּחַצְרוֹת קָדְשִׁי: עִבְרוּ עִבְרוּ בַּשְּׁעָרִים
פַּנּוּ דֶּרֶךְ הָעָם סֹלּוּ סֹלּוּ הַמְסִלָּה סַקְּלוּ מֵאֶבֶן הָרִימוּ נֵס עַל־הָעַמִּים:
יא הִנֵּה יהוה הִשְׁמִיעַ אֶל־קְצֵה הָאָרֶץ אִמְרוּ לְבַת־צִיּוֹן הִנֵּה יִשְׁעֵךְ בָּא
יב הִנֵּה שְׂכָרוֹ אִתּוֹ וּפְעֻלָּתוֹ לְפָנָיו: וְקָרְאוּ לָהֶם עַם־הַקֹּדֶשׁ גְּאוּלֵי יהוה

וְלָ֙ךְ יִקָּרֵ֣א דְרוּשָׁ֔ה עִ֖יר לֹ֥א נֶעֱזָֽבָה׃ מִי־זֶ֣ה ׀ בָּ֣א מֵאֱד֗וֹם א סג
חֲמ֤וּץ בְּגָדִים֙ מִבָּצְרָ֔ה זֶ֚ה הָד֣וּר בִּלְבוּשׁ֔וֹ צֹעֶ֖ה בְּרֹ֣ב כֹּח֑וֹ אֲנִ֛י מְדַבֵּ֥ר
בִּצְדָקָ֖ה רַ֥ב לְהוֹשִֽׁיעַ׃ מַדּ֥וּעַ אָדֹ֖ם לִלְבוּשֶׁ֑ךָ וּבְגָדֶ֖יךָ כְּדֹרֵ֥ךְ בְּגַֽת׃ פּוּרָ֣ה ׀ ב ג
דָּרַ֣כְתִּי לְבַדִּ֗י וּֽמֵעַמִּים֙ אֵֽין־אִ֣ישׁ אִתִּ֔י וְאֶדְרְכֵ֣ם בְּאַפִּ֔י וְאֶרְמְסֵ֖ם בַּחֲמָתִ֑י
וְיֵ֤ז נִצְחָם֙ עַל־בְּגָדַ֔י וְכָל־מַלְבּוּשַׁ֖י אֶגְאָֽלְתִּי׃ כִּ֛י י֥וֹם נָקָ֖ם בְּלִבִּ֑י וּשְׁנַ֥ת גְּאוּלַ֖י ד
בָּֽאָה׃ וְאַבִּיט֙ וְאֵ֣ין עֹזֵ֔ר וְאֶשְׁתּוֹמֵ֖ם וְאֵ֣ין סוֹמֵ֑ךְ וַתּ֤וֹשַֽׁע לִי֙ זְרֹעִ֔י וַחֲמָתִ֖י ה
הִ֥יא סְמָכָֽתְנִי׃ וְאָב֤וּס עַמִּים֙ בְּאַפִּ֔י וַאֲשַׁכְּרֵ֖ם בַּחֲמָתִ֑י וְאוֹרִ֥יד לָאָ֖רֶץ ו
נִצְחָֽם׃ חַֽסְדֵ֨י יְהוָ֜ה ׀ אַזְכִּ֗יר תְּהִלֹּ֤ת יְהוָה֙ כְּעַ֕ל כֹּ֥ל אֲשֶׁר־ ז
גְּמָלָ֖נוּ יְהוָ֑ה וְרַב־טוּב֙ לְבֵ֣ית יִשְׂרָאֵ֔ל אֲשֶׁר־גְּמָלָ֥ם כְּרַחֲמָ֖יו וּכְרֹ֥ב חֲסָדָֽיו׃
וַיֹּ֙אמֶר֙ אַךְ־עַמִּ֣י הֵ֔מָּה בָּנִ֖ים לֹ֣א יְשַׁקֵּ֑רוּ וַיְהִ֥י לָהֶ֖ם לְמוֹשִֽׁיעַ׃ בְּכָל־צָרָתָ֣ם ׀ ח ט
לו לֹ֣א צָ֗ר וּמַלְאַ֤ךְ פָּנָיו֙ הֽוֹשִׁיעָ֔ם בְּאַהֲבָת֥וֹ וּבְחֶמְלָת֖וֹ ה֣וּא גְאָלָ֑ם וַֽיְנַטְּלֵ֥ם
וַֽיְנַשְּׂאֵ֖ם כָּל־יְמֵ֥י עוֹלָֽם׃

פרשת וילך

וילך

וַיֵּ֖לֶךְ מֹשֶׁ֑ה וַיְדַבֵּ֛ר אֶת־הַדְּבָרִ֥ים הָאֵ֖לֶּה אֶל־ א לא
כׇּל־יִשְׂרָאֵֽל׃ וַיֹּ֣אמֶר אֲלֵהֶ֗ם בֶּן־מֵאָ֨ה וְעֶשְׂרִ֜ים ב
שָׁנָ֤ה אָנֹכִי֙ הַיּ֔וֹם לֹא־אוּכַ֥ל ע֖וֹד לָצֵ֣את וְלָב֑וֹא
וַֽיהֹוָה֙ אָמַ֣ר אֵלַ֔י לֹ֥א תַעֲבֹ֖ר אֶת־הַיַּרְדֵּ֥ן הַזֶּֽה׃
יְהֹוָ֨ה אֱלֹהֶ֜יךָ ה֣וּא ׀ עֹבֵ֣ר לְפָנֶ֗יךָ הֽוּא־יַשְׁמִ֞יד ג
אֶת־הַגּוֹיִ֥ם הָאֵ֛לֶּה מִלְּפָנֶ֖יךָ וִֽירִשְׁתָּ֑ם יְהוֹשֻׁ֗עַ
שני ה֚וּא עֹבֵ֣ר לְפָנֶ֔יךָ כַּאֲשֶׁ֖ר דִּבֶּ֥ר יְהֹוָֽה׃ וְעָשָׂ֤ה ד
יְהֹוָה֙ לָהֶ֔ם כַּאֲשֶׁ֣ר עָשָׂ֗ה לְסִיח֥וֹן וּלְע֛וֹג מַלְכֵ֥י
הָאֱמֹרִ֖י וּלְאַרְצָ֑ם אֲשֶׁ֥ר הִשְׁמִ֖יד אֹתָֽם׃ וּנְתָנָ֥ם ה
יְהֹוָ֖ה לִפְנֵיכֶ֑ם וַעֲשִׂיתֶ֣ם לָהֶ֔ם כְּכׇל־הַמִּצְוָ֔ה אֲשֶׁ֥ר
צִוִּ֖יתִי אֶתְכֶֽם׃ חִזְק֣וּ וְאִמְצ֔וּ אַל־תִּֽירְא֥וּ וְאַל־ ו
תַּעַרְצ֖וּ מִפְּנֵיהֶ֑ם כִּ֣י ׀ יְהֹוָ֣ה אֱלֹהֶ֗יךָ ה֚וּא הַהֹלֵ֣ךְ
שלישי /חמישי/ עִמָּ֔ךְ לֹ֥א יַרְפְּךָ֖ וְלֹ֥א יַעַזְבֶֽךָּ׃ וַיִּקְרָ֨א ז
מֹשֶׁ֜ה לִֽיהוֹשֻׁ֗עַ וַיֹּ֨אמֶר אֵלָ֜יו לְעֵינֵ֣י כׇל־יִשְׂרָאֵ֮ל
חֲזַ֣ק וֶאֱמָץ֒ כִּ֣י אַתָּ֗ה תָּבוֹא֙ אֶת־הָעָ֣ם הַזֶּ֔ה אֶל־
הָאָ֕רֶץ אֲשֶׁ֨ר נִשְׁבַּ֧ע יְהֹוָ֛ה לַאֲבֹתָ֖ם לָתֵ֣ת לָהֶ֑ם
וְאַתָּ֖ה תַּנְחִילֶ֥נָּה אוֹתָֽם׃ וַיהֹוָ֞ה ה֣וּא ׀ הַהֹלֵ֣ךְ ח
לְפָנֶ֗יךָ ה֚וּא יִהְיֶ֣ה עִמָּ֔ךְ לֹ֥א יַרְפְּךָ֖ וְלֹ֣א יַעַזְבֶ֑ךָּ

ט לֹא תִירָא וְלֹא תֵחָת: וַיִּכְתֹּב מֹשֶׁה אֶת־הַתּוֹרָה
הַזֹּאת וַיִּתְּנָהּ אֶל־הַכֹּהֲנִים בְּנֵי לֵוִי הַנֹּשְׂאִים
אֶת־אֲרוֹן בְּרִית יהוה וְאֶל־כָּל־זִקְנֵי יִשְׂרָאֵל:
י וַיְצַו מֹשֶׁה אוֹתָם לֵאמֹר מִקֵּץ | שֶׁבַע שָׁנִים רביעי

לא א ב וַאֲזַל מֹשֶׁה, וּמַלֵּיל, יָת פִּתְגָּמַיָּא הָאִלֵּין עִם כָּל יִשְׂרָאֵל: וַאֲמַר לְהוֹן, בַּר מְאָה וְעֶסְרִין
שְׁנִין אֲנָא יוֹמָא דֵין, לֵית אֲנָא יָכִיל עוֹד לְמִפַּק וּלְמֵיעַל, וַיי אֲמַר לִי, לָא תִעְבַּר יָת יַרְדְּנָא
ג הָדֵין: יי אֱלָהָךְ, הוּא עָבַר קֳדָמָךְ, הוּא יְשֵׁיצֵי, יָת עַמְמַיָּא הָאִלֵּין, מִן קֳדָמָךְ וְתֵירְתִנּוּן,
ד יְהוֹשֻׁעַ, הוּא עָבַר קֳדָמָךְ, כְּמָא דְמַלֵּיל יי: וְיַעֲבֵיד יי לְהוֹן, כְּמָא דַעֲבַד, לְסִיחוֹן וּלְעוֹג, מַלְכֵי
ה אֱמוֹרָאָה וּלְאַרְעֲהוֹן, דְּשֵׁיצֵי יָתְהוֹן: וְיִמְסְרִנּוּן יי קֳדָמֵיכוֹן, וְתַעְבְּדוּן לְהוֹן, כְּכָל תַּפְקֵידְתָּא,
ו דְּפַקֵּידִית יָתְכוֹן: תְּקַפוּ וְאִילַמוּ, לָא תִדְחֲלוּן וְלָא תִתַּבְרוּן מִן קֳדָמֵיהוֹן, אֲרֵי יי אֱלָהָךְ,
ז מֵימְרֵיהּ מְדַבַּר קֳדָמָךְ, לָא יִשְׁבְּקִנָּךְ וְלָא יְרַחֲקִנָּךְ: וּקְרָא מֹשֶׁה לִיהוֹשֻׁעַ, וַאֲמַר לֵיהּ, לְעֵינֵי
כָּל יִשְׂרָאֵל תְּקַף וְאִילַם, אֲרֵי אַתְּ, תֵּיעוֹל עִם עַמָּא הָדֵין, לְאַרְעָא, דְּקַיֵּים יי, לַאֲבָהָתְהוֹן
ח לְמִתַּן לְהוֹן, וְאַתְּ תַּחְסְנִנַּהּ לְהוֹן: וַיי, הוּא מְדַבַּר קֳדָמָךְ, מֵימְרֵיהּ יְהֵי בְסַעֲדָךְ, לָא יִשְׁבְּקִנָּךְ
ט וְלָא יְרַחֲקִנָּךְ, לָא תִדְחַל וְלָא תִתַּבַר: וּכְתַב מֹשֶׁה יָת אוֹרָיְתָא הָדָא, וִיהַבַהּ, לְכָהֲנַיָּא בְּנֵי לֵוִי,
י דְּנָטְלִין, יָת אֲרוֹן קְיָמָא דַיי, וּלְכָל סָבֵי יִשְׂרָאֵל: וּפַקֵּיד מֹשֶׁה יָתְהוֹן לְמֵימַר, מִסּוֹף שְׁבַע שְׁנִין,

פרק לא

ב] לֹא אוּכַל עוֹד לָצֵאת וְלָבוֹא. יָכוֹל שֶׁתָּשַׁשׁ כֹּחוֹ? תַּלְמוּד לוֹמַר: "לֹא כָהֲתָה עֵינוֹ וְלֹא נָס לֵחֹה" (להלן לד, ז), אֶלָּא מַהוּ "לֹא אוּכַל"? אֵינִי רַשַּׁאי, שֶׁנִּטְּלָה מִמֶּנִּי הָרְשׁוּת וְנִתְּנָה לִיהוֹשֻׁעַ: וַה' אָמַר אֵלַי. זֶהוּ פֵּרוּשׁ "לֹא אוּכַל עוֹד לָצֵאת וְלָבוֹא", לְפִי שֶׁה' אָמַר אֵלַי: אָנֹכִי הַיּוֹם. הַיּוֹם מָלְאוּ יָמַי וּשְׁנוֹתַי, בְּיוֹם זֶה נוֹלַדְתִּי וּבְיוֹם זֶה אָמוּת. דָּבָר אַחֵר, "לָצֵאת וְלָבוֹא" בְּדִבְרֵי תוֹרָה, מְלַמֵּד שֶׁנִּסְתַּתְּמוּ מִמֶּנּוּ מְסוֹרוֹת וּמַעְיְנוֹת הַחָכְמָה:

ו] לֹא יַרְפְּךָ. לֹא יִתֵּן לְךָ רִפְיוֹן לִהְיוֹת נֶעֱזָב מִמֶּנּוּ:

ז] כִּי אַתָּה תָּבוֹא אֶת הָעָם הַזֶּה. כְּתַרְגּוּמוֹ: "אֲרֵי אַתְּ תֵּיעוֹל עִם עַמָּא הָדֵין". מֹשֶׁה אָמַר לוֹ לִיהוֹשֻׁעַ: זְקֵנִים שֶׁבַּדּוֹר עִמָּהֶם, הַכֹּל לְפִי דַעְתָּן וַעֲצָתָן. אֲבָל הַקָּדוֹשׁ בָּרוּךְ הוּא אָמַר לִיהוֹשֻׁעַ: "כִּי אַתָּה תָּבִיא אֶת בְּנֵי יִשְׂרָאֵל אֶל הָאָרֶץ אֲשֶׁר נִשְׁבַּעְתִּי לָהֶם" (להלן פסוק כג), "תָּבִיא" עַל כָּרְחָם, הַכֹּל תָּלוּי בְּךָ, טֹל מַקֵּל וְהַךְ עַל קָדְקֳדָן, דַּבָּר אֶחָד לַדּוֹר וְלֹא שְׁנֵי דַבָּרִים לַדּוֹר:

י] מִקֵּץ שֶׁבַע שָׁנִים. בַּשָּׁנָה רִאשׁוֹנָה שֶׁל שְׁמִטָּה, הַשְּׁמִינִית. וְלָמָּה קוֹרֵא אוֹתָהּ "שְׁנַת הַשְּׁמִטָּה"? שֶׁעֲדַיִן שְׁבִיעִית נוֹהֶגֶת בָּהּ, בְּקָצִיר שֶׁל שְׁבִיעִית הַיּוֹצֵא לְמוֹצָאֵי שְׁבִיעִית:

י׳ בְּמֹעֵד שְׁנַת הַשְּׁמִטָּה בְּחַג הַסֻּכּוֹת: בְּבוֹא
כָל־יִשְׂרָאֵל לֵרָאוֹת אֶת־פְּנֵי יְהוָה אֱלֹהֶיךָ
בַּמָּקוֹם אֲשֶׁר יִבְחָר תִּקְרָא אֶת־הַתּוֹרָה
יב הַזֹּאת נֶגֶד כָּל־יִשְׂרָאֵל בְּאָזְנֵיהֶם: הַקְהֵל
מצווה תריב
מצוות הקהל
אֶת־הָעָם הָאֲנָשִׁים וְהַנָּשִׁים וְהַטַּף וְגֵרְךָ
אֲשֶׁר בִּשְׁעָרֶיךָ לְמַעַן יִשְׁמְעוּ וּלְמַעַן יִלְמְדוּ
וְיָרְאוּ אֶת־יְהוָה אֱלֹהֵיכֶם וְשָׁמְרוּ לַעֲשׂוֹת
יג אֶת־כָּל־דִּבְרֵי הַתּוֹרָה הַזֹּאת: וּבְנֵיהֶם אֲשֶׁר
לֹא־יָדְעוּ יִשְׁמְעוּ וְלָמְדוּ לְיִרְאָה אֶת־יְהוָה
אֱלֹהֵיכֶם כָּל־הַיָּמִים אֲשֶׁר אַתֶּם חַיִּים עַל־
הָאֲדָמָה אֲשֶׁר אַתֶּם עֹבְרִים אֶת־הַיַּרְדֵּן שָׁמָּה
לְרִשְׁתָּהּ:

חמישי /ששי/
יד כה וַיֹּאמֶר יְהוָה אֶל־מֹשֶׁה הֵן קָרְבוּ יָמֶיךָ לָמוּת
קְרָא אֶת־יְהוֹשֻׁעַ וְהִתְיַצְּבוּ בְּאֹהֶל מוֹעֵד
וַאֲצַוֶּנּוּ וַיֵּלֶךְ מֹשֶׁה וִיהוֹשֻׁעַ וַיִּתְיַצְּבוּ בְּאֹהֶל
טו מוֹעֵד: וַיֵּרָא יְהוָה בָּאֹהֶל בְּעַמּוּד עָנָן וַיַּעֲמֹד
טז עַמּוּד הֶעָנָן עַל־פֶּתַח הָאֹהֶל: וַיֹּאמֶר יְהוָה
אֶל־מֹשֶׁה הִנְּךָ שֹׁכֵב עִם־אֲבֹתֶיךָ וְקָם הָעָם
הַזֶּה וְזָנָה ׀ אַחֲרֵי ׀ אֱלֹהֵי נֵכַר־הָאָרֶץ אֲשֶׁר
הוּא בָא־שָׁמָּה בְּקִרְבּוֹ וַעֲזָבַנִי וְהֵפֵר אֶת־

יז בְּרִיתִי אֲשֶׁר כָּרַתִּי אִתּוֹ: וְחָרָה אַפִּי בוֹ בַיּוֹם־
הַהוּא וַעֲזַבְתִּים וְהִסְתַּרְתִּי פָנַי מֵהֶם וְהָיָה
לֶאֱכֹל וּמְצָאֻהוּ רָעוֹת רַבּוֹת וְצָרוֹת וְאָמַר
בַּיּוֹם הַהוּא הֲלֹא עַל כִּי־אֵין אֱלֹהַי בְּקִרְבִּי
יח מְצָאוּנִי הָרָעוֹת הָאֵלֶּה: וְאָנֹכִי הַסְתֵּר אַסְתִּיר
פָּנַי בַּיּוֹם הַהוּא עַל כָּל־הָרָעָה אֲשֶׁר עָשָׂה כִּי
יט פָנָה אֶל־אֱלֹהִים אֲחֵרִים: וְעַתָּה כִּתְבוּ לָכֶם
אֶת־הַשִּׁירָה הַזֹּאת וְלַמְּדָהּ אֶת־בְּנֵי־יִשְׂרָאֵל

מצווה תריג
מצווה לכתוב
ספר תורה

יא בִּזְמַן, שַׁתָּא דִשְׁמִטְּתָא בְּחַגָּא דִמְטַלַּיָּא: בְּמֵיתֵי כָל יִשְׂרָאֵל, לְאִתַּחְזָאָה קֳדָם יְיָ אֱלָהָךְ, בְּאַתְרָא
יב דְּיִתְרְעֵי, תִּקְרֵי, יָת אוֹרָיְתָא הָדָא, קֳדָם כָּל יִשְׂרָאֵל וְתַשְׁמְעִנּוּן: כְּנוֹשׁ יָת עַמָּא, גֻּבְרַיָּא וּנְשַׁיָּא
וְטַפְלָא, וְגִיּוֹרָךְ דִּבְקִרְוָךְ, בְּדִיל דְּיִשְׁמְעוּן וּבְדִיל דְּיֵילְפוּן, וְיִדְחֲלוּן קֳדָם יְיָ אֱלָהֲכוֹן, וְיִטְּרוּן
יג לְמֶעְבַּד, יָת כָּל פִּתְגָּמֵי אוֹרָיְתָא הָדָא: וּבְנֵיהוֹן דְּלָא יְדַעוּ, יִשְׁמְעוּן וְיֵילְפוּן, לְמִדְחַל קֳדָם יְיָ
יד אֱלָהֲכוֹן, כָּל יוֹמַיָּא, דְּאַתּוּן קַיָּמִין עַל אַרְעָא, דְּאַתּוּן, עָבְרִין יָת יַרְדְּנָא, לְתַמָּן לְמֵירְתַהּ: וַאֲמַר
יְיָ לְמֹשֶׁה, הָא קְרִיבוּ יוֹמָךְ לִמְמָת, קְרֵי יָת יְהוֹשֻׁעַ, וְאִתְעַתַּדוּ, בְּמַשְׁכַּן זִמְנָא וַאֲפַקְּדִנֵּיהּ, וַאֲזַל
טו מֹשֶׁה וִיהוֹשֻׁעַ, וְאִתְעַתַּדוּ בְּמַשְׁכַּן זִמְנָא: וְאִתְגְּלִי יְיָ, בְּמַשְׁכְּנָא בְּעַמּוּדָא דַעֲנָנָא, וְקָם, עַמּוּדָא
טז דַעֲנָנָא עַל תְּרַע מַשְׁכְּנָא: וַאֲמַר יְיָ לְמֹשֶׁה, הָא אַתְּ שָׁכֵיב עִם אֲבָהָתָךְ, וִיקוּם עַמָּא הָדֵין,
וְיִטְעֵי בָּתַר טָעֲוָת עַמְמֵי אַרְעָא, דְּהוּא עָלֵיל לְתַמָּן בֵּינֵיהוֹן, וְיִשְׁבְּקוּן דַּחְלְתִי, וִישַׁנּוֹן יָת קְיָמִי,
יז דִּגְזָרִית עִמְּהוֹן: וְיִתְקַף רֻגְזִי בְהוֹן בְּעִדָּנָא הַהוּא, וַאֲרַחֵיקִנּוּן, וַאֲסַלֵּיק שְׁכִינְתִי מִנְּהוֹן וִיהוֹן לְמִבַּז,
וִיעָרְעָן יָתְהוֹן, בִּישָׁן סַגִּיאָן וְעָקָן, וְיֵימַר בְּעִדָּנָא הַהוּא, הֲלָא, מִדְּלֵית שְׁכִינַת אֱלָהִי בֵּינַי, עָרְעָנִי
יח בִּישָׁתָא הָאִלֵּין: וַאֲנָא, סַלָּקָא אֲסַלֵּיק שְׁכִינְתִי מִנְּהוֹן בְּעִדָּנָא הַהוּא, עַל כָּל בִּשְׁתָּא דַּעֲבַדוּ,
יט אֲרֵי אִתְפְּנִיאוּ, בָּתַר טָעֲוָת עַמְמַיָּא: וּכְעַן, כְּתוּבוּ לְכוֹן יָת תֻּשְׁבַּחְתָּא הָדָא, וְאַלְּפַהּ לִבְנֵי יִשְׂרָאֵל

יא) **תִּקְרָא אֶת הַתּוֹרָה הַזֹּאת.** הַמֶּלֶךְ הָיָה קוֹרֵא מִתְּחִלַּת 'אֵלֶּה הַדְּבָרִים', כִּדְאִיתָא בְּמַסֶּכֶת סוֹטָה (דף מא ע"א), עַל בִּימָה שֶׁל עֵץ שֶׁהָיוּ עוֹשִׂין בָּעֲזָרָה:

יב) **הָאֲנָשִׁים.** לִלְמֹד: **וְהַנָּשִׁים.** לִשְׁמֹעַ: **וְהַטַּף.** לָמָּה בָּאִים? לִתֵּן שָׂכָר לִמְבִיאֵיהֶם:

יד) **וַאֲצַוֶּנּוּ.** וַאֲזָרְזֶנּוּ:

טז) **נֵכַר הָאָרֶץ.** גּוֹיֵי הָאָרֶץ:

יז) **וְהִסְתַּרְתִּי פָנַי.** כְּמוֹ שֶׁאֵינִי רוֹאֶה בְּצָרָתָם:

יט) **אֶת הַשִּׁירָה הַזֹּאת.** "הַאֲזִינוּ הַשָּׁמַיִם" עַד "וְכִפֶּר אַדְמָתוֹ עַמּוֹ" (להלן לב, א-מג):

וילך

שִׂימָהּ בְּפִיהֶם לְמַעַן תִּהְיֶה־לִּי הַשִּׁירָה הַזֹּאת
ששי /שביעי/ לְעֵד בִּבְנֵי יִשְׂרָאֵל׃ כִּי־אֲבִיאֶנּוּ אֶל־הָאֲדָמָה ׀ כ
אֲשֶׁר־נִשְׁבַּעְתִּי לַאֲבֹתָיו זָבַת חָלָב וּדְבַשׁ וְאָכַל
וְשָׂבַע וְדָשֵׁן וּפָנָה אֶל־אֱלֹהִים אֲחֵרִים וַעֲבָדוּם
וְנִאֲצוּנִי וְהֵפֵר אֶת־בְּרִיתִי׃ וְהָיָה כִּי־תִמְצֶאןָ כא
אֹתוֹ רָעוֹת רַבּוֹת וְצָרוֹת וְעָנְתָה הַשִּׁירָה הַזֹּאת
לְפָנָיו לְעֵד כִּי לֹא תִשָּׁכַח מִפִּי זַרְעוֹ כִּי יָדַעְתִּי
אֶת־יִצְרוֹ אֲשֶׁר הוּא עֹשֶׂה הַיּוֹם בְּטֶרֶם אֲבִיאֶנּוּ
אֶל־הָאָרֶץ אֲשֶׁר נִשְׁבָּעְתִּי׃ וַיִּכְתֹּב מֹשֶׁה אֶת־ כב
הַשִּׁירָה הַזֹּאת בַּיּוֹם הַהוּא וַיְלַמְּדָהּ אֶת־בְּנֵי
יִשְׂרָאֵל׃ וַיְצַו אֶת־יְהוֹשֻׁעַ בִּן־נוּן וַיֹּאמֶר חֲזַק כג
וֶאֱמָץ כִּי אַתָּה תָּבִיא אֶת־בְּנֵי יִשְׂרָאֵל אֶל־
הָאָרֶץ אֲשֶׁר־נִשְׁבַּעְתִּי לָהֶם וְאָנֹכִי אֶהְיֶה עִמָּךְ׃
וַיְהִי ׀ כְּכַלּוֹת מֹשֶׁה לִכְתֹּב אֶת־דִּבְרֵי הַתּוֹרָה־ כד
שביעי הַזֹּאת עַל־סֵפֶר עַד תֻּמָּם׃ וַיְצַו מֹשֶׁה אֶת־ כה
הַלְוִיִּם נֹשְׂאֵי אֲרוֹן בְּרִית־יְהוָה לֵאמֹר׃ לָקֹחַ כו
אֵת סֵפֶר הַתּוֹרָה הַזֶּה וְשַׂמְתֶּם אֹתוֹ מִצַּד אֲרוֹן
בְּרִית־יְהוָה אֱלֹהֵיכֶם וְהָיָה־שָׁם בְּךָ לְעֵד׃ כִּי כז
אָנֹכִי יָדַעְתִּי אֶת־מֶרְיְךָ וְאֶת־עָרְפְּךָ הַקָּשֶׁה
הֵן בְּעוֹדֶנִּי חַי עִמָּכֶם הַיּוֹם מַמְרִים הֱיִתֶם עִם־

לא וילך

כח יְהוָה וְאַף כִּי־אַחֲרֵי מוֹתִי: הַקְהִילוּ אֵלַי אֶת־ מפטיר
כָּל־זִקְנֵי שִׁבְטֵיכֶם וְשֹׁטְרֵיכֶם וַאֲדַבְּרָה בְאָזְנֵיהֶם
אֵת הַדְּבָרִים הָאֵלֶּה וְאָעִידָה בָּם אֶת־הַשָּׁמַיִם
כט וְאֶת־הָאָרֶץ: כִּי יָדַעְתִּי אַחֲרֵי מוֹתִי כִּי־הַשְׁחֵת

כ שַׁוְיַהּ בְּפֻמְּהוֹן, בְּדִיל דִּתְהֵי קֳדָמַי, תֻּשְׁבַּחְתָּא הָדָא, לְסָהִיד בִּבְנֵי יִשְׂרָאֵל: אֲרֵי אַעֵילִנּוּן,
לְאַרְעָא דְּקַיֵּימִית לַאֲבָהָתְהוֹן, עָבְדָא חֲלַב וּדְבַשׁ, וְיֵיכְלוּן וְיִסְבְּעוּן וְיִתְפַּנְּקוּן, וְיִתְפְּנוּן,
כא בָּתַר טָעֲוַת עַמְמַיָּא וְיִפְלְחוּן לְהוֹן, וְיַרְגְּזוּן קֳדָמַי, וִישַׁנּוּן יָת קְיָמִי: וִיהֵי, אֲרֵי יְעָרְעָן יָתְהוֹן,
בִּישָׁן סַגִּיאָן וְעָקָן, וְתָתִיב, תֻּשְׁבַּחְתָּא הָדָא קֳדָמוֹהִי לְסָהִיד, אֲרֵי, לָא תִתְנְשֵׁי מִפּוּם בְּנֵיהוֹן,
כב אֲרֵי גְּלֵי קֳדָמַי יִצְרְהוֹן, דְּאִנּוּן עָבְדִין יוֹמָא דֵין, עַד לָא אַעֵילִנּוּן, לְאַרְעָא דְּקַיֵּימִית: וּכְתַב
כג מֹשֶׁה, יָת תֻּשְׁבַּחְתָּא הָדָא בְּיוֹמָא הַהוּא, וְאַלְּפַהּ לִבְנֵי יִשְׂרָאֵל: וּפַקֵּיד יָת יְהוֹשֻׁעַ בַּר נוּן,
וַאֲמַר תְּקַף וְאִילַּם, אֲרֵי אַתְּ, תַּעֵיל יָת בְּנֵי יִשְׂרָאֵל, לְאַרְעָא דְּקַיֵּימִית לְהוֹן, וּמֵימְרִי יְהֵי
כד בְּסַעְדָּךְ: וַהֲוָה כַּד שֵׁיצִי מֹשֶׁה, לְמִכְתַּב, יָת פִּתְגָּמֵי אוֹרָיְתָא הָדָא עַל סִפְרָא, עַד דִּשְׁלִימוּ:
כה כו וּפַקֵּיד מֹשֶׁה יָת לֵיוָאֵי, נָטְלֵי, אֲרוֹן קְיָמָא דַּייָ לְמֵימַר: סַבוּ, יָת סִפְרָא דְּאוֹרָיְתָא הָדֵין,
כז וּתְשַׁוּוֹן יָתֵיהּ, מִסְּטַר, אֲרוֹן קְיָמָא דַּייָ אֱלָהֲכוֹן, וִיהֵי תַמָּן בָּךְ לְסָהִיד: אֲרֵי אֲנָא יָדַעְנָא יָת
סָרְבָנוּתָךְ, וְיָת קְדָלָךְ קַשְׁיָא, הָא עַד דַּאֲנָא קַיָּם עִמְּכוֹן יוֹמָא דֵין, מְסָרְבִין הֲוֵיתוֹן קֳדָם
כח יְיָ, וְאַף בָּתַר דַּאֲמוּת: כְּנוּשׁוּ לְוָתִי, יָת כָּל סָבֵי שִׁבְטֵיכוֹן וְסָרְכֵיכוֹן, וַאֲמַלֵּיל קֳדָמֵיהוֹן, יָת
כט פִּתְגָּמַיָּא הָאִלֵּין, וְאַסְהֵיד בְּהוֹן, יָת שְׁמַיָּא וְיָת אַרְעָא: אֲרֵי יָדַעְנָא, בָּתַר דַּאֲמוּת אֲרֵי חַבָּלָא

כ) **וְנִאֲצוּנִי.** וְהִכְעִיסוּנִי, וְכֵן כָּל 'נִאוּץ' לְשׁוֹן כַּעַס:

כא) **וְעָנְתָה הַשִּׁירָה הַזֹּאת לְפָנָיו לְעֵד.** שֶׁהִתְרֵיתִי בּוֹ בְּתוֹכָהּ עַל כָּל הַמּוֹצְאוֹת אוֹתוֹ: **כִּי לֹא תִשָּׁכַח מִפִּי זַרְעוֹ.** הֲרֵי זוֹ הַבְטָחָה לְיִשְׂרָאֵל שֶׁאֵין תּוֹרָה מִשְׁתַּכַּחַת מִזַּרְעָם לְגַמְרֵי:

כג) **וַיְצַו אֶת יְהוֹשֻׁעַ בִּן נוּן.** מוּסָב לְמַעְלָה כְּלַפֵּי שְׁכִינָה, כְּמוֹ שֶׁמְּפֹרָשׁ: "אֶל הָאָרֶץ אֲשֶׁר נִשְׁבַּעְתִּי לָהֶם":

כו) **לָקֹחַ.** כְּמוֹ: זָכוֹר, שָׁמוֹר, הָלוֹךְ: **מִצַּד אֲרוֹן בְּרִית ה'.** נֶחְלְקוּ בוֹ חַכְמֵי יִשְׂרָאֵל בְּבָבָא בַּתְרָא (דף יד ע"ב), יֵשׁ מֵהֶם אוֹמְרִים: דַּף הָיָה בּוֹלֵט מִן הָאָרוֹן מִבַּחוּץ וְשָׁם הָיָה מֻנָּח, וְיֵשׁ אוֹמְרִים: מִצַּד הַלּוּחוֹת הָיָה מֻנָּח בְּתוֹךְ הָאָרוֹן:

כח) **הַקְהִילוּ אֵלַי.** וְלֹא תָּקְעוּ אוֹתוֹ הַיּוֹם בַּחֲצוֹצְרוֹת לְהַקְהִיל אֶת הַקָּהָל, לְפִי שֶׁנֶּאֱמַר: "עֲשֵׂה לְךָ" (במדבר י, ב), וְלֹא הִשְׁלִיט יְהוֹשֻׁעַ עֲלֵיהֶם. וְאַף בְּחַיָּיו נִגְנְזוּ קֹדֶם יוֹם מוֹתוֹ, לְקַיֵּם מַה שֶּׁנֶּאֱמַר: "וְאֵין שִׁלְטוֹן בְּיוֹם הַמָּוֶת" (קהלת ח, ח): **וְאָעִידָה בָּם אֶת הַשָּׁמַיִם וְאֶת הָאָרֶץ.** וְאִם תֹּאמַר, הֲרֵי כְּבָר הֵעִיד לְמַעְלָה: "הַעִדֹתִי בָכֶם הַיּוֹם" וְגוֹ' (לעיל ל, יט)? לְיִשְׂרָאֵל אָמַר אֲבָל לַשָּׁמַיִם וְלָאָרֶץ לֹא אָמַר, וְעַכְשָׁיו בָּא לוֹמַר: "הַאֲזִינוּ הַשָּׁמַיִם" וְגוֹ' (להלן לב, א):

וילך

תַּשְׁחִתוּן וְסַרְתֶּם מִן־הַדֶּרֶךְ אֲשֶׁר צִוִּיתִי אֶתְכֶם
וְקָרָאת אֶתְכֶם הָרָעָה בְּאַחֲרִית הַיָּמִים כִּי־
תַעֲשׂוּ אֶת־הָרַע בְּעֵינֵי יְהוָה לְהַכְעִיסוֹ בְּמַעֲשֵׂה
יְדֵיכֶם׃ וַיְדַבֵּר מֹשֶׁה בְּאׇזְנֵי כׇּל־קְהַל יִשְׂרָאֵל ל
אֶת־דִּבְרֵי הַשִּׁירָה הַזֹּאת עַד תֻּמָּם׃

הפטרה לשבת שובה

הפטרה לשבת שבין ראש השנה ליום הכיפורים (וילך או האזינו).

הסוס במקרא מבטא עוצמה צבאית. האשורים, שהחזיקו בחיל רכב (הרתום לסוסים) ופרשים (הרוכבים על הסוסים), נחשבו לבעלי עוצמה צבאית גדולה. הנביא הושע קורא לישראל לא להשליך יהבם על אשור. המפתח להתנהגות נכונה הוא הבנת מקומו של האדם לעומת הבורא. שיבוש בהבנה זו והאלהת אדם בעל עוצמה צבאית, הם שורש העבודה הזרה, והיא הבסיס לכל השחתה מוסרית. העמדת האדם ויצריו במרכז, בתוספת כוחניות צבאית, היא מִרשם בטוח לדריסת צלם א־לוהים שבאדם. הנביא מציע לשוב לה', ותשובה זו אמורה להביא את העם למציאות המתוקנת והראויה שאליה הוא שואף להגיע.

הושע

יד ב ג שׁוּבָה יִשְׂרָאֵל עַד יְהוָה אֱלֹהֶיךָ כִּי כָשַׁלְתָּ בַּעֲוֺנֶךָ׃ קְחוּ עִמָּכֶם דְּבָרִים
וְשׁוּבוּ אֶל־יְהוָה אִמְרוּ אֵלָיו כׇּל־תִּשָּׂא עָוֺן וְקַח־טוֹב וּנְשַׁלְּמָה פָרִים
ד שְׂפָתֵינוּ׃ אַשּׁוּר ׀ לֹא יוֹשִׁיעֵנוּ עַל־סוּס לֹא נִרְכָּב וְלֹא־נֹאמַר עוֹד אֱלֹהֵינוּ
ה לְמַעֲשֵׂה יָדֵינוּ אֲשֶׁר־בְּךָ יְרֻחַם יָתוֹם׃ אֶרְפָּא מְשׁוּבָתָם אֹהֲבֵם נְדָבָה כִּי
ו שָׁב אַפִּי מִמֶּנּוּ׃ אֶהְיֶה כַטַּל לְיִשְׂרָאֵל יִפְרַח כַּשּׁוֹשַׁנָּה וְיַךְ שׇׁרָשָׁיו כַּלְּבָנוֹן׃
ז ח יֵלְכוּ יֹנְקוֹתָיו וִיהִי כַזַּיִת הוֹדוֹ וְרֵיחַ לוֹ כַּלְּבָנוֹן׃ יָשֻׁבוּ יֹשְׁבֵי בְצִלּוֹ יְחַיּוּ דָגָן
ט וְיִפְרְחוּ כַגָּפֶן זִכְרוֹ כְּיֵין לְבָנוֹן׃ אֶפְרַיִם מַה־לִּי עוֹד לָעֲצַבִּים אֲנִי עָנִיתִי
י וַאֲשׁוּרֶנּוּ אֲנִי כִּבְרוֹשׁ רַעֲנָן מִמֶּנִּי פֶּרְיְךָ נִמְצָא׃ מִי חָכָם וְיָבֵן אֵלֶּה נָבוֹן
וְיֵדָעֵם כִּי־יְשָׁרִים דַּרְכֵי יְהוָה וְצַדִּקִים יֵלְכוּ בָם וּפֹשְׁעִים יִכָּשְׁלוּ בָם׃*

התימנים מסיימים כאן

יואל

יש אשכנזים שמוסיפים מכאן

ב יא וַיהוָה נָתַן קוֹלוֹ לִפְנֵי חֵילוֹ כִּי רַב מְאֹד מַחֲנֵהוּ כִּי עָצוּם עֹשֵׂה דְבָרוֹ כִּי־
יב גָדוֹל יוֹם־יְהוָה וְנוֹרָא מְאֹד וּמִי יְכִילֶנּוּ׃ וְגַם־עַתָּה נְאֻם־יְהוָה שֻׁבוּ עָדַי
יג בְּכׇל־לְבַבְכֶם וּבְצוֹם וּבִבְכִי וּבְמִסְפֵּד׃ וְקִרְעוּ לְבַבְכֶם וְאַל־בִּגְדֵיכֶם וְשׁוּבוּ
אֶל־יְהוָה אֱלֹהֵיכֶם כִּי־חַנּוּן וְרַחוּם הוּא אֶרֶךְ אַפַּיִם וְרַב־חֶסֶד וְנִחָם עַל־
יד הָרָעָה׃ מִי יוֹדֵעַ יָשׁוּב וְנִחָם וְהִשְׁאִיר אַחֲרָיו בְּרָכָה מִנְחָה וָנֶסֶךְ לַיהוָה
טו טז אֱלֹהֵיכֶם׃ *תִּקְעוּ שׁוֹפָר בְּצִיּוֹן קַדְּשׁוּ־צוֹם קִרְאוּ עֲצָרָה׃ אִסְפוּ־

רוב האשכנזים מוסיפים מכאן

וילך לא

תְּחַבְּלוּן, וְתִסְטוֹן מִן אוֹרְחָא, דְּפַקֵּידִית יָתְכוֹן, וּתְעָרַע יָתְכוֹן בִּשְׁתָּא בְּסוֹף יוֹמַיָּא, אֲרֵי תַּעְבְּדוּן יָת דְּבִישׁ קֳדָם יְיָ, לְאַרְגָּזָא קֳדָמוֹהִי בְּעוֹבָדֵי יְדֵיכוֹן: וּמַלֵּיל מֹשֶׁה, קֳדָם כָּל קְהָלָא דְּיִשְׂרָאֵל, יָת פִּתְגָּמֵי תֻּשְׁבַּחְתָּא הָדָא, עַד דִּשְׁלִימוּ:

כט אַחֲרֵי מוֹתִי כִּי הַשְׁחֵת תַּשְׁחִתוּן. וַהֲרֵי כָּל יְמוֹת יְהוֹשֻׁעַ לֹא הִשְׁחִיתוּ, שֶׁנֶּאֱמַר: "וַיַּעַבְדוּ הָעָם אֶת ה' כֹּל יְמֵי יְהוֹשֻׁעַ" (שופטים ב, ז)? מִכָּאן

שֶׁתַּלְמִידוֹ שֶׁל אָדָם חָבִיב עָלָיו כְּגוּפוֹ, כָּל זְמַן שֶׁיְּהוֹשֻׁעַ חַי הָיָה נִרְאֶה לְמֹשֶׁה כְּאִלּוּ הוּא חַי.

עַם־קַדְּשׁוּ קָהָל קִבְצוּ זְקֵנִים אִסְפוּ עוֹלָלִים וְיֹנְקֵי שָׁדָיִם יֵצֵא חָתָן מֵחֶדְרוֹ וְכַלָּה מֵחֻפָּתָהּ: בֵּין הָאוּלָם וְלַמִּזְבֵּחַ יִבְכּוּ הַכֹּהֲנִים מְשָׁרְתֵי יְהוָה וְיֹאמְרוּ חוּסָה יְהוָה עַל־עַמֶּךָ וְאַל־תִּתֵּן נַחֲלָתְךָ לְחֶרְפָּה לִמְשָׁל־בָּם גּוֹיִם לָמָּה יֹאמְרוּ בָעַמִּים אַיֵּה אֱלֹהֵיהֶם: וַיְקַנֵּא יְהוָה לְאַרְצוֹ וַיַּחְמֹל עַל־עַמּוֹ: וַיַּעַן **יט** יְהוָה וַיֹּאמֶר לְעַמּוֹ הִנְנִי שֹׁלֵחַ לָכֶם אֶת־הַדָּגָן וְהַתִּירוֹשׁ וְהַיִּצְהָר וּשְׂבַעְתֶּם אֹתוֹ וְלֹא־אֶתֵּן אֶתְכֶם עוֹד חֶרְפָּה בַּגּוֹיִם: וְאֶת־הַצְּפוֹנִי אַרְחִיק מֵעֲלֵיכֶם **כ** וְהִדַּחְתִּיו אֶל־אֶרֶץ צִיָּה וּשְׁמָמָה אֶת־פָּנָיו אֶל־הַיָּם הַקַּדְמֹנִי וְסֹפוֹ אֶל־הַיָּם הָאַחֲרוֹן וְעָלָה בָאְשׁוֹ וְתַעַל צַחֲנָתוֹ כִּי הִגְדִּיל לַעֲשׂוֹת: אַל־תִּירְאִי אֲדָמָה **כא** גִּילִי וּשְׂמָחִי כִּי־הִגְדִּיל יְהוָה לַעֲשׂוֹת: אַל־תִּירְאוּ בַּהֲמוֹת שָׂדַי כִּי דָשְׁאוּ **כב** נְאוֹת מִדְבָּר כִּי־עֵץ נָשָׂא פִרְיוֹ תְּאֵנָה וָגֶפֶן נָתְנוּ חֵילָם: וּבְנֵי צִיּוֹן גִּילוּ וְשִׂמְחוּ **כג** בַּיהוָה אֱלֹהֵיכֶם כִּי־נָתַן לָכֶם אֶת־הַמּוֹרֶה לִצְדָקָה וַיּוֹרֶד לָכֶם גֶּשֶׁם מוֹרֶה וּמַלְקוֹשׁ בָּרִאשׁוֹן: וּמָלְאוּ הַגֳּרָנוֹת בָּר וְהֵשִׁיקוּ הַיְקָבִים תִּירוֹשׁ וְיִצְהָר: **כד** וְשִׁלַּמְתִּי לָכֶם אֶת־הַשָּׁנִים אֲשֶׁר אָכַל הָאַרְבֶּה הַיֶּלֶק וְהֶחָסִיל וְהַגָּזָם חֵילִי **כה** הַגָּדוֹל אֲשֶׁר שִׁלַּחְתִּי בָּכֶם: וַאֲכַלְתֶּם אָכוֹל וְשָׂבוֹעַ וְהִלַּלְתֶּם אֶת־שֵׁם יְהוָה **כו** אֱלֹהֵיכֶם אֲשֶׁר־עָשָׂה עִמָּכֶם לְהַפְלִיא וְלֹא־יֵבֹשׁוּ עַמִּי לְעוֹלָם: וִידַעְתֶּם כִּי **כז** בְקֶרֶב יִשְׂרָאֵל אָנִי וַאֲנִי יְהוָה אֱלֹהֵיכֶם וְאֵין עוֹד וְלֹא־יֵבֹשׁוּ עַמִּי לְעוֹלָם:

מיכה
הספרדים
וחלק מהאשכנזים
מוסיפים

מִי־אֵל כָּמוֹךָ נֹשֵׂא עָוֹן וְעֹבֵר עַל־פֶּשַׁע לִשְׁאֵרִית נַחֲלָתוֹ לֹא־הֶחֱזִיק **יח** לָעַד אַפּוֹ כִּי־חָפֵץ חֶסֶד הוּא: יָשׁוּב יְרַחֲמֵנוּ יִכְבֹּשׁ עֲוֹנֹתֵינוּ וְתַשְׁלִיךְ **יט** בִּמְצֻלוֹת יָם כָּל־חַטֹּאתָם: תִּתֵּן אֱמֶת לְיַעֲקֹב חֶסֶד לְאַבְרָהָם אֲשֶׁר־ **כ** נִשְׁבַּעְתָּ לַאֲבֹתֵינוּ מִימֵי קֶדֶם:

פרשת האזינו

האזינו

כו הַאֲזִ֥ינוּ הַשָּׁמַ֖יִם וַאֲדַבֵּ֑רָה וְתִשְׁמַ֥ע הָאָ֖רֶץ אִמְרֵי־פִֽי׃ א לב

יַעֲרֹ֤ף כַּמָּטָר֙ לִקְחִ֔י תִּזַּ֥ל כַּטַּ֖ל אִמְרָתִ֑י ב

כִּשְׂעִירִ֣ם עֲלֵי־דֶ֔שֶׁא וְכִרְבִיבִ֖ים עֲלֵי־עֵֽשֶׂב׃

כִּ֛י שֵׁ֥ם יְהוָ֖ה אֶקְרָ֑א הָב֥וּ גֹ֖דֶל לֵאלֹהֵֽינוּ׃ ג

הַצּוּר֙ תָּמִ֣ים פָּעֳל֔וֹ כִּ֥י כָל־דְּרָכָ֖יו מִשְׁפָּ֑ט ד

אֵ֤ל אֱמוּנָה֙ וְאֵ֣ין עָ֔וֶל צַדִּ֥יק וְיָשָׁ֖ר הֽוּא׃

שִׁחֵ֥ת ל֛וֹ לֹ֖א בָּנָ֣יו מוּמָ֑ם דּ֥וֹר עִקֵּ֖שׁ וּפְתַלְתֹּֽל׃ ה

הַ לְיְהוָה֙ תִּגְמְלוּ־זֹ֔את עַ֥ם נָבָ֖ל וְלֹ֣א חָכָ֑ם ו

הֲלוֹא־הוּא֙ אָבִ֣יךָ קָּנֶ֔ךָ ה֥וּא עָשְׂךָ֖ וַֽיְכֹנְנֶֽךָ׃

שני זְכֹר֙ יְמ֣וֹת עוֹלָ֔ם בִּ֖ינוּ שְׁנ֣וֹת דֹּר־וָדֹ֑ר ז

שְׁאַ֤ל אָבִ֙יךָ֙ וְיַגֵּ֔דְךָ זְקֵנֶ֖יךָ וְיֹ֥אמְרוּ לָֽךְ׃

פרק לב

א] **הַאֲזִינוּ הַשָּׁמַיִם.** שֶׁאֲנִי מַתְרֶה בָּהֶם בְּיִשְׂרָאֵל, וְתִהְיוּ עֵדִים בַּדָּבָר, שֶׁכָּךְ אָמַרְתִּי לָהֶם שֶׁאַתֶּם תִּהְיוּ עֵדִים, וְכֵן ״וְתִשְׁמַע הָאָרֶץ״. וְלָמָּה הֵעִיד בָּהֶם שָׁמַיִם וָאָרֶץ? אָמַר מֹשֶׁה: אֲנִי בָּשָׂר וָדָם, לְמָחָר אֲנִי מֵת, אִם יֹאמְרוּ יִשְׂרָאֵל לֹא קִבַּלְנוּ עָלֵינוּ הַבְּרִית, מִי בָּא וּמַכְחִישָׁם? לְפִיכָךְ הֵעִיד בָּהֶם שָׁמַיִם וָאָרֶץ, עֵדִים שֶׁהֵם קַיָּמִים לְעוֹלָם. וְעוֹד, שֶׁאִם יִזְכּוּ יָבוֹאוּ הָעֵדִים וְיִתְּנוּ שְׂכָרָם, ״הַגֶּפֶן תִּתֵּן פִּרְיָהּ וְהָאָרֶץ תִּתֵּן אֶת יְבוּלָהּ וְהַשָּׁמַיִם יִתְּנוּ טַלָּם״ (זכריה ח, יב), וְאִם יִתְחַיְּבוּ תִּהְיֶה בָּהֶם יַד הָעֵדִים תְּחִלָּה, ״וְעָצַר אֶת הַשָּׁמַיִם וְלֹא יִהְיֶה מָטָר וְהָאֲדָמָה לֹא תִתֵּן אֶת יְבוּלָהּ״, וְאַחַר כָּךְ: ״וַאֲבַדְתֶּם מְהֵרָה״ (לעיל יא, יז) עַל יְדֵי הָאֻמּוֹת:

ב] **יַעֲרֹף כַּמָּטָר לִקְחִי.** זוֹ הִיא הָעֵדוּת שֶׁתָּעִידוּ, שֶׁאֲנִי אוֹמֵר בִּפְנֵיכֶם: תּוֹרָה שֶׁנָּתַתִּי לְיִשְׂרָאֵל שֶׁהִיא חַיִּים לָעוֹלָם, כַּמָּטָר הַזֶּה שֶׁהוּא חַיִּים לָעוֹלָם, כַּאֲשֶׁר יַעַרְפוּ הַשָּׁמַיִם טַל וּמָטָר: **יַעֲרֹף.** לְשׁוֹן יַטִּיף, וְכֵן: ״יַעַרְפוּ טָל״ (להלן לג, כח), ״יִרְעֲפוּן דָּשֶׁן״ (תהלים סה, יב): **תִּזַּל כַּטַּל.** שֶׁהַכֹּל שְׂמֵחִים בּוֹ, לְפִי שֶׁהַמָּטָר יֵשׁ בּוֹ עֲצֵבִים, כְּגוֹן הוֹלְכֵי

לב א ב אַצִיתוּ שְׁמַיָּא וַאֲמַלֵּיל, וְתִשְׁמַע אַרְעָא מֵימְרֵי פֻמִּי: יִבְסַם כְּמִטְרָא אֻלְפָנִי, יִתְקַבַּל כְּטַלָּא
ג מֵימְרִי, כְּרוּחֵי מִטְרָא דְּנָשְׁבִין עַל דִּתְאָה, וְכִרְסִיסֵי מַלְקוֹשָׁא דְּעַל עִסְבָּא: אֲרֵי, בִּשְׁמָא דַיְיָ
ד אֲנָא מְצַלֵּי, הַבוּ רְבוּתָא קֳדָם אֱלָהָנָא: תַּקִּיפָא דְּשַׁלְמִין עוֹבָדוֹהִי, אֲרֵי כָל אוֹרְחָתֵיהּ דִּינָא,
ה אֱלָהָא מְהֵימְנָא דְּמִן קֳדָמוֹהִי עַוְלָא לָא נָפֵיק, מִן קֳדָם דְּזַכַּאי וְקַשִּׁיט הוּא: חַבִּילוּ לְהוֹן,
ו לָא לֵיהּ בְּנַיָּא דִּפְלַחוּ לְטָעֲוָתָא, דָּרָא דְּאַשְׁנִי עוֹבָדוֹהִי וְאִשְׁתַּנִּיו: הָא קֳדָם יְיָ אַתּוּן גָּמְלִין
דָּא, עַמָּא דְּקַבִּילוּ אוֹרָיְתָא וְלָא חַכִּימוּ, הֲלָא הוּא אֲבוּךְ אַתְּ דִּילֵיהּ, הוּא עֲבָדָךְ וְאַתְקְנָךְ:
ז אִדְּכַר יוֹמִין דְּמִן עָלְמָא, אִסְתַּכַּל בִּשְׁנֵי דָּר וְדָר, שְׁאַל אֲבוּךְ וִיחַוֵּי לָךְ, סָבָךְ וְיֵימְרוּן לָךְ:

דְּרָכִים וּמִי שֶׁהָיָה בּוֹרוֹ מָלֵא יַיִן: כִּשְׂעִירִם. לְשׁוֹן "רוּחַ סְעָרָה", כְּתַרְגּוּמוֹ: "כְּרוּחֵי מִטְרָא", מָה הָרוּחוֹת הַלָּלוּ מְחַזְּקִין אֶת הָעֲשָׂבִים וּמְגַדְּלִין אוֹתָם, אַף דִּבְרֵי תוֹרָה מְחַזְּקִין אֶת לוֹמְדֵיהֶן וּמְגַדְּלִין אוֹתָן: וְכִרְבִיבִים. טִפֵּי מָטָר, וְנִרְאֶה לִי, עַל שֵׁם שֶׁיּוֹרֶה כַּחֵץ נִקְרָא 'רְבִיב', כְּמָה דְאַתְּ אָמַר: "רֹבֶה קַשָּׁת" (בראשית כא, כ): דֶשֶׁא. אירבי"ץ, עֲטִיפַת הָאָרֶץ מְכֻסָּה בְּיֶרֶק: עֵשֶׂב. קֶלַח אֶחָד קָרוּי 'עֵשֶׂב', וְכָל מִין וּמִין לְעַצְמוֹ קָרוּי 'עֵשֶׂב':

ג) כִּי שֵׁם ה' אֶקְרָא. הֲרֵי 'כִּי' מְשַׁמֵּשׁ בִּלְשׁוֹן 'כַּאֲשֶׁר', כְּמוֹ: "כִּי תָבֹאוּ אֶל הָאָרֶץ", כְּשֶׁאֶקְרָא וְאַזְכִּיר שֵׁם ה', אַתֶּם "הָבוּ גֹדֶל לֵאלֹהֵינוּ" וּבָרְכוּ שְׁמוֹ. מִכָּאן שֶׁעוֹנִין: "בָּרוּךְ שֵׁם כְּבוֹד מַלְכוּתוֹ" אַחַר בְּרָכָה שֶׁבַּמִּקְדָּשׁ:

ד) הַצּוּר תָּמִים פָּעֳלוֹ. אַף עַל פִּי שֶׁהוּא חָזָק, כְּשֶׁמֵּבִיא פֻּרְעָנוּת עַל עוֹבְרֵי רְצוֹנוֹ, לֹא בְּשֶׁטֶף הוּא מֵבִיא כִּי אִם בְּדִין, כִּי "תָּמִים פָּעֳלוֹ": אֵל אֱמוּנָה. לְשַׁלֵּם לַצַּדִּיקִים צִדְקָתָם לָעוֹלָם הַבָּא, וְאַף עַל פִּי שֶׁמְּאַחֵר אֶת תַּגְמוּלָם, סוֹפוֹ לְאַמֵּן אֶת דְּבָרָיו: וְאֵין עָוֶל. אַף לָרְשָׁעִים מְשַׁלֵּם שְׂכַר צִדְקָתָם בָּעוֹלָם הַזֶּה: צַדִּיק וְיָשָׁר הוּא. הַכֹּל מַצְדִּיקִים עֲלֵיהֶם אֶת דִּינוֹ, וְכָךְ רָאוּי וְיָשָׁר לָהֶם. "צַדִּיק" מִפִּי הַבְּרִיּוֹת "וְיָשָׁר הוּא", וְרָאוּי לְהַצְדִּיקוֹ:

ה) שִׁחֵת לוֹ וְגוֹ'. כְּתַרְגּוּמוֹ: "חַבִּילוּ לְהוֹן לָא לֵיהּ": בָּנָיו מוּמָם. בָּנָיו הָיוּ, וְהַשְׁחָתָה שֶׁהִשְׁחִיתוּ הִיא מוּמָם: בָּנָיו מוּמָם. מוּמָם שֶׁל בָּנָיו הָיָה וְלֹא מוּמוֹ: דּוֹר עִקֵּשׁ. עָקוֹם וּמְעֻקָּל, כְּמוֹ: "וְאֵת כָּל הַיְשָׁרָה יְעַקֵּשׁוּ" (מיכה ג, ט), וּבִלְשׁוֹן מִשְׁנָה: "חֻלְדָּה שֶׁשִּׁנֶּיהָ עֲקוּמוֹת וַעֲקוּשׁוֹת" (ראה חולין נו ע"א): וּפְתַלְתֹּל. אנטורטלי"ץ, כַּפְּתִיל הַזֶּה שֶׁגּוֹדְלִין אוֹתוֹ וּמַקִּיפִין אוֹתוֹ סְבִיבוֹת הַגָּדִיל: פְּתַלְתֹּל. מִן הַתֵּיבוֹת הַכְּפוּלוֹת כְּמוֹ 'יְרַקְרַק' (ויקרא יג, מט), 'אֲדַמְדָּם' (שם), 'סְחַרְחַר' (תהלים לח, יא), 'סְגַלְגַּל' (תרגום, מלכים א' ז, כג):

ו) הַלַה' תִּגְמְלוּ זֹאת. לְשׁוֹן תֵּמַהּ, וְכִי לְפָנָיו אַתֶּם מַעֲצִיבִין, שֶׁיֵּשׁ בְּיָדוֹ לִפָּרַע מִכֶּם וְשֶׁהֵיטִיב לָכֶם בְּכָל הַטּוֹבוֹת?: עַם נָבָל. שֶׁשָּׁכְחוּ אֶת הֶעָשׂוּי לָהֶם: וְלֹא חָכָם. לְהָבִין אֶת הַנּוֹלָדוֹת שֶׁיֵּשׁ בְּיָדוֹ לְהֵיטִיב וּלְהָרַע: הֲלוֹא הוּא אָבִיךָ קָּנֶךָ. שֶׁקְּנָאֲךָ, שֶׁקִּנֶּנְךָ בְּקַן הַסְּלָעִים וּבְאֶרֶץ חֲזָקָה, שֶׁתִּקֶּנְךָ בְּכָל מִינֵי תַּקָּנָה: הוּא עָשְׂךָ. אֻמָּה בָּאֻמּוֹת: וַיְכֹנְנֶךָ. אַחֲרֵי כֵן בְּכָל מִינֵי בָּסִיס וְכַן, מִכֶּם כֹּהֲנִים מִכֶּם נְבִיאִים וּמִכֶּם מְלָכִים, כְּרַךְ שֶׁהַכֹּל תָּלוּי בּוֹ:

ז) זְכֹר יְמוֹת עוֹלָם. מֶה עָשָׂה בָּרִאשׁוֹנִים שֶׁהִכְעִיסוּ לְפָנָיו: בִּינוּ שְׁנוֹת דֹּר וָדֹר. דּוֹר אֱנוֹשׁ שֶׁהֵצִיף עֲלֵיהֶם מֵי אוֹקְיָנוֹס, וְדוֹר הַמַּבּוּל שֶׁשְּׁטָפָם. דָּבָר אַחֵר, לֹא נְתַתֶּם לִבְּכֶם עַל שֶׁעָבַר, "בִּינוּ שְׁנוֹת דֹּר וָדֹר" לְהַכִּיר לְהַבָּא, שֶׁיֵּשׁ בְּיָדוֹ לְהֵיטִיב לָכֶם וּלְהַנְחִיל לָכֶם יְמוֹת הַמָּשִׁיחַ וְהָעוֹלָם הַבָּא: שְׁאַל אָבִיךָ. אֵלּוּ הַנְּבִיאִים שֶׁנִּקְרְאוּ אָבוֹת, כְּמוֹ שֶׁנֶּאֱמַר

דברים

בְּהַנְחֵל עֶלְיוֹן גּוֹיִם   בְּהַפְרִידוֹ בְּנֵי אָדָם ח
יַצֵּב גְּבֻלֹת עַמִּים   לְמִסְפַּר בְּנֵי יִשְׂרָאֵל׃
כִּי חֵלֶק יְהֹוָה עַמּוֹ   יַעֲקֹב חֶבֶל נַחֲלָתוֹ׃ ט
יִמְצָאֵהוּ בְּאֶרֶץ מִדְבָּר   וּבְתֹהוּ יְלֵל יְשִׁמֹן י
יְסֹבְבֶנְהוּ יְבוֹנְנֵהוּ   יִצְּרֶנְהוּ כְּאִישׁוֹן עֵינוֹ׃
כְּנֶשֶׁר יָעִיר קִנּוֹ   עַל־גּוֹזָלָיו יְרַחֵף יא
יִפְרֹשׂ כְּנָפָיו יִקָּחֵהוּ   יִשָּׂאֵהוּ עַל־אֶבְרָתוֹ׃
יְהֹוָה בָּדָד יַנְחֶנּוּ   וְאֵין עִמּוֹ אֵל נֵכָר׃ יב
יַרְכִּבֵהוּ עַל־בָּמֳתֵי אָרֶץ   וַיֹּאכַל תְּנוּבֹת שָׂדָי יג *שלישי*
וַיֵּנִקֵהוּ דְבַשׁ מִסֶּלַע   וְשֶׁמֶן מֵחַלְמִישׁ צוּר׃
חֶמְאַת בָּקָר וַחֲלֵב צֹאן   עִם־חֵלֶב כָּרִים יד
וְאֵילִים בְּנֵי־בָשָׁן וְעַתּוּדִים   עִם־חֵלֶב כִּלְיוֹת חִטָּה

בְּחֶלְקוֹ: "אָבִי אָבִי רֶכֶב יִשְׂרָאֵל" (מלכים ב ב, יב). זְקֵנֶיךָ. אֵלּוּ הַחֲכָמִים: וְיֹאמְרוּ לָךְ. הָרִאשׁוֹנוֹת:

ח) בְּהַנְחֵל עֶלְיוֹן גּוֹיִם. כְּשֶׁהִנְחִיל הַקָּדוֹשׁ בָּרוּךְ הוּא לְמַכְעִיסָיו אֶת חֵלֶק נַחֲלָתָן, הֱצִיפָם וּשְׁטָפָם: בְּהַפְרִידוֹ בְּנֵי אָדָם. כְּשֶׁהֵפִיץ דּוֹר הַפַּלָּגָה, הָיָה בְּיָדוֹ לְהַעֲבִירָם מִן הָעוֹלָם, וְלֹא עָשָׂה כֵּן, אֶלָּא "יַצֵּב גְּבֻלֹת עַמִּים", קִיְּמָם וְלֹא אִבְּדָם: לְמִסְפַּר בְּנֵי יִשְׂרָאֵל. בִּשְׁבִיל מִסְפַּר בְּנֵי יִשְׂרָאֵל שֶׁעֲתִידִין לָצֵאת מִבְּנֵי שֵׁם, וּלְמִסְפַּר שִׁבְעִים נֶפֶשׁ שֶׁל בְּנֵי יִשְׂרָאֵל שֶׁיָּרְדוּ לְמִצְרַיִם הִצִּיב "גְּבֻלֹת עַמִּים" שִׁבְעִים לָשׁוֹן:

ט) כִּי חֵלֶק ה' עַמּוֹ. לָמָּה כָּל זֹאת? לְפִי שֶׁהָיָה חֶלְקוֹ כָּבוּשׁ בֵּינֵיהֶם וְעָתִיד לָצֵאת. וּמִי הוּא חֶלְקוֹ? "עַמּוֹ". וּמִי הוּא עַמּוֹ? "יַעֲקֹב חֶבֶל

נַחֲלָתִי", וְהוּא הַשְּׁלִישִׁי בָּאָבוֹת, הַמְשֻׁלָּשׁ בִּשְׁלֹשׁ זְכֻיּוֹת, זְכוּת אֲבִי אָבִיו וּזְכוּת אָבִיו וּזְכוּתוֹ, הֲרֵי שָׁלֹשׁ, כַּחֶבֶל הַזֶּה שֶׁהוּא עָשׂוּי בִּשְׁלֹשָׁה גְדִילִים; וְהוּא וּבָנָיו הָיוּ לוֹ לְנַחֲלָה, וְלֹא יִשְׁמָעֵאל בֶּן אַבְרָהָם וְלֹא עֵשָׂו בְּנוֹ שֶׁל יִצְחָק:

י) יִמְצָאֵהוּ בְּאֶרֶץ מִדְבָּר. אוֹתָם מָצָא לוֹ נֶאֱמָנִים בְּאֶרֶץ הַמִּדְבָּר, שֶׁקִּבְּלוּ עֲלֵיהֶם תּוֹרָתוֹ וּמַלְכוּתוֹ וְעֻלּוֹ, מַה שֶּׁלֹּא עָשׂוּ יִשְׁמָעֵאל וְעֵשָׂו, שֶׁנֶּאֱמַר: "וְזָרַח מִשֵּׂעִיר לָמוֹ הוֹפִיעַ מֵהַר פָּארָן" (להלן לג, ב): וּבְתֹהוּ יְלֵל יְשִׁמֹן. אֶרֶץ צִיָּה וּשְׁמָמָה, מְקוֹם יִלְלַת תַּנִּים וּבְנוֹת יַעֲנָה, אַף שָׁם נִמְשְׁכוּ אַחַר הָאֱמוּנָה, וְלֹא אָמְרוּ לְמֹשֶׁה הֵיאַךְ נֵצֵא לַמִּדְבָּרוֹת מְקוֹם צִיָּה וְשִׁמָּמוֹן, כָּעִנְיָן שֶׁנֶּאֱמַר: "לֶכְתֵּךְ אַחֲרַי בַּמִּדְבָּר" (ירמיה ב, ב): יְסֹבְבֶנְהוּ. שָׁם סְבָבָם

האזינו

ח בְּאַחְסָנָא עִלָּאָה עַמְמַיָּא, בְּפָרָשׁוּתֵיהּ בְּנֵי אֲנָשָׁא, קַיֵּים תְּחוּמֵי עַמְמַיָּא, לְמִנְיַן בְּנֵי יִשְׂרָאֵל:
ט אֲרֵי, חוּלְקָא דַּייָ עַמֵּיהּ, יַעֲקֹב עֲדַב אַחְסַנְתֵּיהּ: סוֹפִּיק צָרְכֵיהוֹן בְּאַרְעָא מַדְבְּרָא, וּבֵית צָהוֹנָא אֲתַר דְּלֵית מַיָּא, אַשְׁרִינּוּן סְחוֹר סְחוֹר לִשְׁכִינְתֵּיהּ אַלִּיפִנּוּן פִּתְגָמֵי אוֹרָיְתֵיהּ, נַטְרִנּוּן כְּבָבַת
יא עֵינֵיהוֹן: כְּנִשְׁרָא דִּמְחִישׁ לְקִנֵּיהּ, עַל בְּנוֹהִי מִתְחֲפַף, פָּרִיס גַּדְפוֹהִי מְקַבֵּילְהוֹן, מְנַטְלֵיהוֹן
יב עַל תְּקוֹף אֶבְרוֹהִי: יְיָ בִּלְחוֹדֵיהוֹן עֲתִיד לְאַשְׁרָיוּתְהוֹן בְּעָלְמָא דְּהוּא עֲתִיד לְחַדָּתָא, וְלָא
יג יִתְקַיַּים קֳדָמוֹהִי פַּלְחָן טָעֲוָן: אַשְׁרִינּוּן עַל תְּקָפֵי אַרְעָא, אוֹכְלִנּוּן בֵּית סָנְאֵיהוֹן, יְהַב לְהוֹן
יד בַּת שַׁלִּיטֵי קִרְוִין, וְנִכְסֵי יָתְבֵי כְּרָכִין תַּקִּיפִין: יְהַב לְהוֹן בֵּית מַלְכֵיהוֹן וְשַׁלִּיטֵיהוֹן, עִם עוּתַר רַבְרְבֵיהוֹן וְתַקִּיפֵיהוֹן, עַמָּא דְּאַרְעֲהוֹן אַחְסָנַתְהוֹן, עִם בֵּית חֵילֵיהוֹן וּמַשִּׁרְיָתְהוֹן,

וְהִקִּיפָס בַּעֲנָנִים, וְסִבְּבָס בְּדְגָלִים לְאַרְבַּע רוּחוֹת, וְסִבְּבָן בִּתְחִתִּית הָהָר שֶׁכָּפָהוּ עֲלֵיהֶם כְּגִיגִית יְבוֹנְנֵהוּ. שָׂם בְּתוֹרָה וּבִינָה: יִצְּרֶנְהוּ. מִנַּחַשׁ שָׂרָף וְעַקְרָב וּמִן הַחַמּוֹת: כְּאִישׁוֹן עֵינוֹ. הוּא הַשָּׁחוֹר שֶׁבָּעַיִן שֶׁהַמָּחוֹר יוֹצֵא הֵימֶנּוּ. וְאוֹנְקְלוֹס תִּרְגֵּם: "יִמְצָאֵהוּ" – יַסְפִּיקֵהוֹן כָּל צָרְכּוֹ בַּמִּדְבָּר, כְּמוֹ: "וּמָצָא לָהֶם" (במדבר יא, כב), "לֹא יִמָּצֵא לָנוּ הָהָר" (יהושע יז, טז). "יְסֹבְבֶנְהוּ" – "אַשְׁרִינּוּן סְחוֹר סְחוֹר לִשְׁכִינְתֵּיהּ", אֹהֶל מוֹעֵד בָּאֶמְצַע וְאַרְבָּעָה דְּגָלִים לְאַרְבַּע רוּחוֹת.

יא כְּנֶשֶׁר יָעִיר קִנּוֹ. נְהָגָם בְּרַחֲמִים וּבְחֶמְלָה כַּנֶּשֶׁר הַזֶּה רַחֲמָנִי עַל בָּנָיו, וְאֵינוֹ נִכְנָס לְקִנּוֹ פִּתְאֹם עַד שֶׁהוּא מְקַשְׁקֵשׁ וּמְטָרֵף עַל בָּנָיו בִּכְנָפָיו בֵּין אִילָן לְאִילָן בֵּין סוֹכָה לַחֲבֶרְתָּהּ, כְּדֵי שֶׁיֵּעוֹרוּ בָּנָיו וִיהֵא בָּהֶן כֹּחַ לְקַבְּלוֹ: יָעִיר קִנּוֹ. יְעוֹרֵר פָּנָיו: עַל גּוֹזָלָיו יְרַחֵף. אֵינוֹ מַכְבִּיד עַצְמוֹ עֲלֵיהֶם אֶלָּא מְחוֹפֵף, נוֹגֵעַ וְאֵינוֹ נוֹגֵעַ, אַף הַקָּדוֹשׁ בָּרוּךְ הוּא "שַׁדַּי לֹא מְצָאנוּהוּ שַׂגִּיא כֹחַ" (איוב לו, כג), כְּשֶׁבָּא לִתֵּן תּוֹרָה לֹא נִגְלָה עֲלֵיהֶם מֵרוּחַ אַחַת אֶלָּא מֵאַרְבַּע רוּחוֹת, שֶׁנֶּאֱמַר: "ה' מִסִּינַי בָּא וְזָרַח מִשֵּׂעִיר לָמוֹ, הוֹפִיעַ מֵהַר פָּארָן" (דברים לג, ב), "אֱלוֹהַּ מִתֵּימָן יָבוֹא" (חבקוק ג, ג) זוֹ רוּחַ רְבִיעִית: יִפְרֹשׂ כְּנָפָיו יִקָּחֵהוּ. כְּשֶׁבָּא לִטְּלָן מִמָּקוֹם לְמָקוֹם אֵינוֹ נוֹטְלָן בְּרַגְלָיו כִּשְׁאָר עוֹפוֹת, לְפִי שֶׁשְּׁאָר עוֹפוֹת יְרֵאִים מִן הַנֶּשֶׁר שֶׁהוּא מַגְבִּיהַּ לָעוּף וְטָס בָּרוּם עֲלֵיהֶם, לְפִיכָךְ נוֹשְׂאָן בְּרַגְלָיו מִפְּנֵי הַנֶּשֶׁר, אֲבָל הַנֶּשֶׁר אֵינוֹ יָרֵא אֶלָּא מִן הַחֵץ, לְפִיכָךְ נוֹשְׂאוֹ עַל כְּנָפָיו, אוֹמֵר: מוּטָב שֶׁיִּכָּנֵס הַחֵץ בִּי וְלֹא יִכָּנֵס בְּבָנַי. אַף הַקָּדוֹשׁ בָּרוּךְ הוּא, "וָאֶשָּׂא

חֶתְכֶם עַל כַּנְפֵי נְשָׁרִים" (שמות יט, ד), כְּשֶׁנָּסְעוּ מִצְרַיִם אַחֲרֵיהֶם וְהִשִּׂיגוּם עַל הַיָּם הָיוּ זוֹרְקִים בָּהֶם חִצִּים וְאַבְנֵי בַּלִּיסְטְרָאוֹת, מִיָּד – "וַיִּסַּע מַלְאַךְ הָאֱלֹהִים וְגוֹ' וַיָּבֹא בֵּין מַחֲנֵה מִצְרַיִם וְגוֹ'" (שם יד, יט-כ).

יב ה' בָּדָד יַנְחֶנּוּ. ה' בָּדָד וָבֶטַח נְהָגָם בַּמִּדְבָּר: וְאֵין עִמּוֹ אֵל נֵכָר. לֹא הָיָה בְּאֶחָד מִכָּל אֱלֹהֵי הַגּוֹיִם לְהַרְאוֹת כֹּחוֹ וּלְהִלָּחֵם עִמָּהֶם. וְרַבּוֹתֵינוּ דְּרָשׁוּהוּ עַל הֶעָתִיד, וְכֵן תִּרְגֵּם אוֹנְקְלוֹס. וַאֲנִי אוֹמֵר, דִּבְרֵי תּוֹכָחָה הֵם לְהָעִיד הַשָּׁמַיִם וְהָאָרֶץ שֶׁתְּהֵא הַשִּׁירָה לְעֵד שֶׁסּוֹפָן לִבְגֹּד, וְלֹא יִזְכְּרוּ הָרִאשׁוֹנוֹת שֶׁעָשָׂה לָהֶם וְלֹא הָעוֹלָדוֹת שֶׁהוּא עָתִיד לַעֲשׂוֹת לָהֶם, לְפִיכָךְ צָרִיךְ לְיַשֵּׁב הַדָּבָר לְכָאן וּלְכָאן, וְכָל הָעִנְיָן מוּסָב עַל "זְכֹר יְמוֹת עוֹלָם בִּינוּ שְׁנוֹת דֹּר וָדֹר" (לעיל פסוק ז), כֵּן עָשָׂה לָהֶם וְכֵן עָתִיד לַעֲשׂוֹת, כָּל זֶה הָיָה לָהֶם לִזְכֹּר.

יג-יד יַרְכִּבֵהוּ עַל בָּמֳתֵי אָרֶץ. כָּל הַמִּקְרָא כְּתַרְגּוּמוֹ: יַרְכִּבֵהוּ. עַל שֵׁם שֶׁאֶרֶץ יִשְׂרָאֵל גְּבוֹהָה מִכָּל הָאֲרָצוֹת: וַיֹּאכַל תְּנוּבוֹת שָׂדָי. אֵלּוּ פֵּרוֹת אֶרֶץ יִשְׂרָאֵל שֶׁקַּלִּים לָנוּב וּלְהִתְבַּשֵּׁל מִכָּל פֵּרוֹת הָאֲרָצוֹת: וַיֵּנִקֵהוּ דְבַשׁ מִסֶּלַע. מַעֲשֶׂה בְּאֶחָד שֶׁאָמַר לִבְנוֹ בְּסִיכְנִי: הָבֵא לִי קְצִיעוֹת מִן הֶחָבִית, הָלַךְ וּמָצָא הַדְּבַשׁ צָף עַל פִּיהָ, אָמַר לוֹ: זוֹ שֶׁל דְּבַשׁ הִיא, אָמַר לוֹ: הַשְׁקַע יָדְךָ לְתוֹכָהּ וְאַתָּה מַעֲלֶה קְצִיעוֹת מִתּוֹכָהּ: וְשֶׁמֶן מֵחַלְמִישׁ צוּר. אֵלּוּ זֵיתִים שֶׁל גּוּשׁ חָלָב: חֶמְאַת בָּקָר וַחֲלֵב צֹאן. זֶה הָיָה בִּימֵי שְׁלֹמֹה, שֶׁנֶּאֱמַר: "עֲשָׂרָה בָקָר בְּרִאִים וְעֶשְׂרִים בָּקָר רְעִי וּמֵאָה צֹאן" (מלכים א' ה, ג): עִם חֵלֶב כָּרִים.

דברים

וְדַם־עֵנָ֖ב תִּשְׁתֶּה־חָֽמֶר׃   וַיִּשְׁמַ֤ן יְשֻׁרוּן֙ וַיִּבְעָ֔ט טו
שְׁמַנְתָּ עָבִ֖יתָ כָּשִׂ֑יתָ   וַיִּטֹּשׁ֙ אֱל֣וֹהַּ עָשָׂ֔הוּ
וַיְנַבֵּ֖ל צ֥וּר יְשֻׁעָתֽוֹ׃   יַקְנִאֻ֖הוּ בְּזָרִ֑ים טז
בְּתוֹעֵבֹ֖ת יַכְעִיסֻֽהוּ׃   יִזְבְּח֗וּ לַשֵּׁדִים֙ לֹ֣א אֱלֹ֔הַּ יז
אֱלֹהִ֖ים לֹ֣א יְדָע֑וּם   חֲדָשִׁים֙ מִקָּרֹ֣ב בָּ֔אוּ
לֹ֥א שְׂעָר֖וּם אֲבֹתֵיכֶֽם׃   צ֥וּר יְלָדְךָ֖ תֶּ֑שִׁי יח

רביעי וַתִּשְׁכַּ֖ח אֵ֥ל מְחֹלְלֶֽךָ׃   וַיַּ֥רְא יְהוָ֖ה וַיִּנְאָ֑ץ יט
מִכַּ֥עַס בָּנָ֖יו וּבְנֹתָֽיו׃   וַיֹּ֗אמֶר אַסְתִּ֤ירָה פָנַי֙ מֵהֶ֔ם כ
אֶרְאֶ֖ה מָ֣ה אַחֲרִיתָ֑ם   כִּ֣י ד֤וֹר תַּהְפֻּכֹת֙ הֵ֔מָּה
בָּנִ֖ים לֹא־אֵמֻ֥ן בָּֽם׃   הֵ֚ם קִנְא֣וּנִי בְלֹא־אֵ֔ל כא
כִּֽעֲס֖וּנִי בְּהַבְלֵיהֶ֑ם   וַאֲנִי֙ אַקְנִיאֵ֣ם בְּלֹא־עָ֔ם
בְּג֥וֹי נָבָ֖ל אַכְעִיסֵֽם׃   כִּי־אֵשׁ֙ קָדְחָ֣ה בְאַפִּ֔י כב
וַתִּיקַ֖ד עַד־שְׁא֣וֹל תַּחְתִּ֑ית   וַתֹּ֤אכַל אֶ֙רֶץ֙ וִֽיבֻלָ֔הּ
וַתְּלַהֵ֖ט מוֹסְדֵ֥י הָרִֽים׃   אַסְפֶּ֥ה עָלֵ֖ימוֹ רָע֑וֹת כג
חִצַּ֖י אֲכַלֶּה־בָּֽם׃   מְזֵ֥י רָעָ֛ב וּלְחֻ֥מֵי רֶ֖שֶׁף כד

זֶה הָיָה בִּימֵי עֲשֶׂרֶת הַשְּׁבָטִים, שֶׁנֶּאֱמַר: "וְאֹכְלִים כָּרִים מִצֹּאן" (עמוס ו, ד): **עִם חֵלֶב כִּלְיוֹת חִטָּה**. זֶה הָיָה בִּימֵי שְׁלֹמֹה, שֶׁנֶּאֱמַר: "וַיְהִי לֶחֶם שְׁלֹמֹה" וְגוֹ' (מלכים א' ה, ג): **וְדַם עֵנָב תִּשְׁתֶּה חָמֶר**. בִּימֵי עֲשֶׂרֶת הַשְּׁבָטִים, "הַשֹּׁתִים בְּמִזְרְקֵי יַיִן" (עמוס ו, ו): **בְּמֹתֵי אָרֶץ**. לְשׁוֹן גֹּבַהּ: **שָׂדָי**. לְשׁוֹן שָׂדֶה: **חַלְמִישׁ צוּר**. תַּקִּיפוֹ וְחָזְקוֹ שֶׁל סֶלַע. כְּשֶׁאֵינוֹ דָּבוּק לַתֵּבָה שֶׁלְּאַחֲרָיו נָקוּד 'חַלָּמִישׁ' (לעיל ח, טו) וּכְשֶׁהוּא דָּבוּק נָקוּד 'חַלְמִישׁ': **חֶמְאַת בָּקָר**. הוּא שֶׁמֶן הַנִּלְקָט

עַל גַּבֵּי חָלָב: **וַחֲלֵב צֹאן**. חֲלָב שֶׁל צֹאן, וּכְשֶׁהוּא דָּבוּק נָקוּד 'חֲלֵב', כְּמוֹ: "בַּחֲלֵב אִמּוֹ" (לעיל יד, כא): **כָּרִים**. כְּבָשִׂים: **וְאֵילִים**. כְּמַשְׁמָעוֹ: **שְׁמַנּוּס הָיוּ**: **כִּלְיוֹת חִטָּה**. חִטִּים שְׁמֵנִים כְּחֵלֶב כְּלָיוֹת וְגַסִּין כְּכוּלְיָא: **וְדַם עֵנָב**. הָיִיתָ שׁוֹתֶה טוֹב וְטוֹעֵם טַעַם יַיִן חָשׁוּב: **חָמֶר**. יַיִן בִּלְשׁוֹן אֲרַמִּי: **חָמֶר**. אֵין זֶה שֵׁם דָּבָר אֶלָּא לְשׁוֹן מְשֻׁבָּח בְּטַעַם, ויינ"ש בְּלַעַז. וְעוֹד יֵשׁ לִפְתֹּר שְׁנֵי מִקְרָאוֹת הַלָּלוּ אַחַר תַּרְגּוּם שֶׁל אוּנְקְלוֹס: "אַשְׁרִינוּן עַל תַּקִּיפֵי אַרְעָא" וְגוֹ':

האזינו

טו וְאַדַּם גִּבָּרֵיהוֹן אִתְאֲשַׁד כְּמַיָּא: עֲתַר יִשְׂרָאֵל וּבְעַט, אַצְלַח תְּקוֹף קְנָא נִכְסִין, שְׁבַק פָּלְחַן אֱלָהָא
טז דְּעַבְדֵיהּ, אַרְגֵּיז קֳדָם תַּקִּיפָא פָּרְקֵיהּ: אַקְנִיאוּ קֳדָמוֹהִי בְּפָלְחַן טַעֲוָן, בְּתוֹעֵיבָתָא אַרְגִּיזוּ
יז קָדָמוֹהִי: דַּבַּחוּ, לְשֵׁידִין דְּלֵית בְּהוֹן צְרוֹךְ, דַּחֲלָן דְּלָא יָדְעֻנִּין, חַדְתָּן דְּמִקָּרֵיב אִתְעֲבִידָא,
יח דְּלָא אִתְעַסָּקוּ בְּהוֹן אֲבָהָתְכוֹן: דַּחַלְתָּא תַקִּיפָא דִי בְרָאָךְ אִתְנְשִׁיתָא, שְׁבַקְתָּא פָּלְחַן אֱלָהָא
יט דְּעַבְדָךְ: גְּלֵי קֳדָם יְיָ וּתְקִיף רוּגְזֵיהּ, מִדְּאַרְגִּיזוּ קָדָמוֹהִי בְּנִין וּבְנָן: וַאֲמַר, אֲסַלֵּיק שְׁכִנְתִּי מִנְּהוֹן,
כ גְּלֵי קֳדָמַי מָא יְהֵי בְּסוֹפְהוֹן, אֲרֵי דָרָא דְאַשְׁנֵי אִנּוּן, בְּנַיָּא דְּלֵית בְּהוֹן הֵימָנוּ: אִנּוּן אַקְנִיאוּ
כא קָדָמַי בְּלָא דָחֲלָא, אַרְגִּיזוּ קָדָמַי בְּטַעֲוָתְהוֹן, וַאֲנָא אַקְנִינּוּן בְּלָא עַם, בְּעַמָּא טִפְּשָׁא אַרְגְּזִנּוּן:
כב אֲרֵי קִדּוּם תַּקִּיף כְּאִישָׁא נְפַק מִן קֳדָמַי בִּרְגַז, שֵׁיצֵי עַד שְׁאוֹל אַרְעִיתָא, אֲסִיף אַרְעָא וַעֲלַלְתַּהּ,
כג שֵׁיצֵי עַד סָיְפֵי טוּרַיָּא: אֲסִיף עֲלֵיהוֹן בִּישָׁן, מַכְתָּשֵׁי אִגָּרֵי בְּהוֹן: נְפִיחֵי כָּפָן, וַאֲכִילֵי עוֹף

עֲבִית. לְשׁוֹן עֹבִי. כָּשִׂיתָ, כְּמוֹ "כָּסִיתָ", לְשׁוֹן: "כִּי כִסָּה פָנָיו בְּחֶלְבּוֹ" (איוב טו, כז), כְּאָדָם שֶׁשָּׁמֵן מִבִּפְנִים וּכְסָלָיו נִכְפָּלִים מִבַּחוּץ, וְכֵן הוּא אוֹמֵר: "וַיַּעַשׂ פִּימָה עֲלֵי כָסֶל" (שם): **כָּשִׂיתָ.** יֵשׁ לְשׁוֹן קַל בִּלְשׁוֹן כִּסּוּי, כְּמוֹ: "וְכֹסֶה קָלוֹן עָרוּם" (משלי יב, טז), וְאִם כָּתַב 'כִּסִּיתָ' דָּגוּשׁ, הָיָה נִשְׁמָע כִּסִּיתָ אֶת אֲחֵרִים: **וַיִּנַּבֵּל צוּר יְשֻׁעָתוֹ.** גִּנָּהוּ וּבִזָּהוּ, כְּמוֹ שֶׁנֶּאֱמַר: "אֲחוֹרֵיהֶם אֶל הֵיכַל ה' וְגוֹ'" (יחזקאל ח, טז), אֵין לְךָ נִבּוּל גָּדוֹל מִזֶּה:

יַקְנִאֻהוּ. הִבְעִירוּ חֲמָתוֹ וְקִנְאָתוֹ: **בְּתוֹעֵבֹת.** בְּמַעֲשִׂים תְּעוּבִים, כְּגוֹן מִשְׁכַּב זָכוּר וּכְשָׁפִים שֶׁנֶּאֱמַר בָּהֶם 'תּוֹעֵבָה':

יז **לֹא אֱלֹהַּ.** כְּתַרְגּוּמוֹ: "דְּלֵית בְּהוֹן צְרוֹךְ", אִלּוּ הָיָה בָהֶם צֹרֶךְ לֹא הָיְתָה קִנְאָה כְּפוּלָה כְּמוֹ עַכְשָׁו: **חֲדָשִׁים מִקָּרֹב בָּאוּ.** אֲפִלּוּ הָאֻמּוֹת לֹא הָיוּ רְגִילִים בָּהֶם, גּוֹי שֶׁהָיָה רוֹאֶה חוֹתָם הָיָה אוֹמֵר: זֶה צֶלֶם יְהוּדִי: **לֹא שְׂעָרוּם אֲבֹתֵיכֶם.** לֹא יָרְאוּ מֵהֶם, לֹא עָמְדָה שַׂעֲרָתָם מִפְּנֵיהֶם, דֶּרֶךְ שַׂעֲרוֹת הָאָדָם לַעֲמֹד מֵחֲמַת יִרְאָה. כָּךְ נִדְרַשׁ בְּסִפְרֵי. וְיֵשׁ לְפָרֵשׁ עוֹד, "שְׂעָרוּם" לְשׁוֹן "וּשְׂעִירִים יְרַקְּדוּ שָׁם" (ישעיה יג, כא), שְׂעִירִים הֵם שֵׁדִים, לֹא עָשׂוּ אֲבוֹתֵיכֶם שְׂעִירִים הַלָּלוּ:

יח **תֶּשִׁי.** תִּשְׁכַּח. וְרַבּוֹתֵינוּ אָמְרוּ, כְּשֶׁבָּא לְהֵיטִיב לָכֶם אַתֶּם מַכְעִיסִין לְפָנָיו וּמַתִּישִׁים כֹּחוֹ מִלְּהֵיטִיב לָכֶם: **מְחֹלְלֶךָ.** מוֹצִיאֲךָ מֵרֶחֶם, לְשׁוֹן: "חָלַל מִלּוֹת" (איוב לט, א), "חִיל כַּיּוֹלֵדָה" (ירמיה ו, כד):

כ **מָה אַחֲרִיתָם.** מַה תַּעֲלֶה בָּהֶם בְּסוֹפָם:

תַּהְפֻּכֹת הֵמָּה. מְהַפְּכִין רְעוֹנִי לְכַעַס: **לֹא אֵמֻן בָּם.** אֵין גִּדּוּלֵי נֶפֶשׁ בָּהֶם, כִּי הוֹרֵיתִים דֶּרֶךְ טוֹבָה וְסָרוּ מִמֶּנָּה: **אֵמֻן.** לְשׁוֹן: "וַיְהִי אֹמֵן" (אסתר ב, ז) ענרטור"א בְּלַעַ"ז. דָּבָר אַחֵר, "אֵמֻן", לְשׁוֹן אֱמוּנָה, כְּתַרְגּוּמוֹ, אָמְרוּ בְסִינַי: "נַעֲשֶׂה וְנִשְׁמָע" (שמות כד, ז), וּלְשָׁעָה קַלָּה בִּטְּלוּ הַבְטָחָתָם וְעָשׂוּ הָעֵגֶל:

כא **קִנְאוּנִי.** הִבְעִירוּ חֲמָתִי: **בְלֹא אֵל.** בְּדָבָר שֶׁאֵינוֹ אֱלוֹהַּ: **בְּלֹא עָם.** בְּאֻמָּה שֶׁאֵין לָהּ שֵׁם, שֶׁנֶּאֱמַר: "הֵן אֶרֶץ כַּשְׂדִּים זֶה הָעָם לֹא הָיָה" (ישעיה כג, יג), בְּעֵשָׂו הוּא אוֹמֵר: "בָּזוּי אַתָּה מְאֹד" (עובדיה א, ב): **בְּגוֹי נָבָל אַכְעִיסֵם.** אֵלּוּ הַמִּינִין, וְכֵן הוּא אוֹמֵר: "אָמַר נָבָל בְּלִבּוֹ אֵין אֱלֹהִים" (תהלים יד, א):

כב **קָדְחָה.** בָּעֲרָה: **וַתִּיקַד.** בָּכֶם עַד הַיְסוֹד: **וַתֹּאכַל אֶרֶץ וִיבֻלָהּ:** **וַתְּלַהֵט.** אֶת יְרוּשָׁלַיִם הַמְיֻסֶּדֶת עַל הֶהָרִים, שֶׁנֶּאֱמַר: "יְרוּשָׁלַיִם הָרִים סָבִיב לָהּ" (תהלים קכה, ב):

כג **אַסְפֶּה עָלֵימוֹ רָעוֹת.** אַחְבִּיר רָעָה עַל רָעָה, לְשׁוֹן: "סְפוּ שָׁנָה עַל שָׁנָה" (ישעיה כט, א), "סְפוֹת הָרָוָה" (לעיל כט, יח), "עֹלוֹתֵיכֶם סְפוּ עַל זִבְחֵיכֶם" (ירמיה ז, כא). דָּבָר אַחֵר, "אַסְפֶּה", אֲכַלֶּה, כְּמוֹ: "פֶּן תִּסָּפֶה" (בראשית יט, טו): **חִצַּי אֲכַלֶּה בָּם.** כָּל חִצַּי אַשְׁלִים בָּהֶם, וּקְלָלָה זוֹ לְפִי הַפֻּרְעָנוּת לִבְרָכָה הִיא, חִצַּי כָּלִים וְהֵם אֵינָם כָּלִים:

כד **מְזֵי רָעָב.** אוּנְקְלוֹס תִּרְגֵּם: "נְפִיחֵי כָפָן", וְאֵין לִי עֵד מוֹכִיחַ עָלָיו. וּמִשְּׁמוֹ שֶׁל רַבִּי יְהוּדָה הַדַּרְשָׁן מִטּוֹלוֹשָׁ"א שָׁמַעְתִּי, שְׂעִירֵי רָעָב, אָדָם כָּחוּשׁ מְגַדֵּל שֵׂעָר עַל בְּשָׂרוֹ. 'מְזֵי' לְשׁוֹן שַׂעֲרֵי שֵׂעָר, מַזְיָא,

דברים

וְקֶ֣טֶב מְרִירִ֑י וְשֶׁן־בְּהֵמוֹת֙ אֲשַׁלַּח־בָּ֔ם
עִם־חֲמַ֖ת זֹחֲלֵ֥י עָפָֽר: מִחוּץ֙ תְּשַׁכֶּל־חֶ֔רֶב כה
וּמֵחֲדָרִ֖ים אֵימָ֑ה גַּם־בָּחוּר֙ גַּם־בְּתוּלָ֔ה
יוֹנֵ֖ק עִם־אִ֥ישׁ שֵׂיבָֽה: אָמַ֖רְתִּי אַפְאֵיהֶ֑ם כו
אַשְׁבִּ֥יתָה מֵאֱנ֖וֹשׁ זִכְרָֽם: לוּלֵ֗י כַּ֤עַס אוֹיֵב֙ אָג֔וּר כז
פֶּֽן־יְנַכְּר֖וּ צָרֵ֑ימוֹ פֶּן־יֹֽאמְרוּ֙ יָדֵ֣ינוּ רָ֔מָה
וְלֹ֥א יְהוָ֖ה פָּעַ֥ל כָּל־זֹֽאת: כִּי־ג֛וֹי אֹבַ֥ד עֵצ֖וֹת הֵ֑מָּה כח
וְאֵ֥ין בָּהֶ֖ם תְּבוּנָֽה: ל֥וּ חָכְמ֛וּ יַשְׂכִּ֥ילוּ זֹ֖את כט
יָבִ֥ינוּ לְאַחֲרִיתָֽם: אֵיכָ֞ה יִרְדֹּ֤ף אֶחָד֙ אֶ֔לֶף ל
וּשְׁנַ֖יִם יָנִ֣יסוּ רְבָבָ֑ה אִם־לֹא֙ כִּי־צוּרָ֣ם מְכָרָ֔ם
וַֽיהוָ֖ה הִסְגִּירָֽם: כִּ֛י לֹ֥א כְצוּרֵ֖נוּ צוּרָ֑ם לא
וְאֹיְבֵ֖ינוּ פְּלִילִֽים: כִּֽי־מִגֶּ֤פֶן סְדֹם֙ גַּפְנָ֔ם לב
וּמִשַּׁדְמֹ֖ת עֲמֹרָ֑ה עֲנָבֵ֨מוֹ֙ עִנְּבֵי־ר֔וֹשׁ
אַשְׁכְּלֹ֥ת מְרֹרֹ֖ת לָֽמוֹ: חֲמַ֥ת תַּנִּינִ֖ם יֵינָ֑ם לג
וְרֹ֥אשׁ פְּתָנִ֖ים אַכְזָֽר: הֲלֹא־ה֖וּא כָּמֻ֣ס עִמָּדִ֑י לד
חָת֖וּם בְּאוֹצְרֹתָֽי: לִ֤י נָקָם֙ וְשִׁלֵּ֔ם לה

חמישי

לב

"דַּהֲוָה מְהַפֵּךְ בְּמָזַיְהּ" (מעילה דף יח ע"ח): וְלַחֲמֵי רֶשֶׁף. הַשֵּׁדִים נִלְחֲמוּ בָּהֶם, שֶׁנֶּאֱמַר: "וּבְנֵי רֶשֶׁף יַגְבִּיהוּ עוּף" (איוב ה, ז), וְהֵם שֵׁדִים: וְקֶטֶב מְרִירִי. וּכְרִיתוּת שַׁד שֶׁשְּׁמוֹ מְרִירִי: קֶטֶב, כְּרִיתָה, כְּמוֹ: "אֱהִי קָטָבְךָ שְׁאוֹל" (הושע יג, יד): וְשֶׁן בְּהֵמֹת. מַעֲשֶׂה הָיָה וְהָיוּ הָרְחֵלוֹת נוֹשְׁכוֹת וּמְמִיתוֹת: חֲמַת זֹחֲלֵי עָפָר. חֶרֶס נְחָשִׁים הַמְהַלְּכִים בִּגְחוֹנָם עַל הֶעָפָר כַּמַּיִם הַזּוֹחֲלִים עַל הָאָרֶץ. "זְחִילָה" לְשׁוֹן מְרוּצַת הַמַּיִם עַל הֶעָפָר, וְכֵן כָּל מְרוּצַת דָּבָר הַמִּשְׁתַּפֵּךְ עַל הֶעָפָר וְהוֹלֵךְ:

כה] מִחוּץ תְּשַׁכֶּל חֶרֶב. מִחוּץ לָעִיר תְּשַׁכְּלֵם חֶרֶב גְּיָסוֹת: וּמֵחֲדָרִים אֵימָה. כְּשֶׁבּוֹרֵחַ וְנִמְלָט מִן הַחֶרֶב חַדְרֵי לִבּוֹ נוֹקְפִים עָלָיו מֵחֲמַת אֵימָה וְהוּא מֵת וְהוֹלֵךְ בָּהּ. דָּבָר אַחֵר, "וּמֵחֲדָרִים אֵימָה", בַּבַּיִת תִּהְיֶה אֵימַת דֶּבֶר, כְּמָה שֶׁנֶּאֱמַר: "כִּי עָלָה מָוֶת בְּחַלּוֹנֵינוּ" (ירמיה ט, כ), וְכֵן תַּרְגֵּם אוּנְקְלוֹס. דָּבָר אַחֵר, "מִחוּץ תְּשַׁכֶּל חֶרֶב" עַל מַה שֶּׁעָשׂוּ בַּחוּצוֹת, שֶׁנֶּאֱמַר: "וּמִסְפַּר חֻצוֹת יְרוּשָׁלַ͏ִם שַׂמְתֶּם מִזְבְּחוֹת לַבֹּשֶׁת" (שם יא, יג). "וּמֵחֲדָרִים אֵימָה" עַל מַה שֶּׁעָשׂוּ בְּחַדְרֵי חֲדָרִים, שֶׁנֶּאֱמַר:

1254

כה וּכְתִישֵׁי רוּחִין בִּישִׁין, וְשֵׁן חֵיוַת בָּרָא אֲגָרֵי בְהוֹן, עִם חֲמַת תַּנִּינַיָּא דְּזָחֲלִין בְּעַפְרָא: מִבָּרָא
תְּתַכֵּיל חַרְבָּא, וּמִתַּוָּנַיָּא חַרְגַּת מוֹתָא, אַף עוּלֵימֵיהוֹן אַף עוּלֵימָתְהוֹן, יָנְקֵיהוֹן עִם סָבֵיהוֹן:
כו כז אֲמָרִית יְחוּל רָגְזִי עֲלֵיהוֹן וַאֲשֵׁיצֵינוּן, אֲבַטֵּיל מִבְּנֵי אֱנָשָׁא דָּכְרָנְהוֹן: אִלּוּ לָא פוֹן, רָגְזָא
דְּסָנְאָה כְּנִישׁ, דִּלְמָא יִתְרְרַב בְּעֵיל דְּבָבָא, דִּלְמָא יֵימְרוּן יְדַנָא תַּקִּיפַת לַנָא, וְלָא מִן קֳדָם יְיָ
כח כט הֲוָת כָּל דָּא: אֲרֵי עַם, מְאַבְּדֵי עֵיצָא אִנּוּן, וְלֵית בְּהוֹן סָכַלְתָנוּ: אִלּוּ חֲכִימוּ אִסְתַּכַּלוּ בְּדָא,
ל סַבַּרוּ מָא יְהֵי בְסוֹפְהוֹן: אֵיכְדֵין, יִרְדּוֹף חַד לְאַלְפָא, וּתְרֵין יְעָרְקוּן לְרִבּוּתָא, אֱלָהֵין תַּקִּיפְהוֹן
לא לב מְסַרִנּוּן, וַיְיָ אַשְׁלֵימִנּוּן: אֲרֵי, לָא כְתַקְפַנָא תָּקְפְּהוֹן, וּבַעֲלֵי דְבָבָנָא הֲווֹ דַיָּנָנָא: אֲרֵי כְּפֻרְעֲנוּת
עַמָּא דִסְדוֹם כָּס פֻּרְעֲנוּתְהוֹן, וְלָקוּתְהוֹן כְּעַם עֲמוֹרָה, מַחֲתְהוֹן בִּישִׁין כְּרֵישֵׁי חִוְיָן, וְתוּשְׁלָמַת
לג עוֹבָדֵיהוֹן כִּמְרָרוּתְהוֹן: הָא כִמְרַת תַּנִּינַיָּא כָּס פֻּרְעֲנוּתְהוֹן, וּכְרֵישׁ פִּתְנֵי חִוְיָן אַכְזְרָאִין:
לד לה הֲלָא כָל עוֹבָדֵיהוֹן גְּלַן קֳדָמַי, גְּנִיזִין לְיוֹם דִּינָא בְּאוֹצָרַי: קֳדָמַי פֻּרְעֲנוּתָא וַאֲנָא אֲשַׁלֵּים,

"אֲשֶׁר זִקְנֵי בֵית יִשְׂרָאֵל עֹשִׂים בַּחֹשֶׁךְ אִישׁ בְּחַדְרֵי מַשְׂכִּיתוֹ" (יחזקאל ח, יב):

כו **אָמַרְתִּי אַפְאֵיהֶם.** אָמַרְתִּי בְּלִבִּי אַפְאֶה אוֹתָם. וְיֵשׁ לְפָרֵשׁ "אַפְאֵיהֶם" אֲשִׂימֵם פֵּאָה, לְהַשְׁלִיכָם מֵעָלַי הֶפְקֵר, וְדֻגְמָתוֹ מָצִינוּ בְּעֶזְרָא: "וַתִּתֵּן לָהֶם מַמְלָכוֹת וַעֲמָמִים וַתַּחְלְקֵם לְפֵאָה" (נחמיה ט, כב), לְהֶפְקֵר, וְכֵן חִבְּרוֹ מְנַחֵם. וְיֵשׁ פּוֹתְרִים אוֹתוֹ כְּתַרְגּוּמוֹ: "יֵחוּל רָגְזִי עֲלֵיהוֹן", וְלֹא יִתָּכֵן, שֶׁאִם כֵּן הָיָה לוֹ לִכְתֹּב 'אַאַפְאֵיהֶם', אַחַת לְשִׁמּוּשׁ וְאַחַת לִיסוֹד, כְּמוֹ: "אַאַזֶּרְךָ" (ישעיה מה, ה) "אַאַמִּצְכֶם בְּמוֹ פִי" (איוב טז, ה), וְהָאָלֶ"ף הַתִּיכוֹנָה אֵינָהּ רְאוּיָה בּוֹ כְּלָל. וְאוּנְקְלוֹס תִּרְגֵּם אַחַר לְשׁוֹן הַבָּרַיְתָא הַשְּׁנוּיָה בְּסִפְרֵי (שכב) הַחוֹלֶקֶת תֵּבָה זוֹ לְשָׁלֹשׁ תֵּבוֹת: 'אָמַרְתִּי אַף אֵי הֵם', אָמַרְתִּי בְּאַפִּי אֶתְּנֵם כְּאִלּוּ אֵינָם, שֶׁיֹּאמְרוּ רוֹאֵיהֶם עֲלֵיהֶם אַיֵּה הֵם:

כז-כט **לוּלֵי כַּעַס אוֹיֵב אָגוּר.** אִם לֹא שֶׁכַּעַס הָאוֹיֵב כָּנוּס עֲלֵיהֶם לְהַשְׁחִית, וְאִם יוּכַל לָהֶם וְיַשְׁחִיתֵם יִתְלֶה הַגְּדֻלָּה בּוֹ וּבֵאלֹהָיו וְלֹא יִתְלֶה הַגְּדֻלָּה בִּי, וְזֶהוּ שֶׁנֶּאֱמַר: "פֶּן יְנַכְּרוּ צָרֵימוֹ", יְנַכְּרוּ הַדָּבָר לִתְלוֹת גְּבוּרָתִי בְּנָכְרִי שֶׁאֵין הַגְּדֻלָּה שֶׁלּוֹ, "פֶּן יֹאמְרוּ יָדֵנוּ רָמָה" וְגוֹ'. כִּי אוֹתוֹ גּוֹי "אֹבַד עֵצוֹת הֵמָּה וְאֵין בָּהֶם תְּבוּנָה", שֶׁאִלּוּ הָיוּ חֲכָמִים "יַשְׂכִּילוּ זֹאת... אֵיכָה יִרְדֹּף" וְגוֹ': **יָבִינוּ לְאַחֲרִיתָם.** יִתְּנוּ לֵב לְהִתְבּוֹנֵן לְסוֹף פֻּרְעָנוּתָם שֶׁל יִשְׂרָאֵל:

ל **אֵיכָה יִרְדֹּף אֶחָד.** מִמֶּנּוּ, אֶלֶף מִיִּשְׂרָאֵל: **אִם לֹא כִּי צוּרָם מְכָרָם וַה' הִסְגִּירָם.** מְכָרָם וּמְסָרָם בְּיָדֵנוּ, דְּלִיבְרֵי"ר בְּלַעַז:

לא **כִּי לֹא כְצוּרֵנוּ צוּרָם.** כָּל זֶה הָיָה לָהֶם לָאוֹיְבִים לְהָבִין שֶׁהַשֵּׁם הִסְגִּירָם וְלֹא לָהֶם וְלֵאלֹהֵיהֶם הַנִּצָּחוֹן, שֶׁהֲרֵי עַד הֵנָּה לֹא יָכְלוּ כְלוּם אֱלֹהֵיהֶם כְּנֶגֶד צוּרֵנוּ, כִּי לֹא כְסַלְעֵנוּ סַלְעָם. כָּל 'צוּר' שֶׁבַּמִּקְרָא לְשׁוֹן סֶלַע: **וְאֹיְבֵינוּ פְּלִילִים.** וְעַכְשָׁיו אוֹיְבֵינוּ שׁוֹפְטִים אוֹתָנוּ, הֲרֵי שֶׁצּוּרֵנוּ מְכָרָנוּ לָהֶם:

לב **כִּי מִגֶּפֶן סְדֹם גַּפְנָם.** מוּסָב לְמַעְלָה, אָמַרְתִּי בְּלִבִּי אַפְאֵיהֶם וְאַשְׁבִּית זִכְרָם, לְפִי שֶׁמַּעֲשֵׂיהֶם מַעֲשֵׂה סְדוֹם וַעֲמוֹרָה: **שַׁדְמֹת.** שְׂדֵה תְּבוּאָה, כְּמוֹ: "וּשְׁדֵמוֹת לֹא עָשָׂה אֹכֶל" (חבקוק ג, יז), "בְּשַׁדְמוֹת קִדְרוֹן" (מלכים ב' כג, ד): **עִנְּבֵי רוֹשׁ.** עֵשֶׂב מַר: **אַשְׁכְּלֹת מְרֹרֹת לָמוֹ.** מַשְׁקֶה מַר רָאוּי לָהֶם, לְפִי מַעֲשֵׂיהֶם פֻּרְעָנוּתָם. וְכֵן תִּרְגֵּם אוּנְקְלוֹס: "וְתוּשְׁלָמַת עוֹבָדֵיהוֹן כִּמְרָרוּתְהוֹן":

לג **חֲמַת תַּנִּינִם יֵינָם.** כְּתַרְגּוּמוֹ: "הָא כִמְרַת תַּנִּינַיָּא כָּס פֻּרְעָנוּתְהוֹן", הִנֵּה כִּמְרִירַת נְחָשִׁים כּוֹס מִשְׁתֵּה פֻּרְעָנוּתָם: **וְרֹאשׁ פְּתָנִים אַכְזָר.** כּוֹסָם, שֶׁהוּא אַכְזָר לִנְשֹׁךְ – אוֹיֵב אַכְזָרִי יָבֹא וְיִפָּרַע מֵהֶם:

לד **הֲלֹא הוּא כָּמֻס עִמָּדִי.** כְּתַרְגּוּמוֹ, כִּסְבוּרִים הֵם שֶׁשָּׁכַחְתִּי מַעֲשֵׂיהֶם, כֻּלָּם גְּנוּזִים וּשְׁמוּרִים לְפָנַי: **הֲלֹא הוּא.** פְּרִי גַּפְנָם וּתְבוּאַת שַׁדְמוֹתָם "כָּמֻס עִמָּדִי":

לה **לִי נָקָם וְשִׁלֵּם.** עִמִּי נָכוֹן וּמְזֻמָּן פֻּרְעָנוּת נָקָם, וִישַׁלֵּם לָהֶם כְּמַעֲשֵׂיהֶם, הַנָּקָם יְשַׁלֵּם לָהֶם גְּמוּלָם. וְיֵשׁ מְפָרְשִׁים "וְשִׁלֵּם" שֵׁם דָּבָר, כְּמוֹ 'וְשִׁלּוּם', וְהוּא מְגֻזֶּרֶת: "וְהַדִּבֵּר אֵין בָּהֶם" (ירמיה ה, יג), כְּמוֹ 'וְהַדִּבּוּר'. וְאֵימָתַי אֲשַׁלֵּם לָהֶם? "לְעֵת תָּמוּט

לְעֵת תָּמוּט רַגְלָם   כִּי קָרוֹב יוֹם אֵידָם
וְחָשׁ עֲתִדֹת לָמוֹ׃   כִּי־יָדִין יְהוָה עַמּוֹ לו
וְעַל־עֲבָדָיו יִתְנֶחָם   כִּי יִרְאֶה כִּי־אָזְלַת יָד
וְאֶפֶס עָצוּר וְעָזוּב׃   וְאָמַר אֵי אֱלֹהֵימוֹ לז
צוּר חָסָיוּ בוֹ׃   אֲשֶׁר חֵלֶב זְבָחֵימוֹ יֹאכֵלוּ לח
יִשְׁתּוּ יֵין נְסִיכָם   יָקוּמוּ וְיַעְזְרֻכֶם
יְהִי עֲלֵיכֶם סִתְרָה׃   רְאוּ ׀ עַתָּה כִּי אֲנִי אֲנִי הוּא לט
וְאֵין אֱלֹהִים עִמָּדִי   אֲנִי אָמִית וַאֲחַיֶּה
מָחַצְתִּי וַאֲנִי אֶרְפָּא   וְאֵין מִיָּדִי מַצִּיל׃
ששי כִּי־אֶשָּׂא אֶל־שָׁמַיִם יָדִי   וְאָמַרְתִּי חַי אָנֹכִי לְעֹלָם׃ מ
אִם־שַׁנּוֹתִי בְּרַק חַרְבִּי   וְתֹאחֵז בְּמִשְׁפָּט יָדִי מא
אָשִׁיב נָקָם לְצָרָי   וְלִמְשַׂנְאַי אֲשַׁלֵּם׃
אַשְׁכִּיר חִצַּי מִדָּם   וְחַרְבִּי תֹּאכַל בָּשָׂר מב
מִדַּם חָלָל וְשִׁבְיָה   מֵרֹאשׁ פַּרְעוֹת אוֹיֵב׃
הַרְנִינוּ גוֹיִם עַמּוֹ   כִּי דַם־עֲבָדָיו יִקּוֹם מג
וְנָקָם יָשִׁיב לְצָרָיו   וְכִפֶּר אַדְמָתוֹ עַמּוֹ׃

רַגְלָם", כְּשֶׁתִּתֹּם זְכוּת אֲבוֹתָם שֶׁהֵם סְמוּכִים עָלָיו: כִּי קָרוֹב יוֹם אֵידָם. מִשֶּׁאֶרְצֶה לְהָבִיא עֲלֵיהֶם יוֹם אֵידָם, קָרוֹב וּמְזֻמָּן לְפָנַי לְהָבִיא עַל יְדֵי שְׁלוּחִים הַרְבֵּה: וְחָשׁ עֲתִדֹת לָמוֹ. וּמַהֵר יָבֹאוּ הָעֲתִידוֹת לָהֶם: וְחָשׁ. כְּמוֹ "יְמַהֵר יָחִישָׁה" (ישעיה ה, יט).

עַד כָּאן הֵעִיד עֲלֵיהֶם מֹשֶׁה דִּבְרֵי תוֹכָחָה לִהְיוֹת הַשִּׁירָה הַזֹּאת לְעֵד, כְּשֶׁתָּבוֹא עֲלֵיהֶם הַפֻּרְעָנוּת יֵדְעוּ שֶׁאֲנִי הוֹדַעְתִּים מֵרֹאשׁ. מִכָּאן וָאֵילָךְ הֵעִיד עֲלֵיהֶם דִּבְרֵי תַנְחוּמִין שֶׁיָּבֹאוּ עֲלֵיהֶם כִּכְלוֹת הַפֻּרְעָנוּת, כְּכָל אֲשֶׁר אָמַר לְמַעְלָה: "וְהָיָה כִּי יָבֹאוּ עָלֶיךָ... הַבְּרָכָה וְהַקְּלָלָה וְגוֹ' וְשָׁב ה' אֱלֹהֶיךָ אֶת שְׁבוּתְךָ" וְגוֹ' (לעיל ל, א-ג):

לו כִּי יָדִין ה' עַמּוֹ. כְּשֶׁיִּשְׁפֹּט אוֹתָם בְּיִסּוּרִין הַלָּלוּ הָאֲמוּרִים עֲלֵיהֶם, כְּמוֹ: "כִּי בָם יָדִין עַמִּים" (איוב לו, לא), יְיַסֵּר עַמִּים. 'כִּי' זֶה אֵינוֹ מְשַׁמֵּשׁ בִּלְשׁוֹן 'דְּהָא' לָתֵת טַעַם לַדְּבָרִים שֶׁל מַעְלָה, אֶלָּא לְשׁוֹן תְּחִלַּת דִּבּוּר, כְּמוֹ: "כִּי תָבֹאוּ אֶל הָאָרֶץ" (ויקרא כה, ב), כְּשֶׁיָּבֹאוּ עֲלֵיהֶם מִשְׁפָּטִים

האזינו

לו בְּעִדָּן דִּיגְלוֹן מֵאַרְעֲהוֹן, אֲרֵי קָרִיב יוֹם תְּבָרְהוֹן, וּמַבַּע דַּעֲתִיד לְהוֹן: אֲרֵי יְדִין יְיָ דִּינָא דְעַמֵּיהּ, וּפֻרְעֲנוּת עַבְדוֹהִי צַדִּיקַיָּא יִתְפְּרַע, אֲרֵי גְלֵי קֳדָמוֹהִי דְּבְעִדָּן דְּתִתְקַף עֲלֵיהוֹן מַחַת סָנְאָה,

לז יְהוֹן מְטַלְטְלִין וּשְׁבִיקִין: וְיֵימַר אָן דַּחֲלָתְהוֹן, תַּקִּיפָא דַהֲווֹ רָחֲצִין בֵּיהּ: דְּתַרָב נִכְסָתְהוֹן

לט הֲווֹ אָכְלִין, שָׁתָן חֲמַר נִסְכֵּיהוֹן, יְקוּמוּן כְּעַן וִיסַעֲדוּנְכוֹן, יְהוֹן עֲלֵיכוֹן לְמָגֵן: חֲזוֹ כְעַן, אֲרֵי אֲנָא אֲנָא הוּא, וְלֵית אֱלָהּ בַּר מִנִּי, אֲנָא מֵמִית וּמַחֵי, מָחִינָא וְאַף מַסֵּינָא, וְלֵית מִן יְדָי

מא מְשֵׁיזִיב: אֲרֵי אַתְקֵינִית בִּשְׁמַיָּא בֵּית שְׁכִינָתִי, וַאֲמָרִית, קַיָּם אֲנָא לְעָלְמִין: אִם עַל חַד תְּרֵין כַּחֲזוּ בְרָקָא, מִסּוֹף שְׁמַיָּא וְעַד סוֹף שְׁמַיָּא תִּתְגְּלֵי חַרְבִּי, וְתִתְקַף בְּדִינָא יְדִי, אָתֵיב

מב פֻּרְעֲנוּתָא לְסָנְאַי, וּלְבַעֲלֵי דְבָבַי אֲשַׁלֵּים: אַרְוֵי גִּירַי מִדְּמָא, וְחַרְבִּי תְּקַטֵּל בְּעַמְמַיָּא, מִדַּם

מג קְטִילִין וּשְׁבָן, לַאֲעָדָאָה כִּתְרִין מֵרֵישׁ סָנְאָה וּבַעֲלֵי דְבָבָא: שַׁבַּחוּ עַמְמַיָּא עַמֵּיהּ, אֲרֵי פֻּרְעֲנוּת עַבְדוֹהִי צַדִּיקַיָּא יִתְפְּרַע, וּפֻרְעֲנוּתָא יָתֵיב לְסָנְאוֹהִי, וִיכַפַּר עַל אַרְעֵיהּ וְעַל עַמֵּיהּ:

הַלֵּלוּ וְיִתְנַחֵם הַקָּדוֹשׁ בָּרוּךְ הוּא עַל עֲבָדָיו לָשׁוּב וּלְרַחֵם עֲלֵיהֶם. **יִתְנֶחָם**. לְשׁוֹן הֵפֶךְ מַחֲשָׁבָה, לְהֵיטִיב אוֹ לְהָרַע. כְּשֶׁתַּרְחֶה כִּי מָזְלַת יָד הַחוֹיֵב הוֹלֶכֶת וַחֲזָקָה עֲלֵיהֶם, וְ"אֶפֶס" בָּהֶם "עָצוּר וְעָזוּב". **עָצוּר**. נוֹשַׁע, עַל יְדֵי עוֹצֵר וּמוֹשֵׁל שֶׁיַּעֲצֹל בָּהֶם: **עָזוּב**. עַל יְדֵי עוֹזֵב. "עוֹזֵר" הוּא הַמּוֹשֵׁל הָעוֹזֵר בָּעָם שֶׁלֹּא יֵלְכוּ מְפֻזָּרִים בְּצֵאתָם לָבוֹא עַל הַחוֹיֵב. **עָצוּר**. הוּא הַנּוֹשַׁע בְּמַעֲצוֹר הַמּוֹשֵׁל. **עָזוּב**. מְחֻזָּק, כְּמוֹ: "וַיַּעַזְבוּ יְרוּשָׁלַיִם עַד הַחוֹמָה" (נחמיה ג, ח), "אֵיךְ לֹא עֻזְּבָה עִיר תְּהִלָּת" (ירמיה מט, כה): **עָצוּר**. מַייטנ"ר: **עָזוּב**. חיפורצא"ר בְּלַעַ"ז:

לו **וְאָמַר**. הַקָּדוֹשׁ בָּרוּךְ הוּא עֲלֵיהֶם: "אֵי אֱלֹהֵימוֹ" עֲבוֹדָה זָרָה שֶׁעֲבָדוּ: **צוּר חָסָיוּ בוֹ**. הַסֶּלַע שֶׁהָיוּ מִתְכַּסִּין בּוֹ מִפְּנֵי הַחַמָּה וְהַצִּנָּה, כְּלוֹמַר שֶׁהָיוּ בְּטוּחִין בּוֹ לְהָגֵן עֲלֵיהֶם מִן הָרָעָה:

לח **אֲשֶׁר חֵלֶב זְבָחֵימוֹ**. הָיוּ אוֹתָן אֱלֹהוּת אוֹכְלִים, שֶׁהָיוּ מַקְרִיבִים לִפְנֵיהֶם, וְשׁוֹתִין "יֵין נְסִיכָם": **יְהִי עֲלֵיכֶם סִתְרָה**. אוֹתוֹ הַצּוּר יִהְיֶה לָכֶם מַחֲסֶה וּמִסְתּוֹר:

לט **רְאוּ עַתָּה**. הָבִינוּ מִן הַפֻּרְעָנוּת שֶׁהֲבֵאתִי עֲלֵיכֶם וְאֵין לָכֶם מוֹשִׁיעַ, וּמִן הַתְּשׁוּעָה שֶׁאוֹשִׁיעֲכֶם וְאֵין מוֹחֶה בְּיָדִי: **אֲנִי אֲנִי הוּא**. אֲנִי לְהַשְׁפִּיל וַאֲנִי לְהָרִים: **וְאֵין אֱלֹהִים עִמָּדִי**. עוֹמֵד כְּנֶגְדִּי לִמְחוֹת: **עִמָּדִי**. דֻּגְמָתִי וְכָמוֹנִי: **וְאֵין מִיָּדִי מַצִּיל**. הַפּוֹשְׁעִים בִּי:

מ **כִּי אֶשָּׂא אֶל שָׁמַיִם יָדִי**. כִּי בַּחֲרוֹן אַפִּי אֶשָּׂא

יָדַי אֶל עַצְמִי בִּשְׁבוּעָה: **וְאָמַרְתִּי חַי אָנֹכִי**. לְשׁוֹן שְׁבוּעָה הוּא, אֲנִי נִשְׁבָּע "חַי אָנִי":

מא **אִם שַׁנּוֹתִי בְּרַק חַרְבִּי**. אִם אֲשַׁנֵּן אֶת לַהַב חַרְבִּי, כְּמוֹ: "לְמַעַן הֱיוֹת לָהּ בָּרָק, פלנד"ר: **וְתֹאחֵז בְּמִשְׁפָּט יָדִי**. לְהַנִּיחַ מִדַּת רַחֲמִים בְּאוֹיְבַי שֶׁהֵרֵעוּ לָכֶם, "אֲשֶׁר אֲנִי קָצַפְתִּי מְעָט וְהֵמָּה עָזְרוּ לְרָעָה" (זכריה א, טו), וְתֹאחֵז יָדַי אֶת מִדַּת הַמִּשְׁפָּט לְהַחֲזִיק בָּהּ וְלִנְקֹם נָקָם: **אָשִׁיב נָקָם וְגוֹ'**. לָמְדוּ רַבּוֹתֵינוּ בַּאֲגָדָה מִתּוֹךְ לְשׁוֹן הַמִּקְרָא שֶׁאָמַר: "וְתֹאחֵז בְּמִשְׁפָּט יָדִי" – לֹא כְּמִדַּת בָּשָׂר וָדָם מִדַּת הַקָּדוֹשׁ בָּרוּךְ הוּא, מִדַּת בָּשָׂר וָדָם זוֹרֵק חֵץ וְאֵינוֹ יָכוֹל לַהֲשִׁיבוֹ, וְהַקָּדוֹשׁ בָּרוּךְ הוּא זוֹרֵק חִצָּיו וְיֵשׁ בְּיָדוֹ לַהֲשִׁיבָם כְּאִלּוּ אוֹחֲזָן בְּיָדוֹ, שֶׁהֲרֵי בָּרָק הוּא חִצּוֹ, שֶׁנֶּאֱמַר כָּאן: "בְּרַק חַרְבִּי" וְתֹאחֵז בְּמִשְׁפָּט יָדִי", וְהַמִּשְׁפָּט הַזֶּה לְשׁוֹן פֻּרְעָנוּת הוּא, בְּלַעַ"ז יושטיצי"א:

מב **אַשְׁכִּיר חִצַּי מִדָּם**. הָאוֹיֵב: **וְחַרְבִּי תֹּאכַל בָּשָׂר**. מִדַּם חֲלַל וְשִׁבְיָה: **זֹאת תִּהְיֶה לָהֶם מֵעוֹן דַּם חַלְלֵי יִשְׂרָאֵל וְשִׁבְיָה שֶׁשָּׁבוּ מֵהֶם: מֵרֹאשׁ פַּרְעוֹת אוֹיֵב**. מִפֶּשַׁע תְּחִלַּת פִּרְצוֹת הָאוֹיֵב, כִּי כְּשֶׁהַקָּדוֹשׁ בָּרוּךְ הוּא נִפְרָע הוּא מִן הָאֻמּוֹת פּוֹקֵד עֲלֵיהֶם עֲוֹנָם וַעֲוֹנוֹת אֲבוֹתֵיהֶם מֵרֵאשִׁית פִּרְצָה שֶׁפָּרְצוּ בְּיִשְׂרָאֵל:

מג **הַרְנִינוּ גוֹיִם עַמּוֹ**. לְאוֹתוֹ הַזְּמַן יְשַׁבְּחוּ הָאֻמּוֹת אֶת יִשְׂרָאֵל, רְאוּ מַה שִּׁבְחָהּ שֶׁל אֻמָּה זוֹ שֶׁדָּבְקוּ בְּהַקָּדוֹשׁ בָּרוּךְ הוּא בְּכָל הַתְּלָאוֹת שֶׁעָבְרוּ עֲלֵיהֶם וְלֹא עֲזָבוּהוּ, יוֹדְעִים הָיוּ בְּטוּבוֹ וּבְשִׁבְחוֹ: **כִּי דַם עֲבָדָיו יִקּוֹם**. שְׁפִיכוּת דְּמֵיהֶם, כְּמַשְׁמָעוֹ: **וְנָקָם**

דברים לב

שביעי
מד וַיָּבֹא מֹשֶׁה וַיְדַבֵּר אֶת־כָּל־דִּבְרֵי הַשִּׁירָה־הַזֹּאת בְּאָזְנֵי הָעָם הוּא וְהוֹשֵׁעַ בִּן־נוּן:
מה וַיְכַל מֹשֶׁה לְדַבֵּר אֶת־כָּל־הַדְּבָרִים הָאֵלֶּה אֶל־כָּל־יִשְׂרָאֵל:
מו וַיֹּאמֶר אֲלֵהֶם שִׂימוּ לְבַבְכֶם לְכָל־הַדְּבָרִים אֲשֶׁר אָנֹכִי מֵעִיד בָּכֶם הַיּוֹם אֲשֶׁר תְּצַוֻּם אֶת־בְּנֵיכֶם לִשְׁמֹר לַעֲשׂוֹת אֶת־כָּל־דִּבְרֵי הַתּוֹרָה הַזֹּאת:
מז כִּי לֹא־דָבָר רֵק הוּא מִכֶּם כִּי־הוּא חַיֵּיכֶם וּבַדָּבָר הַזֶּה תַּאֲרִיכוּ יָמִים עַל־הָאֲדָמָה אֲשֶׁר אַתֶּם עֹבְרִים אֶת־הַיַּרְדֵּן שָׁמָּה לְרִשְׁתָּהּ:

מפטיר
מח וַיְדַבֵּר יְהֹוָה אֶל־מֹשֶׁה בְּעֶצֶם הַיּוֹם הַזֶּה לֵאמֹר:
מט עֲלֵה אֶל־הַר הָעֲבָרִים הַזֶּה הַר־נְבוֹ אֲשֶׁר בְּאֶרֶץ

"מֵחֲמַס אָחִיךָ יַעֲקֹב" וְגוֹ' (עובדיה א, י). וְכִפֶּר אַדְמָתוֹ עַמּוֹ. וִיפַיֵּס אַדְמָתוֹ וְעַמּוֹ עַל הַצָּרוֹת שֶׁעָבְרוּ עֲלֵיהֶם וְשֶׁעָשָׂה לָהֶם הָאוֹיֵב: וְכִפֶּר. לְשׁוֹן רִצּוּי וּפִיּוּס, כְּמוֹ: "אֲכַפְּרָה פָנָיו" – "אֲנִיחֲנֵיהּ לְרָגְזֵיהּ" (בראשית לב, כ, אונקלוס שם): וְכִפֶּר אַדְמָתוֹ. וּמַה הִיא אַדְמָתוֹ? - "עַמּוֹ", כְּשֶׁעַמּוֹ מִתְנַחֲמִים אַרְצוֹ מִתְנַחֶמֶת, וְכֵן הוּא אוֹמֵר: "רָצִיתָ ה' אַרְצֶךָ" (תהלים פה, ב), בַּמֶּה רָצִיתָ אַרְצֶךָ? "שַׁבְתָּ שְׁבוּת יַעֲקֹב" (שם).

בְּפָנִים אֲחֵרִים הִיא נִדְרֶשֶׁת בְּסִפְרֵי וְנֶחְלְקוּ בָּהּ רַבִּי יְהוּדָה וְרַבִּי נְחֶמְיָה. רַבִּי יְהוּדָה דּוֹרֵשׁ כֻּלָּהּ כְּנֶגֶד יִשְׂרָאֵל, וְרַבִּי נְחֶמְיָה דּוֹרֵשׁ אֶת כֻּלָּהּ כְּנֶגֶד הָאוּמּוֹת. רַבִּי יְהוּדָה דּוֹרְשָׁהּ כְּלַפֵּי יִשְׂרָאֵל: אַמַרְתִּי אַפְאֵיהֶם. (לעיל פסוק כו) כְּמוֹ שֶׁפֵּרַשְׁתִּי, עַד "וְלֹא ה' פָּעַל כָּל זֹאת" (לעיל פסוק כז): כִּי־גוֹי אֹבַד עֵצוֹת הֵמָּה. (לעיל פסוק כח) אָבְדוּ תּוֹרָתִי שֶׁהִיא לָהֶם

עֵצָה נְכוֹנָה: וְאֵין בָּהֶם תְּבוּנָה. לְהִתְבּוֹנֵן "אֵיכָה יִרְדֹּף אֶחָד מִן הָאוּמּוֹת "אֶלֶף" מֵהֶם, "אִם לֹא כִּי צוּרָם מְכָרָם" "כִּי לֹא כְצוּרֵנוּ צוּרָם" (לעיל פסוק לא), הַכֹּל כְּמוֹ שֶׁפֵּרַשְׁתִּי עַד תַּכְלִית.

וְרַבִּי נְחֶמְיָה דּוֹרְשָׁהּ כְּלַפֵּי הָאוּמּוֹת: כִּי גוֹי אֹבַד עֵצוֹת הֵמָּה. כְּמוֹ שֶׁפֵּרַשְׁתִּי תְּחִלָּה, עַד "וְאֹיְבֵינוּ פְּלִילִים" (לעיל פסוק לא):

[לב] כִּי מִגֶּפֶן סְדֹם גַּפְנָם. שֶׁל אוּמּוֹת: וּמִשַּׁדְמֹת עֲמֹרָה וְגוֹ'. וְלֹא יָשִׂימוּ לִבָּם לִתְלוֹת הַגְּדֻלָּה בִּי: עֲנָבֵמוֹ עִנְּבֵי רוֹשׁ. הוּא שֶׁאָמַר: "לוּלֵי כַּעַס אוֹיֵב אָגוּר" (לעיל פסוק כז) עַל יִשְׂרָאֵל לְהַרְעִילָם וּלְהַמְרִירָם, לְפִיכָךְ: "אַשְׁכְּלֹת מְרֹרֹת לָמוֹ" לְהַלְעִיט אוֹתָם עַל מַה שֶּׁעָשׂוּ לְבָנַי:

[לג] חֲמַת תַּנִּינִם יֵינָם. מוּכָן לְהַשְׁקוֹתָם עַל מַה שֶּׁעוֹשִׂין לָהֶם:

1258

האזינו

מד וַאֲתָא מֹשֶׁה, וּמַלִּיל, יָת כָּל פִּתְגָּמֵי תֻּשְׁבַּחְתָּא הָדָא קֳדָם עַמָּא, הוּא וְהוֹשֵׁעַ בַּר נוּן:
מה וְשֵׁיצִי מֹשֶׁה, לְמַלָּלָא, יָת כָּל פִּתְגָמַיָּא הָאִלֵּין עִם כָּל יִשְׂרָאֵל: וַאֲמַר לְהוֹן שַׁוּוֹ לִבְּכוֹן, לְכָל פִּתְגָמַיָּא, דַּאֲנָא, מַסְהֵיד בְּכוֹן יוֹמָא דֵין, דִּתְפַקְּדוּנּוּן יָת בְּנֵיכוֹן, לְמִטַּר לְמֶעְבַּד, יָת
מז כָּל פִּתְגָמֵי אוֹרַיְתָא הָדָא: אֲרֵי, לָא פִתְגָם רֵיקָן הוּא מִנְּכוֹן, אֲרֵי הוּא חַיֵּיכוֹן, וּבְפִתְגָמָא
מח הָדֵין, תֵּירְכוּן יוֹמִין עַל אַרְעָא, דְּאַתּוּן, עָבְרִין יָת יַרְדְּנָא, לְתַמָּן לְמֵירְתַהּ: וּמַלִּיל יְיָ עִם
מט מֹשֶׁה, בִּכְרַן, יוֹמָא הָדֵין לְמֵימָר: סַק, לְטוּרָא דְעִבְרָאֵי הָדֵין לְטוּרָא דִנְבוֹ, דִּבְאַרְעָא

לד **כָּמַס עִמָּדִי.** אוֹתוֹ הַכּוֹס, שֶׁנֶּאֱמַר: "כִּי כוֹס בְּיַד ה'" וְגוֹ' (תהלים עה, ט):

לה **לְעֵת תָּמוּט רַגְלָם.** כָּעִנְיָן שֶׁנֶּאֱמַר "תִּרְמְסֶנָּה רָגֶל" (ישעיה כו, ו):

לו **כִּי יָדִין ה' עַמּוֹ.** בַּלָּשׁוֹן זֶה מְשַׁמֵּשׁ "כִּי יָדִין" בַּלְּשׁוֹן 'דְּהָא', וְאֵין "יָדִין" לְשׁוֹן יִסּוּרִין, אֶלָּא כְּמוֹ כִּי יָדִיר אֶת רִיבָם מִיַּד עוֹשְׁקֵיהֶם, "כִּי יִלְאֶה כִּי מֻזְלַת יָד" וְגוֹ':

לז **וְאָמַר אֵי אֱלֹהֵימוֹ.** וְהָאוֹיֵב יֹאמַר: "אֵי אֱלֹהֵימוֹ" שֶׁל יִשְׂרָאֵל, כְּמוֹ שֶׁאָמַר טִיטוּס הָרָשָׁע כְּשֶׁגִּדֵּד אֶת הַפָּרֹכֶת, כָּעִנְיָן שֶׁנֶּאֱמַר: "וְתִפְתַּח אוֹיְבִי וּתְכַסֶּהָ בוּשָׁה הָאוֹמְרָה אֵלַי אַיּוֹ ה' אֱלֹהָיִךְ" (מיכה ז, י):

לט **רְאוּ עַתָּה כִּי אֲנִי** וְגוֹ'. אָז יְגַלֶּה הַקָּדוֹשׁ בָּרוּךְ הוּא יְשׁוּעָתוֹ, וְיֹאמַר: "רְאוּ עַתָּה כִּי אֲנִי אֲנִי הוּא", מֵאִתִּי בָּאת עֲלֵיהֶם הָרָעָה, וּמֵאִתִּי תָבֹא עֲלֵיהֶם הַטּוֹבָה. **וְאֵין מִיָּדִי מַצִּיל.** מִי שֶׁיַּצִּיל אֶתְכֶם מִן הָרָעָה אֲשֶׁר אָבִיא עֲלֵיכֶם:

מ **כִּי אֶשָּׂא אֶל שָׁמַיִם יָדִי.** כְּמוֹ 'כִּי נָשָׂאתִי', תָּמִיד אֲנִי מַשְׁרֶה מְקוֹם שְׁכִינָתִי בַּשָּׁמַיִם, כְּתַרְגּוּמוֹ. אֲפִלּוּ חַלָּשׁ לְמַעְלָה וְגִבּוֹר לְמַטָּה, חֵימַת עֶלְיוֹן עַל הַתַּחְתּוֹן, וְכָל שֶׁכֵּן שֶׁגִּבּוֹר לְמַעְלָה וְחַלָּשׁ מִלְּמַטָּה: **יָדִי.** מְקוֹם שְׁכִינָתִי, כְּמוֹ: "חִים עַל יָדוֹ" (במדבר ב, יז), וְהָיָה בְּיָדִי לְהִפָּרַע מִכֶּם, אֲבָל אָמַרְתִּי שֶׁ"חַי חָנֹכִי לְעֹלָם", אֵינִי מְמַהֵר לִפָּרַע, לְפִי שֶׁיֵּשׁ שָׁהוּת בְּיָדִי, אֲנִי חַי לְעוֹלָם וּבַדּוֹרוֹת אַחֲרוֹנִים אֲנִי נִפְרָע מֵהֶם, וִיכָלְתִּי בְּיָדִי לִפָּרַע מִן הַמֵּתִים וּמִן הַחַיִּים. מֶלֶךְ בָּשָׂר וָדָם שֶׁהוּא הוֹלֵךְ לָמוּת, מְמַהֵר נִקְמָתוֹ לִפָּרַע בְּחַיָּיו, כִּי שֶׁמָּא יָמוּת הוּא אוֹ אוֹיְבוֹ וְנִמְצָא שֶׁלֹּא רָאָה נִקְמָתוֹ מִמֶּנּוּ, אֲבָל אֲנִי חַי לְעוֹלָם, וְאִם יָמוּתוּ הֵם וַאֲנִי נִפְרָע בְּחַיֵּיהֶם, אִפָּרַע בְּמוֹתָם:

מא **אִם שַׁנּוֹתִי בְּרַק חַרְבִּי.** הַרְבֵּה 'אִם' יֵשׁ שֶׁאֵינָם תְּלוּיִין, כְּשֶׁאֶשְׁנַּן "בְּרַק חַרְבִּי וְתֹאחֵז בְּמִשְׁפָּט יָדִי", כֻּלּוֹ כְּמוֹ שֶׁפֵּרַשְׁתִּי לְמַעְלָה:

מד **הוּא וְהוֹשֵׁעַ בִּן נוּן.** שַׁבָּת שֶׁל דְּיוֹזְגֵי הָיְתָה, נִטְּלָה רְשׁוּת מִזֶּה וְנִתְּנָה לָזֶה, הֶעֱמִיד לוֹ מֹשֶׁה מְתֻרְגְּמָן לִיהוֹשֻׁעַ שֶׁיְּהֵא דוֹרֵשׁ בְּחַיָּיו, כְּדֵי שֶׁלֹּא יֹאמְרוּ יִשְׂרָאֵל: בְּחַיֵּי רַבְּךָ לֹא הָיָה לְךָ לְהָרִים רֹאשׁ. וְלָמָּה קוֹרְאֵהוּ כָּאן 'הוֹשֵׁעַ'? לוֹמַר שֶׁלֹּא זָחָה דַעְתּוֹ עָלָיו, שֶׁאַף עַל פִּי שֶׁנִּתְּנָה לוֹ גְדֻלָּה, הִשְׁפִּיל עַצְמוֹ כַּאֲשֶׁר מִתְּחִלָּתוֹ:

מו **שִׂימוּ לְבַבְכֶם.** צָרִיךְ אָדָם שֶׁיִּהְיוּ עֵינָיו וְלִבּוֹ וְאָזְנָיו מְכֻוָּנִים לְדִבְרֵי תוֹרָה, וְכֵן הוּא אוֹמֵר: "בֶּן אָדָם רְאֵה בְעֵינֶיךָ וּבְאָזְנֶיךָ שְׁמָע וְשִׂים לִבְּךָ" וְגוֹ' (יחזקאל מ, ד), וַהֲרֵי דְּבָרִים קַל וָחֹמֶר: וּמַה תַּבְנִית הַבַּיִת שֶׁהִוא נִרְאֶה לָעֵינַיִם וְנִמְדָּד בַּקָּנֶה, צָרִיךְ אָדָם שֶׁיִּהְיוּ עֵינָיו וְאָזְנָיו וְלִבּוֹ מְכֻוָּנִים לְהָבִין, דִּבְרֵי תוֹרָה שֶׁהֵן כַּהֲרָרִין תְּלוּיִין בְּשַׂעֲרָה, עַל אַחַת כַּמָּה וְכַמָּה:

מז **כִּי לֹא דָבָר רֵק הוּא מִכֶּם.** לֹא לְחִנָּם אַתֶּם יְגֵעִים בָּהּ, כִּי הַרְבֵּה שָׂכָר תָּלוּי בָּהּ, "כִּי הוּא חַיֵּיכֶם". דָּבָר אַחֵר, אֵין לְךָ דָּבָר רֵיקָן בַּתּוֹרָה שֶׁאִם תִּדְרְשֶׁנּוּ שֶׁאֵין בּוֹ מַתַּן שָׂכָר. תֵּדַע לְךָ, שֶׁכֵּן אָמְרוּ חֲכָמִים: "וַאֲחוֹת לוֹטָן תִּמְנָע" (בראשית לו, כב), "וְתִמְנַע הָיְתָה פִילֶגֶשׁ" וְגוֹ' (שם פסוק יב), לְפִי שֶׁאָמְרָה: אֵינִי כְדַאי לִהְיוֹת לוֹ אִשָּׁה, הַלְוַאי וְאֶהְיֶה פִילַגְשׁוֹ, וְכָל כָּךְ לָמָּה? לְהוֹדִיעַ שִׁבְחוֹ שֶׁל אַבְרָהָם, שֶׁהָיוּ שִׁלְטוֹנִים וּמְלָכִים מִתְאַוִּים לִדָּבֵק בְּזַרְעוֹ:

מח **וַיְדַבֵּר ה' אֶל מֹשֶׁה בְּעֶצֶם הַיּוֹם הַזֶּה.** בִּשְׁלֹשָׁה מְקוֹמוֹת נֶאֱמַר "בְּעֶצֶם הַיּוֹם הַזֶּה": נֶאֱמַר בְּנֹחַ, "בְּעֶצֶם הַיּוֹם הַזֶּה בָּא נֹחַ" וְגוֹ' (בראשית ז, יג), בְּמַרְאִית אוֹרוֹ שֶׁל יוֹם, לְפִי שֶׁהָיוּ בְּנֵי דוֹרוֹ אוֹמְרִים, מִכָּךְ וְכָךְ, אִם אָנוּ מַרְגִּישִׁין בּוֹ אֵין אָנוּ

דברים

מוֹאָ֔ב אֲשֶׁ֖ר עַל־פְּנֵ֣י יְרֵח֑וֹ וּרְאֵה֙ אֶת־אֶ֣רֶץ כְּנַ֔עַן אֲשֶׁ֨ר אֲנִ֥י נֹתֵ֛ן לִבְנֵ֥י יִשְׂרָאֵ֖ל לַאֲחֻזָּֽה: וּמֻ֗ת בָּהָר֙ אֲשֶׁ֤ר אַתָּה֙ עֹלֶ֣ה שָׁ֔מָּה וְהֵאָסֵ֖ף אֶל־עַמֶּ֑יךָ כַּאֲשֶׁר־מֵ֞ת אַהֲרֹ֤ן אָחִ֨יךָ֙ בְּהֹ֣ר הָהָ֔ר וַיֵּאָ֖סֶף אֶל־עַמָּֽיו: עַל֩ אֲשֶׁ֨ר מְעַלְתֶּ֜ם בִּ֗י בְּתוֹךְ֙ בְּנֵ֣י יִשְׂרָאֵ֔ל בְּמֵֽי־מְרִיבַ֥ת קָדֵ֖שׁ מִדְבַּר־צִ֑ן עַ֛ל אֲשֶׁ֥ר לֹֽא־קִדַּשְׁתֶּ֛ם אוֹתִ֖י בְּת֥וֹךְ בְּנֵ֥י יִשְׂרָאֵֽל: כִּ֥י מִנֶּ֖גֶד תִּרְאֶ֣ה אֶת־הָאָ֑רֶץ וְשָׁ֨מָּה֙ לֹ֣א תָב֔וֹא אֶל־הָאָ֕רֶץ אֲשֶׁר־אֲנִ֥י נֹתֵ֖ן לִבְנֵ֥י יִשְׂרָאֵֽל:

נ

נא

נב

מַנִּיחִין אוֹתוֹ לִכְנֹס בַּתֵּבָה, וְלֹא עוֹד אֶלָּא חֶלָּא חָנוּ עוֹטְלִין כַּשִּׁילִין וְקַרְדֻּמּוֹת וּמְבַקְעִין אֶת הַתֵּבָה. אָמַר הַקָּדוֹשׁ בָּרוּךְ הוּא: הֲרֵינִי מַכְנִיסוֹ בַּחֲיָיו הַיּוֹם, וְכָל מִי שֶׁיֵּשׁ בְּיָדוֹ כֹּחַ לִמְחוֹת יָבֹא וְיִמְחֶה. בְּמַעֲרִיב נֶאֱמַר: "בְּעֶצֶם הַיּוֹם הַזֶּה הוֹצִיא ה'" (שמות י"ב, נ"א), לְפִי שֶׁהָיוּ מִצְרִיִּים אוֹמְרִים, מִכָּךְ וְכָךְ,

האזינו

נ. דְמוֹאָב, דְעַל אַפֵּי יְרֵחוֹ, וַחֲזִי יָת אַרְעָא דִכְנָעַן, דַאֲנָא יָהֵיב, לִבְנֵי יִשְׂרָאֵל לְאַחְסָנָא: וּמוּת, בְּטוּרָא דְאַתְּ סָלֵיק לְתַמָּן, וְאִתְכְּנֵישׁ לְעַמָּךְ, כְּמָא דְמִית, אַהֲרֹן אֲחוּךְ בְּהוֹר טוּרָא, וְאִתְכְּנֵישׁ

נא. לְעַמֵּיהּ: עַל דְשַׁקַרְתּוּן בְּמֵימְרִי, בְּגוֹ בְּנֵי יִשְׂרָאֵל, בְּמֵי מַצּוּת רְקַם מַדְבְּרָא דְצִין, עַל דְלָא

נב. קַדֵישְׁתּוּן יָתִי, בְּגוֹ בְּנֵי יִשְׂרָאֵל: אֲרֵי מִקֳבֵיל תֶּחֱזֵי יָת אַרְעָא, וּלְתַמָּן לָא תֵיעוֹל, לְאַרְעָא, דַאֲנָא יָהֵיב לִבְנֵי יִשְׂרָאֵל:

אִם חָנוּ מַרְגִישִׁין בָּהֶם חֵן חָנוּ מַנִיחִין אוֹתָם לָצֵאת, וְלֹא עוֹד אֶלָּא חָנוּ נוֹטְלִין סְיָיפוֹת וּכְלֵי זַיִן וְהוֹרְגִין בָּהֶם. אָמַר הַקָדוֹשׁ בָּרוּךְ הוּא: הֲרֵינִי מוֹעִיחָן בַּחֲצִי הַיּוֹם, וְכָל מִי שֶׁיֵשׁ בּוֹ כֹּחַ לִמְחוֹת יָבֹא וְיִמְחֶה. אַךְ כָּאן בְּמִיתָתוֹ שֶׁל מֹשֶׁה נֶאֱמַר: "בְּעֶצֶם הַיּוֹם הַזֶה", לְפִי שֶׁהָיוּ יִשְׂרָאֵל אוֹמְרִים, מִכָּךְ וְכָךְ, אִם חָנוּ מַרְגִישִׁין בּוֹ אֵין חָנוּ מַנִיחִין אוֹתוֹ, אָדָם שֶׁהוֹצִיאָנוּ מִמִּצְרַיִם, וְקָרַע לָנוּ אֶת הַיָּם, וְהוֹרִיד לָנוּ אֶת הַמָּן, וְהֵגִיז לָנוּ אֶת הַשְׂלָו, וְהֶעֱלָה לָנוּ אֶת הַבְּאֵר, וְנָתַן לָנוּ אֶת הַתּוֹרָה, אֵין חָנוּ מַנִיחִין אוֹתוֹ. אָמַר הַקָדוֹשׁ בָּרוּךְ הוּא: הֲרֵינִי מַכְנִיסוֹ בַּחֲצִי הַיּוֹם וְכוּ':

נ] **כַּאֲשֶׁר מֵת אַהֲרֹן אָחִיךָ.** בְּאוֹתָהּ מִיתָה שֶׁרָאִיתָ וְחָמַדְתָּ אוֹתָהּ, שֶׁהִפְשִׁיט מֹשֶׁה אֶת אַהֲרֹן בֶּגֶד רִאשׁוֹן וְהִלְבִּישׁוֹ לְאֶלְעָזָר, וְכֵן שֵׁנִי, וְכֵן שְׁלִישִׁי, וְרָאָה בְּנוֹ בִּכְבוֹדוֹ. אָמַר לוֹ מֹשֶׁה: אַהֲרֹן אָחִי, עֲלֵה לַמִּטָה, וְעָלָה. פְּשֹׁט יָדֶיךָ, וּפָשַׁט. פְּשֹׁט

רַגְלֶיךָ, וּפָשַׁט. עֲצֹם עֵינֶיךָ, וְעָצַם. קְמֹץ פִּיךָ, וְקָמַץ. וְהָלַךְ לוֹ. אָמַר מֹשֶׁה: אַשְׁרֵי מִי שֶׁמֵּת בְּמִיתָה זוֹ:

נא] **עַל אֲשֶׁר מְרִיתֶם פִּי** (על פי במדבר כ, כד; שם כז, יד) – גְּרַמְתֶּם לַמְרוֹת פִּי: **עַל אֲשֶׁר לֹא קִדַּשְׁתֶּם אוֹתִי.** גְּרַמְתֶּם לִי שֶׁלֹּא אֶתְקַדֵשׁ. אָמַרְתִּי לָכֶם: "וְדִבַּרְתֶּם אֶל הַסֶּלַע" (במדבר כ, ח) וְהֵם הִכּוּהוּ, וְהֻצְרְכוּ לְהַכּוֹתוֹ פַעֲמַיִם, וְאִלּוּ דִבְּרוּ עִמּוֹ וְנָתַן מֵימָיו בְּלֹא הַכָּאָה, הָיָה מִתְקַדֵשׁ שֵׁם שָׁמַיִם, שֶׁהָיוּ יִשְׂרָאֵל אוֹמְרִים: וּמָה הַסֶּלַע הַזֶה שֶׁאֵינוֹ לְשָׂכָר וְלֹא לְפֻרְעָנוּת, אִם זָכָה אֵין לוֹ מַתַּן שָׂכָר וְאִם חָטָא אֵינוֹ לוֹקֶה, כָּךְ מְקַיֵּם מִצְוַת בּוֹרְאוֹ, אָנוּ לֹא כָּל שֶׁכֵּן?:

נב] **כִּי מִנֶּגֶד.** מֵרָחוֹק: **תִּרְאֶה וְגוֹ'.** כִּי אִם לֹא תִרְאֶנָּה עַכְשָׁיו, לֹא תִרְאֶנָּה עוֹד בְּחַיֶּיךָ: **וְשָׁמָּה לֹא תָבוֹא.** וְיָדַעְתִּי כִּי חֲבִיבָה הִיא לָךְ, עַל כֵּן אֲנִי אוֹמֵר לָךְ: "עֲלֵה... וּרְאֵה" (לעיל פסוק מט):

הפטרת האזינו

הפטרה לשבת שבין יום הכיפורים לסוכות.
בשבת שבין ראש השנה ליום הכיפורים קוראים את ההפטרה בעמ׳ 1244.

הפטרתנו היא מהפרקים החותמים את ספר שמואל, הנושאים אופי מסכם. דוד המלך היה איש צבא משכמו ומעלה. הוא שרד מלחמות רבות וממושכות והביא את מלכות ישראל לשיאים חסרי תקדים. עם זאת ידע שהמקור לכוחות, לחכמה, לדבקות במטרה ולהצלחה הוא הקב״ה, ועל זה אמר שירה. חובתנו לפעול ולעשות בידיעה שעצם העשייה וההצלחה הם מתנת שמים.

שמואל ב׳ לאשכנזים ולספרדים

וַיְדַבֵּר דָּוִד לַיהוָה אֶת־דִּבְרֵי הַשִּׁירָה הַזֹּאת בְּיוֹם א כב
הִצִּיל יְהוָה אֹתוֹ מִכַּף כָּל־אֹיְבָיו וּמִכַּף שָׁאוּל׃
וַיֹּאמַר יְהוָה סַלְעִי וּמְצֻדָתִי וּמְפַלְטִי־לִי׃ אֱלֹהֵי ב ג
צוּרִי אֶחֱסֶה־בּוֹ מָגִנִּי וְקֶרֶן יִשְׁעִי מִשְׂגַּבִּי
וּמְנוּסִי מֹשִׁעִי מֵחָמָס תֹּשִׁעֵנִי׃ מְהֻלָּל ד
אֶקְרָא יְהוָה וּמֵאֹיְבַי אִוָּשֵׁעַ׃ כִּי אֲפָפֻנִי מִשְׁבְּרֵי־ ה
מָוֶת נַחֲלֵי בְלִיַּעַל יְבַעֲתֻנִי׃ חֶבְלֵי ו
שְׁאוֹל סַבֻּנִי קִדְּמֻנִי מֹקְשֵׁי־
מָוֶת׃ בַּצַּר־לִי אֶקְרָא יְהוָה וְאֶל־ ז
אֱלֹהַי אֶקְרָא וַיִּשְׁמַע מֵהֵיכָלוֹ
קוֹלִי וְשַׁוְעָתִי בְּאָזְנָיו׃ ותגעש ח — וַיִּתְגָּעַשׁ
וַתִּרְעַשׁ הָאָרֶץ מוֹסְדוֹת הַשָּׁמַיִם
יִרְגָּזוּ וַיִּתְגָּעֲשׁוּ כִּי־חָרָה לוֹ׃ עָלָה ט
עָשָׁן בְּאַפּוֹ וְאֵשׁ מִפִּיו
תֹּאכֵל גֶּחָלִים בָּעֲרוּ מִמֶּנּוּ׃ וַיֵּט י
שָׁמַיִם וַיֵּרַד וַעֲרָפֶל תַּחַת
רַגְלָיו׃ וַיִּרְכַּב עַל־כְּרוּב וַיָּעֹף וַיֵּרָא יא
עַל־כַּנְפֵי־רוּחַ׃ וַיָּשֶׁת חֹשֶׁךְ סְבִיבֹתָיו יב
סֻכּוֹת חַשְׁרַת־מַיִם עָבֵי שְׁחָקִים׃ מִנֹּגַהּ יג
נֶגְדּוֹ בָּעֲרוּ גַּחֲלֵי־אֵשׁ׃ יַרְעֵם מִן־שָׁמַיִם יד
יְהוָה וְעֶלְיוֹן יִתֵּן קוֹלוֹ׃ וַיִּשְׁלַח טו
חִצִּים וַיְפִיצֵם בָּרָק ויהמם׃ וַיֵּרָאוּ אֲפִקֵי טז — וַיָּהֹם
יָם יִגָּלוּ מֹסְדוֹת תֵּבֵל בְּגַעֲרַת
יְהוָה מִנִּשְׁמַת רוּחַ אַפּוֹ׃ יִשְׁלַח מִמָּרוֹם יז

האזינו

יח יִקָּחֵנִי יַמְשֵׁנִי מִמַּיִם רַבִּים: יַצִּילֵנִי
מֵאֹיְבִי עָז מִשֹּׂנְאַי כִּי אָמְצוּ
יט מִמֶּנִּי: יְקַדְּמֻנִי בְּיוֹם אֵידִי וַיְהִי
כ יְהוָה מִשְׁעָן לִי: וַיֹּצֵא לַמֶּרְחָב
כא אֹתִי יְחַלְּצֵנִי כִּי־חָפֵץ בִּי: יִגְמְלֵנִי
יְהוָה כְּצִדְקָתִי כְּבֹר יָדַי יָשִׁיב
כב לִי: כִּי שָׁמַרְתִּי דַּרְכֵי יְהוָה וְלֹא
כג רָשַׁעְתִּי מֵאֱלֹהָי: כִּי כָל־מִשְׁפָּטָו
כד לְנֶגְדִּי וְחֻקֹּתָיו לֹא־אָסוּר מִמֶּנָּה: וָאֶהְיֶה
כה תָמִים לוֹ וָאֶשְׁתַּמְּרָה מֵעֲוֺנִי: וַיָּשֶׁב יְהוָה לִי
כו כְּצִדְקָתִי כְּבֹרִי לְנֶגֶד עֵינָיו: עִם־
חָסִיד תִּתְחַסָּד עִם־גְּבוֹר תָּמִים
כז תִּתַּמָּם: עִם־נָבָר תִּתָּבָר וְעִם־
כח עִקֵּשׁ תִּתַּפָּל: וְאֶת־עַם עָנִי
כט תּוֹשִׁיעַ וְעֵינֶיךָ עַל־רָמִים תַּשְׁפִּיל: כִּי־
אַתָּה נֵירִי יְהוָה וַיהוָה יַגִּיהַּ
ל חָשְׁכִּי: כִּי בְכָה אָרוּץ גְּדוּד בֵּאלֹהַי
לא אֲדַלֶּג־שׁוּר: הָאֵל תָּמִים
דַּרְכּוֹ אִמְרַת יְהוָה צְרוּפָה מָגֵן
לב הוּא לְכֹל הַחֹסִים בּוֹ: כִּי מִי־אֵל מִבַּלְעֲדֵי
לג יְהוָה וּמִי צוּר מִבַּלְעֲדֵי אֱלֹהֵינוּ: הָאֵל
מָעוּזִּי חָיִל וַיַּתֵּר תָּמִים
לד דרכו: מְשַׁוֶּה רגליו כָּאַיָּלוֹת וְעַל־ דַּרְכִּי רַגְלַי
לה בָּמוֹתַי יַעֲמִידֵנִי: מְלַמֵּד יָדַי
לו לַמִּלְחָמָה וְנִחַת קֶשֶׁת־נְחוּשָׁה זְרֹעֹתָי: וַתִּתֶּן־
לז לִי מָגֵן יִשְׁעֶךָ וַעֲנֹתְךָ תַּרְבֵּנִי: תַּרְחִיב צַעֲדִי
לח תַּחְתֵּנִי וְלֹא מָעֲדוּ קַרְסֻלָּי: אֶרְדְּפָה
אֹיְבַי וָאַשְׁמִידֵם וְלֹא אָשׁוּב עַד־
לט כַּלּוֹתָם: וָאֲכַלֵּם וָאֶמְחָצֵם וְלֹא יְקוּמוּן וַיִּפְּלוּ

תַּחַת רַגְלָי׃ וַתַּזְרֵנִי חַיִל מ
לַמִּלְחָמָה תַּכְרִיעַ קָמַי תַּחְתֵּנִי׃ וְאֹיְבַי מא
תַּתָּה לִּי עֹרֶף מְשַׂנְאַי וָאַצְמִיתֵם׃ יִשְׁעוּ וְאֵין מב
מֹשִׁיעַ אֶל־יְהוָה וְלֹא עָנָם׃ וְאֶשְׁחָקֵם מג
כַּעֲפַר־אָרֶץ כְּטִיט־חוּצוֹת אֲדִקֵּם
אֶרְקָעֵם׃ וַתְּפַלְּטֵנִי מֵרִיבֵי עַמִּי תִּשְׁמְרֵנִי מד
לְרֹאשׁ גּוֹיִם עַם לֹא־יָדַעְתִּי
יַעַבְדֻנִי׃ בְּנֵי נֵכָר יִתְכַּחֲשׁוּ־לִי לִשְׁמוֹעַ מה
אֹזֶן יִשָּׁמְעוּ לִי׃ בְּנֵי נֵכָר יִבֹּלוּ וְיַחְגְּרוּ מו
מִמִּסְגְּרוֹתָם׃ חַי־יְהוָה וּבָרוּךְ צוּרִי וְיָרֻם מז
אֱלֹהֵי צוּר יִשְׁעִי׃ הָאֵל הַנֹּתֵן נְקָמֹת מח
לִי וּמוֹרִיד עַמִּים תַּחְתֵּנִי׃ וּמוֹצִיאִי מט
מֵאֹיְבָי וּמִקָּמַי תְּרוֹמְמֵנִי מֵאִישׁ חֲמָסִים
תַּצִּילֵנִי׃ עַל־כֵּן אוֹדְךָ יְהוָה בַּגּוֹיִם וּלְשִׁמְךָ נ
מִגְדּוֹל אֲזַמֵּר׃ מגדיל יְשׁוּעוֹת נא
מַלְכּוֹ וְעֹשֶׂה־חֶסֶד לִמְשִׁיחוֹ
לְדָוִד וּלְזַרְעוֹ עַד־עוֹלָם׃

יחזקאל הנביא פונה אל האנשים שגלו עמו לבבל בגלות יהויכין. "אבות אכלו בוסר ושיני בנים תקהינה" – זו הייתה השקפתו המוטעית של העם ערב חורבן בית ראשון – הדורות הקודמים חטאו ודורנו נענש. הדבר הביא לייאוש בעם ולהתנהלות פסיבית בזמן החורבן. יחזקאל הביא את דבר ה' לעם, וחלק על גישה זו עקרונית ומעשית. עקרונית, כי ההנהגה האלהית פועלת על פי העיקרון "הנפש החטאת היא תמות, בן לא ישא בעון האב" – לכל אחד יש אחריות על מעשיו ולא על מעשי הדורות הקודמים. מעשית, כי מעשי האדם כאן ועכשיו יכולים לשנות תמיד. אמנם גזרת החורבן בלתי הפיכה, אבל תיקון העיוותים שעליהם הצביעו הנביאים כגורמי החורבן, יכול למזער את אופי החורבן ולהיות תשתית לבניין לעתיד לבוא. החורבן הפיך ביחס לעם ישראל, ופסיביות וייאוש רק יעצימו את החורבן. בייאוש זה נלחם יחזקאל בשליחות ה'.

כֹּה אָמַר אֲדֹנָי יֱהֹוִה וְלָקַחְתִּי אָנִי מִצַּמֶּרֶת הָאֶרֶז הָרָמָה וְנָתָתִּי כב יז
מֵרֹאשׁ יֹנְקוֹתָיו רַךְ אֶקְטֹף וְשָׁתַלְתִּי אָנִי עַל הַר־גָּבֹהַּ וְתָלוּל׃
בְּהַר מְרוֹם יִשְׂרָאֵל אֶשְׁתֳּלֶנּוּ וְנָשָׂא עָנָף וְעָשָׂה פֶרִי וְהָיָה לְאֶרֶז כג
אַדִּיר וְשָׁכְנוּ תַחְתָּיו כֹּל צִפּוֹר כָּל־כָּנָף בְּצֵל דָּלִיּוֹתָיו תִּשְׁכֹּנָּה׃
וְיָדְעוּ כָּל־עֲצֵי הַשָּׂדֶה כִּי אֲנִי יְהוָה הִשְׁפַּלְתִּי ׀ עֵץ גָּבֹהַּ הִגְבַּהְתִּי כד
עֵץ שָׁפָל הוֹבַשְׁתִּי עֵץ לָח וְהִפְרַחְתִּי עֵץ יָבֵשׁ אֲנִי יְהוָה דִּבַּרְתִּי
וְעָשִׂיתִי׃ וַיְהִי דְבַר־יְהוָה אֵלַי לֵאמֹר׃ מַה־לָּכֶם א ב יח
אַתֶּם מֹשְׁלִים אֶת־הַמָּשָׁל הַזֶּה עַל־אַדְמַת יִשְׂרָאֵל לֵאמֹר אָבוֹת

ג יֹ֨אכְלוּ֙ בֹ֔סֶר וְשִׁנֵּ֥י הַבָּנִ֖ים תִּקְהֶֽינָה׃ חַי־אָ֕נִי נְאֻ֖ם אֲדֹנָ֣י יֱהֹוִ֑ה אִם־
ד יִֽהְיֶ֨ה לָכֶ֜ם ע֗וֹד מְשֹׁ֛ל הַמָּשָׁ֥ל הַזֶּ֖ה בְּיִשְׂרָאֵֽל׃ הֵ֤ן כָּל־הַנְּפָשׁוֹת֙
לִ֣י הֵ֔נָּה כְּנֶ֧פֶשׁ הָאָ֛ב וּכְנֶ֥פֶשׁ הַבֵּ֖ן לִי־הֵ֑נָּה הַנֶּ֥פֶשׁ הַחֹטֵ֖את הִ֥יא
ה תָמֽוּת׃ וְאִ֖ישׁ כִּֽי־יִהְיֶ֣ה צַדִּ֑יק וְעָשָׂ֥ה מִשְׁפָּ֖ט
ו וּצְדָקָֽה׃ אֶל־הֶֽהָרִים֙ לֹ֣א אָכָ֔ל וְעֵינָיו֙ לֹ֣א נָשָׂ֔א אֶל־גִּלּוּלֵ֖י בֵּ֣ית
יִשְׂרָאֵ֑ל וְאֶת־אֵ֤שֶׁת רֵעֵ֙הוּ֙ לֹ֣א טִמֵּ֔א וְאֶל־אִשָּׁ֥ה נִדָּ֖ה לֹ֥א יִקְרָֽב׃
ז וְאִישׁ֙ לֹ֣א יוֹנֶ֔ה חֲבֹלָת֤וֹ חוֹב֙ יָשִׁ֔יב גְּזֵלָ֖ה לֹ֣א יִגְזֹ֑ל לַחְמוֹ֙ לְרָעֵ֣ב יִתֵּ֔ן
ח וְעֵירֹ֖ם יְכַסֶּה־בָּֽגֶד׃ בַּנֶּ֣שֶׁךְ לֹֽא־יִתֵּ֗ן וְתַרְבִּית֙ לֹ֣א יִקָּ֔ח מֵעָ֖וֶל יָשִׁ֣יב
ט יָד֑וֹ מִשְׁפַּ֤ט אֱמֶת֙ יַעֲשֶׂ֔ה בֵּ֥ין אִ֖ישׁ לְאִֽישׁ׃ בְּחֻקּוֹתַ֧י יְהַלֵּ֛ךְ וּמִשְׁפָּטַ֥י
י שָׁמַ֖ר לַעֲשׂ֣וֹת אֱמֶ֑ת צַדִּ֥יק הוּא֙ חָיֹ֣ה יִחְיֶ֔ה נְאֻ֖ם אֲדֹנָ֥י יֱהֹוִֽה׃ וְהוֹלִ֥יד
יא בֵּן־פָּרִ֖יץ שֹׁפֵ֣ךְ דָּ֑ם וְעָ֣שָׂה אָ֔ח מֵאַחַ֖ד מֵאֵֽלֶּה׃ וְה֕וּא אֶת־כָּל־אֵ֖לֶּה
יב לֹ֣א עָשָׂ֑ה כִּ֣י גַ֤ם אֶל־הֶֽהָרִים֙ אָכַ֔ל וְאֶת־אֵ֥שֶׁת רֵעֵ֖הוּ טִמֵּֽא׃ עָנִ֤י
וְאֶבְיוֹן֙ הוֹנָ֔ה גְּזֵל֣וֹת גָּזָ֔ל חֲבֹ֖ל לֹ֣א יָשִׁ֑יב וְאֶל־הַגִּלּוּלִים֙ נָשָׂ֣א עֵינָ֔יו
יג תּוֹעֵבָ֖ה עָשָֽׂה׃ בַּנֶּ֧שֶׁךְ נָתַ֛ן וְתַרְבִּ֥ית לָקַ֖ח וָחָ֑י לֹ֣א יִחְיֶ֗ה אֵ֣ת כָּל־
יד הַתּוֹעֵב֤וֹת הָאֵ֙לֶּה֙ עָשָׂ֔ה מ֣וֹת יוּמָ֔ת דָּמָ֖יו בּ֥וֹ יִהְיֶֽה׃ וְהִנֵּה֙ הוֹלִ֣יד
בֵּ֔ן וַיַּ֕רְא אֶת־כָּל־חַטֹּ֥את אָבִ֖יו אֲשֶׁ֣ר עָשָׂ֑ה וַיִּרְאֶ֕ה וְלֹ֥א יַעֲשֶׂ֖ה כָּהֵֽן׃
טו עַל־הֶֽהָרִים֙ לֹ֣א אָכָ֔ל וְעֵינָיו֙ לֹ֣א נָשָׂ֔א אֶל־גִּלּוּלֵ֖י בֵּ֣ית יִשְׂרָאֵ֑ל
טז אֶת־אֵ֥שֶׁת רֵעֵ֖הוּ לֹ֥א טִמֵּֽא׃ וְאִישׁ֙ לֹ֣א הוֹנָ֔ה חֲבֹל֙ לֹ֣א חָבָ֔ל וּגְזֵלָ֖ה
יז לֹ֣א גָזָ֑ל לַחְמוֹ֙ לְרָעֵ֣ב נָתָ֔ן וְעֵר֖וֹם כִּסָּה־בָֽגֶד׃ מֵעָנִ֞י הֵשִׁ֣יב יָד֗וֹ נֶ֤שֶׁךְ
וְתַרְבִּית֙ לֹ֣א לָקָ֔ח מִשְׁפָּטַ֣י עָשָׂ֔ה בְּחֻקּוֹתַ֖י הָלָ֑ךְ ה֗וּא לֹ֥א יָמ֛וּת
יח בַּעֲוֺ֥ן אָבִ֖יו חָיֹ֥ה יִחְיֶֽה׃ אָבִ֞יו כִּֽי־עָ֣שַׁק עֹ֗שֶׁק גָּזַל֙ גֵּ֣זֶל אָ֔ח וַאֲשֶׁ֥ר
יט לֹא־ט֛וֹב עָשָׂ֖ה בְּת֣וֹךְ עַמָּ֑יו וְהִנֵּה־מֵ֖ת בַּעֲוֺנֽוֹ׃ וַאֲמַרְתֶּ֕ם מַדֻּ֛עַ לֹא־
נָשָׂ֥א הַבֵּ֖ן בַּעֲוֺ֣ן הָאָ֑ב וְהַבֵּ֞ן מִשְׁפָּ֧ט וּצְדָקָ֣ה עָשָׂ֗ה אֵ֣ת כָּל־חֻקּוֹתַ֥י
כ שָׁמַ֛ר וַיַּעֲשֶׂ֥ה אֹתָ֖ם חָיֹ֥ה יִחְיֶֽה׃ הַנֶּ֥פֶשׁ הַחֹטֵ֖את הִ֣יא תָמ֑וּת בֵּ֞ן
לֹא־יִשָּׂ֣א ׀ בַּעֲוֺ֣ן הָאָ֗ב וְאָב֙ לֹ֤א יִשָּׂא֙ בַּעֲוֺ֣ן הַבֵּ֔ן צִדְקַ֤ת הַצַּדִּיק֙
כא עָלָ֣יו תִּֽהְיֶ֔ה וְרִשְׁעַ֥ת רשע עָלָ֥יו תִּֽהְיֶֽה׃ וְהָ֣רָשָׁ֗ע (הָרָשָׁ֖ע)
כִּ֣י יָשׁוּב֙ מִכָּל־חַטֹּאתָו֙ אֲשֶׁ֣ר עָשָׂ֔ה וְשָׁמַר֙ אֶת־כָּל־חֻקּוֹתַ֔י וְעָשָׂ֥ה
כב מִשְׁפָּ֖ט וּצְדָקָ֑ה חָיֹ֥ה יִחְיֶ֖ה לֹ֥א יָמֽוּת׃ כָּל־פְּשָׁעָיו֙ אֲשֶׁ֣ר עָשָׂ֔ה לֹ֥א
כג יִזָּכְר֖וּ ל֑וֹ בְּצִדְקָת֥וֹ אֲשֶׁר־עָשָׂ֖ה יִחְיֶֽה׃ הֶחָפֹ֤ץ אֶחְפֹּץ֙ מ֣וֹת רָשָׁ֔ע
כד נְאֻ֖ם אֲדֹנָ֣י יֱהֹוִ֑ה הֲל֛וֹא בְּשׁוּב֥וֹ מִדְּרָכָ֖יו וְחָיָֽה׃ וּבְשׁ֨וּב
צַדִּ֤יק מִצִּדְקָתוֹ֙ וְעָ֣שָׂה עָ֔וֶל כְּכֹל֩ הַתּוֹעֵב֨וֹת אֲשֶׁר־עָשָׂ֧ה הָרָשָׁ֛ע
יַעֲשֶׂ֖ה וָחָ֑י כָּל־צִדְקֹתָ֤ו אֲשֶׁר־עָשָׂה֙ לֹ֣א תִזָּכַ֔רְנָה בְּמַעֲל֧וֹ אֲשֶׁר־

האזינו

דברים

מַעַל וּבְחַטָּאתוֹ אֲשֶׁר־חָטָא בָּם יָמוּת׃ וַאֲמַרְתֶּם לֹא יִתָּכֵן דֶּרֶךְ כה
אֲדֹנָי שִׁמְעוּ־נָא בֵּית יִשְׂרָאֵל הֲדַרְכִּי לֹא יִתָּכֵן הֲלֹא דַרְכֵיכֶם לֹא
יִתָּכֵנוּ׃ בְּשׁוּב־צַדִּיק מִצִּדְקָתוֹ וְעָשָׂה עָוֶל וּמֵת עֲלֵיהֶם בְּעַוְלוֹ כו
אֲשֶׁר־עָשָׂה יָמוּת׃ וּבְשׁוּב רָשָׁע מֵרִשְׁעָתוֹ אֲשֶׁר כז
עָשָׂה וַיַּעַשׂ מִשְׁפָּט וּצְדָקָה הוּא אֶת־נַפְשׁוֹ יְחַיֶּה׃ וַיִּרְאֶה וישוב כח וַיָּשָׁב
מִכָּל־פְּשָׁעָיו אֲשֶׁר עָשָׂה חָיוֹ יִחְיֶה לֹא יָמוּת׃ וְאָמְרוּ בֵּית יִשְׂרָאֵל כט
לֹא יִתָּכֵן דֶּרֶךְ אֲדֹנָי הַדְּרָכַי לֹא יִתָּכְנוּ בֵּית יִשְׂרָאֵל הֲלֹא דַרְכֵיכֶם
לֹא יִתָּכֵן׃ לָכֵן אִישׁ כִּדְרָכָיו אֶשְׁפֹּט אֶתְכֶם בֵּית יִשְׂרָאֵל נְאֻם אֲדֹנָי ל
יֱהֹוִה שׁוּבוּ וְהָשִׁיבוּ מִכָּל־פִּשְׁעֵיכֶם וְלֹא־יִהְיֶה לָכֶם לְמִכְשׁוֹל עָוֹן׃
הַשְׁלִיכוּ מֵעֲלֵיכֶם אֶת־כָּל־פִּשְׁעֵיכֶם אֲשֶׁר פְּשַׁעְתֶּם בָּם וַעֲשׂוּ לָכֶם לא
לֵב חָדָשׁ וְרוּחַ חֲדָשָׁה וְלָמָּה תָמֻתוּ בֵּית יִשְׂרָאֵל׃ כִּי לֹא אֶחְפֹּץ לב
בְּמוֹת הַמֵּת נְאֻם אֲדֹנָי יֱהֹוִה וְהָשִׁיבוּ וִחְיוּ׃

פרשת וזאת הברכה

וזאת הברכה

כז וְזֹ֣את הַבְּרָכָ֗ה אֲשֶׁ֨ר בֵּרַ֥ךְ מֹשֶׁ֛ה אִ֥ישׁ הָאֱלֹהִ֖ים א לג
אֶת־בְּנֵ֣י יִשְׂרָאֵ֑ל לִפְנֵ֖י מוֹתֽוֹ׃ וַיֹּאמַ֗ר יְהוָ֞ה מִסִּינַ֥י ב
בָּא֙ וְזָרַ֤ח מִשֵּׂעִיר֙ לָ֔מוֹ הוֹפִ֙יעַ֙ מֵהַ֣ר פָּארָ֔ן וְאָתָ֖ה
מֵרִבְבֹ֣ת קֹ֑דֶשׁ מִימִינ֕וֹ אשדת לָֽמוֹ׃ אַ֚ף חֹבֵ֣ב ג אֵ֥שׁ דָּ֖ת
עַמִּ֔ים כָּל־קְדֹשָׁ֖יו בְּיָדֶ֑ךָ וְהֵם֙ תֻּכּ֣וּ לְרַגְלֶ֔ךָ יִשָּׂ֖א
מִדַּבְּרֹתֶֽיךָ׃ תּוֹרָ֥ה צִוָּה־לָ֖נוּ מֹשֶׁ֑ה מוֹרָשָׁ֖ה קְהִלַּ֥ת ד *
יַעֲקֹֽב׃ וַיְהִ֥י בִישֻׁר֖וּן מֶ֑לֶךְ בְּהִתְאַסֵּף֙ רָ֣אשֵׁי עָ֔ם ה
יַ֖חַד שִׁבְטֵ֥י יִשְׂרָאֵֽל׃ יְחִ֥י רְאוּבֵ֖ן וְאַל־יָמֹ֑ת וִיהִ֥י ו
מְתָ֖יו מִסְפָּֽר׃ וְזֹ֣את לִֽיהוּדָה֮ וַיֹּאמַר֒ ז
שְׁמַ֤ע יְהוָה֙ ק֣וֹל יְהוּדָ֔ה וְאֶל־עַמּ֖וֹ תְּבִיאֶ֑נּוּ יָדָיו֙
רָ֣ב ל֔וֹ וְעֵ֥זֶר מִצָּרָ֖יו תִּהְיֶֽה׃

פרק לג

א| **וְזֹאת הַבְּרָכָה. לִפְנֵי מוֹתוֹ.** סָמוּךְ לְמִיתָתוֹ, שֶׁאִם לֹא עַכְשָׁיו אֵימָתַי:

ב| **וַיֹּאמַר ה׳ מִסִּינַי בָּא.** פָּתַח תְּחִלָּה בְּשִׁבְחוֹ שֶׁל מָקוֹם, וְאַחַר כָּךְ פָּתַח בְּצָרְכֵיהֶם שֶׁל יִשְׂרָאֵל, וּבַשֶּׁבַח שֶׁפָּתַח בּוֹ יֵשׁ בּוֹ הַזְכָּרַת זְכוּת לְיִשְׂרָאֵל, וְכָל זֶה דֶּרֶךְ רִצּוּי הוּא, כְּלוֹמַר כְּדַאי הֵם אֵלּוּ שֶׁתָּחוּל עֲלֵיהֶם בְּרָכָה: **מִסִּינַי בָּא.** יָצָא לִקְרָאתָם כְּשֶׁבָּאוּ לְהִתְיַצֵּב בְּתַחְתִּית הָהָר כְּחָתָן הַיּוֹצֵא לְהַקְבִּיל פְּנֵי כַלָּה, שֶׁנֶּאֱמַר: "לִקְרַאת הָאֱלֹהִים" (שמות יט, יז), לָמַדְנוּ שֶׁיָּצָא כְּנֶגְדָּם: **וְזָרַח מִשֵּׂעִיר לָמוֹ.** שֶׁפָּתַח לִבְנֵי עֵשָׂו שֶׁיְּקַבְּלוּ אֶת הַתּוֹרָה וְלֹא רָצוּ: **הוֹפִיעַ.** לָהֶם: **מֵהַר פָּארָן.** שֶׁהָלַךְ שָׁם וּפָתַח לִבְנֵי יִשְׁמָעֵאל שֶׁיְּקַבְּלוּהָ וְלֹא רָצוּ: **וְאָתָה.** לְיִשְׂרָאֵל: **מֵרִבְבֹת קֹדֶשׁ.** וְעִמּוֹ מִקְצָת רִבְבוֹת מַלְאֲכֵי קֹדֶשׁ, וְלֹא כֻלָּם וְלֹא רֻבָּם, וְלֹא כְדֶרֶךְ בָּשָׂר וָדָם שֶׁמַּרְאֶה כָּל כְּבוֹד עָשְׁרוֹ וְתִפְאַרְתּוֹ בְּיוֹם חֻפָּתוֹ: **אֵשׁ דָּת.** שֶׁהָיְתָה כְתוּבָה מֵאָז לְפָנָיו בְּאֵשׁ שְׁחוֹרָה עַל גַּבֵּי אֵשׁ לְבָנָה, נָתַן לָהֶם בַּלּוּחוֹת כְּתַב יַד יְמִינוֹ. דָּבָר אַחֵר, "אֵשׁ דָּת", כְּתַרְגּוּמוֹ, שֶׁנְּתָנָהּ לָהֶם מִתּוֹךְ הָאֵשׁ:

ג-ד| **אַף חֹבֵב עַמִּים.** גַּם חִבָּה יְתֵרָה חִבֵּב אֶת הַשְּׁבָטִים, כָּל אֶחָד וְאֶחָד קָרוּי 'עַם', שֶׁהֲרֵי בִּנְיָמִין לְבַדּוֹ הָיָה עָתִיד לְהִוָּלֵד כְּשֶׁאָמַר הַקָּדוֹשׁ

לג א ב וְדָא בִּרְכְתָא, דְּבָרֵיךְ מֹשֶׁה, נְבִיָּא דַּיְיָ יָת בְּנֵי יִשְׂרָאֵל, קֳדָם מוֹתֵיהּ: וַאֲמַר, יְיָ, מִסִּינַי אִתְגְּלִי
וְזִיהוֹר יְקָרֵיהּ מִשֵּׂעִיר אִתַּחְזִי לַנָא, אִתְגְּלִי בִּגְבוּרְתֵּיהּ עַל טוּרָא דְּפָארָן, וְעִמֵּיהּ רִבְוָת קַדִּישִׁין,
ג כְּתָב יַמִּינֵיהּ, מִגּוֹ אִישָׁתָא אוֹרָיְתָא יְהַב לַנָא: אַף חַבִּיבִנּוּן לְשִׁבְטַיָּא, כָּל קַדִּישׁוֹהִי בֵּית
ד יִשְׂרָאֵל בִּגְבוּרָא אַפֵּיקִנּוּן מִמִּצְרַיִם, וְאִנּוּן מְדַבְּרִין תְּחוֹת עֲנָנָךְ, נָטְלִין עַל מֵימְרָךְ: אוֹרָיְתָא
ה יְהַב לַנָא מֹשֶׁה, מַסְרַהּ יְרֻתָּא לִכְנִשְׁתָּא יַעֲקֹב: וַהֲוָה בְיִשְׂרָאֵל מַלְכָּא, בְּאִתְכַּנָּשׁוּת רֵישֵׁי עַמָּא,
ו כַּחֲדָא שִׁבְטַיָּא דְּיִשְׂרָאֵל: יֵיחֵי רְאוּבֵן בְּחַיֵּי עָלְמָא וּמוֹתָא תִּנְיָנָא לָא יְמוּת, וִיקַבְּלוּן בְּנוֹהִי
ז אַחְסַנְתְּהוֹן בְּמִנְיָנְהוֹן: וְדָא לִיהוּדָה וַאֲמַר, קַבֵּיל יְיָ צְלוֹתֵיהּ דִּיהוּדָה בְּמַפְּקֵיהּ לִקְרָבָא, וּלְעַמֵּיהּ
תְּתִיבִנֵּיהּ בִּשְׁלָם, יְדוֹהִי יַעְבְּדָן לֵיהּ פֻּרְעֲנוּתָא מִסַּנְאוֹהִי, וְסָעִיד מִבְּעֵיל דְּבָבָא הֱוֵי לֵיהּ:

בָּרוּךְ הוּא לְיַעֲקֹב: "גּוֹי וּקְהַל גּוֹיִם יִהְיֶה מִמֶּךָּ" (בראשית לה, יא): כָּל קְדֹשָׁיו בְּיָדֶךָ. נַפְשׁוֹת הַצַּדִּיקִים גְּנוּזוֹת תַּחַת כִּסֵּא הַכָּבוֹד, כְּעִנְיָן שֶׁנֶּאֱמַר: "וְהָיְתָה נֶפֶשׁ אֲדֹנִי צְרוּרָה בִּצְרוֹר הַחַיִּים אֵת ה' אֱלֹהֶיךָ" (שמואל א' כה, כט): וְהֵם תֻּכּוּ לְרַגְלֶךָ. וְהֵם רְאוּיִים לְכָךְ, שֶׁהֲרֵי תּוֹכוּ עַצְמָם לְתוֹךְ תַּחְתִּית הָהָר לְרַגְלֶיךָ בְּסִינַי. "תֻּכּוּ" לְשׁוֹן פֻּעֲלוּ, הִתְוֹכוּ לְתוֹךְ מַרְגְּלוֹתֶיךָ: יִשָּׂא מִדַּבְּרֹתֶיךָ. נָשְׂאוּ עֲלֵיהֶם עֹל תּוֹרָתֶךָ: מִדַּבְּרֹתֶיךָ. הַמֵּ"ם בּוֹ קָרוֹב לַיְסוֹד, כְּמוֹ: "וַיִּשְׁמַע אֶת הַקּוֹל מִדַּבֵּר אֵלָיו" (במדבר ז, פט), "וָאֶשְׁמַע אֵת מִדַּבֵּר אֵלָי" (יחזקאל ב, ב), כְּמוֹ: מִתְדַּבֵּר אֵלָי, אַף זֶה "מִדַּבְּרֹתֶיךָ", מַה שֶּׁהָיִיתָ מְדַבֵּר לְהַשְׁמִיעֵנִי לֵאמֹר לָהֶם, טו"ס פורפלידור"ש בְּלַעַז. וְאוּנְקְלוֹס תִּרְגֵּם, שֶׁהָיוּ נוֹסְעִים עַל פִּי דְּבָרֶיךָ, וְהַמֵּ"ם בּוֹ שִׁמּוּשׁ, מְשַׁמֶּשֶׁת לְשׁוֹן 'מִן'. דָּבָר אַחֵר, "אַף חֹבֵב עַמִּים", אַף בִּשְׁעַת חִבָּתָן שֶׁל אֻמּוֹת הָעוֹלָם, שֶׁהֶרְאֵיתָ לָהֶם פָּנִים שׂוֹחֲקוֹת וּמָסַרְתָּ אֶת יִשְׂרָאֵל בְּיָדָם, "כָּל קְדֹשָׁיו בְּיָדֶךָ", כָּל צַדִּיקֵיהֶם וְטוֹבֵיהֶם דָּבְקוּ בְךָ וְלֹא מָשׁוּ מֵאַחֲרֶיךָ וְאַתָּה שׁוֹמְרָם: וְהֵם תֻּכּוּ לְרַגְלֶךָ. מִתְמַצְּעִים וּמִתְכַּנְּסִים לְתַחַת צִלְּךָ: יִשָּׂא מִדַּבְּרֹתֶיךָ. מְקַבְּלִין גְּזֵרוֹתֶיךָ וְדָתוֹתֶיךָ בְּשִׂמְחָה, וְאֵלֶּה דִּבְרֵיהֶם: תּוֹרָה. אֲשֶׁר "צִוָּה לָנוּ מֹשֶׁה, מוֹרָשָׁה" הִיא לִקְהִלַּת יַעֲקֹב, אֲחַזְנוּהָ וְלֹא נַעַזְבֶנָּה:

ה) וַיְהִי. הַקָּדוֹשׁ בָּרוּךְ הוּא: בִישֻׁרוּן מֶלֶךְ. תָּמִיד עֹל מַלְכוּתוֹ עֲלֵיהֶם, בְּכָל הִתְאַסֵּף רָאשֵׁי חֶשְׁבּוֹן אֲסִיפָתָם: רָאשֵׁי. כְּמוֹ: "כִּי תִשָּׂא אֶת רֹאשׁ" (שמות ל, יב), רְאוּיִין אֵלּוּ שֶׁאֲבָרְכֵם. דָּבָר אַחֵר, "בְּהִתְאַסֵּף", בְּהִתְאַסְּפָם יַחַד בַּאֲגֻדָּה אַחַת וְשָׁלוֹם בֵּינֵיהֶם – הוּא מַלְכָּם, וְלֹא כְּשֶׁיֵּשׁ מַחְלֹקֶת בֵּינֵיהֶם:

ו) יְחִי רְאוּבֵן. בָּעוֹלָם הַזֶּה: וְאַל יָמֹת. לָעוֹלָם הַבָּא, שֶׁלֹּא יִזָּכֵר לוֹ מַעֲשֵׂה בִלְהָה: וִיהִי מְתָיו מִסְפָּר. נִמְנִין בְּמִנְיַן שְׁאָר אֶחָיו, דֻּגְמָא הִיא זוֹ, כְּעִנְיָן שֶׁנֶּאֱמַר: "וַיִּשְׁכַּב אֶת בִּלְהָה... וַיִּהְיוּ בְנֵי יַעֲקֹב שְׁנֵים עָשָׂר" (בראשית לה, כב), שֶׁלֹּא יָצָא מִן הַמִּנְיָן:

ז) וְזֹאת לִיהוּדָה. סָמַךְ יְהוּדָה לִרְאוּבֵן מִפְּנֵי שֶׁשְּׁנֵיהֶם הוֹדוּ עַל קִלְקוּל שֶׁבְּיָדָם, שֶׁנֶּאֱמַר: "אֲשֶׁר חֲכָמִים יַגִּידוּ וְגוֹ' לָהֶם לְבַדָּם נִתְּנָה הָאָרֶץ וְלֹא עָבַר זָר בְּתוֹכָם" (איוב טו, יח-יט). וְעוֹד פֵּרְשׁוּ רַבּוֹתֵינוּ: כָּל אַרְבָּעִים שָׁנָה שֶׁהָיוּ יִשְׂרָאֵל בַּמִּדְבָּר, הָיוּ עַצְמוֹת יְהוּדָה מִתְגַּלְגְּלִין בָּאָרוֹן מִפְּנֵי נִדּוּי שֶׁקִּבֵּל עָלָיו, שֶׁנֶּאֱמַר: "וְחָטָאתִי לְאָבִי כָּל הַיָּמִים" (בראשית מד, לב), אָמַר מֹשֶׁה: מִי גָּרַם לִרְאוּבֵן שֶׁיּוֹדֶה? יְהוּדָה וְכוּ': שְׁמַע ה' קוֹל יְהוּדָה. תְּפִלַּת דָּוִד וּשְׁלֹמֹה, וְאָסָא מִפְּנֵי הַכּוּשִׁים, וִיהוֹשָׁפָט מִפְּנֵי הָעַמּוֹנִים, וְחִזְקִיָּה מִפְּנֵי סַנְחֵרִיב: וְאֶל עַמּוֹ תְּבִיאֶנּוּ. לְשָׁלוֹם מִפְּנֵי הַמִּלְחָמָה: יָדָיו רָב לוֹ. יָרִיבוּ רִיבוֹ וְיִנְקְמוּ נִקְמָתוֹ: וְעֵזֶר מִצָּרָיו תִּהְיֶה. עַל יְהוֹשָׁפָט נִתְפַּלֵּל, עַל מִלְחֶמֶת רָמוֹת גִּלְעָד, "וַיִּזְעַק יְהוֹשָׁפָט וַה' עֲזָרוֹ" (דברי הימים ב' יח, לא). דָּבָר אַחֵר, "שְׁמַע ה' קוֹל יְהוּדָה", כָּאן רָמַז בְּרָכָה לְשִׁמְעוֹן מִתּוֹךְ בִּרְכוֹתָיו שֶׁל יְהוּדָה, וְאַף כְּשֶׁחָלְקוּ

דברים לג

שני ולְלֵוִי אָמַר תֻּמֶּיךָ וְאוּרֶיךָ לְאִישׁ חֲסִידֶךָ אֲשֶׁר ח
נִסִּיתוֹ בְּמַסָּה תְּרִיבֵהוּ עַל־מֵי מְרִיבָה׃ הָאֹמֵר ט
לְאָבִיו וּלְאִמּוֹ לֹא רְאִיתִיו וְאֶת־אֶחָיו לֹא הִכִּיר
וְאֶת־בָּנָו לֹא יָדָע כִּי שָׁמְרוּ אִמְרָתֶךָ וּבְרִיתְךָ
יִנְצֹרוּ׃ יוֹרוּ מִשְׁפָּטֶיךָ לְיַעֲקֹב וְתוֹרָתְךָ לְיִשְׂרָאֵל י
יָשִׂימוּ קְטוֹרָה בְּאַפֶּךָ וְכָלִיל עַל־מִזְבְּחֶךָ׃ בָּרֵךְ יא
יְהוָה חֵילוֹ וּפֹעַל יָדָיו תִּרְצֶה מְחַץ מָתְנַיִם קָמָיו
וּמְשַׂנְאָיו מִן־יְקוּמוּן׃ לְבִנְיָמִן אָמַר יב
יְדִיד יְהוָה יִשְׁכֹּן לָבֶטַח עָלָיו חֹפֵף עָלָיו כָּל־
שלישי הַיּוֹם וּבֵין כְּתֵפָיו שָׁכֵן׃ וּלְיוֹסֵף יג
אָמַר מְבֹרֶכֶת יְהוָה אַרְצוֹ מִמֶּגֶד שָׁמַיִם מִטָּל
וּמִתְּהוֹם רֹבֶצֶת תָּחַת׃ וּמִמֶּגֶד תְּבוּאֹת שָׁמֶשׁ יד
וּמִמֶּגֶד גֶּרֶשׁ יְרָחִים׃ וּמֵרֹאשׁ הַרְרֵי־קֶדֶם וּמִמֶּגֶד טו
גִּבְעוֹת עוֹלָם׃ וּמִמֶּגֶד אֶרֶץ וּמְלֹאָהּ וּרְצוֹן שֹׁכְנִי טז
סְנֶה תָּבוֹאתָה לְרֹאשׁ יוֹסֵף וּלְקָדְקֹד נְזִיר אֶחָיו׃

אֶרֶץ יִשְׂרָאֵל נָטַל שִׁמְעוֹן מִתּוֹךְ גּוֹרָלוֹ שֶׁל יְהוּדָה, שֶׁנֶּאֱמַר: "מֵחֶבֶל בְּנֵי יְהוּדָה נַחֲלַת בְּנֵי שִׁמְעוֹן" (יהושע יט, ט):

ח| וּלְלֵוִי אָמַר. וְעַל לֵוִי אָמַר: תֻּמֶּיךָ וְאוּרֶיךָ. כְּלַפֵּי שְׁכִינָה הוּא מְדַבֵּר: אֲשֶׁר נִסִּיתוֹ בְּמַסָּה. שֶׁלֹּא נִתְלוֹנְנוּ עִם שְׁאָר הַמַּלִּינִים: תְּרִיבֵהוּ וְגוֹ'. כְּתַרְגּוּמוֹ. "תְּרִיבֵהוּ עַל מֵי מְרִיבָה", נִסְתַּקַּפְתָּ לוֹ לָבֹא בַּעֲלִילָה, אִם מֹשֶׁה אָמַר: "שִׁמְעוּ נָא הַמֹּרִים" (במדבר כ, י), אַהֲרֹן וּמִרְיָם מֶה עָשׂוּ?:

ט| הָאֹמֵר לְאָבִיו וּלְאִמּוֹ לֹא רְאִיתִיו. כְּשֶׁחָטְאוּ בָּעֵגֶל וְאָמַרְתִּי: "מִי לַה' אֵלָי" (שמות לב, כו) נֶאֶסְפוּ אֵלַי כָּל בְּנֵי לֵוִי, וְצִוִּיתִים לַהֲרֹג אֶת אֲבִי אִמּוֹ וְהוּא מִיִּשְׂרָאֵל אוֹ אֶת אָחִיו מֵאִמּוֹ אוֹ בֶּן בִּתּוֹ, וְכֵן עָשׂוּ. וְאִי אֶפְשָׁר לְפָרֵשׁ אָבִיו מַמָּשׁ, וְאָחִיו

וזאת הברכה

ח וּלְלֵוִי אָמַר, תֻּמַּיָּא וְאוּרַיָּא אַלְבִּישְׁתָּא לִגְבַר דְּאִשְׁתְּכַח חֲסִיד קֳדָמָךְ, דְּנַסִּיתוֹהִי בְּנִסֵּיתָא וַהֲוָה שְׁלִים, בְּחַנְתּוֹהִי עַל מֵי מַצּוּתָא וְאִשְׁתְּכַח מְהֵימַן: ט דְּעַל אֲבוּהִי וְעַל אִמֵּיהּ לָא רָחֵים כַּד חָבוּ מִן דִּינָא, וְאַפֵּי אֲחוֹהִי וּבְנוֹהִי לָא נָסֵיב, אֲרֵי נְטָרוּ מַטְּרַת מֵימְרָךְ, וּקְיָמָךְ לָא אַשְׁנִיאוּ: י כְּשָׁרִין אִלֵּין דְּיַלְּפוּן דִּינָךְ לְיַעֲקֹב, וְאוֹרָיְתָךְ לְיִשְׂרָאֵל, יְשַׁוּוֹן קְטוֹרֶת בּוּסְמִין קֳדָמָךְ, וּגְמִיר לְרַעֲוָא עַל מַדְבְּחָךְ: יא בָּרֵיךְ יְיָ נִכְסוֹהִי, וְקָרְבַּן יְדוֹהִי קַבֵּיל בְּרַעֲוָא, תְּבַר חַרְצָא דְסָנְאוֹהִי, וּדְבַעֲלֵי דְבָבוֹהִי דְּלָא יְקוּמוּן: יב לְבִנְיָמִין אֲמַר, רְחִימָא דַיְיָ, יִשְׁרֵי לְרוֹחֲצָן עֲלוֹהִי, יְהִי מָגֵין עֲלוֹהִי כָּל יוֹמָא, וּבְאַרְעֵיהּ תִּשְׁרֵי שְׁכִינְתָּא: יג וּלְיוֹסֵף אֲמַר, מְבָרְכָא מִן קֳדָם יְיָ אַרְעֵיהּ, עָבְדָא מַגְדָנִין מִטְלָא דִשְׁמַיָּא מִלְּעֵילָא, וּמַמְּבוּעֵי עֲיָנָן וּתְהוֹמִין דִּנְגְדִין מִמַּעַמְקֵי אַרְעָא מִלְּרַע: יד עָבְדָא מַגְדָנִין וְעַלְלָן מִיבוּל שִׁמְשָׁא, עָבְדָא מַגְדָנִין מֵרֵישׁ יְרַח בְּיָרַח: טו וּמֵרֵישׁ טוּרַיָּא בַכִּירַיָּא, וּמִטּוּב רָמָן וּמִטּוּב אַרְעָא וּמְלָאַהּ, וְרַעֲוָא לֵיהּ דִּשְׁכִינְתֵּיהּ בִּשְׁמַיָּא וְעַל מֹשֶׁה אִתְגְּלִי בַּאֲסָנָא, יֵיתָן כָּל אִלֵּין לְרֵישָׁא דְיוֹסֵף, גַּבְרָא פְּרִישָׁא דַאֲחוֹהִי:

מֵחָיו, וְכֵן בָּנָיו מַמָּשׁ, שֶׁהֲרֵי לֵוִיִּם הֵם, וּמִשֵּׁבֶט לֵוִי לֹא חָטָא אֶחָד מֵהֶם, שֶׁנֶּאֱמַר: "כָּל בְּנֵי לֵוִי" (שמות ל״ב) כִּי שָׁמְרוּ אִמְרָתֶךָ. "לֹא יִהְיֶה לְךָ אֱלֹהִים אֲחֵרִים". וּבְרִיתְךָ יִנְצֹרוּ. בְּרִית מִילָה, שֶׁאוֹתָם שֶׁנּוֹלְדוּ בַּמִּדְבָּר, שֶׁל יִשְׂרָאֵל לֹא מָלוּ אֶת בְּנֵיהֶם, וְהֵם הָיוּ מוֹלִין וּמָלִין אֶת בְּנֵיהֶם:

י יוֹרוּ מִשְׁפָּטֶיךָ. רְאוּיִין אֵלּוּ לְכָךְ: וְכָלִיל. עוֹלָה:

יא מְחַץ מָתְנַיִם קָמָיו. מְחַץ קָמָיו מַכַּת מָתְנַיִם, כָּעִנְיָן שֶׁנֶּאֱמַר: "וּמָתְנֵיהֶם תָּמִיד הַמְעַד" (תהלים ס״ט, כ״ד). וְעַל הַמְעוֹרְרִין עַל הַכְּהֻנָּה אָמַר כֵּן. דָּבָר אַחֵר, רָאָה שֶׁעֲתִידִין חַשְׁמוֹנַאי וּבָנָיו לְהִלָּחֵם עִם הַיְּוָנִים, וְנִתְפַּלֵּל עֲלֵיהֶם לְפִי שֶׁהָיוּ מוּעָטִים, שְׁנֵים עָשָׂר בְּנֵי חַשְׁמוֹנַאי וְאֶלְעָזָר כְּנֶגֶד כַּמָּה רְבָבוֹת, לְכָךְ נֶאֱמַר: "בָּרֵךְ ה' חֵילוֹ וּפֹעַל יָדָיו תִּרְצֶה": וּמְשַׂנְאָיו מִן יְקוּמוּן. מְחַץ קָמָיו וּמְשַׂנְאָיו מִהְיוֹת לָהֶם תְּקוּמָה:

יב לְבִנְיָמִין אָמַר. לְפִי שֶׁבִּרְכַּת לֵוִי בַּעֲבוֹדַת הַקָּרְבָּנוֹת וְשֶׁל בִּנְיָמִין בְּבִנְיַן בֵּית הַמִּקְדָּשׁ בְּחֶלְקוֹ, סְמָכָן זֶה לָזֶה, וְסָמַךְ יוֹסֵף אַחֲרָיו, שֶׁאַף הוּא מִשְׁכַּן שִׁילֹה הָיָה בְנוּי בְּחֶלְקוֹ, שֶׁנֶּאֱמַר: "וַיִּמְאַס בְּאֹהֶל יוֹסֵף" וְגוֹ' (תהלים ע״ח). וּלְפִי שֶׁבֵּית עוֹלָמִים חָבִיב מִשִּׁילֹה, לְכָךְ הִקְדִּים בִּנְיָמִין לְיוֹסֵף: חֹפֵף עָלָיו. מְכַסֶּה אוֹתוֹ וּמֵגֵן עָלָיו: כָּל הַיּוֹם. לְעוֹלָם, מִשֶּׁנִּבְחֲרָה יְרוּשָׁלַיִם לֹא שָׁרְתָה שְׁכִינָה בְּמָקוֹם אַחֵר: וּבֵין כְּתֵפָיו שָׁכֵן. בְּגֹבַהּ אַרְצוֹ הָיָה בֵית הַמִּקְדָּשׁ בָּנוּי, אֶלָּא שֶׁנָּמוּךְ עֶשְׂרִים וְשָׁלֹשׁ אַמָּה

מֵעֵין עֵיטָם, וְשָׁם הָיָה דַעְתּוֹ שֶׁל דָּוִד לִבְנוֹתוֹ, כִּדְאִיתָא בִּשְׁחִיטַת קָדָשִׁים (זבחים נ״ד ע״ב): חֶמְדֵי נַחֲתֵי בֵּיהּ פּוּלְתָּא מִשּׁוּם דִּכְתִיב: "וּבֵין כְּתֵפָיו שָׁכֵן", אֵין לְךָ נָאֶה בַּשּׁוֹר יוֹתֵר מִכְּתֵפָיו:

יג מְבֹרֶכֶת ה' אַרְצוֹ. שֶׁלֹּא הָיְתָה בְנַחֲלַת הַשְּׁבָטִים אֶרֶץ מְלֵאָה כָּל טוּב כְּאַרְצוֹ שֶׁל יוֹסֵף: מִמֶּגֶד. לְשׁוֹן עֲדָנִים וּמֹתֶק: וּמִתְּהוֹם. שֶׁהַתְּהוֹם עוֹלֶה וּמְלַחְלֵחַ אוֹתָהּ מִלְּמַטָּה. אַתָּה מוֹצֵא בְּכָל הַשְּׁבָטִים בִּרְכָתוֹ שֶׁל מֹשֶׁה מֵעֵין בִּרְכָתוֹ שֶׁל יַעֲקֹב:

יד וּמִמֶּגֶד תְּבוּאֹת שָׁמֶשׁ. שֶׁהָיְתָה אַרְצוֹ פְתוּחָה לַחַמָּה וּמְמַתֶּקֶת הַפֵּרוֹת: גֶּרֶשׁ יְרָחִים. יֵשׁ פֵּרוֹת שֶׁהַלְּבָנָה מְבַשַּׁלְתָּן, וְאֵלּוּ הֵן קִשּׁוּאִין וּדְלוּעִין. דָּבָר אַחֵר, "גֶּרֶשׁ יְרָחִים", שֶׁהָאָרֶץ מְגָרֶשֶׁת וּמוֹצִיאָה מֵחֹדֶשׁ לְחֹדֶשׁ:

טו וּמֵרֹאשׁ הַרְרֵי קֶדֶם. וּמְבֻכֶּרֶת מֵרֵאשִׁית בִּשּׁוּל הַפֵּרוֹת, שֶׁהֲרָרֶיהָ מַקְדִּימִין לְבַכֵּר בִּשּׁוּל פֵּרוֹתֵיהֶם. דָּבָר אַחֵר, מַגִּיד שֶׁקָּדְמָה בִּרְיָתָן לִשְׁאָר הָרִים: גִּבְעוֹת עוֹלָם. גְּבָעוֹת הָעוֹשׂוֹת פֵּרוֹת לְעוֹלָם, וְאֵינָן פּוֹסְקוֹת מֵעֹצֶר הַגְּשָׁמִים:

טז וּרְצוֹן שֹׁכְנִי סְנֶה. כְּמוֹ "שׁוֹכֵן סְנֶה", וּתְהֵא אַרְצוֹ מְבֹרֶכֶת מֵרְצוֹנוֹ וְנַחַת רוּחוֹ שֶׁל הַקָּדוֹשׁ בָּרוּךְ הוּא הַנִּגְלֶה עָלַי תְּחִלָּה בַּסְּנֶה: רָצוֹן. נַחַת רוּחַ וּפִיּוּס, וְכֵן כָּל "רָצוֹן" שֶׁבַּמִּקְרָא: תָּבוֹאתָה. בְּרָכָה זוֹ "לְרֹאשׁ יוֹסֵף": נְזִיר אֶחָיו. שֶׁהֻפְרַשׁ מֵאֶחָיו בִּמְכִירָתוֹ:

יז בְּכוֹר שׁוֹרוֹ הָדָר לוֹ וְקַרְנֵי רְאֵם קַרְנָיו בָּהֶם
עַמִּים יְנַגַּח יַחְדָּו אַפְסֵי־אָרֶץ וְהֵם רִבְבוֹת
יח אֶפְרַיִם וְהֵם אַלְפֵי מְנַשֶּׁה׃ ס וְלִזְבוּלֻן רביעי
אָמַר שְׂמַח זְבוּלֻן בְּצֵאתֶךָ וְיִשָּׂשכָר בְּאֹהָלֶיךָ׃
יט עַמִּים הַר־יִקְרָאוּ שָׁם יִזְבְּחוּ זִבְחֵי־צֶדֶק כִּי שֶׁפַע
כ יַמִּים יִינָקוּ וּשְׂפֻנֵי טְמוּנֵי חוֹל׃ ס וּלְגָד
אָמַר בָּרוּךְ מַרְחִיב גָּד כְּלָבִיא שָׁכֵן וְטָרַף זְרוֹעַ
כא אַף־קָדְקֹד׃ וַיַּרְא רֵאשִׁית לוֹ כִּי־שָׁם חֶלְקַת
מְחֹקֵק סָפוּן וַיֵּתֵא רָאשֵׁי עָם צִדְקַת יְהוָה עָשָׂה
כב וּמִשְׁפָּטָיו עִם־יִשְׂרָאֵל׃ ס וּלְדָן אָמַר חמישי
כג דָּן גּוּר אַרְיֵה יְזַנֵּק מִן־הַבָּשָׁן׃ וּלְנַפְתָּלִי אָמַר

יז | **בכור שורו.** יש בכור שהוא לשון גדלה ומלכות, שנאמר: "אף אני בכור אתנהו" (תהלים פט, כח), וכן: "בני בכרי ישראל" (שמות ד, כב): **בכור.** מלך היוצא ממנו, והוא יהושע: **שורו.** שכחו קשה כשור לכבש כמה מלכים: **הדר לו.** נתון לו, שנאמר: "ונתתה מהודך עליו" (במדבר כז, כ): **וקרני ראם קרניו.** שור – כחו קשה ואין קרניו נאות, ראם – קרניו נאות ואין כחו קשה, נתן ליהושע כחו של שור ויפי קרני ראם: **אפסי ארץ.** שלשים ואחד מלכים, אפשר שכלם מארץ ישראל היו? אלא אין לך כל מלך ושלטון שלא קנה לו פלטרין ואחוזה בארץ ישראל, שחשובה לכלם היא, שנאמר: "נחלת צבי צבאות גוים" (ירמיה ג, יט): **והם רבבות אפרים.** אותם המנגחים הם הרבבות שהרג יהושע שבא מאפרים: **והם אלפי מנשה.** הם האלפים שהרג גדעון במדין, שנאמר: "וזבח וצלמנע בקרקר" וגו' (שופטים ח, י):

יח-יט | **ולזבולן אמר.** אלו חמשה שבטים שברך באחרונה: זבולן גד דן ונפתלי ואשר, כפל שמותיהם לחזקם ולהגבירם, לפי שהיו חלשים שבכל השבטים, הם הם שהוליך יוסף לפני פרעה, שנאמר: "ומקצה אחיו לקח חמשה אנשים" (בראשית מז, ב), לפי שנראים חלשים ולא ישים אותם לו שרי מלחמתו: **שמח זבולן בצאתך וישש כר באהליך.** זבולון ויששכר עשו שתפות, זבולון יושב לחוף ימים ויוצא לפרקמטיא בספינות ומשתכר, ונותן לתוך פיו של יששכר, והם יושבים ועוסקים בתורה. לפיכך הקדים זבולון ליששכר, שתורתו של

יז רבא דבנוהי זיוא ליה, וגבורן אתעבידא ליה מן קדם דתקפא ורומא דיליה, בגבורתיה,
עממיא, יקטיל כחדא עד סיפי ארעא, ואנון רבותא דבית אפרים, ואנון אלפיא דבית מנשה:
יח ולזבולון אמר, חדי זבולון במפקך לאגחא קרבא על בעלי דבבך, ויששכר במהכך למעבד
יט זמני מועדיא בירושלם: שבטיא דישראל לטור בית מקדשא יתכנשון, תמן יכסון נכסת קודשין
כ לרעוא, ארי נכסי עממיא ייכלון, וסימן דמטמרן בחלא מתגלין להון: ולגד אמר, בריך דאפתי
כא לגד, כליתא שרי, ויקטיל שלטונין עם מלכין: ואתקבל בקדמיתא דיליה, ארי תמן, באחסנתיה
משה ספרא רבא דישראל קביר, הוא נפק ועאל בריש עמא, זכון קדם יי עבד, ודינוהי עם
כב כג ישראל: ולדן אמר, דן תקיף כגור אריון, ארעיה שתיא מן נחליא דנגדין מן מתנן: ולנפתלי אמר,

ישכר על ידי זבולון היתה: **שמח זבולן בצאתך.** הצלח בצאתך לסחורה: **ויששכר.** הצלח בישיבת אהליך לתורה, לישב ולעבר שנים ולקבע חדשים, כמו שנאמר: "ומבני ישכר יודעי בינה לעתים... ראשיהם מאתים" (דברי הימים א' יב, לג), ראשי סנהדרין היו עוסקים בכך. ועל פי קביעת עתיהם ועבוריהם, "עמים" של שבטי ישראל "הר יקראו" – להר המוריה יאספו. כל אספה על ידי קריאה היא, "ושם יזבחו" ברגלים "זבחי צדק": **כי שפע ימים יינקו.** ישכר וזבולון, ויהא להם פנאי לעסק בתורה: **ושפני טמוני חול.** כסויי טמוני חול, טרית וחלזון וזכוכית לבנה היוצאים מן הים ומן החול, ובחלקו של זבולון היה, כמו שאמור במסכת מגלה (דף ו ע"א): "זבלון עם חרף נפשו למות" (שופטים ה, יח) משום ד"נפתלי על מרומי שדה" (שם), היה מתרעם זבולון על חלקו, לאחי נתת שדות וכרמים וכו': **ושפני.** לשון כסוי, כמו שנאמר: "ויספן את הבית" (מלכים א' ו, ט), "וספון בארז" (ירמיה כב, יד), ותרגומו: "ומטלל בכיורי ארזיא". דבר אחר, "עמים הר יקראו", על ידי פרקמטיא של זבולון, תגרי אמות העולם באים אל ארצו, והיא עומדת על הספר, והם אומרים: הואיל ונצטערנו עד כאן נלך עד ירושלים ונראה מה יראתה של אמה זו ומה מעשיה, והם רואים כל ישראל עובדים לאלוה אחד ואוכלים מאכל אחד, לפי שהגוים אלהו של זה לא כאלהו של זה ומאכלו של זה לא כמאכלו של זה, והם אומרים: אין אמה כשרה כזו, ומתגירין שם, שנאמר: "שם יזבחו זבחי צדק": **כי שפע ימים יינקו.** זבולון ויששכר, הים נותן להם ממון בשפע:

כ] **ברוך מרחיב גד.** מלמד שהיה תחומו של גד מרחיב והולך כלפי מזרח: **כלביא שכן.** לפי שהיה סמוך לספר לפיכך נמשל כאריות, שכל סמוכי ספר צריכים להיות גבורים: **וטרף זרוע אף קדקד.** הרוגיהם היו נכרים, חותכים הראש עם הזרוע במכה אחת:

כא] **וירא ראשית לו.** ראה לטל לו חלק בארץ סיחון ועוג שהיא ראשית כבוש הארץ: **כי שם חלקת.** כי ידע אשר שם בנחלתו חלקת שדה קבורת מחוקק, והוא משה: **ספון.** אותה חלקה ספונה וטמונה מכל בריה, שנאמר: "ולא ידע איש את קברתו" (להלן לד, ו): **ויתא.** גד: **ראשי עם.** הם היו הולכים לפני החלוץ בכבוש הארץ לפי שהיו גבורים, וכן הוא אומר: "חלוצים תעברו לפני אחיכם" וגו' (לעיל ג, יח): **צדקת ה' עשה.** שהאמינו דבריהם ושמרו הבטחתם לעבר את הירדן עד שכבשו וחלקו. דבר אחר, "ויתא" משה "ראשי עם". "צדקת ה' עשה" על משה אמור:

כב] **דן גור אריה.** אף הוא היה סמוך לספר, לפיכך מושלו באריות: **יזנק מן הבשן.** כתרגומו, שהיה הירדן יוצא מחלקו ממערת פמיאס, והיא בלשם שהיא בחלקו של דן, שנאמר: "ויקראו ללשם דן" (יהושע יט, מז), וזנוקו וקלוחו מן הבשן. דבר אחר, מה זנוק זה יוצא ממקום אחד ונחלק לשני מקומות, כך שבטו של דן נטלו חלק בשני מקומות. תחלה נטלו בצפונית מערבית, עקרון

דברים לג

נַפְתָּלִי֙ שְׂבַ֣ע רָצ֔וֹן וּמָלֵ֖א בִּרְכַּ֣ת יְהוָ֑ה יָ֥ם וְדָר֖וֹם יְרָֽשָׁה׃ וּלְאָשֵׁ֣ר אָמַ֔ר בָּר֥וּךְ מִבָּנִ֖ים אָשֵׁ֑ר יְהִ֤י רְצוּי֙ אֶחָ֔יו וְטֹבֵ֥ל בַּשֶּׁ֖מֶן רַגְלֽוֹ׃ בַּרְזֶ֣ל וּנְחֹ֖שֶׁת מִנְעָלֶ֑ךָ וּכְיָמֶ֖יךָ דָּבְאֶֽךָ׃ אֵ֥ין כָּאֵ֖ל יְשֻׁר֑וּן רֹכֵ֤ב שָׁמַ֙יִם֙ בְעֶזְרֶ֔ךָ וּבְגַאֲוָת֖וֹ שְׁחָקִֽים׃ מְעֹנָה֙ אֱלֹ֣הֵי קֶ֔דֶם וּמִתַּ֖חַת זְרֹעֹ֣ת עוֹלָ֑ם וַיְגָ֧רֶשׁ מִפָּנֶ֛יךָ אוֹיֵ֖ב וַיֹּ֥אמֶר הַשְׁמֵֽד׃ וַיִּשְׁכֹּן֩ יִשְׂרָאֵ֨ל בֶּ֤טַח בָּדָד֙ עֵ֣ין יַעֲקֹ֔ב אֶל־אֶ֖רֶץ דָּגָ֣ן וְתִיר֑וֹשׁ אַף־שָׁמָ֖יו יַ֥עַרְפוּ טָֽל׃ אַשְׁרֶ֨יךָ יִשְׂרָאֵ֜ל מִ֣י כָמ֗וֹךָ עַ֚ם נוֹשַׁ֣ע בַּיהוָ֔ה מָגֵ֣ן עֶזְרֶ֔ךָ וַאֲשֶׁר־חֶ֖רֶב גַּאֲוָתֶ֑ךָ וְיִכָּֽחֲשׁ֤וּ אֹיְבֶ֙יךָ֙ לָ֔ךְ וְאַתָּ֖ה עַל־בָּמוֹתֵ֥ימוֹ

חתן התורה

רש״י

וּסְבִיבוֹתֶיהָ, וְלֹא סָפְקוּ לָהֶם, וּבָאוּ וְנִלְחֲמוּ עִם לֶשֶׁם שֶׁהִיא פַּמְיָאס, וְהִיא בַּצְּפוֹנִית מִזְרָחִית, שֶׁהֲרֵי הַיַּרְדֵּן יוֹצֵא מִמְּעָרַת פַּמְיָאס וְהוּא בְּמִזְרָחָהּ שֶׁל אֶרֶץ יִשְׂרָאֵל, וּבָא מֵהַצָּפוֹן לַדָּרוֹם, וְכָלֶה בִּקְצֵה יָם הַמֶּלַח שֶׁהוּא בְמִזְרַח יְהוּדָה שֶׁנָּטַל בַּדָּרוֹם שֶׁל אֶרֶץ יִשְׂרָאֵל, כְּמוֹ שֶׁמִּפֹרָשׁ בְּסֵפֶר יְהוֹשֻׁעַ, וְהוּא שֶׁנֶּאֱמַר: "וַיֵּצֵא גְבוּל בְּנֵי דָן מֵהֶם וַיַּעֲלוּ בְנֵי דָן וַיִּלָּחֲמוּ עִם לֶשֶׁם" וְגוֹ' (יהושע ט,מז), יָצָא גְבוּלָם מִכָּל אוֹתוֹ הָרוּחַ שֶׁהִתְחִילוּ לִנְחֹל בָּהּ:

(כג) **שְׂבַע רָצוֹן.** שֶׁהָיְתָה אַרְצוֹ שְׂבֵעָה כָּל רְצוֹן יוֹשְׁבֶיהָ: **יָם וְדָרוֹם יְרָשָׁה.** יָם כִּנֶּרֶת נָפַל בְּחֶלְקוֹ, וְנָטַל מְלֹא חֶבֶל חֵרֶם בַּדָּרוֹמָהּ לִפְרֹשׁ חֲרָמִים וּמִכְמוֹרוֹת:

(כד) **בָּרוּךְ מִבָּנִים אָשֵׁר.** רָאִיתִי בְּסִפְרֵי (שנה) אֵין לְךָ בְּכָל הַשְּׁבָטִים שֶׁנִּתְבָּרֵךְ בְּבָנִים כְּאָשֵׁר. וְאֵינִי יוֹדֵעַ כֵּיצַד: **יְהִי רְצוּי אֶחָיו.** שֶׁהָיָה מִתְרַצֶּה לְאֶחָיו בְּשֶׁמֶן אֲנִפִּיקִינוֹן. דָּבָר אַחֵר, "יְהִי רְצוּי אֶחָיו", שֶׁהָיוּ בְּנוֹתָיו נָאוֹת, וְהוּא שֶׁנֶּאֱמַר בְּדִבְרֵי הַיָּמִים (א ז, לא): "הוּא אֲבִי בִרְזָיִת", שֶׁהָיוּ בְּנוֹתָיו נְשׂוּאוֹת לְכֹהֲנִים גְּדוֹלִים וְלִמְלָכִים הַנִּמְשָׁחִים בְּשֶׁמֶן זַיִת: **וְטֹבֵל בַּשֶּׁמֶן רַגְלוֹ.** שֶׁהָיְתָה אַרְצוֹ מוֹשֶׁכֶת שֶׁמֶן כְּמַעְיָן. וּמַעֲשֶׂה שֶׁנִּצְטָרְכוּ אַנְשֵׁי לוֹדְקְיָא לְשֶׁמֶן, מִנּוּ לָהֶם פּוֹלְמוֹסְטוֹס אֶחָד כוּ' [אָמְרוּ לוֹ: לֵךְ וְהָבֵא לָנוּ שֶׁמֶן בְּמֵאָה רִבּוֹא. הָלַךְ לִירוּשָׁלַיִם, אָמְרוּ לוֹ: לֵךְ לְצוֹר. הָלַךְ לְצוֹר, אָמְרוּ לוֹ: לֵךְ לְגוּשׁ חָלָב. הָלַךְ לְגוּשׁ חָלָב, אָמְרוּ לוֹ: לֵךְ אֵצֶל פְּלוֹנִי לְשָׂדֶה הַלָּז, וּמְצָאוֹ שֶׁהָיָה עוֹזֵק תַּחַת זֵיתָיו. אָמַר לוֹ: יֵשׁ לְךָ שֶׁמֶן בְּמֵאָה רִבּוֹא שֶׁאֲנִי צָרִיךְ? אָמַר לוֹ: הַמְתֵּן לִי עַד שֶׁאֲסַיֵּם מְלַאכְתִּי. הִמְתִּין עַד שֶׁסִּיֵּם מְלַאכְתּוֹ. לְאַחַר שֶׁסִּיֵּם מְלַאכְתּוֹ הִפְשִׁיל כֵּלָיו לַאֲחוֹרָיו וְהָיָה מְסַקֵּל אֲבָנִים מִן הַדֶּרֶךְ.

כד נַפְתָּלִי סְבַע רַעֲוָא, וּמְלֵי בִּרְכָן מִן קֳדָם יְיָ, מַעְרַב יַם גְּנֵיסַר וְדָרוֹמוֹהִי יֵירַת: וּלְאָשֵׁר אֲמַר,
כה בְּרִיךְ מִבִּרְכַּת בְּנַיָּא אָשֵׁר, יְהֵי רַעֲוָא לַאֲחוֹהִי, וְיִתְרַבָּא בְּתַפְנוּקֵי מַלְכִין: תַּקִּיף כְּבַרְזְלָא
כו וְכִנְחָשָׁא בֵּית מוֹתְבָךְ, וּכְיוֹמֵי עוּלֵימוּתָךְ תָּקְפָּךְ: לֵית אֱלָהּ אֶלָּא אֱלָהָא דְּיִשְׂרָאֵל,
כז דִּשְׁכִינְתֵיהּ בִּשְׁמַיָּא בְּסַעְדָּךְ, וְתָקְפֵיהּ בִּשְׁמֵי שְׁמַיָּא: מְדוֹר אֱלָהָא דְּמִלְקַדְמִין, דִּבְמֵימְרֵיהּ
כח אִתְעֲבִיד עָלְמָא, וְתָרֵיךְ מִן קֳדָמָךְ, סָנְאָה וַאֲמַר שֵׁיצִי: וּשְׁרָא יִשְׂרָאֵל לְרָחְצָן בִּלְחוֹדֵיהוֹן
כְּעֵין בִּרְכְתָא דְּבָרֵיכִנּוּן יַעֲקֹב אֲבוּהוֹן, בַּאֲרַע עֲבוּר וַחֲמַר, אַף שְׁמַיָּא דְּעִלָּוֵיהוֹן
כט יְשַׁמְשׁוּנוּן בְּטַלָּא: טוּבָךְ יִשְׂרָאֵל לֵית דִּכְוָתָךְ, עַמָּא דְּפֻרְקָנֵיהּ מִן קֳדָם יְיָ תְּקוֹף
בְּסַעְדָּךְ, וּדְמִן קֳדָמוֹהִי נִצְחָן גְּבוּרְתָךְ, וְיִתְכַּדְּבוּן סָנְאָךְ לָךְ, וְאַתְּ עַל פִּרְקַת צַוְּרֵי מַלְכֵיהוֹן

אמר לו: יש לך שמן במאה ריבוא? כמדומה אני ששחוק שחקו בי היהודים. כיון שהגיע לעירו, הוציאה לו שפחתו קומקמוס של חמין ורחץ בו ידיו ורגליו, הוציאה לו ספל של זהב מלאה שמן וטבל בו ידיו ורגליו, לקיים מה שנאמר: "וטבל בשמן רגלו". לאחר שאכלו ושתו, מדד לו שמן במאה ריבוא. אמר לו: כלום אתה צריך ליותר? אמר לו: הן, אלא שאין לי דמים. אמר לו: אם אתה רוצה ליקח קח, ואני אלך עמך ואטול דמיו, מדד לו שמן בשמונה עשר ריבוא. אמרו: לא הניח אותו האיש לא סוס ולא פרד ולא גמל ולא חמור בארץ ישראל שלא שכרו. כיון שהגיע לעירו יצאו אנשי עירו לקלסו, אמר להם: לא לי קלסוני אלא לזה שבא עמי, שמדד לי שמן במאה ריבוא והרי נושה בי בשמונה עשרה ריבוא], כדאיתא במנחות (דף פה ע"ב):

כה| **ברזל ונחשת מנעלך.** עכשיו הוא מדבר כנגד כל ישראל, שהיו גבוריהם יושבים בערי הספר ונועלים אותה שלא יוכלו האויבים לכנס בה, כאלו היא סגורה במנעולים ובריחים של ברזל ונחשת. דבר אחר, "ברזל ונחשת מנעלך", ארצכם נעולה בהרים שחוצבין מהם ברזל ונחשת, וארצו של אשר היתה מנעולה של ארץ ישראל: **וכימיך דבאך.** וכימים שהם טובים לך, שהן ימי תחלתך, ימי נעוריך, כן יהיו ימי זקנותך שהם דואבים זבים ומתמוטטים. דבר אחר, "וכימיך דבאך", כמנין ימיך, כל הימים אשר אתם עושים רצונו של מקום, יהיו "דבאך", שכל הארצות יהיו דואבות כסף לארץ ישראל, שתהא מברכת בפרות וכל הארצות מתפרנסות

הימנה, וממשיכות לה כספם וזהבם, אשקורנ"ט, הכסף כלה מהם שהן מזיבות אותו לארצכם:

כו-כז| **אין כאל ישרון.** דע לך "ישרון", שאין כאל בכל אלהי העמים, ולא כצורך צורם: **רכב שמים.** הוא אותו אלוה שבעזרך, "ובגאותו" הוא רוכב "שחקים": **מענה אלהי קדם.** למעון הם השחקים לאלהי קדם, שקדם לכל אלהים, ובדר לו שחקים לשבתו ומעונתו, ומתחת מעונתו כל בעלי זרוע שוכנים: **זרעת עולם.** סיחון ועוג ומלכי כנען שהיו תקפו וגבורתו של עולם, לפיכך על כרחם יחרדו ויזועו וכחם חלש מפניו, כי לעולם אימת הגבוה על הנמוך. והוא, שהכח והגבורה שלו "בעזרך", "ויגרש מפניך אויב", "ויאמר" לך: "השמד" אותם: **מענה.** כל תבה שצריכה למ"ד בתחלתה הטיל לה ה"א בסופה:

כח| **בטח בדד.** כל יחיד ויחיד איש תחת גפנו, מפזרים, ואין צריכין להתאסף ולישב יחד מפני האויב: **עין יעקב.** כמו: "ועינו כעין הבדלח" (במדבר יא, ז), כעין הברכה שברכם יעקב. לא כ"בדד" שאמר ירמיה: "בדד ישבתי" (ירמיה טו, יז), אלא כעין הבטחה שהבטיחם יעקב: "והיה אלהים עמכם והשיב אתכם אל ארץ אבתיכם" (בראשית מח, כא): **יערפו.** יטפו: **אף שמיו יערפו טל.** אף ברכתו של יצחק נוספת על של יעקב: "ויתן לך האלהים מטל השמים" וגו' (בראשית כז, כח):

כט| **אשריך ישראל.** לאחר שפרט להם ברכות, אמר להם: מה לי לפרט לכם? כלל דבר, הכל שלכם: **אשריך ישראל מי כמוך.** תשועתך בה' אשר הוא "מגן עזרך" ו"חרב גאותך": **ויכחשו**

תִּדְרֹךְ׃ וַיַּעַל מֹשֶׁה מֵעַרְבֹת מוֹאָב א לד
אֶל־הַר נְבוֹ רֹאשׁ הַפִּסְגָּה אֲשֶׁר עַל־פְּנֵי יְרֵחוֹ
וַיַּרְאֵהוּ יְהוָה אֶת־כָּל־הָאָרֶץ אֶת־הַגִּלְעָד עַד־
דָּן׃ וְאֵת כָּל־נַפְתָּלִי וְאֶת־אֶרֶץ אֶפְרַיִם וּמְנַשֶּׁה ב
וְאֵת כָּל־אֶרֶץ יְהוּדָה עַד הַיָּם הָאַחֲרוֹן׃ וְאֶת־ ג
הַנֶּגֶב וְאֶת־הַכִּכָּר בִּקְעַת יְרֵחוֹ עִיר הַתְּמָרִים
עַד־צֹעַר׃ וַיֹּאמֶר יְהוָה אֵלָיו זֹאת הָאָרֶץ אֲשֶׁר ד
נִשְׁבַּעְתִּי לְאַבְרָהָם לְיִצְחָק וּלְיַעֲקֹב לֵאמֹר
לְזַרְעֲךָ אֶתְּנֶנָּה הֶרְאִיתִיךָ בְעֵינֶיךָ וְשָׁמָּה לֹא
תַעֲבֹר׃ וַיָּמָת שָׁם מֹשֶׁה עֶבֶד־יְהוָה בְּאֶרֶץ מוֹאָב ה
עַל־פִּי יְהוָה׃ וַיִּקְבֹּר אֹתוֹ בַגַּי בְּאֶרֶץ מוֹאָב מוּל ו
בֵּית פְּעוֹר וְלֹא־יָדַע אִישׁ אֶת־קְבֻרָתוֹ עַד הַיּוֹם
הַזֶּה׃ וּמֹשֶׁה בֶּן־מֵאָה וְעֶשְׂרִים שָׁנָה בְּמֹתוֹ לֹא־ ז
כָהֲתָה עֵינוֹ וְלֹא־נָס לֵחֹה׃ וַיִּבְכּוּ בְנֵי יִשְׂרָאֵל אֶת־ ח
מֹשֶׁה בְּעַרְבֹת מוֹאָב שְׁלֹשִׁים יוֹם וַיִּתְּמוּ יְמֵי בְכִי
אֵבֶל מֹשֶׁה׃ וִיהוֹשֻׁעַ בִּן־נוּן מָלֵא רוּחַ חָכְמָה ט
כִּי־סָמַךְ מֹשֶׁה אֶת־יָדָיו עָלָיו וַיִּשְׁמְעוּ אֵלָיו בְּנֵי־

אֹיְבֶיךָ לָךְ. כְּגוֹן הַגִּבְעוֹנִים, שֶׁאָמְרוּ: "מֵאֶרֶץ רְחוֹקָה... בָּאוּ עֲבָדֶיךָ" וְגוֹ' (יהושע ט, ט). וְאַתָּה עַל בָּמוֹתֵימוֹ תִדְרֹךְ. כְּעִנְיָן שֶׁנֶּאֱמַר: "שִׂימוּ אֶת רַגְלֵיכֶם עַל צַוְּארֵי הַמְּלָכִים הָאֵלֶּה" (שם י, כד).

לד וזאת הברכה

לד א תִּדְרוֹךְ: וּסְלֵיק מֹשֶׁה, מִמֵּישְׁרַיָּא דְמוֹאָב לְטוּרָא דִנְבוֹ, רֵישׁ רָמְתָא, דְּעַל אַפֵּי יְרִיחוֹ, וְאַחְזְיֵהּ

ב יְיָ יָת כָּל אַרְעָא, יָת גִּלְעָד עַד דָּן: וְיָת כָּל נַפְתָּלִי, וְיָת אֲרַע אֶפְרַיִם וּמְנַשֶּׁה, וְיָת כָּל אֲרַע

ג יְהוּדָה, עַד יַמָּא מַעַרְבָאָה: וְיָת דָּרוֹמָא, וְיָת מֵישְׁרָא, בִּקְעַת יְרִיחוֹ, קִרְיַת דִּקְלַיָּא עַד צֹעַר:

ד וַאֲמַר יְיָ לֵיהּ, דָּא אַרְעָא דְקַיֵּימִית, לְאַבְרָהָם לְיִצְחָק וּלְיַעֲקֹב לְמֵימַר, לִבְנָךְ אֶתְּנִנַּהּ, אַחְזִיתָךְ

ה בְעֵינָךְ, וּלְתַמָּן לָא תְעַבַּר: וּמִית תַּמָּן, מֹשֶׁה עַבְדָּא דַיְיָ, בְּאַרְעָא דְמוֹאָב עַל מֵימְרָא דַיְיָ:

ו וּקְבַר יָתֵיהּ בְּחֵילָתָא בְּאַרְעָא דְמוֹאָב, לָקֳבֵל בֵּית פְּעוֹר, וְלָא יְדַע אֱנַשׁ יָת קְבוּרְתֵּיהּ, עַד יוֹמָא

ז הָדֵין: וּמֹשֶׁה, בַּר מְאָה וְעֶסְרִין, שְׁנִין כַּד מִית, לָא כְהַת עֵינֵיהּ וְלָא שְׁנָא זִיו יְקָרֵיהּ דְּאַפּוֹהִי:

ח וּבְכוֹ בְנֵי יִשְׂרָאֵל יָת מֹשֶׁה, בְּמֵישְׁרַיָּא דְמוֹאָב תְּלָתִין יוֹמִין, וּשְׁלִימוּ, יוֹמֵי בְּכִיתָא אֶבְלָא

ט דְמֹשֶׁה: וִיהוֹשֻׁעַ בַּר נוּן, אִתְמְלִי רוּחַ חָכְמְתָא, אֲרֵי סְמַךְ מֹשֶׁה, יָת יְדוֹהִי עֲלוֹהִי, וְקַבִּילוּ מִנֵּיהּ

פרק לד

א **מֵעַרְבֹת מוֹאָב אֶל הַר נְבוֹ.** כַּמָּה מַעֲלוֹת הָיוּ, וּפְסָעָן מֹשֶׁה בִּפְסִיעָה אַחַת. **אֶת כָּל הָאָרֶץ.** הֶרְאָהוּ אֶת כָּל אֶרֶץ יִשְׂרָאֵל בְּשַׁלְוָתָהּ, וְהַמְּצִיקִין הָעֲתִידִין לִהְיוֹת מְצִיקִין לָהּ: **עַד דָּן.** הֶרְאָהוּ בְּנֵי דָן עוֹבְדֵי עֲבוֹדָה זָרָה, שֶׁנֶּאֱמַר: "וַיָּקִימוּ לָהֶם בְּנֵי דָן אֶת הַפָּסֶל" (שופטים יח, ל), וְהֶרְאָהוּ שִׁמְשׁוֹן שֶׁעָתִיד לָצֵאת מִמֶּנּוּ לְמוֹשִׁיעַ:

ב **וְאֵת כָּל נַפְתָּלִי.** הֶרְאָהוּ אַרְצוֹ בְּשַׁלְוָתָהּ וְחֻרְבָּנָהּ, וְהֶרְאָהוּ דְּבוֹרָה וּבָרָק מִקֶּדֶשׁ נַפְתָּלִי נִלְחָמִים עִם סִיסְרָא וַחֲיָלוֹתָיו: **וְאֶת אֶרֶץ אֶפְרַיִם וּמְנַשֶּׁה.** הֶרְאָהוּ אַרְצָם בְּשַׁלְוָתָהּ וּבְחֻרְבָּנָהּ, וְהֶרְאָהוּ יְהוֹשֻׁעַ שֶׁבָּא מֵאֶפְרַיִם, וְגִדְעוֹן שֶׁבָּא מִמְּנַשֶּׁה נִלְחָם עִם מִדְיָן וַעֲמָלֵק: **וְאֵת כָּל אֶרֶץ יְהוּדָה.** בְּשַׁלְוָתָהּ וּבְחֻרְבָּנָהּ, וְהֶרְאָהוּ מַלְכוּת בֵּית דָּוִד וְנִצְחוֹנָם: **עַד הַיָּם הָאַחֲרוֹן.** אֶרֶץ הַמַּעֲרָב בְּשַׁלְוָתָהּ וּבְחֻרְבָּנָהּ. דָּבָר אַחֵר, אַל תִּקְרֵי "הַיָּם הָאַחֲרוֹן" אֶלָּא "הַיּוֹם הָאַחֲרוֹן" - כָּל הַמְּאֹרָעוֹת לְיִשְׂרָאֵל עַד שֶׁיִּחְיוּ הַמֵּתִים:

ג **וְאֶת הַנֶּגֶב.** אֶרֶץ הַדָּרוֹם. דָּבָר אַחֵר, מְעָרַת הַמַּכְפֵּלָה, שֶׁנֶּאֱמַר: "וַיַּעֲלוּ בַנֶּגֶב וַיָּבֹא עַד חֶבְרוֹן" (במדבר יג, כב): **וְאֶת הַכִּכָּר.** הֶרְאָהוּ שְׁלֹמֹה יוֹצֵק כְּלֵי בֵּית הַמִּקְדָּשׁ בְּכִכַּר הַיַּרְדֵּן בְּמַעֲבֵה הָאֲדָמָה:

ד **לֵאמֹר לְזַרְעֲךָ אֶתְּנֶנָּה, הֶרְאִיתִיךָ.** כְּדֵי שֶׁתֵּלֵךְ וְתֹאמַר לְאַבְרָהָם לְיִצְחָק וּלְיַעֲקֹב, שְׁבוּעָה שֶׁנִּשְׁבַּע

לָכֶם הַקָּדוֹשׁ בָּרוּךְ הוּא - קִיְּמָהּ, וְזֶהוּ "לֵאמֹר", לְכָךְ הֶרְאִיתִיהָ לְךָ, אֲבָל גְּזֵרָה הִיא מִלְּפָנַי שֶׁ"שָּׁמָּה לֹא תַעֲבֹר", שֶׁאִלּוּלֵי כָּךְ, הָיִיתִי מְקַיֶּמְךָ עַד שֶׁתִּרְאֶה אוֹתָם נְטוּעִים וּקְבוּעִים בָּהּ וְתֵלֵךְ וְתַגִּיד לָהֶם:

ה **וַיָּמָת שָׁם.** אֶפְשָׁר מֹשֶׁה מֵת, וְכָתַב: "וַיָּמָת שָׁם"? אֶלָּא עַד כָּאן כָּתַב מֹשֶׁה. מִכָּאן וְאֵילָךְ כָּתַב יְהוֹשֻׁעַ. רַבִּי מֵאִיר אוֹמֵר: אֶפְשָׁר סֵפֶר הַתּוֹרָה חָסֵר כְּלוּם, וְהוּא אוֹמֵר: "לָקֹחַ אֵת סֵפֶר הַתּוֹרָה הַזֶּה" (לעיל לא, כו)? אֶלָּא הַקָּדוֹשׁ בָּרוּךְ הוּא אוֹמֵר וּמֹשֶׁה כּוֹתֵב בְּדֶמַע: **עַל פִּי ה'.** בִּנְשִׁיקָה:

ו **וַיִּקְבֹּר אֹתוֹ.** הַקָּדוֹשׁ בָּרוּךְ הוּא בִּכְבוֹדוֹ. רַבִּי יִשְׁמָעֵאל אוֹמֵר: הוּא קָבַר אֶת עַצְמוֹ, וְזֶה הוּא אֶחָד מִשְּׁלֹשָׁה "אֶתִים" שֶׁהָיָה רַבִּי יִשְׁמָעֵאל דּוֹרֵשׁ כֵּן. כַּיּוֹצֵא בּוֹ: "בְּיוֹם מְלֹאת יְמֵי נִזְרוֹ יָבִיא אֹתוֹ" (במדבר ו, יג), הוּא מֵבִיא אֶת עַצְמוֹ. כַּיּוֹצֵא בּוֹ: "וְהִשִּׂיאוּ אוֹתָם עֲוֹן אַשְׁמָה" (ויקרא כב, טז), וְכִי אֲחֵרִים מַשִּׂיאִים אוֹתָם? אֶלָּא הֵם מַשִּׂיאִים אֶת עַצְמָם: **מוּל בֵּית פְּעוֹר.** קִבְרוֹ הָיָה מוּכָן שָׁם מִשֵּׁשֶׁת יְמֵי בְרֵאשִׁית לְכַפֵּר עַל מַעֲשֵׂה פְעוֹר, וְזֶה אֶחָד מִן הַדְּבָרִים שֶׁנִּבְרְאוּ בְּעֶרֶב שַׁבָּת בֵּין הַשְּׁמָשׁוֹת (אבות ה, ו):

ז **לֹא כָהֲתָה עֵינוֹ.** אַף מִשֶּׁמֵּת: **וְלֹא נָס לֵחֹה.** לַחְלוּחִית שֶׁבּוֹ. לֹא שָׁלַט בּוֹ רִקָּבוֹן וְלֹא נֶהְפַּךְ תֹּאַר פָּנָיו:

ח **בְּנֵי יִשְׂרָאֵל.** הַזְּכָרִים. אֲבָל בְּאַהֲרֹן מִתּוֹךְ

יִשְׂרָאֵל וַיַּעֲשׂוּ כַּאֲשֶׁר צִוָּה יהוה אֶת־מֹשֶׁה׃
י וְלֹא־קָם נָבִיא עוֹד בְּיִשְׂרָאֵל כְּמֹשֶׁה אֲשֶׁר
יא יְדָעוֹ יהוה פָּנִים אֶל־פָּנִים׃ לְכָל־הָאֹתֹת
וְהַמּוֹפְתִים אֲשֶׁר שְׁלָחוֹ יהוה לַעֲשׂוֹת בְּאֶרֶץ
מִצְרָיִם לְפַרְעֹה וּלְכָל־עֲבָדָיו וּלְכָל־אַרְצוֹ׃
יב וּלְכֹל הַיָּד הַחֲזָקָה וּלְכֹל הַמּוֹרָא הַגָּדוֹל אֲשֶׁר
עָשָׂה מֹשֶׁה לְעֵינֵי כָּל־יִשְׂרָאֵל׃ חזק

הפטרת וזאת הברכה

ההפטרה היא ההמשך הרציף של האירועים החותמים את ספר דברים. מותו של משה וכניסתו של יהושע לתפקידו להוביל את סוף המסע לארץ כנען, מציבים אתגר גדול לפני המנהיג-הנביא יהושע. משה, שהנהיג את העם ארבעים שנה, הותיר חלל גדול בהסתלקותו, והאתגרים הקשורים בחציית הירדן ובמלחמות עם עמי כנען הקשו עוד יותר. בנבואה הראשונה יהושע מקבל חיזוק משולש מה׳ לקראת היעדים שעליו לכבוש. שלוש פעמים אמר לו ה׳ ״חזק ואמץ״. במענה לפנייתו אל שבטי עבר הירדן, למימוש התחייבותם לעבור חלוצים לפני העם בכניסה לארץ, הוא מקבל מנציגי העם חיזוק נוסף למנהיגותו. חיזוקים אלה היו נחוצים לו ביותר באותה עת.

יהושע
א א וַיְהִי אַחֲרֵי מוֹת מֹשֶׁה עֶבֶד יהוה וַיֹּאמֶר יהוה אֶל־יְהוֹשֻׁעַ בִּן־נוּן
ב מְשָׁרֵת מֹשֶׁה לֵאמֹר׃ מֹשֶׁה עַבְדִּי מֵת וְעַתָּה קוּם עֲבֹר אֶת־הַיַּרְדֵּן הַזֶּה
אַתָּה וְכָל־הָעָם הַזֶּה אֶל־הָאָרֶץ אֲשֶׁר אָנֹכִי נֹתֵן לָהֶם לִבְנֵי יִשְׂרָאֵל׃
ג כָּל־מָקוֹם אֲשֶׁר תִּדְרֹךְ כַּף־רַגְלְכֶם בּוֹ לָכֶם נְתַתִּיו כַּאֲשֶׁר דִּבַּרְתִּי אֶל־
ד מֹשֶׁה׃ מֵהַמִּדְבָּר וְהַלְּבָנוֹן הַזֶּה וְעַד־הַנָּהָר הַגָּדוֹל נְהַר־פְּרָת כֹּל אֶרֶץ
ה הַחִתִּים וְעַד־הַיָּם הַגָּדוֹל מְבוֹא הַשָּׁמֶשׁ יִהְיֶה גְּבוּלְכֶם׃ לֹא־יִתְיַצֵּב אִישׁ
לְפָנֶיךָ כֹּל יְמֵי חַיֶּיךָ כַּאֲשֶׁר הָיִיתִי עִם־מֹשֶׁה אֶהְיֶה עִמָּךְ לֹא אַרְפְּךָ וְלֹא
ו אֶעֶזְבֶךָּ׃ חֲזַק וֶאֱמָץ כִּי אַתָּה תַּנְחִיל אֶת־הָעָם הַזֶּה אֶת־הָאָרֶץ אֲשֶׁר־
ז נִשְׁבַּעְתִּי לַאֲבוֹתָם לָתֵת לָהֶם׃ רַק חֲזַק וֶאֱמַץ מְאֹד לִשְׁמֹר לַעֲשׂוֹת
כְּכָל־הַתּוֹרָה אֲשֶׁר צִוְּךָ מֹשֶׁה עַבְדִּי אַל־תָּסוּר מִמֶּנּוּ יָמִין וּשְׂמֹאול
ח לְמַעַן תַּשְׂכִּיל בְּכֹל אֲשֶׁר תֵּלֵךְ׃ לֹא־יָמוּשׁ סֵפֶר הַתּוֹרָה הַזֶּה מִפִּיךָ
וְהָגִיתָ בּוֹ יוֹמָם וָלַיְלָה לְמַעַן תִּשְׁמֹר לַעֲשׂוֹת כְּכָל־הַכָּתוּב בּוֹ כִּי־אָז
ט תַּצְלִיחַ אֶת־דְּרָכֶךָ וְאָז תַּשְׂכִּיל׃ הֲלוֹא צִוִּיתִיךָ חֲזַק וֶאֱמָץ אַל־תַּעֲרֹץ

י בְּנֵי יִשְׂרָאֵל וַעֲבַדוּ, כְּמָא דְפַקֵּיד יְיָ יָת מֹשֶׁה: וְלָא קָם נְבִיָּא עוֹד, בְּיִשְׂרָאֵל כְּמֹשֶׁה, דְּאִתְגְּלִי
יא לֵיהּ יְיָ, אַפִּין בְּאַפִּין: לְכָל אָתַיָּא וּמוֹפְתַיָּא, דְּשַׁלְחֵיהּ יְיָ, לְמֶעְבַּד בְּאַרְעָא דְמִצְרָיִם, לְפַרְעֹה
יב וּלְכָל עַבְדּוֹהִי וּלְכָל אַרְעֵיהּ: וּלְכָל יְדָא תַקִּיפְתָּא, וּלְכָל חֶזְוָנָא רַבָּא, דַּעֲבַד מֹשֶׁה, לְעֵינֵי כָּל
יִשְׂרָאֵל:

שֶׁהָיָה רוֹדֵף שָׁלוֹם וְנוֹתֵן שָׁלוֹם בֵּין אִישׁ לְרֵעֵהוּ וּבֵין אִשָּׁה לְבַעְלָהּ, נֶאֱמַר: "כֹּל בֵּית יִשְׂרָאֵל" (במדבר כ, כט), זְכָרִים וּנְקֵבוֹת:

י] אֲשֶׁר יְדָעוֹ ה' פָּנִים אֶל פָּנִים. שֶׁהָיָה לִבּוֹ גַּס בּוֹ וּמְדַבֵּר אֵלָיו בְּכָל עֵת שֶׁרוֹצֶה, כְּעִנְיָן שֶׁנֶּאֱמַר: "וְעַתָּה אֶעֱלֶה אֶל ה'" (שמות לב, ל), "עִמְדוּ וְאֶשְׁמְעָה מַה יְצַוֶּה ה' לָכֶם" (במדבר ט, ח):

יב] וּלְכֹל הַיָּד הַחֲזָקָה. שֶׁקִּבֵּל אֶת הַתּוֹרָה בַּלּוּחוֹת בְּיָדָיו: וּלְכֹל הַמּוֹרָא הַגָּדוֹל. נִסִּים וּגְבוּרוֹת שֶׁבַּמִּדְבָּר הַגָּדוֹל וְהַנּוֹרָא: לְעֵינֵי כָּל יִשְׂרָאֵל. שֶׁנְּשָׂאוֹ לִבּוֹ לִשְׁבֹּר הַלּוּחוֹת לְעֵינֵיהֶם, שֶׁנֶּאֱמַר: "וָאֲשַׁבְּרֵם לְעֵינֵיכֶם" (לעיל ט, יז), וְהִסְכִּימָה דַּעַת הַקָּדוֹשׁ בָּרוּךְ הוּא לְדַעְתּוֹ, שֶׁנֶּאֱמַר: "אֲשֶׁר שִׁבַּרְתָּ" (שמות לד, א) – יִישַׁר כֹּחֲךָ שֶׁשִּׁבַּרְתָּ:

י וְאַל־תֵּחָת כִּי עִמְּךָ יְהוָה אֱלֹהֶיךָ בְּכֹל אֲשֶׁר תֵּלֵךְ:* וַיְצַו
הספרדים מסיימים כאן
התימנים מדלגים ליהושע ו, כז
יא יְהוֹשֻׁעַ אֶת־שֹׁטְרֵי הָעָם לֵאמֹר: עִבְרוּ ׀ בְּקֶרֶב הַמַּחֲנֶה וְצַוּוּ אֶת־הָעָם
לֵאמֹר הָכִינוּ לָכֶם צֵדָה כִּי בְּעוֹד ׀ שְׁלֹשֶׁת יָמִים אַתֶּם עֹבְרִים אֶת־
הַיַּרְדֵּן הַזֶּה לָבוֹא לָרֶשֶׁת אֶת־הָאָרֶץ אֲשֶׁר יְהוָה אֱלֹהֵיכֶם נֹתֵן לָכֶם
יב לְרִשְׁתָּהּ: וְלָרֻאוּבֵנִי וְלַגָּדִי וְלַחֲצִי שֵׁבֶט הַמְנַשֶּׁה אָמַר
יג יְהוֹשֻׁעַ לֵאמֹר: זָכוֹר אֶת־הַדָּבָר אֲשֶׁר צִוָּה אֶתְכֶם מֹשֶׁה עֶבֶד־יְהוָה
יד לֵאמֹר יְהוָה אֱלֹהֵיכֶם מֵנִיחַ לָכֶם וְנָתַן לָכֶם אֶת־הָאָרֶץ הַזֹּאת: נְשֵׁיכֶם
טַפְּכֶם וּמִקְנֵיכֶם יֵשְׁבוּ בָּאָרֶץ אֲשֶׁר נָתַן לָכֶם מֹשֶׁה בְּעֵבֶר הַיַּרְדֵּן וְאַתֶּם
טו תַּעַבְרוּ חֲמֻשִׁים לִפְנֵי אֲחֵיכֶם כֹּל גִּבּוֹרֵי הַחַיִל וַעֲזַרְתֶּם אוֹתָם: עַד
אֲשֶׁר־יָנִיחַ יְהוָה ׀ לַאֲחֵיכֶם כָּכֶם וְיָרְשׁוּ גַם־הֵמָּה אֶת־הָאָרֶץ אֲשֶׁר־יְהוָה
אֱלֹהֵיכֶם נֹתֵן לָהֶם וְשַׁבְתֶּם לְאֶרֶץ יְרֻשַּׁתְכֶם וִירִשְׁתֶּם אוֹתָהּ אֲשֶׁר ׀
טז נָתַן לָכֶם מֹשֶׁה עֶבֶד יְהוָה בְּעֵבֶר הַיַּרְדֵּן מִזְרַח הַשָּׁמֶשׁ: וַיַּעֲנוּ אֶת־
יְהוֹשֻׁעַ לֵאמֹר כֹּל אֲשֶׁר־צִוִּיתָנוּ נַעֲשֶׂה וְאֶל־כָּל־אֲשֶׁר תִּשְׁלָחֵנוּ נֵלֵךְ:
יז כְּכֹל אֲשֶׁר־שָׁמַעְנוּ אֶל־מֹשֶׁה כֵּן נִשְׁמַע אֵלֶיךָ רַק יִהְיֶה יְהוָה אֱלֹהֶיךָ
יח עִמָּךְ כַּאֲשֶׁר הָיָה עִם־מֹשֶׁה: כָּל־אִישׁ אֲשֶׁר־יַמְרֶה אֶת־פִּיךָ וְלֹא־יִשְׁמַע
אֶת־דְּבָרֶיךָ לְכֹל אֲשֶׁר־תְּצַוֶּנּוּ יוּמָת רַק חֲזַק וֶאֱמָץ:*
האשכנזים מסיימים כאן
ו כז וַיְהִי יְהוָה אֶת־יְהוֹשֻׁעַ וַיְהִי שָׁמְעוֹ בְּכָל־הָאָרֶץ:

עשרת הדיברות בטעם העליון

לעשרת הדיברות יש שתי מערכות טעמים המכונות "טעם עליון" ו"טעם תחתון". מפאת אורכם החריג של חלק מהפסוקים בטעם העליון, מצויים בהם טעמים כגון פזר ותלישא, זרקא וסגול, ואלה מוסיפים נופך חגיגי לקריאה. שינוי הטעמים גורר בעקבותיו שינויים בניקוד, כגון חילופי קמץ-פתח (פָּנָי-פָּנַי), וכן דגשים באותיות בג"ד כפ"ת בראש מילה (כָל-כָּל מלאכתך).

שיטת החלוקה המקורית שנהגה בארץ ישראל היא כנראה הטעם התחתון, ואילו הטעם העליון מוצָאו במסורת הבבלית. עם זאת, כבר בכתבי היד העתיקים של התנ"ך מובאות שתי שיטות הטעמים במשולב. שילוב זה יצר בלבולים ומחלוקות, בעיקר לגבי טעמי הפסוק הראשון ('אנכי'). הבאנו כאן את עשרת הדיברות בטעם העליון לפי שיטתו של היעב"ץ. לדעת רוו"ה יש לקרוא את הדיבר הראשון עד 'מבית עבדים' בטעם התחתון (ראה הערתו על קריאת הדיברות, בסוף ספר שמות).

ר' חזקיה ב"ר מנוח כתב ('חזקוני' שמות כ, יד) שבחג השבועות קוראים את עשרת הדיברות בטעם העליון ואילו בקריאת פרשת השבוע (בפרשת יתרו ובפרשת ואתחנן) קוראים בטעם התחתון. כך אכן מנהג רוב קהילות אשכנז. ר' מנחם די לונזאנו כתב בספרו 'אור תורה' (שמות כ) שבקריאה בציבור קוראים תמיד בטעם העליון, ורק היחיד קורא בטעם התחתון. וכך הוא מנהג קהילות הספרדים. בקהילות תימן היה מצוי אך ורק הטעם העליון, שכן מסורת תימן מתאימה בדרך כלל למסורת הבבלית.

פרשת יתרו

אָנֹכִי יְהוָה אֱלֹהֶיךָ אֲשֶׁר הוֹצֵאתִיךָ מֵאֶרֶץ מִצְרַיִם מִבֵּית
עֲבָדִים לֹא יִהְיֶה לְךָ אֱלֹהִים אֲחֵרִים עַל־פָּנָי לֹא תַעֲשֶׂה־לְךָ פֶסֶל ׀ וְכָל־
תְּמוּנָה אֲשֶׁר בַּשָּׁמַיִם ׀ מִמַּעַל וַאֲשֶׁר בָּאָרֶץ מִתַּחַת וַאֲשֶׁר בַּמַּיִם ׀ מִתַּחַת
לָאָרֶץ לֹא־תִשְׁתַּחְוֶה לָהֶם וְלֹא תָעָבְדֵם כִּי אָנֹכִי יְהוָה אֱלֹהֶיךָ אֵל קַנָּא פֹּקֵד
עֲוֹן אָבֹת עַל־בָּנִים עַל־שִׁלֵּשִׁים וְעַל־רִבֵּעִים לְשֹׂנְאָי וְעֹשֶׂה חֶסֶד לַאֲלָפִים
לְאֹהֲבַי וּלְשֹׁמְרֵי מִצְוֺתָי׃ לֹא תִשָּׂא אֶת־שֵׁם־יְהוָה אֱלֹהֶיךָ לַשָּׁוְא
כִּי לֹא יְנַקֶּה יְהוָה אֵת אֲשֶׁר־יִשָּׂא אֶת־שְׁמוֹ לַשָּׁוְא׃
זָכוֹר אֶת־יוֹם הַשַּׁבָּת לְקַדְּשׁוֹ שֵׁשֶׁת יָמִים תַּעֲבֹד וְעָשִׂיתָ כָל־מְלַאכְתֶּךָ
וְיוֹם הַשְּׁבִיעִי שַׁבָּת ׀ לַיהוָה אֱלֹהֶיךָ לֹא תַעֲשֶׂה כָל־מְלָאכָה אַתָּה וּבִנְךָ
וּבִתֶּךָ עַבְדְּךָ וַאֲמָתְךָ וּבְהֶמְתֶּךָ וְגֵרְךָ אֲשֶׁר בִּשְׁעָרֶיךָ כִּי שֵׁשֶׁת־יָמִים עָשָׂה
יְהוָה אֶת־הַשָּׁמַיִם וְאֶת־הָאָרֶץ אֶת־הַיָּם וְאֶת־כָּל־אֲשֶׁר־בָּם וַיָּנַח בַּיּוֹם
הַשְּׁבִיעִי עַל־כֵּן בֵּרַךְ יְהוָה אֶת־יוֹם הַשַּׁבָּת וַיְקַדְּשֵׁהוּ׃ כַּבֵּד
אֶת־אָבִיךָ וְאֶת־אִמֶּךָ לְמַעַן יַאֲרִכוּן יָמֶיךָ עַל הָאֲדָמָה אֲשֶׁר־יְהוָה אֱלֹהֶיךָ
נֹתֵן לָךְ׃ לֹא תִרְצָח׃ לֹא
תִנְאָף׃ לֹא תִגְנֹב׃ לֹא־
תַעֲנֶה בְרֵעֲךָ עֵד שָׁקֶר׃ לֹא
תַחְמֹד בֵּית רֵעֶךָ לֹא־
תַחְמֹד אֵשֶׁת רֵעֶךָ וְעַבְדּוֹ וַאֲמָתוֹ וְשׁוֹרוֹ וַחֲמֹרוֹ וְכֹל אֲשֶׁר לְרֵעֶךָ׃

פרשת ואתחנן

אָֽנֹכִי֙ יְהוָ֣ה אֱלֹהֶ֔יךָ אֲשֶׁ֧ר
הוֹצֵאתִ֛יךָ מֵאֶ֥רֶץ מִצְרַ֖יִם מִבֵּ֣ית עֲבָדִ֑ים לֹֽא־יִהְיֶ֥ה לְךָ֛ אֱלֹהִ֥ים אֲחֵרִ֖ים עַל־
פָּנָ֗יַ לֹֽא־תַעֲשֶׂ֨ה־לְךָ֥ פֶ֙סֶל֙ ׀ כָּל־תְּמוּנָ֔ה אֲשֶׁ֤ר בַּשָּׁמַ֙יִם֙ ׀ מִמַּ֔עַל וַאֲשֶׁר֙ בָּאָ֣רֶץ
מִתָּ֑חַת וַאֲשֶׁ֥ר בַּמַּ֖יִם ׀ מִתַּ֣חַת לָאָ֔רֶץ לֹֽא־תִשְׁתַּחֲוֶ֥ה לָהֶם֮ וְלֹ֣א תָעָבְדֵם֒ כִּ֣י
אָנֹכִ֞י יְהוָ֤ה אֱלֹהֶ֙יךָ֙ אֵ֣ל קַנָּ֔א פֹּ֠קֵד עֲוֺ֨ן אָב֧וֹת עַל־בָּנִ֛ים וְעַל־שִׁלֵּשִׁ֖ים וְעַל־
רִבֵּעִ֑ים לְשֹׂנְאָֽי׃ וְעֹ֤שֶׂה חֶ֙סֶד֙ לַאֲלָפִ֔ים לְאֹהֲבַ֖י וּלְשֹׁמְרֵ֥י מצותו׃ לֹ֥א מִצְוֺתָֽי
תִשָּׂ֛א אֶת־שֵׁם־יְהוָ֥ה אֱלֹהֶ֖יךָ לַשָּׁ֑וְא כִּ֣י לֹ֤א יְנַקֶּה֙ יְהוָ֔ה אֵ֥ת אֲשֶׁר־יִשָּׂ֥א אֶת־
שְׁמ֖וֹ לַשָּֽׁוְא׃ שָׁמ֛וֹר אֶת־י֥וֹם הַשַּׁבָּ֖ת לְקַדְּשׁ֑וֹ כַּאֲשֶׁ֥ר צִוְּךָ֖ ׀ יְהוָ֥ה
אֱלֹהֶ֖יךָ שֵׁ֤שֶׁת יָמִים֙ תַּעֲבֹ֔ד וְעָשִׂ֖יתָ כָּל־מְלַאכְתֶּ֑ךָ וְי֙וֹם֙ הַשְּׁבִיעִ֜י שַׁבָּ֣ת ׀
לַיהוָ֣ה אֱלֹהֶ֗יךָ לֹ֣א־תַעֲשֶׂ֣ה כָל־מְלָאכָ֡ה אַתָּ֣ה וּבִנְךָֽ־וּבִתֶּ֣ךָ וְעַבְדְּךָֽ־וַ֠אֲמָתֶךָ
וְשׁוֹרְךָ֨ וַחֲמֹֽרְךָ֜ וְכָל־בְּהֶמְתֶּ֗ךָ וְגֵֽרְךָ֙ אֲשֶׁ֣ר בִּשְׁעָרֶ֔יךָ לְמַ֗עַן יָנ֛וּחַ עַבְדְּךָ֥
וַאֲמָתְךָ֖ כָּמ֑וֹךָ וְזָכַרְתָּ֞ כִּי־עֶ֥בֶד הָיִ֣יתָ ׀ בְּאֶ֣רֶץ מִצְרַ֗יִם וַיֹּצִ֨אֲךָ֜ יְהוָ֤ה אֱלֹהֶ֙יךָ֙
מִשָּׁם֙ בְּיָ֤ד חֲזָקָה֙ וּבִזְרֹ֣עַ נְטוּיָ֔ה עַל־כֵּ֗ן צִוְּךָ֙ יְהוָ֣ה אֱלֹהֶ֔יךָ לַעֲשׂ֖וֹת אֶת־י֥וֹם
הַשַּׁבָּֽת׃ כַּבֵּ֤ד אֶת־אָבִ֙יךָ֙ וְאֶת־אִמֶּ֔ךָ כַּאֲשֶׁ֥ר צִוְּךָ֖ יְהוָ֣ה אֱלֹהֶ֑יךָ
לְמַ֣עַן ׀ יַאֲרִיכֻ֣ן יָמֶ֗יךָ וּלְמַ֙עַן֙ יִ֣יטַב לָ֔ךְ עַ֚ל הָאֲדָמָ֔ה אֲשֶׁר־יְהוָ֥ה אֱלֹהֶ֖יךָ נֹתֵ֥ן
לָֽךְ׃ לֹ֣א תִרְצָ֔ח׃ וְלֹ֣א
תִנְאָ֑ף׃ וְלֹ֣א תִגְנֹ֔ב׃ וְלֹֽא־
תַעֲנֶ֥ה בְרֵעֲךָ֖ עֵ֥ד שָֽׁוְא׃ וְלֹ֥א
תַחְמֹ֖ד אֵ֣שֶׁת רֵעֶ֑ךָ וְלֹ֨א
תִתְאַוֶּ֜ה בֵּ֣ית רֵעֶ֗ךָ שָׂדֵ֜הוּ וְעַבְדּ֤וֹ וַאֲמָתוֹ֙ שׁוֹר֣וֹ וַחֲמֹר֔וֹ וְכֹ֖ל אֲשֶׁ֥ר לְרֵעֶֽךָ׃

הפטרות לשבתות מיוחדות

הפטרות לשבתות מיוחדות

הפטרת שבת ראש חודש

מפטיר לשבת ראש חודש: במדבר כח, ט-טו, עמ' 986.

אם ר"ח חל בשבת וראשון הספרדים מוסיפים פסוק ראשון ואחרון מהפטרת 'מָחָר חֹדֶשׁ' בעמוד 1285.

סיומה של ההפטרה, שהוא גם סיומו של ספר ישעיהו, מזכיר את החזון העתידי שלפיו כל האנושות תבוא למקדש לעבוד את ה'. בהפטרה מובלט המתח שבין ההווה העגום לעתיד השלם. מעבר זה בין המציאות לחזון יכול להיות גם סיכום לספר ישעיהו כולו. ישעיהו ניבא בתקופת הגלות הראשונה – גלות מלכות ישראל, וגם בתקופה שבה נוצרה האפשרות לגאולה שלמה. "בִּקש הקב"ה לעשות חזקיהו משיח וסנחריב גוג ומגוג" (סנהדרין צד ע"א). אפשרות זו לא התממשה בדורם של ישעיהו וחזקיהו, כיוון שחזקיהו "לא אמר שירה" – ולא שיבח את ה' על ההצלה מידי אשור. במציאות העתידית, המתוקנת, יבוא כל בשר להשתחוות לפני ה', וישלים את השירה החסרה.

ישעיה סו, א-כד
כֹּה אָמַר יהוה הַשָּׁמַיִם כִּסְאִי וְהָאָרֶץ הֲדֹם רַגְלָי אֵי־זֶה בַיִת אֲשֶׁר תִּבְנוּ־לִי
וְאֵי־זֶה מָקוֹם מְנוּחָתִי: וְאֶת־כָּל־אֵלֶּה יָדִי עָשָׂתָה וַיִּהְיוּ כָל־אֵלֶּה נְאֻם־יהוה
וְאֶל־זֶה אַבִּיט אֶל־עָנִי וּנְכֵה־רוּחַ וְחָרֵד עַל־דְּבָרִי: שׁוֹחֵט הַשּׁוֹר מַכֵּה־
אִישׁ זוֹבֵחַ הַשֶּׂה עֹרֵף כֶּלֶב מַעֲלֵה מִנְחָה דַּם־חֲזִיר מַזְכִּיר לְבֹנָה מְבָרֵךְ
אָוֶן גַּם־הֵמָּה בָּחֲרוּ בְּדַרְכֵיהֶם וּבְשִׁקּוּצֵיהֶם נַפְשָׁם חָפֵצָה: גַּם־אֲנִי אֶבְחַר
בְּתַעֲלֻלֵיהֶם וּמְגוּרֹתָם אָבִיא לָהֶם יַעַן קָרָאתִי וְאֵין עוֹנֶה דִּבַּרְתִּי וְלֹא שָׁמֵעוּ
וַיַּעֲשׂוּ הָרַע בְּעֵינַי וּבַאֲשֶׁר לֹא־חָפַצְתִּי בָּחָרוּ: שִׁמְעוּ דְּבַר־יהוה
הַחֲרֵדִים אֶל־דְּבָרוֹ אָמְרוּ אֲחֵיכֶם שֹׂנְאֵיכֶם מְנַדֵּיכֶם לְמַעַן שְׁמִי יִכְבַּד יהוה
וְנִרְאֶה בְשִׂמְחַתְכֶם וְהֵם יֵבֹשׁוּ: קוֹל שָׁאוֹן מֵעִיר קוֹל מֵהֵיכָל קוֹל יהוה
מְשַׁלֵּם גְּמוּל לְאֹיְבָיו: בְּטֶרֶם תָּחִיל יָלָדָה בְּטֶרֶם יָבוֹא חֵבֶל לָהּ וְהִמְלִיטָה
זָכָר: מִי־שָׁמַע כָּזֹאת מִי רָאָה כָּאֵלֶּה הֲיוּחַל אֶרֶץ בְּיוֹם אֶחָד אִם־יִוָּלֵד גּוֹי
פַּעַם אֶחָת כִּי־חָלָה גַּם־יָלְדָה צִיּוֹן אֶת־בָּנֶיהָ: הַאֲנִי אַשְׁבִּיר וְלֹא אוֹלִיד
יֹאמַר יהוה אִם־אֲנִי הַמּוֹלִיד וְעָצַרְתִּי אָמַר אֱלֹהָיִךְ: שִׂמְחוּ
אֶת־יְרוּשָׁלַםִ וְגִילוּ בָהּ כָּל־אֹהֲבֶיהָ שִׂישׂוּ אִתָּהּ מָשׂוֹשׂ כָּל־הַמִּתְאַבְּלִים
עָלֶיהָ: לְמַעַן תִּינְקוּ וּשְׂבַעְתֶּם מִשֹּׁד תַּנְחֻמֶיהָ לְמַעַן תָּמֹצּוּ וְהִתְעַנַּגְתֶּם
מִזִּיז כְּבוֹדָהּ: כִּי־כֹה אָמַר יהוה הִנְנִי נֹטֶה־אֵלֶיהָ כְּנָהָר שָׁלוֹם
וּכְנַחַל שׁוֹטֵף כְּבוֹד גּוֹיִם וִינַקְתֶּם עַל־צַד תִּנָּשֵׂאוּ וְעַל־בִּרְכַּיִם תְּשָׁעֳשָׁעוּ:
כְּאִישׁ אֲשֶׁר אִמּוֹ תְּנַחֲמֶנּוּ כֵּן אָנֹכִי אֲנַחֶמְכֶם וּבִירוּשָׁלַםִ תְּנֻחָמוּ: וּרְאִיתֶם
וְשָׂשׂ לִבְּכֶם וְעַצְמוֹתֵיכֶם כַּדֶּשֶׁא תִפְרַחְנָה וְנוֹדְעָה יַד־יהוה אֶת־עֲבָדָיו וְזָעַם
אֶת־אֹיְבָיו: כִּי־הִנֵּה יהוה בָּאֵשׁ יָבוֹא וְכַסּוּפָה מַרְכְּבֹתָיו לְהָשִׁיב בְּחֵמָה

אַפּוֹ וְגַעֲרָתוֹ בְּלַהֲבֵי־אֵשׁ: כִּי בָאֵשׁ יְהוָה נִשְׁפָּט וּבְחַרְבּוֹ אֶת־כָּל־בָּשָׂר וְרַבּוּ
חַלְלֵי יְהוָה: הַמִּתְקַדְּשִׁים וְהַמִּטַּהֲרִים אֶל־הַגַּנּוֹת אַחַר אחד בַּתָּוֶךְ אֹכְלֵי אחת
בְּשַׂר הַחֲזִיר וְהַשֶּׁקֶץ וְהָעַכְבָּר יַחְדָּו יָסֻפוּ נְאֻם־יְהוָה: וְאָנֹכִי מַעֲשֵׂיהֶם
וּמַחְשְׁבֹתֵיהֶם בָּאָה לְקַבֵּץ אֶת־כָּל־הַגּוֹיִם וְהַלְּשֹׁנוֹת וּבָאוּ וְרָאוּ אֶת־כְּבוֹדִי:
וְשַׂמְתִּי בָהֶם אוֹת וְשִׁלַּחְתִּי מֵהֶם ׀ פְּלֵיטִים אֶל־הַגּוֹיִם תַּרְשִׁישׁ פּוּל וְלוּד
מֹשְׁכֵי קֶשֶׁת תֻּבַל וְיָוָן הָאִיִּים הָרְחֹקִים אֲשֶׁר לֹא־שָׁמְעוּ אֶת־שִׁמְעִי
וְלֹא־רָאוּ אֶת־כְּבוֹדִי וְהִגִּידוּ אֶת־כְּבוֹדִי בַּגּוֹיִם: וְהֵבִיאוּ אֶת־כָּל־אֲחֵיכֶם ׀
מִכָּל־הַגּוֹיִם ׀ מִנְחָה ׀ לַיהוָה בַּסּוּסִים וּבָרֶכֶב וּבַצַּבִּים וּבַפְּרָדִים וּבַכִּרְכָּרוֹת
עַל הַר קָדְשִׁי יְרוּשָׁלַםִ אָמַר יְהוָה כַּאֲשֶׁר יָבִיאוּ בְנֵי יִשְׂרָאֵל אֶת־הַמִּנְחָה
בִּכְלִי טָהוֹר בֵּית יְהוָה: וְגַם־מֵהֶם אֶקַּח לַכֹּהֲנִים לַלְוִיִּם אָמַר יְהוָה: כִּי
כַאֲשֶׁר הַשָּׁמַיִם הַחֲדָשִׁים וְהָאָרֶץ הַחֲדָשָׁה אֲשֶׁר אֲנִי עֹשֶׂה עֹמְדִים לְפָנַי
נְאֻם־יְהוָה כֵּן יַעֲמֹד זַרְעֲכֶם וְשִׁמְכֶם: וְהָיָה מִדֵּי־חֹדֶשׁ בְּחָדְשׁוֹ וּמִדֵּי שַׁבָּת
בְּשַׁבַּתּוֹ יָבוֹא כָל־בָּשָׂר לְהִשְׁתַּחֲוֺת לְפָנַי אָמַר יְהוָה: וְיָצְאוּ וְרָאוּ בְּפִגְרֵי
הָאֲנָשִׁים הַפֹּשְׁעִים בִּי כִּי תוֹלַעְתָּם לֹא תָמוּת וְאִשָּׁם לֹא תִכְבֶּה וְהָיוּ דֵרָאוֹן
לְכָל־בָּשָׂר:

וְהָיָה מִדֵּי־חֹדֶשׁ בְּחָדְשׁוֹ וּמִדֵּי שַׁבָּת בְּשַׁבַּתּוֹ יָבוֹא כָל־בָּשָׂר לְהִשְׁתַּחֲוֺת
לְפָנַי אָמַר יְהוָה:

הפטרת שבת ערב ראש חדש

האירוע המתואר בהפטרה נמשך ארבעה ימים: מערב ראש חודש ועד למחרת היום השני של ראש חודש. בימים אלה הגיע המתח ביחסים בין שאול המלך לדוד לשיאו. שאול כבר יודע שדוד עתיד למלוך תחתיו, והוא מנסה לפגוע בו. בצעד נחרץ החליט דוד להיעלם מפני שאול. לפני כן, הוא רצה לבדוק אם כלו כל הקִצין. אף ששאול כבר איים פעמיים על דוד בחניתו, רצה דוד להיות בטוח בהחלטתו. הוא תיאם עם יהונתן – בנו של שאול ואיש אמונו – מבדק, כיצד יגיב שאול על היעדרותו של דוד ממסיבת ראש חודש בבית המלך. תגובתו של שאול הייתה קשה. יהונתן מדווח לדוד, והם נפרדים כבני ברית פרידה נרגשת מאוד.

שמואל א׳ כ, יח-מב

וַיֹּאמֶר־לוֹ יְהוֹנָתָן מָחָר חֹדֶשׁ וְנִפְקַדְתָּ כִּי יִפָּקֵד מוֹשָׁבֶךָ: וְשִׁלַּשְׁתָּ תֵּרֵד
מְאֹד וּבָאתָ אֶל־הַמָּקוֹם אֲשֶׁר־נִסְתַּרְתָּ שָּׁם בְּיוֹם הַמַּעֲשֶׂה וְיָשַׁבְתָּ אֵצֶל
הָאֶבֶן הָאָזֶל: וַאֲנִי שְׁלֹשֶׁת הַחִצִּים צִדָּה אוֹרֶה לְשַׁלַּח־לִי לְמַטָּרָה: וְהִנֵּה
אֶשְׁלַח אֶת־הַנַּעַר לֵךְ מְצָא אֶת־הַחִצִּים אִם־אָמֹר אֹמַר לַנַּעַר הִנֵּה

חמישה חומשי תורה

הַחִצִּים ׀ מִמְּךָ וָהֵנָּה קָחֶ֫נּוּ וָבֹ֫אָה כִּי־שָׁל֥וֹם לְךָ֛ וְאֵ֥ין דָּבָ֖ר חַי־יְהֹוָ֑ה וְאִם־
כֹּ֣ה אֹמַ֣ר לָעֶ֗לֶם הִנֵּ֤ה הַחִצִּים֙ מִמְּךָ֣ וָהָ֔לְאָה לֵ֕ךְ כִּ֥י שִֽׁלַּחֲךָ֖ יְהֹוָֽה: וְהַ֨דָּבָ֔ר
אֲשֶׁ֥ר דִּבַּ֖רְנוּ אֲנִ֣י וָאָ֑תָּה הִנֵּ֧ה יְהֹוָ֛ה בֵּינִ֥י וּבֵינְךָ֖ עַד־עוֹלָֽם: וַיִּסָּתֵ֥ר אֶל־
דָּוִ֖ד בַּשָּׂדֶ֑ה וַיְהִ֣י הַחֹ֔דֶשׁ וַיֵּ֧שֶׁב הַמֶּ֛לֶךְ אֶל־[אל־]הַלֶּ֖חֶם לֶאֱכֽוֹל: וַיֵּ֣שֶׁב הַ֠מֶּ֠לֶךְ
עַל־מ֨וֹשָׁב֜וֹ כְּפַ֣עַם ׀ בְּפַ֗עַם אֶל־מוֹשַׁב֙ הַקִּ֔יר וַיָּ֨קָם֙ יְה֣וֹנָתָ֔ן וַיֵּ֥שֶׁב אַבְנֵ֖ר
מִצַּ֣ד שָׁא֑וּל וַיִּפָּקֵ֖ד מְק֥וֹם דָּוִֽד: וְלֹֽא־דִבֶּ֥ר שָׁא֛וּל מְא֖וּמָה בַּיּ֣וֹם הַה֑וּא כִּ֣י
אָמַ֔ר מִקְרֶ֣ה ה֔וּא בִּלְתִּ֥י טָה֛וֹר ה֖וּא כִּי־לֹ֥א טָהֽוֹר: וַיְהִ֗י מִֽמׇּחֳרַ֤ת
הַחֹ֨דֶשׁ֙ הַשֵּׁנִ֔י וַיִּפָּקֵ֖ד מְק֣וֹם דָּוִ֑ד וַיֹּ֤אמֶר שָׁאוּל֙ אֶל־יְהוֹנָתָ֣ן בְּנ֔וֹ מַדּ֜וּעַ לֹא־
בָ֧א בֶן־יִשַׁ֛י גַּם־תְּמ֥וֹל גַּם־הַיּ֖וֹם אֶל־הַלָּֽחֶם: וַיַּ֥עַן יְהוֹנָתָ֖ן אֶת־שָׁא֑וּל נִשְׁאֹ֨ל
נִשְׁאַ֤ל דָּוִד֙ מֵֽעִמָּדִ֔י עַד־בֵּ֥ית לָֽחֶם: וַיֹּ֡אמֶר שַׁלְּחֵ֣נִי נָ֡א כִּ֣י זֶ֩בַח֩ מִשְׁפָּחָ֨ה
לָ֜נוּ בָּעִ֗יר וְה֤וּא צִוָּה־לִי֙ אָחִ֔י וְעַתָּ֗ה אִם־מָצָ֤אתִי חֵן֙ בְּעֵינֶ֔יךָ אִמָּ֥לְטָה נָּ֖א
וְאֶרְאֶ֣ה אֶת־אֶחָ֑י עַל־כֵּ֣ן לֹא־בָ֔א אֶל־שֻׁלְחַ֖ן הַמֶּֽלֶךְ: וַיִּֽחַר־אַ֤ף
שָׁאוּל֙ בִּיה֣וֹנָתָ֔ן וַיֹּ֣אמֶר ל֔וֹ בֶּֽן־נַעֲוַ֖ת הַמַּרְדּ֑וּת הֲל֣וֹא יָדַ֗עְתִּי כִּֽי־בֹחֵ֤ר אַתָּה֙
לְבֶן־יִשַׁ֔י לְבָ֨שְׁתְּךָ֔ וּלְבֹ֖שֶׁת עֶרְוַ֥ת אִמֶּֽךָ: כִּ֣י כׇל־הַיָּמִ֗ים אֲשֶׁ֤ר בֶּן־יִשַׁי֙ חַ֣י
עַל־הָ֣אֲדָמָ֔ה לֹ֥א תִכּ֖וֹן אַתָּ֣ה וּמַלְכוּתֶ֑ךָ וְעַתָּ֗ה שְׁלַ֨ח וְקַ֤ח אֹתוֹ֙ אֵלַ֔י כִּ֥י
בֶן־מָ֖וֶת הֽוּא: וַיַּ֨עַן֙ יְה֣וֹנָתָ֔ן אֶת־שָׁא֖וּל אָבִ֑יו וַיֹּ֧אמֶר אֵלָ֛יו לָ֥מָּה
יוּמַ֖ת מֶ֥ה עָשָֽׂה: וַיָּ֨טֶל שָׁא֧וּל אֶֽת־הַחֲנִ֛ית עָלָ֖יו לְהַכֹּת֑וֹ וַיֵּ֨דַע֙ יְה֣וֹנָתָ֔ן כִּֽי־
כָ֥לָה הִ֛יא מֵעִ֥ם אָבִ֖יו לְהָמִ֥ית אֶת־דָּוִֽד: וַיָּ֧קׇם יְהוֹנָתָ֛ן מֵעִ֥ם
הַשֻּׁלְחָ֖ן בׇּחֳרִי־אָ֑ף וְלֹא־אָכַ֞ל בְּיוֹם־הַחֹ֤דֶשׁ הַשֵּׁנִי֙ לֶ֔חֶם כִּ֤י נֶעְצַב֙ אֶל־דָּוִ֔ד
כִּ֥י הִכְלִמ֖וֹ אָבִֽיו: וַיְהִ֣י בַבֹּ֔קֶר וַיֵּצֵ֧א יְהוֹנָתָ֛ן הַשָּׂדֶ֖ה לְמוֹעֵ֣ד דָּוִ֑ד
וְנַ֥עַר קָטֹ֖ן עִמּֽוֹ: וַיֹּ֣אמֶר לְנַעֲר֔וֹ רֻ֗ץ מְצָ֥א נָא֙ אֶת־הַ֣חִצִּ֔ים אֲשֶׁ֥ר אָנֹכִ֖י מוֹרֶ֑ה
הַנַּ֣עַר רָ֔ץ וְהֽוּא־יָרָ֥ה הַחֵ֖צִי לְהַעֲבִרֽוֹ: וַיָּבֹ֤א הַנַּ֙עַר֙ עַד־מְק֣וֹם הַחֵ֔צִי אֲשֶׁ֥ר
יָרָ֖ה יְהוֹנָתָ֑ן וַיִּקְרָ֨א יְהוֹנָתָ֜ן אַחֲרֵ֤י הַנַּ֙עַר֙ וַיֹּ֔אמֶר הֲל֥וֹא הַחֵ֖צִי מִמְּךָ֥ וָהָֽלְאָה:
וַיִּקְרָ֤א יְהֽוֹנָתָן֙ אַחֲרֵ֣י הַנַּ֔עַר מְהֵרָ֥ה ח֖וּשָׁה אַֽל־תַּעֲמֹ֑ד וַיְלַקֵּ֞ט נַ֤עַר יְהֽוֹנָתָן֙
אֶת־הַ֣חִצִּ֔י וַיָּבֹ֖א אֶל־אֲדֹנָֽיו: וְהַנַּ֖עַר לֹֽא־יָדַ֣ע מְא֑וּמָה אַ֤ךְ יְהֽוֹנָתָן֙ וְדָוִ֔ד יָדְע֖וּ
אֶת־הַדָּבָֽר: וַיִּתֵּ֤ן יְהֽוֹנָתָן֙ אֶת־כֵּלָ֔יו אֶל־הַנַּ֖עַר אֲשֶׁר־ל֑וֹ וַיֹּ֣אמֶר ל֔וֹ לֵ֖ךְ הָבֵ֥יא
הָעִֽיר: הַנַּ֣עַר בָּ֔א וְדָוִ֗ד קָ֚ם מֵאֵ֣צֶל הַנֶּ֔גֶב וַיִּפֹּ֧ל לְאַפָּ֛יו אַ֖רְצָה וַיִּשְׁתַּ֣חוּ שָׁלֹ֣שׁ
פְּעָמִ֑ים וַֽיִּשְּׁק֣וּ ׀ אִ֣ישׁ אֶת־רֵעֵ֗הוּ וַיִּבְכּוּ֙ אִ֣ישׁ אֶת־רֵעֵ֔הוּ עַד־דָּוִ֖ד הִגְדִּֽיל:
וַיֹּ֧אמֶר יְהוֹנָתָ֛ן לְדָוִ֖ד לֵ֣ךְ לְשָׁל֑וֹם אֲשֶׁר֩ נִשְׁבַּ֨עְנוּ שְׁנֵ֜ינוּ אֲנַ֗חְנוּ בְּשֵׁ֤ם יְהֹוָה֙
לֵאמֹ֔ר יְהֹוָ֞ה יִֽהְיֶ֣ה ׀ בֵּינִ֣י וּבֵינֶ֗ךָ וּבֵ֥ין זַרְעִ֛י וּבֵ֥ין זַרְעֲךָ֖ עַד־עוֹלָֽם:

הפטרת שבת ראשונה של חנוכה

ביום הראשון של חנוכה: למנהג הספרדים והתימנים קוראים במדבר ו, כב - ז, יז בעמ׳ 830. למנהג האשכנזים קוראים במדבר ז, א-יז שם.

בשבת שחלה בשני עד שביעי של חנוכה קוראים בספר במדבר ז את הקריאה לאותו היום, בעמ׳ 834-838.

כששבת חנוכה חלה בראש חודש טבת מוציאים שלושה ספרי תורה. בספר הראשון קוראים לשישה עולים את פרשת 'מקץ'; בספר השני את פסוקי מוספי שבת וראש חודש (במדבר כח, ט-טו בעמ׳ 986), אומרים חצי קדיש, וקוראים בספר השלישי את הקריאה ליום השישי לחנוכה.

הנביא זכריה, שפעל בירושלים בשנה השנייה לשלטונו של דריוש מלך פרס, מחזק את ידי שבי ציון לחדש את בניית בית המקדש השני עד לסיומו. את הבנייה, שעמדה במרכזה של הצהרת כורש, הקפיא השלטון הפרסי לאחר הנחת אבן הפינה, עקב התנגדות אויבי ישראל, שכני פחוות יהודה. ההתערבות הנמרצת של זכריה בשם ה׳, יצקה עוז בעשייה של שבי ציון. הנביא הציג את האתגר הגדול של גאולה שלמה העומדת בפתח, והשתמש לשם כך גם בחזון על מנורת זהב. המנורה – מקור האור, הייתה לסמל יהודי מובהק, והיא המחברת בין מנורת המשכן ומנורות מקדש שלמה למנורה של בית שני, שעל בנייתו שקדו זכריה ושבי הגולה.

רָנִּי וְשִׂמְחִי בַּת־צִיּוֹן כִּי הִנְנִי־בָא וְשָׁכַנְתִּי בְתוֹכֵךְ נְאֻם־יְהוָה׃ וְנִלְווּ גוֹיִם זכריה ב, יד-ד, ז
רַבִּים אֶל־יְהוָה בַּיּוֹם הַהוּא וְהָיוּ לִי לְעָם וְשָׁכַנְתִּי בְתוֹכֵךְ וְיָדַעַתְּ כִּי־
יְהוָה צְבָאוֹת שְׁלָחַנִי אֵלָיִךְ׃ וְנָחַל יְהוָה אֶת־יְהוּדָה חֶלְקוֹ עַל אַדְמַת
הַקֹּדֶשׁ וּבָחַר עוֹד בִּירוּשָׁלִָם׃ הַס כָּל־בָּשָׂר מִפְּנֵי יְהוָה כִּי נֵעוֹר מִמְּעוֹן
קָדְשׁוֹ׃ וַיַּרְאֵנִי אֶת־יְהוֹשֻׁעַ הַכֹּהֵן הַגָּדוֹל עֹמֵד לִפְנֵי מַלְאַךְ
יְהוָה וְהַשָּׂטָן עֹמֵד עַל־יְמִינוֹ לְשִׂטְנוֹ׃ וַיֹּאמֶר יְהוָה אֶל־הַשָּׂטָן יִגְעַר יְהוָה
בְּךָ הַשָּׂטָן וְיִגְעַר יְהוָה בְּךָ הַבֹּחֵר בִּירוּשָׁלִָם הֲלוֹא זֶה אוּד מֻצָּל מֵאֵשׁ׃
וִיהוֹשֻׁעַ הָיָה לָבֻשׁ בְּגָדִים צוֹאִים וְעֹמֵד לִפְנֵי הַמַּלְאָךְ׃ וַיַּעַן וַיֹּאמֶר אֶל־
הָעֹמְדִים לְפָנָיו לֵאמֹר הָסִירוּ הַבְּגָדִים הַצֹּאִים מֵעָלָיו וַיֹּאמֶר אֵלָיו רְאֵה
הֶעֱבַרְתִּי מֵעָלֶיךָ עֲוֺנֶךָ וְהַלְבֵּשׁ אֹתְךָ מַחֲלָצוֹת׃ וָאֹמַר יָשִׂימוּ צָנִיף טָהוֹר
עַל־רֹאשׁוֹ וַיָּשִׂימוּ הַצָּנִיף הַטָּהוֹר עַל־רֹאשׁוֹ וַיַּלְבִּשֻׁהוּ בְּגָדִים וּמַלְאַךְ יְהוָה
עֹמֵד׃ וַיָּעַד מַלְאַךְ יְהוָה בִּיהוֹשֻׁעַ לֵאמֹר׃ כֹּה־אָמַר יְהוָה צְבָאוֹת אִם־בִּדְרָכַי
תֵּלֵךְ וְאִם אֶת־מִשְׁמַרְתִּי תִשְׁמֹר וְגַם־אַתָּה תָּדִין אֶת־בֵּיתִי וְגַם תִּשְׁמֹר אֶת־
חֲצֵרָי וְנָתַתִּי לְךָ מַהְלְכִים בֵּין הָעֹמְדִים הָאֵלֶּה׃ שְׁמַע־נָא יְהוֹשֻׁעַ ׀ הַכֹּהֵן
הַגָּדוֹל אַתָּה וְרֵעֶיךָ הַיֹּשְׁבִים לְפָנֶיךָ כִּי־אַנְשֵׁי מוֹפֵת הֵמָּה כִּי־הִנְנִי מֵבִיא אֶת־
עַבְדִּי צֶמַח׃ כִּי ׀ הִנֵּה הָאֶבֶן אֲשֶׁר נָתַתִּי לִפְנֵי יְהוֹשֻׁעַ עַל־אֶבֶן אַחַת שִׁבְעָה
עֵינָיִם הִנְנִי מְפַתֵּחַ פִּתֻּחָהּ נְאֻם יְהוָה צְבָאוֹת וּמַשְׁתִּי אֶת־עֲוֺן הָאָרֶץ־הַהִיא
בְּיוֹם אֶחָד׃ בַּיּוֹם הַהוּא נְאֻם יְהוָה צְבָאוֹת תִּקְרְאוּ אִישׁ לְרֵעֵהוּ אֶל־תַּחַת
גֶּפֶן וְאֶל־תַּחַת תְּאֵנָה׃ וַיָּשָׁב הַמַּלְאָךְ הַדֹּבֵר בִּי וַיְעִירֵנִי כְּאִישׁ
אֲשֶׁר־יֵעוֹר מִשְּׁנָתוֹ׃ וַיֹּאמֶר אֵלַי מָה אַתָּה רֹאֶה ויאמר רָאִיתִי וְהִנֵּה וָאֹמַר
מְנוֹרַת זָהָב כֻּלָּהּ וְגֻלָּהּ עַל־רֹאשָׁהּ וְשִׁבְעָה נֵרֹתֶיהָ עָלֶיהָ שִׁבְעָה וְשִׁבְעָה
מוּצָקוֹת לַנֵּרוֹת אֲשֶׁר עַל־רֹאשָׁהּ׃ וּשְׁנַיִם זֵיתִים עָלֶיהָ אֶחָד מִימִין הַגֻּלָּה

וְאֶחָד עַל־שְׂמֹאלָהּ׃ וָאַעַן וָאֹמַר אֶל־הַמַּלְאָךְ הַדֹּבֵר בִּי לֵאמֹר מָה־
אֵלֶּה אֲדֹנִי׃ וַיַּעַן הַמַּלְאָךְ הַדֹּבֵר בִּי וַיֹּאמֶר אֵלַי הֲלוֹא יָדַעְתָּ מָה־הֵמָּה
אֵלֶּה וָאֹמַר לֹא אֲדֹנִי׃ וַיַּעַן וַיֹּאמֶר אֵלַי לֵאמֹר זֶה דְּבַר־יְהוָה אֶל־זְרֻבָּבֶל
לֵאמֹר לֹא בְחַיִל וְלֹא בְכֹחַ כִּי אִם־בְּרוּחִי אָמַר יְהוָה צְבָאוֹת׃ מִי־אַתָּה
הַר־הַגָּדוֹל לִפְנֵי זְרֻבָּבֶל לְמִישֹׁר וְהוֹצִיא אֶת־הָאֶבֶן הָרֹאשָׁה תְּשֻׁאוֹת
חֵן ׀ חֵן לָהּ׃

הפטרת שבת שנייה של חנוכה

מפטיר לשבת השנייה של חנוכה: במדבר ז, נד - ח, ד, עמ׳ 838.

הבית הראשון בימי שלמה נבנה, בשיא עוצמתה של מלכות ישראל, ממיטב חומרי הגלם ובאמצעים הטכנולוגיים המתקדמים ביותר. היה אפשר להבחין בעושר הרב גם בעשייה לכבוד ה׳. ההפטרה מתארת את פועלו של חירום – ה'בצלאל' של שלמה, ומפרטת את יְפִי הבניין והכלים. מהכלים הנזכרים הם גם מנורות הזהב שהאירו את המבנה המפואר. מלאכת הבנייה הייתה מורכבת, ובסיומה, לאחר שבע שנים, נחנך הבית ברוב פאר והדר.

מלכים א׳ ז, מ-נ
וַיַּעַשׂ חִירוֹם אֶת־הַכִּיֹּרוֹת וְאֶת־הַיָּעִים וְאֶת־הַמִּזְרָקוֹת וַיְכַל חִירָם לַעֲשׂוֹת
אֶת־כָּל־הַמְּלָאכָה אֲשֶׁר עָשָׂה לַמֶּלֶךְ שְׁלֹמֹה בֵּית יְהוָה׃ עַמֻּדִים שְׁנַיִם
וְגֻלֹּת הַכֹּתָרֹת אֲשֶׁר־עַל־רֹאשׁ הָעַמֻּדִים שְׁתָּיִם וְהַשְּׂבָכוֹת שְׁתַּיִם לְכַסּוֹת
אֶת־שְׁתֵּי גֻּלּוֹת הַכֹּתָרֹת אֲשֶׁר עַל־רֹאשׁ הָעַמּוּדִים׃ וְאֶת־הָרִמֹּנִים אַרְבַּע
מֵאוֹת לִשְׁתֵּי הַשְּׂבָכוֹת שְׁנֵי־טוּרִים רִמֹּנִים לַשְּׂבָכָה הָאֶחָת לְכַסּוֹת אֶת־
שְׁתֵּי גֻּלֹּת הַכֹּתָרֹת אֲשֶׁר עַל־פְּנֵי הָעַמּוּדִים׃ וְאֶת־הַמְּכֹנוֹת עֶשֶׂר וְאֶת־
הַכִּיֹּרֹת עֲשָׂרָה עַל־הַמְּכֹנוֹת׃ וְאֶת־הַיָּם הָאֶחָד וְאֶת־הַבָּקָר שְׁנֵים־עָשָׂר
תַּחַת הַיָּם׃ וְאֶת־הַסִּירוֹת וְאֶת־הַיָּעִים וְאֶת־הַמִּזְרָקוֹת וְאֵת כָּל־הַכֵּלִים
האהל אֲשֶׁר עָשָׂה חִירָם לַמֶּלֶךְ שְׁלֹמֹה בֵּית יְהוָה נְחֹשֶׁת מְמֹרָט׃ בְּכִכַּר הָאֵלֶּה
הַיַּרְדֵּן יְצָקָם הַמֶּלֶךְ בְּמַעֲבֵה הָאֲדָמָה בֵּין סֻכּוֹת וּבֵין צָרְתָן׃ וַיַּנַּח שְׁלֹמֹה
אֶת־כָּל־הַכֵּלִים מֵרֹב מְאֹד מְאֹד לֹא נֶחְקַר מִשְׁקַל הַנְּחֹשֶׁת׃ וַיַּעַשׂ שְׁלֹמֹה
אֵת כָּל־הַכֵּלִים אֲשֶׁר בֵּית יְהוָה אֵת מִזְבַּח הַזָּהָב וְאֶת־הַשֻּׁלְחָן אֲשֶׁר
עָלָיו לֶחֶם הַפָּנִים זָהָב׃ וְאֶת־הַמְּנֹרוֹת חָמֵשׁ מִיָּמִין וְחָמֵשׁ מִשְּׂמֹאול לִפְנֵי
הַדְּבִיר זָהָב סָגוּר וְהַפֶּרַח וְהַנֵּרֹת וְהַמֶּלְקַחַיִם זָהָב׃ וְהַסִּפּוֹת וְהַמְזַמְּרוֹת
וְהַמִּזְרָקוֹת וְהַכַּפּוֹת וְהַמַּחְתּוֹת זָהָב סָגוּר וְהַפֹּתוֹת לְדַלְתוֹת הַבַּיִת הַפְּנִימִי
לְקֹדֶשׁ הַקֳּדָשִׁים לְדַלְתֵי הַבַּיִת לַהֵיכָל זָהָב׃

הפטרת פרשת שקלים

מפטיר: שמות ל, יא–טז, עמ׳ 518.

כאשר שבת פרשת שקלים חלה בראש חודש אדר, מוציאים שלושה ספרי תורה, בשני קוראים את החלק של ראש חודש, במדבר כח, ט–טו בעמ׳ 986, ובשלישי את המפטיר לפרשת שקלים.

אירועי ההפטרה מתרחשים בימי יואש מלך יהודה ויהוידע הכוהן הגדול, דודו של יואש. להמלכת יואש קדמו שש שנות שלטונה של עתליה לבית אחאב, שבזה לבית המקדש ופגעה בו. שלטונה העריץ הסתיים במהפכה שבה הומתה.

זעזועים שלטוניים ורוחניים פקדו את מלכות יהודה: מרד יהוא, שבו נרצח גם אחזיה אבי יואש, השתלטות עתליה על המלוכה, הכנסת עבודה זרה לבית המקדש לצד שקיעה מדינית וצבאית, שהחלה עוד בסוף ימי אחאב מלך ישראל ויהושפט מלך יהודה. עבודת שיקום רבה נדרשה במלכות יהודה לאחר זעזועים אלה, ודף חדש נפתח בה בהנהגת יהוידע. יהוידע הנהיג את הממלכה בפועל עד שיואש הצעיר בגר והיה נכון להיות מנהיג. בעבודת השיקום שופץ בית המקדש מכסף שנאסף במגבית שקלים לצורך בדק הבית.

מלכים ב׳ יא, יז – יב, יז
הספרדים מתחילים כאן

וַיִּכְרֹת יְהוֹיָדָע אֶת־הַבְּרִית בֵּין יהוה וּבֵין הַמֶּלֶךְ וּבֵין הָעָם לִהְיוֹת לְעָם
לַיהוה וּבֵין הַמֶּלֶךְ וּבֵין הָעָם: וַיָּבֹאוּ כָל־עַם הָאָרֶץ בֵּית־הַבַּעַל וַיִּתְּצֻהוּ
אֶת־מִזְבְּחֹתָו וְאֶת־צְלָמָיו שִׁבְּרוּ הֵיטֵב וְאֵת מַתָּן כֹּהֵן הַבַּעַל הָרְגוּ לִפְנֵי
הַמִּזְבְּחוֹת וַיָּשֶׂם הַכֹּהֵן פְּקֻדֹּת עַל־בֵּית יהוה: וַיִּקַּח אֶת־שָׂרֵי הַמֵּאוֹת
וְאֶת־הַכָּרִי וְאֶת־הָרָצִים וְאֵת ׀ כָּל־עַם הָאָרֶץ וַיֹּרִידוּ אֶת־הַמֶּלֶךְ מִבֵּית
יהוה וַיָּבוֹאוּ דֶּרֶךְ־שַׁעַר הָרָצִים בֵּית הַמֶּלֶךְ וַיֵּשֶׁב עַל־כִּסֵּא הַמְּלָכִים:
וַיִּשְׂמַח כָּל־עַם־הָאָרֶץ וְהָעִיר שָׁקָטָה וְאֶת־עֲתַלְיָהוּ הֵמִיתוּ בַחֶרֶב בֵּית
מלך: *בֶּן־שֶׁבַע שָׁנִים יְהוֹאָשׁ בְּמָלְכוֹ: בִּשְׁנַת־שֶׁבַע לְיֵהוּא

הַמֶּלֶךְ
האשכנזים והתימנים מתחילים כאן

מָלַךְ יְהוֹאָשׁ וְאַרְבָּעִים שָׁנָה מָלַךְ בִּירוּשָׁלָםִ וְשֵׁם אִמּוֹ צִבְיָה מִבְּאֵר שָׁבַע:
וַיַּעַשׂ יְהוֹאָשׁ הַיָּשָׁר בְּעֵינֵי יהוה כָּל־יָמָיו אֲשֶׁר הוֹרָהוּ יְהוֹיָדָע הַכֹּהֵן: רַק
הַבָּמוֹת לֹא־סָרוּ עוֹד הָעָם מְזַבְּחִים וּמְקַטְּרִים בַּבָּמוֹת: וַיֹּאמֶר יְהוֹאָשׁ
אֶל־הַכֹּהֲנִים כֹּל כֶּסֶף הַקֳּדָשִׁים אֲשֶׁר יוּבָא בֵית־יהוה כֶּסֶף עוֹבֵר אִישׁ
כֶּסֶף נַפְשׁוֹת עֶרְכּוֹ כָּל־כֶּסֶף אֲשֶׁר יַעֲלֶה עַל לֶב־אִישׁ לְהָבִיא בֵּית יהוה:
יִקְחוּ לָהֶם הַכֹּהֲנִים אִישׁ מֵאֵת מַכָּרוֹ וְהֵם יְחַזְּקוּ אֶת־בֶּדֶק הַבַּיִת לְכֹל
אֲשֶׁר־יִמָּצֵא שָׁם בָּדֶק: וַיְהִי בִּשְׁנַת עֶשְׂרִים וְשָׁלֹשׁ שָׁנָה לַמֶּלֶךְ
יְהוֹאָשׁ לֹא־חִזְּקוּ הַכֹּהֲנִים אֶת־בֶּדֶק הַבָּיִת: וַיִּקְרָא הַמֶּלֶךְ יְהוֹאָשׁ לִיהוֹיָדָע
הַכֹּהֵן וְלַכֹּהֲנִים וַיֹּאמֶר אֲלֵהֶם מַדּוּעַ אֵינְכֶם מְחַזְּקִים אֶת־בֶּדֶק הַבָּיִת
וְעַתָּה אַל־תִּקְחוּ־כֶסֶף מֵאֵת מַכָּרֵיכֶם כִּי־לְבֶדֶק הַבַּיִת תִּתְּנֻהוּ: וַיֵּאֹתוּ
הַכֹּהֲנִים לְבִלְתִּי קְחַת־כֶּסֶף מֵאֵת הָעָם וּלְבִלְתִּי חַזֵּק אֶת־בֶּדֶק הַבָּיִת:
וַיִּקַּח יְהוֹיָדָע הַכֹּהֵן אֲרוֹן אֶחָד וַיִּקֹּב חֹר בְּדַלְתּוֹ וַיִּתֵּן אֹתוֹ אֵצֶל הַמִּזְבֵּחַ
בימין בְּבוֹא־אִישׁ בֵּית יהוה וְנָתְנוּ־שָׁמָּה הַכֹּהֲנִים שֹׁמְרֵי הַסַּף אֶת־כָּל־

מִיָּמִין

הַכֶּסֶף הַמּוּבָא בֵית־יהוה: וַיְהִי כִּרְאוֹתָם כִּי־רַב הַכֶּסֶף בָּאָרוֹן וַיַּעַל סֹפֵר
הַמֶּלֶךְ וְהַכֹּהֵן הַגָּדוֹל וַיָּצֻרוּ וַיִּמְנוּ אֶת־הַכֶּסֶף הַנִּמְצָא בֵית־יהוה: וְנָתְנוּ

חמישה חומשי תורה

הַמְפְקָדִים אֶת־הַכֶּסֶף הַמֻּתָּן עַל־יַד עֹשֵׂי הַמְּלָאכָה הַמֻּפְקָדִים בֵּית יְהוָה וַיּוֹצִיאֻהוּ לְחָרָשֵׁי הָעֵץ וְלַבֹּנִים הָעֹשִׂים בֵּית יְהוָה: וְלַגָּדְרִים וּלְחֹצְבֵי הָאֶבֶן וְלִקְנוֹת עֵצִים וְאַבְנֵי מַחְצֵב לְחַזֵּק אֶת־בֶּדֶק בֵּית־יְהוָה וּלְכֹל אֲשֶׁר־יֵצֵא עַל־הַבַּיִת לְחָזְקָה: אַךְ לֹא יֵעָשֶׂה בֵּית יְהוָה סִפּוֹת כֶּסֶף מְזַמְּרוֹת מִזְרָקוֹת חֲצֹצְרוֹת כָּל־כְּלִי זָהָב וּכְלִי־כָסֶף מִן־הַכֶּסֶף הַמּוּבָא בֵית־יְהוָה: כִּי־לְעֹשֵׂי הַמְּלָאכָה יִתְּנֻהוּ וְחִזְּקוּ־בוֹ אֶת־בֵּית יְהוָה: וְלֹא יְחַשְּׁבוּ אֶת־הָאֲנָשִׁים אֲשֶׁר יִתְּנוּ אֶת־הַכֶּסֶף עַל־יָדָם לָתֵת לְעֹשֵׂי הַמְּלָאכָה כִּי בֶאֱמֻנָה הֵם עֹשִׂים: כֶּסֶף אָשָׁם וְכֶסֶף חַטָּאוֹת לֹא יוּבָא בֵּית יְהוָה לַכֹּהֲנִים יִהְיוּ:

הפטרת פרשת זכור

מפטיר לפרשת זכור: דברים כה, יז-יט, עמ׳ 1196.

מפטיר לפורים משולש: שמות יז, ח-טז, עמ׳ 412.

שאול היה המלך הראשון בישראל לאחר כ-350 שנה של הנהגת השופטים בלי שלטון מרכזי. אויבי העם חשו בחולשתם ופגעו בהם. שופטים שקמו לעם הדפו את האויב ושבו לשגרת חייהם. אחד האויבים שהשתתף בהתקפות על ישראל וגם הצטרף למתקפותיהם של אחרים על ישראל, היה עמלק. מתקיפות אלה ניכרת הרשעות הגדולה, כמו ביציאת מצרים, כיוון שהן לא באו בעקבות סכסוכים בין ישראל לעמלק. כך היה גם בסוף ימיו של שאול, כשפשט עמלק על שכניו – פלישתים, מצרים וישראל – למטרות שוד וסחר בבני אדם תוך פגיעה בנשים וטף. בדומה לסדום, הסמל לחברה שיש בה רוע מאורגן ומושכם, הפך גם עמלק לסמל של רוע, שיש לעוקרו מן השורש. בזמן מלכותו של שאול נוצר מצב חדש שאפשר לצאת למלחמת מנע נגד אויב ותיק ואכזר. רק מי שיכול להוביל מלחמה נחרצת ברוע ראוי למלוכה.

בקריאת "זכור" מניף עם ישראל דגל נגד הרוע בעולם על כל התגלמויותיו.

התימנים מתחילים כאן
שמואל א׳ יד, נב - טו, לד

וַתְּהִי הַמִּלְחָמָה חֲזָקָה עַל־פְּלִשְׁתִּים כֹּל יְמֵי שָׁאוּל וְרָאָה שָׁאוּל כָּל־אִישׁ גִּבּוֹר וְכָל־בֶּן־חַיִל וַיַּאַסְפֵהוּ אֵלָיו: *וַיֹּאמֶר שְׁמוּאֵל אֶל־שָׁאוּל

הספרדים מתחילים כאן

אֹתִי שָׁלַח יְהוָה לִמְשָׁחֳךָ לְמֶלֶךְ עַל־עַמּוֹ עַל־יִשְׂרָאֵל וְעַתָּה שְׁמַע לְקוֹל דִּבְרֵי יְהוָה: *כֹּה אָמַר יְהוָה צְבָאוֹת פָּקַדְתִּי אֵת אֲשֶׁר־

האשכנזים מתחילים כאן

עָשָׂה עֲמָלֵק לְיִשְׂרָאֵל אֲשֶׁר־שָׂם לוֹ בַּדֶּרֶךְ בַּעֲלֹתוֹ מִמִּצְרָיִם: עַתָּה לֵךְ וְהִכִּיתָה אֶת־עֲמָלֵק וְהַחֲרַמְתֶּם אֶת־כָּל־אֲשֶׁר־לוֹ וְלֹא תַחְמֹל עָלָיו וְהֵמַתָּה מֵאִישׁ עַד־אִשָּׁה מֵעֹלֵל וְעַד־יוֹנֵק מִשּׁוֹר וְעַד־שֶׂה מִגָּמָל וְעַד־חֲמוֹר: וַיְשַׁמַּע שָׁאוּל אֶת־הָעָם וַיִּפְקְדֵם בַּטְּלָאִים מָאתַיִם אֶלֶף רַגְלִי וַעֲשֶׂרֶת אֲלָפִים אֶת־אִישׁ יְהוּדָה: וַיָּבֹא שָׁאוּל עַד־עִיר עֲמָלֵק וַיָּרֶב בַּנָּחַל: וַיֹּאמֶר שָׁאוּל אֶל־הַקֵּינִי לְכוּ סֻּרוּ רְדוּ מִתּוֹךְ עֲמָלֵקִי פֶּן־אֹסִפְךָ עִמּוֹ וְאַתָּה עָשִׂיתָה חֶסֶד עִם־כָּל־בְּנֵי יִשְׂרָאֵל בַּעֲלוֹתָם מִמִּצְרָיִם וַיָּסַר קֵינִי מִתּוֹךְ עֲמָלֵק: וַיַּךְ שָׁאוּל אֶת־עֲמָלֵק מֵחֲוִילָה בּוֹאֲךָ שׁוּר אֲשֶׁר עַל־פְּנֵי מִצְרָיִם: וַיִּתְפֹּשׂ אֶת־אֲגַג מֶלֶךְ עֲמָלֵק חָי וְאֶת־כָּל־הָעָם הֶחֱרִים לְפִי־חָרֶב:

וַיַּחְמֹל שָׁאוּל וְהָעָם עַל־אֲגָג וְעַל־מֵיטַב הַצֹּאן וְהַבָּקָר וְהַמִּשְׁנִים וְעַל־
הַכָּרִים וְעַל־כָּל־הַטּוֹב וְלֹא אָבוּ הַחֲרִימָם וְכָל־הַמְּלָאכָה נְמִבְזָה וְנָמֵס
אֹתָהּ הֶחֱרִימוּ׃ וַיְהִי דְּבַר יהוה אֶל־שְׁמוּאֵל לֵאמֹר׃ נִחַמְתִּי
כִּי־הִמְלַכְתִּי אֶת־שָׁאוּל לְמֶלֶךְ כִּי־שָׁב מֵאַחֲרַי וְאֶת־דְּבָרַי לֹא הֵקִים וַיִּחַר
לִשְׁמוּאֵל וַיִּזְעַק אֶל־יהוה כָּל־הַלָּיְלָה׃ וַיַּשְׁכֵּם שְׁמוּאֵל לִקְרַאת שָׁאוּל
בַּבֹּקֶר וַיֻּגַּד לִשְׁמוּאֵל לֵאמֹר בָּא־שָׁאוּל הַכַּרְמֶלָה וְהִנֵּה מַצִּיב לוֹ יָד וַיִּסֹּב
וַיַּעֲבֹר וַיֵּרֶד הַגִּלְגָּל׃ וַיָּבֹא שְׁמוּאֵל אֶל־שָׁאוּל וַיֹּאמֶר לוֹ שָׁאוּל בָּרוּךְ אַתָּה
לַיהוה הֲקִימֹתִי אֶת־דְּבַר יהוה׃ וַיֹּאמֶר שְׁמוּאֵל וּמֶה קוֹל־הַצֹּאן הַזֶּה בְּאָזְנָי
וְקוֹל הַבָּקָר אֲשֶׁר אָנֹכִי שֹׁמֵעַ׃ וַיֹּאמֶר שָׁאוּל מֵעֲמָלֵקִי הֱבִיאוּם אֲשֶׁר חָמַל
הָעָם עַל־מֵיטַב הַצֹּאן וְהַבָּקָר לְמַעַן זְבֹחַ לַיהוה אֱלֹהֶיךָ וְאֶת־הַיּוֹתֵר
הֶחֱרַמְנוּ׃ וַיֹּאמֶר שְׁמוּאֵל אֶל־שָׁאוּל הֶרֶף וְאַגִּידָה לְּךָ אֵת אֲשֶׁר
דִּבֶּר יהוה אֵלַי הַלָּיְלָה ויאמרו לוֹ דַּבֵּר׃ וַיֹּאמֶר שְׁמוּאֵל הֲלוֹא וַיֹּאמֶר
אִם־קָטֹן אַתָּה בְּעֵינֶיךָ רֹאשׁ שִׁבְטֵי יִשְׂרָאֵל אָתָּה וַיִּמְשָׁחֲךָ יהוה לְמֶלֶךְ
עַל־יִשְׂרָאֵל׃ וַיִּשְׁלָחֲךָ יהוה בְּדָרֶךְ וַיֹּאמֶר לֵךְ וְהַחֲרַמְתָּה אֶת־הַחַטָּאִים
אֶת־עֲמָלֵק וְנִלְחַמְתָּ בוֹ עַד־כַּלּוֹתָם אֹתָם׃ וְלָמָּה לֹא־שָׁמַעְתָּ בְּקוֹל יהוה
וַתַּעַט אֶל־הַשָּׁלָל וַתַּעַשׂ הָרַע בְּעֵינֵי יהוה׃ וַיֹּאמֶר שָׁאוּל אֶל־
שְׁמוּאֵל אֲשֶׁר שָׁמַעְתִּי בְּקוֹל יהוה וָאֵלֵךְ בַּדֶּרֶךְ אֲשֶׁר־שְׁלָחַנִי יהוה וָאָבִיא
אֶת־אֲגַג מֶלֶךְ עֲמָלֵק וְאֶת־עֲמָלֵק הֶחֱרַמְתִּי׃ וַיִּקַּח הָעָם מֵהַשָּׁלָל צֹאן
וּבָקָר רֵאשִׁית הַחֵרֶם לִזְבֹּחַ לַיהוה אֱלֹהֶיךָ בַּגִּלְגָּל׃ וַיֹּאמֶר
שְׁמוּאֵל הַחֵפֶץ לַיהוה בְּעֹלוֹת וּזְבָחִים כִּשְׁמֹעַ בְּקוֹל יהוה הִנֵּה שְׁמֹעַ מִזֶּבַח
טוֹב לְהַקְשִׁיב מֵחֵלֶב אֵילִים׃ כִּי חַטַּאת־קֶסֶם מֶרִי וְאָוֶן וּתְרָפִים הַפְצַר
יַעַן מָאַסְתָּ אֶת־דְּבַר יהוה וַיִּמְאָסְךָ מִמֶּלֶךְ׃ וַיֹּאמֶר שָׁאוּל
אֶל־שְׁמוּאֵל חָטָאתִי כִּי־עָבַרְתִּי אֶת־פִּי־יהוה וְאֶת־דְּבָרֶיךָ כִּי יָרֵאתִי אֶת־
הָעָם וָאֶשְׁמַע בְּקוֹלָם׃ וְעַתָּה שָׂא נָא אֶת־חַטָּאתִי וְשׁוּב עִמִּי וְאֶשְׁתַּחֲוֶה
לַיהוה׃ וַיֹּאמֶר שְׁמוּאֵל אֶל־שָׁאוּל לֹא אָשׁוּב עִמָּךְ כִּי מָאַסְתָּה אֶת־דְּבַר
יהוה וַיִּמְאָסְךָ יהוה מִהְיוֹת מֶלֶךְ עַל־יִשְׂרָאֵל׃ וַיִּסֹּב שְׁמוּאֵל לָלֶכֶת וַיַּחֲזֵק
בִּכְנַף־מְעִילוֹ וַיִּקָּרַע׃ וַיֹּאמֶר אֵלָיו שְׁמוּאֵל קָרַע יהוה אֶת־מַמְלְכוּת יִשְׂרָאֵל
מֵעָלֶיךָ הַיּוֹם וּנְתָנָהּ לְרֵעֲךָ הַטּוֹב מִמֶּךָּ׃ וְגַם נֵצַח יִשְׂרָאֵל לֹא יְשַׁקֵּר וְלֹא
יִנָּחֵם כִּי לֹא אָדָם הוּא לְהִנָּחֵם׃ וַיֹּאמֶר חָטָאתִי עַתָּה כַּבְּדֵנִי נָא נֶגֶד זִקְנֵי־
עַמִּי וְנֶגֶד יִשְׂרָאֵל וְשׁוּב עִמִּי וְהִשְׁתַּחֲוֵיתִי לַיהוה אֱלֹהֶיךָ׃ וַיָּשָׁב שְׁמוּאֵל
אַחֲרֵי שָׁאוּל וַיִּשְׁתַּחוּ שָׁאוּל לַיהוה׃ וַיֹּאמֶר שְׁמוּאֵל הַגִּישׁוּ
אֵלַי אֶת־אֲגַג מֶלֶךְ עֲמָלֵק וַיֵּלֶךְ אֵלָיו אֲגַג מַעֲדַנֹּת וַיֹּאמֶר אֲגַג אָכֵן סָר

מַר־הַמָּוֶת: וַיֹּאמֶר שְׁמוּאֵל כַּאֲשֶׁר שִׁכְּלָה נָשִׁים חַרְבֶּךָ כֵּן־תִּשְׁכַּל מִנָּשִׁים
התימנים מסיימים כאן אִמֶּךָ וַיְשַׁסֵּף שְׁמוּאֵל אֶת־אֲגָג לִפְנֵי יְהוָה בַּגִּלְגָּל:* וַיֵּלֶךְ שְׁמוּאֵל
הָרָמָתָה וְשָׁאוּל עָלָה אֶל־בֵּיתוֹ גִּבְעַת שָׁאוּל:

הפטרת פרשת פרה

מפטיר לפרשת פרה: במדבר יט, א-כב, עמ' 924.

הנביא יחזקאל ליווה את העם לבבל בגלות יהויכין, אחת־עשרה שנה לפני חורבן ירושלים, המקדש ובית דוד. הוא הכין אותם לשבר הצפוי. בהגיע בשורת החורבן לבבל עסק הנביא בנחמה וגאולה גם כהכנה לקראתה. ההפטרה שייכת לפרקים אלה.

שֶׁבֶת העם בארצו היא טבעית ושגרתית. מעשיו הרעים הם המביאים להגלייתו. הימצאותו בגלות היא חילול שם ה', והשבתו לארצו היא קידוש שם ה'. קיבוץ הגלויות הוא שלב בסיסי והכרחי בתהליך הגאולה. בשוב העם לארצו יצטרך להיטהר מן הטומאה כדי להתרומם למציאות של קיום תורה ומצוות. תיאור ציורי של סילוק "לב האבן" ונתינת "לב בשר" במקומו מבטא זאת.

ביטויים ארציים לגאולה יהיו גם שפע חומרי לצד יישובים בנויים ופורחים, במקום "שממה" יהיה "גן עדן".

יחזקאל לו, טז-לח וַיְהִי דְבַר־יְהוָה אֵלַי לֵאמֹר: בֶּן־אָדָם בֵּית יִשְׂרָאֵל יֹשְׁבִים עַל־אַדְמָתָם
וַיְטַמְּאוּ אוֹתָהּ בְּדַרְכָּם וּבַעֲלִילוֹתָם כְּטֻמְאַת הַנִּדָּה הָיְתָה דַרְכָּם לְפָנָי:
וָאֶשְׁפֹּךְ חֲמָתִי עֲלֵיהֶם עַל־הַדָּם אֲשֶׁר־שָׁפְכוּ עַל־הָאָרֶץ וּבְגִלּוּלֵיהֶם
טִמְּאוּהָ: וָאָפִיץ אֹתָם בַּגּוֹיִם וַיִּזָּרוּ בָּאֲרָצוֹת כְּדַרְכָּם וְכַעֲלִילוֹתָם
שְׁפַטְתִּים: וַיָּבוֹא אֶל־הַגּוֹיִם אֲשֶׁר־בָּאוּ שָׁם וַיְחַלְּלוּ אֶת־שֵׁם קָדְשִׁי
בֶּאֱמֹר לָהֶם עַם־יְהוָה אֵלֶּה וּמֵאַרְצוֹ יָצָאוּ: וָאֶחְמֹל עַל־שֵׁם קָדְשִׁי
אֲשֶׁר חִלְּלֻהוּ בֵּית יִשְׂרָאֵל בַּגּוֹיִם אֲשֶׁר־בָּאוּ שָׁמָּה: לָכֵן
אֱמֹר לְבֵית־יִשְׂרָאֵל כֹּה אָמַר אֲדֹנָי יְהוִה לֹא לְמַעַנְכֶם אֲנִי עֹשֶׂה בֵּית
יִשְׂרָאֵל כִּי אִם־לְשֵׁם־קָדְשִׁי אֲשֶׁר חִלַּלְתֶּם בַּגּוֹיִם אֲשֶׁר־בָּאתֶם שָׁם:
וְקִדַּשְׁתִּי אֶת־שְׁמִי הַגָּדוֹל הַמְחֻלָּל בַּגּוֹיִם אֲשֶׁר חִלַּלְתֶּם בְּתוֹכָם וְיָדְעוּ
הַגּוֹיִם כִּי־אֲנִי יְהוָה נְאֻם אֲדֹנָי יְהוִה בְּהִקָּדְשִׁי בָכֶם לְעֵינֵיהֶם: וְלָקַחְתִּי
אֶתְכֶם מִן־הַגּוֹיִם וְקִבַּצְתִּי אֶתְכֶם מִכָּל־הָאֲרָצוֹת וְהֵבֵאתִי אֶתְכֶם
אֶל־אַדְמַתְכֶם: וְזָרַקְתִּי עֲלֵיכֶם מַיִם טְהוֹרִים וּטְהַרְתֶּם מִכֹּל טֻמְאוֹתֵיכֶם
וּמִכָּל־גִּלּוּלֵיכֶם אֲטַהֵר אֶתְכֶם: וְנָתַתִּי לָכֶם לֵב חָדָשׁ וְרוּחַ חֲדָשָׁה אֶתֵּן
בְּקִרְבְּכֶם וַהֲסִרֹתִי אֶת־לֵב הָאֶבֶן מִבְּשַׂרְכֶם וְנָתַתִּי לָכֶם לֵב בָּשָׂר: וְאֶת־
רוּחִי אֶתֵּן בְּקִרְבְּכֶם וְעָשִׂיתִי אֵת אֲשֶׁר־בְּחֻקַּי תֵּלֵכוּ וּמִשְׁפָּטַי תִּשְׁמְרוּ
וַעֲשִׂיתֶם: וִישַׁבְתֶּם בָּאָרֶץ אֲשֶׁר נָתַתִּי לַאֲבֹתֵיכֶם וִהְיִיתֶם לִי לְעָם וְאָנֹכִי
אֶהְיֶה לָכֶם לֵאלֹהִים: וְהוֹשַׁעְתִּי אֶתְכֶם מִכֹּל טֻמְאוֹתֵיכֶם וְקָרָאתִי אֶל־
הַדָּגָן וְהִרְבֵּיתִי אֹתוֹ וְלֹא־אֶתֵּן עֲלֵיכֶם רָעָב: וְהִרְבֵּיתִי אֶת־פְּרִי הָעֵץ

וּתְנוּבַת הַשָּׂדֶה לְמַעַן אֲשֶׁר לֹא תִקְחוּ עוֹד חֶרְפַּת רָעָב בַּגּוֹיִם׃ וּזְכַרְתֶּם
אֶת־דַּרְכֵיכֶם הָרָעִים וּמַעַלְלֵיכֶם אֲשֶׁר לֹא־טוֹבִים וּנְקֹטֹתֶם בִּפְנֵיכֶם עַל
עֲוֺנֹתֵיכֶם וְעַל תּוֹעֲבוֹתֵיכֶם׃ לֹא לְמַעַנְכֶם אֲנִי־עֹשֶׂה נְאֻם אֲדֹנָי יֱהֹוִה יִוָּדַע
לָכֶם בּוֹשׁוּ וְהִכָּלְמוּ מִדַּרְכֵיכֶם בֵּית יִשְׂרָאֵל׃

כֹּה אָמַר אֲדֹנָי יֱהֹוִה בְּיוֹם טַהֲרִי אֶתְכֶם מִכֹּל עֲוֺנוֹתֵיכֶם וְהוֹשַׁבְתִּי אֶת־
הֶעָרִים וְנִבְנוּ הֶחֳרָבוֹת׃ וְהָאָרֶץ הַנְּשַׁמָּה תֵּעָבֵד תַּחַת אֲשֶׁר הָיְתָה שְׁמָמָה
לְעֵינֵי כָּל־עוֹבֵר׃ וְאָמְרוּ הָאָרֶץ הַלֵּזוּ הַנְּשַׁמָּה הָיְתָה כְּגַן־עֵדֶן וְהֶעָרִים
הֶחֳרֵבוֹת וְהַנְשַׁמּוֹת וְהַנֶּהֱרָסוֹת בְּצוּרוֹת יָשָׁבוּ׃ וְיָדְעוּ הַגּוֹיִם אֲשֶׁר יִשָּׁאֲרוּ
סְבִיבוֹתֵיכֶם כִּי ׀ אֲנִי יְהֹוָה בָּנִיתִי הַנֶּהֱרָסוֹת נָטַעְתִּי הַנְּשַׁמָּה אֲנִי יְהֹוָה
דִּבַּרְתִּי וְעָשִׂיתִי׃* כֹּה אָמַר אֲדֹנָי יֱהֹוִה עוֹד זֹאת אִדָּרֵשׁ לְבֵית־
יִשְׂרָאֵל לַעֲשׂוֹת לָהֶם אַרְבֶּה אֹתָם כַּצֹּאן אָדָם׃ כְּצֹאן קָדָשִׁים כְּצֹאן
יְרוּשָׁלַםִ בְּמוֹעֲדֶיהָ כֵּן תִּהְיֶינָה הֶעָרִים הֶחֳרֵבוֹת מְלֵאוֹת צֹאן אָדָם וְיָדְעוּ
כִּי־אֲנִי יְהֹוָה׃

הספרדים והתימנים מסיימים כאן

הפטרת פרשת החודש

מפטיר: שמות יב, א–כ, עמ׳ 370.

כאשר שבת פרשת החודש חלה בראש חודש ניסן, מוציאים שלושה ספרי תורה, בשני קוראים את הקריאה לראש חודש, במדבר כח, ט-טו בעמ׳ 986, ובשלישי את המפטיר לפרשת החודש.

את הנבואה המופיעה בהפטרה זו השמיע יחזקאל לגולי יהודה בבבל, ארבע־עשרה שנה לאחר החורבן. בסיור הדמייתי בירושלים לעתיד לבוא מתוארים החיים במקדש לרבות חגיגת הפסח. הנשיא (הוא המלך) הוא נציג העם במקדש ועובד לצד הכוהנים. נשיא משמעו מנהיג וגם ענן ("נשיאים ורוח – וגשם אין"). שניהם נישאים: המנהיג, המלך – מהעם; הענן – מהאדמה. אבל הינשאות זו לא לעצמם נועדה: הנשיא-המלך שקיבל את כוחו מהעם – להיטיב לעם; הענן שקיבל את מימיו מהארץ – להחזירם לאדמה ולהפרותה. כשענן מוריד את כל טיפותיו לא נותר ממנו דבר, כל מהותו היא הנתינה ללא שיור.

במציאות המתוקנת יתייצבו כל רובדי העם במקדש, מן הנשיא עד עם הארץ. פעילותו של הנשיא לפני ה׳ תהיה מכוח העם "ובעד כל עם הארץ". כולם עומדים לפני ה׳, "והנשיא בתוכם, בבואם יבוא ובצאתם יֵצֵאוּ".

כֹּה־אָמַר אֲדֹנָי יֱהֹוִה רַב־לָכֶם נְשִׂיאֵי יִשְׂרָאֵל חָמָס וָשֹׁד הָסִירוּ וּמִשְׁפָּט
וּצְדָקָה עֲשׂוּ הָרִימוּ גְרֻשֹׁתֵיכֶם מֵעַל עַמִּי נְאֻם אֲדֹנָי יֱהֹוִה׃ מֹאזְנֵי־צֶדֶק
וְאֵיפַת־צֶדֶק וּבַת־צֶדֶק יְהִי לָכֶם׃ הָאֵיפָה וְהַבַּת תֹּכֶן אֶחָד יִהְיֶה לָשֵׂאת
מַעְשַׂר הַחֹמֶר הַבָּת וַעֲשִׂירִת הַחֹמֶר הָאֵיפָה אֶל־הַחֹמֶר יִהְיֶה מַתְכֻּנְתּוֹ׃
וְהַשֶּׁקֶל עֶשְׂרִים גֵּרָה עֶשְׂרִים שְׁקָלִים חֲמִשָּׁה וְעֶשְׂרִים שְׁקָלִים עֲשָׂרָה
וַחֲמִשָּׁה שֶׁקֶל הַמָּנֶה יִהְיֶה לָכֶם׃ זֹאת הַתְּרוּמָה אֲשֶׁר תָּרִימוּ שִׁשִּׁית הָאֵיפָה
מֵחֹמֶר הַחִטִּים וְשִׁשִּׁיתֶם הָאֵיפָה מֵחֹמֶר הַשְּׂעֹרִים׃ וְחֹק הַשֶּׁמֶן הַבַּת הַשֶּׁמֶן
מַעְשַׂר הַבַּת מִן־הַכֹּר עֲשֶׂרֶת הַבַּתִּים חֹמֶר כִּי־עֲשֶׂרֶת הַבַּתִּים חֹמֶר׃

התימנים מתחילים כאן

וְשֶׂה־אַחַת מִן־הַצֹּאן מִן־הַמָּאתַיִם מִמַּשְׁקֵה יִשְׂרָאֵל לְמִנְחָה וּלְעוֹלָה
וְלִשְׁלָמִים לְכַפֵּר עֲלֵיהֶם נְאֻם אֲדֹנָי יֱהוִה׃ *כֹּל הָעָם הָאָרֶץ יִהְיוּ — האשכנזים מתחילים כאן
אֶל־הַתְּרוּמָה הַזֹּאת לַנָּשִׂיא בְּיִשְׂרָאֵל׃ וְעַל־הַנָּשִׂיא יִהְיֶה הָעוֹלוֹת וְהַמִּנְחָה
וְהַנֵּסֶךְ בַּחַגִּים וּבֶחֳדָשִׁים וּבַשַּׁבָּתוֹת בְּכָל־מוֹעֲדֵי בֵּית יִשְׂרָאֵל הוּא־יַעֲשֶׂה
אֶת־הַחַטָּאת וְאֶת־הַמִּנְחָה וְאֶת־הָעוֹלָה וְאֶת־הַשְּׁלָמִים לְכַפֵּר בְּעַד בֵּית־
יִשְׂרָאֵל׃ * כֹּה־אָמַר אֲדֹנָי יֱהוִה בָּרִאשׁוֹן בְּאֶחָד לַחֹדֶשׁ תִּקַּח — הספרדים מתחילים כאן
פַּר־בֶּן־בָּקָר תָּמִים וְחִטֵּאתָ אֶת־הַמִּקְדָּשׁ׃ וְלָקַח הַכֹּהֵן מִדַּם הַחַטָּאת וְנָתַן
אֶל־מְזוּזַת הַבַּיִת וְאֶל־אַרְבַּע פִּנּוֹת הָעֲזָרָה לַמִּזְבֵּחַ וְעַל־מְזוּזַת שַׁעַר הֶחָצֵר
הַפְּנִימִית׃ וְכֵן תַּעֲשֶׂה בְּשִׁבְעָה בַחֹדֶשׁ מֵאִישׁ שֹׁגֶה וּמִפֶּתִי וְכִפַּרְתֶּם אֶת־
הַבָּיִת׃ בָּרִאשׁוֹן בְּאַרְבָּעָה עָשָׂר יוֹם לַחֹדֶשׁ יִהְיֶה לָכֶם הַפָּסַח חָג שְׁבֻעוֹת
יָמִים מַצּוֹת יֵאָכֵל׃ וְעָשָׂה הַנָּשִׂיא בַּיּוֹם הַהוּא בַּעֲדוֹ וּבְעַד כָּל־עַם הָאָרֶץ
פַּר חַטָּאת׃ וְשִׁבְעַת יְמֵי־הֶחָג יַעֲשֶׂה עוֹלָה לַיהוָה שִׁבְעַת פָּרִים וְשִׁבְעַת
אֵילִים תְּמִימִם לַיּוֹם שִׁבְעַת הַיָּמִים וְחַטָּאת שְׂעִיר עִזִּים לַיּוֹם׃ וּמִנְחָה
אֵיפָה לַפָּר וְאֵיפָה לָאַיִל יַעֲשֶׂה וְשֶׁמֶן הִין לָאֵיפָה׃ בַּשְּׁבִיעִי בַּחֲמִשָּׁה עָשָׂר
יוֹם לַחֹדֶשׁ בֶּחָג יַעֲשֶׂה כָאֵלֶּה שִׁבְעַת הַיָּמִים כַּחַטָּאת כָּעֹלָה וְכַמִּנְחָה
וְכַשָּׁמֶן׃ כֹּה־אָמַר אֲדֹנָי יֱהוִה שַׁעַר הֶחָצֵר הַפְּנִימִית הַפֹּנֶה
קָדִים יִהְיֶה סָגוּר שֵׁשֶׁת יְמֵי הַמַּעֲשֶׂה וּבְיוֹם הַשַּׁבָּת יִפָּתֵחַ וּבְיוֹם הַחֹדֶשׁ
יִפָּתֵחַ׃ וּבָא הַנָּשִׂיא דֶּרֶךְ אוּלָם הַשַּׁעַר מִחוּץ וְעָמַד עַל־מְזוּזַת הַשַּׁעַר
וְעָשׂוּ הַכֹּהֲנִים אֶת־עוֹלָתוֹ וְאֶת־שְׁלָמָיו וְהִשְׁתַּחֲוָה עַל־מִפְתַּן הַשַּׁעַר
וְיָצָא וְהַשַּׁעַר לֹא־יִסָּגֵר עַד־הָעָרֶב׃ וְהִשְׁתַּחֲווּ עַם־הָאָרֶץ פֶּתַח הַשַּׁעַר
הַהוּא בַּשַּׁבָּתוֹת וּבֶחֳדָשִׁים לִפְנֵי יְהוָה׃ וְהָעֹלָה אֲשֶׁר־יַקְרִב הַנָּשִׂיא לַיהוָה
בְּיוֹם הַשַּׁבָּת שִׁשָּׁה כְבָשִׂים תְּמִימִם וְאַיִל תָּמִים׃ וּמִנְחָה אֵיפָה לָאַיִל
וְלַכְּבָשִׂים מִנְחָה מַתַּת יָדוֹ וְשֶׁמֶן הִין לָאֵיפָה׃ וּבְיוֹם הַחֹדֶשׁ פַּר בֶּן־בָּקָר
תְּמִימִם וְשֵׁשֶׁת כְּבָשִׂים וָאַיִל תְּמִימִם יִהְיוּ׃ וְאֵיפָה לַפָּר וְאֵיפָה לָאַיִל
יַעֲשֶׂה מִנְחָה וְלַכְּבָשִׂים כַּאֲשֶׁר תַּשִּׂיג יָדוֹ וְשֶׁמֶן הִין לָאֵיפָה׃ וּבְבוֹא הַנָּשִׂיא
דֶּרֶךְ אוּלָם הַשַּׁעַר יָבוֹא וּבְדַרְכּוֹ יֵצֵא׃ וּבְבוֹא עַם־הָאָרֶץ לִפְנֵי יְהוָה
בַּמּוֹעֲדִים הַבָּא דֶּרֶךְ שַׁעַר צָפוֹן לְהִשְׁתַּחֲוֹת יֵצֵא דֶּרֶךְ־שַׁעַר נֶגֶב וְהַבָּא
דֶּרֶךְ־שַׁעַר נֶגֶב יֵצֵא דֶּרֶךְ־שַׁעַר צָפוֹנָה לֹא יָשׁוּב דֶּרֶךְ הַשַּׁעַר אֲשֶׁר־בָּא
בוֹ כִּי נִכְחוֹ יצאו׃ וְהַנָּשִׂיא בְּתוֹכָם בְּבוֹאָם יָבוֹא וּבְצֵאתָם יֵצֵאוּ׃ וּבַחַגִּים — יֵצֵא
וּבַמּוֹעֲדִים תִּהְיֶה הַמִּנְחָה אֵיפָה לַפָּר וְאֵיפָה לָאַיִל וְלַכְּבָשִׂים מַתַּת יָדוֹ
וְשֶׁמֶן הִין לָאֵיפָה׃* וְכִי־יַעֲשֶׂה הַנָּשִׂיא נְדָבָה עוֹלָה אוֹ־שְׁלָמִים — התימנים מסיימים כאן
נְדָבָה לַיהוָה וּפָתַח לוֹ אֶת־הַשַּׁעַר הַפֹּנֶה קָדִים וְעָשָׂה אֶת־עֹלָתוֹ וְאֶת־

שְׁלָמָיו כַּאֲשֶׁר יַעֲשֶׂה בְּיוֹם הַשַּׁבָּת וְיָצָא וְסָגַר אֶת־הַשַּׁעַר אַחֲרֵי צֵאתוֹ׃ וְכֶבֶשׂ בֶּן־שְׁנָתוֹ תָּמִים תַּעֲשֶׂה עוֹלָה לַיּוֹם לַיהוָה בַּבֹּקֶר בַּבֹּקֶר תַּעֲשֶׂה אֹתוֹ׃ וּמִנְחָה תַעֲשֶׂה עָלָיו בַּבֹּקֶר בַּבֹּקֶר שִׁשִּׁית הָאֵיפָה וְשֶׁמֶן שְׁלִישִׁית הַהִין לָרֹס אֶת־הַסֹּלֶת מִנְחָה לַיהוָה חֻקּוֹת עוֹלָם תָּמִיד׃ ועשו אֶת־הַכֶּבֶשׂ וְאֶת־הַמִּנְחָה וְאֶת־הַשֶּׁמֶן בַּבֹּקֶר בַּבֹּקֶר עוֹלַת תָּמִיד׃*

יַעֲשׂוּ

הספרדים מסיימים כאן

כֹּה־אָמַר אֲדֹנָי יֱהוִה כִּי־יִתֵּן הַנָּשִׂיא מַתָּנָה לְאִישׁ מִבָּנָיו נַחֲלָתוֹ הִיא לְבָנָיו תִּהְיֶה אֲחֻזָּתָם הִיא בְּנַחֲלָה׃ וְכִי־יִתֵּן מַתָּנָה מִנַּחֲלָתוֹ לְאַחַד מֵעֲבָדָיו וְהָיְתָה לּוֹ עַד־שְׁנַת הַדְּרוֹר וְשָׁבַת לַנָּשִׂיא אַךְ נַחֲלָתוֹ בָּנָיו לָהֶם תִּהְיֶה׃ וְלֹא־יִקַּח הַנָּשִׂיא מִנַּחֲלַת הָעָם לְהוֹנֹתָם מֵאֲחֻזָּתָם מֵאֲחֻזָּתוֹ יַנְחִל אֶת־בָּנָיו לְמַעַן אֲשֶׁר לֹא־יָפֻצוּ עַמִּי אִישׁ מֵאֲחֻזָּתוֹ׃

הפטרת שבת הגדול

מלאכי אחרון הנביאים חי סמוך לימי נחמיה. מצב היהודים בארץ היה בשפל. שבר כלכלי ומציאות חברתית ורוחנית מסובכת זרעו בלבול וייאוש בלב העם. תיקון מציאות קשה מחייב בירור והסכמה על מערכת ערכים, שעליה תושתת המציאות המתוקנת. השיח שמנהל הנביא והעם, נועד לעורר בירור זה.

״שובו אלי ואשובה אליכם״ (פסוק ז), ״והשיב לב אבות על בנים ולב בנים על אבותם״ (פסוק כד) – קובע מלאכי.

תהליך השיבה הוא דו־צדדי: העם (הבנים) לשוב אל ה׳ (אבינו), וה׳ אל העם. האבות (העבר) לשוב אל הבנים (העתיד), והבנים (העתיד) לינוק מהאבות (העבר). בליל הסדר מסבה יחדיו כל המשפחה. האבות מספרים לבנים כולם על יציאת מצרים, והרעיונות המכוננים הם התשתית להמשך דרכה הרוממה של האומה.

מלאכי ג, ד-כד לאשכנזים ולספרדים

וְעָרְבָה לַיהוָה מִנְחַת יְהוּדָה וִירוּשָׁלָ͏ִם כִּימֵי עוֹלָם וּכְשָׁנִים קַדְמֹנִיֹּת׃ וְקָרַבְתִּי אֲלֵיכֶם לַמִּשְׁפָּט וְהָיִיתִי ׀ עֵד מְמַהֵר בַּמְכַשְּׁפִים וּבַמְנָאֲפִים וּבַנִּשְׁבָּעִים לַשָּׁקֶר וּבְעֹשְׁקֵי שְׂכַר־שָׂכִיר אַלְמָנָה וְיָתוֹם וּמַטֵּי־גֵר וְלֹא יְרֵאוּנִי אָמַר יְהוָה צְבָאוֹת׃ כִּי אֲנִי יְהוָה לֹא שָׁנִיתִי וְאַתֶּם בְּנֵי־יַעֲקֹב לֹא כְלִיתֶם׃ לְמִימֵי אֲבֹתֵיכֶם סַרְתֶּם מֵחֻקַּי וְלֹא שְׁמַרְתֶּם שׁוּבוּ אֵלַי וְאָשׁוּבָה אֲלֵיכֶם אָמַר יְהוָה צְבָאוֹת וַאֲמַרְתֶּם בַּמֶּה נָשׁוּב׃ הֲיִקְבַּע אָדָם אֱלֹהִים כִּי אַתֶּם קֹבְעִים אֹתִי וַאֲמַרְתֶּם בַּמֶּה קְבַעֲנוּךָ הַמַּעֲשֵׂר וְהַתְּרוּמָה׃ בַּמְּאֵרָה אַתֶּם נֵאָרִים וְאֹתִי אַתֶּם קֹבְעִים הַגּוֹי כֻּלּוֹ׃ הָבִיאוּ אֶת־כָּל־הַמַּעֲשֵׂר אֶל־בֵּית הָאוֹצָר וִיהִי טֶרֶף בְּבֵיתִי וּבְחָנוּנִי נָא בָּזֹאת אָמַר יְהוָה צְבָאוֹת אִם־לֹא אֶפְתַּח לָכֶם אֵת אֲרֻבּוֹת הַשָּׁמַיִם וַהֲרִיקֹתִי לָכֶם בְּרָכָה עַד־בְּלִי־דָי׃ וְגָעַרְתִּי לָכֶם בָּאֹכֵל וְלֹא־יַשְׁחִת לָכֶם אֶת־פְּרִי הָאֲדָמָה וְלֹא־תְשַׁכֵּל לָכֶם הַגֶּפֶן בַּשָּׂדֶה אָמַר יְהוָה צְבָאוֹת׃ וְאִשְּׁרוּ אֶתְכֶם כָּל־הַגּוֹיִם כִּי־תִהְיוּ אַתֶּם אֶרֶץ חֵפֶץ אָמַר יְהוָה צְבָאוֹת׃

חָזְקוּ עָלַי דִּבְרֵיכֶם אָמַר יְהוָה וַאֲמַרְתֶּם מַה־נִּדְבַּרְנוּ עָלֶיךָ׃ אֲמַרְתֶּם שָׁוְא עֲבֹד אֱלֹהִים וּמַה־בֶּצַע

כִּ֤י שָׁמַ֙רְנוּ֙ מִשְׁמַרְתּ֔וֹ וְכִ֤י הָלַ֙כְנוּ֙ קְדֹ֣רַנִּ֔ית מִפְּנֵ֖י יְהֹוָ֥ה צְבָאֽוֹת׃ וְעַתָּ֕ה אֲנַ֖חְנוּ
מְאַשְּׁרִ֣ים זֵדִ֑ים גַּם־נִבְנוּ֙ עֹשֵׂ֣י רִשְׁעָ֔ה גַּ֧ם בָּחֲנ֛וּ אֱלֹהִ֖ים וַיִּמָּלֵֽטוּ׃ אָ֧ז נִדְבְּר֛וּ
יִרְאֵ֥י יְהֹוָ֖ה אִ֣ישׁ אֶל־רֵעֵ֑הוּ וַיַּקְשֵׁ֤ב יְהֹוָה֙ וַיִּשְׁמָ֔ע וַ֠יִּכָּתֵ֠ב סֵ֣פֶר זִכָּר֤וֹן לְפָנָיו֙
לְיִרְאֵ֣י יְהֹוָ֔ה וּלְחֹשְׁבֵ֖י שְׁמֽוֹ׃ וְהָ֣יוּ לִ֗י אָמַר֙ יְהֹוָ֣ה צְבָא֔וֹת לַיּ֕וֹם אֲשֶׁ֥ר אֲנִ֖י עֹשֶׂ֣ה
סְגֻלָּ֑ה וְחָמַלְתִּ֣י עֲלֵיהֶ֔ם כַּאֲשֶׁר֙ יַחְמֹ֣ל אִ֔ישׁ עַל־בְּנ֖וֹ הָעֹבֵ֥ד אֹתֽוֹ׃ וְשַׁבְתֶּם֙
וּרְאִיתֶ֔ם בֵּ֥ין צַדִּ֖יק לְרָשָׁ֑ע בֵּ֚ין עֹבֵ֣ד אֱלֹהִ֔ים לַאֲשֶׁ֖ר לֹ֥א עֲבָדֽוֹ׃
כִּֽי־הִנֵּ֤ה הַיּוֹם֙ בָּ֔א בֹּעֵ֖ר כַּתַּנּ֑וּר וְהָי֨וּ כָל־זֵדִ֜ים וְכָל־עֹשֵׂ֤ה רִשְׁעָה֙ קַ֔שׁ וְלִהַ֨ט
אֹתָ֜ם הַיּ֣וֹם הַבָּ֗א אָמַר֙ יְהֹוָ֣ה צְבָא֔וֹת אֲשֶׁ֛ר לֹא־יַעֲזֹ֥ב לָהֶ֖ם שֹׁ֥רֶשׁ וְעָנָֽף׃
וְזָרְחָ֨ה לָכֶ֜ם יִרְאֵ֤י שְׁמִי֙ שֶׁ֣מֶשׁ צְדָקָ֔ה וּמַרְפֵּ֖א בִּכְנָפֶ֑יהָ וִֽיצָאתֶ֥ם וּפִשְׁתֶּ֖ם
כְּעֶגְלֵ֥י מַרְבֵּֽק׃ וְעַסּוֹתֶ֣ם רְשָׁעִ֔ים כִּֽי־יִהְי֣וּ אֵ֔פֶר תַּ֖חַת כַּפּ֣וֹת רַגְלֵיכֶ֑ם בַּיּוֹם֙
אֲשֶׁ֣ר אֲנִ֣י עֹשֶׂ֔ה אָמַ֖ר יְהֹוָ֥ה צְבָאֽוֹת׃ זִכְר֕וּ תּוֹרַ֖ת מֹשֶׁ֣ה
עַבְדִּ֑י אֲשֶׁר֩ צִוִּ֨יתִי אוֹת֤וֹ בְחֹרֵב֙ עַל־כָּל־יִשְׂרָאֵ֔ל חֻקִּ֖ים וּמִשְׁפָּטִֽים׃ הִנֵּ֤ה
אָנֹכִי֙ שֹׁלֵ֣חַ לָכֶ֔ם אֵ֖ת אֵלִיָּ֣ה הַנָּבִ֑יא לִפְנֵ֗י בּ֚וֹא י֣וֹם יְהֹוָ֔ה הַגָּד֖וֹל וְהַנּוֹרָֽא׃
וְהֵשִׁ֤יב לֵב־אָבוֹת֙ עַל־בָּנִ֔ים וְלֵ֥ב בָּנִ֖ים עַל־אֲבוֹתָ֑ם פֶּן־אָב֕וֹא וְהִכֵּיתִ֥י
אֶת־הָאָ֖רֶץ חֵֽרֶם׃
הִנֵּ֤ה אָנֹכִי֙ שֹׁלֵ֣חַ לָכֶ֔ם אֵ֖ת אֵלִיָּ֣ה הַנָּבִ֑יא לִפְנֵ֗י בּ֚וֹא י֣וֹם יְהֹוָ֔ה הַגָּד֖וֹל וְהַנּוֹרָֽא׃

מגילות

אסתר 1298
שיר השירים 1308
רות 1312
איכה 1316
קהלת 1321

אסתר

א וַיְהִי בִּימֵי אֲחַשְׁוֵרוֹשׁ הוּא אֲחַשְׁוֵרוֹשׁ הַמֹּלֵךְ מֵהֹדּוּ וְעַד־כּוּשׁ שֶׁבַע
וְעֶשְׂרִים וּמֵאָה מְדִינָה׃ בַּיָּמִים הָהֵם כְּשֶׁבֶת ׀ הַמֶּלֶךְ אֲחַשְׁוֵרוֹשׁ עַל כִּסֵּא
מַלְכוּתוֹ אֲשֶׁר בְּשׁוּשַׁן הַבִּירָה׃ בִּשְׁנַת שָׁלוֹשׁ לְמָלְכוֹ עָשָׂה מִשְׁתֶּה לְכָל־
שָׂרָיו וַעֲבָדָיו חֵיל ׀ פָּרַס וּמָדַי הַפַּרְתְּמִים וְשָׂרֵי הַמְּדִינוֹת לְפָנָיו׃ בְּהַרְאֹתוֹ
אֶת־עֹשֶׁר כְּבוֹד מַלְכוּתוֹ וְאֶת־יְקָר תִּפְאֶרֶת גְּדוּלָּתוֹ יָמִים רַבִּים שְׁמוֹנִים
וּמְאַת יוֹם׃ וּבִמְלוֹאת ׀ הַיָּמִים הָאֵלֶּה עָשָׂה הַמֶּלֶךְ לְכָל־הָעָם הַנִּמְצְאִים
בְּשׁוּשַׁן הַבִּירָה לְמִגָּדוֹל וְעַד־קָטָן מִשְׁתֶּה שִׁבְעַת יָמִים בַּחֲצַר גִּנַּת בִּיתַן
הַמֶּלֶךְ׃ חוּר ׀ כַּרְפַּס וּתְכֵלֶת אָחוּז בְּחַבְלֵי־בוּץ וְאַרְגָּמָן עַל־גְּלִילֵי כֶסֶף
וְעַמּוּדֵי שֵׁשׁ מִטּוֹת ׀ זָהָב וָכֶסֶף עַל רִצְפַת בַּהַט־וָשֵׁשׁ וְדַר וְסֹחָרֶת׃
וְהַשְׁקוֹת בִּכְלֵי זָהָב וְכֵלִים מִכֵּלִים שׁוֹנִים וְיֵין מַלְכוּת רָב כְּיַד הַמֶּלֶךְ׃
וְהַשְּׁתִיָּה כַדָּת אֵין אֹנֵס כִּי־כֵן ׀ יִסַּד הַמֶּלֶךְ עַל כָּל־רַב בֵּיתוֹ לַעֲשׂוֹת
כִּרְצוֹן אִישׁ־וָאִישׁ׃ גַּם וַשְׁתִּי הַמַּלְכָּה עָשְׂתָה מִשְׁתֵּה נָשִׁים
בֵּית הַמַּלְכוּת אֲשֶׁר לַמֶּלֶךְ אֲחַשְׁוֵרוֹשׁ׃ בַּיּוֹם הַשְּׁבִיעִי כְּטוֹב לֵב־הַמֶּלֶךְ
בַּיָּיִן אָמַר לִמְהוּמָן בִּזְּתָא חַרְבוֹנָא בִּגְתָא וַאֲבַגְתָא זֵתַר וְכַרְכַּס שִׁבְעַת
הַסָּרִיסִים הַמְשָׁרְתִים אֶת־פְּנֵי הַמֶּלֶךְ אֲחַשְׁוֵרוֹשׁ׃ לְהָבִיא אֶת־וַשְׁתִּי
הַמַּלְכָּה לִפְנֵי הַמֶּלֶךְ בְּכֶתֶר מַלְכוּת לְהַרְאוֹת הָעַמִּים וְהַשָּׂרִים אֶת־יָפְיָהּ
כִּי־טוֹבַת מַרְאֶה הִיא׃ וַתְּמָאֵן הַמַּלְכָּה וַשְׁתִּי לָבוֹא בִּדְבַר הַמֶּלֶךְ אֲשֶׁר
בְּיַד הַסָּרִיסִים וַיִּקְצֹף הַמֶּלֶךְ מְאֹד וַחֲמָתוֹ בָּעֲרָה בוֹ׃ וַיֹּאמֶר
הַמֶּלֶךְ לַחֲכָמִים יֹדְעֵי הָעִתִּים כִּי־כֵן דְּבַר הַמֶּלֶךְ לִפְנֵי כָּל־יֹדְעֵי דָּת וָדִין׃
וְהַקָּרֹב אֵלָיו כַּרְשְׁנָא שֵׁתָר אַדְמָתָא תַרְשִׁישׁ מֶרֶס מַרְסְנָא מְמוּכָן שִׁבְעַת
שָׂרֵי ׀ פָּרַס וּמָדַי רֹאֵי פְּנֵי הַמֶּלֶךְ הַיֹּשְׁבִים רִאשֹׁנָה בַּמַּלְכוּת׃ כְּדָת מַה־
לַּעֲשׂוֹת בַּמַּלְכָּה וַשְׁתִּי עַל ׀ אֲשֶׁר לֹא־עָשְׂתָה אֶת־מַאֲמַר הַמֶּלֶךְ
אֲחַשְׁוֵרוֹשׁ בְּיַד הַסָּרִיסִים׃ וַיֹּאמֶר מומכן לִפְנֵי הַמֶּלֶךְ וְהַשָּׂרִים מְמוּכָן
לֹא עַל־הַמֶּלֶךְ לְבַדּוֹ עָוְתָה וַשְׁתִּי הַמַּלְכָּה כִּי עַל־כָּל־הַשָּׂרִים וְעַל־כָּל־
הָעַמִּים אֲשֶׁר בְּכָל־מְדִינוֹת הַמֶּלֶךְ אֲחַשְׁוֵרוֹשׁ׃ כִּי־יֵצֵא דְבַר־הַמַּלְכָּה
עַל־כָּל־הַנָּשִׁים לְהַבְזוֹת בַּעְלֵיהֶן בְּעֵינֵיהֶן בְּאָמְרָם הַמֶּלֶךְ אֲחַשְׁוֵרוֹשׁ
אָמַר לְהָבִיא אֶת־וַשְׁתִּי הַמַּלְכָּה לְפָנָיו וְלֹא־בָאָה׃ וְהַיּוֹם הַזֶּה תֹּאמַרְנָה ׀
שָׂרוֹת פָּרַס־וּמָדַי אֲשֶׁר שָׁמְעוּ אֶת־דְּבַר הַמַּלְכָּה לְכֹל שָׂרֵי הַמֶּלֶךְ וּכְדַי

בִּזָּיוֹן וָקָצֶף׃ אִם־עַל־הַמֶּלֶךְ טוֹב יֵצֵא דְבַר־מַלְכוּת מִלְּפָנָיו וְיִכָּתֵב בְּדָתֵי
פָרַס־וּמָדַי וְלֹא יַעֲבוֹר אֲשֶׁר לֹא־תָבוֹא וַשְׁתִּי לִפְנֵי הַמֶּלֶךְ אֲחַשְׁוֵרוֹשׁ
וּמַלְכוּתָהּ יִתֵּן הַמֶּלֶךְ לִרְעוּתָהּ הַטּוֹבָה מִמֶּנָּה׃ וְנִשְׁמַע פִּתְגָם הַמֶּלֶךְ
אֲשֶׁר־יַעֲשֶׂה בְּכָל־מַלְכוּתוֹ כִּי רַבָּה הִיא וְכָל־הַנָּשִׁים יִתְּנוּ יְקָר לְבַעְלֵיהֶן
לְמִגָּדוֹל וְעַד־קָטָן׃ וַיִּיטַב הַדָּבָר בְּעֵינֵי הַמֶּלֶךְ וְהַשָּׂרִים וַיַּעַשׂ הַמֶּלֶךְ כִּדְבַר
מְמוּכָן׃ וַיִּשְׁלַח סְפָרִים אֶל־כָּל־מְדִינוֹת הַמֶּלֶךְ אֶל־מְדִינָה וּמְדִינָה כִּכְתָבָהּ
וְאֶל־עַם וָעָם כִּלְשׁוֹנוֹ לִהְיוֹת כָּל־אִישׁ שֹׂרֵר בְּבֵיתוֹ וּמְדַבֵּר כִּלְשׁוֹן
ב עַמּוֹ׃ אַחַר הַדְּבָרִים הָאֵלֶּה כְּשֹׁךְ חֲמַת הַמֶּלֶךְ אֲחַשְׁוֵרוֹשׁ זָכַר
אֶת־וַשְׁתִּי וְאֵת אֲשֶׁר־עָשָׂתָה וְאֵת אֲשֶׁר־נִגְזַר עָלֶיהָ׃ וַיֹּאמְרוּ נַעֲרֵי־הַמֶּלֶךְ
מְשָׁרְתָיו יְבַקְשׁוּ לַמֶּלֶךְ נְעָרוֹת בְּתוּלוֹת טוֹבוֹת מַרְאֶה׃ וְיַפְקֵד הַמֶּלֶךְ
פְּקִידִים בְּכָל־מְדִינוֹת מַלְכוּתוֹ וְיִקְבְּצוּ אֶת־כָּל־נַעֲרָה־בְתוּלָה טוֹבַת
מַרְאֶה אֶל־שׁוּשַׁן הַבִּירָה אֶל־בֵּית הַנָּשִׁים אֶל־יַד הֵגֶא סְרִיס הַמֶּלֶךְ שֹׁמֵר
הַנָּשִׁים וְנָתוֹן תַּמְרוּקֵיהֶן׃ וְהַנַּעֲרָה אֲשֶׁר תִּיטַב בְּעֵינֵי הַמֶּלֶךְ תִּמְלֹךְ תַּחַת
וַשְׁתִּי וַיִּיטַב הַדָּבָר בְּעֵינֵי הַמֶּלֶךְ וַיַּעַשׂ כֵּן׃ אִישׁ יְהוּדִי הָיָה
בְּשׁוּשַׁן הַבִּירָה וּשְׁמוֹ מָרְדֳּכַי בֶּן יָאִיר בֶּן־שִׁמְעִי בֶּן־קִישׁ אִישׁ יְמִינִי׃ אֲשֶׁר
הָגְלָה מִירוּשָׁלַיִם עִם־הַגֹּלָה אֲשֶׁר הָגְלְתָה עִם יְכָנְיָה מֶלֶךְ־יְהוּדָה אֲשֶׁר
הֶגְלָה נְבוּכַדְנֶצַּר מֶלֶךְ בָּבֶל׃ וַיְהִי אֹמֵן אֶת־הֲדַסָּה הִיא אֶסְתֵּר בַּת־דֹּדוֹ
כִּי אֵין לָהּ אָב וָאֵם וְהַנַּעֲרָה יְפַת־תֹּאַר וְטוֹבַת מַרְאֶה וּבְמוֹת אָבִיהָ וְאִמָּהּ
לְקָחָהּ מָרְדֳּכַי לוֹ לְבַת׃ וַיְהִי בְּהִשָּׁמַע דְּבַר־הַמֶּלֶךְ וְדָתוֹ וּבְהִקָּבֵץ נְעָרוֹת
רַבּוֹת אֶל־שׁוּשַׁן הַבִּירָה אֶל־יַד הֵגָי וַתִּלָּקַח אֶסְתֵּר אֶל־בֵּית הַמֶּלֶךְ אֶל־
יַד הֵגַי שֹׁמֵר הַנָּשִׁים׃ וַתִּיטַב הַנַּעֲרָה בְעֵינָיו וַתִּשָּׂא חֶסֶד לְפָנָיו וַיְבַהֵל
אֶת־תַּמְרוּקֶיהָ וְאֶת־מָנוֹתֶהָ לָתֵת לָהּ וְאֵת שֶׁבַע הַנְּעָרוֹת הָרְאֻיוֹת לָתֶת־
לָהּ מִבֵּית הַמֶּלֶךְ וַיְשַׁנֶּהָ וְאֶת־נַעֲרוֹתֶיהָ לְטוֹב בֵּית הַנָּשִׁים׃ לֹא־הִגִּידָה
אֶסְתֵּר אֶת־עַמָּהּ וְאֶת־מוֹלַדְתָּהּ כִּי מָרְדֳּכַי צִוָּה עָלֶיהָ אֲשֶׁר לֹא־תַגִּיד׃
וּבְכָל־יוֹם וָיוֹם מָרְדֳּכַי מִתְהַלֵּךְ לִפְנֵי חֲצַר בֵּית־הַנָּשִׁים לָדַעַת אֶת־שְׁלוֹם
אֶסְתֵּר וּמַה־יֵּעָשֶׂה בָּהּ׃ וּבְהַגִּיעַ תֹּר נַעֲרָה וְנַעֲרָה לָבוֹא ׀ אֶל־הַמֶּלֶךְ
אֲחַשְׁוֵרוֹשׁ מִקֵּץ הֱיוֹת לָהּ כְּדָת הַנָּשִׁים שְׁנֵים עָשָׂר חֹדֶשׁ כִּי כֵּן יִמְלְאוּ
יְמֵי מְרוּקֵיהֶן שִׁשָּׁה חֳדָשִׁים בְּשֶׁמֶן הַמֹּר וְשִׁשָּׁה חֳדָשִׁים בַּבְּשָׂמִים

וּבְתַמְרוּקֵי הַנָּשִׁים: וּבָזֶה הַנַּעֲרָה בָּאָה אֶל־הַמֶּלֶךְ אֵת כָּל־אֲשֶׁר תֹּאמַר
יִנָּתֵן לָהּ לָבוֹא עִמָּהּ מִבֵּית הַנָּשִׁים עַד־בֵּית הַמֶּלֶךְ: בָּעֶרֶב ׀ הִיא בָאָה
וּבַבֹּקֶר הִיא שָׁבָה אֶל־בֵּית הַנָּשִׁים שֵׁנִי אֶל־יַד שַׁעַשְׁגַז סְרִיס הַמֶּלֶךְ שֹׁמֵר
הַפִּילַגְשִׁים לֹא־תָבוֹא עוֹד אֶל־הַמֶּלֶךְ כִּי אִם־חָפֵץ בָּהּ הַמֶּלֶךְ וְנִקְרְאָה
בְשֵׁם: וּבְהַגִּיעַ תֹּר־אֶסְתֵּר בַּת־אֲבִיחַיִל ׀ דֹּד מָרְדֳּכַי אֲשֶׁר לָקַח־לוֹ לְבַת
לָבוֹא אֶל־הַמֶּלֶךְ לֹא בִקְשָׁה דָּבָר כִּי אִם אֶת־אֲשֶׁר יֹאמַר הֵגַי סְרִיס־הַמֶּלֶךְ
שֹׁמֵר הַנָּשִׁים וַתְּהִי אֶסְתֵּר נֹשֵׂאת חֵן בְּעֵינֵי כָּל־רֹאֶיהָ: וַתִּלָּקַח אֶסְתֵּר
אֶל־הַמֶּלֶךְ אֲחַשְׁוֵרוֹשׁ אֶל־בֵּית מַלְכוּתוֹ בַּחֹדֶשׁ הָעֲשִׂירִי הוּא־חֹדֶשׁ טֵבֵת
בִּשְׁנַת־שֶׁבַע לְמַלְכוּתוֹ: וַיֶּאֱהַב הַמֶּלֶךְ אֶת־אֶסְתֵּר מִכָּל־הַנָּשִׁים וַתִּשָּׂא־חֵן
וָחֶסֶד לְפָנָיו מִכָּל־הַבְּתוּלוֹת וַיָּשֶׂם כֶּתֶר־מַלְכוּת בְּרֹאשָׁהּ וַיַּמְלִיכֶהָ תַּחַת
וַשְׁתִּי: וַיַּעַשׂ הַמֶּלֶךְ מִשְׁתֶּה גָדוֹל לְכָל־שָׂרָיו וַעֲבָדָיו אֵת מִשְׁתֵּה אֶסְתֵּר
וַהֲנָחָה לַמְּדִינוֹת עָשָׂה וַיִּתֵּן מַשְׂאֵת כְּיַד הַמֶּלֶךְ: וּבְהִקָּבֵץ בְּתוּלוֹת שֵׁנִית
וּמָרְדֳּכַי יֹשֵׁב בְּשַׁעַר־הַמֶּלֶךְ: אֵין אֶסְתֵּר מַגֶּדֶת מוֹלַדְתָּהּ וְאֶת־עַמָּהּ כַּאֲשֶׁר
צִוָּה עָלֶיהָ מָרְדֳּכָי וְאֶת־מַאֲמַר מָרְדֳּכַי אֶסְתֵּר עֹשָׂה כַּאֲשֶׁר הָיְתָה בְאָמְנָה
אִתּוֹ: בַּיָּמִים הָהֵם וּמָרְדֳּכַי יֹשֵׁב בְּשַׁעַר־הַמֶּלֶךְ קָצַף בִּגְתָן
וָתֶרֶשׁ שְׁנֵי־סָרִיסֵי הַמֶּלֶךְ מִשֹּׁמְרֵי הַסַּף וַיְבַקְשׁוּ לִשְׁלֹחַ יָד בַּמֶּלֶךְ אֲחַשְׁוֵרֹשׁ:
וַיִּוָּדַע הַדָּבָר לְמָרְדֳּכַי וַיַּגֵּד לְאֶסְתֵּר הַמַּלְכָּה וַתֹּאמֶר אֶסְתֵּר לַמֶּלֶךְ בְּשֵׁם
מָרְדֳּכָי: וַיְבֻקַּשׁ הַדָּבָר וַיִּמָּצֵא וַיִּתָּלוּ שְׁנֵיהֶם עַל־עֵץ וַיִּכָּתֵב בְּסֵפֶר דִּבְרֵי
הַיָּמִים לִפְנֵי הַמֶּלֶךְ: אַחַר ׀ הַדְּבָרִים הָאֵלֶּה גִּדַּל הַמֶּלֶךְ ג
אֲחַשְׁוֵרוֹשׁ אֶת־הָמָן בֶּן־הַמְּדָתָא הָאֲגָגִי וַיְנַשְּׂאֵהוּ וַיָּשֶׂם אֶת־כִּסְאוֹ מֵעַל
כָּל־הַשָּׂרִים אֲשֶׁר אִתּוֹ: וְכָל־עַבְדֵי הַמֶּלֶךְ אֲשֶׁר־בְּשַׁעַר הַמֶּלֶךְ כֹּרְעִים
וּמִשְׁתַּחֲוִים לְהָמָן כִּי־כֵן צִוָּה־לוֹ הַמֶּלֶךְ וּמָרְדֳּכַי לֹא יִכְרַע וְלֹא יִשְׁתַּחֲוֶה:
וַיֹּאמְרוּ עַבְדֵי הַמֶּלֶךְ אֲשֶׁר־בְּשַׁעַר הַמֶּלֶךְ לְמָרְדֳּכָי מַדּוּעַ אַתָּה עוֹבֵר אֵת
מִצְוַת הַמֶּלֶךְ: וַיְהִי באמרם אֵלָיו יוֹם וָיוֹם וְלֹא שָׁמַע אֲלֵיהֶם וַיַּגִּידוּ לְהָמָן כְּאָמְרָם
לִרְאוֹת הֲיַעַמְדוּ דִּבְרֵי מָרְדֳּכַי כִּי־הִגִּיד לָהֶם אֲשֶׁר־הוּא יְהוּדִי: וַיַּרְא הָמָן
כִּי־אֵין מָרְדֳּכַי כֹּרֵעַ וּמִשְׁתַּחֲוֶה לוֹ וַיִּמָּלֵא הָמָן חֵמָה: וַיִּבֶז בְּעֵינָיו לִשְׁלֹחַ
יָד בְּמָרְדֳּכַי לְבַדּוֹ כִּי־הִגִּידוּ לוֹ אֶת־עַם מָרְדֳּכָי וַיְבַקֵּשׁ הָמָן לְהַשְׁמִיד
אֶת־כָּל־הַיְּהוּדִים אֲשֶׁר בְּכָל־מַלְכוּת אֲחַשְׁוֵרוֹשׁ עַם מָרְדֳּכָי: בַּחֹדֶשׁ
הָרִאשׁוֹן הוּא־חֹדֶשׁ נִיסָן בִּשְׁנַת שְׁתֵּים עֶשְׂרֵה לַמֶּלֶךְ אֲחַשְׁוֵרוֹשׁ הִפִּיל
פּוּר הוּא הַגּוֹרָל לִפְנֵי הָמָן מִיּוֹם ׀ לְיוֹם וּמֵחֹדֶשׁ לְחֹדֶשׁ שְׁנֵים־עָשָׂר הוּא־
חֹדֶשׁ אֲדָר: וַיֹּאמֶר הָמָן לַמֶּלֶךְ אֲחַשְׁוֵרוֹשׁ יֶשְׁנוֹ עַם־אֶחָד מְפֻזָּר
וּמְפֹרָד בֵּין הָעַמִּים בְּכֹל מְדִינוֹת מַלְכוּתֶךָ וְדָתֵיהֶם שֹׁנוֹת מִכָּל־עָם וְאֶת־

דָּתֵי הַמֶּלֶךְ אֵינָם עֹשִׂים וְלַמֶּלֶךְ אֵין־שֹׁוֶה לְהַנִּיחָם׃ אִם־עַל־הַמֶּלֶךְ טוֹב
יִכָּתֵב לְאַבְּדָם וַעֲשֶׂרֶת אֲלָפִים כִּכַּר־כֶּסֶף אֶשְׁקוֹל עַל־יְדֵי עֹשֵׂי הַמְּלָאכָה
לְהָבִיא אֶל־גִּנְזֵי הַמֶּלֶךְ׃ וַיָּסַר הַמֶּלֶךְ אֶת־טַבַּעְתּוֹ מֵעַל יָדוֹ וַיִּתְּנָהּ לְהָמָן
בֶּן־הַמְּדָתָא הָאֲגָגִי צֹרֵר הַיְּהוּדִים׃ וַיֹּאמֶר הַמֶּלֶךְ לְהָמָן הַכֶּסֶף נָתוּן לָךְ
וְהָעָם לַעֲשׂוֹת בּוֹ כַּטּוֹב בְּעֵינֶיךָ׃ וַיִּקָּרְאוּ סֹפְרֵי הַמֶּלֶךְ בַּחֹדֶשׁ הָרִאשׁוֹן
בִּשְׁלוֹשָׁה עָשָׂר יוֹם בּוֹ וַיִּכָּתֵב כְּכָל־אֲשֶׁר־צִוָּה הָמָן אֶל אֲחַשְׁדַּרְפְּנֵי־הַמֶּלֶךְ
וְאֶל־הַפַּחוֹת אֲשֶׁר ׀ עַל־מְדִינָה וּמְדִינָה וְאֶל־שָׂרֵי עַם וָעָם מְדִינָה וּמְדִינָה
כִּכְתָבָהּ וְעַם וָעָם כִּלְשׁוֹנוֹ בְּשֵׁם הַמֶּלֶךְ אֲחַשְׁוֵרֹשׁ נִכְתָּב וְנֶחְתָּם בְּטַבַּעַת
הַמֶּלֶךְ׃ וְנִשְׁלוֹחַ סְפָרִים בְּיַד הָרָצִים אֶל־כָּל־מְדִינוֹת הַמֶּלֶךְ לְהַשְׁמִיד
לַהֲרֹג וּלְאַבֵּד אֶת־כָּל־הַיְּהוּדִים מִנַּעַר וְעַד־זָקֵן טַף וְנָשִׁים בְּיוֹם אֶחָד
בִּשְׁלוֹשָׁה עָשָׂר לְחֹדֶשׁ שְׁנֵים־עָשָׂר הוּא־חֹדֶשׁ אֲדָר וּשְׁלָלָם לָבוֹז׃ פַּתְשֶׁגֶן
הַכְּתָב לְהִנָּתֵן דָּת בְּכָל־מְדִינָה וּמְדִינָה גָּלוּי לְכָל־הָעַמִּים לִהְיוֹת עֲתִדִים
לַיּוֹם הַזֶּה׃ הָרָצִים יָצְאוּ דְחוּפִים בִּדְבַר הַמֶּלֶךְ וְהַדָּת נִתְּנָה בְּשׁוּשַׁן הַבִּירָה
ד וְהַמֶּלֶךְ וְהָמָן יָשְׁבוּ לִשְׁתּוֹת וְהָעִיר שׁוּשָׁן נָבוֹכָה׃ וּמָרְדֳּכַי יָדַע
אֶת־כָּל־אֲשֶׁר נַעֲשָׂה וַיִּקְרַע מָרְדֳּכַי אֶת־בְּגָדָיו וַיִּלְבַּשׁ שַׂק וָאֵפֶר וַיֵּצֵא
בְּתוֹךְ הָעִיר וַיִּזְעַק זְעָקָה גְדֹלָה וּמָרָה׃ וַיָּבוֹא עַד לִפְנֵי שַׁעַר־הַמֶּלֶךְ כִּי
אֵין לָבוֹא אֶל־שַׁעַר הַמֶּלֶךְ בִּלְבוּשׁ שָׂק׃ וּבְכָל־מְדִינָה וּמְדִינָה מְקוֹם אֲשֶׁר
דְּבַר־הַמֶּלֶךְ וְדָתוֹ מַגִּיעַ אֵבֶל גָּדוֹל לַיְּהוּדִים וְצוֹם וּבְכִי וּמִסְפֵּד שַׂק וָאֵפֶר
יֻצַּע לָרַבִּים׃ ותבואינה נַעֲרוֹת אֶסְתֵּר וְסָרִיסֶיהָ וַיַּגִּידוּ לָהּ וַתִּתְחַלְחַל וַתָּבוֹאנָה
הַמַּלְכָּה מְאֹד וַתִּשְׁלַח בְּגָדִים לְהַלְבִּישׁ אֶת־מָרְדֳּכַי וּלְהָסִיר שַׂקּוֹ מֵעָלָיו
וְלֹא קִבֵּל׃ וַתִּקְרָא אֶסְתֵּר לַהֲתָךְ מִסָּרִיסֵי הַמֶּלֶךְ אֲשֶׁר הֶעֱמִיד לְפָנֶיהָ
וַתְּצַוֵּהוּ עַל־מָרְדֳּכָי לָדַעַת מַה־זֶּה וְעַל־מַה־זֶּה׃ וַיֵּצֵא הֲתָךְ אֶל־מָרְדֳּכָי
אֶל־רְחוֹב הָעִיר אֲשֶׁר לִפְנֵי שַׁעַר־הַמֶּלֶךְ׃ וַיַּגֶּד־לוֹ מָרְדֳּכַי אֵת כָּל־אֲשֶׁר
קָרָהוּ וְאֵת ׀ פָּרָשַׁת הַכֶּסֶף אֲשֶׁר אָמַר הָמָן לִשְׁקוֹל עַל־גִּנְזֵי הַמֶּלֶךְ
ביהודיים לְאַבְּדָם׃ וְאֶת־פַּתְשֶׁגֶן כְּתָב־הַדָּת אֲשֶׁר־נִתַּן בְּשׁוּשָׁן לְהַשְׁמִידָם בַּיְּהוּדִים
נָתַן לוֹ לְהַרְאוֹת אֶת־אֶסְתֵּר וּלְהַגִּיד לָהּ וּלְצַוּוֹת עָלֶיהָ לָבוֹא אֶל־הַמֶּלֶךְ
לְהִתְחַנֶּן־לוֹ וּלְבַקֵּשׁ מִלְּפָנָיו עַל־עַמָּהּ׃ וַיָּבוֹא הֲתָךְ וַיַּגֵּד לְאֶסְתֵּר אֵת דִּבְרֵי
מָרְדֳּכָי׃ וַתֹּאמֶר אֶסְתֵּר לַהֲתָךְ וַתְּצַוֵּהוּ אֶל־מָרְדֳּכָי׃ כָּל־עַבְדֵי הַמֶּלֶךְ וְעַם
מְדִינוֹת הַמֶּלֶךְ יוֹדְעִים אֲשֶׁר כָּל־אִישׁ וְאִשָּׁה אֲשֶׁר־יָבוֹא אֶל־הַמֶּלֶךְ אֶל־
הֶחָצֵר הַפְּנִימִית אֲשֶׁר לֹא־יִקָּרֵא אַחַת דָּתוֹ לְהָמִית לְבַד מֵאֲשֶׁר יוֹשִׁיט־
לוֹ הַמֶּלֶךְ אֶת־שַׁרְבִיט הַזָּהָב וְחָיָה וַאֲנִי לֹא נִקְרֵאתִי לָבוֹא אֶל־הַמֶּלֶךְ זֶה
שְׁלוֹשִׁים יוֹם׃ וַיַּגִּידוּ לְמָרְדֳּכָי אֵת דִּבְרֵי אֶסְתֵּר׃ וַיֹּאמֶר מָרְדֳּכַי לְהָשִׁיב

אֶל־אֶסְתֵּר אַל־תְּדַמִּי בְנַפְשֵׁךְ לְהִמָּלֵט בֵּית־הַמֶּלֶךְ מִכָּל־הַיְּהוּדִים׃
כִּי אִם־הַחֲרֵשׁ תַּחֲרִישִׁי בָּעֵת הַזֹּאת רֶוַח וְהַצָּלָה יַעֲמוֹד לַיְּהוּדִים
מִמָּקוֹם אַחֵר וְאַתְּ וּבֵית־אָבִיךְ תֹּאבֵדוּ וּמִי יוֹדֵעַ אִם־לְעֵת כָּזֹאת
הִגַּעַתְּ לַמַּלְכוּת׃ וַתֹּאמֶר אֶסְתֵּר לְהָשִׁיב אֶל־מָרְדֳּכָי׃ לֵךְ כְּנוֹס אֶת־
כָּל־הַיְּהוּדִים הַנִּמְצְאִים בְּשׁוּשָׁן וְצוּמוּ עָלַי וְאַל־תֹּאכְלוּ וְאַל־תִּשְׁתּוּ
שְׁלֹשֶׁת יָמִים לַיְלָה וָיוֹם גַּם־אֲנִי וְנַעֲרֹתַי אָצוּם כֵּן וּבְכֵן אָבוֹא אֶל־הַמֶּלֶךְ
אֲשֶׁר לֹא־כַדָּת וְכַאֲשֶׁר אָבַדְתִּי אָבָדְתִּי׃ וַיַּעֲבֹר מָרְדֳּכָי וַיַּעַשׂ כְּכֹל
אֲשֶׁר־צִוְּתָה עָלָיו אֶסְתֵּר׃ וַיְהִי ׀ בַּיּוֹם הַשְּׁלִישִׁי וַתִּלְבַּשׁ אֶסְתֵּר מַלְכוּת ה
וַתַּעֲמֹד בַּחֲצַר בֵּית־הַמֶּלֶךְ הַפְּנִימִית נֹכַח בֵּית הַמֶּלֶךְ וְהַמֶּלֶךְ יוֹשֵׁב
עַל־כִּסֵּא מַלְכוּתוֹ בְּבֵית הַמַּלְכוּת נֹכַח פֶּתַח הַבָּיִת׃ וַיְהִי כִרְאוֹת
הַמֶּלֶךְ אֶת־אֶסְתֵּר הַמַּלְכָּה עֹמֶדֶת בֶּחָצֵר נָשְׂאָה חֵן בְּעֵינָיו וַיּוֹשֶׁט
הַמֶּלֶךְ לְאֶסְתֵּר אֶת־שַׁרְבִיט הַזָּהָב אֲשֶׁר בְּיָדוֹ וַתִּקְרַב אֶסְתֵּר וַתִּגַּע
בְּרֹאשׁ הַשַּׁרְבִיט׃ וַיֹּאמֶר לָהּ הַמֶּלֶךְ מַה־לָּךְ אֶסְתֵּר הַמַּלְכָּה וּמַה־
בַּקָּשָׁתֵךְ עַד־חֲצִי הַמַּלְכוּת וְיִנָּתֵן לָךְ׃ וַתֹּאמֶר אֶסְתֵּר אִם־עַל־הַמֶּלֶךְ
טוֹב יָבוֹא הַמֶּלֶךְ וְהָמָן הַיּוֹם אֶל־הַמִּשְׁתֶּה אֲשֶׁר־עָשִׂיתִי לוֹ׃ וַיֹּאמֶר
הַמֶּלֶךְ מַהֲרוּ אֶת־הָמָן לַעֲשׂוֹת אֶת־דְּבַר אֶסְתֵּר וַיָּבֹא הַמֶּלֶךְ וְהָמָן
אֶל־הַמִּשְׁתֶּה אֲשֶׁר־עָשְׂתָה אֶסְתֵּר׃ וַיֹּאמֶר הַמֶּלֶךְ לְאֶסְתֵּר בְּמִשְׁתֵּה
הַיַּיִן מַה־שְּׁאֵלָתֵךְ וְיִנָּתֵן לָךְ וּמַה־בַּקָּשָׁתֵךְ עַד־חֲצִי הַמַּלְכוּת וְתֵעָשׂ׃
וַתַּעַן אֶסְתֵּר וַתֹּאמַר שְׁאֵלָתִי וּבַקָּשָׁתִי׃ אִם־מָצָאתִי חֵן בְּעֵינֵי הַמֶּלֶךְ
וְאִם־עַל־הַמֶּלֶךְ טוֹב לָתֵת אֶת־שְׁאֵלָתִי וְלַעֲשׂוֹת אֶת־בַּקָּשָׁתִי יָבוֹא
הַמֶּלֶךְ וְהָמָן אֶל־הַמִּשְׁתֶּה אֲשֶׁר אֶעֱשֶׂה לָהֶם וּמָחָר אֶעֱשֶׂה כִּדְבַר
הַמֶּלֶךְ׃ וַיֵּצֵא הָמָן בַּיּוֹם הַהוּא שָׂמֵחַ וְטוֹב לֵב וְכִרְאוֹת הָמָן אֶת־מָרְדֳּכַי
בְּשַׁעַר הַמֶּלֶךְ וְלֹא־קָם וְלֹא־זָע מִמֶּנּוּ וַיִּמָּלֵא הָמָן עַל־מָרְדֳּכַי חֵמָה׃
וַיִּתְאַפַּק הָמָן וַיָּבוֹא אֶל־בֵּיתוֹ וַיִּשְׁלַח וַיָּבֵא אֶת־אֹהֲבָיו וְאֶת־זֶרֶשׁ
אִשְׁתּוֹ׃ וַיְסַפֵּר לָהֶם הָמָן אֶת־כְּבוֹד עָשְׁרוֹ וְרֹב בָּנָיו וְאֵת כָּל־אֲשֶׁר
גִּדְּלוֹ הַמֶּלֶךְ וְאֵת אֲשֶׁר נִשְּׂאוֹ עַל־הַשָּׂרִים וְעַבְדֵי הַמֶּלֶךְ׃ וַיֹּאמֶר הָמָן
אַף לֹא־הֵבִיאָה אֶסְתֵּר הַמַּלְכָּה עִם־הַמֶּלֶךְ אֶל־הַמִּשְׁתֶּה אֲשֶׁר־עָשָׂתָה
כִּי אִם־אוֹתִי וְגַם־לְמָחָר אֲנִי קָרוּא־לָהּ עִם־הַמֶּלֶךְ׃ וְכָל־זֶה אֵינֶנּוּ שֹׁוֶה
לִי בְּכָל־עֵת אֲשֶׁר אֲנִי רֹאֶה אֶת־מָרְדֳּכַי הַיְּהוּדִי יוֹשֵׁב בְּשַׁעַר הַמֶּלֶךְ׃
וַתֹּאמֶר לוֹ זֶרֶשׁ אִשְׁתּוֹ וְכָל־אֹהֲבָיו יַעֲשׂוּ־עֵץ גָּבֹהַּ חֲמִשִּׁים אַמָּה
וּבַבֹּקֶר ׀ אֱמֹר לַמֶּלֶךְ וְיִתְלוּ אֶת־מָרְדֳּכַי עָלָיו וּבֹא עִם־הַמֶּלֶךְ אֶל־
הַמִּשְׁתֶּה שָׂמֵחַ וַיִּיטַב הַדָּבָר לִפְנֵי הָמָן וַיַּעַשׂ הָעֵץ׃ בַּלַּיְלָה ו

הַהוּא נָדְדָה שְׁנַת הַמֶּלֶךְ וַיֹּאמֶר לְהָבִיא אֶת־סֵפֶר הַזִּכְרֹנוֹת דִּבְרֵי
הַיָּמִים וַיִּהְיוּ נִקְרָאִים לִפְנֵי הַמֶּלֶךְ׃ וַיִּמָּצֵא כָתוּב אֲשֶׁר הִגִּיד מָרְדֳּכַי
עַל־בִּגְתָנָא וָתֶרֶשׁ שְׁנֵי סָרִיסֵי הַמֶּלֶךְ מִשֹּׁמְרֵי הַסַּף אֲשֶׁר בִּקְשׁוּ לִשְׁלֹחַ
יָד בַּמֶּלֶךְ אֲחַשְׁוֵרוֹשׁ׃ וַיֹּאמֶר הַמֶּלֶךְ מַה־נַּעֲשָׂה יְקָר וּגְדוּלָּה לְמָרְדֳּכַי
עַל־זֶה וַיֹּאמְרוּ נַעֲרֵי הַמֶּלֶךְ מְשָׁרְתָיו לֹא־נַעֲשָׂה עִמּוֹ דָּבָר׃ וַיֹּאמֶר
הַמֶּלֶךְ מִי בֶחָצֵר וְהָמָן בָּא לַחֲצַר בֵּית־הַמֶּלֶךְ הַחִיצוֹנָה לֵאמֹר לַמֶּלֶךְ
לִתְלוֹת אֶת־מָרְדֳּכַי עַל־הָעֵץ אֲשֶׁר־הֵכִין לוֹ׃ וַיֹּאמְרוּ נַעֲרֵי הַמֶּלֶךְ אֵלָיו
הִנֵּה הָמָן עֹמֵד בֶּחָצֵר וַיֹּאמֶר הַמֶּלֶךְ יָבוֹא׃ וַיָּבוֹא הָמָן וַיֹּאמֶר לוֹ הַמֶּלֶךְ
מַה־לַּעֲשׂוֹת בָּאִישׁ אֲשֶׁר הַמֶּלֶךְ חָפֵץ בִּיקָרוֹ וַיֹּאמֶר הָמָן בְּלִבּוֹ לְמִי
יַחְפֹּץ הַמֶּלֶךְ לַעֲשׂוֹת יְקָר יוֹתֵר מִמֶּנִּי׃ וַיֹּאמֶר הָמָן אֶל־הַמֶּלֶךְ אִישׁ
אֲשֶׁר הַמֶּלֶךְ חָפֵץ בִּיקָרוֹ׃ יָבִיאוּ לְבוּשׁ מַלְכוּת אֲשֶׁר לָבַשׁ־בּוֹ הַמֶּלֶךְ
וְסוּס אֲשֶׁר רָכַב עָלָיו הַמֶּלֶךְ וַאֲשֶׁר נִתַּן כֶּתֶר מַלְכוּת בְּרֹאשׁוֹ׃ וְנָתוֹן
הַלְּבוּשׁ וְהַסּוּס עַל־יַד־אִישׁ מִשָּׂרֵי הַמֶּלֶךְ הַפַּרְתְּמִים וְהִלְבִּישׁוּ אֶת־
הָאִישׁ אֲשֶׁר הַמֶּלֶךְ חָפֵץ בִּיקָרוֹ וְהִרְכִּיבֻהוּ עַל־הַסּוּס בִּרְחוֹב הָעִיר
וְקָרְאוּ לְפָנָיו כָּכָה יֵעָשֶׂה לָאִישׁ אֲשֶׁר הַמֶּלֶךְ חָפֵץ בִּיקָרוֹ׃ וַיֹּאמֶר
הַמֶּלֶךְ לְהָמָן מַהֵר קַח אֶת־הַלְּבוּשׁ וְאֶת־הַסּוּס כַּאֲשֶׁר דִּבַּרְתָּ וַעֲשֵׂה־
כֵן לְמָרְדֳּכַי הַיְּהוּדִי הַיּוֹשֵׁב בְּשַׁעַר הַמֶּלֶךְ אַל־תַּפֵּל דָּבָר מִכֹּל אֲשֶׁר
דִּבַּרְתָּ׃ וַיִּקַּח הָמָן אֶת־הַלְּבוּשׁ וְאֶת־הַסּוּס וַיַּלְבֵּשׁ אֶת־מָרְדֳּכָי וַיַּרְכִּיבֵהוּ
בִּרְחוֹב הָעִיר וַיִּקְרָא לְפָנָיו כָּכָה יֵעָשֶׂה לָאִישׁ אֲשֶׁר הַמֶּלֶךְ חָפֵץ בִּיקָרוֹ׃
וַיָּשָׁב מָרְדֳּכַי אֶל־שַׁעַר הַמֶּלֶךְ וְהָמָן נִדְחַף אֶל־בֵּיתוֹ אָבֵל וַחֲפוּי רֹאשׁ׃
וַיְסַפֵּר הָמָן לְזֶרֶשׁ אִשְׁתּוֹ וּלְכָל־אֹהֲבָיו אֵת כָּל־אֲשֶׁר קָרָהוּ וַיֹּאמְרוּ לוֹ
חֲכָמָיו וְזֶרֶשׁ אִשְׁתּוֹ אִם מִזֶּרַע הַיְּהוּדִים מָרְדֳּכַי אֲשֶׁר הַחִלּוֹתָ לִנְפֹּל
לְפָנָיו לֹא־תוּכַל לוֹ כִּי־נָפוֹל תִּפּוֹל לְפָנָיו׃ עוֹדָם מְדַבְּרִים עִמּוֹ וְסָרִיסֵי
הַמֶּלֶךְ הִגִּיעוּ וַיַּבְהִלוּ לְהָבִיא אֶת־הָמָן אֶל־הַמִּשְׁתֶּה אֲשֶׁר־עָשְׂתָה
ז אֶסְתֵּר׃ וַיָּבֹא הַמֶּלֶךְ וְהָמָן לִשְׁתּוֹת עִם־אֶסְתֵּר הַמַּלְכָּה׃ וַיֹּאמֶר הַמֶּלֶךְ
לְאֶסְתֵּר גַּם בַּיּוֹם הַשֵּׁנִי בְּמִשְׁתֵּה הַיַּיִן מַה־שְּׁאֵלָתֵךְ אֶסְתֵּר הַמַּלְכָּה
וְתִנָּתֵן לָךְ וּמַה־בַּקָּשָׁתֵךְ עַד־חֲצִי הַמַּלְכוּת וְתֵעָשׂ׃ וַתַּעַן אֶסְתֵּר
הַמַּלְכָּה וַתֹּאמַר אִם־מָצָאתִי חֵן בְּעֵינֶיךָ הַמֶּלֶךְ וְאִם־עַל־הַמֶּלֶךְ טוֹב
תִּנָּתֶן־לִי נַפְשִׁי בִּשְׁאֵלָתִי וְעַמִּי בְּבַקָּשָׁתִי׃ כִּי נִמְכַּרְנוּ אֲנִי וְעַמִּי
לְהַשְׁמִיד לַהֲרוֹג וּלְאַבֵּד וְאִלּוּ לַעֲבָדִים וְלִשְׁפָחוֹת נִמְכַּרְנוּ הֶחֱרַשְׁתִּי
כִּי אֵין הַצָּר שֹׁוֶה בְּנֵזֶק הַמֶּלֶךְ׃ וַיֹּאמֶר הַמֶּלֶךְ אֲחַשְׁוֵרוֹשׁ
וַיֹּאמֶר לְאֶסְתֵּר הַמַּלְכָּה מִי הוּא זֶה וְאֵי־זֶה הוּא אֲשֶׁר־מְלָאוֹ לִבּוֹ

לַעֲשׂוֹת כֵּן׃ וַתֹּאמֶר אֶסְתֵּר אִישׁ צַר וְאוֹיֵב הָמָן הָרָע הַזֶּה וְהָמָן נִבְעַת
מִלִּפְנֵי הַמֶּלֶךְ וְהַמַּלְכָּה׃ וְהַמֶּלֶךְ קָם בַּחֲמָתוֹ מִמִּשְׁתֵּה הַיַּיִן אֶל־גִּנַּת
הַבִּיתָן וְהָמָן עָמַד לְבַקֵּשׁ עַל־נַפְשׁוֹ מֵאֶסְתֵּר הַמַּלְכָּה כִּי רָאָה כִּי־כָלְתָה
אֵלָיו הָרָעָה מֵאֵת הַמֶּלֶךְ׃ וְהַמֶּלֶךְ שָׁב מִגִּנַּת הַבִּיתָן אֶל־בֵּית ׀ מִשְׁתֵּה
הַיַּיִן וְהָמָן נֹפֵל עַל־הַמִּטָּה אֲשֶׁר אֶסְתֵּר עָלֶיהָ וַיֹּאמֶר הַמֶּלֶךְ הֲגַם
לִכְבּוֹשׁ אֶת־הַמַּלְכָּה עִמִּי בַּבָּיִת הַדָּבָר יָצָא מִפִּי הַמֶּלֶךְ וּפְנֵי הָמָן חָפוּ׃
וַיֹּאמֶר חַרְבוֹנָה אֶחָד מִן־הַסָּרִיסִים לִפְנֵי הַמֶּלֶךְ גַּם הִנֵּה־הָעֵץ אֲשֶׁר־
עָשָׂה הָמָן לְמָרְדֳּכַי אֲשֶׁר דִּבֶּר־טוֹב עַל־הַמֶּלֶךְ עֹמֵד בְּבֵית הָמָן גָּבֹהַּ
חֲמִשִּׁים אַמָּה וַיֹּאמֶר הַמֶּלֶךְ תְּלֻהוּ עָלָיו׃ וַיִּתְלוּ אֶת־הָמָן עַל־הָעֵץ
אֲשֶׁר־הֵכִין לְמָרְדֳּכָי וַחֲמַת הַמֶּלֶךְ שָׁכָכָה׃ בַּיּוֹם הַהוּא נָתַן ח
הַיְּהוּדִים הַמֶּלֶךְ אֲחַשְׁוֵרוֹשׁ לְאֶסְתֵּר הַמַּלְכָּה אֶת־בֵּית הָמָן צֹרֵר היהודיים
וּמָרְדֳּכַי בָּא לִפְנֵי הַמֶּלֶךְ כִּי־הִגִּידָה אֶסְתֵּר מַה הוּא־לָהּ׃ וַיָּסַר הַמֶּלֶךְ
אֶת־טַבַּעְתּוֹ אֲשֶׁר הֶעֱבִיר מֵהָמָן וַיִּתְּנָהּ לְמָרְדֳּכָי וַתָּשֶׂם אֶסְתֵּר אֶת־
מָרְדֳּכַי עַל־בֵּית הָמָן׃ וַתּוֹסֶף אֶסְתֵּר וַתְּדַבֵּר לִפְנֵי הַמֶּלֶךְ
וַתִּפֹּל לִפְנֵי רַגְלָיו וַתֵּבְךְּ וַתִּתְחַנֶּן־לוֹ לְהַעֲבִיר אֶת־רָעַת הָמָן הָאֲגָגִי
וְאֵת מַחֲשַׁבְתּוֹ אֲשֶׁר חָשַׁב עַל־הַיְּהוּדִים׃ וַיּוֹשֶׁט הַמֶּלֶךְ לְאֶסְתֵּר אֵת
שַׁרְבִט הַזָּהָב וַתָּקָם אֶסְתֵּר וַתַּעֲמֹד לִפְנֵי הַמֶּלֶךְ׃ וַתֹּאמֶר אִם־עַל־
הַמֶּלֶךְ טוֹב וְאִם־מָצָאתִי חֵן לְפָנָיו וְכָשֵׁר הַדָּבָר לִפְנֵי הַמֶּלֶךְ וְטוֹבָה
אֲנִי בְּעֵינָיו יִכָּתֵב לְהָשִׁיב אֶת־הַסְּפָרִים מַחֲשֶׁבֶת הָמָן בֶּן־הַמְּדָתָא
הָאֲגָגִי אֲשֶׁר כָּתַב לְאַבֵּד אֶת־הַיְּהוּדִים אֲשֶׁר בְּכָל־מְדִינוֹת הַמֶּלֶךְ׃
כִּי אֵיכָכָה אוּכַל וְרָאִיתִי בָּרָעָה אֲשֶׁר־יִמְצָא אֶת־עַמִּי וְאֵיכָכָה אוּכַל
וְרָאִיתִי בְּאָבְדַן מוֹלַדְתִּי׃ וַיֹּאמֶר הַמֶּלֶךְ אֲחַשְׁוֵרֹשׁ לְאֶסְתֵּר
הַמַּלְכָּה וּלְמָרְדֳּכַי הַיְּהוּדִי הִנֵּה בֵית־הָמָן נָתַתִּי לְאֶסְתֵּר וְאֹתוֹ תָּלוּ
בַּיְּהוּדִים עַל־הָעֵץ עַל אֲשֶׁר־שָׁלַח יָדוֹ ביהודיים׃ וְאַתֶּם כִּתְבוּ עַל־הַיְּהוּדִים
כַּטּוֹב בְּעֵינֵיכֶם בְּשֵׁם הַמֶּלֶךְ וְחִתְמוּ בְּטַבַּעַת הַמֶּלֶךְ כִּי־כְתָב אֲשֶׁר־
נִכְתָּב בְּשֵׁם־הַמֶּלֶךְ וְנַחְתּוֹם בְּטַבַּעַת הַמֶּלֶךְ אֵין לְהָשִׁיב׃ וַיִּקָּרְאוּ
סֹפְרֵי־הַמֶּלֶךְ בָּעֵת־הַהִיא בַּחֹדֶשׁ הַשְּׁלִישִׁי הוּא־חֹדֶשׁ סִיוָן בִּשְׁלוֹשָׁה
וְעֶשְׂרִים בּוֹ וַיִּכָּתֵב כְּכָל־אֲשֶׁר־צִוָּה מָרְדֳּכַי אֶל־הַיְּהוּדִים וְאֶל
הָאֲחַשְׁדַּרְפְּנִים וְהַפַּחוֹת וְשָׂרֵי הַמְּדִינוֹת אֲשֶׁר ׀ מֵהֹדּוּ וְעַד־כּוּשׁ שֶׁבַע
וְעֶשְׂרִים וּמֵאָה מְדִינָה מְדִינָה וּמְדִינָה כִּכְתָבָהּ וְעַם וָעָם כִּלְשֹׁנוֹ וְאֶל־
הַיְּהוּדִים כִּכְתָבָם וְכִלְשׁוֹנָם׃ וַיִּכְתֹּב בְּשֵׁם הַמֶּלֶךְ אֲחַשְׁוֵרֹשׁ וַיַּחְתֹּם
בְּטַבַּעַת הַמֶּלֶךְ וַיִּשְׁלַח סְפָרִים בְּיַד הָרָצִים בַּסּוּסִים רֹכְבֵי הָרֶכֶשׁ

הָאֲחַשְׁתְּרָנִ֔ים בְּנֵ֖י הָֽרַמָּכִֽים׃ אֲשֶׁר֩ נָתַ֨ן הַמֶּ֜לֶךְ לַיְּהוּדִ֣ים ׀ אֲשֶׁ֣ר ׀ בְּכָל־
עִ֣יר וָעִ֗יר לְהִקָּהֵל֮ וְלַעֲמֹ֣ד עַל־נַפְשָׁם֒ לְהַשְׁמִיד֩ וְלַהֲרֹ֨ג וּלְאַבֵּ֜ד אֶת־כָּל־
חֵ֨יל עַ֧ם וּמְדִינָ֛ה הַצָּרִ֥ים אֹתָ֖ם טַ֣ף וְנָשִׁ֑ים וּשְׁלָלָ֖ם לָבֽוֹז׃ בְּי֣וֹם אֶחָ֔ד
בְּכָל־מְדִינ֖וֹת הַמֶּ֣לֶךְ אֲחַשְׁוֵר֑וֹשׁ בִּשְׁלוֹשָׁ֥ה עָשָׂ֛ר לְחֹ֥דֶשׁ שְׁנֵים־עָשָׂ֖ר
הוּא־חֹ֥דֶשׁ אֲדָֽר׃ פַּתְשֶׁ֣גֶן הַכְּתָ֗ב לְהִנָּ֤תֵן דָּת֙ בְּכָל־מְדִינָ֣ה וּמְדִינָ֔ה גָּל֖וּי
לְכָל־הָֽעַמִּ֑ים וְלִהְי֨וֹת היהודיים עתודים לַיּ֣וֹם הַזֶּ֔ה לְהִנָּקֵ֖ם מֵאֹיְבֵיהֶֽם׃ הַיְּהוּדִ֨ים עֲתִידִ֜ים
הָרָצִ֞ים רֹכְבֵ֤י הָרֶ֙כֶשׁ֙ הָאֲחַשְׁתְּרָנִ֔ים יָֽצְא֛וּ מְבֹהָלִ֥ים וּדְחוּפִ֖ים בִּדְבַ֣ר
הַמֶּ֑לֶךְ וְהַדָּ֥ת נִתְּנָ֖ה בְּשׁוּשַׁ֥ן הַבִּירָֽה׃ וּמָרְדֳּכַ֞י יָצָ֣א ׀ מִלִּפְנֵ֣י
הַמֶּ֗לֶךְ בִּלְב֤וּשׁ מַלְכוּת֙ תְּכֵ֣לֶת וָח֔וּר וַעֲטֶ֤רֶת זָהָב֙ גְּדוֹלָ֔ה וְתַכְרִ֥יךְ בּ֖וּץ
וְאַרְגָּמָ֑ן וְהָעִ֣יר שׁוּשָׁ֔ן צָהֲלָ֖ה וְשָׂמֵֽחָה׃ לַיְּהוּדִ֕ים הָֽיְתָ֥ה אוֹרָ֖ה וְשִׂמְחָ֑ה
וְשָׂשֹׂ֖ן וִיקָֽר׃ וּבְכָל־מְדִינָ֨ה וּמְדִינָ֜ה וּבְכָל־עִ֣יר וָעִ֗יר מְקוֹם֙ אֲשֶׁ֨ר דְּבַר־
הַמֶּ֤לֶךְ וְדָתוֹ֙ מַגִּ֔יעַ שִׂמְחָ֤ה וְשָׂשׂוֹן֙ לַיְּהוּדִ֔ים מִשְׁתֶּ֖ה וְי֣וֹם ט֑וֹב וְרַבִּ֞ים
מֵעַמֵּ֤י הָאָ֙רֶץ֙ מִֽתְיַהֲדִ֔ים כִּֽי־נָפַ֥ל פַּֽחַד־הַיְּהוּדִ֖ים עֲלֵיהֶֽם׃ וּבִשְׁנֵים֩ עָשָׂ֨ר ט
חֹ֜דֶשׁ הוּא־חֹ֣דֶשׁ אֲדָ֗ר בִּשְׁלוֹשָׁ֨ה עָשָׂ֥ר יוֹם֙ בּ֔וֹ אֲשֶׁ֨ר הִגִּ֧יעַ דְּבַר־
הַמֶּ֛לֶךְ וְדָת֖וֹ לְהֵעָשׂ֑וֹת בַּיּ֗וֹם אֲשֶׁ֨ר שִׂבְּר֜וּ אֹיְבֵ֤י הַיְּהוּדִים֙ לִשְׁל֣וֹט בָּהֶ֔ם
וְנַהֲפ֣וֹךְ ה֔וּא אֲשֶׁ֨ר יִשְׁלְט֧וּ הַיְּהוּדִ֛ים הֵ֖מָּה בְּשֹׂנְאֵיהֶֽם׃ נִקְהֲל֨וּ הַיְּהוּדִ֜ים
בְּעָרֵיהֶ֗ם בְּכָל־מְדִינוֹת֙ הַמֶּ֣לֶךְ אֲחַשְׁוֵר֔וֹשׁ לִשְׁלֹ֣חַ יָ֔ד בִּמְבַקְשֵׁ֖י רָֽעָתָ֑ם
וְאִישׁ֙ לֹא־עָמַ֣ד לִפְנֵיהֶ֔ם כִּֽי־נָפַ֥ל פַּחְדָּ֖ם עַל־כָּל־הָעַמִּֽים׃ וְכָל־שָׂרֵ֨י
הַמְּדִינ֜וֹת וְהָאֲחַשְׁדַּרְפְּנִ֣ים וְהַפַּח֗וֹת וְעֹשֵׂ֤י הַמְּלָאכָה֙ אֲשֶׁ֣ר לַמֶּ֔לֶךְ
מְנַשְּׂאִ֖ים אֶת־הַיְּהוּדִ֑ים כִּֽי־נָפַ֥ל פַּֽחַד־מָרְדֳּכַ֖י עֲלֵיהֶֽם׃ כִּֽי־גָד֤וֹל מָרְדֳּכַי֙
בְּבֵ֣ית הַמֶּ֔לֶךְ וְשָׁמְע֖וֹ הוֹלֵ֣ךְ בְּכָל־הַמְּדִינ֑וֹת כִּֽי־הָאִ֥ישׁ מָרְדֳּכַ֖י הוֹלֵ֥ךְ
וְגָדֽוֹל׃ וַיַּכּ֤וּ הַיְּהוּדִים֙ בְּכָל־אֹ֣יְבֵיהֶ֔ם מַכַּת־חֶ֥רֶב וְהֶ֖רֶג וְאַבְדָ֑ן וַיַּעֲשׂ֥וּ
בְשֹׂנְאֵיהֶ֖ם כִּרְצוֹנָֽם׃ וּבְשׁוּשַׁ֣ן הַבִּירָ֗ה הָרְג֤וּ הַיְּהוּדִים֙ וְאַבֵּ֔ד חֲמֵ֥שׁ מֵא֖וֹת
אִֽישׁ׃ וְאֵ֣ת ׀
פַּרְשַׁנְדָּ֗תָא וְאֵ֥ת ׀
דַּלְפ֛וֹן וְאֵ֥ת ׀
אַסְפָּֽתָא׃ וְאֵ֣ת ׀
פּוֹרָ֗תָא וְאֵ֥ת ׀
אֲדַלְיָ֛א וְאֵ֥ת ׀
אֲרִידָֽתָא׃ וְאֵ֣ת ׀
פַּרְמַ֗שְׁתָּא וְאֵ֥ת ׀
אֲרִיסַ֛י וְאֵ֥ת ׀

אֲרִידַי וְאֵת ׀
וַיְזָתָא׃ עֲשֶׂרֶת
בְּנֵי הָמָן בֶּן־הַמְּדָתָא צֹרֵר הַיְּהוּדִים הָרָגוּ וּבַבִּזָּה לֹא שָׁלְחוּ אֶת־יָדָם׃ בַּיּוֹם
הַהוּא בָּא מִסְפַּר הַהֲרוּגִים בְּשׁוּשַׁן הַבִּירָה לִפְנֵי הַמֶּלֶךְ׃ וַיֹּאמֶר הַמֶּלֶךְ
לְאֶסְתֵּר הַמַּלְכָּה בְּשׁוּשַׁן הַבִּירָה הָרְגוּ הַיְּהוּדִים וְאַבֵּד חֲמֵשׁ מֵאוֹת אִישׁ
וְאֵת עֲשֶׂרֶת בְּנֵי־הָמָן בִּשְׁאָר מְדִינוֹת הַמֶּלֶךְ מֶה עָשׂוּ וּמַה־שְּׁאֵלָתֵךְ וְיִנָּתֵן
לָךְ וּמַה־בַּקָּשָׁתֵךְ עוֹד וְתֵעָשׂ׃ וַתֹּאמֶר אֶסְתֵּר אִם־עַל־הַמֶּלֶךְ טוֹב יִנָּתֵן
גַּם־מָחָר לַיְּהוּדִים אֲשֶׁר בְּשׁוּשָׁן לַעֲשׂוֹת כְּדָת הַיּוֹם וְאֵת עֲשֶׂרֶת בְּנֵי־הָמָן
יִתְלוּ עַל־הָעֵץ׃ וַיֹּאמֶר הַמֶּלֶךְ לְהֵעָשׂוֹת כֵּן וַתִּנָּתֵן דָּת בְּשׁוּשָׁן וְאֵת עֲשֶׂרֶת
הַיְּהוּדִים בְּנֵי־הָמָן תָּלוּ׃ וַיִּקָּהֲלוּ היהודיים אֲשֶׁר־בְּשׁוּשָׁן גַּם בְּיוֹם אַרְבָּעָה עָשָׂר
לְחֹדֶשׁ אֲדָר וַיַּהַרְגוּ בְשׁוּשָׁן שְׁלֹשׁ מֵאוֹת אִישׁ וּבַבִּזָּה לֹא שָׁלְחוּ אֶת־יָדָם׃
וּשְׁאָר הַיְּהוּדִים אֲשֶׁר בִּמְדִינוֹת הַמֶּלֶךְ נִקְהֲלוּ ׀ וְעָמֹד עַל־נַפְשָׁם וְנוֹחַ
מֵאֹיְבֵיהֶם וְהָרוֹג בְּשֹׂנְאֵיהֶם חֲמִשָּׁה וְשִׁבְעִים אָלֶף וּבַבִּזָּה לֹא שָׁלְחוּ אֶת־
יָדָם׃ בְּיוֹם־שְׁלוֹשָׁה עָשָׂר לְחֹדֶשׁ אֲדָר וְנוֹחַ בְּאַרְבָּעָה עָשָׂר בּוֹ וְעָשֹׂה אֹתוֹ
וְהַיְּהוּדִים יוֹם מִשְׁתֶּה וְשִׂמְחָה׃ והיהודיים אֲשֶׁר־בְּשׁוּשָׁן נִקְהֲלוּ בִּשְׁלוֹשָׁה עָשָׂר בּוֹ
וּבְאַרְבָּעָה עָשָׂר בּוֹ וְנוֹחַ בַּחֲמִשָּׁה עָשָׂר בּוֹ וְעָשֹׂה אֹתוֹ יוֹם מִשְׁתֶּה וְשִׂמְחָה׃
הַפְּרָזִים עַל־כֵּן הַיְּהוּדִים הפרוזים הַיֹּשְׁבִים בְּעָרֵי הַפְּרָזוֹת עֹשִׂים אֵת יוֹם אַרְבָּעָה
עָשָׂר לְחֹדֶשׁ אֲדָר שִׂמְחָה וּמִשְׁתֶּה וְיוֹם טוֹב וּמִשְׁלוֹחַ מָנוֹת אִישׁ לְרֵעֵהוּ׃
וַיִּכְתֹּב מָרְדֳּכַי אֶת־הַדְּבָרִים הָאֵלֶּה וַיִּשְׁלַח סְפָרִים אֶל־כָּל־הַיְּהוּדִים אֲשֶׁר
בְּכָל־מְדִינוֹת הַמֶּלֶךְ אֲחַשְׁוֵרוֹשׁ הַקְּרוֹבִים וְהָרְחוֹקִים׃ לְקַיֵּם עֲלֵיהֶם
לִהְיוֹת עֹשִׂים אֵת יוֹם אַרְבָּעָה עָשָׂר לְחֹדֶשׁ אֲדָר וְאֵת יוֹם־חֲמִשָּׁה עָשָׂר
בּוֹ בְּכָל־שָׁנָה וְשָׁנָה׃ כַּיָּמִים אֲשֶׁר־נָחוּ בָהֶם הַיְּהוּדִים מֵאֹיְבֵיהֶם וְהַחֹדֶשׁ
אֲשֶׁר נֶהְפַּךְ לָהֶם מִיָּגוֹן לְשִׂמְחָה וּמֵאֵבֶל לְיוֹם טוֹב לַעֲשׂוֹת אוֹתָם יְמֵי
מִשְׁתֶּה וְשִׂמְחָה וּמִשְׁלוֹחַ מָנוֹת אִישׁ לְרֵעֵהוּ וּמַתָּנוֹת לָאֶבְיֹנִים׃ וְקִבֵּל
הַיְּהוּדִים אֵת אֲשֶׁר־הֵחֵלּוּ לַעֲשׂוֹת וְאֵת אֲשֶׁר־כָּתַב מָרְדֳּכַי אֲלֵיהֶם׃ כִּי
הָמָן בֶּן־הַמְּדָתָא הָאֲגָגִי צֹרֵר כָּל־הַיְּהוּדִים חָשַׁב עַל־הַיְּהוּדִים לְאַבְּדָם
וְהִפִּל פּוּר הוּא הַגּוֹרָל לְהֻמָּם וּלְאַבְּדָם׃ וּבְבֹאָהּ לִפְנֵי הַמֶּלֶךְ אָמַר עִם־
הַסֵּפֶר יָשׁוּב מַחֲשַׁבְתּוֹ הָרָעָה אֲשֶׁר־חָשַׁב עַל־הַיְּהוּדִים עַל־רֹאשׁוֹ וְתָלוּ
אֹתוֹ וְאֶת־בָּנָיו עַל־הָעֵץ׃ עַל־כֵּן קָרְאוּ לַיָּמִים הָאֵלֶּה פוּרִים עַל־שֵׁם הַפּוּר
עַל־כֵּן עַל־כָּל־דִּבְרֵי הָאִגֶּרֶת הַזֹּאת וּמָה־רָאוּ עַל־כָּכָה וּמָה הִגִּיעַ אֲלֵיהֶם׃
קִיְּמוּ וְקִבְּלֻ הַיְּהוּדִים ׀ עֲלֵיהֶם ׀ וְעַל־זַרְעָם וְעַל כָּל־הַנִּלְוִים עֲלֵיהֶם וְלֹא

יַעֲבוֹר לִהְיוֹת עֹשִׂים אֵת־שְׁנֵי הַיָּמִים הָאֵלֶּה כִּכְתָבָם וְכִזְמַנָּם בְּכָל־שָׁנָה
וְשָׁנָה׃ וְהַיָּמִים הָאֵלֶּה נִזְכָּרִים וְנַעֲשִׂים בְּכָל־דּוֹר וָדוֹר מִשְׁפָּחָה וּמִשְׁפָּחָה
מְדִינָה וּמְדִינָה וְעִיר וָעִיר וִימֵי הַפּוּרִים הָאֵלֶּה לֹא יַעַבְרוּ מִתּוֹךְ הַיְּהוּדִים
וְזִכְרָם לֹא־יָסוּף מִזַּרְעָם׃ וַתִּכְתֹּב אֶסְתֵּר הַמַּלְכָּה בַת־אֲבִיחַיִל
וּמָרְדֳּכַי הַיְּהוּדִי אֶת־כָּל־תֹּקֶף לְקַיֵּם אֵת אִגֶּרֶת הַפֻּרִים הַזֹּאת הַשֵּׁנִית׃
וַיִּשְׁלַח סְפָרִים אֶל־כָּל־הַיְּהוּדִים אֶל־שֶׁבַע וְעֶשְׂרִים וּמֵאָה מְדִינָה מַלְכוּת
אֲחַשְׁוֵרוֹשׁ דִּבְרֵי שָׁלוֹם וֶאֱמֶת׃ לְקַיֵּם אֶת־יְמֵי הַפֻּרִים הָאֵלֶּה בִּזְמַנֵּיהֶם
כַּאֲשֶׁר קִיַּם עֲלֵיהֶם מָרְדֳּכַי הַיְּהוּדִי וְאֶסְתֵּר הַמַּלְכָּה וְכַאֲשֶׁר קִיְּמוּ עַל־
נַפְשָׁם וְעַל־זַרְעָם דִּבְרֵי הַצּוֹמוֹת וְזַעֲקָתָם׃ וּמַאֲמַר אֶסְתֵּר קִיַּם דִּבְרֵי
י הַפֻּרִים הָאֵלֶּה וְנִכְתָּב בַּסֵּפֶר׃ וַיָּשֶׂם הַמֶּלֶךְ אחשרש ׀ מַס עַל־ אֲחַשְׁוֵרוֹשׁ
הָאָרֶץ וְאִיֵּי הַיָּם׃ וְכָל־מַעֲשֵׂה תָקְפּוֹ וּגְבוּרָתוֹ וּפָרָשַׁת גְּדֻלַּת מָרְדֳּכַי אֲשֶׁר
גִּדְּלוֹ הַמֶּלֶךְ הֲלוֹא־הֵם כְּתוּבִים עַל־סֵפֶר דִּבְרֵי הַיָּמִים לְמַלְכֵי מָדַי וּפָרָס׃
כִּי ׀ מָרְדֳּכַי הַיְּהוּדִי מִשְׁנֶה לַמֶּלֶךְ אֲחַשְׁוֵרוֹשׁ וְגָדוֹל לַיְּהוּדִים וְרָצוּי לְרֹב
אֶחָיו דֹּרֵשׁ טוֹב לְעַמּוֹ וְדֹבֵר שָׁלוֹם לְכָל־זַרְעוֹ׃

שִׁיר הַשִּׁירִים

שִׁיר הַשִּׁירִים אֲשֶׁר לִשְׁלֹמֹה: יִשָּׁקֵנִי מִנְּשִׁיקוֹת פִּיהוּ כִּי־טוֹבִים דֹּדֶיךָ א
מִיָּיִן: לְרֵיחַ שְׁמָנֶיךָ טוֹבִים שֶׁמֶן תּוּרַק שְׁמֶךָ עַל־כֵּן עֲלָמוֹת אֲהֵבוּךָ: מָשְׁכֵנִי
אַחֲרֶיךָ נָּרוּצָה הֱבִיאַנִי הַמֶּלֶךְ חֲדָרָיו נָגִילָה וְנִשְׂמְחָה בָּךְ נַזְכִּירָה דֹדֶיךָ
מִיַּיִן מֵישָׁרִים אֲהֵבוּךָ: שְׁחוֹרָה אֲנִי וְנָאוָה בְּנוֹת יְרוּשָׁלִָם כְּאָהֳלֵי
קֵדָר כִּירִיעוֹת שְׁלֹמֹה: אַל־תִּרְאוּנִי שֶׁאֲנִי שְׁחַרְחֹרֶת שֶׁשֱּׁזָפַתְנִי הַשָּׁמֶשׁ
בְּנֵי אִמִּי נִחֲרוּ־בִי שָׂמֻנִי נֹטֵרָה אֶת־הַכְּרָמִים כַּרְמִי שֶׁלִּי לֹא נָטָרְתִּי: הַגִּידָה
לִּי שֶׁאָהֲבָה נַפְשִׁי אֵיכָה תִרְעֶה אֵיכָה תַּרְבִּיץ בַּצָּהֳרָיִם שַׁלָּמָה אֶהְיֶה
כְּעֹטְיָה עַל עֶדְרֵי חֲבֵרֶיךָ: אִם־לֹא תֵדְעִי לָךְ הַיָּפָה בַּנָּשִׁים צְאִי־לָךְ בְּעִקְבֵי
הַצֹּאן וּרְעִי אֶת־גְּדִיֹּתַיִךְ עַל מִשְׁכְּנוֹת הָרֹעִים: לְסֻסָתִי בְּרִכְבֵי
פַרְעֹה דִּמִּיתִיךְ רַעְיָתִי: נָאווּ לְחָיַיִךְ בַּתֹּרִים צַוָּארֵךְ בַּחֲרוּזִים: תּוֹרֵי זָהָב
נַעֲשֶׂה־לָּךְ עִם נְקֻדּוֹת הַכָּסֶף: עַד־שֶׁהַמֶּלֶךְ בִּמְסִבּוֹ נִרְדִּי נָתַן רֵיחוֹ: צְרוֹר
הַמֹּר ׀ דּוֹדִי לִי בֵּין שָׁדַי יָלִין: אֶשְׁכֹּל הַכֹּפֶר ׀ דּוֹדִי לִי בְּכַרְמֵי עֵין
גֶּדִי: הִנָּךְ יָפָה רַעְיָתִי הִנָּךְ יָפָה עֵינַיִךְ יוֹנִים: הִנְּךָ יָפֶה דוֹדִי אַף
רָהִיטֵנוּ נָעִים אַף־עַרְשֵׂנוּ רַעֲנָנָה: קֹרוֹת בָּתֵּינוּ אֲרָזִים רחיטנו בְּרוֹתִים: אֲנִי ב
חֲבַצֶּלֶת הַשָּׁרוֹן שׁוֹשַׁנַּת הָעֲמָקִים: כְּשׁוֹשַׁנָּה בֵּין הַחוֹחִים כֵּן רַעְיָתִי בֵּין
הַבָּנוֹת: כְּתַפּוּחַ בַּעֲצֵי הַיַּעַר כֵּן דּוֹדִי בֵּין הַבָּנִים בְּצִלּוֹ חִמַּדְתִּי וְיָשַׁבְתִּי
וּפִרְיוֹ מָתוֹק לְחִכִּי: הֱבִיאַנִי אֶל־בֵּית הַיָּיִן וְדִגְלוֹ עָלַי אַהֲבָה: סַמְּכוּנִי
בָּאֲשִׁישׁוֹת רַפְּדוּנִי בַּתַּפּוּחִים כִּי־חוֹלַת אַהֲבָה אָנִי: שְׂמֹאלוֹ תַּחַת לְרֹאשִׁי
וִימִינוֹ תְּחַבְּקֵנִי: הִשְׁבַּעְתִּי אֶתְכֶם בְּנוֹת יְרוּשָׁלִַם בִּצְבָאוֹת אוֹ בְּאַיְלוֹת
הַשָּׂדֶה אִם־תָּעִירוּ ׀ וְאִם־תְּעוֹרְרוּ אֶת־הָאַהֲבָה עַד שֶׁתֶּחְפָּץ: קוֹל
דּוֹדִי הִנֵּה־זֶה בָּא מְדַלֵּג עַל־הֶהָרִים מְקַפֵּץ עַל־הַגְּבָעוֹת: דּוֹמֶה דוֹדִי
לִצְבִי אוֹ לְעֹפֶר הָאַיָּלִים הִנֵּה־זֶה עוֹמֵד אַחַר כָּתְלֵנוּ מַשְׁגִּיחַ מִן־הַחַלֹּנוֹת
מֵצִיץ מִן־הַחֲרַכִּים: עָנָה דוֹדִי וְאָמַר לִי קוּמִי לָךְ רַעְיָתִי יָפָתִי וּלְכִי־לָךְ:
כִּי־הִנֵּה הַסְּתָו עָבָר הַגֶּשֶׁם חָלַף הָלַךְ לוֹ: הַנִּצָּנִים נִרְאוּ בָאָרֶץ עֵת הַזָּמִיר
הִגִּיעַ וְקוֹל הַתּוֹר נִשְׁמַע בְּאַרְצֵנוּ: הַתְּאֵנָה חָנְטָה פַגֶּיהָ וְהַגְּפָנִים ׀ סְמָדַר
לָךְ נָתְנוּ רֵיחַ קוּמִי לכי רַעְיָתִי יָפָתִי וּלְכִי־לָךְ: יוֹנָתִי בְּחַגְוֵי הַסֶּלַע
בְּסֵתֶר הַמַּדְרֵגָה הַרְאִינִי אֶת־מַרְאַיִךְ הַשְׁמִיעִנִי אֶת־קוֹלֵךְ כִּי־קוֹלֵךְ עָרֵב
וּמַרְאֵיךְ נָאוֶה: אֶחֱזוּ־לָנוּ שׁוּעָלִים שֻׁעָלִים קְטַנִּים מְחַבְּלִים

כְּרָמִים וּכְרָמֵינוּ סְמָדַר׃ דּוֹדִי לִי וַאֲנִי לוֹ הָרֹעֶה בַּשּׁוֹשַׁנִּים׃ עַד שֶׁיָּפוּחַ
הַיּוֹם וְנָסוּ הַצְּלָלִים סֹב דְּמֵה־לְךָ דוֹדִי לִצְבִי אוֹ לְעֹפֶר הָאַיָּלִים עַל־הָרֵי
ג בָתֶר׃ עַל־מִשְׁכָּבִי בַּלֵּילוֹת בִּקַּשְׁתִּי אֵת שֶׁאָהֲבָה נַפְשִׁי בִּקַּשְׁתִּיו
וְלֹא מְצָאתִיו׃ אָקוּמָה נָּא וַאֲסוֹבְבָה בָעִיר בַּשְּׁוָקִים וּבָרְחֹבוֹת אֲבַקְשָׁה
אֵת שֶׁאָהֲבָה נַפְשִׁי בִּקַּשְׁתִּיו וְלֹא מְצָאתִיו׃ מְצָאוּנִי הַשֹּׁמְרִים הַסֹּבְבִים
בָּעִיר אֵת שֶׁאָהֲבָה נַפְשִׁי רְאִיתֶם׃ כִּמְעַט שֶׁעָבַרְתִּי מֵהֶם עַד שֶׁמָּצָאתִי
אֵת שֶׁאָהֲבָה נַפְשִׁי אֲחַזְתִּיו וְלֹא אַרְפֶּנּוּ עַד־שֶׁהֲבֵיאתִיו אֶל־בֵּית אִמִּי
וְאֶל־חֶדֶר הוֹרָתִי׃ הִשְׁבַּעְתִּי אֶתְכֶם בְּנוֹת יְרוּשָׁלִַם בִּצְבָאוֹת אוֹ בְּאַיְלוֹת
הַשָּׂדֶה אִם־תָּעִירוּ ׀ וְאִם־תְּעוֹרְרוּ אֶת־הָאַהֲבָה עַד שֶׁתֶּחְפָּץ׃ מִי
זֹאת עֹלָה מִן־הַמִּדְבָּר כְּתִימְרוֹת עָשָׁן מְקֻטֶּרֶת מֹר וּלְבוֹנָה מִכֹּל אַבְקַת
רוֹכֵל׃ הִנֵּה מִטָּתוֹ שֶׁלִּשְׁלֹמֹה שִׁשִּׁים גִּבֹּרִים סָבִיב לָהּ מִגִּבֹּרֵי יִשְׂרָאֵל׃
כֻּלָּם אֲחֻזֵי חֶרֶב מְלֻמְּדֵי מִלְחָמָה אִישׁ חַרְבּוֹ עַל־יְרֵכוֹ מִפַּחַד
בַּלֵּילוֹת׃ אַפִּרְיוֹן עָשָׂה לוֹ הַמֶּלֶךְ שְׁלֹמֹה מֵעֲצֵי הַלְּבָנוֹן׃ עַמּוּדָיו
עָשָׂה כֶסֶף רְפִידָתוֹ זָהָב מֶרְכָּבוֹ אַרְגָּמָן תּוֹכוֹ רָצוּף אַהֲבָה מִבְּנוֹת יְרוּשָׁלִָם׃
צְאֶינָה ׀ וּרְאֶינָה בְּנוֹת צִיּוֹן בַּמֶּלֶךְ שְׁלֹמֹה בָּעֲטָרָה שֶׁעִטְּרָה־לּוֹ אִמּוֹ בְּיוֹם
ד חֲתֻנָּתוֹ וּבְיוֹם שִׂמְחַת לִבּוֹ׃ הִנָּךְ יָפָה רַעְיָתִי הִנָּךְ יָפָה עֵינַיִךְ
יוֹנִים מִבַּעַד לְצַמָּתֵךְ שַׂעְרֵךְ כְּעֵדֶר הָעִזִּים שֶׁגָּלְשׁוּ מֵהַר גִּלְעָד׃ שִׁנַּיִךְ
כְּעֵדֶר הַקְּצוּבוֹת שֶׁעָלוּ מִן־הָרַחְצָה שֶׁכֻּלָּם מַתְאִימוֹת וְשַׁכֻּלָה אֵין בָּהֶם׃
כְּחוּט הַשָּׁנִי שִׂפְתֹתַיִךְ וּמִדְבָּרֵיךְ נָאוֶה כְּפֶלַח הָרִמּוֹן רַקָּתֵךְ מִבַּעַד לְצַמָּתֵךְ׃
כְּמִגְדַּל דָּוִיד צַוָּארֵךְ בָּנוּי לְתַלְפִּיּוֹת אֶלֶף הַמָּגֵן תָּלוּי עָלָיו כֹּל שִׁלְטֵי
הַגִּבֹּרִים׃ שְׁנֵי שָׁדַיִךְ כִּשְׁנֵי עֳפָרִים תְּאוֹמֵי צְבִיָּה הָרוֹעִים בַּשּׁוֹשַׁנִּים׃ עַד
שֶׁיָּפוּחַ הַיּוֹם וְנָסוּ הַצְּלָלִים אֵלֶךְ לִי אֶל־הַר הַמּוֹר וְאֶל־גִּבְעַת הַלְּבוֹנָה׃
כֻּלָּךְ יָפָה רַעְיָתִי וּמוּם אֵין בָּךְ׃ אִתִּי מִלְּבָנוֹן כַּלָּה אִתִּי מִלְּבָנוֹן
תָּבוֹאִי תָּשׁוּרִי ׀ מֵרֹאשׁ אֲמָנָה מֵרֹאשׁ שְׂנִיר וְחֶרְמוֹן מִמְּעֹנוֹת אֲרָיוֹת
מֵהַרְרֵי נְמֵרִים׃ לִבַּבְתִּנִי אֲחֹתִי כַלָּה לִבַּבְתִּנִי באחד מֵעֵינַיִךְ בְּאַחַד עֲנָק בְּאַחַת
מִצַּוְּרֹנָיִךְ׃ מַה־יָּפוּ דֹדַיִךְ אֲחֹתִי כַלָּה מַה־טֹּבוּ דֹדַיִךְ מִיַּיִן וְרֵיחַ שְׁמָנַיִךְ
מִכָּל־בְּשָׂמִים׃ נֹפֶת תִּטֹּפְנָה שִׂפְתוֹתַיִךְ כַּלָּה דְּבַשׁ וְחָלָב תַּחַת לְשׁוֹנֵךְ
וְרֵיחַ שַׂלְמֹתַיִךְ כְּרֵיחַ לְבָנוֹן׃ גַּן ׀ נָעוּל אֲחֹתִי כַלָּה גַּל נָעוּל מַעְיָן

חָתוּם: שְׁלָחַיִךְ פַּרְדֵּס רִמּוֹנִים עִם פְּרִי מְגָדִים כְּפָרִים עִם־נְרָדִים: נֵרְדְּ ׀
וְכַרְכֹּם קָנֶה וְקִנָּמוֹן עִם כָּל־עֲצֵי לְבוֹנָה מֹר וַאֲהָלוֹת עִם כָּל־רָאשֵׁי בְשָׂמִים:
מַעְיַן גַּנִּים בְּאֵר מַיִם חַיִּים וְנֹזְלִים מִן־לְבָנוֹן: עוּרִי צָפוֹן וּבוֹאִי תֵימָן הָפִיחִי
ה גַנִּי יִזְּלוּ בְשָׂמָיו יָבֹא דוֹדִי לְגַנּוֹ וְיֹאכַל פְּרִי מְגָדָיו: בָּאתִי לְגַנִּי אֲחֹתִי כַלָּה
אָרִיתִי מוֹרִי עִם־בְּשָׂמִי אָכַלְתִּי יַעְרִי עִם־דִּבְשִׁי שָׁתִיתִי יֵינִי עִם־חֲלָבִי
אִכְלוּ רֵעִים שְׁתוּ וְשִׁכְרוּ דּוֹדִים: אֲנִי יְשֵׁנָה וְלִבִּי עֵר קוֹל ׀ דּוֹדִי
דוֹפֵק פִּתְחִי־לִי אֲחֹתִי רַעְיָתִי יוֹנָתִי תַמָּתִי שֶׁרֹּאשִׁי נִמְלָא־טָל קְוֻצּוֹתַי
רְסִיסֵי לָיְלָה: פָּשַׁטְתִּי אֶת־כֻּתָּנְתִּי אֵיכָכָה אֶלְבָּשֶׁנָּה רָחַצְתִּי אֶת־רַגְלַי
אֵיכָכָה אֲטַנְּפֵם: דּוֹדִי שָׁלַח יָדוֹ מִן־הַחֹר וּמֵעַי הָמוּ עָלָיו: קַמְתִּי אֲנִי
לִפְתֹּחַ לְדוֹדִי וְיָדַי נָטְפוּ־מוֹר וְאֶצְבְּעֹתַי מוֹר עֹבֵר עַל כַּפּוֹת הַמַּנְעוּל:
פָּתַחְתִּי אֲנִי לְדוֹדִי וְדוֹדִי חָמַק עָבָר נַפְשִׁי יָצְאָה בְדַבְּרוֹ בִּקַּשְׁתִּיהוּ וְלֹא
מְצָאתִיהוּ קְרָאתִיו וְלֹא עָנָנִי: מְצָאֻנִי הַשֹּׁמְרִים הַסֹּבְבִים בָּעִיר הִכּוּנִי
פְצָעוּנִי נָשְׂאוּ אֶת־רְדִידִי מֵעָלַי שֹׁמְרֵי הַחֹמוֹת: הִשְׁבַּעְתִּי אֶתְכֶם בְּנוֹת
יְרוּשָׁלִָם אִם־תִּמְצְאוּ אֶת־דּוֹדִי מַה־תַּגִּידוּ לוֹ שֶׁחוֹלַת אַהֲבָה אָנִי: מַה־
דּוֹדֵךְ מִדּוֹד הַיָּפָה בַּנָּשִׁים מַה־דּוֹדֵךְ מִדּוֹד שֶׁכָּכָה הִשְׁבַּעְתָּנוּ: דּוֹדִי צַח
וְאָדוֹם דָּגוּל מֵרְבָבָה: רֹאשׁוֹ כֶּתֶם פָּז קְוֻצּוֹתָיו תַּלְתַּלִּים שְׁחֹרוֹת כָּעוֹרֵב:
עֵינָיו כְּיוֹנִים עַל־אֲפִיקֵי מָיִם רֹחֲצוֹת בֶּחָלָב יֹשְׁבוֹת עַל־מִלֵּאת: לְחָיָו
כַּעֲרוּגַת הַבֹּשֶׂם מִגְדְּלוֹת מֶרְקָחִים שִׂפְתוֹתָיו שׁוֹשַׁנִּים נֹטְפוֹת מוֹר עֹבֵר:
יָדָיו גְּלִילֵי זָהָב מְמֻלָּאִים בַּתַּרְשִׁישׁ מֵעָיו עֶשֶׁת שֵׁן מְעֻלֶּפֶת סַפִּירִים:
שׁוֹקָיו עַמּוּדֵי שֵׁשׁ מְיֻסָּדִים עַל־אַדְנֵי־פָז מַרְאֵהוּ כַּלְּבָנוֹן בָּחוּר כָּאֲרָזִים:
ו חִכּוֹ מַמְתַקִּים וְכֻלּוֹ מַחֲמַדִּים זֶה דוֹדִי וְזֶה רֵעִי בְּנוֹת יְרוּשָׁלִָם: אָנָה הָלַךְ
דּוֹדֵךְ הַיָּפָה בַּנָּשִׁים אָנָה פָּנָה דוֹדֵךְ וּנְבַקְשֶׁנּוּ עִמָּךְ: דּוֹדִי יָרַד לְגַנּוֹ לַעֲרֻגוֹת
הַבֹּשֶׂם לִרְעוֹת בַּגַּנִּים וְלִלְקֹט שׁוֹשַׁנִּים: אֲנִי לְדוֹדִי וְדוֹדִי לִי הָרֹעֶה
בַּשּׁוֹשַׁנִּים:
יָפָה אַתְּ רַעְיָתִי כְּתִרְצָה נָאוָה כִּירוּשָׁלִָם אֲיֻמָּה כַּנִּדְגָּלוֹת: הָסֵבִּי עֵינַיִךְ
מִנֶּגְדִּי שֶׁהֵם הִרְהִיבֻנִי שַׂעְרֵךְ כְּעֵדֶר הָעִזִּים שֶׁגָּלְשׁוּ מִן־הַגִּלְעָד: שִׁנַּיִךְ
כְּעֵדֶר הָרְחֵלִים שֶׁעָלוּ מִן־הָרַחְצָה שֶׁכֻּלָּם מַתְאִימוֹת וְשַׁכֻּלָה אֵין בָּהֶם:
כְּפֶלַח הָרִמּוֹן רַקָּתֵךְ מִבַּעַד לְצַמָּתֵךְ: שִׁשִּׁים הֵמָּה מְלָכוֹת וּשְׁמֹנִים פִּילַגְשִׁים
וַעֲלָמוֹת אֵין מִסְפָּר: אַחַת הִיא יוֹנָתִי תַמָּתִי אַחַת הִיא לְאִמָּהּ בָּרָה הִיא
לְיוֹלַדְתָּהּ רָאוּהָ בָנוֹת וַיְאַשְּׁרוּהָ מְלָכוֹת וּפִילַגְשִׁים וַיְהַלְלוּהָ: מִי־
זֹאת הַנִּשְׁקָפָה כְּמוֹ־שָׁחַר יָפָה כַלְּבָנָה בָּרָה כַּחַמָּה אֲיֻמָּה כַּנִּדְגָּלוֹת: אֶל־
גִּנַּת אֱגוֹז יָרַדְתִּי לִרְאוֹת בְּאִבֵּי הַנָּחַל לִרְאוֹת הֲפָרְחָה הַגֶּפֶן הֵנֵצוּ הָרִמֹּנִים:

ז לֹא יָדַעְתִּי נַפְשִׁי שָׂמַתְנִי מַרְכְּבוֹת עַמִּי נָדִיב: שׁוּבִי שׁוּבִי הַשּׁוּלַמִּית שׁוּבִי
שׁוּבִי וְנֶחֱזֶה־בָּךְ מַה־תֶּחֱזוּ בַּשּׁוּלַמִּית כִּמְחֹלַת הַמַּחֲנָיִם: מַה־יָּפוּ פְעָמַיִךְ
בַּנְּעָלִים בַּת־נָדִיב חַמּוּקֵי יְרֵכַיִךְ כְּמוֹ חֲלָאִים מַעֲשֵׂה יְדֵי אָמָּן: שָׁרְרֵךְ אַגַּן
הַסַּהַר אַל־יֶחְסַר הַמָּזֶג בִּטְנֵךְ עֲרֵמַת חִטִּים סוּגָה בַּשּׁוֹשַׁנִּים: שְׁנֵי שָׁדַיִךְ
כִּשְׁנֵי עֳפָרִים תָּאֳמֵי צְבִיָּה: צַוָּארֵךְ כְּמִגְדַּל הַשֵּׁן עֵינַיִךְ בְּרֵכוֹת בְּחֶשְׁבּוֹן
עַל־שַׁעַר בַּת־רַבִּים אַפֵּךְ כְּמִגְדַּל הַלְּבָנוֹן צוֹפֶה פְּנֵי דַמָּשֶׂק: רֹאשֵׁךְ עָלַיִךְ
כַּכַּרְמֶל וְדַלַּת רֹאשֵׁךְ כָּאַרְגָּמָן מֶלֶךְ אָסוּר בָּרְהָטִים: מַה־יָּפִית וּמַה־נָּעַמְתְּ
אַהֲבָה בַּתַּעֲנוּגִים: זֹאת קוֹמָתֵךְ דָּמְתָה לְתָמָר וְשָׁדַיִךְ לְאַשְׁכֹּלוֹת: אָמַרְתִּי
אֶעֱלֶה בְתָמָר אֹחֲזָה בְּסַנְסִנָּיו וְיִהְיוּ־נָא שָׁדַיִךְ כְּאֶשְׁכְּלוֹת הַגֶּפֶן וְרֵיחַ
אַפֵּךְ כַּתַּפּוּחִים: וְחִכֵּךְ כְּיֵין הַטּוֹב הוֹלֵךְ לְדוֹדִי לְמֵישָׁרִים דּוֹבֵב שִׂפְתֵי
יְשֵׁנִים: אֲנִי לְדוֹדִי וְעָלַי תְּשׁוּקָתוֹ: לְכָה דוֹדִי נֵצֵא הַשָּׂדֶה נָלִינָה בַּכְּפָרִים:
נַשְׁכִּימָה לַכְּרָמִים נִרְאֶה אִם־פָּרְחָה הַגֶּפֶן פִּתַּח הַסְּמָדַר הֵנֵצוּ הָרִמּוֹנִים שָׁם
אֶתֵּן אֶת־דֹּדַי לָךְ: הַדּוּדָאִים נָתְנוּ־רֵיחַ וְעַל־פְּתָחֵינוּ כָּל־מְגָדִים חֲדָשִׁים
ח גַּם־יְשָׁנִים דּוֹדִי צָפַנְתִּי לָךְ: מִי יִתֶּנְךָ כְּאָח לִי יוֹנֵק שְׁדֵי אִמִּי אֶמְצָאֲךָ
בַחוּץ אֶשָּׁקְךָ גַּם לֹא־יָבֻזוּ לִי: אֶנְהָגְךָ אֲבִיאֲךָ אֶל־בֵּית אִמִּי תְּלַמְּדֵנִי
אַשְׁקְךָ מִיַּיִן הָרֶקַח מֵעֲסִיס רִמֹּנִי: שְׂמֹאלוֹ תַּחַת רֹאשִׁי וִימִינוֹ תְּחַבְּקֵנִי:
הִשְׁבַּעְתִּי אֶתְכֶם בְּנוֹת יְרוּשָׁלִָם מַה־תָּעִירוּ ׀ וּמַה־תְּעֹרְרוּ אֶת־הָאַהֲבָה
עַד שֶׁתֶּחְפָּץ: מִי זֹאת עֹלָה מִן־הַמִּדְבָּר מִתְרַפֶּקֶת עַל־דּוֹדָהּ
תַּחַת הַתַּפּוּחַ עוֹרַרְתִּיךָ שָׁמָּה חִבְּלַתְךָ אִמֶּךָ שָׁמָּה חִבְּלָה יְלָדַתְךָ: שִׂימֵנִי
כַחוֹתָם עַל־לִבֶּךָ כַּחוֹתָם עַל־זְרוֹעֶךָ כִּי־עַזָּה כַמָּוֶת אַהֲבָה קָשָׁה כִשְׁאוֹל
קִנְאָה רְשָׁפֶיהָ רִשְׁפֵּי אֵשׁ שַׁלְהֶבֶתְיָה: מַיִם רַבִּים לֹא יוּכְלוּ לְכַבּוֹת אֶת־
הָאַהֲבָה וּנְהָרוֹת לֹא יִשְׁטְפוּהָ אִם־יִתֵּן אִישׁ אֶת־כָּל־הוֹן בֵּיתוֹ בָּאַהֲבָה בּוֹז
יָבוּזוּ לוֹ: אָחוֹת לָנוּ קְטַנָּה וְשָׁדַיִם אֵין לָהּ מַה־נַּעֲשֶׂה לַאֲחֹתֵנוּ
בַּיּוֹם שֶׁיְּדֻבַּר־בָּהּ: אִם־חוֹמָה הִיא נִבְנֶה עָלֶיהָ טִירַת כָּסֶף וְאִם־דֶּלֶת הִיא
נָצוּר עָלֶיהָ לוּחַ אָרֶז: אֲנִי חוֹמָה וְשָׁדַי כַּמִּגְדָּלוֹת אָז הָיִיתִי בְעֵינָיו כְּמוֹצְאֵת
שָׁלוֹם: כֶּרֶם הָיָה לִשְׁלֹמֹה בְּבַעַל הָמוֹן נָתַן אֶת־הַכֶּרֶם לַנֹּטְרִים אִישׁ יָבִא
בְּפִרְיוֹ אֶלֶף כָּסֶף: כַּרְמִי שֶׁלִּי לְפָנָי הָאֶלֶף לְךָ שְׁלֹמֹה וּמָאתַיִם לְנֹטְרִים
אֶת־פִּרְיוֹ: הַיּוֹשֶׁבֶת בַּגַּנִּים חֲבֵרִים מַקְשִׁיבִים לְקוֹלֵךְ הַשְׁמִיעִנִי: בְּרַח ׀
דּוֹדִי וּדְמֵה־לְךָ לִצְבִי אוֹ לְעֹפֶר הָאַיָּלִים עַל הָרֵי בְשָׂמִים:

רוּת

א וַיְהִי בִּימֵי שְׁפֹט הַשֹּׁפְטִים וַיְהִי רָעָב בָּאָרֶץ וַיֵּלֶךְ אִישׁ מִבֵּית לֶחֶם יְהוּדָה
לָגוּר בִּשְׂדֵי מוֹאָב הוּא וְאִשְׁתּוֹ וּשְׁנֵי בָנָיו: וְשֵׁם הָאִישׁ אֱלִימֶלֶךְ וְשֵׁם
אִשְׁתּוֹ נָעֳמִי וְשֵׁם שְׁנֵי־בָנָיו ׀ מַחְלוֹן וְכִלְיוֹן אֶפְרָתִים מִבֵּית לֶחֶם יְהוּדָה
וַיָּבֹאוּ שְׂדֵי־מוֹאָב וַיִּהְיוּ־שָׁם: וַיָּמָת אֱלִימֶלֶךְ אִישׁ נָעֳמִי וַתִּשָּׁאֵר הִיא וּשְׁנֵי
בָנֶיהָ: וַיִּשְׂאוּ לָהֶם נָשִׁים מֹאֲבִיּוֹת שֵׁם הָאַחַת עָרְפָּה וְשֵׁם הַשֵּׁנִית רוּת
וַיֵּשְׁבוּ שָׁם כְּעֶשֶׂר שָׁנִים: וַיָּמֻתוּ גַם־שְׁנֵיהֶם מַחְלוֹן וְכִלְיוֹן וַתִּשָּׁאֵר הָאִשָּׁה
מִשְּׁנֵי יְלָדֶיהָ וּמֵאִישָׁהּ: וַתָּקָם הִיא וְכַלֹּתֶיהָ וַתָּשָׁב מִשְּׂדֵי מוֹאָב כִּי שָׁמְעָה
בִּשְׂדֵה מוֹאָב כִּי־פָקַד יהוה אֶת־עַמּוֹ לָתֵת לָהֶם לָחֶם: וַתֵּצֵא מִן־הַמָּקוֹם
אֲשֶׁר הָיְתָה־שָׁמָּה וּשְׁתֵּי כַלֹּתֶיהָ עִמָּהּ וַתֵּלַכְנָה בַדֶּרֶךְ לָשׁוּב אֶל־אֶרֶץ
יְהוּדָה: וַתֹּאמֶר נָעֳמִי לִשְׁתֵּי כַלֹּתֶיהָ לֵכְנָה שֹּׁבְנָה אִשָּׁה לְבֵית אִמָּהּ יעשה יַעַשׂ
יהוה עִמָּכֶם חֶסֶד כַּאֲשֶׁר עֲשִׂיתֶם עִם־הַמֵּתִים וְעִמָּדִי: יִתֵּן יהוה לָכֶם
וּמְצֶאןָ מְנוּחָה אִשָּׁה בֵּית אִישָׁהּ וַתִּשַּׁק לָהֶן וַתִּשֶּׂאנָה קוֹלָן וַתִּבְכֶּינָה:
וַתֹּאמַרְנָה־לָּהּ כִּי־אִתָּךְ נָשׁוּב לְעַמֵּךְ: וַתֹּאמֶר נָעֳמִי שֹׁבְנָה בְנֹתַי לָמָּה
תֵלַכְנָה עִמִּי הַעוֹד־לִי בָנִים בְּמֵעַי וְהָיוּ לָכֶם לַאֲנָשִׁים: שֹׁבְנָה בְנֹתַי לֵכְןָ כִּי
זָקַנְתִּי מִהְיוֹת לְאִישׁ כִּי אָמַרְתִּי יֶשׁ־לִי תִקְוָה גַּם הָיִיתִי הַלַּיְלָה לְאִישׁ וְגַם
יָלַדְתִּי בָנִים: הֲלָהֵן ׀ תְּשַׂבֵּרְנָה עַד אֲשֶׁר יִגְדָּלוּ הֲלָהֵן תֵּעָגֵנָה לְבִלְתִּי הֱיוֹת
לְאִישׁ אַל בְּנֹתַי כִּי־מַר־לִי מְאֹד מִכֶּם כִּי־יָצְאָה בִי יַד־יהוה: וַתִּשֶּׂנָה קוֹלָן
וַתִּבְכֶּינָה עוֹד וַתִּשַּׁק עָרְפָּה לַחֲמוֹתָהּ וְרוּת דָּבְקָה בָּהּ: וַתֹּאמֶר הִנֵּה שָׁבָה
יְבִמְתֵּךְ אֶל־עַמָּהּ וְאֶל־אֱלֹהֶיהָ שׁוּבִי אַחֲרֵי יְבִמְתֵּךְ: וַתֹּאמֶר רוּת אַל־
תִּפְגְּעִי־בִי לְעָזְבֵךְ לָשׁוּב מֵאַחֲרָיִךְ כִּי אֶל־אֲשֶׁר תֵּלְכִי אֵלֵךְ וּבַאֲשֶׁר תָּלִינִי
אָלִין עַמֵּךְ עַמִּי וֵאלֹהַיִךְ אֱלֹהָי: בַּאֲשֶׁר תָּמוּתִי אָמוּת וְשָׁם אֶקָּבֵר כֹּה
יַעֲשֶׂה יהוה לִי וְכֹה יֹסִיף כִּי הַמָּוֶת יַפְרִיד בֵּינִי וּבֵינֵךְ: וַתֵּרֶא כִּי־מִתְאַמֶּצֶת
הִיא לָלֶכֶת אִתָּהּ וַתֶּחְדַּל לְדַבֵּר אֵלֶיהָ: וַתֵּלַכְנָה שְׁתֵּיהֶם עַד־בּוֹאָנָה בֵּית
לָחֶם וַיְהִי כְּבוֹאָנָה בֵּית לֶחֶם וַתֵּהֹם כָּל־הָעִיר עֲלֵיהֶן וַתֹּאמַרְנָה הֲזֹאת
נָעֳמִי: וַתֹּאמֶר אֲלֵיהֶן אַל־תִּקְרֶאנָה לִי נָעֳמִי קְרֶאןָ לִי מָרָא כִּי־הֵמַר שַׁדַּי
לִי מְאֹד: אֲנִי מְלֵאָה הָלַכְתִּי וְרֵיקָם הֱשִׁיבַנִי יהוה לָמָּה תִקְרֶאנָה לִי נָעֳמִי
וַיהוה עָנָה בִי וְשַׁדַּי הֵרַע לִי: וַתָּשָׁב נָעֳמִי וְרוּת הַמּוֹאֲבִיָּה כַלָּתָהּ עִמָּהּ
ב הַשָּׁבָה מִשְּׂדֵי מוֹאָב וְהֵמָּה בָּאוּ בֵּית לֶחֶם בִּתְחִלַּת קְצִיר שְׂעֹרִים: וּלְנָעֳמִי

מִידָע לְאִישָׁהּ אִישׁ גִּבּוֹר חַיִל מִמִּשְׁפַּחַת אֱלִימֶלֶךְ וּשְׁמוֹ בֹּעַז: וַתֹּאמֶר מוֹדָע רוּת הַמּוֹאֲבִיָּה אֶל־נָעֳמִי אֵלְכָה־נָּא הַשָּׂדֶה וַאֲלַקֳטָה בַשִׁבֳּלִים אַחַר אֲשֶׁר אֶמְצָא־חֵן בְּעֵינָיו וַתֹּאמֶר לָהּ לְכִי בִתִּי: וַתֵּלֶךְ וַתָּבוֹא וַתְּלַקֵּט בַּשָּׂדֶה אַחֲרֵי הַקֹּצְרִים וַיִּקֶר מִקְרֶהָ חֶלְקַת הַשָּׂדֶה לְבֹעַז אֲשֶׁר מִמִּשְׁפַּחַת אֱלִימֶלֶךְ: וְהִנֵּה־בֹעַז בָּא מִבֵּית לֶחֶם וַיֹּאמֶר לַקּוֹצְרִים יְהוָה עִמָּכֶם וַיֹּאמְרוּ לוֹ יְבָרֶכְךָ יְהוָה: וַיֹּאמֶר בֹּעַז לְנַעֲרוֹ הַנִּצָּב עַל־הַקּוֹצְרִים לְמִי הַנַּעֲרָה הַזֹּאת: וַיַּעַן הַנַּעַר הַנִּצָּב עַל־הַקּוֹצְרִים וַיֹּאמַר נַעֲרָה מוֹאֲבִיָּה הִיא הַשָּׁבָה עִם־נָעֳמִי מִשְּׂדֵי מוֹאָב: וַתֹּאמֶר אֲלַקֳטָה־נָּא וְאָסַפְתִּי בָעֳמָרִים אַחֲרֵי הַקּוֹצְרִים וַתָּבוֹא וַתַּעֲמוֹד מֵאָז הַבֹּקֶר וְעַד־עַתָּה זֶה שִׁבְתָּהּ הַבַּיִת מְעָט: וַיֹּאמֶר בֹּעַז אֶל־רוּת הֲלוֹא שָׁמַעַתְּ בִּתִּי אַל־תֵּלְכִי לִלְקֹט בְּשָׂדֶה אַחֵר וְגַם לֹא תַעֲבוּרִי מִזֶּה וְכֹה תִדְבָּקִין עִם־נַעֲרֹתָי: עֵינַיִךְ בַּשָּׂדֶה אֲשֶׁר־יִקְצֹרוּן וְהָלַכְתְּ אַחֲרֵיהֶן הֲלוֹא צִוִּיתִי אֶת־הַנְּעָרִים לְבִלְתִּי נָגְעֵךְ וְצָמִת וְהָלַכְתְּ אֶל־הַכֵּלִים וְשָׁתִית מֵאֲשֶׁר יִשְׁאֲבוּן הַנְּעָרִים: וַתִּפֹּל עַל־פָּנֶיהָ וַתִּשְׁתַּחוּ אָרְצָה וַתֹּאמֶר אֵלָיו מַדּוּעַ מָצָאתִי חֵן בְּעֵינֶיךָ לְהַכִּירֵנִי וְאָנֹכִי נָכְרִיָּה: וַיַּעַן בֹּעַז וַיֹּאמֶר לָהּ הֻגֵּד הֻגַּד לִי כֹּל אֲשֶׁר־עָשִׂית אֶת־חֲמוֹתֵךְ אַחֲרֵי מוֹת אִישֵׁךְ וַתַּעַזְבִי אָבִיךְ וְאִמֵּךְ וְאֶרֶץ מוֹלַדְתֵּךְ וַתֵּלְכִי אֶל־עַם אֲשֶׁר לֹא־יָדַעַתְּ תְּמוֹל שִׁלְשׁוֹם: יְשַׁלֵּם יְהוָה פָּעֳלֵךְ וּתְהִי מַשְׂכֻּרְתֵּךְ שְׁלֵמָה מֵעִם יְהוָה אֱלֹהֵי יִשְׂרָאֵל אֲשֶׁר־בָּאת לַחֲסוֹת תַּחַת־כְּנָפָיו: וַתֹּאמֶר אֶמְצָא־חֵן בְּעֵינֶיךָ אֲדֹנִי כִּי נִחַמְתָּנִי וְכִי דִבַּרְתָּ עַל־לֵב שִׁפְחָתֶךָ וְאָנֹכִי לֹא אֶהְיֶה כְּאַחַת שִׁפְחֹתֶיךָ: וַיֹּאמֶר לָהּ בֹעַז לְעֵת הָאֹכֶל גֹּשִׁי הֲלֹם וְאָכַלְתְּ מִן־הַלֶּחֶם וְטָבַלְתְּ פִּתֵּךְ בַּחֹמֶץ וַתֵּשֶׁב מִצַּד הַקֹּצְרִים וַיִּצְבָּט־לָהּ קָלִי וַתֹּאכַל וַתִּשְׂבַּע וַתֹּתַר: וַתָּקָם לְלַקֵּט וַיְצַו בֹּעַז אֶת־נְעָרָיו לֵאמֹר גַּם בֵּין הָעֳמָרִים תְּלַקֵּט וְלֹא תַכְלִימוּהָ: וְגַם שֹׁל־תָּשֹׁלּוּ לָהּ מִן־הַצְּבָתִים וַעֲזַבְתֶּם וְלִקְּטָה וְלֹא תִגְעֲרוּ־בָהּ: וַתְּלַקֵּט בַּשָּׂדֶה עַד־הָעָרֶב וַתַּחְבֹּט אֵת אֲשֶׁר־לִקֵּטָה וַיְהִי כְּאֵיפָה שְׂעֹרִים: וַתִּשָּׂא וַתָּבוֹא הָעִיר וַתֵּרֶא חֲמוֹתָהּ אֵת אֲשֶׁר־לִקֵּטָה וַתּוֹצֵא וַתִּתֶּן־לָהּ אֵת אֲשֶׁר־הוֹתִרָה מִשָּׂבְעָהּ: וַתֹּאמֶר לָהּ חֲמוֹתָהּ אֵיפֹה לִקַּטְתְּ הַיּוֹם וְאָנָה עָשִׂית יְהִי מַכִּירֵךְ בָּרוּךְ וַתַּגֵּד לַחֲמוֹתָהּ אֵת אֲשֶׁר־עָשְׂתָה עִמּוֹ וַתֹּאמֶר שֵׁם הָאִישׁ אֲשֶׁר עָשִׂיתִי עִמּוֹ הַיּוֹם בֹּעַז: וַתֹּאמֶר נָעֳמִי

לְכַלָּתָהּ בָּרוּךְ הוּא לַיהוָה אֲשֶׁר לֹא־עָזַב חַסְדּוֹ אֶת־הַחַיִּים וְאֶת־הַמֵּתִים
וַתֹּאמֶר לָהּ נָעֳמִי קָרוֹב לָנוּ הָאִישׁ מִגֹּאֲלֵנוּ הוּא׃ וַתֹּאמֶר רוּת הַמּוֹאֲבִיָּה
גַּם ׀ כִּי־אָמַר אֵלַי עִם־הַנְּעָרִים אֲשֶׁר־לִי תִּדְבָּקִין עַד אִם־כִּלּוּ אֵת כָּל־
הַקָּצִיר אֲשֶׁר־לִי׃ וַתֹּאמֶר נָעֳמִי אֶל־רוּת כַּלָּתָהּ טוֹב בִּתִּי כִּי תֵצְאִי עִם־
נַעֲרוֹתָיו וְלֹא יִפְגְּעוּ־בָךְ בְּשָׂדֶה אַחֵר׃ וַתִּדְבַּק בְּנַעֲרוֹת בֹּעַז לְלַקֵּט עַד־
כְּלוֹת קְצִיר־הַשְּׂעֹרִים וּקְצִיר הַחִטִּים וַתֵּשֶׁב אֶת־חֲמוֹתָהּ׃ וַתֹּאמֶר לָהּ ג
נָעֳמִי חֲמוֹתָהּ בִּתִּי הֲלֹא אֲבַקֶּשׁ־לָךְ מָנוֹחַ אֲשֶׁר יִיטַב־לָךְ׃ וְעַתָּה הֲלֹא
בֹעַז מֹדַעְתָּנוּ אֲשֶׁר הָיִית אֶת־נַעֲרוֹתָיו הִנֵּה־הוּא זֹרֶה אֶת־גֹּרֶן הַשְּׂעֹרִים
שִׂמְלֹתַיִךְ וְיָרַדְתְּ הַלָּיְלָה׃ וְרָחַצְתְּ ׀ וָסַכְתְּ וְשַׂמְתְּ שמלתך עָלַיִךְ וירדתי הַגֹּרֶן אַל־תִּוָּדְעִי
לָאִישׁ עַד כַּלֹּתוֹ לֶאֱכֹל וְלִשְׁתּוֹת׃ וִיהִי בְשָׁכְבוֹ וְיָדַעַתְּ אֶת־הַמָּקוֹם אֲשֶׁר
וְשָׁכָבְתְּ יִשְׁכַּב־שָׁם וּבָאת וְגִלִּית מַרְגְּלֹתָיו ושכבתי וְהוּא יַגִּיד לָךְ אֵת אֲשֶׁר תַּעֲשִׂין׃
אֵלַי וַתֹּאמֶר אֵלֶיהָ כֹּל אֲשֶׁר־תֹּאמְרִי   אֶעֱשֶׂה׃ וַתֵּרֶד הַגֹּרֶן וַתַּעַשׂ כְּכֹל
אֲשֶׁר־צִוַּתָּה חֲמוֹתָהּ׃ וַיֹּאכַל בֹּעַז וַיֵּשְׁתְּ וַיִּיטַב לִבּוֹ וַיָּבֹא לִשְׁכַּב בִּקְצֵה
הָעֲרֵמָה וַתָּבֹא בַלָּט וַתְּגַל מַרְגְּלֹתָיו וַתִּשְׁכָּב׃ וַיְהִי בַּחֲצִי הַלַּיְלָה וַיֶּחֱרַד
הָאִישׁ וַיִּלָּפֵת וְהִנֵּה אִשָּׁה שֹׁכֶבֶת מַרְגְּלֹתָיו׃ וַיֹּאמֶר מִי־אָתְּ וַתֹּאמֶר אָנֹכִי
רוּת אֲמָתֶךָ וּפָרַשְׂתָּ כְנָפֶךָ עַל־אֲמָתְךָ כִּי גֹאֵל אָתָּה׃ וַיֹּאמֶר בְּרוּכָה אַתְּ
לַיהוָה בִּתִּי הֵיטַבְתְּ חַסְדֵּךְ הָאַחֲרוֹן מִן־הָרִאשׁוֹן לְבִלְתִּי־לֶכֶת אַחֲרֵי
הַבַּחוּרִים אִם־דַּל וְאִם־עָשִׁיר׃ וְעַתָּה בִּתִּי אַל־תִּירְאִי כֹּל אֲשֶׁר־תֹּאמְרִי
אֶעֱשֶׂה־לָּךְ כִּי יוֹדֵעַ כָּל־שַׁעַר עַמִּי כִּי אֵשֶׁת חַיִל אָתְּ׃ וְעַתָּה כִּי אָמְנָם כִּי
אם גֹאֵל אָנֹכִי וְגַם יֵשׁ גֹּאֵל קָרוֹב מִמֶּנִּי׃ לִינִי ׀ הַלַּיְלָה וְהָיָה בַבֹּקֶר אִם־
יִגְאָלֵךְ טוֹב יִגְאָל וְאִם־לֹא יַחְפֹּץ לְגָאֳלֵךְ וּגְאַלְתִּיךְ אָנֹכִי חַי־יְהוָה שִׁכְבִי
בְּטֶרֶם עַד־הַבֹּקֶר׃ וַתִּשְׁכַּב מַרְגְּלוֹתָו עַד־הַבֹּקֶר וַתָּקָם בטרום יַכִּיר אִישׁ אֶת־
רֵעֵהוּ וַיֹּאמֶר אַל־יִוָּדַע כִּי־בָאָה הָאִשָּׁה הַגֹּרֶן׃ וַיֹּאמֶר הָבִי הַמִּטְפַּחַת
אֲשֶׁר־עָלַיִךְ וְאֶחֳזִי־בָהּ וַתֹּאחֶז בָּהּ וַיָּמָד שֵׁשׁ־שְׂעֹרִים וַיָּשֶׁת עָלֶיהָ וַיָּבֹא
הָעִיר׃ וַתָּבוֹא אֶל־חֲמוֹתָהּ וַתֹּאמֶר מִי־אַתְּ בִּתִּי וַתַּגֶּד־לָהּ אֵת כָּל־אֲשֶׁר
אֵלַי עָשָׂה־לָהּ הָאִישׁ׃ וַתֹּאמֶר שֵׁשׁ־הַשְּׂעֹרִים הָאֵלֶּה נָתַן לִי כִּי אָמַר   אַל־
תָּבוֹאִי רֵיקָם אֶל־חֲמוֹתֵךְ׃ וַתֹּאמֶר שְׁבִי בִתִּי עַד אֲשֶׁר תֵּדְעִין אֵיךְ יִפֹּל
דָּבָר כִּי לֹא יִשְׁקֹט הָאִישׁ כִּי־אִם־כִּלָּה הַדָּבָר הַיּוֹם׃ וּבֹעַז עָלָה הַשַּׁעַר ד
וַיֵּשֶׁב שָׁם וְהִנֵּה הַגֹּאֵל עֹבֵר אֲשֶׁר דִּבֶּר־בֹּעַז וַיֹּאמֶר סוּרָה שְׁבָה־פֹּה פְּלֹנִי
אַלְמֹנִי וַיָּסַר וַיֵּשֵׁב׃ וַיִּקַּח עֲשָׂרָה אֲנָשִׁים מִזִּקְנֵי הָעִיר וַיֹּאמֶר שְׁבוּ־פֹה
וַיֵּשֵׁבוּ׃ וַיֹּאמֶר לַגֹּאֵל חֶלְקַת הַשָּׂדֶה אֲשֶׁר לְאָחִינוּ לֶאֱלִימֶלֶךְ מָכְרָה נָעֳמִי
הַשָּׁבָה מִשְּׂדֵה מוֹאָב׃ וַאֲנִי אָמַרְתִּי אֶגְלֶה אָזְנְךָ לֵאמֹר קְנֵה נֶגֶד הַיֹּשְׁבִים

וְנֶגֶד זִקְנֵי עַמִּי אִם־תִּגְאַל גְּאָל וְאִם־לֹא יִגְאַל הַגִּידָה לִּי וְאֵדְעָ כִּי אֵין
זוּלָתְךָ לִגְאוֹל וְאָנֹכִי אַחֲרֶיךָ וַיֹּאמֶר אָנֹכִי אֶגְאָל׃ וַיֹּאמֶר בֹּעַז בְּיוֹם־קְנוֹתְךָ
הַשָּׂדֶה מִיַּד נָעֳמִי וּמֵאֵת רוּת הַמּוֹאֲבִיָּה אֵשֶׁת־הַמֵּת קָנִיתִי לְהָקִים שֵׁם־ קָנִיתָ
הַמֵּת עַל־נַחֲלָתוֹ׃ וַיֹּאמֶר הַגֹּאֵל לֹא אוּכַל לִגְאוֹל־לִי פֶּן־אַשְׁחִית אֶת־ לִגְאָל־
נַחֲלָתִי גְּאַל־לְךָ אַתָּה אֶת־גְּאֻלָּתִי כִּי לֹא־אוּכַל לִגְאֹל׃ וְזֹאת לְפָנִים
בְּיִשְׂרָאֵל עַל־הַגְּאוּלָּה וְעַל־הַתְּמוּרָה לְקַיֵּם כָּל־דָּבָר שָׁלַף אִישׁ נַעֲלוֹ וְנָתַן
לְרֵעֵהוּ וְזֹאת הַתְּעוּדָה בְּיִשְׂרָאֵל׃ וַיֹּאמֶר הַגֹּאֵל לְבֹעַז קְנֵה־לָךְ וַיִּשְׁלֹף
נַעֲלוֹ׃ וַיֹּאמֶר בֹּעַז לַזְּקֵנִים וְכָל־הָעָם עֵדִים אַתֶּם הַיּוֹם כִּי קָנִיתִי אֶת־כָּל־
אֲשֶׁר לֶאֱלִימֶלֶךְ וְאֵת כָּל־אֲשֶׁר לְכִלְיוֹן וּמַחְלוֹן מִיַּד נָעֳמִי׃ וְגַם אֶת־רוּת
הַמֹּאֲבִיָּה אֵשֶׁת מַחְלוֹן קָנִיתִי לִי לְאִשָּׁה לְהָקִים שֵׁם־הַמֵּת עַל־נַחֲלָתוֹ
וְלֹא־יִכָּרֵת שֵׁם־הַמֵּת מֵעִם אֶחָיו וּמִשַּׁעַר מְקוֹמוֹ עֵדִים אַתֶּם הַיּוֹם׃ וַיֹּאמְרוּ
כָּל־הָעָם אֲשֶׁר־בַּשַּׁעַר וְהַזְּקֵנִים עֵדִים יִתֵּן יהוה אֶת־הָאִשָּׁה הַבָּאָה אֶל־
בֵּיתֶךָ כְּרָחֵל ׀ וּכְלֵאָה אֲשֶׁר בָּנוּ שְׁתֵּיהֶם אֶת־בֵּית יִשְׂרָאֵל וַעֲשֵׂה־חַיִל
בְּאֶפְרָתָה וּקְרָא־שֵׁם בְּבֵית לָחֶם׃ וִיהִי בֵיתְךָ כְּבֵית פֶּרֶץ אֲשֶׁר־יָלְדָה
תָמָר לִיהוּדָה מִן־הַזֶּרַע אֲשֶׁר יִתֵּן יהוה לְךָ מִן־הַנַּעֲרָה הַזֹּאת׃ וַיִּקַּח בֹּעַז
אֶת־רוּת וַתְּהִי־לוֹ לְאִשָּׁה וַיָּבֹא אֵלֶיהָ וַיִּתֵּן יהוה לָהּ הֵרָיוֹן וַתֵּלֶד בֵּן׃
וַתֹּאמַרְנָה הַנָּשִׁים אֶל־נָעֳמִי בָּרוּךְ יהוה אֲשֶׁר לֹא הִשְׁבִּית לָךְ גֹּאֵל הַיּוֹם
וְיִקָּרֵא שְׁמוֹ בְּיִשְׂרָאֵל׃ וְהָיָה לָךְ לְמֵשִׁיב נֶפֶשׁ וּלְכַלְכֵּל אֶת־שֵׂיבָתֵךְ כִּי
כַלָּתֵךְ אֲשֶׁר־אֲהֵבַתֶךְ יְלָדַתּוּ אֲשֶׁר־הִיא טוֹבָה לָךְ מִשִּׁבְעָה בָּנִים׃ וַתִּקַּח
נָעֳמִי אֶת־הַיֶּלֶד וַתְּשִׁתֵהוּ בְחֵיקָהּ וַתְּהִי־לוֹ לְאֹמֶנֶת׃ וַתִּקְרֶאנָה לוֹ הַשְּׁכֵנוֹת
שֵׁם לֵאמֹר יֻלַּד־בֵּן לְנָעֳמִי וַתִּקְרֶאנָה שְׁמוֹ עוֹבֵד הוּא אֲבִי־יִשַׁי אֲבִי דָוִד׃
וְאֵלֶּה תּוֹלְדוֹת פָּרֶץ פֶּרֶץ הוֹלִיד אֶת־חֶצְרוֹן׃ וְחֶצְרוֹן הוֹלִיד אֶת־רָם וְרָם
הוֹלִיד אֶת־עַמִּינָדָב׃ וְעַמִּינָדָב הוֹלִיד אֶת־נַחְשׁוֹן וְנַחְשׁוֹן הוֹלִיד אֶת־
שַׂלְמָה׃ וְשַׂלְמוֹן הוֹלִיד אֶת־בֹּעַז וּבֹעַז הוֹלִיד אֶת־עוֹבֵד׃ וְעֹבֵד הוֹלִיד
אֶת־יִשָׁי וְיִשַׁי הוֹלִיד אֶת־דָּוִד׃

איכה

א אֵיכָה ׀ יָשְׁבָה בָדָד הָעִיר רַבָּתִי עָם הָיְתָה כְּאַלְמָנָה רַבָּתִי בַגּוֹיִם שָׂרָתִי
בַּמְּדִינוֹת הָיְתָה לָמַס׃ בָּכוֹ תִבְכֶּה בַּלַּיְלָה וְדִמְעָתָהּ עַל לֶחֱיָהּ אֵין־לָהּ
מְנַחֵם מִכָּל־אֹהֲבֶיהָ כָּל־רֵעֶיהָ בָּגְדוּ בָהּ הָיוּ לָהּ לְאֹיְבִים׃ גָּלְתָה יְהוּדָה
מֵעֹנִי וּמֵרֹב עֲבֹדָה הִיא יָשְׁבָה בַגּוֹיִם לֹא מָצְאָה מָנוֹחַ כָּל־רֹדְפֶיהָ הִשִּׂיגוּהָ
בֵּין הַמְּצָרִים׃ דַּרְכֵי צִיּוֹן אֲבֵלוֹת מִבְּלִי בָּאֵי מוֹעֵד כָּל־שְׁעָרֶיהָ שׁוֹמֵמִין
כֹּהֲנֶיהָ נֶאֱנָחִים בְּתוּלֹתֶיהָ נּוּגוֹת וְהִיא מַר־לָהּ׃ הָיוּ צָרֶיהָ לְרֹאשׁ אֹיְבֶיהָ
שָׁלוּ כִּי־יְהוָה הוֹגָהּ עַל־רֹב פְּשָׁעֶיהָ עוֹלָלֶיהָ הָלְכוּ שְׁבִי לִפְנֵי־צָר׃ וַיֵּצֵא
מן בת־צִיּוֹן כָּל־הֲדָרָהּ הָיוּ שָׂרֶיהָ כְּאַיָּלִים לֹא־מָצְאוּ מִרְעֶה וַיֵּלְכוּ בְלֹא־ מִבַּת־
כֹחַ לִפְנֵי רוֹדֵף׃ זָכְרָה יְרוּשָׁלַםִ יְמֵי עָנְיָהּ וּמְרוּדֶיהָ כֹּל מַחֲמֻדֶיהָ אֲשֶׁר
הָיוּ מִימֵי קֶדֶם בִּנְפֹל עַמָּהּ בְּיַד־צָר וְאֵין עוֹזֵר לָהּ רָאוּהָ צָרִים שָׂחֲקוּ
עַל־מִשְׁבַּתֶּהָ׃ חֵטְא חָטְאָה יְרוּשָׁלַםִ עַל־כֵּן לְנִידָה הָיָתָה כָּל־מְכַבְּדֶיהָ
הִזִּילוּהָ כִּי־רָאוּ עֶרְוָתָהּ גַּם־הִיא נֶאֶנְחָה וַתָּשָׁב אָחוֹר׃ טֻמְאָתָהּ בְּשׁוּלֶיהָ
לֹא זָכְרָה אַחֲרִיתָהּ וַתֵּרֶד פְּלָאִים אֵין מְנַחֵם לָהּ רְאֵה יְהוָה אֶת־עָנְיִי כִּי
הִגְדִּיל אוֹיֵב׃ יָדוֹ פָּרַשׂ צָר עַל כָּל־מַחֲמַדֶּיהָ כִּי־רָאֲתָה גוֹיִם בָּאוּ מִקְדָּשָׁהּ
אֲשֶׁר צִוִּיתָה לֹא־יָבֹאוּ בַקָּהָל לָךְ׃ כָּל־עַמָּהּ נֶאֱנָחִים מְבַקְּשִׁים לֶחֶם נָתְנוּ
מחמודיהם בְּאֹכֶל לְהָשִׁיב נָפֶשׁ רְאֵה יְהוָה וְהַבִּיטָה כִּי הָיִיתִי זוֹלֵלָה׃ לוֹא מַחֲמַדֵּיהֶם
אֲלֵיכֶם כָּל־עֹבְרֵי דֶרֶךְ הַבִּיטוּ וּרְאוּ אִם־יֵשׁ מַכְאוֹב כְּמַכְאֹבִי אֲשֶׁר עוֹלַל
לִי אֲשֶׁר הוֹגָה יְהוָה בְּיוֹם חֲרוֹן אַפּוֹ׃ מִמָּרוֹם שָׁלַח־אֵשׁ בְּעַצְמֹתַי וַיִּרְדֶּנָּה
פָּרַשׂ רֶשֶׁת לְרַגְלַי הֱשִׁיבַנִי אָחוֹר נְתָנַנִי שֹׁמֵמָה כָּל־הַיּוֹם דָּוָה׃ נִשְׂקַד
עֹל פְּשָׁעַי בְּיָדוֹ יִשְׂתָּרְגוּ עָלוּ עַל־צַוָּארִי הִכְשִׁיל כֹּחִי נְתָנַנִי אֲדֹנָי בִּידֵי
לֹא־אוּכַל קוּם׃ סִלָּה כָל־אַבִּירַי ׀ אֲדֹנָי בְּקִרְבִּי קָרָא עָלַי מוֹעֵד לִשְׁבֹּר
בַּחוּרָי גַּת דָּרַךְ אֲדֹנָי לִבְתוּלַת בַּת־יְהוּדָה׃ עַל־אֵלֶּה ׀ אֲנִי בוֹכִיָּה עֵינִי ׀
עֵינִי יֹרְדָה מַּיִם כִּי־רָחַק מִמֶּנִּי מְנַחֵם מֵשִׁיב נַפְשִׁי הָיוּ בָנַי שׁוֹמֵמִים כִּי גָבַר
אוֹיֵב׃ פֵּרְשָׂה צִיּוֹן בְּיָדֶיהָ אֵין מְנַחֵם לָהּ צִוָּה יְהוָה לְיַעֲקֹב סְבִיבָיו צָרָיו
הָיְתָה יְרוּשָׁלַםִ לְנִדָּה בֵּינֵיהֶם׃ צַדִּיק הוּא יְהוָה כִּי פִיהוּ מָרִיתִי שִׁמְעוּ־נָא
כל־עמים וּרְאוּ מַכְאֹבִי בְּתוּלֹתַי וּבַחוּרַי הָלְכוּ בַשֶּׁבִי׃ קָרָאתִי לַמְאַהֲבַי הָעַמִּים
הֵמָּה רִמּוּנִי כֹּהֲנַי וּזְקֵנַי בָּעִיר גָּוָעוּ כִּי־בִקְשׁוּ אֹכֶל לָמוֹ וְיָשִׁיבוּ אֶת־נַפְשָׁם׃
רְאֵה יְהוָה כִּי־צַר־לִי מֵעַי חֳמַרְמָרוּ נֶהְפַּךְ לִבִּי בְּקִרְבִּי כִּי מָרוֹ מָרִיתִי מִחוּץ

שִׁכְּלָה־חֶרֶב בַּבַּיִת כַּמָּוֶת׃ שָׁמְעוּ כִּי נֶאֱנָחָה אָנִי אֵין מְנַחֵם לִי כָּל־אֹיְבַי
שָׁמְעוּ רָעָתִי שָׂשׂוּ כִּי אַתָּה עָשִׂיתָ הֵבֵאתָ יוֹם־קָרָאתָ וְיִהְיוּ כָמוֹנִי׃ תָּבֹא
כָל־רָעָתָם לְפָנֶיךָ וְעוֹלֵל לָמוֹ כַּאֲשֶׁר עוֹלַלְתָּ לִי עַל כָּל־פְּשָׁעָי כִּי־רַבּוֹת
אַנְחֹתַי וְלִבִּי דַוָּי׃
ב אֵיכָה יָעִיב בְּאַפּוֹ ׀ אֲדֹנָי אֶת־בַּת־צִיּוֹן הִשְׁלִיךְ מִשָּׁמַיִם אֶרֶץ תִּפְאֶרֶת
יִשְׂרָאֵל וְלֹא־זָכַר הֲדֹם־רַגְלָיו בְּיוֹם אַפּוֹ׃ בִּלַּע אֲדֹנָי לֹא חָמַל אֵת כָּל־נְאוֹת וְלֹא
יַעֲקֹב הָרַס בְּעֶבְרָתוֹ מִבְצְרֵי בַת־יְהוּדָה הִגִּיעַ לָאָרֶץ חִלֵּל מַמְלָכָה וְשָׂרֶיהָ׃
גָּדַע בָּחֳרִי־אַף כֹּל קֶרֶן יִשְׂרָאֵל הֵשִׁיב אָחוֹר יְמִינוֹ מִפְּנֵי אוֹיֵב וַיִּבְעַר בְּיַעֲקֹב
כְּאֵשׁ לֶהָבָה אָכְלָה סָבִיב׃ דָּרַךְ קַשְׁתּוֹ כְּאוֹיֵב נִצָּב יְמִינוֹ כְּצָר וַיַּהֲרֹג כֹּל
מַחֲמַדֵּי־עָיִן בְּאֹהֶל בַּת־צִיּוֹן שָׁפַךְ כָּאֵשׁ חֲמָתוֹ׃ הָיָה אֲדֹנָי ׀ כְּאוֹיֵב בִּלַּע
יִשְׂרָאֵל בִּלַּע כָּל־אַרְמְנוֹתֶיהָ שִׁחֵת מִבְצָרָיו וַיֶּרֶב בְּבַת־יְהוּדָה תַּאֲנִיָּה
וַאֲנִיָּה׃ וַיַּחְמֹס כַּגַּן שֻׂכּוֹ שִׁחֵת מֹעֲדוֹ שִׁכַּח יהוה ׀ בְּצִיּוֹן מוֹעֵד וְשַׁבָּת
וַיִּנְאַץ בְּזַעַם־אַפּוֹ מֶלֶךְ וְכֹהֵן׃ זָנַח אֲדֹנָי ׀ מִזְבְּחוֹ נִאֵר מִקְדָּשׁוֹ הִסְגִּיר
בְּיַד־אוֹיֵב חוֹמֹת אַרְמְנוֹתֶיהָ קוֹל נָתְנוּ בְּבֵית־יהוה כְּיוֹם מוֹעֵד׃ חָשַׁב
יהוה ׀ לְהַשְׁחִית חוֹמַת בַּת־צִיּוֹן נָטָה קָו לֹא־הֵשִׁיב יָדוֹ מִבַּלֵּעַ וַיַּאֲבֶל־חֵל
וְחוֹמָה יַחְדָּו אֻמְלָלוּ׃ טָבְעוּ בָאָרֶץ שְׁעָרֶיהָ אִבַּד וְשִׁבַּר בְּרִיחֶיהָ מַלְכָּהּ
וְשָׂרֶיהָ בַגּוֹיִם אֵין תּוֹרָה גַּם־נְבִיאֶיהָ לֹא־מָצְאוּ חָזוֹן מֵיהוה׃ יֵשְׁבוּ לָאָרֶץ
יִדְּמוּ זִקְנֵי בַת־צִיּוֹן הֶעֱלוּ עָפָר עַל־רֹאשָׁם חָגְרוּ שַׂקִּים הוֹרִידוּ לָאָרֶץ
רֹאשָׁן בְּתוּלֹת יְרוּשָׁלִָם׃ כָּלוּ בַדְּמָעוֹת עֵינַי חֳמַרְמְרוּ מֵעַי נִשְׁפַּךְ לָאָרֶץ
כְּבֵדִי עַל־שֶׁבֶר בַּת־עַמִּי בֵּעָטֵף עוֹלֵל וְיוֹנֵק בִּרְחֹבוֹת קִרְיָה׃ לְאִמֹּתָם
יֹאמְרוּ אַיֵּה דָּגָן וָיָיִן בְּהִתְעַטְּפָם כֶּחָלָל בִּרְחֹבוֹת עִיר בְּהִשְׁתַּפֵּךְ נַפְשָׁם
אֶל־חֵיק אִמֹּתָם׃ מָה־אעודך מָה אֲדַמֶּה־לָּךְ הַבַּת יְרוּשָׁלִַם מָה אַשְׁוֶה־לָּךְ אֲעִידֵךְ
וַאֲנַחֲמֵךְ בְּתוּלַת בַּת־צִיּוֹן כִּי־גָדוֹל כַּיָּם שִׁבְרֵךְ מִי יִרְפָּא־לָךְ׃ נְבִיאַיִךְ חָזוּ
לָךְ שָׁוְא וְתָפֵל וְלֹא־גִלּוּ עַל־עֲוֺנֵךְ לְהָשִׁיב שביתך וַיֶּחֱזוּ לָךְ מַשְׂאוֹת שָׁוְא שְׁבוּתֵךְ
וּמַדּוּחִים׃ סָפְקוּ עָלַיִךְ כַּפַּיִם כָּל־עֹבְרֵי דֶרֶךְ שָׁרְקוּ וַיָּנִעוּ רֹאשָׁם עַל־בַּת
יְרוּשָׁלִָם הֲזֹאת הָעִיר שֶׁיֹּאמְרוּ כְּלִילַת יֹפִי מָשׂוֹשׂ לְכָל־הָאָרֶץ׃ פָּצוּ עָלַיִךְ
פִּיהֶם כָּל־אוֹיְבַיִךְ שָׁרְקוּ וַיַּחַרְקוּ־שֵׁן אָמְרוּ בִּלָּעְנוּ אַךְ זֶה הַיּוֹם שֶׁקִּוִּינֻהוּ
מָצָאנוּ רָאִינוּ׃ עָשָׂה יהוה אֲשֶׁר זָמָם בִּצַּע אֶמְרָתוֹ אֲשֶׁר צִוָּה מִימֵי־קֶדֶם

הָרַס וְלֹא חָמָל וַיְשַׂמַּח עָלַיִךְ אוֹיֵב הֵרִים קֶרֶן צָרָיִךְ: צָעַק לִבָּם אֶל־אֲדֹנָי
חוֹמַת בַּת־צִיּוֹן הוֹרִידִי כַנַּחַל דִּמְעָה יוֹמָם וָלַיְלָה אַל־תִּתְּנִי פוּגַת לָךְ
אַל־תִּדֹּם בַּת־עֵינֵךְ: קוּמִי ׀ רֹנִּי בַלַּיִל לְרֹאשׁ אַשְׁמֻרוֹת שִׁפְכִי כַמַּיִם לִבֵּךְ
נֹכַח פְּנֵי אֲדֹנָי שְׂאִי אֵלָיו כַּפַּיִךְ עַל־נֶפֶשׁ עוֹלָלַיִךְ הָעֲטוּפִים בְּרָעָב בְּרֹאשׁ
כָּל־חוּצוֹת: רְאֵה יהוה וְהַבִּיטָה לְמִי עוֹלַלְתָּ כֹּה אִם־תֹּאכַלְנָה נָשִׁים פִּרְיָם
עֹלֲלֵי טִפֻּחִים אִם־יֵהָרֵג בְּמִקְדַּשׁ אֲדֹנָי כֹּהֵן וְנָבִיא: שָׁכְבוּ לָאָרֶץ חוּצוֹת
נַעַר וְזָקֵן בְּתוּלֹתַי וּבַחוּרַי נָפְלוּ בֶחָרֶב הָרַגְתָּ בְּיוֹם אַפֶּךָ טָבַחְתָּ לֹא חָמָלְתָּ:
תִּקְרָא כְיוֹם מוֹעֵד מְגוּרַי מִסָּבִיב וְלֹא הָיָה בְּיוֹם אַף־יהוה פָּלִיט וְשָׂרִיד
אֲשֶׁר־טִפַּחְתִּי וְרִבִּיתִי אֹיְבִי כִלָּם:
ג אֲנִי הַגֶּבֶר רָאָה עֳנִי בְּשֵׁבֶט עֶבְרָתוֹ: אוֹתִי נָהַג וַיֹּלַךְ חֹשֶׁךְ וְלֹא־אוֹר: אַךְ
בִּי יָשֻׁב יַהֲפֹךְ יָדוֹ כָּל־הַיּוֹם: בִּלָּה בְשָׂרִי וְעוֹרִי שִׁבַּר עַצְמוֹתָי: בָּנָה עָלַי
וַיַּקַּף רֹאשׁ וּתְלָאָה: בְּמַחֲשַׁכִּים הוֹשִׁיבַנִי כְּמֵתֵי עוֹלָם: גָּדַר בַּעֲדִי וְלֹא
אֵצֵא הִכְבִּיד נְחָשְׁתִּי: גַּם כִּי אֶזְעַק וַאֲשַׁוֵּעַ שָׂתַם תְּפִלָּתִי: גָּדַר דְּרָכַי בְּגָזִית
נְתִיבֹתַי עִוָּה: דֹּב אֹרֵב הוּא לִי אריה בְּמִסְתָּרִים: דְּרָכַי סוֹרֵר וַיְפַשְּׁחֵנִי שָׂמַנִי אֲרִי
שֹׁמֵם: דָּרַךְ קַשְׁתּוֹ וַיַּצִּיבֵנִי כַּמַּטָּרָא לַחֵץ: הֵבִיא בְּכִלְיוֹתָי בְּנֵי אַשְׁפָּתוֹ:
הָיִיתִי שְּׂחֹק לְכָל־עַמִּי נְגִינָתָם כָּל־הַיּוֹם: הִשְׂבִּיעַנִי בַמְּרוֹרִים הִרְוַנִי לַעֲנָה:
וַיַּגְרֵס בֶּחָצָץ שִׁנָּי הִכְפִּישַׁנִי בָּאֵפֶר: וַתִּזְנַח מִשָּׁלוֹם נַפְשִׁי נָשִׁיתִי טוֹבָה:
וָאֹמַר אָבַד נִצְחִי וְתוֹחַלְתִּי מֵיהוה: זְכָר־עָנְיִי וּמְרוּדִי לַעֲנָה וָרֹאשׁ: זָכוֹר
תִּזְכּוֹר ותשיח עָלַי נַפְשִׁי: זֹאת אָשִׁיב אֶל־לִבִּי עַל־כֵּן אוֹחִיל: חַסְדֵי יהוה וְתָשׁוֹחַ
כִּי לֹא־תָמְנוּ כִּי לֹא־כָלוּ רַחֲמָיו: חֲדָשִׁים לַבְּקָרִים רַבָּה אֱמוּנָתֶךָ: חֶלְקִי
יהוה אָמְרָה נַפְשִׁי עַל־כֵּן אוֹחִיל לוֹ: טוֹב יהוה לְקֹוָו לְנֶפֶשׁ תִּדְרְשֶׁנּוּ:
טוֹב וְיָחִיל וְדוּמָם לִתְשׁוּעַת יהוה: טוֹב לַגֶּבֶר כִּי־יִשָּׂא עֹל בִּנְעוּרָיו: יֵשֵׁב
בָּדָד וְיִדֹּם כִּי נָטַל עָלָיו: יִתֵּן בֶּעָפָר פִּיהוּ אוּלַי יֵשׁ תִּקְוָה: יִתֵּן לְמַכֵּהוּ לֶחִי
יִשְׂבַּע בְּחֶרְפָּה: כִּי לֹא יִזְנַח לְעוֹלָם אֲדֹנָי: כִּי אִם־הוֹגָה וְרִחַם כְּרֹב חֲסָדָו:
כִּי לֹא עִנָּה מִלִּבּוֹ וַיַּגֶּה בְּנֵי־אִישׁ: לְדַכֵּא תַּחַת רַגְלָיו כֹּל אֲסִירֵי אָרֶץ:
לְהַטּוֹת מִשְׁפַּט־גָּבֶר נֶגֶד פְּנֵי עֶלְיוֹן: לְעַוֵּת אָדָם בְּרִיבוֹ אֲדֹנָי לֹא רָאָה:
מִי זֶה אָמַר וַתֶּהִי אֲדֹנָי לֹא צִוָּה: מִפִּי עֶלְיוֹן לֹא תֵצֵא הָרָעוֹת וְהַטּוֹב:
מַה־יִּתְאוֹנֵן אָדָם חָי גֶּבֶר עַל־חֲטָאָו: נַחְפְּשָׂה דְרָכֵינוּ וְנַחְקֹרָה וְנָשׁוּבָה
עַד־יהוה: נִשָּׂא לְבָבֵנוּ אֶל־כַּפָּיִם אֶל־אֵל בַּשָּׁמָיִם: נַחְנוּ פָשַׁעְנוּ וּמָרִינוּ
אַתָּה לֹא סָלָחְתָּ: סַכֹּתָה בָאַף וַתִּרְדְּפֵנוּ הָרַגְתָּ לֹא חָמָלְתָּ: סַכֹּתָה בֶעָנָן
לָךְ מֵעֲבוֹר תְּפִלָּה: סְחִי וּמָאוֹס תְּשִׂימֵנוּ בְּקֶרֶב הָעַמִּים: פָּצוּ עָלֵינוּ פִּיהֶם

כָּל־אֹיְבֵינוּ׃ פַּחַד וָפַחַת הָיָה לָנוּ הַשֵּׁאת וְהַשָּׁבֶר׃ פַּלְגֵי־מַיִם תֵּרַד עֵינִי
עַל־שֶׁבֶר בַּת־עַמִּי׃ עֵינִי נִגְּרָה וְלֹא תִדְמֶה מֵאֵין הֲפֻגוֹת׃ עַד־יַשְׁקִיף וְיֵרֶא
יְהוָה מִשָּׁמָיִם׃ עֵינִי עוֹלְלָה לְנַפְשִׁי מִכֹּל בְּנוֹת עִירִי׃ צוֹד צָדוּנִי כַּצִּפּוֹר אֹיְבַי
חִנָּם׃ צָמְתוּ בַבּוֹר חַיָּי וַיַּדּוּ־אֶבֶן בִּי׃ צָפוּ־מַיִם עַל־רֹאשִׁי אָמַרְתִּי נִגְזָרְתִּי׃
קָרָאתִי שִׁמְךָ יְהוָה מִבּוֹר תַּחְתִּיּוֹת׃ קוֹלִי שָׁמָעְתָּ אַל־תַּעְלֵם אָזְנְךָ לְרַוְחָתִי
לְשַׁוְעָתִי׃ קָרַבְתָּ בְּיוֹם אֶקְרָאֶךָּ אָמַרְתָּ אַל־תִּירָא׃ רַבְתָּ אֲדֹנָי רִיבֵי נַפְשִׁי
גָּאַלְתָּ חַיָּי׃ רָאִיתָה יְהוָה עַוָּתָתִי שָׁפְטָה מִשְׁפָּטִי׃ רָאִיתָה כָּל־נִקְמָתָם
כָּל־מַחְשְׁבֹתָם לִי׃ שָׁמַעְתָּ חֶרְפָּתָם יְהוָה כָּל־מַחְשְׁבֹתָם עָלָי׃ שִׂפְתֵי קָמַי
וְהֶגְיוֹנָם עָלַי כָּל־הַיּוֹם׃ שִׁבְתָּם וְקִימָתָם הַבִּיטָה אֲנִי מַנְגִּינָתָם׃ תָּשִׁיב לָהֶם
גְּמוּל יְהוָה כְּמַעֲשֵׂה יְדֵיהֶם׃ תִּתֵּן לָהֶם מְגִנַּת־לֵב תַּאֲלָתְךָ לָהֶם׃ תִּרְדֹּף
בְּאַף וְתַשְׁמִידֵם מִתַּחַת שְׁמֵי יְהוָה׃

ד אֵיכָה יוּעַם זָהָב יִשְׁנֶא הַכֶּתֶם הַטּוֹב תִּשְׁתַּפֵּכְנָה אַבְנֵי־קֹדֶשׁ בְּרֹאשׁ
כָּל־חוּצוֹת׃ בְּנֵי צִיּוֹן הַיְקָרִים הַמְסֻלָּאִים בַּפָּז אֵיכָה נֶחְשְׁבוּ לְנִבְלֵי־חֶרֶשׂ
מַעֲשֵׂה יְדֵי יוֹצֵר׃ גַּם־תנין חָלְצוּ שַׁד הֵינִיקוּ גּוּרֵיהֶן בַּת־עַמִּי לְאַכְזָר תַּנִּים
כי ענים בַּמִּדְבָּר׃ דָּבַק לְשׁוֹן יוֹנֵק אֶל־חִכּוֹ בַּצָּמָא עוֹלָלִים שָׁאֲלוּ לֶחֶם כַּיְעֵנִים
פֹּרֵשׂ אֵין לָהֶם׃ הָאֹכְלִים לְמַעֲדַנִּים נָשַׁמּוּ בַּחוּצוֹת הָאֱמֻנִים עֲלֵי תוֹלָע
חִבְּקוּ אַשְׁפַּתּוֹת׃ וַיִּגְדַּל עֲוֺן בַּת־עַמִּי מֵחַטַּאת סְדֹם הַהֲפוּכָה כְמוֹ־רָגַע
וְלֹא־חָלוּ בָהּ יָדָיִם׃ זַכּוּ נְזִירֶיהָ מִשֶּׁלֶג צַחוּ מֵחָלָב אָדְמוּ עֶצֶם מִפְּנִינִים סַפִּיר
גִּזְרָתָם׃ חָשַׁךְ מִשְּׁחוֹר תָּאֳרָם לֹא נִכְּרוּ בַּחוּצוֹת צָפַד עוֹרָם עַל־עַצְמָם
יָבֵשׁ הָיָה כָעֵץ׃ טוֹבִים הָיוּ חַלְלֵי־חֶרֶב מֵחַלְלֵי רָעָב שֶׁהֵם יָזוּבוּ מְדֻקָּרִים
מִתְּנוּבֹת שָׂדָי׃ יְדֵי נָשִׁים רַחֲמָנִיּוֹת בִּשְּׁלוּ יַלְדֵיהֶן הָיוּ לְבָרוֹת לָמוֹ בְּשֶׁבֶר
בַּת־עַמִּי׃ כִּלָּה יְהוָה אֶת־חֲמָתוֹ שָׁפַךְ חֲרוֹן אַפּוֹ וַיַּצֶּת־אֵשׁ בְּצִיּוֹן וַתֹּאכַל
יְסוֹדֹתֶיהָ׃ לֹא הֶאֱמִינוּ מַלְכֵי־אֶרֶץ וכל יֹשְׁבֵי תֵבֵל כִּי יָבֹא צַר וְאוֹיֵב בְּשַׁעֲרֵי כֹּל
יְרוּשָׁלָםִ׃ מֵחַטֹּאת נְבִיאֶיהָ עֲוֺנוֹת כֹּהֲנֶיהָ הַשֹּׁפְכִים בְּקִרְבָּהּ דַּם צַדִּיקִים׃
נָעוּ עִוְרִים בַּחוּצוֹת נְגֹאֲלוּ בַּדָּם בְּלֹא יוּכְלוּ יִגְּעוּ בִּלְבֻשֵׁיהֶם׃ סוּרוּ טָמֵא
קָרְאוּ לָמוֹ סוּרוּ סוּרוּ אַל־תִּגָּעוּ כִּי נָצוּ גַּם־נָעוּ אָמְרוּ בַּגּוֹיִם לֹא יוֹסִפוּ
לָגוּר׃ פְּנֵי יְהוָה חִלְּקָם לֹא יוֹסִיף לְהַבִּיטָם פְּנֵי כֹהֲנִים לֹא נָשָׂאוּ זקנים לֹא וּזְקֵנִים
חָנָנוּ׃ עודינה תִּכְלֶינָה עֵינֵינוּ אֶל־עֶזְרָתֵנוּ הָבֶל בְּצִפִּיָּתֵנוּ צִפִּינוּ אֶל־גּוֹי עוֹדֵינוּ
לֹא יוֹשִׁעַ׃ צָדוּ צְעָדֵינוּ מִלֶּכֶת בִּרְחֹבֹתֵינוּ קָרַב קִצֵּנוּ מָלְאוּ יָמֵינוּ כִּי־בָא
קִצֵּנוּ׃ קַלִּים הָיוּ רֹדְפֵינוּ מִנִּשְׁרֵי שָׁמָיִם עַל־הֶהָרִים דְּלָקֻנוּ בַּמִּדְבָּר אָרְבוּ
לָנוּ׃ רוּחַ אַפֵּינוּ מְשִׁיחַ יְהוָה נִלְכַּד בִּשְׁחִיתוֹתָם אֲשֶׁר אָמַרְנוּ בְּצִלּוֹ נִחְיֶה

חמישה חומשי תורה

יֹשֶׁבֶת בַּגּוֹיִם׃ שִׂישִׂי וְשִׂמְחִי בַּת־אֱדוֹם יושבתי בְּאֶרֶץ עוּץ גַּם־עָלַיִךְ תַּעֲבָר־כּוֹס
תִּשְׁכְּרִי וְתִתְעָרִי׃ תַּם־עֲוֺנֵךְ בַּת־צִיּוֹן לֹא יוֹסִיף לְהַגְלוֹתֵךְ פָּקַד עֲוֺנֵךְ בַּת־
אֱדוֹם גִּלָּה עַל־חַטֹּאתָיִךְ׃
ה זְכֹר יהוה מֶה־הָיָה לָנוּ הַבִּיטָ וּרְאֵה אֶת־חֶרְפָּתֵנוּ׃ נַחֲלָתֵנוּ נֶהֶפְכָה לְזָרִים
וְאֵין בָּתֵּינוּ לְנָכְרִים׃ יְתוֹמִים הָיִינוּ אין אָב אִמֹּתֵינוּ כְּאַלְמָנוֹת׃ מֵימֵינוּ בְּכֶסֶף
וְלֹא שָׁתִינוּ עֵצֵינוּ בִּמְחִיר יָבֹאוּ׃ עַל צַוָּארֵנוּ נִרְדָּפְנוּ יָגַעְנוּ לא הוּנַח־לָנוּ׃
וַאֲנַחְנוּ וְאֵינָם מִצְרַיִם נָתַנּוּ יָד אַשּׁוּר לִשְׂבֹּעַ לָחֶם׃ אֲבֹתֵינוּ חָטְאוּ אינם אנחנו עֲוֺנֹתֵיהֶם
סָבָלְנוּ׃ עֲבָדִים מָשְׁלוּ בָנוּ פֹּרֵק אֵין מִיָּדָם׃ בְּנַפְשֵׁנוּ נָבִיא לַחְמֵנוּ מִפְּנֵי
חֶרֶב הַמִּדְבָּר׃ עוֹרֵנוּ כְּתַנּוּר נִכְמָרוּ מִפְּנֵי זַלְעֲפוֹת רָעָב׃ נָשִׁים בְּצִיּוֹן עִנּוּ
בְּתֻלֹת בְּעָרֵי יְהוּדָה׃ שָׂרִים בְּיָדָם נִתְלוּ פְּנֵי זְקֵנִים לֹא נֶהְדָּרוּ׃ בַּחוּרִים
טְחוֹן נָשָׂאוּ וּנְעָרִים בָּעֵץ כָּשָׁלוּ׃ זְקֵנִים מִשַּׁעַר שָׁבָתוּ בַּחוּרִים מִנְּגִינָתָם׃
שָׁבַת מְשׂוֹשׂ לִבֵּנוּ נֶהְפַּךְ לְאֵבֶל מְחוֹלֵנוּ׃ נָפְלָה עֲטֶרֶת רֹאשֵׁנוּ אוֹי־נָא
לָנוּ כִּי חָטָאנוּ׃ עַל־זֶה הָיָה דָוֶה לִבֵּנוּ עַל־אֵלֶּה חָשְׁכוּ עֵינֵינוּ׃ עַל הַר־צִיּוֹן
שֶׁשָּׁמֵם שׁוּעָלִים הִלְּכוּ־בוֹ׃ אַתָּה יהוה לְעוֹלָם תֵּשֵׁב כִּסְאֲךָ לְדוֹר וָדוֹר׃
לָמָּה לָנֶצַח תִּשְׁכָּחֵנוּ תַּעַזְבֵנוּ לְאֹרֶךְ יָמִים׃ הֲשִׁיבֵנוּ יהוה ׀ אֵלֶיךָ וְנָשׁוּבָ
חַדֵּשׁ יָמֵינוּ כְּקֶדֶם׃ כִּי אִם־מָאֹס מְאַסְתָּנוּ קָצַפְתָּ עָלֵינוּ עַד־מְאֹד׃

השיבנו יהוה אליך ונשובה
חדש ימינו כקדם

קהלת

א דִּבְרֵי קֹהֶלֶת בֶּן־דָּוִד מֶלֶךְ בִּירוּשָׁלָם: הֲבֵל הֲבָלִים אָמַר קֹהֶלֶת הֲבֵל
הֲבָלִים הַכֹּל הָבֶל: מַה־יִּתְרוֹן לָאָדָם בְּכָל־עֲמָלוֹ שֶׁיַּעֲמֹל תַּחַת הַשָּׁמֶשׁ:
דּוֹר הֹלֵךְ וְדוֹר בָּא וְהָאָרֶץ לְעוֹלָם עֹמָדֶת: וְזָרַח הַשֶּׁמֶשׁ וּבָא הַשָּׁמֶשׁ
וְאֶל־מְקוֹמוֹ שׁוֹאֵף זוֹרֵחַ הוּא שָׁם: הוֹלֵךְ אֶל־דָּרוֹם וְסוֹבֵב אֶל־צָפוֹן סוֹבֵב ׀
סֹבֵב הוֹלֵךְ הָרוּחַ וְעַל־סְבִיבֹתָיו שָׁב הָרוּחַ: כָּל־הַנְּחָלִים הֹלְכִים אֶל־הַיָּם
וְהַיָּם אֵינֶנּוּ מָלֵא אֶל־מְקוֹם שֶׁהַנְּחָלִים הֹלְכִים שָׁם הֵם שָׁבִים לָלָכֶת: כָּל־
הַדְּבָרִים יְגֵעִים לֹא־יוּכַל אִישׁ לְדַבֵּר לֹא־תִשְׂבַּע עַיִן לִרְאוֹת וְלֹא־תִמָּלֵא
אֹזֶן מִשְּׁמֹעַ: מַה־שֶּׁהָיָה הוּא שֶׁיִּהְיֶה וּמַה־שֶּׁנַּעֲשָׂה הוּא שֶׁיֵּעָשֶׂה וְאֵין
כָּל־חָדָשׁ תַּחַת הַשָּׁמֶשׁ: יֵשׁ דָּבָר שֶׁיֹּאמַר רְאֵה־זֶה חָדָשׁ הוּא כְּבָר הָיָה
לְעֹלָמִים אֲשֶׁר הָיָה מִלְּפָנֵנוּ: אֵין זִכְרוֹן לָרִאשֹׁנִים וְגַם לָאַחֲרֹנִים שֶׁיִּהְיוּ
לֹא־יִהְיֶה לָהֶם זִכָּרוֹן עִם שֶׁיִּהְיוּ לָאַחֲרֹנָה:
אֲנִי קֹהֶלֶת הָיִיתִי מֶלֶךְ עַל־יִשְׂרָאֵל בִּירוּשָׁלָם: וְנָתַתִּי אֶת־לִבִּי לִדְרוֹשׁ
וְלָתוּר בַּחָכְמָה עַל כָּל־אֲשֶׁר נַעֲשָׂה תַּחַת הַשָּׁמָיִם הוּא ׀ עִנְיַן רָע נָתַן
אֱלֹהִים לִבְנֵי הָאָדָם לַעֲנוֹת בּוֹ: רָאִיתִי אֶת־כָּל־הַמַּעֲשִׂים שֶׁנַּעֲשׂוּ תַּחַת
הַשָּׁמֶשׁ וְהִנֵּה הַכֹּל הֶבֶל וּרְעוּת רוּחַ: מְעֻוָּת לֹא־יוּכַל לִתְקֹן וְחֶסְרוֹן לֹא־
יוּכַל לְהִמָּנוֹת: דִּבַּרְתִּי אֲנִי עִם־לִבִּי לֵאמֹר אֲנִי הִנֵּה הִגְדַּלְתִּי וְהוֹסַפְתִּי
חָכְמָה עַל כָּל־אֲשֶׁר־הָיָה לְפָנַי עַל־יְרוּשָׁלָם וְלִבִּי רָאָה הַרְבֵּה חָכְמָה
וָדָעַת: וָאֶתְּנָה לִבִּי לָדַעַת חָכְמָה וְדַעַת הֹלֵלוֹת וְשִׂכְלוּת יָדַעְתִּי שֶׁגַּם־
זֶה הוּא רַעְיוֹן רוּחַ: כִּי בְּרֹב חָכְמָה רָב־כָּעַס וְיוֹסִיף דַּעַת יוֹסִיף מַכְאוֹב:
ב אָמַרְתִּי אֲנִי בְּלִבִּי לְכָה־נָּא אֲנַסְּכָה בְשִׂמְחָה וּרְאֵה בְטוֹב וְהִנֵּה גַם־הוּא
הָבֶל: לִשְׂחוֹק אָמַרְתִּי מְהוֹלָל וּלְשִׂמְחָה מַה־זֹּה עֹשָׂה: תַּרְתִּי בְלִבִּי לִמְשׁוֹךְ
בַּיַּיִן אֶת־בְּשָׂרִי וְלִבִּי נֹהֵג בַּחָכְמָה וְלֶאֱחֹז בְּסִכְלוּת עַד אֲשֶׁר־אֶרְאֶה אֵי־זֶה
טוֹב לִבְנֵי הָאָדָם אֲשֶׁר יַעֲשׂוּ תַּחַת הַשָּׁמַיִם מִסְפַּר יְמֵי חַיֵּיהֶם: הִגְדַּלְתִּי
מַעֲשָׂי בָּנִיתִי לִי בָּתִּים נָטַעְתִּי לִי כְּרָמִים: עָשִׂיתִי לִי גַּנּוֹת וּפַרְדֵּסִים
וְנָטַעְתִּי בָהֶם עֵץ כָּל־פֶּרִי: עָשִׂיתִי לִי בְּרֵכוֹת מָיִם לְהַשְׁקוֹת מֵהֶם יַעַר
צוֹמֵחַ עֵצִים: קָנִיתִי עֲבָדִים וּשְׁפָחוֹת וּבְנֵי־בַיִת הָיָה לִי גַּם מִקְנֶה בָקָר
וָצֹאן הַרְבֵּה הָיָה לִי מִכֹּל שֶׁהָיוּ לְפָנַי בִּירוּשָׁלָם: כָּנַסְתִּי לִי גַּם־כֶּסֶף וְזָהָב
וּסְגֻלַּת מְלָכִים וְהַמְּדִינוֹת עָשִׂיתִי לִי שָׁרִים וְשָׁרוֹת וְתַעֲנוּגֹת בְּנֵי הָאָדָם

שִׁדָּה וְשִׁדּוֹת: וְגָדַלְתִּי וְהוֹסַפְתִּי מִכֹּל שֶׁהָיָה לְפָנַי בִּירוּשָׁלָ‍ִם אַף חָכְמָתִי
עָמְדָה לִּי: וְכֹל אֲשֶׁר שָׁאֲלוּ עֵינַי לֹא אָצַלְתִּי מֵהֶם לֹא־מָנַעְתִּי אֶת־לִבִּי
מִכָּל־שִׂמְחָה כִּי־לִבִּי שָׂמֵחַ מִכָּל־עֲמָלִי וְזֶה־הָיָה חֶלְקִי מִכָּל־עֲמָלִי: וּפָנִיתִי
אֲנִי בְּכָל־מַעֲשַׂי שֶׁעָשׂוּ יָדַי וּבֶעָמָל שֶׁעָמַלְתִּי לַעֲשׂוֹת וְהִנֵּה הַכֹּל הֶבֶל
וּרְעוּת רוּחַ וְאֵין יִתְרוֹן תַּחַת הַשָּׁמֶשׁ: וּפָנִיתִי אֲנִי לִרְאוֹת חָכְמָה וְהוֹלֵלוֹת
וְסִכְלוּת כִּי ׀ מֶה הָאָדָם שֶׁיָּבוֹא אַחֲרֵי הַמֶּלֶךְ אֵת אֲשֶׁר־כְּבָר עָשׂוּהוּ:
וְרָאִיתִי אָנִי שֶׁיֵּשׁ יִתְרוֹן לַחָכְמָה מִן־הַסִּכְלוּת כִּיתְרוֹן הָאוֹר מִן־הַחֹשֶׁךְ:
הֶחָכָם עֵינָיו בְּרֹאשׁוֹ וְהַכְּסִיל בַּחֹשֶׁךְ הוֹלֵךְ וְיָדַעְתִּי גַם־אָנִי שֶׁמִּקְרֶה אֶחָד
יִקְרֶה אֶת־כֻּלָּם: וְאָמַרְתִּי אֲנִי בְּלִבִּי כְּמִקְרֵה הַכְּסִיל גַּם־אֲנִי יִקְרֵנִי וְלָמָּה
חָכַמְתִּי אֲנִי אָז יֹתֵר וְדִבַּרְתִּי בְלִבִּי שֶׁגַּם־זֶה הָבֶל: כִּי אֵין זִכְרוֹן לֶחָכָם
עִם־הַכְּסִיל לְעוֹלָם בְּשֶׁכְּבָר הַיָּמִים הַבָּאִים הַכֹּל נִשְׁכָּח וְאֵיךְ יָמוּת הֶחָכָם
עִם־הַכְּסִיל: וְשָׂנֵאתִי אֶת־הַחַיִּים כִּי רַע עָלַי הַמַּעֲשֶׂה שֶׁנַּעֲשָׂה תַּחַת
הַשָּׁמֶשׁ כִּי־הַכֹּל הֶבֶל וּרְעוּת רוּחַ: וְשָׂנֵאתִי אֲנִי אֶת־כָּל־עֲמָלִי שֶׁאֲנִי עָמֵל
תַּחַת הַשָּׁמֶשׁ שֶׁאַנִּיחֶנּוּ לָאָדָם שֶׁיִּהְיֶה אַחֲרָי: וּמִי יוֹדֵעַ הֶחָכָם יִהְיֶה אוֹ
סָכָל וְיִשְׁלַט בְּכָל־עֲמָלִי שֶׁעָמַלְתִּי וְשֶׁחָכַמְתִּי תַּחַת הַשָּׁמֶשׁ גַּם־זֶה הָבֶל:
וְסַבּוֹתִי אֲנִי לְיַאֵשׁ אֶת־לִבִּי עַל כָּל־הֶעָמָל שֶׁעָמַלְתִּי תַּחַת הַשָּׁמֶשׁ: כִּי־
יֵשׁ אָדָם שֶׁעֲמָלוֹ בְּחָכְמָה וּבְדַעַת וּבְכִשְׁרוֹן וּלְאָדָם שֶׁלֹּא עָמַל־בּוֹ יִתְּנֶנּוּ
חֶלְקוֹ גַּם־זֶה הֶבֶל וְרָעָה רַבָּה: כִּי מֶה־הֹוֶה לָאָדָם בְּכָל־עֲמָלוֹ וּבְרַעְיוֹן לִבּוֹ
שֶׁהוּא עָמֵל תַּחַת הַשָּׁמֶשׁ: כִּי כָל־יָמָיו מַכְאֹבִים וָכַעַס עִנְיָנוֹ גַּם־בַּלַּיְלָה
לֹא־שָׁכַב לִבּוֹ גַּם־זֶה הֶבֶל הוּא: אֵין־טוֹב בָּאָדָם שֶׁיֹּאכַל וְשָׁתָה וְהֶרְאָה
אֶת־נַפְשׁוֹ טוֹב בַּעֲמָלוֹ גַּם־זֹה רָאִיתִי אָנִי כִּי מִיַּד הָאֱלֹהִים הִיא: כִּי מִי יֹאכַל
וּמִי יָחוּשׁ חוּץ מִמֶּנִּי: כִּי לְאָדָם שֶׁטּוֹב לְפָנָיו נָתַן חָכְמָה וְדַעַת וְשִׂמְחָה
וְלַחוֹטֶא נָתַן עִנְיָן לֶאֱסוֹף וְלִכְנוֹס לָתֵת לְטוֹב לִפְנֵי הָאֱלֹהִים גַּם־זֶה הֶבֶל
וּרְעוּת רוּחַ: לַכֹּל זְמָן וְעֵת לְכָל־חֵפֶץ תַּחַת הַשָּׁמָיִם: ג

עֵת לָלֶדֶת וְעֵת לָמוּת
עֵת לָטַעַת וְעֵת לַעֲקוֹר נָטוּעַ:
עֵת לַהֲרוֹג וְעֵת לִרְפּוֹא
עֵת לִפְרוֹץ וְעֵת לִבְנוֹת:
עֵת לִבְכּוֹת וְעֵת לִשְׂחוֹק
עֵת סְפוֹד וְעֵת רְקוֹד:
עֵת לְהַשְׁלִיךְ אֲבָנִים וְעֵת כְּנוֹס אֲבָנִים
עֵת לַחֲבוֹק וְעֵת לִרְחֹק מֵחַבֵּק:

עֵת לְבַקֵּשׁ וְעֵת לְאַבֵּד
עֵת לִשְׁמוֹר וְעֵת לְהַשְׁלִיךְ׃
עֵת לִקְרוֹעַ וְעֵת לִתְפּוֹר
עֵת לַחֲשׁוֹת וְעֵת לְדַבֵּר׃
עֵת לֶאֱהֹב וְעֵת לִשְׂנֹא
עֵת מִלְחָמָה וְעֵת שָׁלוֹם׃

מַה־יִּתְרוֹן הָעוֹשֶׂה בַּאֲשֶׁר הוּא עָמֵל׃ רָאִיתִי אֶת־הָעִנְיָן אֲשֶׁר נָתַן אֱלֹהִים
לִבְנֵי הָאָדָם לַעֲנוֹת בּוֹ׃ אֶת־הַכֹּל עָשָׂה יָפֶה בְעִתּוֹ גַּם אֶת־הָעֹלָם נָתַן
בְּלִבָּם מִבְּלִי אֲשֶׁר לֹא־יִמְצָא הָאָדָם אֶת־הַמַּעֲשֶׂה אֲשֶׁר־עָשָׂה הָאֱלֹהִים
מֵרֹאשׁ וְעַד־סוֹף׃ יָדַעְתִּי כִּי אֵין טוֹב בָּם כִּי אִם־לִשְׂמוֹחַ וְלַעֲשׂוֹת טוֹב
בְּחַיָּיו׃ וְגַם כָּל־הָאָדָם שֶׁיֹּאכַל וְשָׁתָה וְרָאָה טוֹב בְּכָל־עֲמָלוֹ מַתַּת אֱלֹהִים
הִיא׃ יָדַעְתִּי כִּי כָּל־אֲשֶׁר יַעֲשֶׂה הָאֱלֹהִים הוּא יִהְיֶה לְעוֹלָם עָלָיו אֵין
לְהוֹסִיף וּמִמֶּנּוּ אֵין לִגְרֹעַ וְהָאֱלֹהִים עָשָׂה שֶׁיִּרְאוּ מִלְּפָנָיו׃ מַה־שֶּׁהָיָה
כְּבָר הוּא וַאֲשֶׁר לִהְיוֹת כְּבָר הָיָה וְהָאֱלֹהִים יְבַקֵּשׁ אֶת־נִרְדָּף׃ וְעוֹד רָאִיתִי
תַּחַת הַשָּׁמֶשׁ מְקוֹם הַמִּשְׁפָּט שָׁמָּה הָרֶשַׁע וּמְקוֹם הַצֶּדֶק שָׁמָּה הָרָשַׁע׃
אָמַרְתִּי אֲנִי בְּלִבִּי אֶת־הַצַּדִּיק וְאֶת־הָרָשָׁע יִשְׁפֹּט הָאֱלֹהִים כִּי־עֵת לְכָל־
חֵפֶץ וְעַל כָּל־הַמַּעֲשֶׂה שָׁם׃ אָמַרְתִּי אֲנִי בְּלִבִּי עַל־דִּבְרַת בְּנֵי הָאָדָם
לְבָרָם הָאֱלֹהִים וְלִרְאוֹת שְׁהֶם־בְּהֵמָה הֵמָּה לָהֶם׃ כִּי מִקְרֶה בְנֵי־הָאָדָם
וּמִקְרֶה הַבְּהֵמָה וּמִקְרֶה אֶחָד לָהֶם כְּמוֹת זֶה כֵּן מוֹת זֶה וְרוּחַ אֶחָד לַכֹּל
וּמוֹתַר הָאָדָם מִן־הַבְּהֵמָה אָיִן כִּי הַכֹּל הָבֶל׃ הַכֹּל הוֹלֵךְ אֶל־מָקוֹם אֶחָד
הַכֹּל הָיָה מִן־הֶעָפָר וְהַכֹּל שָׁב אֶל־הֶעָפָר׃ מִי יוֹדֵעַ רוּחַ בְּנֵי הָאָדָם הָעֹלָה
הִיא לְמָעְלָה וְרוּחַ הַבְּהֵמָה הַיֹּרֶדֶת הִיא לְמַטָּה לָאָרֶץ׃ וְרָאִיתִי כִּי אֵין
טוֹב מֵאֲשֶׁר יִשְׂמַח הָאָדָם בְּמַעֲשָׂיו כִּי־הוּא חֶלְקוֹ כִּי מִי יְבִיאֶנּוּ לִרְאוֹת
ד בַּמֶּה שֶׁיִּהְיֶה אַחֲרָיו׃ וְשַׁבְתִּי אֲנִי וָאֶרְאֶה אֶת־כָּל־הָעֲשׁוּקִים אֲשֶׁר נַעֲשִׂים
תַּחַת הַשָּׁמֶשׁ וְהִנֵּה ׀ דִּמְעַת הָעֲשׁוּקִים וְאֵין לָהֶם מְנַחֵם וּמִיַּד עֹשְׁקֵיהֶם
כֹּחַ וְאֵין לָהֶם מְנַחֵם׃ וְשַׁבֵּחַ אֲנִי אֶת־הַמֵּתִים שֶׁכְּבָר מֵתוּ מִן־הַחַיִּים אֲשֶׁר
הֵמָּה חַיִּים עֲדֶנָה׃ וְטוֹב מִשְּׁנֵיהֶם אֵת אֲשֶׁר־עֲדֶן לֹא הָיָה אֲשֶׁר לֹא־רָאָה
אֶת־הַמַּעֲשֶׂה הָרָע אֲשֶׁר נַעֲשָׂה תַּחַת הַשָּׁמֶשׁ׃ וְרָאִיתִי אֲנִי אֶת־כָּל־עָמָל
וְאֵת כָּל־כִּשְׁרוֹן הַמַּעֲשֶׂה כִּי הִיא קִנְאַת־אִישׁ מֵרֵעֵהוּ גַּם־זֶה הֶבֶל וּרְעוּת
רוּחַ׃ הַכְּסִיל חֹבֵק אֶת־יָדָיו וְאֹכֵל אֶת־בְּשָׂרוֹ׃ טוֹב מְלֹא כַף נָחַת מִמְּלֹא
חָפְנַיִם עָמָל וּרְעוּת רוּחַ׃ וְשַׁבְתִּי אֲנִי וָאֶרְאֶה הֶבֶל תַּחַת הַשָּׁמֶשׁ׃ יֵשׁ
אֶחָד וְאֵין שֵׁנִי גַּם בֵּן וָאָח אֵין־לוֹ וְאֵין קֵץ לְכָל־עֲמָלוֹ גַּם־עֵינָיו לֹא־תִשְׂבַּע עינו

עֲשֶׁר וְלָמִי ׀ אֲנִי עָמֵל וּמְחַסֵּר אֶת־נַפְשִׁי מִטּוֹבָה גַּם־זֶה הֶבֶל וְעִנְיַן רָע הוּא: טוֹבִים הַשְּׁנַיִם מִן־הָאֶחָד אֲשֶׁר יֵשׁ־לָהֶם שָׂכָר טוֹב בַּעֲמָלָם: כִּי אִם־יִפֹּלוּ הָאֶחָד יָקִים אֶת־חֲבֵרוֹ וְאִילוֹ הָאֶחָד שֶׁיִּפּוֹל וְאֵין שֵׁנִי לַהֲקִימוֹ: גַּם אִם־יִשְׁכְּבוּ שְׁנַיִם וְחַם לָהֶם וּלְאֶחָד אֵיךְ יֵחָם: וְאִם־יִתְקְפוֹ הָאֶחָד הַשְּׁנַיִם יַעַמְדוּ נֶגְדּוֹ וְהַחוּט הַמְשֻׁלָּשׁ לֹא בִמְהֵרָה יִנָּתֵק: טוֹב יֶלֶד מִסְכֵּן וְחָכָם מִמֶּלֶךְ זָקֵן וּכְסִיל אֲשֶׁר לֹא־יָדַע לְהִזָּהֵר עוֹד: כִּי־מִבֵּית הָסוּרִים יָצָא לִמְלֹךְ כִּי גַּם בְּמַלְכוּתוֹ נוֹלַד רָשׁ: רָאִיתִי אֶת־כָּל־הַחַיִּים הַמְהַלְּכִים תַּחַת הַשָּׁמֶשׁ עִם הַיֶּלֶד הַשֵּׁנִי אֲשֶׁר יַעֲמֹד תַּחְתָּיו: אֵין־קֵץ לְכָל־הָעָם לְכֹל אֲשֶׁר־הָיָה לִפְנֵיהֶם גַּם הָאַחֲרוֹנִים לֹא יִשְׂמְחוּ־בוֹ כִּי־גַם־זֶה הֶבֶל וְרַעְיוֹן רוּחַ: שְׁמֹר רַגְלְךָ כַּאֲשֶׁר תֵּלֵךְ אֶל־בֵּית הָאֱלֹהִים וְקָרוֹב לִשְׁמֹעַ מִתֵּת הַכְּסִילִים זָבַח כִּי־אֵינָם יוֹדְעִים לַעֲשׂוֹת רָע: אַל־תְּבַהֵל עַל־פִּיךָ וְלִבְּךָ אַל־יְמַהֵר לְהוֹצִיא דָבָר לִפְנֵי הָאֱלֹהִים כִּי הָאֱלֹהִים בַּשָּׁמַיִם וְאַתָּה עַל־הָאָרֶץ עַל־כֵּן יִהְיוּ דְבָרֶיךָ מְעַטִּים: כִּי בָּא הַחֲלוֹם בְּרֹב עִנְיָן וְקוֹל כְּסִיל בְּרֹב דְּבָרִים: כַּאֲשֶׁר תִּדֹּר נֶדֶר לֵאלֹהִים אַל־תְּאַחֵר לְשַׁלְּמוֹ כִּי אֵין חֵפֶץ בַּכְּסִילִים אֵת אֲשֶׁר־תִּדֹּר שַׁלֵּם: טוֹב אֲשֶׁר לֹא־תִדֹּר מִשֶּׁתִּדּוֹר וְלֹא תְשַׁלֵּם: אַל־תִּתֵּן אֶת־פִּיךָ לַחֲטִיא אֶת־בְּשָׂרֶךָ וְאַל־תֹּאמַר לִפְנֵי הַמַּלְאָךְ כִּי שְׁגָגָה הִיא לָמָּה יִקְצֹף הָאֱלֹהִים עַל־קוֹלֶךָ וְחִבֵּל אֶת־מַעֲשֵׂה יָדֶיךָ: כִּי בְרֹב חֲלֹמוֹת וַהֲבָלִים וּדְבָרִים הַרְבֵּה כִּי אֶת־הָאֱלֹהִים יְרָא: אִם־עֹשֶׁק רָשׁ וְגֵזֶל מִשְׁפָּט וָצֶדֶק תִּרְאֶה בַמְּדִינָה אַל־תִּתְמַהּ עַל־הַחֵפֶץ כִּי גָבֹהַּ מֵעַל גָּבֹהַּ שֹׁמֵר וּגְבֹהִים עֲלֵיהֶם: וְיִתְרוֹן אֶרֶץ בַּכֹּל הִיא מֶלֶךְ לְשָׂדֶה נֶעֱבָד: אֹהֵב כֶּסֶף לֹא־יִשְׂבַּע כֶּסֶף וּמִי־אֹהֵב בֶּהָמוֹן לֹא תְבוּאָה גַּם־זֶה הָבֶל: בִּרְבוֹת הַטּוֹבָה רַבּוּ אוֹכְלֶיהָ וּמַה־כִּשְׁרוֹן לִבְעָלֶיהָ כִּי אִם־רְאוּת עֵינָיו: מְתוּקָה שְׁנַת הָעֹבֵד אִם־מְעַט וְאִם־הַרְבֵּה יֹאכֵל וְהַשָּׂבָע לֶעָשִׁיר אֵינֶנּוּ מַנִּיחַ לוֹ לִישׁוֹן: יֵשׁ רָעָה חוֹלָה רָאִיתִי תַּחַת הַשָּׁמֶשׁ עֹשֶׁר שָׁמוּר לִבְעָלָיו לְרָעָתוֹ: וְאָבַד הָעֹשֶׁר הַהוּא בְּעִנְיַן רָע וְהוֹלִיד בֵּן וְאֵין בְּיָדוֹ מְאוּמָה: כַּאֲשֶׁר יָצָא מִבֶּטֶן אִמּוֹ עָרוֹם יָשׁוּב לָלֶכֶת כְּשֶׁבָּא וּמְאוּמָה לֹא־יִשָּׂא בַעֲמָלוֹ שֶׁיֹּלֵךְ בְּיָדוֹ: וְגַם־זֹה רָעָה חוֹלָה כָּל־עֻמַּת שֶׁבָּא כֵּן יֵלֵךְ וּמַה־יִּתְרוֹן לוֹ שֶׁיַּעֲמֹל לָרוּחַ: גַּם כָּל־יָמָיו בַּחֹשֶׁךְ יֹאכֵל וְכָעַס הַרְבֵּה וְחָלְיוֹ וָקָצֶף: הִנֵּה אֲשֶׁר־רָאִיתִי אָנִי טוֹב אֲשֶׁר־יָפֶה לֶאֱכוֹל וְלִשְׁתּוֹת וְלִרְאוֹת טוֹבָה בְּכָל־עֲמָלוֹ ׀ שֶׁיַּעֲמֹל תַּחַת־הַשֶּׁמֶשׁ מִסְפַּר יְמֵי־חַיָּו אֲשֶׁר־נָתַן־לוֹ הָאֱלֹהִים כִּי־הוּא חֶלְקוֹ: גַּם כָּל־הָאָדָם אֲשֶׁר נָתַן־לוֹ הָאֱלֹהִים עֹשֶׁר וּנְכָסִים וְהִשְׁלִיטוֹ לֶאֱכֹל מִמֶּנּוּ וְלָשֵׂאת אֶת־חֶלְקוֹ וְלִשְׂמֹחַ בַּעֲמָלוֹ זֹה

מַתַּת אֱלֹהִים הִיא׃ כִּי לֹא הַרְבֵּה יִזְכֹּר אֶת־יְמֵי חַיָּיו כִּי הָאֱלֹהִים מַעֲנֶה
ו בְּשִׂמְחַת לִבּוֹ׃ יֵשׁ רָעָה אֲשֶׁר רָאִיתִי תַּחַת הַשָּׁמֶשׁ וְרַבָּה הִיא עַל־הָאָדָם׃
אִישׁ אֲשֶׁר יִתֶּן־לוֹ הָאֱלֹהִים עֹשֶׁר וּנְכָסִים וְכָבוֹד וְאֵינֶנּוּ חָסֵר לְנַפְשׁוֹ ׀
מִכֹּל אֲשֶׁר־יִתְאַוֶּה וְלֹא־יַשְׁלִיטֶנּוּ הָאֱלֹהִים לֶאֱכֹל מִמֶּנּוּ כִּי אִישׁ נָכְרִי
יֹאכְלֶנּוּ זֶה הֶבֶל וָחֳלִי רָע הוּא׃ אִם־יוֹלִיד אִישׁ מֵאָה וְשָׁנִים רַבּוֹת יִחְיֶה
וְרַב ׀ שֶׁיִּהְיוּ יְמֵי־שָׁנָיו וְנַפְשׁוֹ לֹא־תִשְׂבַּע מִן־הַטּוֹבָה וְגַם־קְבוּרָה לֹא־הָיְתָה
לּוֹ אָמַרְתִּי טוֹב מִמֶּנּוּ הַנָּפֶל׃ כִּי־בַהֶבֶל בָּא וּבַחֹשֶׁךְ יֵלֵךְ וּבַחֹשֶׁךְ שְׁמוֹ
יְכֻסֶּה׃ גַּם־שֶׁמֶשׁ לֹא־רָאָה וְלֹא יָדָע נַחַת לָזֶה מִזֶּה׃ וְאִלּוּ חָיָה אֶלֶף
שָׁנִים פַּעֲמַיִם וְטוֹבָה לֹא רָאָה הֲלֹא אֶל־מָקוֹם אֶחָד הַכֹּל הוֹלֵךְ׃ כָּל־
עֲמַל הָאָדָם לְפִיהוּ וְגַם־הַנֶּפֶשׁ לֹא תִמָּלֵא׃ כִּי מַה־יּוֹתֵר לֶחָכָם מִן־
הַכְּסִיל מַה־לֶּעָנִי יוֹדֵעַ לַהֲלֹךְ נֶגֶד הַחַיִּים׃ טוֹב מַרְאֵה עֵינַיִם מֵהֲלָךְ־נָפֶשׁ
גַּם־זֶה הֶבֶל וּרְעוּת רוּחַ׃ מַה־שֶּׁהָיָה כְּבָר נִקְרָא שְׁמוֹ וְנוֹדָע אֲשֶׁר־הוּא
אָדָם וְלֹא־יוּכַל לָדִין עִם שהתקיף מִמֶּנּוּ׃ כִּי יֵשׁ־דְּבָרִים הַרְבֵּה מַרְבִּים שֶׁתַּקִּיף
הָבֶל מַה־יֹּתֵר לָאָדָם׃ כִּי מִי־יוֹדֵעַ מַה־טּוֹב לָאָדָם בַּחַיִּים מִסְפַּר יְמֵי־
חַיֵּי הֶבְלוֹ וְיַעֲשֵׂם כַּצֵּל אֲשֶׁר מִי־יַגִּיד לָאָדָם מַה־יִּהְיֶה אַחֲרָיו תַּחַת
ז הַשָּׁמֶשׁ׃ טוֹב שֵׁם מִשֶּׁמֶן טוֹב וְיוֹם הַמָּוֶת מִיּוֹם הִוָּלְדוֹ׃ טוֹב
לָלֶכֶת אֶל־בֵּית־אֵבֶל מִלֶּכֶת אֶל־בֵּית מִשְׁתֶּה בַּאֲשֶׁר הוּא סוֹף כָּל־הָאָדָם
וְהַחַי יִתֵּן אֶל־לִבּוֹ׃ טוֹב כַּעַס מִשְּׂחֹק כִּי־בְרֹעַ פָּנִים יִיטַב לֵב׃ לֵב חֲכָמִים
בְּבֵית אֵבֶל וְלֵב כְּסִילִים בְּבֵית שִׂמְחָה׃ טוֹב לִשְׁמֹעַ גַּעֲרַת חָכָם מֵאִישׁ
שֹׁמֵעַ שִׁיר כְּסִילִים׃ כִּי כְקוֹל הַסִּירִים תַּחַת הַסִּיר כֵּן שְׂחֹק הַכְּסִיל וְגַם־זֶה
הָבֶל׃ כִּי הָעֹשֶׁק יְהוֹלֵל חָכָם וִיאַבֵּד אֶת־לֵב מַתָּנָה׃ טוֹב אַחֲרִית דָּבָר
מֵרֵאשִׁיתוֹ טוֹב אֶרֶךְ־רוּחַ מִגְּבַהּ־רוּחַ׃ אַל־תְּבַהֵל בְּרוּחֲךָ לִכְעוֹס כִּי כַעַס
בְּחֵיק כְּסִילִים יָנוּחַ׃ אַל־תֹּאמַר מֶה הָיָה שֶׁהַיָּמִים הָרִאשֹׁנִים הָיוּ טוֹבִים
מֵאֵלֶּה כִּי לֹא מֵחָכְמָה שָׁאַלְתָּ עַל־זֶה׃ טוֹבָה חָכְמָה עִם־נַחֲלָה וְיֹתֵר
לְרֹאֵי הַשָּׁמֶשׁ׃ כִּי בְּצֵל הַחָכְמָה בְּצֵל הַכָּסֶף וְיִתְרוֹן דַּעַת הַחָכְמָה תְּחַיֶּה
בְעָלֶיהָ׃ רְאֵה אֶת־מַעֲשֵׂה הָאֱלֹהִים כִּי מִי יוּכַל לְתַקֵּן אֵת אֲשֶׁר עִוְּתוֹ׃
בְּיוֹם טוֹבָה הֱיֵה בְטוֹב וּבְיוֹם רָעָה רְאֵה גַּם אֶת־זֶה לְעֻמַּת־זֶה עָשָׂה
הָאֱלֹהִים עַל־דִּבְרַת שֶׁלֹּא יִמְצָא הָאָדָם אַחֲרָיו מְאוּמָה׃ אֶת־הַכֹּל רָאִיתִי
בִּימֵי הֶבְלִי יֵשׁ צַדִּיק אֹבֵד בְּצִדְקוֹ וְיֵשׁ רָשָׁע מַאֲרִיךְ בְּרָעָתוֹ׃ אַל־תְּהִי
צַדִּיק הַרְבֵּה וְאַל־תִּתְחַכַּם יוֹתֵר לָמָּה תִּשּׁוֹמֵם׃ אַל־תִּרְשַׁע הַרְבֵּה וְאַל־
תְּהִי סָכָל לָמָּה תָמוּת בְּלֹא עִתֶּךָ׃ טוֹב אֲשֶׁר תֶּאֱחֹז בָּזֶה וְגַם־מִזֶּה אַל־תַּנַּח
אֶת־יָדֶךָ כִּי־יְרֵא אֱלֹהִים יֵצֵא אֶת־כֻּלָּם׃ הַחָכְמָה תָּעֹז לֶחָכָם מֵעֲשָׂרָה

שַׁלִּיטִים אֲשֶׁר הָיוּ בָּעִיר: כִּי אָדָם אֵין צַדִּיק בָּאָרֶץ אֲשֶׁר יַעֲשֶׂה־טּוֹב וְלֹא
יֶחֱטָא: גַּם לְכָל־הַדְּבָרִים אֲשֶׁר יְדַבֵּרוּ אַל־תִּתֵּן לִבֶּךָ אֲשֶׁר לֹא־תִשְׁמַע
אֶת־עַבְדְּךָ מְקַלְלֶךָ: כִּי גַּם־פְּעָמִים רַבּוֹת יָדַע לִבֶּךָ אֲשֶׁר גַּם־אַתָּ קִלַּלְתָּ
אֲחֵרִים: כָּל־זֹה נִסִּיתִי בַחָכְמָה אָמַרְתִּי אֶחְכָּמָה וְהִיא רְחוֹקָה מִמֶּנִּי:
רָחוֹק מַה־שֶּׁהָיָה וְעָמֹק | עָמֹק מִי יִמְצָאֶנּוּ: סַבּוֹתִי אֲנִי וְלִבִּי לָדַעַת וְלָתוּר
וּבַקֵּשׁ חָכְמָה וְחֶשְׁבּוֹן וְלָדַעַת רֶשַׁע כֶּסֶל וְהַסִּכְלוּת הוֹלֵלוֹת: וּמוֹצֶא אֲנִי
מַר מִמָּוֶת אֶת־הָאִשָּׁה אֲשֶׁר־הִיא מְצוֹדִים וַחֲרָמִים לִבָּהּ אֲסוּרִים יָדֶיהָ
טוֹב לִפְנֵי הָאֱלֹהִים יִמָּלֵט מִמֶּנָּה וְחוֹטֵא יִלָּכֶד בָּהּ: רְאֵה זֶה מָצָאתִי אָמְרָה
קֹהֶלֶת אַחַת לְאַחַת לִמְצֹא חֶשְׁבּוֹן: אֲשֶׁר עוֹד־בִּקְשָׁה נַפְשִׁי וְלֹא מָצָאתִי
אָדָם אֶחָד מֵאֶלֶף מָצָאתִי וְאִשָּׁה בְכָל־אֵלֶּה לֹא מָצָאתִי: לְבַד רְאֵה־זֶה
מָצָאתִי אֲשֶׁר עָשָׂה הָאֱלֹהִים אֶת־הָאָדָם יָשָׁר וְהֵמָּה בִקְשׁוּ חִשְּׁבֹנוֹת
רַבִּים: מִי כְּהֶחָכָם וּמִי יוֹדֵעַ פֵּשֶׁר דָּבָר חָכְמַת אָדָם תָּאִיר פָּנָיו וְעֹז פָּנָיו ח
יְשֻׁנֶּא: אֲנִי פִּי־מֶלֶךְ שְׁמוֹר וְעַל דִּבְרַת שְׁבוּעַת אֱלֹהִים: אַל־תִּבָּהֵל מִפָּנָיו
תֵּלֵךְ אַל־תַּעֲמֹד בְּדָבָר רָע כִּי כָּל־אֲשֶׁר יַחְפֹּץ יַעֲשֶׂה: בַּאֲשֶׁר דְּבַר־מֶלֶךְ
שִׁלְטוֹן וּמִי יֹאמַר־לוֹ מַה־תַּעֲשֶׂה: שׁוֹמֵר מִצְוָה לֹא יֵדַע דָּבָר רָע וְעֵת
וּמִשְׁפָּט יֵדַע לֵב חָכָם: כִּי לְכָל־חֵפֶץ יֵשׁ עֵת וּמִשְׁפָּט כִּי־רָעַת הָאָדָם רַבָּה
עָלָיו: כִּי־אֵינֶנּוּ יֹדֵעַ מַה־שֶּׁיִּהְיֶה כִּי כַּאֲשֶׁר יִהְיֶה מִי יַגִּיד לוֹ: אֵין אָדָם
שַׁלִּיט בָּרוּחַ לִכְלוֹא אֶת־הָרוּחַ וְאֵין שִׁלְטוֹן בְּיוֹם הַמָּוֶת וְאֵין מִשְׁלַחַת
בַּמִּלְחָמָה וְלֹא־יְמַלֵּט רֶשַׁע אֶת־בְּעָלָיו: אֶת־כָּל־זֶה רָאִיתִי וְנָתוֹן אֶת־לִבִּי
לְכָל־מַעֲשֶׂה אֲשֶׁר נַעֲשָׂה תַּחַת הַשָּׁמֶשׁ עֵת אֲשֶׁר שָׁלַט הָאָדָם בְּאָדָם
לְרַע לוֹ: וּבְכֵן רָאִיתִי רְשָׁעִים קְבֻרִים וָבָאוּ וּמִמְּקוֹם קָדוֹשׁ יְהַלֵּכוּ וְיִשְׁתַּכְּחוּ
בָעִיר אֲשֶׁר כֵּן־עָשׂוּ גַּם־זֶה הָבֶל: אֲשֶׁר אֵין־נַעֲשָׂה פִתְגָם מַעֲשֵׂה הָרָעָה
מְהֵרָה עַל־כֵּן מָלֵא לֵב בְּנֵי־הָאָדָם בָּהֶם לַעֲשׂוֹת רָע: אֲשֶׁר חֹטֶא עֹשֶׂה
רָע מְאַת וּמַאֲרִיךְ לוֹ כִּי גַּם־יוֹדֵעַ אָנִי אֲשֶׁר יִהְיֶה־טּוֹב לְיִרְאֵי הָאֱלֹהִים
אֲשֶׁר יִירְאוּ מִלְּפָנָיו: וְטוֹב לֹא־יִהְיֶה לָרָשָׁע וְלֹא־יַאֲרִיךְ יָמִים כַּצֵּל אֲשֶׁר
אֵינֶנּוּ יָרֵא מִלִּפְנֵי אֱלֹהִים: יֶשׁ־הֶבֶל אֲשֶׁר נַעֲשָׂה עַל־הָאָרֶץ אֲשֶׁר | יֵשׁ
צַדִּיקִים אֲשֶׁר מַגִּיעַ אֲלֵהֶם כְּמַעֲשֵׂה הָרְשָׁעִים וְיֵשׁ רְשָׁעִים שֶׁמַּגִּיעַ אֲלֵהֶם
כְּמַעֲשֵׂה הַצַּדִּיקִים אָמַרְתִּי שֶׁגַּם־זֶה הָבֶל: וְשִׁבַּחְתִּי אֲנִי אֶת־הַשִּׂמְחָה
אֲשֶׁר אֵין־טוֹב לָאָדָם תַּחַת הַשֶּׁמֶשׁ כִּי אִם־לֶאֱכוֹל וְלִשְׁתּוֹת וְלִשְׂמוֹחַ
וְהוּא יִלְוֶנּוּ בַעֲמָלוֹ יְמֵי חַיָּיו אֲשֶׁר־נָתַן־לוֹ הָאֱלֹהִים תַּחַת הַשָּׁמֶשׁ: כַּאֲשֶׁר
נָתַתִּי אֶת־לִבִּי לָדַעַת חָכְמָה וְלִרְאוֹת אֶת־הָעִנְיָן אֲשֶׁר נַעֲשָׂה עַל־הָאָרֶץ
כִּי גַם בַּיּוֹם וּבַלַּיְלָה שֵׁנָה בְּעֵינָיו אֵינֶנּוּ רֹאֶה: וְרָאִיתִי אֶת־כָּל־מַעֲשֵׂה

הָאֱלֹהִים כִּי לֹא יוּכַל הָאָדָם לִמְצוֹא אֶת־הַמַּעֲשֶׂה אֲשֶׁר נַעֲשָׂה תַחַת־
הַשֶּׁמֶשׁ בְּשֶׁל אֲשֶׁר יַעֲמֹל הָאָדָם לְבַקֵּשׁ וְלֹא יִמְצָא וְגַם אִם־יֹאמַר הֶחָכָם
ט לָדַעַת לֹא יוּכַל לִמְצֹא׃ כִּי אֶת־כָּל־זֶה נָתַתִּי אֶל־לִבִּי וְלָבוּר אֶת־כָּל־זֶה
אֲשֶׁר הַצַּדִּיקִים וְהַחֲכָמִים וַעֲבָדֵיהֶם בְּיַד הָאֱלֹהִים גַּם־אַהֲבָה גַם־שִׂנְאָה
אֵין יוֹדֵעַ הָאָדָם הַכֹּל לִפְנֵיהֶם׃ הַכֹּל כַּאֲשֶׁר לַכֹּל מִקְרֶה אֶחָד לַצַּדִּיק
וְלָרָשָׁע לַטּוֹב וְלַטָּהוֹר וְלַטָּמֵא וְלַזֹּבֵחַ וְלַאֲשֶׁר אֵינֶנּוּ זֹבֵחַ כַּטּוֹב כַּחֹטֶא
הַנִּשְׁבָּע כַּאֲשֶׁר שְׁבוּעָה יָרֵא׃ זֶה ׀ רָע בְּכֹל אֲשֶׁר־נַעֲשָׂה תַּחַת הַשֶּׁמֶשׁ
כִּי־מִקְרֶה אֶחָד לַכֹּל וְגַם לֵב בְּנֵי־הָאָדָם מָלֵא־רָע וְהוֹלֵלוֹת בִּלְבָבָם
בְּחַיֵּיהֶם וְאַחֲרָיו אֶל־הַמֵּתִים׃ כִּי־מִי אֲשֶׁר יבחר אֶל כָּל־הַחַיִּים יֵשׁ בִּטָּחוֹן יְחֻבַּר
כִּי־לְכֶלֶב חַי הוּא טוֹב מִן־הָאַרְיֵה הַמֵּת׃ כִּי הַחַיִּים יוֹדְעִים שֶׁיָּמֻתוּ וְהַמֵּתִים
אֵינָם יוֹדְעִים מְאוּמָה וְאֵין־עוֹד לָהֶם שָׂכָר כִּי נִשְׁכַּח זִכְרָם׃ גַּם אַהֲבָתָם
גַּם־שִׂנְאָתָם גַּם־קִנְאָתָם כְּבָר אָבָדָה וְחֵלֶק אֵין־לָהֶם עוֹד לְעוֹלָם בְּכֹל
אֲשֶׁר־נַעֲשָׂה תַּחַת הַשָּׁמֶשׁ׃ לֵךְ אֱכֹל בְּשִׂמְחָה לַחְמֶךָ וּשְׁתֵה בְלֶב־טוֹב
יֵינֶךָ כִּי כְבָר רָצָה הָאֱלֹהִים אֶת־מַעֲשֶׂיךָ׃ בְּכָל־עֵת יִהְיוּ בְגָדֶיךָ לְבָנִים
וְשֶׁמֶן עַל־רֹאשְׁךָ אַל־יֶחְסָר׃ רְאֵה חַיִּים עִם־אִשָּׁה אֲשֶׁר־אָהַבְתָּ כָּל־יְמֵי
חַיֵּי הֶבְלֶךָ אֲשֶׁר נָתַן־לְךָ תַּחַת הַשֶּׁמֶשׁ כֹּל יְמֵי הֶבְלֶךָ כִּי הוּא חֶלְקְךָ
בַּחַיִּים וּבַעֲמָלְךָ אֲשֶׁר־אַתָּה עָמֵל תַּחַת הַשָּׁמֶשׁ׃ כֹּל אֲשֶׁר תִּמְצָא יָדְךָ
לַעֲשׂוֹת בְּכֹחֲךָ עֲשֵׂה כִּי אֵין מַעֲשֶׂה וְחֶשְׁבּוֹן וְדַעַת וְחָכְמָה בִּשְׁאוֹל אֲשֶׁר
אַתָּה הֹלֵךְ שָׁמָּה׃ שַׁבְתִּי וְרָאֹה תַחַת־הַשֶּׁמֶשׁ כִּי לֹא לַקַּלִּים הַמֵּרוֹץ וְלֹא
לַגִּבּוֹרִים הַמִּלְחָמָה וְגַם לֹא לַחֲכָמִים לֶחֶם וְגַם לֹא לַנְּבֹנִים עֹשֶׁר וְגַם לֹא
לַיֹּדְעִים חֵן כִּי־עֵת וָפֶגַע יִקְרֶה אֶת־כֻּלָּם׃ כִּי גַּם לֹא־יֵדַע הָאָדָם אֶת־עִתּוֹ
כַּדָּגִים שֶׁנֶּאֱחָזִים בִּמְצוֹדָה רָעָה וְכַצִּפֳּרִים הָאֲחֻזוֹת בַּפָּח כָּהֵם יוּקָשִׁים
בְּנֵי הָאָדָם לְעֵת רָעָה כְּשֶׁתִּפּוֹל עֲלֵיהֶם פִּתְאֹם׃ גַּם־זֹה רָאִיתִי חָכְמָה
תַּחַת הַשָּׁמֶשׁ וּגְדוֹלָה הִיא אֵלָי׃ עִיר קְטַנָּה וַאֲנָשִׁים בָּהּ מְעָט וּבָא־אֵלֶיהָ
מֶלֶךְ גָּדוֹל וְסָבַב אֹתָהּ וּבָנָה עָלֶיהָ מְצוֹדִים גְּדֹלִים׃ וּמָצָא בָהּ אִישׁ מִסְכֵּן
חָכָם וּמִלַּט־הוּא אֶת־הָעִיר בְּחָכְמָתוֹ וְאָדָם לֹא זָכַר אֶת־הָאִישׁ הַמִּסְכֵּן
הַהוּא׃ וְאָמַרְתִּי אָנִי טוֹבָה חָכְמָה מִגְּבוּרָה וְחָכְמַת הַמִּסְכֵּן בְּזוּיָה וּדְבָרָיו
אֵינָם נִשְׁמָעִים׃ דִּבְרֵי חֲכָמִים בְּנַחַת נִשְׁמָעִים מִזַּעֲקַת מוֹשֵׁל בַּכְּסִילִים׃
י טוֹבָה חָכְמָה מִכְּלֵי קְרָב וְחוֹטֶא אֶחָד יְאַבֵּד טוֹבָה הַרְבֵּה׃ זְבוּבֵי מָוֶת
יַבְאִישׁ יַבִּיעַ שֶׁמֶן רוֹקֵחַ יָקָר מֵחָכְמָה מִכָּבוֹד סִכְלוּת מְעָט׃ לֵב חָכָם
לִימִינוֹ וְלֵב כְּסִיל לִשְׂמֹאלוֹ׃ וְגַם־בַּדֶּרֶךְ כשהסכל הֹלֵךְ לִבּוֹ חָסֵר וְאָמַר כְּשֶׁסָּכָל
לַכֹּל סָכָל הוּא׃ אִם־רוּחַ הַמּוֹשֵׁל תַּעֲלֶה עָלֶיךָ מְקוֹמְךָ אַל־תַּנַּח כִּי מַרְפֵּא

יָנִיחַ חֲטָאִים גְּדוֹלִים: יֵשׁ רָעָה רָאִיתִי תַּחַת הַשָּׁמֶשׁ כִּשְׁגָגָה שֶׁיֹּצָא מִלִּפְנֵי הַשַּׁלִּיט: נִתַּן הַסֶּכֶל בַּמְּרוֹמִים רַבִּים וַעֲשִׁירִים בַּשֵּׁפֶל יֵשֵׁבוּ: רָאִיתִי עֲבָדִים עַל־סוּסִים וְשָׂרִים הֹלְכִים כַּעֲבָדִים עַל־הָאָרֶץ: חֹפֵר גּוּמָּץ בּוֹ יִפּוֹל וּפֹרֵץ גָּדֵר יִשְּׁכֶנּוּ נָחָשׁ: מַסִּיעַ אֲבָנִים יֵעָצֵב בָּהֶם בּוֹקֵעַ עֵצִים יִסָּכֶן בָּם: אִם־קֵהָה הַבַּרְזֶל וְהוּא לֹא־פָנִים קִלְקַל וַחֲיָלִים יְגַבֵּר וְיִתְרוֹן הַכְשֵׁיר חָכְמָה: אִם־יִשֹּׁךְ הַנָּחָשׁ בְּלוֹא־לָחַשׁ וְאֵין יִתְרוֹן לְבַעַל הַלָּשׁוֹן: דִּבְרֵי פִי־חָכָם חֵן וְשִׂפְתוֹת כְּסִיל תְּבַלְּעֶנּוּ: תְּחִלַּת דִּבְרֵי־פִיהוּ סִכְלוּת וְאַחֲרִית פִּיהוּ הוֹלֵלוּת רָעָה: וְהַסָּכָל יַרְבֶּה דְבָרִים לֹא־יֵדַע הָאָדָם מַה־שֶּׁיִּהְיֶה וַאֲשֶׁר יִהְיֶה מֵאַחֲרָיו מִי יַגִּיד לוֹ: עֲמַל הַכְּסִילִים תְּיַגְּעֶנּוּ אֲשֶׁר לֹא־יָדַע לָלֶכֶת אֶל־עִיר: אִי־לָךְ אֶרֶץ שֶׁמַּלְכֵּךְ נָעַר וְשָׂרַיִךְ בַּבֹּקֶר יֹאכֵלוּ: אַשְׁרֵיךְ אֶרֶץ שֶׁמַּלְכֵּךְ בֶּן־חוֹרִים וְשָׂרַיִךְ בָּעֵת יֹאכֵלוּ בִּגְבוּרָה וְלֹא בַשְּׁתִי: בַּעֲצַלְתַּיִם יִמַּךְ הַמְּקָרֶה וּבְשִׁפְלוּת יָדַיִם יִדְלֹף הַבָּיִת: לִשְׂחוֹק עֹשִׂים לֶחֶם וְיַיִן יְשַׂמַּח חַיִּים וְהַכֶּסֶף יַעֲנֶה אֶת־הַכֹּל: גַּם בְּמַדָּעֲךָ מֶלֶךְ אַל־תְּקַלֵּל וּבְחַדְרֵי מִשְׁכָּבְךָ אַל־תְּקַלֵּל

כְּנָפַיִם יא עָשִׁיר כִּי עוֹף הַשָּׁמַיִם יוֹלִיךְ אֶת־הַקּוֹל וּבַעַל הַכְּנָפַיִם יַגֵּיד דָּבָר: שַׁלַּח לַחְמְךָ עַל־פְּנֵי הַמָּיִם כִּי־בְרֹב הַיָּמִים תִּמְצָאֶנּוּ: תֶּן־חֵלֶק לְשִׁבְעָה וְגַם לִשְׁמוֹנָה כִּי לֹא תֵדַע מַה־יִּהְיֶה רָעָה עַל־הָאָרֶץ: אִם־יִמָּלְאוּ הֶעָבִים גֶּשֶׁם עַל־הָאָרֶץ יָרִיקוּ וְאִם־יִפּוֹל עֵץ בַּדָּרוֹם וְאִם בַּצָּפוֹן מְקוֹם שֶׁיִּפּוֹל הָעֵץ שָׁם יְהוּא: שֹׁמֵר רוּחַ לֹא יִזְרָע וְרֹאֶה בֶעָבִים לֹא יִקְצוֹר: כַּאֲשֶׁר אֵינְךָ יוֹדֵעַ מַה־דֶּרֶךְ הָרוּחַ כַּעֲצָמִים בְּבֶטֶן הַמְּלֵאָה כָּכָה לֹא תֵדַע אֶת־מַעֲשֵׂה הָאֱלֹהִים אֲשֶׁר יַעֲשֶׂה אֶת־הַכֹּל: בַּבֹּקֶר זְרַע אֶת־זַרְעֶךָ וְלָעֶרֶב אַל־תַּנַּח יָדֶךָ כִּי אֵינְךָ יוֹדֵעַ אֵי זֶה יִכְשָׁר הֲזֶה אוֹ־זֶה וְאִם־שְׁנֵיהֶם כְּאֶחָד טוֹבִים: וּמָתוֹק הָאוֹר וְטוֹב לַעֵינַיִם לִרְאוֹת אֶת־הַשָּׁמֶשׁ: כִּי אִם־שָׁנִים הַרְבֵּה יִחְיֶה הָאָדָם בְּכֻלָּם יִשְׂמָח וְיִזְכֹּר אֶת־יְמֵי הַחֹשֶׁךְ כִּי־הַרְבֵּה יִהְיוּ כָּל־שֶׁבָּא הָבֶל: שְׂמַח בָּחוּר בְּיַלְדוּתֶיךָ וִיטִיבְךָ לִבְּךָ בִּימֵי בְחוּרוֹתֶיךָ וְהַלֵּךְ בְּדַרְכֵי לִבְּךָ וּבְמַרְאֵי עֵינֶיךָ וְדָע כִּי עַל־כָּל־אֵלֶּה יְבִיאֲךָ הָאֱלֹהִים בַּמִּשְׁפָּט: וְהָסֵר

וּבְמַרְאֵה כַּעַס מִלִּבֶּךָ וְהַעֲבֵר רָעָה מִבְּשָׂרֶךָ כִּי־הַיַּלְדוּת וְהַשַּׁחֲרוּת הָבֶל: וּזְכֹר יב אֶת־בּוֹרְאֶיךָ בִּימֵי בְּחוּרֹתֶיךָ עַד אֲשֶׁר לֹא־יָבֹאוּ יְמֵי הָרָעָה וְהִגִּיעוּ שָׁנִים אֲשֶׁר תֹּאמַר אֵין־לִי בָהֶם חֵפֶץ: עַד אֲשֶׁר לֹא־תֶחְשַׁךְ הַשֶּׁמֶשׁ וְהָאוֹר וְהַיָּרֵחַ וְהַכּוֹכָבִים וְשָׁבוּ הֶעָבִים אַחַר הַגָּשֶׁם: בַּיּוֹם שֶׁיָּזֻעוּ שֹׁמְרֵי הַבַּיִת וְהִתְעַוְּתוּ אַנְשֵׁי הֶחָיִל וּבָטְלוּ הַטֹּחֲנוֹת כִּי מִעֵטוּ וְחָשְׁכוּ הָרֹאוֹת בָּאֲרֻבּוֹת: וְסֻגְּרוּ דְלָתַיִם בַּשּׁוּק בִּשְׁפַל קוֹל הַטַּחֲנָה וְיָקוּם לְקוֹל הַצִּפּוֹר וְיִשַּׁחוּ כָּל־בְּנוֹת הַשִּׁיר: גַּם מִגָּבֹהַּ יִרָאוּ וְחַתְחַתִּים בַּדֶּרֶךְ וְיָנֵאץ הַשָּׁקֵד וְיִסְתַּבֵּל

הֶֽחָגָ֔ב וְתָפֵ֖ר הָאֲבִיּוֹנָ֑ה כִּֽי־הֹלֵ֤ךְ הָאָדָם֙ אֶל־בֵּ֣ית עוֹלָמ֔וֹ וְסָבְב֥וּ בַשּׁ֖וּק
הַסֹּפְדִֽים׃ עַ֣ד אֲשֶׁ֤ר לֹֽא־ירחק֙ חֶ֣בֶל הַכֶּ֔סֶף וְתָרֻ֖ץ גֻּלַּ֣ת הַזָּהָ֑ב וְתִשָּׁ֤בֶר כַּד֙ יִרָתֵק֙
עַל־הַמַּבּ֔וּעַ וְנָרֹ֥ץ הַגַּלְגַּ֖ל אֶל־הַבּֽוֹר׃ וְיָשֹׁ֧ב הֶעָפָ֛ר עַל־הָאָ֖רֶץ כְּשֶׁהָיָ֑ה
וְהָר֣וּחַ תָּשׁ֔וּב אֶל־הָאֱלֹהִ֖ים אֲשֶׁ֥ר נְתָנָֽהּ׃ הֲבֵ֧ל הֲבָלִ֛ים אָמַ֥ר הַקּוֹהֶ֖לֶת
הַכֹּ֥ל הָֽבֶל׃ וְיֹתֵ֕ר שֶׁהָיָ֥ה קֹהֶ֖לֶת חָכָ֑ם ע֗וֹד לִמַּד־דַּ֙עַת֙ אֶת־הָעָ֔ם וְאִזֵּ֣ן וְחִקֵּ֔ר
תִּקֵּ֖ן מְשָׁלִ֥ים הַרְבֵּֽה׃ בִּקֵּ֣שׁ קֹהֶ֔לֶת לִמְצֹ֖א דִּבְרֵי־חֵ֑פֶץ וְכָת֥וּב יֹ֖שֶׁר דִּבְרֵ֥י
אֱמֶֽת׃ דִּבְרֵ֤י חֲכָמִים֙ כַּדָּ֣רְבֹנ֔וֹת וּֽכְמַשְׂמְר֥וֹת נְטוּעִ֖ים בַּעֲלֵ֣י אֲסֻפּ֑וֹת נִתְּנ֖וּ
מֵרֹעֶ֥ה אֶחָֽד׃ וְיֹתֵ֥ר מֵהֵ֖מָּה בְּנִ֣י הִזָּהֵ֑ר עֲשׂ֨וֹת סְפָרִ֤ים הַרְבֵּה֙ אֵ֣ין קֵ֔ץ וְלַ֥הַג
הַרְבֵּ֖ה יְגִעַ֥ת בָּשָֽׂר׃ ס֥וֹף דָּבָ֖ר הַכֹּ֣ל נִשְׁמָ֑ע אֶת־הָאֱלֹהִ֤ים יְרָא֙ וְאֶת־מִצְוֺתָ֣יו
שְׁמ֔וֹר כִּי־זֶ֖ה כָּל־הָאָדָֽם׃ כִּ֤י אֶת־כָּל־מַעֲשֶׂ֔ה הָאֱלֹהִ֛ים יָבִ֥א בְמִשְׁפָּ֖ט עַ֣ל
כָּל־נֶעְלָ֑ם אִם־ט֖וֹב וְאִם־רָֽע׃

סוף דבר הכל נשמע
את האלהים ירא ואת מצותיו שמור
כי זה כל האדם

הלכות קריאת התורה

תקנת קריאת התורה

1 ״׳וילכו שלשת ימים במדבר ולא מצאו מים׳ (שמות טו, כב) – דורשי רשומות אמרו: אין מים אלא תורה, שנאמר: ׳הוי כל צמא לכו למים׳ (ישעיה נה, א), כיון שהלכו שלשת ימים בלא תורה נלאו״ (בבא קמא פב ע״א). משה רבינו תיקן לישראל לקרוא בתורה בשבתות ובימים טובים, בחול המועד, בראשי חודשים ובכל שני וחמישי, כדי שיקראו בתורה לכל הפחות פעם בשלושה ימים. עזרא הסופר ובית דינו הוסיפו ותיקנו שיקראו גם במנחה של שבת, עבור מי שאינו יכול להגיע לבית הכנסת בימי שני וחמישי (רמב״ם, תפילה פי״ב ה״א).

2 ״המנהג הפשוט בכל ישראל שמשלימין את התורה בשנה אחת: מתחילין בשבת שאחר חג הסוכות וקורין בסדר בראשית, בשניה ׳אלה תולדות׳ (בראשית ו, ט), בשלישית ׳ויאמר ה׳ אל אברם׳ (שם יב, א), וקוראין והולכין על הסדר הזה עד שגומרין את התורה בחג הסוכות. ויש מי שמשלים את התורה בשלש שנים ואינו מנהג פשוט״ (רמב״ם, תפילה פי״ג ה״א). בספר ׳החילוקים שבין אנשי מזרח ובני ארץ ישראל׳ מתקופת הגאונים מתואר שמנהג ארץ ישראל היה לסיים את קריאת התורה בשלוש שנים וחצי, וזה ככל הנראה מקור החלוקה לסדרים המופיעה בתנ״ך. אך בכל ישראל פשט המנהג ש״בשבתות קוראים חלק אחד מנ״ג מן התורה וזאת היא פרשה״ (סידור רס״ג, שסג).

3 בכל שבת מעלים שבעה קוראים לפרשת השבוע; אך בחגים ובשבת חול המועד אין קוראים את הפרשה על פי הסדר, אלא קוראים קריאה מיוחדת לאותו היום. ישנן חמישים וארבע פרשות, כדי שיהיה אפשר לקרוא פרשה אחת בכל שבת, גם בשנים מעוברות שאין בהן אף יום טוב החל בשבת.

4 ברוב השנים אין חמישים ושלוש שבתות ששום יום טוב אינו חל בהן (הפרשה החמישים וארבע היא ׳וזאת הברכה׳, וקוראים אותה בשמחת תורה אפילו אם חל ביום חול). משום כך בשבתות אחדות קוראים שתי פרשות. בארץ ישראל יש שישה זוגות של פרשות שקוראים לפעמים ביחד. בחו״ל נוסף זוג שביעי לרשימה בשנים שבהן יום טוב שני של שבועות חל בשבת. במניין הפרשות הכפולות התקבל מנהג צרפת, המובא במחזור ויטרי (רנו) ונפסק בטור (תכח). כאשר קוראים שתי פרשות ביחד, שלושה קוראים מהפרשה הראשונה, הרביעי את סוף הראשונה ואת תחילת השנייה, והחמישי עד השביעי מהפרשה השנייה (מג״א קלה, ב בשם מהר״ם מינץ). אם מוסיפים על הקרואים, יש להקפיד שיהיה מספר קרואים אי־זוגי, ושהאמצעי יקרא מעט מכל פרשה (א״ר רפב, ט).

הוצאת ספר התורה

5 יש הנוהגים לכבד בפתיחת הארון את מי שאשתו בחודש התשיעי להריונה (׳מורה באצבע׳ ג, צ).

6 כשמוציאים את ספר התורה מההיכל נוהגים לנשק אותו וללוותו לתיבה (ע״פ שעה״כ, עניין קריאת הס״ת). בקהילות הספרדים יש נוהגים להוליך את ספר התורה פתוח כדי שכל האנשים והנשים יראו אותו (׳אמת ליעקב׳, מנהגי הוצאת ס״ת ג, וראה מסכת סופרים יד, ח), וכאשר רואים את הכתב כורעים (שו״ע קלד, ב ע״פ מסכת סופרים, שם). וכן נוהגים ללוותו בחזרה להיכל (וראה כה״ח קמט, ו). בשבתות מיוחדות שבהן קוראים בשני ספרי תורה נוהגים בקהילות אשכנז ששליח הציבור לוקח את הספר הראשון אל הבימה ואדם נוסף מביא את הספר השני. כשמחזירים אותם, שליח הציבור לוקח את הספר השני (׳שערי אפרים׳ י, מא), ומי שהביא אותו מחזיר את הראשון.

7 מנהג הספרדים וכן חלק מקהילות האשכנזים להגביה את ספר התורה קודם קריאת התורה כדי שהציבור יראה את הכתוב (שו״ע, שם וכן דעת הגר״א). ומנהג רוב קהילות אשכנז להגביה את ספר התורה אחר הקריאה בו (רמ״א קלד, ב). בשבתות מיוחדות שבהן קוראים בשני ספרי תורה, מנהג הספרדים להגביה את שניהם בתחילה, קודם הקריאה, ובקהילות אשכנז נוהגים להגביה כל ספר אחר הקריאה בו. בשעה״כ (שם) כתב, שמנהג האר״י היה לעמוד סמוך לתיבה בזמן ההגבהה כדי שיוכל לראות בבירור את האותיות, כיון שעל ידי ההסתכלות בהן נמשך לאדם אור גדול.

דיני הקריאה

8 בימות החול ובמנחה של שבת שלושה עולים לקרוא בתורה – כוהן, לוי וישראל. בחול המועד ובראש חודש עולה ישראל נוסף, בסך הכול ארבעה; ביום טוב עולים חמישה, ביום הכיפורים שישה ובשבת שבעה (משנה, מגילה כא ע״א; וראה טור וב״י, קלה). בימות החול אין מוסיפים על מספר זה, אך בשבתות ובימים טובים יכולים להוסיף (שו״ע רפב, א; והרמ״א שם כתב, שנהגו שלא להוסיף ביום טוב), ומכל מקום מוטב שלא להוסיף הרבה משום טורח ציבור (ילק״י קלה, כו).

9 מותר להעלות קטן לתורה (מגילה כד ע״א; ׳הלכות גדולות׳; רמב״ם, תפילה פי״ב הי״ז, וכן דעת הגאונים ורבים מהראשונים) וכך פסק מרן (שו״ע רפב, ג). דעת כמה מהראשונים, שאין להעלותו בשלוש העליות הראשונות (הערוך והרוקח; והיחו״ד ח״ב, טו כתב לחוש לשיטה זו בימי שני וחמישי) שהן מתקנת עזרא (ראה בבא קמא פב ע״א), ויש שכתבו שיכול לעלות לעליית שביעי בלבד (תוספות, ראש השנה לג ע״א; מהר״ם מרוטנבורג, פסקים ומנהגים ח״א, קד; וכן דעת האר״י המובאת בשעה״כ, ואחריו נמשכו המקובלים); ויש נוהגים שלא להעלות קטן אלא למפטיר (מג״א רפב, ו; א״ר שם, ג). ומנהג האשכנזים כיום שאין מעלים קטן כלל.

10 נוהגים לקרוא לעולה בשמו (מובא בכנה״ג, סו); אך בהרבה מהקהילות הספרדיות מקובל שאין מזמינים את העולה לתורה בשמו, כדי שאם אינו יכול לעלות מסיבה כלשהי, יהיה רשאי שלא לעלות (׳חיים שאל׳ יג).

11 אם אין בבית הכנסת לוי, הכוהן קורא שוב (גיטין נט ע"ב, ותוספות שם). אם אין כוהן ויש לוי, אין חובה לקרוא את הלוי לתורה; אך אם מעלים את הלוי לקרוא, יש לקוראו ראשון (שו"ע ורמ"א קלה, ו בשם רבינו ירוחם). ומכריזים "במקום כוהן" או "אף על פי שהוא לוי", כדי שלא יטעה הקהל לחשוב שהעולה ראשון כוהן הוא (טור שם).

12 עוד נוהגים להעלות חתן ביום חופתו ובשבתות שלפני נישואיו ואחריהם, בר־מצווה, מי שאשתו ילדה, יתום ביום פטירת אביו או אמו, ומי שחייב לברך הגומל (בה"ל קלו, ד"ה בשבת).

13 אף על פי שמן הדין מותר להעלות אב ובנו או שני אחים בזה אחר זה, אין עושין כן לכתחילה משום עין הרע ('מרדכי', הל' ספר תורה תתקסט בשם מהר"ם; שו"ע קמא, ו).

14 מעיקר הדין, העולה לתורה הוא הקורא בה, אך מכיוון שאין הכל בקיאים, נהגו ששליח ציבור קורא לכל העולים, אלא אם כן העולה יודע לקרוא כראוי ורוצה לקרוא בעצמו. ובקהילות אשכנז נוהגים שלעולם שליח הציבור הוא הקורא (משנ"ב קמא, ח). עולה לתורה שאינו קורא, צריך לקרוא מתוך הספר עם הקורא, ויעשה זאת בלחש (שו"ע קמא, ב ע"פ ר"ת בתוספות, בבא בתרא טו ע"א).

15 העולה לתורה עולה לבימה בדרך הקצרה ביותר (שו"ע קמא, ז בשם בעל תה"ד). פותח את ספר התורה כדי לראות היכן יקרא, ואחר כך מברך "אשר בחר בנו" וקורא (הוא או שליח הציבור). יש אומרים שצריך להקפיד שלא להסתכל בספר בשעת הברכה כדי שלא ייראה שגם הברכות כתובות בו (רמ"א קלט, ד בשם ה'כלבו'), ויש אומרים שאין צורך להקפיד בכך בברכה שקודם הקריאה (שו"ע קלט, ד ע"פ הרמב"ם, וכדעת רבי יהודה, מגילה לב ע"א), ולדעת האר"י יש לכסות את הכתב משום כבוד התורה (שעה"כ, עניין קריאת ספר התורה). לאחר הקריאה סוגר את הספר או מכסהו במטפחת ומברך "אשר נתן לנו" (שו"ע שם, ד-ה, שעה"כ שם).

16 "וצריך הקורא לאחוז בה כאלו קבלה (עכשיו) מהר סיני" ('ארחות חיים', שני וחמישי יט). בשעת הברכה יש לאחוז בספר התורה, אולם אין לגעת ביריעות אלא באמצעות מטפחת (שו"ע קמז, א; שעה"כ, עניין קריאת ספר התורה ע"פ הגמרא במגילה לב ע"א), ומנהג בני אשכנז לאחוז בעמוד (המכונה 'עץ חיים').

17 אם הברכה נאמרה על פרשה שאינה נכונה, צריך לשוב ולברך. אך אם המקום הנכון לקריאה היה פתוח בשעת הברכה, אין צורך לשוב ולברך (ט"ז קמ, ד).

18 הקורא בתורה עומד (מגילה כא ע"א). עולה לתורה שאינו קורא, צריך לעמוד אף הוא ('מרדכי', הל' ספר תורה תתקסח). הקהל אינו מחויב לעמוד (שו"ע קמו, ד), ויש שהורו שראוי לעמוד (שו"ת הרמ"ע מפאנו, צא; א"ר שם; והכנה"ג שם כתב, שכך היה מנהגם של הרד"ך ומהרימ"ט); ומנהג האר"י היה לשבת (מובא בשעה"כ, עניין קריאת ספר התורה).

19 בכל עלייה לתורה קוראים שלושה פסוקים לפחות (מגילה כא ע"ב), ובסך הכל יש לקרוא עשרה פסוקים לפחות (שם) — פרט לפורים, שקוראים בו רק תשעה פסוקים, מכיוון שיש בהם כל מעשה מלחמת עמלק והמצווה למחות את זכרו (תוספות שם). ההפסקות בקריאה צריכות להתאים במידת האפשר לפרשיות פתוחות או סתומות בתורה (ראה מג"א, פתיחה לסימן רפב בשם הזוהר), ונוהגים להפסיק כאשר עניין מסתיים, אף אם אין במקום הפסק פרשה (רמ"א קלח, א בשם תה"ד). פותחים בדבר טוב ומסיימים בדבר טוב (רמב"ם תפילה יג, ה). ומכל מקום אין להפסיק בפחות משלושה פסוקים מהפרשה הקרובה (מגילה כא ע"ב).

טעות בקריאה

20 "קרא וטעה אפילו בדקדוק אות אחת מחזירין אותו" (רמב"ם תפלה פי"ב, ה"ו; שו"ע קמב, א), וכך מנהג הספרדים. ומנהג אשכנז כדברי הרמ"א (שם), שדווקא אם טעה הקורא טעות המשנה את משמעות הפסוק (בין שקרא מילה שונה, בין ששינה את הניקוד, ולעתים אף את ההטעמה), צריך לחזור למקום שנפלה בו הטעות ולקרוא משם (משנ"ב קמב, ד). ואם הטעות אינה משנה את המשמעות "טוב שלא להגיה עליו על שגגותיו ברבים שלא להלבין פניו, דאף על פי שטעה בה יצא ידי קריאה" (טור קמב בשם המנהיג).

21 אם נזכר שם שמים בפסוק שטעה בו, יש שכתבו שעליו לסיים את הפסוק ולחזור ולקראו מתחילתו; אך אם ישנו עוד שם בהמשך הפסוק, יעצור במקום שנודע לו שטעה, ויחזור לקרוא מתחילת הפסוק ('ציץ אליעזר' חי"ב, מ, ג).

ספר תורה שנמצאה בו טעות

22 אם נמצאה בספר התורה טעות, יש להפסיק את הקריאה בו ולהמשיך לקרוא בספר אחר ממקום שהפסיקו בו. למנהג הספרדים ספר התורה הפסול נשאר סגור על התיבה עד סיום הקריאה (ילק"י קמג, י ע"פ שולחן גבוה יו"ד רעט, ד), אך האשכנזים נוהגים להחזירו בעת שמוציאים את הספר האחר. אין צורך לחזור ולברך את הברכה הראשונה (שו"ע קמג, ד ע"פ מהר"י בירב). ויש אומרים שיקרא לכל הפחות שלושה פסוקים בספר הכשר אפילו אם לשם כך עליו לחזור על הפסוקים שקרא (ילק"י קלח, ד).

23 יש שפסקו, שאם אפשר לחלק את המשך הפרשה לשבע עליות (או למספר העולים באותו יום, כאמור בהלכה ח), עדיף לעשות כך (משנ"ב שם, טז).

24 טעויות מצויות שבגינן יש להוציא ספר תורה אחר (ראה שו"ע או"ח לב וכן לו; יו"ד רעד):

א. אות חסרה או אות יתרה, ולמנהג האשכנזים דווקא כשהדבר ניכר בקריאה.

ב. אם נכתב קרי במקום כתיב.

ג. שינוי במראה האות, כגון רי"ש שנראית כדל"ת.

ד. אותיות שניטשטשו עד שאין רישומן ניכר.

חמישה חומשי תורה

ה. דיבוק בין שתי אותיות – למנהג האשכנזים דיבוק מלא שמשנה את האות, או דיבוק שנעשה בתחילת כתיבת האות אף שאינו דיבוק מלא – פוסלים; דיבוק קל שנעשה בסוף הכתיבה – אם אין אפשרות לתקן במקום (למשל, בשבת) יש להקל. למנהג הספרדים – מחליפים ספר תורה על כל דיבוק קל. לכל הדעות בספק דיבוק יש להכשיר.

ו. דיבוק קל בתוך האות, כגון: יו״די האל״ף, השי״ן, העי״ן והצדי״ק למנהג הספרדים, ולמנהג האשכנזים דווקא כשנדבקו במלואם.

ז. פירוד ניכר, ולמנהג הספרדים אף פירוד דק כחוט השערה.

ח. אם יו״די האל״ף, השי״ן, העי״ן והצדי״ק מנותקים, אפילו כחוט השערה.

ט. כשאין רווח ניכר בין שתי תיבות ותינוק קוראן כאחת (אך אם יש אות סופית בתיבה הראשונה יש להקל בשעת הדחק), או להפך, כשיש רווח בתוך תיבה ותינוק קוראה כשתי תיבות.

25 נוהגים לברך את העולה, ולעתים מוסיפים ברכה ייחודית לחולה, ליולדת, לבר־מצווה וכד׳.

26 לאחר קריאת התורה אומרים קדיש. בזמן הגאונים היו שנהגו לומר את הקדיש מיד לאחר הקריאה, והיו שנהגו לאומרו לאחר החזרת ספר התורה להיכל (שני המנהגים מובאים בסדר רב עמרם גאון). כיום נוהגים שבשבתות ובימים טובים אומרים קדיש לפני עליית המפטיר, שאינו ממניין הקרואים – כדי להפסיק בין הקריאה שחייבים בה לקריאתו (שו״ת הר״י ן׳ מגאש, פט; או״ז ח״ב, מז, בשם ספר המקצועות); בקריאת התורה בשחרית של חול, בראש חודש ובחול המועד אומרים קדיש לאחר שהעולה האחרון בירך את הברכה שאחר הקריאה; ובמנחה של שבת, של יום הכיפורים ושל תעניות ציבור דוחים את הקדיש עד לאחר הכנסת ספר התורה כדי להסמיך לקדיש את תפילת העמידה (׳לבוש׳ רצב, א).

27 את הקדיש הזה אומר שליח הציבור (טור, קמט), כלומר, הקורא בתורה (ראה שו״ע קמא, ב); ויש הנוהגים שאם העולה האחרון אבל או שיש לו יום זיכרון – הוא אומר את הקדיש (׳שערי אפרים׳ י, ט); ויש הנוהגים שבכל מקרה האבל אומר את הקדיש (׳שדי חמד׳, מערכת אבלות קסג בשם ׳אגודת אזוב מדברי׳ ע״פ גרסה בתשב״ץ ח״ג, קעא).

מפטיר

28 בשבתות ובימים טובים לאחר אמירת הקדיש אדם נוסף עולה למפטיר (שבה״ל עט בשם הראב״ד). בשבתות המפטיר קורא את הפסוקים האחרונים של פרשת השבוע, פרט לשבתות מיוחדות שקורא בהן עניין השייך לאותה שבת. המפטיר יכול להיות כוהן, לוי או ישראל.

29 לאחר שסיים את קריאת המפטיר, קורא את ההפטרה, שהיא קטע מספרי הנביאים המתאים מבחינת התוכן לפרשה שנקראה, או לתקופה בשנה. מעיקר הדין יש לקרוא בהפטרה עשרים ואחד פסוקים, אך נוהגים לקצר אם עניין ההפטרה מסתיים קודם לכן (מגילה כג ע״א).

30 העולה למפטיר קורא את ההפטרה עצמה, אך אם אינו יודע לקרוא, שליח הציבור קוראה עבורו (רמ״א רפד, ד). יש שכתבו שמוטב לקרוא את ההפטרה מקלף (משנ״ב שם, א); אך ברוב בתי הכנסת לא נהגו להקפיד על כך. ויש שכתבו שמוטב לקרוא את ההפטרה מתוך ספר נביא שלם (יחו״ד ה, כו).

31 קודם שקורא את ההפטרה (המפטיר או שליח הציבור), מברך עליה ״אשר בחר בנביאים טובים״. ואחריה מברך ארבע ברכות (ע״פ מסכת סופרים פי״ג ה״ח-ה״יג): הראשונה על קיום דברי הנבואה שנאמרו בהפטרה (ספר המנהיג), ושלוש האחרות על הגאולה, על ביאת המשיח ועל קדושת היום. יש מהראשונים שכתבו ששלוש הברכות האלה אינן קשורות להפטרה במישרין אלא הן ברכות שבח והודאה (רא״ה, ברכות מו ע״ב).

32 בקהילות הספרדים יש הנוהגים להוסיף אחר ההפטרה את הפסוק ״גואלנו ה׳ צבאות שמו קדוש ישראל״, בגלל הברכות שלאחר מכן המדברות על הגאולה (׳כתר שם טוב׳, הפטרה כח), או כדי לסיים את קריאת ההפטרה בדברי נחמה.

33 יש שאינם גורסים את המילה ״ורחמן״ בברכה הראשונה שאחר ההפטרה, כיוון שברכה זו מדברת על הנאמנות, והרחמים הם מעניין הברכה השנייה (וכן במחז״ו, קסו). אך בסידור קרקוב שנ״ז הוסיפו מילה זו, מכיוון שכל הברכות מסתיימות בעניין הברכה הבאה; וכן ברוב הסידורים הנדפסים. מנהג חב״ד להוסיף לברכה השנייה ״ולעלובת נפש תושיע ותשמח במהרה בימינו״, וכן נהג רי״ד סולובייצ׳יק.

34 גרסת הראשונים בברכה השנייה שלאחר ההפטרה הייתה ״ולעגומת נפש תנקום נקם במהרה בימינו״, ומחמת הצנזורה שונתה הגרסה ל״ולעלובת נפש תושיע במהרה בימינו״.

35 בשבתות שקוראים בהן מפטיר מיוחד (שבת חול המועד, שבת ראש חודש, שבת חנוכה, ארבע פרשיות, ׳פורים משולש׳ בירושלים) וכן בימים טובים מוציאים שני ספרי תורה. בראשון קוראים לשבעה קרואים ואומרים חצי קדיש. ומנהג בני אשכנז להניח את הספר השני על הבימה קודם הקדיש, ואחר הקדיש מגביהים את הספר הראשון. לאחר מכן המפטיר קורא מעניין היום בספר השני, ומנהג הספרדים לומר שוב חצי קדיש (ב״י רפב בשם הריב״ש, וראה ספר המכריע, לא). אחר כך קוראים את ההפטרה. בשבתות מיוחדות שבהן מוציאים שלושה ספרי תורה, קוראים לשישה קרואים בספר הראשון ואין אומרים חצי קדיש אחר הספר הראשון אלא אחר השני, לאחר שעלו שבעת העולים שהם חובת היום. ולמנהג הספרדים אומר שוב חצי קדיש אחר הקריאה בספר השלישי (שם).